Assies · Beule · Heise · Strube
Handbuch des Fachanwalts Bank- und Kapitalmarktrecht
5. Auflage

Assies · Beule · Heise · Strube

Handbuch des Fachanwalts

Bank- und Kapitalmarktrecht

Herausgegeben von

Paul H. Assies
Rechtsanwalt/Fachanwalt für Bank- und Kapitalmarktrecht, CBH Rechtsanwälte

Dirk Beule
Rechtsanwalt und Syndikus, Legal, HSBC Trinkaus & Burkhardt AG

Julia Heise
LL.M. Rechtsanwältin und Syndikus, Rechtsabteilung, Commerzbank Aktiengesellschaft

Hartmut Strube
Rechtsanwalt/Fachanwalt für Bank- und Kapitalmarktrecht, Strube Fandel Rechtsanwälte

Gesamtredaktion
Thomas Ackermann Bereichsleiter Bankrecht, Finanz Colloquium, Heidelberg

5. Auflage

Carl Heymanns Verlag 2019

Zitiervorschlag_FA-BKR/*Bearbeiter*, Kap. 6 Rn. 25

Bibliografische Information der Deutschen Nationalbibliothek

Die Deutsche Nationalbibliothek verzeichnet diese Publikation in der Deutschen Nationalbibliografie; detaillierte bibliografische Daten sind im Internet über http://dnb.d-nb.de abrufbar.

ISBN 978-3-452-28992-6

www.wolterskluwer.de
www.carl-heymanns.de

Umschlagkonzeption: Martina Busch, Grafikdesign, Homburg Kirrberg
Satz: Innodata Inc., Noida, Indien
Druck und Weiterverarbeitung: Williams Lea & Tag GmbH, München

Gedruckt auf säurefreiem, alterungsbeständigem und chlorfreiem Papier.

Vorwort

Parallel zur Entwicklung des Konzepts für den Fachanwalt für Bank- und Kapitalmarktrecht durch die Arbeitsgemeinschaft Bank- und Kapitalmarktrecht im Deutschen Anwaltverein wurde dieses Fachanwaltshandbuch konzipiert. Die Themen im Handbuch des Fachanwalts für Bank- und Kapitalmarktrecht decken die Vorgaben der Fachanwaltsordnung vollständig ab und gehen an einigen Stellen über diese hinaus. Dabei wird durch die Autoren stets der Blick des Anwalts zugrunde gelegt und versucht, durch praxisnahe Erörterungen die tägliche anwaltliche Arbeit im Bank- und Kapitalmarktrecht zu unterstützen. Alle Autorinnen und Autoren in diesem Buch sind als Rechtsanwälte zugelassene und erfahrene Praktiker aus Kreditinstituten oder Rechtsanwaltskanzleien, die Kreditinstitute, sonstige Finanzdienstleistungsgesellschaften oder Anleger und Verbraucher vertreten.

Die im Bank- und Kapitalmarktrecht weiter zügig fortschreitenden Rechtsentwicklungen auf nationaler und europäischer Ebene werden in dieser 5. Auflage behandelt, u.a. die ersten praktischen Herausforderungen betreffend die Wohnimmobilienkreditrichtlinie, aber auch die weitere Entwicklung im Widerrufsrecht, insbesondere bei Immobiliardarlehen und Fernabsatzgeschäften.

Durch die Kooperation zwischen dem im Bankrecht ausgewiesenen Seminarveranstalter und Verlag »Finanz Colloquium Heidelberg« (www.FC-Heidelberg.de), der hier als Redaktion tätig wurde, und dem Carl Heymanns Verlag (www.heymanns.com), der zu wirtschaftsrechtlichen Fragen die entsprechenden Handbücher und Kommentare vorzuweisen hat, ergänzt sich das Know-how der beiden Verlage ideal und so soll dieses Werk allen (angehenden) Fachanwälten für Bank- und Kapitalmarktrecht und allen anderen Interessierten auch in der 5. Auflage als Hilfsmittel für die Vertiefung dieses Rechtsgebiets an die Hand gegeben werden.

Die Herausgeber danken den Autoren für ihre Mühen bei der Manuskripterstellung, die neben der großen Arbeitsbelastung durch das Tagesgeschäft geleistet wurde. Weiterhin sei Herrn Thomas Ackermann vom Finanz Colloquium Heidelberg für die redaktionelle Betreuung sowie dem Lektorat vom Carl Heymanns Verlag für die tatkräftige Unterstützung während der Entstehung dieser Auflage und der Koordination der Produktion gedankt.

Hinweise und Anregungen zu diesem Buch sind stets willkommen.

September 2018

Paul H. Assies
Dirk Beule
Julia Heise
Hartmut Strube

Bearbeiterverzeichnis

Paul H. Assies
Rechtsanwalt/Fachanwalt für Bank- und Kapitalmarktrecht, CBH Rechtsanwälte, Köln

Dr. Peter Balzer
Rechtsanwalt/Fachanwalt für Bank- und Kapitalmarktrecht, Sernetz Schäfer Rechtsanwälte, Düsseldorf

Christian Barleon
Rechtsanwalt und Leiter Rechtsabteilung BBBank eG Karlsruhe

Daniel Bauch
Rechtsanwalt/D.E.A. (Paris I)

Michael Bergfort, LL.M.
Rechtsanwalt und Senior Legal Counsel, Leiter Derivate Dokumentation, Legal, HSBC Trinkaus & Burkhardt AG

Dirk Beule
Rechtsanwalt und Syndikus, Legal, HSBC Trinkaus & Burkhardt AG

Dr. Michael Böhm
Rechtsanwalt und Geschäftsführer, HSBC Global Asset Management Deutschland GmbH

Dr. Clemens Clemente
Rechtsanwalt

Dr. Robin Dörrie
Rechtsanwalt und Syndikus, Landesbank Baden-Württemberg

David Eckner, LL.M. (KCL)
Assessor und Abteilungsdirektor, ISPS Sales Management, HSBC Trinkaus & Burkhardt AG

Dr. Markus Engel
Rechtsanwalt/Fachanwalt für Bank- und Kapitalmarktrecht, Direktor Recht Sparkasse Saarbrücken

Stefanie Fandel
Rechtsanwältin/Fachanwältin für Bank- und Kapitalmarktrecht, Strube Fandel Rechtsanwälte, Düsseldorf

Julia Heise, LL.M.
Rechtsanwältin und Syndikus, Rechtsabteilung, Commerzbank Aktiengesellschaft

Dr. Maik Kirchner
Rechtsanwalt, CBH Rechtsanwälte

Dr. Franz Clemens Leisch
Rechtsanwalt/Partner, Baker & McKenzie, München

Dr. Olaf Methner
Rechtsanwalt/Fachanwalt für Arbeitsrecht, Fachanwalt für Bank- und Kapitalmarktrecht, Fachanwalt für IT-Recht, Rechtsanwälte Baum, Reiter & Collegen, Düsseldorf; Lehrbeauftragter für Bankrecht und IT-Recht an der FOM-Hochschule für Ökonomie & Management

Nicole Michel
Rechtsanwältin, Geschäftsbereichsleiterin Bankenrecht und Insolvenzrecht, SGP SchneiderGeiwitz Rechtsanwaltsgesellschaft mbH

Dr. Markus Rabe
LL.M., Rechtsanwalt und Fachanwalt für Bank- und Kapitalmarktrecht, Heuking Kühn Lüer Wojtek, München

Prof. Dr. Julius Reiter
Rechtsanwalt/Fachanwalt für Bank- und Kapitalmarktrecht, Fachanwalt für Informationstechnologierecht (IT-Recht), Rechtsanwälte Baum, Reiter & Collegen, Düsseldorf; Professor für Wirtschaftsrecht an der FOM-Hochschule für Ökonomie & Management

Johannes Ristelhuber
Rechtsanwalt, CBH Rechtsanwälte

Dr. Stefan Sauer
Rechtsanwalt, Heidelberg

Peter Scherer
LL.M., Rechtsanwalt/Partner, GSK Stockmann + Kollegen, Frankfurt am Main

Torsten Schuster
Rechtsanwalt und Fachanwalt für Bank- und Kapitalmarktrecht, Fachanwalt für Erbrecht, Schuster Rechtsanwälte, Neuruppin und Hoppegarten

Torsten Steinwachs
Rechtsanwalt, BMS Bond Management Support GmbH & Co. KG, Frankfurt am Main; Zertifizierter Wirtschaftsmediator, Lehrbeauftragter für Bankrecht an der Hochschule für Ökonomie und Management (FOM) Frankfurt am Main; Lehrbeauftragter für Sanierungs- und Insolvenzmanagement an der ISM International School of Management

Michael Strötges
Rechtsanwalt, Bereichsleiter Recht, Sparkasse Rhein Neckar Nord

Hartmut Strube
Rechtsanwalt/Fachanwalt für Bank- und Kapitalmarktrecht, Strube Fandel Rechtsanwälte

Juliane Thormann
Rechtsanwältin (Syndikusrechtsanwältin), Handlungsbevollmächtigte/Associate, Commerzbank AG

Dr. Sascha Vander
LL.M., Rechtsanwalt/Fachanwalt für Informationstechnologierecht, CBH Rechtsanwälte

Michael Veith
Rechtsanwalt und Banksyndikus, Simon und Partner, Rechtsanwälte, Steuerberater, Wirtschaftsprüfer, Düsseldorf

Prof. Dr. Martin Paul Waßmer
Strafverteidiger, Universitätsprofessor an der Universität zu Köln

Dr. Simon-Alexander Zeidler
Rechtsanwalt/Partner, SGT Rechtsanwälte, Düsseldorf

Inhaltsübersicht

Inhaltsverzeichnis

Abkürzungsverzeichnis

a.A.	anderer Ansicht
AAA	American Arbitration Association
a.a.O.	am angegebenen Ort
ABB-EDV	Allgemeine Bedingungen der Möbelspediteure für Beförderungen von EDV-Anlagen, medizinischen Geräten und ähnlichen transportempfindlichen Gütern
ABBH	Allgemeine Bedingungen der Möbelspediteure für Beförderungen von Handelsmöbeln
ABGB	Allgemeines Bürgerliches Gesetzbuch für Österreich
AB-Kunst	Allgemeine Bedingungen der deutschen Kunstspediteure
Abk.	Abkommen
abl.	ablehnend
ABl.	Amtsblatt
ABl. EG	Amtsblatt der Europäischen Gemeinschaften
Abs.	Absatz
Abschn.	Abschnitt
Abt.	Abteilung
abw.	abweichend
AbzG	Gesetz betreffend die Abzahlungsgeschäfte (Abzahlungsgesetz)
abzgl.	abzüglich
AcP	Archiv für die zivilistische Praxis (Band, Seite)
ADHGB	Allgemeines Handelsgesetzbuch von 1861
ADR	*accord européen relatif au transport international des marchandises dangereuses par route* – Europ. Übereinkommen v. 30.09.1957 über die internationale Beförderung gefährlicher Güter auf der Straße, Gesetz v. 18.08.1969 (BGBl. II. S. 1489)
ADSp	Allgemeine Deutsche Spediteurbedingungen
a.E.	am Ende
AEG	Allgemeines Eisenbahngesetz
A/E/S/*Bearbeiter*	*Achilles/Ensthaler/Schmidt*, Kommentar zum GmbHG
a.F.	alte Fassung
AFG	Arbeitsförderungsgesetz, jetzt SGB III
AG	Amtsgericht; Aktiengesellschaft; Die Aktiengesellschaft (Zeitschrift)
AfA	Absetzung für Abnutzungen
AfP	Archiv für Presserecht
AFRG	Arbeitsförderungsreformgesetz
AGB	Allgemeine Geschäftsbedingungen
AGB-Banken	Allgemeine Geschäftsbedingungen der (privaten) Banken
AGBG	Gesetz zur Regelung des Rechts der Allgemeinen Geschäftsbedingungen
AGBGB	Ausführungsgesetz zum BGB
AGB-Spark.	Allgemeine Geschäftsbedingungen der Sparkassen und Girozentralen
AgrarR	Agrarrecht (Zeitschrift)
AKB	Allgemeine Bedingungen für die Kraftfahrtversicherung
AktG	Gesetz über die Aktiengesellschaften und Kommanditgesellschaften auf Aktien (Aktiengesetz)
AKV	Deutscher Auslandskassenverein AG
ALB	Allgemeine Leistungsbedingungen der Deutschen Bahn AG, DB Cargo
ALB 94	Allgemeine Bedingungen für kapitalbildende Lebens- oder Rentenversicherungen 1994
allg.	allgemein
Alt.	Alternative
a.M.	anderer Meinung
AMG	Gesetz über den Verkehr mit Arzneimitteln (Arzneimittelgesetz)
ÄndAufhG	Gesetz über die Änderung oder Aufhebung von Gesetzen der DDR
ÄndG	Änderungsgesetz
AnfG	Gesetz betreffend die Anfechtung von Rechtshandlungen eines Schuldners außerhalb des Insolvenzverfahrens (Anfechtungsgesetz)

Anh.	Anhang
Anm.	Anmerkung
AnSVG	Anlegerschutzverbesserungsgesetz
AnwBl	Anwaltsblatt
AnwK-BGB/*Bearbeiter*	*Dauner-Lieb/Heidel/Ring*, AnwaltKommentar BGB, fünf Bände/*Bearbeiter*
AO	Abgabenordnung
AöR	Archiv für öffentliches Recht (Zeitschrift – Band, Seite)
AP	Nachschlagewerk des Bundesarbeitsgerichts (seit 1954, vorher: Arbeitsrechtliche Praxis)
ApothG	Gesetz über das Apothekenwesen
ArbG	Arbeitsgericht
ArbGG	Arbeitsgerichtsgesetz
ArbNErfG	Gesetz über Arbeitnehmererfindungen
ArbPlSchutzG	Gesetz über den Schutz des Arbeitsplatzes bei Einberufung zum Wehrdienst (Arbeitsplatzschutzgesetz)
arg.	argumentum
Art.	Artikel
Aufl.	Auflage
AÜG	Gesetz zur Regelung der gewerbsmäßigen Arbeitnehmerüberlassung (Arbeitnehmerüberlassungsgesetz)
ausführl.	ausführlich
AuslInvestmG	Gesetz über den Vertrieb ausländischer Investmentanteile und über die Besteuerung der Erträge aus ausländischen Investmentanteilen (Auslandsinvestmentgesetz)
AusfG	Ausführungsgesetz
ausschl.	ausschließlich
AVB	Allgemeine Versicherungsbedingungen
AVG	Angestelltenversicherungsgesetz
AVO	Ausführungsverordnung
AWD	Außenwirtschaftsdienst des Betriebsberaters (Zeitschrift)
AWG	Außenwirtschaftsgesetz
Az.	Aktenzeichen
BaBiRiLiG	Bankbilanzrichtlinie-Gesetz
BaFin	Bundesanstalt für Finanzdienstleistungsaufsicht
BAG	Bundesarbeitsgericht; Bundesamt für Güterverkehr
BAGE	Entscheidungen des Bundesarbeitsgerichts (Band, Seite)
BAKred	Bundesaufsichtsamt für das Kreditwesen
BankA	Bankarchiv, Zeitschrift für Bank- und Börsenwesen
Bank-Betrieb	Die Bank, Zeitschrift für Bankpolitik und Bankpraxis; bis 1976: Bank-Betrieb
BAnz	Bundesanzeiger
BauGB	Baugesetzbuch
BausparkG	Gesetz über Bausparkassen (Bausparkassengesetz)
BausparkVO	Verordnung zum Schutz der Gläubiger von Bausparkassen (Bausparkassen-Verordnung)
BayObLG	Bayerisches Oberstes Landesgericht
BayOLGZ	Entscheidungen des Bayerischen Obersten Landesgerichts in Zivilsachen
BB	Der Betriebsberater (Zeitschrift)
BBankG	Gesetz über die Deutsche Bundesbank
BBiG	Berufsbildungsgesetz
BBl	Betriebswirtschaftliche Blätter (Zeitschrift)
BBRL	Bankbilanzrichtlinie
Bd.	Band
BdF	Bundesminister der Finanzen
BDSG	Gesetz zum Schutz vor Missbrauch personenbezogener Daten bei der Datenverarbeitung (Bundesdatenschutzgesetz)
Bearb.	Bearbeiter
BeckRS	Beck-Rechtsprechung
Begr.	Begründung

BelWertV	Verordnung über die Ermittlung der Beleihungswerte von Grundstücken nach § 16 Abs. 1 und 2 des Pfandbriefgesetzes (Beleihungswertermittlungsverordnung)
Bem.	Bemerkung
ber.	berichtigt
BErzGG	Gesetz über die Gewährung von Erziehungsgeld und Erziehungsurlaub (Bundeserziehungsgeldgesetz)
BeschFG	Beschäftigungsförderungsgesetz
Beschl.	Beschluss
bestr.	bestritten
betr.	betreffend
BetrR	Betriebsrat
BetrAVG	Gesetz zur Verbesserung der betrieblichen Altersversorgung (Betriebsrentengesetz)
BetrVG	Betriebsverfassungsgesetz
BeurkG	Beurkundungsgesetz
BewG	Bewertungsgesetz
BezG	Bezirksgericht
BFG	Bundesfinanzgericht
BFH	Bundesfinanzhof
BFHE	Sammlung der Entscheidungen und Gutachten des BFH
BFuP	Betriebswirtschaftliche Forschung und Praxis (Zeitschrift)
BGB	Bürgerliches Gesetzbuch
BGB-InfoV	Verordnung über Informations- und Nachweispflichten nach bürgerlichem Recht (BGB-Informationspflichten-Verordnung)
BGBl. I, II	Bundesgesetzblatt, Teil I und II (Teil [Jahr,] Seite)
BGH	Bundesgerichtshof
BGH EBE	Eildienst der Entscheidungen des BGH
BGHSt	Entscheidungen des BGH in Strafsachen (Band, Seite)
BGHZ	Entscheidungen des BGH in Zivilsachen (Band, Seite)
BKartA	Bundeskartellamt
Bl.	Blatt
B/L/A/H/*Bearbeiter*	*Baumbach/Lauterbach/Albers/Hartmann*, Zivilprozessordnung/*Bearbeiter*
BMF	Bundesministerium der Finanzen
BMJ	Bundesministerium der Justiz
BMW	Bundesministerium für Wirtschaft (und Technologie)
BMinBlF	Bundesministerialblatt für Finanzen
BNotO	Bundesnotarordnung
BO	Börsenordnung
BörsG	Börsengesetz
BPatG	Bundespatentgericht
BPersVG	Bundespersonalvertretungsgesetz
BR	Bundesrat
BRAGO	Bundesgebührenordnung für Rechtsanwälte
BRAK	Bundesrechtsanwaltskammer
BRAK-Mitt.	BRAK-Mitteilungen (Zeitschrift)
BRAO	Bundesrechtsanwaltsordnung
BR-Drucks.	Bundesratsdrucksache
BSG	Bundessozialgericht
BSHG	Bundessozialhilfegesetz
BStBl. I, II	Bundessteuerblatt, Teil I und II (Teil [Jahr,] Seite)
bspw.	beispielsweise
BT	Bundestag; Bulletin des Transports
BT-Drucks.	Bundestags-Drucksache
BTR	Der Bauträger – Zeitschrift für das Recht der Bauinvestoren, Bauträger und Projektentwickler
BuB	*Hellner/Steuer*, Bankrecht und Bankpraxis/*Bearbeiter*
Buchst.	Buchstabe
BuW	Betrieb und Wirtschaft (Zeitschrift)

BVerfG	Bundesverfassungsgericht
BVerfGE	Entscheidungen des Bundesverfassungsgerichts (Band, Seite)
BVerfGG	Gesetz über das Bundesverfassungsgericht
BVerwG	Bundesverwaltungsgericht
BVR	Bankvertragsrecht
BWNotZ	Zeitschrift für das Notariat in Baden-Württemberg
bzw.	beziehungsweise
Cc	Code civil, Codice civile, Código civil
CDH	Centralvereinigung Deutscher Handelsvertreter- und Handelsmaklerverbände
CESR	Committee of European Securities Regulators
cic	culpa in contrahendo
C/M/B/S	Consbruch/Möller/Bähre/Schneider, Kreditwesengesetz, 80. Aufl. 2007
CR	Computer und Recht
CRP	CompRechtsPraktiker
DArbR	Deutsches Arbeitsrecht (Zeitschrift)
DAV	Deutscher Anwaltverein
DB	Der Betrieb (Zeitschrift)
DBW	Die Betriebswirtschaft (Zeitschrift); vor 1977: Zeitschrift für Handelswissenschaft und Handelspraxis
DepotG	Gesetz über die Verwaltung und Anschaffung von Wertpapieren (Depotgesetz)
ders.	derselbe
dgl.	dergleichen
DGVZ	Deutsche Gerichtsvollzieherzeitung (Zeitschrift)
d.h.	das heißt
dies.	dieselben
DIS	Deutsche Institution für Schiedsgerichtsbarkeit e.V.
DIS-SchGO	Schiedsgerichtsordnung der Deutschen Institution für Schiedsgerichtsbarkeit e.V.
Diss.	Dissertation
DJ	Deutsche Justiz (Zeitschrift)
DJZ	Deutsche Juristenzeitung (Zeitschrift)
DMBilG	D-Mark-Bilanzgesetz
DNotZ	Deutsche Notarzeitung (Zeitschrift)
DÖV	Die öffentliche Verwaltung (Zeitschrift)
DR	Deutsches Recht (Zeitschrift)
DRpfl	Deutsche Rechtspflege (Zeitschrift)
DStR	Deutsches Steuerrecht (Zeitschrift); vor 1962: Deutsche Steuer-Rundschau
DStZ	Deutsche Steuerzeitung (Zeitschrift)
DVO	Durchführungsverordnung
DZWIR	Deutsche Zeitschrift für Wirtschaftsrecht (Zeitschrift)
e.A.	Einstweilige Anordnung
ebd.	ebenda
EBE/BGH	Eildienst Bundesgerichtliche Entscheidungen
E/B/J/*Bearbeiter*	*Ebenroth/Boujong/Joost*, HGB, zwei Bände und Aktualisierungsband/*Bearbeiter*
EFG	Entscheidungen der Finanzgerichte
eG	eingetragene Genossenschaft
EG	Europäische Gemeinschaft; Einführungsgesetz
EGBGB	Einführungsgesetz zum Bürgerlichen Gesetzbuch
EGHGB	Einführungsgesetz zum Handelsgesetzbuch
EGInsO	Einführungsgesetz zur Insolvenzordnung
EGStGB	Einführungsgesetz zum Strafgesetzbuch
EGV/EG-Vertrag	Vertrag zur Gründung der Europäischen Gemeinschaft
Einf.	Einführung
EinigV	Einigungsvertrag
Einl.	Einleitung
einschl.	einschließlich

EKAG	Einheitliches Gesetz über den Abschluss von internationalen Kaufverträgen über bewegliche Sachen
EKG	Einheitliches Gesetz über den internationalen Kauf beweglicher Sachen
EMRK	Europäische Konvention zum Schutz der Menschenrechte und Grundfreiheiten
entspr.	entsprechend
EnWG	Energiewirtschaftsgesetz
ErbbauVO	Verordnung über das Erbbaurecht
ErbStG	Erbschaftsteuer- und Schenkungsteuergesetz
erg.	ergänzend
Erl.	Erlass; Erläuterung
EStDV	Einkommensteuer-Durchführungsverordnung
EStG	Einkommensteuergesetz
EStR	Einkommensteuerrichtlinien
etc.	et cetera
EU	Europäische Union
EuGH	Gerichtshof der Europäischen Gemeinschaften
EuGVÜ	Europäisches Übereinkommen über die gerichtliche Zuständigkeit und die Vollstreckung gerichtlicher Entscheidungen in Zivil- und Handelssachen
EuroEG	Gesetz zur Einführung des Euro
EuZW	Europäische Zeitschrift für Wirtschaftsrecht (Zeitschrift)
e.V.	einstweilige Verfügung; eingetragener Verein
EVO	Eisenbahnverkehrsordnung
EWiR	Entscheidungen zum Wirtschaftsrecht
EWIV	Europäische Wirtschaftliche Interessenvereinigung
EWIV-VO	Verordnung (EWG) Nr. 2137/85 des Rates v. 25.07.1985 über die Schaffung einer Europäischen wirtschaftlichen Interessenvereinigung (EWIV), ABl. Nr. L 199 v. 31.07.1985, S. 0001–0009
EWR	Europäischer Wirtschaftsraum
EWU	Europäische Wirtschaftsunion bzw. Europäische Währungsunion
EzA	Entscheidungen zum Arbeitsrecht
f.	folgende(r)
ff.	(fort)folgende
F&E	Forschung und Entwicklung
Fa.	Firma
FAZ	Frankfurter Allgemeine Zeitung
fG	fehlerhafte Gesellschaft
FG	Finanzgericht
FGG	Gesetz über die Angelegenheiten der freiwilligen Gerichtsbarkeit
FGO	Finanzgerichtsordnung
FK-InsO/*Bearbeiter*	*Wimmer*, Frankfurter Kommentar zur Insolvenzordnung/*Bearbeiter*
FLF	Finanzierung Leasing Factoring (Zeitschrift)
FM	Finanzministerium
Fn.	Fußnote
FR	Finanzrundschau Deutsches Steuerblatt (Zeitschrift)
FRA	Forward Rate Agreement
FS	Festschrift (für)
G	Gesetz
GB	Grundbuch
GBA	Grundbuchamt
GBl.	Gesetzblatt
GBl. DDR I	Gesetzblatt Deutsche Demokratische Republik Teil I
GBO	Grundbuchordnung
GbR	Gesellschaft bürgerlichen Rechts
GebrMG	Gebrauchsmustergesetz
gem.	gemäß
GenG	Gesetz betreffend die Erwerbs- und Wirtschaftsgenossenschaften (Genossenschaftsgesetz)

GenTG	Gesetz zur Regelung der Gentechnik (Gentechnikgesetz)
GeschmMG	Gesetz betreffend das Urheberrecht an Mustern und Modellen
GSB	Gesetz über die Sicherung der Bauforderungen
GesO	Gesamtvollstreckungsanordnung
GewArch	Gewerbearchiv (Zeitschrift)
GewO	Gewerbeordnung
GewStG	Gewerbesteuergesetz
GG	Grundgesetz
ggf.	gegebenenfalls
ggü.	gegenüber
GKG	Gerichtskostengesetz
GmbH	Gesellschaft(en) mit beschränkter Haftung
GmbHG	Gesetz betreffend die Gesellschaften mit beschränkter Haftung
GmbHR	GmbH-Rundschau (Zeitschrift)
GoA	Geschäftsführung ohne Auftrag
GoB	Grundsätze ordnungsgemäßer Buchführung
GoI	Grundsätze ordnungsgemäßer Inventur
grds.	grundsätzlich
GrEStG	Grunderwerbsteuergesetz
GroßkommHGB/*Bearbeiter*	*Staub/Canaris/Schilling/Ulmer*, Handelsgesetzbuch Großkommentar zum HGB und seinen Nebengesetzen/*Bearbeiter*
GrS	Großer Senat
GrSZ	Großer Senat in Zivilsachen
GRUR	Gewerblicher Rechtsschutz und Urheberrecht (Zeitschrift)
GS	Gedächtnisschrift; Preußische Gesetzsammlung (Jahr, Seite)
GüKG	Güterkraftverkehrsgesetz
GuV	Gewinn- und Verlust-Rechnung
GVBl.	Gesetz- und Verordnungsblatt (Jahr, Seite)
GV	Gerichtsvollzieher
GVG	Gerichtsverfassungsgesetz
GWB	Gesetz gegen Wettbewerbsbeschränkungen
GWG	Gesetz über das Aufspüren von Gewinnen aus schweren Straftaten (Geldwäschegesetz)
HaftpflG	Haftpflichtgesetz
HAG	Heimarbeitsgesetz
Halbs.	Halbsatz
HausbauVO	Verordnung über Abschlagszahlungen bei Bauträgerverträgen
HausTWG	Gesetz über den Widerruf von Haustürgeschäften und ähnlichen Geschäften
HBR	Händler- und Beratungsregeln
HFA	Hauptfachausschuss des Instituts der Wirtschaftsprüfer
HGB	Handelsgesetzbuch
HinterlO	Hinterlegungsordnung
HK-GmbHG/*Bearbeiter*	Heidelberger Kommentar zum GmbHG/*Bearbeiter*
HK-InsO/*Bearbeiter*	Heidelberger Kommentar zur Insolvenzordnung/*Bearbeiter*
h.L.	herrschende Lehre
h.M.	herrschende Meinung
HöfeO	Höfeordnung
HRB	Haushaltstechnische Richtlinien des Bundes
HRefG	Handelsrechtsreformgesetz
HReg	Handelsregister
Hrsg.	Herausgeber
h. Rspr.	herrschende Rechtsprechung
H/T/M-T/*Bearbeiter*	*Hesselmann/Tillmann/Mueller-Thuns*, Handbuch der GmbH & Co. KG/ Bearbeiter
HwO	Handwerksordnung
HypBG	Hypothekenbankgesetz

ICC	International Court of Arbitration of the International Chamber of Commerce
ICC-SchGO	Schiedsgerichtsordnung des International Court of Arbitration of the International Chamber of Commerce
i.d.F.	in der Fassung
i.d.R.	in der Regel
IDW	Institut der Wirtschaftsprüfer in Deutschland e.V.
i.E.	im Einzelnen
i.Erg.	im Ergebnis
IHK	Industrie- und Handelskammer
IHR	Richtlinien für Insidergeschäfte mit börsenorientierten oder öffentlich angebotenen Aktien (Insiderhandelsrichtlinien)
i.H.v.	in Höhe von
i.L.	in Liquidation
insb.	insbesondere
InsO	Insolvenzordnung
InsVV	Insolvenzrechtliche Vergütungsverordnung
InvG	Investmentgesetz
InVo	Insolvenz und Vollstreckung (Zeitschrift)
IPR	Internationales Privatrecht
IPRax	Praxis des Internationalen Privat- und Verfahrensrechts (Zeitschrift)
IPRspr	Die Deutsche Rechtsprechung auf dem Gebiete des IPR (Zeitschrift)
i.R.d.	im Rahmen des/der
i.S.d.	im Sinne des/der
i.Ü.	im Übrigen
i.V.m.	im Verbindung mit
IZRspr	Sammlung der deutschen Entscheidungen zum internationalen Privatrecht
i.Zw.	im Zweifel
JA	Juristische Arbeitsblätter (Zeitschrift)
JR	Juristische Rundschau (Zeitschrift)
JuS	Juristische Schulung (Zeitschrift)
JurBüro	Das Juristische Büro (Zeitschrift)
JW	Juristische Wochenschrift (Zeitschrift)
JZ	Juristenzeitung (Zeitschrift)
KAGG	Gesetz über die Kapitalanlagegesellschaften
Kap.	Kapitel
KapErhG	Gesetz über die Kapitalerhöhung aus Gesellschaftsmitteln und über die Verschmelzung von Gesellschaften mit beschränkter Haftung
Kfm.	Kaufmann
kfm.	kaufmännisch
KfW	Kreditanstalt für Wiederaufbau
KG	Kommanditgesellschaft; Kammergericht
KGaA	Kommanditgesellschaft auf Aktien
KGJ	Jahrbuch für die Entscheidungen des Kammergerichts (Band, Seite)
KO	Konkursordnung
KK-AktG/*Bearbeiter*	*Zöllner/Noack*, Kölner Kommentar zum Aktiengesetz/Bearbeiter
KK-WpHG/*Bearbeiter*	*Hirte/Möllers*, Kölner Kommentar zum WpHG/Bearbeiter
KK-WpÜG/*Bearbeiter*	*Hirte/v. Bülow*, Kölner Kommentar zum WpÜG/Bearbeiter
KostO	Gesetz über die Kosten in Angelegenheiten der freiwilligen Gerichtsbarkeit (Kostenordnung)
K/R/M/*Bearbeiter*	*Koller/Roth/Mork*, HGB/Bearbeiter
KSchG	Kündigungsschutzgesetz
KStG	Körperschaftsteuergesetz
KStR	Körperschaftsteuerrichtlinien
KTS	Konkurs, Treuhand- und Schiedsgerichtswesen (Zeitschrift)
KunstUrhG	Gesetz betreffend das Urheberrecht an Werken der bildenden Künste und der Photographie (Kunsturhebergesetz)

KVO	Kraftverkehrsordnung für den Güterfernverkehr mit Kraftfahrzeugen (Beförderungsbedingungen)
KVStG	Kapitalverkehrssteuergesetz
KWG	Gesetz über das Kreditwesen
LAG	Landesarbeitsgericht
LAGE	Entscheidungssammlung Landesarbeitsgerichte
LG	Landgericht
lit.	litera, Buchstabe
LM	Lindenmaier-Möhring, Nachschlagewerk des Bundesgerichtshofs
LohnFG	Gesetz über die Fortzahlung des Arbeitsentgelts im Krankheitsfalle (Lohnfortzahlungsgesetz)
LS	Leitsatz
LSG	Landessozialgericht
LStDV	Lohnsteuer-Durchführungsverordnung
LuftVG	Luftverkehrsgesetz
LZ	Leipziger Zeitschrift
MaBV	Verordnung über die Pflichten der Makler, Darlehens- und Anlagenvermittler, Bauträger und Baubetreuer (Makler- und Bauträgerverordnung)
m.Anm.	mit Anmerkung
MarkenG	Gesetz über den Schutz von Marken und sonstigen Kennzeichen (Markengesetz)
MDR	Monatsschrift für Deutsches Recht (Zeitschrift)
MinBl.	Ministerialblatt
MitbestG	Gesetz über die Mitbestimmung der Arbeitnehmer (Mitbestimmungsgesetz)
MittBl.	Mitteilungsblatt
MittBayNot	Mitteilungen des Bayerischen Notarvereins, der Notarkasse und der Landesnotarkammer Bayern (Zeitschrift)
MittBayNotK	Mitteilungen Bayerische Notar-Kammer (Zeitschrift)
MMR	MultiMedia und Recht (Zeitschrift)
m.N.	mit Nachweis(en)
MontanMitbestG	Gesetz über die Mitbestimmung der Arbeitnehmer in der Montanindustrie (Montan-Mitbestimmungsgesetz)
MRK	Menschenrechtskonvention
MüKo-BGB/*Bearbeiter*	*Rebmann/Säcker/Rixecker*, Münchener Kommentar zum Bürgerlichen Gesetzbuch/*Bearbeiter*
MüKo-AktG/*Bearbeiter*	Kropff/Semler, Münchener Kommentar Aktiengesetz/*Bearbeiter*
MüKo-HGB/*Bearbeiter*	K. Schmidt, Münchener Kommentar zum Handelsgesetzbuch/*Bearbeiter*
MüKo-ZPO/*Bearbeiter*	*Lüke/Wax*, Münchener Kommentar zur Zivilprozessordnung/*Bearbeiter*
MünchHdb	GesR I (II/III/IV/V)/Bearbeiter Münchener Handbuch des Gesellschaftsrechts/*Bearbeiter*
MuSchG	Gesetz zum Schutze der erwerbstätigen Mutter (Mutterschutzgesetz)
m.w.N.	mit weiteren Nachweisen
NachhBG	Nachhaftungsbegrenzungsgesetz
n.F.	neue Fassung
NJ	Neue Justiz (Zeitschrift)
NJW	Neue Juristische Wochenschrift (Zeitschrift)
NJW-CoR	NJW-Computerreport (Zeitschrift)
NJW-RR	Neue Juristische Wochenschrift Rechtsprechungsreport (Zeitschrift)
NJWE-VHR	NJW-Entscheidungsdienst Versicherungs- und Haftpflicht (Zeitschrift)
NJWE-WettbR	NJW-Entscheidungsdienst für Wettbewerbsrecht (Zeitschrift)
Nr.	Nummer(n)
NRW	Nordrhein-Westfalen
NStZ	Neue Zeitschrift für Strafrecht
NStZ-RR	Neue Zeitschrift für Strafrecht Rechtsprechungsreport
NVwZ	Neue Zeitschrift für Verwaltungsrecht

NVwZ-RR	Neue Zeitschrift für Verwaltungsrecht Rechtsprechungsreport
NZA	Neue Zeitschrift für Arbeitsrecht
NZA-RR	Neue Zeitschrift für Sozialrecht
NZG	Neue Zeitschrift für Gesellschaftsrecht
NZM	Neue Zeitschrift für Mietrecht
OEEC	Organization for European Economic Cooperation
OFD	Oberfinanzdirektion
ÖJZ	Österreichische Juristenzeitung
o.g.	oben genannt(e/er/es)
OGH	Oberster Gerichtshof in Österreich
OGHZ	Amtliche Sammlung der Entscheidungen des OGH in Zivilsachen
OHG	Offene Handelsgesellschaft
OLG	Oberlandesgericht
OLGE	Sammlung der Rechtsprechung der Oberlandesgerichte (Band, Seite)
OLGR	OLG-Report (Zeitschrift)
OLG-VertrÄndG	Gesetz zur Änderung des Rechts der Vertretung durch Rechtsanwälte vor den Oberlandesgerichten
OLGZ	Entscheidungen der Oberlandesgerichte in Zivilsachen einschließlich der freiwilligen Gerichtsbarkeit
ÖPNV	Öffentlicher Personennahverkehr
ÖV	Die öffentliche Verwaltung (Zeitschrift)
OVG	Oberverwaltungsgericht
OVGE	Entscheidungen der Oberverwaltungsgerichte (Band, Seite)
OWiG	Gesetz über Ordnungswidrigkeiten
PachtKG	Pachtkreditgesetz
Palandt/*Bearbeiter*	*Palandt*, Kurzkommentar zum BGB/*Bearbeiter*
PaPkG	Preisangaben- und Preisklauselgesetz
PartGG	Gesetz über Partnergesellschaften Angehöriger Freier Berufe (Partnerschaftsgesellschaftsgesetz)
PatG	Patentgesetz
PBefG	Personenbeförderungsgesetz
PfandBG	Gesetz zur Neuordnung des Pfandbriefrechts
PreisAngG	Preisangabengesetz
PrKV	Preisklauselverordnung
ProdHaftG	Produkthaftungsgesetz
PrüfbV	Verordnung über die Prüfung der Jahresabschlüsse und Zwischenabschlüsse der Kreditinstitute und Finanzdienstleistungsinstitute und über die Prüfung nach § 12 Abs. 1 Satz 3 des Gesetzes über Kapitalanlagegesellschaften sowie die darüber zu erstellenden Berichte (Prüfungsberichtsverordnung)
PublG	Gesetz über die Rechnungslegung von bestimmten Unternehmen und Konzernen (Publizitätsgesetz)
pVV	positive Vertragsverletzung
PWW/*Bearbeiter*	*Prütting/Wegen/Weinreich*, BGB
RA	Rechtsanwalt
RAK	Rechtsanwaltskammer
RdA	Recht der Arbeit (Zeitschrift)
Rdn.	Randnummer innerhalb des Werks
RechKredV	Verordnung über die Rechnungslegung der Kreditinstitute und Finanzdienstleistungsinstitute (Kreditinstituts-Rechnungslegungsverordnung)
RefE	Referentenentwurf
RegBl.	Regierungsblatt
RegE	Regierungsentwurf
RFH	Reichsfinanzhof
RG	Reichsgericht
RGBl.	Reichsgesetzblatt

RGSt	Amtliche Sammlung der Entscheidungen des Reichsgerichts in Strafsachen (Band, Seite)
RGZ	Reichsgericht, Entscheidungen in Zivilsachen
Richtl.	Richtlinie
RIW/AWD	Recht der internationalen Wirtschaft/Außenwirtschaftsdienst des Betriebs-Beraters (Zeitschrift)
RJM	Reichsministerium der Justiz
Rn.	Randnummer in anderen Veröffentlichungen
RNotZ	Rheinische Notar-Zeitschrift
ROHG	Reichsoberhandelsgericht; mit Fundstelle: amtliche Entscheidungssammlung (Band, Seite)
Rpfleger	Der Deutsche Rechtspfleger (Zeitschrift)
R/S-L/*Bearbeiter*	*Rowedder/Schmidt-Leithoff*, Gesetz betreffend die Gesellschaften mit beschränkter Haftung (GmbHG)/*Bearbeiter*
Rspr.	Rechtsprechung
RStBl.	Reichssteuerblatt (Jahr, Seite)
RVG	Rechtsanwaltsvergütungsgesetz
s.	siehe
S.	Seite; Satz
s.a.	siehe auch
SAE	Sammlung arbeitsrechtlicher Entscheidungen (Jahr, Seite)
ScheckG	Scheckgesetz
SchiedsG	Schiedsgericht
SchuldRÄndG	Gesetz zur Änderung schuldrechtlicher Bestimmungen im Beitrittsgebiet – Schuldrechtsänderungsgesetz
SchuldRAnpG	Schuldrechtanpassungsgesetz (= Art. 1 SchuldRÄndG)
Sec.	Section
SE	Societas Europaea – Europäische Aktiengesellschaft
SEEG	Gesetz zur Einführung einer Europäischen Gesellschaft
SEGB	SE-Beteiligungsgesetz
SEStEG	Gesetz über steuerliche Begleitmaßnahmen zur Einführung der Europäischen Aktiengesellschaft (SE)
SE-VO	Verordnung über das Statut der Europäischen Gesellschaft VO [EG] Nr. 2157/2001)
SG	Sozialgericht
SGB	Sozialgesetzbuch
SGG	Sozialgerichtsgesetz
SigG	Gesetz über Rahmenbedingungen für elektronische Signaturen (Signaturgesetz)
Slg.	Sammlung
s.o.	siehe oben
Soergel/*Bearbeiter*	*Soergel*, Bürgerliches Gesetzbuch mit Einführungsgesetz und Nebengesetzen/ *Bearbeiter*
sog.	So genannte(r/s)
SolvV	Verordnung über die angemessene Eigenmittelausstattung von Instituten, Institutsgruppen und Finanzholding-Gruppen (Solvabilitätsverordnung)
StAnpG	Steueranpassungsgesetz
Staudinger/*Bearbeiter*	J. von Staudingers Kommentar zum Bürgerlichen Gesetzbuch mit Einführungsgesetz und Nebengesetzen/*Bearbeiter*
StB	Der Steuerberater (Zeitschrift)
Stbg	Die Steuerberatung (Zeitschrift)
StBP	Die steuerliche Betriebsprüfung (Zeitschrift)
StGB	Strafgesetzbuch
stopp	Strafprozessordnung
str.	streitig
st.Rspr.	ständige Rechtsprechung
StuW	Steuer und Wirtschaft (Zeitschrift)
StV	Der Strafverteidiger (Zeitschrift)
s.u.	siehe unten

TDG	Teledienstgesetz
TKG	Telekommunikationsgesetz
TransportR	Transportrecht (Zeitschrift)
TRG	Transportrechtsreformgesetz
TVG	Tarifvertragsgesetz
Tz.	Textziffer
u.a.	unter anderem
UBGG	Gesetz über Unternehmensbeteiligungsgesellschaften
UmwG	Umwandlungsgesetz
UmwStG	Umwandlungssteuergesetz
unstr.	Unstreitig
unumstr.	unumstritten
UrhG	Gesetz über Urheberrecht und verwandte Schutzrechte (Urheberrechtsgesetz)
Urt.	Urteil
UStG	Umsatzsteuergesetz
UStR	Umsatzsteuer Rundschau (Zeitschrift)
usw.	und so weiter
u.U.	unter Umständen
UWG	Gesetz gegen den unlauteren Wettbewerb
v.	vom
VAG	Gesetz über die Beaufsichtigung der privaten Versicherungsunternehmen und Bausparkassen (Versicherungsaufsichtsgesetz)
VereinsG	Gesetz zur Regelung des öffentlichen Vereinsrechts (Vereinsgesetz)
VerbrKrG	Verbraucherkreditgesetz
VerglO	Vergleichsordnung
VersR	Versicherungsrecht (Zeitschrift)
VersRiLi	Versicherungsbilanzrichtlinie
VersRiLiG	Versicherungsbilanzrichtlinie-Gesetz
VG	Verwaltungsgericht
VGH	Verwaltungsgerichtshof
vgl.	vergleiche
VIZ	Zeitschrift für Vermögens- und Investitionsrecht
VO	Verordnung
VOB	Verdingungsordnung für Bauleistungen
VOBl.	Verordnungsblatt
Vorbem.	Vorbemerkung
VRS	Verkehrsrechts-Sammlung
VStG	Vermögensteuergesetz
v.T.w.	von Todes wegen
VuR	Verbraucher und Recht (Zeitschrift)
VuR	Zeitschrift für Wirtschafts- und Verbraucherrecht
VVG	Gesetz über den Versicherungsvertrag (Versicherungsvertragsgesetz)
VV	RVG Vergütungsverzeichnis zum RVG
VW	Versicherungswirtschaft (Zeitschrift)
VwGO	Verwaltungsgerichtsordnung
VwVfG	Verwaltungsverfahrensgesetz
VwVG	Verwaltungs-Vollstreckungsgesetz
VwZG	Verwaltungs-Zustellungsgesetz
WährG	Erstes Gesetz zur Neuordnung des Geldwesens
WEG	Gesetz über das Wohnungseigentum und das Dauerwohnrecht
WG	Wechselgesetz
wistra	Zeitschrift für Wirtschaft, Steuer, Strafrecht
WM	Wertpapiermitteilungen (Zeitschrift)
WoPG	Wohnungsbau-Prämiengesetz
WPg	Die Wirtschaftsprüfung (Zeitschrift)
WpHG	Gesetz über den Wertpapierhandel (Wertpapierhandelsgesetz)

WPO	Wirtschaftsprüferordnung
WpPG	Gesetz über die Erstellung, Billigung und Veröffentlichung des Prospekts, der beim öffentlichen Angebot von Wertpapieren oder bei der Zulassung von Wertpapieren zum Handel an einem organisierten Markt zu veröffentlichen ist (Wertpapierprospektgesetz)
WpÜG	Wertpapiererwerbs- und Übernahmegesetz
WRP	Wettbewerb in Recht und Praxis (Zeitschrift)
WRV	Weimarer Reichsverfassung
WuB	Entscheidungssammlung zum Wirtschafts- und Bankrecht (Loseblatt-Zeitschrift)
WuW	Wirtschaft und Wettbewerb (Zeitschrift)
WZG	Warenzeichengesetz
ZAG	Zahlungsdiensteaufsichtsgesetz
ZAP	Zeitschrift für die anwaltliche Praxis
z.B.	zum Beispiel
ZBB	Zeitschrift für Bankrecht und Bankwirtschaft
ZEV	Zeitschrift für Erbrecht und Vermögensnachfolge
ZfA	Zeitschrift für Arbeitsrecht
ZfB	Zeitschrift für Betriebswirtschaft
ZfIR	Zeitschrift für Immobilienrecht
ZfRV	Zeitschrift für Rechtsvergleichung
ZfS	Zeitschrift für Schadensrecht (Jahr, Seite)
ZfV	Zeitschrift für Versicherungswesen
ZG	Zollgesetz
ZGR	Zeitschrift für Unternehmens- und Gesellschaftsrecht
ZHR	Zeitschrift für das gesamte Handelsrecht und Wirtschaftsrecht (Band [Jahr])
ZInsO	Zeitschrift für das gesamte Insolvenzrecht
ZIP	Zeitschrift für Wirtschaftsrecht und Insolvenzpraxis
ZMR	Zeitschrift für Miet- und Raumrecht
ZNotP	Zeitschrift für die Notarpraxis
ZPO	Zivilprozessordnung
ZS	Zivilsenat
z.T.	zum Teil
zust.	zustimmend
zutr.	zutreffend
ZVG	Gesetz über die Zwangsversteigerung und Zwangsverwaltung
zzgl.	zuzüglich
z.Zt.	zur Zeit
ZZP	Zeitschrift für Zivilprozess

Literaturverzeichnis

Achenbach/Ransiek	Handbuch Wirtschaftsstrafrecht, 4. Aufl. 2015
Arendts	Die Haftung für fehlerhafte Anlageberatung, 2. Aufl. 1998
Arretz und Artzt	Kontoführung & Zahlungsverkehr, 5. Aufl. 2017 *Assies*, Anwalts-Taschenbuch Bankrecht, 2002
Assies/Ristelhuber	Die Kundeninsolvenz in der Bankpraxis, 1. Aufl. 2005 (zitiert: Assies/Ristelhuber/Weis Rn. 527)
Assmann/Lenz/Ritz	Verkaufsprospektgesetz, 2001
Assmann/Schlitt/Kopp-Colomb, v.	Wertpapierprospektgesetz Verkaufsprospektgesetz (WpPG, VerkProspG), 3. Aufl. 2016
Assmann/Schneider	Wertpapierhandelsgesetz, 6. Aufl. 2012
Assmann/Schütze	Handbuch des Kapitalanlagerechts, 4. Aufl. 2015 *Assmann/Schütze*, Handbuch des Kapitalanlagerechts, 4. Aufl. 2015
Bartlsperger/Boutonnet/Loipfinger/Nickl/Nickl/Richter	Geschlossene Immobilienfonds, 5. Aufl. 2007
Bamberger/Roth	Kommentar zum Bürgerlichen Gesetzbuch, 3. Aufl. 2012
Basty	Der Bauträgervertrag, 9. Aufl. 2017 *Baum/Fleckner/Heelgardt/Roth*, Perspektiven des Wirtschaftsrechts, Beiträge für Klaus J. Hopt aus Anlass seiner Emeritierung, 2008
Baumbach/Hefermehl/Casper	Wechselgesetz, Scheckgesetz, Recht der kartengestützten Zahlungen, 23. Aufl. 2007 *Baumbach/Hopt*, Handelsgesetzbuch, 37. Aufl. 2016 *Baumbach/Hueck*, GmbH-Gesetz, 21. Aufl. 2016 *Baumbach/Lauterbach/Albers/Hartmann*, Zivilprozessordnung, 76. Aufl. 2017 *Beckmann*, Finanzierungsleasing, 3. Aufl. 2005 *Beckmann/Matusche-Beckmann*, Versicherungsrechts-Handbuch, 3. Aufl. 2015 *Beckmann/Scholtz/Vollmer*, Investment – Ergänzbares Handbuch für das gesamte Investmentwesen, Loseblatt, Stand: 08/2014
Behrends/Sellert	Der Kodifikationsgedanke und das Modell des Bürgerlichen Gesetzbuchs, 2000
Becker/Bürgers	Heidelberger Kommentar zum Aktiengesetz, 4. Aufl. 2016 *Berger*, Der Aufrechnungsvertrag, 1. Aufl. 1996
Berrar/Meyer/Müller/Schnorbus/Singhof/Wolf	Frankfurter Kommentar zum WpPG und zur EU-ProspektVO, 2. Aufl. 2016 *Beuthien u.a.*, Festschrift für Dieter Medicus, 1999
Blesch/Meyer/Steinwachs	Rechtssicheres Avalgeschäft, 3. Aufl. 2014
Blümer/Euler/Geyer u.a.	§ 44 KWG-Prüfungen im Kreditgeschäft, 2005
Bock/Wallich	Currency Swaps, a borrowing technique in a public policy context, Band 1, 1. Aufl. 1984
Böhm	Asset Backed Securities und die Wahrung des Bankgeheimnisses, Betriebs-Berater Zeitschrift für Recht/Steuern und Wirtschaft, 2004 (zitiert: Böhm BB 2004, 1641)
Böhm	Rechtliche Aspekte grenzüberschreitender Nettingvereinbarungen, 1. Aufl. 2001
Bomhard/Kessler/Dettmeier	Wirtschafts- und steuerrechtliche Gestaltungsfragen bei der Ausplatzierung Not leidender Immobilienkredite Betriebs-Berater Zeitschrift für Recht/Steuern und Wirtschaft 2004 (zitiert: Bomhard/Kessler/Dettmeier BB 2004, 2085)
Bosch/Groß	Das Emissionsgeschäft, 3. Aufl. 2006

Boos/Fischer/Schulte-Mattler	Kreditwesengesetz, CRR-VO: Kommentar zu Kreditwesengesetz, VO (EU) Nr. 575/2013, 5. Aufl. 2016 *Braun*, Insolvenzordnung, 7. Aufl. 2016 Braun/Riggert, Insolvenzordnung, 7. Aufl. 2017 (zitiert: Braun/Riggert InsO §136 Rn.2)
Bredow/Liebscher/Staps	NPL-Verkäufe von Insolvenzforderungen in der Praxis Zeitschrift für Wirtschaftsrecht, 2017 (zitiert: Bredow/Liebscher/Staps, NZI 2017, 89)
Brox/Henssler	Handelsrecht mit Grundzügen des Wertpapierrechts, 22. Aufl. 2016 *Bruchner/Metz*, Variable Zinsklauseln, 2001
Bruchner/Ott/Wagner-Wieduwilt	Verbraucherkreditgesetz, 1997
Bruhn/Erting/Reuse/Richter/Stetter	Riskante bankgeschäfte: Haftungsrisiken & Strafverfolgung, 2014
Brumme/Weis	Praxishandbuch Internetrecht, 2. Aufl. 2004
Buchheit	How to negotiate Eurocurrency Loan Agreements, 2. Aufl. 2000
Buck-Heeb	Kapitalmarktrecht, 9. Aufl. 2017
Bücker	Finanzinnovationen und kommunale Schuldenwirtschaft: zum Einsatz von Swapgeschäften und Swapderivaten im Schuldenmanagement von Gemeinden, 1. Aufl. 1993 *Bülow*, Heidelberger Kommentar zum Wechselgesetz, Scheckgesetz, Allgemeine Geschäftsbedingungen, 4. Aufl. 2004
Bülow	Recht der Kreditsicherheiten, 8. Aufl. 2012
Bülow/Artz	Heidelberger Kommentar zum Verbraucherkreditrecht, 6. Aufl. 2006
Bülow/Artz	Verbraucherkreditrecht, 8. Aufl. 2014
Bütter/Aiger	Sieg der Vernunft: Notleidende Darlehensforderungen sind abtretbar Betriebs-Berater Zeitschrift für Recht/Steuern und Wirtschaft,2005 (zitiert: Bütter/Aiger BB 2005, 119)
Bütter/Tonner	Übertragung von Darlehensforderungen und Bankgeheimnis Zeitschrift für Bankrecht und Bankwirtschaft, 2005 (zitiert: Bütter/Tonner ZBB 2005, 165)
	Bundesanstalt für Finanzdienstleistungsaufsicht, Jahresbericht 2012
Bundesministerium der Justiz	Gutachten und Vorschläge zur Überarbeitung des Schuldrechts, Band I, 1981
Bunte	AGB-Banken und Sonderbedingungen, 4. Aufl. 2015
Burghof/Henke/Rudolph/Schönbucher/Sommer (Hrsg.)	Kreditderivate, 1. Aufl. 2005
Büschgen	Praxishandbuch Leasing, 1998
Butzke/Herget	Ersatzsicherheiten in der Kreditsicherungspraxis, 2. Aufl. 1990
Cahn	Bankgeheimnis und Forderungsverwertung Zeitschrift für Wirtschaft und Bankrecht, 2004 (zitiert: Cahn WM 2004, 2041)
Canaris	Bankvertragsrecht, 1981
Canaris	Bankvertragsrecht, 1. Teil, 4. Aufl. 2005
Canaris	Bankvertragsrecht, 2. Teil, 3. Aufl. 1995
Canaris	Die Vertrauenshaftung im deutschen Privatrecht, 1971
Canaris/Heldrich/Hopt/Roxin/Schmidt K./Widmaier	50 Jahre BGH – Festgabe aus der Wissenschaft, Band I, 2000
Claussen	Bank- und Börsenrecht. Handbuch für Lehre und Praxis, 5. Aufl. 2014
Clouth	Rechtsfragen der ausserbörslichen Finanz-Derivate: Produktstrukturen und Verlustrisiken, Beratung und Information durch Kreditinstitute, 1. Aufl. 2001

Cranshaw	Einflüsse des Europäischen Rechts auf das Insolvenzverfahren; Das Europäische Recht, insbesondere das Beihilferecht, und seine Wirkungen auf das (mitgliedstaatliche) Insolvenzrecht der Bundesrepublik Deutschland, 2006
Cranshaw/Fischer/Freckman u.a.	FCH-Sicherheitenkompendium, 4. Aufl. 2013
Dauner-Lieb/Heidel/Lepa/Ring	Das neue Schuldrecht, 2002
Dauner-Lieb	Verbraucherschutz durch Ausbildung eines Sonderprivatrechts für Verbraucher, 1983
Dauner-Lieb/Arnold/Dötsch/Kitz	Anmerkungen und Fragen zur konsolidierten Fassung des Diskussionsentwurfs eines Schuldrechtsmodernisierungsgesetzes, im Internet abrufbar unter http://www.uni-koeln.de/jur-fak/lbrah/pdf_docs/Schuldrechtsreform.pdf
De Meo	Bankenkonsortium, 1994
Derleder/Knops/Bamberger	Handbuch zum deutschen und europäischen Bankrecht, 2. Aufl. 2008
Derleder/Knops/Bamberger/Beckhusen	Handbuch zum deutschen und europäischen Bankrecht, 2. Aufl. 2009 (zitiert: Derleder/Knops/Bamberger/Beckhusen § 5 II Rn.3)
Deutsche Bundesbank	Die Deutsche Bundesbank, Aufgabenfelder, Rechtlicher Rahmen, Geschichte, 2006
Deutsche Bundesbank	Die Europäische Wirtschafts- und Währungsunion, 2005
Diederichsen u.a.	Festschrift für Walter Rolland, 1999
Dölling/Duttge/Rössner	Gesamtes Strafrecht, StGB – StPO – Nebengesetze, 4. Aufl. 2017 *Dörge*, Rechtliche Aspekte der Wertpapierleihe, 1. Aufl. 1992
Domke/Sperlich	Verkauf notleidender Kredite- zivilrechtliche und strafrechtliche Fragestellungen Betriebs-Berater Zeitschrift für Recht/Steuern und Wirtschaft,2008 (zitiert: Domke/Sperlich BB 2008, 342)
Drescher	Verbraucherkreditgesetz und Bankenpraxis, 1994
Edelmann/Eller	Wertpapierdarlehen und Wertpapierpensionsgeschäfte, 1. Aufl. 1996
Einsele	Bank- und Kapitalmarktrecht, 3. Aufl. 2014
Ekkenga	Münchener Kommentar zum Handelsgesetzbuch, Band 5, 2. Aufl. 2009
Ekkenga/Hadding/Hammen	Bankrecht und Kapitalmarktrecht in der Entwicklung, Festschrift für Siegfried Kümpel, 2003
Ellenberger/Schäfer	Fehlgeschlagene Wertpapieranlagen – Haftung der Bank bei fehlerhafter Aufklärung und Beratung: Von der Beschwerde zum Rechtsstreit, 2006
Ellenberger/Clouth	Praktikerhandbuch Wertpapier- und Derivategeschäft, 5. Aufl. 2018
Emmerich/Sonnenschein	Miete, 11. Aufl. 2013 *Erbs/Kohlhaas*, Strafrechtliche Nebengesetze, Loseblatt, Stand: 08/2016 *Erman*, Handkommentar zum Bürgerlichen Gesetzbuch, 14. Aufl. 2014
Erne	Die Swapgeschäfte der Banken, 1. Aufl. 1990
Ernoult/Hemetsberger/Schoppmann/Wengler	European Banking and Financial Services Law, 3 Ed. 2008
Ernst/Zimmermann	Zivilrechtswissenschaft und Schuldrechtsreform, 2001
Esser/Schmidt	Schuldrecht, Band I, Allgemeiner Teil, Teilband 1, 8. Aufl. 1995; Teilband 2, 8. Aufl. 2000
Esser/Schmidt/Weyers	Schuldrecht, Band II, Besonderer Teil, Teilband 1, 9. Aufl. 2004; Teilband 2, 8. Aufl. 2000
Euler Hermes Kreditversicherung	Wirtschaftskriminalität – Das diskrete Risiko, 2005

European Central Bank	Legal Aspects of the European System of Central Banks, 2005
Falter/Eckert	Praxis des Kreditgeschäfts, 18. Aufl. 2010
Fikentscher	Die Geschäftsgrundlage als Frage des Vertragsrisikos, 1971
Fikentscher	Vertrag und wirtschaftliche Macht, in: Festschrift für Wolfgang Hefermehl, 1971
Fischer	Strafgesetzbuch und Nebengesetze, 65. Aufl. 2017 *Fischer/Klanten*, Bankrecht, 4. Aufl. 2010
FK-InsO	Frankfurter Kommentar zur Insolvenzordnung, 9. Aufl. 2018 (zitiert: FK-InsO/Wegener, § 166, Rn.7)
Fleischer	Informationsasymmetrie im Vertragsrecht, 2001
Flume	Allgemeiner Teil des Bürgerlichen Rechts, Zweiter Band: Das Rechtsgeschäft, 3. Aufl. 1979 = 4. unveränderte Aufl. 1992
Förster	Die Prospekthaftung der organisierten und grauen Kapitalmärkte, 2002
Franken/Heinsius	Das Spannungsverhältnis der allgemeinen Publizität zum Auskunftsrecht des Aktionärs, Festschrift Budde, 1995
Freckmann/Frings/Grziwotz	Das Erbbaurecht in der Finanzierungspraxis, 2. Aufl. 2009
Freitag	Verstoß gegen Bankgeheimnis durch Abtretung von Verbraucherdarlehensansprüchen ohne Einwilligung des Darlehensnehmers Entscheidungen zum Wirtschaftsrecht, 2004 (zitiert: Freitag EWiR 2004, 741)
Fridgen/Geiwitz/Göpfert	Beckscher Online-Kommentar zur Insolvenzordnung, Stand 31. Juli 2017, § 104 Rdn. 28
Fuchs	Wertpapierhandelsgesetz (WpHG), 2. Aufl. 2016
Fuchs	Close-Out Netting, Collateral und systemisches Risiko, Rechtsansätze zur Minderung der Systemgefahr im außerbörslichen Derivatehandel, 2013
Führich	Reiserecht, 6. Aufl. 2010
Fülbier/Aepfelbach/Langweg	GwG – Kommentar zum Geldwäschegesetz, 5. Aufl. 2006
Gaitanides	Das Recht der Europäischen Zentralbank, 2005
Gerke/Kölbl	Alles über Bankgeschäfte, 3. Aufl. 2004
Gernhuber	Das Schuldverhältnis, 1989
Gerth	Atypische Kreditsicherheiten, 2. Aufl. 1980
Gesell	Wertpapierleihe und Repurchase Agreement im deutschen Recht, 1995
Gillor	Der Rahmenvertrag für Finanztermingeschäfte der Europäischen Bankenvereinigung (EMA), 1. Aufl. 2006
Godefroid	Verbraucherkreditverträge, 3. Aufl. 2008
Göhler	Ordnungswidrigkeitengesetz, 17. Aufl. 2017 *Gola/Schomerus,* Bundesdatenschutzgesetz, 12. Aufl. 2015 (zitiert: Gola/Schomerus § 1 Rn.25)
Gottwald	Insolvenzrechts-Handbuch, 5. Aufl. 2015 *Graf/Jäger/Wittig*, Wirtschafts- und Steuerstrafrecht, 2011
Graf-Schlicker	Insolvenzordnung, 4. Aufl. 2014
Grieser/Heemann	Bankaufsichtsrecht, 2009
Grigoleit	Vorvertragliche Informationshaftung, 1997
Grill/Perczynski	Wirtschaftslehre des Kreditwesens, 51. Aufl. 2017
Grimm	Das Vertragsrecht des Wertpapierdarlehens, 1. Aufl. 1996
Groß	Kapitalmarktrecht, 6. Aufl. 2016 *Großkommentar HGB*, Band 5: Bankvertragsrecht I, 5. Aufl. 2008
Grundmann	Europäisches Schuldvertragsrecht, 2. Aufl. 2014

Grziwotz (Hrsg.)	Kommentar zur Makler- und Bauträgerverordnung, 2006
Grziwotz	MaBV – Kommentar zur Makler- und Bauträgerverordnung, 2. Aufl. 2012
Haarmann	Wegfall der Geschäftsgrundlage bei Dauerschuldverhältnissen, 1979
Habersack/Mülbert/Schlitt	Unternehmensfinanzierung am Kapitalmarkt, 3. Aufl. 2013
Hadding/Hopt/Schimansky	Aufklärungs- und Beratungspflichten der Kreditinstitute – Der moderne Schuldturm?, Bankrechtstag 1992, Schriftenreihe der Bankrechtlichen Vereinigung, 1993
Hadding/Hopt/Schimansky	Vorzeitige Beendigung von Finanzierungen/Rating von Unternehmen, Bankrechtstag 1996, Schriftenreihe der bankrechtlichen Vereinigung, 1997
Hadding/Nobbe	Bankrecht 2000 (RWS-Forum 17), 2000
Häfner	Fehlgeschlagene Immobilienkapitalanlagen, 3. Aufl. 2008
Hagemann	»Grauer Kapitalmarkt« und Strafrecht, 2005
Hailbronner/Wilms	Recht der europäischen Union, Bank- und Kapitalmarktrecht, Loseblatt, 20. Lfg.
Half	Evolving Trends in the Supervision of Financial Conglomerates, 2002
Hannemann/Schneider/Hanenberg	Mindestanforderungen an das Risikomanagement (MaRisk), 4. Aufl. 2013
Harte-Bavendamm/Henning-Bodewig	Gesetz gegen den unlauteren Wettbewerb (UWG) mit Preisangabenverordnung, 3. Aufl. 2013
Hartwig-Jacob	Die Vertragsbeziehungen und die Rechte der Anleger bei internationalen Anleiheemissionen, 2001
Hefermehl/Nirk/Westermann	Festschrift für Philipp Möhring, 1975
Heidbrink	Alfried, Zum Wiederaufleben von Sicherheiten nach Insolvenzanfechtung Neue Zeitschrift für Insolvenz- und Sanierungsrecht, Heft 7, 2005 (zitiert: Heidbrink, NZI 2005, 363, 364)
Heidel/Heidel/Lochner	Aktienrecht und Kapitalmarktrecht, 4. Aufl. 2014 *Hellmann/Beckemper*, Wirtschaftsstrafrecht, Studienbuch, 4. Aufl. 2013
Hellner/Steuer (Hrsg.)	Bankrecht und Bankpraxis – BuB, 131. Lfg. Juni 2017
Hellner/Steuer	Bankrecht und Bankpraxis – BuB, Loseblattsammlung, Stand: 107. Lfg. 2013
Hemetsberger/Schoppmann/Schwander/Wengler	European Banking and Financial Services Law, 2. Ed., 2006
Henssler	Risiko als Vertragsgegenstand, 1994
Henssler/Prütting	Bundesrechtsanwaltsordnung, 4. Aufl. 2014
Herberger/Martinek/Rüßmann/Weth	Juris-PraxisKommentar BGB, 5. Aufl. 2010
Hertel/Edelmann	Immobilienfinanzierung und Verbraucherschutz, 2007
Herzog	Geldwäschegesetz (GwG), 2. Auflage 2014
Hesse	Grundzüge des Verfassungsrechts der Bundesrepublik Deutschland, 20. Aufl. 1999
Heymann	*v.*, Die Kündigung von Darlehen nach § 247 BGB, 1984
Heymann	*v./Merz*, Bankenhaftung bei Immobilienanlagen, 18. Aufl. 2010
Hirte/von Bülow	Kölner Kommentar zum WpÜG, 2. Aufl. 2010
Hoeren/Sieber/Holznagel	Handbuch Multimedia-Recht, Loseblatt, Stand: 07/2014

Hofmann	Die Geldkarte – Die elektronische Geldbörse der Kreditwirtschaft, Diss. 2001
Hofmann/Walter	Die Veräußerung Not leidender Kredite- aktives Risikomanagement der Bank im Spannungsverhältnis zwischen Bankgeheimnis und Datenschutz, Zeitschrift für Wirtschaft und Bankenrecht (zitiert: Hofmann/Walter WM 2004, 1566)
Hönn	Kompensation gestörter Vertragsparität, 1982
Hopt	Der Kapitalanlegerschutz im Recht der Banken: gesellschafts-, bank- und börsenrechtliche Anforderungen an das Beratungs- und Verwaltungshandeln der Kreditinstitute, 1975
Hopt	Vertrags- und Formularbuch zum Handels-, Gesellschafts- und Bankrecht, 4. Aufl. 2013
Hopt/Mülbert	Kreditrecht, 1994
Horn	Europäisches Finanzmarktrecht, Entwicklungsstand und rechtspolitische Aufgaben, 2003
Horn/Lwowski/Nobbe	Bankrecht – Schwerpunkt und Perspektiven, Festschrift für Herbert Schimansky, 1999
Horn/Schimansky	Bankrecht 1998, 1998
Huber/Jayme	Festschrift für Rolf Serick, 1992
Hübner	Allgemeiner Teil des Bürgerlichen Gesetzbuchs, 2. Aufl. 1996
Hueck/Canaris	Recht der Wertpapiere, 12. Aufl. 1986
Hüffer/Koch	Aktiengesetz, 12. Aufl. 2016
Hüter/Jäger/Hellwig/ Hartmann-Wendels	Arbeitsweise der Bankenaufsicht vor dem Hintergrund der Finanzmarktkrise, 2009
Isensee/Kirchhof	Handbuch des Staatsrechts der Bundesrepublik Deutschland, Band I: Grundlagen von Staat und Verfassung, 1987; Band V: Allgemeine Grundrechtslehren, 1992; Band VI: Freiheitsrechte, 1989
Jackson	Consolidated Capital Regulation for Financial Conglomerates, 2003
Jacob	Die zivilrechtliche Beurteilung des Lastschriftverfahrens, 1995
Jaeger/Heinz	Risikobegrenzungsgesetz untermauert Abtretbarkeit von Sparkassendarlehensforderungen! Zeitschrift für Bank- und Kapitalmarktrecht, 2009 (zitiert: Jaeger/Heinz BKR 2009, 273)
Jarass/Pieroth	Grundgesetz für die Bundesrepublik Deutschland, 13. Aufl. 2014
Jauernig	Bürgerliches Gesetzbuch mit Gesetz zur Regelung des Rechts der Allgemeinen Geschäftsbedingungen, 15. Aufl. 2014
Jobe	Verkauf und Abtretung von Kreditforderungen und das Bankgeheimnis Zeitschrift für Wirtschaftsrecht,2004 (zitiert: Jobe ZIP 2004, 2415)
Joecks/Jäger/Randt	Steuerstrafrecht mit Zoll- und Verbrauchssteuerstrafrecht, 8. Aufl. 2015
Just/Voß/Ritz/Zeising	WpPG, Kommentar, 2009
Kampermann	Betreuungsrecht und Vorsorgevollmacht in der Bankpraxis, 2. Aufl. 2010
Katz	Staatsrecht, 18. Aufl. 2010
Keunecke	Prospekte im Kapitalmarkt, 2. Aufl. 2009
Kindhäuser	Strafgesetzbuch, Lehr- und Praxiskommentar, 6. Aufl. 2015
Kindhäuser/Neumann/Paeffgen	Nomos Kommentar StGB, 4. Aufl. 2013
KK-AktG	Kölner Kommentar zum Aktiengesetz, herausgegeben von Zöllner/ Noack, 9 Bände, 3. Aufl. 2004 ff.

KK-WpHG	Kölner Kommentar zum WpHG, herausgegeben von Hirte/Möllers, 2. Aufl. 2014
KK-WpÜG	Kölner Kommentar zum WpÜG, herausgegeben von Hirte/Bülow, v., 2. Aufl. 2010
Klein	Abgabenordnung, 12. Aufl. 2014
Klüwer/Meister	Forderungsabtretung und Bankgeheimnis Zeitschrift für Wirtschaft und Bankrecht, 2004 (zitiert: Klüwer/Meister WM 2004, 1157)
Kniffka/Koeble	Kompendium des Baurechts, 4. Aufl. 2014
Knops	Verbraucherschutz bei der Begründung, Beendigung und Übernahme von Immobiliarkreditverhältnissen: Darlehensbegründung und -kündigung, Vorfälligkeitsentschädigung, Ersatzkreditnehmerstellung, Grundschuldablösung und -übernahme, 2000
Koch/Masuch/Zingel	Bankgeschäfte im Internet, 2006
Kohler/Obermüller/Wittig	Gedächtnisschrift für Ulrich Bosch, 2006
Köhler/Bornkamm	Gesetz gegen den unlauteren Wettbewerb (UWG mit PAngV, UKlaG, DL-InfoV), 32. Aufl. 2014
Koller/Roth/Morck	Kommentar zum HGB, 7. Aufl. 2011
Köndgen	Selbstbindung ohne Vertrag, 1981
Köndgen	Zur Theorie der Prospekthaftung, 1983
Krämer	Finanzswaps und Swapderivate in der Bankpraxis, 1. Aufl. 1999
Krebs	Sonderverbindung und außerdeliktische Schutzpflichten, 2000
Kreft	Insolvenzordnung (Heidelberger Kommentar), 7. Aufl. 2014
Krekeler/Werner	Verteidigung in Wirtschaftsstrafsachen, 2. Auflage 2013
Kremers	Kreditderivate und Structured Credit, 1. Aufl. 2007
Krepold/Fischbeck	Bankrecht, 2009
Kristen/Keppel	NPL-Transaktionen aus Sicht des Verkäufers- Risiken und Lösungsansätze Zeitschrift für Bank- und Kapitalmarktrecht, 2005 (zitiert: Kristen/Kreppel BKR 2005, 123)
Kropholler	Internationales Privatrecht, 6. Aufl. 2006
Krüger/Bütter	Das Recht der Bankentgelte. Rechtsfragen kreditwirtschaftlicher Preisgestaltung, 2. Aufl. 2004
Krumnow/Sprißler/Bellavite-Hövermann/Kemmer/Alves/Brütting/Lauinger/Löw/Naumann/Paul/Paul/Pfitzer/Scharpf	Rechnungslegung der Kreditinstitute, 2. Aufl. 2004
Kübler/Prütting/Borg	InsO – Kommentar zur Insolvenzordnung, 1998/Stand 2016 (73. Lfg.)
Kümpel/Wittig	Bank- und Kapitalmarktrecht, 4. Aufl. 2011
Küppers/Brause	Asset-Backed Securities Transaktionen- Rechtliche, bilanzielle und steuerliche Aspekte Die Aktiengesellschaft, 1998 (zitiert: Küppers/Brause AG 1998, 413)
Kuß	Vergabe- und Vertragsordnung für Bauleistungen (VOB), 4. Aufl. 2003
Kusserow/Dittrich	Rechtsprobleme bei Asset-Backed Securities- Transaktionen deutscher Kreditinstitute unter besonderer Berücksichtigung datenschutzrechtlicher Aspekte Zeitschrift für Wirtschaft und Bankrecht, 1997 (zitiert: Kusserow/Dittrich WM 1997, 1786)
Lackner/Kühl	Strafgesetzbuch, Kommentar mit Erläuterungen, 28. Aufl. 2014

Lang	Informationspflichten bei Wertpapierdienstleistungen, 2002
Lang/Assies/Werner	Schuldrechtsmodernisierung in der Bankpraxis, 2002
Lang/Weidmüller	Genossenschaftsgesetz, 37. Aufl. 2011
Lange	Informationspflichten von Finanzdienstleistern. Zivilrechtliche Vorfeldpflichten bei Anlagegeschäften an Finanz- und Terminmärkten unter Berücksichtigung der §§ 31, 32 WpHG, 2000.
Lange/Werkmüller	Der Erbfall in der Bankpraxis, 2002
Langenbucher	Aktien- und Kapitalmarktrecht, 4. Aufl. 2018
Langenbucher	Die Risikozuordnung im bargeldlosen Zahlungsverkehr, 2001
Langenbucher	Kredithandel nach dem Risikobegrenzungsgesetz Neue Juristische Wochenschrift, 2008 (zitiert: Langenbacher NJW 2008, 3169)
Langenbucher/Gößmann/Werner	Zahlungsverkehr, 2004
Larenz	Lehrbuch des Schuldrechts. Bd. 1: Allgemeiner Teil, 14. Aufl. 1987
Larenz	Methodenlehre der Rechtswissenschaft, 6. Aufl. 1991
Larenz/Wolf	Allgemeiner Teil des Bürgerlichen Rechts, 10. Aufl. 2012
Lassak	Zins- und Währungsswaps, 1. Aufl. 1992
Leipold/Tsambikakis/Zöller	AnwaltKommentar StGB, 2011
Leser	Festschrift für Zentaro Kitagawa, 1992
Lieb/Noack/Westermann	Festschrift für Wolfgang Zöllner, 1998
Limmert	Die Wertpapierleihe, 1. Aufl. 1994
Loritz/Wagner	Konzeptionshandbuch der steuerorientierten Kapitalanlagen, Band I und Band II, 2. Aufl. 1997
Lüderssen/Kempf/Volk	Die Finanzkrise, das Wirtschaftsstrafrecht und die Moral, 2010
Lüdicke/Arndt	Geschlossene Fonds, 6. Aufl. 2013
Lwowski/Fischer/Langenbucher	Das Recht der Kreditsicherung, 9. Aufl. 2011
Marcks	MaBV, 9. Aufl. 2014
Marly	Praxishandbuch Softwarerecht, 6. Aufl. 2014
Martinek	Moderne Vertragstypen, Band I (Leasing und Factoring), 1991
Martinek	Moderne Vertragstypen, Band II (Franchising, Know-How-Verträge, Management- und Consultingverträge), 1992.
Maunz/Dürig/Herzog/Scholz u.a.	Grundgesetz, Band I: Art. 1–13, Loseblatt, Stand: 07/2014
Medicus	Allgemeiner Teil des BGB, 10. Aufl. 2010
Medicus/Lorenz	Schuldrecht I, Allgemeiner Teil, 21. Aufl. 2015 *Medicus/Petersen*, Bürgerliches Recht, 26. Aufl. 2017 *Merkel*, Die Negativklausel, 1985
Metz/Wenzel	Vorfälligkeitsentschädigung – Entgelt für die Vertragslösung oder Schadensersatz, 1996
Meyer-Goßner	Strafprozessordnung, mit Gerichtsverfassungsgesetz und Nebengesetzen, 57. Aufl. 2014
Micklitz/Reich	Die Fernabsatzrichtlinie im deutschen Recht, 1998
Mitsch	Recht der Ordnungswidrigkeiten, 2. Aufl. 2005
MüKo-AktG	Münchener Kommentar zum Aktiengesetz, herausgegeben von Goette, 7 Bände, Band 2: 4. Aufl. 2014; Band 1 und 3-7: 3. Aufl. 2010-2013, Band 6: 7. Auf. 2017

MüKo-BGB	Münchener Kommentar zum Bürgerlichen Gesetzbuch, herausgegeben von Rebmann/Säcker/Rixecker, 12 Bände und Loseblatt-Aktualisierungsband, Band 1–9: 7. Aufl. 2012-2013, Band 10: 7. Aufl. 2017 *MüKo-HGB*, Münchener Kommentar zum Handelsgesetzbuch, herausgegeben von K. Schmidt, 7 Bände und Ergänzungsband, Band 1–6: 3. Auflage 2010-2014, Band 7: 2. Aufl. 2009
MüKo-InsO	Münchener Kommentar zur Insolvenzordnung, herausgegeben von Kirchhof/Lwowski/Stürner, 3 Bände, 3. Auflage 2013-2014
MüKo-ZPO	Münchener Kommentar zur Zivilprozessordnung, herausgegeben von Rauscher/Wax/Wenzel, 3 Bände und Aktualisierungsband, 4. Aufl. 2012-2013
Müller-Gugenberger/Bieneck	Wirtschaftsstrafrecht, Handbuch des Wirtschaftsstraf- und ordnungswidrigkeitenrechts, 5. Aufl. 2011
Münch	Abtretungsverbote im deutschen und französischen Recht, 2001
Münch, v./Kunig	Grundgesetz-Kommentar, Band 1: Präambel bis Art. 20, 6. Aufl. 2012
	Münchener Kommentar zum Bürgerlichen Gesetzbuch, 5. Aufl. 2006 ff.
	Münchener Kommentar zum Bürgerlichen Gesetzbuch, 6. Aufl. 2012 ff.
	Münchener Kommentar zum Insolvenzrecht, 3. Aufl. 2013
MünchHdb GesR	Münchener Handbuch des Gesellschaftsrecht, herausgegeben von Hoffmann-Becking, Band 2: Kommanditgesellschaft, 4. Aufl. 2014; Band 3: GmbH, 4. Aufl. 2012, Band 4: 4. Aufl. 2015
Münscher/Grziwotz/Lang/Krepold	Praktikerhandbuch Baufinanzierung, 3. Aufl. 2010
Musielak	Kommentar zur Zivilprozessordnung, 11. Aufl. 2014
Nelle	Neuverhandlungspflichten: Neuverhandlungen zur Vertragsanpassung und Vertragsergänzung als Gegenstand von Pflichten und Obliegenheiten, 1994
Nerlich/Römermann	Insolvenzordnung 33. Ergänzungslieferung, 2017 (zitiert: Nerlich/Römermann, §130 Rn.54)
Neubacher	Kriminologie, 2. Aufl. 2014
Nobbe	Bankrecht. Aktuelle höchst- und obergerichtliche Rechtsprechung, 2. Aufl. 2012
Nobbe	Bankgeheimnis, Datenschutz und Abtretung von Darlehensforderungen Zeitschrift für Wirtschaft und Bankrecht (zitiert: Nobbe WM 2005, 1537)
Nobbe	Kommentar zum Kreditrecht, 3. Aufl. 2018
Nobbe	Neue höchstrichterliche Rechtsprechung zum Bankrecht, 6. Aufl. 1995
Obermüller	Ersatzsicherheiten im Kreditgeschäft, 1987
Obermüller	Insolvenzrecht in der Bankpraxis, 9. Aufl. 2016 *Oefele, v./Winkler*, Handbuch des Erbbaurechts, 5. Aufl. 2012
Oetker	Das Dauerschuldverhältnis und seine Beendigung, 1994
Oppermann/Classen/Nettesheim	Europarecht, 6. Aufl. 2014
Ott/Schäfer	Effiziente Verhaltenssteuerung und Kooperation im Zivilrecht, Beiträge zum V. Travemünder Symposium zur ökonomischen Analyse des Rechts vom 27.-30.03.1996, 1997
Palandt	Bürgerliches Gesetzbuch, 77. Aufl. 2018 *Park*, Kapitalmarktstrafrecht, 3. Aufl. 2013
Pause	Bauträgerkauf und Baumodelle, 5. Aufl. 2011

Pfeifer/Ullrich/Wimmer	MaRisk-Umsetzungsleitfaden, 2006
Pfeiffer	Karlsruher Kommentar zur Strafprozessordnung und zum Gerichtsverfassungsgesetz mit Einführungsgesetz, 6. Aufl. 2008
Pfeiffer/Kummer/Scheuch	Festschrift für Hand Erich Brandner, 1996
Platz	Bankgeschäfte mit Betreuten, 3. Aufl. 2010
Pohl	Innovative Finanzinstrumente im gemeinsamen europäischen Binnenmarkt, 1994
Pottschmidt/Rohr	Kreditsicherungsrecht, 4. Aufl. 2001
PricewaterhouseCoopers	Wirtschaftskriminalität und Unternehmensstruktur 2013. Sicherheitslage in deutschen Großunternehmen, 2013
Prölss/Martin	Versicherungsvertragsgesetz, 28. Aufl. 2010
Prütting/Wegen/Weinreich	BGB, 9. Aufl. 2014
Rauch/Zimmermann	Grundschuld und Hypothek – Der Realkredit in der Bankenpraxis, 2. Aufl. 1998
Redeker	Handbuch der IT-Verträge, Loseblatt, Stand: 07/2013
Reich	Europäisches Verbraucherrecht. Eine problemorientierte Einführung in das Wirtschaftsrecht, 3. Aufl. 1996
Reich/Micklitz	Europäisches Verbraucherrecht, 4. Aufl. 2003
Reichsgerichtsrätekommentar (RGRK)	Das Bürgerliche Gesetzbuch mit besonderer Berücksichtigung der Rechtsprechung des Reichsgerichts und des Bundesgerichtshofes, Teilbänden, 12. Aufl. 1974–1996
Reifner	Alternatives Wirtschaftsrecht am Beispiel der Verbraucherverschuldung, 1979
Reifner	Der Verkauf notleidender Verbraucherdarlehen Zeitschrift für Bank- und Kapitalmarktrecht (zitiert: Reifner BKR 2008, 142)
Reifner/Brutschke	Gutachten zur Vorfälligkeitsentschädigung, 1994
Reiner	Münchener Vertragshandbuch, Band 4, 7. Aufl. 2012
Reinicke/Tiedtke	Kreditsicherung, 6. Aufl. 2014
Reinking/Eggert	Der Autokauf, 12. Aufl. 2014
Reisach	Bauträgerrecht und Bauträgerfinanzierung, 2. Aufl. 2000
Reisach	Bauträgerrecht und Bauträgerfinanzierung, 3. Aufl. 2003
Reischauer/Kleinhans	Kreditwesengesetz (KWG), Loseblatt, Stand: 08/2014
Reithman/Meichssner/Heymann, v.,	Kauf vom Bauträger, 7. Aufl. 1995
Rimmelspacher	Kreditsicherungsrecht, 3. Aufl. 2007
Rinze/Heda	Non-Performing Loan und Verbriefungs- Transaktionen: Bankgeheimnis, Datenschutz, §203 StGB und Abtretung Zeitschrift für Wirtschaft und Bankrecht (zitiert: Rinze/Heda WM 2004, 1557)
Rögner	Bankgeheimnis im Spannungsverhältnis mit dem Kapitalmarktrecht? Neue Juristische Wochenschrift, 2004 (zitiert: Rögner NJW 2004, 3230)
Rolletschke	Steuerstrafrecht, 4. Aufl. 2014
Rosenberg/Gaul/Schilken	Zwangsvollstreckungsrecht, 12. Aufl. 2010
Rösler/Wimmer/Lang	Vorzeitige Beendigung von Darlehensverträgen. Vorfälligkeitsentschädigung und Nichtabnahmeentschädigung aus juristischer und finanzmathematischer Sicht, 2003
Roxin	Strafrecht. Allgemeiner Teil, Band II, 2003

Sandkühler	Bankrecht, 2. Aufl. 1993
Schäfer/Hamann	Kapitalmarktgesetze, Loseblatt, Stand: 01/2013
Schaffland/Wiltfang	Bundesdatenschutzgesetz Loseblattwerk, 2016 (zitiert: Schaffland/Wiltfang § 1 Rn.25)
Schalast/Safran/Sassenberg	Strafbarkeit von Sparkassenvorständen beim Verkauf notleidender Kredite Neue Juristische Wochenschrift, 2008 (zitiert: Schalast/Safran/Sassenberg NJW 2008, 1486)
Schantz	Die Vereinbarkeit der Abtretung von Darlehensforderungen mit Bankgeheimnis und Datenschutzrecht Verbraucher und Recht, 2006 (zitiert: Schantz VuR 2006, 464)
Scharpf/Luz	Risikomanagement, Bilanzierung und Aufsicht von Finanzderivaten, 1. Aufl. 1999
Schellhammer	Schuldrecht nach Anspruchsgrundlagen, 9. Aufl. 2014
Scherer	Depotgesetz (DepotG), 2012
Schilken/Becker-Eberhard/Gerhard	Festschrift für Hans Friedhelm Gaul, 1997
Schilmar/Breiteneicher/Wiedenhofer	Abtretung; Verbot; Bankgeheimnis; Datenschutz Der Betrieb, 2005 (zitiert: Schimar/Breiteneicher/Wiedenhofer DB 2005, 1367)
Schimansky/Bunte/Lwowski	(Hrsg.), Bankrechts-Handbuch, 3. Aufl. 2007
Schimansky/Bunte/Lwowski (Hrsg.)	Bankrechts-Handbuch, 4. Aufl. 2011
Schimansky/Bunte/Lwowski	Bankrechts-Handbuch, Bd. 1 und 2, 5. Aufl. 2017 *Schinkels*, Die Verteilung des Haftungsrisikos für Drittmissbrauch von Medien des bargeldlosen Zahlungsverkehrs, Diss. 2001
Schlechtriem	Diskussionsbericht, in: Verhandlungen des 60. Deutschen Juristentages, Band II/2, 1994, S. K 140
Schlechtriem/Schmidt-Kessel	Schuldrecht, Allgemeiner Teil, 6. Aufl. 2005
Schlegelberger/Geßler	Handelsgesetzbuch, Band III, 1. Halbband (§§ 105–160), 5. Aufl. 1992; Band IV (§§ 343-372), 5. Aufl. 1976
Schmidt, A.,	Hamburger Kommentar zum Insolvenzrecht, 5. Aufl. 2015
Schmidt, J.,	Vertragsfreiheit und Schuldrechtsreform, 1985
Schmidt, K./Uhlenbruck	Die GmbH in Krise, Sanierung und Insolvenz, 4. Aufl. 2009
Schmidt-Bleibtreu/Hofmann/Hopfauf	Kommentar zum Grundgesetz, 12. Aufl. 2011
Schmidt-Futterer	Mietrecht, 10. Aufl. 2011
Schmidt/Uhlenbruck	Die GmbH in Krise, Sanierung und Insolvenz, 5. Aufl. 2016 (zitiert: K. Schmidt/Uhlenbruck Rn.437)
Schneider	Handbuch des EDV-Rechts, 4. Aufl. 2009
Schneider/Graf von Westphalen	Software-Erstellungsverträge, 2. Aufl. 2013
Scholz	GmbHG, 11. Auflage 2012 *Scholze*, Das Konsortialgeschäft der deutschen Banken, 2 Halbbände, 1973
Schönke/Schröder	Strafgesetzbuch, Kommentar, 29. Aufl. 2014
Schork/Groß	Bankstrafrecht, 2013
Schröder	Aktienhandel und Strafrecht, 1995
Schröder	Handbuch Kapitalmarktstrafrecht, 2. Aufl. 2010
Schulte-Nölke/Schulze	Europäische Rechtsangleichung und nationale Privatrechte, 1999
Schulz	Anwaltformulare – Internationales Privatrecht, 2006

Schulze/Dörner/Ebert/ Hoeren/Kemper/Saenger/ Schulte-Nölke/Staudinger	Bürgerliches Gesetzbuch, Handkommentar, 8. Aufl. 2014
Schulze/Schulte-Nölke	Die Schuldrechtsreform vor dem Hintergrund des Gemeinschaftsrechts, 2001
Schulze/Zuleeg	Europarecht, 2. Aufl. 2010
Schuschke/Walker	Vollstreckung und Vorläufiger Rechtsschutz, 5. Aufl. 2011
Schwark	Börsengesetz. Kommentar zum Börsengesetz und zu den börsenrechtlichen Nebenbestimmungen, 2. Aufl. 1994
Schwark/Zimmer	Kapitalmarktrechts-Kommentar, 4. Aufl. 2010
Schwarting	Kommunales Kreditwesen, 4. Aufl. 2014
Schwind	Kriminologie. Eine praxisorientierte Einführung mit Beispielen, 22. Aufl. 2013
Schwintowski	Bankrecht, 5. Aufl. 2018
Schwintowski/Schäfer	Bankrecht, 2. Aufl. 2004
Senge	Karlsruher Kommentar zum Gesetz über Ordnungswidrigkeiten, 4. Aufl. 2014
Serick	Eigentumsvorbehalt und Sicherungsübertragung, Bd. II, 1965; Bd. IV, 1976
Siller	Kapitalmarktrecht, 2006
Simitis/Walz	Bundesdatenschutzgesetz-Nomos Kommentar, 8. Aufl. 2014 (zitiert: Simitis/Walz § 182 und § 28 Rn. 134)
Soergel	BGB, 13. Aufl. 1999 ff.
Staudinger	Bürgerliches Gesetzbuch (Kommentar), §§ 346-361 (Neubearbeitung 2004)
Staudinger	Bürgerliches Gesetzbuch (Kommentar), §§ 491-512 (Neubearbeitung 2004)
Staudinger	Bürgerliches Gesetzbuch (Kommentar), §§ 346-361 (Neubearbeitung 2012)
Staudinger	Bürgerliches Gesetzbuch (Kommentar), §§ 488-490 (Neubearbeitung 2011)
Staudinger	Bürgerliches Gesetzbuch (Kommentar), §§ 491-512 (Neubearbeitung 2012)
Staudinger	Kommentar zum Bürgerlichen Gesetzbuch, 14. Aufl. 2005 ff., Neubearbeitungen 2004 ff.
Stein, v./Terrahe	Handbuch Bankorganisation, 2. Aufl. 1995
Steinmeyer/Häger	WpÜG: Wertpapiererwerbs- und Übernahmegesetz. Kommentar, 2. Aufl. 2007
Stelling	Die vorzeitige Ablösung festverzinslicher Realkredite. Eine Untersuchung zu den Rechtsgrundlagen und Grenzen von Vorfälligkeitsentschädigungen, Kieler Rechtswissenschaftliche Abhandlungen (NF), Band 27, 2000
Steppeler	Bankentgelte, 2003
Steppeler	Bankentgelte – Zulässige Entgelte für kreditwirtschaftliche Leistungen, 2003
Steppeler/Künzle	Kommentar zu den Sparkassen-AGB, 4. Aufl. 2008
Stiller	Asset-Backed- Securities und das Bankgeheimnis Zeitschrift für Wirtschaftsrecht (zitiert: Stiller ZIP 2004, 2027)

Stöber	Forderungspfändung, 16. Aufl. 2013
Streinz	EUV/AEUV, 2. Aufl. 2012
Szagunn/Haug/Ergenzinger	Gesetz über das Kreditwesen, 6. Aufl. 1997
Theewen	Problemkredite und die »Mindestanforderungen an das Kreditgeschäft der Kreditinstitute«- Workout, Outsourcing oder Bad Bank? Zeitschrift für Wirtschaft und Bankrecht, 2004 (zitiert: Theewen WM 2004, 105)
Thiel	Die Haftung der Anlageberater und Versicherungsvermittler, 2. Aufl. 2007
Thole	Das Reformgesetz zur Insolvenzanfechtung Zeitschrift für Wirtschaftsrecht 2017 (zitiert: Thole ZIP 2017, 401)
Tiedemann	Wirtschaftsstrafrecht, Einführung und Allgemeiner Teil mit wichtigen Rechtstexten, 4. Aufl. 2014
Tiedemann	Wirtschaftsstrafrecht, Besonderer Teil mit wichtigen Gesetzes- und Verordnungstexten, 3. Aufl. 2011
Tiedemann	Wirtschaftsbetrug, 1999
Többens	Wirtschaftsstrafrecht, Ein Studienbuch für Wirtschaftsjuristen und Wirtschaftswissenschaftler, 2006
Toth-Feher/Schick	Distressed Opportunities- Rechtliche Probleme beim Erwerb notleidender Forderungen von Banken Zeitschrift für Wirtschaftsrecht, 2004 (zitiert: Toth-Feher/Schick ZIP 2004, 491)
Triebel/Hodgson/Kellenter/ Müller	Englisches Handels- und Wirtschaftsrecht, 3. Aufl. 2012
Uhlenbruck	Insolvenzordnung InsO, 14. Aufl. 2015
Ulmer/Brandner/Hensen	AGB-Gesetz, Kommentar, 11. Aufl. 2011
Ulmer/Habersack	Verbraucherkreditgesetz, 2. Aufl. 1995
Ulmer/Habersack/Löbbe	GmbHG Großkommentar, 2. Aufl. 2014 ff.
Westphalen, v.	Vertragsrecht und AGB-Klauselwerke, Loseblatt, Stand: 02/2014
Westphalen, v./Emmerich/ Rottenburg, v.	Verbraucherkreditgesetz, 2. Aufl. 1996
Westphalen, v	Der Leasingvertrag, 7. Aufl. 2014
Völker	Preisangabenrecht, 2. Aufl. 2002
Völker	Preisangabenverordnung, 2. Aufl. 2002
v. Oefele/Winkler	Handbuch des Erbbaurechts, 5. Aufl. 2012
Vortmann	Aufklärungs- und Beratungspflichten der Banken, 10. Aufl. 2012
Vortmann	Prospekthaftung und Anlageberatung, 2000
Wabnitz/Janovsky	Handbuch des Wirtschafts- und Steuerstrafrechts, 4. Aufl. 2014
Wandtke/Bullinger	Praxiskommentar zum Urheberrecht, 4. Aufl. 2014
Waßmer	Untreue bei Risikogeschäften, 1997
Weber	Lehre von der fehlerhaften Gesellschaft, 1978
Werner/Machunsky	Immobilienfonds und Erwerbermodelle, 2. Aufl. 1993
Weyand	Insolvenzdelikte, Unternehmenszusammenbruch und Strafrecht, 9. Aufl. 2013
Wieneke	Discount-Broking und Anlegerschutz, 1999
Wimmer, Klaus	Frankfurter Kommentar zur Insolvenzordnung, 9. Aufl. 2017 *Wimmer, Konrad*, Bankkalkulation. Neue Konzepte der Kosten- und Erlösrechnung von Kreditinstituten, 3. Aufl. 2004

Wimmer/Stöckl-Pukall	Die Preisangabenverordnung der Banken, 1998 (mit Nachtrag 2000)
Wittig	Wirtschaftsstrafrecht, 3. Aufl. 2014
Wolf/Eckert/Ball	Handbuch des gewerblichen Miet-, Pacht und Leasingrechts, 10. Aufl. 2009
Wolf/Lindacher/Pfeiffer	AGB-Recht, 6. Aufl. 2013
Wood	Law and Practice of International Finance Series – International Loans, Bonds, Guarantees and Legal Opinions, 2. Aufl. 2007
Zahn/Bahmann	Kfz-Leasingvertrag, 1999
Zahn/Ehrlich/Haas	Zahlung und Zahlungssicherung im Außenhandel, 8. Aufl. 2010
Zerey	Finanzderivate, 3. Aufl. 2013
Zippelius/Würtenberger	Deutsches Staatsrecht, 32. Aufl. 2008
Zöller	Zivilprozessordnung, 30. Aufl. 2014

Kapitel 1 Organisation und Rechtsrahmen

Übersicht

A. Bankwesen in Deutschland

I. Organisation

1. Bankensysteme

a) Universalbankensystem

Kreditinstitute eines Universalbankensystems, wie es üblicherweise in Mitteleuropa und auch in Deutschland anzutreffen ist, betreiben grundsätzlich **alle Arten von Bankgeschäften**. Für die Institute in der Bundesrepublik ergeben sich diese aus dem Kreditwesengesetz (KWG).[1] Im Einzelnen erstreckt sich die Geschäftstätigkeit dieser Banken vom Zahlungsverkehr über das Einlagen-, Spar- und Kreditgeschäft bis hin zur Emission und dem Handel von Wertpapieren und anderen Finanzinstrumenten einschließlich der damit verbundenen Serviceleistungen sowie der Anlageberatung. Vorteile des Universalbankensystems sind neben der Versorgung der Kunden mit Bankdienstleistungen aus einer Hand die relativ geringe Störanfälligkeit der Banken, da aufgrund der Produktvielfalt eine breite Risikostreuung gewährleistet ist.[2] 1

Neben den Universalbanken existieren auch **Spezialkreditinstitute**. Diese bieten nur ausgewählte, ihnen gesetzlich zugewiesene oder in ihrer Satzung festgelegte Geschäfte an. Zu den Spezialbanken in Deutschland zählen unter anderem Realkreditinstitute, bestimmte öffentliche und private Bausparkassen sowie Förderbanken und bestimmte auf Wertpapiergeschäftsabwicklung spezialisierte Institute.[3] 2

b) Trennbankensystem

Das für Kontinentaleuropa typische Universalbankensystem unterscheidet sich wesentlich vom Trennbankensystem, wie es in Großbritannien[4] und in den Vereinigten Staaten[5] existierte. Institute eines Trennbankensystems dürfen nur bestimmte ausgewählte Geschäfte tätigen. So werden das Emissionsgeschäft, der Handel mit Wertpapieren oder Derivaten oder die Beratung bei Fusionen 3

1 § 1 Abs. 1 KWG (Kreditwesengesetz) in der Fassung der Bekanntmachung v. 09.09.1998, BGBl. I, S. 2776, zuletzt geändert durch Art. 7, Art. 14 Abs. 2 G zur Umsetzung der Zweiten Zahlungsdiensterichtlinie v. 17.07.2017, BGBI. I, S. 2446.

2 Dazu *Büschgen*, Die Bürger im Staat 1/1997, 16 ff.

3 *Fischer/Klanten*, S. 2.

4 Von Stein/Terrahe/*Schuster*, S. 233 ff. Als Reaktion auf die Finanzmärktekrise erfolgte durch den *(Banking Reform) Act 2003* eine Strukturreform. Das Gesetz sieht vor, dass das klassische Retailbanking aus Einlagen- und Kreditgeschäft, als bedeutender Geschäftsbereich, durch einen sogenannten »ring-fence« (Schutzwall) von unbedeutenden Teilen abgegrenzt werden soll.

5 Der Financial Services Modernization Act (Gramm-Leach-Bliley Act) führte im November 1999 im Wesentlichen zur Abschaffung des Trennsystems in den USA. Als Reaktion auf die Finanzmärktekrise führte die USA das Trennbankensystem durch die im Dodd-Frank-Act eingebettete Volcker-Rule wieder ein.

oder Übernahmen von **Investmentbanken** betrieben.[6] Der Schwerpunkt der Geschäftsbanken, der so genannten **Commercial Banks**, liegt dagegen auf dem Einlagen- und Kreditgeschäft.[7]

c) Deutsche und europäische Trennbankenregeln

4 Als Reaktion auf die Finanzmärktekrise sind der deutsche und europäische Gesetzgeber dazu übergegangen, Trennbankenregelungen zu erlassen, um angeblich Kundeneinlagen zu schützen und das sogenannte »too-big-to-fail«-Problem zu lösen. Mit dem am 13.08.2013 in Deutschland in Kraft getretenen Gesetz zur Abschirmung von Risiken und zur Planung der Sanierung und Abwicklung von Kreditinstituten und Finanzgruppen (Trennbankengesetz)[8] hat der deutsche Gesetzgeber zunächst einen nationalen Vorstoß unternommen. Regelungsinhalt ist die Abschirmung von Risiken,[9] die Planung der Sanierung und Abwicklung von Kreditinstituten,[10] sowie die Strafbarkeit der Handlungen von Geschäftsleitern im Risikomanagement.[11] Die Regelungen sind aufgrund des Verhältnismäßigkeitsgrundsatzes nur auf systemrelevante Banken anzuwenden.[12] Mit Wirkung ab 01.07.2015 sind Banken ab einem bestimmten Schwellenwert verpflichtet, den als riskant eingestuften Eigenhandel von ihrem klassischen Kundengeschäft zu trennen.[13] Der Eigenhandel muss dann in eine rechtlich, wirtschaftlich und organisatorisch selbstständige Gesellschaft ausgliedert werden und diese bedarf einer eigenen KWG-Erlaubnis. Im neu geregelten § 3 Abs. 2 KWG ist Kreditinstituten, die den Schwellenwert erreichen, das Eigengeschäft (§ 3 Abs. 2 Satz 2 Nr. 1 KWG), der Eigenhandel i.S.d. § 1 Abs. 1a Satz 2 Nr. 4 Buchst. d) KWG mit Ausnahme der Market-Making-Tätigkeiten (§ 3 Abs. 2 Satz 2 Nr. 3 KWG) sowie das Kredit- und Garantiegeschäfte mit Hedgefonds und anderen hebelfinanzierten Anlagevehikeln (§ 3 Abs. 2 Satz 2 Nr. 2 i.V.m. Satz 1 KWG) verboten. Erlaubt bleibt aber der Eigenhandel für Kunden einschließlich Market Making.

5 Neben Deutschland sind weitere europäische Staaten zunächst einen Alleingang im Bereich Trennbankenregelung gegangen,[14] ohne auf eine einheitliche europäische Regelung zu warten. Der Anfang 2014 von der Kommission vorgelegte Verordnungsvorschlag zur Trennbankenregelung wurde im Oktober 2017 zurückgezogen. Derzeit scheint es keine EU-Pläne in diese Richtung zu geben. [15]

d) Schattenbanken

6 Durch die in der Folge der Finanzmärktekrise massiv gestiegenen regulatorischen und insbesondere Eigenkapital- und Liquiditätsanforderungen für Banken geben immer mehr deutsche und andere europäische Institute immer mehr traditionelle Bankgeschäfte (insbesondere Kreditgeschäfte) auf und überlassen diese den sogenannten Schattenbanken, also nicht oder anders regulierten

6 Von Stein/Terrahe/*Schuster*, S. 228.

7 Von Stein/Terrahe/*Schuster*, S. 223 f.

8 Gesetz zur Abschirmung von Risiken und zur Planung der Sanierung und Abwicklung von Kreditinstituten und Finanzgruppen v. 07.08.2013, BGBl. I 2013, Nr. 47, S. 3090.

9 Art. 2 Gesetz zur Abschirmung von Risiken und zur Planung der Sanierung und Abwicklung von Kreditinstituten und Finanzgruppen.

10 Art. 1 Gesetz zur Abschirmung von Risiken und zur Planung der Sanierung und Abwicklung von Kreditinstituten und Finanzgruppen.

11 Art. 3 und Art. 4 Gesetz zur Abschirmung von Risiken und zur Planung der Sanierung und Abwicklung von Kreditinstituten und Finanzgruppen.

12 *Lehmann/Rehahn* WM 2014, 1793 (1798).

13 Vgl. Art. 2 des Gesetzes zur Abschirmung von Risiken und zur Planung der Sanierung und Abwicklung von Kreditinstituten und Finanzgruppen; § 3 KWG.

14 Z.B. Frankreich: Loi no. 2013-672 du 26 juillet 2013 de séparation et de régulation des activités bancaires, J.O. n 173 du 27 juillet 2013, S. 12530; Belgien: Art. 117-133 Loi relative au statut et au contrôle des établissements de crédit v. 25.04.2014, Moniteur belge v. 07.05.2014, S. 36794.

15 Vorschlag für eine Verordnung des Europäischen Parlaments und des Rates über strukturelle Maßnahmen zur Erhöhung der Widerstandsfähigkeit von Kreditinstituten der Union, COM/2014/043 final – 2014/0020 (COD).

Unternehmen, wie Versicherungsgesellschaften, Investmentfonds und anderen institutionellen Anlegern. Der deutsche und vor allem der europäische Gesetzgeber versuchen diese Entwicklung durch neue Regelungen in den Griff zu bekommen.[16]

2. Bankgeschäfte und Finanzdienstleistungen

§ 1 KWG enthält neben der Lizenzpflicht für Bankgeschäfte und Finanzdienstleistungen (§ 32 KWG) auch zahlreiche Definitionen bankaufsichtsrechtlich relevanter Schlüsselbegriffe. **Kreditinstitute** sind Unternehmen, die Bankgeschäfte in Deutschland gewerbsmäßig oder in einem Umfang betreiben, der einen in kaufmännischer Weise eingerichteten Geschäftsbetrieb erfordert.[17] § 1 Abs. 1 Satz 2 KWG beinhaltet eine abschließende Aufzählung der **Bankgeschäfte**.[18] Als Einlagengeschäft (Nr. 1) wird die Annahme fremder Gelder oder anderer unbedingt rückzahlbarer Gelder des Publikums bezeichnet, sofern der Anspruch auf Rückzahlung nicht in Inhaber- oder Orderschuldverschreibungen verbrieft wird.[19] Dies gilt unabhängig davon, ob Zinsen vergütet werden oder nicht. Zu den Einlagen zählen in der Praxis Sicht-, Termin- und Spareinlagen. Das Einlagengeschäft in Verbindung mit der Methodik der Fristentransformation ist die Basis des Aktivgeschäfts (z.B. des Kreditgeschäfts). Zu den Bankgeschäften zählen auch Pfandbriefgeschäfte (Nr. 1a). Hierunter wird unter anderem die Ausgabe gedeckter Schuldverschreibungen aufgrund erworbener Hypotheken (Immobilien, Schiffe, Flugzeuge) oder erworbener Forderungen gegen staatliche Stellen verstanden (§ 1 Abs. 1 Satz 2 PfandBG).[20] Unter Kreditgeschäft (Nr. 2) versteht man die Gewährung von Gelddarlehen und Akzeptkrediten. Zu den Bankgeschäften gehört auch der Ankauf von Wechseln und Schecks, das so genannte Diskontgeschäft (Nr. 3). Nicht erfasst ist der Ankauf anderer Wertpapiere. Bankgeschäfte sind auch Finanzkommissionsgeschäfte (Nr. 4), d.h. die Anschaffung und die Veräußerung von Finanzinstrumenten im eigenen Namen und für fremde Rechnung. Das Preisrisiko bei diesen Geschäften verbleibt beim Kunden. Unter dem Depotgeschäft (Nr. 5) versteht man die Verwahrung und Verwaltung von Wertpapieren für andere. Ebenso Bankgeschäft ist die Eingehung der Verpflichtung, Darlehensforderungen vor Fälligkeit zu erwerben, das so genannte Revolvinggeschäft (Nr. 7). Die Übernahme von Bürgschaften, Garantien und sonstigen Gewährleistungen für andere bezeichnet man als Garantiegeschäft (Nr. 8). Ferner ist die Durchführung des bargeldlosen Scheckeinzugs (Scheckeinzugsgeschäft), des Wechseleinzugs (Wechseleinzugsgeschäft) und die Ausgabe von Reiseschecks (Reisescheckgesetz) Bankgeschäft (Nr. 9), ebenso wie die Übernahme von Finanzinstrumenten für eigenes Risiko zur Platzierung oder die Übernahme gleichwertiger Garantien, das so genannte Emissionsgeschäft (Nr. 10). Schließlich zählt auch die Tätigkeit als zentrale Gegenpartei i.S.d. § 1 Abs. 31 KWG (Nr. 12) zu den Bankgeschäften. Gemäß Art. 2 Nr. 1 der Verordnung (EU) Nr. 648/2012, auf den verwiesen wird, ist eine zentrale Gegenpartei (»CCP«), eine juristische Person, die zwischen die Parteien der auf einem oder mehreren Märkten gehandelten Kontrakte tritt und somit als Käufer für jeden Verkäufer bzw. als Verkäufer für jeden Käufer fungiert.[21] Seit 31.10.2009 ist das ursprünglich in § 1 Abs. 1 Nr. 9 KWG normierte Girogeschäft nicht mehr Teil des Bankgeschäftskatalogs. 7

Zahlungsinstitute sind nach § 1 Abs. 1 Nr. 5 Zahlungsdiensteaufsichtsgesetz (ZAG)[22] Unternehmen, die gewerbsmäßig oder in einem Umfang, der einen in kaufmännischer Weise eingerichteten 8

16 Vgl. Rdn. 64.

17 § 1 Abs. 1 Satz 1 KWG.

18 Boos/Fischer/Schulte-Mattler/Schäfer, Kreditwesengesetz, § 1, Rn. 2.

19 Zu den einzelnen Bankgeschäften vgl. Boos/Fischer/Schulte-Mattler/Schäfer, § 1 Rn. 32 ff.

20 § 1 Abs. 1 KWG; Pfandbriefgesetz (PfandBG) v. 22.05.2005, BGBl. I, S. 1373, zuletzt geändert durch Art. 24 Abs. 38 Zweites Finanzmarktnovellierungsgesetz v. 23.06.2017, BGBl. I, S. 1693.

21 Art. 2 Nr. 1 der Verordnung (EU) Nr. 648/2012 des Europäischen Parlaments und des Rates v. 04.07.2012 über OTC-Derivate, zentrale Gegenparteien und Transaktionsregister, ABl. L 201, v. 27.07.2012, S. 1.

22 Gesetz über die Beaufsichtigung von Zahlungsdiensten (Zahlungsdiensteaufsichtsgesetz – ZAG), v. 25.06.2009, BGBl. I, S. 1506, zuletzt geändert durch Art. 15 Abs. 4 Satz 2 Gesetz zur Umsetzung der Zweiten Zahlungsdiensterichtlinie v. 17.07.2017, BGBl. I, S. 2446.

Geschäftsbetrieb erfordert, Zahlungsdienste erbringen. Darunter fallen gem. § 1 Abs. 2 ZAG das Ein- und Auszahlungsgeschäft (Nr. 1), das Zahlungsgeschäft in Form des Lastschrift- und Überweisungsgeschäfts (Girogeschäft) und des Zahlungskartengeschäfts ohne Kreditgewährung (Nr. 2), das Zahlungsgeschäft mit Kreditgewährung (Nr. 3), das Zahlungsauthentifizierungsgeschäft (Nr. 4), das digitalisierte Zahlungsgeschäft (Nr. 5) und das Finanztransfergeschäft (Nr. 6). Wer derartige Zahlungsdienste als Zahlungsinstitut erbringen will, bedarf der schriftlichen Erlaubnis der BaFin.[23] Gleiches gilt für E-Geld-Institute für die Ausgabe von E-Geld.[24] Gem. § 1a Abs. 3 ZAG ist E-Geld jeder elektronisch, darunter auch magnetisch, gespeicherte monetäre Wert in Form einer Forderung gegenüber dem Emittenten, der gegen Zahlung eines Geldbetrages ausgestellt wird, um damit Zahlungsvorgänge i.S.d. § 675f Abs. 3 Satz 1 BGB durchzuführen, und der auch von anderen natürlichen oder juristischen Personen als dem Emittenten angenommen wird. Mit der Umsetzung[25] der Änderungen der Zweiten Zahlungsdienste- (PSD2-)Richtlinie[26] in nationales Recht, die seit Januar 2018 gelten, wurde das ZAG grundlegend erneuert. Von nun an sind dann auch sog. dritte Zahlungsdienstleister erfasst, die dementsprechend eine Erlaubnis der BaFin benötigen. Zu solchen gehören Zahlungsauslöse- und Kontoinformationsdienstleister. Der Anwendungsbereich des ZAG wird durch PSD2 erweitert und bestehende Ausnahmetatbestände werden geschmälert.

9 **Finanzdienstleistungsinstitute** sind Unternehmen, die Finanzdienstleistungen in Deutschland für andere gewerbsmäßig oder in einem Umfang erbringen, der einen in kaufmännischer Weise eingerichteten Geschäftsbetrieb erfordert, und die keine Kreditinstitute sind.[27] Zu den **Finanzdienstleistungen** gem. § 1 Abs. 1a Satz 2 KWG gehören u.a. die Anlagevermittlung (Nr. 1), die Anlageberatung (Nr. 1a), der Betrieb multilateraler Handelssysteme (Nr. 1b), das Platzierungsgeschäft (Nr. 1c), die Abschlussvermittlung (Nr. 2), die Finanzportfolioverwaltung (Nr. 3), der Eigenhandel (Nr. 4), die Drittstaateneinlagenvermittlung (Nr. 5), das Sortengeschäft (Nr. 7), das Factoring (Nr. 9), das Finanzierungsleasing (Nr. 10), die Anlageverwaltung (Nr. 11) und das eingeschränkte Verwahrgeschäft (Nr. 12).

10 **Finanzunternehmen** sind laut § 1 Abs. 3 KWG Unternehmen, die keine Institute und keine Kapitalverwaltungsgesellschaften oder extern verwaltete Investmentgesellschaften (also keine unter dem Kapitalanlagegesetzbuch erlaubnispflichtige Unternehmen) sind und deren Haupttätigkeit darin besteht, Beteiligungen zu erwerben und zu halten (Nr. 1), Geldforderungen entgeltlich zu erwerben (Nr. 2), Leasing-Objektgesellschaft zu sein (Nr. 3), mit Finanzinstrumenten für eigene Rechnung zu handeln (Nr. 5), andere bei der Anlage in Finanzinstrumenten zu beraten (Nr. 6), Unternehmen über die Kapitalstruktur, die industrielle Strategie und die damit verbundenen Fragen zu beraten sowie bei Zusammenschlüssen und Übernahmen von Unternehmen diese zu beraten und ihnen Dienstleistungen anzubieten (Nr. 7) oder Darlehen zwischen Kreditinstituten zu vermitteln (Nr. 8). Für Finanzunternehmen besteht keine Erlaubnispflicht.

3. Bankenstruktur

a) Allgemeines

11 Ein wesentliches Merkmal des deutschen Bankwesens sind dessen »drei Säulen«, bestehend aus dem öffentlich-rechtlichen Finanzverbund (u.a. Landesbankkonzerne und Sparkassen), dem

---

23 § 8 Abs. 1 ZAG.

24 § 8a ZAG.

25 durch das Gesetz zur Umsetzung der Zweiten Zahlungsdiensterichtlinie vom 17.07.2017 (BGBl. I S. 2446).

26 Richtlinie (EU) 2015/2366 des Europäischen Parlaments und des Rates v. 25.11.2015 (Zahlungsdiensterichtlinie 2).

27 § 1 Abs. 1a Satz 1 KWG.

genossenschaftlichen Finanzverbund (u.a. genossenschaftliche Zentralinstitute und Kreditgenossenschaften) sowie den privaten Geschäftsbanken.[28]

b) Private Geschäftsbanken

Zu den **privaten Banken** gehören neben großen Geschäftsbanken (z.B. Deutsche Bank, Commerzbank, UniCredit) und den Privatbanken (z.B. B. Metzler seel. Sohn & Co. KG a.A. oder Fürst Fugger Privatbank KG) auch die privaten Realkreditinstitute, die Schiffsbanken (z.B. Deutsche Schiffsbank AG) und die privaten Bausparkassen (z.B. BHW). Für einige von ihnen bestehen u. a. mit dem Pfandbriefgesetz (PfandBG)[29] und dem Gesetz über Bausparkassen[30] noch gesetzliche Sonderregelungen. 12

Private Banken können grds. **in jeder privatrechtlichen Rechtsform** errichtet werden. Allerdings ist die Rechtsform des Einzelkaufmanns nicht zulässig.[31] Private Bausparkassen dürfen nur in der Rechtsform der AG betrieben werden.[32] 13

c) Öffentlich-rechtliche Institute

Der öffentlich-rechtliche Bankensektor besteht im Wesentlichen aus den bundesweit derzeit 417 Sparkassen und den sieben Landesbank-Konzernen. Hinzu kommen zehn Landesbausparkassen (LBS) und einige öffentlich-rechtliche Institute mit Sonderaufgaben.[33] Zu den Letzteren gehören die Förderanstalten des Bundes – wie die Kreditanstalt für Wiederaufbau (KfW)[34] – oder der Länder (z.B. Landeskreditbank Baden-Württemberg, L-Bank).[35] 14

Die **Sparkassen** werden auf der Grundlage der Sparkassengesetze der Länder tätig, in denen sie ansässig sind.[36] Sie sind – soweit sie nicht zu den wenigen freien Sparkassen gehören[37] – rechtsfähige Anstalten des öffentlichen Rechts[38] und sind in § 40 KWG definiert. Die Träger der öffentlichen Sparkassen sind die kommunalen Körperschaften, wie Städte, Kreise, Gemeinden oder kommunale Zweckverbände.[39] Sparkassen können als Universalkreditinstitute grds. alle üblichen Bankgeschäfte betreiben, unterliegen allerdings nach dem jeweiligen Satzungsrecht qualitativen und quantitativen Beschränkungen.[40] So können Höchstbeträge für einzelne Anlagen und Anlagearten festgelegt oder 15

---

28 Zu der schon seit Jahren in Politik und Öffentlichkeit geführten Diskussion über die Drei-Säulen-Struktur, insb. zur Privatisierung des öffentlichen Bankensektors vgl. DSGV-Faktenpapier Nr. 23, 12/2005, Sparkassen und der Bankenmarkt in Deutschland; VÖB, Bedeutung öffentlicher Banken für Stabilität und Wettbewerbsfähigkeit des deutschen Bankenmarktes v. 31.03.2004; hierzu auch Schimansky/Bunte/Lwowski/*Rümker/Winterfeld* Bankrechts-Handbuch § 124, Rn. 151 ff.

29 Pfandbriefgesetz (PfandBG) v. 22.05.2005, BGBl. I, S. 1373, zuletzt geändert durch Art. 24 Abs. 38 Zweites Finanzmarktnovellierungsgesetz v. 23.06.2017, BGBl. I, S. 1693.

30 Gesetz über Bausparkassen (Bausparkassengesetz – BauSparkG), in der Fassung der Bekanntmachung v. 15.02.1991, BGBl. I, S. 454, zuletzt geändert durch Art. 24 Abs. 41 Zweites Finanzmarktnovellierungsgesetz v. 23.06.2017, BGBl. I S. 1693.

31 § 2b Abs. 1 KWG.

32 § 2 Abs. 1 BausparkG.

33 Finanzgruppe Deutscher Sparkassen- und Giroverband s. www.dsgv.de.

34 Gesetz über die Kreditanstalt für Wiederaufbau, v. 23.06.1969, BGBl. I S. 573, zuletzt geändert durch Art. 347 der Zehnten Zuständigkeitsanpassungsverordnung vom 31.08.2015, BGBl. I, S. 1474.

35 Gesetz über die L-Bank, v. 11.11.1998, Gesetzblatt für Baden-Württemberg v. 18.11.1998, S. 581, zuletzt geändert durch Gesetz v. 03.12.2013, Gesetzblatt für Baden-Württemberg, v. 10.12.2013, S. 329.

36 Sparkassengesetz für Baden-Württemberg (SpG BW), in der Fassung v. 19.07.2005, GBl. S. 587, zuletzt geändert durch Art. 2 Gesetz zum Landesbausparkassenvereinigung-StV BW/RP und Änderungsgesetz vom 15. 12.2015, GBl. S. 1157 iVm Bek. v. 29.03.2016, GBl. S. 267.

37 Dazu *Fischer/Klanten*, S. 12.

38 Vgl. § 1 SpG BW.

39 Vgl. § 2 Abs. 1 SpG BW.

40 *Fischer/Klanten*, S. 7; § 6 Abs. 2 SpG BW.

Mindestanforderungen an Sicherheiten gestellt werden.[41] Darüber hinaus unterliegen sie dem so genannten **Regionalprinzip**. Danach entsprechen sich i.d.R. das Geschäftsgebiet einer Sparkasse und das Gebiet des jeweiligen kommunalen Trägers. Anders als bei den privaten Geschäftsbanken steht bei den öffentlichen Sparkassen die Gewinnorientierung nur insoweit im Vordergrund, als dies zur Eigenkapitalbildung erforderlich ist.[42] Ein wesentlicher Punkt ist die **Gemeinwohlbindung** der Sparkassen und deren kommunale Orientierung. Im Fokus steht insb. die Versorgung ihres Geschäftsgebiets mit geld- und kreditwirtschaftlichen Leistungen.[43]

16 Neben den Sparkassen gibt es die **Landesbanken**. Sie sind i.d.R. auf der Grundlage spezieller Landesbankgesetze tätig[44] und werden für gewöhnlich von den regionalen Sparkassenverbänden gemeinsam mit dem jeweiligen Bundesland getragen.[45] Ebenso wie die Sparkassen sind auch die Landesbanken Universalkreditinstitute.[46] Genau wie diese sind sie ihrem öffentlichen Auftrag verpflichtet.[47] Insb. nehmen sie für die Sparkassen in der Region die Aufgaben einer Zentralbank wahr.[48] In diesem Rahmen werden den Sparkassen eine Reihe von Serviceleistungen, z.B. im Auslandszahlungsverkehr oder im Wertpapiergeschäft, angeboten. Ein weiterer Schwerpunkt der Landesbanken ist das Geschäft mit Mittelstandskunden der jeweiligen Heimatregion, die bei ihrer Geschäftstätigkeit auch international unterstützt werden.[49]

17 **Die DekaBank Deutsche Girozentrale** ist das Wertpapierhaus der deutschen Sparkassen-Finanzgruppe. Sie entstand 1999 aus der Deutschen Girozentrale (DGZ) und DekaBank GmbH. Die DekaBank tritt als zentraler Dienstleister auf und bündelt Kompetenzen im Asset Management und Bankengeschäft als Vermögensverwalter, Finanzierer, Emittent, Strukturierer und Depotbank.

d) Genossenschaftsbanken

18 Genossenschaftsbanken sind Institute, die in der Rechtsform der **eingetragenen Genossenschaft** (eG) geführt werden. Den rechtlichen Rahmen bildet das Genossenschaftsgesetz (GenG).[50] Zum genossenschaftlichen Finanzverbund gehören alle Genossenschaftsbanken. Darunter fallen die Volks- und Raiffeisenbanken, die Sparda-Banken, die PSD-Banken, Kirchenbanken (z.B. Evangelische Kreditgenossenschaft eG), einige Spezialbanken (z.B. Deutsche Ärzte- und Apothekerbank) und die beiden genossenschaftlichen Zentralbanken (DZ Bank, WGZ Bank).

---

41 Vgl. § 6 Abs. 3 SpG BW.

42 *Fischer/Klanten*, S. 7.

43 § 6 Abs. 1 SpG BW: »Die Sparkassen sind selbstständige Wirtschaftsunternehmen in kommunaler Trägerschaft mit der Aufgabe, auf der Grundlage der Markt- und Wettbewerbserfordernisse vorrangig in ihrem Geschäftsgebiet den Wettbewerb zu stärken und die angemessene und ausreichende Versorgung aller Bevölkerungskreise, der Wirtschaft, insbesondere des Mittelstands, und der öffentlichen Hand mit geld- und kreditwirtschaftlichen Leistungen auch in der Fläche sicherzustellen. Sie unterstützen damit die Aufgabenerfüllung der Kommunen im wirtschaftlichen, regionalpolitischen, sozialen und kulturellen Bereich. Die Sparkassen fördern den Sparsinn und die Vermögensbildung breiter Bevölkerungskreise und die Wirtschaftserziehung der Jugend.«.

44 Z.B. Gesetz über die Landesbank Baden-Württemberg (Landesbankgesetz – LBWG), v. 11.11.1998, GBl. S. 589, zuletzt geändert durch Art. 4 Gesetz zur Änderung des FAG und anderer Gesetze vom 19.12.2013, GBl. S. 491; Gesetz über die Bayerische Landesbank (Bayerisches Landesbank-Gesetz – BayLaBG), v. 01.02.2003, GVBl S. 54, S. 316; u.W.

45 Vgl. § 4 Abs. 1 LBWG; *Fischer/Klanten*, S. 13.

46 Vgl. § 2 Abs. 3 LBWG.

47 Vgl. § 4 Abs. 2 Satzung LBWG.

48 Vgl. § 2 Abs. 4 LBWG; dazu *Fischer/Klanten*, S. 13.

49 Vgl. § 2 Abs. 3 LBWG.

50 Gesetz betreffend die Erwerbs- und Wirtschaftsgenossenschaften (GenG), in der Fassung der Bekanntmachung v. 16.10.2006, BGBl. I, S. 2230, zuletzt geändert durch Art. 8 Gesetz zur Änd. des Bundesversorgungsgesetz und anderer Vorschriften v 17.07.2017, BGBl. I, S. 2541.

Spitzeninstitut der Genossenschaftsbanken ist die DZ Bank AG Deutsche Zentral-Genossenschaftsbank (DZ Bank).[51] Als Zentralbank unterstützt sie die Genossenschaftsbanken vor Ort. In ihr Aufgabengebiet fallen internationale Finanzierungen, Außenhandels-, Projekt- und Akquisitionsfinanzierungen sowie Unternehmensfinanzierungen. Die WGZ BANK ist seit 1884 die Zentralbank der Volksbanken und Raiffeisenbanken im Rheinland und in Westfalen sowie Geschäfts- und Handelsbank. Ihre Aufgabe besteht in der Förderung und Unterstützung der regionalen Volksbanken und Raiffeisenbanken. 19

e) Verbandsorganisation

aa) Deutschland

Die deutsche Kreditwirtschaft ist in **fünf Spitzenverbänden** organisiert. Dies sind der Bundesverband deutscher Banken (BdB), der Deutsche Sparkassen- und Giroverband (DSGV), der Bundesverband Öffentlicher Banken Deutschlands (VÖB), der Bundesverband der Deutschen Volksbanken und Raiffeisenbanken (BVR) und der Verband deutscher Pfandbriefbanken (vdp). Neben der Interessenvertretung im engeren Sinne sind die Spitzenverbände oft Träger verbandsinterner Bildungseinrichtungen (z.B. Sparkassen-Akademie, Hochschule der Sparkassenfinanzgruppe) und Verwalter institutssichernder Einrichtungen, etwa nach dem Einlagensicherungs- und Entschädigungsgesetz.[52] 20

Die Interessenvertretung der Spitzenverbände ggü. den gesetzgebenden Organen sowie bank- und finanzwirtschaftlichen Institutionen auf nationaler und europäischer Ebene wird vom Zusammenschluss der fünf Spitzenverbände unter dem Namen **»Die Deutsche Kreditwirtschaft« (DK)** wahrgenommen. Die DK ging im August 2011 aus dem Zentralen Kreditausschuss (ZKA) hervor und führt dessen Arbeit fort. Ziel ist eine gemeinsame Meinungs- und Willensbildung in allen bankrelevanten Fragestellungen. Schwerpunktthemen hier sind insb. das Bankaufsichtsrecht, das Wertpapierrecht und das Gesellschaftsrecht, das Steuerrecht sowie der Zahlungsverkehr. Die DK beschließt ihre Positionen nach dem Einstimmigkeitsprinzip. Die Federführung wechselt im Jahresturnus zwischen dem BdB, dem BVR und dem DSGV.[53] 21

Daneben gibt es eine Reihe von regional tätigen Landesverbänden zur gemeinsamen Interessenvertretung. Beispielsweise sind zu nennen der Bankenverband Hessen, Ostdeutscher Bankenverband, Bayerische Bankenverband, Bankenverband Nordrhein-Westfalen. 22

Ferner gibt es spezialisierte Interessenverbände (z.B. Verband der Privaten Bausparkassen (VDPB), Bundesverband Investment und Asset Management (BVI). Die ausländischen Banken in Deutschland z.B. werden vom Verband der Auslandsbanken (VAB) und dem Verband der Repräsentanten der Auslandsbanken (VRAB) vertreten. 23

bb) Europa

Dachverband der europäischen Kreditwirtschaft ist das **European Banking Industry Committee (EBIC)**. Dieses repräsentiert die Spitzenverbände der europäischen Kreditwirtschaft. Hierzu gehören die Bankenvereinigung der Europäischen Union (EBF, Banking Federation of the European Union), die Europäische Sparkassenvereinigung (ESBG, European Savings Bank Group), die Europäische Vereinigung der Genossenschaftsbanken (EACB, European Association of Cooperative Banks), der Europäische Hypothekenverband (EMF, European Mortgage Federation), die Europäische Bausparkassenvereinigung (EFBS, European Federation of Building Societies), die Europäische 24

---

51 Entstanden durch den Zusammenschluss der beiden genossenschaftlichen Zentralbanken GZ-Bank und der DG Bank im September 2001.

52 Zum Sicherungssystem der Sparkassenfinanzgruppe s. www.dsgv.de; s.a. nachfolgenden Abschnitt 4. Einlagensicherung.

53 Weitere Informationen unter www.die-deutsche-kreditwirtschaft.de.

Vereinigung der Verbände von Finanzierungsbanken (Eurofinas, European Federation of Finance House Association) und die Europäische Vereinigung Öffentlicher Banken (EAPB, European Association of Public Banks).[54]

4. Einlagensicherung

a) Allgemeines

25 Da bei Bankeinlagen das Risiko besteht, dass die Banken im Insolvenzfall die Geldanlagen nicht zurückzahlen können und so das Publikum das Vertrauen in das Finanzsystem verliert, bestehen Maßnahmen zum Schutz von Bankguthaben. Um Bankinsolvenzen abzuwenden gibt es Eigenkapitalvorschriften und allgemein die Anforderungen des Bankaufsichtsrechts, eine gegenseitige Haftung innerhalb von Bankgruppen sowie gesetzliche und freiwillige Einlagensicherungen.

26 Institute sind im Rahmen der gesetzlichen Einlagensicherung verpflichtet, ihre Einlagen und Verbindlichkeiten aus Wertpapiergeschäften durch Zugehörigkeit zu einer **Entschädigungseinrichtung** zu sichern.[55] Europarechtliche Grundlagen hierfür sind die Richtlinie 94/19/EG über Einlagensicherungssysteme (EU-Einlagensicherungsrichtlinie)[56], die Richtlinie 97/9/EG über Systeme für die Entschädigung der Anleger sowie die Richtlinie 94/19/EG über Einlagensicherungssysteme im Hinblick auf die Deckungssumme und die Auszahlungsfrist. Deutschland setzte die Richtlinien durch das Einlagensicherungs- und Anlegerentschädigungsgesetz (EAEG) vom 16.07.1998 um.[57] Als eine Reaktion auf die Finanzmärktekrise wurde das EAEG infolge der Novellierung der EU-Einlagensicherungsrichtlinie im ersten Halbjahr 2009 grundlegend überarbeitet.[58] Zur Umsetzung der neu gefassten EU-Einlagensicherungsrichtlinie (DGSD)[59] ist im Juli 2015 das DGSD-Umsetzungsgesetz in Kraft getreten.[60] Durch dieses wurde das bisherige EAEG in das Einlagesicherungsgesetz (EinlSiG)[61] und das Anlegerentschädigungsgesetz (AnlEntG)[62] aufgeteilt. Die bestehenden Regelungen bezüglich des Schutzes von Verbindlichkeiten aus Wertpapiergeschäften wurden materiell nicht verändert. Der Regelungsinhalt des AnlEntG beschränkt sich nunmehr nur auf Belange der Anlegerentschädigung. Die Vorgaben zur Einlagesicherung der DGSD wurden in einem zusätzlichen Einlagesicherungsgesetz (EinlSiG) umgesetzt.

27 Vom EinlSiG erfasst und damit geschützt sind **Einlagen** sowie Verbindlichkeiten aus Wertpapiergeschäften. Einlagen i.S.d. § 2 Abs. 3 EinlSiG sind im Wesentlichen Guthaben, die sich aus Beträgen ergeben, die auf Konten verblieben sind oder sich aus Zwischenpositionen ergeben und vom

54 Weitere Informationen unter www.eubic.org.

55 § 1 Satz 1 Einlagesicherungsgesetz (EinlSiG) vom 28.05.2015, BGBl. I S. 786, zuletzt geändert durch Art. 24 Abs. 36 Zweites FinanzmarktnovellierungsG vom 23.06.2017 BGBl. I S. 1693.

56 Richtlinie 94/19/EG des Europäischen Parlaments und des Rates v. 30.05.1994 über Einlagensicherungssysteme, ABl. 1994 L 135, S. 5. Dazu Hailbronner/Wilms/*Sauer/Wittemann* Querschnittsdarstellung Bank- und Kapitalmarktrecht, Rn. 66.

57 Einlagensicherungs- und Anlegerentschädigungsgesetz (EAEG), v. 16.07.1998, BGBl. I 1998, S. 1842, zuletzt geändert durch Art. 6 G zur Anpassung von Gesetzen auf dem Gebiet des Finanzmarktes v. 15.07.2014, BGBl. I, S. 934; dazu *Steuer* WM 1998, 2449.

58 Richtlinie 2009/14/EG des Europäischen Parlaments und des Rates v. 11.03.2009 zur Änderung der Richtlinie 94/19/EG über Einlagensicherungssysteme, ABl. 2009 L 68, S. 3.

59 Richtlinie 2014/49/EU des Europäischen Parlaments und des Rates v. 16.04.2014 über Einlagensicherungssysteme, ABl. 2014 L 173/149.

60 Gesetz zur Umsetzung der Richtlinie 2014/49/EU des Europäischen Parlaments und des Rates vom 16.4.2014 über Einlagensicherungssysteme, BGBl. 2015 I vom 05.06.2015, S. 786 ff.

61 Einlagesicherungsgesetz (EinlSiG) vom 28.05.2015, BGBl. I S. 786, zuletzt geändert durch Art. 24 Abs. 36 Zweites FinanzmarktnovellierungsG vom 23.6.2017 BGBl. I S. 1693.

62 Anlegerentschädigungsgesetz (AnlEntG) vom 16.07.1998, BGBl. I S. 1842, zuletzt geändert durch Art. 2 Einlagensicherungrichtlinie-Umsetzungsgesetz vom 28.05.2015, BGBl. I S. 786.

Kreditinstitut zurückzuzahlen sind. Nicht umfasst sind unter anderem Guthaben, die nicht zum Nennwert rückzahlbar sind.

Verbindlichkeiten aus Wertpapiergeschäften gelten ebenfalls als Einlagen, § 2 Abs. 3 Satz 3 EinlSiG. Dies sind Verpflichtungen eines Instituts zur Rückzahlung von Geldern, die Anlegern aus Wertpapiergeschäften geschuldet werden oder gehören und die für deren Rechnung im Zusammenhang mit Wertpapiergeschäften gehalten werden. Hierzu gehören auch Ansprüche von Anlegern auf Herausgabe von Instrumenten, deren Eigentümer diese sind und die für deren Rechnung im Zusammenhang mit Wertpapiergeschäften gehalten oder verwahrt werden. Schadensersatzansprüche bspw. wegen fehlerhafter Beratung fallen nicht hierunter.[63] 28

Die gesetzlichen Entschädigungseinrichtungen können entweder als juristische Personen eingerichtet werden, denen die Aufgaben und Befugnisse einer Entschädigungseinrichtungen durch Rechtsverordnung des Bundesfinanzministerims zugewiesen werden (Beliehene)[64], sie können aber auch durch Rechtsverordnung nach § 23 Abs. 2 EinlSiG bei der Kreditanstalt für Wiederaufbau (KfW) eingerichtet werden. Dabei sind für die unterschiedlichen Institutsgruppen (private Institute, öffentlich-rechtliche Institute) jeweils eigene Einrichtungen vorgesehen. Im Gegensatz zum EAEG ist keine Unterscheidung für »sonstige Institute« mehr vorgesehen. Alle Entschädigungseinrichtungen unterliegen der Aufsicht der Bundesanstalt für Finanzdienstleistungsaufsicht (**BaFin**) nach dem EinlSiG.[65] Anders als zuvor im EAEG ist keine grundsätzliche Befreiungsmöglickeit mehr für Sparkassen und Genossenschaften vorgesehen, die vorher die Pflichtmitgliedschaft in gesetzlichen Einlagesicherungssystemen durch die Einrichtung institutsbezogener Sicherungssysteme umgehen konnten. Allerdings können die vorherigen institutsbezogenen Sicherungssysteme nun von der BaFin als Einlagesicherungssysteme anerkannt werden. 29

Der Gläubiger eines Instituts hat im Entschädigungsfall gegen die gesetzliche Entschädigungseinrichtung, der das Institut angehört, einen Anspruch auf Entschädigung im Umfang von §§ 7, 8 EinlSiG.[66] Ausnahmen hiervon regelt § 6 EinlSiG. Keinen Anspruch haben danach bspw. andere Institute, private und öffentlich-rechtliche Versicherungsunternehmen mit Sitz im In- oder Ausland sowie der Bund, ein Land oder kommunale Gebietskörperschaften.[67] Ansprüche des Entschädigungsberechtigten gegen die Entschädigungseinrichtung verjähren in 5 Jahren.[68] Für Streitigkeiten über Grund und Höhe des Entschädigungsanspruchs ist der Zivilrechtsweg gegeben.[69] Die Entschädigungsansprüche des Gläubigers richten sich nach der Höhe und dem Umfang der Einlagen des Gläubigers oder der ihm ggü. bestehenden Verbindlichkeiten aus Wertpapiergeschäften unter Berücksichtigung etwaiger Aufrechnungs- und Zurückbehaltungsrechte des Instituts.[70] Anders als im EAEG sind nun auch Einlagen in Fremdwährungen besichert, der Ausgleich wird allerdings in Euro gewährt.[71] Der Entschädigungsanspruch ist im Allgemeinen auf eine Deckungssumme von € 100.000 begrenzt. In besonderen Ausnahmefällen können jedoch auch weitergehende Ansprüche in einem Wert von bis zu € 500.000 besichert sein, sofern diese besonders schutzwürdig sind. Dies gilt etwa für Transaktionen im Zusammenhang mit privat genutzten Wohnimmobilien, Beträge, die an bestimmte Lebensereignisse des Einlegers geknüpft sind, wie z.B. Heirat, Scheidung, Geburt, Renteneintritt, Behinderung oder Tod.[72] Hinzu kommen weitere Neuerungen im Vergleich zum vorherigen EAEG, die den Verbraucherschutz stärken sollen: die Auszahlungsfrist 30

63 *Fischer/Klanten*, S. 26.
64 § 22 Abs, 2 Nr. 1 EinlSiG.
65 §§ 50 ff. EinlSiG.
66 § 5 Abs.1 Satz 1 EinlSiG.
67 § 6 Nr. 4-11 EinlSiG.
68 § 9 Abs. 1 EinlSiG.
69 § 9 Abs. 2 EinlSiG.
70 § 7 EinlSiG.
71 § 7 Abs. 7 Satz 1 EinlSiG.
72 § 8 Abs. 2 EinlSiG.

von Entschädigungen verkürzt sich von 20 auf 7 Tage[73] und die Einlagesicherungssysteme müssen die Einleger von nun an von selbst über den Eintritt des Entschädigungsfalls informieren.[74]

b) Sicherungseinrichtungen

aa) Entschädigungseinrichtung der Wertpapierhandelsunternehmen

31 Für Kapitalverwaltungsgesellschaften und für Finanzdienstleistungsinstitute, die keine Einlagenkreditinstitute sind, ist die Entschädigungseinrichtung der Wertpapierhandelsunternehmen (**EdW**) zuständig. Die EdW gewährt vor allem privaten (Klein-)Anlegern einen Mindestschutz ihrer Forderungen aus Wertpapiergeschäften gegenüber einem zugeordneten Institut.[75] Der EdW sind von der BaFin derzeit rund 770 Wertpapierhandelsunternehmen zugewiesen.[76] Die EdW ist bspw. zuständig für die Abwicklung von Entschädigungsansprüchen im Zusammenhang mit dem bei der Phoenix Kapitaldienst GmbH von der BaFin im März 2005 festgestellten Entschädigungsfall. Dabei hat sie nach eigenen Angaben bislang rund 71.500 Entscheidungen mit einem Gesamtvolumen von rund € 261 Mio. getroffen.[77] Das Verfahren wurde im Januar 2013 für abgeschlossen erklärt. Im Jahr 2013 hat die Bafin zwei Entschädigungsfälle festgestellt, 2014 einen: um einen bei dem Institut Dr. Seibold Capital GmbH sowie der FXdirekt Bank AG, sowie der Fall des Instituts Wolfgang Müller WertpapierManagement e.K. Der aktuellste Entschädigungsfall aus dem Jahr 2016 betrifft das Institut Günther Hallmeier Finanzberatung e.K. Das Entschädigungsverfahren wird aktuell vorbereitet.[78]

Der Entschädigungsanspruch ist nunmehr in § 3 AnlEntG geregelt und auf 90% der Verbindlichkeiten aus den Wertpapiergeschäften und eine Summe von € 20.000 beschränkt.[79]

bb) Entschädigungseinrichtung deutscher Banken

32 Die Entschädigungseinrichtung deutscher Banken GmbH (»**EdB**«) ist eine 100 %ige Tochter des **Bundesverband deutscher Banken (BdB)**. Diese wurde 1998 auf der Grundlage von § 7 Abs. 1 Sätze 1 und 3 EAEG durch Rechtsverordnung mit den Aufgaben und Befugnissen einer Entschädigungseinrichtung beliehen und ist für Entschädigungsansprüche gegen private Einlagenkreditinstitute zuständig.[80] Seit dem Inkrafttreten des EinlSiG stellt dieses die Grundlage für die EdB und ihre Aufgabenwahrnehmung dar.

33 Eines der von der EdB durchgeführten **Entschädigungsverfahren** war das Verfahren der Lehman Brothers Bankhaus AG, Frankfurt.[81] Nachdem die BaFin am 15.09.2008 ggü. der Bank ein Veräußerungs- und Zahlungsverbot erlassen und ihr untersagt hatte, Zahlungen entgegenzunehmen, die nicht zur Tilgung von Schulden ihr ggü. bestimmt sind (Moratorium),[82] hatte sie am 28.10.2008 für das Institut den Entschädigungsfall festgestellt. Damit lagen die gesetzlichen Voraussetzungen dafür vor, dass die EdB die Einleger der Bank entschädigen konnte. Die Lehman Brothers Bankhaus AG gehörte nicht nur der EdB an, sie wirkte darüber hinaus auch am Einlagensicherungsfonds des

73 § 14 Abs. 3 EinlSiG.
74 § 12 Abs. 1 EinlSiG.
75 Vgl. http://www.e-d-w.de/de/Edw-Leistungen.html.
76 Stand: 11/2017 http://www.e-d-w.de/de/Edw-Hintergrund.html.
77 Stand: 01/2013 (http://www.e-d-w.de/de/Phoenix-Stand.html; vgl. BGH, Urt. v. 25.10.2011 – XI ZR 67/11, Urt. v. 20.09.2011 – XI ZR 434/10, 435/10, 436/10; Urt. v. 23.11.2010 – XI ZR 26/10.
78 Vgl. http://www.e-d-w.de/de/Entschaedigungen.html.
79 § 4 Abs. 2 AnlEntG.
80 Verordnung über die Zuweisung von Aufgaben und Befugnissen einer Entschädigungseinrichtung an die Entschädigungseinrichtung deutscher Banken GmbH v. 24.08.1998, BGBl. I 1998, S. 2391.
81 Dazu *Nodoushani* BKR 2011, 1 (2 f.).
82 Pressemitteilung BaFin v. 15.09.2008.

Bundesverbandes deutscher Banken e.V. mit.[83] Weitere Verfahren wurden durchgeführt im Zusammenhang mit der Schließung der Weserbank AG, Bremerhaven, im Jahr 2008 und der Schließung der Privatbank Reithinger GmbH & Co. KG, Singen/Hohentwiel im Jahr 2006.

cc) Einlagensicherungsfonds des privaten Bankengewerbes

Neben der EdB existiert der **Einlagensicherungsfonds** des Bundesverbands deutscher Banken[84] 34
als freiwillige Einlagensicherungseinrichtung.[85] Dieser Einlagensicherungsfonds schützt die Guthaben von Kunden bei den privaten Banken in Deutschland. Der Einlagensicherungsfonds gewährt lediglich einen subsidiären Schutz. Entschädigungen werden nur gewährt, soweit diese nicht bereits durch andere gesetzliche Sicherungseinrichtungen gedeckt sind.[86] Bis zum 31.12.2014 waren durch den Einlagensicherungsfonds Guthaben jedes einzelnen Kunden bei den privaten Banken bis zur Höhe von 30 % des maßgeblich haftenden Eigenkapitals der jeweiligen Bank zum Zeitpunkt des letzten veröffentlichten Jahresabschusses gesichert. Schrittweise wird diese Sicherung gesenkt, seit dem 01.01.2015 auf 20 %, ab dem 01.01.2020 auf 15 % und ab dem 01.01.2025 auf 8,75 %.[87]

dd) Entschädigungseinrichtung des Bundesverbandes öffentlicher Banken Deutschlands

Der **Bundesverband öffentlicher Banken Deutschlands (VÖB)** hat i.R.d. Durchführung des 35
EAEG die Entschädigungseinrichtung des Bundesverbandes öffentlicher Banken Deutschlands GmbH gegründet. Diese ist zuständig für Entschädigungsansprüche gegen öffentlich-rechtliche Einlagenkreditinstitute. Ebenso wie die EdB ist sie Beliehene kraft Rechtsverordnung[88] und mit den Aufgaben einer Entschädigungseinrichtung betraut. Seit dem Inkrafttreten des EinlSiG stellt dies auch für sie die Rechtsgrundlage dar.

ee) VÖB-Einlagensicherungsfonds

Daneben besteht auch beim VÖB ein **Einlagensicherungsfonds**. Gesichert werden bei den Mit- 36
gliedern die Einlagen von Nichtkreditinstituten, soweit der Einleger nicht bereits Ansprüche ggü. dem gesetzlichen Fonds hat.[89]

ff) Haftungsverbund der Sparkassen-Finanzgruppe

Die Sicherungssysteme der Sparkassen-Finanzgruppe sind satzungsrechtlich zu einem gemeinsa- 37
men institutsbezogenen Einlagesicherungssystem zusammengeschlossen, das gem. § 43 durch die BaFin anerkannt ist.[90] Dieser besteht aus den elf regionalen **Sparkassenstützungsfonds,**[91] der Sicherungsreserve der **Landesbanken und Girozentralen**[92] und dem Sicherungsfonds der

83 Pressemitteilung BaFin v. 28.10.2008.

84 Auf der Homepage des BdB ist eine Kurzinformationen samt Verzeichnis der mitwirkenden Institute abrufbar.

85 Statut des Einlagensicherungsfonds des Bundesverbands deutscher Banken, abrufbar unter http://bankenverband.de/publikationen/verbraucher.

86 § 6 Nr. 11 Entschädigungsstatut; dazu *Fischer/Klanten*, S. 34.

87 Vgl. BdB Kurzinfo, Einlagensicherung der privaten Banken.

88 § 7 Abs. 1 EAEG i.V.m. Verordnung über die Zuweisung von Aufgaben und Befugnissen einer Entschädigungseinrichtung an die Entschädigungseinrichtung des Bundesverbandes Öffentlicher Banken Deutschlands GmbH v. 24.08.1998, BGBl. I 1998, S. 2390.

89 § 15 Abs. 1 der Satzung des Einlagensicherungsfonds des VÖB e. V.; dazu *Fischer/Klanten*, S. 35.

90 § 1 Abs.1 Rahmensatzung für das als Einlagesicherungssystem anerkannte institutsbezogene Sicherungssystem der Sparkassen-Finanzgruppe (»**Rahmensatzung**«), abrufbar unter https://www.dsgv.de/_download_gallery/Material/Rahmensatzung_Sicherungssystem.pdf.

91 Vgl. §§ 30 ff Rahmensatzung.

92 Vgl. §§ 38 ff Rahmensatzung.

Landesbausparkassen.[93] Der Verbund gewährleistet damit, dass im Sicherungsfall auch die Mittel der anderen teilhabenden Sicherungseinrichtungen zur Regelung eines Stützungsfalls eingesetzt werden können, sollten die hierfür notwendigen Aufwendungen die Mittel einer dem Verbund angehörenden Sicherungseinrichtung übersteigen.[94] Sie unterliegen nun, anders als noch nach dem EAEG, der vollen Kontrolle der BaFin nach dem EinlSiG.

38 Insb. die Sparkassenstützungsfonds haben die Aufgabe, die Mitgliedssparkassen selbst, insb. aber deren Liquidität und Solvenz zu gewährleisten (Institutssicherung), indem sie Hilfe leisten bei drohenden oder bestehenden wirtschaftlichen Schwierigkeiten der betroffenen Institute. Daneben werden stets auch die Einlagen der Kunden bei den Mitgliedssparkassen und die Schuldverschreibungen der Mitgliedssparkassen im Besitz von Kunden geschützt.[95]

gg) Entschädigungseinrichtung des Bundesverbands der Deutschen Volksbanken und Raiffeisenbanken

39 Beim Bundesverband der Deutschen Volksbanken und Raiffeisenbanken (BVR) besteht eine Sicherungseinrichtung mit einem **Garantiefonds** und einem **Garantieverbund.**[96] Ebenso wie die Sicherungseinrichtungen der Sparkassen Finanzgruppe sind auch sie Sicherungseinrichtungen, die gem. § 43 EinlSiG durch die BaFin anerkannt wurden und unterliegen damit ihrer vollen Aufsicht nach dem EinlSiG.

40 Die Sicherungseinrichtung hat die Aufgabe, drohende oder bestehende wirtschaftliche Schwierigkeiten der Mitgliedsinstitute abzuwenden. Im Vordergrund steht damit der **Institutsschutz.**[97] Erfasst sind allerdings auch die Einlagen und Schuldverschreibungen der Kunden.[98]

5. Außergerichtliche Streitbeilegung

a) Europa

41 Für die außergerichtliche Streitbeilegung in Verbraucherrechtsstreitigkeiten gibt es auf europarechtlicher Ebene Mindestvorgaben.[99] Des Weiteren initiierte die Europäische Kommission zum 01.02.2001 das **Netz für außergerichtliche Beschwerden im Finanzbereich (FIN-NET),**[100] um außergerichtliche Streitbeilegungen und den gemeinsamen Binnenmarkt weiter zu fördern. Dem Netzwerk sind zwischenzeitlich 60 Mitglieder aus 27 Staaten des Europäischen Wirtschaftsraums[101] angeschlossen, darunter auch Streitbeilegungsstellen in Deutschland (z.B. Deutscher Sparkassen- und Giroverband (DSGV), Ombudsmann der öffentlichen Banken Deutschlands (VÖB) und weitere). Muss sich der Verbraucher mit einem Finanzdienstleister in einem anderen EU-Land auseinandersetzen, kann er sich zunächst an eine Beschwerdestelle im Inland wenden und dort seine Beschwerde einreichen. Die inländische Beschwerdestelle reicht seine Beschwerde an die zuständige

93 Vgl. §§ 65 ff Rahmensatzung; *Fischer/Klanten*, S. 37.

94 § 1 Abs. 2 Satzung für den Haftungsverbund.

95 Vgl.§ 2 Rahmensatzung; dazu *Fischer/Klanten*, S. 37.

96 Statut der Sicherungseinrichtung des Bundesverbands der Deutschen Volksbanken und Raiffeisenbanken, abrufbar unterhttps://www.bvr.de/p.nsf/0/0D8A28E0BF982915C1257E760044BF89/$file/SE-Statut2015.pdf.

97 § 1 Abs. 1 Statut der Sicherungseinrichtung; *Fischer/Klanten*, S. 35.

98 § 1 Abs. 4 Buchst. a) Statut der Sicherungseinrichtung.

99 Empfehlung betreffend die Grundsätze für Einrichtungen, die für die außergerichtliche Streitbeilegung von Verbraucherrechtsstreitigkeiten zuständig sind, ABl. 1998 L 115, S. 32; Empfehlung über die Grundsätze für an der einvernehmlichen Beilegung von Verbraucherstreitigkeiten beteiligte außergerichtliche Einrichtungen, ABl. 2001 L 109, S. 56.

100 FIN-NET, Netzwerk für außergerichtliche Beschwerden im Finanzdienstleistungssektor; ec.europa.eu/internal_market/fin-net/index_en.htm/.

101 Europäische Union plus Island, Liechtenstein und Norwegen.

Stelle im Ausland weiter, sodass dem Verbraucher ein kostengünstiges Verfahren mit einer Eingabemöglichkeit in seinem Heimatland zur Verfügung steht.[102]

b) Deutschland

aa) Verfahrensarten

Im deutschen Banken- und Kreditgewerbe haben sich – für die einzelnen Bereiche des Bankensystems voneinander getrennt – jeweils außergerichtliche **Streitbeilegungs- bzw. Ombudsmannverfahren**[103] etabliert. Mit ihnen besteht sowohl für den Bankkunden als auch für die Kreditinstitute die Möglichkeit, Streitverfahren in einem relativ kurzen Zeitraum und einigermaßen unbürokratisch zu erledigen. Diese Verfahren haben für beide Seiten den Vorteil, dass sie eine – im Vergleich zu einem Gerichtsverfahren – kostengünstige Streitbeilegung ermöglichen.[104] 42

Als Streitschlichter und Ombudsleute setzt man in der Praxis gerne erfahrene bzw. im Ruhestand befindliche Richter aus der staatlichen Gerichtsbarkeit ein.[105] Insb. durch vorherige langjährige richterliche Berufserfahrung soll die für das Schlichtungsverfahren notwendige **Unabhängigkeit und Neutralität** gewährleistet werden.[106] 43

Im Bankenbereich werden bei folgenden **Institutionen** Streitbeilegungs- bzw. Ombudsmannverfahren angeboten: 44

Ombudsleute der privaten Banken[107],

Ombudsmann der Öffentlichen Banken[108],

Ombudsmann der genossenschaftlichen Bankengruppe[109],

Deutscher Sparkassen- und Giroverband[110] (zuständig sind die Schlichtungsstellen der Regionalverbände),

Ombudsstelle geschlossene Fonds[111],

Schlichtungsstelle der Landesbausparkassen[112],

Ombudsleute der Privaten Bausparkassen[113],

102 Einzelheiten und Details abrufbar unter http://ec.europa.eu/internal_market/finservices-retail/finnet/index_de.htm; Alternative Dispute Resolution of Financial Services, 2008, S. 5; http://ec.europa.eu/internal_market/consultations/docs/adr/adr_consultation_en.pdf.

103 Der Begriff »Ombudsman« kommt aus dem Schwedischen und bezeichnet dort einen Vermittler. Die skandinavischen Länder kennen seit den 1970er Jahren außergerichtliche Streitschlichtungsverfahren im Bankenbereich; vgl. *Brömmelmeyer* WM 2012, 337; Derleder/Knops/Bamberger/*Brödermann* § 66 Rn. 4.

104 Derleder/Knops/Bamberger/*Brödermann* § 66 Rn. 1; *Lücke* BKR 2009, 324 (326).

105 So etwa beim Bundesverband öffentlicher Banken oder beim Bundesverband deutscher Banken; Schimansky/Bunte/Lwowski/*Höche* Bankrechts-Handbuch § 3 Rn. 62.

106 Kritisch zur Berufung als Ombudsmann vgl. *Hoeren* NJW 1992, 2727; *Scherpe* WM 2001, 2321 (2322).

107 Bundesverband deutscher Banken, Postfach 04 03 07, 10062 Berlin, www.bankenombudsmann.de.

108 Bundesverband Öffentlicher Banken Deutschlands, Postfach 11 02 72, 10832 Berlin, www.voeb.de.

109 Bundesverband der Deutschen Volksbanken und Raiffeisenbanken, Schellingstraße 4, 10785 Berlin, www.bvr.de.

110 Deutscher Sparkassen- und Giroverband, Charlottenstraße 47, 10117 Berlin, www.dsgv.de; der Deutsche Sparkassen- und Giroverband verfügt mit Ausnahme der Landesbausparkassen über keine zentrale Schlichtungsstelle; zuständig sind die Schlichtungsstellen der Regional verbände.

111 Ombudstelle geschlossene Fonds, Postfach 64 02 22, 10048 Berlin, www.ombudsstelle-gfonds.de.

112 Schlichtungsstelle der Landesbausparkassen, Postfach 74 48, 48040 Münster, www.lbs.de.

113 Ombudsleute der Privaten Bausparkassen, Verband der Privaten Bausparkassen, Postfach 30 30 79, 10730 Berlin, www.bausparkassen.de.

SCHUFA Ombudsmann[114],

Ombudsstelle für Investmentfonds[115],

Ombudsmann Kreditankauf und Servicing e. V.[116].

Darüber hinaus gibt es Schlichtungsstellen bei der Deutschen Bundesbank[117] und der BaFin.[118]

bb) Verfahrensablauf und Wirkungen

45 Aufgrund der **Unterschiedlichkeit** der einzelnen Schlichtungsverfahren ergeben sich verschiedene Abläufe und Rechtsprobleme, die in den einzelnen Verfahrensordnungen abgebildet sind. Zunächst empfiehlt es sich, genau zu prüfen, welches der einzelnen Verfahren im vorliegenden Fall überhaupt einschlägig ist.[119] Umfangreiche und i.d.R. aktuelle Informationen sowie die Verfahrensordnungen finden sich oftmals auf den entsprechenden Internetseiten der zuständigen Verbände.[120] Trotz der Vielgestaltigkeit der Verfahren weisen einige hiervon gemeinsame Strukturen und vergleichbare Rechtsprobleme auf, die – insb. unter Bezugnahme auf die Verfahren der Privatbanken,[121] der Landesbanken[122] sowie der Volks- und Raiffeisenbanken[123] – nachfolgend kurz skizziert werden.

46 Für den Beschwerdeführer sind die Verfahren üblicherweise kostenfrei. Er trägt lediglich seine eigenen Kosten einschließlich möglicher Anwaltskosten.[124] Typischerweise hat der Beschwerdeführer seine Eingabe zunächst schriftlich bei der zuständigen **Kundenbeschwerdestelle** einzureichen, die eine Vorprüfung durchführt und ggf. unter Fristsetzung Unterlagen nachfordert.[125]

47 Eine Beschwerde ist **zulässig**, (i) wenn es sich bei dem Beschwerdeführer um einen Verbraucher handelt oder (ii) ohne Beschränkung auf Verbraucher, wenn die Streitigkeit in den Anwendungsbereich der Vorschriften über Zahlungsdienste (§§ 675c bis 676c des Bürgerlichen Gesetzbuches) fällt.[126] Ausgenommen ist eine Schlichtung bei anderweitiger Anhängigkeit des Rechtsstreits vor Gericht oder einer anderen Schlichtungsstelle,[127] wobei entscheidend ist, dass die Sache zu irgendeinem Zeitpunkt einmal anhängig war oder wird.[128] Unzulässigkeit liegt auch vor bei bereits abgelehnter

114 SCHUFA Ombudsmann, Postfach 52 80, 65042 Wiesbaden, www.schufa-ombudsmann.de.

115 Ombudsstelle für Investmentfonds, Bundesverband Investment und Asset Management e. V., Unter den Linden 42, 10117 Berlin, www.ombudsstelle-investmentfonds.de.

116 Ombudsmann Kreditankauf und Servicing e. V., Bundesvereinigung Kreditankauf und Servicing e. V., Marienstraße 14, 10117 Berlin, www.bks-ev.de.

117 Schlichtungsstelle der Deutschen Bundesbank, Deutsche Bundesbank, Postfach 11 12 32, 60047 Frankfurt am Main, www.bundesbank.de.

118 Bundesanstalt für Finanzdienstleistungsaufsicht, BaFin-Schlichtungsstelle nach dem Investmentgesetz, Referat Q21, Graurheindorfer Straße 108, 53117 Bonn, www.bafin.de.

119 Beim Ombudsmannverfahren der Privatbanken waren in der Vergangenheit rund ein Drittel der Beschwerden bereits wegen fehlender Verbandsmitgliedschaft des Kreditinstituts beim Bundesverband deutscher Banken (BdB) unzulässig.

120 Vgl. etwa www.bankenombudsmann.de für die Privatbanken.

121 Vgl. zum BdB-Verfahren Näheres bei www.bankenombudsmann.de.

122 Vgl. www.voeb.de.

123 Vgl. www.bvr.de.

124 Nr. 6 Abs. 2 und 3 BdB-Verfahrensordnung (Ausnahme: Kosten bei fremder Rechtsordnung oder Sprache); Ziff. VII VÖB-Verfahrensordnung; Nr. 7 Abs. 3 BVR-Verfahrensordnung.

125 Nr. 3 Abs. 1 und 2 BdB-Verfahrensordnung; Ziff. II Abs. 1 und 2 VÖB-Verfahrensordnung; Nr. 5 BVR-Verfahrensordnung.

126 Nr. 2 Abs. 1 BdB-Verfahrensordnung; Ziff. I Abs. 1 VÖB-Verfahrensordnung; Nr. 3 Abs. 1 BVR-Verfahrensordnung.

127 Nr. 2 Abs. 2 Satz 1 Buchst. a) und b) BdB-Verfahrensordnung; Nr. I Abs. 2, 1. und 4. Alt. VÖB-Verfahrensordnung; Nr. 3 Abs. 2 Satz 1 Buchst. a) und b) BVR-Verfahrensordnung.

128 Derleder/Knops/Bamberger/*Bördermann* § 66 Rn. 25; a.A. *Hoeren* NJW 1992, 2727 (2730).

Prozesskostenhilfe, schon erfolgtem außergerichtlichem Vergleich oder eingetretener Verjährung.[129] Auch bei streitigem Sachverhalt, der eine Beweisaufnahme notwendig machen würde, sowie bei grundsätzlichen – höchstrichterlich noch nicht entschiedenen – Rechtsfragen ist eine Schlichtung nicht möglich.[130]

Durch die Anrufung von Ombudsleuten wird eine Verjährung des Anspruchs des Bankkunden nur **gehemmt**, wenn es sich um eine zulässige Beschwerde handelt. Hat sich ein Kreditinstitut grds. der Durchführung von Schlichtungsverfahren unterworfen, so bezieht sich dies nur auf zulässige Verfahren, da es anderenfalls schon an einer Verhandlungsbereitschaft nach § 204 BGB fehlt.[131] 48

Die Kundenbeschwerdestelle legt die Beschwerde dem Ombudsmann zur Entscheidung über die Zulässigkeit vor, wenn sie diese für unzulässig hält.[132] Hält sie die Beschwerde für zulässig, holt sie vom betroffenen Kreditinstitut eine Stellungnahme ein.[133] Bei Nichtabhilfe durch das Kreditinstitut legt die Kundenbeschwerdestelle die Beschwerde dem Ombudsmann zur Entscheidung vor.[134] Dessen Schlichtungsspruch ist für den Kunden stets **unverbindlich**. Aufseiten der Kreditinstitute gibt es eine entsprechende Unverbindlichkeit auch bei den Verfahren der Landesbanken sowie Volks- und Raiffeisenbanken. Für private Banken gibt es eine Bindung an die Entscheidung des Ombudsmanns für Beschwerdegegenstände bis € 5.000, darüber hinaus besteht ebenfalls Unverbindlichkeit.[135] 49

II. Finanzmarktstabilisierung

1. Weltweite Finanzmärktekrise

Eine im amerikanischen Immobilienkreditmarkt[136] wurzelnde Liquiditätskrise[137] führte mit der Insolvenz der amerikanischen Investmentbank ***Lehman Brothers*** am 15.09.2008 zu einer Vertrauenskrise, die sich allgemein auf die Finanzmärkte erstreckte. Hieraus erwuchs schließlich eine weltweite Finanzmärktekrise. Die Reaktion der Märkte erfolgte so drastisch, da mit Lehman Brothers innerhalb weniger Tage eines der traditionsreichsten Bankhäuser mit höchster Reputation vor dem Aus stand und die Märkte völlig überrascht davon waren, dass die amerikanische Regierung eine derart systemrelevante Bank nicht auffing.[138] Die weltweiten Interbankengeschäfte wurden so stark 50

---

129 Nr. 2 Abs. 2 Satz 1 Buchst. a) und c) BdB-Verfahrensordnung; Ziff. I Abs. 2 2., 3. und 5. Alt. VÖB-Verfahrensordnung; Nr. 3 Abs. 2 Satz 1 Buchst. a) und d) BVR-Verfahrensordnung.

130 Nr. 2 Abs. 2 Satz 2, Nr. 4 Abs. 4 Satz 3 BdB-Verfahrensordnung; Nr. I Abs. 2, 6. Alt., Abs. 3 VÖB-Verfahrensordnung; Nr. 3 Abs. 2 Satz 2, Nr. 6 Abs. 4 Satz 2 BVR-Verfahrensordnung.

131 Zur Anrufung der Ombudsfrau der privaten Bausparkassen LG Karlsruhe, Urt. v. 27.02.2006 – 10 O 549/05, S. 16 f.

132 Nr. 4 Abs. 1 BdB-Verfahrensordnung; Ziff. III Abs. 1 VÖB-Verfahrensordnung; Nr. 6 Abs. 1 BVR-Verfahrensordnung.

133 Nr. 4 Abs. 2 BdB-Verfahrensordnung; Ziff. III Abs. 2 VÖB-Verfahrensordnung; Nr. 6 Abs. 2 BVR-Verfahrensordnung.

134 Nr. 4 Abs. 3 BdB-Verfahrensordnung; Ziff. III Abs. 3 VÖB-Verfahrensordnung; Nr. 6 Abs. 3 BVR-Verfahrensordnung.

135 Nr. 4 Abs. 5 Buchst. a) und b) BdB-Verfahrensordnung; Ziff. III Abs. 5 Satz 2 VÖB-Verfahrensordnung; Nr. 6 Abs. 5 BVR-Verfahrensordnung.

136 Zum Entstehen der Krise *Sachverständigenrat zur Begutachtung der gesamtwirtschaftlichen Entwicklung*, Jahresgutachten 2008/2009, Rn. 174; zu Verbriefungen *Möschel* WuW 183 (1285 f.) und *Hüther/Jäger/Hellwig/Hartmann-Wendels*, S. 28; mit umfangreicher Erläuterung der im angloamerikanischen Finanzmarkt gängigen Abkürzungen und Begriffe *Bartsch* NJW 2008, 3337 (3338).

137 *Möschel* ZRP 2009, 129 (130); Sachverständigenrat zur Begutachtung der gesamtwirtschaftlichen Entwicklung, Jahresgutachten 2008/2009, Rn. 174 ff.

138 Sehr krit. *Möschel* ZRP 2009, 129 (130), der die Vorgänge um *Lehman Brothers* für eine »groteske Fehlentscheidung des amerikanischen Krisenmanagements« hält.

eingeschränkt, dass der deutsche Sachverständigenrat von einer fast vollständigen Einstellung der Geschäfte zwischen den Banken sprach.[139]

51 Auf **internationaler Ebene** versuchten die G-20-Staaten bei Gipfeltreffen am 14. bis 16.11.2008 in Washington, am 01./02.04.2009 in London, am 24./25.09.2009 in Pittsburgh und am 26./27.06.2010 in Toronto mit koordinierten Einzelmaßnahmen sowie Reformvereinbarungen, Lösungsmöglichkeiten für die Finanzkrise zu entwickeln. Europaweit wurden diverse Stabilisierungsbemühungen für den Finanzsektor unternommen.

2. Euro- und Staatsschuldenkrise

52 Zum Teil auch in der Folge der Finanzmärktekrise kam es außerdem zu einer Staatsschuldenkrise in der Euro-Zone (zu Unrecht als »Euro-Krise« bezeichnet).[140] Im Oktober 2009 zeichnete sich ab, dass im Euro-Mitgliedsland Griechenland die Staatsverschuldung deutlich höher war, als bis dahin in den amtlichen Statistiken ausgewiesen worden war. Neben **Griechenland** hatten auch **Irland** und **Portugal** zunehmend Schwierigkeiten, ihre laufenden Kredite am Kapitalmarkt zu verlängern oder neue Verbindlichkeiten aufzunehmen. Im weiteren Verlauf griff die Krise zeitweise auch auf Italien, Spanien und Zypern über. Der vorläufige Europäische Stabilisierungsfazilitäts-Mechanismus (**EFSF**)[141] und der Internationale Währungsfonds (**IWF**)[142] spannten – unterstützt durch eine koordinierte zwischenstaatliche Kreditvergabe – Euro-Rettungsschirme, um eine Zahlungsunfähigkeit einzelner Staaten zu verhindern.[143] Die Europäische Zentralbank (**EZB**) kaufte zunehmend Staatsanleihen der betroffenen Länder auf.[144] Erst durch die Erklärung des EZB-Präsidenten, dass die EZB alles Notwendige tun wird, um die Preisstabilität zu gewährleisten,[145] beruhigten sich die Märkte wieder.[146]

a) EFSF

53 Den **vorläufigen Europäischen Finanzstabilisierungsfazilitäts-Mechanismus** (**EFSF**) hatte der Rat der europäischen Finanzminister am 09. und 10.05.2010 beschlossen.[147] Umgesetzt wurde er mittels der Verordnung (EU) Nr. 407/2010[148] und der Einrichtung der Europäischen

---

139 Sachverständigenrat zur Begutachtung der gesamtwirtschaftlichen Entwicklung, Jahresgutachten 2008/2009, Rn. 177.

140 Hierzu Sachverständigenrat zur Begutachtung der gesamtwirtschaftlichen Entwicklung, Jahresgutachten 2011/2012, 1. Kap. I.

141 European Financial Stability Facility; vgl. www.efsf.europa.eu.

142 International Monetary Fund; vgl. www.imf.org.

143 *Thym* EuZW 2011, 167 (168 ff.).

144 S. ständig fortgeführte Übersicht der Deutschen Welle zu »Stationen der Krise«. Zeitraum 2009-2011: www.dw.de/dw/article/0,15468111,00.html; Zeitraum 01.01.2012 – 30.06.2012: http://www.dw.de/stationen-der-krise-01012012-30062012/a-16077780; Zeitraum 01.07.2012 – 31.12.2012: http://www.dw.de/stationen-der-krise-01072012-31122012/a-16405153; Zeitraum 01.01.2013 – 30.06.2013: http://www.dw.de/stationen-der-krise-01012013-30062013/a-16606369; Zeitraum 01.07.2013 – 31.12.2013: http://www.dw.de/stationen-der-krise-01072013-31122013/a-17141159; Zeitraum 01.01.2014: http://www.dw.de/stationen-der-krise-01012014/a-17519107.

145 Beitrag von Mario Draghi, Präsident der EZB, in: »Die Zeit«, v. 29.08.2012, »Zukunft Euro: Stabilität durch Wandel«.

146 Pressemitteilung von Mario Draghi, Präsident der EZB, und Vítor Constâncio, Vizepräsident der EZB, in Paris, v. 02.10.2013.

147 Ratsdokument 9614/10.

148 Verordnung (EU) Nr. 407/2010 des Rates v. 11.05.2010 zur Einführung des Europäischen Finanzstabilisierungsmechanismus, ABl. Nr. L 188, S. 1; zur Kritik wegen des Haftungsübernahmeverbots des Art. 125 AEUV vgl. *Thym* EuZW 2011, 167 (169).

Finanzstabilisierungsfazilität.[149] Diese Fazilität ist privatrechtlich organisiert und erhält ihre Mittel nach Gewährleistungen der Mitgliedstaaten gemäß deren quotaler Beteiligung an der EZB.[150]

b) ESM

Der Europäische Rat der Staats- und Regierungschefs vom 24. und 25.03.2011 fasste den Beschluss, zusammen mit einer Reform der Europäischen Währungsunion einen **dauerhaften Europäischen Stabilitätsmechanismus (ESM)** zu etablieren, welcher den vorläufigen EFSF ablöst.[151] Am 23.01.2012 einigten sich die Finanzminister der Euroländer auf einen Vertrag für den ESM, der zur Ablösung des ESFM zum 01.07.2012 dienen soll.[152] Für von der Euro-Krise betroffene Staaten soll der ESM genügend Hilfen zur Verfügung stellen können. Die Finanzhilfen sollen unter strikten Auflagen und nach einem volkswirtschaftlichen Anpassungsprogramm gewährt werden. Möglich sein sollen die Vergabe von Darlehen, die Rekapitalisierung von Finanzinstituten und der Ankauf von Staatsanleihen.[153] Der Aufbau des ESM orientiert sich an der Struktur des IWF. Der ESM verfügt über einen Verwaltungsrat, dem die nationalen Finanzminister angehören und der die grundlegenden Entscheidungen trifft. Bei Beschlüssen über die Gewährung von Finanzhilfen und deren Konditionen, über die zur Verfügung stehenden Finanzmittel und Veränderungen der zur Verfügung stehenden Maßnahmen ist Einstimmigkeit erforderlich.[154] Das BVerfG hat am 18.03.2014, nach der umfassendsten Verfassungsbeschwerde seiner Geschichte,[155] die deutsche Beteiligung am ESM gestattet.[156] Die Haushaltsautonomie des Bundestages sei hinreichend gewahrt, die Bundesregierung müsse aber sicherstellen, dass Deutschland das Stimmrecht im ESM-Rat nicht verliert. Wie bereits zum Eilantrag urteilte das BVerfG, dass die Bundesregierung die Haftungssumme nur anheben kann, wenn der Bundestag zustimmt und dieser fortlaufend informiert wird.[157] 54

c) StabMechG und ESM-Zustimmungsgesetz

In Deutschland wurde das Gesetz zur Übernahme von Gewährleistungen im Rahmen eines europäischen Stabilisierungsmechanismus vom 21.05.2010 (**StabMechG**) erlassen.[158] Hiergegen gerichtete Verfassungsbeschwerden verwarf das BVerfG, stärkte jedoch das Mitwirkungsrecht des Parlaments. § 1 Abs. 4 StabMechG ist verfassungskonform auszulegen. Die Bundesregierung muss demnach vor Übernahme von Gewährleistungen die vorherige Zustimmung des Haushaltsausschusses einholen.[159] In einer einstweiligen Anordnung legte das BVerfG fest, dass der Bundestag seine Entscheidungskompetenz nicht auf ein neunköpfiges Sondergremium übertragen darf.[160] Das BVerfG kam schließlich zum Ergebnis, dass die Regelung des § 3 Abs. 3 StabMechG die 55

149 Vgl. hierzu Grabitz/Hilf/Nettesheim/*Bandilla*, Recht der EU, AEUV, Art. 125, Rn. 14 ff.; krit. vgl. bei *Thym* EuZW 2011, 167 (169); für weitere Einzelheiten s. Abschnitt IV. Bankenaufsicht.

150 Ratsdokument 9614/10; *Horn* NJW 2011, 1398 (1400).

151 Rat der EU, 24./25.03.2011, Schlussfolgerungen EUCO 10/11, https://www.consilium.europa.eu/uedocs/cms_data/docs/pressdata/de/ec/120313.pdf.

152 Vertrag zur Einrichtung des Europäischen Stabilitätsmechanismus (ESM).

153 Hierzu *Kube* WM 2012, 245 ff.

154 *Horn* NJW 2011, 1398 (1401).

155 Mehr als 37.000 Beschwerdeführer, klagten; unter ihnen Rechtsprofessoren und Abgeordnete mehrere Parteien.

156 BVerfGE Urt. v. 18.03.2014 – 2 BvR 1390/12; 2 BvR 1421/12; 2 BvR 1438/12; 2 BvR 1439/12; 2 BvR 14440/12; 2 BvR 1824/12; 2 BvR 6/12.

157 BVerfGE Urt. v. 19.06.2012 – 2 BvE 4/11.

158 Gesetz zur Übernahme von Gewährleistungen im Rahmen eines europäischen Stabilisierungsmechanismus (Stabilisierungsmechanismusgesetz – StabMechG), v. 22.05.2010, BGBl. I 2010, S. 627.

159 BVerfG, Urt. v. 07.11.2011 – 2 BvR 987/10, 2 BvR 1485/10, 2 BvR 1099/10; *Nettesheim* EuR 2011, 765 (767 ff.).

160 BVerfG, Beschl. v. 27.10.2011 – 2 BvE 8/11.

antragstellenden Bundestagsabgeordneten in ihren Rechten aus Art. 38 Abs. 1 Satz 2 GG verletzt, soweit sie nicht nur auf Ankäufe von Staatsanleihen Anwendung findet, die die EFSF am Sekundärmarkt tätigt.[161]

56 Mit der erforderlichen Zweidrittelmehrheit hat der deutsche Gesetzgeber am 29.06.2012 dem Gesetz zu dem Vertrag vom 02.02.2012 zur Einrichtung des Europäischen Stabilitätsmechanismus zugestimmt.[162] Die Unterzeichnung durch den Bundespräsident erfolgte aber erst, nachdem das BVerfG den Eilanträgen nicht stattgegeben hatte.[163]

d) Eurobonds

57 Die Diskussion über die Einführung sogenannter Eurobonds als Maßnahme zur Lösung der Euro- und Staatsschuldenkrise schwächt sich langsam ab. Jahrzehntelang wurden als Eurobonds alle von Emittenten in einem anderen europäischen Staat als ihrem Heimatland begebenen Anleihen bezeichnet. In der jetzigen Diskussion aber handelt es sich bei Eurobonds um die Ausgabe von Anleihen, die von den Mitgliedstaaten der Währungsunion gemeinsam oder aber allein von der EU zu einem Einheitszinssatz begeben werden (**Eurobonds**).[164] Die wirtschaftlich schwächeren Staaten würden somit von der besseren Bonität der wirtschaftlich stärkeren Staaten und einem in der Folge gemittelten Zinssatz profitieren. Die Haftung für die so eingegangenen Schulden würde dadurch allerdings gewissermaßen »kollektiviert«. Die Kritiker von Eurobonds weisen daher darauf hin, dass dadurch die finanzielle Selbstverantwortung der Mitgliedstaaten nach Art. 125 AEUV weiter geschwächt würde.[165] Im deutschen Koalitionsvertrag der 18. Wahlperiode des Bundestages wurde zwischen den Regierungsparteien vereinbart, keine Eurobonds einführen zu wollen.[166]

58 Eine neuere Entwicklung ist die Forderung nach der Einführung von sogenannten European Safe Bonds (»**ESBies**«), etwa von Frankreichs Präsident Macron. Dies sind Collateralised Debt Obligation (»**CDO**«)-artige Anleihen, die von Einzelzweckgesellschaften emittiert werden, die Staatsanleihen (»**Sovereign Bonds**«) der verschiedenen EU-Mitgliedsstaaten aufkaufen und tranchiert in mindestens zwei Tranchen (Senior und Junior) wieder auf dem Markt verkaufen.

59 Aus Sicht der Bundesregierung sind sogenannte »**Accountability Bonds**« die bevorzugte Lösung, bei denen SPVs nur Sovereign Bonds jeweils eines Mitgliedstaates kaufen, tranchieren und CDO-artig zurück an den Markt verkaufen, d.h. es gibt bei ihnen kein Pooling von Staatsrisiken. Es sollte sich besser schon recht bald entscheiden, welchen Weg man in der EU einschlagen will.

3. Neue Finanzgesetzgebung

60 Schon vor der Finanzmärktekrise gehörte der europäische, insbesondere aber der deutsche Finanzsektor, zu den am dichtesten regulierten Industrien der Welt. Die Finanzmärktekrise hat nun basierend auf internationalen Reformprojekten z.B. Baseler Ausschuss, IWF, diverse Expertengruppen (z.B. Vickers, Liikanen), CPSS, IOSCO, Unidroit, FSB, ESRB und insbesondere G-20) eine ganze Flut neuer Finanzgesetzgebung auf europäischer (mit zahlreichen Richtlinien, aber zunehmend

161 BVerfG, Urt. v. 28.02.2012 – 2 BvE 8/11, Leitsatz 1.

162 Gesetz zu dem Vertrag v. 02.02.2012 zur Einrichtung des Europäischen Stabilitätsmechanismus, v. 13.09.2012; BGBl. II, S. 981.

163 BVerfG, Urt. v. 12.09.2012 – 2 BvR 1390/12; 2 BvR 1421/12; 2 BvR 1438/12; 2 BvR 1439/12; 2 BvR 1440/12; 2 BvE 6/12.

164 Vgl. Grünbuch der Kommission über die Durchführung der Einführung von Staatsanleihen, KOM (2011) 818 endg. v. 23.11.2011; aus deutscher Sicht *Mayer/Heidfeld* NJW 2012, 422 ff. und *Nettesheim* EuR 2011, 765 (780).

165 *Horn* NJW 2011, 1398 (1402).

166 Koalitionsvertrag zwischen CDU, CSU und SPD, 18. Legislaturperiode, S. 159, http://www.bundesregierung.de/Content/DE/_Anlagen/2013/2013-12-17-koalitionsvertrag.pdf?__blob=publicationFile.

auch neuen und im gesamten EU/EWR-Raum direkt anwendbaren Verordnungen) wie auf nationaler (z.T. zur Umsetzung von EU-Recht, z.T. bewusst in Europa vorpreschend und z.T. völlig unabhängig von diesen Entwicklungen) Ebene ausgelöst. Zu den wichtigsten Gesetzgebungen und Gesetzgebungsprojekten zählen:

a) Makroprudentielle Aufsicht

Seit 2011 gibt es einen Europäischen Ausschuss für Systemrisiken (ESRB) für die makroprudentielle Aufsicht über die europäischen Finanzmärkte. Er soll Risiken und Ungleichgewichte im Finanzsystem identifizieren und kann Warnungen oder Empfehlungen gegenüber EU, Mitgliedstaaten sowie europäischen und nationalen Aufsichtsbehörden aussprechen. In Deutschland kommen solche Aufgaben seit dem Frühjahr 2013 dem Ausschuss für Finanzstabilität (AFS) zu. **61**

b) Bankenunion

Im Rahmen von EU und insbesondere EWU wird zurzeit die Europäische Bankenunion geschaffen. Sie besteht aus drei Stufen: (i) einer harmonisierten europäischen Bankenaufsicht, dem einheitlichen Bankaufsichtsmechanismus (SSM) mit der EZB als neuer zentraler Aufsichtsbehörde, (ii) dem einheitlichen Abwicklungsmechanismus (SRM) mit Regeln zur Bankenrestrukturierung und -insolvenz und (iii) einer gemeinsamen Einlagensicherung.[167] **62**

c) Eigenkapital und Liquiditätsanforderungen

Strengere Eigenkapital- und Liquiditätsanforderungen gehören zu den wichtigsten regulatorischen Neuerungen in der Folge der Finanzmärktekrise. Der Baseler Ausschuss für Bankenaufsicht hat solche als erster formuliert (Basel 3);[168] diese wurden dann von der EU in europäisches Recht übertragen, insbesondere in der Eigenkapitalrichtlinie CRD 4,[169] in Deutschland durch das CRD 4-Umsetzungsgesetz[170] implementiert, und der im ganzen EU/EWR-Raum unmittelbar geltenden Eigenkapitalverordnung CRR.[171] Durch diese kommt es zu höheren regulatorischen Eigenkapitalanforderungen (mehr hartes Kern- und weniger Ergänzungskapital; verschiedene Kapitalpuffer), schärferen Regeln für Risikogewichte, eine nicht Kreditrisiko-reflektierende Verschuldungsgrad-Anforderung (Leverage Ratio), komplexe Liquiditätsanforderungen (LCR und NSFR) und strenge Regeln dazu, was als regulatorisches Eigenkapital zählt. Zusätzliche Anforderungen werden durch das sog. Basel4 Regelwerk auf die Banken zukommen. Basel 4 ist eigentlich Teil des Basel 3 Regulierungspakets, war aber bislang noch nicht in CRD und CRR umgesetzt und bringt weitere tiefgreifende Veränderungen und Anforderungen für Banken mit sich. Darunter fallen neue Regelungen zur Berechnung der risikogewichteten Aktiva. Teile des Basel 4 Regelwerks sollen erst durch CRD 5 und CRR 2 umgesetzt werden. Änderungen im Bereich **63**

167 Vgl. Rdn. 118.

168 Baseler Ausschuss für Bankenaufsicht; Basel III: Ein globaler Regulierungsrahmen für widerstandsfähigere Banken und Bankensysteme, Dezember 2010 (rev. Juni 2011); Basel III: Mindestliquiditätsquote und Instrumente zur Überwachung des Liquiditätsrisikos, Januar 2013.

169 Richtlinie 2013/36/EU des Europäischen Parlaments und des Rates v. 26.06.2013 über den Zugang zur Tätigkeit von Kreditinstituten und die Beaufsichtigung von Kreditinstituten und Wertpapierfirmen, zur Änderung der Richtlinie 2002/87/EG und zur Aufhebung der Richtlinien 2006/48/EG und 2006/49/EG, ABl. L 176, v. 27.06.2013, S. 338–436.

170 Gesetz zur Umsetzung der Richtlinie 2013/36/EU über den Zugang zur Tätigkeit von Kreditinstituten und die Beaufsichtigung von Kreditinstituten und Wertpapierfirmen und zur Anpassung des Aufsichtsrechts an die Verordnung (EU) Nr. 575/2013 über Aufsichtsanforderungen an Kreditinstitute und Wertpapierfirmen (CRD IV-Umsetzungsgesetz), v. 28.08.2013, BGBl. I S. 3395.

171 Verordnung (EU) Nr. 575/2013 des Europäischen Parlaments und des Rates v. 26.06.2013 über Aufsichtsanforderungen an Kreditinstitute und Wertpapierfirmen und zur Änderung der Verordnung (EU) Nr. 646/2012, ABl. L 176, v. 27.06.2013, S. 1–337.

der Regelungen des Kreditrisikos und des operationellen Risikos folgen allerdings später in einer CRR 3.

d) Schattenbanken-Regulierung

64 In der Folge der immer stärkeren Regulierung des Bankensektors und der immer höher werdenden Eigenkapital- und Liquiditätsanforderungen und der daraus folgenden Geschäftsverteuerungen ziehen sich immer mehr Banken aus vielen traditionellen Bankgeschäften, insbesondere aus den Kreditmärkten zurück. Andere nicht oder anders regulierte Unternehmen, die sogenannten Schattenbanken, nutzen das und drängen in diese Märkte. Das gilt für Fonds, Versicherungsgesellschaften, Großunternehmen der Realwirtschaft und andere Kapitalsammelstellen bzw. institutionelle Investoren. Die EU-Kommission ist noch in einer Prüf- und Konsultationsphase dazu, wie regulatorisch auf dieses wachsende Schattenbankenwesen reagiert werden sollte (vgl. Grünbuch vom März 2013[172] und Mitteilung der Kommission vom 04.09.2013)[173]. Aber in wichtigen Teilbereichen ist die Neuregulierung schon fortgeschritten:

- Der europäische Versicherungsmarkt wurde, insbesondere im Hinblick auf Eigenkapital-, Solvabilitäts- und Organisationsanforderungen sowie Berichterstattungsregeln, durch die europäische Solvabilität 2-[174] und die Omnibus 2-Richtlinien[175] weiter harmonisiert.
- Viel ist bereits im Fonds-Bereich geschehen: Die Richtlinie über Verwalter alternativer Investmentfonds (AIFMD)[176] trat am 21.07.2011 in Kraft und war bis zum 22.07.2013 in nationales Recht umzusetzen. Erfasst werden sämtliche Fondsarten (z.B. Hedgefonds, Immobilienfonds, Private-Equity-Fonds, Geldmarktfonds, etc.), sofern diese nicht schon von den Richtlinien über Organismen für gemeinsame Anlagen in Wertpapieren (OGAW) erfasst werden. Die AIFMD wurde in Deutschland bereits umgesetzt,[177] und zwar durch die Einführung des Kapitalanlagegesetzbuchs (KAGB)[178] am 22.07.2013. Dieses hebt in weiten Teilen das frühere Investmentgesetz auf, geht über die Mindestzielvorgaben der AIFMD hinaus und beinhaltet ein detailliertes Regelwerk für offene und geschlossene Fonds (AIF und OGAW) und ihre Verwalter in Deutschland. Ferner ist am 14. Juni 2017 die Verordnung über Geldmarktfonds (MMFR) in Kraft getreten.[179] Ein weiterer Baustein ist die Verordnung über langfristig investierende Fonds (ELTIF) vom 29.04.2015.[180]

---

172 Europäische Kommission, Grünbuch Schattenbanken, v. 19.03.2012, COM(2012) 102 final.

173 Mitteilung der Kommission an den Rat und das Europäische Parlament Schattenbankwesen – Eindämmung neuer Risikoquellen im Finanzsektor, v. 04.09.2013, l COM/2013/0614 final.

174 Richtlinie 2009/138/EG des Europäischen Parlaments und des Rates v. 25.11.2009 betreffend die Aufnahme und Ausübung der Versicherungs- und der Rückversicherungstätigkeit (Solvabilität II), ABl. L 335, v. 17.12.2009, S. 1–155.

175 Richtlinie 2014/51/EU des Europäischen Parlaments und des Rates v. 16.04.2014 zur Änderung der Richtlinien 2003/71/EG und 2009/138/EG und der Verordnungen (EG) Nr. 1060/2009, (EU) Nr. 1094/2010 und (EU) Nr. 1095/2010 im Hinblick auf die Befugnisse der Europäischen Aufsichtsbehörde (Europäische Aufsichtsbehörde für das Versicherungswesen und die betriebliche Altersversorgung) und der Europäischen Aufsichtsbehörde (Europäische Wertpapier- und Marktaufsichtsbehörde), ABl. L 153, v. 22.05.2014, S. 1–61.

176 Richtlinie 2011/61/EU des Europäischen Parlaments und des Rates v. 08.06.2011 über die Verwalter alternativer Investmentfonds und zur Änderung der Richtlinien 2003/41/EG und 2009/65/EG und der Verordnungen (EG) Nr. 1060/2009 und (EU) Nr. 1095/2010, ABl. L 174, v. 01.07.2011, S. 1–73.

177 Gesetz zur Umsetzung der Richtlinie 2011/61/EU über die Verwalter alternativer Investmentfonds (AIFM-UmsG), v. 04.07.2013, BGBl. I S. 1981.

178 Kapitalanlagegesetzbuch (KAGB), v. 04.07.2013, BGBl. I S. 1981, zuletzt geändert durch Art. 6 Drittes Gesetz zur Änderung reiserechtlicher Vorschriften vom 17.07.2017, BGBl. I S. 2394.

179 Verordnung (EU) 2017/1131 des Europäischen Parlaments und des Rates v. 14.06.2017 über Geldmarktfonds, ABl. Nr. L 169 S. 8.

180 Verordnung (EU) 2015/760 des Europäischen Parlaments und des Rates vom 29.04.2015 über europäische langfristige Investmentfonds, ABl. Nr. L 123 S. 98.

– Schließlich trat am 25.11.2015 die Verordnung über die Transparenz von Wertpapiergeschäften außerhalb des regulierten Bankensektors in Kraft.[181] Eine Meldepflicht zur Erfassung aller Wertpapierfinanzierungsgeschäfte bei einer zentralen Datenbank soll den Aufsichtsbehörden ermöglichen, die Verflechtungen zwischen Banken und unregulierten Marktteilnehmern besser erfassen zu können. Ferner beinhaltet die Verordnung die Pflicht zu einer detaillierten Finanzberichterstattung, die die Transparenz der Verkehrsgepflogenheiten von Investmentfonds bei deren Wertpapiertransaktionen fördern soll. Mehr Licht ins Schattenbankensystem soll auch die Festlegung von Mindeststandards im Fall einer Weiterverpfändung von Finanzinstrumenten (Rehypothecation) bringen.

e) Bankenrestrukturierung und -insolvenz

Eine wichtige Erkenntnis aus der Finanzmärktekrise und insbesondere der Lehman-Pleite war, dass es eines speziellen Bankenkrisenrechts und eines weiterentwickelten Spezial-Insolvenzrechts für Banken bedarf. Deutschland wollte in dieser Hinsicht Vorbild für Europa sein und schuf bereits 2010 ein Banken-Restrukturierungsgesetz,[182] das entsprechende Änderungen des Kreditwesengesetzes (KWG) und die Einführung eines Kreditinstitute-Reorganisationsgesetzes (KredReorgG)[183] brachte. Kern der neuen Regelungen sind drei Verfahren, die vor Eintritt eines Banken-Insolvenzverfahrens eingreifen sollen: (i) Ein freiwilliges Sanierungsverfahren[184] und (ii), wenn das nicht hilft und die betreffende Bank in ihrem Bestand gefährdet und von systemischer Relevanz ist, ein ebenfalls freiwilliges Reorganisationsverfahren,[185] das (anders als das Sanierungsverfahren) auch Eingriffe in die Rechte Dritter erlaubt, sowie (iii), bei Bestandsgefährdung der Bank und gleichzeitiger Gefährdung des Finanzsystems, eine Übertragungsanordnung der BaFin (in Abstimmung mit der Bundesbank) hinsichtlich systemrelevanter Vermögenswerte, Verbindlichkeiten und Rechtsverhältnisse der notleidenden Bank auf eine Brückenbank, während die verbleibenden Aktiva und Passiva des übertragenden Instituts abgewickelt werden. 65

Seit dem 15.04.2014 gibt es zudem die »Mindestanforderungen an die Ausgestaltung von Sanierungsplänen« (MaSan),[186] wonach national systemisch bedeutende bzw. potenziell bedeutende Finanzinstitute (SIFIs) Sanierungspläne entwickeln müssen. Aber alle deutschen Vorschriften bedürfen vielleicht bald noch der Ergänzung bzw. Modifikation, wenn entsprechende europäische Vorschriften in Kraft treten bzw. zur nationalen Umsetzung anstehen werden. 66

Die EU hat am 15.05.2014 die Richtlinie zur Sanierung und Abwicklung von Banken (BRRD) veröffentlicht.[187] Die BRRD soll Finanzinstitute u.a. dazu verpflichten, detaillierte Sanierungs- und Abwicklungspläne zu erarbeiten. Um in Schieflage geratenen Banken notwendige Finanzmittel 67

181 Verordnung (EU) 2015/2365 des Europäischen Parlaments und des Rates vom 25.11.2015 über die Transparenz von Wertpapierfinanzierungsgeschäften und der Weiterverwendung sowie zur Änderung der Verordnung (EU) Nr. 648/2012, ABl. Nr. L 337 S.1.

182 Gesetz zur Restrukturierung und geordneten Abwicklung von Kreditinstituten, zur Errichtung eines Restrukturierungsfonds für Kreditinstitute und zur Verlängerung der Verjährungsfrist der aktienrechtlichen Organhaftung (Restrukturierungsgesetz), v. 09.12.2010, BGBl. I S. 1900.

183 Gesetz zur Reorganisation von Kreditinstituten (KredReorgG), v. 09.12.2010, BGBl. I S. 1900.

184 §§ 2 ff. KredReorgG.

185 §§ 7 ff. KredReorgG.

186 Rundschreiben 3/2014 (BA) – Mindestanforderungen an die Ausgestaltung von Sanierungsplänen (MaSan), v. 25.04.2014, s. http://www.bafin.de/SharedDocs/Veroeffentlichungen/DE/Rundschreiben/rs_1403_masan_ba.html.

187 Richtlinie 2014/59/EU des Europäischen Parlaments und des Rates v. 15.05.2014 zur Festlegung eines Rahmens für die Sanierung und Abwicklung von Kreditinstituten und Wertpapierfirmen und zur Änderung der Richtlinie 82/891/EWG des Rates, der Richtlinien 2001/24/EG, 2002/47/EG, 2004/25/EG, 2005/56/EG, 2007/36/EG, 2011/35/EU, 2012/30/EU und 2013/36/EU sowie der Verordnungen (EU) Nr. 1093/2010 und (EU) Nr. 648/2012 des Europäischen Parlaments und des Rates, ABl. L 173, v. 12.06.2014, S. 190–348.

zur Verfügung zu stellen, soll mittels eines Regierungsabkommens ein gemeinsamer europäischer Abwicklungsfonds (SRF) errichtet werden, der die betreffenden Nationalstaaten entlastet. Dieser soll aus von den Banken zu zahlenden Gebühren gespeist werden und den betroffenen Instituten weiterhin ermöglichen, notwendige Dienstleistungen anzubieten, ohne zugleich auf – mit öffentlichen Geldern finanzierte – Rettungsmaßnahmen angewiesen zu sein. Mit dem BRRD-Umsetzungsgesetz vom 10.12.2014, welches am 01.01.2015 in Kraft getreten ist, wurde die BRRD durch das Gesetz zur Sanierung und Abwicklung von Instituten und Finanzgruppen (Sanierungs- und Abwicklungsgesetz – SAG) in nationales Recht umgesetzt.

68 Schließlich wird als zweite Stufe der Europäischen Bankenunion ein Einheitlicher Mechanismus zur Bankenabwicklung (SRM) entstehen. Dazu soll künftig ein Einheitlicher Abwicklungsausschuss (SRB)[188] in Zusammenarbeit mit der Europäischen Kommission über Sanierungsmaßnahmen bei allen SSM-Banken und deren Finanzierung entscheiden.

f) Trennbankensystem

69 Wie bei der Banken-Restrukturierung preschte Deutschland auch beim Thema Trennbankensystem[189] vor, weil es glaubte, so die Entwicklung in Europa am besten beeinflussen zu können: Am 02.01.2014 trat das Gesetz zur Abschirmung von Risiken und zur Planung der Sanierung und Abwicklung von Kreditinstituten und Finanzgruppen,[190] das sogenannte Trennbankengesetz, in Kraft (Living Wills oder Banken-Testamente, Strafbarkeitsregeln für die Geschäftsleiter von Banken und Versicherungen und vor allem Regeln zur Abschirmung des Kundengeschäfts vor Risiken aus angeblich spekulativen Eigengeschäften). Letztere dürfen Einlagenkreditinstitute bei Überschreiten bestimmter Schwellenwerte nicht mehr unter einem Dach betreiben; vielmehr müssen sie sie dann in eine lizenzierte und beaufsichtigte, rechtlich, wirtschaftlich und organisatorisch selbstständige Gesellschaft ausgliedern. Erlaubt bleiben Einlagenkreditinstituten aber immer Kundengeschäfte einschließlich Eigenhandel für Kunden und Market Making.

70 Auch die EU-Kommission hatte am 29.01.2014 einen Vorschlag zur europaweiten Einführung eines Trennbankensystems vorgelegt.[191] Dieser wurde allerdings im Oktober 2017 durch die Kommission zurückgezogen. Beide, das deutsche Trennbankengesetz und die nun gescheiterten europäischen Trennbanken-Pläne, sind kaum das Ergebnis von »Lehren« aus der Finanzmärktekrise, denn in dieser haben sich Universalbanken (also solche, die, wie die allermeisten deutschen Banken, Investment Banking wie traditionelles Bankgeschäft in einem Hause betreiben) anerkanntermaßen keinesfalls schlechter geschlagen als Institute in Trennbankensystemen. Es ist gerade der in Trennbankensystemen verpönte Effekt von Quersubventionierungen, der Universalbanken besser stabilisiert und zu ihrem Überleben beisteuert.

g) Finanztransaktionssteuer

71 Die Milliarden von Euro, die einige Staaten in der Finanzmärktekrise für diverse Bankenrettungspakete ausgeben mussten, würden sich einige von ihnen gerne von der Finanzindustrie zurückholen. Ein Weg dahin wäre der Vorschlag zur Einführung einer europäischen Finanztransaktionssteuer

---

188 Verordnung (EU) Nr. 806/2014 des Europäischen Parlaments und des Rates v. 15.07.2014 zur Festlegung einheitlicher Vorschriften und eines einheitlichen Verfahrens für die Abwicklung von Kreditinstituten und bestimmten Wertpapierfirmen im Rahmen eines einheitlichen Abwicklungsmechanismus und eines einheitlichen Abwicklungsfonds sowie zur Änderung der Verordnung (EU) Nr. 1093/2010, ABl. L 225, v. 30.07.2014, S. 1-90.

189 Vgl. Rdn. 3 f.

190 Gesetz zur Abschirmung von Risiken und zur Planung der Sanierung und Abwicklung von Kreditinstituten und Finanzgruppen, v. 07.08.2013, BGBl. I 2013, Nr. 47, S. 3090.

191 Vorschlag für eine Verordnung des Europäischen Parlaments und des Rates über strukturelle Maßnahmen zur Erhöhung der Widerstandsfähigkeit von Kreditinstituten in der Union v. 29.01.2014, COM(2014) 43 final, 2014/0020 (COD).

(»**FTT**«).[192] Er sieht vor, alle Finanztransaktionen, die im Zusammenhang mit der FTT-Zone stehen i.H.v. 0,1 % auf Aktien und Anleihen sowie i.H.v. 0,01 % auf Derivate zu besteuern. Der Vorschlag ist jedoch sehr umstritten. Leider gehört Deutschland zu den vehementesten FTT-Befürwortern, obgleich der von einer solchen Steuer ausgehende gesamtwirtschaftliche Effekt u.U. deutlich negativer sein wird als der positive Effekt der so erzielten zusätzlichen Staatseinnahmen.

h) Derivate-Regulierung

Eine der wichtigsten Erkenntnisse aus der Lehman-Pleite war die, dass man einen Weg finden musste, die Risiken aus außerbörslichen (»**OTC**«) Derivaten zu erfassen und zu quantifizieren. Darüber hinaus entstand bei vielen Gesetzgebern und Aufsehern in der Welt der Eindruck, dass von OTC-Derivaten zu große Gefahren ausgingen und man etwas tun müsse, um den OTC-Markt und solche Risiken zu verkleinern. Zu diesem Zweck entstand in Europa eine unmittelbar anwendbare Verordnung, die European Markets Infrastructure Regulation (EMIR) vom 16.08.2012.[193] 72

Deren wesentliche Inhalte betreffen (i) die Einführung einer Clearing-Pflicht unter Nutzung zentraler Gegenparteien (CCPs) hinsichtlich bestimmter OTC-Derivatekontrakte, (ii) Anforderungen bezüglich der Rechtssicherheit von Techniken zur Risikominimierung (z.B. Bestimmungen über zusätzliche Sicherheiten bezogen auf OTC-Derivatekontrakte, die nicht dem Clearing-Verfahren unterliegen), (iii) Berichts- und Meldepflichten (insbesondere via Transaktionsregister (»**TRs**«) und (iv) den Rechtsrahmen zur Regulierung von CCPs und TRs. 73

Im Ergebnis werden vor allem die Meldepflichten an TRs helfen, künftig Situationen wie die mangelnde Übersicht der Aufseher über die Derivate-Märkte beim Lehman-Kollaps zu vermeiden. Durch die Clearing-Pflicht via CCPs werden börsengehandelte Derivate attraktiver, der Druck zur Standardisierung im OTC-Bereich größer und maßgeschneiderte Produkte deutlich teurer. So werden zwar die bislang bestehenden Kontrahentenausfallrisiken deutlich heruntergefahren, aber dafür die Risiken eines CCP-Ausfalls (mit viel dramatischeren Folgen) einerseits und eventuell fehlender Absicherungsmöglichkeiten zu vertretbaren Preisen andererseits geschaffen. 74

i) Ratingagenturen-Regulierung

Es war unter anderem das übergroße Vertrauen in die externen Ratings der großen Ratingagenturen, das zu der Finanzmärktekrise beigetragen hatte. Daher hat die EU schon 2009 mit einer Verordnung zur Regulierung von Ratingagenturen reagiert.[194] Diese wurde zuletzt durch die am 20.06.2013 in Kraft getretenen Änderungen (CRA 3) überarbeitet (Einführung einer Rotationsregel, Marktzugangserleichterung für kleinere Ratingagenturen, Reduktion von Verflechtungen und Interessenkonflikten, zivilrechtliche Schadensersatzansprüche bei Verstößen gegen CRA 3, Registrierung bei der europäischen Aufsichtsbehörde ESMA und ab Juni 2015 müssen alle Ratings auf einer europäischen Ratingplattform veröffentlicht werden).[195] 75

j) Banker-Vergütung

Eine andere Ursache der Finanzmärktekrise war die von Regeln ungehemmte Gier der bei Banken tätigen Personen, die die Übernahme übergroßer Risiken durch solche Personen zulasten ihrer Institute ermöglichte, insbesondere durch exzessive und rein am kurzfristigen Geschäftserfolg orientierte 76

---

192 Vorschlag für eine Richtlinie des Rates über die Umsetzung einer Verstärkten Zusammenarbeit im Bereich der Finanztransaktionssteuer, v. 14.02.2013, COM(2013) 71 final, 2013/0045 (CNS).

193 Verordnung (EU) Nr. 648/2012 des Europäischen Parlaments und des Rates v. 04.07.2012 über OTC-Derivate, zentrale Gegenparteien und Transaktionsregister, ABl. L 201, v. 27.07.2012, S. 1–59.

194 Verordnung (EG) Nr. 1060/2009 des Europäischen Parlaments und des Rates v. 16.09.2009 über Ratingagenturen, ABl. L 302 v. 17.11.2009, S. 1–31.

195 Verordnung (EU) Nr. 462/2013 des Europäischen Parlaments und des Rates v. 21.05.2013 zur Änderung der Verordnung (EG) Nr. 1060/2009 über Ratingagenturen, ABl. L 146, v. 31.05.2013, S. 1–33.

Bonifikationen (Boni). Seit dem 01.01.2014 gelten die in den neuen EU-Eigenkapitalregeln CRD 4 getroffenen Regelungen zur Vergütungspraxis durch eine neue deutsche Verordnung über die aufsichtsrechtlichen Anforderungen an Vergütungssysteme von Instituten (Instituts-Vergütungsverordnung, InstitutsVergV).[196] Danach sollen mindestens 25 % der Banker-Boni über eine 5-Jahres-Periode verteilt werden und die Boni grundsätzlich das Basisgehalt nicht übersteigen (wobei es eine Option zur Verdoppelung der Boni gibt). Auch schon vor diesen Neuregelungen haben sich durch die Schaffung der InstitutsVergV in ihrer ursprünglichen Fassung die Vergütungssysteme der meisten Banken und in der Folge das Risikoverhalten der meisten Banker nachhaltig verändert.

k) Weitere Produkte- und Märkteregulierung

77 Aber auch in vielen anderen Bereichen gibt es weitere Neuregulierungen:

78 Am 03.07.2014 ist die Neufassung der europäischen Richtlinie über Märkte für Finanzinstrumente (MIFID)[197], die MIFID 2-Richtlinie[198], sowie die Verordnung über Märkte für Finanzinstrumente, die MIFIR,[199] in Kraft getreten. Die wesentlichen inhaltlichen Änderungen umfassen u.a. die Ausweitung der Vorschriften zur Handelstransparenz, die Schließung von Regulierungslücken, insbesondere im over the counter-Handel (OTC), die Erfassung neuer Handelsplattformen als Organised Trading Facilities (OTFs), Regeln zur Beschränkung des Hochfrequenzhandels, Verbot der Kommissions- und Prämienannahme durch als unabhängige Vermittler agierende Berater, erweiterte Kundeninformationspflichten und Berichtspflichten sowie Pflichten zur Aufzeichnung von Telefonaten. Die EU Mitgliedstaaten mussten die Richtlinie nun bis zum 03.07.2016 umsetzen und ab dem 03.01.2017 anwenden. Die ergänzende, in den Mitgliedsstaaten unmittelbar geltende MIFIR ist ebenfalls seit dem 03.01.2017 anzuwenden. Die Umsetzung findet in Deutschland im Rahmen des Zweiten Finanzmarktnovellierungsgesetz (2. FiMaNoG) statt, das größtenteils am 03.01.2018 in Kraft getreten ist.[200] Die am 02.07.2014 in Kraft getretene Überarbeitung der Marktmissbrauchsrichtlinie (MAD) durch die MAD 2-Richtlinie[201] und die Marktmissbrauchsverordnung (MAR)[202] als Reaktion auf den LIBOR-Skandal regelt ein Verbot der Manipulation von Referenzwerten (Benchmarks), die Einführung des Tatbestands der versuchten Marktmanipulation, die Erweiterung der Definition von Insiderhandel (z.B. auf Warenderivate) und Marktmissbrauch (z.B. märkteüberschreitenden Missbrauch) und gelten seit dem 03.07.2016. Diese wurden bereits

196 Richtlinie 2013/36/EU des Europäischen Parlaments und des Rates v. 26.06.2013 über den Zugang zur Tätigkeit von Kreditinstituten und die Beaufsichtigung von Kreditinstituten und Wertpapierfirmen, zur Änderung der Richtlinie 2002/87/EG und zur Aufhebung der Richtlinien 2006/48/EG und 2006/49/EG, ABl. L 176, v. 27.06.2013, S. 338–436.

197 Richtlinie 2004/39/EG des Europäischen Parlaments und des Rates v. 21.04.2004 über Märkte für Finanzinstrumente, zur Änderung der Richtlinien 85/611/EWG und 93/6/EWG des Rates und der Richtlinie 2000/12/EG des Europäischen Parlaments und des Rates und zur Aufhebung der Richtlinie 93/22/EWG des Rates, ABl. L 145, v. 30.04.2004, S. 1–44.

198 Richtlinie 2014/65/EU des Europäischen Parlaments und des Rates v. 15.05.2014 über Märkte für Finanzinstrumente sowie zur Änderung der Richtlinien 2002/92/EG und 2011/61/EU, ABl. L 173, v. 12.06.2014, S. 349–496.

199 Verordnung (EU) Nr. 600/2014 des Europäischen Parlaments und des Rates v. 15.05.2014 über Märkte für Finanzinstrumente und zur Änderung der Verordnung (EU) Nr. 648/2012, ABl. L 173, v. 12.06.2014, S. 84–148.

200 Zweites Gesetz zur Novellierung von Finanzmarktvorschriften auf Grund europäischer Rechtsakte (Zweites Finanzmarktnovellierungsgesetz – 2. FiMaNoG) v. 23.06.2017, BGBl. I S. 1693, geändert durch Art. 12 G zur Umsetzung der Zweiten ZahlungsdiensteRL vom 17.07.2017, BGBl. I S. 2446.

201 Richtlinie 2014/57/EU des Europäischen Parlaments und des Rates v. 16.04.2014 über strafrechtliche Sanktionen bei Marktmanipulation (Marktmissbrauchsrichtlinie), ABl. L 173, v. 12.06.2014, S. 179–189.

202 Verordnung (EU) Nr. 596/2014 des Europäischen Parlaments und des Rates v. 16.04.2014 über Marktmissbrauch (Marktmissbrauchsverordnung) und zur Aufhebung der Richtlinie 2003/6/EG des Europäischen Parlaments und des Rates und der Richtlinien 2003/124/EG, 2003/125/EG und 2004/72/EG der Kommission, ABl. L 173, v. 12.06.2014, S. 1–61.

durch das Erste Finanzmarktnovellierungsgesetz (1. FiNaMoG) vom 30.07.2016 umgesetzt.[203]. Darüber hinaus ist am 29.12.2014 die Verordnung über Basisinformationsblätter für verpackte Anlageprodukte für Kleinanleger und Versicherungsanlageprodukte (PRIIP-Verordnung) in Kraft getreten, die strukturierte Produkte, Produkte mit Kapitalgarantie, Derivate, Investmentfonds und Fonds-gebundene Lebensversicherungen erfasst und für die alle relevanten Informationen ein in leicht verständlicher Formeinheitliches »Key Information Document« (KID) verlangt. Die PRI-IP-Verordnung gilt seit dem 31.12.2016 unmittelbar in den EU Mitgliedstaaten. Für Leerverkäufe von Wertpapieren (und bestimmte Aspekte von Kreditderivaten) gibt es bereits seit 2012 ein einheitliches europäisches Regelwerk, die Leerverkaufsverordnung (SSR),[204] mit vier ergänzenden Verordnungen und technischen Standards (Verbot nackter Leerverkäufe in Aktien und Staatsanleihen sowie von ungedeckten Credit Default Swaps (CDS) auf Staaten, Meldeanforderungen bei Schwellenwertüberschreitung durch Netto-Leerverkaufspositionen in Aktien, usw.).

Im Hinblick auf Versicherungsprodukte sei noch die Überarbeitung der Versicherungsvermitt- 79
lungs-Richtlinie (IMD),[205] die IMD 2,[206] genannt; im Fonds-Bereich vor allem Änderungen im traditionellen Fonds-Sektor, die durch die EU-Richtlinienvorschläge zu Organismen für die gemeinsame Anlage in Wertpapieren zu Änderungen (insbesondere im KAGB) führen werden: OGAW 5 (neue Verwahrstellenregeln, Anlegerschutz mindestens auf AIFMD-Niveau, Haftungsregime, Vergütungsregeln für die Geschäftsleitung uva., harmonisierte Sanktionen) und OGAW 6 (neue Produktvorschriften, Regeln zum Liquiditätsmanagement, Verwahrstellen-Pass usw.).

Auch die Kreditmärkte der Banken bleiben nicht von Neuregulierungen verschont. Im Februar 80
2014 erfolgte eine Neuregelung der Wohnimmobilienkreditrichtlinie, die durch das Gesetz zur Umsetzung der Wohnimmobilienrichtlinie und zur Änderung handelsrechtlicher Vorschriften vom 11.03.2016 in nationales Recht umgesetzt wurde.[207] Seitdem wird zwischen Allgemein-Verbraucherdarlehen und Immobilien-Verbraucherdarlehen unterschieden, um schärfere Überprüfungen der Kreditwürdigkeit von Kreditnehmern für Immobilienkredite zu ermöglichen. Im Juni 2017 trat außerdem das Finanzaufsichtsrechtergänzungsgesetz (FinARGErgG) in Kraft. Mit diesem wurden der BaFin präventive Befugnisse im Bereich der Immobiliendarlehensvergabe eingeräumt, um so Immobilienblasen vorzubeugen. Dazu ist die BaFin befugt, den Kreditgebern Mindeststandards für die Vergabe von Krediten für den Erwerb oder Bau von Immobilien und zur Kredittilgung vorzugeben.

Schließlich wird auch der Zahlungsverkehr immer stärker reguliert. Von großer praktischer 81
Bedeutung für alle EU-Bürger ist die Schaffung eines einheitlichen Euro-Zahlungsverkehrsraums (SEPA).[208] Die am 31.03.2012 in Kraft getretene SEPA-Verordnung legt einheitliche europäische Voraussetzungen für Überweisungen und das Lastschriftverfahren fest. Durch die Einführung gemeinsamer Normen und technischer Anforderungen, wie z.B. internationaler Kontonummern (IBAN) und Geschäftskennzeichen (BIC), soll ein einfacherer europäischer Zahlungsverkehr geschaffen werden, der es Bankkunden ermöglicht, mittels einheitlicher Zahlungsinstrumente

203 Erstes Gesetz zur Novellierung von Finanzmarktvorschriften auf Grund europäischer Rechtsakte (Erstes Finanzmarktnovellierungsgesetz – 1. FiMaNoG), v. 30.06.2016, BGBl. I S. 1514.

204 Verordnung (EU) Nr. 236/2012 des Europäischen Parlaments und des Rates v. 14.03.2012 über Leerverkäufe und bestimmte Aspekte von Credit Default Swaps, ABl. L 86, v. 24.03.2012, S. 1–2.

205 Richtlinie 2002/92/EG des Europäischen Parlaments und des Rates v. 09.12.2002 über Versicherungsvermittlung, ABl. L 009, v. 15.01.2003 S. 3 – 10.

206 Vorschlag für eine Richtlinie des Europäischen Parlaments und des Rates über Versicherungsvermittlung v. 03.07.2012, COM(2012) 360 final, 2012/0175 (COD).

207 Gesetz zur Umsetzung der Wohnimmobilienrichtlinie und zur Änderung handelsrechtlicher Vorschriften v. 11.03.2016, BGBl 2016 S. 396.

208 Verordnung (EU) Nr. 260/2012 des Europäischen Parlaments und des Rates v. 14.03.2012 zur Festlegung der technischen Vorschriften und der Geschäftsanforderungen für Überweisungen und Lastschriften in Euro und zur Änderung der Verordnung (EG) Nr. 924/2009, ABl. L 94, v. 30.03.2012, S. 22–37.

EU-weit bargeldlose Zahlungen abzuwickeln. Ferner wird seit dem 13.01.2018 die überarbeitete zweite EU-Zahlungdienstesrichtlinie (PSD2) angewendet.[209] Das entsprechende Umsetzungsgesetz wurde am 21.07.2017 veröffentlicht.[210] Davor war bereits die Verordnung für multilaterale Interbankentgelte verabschiedet worden, die am 08.06.2015 in Kraft getreten ist.[211] Beachtung verdient auch die Richtlinie, die ein Anrecht auf einen sogenanntes Basiskonto gewähren soll, so dass jedem Verbraucher ungeachtet seiner finanziellen Situation und seines Wohnsitzes innerhalb der EU ein Anspruch auf Zugang zum Zahlungsverkehr zugesteht.[212]

82 Auf europäischer Ebene hat die Kommission im Bereich der Geldwäschebekämpfung zwei neue Regelungen geschaffen, die Geldwäscherichtlinie 4[213], die die Geldwäscherichtlinie 3 von 2005 abgelöst hat und eine Geldwäscheverordnung.[214] Ferner hat sie am 23.07.2014 eine Verordnung über Wertpapier-Zentralverwahrer (CSDs)[215] erlassen. Das Projekt einer Wertpapier- (besser Wertpapierverwahrungs-) Richtlinie (SLD) oder -Gesetzgebung (SLL) ist zurzeit auf Eis gelegt, soll aber wieder aufgenommen werden.

83 Schon die schiere Masse der hier dargestellten Finanzmarktregulierungen mag belegen, dass der häufig verwendete Begriff des Regulierungs-Tsunamis keine Übertreibung ist.

4. In Deutschland getroffene Maßnahmen

84 In Deutschland wurden seit 2008 verschiedene Maßnahmen getroffen, um die Folgen der Finanzmärktekrise einzudämmen, zu bewältigen und die europäischen Regelungen umzusetzen.

85 Es wurde das **Finanzmarktstabilisierungsgesetz** (**FMStG**) verabschiedet, um einen Finanzmarktstabilisierungsfonds (**FMStFG**) zu errichten. Zur Durchführung erließ die Bundesregierung die Finanzmarktstabilisierungsfonds-Verordnung (**FMStFV**).[216] Es folgten das Finanzmarktstabilisierungsbeschleunigungsgesetz (**FMStBG**),[217] das Finanzmarktstabilisierungsergänzungsgesetz (**FMStErgG**),[218] das Gesetz zur Fortentwicklung der Finanzmarktstabilisierung (»Bad-Bank«-

---

209 Richtlinie 2015/2366/EU des Europäischen Parlaments und des Rates v. 25.11.2015 über Zahlungsdienste, ABl. Nr. L 337 S. 35, ber. 2016 Nr. L 169 S. 18.

210 Gesetz zur Umsetzung der Zweiten Zahlungsdiensterichtlinie v. 17.07.2017, BGBl. 2017, 2446.

211 Verordnung (EU) 2015/751 v. 29.04.2015 des Europäischen Parlaments und des Rates über Interbankenentgelte für kartengebundene Zahlungsvorgänge, ABl. Nr. L 123 S. 1.

212 Richtlinie 2014/92/EU des Europäischen Parlaments und des Rates v. 23.07.2014 über die Vergleichbarkeit von Zahlungskontoentgelten, den Wechsel von Zahlungskonten und den Zugang zu Zahlungskonten mit grundlegenden Funktionen, ABl. L 257, v. 28.08.2014, S. 214–246.

213 Richtlinie (EU) 2015/849 des Europäischen Parlamentes und des Rates v. 20.05.2015 zur Verhinderung der Nutzung des Finanzsystems zum Zwecke der Geldwäsche und der Terrorismusfinanzierung, zur Änderung der Verordnung (EU) Nr. 648/2012 des Europäischen Parlaments und des Rates und zur Aufhebung der Richtlinie 2005/60/EG des Europäischen Parlaments und des Rates und der Richtlinie 2006/70/EG der Kommission, ABl. Nr. L 141 S. 73.

214 Verordnung (EU) 2015/847 des Europäischen Parlaments und des Rates v. 20.05.2015 über die Übermittlung von Angaben bei Geldtransfers und zur Aufhebung der Verordnung (EU) Nr. 1781/2006, ABl. Nr. L 141 S. 1.

215 Verordnung (EU) Nr. 909/2014 des Europäischen Parlaments und des Rates v. 23.07.2014 zur Verbesserung der Wertpapierlieferungen und -abrechnungen in der Europäischen Union und über Zentralverwahrer sowie zur Änderung der Richtlinien 98/26/EG und 2014/65/EU und der Verordnung (EU) Nr. 236/2012, ABl. L 257, v. 28.08.2014, S. 1–72.

216 Verordnung zur Durchführung des Finanzmarktstabilisierungsfondsgesetzes (Finanzmarktstabilisierungsfonds-Verordnung – FMStFV) v. 20.10.2008, eBAnz Nr. 123 S. 1, 660-3-1.

217 Kritisch hierzu *Böckenförde* NJW 2009, 2484 ff.; zum institutionellen Rahmen für die Finanzmarktstabilisierung *Binder* WM 2008, 2340 und *Döge* ZBB 2009, 419.

218 Gesetz zur weiteren Stabilisierung des Finanzmarktes (Finanzmarktstabilisierungsergänzungsgesetz – FMStErgG) v. 07.04.2009, BGBl. I; S. 725.

Gesetz),[219] das Gesetz zur Erleichterung der Sanierung von Unternehmen (**FMStGÄndG**),[220] das Gesetz zur Stärkung der Finanzmarkt- und Versicherungsaufsicht (**FMVAStärkG**)[221] sowie das Banken-Restrukturierungsgesetz (**BRstrukG**).[222]

a) Banken-Restrukturierung

aa) SoFFin

Der Finanzmarktstabilisierungsfonds ist besser bekannt als Sonderfonds Finanzmarktstabilisierung (**SoFFin**). Er dient der Stabilisierung des Finanzmarktes durch Überwindung von Liquiditätsengpässen und durch Schaffung der Rahmenbedingungen für eine Stärkung der Eigenkapitalbasis von Kreditinstituten und anderen am Kapitalmarkt tätigen Unternehmen.[223]. Nach mehreren Laufzeitverlängerungen wurde der SoFFin zum 31.12.2015 geschlossen.[224] 86

bb) FMSA

Zur Verwaltung des SoFFin wurde bei der Bundesbank die Finanzmarktstabilisierungsanstalt (**FMSA**) errichtet.[225] Nach Abschluss des SoFFin ist die FMSA seit Januar 2015 die neue Abwicklungsbhörde zur Sanierung und Abwicklung von Banken. Zudem erhebt sie die sogenannte Bankenabgabe und verwaltet den Restrukturierungsfonds und den Einheitlichen Abwicklungsfonds. 2018 wird die FMSA in der BaFin integriert. 87

b) Deutsche Gesetzgebung und Regulierung

Ergänzend (z.T. zur Umsetzung von EU-Recht, z.T. aber auch unabhängig davon) wurden vom deutschen Gesetzgeber und der BaFin Regelungen erlassen, die darauf abzielen, die Finanzmärkte zu stabilisieren und Anleger zu schützen. Teilweise werden aber auch andere gesetzgeberische Ziele verfolgt. 88

aa) Bankenrestrukturierung

Das Banken-Restrukturierungsgesetz vom 09.12.2010[226] führte verschiedene Möglichkeiten zur Restrukturierung und geordneten Abwicklung von Kreditinstituten ein.[227] Mit Art. 1 Banken-Restrukturierungsgesetz wurde das **Gesetz zur Reorganisation von Kreditinstituten (KredReorgG)** eingeführt. Möglich ist demnach ein Sanierungsverfahren auf Antrag des betroffenen Kreditinstituts.[228] Dieses Verfahren wird nach einem Sanierungsplan durchgeführt und kann alle Maßnahmen umfassen, die geeignet sind, ohne einen Eingriff in Drittrechte eine Sanierung des Kreditinstituts 89

219 Gesetz zur Fortentwicklung der Finanzmarktstabilisierung v. 17.07.2009, BGBl. I 2009, S. 1980.

220 Gesetz zur Erleichterung der Sanierung von Unternehmen v. 24.09.2009, BGBl. I 2009, S. 3151.

221 Gesetz zur Stärkung der Finanzmarkt- und Versicherungsaufsicht v. 29.07.2009, BGBl. I 2009, S. 2305.

222 Gesetz zur Restrukturierung und geordneten Abwicklung von Kreditinstituten, zur Errichtung eines Restrukturierungsfonds für Kredit-institute und zur Verlängerung der Verjährungsfrist der aktienrechtlichen Organhaftung v. 09.12.2010, BGBl. I 2010, S. 1900.

223 § 2 Abs. 1 FMStFG; vgl. Grieser/Heemann/*Binder*, S. 134.

224 BRRD-Umsetzungsgesetz v. 10.12.2014, BGBl. I 2014, S. 2091 (2182 ff.).

225 § 3a Abs. 1, Abs. 4 FMStFG a.F.; zur Einbettung in das Finanzverfassungsrecht *Döge* ZBB 2009, 419 (421).

226 Gesetz zur Restrukturierung und geordneten Abwicklung von Kreditinstituten, zur Errichtung eines Restrukturierungsfonds für Kreditinstitute und zur Verlängerung der Verjährungsfrist der aktienrechtlichen Organhaftung v. 09.12.2010, BGBl. I 2010, S. 1900, zuletzt geändert durch Art. 9 Aktienrechtsnovelle 2016 vom 22.12.2015 (BGBl. I S. 2565).

227 Art. 1 Restrukturierungsgesetz: Einführung des Kreditinstitute-Reorganisationsgesetzes (KredReorgG).

228 § 2 Abs. 1 KredReorgG.

zu erreichen.[229] Hält das Kreditinstitut das Sanierungsverfahren für aussichtslos oder ist letzteres gescheitert, kann das Kreditinstitut das Reorganisationsverfahren beantragen.[230] Ebenso kann die BaFin einen Antrag stellen, wenn das Kreditinstitut in seinem Bestand gefährdet ist[231] und hierdurch eine Systemgefährdung[232] vorliegt.[233] Herr der Verfahren ist der Sanierungs- bzw. Reorganisationsberater, der mit umfänglichen Informationsrechten ausgestattet ist, der Geschäftsführung Anweisungen erteilen kann sowie Prüfungs- und Überwachungsrechte hat.[234]

90 Mit BaFin-Rundschreiben 3/2014 vom 25.04.2014 wurde auf Grundlage der §§ 47, 47a aF KWG ein Rahmen für Mindestanforderungen an die Ausgestaltung von Sanierungsplänen (**MaSan**) herausgegeben[235] und durch eine Erläuterung ergänzt.[236] Die MaSan richtet sich an potenziell systemgefährdende Kreditinstitute und Finanzgruppen und stellt dabei Mindestanforderungen an die Sanierungspläne auf, die eine Zusammenfassung des Sanierungsplans, eine strategische Analyse sowie Sanierungs-Handlungsoptionen enthalten müssen.

91 Des Weiteren wurde nach Art. 3 Banken-Restrukturierungsgesetz das Gesetz zur Errichtung eines **Restrukturierungsfonds** für Kreditinstitute (**RStruktFG**) eingeführt.[237] Dieser Fonds wurde bei der FMSA eingerichtet.[238] Die Kreditinstitute sind zur Einzahlung einer jährlichen Bankenabgabe in den Restrukturierungsfonds verpflichtet.[239] Der Fonds kann unter anderem Brückeninstitute gründen, Anteile an Banken erwerben, Garantien gewähren, Rekapitalisierungen durchführen.[240]

92 Mit dem Gesetz zur Umsetzung der europäischen Bankenabwicklungsrichtlinie (**BRRD-Umsetzungsgesetz**)[241] hat der nationale Gesetzgeber die EU-BRRD[242] zum 01.01.2015 umgesetzt. Mit dem durch das BRRD-Umsetzungsgesetz in Kraft getretene Sanierungs- und Abwicklungsgesetz (**SAG**) wurden für große systemrelevante Finanzinstitute Sanierungs- oder Abwicklungsmöglichkeiten geschaffen. Organisatorisch ist hierfür in einem ersten Schritt die **FMSA**[243] als zuständige nationale Abwicklungsbehörde ernannt worden. Im zweiten Schritt soll die FMSA in die BaFin als »Anstalt in der Anstalt« integriert werden, um eine organisatorische Trennung zwischen der Abwicklungsbehörde und der Bankenaufsicht beizubehalten. Nach dem SAG müssen alle Institute einen Sanierungsplan aufstellen, welcher mindestens jährlich aktualisiert werden muss. Diese aus dem KWG in das SAG implementierte Regelung wurde somit dahingehend erweitert, dass die

229 § 2 Abs. 2 Satz 2 KredReorgG; dazu *Wolters/Voland* WM 2011, 1159 (1161 f.).

230 § 7 Abs. 1 KredReorgG.

231 Gem. § 48b Abs. 1 KWG.

232 Gem. § 48b Abs. 2 KWG.

233 § 7 Abs. 2 KredReorgG.

234 §§ 4, 7 Abs. 5 KredReorgG; im Einzelnen vgl. *Höche* WM 2011, 49 (54 f.); *Schelo* NJW 2011, 186 (187).

235 Rundschreiben 3/2014 (BA) – Mindestanforderungen an die Ausgestaltung von Sanierungsplänen (MaSan) v. 25.04.2014 http://www.bafin.de/SharedDocs/Veroeffentlichungen/DE/Rundschreiben/rs_1403_masan_ba.html.

236 Erläuterungen zu den MaSan 03/2014 http://www.bafin.de/SharedDocs/Downloads/DE/Rundschreiben/dl_rs_1403_ba_erl%C3%A4uterungen_masan.pdf?__blob=publicationFile&v= 3.

237 Art. 3 Restrukturierungsgesetz: Einführung des Restrukturierungsfondsgesetzes (RStruktFG).

238 § 1 RStruktFG.

239 § 2 RStruktFG; zur verfassungsrechtlichen Rechtslage *Martini* NJW 2010, 2019 ff.; krit. *Hanten/München* WM 2011, 1925 ff.

240 § 3 Abs. 2, §§ 5 ff. RStruktFG; dazu *Höche* WM 2011, 49 (57).

241 BRRD-Umsetzungsgesetz v. 10.12.2014, BGBl. I 2014, S. 2091.

242 Richtlinie 2014/59/EU des Europäischen Parlaments und des Rates v. 15.05.2014 zur Festlegung eines Rahmens für die Sanierung und Abwicklung von Kreditinstituten und Wertpapierfirmen und zur Änderung der Richtlinie 82/891/EWG des Rates, der Richtlinien 2001/24/EG, 2002/47/EG, 2004/25/EG, 2005/56/EG, 2007/36/EG, 2011/35/EU, 2012/30/EU und 2013/36/EU sowie der Verordnungen (EU) Nr. 1093/2010 und (EU) Nr. 648/2012 des Europäischen Parlaments und des Rates, ABl. L 173, v. 12.06.2014, S. 190–348.

243 Vgl. Rdn. 87.

Pflicht zur Erstellung von abstrakten Sanierungsplänen nunmehr nicht mehr nur auf systemgefährdende Institute beschränkt ist (vgl. § 47 KWG a.F./§ 12 SAG). Die inhaltlichen Anforderungen an den Sanierungsplan und die Verantwortlichkeit zur Planerstellung sind hingegen gleich geblieben (vgl. § 47a KWG a.F./§ 13 SAG). Der der BaFin als Aufsichtsbehörde zustehende abstufte Maßnahmenkatalog bei mangelhaften Sanierungsplänen wurde verschärft, wonach sie nun zur Anweisungen gegenüber den Instituten zwecks Änderungen von deren Geschäftstätigkeit befugt ist (§ 16 SAG). Kommt es zu einer Verschlechterung der finanziellen Lage des Instituts, steht der BaFin ein Katalog von Frühinterventionsmaßnahmen zur Verfügung (§ 36 SAG). So kann es von dem Insitut u.a. die Umsetzung von im Sanierungsplan genannten Handlungsoptionen oder die Änderung der Geschäftsstrategie sowie der rechtlichen und operativen Strukturen zu verlangen. Daneben erstellt die FMSA einen Abwicklungsplan (§ 40 SAG). Hierbei bestehen umfassende Mitwirkungspflichten der Institute. Von diesem Plan erhalten die Institute nur eine zusammenfassende Darstellung der Hauptbestandteile des Plans. Zur Abwicklung von Instituten steht der Abwicklungsbehörde neben den bisherigen Instrumenten (Unternehmensveräußerung, Übertragung auf ein Brückeninstitut oder Übertragung auf eine Vermögensverwaltungsgesellschaft) nunmehr zusätzlich das Instrument der Gläubigerbeteiligung (Bail-In) zur Verfügung (vgl. §§ 89 ff. SAG). Danach kann die FMSA – auch ohne Zustimmung der Geschäftsführung, Anteilsinhaber oder Gläubiger – bestehende Forderungen herabschreiben (write-off) oder abschreibungsfähige Verbindlichkeiten in Eigenkapital umwandeln (debt equity swap). Die Gläubigerbeteiligung erfolgt dabei nach einer Haftungskaskade, wonach zunächst die Anteilsinhaber, dann die Gläubiger und zuletzt die Einlagen von mehr als EUR 100.000 heranzuziehen sind. Daneben wurde ein neuer Restrukturierungsfonds durch eine neue Bankenabgabe zur Vermeidung der Heranziehung von Steuergeldern für die Rettung von Banken geschaffen.

bb) Honoraranlageberatungsgesetz

Um die Qualität der Anlageberatung zu verbessern,[244] hat der deutsche Gesetzgeber das Honoraranlageberatungsgesetz[245] erlassen. Dabei soll vor allem die unabhängige Honorarberatung in den Vordergrund und als Alternative zur Provisionsberatung treten. Ursprünglich sollte mit dem Gesetz eine neue Regelform des Finanzvertriebs geschaffen werden, die ohne Provision auskommt.[246] Nunmehr ist Kundentransparenz geschaffen worden, damit ein Kunde sich für eine der beiden Beratungsformen bewusst entscheiden kann.[247] Das Gesetz orientiert sich am MiFID 2-Entwurf bezüglich der Unterscheidung zwischen »unabhängiger« und »nicht-unabhängiger Anlageberatung«, weicht aber im Detail von diesem ab.[248] 93

cc) Fondsregulierung

Das ehemalige Investmentgesetz (**InvG**),[249] das die Geschäftstätigkeit der Kapitalanlagegesellschaften (KAG) und Investmentgesellschaften regulierte, wurde im Juli 2013 vom Kapitalanlagegesetzbuch (**KAGB**) abgelöst.[250] Das KAGB ist u.a. eine Umsetzung der EU-Richtlinie 2011/61/EU (**AIFMD**),[251] diese regelt u.a. die Beaufsichtigung von Managern alternativer Investmentfonds 94

244 *Herresthal* WM 2014, 773.

245 Gesetz zur Förderung und Regulierung einer Honorarberatung über Finanzinstrumente (Honoraranlageberatungsgesetz) v. 15.07.2013, BGBl. I, S. 2390.

246 *Reiter/Methner* WM 2013, 2053 (2056).

247 *Reiter/Methner* WM 2013, 2053 (2056).

248 *Herresthal* WM 2014, 773.

249 Investmentgesetz (InvG) v. 15.12.2003, BGBl. I, S. 2676, zuletzt geändert durch Art. 2a AIFM-Umsetzungsgesetz v. 04.06.2013, BGBl. I, S. 1981, außer Kraft – galt bis: 21.07.2013.

250 Kapitalanlagegesetzbuch (KAGB) v. 04.07.2013, BGBl. I, S. 1981, zuletzt geändert durch Art. 6 Drittes Gesetz zur Änderung reiserechtlicher Vorschriften v. 17.07.2017, BGBl. I, S. 2394.

251 Richtlinie 2011/61/EU des Europäischen Parlaments und des Rates v. 08.06.2011 über die Verwalter alternativer Investmentfonds und zur Änderung der Richtlinien 2003/41/EG und 2009/65/EG

(**AIFM**) und den Vertrieb alternativer Investmentfonds. Das KAGB enthält auch die deutschen OGAW-Regulierungen und stellt ein detailliertes Regelwerk für alle offenen und geschlossenen Fonds und ihre Verwalter in Deutschland dar. Die ehemaligen KAG werden jetzt als Kapitalverwaltungsgesellschaften (**KVG**) bezeichnet.

dd) Trennbanken

95 Zur Trennbanken-Gesetzgebung s. Rdn. 3–5 und Rdn. 69–70.

ee) Makroprudentielle Aufsicht

96 Mit dem Gesetz zur Überwachung der Finanzstabilität (**FinStabG**)[252] wurde 2013 beim BMF ein Ausschuss für Finanzstabilität (**AFS**) errichtet.[253] Ziel des Ausschusses ist die Stärkung der Zusammenarbeit im Bereich der Finanzstabilität.[254] Er besteht aus jeweils drei Vertretern des BMF, die auch den Vorsitzenden und den Stellvertreter des Ausschusses stellen, sowie Vertretern der Deutschen Bundesbank und der BaFin.[255] Aufgabe des Ausschusses für Finanzstabilität ist die Erörterung der für die Finanzstabilität maßgeblichen Sachverhalte, die Stärkung der Zusammenarbeit der im Ausschuss vertretenen Institutionen im Fall einer Finanzkrise, die Beratung über den Umgang mit Warnungen und Empfehlungen des Europäischen Ausschusses für Systemrisiken, eine jährliche Berichterstattung an den Bundestag sowie die Abgabe von Warnungen und Empfehlungen.[256]

ff) Kleinanlegerschutz

97 Das Kleinanlegerschutzgesetz (**KASG**), verabschiedet am 23.04.2015, ist zum größten Teil am 10.07.2015 in Kraft getreten.[257] Es ist Teil des Aktionsplanes der Bundesregierung zum Verbraucherschutz im Finanzmarkt. Es enthält im Wesentlichen Vorgaben zur Konkretisierung und Erweiterung der Prospektpflicht, ergänzende Angaben zu personellen Verflechtungen der Initiatoren, eine Pflicht, auch nach Beendigung des öffentlichen Angebots für Vermögensanlagen bestimmte Informationen mitzuteilen, die Einführung einer Mindestlaufzeit der Vermögensanlage, die Einführung eines Product Governance-Prozesses und eine Verschärfung der Rechnungslegungspflichten. Darüber hinaus wird der kollektive Verbraucherschutz als ein Aufsichtsziel der BaFin im neuen § 4 Abs. 1a Finanzdienstleistungsaufsichtsgesetz verankert.[258] Vornehmlich erfolgte durch das Kleinanlegerschutzgesetz eine Verschärfung des Vermögensanlagengesetzes (**VermAnlG**).[259] Insbes. der Regelungsumfang des VermAnlG wird durch weitere Anlageformen ausgedehnt[260] und es wurde eine Mindestlaufzeit bei Vermögensanlagen von grds. 24 Monaten eingeführt.[261] In Bezug auf die Verkaufsprospekte sind unter anderem erweiterte und konkretere Prospektpflichten eingeführt worden,[262] die Verkaufsprospekte sind nur 12 Monate lang für Angebote gültig[263] und

und der Verordnungen (EG) Nr. 1060/2009 und (EU) Nr. 1095/2010, ABl. L 174 v. 01.07.2011, S. 1–73.

252 Gesetz zur Überwachung der Finanzstabilität (Finanzstabilitätsgesetz – FinStabG) v. 28.11.2012, BGBl. I S. 2369, zuletzt geändert durch Art. 24 Abs. 35 Zweites Finanzmarktnovellierungsgesetz (FiMaNoG) v. 23.06.2017, BGBl. I S. 1693.

253 § 2 FinStabG; vgl. Rdn. 61.

254 § 2 Abs. 1 FinStabG.

255 § 2 Abs. 3 FinStabG.

256 § 2 Abs. 2 FinStabG.

257 Kleinanlegerschutzgesetz (KASG) v. 06.07.2015, BGBl. I S. 1114.

258 Art. 1 Kleinanlegerschutzgesetz.

259 Art. 2 Kleinanlegerschutzgesetz.

260 Vgl. § 1 Abs. 2 VermAnlG.

261 Vgl. § 5a VermAnlG.

262 Vgl. § 7 VermAnlG; § 15a VermAnlG.

263 Vgl. § 8a VermAnlG.

die Prüfungskompetenz der BaFin wurde ausgedehnt.[264] Zum Schutz von Anlegern wurden auch Vorgaben für die Bewerbung und Ankündigung von Vermögensanlagen in das VermAnlG mit aufgenommen.[265] Dadurch wird der BaFin die Möglichkeit gegeben, öffentliche Angebote von Vermögensanlagen zu untersagen.[266]

gg) Banker-Vergütung

Reformiert wurde im Jahr 2014 die deutsche Verordnung über die aufsichtsrechtlichen Anforderungen an Vergütungssysteme von Instituten (**InstitutsVergV**), die bankaufsichtsrechtliche Mindestanforderungen für die Vergütungssysteme von Instituten beinhaltet und die alte Fassung deutlich weiterentwickelt.[267] Zu dieser Verordnung hat die BaFin ergänzend eine Begründung[268] sowie Auslegungshilfe[269] herausgegeben. Die neuen Voraussetzungen basieren vor allem auf verschiedenen Kritikpunkten an der bisherigen Vergütungssystematik[270] und der Umsetzung internationaler und europäischer Verpflichtungen.[271] Änderungen[272] ergeben sich zur alten Version vor allem bei der Ausweitung des Kreises der »bedeutenden« Institute und der Änderung der Einstufungssystematik;[273] der Einführung neuer Regeln für die Bestimmung der sogenannten Risk-Taker;[274] der Anforderungserhöhung an die Festlegung einer gruppenweiten Vergütungsstrategie;[275] der garantierten variablen Vergütung;[276] der Festsetzung eines Gesamtbetrags der variablen Vergütung;[277] der Beschränkung der variablen Vergütung auf die Höhe der fixen Vergütung[278] und einer neuen Systematik der Vergütungs-Governance-Regeln.[279] 98

hh) Hochfrequenzhandel

Um den besonderen Risiken des algorithmischen Hochfrequenzhandels entgegen zu wirken, wurde vom deutschen Gesetzgeber das Gesetz zur Vermeidung von Gefahren und Missbräuchen im Hochfrequenzhandel (Hochfrequenzhandelsgesetz) erlassen.[280] Durch das Gesetz wurde die Definition des Eigenhandels um den Hochfrequenzhandel erweitert. Hochfrequenzhändler werden nun von der BaFin beaufsichtigt, es werden höhere Bedingungen an den algorithmischen Handel gestellt und Institute, die den algorithmischen Handel betreiben, müssen künftig organisatorisch sicherstellen, dass ihre Handelssysteme derart ausgestaltet sind, dass Störungen des Marktes unterbleiben. Ferner 99

---

264 Vgl. § 8 Abs. 1 VermAnlG.
265 Vgl. § 12 VermAnlG.
266 Vgl. § 18 VermAnlG.
267 Verordnung über die aufsichtsrechtlichen Anforderungen an Vergütungssysteme von Instituten (Institutsvergütungsverordnung – InstitutsVergV), BGBl. I, S. 4270, v. 16.12.2013.
268 Begründung zur Instituts-Vergütungsverordnung der BaFin v. 07.03.2014, s. http://www.bafin.de/SharedDocs/Aufsichtsrecht/DE/Verordnung/InstitutsVergV_begruendung_140307_ba.html.
269 Auslegungshilfe zur Institutsvergütungsverordnung der BaFin v. 01.01.2014, s. http://www.bafin.de/SharedDocs/Veroeffentlichungen/DE/Auslegungsentscheidung/BA/ae_140101_institutsvergv.html.
270 Verordnung über die aufsichtsrechtlichen Anforderungen an Vergütungssysteme von Instituten (Instituts-Vergütungsverordnung – InstitutsVergV) v. 06.10.2010, BGBl. I. 2010, S. 1374.
271 Vgl. FSB, Prinzipien und konkrete Standards für solide Vergütungspraktiken, s. http://www.financialstabilityboard.org/publications/r_090925c.pdf; CRD IV-Richtlinie.
272 Für detailliertere Erörterungen vgl. *Zürn/Böhm*, Neue Regeln für die Vergütung in Banken – Arbeitsrechtliche Umsetzung der Änderungen der Instituts-Vergütungsverordnung, BB 2014, S. 1269 ff.
273 § 17 InstitutsVergV n.F.
274 § 18 InstitutsVergV n.F.
275 § 27 InstitutsVergV n.F.
276 § 5 InstitutsVergV n.F.
277 § 7 InstitutsVergV n.F.
278 § 6 InstitutsVergV n.F.
279 §§ 15, 23 InstitutsVergV n.F.
280 Gesetz zur Vermeidung von Gefahren und Missbräuchen im Hochfrequenzhandel (Hochfrequenzhandelsgesetz) v. 07.05.2013, BGBl I S. 1162.

wird durch das Gesetz die Definition der Marktmanipulation erweitert.[281] Ebenso wird neben der Erhebung einer Gebühr bei exzessiver Nutzung der Handelssysteme die Verpflichtung für Handelsteilnehmer eingeführt, ein angemessenes Verhältnis zwischen ihren Auftragseingaben, -änderungen und -löschungen und den tatsächlich ausgeführten Geschäften zu gewährleisten. Sogleich wird eine Mindestpreisänderungsgröße eingeführt, um dem Trend zu immer kleineren Mindestpreisänderungsgrößen entgegenzuwirken. Diese Regeln werden auch auf multilaterale Handelssysteme anzuwenden sein, um ein Ausweichen dorthin zu verhindern.

ii) Sonstiges

100 Im deutschen Recht sind noch die Überarbeitungen der Mindestanforderungen an die Compliance-Funktion und die weiteren Verhaltens-, Organisations- und Transparenzpflichten (MaComp) und der Mindestanforderungen an das Risikomanagement (MaRisk) durch die BaFin erwähnenswert.[282] Die BaFin hat ferner zahlreiche weitere Papiere veröffentlicht oder aktualisiert (vom Depotbank-Rundschreiben über die Finanzinformationenverordnung bis zur Neufassung des Emittentenleitfadens).

III. Bankenaufsicht

1. EZB

101 Im November 2014 ist die Europäische Zentralbank (EZB) wichtigste europäische Bank-Aufsichtsbehörde geworden. Nähere Ausführungen hierzu s. Rdn. 119–120, 126.

2. BaFin

a) Allgemeines

102 Am 01.05.2002 ist aus den Bundesaufsichtsämtern für das Kreditwesen (BAKred), für den Wertpapierhandel (BAWe) und das Versicherungswesen (BAV) die Bundesanstalt für Finanzdienstleistungsaufsicht (**BaFin**) entstanden.[283] Sie ist eine rechtsfähige Anstalt des öffentlichen Rechts[284] mit Sitz in Bonn und Frankfurt am Main.[285] Die BaFin unterliegt der Rechts- und Fachaufsicht des BMF.[286] Gem. § 5 Abs. 1 FinDAG sind die Organe der BaFin das Direktorium, der Präsident und der Verwaltungsrat. Hauptziel der BaFin ist ein funktionsfähiges, stabiles und integres deutsches Finanzsystem zu gewährleisten.[287] Mit dem Kleinanlegerschutzgesetz wird zudem der Verbraucherschutz als weiteres Ziel eingeführt.[288]

b) Aufgabe

103 Im Bereich der Bankenaufsicht besteht ihre Aufgabe darin, Missständen im Kredit- und Finanzdienstleistungswesen entgegenzuwirken, welche die Sicherheit der den Instituten anvertrauten Vermögenswerte gefährden, die ordnungsmäßige Durchführung der Bankgeschäfte oder

281 Änderung der Marktmanipulations-Konkretisierungsverordnung v. 01.03.2005, BGBl. I S. 515, wird in § 3 Abs. 1 durch eine Nr. 4 ergänzt.

282 Vgl. Rdn. 111.

283 Gesetz über die Bundesanstalt für Finanzdienstleistungsaufsicht, (Finanzdienstleistungsaufsichtsgesetz – FinDAG) v. 22.04.2002, BGBl. I S. 1310, zuletzt geändert durch Art. 14 Abs. 3 Gesetz zur Umsetzung der Zweiten ZahlungsdiensteRL v. 17.07.2017, BGBl. I S. 2446.

284 § 1 Abs. 1 Satz 1 FinDAG.

285 § 1 Abs. 2 FinDAG.

286 Vgl. Grundsätze für die Ausübung der Rechts- und Fachaufsicht des Bundesministeriums der Finanzen (BMF) über die Bundesanstalt für Finanzdienstleistungsaufsicht (BaFin) v. 12.01.2005.

287 § 4 FinDAG.

288 Entwurf eines Gesetzes Kleinanlegerschutzgesetzes, S. 2.

Finanzdienstleistungen beeinträchtigen oder erhebliche Nachteile für die Gesamtwirtschaft herbeiführen können.[289] Dabei arbeitet sie bei der Überwachung von Kredit- und Finanzdienstleistungsinstituten mit der Deutschen Bundesbank zusammen (vgl. Rdn. 141 ff.).[290] Die Aufgabenverteilung zwischen den beiden Behörden ist derart geregelt, dass die BaFin als zuständige Verwaltungsbehörde die Aufsicht über die Institute nach Maßgabe des KWG ausübt.[291]

3. Bundesbank

Die Deutsche Bundesbank ist eine bundesunmittelbare juristische Person des öffentlichen Rechts **104** mit Hauptsitz in Frankfurt am Main. Neben diversen geldpolitischen Aufgaben ist sie mit der BaFin für die nationale Bankenaufsicht zuständig.[292]

Die Bundesbank übernimmt im Rahmen der Bankenaufsicht die Auswertung der von den Insti- **105** tuten eingereichten Zahlen und Unterlagen, der Prüfungsberichte und der Jahresabschlussunterlagen sowie die Durchführung und Auswertung der bankgeschäftlichen Prüfungen zur Beurteilung der angemessenen Eigenkapitalausstattung und Risikosteuerungsverfahren der Institute und das Bewerten von Prüfungsfeststellungen.[293] Die Deutsche Bundesbank hat dabei die Richtlinien der BaFin zu beachten, die jedoch auch in ihrem Einvernehmen ergehen.[294] Die BaFin legt die von der Bundesbank getroffenen Prüfungsfeststellungen und Bewertungen in der Regel ihren aufsichtsrechtlichen Maßnahmen zugrunde.[295] Beide Behörden sind verpflichtet, sich einander Beobachtungen und Feststellungen mitzuteilen, die für die Erfüllung ihrer Aufgaben erforderlich sind, dies beinhaltet auch statistische Erhebungen.[296] Grundlage der gemeinsamen Aufsicht ist die Richtlinie zur Durchführung und Qualitätssicherung der laufenden Überwachung der Kredit- und Finanzdienstleistungsinstitute durch die Deutsche Bundesbank gem. § 7 Abs. 2 KWG vom 21.05.2013 (Aufsichtsrichtlinie – AufsichtsRL).[297]

4. ESFS

Bis zur Finanzmärktekrise war das System der Bankenaufsicht auf europäischer (wie nationaler) **106** Ebene allein ein mikroprudentielles. Es basierte auf dem Konzept der Mindestharmonisierung und dem Herkunftslandprinzip.[298] In der Folge der Finanzmärktekrise wird die Finanzaufsicht auf zwei Säulen aufgebaut: Für die mikroprudentielle Aufsicht auf dem Europäischen System der Finanzaufsicht (**ESFS**) (European System of Financial Supervision) und dem Europäischen Ausschuss für Systemrisiken (**ESRB**) (European Systematic Risk Board) für die makroprudentielle Aufsicht.[299]

Das ESFS besteht aus den drei europäischen Finanzaufsichtsbehörden (ESA): Europäische Ban- **107** kenaufsichtsbehörde (EBA), Europäische Aufsichtsbehörde für das Versicherungswesen und die betriebliche Altersversorgung (EIOPA) und Europäische Wertpapier- und Marktaufsichtsbehörde (ESMA). Zudem zählt der Europäische Ausschuss für Systemrisiken (ESRB), der Gemeinsame Ausschuss der europäischen Aufsichtsbehörden und die nationalen Aufsichtsbehörden der

289 § 6 Abs. 2 KWG.
290 § 7 KWG.
291 § 6 Abs. 1 KWG.
292 § 7 KWG.
293 § 7 Abs. 1 Satz 1 KWG.
294 § 7 Abs. 2 KWG.
295 § 7 Abs. 2 KWG.
296 § 7 Abs. 3 KWG.
297 http://www.bundesbank.de/Navigation/DE/Aufgaben/Bankenaufsicht/Bundesbank _und_BaFin/bundesbank_und_bafin.html.
298 *Von StanyoDinov* EuR 2013, 593 (593).
299 *Von StanyoDinov* EuR 2013, 593 (594).

Mitgliedstaaten zum ESFS.[300] Zweck des ESFS ist es, nationale Aufsichtsstandards zu vereinheitlichen und eine einheitliche Aufsicht – künftig unter der Führung der EZB – zu gewährleisten.[301]

a) EBA

108 Sitz der EBA war London,[302] im Zuge des Brexits zieht die EBA nun nach Paris. In Abgrenzung zu den nationalen Aufsichtsbehörden ist sie dafür zuständig, das Funktionieren des Binnenmarktes durch geeignete, wirksame und harmonisierte Aufsicht und Regulierung auf europäischer Ebene zu verbessern.[303] Die nationalen Aufsichtsbehörden, wie die BaFin und die Deutsche Bundesbank, sind weiterhin für die Überwachung einzelner Finanzinstitute zuständig. Maßgebliches Instrumentarium stellen dabei vor allem die von der EBA zu erlassenden Technischen Regulierungsstandards,[304] Technische Durchführungsstandards[305] sowie Leitlinien und Empfehlungen[306] dar. Sie ist aber auch eine Koordinatorin zwischen den zuständigen Behörden,[307] kann bei sektorübergreifenden Meinungsverschiedenheiten zwischen den zuständigen Behörden vermittelnd auftreten.[308]

b) ESMA

109 Am 01.01.2011 wurde die in Paris ansässige Europäische Wertpapier- und Marktaufsichtsbehörde (**ESMA**) (European Securities and Markets Authority) gegründet.[309] ESMA hat den Auftrag der Verbesserung des Funktionierens des Binnenmarkts; der Gewährleistung der Integrität, Transparenz, Effizienz und des ordnungsgemäßen Funktionierens der Finanzmärkte; des Ausbaus der internationalen Koordinierung bei der Aufsicht; der Verhinderung von Aufsichtsarbitrage und Förderung gleicher Wettbewerbsbedingungen; der Gewährleistung, dass die Übernahme von Anlage- und anderen Risiken angemessen reguliert und beaufsichtigt wird und der Verbesserung des Verbraucherschutzes.[310] Ihre Aufgaben[311] sind unter anderem, einen Beitrag zur Festlegung von Regulierungs- und Aufsichtsstandards und -praktiken zu leisten; die Überwachung und Bewertung von Marktentwicklungen sowie die Förderung des Anlegerschutzes. Zur Erfüllung der Aufgaben stehen ESMA vor allem die Befugnisse zu, technische Regulierungs- und Durchführungsstandards[312] zu erlassen und Leitlinien und Empfehlungen herauszugeben.[313]

5. ESRB

110 Zweite Säule des europäischen Systems der Finanzaufsicht, und gleichfalls Bestandteil des ESFS,[314] ist der Europäische Ausschuss für Systemrisiken (**ESRB**)[315] (European Systemic Risk Board).[316] Gem.

300 Art. 2 Abs. 2 Verordnung (EU) Nr. 1095/2010.
301 *Von StanyoDinov* EuR 2013, 593 (595).
302 Art. 7 Verordnung (EU) Nr. 1093/2010.
303 Art. 8 Verordnung (EU) Nr. 1093/2010.
304 Art. 10 Verordnung (EU) Nr. 1093/2010.
305 Art. 15 Verordnung (EU) Nr. 1093/2010.
306 Art. 16 Verordnung (EU) Nr. 1093/2010.
307 Art. 31 Verordnung (EU) Nr. 1093/2010.
308 Art. 20 Verordnung (EU) Nr. 1093/2010.
309 Art. 1 Abs. 1 Verordnung (EU) Nr. 1095/2010.
310 Art. 1 Abs. 5 Satz 2 Verordnung (EU) Nr. 1095/2010.
311 Aufgaben und Befugnisse von ESMA vgl. Art. 8-39 Verordnung (EU) Nr. 1095/2010.
312 Art. 10, Art. 15 Verordnung (EU) Nr. 1095/2010.
313 Art. 16 Verordnung (EU) Nr. 1095/2010.
314 Vgl. Rdn. 61.
315 Vgl. Rdn. 61.
316 Verordnung (EU) Nr. 1092/2010 des Europäischen Parlaments und des Rates v. 24.11.2010 über die Finanzaufsicht der Europäischen Union auf Makroebene und zur Errichtung eines Europäischen Ausschusses für Systemrisiken, ABl. Nr. L 331, S. 1; Verordnung (EU) Nr. 1096/2010 des Rates v. 17.11.2010

Art. 3 Abs. 1 Satz 1 Verordnung (EU) Nr. 1092/2010 ist der ESRB[317] für die makroprudentielle Aufsicht über das Finanzsystem in der Union zuständig, um einen Beitrag zur Abwendung oder Eindämmung von Systemrisiken für die Finanzstabilität in der Union zu leisten, die aus Entwicklungen innerhalb des Finanzsystems erwachsen.[318] Seine Aufgaben bestehen nach Art. 3 Abs. 2 Verordnung (EU) Nr. 1092/2010 unter anderem darin, Informationen zur Zielerreichung festzulegen, zu erheben und auszuwerten; Systemrisiken nach Priorität zu ermitteln und einzuordnen; Risikowarnungen herauszugeben; Empfehlungen für Abhilfemaßnahmen zu erteilen; vertrauliche Warnungen an den Rat auszusprechen; Maßnahmen, mit denen Warnungen und Empfehlungen umgesetzt werden, zu überwachen und eine Abstimmung seiner Tätigkeiten mit denen internationaler Finanzorganisationen, insbesondere des IWF und des FSB sowie der einschlägigen Gremien in Drittländern in Fragen der makroprudentielle Aufsicht.[319] Eine verbindliche Entscheidungskompetenz besitzt der ESRB nicht.[320]

6. Rechtsgrundlagen

Regelungen zur deutschen Bankenaufsicht sind in vielen unterschiedlichen deutschen Gesetzen und europäischen unmittelbar anwendbaren Verordnungen geregelt. Die wichtigsten deutsche Gesetze sind: Kreditwesengesetz (**KWG**), Zahlungsdiensteaufsichtsgesetz (**ZAG**), Wertpapierhandelsgesetz (**WpHG**), Wertpapierprospektgesetz (**WpPG**), Börsengesetz (**BörsG**), Depotgesetz (**DepotG**), Pfandbriefgesetz (**PfandBG**), Sparkassengesetze der Länder, Bausparkassengesetz (**BauSparkG**), Bundesbankgesetz (**BBankG**), Einlagensicherungs- und Anlegerentschädigungsgesetz (**EAEG**), Geldwäschegesetz (**GwG**), Wertpapierübernahmegesetz (**WpÜG**), Kapitalanlagegesetzbuch (**KAGB**), Gewerbeordnung (**GewO**), Honoraranlagegesetz (**HonAnlBG**), Gesetz zur Abschirmung von Risiken und zur Planung der Sanierung und Abwicklung von Kreditinstituten und Finanzgruppen (**Trennbankengesetz**), Gesetz zur Überwachung der Finanzstabilität (**FinStabG**), CRD 4-Umsetzungsgesetz (**CRD 4-UmsG**) usw. Auf nationaler Verordnungsebene sind besonders hervorzuheben die Mindestanforderungen für die Ausgestaltung von Sanierungsplänen (**MaSan**), Institutsvergütungsverordnung (**InstitutsVergV**), Mindestanforderungen an die Compliance Funktion (**MaComp**), Mindestanforderungen an das Risikomanagement (**MaRisk**), Sanierungs- und Abwicklungsgesetz (**SAG**), usw. Daneben gibt es noch eine Reihe weiterer Verordnungen, Rundschreiben, Merkblätter, Auslegungsentscheidungen und Konsultationen. **111**

Auf europäischer Ebene sind es vor allem die Eigenkapitalverordnung (**CRR**), Verordnung über OTC-Derivate, zentrale Gegenparteien und Transaktionsregister (**EMIR**), Finanzmärkteverordnung (**MiFIR**), Verordnung über Insider-Geschäfte und Marktmanipulationen (**MAR**), die Zentralverwahrerverordnung (**CSDR**), Verordnung über Ratingagenturen (**CRA**), Verordnung über Leerverkäufe (**SSR**). Darüber hinaus gibt es viele weitere europäische und nationale Regelungen, die im engeren und im weiteren Sinne die Bankenaufsicht regulieren. **112**

7. Maßnahmen

Das wohl wichtigste Gesetz für die Bankenaufsicht ist das KWG, das sowohl die Ziele als auch eine Reihe von Maßnahmen zur Erreichung der Ziele normiert. So regelt das KWG eine ganze Reihe unterschiedlicher Maßnahmen und enthält auch Ermächtigungsgrundlagen für spezielle weitere Maßnahmen: **113**

---

zur Betrauung der Europäischen Zentralbank mit besonderen Aufgaben bezüglich der Arbeitsweise des Europäischen Ausschusses für Systemrisiken, ABl. Nr. L 331, S. 162.

317 Vgl. Rdn. 61.

318 Art. 3 Abs. 1 Satz 1 Verordnung (EU) Nr. 1092/2010.

319 Art. 3 Abs. 2 Verordnung (EU) Nr. 1092/2010.

320 *Von StanyoDinov* EuR 2013, 593 (594).

114 Angefangen bei der gesetzlichen Lizenzpflicht (§ 32 Abs. 1), über den Erlass von An- und Verordnungen (§ 6 Abs. 3), die Zulassung (§ 32) und Abberufung von Geschäftsleitern (§ 36), Einschreiten gegen unerlaubte oder verbotene Geschäfte (§ 37), Aufforderungen zur Erteilung von Auskünften und der Vorlage von Unterlagen zur Durchführung von Prüfungen (§§ 44 ff.), Maßnahmen zur Verbesserung der Eigenmittelausstattung und Liquidität (§ 45), Bestellung eines Sonderbeauftragten (§ 45c) und Antrag auf Insolvenz (§ 46b).

115 Besonders hervorgehoben werden sollen die Maßnahmen bei Gefahr (§ 46). In einem solchen Fall können die Aufsichtsbehörden im Rahmen ihrer Zuständigkeit insbesondere Anweisungen für die Geschäftsführung des Instituts erlassen (Nr. 1), die Annahme von Einlagen oder Geldern oder Wertpapieren von Kunden und die Gewährung von Krediten verbieten (Nr. 2), Inhabern und Geschäftsleitern die Ausübung ihrer Tätigkeit untersagen oder beschränken (Nr. 3), vorübergehend ein Veräußerungs- und Zahlungsverbot an das Institut erlassen (Nr. 4) (Moratorium), die Schließung des Instituts für den Verkehr mit der Kundschaft anordnen (Nr. 5) und die Entgegennahme von Zahlungen, die nicht zur Erfüllung von Verbindlichkeiten gegenüber dem Institut bestimmt sind, verbieten, es sei denn, die zuständige Entschädigungseinrichtung oder sonstige Sicherungseinrichtung stellt die Befriedigung der Berechtigten in vollem Umfang sicher (Nr. 6).

116 Nach § 10 Abs. 2 EinlSiG besitzt die BaFin die Befugnis den Entschädigungsfall unverzüglich festzustellen, spätestens jedoch innerhalb von 5 Arbeitstagen, nachdem sie davon Kenntnis erlangt hat, dass ein Institut nicht in der Lage ist, Einlagen zurückzuzahlen, und spätestens innerhalb von 21 Tagen, nachdem sie davon Kenntnis erlangt hat, dass ein Institut nicht in der Lage ist, Verbindlichkeiten aus Wertpapiergeschäften zu erfüllen. Sie hat den Entschädigungsfall auch festzustellen, wenn Maßnahmen nach § 46 Abs. 1 Satz 2 Nr. 4 bis 6 des KWG angeordnet worden sind und diese länger als 6 Wochen andauern.

117 Das KredReOrgG bietet der BaFin die Möglichkeit, Sanierungs- und Reorganisationsverfahren durchzuführen, um die Stabilisierung des Finanzmarktes zu gewährleisten. Dafür kann die BaFin unter anderem Sanierungsverfahren einleiten und beantragen (§ 2) und einen Sanierungsberater bestellen (§ 3). Auf Vorschlag der BaFin kann das zuständige Oberlandesgericht auch weitere Maßnahmen ergreifen, wenn dies zur Sanierung des Kreditinstituts erforderlich ist und wenn die Gefahr besteht, dass das Kreditinstitut seine Verpflichtungen gegenüber den Gläubigern nicht erfüllen kann (§ 5). Hält ein Kreditinstitut ein Sanierungsverfahren für aussichtslos, kann es ein Reorganisationsverfahren durch Anzeige bei der BaFin unter Vorlage eines Reorganisationsplans einleiten (§§ 7 ff.). Mit dem SAG wird der BaFin ein weiteres Instrument zur präventiven Sanierungsplanung in die Hand gegeben. Daneben stellt es für die FMSA als neue Abwicklungsbhörde Abwicklungmechanismen zur Verfügung.[321]

IV. Bankenunion

118 Als eine der wichtigsten Reaktionen auf die Finanzmärktekrise haben die europäischen Staats- und Regierungschefs beschlossen, die Wirtschafts- und Währungsunion durch eine Bankenunion zu ergänzen.[322] An der Bankenunion nehmen alle Euro-Länder teil sowie die EU-Mitgliedsstaaten, die sich freiwillig daran beteiligen. Ziel ist eine verbesserte Krisenprävention, Frühintervention und Krisenmanagement im Bankensektor. Dies soll erreicht werden durch eine Vereinheitlichung und Verbesserung der Bankenaufsicht, durch die Einführung eines einheitlichen Bankenabwicklungsverfahrens und einer einheitlichen Einlagensicherung.

321 Vgl. Rdn. 62.
322 Vgl. Gipfelerklärung der Mitglieder des Euro-Währungsgebiets v. 29.06.2012, https://www.ecb.europa.eu/ssm/pdf/statement/Euroareasummitstatement2012-06-29DE.pdf.

1. Einheitlicher Bankenaufsichtsmechanismus

Mit dem einheitlichen Bankenaufsichtsmechanismus **SSM** (Single Supervisory Mechanism) hat seit 119
November 2014 die EZB die Bankenaufsicht über alle Banken in der Euro- und der sonstigen SSM-Zone übernommen – über Großbanken wird sie diese direkt, über andere Banken indirekt über die nationalen Aufsichtsbehörden ausüben. Rechtsgrundlage hierfür ist die Verordnung Nr. 1024/2013 zur Übertragung besonderer Aufgaben im Zusammenhang mit der Aufsicht über Kreditinstitute auf die Europäische Zentralbank.[323] Diese wird von der Rahmenverordnung der Europäischen Zentralbank zur Einrichtung eines Rahmenwerks für die Zusammenarbeit zwischen der Europäischen Zentralbank und den nationalen zuständigen Behörden und den nationalen benannten Behörden innerhalb des einheitlichen Aufsichtsmechanismus (**EZB-Rahmenverordnung**) ergänzt.[324] Unter die Aufsicht der EZB fallen Banken mit einer Bilanzsumme von mehr als € 30 Mrd. oder Banken mit einer Bilanzsumme von mehr als 20 % der Wirtschaftsleistung ihres Landes, mindestens aber einer Bilanzsumme von € 5 Mrd., Banken die öffentliche Finanzhilfen aus der EFSF oder dem ESM erhalten oder beantragt haben sowie die drei größten Banken in jedem teilnehmenden Staat.[325] Alle anderen Banken, die nicht die Kriterien erfüllen, werden grundsätzlich weiterhin von den nationalen Aufsichtsbehörden direkt beaufsichtigt, indirekt jedoch auch von der EZB, die auch jederzeit die direkte Aufsicht über ein bestimmtes Institut an sich ziehen kann. Zur Vorbereitung des SSM wurde ein sog. »Banken-Stresstest« durchgeführt, um die Bilanzen von 128 Banken zu überprüfen. In Deutschland werden zukünftig voraussichtlich 21 Banken von der EZB beaufsichtigt.[326]

Um eine Trennung der beiden Aufgaben der EZB, Geldpolitik und Bankenaufsicht, zu gewähr- 120
leisten, wurde der existierende EZB-Rat und das Direktorium um drei weitere Gremien ergänzt, die für die Bankenaufsicht zuständig sind. Diese Gremien sind das Aufsichtsgremium (Supervisory Board), ein Administrativer Überprüfungsausschuss und eine Schlichtungsstelle.[327] Das Aufsichtsgremium wird das Hauptorgan der Bankenaufsicht sein. Aufgabe des Aufsichtsgremiums ist es, für den EZB-Rat vollständige Beschlussentwürfe zur Annahme vorzubereiten; lehnt der EZB-Rat die Beschlussvorlage ab, entscheidet die Schlichtungsstelle. Die laufende Aufsicht wird von den gemeinsamen Aufsichtsteams (**JSTs**) (Joint Supervisory Teams) ausgeführt. Diese bestehen aus Mitarbeitern der EZB sowie Vertretern der jeweils relevanten national zuständigen Behörden (**NCAs**) (National Competent Authorities). Ein JST ist jeweils für ein bedeutendes Institut oder eine bedeutende Gruppe zuständig und wird von einem EZB-Koordinator geleitet, der für die Umsetzung von Aufsichtsaufgaben und -tätigkeiten verantwortlich ist.[328] Das Aufsichtsgremium gliedert sich in vier Generaldirektionen für Mikroprudenzielle Aufsicht I und II, die für die laufende direkte Aufsicht über bedeutende Institute verantwortlich sind, Mikroprudenzielle Aufsicht III zuständig für die (indirekte) Beaufsichtigung von weniger bedeutenden Instituten und Mikroprudenzielle Aufsicht IV übernimmt spezialisierte Aufgaben und stellt Fachwissen zur Verfügung.[329] Das Aufsichtsgremium hat zudem einen »Lenkungsausschuss«. Belastete Institute können Beschwerden an den

323 Verordnung Nr. 1024/2013 des Rates v. 15.10.2013 zur Übertragung besonderer Aufgaben im Zusammenhang mit der Aufsicht über Kreditinstitute auf die Europäische Zentralbank, ABl. Nr. L 287, S. 63.

324 Verordnung der Europäischen Zentralbank v. 16.04.2014 zur Einrichtung eines Rahmenwerks für die Zusammenarbeit zwischen der Europäischen Zentralbank und den nationalen zuständigen Behörden und den nationalen benannten Behörden innerhalb des einheitlichen Aufsichtsmechanismus (EZB-Rahmenverordnung) (EZB/2014/17).

325 Art. 6 Abs. 4 der Verordnung Nr. 1024/2013.

326 Nach alphabetischer Reihenfolge: Aareal Bank, apoBank, BayernLB, Commerzbank, DekaBank, Deutsche Bank, Deutsche Pfandbriefbank, DZ Bank, Hamburger Sparkasse, Helaba, HSH Nordbank, Landwirtschaftliche Rentenbank, L-Bank, LBB, LBBW, Münchener Hypothekenbank, Nord/LB, NRW.Bank, SEB AG, Volkswagen Bank, WGZ-Bank; die Klage der L-Bank gegen die direkte Beaufsichtigung durch die EZB vor dem EuG scheiterte (EuG; T-122/15).

327 *Von StanyoDinov* EuR 2013, 593 (602).

328 EZB, Leitfaden zur Bankenaufsicht, S. 17.

329 EZB, Leitfaden zur Bankenaufsicht, S. 15.

Administrativen Überprüfungsausschuss leiten. Alternativ oder zusätzlich zum Überprüfungsverfahren können die Betroffenen gegen einen Beschluss Nichtigkeitsklage vor den Unionsgerichten der EU erheben.

2. Einheitlicher Abwicklungsmechanismus

121 Die zweite Säule der Bankenunion bildet der einheitliche Abwicklungsmechanismus SRM (Single Resolution Mechanism) samt Abwicklungsfonds. Ziel des SRM ist es, einen einheitlichen Rahmen zu schaffen, mit dem Banken effektiv abgewickelt werden können, ohne dass die Steuerzahler belastet werden. Rechtsgrundlage ist die sog. **SRM-Verordnung**[330] sowie die Richtlinie zur Sanierung und Abwicklung von Banken (**BRRD**).[331] Effizientere Abwicklungsmechanismen sollen zukünftig ein unentbehrliches Instrument zur Verhütung von Schäden sein, die durch Ausfälle von Banken in der Vergangenheit verursacht wurden.[332] Der SRM hat einen neu gegründeten Abwicklungsausschuss (**Ausschuss**), den **SRB**, mit Sitz in Brüssel[333] sowie den Abwicklungsfonds SRF (Single Resolution Fund). Der Abwicklungsausschuss ist wesentliche Instanz zur Vorbereitung der Entscheidungen über Sanierungsfälle durch die EU-Kommission.[334] Hauptaufgaben des SRB sind die Erstellung von Abwicklungsplänen[335] und die Bewertung der Abwicklungsfähigkeit von Banken,[336] die Überwachung der Abwicklung von Banken[337] sowie die Verwaltung der finanziellen Mittel.[338] In den Abwicklungsfonds zahlen (mit möglichst wenigen Ausnahmen) alle Banken aus der Bankenunion. Der Fonds soll zunächst über auf nationaler Ebene erhobene Bankenabgaben finanziert werden und aus nationalen Teilfonds bestehen, die innerhalb von 8 Jahren ab 2016 schrittweise miteinander verschmolzen werden.[339] Durch den Fonds sollen bis zum 01.01.2024 Mittel i.H.v. bis zu 1,0 % der gesicherten Einlagen gesammelt werden. Derzeit wird geschätzt, dass der Fonds dann ein Volumen von € 55 Mrd. hat. Die konkrete Methode zur Berechnung der Bankenabgabe wurde am 22.01.2015 in der Durchführungsverordnung zur Ergänzung der BRRD und der SRM-Verordnung im EU Amtsblatt veröffentlicht.[340]

3. Einheitliches Einlagensicherungssystem

122 Seit dem 02.07.2014 ist die Richtlinie 2014/49/EU in Kraft.[341] Sie ist eine grundlegende Überarbeitung der Richtlinie 94/19/EG über Einlagensicherungssysteme, da aufgrund der Finanzmärktekrise

330 Verordnung (EU) Nr. 806/2014 des Europäischen Parlaments und des Rates v. 15.07.2014 zur Festlegung einheitlicher Vorschriften und eines einheitlichen Verfahrens für die Abwicklung von Kreditinstituten und bestimmten Wertpapierfirmen im Rahmen eines einheitlichen Abwicklungsmechanismus und eines einheitlichen Abwicklungsfonds sowie zur Änderung der Verordnung (EU) Nr. 1093/2010, ABl. L 225, v. 30.07.2014, S. 1-90.

331 Richtlinie 2014/59/EU des Europäischen Parlaments und des Rates v. 15.05.2014 zur Festlegung eines Rahmens für die Sanierung und Abwicklung von Kreditinstituten und Wertpapierfirmen und zur Änderung der Richtlinie 82/891/EWG des Rates, der Richtlinien 2001/24/EG, 2002/47/EG, 2004/25/EG, 2005/56/EG, 2007/36/EG, 2011/35/EU, 2012/30/EU und 2013/36/EU sowie der Verordnungen (EU) Nr. 1093/2010 und (EU) Nr. 648/2012 des Europäischen Parlaments und des Rates, ABl. L 173, v. 12.06.2014, S. 190–348.

332 Erwägungsgrund Nr. 8 Verordnung (EU) Nr. 806/2014.

333 Art. 48 Verordnung (EU) Nr. 806/2014.

334 *Gemkow* EuZW 2014, S. 286.

335 Art. 8 Verordnung (EU) Nr. 806/2014.

336 Art. 10 Verordnung (EU) Nr. 806/2014.

337 Art. 14 ff. Verordnung (EU) Nr. 806/2014.

338 Art. 57 ff. Verordnung (EU) Nr. 806/2014.

339 Rat der Europäischen Union, Mitteilung an die Presse, v. 18.12.2013, 17983/13, S. 6; Pressemitteilung BFM v. 21.05.2014, Nr. 25.

340 Durchführungsverordnung (EU) 2015/81 des Rates vom 19.12.2014, ABl. 2015 L 15/1.

341 Richtlinie 2014/49/EU des Europäischen Parlaments und des Rates v. 16.04.2014 über Einlagensicherungssysteme, ABl. L 173, v. 12.06.2014, S. 149–178.

2008 kurzfristige, unvollständige Änderungen an dieser Richtlinie vorgenommen worden waren. Geregelt wird u.a. die Beibehaltung der Deckungssumme auf € 100.000,[342] eine schnelle Auszahlung von Bankeinlagen innerhalb von 7 Tagen,[343] der Abbau von Bürokratie im Fall einer Einlagenrückerstattung,[344] eine bessere Information der Kontoinhaber über Deckungsumfang und Funktionsweise des jeweiligen Einlagensystems[345] sowie eine langfristige und solidere Finanzierung der Einlagensicherungssysteme.[346]

Daneben legte die Kommission im November 2015 einen Vorschlag für die Einrichtung eines einheitlichen europäischen Einlagesicherungssystems (EDIS) vor.[347] Diese soll die nationalen Einlagesicherungssysteme ergänzen und damit ein einheitlich hohes Schutzniveau in der Bankenunion sichern. Dieser wurde von mehreren EU-Mitgliedsstaaten blockiert und wurde im Oktober 2017 von der Kommission neu eingebracht. 123

V. Die Deutsche Bundesbank im Europäischen System der Zentralbanken

1. Europäische Wirtschafts- und Währungsunion

a) Währungsunion

Die dritte und letzte Stufe der Europäischen Wirtschafts- und Währungsunion (**EWWU**) begann am 01.01.1999 mit der Festlegung der Wechselkurse der Währungen der elf teilnehmenden Mitgliedstaaten und der **Einführung des Euro** als einheitlicher Währung.[348] Der Euro trat an die Stelle der nationalen Währungen, die nur für eine Übergangszeit bis zum 31.12.2001 als Untereinheiten in Gebrauch blieben. Den für die Einführung des Euro notwendigen Rechtsrahmen bilden die beiden Verordnungen 1103/97/EG[349] und 974/98/EG.[350] Mit Lettland, das 2014 beigetreten ist, gibt es nun 18 Euro-Staaten sowie einige kleinere Staatsgebiete, die den Euro eingeführt haben, ohne Mitglied in der EU zu sein.[351] Bis auf Großbritannien und Dänemark, die eine sog. »Opting-out-Klausel« für sich in Anspruch nehmen,[352] sind alle EU-Mitgliedsstaaten verpflichtet, der Währungsunion beizutreten, sobald sie die Konvergenzkriterien erfüllen.[353] Schweden verletzt nach einer negativen Volksabstimmung über die Euro-Einführung absichtlich ein Konvergenzkriterium, um den Euro nicht einführen zu müssen.[354] Durch den Vertrag von Lissabon wird erstmals die Euro-Gruppe vertraglich verankert. Dabei handelt es sich um Sitzungen der Finanzminister 124

342 Art. 6 der Richtlinie 2014/49/EU.

343 Art. 8 der Richtlinie 2014/49/EU.

344 Art. 14 der Richtlinie 2014/49/EU.

345 Art. 16 der Richtlinie 2014/49/EU.

346 Art. 10 der Richtlinie 2014/49/EU.

347 Vorschlag für eine Verordnung des Europäischen Parlaments und des Rates zur Änderung der Verordnung (EU) 806/2014 zur Einführung eines europäischen Einlagesicherungssystems (EDIS) COM/2015/0586 – 2015/0270 (COD).

348 Vgl. Art. 121 Abs. 4 EGV.

349 Verordnung (EG) Nr. 1103/97 des Rates v. 17.06.1997 über bestimmte Vorschriften im Zusammenhang mit der Einführung des Euro, ABl. 1997 L 162, S. 3.

350 Verordnung (EG) Nr. 974/98 des Rates v. 03.05.1998 über die Einführung des Euro, ABl. 1998 L 139, S. 1; Hailbronner/Wilms/*Sauer/Wittemann* Querschnittsdarstellung Währungsrecht Rn. 21 ff.

351 Assoziierte Euronutzer mit eigenen Euromünzen: Andorra, Monaco, San Marino, Vatikanstadt; Euronutzer ohne eigene Euromünzen: Kosovo, Montenegro; Euro als Übergangswährung: Simbabwe.

352 Protokoll (Nr. 15) über einige Bestimmungen betreffend das Vereinigte Königreich Großbritannien und Nordirland, ABl. C 326, v. 26.10.2012, S. 284; Protokoll (Nr. 16) über einige Bestimmungen betreffend Dänemark, ABl. C 326, v. 26.10.2012, S. 287.

353 Art. 140 AEUV.

354 Vgl. http://www.eu-info.de/euro-waehrungsunion/5300/5318/5331/.

des Euro-Währungsgebiets, deren Ziel es ist, das Wirtschaftswachstum der Euro-Zone durch eine engere Zusammenarbeit zwischen den Mitgliedstaaten zu verbessern.[355]

125 Die primärrechtlichen Grundlagen für die Realisierung der Europäischen Währungsunion waren bereits im Dezember 1991 geschaffen worden. Ausgangspunkt hierfür war die Ende 1990 nach Rom einberufene Regierungskonferenz über die EWWU. Erklärtes Ziel war die Überarbeitung des Vertrags zur Gründung der Europäischen Wirtschaftsgemeinschaft (**EWG-Vertrag**). Resultat dieser Verhandlungen war der **Vertrag von Maastricht**,[356] mit dem der zeitliche Rahmen für die Realisierung der EWWU festgelegt wurde.[357] Dieser trat am 01.11.1993 in Kraft. Maßgebliche Konvergenzkriterien zur Euro-Einführung sind: Preisstabilität, Stabilität der langfristigen Zinssätze, Haushaltsdisziplin und Wechselkursstabilität.[358] Zur Frage der Loslösung aus der Währungsunion entschied das BVerfG: »Der Vertrag setzt langfristige Vorgaben, die das Stabilitätsziel zum Maßstab der Währungsunion machen, die durch institutionelle Vorkehrungen die Verwirklichung dieses Zieles sicherzustellen suchen und letzlich – als ultima ratio – beim Scheitern der Stabilitätsgemeinschaft auch einer Lösung aus der Gemeinschaft nicht entgegenstehen.«[359]

126 Mit der Einführung des Euro wurde auch eine einheitliche **EU-Geldpolitik** vereinbart. Deren Durchführung und Festlegung verantwortet seit diesem Zeitpunkt das Europäische System der Zentralbanken (**ESZB**). Dieses besteht aus der EZB und den nationalen Zentralbanken (**NZBen**).[360] Damit waren auch alle wesentlichen Voraussetzungen für die Vollendung des Finanzbinnenmarktes geschaffen worden.[361] Verfassungsbeschwerden gegen die Teilnahme Deutschlands an der Europäischen Währungsunion wurden vom BVerfG zurückgewiesen.[362]

b) Wirtschaftsunion

127 Führte die Währungsunion zu einer Vergemeinschaftung der Geld- und Währungspolitik, belässt die Wirtschaftsunion den Mitgliedstaaten in wesentlichen Teilen ihre Zuständigkeiten, ohne jedoch auf eine enge Koordinierung der nationalen Wirtschaftspolitiken verzichten zu wollen.[363] Wichtigstes sekundärrechtliches Regelwerk der Wirtschaftsunion ist der **Stabilitäts- und Wachstumspakt (SWP)**,[364] der das primäre EWWU-Vertragsrecht konkretisiert. Diesen beschloss der Europäische Rat auf seinen Tagungen in Dublin 1996 und in Amsterdam 1997, um die Haushaltsdisziplin in der Union zu sichern.[365] Das Gebot, übermäßig defizitäre Haushaltslagen zu vermeiden, war zuvor nur als Bemühenspflicht ausgestaltet gewesen.[366] Ein wirksames Instrumentarium, Defizitsünder zu bestrafen, stand erst auf der dritten Stufe der EWWU mit dem Defizitverfahren zur Verfügung.[367]

---

355 Art. 137 AEUV; Protokoll betreffend die Euro-Gruppe.

356 Vertrag über die Europäische Union, ABl. 1992 C 191, S. 1; neben dem eigentlichen Vertragstext umfasst der Vertrag von Maastricht u.a. das Protokoll über die Satzung des Europäischen Systems der Zentralbanken (ESZB) und der Europäischen Zentralbank (EZB) ABl. 1992 C 191, S. 68 und das Protokoll über die Satzung des Europäischen Währungsinstituts (EWI), ABl. 1992 C 191, S. 79.

357 *Deutsche Bundesbank* Die Europäische Wirtschafts- und Währungsunion, S. 17.

358 Art. 140 AEUV; Protokoll (Nr. 13) über die Konvergenzkriterien, ABl. C 326, v. 26.10.2012, S. 281.

359 BVerfG, Urt. v. 12.10.1993 – 2 BvR 2134/92; 2 BvR 2159/92.

360 Art. 127 ff. AEUV, Protokoll (Nr. 4) über die Satzung des Europäischen Systems der Zentralbanken und der EZB, ABl. C 326, v. 26.10.2012, S. 230.

361 *Horn* ZBB 1999, 1 (2).

362 BVerfG, Urt. v. 31.03.1998 – 2 BvR 1877/97 und 2 BvR 50/98.

363 Art. 119 Abs. 1 AEUV, Art. 121 Abs. 1 AEUV.

364 Art. 126 AEUV; Protokoll (Nr. 12) über das Verfahren bei einem übermäßigen Defizit, v. 07.02.1992, ABl. Nr. C 191 S. 84.

365 *Deutsche Bundesbank* Die Europäische Wirtschafts- und Währungsunion, S. 37.

366 Streinz/*Kempen* EUV/AEUV, Art. 126, Rn. 4.

367 Art. 126 Abs. 2 bis 9 AEUV.

Den rechtlichen Rahmen des SWP bilden die Entschließung des Europäischen Rates über den Stabilitäts- und Wachstumspakt,[368] die Haushaltsverordnung[369] und die Defizitverordnung.[370]

Die **Preisstabilität**[371] ist das wirtschaftspolitische Hauptziel der EWWU noch vor den anderen Zielgrößen (hohes Beschäftigungsniveau, außenwirtschaftliches Gleichgewicht, stetiges Wachstum).[372] Dies erfordert insb. eine aufeinander abgestimmte Wirtschaftspolitik der Mitgliedstaaten und deren Koordination. Zu diesem Zwecke haben sich die Mitgliedstaaten einen engen primärrechtlichen Handlungsrahmen gesteckt,[373] der sicherstellen soll, dass sie zur Finanzierung ihrer Defizite die freien Kapitalmärkte in Anspruch nehmen müssen, weil diese theoretisch eine solide Haushaltspolitik belohnen und eine unsolide mit Zinsaufschlägen bestrafen.[374] Das BVerfG hat sowohl 1993 in seinem Maastricht-Urteil[375] als auch 1999 in seinem Euro-Beschluss[376] die Bedeutung der Währungsunion als Stabilitätsgemeinschaft betont. 128

c) Fiskalunion

Um Stabilität und Einheit der EWWU zu gewährleisten, ist es Ziel der Staats- und Regierungschefs der Euro-Zone eine Europäische Fiskalunion zu schaffen.[377] In der Europäischen Fiskalunion verpflichten sich die Euro-Länder, neue Haushaltsvorschriften (Stichwort Schuldenbremse) einzuführen und die Vorschriften für das Verfahren bei einem Übermäßigen Defizit zu verschärfen. Im Weg der Änderung des Primärrechts und des Erlasses von Sekundärrecht sollen in diesem Bereich Maßnahmen getroffen werden, um haushaltspolitische Disziplin, eine vertiefte Binnenmarktintegration, ein stärkeres Wachstum, eine größere Wettbewerbsfähigkeit und einen stärkeren sozialen Zusammenhalt zu fördern. Erreicht werden soll dies unter anderem durch zumindest ausgeglichene Haushalte und grds. automatischen Konsequenzen bei Verletzung der 3-%-Schwelle der Konvergenzkriterien. Am 02.03.2012 haben die EU-Mitgliedstaaten, mit Ausnahme von Großbritannien und Tschechien, den Vertrag über Stabilität, Koordinierung und Steuerung in der Wirtschafts- und Währungsunion vom 02.03.2012 (**SKS-Vertrag**) unterzeichnet, der den Inhalt der Erklärung in Vertragstext kleidet.[378] 129

---

368 Entschließung des Europäischen Rates über den Stabilitäts- und Wachstumspakt, ABl. 1997 C 236, S. 1.

369 Verordnung (EG) Nr. 1466/97 des Rates v. 07.07.1997 über den Ausbau der haushaltspolitischen Überwachung und der Überwachung und Koordinierung der Wirtschaftspolitiken, ABl. 1997 L 209, S. 1; geändert durch die Verordnung (EG) Nr. 1055/2005 des Rates v. 27.06.2005 zur Änderung der Verordnung (EG) Nr. 1466/97 über den Ausbau der haushaltspolitischen Überwachung und der Überwachung und Koordinierung der Wirtschaftspolitiken, ABl. 2005 L 174, S. 1; geändert durch die Verordnung (EU) Nr. 1175/2011 des Europäischen Parlaments und des Rates, v. 16.11.2011, zur Änderung der Verordnung (EG) Nr. 1466/97 des Rates über den Ausbau der haushaltspolitischen Überwachung und der Überwachung und Koordinierung der Wirtschaftspolitiken, ABl. L 306 v. 23.11.2011, S. 12–24.

370 Verordnung (EG) Nr. 1467/97 des Rates v. 07.07.1997 über die Beschleunigung und Klärung des Verfahrens bei einem übermäßigen Defizit, ABl. 1997 L 209, S. 6; geändert durch die Verordnung (EG) Nr. 1056/2005 des Rates v. 27.06.2005 zur Änderung der Verordnung (EG) Nr. 1467/97 über die Beschleunigung und Klärung des Verfahrens bei einem übermäßigen Defizit, ABl. 2005 L 174, S. 5; geändert durch die Verordnung (EU) Nr. 1177/2011 des Rates v. 08.11.2011 zur Änderung der Verordnung (EG) Nr. 1467/97 über die Beschleunigung und Klärung des Verfahrens bei einem übermäßigen Defizit, ABl. L 306, S. 33–40.

371 Zum Begriff *Gaitanides*, S. 16 ff.

372 Streinz/*Kempen* EUV/AEUV, Art. 127, Rn. 2.

373 Vgl. Art. 120 und 121, Art. 123 bis 126 AEUV; Hailbronner/*Wilms* EGV Art. 4 Rn. 13.

374 Streinz/*Kempen* EUV/AEUV, Art. 126, Rn. 3; Hailbronner/Wilms/*Jochum* EGV Art. 104 Rn. 1.

375 BVerfG, Urt. v. 12.10.1993 – 2 BvR 2134/92 und 2 BvR 2159/92.

376 BVerfG, Urt. v. 31.03.1998 – 2 BvR 1877/97 und 2 BvR 50/98.

377 Erklärung der Staats- und Regierungschefs des Eurowährungsgebiets v. 09.12.2011, http://consilium.europa.eu/uedocs/cms_data/docs/pressdata/de/ec/126678.pdf.

378 Vertrag über Stabilität, Koordinierung und Steuerung in der Wirtschafts- und Währungsunion v. 02.03.2012.

d) Reformvorschläge

130 Kurz nach der Bundestagswahl im September 2017 äußerte Frankreichs Staatspräsident Emmanuel Macron die Forderung nach einem eigenen Euro-Haushalt, der durch Beiträge der Mitgliedsstaaten finanziert werden soll. Diese sollen nach seiner Vorstellung ca. 3–4% der Wirtschaftsleistung für ein europäisches Budget einzahlen. So würde bei einer Einzahlung aller 19 Mitgliedsstaaten der Euro-Zone eine Summe von ca. € 428 Mrd. zusammen kommen. Diese soll, so Macrons Pläne, von einem neuen europäischen Finanzminister verwaltet werden. Eng damit verbunden sind auch die Pläne zur Staatsfinanzierung durch Eurobonds, ESBies und Accountability Bonds.[379]Diese Pläne trafen in Deutschland allerdings auf wenig Begeisterung. Hier wird zwar eine Aufstockung des EU-Haushaltes in Erwägung gezogen, allerdings nicht die Einrichtung eines neuen Etats allein für die Euro-Zone. Befürchtet wird, dass Vorschläge wie diese ein großer Schritt in Richtung Transferunion sein könnten.

131 Voraussichtlich im März 2018 wird die EU-Kommission einen Vorschlag vorlegen, der die Finanzplanung der nächsten Jahre darlegen soll.

2. Europäisches System der Zentralbanken

a) Allgemeines

132 Das Europäische System der Zentralbanken (**ESZB**) setzt sich zusammen aus der europäischen Zentralbank (EZB) und den nationalen Notenbanken aller Mitgliedstaaten,[380] die damit Bestandteil des ESZB sind und wesentlich zur Erfüllung der diesem obliegenden Aufgaben beitragen.[381] Im Zentrum des ESZB steht das so genannte **Euro-System**.[382] Neben der EZB gehören die Notenbanken der Länder dem Euro-System an, die den Euro bereits eingeführt haben.[383] Wichtigste Rechtsvorschrift zur Ausgestaltung der Geldpolitik des Euro-Systems ist die EZB-Leitlinie 2000/7/EZB.[384] Vorrangiges Ziel des ESZB ist es, im Euro-Raum die Preisstabilität[385] zu gewährleisten.[386] Daneben unterstützt das ESZB die allgemeine Wirtschaftspolitik in der Union,[387] soweit dies ohne die Beeinträchtigung der Preisstabilität möglich ist.

133 Neben das ESZB trat Ende 2010 das Europäische Finanzaufsichtssystem (ESFS),[388] das für die **Stabilität der Finanzmärkte** zuständig ist.[389] ESZB und ESFS wirken als selbstständige Systeme

379 Vgl. Rdn. 57.

380 Art. 129 Abs. 1 AEUV; Art. 1.2 ESZB-Satzung.

381 Art. 14.3 ESZB-Satzung.

382 Dazu European Central Bank/*de Lhoneux*, S. 161 ff.

383 Zum Begriff Euro-System vgl. Art. I – 30 Abs. 1 Vertrag über eine Verfassung in Europa, ABl. 2004 C 310, S. 1.

384 Leitlinie der Europäischen Zentralbank v. 31.08.2000 über geldpolitische Instrumente und Verfahren des Eurosystems (EZB/2000/7), ABl. Nr. L 310 S. 1, ber. ABl. 2001 Nr. L 123 S. 35, zuletzt geändert durch Art. 3 Abs. 1 ÄndLL EZB/2011/14 v. 20.09.2011, ABl. Nr. L 331 S. 1.

385 Zum Begriff *Gaitanides*, S. 16 ff.

386 Art. 127 Abs. 1 AEUV.

387 Vgl. Art. 127 Abs. 1 AEUV.

388 Verordnung (EU) Nr. 1094/2010 des Europäischen Parlaments und des Rates v. 24.11.2010 zur Errichtung einer Europäischen Aufsichtsbehörde (Europäische Aufsichtsbehörde für das Versicherungswesen und die betriebliche Altersversorgung), zur Änderung des Beschlusses Nr. 716/2009/EG und zur Aufhebung des Beschlusses 2009/79/EG der Kommission, ABl. Nr. L 331, v. 24.11.2010, S. 48; für weitere Informationen vgl. Abschnitt Bankenaufsicht.

389 Art. 1 Abs. 6 VO 1094/2010.

nebeneinander.[390] Im Rahmen der Bankenunion[391] hat die EZB seit November 2014 auch die Funktion als wichtigste Aufsichtsbehörde über die europäischen Banken übernommen.[392]

134 Der EZB-Rat und das Direktorium leiten die EZB und das ESZB.[393] Handelnde des ESZB sind allein die EZB und die nationalen Notenbanken.[394] In den Mitgliedstaaten besitzt die EZB i.R.d. dort geltenden Gesetze die weitestgehend Rechts- und Geschäftsfähigkeit.[395] Wesentliches Merkmal der EZB ist deren **finanzielle Unabhängigkeit**. Diese wird gewährleistet durch deren Ausstattung mit Kapital- und Währungsreserven.[396] Die EZB ist mit einen Kapital i.H.v. € 5 Mrd. und mit Währungsreserven bis zu einem Gegenwert von € 50 Mrd. ausgestattet.[397]

b) Aufgaben

135 Gem. Art. 127 Abs. 2 AEUV obliegen dem ESZB verschiedene Aufgaben.[398] Zu diesen gehört die Festlegung und Ausführung der **Geldpolitik** der Gemeinschaft. Hierfür stehen dem ESZB verschiedene geldpolitische Instrumente (Offenmarktgeschäfte, Kreditgeschäfte[399] und Mindestreservepolitik) zur Verfügung.[400] Außerdem kann das ESZB Devisengeschäfte gem. Art. 219 AEUV durchführen. Das ESZB hält und verwaltet über die nationalen Notenbanken die offiziellen Währungsreserven der Mitgliedstaaten.[401] Ebenso ist das ESZB für die Verteilung von Liquidität am Geldmarkt zuständig. Damit verantwortet es auch das reibungslose Funktionieren der Zahlungssysteme. In diesem Zusammenhang steht bspw. die Einrichtung des Großzahlungssystems TARGET (Trans-European Automated Real-Time Gross Settlement Express Transfer-System).

136 Ebenso ist das ESZB verantwortlich für die Erhebung der zur Wahrnehmung seiner Aufgaben erforderlichen statistischen Daten.[402] Einzelheiten hierzu regelt die Verordnung 2533/98/EG.[403] Die auswärtigen Kompetenzen der EZB und der nationalen Notenbanken regelt Art. 3 der ESZB-Satzung. Zur Sicherstellung einer ausreichenden Information der Gemeinschaftsorgane auf dem Gebiet der Geld- und Währungspolitik regelt Art. 15 der ESZB-Satzung verschiedene Berichtspflichten.

137 Soweit die Erfüllung ihrer Aufgaben es erfordert, verfügt die EZB über eigene **Rechtssetzungskompetenzen**, d.h., sie kann unmittelbar geltende Verordnungen erlassen.[404] Außerdem kann sie zur Durchsetzung ihrer Rechtssetzungskompetenzen und ihrer geldpolitischen Befugnisse Sanktionen verhängen.[405] Grundsätzliche Vorgaben hierzu enthält die Verordnung 2532/98/EG.[406]

390 Zur neuen Rolle der EZB vgl. *Papathanassiou/Zagouras* WM 2010, 1584; *Mayer* ZBB 2011, 25; *Lohmann/Manger-Nestler* ZBB 2011, 2 (23).
391 Vgl. Rdn. 62, 118.
392 Vgl. Rdn. 119.
393 Art. 129 Abs. 1 AEUV; Art. 9.3 ESZB-Satzung.
394 *Gaitanides*, S. 89.
395 Art. 9.1 ESZB-Satzung; dazu *Proctor* J.I.B.F.L. 2001, 23 (24 f.).
396 *Weber* WM 1998, 1465 (1469).
397 Art. 28.1. und Art. 30.1 ESZB-Satzung; Hailbronner/*Wilms* EGV Art. 8 Rn. 6.
398 Vgl. Art. 3 ESZB-Satzung; Hailbronner/Wilms/*Sauer/Wittemann* Querschnittsdarstellung Währungsrecht Rn. 29 ff.
399 Art. 18.2 ESZB-Satzung.
400 Art. 19 ESZB-Satzung; vgl. Verordnung (EG) Nr. 1745/2003 der EZB v. 12.09.2003 über die Auferlegung einer Mindestreservepflicht, ABl. 2004 L 250, S. 28, zuletzt geändert durch durch Art. 1 ÄndVO (EU) 2016/1705 v. 09.09. 2016, ABl. Nr. L 257, S. 10:.
401 Vgl. Art. 30 und Art. 31 ESZB-Satzung.
402 Art. 5.1 ESZB-Satzung.
403 Verordnung (EG) Nr. 2533/98 des Rates v. 23.11.1998 über die Erfassung statistischer Daten, ABl. 1998 L 318, S. 8, zuletzt geändert durch VO (EU) 2015/373 des Rates v. 05.03. 2015, ABl. Nr. L 64, S. 6.
404 Art. 132 AEUV, Art. 34 ESZB-Satzung; *Gaitanides*, S. 173.
405 *Gaitanides*, S. 180.
406 Verordnung (EG) Nr. 2532/98 des Rates v. 23.11.1998 über das Recht der EZB, Sanktionen zu verhängen, ABl. 1998 L 318, S. 4.

c) Zentralbankunabhängigkeit

138 Als Vorkehrung zur Sicherung der Preisstabilität dienen auch die Unabhängigkeit und die organisatorische Selbstständigkeit der EZB und der nationalen Notenbanken der Mitgliedstaaten.[407] Soweit Mitgliedstaaten ihren Zentralbanken anderweitige Aufgaben zugewiesen haben, gelten diese nicht als Aufgaben des ESZB. Die Unabhängigkeit in diesem Zusammenhang gestaltet sich ausschließlich nach den maßgeblichen nationalen Bestimmungen.[408]

3. Deutsche Bundesbank

a) Allgemeines

139 Mit der Übertragung der währungshoheitlichen Befugnisse auf das ESZB war auch die Rolle der Deutschen Bundesbank neu zu definieren. Diese ist nunmehr **integraler Bestandteil des ESZB** und trägt zur Erfüllung der diesem obliegenden Aufgaben bei,[409] ohne jedoch ihre Eigenschaft als Einrichtung Deutschlands eingebüßt zu haben.[410] Die Deutsche Bundesbank wirkt durch ihren Präsidenten im EZB-Rat an der gemeinsamen Geldpolitik des Euro-Systems mit. Daneben ist sie für die Umsetzung der geldpolitischen Beschlüsse in der Bundesrepublik verantwortlich. In diesem Zusammenhang untersteht sie der Aufsicht der EZB.[411]

140 In ihrer Funktion als Notenbank Deutschlands **unterstützt** die Deutsche Bundesbank **die allgemeine Wirtschaftspolitik der Bundesregierung**, soweit dies unter Wahrung ihrer Aufgaben innerhalb des ESZB möglich ist.[412] Darüber hinaus berät sie die Bundesregierung in Angelegenheiten von wesentlicher währungspolitischer Bedeutung.[413] Gem. Art. 14.4 ESZB-Satzung ist es den nationalen Zentralbanken möglich, andere als die in der Satzung genannten Aufgaben zu übernehmen, sofern diese mit den Zielen und Aufgaben des ESZB vereinbar sind.[414] Diese Aufgaben werden von der Deutschen Bundesbank in eigener Verantwortung wahrgenommen und gelten nicht als Aufgaben des ESZB. Die Deutsche Bundesbank ist bei der Ausübung ihrer Befugnisse von Weisungen der Bundesregierung unabhängig.[415]

b) Aufgaben

141 Der Deutschen Bundesbank blieb nach ihrer Integration in das ESZB nur noch ein **sehr eingeschränkter geldpolitischer Spielraum**. In der Folge wurden die bis dahin im Bundesbankgesetz bestehenden Befugnisse stark modifiziert.[416] Im Ergebnis ist die Bundesbank ganz wesentlich auf ihre Mitwirkungsbefugnisse in den Beschlussorganen der EZB verwiesen.[417]

142 Die Bundesbank hält und verwaltet die **Währungsreserven** der Bundesrepublik,[418] welche überwiegend in Gold und Devisen angelegt sind. Ein kleiner Teil besteht aus Reservepositionen beim Internationalen Währungsfonds (IWF) und aus Forderungen an den europäischen Fonds für

407 *Sodan* NJW 1999, 1521; *Selmayr* WM 1999, 2429 (2431).
408 Streinz/*Kempen* EUV/AEUV, Art. 130 AEUV, Rn. 8.
409 § 3 Satz 1 und 2 BBankG.
410 *Wagner* NJW 2001, 3743 (3745).
411 *Seidel* EuZW 2000, 552.
412 § 12 Satz 2 BBankG.
413 § 13 Abs. 1 BBankG.
414 Streinz/Kempen EUV/AEUV, Art. 127, Rn. 16.
415 Art. 12 Satz 1 BBankG.
416 *Nestler* WM 2001, 2425 (2432); Hailbronner/Wilms/*Sauer/Wittemann* Querschnittsdarstellung Währungsrecht Rn. 49 ff.
417 Schulze/Zuleeg/*Gaitanidis*, S. 1409.
418 § 3 Satz 2, 2. Alt. BBankG.

währungspolitische Zusammenarbeit.[419] Bestehen blieb auch das in § 14 BBankG geregelte **Notenausgabemonopol**. Wie § 14 Abs. 1 Satz 1 BBankG deutlich macht, bedarf es hierzu allerdings der Genehmigung der EZB.[420] Die Deutsche Bundesbank bringt Münzen in Umlauf, die der Bund nach Genehmigung durch die EZB ausgeben darf, während die EZB selbst zur Ausgabe von Münzen nicht befugt ist.[421] Als Notenbank für Deutschland obliegen der Bundesbank außerdem der Einzug von Banknoten[422] sowie die Falschgeldkontrolle.[423] Daneben ist die Bundesbank berechtigt, zur Erfüllung ihrer geldpolitischen Aufgaben **Statistiken** auf dem Gebiet des Bank- und Geldwesens bei allen Kreditinstituten in Deutschland anzuordnen und entsprechend Daten zu erheben.[424]

Die Bundesbank fungiert als **Hausbank des Bundes** und teilweise auch der Länder. In erster Linie dient sie in diesem Zusammenhang als zentraler Dienstleistungsanbieter. So führt sie für die öffentlichen Haushalte Konten und verantwortet deren Zahlungsverkehr. Zentrale Vorschrift ist § 20 BBankG. Danach darf die Bundesbank mit dem Bund, den Sondervermögen des Bundes, den Ländern und anderen öffentlichen Verwaltungen die in § 19 Nr. 2 bis 7 BBankG bezeichnete Geschäfte vornehmen, ohne allerdings Kosten und Gebühren zu erheben.[425] Darüber hinaus wirkt die Bundesbank bei der Kreditaufnahme des Bundes und der Länder mit. So obliegt ihr die Ausgabe von unverzinslichen Schatzanweisungen, Bundesschatzanweisungen, Bundesobligationen und Bundesanleihen (Einmalemissionen). Ebenso organisiert die Bundesbank den Verkauf von Bundesschatzbriefen (Daueremissionen). Sie wird hier im Auftrag der Bundesrepublik Deutschland Finanzagentur GmbH und für Rechnung des Bundes tätig.[426] Nicht zulässig ist die Kreditierung von staatlichen Einrichtungen.[427] 143

Als »**Bank der Banken**« bietet die Bundesbank Geschäftsbanken im Rahmen des Euro-Systems Refinanzierungsmöglichkeiten und stellt verschiedene Bankdienstleistungen zur Verfügung. So unterstützt sie z.B. den internationalen Zahlungsverkehr zwischen in- und ausländischen Geschäftsbanken.[428] 144

Die Deutsche Bundesbank unterstützt als Aufsichtsbehörde der Bankenaufsicht die BaFin, insbesondere in Bezug auf Solvabilitäts- und Liquiditätsaufsicht.[429] 145

Zur Erfüllung ihrer Aufgaben ist die Deutsche Bundesbank in zahlreichen **internationalen Institutionen** und Gremien vertreten. So nimmt sie bspw. zusammen mit der Bundesregierung die deutsche Mitgliedschaft im Internationalen Währungsfonds (IWF) wahr. Ebenso wirkt sie in den Ausschüssen der Organisation für wirtschaftliche Zusammenarbeit (OECD) mit und ist im Verwaltungsrat der Bank für internationalen Zahlungsausgleich (BIZ) vertreten.[430] 146

---

419 *Deutsche Bundesbank* Die Deutsche Bundesbank, Aufgabenfelder, Rechtlicher Rahmen, Geschichte, S. 174 ff.

420 Art. 128 Abs. 1 Satz 1 AEUV.

421 Art. 128 Abs. 2 AEUV.

422 § 14 Abs. 2 Satz 1 BBankG; Streinz/Kempen, EUV/AEUV Kommentar, Art. 128, Rn. 9.

423 §§ 35 ff. BBankG; dazu *Deutsche Bundesbank* Die Deutsche Bundesbank, Aufgabenfelder, Rechtlicher Rahmen, Geschichte, S. 150 ff.

424 § 18 Satz 1 BBankG; dazu *Deutsche Bundesbank* Die Deutsche Bundesbank, Aufgabenfelder, Rechtlicher Rahmen, Geschichte, S. 195 ff.

425 *Deutsche Bundesbank* Die Deutsche Bundesbank, Aufgabenfelder, Rechtlicher Rahmen, Geschichte, S. 201 ff.

426 *Deutsche Bundesbank* Die Deutsche Bundesbank, Aufgabenfelder, Rechtlicher Rahmen, Geschichte, S. 203 f.; vgl. Hailbronner/Wilms/*Sauer/Wittemann* Querschnittsdarstellung Währungsrecht Rn. 58 f.

427 Art. 123 AEUV.

428 *Deutsche Bundesbank* Die Deutsche Bundesbank, Aufgabenfelder, Rechtlicher Rahmen, Geschichte, S. 161 ff.

429 Vgl. Rdn. 132 ff.

430 *Deutsche Bundesbank* Die Europäische Wirtschafts- und Währungsunion, S. 55.

c) Rechtsform und Organisation

147 Durch die Verschmelzung der Bank deutscher Länder mit den bis dahin rechtlich selbstständigen Landeszentralbanken kam 1957 die Deutsche Bundesbank zustande. Sie ist **bundesunmittelbare juristische Person des öffentlichen Rechts**[431] mit Sitz in Frankfurt am Main.[432] Von der Deutschen Bundesbank werden insgesamt neun Hauptverwaltungen unterhalten. Diese werden jeweils von einem Präsidenten geleitet, welcher dem Vorstand der Bundesbank untersteht.[433]

148 Leitungs- und Verwaltungsorgan der Deutschen Bundesbank ist der **Vorstand**, welchem neben dem Präsidenten und dem Vizepräsidenten vier weitere Mitglieder angehören.[434] Aus dem vom Vorstand beschlossenen Organisationsstatut[435] ergeben sich die Zuständigkeiten innerhalb des Vorstands.[436] Die Vorstandsmitglieder werden vom Bundespräsidenten bestellt.[437] Der Bundesbankpräsident ist Mitglied im EZB-Rat.[438] Bei der Wahrnehmung seiner Pflichten unterliegt er nicht den Vorgaben des Vorstands.[439]

B. Grundzüge des Börsenwesens

I. Einleitung

149 Eine Börse ist ein Handelsplatz, an dem Käufer und Verkäufer zusammentreffen und einen Vertrag über den Erwerb eines Produktes schließen.[440] Bei diesem Produkt kann es sich um eine Ware (z.B. einen Rohstoff), Energie[441], Verschmutzungsrechte[442] oder eben Finanzinstrumente handeln. Nur mit letzteren befasst sich dieser Überblick.

150 Grundgedanken einer Börse sind, dass durch einen konzentrierten Handelsplatz für fungible Güter unter beaufsichtigten Regeln
- ein marktgerechter Preis zustande kommt;
- der Markt die notwendige Liquidität hat;
- Transaktionskosten geringer sind;
- Preismanipulationen entgegengewirkt wird.

151 Organisiert man einen derartigen Handelsplatz, so stellen sich zunächst folgende Fragen:
- Soll der Handelsplatz staatlich organisiert werden oder privatwirtschaftlich?
- Welche Finanzinstrumente sollen zum Handel zugelassen werden und welche Voraussetzungen gibt es dafür?
- Wer darf an einem derartigen Handelsplatz handeln?

---

431 § 2 Satz 1 BBankG.
432 § 2 Satz 2 BBankG.
433 § 8 BBankG.
434 § 7 Abs. 1 und 2 BBankG.
435 Organisationsstatut des Vorstands der Deutschen Bundesbank v. 08.05.2002 (BBkOrg) gem. § 7 Abs. 1 Satz 3 BBankG.
436 § 1 Abs. 3 BBkOrg.
437 § 7 Abs. 3 BBankG.
438 Art. 283 Abs. 1 AEUV.
439 Art. 130 AEUV.
440 Zum Begriff der Börse im Detail: Schwark/Zimmer/*Beck* KMRK § 2 BörsG Rn. 1 ff. Im allgemeinen Wirtschaftsverkehr wird er Begriff der Börse selbstverständlich viel weitergehender genutzt. Es gibt die Partner-Börse, die Automobil-Börse, Domain-Börse etc. Der Begriff Börse ist nicht rechtlich geschützt. Im Anwendungsbereich des Wettbewerbsrechts kann es selbstverständlich durch irreführende Verwendung des Begriffs zu Unterlassungsansprüchen kommen.
441 European Energy Exchange, Leipzig (EEX).
442 EEX sowie European Climate Exchange, Amsterdam (ECX).

– Wie kommt ein Geschäft zustande und zu welchem Preis geschieht dies?
– Beteiligt sich der Handelsplatz an der Erfüllung von Handelsgeschäften?

In der Praxis finden sich unterschiedliche Antworten auf die zuvor gestellten Fragen. Dabei ist **152** in den letzten Jahren sehr viel Bewegung in die Organisation von Handelssystemen gekommen. Neben den Börsen etablierten sich andere Handelsplattformen. Hierzu gehören sogenannte multilaterale Handelssysteme und systematische Internalisierer. Jüngst hinzugekommen sind die sog. organisierte Handelssysteme (OTF, organized trading facilities). Auf diese alternativen Handelsplattformen ist nur im Überblick einzugehen. Diese Ausarbeitung beschäftigt sich hauptsächlich mit den Grundzügen des Börsenwesens.

II. Organisation der Börse

1. Die Wertpapierbörse

Nachdem lange Zeit keine gesetzliche Definition der Börse existierte,[443] definiert nunmehr § 2 **153** BörsG die Begriffe Börse und Wertpapierbörse. Bei einer Wertpapierbörse handelt es sich um
- eine **teilrechtsfähige Anstalt** des öffentlichen Rechts,
- welche multilaterale (= vielseitige) **Systeme regelt** und **überwacht**,
  - die **Interessen** einer Vielzahl von Personen am An- und Verkauf von
  - Finanzinstrumenten
  - **zusammen bringt**/das Zusammenbringen fördert und damit
  - zu **Kaufverträgen** führt.

Eine Börse ist nicht mehr – wie früher – ortsgebunden, sondern systemgebunden. Das bedeutet, **154** dass entscheidend für eine Börse ist, dass die Geschäftsabschlüsse innerhalb des Systems zustande kommen.

Mit Inkrafttreten des FRUG[444] hat der Gesetzgeber die zuvor breit in der Literatur diskutierte **155** Frage, ob und wie weit die Börse Träger von Rechten und Pflichten sein kann, beantwortet. Die Börse ist eine teilrechtsfähige Anstalt des öffentlichen Rechts.[445] Teilrechtsfähigkeit bedeutet, dass die Börse nicht die volle Rechtsfähigkeit im Zivilrecht hat. Nur in den durch das Börsengesetz bestimmten Bereichen ist die Börse selbst Träger von Rechten und Pflichten. Beschränkt ist dies auf den gesamten öffentlich-rechtlichen Bereich der Börse. Träger von Rechten und Pflichten des Zivilrechts kann die Börse selbst hingegen nicht sein.[446] Diese werden vom »Börsenträger« (vgl. dazu § 5 BörsenG) wahrgenommen. Möchte also der Lieferant von Büromöbeln eine Börse mit entsprechenden Möbeln ausstatten, dann schließt er den Kaufvertrag mit dem Träger der jeweiligen Börse. Diese Börsenträger sind heute in der Regel als Kapitalgesellschaften organisiert. Der bekannteste Börsenträger ist die Deutsche Börse AG als Träger der Frankfurter Wertpapierbörse. Der Träger der Börse ist mit Erlaubniserteilung nach § 4 BörsenG berechtigt und verpflichtet, eine Börse zu betreiben (§ 5 BörsenG). Die Erlaubniserteilung ist eine Beleihung zur Wahrnehmung öffentlicher Aufgaben.[447] Dabei kann ein Börsenträger einzelne Bereiche auch auslagern, muss aber sicherstellen, dass weder die ordnungsgemäße Durchführung des Börsenhandels noch der Börsengeschäftsabwicklung beeinträchtigt ist (§ 5 Abs. 3 BörsenG).

---

443 BuB/*Foelsch/Wittmann*, Rn. 7/426 ff.

444 Finanzmarktrichtlinie-Umsetzungsgesetz v. 16.07.2007 (BGBl. I S. 1330 (Nr. 31); zuvor fanden sich entsprechende Regelungen im BörsenG.

445 Dies entspricht auch der bisherigen h.M. vgl. hierzu auch Schäfer/Hamann/*Ledermann*, KMG, 2. Aufl., Vor § 1 BörsG Rn. 29 f. sowie Schwark/Zimmer/*Beck* KMRK § 2 BörsG Rn. 33 ff.

446 Schwark/Zimmer/*Beck* KMRK § 2 BörsG Rn. 37.

447 *Bredt*, WM 2013, 1839, 1841.

156 Das Börsengesetz schreibt einer Börse verschiedene Börsenorgane mit unterschiedlichen Funktionen vor. Hierzu gehören:

Börsenrat (§ 12 BörsG)	**Börsengeschäftsführung (§ 15 BörsG)**	**Handelsüberwachungsstelle (§ 7 BörsG)**	**Sanktionsausschuss (§ 22 BörsG)**
Der Börsenrat, welcher aus bis zu 24 Personen besteht, entscheidet über – die Börsenordnung, – die Börsengeschäftsbedingungen (etc.), – die Bestellung und Überwachung der Börsengeschäftsführung, – die Bestellung des Leiters der Handelsüberwachungsstelle. Beim Börsenrat handelt es sich um eine Behörde im verwaltungsrechtlichen Sinn. Im Börsenrat sind die Unternehmen, die zum Börsenhandel zugelassen sind sowie Anleger vertreten. Dies weckt in jüngerer Zeit durch das Aufkommen alternativer Handelsplattformen Bedenken hinsichtlich von Interessenkonflikten der Börsenratsmitglieder.[1]	Die Börsengeschäftsführung leitet die Börse. Sie besteht aus einer oder mehreren Personen. Die Geschäftsführer vertreten die Börse gerichtlich und außergerichtlich (wohlgemerkt nur im öffentlich-rechtlichen Bereich). Die Einzelheiten regeln die Börsenordnungen der Wertpapierbörsen. Nicht selten sind die Börsengeschäftsführer auch Organe der Trägergesellschaften.[2] Eine der zahlreichen Aufgaben der Börsengeschäftsführung ist die Entscheidung über die Zulassung und Einbeziehung von Wertpapieren zum Handel (§ 32 Abs. 1 BörsG).	Die Handelsüberwachungsstelle (HÜSt) überwacht den Handel an der Börse sowie die Geschäftsabwicklung. Hierzu hat die HÜSt umfangreiche Daten zu erfassen und auszuwerten. Die HÜSt nimmt damit die Marktaufsicht an der Börse im Wege der Selbstverwaltung wahr. Sie agiert als Überwachungs- und Ermittlungsorgan, während die Sanktionsentscheidungen durch die Börsengeschäftsführung erfolgen. Eine Überschneidung mit der Aufsicht durch die BaFin kann es in Teilbereichen geben. Auch arbeitet die HÜSt eng mit der BaFin sowie der Börsenaufsicht der Länder zusammen.	Alle Börsenländer haben von der Möglichkeit Gebrauch gemacht, einen Sanktionsausschuss zu errichten. Diesem Ausschuss obliegt die Ehrengerichtsbarkeit gegen Handelsteilnehmer, welche gegen börsenrechtliche Vorschriften oder Anordnungen verstoßen. Auch Verfahren vor dem Sanktionsausschuss sind verwaltungsrechtliche Verfahren. Die Sanktionen gehen von einem Verweis oder einem Ordnungsgeld bis hin zu einem Börsenausschluss von bis zu 30 Sitzungstagen.

1 So betreiben Kreditinstitute, die auch in Börsenräten vertreten sein können, durchaus auch multilaterale Handelsplattformen. Vergleiche zu dem Interessenkonflikt auch *Bredt*, WM 2013, 1839, 1845.

2 Bisweilen ist diese enge Verknüpfung von Träger und Anstalt umstritten; vgl. zum Streitstand *Schwark*/Zimmer KMRK § 15 BörsenG Rn. 3 sowie *Bredt*, WM 2013, 1839, 1844.

157 Teilweise sehen die einzelnen Börsen noch weitere Organe vor. So richtet die Börsenordnung (§ 12) der Börse Düsseldorf einen eigenen Marktausschuss ein, welcher vornehmlich eine beratende Funktion hat (z.B. hinsichtlich der Verteilung von Skontren).

158 Über allem wacht die Börsenaufsicht (§ 3 BörsenG). Die Börsenaufsicht wird durch die zuständige oberste Landesbehörde (häufig der Wirtschafts- oder Finanzminister) wahrgenommen. Sie beaufsichtigt die Börsenanstalt, wie auch den Börsenträger.

2. Alternative Handelswege

159 Ein Anleger kann nicht nur über Börsen Finanzinstrumente beziehen, auch wenn diese hier Gegenstand der Darstellung sind. Hier sind vielfältige andere Möglichkeiten denkbar.

a) Multilaterale Handelsplattformen

Seit der Umsetzung der MiFID[448] durch das FRUG findet sich eine ausführliche Regelung im Wertpapierhandelsgesetz zu multilateralen Handelssystemen (MTF = Multilateral Trading Facility). Es handelt sich hier nicht um Börsen im rechtlichen Sinne und die Betreiber derartiger Systeme müssen auch keine teilrechtsfähigen Anstalten des öffentlichen Rechts sein. Es sind praktisch außerbörsliche Handelsplattformen, die im Wettbewerb zu der Handelsplattform Börse stehen. Sie unterliegen nicht einer staatlichen Börsenaufsicht. Die Betreiber einer derartigen Handelsplattform sind Finanzdienstleister und bedürfen einer Erlaubnis nach § 32 KWG (vgl. § 1 Abs. 1a) Satz 2 Nr. 1b KWG). Sie sind gleichzeitig Wertpapierdienstleistungsunternehmen i.S.d. WpHG. Dabei verweist § 72 WpHG hinsichtlich zahlreicher Anforderungen auch auf das Börsengesetz sowie weitere europäische Regulierungen. **160**

Der Zugang zu dem MTF muss diskriminierungsfrei sein. Die Preisfeststellung muss ordnungsgemäß sein. Auch im Übrigen enthält das WpHG zahlreiche Organisationsvorgaben, welche den Betreibern derartiger Handelsplattformen auferlegt werden sowie Verweisungen in die europäische Regulierung. Was die Einbeziehung von Finanzinstrumenten angeht, sind die Vorgaben des WpHG offen gehalten. Es muss lediglich Regeln hierzu geben. Welchen Inhalt diese haben, bleibt zunächst dem Plattformbetreiber überlassen. **161**

Die Aufsicht über MTF erfolgt ausschließlich durch die BaFin. Derartige Handelssysteme werden in der Regel von Banken aber auch Börsen betrieben. Eine bekannte MTF ist Turquoise. Tradegate und Chi-X[449], welche ursprünglich MTFs waren, sind mittlerweile als Börsen zugelassen. **162**

Wie unterscheiden sich derartige Handelssysteme von Börsen? Vielfach wird bei den MTF von einer »Börse-light« gesprochen. Es gibt zahlreiche Unterschiede in der Organisationsform und was die Zulassung von Finanzinstrumenten angeht. Allerdings sind MTF mittlerweile auch stark reguliert, was dazu führt, dass zahlreiche Regelungen über die Handelszulassung, Marktüberwachung etc. wohl ähnlich seien dürften. **163**

b) Systematische Internalisierer

Ebenfalls seit Umsetzung der MiFID gibt es bilateral ausgestaltete Handelssysteme. Es handelt sich um Unternehmen, die regelmäßig und organisiert Eigenhandel außerhalb von Börsen und MTF betreiben. So kann z.B. eine Bank, welche einen Kundenauftrag erhält, diesen zunächst durch ein eigenes Angebot bedienen. Die Bank geht dann nicht mehr als Kommissionär für den Kunden an den Markt, sondern handelt gegen das eigene Buch. Systematische Internalisierer sind Finanzdienstleister nach § 1 Abs. 1a) S. 2 Nr. 4b) KWG (Eigenhandel). Derartige Finanzdienstleister sind verpflichtet, transparente Kurse zu stellen und unterliegen einem Kontrahierungszwang.[450] **164**

c) Direkthandel

Zahlreiche Finanzdienstleister bieten ihren Kunden auch den Direkthandel an. Hier handelt die Bank für den Kunden mit einem Handelspartner direkt, ohne eine entsprechende Handelsplattform. Die Regelungen über die Aufsicht, die Preisstellung und die Rückabwicklung von Geschäften (»Mistrade-Regelungen«) sind dabei vielfältig und können den Kunden auch benachteiligen.[451] Demgegenüber stehen häufig günstigere Ausführungskosten für Transaktionen. **165**

448 RiL 2004/39/EG.

449 Nach dem Zusammenschluss mit BATS nunmehr BATS Chi-X Europe.

450 Hierzu auch übersichtlich: Schwark/Zimmer/*Beck/Röh* KMRK § 32 WpHG Rn. 2 ff.

451 Dabei sind hier auch die Vorgaben der §§ 305 ff. BGB zu beachten; vgl. hier OLG Schleswig v. 09.01.2004, 5 U 130/03.

d) Organisierte Handelssysteme (OTF)

166 Durch Umsetzung der MiFID II[452] wurde ein weiteres Handelssystem reguliert. Es geht um multilaterale Systeme außerhalb von Börsen oder MTF, welche das Interesse einer Vielzahl von Teilnehmern am Kauf oder Verkauf von Schuldverschreibungen, strukturierten Finanzprodukten, Zertifikaten oder Derivaten innerhalb des Systems zusammenführt. Der Betrieb eines derartigen Systems ist eine regulierte Finanzdienstleistung nach § 32 Abs. 1a) S. 2 Nr. 1d KWG. Ziel ist es, einen Auffangtatbestand zu etablieren, damit letztlich alle Handelssysteme reguliert sind. Unter anderen Dark Pools und Broker Crossing Systeme sollten nicht länger unreguliert bleiben. Aktien dürfen auf OTF nicht gehandelt werden. OTF sind parallel zu MTF im WpHG und in den entsprechende EU-Vorschriften reguliert (insb. §§ 72, 75 WpHG).

III. Zulassung von Wertpapieren zum Börsenhandel

1. Regulierter Markt

167 Hinsichtlich der Zulassung von Wertpapieren zum Börsenhandel ist zu berücksichtigen, dass die Zulassungsvoraussetzungen nach den unterschiedlichen Handelssegmenten differenzieren. Je nachdem, in welchem Handelssegment ein Emittent seine Wertpapiere gelistet haben möchte, muss er unterschiedliche Voraussetzungen erfüllen.

168 Zunächst ist hier der regulierte Markt zu nennen. Jede Börse betreibt einen regulierten Markt. Wertpapiere, die hier gehandelt werden, bedürfen der Zulassung und Emittenten müssen – neben dem Zulassungsantrag (vgl. hierzu § 48 Börsenzulassungsverordnung) – auch diversen Folgepflichten genügen. Neben dem Börsenzulassungsprospekt und Mindestkapitalanforderungen gehören zu den Zulassungsfolgepflichten zahlreiche Publizitätspflichten, die vornehmlich in den §§ 48 ff., 114 ff. WpHG geregelt sind. Die Frankfurter Wertpapierbörse hat von der Möglichkeit des § 42 BörsG Gebrauch gemacht und innerhalb des regulierten Marktes zwei unterschiedliche Segmente geschaffen. Zunächst ist dies der »General Standard[453]«. Ein Emittent, welcher hier gelistet ist, hat lediglich den gesetzlichen Anforderungen zu genügen. Demgegenüber müssen Emittenten, welche sich in dem Segment »Prime Standard« listen lassen wollen, erhöhten Anforderungen genügen.[454]

169 Zusätzlich zu den wertpapierrechtlichen Anforderungen an ein Börsenlisting sind die gesellschafsrechtlichen Anforderungen zu beachten. So ist z.B. gesellschaftsrechtlich höchstrichterlich noch ungeklärt und im Schrifttum umstritten, ob ein Börsengang der Mitwirkung der Hauptversammlung bedarf.[455]

170 Ist ein Wertpapier

- an einer inländischen Börse zum Handel im regulierten Markt,
- in einem anderen EU-Mitgliedstaat/EWR-Vertragsstaat zum Handel an einem organisierten Markt,
- an einem Markt eines Drittstaates mit vergleichbaren Transparenz-/Meldepflichten und bei entsprechendem Informationsaustausch mit den zuständigen Stellen in dem jeweiligen Staat

zugelassen, dann kann dieses Wertpapier auch an einer deutschen Börse in den regulierten Markt einbezogen werden. Hierzu genügt ein Antrag eines Handelsteilnehmers oder aber auch eine Entscheidung der Börsengeschäftsführung von Amts wegen (§ 33 BörsenG).

---

452 RiL 2014/65/EU.

453 §§ 45 ff. Börsenordnung für die Frankfurter Wertpapierbörse.

454 §§ 48 ff. Börsenordnung für die Frankfurter Wertpapierbörse. Insbesondere ist hier die Pflicht zur Veröffentlichung von Quartalszahlen zu nennen.

455 Zum Streitstand: *Kubis*, in: MünchKomm zum AktG, 4. Aufl. 2018, § 119 Rn. 84, mit dem Hinweis, dass diese Streitfrage sich natürlich nur stellt, wenn mit dem Börsenlisting keine Kapitalerhöhung einhergeht. Eine Kapitalerhöhung als Satzungsänderung bedarf immer eines Hauptversammlungsbeschlusses.

2. Freiverkehr

Alternativ zum regulierten Markt ist ein Listing im Freiverkehr möglich. Der Freiverkehr ist ein privatrechtlich organisiertes Marktsegment. Die Bedingungen zur Einbeziehung von Wertpapieren in den Freiverkehr sowie den Handel regeln die Börsen. 171

IV. Zustandekommen des Börsengeschäfts und der Börsenpreis

Ein Börsengeschäft kommt durch Platzierung eines Kauf- oder Verkaufsauftrags an der Börse und die Annahme desselben durch den Kontrahenten zustande (»Matching«). Banken agieren dabei in der Regel als Kommissionäre für ihre Kunden und schließen damit einen Auftrag zwar im eigenen Namen aber für fremde Rechnung, die des Kunden, ab.[456] Die Grundlagen des Kommissionsrechts finden sich in den §§ 383 ff. HGB, werden aber durch die Sonderbedingungen für das Wertpapiergeschäft der Banken modifiziert. Je nach Handelsplatz ist der Kontrahent entweder der andere Handelsteilnehmer, der den gegenläufigen Auftrag erteilt hat oder es ist der Zentrale Kontrahent (CCP, Central Counterparty). Im CCP-Modell tritt letzterer in das Börsengeschäft zwischen den beiden Handelsplatzteilnehmern als Kontrahent ein. Hierdurch entstehen zwei Handelsgeschäfte (= Kaufgeschäft mit dem Verkäufer und Verkaufsgeschäft mit dem Käufer). In Deutschland erfüllt die Eurex Clearing AG am Kassamarkt der Frankfurter Wertpapierbörse die Funktion des CCP. 172

Das Börsengeschäft kommt dabei zu dem jeweiligen Börsenpreis zustande. Mittlerweile ist der Börsenpreis in § 24 BörsenG einheitlich definiert. Die vormalige Unterscheidung in die unterschiedlichen Handelssegmente (amtlich festgestellter Börsenpreis, nichtamtlicher Börsenpreis, Börsenpreis im Freiverkehr, Börsenpreis im elektronischen Handel) wurde zumindest im Börsengesetz aufgegeben. Der Börsenpreis muss ordnungsgemäß zustande kommen und der wirklichen Marktlage des Börsenhandels entsprechen. 173

In der Praxis kommt der Börsenpreis entweder in einem elektronischen Handel (z.B. das Handelssystem Xetra) oder im »Präsenzhandel«[457] durch einen Skontroführer zustande. Auch Mischsysteme finden sich am Markt, wie das Quotrix-System der Börse Düsseldorf. Nicht zuletzt bei Xetra – als elektronischem Handelssystem – erfolgt die Preisermittlung auch teilweise durch Spezialisten (vergleichbar Skontroführer). Die Systeme vermischen sich zunehmend. Dabei sind auch die Arten der Preisfeststellung zahlreich geworden.[458] In der Regel geschieht dies durch Zusammenführung von Aufträgen, wobei als Börsenpreis derjenige Preis festgelegt wird, bei dem die meisten Aufträge ausgeführt werden können (sog. Meistausführungsprinzip). Dies kann einmalig (= Auktion) oder fortlaufend geschehen. Hinzu tritt die Preisermittlung durch Skontroführer im sog. »geschlossenen Orderbuch«. Hier stellt (vereinfacht) der Skontroführer die bestehenden Aufträge in seinem Orderbuch gegenüber und ermittelt den Preis, zu dem die meisten Geschäfte ausgeführt werden können. Dabei kann es bei weniger liquiden Wertpapieren auch geschehen, dass keine passenden Aufträge vorliegen. In diesem Fall kann der Skontroführer selbst »Liquidität« in den Markt bringen und einen Auftrag zunächst vorbehaltlich der Aufgabe ausführen. Er muss dann in der Folgezeit einen 174

456 Vergleiche hierzu Nr. 1 der Sonderbedingungen für das Wertpapiergeschäft; zum Regelfall »Kommissionsgeschäft« vgl. BGH NJW-RR 2002, 1344; OLG Frankfurt am Main vom 04.03.2009, 16 U 174/08.

457 Tatsächlich gibt es keinen klassischen Präsenzhandel mehr, sondern auch der sogenannte Präsenzhandel wird elektronisch abgewickelt. Der Unterschied vom klassischen Präsenz- oder Börsenmaklerhandel zum elektronischen Handel ist vielmehr, dass der Skontroführer (etc.) für den Käufer einen Verkäufer sucht und das Orderbuch des Skontroführers nicht transparent ist (geschlossenes Orderbuch), während das elektronische Handelssysteme nur Aufträge zusammenführt, was auch zu zahlreichen Teilausführungen führen kann. Hier wird auch von einem offenen Orderbuch gesprochen.

458 Allein die Börsenordnung der Frankfurter Wertpapierbörse zählt in den §§ 87 ff. die folgenden Preisermittlungsarten auf: Auktion, Fortlaufender Handel mit untertägiger Auktion, Fortlaufende Auktion, Midpoint Order Matching, Spezialistenmodell der Fortlaufenden Auktion. Vergleiche zu den einzelnen Modellen der Preisfindung auch Schwark/Zimmer/*Beck*, KMRK § 27 BörsG 31 ff.

entsprechenden Kontrahenten für das Geschäft finden und diesen benennen. Preisdifferenzen sind auszugleichen.[459]

V. Die Erfüllung

175 Die jeweiligen Börsengeschäftsbedingungen der Börsen sehen sehr ähnliche Regelungen zur Erfüllung von Börsengeschäften vor. Börsengeschäfte innerhalb Deutschlands sind am zweiten Erfüllungstag nach dem Tag des Geschäftsabschlusses zu beliefern (t+2).[460] Erfüllungstag ist dabei jeder Börsentag sowie zusätzliche von der Börsengeschäftsführung allein für die Erfüllung von Börsengeschäften bestimmte Tage. EU-weit ist t+2 mittlerweile durch die VO 909/2014 (Art. 5 Abs. 2) etabliert. International gelten häufig andere Erfüllungszeiträume, wobei häufig der dritte Börsentag nach dem Tag des Geschäftsabschlusses (= t+3) maßgeblich ist. Da der Börsenhandel sich zunehmend internationalisiert, kann es durch unterschiedliche Erfüllungszeiträume zu Schwierigkeiten bei der Belieferung kommen. So kann z.B. jemand Aktien eines US-Unternehmens in den USA an der Börse erwerben und in Deutschland an der Börse (in der Regel im Freiverkehr) verkaufen. Geschieht dies taggleich, weil z.B. Preisdifferenzen der Märkte ausgenutzt werden sollen, kann dies zu Lieferschwierigkeiten führen, weil das US-Geschäft möglicherweise später beliefert wird, als das Verkaufsgeschäft in Deutschland beliefert werden muss.[461] Hat die Bank dennoch die Ausführung des Handelsgeschäfts angezeigt, dann kann es sein, dass diese eine Garantiehaftung für die Erfüllung des Geschäfts trifft.[462]

176 Wird ein Geschäft nicht rechtzeitig beliefert, dann sehen die Börsenbedingungen eine Zwangsregulierung vor. Diese verlangt zunächst eine Androhung derselben mit geeigneter Nachfristsetzung. Verstreicht die Nachfrist erfolglos, ist die nicht-säumige Partei verpflichtet, die Zwangsregulierung zu betreiben. Die Zwangsregulierung erfolgt dabei in der Regel durch eine Auktion.[463] Besondere Bedingungen gelten bei Geschäften mit einem CCP. Diese sehen häufig sehr viel strenger Zwangsregulierungsbedingungen vor, die auch zu deutlich höheren Kosten führen.[464] Die Regelungen zur Zwangsregulierung in den Börsengeschäftsbedingungen sind allerdings nicht abschließend. Ergänzend kommt nach Auffassung des Oberlandesgerichts München das allgemeine Leistungsstörungsrecht des BGB zur Anwendung.[465]

177 Die tatsächliche Erfüllung wird von den Börsen nicht gewährleistet. Hierauf haben sich Dienstleister spezialisiert, in Deutschland die Clearstream Banking AG. Diese ist als Zentralverwahrer tätig. Ebenso wie die Eurex Clearing AG ist die Clearstream-Gruppe ein Tochterunternehmen der Deutsche Börse AG. Damit kontrolliert die Deutsche Börse AG den gesamten Wertschöpfungsprozess im Wertpapierhandel und der Wertpapierabwicklung. Clearstream sorgt dabei dafür, dass es zu einem Zahlungsausgleich über Zentralbankkonten sowie einen Ausgleich bei der Verwahrung der Wertpapiere über das Verwahrsystem kommt.

---

459 Vergleiche z.B. § 13 der Börsengeschäftsbedingungen Düsseldorf.

460 So z.B. § 4 der Bedingungen für Geschäfte an der Frankfurter Wertpapierbörse.

461 Vergleiche hierzu OLG München, BKR 2012, 247, 248 sowie LG Frankfurt am Main, NZG 2011, 436 ff.

462 So OLG Frankfurt am Main, MDR 2012, 44 ff.

463 Vergleiche im Einzelnen hierzu die §§ 6 ff. der Bedingungen für Geschäfte an der Frankfurter Wertpapierbörse.

464 So sieht die Eurex-Clearing für Geschäfte an der Frankfurter Wertpapierbörse keine Androhung vor, sondern führt bei Nichtlieferung innerhalb einer bestimmten Frist automatisch zu einer Zwangseindeckung mittels Auktion. Die Kosten für die Auktion sind ebenfalls erheblich. Vergleiche im Detail Kapitel V Abschnitt 2.2 der Clearing-Bedingungen der Eurex Clearing AG.

465 OLG München, BKR 2012, 247, 248.

C. Anforderungen an ein wirksames Compliance Management System (CMS) in Kreditinstituten

I. Einleitung

Die Regelungsdichte in der Finanzdienstleistungsindustrie nimmt weiterhin beständig zu. Die Qualität und Komplexität der Anforderungen,die Regulierungsfrequenz einschließlich der im Fall der Nichteinhaltung drohenden operationellen Risiken (z.B. Strafzahlungen) und eine mögliche persönliche Haftung handelnder Personen stellen die Konzerne und ihre nachgeordneten Unternehmen vor immer größere Herausforderungen. Gleichzeitig steigen die Erwartungen von Eigentümern, Investoren und nicht zuletzt der breiten Öffentlichkeit an die Integrität unternehmerischen Handelns.[466] Ein Versagen kann hier für Unternehmen hohe Reputationsverluste bedeuten. 178

Die Vielschichtigkeit der für die Finanzkonzerne relevanten Anforderungen lässt Compliance daher immer mehr zur anspruchsvollen Management- und Führungsaufgabe werden. Kontinuierlich steigen auch die Erwartungen der Aufsichtsorgane an den Nachweis effizienter Kontrollen – auch für Mitglieder von Aufsichtsräten droht bei unzureichender Überwachung ein Haftungsrisiko.[467] Es geht nicht mehr nur darum, die vielseitigen materiellen Anforderungen »irgendwie« zu erfüllen. Für die Konzerne steht vielmehr im Vordergrund, Systeme vorzuhalten, anhand derer Risiken analysiert und bewertet und Maßnahmen strukturiert adressiert und überwacht werden können, und die so flexibel sind, dass sie stetig an die Gegebenheiten im Unternehmen und die sich laufend verändernden Anforderungen angepasst werden können. 179

Diesen Systemrisikoansatz legt auch die Rechtsprechung zu Grunde, wenn sie – wie beispielsweise im Urteil des Landgerichts München I Ende 2013 formuliert – die Einrichtung eines auf Schadensprävention und Risikokontrolle gerichteten funktionierenden Compliance-Systems in die Gesamtverantwortung der Konzern- und Unternehmensleitungen stellt[468] oder – wie der Europäische Gerichtshof in der Rechtssache Schindler – darüber zu befinden hat, unter welchen Voraussetzungen sich ein Compliance-Management-System mindernd auf die Bemessung eines zu verhängenden Bußgelds auswirken kann.[469] 180

Im Ergebnis bedeutet dies, dass Kreditinstitute – wie alle anderen Unternehmen im Übrigen auch – gehalten sind, für die bestehenden Sachrisiken, z.B.im Zusammenhang mit Geldwäsche, Finanzsanktionen oder betrügerische Handlungen, ein angemessenes und wirksames Compliance Management System (CMS) vorzuhalten. Dieses ist wesentlicher Bestandteil des für die Leitung und Überwachung von Unternehmen erforderlichen Ordnungsrahmens, der so genannten Internal Corporate Governance. Während die Frage einer Konzernverantwortung außerhalb des KWG noch im Fluß ist, muss dieses System im Anwendungsbereich des KWG zudem gruppenweit gelten. 181

466 Grundzüge eines wirksamen Compliance-Managements, Verband der Industrie- und Dienstleistungskonzerne in der Schweiz, 2014, 4.

467 Dazu Rack, Die Verantwortung des Aufsichtsrats für das Compliance-Management-System im Unternehmen, CB 2017, S. 59ff. (Teil 1) und S. 105 ff. (Teil 2); Vedder/Parsow, Prüfungsmöglichkeiten weiterer Governance-Elemente, CB 2017, S. 199ff.

468 LG München I, Urt. v. 10.12.2013 – 5 HK O 1387/10, NZG 2014, 345 (vollständiges Urteil unter: Beck-Rs 2014, 01998); dazu: Flick, Jedes Vorstandsmitglied ist für die Einrichtung und Überwachung eines Compliance-Systems verantwortlich, GWR 2014, 151 ff.; Grützner, LG München I, BB 2014, 850 ff.; Fleischer, Aktienrechtliche Compliance-Pflichten im Praxistest: Das Siemens/Neubürger-Urteil des LG München I, NZG 2014, 321 ff.

469 EuGH, Urt. v. 18.07.2013 – C-501/11 P; dazu: Kränzlin/Weller, CB 2014, 176; vgl zudem das obiter dictum des BGH, Urt. v. 09.05.2017, 1 StR 265/16, Tz. 118, dazu Hastenrath, CB 2017, S. 325 ff. und Jenne/Martens, CZZ 2017, 285 ff.

II. Gesetzliche Grundlagen

182 In Deutschland finden sich aktuell nur wenig gesetzliche Regelungen, aus denen sich konkrete strukturelle und systematische Anforderungen für ein wirksames Compliance Management auf Unternehmens- und Gruppenebene ergeben.[470] Der Systemrisikoansatz wird für Unternehmen rechtlich im Wesentlichen aus dem Gesellschaftsrecht und dem Ordnungswidrigkeitenrecht hergeleitet. Für Finanzdienstleister tritt noch das Bankaufsichtsrecht und die bankaufsichtliche Praxis hinzu. Gesellschaftsrecht, Ordnungswidrigkeitenrecht und Bankaufsichtsrecht stellen drei sich überschneidende Regelungskreise dar.[471]

1. Gesellschaftsrechtlicher Pflichtenkreis

a) Gesellschaftsrechtlicher Zweck eines CMS

183 Gesellschaftsrechtlich wird das Erfordernis von Compliance-Maßnahmen aus der die Geschäftsleiter treffenden allgemeinen Leitungs- und Sorgfaltspflicht abgeleitet. In der Frühphase der wissenschaftlichen Auseinandersetzung mit Compliance-Fragen wurde die gesellschaftsrechtliche Leitungs- und Sorgfaltspflicht vielfach als einzige Grundlage für die Verpflichtung der Geschäftsleitung angesehen, organisatorische Vorkehrungen zur Verhinderung von Straftaten aus dem Unternehmen heraus zu treffen.[472] Die gesellschaftsrechtlichen Regelungen haben als Schutzgut im Wesentlichen die Gesellschaft selbst, ihre Mitarbeiter, Anteilseigner und Gläubiger zum Gegenstand.

184 Eine Konkretisierung der Vorstandspflichten hat das Landgericht München I in seinem Urteil vom 10. Dezember 2013 vorgenommen. Es hat ein früheres Vorstandsmitglied eines größeren deutschen Unternehmens zu mehreren Millionen Schadensersatz verurteilt, weil das Vorstandsmitglied es unterlassen habe, ein wirksames Compliance-System einzurichten. Nach Auffassung des Gerichts hat ein Vorstandsmitglied dafür Sorge zu tragen, dass ein Unternehmen so organisiert und beaufsichtigt wird, dass keine Gesetzesverletzungen stattfinden (Legalitätskontrollpflicht). Voraussetzung hierfür ist, dass ein Überwachungssystem installiert wird, das geeignet ist, bestandsgefährdende Entwicklungen frühzeitig zu erkennen, wovon auch Verstöße gegen gesetzliche Vorschriften umfasst sind. Einer derartigen Vorgabe genügt der Vorstand bei einer entsprechenden Gefährdungslage nach Auffassung des Gerichts nur dann, wenn er eine auf Schadensprävention und Risikokontrolle angelegte wirksame Compliance-Organisation einrichtet.[473]

185 Das Urteil des Landgerichts München entwickelt die im so genannten *Kutscher*-Urteil[474] des Reichsgerichts aus dem Jahr 1911 formulierten und seit dieser Zeit von der Rechtsprechung stetig weiterentwickelten Grundsätze fort.[475]

b) Konzernpflichten

186 Zu den dem Vorstand auferlegten Leitungspflichten gehört auch die Konzernleitung.[476] Die Vorstände, beispielsweise einer Konzern-Holding, müssen im Rahmen ihrer Kompetenzgrenzen die

---

470 Vgl. dazu Rack, Die rechtlichen Voraussetzungen für ein Compliance-Management-System, CB 8/2014, 279.

471 Leisch/Sauer, Gruppenweite Sicherungsmaßnahmen und Konzern-Compliance bei Kreditinstituten, CRP 07-08/2014, 164, 164.

472 Zu §§ 130, 30 OWiG und dem Verhältnis zum Gesellschaftsrecht vgl. Grützner/Leisch, §§ 130, 30 OWiG – Probleme für Unternehmen, Geschäftsleitung und Compliance-Organisation, DB 2012, 787 ff.

473 LG München I, Urt. v. 10.12.2013 – 5 HK O 1387/10, NZG 2014, 345, 346.

474 RG, Urt. v. 14.12.1911 – VI 75/11, RGZ 78, 107.

475 Rack, Die rechtlichen Voraussetzungen für ein Compliance-Management-System, CB 8/2014, 279, 280 m.w.N.

476 Vgl. nur *Hölters*, AktG, 3. Aufl. 2017, § 76 Rn. 50 ff. mwN.

originären Führungsfunktionen im Gesamtkonzern (Leitung und Überwachung) ebenso wahrnehmen wie die Leitung des laufenden Tagesgeschäfts der Obergesellschaft.

Nicht vollständig geklärt ist allerdings die Frage, was der Inhalt der genannten Pflicht zur Konzernleitung ist.[477] Bejaht wird von der herrschenden Meinung eine Pflicht zur »Oberleitung der Konzernunternehmen« in dem Sinne, wie sie auch bei der nicht konzernierten Gesellschaft gegeben ist.[478] Im Kern handelt es sich bei der »Konzernleitungspflicht« um die Pflicht zur Abwendung von Schäden für den Gesamtkonzern.[479] Allerdings kann die Pflicht zur Schadensabwendung nur bestehen, wenn und soweit das Mutterunternehmen auch die entsprechenden Möglichkeiten für eine Schadensabwendung besitzt. Diese korrespondiert also mit den rechtlich und faktisch bestehenden Einflussmöglichkeiten.[480] Entsprechend ist die »Pflicht zur Konzernleitung« aber gerade bei Tochtergesellschaften mit umfassenden Kontroll- und Eingriffsmöglichkeiten (z.B. 100%-igen Tochtergesellschaften, mehrheitlich kontrollierten GmbHs oder AGs mit Beherrschungsvertrag) relativ weitreichend.[481] **187**

Der Begriff der Unternehmensleitung ist selbst bei dezentraler Konzernleitung mindestens als strategische Führungsfunktion zu verstehen.[482] Konkret werden in diesem Zusammenhang vier Verantwortungsbereiche genannt: Planungs- und Steuerungsverantwortung, Organisationsverantwortung, Finanzverantwortung und Informationsverantwortung.[483] Der Bereich des internen Compliance-Managements wird, wie auch alle weiteren untergeordneten Führungsfunktionen, von diesen konzernweiten Verantwortungsbereichen jedenfalls in seinen Grundprinzipien umfasst.[484] Folglich ist die konzernweite Risikoüberwachung daher mindestens so weit auf Compliance-Aspekte auszudehnen, dass sämtliche den Fortbestand der Gesellschaft gefährdende Entwicklungen – entsprechend der Regelung in § 91 Abs. 2 AktG – frühzeitig erkannt werden können.[485] **188**

Darüber hinaus ist unklar, in welchem Umfang die Geschäftsführung der Obergesellschaft gesellschaftsrechtlich zur Einführung eines konzernweiten Risiko-Früherkennungssystems verpflichtet ist. Klar ist aber, dass ein solches System zumindest eine allgemeine Einschätzung der konzerninternen Compliance-Risiken möglich machen muss. Um dies zu erreichen, ist innerhalb der Konzernleitung (a) eine konkrete Zuständigkeit für die konzernweite Compliance vorzusehen, (b) sicherzustellen, dass die Tochtergesellschaften ihrerseits über eine geeignete Compliance-Organisation verfügen und (c) jedenfalls im Bereich existentieller oder bestandsgefährdender Compliance-Risiken ein Mindestmaß an Informationsfluss hin zur Konzernobergesellschaft garantiert ist.[486] Letzteres erfordert eine periodische Compliance-Berichterstattung auch über festgestellte Verstöße, ergriffene Gegenmaßnahmen und eine anlassbezogene Ad-hoc-Berichterstattung. Sofern **189**

---

477 *Fleischer* in Spindler/Stilz, AktG, 3. Aufl. 2015, § 76 Rn. 83.

478 Vgl. Hüffer/*Koch*, Aktiengesetz, 12. Aufl. 2016, § 76 Rn. 49.

479 Vgl. Hüffer/*Koch*, Aktiengesetz, 12. Aufl. 2016, § 76 Rn. 49.

480 Hüffer/*Koch*, Aktiengesetz, 12. Aufl. 2016, § 76 Rn. 20, 49.

481 Ausführlich *Fleischer* in Spindler/Stilz, AktG, 3. Aufl. 2015, § 76 Rn. 86 f., 90.

482 *Spindler*, in Münchener Kommentar AktG, 4. Aufl. 2014, § 76 Rn. 15. Anderes dürfte bei *zentraler* Konzernleitung gelten, bei welcher die Tochtergesellschaften wie ein Betrieb des herrschenden Unternehmens geführt werden und die Konzernleitung tief in das Tagesgeschäft eingreift. Dann sind auch die organisatorischen Pflichten bei Mutter und Tochter nicht dem Inhalt nach unterschiedlich, sodass der Vorstand des herrschenden Unternehmens auch *selbst* für eine angemessene Information, Kontrolle und Sanktion bei den Tochtergesellschaften zu sorgen hat, vgl. Schneider, Compliance im Konzern, NZG 2009, 1321, 1326.

483 *Fleischer* in Spindler/Stilz, AktG, 3. Aufl. 2015, § 76 Rn. 91.

484 *Spindler*, in Münchener Kommentar AktG, 4. Aufl. 2014, § 91 Rn. 76 mwN.

485 *Fleischer*, in Spindler/Stilz, Aktiengesetz, 3. Auflage 2015, § 91 Rn. 41; *Klusmann*, in Wiedemann, Kartellrecht, 3. Auflage 2016, § 55 Rn. 43.

486 Vgl. *Schneider*, Compliance im Konzern, NZG 2009, 1321, 1326; Hüffer/*Koch*, Aktiengesetz, 12. Aufl. 2016, § 76 Rn. 24 mwN; *Fleischer* in Spindler/Stilz, AktG, 3. Aufl. 2015, § 91 Rn. 73 f. mwN.

die Konzernleitung ihrerseits auf Mängel im Compliance-Programm der Tochtergesellschaften aufmerksam wird, muss sie auf eine Beseitigung dieser Mängel hinwirken.[487]

2. Ordnungswidrigkeitenrechtlicher Pflichtenkreis

a) Ordnungswidrigkeitenrechtlicher Zweck eines CMS

190 Das Ordnungswidrigkeitenrecht enthält mit § 130 OWiG die Zentralnorm betreffend Compliance-Anforderungen an Unternehmen. Im Kern verpflichtet die Norm die Geschäftsleiter, diejenigen zumutbaren organisatorischen Maßnahmen zu ergreifen, die die Begehung von Straftaten oder Ordnungswidrigkeiten aus dem Unternehmen heraus verhindern oder zumindest wesentlich erschweren. Geschieht dies nicht oder nicht in ausreichendem Maße und kommt es daraufhin zu Straftaten oder Ordnungswidrigkeiten, so trifft die Geschäftsleiter selbst eine Bußgeldhaftung.[488] Der Verstoß gegen die Norm stellt den häufigsten Fall für die Verhängung von Unternehmensgeldbußen nach § 30 OWiG dar.

191 § 130 OWiG verfolgt den Zweck, die vom Gesetzgeber als besonders schützenswert angesehenen und deshalb mit straf- bzw. ordnungswidrigkeitenrechtlichen Sanktionen (»ultima ratio«) geschützten Rechtsgüter vor Verletzung zu bewahren. Hierzu werden diejenigen in die Pflicht genommen, die das vom Unternehmen ausgehende Risiko steuern können. Ein wirksames CMS dient damit der bußgeldrechtlichen Haftungsvermeidung.

b) § 130 OWiG – Maßstab und Verhältnis zum Gesellschaftsrecht

192 § 130 OWiG gibt vor, dass diejenigen Maßnahmen zu ergreifen sind, die die Begehung von Straftaten oder Ordnungswidrigkeiten aus dem Unternehmen heraus verhindern oder wesentlich erschweren. Die Norm setzt damit keinen absoluten Maßstab, sondern fordert, dass diejenigen zumutbaren Maßnahmen ergriffen werden, durch die die Begehung der von § 130 OWiG erfassten Straftaten bzw. Ordnungswidrigkeiten wesentlich erschwert wird. Unternehmen müssen also im Rahmen der Verhältnismäßigkeit Hürden aufstellen, die durch Mitarbeiter nur unter Anwendung erheblichen Aufwands überwunden werden können. Die notwendigen Bestandteile eines CMS und dessen Ausgestaltung ergeben sich also aus dem Maßstab der »wesentlichen Erschwerung« und umfassen damit notwendigerweise präventive und repressive Elemente.

193 Die das Leitungsorgan eines Unternehmens treffenden Aufsichtsmaßnahmen beschreibt das so genannte systematische 5-Stufen-Modell. An erster Stelle steht eine sorgfältige Auswahl von Mitarbeitern und Aufsichtspersonen (Stufe 1), an zweiter die sachgerechte Organisation und Aufgabenverteilung (Stufe 2). Die angemessene Instruktion und Aufklärung der Mitarbeiter über ihre Aufgaben und Pflichten finden sich auf der dritten Stufe des Modells, deren ausreichende Überwachung und Kontrolle und ein adäquates Eingreifen bei Verstößen (Nachhaltigkeit) auf den Stufen 4 und 5.[489]

194 Der ordnungswidrigkeitenrechtliche Pflichtenkreis definiert die Minimalanforderungen, die jedes Unternehmen erfüllen muss. Es ist daher nicht möglich, die Compliance-Anforderungen an das Unternehmen allein aus dem Gesellschaftsrecht heraus zu bestimmen.[490] Die früher häufig diskutierte Frage, ob Unternehmen verpflichtet seien, ein Compliance Management System einzurichten, ist mit § 130 OWiG bereits beantwortet. Geschäftsleiter müssen ihr Unternehmen so organisieren, dass Verstöße gegen bestimmte straf- oder ordnungswidrigkeitenrechtliche

487 *Spindler*, in Münchener Kommentar AktG, 4. Aufl. 2014, § 91 Rn. 76.

488 Der Bußgeldrahmen wurde im Jahr 2013 durch die 8. GWB-Novelle von 1 Mio. € auf 10 Mio. € angehoben.

489 Vgl. bei FA-BKR/Waßmer (4. Aufl.), Kap. 1 Rn. 585.

490 Zur früheren Diskussion hierüber vgl. etwa Schneider, Compliance im Konzern, NZG 2009, 1321 ff.; Fett/Theusinger, BB Special 4 (zu BB 2010, Heft 50), 6 ff.

Bestimmungen wesentlich erschwert werden. Eine solche Organisationspflicht ist überall dort gegeben, wo Aufgaben arbeitsteilig erledigt werden, Aufgaben also geteilt und delegiert werden. Dies ist, abgesehen vielleicht von hier nicht interessierenden Kleinstbetrieben, immer der Fall. Die Frage lautet demnach nicht, *ob* die Geschäftsleitung ein Compliance Management System einrichten muss, sondern, *wie* dieses beschaffen sein muss. Hierfür gibt § 130 OWiG mit dem Begriff der »wesentlichen Erschwerung« sowie mit dem allgemeinen öffentlich-rechtlichen Prinzip der Zumutbarkeit bzw. Verhältnismäßigkeit konkretisierungsbedürftige und der Konkretisierung fähige Maßstäbe in die Hand.

Bei der Auslegung der die Aufgaben und Verantwortlichkeit des Vorstands bestimmenden §§ 76, 91 Abs. 2, 93 AktG gibt der ordnungswidrigkeitenrechtliche Maßstab den Mindeststandard vor. Das Gesellschaftsrecht kann im Einzelfall höhere Anforderungen stellen. Wegen der die Geschäftsleiter treffenden Legalitätspflicht können die Anforderungen jedoch nicht unter den Maßstab § 130 OWiG hinabsinken. Im Ergebnis führt dies dazu, dass ein für Compliance verantwortliches Vorstands- bzw. Geschäftsführungsmitglied im Fall eines schuldhaften Verstoßes gegen § 130 OWiG zugleich in aller Regel auch schadensersatzpflichtig nach § 93 AktG bzw. 43 GmbHG ist.[491] **195**

c) Konzernpflichten

§ 130 OWiG qualifiziert die fahrlässige Aufsichtspflichtverletzung des Inhabers eines Unternehmens als Ordnungswidrigkeit, sofern aus dem Unternehmen heraus Straftaten oder Ordnungswidrigkeiten begangen werden, die durch eine ordnungsgemäße Organisation wesentlich erschwert worden wären. Adressat der Organisationspflicht aus § 130 OWiG ist damit nach § 9 OWiG grundsätzlich der Vorstand.[492] In welchem Umfang § 130 OWiG auf Konzernsachverhalte anzuwenden ist, wird kontrovers diskutiert.[493] **196**

Der BGH hat die Frage bislang offen gelassen,[494] das Bundeskartellamt hat die Norm im so genannten »Tondachziegelfall« auf die Obergesellschaft angewendet.[495] Soweit eine bußgeldbewehrte Konzernorganisationspflicht der Obergesellschaft zur Abwendung von Straftaten und Ordnungswidrigkeiten aus dem Konzern heraus akzeptiert wird, wird im Schrifttum überwiegend angenommen, dass diese Organisationspflicht mit der tatsächlichen Einflussnahme auf die Konzerngesellschaften korreliert.[496] Je stärker die organisatorische Eingliederung in den Konzern, umso umfangreicher sind auch die von § 130 OWiG verlangten organisatorischen Maßnahmen.[497] Diesen Weg hat auch das OLG München eingeschlagen, wobei es auf die konkrete Einflussnahme abstellt.[498] **197**

---

491 Vgl. Großkomm/AktG-Hopt, § 93 Rn. 143; Mertens, in Kölner Kommentar AktG, § 93 Rn. 40.

492 OLG München, BeckRS 2015, 14184, Rn. 22.

493 Vgl. ausführlich *Werner*, Bebußung der Konzernobergesellschaft für ein Fehlverhalten der Tochtergesellschaft nach § 130 OWiG, CB 2016, 167 ff. mwN.

494 Vgl. BGH WuW/E BGH 1871, 1876 – »Transportbeton-Vertrieb«.

495 Fallbericht des Bundeskartellamts zu B1-200/06 (Etex), abrufbar unter www.bundeskartellamt.de.

496 Beispielhaft *Klusmann*, in Wiedemann, Kartellrecht, 3. Auflage 2016, § 55 Rn. 42.

497 Vgl. *Grützner/Leisch*, §§ 130, 30 OWiG – Probleme für Unternehmen, Geschäftsleitung und Compliance-Organisation, DB 2012, 787, 790 f.

498 Zustimmend *Caracas*, Anmerkung zu OLG München, CCZ 2016, 44, 46: »Übt der Vorstand einer Konzernobergesellschaft die Leitung faktisch auch gegenüber Angehörigen der Tochtergesellschaft aus – beispielsweise durch Aufstellung genereller Vorgaben in Form von Richtlinien oder Handlungsanweisungen – so reicht die von ihm geleitete wirtschaftliche Organisationseinheit bis in die Sphäre der Tochtergesellschaft hinein. Er ist demnach Inhaber der – aus ihm und den geleiteten Mitarbeitern der Tochtergesellschaft bestehenden – wirtschaftlichen Organisationseinheit und folglich zur Verhinderung bzw. wesentlichen Erschwerung der Begehung betriebsbezogener Straftaten oder Ordnungswidrigkeiten durch Angehörige dieser Organisationseinheit berufen.« [Unterstreichung nicht im Original].

3. Bankaufsichtsrechtlicher Pflichtenkreis

a) Institutspflichten nach § 25h KWG

198 Im Zusammenhang mit der Verhinderung von Geldwäsche, Terrorismusfinanzierung und sonstigen strafbaren Handlungen stellt § 25h KWG konkrete inhaltliche und verfahrensmäßige Anforderungen an die ordnungsgemäße Geschäftsorganisation von Instituten und deren Risikomanagement auf. Konkretisiert werden diese bislang durch die DK-Auslegungshinweise, welche die Auslegungspraxis der BaFin wiedergeben.[499] Derzeit befinden sich die neuen Auslegungs- und Anwendungshinweise gem. § 51 Abs. 8 GwG (betreffend Geldwäscheprävention) in Konsultation.[500]

Im Wesentlichen bestehen die folgenden Anforderungen:

- Nach § 25h Abs. 1 KWG müssen Institute über ein angemessenes Risikomanagement sowie über Verfahren und Grundsätze verfügen, die der Verhinderung von Geldwäsche, Terrorismusfinanzierung oder sonstiger strafbarer Handlungen, die zu einer Gefährdung des Vermögens des Instituts führen können, dienen. Sie haben dafür angemessene geschäfts- und kundenbezogene Sicherungssysteme zu unterhalten sowie Kontrollen durchzuführen. Hierzu gehört auch die fortlaufende Entwicklung geeigneter Strategien und Sicherungsmaßnahmen zur Verhinderung des Missbrauchs von neuen Finanzprodukten und Technologien für Zwecke der Geldwäsche und der Terrorismusfinanzierung oder der Begünstigung der Anonymität von Geschäftsbeziehungen und Transaktionen. Unberührt hiervon bleiben die Organisationspflichten nach § 25a KWG und die nach dem Geldwäschegesetz (GwG) erforderlichen Sicherungsmaßnahmen.
- Nach § 25h Abs. 2 KWG haben Kreditinstitute angemessene Datenverarbeitungssysteme zu betreiben und zu aktualisieren, mittels derer sie in der Lage sind, Geschäftsbeziehungen und einzelne Transaktionen im Zahlungsverkehr zu erkennen, die im Hinblick auf Geldwäsche, Terrorismusfinanzierung oder sonstige strafbare Handlungen besonders komplex oder groß sind, ungewöhnlich ablaufen oder ohne offensichtlichen wirtschaftlichen oder rechtmäßigen Zweck erfolgen. Als ungewöhnlich gelten beispielsweise solche Transaktionen, die erkennbar vom üblichen Geschäftsmuster oder Verhalten der Beteiligten abweichen.[501] § 25h Abs. 3 KWG ordnet insbesondere eine Untersuchungspflicht betreffend geldwäscherechtlich ungewöhnlicher Sachverhalte an, um das Risiko der jeweiligen Geschäftsbeziehungen oder Transaktionen überwachen, einschätzen und gegebenenfalls das Vorliegen eines geldwäscherelevanten meldepflichtigen Sachverhalts oder die Erstattung einer Strafanzeige prüfen zu können. Die Sachverhalte sind zu dokumentieren.
- § 25h Abs. 4 KWG ermöglicht die Auslagerung interner Sicherungsmaßnahmen auf einen Dritten. Voraussetzung ist eine vertragliche Vereinbarung und die vorherige Anzeige bei der BaFin. Diese kann die Rückübertragung auf das Institut dann verlangen, wenn der Dritte nicht die Gewähr dafür bietet, dass die Sicherungsmaßnahmen ordnungsgemäß durchgeführt werden oder die Steuerungsmöglichkeiten der Institute und die Kontrollmöglichkeiten der Bundesanstalt beeinträchtigt werden könnten. Die Verantwortung für die Sicherungsmaßnahmen verbleibt unverändert bei den Instituten. Dieser Verantwortung ist durch ein ordnungsgemäßes Auslagerungs-Controlling Rechnung zu tragen, das in der

---

499 Auslegungs- und Anwendungshinweise der DK zur Verhinderung von Geldwäsche, Terrorismusfinanzierung und sonstigen strafbaren Handlungen (Stand: 01.02.2014). Der Inhalt der DK-Hinweise ist von der BaFin und dem BMF anerkannt worden. Der Text entspricht damit der Verwaltungspraxis der BaFin, vgl. BaFin-Rundschreiben 1/2014 (GW) vom 05.03.2014, unter Ziffer IV.

500 Der BaFin-Entwurf vom 15. März 2018 ist abrufbar über: https://www.bafin.de/SharedDocs/Veroeffentlichungen/DE/Konsultation/2018/kon_0518_auas_gw.html.

501 Boos/Fischer/Schulte-Mattler/Achtelik, 5. Auflage 2016, KWG § 25h, Rn. 16.

Auslagerungsvereinbarung vertraglich abzusichern ist (z.B. Zugangsrechte, Informations- und Prüfrechte).[502]

- Nach § 25h Abs. 5 sind die Funktion des Geldwäschebeauftragten und die Pflichten zur Verhinderung der sonstigen strafbaren Handlungen im Institut von einer Stelle wahrzunehmen. Das Gesetz schreibt die aufbauorganisatorische Zusammenführung dieser Compliance-Aufgaben in einer Einheit und damit ein einheitliches Risikomanagement für diese beiden Aufgabenkreise vor (sog. »Zentrale Stelle«).[503]

b) Institutspflichten nach § 25a KWG i.V.m. MaRisk

Neben den in §§ 25h ff. KWG geregelten speziellen Compliance-Anforderungen müssen Banken auch die allgemeinen Anforderungen des § 25a KWG an das interne Risikomanagement beachten. Diese Norm, die sich systematisch als Konkretisierung und Erweiterung des § 91 Abs. 2 AktG betrachten lässt, fordert eine ordnungsgemäße Geschäftsorganisation und umfasst damit notwendigerweise auch Compliance-Verstöße als operationelle Risiken. Das Risikomanagement beinhaltet insbesondere die Einrichtung interner Kontrollverfahren mit einem internen Kontrollsystem, wobei Letzteres insbesondere eine Compliance-Funktion umfasst (§ 25a Abs. 1 Ziffer 3 lit. a KWG). Die Ausgestaltung des Risikomanagements hängt von Art, Umfang, Komplexität und Risikogehalt der Geschäftstätigkeit ab. Seine Angemessenheit und Wirksamkeit ist vom Institut regelmäßig zu überprüfen. **199**

Die BaFin hat compliancebezogene »Mindestanforderungen an das Risikomanagement«, besser bekannt unter dem Kürzel »MaRisk«, bereits im Jahr 2012 formuliert.[504] Die Mindestanforderungen sind mittlerweile überarbeitet und mit Rundschreiben der BaFin vom 27. Oktober 2017 neu veröffentlicht worden,[505] ohne dass diese allerdings unmittelbar konkrete Regelungen zum Aufbau eines CMS beinhalten (zur MaRisk-Compliance-Funktion vgl. unter b) Exkurs). **200**

Anforderungen an einen Ordnungsrahmen für die Leitung und Überwachung von Unternehmen enthalten die so genannten EBA Guidelines on Internal Governance under Directive 2013/36/EU.[506] Die European Banking Authority (EBA) hat ihre geltenden Leitlinien (GL 44 – September 2011) überarbeitet und nach längerer Konsultation im September 2017 in neuer Version veröffentlicht. Sie treten am 30. Juni 2018 in Kraft. Eine Überarbeitung der Leitlinien war notwendig geworden, da seit Anfang 2014 die entsprechenden Anforderungen aus der Richtlinie 2013/36/EU (CRD IV)[507] zu beachten sind, die sich im Wesentlichen auf die Verantwortung der Leitungs- und Aufsichtsorgane für eine effiziente und effektive Unternehmensführung beziehen. Als Grundvoraussetzung für eine angemessene Risikokultur fordern die neuen Leitlinien eine klare Aufgabenverteilung und eine transparente Verantwortungsstruktur innerhalb der Institute. **201**

Deutlicher als bislang heben die Leitlinien in diesem Zusammenhang die Bedeutung des so genannten »Three-Lines-of-Defense«-Modell hervor, das die Verantwortungsbereiche für das unternehmensinterne Risikomanagement in drei Verteidigungslinien unterteilt und diesen bestimmte **202**

---

502 Dazu Boos/Fischer/Schulte-Mattler/Achtelik, 5. Auflage 2016, KWG § 25h, Rn. 33.

503 Dazu Boos/Fischer/Schulte-Mattler/Achtelik, 5. Auflage 2016, KWG § 25h, Rn. 36.

504 Rundschreiben der BaFin 10/2012 (BA) vom 14.12.2012 – Mindestanforderungen an das Risikomanagement – MaRisk.

505 Rundschreiben der BaFin 09/2017 (BA) vom 27.10.2017 – Mindestanforderungen an das Risikomanagement – MaRisk.

506 EBA/GL/2017/11 v. 26.09.2017.

507 Richtlinie 2013/36/EU des Europäischen Parlaments und des Rates v. 26.06.2013 über den Zugang zur Tätigkeit von Kreditinstituten und die Beaufsichtigung von Kreditinstituten und Wertpapierfirmen, zur Änderung der Richtlinie 2002/87/EG und zur Aufhebung der Richtlinien 2006/48/EG und 2006/49/EG.

Zuständigkeiten zuweist (vgl. dazu unter Ziff. 3.e)).[508] Insgesamt wurde in den neuen Leitlinien die Beschreibung der Compliance-Funktion als Bestandteil der 2nd Line of Defense ausgeweitet. Betont werden in diesem Zusammenhang insbesondere das Erfordernis einer engen Zusammenarbeit zwischen Compliance- und Risikomanagement-Funktion[509] und die Sicherstellung der Einhaltung der Compliance-Anforderungen auch in Tochtergesellschaften, unabhängig davon, ob diese selbst in den Kreis der regulierten Unternehmen fallen oder nicht.[510] Hervorgehoben wird insbesondere auch die Pflicht zur Ergreifung von Maßnahmen gegen interne und externe betrügerische Handlungen, aber auch gegen die Missachtung unternehmensinterner Regelwerke und Vorgaben.[511] Gleiches gilt für die Durchführung eines Compliance-Monitorings und dessen Relevanz für die Überwachungsfunktion.[512]

203 Die überarbeiteten Leitlinien der EBA werden – wie bereits wesentliche Teile ihrer Vorgängerversion auch – wohl wieder durch Übernahme in die MaRisk von der BaFin in die deutsche Aufsichtspraxis überführt werden.[513] In welchem Umfang, wird man noch sehen müssen, da die BaFin in ihrem Schreiben vom 15. Februar 2018 erklärt hat, dass sie die europäischen Leitlinien grundsätzlich in ihre Verwaltungspraxis übernimmt, es sei denn, sie erklärt die Nichtübernahme ausdrücklich auf ihrer Internetseite.[514]. Unabhängig davon werden sich die Institute, die als systemrelevant eingestuft sind und daher der Aufsicht der Europäischen Zentralbank (EZB) unterstehen, unmittelbar mit den Leitlinien und den hieraus resultierenden Anforderungen auseinandersetzen müssen. Bei Abweichungen von der bisherigen deutschen aufsichtlichen Verwaltungspraxis kann dies natürlich zu Unsicherheit führen, im vorliegenden Zusammenhang insbesondere bei der korrekten Interpretation des § 25a Abs. 3 KWG. Die EZB hat zwar mit Schreiben vom 27. Januar 2015 erklärt, die bisherige Verwaltungspraxis der BaFin weiter anwenden zu wollen, dies allerdings nur bis zur Herausbildung einer eigenen harmonisierten Verwaltungspraxis.

Exkurs: Die MaRisk-Compliance-Funktion

204 Gemäß Ziffer AT 4.4.2 müssen Institute über eine Compliance-Funktion verfügen, »um den Risiken, die sich aus der Nichteinhaltung rechtlicher Regelungen und Vorgaben ergeben können, entgegenzuwirken. Die Compliance-Funktion hat auf die Implementierung wirksamer Verfahren zur Einhaltung der für das Institut wesentlichen rechtlichen Regelungen und Vorgaben und entsprechender Kontrollen hinzuwirken. Ferner hat die Compliance-Funktion die Geschäftsleitung hinsichtlich der Einhaltung dieser rechtlichen Regelungen und Vorgaben zu unterstützen und zu beraten« (AT 4.4.2.1 MaRisk).[515] Zudem ist sie für die Identifizierung der wesentlichen rechtlichen Regelungen und Vorgaben zuständig (AT 4.4.2.2 MaRisk). Die Compliance-Funktion nach MaRisk ist Teil des internen Kontrollsystems (AT 1 MaRisk).

205 Die MaRisk-Regelungen enthalten gegenüber §§ 25h ff. KWG zusätzliche aufbauorganisatorische Pflichten. Für die der Compliance-Funktion zugewiesenen Aufgaben (Implementierung wirksamer Verfahren und Kontrollen, Unterstützung und Beratung der Geschäftsleitung, Identifizierung wesentlicher rechtlicher Regelungen) ist ein Compliance-Beauftragter zu benennen (AT 4.4.2.5 MaRisk); die Compliance-Funktion soll unmittelbar der Geschäftsleitung unterstellt sein (AT

508 EBA Guidelines on Internal Governance 2017, TZ 28-32 (Background and Rationale).

509 EBA Guidelines on Internal Governance 2017, TZ 193.

510 EBA Guidelines on Internal Governance 2017, TZ 196.

511 EBA Guidelines on Internal Governance 2017, TZ 195.

512 EBA Guidelines on Internal Governance 2017, TZ 193.

513 Vgl. Schreiben der BaFin an die Verbände der Kreditwirtschaft v. 27.10.2017 zur MaRisk-Novelle 2017, S. 2 (abgerufbar unter: https://www.bafin.de/SharedDocs/Veroeffentlichungen/DE/Rundschreiben/2017/rs_1709_marisk_ba.html; abgerufen am 15.11.2017).

514 Das BaFin-Schreiben ist abrufbar unter https://www.bafin.de/SharedDocs/Veroeffentlichungen/DE/Meldung/2018/meldung_180215_leitlinien_q_and_as_der_e.

515 Zur Compliance-Funktion nach MaRisk als Bestandteil des internen Risikomanagements vgl. Schäpers, in: Schäfer (Hrsg.), Compliance, 5. Aufl. 2014, S. 5 ff.

4.4.2.3 MaRisk). Systemrelevante Institute haben für die Compliance-Funktion eine eigenständige Funktionseinheit einzurichten (AT 4.4.2.4). Zur Durchführung ihrer Aufgaben müssen der Compliance-Funktion ausreichende Befugnisse und ein uneingeschränkter Zugang zu allen Information eingeräumt werden (AT 4.4.2.6 MaRisk). Ferner schreibt die MaRisk mindestens jährliche sowie anlassbezogene Berichtspflichten der Compliance-Funktion an die Geschäftsleitung vor. Die Berichte sind an das Aufsichtsorgan und die Revision weiterzuleiten (AT 4.4.2.7 MaRisk). Üblicherweise werden in Instituten die Anforderungen aus § 25a KWG i.V.m. MaRisk sowie §§ 25h ff. KWG in einer einzigen Organisationseinheit zusammengefasst. In der Leitung dieses Bereichs vereinigen sich dann die Funktionen des Geldwäschebeauftragten, des Konzerngeldwäschebeauftragten sowie des Compliance-Beauftragten.

Vom Anwendungsbereich der MaRisk werden alle »wesentlichen rechtlichen Regelungen und Vorgaben«, wobei dieser sehr weit gefasste Anwendungsbereich in AT 4.4.2.2 MaRisk entsprechend dem Risikomanagement-Zweck wieder eingeschränkt wird (»deren Nichteinhaltung zu einer Gefährdung des Vermögens des Instituts führen kann«). Zu den rechtlichen Regelungen und Vorgaben, die in jedem Fall in den Anwendungsbereich der Compliance-Funktion fallen, gehören u.a. die Vorgaben des WpHG, weiterhin die Vorgaben zur Vermeidung von Geldwäsche und Terrorismusfinanzierung, die Vorgaben zur Vermeidung sonstiger strafbarer Handlungen, die Vorgaben zum Datenschutz. Die Ausklammerung von bestimmten Rechtsbereichen wird durchaus für zulässig erachtet. Dies gilt insbesondere für nicht-branchenspezifisches Recht (z.B. Arbeitsrecht/Personalrecht, Lohn-/Einkommensteuerrecht, Rechnungslegung/Finanzen). Die Entscheidung, welche Rechtsbereiche von der Compliance-Funktion zwingend abzudecken sind, muss letztlich institutsindividuell, auch vor dem Hintergrund der jeweilig konkreten Geschäftsaktivitäten, entschieden werden. Dies macht eine umfassende vorgelagerte Bestandsaufnahme nötig, um mögliche Compliance-Risiken zu identifizieren. Dies betrifft grundsätzlich auch solche Rechtsbereiche, die später wieder aus dem Tätigkeitsfeld der Compliance-Funktion ausgeklammert werden.[516] 206

c) Konzernpflichten

Geldwäscherechtliche Pflichten sind nicht nur in den Instituten, sondern auch in bestimmten Tochterunternehmen sicherzustellen. Für (übergeordnete) Institute und Finanzholding-Gesellschaften fand sich eine entsprechende Regelung bis zum 26. Juni 2017 in § 25l KWG. Am 26. Juni 2017 trat das neue deutsche Geldwäschegesetz in Kraft.[517] Die nunmehr in § 9 GwG geregelten gruppenweiten Pflichten zur Prävention von Geldwäsche und Terrorismusfinanzierung basieren auf dem Gruppenbegriff der Vierten EU-Geldwäscherichtlinie. Sowohl der Gruppenbegriff als auch der Pflichtenumfang unterscheiden sich von der früheren Regelung.[518] Daher ist die Entwicklung eines mit § 9 GwG kompatiblen, gruppenweiten Risikomanagementsystems nicht bloß eine Aufgabe der nunmehr erstmals hiervon betroffenen Unternehmen. Auch die von der Vorgängerregelung bereits erfassten Institute sind aufgefordert, sich mit der neuen Rechtslage auseinanderzusetzen und ihre gruppenweiten Systeme entsprechend anzupassen. 207

Inhaltlich knüpfen die Gruppenpflichten an die allgemeinen Risikomanagementpflichten an (§§ 4 ff. GwG). Diese sehen für praktisch alle Verpflichteten im Sinne von § 2 GwG eine Pflicht 208

516 Vgl. Protokoll zur Sitzung des Fachgremiums MaRisk am 24.04.2013 in Bonn (BaFin). Thema: Compliance-Funktion, unter Ziffer 3 (Anwendungsbereich; Umfang der abzudeckenden rechtlichen Regelungen und Vorgaben).

517 GwG in der Fassung der Bekanntmachung vom 23. Juni 2017 (BGBl. I S. 1822).

518 25l KWG a.F. nutzte noch den Begriff noch den Begriff des »nachgeordneten Unternehmens« iSv § 10a KWG. Nunmehr wird stattdessen der Begriff des »gruppenangehörigen Unternehmens« verwendet. Zwar enthält § 9 GwG an zwei Stellen auch noch den Begriff des nachgeordneten Unternehmens. Das ist indessen ein Redaktionsversehen und wohl durch einen »copy and paste«-Vorgang aus § 25l KWG zu erklären, der im Gesetzgebungsverfahren nicht mehr korrigiert wurde.

zur (a) Durchführung einer unternehmensweiten Risikoanalyse hinsichtlich bestehender Geldwäsche- und Terrorismusfinanzierungsrisiken (§ 5 GwG) sowie zur (b) Schaffung, Überwachung und Aktualisierung von angemessenen geschäfts- und kundenbezogenen internen Sicherungsmaßnahmen zur Steuerung und Minderung dieser Risiken (§§ 6 ff. GwG) vor.[519] Im Rahmen der Gruppenpflichten des § 9 GwG werden diese Pflichten nun auf die Gruppe ausgedehnt und in einzelnen Bereichen noch ergänzt (z.B. durch die Pflicht zur Bestellung eines Gruppen-Geldwäschebeauftragten, zum gruppenweiten Informationsaustausch und gruppenweiten Datenschutz).

209 Eine wesentliche Neuerung gegenüber § 25l KWG a.F. ist, dass sich der Fokus mit § 9 GwG auf die Geldwäscheprävention verengt hat. Die gruppenweiten Pflichten betreffend »sonstige strafbaren Handlungen, die zu einer Gefährdung des Vermögens des Instituts führen können« (§ 25l KWG a.F. iVm § 25h Abs. 1 KWG) sind entfallen. Sie werden nunmehr von § 25a Abs. 3 KWG direkt erfasst. Aus der Vorschrift ergibt sich unverändert, dass übergeordnete Unternehmen bei Tochterunternehmen für eine ordnungsgemäße Geschäftsorganisation verantwortlich sind. Eine ordnungsgemäße Geschäftsorganisation setzt aber nach Auffassung des Gesetzgebers sowie den von der BaFin anerkannten Auslegungs- und Anwendungshinweisen der Deutschen Kreditwirtschaft (DK-Hinweise) gerade voraus, dass bezüglich der von § 25a Abs. 3 KWG erfassten Unternehmen angemessene Vorkehrungen zur Verhinderung jedenfalls von solchen Straftaten existieren, welche das Vermögen des jeweils übergeordneten Instituts gefährden können.[520] Entsprechend folgt aus § 25a KWG auch zukünftig eine gruppenweite Pflicht von Instituten, interne Sicherungsmaßnahmen zur Verhinderung institutsgefährdender strafbarer Handlungen zu schaffen und vorzuhalten. Als Ergebnis lässt sich damit festhalten, dass Institute jedenfalls hinsichtlich solcher gruppenangehöriger Unternehmen, die sie als »erheblich« risikobehaftet eingestuft und entsprechend in den MaRisk-Kreis aufgenommen haben, auch weiterhin entsprechende Pflichten zu erfüllen haben, wie sie zuvor unter § 25l KWG a.F. bestanden.[521] Allerdings trifft § 25a Abs. 3 KWG (anders als vormals § 25l Abs. 1 KWG) keine weiteren, konkretisierenden Aussagen über das »Wie« der Pflichterfüllung. Typischerweise werden die Aussagen über das »Wie« – und damit auch die von Pflichten nach § 25a Abs. 3 KWG ggf. über den eigentlichen MaRisk-Kreis hinaus betroffenen Tochterunternehmen – durch die jeweils gültige MaRisk und weitere Verlautbarungen der Aufsichtsbehörden als norminterpretierende (bzw. normkonkretisierende) Verwaltungsvorschriften getroffen. Aktuell fehlt es in diesen Verwaltungsvorschriften aber (noch) an konkreten Regelungen zum Umgang mit vormals ebenso von § 25l Abs. 1 KWG erfassten Risiken aus »sonstigen strafbaren Handlungen«.

210 Der neue § 1 Abs. 16 GwG bestimmt die Gruppe als einen »Zusammenschluss von Unternehmen« bestehend aus (1.) einem Mutterunternehmen, (2.) seinen Tochterunternehmen, (3.) Unternehmen, an denen das Mutterunternehmen oder seine Tochterunternehmen eine Beteiligung halten, und (4.) Unternehmen mit einer Beziehung, die nach der EU-Bilanzrichtlinie (vgl. Art. 22 Abs. 1 der Richtlinie 2013/34/EU) grundsätzlich zur Aufstellung konsolidierter Abschlüsse verpflichtet. Damit sind nicht sämtliche Beteiligungen erfasst, an denen eine bloße (minimale) Kapitalbeteiligung ohne jede Einflussmöglichkeit besteht. Ausschlaggebend im vorliegenden Zusammenhang ist die rechtlich vermittelte Möglichkeit der Einflußnahme, von der im Grundsatz auch Art. 22 Abs. 1

519 Vgl. hierzu vertiefend *Scherp*, Update zum Umgang mit Geldwäscherisiken, CB 2017, 275, 276; *Scheben*, Referentenentwurf zur Umsetzung der 4. EU-Geldwäscherichtlinie: Was ändert sich für Güterhändler?, CB 2017, 21, 22 f. (noch zum Referentenentwurf); ferner Glos/Hildner/Glasow, Der Regierungsentwurf zur Umsetzung der Vierten EU-Geldwäscherichtlinie – Ausweitung der geldwäscherechtlichen Pflichten außerhalb des Finanzsektors, CCZ 2017, 83, 84 f.

520 Vgl. DK, Auslegungs- und Anwendungshinweise, Zeile 88: »Die Verhinderung »sonstiger strafbarer Handlungen gehört zur ordnungsgemäßen Geschäftsorganisation eines Instituts. Sie muss ebenso wie die Geldwäscheprävention und die Verhinderung der Finanzierung des Terrorismus Bestandteil eines angemessenen, internen Risikomanagements sein (vgl. BT-Drucksache 17/3023, S. 60).«.

521 Aus § 25h Abs. 7 KWG folgt zudem dass diese Zuständigkeit weiterhin grundsätzlich bei derjenigen Stelle gebündelt ist, welche auch die Funktion des Geldwäschebeauftragten iSd § 7 GwG n.F. wahrnimmt.

Richtlinie 2013/34/EU ausgeht.[522] Damit kommt es für das Bestehen der Gruppenpflichten darauf an, ob ein Unternehmen im Einzelfall einen beherrschenden Einfluss ausüben kann. Dies entspricht letztlich auch dem Zweck des § 9 GwG. Mit ihm soll insbesondere der Gefahr vorgebeugt werden, dass in Tochterunternehmen mit geringeren Präventionspflichten geldwäscherechtlich problematische Transaktionen durchgeführt werden.[523]

Durch die Neufassung der gruppenweiten Risikomanagementpflichten in § 9 GwG ist es zu einer erheblichen Ausweitung der betroffenen Unternehmen gekommen mit der Folge, dass die Institute ihren geldwäscherechtlichen Konsolidierungskreis neu zu bestimmen haben. Dies gilt zum einen für die unmittelbar erfassten »Mutterunternehmen«, die diesen Pflichten unterliegen (Adressatenkreis). Anders als bisher sind nunmehr sämtliche Verpflichteten Adressaten der Gruppenpflicht, soweit sie Mutterunternehmen einer Gruppe sind. Erfasst sind damit insbesondere Finanzunternehmen nach §§ 2 Abs. 1 Nr. 6 GwG, 1 Abs. 3 KWG. Daneben werden in Umsetzung der Vierten EU-Geldwäscherichtlinie von den Gruppenpflichten nun auch Zahlungs- und E-Geld-Institute, unter bestimmten Voraussetzungen Versicherungsunternehmen, Dienstleister für Gesellschaften und für Treuhandvermögen oder Treuhänder, die für Dritte bestimmte gesellschaftsbezogene Dienstleistungen erbringen, Immobilienmakler, Veranstalter und Vermittler von Glücksspielen sowie Güterhändler erfasst. Es betrifft aber auch die Reichweite der Gruppenpflicht selbst, also die einzubeziehenden Gruppenunternehmen, für die ein gruppenweites Management zu erfolgen hat. In materieller Hinsicht erfasst der durch § 9 GwG gezogene Pflichtenkreis sämtliche gruppenangehörigen Unternehmen, Zweigstellen und Zweigniederlassungen, die geldwäscherechtlichen Pflichten unterliegen. Da nunmehr sämtliche Tochterunternehmen erfasst sind, die ihrerseits eine Verpflichtetenstellung nach § 2 GwG innehaben, ergibt sich hier je nach Konzernstruktur eine erhebliche Ausweitung.[524] 211

4. Vergleich von §§ 25h, 25a KWG und §§ 130, 30 OWiG

§§ 25h, 25a KWG unterscheiden sich von §§ 130, 30 OWiG insbesondere in folgenden sechs Punkten: 212

- Erfasst sind von §§ 25h, 25a KWG auch Straftaten, die gegen das Unternehmen selbst gerichtet sind (unternehmensschützende Strafnormen). Die Norm begründet damit eine Pflicht des Unternehmens zum Selbstschutz.[525] Die inhaltliche Rechtfertigung dieser Erweiterung ergibt sich aus der besonderen systemischen Bedeutung von Kreditinstituten. § 30 OWiG erfasst derartige Straftaten nicht, da das Unternehmen als Opfer derartiger Straftaten nicht gleichzeitig Adressat eines den Verstoß sanktionierenden Bußgeldes sein kann.[526]
- Erfasst sind auch Regelungsbereiche, deren Nichterfüllung keiner ordnungswidrigkeitenrechtlichen Sanktion unterliegt. Hierzu gehören insbesondere einige Anforderungen aus dem Geldwäschegesetz.[527] Die geldwäscherechtlichen Anforderungen liegen deutlich höher als die Anforderungen, die sich bei bloßem Rückgriff auf den Maßstab der §§ 130, 30 OWiG ergeben

522 Als Rechtspositionen nennt Art. 22 Abs. 1 Richtlinie 2013/34/EU: (i) Mehrheit der Stimmrechte (auch aufgrund Stimmrechtsvereinbarung mit anderen Gesellschaftern); (ii) Recht als Gesellschafter zur Bestellung oder Abberufung der Mitglieder des Verwaltungs-, Aufsichts- oder Leitungsorgans; (iii) Beherrschungsvertrag; (iv) tatsächliche Beherrschung dadurch, dass allein durch Ausübung der Stimmrechte Organbestellungen im letzten und laufenden Geschäftsjahr erfolgt sind.

523 Zur Vorgängernorm § 25l KWG a.F. vgl. B/F/S/*Achtelik*, KWG, CRR-VO, § 25l Rn. 1.

524 Vgl. dazu Leisch/Boerger, Geldwäscherechtliche Gruppenpflichten nach § 9 GwG, CB 2017, 460 ff.

525 Vgl. auch Sell, in: Jackmuth/Rühle/Zawilla (Hrsg), § 25c KWG-Pflichten »Sonstige strafbare Handlungen«, 2011, Rn. 80.

526 Grützner/Leisch, §§ 130, 30 OWiG – Probleme für Unternehmen, Geschäftsleitung und Compliance-Organisation, BB 2012, 787, 789 f.

527 Verstöße gegen einige dieser Anforderungen begründen allerdings selbst wieder Ordnungswidrigkeiten (vgl. § 56 GwG), was dann über § 130 OWiG auch zu einer ordnungswidrigkeitenrechtlichen Haftung der Geschäftsleiter führen kann.

würden. Das Geldwäschegesetz lässt sich aus Compliance-Perspektive somit als gesetzlich vorgegebenes Mindest-Compliance-Programm verstehen. Es gibt nicht lediglich Ziele vor, sondern ordnet teils detaillierte aufbau- und ablauforganisatorische Maßnahmen an.

- §§ 25h, 25a KWG geben im Hinblick auf das »Wie« des CMS wesentlich detaillierter die vorzuhaltenden Mittel und Verfahren vor. Dies gilt auch noch nach Wegfall des § 25l KWG a.F. § 130 OWiG beschränkt sich im Wesentlichen auf die Bestimmung des Maßstabs (»wesentlich erschweren«).
- Im Hinblick auf die erfassten Rechtsverletzungen liegen die Anforderungen der §§ 25h, 25a KWG teilweise aber auch unterhalb der Anforderungen der §§ 130, 30 OWiG. §§ 25h, 25a KWG umfassen nur die Verhinderung »sonstiger strafbarer Handlungen«, nicht aber die Verhinderung auch von Ordnungswidrigkeiten. Eine der Lücken, die das Bankaufsichtsrecht insoweit aufweist, sind Kartellverstöße (soweit sie nicht als Submissionsbetrug zu qualifizieren sind, § 298 StGB). Die gesetzliche Anknüpfung an »sonstige strafbare Handlungen« und die Notwendigkeit, beim Aufbau des CMS die aufsichtsrechtlichen Anforderungen zu erfüllen, birgt die Gefahr, dass wesentliche Compliance-Risiken dabei unberücksichtigt bleiben.
- Den §§ 25h, 25a KWG liegt ein Risikomanagement-Ansatz zugrunde. Es liegt daher nahe, die Risikosteuerungsmöglichkeiten (Risikovermeidung, Risikoreduzierung, Risikoversicherung und Risikoakzeptanz) ohne Rücksicht auf Rechtspflichten aus anderen Bereichen anzuwenden.[528] Im Einzelfall kann es jedoch sein, dass das Akzeptieren bestimmter Risiken zu einer ordnungswidrigkeitenrechtlichen Haftung nach § 130 OWiG führen würde. So können beispielsweise Korruptionsrisiken nicht akzeptiert werden. Aus § 130 OWiG folgt, dass korruptive Praktiken auch dann zu verhindern bzw. wesentlich zu erschweren sind, wenn sie betragsmäßig nicht erheblich sind. Eine rein betriebswirtschaftliche Kosten-/Nutzenabwägung verbietet sich hier.
- Letztlich legt § 25a KWG den für übergeordnete Unternehmen relevanten Konsolidierungskreis fest. Der relevante Konsolidierungskreis erfasst nur die nach § 10a Abs. 1 KWG genannten Unternehmen. Nur diese sind in die gruppenweite Umsetzung der Sorgfaltspflichten einzubeziehen.[529] Erfasst sind im Wesentlichen Institute, Finanzunternehmen und Nebendienstleister. Orientiert man sich bei der konzernweiten Implementierung eines Compliance Management Systems an diesem Konsolidierungskreis, so besteht die Gefahr, dass wesentliche Risiken, die bei nicht erfassten Tochterunternehmen bestehen, unberücksichtigt bleiben. Die Konzernverantwortung nach § 130 OWiG kennt derartige Differenzierungen nicht. Zumindest im Fall von Mehrheitsbeteiligungen besteht unabhängig von der konkreten Geschäftstätigkeit des Tochterunternehmens die Pflicht, die erforderlichen und zumutbaren Maßnahmen zu ergreifen, dass Verstöße in den Tochterunternehmen wesentlich erschwert werden.[530]

III. Risikobereiche

213 Die klassischen Risikobereiche, mit denen sich die Compliance-Abteilungen von Banken zu beschäftigen haben, ergeben sich im Wesentlichen aus nationalen und internationalen gesetzlichen und aufsichtsrechtlichen Vorgaben. Themen sind hier neben anderen insbesondere die Kapitalmarkt-Compliance, die Geldwäscheprävention, der Schutz vor internen und externen strafbaren Handlungen und die Einhaltung von Finanzsanktionen und Embargos.

528 Vgl. etwa Auerbach/Hentschel, in: Schwennicke/Auerbach, KWG, 2. Aufl. 2013, § 25c Rn. 46.

529 Vgl. dazu Rundschreiben der BaFin, Auslegungshinweise der Deutschen Kreditwirtschaft und Rundschreiben der Bankenverbände zu § 25l KWG.

530 Vgl. etwa Karlsruher Kommentar OWiG/Rogall, § 130 Rn. 25 (mit Nachweisen zum Meinungsstand); Lutter, in: FS Goette (2011), 289, 290 f. Zum noch nicht vollständig geklärten Verhältnis von Konzernorganisationsrecht und Konzernverantwortung nach § 130 OWiG vgl. Fleischer, CCZ 2008, 1 ff.; Grützner/Leisch, §§ 130, 30 OWiG – Probleme für Unternehmen, Geschäftsleitung und Compliance-Organisation, BB 2012, 787, 790 f.

1. Kapitalmarkt-Compliance

Institute haben angemessene Grundsätze, Vorkehrungen und Verfahren vorzuhalten, um sicherzustellen, dass die Vorgaben u.a. aus der Marktmissbrauchsverordnung (MAR[531]), dem Wertpapierhandelsgesetz (WpHG) und der die §§ 31 ff. WpHG präzisierenden sogenannten Mindestanforderungen an Compliance (MaComp[532]) eingehalten werden. Relevant sind die Vorgaben u.a. für die Erbringung von Wertpapierdienstleistungen und Wertpapiernebendienstleistungen sowie für den börslichen und außerbörslichen Handel mit Finanzinstrumenten. Ziel ist es, die Umsetzung gesetzlicher Vorgaben u.a. im Umgang mit Insiderinformationen in Verbindung mit Wertpapiertransaktionen oder Interessenkonflikten und die in der Kundengeschäftsbeziehung für die Institute bestehenden Sorgfaltspflichten zu gewährleisten. Hierunter fallen auch Regelungen zur Verhinderung von Marktmanipulation. 214

2. Geldwäsche

Die Institute müssen gruppenweit durch geeignete Maßnahmen auch dafür Sorge tragen, dass sie nicht zur Geldwäsche und Terrorismusfinanzierung missbraucht werden können. In einem ersten Schritt geht es dabei um die regelmäßige Identifizierung und Analyse von in den Instituten im Zusammenhang mit der Geldwäsche und Terrorismusfinanzierung bestehenden Risiken (Risikoanalyse) und die Entwicklung und Umsetzung von Regelwerken (z.B. Richtlinien, Arbeitsanweisungen) und Prozessen, die den festgestellten Risiken ausreichend Rechnung tragen.[533] 215

Zu diesem Zweck sind angemessene geschäfts- und kundenbezogene Sicherungssysteme und Kontrollen zur Verhinderung von Geldwäsche und Terrorismusfinanzierung bereitzustellen. Hierzu gehören z.B. Vorgaben zum Umgang mit politisch exponierten Personen (PEPs), der Kundenannahmeprozess, Vorgaben zu Kundendatenaktualisierung, die Feststellung des so genannten Wirtschaftlich Berechtigten (WB) oder die Einbindung des Geldwäschebeauftragten in einen Neuprodukte-/Neuemärkteprozess (NPP/NMP). 216

3. Schutz vor strafbaren Handlungen

Ebenso sind durch die Unternehmen gruppenweit angemessene Vorkehrungen dafür zu treffen, dass sie nicht für (sonstige) strafbare Handlungen missbraucht werden können. Sie haben daher angemessene kunden-, produkt- oder transaktionsbezogene Präventionsmaßnahmen (z.B. geeignete Verdachtsmeldewege, Zuverlässigkeitsprüfung bei Mitarbeitern) zu entwickeln und Kontrollen zur Verhinderung von strafbaren Handlungen einzurichten. Hierzu gehören insbesondere die Verhinderung von Korruption, von Eigentumsdelikten, von Betrug und betrugsähnlichen Delikten sowie Insolvenzstraftaten. Erfasst sind alle strafbaren Handlungen, die beim einzelnen Institut ein operationelles Risiko einschließlich eines Rechtsrisikos oder auch ein Reputationsrisiko begründen können.[534] Erfasst sind sowohl Gefährdungen »von außen« als auch solche durch Mitarbeiter selbst. Zusätzliche Tatbestandsvoraussetzung ist jedoch, dass diese strafbaren Handlungen zu einer Gefährdung des Vermögens des Instituts führen können. 217

531 Verordnung (EU) Nr. 596/2014 des Europäischen Parlaments und des Rates vom 16.04.2014 über Marktmissbrauch (Marktmissbrauchsverordnung) und zur Aufhebung der Richtlinie 2003/6/EG des Europäischen Parlaments und des Rates und der Richtlinien 2003/124/EG, 2003/125/EG und 2004/72/EG der Kommission.

532 Mindestanforderungen an die Compliance-Funktion und die weiteren Verhaltens-, Organisations- und Transparenzpflichten nach §§ 31 ff. WpHG für Wertpapierdienstleistungsunternehmen, zuletzt geändert am 07.05.2014.

533 Vgl. Basler Ausschuss für Bankenaufsicht, Solides Management im Zusammenhang mit Geldwäsche und Terrorismusfinanzierung, Januar 2014, S. 4.

534 So zum Begriff »Sonstige strafbare Handlungen«. Begr. RegE Gesetz zur Umsetzung der Zweiten E-Geld-Richtlinie, BT-Drucks. 17/3023, S. 60.

218 Geeignete Maßnahme zur Bekämpfung korruptiven Verhaltens ist beispielsweise die Erstellung eines Regelwerkes für die Annahme und Gewährung von Vorteilen im Zusammenhang mit Veranstaltungen und Einladungen (»Geschenkerichtlinie«). Wertgrenzen, Genehmigungserfordernisse, Dokumentationspflichten und Vorgaben zum Umgang mit Amtsträgern sind notwendige Bestandteile eines solchen Regelwerkes. In engem Zusammenhang hierzu steht auch die Entwicklung von Prozessen zum Umgang mit bestehenden und neuen Geschäftspartnern (z.B. Bewertung von Länder- und Branchenrisiken).[535]

219 Die Einrichtung eines Hinweisgebersystems (»Whistleblowing-System«) ist mittlerweile gesetzlich vorgeschrieben. Seit 2014 schreibt § 25a Abs. 1 Satz 6 Nr. 3 KWG die Implementierung eines Prozesses vor, der es den Mitarbeitern unter Wahrung der Vertraulichkeit ihrer Identität ermöglicht, Verstöße gegen die Verordnung (EU) Nr. 575/2013 (Aufsichtsanforderungen an Kreditinstitute und Wertpapierfirmen), gegen das KWG oder gegen die aufgrund des KWG erlassenen Rechtsverordnungen sowie etwaige strafbare Handlungen innerhalb des Unternehmens an geeignete Stellen zu berichten.[536]

4. Finanzsanktionen/Embargo

220 Insbesondere für im Auslandsgeschäft aktive oder im internationalen Umfeld tätige Unternehmen und Konzerne ist es von Bedeutung, Regelwerke vorzuhalten, die nationalen und internationalen Finanzsanktions- und Embargoregelungen Rechnung tragen. Den Instituten drohen neben nachhaltiger Rufschädigung erhebliche Bußgelder oder Strafzahlungen bei Zuwiderhandlung. Diese können mehrere Milliarden Euro betragen.[537] Den an den Verstößen gegen Sanktions- und Embargobestimmungen beteiligten Mitarbeitern drohen ebenfalls Geld- und/oder Freiheitsstrafen. Die Vorgaben dienen daher nicht nur dem Schutz der Bank, sondern auch dem der Mitarbeiter.

221 Auf der Grundlage beispielsweise von EU-Verordnungen[538] sind Banken verpflichtet, ihr Auslandsgeschäft (u.a. Zahlungsverkehrstransaktionen) und ihre aktuellen Kundenverbindungen regelmäßig gegen Verdachtslisten zu prüfen, um sicherzustellen, dass den genannten – natürlichen und juristischen – Personen, Organisationen und Einrichtungen keine Finanzmittel und sonstige wirtschaftliche Ressourcen – mittelbar oder unmittelbar – zur Verfügung gestellt werden.

222 Daneben können global tätige Institute auch von US-amerikanischen Wirtschafts- und Handelssanktionen sowie Embargos, z.B. gegen Iran oder Russland, betroffen sein, deren Einhaltung u. a. durch das Office of Foreign Assets Control (OFAC), eine dem US-Finanzministerium unterstellte Behörde, überwacht wird. Die US-Sanktionen sind für US-Personen geltendes Recht. Bestimmte US-Sanktionen beanspruchen allerdings – jedenfalls nach US-amerikanischem Verständnis – auch Geltung für Nicht-US-Personen. Zudem kann auch die Beteiligung eines Instituts an einem für US-Personen verbotenen Geschäft durchaus Risiken begründen.

5. Sonstige

223 Darüber hinaus kann für Institute – ebenso wie für andere Unternehmen auch – noch eine Vielzahl von weiteren Themen eine Rolle spielen, die sich aus den verschiedensten Disziplinen des

535 Vgl. dazu Troßbach, Geschäftspartner-Compliance, CCZ 2017, 216 ff.

536 Die Regelung setzt Art. 70 Abs. 3 der Kreditrisiko-Richtlinie CRD IV um. Vgl. dazu Renz/Rohde-Liebenau, Die Hinweisgeber-Regelung des § 25a KWG, BB 2014, 692 ff.

537 Insbesondere der Verstoß gegen US-Finanzsanktionen führt zu drakonischen Strafzahlungen; so hat die französische Großbank BNP Paribas im Juni 2014 eine Strafzahlung von 8,9 Mrd. US-Dollar (umgerechnet 6,5 Mrd. €) akzeptiert. Auch deutsche Institute sind von Ermittlungen der US-Behörden betroffen (vgl. dazu FAZ v. 07.06.2014, 22).

538 Z. B. Verordnung (EU) Nr. 359/2011 des Rates vom 12.04.2011 über restriktive Maßnahmen gegen bestimmte Personen, Organisationen und Einrichtungen angesichts der Lage in Iran (ABl. v. 14.04.2011, 1).

Wirtschaftsstraf- oder des Ordnungswidrigkeitenrechts ergeben. Zu nennen wären hier unter anderem die Bereiche Kartellrecht (u.a. Preisgestaltung, Erschließung von Märkten, Verhalten bei Verbandstagungen), Steuerrecht (u.a. Erfüllung von Steuererklärungspflichten, Berechtigung Vorsteuerabzug, Einhaltung von Fristen), Arbeitsrecht (u.a. Arbeitszeitrecht, Mitarbeiterdatenschutz, Einhaltung der sozialversicherungsrechtlichen und lohnsteuerlichen Vorschriften) und Datenschutz (u.a. Melde- und Benachrichtigungspflichten gegenüber Aufsichtsbehörden bei Datenschutzverletzungen, Löschpflichten).[539]

IV. Compliance Management System (CMS)

1. Ziele

Kreditinstitute sind gehalten, für die bestehenden Sachrisiken (z.B. Insiderhandel, Marktmanipulation, Geldwäsche, Terrorismusfinanzierung) ein gruppenweit geltendes, angemessenes und wirksames Compliance Management System (CMS) vorzuhalten. Ziel eines solchen CMS ist es, Rechtsverstöße konzernweit wesentlich zu erschweren (Rechtstreue), um dadurch Vermögens- und Reputationsschäden sowie Haftungsrisiken für die Geschäftsleitung, die Mitarbeiter und die Unternehmen aufgrund von Organisationsverschulden selbst zu vermeiden (Haftungs- und Schadensvermeidung).[540] Geschäftsleitungen, Führungskräfte und Mitarbeiter müssen verinnerlicht haben, dass rechtliche Standards einzuhalten sind (Compliance-Kultur). Nur so kann es gelingen, das Vertrauen der Eigentümer, der Kunden und letztlich auch der Öffentlichkeit langfristig zu erhalten (Vertrauenskultur). 224

2. Verknüpfung von Sach- und Systemrisiken

a) Sachrisiko- und Systemrisikoansatz

Auch wenn die gesetzlichen und aufsichtsrechtlichen Vorgaben auf den ersten Blick einen sachrisikodominierten Ansatz nahelegen, erfordert ein wirksames CMS die Verknüpfung von Sach- und Systemrisiken. 225

Im Unterschied zum Sachrisikoansatz geht der Systemrisikoansatz nicht von einem konkreten Szenario aus. Es geht nicht darum, wie ein wirtschaftlich Berechtigter zu erfassen oder unter welchen Voraussetzungen eine Verdachtsmeldung abzugeben ist, um hier zwei Beispiele aus dem geldwäscherechtlichen Umfeld aufzugreifen. Er fragt vielmehr allgemein, wie ein System insgesamt beschaffen sein muss, um Rechtsverstöße wesentlich zu erschweren und welches die notwendigen Systembestandteile einer Compliance-Organisation sind.[541] 226

b) Compliance Standards

Die Frage ist, welche Systembestandteile ein CMS aufweisen muss, damit es wirksam ist, also die Begehung von Verstößen »wesentlich erschwert«. Anders als etwa das britische Recht – dort hat das Ministry of Justice eine ausführliche Guidance herausgegeben[542] – kennt das deutsche Recht bislang keine Konkretisierung der erforderlichen Maßnahmen. 227

539 Ein Überblick findet sich bei Schemmel/Minkoff, Die Bedeutung des Wirtschaftsstrafrechts für Compliance Management Systeme und Prüfungen nach dem IDW PS 980, S. 49, 50.

540 Nothelfer, Die Einführung eines Compliance Management Systems als organisatorischer Lernprozess, CCZ 2013, S. 23, 27.

541 Leisch/Sauer, Gruppenweite Sicherungsmaßnahmen und Konzern-Compliance bei Kreditinstituten, CRP 07-08/2014, 164, 166.

542 Ministry of Justice: »Guidance about procedures which relevant commercial organisations can put into place to prevent persons associated with them from bribing (section 9 of the Bribery Act 2010).«.

228 Um diese Systembestandteile eines wirksamen CMS zu ermitteln, bietet es sich an, anerkannte in- wie ausländische Compliance-Standards zu analysieren. Hintergrund dieses internationalen Ansatzes ist zum einen der Umstand, dass die meisten Institute international operieren und sich schon deshalb nicht darauf beschränken können, allein deutsche Standards in den Blick zu nehmen. Zum anderen ermöglicht dieser Ansatz, die internationale Wertungserfahrung und damit ein wesentlich breiteres Erfahrungswissen abzubilden.

229 Die wichtigsten Grundelemente ergeben sich aktuell insbesondere aus dem deutsche Prüfungsstandard IDW PS 980[543], der OECD Good Practice Guidance on Internal Controls, Ethics, and Compliance[544], den Transparency International Business Principles for Countering Bribery (FCPA)[545], den US Sentencing Guidelines[546], der Guidance des UK Ministry of Justice zum UK Bribery Act (UKBA)[547], dem österreichischen ONR 192050 zu Compliance Management Systemen[548] sowie der im Dezember 2014 eingeführten ISO-Norm für Compliance Management Systeme ISO 19600.[549] Auf europäischer Seite wirkten am Entwurf des ISO 19600 Deutschland, Österreich, Frankreich, Niederlande, Spanien und die Schweiz mit. Sie bietet damit einen weiteren Standard, der den Vorteil eines breiten internationalen Konsenses aufweist, wenngleich wichtige Länder wie etwa die USA und Großbritannien nicht am Entwurf mitgewirkt haben. Zur Unterstützung der Unternehmen bei der Konzeption und Implementierung eines Anti-Korruptions-Systems hat die ISO-Organisation Ende 2016 die ISO-Norm 37001 veröffentlicht. Der Standard beschreibt Anforderungen an ein Compliance-Management-System und Maßnahmen, mit deren Hilfe Korruption erkannt, behandelt und unterbunden werden soll.[550]

230 Neben dem deutschen Prüfungsstandard IDW PS 980 stehen seit 2017 zudem drei weitere Prüfungsstandards zur Verfügung, die bei der Ausgestaltung und Optimierung eines Ordnungsrahmens für die Leitung und die Überwachung von Unternehmen (Internal Corporate Governance) herangezogen werden können. Die neuen Grundsätze betreffen das Risikomanagementsystem (IDW PS 981),[551] das interne Kontrollsystem zum internen und externen Berichtswesen (IDW PS 982)[552] und das interne Revisionssystem (IDW PS 983).[553] Zusammen mit den IDW PS 980 decken sie die vier wesentlichen Governance-Bereiche eines Unternehmens ab und beinhalten

543 Institut der deutschen Wirtschaftsprüfer, Grundsätze ordnungsgemäßer Prüfung von Compliance Management Systeme (PS 980), 2011; dazu: Ghahreman, Compliance im Maßanzug? Der Prüfungsstandard IDW PS 980 in der Praxis, CB 2017, 36ff.

544 OECD Good Practice Guidance on Internal Controls, Ethics, and Compliance, 2010.

545 Transparency International, International Business Principles for Countering Bribery, 2013.

546 Chapter 8 der United States Sentencing Guidelines (Sentencing of Organisations), S. 499 ff. (Stand: November 2015).

547 Vgl. Guidance des UK Ministry of Justice zum UK Bribery Act, 2011.

548 Es handelt sich um eine Norm des österreichischen Normungsinstituts (jetzt: Austrian Standards), das von einer Expertengruppe aus verschiedenen betroffenen Bereichen entwickelt wurde.

549 Makowicz, ISO-19600: United in Compliance, CB Editorial, CN 2014, I; Schmidt/Wermelt/Eibelshäuser, ISO 19600 aus Sicht der Wirtschaftsprüfung, CCZ 2015, 18 ff.; Ehnert, Standardisierung mit Variablen – Compliance Standards ISO 19600 und ISO 37001, CCZ 2015, 6 ff.; Sünner, Von der Sorge für gesetzeskonformes Verhalten – Zugleich eine Besprechung des ISO-Entwurfs 19600, CCZ 2015, 2 ff.; Scherer/Fruth, Der Einfluss von Standards, Technikklauseln und des »Anerkannten Standes von Wissenschaft und Praxis« auf Organhaftung und Corporate Governance – am Beispiel der ISO 19600, CCZ 2015, 9 ff.

550 Dazu Kayser, ISO 37001: Ein neuer Standard will mit Korruption aufräumen, CB 2015, 441ff.

551 Institut der deutschen Wirtschaftsprüfer, Grundsätze ordnungsgemäßer Prüfung von Risikomanagementsystemen (PS 981), 2017.

552 Institut der deutschen Wirtschaftsprüfer, Grundsätze ordnungsgemäßer Prüfung des internen Kontrollsystems des internen und externen Berichtswesens (PS 982), 2017.

553 Institut der deutschen Wirtschaftsprüfer, Grundsätze ordnungsgemäßer Prüfung von internen Revisionssystemen (PS 983), 2017.

jeweils Rahmenkonzepte mit den für die Leitung und Überwachung notwendigen Basiselementen für diese Bereiche, allerdings ohne für die Unternehmen rechtlich verbindlich zu sein.[554]

Vorsicht in diesem Zusammenhang ist allerdings geboten, wenn Standards vermeintlich Raum geben für eine betriebswirtschaftliche Kosten-/Nutzenabwägung auch in Bezug auf gesetzliche Vorgaben. Dies gilt insbesondere dann, wenn dem CMS eine »enthaftende Wirkung« zukommen soll. Ein Verzicht der Unternehmensleitung auf bestimmte gesetzlich begründete notwendige Maßnahmen, weil sie die Kosten dafür höher eingeschätzt als den von ihr erwartete Nutzen, ist nicht zulässig. Es gilt hier die aus § 130 OWiG heraus zu bestimmende Zumutbarkeitsschwelle, die objektiv bestimmt wird und nicht durch Rückgriff auf die bloß subjektive Einschätzung des Managements zu Kosten/Nutzen-Verhältnissen ersetzt werden kann.[555] Dementsprechend versteht sich etwa der IDW PS 980 als betriebswirtschaftlicher Standard.[556] Da der Standard weder auf einer gesetzlichen Grundlage beruht, noch ein rechtlicher Standard ist, kann einem uneingeschränkten Testat der beauftragten Wirtschaftsprüfungsgesellschaft im Rahmen einer Wirksamkeitsprüfung auch keine enthaftende Wirkung zukommen.[557] 231

Ein ausdifferenziertes CMS – zertifiziert oder auch nicht – ist jedenfalls ein Indiz für die Ernsthaftigkeit des Bemühens eines Unternehmens, Rechtsverstöße zu unterbinden.[558] Dies ist ein Umstand, der mittlerweile auch bei der Bemessung einer Geldbuße eine Rolle spielt. So hat der BGH in seinem Urteil vom 9. Mai 2017 in einem obiter dictum festgestellt, dass bei der Bemessung einer Geldbuße nach § 30 OWiG u.a. zu berücksichtigen ist, ob zum Zeitpunkt der Rechtsverletzung im Unternehmen ein effektives CMS installiert war, das auf die Vermeidung von Rechtsverstößen ausgelegt ist.[559] 232

Analysiert man diese verschiedenen Standards, so kristallisieren sich – mit unterschiedlicher Gewichtung – je fünf bis sechs verschiedene Grundelemente eines CMS heraus. 233

---

554 Dazu Vedder/Parsow, Prüfungsmöglichkeiten weiterer Corporate Governance-Elemente – Inhalte und Konsequenzen durch die Einführung der Prüfungsstandards. IDW PS 981, 982 und 983 für Unternehmen, CB 2017, 199ff.

555 So wird bspw. in A12 des IDW PS 980 mit dem Begriff der »hinreichenden Sicherheit« (einem Zentralbegriff der IDW PS 980-Prüfung) operiert, ohne dass dieser mit dem Begriff der »wesentlichen Erschwerung« i.S.d. § 130 OWiG abgestimmt wäre. Das zeigt sich in den Ausführungen zu A12, wenn als »systemimmanenten Grenzen«, die die Qualifikation des CMS als »hinreichend sicher« nach Ansicht des PS 980 nicht beeinträchtigen, der Verzicht des Managements auf bestimmte Maßnahmen für zulässig erachtet wird, weil die Kosten hierfür höher eingeschätzt werden als der erwartete Nutzen (dazu auch: Schemmel/Minkoff, Die Bedeutung des Wirtschaftsstrafrechts für Compliance Management Systeme und Prüfungen nach dem IDW PS 980, S. 49, 50).

556 IDW PS 980 TZ 24.

557 Zutreffend Moosmayer, Compliance, 2. Aufl. 2012, 92; vgl. auch von Busekiest/Hein, CCZ 2012, 41, 42.

558 Dazu Viebranz/Krisor, Zweck von Compliance-Standards und deren Zertifizierung, CB 2016, 242, 243.

559 BGH, Urt. v. 09.05.2017, 1 StR 265/16, Tz. 118, dazu: Hastenrath, CB 2017, 325ff. und Jenne/Martens, CZZ 2017, 285ff.

Corporate Compliance Standards

	German IDW IDW Prüfungs-standard 980 (Principles of proper review of Compliance Management Systems)	USSG's 7 Elements of an Effective Compliance Program	Transparency International: Business Principles for Countering Bribery (update 2009)	13 Good Practices by the OECD on Internal Controls, Ethics, and Compliance	UK's 6 Principles for »Adequate Procedures«	Draft ISO 19600 Compliance management-systems – Guidelines
Leadership	Compliance culture: »Tone from/at the Top«	Leaders understand/oversee the compliance program to verify effectiveness and adequacy of support; specific individuals vested with implementation authority/responsibility. Deny leadership positions to people who have engaged in misconduct.	Tone from the top: provision of leadership, resources and active support.	Support from senior management – strong, explicit and visible. Oversight by senior corporate officers with sufficient resources, uthority, and access to Board.	Top level commitment.	Leadership and Commitment. Compliance Policy. Organizational roles, responsibilities and authorities.
Risk Assesment	Compliance risks: evaluation of compliance risks; implementation of processes to systematically discover, analyze and report risks.	A general provision requires periodic assessment of risk of criminal conduct and appropriate steps to design, implement, or modify each element to reduce risk.	Analysis of risk exposure; design and implementation of corresponding program.	Risk assessment as basis for effective internal controls and compliance program.	Risk assessment.	Identification of compliance obligations. Identification, analysis and evaluation of compliance risks.
Training and Communication	Compliance communication: information of employees and third parties on compliance program; implementation of whistleblowing hotline.	Communicate standards and procedures of compliance program, and conduct effective training.	Provision of training for directors, managers, employees and agents.	Training – periodic, documented. Guidance – provision of advice to ensure compliance.	Effective implementation.	Competence and training. Awareness. Communication. Documented information.

Standards and Controls	Compliance objectives: management defines objectives of compliance program and content of policies. Compliance organization: management defines roles and responsibilities as well as structure of compliance organization. Compliance program: implementation of measures to limit risks and avoid violations of law, procedures re sanctions and remediation; documentation of program.	Standards and procedures to prevent and detect criminal conduct. Provide incentives; discipline misconduct.	Application of appropriate sanctions for violations of program. Business relationships: conduct of due diligence; implementation of equivalent program in joint ventures, consortiums, etc.; termination rights. Agents and intermediaries: undertaking of due diligence; contract clauses: obligation to comply with program, installation of audit rights; monitoring of conduct of intermediaries. Implementation of whistleblowing hotline.	Policy that clearly and visibly states bribery is prohibited. Specific risk areas – promulgation and implementation programs to address key issues. Business partners due diligence. Accounting – effective internal controls for accurate books and records. Reporting violations confidentially with no retaliation.	Due diligence. Clear, practical and accessible policies and procedures. Agents and intermediaries: undertaking of due diligence; contract clauses: obligation to comply with program, installation of audit rights; monitoring of conduct of intermediaries.	Operational plannind and control. Establishing controls and procedures.
Monitoring, Auditin and Response	Compliance monitoring and improvement: monitoring of adequacy and effectiveness of compliance program; responsibility of implementation of program, elimination of weaknesses and improvement of program lies with the management.	Monitor and audit; maintain reporting mechanism. Respond quickly to allegations and modify program.	Establishment and maintenance of an effective system of internal controls; regularly review and audit accounting and record keeping practices. Monitoring and review: implementation of processes supporting continuous improvement of program.	Responsibility – individuals at all levels should be responsible for monitoring. Discipline for violations of policy. Re-assessment – regular review and necessary revisions.	Monitoring and review.	Monitoring, measurement, analysis and evaluation. Management review. Nonconformity, noncompliance and corrective action. Continual improvement.

3. Grundelemente

234 Die nachfolgend dargestellten Grundelemente werden weltweit und in unterschiedlichen Zusammenhängen und mit unterschiedlich starker Gewichtung für erforderlich gehalten und bilden mittlerweile einen anerkannten Standard. Sind diese Grundelemente für ein wirksames CMS erforderlich, so bedeutet das umgekehrt, dass das Fehlen einzelner Elemente ein Systemrisiko darstellt, das behoben werden muss. Neben den Sachrisiken ist damit ein zweiter Risikotyp angesprochen.

a) Compliance-Kultur

235 Compliance ist wesentlich das Ergebnis einer guten Führung; umgekehrt sind Compliance-Verstöße oft das Resultat einer mangelhaften oder fehlenden Führung.[560] Die oberste Leitungsebene eines Unternehmens trifft bei der Entwicklung einer Compliance-Kultur daher eine besondere Verantwortung.[561] Sie ist – als ein Teil ihrer Legalitätspflicht – gehalten, ein auf Risikoprävention und Kontrolle ausgelegtes Compliance Management System im Unternehmen einzurichten. Zu den nicht delegierbaren Leitungspflichten gehört die Überwachung der Wirksamkeit des CMS.[562]

236 Darüber hinaus bestimmt die oberste Leitungsebene die Rahmenbedingungen für regelkonformes Verhalten der Mitarbeiter im Unternehmen (»Tone from/at the top«). Je besser es ihr gelingt, die konsequente Wahrnehmung ihrer Verantwortung im Unternehmen für ein umfassendes regelkonformes Verhalten sichtbar zu machen, z.B. durch die Aufnahme von Compliance-Themen als ständigen Punkt in der Tagesordnung des obersten Leitungsgremiums eines Unternehmens, umso nachhaltiger wird das CMS auch das Handeln der Mitarbeiter prägen.[563]

237 Als Mittel zur Erläuterung und Vermittlung von Compliance-Themen hat sich in vielen Unternehmen ein so genannter Verhaltenskodex (Code of Conduct) etabliert.[564] Ziel dieses gemeinsamen im Unternehmen für Mitarbeiter aller Ebenen verbindlich erklärten Wertekanons ist es, einen Orientierungsrahmen zu schaffen, der den gesetzlichen Anforderungen wie auch ethischen und gesellschaftlichen Maßstäben gerecht wird. Der Kodex enthält üblicherweise u. a. Aussagen zum gegenseitigen Umgang der Mitarbeiter untereinander, zur unternehmensinternen Kommunikation, zum Verhalten des Unternehmens im Wettbewerb oder zum Umgang mit Interessenkonflikten. Da ein solcher Kodex in aller Regel eher auf einer allgemeineren Ebene formuliert sein dürfte, ist es angezeigt, dort getroffene Aussagen gegebenenfalls in speziellen Richtlinien oder Arbeitsanweisungen konkreter zu regeln.

238 Eine besondere Bedeutung kommt dabei den Mitarbeitern des mittleren und gehobenen Managements zu, da diese als Führungskräfte und damit als Multiplikatoren innerhalb ihres jeweiligen Verantwortungsbereichs einen unmittelbaren Einfluss auf die Umsetzung compliance-relevanter Vorgaben haben. Als Maßnahmen zur Schärfung des Compliance-Bewusstseins auf der Führungsebene kommen hier beispielsweise Spezialschulungen für Führungskräfte oder die Vereinbarung von Compliance-Zielen im Rahmen der jährlichen Zielvereinbarungen in Betracht.[565]

b) Risikoanalysen

239 Wer seine Risiken steuern will, muss sie kennen. Dies ist eine der Kernaussagen, die aus dem Urteil des Landgerichts München I vom 10. Dezember 2013 destilliert werden können. Als Instrument zur Risikosteuerung setzt ein wirksames CMS daher die Durchführung einer initialen und regelmäßig

560 Grundzüge eines wirksamen Compliance-Managements, Verband der Industrie- und Dienstleistungskonzerne in der Schweiz, 2014, 2.

561 Schulz/Muth, Erfolgsfaktor Compliance-Kultur, CB 8/2014, 265, 265.

562 LG München I, Urt. v. 10.12.2013 – 5 HK O 1387/10, NZG 2014, 345, 347.

563 Leisch/Sauer, Gruppenweite Sicherungsmaßnahmen und Konzern-Compliance bei Kreditinstituten, CRP 07-08/2014, 164, 166.

564 Schulz/Muth, Erfolgsfaktor Compliance-Kultur, CB 8/2014, 265, 269.

565 Gösswein, die Führungskräfte im Zentrum eines funktionierenden Compliance Management Systems, CCZ 2017, 43, 44.

zu aktualisierenden Risikoanalyse voraus.[566] Darüber hinaus ist es von wesentlicher Bedeutung, dass die ergriffenen Compliance-Maßnahmen zu den identifizierten Compliance-Risiken, d.h. zur individuellen Gefährdungslage des Unternehmens passen.[567] Anderenfalls hängt die Wirksamkeit des CMS eher vom Zufall ab.

Das Unterlassen einer Risikoanalyse ist eine der Hauptursachen für die Haftung wegen Organisationsverschuldens.[568] Wer ein entsprechendes Versäumnis begeht, begibt sich nahezu jeglicher Steuerungsmöglichkeit und setzt sich außer Stande, Risiken wirkungsvoll zu begegnen. 240

Dies gilt gleichermaßen für eine gruppenweite Risikoanalyse. Eine sachgerechte Beurteilung der Sach- und Systemrisiken bei den relevanten nachgeordneten Unternehmen durch die Konzernebene lässt sich nur dann erreichen, wenn sichergestellt ist, dass das auf Unternehmensebene installierte CMS wirksam funktioniert. Es muss also neben einer Beurteilung der auf Einzelunternehmensebene relevanten Sachrisiken eine Aussage über den Reifegrad des jeweils bei den nachgeordneten Unternehmen implementierten CMS möglich sein. Erreicht wird dies u.a. durch klare Reportingvorgaben, die eine Beurteilung hierüber zulassen.[569] 241

Ein wesentliches Instrument der konzernweiten Compliance-Steuerung ist ein ausgereiftes Compliance-Reporting. Dieses muss so konzeptioniert sein, dass Schwachstellen in Tochtergesellschaften zuverlässig identifiziert werden können. Hierzu bietet es sich an, eine Brutto-Nettorisiko-Betrachtung zugrunde zu legen. Aus dem spezifischen Bruttorisiko für die verschiedenen Sachrisiken, welche durch die Risikoanalyse ermittelt wurden, ergibt sich der erforderliche Maßnahmenkatalog, den das jeweilige Tochterunternehmen zu implementieren hat. Dieser definiert den Soll-Zustand. Das Reporting muss so angelegt sein, dass sich das Delta zwischen Soll- und Ist-Zustand ermitteln lässt. Auf dieser Grundlage ist die Konzernmuttergesellschaft in der Lage, die erforderlichen Maßnahmen bei ihren Töchtern risikobasiert zu priorisieren und deren Umsetzung zu kontrollieren (vgl. hierzu unten die Grafik, Rdn. 259). 242

c) Richtlinien und Arbeitsanweisungen

Gesetzmäßiges Handeln im Unternehmensalltag zu gewährleisten setzt voraus, dass abstrakte Ge- und Verbote in verbindliche und möglichst konkrete Organisations- und Handlungsanweisungen umgesetzt werden. Nur dann kann deren Einhaltung von den Mitarbeitern eines Unternehmens tatsächlich auch eingefordert werden. Diese Anforderungen wiederum müssen durch entsprechende Prozesse in die Arbeitsabläufe integriert sein. 243

Inhalt und Ausgestaltung des Regelwerks richtet sich nach der Art der Geschäftstätigkeit des jeweiligen Unternehmens und der damit in Zusammenhang stehenden typischen Risiken. Es kann nicht »von der Stange« erworben werden.[570] 244

Neben den entsprechenden fachlichen Anforderungen (z.B. Vorgaben im Zusammenhang mit der Einhaltung von Kundensorgfaltspflichten gem. §§ 3 ff. GwG) kann es empfehlenswert sein, hier auch prozessuale Abläufe und organisatorische Maßnahmen aufzunehmen. Hierzu gehört, neben der klaren organisatorischen Zuordnung der Compliance-Verantwortung, auch die Einräumung hinreichender Befugnisse für die mit der Überwachung der Compliance-Vorgaben beauftragten Personen (z.B. eindeutige Weisungsrechte), damit diese ihren Aufgaben tatsächlich auch nachkommen 245

566 LG München I, Urt. v. 10.12.2013 – 5 HK O 1387/10, BeckRS 2014.

567 Wermelt, Die Bedeutung der Compliance-Risikoanalyse vor dem Hintergrund der aktuellen Rechtsprechung sowie des IDW PS 980, CB 4/2014, 109, 110.

568 Rack, Die neue Strafbarkeit von Geschäftsleitern der Banken nach § 54a KWG, CB 4/2014, 9, 11.

569 Laue/Schenk, Wirksames Compliance-Management ein anhaltendes Topthema in deutschen Unternehmen, CB 3/2013, 140, 141.

570 Schiffer, Ein verständliches Compliance-Regelwerk, oder: wie sage ich's den Mitarbeitern, CCZ 2017, 47 ff.

können. Zu den organisatorischen Anforderungen gehört beispielsweise auch die Einrichtung von klaren Berichtslinien in der Konzerngruppe.[571]

246 Unterstützend wirkt hier unter anderem ein transparenter Richtlinien-Management-Prozess, der festlegt, wie Regelwerke zu erstellen sind, wie sie rechtsverbindlich in Kraft gesetzt (z.B. durch Beschluss der Geschäftsleitung), bekannt gemacht und geändert werden können.[572] Ein solcher Prozess beinhaltet notwendigerweise auch eine fortlaufende Aktualisierung und wirkt einem Organisationsverschulden des Leitungsgremiums entgegen.[573]

d) Schulungen und Kommunikation

247 Was von den Mitarbeitern erwartet wird, muss diesen so kommuniziert werden, dass sie in der Lage sind, den an sie gestellten Erwartungen im Unternehmensalltag gerecht zu werden. Dies verlangt mehr als die bloße Bekanntgabe von Vorschriften. So sind regelmäßige oder anlassbezogene adressatengerechte und dem Risikoprofil des Unternehmens entsprechende Schulungen für die Akzeptanz und damit für den Erfolg eines CMS von maßgeblicher Bedeutung. Je nach Thema und Adressatenkreis (z.B. Führungskräfte, Fachspezialisten) sollte im Unternehmen auf unterschiedliche Schulungsarten (z.B. Präsenzschulungen, eLearning, Workshops) zurückgegriffen werden können.[574] Grundlage sollte ein Schulungsplan sein, der Art, Umfang, Frequenz und Teilnehmer der Schulungen festlegt. Die Durchführung der Schulungen und die Teilnahme der Mitarbeiter daran sollte schriftlich dokumentiert werden; anderenfalls ist eine wirksame Kontrolle nicht möglich.

248 Um einen laufendenden Wissenstransfer im Unternehmen zu gewährleisten, sind neben reinen Schulungen institutionalisierte Dialogmöglichkeiten von großer Bedeutung. In Betracht kommen hier regelmäßig erscheinende zielgruppengerechte Newsletter (z.B. für Privat- und Unternehmenskunden), feste Formate in Mitarbeiterzeitschriften oder auch die Einrichtung eines Compliance-Helpdesk. Mit diesen Instrumenten kann auf Entwicklungen schnell reagiert und es können aktuelle Anforderungen zeitnah und in einer für die Adressaten angemessenen Form kommuniziert werden.

e) Kontrollen und Revision

249 Im Rahmen eines wirksamen Compliance Management Systems ist – neben anderen Systembestandteilen – die Etablierung von regelmäßigen und anlassbezogenen Kontrollhandlungen unter Präventionsgesichtspunkten von wesentlicher Bedeutung. Gleiches gilt für die Aufnahme regelmäßiger Compliance-Überprüfungen in den Revisionsplan.[575] Allein die Möglichkeit zur Delegation von Aufgaben und Zuständigkeiten innerhalb einer Organisation entbindet die Verantwortlichen nicht von der Kontrolle der delegierten Aufgaben.[576] Wichtig sind daher Systeme, anhand derer Risiken analysiert und bewertet und überwacht werden können. Dies gilt auch für gruppenangehörige Unternehmen. Auch hier sind wirksame Überwachungsprozesse zu installieren, die es auf Konzernebene ermöglichen, Schwachstellen zu identifizieren.[577]

---

571 LG München I, Urt. v. 10.12.2013 – 5 HK O 1387/10, NZG 2014, 345, 349.

572 Mössner/Reus, Richtlinienmanagement als wichtige Aufgabe der Compliance, CCZ 2/2013, S. 54, 54.

573 Mössner/Reus, Richtlinienmanagement als wichtige Aufgabe der Compliance, CCZ 2/2013, S. 54, 55.

574 Zum konzeptionellen Vorgehen vgl. Krisor, Durchführung von Präsenzschulungen und eLearning in Unternehmen, CB 4/2014, S. 89 ff.; vgl. dazu auch Basler Ausschuss für Bankenaufsicht, Solides Management im Zusammenhang mit Geldwäsche und Terrorismusfinanzierung, Januar 2014, S. 6.

575 Zu den »three lines of defense« vgl. Hopt/Wohlmannstetter, Handbuch Corporate Governance von Banken, 2011, S. 673 f.

576 Nothelfer, Die Einführung eines Compliance Management Systems als organisatorischer Lernprozess, CCZ 1/2013, S. 23, 27.

577 Laue/Schenk, Wirksames Compliance-Management ein anhaltendes Topthema in deutschen Unternehmen, CB 3/2013, 140, 141.

Hierbei hilft das »Three-Lines-of-Defense«-Modell. Es unterteilt die Verantwortungsbereiche für das Risikomanagement in drei Verteidigungslinien und weist diesen klar bestimmte Kontrollzuständigkeiten zu. 250

1st Line of Defense 251

Die erste Verteidigungslinie ist unmittelbar bei den operativ tätigen Geschäfts- und Funktionsbereichen angesiedelt. Diese sind im Rahmen ihres Internen Kontrollsystems (IKS) voll dafür verantwortlich, ihre Risiken zu identifizieren und angemessene Kontrollen zu implementieren und durchzuführen.[578] So liegt beispielsweise die Verantwortung für die Entwicklung neuer Produkte oder die Erschließung neuer Märkte bei den operativ tätigen Geschäftsbereichen. Solche Entscheidungen sind stets unter Berücksichtigung der damit verbundenen Risiken zu treffen, so dass beispielsweise die Einhaltung relevanter Vorschriften sichergestellt ist und in den internen Prozessen berücksichtigt wird.

2nd Line of Defense 252

Der zweiten Verteidigungslinie obliegt es, die Funktionssicherheit und Effektivität des Internen Kontrollsystems (IKS) der internen Geschäftseinheiten durch eigene Überwachungs- und Kontrolltätigkeiten (z.B. durch Stichproben) sicherzustellen. Daneben erstellt sie auch allgemeine Regelwerke zum Umgang mit Risiken und zur organisatorischen Struktur von deren Überwachung.[579] Zur zweiten Verteidigungslinie gehört unter anderem die Compliance-Abteilung. Indiz für die Funktionssicherheit und Effektivität der Prozesse in den operativ tätigen Geschäftsbereichen ist beispielsweise die Dokumentation relevanter Risiken und die Implementierung damit korrespondierender Schlüsselkontrollen im Rahmen ihres bereichsbezogenen Internen Kontrollsystems (IKS).

3rd Line of Defense 253

Die dritte Verteidigungslinie besteht u. a. aus der internen Revision eines Unternehmens. Ihre Aufgabe als prozessunabhängige Einheit ist es, die Aufsichtsgremien bei der Überwachung und Kontrolle bestehender und potenzieller Risiken durch eine unabhängige Bewertung des Risikomanagements und des Kontrollsystems zu unterstützen.[580] Sie überwacht nicht nur die erste, sondern auch die zweite Verteidigungslinie.

f) Nachhaltigkeit/Reaktion

Unter Nachhaltigkeit/Reaktion wird hier verstanden, die notwendigen Konsequenzen aus compliance-relevanten Umständen und Entwicklungen zu ziehen und für eine kontinuierliche Verbesserung des CMS zu sorgen. Anlass für Konsequenzen oder Sanktionen können insbesondere Erkenntnisse der Risikoanalyse, Hinweise von Mitarbeitern, Ergebnisse von Kontrollen, Revisionsfeststellungen oder das Auftreten von Compliance-Verdachtsfällen oder Compliance-relevanten Verstößen sein.[581] Als 254

578 Aldenhoven/Schöning, Three-Lines-of-Defense-Modell – Auf dem Weg zum Marktstandard, Risiko Manager 14/2014, 1,7; vgl. EBA Guidelines on Internal Governance 2017, TZ 29; vgl. Basler Ausschuss für Bankenaufsicht, Solides Management im Zusammenhang mit Geldwäsche und Terrorismusfinanzierung, Januar 2014, S. 6.

579 Aldenhoven/Schöning, Three-Lines-of-Defense-Modell – Auf dem Weg zum Marktstandard, Risiko Manager 14/2014, 1,7; vgl. EBA Guidelines on Internal Governance 2017, TZ 30; vgl. Basler Ausschuss für Bankenaufsicht, Solides Management im Zusammenhang mit Geldwäsche und Terrorismusfinanzierung, Januar 2014, S. 6.

580 Aldenhoven/Schöning, Three-Lines-of-Defense-Modell – Auf dem Weg zum Marktstandard, Risiko Manager 14/2014, 1,8; vgl. EBA Guidelines on Internal Governance 2017, TZ 31; vgl. Basler Ausschuss für Bankenaufsicht, Solides Management im Zusammenhang mit Geldwäsche und Terrorismusfinanzierung, Januar 2014, S. 7.

581 Als Compliance-Verstöße werden hier Verstöße gegen gesetzliche Vorgaben oder unternehmensinterne Grundsätze verstanden, die auf die Begrenzung von Compliance-Risiken und damit auf ein regelkonformes Verhalten abzielen (Lakner, Instrumentarien zur Schaffung eines unternehmensinternen Sanktionierungsprozesses für Compliance-Verstöße, CB 2014, 118). Eine inhaltliche Ausformung des Begriffs

Konsequenzen sind auf personeller Ebene insbesondere Schulungs- und Disziplinarmaßnahmen oder bei Verfehlungen vereinbarter Compliance-Ziele Einbußen bei den variablen Vergütungsbestandteilen zu nennen. Auf systemischer Ebene ist die Anpassung des CMS an die veränderte oder aufgedeckte Risikolage zu prüfen. Hierfür sind die notwendigen Mittel und Verfahren bereitzuhalten.[582]

255 Den Aspekt der Systemoptimierung als Reaktion auf nicht-regelkonformes Verhalten greift der BGH in seiner Entscheidung vom 9. Mai 2017 im Zusammenhang mit der Bemessung der nach § 30 Abs. 1 OWiG festzusetzenden Geldbuße auf. Nach Auffassung des 1. Strafsenats ist mit zu berücksichtigen, ob Regelungen optimiert und betriebsinterne Abläufe so gestaltet wurden, dass vergleichbare Normverletzungen in der Zukunft jedenfalls deutlich erschwert werden.[583]

4. Angemessenheit eines CMS im Konzernverbund

256 In welchem Umfang das CMS zu installieren ist bzw. in welcher Tiefe die einzelnen Grundelemente in den Unternehmen auszugestalten sind, hängt im Wesentlichen von deren Geschäftsmodell, namentlich der Art, Größe und Organisation ab[584] und den damit in Verbindung stehenden Kunden-, Produkt- und Transaktionsrisiken. Insbesondere in Konzernen mit einer heterogenen Beteiligungsstruktur, z.B. mit Unternehmen aus dem bankrechtlich regulierten und nicht regulierten Bereich (u.a. Industriebeteiligungen), muss darauf geachtet werden, dass die individuellen Gegebenheiten auf Einzelunternehmensebene bei der Ausgestaltung des CMS berücksichtigt werden. Das konzernweite Ausrollen von Standards mit der »Gießkanne« führt zu einer wenig effektiven Compliance im Konzern.[585] Ebenfalls leidet die Akzeptanz in den Konzernunternehmen.

257 Änderungen im Geschäftsmodell oder in der Organisationen können sich auch auf die Risikosituation der Unternehmen auswirken. Insofern ist die Ausgestaltung eines CMS regelmäßig zu hinterfragen und gegebenenfalls anzupassen, um dessen Angemessenheit und Wirksamkeit dauerhaft sicherzustellen.

258 Ausgangspunkt muss daher immer die spezifische Risikosituation der jeweiligen Tochtergesellschaft sein. Ergibt die Risikoanalyse etwa, dass das Unternehmen kaum Geldwäscherisiken ausgesetzt ist, das Geschäft aber in hohem Maße Korruptionsrisiken birgt, so hat es wenig Sinn, das bei Kreditinstituten typischerweise umfangreiche Geldwäschepräventionsprogramm zu installieren – damit es eben bereitsteht – und es bezüglich der Korruptionsrisiken bei der Einführung einer Geschenkerichtlinie zu belassen und auf wesentliche andere Maßnahmen, z.B. Integritätsprüfungen von Geschäftspartnern zu verzichten. Die begrenzten Ressourcen müssen vielmehr so allokiert werden, dass die Umsetzung risikoadäquat priorisiert wird.

259 Das Zusammenwirken von Sach- und Systemrisiken und deren angemessene Steuerung lassen sich im Rahmen eines Reportingsystems konzernweit abbilden. In der nachstehenden Grafik ist ein solches Reportingsystem vereinfacht dargestellt. Es basiert auf der Gleichung »Bruttorisiko minus implementierte Maßnahmen ist gleich Nettorisiko« und weist für jedes Sachrisiko und jeden Systembestandteil das Delta zwischen Soll- und Istzustand aus. Auf der Grundlage der Reportingergebnisse ist es möglich, risikopriorisiert und punktgenau entsprechende Verbesserungsmaßnahmen zu ergreifen.

»Compliance-Risiken« geschieht häufig über den Rückgriff auf die von § 130 OWiG erfassten strafrechtlichen und ordnungswidrigkeitenrechtlichen Normen sowie ggfs. geltende ergänzende Spezialnormen wie etwa § 25h KWG.

582 Leisch/Sauer, Gruppenweite Sicherungsmaßnahmen und Konzern-Compliance bei Kreditinstituten, CRP 07-08/2014, 164, 167.

583 BGH, Urt. v. 09.05.2017, 1 StR 265/16, Tz. 118, dazu Hastenrath, CB 2017, 325ff., dazu Jenne/Martens, CZZ 2017, 285ff.

584 LG München I, Urt. v. 10.12.2013 – 5 HK O 1387/10, NZG 2014, 345, 348 (vollständiges Urteil unter: Beck-Rs 2014, 01998).

585 Dazu am Beispiel der Telekom AG: Mackert/Karabiber, Reifegradorientierte Compliance-Management-Systeme, CB 4/2014, 9, 10.

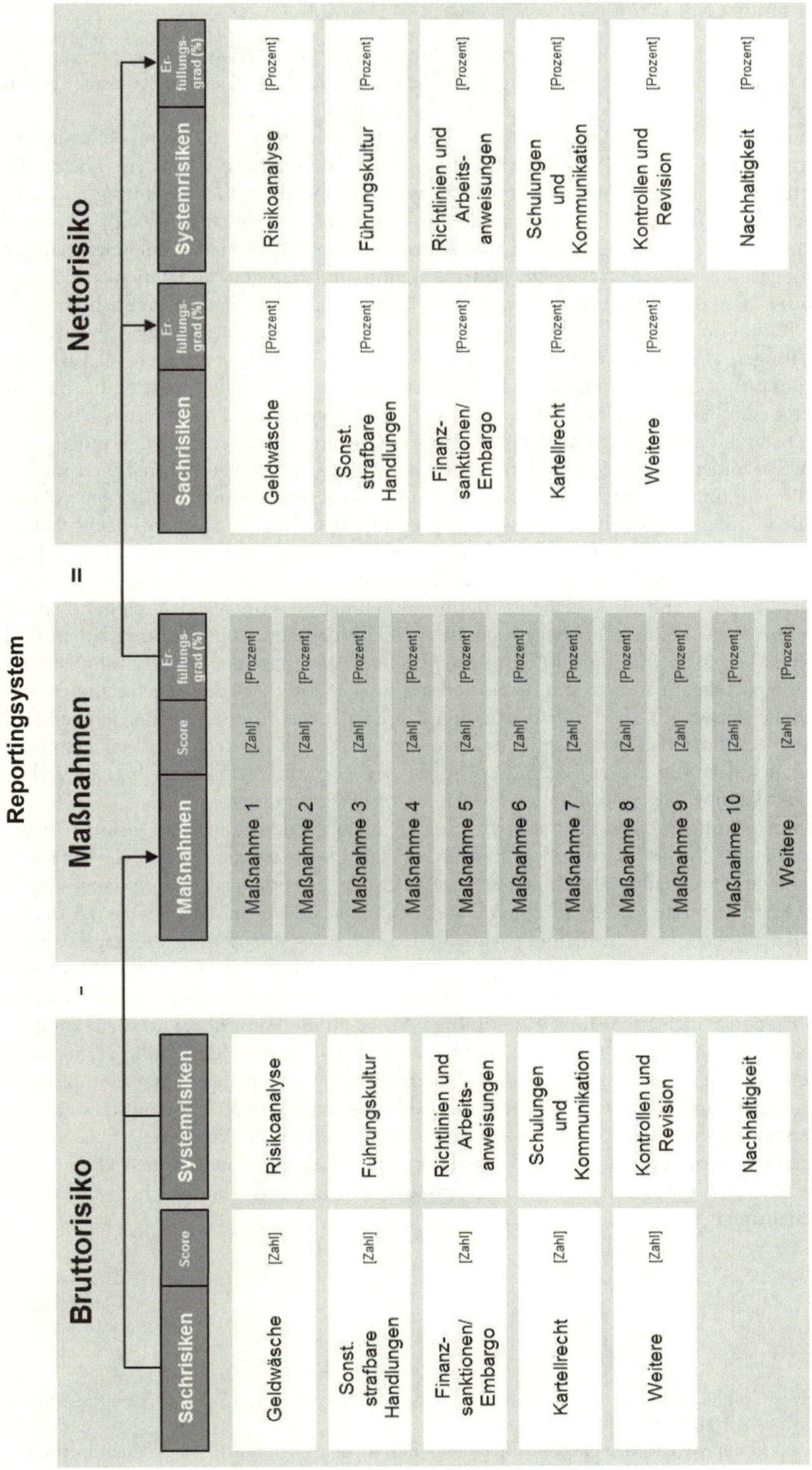
Reportingsystem
Bruttorisiko
-
Maßnahmen
=
Nettorisiko
Sachrisiken
Score
Systemrisiken
Geldwäsche
[Zahl]
Sonst. strafbare Handlungen
Finanz-sanktionen/ Embargo
Kartellrecht
Weitere
Risikoanalyse
Führungskultur
Richtlinien und Arbeits-anweisungen
Schulungen und Kommunikation
Kontrollen und Revision
Nachhaltigkeit
Maßnahmen
Er-füllungs-grad (%)
Maßnahme 1
Maßnahme 2
Maßnahme 3
Maßnahme 4
Maßnahme 5
Maßnahme 6
Maßnahme 7
Maßnahme 8
Maßnahme 9
Maßnahme 10
[Prozent]

V. Mehrwert eines CMS

260 Die Systemrisikobetrachtung ermöglicht es, bei der Entwicklung neuer Maßnahmen zur Adressierung bestimmter Risiken strukturierter vorzugehen. Die oben bezeichneten Grundelemente dienen dabei als eine Art Checkliste.[586] Dies sei anhand einiger Beispiele erläutert[587]:

- Dem Thema Compliance wird in Umfragen vom Management hohe Bedeutung beigemessen. In der Unternehmenswirklichkeit bleibt allerdings oft nicht genügend Zeit, dem Thema die der Bedeutung angemessene Aufmerksamkeit zu widmen und die hohe Bedeutung auch angemessen zu kommunizieren. Ordnet man die im Unternehmen implementierten Compliance-Maßnahmen dem obigen Grundelemente-Schema zu, so dürfte man nicht selten zu der Feststellung gelangen, dass dem Bereich »Führungskultur« nur wenige Maßnahmen zugeordnet werden können. An diese Feststellung anknüpfend, lassen sich entsprechende Maßnahmen entwickeln, z.B. die Einführung des Agendapunkts Compliance in den regelmäßigen Bereichsleiterbesprechungen, die Aufnahme von Compliance-Zielen in Zielvereinbarungen zur variablen Vergütung, der Ausbau der Compliance-Berichterstattung an die Geschäftsleitung bis hin zur Entwicklung einer Art »Compliance-Cockpit«, das einen regelmäßig aktualisierten Überblick über den Zustand des CMS im Konzern und den nachgeordneten Unternehmen ermöglicht.
- Typischerweise bilden Unternehmen den Schwerpunkt der Compliance-Maßnahmen im Bereich der Prävention. Aber auch die Sanktionierung nicht regelkonformen Verhaltens ist von zentraler Bedeutung – typischerweise werden Regeln, die nicht konsequent nachgehalten werden, auch weniger konsequent eingehalten. Oft erfährt die Compliance-Abteilung jedoch nicht, ob Regelverstöße zu Disziplinarmaßnahmen geführt haben, welche Disziplinarmaßnahmen ergriffen wurden und ob einzelne Konzernunternehmen dies unterschiedlich handhaben. Um kontrollieren zu können, ob Regelverstöße im Unternehmen Konsequenzen haben und entsprechende Vorgaben wirksam sind, sind entsprechende Maßnahmen zur Erfassung der verhängten Disziplinarmaßnahmen und deren Verknüpfung mit der Art des Regelverstoßes notwendig. Dies erfordert z.B. die Implementierung von Erfassungsprozessen im Bereich Personal und datenschutzkonforme Berichtspflichten an Compliance. Eine derartige Berichtspflicht kann dann auch dazu führen, dass die Compliance-Abteilung von Vorfällen erfährt, die sie bislang gar nicht kannte, deren Bearbeitung also an ihr vorbei erfolgt ist.
- Interne Untersuchungen fallen häufig in den Aufgabenbereich der internen Revision. Für die Wirksamkeit eines CMS ist es von großer Bedeutung, dass Informationen zeitnah von der internen Revision zur Compliance-Abteilung fließen. Auf diese Weise erfährt die Compliance-Abteilung von Anzahl und Themen der internen Untersuchungen sowie von der jeweiligen Struktur der Compliance-Verstöße. Erst dadurch wird die Compliance-Abteilung in die Lage versetzt zu prüfen, durch welche Maßnahmen konkret aufgetretene Compliance-Fälle in Zukunft verhindert werden können. Ein zeitnaher Informationsfluss ist gerade hier besonders wichtig, da durch frühzeitige CMS-Anpassungen zukünftige Schadensfälle verhindert werden können. Überdies – dies gilt namentlich für Fälle aktiver Korruption – wird so das Risiko vermindert, bei weiteren ähnlichen Compliance-Fällen als Unternehmen wegen mangelhafter Compliance-Organisation gem. §§ 130, 30 OWiG einem Bußgeld ausgesetzt zu sein. Wer nämlich weiß, auf welche Weise bestimmte Regelverstöße begangen werden, muss unverzüglich die erforderlichen Maßnahmen zur Verhinderung solcher Verstöße ergreifen. Das im Unternehmen vorhandene Wissen muss daher ohne größeren zeitlichen Versatz an die Abteilung weitergeleitet werden, die für die Gestaltung des CMS zuständig ist.

586 Leisch/Sauer, Gruppenweite Sicherungsmaßnahmen und Konzern-Compliance bei Kreditinstituten, CRP 07-08/2014, 164, 168.

587 Leisch/Sauer, Gruppenweite Sicherungsmaßnahmen und Konzern-Compliance bei Kreditinstituten, CRP 07-08/2014, 164, 167 f.

Die Beispiele belegen, dass es sinnvoll ist, die im Unternehmen implementierten Maßnahmen und Kontrollen daraufhin zu analysieren, welchem Systemrisiko sie zuzuordnen sind.[588] Es ist zu klären, ob Maßnahmen wegen ihrer Bedeutung die kommunikative Einbindung der Geschäftsleitung erfordern (Führungskultur) und entsprechende Änderungen von internen Richtlinien und die Einführung neuer Prozesse notwendig machen (Richtlinien und Arbeitsanweisungen). Gegebenenfalls sind Schulungen zu ändern bzw. neu aufzusetzen und die neuen Inhalte an Mitarbeiter zu kommunizieren (Schulungen und Kommunikation). Ebenso ist zu klären, wer auf den drei Kontrollebenen die Einhaltung neuer Prozesse kontrolliert und wie die Kontrollen durchgeführt und dokumentiert werden (Kontrolle und Revision). Werden diese Fragen gestellt und die Ergebnisse entsprechend umgesetzt, so steigert dies die Wirksamkeit des CMS. 261

Auf diese Weise erhält man einen Überblick, hinsichtlich welcher Systembestandteile ausreichend Maßnahmen implementiert sind und hinsichtlich welcher noch Defizite festzustellen sind. Sind diese herausgearbeitet, so lassen sie sich über die betroffenen Organisationseinheiten hinaus übergreifend beheben. Eine solche Analyse zeigt systemische Schwachstellen und damit Handlungsfelder auf. Hierin liegt letztlich der Mehrwert der Systemrisikobetrachtung.[589] 262

VI. Zusammenfassung

Kreditinstitute sind gehalten, für die bestehenden Sachrisiken ein gruppenweit geltendes, angemessenes und wirksames Compliance Management System (CMS) vorzuhalten. Zusammen mit dem internen Kontrollsystem (IKS), dem Risikomanagementsystem (RMS) und dem internen Revisionssystem (IRS) bildet ein angemessenes CMS die Grundlage für den für die Leitung und Überwachung von Unternehmen erforderlichen Ordnungsrahmen (Internal Corporate Governance). 263

Die Grundlage für diese Verpflichtung ergibt sich aus dem Gesellschaftsrecht und dem Ordnungswidrigkeitenrecht. Für Finanzdienstleister tritt noch das Bankaufsichtsrecht hinzu. Gesellschaftsrecht, Ordnungswidrigkeitenrecht und Bankaufsichtsrecht stellen drei sich überschneidende Regelungskreise dar, ohne dass sich hieraus allerdings konkrete und systematische Anforderungen für ein wirksames CMS ergeben. Auch die Rechtsprechung fordert auf dieser Grundlage mittlerweile für Unternehmen eine auf Schadensprävention und Risikokontrolle angelegte Compliance-Organisation und stellt diese in die Gesamtverantwortung der Konzern- und Unternehmensleitung. 264

Auch wenn die gesetzlichen und aufsichtsrechtlichen Vorgaben eher einen sachrisikodominierten Ansatz nahelegen, erfordert ein wirksames CMS die Verknüpfung von Sach- und Systemrisiken. Das von der Rechtsprechung formulierte Erfordernis eines wirksamen CMS und dessen jeweilige Ausgestaltung findet man abgebildet in einer Vielzahl international anerkannter, allerdings rechtlich unverbindlicher Standards. Anerkannte Kernelemente eines CMS sind eine regelmäßig durchzuführende Risikoanalyse, konkrete Organisations- und Handlungsanweisungen in Form von Richtlinien und Handlungsanweisungen, anlassbezogene und adressatengerechte Schulungen der Mitarbeiter, regelmäßige und anlassbezogen Kontrollhandlungen und die Sicherstellung der kontinuierlichen Verbesserung z.B. als Reaktion auf nicht-regelkonformes Verhalten. Über allem steht in den Unternehmen die Compliance-Kultur, die wesentlich vom Verhalten der Leitungsebene geprägt wird. Diese setzt die Rahmenbedingungen für regelkonformes Verhalten der Mitarbeiter im Unternehmen. 265

Das Fehlen einzelner erforderlicher Elemente eines CMS stellt ein Systemrisiko dar, das behoben wurden muss. Neben den Sachrisiken ist damit ein zweiter Risikotyp relevant. Die kombinierte Sach- und Systemrisikobetrachtung ermöglicht es, bei der Entwicklung neuer Maßnahmen zur Adressierung bestimmter Risiken strukturierter vorzugehen. Sie gewährleistet einen Überblick, 266

588 Leisch/Sauer, Gruppenweite Sicherungsmaßnahmen und Konzern-Compliance bei Kreditinstituten, CRP 07-08/2014, 164, 168.

589 Leisch/Sauer, Gruppenweite Sicherungsmaßnahmen und Konzern-Compliance bei Kreditinstituten, CRP 07-08/2014, 164, 168.

hinsichtlich welcher Sachrisiken und hinsichtlich welcher Systembestandteile ausreichend Maßnahmen implementiert sind und in welchen Bereichen noch Defizite bestehen. Eine solche Analyse zeigt systemische Schwachstellen und deren Einfluss auf die Vermeidung von Sachrisiken auf. Hierin liegt letztlich auch der Mehrwert der kombinierten Sach- und Systemrisikobetrachtung.

267 Anforderungen an einen Ordnungsrahmen für die Leitung und Überwachung von Unternehmen enthalten zukünftig die so genannten EBA Guidelines on Internal Governance under Directive 2013/36/EU. Die Leitlinien der EBA werden wohl wieder durch Übernahme in die MaRisk von der Bafin in die deutsche Aufsichtspraxis überführt werden. Unabhängig davon werden sich die Institute, die als systemrelevant eingestuft sind und daher der Aufsicht der Europäischen Zentralbank (EZB) unterstehen, unmittelbar mit den Anforderungen der Leitlinien und gegebenenfalls auch mit deren Abweichungen von der bisherigen deutschen aufsichtlichen Verwaltungspraxis auseinandersetzen müssen.

D. Strafrechtliche Risiken im Bank- und Kapitalmarktgeschäft

268 Nach einer **Einführung** in das Bank- und Kapitalmarktstrafrecht (Rdn. 269 ff.) werden Besonderheiten des **Allgemeinen Teils** (Rdn. 279 ff.) betrachtet. Anschließend folgt ein Überblick über die **wichtigsten Tatbestände** (Rdn. 309 ff.) nebst einer Darstellung der Aufsichtspflichtverletzung (Compliance) und der Verbandsgeldbuße (Rdn. 621 ff.). Abschließend werden Besonderheiten des **Wirtschaftsstrafverfahrens** (Rdn. 641 ff.) und der **Rechtsfolgen** (Rdn. 668 ff.) skizziert.

I. Einführung in das Bank- und Kapitalmarktstrafrecht

1. Bedeutung, Rechtsrahmen und Strafverfolgung

269 Im Bank- und Kapitalmarktgeschäft hat das Risiko strafrechtlicher Verfolgung in neuerer Zeit **stark zugenommen**. Nach dem europaweiten Zusammenbruch der Neuen Märkte in den Jahren 2000 bis 2003, zahlreichen Bilanz- und Finanzskandalen und den schweren Krisen in den Jahren seit 2008 war der **Gesetzgeber sehr aktiv**. Bereits durch die Umsetzung der im **Aktionsplan für Finanzdienstleistungen** (FSAP) v. 11.05.1999 enthaltenen und darauf folgenden EU-Richtlinien (u.a. Marktmissbrauchsrichtlinie; Transparenzrichtlinie; Richtlinie über Märkte für Finanzinstrumente, MiFID; Dritte Anti-Geldwäsche-Richtlinie; Zahlungsdiensterichtlinie; Omnibus-I-Richtlinie), wuchs die Regulierungsdichte ganz erheblich. Hinzu traten seit dem Jahr 2009 zahlreiche weitere Rechtsakte (u.a. Rating-VO; Leerverkaufs-VO; EMIR-VO), die insb. systemischen Schwächen durch eine weitere Verschärfung der Regulierung und europaweite Beaufsichtigung entgegenwirken sollen. **Neue Rechtsakte**, wie die neue Marktmissbrauchsrichtlinie (**MAD**; 2014/57/EU) und die Marktmissbrauchsverordnung (**MAR**; VO [EU] Nr. 596/2015) führten auch im Bank- und Kapitalmarktstrafrecht zu erheblichen Änderungen. Zum 3.1.2018 wurden die neue Richtlinie über Märkte für Finanzinstrumente (**MiFID II**; 2014/65/EU) und die dazugehörige Verordnung über Märkte für Finanzinstrumente (**MiFIR**; VO (EU) Nr. 600/2014) wirksam. Hierdurch sollen die Effizienz, Widerstandsfähigkeit und Integrität der Finanzmärkte gesteigert und die Voraussetzungen innerhalb der Märkte vereinheitlicht werden. Die Regelungen betreffen nicht nur die Anforderungen an die Geschäftsführung und Organisation von Wertpapierfirmen sowie die Zulassungsanforderungen, sondern auch das aufsichtsrechtliche Meldewesen, die Transparenzpflichten im Aktienhandel und die Vorschriften für die Zulassung von Finanzinstrumenten. Im Jahr 2019 könnte der sog. **Brexit**, sofern er eintreten sollte, die Kapitalmärkte erneut erheblich belasten. Hinzu treten neue Risiken, die durch die Schaffung von **Kryptowährungen** (z.B. Bitcoin; Ethereum), die bislang vorwiegend als Spekulationsobjekte dienen und noch wenig reguliert sind, entstehen.

270 Welche Risiken eine unzureichende Regulierung und Überwachung des Finanzwesens birgt, verdeutlichte eindrucksvoll die **schwere Finanzkrise** in den Jahren 2008/09, die unmittelbar in die **Eurokrise** (2010/13) einmündete, eine »Vielfachkrise« (Staatsschulden-, Banken- und

makroökonomische Krise),[590] die mittlerweile überwunden sein dürfte. Die massenhafte Ausgabe von US-Hypothekenkrediten an schwache Schuldner (Subprime-Markt), die mehrfache Verbriefung in Asset-Backed Securities und komplexe Transaktions- und Haltestrukturen (in Zweckgesellschaften) schufen ein undurchsichtiges System, das zusammenbrach, als der Immobilienboom in den USA im Jahr 2007 endete. Resultat war u.a. die Insolvenz der amerikanischen Großbank **Lehman Brothers** im September 2008, die beinahe zur »Kernschmelze« des Weltfinanzsystems führte. Zutage kam hierbei auch das betrügerische Schneeballsystem von Bernard L. Madoff, das einen Schaden von rund 65 Mrd. Dollar verursachte. Die infolge der Finanzkrise notwendig gewordene Stützung der »systemrelevanten« Banken und der angeschlagenen Konjunktur belastete die Staatshaushalte derart stark, dass nicht nur die Schuldenobergrenze des US-Bundeshaushalts fortwährend angehoben werden musste, sondern auch die strukturellen Probleme mehrerer EU-Mitgliedstaaten verstärkt wurden und nachfolgend der Zusammenbruch der Europäischen Währungsunion drohte. Mit dieser Entwicklung war ein erheblicher **Vertrauensverlust der Öffentlichkeit** verbunden, der sich nicht nur in despektierlichen Wortschöpfungen (z.B. »Bankster«/»Bangster«; »PIIGS-Staaten«/»GIPSI-Staaten«) widerspiegelte, sondern auch in öffentlichkeitswirksamen Forderungen, die Banken und ihre Manager strafrechtlich zur Rechenschaft zu ziehen.

Erschwerend tritt im Bereich des Bank- und Kapitalmarktrechts hinzu, dass die **Grenze** zwischen straflosem und strafbarem Handeln häufig dünn und unsicher ist. Nicht nur **herkömmliche Tatbestände** wie § 266 StGB (Untreue), sondern auch **neuere Tatbestände** wie § 38 WpHG (strafbarer Insiderhandel und strafbare Marktmanipulation) sind z.T. unscharf gefasst und bedürfen der Konkretisierung durch Wissenschaft und Praxis. Nicht selten fehlt jedoch zu streitigen Rechtsfragen eine verlässliche höchstrichterliche Rechtsprechung. 271

Hinzuweisen ist schließlich auf die **verstärkten Aktivitäten der Strafverfolgungsbehörden**, die ihre Bemühungen zur Verfolgung und Bestrafung von Wirtschafts- und Steuerstraftaten erheblich ausgeweitet haben. So wurden mittlerweile in den meisten Bundesländern **Schwerpunktstaatsanwaltschaften** für Wirtschaftsstrafsachen eingerichtet sowie **Sondereinheiten** der Landeskriminalämter geschaffen. Diese Behörden sind dadurch gekennzeichnet, dass in ihnen erfahrene und häufig mit einer wirtschaftlichen Zusatzausbildung versehene Personen tätig sind, die durch Wirtschaftsreferenten und Sachbearbeiter für Buchführung unterstützt werden. Auch die Bekämpfung der **Steuerhinterziehung** wurde seitens der Strafverfolgungsbehörden, befördert durch eine verschärfte Rechtsprechung, forciert. Spektakuläre Durchsuchungen und Beschlagnahmen, Festnahmen und Strafprozesse, die in der Öffentlichkeit regelmäßig auf großes Interesse stoßen, sind Ausdruck dieser Entwicklung. 272

2. Wirtschaftskriminologie

Aus Sicht der Kriminologie handelt es sich bei der **Bank- und Kapitalmarktkriminalität** um einen zentralen Bereich der Wirtschaftskriminalität. Die wirtschaftskriminologische Forschung gilt allerdings in Deutschland als wenig entwickelt. Es fehlt bereits an einer allgemein anerkannten (materiellen) Definition der **Wirtschaftskriminalität** bzw. der **Wirtschaftsstraftat**. Dies gilt auch für die **europäische** Perspektive.[591] Die Praxis orientiert sich im Wesentlichen an dem (formellen) **Straftatenkatalog des § 74c GVG**, der (lediglich) die Zuständigkeit der Wirtschaftsstrafkammern regelt. Außerdem ist das Hellfeld, d.h. die registrierte Kriminalität, bei vielen Delikten sehr klein. Schließlich bereitet die Abschätzung des (beträchtlichen) **Dunkelfeldes** ganz erhebliche Probleme.[592] Da es häufig um Allgemeindelikte geht, fehlt es an Strafanzeigen, sodass die Entdeckung der einschlägigen Straftaten weitgehend von staatlichen Kontrollen abhängig ist (sog. **Kontrolldelikte**). Erkenntnisse 273

---

590 Vgl. *Sachverständigenrat* zur Begutachtung der gesamtwirtschaftlichen Entwicklung (Hrsg.), Nach dem EU-Gipfel: Zeit für langfristige Lösungen nutzen, 2012, S. 1.

591 Näher *Waßmer*, in: Jishkariani/Waßmer, Die Europäisierung des georgischen Wirtschaftsstrafrechts, 2017, S. 91 ff.

592 *Schwind* Kriminologie § 21 Rn. 2 ff.

sind angesichts der i.d.R. geringen Kooperationsbereitschaft der Beteiligten nur schwer zu gewinnen. Vielfach ist in der Praxis eine **Abschottung** der Betriebe und Unternehmen ggü. den Strafverfolgungsbehörden zu konstatieren, welche die Entdeckung, Aufklärung und Verfolgung von Straftaten stark erschwert. Nicht selten werden Fälle von Wirtschaftskriminalität im **»gegenseitigen Einvernehmen«** gelöst. Damit scheint häufig nicht nur den Interessen der Mitarbeiter, sondern auch des betroffenen Unternehmens bzw. Betriebs am besten gedient, da jedes Strafverfahren eine erhebliche wirtschaftliche Belastung zur Folge haben und die Reputation nachhaltig beschädigen kann.

274 Weniger als 2 % der polizeilich registrierten Straftaten werden der Wirtschaftskriminalität zugerechnet.[593] Dennoch sind nicht nur die durch die Wirtschaftskriminalität verursachten direkten, sondern auch die indirekten **Schäden**, die durch die Spiral- und Sogwirkung sowie die Begleitkriminalität entstehen, gewaltig. Schätzungen gehen allein für Deutschland von direkten Schäden bis hin zu **230 Mrd. €** pro Jahr aus, wobei es sich allerdings durchweg um »Blindschätzungen« handelt, also um spekulative Annahmen.[594] Das wahre Ausmaß der Wirtschaftskriminalität ist – gerade auch im Bank- und Kapitalmarktgeschäft – unbekannt. Neuere Untersuchungen des **Dunkelfeldes** bei deutschen Großunternehmen zeigen allerdings, dass dort die Kriminalitätsbelastung in den letzten Jahren durch den erheblich verstärkten Einsatz von Compliance-Programmen deutlich zurückgegangen ist, nämlich von 73 % im Jahr 2011 auf 53 % im Jahr 2013, wobei 34 % der Straftaten auf Eigentums- und Vermögensdelikte entfallen.[595] Andererseits zeigt eine aktuelle Studie aus dem Jahr 2016, dass das Bedrohungspotential durch das sog. **»E-Crime«** wächst und die Bedrohung durch die Cyberkriminalität zu einem existentiellen Thema wird.[596] Im **Hellfeld** hat die Zahl der registrierten Wirtschaftsstraftaten im Jahr 2016 ggü. dem Vorjahr um 5,6 % abgenommen, wobei die Fallzahlen (60.977 Fälle) deutlich unter dem Mittelwert der letzten 5 Jahre liegen.[597] Zwar stieg im Jahr 2016 die registrierte **Gesamtschadenssumme** um 2,9 % auf rund 2,97 Mrd. € an, damit liegt sie aber dennoch deutlich unter dem Durchschnittswert der letzten fünf Jahre. Dessen ungeachtet ist die Wirtschaftskriminalität weiterhin für nahezu die Hälfte (43,6 %) aller polizeilich registrierten Schäden verantwortlich.[598] Die **Aufklärungsquote** betrug 94 % (Vorjahr 92,9 %) und ist damit wesentlich höher als bei der Gesamtkriminalität (56,2 %), da die Delikte meistens so strukturiert sind, dass nur bestimmte Personen als Täter in Betracht kommen (Sonderdelikte) bzw. der Geschädigte den Täter kennt.[599] In mehr als der Hälfte der Fälle (51 %) wurden die Straftaten durch interne Täter begangen, teilweise (12 %) zusammen mit externen Tätern.[600]

275 Der typische **Wirtschaftsstraftäter** ist im Durschnitt 43 Jahre alt, männlich, überdurchschnittlich gebildet, sozial unauffällig, nicht vorbestraft und bereits seit vielen Jahren für ein Unternehmen tätig. Wirtschaftsstraftäter sind überwiegend keine Berufsanfänger, sondern im Unternehmen »groß geworden«, gehören dem mittleren Management und Topmanagement an.[601] Das Täterprofil passt damit zu dem plakativen Begriff **»White-Collar Crime«**, den *Edwin H. Sutherland*[602] bereits im Jahr 1939 prägte.

593 *Neubacher* Kriminologie Kap. 20 Rn. 6.

594 *Schwind* Kriminologie § 21 Rn. 7 ff., 12 ff.

595 *PricewaterhouseCoopers* Wirtschaftskriminalität und Unternehmenskultur 2013, S. 16 ff.

596 *PricewaterhouseCoopers* Wirtschaftskriminalität in der digitalen und analogen Wirtschaft 2016, S. 3 ff.

597 *Bundeskriminalamt* Bundeslagebild Wirtschaftskriminalität 2016, S. 3.

598 *Bundeskriminalamt* Bundeslagebild Wirtschaftskriminalität 2016, S. 5.

599 *Bundeskriminalamt* Bundeslagebild Wirtschaftskriminalität 2016, S. 4.

600 *PricewaterhouseCoopers* Wirtschaftskriminalität in der digitalen und analogen Wirtschaft 2016, S. 38.

601 *PricewaterhouseCoopers* Wirtschaftskriminalität in der digitalen und analogen Wirtschaft 2016, S. 40; vgl. bereits *PricewaterhouseCoopers* Wirtschaftskriminalität 2009, S. 43.

602 *Sutherland* White-Collar Criminality, American Sociological Review 5 (1940), S. 1.

3. Wirtschaftsstrafrecht und Wirtschaftsstrafverfahren

Das Bank- und Kapitalmarktstrafrecht ist durch die vielfältigen Tätigkeitsfelder der Kredit- und Finanzdienstleistungsinstitute charakterisiert. Ein einziges Gesetz, das alle einschlägigen Straftaten aufführt, existiert nicht. Vielmehr sind die maßgebenden Wirtschaftsstraftaten teilweise im **Kernstrafrecht** (StGB) geregelt, überwiegend aber – wie auch die Wirtschaftsordnungswidrigkeiten – im **Nebenstrafrecht** enthalten und damit Bestandteil der Fachgesetze. Es handelt sich somit um eine sehr zersplitterte und unübersichtliche Rechtsmaterie, bei welcher der Schutz von Rechtsgütern sowohl durch allgemeine als auch durch spezielle Tatbestände gewährleistet wird. Die **Organe und Mitarbeiter** von Kredit- und Finanzdienstleistungsinstituten können daher spezielle (z.B. §§ 54 ff. KWG) und allgemeine Straftaten (z.B. §§ 263, 266 StGB) verwirklichen. Ziel ist i.d.R. die Bereicherung der Täter oder der Institute bzw. die Unterstützung der Straftaten von Kunden (insb. von Steuerhinterziehung und Geldwäsche). Darüber hinaus ist es möglich, dass **Dritte** die Institute und ihre Kunden durch Straftaten schädigen (z.B. »Hacker«, § 263a StGB). Und schließlich können **Kunden** Straftaten zulasten der Institute begehen (z.B. §§ 265b, 266b StGB). 276

Angesichts der Komplexität überrascht es kaum, dass **Wirtschaftsstrafverfahren** – gerade im Bereich des Bank- und Kapitalmarktstrafrechts – als schwierig gelten. Sie bilden einen Verfahrenstyp »sui generis«, der im Fall der Begehung in den Betrieben und Unternehmen vor allem durch die Ungleichheit der Ressourcen und besondere Erledigungsstrukturen gekennzeichnet ist.[603] Dies verdeutlichen nicht nur die i.d.R. sehr aufwendigen Ermittlungsverfahren, sondern vor allem auch die gerichtlichen Hauptverfahren. Insb. die häufig festzustellende starke Abschottung bildet aus Sicht der Strafverfolgungsbehörden eine nur schwer oder gar nicht zu überwindende Barriere. Typischerweise werden Wirtschaftsstrafverfahren häufig nach jahrelangen Ermittlungen – ggf. nach Zahlung einer (hohen) Geldbuße – letztlich doch eingestellt oder auf einzelne Beschuldigte bzw. Anklagepunkte konzentriert; vielfach enden die Verfahren mit **Absprachen** (»Deals«). Entsprechendes gilt für **Wirtschaftsordnungswidrigkeitenverfahren**, bei denen wegen der Geltung des Opportunitätsprinzips (§ 47 OWiG) der Spielraum der Verfolgungsbehörden noch größer ist. 277

Eine **effektive Prävention** ist – wie die Praxis zeigt (Rdn. 274) – durch die Einrichtung einer wirksamen **Compliance-Organisation** (Rdn. 626) zu erreichen. Zu denken ist aber auch an die Stärkung des Schutzes von »**Whistleblowern**«, die auf kriminelle Handlungen hinweisen.[604] Allerdings sind bislang alle Vorschläge, einen allgemeinen Informantenschutz gesetzlich zu verankern,[605] gescheitert. Seit dem 01.01.2014 sind jedoch zumindest Kredit- und Finanzdienstleistungsinstitute nach § 25a Abs. 1 Satz 6 Nr. 3 KWG zur Einrichtung eines Prozesses verpflichtet, der es den Mitarbeitern unter Wahrung der Vertraulichkeit ihrer Identität ermöglicht, nicht nur einschlägige Verstöße, sondern auch strafbare Handlungen innerhalb des Unternehmens an geeignete Stellen zu berichten. 278

II. Besonderheiten des Allgemeinen Teils des Bank- und Kapitalmarktstrafrechts

StGB und OWiG enthalten **allgemeine Vorschriften**, die für alle Straftaten und Ordnungswidrigkeiten gelten, sofern keine abweichenden Regelungen existieren. Hierbei geht es z.B. um Regelungen zu Vorsatz und Fahrlässigkeit sowie Täterschaft und Teilnahme bzw. zur Beteiligung. Mit Blick auf das Wirtschaftsstraf- und Wirtschaftsordnungswidrigkeitenrecht bedürfen diese Regeln aber z.T. der **Anpassung** bzw. **Modifikation**. 279

---

603 *Neubacher* Kriminologie Kap. 20 Rn. 7.

604 Vgl. *Neubacher* Kriminologie Kap. 20 Rn. 9.

605 Vgl. Entschließungsantrag (der Länder Berlin und Hamburg) zur gesetzlichen Verankerung des Informantenschutzes für Arbeitnehmerinnen und Arbeitnehmer im Bürgerlichen Gesetzbuch, BR-Drucks. 534/11; Entwurf (der SPD-Fraktion) eines Hinweisgeberschutzgesetzes, BT-Drucks. 17/8567; Entwurf (der Fraktion Bündnis 90/Die Grünen) eines Whistleblower-Schutzgesetzes, BT-Drucks. 17/9782.

1. Blankette

280 Gesetzestechnisch handelt es sich bei den Tatbeständen des Wirtschaftsstrafrechts häufig um **Blankette**, die zur Beschreibung des sanktionierten Verhaltens auf außerstrafrechtliche Normen als Ausfüllungsnormen Bezug nehmen (wer »entgegen §...«). In die Verweisungsnorm ist die Ausfüllungsnorm hineinzulesen, wodurch der gesetzliche Tatbestand der Sanktionsnorm entsteht. Da die Ausfüllungsnormen herangezogen werden, um eine straf- oder bußgeldrechtliche Verantwortung zu begründen, nehmen sie an der Rechtsnatur der Verweisungsnorm teil.[606] Für ihre Auslegung gelten daher strafrechtliche Grundsätze, d.h. das **Gesetzlichkeitsprinzip** (nullum crimen, nulla poena sine lege; vgl. Art. 103 Abs. 2 GG, § 1 StGB, § 3 OWiG) findet Anwendung. Nicht nur das Bestimmtheitsgebot und das Rückwirkungsverbot, sondern auch das Verbot der täterbelastenden Analogie und des täterbelastenden Gewohnheitsrechts haben in der Praxis große Bedeutung. Soweit die Ausfüllungsnormen, auf die verwiesen wird, Vorschriften desselben Fachgesetzes sind, liegen **unechte Blankette** vor, bei denen Normgeber und Normebene übereinstimmen. Sofern auf Rechtsverordnungen, europäisches Gemeinschaftsrecht oder gar ausländisches Recht verwiesen wird, handelt es sich um **echte Blankette**, bei denen Normgeber und Normebene differieren. Da hier die Ausfüllung des Tatbestands einer anderen Instanz überlassen wird, sind sie nur dann verfassungsgemäß, wenn bereits aus der Verweisungsnorm der Umfang der Verantwortlichkeit hinreichend deutlich hervorgeht.[607] Daher erklärte z.B. das BVerfG in einem Beschluss vom 21.09.2016 die Blankettstrafnorm des § 10 Abs. 1 und 3 Rindfleischetikettierungsgesetz für mit Art. 103 Abs. 2 GG i.V.m. Art. 104 Abs. 1 Satz 1 und Art. 80 Abs. 1 Satz 2 GG unvereinbar und nichtig.[608]

281 Inzwischen sind große Bereiche des Bank- und Kapitalmarktrechts von **Verweisungen auf europäisches Gemeinschaftsrecht** geprägt, was z.B. die Begriffsbestimmungen des § 2 WpHG belegen. Dies ist ein deutlicher Ausdruck der fortschreitenden Harmonisierung des europäischen Rechts.[609] Die Tatbestandsbestimmtheit der echten Blankette ist zwar prinzipiell nicht anders zu beurteilen als die der unechten Blankette, die praktische Handhabung ist aber dadurch erschwert, dass europäische Normen häufig auslegungsbedürftiger als das nationale deutsche Recht sind. Verschärft werden die Schwierigkeiten, wenn sich die in Bezug genommenen europäischen Normen ändern, da das Rückwirkungsverbot zu beachten ist. Außerdem sind vielfältige Konflikte mit dem Analogieverbot denkbar, da eine europarechtskonforme Auslegung durchzuführen ist, die im Einzelfall dazu führen kann, dass Begriffe abweichend vom sonstigen deutschen Recht auszulegen sind. Hierbei erreicht die **strafrechtliche Auslegung** jedenfalls am natürlichen Wortlaut der einzelnen Tatbestandsmerkmale ihre Grenze.[610]

2. Vorsatz und Irrtum

282 Vorsatz ist der Wille zur Verwirklichung eines Tatbestands in Kenntnis aller objektiven Tatumstände, kurz: **Wissen und Wollen** der Tatbestandsverwirklichung. Bezugspunkt sind die **Tatbestandsmerkmale**, d.h. bei Blanketten die Merkmale der Verweisungs- und der Ausfüllungsnormen. Zu unterscheiden ist zwischen **deskriptiven**, d.h. sinnlich erfassbaren Tatbestandsmerkmalen (z.B. Sache) und den gerade im Bank- und Kapitalmarktstrafrecht sehr zahlreichen **normativen** Tatbestandsmerkmalen, die Rechtsbegriffe beschreiben und nur im Wege eines ergänzenden Werturteils festgestellt werden können (z.B. Urkunde; Fremdheit; Vermögensbetreuungspflicht). Während es bei den deskriptiven Tatbestandsmerkmalen genügt, dass der Täter den natürlichen Sinngehalt erfasst, muss er bei den normativen Tatbestandsmerkmalen nicht nur die Kenntnis der dem Rechtsbegriff zugrunde liegenden Tatsachen, sondern auch die volle Bedeutungskenntnis haben. Ausreichend ist

606 Vgl. nur Münchener Kommentar Bilanzrecht/*Waßmer* Vor §§ 331-335b HGB Rn. 46 m.w.N.
607 Münchener Kommentar Bilanzrecht/*Waßmer* Vor §§ 331-335b HGB Rn. 35 m.w.N.
608 BVerfGE 143, 38.
609 Zur Harmonisierung des Europäischen Strafrechts *Waßmer* JZ 1999, 1099 ff.; 2001, 134 ff.
610 Vgl. nur *Waßmer* GmbHR 2002, 412 ff. m.w.N.

aber nach h.M. eine sog. **Parallelwertung in der Laiensphäre,**[611] d.h. der Täter muss die gesetzliche Wertung lediglich auf seiner Verstandesebene nachvollzogen und den »Begriffskern« erfasst haben.

Bei den meisten Tatbeständen des Bank- und Kapitalmarktstrafrechts genügt **Eventualvorsatz** (dolus eventualis). Diese Vorsatzform liegt nach h.L. vor, wenn der Täter die Möglichkeit der Tatbestandsverwirklichung erkannt, die Gefahr ernst genommen und sich mit dem Risiko abgefunden hat (Ernstnahmetheorie).[612] Dagegen fordert die Rspr., dass der Täter die mögliche Tatbestandsverwirklichung erkannt und gebilligt bzw. billigend in Kauf genommen hat (Billigungstheorie).[613] Maßgebend ist eine **Gesamtwürdigung** aller Tatumstände. Billigung liegt insb. dann nahe, wenn der Täter sein Vorhaben trotz äußerster Gefährlichkeit durchführt und die Tatbestandsverwirklichung dem Zufall überlässt. Nach beiden Auffassungen geht es also letztlich um das **bewusste Eingehen** eines **sehr hohen Risikos**, das den Eventualvorsatz begründet (hier sog. **Risikotheorie**). In **Grenzfällen** tendiert die Praxis zu einer pragmatischen Handhabung und sanktioniert, sofern der Tatbestand dies gestattet, wegen bewusster Fahrlässigkeit (luxuria); andernfalls ist eine Bestrafung bzw. Ahndung ausgeschlossen. 283

Nicht selten unterliegen Wirtschaftsstraftäter einem Irrtum. Ein **Tatbestandsirrtum**, der den Vorsatz ausschließt, liegt vor, wenn der Täter bei Begehung der Tat einen Umstand nicht kennt, der zum gesetzlichen Tatbestand gehört; jedoch bleibt die Möglichkeit der Ahndung wegen Fahrlässigkeit unberührt (§ 16 Abs. 1 StGB; § 11 Abs. 1 OWiG). 284

Dagegen handelt es sich um einen (bloßen) **Verbotsirrtum**, wenn dem Täter bei Begehung der Tat die Einsicht fehlt, etwas Unerlaubtes zu tun. Hier handelt der Täter nur dann ohne Schuld, wenn er den Irrtum nicht vermeiden konnte (§ 17 Abs. 1 Satz 1 StGB; § 11 Abs. 2 OWiG). Konnte er den Irrtum vermeiden, kann die Strafe (§ 17 Abs. 1 Satz 2 StGB) bzw. Geldbuße (§ 17 Abs. 1 Satz 2 StGB analog) lediglich gemildert werden. 285

An die **Unvermeidbarkeit des Verbotsirrtums** legt die Rspr. **(sehr) strenge Maßstäbe** an: Ein Verbotsirrtum ist nur dann unvermeidbar, wenn der Täter bei der ihm nach den Umständen und seinem Lebens- und Berufskreis zuzumutenden »Anspannung des Gewissens« sowie bei Ausschöpfung der zur Verfügung stehenden Erkenntnismittel nicht in der Lage war, das Unrecht einzusehen.[614] Demgegenüber geht die h.L. davon aus, dass zwar im Kernstrafrecht strenge Maßstäbe gelten, aber die Vorschriften des Nebenstrafrechts geringere Anforderungen stellen können.[615] Der Täter müsse hier einen konkreten Anlass haben, sich über die Rechtmäßigkeit Gedanken zu machen. Ein solcher Impuls werde ausgelöst, wenn er an der Rechtmäßigkeit zweifle oder ihm im Hinblick auf einen Bereich, gerade wenn dieser seinen Berufskreis berührt, bekannt sei, dass Regelungen bestünden. Für Personen, die sich professionell mit dem **Bank- und Kapitalmarktgeschäft** befassen, gilt daher nach allen Ansichten ein **strenger Maßstab**: Sie müssen sich mit dem Rechtsrahmen, den einschlägigen Gesetzen und den hieraus resultierenden Grenzen ihrer Berufstätigkeit vertraut machen. Bei **Zweifeln** muss sich der Handelnde oder Unterlassende bei einer verlässlichen Person oder Stelle, welche die Gewähr für eine pflichtgemäße Auskunftserteilung bietet, kundig machen.[616] Hierbei kann er sich auf die Auskunft von Behörden und eines unabhängigen Rechtsanwalts, der die Rechtslage sorgfältig geprüft hat, grds. verlassen. Bestehen bei einer gerichtlich noch nicht geklärten Rechtsfrage **verschiedene Auslegungen**, liegt i.d.R. ein unvermeidbarer Verbotsirrtum vor, wenn der Täter eine vertretbare Auslegung zugrunde legt. 286

611 Schönke/Schröder/*Sternberg-Lieben/Schuster* StGB § 15 Rn. 43a.
612 Schönke/Schröder/*Sternberg-Lieben/Schuster* StGB § 15 Rn. 73 ff. m.w.N.
613 Vgl. nur BGHSt 36, 1 (9 f.); 44, 99 (102).
614 Vgl. BGHSt (GrS) 2, 194 (201).
615 Vgl. *H.-J. Fischer/Waßmer* BB 2002, 969 (972) m.w.N.
616 Schönke/Schröder/*Sternberg-Lieben/Schuster* StGB § 17 Rn. 18 m.w.N.

3. Leichtfertigkeit

287 Die Tatbestände des Bank- und Kapitalmarktstrafrechts lassen z.T. leichtfertiges Handeln ausreichen (z.B. § 264 Abs. 4 StGB). Dadurch soll eine **Bestrafung des Täters** – wenn auch mit einer geringeren Strafe – selbst dann möglich sein, wenn der Nachweis vorsätzlichen Handelns im Einzelfall nicht gelingt. Leichtfertigkeit ist ein in objektiver und subjektiver Hinsicht besonders gesteigerter Grad der Sorgfaltswidrigkeit, der in etwa der **groben Fahrlässigkeit** im Zivilrecht entspricht.[617] Leichtfertig handelt, wer die gebotene Sorgfalt in ungewöhnlich hohem Maße verletzt,[618] d.h. entweder aus besonderem Leichtsinn die Möglichkeit der Tatbestandsverwirklichung nicht erkennt oder aus besonderem Leichtsinn darauf vertraut, dass sie ausbleibt. Leichtfertigkeit liegt z.B. vor bei Nichtanstellen einfachster Überlegungen, bei Nichtbeachtung allseits bekannter Umstände, bei rücksichtslosem Hinwegsetzen über die klar erkannte Möglichkeit der Tatbestandsverwirklichung oder auch bei Verletzung einer besonders ernst zu nehmenden Pflicht. Da es sich bei den Pflichten, die im Bank- und Kapitalmarktgeschäft bestehen und mit Strafe oder Geldbuße bedroht sind, vielfach um **besonders wichtige Pflichten** handelt, liegt leichtfertiges Handeln oft nicht fern.

4. Rechtfertigung

288 Bei den Tatbeständen des Bank- und Kapitalmarktstrafrechts scheidet eine **Rechtfertigung** durch Einwilligung oder rechtfertigenden Notstand i.d.R. aus. Eine **Einwilligung** ist nicht möglich, sofern die Tatbestände ausschließlich (wie nach h.M.[619] § 38 WpHG) oder vorrangig überindividuelle Rechtsgüter schützen, da sie dann nicht der Dispositionsbefugnis des Einzelnen unterliegen. Möglich ist eine Einwilligung jedoch bei Tatbeständen, die ausschließlich Individualrechtsgüter schützen (wie § 266 StGB). Die Berufung auf **rechtfertigenden Notstand** (§ 34 StGB; § 16 OWiG) kommt nicht in Betracht, wenn der Gesetzgeber durch die Aufstellung von Geboten und Verboten eine generelle Interessenabwägung vorgenommen und damit die Grenze zwischen erlaubten und verbotenen Verhaltensweisen schon auf der Ebene des Tatbestandes gezogen hat. Verstöße gegen die Tatbestände des Bank- und Kapitalmarktstrafrechts können daher grds. nicht durch **wirtschaftliche Notlagen** – wie die Gefahr der Insolvenz oder des Verlustes von Arbeitsplätzen – gerechtfertigt werden, da die Rechtsordnung besondere Verfahren zur Verfügung stellt, um diesen Situationen Rechnung zu tragen. Nur außergewöhnliche Notlagen, die vom Gesetzgeber nicht einkalkuliert sind, bieten Raum für eine Rechtfertigung.[620]

289 Die **behördliche Genehmigung** eines Verhaltens kann bereits die Tatbestandsmäßigkeit ausschließen.[621] Bei einem präventiven Verbot mit Erlaubnisvorbehalt, welches ein sozialadäquates, aber potenziell gefährliches Verhalten verbietet, bei dem vorab geprüft werden soll, ob im Einzelfall ein Verstoß gegen Rechtsvorschriften vorliegt, wirkt die Genehmigung tatbestandsausschließend. Hingegen wirkt die Genehmigung bei einem repressiven Verbot mit Befreiungs- oder Ausnahmevorbehalt, das ein sozialschädliches Verhalten generell verbietet, weil nur in Ausnahmefällen nach einer Interessenabwägung eine Befreiung bzw. Ausnahme von dem Verbot erfolgen soll, rechtfertigend. Eine **rechtsmissbräuchlich** erlangte Genehmigung entfaltet jedenfalls dann keine Wirkung, wenn besondere Vorschriften (z.B. im Umweltstrafrecht § 330d Abs. 1 Nr. 5 StGB; im Außenwirtschaftsstrafrecht §§ 17 Abs. 6, 18 Abs. 9 AWG; im Ausländerstrafrecht § 95 Abs. 6 AufenthG) eine durch Täuschung, Zwang oder Kollusion erschlichene Genehmigung für unbeachtlich erklären. Die bloße **Genehmigungsfähigkeit** eines Verhaltens steht der Bestrafung bzw. Ahndung ebenfalls nicht entgegen, da nur bei ordnungsgemäßer Durchführung des Genehmigungsverfahrens der behördlichen Dispositionsbefugnis Rechnung getragen wurde. Schließlich lässt auch eine **nachträgliche Genehmigung** die Rechtswidrigkeit eines vorangegangenen Verstoßes unberührt.

---

617 BGHSt 14, 240 (255); 33, 66 (67).
618 *Fischer* StGB § 15 Rn. 20 m.w.N.
619 Vgl. Fuchs/*Waßmer* WpHG § 38 Rn. 1 m.w.N.
620 Vgl. nur Münchener Kommentar Bilanzrecht/*Waßmer* § 331 HGB Rn. 129 m.w.N.
621 Schönke/Schröder/*Sternberg-Lieben/Schuster* StGB Vorbem. §§ 32 ff. Rn. 61 m.w.N.

5. Rechtswidrige Verwaltungsakte

Gelegentlich knüpfen die Tatbestände des Bank- und Kapitalmarktstrafrechts an **vollziehbare Anordnungen** an (z.B. § 39 Abs. 3 Nr. 1 WpHG, der Zuwiderhandlungen gegen vollziehbare Anordnungen ahndet). Fraglich ist, was aus strafrechtlicher Sicht gilt, wenn ein **rechtswidriger Verwaltungsakt** vorliegt, da dieser verwaltungsrechtlich bis zu seiner Aufhebung wirksam bleibt, es sei denn, er ist nichtig (vgl. § 43 VwVfG). Die h.M.[622] geht von einer strengen Verwaltungsrechtsakzessorietät des Straf- und Ordnungswidrigkeitenrechts aus, sodass für die Tatbestandserfüllung allein maßgebend ist, ob ein formell wirksamer und vollziehbarer Verwaltungsakt vorliegt, während die materielle Rechtmäßigkeit keine Bedeutung hat; nur ein nichtiger Verwaltungsakt ist unbeachtlich. Für diese rigorose Sichtweise werden Interessen der Allgemeinheit, der Rechtssicherheit und der Rechtsklarheit angeführt. Es sei zumutbar, auch einer Anordnung nachzukommen, die u.U. später aufgrund der Verletzung materiellen Rechts aufgehoben werde. Hiergegen ist allerdings einzuwenden, dass damit die materielle Gerechtigkeit formalen Interessen untergeordnet und im Ergebnis bloßer Ungehorsam sanktioniert wird. In der Praxis sollte daher, wenn sich nachträglich die Rechtswidrigkeit des Verwaltungsaktes herausstellt, jedenfalls von der Möglichkeit der **Verfahrenseinstellung** intensiv Gebrauch gemacht werden. 290

6. Täterschaft und Teilnahme sowie Beteiligung

Hinsichtlich der Beteiligung (i.w.S.) an Tatbeständen des Bank- und Kapitalmarktstrafrechts ist zwischen Straftaten und Ordnungswidrigkeiten zu differenzieren. Während das **Strafrecht** dem dualistischen Beteiligungssystem folgt und zwischen Täterschaft und Teilnahme unterscheidet (§§ 25 bis 27 StGB), folgt das **Ordnungswidrigkeitenrecht** mit der sog. Beteiligung (§ 14 OWiG) dem Einheitstäterprinzip. 291

a) Täterschaft und Teilnahme nach dem StGB

Bei **Straftaten** gelten für Täterschaft und Teilnahme die Grundsätze des Allgemeinen Teils des Strafgesetzbuches (§§ 25 ff. StGB). I.d.R kommen alle **Täterschaftsformen** in Betracht, d.h. unmittelbare Täterschaft (§ 25 Abs. 1, 1. Alt. StGB), mittelbare Täterschaft (§ 25 Abs. 1, 2. Alt. StGB), Mittäterschaft (§ 25 Abs. 2 StGB) sowie Nebentäterschaft. Dasselbe gilt für die **Teilnahmeformen**, also Anstiftung (§ 26 StGB) und Beihilfe (§ 27 Abs. 1 StGB). Die versuchte Anstiftung (§ 30 Abs. 1 StGB) und weitere **Vorfeldhandlungen**, vor allem die Verbrechensverabredung (§ 30 Abs. 2, 3. Alt. StGB), sind grds. nur bei Verbrechen strafbar. **Straflos** sind die versuchte Beihilfe und die Beihilfe zur Verbrechensverabredung.[623] Für die **Abgrenzung** zwischen **Mittäterschaft** und **Beihilfe** stellt die Rspr. auf den **Täterwillen** ab (subj. Theorie), der mittels einer wertenden Gesamtbetrachtung ermittelt wird. Wesentliche obj. Anhaltspunkte für die innere Einstellung sind der Grad des eigenen Interesses am Taterfolg, der Umfang der Tatbeteiligung und die Tatherrschaft oder wenigstens der Wille hierzu.[624] Im Schrifttum wird dagegen überwiegend die **Tatherrschaft** – d.h. »das vom Vorsatz umfasste In-den-Händen-Halten des tatbestandsmäßigen Geschehensablaufs« – für entscheidend erachtet (obj. Theorien).[625] 292

b) Mittelbare Täterschaft in Wirtschaftsunternehmen

Nach der Rspr.[626] kommt eine **mittelbare Täterschaft kraft Organisationsherrschaft** nicht nur in totalitären Staaten sowie bei mafiösen und mafiaähnlichen Organisationen in Betracht, sondern 293

622 BGHSt 23, 86 (Verkehrsstrafrecht); BGHSt 50, 105 (Ausländerstrafrecht); zum Streitstand Schönke/Schröder/*Heine*/*Hecker* StGB Vorbem. §§ 324 ff. Rn. 15 ff. m.w.N.

623 AnwaltKommentar StGB/*Waßmer* § 30 Rn. 1, 37.

624 Vgl. nur BGHSt 28, 346 (348 ff.); 53, 145 (154).

625 AnwaltKommentar StGB/*Waßmer* Vor § 25 Rn. 17 ff. m.w.N.

626 Grundlegend BGHSt 40, 218 (237); 45, 270 (296).

auch bei **Wirtschaftsunternehmen**, sofern der räumliche, zeitliche und hierarchische Abstand zwischen den Leitungspersonen und den unmittelbar handelnden Mitarbeitern gegen eine arbeitsteilige Mittäterschaft spricht und regelhafte Abläufe ausgenutzt werden. So wurde in Bezug auf einen Kapitalanlagebetrug eine mittelbare Täterschaft des Gesellschafters einer OHG bejaht, der die Handelsvertreter entsprechend geschult hatte und dadurch »Leitungsmacht« ausübte.[627] Diese Extension stößt allerdings im Schrifttum verbreitet auf Kritik,[628] da es bei Wirtschaftsunternehmen i.d.R. sowohl an der »Rechtsgelöstheit« als auch der erforderlichen »Fungibilität« der Mitarbeiter fehlt, sodass die Ausführung von Anordnungen grds. nicht sichergestellt ist. Plädiert wird stattdessen für die Annahme von **Mittäterschaft**, **Anstiftung** oder einer **unmittelbaren Unterlassungstäterschaft** (vgl. zur strafrechtlichen Geschäftsherrenhaftung Rdn. 302).[629]

c) Kollegial- und Gremienentscheidungen

294 Werden in Unternehmen Kollegial- oder Gremienentscheidungen getroffen (insb. durch vertretungsberechtigte Organe, die aus mehreren Mitgliedern bestehen), ist bei einem **einstimmigen Beschluss** jedes Mitglied strafrechtlich verantwortlich, das für die Vornahme bzw. das Unterlassen einer Maßnahme gestimmt hat, die einen Straftatbestand verwirklicht bzw. dessen Verwirklichung herbeiführt (Mittäterschaft, § 25 Abs. 2 StGB). Dies gilt ebenso bei einem **Mehrheitsbeschluss** für diejenigen Mitglieder, die für die Maßnahme gestimmt haben, da sie sich das Abstimmungsverhalten mittäterschaftlich zurechnen lassen müssen.[630] Auch ein **überstimmtes Mitglied** kann strafrechtlich verantwortlich sein, wenn es sich an der Umsetzung der Mehrheitsentscheidung beteiligt hat bzw. nicht alles ihm Mögliche und Zumutbare getan hat, um den Taterfolg zu verhindern.[631]

d) »Neutrale Teilnahme«

295 Besondere Bedeutung hat für das Bank- und Kapitalmarktstrafrecht die sog. **neutrale Beihilfe**. Hierbei geht es um **alltägliche und berufstypische Verhaltensweisen** von Mitarbeitern, wie die Ausführung einer Kundenorder, die einem Insidergeschäft oder einer Marktmanipulation dient, oder den Kapitaltransfer ins Ausland, der Kunden die nachfolgende Hinterziehung von Steuern ermöglicht. Rein äußerlich betrachtet liegt ein »neutrales« Verhalten vor, da mit der Ausführung eine an sich legale Dienstleistung erbracht wird. In derartigen Fällen stellt sich die Frage, ob eine **strafbare Beihilfe** vorliegt, wenn der Mitarbeiter es weiß oder es auch nur ernsthaft für möglich hält, dass der Auftraggeber die Order unter Verwendung einer Insiderinformation oder zur Kursmanipulation erteilt hat bzw. der Kapitaltransfer eine Steuerhinterziehung vorbereiten soll, er aber dennoch handelt. Entsprechend denkbar ist eine **neutrale Anstiftung**, etwa durch die Rechtsauskunft eines Rechtsanwaltes, die beim Mandanten den Entschluss zur Begehung einer Straftat hervorruft. Die Lösung der Fälle der neutralen Beihilfe ist sehr umstritten:[632]

296 In der **Strafrechtswissenschaft** wird **teilweise** bereits eine Restriktion im **objektiven Tatbestand** vorgenommen, indem Handlungen, die berufstypisch oder sozialadäquat sind, ausgeschieden werden. Hiergegen ist allerdings einzuwenden, dass weder das professionell Typische noch das sozial Übliche einen Maßstab für das »normativ Richtige« bieten. Die **h.L.** sucht demgegenüber die Lösung im **subjektiven Tatbestand** und lässt zwar grds. dolus eventualis genügen, stellt aber weitere Anforderungen. So hält *Roxin*[633] den »**deliktischen Sinnbezug**« für maßgebend und betrachtet eine Unterstützungshandlung als straflos, wenn der deliktische Bezug unklar ist oder lediglich möglich erscheint.

---

627 BGHSt 48, 331 (342).
628 Vgl. nur Schönke/Schröder/*Heine/Weißer* StGB § 25 Rn. 30.
629 AnwaltKommentar StGB/*Waßmer* § 25 Rn. 37 m.w.N.
630 Vgl. nur BGHSt 37, 106 (129).
631 Vgl. BGHSt 37, 106 (131 f.).
632 Überblick AnwaltKommentar StGB/*Waßmer* § 27 Rn. 18 ff. m.w.N.
633 *Roxin* AT II § 26 Rn. 221 ff.

Die neuere **Rspr.**[634] löst die Problematik ähnlich wie *Roxin* im **subjektiven Tatbestand**. Danach liegt eine **strafbare Beihilfe** vor, wenn der Hilfeleistende **weiß**, dass sein Tun zur Begehung einer Straftat genutzt wird; in diesem Fall sei das Tun als »Solidarisierung« mit dem Täter zu deuten und nicht mehr sozialadäquat; hielt der Unterstützende die Förderung einer Straftat dagegen lediglich für **möglich**, so ist das Handeln regelmäßig noch **nicht als strafbare Beihilfe** zu beurteilen, es sei denn, das von ihm erkannte Risiko strafbaren Verhaltens war derart hoch, dass er sich mit seiner Hilfeleistung die Förderung eines erkennbar tatgeneigten Täters »**angelegen**« sein ließ, d.h. er die Begehung einer Haupttat für »**überaus wahrscheinlich**« hielt. Die Rspr. stellt damit hohe Anforderungen an den dolus eventualis, sodass eine Beihilfe nur dann vorliegt, wenn das geförderte Verhalten mit sehr hoher Wahrscheinlichkeit einen **deliktischen Sinnbezug** aufweist (vgl. auch Rdn. 584). **Bejaht** wurde eine Strafbarkeit z.B. in folgenden Fällen: Beihilfe zur Steuerhinterziehung durch Bankangestellte mittels Ermöglichung des anonymisierten Kapitaltransfers ins Ausland;[635] Beihilfe durch konkrete Hinweise an Schwarz- und Schmiergeldempfänger, wo und wie sie die Gelder im Ausland zwecks Steuerhinterziehung anlegen können;[636] Beihilfe zum Betrug durch einen Rechtsanwalt, der für eine Gesellschaft, die im Bereich der Vermittlung von Kapitalanlagen tätig war und hierbei betrügerische Zwecke verfolgte, eine Infobroschüre zu Termingeschäften erstellte.[637] **Nicht ausreichend** ist dagegen z.B. die bloße Einrichtung von Konten, Gesellschaften oder Stiftungen im Ausland, da die Einrichtung vielen rechtmäßigen Zwecken dienen kann.[638] 297

Darüber hinaus ist anzunehmen, dass die **Rechtsauskunft eines professionellen Beraters** (Rechtsanwalts, Steuerberaters etc.) niemals eine Teilnahme (Beihilfe oder Anstiftung) begründet, wenn sie richtig ist; dagegen kann eine vorsätzlich falsche Rechtsauskunft als Teilnahme gewertet werden.[639] 298

e) Beteiligung nach dem OWiG

Bei **Ordnungswidrigkeiten** findet § 14 OWiG Anwendung. Danach handelt jeder, der sich an einer Ordnungswidrigkeit beteiligt, ordnungswidrig (**Einheitstäterprinzip**). Der Verzicht auf die häufig schwierige Abgrenzung von Täterschaft und Teilnahme soll vor allem die Rechtsanwendung erheblich vereinfachen.[640] Die Bedeutung des jeweiligen Tatbeitrags ist erst für die Bemessung der Geldbuße von Bedeutung. Nach h.M. setzt die **Beteiligung** an einer Ordnungswidrigkeit allerdings stets einen vorsätzlichen Tatbeitrag zu der vorsätzlichen Tat eines anderen voraus.[641] Diese restriktive Auslegung soll eine Überdehnung verhindern, da im Strafrecht Anstiftung und Beihilfe nur zu vorsätzlich begangenen Straftaten möglich sind und die fahrlässige Teilnahme straflos ist. Der Tatbeitrag muss die Bezugstat zumindest fördern, d.h. durch physische oder psychische Unterstützung mitursächlich werden.[642] Ist eine Beteiligung festgestellt, werden die betreffenden Personen zu »**Beteiligten**« i.S.d. § 14 OWiG. 299

7. Sonderdelikte und Zurechnung in Betrieben und Unternehmen

Die Tatbestände des Bank- und Kapitalmarktstrafrechts sind häufig sog. **Sonderdelikte**, die nur von Personen begangen werden können, denen bestimmte Pflichten – insb. nach den maßgebenden Fachgesetzen – obliegen. Normadressat der Gebote und Verbote, bei deren Verletzung Strafe oder Geldbuße droht, ist aber i.d.R. der »Inhaber« eines Betriebs bzw. Unternehmens, also eine 300

634 Grundlegend BGHSt 46, 107 (112 f.).
635 BGHSt 46, 107 (113 ff.).
636 BGH NJW 2003, 2996 (2999).
637 BGH NStZ 2000, 34.
638 Schork/Groß/*Groß* Bankstrafrecht Rn. 1119.
639 Vgl. nur Schönke/Schröder/*Heine/Weißer* StGB § 26 Rn. 12 ff.; AnwaltKommentar StGB/*Waßmer* § 27 Rn. 22.
640 KK-OWiG/*Rengier* § 14 Rn. 2 m.w.N.
641 BGHSt 31, 309 (311 ff.); KK-OWiG/*Rengier* § 14 Rn. 30.
642 KK-OWiG/*Rengier* § 14 Rn. 22 ff.

natürliche Person, juristische Person oder Personenvereinigung.[643] Ist der Inhaber eine natürliche Person, kann er regelmäßig nicht alle betrieblichen Verrichtungen selbst vornehmen, sondern muss diese an untergeordnete Mitarbeiter arbeitsteilig delegieren. Ist der Inhaber eine juristische Person oder Personenvereinigung, so sind diese »Rechtskonstrukte« zu einem tatsächlichen Handeln gar nicht in der Lage, vielmehr können nur ihre Organe und Vertreter als natürliche Personen handeln. Ein mögliches Auseinanderfallen von Handlung und Verantwortung beim **Handeln für einen anderen** und damit das Leerlaufen der Sonderdelikte verhindern das Straf- und das Ordnungswidrigkeitenrecht mit mehreren Instrumenten und sichern damit die **strafrechtliche Zurechnung.**

301 Zur Schließung von Strafbarkeits- bzw. Ahndungslücken erweitert die Regelung der **Organ- und Vertreterhaftung** (§ 14 StGB, § 9 OWiG) den Kreis der tauglichen Normadressaten. Damit rücken die organschaftlichen und gesetzlichen Vertreter des Inhabers sowie bestimmte gewillkürte Vertreter, die Leitungsaufgaben eigenverantwortlich wahrnehmen, in die Pflichtenstellung des Vertretenen ein.

302 Darüber hinaus können mittels der sog. **strafrechtlichen Geschäftsherrenhaftung**[644] der Inhaber sowie die über § 14 StGB und § 9 OWiG einbezogenen Vertreter beim Unterlassen von Aufsichtsmaßnahmen und einem Fehlverhalten untergeordneter Betriebs- bzw. Unternehmensangehöriger nach den Grundsätzen des unechten Unterlassungsdelikts (§ 13 StGB, § 8 OWiG) als Garanten zur Verantwortung gezogen werden. Es ist allerdings umstritten, ob und inwieweit den Inhaber die strafbewehrte Pflicht trifft, Taten von nachgeordneten Personen zu verhindern. Im Schrifttum[645] wurde und wird überwiegend eine Garantenstellung, betriebsbezogene Straftaten zu hindern, bejaht, wobei zur Begründung vor allem auf die Autoritätsstellung der Leitungsebene oder auf entsprechende Verkehrssicherungspflichten rekurriert wird. Mittlerweile hat auch die Rechtsprechung des BGH[646] eine Garantenstellung grds. anerkannt (zur **Compliance** Rdn. 621). Der Nachweis einer Beteiligung durch Unterlassen bereitet allerdings in der Praxis große Schwierigkeiten (Kausalität, subjektive Tatseite). Daher wird i.d.R. auf § 130 OWiG, d.h. die **Aufsichtspflichtverletzung in Betrieben und Unternehmen**, als Auffangtatbestand zurückgegriffen, der aber nur die Verhängung von Geldbußen gestattet. Besondere Bedeutung erlangt § 130 OWiG jedoch dadurch, dass er die Möglichkeit der Verhängung einer **Verbandsgeldbuße** (§ 30 OWiG) eröffnet, womit bei juristischen Personen und Personenvereinigungen der »Durchgriff« auf den Betrieb bzw. das Unternehmen selbst möglich ist.

303 Schließlich existiert im **Ordnungswidrigkeitenrecht** für die Fälle der Beteiligung (§ 14 OWiG) eine weitere bedeutende Ausweitung. Bei **mehreren Beteiligten** reicht es für die Ahndung sämtlicher Beteiligter aus, wenn wenigstens einer von ihnen die vorausgesetzten besonderen persönlichen Merkmale aufweist (vgl. § 14 Abs. 1 Satz 2 OWiG). Damit können auch **untergeordnete Betriebs- oder Unternehmensangehörige**, die an einer Pflichtverletzung des Normadressaten (bzw. eines Vertreters i.S.v. § 9 OWiG) mitwirken und aufgrund ihrer Stellung selbst nicht als Vertreter i.S.d. § 9 Abs. 2 OWiG anzusehen sind, mit einer Geldbuße belegt werden. Dasselbe gilt für **Externe**, wie Unternehmensberater, Rechtsanwälte, Steuerberater und Wirtschaftsprüfer sowie die Mitarbeiter von Kredit- und Finanzdienstleistungsinstituten.

8. Regeln der Organ- und Vertreterhaftung

304 Die Regeln der **Organ- und Vertreterhaftung** (§ 14 StGB; § 9 OWiG) lassen den Vertreter bei Sonderdelikten in die Pflichtenstellung des Vertretenen einrücken (sog. »Überwälzung« der Pflichten).

643 Vgl. nur zur Aufsichtspflicht in Betrieben und Unternehmen KK-OWiG/*Rengier* § 130 Rn. 25.

644 AnwaltKommentar StGB/*Waßmer* § 25 Rn. 38 m.w.N.

645 Vgl. *Rogall* ZStW 98 (1986), 573 (613 ff.); eingehend *Waßmer* Die strafrechtliche Geschäftsherrenhaftung, Habil. Freiburg 2006, S. 94 ff.

646 BGHSt 55, 44; 57, 42; zust. *C. Dannecker/G. Dannecker* JZ 2010, 981 (989 f.); abl. *Kretschmer* StraFo 2012, 259 (262); krit. *Kudlich* HRRS 2012, 177 (179 f.); *Mittelsdorf* ZIS 2011, 123 (1279).

Der Pflichtenübergang wirkt allerdings nicht befreiend, da der Vertretene Normadressat bleibt (»auch«), sodass seine Verantwortlichkeit fortbesteht. Unterschieden wird zwischen organschaftlichen, gesetzlichen und gewillkürten **Vertretern**. Zu den vertretungsberechtigten **Organen** (§ 14 Abs. 1 StGB; § 9 Abs. 1 OWiG) einer juristischen Person zählen z.B. der Vorstand einer AG, die Komplementäre einer KGaA und die Geschäftsführer einer GmbH. Bei den vertretungsberechtigten Gesellschaftern einer rechtsfähigen Personengesellschaft handelt es sich insb. um zur Vertretung ermächtigte Gesellschafter einer OHG, Komplementäre einer KG, den Geschäftsführer der GmbH als Komplementär einer GmbH & Co. KG und die Gesellschafter einer sog. Außen-GbR. Sonstige **gesetzliche Vertreter** sind z.B. Nachlassverwalter sowie Testamentsvollstrecker.

Bei den mit der **Betriebsleitung Beauftragten** (§ 14 Abs. 2 Satz 1 Nr. 1 StGB; § 9 Abs. 2 Satz 1 Nr. 1 OWiG) reicht die Verantwortlichkeit nur so weit, wie der Beauftragte mit der eigenverantwortlichen Wahrnehmung von Leitungsaufgaben betraut ist und diese auch tatsächlich übernommen hat. Die Leitung von Betriebsteilen umfasst die Führung von räumlich getrennten Betriebsteilen (z.B. Zweigstellen) oder Betriebsabteilungen (z.B. Vertrieb; Privatkunden; Firmenkunden; Kreditsachbearbeitung; Immobilien; IT; Revision; Personal; Steuern; Recht). In der Praxis sind vor allem die leitenden Angestellten mit Leitungsaufgaben betraut; es kann sich aber im Einzelfall ebenso um andere Personen handeln.[647] Auch der **Insolvenzverwalter**, der nach der herrschenden Amtstheorie als amtlicher Vertreter handelt, ist als mit der Betriebsleitung Beauftragter anzusehen.[648] Darüber hinaus rücken die ausdrücklich mit **Inhaberaufgaben Beauftragten** (§ 14 Abs. 2 Satz 1 Nr. 2 StGB; § 9 Abs. 2 Satz 1 Nr. 2 OWiG) in die Pflichtenstellung des Inhabers ein, sofern sie Aufgaben in eigener Verantwortung wahrnehmen. Auch Externe können Beauftragte sein; allerdings genügt nach h.M. eine rein beratende Tätigkeit ohne Entscheidungsbefugnisse nicht.[649] 305

Darüber hinaus sind auch sog. **faktische Organe und Vertreter** einbezogen, da die Unwirksamkeit des Bestellungsakts keinen Einfluss auf die Verantwortlichkeit hat (vgl. § 14 Abs. 3 StGB; § 9 Abs. 3 OWiG). Daher ist bei Nichteinhaltung von Formvorschriften das Vorliegen eines faktischen Bestellungsakts ausreichend. I.Ü. geht die Rspr. sogar davon aus, dass nicht einmal ein Bestellungsakt erforderlich ist,[650] also auch faktische GmbH-Geschäftsführer, die neben oder anstelle von wirksam bestellten Organen Leitungsbefugnisse ausüben und bei denen eine Bestellung von vornherein nicht angestrebt wurde, erfasst sind. Im Schrifttum wird hingegen ein derartiger »Durchgriff« verbreitet als Verstoß gegen das Analogieverbot bewertet.[651] In der Praxis stellt sich die Problematik freilich kaum, da sich meistens ein konkludenter, wenn auch unwirksamer, faktischer Bestellungsakt (insb. das Einvernehmen der zur Bestellung befugten Personen) feststellen lässt. 306

Im Fall einer **aufgeteilten Geschäftsführung** rückt jedes Mitglied in die Pflichtenstellung des Inhabers ein, wobei die interne Ressortverteilung ohne Bedeutung ist.[652] Bei Angelegenheiten, die **Einzelressorts** betreffen, ist allerdings die Verantwortlichkeit intern nicht zuständiger Mitglieder grds. zu verneinen. Ein intern nicht zuständiges Mitglied kann aber ausnahmsweise doch verantwortlich sein, wenn es erkennt, dass eine rechtlich gebotene Handlung durch das zuständige Mitglied nicht vorgenommen wird; das intern nicht zuständige Mitglied muss dann i.R.d. Möglichen und Zumutbaren dafür sorgen, dass den Pflichten ordnungsgemäß nachgekommen wird; war der Mangel nicht offenkundig, besteht keine Verantwortlichkeit. Demgegenüber ist bei **ressortübergreifenden Angelegenheiten** die Verantwortlichkeit grds. aller Mitglieder zu bejahen.[653] 307

647 Für eine weite Auslegung Göhler/*Gürtler* OWiG § 9 Rn. 21; restriktiver KK-OWiG/*Rogall* § 9 Rn. 85.
648 Schönke/Schröder/*Perron* StGB § 14 Rn. 24 m.w.N.
649 Göhler/*Gürtler* OWiG § 9 Rn. 23; KK-OWiG/*Rogall* § 9 Rn. 88, 91.
650 Vgl. BGHSt 31, 118 (121 f.); KK-OWiG/*Rogall* § 9 Rn. 47 m.w.N.
651 Überblick bei KK-OWiG/*Rogall* § 9 Rn. 48 m.w.N.
652 BGHSt 37, 106 (123 ff.).
653 BGHSt 37, 106 (123 ff.) zur strafrechtlichen Produkthaftung.

308 Der Vertreter muss »**als**« gesetzlicher Vertreter bzw. »**auf Grund**« des Auftrags handeln. Die Rspr. folgte hierbei lange Zeit der sog. **Interessentheorie.**[654] Danach sollte der Vertretungsbezug nur dann vorhanden sein, wenn der Vertreter bei wirtschaftlicher Betrachtung »wenigstens auch« im Interesse des Vertretenen handelt, nicht aber dann, wenn er ausschließlich eigennützig tätig ist. Im wichtigsten Anwendungsfall, der Abgrenzung zwischen **Bankrott** (§ 283 StGB) und **Untreue** (§ 266 StGB), führte dies allerdings zu einer starken und widersinnigen Einschränkung des Anwendungsbereichs der Insolvenzdelikte, wenn der Vertreter (wie häufig) im Eigeninteresse Vermögenswerte beiseite schaffte. I.Ü. stieß das Abstellen auf ein »Interesse« an der Tat bei Fahrlässigkeitsdelikten offensichtlich an Grenzen. Die im Schrifttum verbreitete **Funktionstheorie** stellt deshalb darauf ab, ob der Vertreter rechtliche oder tatsächliche Wirkungsmöglichkeiten nutzt, die sich gerade aus seiner besonderen Stellung ergeben.[655] Im Jahr 2012 hat der BGH (3. Strafsenat)[656] – wie in der 3. Aufl. erwartet – die Interessentheorie aufgegeben[657] und hält nunmehr ein Tätigwerden »im Geschäftskreis des Vertretenen« für maßgebend (**Geschäftskreistheorie**).

III. Tatbestände des Bank- und Kapitalmarktstrafrechts (Auswahl)

1. Betrug und Wirtschaftsbetrug (§§ 263 ff. StGB)

a) Betrug (§ 263 StGB)

aa) Allgemeines

309 Der Betrug (§ 263 StGB) ist einer der **zentralen Tatbestände** des Bank- und Kapitalmarktstrafrechts, der in Theorie und Praxis zahlreiche Fragen aufwirft und dessen Anwendung vielfältige Probleme bereitet. Rspr. und Schrifttum sind außerordentlich umfangreich und differenziert. Ergänzt wird der allgemeine Betrugstatbestand, der vor vermögensschädigenden Täuschungen schützt, durch die speziellen Tatbestände des Wirtschaftsbetruges (§§ 263a ff. StGB), die ergänzend besondere Erscheinungsformen erfassen. **Schutzgut** des § 263 StGB ist nach ganz h.M. allein das Vermögen.[658] Der Betrug ist nicht nur ein Vermögensschädigungs- und Vermögensverschiebungsdelikt, sondern auch ein sog. kupiertes Erfolgsdelikt, da die Vollendung des Deliktes nicht voraussetzt, dass die erstrebte Bereicherung beim Täter bzw. einem Dritten eintritt. Der Grundtatbestand des Betrugs (§ 263 Abs. 1 StGB) ist ein Vergehen, dessen Versuch strafbar ist (Abs. 2). Der Qualifikationstatbestand (Abs. 5) ist hingegen ein Verbrechen.

310 Der **Tatbestand** des Betrugs erfordert objektiv eine Täuschung über Tatsachen (durch aktives Tun oder pflichtwidriges Unterlassen), die einen Irrtum bewirkt (erregt oder unterhält) und zu einer Vermögensverfügung führt, die einen Vermögensschaden zur Folge hat. Subjektiv muss neben dem Vorsatz zusätzlich Bereicherungsabsicht (d.h. die Absicht, sich oder einem Dritten einen rechtswidrigen Vermögensvorteil zu verschaffen) vorliegen. **Täter** des Betrugs kann jeder sein (Allgemeindelikt).

bb) Täuschung

311 Vorausgesetzt wird eine **Täuschung über Tatsachen** durch Tun oder pflichtwidriges Unterlassen (»Vorspiegelung falscher oder Entstellung oder Unterdrückung wahrer Tatsachen«; die Fassung des Tatbestands gilt als missglückt). **Tatsachen** sind alle vergangenen und gegenwärtigen

---

654 BGHSt 30, 127 (128 f.).
655 Schönke/Schröder/*Perron* StGB § 14 Rn. 26 m.w.N.
656 BGHSt 57, 229, 237; zuvor bereits zur Aufgabe neigend der 3. Strafsenat, NJW 2009, 2225 (2227 f.), und der 1. Strafsenat, NStZ-RR 2009, 373; Anfragebeschluss des 3. Strafsenats, NZG 2011, 1311.
657 Hieran aber grds. festhaltend KK-OWiG/*Rogall* § 130 Rn. 69 m.w.N.
658 RGSt 74, 167 (168); BGHSt 34, 199 (203).

Sachverhalte, die objektiv bestimmt und dem Beweis zugänglich sind. Nach h.M. zählen hierzu nicht nur äußere Tatsachen (z.B. Zahlungsfähigkeit), sondern auch innere Tatsachen, sodass auch psychische Zustände (Motive, Absichten, Überzeugungen) erfasst sind (z.B. Leistungswilligkeit).[659] Nicht erfasst sind künftige Ereignisse sowie reine Meinungsäußerungen, Prognosen und Werturteile. Allerdings können **Prognosen** auf einer Tatsachenbehauptung fußen (z.B. Verkauf von Versicherungen mit der Behauptung, nach wissenschaftlichen Erkenntnissen werde es in einer Region bald zu Erdbeben kommen).[660] Auch **Werturteile** und **Meinungsäußerungen** weisen häufig einen sog. »Tatsachenkern« auf (z.B. die Angabe, ein Investmentfonds sei in der Fachpresse »hervorragend« bewertet worden). Als Tatsachenbehauptungen sind auch Aussagen über die Existenz von Rechtssätzen, Urteilen und Auffassungen (z.B. die Behauptung, der BGH habe vergleichbare Fälle abschlägig entschieden) einzuordnen.[661] Selbst durch **wahre Aussagen** kann im Einzelfall getäuscht werden, wenn das Gesamtbild dennoch eine unzutreffende Tatsachenbehauptung vermittelt (z.B. Einzahlung eines gefälschten Geldscheins, der scherzhaft als »Blüte« bezeichnet wird).[662]

Eine **ausdrückliche Täuschung** ergibt sich unmittelbar aus dem Inhalt einer mündlichen, schrift- **312**
lichen, elektronischen oder gestischen Erklärung (z.B. Worte; Prospekte; Email; Nicken). Die Auslegung richtet sich nach dem Empfängerhorizont und der Verkehrsauffassung. So stellt z.B. hinsichtlich **Optionen auf Warenterminkontrakte** die Zusicherung, im Augenblick des Verkaufsgesprächs bestehe ein Börsentrend, der praktisch eine Gewinngarantie bedeute, eine betrugsrelevante Täuschung dar.[663] Dagegen war der Verkauf von **Lehman-Zertifikaten** als »sichere Anlage« – jedenfalls solange die Insolvenz (im September 2008) noch nicht vorhersehbar war – nicht betrugsrelevant.[664]

Eine **konkludente Täuschung** folgt mittelbar aus dem Inhalt einer ausdrücklichen Erklärung und **313**
ist als schlüssige Miterklärung bestimmter Tatsachen anzusehen (z.B. Miterklärung von Erfüllungsfähigkeit und Erfüllungswillen bei Vertragsschluss). Gerade im **Bankgeschäft** werden häufig Tatsachen miterklärt: z.B. bei Vorlage eines Schecks oder Wechsels die Miterklärung der Deckung;[665] bei Erteilung eines Einziehungsauftrags im Lastschriftverfahren die Miterklärung, dass eine Einzugsermächtigung vorliegt und die Forderung besteht;[666] bei Vorlage eines Schecks zur Einlösung die Miterklärung, dass die wesentlichen Scheckvoraussetzungen erfüllt sind.[667] Die Angemessenheit oder Üblichkeit des Preises einer Ware oder Dienstleistung wird allerdings nach h.M. grds. nicht miterklärt.[668]

Eine **Täuschung durch Unterlassen** (§ 13 StGB) setzt das Bestehen einer Aufklärungspflicht voraus, **314**
die auf die Beseitigung eines (potenziellen) Irrtums gerichtet ist. Die Garantenstellung kann sich nach allgemeinen Grundsätzen aus Gesetz, Vertrag (auch einem unwirksamen Vertrag, soweit auf dessen Geltung vertraut wird; Rechtsschein) und Ingerenz ergeben. **Gesetzliche** Aufklärungspflichten können im Rahmen zivilrechtlicher Vertragsverhältnisse z.B. für den Beauftragten (vgl. §§ 666, 675 BGB) oder im Rahmen öffentlich-rechtlicher Leistungsverhältnisse z.B. für die Bezieher von Arbeitslosengeld und Sozialhilfeleistungen strafrechtliche Relevanz haben. Nach der Rspr. soll auch die prozessuale Wahrheitspflicht der Parteien (§ 138 ZPO) und Zeugen (§§ 392 ZPO, 57 StPO)

659 NK-StGB/*Kindhäuser* § 263 Rn. 76 m.w.N.
660 NK-StGB/*Kindhäuser* § 263 Rn. 83.
661 NK-StGB/*Kindhäuser* § 263 Rn. 87.
662 Schönke/Schröder/*Perron* StGB § 263 Rn. 12.
663 BGHSt 30, 177 (180 f.).
664 *Gerst/Meinicke* StraFo 2011, 29 (31); Schork/Groß/*Groß/Reichling* Bankstrafrecht Rn. 298.
665 BGHSt 24, 386 (389); BGH NJW 1969, 1260 (1261).
666 OLG Hamm NJW 1977, 1834 (1836).
667 BGH NStZ 2002, 144 (145).
668 BGH JZ 1989, 759 (760); OLG Stuttgart NStZ 1985, 503; BayObLG NJW 1994, 1078 (1079).

eine Garantenstellung begründen;[669] dagegen spricht jedoch, dass die prozessuale Wahrheitspflicht ausschließlich ggü. dem Rechtspflegeorgan besteht.[670]

315 **Vertragliche** Aufklärungspflichten sind strafrechtlich zu beachten, wenn es sich um **Hauptpflichten** handelt (z.B. Vertrag zur Vermögensberatung). Nebenpflichten sind hingegen nur bei Inanspruchnahme besonderen Vertrauens relevant (z.B. bei der Beratung auf Kundenwunsch oder bei langfristigen Geschäftsbeziehungen wie Kontokorrent- und Dauerkreditverhältnissen).[671] Dagegen besteht bei gewöhnlichen Kreditgeschäften regelmäßig keine Verpflichtung zur Offenbarung aller für die Kreditwürdigkeit maßgeblichen Umstände.[672]

316 Aus **Ingerenz** können strafrechtlich relevante Aufklärungspflichten resultieren, wenn ein **pflichtwidriges gefährdendes Vorverhalten** vorliegt.[673] So hat die Rspr.[674] einen Betrug durch Unterlassen darin gesehen, dass der Kreditnehmer den Kreditvermittler nicht von der Ablehnung einer Garantieübernahme seitens einer Bank, die der Kreditnehmer zuvor telefonisch in Aussicht gestellt hatte, unterrichtete, weshalb die Darlehenssumme letztlich ohne Absicherung des Kredits überwiesen wurde. Z.T.[675] wurde auch das Ausnutzen des Lastschriftverfahrens zur Beschaffung kurzfristigen Kredits (»Lastschriftreiterei«) unter dem Gesichtspunkt der Ingerenz als Betrug durch Unterlassen bewertet.

317 Schließlich können sich ausnahmsweise **aus Treu und Glauben** strafrechtlich relevante Aufklärungspflichten ergeben.[676] Insoweit fordert die neuere Rspr. restriktiv ein **besonderes Vertrauensverhältnis.**[677] Die bloße Unterhaltung eines Girokontos begründet noch keine derartige Vertrauensbeziehung,[678] sodass die Ausnutzung einer Fehlbuchung durch den Bankkunden grds. nicht strafbar ist.[679] Verneint wurde auch eine Betrugsstrafbarkeit wegen der Annahme eines (nach Scheckvorlage) irrtümlich zu viel ausgezahlten Geldbetrags[680] oder wegen der Abhebung von Rentenbezügen nach dem Tod des Rentenberechtigten.[681] Dagegen wurde beim Auftreten einer Firma als fachmännische Vermittlerin gewinnbringender Geldanlagen für den Verkauf von Warenterminkontrakten angenommen, dass über exorbitante Aufschläge (von über 70 %) aufzuklären ist.[682]

cc) Irrtum

318 Ein **Irrtum** stellt jede der Wirklichkeit widersprechende Tatsachenvorstellung dar. Einem Irrtum können ausschließlich Menschen unterliegen. Wird eine Datenverarbeitungsanlage »getäuscht«, kann ein Computerbetrug (§ 263a StGB; Rdn. 337 ff.) vorliegen. Einbezogen sind nicht nur reflektierte, sondern auch unreflektierte Fehlvorstellungen in Form des sachgedanklichen Mitbewusstseins

---

669 OLG Zweibrücken NJW 1983, 694.
670 Vgl. nur Schönke/Schröder/*Perron* StGB § 263 Rn. 21 m.w.N.
671 BGHSt 6, 198; 39, 392 (399); vgl. auch BGH NJW 2001, 453 (454 f.).
672 RGSt 70, 151; BGH GA 1965, 208; BGH wistra 1984, 223.
673 Schönke/Schröder/*Perron* StGB § 263 Rn. 20 m.w.N.
674 BGH BeckRS 1976, 31112908.
675 AG Gera NStZ-RR 2005, 213 (214).
676 RGSt 66, 58; 69, 284; 70, 151 (155); 70, 225 (227); BGHSt 6, 198 (199).
677 BGHSt 30, 177 (181 f.); 39, 392 (400); 46, 196 (202); BGH wistra 1988, 262 (263); NJW 1995, 539 (540); OLG Bamberg NStZ-RR 2012, 248 m. Anm. *Waßmer/Kießling* NZWiSt 2012, 313.
678 BGHSt 39, 392 (399).
679 BGHSt 46, 196 (202).
680 OLG Düsseldorf NJW 1969, 623.
681 OLG Köln NJW 1979, 278.
682 BGHSt 30, 177, 181.

(»alles in Ordnung«).[683] Nicht erfasst ist nach h.M. die Tatsachenunkenntnis infolge des völligen Fehlens einer Vorstellung (»ignorantia facti«).[684]

Zweifel schließen nach h.M. einen Irrtum nicht aus.[685] In Bezug auf den Handel mit Optionen auf Warentermingeschäfte hat die Rspr.[686] jedoch betont, dass die Feststellung eines Irrtums sorgfältige, auf die Beweggründe, Kenntnisse und Erwägungen des jeweiligen Kunden zugeschnittene Ermittlungen und Feststellungen voraussetzt; so dränge sich, wenn Kunden bereits bei vorangegangenen Geschäften einen Verlust erlitten hätten, die Annahme auf, dass der Kenntnisstand ausreichend gewesen sei.[687] Andererseits ist der Schutz nach h.M. umfassend. Auch ein Irrtum, dem das Opfer infolge **Leichtgläubigkeit** erliegt, ist tatbestandsmäßig, sodass selbst bei abenteuerlichen (Rendite-) Versprechen ein betrugsrelevanter Irrtum in Betracht kommt.[688] Einer viktimodogmatischen Restriktion des Betrugstatbestands wird ganz überwiegend mit Recht die Gefolgschaft versagt, da auch und gerade Leichtgläubige schutzbedürftig sind.[689] 319

Zwischen der Täuschung und dem Irrtum muss eine **Kausalitätsbeziehung** bestehen. Ein Irrtum wird **erregt**, sofern eine zuvor nicht vorhandene Fehlvorstellung durch die täuschende Einflussnahme auf den Getäuschten (mit-)bewirkt wird, und **unterhalten**, wenn die Unkenntnis hinsichtlich einer Tatsache aktiv aufrechterhalten (z.B. durch Zerstreuung aufkommender Zweifel) oder durch pflichtwidriges Unterlassen der Aufklärung nicht beseitigt wird.[690] 320

dd) Vermögensverfügung

Das ungeschriebene Tatbestandsmerkmal der **Vermögensverfügung** verknüpft Irrtum und Vermögensschaden. Eine Vermögensverfügung ist jedes Tun oder Unterlassen, das unmittelbar zu einer Vermögensminderung führt.[691] 321

Unter **Vermögen** versteht die Rspr., die dem umfassenden **wirtschaftlichen Vermögensbegriff** folgt, die Summe aller geldwerten Güter, über die eine Person verfügen kann.[692] Geschützt sind z.B. Eigentum, Besitz, Vermögensrechte, Anwartschaftsrechte, wirtschaftlich werthaltige Erwerbs- bzw. Gewinnaussichten[693] (nicht aber hochspekulative Gewinnerwartungen[694]), nicht einklagbare Forderungen, sofern der Schuldner dennoch leistungswillig ist,[695] sowie die menschliche Arbeitskraft.[696] Ohne Bedeutung ist es, ob die Vermögenswerte legal oder illegal (z.B. durch Diebstahl) erlangt wurden. Demgegenüber wird im Schrifttum überwiegend der **juristisch-ökonomische Vermögensbegriff** in verschiedenen Ausprägungen vertreten, wonach das Vermögen nur die Summe aller geldwerten Güter umfasst, die in rechtlich schutzwürdiger Weise einer Person zugeordnet sind.[697] Forderungen aus nichtigen oder sittenwidrigen Verträgen wären danach allerdings nicht geschützt, womit (straf-)rechtsfreie Räume entstehen würden. **Inhaber** des Vermögens kann sowohl 322

683 Vgl. BGHSt 2, 325 (326).
684 RGSt 42, 41 (42); MüKo-StGB/*Hefendehl* § 263 Rn. 229 m.w.N.; krit. NK-StGB/*Kindhäuser* § 263 Rn. 170 f. m.w.N.
685 BGHSt 24, 257 (260); BGH NStZ 2003, 313 (314).
686 BGH NJW 1983, 1917.
687 Vgl. nur BGH wistra 1989, 19 (22).
688 Schork/Groß/*Groß/Reichling* Bankstrafrecht Rn. 301 m.w.N.
689 BGHSt 32, 38 (43); 34, 199 (201).
690 Schönke/Schröder/*Perron* StGB § 263 Rn. 42 ff. m.w.N.
691 RGSt 59, 104; BGHSt 14, 170 (171).
692 RGSt 44, 230 (233); 66, 281 (285); BGHSt 1, 262 (264); 3, 99 (102); 16, 220 (221); 16, 321 (325); 26, 346 (347).
693 BGHSt 16, 220 (223); 31, 232 (234); BGH NStZ 1991, 488 f.; NJW 2004, 2603 (2604).
694 Vgl. BGH NStZ 1996, 191.
695 RGSt 68, 379 (380).
696 BGH NJW 2001, 981; krit. Schönke/Schröder/*Perron* StGB § 263 Rn. 96.
697 Schönke/Schröder/*Perron* StGB § 263 Rn. 82 f.

eine natürliche als auch eine juristische Person oder Personenvereinigung sein. Einbezogen ist nicht nur das **Privatvermögen**, sondern auch das **Staatsvermögen.**[698] So ist z.B. die Gewährung von Unterkunft und Verpflegung durch den Staat und seine Einrichtungen im Rahmen einer behördlichen Freiheitsentziehung geschützt. Nicht geschützt sind jedoch nach h.M. aufgrund der abweichenden Zwecksetzung staatliche Strafen und Bußgelder.[699]

323 **Verfügung** ist rein faktisch zu verstehen, sodass nicht nur rechtsgeschäftliche Handlungen (z.B. ein Vertragsschluss), sondern auch alle sonstigen unmittelbar vermögensmindernden Verhaltensweisen einbezogen sind (z.B. Räumung einer Wohnung; Blankounterschrift bei Anscheinsvollmacht; staatliche Hoheitsakte wie Verurteilung und Klageabweisung). Eine Verfügung durch **Unterlassen** liegt insb. bei der Nichtgeltendmachung von Ansprüchen oder dem Nichtbetreiben der Zwangsvollstreckung vor.[700] Der Getäuschte muss die Verfügung grds. nicht bewusst vornehmen, allerdings verlangt die h.M. beim sog. Sachbetrug Verfügungsbewusstsein.[701] An dem **Unmittelbarkeitserfordernis** fehlt es, wenn der Getäuschte dem Täter nur die tatsächliche Möglichkeit eröffnet, einen Vermögensschaden durch weitere selbstständige deliktische Schritte herbeizuführen.[702] **Getäuschter** und **Verfügender** müssen identisch sein. Hingegen müssen Verfügender und Geschädigter nicht identisch sein, womit ein **Dreiecksbetrug** möglich ist. Um den Betrug vom Diebstahl in mittelbarer Täterschaft abzugrenzen, ist eine besondere Beziehung zwischen dem verfügenden Dritten und dem Geschädigten erforderlich. Die h.M. folgt hierbei der (faktischen) Nähetheorie, wonach es genügt, dass der Dritte dem betroffenen Vermögen in der Weise »nahe« steht, dass er schon vor der Täuschung über die Sache verfügen konnte oder an ihr Gewahrsam hatte.[703] Im Schrifttum wird hingegen verbreitet der (normativen) Lagertheorie gefolgt, wonach maßgebend ist, dass der Dritte dem »Lager« des Geschädigten als Beschützer normativ zugeordnet ist.[704]

ee) Vermögensschaden

324 Zur Feststellung eines **Vermögensschadens** ist die (Gesamt-) Vermögenssituation vor und nach der Vermögensverfügung zu ermitteln und zu prüfen, ob der durch die Verfügung eingetretene Vermögensabfluss durch den erzielten Vermögenszufluss objektiv betrachtet unmittelbar wirtschaftlich voll kompensiert worden ist (**Prinzip der Gesamtsaldierung**).[705] Bei **Austauschgeschäften** kann die Vermögensminderung durch eine gleichwertige Gegenleistung ausgeglichen werden. Bei der **Kompensation** sind alle wirtschaftlich werthaltigen Vor- und Nachteile zu berücksichtigen. Hierzu zählen auch gesetzliche Sicherungsmittel (z.B. das Unternehmerpfandrecht nach § 647 BGB), vertragliche Sicherungen, Rücktrittsmöglichkeiten und werthaltige Sicherungen aus dem Vermögen Dritter (Bürgschaft, Schuldbeitritt, Sicherungsübereignung), nicht aber gesetzliche Ersatzansprüche (Schadensersatz- und Bereicherungsansprüche), Anfechtungs- und Gewährleistungsrechte sowie Ansprüche aus Versicherungsleistungen.[706]

325 Auch bei einer schadensgleichen Vermögensgefährdung (»konkrete Vermögensgefährdung«) kann nach h.M. ein Schaden in Form eines sog. **Gefährdungsschadens** bestehen, wobei die Rspr. früher z.T. sehr weit ging (z.B. Schaden bei einem gutgläubigen Erwerb, bei dem Rechtsstreitigkeiten

698 Eingehend *Berger* Der Schutz öffentlichen Vermögens durch § 263 StGB, 2000.
699 BGHSt 38, 345 (352); OLG Köln NJW 2002, 527 (528).
700 Schönke/Schröder/*Perron* StGB § 263 Rn. 58 m.w.N.
701 Vgl. BGHSt 14, 170 (172); 18, 221 (223).
702 BGHSt 50, 174, (178).
703 BGHSt 18, 221 (223 f.); BGH NStZ 1997, 32 (33).
704 Schönke/Schröder/*Perron* StGB § 263 Rn. 66 m.w.N.
705 RGSt 16, 1 (3); BGHSt 16, 220 (221); 30, 388 (390); 45, 1 (4); Graf/Jäger/Wittig/*Waßmer* § 266 StGB Rn. 169.
706 NK-StGB/*Kindhäuser* § 263 Rn. 254 f. m.w.N.

drohen;[707] Schaden durch bloße Aushändigung von Scheck- und Kreditkarten[708] oder Einräumung eines Überziehungskredites[709]). Nach der neueren Rspr. des BVerfG zur Untreue[710] – der die Rspr. auch beim Betrug Rechnung zu tragen hat[711] – ist jedoch der Minderwert grds. **konkret festzustellen** und ggf. unter Beauftragung eines **Sachverständigen** zur wirtschaftlichen Schadensfeststellung zu beziffern; sind genaue Feststellungen nicht möglich, sind Mindestfeststellungen zu treffen, um den eingetretenen wirtschaftlichen Schaden unter Beachtung des Zweifelsatzes zu schätzen. Ist eine Bezifferung nicht möglich, ist die Annahme eines Vermögensschadens ausgeschlossen. Eine schadensgleiche Vermögensgefährdung ist von der Rspr. z.B. beim Einsammeln von Anlagegeldern für ein **Schneeballsystem**[712] sowie beim **Kreditbetrug**[713] gefolgert worden, wenn infolge fehlender Bonität des Schuldners und wegen nicht ausreichender Sicherheiten konkret erkennbar ist, dass mit einem zumindest teilweisen Forderungsausfall zu rechnen ist.

Nicht erst bei der Annahme der vereinbarten Leistung, sondern bereits bei der Übernahme der Leistungspflicht kann ein Schaden vorliegen. So ist bereits bei Vertragsschluss ein **Eingehungsbetrug** infolge eines Gefährdungsschadens zu bejahen, wenn der Wert der Verpflichtung wirtschaftlich betrachtet hinter dem Wert des Anspruchs zurückbleibt.[714] Einzubeziehen sind in die vorzunehmende Wertung die Leistungswilligkeit und -fähigkeit des Schuldners, die prozessuale Durchsetzbarkeit der Forderung und die Realisierbarkeit von Sicherheiten. An einem Schaden fehlt es z.B., wenn der Getäuschte nur Zug um Zug zu leisten hat. Beim **Erfüllungsbetrug** ist zu differenzieren zwischen dem sog. **unechten** Erfüllungsbetrug, bei dem der Täter bereits bei Vertragsschluss täuscht und die minderwertige Leistung später auch erbringt, und dem sog. **echten** Erfüllungsbetrug, bei dem der Täter erst nach Vertragsschluss über die Qualität der Leistung täuscht und das Opfer veranlasst, eine minderwertige Leistung anzunehmen.[715] 326

Nach h.M. findet ausnahmsweise keine Kompensation statt, wenn die Leistung, die der Getäuschte erhält, zwar abstrakt betrachtet gleichwertig ist, in Anbetracht seiner speziellen Bedürfnisse und Zwecke aber für ihn individuell betrachtet nicht brauchbar ist, mithin kein ausreichendes Äquivalent darstellt (sog. **persönlicher** oder **individueller Schadenseinschlag**).[716] Damit der Betrug nicht zu einem Delikt umgestaltet wird, das in weitem Umfang die Dispositionsfreiheit schützt, sind nur drei eng umgrenzte **Fallgruppen** anerkannt: Die Gegenleistung ist nicht oder nicht in vollem Umfang für den vertraglich vorausgesetzten Zweck oder in anderer zumutbarer Weise zu verwenden (z.B. bei Kauf von Warenterminoptionen zum Zweck der Kapitalanlage); der Vermögensinhaber gerät in erhebliche finanzielle Bedrängnis und wird zu weiteren vermögensschädigenden Maßnahmen genötigt (z.B. bei Abschluss eines ungünstigen Kreditvertrags); dem Vermögensinhaber werden Mittel entzogen, die für die Aufrechterhaltung einer angemessenen Wirtschafts- und Lebensführung unerlässlich sind (z.B. bei Kauf einer Eigentumswohnung im Rahmen eines Bauträgermodells). Im Übrigen ist auch hier zu fordern, dass der Nachteil in wirtschaftlich nachvollziehbarer Weise **bezifferbar** ist.[717] 327

707 BGHSt 3, 370 (372).
708 BGHSt 33, 244 (246); 47, 160 (167).
709 BGH NStZ 2011, 160.
710 BVerfGE 126, 170 = BVerfG NJW 2010, 3209 (3220).
711 BVerfGE 130, 1 = BVerfG NJW 2012, 807 (916 f.); BGH NJW 2011, 2675 (2676); 2012, 2370 (2371); *Waßmer* HRRS 2012, 368, 369.
712 BGHSt 51, 10 (15); 53, 199 (203 f.); BGH NStZ 2000, 376 (377).
713 Vgl. nur BGH NJW 2012, 2370; ausführlich zum Kreditbetrug Schork/Groß/*Rettenmaier/Reichling* Bankstrafrecht Rn. 157 ff. m.w.N.
714 BGHSt 45, 1 (4 f.).
715 NK-StGB/*Kindhäuser* § 263 Rn. 327 ff. m.w.N.
716 BGHSt 16, 321 (328) – Melkmaschinen-Fall; BGHSt 32, 22 (23); BGH wistra 1999, 299 (300).
717 Näher Graf/Jäger/Wittig/*Waßmer* § 266 StGB Rn. 188.

328 Bei **einseitigen Leistungen** (z.B. Schenkungen, Spenden, Subventionen) wird die Vermögensminderung durch Erreichung des mit der Verfügung gesetzten Zwecks kompensiert (**Zweckerreichung**).[718] Wird der betreffende nicht vermögensrechtliche (soziale oder auch indirekt wirtschaftlich relevante) Zweck verfehlt, stellt das Vermögensopfer – soweit die Leistung durch den Zweck bestimmt war – wirtschaftlich betrachtet eine Vermögensschädigung dar.

ff) Zusammenhang

329 Zwischen Täuschung, Irrtum und schädigender Vermögensverfügung muss ein **kausaler Zusammenhang** bestehen. Darüber hinaus nimmt die h.M.[719] an, dass der Betrug seinem Wesen nach eine **unbewusste Selbstschädigung** voraussetzt. Dem Getäuschten muss daher der vermögensschädigende Charakter seines Verhaltens verborgen bleiben. Der damit geforderte **funktionale Zusammenhang** zwischen Irrtum und Vermögensschaden liegt nicht nur dann vor, wenn dem Getäuschten verborgen bleibt, dass er überhaupt eine Vermögensverfügung vornimmt, sondern auch dann, wenn er nicht weiß, dass die eigene Leistung zu hoch bzw. die Gegenleistung zu niedrig ist. Schließlich liegt selbst bei einer **einseitigen Weggabe** von Vermögenswerten eine unbewusste Selbstschädigung vor, wenn dem Getäuschten – wie insb. in den Fällen des Spenden- und Bettelbetruges – verborgen bleibt, dass der von ihm verfolgte Zweck nicht erreicht wird.

gg) Subjektiver Tatbestand

330 § 263 StGB setzt **Vorsatz** voraus, wobei **dolus eventualis** genügt. Nach der Rspr.[720] genügt es grds., wenn der Täter die **schadensbegründenden Umstände** und damit die Möglichkeit des Erfolgseintritts (z.B. bei der schadensgleichen Vermögensgefährdung des Ausfalls des Kredits oder des Totalverlustes von Anlagekapital) kennt; der Betrugsvorsatz wird daher nicht ohne weiteres dadurch ausgeschlossen, dass der Täter glaubt oder hofft, es werde letzten Endes alles gut gehen und das Risiko sich nicht realisieren; umgekehrt fehlt es am Vorsatz, wenn der Täter (z.B. bei einem Kapitalanlagebetrug) davon überzeugt war, dass das Anlagekapital ordnungsgemäß zurückgezahlt wird.[721] Allerdings betont die Rspr., dass der Feststellung des voluntativen Elementes des bedingten Vorsatzes gerade bei Wirtschaftsstraftaten **besonderes Gewicht** einzuräumen ist, mithin eine **Gesamtwürdigung** vorzunehmen ist.[722] Hierbei ist zu beachten, dass der Betrogene aus Sicht des Täuschenden »ernstlich« mit wirtschaftlichen Nachteilen zu rechnen haben muss, was nicht der Fall ist, wenn der Eintritt wirtschaftlicher Nachteile »nicht einmal überwiegend wahrscheinlich« ist, sondern von zukünftigen Ereignissen abhängt.[723]

331 Zusätzlich ist **Bereicherungsabsicht** erforderlich, d.h. die Absicht, sich oder einem Dritten einen rechtswidrigen Vermögensvorteil zu verschaffen. Die Bereicherung muss für den Täter **Hauptziel** oder zumindest **notwendiges Zwischenziel** sein. Nach der Rspr. soll es an der Absicht allerdings fehlen, wenn der Täter die Bereicherung lediglich »als peinliche oder lästige Folge« seines Handelns hinnimmt, weil er glaubt, sonst sein eigentliches Ziel zu verfehlen.[724] Der erstrebte Vermögensvorteil muss nach ganz h.M. dem Täter oder einem Dritten gerade durch die Verfügung zufließen, d.h. die Bereicherung muss unmittelbar auf Kosten des Vermögensinhabers erlangt, damit **Kehrseite** des Vermögensschadens sein (sog. **Stoffgleichheit**).[725] Schaden und Vorteil müssen daher auf ein und derselben Verfügung beruhen. Außer Betracht bleiben Belohnungen durch Dritte, mittelbare

718 Vgl. BGH NJW 1995, 539; BGHSt 31, 93 (95 f.).
719 Vgl. Schönke/Schröder/*Perron* StGB § 263 Rn. 41, 102 m.w.N.
720 BGHSt 48, 331, 348.
721 BGH NStZ 2003, 264.
722 BGHSt 48, 331, 348.
723 BGH NStZ-RR 2008, 239 (240).
724 BGHSt 16, 1 (6).
725 Vgl. BGHSt 6, 115 (116); 21, 384 (386).

Schäden und Folgeschäden (z.B. Zinsen, Notarkosten).[726] Von Bedeutung ist dies insb. für die sog. **Provisionsvertreterfälle,**[727] in denen – um dem Erfordernis der Stoffgleichheit zu genügen – ein fremdnütziger Betrug konstruiert werden muss (der Vertreter erstrebt aus dem Schaden des Kunden einen Vorteil für seine Firma als Voraussetzung für seinen Provisionsanspruch); zudem kann ein Betrug zum Nachteil der Firma vorliegen. Die **Rechtswidrigkeit** des erstrebten Vermögensvorteils ist nach h.M. objektives Tatbestandsmerkmal, sodass diesbezüglich dolus eventualis genügt.[728] An der Rechtswidrigkeit fehlt es vor allem dann, wenn auf den Vorteil ein fälliger und einredefreier Anspruch besteht.[729]

Vollendet ist der Betrug bereits mit Eintritt des Vermögensschadens, **beendet** jedoch erst dann, 332
wenn die vom Täter erstrebte Bereicherung eingetreten ist.[730]

hh) Besonders schwere Fälle; Privilegierungen und Qualifikation

§ 263 Abs. 3 Satz 1 StGB sieht in **besonders schweren Fällen** einen erhöhten Strafrahmen vor. 333
Benannt sind fünf Fälle (Satz 2): gewerbsmäßige oder bandenmäßige Begehung (Nr. 1); Herbeiführung eines Vermögensverlustes großen Ausmaßes oder Handeln in der Absicht, durch die fortgesetzte Begehung eine große Zahl von Menschen in die Gefahr des Verlustes von Vermögenswerten zu bringen (Nr. 2); Versetzen einer anderen Person in wirtschaftliche Not (Nr. 3); Missbrauch der Befugnisse oder Stellung als Amtsträger oder Europäischer Amtsträger (Nr. 4); Vortäuschen eines Versicherungsfalls (Nr. 5). **Gewerbsmäßig** handelt, wer sich aus der wiederholten Begehung eine fortlaufende Einnahmequelle von einiger Dauer und einigem Umfang verschaffen will.[731] **Bandenmäßige** Begehung setzt voraus, dass sich die Bande (nach neuerer Rspr.[732] der Zusammenschluss von mindestens drei Personen) zur fortgesetzten Begehung von Urkundenfälschungs- oder Betrugsdelikten (§§ 267 ff., 263 ff. StGB) verbunden hat. Ein **Vermögensverlust großen Ausmaßes** liegt vor, wenn der Schaden mindestens 50.000 € beträgt,[733] was bei Austauschverträgen voraussetzt, dass der Geschädigte seine vertraglich geschuldete Leistung erbracht hat.[734] Eine **große Zahl von Menschen** erfordert nach h.M., dass mindestens 20 Menschen betroffen sind.[735] **Wirtschaftliche Not** liegt vor, wenn der Geschädigte den notwendigen Lebensunterhalt ohne Hilfe Dritter nicht mehr bestreiten kann.[736] Wer **Amtsträger** bzw. **Europäischer Amtsträger** ist, folgt aus § 11 Abs. 1 Nr. 2 und Nr. 2a StGB. Ein **Versicherungsfall** wird vorgetäuscht, wenn ein nicht existierender Anspruch auf eine Leistung aus einer Feuer- oder Schiffsunfallversicherung geltend gemacht wird. Darüber hinaus kommt ein **unbenannter** schwerer Fall in Betracht, wenn der Täter besonders skrupellos war, besonderes Vertrauen ausnutzte oder die Tat erhebliche immaterielle Folgen hatte.[737]

Nach § 263 Abs. 4 StGB gelten die §§ 243 Abs. 2, 247, 248a StGB entsprechend. Daher ist ein 334
besonders schwerer Fall ausgeschlossen, wenn sich die Tat auf einen **geringen Vermögenswert** (d.h. unter 50 €)[738] bezieht, wobei die Strafverfolgung in diesen Fällen grds. nur auf Antrag des Verletzten

726 Schönke/Schröder/*Perron* StGB § 263 Rn. 168 m.w.N.
727 Vgl. Lackner/Kühl/*Kühl* StGB § 263 Rn. 60 m.w.N.
728 BGHSt 31, 178 (181); 42, 268 (273).
729 BGHSt 3, 160 (162).
730 BGHSt 19, 342 (344); 32, 236 (243).
731 BGHSt 1, 383.
732 Vgl. BGHSt 46, 321 (325 ff.) zu § 244 Abs. 1 Nr. 2 StGB.
733 BGHSt 48, 360; vgl. bereits BT-Drucks. 13/8587, S. 43 (unter Verweis auf § 264 Abs. 2 Satz 2 Nr. 1 StGB: 100.000 DM).
734 BGHSt 48, 354.
735 Schönke/Schröder/*Perron* StGB § 263 Rn. 188d m.w.N.; a.A. (zehn Menschen genügen) *Nagel* Jura 2001, 588 (591); offen gelassen von OLG Jena NJW 2002, 2404 (2405).
736 NK-StGB/*Kindhäuser* § 263 Rn. 397.
737 *Fischer* StGB § 263 Rn. 227.
738 OLG Zweibrücken NStZ 2000, 536; OLG Hamm NJW 2003, 3145; OLG Frankfurt am Main NStZ-RR 2008, 311.

stattfindet, es sei denn, die Strafverfolgungsbehörde hält wegen des besonderen öffentlichen Interesses an der Strafverfolgung ein Einschreiten von Amts wegen für geboten. Demgegenüber wird der **Haus- und Familienbetrug** ausschließlich auf Antrag des Verletzten verfolgt. Verletzter i.S.d. § 263 StGB ist allein der Geschädigte.[739]

335 § 263 Abs. 5 StGB enthält einen **Qualifikationstatbestand** für den Fall der **gewerbs- und bandenmäßigen Begehung**, sofern die Bande sich zur fortgesetzten Begehung von Straftaten nach den §§ 263, 263a, 264, 267, 268, 269 StGB verbunden hat. In diesen Fällen ist die Tat ein Verbrechen.

ii) Rechtsfolgen

336 Die **Strafe** beträgt beim Grundtatbestand des Betrugs (§ 263 Abs. 1 StGB) Freiheitsstrafe bis zu 5 Jahren oder Geldstrafe. In den besonders schweren Fällen des § 263 Abs. 3 StGB ist Freiheitsstrafe von 6 Monaten bis zu 10 Jahren vorgesehen. Beim Qualifikationstatbestand des § 263 Abs. 5 StGB reicht die Freiheitsstrafe von einem Jahr bis zu 10 Jahren, in minder schweren Fällen von 6 Monaten bis zu 5 Jahren. In allen Fällen des Betrugs kann das Gericht nach § 263 Abs. 6 StGB **Führungsaufsicht** (§ 68 Abs. 1 StGB) anordnen. Bei banden- oder gewerbsmäßiger Begehung sah früher § 263 Abs. 7 StGB a.F. die Anordnung des sog. **erweiterten Verfalls** (§ 73d StGB a.F.) vor. Diese Regelung wurde m.W.v. 01.07.2017 durch das Gesetz zur Reform der strafrechtlichen Vermögensabschöpfung v. 13.04.2017[740] aufgehoben, da nunmehr § 73a StGB n.F. bei allen rechtswidrigen Taten die sog. **erweiterte Einziehung** von Taterträgen vorschreibt. Diese Regelung, die die Abschöpfung rechtswidrig erlangten Vermögens auch dort ermöglichen soll, wo dessen Herkunft aus einer abgeurteilten Straftat nicht festgestellt werden kann, weshalb die Erlangung durch »andere rechtswidrige Taten« genügen soll, ist verfassungsrechtlich bedenklich. Die Anordnung der erweiterten Einziehung ist nur dann möglich, wenn der Tatrichter aufgrund erschöpfender Beweiserhebung und -würdigung die **uneingeschränkte Überzeugung** davon gewonnen hat, dass der Täter oder Teilnehmer die Gegenstände aus anderen rechtswidrigen Taten erlangt hat.[741]

b) Computerbetrug (§ 263a StGB)

337 Hauptanwendungsfall des § 263a StGB bildet der **unbefugte Einsatz von (Code-)Karten** an Bankautomaten und Kassenterminals.[742] **Zweck** ist das Beseitigen einer Strafbarkeitslücke. Der Betrug (§ 263 StGB) setzt nämlich die Täuschung eines Menschen voraus, sodass der Tatbestand keine Anwendung findet, wenn nur das Ergebnis eines Datenverarbeitungsvorgangs beeinflusst wird. **Schutzgut** des § 263a StGB ist ausschließlich das Vermögen,[743] das Interesse an funktionstüchtigen Datenverarbeitungssystemen wird lediglich mittelbar geschützt.[744] Nach h.M. ist der Tatbestand in enger Anlehnung an den Betrug auszulegen (betrugsspezifische Auslegung).[745] Der Grundtatbestand des Computerbetrugs (§ 263a Abs. 1 StGB) ist ein Vergehen, dessen Versuch strafbar ist (§ 263a Abs. 2 i.V.m. § 263 Abs. 2 StGB). Der Qualifikationstatbestand (§ 263a Abs. 2 i.V.m. § 263 Abs. 5 StGB) ist ein Verbrechen. § 263a Abs. 3 StGB erfasst **Vorbereitungshandlungen**.

338 Der **Tatbestand** des Computerbetrugs (§ 263a Abs. 1 StGB) ist § 263 Abs. 1 StGB nachgebildet, wobei computerspezifischen Erfordernissen Rechnung getragen ist. Vorausgesetzt wird objektiv eine Beeinflussung des Ergebnisses eines Datenverarbeitungsvorgangs durch unrichtige Gestaltung des Programms (1. Alt., **Programmmanipulation**), durch Verwendung unrichtiger oder

---

739 RGSt 74, 167 (168 ff.).

740 BGBl. 2017 I 872.

741 Vgl. zu § 73d StGB a.F. BVerfG NJW 2004, 2073 (2077 f.).

742 Vgl. Leitner/Rosenau/*Waßmer* § 263a StGB Rn. 7.

743 BGHSt 40, 331 (334); BGH NStZ-RR 2013, 253.

744 Leitner/Rosenau/*Waßmer* § 263a StGB Rn. 5.

745 BGHSt 38, 120 (124); 47, 160 (162 f.); Leitner/Rosenau/*Waßmer* § 263a StGB Rn. 37; Schork/Groß/*Kipper* Bankstrafrecht Rn. 888 m.w.N.

unvollständiger Daten (2. Alt., **Inputmanipulation**), durch unbefugte Verwendung von Daten (3. Alt., **Datenmissbrauch**, insb. Codekartenmissbrauch) oder sonst durch unbefugte Einwirkung auf den Ablauf (4. Alt., **Auffangtatbestand** zur Bekämpfung weiterer Manipulationstechniken),[746] die das Vermögen eines anderen schädigt. Subjektiv muss – wie beim Betrug – neben dem Vorsatz zusätzlich Bereicherungsabsicht vorliegen.

Täter kann jeder sein (Allgemeindelikt). Eine Begehung durch Unterlassen (§ 13 StGB) ist möglich, sofern der Täter eine Garantenstellung innehat.[747] 339

Bei der **unrichtigen Gestaltung des Programms** (**§ 263a Abs. 1, 1. Alt. StGB**) ist unter Programm die Steuerung der Ablaufschritte der Datenverarbeitung, die in Form von Daten fixiert ist, zu verstehen. Gestaltet wird ein Programm entweder durch seine Erstellung oder durch nachträgliche Veränderung (Löschen, Hinzufügen).[748] Unrichtig ist ein Programm nach dem Willen des Gesetzgebers und nach h.M., wenn es vom Willen desjenigen, der die Datenverarbeitung betreibt oder betreiben lässt, abweicht (subjektive Theorie),[749] während nach a.A. ein Programm nur dann unrichtig sein soll, wenn es die innerhalb des Datenverarbeitungssystems zu erfüllende Aufgabe nicht bewältigt (objektive Theorie).[750] 340

Hinsichtlich der **Verwendung unrichtiger oder unvollständiger Daten** (**§ 263a Abs. 1, 2. Alt. StGB**) liegt nach h.M. eine Verwendung vor, wenn die Daten in einen Datenverarbeitungsprozess eingegeben werden, der beginnt oder bereits läuft.[751] Unrichtig sind Daten, wenn die codierte Information falsche, d.h. nicht der Wirklichkeit entsprechende Tatsachen enthält, und unvollständig, wenn die codierte Information wahre Tatsachen vorenthält.[752] Erfasst ist nach h.M. auch die Angabe falscher Tatsachen im sog. automatisierten Mahnverfahren.[753] **Nicht erfasst** von der 2. Alt. ist hingegen das Geldabheben an Bankautomaten mittels **Codekarte** und richtiger PIN durch einen unbefugten Dritten, da der Täter hierbei die korrekten Daten eingibt;[754] in diesen Fällen findet aber ggf. die 3. Alt. Anwendung. 341

In Bezug auf die **unbefugte Verwendung von Daten** (**§ 263a Abs. 1 3. Alt. StGB**) ist der Begriff Verwendung wie bei der 2. Alt. als Eingabe von Daten in den Datenverarbeitungsprozess zu verstehen.[755] Das Tatbestandsmerkmal »**unbefugt**« ist nach heute h.M. erfüllt, wenn im Fall der Verwendung der Daten ggü. einer Person eine konkludente Täuschung oder Täuschung durch pflichtwidriges Unterlassen vorliegen würde (betrugsspezifische Auslegung).[756] Nach a.A. soll es hingegen ausreichen, dass die Daten gegen den Willen des Berechtigten eingeführt werden, da der hierdurch ausgelöste Datenverarbeitungsvorgang dem wahren Willen des Vermögensinhabers widerspreche (subjektivierende Auslegung).[757] 342

Die 3. Alt. hat vor allem in den Fällen des sog. **Codekartenmissbrauchs** überragende Bedeutung. So ist der Tatbestand erfüllt, wenn der Täter sich eine Codekarte nebst zugehöriger richtiger PIN durch verbotene Eigenmacht verschafft hat und diese als **nicht berechtigter Karteninhaber** anschließend zum Geldabheben nutzt.[758] In diesem Fall ist die Betrugsähnlichkeit gewahrt, weil die Vorlage von 343

746 BT-Drucks. 10/5058, S. 30.
747 Leitner/Rosenau/*Waßmer* § 263a StGB Rn. 16.
748 *Kindhäuser* StGB § 263a Rn. 11 m.w.N.
749 BT-Drucks. 10/318, S. 20; Leitner/Rosenau/*Waßmer* § 263a StGB Rn. 20 m.w.N.
750 Schönke/Schröder/*Perron* StGB § 263a Rn. 5 m.w.N.
751 Leitner/Rosenau/*Waßmer* § 263a StGB Rn. 23 m.w.N.
752 Leitner/Rosenau/*Waßmer* § 263a StGB Rn. 26, 27.
753 BT-Drucks. 10/318, S. 20 f.; Leitner/Rosenau/*Waßmer* § 263a StGB Rn. 28 m.w.N.
754 Leitner/Rosenau/*Waßmer* § 263a StGB Rn. 31 m.w.N.
755 BayObLG NJW 1991, 438 (440).
756 BGHSt 47, 160 (162); BGH NStZ 2005, 213; Leitner/Rosenau/*Waßmer* § 263a StGB Rn. 37; *Tiedemann/Waßmer* Jura 2000, 533 (536) m.w.N.
757 NK-StGB/*Kindhäuser* § 263a Rn. 27 m.w.N.
758 BGHSt 47, 160 (162); Leitner/Rosenau/*Waßmer* § 263a StGB Rn. 45.

Karte und PIN als Legitimation ggü. einem Bankangestellten, der dieselben Daten zu überprüfen hätte wie der Automat, zumindest konkludent den Erklärungsinhalt hätte, der Vorlegende sei zum Geldabheben autorisiert. Nicht erfasst von der 3. Alt. sind hingegen nach h.M. die Fälle, in denen der **berechtigte Karteninhaber** an einem Bankautomaten Geld abhebt, ohne dass eine hinreichende Kontodeckung besteht.[759] Es fehlt hier an der Täuschungsäquivalenz. Handelt ein **Dritter**, dem vom berechtigten Karteninhaber Codekarte und richtige PIN überlassen wurden, fehlt es nach h.M. jedenfalls dann an einer unbefugten Verwendung, wenn der Dritte auftragsgemäß handelt und sich innerhalb des Verfügungsrahmens bewegt, der dem Kontoinhaber eingeräumt wurde.[760] Aber auch dann, wenn der Dritte abredewidrig einen Mehrbetrag abhebt, verneint die h.M. zu Recht die Strafbarkeit,[761] da der Täter auch ggü. einem Bankangestellten keine konkludente Erklärung über seine Befugnisse im Innenverhältnis zum Auftraggeber abgeben würde, sodass es an der Täuschungsäquivalenz fehlt.

344 Die zuvor genannten Grundsätze gelten auch für den Einsatz von Codekarte und richtiger PIN im sog. **POS-System** (Point-of-Sale-System; electronic cash), bei dem die Zahlung nach Eingabe der PIN und Online-Überprüfung der Karte von der kartenausgebenden Bank garantiert wird. **Nicht anwendbar** war § 263a StGB demgegenüber im früheren **POZ-System** (Point-of-Sale-System ohne Zahlungsgarantie), das bis zum 31.12.2006 bestand, und im nachfolgenden elektronischen Lastschriftverfahren (**ELV**), das zum 1.2.2016 vom **SEPA-Lastschriftverfahren** abgelöst wurde.[762] Denn in diesen Fällen dienen die auf der Karte codierten Daten nur der Herstellung eines persönlich zu unterschreibenden Belegs (Einzugsermächtigung bzw. heute: SEPA-Basislastschrift); nicht ausgeschlossen ist eine Strafbarkeit aus § 263 StGB.[763]

345 Beim sog. **Skimming**, d.h. dem »Abschöpfen« der auf Zahlungskarten mit Garantiefunktion (Kreditkarten, nach der Rspr. auch Debitkarten im »Drei-Partner-System«[764]) gespeicherten Daten – insb. durch Vorbaugeräte an Bankautomaten – nebst dem Ausspähen der PIN (z.B. durch Minikameras) liegt außer einer Strafbarkeit nach § 152b Abs. 1 StGB durch die Herstellung von Kartendubletten (»white plastics«) auch eine Strafbarkeit nach § 263a Abs. 1 3. Alt. StGB vor, wenn die Dubletten zum Geldabheben an Bankautomaten verwendet werden.[765]

346 Darüber hinaus findet die 3. Alt auch in den Fällen Anwendung, in denen sich der Täter PIN und TAN oder sonstige Zugangsschlüssel für das **Online-Banking** rechtswidrig verschafft (insb. durch »Phishing« oder »Pharming«) und benutzt.[766] Daher kommt § 263a StGB in Betracht, wenn eine Überweisung ohne Einwilligung des Kontoinhabers stattfindet, nicht aber dann, wenn absprachewidrig z.B. Überweisungen auf das eigene Konto ausgeführt werden.[767] Im Übrigen werden auch andere Straftatbestände verwirklicht (z.B. § 269 StGB durch die Fälschung der Bankseiten; §§ 44 Abs. 1, 43 Abs. 2 BDSG durch das Erheben der Daten; § 202a StGB durch die Verwendung der Zugangsdaten).[768] Reichte früher ein Täter vertragswidrig bei seiner Bank mittels ihm überlassener PINs und TANs fingierte Forderungen als Lastschriften ein (**Abbuchungsauftragslastschrift**), so handelte er bei betrugsnaher Auslegung zwar nicht unbefugt i.S.d. 3. Alt., da ein hiermit befasster

---

759 BGHSt 47, 160 (163); Leitner/Rosenau/*Waßmer* § 263a StGB Rn. 43.

760 *Tiedemann/Waßmer* Jura 2000, 533 (536) m.w.N.

761 BGHR StGB § 263a Anwendungsbereich 1; BGHR StGB § 263 I Konkurrenzen 6; BGH NStZ 2005, 213; Leitner/Rosenau/*Waßmer* § 263a StGB Rn. 47; Schork/Groß/*Kipper* Bankstrafrecht Rn. 890; *Tiedemann/Waßmer* Jura 2000, 533 (536); a.A. NK-StGB *Kindhäuser* § 263a Rn. 51 m.w.N.

762 Leitner/Rosenau/*Waßmer* § 263a StGB Rn. 50.

763 BGH NJW 2003, 1404; Schork/Groß/*Kipper* Bankstrafrecht Rn. 930 ff. m.w.N.

764 Vgl. zur Maestro-Karte BGH NStZ 2012, 318.

765 BGH NStZ 2012, 318; Leitner/Rosenau/*Waßmer* § 263a StGB Rn. 53; Schork/Groß/*Kipper* Bankstrafrecht Rn. 899 m.w.N.

766 Leitner/Rosenau/*Waßmer* § 263a StGB Rn. 54; Schork/Groß/*Kipper* Bankstrafrecht Rn. 911, 914.

767 OLG Zweibrücken StV 1993, 196; AG Gera NStZ-RR 2005, 213 (214); Schönke/Schröder/*Perron* StGB § 263a Rn. 14.

768 Schork/Groß/*Kipper* Bankstrafrecht Rn. 908 ff., 914.

Bankangestellter anhand der PINs und TANs lediglich die Zugangsberechtigung, nicht aber die allgemeine Vertragswidrigkeit des Verhaltens überprüft hätte, jedoch verwendete der Täter unrichtige Daten i.S.d. 2. Alt., da er zumindest schlüssig zum Ausdruck brachte, der (angeblich) Zahlungspflichtige habe seiner Bank einen Abbuchungsauftrag erteilt.[769] Dasselbe gilt nunmehr für das **SEPA-Lastschriftverfahren.**[770]

Bei der **sonst unbefugten Einwirkung auf den Ablauf (§ 263a Abs. 1, 4. Alt. StGB)** handelt es sich um einen **Auffangtatbestand**, der nach dem Willen des Gesetzgebers auch künftige neue Manipulationstechniken erfassen soll.[771] Das Merkmal **»unbefugt«** sollte nach früher h.M.[772] nicht wie bei der 3. Alt. zu verstehen sein, sondern i.S.d. subjektivierenden Auslegung sollte entscheidend sein, dass der Täter gegen den Willen des Berechtigten handelt. Die heute h.M.[773] folgt dagegen nunmehr zu Recht auch bei der 4. Alt. der betrugsspezifischen Auslegung, da hierdurch die Betrugsparallelität gewahrt ist und einem »Ausweichen« auf die 4. Alt., die bei Zugrundelegung der subjektivierenden Auslegung wesentlich weiter wäre, entgegengewirkt wird. In der Praxis geht es vor allem um Einwirkungen auf die Hardware einschließlich Dateneingabe, Datenfluss und Datenausgabe (Hardware-, Konsol- und Output-Manipulationen; z.B. »Leerspielen« von Geldautomaten;[774] Verhindern eines Ausdrucks). 347

Erforderlich ist bei allen Tatalternativen die **Beeinflussung des Ergebnisses eines Datenverarbeitungsvorgangs. Daten** sind codierte Informationen, die elektronisch, magnetisch oder sonst nicht unmittelbar wahrnehmbar gespeichert sind oder übermittelt werden (vgl. § 202a Abs. 2 StGB). Einbezogen sind nicht nur Ein- und Ausgabedaten, sondern nach h.M. auch aus Daten zusammengesetzte (Teil-)Programme.[775] Unter **Datenverarbeitung** sind alle technischen Vorgänge zu verstehen, bei denen durch Aufnahme von Daten und ihrer Verknüpfung nach Programmen Arbeitsergebnisse erzielt werden.[776] Geschützt sind jedoch nur vermögensrelevante Datenverarbeitungsvorgänge.[777] Eine **Beeinflussung** liegt vor, wenn das Ergebnis des Datenverarbeitungsvorgangs von dem Resultat abweicht, das bei einem programmgemäßen Ablauf erzielt worden wäre.[778] Das Merkmal entspricht der irrtumsbedingten Vermögensverfügung beim Betrug (§ 263 StGB), da es Tathandlung und Vermögensschädigung verknüpft. Nach h.M. spielt es keine Rolle, ob in einen bereits stattfindenden Ablauf eingegriffen oder der Vorgang erst in Gang gesetzt wird.[779] Systembetreiber und Geschädigter müssen nicht identisch sein, sodass ein **Dreiecks-Computerbetrug** möglich ist.[780] 348

Die Auslegung des Merkmals **Vermögensschaden** richtet sich nach den Grundsätzen des § 263 StGB. Anders als beim Betrug sind für § 263a StGB einseitige Vermögensminderungen aufseiten des Opfers typisch (z.B. beim Codekartenmissbrauch). Erforderlich ist, dass der Schaden unmittelbar durch das manipulierte Ergebnis des Datenverarbeitungsvorgangs herbeigeführt wird.[781] Ebenso wie beim Betrug genügt für § 263a StGB eine **schadensgleiche Vermögensgefährdung**, die vor allem bei Falschbuchungen bestehen kann, wenn durch die Realisierung der Buchung eine effektive Schädigung des Betroffenen droht.[782] 349

---

769 BGHSt 58, 119.

770 Leitner/Rosenau/*Waßmer* § 263a StGB Rn. 30.

771 BT-Drucks. 10/5058, S. 30.

772 BGHSt 40, 331 (335); *Fischer* StGB § 263a Rn. 18; NK-StGB/*Kindhäuser* § 263a Rn. 29.

773 OLG Celle NJW 1997, 1518 (1519); OLG München NJW 2007, 3734 (3737); Leitner/Rosenau/*Waßmer* § 263a StGB Rn. 64; Schönke/Schröder/*Perron* Rn. 16.

774 BGHSt 40, 331 (334); Leitner/Rosenau/*Waßmer* § 263a StGB Rn. 65.

775 BT-Drucks. 10/5058, S. 30; Leitner/Rosenau/*Waßmer* § 263a StGB Rn. 17 m.w.N.

776 BT-Drucks. 10/318, S. 21.

777 Schönke/Schröder/*Perron* StGB § 263a Rn. 20.

778 Leitner/Rosenau/*Waßmer* § 263a StGB Rn. 70.

779 BGHSt 38, 120 (121); Leitner/Rosenau/*Waßmer* § 263a StGB Rn. 70 m.w.N.

780 Leitner/Rosenau/*Waßmer* § 263a StGB Rn. 82.

781 Schönke/Schröder/*Perron* StGB § 263a Rn. 21 m.w.N.

782 Leitner/Rosenau/*Waßmer* § 263a StGB Rn. 81; Schönke/Schröder/*Perron* StGB § 263a Rn. 24.

350 In subjektiver Hinsicht stellt der Computerbetrug die gleichen Anforderungen wie § 263 StGB. Erforderlich sind **Vorsatz** und **Bereicherungsabsicht**. Irrt der Täter über die sachlichen Voraussetzungen des normativen Tatbestandsmerkmals »unbefugt« (3. Alt., 4. Alt.), fehlt es am Vorsatz (§ 16 Abs. 1 Satz 1 StGB).[783] Die für den Computerbetrug vorgesehenen **Strafen** entsprechen denen des Betrugs. Aufgrund der Verweisung des § 263a Abs. 2 StGB sind nicht nur die **besonders schweren Fälle** des § 263 Abs. 3 StGB anwendbar, sondern auch der **Qualifikationstatbestand** des § 263 Abs. 5 StGB (banden- und gewerbsmäßige Tatbegehung). Da es sich z.B. beim **Skimming** und **Phishing** um typische Formen der Organisierten Kriminalität handelt, dürfte die Qualifikation häufig zur Anwendung gelangen. Die Anordnung von **Führungsaufsicht** ist gleichfalls möglich (§ 263a Abs. 2 i.V.m. § 263 Abs. 6 StGB). Die frühere Bezugnahme auf § 263 Abs. 7 StGB a.F., der die Anordnung des sog. erweiterten Verfalls betraf, ist zum 01.07.2017 entfallen (vgl. Rdn. 336). Nunmehr sieht § 73a StGB n.F. die sog. **erweiterte Einziehung** von Taterträgen vor.

351 § 263a Abs. 3 StGB soll **besonders gefährliche Vorbereitungshandlungen** unter Strafe stellen. Hiermit wird der Schutz vor Computerbetrug in Umsetzung von Art. 4 Abs. 2 des EU-Rahmenbeschlusses 2001/413/JI sehr weit vorverlagert.[784] Bestraft wird, wer Computerprogramme, deren Zweck die Begehung eines Computerbetrugs nach § 263a Abs. 1 StGB ist, herstellt, sich oder einem anderen verschafft, feilhält, verwahrt oder einem anderen überlässt. Das Computerprogramm muss nach dem Willen des Gesetzgebers »nicht ausschließlich« zur Begehung eines Computerbetruges bestimmt sein.[785] Diese Sichtweise bereitet bei sog. **Dual-Use-Tools** Schwierigkeiten. Im Hinblick auf die Rspr. des BVerfG[786] zu § 202c StGB ist zu fordern, dass die Software in der **Absicht** entwickelt oder modifiziert worden ist, sie zur Begehung von Straftaten einzusetzen, und dass sich diese Absicht **manifestiert** hat (z.B. durch Werbung im Internet).[787] Nach § 263a Abs. 4 StGB finden die Regelungen des § 149 Abs. 2, 3 StGB zur **tätigen Reue** Anwendung. Die **Strafe** beträgt bei § 263a Abs. 3 StGB Freiheitsstrafe bis zu 3 Jahren oder Geldstrafe (Vergehen).

c) Kapitalanlagebetrug (§ 264a StGB)

352 § 264a StGB ist nach h.M. ein **abstraktes Gefährdungsdelikt**[788] im **Vorfeld** des Betruges. Entgegen der Bezeichnung als »Betrug« wird weder die Erregung eines Irrtums noch der Eintritt eines Vermögensschadens vorausgesetzt, sondern lediglich eine Täuschung. **Schutzgut** ist nach h.M. nicht nur das Vermögen der Anleger, sondern auch das Allgemeininteresse an der Funktionsfähigkeit des Kapitalmarktes.[789] Nach h.M. besteht ein kriminalpolitisches Bedürfnis für die Strafbarkeit des Kapitalanlagebetrugs, selbst wenn die praktische Bedeutung der Vorschrift in der Strafrechtsprechung gering ist.[790] Bei § 264a StGB handelt es sich um ein Vergehen. Der Versuch ist nicht strafbar.

353 Der **Tatbestand** des § 264a Abs. 1 StGB erfordert eine **Täuschungshandlung** (das Machen unrichtiger vorteilhafter Angaben bzw. das Verschweigen nachteiliger Tatsachen) hinsichtlich **Umständen**, die für die Entscheidung über Kapitalanlagen (Wertpapiere, Bezugsrechte oder Unternehmensanteile) erheblich sind, in **Werbeträgern** (Prospekten, Darstellungen, Übersichten über den Vermögensstand), die das Informationsinteresse potenzieller Anleger (eines größeren Kreises von Personen)

---

783 Leitner/Rosenau/*Waßmer* § 263a StGB Rn. 87.

784 Krit. *Husemann* NJW 2004, 104 (107); Lackner/Kühl/*Heger* StGB § 263a Rn. 26a; Leitner/Rosenau/*Waßmer* § 263a StGB Rn. 106.

785 BT-Drucks. 15/1720, S. 10 f.

786 BVerfG CR 2009, 673.

787 Leitner/Rosenau/*Waßmer* § 263a StGB Rn. 107 m.w.N.

788 Derleder/Knops/Bamberger/*Waßmer* § 86 Rn. 31.

789 BT-Drucks. 10/318, S. 22; OLG Köln NJW 2000, 598 (600); Derleder/Knops/Bamberger/*Waßmer* § 86 Rn. 5.

790 Näher Derleder/Knops/Bamberger/*Waßmer* § 86 Rn. 15 ff. m.w.N.

betreffen. § 264a Abs. 2 StGB erstreckt den Schutz auch auf Anteile an einem Vermögen, das ein Unternehmen im eigenen Namen, jedoch für fremde Rechnung verwaltet (**Vermögenstreuhand**).[791]

Täter eines Kapitalanlagebetrugs kann jeder sein (Allgemeindelikt). Regelmäßig handelt es sich um Anlageberater oder Anteilsanbieter, z.T. auch um Rechtsanwälte, Steuerberater und Bankmitarbeiter.[792] **354**

Zu den **Kapitalanlagen** zählen nach § 264a Abs. 1 StGB **Wertpapiere** (z.B. Aktien; Schuldverschreibungen; Investmentzertifikate), **Bezugsrechte** (das Recht des Aktionärs auf Zuteilung eines seinem Anteil an dem bisherigen Grundkapital entsprechenden Teils neuer Aktien, vgl. § 186 Abs. 1 AktG; dies gilt entsprechend für Wandelschuldverschreibungen, Gewinnschuldverschreibungen und Genussrechte, § 221 Abs. 4 AktG) und **Unternehmensanteile** (z.B. Anteile von Kapital- und Personengesellschaften, insb. Kommanditanteile, z.B. an Abschreibungsgesellschaften; Beteiligung an partiarischen Darlehen oder als stiller Gesellschafter).[793] Einbezogen sind durch § 264a Abs. 2 StGB zudem Anteile an einem Vermögen, das ein Unternehmen im eigenen Namen, jedoch für fremde Rechnung verwaltet, d.h. **echte Treuhandbeteiligungen**. Erfasst sind z.B. Treuhandkommanditisten bei Immobilienfondsgesellschaften und Beteiligungen an Wirtschaftsunternehmen des Schiffs- oder Flugzeugbaus, wenn es auf die steuerliche Anerkennung der Anleger als Mitunternehmer ankommt.[794] Nicht erfasst ist nach h.M. der Immobilienerwerb im Rahmen von Bauherren-, Bauträger- und Erwerbermodellen, da sie keine Beteiligung an einem Unternehmensergebnis gewähren.[795] **355**

Tathandlung ist das Machen unrichtiger vorteilhafter Angaben oder das Verschweigen nachteiliger Tatsachen, die für die Entscheidung über den Erwerb oder die Erhöhung einer geschützten Kapitalanlage als erhebliche Umstände anzusehen sind. Der Begriff **Angaben** kann nach h.M. neben Tatsachenbehauptungen auch Bewertungen und Prognosen einschließen.[796] **Vorteilhaft** sind die Angaben, wenn sie die konkrete Aussicht auf eine positive Anlageentscheidung verbessern, **nachteilig**, wenn sie diese Aussicht verschlechtern können.[797] **Verschweigen** setzt die Unterdrückung von Tatsachen voraus, deren Kenntnis geeignet wäre, den Interessenten von der Entscheidung für die Anlage abzuhalten.[798] Nicht erfasst sind Fälle, in denen die Angaben sich nur an »versteckter Stelle« befinden bzw. in »schwer verständlicher Form« erfolgen.[799] **Erheblich** sind Umstände, die ein »verständiger, durchschnittlich vorsichtiger« Anleger im konkreten Einzelfall für Wert, Chancen und Risiken der Kapitalanlage als entscheidend einschätzt.[800] Erforderlich ist nach h.M. eine Gesamtwürdigung.[801] Nicht erfasst sind Bagatellunrichtigkeiten bzw. -auslassungen. **356**

Die Angaben müssen sich auf **Kapitalanlagegeschäfte** beziehen sowie in sachlich und zeitlich engem[802] Zusammenhang mit dem Vertrieb (§ 264a Abs. 1 Nr. 1 StGB) oder dem Angebot zur Einlagenerhöhung (§ 264a Abs. 1 Nr. 2 StGB) stehen. Unter **Vertrieb** ist eine auf den Absatz einer Vielzahl von Anteilen gerichtete Tätigkeit, die sich an den Markt richtet, zu verstehen.[803] **357**

---

791 Derleder/Knops/Bamberger/*Waßmer* § 86 Rn. 31.
792 Derleder/Knops/Bamberger/*Waßmer* § 86 Rn. 85.
793 Derleder/Knops/Bamberger/*Waßmer* § 86 Rn. 24 ff.
794 Derleder/Knops/Bamberger/*Waßmer* § 86 Rn. 31 f.
795 Derleder/Knops/Bamberger/*Waßmer* § 86 Rn. 32.
796 BGH NJW 2000, 3346 (3347); Derleder/Knops/Bamberger/*Waßmer* § 86 Rn. 48 m.w.N.; krit. Schönke/Schröder/*Perron* StGB § 264a Rn. 24; a.A. NK-StGB/*Hellmann* § 264a Rn. 32 ff.
797 Derleder/Knops/Bamberger/*Waßmer* § 86 Rn. 51, 58.
798 BT-Drucks. 10/318, S. 24.
799 BVerfG NJW 2008, 1726 (1727); OLG Dresden BeckRS 2012, 19970.
800 BGH NJW 2005, 2242 (2244 f.); Derleder/Knops/Bamberger/*Waßmer* § 86 Rn. 60 ff. m.w.N.; krit. Schönke/Schröder/*Perron* StGB § 264a Rn. 32.
801 Vgl. BT-Drucks. 10/5058, S. 31; Derleder/Knops/Bamberger/*Waßmer* § 86 Rn. 61.
802 Derleder/Knops/Bamberger/*Waßmer* § 86 Rn. 130 ff.
803 BT-Drucks. 10/318, S. 24.

Erfasst wird nur der Absatz einer Vielzahl von Stücken durch Werbe- und Angebotsaktionen (**Kapitalsammelmaßnahmen**), nicht aber ein auf einer konkreten Anlageberatung beruhendes individuelles Angebot.[804] Bei **Erhöhungsangeboten** geht es um die Erhöhung der finanziellen Beteiligung an den in § 264a Abs. 1 Nr. 1 StGB genannten Anteilen. Erfasst sind auch hier ausschließlich Kapitalsammelmaßnahmen, nicht aber individuelle Angebote gegenüber Anlegern.[805]

358 Die Angaben müssen in bestimmten Werbeträgern, nämlich Prospekten, Darstellungen oder Übersichten über den Vermögensstand (z.B. Bilanzen) erfolgen. Nicht erfasst ist der sog. »Telefonhandel«.[806] **Prospekt** ist jede Werbe- oder Informationsschrift, die den Eindruck erweckt oder erwecken soll, alle für die Beurteilung einer Anlageentscheidung erheblichen Angaben zu enthalten.[807] Auch die **Darstellungen** und **Vermögensübersichten** müssen den Eindruck der Vollständigkeit erwecken.[808] Nicht erfasst sind dagegen nach h.M. offensichtlich lückenhafte Werbeschreiben, die nur das Interesse der Leser wecken sollen.[809]

359 Die Werbeträger müssen an einen **größeren Kreis von Personen** gerichtet sein. Die Zahl potenzieller Anleger muss hierbei so groß sein, dass ihre Individualität hinter dem sie verbindenden Interesse an der Kapitalanlage zurücktritt.[810] Erfasst sind hiermit z.B. das Auslegen von Werbeträgern, der systematische Haustürvertrieb und das gezielte Ansprechen bestimmter Berufsgruppen, die aus Telefon- und Adressbüchern herausgesucht wurden.

360 **Vollendet** ist die Tat nach h.M. nicht bereits mit der Erstellung des Werbeträgers, erforderlich ist vielmehr, dass die Adressaten wenigstens die Möglichkeit haben, von den Werbeträgern **Kenntnis zu nehmen**[811] (Äußerungsdelikt). Auch **beendet** ist die Tat nicht schon mit der Verbreitung von Prospekten,[812] sondern erst mit der Leistung der Einlage seitens des getäuschten Anlegers.[813]

361 § 264a StGB erfordert **Vorsatz**. Bedingter Vorsatz genügt.[814] § 264a Abs. 3 StGB enthält eine Regelung zur **tätigen Reue**,[815] da die Tat bereits dann vollendet ist, wenn die Werbeträger einem größeren Kreis von Personen zugänglich gemacht sind. Nicht bestraft wird, wer freiwillig verhindert, dass aufgrund der Tat die durch den Erwerb oder die Erhöhung bedingte Leistung erbracht wird (Satz 1). Wird die Leistung ohne Zutun des Täters nicht erbracht, genügt sein freiwilliges und ernsthaftes Bemühen, die Erbringung der Leistung zu verhindern (Satz 2). Die Straffreiheit erstreckt sich nach h.M. allerdings nicht auf einen im Zeitpunkt der tätigen Reue bereits vollendeten Eingehungsbetrug (§ 263 StGB), da sonst »Kapitalanlagebetrüger« ggü. anderen Betrügern privilegiert würden.[816] Die **Strafe** beträgt Freiheitsstrafe bis zu 3 Jahren oder Geldstrafe.

d) Kreditbetrug (§ 265b StGB)

362 § 265b StGB ist wie § 264a StGB ein **abstraktes Gefährdungsdelikt** im **Vorfeld** des Betruges,[817] bei dem ebenfalls weder Irrtum noch Vermögensschaden eintreten müssen. **Schutzgut** ist nicht nur

804 BT-Drucks. 10/5058, S. 31.
805 BT-Drucks. 10/318, S. 24.
806 Derleder/Knops/Bamberger/*Waßmer* § 86 Rn. 46 m.w.N.
807 BT-Drucks. 10/318, S. 23; BGHSt 40, 385 (388).
808 BT-Drucks. 10/318, S. 23; BGH NJW 2004, 2664 (2665).
809 Derleder/Knops/Bamberger/*Waßmer* § 86 Rn. 43 m.w.N.
810 BT-Drucks. 10/318, S. 23.
811 Derleder/Knops/Bamberger/*Waßmer* § 86 Rn. 75 m.w.N.
812 So aber OLG Köln NJW 2000, 598 (600); OLG Naumburg OLGR 2005, 235 (236); Schönke/Schröder/*Perron* StGB § 264a Rn. 42 m.w.N.
813 OLG München NZG 2004, 230 (233); Derleder/Knops/Bamberger/*Waßmer* § 86 Rn. 76; NK-StGB/*Hellmann* § 264a Rn. 73.
814 OLG Köln NZG 2000, 89 (91); Derleder/Knops/Bamberger/*Waßmer* § 86 Rn. 70.
815 Näher Derleder/Knops/Bamberger/*Waßmer* § 86 Rn. 77 ff.
816 Derleder/Knops/Bamberger/*Waßmer* § 86 Rn. 82 m.w.N.
817 Derleder/Knops/Bamberger/*Waßmer* § 86 Rn. 9.

das Vermögen des Kreditgebers, sondern nach h.M. auch das Allgemeininteresse am Funktionieren des Kreditwesens.[818] Str. ist, ob § 265b StGB allein das deutsche[819] oder auch das ausländische Kreditwesen schützt.[820] Praktische Konsequenzen hat der Streit jedoch nicht, wenn man mit der h.M. davon ausgeht, dass § 265b StGB zugleich das Vermögen schützt, da dann auch **ausländische Kreditgeber** einbezogen sind,[821] sofern das deutsche Strafrecht nach den §§ 3 ff. StGB zur Anwendung gelangt.[822] Für die Strafbarkeit besteht nach h.M. ein kriminalpolitisches Bedürfnis, selbst wenn die Bedeutung des Kreditbetruges in der Strafrechtspraxis sehr gering ist,[823] da das Kreditwesen für die Wirtschaft zentrale Bedeutung hat. § 265b StGB ist ein Vergehen. Der Versuch ist straflos.

Der **Tatbestand** verlangt eine Täuschung über wirtschaftliche Verhältnisse (Abs. 1 Nr. 1, 2) ggü. einem Betrieb oder Unternehmen im Zusammenhang mit einem Antrag auf Gewährung, Belassung oder Veränderung der Bedingungen eines Kredits für einen Betrieb oder ein Unternehmen. 363

Täter des § 265b StGB kann jeder sein, der im Zusammenhang mit einem Kreditantrag dem Kreditgeber eine unrichtige Unterlage vorlegt oder unrichtige schriftliche Angaben macht (Allgemeindelikt). Im Regelfall wird es sich um den Kreditnehmer selbst bzw. seine Vertreter oder Mitarbeiter handeln, als Täter kommen aber auch Geschäftspartner oder Dritte (z.B. Steuerberater) in Betracht.[824] 364

Ein **Kreditantrag** ist nicht nur der Antrag i.S.d. § 145 BGB, sondern jede auf die Erlangung eines Kredits gerichtete mündliche oder schriftliche Erklärung, durch die ein Kreditgeber zu einer bindenden Erklärung veranlasst werden soll.[825] Antragsteller und Kreditnehmer müssen nicht personenidentisch sein. Allerdings muss es sich sowohl beim **Kreditgeber** als auch beim **Kreditnehmer** um einen Betrieb oder ein Unternehmen handeln (»wer einem… für einen«).[826] **Nicht erfasst** sind daher Kredite, bei denen Kreditgeber oder -nehmer Privatpersonen sind. Einbezogen sind andererseits auch Kredite, die von einer Privatperson im eigenen Namen, aber für Rechnung eines Unternehmens aufgenommen werden. Kreditgeber können nicht nur private Betriebe und Unternehmen sein (z.B. Privatbanken, Handelsunternehmen), sondern auch öffentliche (z.B. Sparkassen, Landesbanken).[827] Die kreditnehmenden Betriebe oder Unternehmen müssen bereits im Zeitpunkt der Antragstellung **bestehen**, wobei es genügt, dass die Existenz vorgetäuscht wird.[828] Nicht erfasst sind Kredite für erst zu gründende Betriebe oder Unternehmen.[829] 365

Betriebe und **Unternehmen** sind nach § 265b Abs. 3 Nr. 1 StGB solche, die »unabhängig von ihrem Gegenstand […] nach Art und Umfang einen in kaufmännischer Weise eingerichteten Geschäftsbetrieb erfordern«. Für die Erforderlichkeit ist in Anlehnung an § 1 Abs. 2 HGB eine Gesamtbetrachtung maßgebend, wobei aber weder die Rechtsform eine Rolle spielt noch die Ausübung einer gewerblichen Tätigkeit vorausgesetzt wird. Kennzeichen sind: geordnete Kassen- und Buchführung, eigene Bankverbindung, Ablage des Schriftverkehrs, Einsatz kaufmännisch geschulter Hilfskräfte.[830] Durch diese Legaldefinition soll der Tatbestand auf Kreditnehmer beschränkt werden, deren 366

818 BT-Drucks. 7/5291, S. 14; OLG Celle wistra 1991, 359; OLG Stuttgart NStZ 1993, 545; OLG Hamm NZG 2004, 289 (290); Derleder/Knops/Bamberger/*Waßmer* § 86 Rn. 6 m.w.N.

819 Schork/Groß/*Rettenmaier/Reichling* Bankstrafrecht Rn. 208 m.w.N.

820 Schönke/Schröder/*Perron* § 265b Rn. 3 m.w.N.; offen gelassen von BGH NStZ 2002, 433 (435); verneinend im Hinblick auf das schweizerische Kreditwesen OLG Stuttgart NStZ 1993, 545.

821 Vgl. BGH NJW 2015, 423 (425).

822 Derleder/Knops/Bamberger/*Waßmer* § 86 Rn. 7.

823 Näher Derleder/Knops/Bamberger/*Waßmer* § 86 Rn. 15 ff. m.w.N.

824 Derleder/Knops/Bamberger/*Waßmer* § 86 Rn. 167.

825 Derleder/Knops/Bamberger/*Waßmer* § 86 Rn. 124.

826 Vgl. BGH NStZ 2011, 279.

827 Derleder/Knops/Bamberger/*Waßmer* § 86 Rn. 111.

828 BGH NStZ 2011, 279; Derleder/Knops/Bamberger/*Waßmer* § 86 Rn. 110.

829 Vgl. BayObLG NStZ 1990, 439.

830 Näher Derleder/Knops/Bamberger/*Waßmer* § 86 Rn. 106.

Vermögensverhältnisse nicht ohne Weiteres überschaubar sind.[831] Einbezogen sind praktisch alle größeren Geschäftsbetriebe. Erfasst sind z.B. landwirtschaftliche Betriebe, Handwerksbetriebe, Krankenhäuser, Arztpraxen, Rechtsanwalts- und Steuerberaterkanzleien.

367 **Kredite** sind gem. § 265b Abs. 3 Nr. 2 StGB »Gelddarlehen aller Art, Akzeptkredite, der entgeltliche Erwerb und die Stundung von Geldforderungen, die Diskontierung von Wechseln und Schecks und die Übernahme von Bürgschaften, Garantien und sonstigen Gewährleistungen«. Einbezogen sind sowohl Geld- als auch Warenkredite.[832] Str. ist, ob auch **durchlaufende Kredite** und **Weiterleitungskredite** erfasst sind, die z.B. ein Kreditinstitut als Hausbank aus öffentlichen Mitteln ausreicht und lediglich treuhänderisch verwahrt, da § 265b StGB nur solche Kreditanträge betrifft, bei denen Kreditgeber und Kreditnehmer als Betrieb oder Unternehmen i.S.d. § 265b Abs. 3 Nr. 1 StGB anzusehen sind. Hier wird z.T. eine rechtliche,[833] überwiegend aber mit Recht eine wirtschaftliche Betrachtung verfochten.[834] Eine **Mindestkredithöhe** ist nicht vorausgesetzt.[835]

368 Tathandlung ist die **Täuschung** über **wirtschaftliche Verhältnisse**. Darunter sind alle Umstände zu verstehen, die für die Kreditwürdigkeit des Kreditnehmers relevant sind.[836] Der erforderliche Zusammenhang mit dem Kreditantrag liegt vor, wenn die schriftlichen Angaben oder Unterlagen als Entscheidungsgrundlage für die Kreditvergabe dienen sollen. Dieser Zusammenhang besteht nicht nur dann, wenn die Angaben mit dem Einreichen der Kreditunterlagen gemacht werden, sondern auch, wenn die Angaben vor oder nach Stellung des Kreditantrags erfolgen.[837] **Adressat** der Täuschung muss der Kreditgeber sein, wobei es nach vorzugswürdiger Auffassung genügt, dass die schriftlichen Angaben oder Unterlagen einer ihm zuzurechnenden Person – z.B. einem Auskunftsdienst oder einer Detektei, die Ermittlungen zur Kreditwürdigkeit anstellt – zugehen.[838]

369 Das Täuschungsverhalten besteht zum einen in der **Vorlage von unrichtigen oder unvollständigen Unterlagen**, namentlich Bilanzen, Gewinn- und Verlustrechnungen, Vermögensübersichten oder Gutachten (Abs. 1 Nr. 1a), zum anderen im **Machen unrichtiger oder unvollständiger schriftlicher Angaben** (Abs. 1 Nr. 1b), sofern diese für den Kreditnehmer vorteilhaft sind. Einbezogen sind nicht nur Tatsachenbehauptungen, sondern nach h.M. auch Bewertungen und Prognosen, sofern sie »schlechterdings nicht mehr vertretbar« erscheinen.[839] Vorteilhaft sind die Unterlagen und Angaben, wenn sie geeignet sind, die Aussichten des Kreditantrags zu verbessern.[840] Darüber hinaus liegt ein tatbestandsmäßiges Täuschungsverhalten in Form eines **pflichtwidrigen Unterlassens** vor, wenn der Täter bei der Vorlage von Unterlagen oder schriftlichen Angaben nicht mitteilt, dass sich die dargestellten wirtschaftlichen Verhältnisse verschlechtert haben (Abs. 1 Nr. 2). Stets müssen die Unterlagen oder schriftlichen Angaben bzw. die nachträglichen Verschlechterungen für die Entscheidung über den Antrag **erheblich** sein, wofür nach h.M. das objektive »ex-ante-Urteil« eines »verständigen, durchschnittlich vorsichtigen Kreditgebers« maßgebend ist und die generelle Eignung zur Beeinflussung der Entscheidung genügt.[841]

---

831 Derleder/Knops/Bamberger/*Waßmer* § 86 Rn. 105.
832 Derleder/Knops/Bamberger/*Waßmer* § 86 Rn. 114.
833 Graf/Jäger/Wittig/*Wiedner* § 265b StGB Rn. 28 m.w.N.
834 Derleder/Knops/Bamberger/*Waßmer* § 86 Rn. 112 m.w.N.
835 Derleder/Knops/Bamberger/*Waßmer* § 86 Rn. 6 m.w.N.; krit. im Hinblick auf Kleinkredite Schönke/Schröder/*Perron* StGB § 265b Rn. 20/21.
836 Derleder/Knops/Bamberger/*Waßmer* § 86 Rn. 141 f.
837 Derleder/Knops/Bamberger/*Waßmer* § 86 Rn. 131 m.w.N.
838 Derleder/Knops/Bamberger/*Waßmer* § 86 Rn. 149 m.w.N.; a.A. Schönke/Schröder/*Perron* StGB § 265b Rn. 23 m.w.N.
839 Derleder/Knops/Bamberger/*Waßmer* § 86 Rn. 138 m.w.N.
840 Derleder/Knops/Bamberger/*Waßmer* § 86 Rn. 143.
841 BGHSt 30, 285 (291 ff.); BGH NStZ 2002, 433 (434); Derleder/Knops/Bamberger/*Waßmer* § 86 Rn. 144 m.w.N.

Vollendet ist die Tat mit dem Zugang der schriftlichen Angaben bzw. Unterlagen beim Adressaten bzw. dem Zugänglichmachen, eine Kenntnisnahme ist nicht erforderlich.[842] **Beendet** ist die Tat nicht bereits mit Vollendung der Tat, sondern – wie beim Betrug (§ 263 StGB) – erst mit Erbringung der letzten Leistung.[843] Wann die Leistung als erbracht anzusehen ist, richtet sich zivilrechtsakzessorisch nach der Art des beantragten Kredits.[844] Bei Gelddarlehen ist z.B. der Zeitpunkt der Auszahlung des Darlehens bzw. der Gutschrift maßgebend.[845] 370

Der Täter muss **vorsätzlich** handeln. Bedingter Vorsatz genügt.[846] § 265b Abs. 2 StGB enthält – wie § 264a Abs. 3 StGB – eine Regelung zur **tätigen Reue**. Nicht bestraft wird, wer freiwillig verhindert, dass der Kreditgeber aufgrund der Tat die beantragte Leistung erbringt (Satz 1). Wird die Leistung ohne Zutun des Täters nicht erbracht, reicht auch hier das freiwillige und ernsthafte Bemühen des Täters aus, das Erbringen der Leistung zu verhindern (Satz 2). Wie bei § 264a Abs. 3 StGB erstreckt sich die Straffreiheit nach h.M. nicht auf einen bereits vollendeten Eingehungsbetrug (§ 263 StGB).[847] Dies gilt auch im Verhältnis zum versuchten Betrug.[848] Als **Strafe** für den Kreditbetrug ist Freiheitsstrafe bis zu 3 Jahren oder Geldstrafe vorgesehen. 371

2. Untreue und untreueähnliche Delikte

a) Untreue (§ 266 StGB)

aa) Allgemeines

Die Untreue (§ 266 StGB) hat sich zu einer der **wichtigsten Strafvorschriften** des Wirtschaftsstrafrechts entwickelt. Rspr. und Schrifttum sind kaum noch zu überblicken. Dies liegt zum einen an der weiten Fassung des Tatbestands (»§ 266 StGB passt immer«[849]), die auf eine Reform im Jahr 1933 zurückgeht. Durch die Aufgabe einer kasuistischen Regelung sowie die Kombination von Missbrauchs- und Treubruchstheorie sollte ein möglichst lückenloser Schutz entstehen. Gerade diese weite Fassung begründet aber die Gefahr der Überdehnung.[850] Zum anderen wurden auch die früheren Spezialregelungen der Untreue, die tatbestandlich eng gefasst waren, fast alle aufgehoben. Nach Auffassung des BVerfG ist der Tatbestand dennoch **verfassungsgemäß**, da die Rspr. dem Tatbestand durch eine fallgruppenorientierte Systematisierung hinreichend scharfe und feste Konturen verliehen hat.[851] 372

Schutzgut des § 266 StGB ist nach ganz h.M. ausschließlich das Vermögen.[852] Es handelt sich um ein Vermögensschädigungsdelikt, da der Eintritt eines Vermögensnachteils vorausgesetzt wird. Die Untreue ist ein Vergehen. Der Versuch ist straflos. 373

Im Bank- und Kapitalmarktgeschäft kommt eine Untreue sowohl zulasten von **Kredit- und Finanzdienstleistungsinstituten** als auch zulasten von **Kunden** in Betracht. In der Praxis wird außerdem nicht selten der Vorwurf der **Beihilfe** von Bankmitarbeitern an Untreuehandlungen von 374

842 Derleder/Knops/Bamberger/*Waßmer* § 86 Rn. 159.
843 BGH wistra 2010, 219 (220); Derleder/Knops/Bamberger/*Waßmer* § 86 Rn. 160.
844 BGH wistra 2010, 219 (220).
845 Derleder/Knops/Bamberger/*Waßmer* § 86 Rn. 161.
846 Derleder/Knops/Bamberger/*Waßmer* § 86 Rn. 154.
847 Derleder/Knops/Bamberger/*Waßmer* § 86 Rn. 166 m.w.N.
848 BGHSt 36, 130 (132); Derleder/Knops/Bamberger/*Waßmer* § 86 Rn. 175 m.w.N.; a.A. Lackner/Kühl/*Heger* § 265b Rn. 10; Schönke/Schröder/*Perron* StGB § 265b Rn. 51.
849 *Ransiek* ZStW 116 (2004), 634.
850 Graf/Jäger/Wittig/*Waßmer* § 266 StGB Rn. 1, 7.
851 BVerfGE 126, 170 (199 f.) = BVerfG NJW 2010, 3209 (3215); näher Graf/Jäger/Wittig/*Waßmer* § 266 StGB Rn. 16 ff. m.w.N.
852 Vgl. nur BGHSt 43, 293 (297); Graf/Jäger/Wittig/*Waßmer* § 266 StGB Rn. 9 m.w.N.

(Geschäfts-) Kunden erhoben.[853] Auch bei der strafrechtlichen Aufarbeitung der Ursachen und Folgen der **schweren Finanzkrise** der Jahre 2008/09 (Rdn. 270) wurde der Untreuetatbestand häufig herangezogen.[854] Eine Verurteilung von Bankvorständen (usw.) scheiterte aber i.d.R. daran, dass der Eintritt der Schäden im Vorfeld nicht erkannt wurde, womit es am notwendigen Untreuevorsatz fehlte.[855] Entsprechendes gilt für den Abschluss von **Zinsswapgeschäften**[856] durch Bürgermeister und Kämmerer.[857]

bb) Missbrauchs- und Treubruchstatbestand

375 Den **Tatbestand** der Untreue erfüllt, wer eine ihm (kraft Gesetzes, behördlichen Auftrags, Rechtsgeschäfts oder Treueverhältnisses) obliegende besondere Pflicht, fremde Vermögensinteressen zu betreuen (Vermögensbetreuungspflicht) durch ein wirksames Rechtsgeschäft (Missbrauch; **Missbrauchstatbestand**, 1. Alt.) oder in sonstiger Weise (Treubruch; **Treubruchstatbestand**, 2. Alt.) verletzt und dadurch dem Inhaber des Vermögens einen Nachteil (Vermögensschaden) zufügt. Nach h.M. ist der engere Missbrauchstatbestand ein Spezialfall des Treubruchstatbestandes, sodass beide Tatvarianten eine **Vermögensbetreuungspflicht** voraussetzen, die einheitlich zu bestimmen ist.[858] Diese restriktive Auslegung ermöglicht eine Begrenzung des Anwendungsbereiches.

376 **Täter** kann nur sein, wem die **Vermögensbetreuungspflicht** selbst oder nach den Regeln der Organ- und Vertreterhaftung (§ 14 StGB) obliegt (Sonderdelikt).[859] Außenstehende können allenfalls Teilnehmer sein, deren Strafe nach h.M. gem. § 28 Abs. 1 StGB zu mildern ist.[860]

377 **Tatobjekt** ist fremdes Vermögen. Der Vermögensbegriff entspricht dem des Betruges (§ 263 StGB). Die Fremdheit richtet sich nach zivilrechtlichen Kriterien und ist zu bejahen, wenn der Täter nicht Alleineigentümer ist. Bei der Einmann-GmbH ist das Gesellschaftsvermögen für den Gesellschafter fremd und damit taugliches Tatobjekt.[861] Personengesellschaften (z.B. OHG; KG) besitzen dagegen keine eigene Rechtspersönlichkeit, sodass nach der Rspr. nicht die Gesellschaft, sondern nur die Gesellschafter geschädigt werden können.[862]

cc) Vermögensbetreuungspflicht

378 Die **Vermögensbetreuungspflicht** ist nach h.M. eine durch Eigenverantwortlichkeit und Selbstständigkeit geprägte Geschäftsbesorgung für einen anderen in einer nicht ganz unbedeutenden Angelegenheit.[863] Der Täter muss als Beschützergarant verpflichtet sein, Vermögensinteressen zu betreuen. Die Vermögensbetreuungspflicht muss typischer und wesentlicher Inhalt (**Hauptpflicht**) einer fremdnützig ausgerichteten Geschäftsbesorgung sein. Nebenpflichten genügen nicht.[864] Darüber hinaus muss dem Täter eine gewisse **Selbstständigkeit** eingeräumt sein, d.h., er muss **Raum für eigenverantwortliche Entscheidungen** haben und darf in seinem **Handlungsspielraum nicht völlig gebunden** sein.[865] Nicht ausreichend ist es, wenn der Täter nur verpflichtet ist, beim Eintritt bestimmter Bedingungen (mechanisch) bestimmte Handlungen vorzunehmen. Schließlich

---

853 Schork/Groß/*Groß/Reichling* Bankstrafrecht Rn. 235.
854 Näher Schork/Groß/*Groß/Reichling* Bankstrafrecht Rn. 379 ff. m.w.N.
855 Graf/Jäger/Wittig/*Waßmer* § 266 StGB Rn. 129b m.w.N.
856 Graf/Jäger/Wittig/*Waßmer* § 266 StGB Rn. 129e m.w.N.
857 Vgl. Schork/Groß/*Groß/Reichling* Bankstrafrecht Rn. 409.
858 Vgl. nur BGHSt 24, 386 (387); Graf/Jäger/Wittig/*Waßmer* § 266 StGB Rn. 29 m.w.N.
859 Graf/Jäger/Wittig/*Waßmer* § 266 StGB Rn. 20.
860 Vgl. BGHSt 26, 53; 41, 1 (2).
861 BGHSt 34, 379 (384); Graf/Jäger/Wittig/*Waßmer* § 266 StGB Rn. 62 m.w.N.
862 BGH NJW 2003, 2996 (2999); 2011, 3733; 2013, 3590 (3593); Graf/Jäger/Wittig/*Waßmer* § 266 StGB Rn. 63 m.w.N.
863 Vgl. nur BGHSt 33, 244 (250); 41, 224 (228 f.); Graf/Jäger/Wittig/*Waßmer* § 266 StGB Rn. 31 ff.
864 Graf/Jäger/Wittig/*Waßmer* § 266 StGB Rn. 34 ff. m.w.N.
865 Graf/Jäger/Wittig/*Waßmer* § 266 StGB Rn. 37 ff. m.w.N.

muss die Tätigkeit eine **gewisse Bedeutung** haben, wofür vor allem Dauer und Umfang maßgebend sind.[866] Untergeordnete Verrichtungen genügen nicht. **Entstehungsgründe** der Vermögensbetreuungspflicht sind namentlich Gesetz, behördlicher Auftrag, Rechtsgeschäft und Treueverhältnis. Ein zivilrechtlich wirksames Rechtsverhältnis ist nicht erforderlich, die Betreuung muss aber tatsächlich übernommen worden sein.[867] Die Vermögensbetreuungspflicht **erlischt** grds. mit der Beendigung des Rechtsverhältnisses. Sie kann ausnahmsweise über diesen Zeitpunkt hinausreichen, wenn die Maßnahmen noch als Ausfluss der Vermögensbetreuungspflicht anzusehen sind (z.B. bei der Vormundschaft) oder die Tätigkeit trotz formeller Beendigung (z.B. im Fall fristloser Kündigung) fortgesetzt wird.[868]

Personen, denen **Vermögensbetreuungspflichten typischerweise obliegen**, sind nach der Rspr.:[869] 379
Amtsträger und Angestellte in Leitungspositionen; Anlageberater, sofern ihnen auch die Durchführung der Geschäfte obliegt; Aufsichtsräte; Beauftragte, denen eine gewisse Selbstständigkeit und Eigenverantwortlichkeit eingeräumt ist; Betreuer; Filial- und Niederlassungsleiter; entgeltliche Geschäftsbesorger; Geschäftsführer von Gesellschaften; Handelsvertreter; Handlungsbevollmächtigte; Hauptbuchhalter; Insolvenzverwalter; Liquidatoren; Notare; Prokuristen; Rechtsanwälte; Sachbearbeiter mit Entscheidungsbefugnis; Sparkassenleiter; Steuerberater; Testamentsvollstrecker; Treuhänder; Vermieter von Wohnräumen hinsichtlich der Mietkaution; Vermögensverwalter; Vormünder; Vorstände; Wirtschaftsprüfer; Wohnungseigentumsverwalter. Bei **Kredit- und Finanzdienstleistungsinstituten** sind nicht nur Vorstände und Aufsichtsräte, sondern auch leitende Angestellte und entscheidungsbefugte Sachbearbeiter (z.B. Kreditsachbearbeiter) vermögensbetreuungspflichtig.[870]

Darüber hinaus sollen nach der Rspr.[871] auch **Personen, die Gelder einkassieren, verwalten und** 380
abliefern, jedenfalls dann eine Vermögensbetreuungspflicht haben, wenn die Gelder eine gewisse Höhe erreichen und geordnete Abrechnungsverfahren existieren: Kassierer (nicht aber der Sortenkassierer, der nur das vereinnahmte ausländische Geld in Sortenboxen einsortiert);[872] Schalterangestellte; Haus- und Wohnungsverwalter. Dies hat zur Folge, dass gerade bei **Kredit- und Finanzdienstleistungsinstituten** zahlreiche, auch untergeordnete Mitarbeiter vermögensbetreuungspflichtig sind.

Hingegen haben folgende Personen **grds. keine Vermögensbetreuungspflicht**, es sei denn, es liegt 381
im Einzelfall eine **atypische Gestaltung** vor:[873] Amtsträger und Arbeitnehmer (z.B. Bankmitarbeiter) ohne Leitungsposition; Anlageberater ohne Dispositionsbefugnis;[874] Arbeitgeber in Bezug auf die Pflicht zum Abzug von Lohnbestandteilen; Bankkunden; Buchhalter ohne eigene Dispositionsbefugnis; Darlehens- und Kreditnehmer beim Darlehens- bzw. Kreditvertrag; Factoring-Kunden, sowohl beim echten als auch beim unechten Factoring; Handlungsgehilfen; Kontokorrentinhaber; Kreditkarteninhaber; zum Lastschrifteinzug Ermächtigte; Leasinggeber; Leasingnehmer; Scheckkarteninhaber; Sicherungsgeber; Sicherungsnehmer; Unternehmensberater; Verwahrer; die Vertragsparteien gewöhnlicher Kauf-, Werk- oder Mietverträge.

---

866 Graf/Jäger/Wittig/*Waßmer* § 266 StGB Rn. 41 ff. m.w.N.
867 Graf/Jäger/Wittig/*Waßmer* § 266 StGB Rn. 43, 98 ff.
868 Graf/Jäger/Wittig/*Waßmer* § 266 StGB Rn. 46.
869 Vgl. den Katalog bei Graf/Jäger/Wittig/*Waßmer* § 266 StGB Rn. 49 m.w.N.
870 Schork/Groß/*Groß/Reichling* Bankstrafrecht Rn. 249, 311 ff., 343 ff.
871 Vgl. nur BGHSt 13, 315 (318 f.); 18, 312 (313); BGH wistra 1989, 60 (61); krit. Graf/Jäger/Wittig/*Waßmer* § 266 StGB Rn. 40 m.w.N.
872 BGH NStZ 1983, 455.
873 Katalog bei Graf/Jäger/Wittig/*Waßmer* § 266 StGB Rn. 50 m.w.N.; vgl. auch Schork/Groß/*Groß/Reichling* Bankstrafrecht Rn. 250 ff.
874 Ausführlich Schork/Groß/*Groß/Reichling* Bankstrafrecht Rn. 415 ff.

dd) Missbrauchstatbestand

382 Bei dem spezielleren **Missbrauchstatbestand (Abs. 1, 1. Alt.)** schädigt der Täter fremdes Vermögen, indem er durch ein im Rahmen seines rechtlichen Könnens (Außenverhältnis) eingegangenes wirksames Rechtsgeschäft sein rechtliches Dürfen (Innenverhältnis) überschreitet.[875] Fehlt es an einem rechtsgeschäftlichen Handeln oder an einem wirksamen Verpflichtungs- oder Verfügungsgeschäft, findet dagegen der allgemeinere Treubruchstatbestand Anwendung. Dem Täter muss im **Außenverhältnis** eine wirksame Verfügungs- oder Verpflichtungsbefugnis zustehen, von der er rechtlich wirksam Gebrauch macht. Der Begriff der **Verfügung** erfasst nur die Übertragung, Änderung oder Aufhebung einer Vermögensposition (z.B. durch Veräußerung von Sachen; Aufhebung von Forderungen)[876] und ist damit enger als beim Betrug, wo er auch die Verpflichtung fremden Vermögens einschließt. Unter **Verpflichtung** ist die schuldrechtliche oder dingliche Belastung fremden Vermögens zu verstehen (z.B. durch Begründung einer Leistungspflicht; Aufnahme eines Kredits; Eintragung einer Grundschuld).[877] Nicht erfasst sind Rechtswirkungen, die durch ein rein tatsächliches Verhalten (z.B. Verbinden, Vermischen, Verarbeiten) entstehen. Das **Innenverhältnis** wird nach Inhalt und Umfang durch die Vermögensbetreuungspflicht bestimmt. Beschränkungen ergeben sich i.d.R. aus dem jeweiligen Rechtsverhältnis, i.Ü. aus der Verkehrsauffassung.[878] Eine **Pflichtwidrigkeit** liegt z.B. vor, wenn ein Prokurist für den Geschäftsherrn im Außenverhältnis Rechtsgeschäfte abschließt (vgl. §§ 49, 50 HGB), damit aber im Innenverhältnis gegen Weisungen und Beschränkungen verstößt.

383 Liegt zum Tatzeitpunkt ein wirksames **Einverständnis** des Vermögensinhabers vor, scheidet ein Missbrauch aus. Voraussetzung ist aber, dass das Einverständnis nicht gegen gesetzliche Vorschriften verstößt, keine relevanten Willensmängel vorliegen, die nötige Einsichtsfähigkeit besteht und der Erklärende die eingegangenen Risiken hinreichend überblickt.[879] Die Frage, ob und inwieweit die Zustimmung der Gesellschafter einer GmbH zu **Vermögensverschiebungen des Geschäftsführers** wirksam sein kann, hat Rspr. und Schrifttum gerade im Hinblick auf die **Einmann-GmbH** stark beschäftigt.[880] Nach h.M. sind jedenfalls Transaktionen unwirksam, die gegen zwingende Vorschriften zur Bestandssicherung der GmbH verstoßen, also das Stammkapital der Gesellschaft angreifen oder zu einer Überschuldung führen.[881] Demgegenüber sind Vermögensverschiebungen, die das Stammkapital nicht gefährden und kein Insolvenzrisiko begründen, i.d.R. wirksam. Auch **Risikogeschäfte**[882] können entweder von einem Einverständnis gedeckt sein oder bei fehlendem Einverständnis – sofern nicht gegen zwingende Regeln verstoßen wird (z.B. Spekulation mit Kindesvermögen, vgl. §§ 1642, 1667 BGB) – nach den Regeln kaufmännischer Sorgfalt (Verkehrsauffassung) zulässig sein. Entscheidend sind die Art des Geschäfts sowie die Höhe der Investition und des Risikos.

384 Bei der praktisch bedeutsamen **Kreditvergabe** ist zu beachten, dass – je nach Ausrichtung des Kreditinstitutes und des Kredites – **unterschiedliche Risikogrenzen** bestehen. So dürfen z.B. Sparkassen keine Geschäfte betreiben, bei denen die mit dem jeweiligen Geschäft verbundenen Risiken für die Sparkasse nicht tragbar oder von ihr nicht steuerbar sind (Spekulationsverbot, vgl. § 4 Abs. 3 BaySpKO). Auch bei Genossenschaftsbanken ist die Kreditvergabe zu spekulativen Geschäften weitgehend ausgeschlossen.[883] Die Kreditvergabe setzt generell eine **umfassende Prüfung** der wirtschaftlichen Verhältnisse des Kreditnehmers, der beabsichtigten Verwendung des Kredites und der

875 Vgl. nur BGHSt 5, 61 (63); Graf/Jäger/Wittig/*Waßmer* § 266 StGB Rn. 68.
876 Graf/Jäger/Wittig/*Waßmer* § 266 StGB Rn. 75.
877 Graf/Jäger/Wittig/*Waßmer* § 266 StGB Rn. 76.
878 Graf/Jäger/Wittig/*Waßmer* § 266 StGB Rn. 86 ff. m.w.N.
879 BGHSt 9, 203 (216); BGH NStZ 1997, 124 (125); *Waßmer* Untreue bei Risikogeschäften, S. 38 ff.
880 Vgl. nur BGHSt 34, 379 (384 f.); 35, 333 (337 f.); *Waßmer* Untreue bei Risikogeschäften, S. 82 ff.
881 Graf/Jäger/Wittig/*Waßmer* § 266 StGB Rn. 148 ff. m.w.N.
882 Graf/Jäger/Wittig/*Waßmer* § 266 StGB Rn. 114 ff. m.w.N.
883 Schork/Groß/*Groß/Reichling* Bankstrafrecht Rn. 342.

Aussichten des Engagements voraus; im Rahmen einer eingehenden Risikoprüfung sind Chancen und Risiken auf der Basis umfangreicher Informationen abzuwägen.[884] Als **typische Pflichtverletzungen** gelten:[885] Missachtung von Kreditobergrenzen (gesetzlichen; bankinternen); Missachtung von Kompetenzbegrenzungen (Zustimmungserfordernissen; Weisungen); unzureichende Bonitätsprüfung; unzureichende Besicherung; Vergabe zu riskanter Sanierungskredite; unzureichende Überwachung laufender Kredite.

Allerdings begründet **nicht jede Pflichtverletzung** eine Verletzung der Vermögensbetreuungspflicht i.S.d. § 266 StGB, da die Untreue ein Vermögensdelikt ist. Daher müssen die verletzten Pflichten nach der Rspr. **wenigstens auch, und sei es mittelbar, vermögensschützenden Charakter** haben.[886] Hierbei macht der Umstand, dass ein Verstoß gegen Vorschriften spezifische und sich damit mittelbar auf das Vermögen auswirkende Sanktionen auslösen kann, die Vorschriften noch nicht zu vermögensschützenden Normen.[887] Zu beachten ist außerdem, dass bei unternehmerischen Führungs- und Gestaltungsaufgaben ein **weiter Beurteilungs- und Ermessensspielraum** besteht, da ihnen wegen ihres Prognosecharakters die Gefahr erst nachträglich erkennbarer Fehlbeurteilungen immanent ist.[888] Erst wenn die äußersten Grenzen unternehmerischer Entscheidungsfreiheit überschritten werden, liegt eine Verletzung gesellschaftsrechtlicher Pflichten vor, die so **gravierend** ist, dass sie zugleich eine Pflichtwidrigkeit i.S.v. § 266 StGB begründet.[889] Allerdings muss die Verletzung der Vermögensbetreuungspflicht **als solche** nach h.M. nicht (zusätzlich) »gravierend« sein.[890] **385**

Nach der Rspr. des BGH,[891] die im Schrifttum kontrovers diskutiert wird,[892] liegt bei der **Kreditvergabe** eine Pflichtwidrigkeit dann vor, wenn die Entscheidungsträger die banküblichen **Informations- und Prüfungspflichten gravierend verletzt** haben. Anhaltspunkte hierfür können sich aus zahlreichen Umständen ergeben, wobei eine **Gesamtschau** maßgebend ist, bei der auch an sich fehlende Informationen durch gleichwertige Informationen kompensiert werden können: Vernachlässigung von Informationspflichten; bei Großkrediten Nichtbeachtung des § 18 Satz 1 KWG; Handeln der Entscheidungsträger ohne die erforderliche Befugnis; unrichtige oder unvollständige Angaben ggü. Mitverantwortlichen oder Aufsichtspersonen; Nichteinhaltung vorgegebener Zwecke; Überschreitung der Höchstkreditgrenzen; eigennütziges Handeln der Entscheidungsträger; Nichteinholung von Informationen, weshalb andere Banken Kredite fällig stellten; fehlende Mittelverwendungskontrolle; fehlende sachverständige Bewertung von Grundstücken; Nichtbeachtung von Zins- und Tilgungsleistungsstörungen; fehlende kontinuierliche Beobachtung der wirtschaftlichen Entwicklung des Kreditnehmers. Bei der Vergabe von Großkrediten sind auch Prüfberichte oder testierte Jahresabschlüsse von Wirtschaftsprüfern zu analysieren; wird ein neues Geschäftsfeld erschlossen oder eine neue Geschäftsidee verwirklicht, muss sich der Entscheidungsträger für die erforderliche Risikoanalyse eine breite Entscheidungsgrundlage verschaffen, wozu eigene Tatsachenerhebungen und -bewertungen (z.B. Durchführung von Marktanalysen) notwendig sein können.[893] **386**

884 BGHSt 46, 30; *Keller/Sauer* wistra 2002, 365 ff.; Schork/Groß/*Groß/Reichling* Bankstrafrecht Rn. 316.
885 Graf/Jäger/Wittig/*Waßmer* § 266 StGB Rn. 121 m.w.N.
886 BGHSt 55, 288 (300); BGHSt 56, 203 (211); näher Graf/Jäger/Wittig/*Waßmer* § 266 StGB Rn. 66a ff.
887 BGHSt 56, 203 (211).
888 BGHSt 50, 331 (336).
889 Vgl. BGH NStZ 2006, 221 (222 m.w.N.).
890 BGHSt 50, 331 Leitsatz 2; eingehend Graf/Jäger/Wittig/*Waßmer* § 266 StGB Rn. 94a ff.
891 BGHSt 47, 148 (152 ff.); vgl. auch BGHSt 46, 30 (32 ff.) und BGH BKR 2010, 163.
892 Hierzu Graf/Jäger/Wittig/*Waßmer* § 266 StGB Rn. 122 ff.; Schork/Groß/*Groß/Reichling* Bankstrafrecht Rn. 321 ff.
893 BGH BKR 2010, 163 (167).

387 Bei der **Unternehmenssanierung** kann auch die Vergabe hochriskanter Kredite zulässig sein,[894] sofern die begründete Aussicht besteht, dass die Kredite – und ggf. sonst verlorene Altkredite – zurückgeführt werden können.[895]

388 Bei der **Kreditvergabe durch Gremien** können sich die übrigen Gremiumsmitglieder bei »normalen« – nicht aber bei außergewöhnlichen – Kreditrisiken auf den Bericht des federführenden Mitglieds verlassen. Bei Zweifeln oder Unstimmigkeiten sind jedoch Rückfragen oder Nachprüfungen erforderlich.[896]

389 **Zuwendungen**, um »die soziale Akzeptanz« zu verbessern (**Sponsoring, Mäzenatentum**), sind – sofern ihr Umfang in Anbetracht der Gesamtsituation einer Gesellschaft vertretbar erscheint – mit den Grundsätzen einer ordnungsgemäßen Geschäftsleitung vereinbar und damit nicht pflichtwidrig, selbst wenn sie ohne Erwartung einer Gegenleistung erfolgen bzw. nicht publik gemacht werden.[897]

390 Eine sog. **kompensationslose Anerkennungsprämie**, die der Aufsichtsrat einer AG einem Vorstandsmitglied für eine dienstvertraglich geschuldete Leistung in Form einer im Dienstvertrag nicht vereinbarten Sonderzahlung nachträglich bewilligt, ist grds. als pflichtwidrige Schädigung des Gesellschaftsvermögens anzusehen.[898] Für großes öffentliches Aufsehen sorgte diesbezüglich der Fall Mannesmann/Vodafone, bei dem Vorstandsmitgliedern nachträglich Prämien in Millionenhöhe gewährt wurden und u.a. Josef Ackermann, der frühere Vorstandsvorsitzende der Deutschen Bank AG, als Mitglied des Aufsichtsrates der Mannesmann AG angeklagt war. Zulässig sind hingegen **kompensierende Anerkennungsprämien**.[899]

ee) Treubruchstatbestand

391 Der allgemeinere **Treubruchstatbestand (Abs. 1, 2. Alt.)** findet Anwendung, wenn der Täter durch ein sonstiges (d.h. nicht bereits vom Missbrauchstatbestand erfasstes) Verhalten in seinem Aufgabenkreis das im Innenverhältnis zum Vermögensinhaber durch das Vermögensbetreuungsverhältnis festgelegte rechtliche Dürfen überschreitet.[900] Der **Aufgaben- und Pflichtenkreis** des Treupflichtigen wird durch den Gegenstand sowie die Pflichten und Befugnisse des zugrunde liegenden Verhältnisses festgelegt. So obliegen z.B. bei Banken den Mitgliedern von Aufsichtsorganen (Aufsichtsrat; Verwaltungsrat; Kreditausschuss) Überwachungs- bzw. Prüfpflichten.[901] Das vermögensbezogene **Verhalten** kann in jedem rechtsgeschäftlichen oder tatsächlichen Tun (z.B. Griff in die Kasse; Geldabheben nach Überlassung von Codekarte und PIN; Vereitelung von Ansprüchen durch unordentliche Buchführung; Beeinträchtigung des Eigentums durch Verbindung, Vermischung oder Verarbeitung; rechtswidrige Zustimmung) oder pflichtwidrigen Unterlassen (z.B. Nichteinschreiten gegen eine schädigende Geschäftsführung; Nichtbeanstandung von Maßnahmen; Nichteinziehung einer Forderung) bestehen.[902] Bei Kollegien oder Gremien ist nach h.M. jedes Mitglied verpflichtet, gegen das Zustandekommen bzw. die Realisierung eines schädigenden Mehrheitsbeschlusses jedes ihm mögliche und zumutbare Mittel zu ergreifen[903] (vgl. auch Rdn. 294).

---

894 Vgl. BGHSt 46, 30 (34); 47, 148 (153); Schork/Groß/*Groß/Reichling* Bankstrafrecht Rn. 338 ff.
895 Graf/Jäger/Wittig/*Waßmer* § 266 StGB Rn. 128 m.w.N.
896 BGHSt 46, 30 (35); 47, 148 (156).
897 BGHSt 47, 187 (193 ff.); näher Graf/Jäger/Wittig/*Waßmer* § 266 StGB Rn. 130 ff.
898 BGHSt 50, 331 ff.; LG Düsseldorf NJW 2004, 3275 ff.; Graf/Jäger/Wittig/*Waßmer* § 266 StGB Rn. 133.
899 BGHSt 50, 331 (337).
900 Vgl. BGHSt 8, 254 (257 f.); 24, 386 (387); Graf/Jäger/Wittig/*Waßmer* § 266 StGB Rn. 96.
901 Schork/Groß/*Groß/Reichling* Bankstrafrecht Rn. 343 ff.
902 Graf/Jäger/Wittig/*Waßmer* § 266 StGB Rn. 112 f. m.w.N.
903 BGHSt 37, 106 (131 f.).

ff) Vermögensnachteil

Der Täter muss demjenigen, dessen Vermögensinteressen er zu betreuen hat, einen **Nachteil** zufügen, d.h. wie beim Betrug (§ 263 StGB) einen **Vermögensschaden**.[904] Hierbei muss nicht nur der Nachteil gerade durch die Pflichtwidrigkeit zugefügt worden sein (Pflichtwidrigkeitszusammenhang), sondern geschädigtes und zu betreuendes Vermögen müssen identisch sein.[905] Für das Vorliegen eines Vermögensschadens ist entscheidend, dass der Vermögensabfluss nicht durch einen Vermögenszufluss unmittelbar[906] kompensiert wird (**Saldierungsprinzip**). Wie beim Betrug sind die Regeln des **individuellen Schadenseinschlags** zu berücksichtigen.[907] Ebenso ist – z.B. beim pflichtwidrigen Sponsoring[908] und bei der sog. Haushaltsuntreue[909] – auf die **Zweckverfehlungslehre** zurückzugreifen. Zu beachten ist, dass wegen Art. 103 Abs. 2 GG das Nachteilsmerkmal mit dem Pflichtwidrigkeitsmerkmal **nicht verschliffen** werden darf, sondern unabhängig voneinander festzustellen ist.[910] 392

Nach h.M. kann der Schaden auch im **Unterlassen einer Vermögensmehrung** bestehen, sofern der Täter zum vermögenssteigernden Handeln verpflichtet ist und eine **vermögenswerte Exspektanz** besteht.[911] Dies ist gerade im Bank- und Kapitalmarktstrafrecht von Bedeutung. So hat z.B. der Vormund das Mündelvermögen sicher und verzinslich anzulegen. Ein Nachteil liegt nicht nur dann vor, wenn die Vermögensmehrung »sicher« zu erwarten war,[912] sondern es genügt, dass im Einzelfall die »begründete Aussicht« ihrer Realisierung bestand und damit ein messbarer wirtschaftlicher Wert vorhanden war.[913] 393

An einem **Schaden fehlt** es nach h.M. allerdings – anders als beim Betrug – dann, wenn der Täter **jederzeit zum Ersatz des Schadens fähig und bereit** ist und hierfür ständig eigene **flüssige Ersatzmittel bereithält**.[914] Dies gilt auch dann, wenn er **auf sonstige Weise**, insb. aufgrund der Zusage eines Dritten, den Ausgleich sicherstellen kann.[915] Daher fehlt es an einem Nachteil, wenn ein Vermieter die Mietkaution auf einem allgemeinen Konto einzahlt und damit die abgesonderte Anlage der Gelder auf einem Anderkonto unterlässt.[916] Dagegen liegt ein Nachteil vor, wenn der Täter lediglich die Möglichkeit hat, sich das Geld bei Bedarf durch Kreditaufnahme zu beschaffen.[917] 394

Wie beim Betrug genügt eine **schadensgleiche Vermögensgefährdung**, bei der das Vermögen aufgrund der konkreten Gefahr des endgültigen Vermögensverlustes nach wirtschaftlicher Betrachtung bereits aktuell gemindert ist.[918] Die Höhe dieses sog. **Gefährdungsschadens**, den auch das BVerfG grds. anerkannt hat,[919] ist anhand der Wahrscheinlichkeit des endgültigen Vermögensverlustes zu 395

904 BGHSt 40, 287 (294 ff.); 43, 293 (297); Graf/Jäger/Wittig/*Waßmer* § 266 StGB Rn. 161 ff. m.w.N.
905 BGHSt 43, 293 (296 f.); 47, 295 (297).
906 Hierzu Graf/Jäger/Wittig/*Waßmer* § 266 StGB Rn. 169 m.w.N.
907 Graf/Jäger/Wittig/*Waßmer* § 266 StGB Rn. 187 f.
908 BGHSt 47, 187 (199); Graf/Jäger/Wittig/*Waßmer* § 266 StGB Rn. 130 ff.
909 BGHSt 40, 287 (295 ff.); ausführlich Graf/Jäger/Wittig/*Waßmer* § 266 StGB Rn. 210 ff.
910 BVerfGE 126, 170 (198) = BVerfG NJW 2010, 3209 (3215); Graf/Jäger/Wittig/*Waßmer* § 266 StGB Rn. 66.
911 Vgl. BGHSt 20, 143 (145); 31, 232 (232 ff.); BGH wistra 1989, 224 (225); NStZ 2003, 540, 541; OLG Bremen NStZ 1989, 228 (229).
912 BGHSt 20, 143 (145); 31, 232 (234 f.); OLG Bremen NStZ 1989, 228 (229).
913 Graf/Jäger/Wittig/*Waßmer* § 266 StGB Rn. 177 m.w.N.
914 RGSt 73, 283 (285 f.); BGHSt 15, 342 (344); BGH NStZ 2008, 455 (456); Graf/Jäger/Wittig/*Waßmer* § 266 StGB Rn. 179 m.w.N.
915 Graf/Jäger/Wittig/*Waßmer* § 266 StGB Rn. 179 m.w.N.
916 BGH NStZ 1995, 233; anders noch BGHSt 15, 372 (376).
917 BGH NStZ 1982, 331.
918 BGHSt 44, 376 (384); 46, 30 (34); 47, 8 (11); 48, 354 (357); BGH NStZ 2008, 455 (456).
919 Vgl. BVerfGE 126, 170 (226).

bestimmen.[920] Die Rspr. hat jedoch die Konkretheit früher z.T. **recht großzügig** gehandhabt,[921] womit die Untreue Gefahr lief, in ein konkretes Gefährdungsdelikt umgeformt zu werden, und die fehlende Versuchsstrafbarkeit unterlaufen wurde.[922] Diesbezüglich fordert das BVerfG in seiner Grundsatzentscheidung v. 23.06.2010[923] im Hinblick auf die von Verfassungs wegen gebotene präzisierende und restriktive Auslegung des Nachteilsmerkmals, dass ein Gefährdungsschaden von den Gerichten **in wirtschaftlich nachvollziehbarer Weise festgestellt** wird. Hierbei sind **anerkannte Bewertungsverfahren und -maßstäbe** zu berücksichtigen, ggf. ist ein **Sachverständiger** hinzuzuziehen. Abgesehen von einfach gelagerten und eindeutigen Fällen, können unvermeidlich verbleibende Prognose- und Beurteilungsspielräume durch **vorsichtige Schätzung** und Ermittlung eines **Mindestschadens** ausgefüllt werden. Mit Blick auf diese Rspr. muss nicht nur dann, wenn der endgültige Vermögensverlust **ohne Weiteres verhindert** werden kann, sondern auch dann, wenn der Gefährdungsschaden **nicht »bezifferbar«** ist bzw. »**vage**« erscheint, ein Nachteil verneint werden.[924] Folge ist, dass die Strafgerichte das Vorliegen eines Gefährdungsschadens **eingehend begründen** müssen.

396 Das BVerfG und der BGH wollen zur **Schadensfeststellung** insb. auf **bilanzielle Grundsätze** zurückgreifen.[925] Dies ist jedoch nur eingeschränkt möglich, wie nunmehr der 4. Strafsenat[926] in einer Entscheidung v. 20.12.2012 betont hat, da »betriebswirtschaftliche sowie handels- und gesellschaftsrechtliche Bewertungsverfahren [...] in erheblichem Maß von Grundsätzen geprägt [sind] (Vorsichtsprinzip), die im Zweifel zur Annahme niedriger Werte und zu einer Überbewertung von Verlustrisiken führen«. Daher muss ein »**umgekehrtes Vorsichtsprinzip**« zur Anwendung gelangen, d.h. es ist der bilanzielle Ansatz zu wählen, der zu einer **höchstmöglichen Bewertung** der Forderung führt.[927] Diesbezüglich ist in vielen Fällen die Heranziehung von **Sachverständigengutachten** geboten.[928]

397 Ein **Gefährdungsschaden** wurde z.B. bejaht: bei der Ausreichung nicht oder nicht hinreichend gesicherter Kredite;[929] bei der Übernahme einer Bürgschaft für ein hochspekulatives Risikoprojekt, bei der die Wahrscheinlichkeit der Inanspruchnahme sehr groß war;[930] bei Zahlungsanweisungen in Zusammenhang mit einem nichtigen Darlehensvertrag, die das ganz erhebliche Risiko begründeten, auf Rückzahlung in Anspruch genommen zu werden;[931] bei der Anlage »schwarzer Kassen«, welche die Möglichkeit geben, über die Mittel »nach Gutdünken« eigenmächtig und unkontrolliert zu verfügen.[932] Dagegen **fehlte** es an einem Gefährdungsschaden: bei Vornahme fiktiver Buchungen, nur um einen höheren Kreditrahmen zu erreichen;[933] bei einer drohenden Pfändung, der mit der Drittwiderspruchsklage (§ 771 ZPO) begegnet werden konnte.[934] Str. ist, ob die **Target-2-Salden** der Bundesbank einen Schaden begründen können.[935]

---

920 Graf/Jäger/Wittig/*Waßmer* § 266 StGB Rn. 183.
921 Vgl. *Fischer* StraFo 2008, 269 ff.
922 Graf/Jäger/Wittig/*Waßmer* § 266 StGB Rn. 184 m.w.N.
923 BVerfGE 126, 170 (229 f.).
924 Graf/Jäger/Wittig/*Waßmer* § 266 StGB Rn. 184a.
925 Vgl. BVerfGE 126, 170 (215, 223, 226); BGHSt 52, 199 (202 f.); BGH NJW 2012, 2370 (2371); hierzu krit. Graf/Jäger/Wittig/*Waßmer* § 266 StGB Rn. 175g.
926 BGH NJW 2013, 883 (887) = BGHSt 58, 102.
927 *Cornelius* NZWiSt 2012, 259 (264); Schork/Groß/*Groß/Reichling* Bankstrafrecht Rn. 275.
928 Graf/Jäger/Wittig/*Waßmer* § 266 StGB Rn. 175f.
929 BGHSt 46, 30; 47, 148.
930 BGH NStZ-RR 2006, 378 (379).
931 BGH wistra 2006, 306 (307).
932 BGHSt 40, 287 (296).
933 OLG Karlsruhe wistra 2005, 399.
934 BGH NStE Nr. 7 zu § 266 StGB.
935 Dafür *Schünemann* ZIS 2011, 84 (87 ff.); dagegen *Kirkpatrick* wistra 2013, 249 (356); vgl. auch Graf/Jäger/Wittig/*Waßmer* § 266 StGB Rn. 129h.

Bei **pflichtwidrigen Risikogeschäften**, bei denen das eingegangene Risiko zu hoch war, liegt jedenfalls dann ein Nachteil vor, wenn das Risikogeschäft **nicht ausgeglichen**, d.h. das Geschäft den Einsatz objektiv »nicht wert« war.[936] Aber auch bei einem **ausgeglichenen** Risikogeschäft kann nach den Grundsätzen des individuellen Schadenseinschlags ein Nachteil in Form des **Risikoschadens** vorliegen, wenn das Geschäft für den Vermögensinhaber unbrauchbar und nicht in anderer zumutbarer Weise verwertbar war (z.B. ein Börsenkontrakt nicht verlustfrei weiterverkauft werden konnte) oder die wirtschaftliche Bewegungsfreiheit stark eingeengt wurde.[937] Die Höhe des Schadens bestimmt sich nach der Wahrscheinlichkeit des endgültigen Vermögensverlustes, die entweder berechnet (beziffert) werden kann oder geschätzt werden muss. Ein Nachteil liegt nicht nur dann vor, wenn der Täter »**nach Art eines Spielers**« entgegen den Regeln kaufmännischer Sorgfalt zur Erlangung höchst zweifelhafter Gewinnaussichten eine aufs äußerste gesteigerte Verlustgefahr auf sich nimmt,[938] sondern z.B. auch dann, wenn ein Vermögensverwalter trotz Vereinbarung einer **konservativen Anlagestrategie** hochspekulative Geschäfte tätigt[939] oder ein Vormund **mit Mündelgeldern spekuliert**. 398

Bei der **pflichtwidrigen Kreditvergabe** liegt nach der bisherigen Rspr. jedenfalls mit **Auszahlung** eine schadensgleiche Vermögensgefährdung vor.[940] Der **1. Strafsenat** des BGH vertrat jedoch in einer Entscheidung v. 20.03.2008[941] die Auffassung, der sich der **3. Strafsenat** anschloss,[942] dass in Wahrheit ein **endgültiger Vermögensverlust** eingetreten sei; sei eine Rückzahlung überhaupt nicht zu erwarten und seien verwertbare Sicherheiten nicht vorhanden, sei der Vermögensverlust i.H.d. gesamten Darlehens entstanden; im Fall der teilweisen Werthaltigkeit des Rückzahlungsanspruchs oder einer Sicherheit sei der Vermögensverlust entsprechend reduziert; der »unmittelbar und realiter eingetretene Vermögensnachteil« sei nach (bilanztechnischen) Bewertungsregeln zu ermitteln, ggf. zu schätzen; werde das Darlehen später doch bedient, sei dies eine bloße Schadenswiedergutmachung. Dieser Sichtweise, die auf die Abschaffung der Kategorie des Gefährdungsschadens hinausläuft, kann nur z.T. gefolgt werden:[943] Ein endgültiger Vermögensverlust ist nur dann eingetreten, wenn der vollständige **Ausfall des Kredits sicher** zu erwarten ist. Ist dagegen der **Ausfall unsicher**, kann es letztlich doch zu einer vollständigen oder teilweisen Rückzahlung kommen, sodass für diese Fälle an dem Begriff der schadensgleichen Vermögensgefährdung festzuhalten ist. I.Ü. harmoniert die neue Rechtsprechungslinie nicht mit der **Rspr. der übrigen Strafsenate**, die am **Gefährdungsschaden** festhalten.[944] 399

Vollendet ist die Untreue mit dem Eintritt des Vermögensnachteils, wobei ebenfalls eine schadensgleiche Vermögensgefährdung genügt. **Beendet** ist die Tat in den Fällen der schadensgleichen Vermögensgefährdung dagegen erst mit der Realisierung des Vermögensverlustes.[945] 400

gg) Vorsatz

Die Untreue erfordert **Vorsatz**, wobei sowohl für den Missbrauchs- als auch für den Treubruchstatbestand bedingter Vorsatz genügt.[946] Der Täter muss sich der Pflichtwidrigkeit seines Verhaltens und der Zufügung eines Nachteils bewusst sein. Bei **irriger Annahme** der tatsächlichen 401

936 Graf/Jäger/Wittig/*Waßmer* § 266 StGB Rn. 190 m.w.N.
937 Graf/Jäger/Wittig/*Waßmer* § 266 StGB Rn. 191 f. m.w.N.
938 BGH NJW 1975, 1234 (1236); BGH NJW 1990, 3219 (3220).
939 BGH NStZ-RR 1998, 43: Options- und Warentermingeschäfte mit dem Risiko des Totalverlustes.
940 RGSt 61, 211 (211 f.); BGHSt 47, 148 (156).
941 BGH NJW 2008, 2451.
942 BGH WM 2009, 1930.
943 Graf/Jäger/Wittig/*Waßmer* § 266 StGB Rn. 195.
944 Vgl. nur (2. Strafsenat) BGH NStZ 2007, 704 (705); (5. Strafsenat) BGHSt 52, 182; näher *Rübenstahl* NJW 2008, 2454.
945 BGH NStZ 2001, 650; 2003, 540.
946 RGSt 76, 115 (116); BGH NJW 75, 1234 (1236); Graf/Jäger/Wittig/*Waßmer* § 266 StGB Rn. 222.

Voraussetzungen eines Einverständnisses fehlt es am Vorsatz (§ 16 Abs. 1 Satz 1 StGB). Nach der Rspr. macht es die Weite des äußeren Tatbestandes erforderlich, an den **Nachweis** der inneren Tatseite **strenge Anforderungen** zu stellen.[947] Der Vorsatz, insb. der bedingte Vorsatz, bedürfe besonders sorgfältiger Prüfung, um Interessenlage und Motiven des Täters angemessen Rechnung zu tragen. Diese Restriktion ist zwar zu begrüßen, allerdings stellt die besonders sorgfältige Prüfung des (bedingten) Vorsatzes kein Charakteristikum des Untreuetatbestandes dar.[948]

402 Für den **Gefährdungsschaden** ist weiterhin str.,[949] ob sich der **bedingte Vorsatz** auch auf die **Billigung der Realisierung** des endgültigen Vermögensnachteils erstrecken muss, wie dies der **2. Strafsenat** des BGH für die **Kreditvergabe** in einer Entscheidung v. 25.05.2007[950] gefordert hat. Die hierdurch entstehende Inkongruenz zwischen objektivem und subjektivem Tatbestand soll sich damit rechtfertigen lassen, dass die konkrete Vermögensgefährdung eine Vorverlagerung der Vollendung in den Bereich des Versuchs bedeute und der Versuch durch eine derartige Inkongruenz gekennzeichnet sei.[951] Auch der **5. Strafsenat** hat sich dieser Sichtweise angeschlossen.[952] Dagegen will der **1. Strafsenat** nicht von einem Gefährdungsschaden, sondern von einem **endgültigen Vermögensnachteil** ausgehen (vgl. Rdn. 399) und **direkten Vorsatz** bejahen.[953] Beide Rechtsprechungslinien bedürfen der Zusammenführung:[954] Gefährdungsschaden und endgültiger Vermögensnachteil sind untrennbar miteinander verbunden, da gerade deshalb ein Gefährdungsschaden angenommen wird, weil die (hohe) Wahrscheinlichkeit des endgültigen Vermögensverlustes besteht. Der Täter handelt daher **mit direktem Vorsatz**, wenn er die Umstände kennt, die die (hohe) Wahrscheinlichkeit des Eintritts eines endgültigen Vermögensnachteils und damit die schadensgleiche Vermögensgefährdung begründen (z.B. unzureichende Kreditbesicherung). Demgegenüber stellt sich die Problematik des **bedingten Vorsatzes** ausschließlich dann, wenn der Täter einen Gefährdungsschaden nur für möglich hält. Für den **Nachweis** des bedingten Vorsatzes ist nicht allein die Höhe der Gefährdung maßgebend, sondern eine **Gesamtwürdigung** anzustellen, die den Motiven und der Interessenlage umfassend Rechnung trägt. Die bloße Hoffnung auf einen glücklichen Ausgang schließt den bedingten Vorsatz jedenfalls nicht aus.[955]

hh) Besonders schwere Fälle; Privilegierungen

403 Nach § 266 Abs. 2 StGB gilt hinsichtlich **besonders schwerer Fälle** § 263 Abs. 3 StGB entsprechend. Allerdings ist das Regelbeispiel des § 263 Abs. 3 Satz 2 Nr. 5 (Versicherungsbetrug) mangels Übertragbarkeit auf die Untreue unanwendbar.[956] Darüber hinaus gelangen die §§ 243 Abs. 2, 247, 248a StGB entsprechend zur Anwendung, sodass z.B. dann, wenn sich die Tat auf einen **geringen Vermögenswert** (unter 50 €)[957] bezieht, ein besonders schwerer Fall ausgeschlossen ist.

ii) Strafe

404 Als **Strafe** ist Freiheitsstrafe bis zu 5 Jahren oder Geldstrafe vorgesehen. In besonders schweren Fällen der Untreue (§ 266 Abs. 2 i.V.m. § 263 Abs. 3 StGB) beträgt die Freiheitsstrafe von 6 Monaten bis zu 10 Jahren.

---

947 BGHSt 3, 23 (25); 47, 295 (302); 48, 331 (348); BGH NJW 1975, 1234 (1236); BGH NStZ 1990, 437; BGH NStZ 2007, 704 (705).
948 Graf/Jäger/Wittig/*Waßmer* § 266 StGB Rn. 225.
949 Hierzu Graf/Jäger/Wittig/*Waßmer* § 266 StGB Rn. 224 ff.
950 BGH NStZ 2007, 704 (705).
951 Vgl. BGHSt 51, 100, 123.
952 BGHSt 52, 182; BGH NStZ 2013, 715.
953 BGH NJW 2008, 2451 (2452); BGHSt 53, 199.
954 Graf/Jäger/Wittig/*Waßmer* § 266 StGB Rn. 225.
955 BGHSt 52, 323 (339); Graf/Jäger/Wittig/*Waßmer* § 266 StGB Rn. 226.
956 Graf/Jäger/Wittig/*Waßmer* § 266 StGB Rn. 234 m.w.N.
957 Graf/Jäger/Wittig/*Waßmer* § 266 StGB Rn. 271 m.w.N.

b) Missbrauch von Scheck- und Kreditkarten (§ 266b StGB)

Bei § 266b StGB handelt es sich um ein **untreueähnliches Delikt**, das – anders als § 266 StGB – die Verletzung einer Vermögensbetreuungspflicht nicht voraussetzt. **Schutzgut** ist nach h.M. nicht nur das Vermögen des Scheck- bzw. Kreditkartenausstellers, sondern ebenso das Allgemeininteresse an der Funktionsfähigkeit des bargeldlosen Zahlungsverkehrs.[958] Es handelt sich um ein Vergehen. Der Versuch ist straflos. **405**

Zweck der Einfügung des § 266b StGB durch das Zweite Gesetz zur Bekämpfung der Wirtschaftskriminalität v. 15.05.1985 (2. WiKG) war das Schließen einer Strafbarkeitslücke: Scheck- und Kreditkarten verpflichten den Karteninhaber nicht zur fremdnützigen Geschäftsführung, sodass § 266 StGB einen Missbrauch zulasten des Ausstellers nicht erfasst.[959] Diesbezüglich wurde aber ein **kriminalpolitisches Bedürfnis** bejaht, da Scheck- und Kreditkarten den bargeldlosen Zahlungsverkehr außerordentlich ausgeweitet und dadurch eine erhebliche volkswirtschaftliche Bedeutung erlangt hatten.[960] In jüngerer Zeit wird die kriminalpolitische Berechtigung des § 266b StGB zunehmend angezweifelt, da in Deutschland Scheckkarten nicht mehr gebräuchlich sind und bei den gängigen Kreditkarten durchweg eine Online-Autorisierung stattfindet, womit das Risiko des Missbrauchs einer Zahlungsgarantie praktisch nicht mehr existent ist.[961] **406**

Der **Tatbestand** verlangt den Missbrauch der dem Karteninhaber durch die Überlassung einer Scheck- oder Kreditkarte eingeräumten Möglichkeit, den Kartenaussteller zu einer Zahlung zu veranlassen; hierdurch muss ein Vermögensschaden eintreten. **407**

Täter kann nur der **berechtigte Karteninhaber** sein.[962] Dies ist i.d.R. der Inhaber des Kontos, für das die Karte ausgestellt wurde, kann jedoch auch der Inhaber einer Zusatz- oder Partnerkarte oder – falls dies nach dem Kartenvertrag zulässig sein sollte – ein Kontobevollmächtigter sein.[963] Keinen Missbrauch i.S.d. § 266b begründet dagegen die unberechtigte Weitergabe der Karte an einen Dritten (Rdn. 417). Der Missbrauch durch einen nicht berechtigten Kartenbesitzer wird von §§ 263, 263a StGB erfasst. **408**

Scheck- oder Kreditkarten sind generell dadurch gekennzeichnet, dass sie dem Inhaber die Möglichkeit einräumen, den Kartenaussteller aufgrund einer **Garantieerklärung** zu einer Zahlung an den Scheck- bzw. Kreditkartennehmer zu veranlassen.[964] Zwischen Kartenaussteller und Kartennehmer ist vereinbart, dass durch die formal ordnungsgemäße Benutzung der Karte eine Zahlungspflicht entsteht, und zwar unabhängig davon, ob der Karteninhaber materiell zur Benutzung berechtigt ist.[965] **409**

Bei einer **Scheckkarte** garantiert der Aussteller dem Schecknehmer die Einlösung von Schecks bis zu einem bestimmten Betrag. Seit der Beendigung des Euroschecksystems zum 31.12.2001 sind in Deutschland Scheckkarten in Form von **Euroscheck-Karten** allerdings nicht mehr gebräuchlich. **410**

Bei der **Kreditkarte** (Universalkreditkarte) im (»klassischen«) **Drei-Partner-System** (insb. American Express; Diners Club) verpflichtet sich die Kreditkartenorganisation ggü. dem Vertragsunternehmen, die Forderungen ggü. dem Karteninhaber zu erfüllen. Der Kartenaussteller rechnet periodisch, i.d.R. monatlich, mit dem Karteninhaber die angefallenen Beträge ab. In der Praxis ist mittlerweile das **Vier-Partner-System** führend. Hier tritt die Kreditkartenorganisation (insb. Mastercard; Visa) nicht als Aussteller auf, sondern vergibt Lizenzen an Kreditinstitute für die Ausgabe **411**

958 BGHSt 47, 160 (168); Lackner/Kühl/*Heger* StGB § 266b Rn. 1.
959 BGHSt 33, 244 (250 f.).
960 BT-Drucks. 10/5058, S. 32.
961 Schönke/Schröder/*Perron* StGB § 266b; *Baier* ZRP 2001, 454 (458).
962 BT-Drucks. 10/5058, S. 32.
963 MüKo-StGB/*Radtke* § 266b Rn. 4 m.w.N.
964 Schönke/Schröder/*Perron* StGB § 266b Rn. 3.
965 NK-StGB/*Kindhäuser* § 266b Rn. 5 m.w.N.

von Karten (Issuing-Lizenzen) sowie an selbstständige Unternehmen für die Anwerbung von Vertragsunternehmen (Acquiring-Lizenzen). Auch dieses System ist durch § 266b StGB geschützt.[966]

412 **Nicht erfasst** von § 266b StGB, sondern ausschließlich von § 263 StGB, sind im **Zwei-Partner-System** ausgegebene Karten (**Kundenkarten**), bei denen dem Karteninhaber zwar gleichfalls ein Kreditrahmen eingeräumt wird, der aber nur für die Filialen sowie ggf. die Partnerunternehmen des Ausstellers Gültigkeit hat; es handelt sich lediglich um einen Ausweis für die Eröffnung eines Kredits, der die erneute Prüfung der Kreditwürdigkeit entbehrlich macht.[967] Um Wertungswidersprüche zu vermeiden, wird diesbezüglich vorgeschlagen, im Fall einer Strafbarkeit nach § 263 StGB den niedrigeren Strafrahmen des § 266b StGB heranzuziehen.[968] Ebenfalls nicht von § 266b StGB, sondern von § 263 StGB sind **Tankkarten** erfasst, sofern sie dem Arbeitnehmer vom Arbeitgeber zur Betankung von Fahrzeugen im Zwei-Partner-System zur Verfügung gestellt werden.[969] Anders ist dies aber dann, wenn es sich um (Flotten-)Tankkarten handelt, die im Drei-Partner-System als Kreditkarten eingesetzt werden.[970]

413 Große Bedeutung haben heute sog. **Debitkarten** – insb. **Maestro- und V-Pay-Karten** – erlangt. Im Rahmen des sog. **POS-Zahlungssystems** (Point-of-Sale-System; electronic cash) werden diese Karten an Kassenterminals des Handels verwendet, wobei die Zahlung wie bei Kreditkarten durch den Aussteller vertraglich garantiert ist. Der Kartenaussteller belastet hier das Kartenkonto (i.d.R. das Girokonto) sofort mit dem angefallenen Betrag. Streitig ist, ob § 266b StGB auf diese Karten Anwendung findet, da beim POS-Zahlungssystem nach Eingabe der PIN und der Prüfung von Verfügungsrahmen und Kartensperre eine Online-Autorisierung stattfindet, sodass die »Garantiewirkung« erst nach der Freigabe im Einzelfall besteht. Hierfür spricht, dass sich der Zahlungsvorgang nicht wesentlich vom Einsatz einer Kreditkarte unterscheidet, sondern lediglich der Abrechnungsmodus mit dem Kunden abweicht; zudem trägt der Aussteller das Risiko der Zahlungsunfähigkeit des Karteninhabers.[971] Dagegen spricht aber, dass das Risiko eines Missbrauchs – den der Aussteller nicht verhindern könnte – angesichts der Online-Autorisierung sehr gering ist; zudem werden diese Karten im Rechtsverkehr nicht als Kreditkarten wahrgenommen.[972] Nach der Rspr. handelt es sich jedenfalls bei der Maestro-Karte (wie bei der früheren Euroscheck-Karte) um eine **Zahlungskarte mit Garantiefunktion** i.S.d. § 152b Abs. 1, 4 StGB.[973]

414 **Nicht erfasst** von § 266b StGB war das zum 31.12.2006 eingestellte **POZ-Zahlungssystem** (Point-of-Sale-System ohne Zahlungsgarantie), bei dem beim Einsatz einer (**Debit-)Karte** keine PIN eingegeben werden musste, sondern nur geprüft wurde, ob eine Kartensperre vorliegt.[974] Mit seiner Unterschrift erteilte der Kunde eine Einzugsermächtigung von seinem Girokonto. Der Aussteller hatte hier keine Zahlungsgarantie übernommen, vielmehr trug der Händler das Risiko des Zahlungsausfalls. Dies gilt auch für das – aus Kostengründen – stark verbreitete (frühere) **ELV** (Elektronisches Lastschriftverfahren; »wildes« Lastschriftverfahren) bzw. (heutige) **SEPA-Lastschriftmandat**, da mit der Karte ebenfalls nur ein Lastschriftbeleg erstellt wird; es besteht weder eine Zahlungsgarantie noch ist die Zahlung durch die Überlassung der Karte veranlasst. Denkbar ist hier ein Betrug (§ 263 StGB) am Händler bzw. in den Fällen des unberechtigten Lastschrifteinzugs ein Betrug am Kontoinhaber. Schließlich ist auch die missbräuchliche Verwendung einer sog. **Geldkarte** (auch

---

966 *Brand* WM 2008, 2194 (2198); Lackner/Kühl/*Heger* StGB § 266b Rn. 4.
967 BGHSt 38, 281 ff.
968 NK-StGB/*Kindhäuser* § 266b Rn. 9 m.w.N.
969 OLG Celle BeckRS 2010, 28415 (insoweit nicht abgedruckt in NStZ 2011, 218); AG Eggenfelden NStZ-RR 2009, 139 (140).
970 LG Dresden NStZ 2006, 633.
971 Vgl. NK-StGB/*Kindhäuser* § 266b Rn. 17.
972 *Fischer* StGB § 266b StGB Rn. 6a; Lackner/Kühl/*Heger* StGB § 266b Rn. 3; Schönke/Schröder/*Perron* StGB § 266b Rn. 5a; vgl. auch Schork/Groß/*Kipper* Bankstrafrecht Rn. 894.
973 Vgl. zur Maestro-Karte BGH NStZ 2012, 318.
974 Lackner/Kühl/*Heger* StGB § 266b Rn. 3; Schönke/Schröder/*Perron* StGB § 266b Rn. 4.

»GeldKarte« oder »elektronische Geldbörse«; hierbei geht es um die Zahlung kleiner Beträge ohne PIN und ohne Unterschrift mittels eines Chips, der in die Karte integriert ist und vor dem Einsatz mit Guthaben aufgeladen werden muss –) nicht von § 266b StGB erfasst.[975]

Tathandlung ist der **Missbrauch**, d.h. der Karteninhaber macht im Außenverhältnis (Kartenaus- 415
steller/Kartennehmer) von der ihm durch die Überlassung der Karte eingeräumten Möglichkeit Gebrauch, den Aussteller zu einer Zahlung zu veranlassen, überschreitet hierbei aber die Grenzen seines durch das Innenverhältnis (Karteninhaber/Kartenaussteller) festgelegten Dürfens (Verfügungsrahmen).[976]

Beim Einsatz der Karte als **Codekarte zum Geldabheben** kann § 266b StGB nach h.M. nur dann 416
Anwendung finden, wenn der berechtigte Karteninhaber einen **institutsfremden Bankautomaten** benutzt (Drei-Partner-Verhältnis), nicht aber dann, wenn er einen Automat der **Ausstellerbank** (Zwei-Partner-Verhältnis) bedient, da es dann an einem Missbrauch fehlt (die Ausstellerbank ist zur Auszahlung nicht verpflichtet, sie kann durch Prüfung des Kontostandes sicherstellen, dass kein Geld ausgezahlt wird; die Karte ist gewissermaßen nur der »Schlüssel« zum Konto).[977] Da bei der Abhebung durch den berechtigten Karteninhaber nach h.M. eine Anwendung des § 263a Abs. 1, 3. Alt. StGB ausscheidet, weil dieser nicht »unbefugt« handelt,[978] ist der Täter in diesen Fällen straflos.

Kein Missbrauch i.S.d. § 266b StGB ist die **unberechtigte Weitergabe** der Karte an einen Dritten, 417
damit dieser sie zu eigenständigen Betrugshandlungen benutzen kann.[979] Ein abredewidriger Missbrauch durch den Dritten kann ggf. als Untreue (§ 266 StGB) bestraft werden.[980] Auch das **Ausnutzen des teilweisen Ausfalls** technischer Kontrollmaßnahmen stellt keinen Missbrauch dar.[981]

Der Missbrauch muss einen **Vermögensschaden** zur Folge haben. An einem Schaden kann es – wie 418
bei § 266 StGB (Rdn. 394) – fehlen, wenn der Karteninhaber trotz Überschreitung der Grenzen des Innenverhältnisses jederzeit willens und fähig ist (insb. infolge liquider Geldanlagen), den Vermögensabfluss auszugleichen.[982] Dasselbe gilt, wenn ein Dritter zum Schadensausgleich fähig und willens ist.[983]

§ 266b StGB setzt **Vorsatz** voraus. Bedingter Vorsatz genügt.[984] In den Fällen der **irrigen Annahme** 419
des Karteninhabers, dass eine ausreichende Deckung vorhanden oder zu erwarten ist, fehlt es am Vorsatz (§ 16 Abs. 1 Satz 1 StGB). Die vage Hoffnung, im Fälligkeitszeitpunkt zum Ausgleich in der Lage zu sein, genügt hierfür jedoch nicht.[985] Nach § 266b Abs. 2 StGB gilt § 248a StGB entsprechend, sodass dann, wenn sich die Tat auf einen **geringen Vermögenswert** (d.h. weniger als 50 €) bezieht, eine Strafverfolgung grds. nur auf Antrag des Verletzten, d.h. des geschädigten Kartenausstellers, stattfindet. Als **Strafe** ist Freiheitsstrafe bis zu 3 Jahren oder Geldstrafe vorgesehen.

3. Straf- und Bußgeldvorschriften zur Geldwäsche (§ 261 StGB; § 17 GwG)

Bei der **Geldwäsche** werden illegale (»schmutzige«, »kontaminierte«) Gelder so in den legalen Wirt- 420
schafts- und Finanzkreislauf eingeschleust, dass die Herkunft nicht mehr erkenn- und nachweisbar (»gewaschen«) ist. Die Gelder sind entweder das Resultat illegaler Aktivitäten, vor allem der

975 *Fischer* StGB § 266b Rn. 6b m.w.N.
976 BT-Drucks. 10/5058, S. 32.
977 BGHSt 47, 160 (164 f.); *Fischer* StGB § 266b Rn. 8.
978 BGHSt 47, 160 (166).
979 BGH NStZ 1992, 278 (279).
980 OLG Düsseldorf NStZ-RR 1998, 137 (138); OLG Hamm wistra 2003, 356.
981 BayObLG NJW 1997, 3039.
982 BT-Drucks. 10/5058, S. 32.
983 OLG Dresden NStZ 2006, 633.
984 Schönke/Schröder/*Perron* StGB § 266b Rn. 11.
985 MüKo-StGB/Radtke § 266b StGB Rn. 46.

Organisierten Kriminalität (Drogen- und Waffengeschäfte), oder dienen der Finanzierung illegaler Aktivitäten, insb. des Terrorismus. Für die Geldwäsche werden die Gelder zunächst in Teilbeträgen in den Finanz- bzw. Wirtschaftskreislauf eingespeist (»**Placement**«). Dies erfolgt häufig in Ländern mit schwachen oder fehlenden Schutzvorschriften, z.T. werden auch (bös- oder gutgläubige) Strohmänner eingesetzt. Meistens erfolgt die Einspeisung in kleinen Teilbeträgen, um keine Aufmerksamkeit zu erregen (»**Smurfing**«). Anschließend wird die Herkunft der Gelder durch zahlreiche Konten-Transaktionen, durch das Hin- und Herschieben, verschleiert (»**Layering**«). Schließlich wird das derart »gewaschene« Geld zum Erwerb von legalen Vermögenswerten benutzt (»**Integration**«). Der tatsächliche **Umfang** der Geldwäsche ist schwer zu bestimmen. Nach Untersuchungen des Internationalen Währungsfonds (IWF) aus dem Jahr 1999 stammen 2 bis 5 % des Welt-Bruttoinlandsprodukts aus illegalen Quellen.[986]

a) Rechtsrahmen

421 Die Geldwäsche ist Gegenstand zahlreicher **Initiativen und Rechtsakte** auf internationaler und europäischer Ebene (UN, OECD, Europarat, EU). Die **Bekämpfung der Geldwäsche**, deren Ursprünge auf die Organisierte Kriminalität der 1920er Jahre in den USA zurückgeht, wurde in den 1980er Jahren international und verstärkt seit den 1990er Jahren in Europa forciert.[987] Seit den Anschlägen vom 11.09.2001 bildet die **Bekämpfung der Finanzierung des Terrorismus** ein weiteres Ziel.

422 Als »**Motor**«[988] der internationalen Bekämpfung gilt die bei der OECD in Paris angesiedelte »Financial Action Task Force on Money Laundering« (**FATF**). Dieses Expertengremium wurde im Juni 1989 von den Staatschefs der G7-Staaten und dem Präsident der EU-Kommission eingesetzt, um **internationale Standards** zur Bekämpfung auszuarbeiten. 1990 wurden erstmals »40 Recommendations« zur Bekämpfung der Geldwäsche veröffentlicht. Im Oktober 2001 erschienen »VIII Special Recommendations« zur Bekämpfung der Terrorismusfinanzierung. Diese Empfehlungen, die fortlaufend aktualisiert und ergänzt werden, bilden die Grundlage für alle internationalen und europäischen Rechtsakte. Im Februar 2012 wurde eine integrierte Fassung der FATF-Empfehlungen vorgestellt (»International Standards on Combating Money Laundering and the Financing of Terrorism & Proliferation – The FATF Recommendations«), die seitdem regelmäßig aktualisiert wird.[989] Darüber hinaus führt die FATF weltweit »**Monitorings**« sowie »**Evaluations**« durch und gibt eine »**Schwarze Liste**« der NCCT-Länder (Non-Cooperative Countries and Territories) heraus.

423 In **Deutschland** ist die Geldwäsche in **§ 261 StGB** als Straftatbestand ausgestaltet, der bei zahlreichen Vortaten Anwendung findet. Ergänzend enthält das Geldwäschegesetz vom 23.06.2017 (**GwG 2017**) umfangreiche Pflichten zur Identifizierung, Aufzeichnung, Aufbewahrung und Meldung, die durch die Bußgeldvorschriften des **§ 56 GwG** abgesichert werden. Zur Umsetzung des sog. »**Know Your Customer**«**-Prinzips** (KYC), das dazu verpflichtet, Kunden vor Aufnahme einer Geschäftsbeziehung zu identifizieren, schreibt **§ 154 AO** (Kontenwahrheit) eine Identitätsprüfung vor. Zur Kontrolle von Konten wurde in **§ 24c KWG** die Möglichkeit des automatisierten Abrufs von Kontoinformationen geschaffen. Meldungen zu Verdachtsfällen bearbeitet die **FIU Deutschland**. Dies ist seit dem 26.06.2017 die neu eingerichtete **Zentralstelle für Finanztransaktionsuntersuchungen** in Köln (www.fiu.bund.de), die im Bereich der Generalzolldirektion angesiedelt ist. Sie hat die Aufgaben der bisherigen **Zentralstelle für Geldwäsche-Verdachtsanzeigen** übernommen, die beim Bundeskriminalamt (BKA) in Wiesbaden angesiedelt war. Um die Bekämpfung von Geldwäsche und Terrorismusfinanzierung weiter zu intensivieren, wurde die FIU Deutschland fachlich

986 *BMF* Monatsbericht 08.2003, S. 76.

987 Zur Entwicklung Herzog/*Herzog/Achtelik* GwG Einleitung Rn. 58 ff.

988 Herzog/*Herzog/Achtelik* GwG Einleitung Rn. 72.

989 Abrufbar unter www.fatf-gafi.org.

und organisatorisch neu ausgerichtet und in den Geschäftsbereich des Bundesministeriums der Finanzen (BMF) verlagert.[990]

Verpflichtete i.S.v. § 2 Abs. 1 GwG (zum Kreis der Verpflichteten Rdn. 452) müssen nach § 6 GwG angemessene **interne Sicherungsmaßnahmen** dagegen treffen, dass sie zur Geldwäsche oder zur Terrorismusfinanzierung missbraucht werden. Hierzu gehört nach § 7 Abs. 1 GwG, dass u.a. Kredit- und Finanzdienstleistungsinstitute, aber z.B. auch Versicherungsunternehmen, einen **Geldwäschebeauftragten** bestellen, der als Ansprechpartner für die Strafverfolgungsbehörden, die FIU Deutschland und weitere zuständige Behörden fungiert. 424

b) Geldwäsche (§ 261 StGB)

§ 261 StGB wurde in Umsetzung der Richtlinie 91/308/EWG v. 10.06.1991 zur Verhinderung der Nutzung des Finanzsystems zum Zwecke der Geldwäsche (**1. Geldwäsche-Richtlinie**) durch das »Gesetz zur Bekämpfung des illegalen Rauschgifthandels und anderer Erscheinungsformen der Organisierten Kriminalität« (**OrgKG**) v. 15.07.1992 eingefügt. Es handelt sich um ein sog. **Anschlussdelikt**, das die Begehung einer rechtswidrigen Vortat voraussetzt. Die Strafvorschrift wurde inzwischen mehrfach modifiziert und ergänzt. Hierbei wurde u.a. der **Katalog der Vortaten** erheblich erweitert. 425

Zweck des § 261 StGB ist es, zu verhindern, dass **illegale (kontaminierte) Vermögenswerte** in legale umgewandelt werden, und dafür zu sorgen, dass der Täter isoliert ist.[991] Die Vorschrift soll **Strafbarkeitslücken** schließen, die die Anschlussdelikte der §§ 257 bis 259 StGB (Begünstigung; Strafvereitelung; Hehlerei) im Bereich der Organisierten Kriminalität belassen. Ergänzt wird § 261 StGB durch das Geldwäschegesetz (GwG). **Schutzgut** ist nicht nur die inländische staatliche Rechtspflege, der auch die Aufgabe zukommt, die Wirkungen von Straftaten zu beseitigen,[992] sondern nach h.M. sind auch die durch die rechtswidrigen Vortaten verletzten Interessen mitgeschützt.[993] 426

Die Strafvorschrift des § 261 StGB ist **verfassungsrechtlich sehr bedenklich**, da sie relativ unbestimmt ist und sich nicht auf das Phänomen der Geldwäsche beschränkt, sondern z.B. auch denjenigen bestraft, der für einen Einzeltäter ein erbeutetes Raubobjekt verwahrt.[994] Der Tatbestand bedarf daher einer **sehr restriktiven Auslegung**.[995] 427

aa) Täterkreis

Täter der Geldwäsche kann jedermann sein, selbst der Vortäter oder ein Teilnehmer der Vortat (**Allgemeindelikt**). An der **Vortat Beteiligte** werden jedoch nicht bestraft, wenn sie aus der Vortat strafbar sind (§ 261 Abs. 9 Satz 2 StGB). Hierbei handelt es sich um einen persönlichen Strafausschließungsgrund[996] und – wenn Vortat und Geldwäsche zusammenfallen – um eine Konkurrenzregel, die eine Strafbarkeit immer dann ausschließt, wenn bereits wegen der Beteiligung an einer Katalogtat eine Strafbarkeit besteht.[997] Maßgebend ist, dass die Vortat nach deutschem Recht strafbar ist.[998] 428

990 BT-Drucks. 18/11555, S. 88 ff.
991 BT-Drucks. 12/989, S. 27.
992 BT-Drucks. 12/989, S. 27.
993 BGHSt 55, 36; BGH NStZ-RR 2013, 253; Lackner/Kühl/*Kühl* § 261 Rn. 1 m.w.N.; krit. *Kargl* NJ 2001, 57 (60).
994 Lackner/Kühl/*Kühl* StGB § 261 Rn. 2 m.w.N.
995 AnwaltKommentar StGB/*Sommer* § 261 Rn. 3.
996 BT-Drucks. 13/8651, S. 11; BGHSt 48, 240.
997 BGHSt 48, 240.
998 BGHSt 53, 205; a.A. (internationales Verbot des ne bis in idem) AnwaltKommentar StGB/*Sommer* § 261 Rn. 83.

bb) Tatobjekte

429 **Tatobjekt** der Geldwäsche ist nach § 261 Abs. 1 Satz 1 StGB ein »**Gegenstand**«, der aus einer in § 261 Abs. 1 Satz 2 StGB genannten rechtswidrigen Tat (Vortat) herrührt. Erfasst ist nicht nur Geld, sondern jeder Vermögenswert, sei er eine bewegliche Sache (z.B. Bargeld; Edelsteine; Schmuck), unbewegliche Sache (Grundstück; Bauwerk) oder ein Recht (Forderung; Geschäftsanteil). Auch verbotene Gegenstände (z.B. Falschgeld; Betäubungsmittel) sind einbezogen.[999] Nach § 261 Abs. 1 Satz 3 StGB gelten dann, wenn die Vortat eine Steuerhinterziehung ist, auch »ersparte Aufwendungen« als Tatobjekt. Hiermit wird allerdings nicht an illegal, sondern an legal erworbenes Vermögen angeknüpft.[1000] Erfasst sind über § 261 Abs. 8 StGB zudem Gegenstände, die aus einer **Auslandstat** herrühren, aber nur wenn es sich um eine Tat der in § 261 Abs. 1 (Satz 2) StGB bezeichneten Art handelt (zum Vortatenkatalog Rdn. 431), die auch am Tatort mit Strafe bedroht ist. Hierdurch soll der internationalen Verflechtung der Organisierten Kriminalität zwar Rechnung getragen, zugleich aber eine zu weitreichende Anwendung des § 261 StGB auf Auslandstaten verhindert werden.[1001]

430 Der (recht unscharfe) Begriff »**herrühren**« soll klarstellen, dass nicht nur der unmittelbar **aus der Vortat erlangte Gegenstand** kontaminiert ist, sondern auch ein (Ersatz-) Gegenstand, der das Ergebnis einer **Kette von Verwertungshandlungen** (wirtschaftlichen Transaktionen) darstellt, bei welcher der ursprüngliche Gegenstand unter Beibehaltung seines Wertes durch einen anderen ersetzt wird.[1002] Nach der Rspr. soll bei einer Bestechung nach § 334 als Vortat sogar das vom Bestechenden gezahlte Bestechungsgeld – also das Tatmittel – aus der Tat herrühren.[1003] Bei **Ersatzgegenständen** genügt es nach der Rspr., dass der in das Surrogat bzw. die Surrogate eingegangene **kontaminierte Anteil** einen »nicht unerheblichen Anteil« ausmacht.[1004] Dagegen werden im Schrifttum Mindestanteile zwischen 1 % und mehr als 50 % oder sogar eine weit überwiegende Kontamination verlangt;[1005] zudem soll die Verjährung der Vortat die zeitliche Grenze der Kontamination bilden.[1006] Problematisch ist insb. die **Vermischung** von legalem mit bemakeltem Vermögen.[1007] **Nicht erfasst** sind jedenfalls Gegenstände, die durch die Weiterverarbeitung wesentlich auf eine selbstständige Leistung Dritter zurückzuführen sind (z.B. Produkte aus einer Manufaktur).[1008]

cc) Vortaten

431 Den **Katalog der Vortaten**, der mehrfach erweitert wurde und mittlerweile äußerst umfangreich ist, enthält § 261 Abs. 1 Satz 2 StGB. Einbezogen sind durch § 261 Abs. 1 Satz 2 Nr. 1 **alle Verbrechen** und durch Nr. 2–5 **bestimmte Vergehen**, die typischerweise in Zusammenhang mit der **Organisierten Kriminalität** begangen werden. Hierbei handelt es sich insb. um Korruptions- und Betäubungsmitteldelikte, die Vorbereitung schwerer staatsgefährdender Gewalttaten sowie die Bildung krimineller und terroristischer Vereinigungen. Darüber hinaus sind – in Fällen der **banden- oder gewerbsmäßigen Begehung** – Steuer-, Eigentums- und Vermögensdelikte (u.a. Diebstahl; Unterschlagung; Betrug; Untreue; Urkundenfälschung), Menschenhandelsdelikte, das Einschleusen von Ausländern, das Verleiten von Ausländern zur missbräuchlichen Asylantragstellung, der Insiderhandel, die Marktmanipulation sowie Straftaten nach dem Marken-, Urheberrechts-, Gebrauchsmuster-, Design-, Patent-, Halbleiterschutz- und Sortenschutzgesetz erfasst. Unter den Voraussetzungen des § 261 Abs. 8 StGB kann die Vortat sogar eine **Auslandstat** sein (Rdn. 429).

---

999 Schönke/Schröder/*Stree/Hecker* StGB § 261 Rn. 4.
1000 Krit. AnwaltKommentar StGB/*Sommer* § 261 Rn. 8.
1001 BT-Drucks. 13/8651, S. 12.
1002 BT-Drucks. 12/989, S. 27.
1003 BGHSt 53, 205; a.A. NK-StGB/Altenhain § 261 Rn. 63; *Rettenmaier* NJW 2009, 1617.
1004 OLG Karlsruhe NJW 2005, 767 (769).
1005 Herzog/*Nestler* GwG § 261 StGB Rn. 68 m.w.N.
1006 AnwaltKommentar StGB/*Sommer* § 261 Rn. 24 m.w.N.
1007 Schork/Groß/*Reichling* Bankstrafrecht Rn. 1210 m.w.N.
1008 BT-Drucks. 12/989, S. 27.

dd) Tathandlungen

Die **Tathandlungen des § 261 Abs. 1 Satz 1 StGB** erfassen die Behinderung der staatlichen Behörden (**Verschleierungs- und Vereitelungstatbestand**). Strafbar macht sich, wer einen Gegenstand, der aus einer Katalogtat herrührt, verbirgt, dessen Herkunft verschleiert oder die Ermittlung der Herkunft, das Auffinden, den Verfall, die Einziehung oder die Sicherstellung eines solchen Gegenstandes vereitelt oder gefährdet. Das **Verbergen** setzt voraus, dass der Zugriff durch Vorkehrungen erschwert wird, während das **Verschleiern** Maßnahmen umfasst, die den Nachweis erschweren, dass der Gegenstand aus einer Straftat stammt.[1009] Einschlägig ist z.B. der Umtausch von Lösegeld bei einer Bank in nicht registrierte Scheine.[1010] Das **Vereiteln** erfordert, dass die Maßnahmen der staatlichen Behörden zum Scheitern gebracht werden, während für das **Gefährden** die Herbeiführung der konkreten Gefahr des Scheiterns genügt.[1011] Ein Gefährden des Auffindens liegt z.B. vor, wenn der tatsächliche Zugriff der staatlichen Behörden durch das Verbringen des Gegenstandes ins Ausland erschwert ist.[1012] Die Betätigung als »**Finanzagent**«,[1013] d.h. das Zurverfügungstellen der eigenen Bankverbindung, verbunden mit der Zusage, auf das Konto eingehende Überweisungsbeträge, die durch »Phishing« erlangt wurden, nach Abzug einer Provision weisungsgemäß weiterzuleiten, kann die Sicherstellung nur dann konkret gefährden, wenn es tatsächlich zur Weiterleitung von Geldern kommt.[1014] 432

Ein Vereiteln und Gefährden kann auch durch **Unterlassen** begangen werden, wobei die Garantenstellung von Bankmitarbeitern aus der Meldepflicht nach dem GWG resultiert.[1015] Verweigert ein Bankmitarbeiter eine verdächtige Transaktion und unterlässt er es zugleich unter Verstoß gegen die Meldepflicht, den Vorgang anzuzeigen, begründet dies keine Geldwäsche durch Unterlassen.[1016] 433

Die **Tathandlungen des § 261 Abs. 2 StGB** sollen Gegenstände verkehrsunfähig machen (**Isolierungstatbestand**). Strafbar ist zum einen, wer sich selbst oder einem Dritten einen kontaminierten Gegenstand **verschafft** (**Nr. 1**). Nach h.M. ist es im Gegensatz zur Hehlerei (§ 259 StGB) nicht erforderlich, dass der Täter der Geldwäsche und der Täter der Vortat einvernehmlich zusammenwirken.[1017] Hierdurch wird der Anwendungsbereich des Tatbestands stark ausgedehnt. Andererseits weist § 261 Abs. 2 Nr. 1 StGB als abstraktes Gefährdungsdelikt keinen inländischen Erfolgsort i.S.d. § 9 Abs. 1, 2. Alt. auf, sodass Tatort alleine der Ort im Ausland ist, an dem der Täter gehandelt hat.[1018] Zum anderen macht sich strafbar, wer einen kontaminierten Gegenstand verwahrt oder ihn für sich oder einen Dritten verwendet, sofern er die Herkunft zu dem Zeitpunkt, zu dem er ihn erlangt hat, gekannt hat (**Nr. 2**). **Verwahren** heißt, dass eine Sache in Gewahrsam genommen oder behalten wird, um sie für einen Dritten oder für die eigene spätere Verwendung zu erhalten; unter **Verwenden** ist die wirtschaftliche Nutzung durch Gebrauch oder Verfügung zu verstehen.[1019] 434

ee) Ausnahmen

§ 261 Abs. 6 StGB legt fest, dass eine Tat nach § 261 Abs. 2 StGB **nicht strafbar** ist, wenn zuvor ein Dritter den Gegenstand erlangt hat, ohne hierdurch eine Straftat zu begehen. Durch diese **Anerkennung des straflosen Zwischenerwerbs**, der die Kette strafbarer Verwertungshandlungen unterbricht, wird der Gegenstand »**dekontaminiert**« und damit der Anwendungsbereich des 435

1009 Dölling/Duttge/Rössner/*Hartmann* § 261 StGB Rn. 17, 18.
1010 BGH NStZ 1995, 500.
1011 Lackner/Kühl/*Kühl* StGB § 261 Rn. 7 m.w.N.
1012 Vgl. BGH NJW 1999, 436.
1013 Hierzu Schork/Groß/*Reichling* Bankstrafrecht Rn. 1250 ff. m.w.N.
1014 OLG Karlsruhe NStZ 2009, 269; LG Darmstadt wistra 2006, 468.
1015 Lackner/Kühl/*Kühl* StGB § 261 Rn. 7 m.w.N.
1016 NK-StGB/Altenhain § 261 Rn. 93 m.w.N.
1017 Lackner/Kühl/*Kühl* StGB § 261 Rn. 8 m.w.N.
1018 BGH NStZ 2013, 253.
1019 Dölling/Duttge/Rössner/*Hartmann* § 261 StGB Rn. 19 m.w.N.

Geldwäschetatbestands im Interesse des Rechtsverkehrs – vor allem in den Fällen des gutgläubigen Erwerbs – eingeschränkt.[1020] Hierdurch wird der Entstehung unangemessen langer Ketten eine Schranke gesetzt.[1021] Angesichts des klaren Wortlauts des § 261 Abs. 6 StGB lehnt die h.M. die **entsprechende Anwendung** auf Taten nach § 261 Abs. 1 StGB ab.[1022] Wer die Herkunft eines von einem Dritten gutgläubig in Besitz genommenen Gegenstandes verschleiert, kann sich daher strafbar machen.

436 Für die **Bankpraxis** ist von großer Bedeutung, dass § 261 Abs. 6 StGB zwar einerseits auch für kontaminiertes Geld gilt, das auf **Bankkonten eingezahlt** wird, sodass dieses Geld nicht mehr geldwäschetauglich ist; nach h.M. erstreckt sich § 261 Abs. 6 StGB aber andererseits nicht auf den durch die Einzahlung erlangten Forderungsanspruch gegen die Bank, sodass diesbezüglich eine Geldwäsche begangen werden kann.[1023] Damit soll dem Missbrauch von Banken als »Geldwaschanlagen« entgegengetreten werden.

437 Wegen der außerordentlichen Reichweite des § 261 Abs. 2 StGB wird verbreitet für **sozial- und berufsadäquate Verhaltensweisen** eine restriktive Auslegung gefordert.[1024] Danach soll bei Alltagsgeschäften der objektive Tatbestand zu verneinen sein, sodass z.B. Verkäufer, Handwerker, Tankwarte und Ärzte sich nicht wegen Geldwäsche strafbar machen können, wenn sie zur Bezahlung von Waren oder Dienstleistungen kontaminierte Gelder annehmen. Hiergegen wendet die h.M. ein, dass eine derartige Restriktion des objektiven Tatbestands kaum durchführbar sei, sondern die Lösung im subjektiven Tatbestand zu suchen ist.[1025] Auch die Festsetzung einer **Bagatellgrenze** wird von der h.M. abgelehnt.[1026]

438 **Strafverteidiger**, die **kontaminierte Honorargelder** entgegennehmen, können nach der Rspr. des BVerfG bei verfassungskonformer Auslegung des § 261 StGB allerdings nur dann strafbar sein, wenn sie von der Kontamination **sichere Kenntnis** haben.[1027] Denn eine Strafbarkeit für bedingt vorsätzliche oder leichtfertige Taten würde in unverhältnismäßiger Weise in die Berufsausübungsfreiheit eingreifen. Das Risiko, sich durch die Entgegennahme strafbar zu machen, würde das für eine rechtsstaatliche Strafverteidigung grundlegende Vertrauensprinzip zwischen Strafverteidiger und Mandant unverhältnismäßig gefährden. Auch zu Nachforschungen über die Herkunft der erlangten Honorargelder ist der Strafverteidiger grds. nicht verpflichtet.[1028] Diese spezifische Rechtsprechung ist nicht auf **andere Berufsgruppen** übertragbar, zu denen kein derart grundlegendes Vertrauensverhältnis besteht, d.h. insb. nicht auf **Bankmitarbeiter**.[1029]

439 **Verdeckte Ermittler** und **Bankmitarbeiter**, die unter Aufsicht der Strafverfolgungsbehörden Gegenstände, die aus einer Katalogtat herrühren, kontrolliert weiterleiten, machen sich nach h.M. nicht nach § 261 StGB strafbar.[1030]

1020 BT-Drucks. 12/989, S. 28.
1021 Lackner/Kühl/*Kühl* StGB § 261 Rn. 6.
1022 BGHSt 47, 68 (80); *Fischer* StGB § 261 Rn. 28 m.w.N.; a.A. Schönke/Schröder/*Stree/Hecker* StGB § 261 Rn. 17 m.w.N.
1023 Schönke/Schröder/*Stree/Hecker* StGB § 261 Rn. 17 m.w.N.
1024 *Fischer* StGB Rn. 31 m.w.N.
1025 Schönke/Schröder/*Stree/Hecker* StGB § 261 Rn. 23 m.w.N.
1026 Lackner/Kühl/*Kühl* StGB § 261 Rn. 5 m.w.N.
1027 BVerfGE 110, 226; zuvor hatte BGHSt 47, 68 ff. die Strafbarkeit ohne Einschränkungen bejaht; zur Kritik Schork/Groß/*Reichling* Bankstrafrecht Rn. 1232 m.w.N.
1028 BVerfGE 110, 226 (267).
1029 Schork/Groß/*Reichling* Bankstrafrecht Rn. 1263 m.w.N.
1030 MüKo-StGB/*Neuheuser* § 261 Rn. 92 m.w.N.

ff) Vorsatz und Leichtfertigkeit

§ 261 Abs. 1 und 2 StGB fordern **Vorsatz**, wobei bedingter genügt.[1031] Dies soll nach h.M. auch für § 261 Abs. 2 Nr. 2 StGB gelten,[1032] obwohl der Wortlaut auf die »Kenntnis« der Herkunft abstellt. Ausreichend ist es daher, dass der Täter eine Kontamination ernsthaft für möglich hält und dies billigend in Kauf nimmt. Es genügt, wenn sich aus einer laienhaften Bewertung der Umstände in groben Zügen ergibt, dass eine Katalogtat begangen wurde,[1033] wobei der Täter die Vortat nicht selbst als Verbrechen oder als Vergehen bewerten muss.[1034] 440

Die **irrige Annahme**, dass der Gegenstand nicht kontaminiert ist, schließt zwar den Vorsatz aus, lässt aber die Möglichkeit der Bestrafung wegen fahrlässiger Begehung unberührt (vgl. § 16 Abs. 1 Satz 1 und 2 StGB). Denn § 261 Abs. 5 StGB stellt auch die Fälle unter Strafe, in denen der Täter aus **Leichtfertigkeit** nicht erkennt, dass der Gegenstand aus einer Katalogtat herrührt; i.Ü. bleibt das Vorsatzerfordernis bestehen (Vorsatz-Fahrlässigkeitskombination). Diese starke Extension, die Beweisschwierigkeiten vermeiden und eine wirksame Strafverfolgung ermöglichen soll,[1035] verstößt nach der Rspr.[1036] weder gegen das Schuldprinzip noch den Bestimmtheitsgrundsatz. Leichtfertigkeit liegt insb. dann vor, wenn sich die Kontamination nach den Umständen aufdrängen musste und der Täter dies aus besonderem Leichtsinn außer Acht ließ. Einschlägig sind Fälle, in denen wegen der **ungewöhnlichen Höhe der Transaktionssumme** und der **ungewöhnlichen Transaktionsform** (z.B. Barzahlung) die Kontamination sich offensichtlich abzeichnete und der Täter hiervor die Augen verschloss.[1037] 441

gg) Versuch

Den **Versuch** der Geldwäsche stellt § 261 Abs. 3 StGB unter Strafe. Hierdurch wird der Schutz aber kaum vorverlagert, da Taten nach § 261 Abs. 2 StGB als abstrakte Gefährdungsdelikte bereits mit Vornahme der Tathandlung und Taten nach § 261 Abs. 1 StGB i.d.R. mit der konkreten Gefährdung vollendet sind. Von Bedeutung ist die Extension jedoch für die Fälle des **untauglichen Versuchs**, wenn z.B. einem verdeckten Ermittler ein kontaminierter Gegenstand verschafft wird[1038] oder irrtümlich davon ausgegangen wird, dass ein Gegenstand kontaminiert ist.[1039] 442

hh) Rechtsfolgen

Die **vorsätzliche** Geldwäsche wird mit Freiheitsstrafe von 3 Monaten bis zu 5 Jahren bestraft (§ 261 Abs. 1 StGB). Für **besonders schwere Fälle** sieht § 261 Abs. 4 Satz 1 StGB einen erhöhten Strafrahmen von 6 Monaten bis zu 10 Jahren vor. Eine Konkretisierung erfolgt in § 261 Abs. 4 Satz 2 StGB durch zwei **Regelbeispiele**, die die Organisierte Kriminalität betreffen. Danach liegt i.d.R. ein besonders schwerer Fall vor, wenn der Täter **gewerbsmäßig** oder als **Mitglied einer Bande** handelt, die sich zur fortgesetzten Begehung einer Geldwäsche verbunden hat. Das Vorliegen eines unbenannten besonders schweren Falls ist mittels einer Gesamtbewertung aller wesentlichen Umstände festzustellen.[1040] Die **leichtfertige** Geldwäsche wird (lediglich) mit Freiheitsstrafe bis zu 2 Jahren oder Geldstrafe bestraft (§ 261 Abs. 5 StGB). 443

1031 OLG Hamm wistra 2004, 73 (74).
1032 Lackner/Kühl/*Kühl* StGB § 261 Rn. 8 m.w.N.
1033 BGHSt 43, 158 (165).
1034 Lackner/Kühl/*Kühl* StGB § 261 Rn. 9.
1035 BT-Drucks. 12/989, S. 27.
1036 BGHSt 43, 158 (165 ff.); a.A. AnwaltKommentar StGB/*Sommer* § 261 Rn. 57.
1037 Schönke/Schröder/*Stree/Hecker* StGB § 261 Rn. 28.
1038 Vgl. BGH NJW 1999, 436 (437).
1039 Schönke/Schröder/*Stree/Hecker* StGB § 261 Rn. 29.
1040 MüKo-StGB/*Neuheuser* § 261 Rn. 133 m.w.N.

444 Die **Einziehung** (§ 74 StGB) ist nicht nur in Bezug auf Gegenstände möglich, die durch die Geldwäsche hervorgebracht (**Tatprodukte**) oder zu ihrer Begehung oder Vorbereitung gebraucht worden oder bestimmt gewesen sind (**Tatmittel**) (§ 74 Abs. 1 StGB), sondern nach § 261 Abs. 7 Satz 1 StGB auch hinsichtlich Gegenständen, auf die sich die Geldwäsche bezieht (**Tatobjekte**). Gem. § 261 Abs. 7 Satz 2 StGB ist zudem die **Dritteinziehung** nach § 74a StGB möglich, sodass auch **täterfremde Gegenstände** eingezogen werden können. Einschlägig sind Fälle, in denen der Eigentümer wenigstens leichtfertig dazu beigetragen hat, dass die Gegenstände als Tatmittel verwendet worden oder Tatobjekt gewesen sind (§ 74a Nr. 1 StGB), oder er sie in Kenntnis der Umstände, welche die Einziehung zugelassen hätten, in verwerflicher Weise erworben hat (§ 74a Nr. 2 StGB).

445 Seit dem 01.07.2017 ordnet § 73 StGB n.F. die **Einziehung von Taterträgen** bei Tätern und Teilnehmern an. Mit dem Gesetz zur Reform der strafrechtlichen Vermögensabschöpfung v. 13.04.2017 wurden die früheren Regelungen zum **Verfall** (§§ 73 ff. StGB a.F.) aufgehoben. Durch dieses Gesetz entfiel auch § 261 Abs. 7 Satz 3 StGB a.F., der für die Fälle der banden- oder gewerbsmäßigen Begehung den **erweiterten Verfall** (§ 73d StGB a.F.) angeordnet hatte. Denn nunmehr sieht § 73a StGB n.F. bei allen rechtswidrigen Taten die **erweiterte Einziehung** von Taterträgen vor (vgl. hierzu Rdn. 336).

446 Ist die Geldwäsche vollendet, ist ein Rücktritt von der Tat (§ 24 StGB) ausgeschlossen. Für Fälle der **tätigen Reue** enthält § 261 Abs. 9 Satz 1 StGB einen persönlichen Strafaufhebungsgrund, welcher der Regelung der Selbstanzeige im Steuerstrafecht (§ 371 AO) nachgebildet ist.[1041] Der Täter wird nicht bestraft, wenn er die Tat freiwillig bei der zuständigen Behörde **anzeigt** oder freiwillig eine solche Anzeige veranlasst, wenn nicht die Tat zu diesem Zeitpunkt bereits ganz oder zum Teil entdeckt war und der Täter dies wusste oder bei verständiger Würdigung der Sachlage damit rechnen musste (Nr. 1). Die Vergünstigung kann nicht nur dem Meldenden (z.B. dem Geschäftsleiter), sondern auch dem »Veranlasser« (z.B. einem Bankangestellten, der den Verdacht der Geldwäsche der Geschäftsleitung mitteilt, die anschließend die Meldung erstattet) zugutekommen.[1042] In den Fällen der vorsätzlichen Geldwäsche (§ 261 Abs. 1, 2 StGB) muss der Täter darüber hinaus die **Sicherstellung** des Gegenstandes bewirken, auf den sich die Straftat bezieht (Nr. 2). I.Ü. wird auch derjenige, der als Täter oder Teilnehmer wegen **Beteiligung an der Vortat strafbar** ist, nach § 261 Abs. 9 Satz 2 StGB nicht wegen Geldwäsche bestraft.

447 § 261 Abs. 10 StGB a.F. enthielt bis zum 31.08.2009 für die Geldwäsche eine sog. **kleine Kronzeugenregelung**. Danach konnte das Gericht die Strafe nach seinem Ermessen nach § 49 Abs. 2 StGB mildern oder von Strafe absehen, wenn der Täter durch die freiwillige Offenbarung seines Wissens wesentlich dazu beigetragen hatte, dass die Tat über seinen eigenen Tatbeitrag hinaus oder eine in § 261 Abs. 2 StGB aufgeführte rechtswidrige Tat eines anderen aufgedeckt werden konnte. Diese Regelung wurde aufgehoben, da zum 01.09.2009 in § 46b StGB eine allgemeine, sog. **große Kronzeugenregelung** geschaffen wurde (vgl. Rdn. 671), die auch auf § 261 StGB Anwendung findet.

c) Bußgeldvorschriften (§ 56 GwG)

448 § 261 StGB wird durch das Gesetz über das Aufspüren von Gewinnen aus schweren Straftaten (**Geldwäschegesetz – GwG**), nunmehr in der Fassung v. 23.06.2017 (**GwG 2017**), ergänzt. Das GwG stellt, befeuert vor allem durch internationale und europäische Entwicklungen und Vorgaben, eine »**Dauerbaustelle**« des Gesetzgebers dar. Das **GwG 1993** war zunächst durch das Gesetz zur Ergänzung der Bekämpfung der Geldwäsche und der Terrorismusfinanzierung (**GwBekErgG**) v. 13.08.2008 in Umsetzung der Richtlinie 2005/60/EG (Dritte Geldwäscherichtlinie) und der Durchführungsrichtlinie 2006/70/EG neugefasst worden. Das **GwG 2008** erstreckte dann das zur Geldwäschebekämpfung entwickelte Instrumentarium auf die Bekämpfung der

1041 BT-Drucks. 12/989, S. 28.
1042 BT-Drucks. 12/989, S. 28.

Terrorismusfinanzierung und erweiterte den Kreis der durch das GwG **Verpflichteten** erheblich. Zudem wurden die **Sorgfaltspflichten** ggü. Kunden konkretisiert.

Das **GwG 2008** wurde mit dem Gesetz zur Optimierung der Geldwäscheprävention (**GWPräOptG**) v. 22.12.2011 stark modifiziert. Anlass war zum einen, dass die FATF (Rdn. 422) in ihrem Deutschlandprüfbericht v. 19.02.2010 Defizite festgestellt hatte. Zum anderen hatte die EU-Kommission die Umsetzung der Dritten Geldwäscherichtlinie gerügt. Defizite bestanden insb. bei der Beaufsichtigung von Unternehmen – Immobilienmaklern, Versicherungsvermittlern, Juwelieren, Finanzunternehmen und Spielbanken – sowie Personen, die gewerblich mit Gütern handeln.[1043] Zuvor waren bereits mit dem Gesetz zur Umsetzung der Zweiten E-Geld-Richtlinie (**2. EGeldRLUG**) v. 01.03.2011 aufsichtsrechtliche Defizite im Präventionssystem beseitigt und durch das Gesetz zur Verbesserung der Bekämpfung der Geldwäsche und Steuerhinterziehung (**Schwarzgeldbekämpfungsgesetz**) v. 28.04.2011 der Vortatenkatalog des § 261 StGB vergrößert worden. Das GWPräOptG ergänzte und konkretisierte insb. die **Sorgfaltspflichten**, passte das **Meldewesen** an die FATF-Standards an und verschärfte die **Sanktionen**. Später weitete u.a. das Gesetz zur Ergänzung des Geldwäschegesetzes (**GwGErgG**) v. 18.02.2013 die besonderen Pflichten zur Geldwäscheprävention auch auf die in Deutschland operierenden Veranstalter und Vermittler von Glücksspielen im Internet (**Onlineglücksspiele**) aus.[1044] 449

Die aktuelle Fassung des GwG (**GwG 2017**) wurde durch das Gesetz zur Umsetzung der Vierten EU-Geldwäscherichtlinie, zur Ausführung der EU-Geldtransferverordnung und zur Neuorganisation der Zentralstelle für Finanztransaktionsuntersuchungen (**GwGEG 2017**) v. 23.06.2017 (BGBl. I S. 1822) m.W.v. 26.06.2017 geschaffen. Hiermit wurde die Gesetzgebung zur Verhinderung der Geldwäsche und der Terrorismusfinanzierung den aktuellen europäischen Vorgaben angepasst und nochmals erheblich erweitert. Umgesetzt wurde nicht nur die **Vierte Geldwäscherichtlinie** (Richtlinie (EU) 2015/849), die die Dritte Geldwäscherichtlinie aufgehoben und die europäischen Regelungen an die 2012 überarbeiteten Empfehlungen der FATF angepasst hatte, sondern es wurden auch die Vorschriften zur Durchführung der **EU-Geldtransferverordnung** (Verordnung (EU) 2015/8472) erlassen. Die neuen Regelungen sehen insbesondere die Stärkung des sog. **risikobasierten Ansatzes** vor, d.h. die geldwäscherechtlich Verpflichteten müssen jetzt über ein ihrer Geschäftstätigkeit **angemessenes Risikomanagement** verfügen, das der Kundenstruktur sowie den angebotenen Produkten und Dienstleistungen Rechnung trägt, und Maßnahmen zur Minderung des Risikos treffen. Weiter wurde ein **zentrales elektronisches Transparenzregister** der wirtschaftlich Berechtigten eingerichtet, an das juristische Personen des Privatrechts, eingetragene Personengesellschaften und Trusts die Angaben zu ihren wirtschaftlich Berechtigten melden müssen. Zudem wurde die **Bußgeldbewehrung** von Verstößen gegen geldwäscherechtliche Pflichten harmonisiert. Schließlich ist die **Zentralstelle für Finanztransaktionsuntersuchungen** eingerichtet worden, welche die Meldungen nach dem GwG entgegennimmt, analysiert und bei einem Verdacht auf Geldwäsche oder Terrorismusfinanzierung an die zuständigen öffentlichen Stellen weiterleitet, der also eine wichtige Filterfunktion zukommt.[1045] 450

Das GwG ist für die **gesamte Wirtschaft** von erheblicher Bedeutung. Dem Kreis der Verpflichteten (§ 2 GwG) werden umfangreiche Pflichten zum **Risikomanagement** (§§ 4–9 GwG), zur **Sorgfalt in Bezug auf Kunden** (§§ 10–17 GwG) und in Zusammenhang mit der **Meldung von Sachverhalten** (§§ 43–49 GwG) auferlegt. Ergänzend sind zwei Anlagen vorhanden, die einerseits die Faktoren für ein potentiell geringeres Risiko, und andererseits die Faktoren für ein potentiell weiteres Risiko benennen. Enthalten sind weiter Regelungen zum **Transparenzregister** (§§ 18–26), zur **Zentralstelle für Finanztransaktionsuntersuchungen** (§§ 27–42 GwG), zur **Aufsicht**, zur **Zusammenarbeit** der Behörden und zum **Datenschutz** (§§ 50–54, 58 GwG). Schließlich sind **Bußgeldvorschriften** (§ 56 GwG) enthalten, die die Verletzung der meisten Pflichten mit Geldbuße bedrohen. 451

1043 Vgl. BT-Drucks. 17/6804, S. 1 f.
1044 BT-Drucks. 17/10745, S. 11.
1045 Vgl. BT-Drucks. 18/11555, S. 1 f.

aa) Verpflichtete

452 Zum außerordentlich großen **Kreis der Verpflichteten** des GwG zählt zunächst die **Kredit-, Finanz- und Versicherungsbranche.** Erfasst sind vor allem Kredit- und Finanzdienstleistungsinstitute, Zahlungsinstitute und E-Geld-Institute, Agenten nach dem Zahlungsdiensteaufsichtsgesetz, E-Geld-Agenten, Finanzunternehmen, Versicherungsunternehmen, Versicherungsvermittler und Kapitalverwaltungsgesellschaften (§ 2 Abs. 1 Nr. 1 bis 9 GwG). Einbezogen sind aber auch die **Angehörigen rechtsberatender Berufe** (Rechtsanwälte, Kammerrechtsbeistände, Patentanwälte, Notare), sofern sie an der Planung oder Durchführung bestimmter Geschäfte mitwirken (z.B. Kauf und Verkauf von Immobilien oder Gewerbebetrieben; Vermögensverwaltung; Eröffnung von Konten; Gründung, Betrieb und Verwaltung von Gesellschaften) (§ 2 Abs. 1 Nr. 10 GwG), und Rechtsbeistände (§ 2 Abs. 1 Nr. 11 GwG) sowie die **Angehörigen steuerberatender und wirtschaftsprüfender Berufe** (Wirtschaftsprüfer, vereidigte Buchprüfer, Steuerberater, Steuerbevollmächtigte) (§ 2 Abs. 1 Nr. 12 GwG). Ebenso sind **sonstige Dienstleister** für Gesellschaften und Treuhandvermögen bzw. **Treuhänder** erfasst, sofern sie für Dritte bestimmte Dienstleistungen erbringen (§ 2 Abs. 1 Nr. 13 GwG). Darüber hinaus gehören zu den Verpflichteten **Immobilienmakler** (§ 2 Abs. 1 Nr. 14 GwG), grds. die Veranstalter und Vermittler von **Glücksspielen** (§ 2 Abs. 1 Nr. 15 GwG) sowie alle **Güterhändler** (§ 2 Abs. 1 Nr. 16 GwG), d.h. alle Personen, die gewerblich Güter veräußern (§ 1 Abs. 9 GwG).

bb) Überblick

453 **§ 56 GwG** ermöglicht die **Ahndung** der meisten Verstöße gegen die nach dem GwG bestehenden Pflichten. Das **GWPräOptG** hatte bereits die Vorgängervorschrift des § 17 GwG 2008 neu gefasst und erheblich verschärft, da die FATF in ihrem Deutschlandprüfbericht v. 19.02.2010 (Rdn. 449) u.a. kritisiert hatte, dass die Anzahl der durch Bußgeld sanktionierten Verstöße zu gering und die Bußgeldhöhe nicht ausreichend sei. Daher wurde der **Katalog** erweitert und der **Bußgeldrahmen** einheitlich auf 100.000 € erhöht.[1046] Zudem konnten nunmehr alle Verstöße nicht nur **vorsätzlich**, sondern auch **leichtfertig** begangen werden. Mit dem **GwG 2017** ist der Katalog sehr stark angewachsen. So wurden nicht nur die Bußgeldvorschriften **neu geordnet**, Tatbestände angepasst bzw. neu eingeführt, sondern auch der **Bußgeldrahmen** erneut stark angehoben, um die Bedeutung der Bekämpfung der Geldwäsche und Terrorismusfinanzierung hervorzuheben:[1047] Die maximale Höhe des fixen Bußgeldrahmens beträgt nunmehr für schwerwiegende, wiederholte oder systematische Verstöße 1 Mio. €, für Kredit- und Finanzinstitute sogar 5 Mio. € nebst der Möglichkeit einer umsatzbezogenen Geldbuße. Außerdem kann die Geldbuße jetzt bis zum Zweifachen des aus dem Verstoß gezogenen wirtschaftlichen Vorteils betragen. Für die übrigen Fälle bleibt es bei dem bisherigen Bußgeldrahmen von 100.000 €. Die Aufsichtsbehörden müssen alle jetzt unanfechtbar gewordenen Maßnahmen und Bußgeldentscheidungen auf ihrer **Internetseite** bekanntgeben und ggf. an die europäischen Aufsichtsbehörden melden, sowie für die Verpflichteten ein **Hinweisgeberverfahren** einrichten, das die Meldung von Verstößen ermöglicht.

cc) Verstöße gegen Pflichten zum Risikomanagement

454 **§ 56 Abs. 1 Nr. 1 bis 15 GwG** erfasst Verstöße, die die Pflichten zum Risikomanagement betreffen. Hierzu zählt – neben der Zuwiderhandlung gegen Anordnungen – u.a.:
- die Benennung von **Mitgliedern der Leitungsebene;**
- die Ermittlung und Bewertung von **Risiken;**
- die Schaffung angemessener geschäfts- und kundenbezogener **interner Sicherungsmaßnahmen;**
- das Betreiben und Aktualisieren von **Datenverarbeitungssystemen;**
- die Bestellung eines **Geldwäschebeauftragten** nebst eines **Stellvertreters;**

1046 BT-Drucks. 17/6804, S. 39 m.w.N.
1047 BT-Drucks. 17/11555, S. 89.

– die Aufzeichnung von **Angaben, Informationen, Ergebnissen der Untersuchung** (usw.);
– die Aufbewahrung von **Aufzeichnungen und Belegen;**
– das Schaffen und Umsetzen **gruppenweit einheitlicher Vorkehrungen, Verfahren und Maßnahmen;**
– die Sicherstellung der Einhaltung der geltenden Rechtsvorschriften durch die **gruppenangehörigen Unternehmen** sowie die Sicherstellung, dass die in einem **Drittstaat** ansässigen gruppenangehörigen Unternehmen zusätzliche Maßnahmen ergreifen, um dem Risiko der Geldwäsche oder Terrorismusfinanzierung wirksam zu begegnen.

dd) Verstöße gegen Sorgfaltspflichten in Bezug auf Kunden

Bei **§ 56 Abs. 1 Nr. 16 bis 56 GwG** geht es um Verstöße, die Sorgfaltspflichten in Bezug auf Kunden betreffen. Hierzu zählen – wiederum neben der Zuwiderhandlung gegen Anordnungen – u.a.: 455
– die **Identifizierung** des Vertragspartners oder einer für den Vertragspartner auftretenden Person;
– die Prüfung, ob der Vertragspartner für einen **wirtschaftlich Berechtigten** handelt, und dessen Identifizierung;
– die Einholung und Bewertung von **Informationen** über den Zweck und die angestrebte Art der Geschäftsbeziehung;
– die Feststellung, ob es sich um eine **politisch exponierte Person**, um ein Familienmitglied oder um eine bekanntermaßen nahestehende Person handelt;
– die **kontinuierliche Überwachung** der Geschäftsbeziehung, einschließlich der durchgeführten Transaktionen;
– die Bestimmung des **konkreten Umfangs der allgemeinen Sorgfaltspflichten** entsprechend dem jeweiligen Risiko der Geldwäsche oder der Terrorismusfinanzierung;
– die Darlegung, dass der **Umfang der getroffenen Maßnahmen** im Hinblick auf die Risiken der Geldwäsche und der Terrorismusfinanzierung als angemessen anzusehen ist;
– die Einhaltung der **Sorgfaltspflichten;**
– die **Überprüfung von Transaktionen und die Überwachung von Geschäftsbeziehungen** in einem Umfang, der es ermöglicht, ungewöhnliche oder verdächtige Transaktionen zu erkennen und zu melden;
– die Erfüllung der **verstärkten Sorgfaltspflichten;**
– die **Zur-Verfügung-Stellung bestimmter Informationen.**

Bei dem **wirtschaftlich Berechtigten** (§ 3 GwG) handelt es sich um die natürliche Person, in deren Eigentum oder unter deren Kontrolle der Vertragspartner steht, bzw. die natürliche Person, auf deren Veranlassung eine Transaktion durchgeführt oder eine Geschäftsbeziehung begründet wird. Hiermit soll **Strohmanngeschäften** entgegenwirkt und derjenige sichtbar gemacht werden, in dessen Interesse eine Transaktion erfolgt.[1048] 456

ee) Verstöße gegen Meldepflichten

Nach **§ 56 Abs. 1 Nr. 59 GwG** handelt ordnungswidrig, wer entgegen § 43 Abs. 1 GwG eine Meldung nicht, nicht richtig, nicht vollständig oder nicht rechtzeitig macht, d.h. der **zentralen Pflicht zur Meldung eines Verdachtsfalls** nicht nachkommt. Nach § 43 Abs. 1 GwG hat der Verpflichtete einen Sachverhalt unabhängig vom Wert des betroffenen Vermögensgegenstandes oder der Transaktionshöhe **unverzüglich** der Zentralstelle für Finanztransaktionsuntersuchungen (**FIU Deutschland**, Rdn. 423) zu melden, wenn **Tatsachen »vorliegen«**, die darauf hindeuten, dass 457
– 1. ein Vermögensgegenstand, der mit einer Geschäftsbeziehung, einem Maklergeschäft oder einer Transaktion im Zusammenhang steht, aus einer **strafbaren Handlung stammt**, die eine **Vortat der Geldwäsche** darstellen könnte,

1048 BT-Drucks. 16/9038, S. 30.

– 2. ein Geschäftsvorfall, eine Transaktion oder ein Vermögensgegenstand **im Zusammenhang mit Terrorismusfinanzierung** steht oder
– 3. der Vertragspartner seine Pflicht, gegenüber dem Verpflichteten **offenzulegen**, ob er die Geschäftsbeziehung oder die Transaktion für einen **wirtschaftlich Berechtigten** begründen, fortsetzen oder durchführen will, nicht erfüllt hat.

458 Eine Modifikation des Meldewesens erfolgte bereits durch das **GWPräOptG** (»Vorliegen« statt »Feststellung« von Tatsachen), weil der Deutschlandprüfbericht der FATF (Rdn. 449) eine defizitäre Handhabung der **Verdachtsschwelle** moniert hatte: Der Umstand, dass die Verdachtsanzeigen zum weit überwiegenden Teil zu Ermittlungsverfahren führten, habe zu der falschen Einschätzung geführt, dass nur »ausermittelte Fälle« angezeigt werden müssten; Grund hierfür sei u.a., dass »in der Fachliteratur und auf Seminaren und Schulungen« propagiert worden sei, eine Meldung müsse erst erstattet werden, wenn ein »strafprozessualer Anfangsverdacht« vorliege.[1049] Daher wurde klargestellt, dass eine Meldung eindeutig **keine Strafanzeige** i.S.d. § 158 Abs. 1 Satz 1 StPO darstellt, d.h. **keinen Anfangsverdacht** i.S.d. § 152 Abs. 2 StPO voraussetzt.[1050] Vielmehr haben die Verpflichteten alle aus ihrer Sicht geldwäscherelevanten Transaktionen und Geschäftsbeziehungen zu melden, ohne zuvor eine detaillierte rechtliche Subsumtion vornehmen zu müssen. Die Meldepflicht besteht bereits dann, wenn objektiv **Tatsachen** vorliegen, die – bei Würdigung des Sachverhalts **nach allgemeinen Erfahrungen** und dem **beruflichen Erfahrungswissen** unter dem Blickwinkel seiner Ungewöhnlichkeit und Auffälligkeit im jeweiligen geschäftlichen Kontext – **darauf hindeuten**, dass es sich bei Vermögenswerten um Erträge aus kriminellen Aktivitäten handelt oder Vermögenswerte im Zusammenhang mit der Terrorismusfinanzierung stehen.[1051] Unzulässig bleibt weiterhin eine Meldung »ins Blaue«.[1052]

459 Darüber hinaus besteht seit dem **GWPräOptG** eine Pflicht zur Meldung auch dann, wenn Tatsachen darauf schließen lassen, dass der Vertragspartner **nicht offenlegt**, dass er die Geschäftsbeziehung oder die Transaktion **für einen wirtschaftlich Berechtigten** begründen, fortsetzen oder durchführen will. Mit dieser Ergänzung sollten die Monita der FATF in ihrem Deutschlandprüfbericht (Rdn. 449) zur mangelnden Transparenz von Geschäftsbeziehungen, bei denen ein wirtschaftlich Berechtigter eine Rolle spielt, aufgegriffen werden. Aufgrund der Verschleierungsmöglichkeiten und der damit verbundenen, gesteigerten Risiken des Missbrauchs müssen seitdem die Verpflichteten **auch ohne weitere Anhaltspunkte** für das Vorliegen einer Straftat nach § 261 StGB eine Meldung erstatten.[1053]

ff) Verstöße gegen das Verbot der Informationsweitergabe

460 **§ 56 Abs. 1 Nr. 60 GwG** erfasst die Fälle, in denen entgegen § 47 Abs. 1 i.V.m. Abs. 2 GwG der Vertragspartner, der Auftraggeber oder ein Dritter von einer beabsichtigten oder erstatteten **Meldung** nach § 43 Abs. 1 GwG, von einem daraufhin eingeleiteten **Ermittlungsverfahren** oder einem **Auskunftsverlangen** der Zentralstelle für Finanztransaktionsuntersuchungen nach § 30 Abs. 3 Satz 1 GwG **in Kenntnis gesetzt** wird. **Nicht erfasst** ist gem. § 47 Abs. 2 GwG die Informationsweitergabe an staatliche Stellen und – unter bestimmten Voraussetzungen – u.a. zwischen Verpflichteten, die derselben Gruppe angehören, sowie zwischen den Angehörigen rechts-, steuerberatender und wirtschaftsprüfender Berufe. **Keine Informationsweitergabe** stellt es nach § 47 Abs. 4 GwG ausdrücklich dar, wenn sich die Angehörigen rechts- und steuerberatender sowie wirtschaftsprüfender Berufe bemühen, einen Mandanten davon abzuhalten, eine rechtswidrige Handlung zu begehen.

1049 BT-Drucks. 17/6804, S. 35.
1050 BT-Drucks. 17/6804, S. 35.
1051 BT-Drucks. 17/6804, S. 35.
1052 BT-Drucks. 17/6804, S. 36.
1053 BT-Drucks. 17/6804, S. 36.

gg) Verstöße gegen Auskunftspflichten

461 Nach **§ 56 Abs. 1 Nr. 63 GwG** handelt ordnungswidrig, wer entgegen § 52 Abs. 1 GwG **Auskünfte** nicht, nicht richtig, nicht vollständig oder nicht rechtzeitig erteilt. Danach haben ein Verpflichteter, die Mitglieder seiner Organe und seine Beschäftigten der jeweils zuständigen **Aufsichtsbehörde** sowie den Personen und Einrichtungen, derer sich die Aufsichtsbehörde zur Durchführung ihrer Aufgaben bedient, auf Verlangen unentgeltlich Auskunft über alle Geschäftsangelegenheiten und Transaktionen zu erteilen und Unterlagen vorzulegen, die für die Einhaltung der in diesem Gesetz festgelegten Anforderungen von Bedeutung sind. Damit soll sichergestellt werden, dass die Verpflichteten einem wirksamen System zur Überwachung und Gewährleistung der Vorgaben unterliegen.[1054]

hh) Verstöße gegen Duldungspflichten

462 Schließlich betrifft **§ 56 Abs. 1 Nr. 64 GwG** die Fälle, in denen Verpflichtete entgegen § 52 Abs. 3 GwG eine **Prüfung nicht dulden**. Bei Prüfungen nach § 51 Abs. 3 GwG dürfen gemäß § 52 Abs. 2 GwG die Bediensteten der Aufsichtsbehörde und die sonstigen Personen, derer sich die zuständige Aufsichtsbehörde bei der Durchführung der Prüfungen bedient, die **Geschäftsräume** des Verpflichteten innerhalb der üblichen Betriebs- und Geschäftszeiten **betreten und besichtigen**. Nach § 51 Abs. 3 Satz 2 GwG kann die zuständige Aufsichtsbehörde bei den Verpflichteten zur Einhaltung der in diesem Gesetz festgelegten Anforderungen die Prüfungen auch **ohne besonderen Anlass** durchführen. Dies ist nach Auffassung des Gesetzgebers erforderlich und angemessen, da nur eine Vor-Ort-Prüfung den Aufsichtsbehörden einen hinreichend aussagekräftigen Eindruck von den internen Sicherungsmaßnahmen und Sicherungsstrukturen geben kann.[1055] **Nicht umfasst** ist jedoch ein Durchsuchungs- oder Selbsteintrittsrecht der Aufsichtsbehörde oder ein sonstiges, repressiven Zwecken dienendes Handeln.[1056]

4. Strafvorschriften des Depotgesetzes (§§ 34 bis 37 DepotG)

463 Die §§ 34 bis 37 DepotG sollen die **ordnungsgemäße Verwahrung und Verbuchung** von Wertpapieren gewährleisten. Es handelt sich um **Sonderdelikte**. Ihre praktische Bedeutung ist nicht nur deshalb gering, weil das Depotgeschäft in Deutschland als seriös und zuverlässig gilt, sondern auch, weil vorrangig §§ 246, 266 und § 263 StGB Anwendung finden.[1057] §§ 34 bis 37 DepotG sind Vergehen. Der Versuch ist straflos.

a) Depotunterschlagung (§ 34 DepotG)

464 Zweck des § 34 DepotG ist der **Anlegerschutz**. Geschützt werden **Eigentum** und **Vermögen** der Depotkunden.[1058] Es handelt sich um einen Spezialfall der Unterschlagung bzw. der Untreue, den der Gesetzgeber wegen befürchteter Strafbarkeitslücken beibehalten hat.[1059] Angesichts der ausdrücklich angeordneten **Subsidiarität** zu §§ 246, 266 StGB hat § 34 DepotG nur geringe praktische Relevanz. Die Voraussetzungen der Depotunterschlagung sind beim (weiterhin seltenen) Zusammenbruch von Kreditinstituten und damit in Zusammenhang stehenden kriminellen Handlungen gelegentlich erfüllt.[1060] Größere Bedeutung hat § 34 DepotG wegen seines Schutzgesetzcharakters jedoch in zivilrechtlichen Gerichtsentscheidungen.[1061]

1054 BT-Drucks. 17/6804, S. 38.
1055 BT-Drucks. 17/6804, S. 38.
1056 BT-Drucks. 17/6804, S. 38.
1057 Graf/Jäger/Wittig/*Waßmer* § 34 DepotG Rn. 4.
1058 Graf/Jäger/Wittig/*Waßmer* § 34 DepotG Rn. 1 m.w.N.
1059 Graf/Jäger/Wittig/*Waßmer* § 34 DepotG Rn. 2.
1060 Scherer/*Hugger* DepotG Vor § 34 Rn. 3.
1061 Graf/Jäger/Wittig/*Waßmer* § 34 DepotG Rn. 4 m.w.N.

465 Dem **Täter** müssen nach § 34 Abs. 1 Nr. 1 DepotG **Wertpapiere i.S.d. § 1 Abs. 1 DepotG**, d.h. Aktien, Kuxe, Zwischenscheine, Zins-, Gewinnanteil- oder Erneuerungsscheine, Schuldverschreibungen oder andere vertretbare Wertpapiere (nicht: Banknoten und Papiergeld!), als **Verwahrer** oder **Pfandgläubiger** anvertraut worden sein, oder er muss sie als **Kommissionär** für den Kommittenten oder als **Eigenhändler** (§ 31 DepotG) für den Kunden im Besitz haben. Einbezogen ist durch § 34 Abs. 1 Nr. 2 DepotG auch ein Sammelbestand solcher Wertpapiere, wobei sich nach h.M. der Täterkreis mit dem des § 34 Abs. 1 Nr. 1 DepotG deckt.[1062] Da die Verwahrung regelmäßig bei Depotbanken erfolgt, sind nach den Regeln des § 14 StGB i.d.R. deren **Organe und Vertreter** die Täter.[1063]

466 **Tathandlung** des § 34 Abs. 1 Nr. 1 DepotG ist die rechtswidrige **Verfügung** über das Wertpapier. Der Begriff Verfügung schließt jede Handlung ein, die das Eigentum oder den Eigentumsverschaffungsanspruch des Kunden beeinträchtigt. Einschlägig sind nicht nur rechtsgeschäftliche Verfügungen, sondern auch das Beschädigen oder Zerstören.[1064] Das Merkmal »**rechtswidrig**« ist nach h.M. kein normatives Tatbestandsmerkmal, sondern ein Hinweis auf das allgemeine Verbrechensmerkmal der Rechtswidrigkeit.[1065] Demgegenüber bildet Tathandlung des § 34 Abs. 1 Nr. 2 DepotG nicht nur die rechtswidrige Verfügung über einen Sammelbestand von Wertpapieren oder den Anteil an einem solchen Bestand, sondern auch dessen **Verringerung** entgegen § 6 Abs. 2 DepotG. Unter Verringerung ist jede – auch nur vorübergehende – Minderung des materiellen Miteigentumsbestandes (z.B. durch Entnahme) zu verstehen.[1066] Erfasst ist auch die Vernichtung einzelner Wertpapiere.[1067] Dass der Täter jederzeit **zum Ausgleich** willens und in der Lage sein mag, ist anders als bei der Untreue (§ 266 StGB) ohne Bedeutung, da § 34 DepotG keinen Nachteilseintritt voraussetzt.[1068]

467 § 34 Abs. 1 DepotG verlangt **vorsätzliches** Handeln, wobei bedingter Vorsatz genügt.[1069] Zusätzlich muss der Täter des eigenen oder fremden Vorteils wegen handeln, d.h. **Vorteilsabsicht** aufweisen. Nach h.M. ist es nicht erforderlich, dass es dem Täter um einen Vermögensvorteil geht, auch ein immaterieller Vorteil genügt.[1070] Einschlägig sind z.B. Fälle, in denen absprachewidrig eine günstigere Verwahrart (z.B. Sammel- statt Sonderverwahrung) gewählt wird.[1071]

468 Als **Strafe** sieht § 34 Abs. 1 DepotG Freiheitsstrafe bis zu 5 Jahren oder Geldstrafe vor. Wurde durch die Tat ein Angehöriger i.S.d. § 11 Abs. 1 Nr. 1 StGB verletzt, wird sie nur auf **Antrag** verfolgt (§ 36 DepotG).

b) Unwahre Angaben über das Eigentum (§ 35 DepotG)

469 § 35 DepotG bezweckt den **Schutz vor gutgläubigem Eigentumserwerb** sowie der **gutgläubigen Geltendmachung** von Pfand- und Zurückbehaltungsrechten, auch an Sammelbestandanteilen (vgl. § 9 DepotG). Geschützt werden – wie bei § 34 DepotG – nur **Eigentum** und **Vermögen** der Depotkunden.[1072] § 35 DepotG ist ggü. anderen Vorschriften, die mit schwererer Strafe bedroht sind, ausdrücklich **subsidiär**.

1062 Graf/Jäger/Wittig/*Waßmer* § 34 DepotG Rn. 6 m.w.N.
1063 Graf/Jäger/Wittig/*Waßmer* § 34 DepotG Rn. 12.
1064 Graf/Jäger/Wittig/*Waßmer* § 34 DepotG Rn. 29.
1065 Graf/Jäger/Wittig/*Waßmer* § 34 DepotG Rn. 33 m.w.N.
1066 Graf/Jäger/Wittig/*Waßmer* § 34 DepotG Rn. 35.
1067 Graf/Jäger/Wittig/*Waßmer* § 34 DepotG Rn. 35.
1068 Graf/Jäger/Wittig/*Waßmer* § 34 DepotG Rn. 37.
1069 Graf/Jäger/Wittig/*Waßmer* § 34 DepotG Rn. 38 m.w.N.
1070 Graf/Jäger/Wittig/*Waßmer* § 34 DepotG Rn. 40 m.w.N.
1071 Graf/Jäger/Wittig/*Waßmer* § 34 DepotG Rn. 40.
1072 Graf/Jäger/Wittig/*Waßmer* § 35 DepotG Rn. 2 m.w.N.

Als **Täter** kommen im Ergebnis – wie bei § 34 DepotG – nur Verwahrer, Pfandgläubiger, Kommissionäre und Eigenhändler bzw. deren Organe und Vertreter in Betracht.[1073] 470

§ 35, 1. Alt. DepotG erfasst die Fälle der **wahrheitswidrigen Eigenanzeige**. Sofern der Verwahrer Wertpapiere einem Dritten anvertraut, gilt nach § 4 Abs. 1 Satz 1 DepotG dem Drittverwahrer als bekannt, dass die Wertpapiere dem Verwahrer nicht gehören. Hierdurch ist ein gutgläubiger Eigentumserwerb ausgeschlossen. Allerdings gilt nach § 4 Abs. 2 DepotG diese Fiktion dann nicht, wenn der Verwahrer dem Dritten für das einzelne Geschäft ausdrücklich und schriftlich mitteilt, dass er Eigentümer der Wertpapiere ist. § 35, 1. Alt. DepotG bestraft daher den Verwahrer, der diese Erklärung wahrheitswidrig abgibt und damit einen gutgläubigen Eigentumserwerb ermöglicht. Nicht tatbestandsmäßig ist sowohl eine formungültige Eigenanzeige als auch das Unterlassen der Eigenanzeige.[1074] 471

Demgegenüber betrifft **§ 35, 2. Alt. DepotG** die Fälle der **unterlassenen Fremdanzeige**. Sofern ein Verwahrer, der nicht Bankgeschäfte betreibt, Wertpapiere einem Dritten anvertraut, gilt nach § 4 Abs. 3 Satz 1 DepotG die Fiktion des § 4 Abs. 1 DepotG ebenfalls nicht. Sofern der Verwahrer nicht Eigentümer der Wertpapiere ist, hat er dies nach § 4 Abs. 3 Satz 2 DepotG dem Dritten mitzuteilen, da sonst die Gefahr besteht, dass der Drittverwahrer Pfand- oder Zurückbehaltungsrechte erlangt. § 35, 2. Alt. DepotG bestraft deshalb den Verwahrer, der diese Mitteilung unterlässt und damit eine gutgläubige Geltendmachung von Pfand- und Zurückbehaltungsrechten ermöglicht. Nicht tatbestandsmäßig ist das Unterlassen, wenn eine Ermächtigung zur Verfügung über das Eigentum vorhanden ist.[1075] 472

§ 35 DepotG erfordert **vorsätzliches** Handeln. Bedingter Vorsatz genügt.[1076] Zudem muss der Täter wie bei § 34 DepotG des eigenen oder fremden Vorteils wegen (**Vorteilsabsicht**) handeln. Als **Strafe** sieht § 35 DepotG Freiheitsstrafe bis zu einem Jahr oder Geldstrafe vor. Auch hier wird die Tat nur auf **Antrag** verfolgt, wenn durch sie ein Angehöriger i.S.d. § 11 Abs. 1 Nr. 1 StGB verletzt wurde (§ 36 DepotG). 473

c) Strafbarkeit im Fall der Zahlungseinstellung oder des Insolvenzverfahrens (§ 37 DepotG)

§ 37 DepotG ist ein **spezielles Insolvenzdelikt**, das bei einer **Zahlungseinstellung** oder einem **Insolvenzverfahren** aussonderungsberechtigten Depotkunden besonderen Schutz gewährt.[1077] Geschützt sind nicht nur **Eigentum** und **Vermögen**, sondern auch das **Depotwesen**.[1078] § 37 DepotG ist nicht ggü. anderen Straftaten subsidiär. Tateinheit ist daher mit Insolvenzstraftaten sowie mit §§ 246, 266 StGB und § 34 DepotG denkbar.[1079] 474

Täter kann nur ein Verwahrer oder Kommissionär sein, der **bestimmte Pflichten verletzt**: keine ordnungsgemäße Sonderverwahrung i.S.d. § 2 DepotG betreibt; das Verwahrungsbuch i.S.d. § 14 DepotG nicht ordentlich führt; bei einer Einkaufskommission Pflichten in Bezug auf das Stückeverzeichnis (§§ 18 bis 24, 26 DepotG) zuwiderhandelt. Die Tat ist aber nur dann strafbar, wenn kumulativ **zwei weitere Voraussetzungen** vorliegen (**objektive Strafbarkeitsbedingungen**).[1080] Zum einen muss der Täter seine Zahlungen eingestellt haben, oder über sein Vermögen muss das Insolvenzverfahren eröffnet worden sein. Zum anderen muss durch die Zuwiderhandlung ein **Anspruch** auf Aussonderung der Wertpapiere **vereitelt** oder die Durchführung eines solchen Anspruchs **erschwert** worden sein. 475

1073 Graf/Jäger/Wittig/*Waßmer* § 35 DepotG Rn. 6 ff.
1074 Graf/Jäger/Wittig/*Waßmer* § 35 DepotG Rn. 12 m.w.N.
1075 Graf/Jäger/Wittig/*Waßmer* § 35 DepotG Rn. 14.
1076 Graf/Jäger/Wittig/*Waßmer* § 35 DepotG Rn. 15.
1077 Graf/Jäger/Wittig/*Waßmer* § 37 DepotG Rn. 1 m.w.N.
1078 Graf/Jäger/Wittig/*Waßmer* § 37 DepotG Rn. 2.
1079 Näher Graf/Jäger/Wittig/*Waßmer* § 37 DepotG Rn. 30 m.w.N.
1080 Graf/Jäger/Wittig/*Waßmer* § 37 DepotG Rn. 18 ff.

476 Strafbar ist nur **vorsätzliches** Handeln. Bedingter Vorsatz ist ausreichend.[1081] Auf die objektiven Strafbarkeitsbedingungen muss sich der Vorsatz nicht erstrecken. Als **Strafe** ist Freiheitsstrafe bis zu 2 Jahren oder Geldstrafe vorgesehen.

5. Straf- und Bußgeldvorschriften des Kreditwesengesetzes (§§ 54 bis 56 KWG)

477 Das Kreditwesengesetz (KWG) ist der **gewerberechtliche Kodex** des Kreditwesens, der die **staatliche Aufsicht** über die Kredit- und Finanzdienstleistungsbranche sicherstellt. Zum einen soll mittels staatlicher Regulierung für ein krisensicheres Geschäftsgebaren gesorgt, zum anderen das grundrechtlich geschützte Interesse gewahrt werden, Geschäfte eigenverantwortlich zu betreiben.[1082] **Zweck** der Straf- und Bußgeldvorschriften der §§ 54 bis 56 KWG ist nicht nur der Schutz der Funktionsfähigkeit der Kredit- und Finanzwirtschaft, sondern nach h.M. insb. auch der Schutz der Gläubiger der beaufsichtigten Kreditinstitute.[1083]

478 **Zahlungsdienste** hatten bereits mit dem Gesetz über die Beaufsichtigung von Zahlungsdiensten (Zahlungsdiensteaufsichtsgesetz – **ZAG**) v. 25.06.2009 m.W.v. 31.10.2009 eine eigenständige Normierung erfahren. Hiermit wurde die Richtlinie 97/5/EG (**Erste Zahlungsdiensterichtlinie**) umgesetzt, die einen harmonisierten Rechtsrahmen für unbare Zahlungen im Binnenmarkt geschaffen hatte. Geregelt wurden das Ein- und Auszahlungs-, Lastschrift-, Überweisungs-, Zahlungskarten-, Zahlungs-, Zahlungsauthentifizierungs-, digitalisierte Zahlungs- und das Finanztransfergeschäft (vgl. § 1 Abs. 2 Nr. 1 bis 6 ZAG). Die **Straf- und Bußgeldvorschriften** (§§ 31, 32 ZAG) orientierten sich an den §§ 54, 56 KWG.[1084] Zum 12.01.2018 ist nunmehr die Richtlinie 2015/2366/EU (**Zweite Zahlungsdiensterichtlinie**) in Kraft getreten. Hierdurch wird nicht nur der Kreis der Zahlungsdienste um sog. Zahlungsauslösedienste und Kontoinformationsdienste erweitert (womit Drittanbieter – insb. »Fintechs« – Kontodaten einsehen und Zahlungen initiieren können), sondern auch die Sicherheit bei der Zahlungsabwicklung (insb. durch eine starke Kundenauthentifizierung) verbessert.[1085] Ziel ist es, Innovation, Wettbewerb, Sicherheit und Verbraucherschutz zu fördern und Kosten im Zahlungsverkehr zu senken. Mit dem Gesetz zur Umsetzung der Zweiten Zahlungsdiensterichtlinie v. 17.07.2017 (BGBl. I S. 2446) wurde das ZAG konstitutiv neugefasst. Die neuen Straf- und Bußgeldvorschriften (§§ 63, 64 ZAG n.F.) schreiben im Wesentlichen den bisherigen Rechtszustand fort, wobei allerdings die Bußgeldhöhe in § 66 Abs. 4 ZAG n.F. angehoben wurde, um Art. 103 Abs. 1 S. 2 der Zweiten Zahlungsdiensterichtlinie Rechnung zu tragen, wonach die Sanktionen wirksam, angemessen und abschreckend sein müssen.[1086]

479 Gegen Kredit- und Finanzdienstleistungsinstitute können unter den Voraussetzungen des § 30 OWiG **Verbandsgeldbußen** verhängt werden. Dies gilt nach § 59 KWG auch für bestimmte **ausländische Unternehmen** mit Sitz in einem anderen EWR-Staat (§ 53b KWG), die in Deutschland über eine Zweigniederlassung verfügen oder im Wege des grenzüberschreitenden Dienstleistungsverkehrs tätig sind.

a) Verbotene Geschäfte, Handeln ohne Erlaubnis (§ 54 KWG)

480 § 54 KWG soll das **Betreiben verbotener Geschäfte** und das **Handeln ohne Erlaubnis** verhindern. Es handelt sich um die praktisch wichtigste Strafnorm des KWG.[1087] Erfasst wird das Betreiben verbotener Geschäfte (Abs. 1 Nr. 1), das unerlaubte Betreiben von Bankgeschäften (Abs. 1 Nr. 2, 1. Alt.), die unerlaubte Erbringung von Finanzdienstleistungen (Abs. 1 Nr. 2, 2. Alt.), die

1081 Graf/Jäger/Wittig/*Waßmer* § 37 DepotG Rn. 24.
1082 Graf/Jäger/Wittig/*Bock* Vorbemerkung KWG Rn. 1.
1083 Graf/Jäger/Wittig/*Bock* Vorbemerkung KWG Rn. 3 m.w.N.
1084 BT-Drucks. 16/11613, S. 57.
1085 BT-Drucks. 18/11495, S. 1.
1086 BT-Drucks. 18/11495, S. 144.
1087 Graf/Jäger/Wittig/*Bock* § 54 KWG Rn. 5.

Erbringung von Clearingdienstleistungen ohne Zulassung (Abs. 1a KWG) und die Ausübung einer Zentralverwahrertätigkeit ohne Zulassung (Abs. 1b KWG). **Täter** kann nach h.M. jeder sein, eine besondere Organisationsform wird nicht gefordert.[1088] Es handelt sich um **Vergehen**. Der Versuch ist nicht strafbar.

aa) Betreiben verbotener Geschäfte (§ 54 Abs. 1 Nr. 1 KWG)

481 Nach **§ 54 Abs. 1 Nr. 1 KWG** wird bestraft, wer nach § 3 KWG **verbotene Geschäfte** betreibt. Einbezogen sind über § 53b Abs. 3 Satz 1, 2 KWG auch bestimmte ausländische Unternehmen mit Sitz in einem anderen EWR-Staat, die in Deutschland über eine Zweigniederlassung verfügen oder im Wege des grenzüberschreitenden Verkehrs tätig werden. **Anlass** für das Verbot waren die Erfahrungen mit Bankenzusammenbrüchen in den 1930er Jahren.[1089] § 3 KWG untersagt **mehrere Arten von Geschäften**:

482 Nach **§ 3 Abs. 1 Nr. 1 KWG** ist der Betrieb des Einlagengeschäfts verboten, wenn der Kreis der Einleger überwiegend aus Betriebsangehörigen des Unternehmens besteht (**Werksparkassen**) und nicht sonstige Bankgeschäfte betrieben werden, die den Umfang dieses Einlagengeschäfts übersteigen. Hierdurch soll verhindert werden, dass Arbeitnehmer bei der **Insolvenz** ihres Arbeitgebers außer ihrem Arbeitseinkommen zugleich ihre Ersparnisse verlieren.[1090]

483 **§ 3 Abs. 1 Nr. 2 KWG** verbietet die Annahme von Geldbeträgen, wenn der überwiegende Teil der Geldgeber einen Rechtsanspruch darauf hat, dass ihnen aus diesen Geldbeträgen Darlehen gewährt oder Gegenstände auf Kredit verschafft werden (**Zwecksparunternehmen**). Hierdurch soll **Schneeballsystemen** entgegengewirkt werden.[1091] Ausdrücklich ausgenommen sind Bausparkassen, bei denen die Gefahr von Kreditausfällen wegen der dinglichen Sicherung geringer ist.[1092]

484 Nach **§ 3 Abs. 1 Nr. 3 KWG** ist der Betrieb des Kredit- oder Einlagengeschäfts untersagt, wenn es durch Vereinbarung oder geschäftliche Gepflogenheit ausgeschlossen oder erheblich erschwert ist, über den Kreditbetrag oder die Einlagen durch **Barabhebung** zu verfügen. Hierdurch soll sichergestellt werden, dass **währungs- bzw. zinspolitische Maßnahmen** greifen. Bei Banken, die keine liquiden Mittel bereithalten müssen und somit einen niedrigen Refinanzierungsbedarf haben, würden bargeldbezogene Maßnahmen sonst nur begrenzte Wirkung entfalten.[1093]

485 Die komplexen Regelungen des **§ 3 Abs. 2 bis 4 KWG** wurden durch das Gesetz zur Abschirmung von Risiken und zur Planung der Sanierung und Abwicklung von Kreditinstituten und Finanzgruppen (sog. **Trennbankengesetz**) v. 07.08.2013 (BGBl. I S. 3090) eingefügt, um **CRR-Kreditinstituten** i.S.d. § 1 Abs. 3d Satz 1 KWG, d.h. Einlagenkreditinstituten, und **Gruppen**, denen ein CRR-Kreditinstitut angehört, wegen der speziellen Risikosituation ab einer bestimmten Größenordnung zu verbieten, das Eigengeschäft und andere besonders spekulative und damit **risikoreiche Geschäfte** zu betreiben.[1094] Dadurch soll jede Gefährdung der angenommenen fremden Gelder und anderer unbedingt rückzahlbarer Gelder des Publikums ausgeschlossen und die Solvenz der Institute geschützt werden.[1095] **Anzuwenden** waren Abs. 2 und 3 ab dem 01.07.2015, Abs. 4 ab dem 01.07.2016 (§ 64s Abs. 2 KWG).

486 Das **Betreiben** setzt eine Tätigkeit voraus, die darauf gerichtet ist, die verbotenen Geschäfte **mit Wiederholungsabsicht** auszuführen.[1096] Streitig ist, ob es zum Abschluss eines konkreten Geschäfts

1088 Graf/Jäger/Wittig/*Bock* § 54 KWG Rn. 88 m.w.N.
1089 Graf/Jäger/Wittig/*Bock* § 54 KWG Rn. 12.
1090 Graf/Jäger/Wittig/*Bock* § 54 KWG Rn. 17.
1091 Graf/Jäger/Wittig/*Bock* § 54 KWG Rn. 23.
1092 Graf/Jäger/Wittig/*Bock* § 54 KWG Rn. 24.
1093 Graf/Jäger/Wittig/*Bock* § 54 KWG Rn. 25 m.w.N.
1094 BT-Drucks. 17/12601, S. 40.
1095 BT-Drucks. 17/12601, S. 40.
1096 Graf/Jäger/Wittig/*Bock* § 54 KWG Rn. 11.

gekommen sein muss. Um die Einbeziehung strafloser Vorbereitungshandlungen zu vermeiden, ist zu verlangen, dass Geschäfte **tatsächlich getätigt** wurden.[1097] **Straflos** sind Vorbereitungshandlungen wie das Anbieten und Anpreisen der verbotenen Geschäfte.[1098]

bb) Handeln ohne Erlaubnis (§ 54 Abs. 1 Nr. 2 KWG)

487 Nach **§ 54 Abs. 1 Nr. 2 KWG** wird bestraft, wer **ohne Erlaubnis** entgegen § 32 Abs. 1 Satz 1 KWG im Inland **Bankgeschäfte** betreibt (1. Alt.) oder **Finanzdienstleistungen** erbringt (2. Alt.).

488 Der Begriff **Bankgeschäft** ist in § 1 Abs. 1 Satz 2 Nr. 1 bis 12 KWG legaldefiniert. Erfasst sind: Einlagen-, Pfandbrief-, Kredit-, Diskont-, Finanzkommissions-, Depot-, Revolving-, Garantie-, Scheckeinzugs-, Wechseleinzugs-, Reisescheck-, Emissions- und Kontrahentgeschäfte. Der Begriff **Finanzdienstleistung** ist in § 1 Abs. 1a Satz 2 Nr. 1 bis 12 KWG ebenfalls legaldefiniert. Einbezogen sind: Anlagevermittlung, Anlageberatung, Betrieb eines multilateralen Handelssystems, Platzierungsgeschäft, Abschlussvermittlung, Finanzportfolioverwaltung, Eigenhandel, Drittstaateneinlagenvermittlung, Sortengeschäft, Factoring, Finanzierungsleasing, Anlageverwaltung und eingeschränktes Verwahrgeschäft.

489 **Ohne Erlaubnis** handelt der Täter, wenn er für das Bankgeschäft oder die Finanzdienstleistung entweder eine Erlaubnis **nicht beantragt** hatte, diese **versagt** wurde oder **erloschen** ist.[1099] Das Merkmal »ohne Erlaubnis« ist objektives Tatbestandsmerkmal.[1100] Maßgebend ist, dass die Erlaubnis im Tatzeitpunkt **formell** vorhanden und nicht nichtig ist; ob sie materiell-rechtlich zu Unrecht erteilt wurde, ist ohne Bedeutung.[1101] Gleichfalls spielt es keine Rolle, ob die Erlaubnis durch falsche Angaben oder durch Bestechung erschlichen wurde, da eine spezielle Missbrauchsklausel (vgl. z.B. § 330d Abs. 1 Nr. 5 StGB; §§ 17 Abs. 6, 18 Abs. 9 AWG) fehlt.[1102] Der Verstoß gegen eine **Auflage** steht dem Handeln ohne Erlaubnis nicht gleich.[1103] Unbeachtlich ist eine nachträglich erteilte Erlaubnis.

490 Die **Erlaubnisbedürftigkeit** richtet sich nach § 32 Abs. 1 Satz 1 KWG. Danach bedarf derjenige, der im Inland gewerbsmäßig oder in einem Umfang, der einen in kaufmännischer Weise eingerichteten Geschäftsbetrieb erfordert, Bankgeschäfte betreiben oder Finanzdienstleistungen erbringen will, der schriftlichen Erlaubnis der BaFin. **Gewerbsmäßigkeit** liegt vor, wenn die Betätigung auf Dauer angelegt ist und mit Gewinnerzielungsabsicht verfolgt wird.[1104] Nach h.M. ist auf den Betrieb in seiner Gesamtheit abzustellen und nicht auf die Gewinnerzielungsabsicht des einzelnen Tatbeteiligten.[1105] Ein **in kaufmännischer Weise eingerichteter Geschäftsbetrieb** ist erforderlich, wenn eine kaufmännische Buchführung, eine geordnete Ablage des Schriftverkehrs, eine geregelte Kassenführung und Inventur erforderlich sind, um die Geschäfte ordnungsgemäß führen zu können.[1106] Dies ist i.d.R. der Fall, da Bankgeschäfte bereits bei einem geringen Umfang einen kaufmännisch eingerichteten Geschäftsbetrieb erfordern.[1107]

491 Das **Erbringen** ist wie das **Betreiben** zu verstehen[1108] (hierzu Rdn. 486).

1097 Graf/Jäger/Wittig/*Bock* § 54 KWG Rn. 11 m.w.N.
1098 Graf/Jäger/Wittig/*Bock* § 54 KWG Rn. 11.
1099 Graf/Jäger/Wittig/*Bock* § 54 KWG Rn. 71.
1100 Graf/Jäger/Wittig/*Bock* § 54 KWG Rn. 62.
1101 Erbs/Kohlhaas/*Häberle* § 54 KWG Rn. 11.
1102 Erbs/Kohlhaas/*Häberle* § 54 KWG Rn. 11.
1103 Graf/Jäger/Wittig/*Bock* § 54 KWG Rn. 72.
1104 Graf/Jäger/Wittig/*Bock* § 54 KWG Rn. 64.
1105 BGH NStZ-RR 2003, 55 (56); Graf/Jäger/Wittig/*Bock* § 54 KWG Rn. 65 m.w.N.
1106 Graf/Jäger/Wittig/*Bock* § 54 KWG Rn. 67.
1107 Vgl. Graf/Jäger/Wittig/*Bock* § 54 KWG Rn. 67, 69 f.
1108 Vgl. nur Graf/Jäger/Wittig/*Bock* § 54 KWG Rn. 46.

§ 54 Abs. 1 KWG fordert **Vorsatz**, wobei dolus eventualis genügt.[1109] Der Vorsatz muss sich auch auf die Erlaubnispflichtigkeit der betriebenen Bankgeschäfte bzw. erbrachten Finanzdienstleistungen erstrecken.[1110] Gem. § 54 Abs. 2 KWG ist **Fahrlässigkeit** gleichfalls strafbar. 492

cc) Erbringen von Clearingdienstleistungen ohne Zulassung (§ 54 Abs. 1a KWG)

§ 54 Abs. 1a KWG bestraft denjenigen, der **ohne Zulassung** nach Art. 14 Abs. 1 der VO (EU) Nr. 648/2012 über OTC-Derivate, zentrale Gegenparteien und Transaktionsregister eine Clearingdienstleistung erbringt. Der Tatbestand wurde durch das **EMIR-Ausführungsgesetz** v. 13.02.2013 (BGBl. I S. 174) m.W.v. 16.02.2013 eingefügt, da der Erlaubnisvorbehalt nicht länger unter § 32 Abs. 1 KWG, sondern unter Art. 14 der VO (EU) Nr. 648/2012 geregelt ist, und damit nicht mehr von § 54 Abs. 2 KWG (hierzu Rdn. 487 ff.) strafrechtlich abgesichert ist.[1111] Materiell wird die bisherige Regelung fortgeschrieben, Strafbarkeitsvoraussetzungen und Strafmaß bleiben unverändert.[1112] 493

dd) Ausüben einer Zentralverwahrertätigkeit ohne Zulassung (§ 54 Abs. 1b KWG)

Nach **§ 54 Abs. 1b KWG** wird bestraft, wer **ohne Zulassung** nach Art. 16 Abs. 1 der VO (EU) Nr. 909/2014 (CSDR, Zentralverwahrer) eine Zentralverwahrertätigkeit ausübt. Dieser Tatbestand wurde durch das **Gesetz zur Umsetzung der Transparenzrichtlinie-Änderungsrichtlinie** v. 26.11.2015 (BGBl. I S. 2029) m.W.v. 30.03.2017 eingefügt. Die Ergänzung wurde im Zuge der Neuregelung der Erlaubnispflicht sowie des Erlaubnisverfahrens für die Tätigkeit als Zentralverwahrer durch die VO (EU) Nr. 909/2014 erforderlich, da die Erlaubnispflicht aus dem Erlaubnistatbestand des Depotgeschäfts in § 1 Abs. 1 S. 2 Nr. 5 KWG herausgenommen wurde und nunmehr die BaFin für die Zulassung von Zentralverwahrern zuständig ist.[1113] 494

ee) Strafe

Bei vorsätzlichem Handeln beträgt die **Strafe** Freiheitsstrafe bis zu 5 Jahren oder Geldstrafe, bei fahrlässigem Handeln Freiheitsstrafe bis zu 3 Jahren oder Geldstrafe. Das Höchstmaß wurde mit dem Gesetz zur Umsetzung der Zweiten E-Geld-Richtlinie v. 01.03.2011 (BGBl. I 288) m.W.v. 30.04.2011 **angehoben**, um im Interesse des Anlegerschutzes sicherzustellen, dass die Staatsanwaltschaften der Strafvorschrift künftig die gleiche Aufmerksamkeit schenken wie anderen Vermögensdelikten.[1114] Die Strafandrohung für das Handeln ohne Erlaubnis wurde in den maßgebenden Aufsichtsgesetzen (§ 54 KWG; § 31 ZAG; § 140 VAG) auf ein einheitliches Niveau gehoben.[1115] 495

b) Verletzung wesentlicher Risikomanagementpflichten (§ 54a KWG)

Das **abstrakte Gefährdungsdelikt**[1116] des § 54a KWG wurde durch das Gesetz zur Abschirmung von Risiken und zur Planung der Sanierung und Abwicklung von Kreditinstituten und Finanzgruppen (sog. **Trennbankengesetz**) v. 07.08.2013 (BGBl. I S. 3090) m.W.v. 02.01.2014 eingefügt, um die **Verletzung wesentlicher Risikomanagementpflichten** durch die Geschäftsleiter der beaufsichtigten Institute im Fall der **Verursachung einer Unternehmenskrise** unter Strafe zu stellen.[1117] 496

1109 Graf/Jäger/Wittig/*Bock* § 54 KWG Rn. 81.
1110 Graf/Jäger/Wittig/*Bock* § 54 KWG Rn. 82.
1111 BT-Drucks. 17/11289, S. 23.
1112 BT-Drucks. 17/11289, S. 23.
1113 BT-Drucks. 18/5010, S. 2, 36, 63.
1114 BT-Drucks. 17/3023, S. 65.
1115 BT-Drucks. 17/3023, S. 65.
1116 BT-Drucks. 17/12601, S. 44.
1117 BT-Drucks. 17/12601, S. 44; krit. *Hamm/Richter* WM 2013, 865 (867 ff.); Schork/Groß/*Wegner* Bankstrafrecht Rn. 668.

Dadurch sollen nicht nur die anvertrauten **Vermögenswerte** und die ordnungsgemäße Durchführung von Bank- und Versicherungsgeschäften und Finanzdienstleistungen gesichert, sondern auch die **Stabilität des Finanzsystems** gewahrt und Nachteile für die Gesamtwirtschaft durch Missstände im Kredit-, Finanzdienstleistungs- und Versicherungswesen vermieden werden.[1118] Zuvor bestanden **unzureichende Möglichkeiten**, Geschäftsleiter strafrechtlich zur Verantwortung zu ziehen, wenn das Institut bzw. Versicherungsunternehmen durch Missmanagement in Schieflage geraten war.[1119] Dies wurde in der schweren Finanzkrise (Rdn. 270) sichtbar, da die Institute und Unternehmen vom Staat (d.h. auf Kosten der Steuerzahler) aufgefangen werden mussten, um eine »Kernschmelze« des Finanzsystems zu verhindern, womit die Insolvenzstraftaten nicht zur Anwendung gelangen konnten. Die Tat ist ein **Vergehen.**

497 Angeknüpft wird zunächst an die **Verletzung der Geschäftsleiterpflichten** des § 25c Abs. 4a bzw. § 25c Abs. 4b Satz 2 KWG, die für ein angemessenes und wirksames Risikomanagement sorgen sollen. Einbezogen sind nicht nur systemrelevante Banken, sondern alle Institute i.S.v. § 1 Abs. 1b KWG.[1120] Zudem werden alle Geschäftsleiterpflichten, die in diesen Vorschriften genannt sind, grds. für relevant erachtet.[1121] Weiter setzt die Strafbarkeit nach § 54a KWG die Auslösung einer **Bestandsgefährdung** des Instituts bzw. des übergeordneten Unternehmens oder gruppenangehörigen Instituts voraus. Hierbei bleiben **korrigierende Maßnahmen** außer Betracht, d.h. die Strafbarkeit ist nicht dadurch ausgeschlossen, dass der Eintritt der Unternehmenskrise durch staatliche Maßnahmen verhindert wird.[1122] Dasselbe muss für verbandsseitige Auffanglösungen gelten.[1123] Schließlich ist die Tat nach § 54a Abs. 3 KWG, der einen Strafausschließungsgrund darstellt,[1124] nur dann strafbar, wenn die BaFin dem Täter zuvor durch vollziehbare Anordnung nach § 25c Abs. 4c (»**Warnschuss**«)[1125] die Beseitigung des Verstoßes aufgegeben hatte, er dieser vollziehbaren Anordnung zuwidergehandelt und hierdurch die Bestandsgefährdung herbeigeführt hat.[1126] Im Schrifttum wird angesichts dieser großzügigen Ausgestaltung mit Recht angenommen, dass § 54a KWG **keine repressive Wirkung** entfalten wird.[1127]

498 § 54a KWG setzt **Vorsatz** hinsichtlich der Verletzung der **Risikomanagementpflichten** voraus. In Bezug auf die **Bestandsgefährdung** ist nicht nur die **vorsätzliche**, sondern nach § 54a Abs. 2 KWG auch die **fahrlässige Herbeiführung** strafbar. In Vorsatzfällen beträgt die **Strafe** Freiheitsstrafe bis zu 5 Jahren oder Geldstrafe, in Fällen der Fahrlässigkeit bis zu 2 Jahren oder Geldstrafe. Durch diesen Strafrahmen soll dem besonderen Unrechtsgehalt der Verursachung der Unternehmenskrise und der damit einhergehenden Gefährdung des Finanzsystems Rechnung getragen werden.[1128]

c) Verletzung der Pflicht zur Anzeige der Zahlungsunfähigkeit oder der Überschuldung (§ 55 KWG)

499 Das **echte Unterlassungsdelikt** des § 55 KWG sichert die **Anzeigepflicht** des § 46b Abs. 1 Satz 1 KWG ab. Danach haben bei Instituten, d.h. Kredit- und Finanzdienstleistungsinstituten (§ 1 Abs. 1b KWG), und bei als übergeordnetes Unternehmen geltenden (gemischten) Finanzholding-Gesellschaften (§ 10a KWG) Geschäftsleiter bzw. Inhaber und Personen, die die Geschäfte tatsächlich führen, der BaFin die Zahlungsunfähigkeit, Überschuldung oder drohende Zahlungsunfähigkeit

---

1118 BT-Drucks. 17/12601, S. 44; krit. Schork/Groß/*Wegner* Bankstrafrecht Rn. 669.
1119 BT-Drucks. 17/12601, S. 2 f.
1120 Krit. Schork/Groß/*Wegner* Bankstrafrecht Rn. 669.
1121 Krit. Schork/Groß/*Wegner* Bankstrafrecht Rn. 670, 675.
1122 BT-Drucks. 17/12601, S. 44.
1123 Jobe/*Erting* Riskante Bankgeschäfte, B. Rn. 39.
1124 BT-Drucks. 17/13539, S. 14.
1125 Jobe/*Erting* Riskante Bankgeschäfte, B. Rn. 38.
1126 Im Hinblick auf das Bestimmtheitsgebot krit. Schork/Groß/*Wegner* Bankstrafrecht Rn. 676.
1127 *Gehlen* Die Strafbarkeit von Geschäftsleitern nach § 54a KWG, 2017, S. 398.
1128 BT-Drucks. 17/12601, S. 29.

anzuzeigen. Den **Antrag auf Eröffnung des Insolvenzverfahrens** über das Vermögen eines Institutes bzw. einer (gemischten) Finanzholding-Gesellschaft kann nämlich nur die BaFin stellen (§ 46b Abs. 1 Satz 4 KWG), es sei denn, es wurde ein Abwickler bestellt (§ 37 Abs. 2 KWG). Damit wird der BaFin die Gelegenheit gegeben, Sicherungsmaßnahmen zu ergreifen.[1129] **Zweck** des § 55 KWG ist es, zum einen das Verfahren für die Stellung des Insolvenzantrags zu sichern,[1130] und zum anderen eine sonst vorhandene Strafbarkeitslücke zu schließen. § 55 KWG ist ein **Vergehen**. Der Versuch ist straflos.

Als **Täter** des § 55 KWG kommen **Geschäftsleiter**, bei einem in der Rechtsform des Einzelkaufmanns betriebenen Institut der **Inhaber** und bei einer (gemischten) Finanzholding-Gesellschaft die Personen, die deren Geschäfte tatsächlich führen – d.h. **faktische Geschäftsführer**[1131] – in Betracht. Geschäftsleiter sind natürliche Personen, die nach Gesetz, Satzung oder Gesellschaftsvertrag zur Führung der Geschäfte und zur Vertretung eines Instituts in der Rechtsform einer juristischen Person oder einer Personenhandelsgesellschaft berufen sind (§ 1 Abs. 2 KWG). Täter können durch die Einbeziehung des § 53b Abs. 3 Satz 1 KWG auch die Geschäftsleiter von Zweigniederlassungen **ausländischer Unternehmen** mit Sitz in einem anderen EWR-Vertragsstaat sein, die in Deutschland Bankgeschäfte betreiben oder Finanzdienstleistungen erbringen, wobei eine oder mehrere Zweigniederlassungen desselben Unternehmens hierbei als ein Institut gelten. 500

Zahlungsunfähigkeit liegt vor, wenn das Institut bzw. die Finanzholding-Gesellschaft nicht in der Lage ist, die fälligen Zahlungspflichten zu erfüllen (vgl. § 17 Abs. 2 Satz 1 InsO). Das ist i.d.R. anzunehmen, wenn die Zahlungen eingestellt wurden (§ 17 Abs. 2 Satz 2 InsO). **Überschuldung** ist grds. gegeben, wenn das Vermögen die bestehenden Verbindlichkeiten nicht mehr deckt, es sei denn, die Fortführung des Unternehmens ist nach den Umständen überwiegend wahrscheinlich (vgl. § 19 Abs. 2 Satz 1 InsO). **Drohende Zahlungsunfähigkeit** liegt vor, wenn das Institut bzw. die Finanzholding-Gesellschaft voraussichtlich nicht in der Lage sein wird, die bestehenden Zahlungspflichten im Zeitpunkt der Fälligkeit zu erfüllen (vgl. § 46b Abs. 1 Satz 1 Halbs. 2 KWG und § 18 Abs. 2 InsO). 501

Die **Tathandlung** besteht darin, dass entgegen § 46b Abs. 1 Satz 1 KWG der Eintritt von Zahlungsunfähigkeit, Überschuldung oder drohender Zahlungsunfähigkeit der BaFin **nicht**, **nicht richtig**, **nicht vollständig** oder **nicht rechtzeitig angezeigt** wird. Für die Anzeige besteht kein Schriftformerfordernis.[1132] Der Anzeige sind aussagefähige Unterlagen beizufügen, wobei an die Aussagekraft keine allzu hohen Anforderungen zu stellen sind.[1133] Die Anzeige hat unverzüglich, d.h. ohne schuldhaftes Zögern (§ 121 Abs. 1 Satz 1 BGB), zu erfolgen. Eine verspätete Anzeige beseitigt die Strafbarkeit nicht. 502

Strafbar ist nicht nur ein **vorsätzliches** Unterlassen, wobei dolus eventualis ausreicht,[1134] sondern nach § 55 Abs. 2 KWG auch **Fahrlässigkeit**. Bei Vorsatz beträgt die **Strafe** Freiheitsstrafe bis zu 3 Jahren oder Geldstrafe, bei Fahrlässigkeit Freiheitsstrafe bis zu einem Jahr oder Geldstrafe. 503

d) Unbefugte Verwertung und Offenbarung von Angaben über Millionenkredite (§§ 55a, 55b KWG)

§§ 55a, 55b KWG sichern das **Verwertungs- und Offenbarungsverbot des § 14 Abs. 2 Satz 10 KWG** strafrechtlich ab und schützen damit das **Geheimhaltungsinteresse des Kreditnehmers** an Informationen, die die Deutsche Bundesbank anzeigepflichtigen Unternehmen mitgeteilt hat.[1135] 504

1129 Graf/Jäger/Wittig/*Bock* § 55 KWG Rn. 2.
1130 Graf/Jäger/Wittig/*Bock* § 55 KWG Rn. 3.
1131 Graf/Jäger/Wittig/*Bock* § 55 KWG Rn. 28.
1132 Graf/Jäger/Wittig/*Bock* § 55 KWG Rn. 17.
1133 Graf/Jäger/Wittig/*Bock* § 55 KWG Rn. 20.
1134 Graf/Jäger/Wittig/*Bock* § 55 KWG Rn. 35.
1135 Graf/Jäger/Wittig/*Bock* § 55a KWG Rn. 3.

Die bei diesen Unternehmen **beschäftigten Personen** dürfen die ihnen über den Kreditnehmer mitgeteilten Angaben weder offenbaren noch verwerten. §§ 55a, 55b KWG sind **Vergehen**. Der Versuch ist nicht strafbar. Öffentliche Aufmerksamkeit haben die Tatbestände durch den Fall des Medienunternehmers Leo Kirch erfahren, der sich gegen Äußerungen des damaligen Vorstandsvorsitzenden der Deutschen Bank AG, Rolf-E. Breuer, vom Februar 2002 zivil- und strafrechtlich zur Wehr setzte.[1136] Die strafrechtliche Aufarbeitung des Prozessverhaltens der früheren Führung der Deutschen Bank AG ist bis heute nicht abgeschlossen.[1137]

505 **Tatobjekt** sind **Informationen**, die in **Benachrichtigungen** der Deutschen Bundesbank gem. § 14 Abs. 2 KWG enthalten sind. Nach § 14 Abs. 1 Satz 1 KWG müssen die dort genannten Institute, Unternehmen und Stellen der Evidenzzentrale, die bei der Deutschen Bundesbank geführt wird, vierteljährlich die Kreditnehmer anzeigen, deren Verschuldung 1 Mio. € oder mehr beträgt (**Millionenkredite**). Ergibt sich, dass einem Kreditnehmer von mehreren Unternehmen Millionenkredite gewährt worden sind, so hat die Deutsche Bundesbank nach § 14 Abs. 2 Satz 1 KWG die anzeigenden Unternehmen zu benachrichtigen. Diese Benachrichtigung umfasst nach § 14 Abs. 2 Satz 2 KWG Angaben über die Gesamtverschuldung des Kreditnehmers und der Kreditnehmereinheit, der dieser zugehört, über die Anzahl der beteiligten Unternehmen und über die prognostizierte Ausfallwahrscheinlichkeit. Zudem teilt die Deutsche Bundesbank nach § 14 Abs. 2 Satz 4 KWG einem anzeigepflichtigen Unternehmen auf Antrag den Schuldenstand eines (voraussichtlichen) Kreditnehmers oder einer (voraussichtlichen) Kreditnehmereinheit mit. Die Benachrichtigungen haben den **Zweck**, den Unternehmen Einblick in die Gesamtverschuldung und Bonität zu geben und damit das Risiko bei der Gewährung von Millionenkrediten zu verringern.[1138]

506 **Täter** können nur die **Beschäftigten eines anzeigepflichtigen Unternehmens** sein. Beschäftigt i.S.d. § 14 Abs. 2 Satz 10 KWG sind alle Personen, die mit Wissen und Wollen der Unternehmensleitung für das Unternehmen tätig sind, unabhängig von der Wirksamkeit des Dienstverhältnisses.[1139]

507 **§ 55a Abs. 1 KWG** erfasst den Fall, dass ein Beschäftigter die mitgeteilten Angaben unbefugt verwertet. Unter **Verwerten** ist jede wirtschaftliche Nutzung der Angaben in Gewinnerzielungsabsicht zu verstehen, die dem Zweck des § 14 KWG widerspricht, d.h. Fälle, in denen das Kreditinstitut eigennützig außerhalb der bankinternen Kreditentscheidung handelt.[1140] Im berühmten Fall Kirch wurde dies verneint, da es nicht ersichtlich war, dass der damalige Vorstandssprecher der Deutschen Bank, Breuer, die Mitteilungen der Deutschen Bundesbank für eigene oder fremde wirtschaftliche Zwecke nutzbar gemacht, geschweige denn die Erzielung eines Gewinns beabsichtigt hatte.[1141] Tatbestandsmäßig wäre z.B. die Verwendung der Angaben in erpresserischer Absicht.

508 **§ 55b Abs. 1 KWG** betrifft den Fall, dass ein Beschäftigter die mitgeteilten Angaben unbefugt offenbart. **Offenbaren** bedeutet, dass die Angaben einem anderen in der Weise zugänglich gemacht werden, dass dieser die tatsächliche Möglichkeit hat, hiervon Kenntnis zu nehmen.[1142] Im Fall Kirch wurde ein Offenbaren verneint, weil Breuer sich in einem Interview, das er am 3.02.2002 Bloomberg TV gewährt hatte, weder zur Gesamtverschuldung der Kirch-Gruppe oder einer ihr angehörenden Gesellschaft noch zur Anzahl der kreditgewährenden Unternehmen geäußert hatte.[1143] **§ 55b Abs. 2 KWG** enthält eine Qualifikation und setzt voraus, dass der Täter gegen Entgelt oder in Bereicherungs- bzw. mit Schädigungsabsicht handelt.

1136 Hierzu *Tiedemann* ZBB 2005, 190; *Lang* ZBB 2006, 115.
1137 http://www.juve.de/nachrichten/verfahren/2013/03/kirch-prozess-olg-bezichtigt-deutsche-bank-der-absprachen-bank-zieht-mit-hengeler-vor-bgh.
1138 Graf/Jäger/Wittig/*Bock* § 55a KWG Rn. 8.
1139 Graf/Jäger/Wittig/*Bock* § 55a KWG Rn. 12.
1140 Graf/Jäger/Wittig/*Bock* § 55a KWG Rn. 20.
1141 BGHZ 166, 84 (104) = BGH NJW 2006, 830 (838).
1142 Graf/Jäger/Wittig/*Bock* § 55b KWG Rn. 10.
1143 BGHZ 166, 84 (104) = BGH NJW 2006, 830 (838).

§§ 55a, 55b KWG fordern **vorsätzliches** Handeln, wobei dolus eventualis genügt.[1144] Die **Strafe** beträgt im Fall des § 55b Abs. 1 KWG (Offenbaren) Freiheitsstrafe bis zu einem Jahr oder Geldstrafe, bei § 55a Abs. 1 KWG (Verwerten) und § 55b Abs. 2 KWG (Offenbaren gegen Entgelt oder in Bereicherungs- bzw. Schädigungsabsicht) Freiheitsstrafe bis zu 2 Jahren oder Geldstrafe. **509**

Alle Taten werden ausschließlich auf **Antrag** verfolgt (vgl. **§§ 55a Abs. 2, 55b Abs. 3 KWG**). Antragsberechtigt ist nach § 77 Abs. 1 StGB der Verletzte, d.h. das **Unternehmen**, dessen Daten an die Deutsche Bundesbank geleitet wurden. Die Deutsche Bundesbank ist nicht antragsberechtigt.[1145] **510**

e) Bußgeldvorschriften (§ 56 KWG)

§ 56 KWG enthält einen mehrfach erweiterten und verschärften, mittlerweile **sehr umfangreichen Katalog** von **Bußgeldvorschriften**, die bei Verstößen gegen vollziehbare Anordnungen der BaFin und gegen nach dem KWG bestehende Pflichten die Verhängung von z.T. hohen Bußgeldern gestatten. Die Vorschriften gehen z.T. auf Erfahrungen mit missbräuchlichen Verhaltensweisen zurück[1146] und sind im Übrigen vor allem umfangreichen europäischen Vorgaben geschuldet. Auch bei § 56 KWG handelt es sich um eine »**Dauerbaustelle**« des Gesetzgebers. Durch das **CRD IV-Umsetzungsgesetz** v. 28.08.2013 (BGBl. I S. 3395) wurde nicht nur die vorherige »überholte Differenzierung« zwischen Leichtfertigkeit und Fahrlässigkeit aufgegeben, da eine Abgrenzung zwischen Leichtfertigkeit (= grober Fahrlässigkeit) und (einfacher) Fahrlässigkeit bei den betroffenen Tatbeständen des KWG nicht möglich sein soll, sondern insb. auch die Bußgeldhöhe in Umsetzung der Richtlinie 2013/36/EU (CRD IV) neu geregelt.[1147] Umfangreiche Ergänzungen und Verschärfungen bewirkten das Erste Finanzmarktnovellierungsgesetz (**1. FiMaNoG**) v. 30.06.2016 (BGBl. I 1514) m.W.v. 02.07.2016 sowie das Gesetz zur Umsetzung der Vierten EU-Geldwäscherichtlinie, zur Ausführung der EU-Geldtransferverordnung und zur Neuorganisation der Zentralstelle für Finanztransaktionsuntersuchungen (**GwGEG 2017**) v. 23.06.2017 (BGBl. I S. 1822) m.W.v. 26.06.2017. Schließlich hat das Zweite Finanzmarktnovellierungsgesetz (**2. FiMaNoG**) v. 23.06.2017 (BGBl. I S. 1693) m.W.v. 03.01.2018 den Katalog erneut ausgeweitet. **511**

§ 56 Abs. 1 KWG betrifft vorsätzliche Verstöße gegen vollziehbare Anordnungen nach § 36 Abs. 1 Satz 1, Abs. 2 oder Abs. 3 Satz 1 KWG, d.h. Verstöße bei der Abberufung von Geschäftsleitern und von Mitgliedern des Verwaltungs- oder Aufsichtsorgans durch die BaFin. Dagegen erfasst der Katalog des **§ 56 Abs. 2 Nr. 1 bis 18 KWG** vorsätzliche und fahrlässige Verstöße, z.B. gegen Anzeige- und Einreichungspflichten, Beteiligungs- und Kreditvergabebeschränkungen, Hinweis-, Unterrichtungs- und Vorlagepflichten, aber auch gegen vollziehbare Untersagungen und weitere Anordnungen der BaFin. Schließlich geht es bei den sehr umfangreichen Bußgeldtatbeständen von **§ 56 Abs. 1a, Abs. 4 bis Abs. 4h, Abs. 5 und 5a KWG** um vorsätzliche und fahrlässige Verstöße gegen europäisches Recht: VO (EG) Nr. 1060/2009 (Ratingagenturen); VO (EG) Nr. 1781/2006 v. 15.11.2006 (Geldtransfers); VO (EG) Nr. 924/2009 (grenzüberschreitende Zahlungen); VO (EU) Nr. 260/2012 (SEPA); VO (EU) Nr. 648/2012 (OTC-Derivate, EMIR); VO (EU) Nr. 909/2014 (CSDR, Zentralverwahrer); VO (EU) Nr. 1286/2014 (Basisinformationsblätter); Verordnung (EU) Nr. 575/2013 (Kapitaladäquanz); VO (EU) 2015/751 (Interbankenentgelte). **512**

Der **Bußgeldrahmen** ist gem. § 56 Abs. 6 KWG **gestaffelt** und mittlerweile **drakonisch** ausgestaltet. Die Höchstbeträge betragen in Bezug auf **natürliche Personen** bei **vorsätzlichen** Verstößen von 100.000 € bis hin zu 5 Mio. €. Bei **fahrlässigen** Verstößen beträgt der Bußgeldrahmen jeweils die Hälfte (vgl. § 17 Abs. 2 OWiG). Gegenüber **juristischen Personen oder Personenvereinigungen** können nach § 56 Abs. 6a und 6b KWG höhere Geldbußen verhängt werden, die bis zu 20 Mio. € betragen bzw. 10 Prozent des **Gesamtumsatzes** (zur Definition § 56 Abs. 6d KWG) erreichen **513**

1144 Graf/Jäger/Wittig/*Bock* § 55a KWG Rn. 22 und § 55b Rn. 11.
1145 Graf/Jäger/Wittig/*Bock* § 55a KWG Rn. 28 und § 55b Rn. 21.
1146 Graf/Jäger/Wittig/*Bock* § 56 KWG Rn. 2.
1147 BT-Drucks. 17/10974, S. 95.

können. Zudem ist nach § 56 Abs. 6e KWG § 17 Abs. 2 OWiG nicht anzuwenden bei Verstößen, die in den Absätzen 6a und 6b in Bezug genommen werden, sodass der Bußgeldrahmen bei Fahrlässigkeit nicht reduziert ist. Weiter gestattet § 56 Abs. 6c KWG über die in den Absätzen 6, 6a und 6b genannten Beträge hinaus die **Ahndung** bestimmter Ordnungswidrigkeiten mit einer Geldbuße bis zum Zweifachen des aus dem Verstoß gezogenen **wirtschaftlichen Vorteils**, der erzielte Gewinne und vermiedene Verluste umfasst und geschätzt werden kann. Schließlich sieht § 56 Abs. 7 KWG die **Abschöpfung** des wirtschaftlichen Vorteils vor, den der Täter aus der Ordnungswidrigkeit gezogen hat. Hierbei kann das gesetzliche Höchstmaß der Geldbuße für juristische Personen und Personenvereinigungen bis zu einem Betrag von 10 % des Jahresnettoumsatzes des Unternehmens im Geschäftsjahr, das der Ordnungswidrigkeit vorausgegangen ist (zur Definition § 56 Abs. 8 KWG), oder das Zweifache des durch die Zuwiderhandlung erlangten Mehrerlöses überschritten werden. Die Anknüpfung an den Jahresnettoumsatz stellt nach Auffassung des Gesetzgebers einen nachvollziehbaren Maßstab dar, durch den nicht nur die Festsetzung einer Geldbuße »vereinfacht«, sondern auch ein »hohes Maß an Bestimmtheit und Rechtssicherheit« erreicht werden soll.[1148] Für die Verfolgung und Ahndung ist grds. die **BaFin** zuständig (§ 60 KWG).

6. Straf- und Bußgeldvorschriften des Börsengesetzes (§§ 49, 50 BörsG)

514 Das **Börsengesetz** (BörsG) regelt das **Börsenwesen**, insb. die Organisation der Börsen. Durch das Finanzmarktrichtlinie-Umsetzungsgesetz (**FRUG**) v. 16.07.2007 wurde das BörsG m.W.v. 01.11.2007 grundlegend reformiert. Die bisherige Strafvorschrift (§ 61 BörsG a.F.) konnte in § 49 BörsG n.F. unverändert übernommen werden, während der Katalog der Bußgeldvorschriften (§ 62 BörsG a.F.) in § 50 BörsG n.F. den börsenrechtlichen Änderungen angepasst werden musste. Das Zweite Finanzmarktnovellierungsgesetz (**2. FiMaNoG**) v. 23.06.2017 (BGBl. I S. 1693) weitete m.W.v. 25.06.2017 und 03.01.2018 den Katalog der Bußgeldvorschriften erheblich aus.

a) Verleitung zu Börsenspekulationsgeschäften (§ 49 BörsG)

515 **Zweck** des § 49 BörsG ist der Schutz von Personen, die in **Börsenspekulationsgeschäften** unerfahren sind. Bestraft wird nach § 49 i.V.m. § 26 Abs. 1 BörsG, wer gewerbsmäßig andere unter Ausnutzung ihrer Unerfahrenheit in Börsenspekulationsgeschäften zu solchen Geschäften oder zur Beteiligung hieran verleitet. Börsenspekulationsgeschäfte dienen **nicht der Kapitalanlage**, sodass § 264a StGB (Kapitalanlagebetrug) keinen Schutz bieten kann. **Schutzgut** ist nach h.M. nur das Vermögen.[1149] § 49 BörsG ist ein Vermögensgefährdungsdelikt, da der Eintritt eines Schadens nicht vorausgesetzt wird. Hierdurch ist der Strafschutz sehr weit ins **Vorfeld** geschoben. Dennoch ist die **praktische Bedeutung** gering.[1150] Die Tat ist ein **Vergehen**. Der Versuch ist straflos.

516 **Täter** kann jede natürliche Person sein (Allgemeindelikt), sofern sie gewerbsmäßig handelt. I.d.R. handelt es sich um Personen, die sich gewerblich mit Bank- und Kapitalmarktgeschäften, Finanzdienstleistungen und der Anlageberatung befassen.[1151]

517 **Börsenspekulationsgeschäfte** sind nach der nicht abschließenden (»insbesondere«) Legaldefinition des § 26 Abs. 2 BörsG An- oder Verkaufsgeschäfte mit aufgeschobener Lieferzeit, auch wenn sie außerhalb einer in- oder ausländischen Börse abgeschlossen werden (Nr. 1), und Optionen auf solche Geschäfte, die darauf gerichtet sind, aus dem Unterschied zwischen dem für die Lieferzeit festgelegten Preis und dem zur Lieferzeit vorhandenen Börsen- oder Marktpreis einen Gewinn zu erzielen (Nr. 2). Erfasst sind damit **alle Termin- und Optionsgeschäfte**, d.h. Waren-, Finanz- und Effektentermingeschäfte sowie das fondsmäßig betriebene Termingeschäft.[1152] Ob die Geschäfte

1148 BT-Drucks. 17/10974, S. 96.
1149 Graf/Jäger/Wittig/*Waßmer* § 49 BörsG Rn. 3 m.w.N.
1150 Graf/Jäger/Wittig/*Waßmer* § 49 BörsG Rn. 5 m.w.N.
1151 Graf/Jäger/Wittig/*Waßmer* § 49 BörsG Rn. 9.
1152 Ausführlich Graf/Jäger/Wittig/*Waßmer* § 49 BörsG Rn. 11 ff.

an einem **geregelten Markt oder außerhalb** (z.B. im Telefonhandel) abgeschlossen werden oder gar nur vorgetäuscht sind, ist gleichgültig.[1153] **Keine Börsenspekulationsgeschäfte** sind nach h.M. Hedgegeschäfte, da sie gerade die Begrenzung von Verlusten bezwecken.[1154] Anderes gilt aber für die Beteiligung an »echten« (sehr risikoreichen) Hedgefonds.[1155]

Unerfahrenheit in Börsenspekulationsgeschäften liegt nach h.M. vor, wenn das Opfer infolge fehlender geschäftlicher Einsicht die Tragweite des Geschäfts nicht ausreichend überblicken kann.[1156] Hiergegen wird im Schrifttum z.T. eingewandt, dass das Gesetz nicht auf die Unkenntnis, sondern auf die Unerfahrenheit und damit einen Mangel an Erlebnissen abstellt.[1157] Durchschnittliche Geschäftskenntnisse und Erfahrung sind jedenfalls nicht ausreichend, um die Unerfahrenheit zu beseitigen.[1158] An der Unerfahrenheit **fehlt es**, wenn eine ordnungsgemäße Aufklärung über die Risiken stattgefunden hat. Dagegen bietet § 49 BörsG **keinen Schutz** vor unvernünftigen Entscheidungen, die in Kenntnis der Risiken vorgenommen werden.[1159] 518

Ein **Ausnutzen** liegt vor, wenn sich der Täter die Unerfahrenheit des Opfers zunutze macht, wobei die Unerfahrenheit mindestens mitursächlich für das Geschäft sein muss.[1160] Nach h.M. ist es nicht erforderlich, dass die Willensbeeinflussung unlautere Züge aufweist.[1161] 519

Verleiten setzt voraus, dass der Täter erfolgreich auf den Willen einwirkt.[1162] Es handelt sich um eine besondere, zur Täterschaft verselbstständigte Form der Anstiftung. Welche Mittel eingesetzt werden, ist irrelevant. Der Täter muss aber **gewerbsmäßig** handeln, d.h. die Absicht haben, sich selbst durch das wiederholte Verleiten eine fortlaufende Einnahmequelle von einiger Dauer und einigem Umfang zu verschaffen.[1163] Hierbei handelt es sich nach h.M. um ein subjektives Merkmal,[1164] das auch ein Handeln in gewinnsüchtiger Absicht umfasst.[1165] 520

§ 49 BörsG fordert **vorsätzliches Handeln**, wobei bedingter Vorsatz genügt.[1166] Der Vorsatz muss sich auf alle Tatbestandsmerkmale der Verbotsnorm des § 26 BörsG erstrecken. Eine Bereicherungsabsicht ist nicht vorausgesetzt. Die **Strafe** beträgt Freiheitsstrafe bis zu 3 Jahren oder Geldstrafe. 521

b) Bußgeldvorschriften des Börsengesetzes (§ 50 BörsG)

Die **Bußgeldvorschriften** des § 50 BörsG gestatten bei Verstößen gegen vollziehbare Anordnungen der zuständigen Behörden sowie gegen Pflichten, die nach dem BörsG und bestimmten Verordnungen (EU) bestehen, die Verhängung von z.T. **empfindlichen Bußgeldern**. Die Vorschrift hatte bislang nur geringe praktische Bedeutung.[1167] 522

§ 50 Abs. 1 BörsG[1168] betrifft seit dem **2. FiMaNoG** nur noch **vorsätzliche** und **leichtfertige** Verstöße gegen die Verschwiegenheitspflichten in Aufsichts- und Ermittlungsverfahren (Nr. 1) sowie 523

1153 Vgl. BT-Drucks. 10/318, S. 47.
1154 Graf/Jäger/Wittig/*Waßmer* § 49 BörsG Rn. 38.
1155 Graf/Jäger/Wittig/*Waßmer* § 49 BörsG Rn. 43.
1156 Vgl. BT-Drucks. 10/318, S. 47; BGH wistra 2002, 107; Graf/Jäger/Wittig/*Waßmer* § 49 BörsG Rn. 45. m.w.N.
1157 *Park* BB 2003, 1513 (1517) m.w.N.
1158 Vgl. BT-Drucks. 10/318, S. 48.
1159 Vgl. nur Schork/Groß/*Gehrmann* Bankstrafrecht Rn. 623.
1160 Graf/Jäger/Wittig/*Waßmer* § 49 BörsG Rn. 57 m.w.N.
1161 Graf/Jäger/Wittig/*Waßmer* § 49 BörsG Rn. 58 m.w.N.
1162 Graf/Jäger/Wittig/*Waßmer* § 49 BörsG Rn. 60 m.w.N.
1163 Graf/Jäger/Wittig/*Waßmer* § 49 BörsG Rn. 66 m.w.N.
1164 Graf/Jäger/Wittig/*Waßmer* § 49 BörsG Rn. 66 m.w.N.
1165 Vgl. BT-Drucks. 10/318, S. 48; Graf/Jäger/Wittig/*Waßmer* § 49 BörsG Rn. 67 m.w.N.
1166 OLG Düsseldorf WM 1989, 175 (180); Graf/Jäger/Wittig/*Waßmer* § 49 BörsG Rn. 64.
1167 Graf/Jäger/Wittig/*Waßmer* § 49 BörsG Rn. 5.
1168 Hierzu Graf/Jäger/Wittig/*Waßmer* § 49 BörsG Rn. 7 ff.

Verstöße gegen Auskunftspflichten gegenüber der Geschäftsführung der Börse (Nr. 2). **§ 50 Abs. 2 BörsG** erfasst dagegen nunmehr eine Vielzahl von **vorsätzlichen** und **fahrlässigen** Verstößen, u.a. gegen vollziehbare Anordnungen (Nr. 1, 3 und 17), gegen die Pflicht, das Betreten zu gestatten oder zu dulden (Nr. 2), gegen Anzeigepflichten beim Wechsel der Personen der Geschäftsleitung (Nr. 5), gegen Pflichten, welche die Geschäftsleiter sowie Mitglieder des Verwaltungs- und Aufsichtsorgans eines Börsenträgers sowie die Börsenträger selbst betreffen (Nr. 6 bis 15, 21 und 22), gegen Anzeigepflichten (Nr. 16), Veröffentlichungspflichten (Nr. 18) und Pflichten zur Datenübermittlung (Nr. 23).

524 **§ 50 Abs. 3 BörsG** wurde (als § 50 Abs. 2a BörsG) bereits durch das **EMIR-Ausführungsgesetz** v. 13.02.2013 (BGBl. I S. 174) eingefügt, um die Sanktion von Verstößen gegen Art. 8 der VO (EU) Nr. 648/2012 (OTC-Derivate, EMIR) zu ermöglichen.[1169] Geahndet werden kann der **Betreiber eines Freiverkehrs**, der Handelsdaten **vorsätzlich** oder **fahrlässig** nicht, nicht richtig, nicht vollständig, nicht in der vorgeschriebenen Weise oder nicht rechtzeitig zur Verfügung stellt.

525 **§ 50 Abs. 4 BörsG** wurde durch das **2. FiMaNoG** eingefügt, um Vorgaben zu Bußgeldtatbeständen umzusetzen, die auf Art. 22 der VO (EU) 2015/2365 über die Transparenz von Wertpapierfinanzierungsgeschäften (SFTR) zurückzuführen sind.[1170] Nunmehr können **Gegenparteien** geahndet werden, die vorsätzlich oder leichtfertig gegen Melde- (Nr. 1) bzw. Aufzeichnungspflichten (Nr. 2) verstoßen oder – ohne dass hierfür die Voraussetzungen vorliegen – Finanzinstrumente weiterverwenden (Nr. 3) oder ein Recht auf Weiterverwendung ausüben (Nr. 4). **§ 50 Abs. 5 und 6 BörsG** wurden ebenfalls durch das **2. FiMaNoG** eingefügt, um vorsätzliche und leichtfertige bzw. fahrlässige Verstöße gegen die sehr umfangreichen Pflichten nach der VO (EU) Nr. 600/2014 über Märkte für Finanzinstrumente (MiFIR) zu erfassen. Dasselbe gilt schließlich für **§ 50 Abs. 7 BörsG**, mit dem vorsätzliche oder fahrlässige Verstöße gegen die Pflicht eines Börsenträgers oder Betreibers eines Freiverkehrs nach der VO (EU) Nr. 909/2014 (CSDR, Zentralverwahrer), Transaktionsdaten zur Verfügung zu stellen, geahndet werden können.

526 Der **Bußgeldrahmen** der Ordnungswidrigkeiten der **Absätze 1 und 3** ist nach **§ 50 Abs. 8 BörsG gestaffelt** und beträgt bei **vorsätzlichen** Verstößen bis zu 100.000 €. Bei **fahrlässigen** bzw. **leichtfertigen** Verstößen beträgt er die Hälfte (vgl. § 17 Abs. 2 OWiG).

527 Der **Bußgeldrahmen** der Ordnungswidrigkeiten der **Absätze 2 und 5 bis** 7 sowie des **Absatzes 5** wurde in **§ 50 Abs. 9 bis 12 BörsG**, vor allem in Umsetzung der Vorgaben des Artikel 22 Abs. 4 Buchst. e bis g der VO (EU) 2015/2365 (SFTR) zu den Sanktionshöhen,[1171] **drakonisch** ausgestaltet. Nach § 50 Abs. 9 und 10 BörsG können Verstöße von **natürlichen Personen** mit Geldbuße bis zu 5 Mio. € geahndet werden, während gegenüber einer **juristischen Person oder Personenvereinigung** Geldbußen verhängt werden können, die den höheren Betrag der Beträge von 5 bzw. 15 Mio. € und 10 Prozent des Gesamtumsatzes erreichen kann, der in dem der Behördenentscheidung vorangegangenen Geschäftsjahr erzielt wurde; darüber hinaus kann die Ordnungswidrigkeit mit einer Geldbuße bis zum Zweifachen bzw. Dreifachen des aus dem Verstoß gezogenen **wirtschaftlichen Vorteils** geahndet werden. Ergänzend definiert § 50 Abs. 11 BörsG den Begriff des **Gesamtumsatzes**. Schließlich verfügt § 50 Abs. 12 BörsG die **Nichtanwendung von § 17 Abs. 2 OWiG**. Der Gesetzgeber begründet dies damit, dass die europarechtlichen Vorgaben einerseits keine Grundlage für eine pauschale Absenkung des Höchstmaßes der Höhe der Geldbuße bei fahrlässigem Handeln bieten, andererseits aber deutlich machen, dass der Grad der Verantwortung der für den Verstoß verantwortlichen Person – wie etwa nur fahrlässiges Handeln – für die Bußgeldbemessung relevant sein kann; zudem entspreche die Regelung damit den Vorgaben in § 39 Abs. 6a WpHG (a.F.).[1172]

1169 BT-Drucks. 17/11289, S. 50.
1170 BT-Drucks. 18/10936, S. 265.
1171 BT-Drucks. 18/10936, S. 265.
1172 BT-Drucks. 18/10936, S. 265.

7. Straf- und Bußgeldvorschriften des Wertpapierhandelsgesetzes (§§ 119, 120 WpHG)

Die heutigen **§§ 119, 120 WpHG** (§§ 38, 39 WpHG a.F.) wurden in den vergangenen Jahren mehrfach erweitert und modifiziert. **§ 119 WpHG** (§ 38 WpHG a.F.) hat **strafbare Insidergeschäfte** und **Marktmanipulationen** zum Gegenstand. **§ 120 WpHG** (§ 39 WpHG a.F.) enthält einen extrem umfangreichen Katalog von **Bußgeldvorschriften**. Es handelt sich um eine »Großbaustelle« des Gesetzgebers, die **zahlreichen europäischen Rechtsakten**, die in den vergangenen Jahren ergangen sind, Rechnung trägt. Der deutsche Gesetzgeber setzte diese Rechtsakte mit der für ihn charakteristischen Gründlichkeit um. So wurde die Bußgeldvorschrift des § 39 WpHG a.F. in den vergangenen 10 Jahren durch 25 Gesetze modifiziert.[1173] Die erste grundlegende Umgestaltung der §§ 38, 39 WpHG a.F. (und der Ausfüllungsnormen) erfolgte in Umsetzung der Richtlinie 2003/6/EG v. 28.01.2003 über Insider-Geschäfte und Marktmanipulation (**Erste Marktmissbrauchsrichtlinie – MAD I**) durch das Vierte Finanzmarktförderungsgesetz (**4. FFG**) v. 21.6.2002 und das Anlegerschutzverbesserungsgesetz (**AnSVG**) v. 28.10.2004. Weitere Änderungen erfolgten u.a. durch das EU-Leerverkaufs-Ausführungsgesetz (EU-LeerVkAG) v. 06.11.2012, das Gesetz zur Änderung der Gewerbeordnung und anderer Gesetze (GewOuaÄndG) v. 05.12.2012, das EMIR-Ausführungsgesetz (EMIR-AG) v. 13.02.2013, das AIFM-Umsetzungsgesetz (AIFM-UmsG) v. 04.07.2013 und das Hochfrequenzhandelsgesetz (HFHandelG) v. 07.05.2013. 528

Die zweite grundlegende Umgestaltung geht auf die Richtlinie 2014/57/EU v. 16.04.2014 über strafrechtliche Sanktionen bei Marktmanipulation (**Zweite Marktmissbrauchsrichtlinie – MAD II**) und die VO (EU) Nr. 596/2014 über Marktmissbrauch (**Marktmissbrauchsverordnung – MAR**) zurück, mit der die Erste Marktmissbrauchsrichtlinie und andere Richtlinien ersetzt wurden, um die Transparenz und Integrität der Märkte und den Anlegerschutz weiter zu verbessern. Die Umsetzung der zahlreichen Vorgaben, die als »scharf« zu bewerten sind,[1174] erfolgte durch das Erste Finanzmarktnovellierungsgesetz (**1. FiMaNoG**) v. 30.06.2016 (BGBl. I S. 1514) m.W.v. 2.7.2016. Hierdurch wurden nicht nur das WpHG und KWG, sondern insb. auch das BörsG, VAG und KAGB modifiziert, womit die bereits zuvor nicht geringe Regulierungsdichte erneut stark angewachsen ist. Das WpHG **verweist** nunmehr an zahlreichen Stellen **unmittelbar auf die MAR**, die in den Mitgliedstaaten unmittelbar gilt. Infolgedessen wurden viele Vorschriften des WpHG überflüssig, wie die Bestimmungen zu Insiderpapieren und Insiderinformationen (§§ 12, 13 WpHG a.F.), zum Verbot von Insidergeschäften (§ 14 WpHG a.F.) und zum Verbot der Marktmanipulation (§ 20a WpHG a.F.). Zudem wurden die Sanktionsmöglichkeiten bei Insiderhandel und Marktmanipulation und bei Verstößen gegen die unterschiedlichsten Vorgaben z.T. drastisch verschärft. 529

Weiterer umfangreicher Änderungsbedarf entstand durch die Richtlinie 2014/65/EU v. 15.052014 über Märkte für Finanzinstrumente (**Zweite Finanzmarktrichtlinie – MiFID II**) und die VO (EU) Nr. 600/2014 über Märkte für Finanzinstrumente (**Finanzmarktverordnung – MiFIR**). Zur weiteren Ausgestaltung erließ die Europäische Kommission ergänzend **delegierte Rechtsakte**, nämlich die Delegierte RL (EU) 2017/593, die Delegierte VO (EU) 2017/565 und die Delegierte VO (EU) 2017/567, die die technischen Einzelheiten näher bestimmen. Die Umsetzung dieser und vieler weiterer Vorgaben erfolgte durch das Zweite Finanzmarktnovellierungsgesetz (**2. FiMaNoG**) v. 23.06.2017 (BGBl. I S. 1693) m.W.v. 03.01.2018. Durch diese dritte grundlegende Umgestaltung wurde § 38 WpHG a.F. zu **§ 119 WpHG** und § 39 WpHG zu **§ 120 WpHG**. Im Übrigen wurde der Katalog der Bußgeldvorschriften erneut stark ausgedehnt sowie der Bußgeldrahmen erhöht. Die zahllosen europäischen Vorgaben wurden hierbei »weitestgehend 1:1«[1175] umgesetzt. 530

Die praktische Bedeutung der **Strafvorschriften des WpHG** scheint – jedenfalls bei Betrachtung des **Hellfeldes** – bislang sehr gering zu sein. So analysierte die BaFin im Jahr 2016 insgesamt nur 531

1173 Überblick bei Fuchs/*Waßmer* WpHG Vor §§ 38-40b Rn. 6 ff.

1174 Zur Kritik Fuchs/*Waßmer* WpHG Vor §§ 38-40b Rn. 19 ff.

1175 BT-Drucks. 17/10936, S. 3.

706 Vorgänge, bei denen sie lediglich in 149 Fällen **Anhaltspunkte** für einen Marktmissbrauch fand (Insiderhandel: 46 Vorgänge; Marktmanipulation: 103 Vorgänge).[1176] Rechtskräftige **Verurteilungen** wegen strafbaren Insiderhandels gab es im Jahr 2016 lediglich eine einzige (sowie 14 Einstellungen gegen Zahlung einer Geldauflage), wegen strafbarer Marktmanipulation dagegen immerhin 23 (sowie 6 Einstellungen gegen Zahlung einer Geldauflage).[1177] Angesichts der Leichtigkeit, mit der diese Delikte im In- und Ausland, insb. durch die Einschaltung von Dritten begangen werden können, liegt es nahe, dass das **Dunkelfeld** gewaltig ist.

532 **Schutzgut** der **Strafvorschriften** zum **Insidergeschäft** (§ 119 Abs. 2 und 3 WpHG) bildet das Allgemeininteresse an der Funktionsfähigkeit der organisierten Kapitalmärkte. Individualinteressen einzelner Anleger sind nach h.M. nur als Reflex geschützt.[1178] Auch die Strafvorschrift zur **Marktmanipulation** (§ 119 Abs. 1 WpHG) bezweckt nach h.M. nur den überindividuellen Schutz der Wahrheit und Zuverlässigkeit der Bildung von Preisen bzw. Referenzwerten, nicht aber den Schutz von Individualinteressen.[1179] Demgegenüber schützen die zahlreichen **Bußgeldvorschriften** des § 120 WpHG nicht nur das Allgemeininteresse an der Funktionsfähigkeit der Kapitalmärkte, sondern z.T. auch Individualrechtsgüter.[1180]

a) Strafbare Insidergeschäfte (§ 119 Abs. 2 und 3 WpHG)

aa) Verbot des Tätigens von Insidergeschäften (§ 119 Abs. 3 Nr. 1 WpHG)

533 § 119 Abs. 3 Nr. 1 WpHG betrifft **Verstöße gegen das Verbot des Tätigens von Insidergeschäften** des Art. 14 Buchst. a MAR. Bestraft wird danach, wer über Insiderinformationen verfügt und unter **Nutzung** derselben für eigene oder fremde Rechnung direkt oder indirekt **Finanzinstrumente**, auf die sich die Informationen beziehen, **erwirbt** oder **veräußert** (vgl. Art. 8 Abs. 1 Satz 1 MAR). Die Tat ist ein Vergehen, der Versuch ist strafbar (§ 119 Abs. 4 WpHG).

534 **Täter** können sowohl **Primär-** als auch **Sekundärinsider** sein (zu den Begriffen Rdn. 541), d.h. jeder, der über eine **Insiderinformation** i.S.d. Art. 7 MAR verfügt. Insiderinformationen sind nach der Legaldefinition von Art. 7 Abs. 1 Buchst. a MAR »nicht öffentlich bekannte präzise Informationen, die direkt oder indirekt einen oder mehrere Emittenten oder ein oder mehrere Finanzinstrumente betreffen und die, wenn sie öffentlich bekannt würden, geeignet wären, den Kurs dieser Finanzinstrumente oder den Kurs damit verbundener derivativer Finanzinstrumente erheblich zu beeinflussen«. Daneben enthält die MAR weitere Begriffsbestimmungen in Bezug auf Warenderivate, Emissionszertifikate und darauf beruhende Emissionszertifikate sowie Personen, die mit der Ausführung von Aufträgen in Bezug auf Finanzinstrumente beauftragt sind (Art. 7 Abs. 1 Buchst. b bis d MAR).

535 Informationen sind nach Art. 7 Abs. 2 Satz 1 MAR als **präzise** anzusehen, »wenn damit eine Reihe von Umständen gemeint ist, die bereits gegeben sind oder bei denen man vernünftigerweise erwarten kann, dass sie in Zukunft gegeben sein werden, oder ein Ereignis, das bereits eingetreten ist oder von dem vernünftigerweise erwarten kann, dass es in Zukunft eintreten wird, und diese Informationen darüber hinaus spezifisch genug sind, um einen Schluss auf die mögliche Auswirkung dieser Reihe von Umständen oder dieses Ereignisses auf die Kurse der Finanzinstrumente oder des damit verbundenen derivativen Finanzinstruments, der damit verbundenen Waren-Spot-Kontrakte oder der auf den Emissionszertifikaten beruhenden Auktionsobjekte zuzulassen«. Erfasst sein kann bei einem **zeitlich gestreckten Vorgang** auch ein **Zwischenschritt** (vgl. Art. 7 Abs. 2 Satz 2 MAR), falls er für sich genommen die Kriterien für Insiderinformationen erfüllt (Art. 7 Abs. 3 MAR).

1176 *BaFin* Jahresbericht 2016, S. 174 f.
1177 *BaFin* Jahresbericht 2016, S. 177 f., 180 f.
1178 Fuchs/*Waßmer* WpHG § 38 Rn. 5, 7.
1179 LG Berlin, wistra 2005, 277; Fuchs/*Waßmer* WpHG § 38 Rn. 6 m.w.N.
1180 Fuchs/*Waßmer* WpHG § 39 Rn. 8.

Die **Eignung der Informationen zur erheblichen Beeinflussung** liegt nach Art. 7 Abs. 4 MAR vor, wenn die Informationen »ein verständiger Anleger wahrscheinlich als Teil der Grundlage seiner Anlageentscheidungen nutzen würde« (vgl. bereits § 13 Abs. 1 Satz 2 WpHG a.F.). Ein verständiger Anleger ist nach h.M. ein börsenkundiger Anleger, der mit den Gegebenheiten und Gesetzlichkeiten des Marktes vertraut ist.[1181] **536**

Unter **Finanzinstrument** ist nach Art. 3 Abs. 1 Nr. 1 MAR ein Finanzinstrument i.S.v. Art. 4 Abs. 1 Nr. 15 MIFID II zu verstehen. Maßgebend ist **Anhang I** Abschnitt C zur MiFID II, wonach u.a. folgende Instrumente einbezogen sind: übertragbare Wertpapiere; Geldmarktinstrumente; Anteile an Organismen für gemeinsame Anlagen; Optionen, Terminkontrakte (Futures), Termingeschäfte (Forwards), Swaps, außerbörsliche Zinstermingeschäfte (Forward Rate Agreements) und alle anderen Derivatkontrakte in Bezug auf Wertpapiere, Währungen, Waren usw.; derivative Instrumente für den Transfer von Kreditrisiken; Emissionszertifikate. **537**

Die **Tathandlung** besteht im **Erwerb** (»Kauf«) oder der **Veräußerung** (»Verkauf«) von Insiderpapieren. Hierbei genügt die Ausführung einer erteilten Kauf- oder Verkaufsorder, zu einer Verschiebung der Verfügungsmacht über das Insiderpapier muss es nicht gekommen sein.[1182] Nicht erfasst sind andere Formen der Verwendung von Insiderwissen, die nicht als Erwerbs- oder Veräußerungsgeschäft zu verstehen sind, wie die Vererbung oder Schenkung von Insiderpapieren.[1183] Die Insiderinformation wurde **genutzt**, wenn sie für das Handeln (mit-)ursächlich geworden ist. **538**

Strafbar ist nur **vorsätzliches** Handeln, wobei dolus eventualis genügt.[1184] **Leichtfertiges** Handeln ist – anders als früher (vgl. § 38 Abs. 4 WpHG a.F.) – nicht mehr strafbar. Die Strafe beträgt Freiheitsstrafe bis zu 5 Jahren oder Geldstrafe. **539**

bb) Verbot des Empfehlens und »Anstiftens« (Verleitens) (§ 119 Abs. 3 Nr. 2 WpHG)

§ 119 Abs. 3 Nr. 2 WpHG erfasst **Verstöße gegen das Empfehlungs- und Verleitungsverbot** des Art. 14 Buchst. b MAR. Bestraft wird danach zum einen, wer über Insiderinformationen verfügt und auf der Grundlage dieser Informationen **Dritten empfiehlt**, Insidergeschäfte zu tätigen, d.h. Finanzinstrumente, auf die sich die Informationen beziehen, zu **erwerben** oder zu **veräußern**, oder Dritte dazu **verleitet** (vgl. Rdn. 542), Insidergeschäfte zu tätigen, einen solchen Erwerb oder eine solche Veräußerung vorzunehmen (vgl. Art. 8 Abs. 2 Buchst. a MAR). Bestraft wird zum anderen, wer auf der Grundlage dieser Informationen Dritten empfiehlt, einen Auftrag, der ein Finanzinstrument betrifft, auf das sich die Informationen beziehen, zu **stornieren** oder zu **ändern**, oder sie dazu anstiftet, eine solche Stornierung oder Änderung vorzunehmen (Art. 8 Abs. 2 Buchst. b MAR). Es handelt sich um einen Tatbestand im **Vorfeld** des § 119 Abs. 3 Nr. 1 WpHG. Die Tat ist ein Vergehen, dessen Versuch strafbar ist (§ 38 Abs. 4 WpHG). **540**

Täter können sowohl sog. Primär- als auch sog. Sekundärinsider sein.[1185] Wer **Primärinsider** ist, ergibt sich aus Art. 8 Abs. 4 Unterabsatz 1 Buchst. a bis d MAR (dort wird dieser gängige Begriff allerdings nicht genannt). Hierbei handelt es sich (wie bisher) um eine Person, die über eine Insiderinformation verfügt, »weil« sie dem Verwaltungs-, Leitungs- oder Aufsichtsorgan des Emittenten oder des Teilnehmers am Markt für Emissionszertifikate angehört (Buchst. a) (**Organinsider**), am Kapital des Emittenten oder des Teilnehmers am Markt für Emissionszertifikate beteiligt ist (Buchst. b) (**Beteiligungsinsider**), aufgrund der Ausübung einer Arbeit oder eines Berufs oder der Erfüllung von Aufgaben Zugang zu den betreffenden Informationen hat (Buchst. c) (**Berufs-, Tätigkeits- und Aufgabeninsider**) oder an kriminellen Handlungen beteiligt ist (Buchst. d) (**Straftatinsider**). Ausgehend vom Emittenten als der Quelle der Insiderinformation können daher nicht **541**

1181 Fuchs/*Mennicke/Jakovou* WpHG § 13 Rn. 141.
1182 Vgl. Fuchs/*Waßmer* WpHG § 38 Rn. 19 m.w.N.
1183 Fuchs/*Waßmer* WpHG § 38 Rn. 19.
1184 Fuchs/*Waßmer* WpHG § 38 Rn. 24 m.w.N.
1185 Hierzu Fuchs/*Waßmer* WpHG § 38 Rn. 27.

nur Angehörige des Emittenten und verbundener Unternehmen Primärinsider sein, sondern auch Externe, wie Rechtsanwälte, Notare, Wirtschaftsprüfer, Unternehmensberater und Mitarbeiter von Kreditinstituten.[1186] Täter kann aber auch ein **Sekundärinsider** sein. Hierunter fällt nach Art. 8 Abs. 4 Unterabsatz 2 (wo der gängige Begriff »Sekundärinsider« ebenfalls nicht genannt wird) jede Person, die Insiderinformationen unter anderen Umständen als nach Unterabsatz 1 besitzt, also jede Person, die über Insiderinformationen verfügt, aber nicht zu den Primärinsidern zählt.

542 **Tathandlungen** sind das Empfehlen und das Verleiten. **Empfehlen** setzt eine einseitige Erklärung voraus, die in der Absicht abgegeben wird, den Willen eines anderen im Hinblick auf ein vorteilhaftes Verhalten zu beeinflussen.[1187] Art. 8 Abs. 2 MAR stellte in der ursprünglichen (deutschen) Fassung auf ein »**Anstiften**« ab. Hierbei sollte es aber nicht um eine Anstiftung i.S.d. § 26 StGB gehen, sondern erfasst werden sollte (vgl. die englische Fassung: »induce«; die französische Fassung »incite«) – wie beim früheren »**Verleiten**«[1188] – jede Verhaltensweise, die ein bestimmtes Verhalten als derart vorteilhaft darstellt, dass sie den Willen eines anderen beeinflussen kann.[1189] Der Wortlaut der deutschen Fassung der VO (EU) Nr. 596/2014 wurde deshalb im Oktober 2016 berichtigt und der Begriff »anstiftet« durch »verleitet« ersetzt.[1190] Der Gesetzgeber des 2. FiMaNoG hat dementsprechend den zuvor (in § 38 Abs. 3 Nr. 2 WpHG a.F.) verwendeten Begriff ebenfalls ersetzt und auf diese Weise die Berichtigung umgesetzt.[1191] Die Tathandlungen müssen darauf gerichtet sein, **Insidergeschäfte zu tätigen**, also auf den **Erwerb** (»kaufen«) oder die **Veräußerung** (»verkaufen«) von Finanzinstrumenten. Nicht erfasst ist die Empfehlung, den Erwerb oder die Veräußerung eines Finanzinstrumentes zu unterlassen (»nicht kaufen«; »halten«).

543 § 119 Abs. 3 Nr. 2 WpHG fordert **Vorsatz**, wobei dolus eventualis ausreicht. Die **Strafe** beträgt Freiheitsstrafe bis zu 5 Jahren oder Geldstrafe.

cc) Verbot der unrechtmäßigen Offenlegung (§ 119 Abs. 3 Nr. 3 WpHG)

544 § 119 Abs. 3 Nr. 3 WpHG erfasst **Verstöße gegen das Verbot der unrechtmäßigen Offenlegung** des Art. 14 Buchst. c MAR. Strafbar ist danach zum einen, wer über Insiderinformationen verfügt und diese Informationen gegenüber einer anderen Person **offenlegt**, es sei denn, die Offenlegung geschieht im Zuge der normalen Ausübung einer Beschäftigung oder eines Berufs oder der normalen Erfüllung von Aufgaben (vgl. Art. 10 Abs. 1 Unterabsatz 1 MAR). Strafbar ist zum anderen, wer eine Empfehlung **weitergibt** oder andere **verleitet**, nachdem er selbst verleitet wurde, und weiß oder wissen sollte, dass die Empfehlung bzw. Verleitung auf Insiderinformationen beruht (vgl. Art. 10 Abs. 2 MAR). Es handelt sich hierbei ebenfalls um einen Tatbestand im **Vorfeld** des § 119 Abs. 3 Nr. 1 WpHG. Die Tat ist ein Vergehen, dessen Versuch strafbar ist (§ 119 Abs. 4 WpHG).

545 **Täter** können wiederum sowohl **Primär- als auch Sekundärinsider** sein. **Tathandlung** ist das unrechtmäßige Offenlegen bzw. Weitergeben oder Anstiften. Damit ist – wie bisher – sowohl das Mitteilen, d.h. die Weitergabe der Insiderinformation an einen anderen, als auch das Zugänglichmachen, d.h. das Ermöglichen der Kenntnisnahme von einer Insiderinformation,[1192] erfasst. Die Offenlegung muss **unrechtmäßig** sein. Hierbei handelt es sich ein normatives Tatbestandsmerkmal, sodass der Tatbestand bei Vorliegen einer Befugnis nicht erfüllt ist.[1193]

546 § 119 Abs. 3 Nr. 3 WpHG fordert **Vorsatz**, wobei dolus eventualis ausreicht. Die **Strafe** beträgt Freiheitsstrafe bis zu 5 Jahren oder Geldstrafe.

1186 Fuchs/*Waßmer* WpHG § 38 Rn. 40 m.w.N.
1187 Fuchs/*Waßmer* WpHG § 38 Rn. 56.
1188 Näher Fuchs/*Waßmer* WpHG § 38 Rn. 57.
1189 Graf/Jäger/Wittig/*Diversy/Köpferl* § 38 WpHG Rn. 187 f.
1190 Abl. EU L 287/321.
1191 Vgl. BT-Drucks. 18/10936, S. 217.
1192 Vgl. Fuchs/*Waßmer* WpHG § 38 Rn. 48 f.
1193 Fuchs/*Waßmer* WpHG § 38 Rn. 50.

b) Strafbare Marktmanipulation (§ 119 Abs. 1 und 5 WpHG)

§ 119 Abs. 1 WpHG (§ 38 Abs. 1 WpHG a.F.) dient – i.V.m. § 120 Abs. 2 Nr. 3 WpHG bzw. § 120 Abs. 15 Nr. 2 WpHG – der Durchsetzung des **Verbots der Marktmanipulation** des Art. 15 MAR. Hierbei geht es um **vorsätzliche** Marktmanipulationen, die – anders als die genannten Ordnungswidrigkeiten – eine tatsächliche **Einwirkung** auf den Preis oder die Berechnung eines Referenzwertes zur Folge haben. Der **Versuch** ist strafbar (§ 119 Abs. 4 WpHG). Die Tat ist mit Freiheitsstrafe bis zu 5 Jahren oder mit Geldstrafe bedroht und damit ein **Vergehen.** § 119 Abs. 5 WpHG droht beim Vorliegen qualifizierter Umstände sogar Freiheitsstrafe von einem Jahr bis zu zehn Jahren an, womit es sich um ein **Verbrechen** handelt. 547

Schutzobjekte sind zum einen der **Preis** von **Finanzinstrumenten**, von damit verbundenen **Waren-Spot-Kontrakten**, von **Waren** i.S. des § 2 Abs. 5 WpHG und von **ausländischen Zahlungsmitteln** i.S.d. § 51 BörsG. Es muss sich hierbei – je nach Objekt – um den Preis an **einer Börse oder einem Markt im Inland** (§ 119 Abs. 1 Nr. 1 WpHG), an einem **organisierten Markt**, an einem **multilateralen Handelssystem** (§ 119 Abs. 1 Nr. 2 WpHG) oder an einem mit einer **inländischen Börse vergleichbaren Markt** (§ 119 Abs. 1 Nr. 3 WpHG) in einem **anderen EU- oder EWR-Staat** handeln. Geschützt ist zum anderen auch die **Berechnung eines Referenzwertes** (z.B. Euribor; Libor) im Inland oder in einem anderen EU- oder EWR-Staat (§ 38 Abs. 1 Nr. 4 WpHG). 548

§ 119 Abs. 1 WpHG setzt (wie § 38 Abs. 1 WpHG a.F.) eine **Einwirkung** voraus, womit es sich nach h.M. um ein **Erfolgsdelikt** handelt.[1194] Eine **Preiseinwirkung** setzt das Schaffen eines **künstlichen Preisniveaus** voraus, d.h. eine Erhöhung, Erniedrigung oder Stabilisierung des Preises entgegen den wahren wirtschaftlichen Verhältnissen.[1195] Entsprechendes gilt für die Einwirkung auf die **Berechnung eines Referenzwertes**, auch hier wird das Bewirken eines **künstlichen Niveaus** vorausgesetzt. 549

Eine **Mindestdauer** ist nicht gefordert.[1196] Der Begriff des **Börsenpreises** entspricht dem des § 24 Abs. 1 BörsG[1197] und umfasst auch manipulierte Börsenpreise.[1198] Nicht erfasst sind Geld- oder Taxkurse ohne Umsatz.[1199] Die Einwirkung auf irgendeinen Preis im laufenden Handel genügt, es ist weder eine andauernde Beeinflussung des weiteren Kursverlaufs[1200] noch des Schlusskurses[1201] erforderlich. Wird ein Finanzinstrument an **verschiedenen Börsen oder Märkten** gehandelt, so ist jeder einzelne festgestellte Preis als tauglicher Erfolg anzusehen.[1202] Nach dem Wortlaut genügt zwar jede Einwirkung, da die Erheblichkeit der Beeinflussung nicht vorausgesetzt wird. Allerdings können bagatellhafte Einwirkungen im Ergebnis nicht tatbestandsmäßig sein,[1203] da zwischen dem Manipulationsverhalten und der Einwirkung **Kausalität** (»dadurch«) bestehen muss. Angesichts der Komplexität der Preisbildung bereitet die Feststellung der Kausalität regelmäßig ganz erhebliche Schwierigkeiten,[1204] auch wenn die Rspr. an den Nachweis der Kausalität angesichts der Vielzahl der an der Preisbildung mitwirkenden Faktoren »keine überspannten Anforderungen« stellt, weil der Tatbestand sonst »weitgehend leerliefe«.[1205] 550

1194 Vgl. nur BGH NJW 2014, 1399 m.w.N.
1195 BGH NJW 2014, 1399.
1196 EuGH, NZG 2011, 951 – IMC Securities BV; *Klöhn* NZG 2011, 934, 935 f.; *Waßmer* ZBB 2011, 288, 289.
1197 BGH NJW 2014, 1399 (1401).
1198 BGH NJW 2014, 1399 (1401 f.).
1199 BGH NJW 2014, 1399 (1401).
1200 BGH NJW 2014, 1399 (1402); OLG Stuttgart NJW 2011, 3667 (3670).
1201 *Woodtli* NZWiSt 2012, 51, 53; a.A. *Kutzner* WM 2005, 1401 (1407).
1202 BGH NJW 2014, 1399 (1402); OLG Stuttgart NJW 2011, 3667 (3669).
1203 Vgl. Fuchs/*Waßmer* WpHG § 38 Rn. 93.
1204 Fuchs/*Waßmer* WpHG § 38 Rn. 98.
1205 BGHSt 48, 373, 384 – Scalping; OLG München NJW 2011, 3664 (3664 f.); OLG Stuttgart NJW 2011, 3667 (3670).

551 **§ 119 Abs. 1 WpHG** i.V.m. **§ 120 Abs. 2 Nr. 3 WpHG** erfasst in Bezug auf die in § 25 WpHG genannten Manipulationsobjekte die Begehung einer **Marktmanipulation** entgegen Art. 15 MAR. Tatobjekte sind **Waren** i.S.d. § 2 Abs. 5 WpHG und **ausländische Zahlungsmittel** i.S.d. § 51 BörsG (vgl. § 25 Nr. 1 und 2 WpHG). Dagegen geht es bei § 119 Abs. 1 WpHG i.V.m. **§ 120 Abs. 15 Nr. 2 WpHG** nicht um die in § 25 WpHG genannten Tatobjekte, sondern um Manipulationen hinsichtlich eines **Finanzinstruments**, hinsichtlich eines damit verbundenen **Waren-Spot-Kontrakts** oder in Bezug auf die Berechnung eines **Referenzwertes**. Welche Verhaltensweisen eine Marktmanipulation darstellen, ergibt sich aus Art. 12 MAR. Danach sind sowohl **informationsgestützte** (Rdn. 552) als auch **handels- und handlungsgestützte** (Rdn. 553) **Manipulationen** erfasst.

552 Tathandlung der **informationsgestützten Manipulationen** ist zum einen das **Verbreiten** von Informationen, die falsche oder irreführende Signale hinsichtlich des Angebots oder des Kurses oder der Nachfrage geben, einschließlich der Verbreitung von Gerüchten (vgl. Art. 12 Abs. 1 Buchst. c MAR). Tathandlung ist zum anderen die **Übermittlung** falscher oder irreführender Angaben oder die **Bereitstellung** falscher oder irreführender Ausgangsdaten bezüglich eines Referenzwerts (vgl. Art. 12 Abs. 1 Buchst. d MAR). **Falsch** sind Angaben, wenn sie nicht den objektiven Gegebenheiten entsprechen, **irreführend**, wenn sie zwar inhaltlich richtig, jedoch aufgrund der Art der Darstellung objektiv geeignet sind, bei einem nicht ganz unbedeutenden Teil des Anlegerkreises eine falsche Vorstellung hervorzurufen.[1206]

553 Tathandlung der **handels- und handlungsgestützten Manipulationen** ist zum einen der **Abschluss** eines Geschäfts, die **Erteilung** eines Handelsauftrags oder die **Begehung** einer anderen Handlung, die (vgl. Art. 12 Abs. 1 Buchst. a MAR) falsche oder irreführende Signale hinsichtlich des Angebots, der Nachfrage oder des Preises eines Tatobjektes gibt (i), oder ein anormales oder künstliches Kursniveau sichert (ii). Erteilt sind Aufträge, wenn die Order dem Adressaten zugegangen ist.[1207] Tathandlung ist zum anderen der **Abschluss** eines Geschäfts, **Erteilung** eines Handelsauftrags und **jegliche sonstige Tätigkeit oder Handlung** an Finanzmärkten, die unter Vorspiegelung falscher Tatsachen oder unter Verwendung sonstiger Kunstgriffe oder Formen der **Täuschung** den Kurs eines Tatobjektes beeinflusst. Erforderlich ist, dass mindestens eine Person von der Täuschung Kenntnis hatte, da sonst zwischen Manipulationsverhalten und Einwirkung keine Kausalität (»dadurch«) bestehen kann.[1208] **Nicht erfasst** sind die Fälle, in denen die handelnde Person nachweist, dass ihr Handeln **legitime Gründe** hat und im Einklang mit der **zulässigen Marktpraxis** gemäß Art. 13 MAR steht.

554 § 119 Abs. 1 WpHG verlangt **Vorsatz**. Dolus eventualis genügt.[1209] Die **Strafe** beträgt Freiheitsstrafe bis zu 5 Jahren oder Geldstrafe.

555 Schließlich qualifiziert **§ 119 Abs. 5 WpHG** die Fälle der Marktmanipulation beim Vorliegen bestimmter Umstände zum **Verbrechen**. Voraussetzung einer derart **schweren Marktmanipulation** ist, dass der Täter (**Nr. 1**) **gewerbsmäßig** oder als **Mitglied einer Bande**, die sich zur fortgesetzten Begehung solcher Taten verbunden hat, oder (**Nr. 2**) in **Ausübung seiner Tätigkeit** für eine inländische Finanzaufsichtsbehörde, ein Wertpapierdienstleistungsunternehmen, eine Börse oder einen Betreiber eines Handelsplatzes handelt. Nach Auffassung des Gesetzgebers sind in diesen Fällen die Auswirkungen auf die Integrität der Finanzmärkte sehr hoch und damit in besonderem Maße strafwürdig.[1210] Nach **§ 119 Abs. 6 WpHG** ist allerdings in **minder schweren Fällen** des § 119 Abs. 5 Nr. 2 WpHG die Strafe Freiheitsstrafe von 6 Monaten bis zu 5 Jahren.

1206 Fuchs/*Waßmer* WpHG § 38 Rn. 109.
1207 Fuchs/*Waßmer* WpHG § 38 Rn. 121.
1208 Fuchs/*Waßmer* WpHG § 38 Rn. 121.
1209 Fuchs/*Waßmer* WpHG § 38 Rn. 125.
1210 BT-Drucks. 18/7482, S. 64 f.

c) Strafbare Insidergeschäfte in Bezug auf Treibhausgas-Emissionszertifikate (§ 119 Abs. 2 WpHG)

§ 119 Abs. 2 WpHG wurde (i.d.F. des § 38 Abs. 2a WpHG a.F.) bereits mit dem **VermAnl-GEG** v. 06.12.2011 eingefügt, um Art. 43 Abs. 3 VO (EU) Nr. 1031/2010 (**EU-Versteigerungsverordnung**) Rechnung zu tragen.[1211] Danach haben die Mitgliedstaaten dafür zu sorgen, dass in Bezug auf **Treibhausgas-Emissionszertifikate** die Sanktionsmöglichkeiten für Insidergeschäfte und Marktmanipulationen auch auf Verstöße gegen Art. 37 bis 42 der EU-Versteigerungsverordnung (Auktionsobjekte, die keine Finanzinstrumente sind) Anwendung finden. Für den Bereich der **Marktmanipulation** bedurfte es keiner Ergänzung, da § 38 Abs. 2 WpHG a.F. durch das **EAEG** v. 25.06.2009 bereits entsprechend ausgedehnt worden war.[1212] § 119 Abs. 2 WpHG ist ein **Vergehen.** Der **Versuch** ist strafbar (vgl. § 119 Abs. 4 WpHG). 556

Die **Tathandlung** des **§ 119 Abs. 2 Nr. 1 WpHG** besteht darin, dass ein **Primär-** oder **Sekundärinsider** (zu den Begriffen Rdn. 541) entgegen dem Verbot von Insidergeschäften des Art. 38 Abs. 1 Unterabs. 1 VO (EU) Nr. 1031/2010, auch i.V.m. Abs. 2 oder Art. 40 VO (EU) Nr. 1031/2010, ein Gebot einstellt, ändert oder zurückzieht. **§ 119 Abs. 2 Nr. 2 WpHG** erfasst dagegen die Fälle, in denen ein **Primärinsider** entgegen dem Verbot der Nutzung von Insider-Informationen des Art. 39 VO (EU) Nr. 1031/2010 eine Insider-Information weitergibt (**Buchst. a**) oder die Einstellung, Änderung oder Zurückziehung eines Gebotes empfiehlt oder eine andere Person hierzu verleitet (**Buchst. b**). 557

§ 119 Abs. 2 Nr. 2 WpHG setzt ein **vorsätzliches** Handeln voraus, während für § 119 Abs. 2 Nr. 1 WpHG **leichtfertiges** Handeln genügt (§ 119 Abs. 7 WpHG). Die **Strafe** beträgt Freiheitsstrafe bis zu 5 Jahren oder Geldstrafe, bei leichtfertigem Handeln ist die Strafe Freiheitsstrafe bis zu einem Jahr oder Geldstrafe. 558

d) Bußgeldvorschriften (§ 120 WpHG)

§ 120 WpHG (§ 39 WpHG a.F.) enthält einen **extrem umfangreichen Katalog** von Bußgeldvorschriften. Die Vorschrift wurde mehrfach erheblich erweitert und ist ersichtlich Ausdruck einer (europäischen) »**Regulierungswut**« (vgl. bereits Rdn. 528). Die praktische Bedeutung des § 39 WpHG a.F. war lange Zeit gering.[1213] Größere Aufmerksamkeit hatte im Wesentlichen nur das Bußgeldverfahren im Fall DaimlerChrysler AG/Schrempp-Rücktritt[1214] aus dem Jahr 2005 erfahren. Da jedoch mittlerweile nahezu alle in diesem Bereich bestehenden Verhaltenspflichten, die in den vergangenen Jahren ganz erheblich ausgedehnt wurden, mit z.T. außerordentlich hohen Geldbußen bedroht sind, dürfte die **Bedeutung** des § 120 WpHG künftig spürbar zunehmen. So sind nach dem Jahresbericht der BaFin im Jahr 2016 nicht nur 281 neue Bußgeldverfahren wegen Verstößen gegen das Kapitalmarktrecht eingeleitet worden, sondern es waren aus dem Jahr 2015 auch noch 1.041 Verfahren anhängig.[1215] Die größte Bedeutung hatten bislang Verstöße gegen Mitteilungs- und Veröffentlichungspflichten (§§ 21 ff. WpHG a.F.), gefolgt von Verstößen gegen Finanzberichterstattungspflichten (§§ 37v ff. WpHG a.F.) und gegen die Ad-hoc-Publizität (§ 15 WpHG a.F.). 559

Die Ordnungswidrigkeiten des **§ 120 Abs. 1 Nr. 1 bis 5 WpHG**, die ausschließlich **vorsätzlich** begangen werden können, betreffen Verstöße gegen vollziehbare Anordnungen nach § 8 Abs. 2 Satz 1 und 2 WpHG, gegen Pflichten zur Übermittlung von Insiderinformationen und von Eigengeschäften sowie gegen Pflichten bei der Nutzung von Clearing-Diensten. 560

1211 BT-Drucks. 17/7453, S. 73.

1212 BT-Drucks. 17/7453, S. 74.

1213 Vgl. Fuchs/*Waßmer* WpHG Vor §§ 38 bis 40b Rn. 64 ff. m.w.N.

1214 OLG Frankfurt am Main NJW 2009, 1520 f.

1215 *BaFin* Jahresbericht 2016, S. 197.

561 Dagegen können die zahlreichen Ordnungswidrigkeiten des **§ 120 Abs. 2 Nr. 1 bis 16 WpHG vorsätzlich** und **leichtfertig** begangen werden. Hierbei geht es vor allem um: Informations- und Mitteilungspflichten; Verschwiegenheitspflichten; Pflichten ggü. Wertpapierinhabern; Verhaltens-, Organisations- und Transparenzpflichten; Pflichten zur Übermittlung von Finanzberichten.

562 **§ 120 Abs. 3 bis 11 WpHG** erfassen **zahllose vorsätzliche** und **leichtfertige** Verstöße gegen Pflichten, die insb. nach europäischen Rechtsakten bestehen: VO (EU) 2017/565; VO (EG) Nr. 1060/2009 (EU-Rating-VO); VO (EU) Nr. 1031/2010 (EU-Versteigerungs-VO); VO (EU) Nr. 236/2012 (EU-Leerverkaufs-VO); VO (EU) Nr. 648/2012 (EMIR-VO); VO (EU) Nr. 600/2014 (MiFIR); VO (EU) 2015/2365 (SFTR); VO (EU) 2016/1011 (Benchmark). Erfasst sind aber auch Verstöße gegen zahllose Pflichten nach dem WpHG (vgl. nur § 120 Abs. 8 Nr. 1 bis 137 (!) WpHG).

563 Die Ordnungswidrigkeiten des **§ 120 Abs. 12 bis 16 WpHG** erfassen weitere **vorsätzliche** und auch **fahrlässige** Verstöße gegen das WpHG (u.a.: Zuwiderhandlungen gegen vollziehbare Anordnungen und das Vereiteln der Betretensbefugnis der BaFin, gegen Pflichten zur Prüferbestellung und zur Anzeige des Prüfers bei der BaFin; gegen Pflichten zur Veröffentlichung von Finanzberichten) sowie gegen Pflichten nach europäischen Rechtsakten: VO (EU) Nr. 236/2012 (EU-Leerverkaufs-VO); VO (EU) Nr. 596/2014 (MAR); VO (EU) Nr. 1286/2014 über Basisinformationsblätter für verpackte Anlageprodukte für Kleinanleger und Versicherungsanlageprodukte (PRIIP).

564 Ergänzend erstreckt **§ 120 Abs. 27 WpHG** einige Ordnungswidrigkeiten u.a. auch auf die **erlaubnispflichtige Anlageverwaltung** i.S.v. § 2 Abs. 13 Satz 3 WpHG, also auf eine Finanzdienstleistung.[1216]

565 **§ 120 Abs. 17 bis 25 WpHG** legen den **Bußgeldrahmen** außerordentlich detailliert und differenziert fest. Die angedrohten Geldbußen sind z.T. **drakonisch**. So können gegen **natürliche Personen** bei einigen Ordnungswidrigkeiten Geldbußen bis zu 5 Mio. € verhängt werden. Die Geldbuße gegen **juristische Personen und Personenvereinigungen** kann teilweise den höheren der Beträge von 15 Mio. € und 15 Prozent des Gesamtumsatzes, der im der Behördenentscheidung vorausgegangenen Geschäftsjahr erzielt wurde (zur Definition § 120 Abs. 23 WpHG), erreichen. Außerdem können einige Ordnungswidrigkeiten sogar mit einer Geldbuße bis zum Dreifachen des aus dem Verstoß gezogenen **wirtschaftlichen Vorteils** geahndet werden. Schließlich ist bei manchen Ordnungswidrigkeiten § 17 Abs. 2 OWiG nicht anzuwenden (vgl. § 120 Abs. 25 WpHG), so dass der Bußgeldrahmen bei **fahrlässigen einschließlich leichtfertigen Verstößen** nicht reduziert ist. Die Verfolgung von Ordnungswidrigkeiten **verjährt** in 3 Jahren (§ 120 Abs. 26 WpHG).

566 Die **Bemessung** der Geldbußen richtet sich in der Praxis nach den **WpHG-Bußgeldleitlinien**[1217]. Im Februar 2017 hat die BaFin in Ausübung ihres Rechtsfolgeermessens neue Leitlinien (WpHG-Bußgeldleitlinien II) herausgegeben, die die bisherigen WpHG-Bußgeldleitlinien (Stand November 2013) ergänzen. Die Leitlinien konkretisieren die für die Bußgeldbemessung maßgebliche Vorschrift des § 17 OWiG.

8. Steuerstraftaten und Steuerordnungswidrigkeiten (§§ 369 ff. AO)

567 Das **Steuerstrafrecht** hat große praktische Bedeutung. Steuerdelikte gelten als **Massendelikte** mit einer hohen Dunkelziffer und hohen Schäden. Nach Schätzungen des IWF betrugen die Einnahmeverluste durch Steuerhinterziehung in Deutschland allein im Jahr 2009 weit über 100 Mrd. und weltweit zwischen 2 und 12 Bill. $.[1218] Der Strafverfolgungsstatistik ist zu entnehmen, dass im Jahr 2015 11.539 Verurteilungen nach der Abgabenordnung (AO) erfolgten.[1219] Angetrieben durch die

1216 Vgl. Erbs/Kohlhaas/*Wehowsky* § 2 WpHG Rn. 21.
1217 Abrufbar unter https://www.bafin.de.
1218 Wabnitz/Janovsky/*Dannecker/Bülte/Möhrenschlager* § 20 Rn. 5 m.w.N.
1219 *Statistisches Bundesamt* Strafverfolgungsstatistik 2015, S. 53.

ertragreiche – und vom BVerfG später nicht beanstandete[1220] – Verwertung vom Staat angekaufter »Steuerdaten-CDs« (Rdn. 593) und einen Mentalitätswandel in der Öffentlichkeit, welche die Steuerhinterziehung heute nicht mehr als »Kavaliersdelikt« betrachtet, widmen sich die **Strafverfolgungsbehörden** seit dem Jahr 2008 verstärkt der Bekämpfung der Steuerhinterziehung. Große Aufmerksamkeit erfuhr damals der Fall **Zumwinkel**, in dem der frühere Vorstandsvorsitzende der Deutschen Post AG am 26.01.2009 zu einer Freiheitsstrafe von 2 Jahren auf Bewährung und einer Geldstrafe von 1 Mio. € verurteilt wurde.[1221] Auf außerordentliches mediales Interesse stieß der Fall **Hoeneß**, in dem der Präsident des FC Bayern München wegen der Hinterziehung von mindestens 27,2 Mio. € an Steuern am 13.03.2014 zu einer Freiheitsstrafe von 3 Jahren und 6 Monaten verurteilt wurde.[1222] Aber auch gegen **Mitarbeiter von Bank- und Finanzdienstleistungsinstituten** wurde und wird häufig wegen des Vorwurfs der Beihilfe zur Steuerhinterziehung ermittelt.[1223]

Am 03.04.2016 gelangten vertrauliche Unterlagen (Daten) des panamaischen Dienstleisters Mossack Fonseca an die Öffentlichkeit. Diese sog. **Panama Papers** werden derzeit von den Strafverfolgungsbehörden aufgearbeitet.[1224] Besondere öffentliche Aufmerksamkeit haben in jüngerer Zeit auch die sog. **Cum/Ex-Geschäfte** erfahren, mit denen in großem Umfang eine nur einmal abgeführte Kapitalertragsteuer mehrfach erstattet werden konnte.[1225] Diesem (widersinnigen) Dividendenstripping, das freilich jahrelang üblich war und dazu führte, dass der deutsche Staat um Milliardenbeträge gebracht wurde, ist erst zum 01.01.2012 mit dem OGAW-IV-Umsetzungsgesetz ein Riegel vorgeschoben worden. Die strafrechtliche Aufarbeitung[1226] ist derzeit noch nicht abgeschlossen. Ein **parlamentarischer Untersuchungsausschuss**, den der Deutsche Bundestag am 19. Februar 2016 eingesetzt hatte, kam in seinem sehr umfangreichen Abschlussbericht vom 21.07.2017[1227] jedenfalls zu dem Ergebnis, dass Cum/Ex-Geschäfte **rechtswidrig** waren. Festgestellt wurde weiter, dass weder der Bundesregierung, insb. dem BMF, vorgeworfen werden könne, durch das JStG 2007 eine Rechtsgrundlage geschaffen zu haben, die Cum/Ex-Geschäfte legalisiert, noch dem BMF und dem BZSt, die Aufklärung zögerlich behandelt und die Bedeutung der Fälle nicht erkannt zu haben. 568

Das **materielle Steuerstraf- und Steuerordnungswidrigkeitenrecht** ist in §§ 369 bis 384 AO enthalten. Nach der Rspr. soll es sich durchweg um Blanketttatbestände handeln, die durch die Normen des materiellen Steuerrechts ausgefüllt werden (hierzu Rdn. 585). Zentrale Strafvorschrift ist die **Steuerhinterziehung (§ 370 AO)**. Die erst im Jahr 2001 eingeführte **gewerbs- und bandenmäßige Steuerhinterziehung (§ 370a AO)** wurde mit dem »Gesetz zur Neuregelung der Telekommunikationsüberwachung und anderer verdeckter Ermittlungsmaßnahmen sowie zur Umsetzung der Richtlinie 2006/24/EG« v. 21.12.2007 wieder abgeschafft. Die Strafvorschrift war zuvor im Schrifttum[1228] und vom BGH[1229] stark kritisiert worden. Sie schloss als Verbrechen nicht nur die Möglichkeit einer strafbefreienden Selbstanzeige (§ 371 AO), sondern auch die Einstellung des Strafverfahrens gegen Geldauflage (§ 153a StPO) aus. An ihre Stelle ist ein **besonders schwerer Fall** (§ 370 Abs. 3 Satz 2 Nr. 5 AO) getreten. Zentrale Steuerordnungswidrigkeit ist die **leichtfertige Steuerverkürzung (§ 378 AO)**. 569

1220 Vgl. BVerfG DStR 2010, 2512.

1221 http://www.spiegel.de/wirtschaft/steuerhinterziehung-zumwinkel-zu-24-monaten-auf-bewaehrung-verurteilt-a-603534.html.

1222 http://www.spiegel.de/wirtschaft/soziales/uli-hoeness-urteil-im-steuer-prozess-gegen-fc-bayern-boss-a-958388.html.

1223 Hierzu Schork/Groß/*Groß* Bankstrafrecht Rn. 1126 ff.

1224 Näher *Papathanasiou* JA 2017, 88 ff.

1225 Schork/Groß/*Groß* Bankstrafrecht Rn. 1154 ff. m.w.N.

1226 Vgl. hierzu nur *Florstedt* NZG 2017, 601 ff.; *Weidemann* BB 2014, 2135 ff.

1227 BT-Drucks. 17/12700, S. 379 f.

1228 Vgl. nur *Peter/Obremba* Steuer und Studium 2008, 428 m.w.N.

1229 BGH NJW 2004, 2990 (2991 f.).

570 Die §§ 369 ff. AO schützen nach h.M. den **staatlichen Steueranspruch** und sichern damit das öffentliche Interesse an einem vollständigen und rechtzeitigen Steueraufkommen.[1230] § 369 Abs. 1 und § 377 Abs. 1 AO definieren abschließend, welche Delikte als **Steuerstraftaten** bzw. als – weniger gravierende – **Steuerordnungswidrigkeiten** anzusehen sind. Ergänzend bestimmt § 369 Abs. 2 AO, dass für Steuerstraftaten die allgemeinen Gesetze über das Strafrecht gelten, soweit die Strafvorschriften der Steuergesetze nichts anderes bestimmen. Für die Steuerordnungswidrigkeiten trifft § 377 Abs. 2 AO eine entsprechende Regelung zur Anwendung der allgemeinen Vorschriften des OWiG.

571 Für das **Steuerstrafverfahren** gelten nach § 385 Abs. 1 AO grds. die allgemeinen Gesetze über das Strafverfahren, wobei die §§ 385 bis 408 AO Besonderheiten vorsehen. Für das **Steuerbußgeldverfahren** sind nicht nur grds. die Verfahrensvorschriften des OWiG anzuwenden, sondern es finden die besonderen Vorschriften der §§ 409 bis 412 AO und gem. § 410 Abs. 1 AO ergänzend zahlreiche Vorschriften des Steuerstrafverfahrens entsprechend Anwendung.

572 Im **Bank- und Kapitalmarktgeschäft** steht neben der Strafbarkeit wegen **Beihilfe** zur Steuerhinterziehung (Rdn. 295 ff. und 584) die Ahndung der **Steuergefährdung** (§ 379 AO) und der **Gefährdung von Abzugsteuern** (§ 380 AO) im Vordergrund. Große praktische Bedeutung haben in neuerer Zeit groß angelegte **Umsatzsteuerkarusselle**[1231] sowie die lukrativen und in großem Umfang vorgenommenen **Cum/Ex-Geschäfte** (vgl. bereits Rdn. 568) erlangt.

a) Steuerhinterziehung (§ 370 AO)

573 Die Steuerhinterziehung (§ 370 AO) ist die **zentrale und praktisch wichtigste Vorschrift des Steuerstrafrechts.** Der objektive Tatbestand knüpft an drei verschiedene Tathandlungen und zwei unterschiedliche Taterfolge an.

aa) Tathandlungen des § 370 Abs. 1 AO

574 Nach **§ 370 Abs. 1 Nr. 1 AO** macht sich strafbar, wer der Finanzbehörde oder einer anderen Behörde **unrichtige oder unvollständige Angaben** über steuerlich erhebliche Tatsachen macht. Hauptanwendungsfall bildet die Abgabe unrichtiger Jahressteuererklärungen und Steueranmeldungen. **Täter** des § 370 Abs. 1 Nr. 1 AO kann jedermann sein (Allgemeindelikt), insb. der Steuerpflichtige bzw. sein Vertreter, aber z.B. auch ein Steuerberater oder Buchhalter. **Steuerlich erheblich** sind Tatsachen, die auf die Entstehung, Höhe oder Fälligkeit einer Steuer Einfluss haben.[1232] Die steuerliche Erheblichkeit ergibt sich i.E. aus dem materiellen Steuerrecht (z.B. EStG; UStG). Unter **Angaben** ist jede Erklärung und jeder Antrag zu verstehen, gleich welcher Form, wobei Empfänger eine Finanzbehörde (§ 6 Abs. 2 AO) oder eine andere Behörde (§ 6 Abs. 1 AO) sein muss. **Unrichtig** ist eine Angabe, wenn sie nicht den Tatsachen entspricht, **unvollständig**, wenn erforderliche Angaben fehlen.

575 **§ 370 Abs. 1 Nr. 2 AO** erfasst die Fälle, in denen die Finanzbehörden pflichtwidrig über steuerlich erhebliche Tatsachen **in Unkenntnis gelassen** werden. Hauptanwendungsfall bildet die Nichtabgabe von Steuererklärungen und Steueranmeldungen. **Täter** kann nur sein, wer zur Abgabe von Erklärungen über steuerlich erhebliche Tatsachen rechtlich verpflichtet ist (Sonderdelikt). Die Abgabepflichten ergeben sich aus den einzelnen Steuergesetzen, können nach § 149 Abs. 1 Satz 2 AO aber auch auf einer Aufforderung des Finanzamts beruhen. **Pflichtwidrig** handelt nicht nur, wer keine Angaben macht, sondern auch, wer eine erforderliche Angabe nicht rechtzeitig macht oder seiner Berichtigungspflicht (§ 153 AO) nicht nachkommt.[1233]

1230 *Rolletschke* Steuerstrafrecht Rn. 3.
1231 Hierzu Schork/Groß/*Groß* Bankstrafrecht Rn. 1131 ff. m.w.N.
1232 *Rolletschke* Steuerstrafrecht Rn. 18.
1233 *Rolletschke* Steuerstrafrecht Rn. 39, 242 ff.

Nach § 370 Abs. 1 Nr. 3 AO macht sich strafbar, wer pflichtwidrig die **Verwendung von Steuerzeichen oder Steuerstemplern unterlässt**. **Täter** dieses echten Unterlassungsdelikts kann nur sein, wer zur Verwendung von Steuerzeichen und Steuerstemplern rechtlich verpflichtet ist (Sonderdelikt). **Steuerzeichen** (z.B. Tabakbanderolen) und die kaum noch verwendeten **Steuerstempler** (z.B. Stempelmaschinen für Wechselsteuermarken) dienen dem Nachweis, dass Steuern entrichtet wurden. Die **Pflichtwidrigkeit** besteht darin, dass der Täter steuerpflichtige Erzeugnisse in Verkehr bringt, ohne die Steuerzeichen bzw. Steuerstempler verwendet zu haben. Erfasst ist nicht nur die Nichtverwendung, sondern auch die nicht rechtzeitige oder unzureichende Verwendung. 576

bb) Taterfolge des § 370 Abs. 1 AO

§ 370 Abs. 1 AO ist ein **Erfolgsdelikt**, d.h., der Täter muss Steuern verkürzen oder für sich oder einen anderen nicht gerechtfertigte Steuervorteile erlangen. Vorausgesetzt wird **Kausalität** zwischen Tathandlung und Taterfolg, wobei im Fall des Unterlassens die hypothetische Kausalität maßgebend ist. 577

Steuern sind nach der Legaldefinition in § 3 Abs. 1 AO Geldleistungen, die keine Gegenleistung für eine besondere Leistung darstellen und von einem öffentlich-rechtlichen Gemeinwesen zur Erzielung von Einnahmen allen auferlegt werden, bei denen der Tatbestand zutrifft, an den das Gesetz die Leistungspflicht knüpft. Einbezogen sind auch Grund- und Gewerbesteuern (§ 3 Abs. 2 AO) sowie Einfuhr- und Ausfuhrabgaben nach Art. 5 Nr. 20, 21 des Zollkodex der Union, d.h. der VO (EU) Nr. 952/2013 in der jeweils geltenden Fassung (§ 3 Abs. 3 AO). 578

Um eine **Verkürzung** handelt es sich, wenn die Ist-Steuer, die aufgrund der unrichtigen, unvollständigen oder unterlassenen Angaben festgesetzt bzw. nicht festgesetzt wird, niedriger ist als die Soll-Steuer, die bei Zugrundelegung der richtigen und vollständigen Angaben zu beanspruchen wäre. Nach § 370 Abs. 4 Satz 1 AO sind Steuern namentlich dann verkürzt, wenn sie nicht, nicht in voller Höhe oder nicht rechtzeitig festgesetzt werden; das gilt auch dann, wenn sie vorläufig oder unter dem Vorbehalt der Nachprüfung festgesetzt oder eine gleichstehende Steueranmeldung abgegeben wird. Eine Verkürzung liegt daher nicht erst bei einem teilweisen oder endgültigen Zahlungsausfall, sondern bereits bei einer nur vorübergehenden Vorenthaltung der Zahlung vor.[1234] 579

Steuervorteile sind auch Steuervergütungen (§ 370 Abs. 4 Satz 2 Halbs. 1 AO). Große praktische Bedeutung hat der Vorsteuerabzug bei der USt (§ 15 UStG).[1235] Ein Steuervorteil ist **nicht gerechtfertigt**, wenn der Sachverhalt nicht vorliegt, an den das Gesetz die Gewährung knüpft. **Erlangt** sind die Steuervorteile, wenn sie zu Unrecht gewährt oder belassen werden. 580

Eine erhebliche Verschärfung bedeutet das **Kompensationsverbot** des § 370 Abs. 4 Satz 3 AO. Danach sind die Voraussetzungen einer Steuerhinterziehung selbst dann erfüllt, wenn **aus anderen Gründen** die Steuer, auf die sich die Tat bezieht, hätte ermäßigt bzw. der Steuervorteil hätte beansprucht werden können. Es ist daher ohne Bedeutung, wenn ursprünglich falsche Angaben zur USt gemacht wurden und dann später (zum »Ausgleich«) auf eine bestehende Vorsteuerabzugsberechtigung hingewiesen wird.[1236] **Keine Geltung** hat das Kompensationsverbot jedoch dann, wenn zwischen den Angaben ein **enger wirtschaftlicher Zusammenhang** besteht. Bejaht wird dies z.B. bei Betriebsausgaben oder Werbungskosten, die mit dem Verkürzungsvorgang in unmittelbarem Zusammenhang stehen.[1237] 581

1234 *Rolletschke* Steuerstrafrecht Rn. 10, 63.
1235 *Rolletschke* Steuerstrafrecht Rn. 166.
1236 BGH NStZ 1991, 89.
1237 Vgl. BGH wistra 1988, 356 f.

cc) Auslandssachverhalte

582 § 370 Abs. 6 AO erweitert den Steuerhinterziehungstatbestand auf **bestimmte ausländische Abgaben**, nämlich auf Ein- und Ausfuhrabgaben, die von einem anderen EU-Staat verwaltet werden oder einem EFTA-Staat (Island; Liechtenstein; Norwegen; Schweiz) bzw. assoziierten Staat zustehen. Außerdem sind in Bezug auf bestimmte Waren auch **Umsatz- und harmonisierte Verbrauchsteuern** erfasst, die von einem anderen EU-Staat verwaltet werden.

583 Ergänzend legt § 370 Abs. 7 AO fest, dass die Abs. 1 bis 6 unabhängig vom Recht des Tatortes auch für **Auslandstaten** gelten. Bestraft werden kann somit auch ein Ausländer, der im Ausland eine von § 370 Abs. 6 AO einbezogene ausländische Steuer hinterzieht.[1238] Diese Regelung entspricht § 6 StGB (Auslandstaten gegen international geschützte Rechtsgüter). Nach § 153c Abs. 1 Satz 1 Nr. 1 StPO kann jedoch die Staatsanwaltschaft von der **Verfolgung von Auslandstaten absehen**. Dies gilt nach § 153c Abs. 2 StPO auch dann, wenn im Ausland wegen der Tat schon eine Strafe vollstreckt worden ist und die in Deutschland zu erwartende Strafe nach Anrechnung der ausländischen Strafe nicht ins Gewicht fiele.

dd) Vorsatz und Irrtum

584 § 370 AO fordert **Vorsatz**, wobei dolus eventualis genügt.[1239] Für **dolus eventualis** reicht es nicht aus, dass der Täter nur eine Steuerhinterziehung für möglich hält, sondern er muss sich hiermit abgefunden bzw. diese billigend in Kauf genommen haben (vgl. Rdn. 283). Nach der Rspr. setzt die **strafbare Beihilfe** des Mitarbeiters eines Kredit- und Finanzdienstleistungsinstituts weitergehend voraus, dass das Risiko einer Steuerhinterziehung des Unterstützten derart hoch erschien, dass der Mitarbeiter sich die Förderung eines erkennbar tatgeneigten Täters »**angelegen**« sein ließ (Rdn. 297). Bejaht wurde dies z.B. bei der **Ermöglichung des anonymisierten Kapitaltransfers ins Ausland**.[1240]

585 **Irrtumsfälle** werfen regelmäßig anspruchsvolle Fragen auf. Vorsatz setzt nach h.M. voraus, dass der Täter den angegriffenen Steueranspruch dem Grunde und der Höhe nach kennt (»**Steueranspruchstheorie**«).[1241] Dagegen muss er weder die exakte Anspruchsgrundlage kennen noch wissen, um welche Steuerart es sich handelt.[1242] Daher liegt ein vorsatzausschließender **Tatbestandsirrtum** i.S.d. § 16 Abs. 1 StGB vor, wenn der Täter nicht weiß, dass ein Steueranspruch besteht, und zwar selbst dann, wenn er alle tatsächlichen Umstände kennt und nur die steuerlichen Rechtsfolgen verkannt hat.[1243] So ist z.B. der (Rechts-) Irrtum über die Berechtigung zum Vorsteuerabzug ein Tatbestandsirrtum. Stringent begründen lässt sich dies, wenn man – entgegen der höchstrichterlichen Rspr., nach der die Vorschriften des Steuerstrafrechts Blanketttatbestände sein sollen[1244] – annimmt, dass es sich bei den Merkmalen »Steuerverkürzung« und »ungerechtfertigte Steuervorteile« um **normative Tatbestandsmerkmale** handelt.[1245] In der Praxis liegt aber dennoch häufig die Annahme von Vorsatz nicht fern, da nach h.M. bei normativen Tatbestandsmerkmalen eine »Parallelwertung in der Laiensphäre« genügt (vgl. Rdn. 282). In jedem Fall bedarf die Vorsatzfeststellung einer **Gesamtschau** aller Tatumstände.[1246] Liegt (nur) ein **Verbotsirrtum** i.S.d. § 17 StGB vor, ist lediglich im Fall

1238 BGH NStZ 2001, 201 (202): Hinterziehung italienischer Einfuhrumsatzsteuern durch einen US-Amerikaner in Italien.

1239 *Rolletschke* Steuerstrafrecht Rn. 117.

1240 BGHSt 46, 107 ff.: Kapitaltransfer nach Luxemburg und in die Schweiz.

1241 BGHSt 5, 90 (91); BGH NStZ 2012, 160; *Rolletschke* Steuerstrafrecht Rn. 117 m.w.N.

1242 Joecks/Jäger/Randt/*Joecks* Steuerstrafrecht § 370 Rn. 503 m.w.N.

1243 MüKo-StGB/*Schmitz/Wulf* § 370 AO Rn. 372 m.w.N.

1244 Vgl. nur BVerfG NJW 1974, 1860 (1862); NJW 1995, 1883; BGHSt 20, 177 (180); 34, 272 (282); BFH NJW 2001, 1445 (1446).

1245 MüKo-StGB/*Schmitz/Wulf* § 370 AO Rn. 327; *Rolletschke* Steuerstrafrecht Rn. 122 ff.

1246 *Rolletschke* Steuerstrafrecht Rn. 117 f. m.w.N.

der Unvermeidbarkeit die Schuld ausgeschlossen. War der Verbotsirrtum vermeidbar, besteht nur die Möglichkeit der Strafmilderung.

ee) Versuch und Vollendung

Der **Versuch** der Steuerhinterziehung ist nach § 370 Abs. 2 AO strafbar. Die Schwelle zum Versuch **586** ist erst dann überschritten, wenn der Täter eine unrichtige oder unvollständige Steuererklärung abgibt bzw. die Abgabefrist abläuft, ohne dass Angaben gemacht wurden.[1247] Daher handelt es sich um **straflose Vorbereitungshandlungen**, wenn der Täter zwar den Tatentschluss bereits gefasst hat, aber erst vorbereitende Maßnahmen trifft (z.B. Nicht- oder Falschbuchungen; Erstellung unrichtiger Bilanzen; Ausfüllen einer unrichtigen Steuererklärung). Solange der Täter noch nicht in das Versuchsstadium eingetreten ist, kann auch noch keine strafbare Beihilfe seitens der Mitarbeiter eines Kredit- und Finanzdienstleistungsinstitutes vorliegen. **Vollendet** ist die Steuerhinterziehung mit Eintritt der Steuerverkürzung oder mit Erlangung des Steuervorteils.

ff) Strafe

Die Steuerhinterziehung wird mit **Freiheitsstrafe** bis zu 5 Jahren oder mit **Geldstrafe** bestraft, wobei **587** i.d.R. eine **Kumulation** nach § 41 StGB möglich ist (vgl. nur zum Fall Zumwinkel Rdn. 567), da sich der Täter bereichert oder zu bereichern versucht hat. Bei **Hinterziehungsbeträgen in Millionenhöhe** kommt nach der neueren, strengen Rspr. des BGH eine **aussetzungsfähige Freiheitsstrafe** nur bei Vorliegen besonders gewichtiger Milderungsgründe in Betracht.[1248] Dabei ist es ohne Bedeutung, ob die Millionengrenze durch eine einzige Tat oder erst durch mehrere gleichgelagerte Einzeltaten erreicht worden ist.[1249] Zudem soll es die Strafe nicht mildern, dass durch die Nachzahlung der hinterzogenen Steuern eine Schadenswiedergutmachung erfolgt ist, wenn der Täter die Zahlung »angesichts seiner komfortablen Vermögensverhältnisse ohne erkennbare Einbuße seiner Lebensführung« erbringen konnte.[1250] Außerdem soll auch bei Hinterziehungsbeträgen unterhalb der Millionengrenze nach den Umständen des Einzelfalls eine nicht aussetzungsfähige Freiheitsstrafe von über 2 Jahren in Betracht kommen.[1251] Abzuwarten bleibt, welche Auswirkungen diese Rechtsprechungslinie für Steuerstraftaten, gerade im Bereich des **Bank- und Kapitalmarktrechts**, haben wird, da es hier häufig um große Summen geht. Die Strafverfolgungsstatistik legt es jedenfalls nicht nahe, dass in der Praxis in den letzten Jahren häufiger nicht aussetzungsfähige Freiheitsstrafen verhängt werden. So wurden im Jahr 2012[1252] von 12.865 Verurteilten noch 154 Personen (1,2 %) zu Freiheitsstrafen von über 2 Jahren verurteilt (2–3 Jahre: 84 Personen; 3–5 Jahre: 64; 5–10 Jahre: 6), während es im Jahr 2015[1253] von 11.510 Verurteilten nur noch 89 Personen (0,8 %) waren (2–3 Jahre: 48 Personen; 3–5 Jahre: 39; 5–10 Jahre: 2).

gg) Besonders schwere Fälle

§ 370 Abs. 3 AO enthält eine **Strafschärfung** für besonders schwere Fälle, bei denen die Freiheits- **588** strafe von 6 Monaten bis zu 10 Jahren beträgt. Das Gesetz benennt in § 370 Abs. 3 Satz 2 AO **sechs Regelbeispiele**. Darüber hinaus kann nach § 370 Abs. 3 Satz 1 AO gem. der Regelbeispielstechnik in vergleichbar schweren Fällen ein **unbenannter** besonders schwerer Fall vorliegen.

1247 Vgl. im Einzelnen *Rolletschke* Steuerstrafrecht Rn. 125 ff.
1248 BGH NStZ-RR 2007, 176 (178); NJW 2009, 528 (532).
1249 BGH NJW 2012, 2599; krit. Schork/Groß/*Groß* Bankstrafrecht Rn. 1057.
1250 BGH NJW 2012, 1458 (1460); abl. Schork/Groß/*Groß* Bankstrafrecht Rn. 1056.
1251 BGH NZWiSt 2014, 35.
1252 *Statistisches Bundesamt* Strafverfolgungsstatistik 2012, S. 182 f.
1253 *Statistisches Bundesamt* Strafverfolgungsstatistik 2015, S. 188 f.

589 **§ 370 Abs. 3 Nr. 1 AO** erfasst die Verkürzung von Steuern bzw. die Erlangung von nicht gerechtfertigten Steuervorteilen »in großem Ausmaß«. Dieses Merkmal sollte nach der früheren Rspr.[1254] – wie beim Betrug (vgl. Rdn. 333) – bei der Erlangung ungerechtfertigter Zahlungen vom Finanzamt bereits bei einem Betrag von 50.000 €, dagegen bei bloßer Gefährdung des Steueranspruchs durch unzureichende Steuerfestsetzung – anders als beim Betrug – bei einem Betrag von 100.000 € erfüllt sein.[1255] Mit Urteil v. 27.10.2015 hat der 1. Strafsenat des BGH[1256] nunmehr entschieden, dass ein großes Ausmaß einheitlich bei jeder Steuerhinterziehung über 50.000 € vorliegt.

590 **Nr. 2** betrifft den Missbrauch durch einen Amtsträger oder durch einen Europäischen Amtsträger, während **Nr. 3** das Ausnutzen der Mithilfe eines Amtsträgers oder Europäischen Amtsträgers erfasst. Europäische Amtsträger wurden durch das Gesetz zur Bekämpfung der Korruption v. 20.11.2015 (BGBl. I S. 2025) m.W.v. 26.11.2015 einbezogen. **Nr. 4** hat die fortgesetzte Steuerhinterziehung unter Verwendung nachgemachter oder verfälschter Belege zum Gegenstand.

591 **Nr. 5** erfasst die bandenmäßige Hinterziehung von Umsatz- oder Verbrauchsteuern. Hierbei geht es in der Praxis vor allem um »**Umsatzsteuerkarusselle**«. Vorausgesetzt wird der Zusammenschluss von mindestens drei Personen mit dem Willen, künftig für eine gewisse Dauer mehrere selbstständige, im Einzelnen noch ungewisse Steuerhinterziehungen zu begehen.[1257]

592 **Nr. 6** erfasst Fälle, in denen eine **Drittstaat-Gesellschaft** zur Verschleierung steuerlich erheblicher Tatsachen genutzt und auf diese Weise fortgesetzt Steuern verkürzt oder nicht gerechtfertigte Steuervorteile erlangt werden. Hierbei handelt es sich nach § 138 Abs. 3 AO um Personengesellschaften, Körperschaften, Personenvereinigungen oder Vermögensmassen mit Sitz oder Geschäftsleitung in Staaten oder Territorien, die nicht Mitglieder der EU oder EFTA sind. Das Regelbeispiel wurde durch das Steuerumgehungsbekämpfungsgesetz v. 23.06.2017 (StUmgBG) m.W.v. 25.06.2017 in Reaktion auf die Panama-Papers (Rdn. 568) eingefügt, um der Gründung und Nutzung von – meist in Drittstaaten angesiedelten – Domizilgesellschaften (»**Briefkastenfirmen**«) entgegenzuwirken. Grund war für den Gesetzgeber zum einen, dass die gezielte Nutzung von Briefkastenfirmen zur Verdeckung von Beteiligungsverhältnissen und der fortgesetzten Steuerhinterziehung eine aufwändige Vorbereitung und Organisation (Beratung, Gründung, Einrichtung) erfordert und damit hohe kriminelle Energie zum Ausdruck bringt, womit der Unrechtsgehalt dem der bestehenden Regelbeispiele nach § 370 Abs. 3 Satz 2 AO entspricht.[1258] Zum anderen wurde die Einführung auch deshalb als erforderlich angesehen, weil die fortgesetzte Steuerhinterziehung mittels einer Briefkastenfirma in vielen Fällen nicht bereits vom Regelbeispiel des § 370 Abs. 3 Satz 2 Nr. 1 AO erfasst wird, weil mit diesen Firmen auch Erträge unter der Grenze von 50.000 € hinterzogen werden.[1259]

b) Selbstanzeige bei Steuerhinterziehung, § 371 AO

593 § 371 AO regelt die Selbstanzeige, die **fiskalpolitischen Zwecken** dient. Sie soll erreichen, dass der Täter seine steuerlichen Pflichten nachträglich erfüllt, wodurch nicht nur das Steueraufkommen erhöht wird, sondern auch den Behörden Ermittlungen erspart bleiben.[1260] Besondere Bedeutung erlangte die Selbstanzeige durch die kontrovers geführte Diskussion um den Kauf und die Verwertung von »**Steuerdaten-CDs**«,[1261] die Daten von deutschen Kunden ausländischer (insb. Schweizer

---

1254 BGH NJW 2009, 528 (532).

1255 Krit. zu dieser Divergenz zur Rspr. beim Betrug Schork/Groß/*Groß* Bankstrafrecht Rn. 1028.

1256 BGHSt 61, 28 ff.

1257 *Rolletschke* Steuerstrafrecht Rn. 277 m.w.N.

1258 BT-Drucks. 18/11132, S. 31.

1259 BT-Drucks. 18/11132, S. 31.

1260 *Rolletschke* Steuerstrafrecht Rn. 546.

1261 Hierzu *Gehm* NJW 2010, 2161; *Gärditz* LKRZ 2014, 187; *Habetha* NStZ 2008, 481; *Kaiser* NStZ 2011, 383; *Kaufmann* JA 2010, 597; *Kölbel* NStZ 2008, 241; *Langrock/Samson* wistra 2010, 201; *Rüping* DStR 2010, 1768; *Schünemann* NStZ 2008, 305; *Trüg* StV 2011, 111.

und Liechtensteiner) Banken enthalten.[1262] Infolgedessen zeigten sich viele Steuersünder selbst an, legten aber häufig nur die Konten offen, denen (vermutlich) die Entdeckung drohte. Der 1. Strafsenat des BGH schränkte jedoch in einer **Entscheidung v. 20.05.2010** die Möglichkeit der strafbefreienden Selbstanzeige in Fällen der sog. »Teilselbstanzeige« ein und verlangte die (vollständige) Rückkehr zur Steuerehrlichkeit.[1263] Später verschärfte der Gesetzgeber mit dem Gesetz zur Verbesserung der Bekämpfung von Geldwäsche und Steuerhinterziehung v. 28.04.2011 (**Schwarzgeldbekämpfungsgesetz**) die Voraussetzungen der strafbefreienden Selbstanzeige drastisch. So war eine strafbefreiende Selbstanzeige nur noch bis zu einem Hinterziehungsbetrag von 50.000 € möglich. Bei höheren Hinterziehungsbeträgen blieb es bei der Strafbarkeit, allerdings wurde die Steuerhinterziehung gem. dem neu eingeführten § 398a AO nach der Entrichtung der hinterzogenen Steuern und eines Zuschlags nicht mehr verfolgt.

Mit dem **Gesetz zur Änderung der Abgabenordnung und des Einführungsgesetzes zur Abgabenordnung** v. 22.12.2014 (BGBl. I S. 2415) wurde m.W.v. 01.01.2015 die Möglichkeit, »reinen Tisch« zu machen, nochmals eingeschränkt. Die Regelungen zur strafbefreienden Selbstanzeige (§ 371 AO) und zum Absehen von Verfolgung in besonderen Fällen (§ 398a AO) blieben zwar dem Grunde nach erhalten, die Voraussetzungen wurden allerdings erheblich verschärft. So wurde die Grenze, bis zu der eine strafbefreiende Selbstanzeige möglich ist, auf 25.000 € gesenkt und auch die weiteren Voraussetzungen erhöht. Hervorzuheben ist nicht nur die Ausdehnung des Berichtigungszeitraums auf 10 Jahre (zuvor bestand diese Verpflichtung nur in Fällen einer besonders schweren Steuerhinterziehung), sondern auch die Zahlung von Hinterziehungszinsen und Nachzahlungszinsen sowie die Staffelung des nach § 398a AO zu entrichtenden Zuschlags. Durch diese Verschärfungen sind Selbstanzeigen, zumindest in finanzieller Hinsicht, in vielen Fällen »unattraktiv« geworden. 594

Nach § 371 AO kann derjenige, der eine **versuchte, vollendete oder gar beendete Steuerhinterziehung** begangen hat, Straffreiheit erlangen. Die Selbstanzeige ist nach h.M. ein **persönlicher Strafaufhebungsgrund**[1264] und kommt nur dem Täter oder Teilnehmer zugute, der in seiner Person alle positiven und negativen Strafbefreiungsvoraussetzungen erfüllt. Die Motive sind gleichgültig, sodass auch derjenige straffrei ist, der aus Angst vor der bevorstehenden Entdeckung handelt. Die Strafbefreiung erstreckt sich allerdings ausschließlich auf § 370 AO. **Andere Delikte**, die in Tateinheit begangen wurden (z.B. Urkundenfälschungen) bleiben strafbar. Zudem hat die Selbstanzeige **Folgewirkungen** für die Festsetzung und Erhebung von **Zuschlagsteuern** (Kirchensteuer, Solidaritätszuschlag, vgl. § 51a EStG). 595

aa) Positive Strafbefreiungsvoraussetzungen

Positiv fordert § 371 Abs. 1 AO seit dem 01.01.2015 die **Berichtigung** bzw. **Ergänzung** von unrichtigen oder unvollständigen Angaben bzw. die **Nachholung** unterlassener Angaben »zu allen unverjährten Steuerstraftaten einer Steuerart« »in vollem Umfang«, mindestens aber zu allen Steuerstraftaten einer Steuerart **innerhalb der letzten 10 Kalenderjahre**. Diesbezüglich ist es von Bedeutung, dass die »einfache« Steuerhinterziehung (§ 370 AO) sowie die unbenannten schweren Fälle (§ 370 Abs. 3 Satz 1 AO) nach **5 Jahren**, dagegen die benannten schweren Fälle (§ 370 Abs. 3 Satz 2 Nr. 1 bis 6 AO) erst nach **10 Jahren** verjähren. Ist die Selbstanzeige **unvollständig**, bleibt die Bestrafung möglich. Damit genügt es nicht mehr – wie früher – nur einzelne Sachverhalte »gestückelt« offenzulegen (»Salamitaktik«). Eine **Form** ist für die Selbstanzeige nicht vorgeschrieben, d.h., die Angaben können mündlich, schriftlich, telefonisch oder elektronisch erfolgen, auch durch einen bevollmächtigten Vertreter (z.B. Rechtsanwalt, Steuerberater). Das Finanzamt muss jedoch durch die nunmehr vollständigen und richtigen Angaben (»Materiallieferung«) in die Lage versetzt werden, die Steuern ohne weitere langwierige und größere Nachforschungen zutreffend 596

1262 Zur üblichen Verfahrensweise der Praxis Schork/Groß/*Groß* Bankstrafrecht Rn. 1125.
1263 BGH NJW 2010, 2146.
1264 *Rolletschke* Steuerstrafrecht Rn. 546a m.w.N.

festzusetzen.[1265] Adressat der Selbstanzeige ist die **Finanzbehörde**, worunter nach h.M. nicht nur das örtlich und sachlich zuständige Finanzamt, sondern jede Finanzbehörde i.S.d. § 6 Abs. 2 AO zu verstehen ist.[1266]

597 Im Fall einer **vollendeten Steuerhinterziehung** tritt für einen an der Tat Beteiligten (d.h. Täter oder Teilnehmer) nach § 371 Abs. 3 AO nur dann Straffreiheit ein, wenn er die zu seinen Gunsten **hinterzogenen Steuern**, die **Hinterziehungszinsen** (§ 235 AO) und die **Nachzahlungszinsen** (§ 233a AO) innerhalb einer ihm gesetzten angemessenen Frist nachentrichtet.

bb) Negative Strafbefreiungsvoraussetzungen

598 Zur Straffreiheit führt negativ nur eine **rechtzeitige Selbstanzeige**. Auch hier haben sowohl das Schwarzgeldbekämpfungsgesetz als auch das Gesetz zur Änderung der Abgabenordnung und des Einführungsgesetzes zur Abgabenordnung die Anforderungen verschärft und den Zeitpunkt, ab dem eine Steuerhinterziehung als entdeckt gilt, nach vorn geschoben. § 371 Abs. 2 AO benennt derzeit vier **Ausschlussgründe**.

599 Zum einen scheidet Straffreiheit aus, wenn bei einer zur Selbstanzeige gebrachten unverjährten Steuerstraftat vor der Berichtigung, Ergänzung oder Nachholung dem Täter oder seinem Vertreter eine **Prüfungsanordnung (§ 196 AO)** oder die **Einleitung des Straf- oder Bußgeldverfahrens bekannt gegeben** worden ist oder zur steuerlichen Prüfung, zur Ermittlung einer Steuerstraftat oder Steuerordnungswidrigkeit oder zur Nachschau ein **Amtsträger der Finanzbehörde erschienen** ist (§ 371 Abs. 2 Nr. 1a bis e AO). Erschienen ist der Amtsträger nach h.M., sobald er in Prüfungsabsicht das Grundstück mit den Wohn- oder Geschäftsräumen des Steuerpflichtigen tatsächlich betritt (»Fußmattentheorie«).[1267]

600 Zum anderen scheidet Straffreiheit aus, wenn die **Steuerstraftat** im Zeitpunkt der Berichtigung, Ergänzung oder Nachholung ganz oder z.T. **bereits entdeckt** war und der Täter dies **wusste** oder bei verständiger Würdigung der Sachlage **damit rechnen musste** (§ 371 Abs. 2 Nr. 2 AO). Für die Entdeckung der Tat genügt ein bloßer Anfangsverdacht nicht, vielmehr muss ein hinreichender Tatverdacht i.S.d. §§ 170 Abs. 1, 203 StPO bestehen, d.h. es muss zumindest so viel bekannt sein, dass bei einer vorläufigen Bewertung eine Verurteilung wahrscheinlich ist.[1268] Umgekehrt kann – trotz bereits entdeckter Tat – auch der noch ahnungslose Täter eine rechtzeitige Selbstanzeige erstatten.

601 Weiter scheidet seit dem 01.01.2015 Straffreiheit aus, wenn der **Hinterziehungsbetrag 25.000 € je Tat übersteigt** (§ 371 Abs. 2 Nr. 3 AO). Allerdings wird in diesen Fällen nach § 398a AO von der **Strafverfolgung dann abgesehen**, wenn der Täter innerhalb einer ihm gesetzten angemessenen Frist die zu seinen Gunsten **hinterzogenen Steuern**, die **Hinterziehungszinsen** (§ 235 AO) und die **Nachzahlungszinsen** (§ 233a AO) nachentrichtet (§ 398a Abs. 1 Nr. 1 AO) sowie einen **gestaffelten Zuschlag** zugunsten der Staatskasse zahlt (§ 398a Abs. 1 Nr. 2 AO). Hierbei richtet sich die Bemessung des Hinterziehungsbetrags nach den Grundsätzen in § 370 Abs. 4 AO (§ 398a Abs. 2 AO). Außerdem ist nicht nur die **Wiederaufnahme** eines abgeschlossenen Verfahrens zulässig, wenn die Finanzbehörde erkennt, dass die Angaben im Rahmen einer Selbstanzeige unvollständig oder unrichtig waren (§ 398a Abs. 3 AO), sondern es wird auch der gestaffelte Zuschlag **nicht erstattet**, wenn die Rechtsfolge des Absatzes 1 nicht eintritt (§ 398a Abs. 4 AO).

1265 *Rolletschke* Steuerstrafrecht Rn. 564 f.

1266 *Rolletschke* Steuerstrafrecht Rn. 553 m.w.N.

1267 *Rolletschke* Steuerstrafrecht Rn. 583 m.w.N.

1268 BGH StV 1985, 324; *Rolletschke* Steuerstrafrecht Rn. 613.

cc) Besonderheiten: Selbstanzeige bei Umsatzsteuervoranmeldung und Lohnsteueranmeldung

§ 371 Abs. 2a AO wurde durch das **Gesetz zur Änderung der Abgabenordnung und des Einführungsgesetzes zur Abgabenordnung** v. 22.12.2014 m.W.v. 1.1.2015 eingefügt, um für die Praxis Rechtssicherheit zu schaffen. Denn durch das **Schwarzgeldbekämpfungsgesetz** war die **nachträgliche Korrektur** von Umsatzsteuervormeldungen und Lohnsteueranmeldungen – praxisfern – erheblich eingeschränkt worden. Eine korrigierte Umsatzsteuervoranmeldung, die eine wirksame Selbstanzeige darstellt, konnte nunmehr nicht erneut, z.B. im Rahmen einer weiteren Voranmeldung oder im Rahmen der Jahreserklärung, als wirksame Selbstanzeige gewertet werden, da eine Selbstanzeige dazu führte, dass die Steuerhinterziehung bekannt ist und damit der Sperrgrund der Tatentdeckung greift.[1269] Zudem liegt bereits in Fällen der Überschreitung der Abgabefrist einer Voranmeldung eine Steuerhinterziehung vor, so dass die Abgabe der Voranmeldung zu einem späteren Zeitpunkt eine Selbstanzeige darstellte, die aber gem. dem Gebot der Vollständigkeit nur wirksam wurde, wenn auch Unrichtigkeiten in vorhergehenden Voranmeldungen korrigiert wurden.[1270] 602

§ 371 Abs. 2a AO sieht daher eine **Ausnahme sowohl vom Vollständigkeitsgebot** als auch von **Ausschlussgrund der Tatentdeckung** vor und stellt damit für den Bereich der Umsatzsteuervoranmeldung und der Lohnsteueranmeldung den Rechtszustand vor Inkrafttreten des Schwarzgeldbekämpfungsgesetzes her. Eine korrigierte oder verspätete Umsatzsteuervoranmeldung bzw. Lohnsteueranmeldung gilt seitdem wieder als wirksame Teilselbstanzeige,[1271] d.h. es ist nicht erforderlich, für die Umsatzsteuer der letzten (ggf. 10) Jahre dem Vollständigkeitsgebot entsprechende Selbstanzeigen zu erstatten. Eine weitere Erleichterung stellt es dar, dass die **Grenze von 25.000 €** des § 371 Abs. 2 Nr. 3 nicht gilt (§ 371 Abs. 2a Satz 1 AO). Außerdem ist eine korrigierte Umsatzsteuervoranmeldung bzw. Lohnsteueranmeldung auch dann noch als wirksame Selbstanzeige zu bewerten, wenn eine **Außenprüfung** durch Prüfungsanordnung für zurückliegende Besteuerungszeiträume angekündigt wurde bzw. ein Amtsträger zur Außenprüfung für zurückliegende Besteuerungszeiträume erschienen ist (vgl. § 371 Abs. 2a Satz 2 AO).[1272] Einschränkend gilt aber, dass diese Ausnahmen nicht für Steueranmeldungen gelten, die sich auf das **Kalenderjahr** beziehen (§ 371 Abs. 2a Satz 3 AO). Für die Selbstanzeige hinsichtlich einer auf das Kalenderjahr bezogenen Steueranmeldung ist aber die Erleichterung vorgesehen, dass die Umsatzsteuerjahreserklärung für das Vorjahr **nicht auch Berichtigungen** für die Umsatzsteuervoranmeldungen **des laufenden Jahres** umfassen muss (§ 371 Abs. 2a Satz 4 AO). 603

dd) Auswirkungen einer Berichtigung nach § 153 AO auf Dritte

§ 371 Abs. 4 AO regelt die **Auswirkungen einer Berichtigung gem. § 153 AO auf Dritte**. Dies ist auch für eine **Beihilfe** zur Steuerhinterziehung, die durch Mitarbeiter von Kredit- und Finanzdienstleistungsinstituten begangen wurde, von Bedeutung. Erfolgt die Berichtigung rechtzeitig und ordnungsgemäß, werden auch **Dritte**, die der Berichtigungspflicht nicht nachgekommen sind, strafrechtlich nicht verfolgt (**Verfolgungshindernis**), es sei denn, dass ihnen oder ihren Vertretern zuvor die Einleitung eines Straf- oder Bußgeldverfahrens bekannt gegeben wurde (§ 371 Abs. 4 Satz 1 AO). Handelte der Dritte zum eigenen Vorteil, tritt allerdings nur dann Straffreiheit ein, wenn er die zu seinen Gunsten hinterzogenen Steuern, die Hinterziehungszinsen und die Nachzahlungszinsen rechtzeitig nachentrichtet (§ 371 Abs. 4 Satz 2 AO). 604

c) Leichtfertige Steuerverkürzung (§ 378 AO)

Die leichtfertige Steuerverkürzung (§ 378 AO) ist der **zentrale Tatbestand des Steuerordnungswidrigkeitenrechts**. § 378 Abs. 1 AO enthält keine eigene Tatbeschreibung, sondern knüpft an 605

1269 BT-Drucks. 17/3018, S. 12.
1270 BT-Drucks. 17/3018, S. 12.
1271 BT-Drucks. 17/3018, S. 12.
1272 BT-Drucks. 17/3018, S. 12.

die in § 370 Abs. 1 AO bezeichneten Taten an und lässt deren leichtfertige Begehung ausreichen. Besonders schwere Fälle sind nicht vorgesehen. Nach § 378 Abs. 1 Satz 2 AO gilt § 370 Abs. 4 bis 7 AO entsprechend. In der Sache handelt es sich um einen **Auffangtatbestand** für Fälle, in denen eine vorsätzliche Steuerhinterziehung nicht nachgewiesen werden kann. Hierdurch wird der Schutz vor Steuerhinterziehung erheblich verstärkt.

606 Der **Täterkreis** ist dadurch eingeschränkt, dass nach § 378 Abs. 1 AO nur ein Steuerpflichtiger und die Personen, die seine Angelegenheiten wahrnehmen, ordnungswidrig handeln können (Sonderdelikt). § 14 OWiG führt zu keiner Erweiterung des Täterkreises.[1273] **Steuerpflichtige** sind die in §§ 33 bis 35 AO aufgeführten Personen, die Verpflichtungen zu erfüllen haben, die ihnen durch die Steuergesetze auferlegt sind. Der Kreis der **Personen, die Angelegenheiten eines Steuerpflichtigen wahrnehmen**, ist weit.[1274] Hierunter fallen nicht nur Bevollmächtigte und Beistände (§ 80 AO), sondern auch selbstständig handelnde Hilfspersonen, wie Angestellte und Angehörige.

607 **Tathandlungen** sind – wie bei § 370 Abs. 1 AO – das Machen unrichtiger oder unvollständiger Angaben über steuererhebliche Tatsachen ggü. den Finanzbehörden oder anderen Behörden, das pflichtwidrige In-Unkenntnis-Lassen der Finanzbehörden über steuerlich erhebliche Tatsachen und das pflichtwidrige Unterlassen der Verwendung von Steuerzeichen oder Steuerstemplern. Als **Taterfolg** muss der Täter auch hier entweder Steuern verkürzen oder nicht gerechtfertigte Steuervorteile für sich oder einen anderen erlangen (Erfolgsdelikt).

608 § 378 AO setzt die **leichtfertige Begehung** voraus. Leichtfertigkeit liegt insb. dann vor, wenn sich der Steuerpflichtige überhaupt nicht informiert hat oder wesentliche Pflichten verletzt. Erfasst ist z.B. nach h.M. der Fall, dass ein Steuerpflichtiger seinem Steuerberater ein blanko unterschriebenes Steuererklärungsformular überlässt, das dieser dann ausgefüllt – ohne Überprüfung seitens des Steuerpflichtigen – beim Finanzamt einreicht.[1275]

609 Auch bei einer leichtfertigen Steuerverkürzung ist nach § 378 Abs. 3 AO eine **Selbstanzeige** möglich, die der Festsetzung einer Geldbuße entgegensteht. Anders als bei § 371 AO ist die Selbstanzeige erst durch die Bekanntgabe der Einleitung eines Straf- oder Bußgeldverfahrens wegen der Tat ausgeschlossen (vgl. § 378 Abs. 3 Satz 1 AO). Grund hierfür ist, dass der Täter sein Fehlverhalten – anders als bei der vorsätzlichen Steuerhinterziehung – zunächst nicht kennt und ihm daher i.d.R. erst das Erscheinen des Amtsträgers Anlass zur Überprüfung gibt, mithin die Möglichkeit zur Selbstanzeige eröffnet.[1276] Zudem muss der Täter die zu seinen Gunsten verkürzten Steuern – nicht aber die Hinterziehungszinsen[1277] – innerhalb der ihm bestimmten angemessenen Frist **nachentrichten** (§ 378 Abs. 3 Satz 2 AO). Schließlich werden auch hier bei einer rechtzeitigen und ordnungsgemäßen Berichtigung nach § 153 AO **Dritte** nicht verfolgt (vgl. § 378 Abs. 3 Satz 3 i.V.m. § 371 Abs. 4 AO).

610 Die leichtfertige Steuerverkürzung kann nach § 378 Abs. 2 AO mit einer **Geldbuße bis zu 50.000 €** geahndet werden. Hierbei kann das gesetzliche Höchstmaß auch überschritten werden, da die Sanktion den wirtschaftlichen Vorteil, den der Täter aus der Ordnungswidrigkeit gezogen hat, übersteigen soll (vgl. § 17 Abs. 4 OWiG, **Vorteilsabschöpfung**).

d) Steuergefährdung, § 379 AO

611 Die Bußgeldvorschrift der Steuergefährdung (§ 379 AO) erfasst **Vorbereitungshandlungen** zu einer vorsätzlichen Steuerhinterziehung bzw. leichtfertigen Steuerverkürzung. Geahndet werden besonders gefährliche Verhaltensweisen, die insb. auch **Bank- und Kapitalmarktgeschäfte** betreffen

1273 Joecks/Jäger/Randt/*Joecks* Steuerstrafrecht § 378 AO Rn. 10.
1274 Näher *Rolletschke* Steuerstrafrecht Rn. 295 ff.
1275 BayObLG wistra 2002, 355; krit. *Rolletschke* Steuerstrafrecht Rn. 331.
1276 *Többens* Wirtschaftsstrafrecht, S. 166.
1277 BT-Drucks. 18/3018, S. 14.

können. Die Tatbestände der Steuergefährdung wurden in den vergangenen Jahren mehrfach ergänzt und modifiziert.

Abs. 1 erfasst **vorsätzliches** und **leichtfertiges** Handeln: das Ausstellen in tatsächlicher Hinsicht unrichtiger Belege (Nr. 1); das Inverkehrbringen von Belegen gegen Entgelt (Nr. 2); die Verletzung von gesetzlich begründeten Buchungs- oder Aufzeichnungspflichten (Nr. 3); Verstöße bei der Verwendung, dem Schutz sowie dem gewerbsmäßigen Bewerben und Inverkehrbringen elektronischer Aufzeichnungssysteme und Software (Abs. 1 Nr. 4 bis 6). 612

Bei **Abs. 2** geht es um **vorsätzliche** und **leichtfertige** Verstöße gegen die Mitteilungspflicht nach § 138 Abs. 2 Satz 1 AO (Nr. 1) und die Pflicht zur gesonderten Aufzeichnung des Warenausgangs (Nr. 1a); um Zuwiderhandlungen gegen Regelungen über die Erhebung und Übermittlung von Daten, die nach § 117c Abs. 1 AO zur Erfüllung völkerrechtlicher Verpflichtungen zur Förderung der Steuerehrlichkeit getroffen wurden (Nr. 1b); um Verstöße bei der Übermittlung des länderbezogenen Berichts multinationaler Unternehmensgruppen (§ 138a AO) bzw. der Mitteilung, dass dieser Bericht weder beschafft noch erstellt werden kann (Nr. 1c); um Verstöße gegen die Mitteilungspflicht Dritter über Beziehungen inländischer Steuerpflichtiger zu Drittstaat-Gesellschaften (Nr. 1d). Für das Bank- und Kapitalmarktgeschäft von besonderer Bedeutung ist die Verletzung der **Pflicht zur Kontenwahrheit** nach § 154 Abs. 1 AO (Nr. 2). Geschützt ist allein die formale Kontenwahrheit, d.h. es geht nur darum, wer formal Inhaber des Kontos ist, nicht darum, wem die Forderungen aus dem Konto materiell zustehen.[1278] Unzulässig ist insb. die Errichtung von Konten auf falsche oder erdichtete Namen, aber auch von Nummernkonten, welche die Identität des Inhabers verschleiern.[1279] 613

Schließlich erfasst Abs. 3 **vorsätzliche** und **fahrlässige** Zuwiderhandlungen gegen Auflagen nach § 120 Abs. 2 Nr. 4 AO, die einem Verwaltungsakt für Zwecke der besonderen Steueraufsicht (§§ 209 bis 217 AO) beigefügt wurden. 614

Die Ordnungswidrigkeiten des **§ 379 Abs. 1 AO** setzen einschränkend voraus, dass die Tat **objektiv geeignet** ist, Steuern zu verkürzen oder ungerechtfertigte Steuervorteile zu erlangen. Demgegenüber genügt bei **§ 379 Abs. 2 und 3 AO** bereits die bloße **Pflichtverletzung bzw. Zuwiderhandlung.** 615

Täter kann jeder sein, der eine der Tathandlungen vornimmt (Allgemeindelikt) bzw. dem die bußgeldbewehrten Pflichten nach der AO obliegen (Sonderdelikt). Die **Mitarbeiter von Kredit- und Finanzdienstleistungsinstituten** kommen z.B. als Täter in Betracht, wenn sie **unrichtige Buchungsbelege** ausstellen oder **Belege gegen Entgelt in Verkehr bringen**. Sie können insb. aber auch wegen der **Verletzung der Pflicht zur Kontenwahrheit** (§ 154 Abs. 1 AO) sanktioniert werden, wenn sie für Dritte auf falsche oder erdichtete Namen Konten errichten, Buchungen vornehmen, Wertsachen (Geld, Wertpapiere, Kostbarkeiten) in Verwahrung geben oder verpfänden.[1280] Hierfür spricht nicht nur der Wortlaut des § 154 Abs. 1 (»für sich oder einen Dritten«), sondern auch der systematische Zusammenhang mit § 154 Abs. 2 AO, der Kontenführer und Verwahrer zusätzlich zur Legitimationsprüfung verpflichtet. 616

Eine Ordnungswidrigkeit nach § 379 AO kann, sofern die Handlung nicht bereits nach § 378 AO geahndet werden kann, im Fall der **vorsätzlichen** Begehung mit einer Geldbuße bis zu 5.000, 15.000 oder 25.000 € geahndet werden (vgl. i.E. § 379 Abs. 4 bis 7 AO). Im Fall der **fahrlässigen** – einschließlich **leichtfertigen** – Begehung kann die Geldbuße die Hälfte dieses Bußgeldrahmens betragen (vgl. § 17 Abs. 2 OWiG). 617

1278 Vgl. Schork/Groß/*Groß* Bankstrafrecht Rn. 1037 m.w.N.

1279 Schork/Groß/*Groß* Bankstrafrecht Rn. 1037 m.w.N.

1280 Joecks/Jäger/Randt/*Jäger* Steuerstrafrecht § 379 AO Rn. 110 m.w.N.; a.A. Schork/Groß/*Groß* Bankstrafrecht Rn. 1037.

e) Gefährdung der Abzugsteuern (§ 380 AO)

618 Die Bußgeldvorschrift der Gefährdung von Abzugsteuern (§ 380 AO) sichert die **Einbehaltung und Abführung von Steuerabzugsbeträgen**. Sie hat ein **doppeltes Schutzgut**, zum einen das öffentliche Interesse am vollständigen und rechtzeitigen Aufkommen der Steuerabzugsbeträge, und zum anderen das individuelle Interesse des Steuerschuldners, durch die vorschriftsmäßige Abführung von der Steuerschuld befreit zu werden.[1281]

619 **Tatobjekte** des § 380 Abs. 1 AO sind **Steuerabzugsbeträge**. Hierbei handelt es sich nicht nur um die Lohnsteuer (vgl. § 38 Abs. 3 Satz 1 EStG), sondern insb. auch um die **Kapitalertragsteuer** (vgl. § 44 Abs. 1 EStG). **Täter** kann nur sein, wer zur Abführung rechtlich verpflichtet ist (Sonderdelikt). Täter sind daher in Bezug auf die Kapitalertragsteuer, die von den die Kapitalerträge auszahlenden Stellen einzubehalten und fristgerecht abzuführen ist (vgl. § 44 Abs. 1 Satz 5, Abs. 5 EStG), die **Mitarbeiter von Kredit- und Finanzdienstleistungsinstituten**. Die **Tathandlung** besteht darin, dass die Steuerabzugsbeträge nicht, nicht vollständig oder nicht rechtzeitig abgeführt werden. Geahndet wird sowohl **vorsätzliches** als auch **leichtfertiges Handeln**.

620 Eine Ordnungswidrigkeit nach § 380 AO kann, sofern die Handlung nicht als leichtfertige Steuerverkürzung nach § 378 AO geahndet wird, bei **vorsätzlicher** Begehung mit Geldbuße bis zu **25.000 €** geahndet werden (vgl. § 380 Abs. 2 AO). Bei **leichtfertiger** Begehung beträgt die Geldbuße bis zu **12.500 €** (vgl. § 17 Abs. 2 OWiG).

IV. Verletzung der Aufsichtspflicht, Compliance und Verbandsgeldbuße (§§ 130, 30 OWiG)

1. Verletzung der Aufsichtspflicht in Betrieben und Unternehmen (§ 130 OWiG) und Compliance

621 § 130 OWiG soll den Inhaber eines Betriebs oder Unternehmens generell zu **Aufsichtsmaßnahmen anhalten** und damit bereits im **Vorfeld** einen (Mindest-)Schutz vor potenziellen Straftaten und Ordnungswidrigkeiten gewähren.[1282] Die Vorschrift knüpft daran an, dass der Inhaber verpflichtet ist, die Begehung von Zuwiderhandlungen zu verhindern oder zumindest wesentlich zu erschweren. Hierbei trifft ihn insb. die Pflicht, durch organisatorische Vorkehrungen für die Einhaltung der einschlägigen gesetzlichen Bestimmungen (**Compliance**) zu sorgen.[1283] Wird diese Pflicht verletzt, gestattet § 130 OWiG die Verhängung einer **Geldbuße**.

622 § 130 OWiG findet nur **subsidiär** Anwendung. Voraussetzung ist, dass der Inhaber bzw. eine ihm gleichgestellte Aufsichtsperson nicht bereits selbst nach den allgemeinen Regeln – durch Anwendung von §§ 13, 14, 25 ff. StGB bzw. §§ 8, 9, 14 OWiG – als (Unterlassungs-) Täter, Teilnehmer oder Beteiligter für die begangene Straftat oder Ordnungswidrigkeit verantwortlich gemacht werden kann (sog. **strafrechtliche Geschäftsherrenhaftung**). Denn die Oberaufsicht verbleibt in Delegationsverhältnissen trotz der Delegation von Aufgaben an Mitarbeiter weiterhin stets beim Inhaber.[1284] Da die strafrechtliche Geschäftsherrenhaftung allerdings an strenge Voraussetzungen geknüpft ist, wird in der Praxis der Strafverfolgung sehr häufig auf § 130 OWiG zurückgegriffen, bei dem die Anforderungen an Kausalität und subjektive Tatseite durch die Anerkennung der Risikoerhöhungslehre und die Einbeziehung fahrlässigen Verhaltens deutlich reduziert sind. § 130 OWiG fungiert insoweit als **Auffangtatbestand**.

1281 *Rolletschke* Steuerstrafrecht Rn. 405.
1282 KK-OWiG/*Rogall* § 130 Rn. 1, 16.
1283 Vgl. nur *Schaefer/Baumann* NJW 2011, 3601 ff.
1284 KK-OWiG/*Rogall* § 130 Rn. 40.

Täter können die **Inhaber** von Betrieben und Unternehmen sowie die ihnen über die Organ- und Vertreterhaftung (§ 9 OWiG) **gleichgestellten (Aufsichts-) Personen** sein, also organschaftliche, gesetzliche und bestimmte gewillkürte Vertreter (Beauftragte). Erfasst ist damit in **Kreditinstituten und Finanzdienstleistungsunternehmen** nicht nur die oberste Führungsebene, sondern darüber hinaus sind auch weitere Personen einbezogen, vor allem die Leiter von Zweigstellen und Abteilungen sowie Personen, die ausdrücklich beauftragt sind, in eigener Verantwortung dem Inhaber obliegende Aufgaben wahrzunehmen. In der Praxis ist ein derartiger Beauftragter auch der sog. **Compliance Officer**, dem die Prävention und die Aufdeckung von Fehlverhalten obliegen. Er hat nach der Rspr. eine Garantenstellung inne, d.h. er ist i.S.d. § 13 StGB (§ 8 OWiG) verpflichtet, Straftaten (Ordnungswidrigkeiten) zu unterbinden.[1285] Nach h.M. kann bei einem Konzern die Muttergesellschaft der »**Inhaber**« i.S.d. § 130 OWiG sein, da sie faktisch betrachtet die Tochtergesellschaften beherrscht.[1286] Auch Pflichtverletzungen mit **Auslandsbezug** können einbezogen sein.[1287] 623

Tathandlung bildet das **Unterlassen der Aufsichtsmaßnahmen**, die erforderlich sind, um der Gefahr von Zuwiderhandlungen gegen betriebsbezogene Pflichten zu begegnen (§ 130 Abs. 1 Satz 1 OWiG). Nach dem sog. **systematischen 5-Stufen-Modell**[1288] ist der Inhaber zu folgenden Aufsichtsmaßnahmen verpflichtet: 1. sorgfältige Auswahl von Mitarbeitern und Aufsichtspersonen; 2. sachgerechte Organisation und Aufgabenverteilung; 3. angemessene Instruktion und Aufklärung über Aufgaben und Pflichten; 4. ausreichende Überwachung und Kontrolle; 5. Eingreifen bei Verstößen. 624

Eine **Aufsichtsmaßnahme** muss stets **erforderlich**, d.h. nicht nur geeignet und das mildeste Mittel, sondern auch rechtlich zulässig und zumutbar sein. Dabei ist insb. der Eigenverantwortung der Betriebsangehörigen und dem bei der Arbeitsteilung generell geltenden Vertrauensgrundsatz Rechnung zu tragen.[1289] Eine bestimmte **Organisation** schreibt § 130 OWiG nicht vor, sodass – soweit konkrete gesetzliche Vorgaben fehlen – in erster Linie Art und Größe des Betriebs bzw. Unternehmens maßgebend sind. 625

In Bezug auf das **Bank- und Kapitalmarktgeschäft**, welches für die Funktionsfähigkeit der Wirtschaft von zentraler Bedeutung ist, trifft den Inhaber die Pflicht zu gesteigerten Aufsichtsmaßnahmen. Die Unternehmen wurden daher bereits früh zur Einrichtung einer **Compliance-Organisation** gesetzlich verpflichtet. In diesem Rahmen sind bei Verdachtsfällen i.d.R. **interne Untersuchungen** (Internal Investigations) zu beauftragen.[1290] Als Grundnorm fungiert **§ 33 WpHG**, der **Wertpapierdienstleistungsunternehmen** schon 1994 dazu verpflichtete, angemessene interne Kontrollverfahren zu schaffen, die geeignet sind, Verstößen gegen Verpflichtungen nach dem WpHG entgegenzuwirken. Seit dem Finanzmarktrichtlinie-Umsetzungsgesetz (FRUG) v. 16.07.2007 fordert § 33 Abs. 1 Nr. 1 WpHG die Einrichtung einer dauerhaften und wirksamen **Compliance-Funktion**, die ihre Aufgaben unabhängig wahrnehmen kann. Im MaComp-Rundschreiben v. 07.06.2010 stellte die BaFin m.W.v. 01.01.2011 Mindestanforderungen auf. Nach **§ 25a KWG** sind **Kredit- und Finanzdienstleistungsinstitute** seit 1998 zu allgemeinen und besonderen organisatorischen Maßnahmen verpflichtet, u.a. zur Einrichtung eines angemessenen und wirksamen **Risikomanagementsystems**. Diese Maßnahmen zählen zu den Grundsätzen ordnungsgemäßer Geschäftsführung.[1291] Die Norm wurde mehrfach verschärft und gilt mittlerweile auch für Institutsgruppen, (gemischte) Finanzholding-Gruppen und gemischte Unternehmen. Darüber hinaus verpflichtet z.B. **§ 25h KWG**, der 2008 (als § 25c KWG) eingeführt und durch das Gesetz zur Umsetzung der Zweiten E-Geld-Richtlinie 626

1285 BGH NJW 2009, 3173 (3175) = BGHSt 54, 44.

1286 OLG Jena NZG 2010, 226 (228); KK-OWiG/Rogall § 130 Rn. 27 m.w.N.

1287 Näher *Waßmer*, in: Hoven/Kubiciel (Hrsg.), Das Verbot der Auslandsbestechung, 2016, S. 165 ff.

1288 KK-OWiG/*Rogall* § 130 Rn. 42.

1289 Göhler/*Gürtler* OWiG § 130 Rn. 12; KK-OWiG/*Rogall* § 130 Rn. 51.

1290 Hierzu Schork/Groß/*Schork* Bankstrafrecht Rn. 1545 ff., 1560 ff.

1291 Boos/Fischer/Schulte-Mattler/*Braun*/*Wolfgarten* KWG § 25a Rn. 17.

(2. EGeldRLUG) v. 01.03.2011 vollständig überarbeitet worden war,[1292] Institute und als übergeordnete Unternehmen geltende (gemischte) Finanzholding-Gesellschaften zu **umfangreichen internen Sicherungsmaßnahmen**, u.a. zu einem angemessenen Risikomanagement sowie zur Etablierung von Verfahren und Grundsätzen zur Verhinderung von Geldwäsche, Terrorismusfinanzierung und sonstigen strafbaren Handlungen. Hierdurch werden die Regelungen des **GwG** ergänzt, wonach die einbezogenen Unternehmen (Rdn. 452) angemessene interne Sicherungsmaßnahmen treffen müssen, um den Missbrauch zur Geldwäsche und Terrorismusfinanzierung zu verhindern. Danach ist u.a. ein der Geschäftsleitung unmittelbar nachgeordneter **Geldwäschebeauftragter**[1293] nebst Stellvertreter zu bestellen (§ 7 Abs. 1 Satz 1 GWG).

627 Die **Zuwiderhandlung**, deren Begehung lediglich objektive Bedingung der Ahndung ist,[1294] besteht in der Verletzung einer Pflicht, die den Inhaber trifft und deren Verletzung mit Strafe oder Geldbuße bedroht ist. Hierbei kann es sich sowohl um Sonder- als auch Allgemeindelikte handeln, sofern ein enger Zusammenhang mit der Betriebs- bzw. Unternehmensführung vorhanden ist.[1295] Bei Pflichtverletzungen im **Bank- und Kapitalmarktgeschäft** spielt es daher keine Rolle, ob Sonderdelikte (wie § 34 DepotG; § 39 WpHG) oder Allgemeindelikte (wie §§ 263, 266 StGB) Strafen bzw. Geldbußen androhen. Ebenso spielt es keine Rolle, ob die Pflichtverletzung schuldhaft begangen wurde.

628 **Täter** der Zuwiderhandlung sind in der Praxis i.d.R. Betriebs- oder Unternehmensangehörige. Irrelevant ist, ob die Zuwiderhandlung innerhalb oder außerhalb des Betriebs oder Unternehmens begangen wurde.[1296] Eine Identifizierung des Täters ist nicht erforderlich, sofern feststeht, dass ein Betriebs- oder Unternehmensangehöriger die Zuwiderhandlung begangen hat.[1297] Nach h.M. können auch mit Aufgaben betraute Externe (z.B. Steuer- und Unternehmensberater) Täter sein.[1298] Außerdem reicht es aus, dass die Aufsichtspflichtverletzung im Ausland und die Zuwiderhandlung im Inland begangen wurde.[1299]

629 Eine **Aufsichtspflichtverletzung** liegt nicht nur dann vor, wenn die Zuwiderhandlung bei Anwendung der gehörigen Aufsicht »verhindert«, sondern bereits dann, wenn sie »wesentlich erschwert worden wäre« (§ 130 Abs. 1 Satz 1 OWiG). Der Gesetzgeber hat damit die sog. **Risikoerhöhungslehre** normiert und damit die nach den allgemeinen Grundsätzen sonst strengen Kausalitätserfordernisse erheblich abgeschwächt. Eine wesentliche Erschwerung liegt vor, wenn die Vornahme der Aufsichtsmaßnahme die Wahrscheinlichkeit der konkreten Zuwiderhandlung erheblich verringert hätte.[1300] Darüber hinaus muss nach h.M. ein **Schutzzweckzusammenhang** zwischen Aufsichtspflichtverletzung und Zuwiderhandlung bestehen.[1301] Die Aufsichtspflichtverletzung muss gerade die konkrete Gefahr von Zuwiderhandlungen eines bestimmten Typs, die sich dann in der konkreten Zuwiderhandlung realisiert hat, erheblich erhöht haben. Ahndbar ist sowohl die **vorsätzliche** als auch die **fahrlässige** Verletzung der Aufsichtspflicht, d.h., der Täter muss die konkrete Gefahr von Zuwiderhandlungen eines bestimmten Typs entweder erkannt haben oder hätte sie erkennen können.[1302] Auf die Begehung der konkreten Zuwiderhandlung müssen sich demgegenüber – als bloßer objektiver Bedingung der Ahndung – Vorsatz bzw. Fahrlässigkeit nicht erstrecken.

1292 Hierzu Boos/Fischer/Schulte-Mattler/*Braun/Wolfgarten* KWG § 25h Rn. 1.
1293 Näher Schork/Groß/*Reichling* Bankstrafrecht Rn. 1291 ff. m.w.N.
1294 Göhler/*Gürtler* OWiG § 130 Rn. 17; KK-OWiG/*Rogall* § 130 Rn. 20.
1295 Vgl. BT-Drucks. 16/3656, S. 8.
1296 Göhler/*Gürtler* OWiG § 130 Rn. 18; KK-OWiG/*Rogall* § 130 Rn. 111.
1297 Göhler/*Gürtler* OWiG § 130 Rn. 20; KK-OWiG/*Rogall* § 130 Rn. 110.
1298 Göhler/*Gürtler* OWiG § 130 Rn. 19 m.w.N.
1299 Vgl. zu § 323a StGB BGHSt 42, 235 (237); krit. KK-OWiG/*Rogall* § 7 Rn. 15.
1300 BT-Drucks. 12/376, S. 33; krit. KK-OWiG/*Rogall* § 130 Rn. 117 m.w.N., der auf eine *substanzielle* Reduzierung abstellt.
1301 Göhler/*Gürtler* OWiG, § 130 Rn. 22; KK-OWiG/*Rogall* § 130 Rn. 118 m.w.N.
1302 Göhler/*Gürtler* OWiG, § 130 Rn. 16a; KK-OWiG/*Rogall* § 130 Rn. 119.

Der **Bußgeldrahmen** richtet sich nach der Zuwiderhandlung. Ist sie nur mit Strafe bedroht, beträgt das Höchstmaß der Geldbuße bei einer vorsätzlichen Aufsichtspflichtverletzung **1 Mio. €** (§ 130 Abs. 3 Satz 1 OWiG) und bei einer fahrlässigen Aufsichtspflichtverletzung **500.000 €** (vgl. § 17 Abs. 2 OWiG). Ist die Zuwiderhandlung ausschließlich oder zugleich mit Geldbuße bedroht, bestimmt sich das Höchstmaß der vorsätzlichen Aufsichtspflichtverletzung nach dem für die Zuwiderhandlung angedrohten Höchstmaß der Geldbuße (§ 130 Abs. 3 Satz 3, 4 OWiG), wobei eine fahrlässige Aufsichtspflichtverletzung nur mit der Hälfte des angedrohten Höchstbetrages geahndet werden kann (vgl. § 17 Abs. 2 OWiG). Liegen mehrere Aufsichtspflichtverletzungen vor, können sich **erhebliche Summierungseffekte** ergeben, da im Ordnungswidrigkeitenrecht das Kumulationsprinzip gilt, wonach jede Geldbuße gesondert festgesetzt wird (vgl. § 20 OWiG). 630

2. Geldbuße gegen juristische Personen und Personenvereinigungen (§ 30 OWiG)

Gegen juristische Personen und Personenvereinigungen kann unter den Voraussetzungen des § 30 OWiG eine sog. **Verbandsgeldbuße** festgesetzt werden, wenn Leitungspersonen Straftaten oder Ordnungswidrigkeiten (Anknüpfungstaten) begangen haben. § 30 OWiG soll die **Gleichbehandlung** von Verbänden mit natürlichen Personen und zugleich die notwendige **Prävention** sicherstellen.[1303] Die Anteilseigner (usw.) sollen generell zur **sorgfältigen Auswahl, Instruktion und Überwachung** der Leitungspersonen angehalten werden. Umgekehrt sollen die Leitungspersonen einkalkulieren, dass ihr Fehlverhalten auch für den Verband Konsequenzen haben kann. § 30 OWiG steht in engem Zusammenhang mit zwei weiteren Regelungen (sog. **Trias** oder **Troika**): Während die Regelungen zur Organ- und Vertreterhaftung (§ 14 StGB; § 9 OWiG) die Voraussetzungen dafür schaffen, dass eine Tat durch die in § 30 OWiG aufgeführten Personen täterschaftlich begangen werden kann, bildet die Verletzung der Aufsichtspflicht in Betrieben und Unternehmen (§ 130 OWiG) die wichtigste Anknüpfungstat des § 30 OWiG. § 30 OWiG hat in den letzten Jahren auch im Bank- und Kapitalmarktgeschäft **zentrale Bedeutung** erlangt,[1304] nicht zuletzt, weil die Möglichkeit besteht, sehr hohe Verbandsgeldbußen zu verhängen (vgl. Rdn. 639, 640). 631

Die Verhängung von **Verbandsstrafen** ist bisher nicht möglich. Die h.M. geht davon aus, dass die Einführung eines Verbandsstrafrechts nicht nur dogmatisch ausgeschlossen, sondern auch rechts- und kriminalpolitisch überflüssig ist.[1305] Dagegen existieren nicht nur im angloamerikanischen Rechtskreis Verbandsstrafrechte, sondern inzwischen haben auch die meisten EU-Staaten sowie die Schweiz und Liechtenstein Verbandsstrafrechte eingeführt. Angesichts der fortschreitenden Harmonisierung des Europäischen Strafrechts ist anzunehmen, dass langfristig auch Deutschland »nachziehen« wird. Hierfür spricht vor allem, dass nur durch Kriminalstrafen angemessen zum Ausdruck gebracht werden kann, dass es um schwere sozialschädliche Rechtsverstöße geht. Am 18.09.2013 hatte der nordrhein-westfälische Justizminister den **Entwurf** eines »Gesetzes zur Einführung der strafrechtlichen Verantwortlichkeit von Unternehmen und sonstigen Verbänden« (VerbStrG) vorgestellt, der im Anschluss sehr kontrovers – aber letztlich ohne Ergebnis – diskutiert wurde.[1306] Ob die Schaffung eines Verbandsstrafrechts[1307] in der 19. Legislaturperiode erneut angegangen wird, ist derzeit noch offen. 632

Eine Verbandsgeldbuße kann nur gegen bestimmte **Verbände**, nämlich juristische Personen, nichtrechtsfähige Vereine und rechtsfähige Personengesellschaften festgesetzt werden. Ein bloßer **Wechsel der Rechtsform** nach der Tat steht der Ahndung nicht entgegen, wenn bei wirtschaftlicher 633

1303 BT-Drucks. V/1269, S. 59; KK-OWiG/*Rogall* § 130 Rn. 17.

1304 Schork/Groß/*Schork* Bankstrafrecht Rn. 1439.

1305 Näher *Dannecker* GA 2001, 101 ff. m.w.N.

1306 Vgl. nur *Görtz* WiJ 2014, 8; *Hein* CCZ 2014, 75; *Hoven* ZIS 2014, 19; *Kubiciel* ZRP 2014, 133; *Römermann* GmbHR 2014, 1; *Rübenstahl/Tsambikakis* ZWH 2014, 8; *Schünemann* ZIS 2014, 1; *Willems* DRiZ 2013, 354; *Witte/Wagner* BB 2014, 643; *Zieschang* GA 2014, 73.

1307 Hierzu *Waßmer*, in: Hoven/Kubiciel (Hrsg.), Das Verbot der Auslandsbestechung, 2016, S. 165, 177 ff.

Betrachtung der Verband identisch und die neue Rechtsform von § 30 OWiG erfasst ist.[1308] Seit dem **8. GWB-ÄndG** v. 26.06.2013 (BGBl. I S. 1738) kann m.W.v. 30.06.2013 die Verbandsgeldbuße im Fall der **Gesamtrechtsnachfolge** oder partiellen Gesamtrechtsnachfolge (§ 123 Abs. 1 UmwG) auch gegen den oder die Rechtsnachfolger festgesetzt werden (§ 30 Abs. 2a OWiG). Zuvor bestand eine Ahndungslücke, die der BGH[1309] zu Recht beanstandet hatte.

634 Auch gegen **ausländische Verbände** können Verbandsgeldbußen festgesetzt werden, sofern diese mit juristischen Personen und Personenvereinigungen des deutschen Rechts rechtlich-strukturell vergleichbar sind.[1310]

635 **Täter der Anknüpfungstat** sind nach § 30 Abs. 1 OWiG: das vertretungsberechtigte **Organ** einer juristischen Person oder das Mitglied eines solchen Organs (Nr. 1); der **Vorstand** eines nicht rechtsfähigen Vereins oder das Mitglied eines solchen Vorstands (Nr. 2); der **vertretungsberechtigte Gesellschafter** einer rechtsfähigen Personengesellschaft (Nr. 3); ein **Generalbevollmächtigter** oder in leitender Stellung tätiger **Prokurist** oder **Handlungsbevollmächtigter** eines Verbands (Nr. 4); eine **sonstige Person**, die für die **Leitung** des Betriebs oder Unternehmens eines Verbands verantwortlich handelt, wozu auch die Überwachung der Geschäftsführung oder die sonstige Ausübung von Kontrollbefugnissen in leitender Stellung gehört (Nr. 5). Erfasst sind damit bei **Kredit- und Finanzdienstleistungsinstituten** vor allem die oberen Hierarchieebenen. Eine zivilrechtlich wirksame Bestellung ist nach h.M. – entsprechend den Regelungen zur Organ- und Vertreterhaftung (§ 14 Abs. 3 StGB; § 9 Abs. 3 OWiG) – nicht erforderlich.[1311]

636 Die **Anknüpfungstat** muss nach § 30 Abs. 1 OWiG entweder Pflichten verletzt haben, die den Verband treffen (1. Alt.), oder der Verband ist bzw. sollte bereichert werden (2. Alt.). Bei der **Verletzung betriebsbezogener Pflichten** geht es in erster Linie um straf- oder bußgeldbewehrte Sonderpflichten, die dem Verband obliegen. Nach h.M. gehören hierzu aber auch die jedermann treffenden Pflichten, sofern ein enger Zusammenhang mit der Betriebs- bzw. Unternehmensführung besteht.[1312] Eine erhebliche Ausdehnung erfährt § 30 OWiG dadurch, dass auch die Aufsichtspflicht in Betrieben und Unternehmen eine betriebsbezogene Pflicht darstellt, sodass § 130 OWiG taugliche Anknüpfungstat ist. Sofern also eine Ordnungswidrigkeit oder Straftat durch einen **untergeordneten Mitarbeiter** eines Kredit- oder Finanzdienstleistungsinstituts begangen wird und diesbezüglich die Aufsichtspflichtverletzung einer Aufsichtsperson festgestellt werden kann, die dem Täterkreis des § 130 OWiG, d.h. den oberen Führungs- und Kontrollebenen, angehört, ermöglicht § 30 OWiG den »**Durchgriff**« auf den Verband. Bei der **Bereicherung des Verbands** geht es dagegen darum, Vorteile abzuschöpfen, die dem Verband durch die Anknüpfungstat zugeflossen sind. Zwischen Anknüpfungstat und Bereicherung muss ein Kausalzusammenhang bestehen.[1313]

637 Der Täter muss »**als**« Organ usw. gehandelt haben, womit sich wie bei § 14 StGB und § 9 OWiG die Frage des Vertretungsbezuges stellt (vgl. Rdn. 308).[1314]

638 **Verbandsgeldbußen** können neben Strafen und Geldbußen festgesetzt werden. Grds. wird in einem **einheitlichen Verfahren** sowohl über die Festsetzung der Strafe bzw. Geldbuße gegen den Täter der Anknüpfungstat als auch über die Festsetzung einer Verbandsgeldbuße entschieden. Diese Vorgehensweise trägt prozessökonomischen Erfordernissen Rechnung. Ausnahmsweise kann eine sog. **isolierte Verbandsgeldbuße** festgesetzt werden (vgl. § 30 Abs. 4 OWiG), wenn wegen der Straftat oder Ordnungswidrigkeit ein Verfahren ggü. der Leitungsperson nicht eingeleitet, eingestellt oder von Strafe abgesehen wird. Dies ist aber ausgeschlossen, wenn die Verfolgung aus rechtlichen

---

1308 Göhler/*Gürtler* OWiG § 30 Rn. 38, 38b.
1309 BGH NZWiSt 2012, 184 m. Anm. *Waßmer*.
1310 KK-OWiG/*Rogall* § 30 Rn. 33.
1311 BGHSt 21, 101 (104 ff.); Göhler/*Gürtler* OWiG § 30 Rn. 14; krit. KK-OWiG/*Rogall* § 30 Rn. 86.
1312 Göhler/*Gürtler* OWiG § 30 Rn. 19 f. m.w.N.
1313 Göhler/*Gürtler* OWiG § 30 Rn. 22.
1314 Vgl. nur KK-OWiG/*Rogall* § 30 Rn. 106 ff. m.w.N.

Gründen, insb. im Fall der Verjährung der Anknüpfungstat,[1315] ausscheidet. Durch Gesetz kann bestimmt werden, dass die Geldbuße auch in weiteren Fällen selbstständig festgesetzt werden kann. Darüber hinaus kann sogar eine **anonyme Verbandsgeldbuße** verhängt werden, wenn die Identität des Täters zwar nicht ermittelt werden kann, aber feststeht, dass eine der in § 30 Abs. 1 OWiG aufgeführten Personen die Anknüpfungstat begangen hat und jeder Person, wäre sie Täter, auch ein Vorwurf gemacht werden könnte.[1316]

Der **Bußgeldrahmen** richtet sich nach der Anknüpfungstat. Handelt es sich um eine **Straftat**, 639
beträgt das Höchstmaß der Verbandsgeldbuße seit dem 30.06.2013 bei vorsätzlicher Begehung **10 Mio. €** und bei fahrlässiger Begehung **5 Mio. €** (§ 30 Abs. 2 Satz 1 OWiG). Das 8. GWB-ÄndG v. 26.06.2013 (BGBl. I S. 1738) hat die Höchstbeträge verzehnfacht, da dem Gesetzgeber der bisherige Bußgeldrahmen angesichts der insb. im Bereich der Wirtschaftskriminalität erzielten Vermögensvorteile und mit Blick auf Empfehlungen der OECD nicht mehr ausreichend erschien.[1317] Geht es dagegen um eine **Ordnungswidrigkeit**, bestimmt sich das Höchstmaß nach dem für die Ordnungswidrigkeit angedrohten Höchstmaß (§ 30 Abs. 2 Satz 2 OWiG). Zu beachten ist aber, dass sich seit dem 8. GWB-ÄndG das Höchstmaß gem. § 30 Abs. 2 Satz 3 OWiG verzehnfacht, wenn das Gesetz auf diese Vorschrift verweist, da dem Gesetzgeber die bisherige Höchstgrenze z.T. zu niedrig erschien.[1318] Im Blick hatte er insb. eine vorsätzliche Aufsichtspflichtverletzung, in deren Folge es zu Straftaten kommt, weshalb gleich eine entsprechende Verweisung (§ 130 Abs. 3 Satz 2 OWiG) eingefügt wurde.

Weiter ist zu beachten, dass das **gesetzliche Höchstmaß überschritten** werden kann, da die Ver- 640
bandsgeldbuße den wirtschaftlichen Vorteil übersteigen soll, den der Verband gezogen hat (§ 30 Abs. 3 i.V.m. § 17 Abs. 4 OWiG). Die Verbandsgeldbuße hat folglich einen Ahndungs- und einen Abschöpfungsteil, womit die Festsetzung sehr hoher Geldbußen möglich ist. So verhängte die deutsche Justiz im Jahr 2008 im Siemens-Korruptionsskandal ein Bußgeld über 395 Mio. €,[1319] gegen eine Schweizer Großbank wurde im Jahr 2011 eine Geldbuße von 149 Mio. € festgesetzt.[1320] Aufgrund der Geltung des **Kumulationsprinzips**, wonach jede Geldbuße gesondert festzusetzen ist (vgl. § 20 OWiG), können sich **erhebliche Summierungseffekte** ergeben. Wird eine Verbandsgeldbuße festgesetzt, ist allerdings die zusätzliche Anordnung der **Einziehung** (bis zum 30.06.2017: des **Verfalls**) nach den §§ 73 oder 73c StGB oder nach § 29a OWiG ausgeschlossen (§ 30 Abs. 5 OWiG), da die Vorteilsabschöpfung bereits durch die Geldbuße erfolgt.

V. Besonderheiten des Wirtschaftsstrafverfahrens

1. Anzuwendende Vorschriften

Für das **Wirtschaftsstrafverfahren** gelten die allgemeinen Regeln des Strafprozessrechts, soweit keine 641
besonderen Vorschriften – wie insb. für das Steuerstrafverfahren (§§ 385 ff. AO) – vorhanden sind. Verfahrensrechtsquellen sind vor allem die StPO (Durchführung von Ermittlungs-, Zwischen-, Haupt-, Rechtsmittel- und Wiederaufnahmeverfahren), das GVG (Aufbau, Zusammensetzung und Zuständigkeit von Gerichten und Staatsanwaltschaften) sowie das StGB (Strafantragsrecht, Verjährung und Rechtsfolgen). Allgemeine Verfassungs- und Menschenrechtsquellen bilden das GG und vor allem Art. 6 EMRK (Recht auf ein faires Verfahren), der grundlegende Verfahrensrechte gewährleistet. Für das **Wirtschaftsordnungswidrigkeitenverfahren**, auf das hier nicht näher eingegangen wird, gelten grds. die allgemeinen Regeln des Bußgeldverfahrens (§§ 35 bis 110 OWiG).

1315 Göhler/*Gürtler* OWiG § 30 Rn. 42.
1316 Göhler/*Gürtler* OWiG § 30 Rn. 40.
1317 BT-Drucks. 17/11053, S. 20, 21.
1318 BT-Drucks. 17/11053, S. 20, 21.
1319 Vgl. Deutsche Welle v. 15.12.2008, http://www.dw.de/dw/article/0,3877735,00.html.
1320 OLG Düsseldorf wistra 2013, 80.

Ergänzend bzw. modifizierend gelangen die in den jeweiligen Fachgesetzen vorhandenen Regelungen (z.B. §§ 409 ff. AO, §§ 40 ff. WpHG) zur Anwendung.

2. Subjekte der Strafverfolgung

642 **Subjekte der Strafverfolgung** sind nicht nur **natürliche Personen**, z.B. auf Seiten der Unternehmen Organe, Vertreter, Mitarbeiter und Kunden, sondern häufig auch die **Unternehmen** selbst. Denn auch gegen Verbände können bereits nach geltendem Recht – trotz des Grundsatzes, dass eine Bestrafung von Verbänden nicht möglich ist (vgl. Rdn. 632) – empfindliche Sanktionen verhängt werden. So besteht die Möglichkeit, Verbandsgeldbußen nach § 30 OWiG zu verhängen, wovon in der Praxis rege Gebrauch gemacht wird. Darüber hinaus findet die Einziehung (vgl. §§ 73b, 74e StGB, §§ 29, 29a OWiG) auch ggü. Verbänden statt. Schließlich steht ein umfangreiches verwaltungsrechtliches Instrumentarium zur Verfügung. Hierzu zählen nicht nur die Gewerbeuntersagung wegen Unzuverlässigkeit (§ 35 GewO), sondern auch die Zwangsauflösung einer Gesellschaft wegen Gefährdung des Gemeinwohls (vgl. § 62 GmbHG, § 396 AktG).

3. Strafverfolgungsbehörden, Gerichte und Strafverteidiger

643 Für die Verfolgung von (bedeutenderen) Straftaten im Bereich des Wirtschaftsstrafrechts sind i.d.R. **Schwerpunktstaatsanwaltschaften** und **kriminalpolizeiliche Spezialdienststellen** zuständig (vgl. Rdn. 272). Beim Verdacht einer Steuerstraftat ermitteln die **Finanzbehörden** (Hauptzollämter; Finanzämter; Bundeszentralamt für Steuern; Familienkassen) den Sachverhalt (§ 386 Abs. 1 AO) und führen ggf. auch das Ermittlungsverfahren selbstständig durch (i.E. § 386 Abs. 2 bis 4 AO).

644 Für das gerichtliche Verfahren ist häufig die Zuständigkeit der **Wirtschaftsstrafkammern** eröffnet. Zwar ist auch für Wirtschaftsstrafverfahren grds. das **Amtsgericht** zuständig, jedoch ist die Zuständigkeit des **Landgerichts** nicht nur dann begründet, wenn eine Freiheitsstrafe von mehr als 4 Jahren zu erwarten ist, sondern auch bei besonderem Umfang oder besonderer Bedeutung des Falles (§§ 24 Abs. 1 Nr. 3, 74 Abs. 1 GVG). Hierbei ist die Wirtschaftsstrafkammer nach dem **Katalog des § 74c GVG** für Straftaten nach den Gesetzen über das Bank-, Depot-, Börsen- und Kreditwesen sowie nach dem ZAG und WpHG (Nr. 2), nach dem Steuer- und Zollrecht (Nr. 3) sowie u.a. für Kapitalanlagebetrug und Kreditbetrug (Nr. 5) zuständig. Dasselbe gilt für Betrug, Computerbetrug und Untreue, soweit zur Beurteilung des Falles besondere Kenntnisse des Wirtschaftslebens erforderlich sind (Nr. 6 Buchst. a). In Sachen, in denen die Zuständigkeit der Wirtschaftsstrafkammer begründet ist, entscheidet sie auch über Beschwerden gegen Verfügungen des Richters beim Amtsgericht sowie gegen Entscheidungen des Richters beim Amtsgericht und der Schöffengerichte (§ 74c Abs. 2 i.V.m. § 73 Abs. 1 GVG).

645 Der Beschuldigte kann sich in jeder Lage des Verfahrens des Beistandes eines **Strafverteidigers** bedienen (vgl. Art. 6 Abs. 3 Buchst. c EMRK, §§ 163a Abs. 4 Satz 2, 136 Abs. 1 Satz 2 StPO) und sollte von dieser Möglichkeit auch Gebrauch machen, um sich adäquat zu verteidigen. Zu Verteidigern können **Rechtsanwälte** sowie **Rechtslehrer** an deutschen Hochschulen i.S.d. Hochschulrahmengesetzes (HRG) mit Befähigung zum Richteramt gewählt werden (§ 138 Abs. 1 StPO). Im **Steuerstrafverfahren** können, soweit die Finanzbehörde das Strafverfahren selbstständig durchführt, auch Steuerberater, Steuerbevollmächtigte, Wirtschaftsprüfer und vereidigte Buchprüfer zu Verteidigern gewählt werden (§ 392 AO).

646 Gerade Wirtschafts- und Steuerstrafverfahren sind regelmäßig durch eine hohe tatsächliche und rechtliche **Komplexität** geprägt. Der Verteidiger gewährleistet eine sachgerechte Verteidigung, indem er die entlastenden Umstände geltend macht und über die Gesetzlichkeit des Verfahrens wacht. Er bildet damit das **Gegengewicht** zur Staatsanwaltschaft. Deshalb empfiehlt sich – gerade auch in Anbetracht der Spezialisierung auf staatlicher Seite – die Einschaltung **spezialisierter Rechtsanwälte**, und zwar schon im **Ermittlungsverfahren**. Im Regelfall wird zunächst ein Rechtsanwalt als Unternehmensverteidiger beigezogen, der dann die Mandatierung von Individualverteidigern

veranlasst.[1321] Auf diese Weise ist die frühzeitige Korrektur von Fehlern gewährleistet, die sonst im weiteren Verlauf des Verfahrens kaum noch ausgeglichen werden können. Denn die Weichen für die Hauptverhandlung werden früh gestellt. Ist das Hauptverfahren erst einmal eröffnet, ist eine Verurteilung sehr wahrscheinlich. Durch die **frühzeitige Einschaltung** eines Verteidigers kann häufig nicht nur eine Verfahrenseinstellung erreicht, sondern auch die Dauer von Zwangsmaßnahmen (insb. Untersuchungshaft und Beschlagnahmen) verkürzt und ein geringeres Strafmaß erreicht werden.

4. Überlange Verfahrensdauer

Wirtschaftsstrafrechtliche Verfahren leiden nicht selten an einer **überlangen Verfahrensdauer**, obwohl Art. 6 Abs. 1 Satz 1 EMRK auch eine angemessene Verfahrensdauer garantiert. Nach Auffassung des BGH[1322] führt eine rechtsstaatswidrige Verfahrensverzögerung grds. nicht zum Verfahrensabbruch, wenn sie kompensierbar ist. Als Kompensation kam früher vor allem eine Strafmilderung, aber auch eine Einstellung nach §§ 153, 153a StPO in Betracht (**Rechtsfolgenlösung**). Nach dem Beschluss des Großen Senates des BGH v. 17.01.2008[1323] ist nunmehr in der Urteilsformel auszusprechen, dass ein bezifferter Teil der verhängten Strafe als vollstreckt gilt (**Vollstreckungslösung**). In Extremfällen, in denen die Belastung nicht kompensiert werden kann, besteht allerdings weiterhin ein Verfahrenshindernis von Verfassungs wegen (**Verfahrenshindernislösung**).[1324] 647

Rechtsstaatswidrig sind Verzögerungen, die allein auf organisatorische Gründe der Justiz zurückzuführen sind (z.B. Verlegen der Akten; schleppende Bearbeitung wegen Personalmangels) und nicht mehr im Verhältnis zu Tatvorwurf und Schuldumfang stehen. Die Feststellung, ob ein entsprechendes Verfahrenshindernis vorliegt, ist **von Amts wegen** im **Freibeweisverfahren** zu treffen. 648

5. Einleitung des Ermittlungsverfahrens und Erkenntnisquellen

Die **Einleitung** eines Ermittlungsverfahrens erfolgt, wenn Staatsanwaltschaft, Polizei oder andere Ermittlungsbehörden von einer Tat aufgrund von eigenen Wahrnehmungen oder durch Anzeige Kenntnis erlangt und sich ein **Anfangsverdacht** ergibt. Die Sichtung sichergestellter Unterlagen ist Aufgabe der Staatsanwaltschaft und erfolgt auf deren Anordnung durch ihre Ermittlungspersonen (§ 110 Abs. 1 Satz 1 StPO). Bei entsprechender Genehmigung des Inhabers kann die Durchsicht auch durch andere Beamte erfolgen (§ 110 Abs. 2 Satz 1 StPO). **Erkenntnisquellen** sind vor allem behördliche Register und Akten, Mitteilungen und Auskünfte der BaFin, Schufa-Auskünfte, sowie die Anhörung von Zeugen und Sachverständigen. 649

Darüber hinaus dient auch die Auskunft über **Konten** den Strafverfolgungsbehörden als Erkenntnisquelle. Im **Strafverfahren** können sich die Mitarbeiter von Banken nicht auf das **Bankgeheimnis** berufen, ihnen steht weder ein Auskunfts- noch Zeugnisverweigerungsrecht zu, sondern sie sind zur umfassenden Aussage ggü. den Strafverfolgungsbehörden verpflichtet.[1325] Seit Einführung des **automatisierten Kontenabrufverfahrens** (vgl. § 24c KWG, §§ 93 Abs. 7, 8, 93b AO), das zur Bekämpfung von Steuerhinterziehung, Sozialmissbrauch, Geldwäsche und Terrorismusfinanzierung eingeführt wurde, haben die Behörden sogar die Möglichkeit, von der BaFin bzw. vom Bundeszentralamt für Steuern Auskünfte einzuholen, ohne dass sie zuvor konkrete Kenntnisse von den Konten des Betroffenen haben. Damit ist ein umfassender Überblick über sämtliche Konten möglich. Alle Kreditinstitute sind verpflichtet, **bestimmte Kundendaten** (Konto- bzw. Depotnummer; Tag der Errichtung und der Auflösung; Name und Geburtsdatum des Inhabers und eines Verfügungsberechtigten; ggf. Name und Anschrift des wirtschaftlich Berechtigten) in einer separaten 650

1321 Vgl. Schork/Groß/*Schork* Bankstrafrecht Rn. 1496, 1497.
1322 BGHSt 46, 159.
1323 BGHSt 52, 124 ff.; krit. *I. Roxin* StV 2008, 14 (18).
1324 Näher *Waßmer* ZStW 118 (2006), 159 ff. m.w.N.
1325 Schork/Groß/*Schork* Bankstrafrecht Rn. 1319 ff.

Datenbank zu führen und bei Änderungen unverzüglich einen neuen Datensatz anzulegen. Diese Datenbank kann **ohne Wissen der Kreditinstitute** abgerufen werden.

651 Schließlich werden in der Praxis häufig **Auskunftsersuchen** gestellt, gestützt auf die »Ermittlungsgeneralklausel«[1326] des § 161 Abs. 1 StPO. Danach ist die Staatsanwaltschaft befugt, von allen Behörden Auskunft zu verlangen und Ermittlungen jeder Art entweder selbst vorzunehmen oder durch die Behörden und Beamten des Polizeidienstes vornehmen zu lassen. Privatrechtliche Kreditinstitute können freilich nicht Adressaten derartiger Auskunftsersuchen sein, da sie keine Behörden sind, und dasselbe muss für öffentlich-rechtliche Kreditinstitute (z.B. Sparkassen) gelten, soweit sie mit den Privatbanken im Wettbewerb stehen.[1327] Zu beachten ist allerdings, dass in der Praxis auch sog. **Auskunftsersuchen mit Abwendungserlaubnis** gestellt werden. Hierbei wird dem Kreditinstitut ein richterlicher Durchsuchungs- oder Beschlagnahmebeschluss bzw. eine Zeugenladung zugestellt und zugleich darauf hingewiesen, dass diese Maßnahmen durch die Erteilung von Auskünften oder die Übergabe von Unterlagen abgewendet werden können. In diesen Fällen sind Kreditinstitute berechtigt, freiwillig die geforderten Auskünfte zu erteilen bzw. Unterlagen herauszugeben.[1328]

6. Berufsgeheimnisträger und Hilfspersonen

652 **Berufsgeheimnisträger** (wie Rechtsanwälte, Patentanwälte, Notare, Wirtschaftsprüfer, vereidigte Buchprüfer, Steuerberater, Steuerbevollmächtigte) sind zur Verweigerung des Zeugnisses berechtigt (§ 53 Abs. 1 Nr. 3 StPO) und unter Strafandrohung auch verpflichtet (vgl. § 203 Abs. 1 Nr. 3 StGB). Erst dann, wenn sie von ihrer Verpflichtung zur Verschwiegenheit entbunden sind, besteht eine Aussagepflicht (§ 53 Abs. 2 Satz 1 StPO). Bei Kapitalgesellschaften sind für die Entbindung die Organe (Vorstand, Geschäftsführer usw.) zuständig. Den Berufsgeheimnisträgern stehen ihre **berufsmäßig tätigen Gehilfen** (insb. das Büropersonal) und die bei ihnen **zur Vorbereitung auf den Beruf tätigen Personen** gleich (vgl. § 203 Abs. 3 Satz 2 StGB; § 53a Satz 1 StPO). Über die Ausübung des Zeugnisverweigerungsrechtes dieser Hilfspersonen entscheiden die Berufsgeheimnisträger, es sei denn, die Entscheidung kann nicht in absehbarer Zeit herbeigeführt werden (§ 53a Satz 2 StPO).

7. Durchsuchung und Beschlagnahme

653 Für Kredit- und Finanzdienstleistungsinstitute sind Durchsuchungen und Beschlagnahmen einschneidende Maßnahmen. Bei einer **Durchsuchung** darf die Kontaktaufnahme mit einem Rechtsanwalt, dem es gestattet ist, anwesend zu sein, nicht verwehrt werden. Soweit der Anwalt die Durchsuchung nicht verhindern kann, sollte er anstreben, den Umfang der Beschlagnahme auf ein **Minimum** zu reduzieren, um die Interessen des betroffenen Instituts zu wahren. Denn gerade in Wirtschaftsstrafverfahren bestimmen häufig Urkundenbeweise den Ausgang des Verfahrens.[1329] Nach § 164 StPO kann der die Durchsuchung leitende Beamte Personen, die vorsätzlich **stören** oder sich Anordnungen **widersetzen**, festnehmen und bis zur Beendigung der Amtsverrichtungen festhalten lassen, jedoch nicht über den nächstfolgenden Tag hinaus. Werden **Zufallsfunde** gemacht, d.h. Gegenstände gefunden, die zwar in keiner Beziehung zur konkreten Untersuchung stehen, aber auf die Verübung einer anderen Straftat hindeuten, so werden diese Gegenstände einstweilen beschlagnahmt und die Staatsanwaltschaft wird von dem Fund in Kenntnis gesetzt (vgl. § 108 Abs. 1 StPO).

654 Die **Beschlagnahme** kann **gravierende Folgen** haben. Nicht selten werden Geschäftsunterlagen und Computer (Server, Desktops, Notebooks) nebst Speichermedien sichergestellt. Da dies den Geschäftsbetrieb stark beeinträchtigen kann, muss der Rechtsanwalt prüfen, ob der Umfang der

1326 BVerfG NJW 2009, 1405 (1407).
1327 Schork/Groß/*Schork* Bankstrafrecht Rn. 1396 f. m.w.N.
1328 Schork/Groß/*Schork* Bankstrafrecht Rn. 1398 m.w.N.
1329 *Krekeler/Werner* Verteidigung in Wirtschaftsstrafsachen, Rn. 12.

Beschlagnahme gerechtfertigt ist. Insoweit gebietet es der Grundsatz der Verhältnismäßigkeit, dass die Ermittlungsbeamten von den Geschäftsunterlagen Kopien fertigen und die Kopien oder die Originale unverzüglich aushändigen bzw. zurückgeben.[1330] Gerade in Bezug auf Geschäftsunterlagen, Computer und Speichermedien sollte der Rechtsanwalt darauf hinwirken, dass eine Beschlagnahme unterbleibt oder durch Anfertigung von (digitalen) Kopien die Auswirkungen der Beschlagnahme gering bleiben. **Auf Verlangen** ist dem Betroffenen ein **Verzeichnis** der in Verwahrung oder in Beschlag genommenen Gegenstände zu geben; falls nichts Verdächtiges gefunden wurde, ist dies zu bescheinigen (§ 107 Satz 2 StPO).

Ein **Beschlagnahmeverbot** besteht für die in § 97 Abs. 1 Nr. 1 bis 3 StPO aufgeführten Gegenstände. Beschlagnahmefrei sind **schriftliche Mitteilungen** zwischen dem Beschuldigten und Zeugnisverweigerungsberechtigten (Nr. 1); dies betrifft vor allem Unterlagen, die Berufsgeheimnisträgern und ihren Gehilfen (Rdn. 652) übergeben wurden. Beschlagnahmefrei sind auch **Aufzeichnungen**, die Berufsgeheimnisträger über die ihnen anvertraute Mitteilungen oder über andere Umstände gemacht haben, auf die sich das Zeugnisverweigerungsrecht erstreckt (Nr. 2). Schließlich besteht auch für **andere Gegenstände**, auf die sich das Zeugnisverweigerungsrecht erstreckt (z.B. Urkunden), ein Beschlagnahmeverbot (Nr. 3). Das Beschlagnahmeverbot gilt aber grds. nur für Gegenstände, die sich im Gewahrsam der Zeugnisverweigerungsberechtigten befinden (§ 97 Abs. 2 Satz 1 StPO). Außerdem müssen die Gegenstände nach h.M. einen Zusammenhang mit dem **besonderen Vertrauensverhältnis** zwischen Berufsgeheimnisträger und Mandant aufweisen.[1331] Beschlagnahmefrei sind alle Unterlagen (z.B. Briefe, Aufzeichnungen, Entwürfe), auf die sich das besondere Vertrauensverhältnis erstreckt. Nicht geschützt sind dagegen z.B. Belege und Unterlagen, sofern sie für behördliche Überprüfungen ohnehin zur Verfügung stehen müssen. 655

Kein Beschlagnahmeverbot besteht, wenn der Zeugnisverweigerungsberechtigte der Teilnahme, Begünstigung, Strafvereitelung oder Hehlerei verdächtig ist oder es sich um Gegenstände handelt, die durch eine Straftat hervorgebracht wurden, aus einer Straftat herrühren oder zur Begehung einer Straftat gebraucht oder bestimmt sind (§ 97 Abs. 2 Satz 2 StPO). 656

Außerdem schützt § 160a StPO **zeugnisverweigerungsberechtigte Berufsgeheimnisträger** – seit dem Gesetz zur Stärkung des Schutzes von Vertrauensverhältnissen zu Rechtsanwälten im Strafprozessrecht v. 22.12.2010 (BGBl. I S. 2261) unterschiedslos **alle Rechtsanwälte** – vor **Ermittlungsmaßnahmen**. Es besteht ein absolutes Beweiserhebungs- und Verwertungsverbot. Dies ist insb. für Rechtsanwälte von Bedeutung, die im Auftrag von Unternehmen interne Untersuchungen vornehmen und hierbei Dokumentationen anlegen.[1332] 657

Regelmäßig erstellen sowohl der Verteidiger als auch der Beschuldigte **Verteidigungsunterlagen**, d.h. schriftliche Unterlagen, die sich mit dem Verfahrensstoff und den Vorwürfen befassen. Diese Unterlagen können sich entweder im Besitz des Verteidigers oder des Beschuldigten befinden. Eine Beschlagnahme dieser Unterlagen scheidet nicht nur dann aus, wenn sie sich im **Gewahrsam des Verteidigers** befinden (vgl. § 97 Abs. 1, Abs. 2 Satz 1 StPO), sondern nach h.M. auch dann, wenn sie sich im **Gewahrsam des Beschuldigten** befinden, da der freie Verkehr zwischen dem Beschuldigten und seinem Verteidiger gewährleistet ist (§ 148 StPO).[1333] Geschützt sind aber ausschließlich Schriftstücke, die die Verteidigung betreffen. In der Praxis empfiehlt sich daher – vorsorglich – die **eindeutige Kennzeichnung** der Unterlagen als »Verteidigungsunterlagen«. 658

1330 *Krekeler/Werner* Verteidigung in Wirtschaftsstrafsachen, Rn. 26 f.
1331 KK-StPO/*Greven* § 97 Rn. 15 f. m.w.N.
1332 Schork/Groß/*Schork* Bankstrafrecht Rn. 1.
1333 BVerfG NJW 2002, 1410; BGH NStZ 1998, 309 f.; KK-StPO/*Greven* § 97 Rn. 24 m.w.N.

8. Akteneinsichtsrecht

659 Das Akteneinsichtsrecht hat in Wirtschaftsstrafverfahren große Bedeutung. Dem **Beschuldigten** ist allerdings eine eigene Akteneinsicht verwehrt. Das gilt auch für den sich selbst verteidigenden Rechtsanwalt.[1334]

660 Für den **verteidigten Beschuldigten** übt der **Verteidiger** das Akteneinsichtsrecht aus (§ 147 Abs. 1 StPO). Hierbei besteht die Möglichkeit der Versagung der Einsicht in die Akten oder Aktenteile, wenn der Abschluss der Ermittlungen noch nicht in den Akten vermerkt ist und die Einsicht den Untersuchungszweck gefährden kann (§ 147 Abs. 2 StPO). Allerdings genügt hierfür die vage Möglichkeit der Gefährdung nicht.[1335] Versagt wird die Akteneinsicht in der Praxis vor allem bei der Vorbereitung von Untersuchungshandlungen, die nur durch Überraschung erfolgreich sein können (z.B. Durchsuchungen). Dem Verteidiger sollen auf Antrag, soweit nicht wichtige Gründe entgegenstehen, die **Akten** – mit Ausnahme der Beweisstücke – zur Einsichtnahme in seine Geschäftsräume oder in seine Wohnung **mitgegeben** werden (§ 147 Abs. 4 Satz 1 StPO). I.Ü. hat der Verteidiger das Recht, **Aufzeichnungen und Lichtbilder** zu fertigen. Er ist befugt, diese Aufgabe auf juristische Mitarbeiter und Sachverständige zu übertragen, sofern die Wahrnehmung des Einsichtsrechts ohne Hilfskräfte wegen des Umfangs unzumutbar ist oder besondere Kenntnisse erfordert.[1336]

661 Dem **unverteidigten Beschuldigten** sind auf seinen Antrag Auskünfte und Abschriften aus den Akten zu erteilen, soweit dies zu einer angemessenen Verteidigung erforderlich ist, der Untersuchungszweck, auch in einem anderen Strafverfahren, nicht gefährdet werden kann und nicht überwiegende schutzwürdige Interessen Dritter – z.B. der Schutz von Betriebs- und Geschäftsgeheimnissen und die Wahrung des Steuergeheimnisses – entgegenstehen (vgl. § 147 Abs. 4 Satz 1 StPO). Die Überlassung der Originalakten an den Beschuldigten ist ausgeschlossen.

662 Für den **Verletzten**, der durch die Straftat eine unmittelbare Rechtsverletzung erlitten hat, kann nur ein Rechtsanwalt die Akten einsehen sowie amtlich verwahrte Beweisstücke besichtigen, und grds. auch nur dann, wenn er ein **berechtigtes Interesse** darlegt (§ 406e Abs. 1 Satz 1 StPO). Ein berechtigtes Interesse ist z.B. vorhanden, wenn die Akteneinsicht der Prüfung dienen soll, ob eine **Beschwerde** eingelegt oder ein **Klageerzwingungsantrag** (§ 172 StPO) angebracht werden soll oder ob gegen den Beschuldigten **zivilrechtliche Ansprüche** geltend gemacht werden können.[1337] Die Akteneinsicht ist zu versagen, wenn überwiegende schutzwürdige Interessen des Betroffenen oder anderer Personen entgegenstehen, und kann versagt werden, wenn der Untersuchungszweck gefährdet erscheint oder das Verfahren erheblich verzögert würde (i.E. § 406e Abs. 2 StPO).

663 Schließlich kann auch **Privatpersonen** und **sonstigen Stellen** über einen Rechtsanwalt Akteneinsicht gewährt werden, sofern im Einzelfall ein **berechtigtes Interesse** dargelegt wird, der Betroffene kein schutzwürdiges Interesse an der Versagung hat und bundes- oder landesgesetzliche Verwendungsregeln nicht entgegenstehen (vgl. i.E. §§ 475, 477 Abs. 2, 3 StPO).

9. Absprachen (Verständigungen)

664 **Besondere Bedeutung** haben in Wirtschaftsstrafverfahren Absprachen, wie der spektakuläre Mannesmann-Prozess[1338] verdeutlicht hat, der im November 2006 infolge einer Absprache (»Verständigung«; »Deal«) sein Ende fand. In der Sache geht es um die Zusage einer Strafmilderung oder eines Strafobermaßes durch das Gericht gegen die Abgabe eines **Voll- oder Teilgeständnisses**. Die Absprachepraxis ist aus dem angloamerikanischen Rechtskreis eingesickert und heute aus der

---

1334 BVerfG NJW 1980, 1677 (1678).

1335 *Meyer-Goßner/Schmitt* StPO § 147 Rn. 25.

1336 *Krekeler/Werner* Verteidigung in Wirtschaftsstrafsachen, Rn. 104.

1337 Vgl. BVerfG NJW 2007, 1052; *Meyer-Goßner/Schmitt* StPO § 406e Rn. 3.

1338 Vgl. LG Düsseldorf NJW 2004, 3275 ff.; BGHSt 50, 331 ff.

deutschen Rechtswirklichkeit nicht mehr wegzudenken. Verfahren können hierdurch z.T. erheblich beschleunigt werden, da die Gerichte der mühseligen und zeitaufwendigen Tatsachenermittlung entgehen. Der **BGH** hatte Absprachen in mehreren Entscheidungen grds. für zulässig erklärt und für die Praxis Leitlinien aufgestellt.[1339] In seiner Entscheidung vom 03.03.2005 betonte der Große Senat aber, dass nunmehr die Grenzen richterlicher Rechtsfortbildung erreicht seien.[1340] Der Gesetzgeber schuf daraufhin mit dem »Gesetz zur Regelung der Verständigung im Strafverfahren« v. 29.07.2009 (BGBl. I, S. 2353) m.W.v. 04.08.2009 eine gesetzliche Grundlage für Absprachen. In der Strafrechtswissenschaft unterlag (und unterliegt) die Absprachepraxis dennoch weiterhin **starker Kritik**, da in grundlegende Verfahrensprinzipien (insb. Rechtsstaatsprinzip, Legalitätsprinzip, Untersuchungsgrundsatz) massiv eingegriffen wird.[1341] Außerdem zeigte sich sehr bald, dass die **Vorgaben umgangen** werden, indem die Beteiligten sich informell darauf einigen, die gesetzlichen Grenzen zulässiger Absprachen nicht einzuhalten und die Protokollierungsvorschriften zu missachten.[1342] Mit Urteil v. 19.03.2013 hat das **BVerfG** die gesetzliche Regelung zur Verständigung trotzdem »noch« als verfassungsgemäß bewertet, allerdings die Praxis informeller Absprachen beanstandet und den Vollzug der Verständigungsregelungen als »in erheblichem Maße defizitär« gerügt; dem Gesetzgeber wurde aufgetragen, die weitere Entwicklung sorgfältig zu beobachten und – sollte sich die gerichtliche Praxis weiterhin in erheblichem Umfang über die gesetzlichen Regelungen hinwegsetzen – dieser Fehlentwicklung durch geeignete Maßnahmen entgegenzuwirken.[1343]

Die zentrale Vorschrift des **§ 257c StPO** orientiert sich an den von der Rspr. aufgestellten **665** Leitlinien, greift aber auch Anregungen aus Wissenschaft und Praxis auf. Danach bleiben bei Absprachen die **Grundsätze des Strafverfahrens** unberührt, das Gericht ist auch weiterhin uneingeschränkt verpflichtet, den wahren Sachverhalt zu ermitteln (vgl. § 257c Abs. 1 StPO). Bestandteil jeder Verständigung soll ein Geständnis sein (§ 257c Abs. 2 Satz 2 StPO). Von dessen Richtigkeit muss das Gericht überzeugt sein. Ein größtmögliches Maß an Transparenz soll dadurch erreicht werden, dass eine Absprache nur in der öffentlichen Hauptverhandlung zustande kommen darf, stets protokolliert und im Urteil erwähnt werden muss (vgl. §§ 243 Abs. 4, 267 Abs. 3 Satz 5, 273 Abs. 1a StPO). Die **Grundsätze der Strafzumessung** bleiben ebenfalls unangetastet, das Strafmaß muss sich an Tat und Schuld orientieren, es darf weder eine unangemessen niedrige noch eine unangemessen hohe Strafe vorgeschlagen werden. Eine **Verständigung** kommt zustande, indem das Gericht ihren Inhalt bekannt gibt, wobei Ober- und Untergrenze der möglichen Strafe angegeben werden, und ihr der Angeklagte sowie die Staatsanwaltschaft zustimmen (§ 257c Abs. 3 StPO).

Die **Rechtsmittel** sind nicht beschränkt, vielmehr unterliegt das Urteil der vollständigen Kontrolle. **666** Die Vereinbarung eines **Rechtsmittelverzichts** ist unzulässig (§ 302 Abs. 1 Satz 2 StPO). Will sich das Gericht von einer **Absprache lösen**, weil rechtlich oder tatsächlich bedeutsame Umstände übersehen worden sind oder sich neu ergeben haben oder das weitere Prozessverhalten des Angeklagten nicht dem prognostizierten Verhalten entspricht, darf ein Geständnis, das der Angeklagte i.R.d. Absprache abgegeben hat, nicht verwertet werden (vgl. § 257c Abs. 4 Satz 3 StPO).

Ergänzend wurden **Vorschriften zur Kommunikation** geschaffen (§§ 160b, 202a, 212, 257b StPO), **667** um bereits im Ermittlungsverfahren, aber auch in allen weiteren Verfahrensstadien, Erörterungen der Staatsanwaltschaft bzw. des Gerichts mit den Verfahrensbeteiligten zu fördern.

1339 Grundlegend BGHSt 43, 195 ff.

1340 BGHSt 50, 40 ff.

1341 Vgl. nur *Jahn/Müller* NJW 2009, 2625 ff.; *Meyer-Goßner* ZRP 2009, 107 ff.; *Sauer* wistra 2009, 141 ff.; *Schünemann* ZRP 2009, 104 ff.

1342 *Fischer* ZRP 2010, 249 (250).

1343 BVerfGE 133, 168 = BVerfG NJW 2013, 1058.

VI. Besonderheiten bei den Rechtsfolgen

668 Die **Rechtsfolgen** von Straftaten sind i.d.R. Freiheits- und Geldstrafe (§§ 38 ff. StGB). Auch die Anordnung eines Berufsverbotes (§§ 70 ff. StGB) ist denkbar. Große Bedeutung hat bei Bank- und Kapitalmarktstraftaten die Einziehung von Taterträgen (§§ 73 ff. StGB) sowie die Einziehung von Tatprodukten, Tatmitteln und Tatobjekten (§§ 74 ff. StGB).

1. Freiheits- und Geldstrafen (§§ 38 ff. StGB)

669 Die **Strafrahmen** werden durch die Straftatbestände festgelegt. Für die Bemessung von Freiheitsstrafen bzw. Geldstrafen, Zahlungserleichterungen und die Ersatzfreiheitsstrafe gelten die allgemeinen Regeln (§§ 38 ff. StGB). Der **Höchstsatz der Geldstrafe** wurde in § 40 Abs. 2 Satz 3 StGB mit dem »42. Gesetz zur Änderung des Strafgesetzbuches« v. 29.06.2009 m.W.v. 03.07.2009 von 5.000 € auf 30.000 € drastisch angehoben, um den seit Einführung des Tagessatzsystems im Jahr 1975 gestiegenen Nettoeinkommen Rechnung zu tragen und auch für Täter mit sehr hohen Einkommen die Belastungsgleichheit sicherzustellen.[1344] Die **gemeinsame Verhängung** von Freiheits- und Geldstrafe ist möglich, wenn der Täter sich durch die Tat bereichert oder zu bereichern versucht hat (§ 41 StGB).

670 Die **Strafzumessung** richtet sich nach §§ 46 ff. StGB. Hierbei bildet die Schuld die Grundlage für die Strafzumessung, wobei die Wirkungen, die von der Strafe für das künftige Leben in der Gesellschaft zu erwarten sind, zu berücksichtigen sind (vgl. § 46 Abs. 1 Satz 1, 2 StGB). Bei den abzuwägenden Umständen (§ 46 Abs. 2 Satz 1, 2 StGB) sind für das Bank- und Kapitalmarktstrafrecht regelmäßig die folgenden **Aspekte von besonderer Bedeutung**: Beweggründe und Ziele (Bereicherungsabsicht); das Vorleben (nicht getilgte einschlägige Vorstrafen; Lebensführung); persönliche und wirtschaftliche Verhältnisse (herausgehobene berufliche und soziale Stellung; wirtschaftliche Verhältnisse z.Zt. der Verurteilung); Verhalten nach der Tat (Bemühen um Schadenswiedergutmachung; Täter-Opfer-Ausgleich; Geständnis; Reue und Schuldeinsicht).

671 Mit dem »43. StrÄndG« v. 29.07.2009 (BGBl. I S. 2288) hat der Gesetzgeber in § 46b StGB eine **»große« Kronzeugenregelung** geschaffen.[1345] § 46b StGB ist eine **allgemeine Strafzumessungsregelung**, die bei allen Straftaten, die mit einer im Mindestmaß erhöhten Freiheitsstrafe bedroht sind, d.h. auch bei **schweren Bank- und Kapitalmarktstraftaten**, angewendet werden kann. Voraussetzung ist, dass der Täter sein Wissen über Tatsachen offenbart, die wesentlich zur Aufklärung einer Katalogstraftat nach § 100a Abs. 2 StPO – z.B. einer Geldwäsche, einer Erpressung oder eines besonders schweren Falles des Betrugs oder Computerbetruges – beitragen (**Aufklärungshilfe**) oder durch die eine solche Straftat verhindert werden kann (**Präventionshilfe**). Seit dem »46. StrÄndG« v. 10.06.2013 (BGBl. I S. 1497) wird gefordert, dass zwischen der Tat des Kronzeugen und der von seiner Aufklärungshilfe und Präventionshilfe betroffenen Tat ein **Zusammenhang** besteht, um im Hinblick auf das Schuldprinzip als zu weitgehend angesehene Vergünstigungen auszuschließen.[1346] Liegen die Voraussetzungen vor, kann das Gericht die Strafe mildern oder sogar von Strafe absehen. Darüber hinaus bestehen weitere **Schutzvorkehrungen**, um eine unangemessene Begünstigung und einen Missbrauch zu vermeiden. Hierbei handelt es sich vor allem um eine **zeitliche Begrenzung**, da die Angaben vor Eröffnung des Hauptverfahrens gemacht werden müssen, um noch rechtzeitig überprüft werden zu können. Zudem wurde die Strafbarkeit des **Vortäuschens einer Straftat** und der **falschen Verdächtigung** ausgeweitet (§§ 145d Abs. 3, 164 Abs. 3 StGB). Schließlich ist die Strafmilderung **kein Automatismus**, vielmehr hat das Gericht abzuwägen, ob der Nutzen der Aussage und die Schwere der aufgeklärten oder verhinderten Taten es rechtfertigen, eine Strafmilderung zu gewähren.

1344 Vgl. BT-Drucks. 16/11606, S. 6.

1345 Hierzu *Frank/Titz* ZRP 2009, 137 ff.; *Gürtler* NJW 2009, 2481 ff.; *Kaspar/Wengenroth* GA 2010, 453; *Landau* NStZ 2011, 537 ff.

1346 Vgl. BT-Drucks. 17/9695, S. 6; krit. *Peglau* NJW 2013, 1910.

2. Fahrverbot (§§ 44 StGB)

Mit dem Gesetz zur effektiveren und praxistauglicheren Ausgestaltung des Strafverfahrens v. 17.8.2017 (BGBl. I S. 3202) wurde die Vorschrift zum **Fahrverbot** (**§ 44 StGB**) m.W.v. 17.8.2017 erweitert. Seitdem kann bei einer Verurteilung wegen einer Straftat zu einer Freiheits- oder Geldstrafe als **Nebenstrafe** ein Fahrverbot für die Dauer von einem Monat bis zu sechs Monaten angeordnet werden (§ 44 Abs. 1 Satz 1 StGB), und zwar auch dann, wenn die Straftat »nicht bei oder im Zusammenhang mit dem Führen eines Kraftfahrzeugs oder unter Verletzung der Pflichten eines Kraftfahrzeugführers begangen wurde«, namentlich, wenn es »zur Einwirkung auf den Täter oder zur Verteidigung der Rechtsordnung erforderlich erscheint oder hierdurch die Verhängung einer Freiheitsstrafe oder deren Vollstreckung vermieden werden kann« (§ 44 Abs. 1 Satz 2 StGB). Welche praktische Bedeutung das Fahrverbot künftig bei **Bank- und Kapitalmarktstraftaten** haben wird, ist derzeit noch unklar. 672

3. Berufsverbot (§§ 70 ff. StGB)

Als **Maßregel der Besserung und Sicherung** kann gegen Personen, die unter Missbrauch ihres Berufes unter grober Missachtung der mit ihm verbundenen Pflichten eine rechtswidrige Tat begangen haben, ein Berufsverbot nach §§ 70 ff. StGB angeordnet werden. Angesichts der **hohen rechtlichen Hürden** hat das Berufsverbot im Allgemeinen nur geringe praktische Bedeutung.[1347] 673

Grds. kann nach § 70 Abs. 1 Satz 1 StGB ein von einem Jahr bis zu 5 Jahren **befristetes Berufsverbot** verhängt werden, wenn die Gesamtwürdigung des Täters und der Tat die Gefahr erkennen lässt, dass der Täter bei weiterer Ausübung seines Berufs erhebliche rechtswidrige Taten der bezeichneten Art begehen wird und das Berufsverbot zur Bedeutung der begangenen und zu erwartenden Taten sowie zu dem Grad der vom Täter ausgehenden Gefahr nicht außer Verhältnis steht (vgl. § 62 StGB). Nach § 70 Abs. 1 Satz 2 StGB kann sogar ein **unbefristetes Berufsverbot** angeordnet werden, wenn zu erwarten ist, dass die Höchstfrist zur Abwehr der von dem Täter drohenden Gefahr nicht ausreicht. I.Ü. kann das Gericht nach § 132a Abs. 1 Satz 1 StPO schon vor der Fällung des Urteils durch Beschluss ein **vorläufiges Berufsverbot** verhängen, wenn dringende Gründe für die Annahme vorhanden sind, dass ein Berufsverbot angeordnet werden wird. 674

4. Einziehung

Durch das **Gesetz zur Reform der strafrechtlichen Vermögensabschöpfung** v. 13.4.2017 (BGBl. I S. 872) wurden die bisherigen Vorschriften zum Verfall (§§ 73 ff. StGB a.F.) und zur Einziehung (§§ 74 ff. StGB a.F.) m.W.v. 1.7.2017 vollkommen neu ausgestaltet. Zudem wird die Abschöpfung seitdem in Angleichung an das europäische Recht einheitlich als **Einziehung** bezeichnet. Die neuen Vorschriften gelten rückwirkend für alle Strafverfahren, die bis zum 1.7.2017 noch nicht abgeschlossen waren. Wird die Anordnung der Einziehung **rechtskräftig**, so geht das Eigentum an der Sache oder das Recht auf den **Staat** über, wobei Rechte Dritter grds. bestehen bleiben (i.E. § 75 StGB). Eine sog. **selbstständige Einziehung** erfolgt, wenn wegen der Straftat keine bestimmte Person verfolgt oder verurteilt werden kann (i.E. § 76a StGB). 675

a) Einziehung von Taterträgen (§§ 73 ff. StGB)

Bei der Begehung von Bank- und Kapitalmarktstraftaten erlangen **Täter oder Teilnehmer** häufig **etwas** »durch« die Tat bzw. »für« die Tat. Die **zwingende Anordnung** der Einziehung (§ 73 Abs. 1 StGB) bezweckt die Abschöpfung dieser Taterträge. Die Einziehung kann auch auf gezogene **Nutzungen** (§ 73 Abs. 2 StGB) und **Ersatzgegenstände** (**Surrogate**) (§ 73 Abs. 3 StGB) erstreckt werden, die (Nr. 1) durch Veräußerung des Erlangten oder als Ersatz für dessen Zerstörung, Beschädigung oder Entziehung oder (Nr. 2) auf Grund eines erlangten Rechts erworben wurden. Durch 676

1347 Graf/Jäger/Wittig/*Waßmer* § 70 StGB Rn. 5 m.w.N.

die Reform der Vorschriften ist die früher praktisch sehr bedeutsame **Regelung entfallen**, wonach die Anordnung ausgeschlossen war, wenn dem Verletzten aus der Tat ein **Anspruch erwachsen** war, dessen Erfüllung dem Täter oder Teilnehmer den Wert des aus der Tat Erlangten entzogen hätte (§ 73 Abs. 1 Satz 2 StGB a.F.). Hierdurch konnte die Anordnung des Verfalls z.B. in den Fällen der **Marktmanipulation**[1348] ausgeschlossen sein.

677 Seit dem 1.7.2017 ist die sog. **erweiterte Einziehung** (§ 73a StGB) generell vorgesehen. Zuvor fanden die Regelungen zum sog. erweiterten Verfall (§ 73d StGB a.F.) nur dann Anwendung, wenn dies ausdrücklich gesetzlich angeordnet war (etwa in Fällen der banden- und gewerbsmäßigen Begehung, vgl. §§ 261 Abs. 8 Satz 3, 263 Abs. 7 StGB a.F.). Nunmehr ordnet das Gericht nach § 73a Abs. 1 StGB die Einziehung von **Gegenständen des Täters oder Teilnehmers** stets auch dann an, wenn diese durch **andere rechtswidrige Taten** oder für sie erlangt worden sind. Damit soll die Einziehung rechtswidrig erlangten Vermögens selbst dann möglich sein, wenn dessen Herkunft aus einer konkreten Straftat nicht festgestellt werden kann. Der Gesetzgeber[1349] wollte ursprünglich mit dem erweiterten Verfall eine effektive Möglichkeit zur Abschöpfung von rechtswidrig erlangten Gewinnen aus kriminellen Tätigkeiten schaffen, insb. die organisierte Kriminalität bekämpfen; die Fortsetzung einer rechtswidrigen Güterzuordnung soll verhindert und damit der Tatanreiz genommen werden; zugleich soll den Tätern das Investitionskapital für weitere Straftaten entzogen werden. Angesichts des starken Eingriffs und der verfassungsrechtlichen Problematik (»Rasenmähermethode«)[1350] setzt die Anordnung der erweiterten Einziehung allerdings stets voraus, dass der Tatrichter aufgrund erschöpfender Beweiserhebung und Beweiswürdigung von der **deliktischen Herkunft** der Gegenstände **uneingeschränkt überzeugt** ist, ohne dass aber die Taten, aus denen sie erlangt sind, i.E. festgestellt werden müssen.[1351]

678 Darüber hinaus kann die Einziehung von Taterträgen auch bei **tatunbeteiligten Dritten** erfolgen (§ 73b StGB), um alle Taterträge abzuschöpfen. Die **Dritteinziehung** ist zum einen nach § 73b Abs. 1 Satz 1 Nr. 1 StGB anzuordnen, wenn der Dritte durch die Tat etwas erlangt und der Täter oder Teilnehmer »**für**« **den Dritten gehandelt** hat, d.h. insbesondere für eine juristische Person oder Personenvereinigung. Zum anderen ist die Einziehung aber nach § 73b Abs. 1 Satz 1 Nr. 2 StGB auch dann möglich, wenn dem Dritten das Erlangte **unentgeltlich** oder **ohne rechtlichen Grund** übertragen wurde (Buchst. a), oder übertragen wurde und der Dritte erkannt hat oder hätte erkennen müssen, dass das Erlangte aus einer **rechtswidrigen Tat herrührt** (Buchst. b). Dasselbe gilt nach § 73b Abs. 1 Satz 1 Nr. 3 StGB, wenn das Erlangte auf den Dritten als **Erbe** übergegangen ist (Buchst. a) oder ihm als **Pflichtteilsberechtigter** oder **Vermächtnisnehmer** übertragen wurde (Buchst. b).

679 Soweit die Einziehung wegen der Beschaffenheit des Erlangten oder aus einem anderen Grunde **nicht möglich** ist oder von der Einziehung eines Ersatzgegenstandes **abgesehen** wird, ist die Einziehung eines Geldbetrages, der dem Wert des Erlangten entspricht, anzuordnen (§ 73c Satz 1 StGB). Eine derartige **Wertersatzeinziehung** ist auch neben der Einziehung eines Gegenstandes zu treffen, soweit dessen Wert hinter dem Wert des zunächst Erlangten zurückbleibt (§ 73c Satz 2 StGB), also wenn etwa eine erlangte Sache (z.B. durch Beschädigung) eine Wertminderung erfahren hat.

680 Bei der **Bestimmung von Umfang und Wert des Erlangten** galt bis zur Reform der Vermögensabschöpfung das »**Bruttoprinzip**«.[1352] Danach unterlag alles, was der Täter erlangt hatte, ohne Abzug von Aufwendungen dem Verfall. Grund hierfür war, dass sich der Gesetzgeber bereits zum 7.3.1992 mit dem Gesetz zur Änderung des Außenwirtschaftsgesetzes, des Strafgesetzbuches und anderer

---

1348 Vgl. BGH NStZ 2010, 326.

1349 Vgl. BT-Drucks. 12/989 S. 1.

1350 *Wittig* Wirtschaftsstrafrecht § 9 Rn. 36.

1351 Vgl. bereits zum erweiterten Verfall BGHSt 40, 371 (373).

1352 BGHSt 47, 369 (372).

Gesetze v. 8.2.1992 (BGBl. I S. 372) vom früheren **Nettoprinzip** abgewandt hatte.[1353] Die neuere Rspr. hatte allerdings teilweise das Bruttoprinzip erst dann angewandt, wenn feststand, worin der Tatvorteil bestand, der nicht erlangt und nicht behalten werden durfte (»Sondervorteil«).[1354] Daher unterlag z.B. bei einem verbotenen Insidergeschäft nicht der gesamte Verkaufserlös dem Verfall,[1355] während dann, wenn wie bei einer handelsgestützten Marktmanipulation das Geschäft »an sich« verboten war, der Verfall des gesamten Verkaufserlöses anzuordnen war.[1356] Dieser Rspr. hat der Gesetzgeber[1357] mit der Reform Rechnung getragen. Seit dem 01.07.2017 ist das Erlangte in **zwei Schritten** festzustellen: Im ersten Schritt ist das Erlangte **rein gegenständlich** zu bestimmen, wobei sich die Bestimmung am Bereicherungsrecht des BGB orientiert. Erst im zweiten Schritt wird dann der **Umfang bzw. Wert** des Erlangten bestimmt, wobei **Gegenleistungen oder sonstige Aufwendungen** zu berücksichtigen sind (§ 73d Abs. 1 Satz 1 StGB), sofern sie nicht für die Begehung der Tat oder für ihre Vorbereitung aufgewendet oder eingesetzt wurden (§ 73d Abs. 1 Satz 2 StGB). Damit gilt im Ergebnis ein **modifiziertes Bruttoprinzip.** Im Übrigen können Umfang und Wert des Erlangten einschließlich der abzuziehenden Aufwendungen **geschätzt** werden (§ 73d Abs. 2 StGB).

b) Einziehung von Tatprodukten, Tatmitteln und Tatobjekten (§§ 74 ff. StGB)

Die Einziehung von **Tatprodukten und Tatmitteln** ist als **Nebenstrafe**[1358] im Rahmen der Strafzumessung nur dann zulässig, wenn die Bezugstat eine **vorsätzliche Straftat** ist (§ 74 Abs. 1 StGB). Von praktischer Bedeutung ist diese Form der Einziehung, wenn durch Bank- und Kapitalmarktstraftaten Gegenstände hervorgebracht oder zu ihrer Begehung bzw. Vorbereitung gebraucht wurden (z.B. Computer, Mobiltelefone, Codekarten, Urkunden). **Tatobjekte**, d.h. Gegenstände, auf die sich eine Straftat bezieht, unterliegen dagegen der Einziehung (nur) nach Maßgabe besonderer Vorschriften (§ 74 Abs. 2 StGB). So gestattet z.B. § 264 Abs. 6 Satz 2 StGB die Einziehung von Tatobjekten, womit z.B. die Einziehung von Waren möglich ist, die durch einen Subventionsbetrug günstiger bezogen wurden.[1359] Die Einziehung ist allerdings stets nur dann zulässig, wenn die Gegenstände zur Zeit der Entscheidung dem Täter oder Teilnehmer **gehören** oder **zustehen** (§ 74 Abs. 3 Satz 1 und 2 StGB). 681

Die Einziehung von Tatprodukten, Tatmitteln und Tatobjekten bei **tatunbeteiligten Dritten** ist möglich, sofern eine Gesetz dies zulässt (§ 74a StGB). Die **Dritteinziehung** ist strafähnlich.[1360] Voraussetzung ist, dass der Dritte entweder **mindestens leichtfertig** dazu beigetragen hat, dass die Gegenstände als Tatmittel verwendet worden oder Tatobjekt gewesen sind (Nr. 1), oder er sie **in Kenntnis** der Umstände, welche die Einziehung zugelassen hätten, in verwerflicher Weise erworben hat (Nr. 2). Außerdem ist es auch hier erforderlich, dass die Gegenstände dem Dritten gehören oder zustehen. Gegen die Dritteinziehung wurden schon früher ernste verfassungsrechtliche Bedenken[1361] geltend gemacht, da sie zwar eine an die Tat anknüpfende strafähnliche Sanktion darstellt, aber nicht voraussetzt, dass dem Dritten sein Verhalten auch strafrechtlich vorgeworfen werden kann, dass er also eine Straftat begangen hat. 682

Darüber hinaus ist die **Sicherungseinziehung** (§ 74b StGB) möglich, wenn Gegenstände nach ihrer Art und nach den Umständen die **Allgemeinheit gefährden** oder die Gefahr besteht, dass sie der **Begehung rechtswidriger Taten dienen** werden, und zwar auch dann (vgl. § 74b Abs. 1 StGB), 683

1353 Vgl. nur BGH NStZ 1994, 123.
1354 Vgl. Fuchs/*Waßmer* WpHG § 38 Rn. 221 m.w.N.
1355 BGH NJW 2010, 882, 884.
1356 BGH NJW 2014, 1399; OLG Stuttgart NJW 2011, 3667, 3670.
1357 BT-Drucks. 18/9525 S. 62, 67 f.
1358 BGHSt 16, 47; BGH NStZ 1993, 400.
1359 Schönke/Schröder/*Perron* StGB § 264 Rn. 84.
1360 Schönke/Schröder/*Eser* StGB § 74a Rn. 1.
1361 Vgl. nur *Julius* ZStW 109 (1997), 58, 86.

wenn (Nr. 1) der Täter oder Teilnehmer ohne Schuld gehandelt hat oder (Nr. 2) die Gegenstände einem tatunbeteiligten Dritten gehören oder zustehen. Hierbei erfolgt in den Fällen der Dritteinziehung grds. eine **angemessene Entschädigung** aus der Staatskasse (§ 74b Abs. 2 StGB). **Ausgeschlossen** ist eine Entschädigung aber, abgesehen von Härtefällen (§ 74b Abs. 3 Satz 2 StGB), in drei Fällen (§ 74b Abs. 3 Satz 1 StGB): Wenn der Dritte mindestens leichtfertig dazu beigetragen hat, dass die Gegenstände als Tatmittel verwendet worden sind oder Tatobjekt gewesen sind (Nr. 1 Buchst. a), wenn er die Gegenstände in Kenntnis der Umstände, welche die Einziehung zugelassen hätten, in verwerflicher Weise erworben hat (Nr. 1 Buchst. b) und wenn die Einziehung auf Grund von Rechtsvorschriften außerhalb des Strafrechts zulässig wäre (Nr. 2).

684 Die **Wertersatzeinziehung**, d.h. die Einziehung eines Geldbetrags als Wertersatz, ist auch hier gestattet, wenn die Einziehung eines bestimmten Gegenstands nicht möglich ist oder dieser vor der Entscheidung über die Einziehung mit dem Recht eines Dritten belastet wurde (i.E. § 74c Abs. 1 und 2 StGB). Hierbei kann der Wert des Gegenstands und der Belastung **geschätzt** werden (§ 74c Abs. 3 StGB).

685 Bei der Einziehung ist stets der **Grundsatz der Verhältnismäßigkeit** zu wahren. Ist die Einziehung nicht vorgeschrieben, so darf sie in den Fällen der §§ 74 und 74a StGB **nicht angeordnet** werden, wenn sie zur begangenen Tat und zum Vorwurf, der den von der Einziehung Betroffenen trifft, außer Verhältnis steht (§ 74f Abs. 1 Satz 1 StGB). Kann der Zweck der Einziehung in den Fällen der §§ 74 bis 74b und 74d StGB auch durch eine **weniger einschneidende Maßnahme** erreicht werden, ordnet das Gericht an, dass die Einbeziehung **vorbehalten** bleibt (§ 74f Abs. 1 Satz 2 StGB). In Betracht kommt insb. (vgl. § 74f Abs. 1 Satz 3 StGB) die Anweisung, die Gegenstände unbrauchbar zu machen (Nr. 1), an ihnen bestimmte Einrichtungen oder Kennzeichen zu beseitigen oder sie sonst zu ändern (Nr. 2) oder über sie in bestimmter Weise zu verfügen (Nr. 3). Wird die Anweisung **befolgt**, so wird der Vorbehalt der Einziehung aufgehoben; andernfalls wird nachträglich die Einziehung angeordnet (§ 74f Abs. 1 Satz 4 StGB).

c) Sicherstellung im Strafverfahren (§§ 111b ff. StPO) und im Steuerstrafverfahren (§§ 324, 394 AO)

686 Im Strafverfahren richtet sich die **Beschlagnahme zur Sicherung der Einziehung oder Unbrauchbarmachung** nach §§ 111b ff. StPO, während der **Vermögensarrest zur Sicherung der Wertersatzeinziehung** in den §§ 111e ff. StPO geregelt ist. Mit der Neuregelung zum 01.07.2017 ist insb. die bisherige Regelung des § 111b Abs. 5 StPO a.F. zur sog. **Rückgewinnungshilfe**[1362] **entfallen,** die dem Verletzten die spätere Durchsetzung seiner Ansprüche gegen den Täter erleichtern sollte.

687 Bei **»Gegenständen«** i.S.v. § 111b StPO – d.h. Sachen und Rechten[1363] – erfolgt die **Vollziehung der Beschlagnahme** nach § 111c StPO, während § 111d StPO die **Wirkung** der Vollziehung regelt.

688 Hinsichtlich des **Wertersatzes** soll nach § 111e Abs. 1 StPO ein **dinglicher Arrest** in das bewegliche und unbewegliche Vermögen des Betroffenen angeordnet werden. Voraussetzung dafür ist aber – trotz des Wegfalls des früheren Verweises auf § 917 ZPO (§ 111d Abs. 2 StPO a.F.) – weiterhin, dass ein **Sicherungsbedürfnis** besteht.[1364] Dies ist der Fall, wenn die Besorgnis besteht, die künftige Vollstreckung werde ohne Anordnung eines Arrestes vereitelt oder wesentlich erschwert,[1365] wenn der Betroffene seine Vermögensverhältnisse verschleiert, Vermögenswerte versteckt oder

---

1362 Hierzu ausführlich *Greier* Die Entscheidung der Staatsanwaltschaft über Maßnahmen zur Rückgewinnungshilfe, 2016.

1363 KK-StPO/*Spillecke* § 111b Rn. 3.

1364 OLG Stuttgart NJW 2017, 3731.

1365 LG Hamburg NStZ-RR 2004, 215.

verschleudert[1366] oder wenn die zu sichernde Geldforderung im Ausland zu vollstrecken wäre.[1367] Von großer praktischer Bedeutung ist die **Kontenpfändung**.[1368]

Zur **Anordnung** der Beschlagnahme und des dinglichem Arrest ist das Gericht, bei Gefahr im Verzug auch die Staatsanwaltschaft befugt (§ 111j Abs. 1 Satz 1 und 2 StPO). Zur Beschlagnahme einer beweglichen Sache sind bei Gefahr im Verzug zudem die Ermittlungspersonen der Staatsanwaltschaft (§ 152 GVG) befugt (§ 111j Abs. 1 Satz 3 StPO). Hat die Staatsanwaltschaft die Anordnung getroffen, so beantragt sie innerhalb einer Woche die **gerichtliche Bestätigung** der Anordnung, es sei denn, sie hat die Beschlagnahme einer beweglichen Sache angeordnet (§ 111j Abs. 2 Satz 1 und 2 StPO). Der Betroffene kann aber in allen Fällen die Entscheidung des Gerichts beantragen (§ 111j Abs. 2 Satz 3 StPO). 689

Im **Steuerstrafverfahren** steht den Finanzbehörden zur Sicherung von Steueransprüchen als vorläufige Maßnahme der **dingliche Steuerarrest** nach § 324 AO zur Verfügung. Seit der Neuregelung der Vermögensabschöpfung zum 01.07.2017 ist der zuvor häufig praktizierte Rückgriff auf die (nunmehr entfallene, vgl. Rdn. 686) strafprozessuale Rückgewinnungshilfe (§ 111b Abs. 5 StPO a.F.) nicht mehr möglich. Maßgebend für den Rückgriff war, dass die Rspr.[1369] den Steuerfiskus als Verletzten i.S.d. § 73 Abs. 1 Satz 2 StPO a.F. anerkannt hatte.[1370] Im Übrigen war bislang streitig, ob die Möglichkeit, den dinglichen Steuerarrest anzuordnen, die Anordnung des strafprozessualen Arrestes infolge fehlenden Sicherungsbedürfnisses **ausschließt**.[1371] § 111e Abs. 6 StPO normiert nunmehr ausdrücklich, dass die beiden Sicherungsinstrumente des Vermögensarrests nach § 111e Abs. 1 AO und nach § 324 AO **gleichrangig** nebeneinander stehen, um die rechtliche Unsicherheit bei der vorläufigen Sicherung von Vermögenswerten in Steuerstrafverfahren zu beseitigen.[1372] 690

Eine **Sonderregelung**[1373] für die **Einziehung** im Steuerstrafverfahren enthält § 394 AO. Danach gehen Sachen, die ein **Unbekannter**, der bei einer Steuerstraftat auf frischer Tat betroffen wurde, zurückgelassen hat und die beschlagnahmt oder sonst sichergestellt wurden, nach Ablauf eines Jahres in das Eigentum des Staates über. Voraussetzung ist, dass der **Eigentümer der Sachen unbekannt** ist und die Finanzbehörde durch eine **öffentliche Bekanntmachung** auf den drohenden Verlust des Eigentums hingewiesen hat. Die praktische Bedeutung der Vorschrift ist jedoch sehr gering.[1374] 691

E. Organhaftung

Im Bereich der Organhaftung ist zwischen der Innenhaftung einerseits und der Außenhaftung andererseits zu unterscheiden. Die Innenhaftung betrifft Ansprüche der Gesellschaft gegen den Geschäftsleiter, bei der Außenhaftung geht es um Ansprüche Dritter (einschließlich der Gesellschafter). 692

Von der Konzeption her ist die eigentliche Organhaftung die Innenhaftung. Der Gesetzgeber hat nur diese im Bereich des Gesellschaftsrechtsrechts geregelt, §§ 43 GmbHG, 93 AktG, 34 GenG, wohl weil er davon ausging, dass der Gläubiger der Gesellschaft deren Ansprüche gegen das Leitungsorgan pfänden und sich überweisen lassen könnte.[1375] Tatsächlich finden aber gerade Fälle 693

1366 *Hellerbrand* wistra 2003, 201 (203).
1367 LG Duisburg NStZ-RR 1999, 221.
1368 Schork/Groß/*Schork* Bankstrafrecht Rn. 1415 ff.
1369 BGH NJW 2001, 693.
1370 Näher Schork/Groß/*Schork* Bankstrafrecht Rn. 1432 f.
1371 Bejahend LG Saarbrücken NStZ-RR 2008, 284; OLG Oldenburg wistra 2008, 119; LG Mannheim StraFo 2007, 115; verneinend LG Hamburg NStZ-RR 2004, 215; LG Halle an der Saale wistra 2009, 39; näher *Madauß* NZWiSt 2013, 128; *Roth* wistra 2010, 335 m.w.N.
1372 BT-Drucks. 18/9525 S. 78.
1373 *Joecks*/Jäger/Randt Steuerstrafrecht § 394 AO Rn. 3.
1374 *Joecks*/Jäger/Randt Steuerstrafrecht § 394 AO Rn. 2.
1375 *Drescher*, Rn. 838.

der Außenhaftung Widerhall in der Öffentlichkeit, man denke an den Prozess der Deutschen Bank gegen die Kirch-Erben. Die Außenhaftung unterliegt dem ordentlichen (zivilrechtlichen) Haftungsregime, von der Haftung des Vertreters ohne Vertretungsmacht über die Durchgriffs- und Rechtsscheinhaftung bis zur deliktischen Haftung und der Haftung nach Sonderregelungen wie Steuer- und Wettbewerbsrecht.

694 Es würde dieses Kapitel und sogar das Buch überfordern, wollte man versuchen, das gesamte denkbare Haftungsregime darzustellen. Die Außenhaftung wird deshalb nachfolgend nur im Überblick dargestellt, während auf die »klassische« Organhaftung als Innenhaftung umfassender eingegangen wird. Nicht behandelt wird an dieser Stelle die Haftung der Gesellschaft gegenüber Dritten für das ihr zurechenbare Verhalten ihrer Organe.

I. Außenhaftung

1. Haftung als Vertreter ohne Vertretungsmacht

695 Man mag es kaum glauben, aber die Fälle einer Haftung als Vertreter ohne Vertretungsmacht sind zahlreicher als man denkt. Bei Großunternehmen wie Banken mögen sie allerdings weniger häufig vorkommen. Bei kleineren Gesellschaften »schleicht« sich aber gerne einmal die Übung ein, dass der nicht alleinvertretungsberechtigte Geschäftsleiter rechtsgeschäftliche Erklärungen für die Gesellschaft abgibt, insbesondere weniger bedeutende Verträge »abschließt«. In diesen Fällen kommt eine Haftung nach § 179 BGB gegenüber dem Geschäftspartner in Betracht, weil nur der handelnde Geschäftsleiter aus dem Rechtsgeschäft verpflichtet wird, wenn es nicht im Nachhinein durch die übrigen Geschäftsleiter genehmigt wird.[1376] Allerdings kann sich der Geschäftsleiter nach § 179 Abs. 3 BGB darauf berufen, dass der Geschäftspartner den Mangel der Vollmacht kannte oder hätte kennen müssen.[1377]

696 Eine Rechtsscheinhaftung nach § 179 BGB kann auch dann in Betracht kommen, wenn der Geschäftsleiter im Rahmen von Verhandlungen nicht offenbart, für einen Rechtsträger mit begrenzter Haftung aufzutreten. Dabei darf man allerdings die Anforderungen nicht überspannen. Bei mündlichen oder fernmündlichen Verhandlungen muss der Geschäftsleiter nicht ausdrücklich auf die Rechtsform hinweisen.[1378]

2. Vertragliche und quasi-vertragliche (Vertrauens)Haftung

697 Eine vertragliche Haftung des Geschäftsleiters scheidet grundsätzlich aus, es sei denn er begründet eine solche für sich selbst, beispielsweise im Wege des Schulbeitritts.[1379]

698 Ein weiterer typischer Fall der Außenhaftung ist die Inanspruchnahme des Geschäftsführers nach den Grundsätzen der culpa in contrahendo, § 311 BGB, wenn der Geschäftsleiter entweder ein besonderes wirtschaftliches Eigeninteresse am Abschluss des Vertrages hatte oder aber ersichtlich sein persönliches Vertrauen beim Abschluss des Rechtsgeschäfts eine Rolle gespielt hat.[1380]

699 Das wirtschaftliche Eigeninteresse ist dann anzunehmen, wenn der Geschäftsleiter ein so enges Verhältnis zum eigentlichen Vertragsgegenstand aufweist, dass er quasi in eigener Sache zu handeln scheint. Es genügt hingegen nicht, wenn der Geschäftsleiter eine eigene Provision für den Abschluss des Geschäfts erhält, er persönliche oder dingliche Sicherheiten stellt oder aber er den Geschäftspartner nicht über die schlechte Vermögenslage der Gesellschaft aufklärt.[1381]

1376 BGH WM 1988, 216.
1377 Jauernig/*Mansel*, BGB, § 179 Rn. 5.
1378 BGH WM 1996, 1630; WM 2007, 833 für die niederl. BV.
1379 Baumbach/Hueck/*Zöllner/Noack*, § 43 Rn. 68 m.w.N.
1380 Roth/*Altmeppen*, § 43 Rn. 51.
1381 Roth/*Altmeppen*, § 43 Rn. 52; *Drescher*, Rn. 855 ff.; BGH WM 1992, 735; WM 1994, 1428.

Eine Haftung des Geschäftsleiters wegen der Inanspruchnahme persönlichen Vertrauens kommt dann in Frage, wenn der Geschäftsleiter über das übliche Verhandlungsvertrauen hinaus persönliches Vertrauen in Anspruch nimmt, beispielsweise unter Hinweis auf seine besondere Sachkunde oder seine besondere Verlässlichkeit. Kurz: Der Geschäftsleiter muss eine von ihm persönlich ausgehende Gewähr für die Seriosität und die Erfüllung des Geschäfts oder die Richtigkeit und Vollständigkeit seiner Erklärungen bieten, die für den Vertragspartner von Bedeutung ist.[1382] 700

3. Durchgriffshaftung

Eine Durchgriffshaftung des Geschäftsführers gegenüber Dritten gibt es im Grunde nur auf spezialgesetzlicher Grundlage. Es gilt das Prinzip der Trennung des Vermögens der handelnden Personen und der Gesellschaft, etwa normiert in § 13 Abs. 2 GmbHG. Allerdings existiert hiervon eine von der Rechtsprechung akzeptierte Ausnahme, die praktisch aber nur bei Gesellschafter-Geschäftsleitern vorkommen wird: Die Vermögensvermischung von Privat- und Gesellschaftsvermögen, auch »Waschkorblage« genannt.[1383] Hiervon spricht man, wenn eine durch Gesellschafter verursachte Verschleierung der Vermögensabgrenzung vorliegt, insbesondere aufgrund einer undurchsichtigen Buchführung. 701

Im Übrigen bedarf die Durchgriffshaftung einer spezialgesetzlichen Grundlage, so etwa in § 4 BBodSchG für Altlasten oder § 69 AO für Steuerschulden. 702

4. Prospekthaftung

Die Prospekthaftung wird in Kapital 7 ausführlich behandelt und bedarf insoweit an dieser Stelle keiner breiteren Darstellung. Es sei allerdings auch hier daran erinnert, dass eine persönliche Haftung des Geschäftsleiters in Frage kommt, wenn der Erlass des Prospektes von ihm ausgeht, § 20 VermAnlG. 703

Daneben greift die Haftung für Unrichtigkeit und Unvollständigkeit der Angaben, wenn der Geschäftsleiter persönlich gegenüber Anlegern mit dem Anspruch auftritt, sie über die für die Anlageentscheidung wesentlichen Umstände aufzuklären.[1384]In der Regel wird der Geschäftsleiter den Anlegern aber nicht persönlich gegenüber treten, so dass es insoweit bei der Haftung der Gesellschaft bleibt. 704

Im Bereich des Terminhandels hat die Rechtsprechung die persönliche Haftung des Geschäftsleiters angenommen, wenn dieser nicht die hinreichende Aufklärung der Telefonkunden durch die Verkäufer sichergestellt hat. Der Unterschied zur soeben genannten Vertrauenshaftung liegt darin, dass ein Kontakt des Geschäftsleiters zum Anleger für die Begründung der Haftung nicht erforderlich ist. Er haftet persönlich für die mangelnde Organisation, die dazu geführt hat, dass der Anleger nicht aufgeklärt worden ist.[1385] 705

5. Deliktische Haftung

Eine Haftung des Geschäftsleiters nach § 823 Abs. 1 BGB kommt immer dann in Frage, wenn dieser selbst die Schutzgüter der Norm verletzt hat, etwa bei der Verletzung gewerblicher Schutzrechte. 706

1382 Baumbach/Hueck/*Zöllner/Noack*, § 43 Rn. 71; BGH WM 1989, 1715; WM 1990, 2039; WM 2003, 34.

1383 So ausdrücklich *Drescher*, Rn. 918.

1384 *Drescher*, Rn. 877 f.

1385 BGH WM 1994, 453; OLG Düsseldorf WM 1994, 1520; Baumbach/Hueck/*Zöller/Noack*, § 43 Rn. 88; *Drescher*, Rn. 880 f.

707 Kritisch diskutiert wird die Außenhaftung wegen Organisationsverschuldens.[1386] Grundsätzlich ist der Geschäftsführer gegenüber der Gesellschaft zur Organisation des Unternehmens verpflichtet. Die Frage ist, inwieweit eine Verletzung dieser Organisationspflicht auch eine Außenhaftung begründen kann. Ausgangspunkt dieser Überlegung ist der sog. »Baustoff-Fall« des BGH.[1387] Danach können die von der GmbH zum Schutz absoluter Rechtsgüter zu beachtenden Pflichten auch ihren Geschäftsführer in einer Garantenstellung aus den ihm übertragenen organisatorischen Aufgaben treffen und bei Verletzung dieser Pflichten seine deliktische Eigenhaftung auslösen. Der 6. Zivilsenat beim BGH, der diese Haftung »begründet« hat, war allerdings zuletzt eher zurückhaltend. Nach einer jüngeren Entscheidung[1388] ergibt sich aus der Stellung als Geschäftsführer einer GmbH bzw. als Mitglied des Vorstands einer Aktiengesellschaft allein keine Garantenpflicht gegenüber außenstehenden Dritten, eine Schädigung ihres Vermögens zu verhindern. Die Pflichten aus der Organstellung zur ordnungsgemäßen Führung der Geschäfte der Gesellschaft nach § 43 Abs. 1 GmbHG, § 93 Abs. 1 Satz 1 AktG, zu denen auch die Pflicht gehört, für die Rechtmäßigkeit des Handelns der Gesellschaft Sorge zu tragen, bestehen danach grundsätzlich nur dieser gegenüber und lassen bei ihrer Verletzung Schadensersatzansprüche grundsätzlich nur der Gesellschaft entstehen. Danach wird man von einer nur ausnahmsweise bestehenden Haftung des Geschäftsleiters aus Deliktsrecht bei Verletzung der Organisationspflichten ausgehen können. Die Diskussion ist aber wohl noch nicht abgeschlossen.[1389]

708 Daneben kommt eine Haftung des Geschäftsleiters nach § 823 Abs. 2 BGB in Verbindung mit der Verletzung eines Schutzgesetzes in Frage, etwa § 266 StGB oder § 266a StGB wegen der Nicht-Abführung von Sozialversicherungsbeiträgen. Auch § 15a InsO ist Schutzgesetz im Sinne von § 823 Abs. 2 BGB und begründet bei Verletzung der Insolvenzantragspflicht eine deliktische Haftung wegen Insolvenzverschleppung. Wegen der Einzelheiten zur Insolvenzverschleppung durch die nicht rechtzeitige Antragstellung wird auf die einschlägigen Kommentierungen zu § 15a InsO verwiesen. Wichtig ist, zu wissen, dass Altgläubiger, also solche, deren Forderungen bereits bei Eintritt der Insolvenzreife bestanden, nur den Ersatz des Quotenschadens verlangen können, d.h. die Verminderung der Insolvenzquote aufgrund der Insolvenzverschleppung. Die Neugläubiger erhalten denjenigen Schaden, der ihnen dadurch entstanden ist, dass sie in Rechtsbeziehung zu einer insolvenzreifen Gesellschaft getreten sind. Wird das Insolvenzverfahren eröffnet, verliert der Altgläubiger die Aktivlegitimation zur Prozessführung. Der Neugläubiger hingegen kann seinen Schaden auch bei Eröffnung des Insolvenzverfahrens geltend machen.[1390]

709 Neben einer Haftung nach § 823 BGB ist auch eine solche nach § 826 BGB denkbar.[1391] Da der Geschäftsleiter auch die Zweckbindung des Gesellschaftsvermögens zu beachten hat, kann er wegen Beteiligung an einem existenzvernichtenden Eingriff haften, weil er den existenzvernichtenden Vermögensverlust entweder verursacht oder duldet.[1392] Ursprünglich als Außenhaftung konzipiert hat der BGH diese zur Innenhaftung nach § 826 BGB umgestaltet.[1393]

6. Haftung für Steuerverbindlichkeiten

710 Nach § 34 Abs. 1 AO hat der Geschäftsleiter dafür Sorge zu tragen, dass die Gesellschaft ihre steuerlichen Pflichten erfüllt, namentlich die fälligen Steuerzahlungen leistet und die Steuererklärungen

---

1386 Vgl. die Darstellung von Saenger/Inhester/*Lücke/Simon*, § 43 Rn. 117 und *Drescher*, Rn. 957 ff. jew. m.w.N.

1387 BGH WM 1990, 108.

1388 BGH WM 2012, 1591.

1389 Saeneger/Inhester/Lücke/Simon, § 43 Rn. 117 mit Verweis auf die unterschiedlichen Senate des BGH.

1390 *Drescher* Rn. 1140 ff.

1391 Vgl. OLG Frankfurt ZInsO 2017, 2757, zur Haftung des Geschäftsführers gegenüber der Bundesagentur für Arbeit wegen Insolvenzgeldzahlungen.

1392 Saenger/Inhester/*Lücke/Simon*, § 43 Rn. 99.

1393 BGH NJW 2007, 2689 (Trihotel).

rechtzeitig abgibt. Geschieht dies nicht, haftet der Geschäftsleiter nach § 69 AO persönlich für die Steuerschuld. Voraussetzung ist, dass die Gesellschaft noch zur Zahlung in der Lage war. Dies ist nicht mit Zahlungsunfähigkeit im Sinne von § 17 InsO gleichzusetzen. Solange die Gesellschaft noch andere Gläubiger bedient ist sie zur Steuerzahlung in der Lage und das Verhalten des Geschäftsleiters war für die Nicht-Zahlung kausal.[1394] Anders als bei der Haftung für nicht abgeführte Sozialversicherungsbeiträgen genügt hier bereits grobe Fahrlässigkeit.

Der Geschäftsführer haftet für eigenes Verschulden und kann sich im Falle der Einschaltung von fachkundigen Beratern, namentlich Steuerberatern entlasten, wenn er diese sorgfältig ausgewählt, umfassend informiert und sorgfältig überwacht hat.[1395] 711

7. Darlegungs- und Beweislast, Verjährung

Die Darlegungs- und Beweislast ebenso wie die Verjährung richten sich nach der jeweils einschlägigen Anspruchsgrundlagen. Es gibt keine grundsätzliche Umkehrung der Darlegungs- und Beweislast. 712

II. Allgemeine Innenhaftung

Die Rechtsgrundlage für die allgemeine Innenhaftung ist für die die Aktiengesellschaft in § 93 Abs. 2 AktG und für die Genossenschaft in § 34 Abs. 2 GenG inhaltsgleich ausgeprägt: Die Geschäftsleiter haben in den Angelegenheiten der Gesellschaft die Sorgfalt eines ordentlichen Geschäftsmannes anzuwenden. § 43 GmbHG sieht für den Geschäftsführer einer GmbH nichts anderes vor. Geschäftsleiter, die ihre Obliegenheiten verletzen, haften der Gesellschaft solidarisch für den entstandenen Schaden. 713

Auch einige Sparkassengesetze der Länder kennen derartige Haftungsnormen. Unabhängig hiervon wird aber von der wohl herrschenden Meinung zu Recht von einer einheitlichen unbeschränkten Haftung der Sparkassenvorstände ausgegangen.[1396] Uneinigkeit herrscht hingegen bei der Beurteilung, ob das Organverhältnis privatrechtlicher oder öffentlich-rechtlicher Natur ist. Dies kann für die Frage der gerichtlichen Zuständigkeit entscheidend sein. Der BGH hat für das nordrhein-westfälische Sparkassengesetz einen privatrechtlichen Bestellungsakt angenommen, obwohl die Sparkasse Anstalt des öffentlichen Rechts ist.[1397] In der Literatur wird hieraus zum Teil der Schluss gezogen, dass das Organverhältnis stets privatrechtlicher Natur sei.[1398] Das OLG Nürnberg hat hingegen in Kenntnis der BGH Entscheidung unter Hinweis auf die unterschiedliche Ausgestaltung des bayerischen Sparkassengesetzes einerseits und des nordrhein-westfälischen Sparkassengesetzes andererseits, ein öffentlich-rechtlich geprägtes Organverhältnis angenommen und die Schadenersatzklage vor der ordentlichen Gerichtsbarkeit als unzulässig abgewiesen.[1399] 714

1. Anwendungsbereich

Die Haftungsnormen gelten für die Tätigkeit des Geschäftsleiters als Organ der Gesellschaft und somit für diejenigen Tätigkeiten, die Unternehmensführungsaufgabe sind (sachlicher Anwendungsbereich). 715

Im persönlichen Geltungsbereich sind sowohl der Geschäftsleiter wie auch ihre Stellvertreter Normadressaten. Gleiches gilt auch für den sog. faktischen Geschäftsleiter, d.h. denjenigen, der die Aufgaben der Unternehmensführung wahrnimmt, ohne selbst Geschäftsleiter zu sein. Nach der Rechtsprechung des Bundesgerichtshofs ist faktischer Geschäftsleiter derjenige, der die Geschicke 716

1394 *Drescher*, Rn. 1358.
1395 Saenger/Inhester/*Lücke/Simon*, § 43 Rn. 123.
1396 *Fischer*, DStR 2007, 1083; *Kiethe*, BKR 2005, 177, 178.
1397 BGH WM 1981, 30.
1398 *Kiethe*, BKR 2005, 177, 178.
1399 OLG Nürnberg BKR 2008, 470.

der Gesellschaft durch eigenes Handeln im Außenverhältnis, das die Tätigkeit des rechtlichen Geschäftsführungsorgans nachhaltig prägt, maßgeblich in die Hand genommen hat.[1400]

2. Der Sorgfaltsmaßstab

717 Die Geschäftsleiter haben in den Angelegenheiten der Gesellschaft die Sorgfalt eines ordentlichen Geschäftsmanns anzuwenden. In Rechtsprechung und Literatur ist hierzu ein Pflichtenkatalog entwickelt worden, der – grob gegliedert – folgende Pflichten enthält:

- die Pflicht zur ordnungsgemäßen Unternehmensleitung,
- die Treuepflicht,
- die Verschwiegenheitspflicht,
- sonstige Pflichten, etwa aus dem Anstellungsvertrag.

718 Nachfolgend wird zunächst nur auf die Pflicht zur ordnungsgemäßen Unternehmensführung eingegangen. Zur Treuepflicht und die Pflicht zur Verschwiegenheit wird unter III. kurz Stellung genommen.

a) Pflicht zur ordnungsgemäßen Unternehmensführung

719 Mit der Formulierung des gesetzlichen Maßstabs (»Sorgfalt eines ordentlichen Geschäftsmannes«) ist bereits festgelegt, dass der Geschäftsleiter die Pflicht hat, das Unternehmen ordnungsgemäß zu führen. Dies bedeutet nach allgemeiner Auffassung, dass der Geschäftsleiter den Gesellschaftszweck im Rahmen des Gesetzes, des Gesellschaftsvertrages, der für die Unternehmensführung verbindlichen Beschlüsse anderer Gesellschaftsorgane unter Berücksichtigung öffentlicher Interessen der Gesellschaft zu fördern, d.h. ihr die Vorteile zu wahren und Schaden von ihr abzuwenden hat.[1401]

720 Dieser rechtliche Rahmen wird allgemein als »Legalitätspflicht« des Geschäftsleiters bezeichnet. Der Geschäftsleiter hat den externen und internen Kompetenzrahmen einzuhalten. Die Legalitätspflicht wurde auch in Ziff. 4.1.3 DCGK aufgenommen.

721 Diskutiert wird im Zusammenhang mit der Legalitätspflicht insbesondere die sog. »nützliche« Pflichtverletzung. Dabei ist im Ergebnis nicht mehr streitig, dass im Fall von gesetzlichen Verhaltenspflichten kein Ermessensspielraum zugunsten des Geschäftsleiters besteht. Dies gilt auch für ausländische Rechtsnormen, soweit sie nach kollisionsrechtlichen Regelungen Anwendung finden, namentlich auch für Bestechungsdelikte im Ausland, für die nach deutschem Recht eine Strafbewehrung vorgesehen ist. Dagegen soll nicht jede vertragliche Pflichtverletzung der Gesellschaft zugleich eine Pflichtwidrigkeit des Geschäftsführers begründen. Insoweit kommt dem Geschäftsführer nach wohl h.M. ein unternehmerischer Handlungsspielraum zu. Die Nichterfüllung einer vertraglichen Verpflichtung der Gesellschaft stellt deshalb keinen Pflichtverstoß des Geschäftsführers dar, wenn diese mit den Grundsätzen einer ordnungsgemäßen Unternehmensführung vereinbar, mithin für die Gesellschaft vorteilhaft ist.[1402]

722 Ebenso gehört zu einer ordnungsgemäßen Unternehmensleitung auch die ordnungsgemäße Unternehmensorganisation. Die Geschäftsleitung ist berechtigt, Aufgaben zu delegieren, sie ist jedoch zugleich verpflichtet, Zuständigkeiten und Abläufe intern so zu organisieren, dass der Gesellschaftszweck unter Einhaltung des rechtlichen Handlungsrahmens bestmöglich verwirklicht wird. Ebenso hat die Geschäftsleitung Strukturen einzusetzen, die gewährleisten, dass die

---

1400 BGH WM 2008, 1020; Patzina/*Bank*/Schimmer/Simon-Widmann, Kap. 4 Rn. 3 ff.

1401 Saenger/Inhester/*Lücke/Simon*, § 43 Rn. 19; Michalski/*Haas/Ziemons*, § 43 Rn. 119; Hüffer/*Koch*, § 93 Rn. 6; Hölters/*Hölters*, § 93 Rn. 26.

1402 Spindler/Stilz/*Fleischer*, § 93 Rn. 33; Hölters/*Hölters*, § 93 Rn. 75; Hüffer/*Koch*, § 93 Rn. 6; Saenger/Inhester/*Lücke/Simon*, § 43 Rn. 22; Michalski/*Haas/Ziemons*, § 43 Rn. 74 ff. jeweils m.w.N.

unternehmensspezifischen Risiken so beobachtet werden, dass rechtzeitig auf sich realisierende Risiken reagiert und solcherart Schaden vom Unternehmen abgewendet werden kann.[1403]

Bei börsennotierten Aktiengesellschaften sowie weiteren kapitalmarktorientierten Aktiengesellschaften ist die Arbeitsweise des Vorstands und die personelle Zusammensetzung und Arbeitsweise von dessen Ausschüssen in die Erklärung zur Unternehmensführung nach § 289a HGB mit aufzunehmen. 723

b) Business Judgement Rule

Von besonderer Bedeutung sowohl für den wirtschaftlichen Erfolg der Gesellschaft wie für die Haftung des Geschäftsleiters sind die unternehmerischen Entscheidungen, für die dem Geschäftsleiter ein unternehmerischer Ermessensspielraum zukommt. 724

Dabei ist nicht jede Entscheidung eines Geschäftsführers eine unternehmerische Entscheidung, bei der es nach hinreichender Sachverhaltsaufklärung durch Abwägen des »Für« und »Wider« das für die Gesellschaft beste Entscheidungsergebnis zu ermitteln gilt. Viele Handlungen und Entscheidungen sind rechtlich derart gebunden, dass dem Geschäftsleiter eine Handlungsoption nicht bleibt. Vielgenanntes Beispiel in diesem Zusammenhang sind die fälligen Steuern. Dem Geschäftsführer kommt kein Handlungsspielraum hinsichtlich des »Ob« der Steuerzahlung zu. 725

Geht es jedoch nicht um eine solch gebundene Entscheidung, bleibt dem Geschäftsführer ein Ermessensspielraum für seine unternehmerische Entscheidung. Nach den Grundsätzen der Rechtsprechung handelt es sich nicht mehr um ein erlaubtes Risiko, wenn die Grenzen, in denen ein von Verantwortungsbewusstsein getragenes, ausschließlich am Unternehmenswohl orientiertes, auf sorgfältiger Ermittlung der Entscheidungsgrundlagen beruhendes unternehmerisches Handeln deutlich überschritten ist.[1404] Eine solche Überschreitung besteht etwa, wenn aus der Sicht eines ordentlichen und gewissenhaften Geschäftsleiters das hohe Risiko eines Schadens unabweisbar ist und keine vernünftigen geschäftlichen Gründe dafür sprechen, es dennoch einzugehen. 726

Dieser von der höchstrichterlichen Rechtsprechung entwickelte Maßstab entspricht in etwa der Business Judgement Rule des US-amerikanischen Rechts und hat im deutschen Recht in § 93 Abs. 1 Satz 2 AktG seine Normierung gefunden. Die Regelung aus dem Aktiengesetz findet jedoch unmittelbar nur auf die Aktiengesellschaft Anwendung. Für die übrigen Geschäftsleiter gelten die Kernaussagen der vorzitierten höchstrichterlichen Rechtsprechung. 727

Will der Geschäftsführer die Haftungsprivilegierung für seine unternehmerische Ermessensentscheidung in Anspruch nehmen, muss er sein Verhalten ausschließlich am Gesellschaftsinteresse orientieren; unternehmensfremde Interessen haben außen vor zu bleiben. Der Geschäftsleiter muss außerdem seine Ermessensentscheidung angemessen vorbereiten. Er muss alle verfügbaren Informationsquellen tatsächlicher wie rechtlicher Art ausschöpfen und auf dieser Grundlage das »Für« und »Wider« abwägen. Im Rahmen der Ermittlung der Entscheidungsgrundlagen muss der Geschäftsführer, wenn er eigene Sachkunde nicht besitzt, fremde Sachkunde, sei es aus dem Unternehmen oder von externen Dienstleistern, z.B. Wirtschaftsprüfern, in Anspruch nehmen. Sind diese Prämissen beachtet, haftet der Geschäftsleiter auch dann nicht, wenn sich die unternehmerische Entscheidung im Nachhinein als für die Gesellschaft schädlich herausstellt. 728

1403 Spindler/Stilz/*Fleischer*, § 93 Rn. 56; Hölters/*Hölters*, § 93 Rn. 43 ff.; MüKo-AktG/*Spindler*, § 93 Rn. 30; Saenger/Inhester/*Lücke/Simon*, § 43 Rn. 24 ff.; Michalski/*Haas/Ziemons*, § 43 Rn. 126, jew. m.w.N.

1404 BGH WM 2002, 220; zum Vorstand einer Genossenschaft; WM 2005, 933 auch zur Reichweite der Entlastung in der Genossenschaft; BGHZ 153, 244 »ARAG/Garmenbeck«.

c) Bankenspezifisch ausgeprägte Sorgfaltspflichten

729 Jeder Geschäftsleiter eines Unternehmens hat nach ganz einhelliger Auffassung ein Risikomanagementsystem zu etablieren, kraft dessen er in die Lage versetzt wird, frühzeitig auf sich abzeichnende Gefahren für das Unternehmen zu reagieren.[1405]

730 Für Banken gibt es bankrechtliche Sonderregelungen, die nicht nur besondere Qualifikationen des Vorstands regeln, sondern auch das Risikomanagement spezifizieren. Hierzu zählt namentlich § 25a KWG, nach dessen Regelungen eine ordnungsgemäße Geschäftsorganisation ein angemessenes und wirksames Risikomanagement voraussetzt. Dieses Risikomanagement muss folgende Voraussetzungen erfüllen:
- Die Festlegung von Strategien, Verfahren zur Ermittlung und Sicherstellung der Risikotragfähigkeit sowie die Einrichtung interner Kontrollverfahren mit einem internen Kontrollsystem und einer internen Revision;
- Eine angemessene personelle und technisch-organisatorische Ausstattung;
- die Festlegung eines angemessenen Notfallkonzepts, insbesondere für IT-Systeme, und
- angemessene, transparente und auf eine nachhaltige Entwicklung der Bank ausgerichtete Vergütungssysteme für Geschäftsleiter und Mitarbeiter.

731 Die konkrete Ausgestaltung des Risikomanagements hängt von Art, Umfang, Komplexität und Risikogehalt der Geschäftstätigkeit ab. Seine Angemessenheit und Wirksamkeit ist von der Bank regelmäßig zu überprüfen. Eine ordnungsgemäße Geschäftsorganisation umfasst darüber hinaus
- angemessene Regelungen, anhand derer sich die finanzielle Lage der Bank jederzeit mit hinreichender Genauigkeit bestimmen lässt und
- eine vollständige Dokumentation der Geschäftstätigkeit, die eine lückenlose Überwachung durch die Bundesanstalt für Finanzdienstleistungsaufsicht gewährleistet.

732 Die letztgenannte Regelung formuliert den Grundsatz der doppelten Proportionalität. Danach hat
- die Ausgestaltung des bankinternen Prozesses (ICAAP) proportional zur Größe, zum Geschäftsvolumen und der Risikostruktur des Instituts und
- die Prüfung des Prozesses (ICAAP) durch die Bankenaufsicht hinsichtlich der Häufigkeit und Intensität proportional zur Ausgestaltung der bankinternen Prozesse zu sein.[1406]

733 Die Regelungen in § 25a KWG werden durch von der Bankenaufsicht veröffentlichte Mindestanforderungen an das Risikomanagement, die sog. »MARisk« ergänzt.[1407] Die MARisk enthalten ausführliche organisatorische Einzelanforderungen von der Trennung in Markt und Marktfolgenseite über die Kreditbearbeitung bis zu Problemkrediten und einer Risikoklassifizierung. Zunehmend haben auch internationale Empfehlungen Eingang in die MARisk gefunden.[1408]

734 Nach § 18 KWG darf im Übrigen ein Kredit von mehr als 750.000 Euro oder mehr als 10% des haftenden Eigenkapitals (der Bank) nur gewährt werden, wenn die Bank sich die wirtschaftlichen Verhältnisse, insbesondere durch Vorlage der Jahresabschlüsse, offen legen lässt. Hiervon kann die Bank absehen, wenn die Sicherheiten oder die Bonität der Mitverpflichteten dies offensichtlich unnötig machen.

735 Da Bearbeitungsfehler in der Regel nicht durch die Geschäftsleiter selbst, sondern durch die nachgeordneten Mitarbeiter begangen werden, kommen den Organisationsregelungen für die Haftung

1405 Statt aller: Saenger/Inhester/*Lücke/Simon*, § 43 Rn. 27; Hüffer/*Koch*, § 91 Rn. 6.

1406 Boos/Fischer/Schulte-Mattler/*Braun/Wolfgarten*, § 25a Rn. 118.

1407 Bundesanstalt für Finanzdienstleistungsaufsicht, Rundschreiben 09/2107 (BA) – Mindestanforderungen an das Risikomanagement – MaRisk, Geschäftszeichen BA 54-FR 2210-2017/0002, Stand 27. Oktober 2017.

1408 *Fischer*, DStR 2007, 1083, 1085; zur Normen- und Begriffsstruktur: Boos/Fischer/Schulte-Mattler/*Braun/Wolfgarten*, § 25a Rn. 106 ff.; vgl. auch die ausführliche Kommentierung der MARisk von Becker/Berndt/Klein, 3. Auflage 2013.

der Geschäftsleiter besondere Bedeutung zu. Eine mangelhafte Organisation begünstigt Fehler und bedeutet für den Geschäftsleiter das Risiko der Haftung ohne unmittelbare Beteiligung an der (Fehl-)Entscheidung. Hierzu wird die Auffassung vertreten, dass mangelhafte Vorgaben für die Kreditbearbeitung und/oder Risikokontrolle den Anscheinsbeweis für die Kausalität der in diesem Zusammenhang auftretenden Fehler für den Schaden erbringen.[1409] Das lässt sich hören und bedeutet ein erhebliches Risiko für den Geschäftsleiter.

d) Kollegialentscheidungen, Verschulden

Der Schadenersatzanspruch gegen einen Geschäftsleiter setzt eine eigene Pflichtverletzung voraus. **736** Es gibt keine »Sippenhaft« im Bereich der Vorstands- und Geschäftsführerhaftung. Es geht um die persönliche Verantwortlichkeit. Für Entscheidungen im Kollegialorgan bedeutet dies, dass sich die eigene Verantwortlichkeit für die Ressorts anderer auf die Plausibilitätskontrolle wichtiger Entscheidungen und eine Intensivierung der Kontrolle bei Auffälligkeiten in den Ressorts der anderen Vorstandsmitglieder bzw. Mit-Geschäftsführer beschränkt. Lässt sich nicht feststellen, in wessen Ressort die Verantwortlichkeit fällt, haften die Mitglieder der Geschäftsleitung gesamtschuldnerisch. Kurz: Wird die Gesellschaft von mehreren Geschäftsführern geleitet, haften diese gesamtschuldnerisch, sofern individuell jeden der Schuldvorwurf trifft, welcher auch darin liegen kann, dass der einzelne Geschäftsleiter seine Aufsichtspflicht verletzt hat[1410]

Eine Besonderheit könnte insoweit für denjenigen Geschäftsleiter bestehen, der das Controlling **737** verantwortet. Tritt in einem anderen Ressort ein Missstand ein, z. B. stille Lasten wegen ungünstiger Aktienanlagen, dann könnte wegen der »Verbundenheit« zur Frage von stillen Lasten, die im Controlling nicht aufgefallen sind, eine Plausibilitätskontrolle nicht genügen. Hiervon ist jedenfalls das Verwaltungsgericht Frankfurt in einer allerdings kritisierten Entscheidung ausgegangen.[1411] In der Kritik wurde dem Gericht vorgeworfen, den Aufgabenbereich des Controllings im Unternehmen zu verkennen und die Anforderungen an die Kontrolle anderer Ressorts zu überspannen. Es könne keine allgemeine Regel aufgestellt werden, dass der für das Controlling verantwortliche Geschäftsleiter die anderen Ressorts laufend eigenständig überwachen müsse. Dem ist zuzustimmen.

Schuldhaft ist dabei jedes fahrlässige oder vorsätzliche Fehlverhalten. Für Sparkassenvorstände ist **738** in der Literatur die Auffassung vertreten worden, für sie komme auch ohne gesetzliche Grundlage eine Haftung für leichte Fahrlässigkeit nicht in Betracht.[1412] Diese Auffassung ist offenbar von dem Gedanken getragen, dass andernfalls der unternehmerische Ermessensspielraum eingeschränkt wird. Dieser besteht jedoch nur, wenn bei einer unternehmerischen Entscheidung die zuvor dargestellten Kriterien eingehalten werden. Erfolgt die Entscheidung beispielsweise auf einer fahrlässig unzureichenden Informationsbasis, kommt der Ermessensspielraum überhaupt nicht zum Tragen. Insoweit haftet der Sparkassenvorstand – mangels anderslautender spezialgesetzlicher Regelung – für Vorsatz und jede Form der Fahrlässigkeit.

e) Verzicht, Vergleich, Entlastung

Als allerdings groben Grundsatz kann man festhalten, dass die Haftung des Geschäftsleiters **739** trotz Pflichtwidrigkeit und Schaden entfällt, wenn sein Handeln mit Billigung durch das hierzu befugte Gesellschaftsorgan erfolgt ist. Die Einzelheiten sind für die verschiedenen Gesellschaften unterschiedlich.

In der Aktiengesellschaft entfällt nach § 93 Abs. 4 Satz 1 AktG die Haftung des Vorstands, **740** wenn sein Handeln auf einem rechtmäßig gefassten Hauptversammlungsbeschluss beruht. Der

---

1409 *Fischer*, DStR 2007, 1083, 1085 m.w.N.

1410 BGH ZIP 2008, 117; *Fischer*, DStR 2007, 1083, 1087; Scholz/*Schneider*, § 43 Rn. 247 ff.; Roth/*Altmeppen*, § 43 Rn. 114; *Thümmel*, Rn. 219, jew. m.w.N.

1411 VG Frankfurt WM 2004, 2157; dagegen *Fleischer* DStR 2007, 1083, 1087 m.w.N.

1412 *Kiethe*, BKR 2005, 177, 181.

Hauptversammlungsbeschluss ist vor der Maßnahme einzuholen. Ein nachträglich gefasster Beschluss genügt nicht. Ebenso muss gewährleistet sein, dass die Hauptversammlung in die Lage versetzt wird, sich mit der Sache zu befassen, was ebenso rechtzeitige wie umfassende Informationen erfordert. Die Zustimmung des Aufsichtsrates entlastet den Vorstand hingegen nicht.[1413]

741 Der Entlastungsbeschluss nach § 120 Abs. 1 AktG hat keine Präklusion etwa bestehender Ansprüche zur Folge. Dies ist bei der GmbH und der Genossenschaft (dazu sogleich) anders.

742 Nachträglich kann sich die Aktiengesellschaft mit dem Vorstand durch Vergleich einigen, vorausgesetzt es gibt einen entsprechenden Hauptversammlungsbeschluss und seit der Anspruchsentstehung sind mindestens drei Jahre vergangen. Ein Vergleich ohne Beachtung der Voraussetzungen ist nichtig.

743 In der Genossenschaft hat die Entlastung durch die Generalversammlung nach § 48 Abs. 1 GenG die Präklusion von Schadenersatzansprüchen zur Folge. Sie ist als Billigung der Unternehmensführung in der Vergangenheit und zugleich Vertrauensbeweis für die Zukunft anzusehen. Mit der Entlastung sind Ansprüche der Gesellschaft gegen den Vorstand aus demjenigen Zeitraum, für den Entlastung erteilt worden ist, präkludiert. Allerdings tritt diese Folge nur ausnahmsweise ein, weil hohe Ansprüche an die Kenntnis der Mitglieder vom Schaden und den schadenbegründenden Umständen zu stellen sind.[1414]

744 Bei der Genossenschaft fehlen zudem Regelungen zu Verzicht und Vergleich, so dass ein entsprechender Vertrag jederzeit geschlossen werden kann, wobei ein Beschluss der Generalversammlung zu fassen ist.[1415]

745 Bei der GmbH ist die Regelung wesentlich einfacher, weil nach § 37 Abs. 1 GmbHG ein Weisungsrecht der Gesellschafter besteht. Ein solches Einverständnis lässt bereits die Pflichtwidrigkeit der Maßnahme entfallen, allerdings nicht bei Weisungen, die eine widerrechtliche Maßnahme beinhalten.

746 Umstritten ist die Behandlung der Zustimmung zu einem nach der Satzung zustimmungsbedürftigen Geschäft. Wird auf Ersuchen des Geschäftsführers die Zustimmung erteilt, wird z. Teil für die Frage der Haftung darauf abgestellt, ob dasjenige Organ, das die Zustimmung erteilt hat, auch berechtigt gewesen wäre, Weisungen zu erteilen. Falls ja, entfällt die Pflichtwidrigkeit, falls nein soll man davon auszugehen haben, dass die Pflichtwidrigkeit nicht entfällt, weil die Geschäftsleiter nicht gezwungen waren, die Maßnahme durchzuführen. Wird sie durchgeführt, entsteht zugleich die Haftung des zustimmenden Organs. Eine andere Auffassung geht davon aus, dass die Zustimmung des Aufsichtsrates die Pflichtwidrigkeit grundsätzlich nicht entfallen lässt.[1416]

747 Die Entlastung führt nach h.M. zum Entfall des Anspruchs (nicht der Pflichtwidrigkeit). Dies gilt für alle Ansprüche, deren Existenz bei gehöriger Aufmerksamkeit aus der Rechenschaftslegung (einschließlich Jahresabschluss) und den Berichten der Geschäftsführer hätte entnommen werden können.[1417] Im Ergebnis wird die Präklusionswirkung deshalb – wie bei der Genossenschaft – nicht allzu häufig eintreten.

748 Die Gesellschafter der GmbH sind im Übrigen frei, auch nachträglich auf Ansprüche gegenüber dem Geschäftsführer zu verzichten oder sich zu vergleichen. Nach inzwischen h.M. ist es bei der GmbH ebenfalls möglich, den Sorgfaltsmaßstab durch vertragliche Regelung, etwa im Gesellschaftsvertrag,

1413 Patzina/*Bank*/Schimmer/Simon-Widmann, Kap. 17 Rn. 3 ff.; *Thümmel*, Rn. 330.
1414 BGH DStR 2002, 597; WM 2005, 933; *Fischer*, DStR 2007, 1083, 1089.
1415 Patzina/*Bank*/Schimmer/Simon-Widmann, Kap. 17, Rn. 34.
1416 Scholz/*Schneider*, § 43 Rn. 121 m.w.N.
1417 BGH NZG 2003, 528; Roth/*Altmeppen*, § 43 Rn. 119 ff.; Saenger/Inhester/*Lücke*/*Simon*, § 43 Rn. 59; Scholz/*Schneider*, § 43 Rn. 121, jew. m.w.N.

zu mindern, also etwa die Haftung für einfache Fahrlässigkeit auszuschließen.[1418] Dies folgt aus dem Umstand, dass eine der Regelung in § 93 Abs. 4 AktG gleichlautende Regelung für die GmbH fehlt.[1419] Die Einzelheiten hierzu sind aber streitig. Nach zutreffender Meinung ist jedenfalls eine Haftungserleichterung im Rahmen des § 43 Abs. 3 GmbHG (gebundenes Vermögen) aus Gründen des Gläubigerschutzes nicht möglich.[1420]

Im Sparkassenrecht existiert keine einheitliche Regelung. In einigen Sparkassengesetzen ist ein Verzicht ausdrücklich ausgeschlossen, in anderen nicht. Wo eine Regelung fehlt wird angenommen, dass die Entlastung durch den Verwaltungsrat zur Präklusion von etwa bestehenden Ansprüchen führt.[1421] **749**

f) Schaden und Kausalität

Für die Kausalität gelten im Bereich der Organhaftung keine Besonderheiten. Die Pflichtverletzung muss für den eingetretenen Schaden ursächlich geworden sein. **750**

Es gilt grundsätzlich der allgemeine Schadensbegriff nach §§ 249 ff. BGB. Danach ist der Schaden im Wege des Vergleichs des Vermögens mit und ohne die Pflichtverletzung zu bilden. Bei einem Verstoß gegen interne Kompetenzregelungen ist die Gesellschaft so zu stellen wie sie ohne die pflichtwidrige Maßnahme stünde.[1422] **751**

Die Sondertatbestände wie §§ 93 Abs. 3 AktG, 43 Abs. 3 GmbHG, 34 Abs. 3 GenG modifizieren diesen allgemeinen Schadensbegriff. **752**

In der Praxis ist die Bestimmung des Schadens bei ausgefallenen Krediten in der Regel unproblematisch. Der Schaden liegt im Ausfall des Kredits. Wurde die Offenlegung der wirtschaftlichen Verhältnisse nicht oder unzureichend durchgeführt, ist die Pflichtverletzung für den Ausfall ursächlich, es sei denn der Kredit wäre auch bei ordnungsgemäßer Durchführung gewährt worden, weil die Bonität des Kunden zum Vergabezeitpunkt ausreichend war. **753**

Schwieriger ist die Schadenermittlung bei »schleichenden« Prozessen, namentlich bei Fehlern in der laufenden Überwachung. Hier liegt die Schwierigkeit in der Bestimmung des Zeitpunkts, von dem an eine ordnungsgemäße Kontrolle gegriffen oder Handlungsalternativen bestanden und den Eintritt des (größeren) Schadens verhindert hätten. Im Bereich der Kreditvergabe kann hier zum Beispiel an die frühere und bessere Verwertung von Sicherheiten gedacht werden. Bei Vermögensanlagen könnten höhere Verkaufserlöse erzielt werden.[1423] **754**

g) Darlegungs- und Beweislast

Der Gesellschaft, die ihren Geschäftsleiter in Anspruch nehmen will, kommen umfangreiche Darlegungs- und Beweislasterleichterungen zugute. Die Gesellschaft muss nur darlegen und beweisen, dass **755**
- und in welcher Höhe ihr ein Schaden entstanden und
- der Schaden durch ein möglicherweise pflichtwidriges Verhalten des Geschäftsleiters eingetreten ist.

1418 Scholz/*Schneider*, § 43 Rn. 258 ff.; Roth/*Altmeppen*, § 43 Rn. 117, jew. m.w.N.
1419 *Drescher*, Rn. 392 ff. m.w.N. zur höchstrichterlichen Rechtsprechung.
1420 Scholz/*Schneider*, § 43 Rn. 258 ff.; Roth/*Altmeppen*, § 43 Rn. 117, jew. m.w.N.
1421 *Fischer*, DStR 2007, 1083, 1089; *Kiethe*, BKR 2005, 177, 184, der zugleich die Präklusion bei der Entlastung durch den Gewährträger ausschließt, weil dieser aufgrund des zu wahrenden Bankgeheimnisses nicht hinreichend informiert sei. Dies scheint nicht überzeugend. Vielmehr ist im Einzelfall zu überprüfen, ob eine solche hinreichende Informationslage bestand.
1422 Patzina/*Bank*/Schimmer/Simon-Widmann, Kap. 12 Rn. 2; BGH WM 2008, 696.
1423 Vgl. *Fischer*, DStR 2007, 1083, 1087; vgl. auch die umfangreiche Darstellung einzelner Schadenpositionen bei Patzina/*Bank*/Schimmer/Simon-Widmann, Kap. 15 Rn. 5 ff.

756 Dementsprechend hat der Geschäftsleiter vorzutragen und zu beweisen,
- dass er sich pflichtgemäß verhalten hat,
- ihn kein Verschulden trifft und/oder
- der Schaden auch bei pflichtgemäßem Verhalten eingetreten wäre.[1424]

757 Die Gesellschaft muss also im Prozess nur darlegen, welcher Nachteil ihr entstanden ist und dass diesem möglicherweise eine Pflichtwidrigkeit des Geschäftsleiters zugrunde liegt. Diese relativ »schmale« Darlegungslast wird bei der Einschätzung von Prozessrisiken oftmals vernachlässigt. Den Geschäftsleiter stellt sie vor erhebliche Probleme, wenn er, was oft mit der Inanspruchnahme einhergeht, das Unternehmen verlassen hat. Er hat dann nämlich keinen unmittelbaren Zugriff auf die Geschäftsunterlagen, trägt aber den erheblicheren Teil der Darlegungslast.

h) Verjährung

758 Die Ansprüche gegen Geschäftsleiter in der GmbH, der AG und der Genossenschaft verjähren in fünf Jahren. Verjährungsbeginn tritt nach § 200 BGB mit Entstehen des Anspruchs, d.h. mit Schadeneintritt, nicht jedoch vor Abschluss der pflichtwidrigen Handlung ein. Der Schaden muss auch (noch) nicht bezifferbar sein. Es genügt, wenn die Gesellschaft eine Feststellungsklage erheben könnte.[1425]

759 Für börsennotierte Aktiengesellschaften (§ 3 Abs. 2 AktG) beträgt die Verjährungsfrist nach § 93 Abs. 6 zehn Jahre.

760 Bei Sparkassen ist die Verjährung nicht geregelt. Mangels Regelung dürfte viel dafür sprechen, dass die allgemeine Verjährungsfrist von 3 Jahren Anwendung findet. Immerhin gilt diese auch für andere körperschaftlich verfasste juristische Personen wie den Verein. Entschieden scheint dies noch nicht.

III. Haftung aus Sondertatbeständen

761 Die Haftung aus Sondertatbeständen ist vielfältig. Zum Teil sind die Pflichten normiert, wie die Sondertatbestände des § 93 Abs. 3 AktG und § 34 Abs. 3 GenG oder das Wettbewerbsverbot in § 88 AktG oder die Pflichten im Zusammenhang mit Insolvenzgründen in §§ 92 AktG, 64 GmbHG. Zum anderen Teil geht es um ungeschriebene Pflichten wie die allgemeine Treuepflicht zur Gesellschaft

762 Die Behandlung dieser Pflichten würde den Rahmen dieser Darstellung sprengen. Nachfolgend wird deshalb nur auf einige zentrale Pflichten eingegangen.

1. Allgemeine Treuepflicht

763 Das Wettbewerbsverbot nach § 88 AktG ist Ausfluss der allgemeinen Treuepflicht. Sie ist Loyalitätspflicht, was zum einen auch ohne ausdrückliche Gesetzesregelung ein allgemeines Wettbewerbsverbot während der Amtszeit begründet, zum anderen Finanztreue voraussetzt. Dem Geschäftsleiter ist dabei nicht nur der plumpe« Griff in die Kasse verboten, sondern auch Umwege über eine unberechtigte Gehaltszahlung oder sonstige nicht vereinbarte Leistungen der Gesellschaft.[1426]

1424 BGHZ 152, 280; *Drescher*, Rn. 327 Scholz/*Schneider*, § 43 Rn. 234 ff.; *Patzina*/Bank/Schimmer/Simon-Widmann, Kap. 5 Rn. 1.

1425 Roth/*Altmeppen*, § 43 Rn. 143; Saenger/Inhester/*Lücke/Simon*, § 43 Rn. 89; *Patzina*/Bank/Schimmer/Simon-Widmann, Kap. 9 Rn. 2 ff.

1426 *Drescher*, Rn. 155 ff., 177 ff.; Patzina/*Bank*/Schimmer/Simon-Widmann, Kap. 6 Rn. 280 ff.; Hüffer/*Koch*, § 93 Rn 28 jew. M.w.N. auch zur Rechtsprechung.

2. Verschwiegenheitspflicht

Nach § 93 Abs. 1 Satz 3 AktG (§ 34 Abs. 1 Satz 2 GenG) trifft den Vorstand eine allgemeine Verschwiegenheitspflicht. Sie gilt auch für den Geschäftsführer der GmbH und den Vorstand der Genossenschaft, allerdings mit unterschiedlicher Ausprägung. Während der Vorstand der Aktiengesellschaft gegenüber dem Aktionär und der Vorstand der Genossenschaft auch gegenüber dem Mitglied an die Verschwiegenheit gebunden ist, gilt dies nicht für den GmbH-Geschäftsführer gegenüber dem Gesellschafter, dem nach § 51a GmbHG ein umfassendes Informationsrecht zusteht. Im Haftungsregime ist die Verschwiegenheitsverpflichtung wohl ebenfalls der allgemeinen Sorgfaltsverpflichtung oder der Treuepflicht zuzuordnen,[1427] was eine gesonderte gesetzliche Grundlage an sich entbehrlich macht. Im Aktien- und Genossenschaftsgesetz ist sie gleichwohl vorhanden. 764

Geheimnisse sind Tatsachen, die mit der Gesellschaft im Zusammenhang stehen, nur einem begrenzten Personenkreis bekannt sind und deren Geheimhaltung der Unternehmensträger berechtigterweise erwarten darf. Bei vertraulichen Angaben kommt das subjektive Geheimhaltungsinteresse des Mitteilenden hinzu. Dabei besteht ein erheblicher Überschneidungsbereich.[1428] 765

Obwohl nach der Definition das objektive Unternehmensinteresse entscheidend für die Qualifikation als Geheimnis ist, gilt der Vorstand als »Herr« der Geschäftsgeheimnisse, weil es auch seine Aufgabe ist, das Unternehmensinteresse zu konkretisieren.[1429] 766

3. Erhaltung des Gesellschaftskapitals

Nach § 43 Abs. 3 GmbHG haftet der Geschäftsführer für Zahlungen, die er aus dem zur Erhaltung des Stammkapitals erforderlichen Vermögen leistet. Dem entsprechen die Regelungen zur Kapitalerhaltung in § 93 Abs. 3 AktG und § 34 Abs. 4 GenG. Zahlungen im Sinne dieser Kapitalerhaltungsvorschriften sind bilanzwirksame Leistungen jeder Art, denen keine gleichwertige Gegenleistung gegenübersteht.[1430] 767

4. Haftung für Zahlungen nach Zahlungsunfähigkeit oder Überschuldung

In der Praxis des Gesellschaftsrechts spielt die Haftung von GmbH-Geschäftsführern nach § 64 Satz 1 GmbHG eine erhebliche Rolle; für Aktiengesellschaften (§ 93 Abs. 2 AktG) und Genossenschaften (§ 34 Abs. 3 Nr. 4 GenG), ist die Relevanz deutlich geringer angesiedelt. Nachfolgend wird deshalb auf Geschäftsführer einer GmbH abgestellt. Die Ausführungen gelten aber sinngemäß auch für die anderen Gesellschaften. 768

Nach den vorgenannten Normen haften die Geschäftsleiter für Zahlungen, die nach Eintritt der Zahlungsunfähigkeit oder nach Feststellung ihrer Überschuldung geleistet werden. Dies gilt nicht für Zahlungen, die auch nach diesem Zeitpunkt mit der Sorgfalt eines ordentlichen Geschäftsmanns vereinbar sind. Die gleiche Verpflichtung trifft die Geschäftsführer für Zahlungen an Gesellschafter, soweit diese zur Zahlungsunfähigkeit der Gesellschaft führen mussten, es sei denn, dies war auch bei Beachtung der in Satz 2 bezeichneten Sorgfalt nicht erkennbar. 769

§ 64 S. 1 GmbHG begründet eine Ersatzpflicht der Geschäftsführer gegenüber der Gesellschaft. Dennoch dient § 64 GmbHG dem Schutz der Gesellschaftsgläubiger. Sinn und Zweck der Vorschrift ist durch eine präventive Haftungsandrohung etwaige Zahlungen zu verhindern oder einen wertmäßigen Ausgleich bei ihrer Verletzung zu ermöglichen.[1431] 770

1427 Hüffer/*Koch*, § 93 Rn. 29; Hölters/*Hölters*, § 93 Rn. 133; MüKo-AktG/*Spindler*, § 93 Rn. 113.

1428 BGH NJW 1975, 1412; MüKo-AktG/*Spindler* 93 Rn. 120; Hüffer/*Koch*, § 93 Rn. 30; Pöhlmann/*Fandrich*/Bloehs, § 34 Rn. 13 ff.

1429 MüKo-AktG/*Spindler*, § 93 Rn. 119.

1430 *Drescher*, Rn. 257;.

1431 BGH NJW 1974, 1088; NJW 2009, 2454.

771 Die Ersatzpflicht der Geschäftsführer ist nicht Bestandteil des Schadensersatzes wegen Insolvenzverschleppung, sondern eine Sanktion für die Verletzung der Masseerhaltungspflicht, die von der Insolvenzantragspflicht unabhängig ist. Nach dem Verständnis der höchstrichterlichen Rechtsprechung und wohl auch h.L. begründet § 64 GmbHG einen Anspruch der Gesellschaft sui generis, ohne Verbindung zur Insolvenzantragspflicht nach § 15a InsO und zur Insolvenzverschleppung.[1432]

a) Anwendungsbereich

772 Die Norm erfasst jede GmbH (einschließlich UG), die nach § 71 Abs. 4 GmbHG aufgelöste oder nichtig erklärte GmbH bis zum Abschluss der Liquidation nach §§ 77 Abs. 1, 71 Abs. 4, 75 GmbHG, sowie für Gesellschaften, bei denen nach Löschung gem. § 66 Abs. 5 GmbHG noch Vermögen festgestellt wird. Ferner findet die Norm auch Anwendung auf die Vor-GmbH, für die nach analog § 19 InsO der Eröffnungsgrund der Überschuldung gilt.[1433] Die Vorgründungsgesellschaft stellt hingegen eine GbR oder oHG dar und tritt noch nicht als GmbH im Rechtsverkehr auf, so dass auf die Vorgründungsgesellschaft § 64 GmbHG keine Anwendung findet.

773 Das Zahlungsverbot bzw. die Verpflichtung, die Masse zu bewahren, richtet sich vorrangig an jeden einzelnen (auch faktischen) Geschäftsführer bzw. Liquidator nach § 71 Abs. 4 GmbHG, unabhängig von interner Ressortaufteilung oder von Vertretungsbestimmungen.[1434] Bei mehreren Geschäftsführern ist von einer Gesamtverantwortung aller Mitgeschäftsführer für die Zahlung eines Geschäftsführers auszugehen.[1435] Die Amtsniederlegung beseitigt eine bereits eingetretene Haftung nicht. Weisungen von Gesellschaftern wirken nicht haftungsausschließend; § 64 GmbHG dient dem Schutz der Gläubiger der Gesellschaft und der Öffentlichkeit vor insolventen Gesellschaften, daher kann ein zu stellender Antrag nicht zur Disposition der Gesellschafter stehen.[1436] Eine teleologische Erweiterung des persönlichen Anwendungsbereichs auf Prokuristen ist abzulehnen.[1437]

b) Anspruchsvoraussetzungen

774 Der Ersatzanspruch nach § 64 S. 1 GmbHG ist begründet, wenn der Geschäftsführer nach Eintritt der Zahlungsunfähigkeit der Gesellschaft oder nach Feststellung der Überschuldung Zahlungen leistet, die sich mit der Sorgfalt eines ordentlichen Geschäftsmannes nicht vereinbaren lassen.

775 Die Zahlungsunfähigkeit tritt ein, wenn die GmbH nicht mehr in der Lage ist, mindestens 90% ihrer fälligen Verbindlichkeiten innerhalb eines Zeitraums von drei Wochen zu bedienen. Bei Zahlungseinstellung wird die Zahlungsunfähigkeit vermutet.[1438] Bei der Zahlungsunfähigkeitsprüfung sind lediglich Zahlungspflichten der GmbH zu berücksichtigen.

776 Überschuldung liegt vor, wenn das Vermögen der Gesellschaft die bestehenden Verbindlichkeiten nicht mehr deckt, wobei eine von dem Geschäftsführer zu beweisende positive Fortführungsprognose zum Stichtag eine Überschuldung entfallen lässt. Die Fortführungsprognose muss sich zumindest auf das laufende und nächste Geschäftsjahr beziehen. Ist nach der Planung innerhalb dieses Zeitraums mit Zahlungsunfähigkeit zu rechnen, kann es eine positive Fortführungsprognose nicht geben.[1439]

777 § 64 S. 1 GmbHG geht von einem weiten Verständnis des Zahlungsbegriffes aus. Erfasst sind nicht nur Geldleistungen, sondern auch sonstige vergleichbare Leistungen zu Lasten des Vermögens der

1432 BGHZ 146, 264; NJW-RR 2008, 1066;); Saenger/Inhester/*Kolmann*, § 64 Rn. 5 m.w.N.
1433 Baumbach/Hueck/*Haas*, § 64 Rn. 16; Saenger/Inhester/*Kolmann*, § 64 Rn. 13.
1434 Baumbach/Hueck/*Haas*, § 64 Rn. 8.
1435 OLG München GmbHR 2008 457.
1436 Michalski/*Nerlich* § 64 Rn. 13.
1437 Saenger/Inhester /*Kolmann*, § 64 Rn. 18.
1438 BGH NJW 1991, 980; NJW 1992, 1960; *Drescher*, Rn. 504 ff. m. w. N.
1439 MüKo-GmbHG/*Müller*, § 64 Rn. 23 ff.; *Drescher*, Rn. 550 ff. m.w.N.

Gesellschaft, durch die der Gesellschaft Liquidität entzogen wird.[1440] Grundsätzlich muss die der Zahlung gegenüberstehende Leistung, die der Masse zugeführt wird, auch berücksichtigt werden, wobei die Einzelheiten streitig sind. Führt die Zahlung zu einem bloßen Gläubigerwechsel zählt sie nicht als verbotene Zahlung. [1441] Als Beispiel kann die Bezahlung eines Lieferanten vom debitorisch geführten Bankkonto genannt werden. Der Gläubiger »Lieferant« wird durch den Gläubiger »Bank« ersetzt. Der Geschäftsführer muss die Zahlung nicht selbst vorgenommen oder angeordnet haben, vielmehr reicht es aus, wenn er diese hätte verhindern können.[1442] Dieses weite Verständnis geht einher mit umfassenden Überwachungs- und Kontrollpflichten des Geschäftsführers gegenüber seinen Mitgeschäftsführern und Angestellten der Gesellschaft bei dem ersten Anzeichen der Krise.

Zahlungen sind Barzahlungen aus dem Kassenbestand, des Weiteren Auszahlungen und Überweisungen von einem kreditorisch geführten Konto. Auch eine Abbuchung aufgrund einer Einzugsermächtigung der Geschäftsführer und die Einlösung von Schecks, die von Geschäftsführern ausgestellt wurden, fallen unter den Begriff.[1443] Abbuchungen, die auf einer Kontopfändung beruhen werden nicht erfasst. **778**

Überweisungen und Abbuchungen von einem debitorischen Konto fallen nicht unter den Begriff der Zahlung iSv § 64 GmbHG, diese gehen zu Lasten der Bank, falls keine Sicherheiten von der Gesellschaft gestellt worden sind. Wenn mit den Kreditmitteln Verbindlichkeiten der Gesellschaft getilgt werden, dann liegt lediglich ein Gläubigerwechsel vor, welche aber nicht zu einer Haftung der Geschäftsführer führt.[1444] Eingänge, die das Debetsaldo mindern, sind hingegen als Zahlungen in dem vorliegenden Sinne zu verstehen, da sie die bestehende Darlehensverbindlichkeit verringern.[1445] Etwas anderes kann dann gelten, wenn die Zahlungseingänge an die kontoführende Bank abgetreten waren.[1446] Nach der derzeitigen Rechtsprechung des zuständigen II. Zivilsenats findet keine Saldierung von Eingängen und Verfügungen beim debitorisch geführten Konto statt. Allerdings hat der BGH in einer Entscheidung vom 18.11.2014[1447] in den Urteilsgründen die Unterscheidung zwischen einem debitorisch und einem kreditorisch geführten Bankkonto nicht vorgenommen. Zu beachten ist jedoch, dass nach dem Tatbestand das Konto tatsächlich kreditorisch geführt wurde. **779**

Ebenso hat der BGH entschieden, dass zwar die Regeln des Bargeschäfts nicht unmittelbar anzuwenden sind, jedoch von einer ersatzpflichtigen Masseschmälerung nicht auszugehen ist, wenn ein gleichwertiger Gegenstand in das Schuldnervermögen gelangt. Dafür muss ein wirtschaftlicher aber – anders als beim insolvenzrechtlichen Bargeschäft kein zeitlicher Zusammenhang bestehen.[1448] **780**

c) Zulässige Zahlungen

Nach § 64 S.2 GmbHG ist die Haftung ausgeschlossen, wenn die Zahlungen trotz Insolvenzreife mit der Sorgfalt eines ordentlichen Geschäftsmannes vereinbar sind. Die Vorschrift dient dem Zweck, Ausgaben zur Fortführung des Unternehmens weiterhin zu ermöglichen. Ferner soll berücksichtigt werden, dass die Masseerhaltungspflicht mit in anderen Gesetzen geregelten Pflichten des Geschäftsführers kollidieren kann. Maßstab des § 64 S.2 GmbHG ist, ob die Zahlung im **781**

1440 Scholz/*Schmidt*, § 64 Rn. 20; Michalski/*Nerlich*, § 64 Rn. 41.

1441 Vgl. Gesetzesbegründung MoMiG, BT-Drucks. 16/6140 S. 46; BGH NJW 2003, 2316; *Drescher*, Rn. 644.

1442 BGH NJW 2009, 1598.

1443 BGH NZG 2000, 370; Baumbach/Hueck/*Haas*, § 64 Rn. 65.

1444 BGH NZG 2010, 346; NZI 2017, 809.

1445 BGH NJW 2000, 668.

1446 *Drescher*, Rn. 655.

1447 BGH NZG 2015, 149, »Die Ersatzpflicht des Organs entfällt, soweit die durch die Zahlung verursachte Schmälerung der Masse in einem unmittelbaren Zusammenhang mit ihr ausgeglichen wird.«

1448 BGH NZI 2017, 809.

wohlverstandenen Interesse der Gläubiger der Gesellschaft liegt.[1449] Zahlungen, welche kraft Gesetzes geleistet werden müssen (steuerliche Pflichten etc.), sind vom Verbot auszunehmen. Gleiches gilt nach höchstrichterlicher Rechtsprechung,[1450] wenn sie zu einem mit § 15a in Einklang stehenden Sanierungsversuch beitragen sowie für Zahlungen, die auch im Insolvenzfall als Masseschulden beglichen werden müssten Zu den Zahlungen zur Erhaltung der Sanierungschancen können Löhne, Gehälter, Mieten, Wasser-, Strom-, Heizungskosten etc. zählen.[1451]

782 Eine Haftung nach § 64 S.1 GmbHG wird nicht ausgelöst, wenn durch die Zahlung seitens des Geschäftsführers eine Verletzung von höherrangiger Pflichten vermieden wird. Insbesondere wenn sich der Geschäftsführer durch Nichtzahlung der Gefahr der strafrechtlichen Verfolgung aussetzen würde.[1452]

d) Verschulden

783 In subjektiver Hinsicht setzt die Haftung nach § 64 Satz 1 GmbHG ein Verschulden des Geschäftsführers voraus, dabei genügt einfache Fahrlässigkeit. Positive Kenntnis von der Insolvenzreife ist nicht erforderlich.[1453]

e) Inhalt des Anspruchs

784 Der Geschäftsführer muss der Gesellschaft den objektiven Wert der betreffenden Zahlungen zahlen. Im Urteil ist ihm von Amts wegen vorzubehalten, geleistete Zahlungen nach gleichem Rang und Höhe im Insolvenzverfahren geltend zu machen.[1454] Betrifft die Erstattung Leistungen, die der Insolvenzverwalter hätte anfechten können, kann der Geschäftsführer in entsprechender Anwendung von § 255 BGB Abtretung der anfechtungsrechtlichen Rückgewähransprüche verlangen.[1455]

f) Maßgeblicher Zeitpunkt und Beweislast

785 Das Zahlungsverbot wird mit dem Eintritt der Insolvenzreife, folglich mit Zahlungsunfähigkeit oder der Überschuldung, begründet.[1456] Zahlungen innerhalb der dreiwöchigen Insolvenzantragspflicht des § 15a InsO und im Zeitraum danach bis zur Eröffnung des Insolvenzverfahrens sind erfasst.

786 Darlegungs- und beweisbelastet für das Merkmal der Zahlungsunfähigkeit und Überschuldung bei Vornahme der Leistung ist die Gesellschaft bzw. der Insolvenzverwalter. Für den Fall, dass zu einem bestimmten Zeitpunkt ein Insolvenzgrund vorlag und deswegen das Verfahren eröffnet worden ist, gilt die tatsächliche Vermutung, dass die Gesellschaft in der betreffenden Zeit insolvent war. Hingegen ist der Geschäftsführer darlegungs- und beweisbelastet für die Behauptung, dass Zahlungen in der Zeit einer Erholung der Gesellschaft vorgenommen worden sind.[1457]

787 Die Darlegungs- und Beweislast für das Merkmal der zulässigen Zahlung trägt der Geschäftsführer.[1458]

1449 BGH NZI 2008, 126; NJW 2007, 2118; Baumbach/Hueck/*Haas*, § 64 Rn. 72; MK-GmbHG/*Müller*, § 64 Rn. 139.

1450 BGH NJW 2007, 2118.

1451 Baumbach/Hueck/*Haas*, § 64 Rn. 73.

1452 BGH NJW 2008, 2504; DStR 2007 1174.

1453 BGHZ 143, 184; Saenger/Inhester/*Kolmann*, § 64 Rn. 45.

1454 BGH NZI 2008, 126; MüKo-GmbHG/*Müller*, § 64 Rn. 149.

1455 BGH NJW 2001, 1280; MüKo-GmbHG/*Müller*, § 64 Rn. 250; Saenger/Inhester/*Kolmann*, § 64 Rn. 60.

1456 BGH NJW 2000, 668; Baumbach/Hueck/*Haas*, § 64 Rn. 67).

1457 MüKo-GmbHG/Müller, § 64 Rn. 138; zur Darlegungs- und Beweislast vgl. BGH NZI 2008 126.

1458 BGH NJW 2001, 1280.

g) Verjährung

Die Verjährungsfrist beträgt nach. § 64 S. 4 iVm § 43 Abs. 4 GmbHG fünf Jahre. Sie beginnt entsprechend § 200 S. 1 BGB mit der Entstehung des Anspruchs. 788

h) Zahlungen an Gesellschafter, § 64 Satz 3 GmbHG

Die vorstehenden Ausführungen geltend entsprechend für Zahlungen an Gesellschafter, die zur Zahlungsunfähigkeit der Gesellschaft führen. 789

IV. Haftung des Aufsichtsrats

Für die Haftung des Aufsichtsrates kann im Grunde auf die vorstehenden Ausführungen verwiesen werden. Dies gilt namentlich für die unternehmerischen Entscheidungen und die Anwendung der Business Judgment Rule. Die zentrale Vorschrift ist § 116 AktG, wonach für die Mitglieder des Aufsichtsrates der Sorgfaltsmaßstab und die Verantwortlichkeit des § 93 AktG gelten, mit Ausnahme des § 93 Abs. 2 Satz 3 AktG, also mit Ausnahme der Regelung zum Selbstbehalt bei Versicherungen. Daneben haftet ein Aufsichtsratsmitglied, wenn es vorsätzlich unter Benutzung seines Einflusses auf die AG deren Schädigung oder die Schädigung ihrer Aktionäre durch Angehörige der Verwaltung veranlasst, § 117 AktG. Die beiden Tatbestände sind nebeneinander anwendbar. 790

1. Haftung nach §§ 116, 93 AktG

Für die Haftung der Aufsichtsratsmitglieder nach §§ 116, 93 AktG wird auf die Sorgfalt eines ordentlichen und gewissenhaften Geschäftsleiters abgestellt. Beachtlich ist hierbei, dass die Aufsichtsratsmitglieder eine überwachende Funktion innehaben; die Geschäftsleitung obliegt dem Vorstand. 791

Eine Verletzung der Sorgfaltspflichten bei der Überwachung kann zum einen durch Versagen im Einzelfall (Duldung pflichtwidrigen Vorstandsverhaltens) und zum anderen durch Missachtung vorgeschalteter Sorgfaltspflichten bei Selbstorganisation des Aufsichtsrates liegen, wozu beispielsweise die Bildung von Ausschüssen, ein angemessenes Berichtswesens, die Regelung von Zustimmungsvorbehalten o.ä. gehören.[1459] Persönliche Differenzierungen sind hinsichtlich des Sorgfaltsmaßstabes vorzunehmen, wenn einzelne Aufsichtsratsmitglieder besondere Funktionen übernehmen. Im Übrigen ist auch die Art und Größe sowie die tatsächliche wirtschaftliche Situation des Unternehmens von Bedeutung.[1460] 792

Auch für den Aufsichtsrat gelten im Übrigen die Treuebindung und das Verschwiegenheitsgebot. Im Falle von Interessenkollisionen hat das Aufsichtsratsmitglied dem Unternehmensinteresse in der Regel Vorrang einzuräumen. Allerdings existiert nach h.M. keine Pflicht, den Interessen der Aktiengesellschaft unbedingten Vorrang zu geben. Dies wird im Unterschied zum Vorstand damit begründet, dass das Mandat im Aufsichtsrat Nebenamt ist.[1461] 793

Es ist zu beachten, dass der Aufsichtsrat in der Regel nur bei zukunftsorientierten Entscheidungen unternehmerisch handelt. Nur dann aber kann er unter den o.a. Voraussetzungen nach der Business Judgement Rule einen Ermessensspielraum in Anspruch nehmen. Bei der rückwärts gerichteten Überwachung kann der Aufsichtsrat kein eigenes unternehmerisches Ermessen ausüben; er hat vielmehr zu prüfen, ob der Vorstand bei der vorangegangenen (unternehmerischen) Maßnahme seine eigene Entscheidung ermessensfehlerfrei ausgeübt hat. Bei dieser Kontrolle ist der Aufsichtsrat 794

1459 MüKo-AktG/*Habersack*, § 116 Rn. 16; Hüffer/*Koch*, § 116 Rn. 2.

1460 Hüffer/*Koch*, § 116 Rn. 2 mit der Differenzierung zwischen Regionalbrauerei und Großbank; Hölters/*Hambloch-Gesinn*/*Gesinn*, § 116 Rn. 9.

1461 BGH WM 1980, 162; Hüffer/*Koch*, § 116 Rn. *Ulmer* NJW 1980, 1603, 1606.

nicht berechtigt, den beim Vorstand bestehenden Entscheidungsspielraum durch eine eigene Entscheidung zu ersetzen.[1462]

795 Die Erfüllung des Sorgfaltsmaßstabs bei der Wahrnehmung der Pflichten als Aufsichtsrat setzt bisweilen aktives Handeln voraus. Zur sorgfältigen und individuellen Wahrnehmung der Überwachungsaufgaben gehört vor allem, dass sich das Aufsichtsratsmitglied alle notwendigen Informationen beschafft und diese – falls es sich um nur ihm bekannte Informationen handelt – auch an das Aufsichtsratsplenum weitergibt. Wer gegenüber Maßnahmen des Vorstands Bedenken hat, muss sie erklären und sollte im eigenen Interesse auf Protokollierung dringen, um sich später exkulpieren zu können.[1463] Insbes. bei Verstößen gegen Legalitätspflicht verlangt die Rechtsprechung ein aktives Tätigwerden in dem Sinne, dass AR-Mitglied auf Einberufung des AR drängen und diese notfalls über § 110 II AktG selbst initiieren muss[1464]

796 Die Darlegungs- und Beweislast richtet sich nach den für Vorstandsmitglieder geltenden Regelungen (Auch für Aufsichtsratsmitglieder ist damit der Einwand rechtmäßigen Alternativverhaltens nicht von vornherein ausgeschlossen., wobei das Aufsichtsratsmitglied darlegen und beweisen muss, das der Schaden auch bei pflichtgemäßer Ausübung des Mandats eingetreten wäre.[1465]

2. Haftung nach § 117 AktG

797 Der Tatbestand der schädigenden Einflussnahme nach § 117 ist ein Sonder-Tatbestand des Deliktsrechts. In der Praxis spielt er keine allzu große Rolle. Sinn und Zweck ist der Schutz des Gesellschaftsvermögens und die Integrität des Verwaltungshandelns.

798 In objektiver Hinsicht verlangt der Tatbestand die Einflussnahme auf Funktionsträger. Es genügt jeder Einfluss, der nach Art und Intensität geeignet ist, Führungspersonen der Gesellschaft zu einem schädigenden Handeln zu bestimmen. Dabei ist die Unternehmereigenschaft des Handelnden ebenso unerheblich, wie der Umstand, ob der Einfluss durch eine natürliche oder eine juristische Person ausgeübt wird. Auch Unternehmen der öffentlichen Hand sowie Körperschaften des öffentlichen Rechts können Einfluss im Sinne des § 117 AktG ausüben.[1466]

799 Die durch den Einfluss bewirkte Maßnahme muss zu einem Schaden der Gesellschaft führen. Dies können unattraktive Geschäftsbedingungen ebenso sein wie riskante Geschäfte, beispielsweise die Darlehenshingabe ohne Sicherheiten.

800 Die Verwirklichung des Tatbestands setzt zumindest bedingten Vorsatz voraus.

1462 Hölters/*Hambloch-Gesinn/Gesinn*, § 116 Rn. 28 f.

1463 LG Berlin ZIP 2004, 73: Ein Aufsichtsratsmitglied, das sich bei der Aufsichtsratszustimmung zu der als fehlerhaft beanstandeten Geschäftsführungsmaßnahme der Stimme enthalten hat, hat nicht haftungsbegründend gegen seine Überwachungspflichten verstoßen. Das Aufsichtsratsmitglied ist auch nicht verpflichtet, den Beschluss gerichtlich anzugreifen. Bei Stimmenthaltung fehlt es im Übrigen wegen des auch im Aufsichtsrat geltenden Mehrheitsprinzips an einer Kausalität eines etwaigen Fehlverhaltens für den eingetretenen Schaden.

1464 OLG Braunschweig NJW 2012, 3798 zur Untreue durch Unterlassen; Hüffer/*Koch*, § 116 Rn. 15.

1465 Heidel /*Breuer/Fraune*, § 116 Rn. 17a.

1466 Heidel /*Breuer/Fraune*, § 117 Rn. 5 f.; Hüffer/*Koch*, § 117 Rn. 3.

Kapitel 2 Kontoführung

Übersicht

A. Kontoeröffnung

I. Grundlagen der Legitimationsprüfung nach § 154 Abs. 2 AO

1. Zweck der Regelung

1 § 154 AO dient der Kontenwahrheit und soll sicherstellen, dass die Nachprüfung der steuerlichen Verhältnisse nicht durch die Verwendung von falschen oder erdichteten Namen erschwert wird.[1] Deshalb ist das Kreditinstitut gem. § 154 Abs. 2 AO verpflichtet, sich vor Eröffnung eines Kontos bzw. vor Überlassung eines Schließfaches Gewissheit über die Person und Anschrift des Verfügungsberechtigten zu verschaffen und jederzeit darüber Auskunft geben zu können. Da inhaltlich eine Nähe der Legitimationsprüfung nach AO zur geldwäschegesetzlichen Identifizierungspflicht besteht, wird diese auch im Folgenden stellenweise Erwähnung finden.

2 Durch das Steuerumgehungsbekämpfungsgesetz, welches am 04.07.2017 in Kraft getreten ist, gelten weitergehende Anforderungen an die Kreditinstitute bei der Legitimationsprüfung gem. § 154 AO. Hintergrund des Steuerumgehungsbekämpfungsgesetzes sind die »Panama Papers«. Durch diese gesetzlichen Änderungen soll eine Steuerumgehung mittels Briefkastenfirmen erschwert werden.

3 Durch die Änderungen des § 154 AO wurden den Kreditinstituten weitere Verpflichtungen auferlegt. Gem. § 154 Abs. 2 Nr.1 AO erstreckt sich die Identifizierungspflicht nicht nur auf den Kontoinhaber, den Verfügungsberechtigten, sondern zusätzlich auch auf jeden wirtschaftlichen Berechtigten im Sinne des Geldwäschegesetzes. Wirtschaftlich Berechtigter i. S. d. § 154 AO ist derjenige, der auch gem. § 3 GwG wirtschaftlich Berechtigter ist. Darüber hinaus hat das Kreditinstitut im Rahmen von § 152 Abs. 2a AO für jeden Kontoinhaber, jeden anderen Verfügungsberechtigten und jeden wirtschaftlich Berechtigten die Identifikationsnummer gem. § 139b AO und die Wirtschaftsidentifikationsnummer gem. § 139c AO zu erheben und aufzuzeichnen. Für sämtliche Kunden für die bisher noch keine Steueridentifikationsnummern erhoben wurden, sind bis Ende 2019 Nacherhebungen anzustellen gem. § 26 Abs. 5 EGAO. Sollten die Vertragspartner oder gegebenenfalls für diese handelnde Personen dem Kreditinstitut die zu erfassende Identifikationsnummer nicht bis zur Begründung der Geschäftsbeziehung mitteilen, hat es diese bis zum Ablauf des dritten Monats nach Begründung der Geschäftsbeziehung, in einem maschinellen Verfahren, beim Bundeszentralamt für Steuer zu erfragen, gem. § 154 Abs. 2b AO.

4 Mit Schreiben vom 11.12.2017 hat das Bundesministerium der Finanzen eine Anpassung des AEAO zu § 154 AO vor dem Hintergrund des Steuerumgehungsbekämpfungsgesetzes vorgenommen. In dem Anwendungserlass hat das Bundesministerium der Finanzen auch von § 154 Abs 2d AO Gebrauch gemacht. Danach sind für einzelne Fälle oder für bestimmte Fallgruppen Erleichterungen zuzulassen, wenn die Einhaltung der Pflichten gem. § 154 Abs. 2 bis 2c unverhältnismäßige Härten mit sich bringt und die Besteuerung durch die Erleichterung nicht beeinträchtigt wird.

5 Hinsichtlich des Begriffs des Verfügungsberechtigten war lange Zeit umstritten, ob es sich dabei nur um den Kontoinhaber als Gläubiger des Bankguthabens handelt oder ob auch dessen gesetzlicher Vertreter und Bevollmächtigte darunter zu verstehen sind mit der Folge, dass diese dann auch entsprechend legitimationsgeprüft werden müssten. Die Finanzbehörden vertraten Letzteres, wohingegen die Kreditwirtschaft ein enges Verständnis befürwortete. Ergebnis der kontroversen Diskussionen war der Erlass von Ausnahme- und Vereinfachungsregelungen zu § 154 AO, der sog. Anwendungserlass zur AO (AEAO), mit dem das weite Verständnis des Begriffs des Verfügungsberechtigten relativiert wird.[2]

---

1 BT-Drucks. VI/1982, S. 123.

2 Anwendungserlass zur Abgabenordnung (AO) v. 24.09.1987 (BStBl. I, S. 664, Nr. 4–10) neu gefasst durch BMF, Schreiben v. 31.01.2014.

Durch die Legitimationsprüfung wird das Kreditinstitut in die Lage versetzt, jederzeit Auskunft geben zu können, wer über ein bestimmtes Konto bzw. über welche Konten eine bestimmte Person verfügungsberechtigt ist. 6

Konten i.S.d. § 154 AO sind alle kundenbezogenen Konten, also Konten, die die Vermögenssituation eines Dritten, des Kunden, ausweisen. Dazu zählen nicht nur Guthabenkonten, sondern auch Darlehens- bzw. Kreditkonten. Konten die nicht »für einen anderen« geführt werden, sind keine Konten i. S. d. § 154 Abs. 2 AO (z. B. ein Warenforderungskonto oder ein Kontokorrentkonto i. S. d. § 355 HGB bei einem Geschäftspartner).[3] 7

Maßgeblicher Zeitpunkt einer Legitimationsprüfung ist der Zeitpunkt der Errichtung des Kontos. Gem. § 154 Abs. 2 AO hat sich das Kreditinstitut »zuvor Gewissheit [...] zu verschaffen«. Das bedeutet aber nicht, dass nicht im Einzelfall auch bereits vor endgültigem Abschluss der Prüfung das Konto errichtet werden und Geld darauf eingezahlt werden kann. Abverfügungen dürfen jedoch erst nach abgeschlossener Legitimationsprüfung erfolgen. 8

Das Kreditinstitut hat die Geschäftsbeziehung kontinuierlich zu überwachen und die Daten über Personen und Anschrift in angemessenen zeitlichen Abständen zu überprüfen und bei Bedarf zu aktualisieren, gem. § 154 Abs. 2 S.4 AO[4] 9

2. Durchführung der Legitimation bei natürlichen Personen

a) Legitimationspapiere

§ 154 Abs. 2 AO bestimmt nicht, wie die Legitimationsprüfung zu erfolgen hat. Einen Hinweis darauf enthält jedoch Nr. 7.1.1 des Anwendungserlasses. Danach besteht nur dann Gewissheit über die Person im Allgemeinen, wenn der vollständige Name, das Geburtsdatum und der Wohnsitz des Verfügungsberechtigten bekannt sind. Da gem. § 154 Abs. 1 AO ein Konto nicht auf einen falschen oder erdichteten Namen errichtet werden darf, gebietet es § 154 Abs. 2 AO folglich, dass sich das Kreditinstitut diese Gewissheit durch die Vorlage eines mit Lichtbild versehenen Personalausweises oder Reisepasses verschafft. Auch ein vorläufig ausgestellter Personalausweis sowie ein Kinderausweis mit Lichtbild sind beweiskräftige Dokumente i.S.d. Legitimationsprüfung. Keine ausreichenden Legitimationspapiere sind z.B. Führerschein und Lohnsteuerkarte sowie Dienstausweise.[5] 10

Das vorgelegte Dokument ist insb. auf seine Gültigkeit hin zu überprüfen. Daneben erfolgt ein Abgleich der abgebildeten Person sowie der übrigen im Ausweis enthaltenen Angaben mit den im Kontoeröffnungsantrag gemachten Angaben. Ferner wird das Kreditinstitut die Unterschrift auf dem Ausweis mit der auf dem Kontoeröffnungsantrag vergleichen. 11

Der Kunde kann nicht anhand einer übersandten amtlich beglaubigten Kopie des Personalausweises legitimiert werden, vielmehr ist i.d.R. eine persönliche Legitimationsprüfung erforderlich. Denn anders kann nicht festgestellt werden, ob die Person auf dem Personalausweis identisch ist mit der Person, die ggü. dem Kreditinstitut auftritt. 12

In Ausnahmefällen kann von der Vorlage eines o.g. Ausweispapieres zur Legitimationsprüfung verzichtet werden. Das ist insb. bei älteren Personen der Fall, die in einem Altenheim leben. In diesen Fällen genügt eine Bestätigung des Heimleiters über die Personalien des Heimbewohners.[6] 13

3 BMF, Schreiben v. 22.04.1996 – IV A 4 S 0325–8/96.

4 Anwendungserlass zur Abgabenordnung (AO) v. 24.09.1987 (BStBl. I, S. 664, Nr. 4–10) neu gefasst durch BMF, Schreiben v. 11.12.2017.

5 Ausnahme: vom Auswärtigen Amt ausgestellte Dienst-, Ministerial- und Diplomatenpässe.

6 *Tischbein* Rn. 35.

b) Ausländer

14 Eröffnet ein ausländischer Kunde ein Konto im Inland, werden die Kreditinstitute hinsichtlich der Legitimationsprüfung gelegentlich vor besondere Herausforderungen gestellt. So können die Personalien nicht immer anhand eines dem Personalausweis oder Reisepass vergleichbaren Dokuments nachgewiesen werden. In diesem Fall hat die Legitimationsprüfung anhand eines anderen anerkannten Ausweispapieres zu erfolgen. Dazu zählen i.d.R. solche Ausweispapiere, die von einem Mitgliedstaat der Vereinten Nationen (UN) ausgestellt wurden.[7]

15 Weiterhin sind in der Zahlungskonto-Identitätsprüfungsverordnung weitere Dokumente aufgeführt, die zur Überprüfung der Identität zum Zwecke des Abschlusses eines Zahlungskontovertrags zugelassen werden.

16 Sollte bei einem ausländischen Pass oder amtlichen Personalausweis die ständige Anschrift nicht angegeben sein, können hilfsweise z.B. eine Strom-, Gas- oder Wasserrechnung sowie ein lokaler Steuerbescheid herangezogen werden.[8] Es genügt jedoch auch eine schriftliche, vom Kontoinhaber als wirtschaftlich Berechtigten unterzeichnete Erklärung über seine ständige Anschrift.[9] Eine solche Erklärung kann bereits der vom Kontoinhaber unterzeichnete Kontoeröffnungsantrag sein, in dem die vom Kunden angegebene Anschrift enthalten ist. Sollte der Kontoinhaber für einen wirtschaftlich Berechtigten handeln, so sind dessen Daten, insb. Name und Anschrift, zu erfassen.

17 Weder aus dem GwG noch aus der AO lässt sich entnehmen, dass dem Kreditinstitut eine prinzipielle Nachforschungspflicht auferlegt wird.[10] Vielmehr stellt es sich so dar, dass den Angaben des Kunden grds. vertraut werden kann, es sei denn, dass sich aufgrund der besonderen Umstände Zweifel aufdrängen bzw. das Kreditinstitut an der Richtigkeit der Angaben des Kunden zweifelt.

II. Einzelfragen

1. Minderjährige

18 Auch bei der Kontoeröffnung für einen Minderjährigen gilt, dass dieser selbst Kontoinhaber wird und damit zu legitimieren ist. Die Legitimationsprüfung des Minderjährigen kann anhand dessen Kinderausweises durchgeführt werden. Fehlt ein solcher, kann sich das Kreditinstitut auch den Reisepass eines Elternteils mit zusätzlicher Eintragung des Kindes, die Geburtsurkunde oder das Familienstammbuch vorlegen lassen. Zur Feststellung des Geburtsdatums empfiehlt sich sogar ein Blick in die Geburtsurkunde oder das Familienstammbuch, um den Eintritt der Volljährigkeit zweifelsfrei feststellen zu können.

19 Da der Minderjährige bei der Kontoeröffnung durch seine gesetzlichen Vertreter vertreten wird, sind diese als bei der Kontoeröffnung Handelnde und spätere Verfügungsberechtigte grds. ebenfalls zu legitimieren. Eine Ausnahme kann nach Nr. 11.1a AEAO jedoch dann gemacht werden, wenn die gesetzliche Vertretung durch amtliche Urkunde nachgewiesen wird. Dieser Nachweis kann durch das Familienstammbuch oder die Geburtsurkunde erfolgen. Wird von dieser Erleichterung Gebrauch gemacht, ist bei Eintritt der Volljährigkeit darauf zu achten, dass die gesetzliche Vertretungsbefugnis der Eltern damit endet und diese einer Vollmacht des nunmehr volljährigen Kontoinhabers bedürfen, um weiterhin verfügungsbefugt zu bleiben. Wird ihnen eine solche Vollmacht erteilt, sind sie als nunmehr normal Bevollmächtigte zu legitimieren. Die Erleichterung der Nr. 7a AEAO greift nicht mehr zu ihren Gunsten ein.

7 *Tischbein* Rn. 41.
8 Vgl. BMF, Schreiben v. 06.01.2005 – IV C 1 – S 2000–363/04, Rn. 17.
9 BMF, Schreiben v. 27.01.2006 – IV C 1 – S 2402a – 4/06.
10 Vgl. auch Fülbier/Aepfelbach/*Langeweg* GwG § 1 Rn. 91.

Aber auch bei einer nicht vereinfachten Legitimationsprüfung der gesetzlichen Vertreter des Minderjährigen gilt, dass deren Befugnis, über das Konto zu verfügen, grds. mit Eintritt der Volljährigkeit des Kontoinhabers endet und jene nur noch als Bevollmächtigte Zugriff auf das Konto nehmen können, sofern ihnen eine entsprechende Vollmacht vom Kontoinhaber erteilt wird. Einer erneuten Legitimationsprüfung bedarf es dann jedoch nicht. 20

Grds. ist es auch möglich, dass die Kontoeröffnung durch nur einen Elternteil erfolgt und dieser auch alleine verfügungsberechtigt sein soll. In diesen Fällen muss das Kreditinstitut sichergehen, dass dieser Elternteil auch alleinvertretungsberechtigt ist, was durch Scheidungsurteil oder Vollmacht des anderen Elternteils bzw. durch Sterbeurkunde des vorverstorbenen Elternteils nachgewiesen werden kann. 21

Denkbar ist auch, dass das Konto zugunsten eines Minderjährigen eröffnet wird. Dabei kommen verschiedene Fallgestaltungen in Betracht. Wenn der Minderjährige sofort Gläubiger und damit Kontoinhaber werden soll, dann sind der das Konto Errichtende sowie der Minderjährige und dessen gesetzliche Vertreter zu legitimieren. Es handelt sich dabei um die Kontoeröffnung auf den Namen eines Dritten. 22

Ohne Einschaltung des gesetzlichen Vertreters ist eine solche Kontoeröffnung nicht möglich, auch wenn dies dem Wunsch der kontoeröffnenden Person entsprechen sollte.[11] Wenn jedoch die Verfügung der gesetzlichen Vertreter über das Konto verhindert werden soll, kann der das Konto Errichtende gem. § 1638 BGB ausdrücklich bestimmen, dass dies nicht dem Vermögenssorgerecht der gesetzlichen Vertreter unterliegen soll. 23

Soll der Minderjährige jedoch nicht sofort mit Kontoerrichtung Gläubiger werden, genügt bei Kontoeröffnung eine Legitimationsprüfung der das Konto eröffnenden Person. Für den Minderjährigen genügt nach Nr. 2 AEAO ein Existenznachweis. Sobald der Minderjährige jedoch die Kontoinhaberschaft erhalten soll, haben sich auch er und seine gesetzlichen Vertreter zu legitimieren. 24

2. Bevollmächtigte

Wie bereits oben unter Rdn. 5 ausgeführt, stellt Nr. 4 AEAO klar, dass Verfügungsberechtigter i.S.d. § 154 Abs. 2 AO neben dem Kontoinhaber auch ein etwaiger Bevollmächtigter ist. Dementsprechend ist auch ein Bevollmächtigter grds. wie der Kontoinhaber zu legitimieren. 25

Ausnahmen bestehen für die Vollmacht auf den Todesfall nach Nr. 11.1e AEAO und für Vollmachten zur einmaligen Verfügung Nr. 11.1f AEAO. Letztere ist auch dann anzunehmen, wenn der Kontoinhaber ein und dieselbe Person wiederholt mit einer stets neuen Einzelvollmacht ausstattet, mit der dann jeweils nur ein einziges Mal über das Konto verfügt werden kann. 26

3. Vormundschaft, Pflegschaft und Betreuung

Eine Erleichterung gibt es auch für Fälle der Vormundschaft und Pflegschaft sowie der Betreuung. In all diesen Fällen ist Kontoinhaber das Mündel, der Pflegling bzw. der Betreute, die jeweils nach den üblichen Grundsätzen zu legitimieren sind. 27

Gemäß Nr. 11.1b AEAO müssen der Vormund, der Pfleger und der Betreuer hingegen nicht legitimiert werden. In der Praxis wird es für vertretbar angesehen, Nr. 11.1b AEAO auch auf einen vom Vormund, Pfleger oder vom Betreuer Bevollmächtigten anzuwenden. Begründet wird dies mit dem Zweck dieser Vereinfachungsregelung und dem geringen Missbrauchsrisiko wegen deren 28

11 Die gesetzlichen Vertreter sind jedoch zu informieren, damit diese einen Freistellungsauftrag des Kindes erteilen und dessen Steuererklärungspflichten einhalten können.

Überwachung durch die Gerichte.[12] Andere wiederum halten in dieser Konstellation eine Legitimationsprüfung wegen des eindeutigen Wortlauts für erforderlich.[13]

4. Gesellschaft bürgerlichen Rechts

a) Kontofähigkeit und Legitimation

29 Die Rechtsprechung[14] hat die Kontofähigkeit der GbR anerkannt. Danach handelt es sich bei einem auf eine GbR als Kontoinhaberin eingerichteten Girokonto nicht um ein Gemeinschaftskonto der Gesellschafter in ihrer gesamthänderischen Verbundenheit, sondern um ein Konto der Gesellschaft. Die bankrechtliche Literatur schließt sich dieser Auffassung an.[15] Hingegen stehen die BaFin[16] und das BMF[17] auf dem Standpunkt, dass die GbR nicht kontofähig ist. Vor diesem Hintergrund muss ungeachtet aller praktischen Erwägungen empfohlen werden, ein GbR-Konto auf den Namen der Gesellschafter mit dem Zusatz »als Gesellschafter der X-GbR« anzulegen. Entsprechend sind alle Gesellschafter der GbR nach § 154 AO zu legitimieren.

b) Kreditverträge

aa) Vorschriften über Verbraucherdarlehen anwendbar?

30 Ob die Vorschriften der §§ 491 ff. BGB auf Kreditverträge mit Gesellschaften bürgerlichen Rechts anwendbar sind, ist vielfach schwer zu entscheiden.

31 Denn die Rechtsprechung des BGH ist nicht einheitlich. In einem Fall hat der BGH[18] die Auffassung vertreten, die Vorschriften der §§ 491 ff. BGB seien auf jeden Gesellschafter anzuwenden. Zweck der GbR (vier Rechtsanwälte und ein Bankbetriebswirt) war der Erwerb, der Umbau und die Verwaltung einer wertvollen Immobilie. Der BGH ordnete die Verwaltung der privaten Sphäre zu, weil die Immobilie nur an eine geringe Anzahl von Personen vermietet wurde. Demgegenüber hat der BGH[19] in einem anderen Fall die Tätigkeit einer Gesellschaft bürgerlichen Rechts als gewerblich eingestuft. Der Gesellschaftszweck der Immobilienfonds-GbR war auf die Errichtung, Nutzung und Bewirtschaftung eines Mehrfamilienhauses gerichtet. Der BGH begründete seine Entscheidung damit, dass die Verwaltung des Objekts auf eine Vielzahl gleichartiger Geschäfte gerichtet war und damit auch einen höheren organisatorischen Aufwand erforderlich machte.

32 Die dargestellten Beispiele zeigen, dass sich die Frage nach der Anwendbarkeit der verbraucherdarlehensrechtlichen Vorschriften auf Kreditverträge mit einer GbR im Einzelfall nicht eindeutig beantworten lässt. Unter Risikoaspekten ist es in Zweifelsfällen ratsam, von einer Anwendbarkeit der §§ 491 ff. BGB auszugehen.

bb) Vertragsschluss

33 Unterstellt man die Anwendbarkeit der verbraucherdarlehensrechtlichen Vorschriften auf den Abschluss eines Kreditvertrages mit einer Gesellschaft bürgerlichen Rechts, muss der Darlehensvertrag

---

12 Vgl. Erläuterungen der kreditwirtschaftlichen Spitzenverbände zu den Erfordernissen bei der Durchführung der Legitimationsprüfung und bei der Sicherstellung der Auskunftsbereitschaft nach § 154 Abs. 2 AO (Stand: Oktober 1993) III. 2.2.

13 *Tischbein* Rn. 108.

14 OLG Köln, WM 2001, 2340.

15 Bankrechtshandbuch, 5. Aufl. 2017, § 35 Rn. 21 m.w.N.

16 Schreiben des vormaligen BaKred vom 15.11.1996, Z – 4-71-2/78 und vom 13.08.1997, I – 5-B 400.

17 BMF vom 21.12.1998 – IV A – S 0325-13/97; 11.04.1997 IV a – 50325-1/97.

18 BGH, NJW 2002, 368.

19 BGH, WM 2006, 1673.

grundsätzlich durch alle Gesellschafter der GbR unterzeichnet werden. Die vorvertraglichen Informationen und Erläuterungen sind entsprechend allen Gesellschaftern zu erteilen.

Ist die Unterzeichnung des Darlehensvertrages durch alle Gesellschafter in Anbetracht einer ggf. hohen Anzahl von Gesellschaftern nicht praktikabel, kommt ein Abschluss des Darlehensvertrages durch Geschäftsführer/Vertreter der Gesellschaft bürgerlichen Rechts in Betracht. Für die im Gesellschaftsvertrag eingeräumte Vertretungsmacht ist allerdings § 492 Abs. 4 Satz 1 BGB zu beachten. Danach gelten die Formvorschriften des Verbraucherdarlehensrechts auch für die Vollmacht, die ein Darlehensnehmer zum Abschluss eines Verbraucherdarlehensvertrages erteilt. Weil diese Formvorschriften in der Regel bei Abschluss des Gesellschaftsvertrages nicht beachtet wurden, kommt die Einräumung einer Vertretungsmacht für Gesellschaften bürgerlichen Rechts nur über die Vorschrift des § 492 Abs. 4 Satz 2 BGB in Betracht. Voraussetzung für die Unterzeichnung eines Darlehensvertrages durch Geschäftsführer/Vertreter einer GbR ist demnach, dass diese dem kreditgewährenden Institut eine notariell beurkundete, durch alle Gesellschafter erteilte Vollmacht zum Abschluss des Darlehensvertrages vorlegen. Zweckmäßigerweise wird den Vertretern dabei auch Zustellungsvollmacht für eventuelle Verwertungsmaßnahmen eingeräumt. 34

5. Der rechtsfähige Verein und die rechtsfähige Stiftung

Der rechtsfähige Verein als Kontoinhaber kann durch Vorlage des Vereinsregisters legitimiert werden. Ferner ist bei den bei der Kontoeröffnung Handelnden, den Verfügungsbefugten, sowie den wirtschaftlich Berechtigten eine Legitimationsprüfung durchzuführen. Zugunsten der Vorstandsmitglieder gilt die Vereinfachungsregelung der Nr. 11.1j AEAO, da sich diese aus dem Vereinsregister ergeben. 35

Eine rechtsfähige Stiftung i.S.d. §§ 80 ff. BGB kann selbst Kontoinhaber sein. Sie ist i.d.R. über einen Auszug aus dem Stiftungsverzeichnis zu legitimieren. Daneben sind auch wieder die dem Kreditinstitut ggü. handelnden Personen, i.d.R. der Vorstand, die Verfügungsbefugten, sowie die wirtschaftlich Berechtigten zu legitimieren. 36

6. Der nichtrechtsfähige Verein und die nicht rechtsfähige Stiftung

Hinsichtlich des nichtrechtsfähigen Vereins ist bereits fraglich, ob dieser selbst Inhaber eines Kontos sein kann oder ob nicht vielmehr alle seine Mitglieder Inhaber des Kontos sind. Da es hier an der Rechtsfähigkeit fehlt, ist dem nichtrechtsfähigen Verein eigentlich konsequenterweise auch die Kontofähigkeit zu versagen. Das hätte zur Folge, dass das Konto auf den Namen aller Vereinsmitglieder oder aber mit einem entsprechenden Mitgliederbeschluss auf den Namen einiger Vorstandsmitglieder eröffnet werden müsste. Zu legitimieren wären dann alle Mitglieder des Vereins bzw. die entsprechenden Vorstandsmitglieder sowie die Handelnden und Verfügungsbefugten. 37

Bei Einführung der Zinsabschlagsteuer hat der Gesetzgeber jedoch anerkannt, dass ein nichtrechtsfähiger Verein kontofähig ist, da der nichtrechtsfähige Verein eine Körperschaft i.S.v. § 1 Abs. 1 Nr. 5 KStG ist und gem. § 44a EStG einen Freistellungsauftrag für die von ihm erzielten Einkünfte erteilen kann. Voraussetzung ist jedoch, dass das Konto gem. § 44a Abs. 4, Abs. 6 EStG auf den Namen des nichtrechtsfähigen Vereins lautet. Dies ist jedoch nur dann möglich, wenn auch nach § 154 AO die Kontofähigkeit anerkannt wird. Insofern kann ein steuerrechtlich motiviertes Bedürfnis dafür bestehen, dass der nichtrechtsfähige Verein Kontoinhaber ist und ihm damit eine Teilrechtsfähigkeit für steuerliche Zwecke zuerkannt wird. 38

Konsequenz dieser Anerkennung ist, dass – wenn kein erhöhtes Risiko in Bezug auf Geldwäsche zu erkennen ist – nicht alle Vereinsmitglieder legitimationsgeprüft werden müssen, sondern nur die bei der Kontoeröffnung Handelnden sowie die Verfügungsbefugten[20]. 39

20 Vgl. hierzu die Auslegungs- und Anwendungshinweise der DK zur Verhinderung von Geldwäsche, Terrorismusfinanzierung und »sonstigen strafbaren Handlungen« vom 01.02.2014, unter Ziff. 12 d.

40 Die bei der Kontoeröffnung Handelnden müssen eine von allen Vereinsmitgliedern unterzeichnete Vollmacht vorlegen, aus der sich ergibt, wer das Konto eröffnen und darüber verfügen darf. Sofern es einen entsprechend protokollierten Beschluss der Mitgliederversammlung gibt, kann sich daraus auch die Berechtigung des Vorstandes ergeben.

41 Das Kreditinstitut hat jedoch zunächst insb. anhand der Satzung zu prüfen, ob überhaupt die Wesensmerkmale eines nichtrechtsfähigen Vereins vorliegen und damit die zuvor aufgestellten Grundsätze Anwendung finden können.

42 Entsprechendes gilt für die unselbstständige Stiftung, die keine Rechtsfähigkeit besitzt. Auch diese ist Körperschaft i.S.v. § 1 Abs. 5 KStG und muss demnach Kontoinhaber gem. § 44a Abs. 4, Abs. 6 EStG sein können. Auch diesem Zweckvermögen wird eine Teilrechtsfähigkeit für steuerliche Zwecke zugesprochen, die die Kontofähigkeit der nichtrechtsfähigen Stiftung begründet. Die Legitimationsprüfung ist für die nichtrechtsfähige Stiftung sowie den Verwalter durchzuführen, der ggü. dem Kreditinstitut handelt.

43 Eine weitere Möglichkeit besteht darin, dass bei derartigen nichtrechtsfähigen Vereinigungen ein offenes Treuhandkonto auf den Namen eines Mitglieds dieser Vereinigung eröffnet wird. Das Konto führt dann eine Unterbezeichnung mit dem Namen der nichtrechtsfähigen Vereinigung.

44 Die Legitimationsprüfung ist in diesen Fällen für den Treuhänder als Kontoinhaber durchzuführen. Da ein offenes Treuhandkonto auf Veranlassung eines Dritten geführt wird und es damit einen wirtschaftlich Berechtigten i.S.v. § 3 Abs. 1 Nr. 3 GwG gibt, ist i.d.R. Name und Anschrift eines anderen Vereinigungsmitglieds festzustellen.

45 Weiterhin sind auch hier die Neuerungen des Steuerumgehungsbekämpfungsgesetzes zu berücksichtigen, nachdem auch die wirtschaftlichen Berechtigten gem. § 154 AO zu legitimieren sind.

7. Die Wohnungseigentümergemeinschaft

46 Weiterer Anwendungsfall des offenen Treuhandkontos kann z.B. auch die Wohnungseigentümergemeinschaft (WEG) sein. Das Konto würde dann auf den Namen des Verwalters eröffnet mit der zuvor geschilderten Konsequenz der grds. bestehenden Pflicht zur Feststellung des wirtschaftlich Berechtigten. Allerdings sieht das GwG bei der WEG ein geringeres geldwäscherechtliches Risiko, weshalb hier die Vorlage einer Liste aller Wohnungseigentümer genügt. Gem. § 154 Abs. 2 und Abs. 2a sind jedoch auch die wirtschaftlichen Berechtigten zu legitimieren. Nr. 11.2. lässt auch bei wirtschaftlichen Berechtigten Ausnahmen zu, worunter auch die Wohnungseigentümer hinsichtlich des Kontos der Wohnungseigentümergemeinschaft zu verstehen sind. Diese Liste sollte einmal im Jahr mit den aktuellen Eigentümern eingereicht werden. Dies wurde auch bereits nach der alten Rechtslage vertreten und – damals noch – vom BAKred gefordert.

47 Es ist jedoch – trotz fehlender Rechtsfähigkeit der WEG – anerkannt, dass das Konto direkt auf den Namen der WEG eröffnet werden kann. In diesem Fall muss auch die WEG durch Vorlage eines Protokolls der Miteigentümerversammlung legitimiert werden. Ferner ist der verfügungsbefugte Verwalter zu legitimieren.

8. Treuhandkonten

48 Wird das Konto nicht auf eigene Rechnung des Kontoinhabers eröffnet, handelt es sich häufig um ein Treuhandkonto einer Partei kraft Amtes (offenes Treuhandkonto). Zu diesem Personenkreis gehören der Insolvenzverwalter, Zwangsverwalter, Nachlassverwalter und der Testamentsvollstrecker. Ist die Partei kraft Amtes danach Kontoinhaber, hat sie sich bei Kontoeröffnung entsprechend zu legitimieren.

49 Statt ein offenes Treuhandkonto zu errichten, kann die Partei kraft Amtes auch nur als Vertreter auftreten und das Konto auf den Namen des Treugebers, z.B. des Erben oder der insolventen Gesellschaft, eröffnen. In diesem Fall ist wegen der Vereinfachungsregelung der Nr. 11.1c AEAO die

Partei kraft Amtes neben dem Kontoinhaber nicht zu legitimieren. Diese Erleichterung gilt auch für von der Partei kraft Amtes eingesetzte Bevollmächtigte.

Das Anderkonto stellt eine Unterart des offenen Treuhandkontos dar, dessen Inhaber nur Angehörige bestimmter Berufsgruppen sein können. Zu diesen Berufen gehören Rechtsanwälte, Notare, Patentanwälte und Rechtsbeistände sowie Wirtschaftsprüfer, Steuerberater, Steuerbevollmächtigte und vereidigte Buchprüfer. Für derartige Kontoinhaber bestehen nach dem Anwendungserlass keine Erleichterungsregelungen hinsichtlich des Verfügungsberechtigten. Bei Anderkonten von Berufsträgern kann nach Nr. 11.2 AEAO auf die Erfassung und Aufzeichnung des wirtschaftlich Berechtigten verzichtet werden. 50

Eine weitere Fallgestaltung für ein Treuhandkonto stellt das Mietkautionskonto dar, das auf den Namen des Vermieters geführt wird. Der Vermieter hat dann eine Treuhandstellung inne;[21] wirtschaftlich Berechtigter der Kategorie auf Veranlassung eines Dritten ist der Mieter. 51

Es ist jedoch auch denkbar, dass das Konto auf den Namen des Mieters als Sperrkonto eröffnet wird, bei dem der Vermieter die alleinige Verfügungsbefugnis zusteht. Da dieser Sperrvermerk rechtlich i.d.R. als Bestellung eines Pfandrechts zugunsten des Vermieters zu werten ist,[22] gilt in diesem Fall die Vereinfachungsregelung der Nr. 11.1d AEAO. Danach braucht der Vermieter dann nicht legitimationsgeprüft zu werden. 52

All diesen Treuhänderkonto-Fallgestaltungen ist gemeinsam, dass das Kreditinstitut in diesen Fällen grds. kein AGB-Pfandrecht sowie kein Aufrechnungs- und Zurückbehaltungsrecht ausüben kann. Deshalb ist bei der Kontoeröffnung nicht nur wegen des Legitimationserfordernisses und sonstiger steuerrechtlicher Anforderungen größte Sorgfalt darauf zu verwenden, ob eine der vorgenannten Fallkonstellationen vorliegt. 53

9. Unternehmen

a) Durchführung der Legitimationsprüfung bei inländischen Personenhandelsgesellschaften und juristischen Personen

Da § 154 Abs. 2 AO hinsichtlich der Durchführung der Legitimationsprüfung bei Unternehmen ebenfalls keine Anhaltspunkte enthält, kann auch diesbezüglich der Anwendungserlass zur AO unterstützend herangezogen werden. Nr. 7.1.2 AEAO lässt für die Gewissheit der Person – einer juristischen Person – die Bezugnahme auf eine amtliche Veröffentlichung oder ein amtliches Register unter Angabe der Register-Nummer genügen. Danach genügt die Vorlage des Handelsregisterauszuges oder z.B. ein Auszug aus dem Vereinsregister.[23] Zwar spricht der Anwendungserlass nur von juristischen Personen. Das Vorstehende gilt jedoch gleichermaßen auch für Personenhandelsgesellschaften, die i.d.R. ebenfalls ins Handelsregister eingetragen werden.[24] 54

Neben der Gesellschaft selbst sind aber auch die bei der Kontoeröffnung handelnden Personen ebenso wie Verfügungsbefugte zu legitimieren. Dabei sind auch die Privatanschriften der – i.d.R. im Handelsregister eingetragenen – ggü. dem Kreditinstitut handelnden Vertretungsberechtigten des Unternehmens zu erfassen. 55

Der Anwendungserlass sieht jedoch im Zusammenhang mit Kontoeröffnungen für Unternehmen diverse Erleichterungen vor. So sind die in einem öffentlichen Register eingetragenen Vertretungsberechtigten der Gesellschaft – sei es, dass sie den Kontoeröffnungsantrag unterzeichnen, oder sei es, 56

21 Palandt/*Weidenkaff* Einf. v. § 535 Rn. 121.

22 Palandt/*Weidenkaff* Einf. v. § 535 Rn. 121.

23 S. Rdn. 35.

24 Vgl. Erläuterungen der kreditwirtschaftlichen Spitzenverbände zu den Erfordernissen bei der Durchführung der Legitimationsprüfung und bei der Sicherstellung der Auskunftsbereitschaft nach § 154 Abs. 2 der Abgabenordnung (Stand: Oktober 1993), abgedruckt bei *Tischbein* S. 236 (250).

dass sie lediglich Kontovollmacht erhalten – von der Legitimationsprüfung befreit, Nr. 11j AEAO. Sind bereits fünf Vertretungsberechtigte eines Unternehmens legitimationsgeprüft oder wurde davon aufgrund der Nr. 11j AEAO abgesehen, braucht gem. Nr. 11k AEAO keine Legitimationsprüfung bei z.B. weiteren Bevollmächtigten durchgeführt zu werden. Diese Regelung stellt in der Praxis eine echte Erleichterung dar, da es viele Unternehmen gibt, bei denen zahlreiche Personen verfügungsbefugt sein sollen, und sich damit der administrative Aufwand in Grenzen halten kann.

57 Problematisch wird es nur dann, wenn z.B. insgesamt sechs Personen zeichnungsberechtigt sind und hinsichtlich der sechsten Person wegen der Vereinfachungsvorschrift des Nr. 11k AEAO keine Legitimationsprüfung durchgeführt wurde, zu einem späteren Zeitpunkt jedoch einer der legitimationsgeprüften Verfügungsberechtigten ausscheidet. Damit sind insgesamt nur noch fünf Vertretungsberechtigte vorhanden; der Mindeststamm von fünf legitimationsgeprüften Vertretungsberechtigten liegt jedoch nicht vor, weshalb die ehemals sechste Person nachträglich noch legitimationsgeprüft werden muss.[25]

b) Durchführung der Legitimationsprüfung bei ausländischen Unternehmen

58 Bei Gesellschaften mit Sitz im Ausland kann sich die Legitimationsprüfung etwas schwieriger darstellen. Zwar kann auch hier grds. der Auszug aus einem im Ausland geführten öffentlichen Register vorgelegt werden. Das genügt jedoch nur dann den Anforderungen einer ordnungsgemäßen Legitimationsprüfung, wenn dieses öffentliche Register nach seiner Zweckbestimmung dem in Deutschland geführten Handelsregister entspricht. Denn nicht in allen Ländern hat das »Gesellschaftsregister« die gleiche Bedeutung und Funktion wie im deutschem Recht. Insb. der angloamerikanische Raum kennt kein unserem Handelsregister vergleichbares öffentliches Register. Abgesehen davon, dass es dort nicht den Gutglaubensschutz in Bezug auf die Eintragungen im Handelsregister gibt, enthält z.B. das Certificate of Incorporation des Company Registry grds. keine Angaben zu den Vertretungsberechtigten. Es kann lediglich dazu herangezogen werden festzustellen, dass die Gesellschaft gegründet wurde und damit tatsächlich existent ist. Dieses Certificate of Incorporation kann folglich nur zur Legitimierung der ausländischen Gesellschaft herangezogen werden.

59 Auch die Legitimationsprüfung der für die ausländische Gesellschaft bei der Kontoeröffnung handelnden Personen gestaltet sich i.d.R. schwieriger. Die Vereinfachungsregelungen des Anwendungserlasses, insb. Nr. 11j AEAO, können zum einen schon deshalb nicht greifen, weil z.B. das Certificate of Incorporation des Company Registry zu den Vertretungsberechtigten eben grds. keine Angaben enthält.

60 Zum anderen hat das Bundesfinanzministerium klargestellt, dass eine Anwendbarkeit der Vereinfachungsregelungen mangels qualitativer Vergleichbarkeit der Zweckbestimmung sowie des Inhalts, der Anforderungen und Voraussetzungen des ausländischen Registers mit deutschen öffentlichen Registern i.d.R. ausscheidet.[26] Lediglich in Ausnahmefällen kann man zu dem Ergebnis gelangen, dass diese Vergleichbarkeit gegeben ist. In diesen seltenen Fällen kann dann auch von den Vereinfachungsregelungen des AEAO Gebrauch gemacht werden.

61 Liegt der Regelfall vor und kommt es nicht zu einer Anwendung des AEAO, müssen die handelnden Vertretungsberechtigten sowie Zeichnungsberechtigten der ausländischen Gesellschaft einzeln legitimationsgeprüft werden. Für den Nachweis der Privatanschrift kann häufig der Pass nicht herangezogen werden, da viele ausländische Pässe gerade diese Angabe nicht enthalten. In diesem Fall müssen andere taugliche beweiskräftige Dokumente herangezogen werden. Insofern kann auf die unter Rdn. 10–17 gemachten Ausführungen verwiesen werden.

25 Vgl. auch Erläuterungen der kreditwirtschaftlichen Spitzenverbände zu den Erfordernissen bei der Durchführung der Legitimationsprüfung und bei der Sicherstellung der Auskunftsbereitschaft nach § 154 Abs. 2 der Abgabenordnung (Stand: Oktober 1993), abgedruckt bei *Tischbein* S. 236 (250).

26 Schreiben des BMF an den Zentralen Kreditausschuss v. 18.11.1999.

Gleichwohl ist es in der Praxis gerade bei international tätigen Gesellschaften üblich, dass diese vom Unternehmen erstellte Unterschriftenverzeichnisse einreichen, da zahlreiche Personen vertretungs- und/oder verfügungsbefugt sein sollen. In diesem Fall ist es nicht praktikabel, alle der in diesem Verzeichnis genannten Personen zu legitimieren. Deshalb soll es aus Gründen der Verhältnismäßigkeit genügen, wenn in diesem Fall – vergleichbar der Vereinfachungsregelung der Nr. 11k AEAO – lediglich fünf Personen legitimationsgeprüft werden.[27] 62

Die vorgenannten Anforderungen gelten auch bei ausländischen Unternehmen, die keine Betriebsstätte in Deutschland haben, da dem Sinn und Zweck des § 154 AO entsprechend eine Überprüfung der steuerlichen Verhältnisse – auch der Frage, ob überhaupt eine Steuerpflicht besteht – durch die Legitimationsprüfung erleichtert werden soll.[28] 63

10. Kreditinstitute und Versicherungsunternehmen

Im Rahmen der Legitimationsprüfung für Kreditinstitute und Versicherungsunternehmen kann gemäß Nr. 11i AEAO hinsichtlich deren Vertretungsberechtigte und Kontobevollmächtigte von einer Legitimationsprüfung abgesehen werden. Diese Erleichterung soll auch solchen ausländischen Kreditinstituten und Versicherungsunternehmen zugutekommen, die nach international anerkannten Grundsätzen der öffentlichen Aufsicht unterliegen, bei denen die Standards zur Verhinderung der Geldwäsche hinreichend umgesetzt sind und eine Bereitschaft der zuständigen ausländischen Behörden besteht, mit den deutschen Behörden zusammenzuarbeiten.[29] Sollten diese Voraussetzungen nicht gegeben sein, ist hinsichtlich der Legitimationsprüfung wie unter Rdn. 58–63 für ausländische Unternehmen beschrieben zu verfahren. 64

III. Identifizierungspflichten nach dem GwG

1. Das Geldwäschegesetz

Mit Inkrafttreten des neuen Geldwäschegesetzes zum 23. Juni 2017 hat sich die Struktur des GWG grundlegend geändert. 65

Das neue nationale Geldwäschegesetz setzt die Änderungen der Vierten EU-Geldwäsche-Richtlinie in der Geldwäsche- und Terrorismusbekämpfung in Deutschland um. 66

Die EU hatte im letzten Sommer die Richtlinie nochmal ergänzt. Bereits zum Jahresbeginn 2016 hatte die EU auf die Pariser Terroranschläge reagiert und in einem Aktionsplan eine Reihe von Zielen und Maßnahmen beschlossen. Dazu zählte auch, die Umsetzung der EU-Richtlinie in ein nationales Geldwäschegesetz vorzuziehen. 67

In Abschnitt 1 des neuen GwG finden sich zunächst die Begriffsbestimmungen sowie die nach diesem Gesetz Verpflichteten. Abschnitt 2 behandelt das Risikomanagement. Im Abschnitt 3 werden fortan die Sorgfaltspflichten in Bezug auf Kunden reguliert. In den folgenden Abschnitten (4 bis 7) geht es um ein Transparenzregister, die Zentralstelle für Finanztransaktionsuntersuchungen, Anzeigepflichten und Datenverwendung sowie die Aufsicht und Bußgeldvorschriften. 68

2. Sorgfaltspflichten

Gem. § 10 GwG hat ein Kreditinstitut als Verpflichteter i.S.d. § 2 Abs. 1 Nr. 1 GwG bei Begründung einer Geschäftsbeziehung bestimmte Sorgfaltspflichten zu erfüllen. Zunächst hat es den Vertragspartner zu identifizieren, vgl. § 10 Abs. 1 Nr. 1 GwG. Die Identifizierung des Vertragspartners und gegebenenfalls der für ihn auftretenden Person hat nach Maßgabe der § 11 Abs. 4 und 69

---

27 *Tischbein* Rn. 53.

28 *Tischbein* Rn. 53.

29 Dies soll nach der BaFin bei Kreditinstituten aus den EU-Mitgliedstaaten, allen Mitgliedstaaten des Baseler Ausschusses sowie Australien, Norwegen und Singapur der Fall sein.

§ 12 Abs 1 und 2 GwG zu erfolgen. Dabei bestimmt § 11 Abs. 4 GwG welche Angaben der Verpflichtete bei der Identifizierung zu erheben hat. § 12 Abs. 1 und 2 GwG hingegen legt fest anhand welcher Mittel die Identifizierung zu erfolgen hat. Bei einer Kontoeröffnung ist Vertragspartner der Konto-/Depotinhaber, der sowohl eine natürliche als auch eine juristische Person sein kann. Auch wenn i.R.d. Legitimationsprüfung nach AO i.d.R. nur Name, Geburtsdatum und Wohnsitz zu erfassen sind, so werden regelmäßig die Legitimationspflichten nach AO und GwG gleichermaßen erfüllt sein. Das GwG verlangt bei natürlichen Personen auch die Angabe des Geburtsortes, der Staatsangehörigkeit (vgl. § 11 Abs. 4 Nr. 1d GwG) sowie der Art, Nummer und ausstellenden Behörde des Legitimationsdokumentes. All diese Angaben werden jedoch bereits über den Kontoeröffnungsantrag abgefragt und können durch ein entsprechend taugliches Legitimationsdokument verifiziert werden. Bei juristischen Personen bzw. Personengesellschaften sind gem. § 11 Abs. 4 Nr. 2 GwG die Firma/der Name, die Rechtsform sowie ggf. die Registernummer, die Sitzanschrift oder Anschrift der Hauptniederlassung sowie die Namen der Mitglieder des Vertretungsorgans zu erfassen. Auch all diese Angaben werden über den Kontoeröffnungsantrag vom Kunden abgefragt. Über die Vorlage des Handelsregisterauszugs kann die Verifizierung der gemachten Angaben erfolgen. Auch hinsichtlich des Zeitpunktes der durchzuführenden Identifizierung haben sich bei der Kontoeröffnung keine neuen Anforderungen ergeben. Bereits nach AO hat sich das Kreditinstitut »zuvor Gewissheit… […] zu verschaffen«, d.h. also bei Errichtung des Kontos. Wie bereits oben unter Rdn. 8 ausgeführt, kann zwar ein Konto bereits eröffnet werden, wenn die Legitimierung des Kunden nicht abgeschlossen ist, Abverfügungen dürfen allerdings erst erfolgen, wenn vollständig legitimiert wurde. Gleiches gilt für die Identifizierungspflicht nach dem GwG.

70 Im Fall einer Kontoeröffnung sind die Anforderungen des § 10 Abs. 1 Nr. 1 GwG somit i.d.R. bereits mit Durchführung der Legitimationsprüfung nach § 154 AO erfüllt. Allerdings sind die Legitimationsprüfung nach AO und die Identifizierung nach GwG unabhängig voneinander durchzuführen. Bei einer Kontoeröffnung deckt sich zwar weitestgehend der für den Konto-/Depotinhaber bestehende Prüfungsumfang, Kreditinstitute versuchen jedoch, die z.T. höheren Anforderungen des GwG (insb. was die Tauglichkeit der Legitimationspapiere anbelangt) zu erfüllen.

71 Die nach § 11 Abs. 1 GwG bestehenden Sorgfaltspflichten sind grds. bei Begründung einer jeden Geschäftsbeziehung – und sei es auch mit demselben Kunden – zu erfüllen. Da ein Kreditinstitut jedoch selten mit einem Kunden nur ein bestimmtes Geschäft abwickelt, sondern in vielerlei Hinsicht in Geschäftsbeziehung mit ihm steht, erscheint es nicht praktikabel, und wohl auch nicht dem Sinn und Zweck des GwG entsprechend, dass stets erneut eine Identifizierung des Vertragspartners durchzuführen ist. Deshalb sieht § 11 Abs. 3 GwG eine Ausnahme von der Identifizierungspflicht vor für den Fall, dass das Kreditinstitut den Kunden bereits bei früherer Gelegenheit identifiziert und die dabei erhobenen Angaben aufgezeichnet hat. Eine Einschränkung besteht nur für den Fall, dass aufgrund der äußeren Umstände Zweifel daran bestehen müssen, dass die erhobenen Daten weiterhin zutreffend sind.

72 Anders als bisher ist ein bei der Kontoeröffnung handelnder Vertreter des Kontoinhabers nicht mehr geldwäscherechtlich zu identifizieren. Gleichwohl dürfte es weiterhin im Interesse des Kreditinstituts sein zu wissen, wer ihm ggü. auftritt.

73 Zu den in § 10 Abs. 1 GwG genannten Sorgfaltspflichten gehört neben der Identifizierung des Kontoinhabers v.a. auch die Feststellung eines wirtschaftlich Berechtigten und deren Identifizierung und[30] die Einholung von Informationen über den Zweck und die angestrebte Art der Geschäftsbeziehung. Weiterhin gehört zu den Sorgfaltspflichten die Feststellung mit angemessenen, risikoorientierten Verfahren, ob es sich bei dem Vertragspartner oder dem wirtschaftlich Berechtigten um eine politisch exponierte Person, um ein Familienmitglied oder um eine bekanntermaßen nahestehende Person handelt, sowie die kontinuierliche Überwachung der Geschäftsbeziehung, um sicherzustellen, dass diese mit den beim Kreditinstitut vorhandenen Informationen übereinstimmen.

30 S. Rdn. 74–76.

3. Wirtschaftlich Berechtigter nach § 3GwG

Bis August 2008 war das Kreditinstitut verpflichtet, sich bei einer Kontoeröffnung bei dem ihm ggü. Handelnden zu erkundigen, ob dieser für eigene Rechnung handelte. Mit dieser Abfrage sollte v.a. die Umgehung der geldwäschegesetzlichen Bestimmungen, insb. Strohmanngeschäfte verhindert werden.[31] Wurde im fremden Interesse gehandelt, waren die auf dem Konto verwalteten Vermögenswerte dem Kontoinhaber wirtschaftlich nicht zuzurechnen und es lag ein abweichend wirtschaftlich Berechtigter vor, dessen Name und Anschrift festzustellen waren. 74

Den Begriff des abweichend wirtschaftlich Berechtigten gibt es nach neuem Recht nicht mehr; vielmehr wurde dieser durch die neue und weitergehende Kategorie des sog. wirtschaftlich Berechtigten abgelöst. Eine Definition des wirtschaftlich Berechtigten ist in § 3 GwG niedergelegt. Danach handelt es sich um eine natürliche Person, in deren Eigentum oder unter deren Kontrolle der Vertragspartner letztlich steht, oder auf deren Veranlassung eine Transaktion letztlich durchgeführt oder eine Geschäftsbeziehung letztlich begründet wird. § 3 Abs. 2 GWG bezieht sich auf juristische Personen, die nicht an einem organisierten Markt gem. § 2 Abs. 5 Wertpapierhandelsgesetz notiert sind. Aus dem Gesetzeswortlaut scheint daher zu folgen, dass auch eingetragene Vereine und eingetragene Genossenschaften erfasst werden sollen, es ist bisher jedoch noch nicht abschließend geklärt, wie mit nicht eingetragenen Vereinen und nicht eingetragenen Genossenschaften verfahren werden soll. So zählt zu den wirtschaftlich Berechtigten gem. § 3 Abs. 2 GwG jede natürliche Person, die unmittelbar oder mittelbar mehr als 25 Prozent der Kapitalanteile hält (§ 3 Abs. 2 Nr. 1 GwG), mehr als 25 Prozent Stimmrechte kontrolliert (§ 3 Abs. 2 Nr. 2 GwG) oder auf vergleichbare Weise Kontrolle ausübt (§ 3 Abs. 2 Nr. 3 GwG). Nach § 2 Abs. 2 S. 5 GwG ist für den Fall, dass keine natürliche Person als wirtschaftlich Berechtigter festgestellt werden kann, der fiktive wirtschaftliche Berechtigte zu ermitteln. Danach gilt der gesetzliche Vertreter, geschäftsführende Gesellschafter oder der Partner des Vertragspartners als wirtschaftlich Berechtigter. § 3 Abs. 3 GwG normiert wer bei rechtsfähigen Stiftungen und Rechtsgestaltungen, bei denen treuhänderisch Vermögen verwaltete oder verteilt oder die Verwaltung oder Verteilung durch einen Dritten beauftragt wird, als wirtschaftlich Berechtigter anzusehen ist. Weitere Einzelheiten hierzu sind der geldwäscherechtlichen Literatur zu entnehmen. 75

Gemäß § 10 Abs. 1 Nr. 2 GwG ist das Kreditinstitut verpflichtet abzuklären, ob der Konto-/Depotinhaber für einen wirtschaftlich Berechtigten handelt, und diesen nach Maßgabe des § 11 Abs. 5 GwG zu identifizieren. 76

IV. Kontendatei nach § 24c KWG

Das Kreditinstitut ist gem. § 24c Abs. 1 KWG verpflichtet, bestimmte Angaben zum Konto, Kontoinhaber und etwaigen Verfügungsberechtigten in einer Datei zu speichern. Neben Kontonummer, Tag der Errichtung des Kontos, sind insb. nach § 24c Abs. 1 Nr. 2 KWG der Name und das Geburtsdatum des Kontoinhabers sowie der Verfügungsberechtigten und in den Fällen des § 10 Abs. 1 Nr. 2 GwG ferner der Name und, soweit erhoben, die Anschrift eines wirtschaftlich Berechtigten i.S.d. § 3 GwG in die Datei einzustellen. 77

Die Änderungen des GwG wurden im KWG nur insofern nachvollzogen, als die Verweise auf die Regelungen des GwG der neuen Rechtslage angepasst wurden. Dabei hat man jedoch aus unerklärlichen Gründen nicht die Begrifflichkeit des ehemals »abweichend wirtschaftlich Berechtigten« an die neue Sprachregelung des GwG angepasst. Auch wenn die alte Begrifflichkeit enger zu verstehen ist als der neue Begriff des »wirtschaftlich Berechtigten«, so ist gleichwohl das neue, weitere Verständnis für die Kontendatei zugrunde zu legen. Die Kontendatei unterscheidet jedoch aktuell nicht nach den drei Untergruppen des wirtschaftlich Berechtigten, sodass diese Details nur durch zusätzliche Nachfragen beim Kreditinstitut in Erfahrung gebracht werden können. 78

---

31 Fülbier/Aepfelbach/*Langweg* GwG § 8 Rn. 12.

79 § 24c Abs. 1 KWG nimmt unter anderem Bezug auf die Regelung des § 154 Abs. 2 AO sowie § 3 GwG und die in diesem Zusammenhang festzustellenden Angaben. Zur Vermeidung von Widersprüchen und zur Gewährleistung einer einheitlichen Verwaltungspraxis sollen die Erleichterungsvorschriften des Anwendungserlasses zu § 154 AO auch i.R.d. § 24c KWG Anwendung finden.[32]

80 Die Einhaltung dieser Regelungen wird von der BaFin überwacht, die Verstöße als Ordnungswidrigkeit ahnden und mit einem Bußgeld belegen kann, §§ 56 Abs. 2 Nr. 9 und 10 KWG.

B. Kontoführung

I. Kontoarten

81 Es sind je nach Anzahl der Kontoinhaber und deren Berechtigung, über das Konto zu verfügen, verschiedene Arten von Konten zu unterscheiden. Weiterhin können die Kontoarten nach der Art der Nutzung bzw. deren Zweck unterschieden werden.

1. Gemeinschaftskonten

82 So kann es Einzelkonten sowie Gemeinschaftskonten geben, wobei sich letztere in Und-Konten sowie Oder-Konten unterteilen lassen. Die beiden Arten von Gemeinschaftskonten sind insb. bei Privatkunden, also natürlichen Personen als Kontoinhaber, relevant. Beim Einzelkonto gibt es nur einen Kontoinhaber, der im Verhältnis zum Kreditinstitut berechtigt und verpflichtet ist. Beim Gemeinschaftskonto gibt es eine Mehrzahl von Kontoinhabern, häufig Ehepartner oder Lebenspartner. Je nach Ausgestaltung sind diese entweder nur gemeinschaftlich verfügungsberechtigt (deshalb Und-Konto) oder aber jeder einzeln (deshalb Oder-Konto). Für jede der verschiedenen Arten haben die Kreditinstitute entsprechende Vordrucke für die Kontoeröffnung, die auf die jeweiligen Besonderheiten Rücksicht nehmen.

a) Und-Konto

83 Die Inhaber eines Und-Kontos bilden eine Bruchteilsgemeinschaft i.S.d. § 741 BGB und können deshalb nur gemeinschaftlich über das Konto verfügen. Gleiches gilt auch für ggü. dem Kreditinstitut zu erteilende Weisungen; auch diese können zu ihrer Wirksamkeit nur gemeinschaftlich erfolgen.[33]

84 Das Und-Konto ist von Konten für Gesamthandsgemeinschaften abzugrenzen, wie z.B. der GbR oder Erbengemeinschaft. Allerdings ist es unerheblich, wie sich die ein Konto eröffnenden Personen im Innenverhältnis zueinander sehen; relevant ist vielmehr, wie sie ggü. dem Kreditinstitut auftreten und dass sie gemeinschaftliche Verfügungsbefugnis haben wollen.[34]

85 Dem Kreditinstitut ggü. haften beim Und-Konto alle Kontoinhaber gesamtschuldnerisch, sodass von jedem Zahlung des gesamten geschuldeten Betrags verlangt werden kann. Der debitorische Saldo wurde schließlich durch alle Kontoinhaber zusammen herbeigeführt, sei es durch gemeinschaftlich veranlasste Überziehung des Kontos oder durch gemeinschaftliche Aufnahme eines Kredites.

86 Die Kontoinhaber stehen dem Kreditinstitut als Mitgläubiger i.S.d. § 432 BGB in Abgrenzung zum Gesamtgläubiger nach § 428 BGB ggü. Dementsprechend kann jeder einzelne Mitgläubiger Leistung verlangen, die jedoch auf Leistung an alle Mitgläubiger gerichtet ist, vgl. § 432 Abs. 1 Satz 1 BGB.[35] Zahlt das Kreditinstitut an nur einen der Kontoinhaber, so erfolgt dies grds. nicht mit schuldbefreiender Wirkung. Etwas anderes gilt nur dann, wenn der empfangende Kontoinhaber

32 BMF, Schreiben v. 04.11.2002 – VII B 7 – Wk 5023–1031/02.
33 BuB/*Gößmann*/ *Walgenbach* Rn. 2/154.
34 BuB/*Gößmann*/ *Walgenbach* Rn. 2/154.
35 Palandt/*Grüneberg* § 432 Rn. 8.

vom Mitkontoinhaber dafür entsprechend bevollmächtigt wurde.[36] Auch im Fall der Pfändung gilt, dass diese zulasten eines Und-Kontos nur greifen kann, wenn sie sich gegen alle Kontoinhaber richtet, also auch ein Titel gegen alle Kontoinhaber vorliegt. Andernfalls würde nur eine Pfändung des Anteils an der Bruchteilsgemeinschaft des einen Kontoinhabers in Betracht kommen, die Pfändung in das Und-Konto ginge jedoch ins Leere.[37]

Bei der Insolvenz eines Kontoinhabers muss berücksichtigt werden, dass das Gesamthandsvermögen nicht in die Insolvenzmasse fällt. Daher muss außerhalb des Insolvenzverfahrens nach § 84 InsO eine Auseinandersetzung gemäß § 741 BGB erfolgen.[38] 87

b) Oder-Konto

Etwas schwieriger gestaltet sich die Handhabung des Oder-Kontos, das ebenfalls ein Gemeinschaftskonto darstellt, bei dem jedoch jeder Kontoinhaber einzeln ggü. dem Kreditinstitut handeln, also verfügen und Weisungen erteilen darf. Dementsprechend ist die Einzelverfügungsbefugnis jedes einzelnen Kontoinhabers auch in den Bankvordrucken explizit enthalten. Allerdings müssen solche Maßnahmen gemeinschaftlich getroffen werden, die das Konto und die Rechtsbeziehung zum Kreditinstitut dem Grunde nach betreffen, wie z.B. eine Kündigung bzw. Auflösung des Kontos.[39] 88

Die Kontoinhaber eines Oder-Kontos sind Gesamtgläubiger i.S.d. § 428 BGB. Allerdings stellen sie keine Gesamtgläubigerschaft in Reinkultur dar, vielmehr bedarf es mehrerer Modifizierungen: Nicht die Gläubigermehrheit als solche ist Forderungsinhaber, sondern jeder Gesamtgläubiger hat ein eigenes Forderungsrecht ggü. dem Kreditinstitut, sodass es nicht im Belieben des Kreditinstitutes steht, an welchen der Kontoinhaber es zahlt. Es kann nur an den Kontoinhaber mit befreiender Wirkung leisten, dessen Weisung nach dem Prioritätsgrundsatz als erstes erledigt wird. Das kann dazu führen, dass ggf. eine zeitlich spätere Barabhebung des gesamten Kontoguthabens einem am selben Tag, obgleich früher eingegangenen Überweisungsauftrags über das gesamte Guthaben vorgeht und durchgeführt wird mit der Folge, dass der Überweisungsauftrag mangels Kontodeckung zurückgewiesen werden muss.[40] 89

Die Kontoinhaber des Oder-Kontos haften dem Kreditinstitut grds. als Gesamtschuldner, sofern es sich um Verbindlichkeiten handelt, die aus der Führung des Gemeinschaftskontos stammen, wie z.B. aus vorübergehenden Überziehungen, aber auch Zinsen und Entgelte. Fehlt es an einer Kreditvereinbarung, haften alle Kontoinhaber. Anders verhält es sich jedoch bei Aufnahme eines Kredites. Damit alle Kontoinhaber gleichermaßen in der Haftung sind, bedarf es eines von allen Kontoinhabern unterzeichneten Kreditvertrages, der losgelöst vom Kontovertrag zu sehen ist.[41] 90

Problematisch kann es bei einem von Eheleuten geführten Konto immer dann werden, wenn diese beabsichtigen, sich zu trennen, oder aber bereits getrennt leben. Es kommt nicht selten vor, dass ein Kontoinhaber versucht zu verhindern, dass der andere Kontoinhaber einen Guthabensaldo abverfügt. Dies kann er insb. dadurch erreichen, dass er die Einzelverfügungsberechtigung widerruft und dadurch das Konto in ein Und-Konto umwandelt mit dann nur noch gemeinschaftlicher Verfügungsbefugnis. Eine derartige Umwandlung des Kontos ist jedoch nur dann zulässig, wenn der Kontoantrag eine entsprechende Klausel beinhaltet, nach der diese einseitige Erklärung zulässig ist und damit der Änderungsvertrag des Kontovertrages antizipiert wird.[42] 91

36 Palandt/*Grüneberg* § 432 Rn. 8.
37 BuB/*Gößmann*/ *Walgenbach* Rn. 2/156.
38 BuB/*Gößmann*/ *Walgenbach* Rn. 2/156.
39 BuB/*Gößmann*/ *Walgenbach* Rn. 2/148.
40 BuB/*Gößmann*/ *Walgenbach* Rn. 2/141 + Rn. 2/139.
41 BuB/*Gößmann*/ *Walgenbach* Rn. 2/141.
42 BGH, WM 1993, 141.

92 Statt einer solchen Kontoumwandlung kann aber auch einer der Kontoinhaber versuchen, das Kontoguthaben selber komplett abzuverfügen, und zwar bevor der andere Kontoinhaber dies tut. Selbst wenn das Kreditinstitut Kenntnis davon erlangt, dass dies in bewusster Schädigung des anderen Kontoinhabers erfolgt, vermag das Kreditinstitut die Auszahlung oder Durchführung der Überweisung nicht zu verweigern. Wegen der Einzelverfügungsbefugnis eines jeden Kontoinhabers kann auch jeder der Oder-Kontoinhaber das Konto komplett »leer räumen«. Die Grenze des Rechtsmissbrauchs findet hier keine Beachtung, da es sich bei den Verfügungsberechtigungen der Oder-Kontoinhaber nicht um eine gegenseitige Bevollmächtigung zur alleinigen Verfügung über das Konto handelt.

93 Zwar kommt die Abhebung des gesamten Guthabensaldos faktisch einer Auflösung des Kontos gleich. Die Auflösung erfordert jedoch noch einmal eine gesonderte Erklärung ggü. dem Kreditinstitut und ist nicht mit dem Reduzieren des Saldos auf Null gleichzusetzen. Der Kontoauflösungsakt als solcher bedarf – da es zu einer inhaltlichen Änderung führt – der gemeinschaftlichen Erklärung ggü. dem Kreditinstitut.

94 Allerdings kann das Scheitern der Ehe und das Getrenntleben der Kontoinhaber als ein Wegfall der Geschäftsgrundlage angesehen werden.[43] Dies kann dazu führen, dass die Regelung hinsichtlich der gesamtschuldnerischen Haftung für Überziehungen angepasst werden muss, wenn das Kreditinstitut Kenntnis von der Trennung der Kontoinhaber hat.[44]

95 Die Pfändung in ein Oder-Konto mit einem Titel gegen nur einen der Kontoinhaber ist zulässig; das Forderungsrecht eines jeden Kontoinhabers aus einem Oder-Konto ist nach herrschender Meinung pfändbar.[45] Grds. kann der Kontoinhaber, gegen den nicht gepfändet wurde, weiterhin über das Konto verfügen, wenn ein Pfändungsbeschluss beim Kreditinstitut eingegangen ist. Anders gestaltet es sich jedoch dann, wenn ein Pfändungs- und Überweisungsbeschluss erlassen wird und damit eine Zahlungsaufforderung des Pfandgläubigers einhergeht. In diesem Fall darf das Kreditinstitut insb. nach Abgabe der Drittschuldnererklärung nach § 840 ZPO aufgrund des Prioritätsprinzips grds. auch nicht mehr an den anderen Kontoinhaber leisten, der nicht Pfandschuldner ist. Würde es dies gleichwohl tun, würde es nicht mit schuldbefreiender Wirkung leisten können und der Pfandgläubiger könnte erneut Zahlung an sich verlangen.[46] Etwas anderes gilt nur dann, wenn das Kontoguthaben den gepfändeten Betrag übersteigt.

2. Basiskonto

96 Die Richtlinie 2014/92/EU des Europäischen Parlaments und des Rates vom 23.07.2014 über die Vergleichbarkeit von Zahlungskontoentgelten, den Wechsel von Zahlungskonten und den Zugang zu Zahlungskonten mit grundlegenden Funktionen wurde durch das gleichnamige Gesetz (kurz »Zahlungskontengesetz) in deutsches Recht umgesetzt. Eine der Regelungen umfasst auch Zugang zu Zahlungskonten mit grundlegenden Funktionen (Basiskonto). Regelungen dazu finden sich in §§ 30 ff. ZKG.

97 Zu diesen grundlegenden Funktionen zählen gemäß § 38 Abs. 2 ZKG die Ein- und Auszahlung von Geld, Lastschriften, Überweisungen und das Zahlungskartengeschäft. Das Kreditinstitut ist jedoch nicht verpflichtet einen Überziehungsrahmen einzuräumen[47].

98 Bei einem Basiskonto darf das Kreditinstitut nicht frei entscheiden, wen es als Kunden ablehnt oder kündigt. Die Ablehnung des Antrags auf Abschluss eines Basiskontos kann nur unter bestimmten Voraussetzungen stattfinden. Das Kreditinstitut darf ein Antrag auf Eröffnung eines Basiskontos

43 BGH, WM 1989, 860; BGH, WM 1982, 189.
44 BuB/*Gößmann/ Walgenbach* Rn. 2/162.
45 BGH, WM 1988, 950; BuB/*Gößmann/ Walgenbach* Rn. 2/150.
46 BuB/*Gößmann/ Walgenbach* Rn. 2/150.
47 Bülow, Zahlungskontengesetz § 38 Rn. 8.

ablehnen, wegen eines bereits vorhandenen Zahlungskontos (§ 35 ZKG), wegen strafbaren Verhaltens oder wegen Verstoßes gegen ein gesetzliches Verbot (§ 36 ZKG) oder wegen früherer Kündigung bei Zahlungsverzug (§ 37 ZKG). Die Ablehnung des Antrags auf Abschluss eines Basiskontos ist dem Berechtigten unverzüglich, jedoch spätestens zehn Tage nach Eingang des Antrags in der Regel unter Angabe von Gründen mitzuteilen.

Nicht nur die Ablehnungsgründe beim Basiskonto sind beschränkt, sondern auch die Kündigungsmöglichkeiten des Kreditinstituts nach Eröffnung eines Basiskontos. Das Kreditinstitut kann eine Kündigung lediglich aus den im § 42 ZKG genannten Gründen aussprechen. 99

Einen Anspruch auf ein Basiskonto hat jeder Verbraucher, der sich rechtmäßig in der europäischen Union aufhält. Hintergrund dieses Kontrahierungszwangs ist laut den Erwägungsgründen der Zahlungskontenrichtlinie, dass Wettbewerbsverzerrungen und Diskriminierungen vermieden werden sollen, die dadurch entstehen, dass Verbraucher kein Zahlungskonto besitzen. 100

Das Basiskonto kann auch als Pfändungsschutzkonto geführt werden. 101

3. Pfändungsschutzkonto

Mit der Reform des Kontopfändungsschutzes wurde am 01.07.2010 das Pfändungsschutzkonto eingeführt. Jede natürliche Person kann gemäß § 850k Abs. 7, S. 2 ZPO sein Girokonto in ein Pfändungsschutzkonto umwandeln. Restriktionen diesbezüglich sind, dass jede natürliche Person nur ein Pfändungsschutzkonto führen darf und demnach auch ein Gemeinschaftskonto nicht in ein Pfändungsschutzkonto umgewandelt werden kann.[48] 102

Durch das Pfändungsschutzkonto kann der Kontoinhaber trotz Pfändung frei über sein Guthaben verfügen. Die Höhe des Guthabens bestimmt sich nach den entsprechenden monatlichen Freibeträgen. D.h. die monatlichen Freibeträge sind gemäß § 850k Abs.1 und 2 ZPO nicht von der Pfändung erfasst.[49] 103

Innerhalb von vier Wochen nach Eingang einer Pfändung hat der Kontoinhaber noch die Möglichkeit sein Girokonto in ein Pfändungsschutzkonto umzuwandeln. In diesen Fällen wirkt der Pfändungsschutz auch schon für die eingegangene Pfändung.[50] 104

II. Natürliche Personen als Kontoinhaber

1. Außerhalb von Geschäftsräumen geschlossene Verträge und Fernabsatzverträge

a) Allgemeines

Zum 13.06.2014 wurden die §§ 312 ff. BGB grundlegend geändert. Damit wurde die Richtlinie 2011/83/EU des Europäischen Parlaments und des Rates vom 25.10.2011 über die Rechte der Verbraucher, zur Abänderung der Richtlinie 93/13/EWG des Rates und der Richtlinie 1999/44/EG des Europäischen Parlaments und des Rates sowie zur Aufhebung der Richtlinie 85/577/EWG des Rates und der Richtlinie 97/7/EG des Europäischen Parlaments und des Rates umgesetzt. 105

Da die Verbraucherrechterichtlinie die Haustürwiderrufsrichtlinie und die Fernabsatzrichtlinie zusammengeführt und modifiziert hat, wurden die beiden letztgenannten Richtlinien mit Wirkung zum 13.06.2014 aufgehoben. 106

Neben den §§ 312 ff. BGB wurden auch die Vorschriften zum Widerrufsrecht in den §§ 355 ff. BGB neu konzipiert, wobei insbesondere der Rückgriff auf das Rücktrittsrecht entfallen ist und die Rechtsfolgen seit dem 13.06.2014 abschließend in den §§ 355 ff. BGB neu geregelt sind. 107

48 BuB/*Bach-Heuker* Rn. 2/1237.
49 BuB/*Bach-Heuker* Rn. 2/1235.
50 BuB/*Bach-Heuker* Rn. 2/1235.

108 In § 312a BGB sind allgemeine Pflichten und Grundsätze bei Verbraucherverträgen sowie die Grenzen der Vereinbarung von Entgelten geregelt. §§ 312b ff. BGB enthalten den Schwerpunkt der gesetzlichen Neuregelung. §§ 312b BGB und 312 c BGB definieren außerhalb von Geschäftsräumen geschlossene Verträge und Fernabsatzverträge. Kurz zusammengefasst lassen sich die beiden Abschlusssituationen wie folgt definieren: Bei außerhalb von Geschäftsräumen geschlossenen Verträgen handelt es sich um Geschäfte, bei denen der Bankmitarbeiter und der Kunde beim Vertragsschluss außerhalb der Geschäftsräume körperlich anwesend sind. Fernabsatzverträge sind Verträge, bei denen sowohl bei der Vertragsanbahnung als auch beim Vertragsschluss kein persönlicher Kontakt zwischen Bankmitarbeiter und Kunden stattfindet, die stattdessen ausschließlich über Fernkommunikationsmittel abgeschlossen werden. § 312d BGB i.V.m. Art. 246 ff. EGBGB bestimmen, welche vorvertraglichen Informationen (VVI) dem Verbraucher bei außerhalb von Geschäftsräumen geschlossenen Verträgen und bei Fernabsatzverträgen zu erteilen sind. Dazu zählt u. a. die Information über das 14-tägige Widerrufsrecht. Wird die Informationspflicht nicht vollständig erfüllt, steht dem Verbraucher ein zeitlich unbefristetes Widerrufsrecht zu.

b) Voraussetzungen der Anwendbarkeit der §§ 312 ff. BGB

109 Nach § 312 Abs. 1 BGB sind die Regelungen der §§ 312a bis h BGB anwendbar auf Verbraucherverträge i.S.d. § 310 Abs. 3 BGB, die eine entgeltliche Leistung des Unternehmers zum Gegenstand haben.

110 Die erste Voraussetzung für die Anwendbarkeit der Vorschriften ist also, dass ein Vertrag vorliegt. Dies ist in der Regel bei dem Vertrieb von Bankprodukten der Fall. Anders nur bei der Inanspruchnahme der im Preis- und Leistungsverzeichnis ausgewiesenen Einmalleistungen im Rahmen einer bestehenden Vertragsbeziehung. Beispiele sind die Nacherstellung von Kontoauszügen oder das Zusenden einer Ersatz-Debitkarte auf Weisung des Kunden. Für die Annahme, dass hier kein Vertrag gegeben ist, spricht, dass es den Kreditinstituten praktisch gar nicht möglich wäre, den Kunden die relevanten Informationen zu erteilen, bevor diese durch die Erteilung der Weisung gebunden sind.

111 Weitere Voraussetzung für die Anwendbarkeit der §§ 312 ff. BGB ist, dass es sich bei dem Vertragspartner des Unternehmers um einen Verbraucher handelt. Dies ist gem. § 13 BGB jede natürliche Person, wenn im konkreten Fall ein Rechtsgeschäft zu Zwecken abgeschlossen wird, die überwiegend weder der gewerblichen noch der selbstständigen beruflichen Tätigkeit zugerechnet werden können.

112 Schließlich setzen die §§ 312 ff. BGB voraus, dass der Unternehmer eine entgeltliche Leistung erbringt. Hier ist aber zu berücksichtigen, dass die Verbraucherrechterichtlinie nach Art. 3 Abs. 1 für jegliche Verträge gilt, die zwischen einem Unternehmer und einem Verbraucher geschlossen werden. Über ein richtlinienkonformes Verständnis und um Risiken auszuschließen wird daher davon ausgegangen, dass die Neuregelungen auch solche Verträge erfassen, denen keine (entgeltliche) Leistung des Unternehmers zugrunde liegt.[51]

c) Ausnahmen

113 Die Pflicht des Kreditinstituts, vorvertragliche Informationen zu erteilen und das Recht des Verbrauchers, den geschlossenen Vertrag zu widerrufen, bestehen nicht bei Finanzdienstleistungen, die im Präsenzgeschäft abgeschlossen werden, § 312a Abs. 2 Satz 3 BGB. Die gesetzlichen Vorschriften bezüglich der vorvertraglichen Informationen und des Widerrufsrechts sind auf Finanzdienstleistungen also nur anwendbar, wenn sie sich auf eine bestimmte Vertragsart, im Wesentlichen Verbraucherdarlehensverträge oder Zahlungsdiensteverträge, beziehen oder diese Verträge in einer besonderen Geschäftssituation (außerhalb von Geschäftsräumen oder als Fernabsatzgeschäft) geschlossen werden.

51 Vgl. zu den einzelnen Vertragsarten unter d).

Die Vorschriften gelten weiter nicht, wenn es sich um außerhalb von Geschäftsräumen geschlossene, notariell beurkundete Verträge über Finanzdienstleistungen handelt, § 312 Abs. 2 Nr. 1 a BGB. 114

Weiter sind ausgenommen Verträge über Immobiliengeschäfte, § 312 Abs. 2 Nr. 2 BGB und Vertragsabschlüsse unter Verwendung von Warenautomaten, § 312 Abs. 2 Nr. 9 BGB (Bargeldabhebungen an Geldautomaten). 115

Ebenfalls nicht anwendbar sind die Vorschriften auf Gesamtvorgänge i.S.d. § 312 Abs. 5 BGB. 116 Darunter versteht man eine erstmalige grundlegende Vereinbarung mit daran anschließenden aufeinanderfolgenden Vorgängen. Beispiele sind der Abschluss eines Giro- oder Depotvertrags. Hier sind die §§ 312a ff. BGB nur auf die erste (auf Rahmen-) Vereinbarung anwendbar.

d) Einzelne Vertragsarten: Pflicht zur Erteilung von VVI?

aa) Hereinnahme von Sicherheiten

Der Wortlaut des § 312 Abs. 1 BGB (»…entgeltliche Leistung…«) spricht gegen die Anwendbar- 117 keit der neuen Regelungen, da die Hereinnahme einer Sicherheit keine entgeltliche Leistung des Unternehmers darstellt.

Dennoch haben sich alle Verbände der Deutschen Kreditwirtschaft dafür ausgesprochen, wegen des 118 immensen Risikos eines ggf. unbefristeten Widerrufsrechts des Sicherungsgebers bei unterbliebener Information von der Anwendbarkeit der neuen Vorschriften auf die Hereinnahme von Sicherheiten auszugehen.

Als Begründung wird angegeben, dass in der Verbraucherrechterichtlinie die Fernabsatzrichtlinie 119 sowie die Haustürwiderrufsrichtlinie zusammengeführt wurden und dass nach der Rechtsprechung Sicherheiten in den Anwendungsbereich der früheren Haustürwiderrufsrichtlinie fielen, da Sicherheiten als entgeltliche Leistung qualifiziert wurden.[52].

Für die Grundschuldbestellung als solche greift aber die Ausnahmevorschrift des § 312 Abs. 2 Nr. 2 120 BGB. Dies gilt jedoch nicht, sofern der Darlehensnehmer auch noch ein abstraktes Schuldversprechen abgibt. In diesem Fall sind also vorvertragliche Informationen zu erteilen. Anders nur wenn der Angestellte des Kreditinstituts bei der Bestellung der Grundschuld beim Notar ebenfalls anwesend ist, weil dann die Ausnahmevorschrift des § 312 Abs. 2 Nr. 1 a BGB zur Anwendung kommt. Letzteres kommt in der Praxis allerdings nicht vor. Im Ergebnis sind die Vorschriften der §§ 312b ff. BGB also auf die Stellung von Grundschulden anwendbar, sofern neben der reinen Grundschuldbestellung auch noch ein abstraktes Schuldversprechen abgegeben wird.

bb) Förderdarlehen

Nach § 491 Abs. 2 Nr. 5 BGB unterliegen Förderdarlehen nicht den §§ 491 ff. BGB. Die Vor- 121 schriften der §§ 312 ff. BGB sind anwendbar. Werden Förderdarlehen außerhalb von Geschäftsräumen oder als Fernabsatzgeschäft abgeschlossen, sind dem Darlehensnehmer vorvertragliche Informationen gem. § 312d Abs. 2 BGB i.V.m. Art. 246b BGB zu erteilen.

cc) Einlagen

»Geldanlage«-Dienstleistungen fallen unter die gesetzliche Neuregelung. Werden solche Verträge 122 außerhalb von Geschäftsräumen oder als Fernabsatzgeschäft abgeschlossen, sind dem Vertragspartner vorvertragliche Informationen zu erteilen. Beispiele sind Sparverträge und Verträge über Festgeld.

52 EuGH, NJW 1998, 1295 (Diezinger), ebenso BGH, NJW 2006, 845 und NJW 2007, 2106.

dd) Aufträge von Verbrauchern zur Übernahme einer Bürgschaft durch Kreditinstitute

123 Werden solche Verträge außerhalb von Geschäftsräumen oder als Fernabsatzgeschäfte abgeschlossen, sind § 312d Abs. 2 BGB i.V.m. Art. 246b EGBGB zu beachten. Dem Verbraucher sind also vorvertragliche Informationen zu erteilen.

2. Kontovollmachten

124 Der Kontoinhaber als Gläubiger des Bankguthabens kann auch Dritten die Befugnis erteilen, über sein Konto zu verfügen. Eine Kontovollmacht kann für ein einzelnes Konto erteilt werden oder aber für die gesamte Geschäftsverbindung gelten und damit alle bestehenden und künftigen Konten des Vollmachtgebers erfassen. Eine weitere Möglichkeit ist, Vollmacht für sämtliche Konten unter einer Kundenstammnummer zu erteilen. Sollten für einen Kunden ausnahmsweise mehrere Stammnummern geführt werden, müsste für jede einzelne Stammnummer eine Vollmacht erteilt werden, wenn nicht von der Vollmacht für die gesamte Geschäftsverbindung Gebrauch gemacht wurde.

125 Die Kontovollmacht berechtigt nur zu solchen Geschäften, die in unmittelbaren Zusammenhang mit der Kontoführung stehen und diese nicht in ihrer Grundlage berühren. Die banküblichen Kontovollmachtsformulare enthalten einen nicht abschließend zu verstehenden Katalog an Geschäften, die in einem unmittelbaren Zusammenhang mit der Kontoführung stehen. So ist ein Kontobevollmächtigter z.B. grds. berechtigt, insb. Abverfügungen – auch per Überweisung und Scheck – vorzunehmen, eingeräumte Kredite auszunutzen und vorübergehende Kontoüberziehungen im banküblichen Rahmen zu nutzen oder auch i.S.e. Empfangsbevollmächtigten Kontoauszüge und Rechnungsabschlüsse entgegenzunehmen und anzuerkennen.

126 Die Kontovollmachtsformulare enthalten jedoch auch einen sog. Negativkatalog, also Geschäfte, die nicht mehr als von der Kontovollmacht gedeckt anzusehen sind. Danach sind grds. die Aufnahme von (weiteren) Krediten oder die Änderung eines bestehenden Kredites sowie die Beantragung einer Girocard oder Kreditkarte oder die Bestellung von Sicherheiten nicht zulässig. Zumindest bei einer Kontovollmacht für ein einzelnes Konto/Depot kann die Eröffnung weiterer Konten (außer der im Kontovollmachtsformular genannten) ausgenommen sein. Ebenso ist der Bevollmächtigte – zumindest zu Lebzeiten des Kontoinhabers – nicht zur Kontokündigung und Kontoschließung berechtigt; er ist noch nicht einmal tauglicher Empfänger einer vom Kreditinstitut erklärten Kontokündigung. Auch Untervollmachten darf der Bevollmächtigte nicht erteilen.

127 Weiterhin sind regelmäßig von den üblichen Bankvollmachten Börsentermin- und Devisentermingeschäfte nicht abgedeckt. Durch den spekulativen Charakter dieser Geschäfte würde sich das Risiko des Vollmachtgebers unangemessen erhöhen. Weiterhin nicht im Zusammenhang mit der Bankvollmacht stehen Vollmachten über Schrank- und Verwahrverträge. Für die aufgezeigten Geschäfte gibt es regelmäßig Sondervollmachten, denen sich der Kontoinhaber bedienen kann.[53]

128 Die Erteilung einer Kontovollmacht bedarf grds. keiner besonderen Form, banküblich ist jedoch die Verwendung eines der Kontovollmachtsformulare, die die Kreditinstitute bereithalten. Daraus ergibt sich auch – wie zuvor beschrieben – zumindest exemplarisch der Umfang der Befugnisse, die der Bevollmächtigte in Bezug auf das Konto haben soll. Diese sind im Interesse des Kunden restriktiv gehalten. Die gleichen Grundsätze sind prinzipiell auch dann anzuwenden, wenn der Kunde eine selbst gestaltete Vollmacht vorlegt und diese keine spezifischen Angaben über den Umfang der Vollmacht enthält und nur pauschal bestimmt, dass Kontovollmacht eingeräumt werden soll (es sei denn, es handelt sich um eine Generalvollmacht). Der Kunde kann jedoch in der von ihm gestalteten Vollmacht auch Abweichungen (Einschränkungen oder Erweiterungen) vom Inhalt der banküblichen Kontovollmachtsformulare festlegen.

53 BuB/Roth/Stöhr Rn. 2/783a.

Zum Schutz des Kreditinstitutes gilt die Vollmacht so lange als existent, bis sie ihm ggü. widerrufen wird, vgl. § 171 Abs. 2 BGB. Dies gilt auch dann, wenn sie bereits dem Bevollmächtigten ggü. widerrufen wurde und damit erloschen ist, vorausgesetzt, das Kreditinstitut hat nicht bereits anderweitig Kenntnis vom Widerruf erlangt oder hätte Kenntnis erlangen müssen, § 173 BGB. 129

3. Betreute Kunden

a) Allgemeines

Gem. § 1896 Abs. 1 Satz 1 BGB ist ein Betreuer auf Antrag des Betreuten oder von Amts wegen zu bestellen, wenn ein Volljähriger aufgrund einer psychischen Krankheit oder einer körperlichen, geistigen oder seelischen Behinderung seine Angelegenheit ganz oder teilweise nicht besorgen kann. Der Betreuer vertritt den Betreuten gerichtlich und außergerichtlich i.R.d. ihm zugewiesenen Aufgabenkreises, vgl. § 1902 BGB. Auch wenn das Gesetz die gesetzliche Vertretung nicht explizit nennt, so ist der Betreuer gleichwohl als gesetzlicher Vertreter des Betreuten anzusehen.[54] 130

Die Betreuerfunktion kann von einer oder mehreren natürlichen Personen ausgeübt werden (§§ 1897, 1899 BGB). Werden mehrere Betreuer bestellt, unterscheidet man zwischen gemeinschaftlicher und geteilter Mitbetreuung. Daneben gibt es noch den Ergänzungsbetreuer sowie den Hilfs-/Ersatzbetreuer. Das gesetzliche Leitbild ist die private Einzelbetreuung, vgl. § 1897 Abs. 1 Satz 1 BGB. Ein Betreuungsverein bzw. eine Betreuungsbehörde wird zumeist nur dann ausgewählt, wenn keiner der Verwandten oder Bekannten infrage kommt. 131

Eröffnet der Betreuer i.R.d. Betreuung ein neues Konto, so ist Kontoinhaber stets der Betreute, nicht der Betreuer. Die Eröffnung eines Treuhandkontos mit dem Betreuer als Treuhänder ist nicht zulässig.[55] Der Betreute als Kontoinhaber ist nach allgemeinen Grundsätzen zu legitimieren. Das Konto sollte entsprechend als Betreutenkonto bezeichnet werden. Hinsichtlich der beim Betreuer durchzuführenden Legitimationsprüfung kann auf die Ausführungen unter Rdn. 28 verwiesen werden. 132

Der Betreuer hat seine Betreuerbestellung und seine Berechtigung zur Vermögenssorge ggü. dem Kreditinstitut durch Vorlage der Bestallungsurkunde nachzuweisen. Neben den zugewiesenen Aufgabenkreisen ergeben sich auch etwaige Befristungen aus der Bestallungsurkunde. Sollte es einmal zu einer Diskrepanz von Bestallungsurkunde und Gerichtsbeschluss kommen, geht letzterer vor und ist alleine maßgeblich. 133

Die Bestallungsurkunde entfaltet keine Rechtswirkung in Gestalt des öffentlichen Glaubens.[56] Das bedeutet, dass der gute Glaube an den Fortbestand der Betreuerbestellung nicht geschützt wird; §§ 172, 174 BGB finden keine Anwendung.[57] Dementsprechend sollte bei jeder Verfügung die Vorlage der Originalbestallungsurkunde verlangt werden, da der Betreuer bei Beendigung der Betreuung zur Rückgabe der Urkunde verpflichtet ist. Sollte dies im Einzelfall nicht praktikabel sein, sollte in regelmäßigen Abständen beim Betreuungsgericht eine Bestätigung über den Fortbestand der Betreuerbestellung eingeholt werden. 134

Handelt es sich beim Betreuer um einen befreiten Betreuer i.S.d. § 1857a i.V.m. § 1908i Abs. 2 Satz 2 BGB[58] so hat er einen Nachweis über seine privilegierte Position, wie z.B. eine Heiratsurkunde oder das Familienstammbuch, zu erbringen. 135

54 Meier, Reinfahrt, Handbuch Vermögenssorgen und Wohnungsangelegenheiten, S. 77; *Kampermann*, S. 75.

55 Meier, Reinfahrt, Handbuch Vermögenssorgen und Wohnungsangelegenheiten, S. 126; *Kampermann*, S. 123; *Platz*, S. 194.

56 BeckOK FamFG/Günter, 24. Ed. 1.10.2017, FamFG § 290 Rn. 2. *Platz*, S. 170.

57 BeckOK FamFG/Günter, 24. Ed. 1.10.2017, FamFG § 290 Rn. 2. *Platz*, S. 170.

58 S. dazu im Einzelnen Rdn. 139.

b) Umfang der Befugnisse des Betreuers

136 Das Betreuungsgericht bestimmt den Umfang der Befugnisse des Betreuers nach der Erforderlichkeit, also für welche Lebensbereiche der Betreute einen Betreuer benötigt. I.d.R. werden Aufgabenkreise bestimmt – z.B. Vermögensangelegenheiten und Personensorge, für die der Betreuer zuständig sein soll.

137 Zum Schutz des Betreuten, aber auch des Betreuers, bedarf der Betreuer bei Vornahme bestimmter Rechtsgeschäfte der Genehmigung durch das Betreuungsgericht. Diese Beschränkung findet sich insb. in den §§ 1810 bis 1812, 1821 f. BGB; besonders relevant wird sie bei Verfügungen i.S.d. § 1812 BGB wie z.B. Barauszahlungen, Überweisungen, Scheckausstellung, Abtretung oder Verpfändung von Kontoguthaben und Aufrechnung.

138 Bei den Fällen des Erfordernisses einer betreuungsgerichtlichen Genehmigung ist zwischen einer Innen- und einer Außengenehmigung zu unterscheiden.[59] Eine Innengenehmigung findet sich bspw. in den §§ 1810 ff. BGB, die sog. Anlagegenehmigung. Das Gesetz spricht von »soll gestatten« oder »kann gestatten«; fehlt es in diesem Fall an einer Genehmigung durch das Betreuungsgericht, ist das Rechtsgeschäft gleichwohl im Außenverhältnis wirksam. Der Betreuer kann sich jedoch im Innenverhältnis zum Betreuten schadensersatzpflichtig machen.

139 Anders verhält es sich bei der Verfügungsgenehmigung nach § 1812 BGB als Außengenehmigung. Liegt diese nicht vor, ist das Rechtsgeschäft schwebend unwirksam und der Betreuer handelt als Vertreter ohne Vertretungsmacht, §§ 177, 179 BGB.

140 Es gibt jedoch auch Personengruppen, die von dem Erfordernis der betreuungsgerichtlichen Genehmigung grds. befreit sind. Das ist i.d.R. bei Vater, Mutter, Ehegatte, Lebenspartner und Abkömmling des Betreuten sowie bei Vereins-/Behördenbetreuer und Vereins-/Behördenbetreuung als institutionelle Betreuer der Fall, vgl. §§ 1857a, 1852 Abs. 2, 1853, 1854, 1908i BGB. Die vom Gesetz automatisch gewährte Befreiung kann vom Betreuungsgericht im Einzelfall abweichend geregelt und eingeschränkt werden; dies gilt jedoch nicht für die Vereins- und Behördenbetreuung. Es gibt aber auch beim befreiten Betreuer Rechtsgeschäfte, die weiterhin der betreuungsgerichtlichen Genehmigung bedürfen, wie z.B. Verfügungen über angefallene Erbschaft oder über das Vermögen im Ganzen, vgl. § 1822 Nr. 1 BGB.

141 Das Betreuungsgericht kann auch bei einem nicht befreiten Betreuer Maßnahmen treffen, die ihn vom Genehmigungserfordernis befreien und zwar durch eine allgemeine Ermächtigung gem. § 1825 BGB. Damit wird der Betreuer von den Genehmigungen nach § 1812 BGB und/oder § 1822 Nr. 8 bis 10 BGB befreit. Weitere genehmigungsfreie Geschäfte regelt § 1813 Abs. 1 BGB.

c) Grundsätze der Vermögensanlage

142 Der Betreuer hat den Grundsatz wirtschaftlicher Vermögensverwaltung zu beachten.[60] Dabei sind insb. die Wünsche und die besondere Situation des Betreuten zu berücksichtigen sowie dessen bisherigen Lebensstil Rechnung zu tragen. All dies zeigt sich vor allem in der bisherigen Vermögensanlage. Deshalb ist der Betreuer grds. auch nicht verpflichtet, die bereits vorhandene Vermögensanlage zu ändern; er hat sie allerdings einer Überprüfung zu unterziehen.

143 Der Grundsatz zur Anlage von Betreutenvermögen lautet, dass Geld verzinslich (§ 1806 BGB) und mündelsicher (§ 1807 BGB) anzulegen ist. Die Einzahlung auf ein Girokonto stellt keinen Fall einer Anlegung i.S.d. § 1807 Abs. 1 Nr. 5 BGB dar, sondern gilt als das genehmigungsfreie Bereithalten von Betreutengeldern i.S.v. § 1806 Halbs. 2 BGB. Dementsprechend ist auch kein Sperrvermerk gem. § 1809 BGB erforderlich.

59 Vgl. die Darstellung in Meier, Reinfahrt, Handbuch Vermögenssorgen und Wohnungsangelegenheiten, S. 173; Vgl. die Darstellung in: *Platz*, S. 260.

60 *Kampermann*, S. 76.

Die Sperrvereinbarung nach § 1809 BGB ist eine schuldrechtliche Vereinbarung zwischen Betreutem, vertreten durch den Betreuer, und dem Kreditinstitut. Zum Nachweis ggü. dem Betreuungsgericht kann der Betreuer vom Kreditinstitut eine Bestätigung der Sperre verlangen. Die Verpflichtung des § 1809 BGB gilt für Sparkonten aller Art sowie für alle anderen verzinslichen Anlagen (wie Termingeldkonten und Sparkassenbriefe), nicht jedoch für die übrigen Anlageformen des § 1807 Abs. 1 Nr. 1 bis 4 BGB. Über den Wortlaut hinaus gilt § 1809 BGB auch für Altanlagen i.S.d. § 1807 Abs. 1 Nr. 5 BGB und wird analog auch auf die Anlagen gem. § 1811 BGB angewandt. 144

Die Sperre nach § 1809 BGB bewirkt, dass der Betreuer nur noch mit Genehmigung des Betreuungsgerichts verfügen darf. Eine Auszahlung trotz vereinbarter Sperre führt grds. nicht zu einer Schuld befreienden Leistung des Kreditinstitutes und die Wirkung des § 808 BGB (sog. qualifizierte Legitimationswirkung) wird außer Kraft gesetzt.[61] Ein Nichtbefolgen der gesetzlichen Verpflichtung zur Sperre kann für den Betreuer im Innenverhältnis zu einer Schadensersatzhaftung führen oder sogar ggf. auch strafrechtliche Konsequenzen haben.[62] Auch für das Kreditinstitut kann sich eine Haftung ergeben, wenn es Kenntnis von der Herkunft des Geldes hatte und nicht auf die Notwendigkeit einer Sperre hingewiesen hat. Der Sperrvermerk entfaltet jedoch keine Wirkung zulasten des Betreuten, sodass dieser weiterhin frei verfügen kann, sofern er nicht geschäftsunfähig ist und/oder ein Einwilligungsvorbehalt i.S.d. § 1903 BGB angeordnet wurde. 145

§ 1813 Abs. 1 Nr. 2 BGB bestimmt, dass eine Verfügung des Betreuers über nicht mehr als 3.000 € genehmigungsfrei ist. Umstritten war dabei lange Zeit, ob die Höhe der Teilleistung[63] oder der gesamte Kontostand[64] eines laufenden Kontos entscheidend ist. Eine einheitliche Handhabung dieser Fragestellung war unter den Gerichtsbezirken nicht zu verzeichnen. Einigkeit bestand lediglich dahingehend, dass eine Addition mehrerer Konten jedenfalls nicht erfolgen sollte; vielmehr war i.R.d. § 1813 Abs. 1 Nr. 2 BGB eine Einzelbetrachtung vorzunehmen. 146

Zum 01.09.2009 ist das Gesetz zur Änderung des Zugewinnausgleichs und Vormundschaftsrechts in Kraft getreten. In diesem Zusammenhang ist es zu einer Änderung der betreuungsgerichtlichen Genehmigungspflicht des § 1813 BGB gekommen. Die Regelung in Nr. 2 ist unverändert geblieben; vielmehr wurde eine weitere Variante in Nr. 3 ergänzt. Danach bedarf es nunmehr keiner Genehmigung zur Annahme einer geschuldeten Leistung, wenn der Anspruch das Guthaben auf einem Giro- oder Kontokorrentkonto zum Gegenstand hat. Dies gilt unabhängig davon, ob der Betreuer das entsprechende Giro- oder Kontokorrentkonto eingerichtet hat oder ob dieses bereits aus der Zeit vor der Betreuung stammt. Hintergrund für diese Änderung waren die aus dem zuvor geschilderten Meinungsstreit resultierenden Probleme in der automatisierten Abwicklung von Zahlungsverkehr von Betreutenkonten.[65] Es ist zu erwarten, dass diese Neuregelung in der Praxis eine erhebliche Erleichterung sowohl für die Betreuer als auch für die kontoführenden Kreditinstitute darstellen wird. 147

Die neue gesetzliche Regelung ist auch auf Altfälle, also bereits vor dem 01.09.2009 bestehende Betreuungen, anwendbar, vgl. Art. 229 § 20 Abs. 3 EGBGB. 148

Im Rahmen dieser Gesetzesänderung sind jedoch Anregungen nicht umgesetzt worden, die einem Betreuer die Teilnahme am Online-Banking vereinfachen und für mehr Rechtssicherheit sorgen sollten. Denn anders als beim Schaltergeschäft kann sich das Kreditinstitut bei Verfügungen über das Online-Banking durch den Betreuer nicht vergewissern, ob die Betreuung tatsächlich weiterhin besteht. Gleichwohl wollen auch weiterhin einige Kreditinstitute den Betreuern den Zugang zum Online-Banking nicht verwehren. Zu empfehlen ist, dass der Betreuer in regelmäßigen Abständen 149

61 Palandt/*Götz* § 1809 Rn. 1.
62 Vgl. Palandt/*Götz* § 1809 Rn. 4; § 1833 Rn. 1.
63 LG Saarbrücken, WM 1993, 1845; AG Herborn, FamRZ 1999, 1690.
64 OLG Karlsruhe, WM 2001, 1899; OLG Köln, WM 1994, 1560.
65 Vgl. Begründung des RegE, BT-Drucks. 635/08, S. 50 ff.

den Betreuerausweis vorlegen muss. Ferner sollte ein Verfügungshöchstbetrag pro Tag festgesetzt werden. Ob der Betreuer sich darüber hinaus bereit erklärt, eine Haftungsfreistellungserklärung abzugeben, ist eine Frage des Einzelfalls; die Werthaltigkeit einer solchen Erklärung kann jedoch unter Umständen fraglich sein. Auch wenn diese Maßnahmen getroffen werden, besteht natürlich – ebenso wie beim Präsenzgeschäft – keine hundertprozentige Sicherheit, dass die Betreuung tatsächlich im Zeitpunkt der Verfügung noch besteht.

150 Im Fall des § 1813 Abs. 1 Nr. 4 BGB ist ein Anspruch, der zu den Nutzungen des Mündelvermögens gehört, ebenfalls genehmigungsfrei. In dieser Hinsicht umstritten ist die Frage, ob auch Rentenzahlungen aus der Sozialversicherung wie Nutzungen in diesem Sinne zu behandeln sind. Nach einer Entscheidung des BSG sind Verfügungen über Rentenzahlungen ohne Rücksicht auf die Höhe genehmigungsfrei.[66] Unklar ist, ob dies auch gilt, wenn ein Girokonto mit einer Kontokorrentabrede vorliegt, da dann die Rente nach Saldierung nicht mehr separierbar ist und damit eigentlich keine Nutzung i.S.d. § 1813 Abs. 1 Nr. 4 BGB darstellen kann.[67]

151 Die Anordnung einer Betreuung darf nur dann erfolgen, wenn diese auch erforderlich ist, vgl. § 1896 Abs. 2 BGB. Hatte der Betreute bereits vor der Betreuerbestellung einen Vermögensverwaltungsvertrag abgeschlossen, kann der Vermögensverwalter als Bevollmächtigter grds. weiter auftreten, ohne dass er der betreuungsgerichtlichen Genehmigung bedürfte. In diesem Fall kann eine Betreuung unter Umständen nicht mehr als erforderlich gelten. In Betracht kommt dann allerdings noch eine sog. Vollmachtsüberwachungsbetreuung gem. § 1896 Abs. 3 BGB, bei der es dem Betreuer obliegt, den Bevollmächtigten – hier den Vermögensverwalter – zu überwachen. Gleichwohl ist zu berücksichtigen, dass die Betreuungsgerichte alleine aufgrund eines bestehenden Vermögensverwaltungsvertrages die Erforderlichkeit wohl kaum verneinen werden.

152 Existiert bereits ein Vermögensverwaltungsvertrag kann dieser grds. fortgeführt werden, wobei allerdings die i.R.d. Betreuung geltenden Anlagevorgaben ggf. zu beachten sind. Grds. ist anzunehmen, dass der Betreuer für die Fortführung der Vermögensverwaltung keiner Genehmigung des Betreuungsgerichts bedarf. Allerdings dürfte es auch in seinem Interesse sein, wenn er dies mit dem zuständigen Rechtspfleger bespricht.

153 Auch der Betreuer kann einen Vermögensverwaltungsvertrag im Namen des Betreuten abschließen; in diesem Zusammenhang ist jedoch insb. die mündelsichere Anlage zu beachten. Ferner bedarf der Betreuer für den Abschluss des Vermögensverwaltungsvertrages der betreuungsgerichtlichen Genehmigung.

154 Abverfügungen zu eigenen Gunsten des Betreuers unterfallen nicht der Regelung der §§ 1795 Abs. 2, 181 BGB, da ein Überweisungsauftrag oder eine Barabhebung ein Rechtsakt zwischen dem Kreditinstitut und seinem betreuten Kunden ist und nicht zwischen Betreuer und Betreutem. Grds. greift jedoch das Genehmigungserfordernis des § 1812 BGB ein, sofern nicht ein Fall des § 1813 Abs. 1 Nr. 2 oder Nr. 3 BGB gegeben ist oder es sich um einen privilegierten Betreuer handelt. Um Missbräuche zu verhindern, könnte verlangt werden, dass Verfügungen zu eigenen Gunsten von der Befreiung ausgenommen sind. Soweit ersichtlich war dies jedoch bislang noch nicht Gegenstand gerichtlicher Entscheidungen.

d) Willenserklärungen des Betreuten

155 Durch die Bestellung eines Betreuers wird der Betreute grds. nicht daran gehindert, weiterhin selber am Rechtsverkehr teilzunehmen und im eigenen Namen Willenserklärungen abzugeben, da die Betreuung keinen Einfluss auf seine Geschäftsfähigkeit hat. Es ist jedoch auch denkbar, dass ein Betreuter nicht mehr geschäftsfähig ist; i.d.R. treffen die ärztlichen Gutachten vor Anordnung der

66 BSG, MDR 1982, 698.

67 Weitergehend zu diesem Thema: *Platz*, S. 326 ff.

Betreuung keine Aussage zur Geschäftsfähigkeit. Zu beachten ist allerdings, dass Kreditinstitute generell nicht in ihrem guten Glauben auf die Geschäftsfähigkeit ihres Kunden geschützt sind.

Problematisch wird es, wenn Betreuer und Betreuter dem Kreditinstitut divergierende Weisungen erteilen. Wie in dieser Situation zu verfahren ist, ist einzelfallabhängig zu entscheiden, grds. gilt jedoch das Prioritätsprinzip, d.h., die zeitlich frühere Weisung ist die maßgebliche. **156**

Gem. § 1903 BGB kann das Gericht unter bestimmten Voraussetzungen zulasten des Betreuten einen Einwilligungsvorbehalt anordnen; dieser kann sich bereits aus der Bestallungsurkunde ergeben. Der Einwilligungsvorbehalt bewirkt, dass Willenserklärungen des Betreuten ohne Einwilligung des Betreuers schwebend unwirksam sind, von diesem aber nachträglich genehmigt werden können. **157**

Der Einwilligungsvorbehalt wirkt auch ggü. dem Kreditinstitut, wenn dieses keine Kenntnis von dessen Anordnung hat. Es empfiehlt sich, das Konto eines Betreuten, der unter Einwilligungsvorbehalt steht, besonders zu kennzeichnen. **158**

e) Vollmachten und Betreuung

Denkbar ist zum einen, dass der Betreute selbst zugleich Bevollmächtigter ist. Da die Betreuung die Person und das Vermögen des Betreuten schützen soll, nicht aber Dritte, bleibt z.B. eine Kontovollmacht trotz Betreuung bestehen, wenn sie der Kontoinhaber nicht in Kenntnis der Betreuung ggü. dem Kreditinstitut widerruft. **159**

Zum anderen können aber auch Bevollmächtigte für den Betreuten handeln, sei es, dass es sich um eine Betreuervollmacht, also eine vom Betreuer erteilte Vollmacht, oder um eine Betreutenvollmacht handelt, die vom Betreuten selbst erteilt wurde, was grds. auch nach Anordnung der Betreuung möglich ist. Bei der Betreutenvollmacht ist zu beachten, dass bei einem angeordneten Einwilligungsvorbehalt diese nur mit Zustimmung des Betreuers erteilt werden kann. **160**

Es ist wohl anzuerkennen, dass der Betreuer eine vom Betreuten erteilte Vollmacht widerrufen kann; eine besondere Ermächtigung dafür im Aufgabenkreis des Betreuers ist nicht erforderlich, auch wenn dies vereinzelt von den Betreuungsgerichten verlangt wird. Um derartige Spannungen jedoch von vornherein auszuschließen und eine ordnungsgemäße Vermögensverwaltung sicherzustellen, könnte es sich empfehlen, für die Erteilung von Vollmachten durch den Betreuten einen Einwilligungsvorbehalt zu beantragen. **161**

Der Betreuer kann seinerseits ebenfalls Vollmachten erteilen, dies allerdings nur bis zur Grenze der vollständigen Übertragung seines Amtes auf einen Dritten. Im Rahmen der Vermögenssorge kommt insb. die Erteilung einer Kontovollmacht in Betracht. Entgegen einer teilweise von Rechtspflegern und Betreuungsrichtern vertretenen Auffassung bedarf es für die Erteilung von Kontovollmachten im Fall der Vermögenssorge keiner gesonderten Ermächtigung im Bestallungsbeschluss. **162**

Der Betreuer kann die Vollmacht im eigenen Namen oder im Namen des Betreuten erteilen. In letzterem Fall wird der Bevollmächtigte unmittelbar im Namen und für Wirkung des Betreuten tätig und nimmt dabei i.d.R. nicht typische Betreuertätigkeiten wahr. Ein vollgeschäftsfähiger Betreuter kann eine solche Vollmacht jedoch grds. jederzeit widerrufen. Eine erteilte Kontovollmacht bleibt jedoch i.d.R. auch nach Beendigung der Betreuung bestehen, wenn diese im Namen des Betreuten erteilt wurde, und kann nur durch einen Widerruf der Vollmacht seitens des ehemals Betreuten oder dessen Erben beseitigt werden. **163**

Erteilt der Betreuer die Vollmacht hingegen in seinem Namen, bezieht sich dies grds. auf typische Betreuerhandlungen, wie z.B. die Erteilung der Zustimmung i.R.d. Einwilligungsvorbehaltes. Eine solche Vollmacht erlischt mit Beendigung der Betreuung. **164**

Bereits für die Vollmachtserteilung kann ein Genehmigungserfordernis des Betreuungsgerichts aus § 1831 BGB abgeleitet werden, wonach einseitige Rechtsgeschäfte des Betreuers der betreuungsgerichtlichen Genehmigung bedürfen. Zu den einseitigen Rechtsgeschäften gehört unter anderem **165** auch die Vollmachtserteilung.[68] Die herrschende Meinung vertritt jedoch die Ansicht, dass für die Erteilung der Vollmacht als solcher noch keine Genehmigung erforderlich sei, da dies keine Verfügung i.S.d. § 1812 BGB darstelle. Erst wenn von der Vollmacht Gebrauch gemacht werde, die zu einer an sich genehmigungsbedürftigen Verfügung berechtigt, bedarf es einer Genehmigung.[69] Dieses Genehmigungserfordernis gilt unabhängig davon, ob die Vollmachtserteilung im eigenen Namen des Betreuers oder im Namen des Betreuten erfolgte.

166 Zu beachten ist jedoch, dass der Betreuer keine postmortale Vollmacht erteilen kann, da seine gesetzliche Vertretungsmacht grds. zum Zeitpunkt des Wirksamwerdens der Vollmacht erloschen ist.[70] Eine Vollmachtserteilung an einen nahen Angehörigen des Betreuers, wie z.B. Ehegatten, Vater oder Kind ist gem. § 1795 Abs. 1 Nr. 1 i.V.m. § 1908i Abs. 1 BGB ausgeschlossen.

f) Auswirkungen der Betreuung auf Verfügungen von Todes wegen

167 Die Anordnung einer Betreuung hat prinzipiell keine Auswirkungen auf die Testierfähigkeit des Betreuten gem. § 2229 BGB. Dementsprechend kann der Betreute Testamente errichten und dies sogar bei einem angeordneten Einwilligungsvorbehalt, da dieser nicht bei Verfügungen von Todes wegen greift. Um jedoch späteren Zweifeln an der Testierfähigkeit des Betreuten vorzubeugen, empfiehlt es sich, ein notarielles Testament ggf. unter Hinzuziehung eines Facharztes zu errichten. Sollte dem Betreuten die Testierfähigkeit fehlen, so kann er bei der Errichtung des Testaments nicht von seinem Betreuer vertreten werden.[71]

g) Beendigung der Betreuung

168 Wie bereits erwähnt, endet die Betreuung mit dem Tod des Betreuten.[72] Daneben kann es jedoch auch durch Aufhebung der Betreuung durch Gerichtsbeschluss zu einer Beendigung der Betreuerstellung kommen.

169 Grds. ist die Betreuung nur befristet anzuordnen, § 286 Abs. 3 FamFG. Danach muss ein Überprüfungszeitpunkt bestimmt sein, der max. 7 Jahre betragen darf bzw. bei Betreuungsvereinen/-behörden sogar nur 2 Jahre nach Anordnung der Betreuung (§ 295 Abs. 2 FamFG). Wird dieser Zeitpunkt versäumt und findet keine Überprüfung statt bzw. ist die Befristung der Betreuung ohne Verlängerung abgelaufen, so führt dies jedoch nicht automatisch zu einem Erlöschen der Betreuung. Vielmehr bleibt die Betreuung auch bei Versäumen der Frist weiterhin bestehen, da sie – anders als beim Versterben des Betreuten – nur durch Beschluss des Vormundschaftsgerichts aufgehoben werden kann.

170 Das Kreditinstitut ist grds. nicht geschützt, wenn es keine Kenntnis vom Erlöschen der Betreuung hat, da die Bestallungsurkunde keinen öffentlichen Glauben genießt. Anders verhält es sich nur dann, wenn der Betreuer selbst keine Kenntnis von der Beendigung der Betreuung hat, wie z.B. beim Tod des Betreuten, §§ 1698a Abs. 1 Satz 1, 1893 Abs. 1 i.V.m. § 1908i Abs. 1 BGB.

171 Nach Beendigung der Betreuung ist der Betreuer nur noch sehr beschränkt verfügungsbefugt. So darf er gem. §§ 1893 Abs. 1, 1698b i.V.m. § 1908i Abs. 1 BGB nur noch unaufschiebbare Geschäfte tätigen, wie z.B. die Stornierung von Daueraufträgen. Die Bestattung ist grds. nicht von diesem Notgeschäftsführungsrecht miterfasst. Kurzzeitig war in der Diskussion, ob ein Bedürfnis besteht, die Betreuung auch nach dem Tod des Betreuten für eine gewisse Zeit fortbestehen zu lassen und zwar bis zu dessen Bestattung. Bis jetzt wurde jedoch kein Bedürfnis gesehen, das Gesetz dahingehend zu ändern, dass die Betreuung erst ab der Bestattung endet. Ferner hat der Betreuer

68 MüKo-BGB/*Kroll-Ludwigs* § 1831 Rn. 3; Palandt/*Ellenberger* Überbl. v. § 104 Rn. 11.
69 M.w.N. *Platz*, S. 430.
70 Vgl. MüKo-BGB/*Schwab* § 1908d Rn. 2.
71 *Platz*, S. 366.
72 MüKo-BGB/*Schwab* § 1908d Rn. 2.

gegen das Kreditinstitut nach Beendigung der Betreuung auch keinen Anspruch mehr auf Auskunftserteilung. Dies kann allerdings in Widerspruch zu der Verpflichtung des Betreuers stehen, eine Abschlussrechnung zu erstellen. Aus diesem Grund stellen die Kreditinstitute dem ehemaligen Betreuer i.d.R. die für die Rechnungslegung erforderlichen Unterlagen und Informationen gleichwohl zur Verfügung.

4. Vorsorgevollmacht

Die Vorsorgevollmacht ist eine gewillkürte Vollmacht, auf die die Vorschriften der §§ 164 ff. BGB Anwendung finden. Es handelt sich dabei dem Grunde nach um eine i.S.d. § 158 BGB bedingte Vollmacht, die nur für den Fall eingreifen soll, in dem der Vollmachtgeber seine Geschäftsfähigkeit verloren hat oder aber aus anderen Gründen tatsächlich nicht mehr in der Lage ist, seine Geschäfte selbst zu tätigen.[73] 172

Durch die Erteilung einer Vorsorgevollmacht soll insb. eine ansonsten erforderlich werdende Betreuung vermieden werden, vgl. auch § 1896 Abs. 2 Satz 2 BGB. Um dies zu gewährleisten, erlegt das Gesetz in § 1901a Satz 2 BGB demjenigen die Pflicht auf, das Betreuungsgericht über die Vorsorgevollmacht zu informieren, der in Besitz der Vorsorgevollmacht ist. Gleichwohl kann es im Einzelfall zur Anordnung einer Betreuung kommen und sei es nur in Form einer Vollmachtsüberwachungsbetreuung. 173

In der Praxis tauchen verschiedene Erscheinungsformen der Vorsorgevollmacht auf. Üblich und zweckmäßig ist die »Konto-/Depotvollmacht – Vorsorgevollmacht« des (ehemaligen) Zentralen Kreditausschusses (ZKA) oder eine sich zumindest daran anlehnende Vollmacht. Bei dieser wird auf die zuvor dargestellte Bedingung im Außenverhältnis verzichtet und sie wird unbeschränkt erteilt, was diese Vollmacht auch handhabbar und praktikabel macht. Für das Kreditinstitut ist nämlich nur schwer bzw. gar nicht nachprüfbar, ob der Vorsorgevollmachtsfall tatsächlich eingetreten ist und der Bevollmächtigte mit entsprechender Vollmacht handelt. Sollte dies durch ärztliches Attest nachgewiesen werden müssen, könnte dies zu erheblichen Verzögerungen führen, da bis zur Klärung des Vorsorgevollmachtsfalls Verfügungen nicht zugelassen werden könnten. Darüber hinaus ist zu berücksichtigen, dass davon auszugehen ist, dass der Vollmachtgeber eine Vorsorgevollmacht nur einer solchen Person erteilt, der er vertraut, sodass es der Beschränkung im Außenverhältnis zu seinem Schutz eigentlich nicht bedarf. Nicht selten kommt es jedoch vor (wie auch bereits vor Schaffung der Vorsorgevollmacht), dass bei den Kreditinstituten – auch notarielle – Vollmachten vorgelegt werden, die die Bedingung im Außenverhältnis beinhalten und damit nicht banktauglich waren und sind. Derartige Vollmachten werden häufig mit »Altersvorsorgevollmacht« oder »Generalvollmacht« überschrieben. In diesen Fällen sollte versucht werden, frühzeitig darauf hinzuwirken, dass ein bankübliches Vorsorgevollmachtsformular unterzeichnet wird, solange der Vorsorgevollmachtsfall noch nicht eingetreten ist. 174

Der Umfang einer Vorsorgevollmacht bestimmt sich nach den üblichen Grundsätzen[74] und entspricht für die »Konto-/Depotvollmacht – Vorsorgevollmacht« des ZKA grds. dem einer üblichen Kontovollmacht.[75] 175

Zur Erteilung der Vorsorgevollmacht muss der Vollmachtgeber geschäftsfähig sein, der spätere Eintritt der Geschäftsunfähigkeit lässt die Vorsorgevollmacht nicht unwirksam werden, was ihrer Funktion ansonsten auch zuwiderliefe.[76] Ebenso wie jede andere widerruflich erteilte Vollmacht ist auch die Vorsorgevollmacht widerruflich. Für den Widerruf muss der Vollmachtgeber jedoch ebenfalls geschäftsfähig sein.[77] 176

73 Palandt/*Götz* Einf. v. § 1896 Rn. 5.
74 Palandt/*Götz* Einf. v. § 1896 Rn. 5.
75 Vgl. Rdn. 124 bis 125.
76 Palandt/*Götz* Einf. v. § 1896 Rn. 5.
77 BayObLG, FamRZ 2002, 1220.

5. Erbfall

a) Erbe als Kontoinhaber

177 Mit dem Tod des Kontoinhabers ist das Konto als Nachlasskonto zu bezeichnen. Der Nachlass geht auf den bzw. die Erben über, § 1922 Abs. 1 BGB, sodass diese auch Inhaber des Kontos werden. Mit der Kontoinhaberschaft geht die Verfügungsbefugnis über dieses Konto einher, sofern diese nicht z.B. durch Anordnung einer Testamentsvollstreckung ausgeschlossen oder beschränkt ist, §§ 2211, 2206 BGB.

178 Für das Kreditinstitut stellt sich jedoch zunächst die Frage, wer Erbe des Kunden und damit neuer Kontoinhaber ist. Um dies feststellen zu können und für das Kreditinstitut eine gewisse Rechtssicherheit zu schaffen, regelt Nr. 5 Satz 1 der AGB-Banken, dass zur Klärung der Verfügungsberechtigung die Vorlage eines Erbscheins verlangt werden kann. Der Erbschein ist ein gesetzlich vorgesehener Verfügungsausweis des Erben[78] und bietet dem Kreditinstitut den Vorteil, dass an ihn ein öffentlicher Glaube geknüpft wird hinsichtlich der Berechtigung des im Erbschein ausgewiesenen Erben, §§ 2365, 2366 BGB. Das bedeutet, dass § 2365 BGB die Vermutung aufstellt, dass demjenigen, der im Erbschein als Erbe bezeichnet ist, dass in dem Erbschein angegebene Erbrecht zusteht und er nicht durch andere als die angegebenen Anordnungen beschränkt ist. Das Kreditinstitut kann sich gem. §§ 2366, 2367 BGB auf den Inhalt des Erbscheins und damit dessen Richtigkeit verlassen, es sei denn, dass es von dessen Unrichtigkeit Kenntnis hat, oder weiß, dass das Nachlassgericht den Erbschein wegen Unrichtigkeit zurückverlangt hat. Mit Einziehung des Erbscheins bzw. mit dessen Kraftloserklärung wird dieser gem. § 2361 BGB kraftlos, sodass dessen Vermutungs- und damit Schutzwirkung zugunsten Dritter entfällt. Aber auch bei mehreren sich widersprechenden Erbscheinen, entfällt nach herrschender Meinung sowohl die Vermutungswirkung als auch der öffentliche Glaube, soweit der Widerspruch besteht.[79]

179 Weiterhin kann dem Kreditinstitut ein Europäisches Nachlasszeugnis nach Art 69 der VERORDNUNG (EU) Nr. 650/2012 vorgelegt werden. Das europäische Nachlasszeugnis entfaltet einen Gutglaubensschutz für das Kreditinstitut. Dabei ist zu beachten, dass die Gültigkeit der beglaubigten Abschriften des Nachlasszeugnisses auf sechs Monate beschränkt ist (Art. 70 Abs. 3). Möchten Erben nach Ablauf der Wirksamkeit weitere Verfügungen vornehmen bzw. ist der Nachlass bis zu diesem Zeitpunkt nicht geklärt, so muss der Erbe/die Erben ein neues Europäischen Nachlasszeugnis vorlegen.

180 Das Kreditinstitut kann auf die Vorlage des Erbscheins verzichten, wenn sich die Erbenstellung und das Nichtbestehen etwaiger Beschränkungen anderweitig nachweisen lassen, vgl. Nr. 5 Satz 2 AGB-Banken. Wenn der Erbschein zur Klärung der Verfügungsberechtigung nicht erforderlich ist, soll das Kreditinstitut entgegen Nr. 5 Satz 1 AGB-Banken sogar keinen Anspruch auf Vorlage des Erbscheins haben.[80] Allerdings ist die Prüfung der Erforderlichkeit im Ermessen des Kreditinstituts; die fehlerhafte Ausübung dieses Ermessens kann jedoch zu einer Pflichtverletzung führen.[81] Deshalb muss es sich ggf. mit der Vorlage des eröffneten Testaments in Ausfertigungsform oder als beglaubigte Abschrift samt Eröffnungsprotokoll zufriedengeben. Steht also die Erbfolge zweifelfrei fest, wäre ein Bestehen des Kreditinstituts auf die Vorlage eines Erbscheins wohl als rechtsmissbräuchlich anzusehen.[82]

181 Satz 3 der Nr. 5 AGB-Banken räumt den Kreditinstituten in Bezug auf die im Testament gemachten Angaben eine Gutglaubensschutzwirkung ein, sodass das Kreditinstitut den darin als Erben Bezeichneten als Berechtigten ansehen, ihn verfügen lassen und mit befreiender Wirkung an ihn

78 Palandt/*Weidlich* § 2353 Rn. 1.
79 BGHZ 33, 314 (317); 58, 105 (107 f.); Palandt/*Weidlich* § 2366 Rn. 3.
80 BuB/*Gößmann* Rn. 1/151; Palandt/*Weidlich* § 2353 Rn. 22; BGH, WM 2013, 2166.
81 Palandt/*Weidlich* § 2353 Rn. 22 m.w.N.
82 BuB/*Gößmann* Rn. 1/152.

leisten kann. Mit dieser Bestimmung wird dem Testament eine Schutzwirkung zuerkannt, die von Gesetzes wegen – insb. aufgrund der Testierfreiheit – gerade nicht anerkannt ist.[83] Wegen des besonderen Schutzbedürfnisses des Kreditinstitutes ist diese Regelung AGB-rechtlich nicht zu beanstanden und stellt keine unangemessene Belastung für den Erben dar.[84] Auf die in Nr. 5 Satz 3 AGB-Banken enthaltene Regelung darf sich das Kreditinstitut jedoch nicht berufen, wenn es positiv Kenntnis davon hat, dass keine Verfügungsberechtigung besteht oder ihm dies infolge Fahrlässigkeit nicht bekannt geworden ist.

182 Das Kreditinstitut hat ferner die Möglichkeit, wenn das Erbscheinverfahren noch läuft und eine Verfügung zulasten des Kontos erfolgen muss (z.B. wegen Begräbniskosten), dass es sich neben Vorlage des Testaments von dem Erbprätendenten eine Haftungserklärung unterzeichnen lässt, in der erklärt wird, dass der Verfügende alleiniger Erbe ist und der Erbschein unverzüglich vorgelegt wird, sobald dieser erteilt ist. Mit diesem sog. Freihalterevers verpflichtet sich der Erbprätendent zur Rückzahlung, sollte sich herausstellen, dass doch ein Dritter der wahre Erbe ist.[85] Eine derartige Erklärung wird das Kreditinstitut jedoch nur dann genügen lassen, wenn es den Kunden und dessen Familie kennt und keine Anhaltspunkte dafür hat, dass der Erblasser abweichend verfügt haben könnte.

183 Kommt eine solche Erklärung jedoch nicht in Betracht, kann das Kreditinstitut die Leistung verweigern, ohne dass ihr dies als Pflichtverletzung ausgelegt werden könnte, wenn trotz pflichtgemäßer Prüfung durch das Kreditinstitut weiterhin Zweifel an der Verfügungsberechtigung des Erbprätendenten bestehen.

184 Um derartige Schwierigkeiten nach dem Erbfall zu vermeiden und die Schwebezeit bis zum ordnungsgemäßen Nachweis der Erbfolge zu überbrücken, können postmortale Vollmachten erteilt werden, sei es als Vollmacht bereits zu Lebzeiten des Kunden, die über den Tod hinaus wirkt, oder sei es als Vollmacht auf den Todesfall. Letztere hat der BGH anerkannt, wodurch gerade diese Schwebezeit überbrückt werden kann.[86] Die dem Kreditinstitut ggü. erteilten Kontovollmachten erlöschen i.d.R. nicht mit dem Tod des Kunden, was auch zumeist in den Kontovollmachtsformularen klarstellend geregelt wird. Durch das Fortbestehen der Vollmacht bzw. das Entstehen der Vollmacht auf den Todesfall kann das Kreditinstitut den Bevollmächtigten grds. unverzüglich und vorbehaltlos verfügen lassen. Das gilt so lange, bis die Vollmacht von den Erben widerrufen wurde, sofern es sich nicht um eine unwiderrufliche Vollmacht handelt. Das Kreditinstitut ist auch nicht berechtigt oder gar verpflichtet, die Erben über die bestehende Vollmacht zu informieren und deren Zustimmung abzuwarten. Es darf insb. nicht durch zu langes Zuwarten dazu beitragen, dass die Vollmacht noch widerrufen werden kann.[87] Da die Kontovollmacht i.d.R. dem Kreditinstitut ggü. erteilt wird, ist sie auch diesem ggü. gem. §§ 167 Abs. 1, 170 BGB zu widerrufen, um sie zum Erlöschen zu bringen.

b) Testamentsvollstreckung

185 Der Erblasser kann verfügen, dass über den Nachlass die Testamentsvollstreckung anzuordnen ist. Ist ein Testamentsvollstrecker bestellt, so verfügt dieser grds. anstelle der Erben über den Nachlass, § 2205 BGB; die Erben sind in dieser Zeit von der Verfügungsbefugnis ausgeschlossen.

186 Der Testamentsvollstrecker kann jedoch gewissen Beschränkungen unterliegen, die im Testamentsvollstreckerzeugnis zu vermerken sind, vgl. §§ 2206 ff. BGB. Darf der Testamentsvollstrecker danach z.B. nicht unbeschränkt Verbindlichkeiten eingehen, überschreitet er jedoch im Verhältnis zum Kreditinstitut seine Befugnisse, so haftet er dem Kreditinstitut ggü. als Vertreter ohne

83 BuB/*Gößmann* Rn. 1/156, 159; Palandt/*Weidlich* § 2253 Rn. 1.
84 BuB/*Gößmann* Rn. 1/159.
85 Vgl. BuB/*Gößmann* Rn. 1/155b.
86 BGH, WM 1994, 2190.
87 BGH, WM 1994, 2190.

Vertretungsmacht, § 179 BGB, der Nachlass wurde dann jedoch nicht wirksam verpflichtet. Die Verfügungsmacht ist im Außenverhältnis allerdings grds. nicht beschränkt; allein die Missbrauchsgrenze ist zu beachten.

187 Bevor das Kreditinstitut einen Testamentsvollstrecker verfügen lässt, sollte es sich das Testamentsvollstreckerzeugnis vorlegen lassen (§ 2368 i.V.m. §§ 2205 ff. BGB), wozu es gemäß Nr. 5 Satz 1 AGB-Banken auch berechtigt ist. Hinsichtlich des Rechts, ein Testamentsvollstreckerzeugnis zu verlangen, gilt das bereits zum Erbschein ausgeführte entsprechend.[88] Wenn sich also aus anderen Unterlagen hinreichend ergibt, dass Testamentsvollstreckung angeordnet wurde und der dem Kreditinstitut ggü. Auftretende zum Testamentsvollstrecker bestellt wurde, kann das Kreditinstitut nicht mehr auf die Vorlage des Testamentsvollstreckerzeugnisses bestehen.

188 Das Testamentsvollstreckerzeugnis entfaltet ebenso wie der Erbschein einen Gutglaubensschutz, vgl. § 2368 BGB. Es dient dazu, dem Rechtsverkehr ggü. zu bestätigen, dass der im Testamentsvollstreckerzeugnis Genannte zum Testamentsvollstrecker ernannt wurde und keinen weiteren Beschränkungen unterliegt, als den im Testamentsvollstreckerzeugnis angegebenen.[89] Die Gutglaubenswirkung erlischt sowohl mit Rückgabe des Testamentsvollstreckerzeugnisses als auch gem. § 2368 Abs. 3 Halbs. 2 BGB mit Beendigung des Amtes als Testamentsvollstrecker, ohne dass es einer Kraftloserklärung durch das Nachlassgericht bedürfte.

189 Das Kreditinstitut hat nicht die Möglichkeit, bei Gericht eine Bestätigung hinsichtlich des Fortbestehens der Testamentsvollstreckung durch den im Testamentsvollstreckerzeugnis Genannten zu erlangen, sog. Fortbestandszeugnis.[90] Es muss vielmehr das Risiko tragen, dass das Amt des Testamentsvollstreckers zwischenzeitlich beendet wurde, und darauf hoffen, dass sich die Erben im eigenen Interesse zeitnah beim Kreditinstitut melden und darauf hinweisen.

6. Kontowechselhilfe

190 Eine weitere Verpflichtung der Kreditinstitute, die durch die Richtlinie 2014/92/EU des Europäischen Parlaments und des Rates vom 23. 07. 2014 und durch deren Umsetzung in das Zahlungskontengesetz Berücksichtigung findet, ist das Angebot der Kontowechselhilfe. Die Regelungen der Kontowechselhilfe sind in den §§ 20 bis 26 ZKG geregelt. Die Verpflichtung des Kreditinstituts zum Kontowechsel resultiert aus § 20 Abs. 1 ZKG. Dieser begründet einen Anspruch zur Unterstützungsleistung, sowohl des übertragenden, wie auch des empfangenden Zahlungsdienstleisters bei der Kontowechselhilfe. Voraussetzung für den Kontowechsel ist die Erteilung einer Ermächtigung durch den Kontoinhaber. Der Kontowechsel kann mit Hilfe eines Formulars initiiert werden, welches die Anforderungen des § 21 ZKG erfüllen und von allen beteiligten Zahlungsdienstleistern zur Verfügung gestellt werden muss. Die Einleitung des Kontowechsels erfolgt über den empfangenden Zahlungsdienstleister. Danach hat der übertragende Zahlungsdienstleister die in § 22 Nr. 1–6, sowie im Anschluss die Leistungen nach § 23 Abs. 1 Nr. 1–6 ZKG normierten Pflichten zu erfüllen. Der Prozess wird durch die definierten Leistungen des empfangenden Zahlungsdienstleisters in § 24 ZKG abgeschlossen.

III. Unternehmen als Kontoinhaber

1. Einige Besonderheiten zu verschiedenen Gesellschaftsformen

191 Bei der Führung von Konten für Gesellschaften, die sog. Firmenkunden, gelten einige Besonderheiten. Bereits für die Kontoeröffnung gibt es spezielle Vordrucke, die diesen Besonderheiten Rechnung tragen sollen. So gibt es neben den gesellschaftsspezifischen Angabefeldern, wie zu Firma und Sitz der Gesellschaft, insb. kein den Privatkundenkonten vergleichbares Kontovollmachtsformular.

88 Vgl. Rdn. 177.
89 Palandt/*Weidlich* § 2368 Rn. 1.
90 BuB/*Gößmann* Rn. 1/149.

Vielmehr wird ein sog. Unterschriftsprobenblatt verwendet, in das i.d.R. entsprechend der gesellschaftsrechtlichen Vertretungsbefugnis die Zeichnungsberechtigten eingetragen werden können. Denn je nach Art der Gesellschaft, ob z.B. GbR, Kapitalgesellschaft oder aber Personenhandelsgesellschaft ist die Vertretung bei diesen unterschiedlich geregelt. Nicht selten – gerade bei größeren Unternehmensgruppen – sollen zahlreiche Mitarbeiter der Gesellschaft für die Konten der Gesellschaft zeichnungsberechtigt sein.

Bei der Kontoeröffnung sind dem Kreditinstitut Unterlagen einzureichen, aus denen sich zum einen ergibt, dass die Gesellschaft tatsächlich existiert, und zum anderen, wer für die Gesellschaft vertretungsberechtigt ist. Bei AG und GmbH können beide Aspekte anhand eines aktuellen Handelsregisterauszugs abgedeckt werden; die Vorlage der Gesellschaftsverträge ist dann grds. nicht mehr erforderlich. Gleiches gilt im Prinzip auch für KG und OHG, obgleich bei diesen die Eintragung im Handelsregister nicht stets erforderlich ist, um eine OHG oder KG zu errichten. Sollte es in diesen Fällen an einer Eintragung im Handelsregister fehlen, würde sich das Kreditinstitut noch weitergehende Unterlagen und Nachweise (wie z.B. den Gesellschaftsvertrag) einreichen lassen. 192

Im Folgenden sollen einzelne Aspekte und Besonderheiten zu verschiedenen Gesellschaftsformen kurz dargestellt werden, die es im Zusammenhang mit der Kontoeröffnung bzw. der Kontoführung zu berücksichtigen gilt. 193

a) GbR

Bei der GbR erfolgt keine Eintragung in das Handelsregister, sodass sich das Kreditinstitut nicht auf dessen Publizitätswirkung stützen kann. Dementsprechend bedarf es vielmehr der Vorlage des Gesellschaftsvertrages, der aber von Gesetzes wegen nicht zwingend in schriftlicher Form vorliegen muss. Sollte es keinen schriftlichen Gesellschaftsvertrag für die GbR geben, muss sich das Kreditinstitut anderweitig behelfen. Eine Möglichkeit ist, sich von den Gesellschaftern eine besondere Erklärung, eine sog. Vollständigkeitserklärung, unterzeichnen zu lassen. Damit kann zum einen der richtige Name der GbR sowie deren Vertretungsberechtigte verbindlich erklärt werden, zum anderen wird auch eine Angabe über die aktuellen Gesellschafter gemacht sowie eine Verpflichtung zur Mitteilung von Änderungen im Gesellschafterverhältnis eingegangen. I.d.R. ist die Erklärung von allen Gesellschaftern gemeinschaftlich zu unterzeichnen. 194

b) AG

Im Zusammenhang mit AG kann es gelegentlich erforderlich werden, dass z.B. bei einer Kapitalerhöhung eine Bestätigung des kontoführenden Kreditinstitutes gem. § 37 Abs. 1 Satz 3 AktG über das Erbringen der Einlage zur Vorlage beim Registergericht verlangt wird. Die Abgabe dieser Bestätigung bedeutet für das Kreditinstitut, dass es im Fall ihrer Unrichtigkeit der Gesellschaft schadensersatzpflichtig ist und zwar i.H.d. Betrages, den es bestätigt hat, dass dieser als Einlage erbracht wurde, § 37 Abs. 1 Satz 4 AktG.[91] 195

Diese Bestätigung birgt ein erhöhtes Risiko für das Kreditinstitut in sich und dies aus mehrerlei Gründen. So kann die Bestätigung bereits unrichtig sein, weil auch der Einzahler des Geldes Verfügungsmacht über das Konto hat, ohne dass es dabei der Mitwirkung des Vorstandes bedürfte.[92] Gleichermaßen kann es zu einem Konflikt kommen, wenn es um die Teilnahme des Kontos, auf dem die Einlage eingezahlt wurde und zu dem die Bestätigung abgegeben wurde, an einem sog. Cash Management-System geht und das besagte Konto in ein Cash-Concentration eingebunden werden soll. Ist dies bereits bei Einzahlung der Einlage geplant und soll das Konto in einem noch 196

91 *Hüffer/Koch* AktG § 37 Rn. 5a; MüKo-AktG/*Pentz* § 37 Rn. 36.

92 Vgl. den vom OLG München entschiedenen Fall: OLG München, Urt. v. 16.11.2006 – 19 U 2754/06, WM 2007, 219.

gewissen zeitlichen Zusammenhang zur Bestätigungsabgabe in das Cash-Concentration eingebunden werden, so kann auch dies bereits dazu führen, dass die Bestätigung inhaltlich unrichtig ist.[93]

c) GmbH in Gründung

197 Eine Besonderheit ergibt sich bei der GmbH in Gründung (GmbH i.G.). Um eine GmbH beim Handelsregister eintragen zu lassen, muss nachgewiesen werden können, dass bereits ein bestimmter Teil der Einlagen erbracht und damit ein bestimmter Anteil des Stammkapitals eingezahlt wurde. Dafür benötigt die GmbH i.G. jedoch bereits in diesem Stadium ein Konto.

198 Man unterscheidet bei einer GmbH-Gründung drei Phasen: Die Vorgründungsgesellschaft, bei der lediglich die feste Absicht der Gründungsgesellschafter besteht, eine GmbH zu gründen, die Vor-GmbH, bei der bereits ein notarieller Gesellschaftsvertrag existiert, sowie die dann gegründete GmbH.

199 Das Kreditinstitut kann für die Vor-GmbH ein Konto eröffnen, wenn ihm der notarielle Gesellschaftsvertrag vorgelegt wird. Im Stadium der Vor-GmbH sieht das Gesetz in § 11 Abs. 2 GmbHG eine Handelndenhaftung vor.

200 Auch bereits die Vor-GmbH hat einen Geschäftsführer, der zumeist identisch mit dem späteren GmbH-Geschäftsführer ist. Die Befugnis des Vor-GmbH-Geschäftsführers reicht grds. so weit, wie die Geschäfte für die Gründung der GmbH erforderlich sind.[94] Das bedeutet, dass er i.d.R. ein Konto eröffnen, die Eintragung im Handelsregister veranlassen und ggf. bereits Geschäftsräume anmieten kann. Darüberhinausgehende Maßnahmen sind jedoch eher restriktiv zu behandeln. Die Beantragung von Girocard und Kreditkarten sowie die Gewährung von Sicherheiten für bspw. die Muttergesellschaft sind grds. nicht von der Vertretungsmacht des Vor-GmbH-Geschäftsführers gedeckt. Würde das Kreditinstitut gleichwohl den Geschäftsführer gewähren lassen, liefe es Gefahr, dass die dabei begründeten Verbindlichkeiten nicht ggü. der Vor-GmbH und damit auch nicht ggü. der dann eingetragenen GmbH wirksam begründet wurden. Es verbliebe dann bei einer Haftung des Handelnden als vollmachtlosen Vertreter gem. § 179 BGB, sofern nicht zulasten des Kreditinstitutes die Regelung des § 179 Abs. 3 BGB eingreift, nach der die Haftung des vollmachtlosen Vertreters ausgeschlossen ist, wenn der andere Teil den Mangel der Vertretungsmacht kannte oder hätte kennen müssen.

d) GmbH – Unternehmergesellschaft

201 Abgesehen von der GmbH i.G. gab es eigentlich bislang i.d.R. keine Besonderheiten, die bei der GmbH im Zusammenhang mit der Kontoeröffnung bzw. -führung erwähnenswert gewesen wären. Mit Inkrafttreten des Gesetzes zur Modernisierung des GmbH-Rechts und zur Bekämpfung von Missbräuchen (MoMiG) zum 01.11.2008[95] hat es jedoch ein paar Neuerungen gegeben, die hier kurz erwähnt werden sollen.

202 So kann eine GmbH gem. § 2 Abs. 1a GmbHG nunmehr in einem vereinfachten Verfahren gegründet werden, wenn diese höchstens drei Gesellschafter und einen Geschäftsführer haben soll. Für die Gründung kann anstelle des in § 2 Abs. 1 GmbHG erwähnten notariellen Gesellschaftsvertrages ein Musterprotokoll verwendet werden, das als Anlage dem GmbHG beigefügt ist. Aber auch in Bezug auf dieses Musterprotokoll besteht weiterhin Beurkundungspflicht. Über dieses Musterprotokoll hinaus dürfen allerdings keine vom Gesetz abweichenden Bestimmungen getroffen werden. Fraglich ist, ob auch unter Verwendung eines Musterprotokolls eine GmbH i.G. vorliegen kann. Da es auch hierzu einer notariellen Beurkundung kommt, dürfte dies zu bejahen sein. Wenn bereits auf dieser Basis ein Konto eröffnet werden soll, die GmbH aber noch nicht im

93 BGH, Urt. v. 24.11.2003 – II ZR 171/01, NJW 2004, 1111; *Wessels* ZIP 2006, 1701.

94 Münchener Hdb/*Gummert* Bd. 3 § 16 Rn. 35.

95 BGBl. I S. 2026.

Handelsregister eingetragen ist, dann kann den Kreditinstituten eigentlich nur geraten werden, den Wortlaut des vorgelegten Musterprotokolls mit der gesetzlichen Anlage abzugleichen, um sicherzugehen, dass keine Abweichungen vom Musterprotokoll vorgenommen wurden.

Eine weitere Besonderheit ist die Einführung der sog. Unternehmergesellschaft. Dabei handelt es **203** sich gem. § 5a GmbHG um eine (echte) GmbH, die mit einem Stammkapital gegründet wird, das den Betrag des Mindeststammkapitals nach § 5 Abs. 1 BGB unterschreitet. Anforderung an diese Privilegierung ist jedoch, dass in der Firma der GmbH zum Ausdruck kommt, dass es sich um eine Unternehmergesellschaft handelt. Das Gesetz sieht dafür folgende Bezeichnungen vor: »Unternehmergesellschaft (haftungsbeschränkt)« oder »UG (haftungsbeschränkt)«. Die weiteren an eine Unternehmergesellschaft gestellten Anforderungen sind in § 5a GmbHG geregelt.

e) OHG

Die OHG wird im Verhältnis zu Dritten grds. mit ihrer Eintragung im Handelsregister wirksam, **204** § 123 Abs. 1 HGB. Es können jedoch auch bereits vor Eintragung der OHG unter den Voraussetzungen des § 123 Abs. 2 i.V.m. §§ 105 Abs. 2, 1 Abs. 2 HGB die Geschäfte aufgenommen werden, insb. kann bereits ein Konto eröffnet werden. Der handelnde Gesellschafter muss dabei im Namen der Gesellschaft auftreten und für diese das Konto eröffnen wollen. Aber auch in diesem Zusammenhang kann es nur zu einer Handelndenhaftung kommen, wenn der dem Kreditinstitut ggü. auftretende Gesellschafter ohne die erforderliche Befugnis der anderen Gesellschafter agiert. Aus diesem Grund empfiehlt es sich, dass sich das Kreditinstitut nachweisen lässt, dass alle Gesellschafter mit der Aufnahme der Geschäfte vor Eintragung der Gesellschaft einverstanden sind.

Bei der OHG besteht gem. § 125 Abs. 1 HGB grds. Einzelvertretungsmacht der Gesellschafter, **205** der Gesellschaftsvertrag kann jedoch auch Gesamtvertretung anordnen, vgl. § 125 Abs. 2 HGB. Auch diese vom gesetzlichen Regelfall abweichende Vertretungsregelung wird im Handelsregister eingetragen und damit publik gemacht. Grds. ist die Vertretungsmacht der Gesellschafter unbeschränkbar, § 126 Abs. 1 HGB. Lediglich Rechtsgeschäfte, die das Gesellschaftsverhältnis als solches betreffen, sog. Grundlagengeschäfte, sind nicht von der Vertretungsmacht mit umfasst.[96]

Wie bei allen Personenhandelsgesellschaften gilt das Prinzip der Selbstorganschaft, d.h., die Ver- **206** tretung der Gesellschaft obliegt den Gesellschaftern und ein Nichtgesellschafter kann nicht Geschäftsführer derselben werden.[97] Allerdings können auch Nichtgesellschafter zu Prokuristen bestellt werden oder Handlungsvollmacht erteilt bekommen. Die Prokura wird ebenfalls im Handelsregister eingetragen, aus dem sich dann auch ergibt, ob Einzelprokura oder Gesamtprokura, also gemeinsames Handeln mit einem anderen Prokuristen oder einem Geschäftsführer, besteht. Die organschaftlichen Vertreter sind auch diejenigen, die die Kontounterlagen zu unterschreiben und die Kontovollmachten zu erteilen haben.

f) KG

Die Eintragung der KG ins Handelsregister hat ggf. lediglich deklaratorische Wirkung und stellt **207** den spätesten Entstehungszeitpunkt der KG dar.[98]

Vertreten im Sinne einer organschaftlichen Vertretung wird die KG durch die persönlich haftenden **208** Gesellschafter, die Komplementäre. Die Kommanditisten sind regelmäßig von der Vertretung ausgeschlossen. Ihnen können lediglich Geschäftsführungsbefugnisse erteilt werden,[99] nicht jedoch auch die Vertretungsbefugnis als Gesellschafter.[100] Möglich bleibt aber, dem Kommanditisten

96 *Baumbach/Hopt, Roth* § 126 Rn. 3.
97 Münchener Hdb/*Wirth* Bd. 2 § 7 Rn. 15.
98 Münchener Hdb/*Happ* Bd. 2 § 2 Rn. 26.
99 BuB/ *Roth/Stöhr* Rn. 2/568a.
100 BuB/ *Roth/Stöhr* Rn. 2/568b.

Prokura oder Handlungsvollmacht zu erteilen. I.Ü. gelten die Ausführungen zur OHG entsprechend, insb. was das Prinzip der Selbstorganschaft anbelangt.

g) GmbH & Co. KG

209 Da es sich bei einer GmbH & Co. KG um eine KG handelt, gelten für die Gründung der GmbH & Co. KG die gleichen Grundsätze wie für die Gründung einer KG. Die Besonderheit besteht lediglich darin, dass persönlich haftender Gesellschafter nicht eine natürliche Person, sondern eine GmbH ist.

210 Auch in dieser Konstellation ist es denkbar, dass eine GmbH i.G. persönlich haftende Gesellschafterin der KG ist.[101] Ist die GmbH selbst noch nicht im Handelsregister eingetragen, bedarf es der Zustimmung aller GmbH-Gründungsgesellschafter zur Vornahme, der für die KG erforderlichen Maßnahmen, andernfalls handelt der GmbH i.G. – Geschäftsführer als vollmachtloser Vertreter i.S.d. § 179 BGB.

2. Insolvenz

211 Im Fall der drohenden Insolvenz eines Kunden gerät auch das Kreditinstitut in eine Situation, in der es besondere Sorgfalt walten lassen muss. Im Folgenden soll keine vertiefte Darstellung des Insolvenzrechts erfolgen, sondern vielmehr nur ein Überblick über die in der Bankpraxis häufig auftretenden Fragestellungen gegeben werden.

212 Wenn nicht bereits aus der Presse oder durch direkte Information des Kunden so erfährt das Kreditinstitut i.d.R. vom vorläufigen Insolvenzverwalter, dass Antrag auf Eröffnung des Insolvenzverfahrens gestellt wurde und er zum vorläufigen Insolvenzverwalter bestellt wurde. Mit dieser Mitteilung wird dann zumeist auch der Beschluss des Insolvenzgerichts übersandt, aus dem sich die einzelnen getroffenen Anordnungen sowie der Umfang der Befugnisse des vorläufigen Insolvenzverwalters ergeben.

213 Es ist zwischen dem starken oder mit Zustimmungsvorbehalt ausgestatteten (mitbestimmenden) und dem schwachen vorläufigen Insolvenzverwalter zu unterscheiden. Dem starken Insolvenzverwalter wird die Befugnis zur Verfügung über das Vermögen des Insolvenzschuldners eingeräumt, vgl. § 22 InsO. Er ist damit dem Insolvenzverwalter und dessen Befugnissen nach Eröffnung des Insolvenzverfahrens stark angenähert. Der Insolvenzschuldner ist damit bereits im vorläufigen Insolvenzverfahren von jedweder Verfügung ausgeschlossen. Ähnlich verhält es sich auch bei dem mit Zustimmungsvorbehalt ausgestatteten (mitbestimmenden) vorläufigen Insolvenzverwalter, vgl. § 21 Abs. 2 Nr. 2 InsO. Er kann zwar nicht direkt selber verfügen, eine Verfügung des Insolvenzschuldners bedarf jedoch zu ihrer Wirksamkeit der Zustimmung des vorläufigen Insolvenzverwalters. Beim schwachen Insolvenzverwalter hingegen wird die Wirksamkeit von Verfügungen durch den Insolvenzschuldner nicht an die Zustimmung des vorläufigen Insolvenzverwalters geknüpft.

214 Nach Anordnung der vorläufigen Insolvenzverwaltung ist über den Antrag auf Eröffnung des Insolvenzverfahrens über das Vermögen des Insolvenzschuldners zu entscheiden. Zumeist wird das Insolvenzverfahren mit der Bestellung eines Insolvenzverwalters eröffnet, der i.d.R. identisch mit dem vorläufigen Insolvenzverwalter ist. Auch in diesem Fall wird das Kreditinstitut regelmäßig vom Insolvenzverwalter mit Übersendung des Beschlusses über die Eröffnung des Insolvenzverfahrens informiert.

215 Spätestens mit Eröffnung des Insolvenzverfahrens ist der Insolvenzschuldner von der Verfügung ausgeschlossen §§ 80, 81 InsO. Weitere Folgen sind, dass der Kontovertrag mit dem Kreditinstitut regelmäßig endet, die Konten abgerechnet werden und etwaige Guthabensalden, sofern nicht noch

101 BGHZ 80, 129.

Sicherungsrechte daran bestehen, auf ein vom Insolvenzverwalter angegebenes Insolvenzverwalterkonto übertragen werden.

Gelegentlich kommt es aber auch vor, dass Eigenverwaltung i.S.d. §§ 270 ff. InsO angeordnet und begleitend nur ein Sachwalter bestellt wird, der i.d.R. ebenfalls identisch mit dem vorläufigen Insolvenzverwalter ist. Eigenverwaltung bedeutet für den Kontoinhaber, dass er über seine Konten grds. ohne Zustimmung des Sachwalters verfügen darf. Sollen gleichwohl die Guthabensalden auf das Sachwalterkonto übertragen werden, bedarf es dazu der Zustimmung bzw. Weisung des Kontoinhabers, da der Sachwalter ggü. dem Kreditinstitut grds. nicht (mehr) verfügungs- und weisungsbefugt ist. 216

Kommt es nicht zur Eröffnung des Insolvenzverfahrens über das Vermögen der Gesellschaft mangels Masse, wird der Antrag auf Eröffnung des Insolvenzverfahrens entsprechend abgewiesen, §§ 207 ff. InsO. Mit diesem Abweisungsbeschluss endet dann auch die Stellung des vorläufigen Insolvenzverwalters. Die Verfügungsbefugnis liegt dann wieder beim Kontoinhaber. 217

IV. Pfändungen und Verpfändungen

1. Pfändung

Möchte ein Gläubiger des Kunden des Kreditinstitutes in das Vermögen des Kunden vollstrecken, so kann er versuchen, in dessen Konten zu vollstrecken und dem Kreditinstitut als Drittschuldner einen Pfändungs- und Überweisungsbeschluss zuzustellen. Pfändbare Ansprüche sind insb. die Ansprüche aus dem Kontokorrentverhältnis, der Anspruch auf Auszahlung positiver Salden sowie der Anspruch auf Gutschrift aller Eingänge. Letzterer Anspruch ist jedoch nicht ein Anspruch gerichtet auf Auszahlung, sondern dient vielmehr der Sicherung des Anspruchs auf Auszahlung. Dessen Pfändung stellt somit eine Hilfspfändung dar und setzt die Pfändung des Anspruchs auf Auszahlung, jedenfalls des Abschlusssaldos, voraus.[102] 218

Bei der Pfändung der Ansprüche aus dem Kontokorrentverhältnis können unterschiedliche Ansprüche gepfändet werden: der Anspruch auf Auszahlung des Zustellungssaldos und/oder der Anspruch auf Auszahlung des künftigen Abschlusssaldos. Mit der Pfändung des Zustellungssaldos wird der Saldo im Zeitpunkt der Pfändung erfasst.[103] Dadurch gehen später erfolgende Belastungsbuchungen nicht zulasten des Pfandgläubigers. Eine Auszahlung des gepfändeten Zustellungssaldos ist bei einem Kontokorrent eigentlich erst mit Rechnungsabschluss möglich, vgl. § 357 HGB. Da die Kontokorrentabrede bei einer Bankverbindung jedoch im Zusammenhang mit dem Girokonto steht und mit dem Girovertrag zusammen gesehen werden muss, ist der Kontoinhaber aufgrund besonderer vertraglicher Vereinbarung berechtigt, jederzeit – und nicht erst mit Rechnungsabschluss – über den Überschuss zu verfügen. Dieses Recht steht bei einer Pfändung damit auch dem Pfandgläubiger zu.[104] 219

Mit der Pfändung des künftigen Abschlusssaldos bzw. weiterer künftiger Abschlusssalden besteht die Möglichkeit, dass der Pfandgläubiger durch nach der Pfändung eingehende Geldbeträge den von ihm gepfändeten Saldo erhöht. Allerdings ist er dann auch nicht vor Sollbuchungen geschützt. Denn da nur der Abschlusssaldo zumeist gekoppelt mit einer Pfändung des Zustellungssaldos gepfändet ist, werden davon zwischenzeitliche Zahlungseingänge (Tagesguthaben) nicht erfasst, über die der Kontoinhaber weiterhin verfügen kann. 220

Die Pfändung des Anspruchs auf Auszahlung positiver Tagesalden verhindert, dass der Kontoinhaber – anders als bei einer Pfändung des Anspruchs auf Auszahlung des Zustellungssaldos sowie der künftigen Abschlusssalden – weiterhin über Tagesguthaben verfügen kann. Diese inzwischen 221

102 BGH, WM 1985, 344.
103 BGH, WM 1982, 816.
104 BGH, WM 1982, 816 (818).

anerkannte[105] Art der Pfändung führt jedoch nur zum Erfolg, wenn das Konto im Zeitpunkt der Pfändung ein Guthaben aufweist. Steht das Konto hingegen im Soll, geht die Pfändung zunächst ins Leere; erst wenn durch weitere Zahlungseingänge ein positiver Saldo entsteht, greift die Pfändung ein. Bei debitorischen Konten hat der Kontoinhaber folglich die Möglichkeit durch regelmäßiges Abverfügen der eingehenden Gelder und einem Beibehalten der debitorischen Kontoführung die Pfändung nicht wirksam werden zu lassen.

222 Nicht pfändbar sind jedoch unselbstständige Ansprüche, sog. Nebenansprüche, die nur zusammen mit dem Hauptanspruch gepfändet werden können.[106] Derartige Ansprüche sind v.a. der Anspruch auf Rechnungslegung sowie der Anspruch auf Auskunftserteilung.

223 Der Eingang eines Pfändungs- und Überweisungsbeschlusses bedeutet für das Kreditinstitut, dass es bestimmte Maßnahmen treffen muss. Als Erstes prüft das Kreditinstitut, ob für den Pfändungsschuldner überhaupt ein Konto geführt wird. Die Pfändung geht ins Leere, wenn der Pfandschuldner gar kein Konto bei dem Kreditinstitut hat oder wenn er lediglich wirtschaftlich Berechtigter eines bei dem Kreditinstitut geführten Kontos auf den Namen eines anderen ist (z.B. Treuhandkonto/Anderkonto).

224 Führt das Kreditinstitut ein entsprechendes Konto für den Pfandschuldner prüft es weiter, ob der Beschluss die erforderliche Bestimmtheit aufweist oder ob dieser nicht ggf., weil zu unbestimmt, nichtig ist. Erachtet das Kreditinstitut den Beschluss für hinreichend bestimmt, wird es aufgrund der i.d.R. umfassenden Pfändung, also auch der Tagessalden/künftiger Ansprüche, das Konto für Sollbuchungen sperren, damit der Kontoinhaber nicht mehr abverfügen kann.

225 Weist das Konto einen größeren Guthabensaldo auf als die Höhe der gepfändeten Forderung, sperrt das Kreditinstitut einen entsprechenden Betrag und wird diesen an den Pfandgläubiger auszahlen (sofern auch ein Überweisungsbeschluss vorliegt, was der Regelfall sein dürfte). Aber auch der Kontoinhaber ist über die Pfändung ebenso wie über eine Auszahlung und Aufhebung der Pfändung zu informieren.

226 Des Weiteren wird das Kreditinstitut i.d.R. aufgefordert, eine sog. Drittschuldnererklärung abzugeben. Da der Pfandgläubiger zumeist über die Vermögensverhältnisse seines Schuldners nicht genau Bescheid weiß, ist er auf die Mithilfe des Drittschuldners angewiesen. Damit jener aber nicht vom Wohlwollen des Drittschuldners abhängt, erlegt das Vollstreckungsrecht diesem die Pflicht zur Abgabe der Drittschuldnererklärung auf und knüpft eine Schadensersatzhaftung an die Unrichtigkeit und Unvollständigkeit darin gemachter Angaben sowie an eine Nichtabgabe bzw. nicht rechtzeitige Abgabe dieser Erklärung, vgl. § 840 Abs. 2 Satz 2 ZPO. Trotz dieser Haftung ist die Drittschuldnererklärung rechtlich nicht als Schuldanerkenntnis einzuordnen, sondern stellt als tatsächliche Auskunft lediglich eine Wissenserklärung dar.[107] Die Erklärung ist binnen einer bestimmten Frist, 2 Wochen ab Zustellung der Aufforderung, abzugeben.

227 Das Kreditinstitut hat sich darüber zu erklären, ob und inwieweit es die Forderung als begründet anerkennt und Zahlung zu leisten bereit ist, ob und welche Ansprüche andere Personen an der Forderung geltend machen sowie ob und wegen welcher Ansprüche die Forderung bereits für andere Gläubiger gepfändet ist. Darüberhinausgehende Angaben können nicht erfragt werden; das Gesetz ist insofern abschließend. Denn der Drittschuldner ist lediglich unbeteiligter Dritter im Vollstreckungsverfahren und soll deshalb so wenig wie möglich belastet werden.[108]

228 Je nach Kontenart können sich bei einer Pfändung Besonderheiten ergeben. So ist bei einer Pfändung gegen nur einen Kontoinhaber eines Oder-Kontos gleichwohl das gesamte Guthaben

105 BGH, WM 1982, 816.

106 BGH, WM 2003, 1891; MüKo-BGB/*Seiler* § 666 Rn. 3, 17; *Engel* in: Kontoführung & Zahlungsverkehr, Rn. 1109.

107 BGH, WM 1977, 1298.

108 BGH, WM 1984, 701.

betroffen, da jeder Kontoinhaber Auszahlung des gesamten Guthabens an sich verlangen kann. Der andere, nicht von der Pfändung betroffene Kontoinhaber wird jedoch prinzipiell nicht daran gehindert, über das Guthaben zu verfügen, da sich die Pfändung nicht gegen ihn richtet. Das Kreditinstitut ist auch nicht aufgrund des mit einem Pfändungs- und Überweisungsbeschluss ergehenden Zahlungsverbotes gehindert, an den nicht betroffenen Kontoinhaber zu leisten. Allerdings hat das Kreditinstitut den Prioritätsgrundsatz zu beachten, der besagt, dass das Kreditinstitut die ihm ggü. erteilten Weisungen der Reihenfolge ihres Eingangs nach auszuführen hat. Wenn also der Pfandgläubiger dem Kreditinstitut ggü. eine eindeutige Zahlungsaufforderung erteilt hat, sei es durch den Pfändungs- und Überweisungsbeschluss oder durch die Aufforderung zur Abgabe der Drittschuldnererklärung, so muss das Kreditinstitut dann auch zuerst diese Weisung ausführen, bevor es an den anderen Kontoinhaber leisten kann. Andernfalls könnte das Kreditinstitut zur Zahlung an den Pfandgläubiger verpflichtet bleiben, auch wenn das Guthaben durch eine Auszahlung an den anderen Kontoinhaber aufgezehrt wurde.[109]

Anders verhält es sich jedoch beim Und-Konto, bei dem sich die Pfändung gegen alle Kontoinhaber richten muss.[110] Steht dem Pfandgläubiger hingegen nur ein Vollstreckungstitel gegen einen Kontoinhaber zu, so kann er nur den Anspruch auf Ausgleich nach § 430 BGB pfänden, sodass der andere Kontoinhaber zum Drittschuldner wird.[111] 229

Die Pfändung in ein Anderkonto oder Treuhandkonto ist nur möglich, wenn sich der Vollstreckungstitel gegen den Inhaber des Kontos richtet, also z.B. den Rechtsanwalt, Notar oder allgemein den Treuhänder. Der Treugeber hat in diesem Fall die Möglichkeit, seine Rechte mithilfe einer Drittwiderspruchsklage zu wahren. Ist der Treugeber der Vollstreckungsschuldner, so können nur die Ansprüche gegen den Treuhänder gepfändet werden, sodass dieser Drittschuldner wird, nicht jedoch das Kreditinstitut.[112] 230

Fraglich ist, ob die Pfändung in eine Kontovollmacht, die ein Recht ohne eigenen Vermögenswert darstellt, zulässig ist, um Zugriff auf das Kontoguthaben des Vollmachtgebers nehmen zu können. Ein Interesse daran könnte insb. dann bestehen, wenn der jetzige Bevollmächtigte seine Vermögenswerte auf einen anderen übertragen hat, um eine Pfändung zu verhindern, und nunmehr über eine Vollmacht weiterhin über diese Vermögenswerte verfügt. Es könnte der Versuch sein, diese Art der Umgehung zu unterbinden. Dies wird sogar teilweise erwogen,[113] ist jedoch soweit ersichtlich noch nicht höchstrichterlich entschieden und dürfte abzulehnen sein. Der Bevollmächtigte ist nicht der Forderungsinhaber, sondern nur der vollmachtgebende Kontoinhaber ist Inhaber der Forderung gegen das Kreditinstitut. Ein Kreditinstitut wird i.d.R. eine solche Umgehungssituation auch nicht erkennen können. 231

Weiterhin besteht nach der VERORDNUNG (EU) Nr. 655/2014 die Möglichkeit einer Europäischen Kontopfändung. Diese eröffnet die Möglichkeit, dass ein im Ausland lebender Gläubiger auch bei einem ausländischen zuständigen Gericht eine Pfändung in Deutschland bewirken kann. Es handelt sich bei der Europäischen Kontopfändung um ein Sicherungsrecht, um den Anspruch im jeweiligen Staat durchzusetzen. Mit der Europäischen Kontopfändung geht kein Überweisungsbeschluss einher. 232

2. Verpfändung

Nicht selten kommt es vor, dass der Kontoinhaber seine Ansprüche aus dem Konto an einen Dritten als Sicherheit verpfändet. Dieses Sicherungsmittel wird nicht selten von international tätigen 233

109 BuB/*Bach-Heuker* Rn. 2/1258.
110 BGH, WM 1985, 344.
111 Vgl. auch Rdn. 85.
112 Ausführlich BuB/ *Fischbeck* Rn. 2/247 und BuB/ *Habl* 2/312 ff.
113 Vgl. Meinungsstand bei BuB/*Bach-Heuker* Rn. 2/1262.

Gesellschaften gewählt, um ihren Gläubigern, z.B. anderen kreditgebenden Banken, eine taugliche Sicherheit zu gewähren.

234 Der Verpfändungsvertrag wird i.d.R. nur zwischen Pfandgläubiger und Verpfänder abgeschlossen. Das kontoführende Kreditinstitut wird erst dann involviert, wenn ihm die Verpfändung gem. §§ 1279, 1280 BGB angezeigt wird und es eine Bestätigung über die Kenntnis und Akzeptanz des vertraglichen Pfandrechts abgeben soll. Die Anzeige ist gem. § 1280 BGB Voraussetzung für die Wirksamkeit der Forderungsverpfändung. Dabei ist zu berücksichtigen, dass die Anzeige der Verpfändung vom Verpfänder als Kontoinhaber zu erfolgen hat. Ausnahmsweise kann diese auch durch den Pfandgläubiger vorgenommen werden, wenn dieser eine entsprechende Bevollmächtigung seitens des Verpfänders nachweisen kann.[114] Eine solche Vollmacht findet sich häufig im Verpfändungsvertrag selbst. Für die Anzeige ist keine bestimmte Form vorgeschrieben,[115] aus Gründen der Beweisbarkeit bietet es sich jedoch an, dies schriftlich zu tun.

235 Die Bestätigung soll dem Nachweis des Erhalts der Anzeige sowie der Einbindung des Kreditinstituts dienen. Mit ihr wird das Kreditinstitut regelmäßig aufgefordert, auf ihr Aufrechnungs- und Zurückbehaltungsrecht sowie ihr AGB-Pfandrecht zu verzichten bzw. mit diesem im Rang zurückzutreten. Ferner soll bestätigt werden, dass keine Rechte Dritter an den verpfändeten Ansprüchen aus dem Konto bestehen bzw. bekannt sind. Dabei ist jedoch zu beachten, dass die Verpfändung nicht erst mit Abgabe der Bestätigung, sondern bereits mit Erhalt der Anzeige bzw. anderweitigen Kenntnisnahme von der Verpfändung wirksam wird. Das Kreditinstitut hat dementsprechend unverzüglich entsprechende Vorkehrungen zu treffen, um sicherzustellen, dass die Vorgaben der Verpfändungsanzeige auch beachtet werden.

236 Die Kontoverpfändung führt grds. dazu, dass der Kontoinhaber nicht mehr ohne Zustimmung des Pfandgläubigers über das verpfändete Konto verfügen darf, vgl. § 1281 BGB; dem Pfandgläubiger steht grds. (noch) keine Verfügungsbefugnis zu. Erst mit Pfandreife ist der Pfandgläubiger berechtigt, Leistung nur an sich zu verlangen, vgl. § 1282 BGB. Um jedoch den Geschäftsbetrieb aufrechterhalten zu können, wird dem Kontoinhaber nicht selten bis auf Widerruf die alleinige Verfügungsbefugnis zugesprochen. Je nach den Besonderheiten des Einzelfalls, kann aber auch dem Pfandgläubiger vom Kontoinhaber Verfügungsbefugnis eingeräumt werden, indem ihm eine entsprechende Zeichnungsberechtigung erteilt wird.

237 Damit der Pfandgläubiger über die Konten hinreichend informiert wird, ermächtigt der Kontoinhaber das Kreditinstitut, dem Pfandgläubiger Auskunft über die Konten zu geben, und befreit es diesbezüglich explizit vom Bankgeheimnis.

238 In der Praxis wird das kontoführende Kreditinstitut häufig bereits in einem recht frühen Stadium der (geplanten) Verpfändung einbezogen. Vorteil dieser Einbeziehung ist, dass es dann noch gestaltend auf die Verpfändungsanzeige und die von ihm abzugebende Bestätigung einwirken kann. Denn nicht selten enthalten diese nicht alle für das Kreditinstitut relevanten Angaben und Beschränkungen oder enthalten zu weitgehende Beschränkungen für das Kreditinstitut. So ist es üblich, dass von den Verzichtserklärungen hinsichtlich Aufrechnung und Zurückbehaltung Kontoführungsgebühren ausgenommen sind, die das Kreditinstitut damit weiterhin dem Konto belasten darf. Auch ist es wichtig, die Erklärungen nur für den Zeitraum der Verpfändung abzugeben und sie damit zeitlich zu begrenzen. Für eine reibungslose Durchführung der Verpfändung empfiehlt es sich auch für den Kontoinhaber, darauf hinzuwirken, dass das Kreditinstitut rechtzeitig eingebunden wird.

239 Gelegentlich kann es im Laufe der Zeit vorkommen, dass sich hinsichtlich der verpfändeten Konten Änderungen ergeben und z.B. ein Dritter für die Verwaltung der Konten vom Kontoinhaber bestellt wird. Auch wenn der Kontoinhaber laut Verpfändungsanzeige berechtigt ist, bis auf Widerruf

114 Palandt/*Bassenge* § 1280 Rn. 2.
115 Palandt/*Bassenge* § 1280 Rn. 2.

alleine über das verpfändete Konto zu verfügen, so dürfte es i.d.R. zu empfehlen sein, sicherheitshalber die Zustimmung des Pfandgläubigers einzuholen, bevor der Dritte als Zeichnungsberechtigter akzeptiert wird.

C. Kontokündigung

I. Allgemeines

Bei Abschluss eines Kontovertrages werden im Kontoeröffnungsantrag u.a. die Allgemeinen Geschäftsbedingungen der Banken (AGB-Banken) einbezogen, die die Geschäftsbeziehung zwischen Kreditinstitut und Kunde auf einer einheitlichen Basis regeln sollen. Nr. 18 und Nr. 19 AGB-Banken beinhalten die Kündigungsrechte des Kunden sowie des Kreditinstituts. In Sonderbedingungen können hierzu abweichende Regelungen getroffen werden (vgl. z.B. die Bedingungen für den Lastschrifteinzug). 240

In beiden Fällen kann die gesamte Geschäftsverbindung oder können einzelne Geschäftsbeziehungen gekündigt werden. Der zu kündigende Teil ist aus diesem Grund unmissverständlich zu erklären. So kann z.B. ein Kredit gekündigt werden, wohingegen der Girovertrag unverändert fortbestehen soll. Umgekehrt ist jedoch bei der Kündigung des Girovertrages i.d.R. davon auszugehen, dass damit die gesamte Geschäftsverbindung gekündigt wurde, da bestimmte einzelne Geschäftsbeziehungen, wie z.B. ein Scheckvertrag oder das Lastschriftinkasso nicht ohne Girokonto fortbestehen können, Rechtsgedanke des § 139 BGB.[116] 241

Wird der Girovertrag gekündigt, wandelt sich dieser in ein Abwicklungsverhältnis um. Über ein Guthaben kann der Kunde verfügen, da seine Forderung gegen das Kreditinstitut aus § 700 BGB mit der Kündigung fällig gestellt wurde. Die Verfügung kann er in Form einer Barabhebung oder durch Überweisung auf ein anderes Konto vornehmen. Prinzipiell sollte mit Wirksamwerden der Kündigung kein Zahlungsverkehr mehr über das Girokonto abgewickelt werden. Gleichwohl ist das Kreditinstitut aber berechtigt auch noch nach der Kündigung eingehende Gelder entgegenzunehmen.[117] Dazu ist sie sogar wegen der Nachwirkung des Vertragsverhältnisses für eine gewisse Zeit verpflichtet.[118] Diese Zahlungseingänge sollten dann jedoch nicht dem gekündigten Girokonto als Gutschrift erteilt werden, sondern zunächst nur auf einem CpD-Konto verbucht und von dort an den Kunden herausgegeben werden. Wenn das Kreditinstitut zugleich einen Kredit gekündigt hat und zugunsten des debitorischen Kontos Gelder eingehen, so darf es mit seinem Anspruch gegen den Kunden aufrechnen.[119] 242

Zu beachten ist, dass die Kontokündigung als solche nur dazu führt, dass kein weiterer Zahlungsverkehr über das Konto abgewickelt wird und auch alle anderen damit im Zusammenhang stehenden Aktivitäten (wie z.B. die Erteilung von Rechnungsabschlüssen) eingestellt werden. Das Konto als solches bleibt aber noch weiterhin existent, auch wenn es abgeschlossen ist. Zur vollständigen Beseitigung eines gekündigten Kontos bedarf es eines Löschungsauftrags des Kontoinhabers. 243

II. Kündigungsrechte des Kunden

Nach Nr. 18 Abs. 1 AGB-Banken steht dem Kunden ein jederzeitiges Kündigungsrecht zu, wenn keine Laufzeit bestimmt und keine abweichende Kündigungsregelung vereinbart ist. Diese Voraussetzungen sind i.d.R. bei einem Kontovertrag erfüllt. Die Kündigung kann ohne Einhaltung einer Frist erfolgen und ist an keine bestimmte Form gebunden. Sie kann mündlich oder auch konkludent durch Abhebung des gesamten Guthabens erfolgen, Letzteres aber nur dann, wenn dabei der Kündigungswille des Kunden deutlich wird. In den AGB-Banken wurde somit von der Regelung 244

116 BuB/*Wulfers* Rn. 1/152 und 1/514.
117 BGH, WM 1995, 745.
118 BuB/*Roth* Rn. 2/26.
119 OLG Bremen, NJW 1987, 847.

des § 675h Abs. 1 Satz 2 BGB kein Gebrauch gemacht, wonach für einen Zahlungsdiensterahmenvertrag (z.B. Kontovertrag) eine Kündigungsfrist von bis zu einem Monat hätte vereinbart werden können.

245 Die Regelung der Nr. 18 Abs. 2 AGB-Banken zur Kündigung aus wichtigem Grund spiegelt lediglich die gesetzliche Lage (§ 314 BGB) wider und trifft darüber hinaus keine zusätzliche Aussage.

246 Die Kündigung eines Gemeinschaftskontos darf nicht nur beim Und-Konto, sondern auch beim Oder-Konto nur von allen Kontoinhabern erklärt werden, da dies einen Eingriff in den Vertrag und in die Rechtsstellung aller Kontoinhaber darstellt. Die beim Oder-Konto bestehende Einzelverfügungsbefugnis vermag daran nichts zu ändern. Diese stellt nämlich keine gegenseitige Ermächtigung dar, sondern entspringt der eigenen Forderungsinhaberschaft eines jeden Kontoinhabers beim Oder-Konto.[120]

247 Die Kündigung i.S.d. Nr. 18 AGB-Banken kann grds. auch durch gesetzliche Vertreter, wie den Eltern eines Minderjährigen oder einen Betreuer, sofern diesem der Aufgabenkreis der »Vermögenssorge« zugeordnet ist, erklärt werden. Bei Bevollmächtigten ist die Kündigung i.d.R. nicht von ihrer Kontovollmacht erfasst. Diese berechtigt nur zur Kontoführung und den damit verbundenen Geschäften, nicht jedoch zu Eingriffen in den Kontovertrag als solchen.[121] Klarstellend ist dies teilweise in die Kontovollmachtsformulare der Kreditinstitute aufgenommen worden. Hergeleitet wird dies v.a. aus einem Urteil des BGH zur Kündigung eines Oder-Kontos durch nur einen Kontoinhaber.[122] Einem Bevollmächtigten kann demnach kein stärkeres Recht als einem Mitkontoinhaber eingeräumt werden.[123] Anders stellt es sich jedoch nach dem Tod des Kontoinhabers dar. Der Bevollmächtigte darf – sofern seine Kontovollmacht nicht von den Erben widerrufen wird – eine Kündigung i.S.d. Nr. 18 AGB-Banken erklären.

III. Kündigungsrechte des Kreditinstituts

248 Anders als der Kunde, der jederzeit ohne Einhaltung einer Frist kündigen kann, hat das Kreditinstitut bei einer Kündigung nach Nr. 19 Abs. 1 und Abs. 2 AGB-Banken eine angemessene Kündigungsfrist einzuhalten und auf die Belange des Kunden Rücksicht zu nehmen. Zum Schutz des Kunden darf das Kreditinstitut dementsprechend nicht zur Unzeit kündigen und muss seiner Treupflicht ggü. dem Kunden nachkommen. Das bedeutet für das Kreditinstitut, dass es vor Ausübung seines Kündigungsrechts eine Angemessenheitsprüfung vornehmen muss, auch wenn es an sich ohne besonderen Grund kündigen darf.[124]

249 Die Kündigungsfrist ist ebenfalls nach den Belangen des Kunden zu bemessen, vgl. Nr. 19 Abs. 1 Satz 2 und Abs. 2 Satz 2 AGB-Banken. In der Vergangenheit war nach Treu und Glauben bei einer fristlosen Kündigung des Girovertrages zugunsten des Kunden eine Abwicklungsfrist einzuräumen, binnen der er eine neue Bankverbindung aufbauen und diese seinen Geschäftspartnern und Gläubigern mitteilen konnte. In der heutigen Fassung der Nr. 19 Abs. 1 Satz 3 AGB-Banken ist diese bloße Abwicklungsfrist nunmehr zu einer echten Kündigungsfrist umgewandelt worden. Danach kann ein Zahlungsdiensterahmenvertrag (z.B. laufendes Konto oder Kartenvertrag) und ein Depot nur mit einer Frist von mindestens 2 Monaten gekündigt werden (vgl. auch § 675h BGB). Damit wird den Belangen des Kunden hinreichend Rechnung getragen und eine früher bestehende Rechtsunsicherheit beseitigt.[125]

120 BGH, WM 1990, 2076; BuB/*Wulfers* Rn. 1/526c; vgl. i.Ü. Rdn. 88.
121 BuB/*Wulfers* Rn. 1/526c und 1/526f.
122 BGH, WM 1990, 2076; vgl. ferner Rdn. 87.
123 BuB/*Wulfers* Rn. 1/526i.
124 BuB/*Wulfers* Rn. 1/554 und 1/561.
125 BuB/*Wulfers* Rn. 1/557, 1/557a und 1/557b.

Gemäß § 675h Abs. 2 S. 3 BGB hat das Kreditinstitut die Kündigung des Zahlungsdiensterahmenvertrages in der durch Artikel 248 §§ 2 und 3 des Einführungsgesetzes zum Bürgerlichen Gesetzbuch vorgesehenen Form zu erklären. Daher bedarf die Kündigung der Textform im Sinne von § 126b BGB[126]. 250

Das außerordentliche Kündigungsrecht nach Nr. 19 Abs. 3 AGB-Banken entspricht der geltenden Rechtslage bei Dauerschuldverhältnissen, vgl. § 314 BGB. Nr. 19 Abs. 3 AGB-Banken enthält eine nicht abschließende Aufzählung wichtiger Gründe, die zu einer fristlosen Kündigung berechtigen sollen. Aber auch bei Ausübung dieses Kündigungsrechts hat das Kreditinstitut auf die berechtigten Belange des Kunden Rücksicht zu nehmen. Diesen Belangen kann z.B. durch eine vorherige Abmahnung oder eine Kündigung unter Einhaltung einer Frist Rechnung getragen werden. Bei der Abwägung der Interessen hat das Kreditinstitut insb. sein bisheriges Verhalten mit einfließen zu lassen, das es sich ggf. entgegenhalten lassen muss. I.R.d. Abwägung finden das Unzeitgebot und die Treupflicht jedoch keine Berücksichtigung. 251

Bei Ausübung des außerordentlichen Kündigungsrechts genügt es an sich, wenn das Kreditinstitut zum Ausdruck bringt, dass es aus wichtigem Grund fristlos kündigt. In der Praxis erfolgt die Kündigung unter Bezugnahme auf die Regelung der Nr. 19 Abs. 3 AGB-Banken. Nicht erforderlich ist jedoch, dass das Kreditinstitut den wichtigen Grund bereits mit Kündigungserklärung mitteilt. Der Kündigungsgrund kann vielmehr auch später nachgeschoben werden. Voraussetzung ist nur, dass der wichtige Grund im Zeitpunkt der Kündigung auch tatsächlich vorliegt.[127] 252

Hat das Kreditinstitut Kenntnis vom Vorliegen eines wichtigen Grundes, so muss es unverzüglich von seinem Kündigungsrecht Gebrauch machen, da dieses ansonsten verwirkt wird, vgl. § 314 Abs. 3 BGB. Für die Bestimmung der angemessenen Frist, binnen der das Kreditinstitut seine Entscheidung treffen muss, kann evtl. § 675 Abs. 1 i.V.m. § 671 Abs. 2 BGB sowie der Rechtsgedanke der Regelungen des § 626 Abs. 2 BGB sowie des § 723 Abs. 2 BGB herangezogen werden.[128] Dies soll jedoch wiederum nicht für eine Darlehenskündigung gelten.[129] 253

Im Regelfall ist das Kreditinstitut verpflichtet, vor Ausübung seines außerordentlichen Kündigungsrechts den Kunden abzumahnen und die Kündigung anzudrohen; davon kann nur in besonderen Fällen abgesehen werden.[130] 254

Das Kündigungsrecht der Bank kann durch besondere Kontoarten eingeschränkt werden. Insbesondere ist hierbei das Basiskonto zu nennen. Gemäß § 42 ZKG ist ein Basiskonto nur unter bestimmten Voraussetzungen kündbar. Darüberhinausgehende Kündigungsrechte stehen dem Kreditinstitut nicht zu. 255

Nr. 19 Abs. 5 AGB-Banken enthält zum Schutz des Kunden eine zusätzliche Regelung für den Fall einer fristlosen Kündigung. Danach ist dem Kunden eine angemessene Abwicklungsfrist zu gewähren. Zwar wird die Kündigung sofort wirksam, dem Kunden wird jedoch eine Schonfrist eingeräumt, binnen der z.B. eine Kreditrückzahlung erfolgen kann. 256

IV. Sonstige Beendigungsgründe

Kreditinstitut und Kunde können auch einvernehmlich die Kontobeziehung durch Aufhebungsvertrag beenden. Theoretisch denkbar ist auch eine Beendigung durch Zeitablauf, wenn das Konto nur befristet geführt wurde, was in der Praxis aber grds. nicht vorkommt. Der Kunde kann auch ggü. dem Kreditinstitut den Wunsch äußern, dass sein Konto auf ein anderes Kreditinstitut übertragen wird. In diesem Fall wird das Geschäftsverhältnis mit der Übertragung beendet. 257

---

126 BuB/*Wulfers* Rn. 1/556a.
127 BGH, WM 1986, 605.
128 BuB/*Wulfers* Rn. 1/561 für den Fall der Nr. 19 Abs. 2 AGB-Banken.
129 BuB/*Wulfers* Rn. 1/599.
130 BuB/*Wulfers* Rn. 1/598.

258 Ein weiterer Beendigungsgrund ist die Eröffnung des Insolvenzverfahrens über das Vermögen einer Gesellschaft. Gem. §§ 116, 115 InsO erlischt der Bank- bzw. Kontovertrag mit Eröffnung des Insolvenzverfahrens kraft Gesetzes. Das Kreditinstitut hat zu diesem Zeitpunkt das Konto abzurechnen und einen außerordentlichen Saldenabschluss vorzunehmen. Konsequenz ist, dass mit Beendigung auch die AGB-Banken keine Geltung mehr haben und insb. das AGB-Pfandrecht nicht mehr für nach diesem Zeitpunkt entstehende Forderungen ausgeübt werden kann. Auch Kontoführungsgebühren dürfen nicht mehr belastet werden.

259 Der Insolvenzverwalter hat i.d.R. ein Interesse daran, die Vermögenswerte des Schuldners zu bündeln und auf einem Insolvenzverwalterkonto zusammenzuführen. Dafür wird nicht selten in der Praxis ein Anderkonto angefragt, was jedoch nicht unkritisch ist. Vielmehr sollte hier ein einfaches offenes Treuhandkonto auf den Namen des Insolvenzverwalters eröffnet werden.[131] Das Kreditinstitut wird dann vom Insolvenzverwalter aufgefordert, den Guthabensaldo auf ein Konto des Insolvenzverwalters zu übertragen und auch später eingehende Gelder regelmäßig zu übertragen. In diesem Fall kann das Kreditinstitut eingehende Geldbeträge weiterhin annehmen, darf jedoch nicht mehr mit eigenen Ansprüchen gegen den Insolvenzschuldner aufrechnen. Da diese Art der »Kontoführung« für das Kreditinstitut einen erheblichen Verwaltungsaufwand bedeutet, kann es auf eine Löschung des Kontos hinwirken. Eine andere Möglichkeit besteht darin, dass der Insolvenzverwalter bei dem kontoführenden Kreditinstitut ein Insolvenzverwalterkonto eröffnet und der Guthabenübertrag damit kreditinstitutsintern stattfindet.

131 Im Einzelnen hierzu *Obermüller* Rn. 2.245 ff. m.w.N.

Kapitel 3 Zahlungsverkehr

Übersicht

A. Gesetzliche Rahmenbedingungen für Zahlungsdienste

1 Die Umsetzung von zwei europäischen Zahlungsdienstrichtlinien hat zu einer Neukonzeption des Rechts des Zahlungsverkehrs geführt. Neben neuen Begrifflichkeiten ergeben sich für Anbieter und Nutzer Änderungen bei der Abwicklung, Haftung und Kostengestaltung. Nachdem die Erste Zahlungsdienstrichtlinie aus 2007[1] bis 31.10.2009 [2] in deutsches Recht umgesetzt wurde[3], hat auch die Zweite Zahlungsdienstrichtlinie aus 2015[4], die weitgehend zum 13.01.2018 in das BGB und das Aufsichtsrecht (»Gesetz über die Beaufsichtigung von Zahlungsdiensten« – ZAG) umgesetzt wurde[5], zu einer weiteren, spürbaren Regulierung des Zahlungsverkehrs geführt.

2 Ziel der europäischen Regelung ist die Gleichstellung grenzüberschreitender mit nationalen Zahlungen, deren preisliche Regulierung, erhöhte Sicherheitsanforderungen und verbindliche Rahmenbedingungen für neue Anbieter von Zahlungsdiensten. Begleitet wurde die Schaffung des einheitlichen Euro-Zahlungsraums (»Single Euro Payment Area – SEPA«) durch begleitende Verabredungen der europäischen Kreditwirtschaft für die praktische Umsetzung von z.B. SEPA-Lastschriftverfahren oder SEPA-Überweisungen.

3 Das Recht der Zahlungsdienste findet sich in den Regelungen der §§ 675c bis 676c BGB. Diese führen neue und noch nicht umgangssprachlich gängige Begrifflichkeiten ein. Inhaltlich lassen sie angesichts des Umfangs des Regelungswerks und der Detaildichte der Einzelnormen kaum noch Fragen offen. § 675f BGB regelt den Zahlungsdienstevertrag als Sonderform des Geschäftsbesorgungsvertrags. Umfasst wird jede Art von Vertrag zwischen Zahler und Zahlungsempfänger unter Einschaltung eines Zahlungsdienstleisters. Das Gesetz unterscheidet dabei den Einzelzahlungsvertrag, § 675f Abs. 1 BGB und den Zahlungsdiensterahmenvertrag, § 675f Abs. 2 BGB.

4 Die Begriffsbestimmung für den »Zahlungsdienst« findet sich in § 1 Abs. 1 ZAG. Zu den Zahlungsdiensten gehören u.a. alle auf das Zahlungskonto gerichteten Vorgänge, also das Ein- und Auszahlungsgeschäft, die Ausführung von Zahlungsvorgängen durch Lastschriften, Überweisungen nebst Daueraufträgen und Zahlungen mittels Zahlungskarten oder ähnlichen Instrumenten. Bei online geführten Konten kann der Zahlungsdienstnutzer ab 13.01.2018 nun auch einen Zahlungsauslösedienst oder einen Kontoinformationsdienst nutzen.

5 Die im Gesetz wiederkehrend verwendeten Begriffe »Zahlungsvorgang« und »Zahlungsauftrag« werden in § 675f Abs. 4 BGB legal definiert. »Zahlungsvorgang« beschreibt die Abwicklung einer Geldzahlung zwischen Zahler und Zahlungsempfänger, »Zahlungsauftrag« die Erteilung der auf die Abwicklung gerichteten Erklärungen des Zahlers an den Zahlungsdienstleister.

6 Praktische Bedeutung im Bereich der Schlichtung von Kundenbeschwerden haben vorrangig die etablierten Beschwerdestellen der einzelnen Banken- bzw. Sparkassenverbände. Für Streitigkeiten aus Zahlungsdiensteverträgen der §§ 675c bis 676c BGB wurde eine bei der Deutschen Bundesbank eingerichtete Schlichtungsstelle eingerichtet. Diese ist nur dann zuständig, wenn es für die Streitigkeiten keine vom Bundesamt für Justiz anerkannte Verbraucherschlichtungsstelle gibt, § 14

1 Richtlinie 2007/64/EG über Zahlungsdienste im Binnenmarkt v. 13.11.2007.

2 Gesetz zur Umsetzung der Verbraucherkreditrichtlinie, des zivilrechtlichen Teils der Zahlungsverkehrsrichtlinie sowie zur Neuordnung der Vorschriften über das Widerrufs- und Rückgaberecht v. 29.07.2009, BGBl. 2009 I S. 2355.

3 Einzelheiten dazu bei Rösler/Werner BKR 2009, 1.

4 Richtlinie 2015/2366 über Zahlungsdienste im Binnenmarkt v. 25.11.2015.

5 Gesetz zur Umsetzung der Zweiten Zahlungsdienstrichtlinie v. 17.07.2017, BGBl. 2017 I S. 2446.

Abs. 1 S.3 UKlaG. Da die Schlichtungsstellen der Banken- bzw. Sparkassenverbände vom Bundesamt anerkannt und auf der entsprechenden Liste gem. § 14 Abs.4 UKlaG aufgenommen sind, obliegt ihnen praktisch die Schlichtung von Streitfällen im Zahlungsverkehr.

B. Zulässige und unzulässige Entgelte für Zahlungsdienste

1. Gesetzliche und vertragliche Grundlagen

Die im Zusammenhang mit dem Zahlungsdienstevertrag anfallenden Kosten werden durch § 675f Abs. 5 BGB reguliert. Das für die Erbringung des Zahlungsdienstes als Hauptleistung zu erbringende Entgelt ist zu zahlen, § 675f Abs. 5 S. 1 BGB. Für die Erfüllung von Nebenpflichten kann kein Entgelt verlangt werden, außer es wurde gesetzlich zugelassen, § 675f Abs. 5 S. 2 BGB. Ist dies der Fall, muss es zudem zwischen den Vertragsparteien vereinbart worden sein. Als weitere Einschränkung hat der Gesetzgeber die Höhe des Entgelts beschränkt. Dieses muss angemessen und an den tatsächlichen Kosten des Zahlungsdienstleisters ausgerichtet sein, § 675f Abs. 5 S. 2 2. Halbsatz BGB. 7

Im Verhältnis Unternehmer – Verbraucher gilt daneben die ausdrückliche und über den Zahlungsverkehr hinausreichende, allgemeine Einschränkung des § 312a Abs. 3 S. 1 BGB für Verbraucherverträge. Eine Vereinbarung über eine Zahlung des Verbrauchers, die über die Hauptleistung hinausgeht, kann zwischen den Parteien nur ausdrücklich getroffen werden. 8

Geregelt werden die Zinsen, Entgelte und Aufwendungen im Verhältnis Kunde – Kreditinstitut durch die Allgemeinen Geschäftsbedingungen[6] und das Preisverzeichnis, das die Einzelforderungen konkretisiert.[7] Im Verhältnis zu Verbrauchern ist es nicht mehr möglich, Entgelte »freihändig« oder anhand bankinterner Preislisten[8] zu fordern, da eine ausdrückliche Vereinbarung zwingend ist. 9

2. Entgelt für die Hauptleistung

Der Preis für die Hauptleistung des Zahlungsdienstevertrags, z.B. für die Führung eines Zahlungskontos gem. § § 675f Abs. 2 S. 1 BGB ist der Höhe nach nicht reguliert, sondern unterliegt der freien Aushandlung und ist Sache des Marktes. Eine gerichtliche Preiskontrolle der vertraglichen Hauptleistung gibt es nicht.[9] Seine Grenze ist die der allgemeinen Sittenwidrigkeit, § 138 Abs. 2 BGB.[10] Da es bei den Kosten des Girokontos an einem praktikablen Vergleichsmaßstand der Marktüblichkeit fehlt, spielen rechtliche Diskussionen zur Höhe von Kontopreisen, anders als bei Darlehenszinsen, wo es marktübliche Vergleichsmaßstäbe mit den Bundesbankzinssätzen gibt, keine Rolle. 10

Allerdings wurden dem Preis der Hauptleistung dem Grunde nach Grenzen gesetzt. § 675h Abs. 3 BGB bestimmt, dass die regelmäßig erhobenen Entgelte bei der Kündigung eines Zahlungsdiensterahmenvertrags nur zeitanteilig berechnet werden dürfen. Im Voraus gezahlte Entgelte, die auf die Zeit nach Beendigung des Vertrags fallen, sind zeitanteilig zu erstatten.[11] Zudem darf für die Kündigung eines solchen Vertrags kein Entgelt verlangt werden, wie § 675f Abs. 4 BGB ab dem 13.01.2018 festschreibt. Solche Kündigungsentgelte waren zumindest in Deutschland auch bis dahin nicht gebräuchlich. 11

6 Z.B. Nr. 12 AGB-Banken v. Januar 2018 »Zinsen, Entgelte und Aufwendungen«.

7 Nr. 12 (1) AGB-Banken verweist auf den »Preisaushang – Regelsätze im standardisierten Privatkundengeschäft« und aus das »Preis- und Leistungsverzeichnis«.

8 Fall des BGH, Urt. v. 08.03.2005 – XI ZR 154/04: unzulässige Umgehung gem. § 306a BGB.

9 BGH, Urt. v. 12.09.2017 – XI ZR 590/15 m.w.N.

10 Zahrte, NJW 2018, 337.

11 Früher z.B. OLG Frankfurt am Main, Urt. v. 14.12.2000 – 1 U 108/99 zur Erstattungspflicht des nicht verbrauchten Kartenpreises bei vorzeitiger Beendigung des Kreditkartenvertrages.

3. Entgelte für Nebenpflichten

12 Bei den Entgelten für die Erfüllung von Nebenpflichten gilt ein sehr beschränkter, gesetzlicher Zulassungskatalog. Als Ausnahmevorschriften ist dieser Zulassungskatalog bei der Umsetzung eng auszulegen[12] und kann deshalb im Ausnahmefall keine umfassende Kostentragungslast begründen.[13] Die Regelungen sind in den §§ 675c ff. BGB verstreut.

13 § 675d Abs. 4 BGB lässt die Vereinbarung eines Entgelts für die Nebenleistung »Unterrichtung« bei Zahlungsdiensten zu. § 675d Abs. 1 BGB legt dem Zahlungsdienstleister umfangreiche Informationspflichten auf, die sich im Einzelnen aus dem EGBGB ergeben. Wurden diese erteilt, besteht keine Verpflichtung zur Wiederholung dieser Information. Wünscht der Kunde dies jedoch ganz oder in Teilen, kann der Zahlungsdienstleister ein Entgelt verlangen. Gleiches gilt, wenn auf Wunsch des Kunden Informationen erteilt werden, die über die gesetzlichen Informationspflichten hinausgehen oder in anderer Weise als vereinbart erteilt werden. Wünscht der Kunden z.B. bei einem Online-Konto die im elektronischen Rahmen erbrachten Informationen noch einmal in Papierform, kann dafür ein Entgelt verlangt werden. Gleiches gilt z.B., wenn bereits zur Verfügung gestellte Kontoauszüge auf Wunsch des Kunden noch einmal ausgefertigt werden.

14 § 675o Abs. 1 S. 4 BGB sieht die Möglichkeit vor, für die berechtigte Ablehnung eines Zahlungsauftrags ein Entgelt zu verlangen.[14] Bei Ablehnung muss der Zahlungsdienstleister den Kunden unverzüglich unterrichten. Dieser Fall betrifft klassisch die Unterrichtung über die Nichtausführung einer Lastschrift mangels Deckung. Der BGH hatte früher in diesem Zusammenhang ein Entgelt in jedweder Gestaltungsform abgelehnt, weil die vor Nichtausführung vom Institut durchgeführte Prüfung, ob eine weitere Belastung des Kontos durch das Kreditinstitut akzeptiert wird, im eigenen Sicherheitsinteresse erfolgt und damit keine Leistung für die Kunden darstellt.[15] Diese Rechtsprechung hat sich durch die gesetzliche Regelung erledigt.

15 § 675p Abs. 4 S. 3 BGB schafft die Möglichkeit, im Zusammenhang mit der Bearbeitung des Rückrufs einer Überweisung ein Entgelt zu vereinbaren. Dies betrifft zunächst nur den Ausnahmefall des noch möglichen, weil vereinbarten Widerrufs.

16 § 675y Abs. 5 S. 5 BGB betrifft den praxisrelevanteren Fall entgeltpflichtige Nebenleistungen bei vom Kunden zu vertretenden Fehlüberweisungen. Wurde die Überweisung mit einer vom Zahlungsdienstnutzer angegebenen, falschen IBAN (Kundenkennung) ausgeführt, haftet der Kunde für den Fehler. Er kann jedoch vom Zahlungsdienstleiter verlangen, dass das diesem mögliche unternommen wird, den Betrag vom falschen Empfänger zurückzuholen. In jedem Fall muss das Kreditinstitut alle ihm möglichen Informationen herausgeben, die dem Kunden die Rückforderung ermöglichen. Diese im Interesse des Kunden erfolgende Tätigkeit kann mit einem Entgelt belegt werden.

17 Da mit IBAN und BIC die Fehlerhäufigkeit im Überweisungsverkehr steigen kann, stellt sich die Frage, ob die Bank für alle Reklamationen, Nachfragen und Nachforschungen nach dem Verbleib eines überwiesenen Betrages ein gesondertes Entgelt vom Zahler verlangen kann, wie es ein Institut undifferenziert in einem vom OLG Frankfurt entschiedenen Fall in sein Preisverzeichnis eingestellt hatte. Das OLG Frankfurt[16] entschied am 17.04.2013, dass es sich dabei um eine unzulässige Preisnebenabrede handelt. Ausgehend vom Leitbild des § 675f Abs. 5 Satz 2 BGB, wonach Instituten kein Entgelt für die Erfüllung von Nebenpflichten zusteht, soweit dies nicht zugelassen ist, ist die Klausel einer Bank zu undifferenziert, die für jede – also auch berechtigte – Reklamation ein Entgelt

12 BGH, Urt. v. 28.05.2008 – VIII ZR 126/07; Urt. v. 12.09.2017 – XI ZR 590/15.
13 BGH, Urt. v. 12.09.2017 – XI ZR 590/15.
14 Bestätigt durch BGH, Urt. v. 22.05.2012 – XI ZR 290/11.
15 BGH, Urt. v. 21.10.1997 – XI ZR 5/97; Urt. v. 21.10.1997 – XI ZR 296/96; Urt. v. 13.02.2001 – XI ZR 197/00 (Entgelt für Benachrichtigung); Urt. v. 08.03.2005 – XI ZR 154/04 (Schadensersatz unzulässig, da keine Pflicht zur Kontodeckung).
16 OLG Frankfurt am Main, WM 2013, 1351.

vorsieht. Denn ist die Überweisung nicht erfolgt oder wurde diese fehlerhaft ausgeführt, muss die Bank den Zahlungsbetrag unverzüglich erstatten, § 675y Abs. 1 BGB. Die darauf gerichtete Kundenreklamation darf deshalb nichts kosten.

Ab dem 13.01.2018 ist gem. § 675l Abs. 1 S. 3 BGB auch ein Entgelt für die Ersatzbeschaffung einer abhanden gekommenen Zahlungskarte möglich. Dabei ist es egal, aus welchem Grund, vertretbar oder unvertretbar, der Kunden die Zahlungskarte verloren hat oder warum diese beschädigt wurde. Das verschuldensunabhängige Entgelt für den Ersatz eines verlorengegangenen, gestohlenen, missbräuchlich verwendeten oder sonst nicht autorisierten Zahlungsinstruments darf ausdrücklich nur die unmittelbar mit dem Ersatz verbundenen Kosten abdecken. Hinfällig ist damit das bis zur Neuregelung bestehende Entgeltverbot des BGH.[17] Dieser hatte entsprechende Kosten untersagt, weil er, gestützt auf § 675k Abs. 2 S. 5 BGB, eine kostenfreie Nebenpflicht zur Aushändigung einer neuen Zahlungskarte nach Verlust angenommen hat. 18

Nicht im Recht der Zahlungsdienste, sondern in § 270a BGB, findet sich das Verbot an die Adresse des Zahlungsempfängers, im Valutaverhältnis zu Lasten des Zahlers ein Zahlungsmittelentgelt zu verlangen (»Surcharge«-Verbot). Es gilt für alle Schuldverhältnisse. Wirksam wird es vor allem bei Internetkäufen, die mittels SEPA-Lastschrift und SEPA-Überweisung sowie dem Einsatz von Zahlungskarten bezahlt werden. Der Händler darf den Kunden nicht für den Einsatz eines bestimmten Bezahlverfahrens mit Zusatzentgelten bestrafen. Er soll jedoch Anreize durch Vergünstigungen setzen können.[18] Dies ist kaum haltbar, denn die Begünstigung drückt als Kehrseite für die nicht begünstigten Zahlungsverfahren aus, dass in diese Zusatzentgelte eingestellt sind und der Kunde faktisch bestraft wird, wenn er nicht das begünstigte Bezahlverfahren wählt. Dies dürfte gegen das Umgehungsverbot verstoßen, §306a BGB.

4. Abgrenzung von Hauptleistung und Nebenpflicht

Die Unterscheidung des Gesetzgebers zwischen der grundsätzlich entgeltpflichtigen Hauptleistung und der nur bei gesetzlicher Zulassung entgeltpflichtigen Nebenleistung (Erfüllung einer Nebenpflicht) führt zur Aktualität der vom BGH im Verlaufe vieler Jahre entwickelten Abgrenzungskriterien zwischen Haupt- und Nebenleistungen auch im Zahlungsverkehr. 19

Deutlich wird dies am Beispiel der Bareinzahlungen und –abhebungen auf bzw. vom Girokonto. Der BGH hat es als kostenfreie Nebenpflicht aus dem Verwahrverhältnis angesehen, dem Kunden den ungehinderten Zugang zu seinem Konto zu ermöglichen.[19] Das Kreditinstitut handle dabei in Erfüllung einer gesetzlichen Pflicht aus dem Girokonto. Bei einem Kontomodell, bei dem der Kontopreis sich anhand eines verursachergemäßen Buchungspostenmodells berechnet, mithin also auch die eigentlich kostenfreien Abhebungen in Form eines Buchungspostenpreises mit Kosten belegt werden, hat der BGH fünf Freiposten verlangt, mit denen des durchschnittliche Maß an Bareinzahlungen und –abhebungen kostenfrei abgedeckt werden soll.[20] 20

Die Bareinzahlungen und –abhebungen sind nunmehr Zahlungsdienste i.S.v. § 675f Abs. 4 BGB, § 1 Abs. 1 Nr. 1 und 2 ZAG. Der Kunde müsste dafür ein Entgelt entrichten, soweit es sich nicht um eine Nebenleistung handelt. Bei der Abgrenzung sind die Kriterien des BGH nach wie vor tragfähig. Da es sich bei diesem Zahlungsdienst um eine Nebenleistung handelt, darf diese mangels gesetzlicher Zulassung nicht unterschiedslos mit einem Buchungsposten-Kontomodell bepreist werden. Soweit das Kreditinstitut ein Buchungspostenmodell einsetzt, müssen nach wie vor Freiposten gewährt werden.[21] 21

---

17 BGH, Urt. v. 20.10.2015 – XI ZR 166/14.

18 *Zahrte*, NJW 2018, 337.

19 BGH, Urt. v. 30.11.1993 – XI ZR 80/93.

20 BGH, Urt. v. 07.05.1996 – XI ZR 217/95.

21 Anders *Kropf/Habl*, BKR 2013, 103 unter Hinweis auf LG Bamberg, WM 2012, 2285 (bestätigt durch OLG Bamberg, Urt. v. 17.04.2013 – 3 U 229/12). Der BGH ist in der Revision dem OLG Bamberg aus

22 Um festzustellen, ob eine entgeltpflichtige Hauptleistung vorliegt, stellt der BGH zunächst darauf ab, ob die Leistung im Eigeninteresse des Kreditinstituts bzw. in Erfüllung eigener Verpflichtungen erbracht wird.[22] Im Eigeninteresse erfolgen Tätigkeiten, mit denen das Kreditinstitut z.B. einen eigenen Schaden vermeiden will und in diesem Zusammengang beispielsweise die SCHUFA kontaktiert oder eine Bonitätsprüfung vornimmt. Bei einer Lastschrift, die ein bereits überzogenes Zahlungskonto weiter ins Minus bringt, muss der Zahlungsdienstleister entscheiden, ob er die weitere Überziehung zulässt oder – weil das gesteigerte Risiko des Ausfalls der Kontoüberziehung entsteht – lieber aus seinem Sicherheitsbedürfnis heraus die »Notbremse« zieht und die Lastschrift nicht einlöst. Fließen diese Überlegungen in die Höhe der grundsätzlich gem. § 675o Abs. 1 S. 4 BGB möglichen Kosten für die Nebenleistung ein, stellt sich die weitere Frage, ob sich das Entgelt noch an den tatsächlichen Kosten orientiert, § 675f Abs. 5 S. 2, 2. Halbsatz BGB oder ob in die Entgelthöhe sachfremde, weil nach der Diktion des BGH im eigenen Sicherheitsinteresse entstandene Kosten einfließen.[23]

23 Unzulässig, weil keine Hauptleistung, sind Kosten im Zusammenhang mit der Erfüllung gesetzlicher Pflichten.[24] Wird das Zahlungskonto gepfändet, darf der Zahlungsdienstleister deshalb für die Bearbeitung der Pfändung von Kunden kein Entgelt verlangen, da er nur ihm vom Gesetzgeber auferlegte Pflichten erfüllt. Er kann diesen Aufwand auch nicht in die Hauptleistung des Preises für das Zahlungskonto in der Weise einstellen, dass er für ein Pfändungsschutzkonto einen höheren Preis als für normale Zahlungskonten verlangt. Ein Sonderpreis für dieses Konto ist unzulässig.[25]

24 Ebenfalls unzulässig sind Entgelte, die unabhängig vom Verschulden des Zahlungsdienstnutzers verlangt werden,[26] außer sie sind ausdrücklich in dieser Form gesetzlich zulässig, z.B. Kosten der Ersatzkarte ab 13.01.2018 in § 675l Abs. 1 S. 3 BGB. So hat der BGH eine Klausel verworfen, die ohne Einschränkung einen Preis pro Buchungsposten verlangt hat.[27] Bei der kundenfeindlichsten Auslegung, mit der Entgeltklauseln im Rahmen einer Zulässigkeitsprüfung betrachtet werden,[28] beinhaltet die Klausel, dass der Zahlungsdienstleister auch bei einer fehlerhaften Buchung oder einer Berichtigungsbuchung, die beide nicht vom Kunden zu vertreten sind, ein Entgelt berechnen kann. Dies verstößt gegen § 675y Abs. 1 S. 2, Abs. 2 S. 2, Abs. 4 BGB, wonach bei einem fehlerhaft ausgeführten Zahlungsauftrag ein Berichtigungsanspruch des Kunden und damit kein Entgeltanspruch zu seinen Lasten entsteht. Ähnlich argumentiert der BGH zur Unzulässigkeit einer Klausel, wonach jede SMS-TAN 0.10 Euro kosten sollte.[29] Die Kosten würden nach Auslegung des BGH auch dann entstehen, wenn der Kunde keine SMS-TAN veranlasst hat, weil diese z.B. im Rahmen eines Phishing-Angriffs auf sein Konto angefallen ist. Oder auch, wenn eine Fehlfunktion des Systems vorliegt. Zwar wären Kosten für einen SMS-TAN grundsätzlich zulässig, weil diese der Hauptleistung Zahlungsauftrag gem. § 675f Abs. 5 S. 1 BGB dient. Sie weicht jedoch zum Nachteil des Kunden unzulässig von dieser Vorschrift ab, vgl. § 675e Abs. 1 BGB, da keine Hauptleistung des Kunden vorliegt.

---

anderen Gründen nicht gefolgt und hat sich zu der Frage der Entgeltpflicht von Bareinzahlungen nicht geäußert, BGH, Urt. v. 27.01.2015 – XI ZR 174/13.

22 So bereits BGH, Urt. v. 21.10.1997 – XI ZR 5/97; Urt. v. 18.05.1999 – XI ZR 219/98. Ständige Rechtsprechung BGH, Urt. v. 21.04.2009 – XI ZR 78/08; Urt. v. 07.12.2010 – XI ZR 3/10; Urt. v. 13.11.2012 – XI ZR 500/11; Urt. v. 13.05.2014 – XI ZR 405/12; Urt. v. 20.10.2015 – XI ZR 166/14; Urt. v. 25.10.2016 – XI ZR 9/15.

23 Nach BGH, Urt. v. 12.09.2017 – XI ZR 590/15 waren aus diesem Grund 5,00 Euro für die Rücklastschrift unzulässig.

24 BGH, Urt. v. 15.07.1997 – XI ZR 269/96 (bestätigt durch BVerfG, Beschl. V. 28.08.2000 – 1 BvR 1821/97); BGH, Urt. v. 19.10.1999 – XI ZR 8/99.

25 BGH, Urt. v. 13.11.2012 – XI ZR 500/11 und XI ZR 145/12; Urt. v. 16.07.2013 – XI ZR 260/12; Urt. v. 12.09.2017 – XI ZR 590/15.

26 BGH, Urt. v. 09.04.2002 – XI ZR 245/01 zur Rücklastschrift.

27 BGH, Urt. v. 27.01.2015 – XI ZR 174/13.

28 BGH, Urt. v. 07.12.2010 – XI ZR 3/10; Urt. v. 20.10.2015 – XI ZR 166/14.

29 BGH, Urt. v. 25.07.2017 – XI ZR 260/15.

5. angemessene Entgelthöhe bei Nebenpflichten

Da die entgeltpflichtigen Nebenleistungen gesetzlich begrenzt sind, verlagert sich dazu die Auseinandersetzung auf die Frage, ob die vereinbarten Kosten angemessen und an den tatsächlichen Kosten orientiert sind, wie es § 675f Abs. 5 Abs. 2 2. Halbsatz BGB fordert. Bei der Kalkulation des Entgelts dürfen nur die tatsächlichen Kosten für die konkrete Nebenpflicht als solche berücksichtigt werden.[30] Dies schließt die Einpreisung einer Gewinnmarge aus, wie sich nicht zuletzt aus der Kostenaufschlüsselung im Tatbestand der Entscheidung BGH XI ZR 590/15 v. 12.09.2017 ergibt.[31] Aus der inhaltliche unterschiedlichen Formulierung des § 675f Abs. 5 BGB, wonach das Entgelt an den tatsächlichen Kosten »ausgerichtet« sein muss und der vermeintlich engeren Formulierung des § 675l Abs. 1 S. 3 BGB, wonach bei der Ersatzkarte nur der Betrag gefordert werden darf, der »ausschließlich und unmittelbar mit dem Ersatz« verbunden ist, lässt sich keine unterschiedliche, gesetzliche Zielrichtung ableiten. 25

Der BGH hat als unangemessen hoch eine grundsätzlich zulässige Entgeltklausel verworfen, die für die Nacherstellung von Kontoauszügen 15,00 Euro verlangte.[32] Auch den Preis von 5,00 Euro im Zusammenhang mit der Unterrichtung über die berechtigte Ablehnung einer SEPA-Basislastschrift, einer berechtigten Ablehnung einer Einzugsermächtigung bzw. Abbuchungslastschrift mangels Deckung und der berechtigten Ablehnung eines Überweisungsauftrags hat der BGH wegen der Höhe beanstandet.[33] Der BGH reklamierte eine Abweichung von § 675f Abs. 5 S. 2 BGB, § 675o Abs. 1 S. 4 BGB, weil das an sich zulässige Entgelt kostenmäßig nicht angemessen und an den tatsächlichen Kosten orientiert war. In dem Betrag waren nach Feststellungen des BGH in erheblichem Maße Kostenpositionen berücksichtigt, die nach dem Vortrag des Kreditinstituts lediglich im Zusammenhang mit der Entscheidung über die Nichtausführung anfallen. Diese interne Vorprüfung erfolge im Sicherungsinteresse der Bank und müsse für den Kunden deshalb kostenneutral sein. 26

Vom BGH ebenfalls beanstandet wurde eine Klausel, die beim Dauerauftrag unterschiedslos für die »Einrichtung/Änderung/Aussetzung/Löschung« ein Entgelt von 2,00 Euro vorsah.[34] Unwirksam ist der Klauselbestandteil »Aussetzung« und »Löschung«. Die Unwirksamkeit einzelner Teile der Klausel führt bei kundenfeindlichster Auslegung, § 305c BGB, zu deren Gesamtunwirksamkeit. Dabei kann der Dauerauftrag als Zahlungsdienst i.S.v. § 1 Abs. 1 Nr. 3. c) ZAG i.V.m. § 675c Abs. 3 BGB hinsichtlich der Ausführung als vertragliche Hauptleistung mit einem Entgelt belegt werden. Die »Aussetzung« und »Löschung« zielen jedoch auf das genaue Gegenteil, die Nichtausführung. Der Dauerauftrag ist gem. § 675p BGB widerruflich. Der BGH bewertet den Wunsch auf »Aussetzung« und »Löschung« als Widerruf des auf Ausführung gerichteten Zahlungsauftrags und nicht als Widerruf der Autorisierung gem. § 675j Abs. 1 S. 1 BGB. Der Zahlungsdienstleister muss den Widerruf als Nebenpflicht berücksichtigen. Eine Entgeltpflicht dafür sieht das Gesetz nicht vor. 27

C. Überweisungsgeschäft

I. Wirtschaftliche Bedeutung

Die Überweisungen gehören zu den Kerngeschäften des bargeldlosen Zahlungsverkehrs und werden über Transaktionsbanken[35] weitgehend automatisiert abgewickelt. Im Jahr 2017 machten die Überweisungen 29,6 % der Transaktionen im bargeldlosen Verkehr und 91,6 % des bargeldlosen Umsatzes aus.[36] Die Kreditwirtschaft belastet in der Regel papiergebundene Überweisungen mit 28

30 BGH, Urt. v. 12.09.2017 – XI ZR 590/15 m.z.N.

31 Anders *Zahrte*, NJW 2018, 337, 339.

32 BGH, Urt. v. 17.12.2013 – XI ZR 66/13.

33 BGH, Urt. v. 12.09.2017 – XI ZR 590/15.

34 BGH, Urt. v. 12.09.2017 – XI ZR 590/15.

35 Vgl. dazu schon *Sokolovsky/Löschenkohl*, Handbuch Industrialisierung der Finanzwirtschaft, 2005; *Riese*,. Industrialisierung von Banken, 2006.

36 BdB, »Zahlen, Daten, Fakten der Kreditwirtschaft«, November 2017«.

höheren Entgelten als Online-Überweisungen. Sie werden zugunsten der rationeller und kostengünstiger abzuwickelnden Online-Überweisungen immer mehr zurückgedrängt.[37]

II. Praktische Abwicklung

29 Bei der Überweisung beauftragt der Schuldner sein kontoführendes Institut, einen von ihm festgelegten Geldbetrag dem Gläubiger zukommen zu lassen. Dazu transferiert die Überweisungsbank diesen Betrag auf das Konto des Gläubigers bei der Empfängerbank. Das Rechtsverhältnis zwischen dem Schuldner und seiner Bank sowie dem Empfänger und dessen Bank beruht auf dem zwischen diesen Beteiligten bestehenden Zahlungsdienstevertrag.

30 Die Überweisungsbank und die Empfängerbank werden im Interbankenverhältnis auf der Grundlage des »Abkommen über die SEPA-Inlandsüberweisung« der Spitzenverbände der Deutschen Kreditwirtschaft tätig, welches gewährleistet, dass das Geld – soweit notwendig mehrgliedrig über eine Kette von Instituten, zu denen der Überweisende keine Rechtsbeziehung unterhält – zur Empfängerbank gelangt. Der Anspruch auf Gutschrift folgt für den Gläubiger aus dessen Zahlungsdienstevertrag mit der Empfängerbank.

31 Grundlage der Überweisung ist eine ausdrückliche oder schlüssige (z.B. durch Angabe des Kontos auf der Rechnung) Zahlungsabrede im schuldrechtlichen Valutaverhältnis. Der Schuldner erbringt seine Leistung kraft besonderer Vereinbarung statt bar zur Erfüllung einer Verbindlichkeit, § 362 Abs. 1 BGB. Da kein unmittelbarer Leistungsaustausch stattfindet, bringt der Schuldner gem. § 270 Abs. 1 BGB das Geld auf seine Gefahr und Kosten hin zum Gläubiger. Er trägt ggü. dem Gläubiger das Risiko der Übermittlung (Transportrisiko). Überweist der Schuldner auf ein anderes, ihm aus anderem Zusammenhang bekanntes Konto des Gläubigers, tritt keine Erfüllungswirkung ein.[38] Gem. § 269 BGB ist Erfüllungsort der Wohnort des Schuldners.

32 Der Schuldner erfüllt seine Verpflichtung nur bei Überweisung auf das vom Gläubiger angegebene Konto.[39] Eine fehlgeleitete Überweisung hat diese Erfüllungswirkung nicht.[40] Auch die Überweisung auf ein anderes als das vereinbarte Konto hat keine Tilgungswirkung.[41] Gegen den Anspruch des Gläubigers auf erneute Zahlung kann der Schuldner, dessen abredewidrige Überweisung auf ein nicht vereinbartes Konto nicht zur Erfüllung des Zahlungsanspruchs des Gläubigers geführt hat, grds. jedoch mit einem Bereicherungsanspruch aufrechnen, ohne dass dem ein Aufrechnungsverbot entgegenstünde.[42] Zahlungen des Drittschuldners auf ein nach Verfahrensaufhebung fortbestehendes Anderkonto des vormaligen Insolvenzverwalters haben keine Schuld befreiende Wirkung, wenn der Schuldner dem Insolvenzverwalter keine Einziehungsermächtigung erteilt hat.[43]

33 Der Europäische Gerichtshof hat durch Entscheidung vom 03.04.2008 – C-306/06[44] zu Art. 3 Abs. 1 Buchst. b) Ziff. i) Richtlinie 2000/35/EG den Beginn des Zahlungsverzugs bei Überweisungen geklärt. Maßgeblich dafür ist allein der Zeitpunkt des Geldeingangs auf dem Konto des Gläubigers.

---

37 2016: 90 % der Überweisungen sind beleglos; Einzeldaten in der Zahlungsverkehrsstatistik der Deutschen. Bundesbank, Stand September 2017.

38 BGH, NJW 1997, 2322; der Gläubiger kann den anderweitigen Zahlungseingang zur Erfüllung genehmigen.

39 BGH, WM 2004, 1219.

40 OLG Frankfurt am Main, NJW 1998, 387.

41 BGH, WM 1986, 875; WM 1995, 149.

42 OLG Hamburg, Urt. v. 30.03.2011 – 4 U 208/08.

43 BGH, Urt. v. 12.05.2011 – IX ZR 133/10.

44 EuGH, WM 2008, 678; ZIP 2008, 732.

III. Gesetzliche Grundlagen und Kosten

1. Ausführung der Überweisung

Die Ausführung einer Überweisung einschließlich des Dauerauftrags ist ein Zahlungsdienst i.S.v. § 1 ZAG (Überweisungsgeschäft). Die Zahlungsdienste werden im Rahmen eines Geschäftsbesorgungsvertrages erbracht, § 675c Abs. 1 BGB. Er beruht auf einem Zahlungsauftrag des Kunden, § 675f Abs. 4 S. 2 BGB in Form einer Weisung an den Zahlungsdienstleister. Unterschieden wird zwischen dem Einzelzahlungsvertrag und dem Rahmenvertrag. Die Regel ist ein Rahmenvertrag für mehrere Vorgänge (§§ 675f Abs. 2, 675g BGB). In ihm verpflichtet sich der Zahlungsdienstleister, für den Zahlungsdienstnutzer mehrere aufeinander folgende Zahlungsvorgänge auszuführen. Die Überweisung wird im Rahmen des Zahlungsdienstevertrags, § 675f Abs. 2 BGB, als Zahlungsvorgang im Auftrag des Zahlungsdienstnutzes vom Zahlungsdienstleister ausgeführt, § 675f Abs. 4 BGB. 34

Für einen wirksamen Zahlungsauftrag ist die Autorisierung (Zustimmung) seitens des Zahlers gem. § 675j BGB notwendig. Bei einer papiergebundenen Überweisung wird die Einwilligung des Zahlers durch seien Unterschrift verkörpert. Bei der Online-Überweisung durch Eingabe der richtigen, für die Freigabe der Überweisung überlassenen, übermittelten oder hergestellten TAN. 35

2. Kosten der Überweisung

Die Überweisung ist als Hauptleistung des Überweisungsgeschäfts grundsätzlich entgeltpflichtig, § 675f Abs. 5 S. 1 BGB. Die Entgeltpflicht des Zahlungsdienstnutzers aus § 675f Abs. 4 Satz 1 BGB begründet nicht die Berechtigung des Zahlungsdienstleisters, Entgelte vom Zahlungsbetrag in Abzug zu bringen. Gem. § 675q Abs. 1 BGB sind der Zahlungsdienstleister des Zahlers sowie sämtliche an dem Zahlungsvorgang beteiligten, zwischengeschalteten Stellen verpflichtet, den Zahlungsbetrag ungekürzt an den Zahlungsdienstleister des Zahlungsempfängers zu übermitteln. Nur der Zahlungsdienstleister des Zahlungsempfängers darf ein Entgelt abziehen, wenn dies mit dem Empfänger vereinbart wurde, § 675q Abs. 2 Satz 1 BGB. Dies ist keine Ermächtigungsnorm zur Entgelterhebung, sondern eine bloße Verrechnungsnorm. Ob die anderweitig vereinbarte Entgeltregelung zulässig ist, wäre gesondert zu prüfen. Besteht eine Entgeltvereinbarung, sind der vollständige Betrag des Zahlungsvorgangs und die Entgelte in den vorvertraglichen Informationen für den Zahlungsempfänger getrennt auszuweisen, § 675q Abs. 2 Satz 2 BGB. Der Zahlungsempfänger darf von seinen Kunden kein Zahlungsentgelt verlangen, § 270a BGB.[45] 36

Die Höhe der Kosten der SEPA-Auslandsüberweisung innerhalb der EU und des Europäischen Wirtschaftsraums sind bereits seit der EU-Verordnung Nr. 924/2009 reguliert. Das überweisende Institut darf danach ein Entgelt fordern, das bei einer grenzüberschreitenden Überweisung nicht höher sein darf als bei einer Inlandsüberweisung. Die Verordnung gilt ab 01.11.2009 für sämtliche Auslandsüberweisungen bis zu einem Betrag von 50.000 €. Entgegenstehende Vereinbarungen sind gem. § 134 BGB nichtig. Denn die Verordnung hat im Inland den Rang einer unmittelbar wirkenden, gesetzlichen Regelung, die keiner weiteren Ausführungsbestimmungen bedarf. Überweisungen an ein Konto außerhalb der EU können mir zum Teil hohen Entgelten belastet werden. Wer diese trägt, ist Vereinbarungssache. Bei der Option »OUR« trägt der Zahler die Kosten für die Überweisung selbst. Bei der Option »SHARE« werden die Entgelte zwischen Zahler und Zahlungsempfänger geteilt. Sie ist die gebräuchlichste Kostenvariante. Bei der Option »BEN« bezahlt der Zahlungsempfänger alle anfallenden Entgelte. 37

45 Begr. RegE, BT-Drs. 18/11495, 83; *Buchmüller/Burke*, MMR 2017, 728; *Werner*, ZBB 2017, 345 (352); Das Surcharge-Verbot greift bei SEPA-Zahlungen per Lastschrift und Überweisung ebenso wie bei Kartenzahlungen, die Gegenstand der MIF-VO sind.

3. Zugang der Überweisung

38 § 675n Abs. 1 BGB bestimmt, dass ein Zahlungsauftrag wirksam wird, wenn er dem Zahlungsdienstleister des Zahlers zugeht. Der Zahlungsdienstevertrag verpflichtet zur Ausführung des Zahlungsvorgangs. Dies umfasst nicht nur die bloße Weiterleitung, sondern auch den Erfolg der Zahlung.[46] Dies lässt sich insb. aus § 675y Abs. 1 Satz 1 BGB ableiten. Eine allgemeine Beratungspflicht löst der Überweisungsauftrag nicht aus.[47] Hilft die Bank dem Kunden beim Ausfüllen eines papiergebundenen Überweisungsformulars und unterläuft ihr dabei ein Fehler, haftet sie unter Berücksichtigung eines etwaigen Mitverschuldens des Kunden für eintretende Schäden.[48]

39 Die EU legt Wert auf eine schnelle Auftragsdurchführung. § 675s BGB ordnet an, dass der Zahlungsbetrag spätestens am Ende des auf den Zugangszeitpunkt des Zahlungsauftrags folgenden Geschäftstags beim Zahlungsdienstleister des Empfängers eingeht. Wird eine papiergebundene Überweisung eingereicht, kann die Frist um einen weiteren Tag verlängert werden, § 675s Abs. 1 Satz 3 BGB.

40 Die Ausführungsfrist des § 675s BGB beginnt zu laufen, sobald ein Zahlungsauftrag dem Zahlungsdienstleister des Zahlers wirksam zugegangen ist; soweit der Zugang nach dem hierfür definierten »Cut-off«- Zeitpunkt erfolgt (Zeitpunkt vor Ende des Geschäftstages), beginnt der Fristlauf erst am nächsten Geschäftstag. § 675n Abs. 1 Satz 2 BGB enthält eine aus Sicht des EU-Richtliniengebers erforderliche Klarstellung für eine europaweit einheitliche Handhabung des Zugangs des Zahlungsauftrags, die der bisherigen Rechtslage in Deutschland entspricht.[49] Es ergibt sich bei sämtlichen Überweisungen somit eine faktische Verlängerung der Ausführungsfrist um jeweils einen weiteren Tag.

41 Als Reaktion auf Zahlungssysteme wie PayPal führt die Kreditwirtschaft ab 2018 im Massen-Überweisungsverkehr das – für Institute nicht verpflichtende – »Instant Payment« – System ein. Seit November 2017 gibt es dafür einen europaweit einheitlichen Rechtsrahmen.[50] Der Überweisungsbetrag von maximal 15.000,00 Euro soll dem Konto des Empfängers im SEPA-Bereich innerhalb von zehn Sekunden gutgeschrieben werden, auch an den Wochenenden.

IV. Störungen bei der Überweisung

1. Störung bei der Ausführung

42 § 675y BGB regelt im Fall von Leistungsstörungen bei der Ausführung von Zahlungsvorgängen die verschuldensunabhängigen Ansprüche des Nutzers gegen seinen Zahlungsdienstleister. Mögliche Leistungsstörungen sind dabei die fehlerhafte Ausführung (gekürzte Weiterleitung des Zahlungsbetrages, die verspätete oder fehlgeleitete Ausführung), die nicht erfolgte oder die gescheiterte Ausführung (kein Versuch einer Ausführung oder der gänzliche Verlust des Zahlungsbetrags bei Ausführung). § 675y BGB statuiert eigenständige Anspruchsgrundlagen des Zahlungsdienstnutzers ggü. seinem Zahlungsdienstleister.

43 Gem. § 675y Abs. 1 S. 1 BGB haftet der Zahlungsdienstleister dem Zahler bei nicht erfolgter oder fehlerhafter Ausführung betragsmäßig ungekürzt. Der Zahler kann unverzügliche Erstattung verlangen. Diese kann Entgelte und etwaige Überziehungszinsen umfassen. Denn das Konto ist auf den Stand ohne den Zahlungsauftrag zu bringen, § 675y Abs. 1 S. 2 BGB. Für Folgeschäden kann gem. § 675z BGB eine Haftungsbegrenzung auf 12.500 € vereinbart werden. Ist die ordnungsgemäße Ausführung des Auftrags streitig, hat der Zahlungsdienstleister gem. § 676 BGB die

46 *Rösler/Werner* BKR 2009, 1 (7).
47 OLG Nürnberg, NJW-RR 1997, 1524.
48 OLG Celle, MDR 1999, 107.
49 BT-Drucks. 16/11643, S. 107.
50 Hinweise auf www.bundesbank.de unter »Target Instant Payment Settlement (TIPS)«.

Beweislast für die ordnungsgemäße Ausführung des Zahlungsvorgangs, während den Nutzer die unverzügliche Anzeigepflicht des § 676b BGB für eine nicht autorisierte oder fehlerhafte Überweisung trifft. Einen zeitlichen Haftungsausschluss gibt es zu Lasten des Zahlers spätestens 13 Monate nach dem Tag der Belastung, § 676b Abs. 2 S. 1 BGB. Einen gesetzlichen Haftungsausschluss für höhere Gewalt und bei Erfüllung gesetzlicher Verpflichtungen sieht § 676c BGB vor.

Im Fall eines fehlerhaft ausgeführten Zahlungsauftrags, bei dem der Zahlungsbetrag beim Zahlungsdienstleister des Zahlungsempfängers verspätet eingegangen ist und demzufolge dem Zahlungsempfänger auch erst verspätet verfügbar gemacht werden konnte, ist der Übermittlungserfolg – wenn auch verspätet – eingetreten. Eine Erstattung des Zahlungsbetrages durch den Zahlungsdienstleister des Zahlers ist nicht gerechtfertigt, da der Zahlungsempfänger den Betrag erhalten hat und der Zahlungsvorgang durch die beteiligten Zahlungsdienstleister daher nicht mehr rückgängig gemacht werden kann. Die Zahlungsdiensterichtlinie I sieht für diesen Fall keine Sanktion vor. Im Fall verspäteter Zahlungsvorgänge ist daher nur noch ein (verschuldensabhängiger) Schadensersatzanspruch nach § 280 Abs. 1 i.V.m. § 675z BGB möglich. 44

2. Nichtdurchführung mangels Kontodeckung

Lehnt der Zahlungsdienstleister die Ausführung eines Zahlungsauftrags ab, weil das Konto des Schuldners nicht gedeckt ist und er keine weitere Überziehung mehr zulassen will, ist er verpflichtet, den Zahlungsdienstnutzer hierüber unverzüglich, auf jeden Fall aber innerhalb der Fristen gem. § 675s Abs. 1 BGB zu unterrichten, § 675o Abs. 1 BGB. Wird der Überweisungsauftrag aus berechtigten Gründen abgelehnt, kann bei entsprechender Vereinbarung der Zahlungsdienstleister vom Kunden ein Entgelt verlangen, § 675o Abs. 1 S. 4 BGB. 45

»Unterrichten« bedeutet, dass der Zahlungsdienstleister dem Zahlungsdienstnutzer die Ablehnung grds. in der vertraglich vorgesehenen Weise[51], hilfsweise auf jedem verfügbaren Weg,[52] mitzuteilen hat. Die Gründe für die Ablehnung und die Möglichkeiten der Fehlerberichtigung sind nach Möglichkeit mitzuteilen. Nur wenn die Parteien anderes vereinbart haben, kann es ausreichen, dass der Zahlungsdienstleister die Ablehnungsunterrichtung zur Verfügung stellt, bspw. über den Kontoauszugsdrucker oder das i.R.d. Online-Banking bereitgestellte Postfach. 46

Für die Einhaltung der Frist reicht es aus, wenn der Zahlungsdienstleister innerhalb der Frist alles in seiner Macht stehende unternommen hat, damit der Zahlungsdienstnutzer schnellstmöglich unterrichtet wird. Haben die Parteien keine anderweitigen Abreden über die gegenseitigen Kommunikationsmittel getroffen, bleibt dem Zahlungsdienstleister nur die Zusendung der Information auf dem Postweg, mit der Folge, dass der Zahlungsdienstnutzer aufgrund der Postlaufzeiten womöglich erst nach Ablauf der Frist des § 675s Abs. 1 BGB unterrichtet wird.[53] Etwas anders kann sich nur ergeben, wenn der Kunde den Überweisungsauftrag persönlich am Schalter abgibt. Dann muss das Institut »face to face« entscheiden, ob es ihn annimmt. Die Möglichkeiten, die Frage der Kontodeckung zu klären, sind EDV-technisch durchweg in Echtzeit gegeben. Ansonsten gilt das Angebot bei nicht gegenteiliger Nachricht als stillschweigend angenommen, § 362 Abs. 1 HGB.[54] 47

---

51 »Unterrichten« ist der Oberbegriff für zwei verschiedene Verfahren zur Infovermittlung, Art 248 § 4 Abs. I . Nr. 4 b) EGBGB. Muss der Zahlungsdienstleister die Information mitteilen oder übermitteln, so muss er für einen Zugang der Information im Zugangsbereich (Briefkasten, elektronisches Postfach etc.) des Zahlungsdienstnutzers in lesbarer Form elektronisch oder verkörpert sorgen. Das zur Verfügung stellen oder zugänglich machen erfordert hingegen, dass der Zahlungsdienstleister dem Zahlungsdienstnutzer auf Anforderung bereitstellt oder einsehbar macht. Ist nach der maßgeblichen Vorschrift nur die Unterrichtung als solche angeordnet, ist das Verfahren maßgeblich, über das der Zahlungsdienstleister gem. Art. 248 § 4 Abs. I Nr. 4 den Zahlungsdienstnutzer vorab informiert hat.

52 Z.B. per Post oder Telefon.

53 BT-Drucks. 16/11643, S. 108.

54 BGH, NJW 2005, 1771.

3. Widerruf durch Schuldner

48 Die vom Zahler durch Einwilligung oder Genehmigung autorisierte Zahlung kann so lange gem. § 675j Abs. 2 Satz 1 BGB widerrufen werden, bis der Zahlungsauftrag unwiderruflich geworden ist. Eine Gegenweisung, mit der der Vorgang gestoppt wird, wirkt dann nicht mehr, wenn der Zahlungsauftrag dem Zahlungsdienstleister des Zahlers zugegangen ist, § 675p Abs. 1 BGB. Überweisungen im Wege des Online-Banking sind deshalb unwiderruflich. Die Unwiderruflichkeit tritt im Grundsatz schon mit Zugang des Zahlungsauftrages beim Zahlungsdienstleister ein. Ausnahmen sind nur für die Fälle vorgesehen, in denen der Zahler mit seinem Zahlungsdienstleister einen Termin für die Ausführung festgelegt haben (Terminüberweisung, § 675p Abs. 3 BGB) oder aus anderen Gründen etwas Abweichendes vereinbart haben (§ 675p Abs. 4 BGB). Für die Bearbeitung eines gemäß Vereinbarung möglichen Widerrufs des § 675p Abs. 4 Abs. 1 BGB darf der Zahlungsdienstleister ein Entgelt vereinbaren, § 675p Abs. 4 S. 3 BGB.

4. Fehlüberweisung

49 § 675r BGB schafft die Berechtigung, den Zahlungsvorgang ausschließlich anhand der Kundenkennung auszuführen. Falschangaben der Kundenkennung gehen demnach zu Lasten des Auftraggebers. Es kommt danach nicht darauf an, ob die Zahlung den vom Auftraggeber zusätzlich namentlich bestimmten Empfänger erreicht. Die Kundenkennung ist gem. § 675r Abs. 2 BGB eine Abfolge aus Buchstaben, Zahlen oder Symbolen, dem Kunden als »IBAN« und »BIC« bekannt. Die Finanzwirtschaft hat in die Programme zur Online-Überweisung eine Sicherheitsschwelle einbaut, die die Plausibilität der Angaben prüft. So werden Kunden vor groben Fehlern beim Ausfüllen der Online-Masken geschützt.

50 Eine Rückfrage- und unverzügliche Informationspflicht des Zahlungsdienstleisters ergibt sich aus § 675r Abs. 3 BGB dann, wenn der vom Zahler angegebenen Kundenkennung erkennbar kein Zahlungsempfänger oder kein Zahlungskonto zugeordnet werden kann.

51 Fällt dem Kreditinstitut des Zahlers positiv auf, dass Kundenkennung und Empfängername nicht übereinstimmen, besteht eine über den Fall des § 675r Abs. 3 BGB hinausgehende Informationspflicht.[55]

52 Die Empfängerbank kann abweichend von der Kundenkennung einen Namensabgleich vornehmen, auch wenn dies nach der Grundlage, auf der die Überweisung abgewickelt ist, nicht vorgesehen war. Das OLG Düsseldorf[56] hatte einen Fall zu entscheiden, bei dem die Empfängerbank im beleglosen SWIFT-Überweisungsverkehr[57] auf einen Abgleich von Empfängername und Kontonummer verzichten und sich allein nach der Kontonummer richten konnte. Sie hat gleichwohl im Nachhinein einen Namensabgleich vorgenommen, die Überweisung auf das angegebene Konto storniert und den Betrag beim benannten Empfänger gutgeschrieben.

53 Die Bank darf zwar das Valutaverhältnis wegen des Grundsatzes der formalen Auftragsstrenge nicht beachten und nicht zur Grundlage der Nichtausführung einer angetragenen Überweisung machen.[58] Aus dem Zahlungsdienstevertrag kann sich jedoch ausnahmsweise die Verpflichtung ergeben, den angetragenen Überweisungsauftrag nicht durchzuführen, wenn sich bspw. der Missbrauch einer Kontovollmacht geradezu aufdrängt (bspw. ungewöhnlich hoher Überweisungsbetrag, Schutz eines Minderjährigen).[59]

54 Auch wenn der Überweisungsfehler vom Zahlungsdienstleister positiv erkannt wird, z.B. weil dieser den Kunden und dessen Überweisungswunsch bei der Filialüberweisung kennt, kann dies zu einer

55 BGH, Urt. v. 16.06.2015 – XI ZR 243/13 m.w.N.
56 OLG Düsseldorf, Urt. v. 02.04.2003 – 15 U 134/02.
57 SWIFT ermöglicht Transaktionen zwischen 10.500 Finanzinstituten in etwa 210 Ländern.
58 BGH, WM 2004, 1546.
59 OLG Karlsruhe, WM 2007, 300; OLG Schleswig, Beschl. v. 28.11.2013 – 5 W 40/13.

Warnpflicht führen, § 241 Abs. 2 BGB. Ein Berufen auf § 675r Abs. 1 S. 2 BGB wäre in diesem Fall rechtsmissbräuchlich, § 242 BGB.

Führt der Zahlungsdienstleister den Überweisungsauftrag nicht durch, kann er mit dem Zahler im Rahmen der Privatautonomie vor dessen Vollendung vereinbaren, dass der Überweisungsauftrag nicht mehr durchgeführt wird. In einem vom BGH[60] entschiedenen Fall fiel dem ausführenden Institut eine unklare Empfängerangabe auf. Die Absprache mit dem Zahler, den Auftrag nicht weiter auszuführen, ist kein Widerruf i.S.v. § 675p BGB, sondern eine rechtsgeschäftliche Vereinbarung zur Stornierung, §§ 133, 157 BGB. 55

5. Gefälschte Überweisung

Das Fälschungsrisiko der Überweisung trägt auch nach der neuen Gesetzeslage die Bank. Bei einer Fälschung fehlt es an einer wirksamen Anweisung des Kunden. Denn dieser hat die Fälschung nicht autorisiert. Dem folgend bestimmt § 675u BGB, dass der Zahler für nicht autorisierte Zahlungsvorgänge nicht in Anspruch genommen werden darf. Mit der früheren Rechtsprechung des BGH[61] und der Instanzgerichte[62] steht diese Regelung im Einklang. 56

An einem Aufwendungsersatzanspruch der Bank fehlt es auch in den Fällen des »Phishing«[63] und »Pharming« beim Online-Banking.[64] Beim »Phishing« verschafft sich ein nicht berechtigter Dritter sicherheitsrelevante Zugangsdaten, indem er mit täuschend echten E-Mails den Kontoinhaber zu deren Bekanntgabe veranlasst. Beim »Pharming« wird der Computer des Kontoinhabers von unberechtigten Dritten mit Virenprogrammen und sog. Trojanern so manipuliert, dass dieser sicherheitsrelevante Daten ohne Kenntnis des Berechtigten fehlleitet und Dritte diese für gefälschte Überweisungen einsetzen. Bspw. öffnet sich bei einer Online-Überweisung ein neues Fenster auf dem Bildschirm des PC und fordert den Kunden auf, aus Sicherheitsgründen eine weitere TAN einzugeben. Da in beiden Fällen der Täter sich Zugangsdaten verschafft und diese selber für eine missbräuchliche Überweisung einsetzt, ist kein autorisierter Zahlungsvorgang gegeben. 57

Anders liegt der Fall, wenn es dem Täter gelingt, den Kunden durch Täuschung zu einer Autorisierung zu bewegen. In einem vom LG Köln[65] entschiedenen Fall wurde die TAN per SMS an den Kunden verschickt. Der unter Sehschwäche leidende Kunde wurde von den Tätern mittels einer gefälschten Bankseite zu einer »Probeüberweisung« auf ein Täterkonto veranlasst. Damit lag zu seinen Lasten ein autorisierter und nicht widerruflicher Zahlungsvorgang gem. § 675 p BGB vor. Einer Irrtumsanfechtung des Kunden steht ein Schadensersatzanspruch der Bank gem. § 122 BGB in gleicher Höhe gegenüber.[66] 58

Bei einem Überweisungsauftrag per Fax kann ein nicht autorisierter Zahlungsvorgang vorliegen, bei dem der Zahlungsdienstleister die unverzügliche Erstattung des Zahlungsbetrags schuldet (§ 675 u Satz 2 BGB). Von einer Zustimmung gemäß § 675 j Abs. 1 BGB durch Einwilligung in Form der Erteilung des Zahlungsauftrags kann jedenfalls nicht ausgegangen werden, wenn das Fax nur 59

60 BGH, Urt. v. 16.06.2015 – XI ZR 243/13.

61 BGH, NJW 2001, 2968; NJW 2001, 3183; NJW 2001, 3190.

62 OLG Koblenz, Urt. v. 26.11.2009 – 2 U 116/09; KG, Urt. v. 15.10.2009 – 8 U 26/09; anders und falsch LG Dessau, Urt. v. 17.01.2014 – 4 O 348/13, wonach die Unterschriftfälschung ein ungewöhnliches Ereignis i.S.v. § 676c BGB sein soll, für das die ausführende Bank nicht haftet.

63 Zur Kondizierbarkeit weitergeleiteter Geldbeträge nach »Phishing« KG, Urt. v. 15.10.2009 – 8 U 26/09.

64 Die beste Homepage zu dem Thema findet sich unter www.a-i3.org. Sie wird von der Arbeitsgruppe Identitätsschutz im Internet e.V. (a-i3) betrieben, einer unabhängigen, interdisziplinären Organisation, die sich den Identitätsschutz im Internet zur Aufgabe gemacht hat. Die a-i3 wurde im Mai 2005 von Forschern der Ruhr-Universität Bochum sowie Praktikern aus dem Bereich der IT-Sicherheit gegründet.

65 LG Köln 30 O 330/14 v. 16.10.2015, bestätigt durch OLG Köln 13 U 223/15 v. 21.03.2016; dazu Zahrte, BKR 2016, 315.

66 OLG Köln 13 U 223/15 v. 21.03.2016 = BKR 2016, 349-351.

als Ablichtung vorliegt und der Kunde die Echtheit der Zahlungsanweisung und der Unterschriften bestreitet. Die Bank ist nicht nur für die Autorisierung der Zahlung beweispflichtig, sondern auch für die Echtheit der Unterschriften.[67]

60 Die Bank, die das Fälschungsrisiko trägt, kann den Überweisungsempfänger in Anspruch nehmen.[68] Ansonsten kann sie versucht sein, mithilfe eines Schadensersatzanspruchs den Kontoinhaber in Anspruch zu nehmen, wenn es ihr nicht gelingt, den überwiesenen Betrag anderweitig wieder zu beschaffen.[69] Denn PIN und TAN stammen aus der Sphäre ihres Kunden, die dieser sicher vor dem Zugriff Dritter verwahren muss. In diesem Rahmen wird jedoch die Systemsicherheit der Bank i.R.d. Mitverschuldens eingehender Erörterung des Einzelfalls bedürfen. Die Rechtsprechung hat weitgehend der Versuchung widerstanden, Kunden bspw. immer zu verpflichten, Firewalls zum Schutz des Online-Banking zu installieren[70] und damit das technische Verständnis der Kunden bei der von der Kreditwirtschaft erwünschten Massennutzung des Online-Banking zu überdehnen. Der Störanfälligkeit des Online-Banking versuchte die Kreditwirtschaft, zunächst mit der besonders nummerierten iTAN und der dem Kunden per SMS übersandt mTAN zu begegnen. Schädigenden Dritten ist es gelungen, beide Systeme erfolgreich anzugreifen. Dabei richten sich die Angriffe zunehmend nicht mehr gegen willkürlich betroffene Einzelkunden, bei denen im Zweifel wenig zu holen ist. Sondern gegen Großkunden und nicht zuletzt die Kreditwirtschaft selbst. So ist es Tätern gelungen, ca. eine Milliarde Euro bei 100 Banken in 40 Ländern zu erbeuten. Die Masche ist aus Privatkundenangriffen bekannt. Die Täter schickten Phishingmails mit einem schadhaften Anhang an Bankmitarbeiter. Wurden diese geöffnet, installierte sich die Schadsoftware auf dem Server der Bank und die Täter hatten so Zugriff auf Konten und Geldautomaten.[71] Im Einzelfall wird deshalb zu entscheiden sein, ob dem Kunden tatsächlich grobe Fahrlässigkeit vorgeworfen werden kann, wenn er ein vermeintlich sicheres Verfahren nutzt und von Dritten geschickt übertölpelt wird. Dass Banken mittels E-Mail weder PIN noch TAN abfragen oder das Sicherungssystem des Kontos ändern und TAN auch nicht doppelt abfragen, sollte sich inzwischen allerdings bei den Kunden rumgesprochen haben. Der BGH[72] hat es zutreffend als Verstoß gegen die Sorgfaltspflicht des Kunden gewertet, wenn dieser nach Aufforderung des Systems zehn chronologische TAN in eine Online-Maske eingibt. Wer aber, wie in einem Fall des AG Bonn[73], sofort gegenüber der Bank aktiv wird und versucht, die Überweisung zu stoppen, ist eine Haftung gem. § 675v Abs. 3 BGB ausgeschlossen. Denn dass wegen der technischen Ausgestaltung des Überweisungssystems der Phishing-Angriff dennoch ohne jede Möglichkeit des Notfall-Zahlungsstopps erfolgreich abgeschlossen wurde, kann bei rechtzeitiger Anzeige und den zahlreichen Schädigungsversuchen nicht dem Kunden zur Last fallen.

6. Überweisung auf ein erloschenes Konto

61 Wird der Zahlungsdienstevertrag vom Kunden gekündigt, was jederzeit ohne Einhaltung einer Frist oder Angabe von Gründen möglich ist, könnte daraus geschlossen werden, dass damit die Berechtigung der Bank des Kündigenden zur Empfangnahme von Geldern endet.[74] Der BGH hält die Bank des Kündigenden auch bei einem erloschenen Girokonto noch für befugt, »in dessen Nachwirkung« auf den Namen des früheren Kunden und zu dessen Kontonummer eingehende Zahlungen

---

67 OLG Frankfurt a. M., Urt. v. 11.05.2017, Az. 1 U 224/15 = VuR 2017, 463.

68 OLG Hamburg, WM 2006, 2078 zur Haftung des »Finanzagenten« m. Anm. *Strube* EWiR 2007, 77; vgl. auch LG Düsseldorf, Urt. v. 19.01.2011 – 23 S 163/10.

69 Vgl. zu Sorgfaltspflichten von Bank und Kunde beim Online-Banking (Phishing) KG, Urt. v. 29.11.2010 – 26 U 159/09; WuB I D 1. Überweisungsverkehr 1.11;= WM 2011, 493 m. Anm. *MederFlick*; BGH – XI ZR 96/11 (LG Düsseldorf, Urt. v. 19.01.2011 – 23 S 163/10).

70 AG Wiesloch, Urt. v. 20.06.2008 – 4 C 57/08; ähnlich LG Mannheim, Urt. v. 16.05.2008 – 1 S 189/07.

71 Meldung in SPIEGEL-online v. 26.03.2018.

72 BGH, Urt. v. 24.04.2012 – XI ZR 96/11, BKR 2012, 254.

73 AG Bonn, Urt. v. 05.06.2014 – 112 C 28/12.

74 OLG Nürnberg, ZIP 2002, 1762; OLG Rostock, ZIP 2006, 1812.

entgegenzunehmen.[75] Der Überweisende hat keinen Anspruch gegen die entgegennehmende Bank aus ungerechtfertigter Bereicherung, da diese als bloße Zahlstelle fungiere. Deshalb fehle es an einer Bereicherung. Im mehrgliedrigen Überweisungsverkehr steht die Bank des Empfängers in keinem Rechtsverhältnis zum Überweisenden. Sie ist deshalb auch nicht Adressat von dessen Rückforderungsanspruch bei einer Fehlüberweisung. Die Rückabwicklung vollzieht sich nur im Verhältnis Überweisender – Überweisungsbank und Überweisender – Überweisungsempfänger.[76] Diese Funktion als Zahlstelle bestehe zeitlich unbegrenzt[77] in Nachwirkung des erloschenen Girovertrages, auch wenn die Funktion als Zahlungsverkehrskonto mit Kündigung erloschen sei. Der frühere Kontoinhaber erlangt bei Empfangnahme von Geld durch seine frühere Bank einen Herausgabeanspruch gem. § 667 BGB. Überweisungen zugunsten eines früheren Kunden, die die Bank nicht mehr – in Nachwirkung des erloschenen Girovertrages – dessen bereits erloschenem Konto gutschreibt, sondern weisungswidrig auf einem allgemeinen Treuhand-Abwicklungskonto verbucht, ohne ihren früheren Kunden über den Zahlungseingang zu informieren, sind im Verhältnis des Überweisenden bzw. seiner Bank zur Empfängerbank rückabzuwickeln. Ein Herausgabeanspruch des früheren Kunden besteht insoweit nicht. Eine Bank ist mehr als 5 Jahre nach Beendigung eines Girovertrages nicht mehr verpflichtet, für ihren Kunden als Zahlstelle zu fungieren und Zahlungsdienstleistungen zu erbringen.[78]

Erkennt der Überweisende, dass das Konto gekündigt war, hat er kein Rückrufrecht, obwohl der Betrag keinem Girokonto in Form eines Zahlungsverkehrskontos gutgeschrieben werden konnte. Der BGH lässt die Möglichkeit der Zuordnung zugunsten des früheren Kunden ausreichen und stellt dies dem Empfang eines Überweisungsbetrages beim Girokonto gleich. Es kommt somit nicht darauf an, dass eine wirksame Gutschrift erfolgt, sondern darauf, dass die empfangende Bank auf andere Weise dem früheren Kontoinhaber einen Herausgabeanspruch gem. § 667 BGB einräumt. Die Formulierung des § 676a Abs. 4 Satz 1 BGB a.F.[79] legt der BGH weit aus. Entscheidend ist in der Praxis die Klärung der Frage, ob die Buchung auf dem früheren Konto erfolgte oder auf einem »Konto pro Diverse«, das nicht einer Person zugeordnet ist. Fehlt es an der Zuweisung zum früheren Kontoinhaber, ist der Rückruf durch den Überweisenden möglich und von der Empfängerbank zu beachten.[80] Überweist das Finanzamt eine Steuererstattung auf ein früheres, inzwischen von der Bank gekündigtes Kontokorrentkonto des Steuerpflichtigen, obwohl dieser ihm dafür ein anderes Konto benannt hat, kann es den Erstattungsbetrag nach Ansicht des VII. Senats des BFH auch dann nicht von der Bank zurückfordern, wenn diese denselben mit einem fortbestehenden Schuldensaldo auf dem betreffenden Konto verrechnet hat.[81] 62

V. Verhältnis im Interbankenverhältnis

Die Abwicklung der Überweisung zwischen den Instituten erfolgt auf der Basis eines oder mehrerer jeweils hintereinander geschalteter Zahlungsverträge. Störungen im Innenverhältnis der Kette behandelt § 676a BGB. Dieser normiert eine das Verhältnis der Zahlungsdienstleister untereinander betreffende Regressregelung. Die an einem Zahlungsvorgang beteiligten Zahlungsdienstleister und zwischengeschalteten Stellen sollen sich darauf verlassen können, dass sie ihrerseits Regressansprüche haben, wenn sie ggü. ihrem Nutzer für Leistungsstörungen bei der Ausführung von Zahlungsvorgängen haften, obwohl die Ursache für die Leistungsstörung im Verantwortungsbereich eines anderen Zahlungsdienstleisters oder einer zwischengeschalteten Stelle lag. Der 63

75 BGH, WM 1995, 745; WM 2006, 28 (30); BKR 2007, 167.
76 BGH, WM 2005, 1564 (1565).
77 Einschränkend Schimansky/Bunte/Lwowski/*Schimansky*, Bankrechts-Handbuch § 47 Rn. 19.
78 OLG Karlsruhe, Urt. v. 30.03.2011 – 17 U 56/09.
79 Kündigungsmöglichkeit nur bis zu dem Zeitpunkt, in dem der Betrag dem Empfänger »zur Gutschrift auf dem Konto… zur Verfügung gestellt wird.«.
80 BGH, BKR 2007, 167 (169).
81 BFH, Urt. v. 22.11.2011 – VII R 27/11.

(verschuldensunabhängige) Regressanspruch besteht ggü. nachgeschalteten Zahlungsdienstleistern auch dann, wenn der Zahlungsdienstleister des Zahlers selbst in keiner vertraglichen Beziehung zu diesen stand, etwa weil ein anderer Zahlungsdienstleister dazwischengeschaltet war. Banken sind einander als Nebenpflicht ihrer Zahlungsverträge in Streitfällen zur Abtretung relevanter Rechtspositionen verpflichtet.[82]

VI. Verhältnis Zahlungsdienstleister Zahler – Zahlungsempfänger

64 Der BGH[83] hat wegen der gem. § 675j Abs. 1 S. 1 BGB notwendigen Autorisierung des Zahlungsvorgangs eine Neubewertung des Verhältnisses zwischen der vom Zahler angewiesenen Bank und dem Zahlungsempfänger für den Fall fehlender Autorisierung vorgenommen. Er bejaht in diesem Rechtsverhältnis einen Anspruch gem. § 812 Abs. 1 Satz 1 Fall 2 BGB mangels Autorisierung durch den Zahler. Bisher hat er solche Ansprüche auf Überlegungen zur Veranlasser- und Rechtsscheinhaftung gestützt. Davon rückt er unter dem Eindruck der Zahlungsdiensterichtlinie I und der sich in Folge ergebenden, gesetzlichen Wertungen der § 675j und 675u BGB und der starken Bedeutung der »Autorisierung« dogmatisch ab. Auf den Empfängerhorizont kommt es nicht mehr an.

VII. Verhältnis Zahlungsdienstleister Zahlungsempfänger – Zahlungsempfänger, Wertstellung

65 § 675t BGB enthält eine klarstellende Regelung zur Wertstellung, die sowohl für Verbraucher als auch Unternehmer gilt. Für die Zinswirksamkeit der eingehenden Zahlung beim Gläubiger ist der Geschäftstag maßgeblich, an dem der Zahlungsbetrag auf dem Konto des Zahlungsdienstleisters eingegangen ist. Auch wenn dieser ihn erst später auf dem Konto des Empfängers verbucht, führt dies beim Empfänger zu keinen Zinsnachteilen.

66 Der BGH hatte schon in einer Entscheidung aus 1989[84] zur Bareinzahlung auf das Girokonto klargestellt, dass die Geschäftsbedingung einer Sparkasse, nach der die Wertstellung erst einen Arbeitstag nach der Einzahlung vorgenommen wird, wegen einer unangemessenen Benachteiligung der Kunden unwirksam ist. Durch diese verzögerte Wertstellung werde dem Kunden eine Zinspflicht für ein in Wahrheit nicht bestehendes Schuldsaldo auferlegt. Ist das Konto des Kunden überzogen, würden ihm bei taggenauer Wertstellung mit Zahlungseingang die Sollzinsen erspart, die die Bank durch die verzögerte Verbuchung zulasten des Kunden berechnet. Der BGH hat diese Rechtsprechung 1997[85] zum Überweisungsverkehr fortgesetzt und die Klausel einer Volksbank für unzulässig erklärt, wonach die Wertstellung erst einen Bankarbeitstag nach Eingang des Geldes bei der Bank erfolgt. Die Bank habe eingehende Überweisungsbeträge sofort ihren Kunden zur Verfügung zu stellen. Die Wertstellung muss deshalb an dem Tag erfolgen, an dem der Betrag bei der Bank eingeht. Ob deren Arbeitsanfall eine Gutschrift noch an diesem Tag zulässt, ist unwesentlich. Das Wertstellungsdatum ist vom Buchungstag unabhängig.

67 Die Wertstellung regelt § 675t Abs. 1 BGB. Danach ist der Zahlungsdienstleister des Empfängers verpflichtet, dem Empfänger den Zahlungsbetrag unverzüglich verfügbar zu machen, nachdem er auf dem Konto des Zahlungsdienstleisters eingegangen ist. Sofern der Zahlungsbetrag auf einem Zahlungskonto des Empfängers gutgeschrieben werden soll, ist die Gutschrift, auch wenn sie nachträglich erfolgt, so vorzunehmen, dass der Zeitpunkt, den der Zahlungsdienstleister für die Berechnung der Zinsen bei Gutschrift oder Belastung eines Betrages auf einem Zahlungskonto zu Grunde legt (Wertstellungsdatum), spätestens der Geschäftstag ist, an dem der Zahlungsbetrag auf dem Konto des Empfängers eingegangen ist.

---

82 OLG Düsseldorf, Urt. v. 19.05.2010 – I-15 U 198/09.
83 BGH, Urt. v. 16.06.2015 – XI ZR 243/13; dazu Landschein, BKR 2016, 457.
84 BGH, NJW 1989, 582.
85 BGH, NJW 1997, 2042; NJW 1997, 3168.

Im unternehmerischen Bereich war es früher für das Finanzinstitut möglich, mit einem Unternehmen eine nicht taggenaue Wertstellung zu vereinbaren, vgl. § 676g Abs. 4 BGB a.F. § 675t BGB enthält diese Möglichkeit zur verzögerten Wertstellung bei Unternehmen nicht mehr. Die dazu ergangene Rechtsprechung des BGH zur taggenauen Wertstellung auch im geschäftlichen Bereich[86] hat damit wieder Geltung erlangt. 68

VIII. Besonderheit Dauerauftrag

Beim Dauerauftrag erteilt der Überweisende dem Institut die fortlaufend bis zu deren Widerruf andauernde Weisung, einen bestimmten Betrag dem Empfängerkonto zukommen zu lassen. Im Gegensatz zur Lastschrift muss der Überweisende den Zahlungserfolg, z.B. den regelmäßigen Eingang der Miete zum kalendermäßig bestimmten Termin, sicherstellen und bedient sich zur Erfüllung dieser Pflicht seiner kontoführenden Bank.[87] Da es sich bei Einräumung der Möglichkeit zur Einrichtung eines Dauerauftrags um eine vertraglich vereinbarte, automatisiert abgewickelte Sonderleistung des Kreditinstituts zugunsten seiner Kunden handelt, die nicht zum Grundbestand des Girokontos gehört, kann es für die Einrichtung und Änderung, nicht jedoch für die Kündigung des Dauerauftrags in seinem Preisverzeichnis ein besonderes Entgelt verlangen. 69

D. Lastschriftgeschäft

I. Wirtschaftliche Bedeutung

Mit fast 11 Mrd. Transaktionen im Jahr 2016 hat das Lastschriftverfahren eine nach wie vor steigende Bedeutung beim bargeldlosen Zahlungsaufkommen. 50,6 % der Transaktionen im bargeldlosen Zahlungsverkehr werden per Lastschrift vollzogen, jedoch damit nur 7,2 % der Gesamtumsätze erzielt. Nur 1,5 % des Aufkommens sind dabei Lastschriften ins Ausland, gar weniger als 0,5 % Lastschriften aus dem Ausland.[88] Gleichwohl wurde das bewährte deutsche Lastschriftverfahren mit seiner Unterscheidung in Einzugsermächtigung und Abbuchungsauftrag ab dem 01.02.2014 durch die europäische SEPA-Lastschrift abgelöst.[89] Sie gibt es als SEPA-Basislastschrift und SEPA-Firmenlastschrift. Sie ermöglicht im Gegensatz zu dem früheren deutschen Modell den grenzüberschreitenden Einsatz der Lastschrift im EU-Zahlungsverkehrsraum. Nicht-SEPA-Lastschriften machen 2016 nur noch knapp über 10 % der Lastschriften aus (2014 noch fast 40 %).[90] Erwähnenswert ist bis 2016 noch der relativ stabile Anteil am karteninduzierten elektronischen Lastschriftverfahren unter Einsatz der Zahlungskarte mit Unterschrift (ELV).[91] 70

II. Praktische Abwicklung

Bei der Lastschrift handelt es sich um einen verbraucherfreundlichen Zahlungsweg. Der Schuldner kann bei einer autorisierten Abbuchung von seinem Konto mittels der SEPA-Basislastschrift den Betrag binnen 8 Wochen ohne Begründung zurückrufen, vgl. § 675x Abs. 4 BGB,[92] bei einer nicht autorisierten Abbuchung sogar binnen 13 Monaten, § 676b Abs. 2 BGB. Eine Schädigung ist damit faktisch ausgeschlossen. Dem Gläubiger wird ein rationeller und kostengünstiger Weg 71

86 BGH, WM 1997, 1661.

87 Zu verspäteten Mietzahlungen infolge untauglichen »Dauerauftrags« BGH, Urt. v. 14.09.2011 – VIII ZR 301/10.

88 Zahlungsverkehrsstatistik Deutsche Bundesbank, Stand September 2017; Bundesverband deutscher Banken: Zahlen, Daten Fakten der Kreditwirtschaft, Stand November 2017.

89 EU-Verordnung Nr. 260/2012 v. 14.03.2012.

90 Zahlungsverkehrsstatistik Deutsche Bundesbank, Stand September 2017.

91 2014: Anteil von 18 % am Lastschriftaufkommen; 2015: 20 %; 2016: 15 %; vgl. Zahlungsverkehrsstatistik Deutsche Bundesbank, Stand September 2017. Das Verfahren ist ab dem 01.02.2016 ausgelaufen.

92 Z.B. Muster-AGB des Bankenverbandes für das SEPA-Basislastschriftverfahren, Stand 13.01.2018, Ziffer 2.1.1.

eröffnet, Forderungen im Massenverkehr einzuziehen. Da er die Initiative für den Einzug ergreifen muss, kann der Schuldner mit einer fälligen Leistung vor deren Einzug nicht in Verzug geraten und in Gefahr laufen, verspätet zu leisten. Der Zahlungserfolg wird wegen der Möglichkeit des Widerspruchs beim Gläubiger nicht garantiert. Anders ist dies bei Electronic Cash, bei dem der Kunde den Zahlungseinzug mittels Eingabe der PIN freigibt. Hier ist der Zahlungserfolg garantiert und die Zahlung nicht widerruflich.

III. Gesetzliche Grundlagen

1. europäischer Rechtsrahmen

72 Der einheitliche europäische Rechtsrahmen für SEPA-Lastschriften hat deutsche Besonderheiten des Lastschriftverfahren abgelöst, so z.B. die Unterscheidung zwischen Einzugsermächtigung und Abbuchungsauftrag oder auch das Lastschriftabkommen (LSA), dass die Rechtsverhältnisse der am Forderungseinzug beteiligten Institute geregelt haben.[93] Seit dem 01.02.2014 stehen mit dem Inkrafttreten der EU-Migrationsverordnung[94] nur noch zwei SEPA-Verfahren zur Verfügung, die SEPA-Basislastschrift und die SEPA-Firmenlastschrift. SEPA bezeichnet dabei die aus Anlass der Zahlungsdiensterichtlinie und deren gesetzlicher Umsetzung in den §§ 675c BGB und den Zahlungsdiensteaufsichtsgesetz (ZAG) von der europäischen Kreditwirtschaft vorgenommene, praktische Vereinheitlichung des Zahlungsverkehrsraums. Für die Verbraucher waren die erheblichen Umsetzungsanstrengungen der Kreditwirtschaft im Alltag kaum spürbar.

73 Im gesetzlichen Rahmen des § 675f BGB finden sich in Abs. 4 die Begriffe »Zahlungsvorgang« und »Zahlungsauftrag«. Im Rahmen der Zahlungsdienste gem. § 1 Abs. 1 ZAG ist die Lastschrift ein Zahlungsvorgang. Dies beschreibt den tatsächlichen Geldfluss, also die Bereitstellung, den Transfer oder die Abhebung von Buch- oder Bargeldbeträgen, § 675f Abs. 4 S. 1 BGB. Bei der Lastschrift sind dies wiederkehrende Vorgänge oder die einmalige Ausführung einer Lastschrift. Der Zahlungsauftrag der Zahlers (Schuldners) ist die rechtsgeschäftliche Erklärung der erforderlichen Zahlungsinformationen (z.B. Betrags-, Zahler- und Zahlungsempfängerangaben usw.), die diesen Geldfluss auslöst. Dieser Auftrag wird bei der Lastschrift an den Zahlungsempfänger erteilt, § 675 Abs. 4 S. 2 BGB. Liegt ein Zahlungsauftrag vor, erfolgt die Ausführung eines Zahlungsvorgangs im Verhältnis vom Zahlungsdienstleister zum Zahler.

2. Autorisierung

74 Der Zahlungsvorgang muss zu seiner Wirksamkeit autorisiert werden, vgl. § 675j Abs. 1 Satz 1 BGB. Anders als bei der Überweisung autorisiert bei der Lastschrift der Schuldner bei seiner Bank den Zahlungsvorgang nicht unmittelbar. Denn zum Zwecke des Zahlungseinzugs wendet er sich nur an den Empfänger (Gläubiger) und ermächtigt diesen, z.B. durch Unterschrift unter ein Formular, den geschuldeten Betrag einmalig oder dauernd (bis zum Widerruf der Ermächtigung) einzuziehen. Zieht der Empfänger über seine Bank den Betrag ein und wendet sich die Gläubigerbank zu diesem Zweck an die Schuldnerbank, liegt der Schuldnerbank die Autorisierung streng genommen nicht vor. Sie müsste eine nicht autorisierte Zahlung leisten. Nach der sog. Genehmigungstheorie des BGH lag bei der früheren Einzugsermächtigungslastschrift – solange der Zahler eine Belastung nicht genehmigt – deshalb eine unautorisierte Zahlung vor.[95] Diese musste nachträglich genehmigt werden, was auch durch Schweigen möglich war. Die Genehmigung wurde nach Ablauf einer Frist von 6 Wochen nach Übersendung des Rechnungsabschlusses mit der Buchung durch entsprechende Geschäftsbedingungen für das Lastschriftverfahren fingiert.

---

93 Zu den Neuerungen durch die Zahlungsdiensterichtlinie I vgl. *Werner*, BKR 2010, 9.

94 »Verordnung (EU) Nr. 260/2012 des Europäischen Parlaments und des Rates vom 14. März 2012 zur Festlegung der technischen Vorschriften und der Geschäftsanforderungen für Überweisungen und Lastschriften in Euro und zur Änderung der Verordnung (EG) Nr. 924/2009 Text von Bedeutung für den EWR«.

95 BT-Drucks. 16/11643, S. 102.

Dies steht jedoch der vom Gesetz, § 675j Abs. 1 S. 1 BGB, geforderten Zustimmung, die ein aktives Verhalten beschreibt, im Wortsinne nicht gleich. Dieser dogmatische Widerspruch musste im Rahmen der nationalen Einführung der SEPA-Lastschrift überwunden werden, da ansonsten das deutsche Lastschriftverfahren und das karteninduzierten elektronischen Lastschriftverfahren unter Einsatz der Zahlungskarte mit Unterschrift (ELV) nicht mit der europäischen Lastschrift kompatibel gewesen wäre. Der BGH hat 2010 den rechtlichen Weg aufgezeigt, wie bisherige Dauerlastschriften von z.B. Versicherungen ohne Massenpostanforderungen nach schriftlichen Mandaten pragmatisch umgestellt werden können.[96] Danach konnten die bisherigen Einzugsermächtigungslastschriften durch Änderung der Allgemeinen Geschäftsbedingungen innerhalb des gesetzlichen Rahmens der § 675j Abs. 1, 675x Abs.1, 2 u. 4 BGB rechtswirksam SEPA-Lastschriften nachgebildet werden. Dies haben die Kreditinstitute in ihren Lastschrift-AGB umgesetzt.[97] 75

§ 675j Abs. 1 S. 1 und 2 BGB stellen sicher, dass an der bisherigen Form der Nachautorisierung auch bei der SEPA-Lastschrift weiter festgehalten werden kann. Die Praxis für Belastungsbuchungen aufgrund erteilter Einzugsermächtigungen wird durch die neuen Regelungen nicht geändert.[98] Die Zustimmung kann entweder als Einwilligung oder, wenn dies zwischen dem Zahler und seiner Bank vereinbart wurde, als Genehmigung erteilt werden. Die Zustimmung kann auch mittels eines Zahlungsinstruments, einer Debit- oder Kreditkarte, vgl. § 1 Abs. 1 Nr. 3 (b), erteilt werden, § 675j Abs. 1 S. 4 BGB. Damit ist weiter die Zahlung mit Karte und Unterschrift beim Einkauf möglich. 76

In den Lastschrift-AGB der Kreditinstitute wird formuliert, dass die Erteilung des SEPA-Lastschriftmandats gleichzeitig die Autorisierung der Einlösung gegenüber dem Kreditinstitut enthält.[99] Mit dem SEPA-Basislastschriftverfahren können Verbraucher an den Zahlungsempfänger Zahlungen in Euro innerhalb des einheitlichen Euro-Zahlungsverkehrsraums (»Single Euro Payments Area«, SEPA) bewirken. Die SEPA-Lastschrift kann auch im Inland eingesetzt werden. Jedes Lastschriftmandat erhält eine eindeutige Mandatsnummer, die bei Erst- und Folgelastschriften angegeben werden muss. Dadurch wird der Lastschrifteneinreicher eindeutig identifiziert. Im Grundsatz weist die SEPA-Lastschrift bei einer Reihe von Elementen Ähnlichkeiten mit dem früheren, deutschen Einzugsermächtigungsverfahren auf. 77

3. Lastschriftarten

Vorgesehen sind zwei Verfahrensarten: eine Basisvariante (SEPA Core Direct Debit) sowie ein Verfahren, das ausschließlich für den Verkehr mit Geschäftskunden vorgesehen ist (Firmenlastschrift oder SEPA Business to Business Direct Debit). Das SEPA-Firmenlastschriftverfahren ist speziell auf die Bedürfnisse von Firmenkunden zugeschnitten, um insb. eine frühe Finalität von Zahlungen zu erzielen. Das Verfahren können die Verbraucher daher nicht nutzen. 78

Für die Ausführung von Zahlungen mittels SEPA-Basislastschrift müssen der Zahlungsempfänger und dessen Zahlungsdienstleister das SEPA-Basislastschriftverfahren nutzen. Zudem muss der Zahlungspflichtige dem Zahlungsempfänger vor dem Zahlungsvorgang ein entsprechendes »SEPA-Lastschriftmandat« erteilen. Dabei wird der Anbieter vom Zahlungspflichtigen schriftlich oder in der mit seiner Bank vereinbarten Art und Weise[100] ermächtigt, die Forderung einzuziehen. Gleichzeitig wird dadurch der Bank die Genehmigung zur Buchung erteilt. Die Bank ist dabei berechtigt, wie bei der Überweisung die Zahlung ausschließlich auf der Grundlage der ihr übermittelten 79

---

96 BGH, Urt. v. 20.07.2010 – XI ZR 236/07 und IX ZR 37/09.

97 Z.B. Muster-AGB des Bankenverbandes für das SEPA-Basislastschriftverfahren, Stand 13.01.2018, Ziffer 2.2.2.

98 BT-Drucks. 16/11643, S. 106.

99 Z.B. Muster-AGB des Bankenverbandes für das SEPA-Basislastschriftverfahren, Stand 13.01.2018, Ziffer 2.2.1.

100 Z.B. Muster-AGB des Bankenverbandes für das SEPA-Basislastschriftverfahren, Stand 13.01.2018, Ziffer 2.2.1.

Kundenkennung (IBAN und BIC) durchzuführen.[101] Mit der Erteilung des SEPA-Lastschriftmandats an den Gläubiger wird gleichzeitig gegenüber der Schuldnerbank die Einlösung autorisiert.[102]

4. Vorlagefristen

80 Bis November 2016 sah das SEPA-Regelwerk unterschiedliche Vorlagefristen vor, was zu Zahlungsverzögerungen zu Lasten des Einreichers führte. Ab 21.11.2016 gelten einheitliche Vorlagefristen. Sie wurden EU-weit einheitlich auf einen Geschäftstag vor Fälligkeit verkürzt. Die alten Vorlagefristen (5 Tage bzw. 2 Tage) sind entfallen. Somit können heute alle SEPA-Basislastschriften mit einer Vorlagefrist von einem Tag abgewickelt werden.

5. Rückgaberecht

81 Von zentraler Bedeutung aus Kundensicht sind die Regelungen zur Rückgabe. Der Zahlungspflichtige hat ein Widerspruchsrecht. SEPA-Lastschriften dürfen ohne Angabe von Gründen innerhalb eines Zeitraumes von 8 Wochen nach Fälligkeitsdatum durch den Zahlungspflichtigen zurückgegeben werden (bei der früheren nationalen Lastschrift waren der Rückruf nur binnen sechs Wochen möglich). Der Verbraucher kann also von seinem Zahlungsdienstleister binnen einer Frist von 8 Wochen ab dem Zeitpunkt der Belastungsbuchung auf seinem Konto ohne Angabe von Gründen die Erstattung des belasteten Lastschriftbetrages verlangen. Bei unberechtigten Einzügen und entsprechendem Nachweis seiner Bank ggü. hat der Kunde 13 Monate lang das Recht, die Lastschrift zurückzugeben.

82 Anders ist es im SEPA-Firmenlastschriftverfahren. Der Schuldner und seine Bank können vereinbaren, dass der Zahlbetrag am Tag der Belastungsbuchung zurückgewiesen wird. Ohne Vereinbarung ist keine Zurückweisung möglich. Die Vereinbarung ist zudem nur gültig, wenn es der Bank gelingt, den Lastschriftbetrag endgültig zurück zu erlangen.[103] Nach dem Tag der Belastungsbuchung kann der Firmenkunde, und dies ist der fundamentale Unterscheid zu Basislastschrift, diese nicht mehr zurückweisen.

6. Lastschrift beim Internetkauf

83 Die Zahlung mittels Lastschrift ist bei Internetkäufen für Verbraucher eine besonders betrugssichere Zahlungsweise, da im Gegensatz zur Online-Überweisung die Zahlung zurückgerufen werden kann, wenn es Probleme mit dem Händler oder der Ware gibt. Billigt der Gläubiger bei einem Internetgeschäft dem Schuldner die Bezahlung mit Lastschrift zu, verfügt er über keine schriftliche Ermächtigung. Diskutiert wurde, ob dies und damit Einzug mittels Lastschrift bei Internetkäufen nicht gegen das Regelwerk für SEPA-Basislastschriften verstößt, die eine Kundenunterschrift fordern. [104] Da sich digitale Signaturen zur Erfüllung des Schriftformerfordernisses trotz eines dafür geschaffenen, gesetzlichen Rahmens nicht durchgesetzt haben,[105] wurde bereits früh überlegt, dass die Schriftform mit der gesetzlichen Textform des § 126b BGB erfüllt wird.[106] Seit 01.10.2016 sind gem. § 309 Nr. 13 b) BGB der Textform des § 126b BGB entgegenstehende Formerfordernisse gegenüber Verbrauchern unzulässig. Entsprechend reicht nach den Lastschrift-AGB der Kreditinstitute die Mandatserteilung in Textform. Das Fälschungsrisiko trägt dabei jedoch komplett der Gläubiger. Dieser benötigt im Streitfall einen Nachweis für die ihm erteilte Ermächtigung. Mittels

101 Z.B. Muster-AGB des Bankenverbandes für das SEPA-Basislastschriftverfahren, Stand 13.01.2018, Ziffer 2.1.2.

102 Z.B. Muster-AGB des Bankenverbandes für das SEPA-Basislastschriftverfahren, Stand 13.01.2018, Ziffer 2.2.1.

103 Z.B. Muster-AGB des Bankenverbandes für das SEPA-Firmenlastschriftverfahren, Stand 13.01.2018, Ziffer 2.2.4.

104 Zahrte, MMR 2014, 211.

105 Beyer u.a./*Werner*, S. 431.

106 *Mitterhuber/Mühl*, S. 969.

einer E-Mail kann er diesen Nachweis nicht führen, da diese und die Identitäten im Internet unbegrenzt gefälscht werden können. Der Gläubiger wird im Zweifel schon daran scheitern, dass er den Nachweis einer Einzugsermächtigung nicht führen kann, ganz abgesehen von der Problematik der Durchsetzung der Forderung im Valutaverhältnis.

IV. Beteiligte am Lastschriftverfahren

Beteiligt sind am Lastschriftverfahren 84

- der Zahlungspflichtige, der die Ermächtigung erteilt (Schuldner),
- der Zahlungsempfänger, der diese seiner eigenen Bank zum Einzug weiterreicht (Gläubiger),
- die Bank des Zahlungsempfängers, die den Betrag bei der Bank des Zahlungspflichtigen geltend macht (erste Inkassostelle) und
- die Bank des Zahlungspflichtverbandes, die das Konto ihres Kunden nach Aufforderung der ersten Inkassostelle belastet und den Betrag dort abbucht (Zahlstelle).

1. Verhältnis Zahlungspflichtiger – Zahlungsempfänger

Zwischen diesen Beteiligten besteht zunächst eine schuldrechtliche Beziehung (Valutaverhältnis). 85
In diesem Verhältnis wird die Art der Zahlungsabwicklung vereinbart. Da das gesetzliche Leitbild nach wie vor die Barzahlung ist, bedarf es bei gewollten Abweichungen einer besonderen Vereinbarung. Die Parteien müssen Einigkeit erzielen, dass zum Ausgleich der Geldschuld der Gläubiger berechtigt sein soll, den geschuldeten Betrag vom Konto des Schuldners einzuziehen.

Die Vereinbarung des Einzugs von Forderungen durch Lastschriften in formularmäßigen Verträgen 86
wird dann als zulässig angesehen, wenn den Kunden – wenn auch nur gegen Aufpreis – eine andere Möglichkeit der Zahlungsart wahlweise zur Verfügung gestellt wird.[107] Begründet wird dies zutreffend damit, dass die verbindliche Teilnahme am Lastschriftverfahren für den Verwender regelmäßig erhebliche Rationalisierungseffekte, insb. Organisations- und Buchungsvorteile, mit sich bringen. Aber auch für den Kunden ergeben sich bei dieser Zahlungsweise Vorteile. Sie ist mit einer Arbeitserleichterung verbunden, da er keine Überweisungsaufträge zu erteilen braucht, sondern sich passiv verhalten kann. Insb. läuft er bei Vorhalten ausreichender Deckung auf seinem Konto nicht Gefahr, durch Nachlässigkeit in Zahlungsverzug zu geraten. Größere Gefahren für den Kunden sind mit diesem Verfahren nicht verbunden. Insb. muss er nicht befürchten, dass unberechtigte Abbuchungen, die aufgrund der erteilten Einzugsermächtigung vorgenommen werden, gegen seinen Willen Bestand haben und sein Konto endgültig belasten; er kann ggü. seiner Bank ohne Angabe von Gründen der Belastung seines Kontos widersprechen und die Gutschrift des abgebuchten Betrages verlangen. Dies setzt allerdings voraus, dass die Kontoauszüge zeitnah und regelmäßig auf unberechtigte Abbuchungen geprüft werden, wie es angesichts vorkommender Missbrauchsfälle im bargeldlosen Zahlungsverkehr angezeigt erscheint und in den Geschäftsbedingungen der Institute auch so vorgesehen ist.

Erteilt der Schuldner dem Gläubiger eine schriftliche Ermächtigung zum Einzug, so wird seine 87
Geldschuld entgegen § 270 BGB von einer Schickschuld zur Holschuld, da allein der Gläubiger den Einzug in Gang setzen kann. Der Schuldner ist bis zur Bewirkung der Geldschuld gehalten, dafür zu sorgen, dass spätestens bei Eingang der jeweiligen Lastschrift auf seinem Konto bei der Zahlstelle entsprechende Deckung durch Guthaben oder Kreditguthaben vorhanden ist.[108] Mit dem Lastschriftverfahren soll eine Geldschuld des Schuldners durch Übertragung von Buchgeld getilgt werden.

---

107 OLG Düsseldorf, NJW-RR 1997, 374 (377 f.); Spindler/*Fuchs* Vertragsrecht der Telekommunikations-Anbieter, 2000, Teil IV Rn. 136; *Kropf/Harder*, ebenda, Teil V Rn. 130 ff.; *Imping*, ebenda, Teil VI Rn. 33; Heun/*Leitermann*, Handbuch Telekommunikationsrecht, 2002, Teil 5 Rn. 150 ff.; *v. Westphalen/Grote/Pohle* Der Telefondienstvertrag, 2001, S. 110 f.; *Schöpflin* BB 1997, 106 (110).

108 BGH, WM 1984, 163; *van Gelder* WM 2001, Sonderbeilage 7, S. 5.

2. Verhältnis Zahlungsempfänger – erste Inkassostelle

88 Die Teilnahme am Lastschriftverfahren bedarf für den Lastschriftgläubiger einer besonderen Vereinbarung mit der ersten Inkassostelle (Inkassovereinbarung). Geregelt wird darin, dass dem Zahlungsempfänger eine schriftliche und widerrufliche Ermächtigung zum Einzug vorliegen muss. Diese ist auf Verlangen vorzulegen. Die erste Inkassostelle hat die Möglichkeit, diese Vereinbarung zu widerrufen und den Zahlungspflichtigen so vom Lastschriftverfahren auszuschließen. Es liegt in ihrem eigenen Interesse, einen strengeren Maßstab für die Teilnahme an automatisierten Einzugsverfahren anzulegen. Denn das Verfahren ist missbrauchsanfällig für Lastschriftenreiterei. Dabei verschafft sich der Einreicher einen Kredit zugunsten der ersten Inkassostelle im Wissen darum, dass der Zahlungspflichtige zahlungsunfähig ist und die Lastschrift »platzen« wird. Dass ein solches Vorgehen strafbar ist,[109] wird die betroffene Bank nicht trösten, wenn das ihr gutgebuchte Geld vom Einreicher nicht mehr zurückerlangt werden kann. Hat die erste Inkassostelle keine Möglichkeit, das Konto des Zahlungspflichtigen mit dem zurückgerufenen Betrag zu belasten, verbleibt der Schaden bei ihr, ein bei betrügerisch vorgehenden Anbietern nicht zu unterschätzendes Risiko.

89 Im Verhältnis des Lastschriftgläubigers zur ersten Inkassostelle ergeben sich durch die Zahlungsdiensterichtlinie I ggü. der früheren Rechtslage einige Besonderheiten.[110] Der im Rahmen einer Inkassovereinbarung erteilte Inkassoauftrag ist kein Zahlungsauftrag i.S.d. Richtlinie, denn ein Zahlungsauftrag i.S.v. § 675f Abs. 4 Satz 2 BGB ist immer nur ein Auftrag des Zahlers an seinen Zahlungsdienstleister. Die Vorschriften betreffend den Zahlungsauftrag sind daher im Verhältnis des Zahlungsempfängers zu seiner Bank nicht anwendbar.

90 Dies gilt auch für die in § 675s Abs. 2 BGB vorgesehene Pflicht des Zahlungsdienstleisters zur rechtzeitigen Übermittlung des Zahlungsauftrags. Eine solche Pflicht ergibt sich in diesem Fall aus der Inkassovereinbarung selbst. Auf den Eingang des Zahlungsbetrages bei der Bank des Lastschriftgläubigers ist dagegen § 675t Abs. 1 BGB anwendbar, da die Erteilung eines Zahlungsauftrages nicht zu seinen tatbestandlichen Voraussetzungen gehört. Nach dieser Norm ist der Zahlungsdienstleister des Zahlungsempfängers verpflichtet, dem Zahlungsempfänger den Zahlungsbetrag unverzüglich verfügbar zu machen, nachdem er auf dem Konto des Zahlungsdienstleisters eingegangen ist. § 675t Abs. 1 BGB ist unabdingbar. Vereinbarungen, aufgrund derer der Lastschriftengläubiger den Zahlungsbetrag unter bestimmten Voraussetzungen wieder zurückgewähren muss, sind durch § 675t Abs. 1 BGB nicht grds. ausgeschlossen. So wird es bspw. auch im Hinblick auf eventuelle Erstattungsansprüche des Lastschriftenschuldners nach § 675x BGB möglich sein, dass die erste Inkassostelle mit dem Lastschriftengläubiger vereinbart, den Zahlungsbetrag entsprechend zurückzuholen.[111]

91 Reicht der Zahlungsempfänger die Lastschrift bei seiner Bank ein, ist diese verpflichtet, den Auftrag der Bank des Zahlers binnen der zwischen diesen beiden Parteien vereinbarten Einreichungsfristen zu übermitteln. Die Lastschrift muss so rechtzeitig übermittelt werden, dass die Verrechnung an dem vom Zahlungsempfänger mitgeteilten Fälligkeitstag ermöglicht wird. Schon immer war es aus Kundensicht unzulässig, Lastschriften bspw. zu früh und vor dem Fälligkeitstag abzubuchen. Die Betonung der Verrechnung erst am Fälligkeitstag in § 675s Abs. 2 Satz 2 BGB stellt dies ausdrücklich klar.

3. Sonstige Beziehungen

92 Ausnahmsweise ergibt sich für den Zahlungsempfänger ein Anspruch aus § 826 BGB gegen die Zahlstelle dann, wenn diese auf den Zahlungspflichtigen mit dem Ziel eingewirkt hat, diesen zu einem grundlosen Widerspruch gegen die Abbuchung zu bewegen, weil die Zahlstelle durch den

---

109 BGH, Urt. v. 15.06.2005 – 2 StR 30/05, ZIP 2005, 1496.

110 Diese resultieren aus den Vorgaben der Richtlinie für die Verfügbarmachung von Zahlungsbeträgen durch den Zahlungsdienstleister des Zahlungsempfängers an den Zahlungsempfänger und deren Wertstellung.

111 *Grundmann* WM 2009, 1157 (1159).

Geldrückfluss in die Lage versetzt wurde, eigene, gefährdete Forderungen gegen den Zahlungspflichtigen durchzusetzen.[112] Str. ist, ob dem Zahlungsempfänger Ansprüche zustehen, wenn die Zahlstelle die Einlösung verspätet.[113] Verfolgt die Zahlstelle mit der Verzögerung eigene Zwecke, die geeignet sind, die Vermögensinteressen des Zahlungsempfängers zugunsten der eigenen zu gefährden, wird auch hier ein Anspruch infrage kommen. Abgelehnt hat das OLG Saarbrücken[114] im konkreten Fall einen grds. möglichen Schadensersatzanspruch der ersten Inkassostelle gegen die Zahlstelle, weil diese den Schuldner zur missbräuchlichen Ausübung des Widerspruchs gedrängt und der ersten Inkassostelle so einen Schaden zugefügt hat.

V. Rücklastschrift und Kosten

Im Verhältnis der Zahlers zu seinem Zahlungsdienstleister kann für den Fall der Nichteinlösung einer Lastschrift vereinbart werden, dass der Zahler im Zusammenhang mit der berechtigten Ablehnung der Einlösung ein Entgelt zahlen muss, § 675o Abs. 1 S. 4 BGB. **93**

Dem Einreicher entstehen bei einer Rücklastschrift Kosten seines eigenen, mit der Einziehung beauftragten Instituts für die Rückgabe der Lastschrift.[115] Das einziehende Institut muss der Schuldnerbank ein Entgelt für die Nichteinlösung zahlen. Es wird dieses Entgelt ebenso an den Gläubiger weiterreichen, wie zusätzlich eigene Kosten berechnen. Der BGH hat klargestellt, unter welchen Voraussetzungen der Einreicher in diesen Fällen Schadensersatz vom Zahlungspflichtigen verlangen bzw. nicht verlangen kann.[116] Der Schuldner hat nach einer getroffenen Lastschriftabrede für die Einlösung einer ordnungsgemäß eingereichten Lastschrift – und damit auch für die ausreichende Kontodeckung – zu sorgen. Unterlässt der Schuldner diese ihn aufgrund der Lastschriftabrede treffende, vertragliche Pflicht in einer von ihm zu vertretenden Weise, etwa indem er keine ausreichende Deckung auf seinem Konto vorhält, kann der Gläubiger den ihm hieraus entstehenden Schaden nach §§ 280 Abs. 1, 241 Abs. 1 Satz 1 BGB ersetzt verlangen. **94**

Der Zahlungspflichtige handelt jedoch nicht schuldhaft, wenn die Abbuchung vor dem vertraglich vereinbarten Fälligkeitszeitpunkt versucht wurde oder wenn keine Kontodeckung (mehr) besteht, weil der Zahlungsempfänger die Lastschrift verspätet, bspw. erst nach Ablauf von 5 Werktagen, zum Einzug einreicht. Eine Vertragsklausel zwischen Gläubiger und Schuldner, die den Zahlungspflichtigen zur Übernahme einer Kostenpauschale bei einer Rücklastschrift verpflichten will, muss demnach auf ein schuldhaftes Verhalten des Zahlungspflichtigen abstellen. Ansonsten ist sie unwirksam und der Einreicher wäre darauf angewiesen, seinen individuellen Schaden nachzuweisen. **95**

Genügt die Klausel diesem Maßstab, ist die Angemessenheit der Höhe des verlangten Schadensersatzes zu prüfen. In seinem Urt. v. 17.09.2009 stellte der BGH klar, dass eine Klausel in den AGB eines Luftfahrtunternehmens, das für den Fall einer Rücklastschrift eine Bearbeitungsgebühr von 50 € pro Buchung vorsieht, eine nach Nr. 5, 1. Alt. Buchst. a) BGB unwirksame Schadenspauschalierung darstellt.[117] Diese Bestimmung sei auch als Preisnebenabrede unwirksam. Sie ist mit wesentlichen Grundgedanken der gesetzlichen Regelung unvereinbar (§ 307 Abs. 2 Nr. 1 BGB) und benachteilige die betroffenen Kunden in unangemessener Weise (§ 307 Abs. 1 Satz 1 BGB). Bei weiteren Kosten, die nicht Fremdkosten aus der Einlösekette sind, kann ein Schadensersatz im Zusammenhang mit der Rückgängigmachung des Einzugs nicht begründet werden. Die weiteren Kosten fallen ab dem Moment, in dem der eingezogene Betrag rückgebucht wird und der Einreicher die Abbuchung auf seinem Konto bemerkt, im Zusammenhang mit der Forderungsbeitreibung aus **96**

112 BGH, NJW 2001, 2632.
113 Ja: BGH, WM 1977, 1042; OLG Thüringen, WM 1994, 2153 – nein: *van Gelder* WM 2001, Sonderbeilage 7, S. 3.
114 OLG Saarbrücken, WM 2003, 433.
115 *Zahrte*, NJW 2018, 337.
116 BGH, Urt. v. 09.04.2002 – XI ZR 245/01, NJW 2002, 1950.
117 BGH, Urt. v. 17.09.2009 – Xa ZR 40/08, NJW 2009, 3370.

dem Valutaverhältnis an. Ob diese in Rechnung gestellt werden können, ist keine Frage der Rücklastschrift, sondern des Verzugs der Hauptforderung aus dem Valutaverhältnis, §§ 280, 286 BGB. Nach Auffassung des AG Ludwigsburg gehen die Bankauskunftsgebühren zulasten des sich im Verzug befindenden Käufers.[118] Durch die Ermächtigung, den Kaufpreis im Wege des Lastschriftverfahrens einzuziehen, kündige ein Käufer eine alsbaldige Leistung an, was als Selbstmahnung zu qualifizieren sei. Die anfallenden Bankauskunftsgebühren gelten daher als Verzugsschaden und fallen dem Käufer zur Last, so AG Ludwigsburg. Die Frage, ob mit der Rückbuchung automatisch Verzug eintritt und es einer Mahnung nicht mehr bedarf, wurde bislang höchstrichterlich noch nicht entschieden.

VI. Zwang zur Lastschrift

97 Weit verbreitet ist die Lastschrift bei regelmäßigen Zahlungsverpflichtungen wie z.B. Telefonrechnungen, Energiekosten, Versicherungsbeiträgen, Vereinsbeiträgen oder Kosten für Abonnements. Dem Anbieter garantiert das Verfahren einen regelmäßigen und zu einem bestimmten Zeitpunkt kalkulierbaren Zahlungseingang und eine kostengünstige Abwicklung. Auch für den Kunden hat die Abwicklung Vorteile, da die pünktliche Zahlung von Forderungen automatisch und ohne sein Zutun erfolgt. Viele Anbieter sind wegen der Vorteile des Verfahrens dazu übergegangen, die Einzugsermächtigung entweder ausschließlich als Zahlungsmöglichkeit anzubieten oder andere Zahlungsarten nur unter Aufschlag eines Sonderentgeltes zuzulassen.

98 Der BGH[119] hat eine Vertragsklausel bei einem neu abzuschließenden Vertrag über den Anschluss an die Breitband-Verteileranlage für zulässig erklärt, wonach das monatliche Entgelt »ausschließlich per Bankeinzug« erhoben wird. Es handele sich dabei um niedrige und für den Kunden feststehende Beträge. Das OLG Düsseldorf[120] hält eine Vertragsklausel bei einem Mobilfunkvertrag für zulässig, wenn Rechnungsbeträge mit Lastschrift eingezogen werden, der Kunde jedoch auch eine andere Art der Rechnungsstellung wählen kann, dann jedoch ein Zusatzentgelt zahlen muss. Der BGH hat in zwei Grundsatzentscheidungen den Zwang zur Zahlung per Lastschrift unter bestimmten Voraussetzungen für zulässig erklärt. Zum einen sind derartige Klauseln zulässig, wenn es sich um geringfügige Beträge handelt oder wenn es um größere Beträge geht, die in regelmäßigen Abständen und in gleich bleibender, von vornherein feststehender Höhe eingezogen werden.[121] Steht die Höhe der Beträge nicht von vornherein fest, benachteiligt eine derartige Klausel den Kunden dann nicht unangemessen, wenn durch die Klausel sichergestellt ist, dass dem Kunden zwischen dem Zugang der Rechnung und dem Einzug des Rechnungsbetrages ausreichend Zeit – mindestens 5 Werktage – verbleibt, die Rechnung zu prüfen und ggf. für ausreichende Deckung seines Girokontos zu sorgen.[122]

99 Für die Praxis ergibt sich, dass bei Neuverträgen z.B. im Bereich von Zeitungsabonnements, Vereinsbeiträgen, Fitnessverträgen oder Stromverträgen ein Zwang zur SEPA-Lastschrift ohne Weiteres zulässig ist, weil es sich um relativ geringe Festbeträge handelt, die für den Verbraucher kalkulierbar sind. Auch der Zwangseinzug von Miete, Darlehensraten oder Versicherungsbeiträgen ist zulässig. Dabei handelt es sich zwar um erhebliche Beträge. Jedoch sind diese der Höhe nach bestimmbar und der Leistungszeitpunkt wegen der Regelmäßigkeit der Fälligkeit vorhersehbar. Bei Neuverträgen mit Monopolanbietern, die Elementarleistungen anbieten, z.B. Gas- und Wasserversorgung und wohl auch Strom (da die »Liberalisierung« des Strommarktes faktisch ausgeblieben ist) kann ein Zwang zur SEPA-Lastschrift nicht mehr verneint werden. Zwar unterfallen diese Anbieter, weil sie Elementarleistungen anbieten, einem vertraglichen Abschlusszwang. Das Rechnungsdatum ist

118 AG Ludwigsburg, Urt. v. 26.07.2007 – 8 C 1355/07, WM 2007, 2198.
119 BGH, Urt. v. 10.01.1996 – XII ZR 271/94, NJW 1996, 988.
120 OLG Düsseldorf, Urt. v. 31.10.1996 – 6 U 206/95; so auch das OLG Jena, Urt. v. 27.04.1995 – 1 U 848/94; KG, NJW-RR 1994, 1543.
121 BGH, Urt. v. 10.01.1996 – XII ZR 271/94, NJW 1996, 988.
122 BGH, Urt. v. 23.01.2003 – III ZR 54/02.

jedoch vorhersehbar. Werden alternative – wenn auch kostenpflichtige – Zahlungsmöglichkeiten angeboten, z.B. Zahlung auf Rechnung per Überweisung oder bar, sind solche Rechnungsklauseln zulässig. Bei Neuverträgen z.B. mit der Telekom oder Mobilfunkanbietern ist der Zwang zur Lastschrift zulässig, wenn gewährleistet ist, dass 5 Werktage vor Abbuchung eine Rechnungsstellung erfolgt. Denn dann besteht die Möglichkeit, sich z.B. durch Auffüllung des Kontos auf die Abbuchung einzustellen.

Bei laufenden Altverträgen mit fester Laufzeit ist es unzulässig, während der laufenden Vertrags- **100**
beziehung einfach eine Differenzierung dahingehend einzuführen, dass bei weiterem Verzicht auf die Einzugsermächtigung trotz Aufforderung zu deren Erteilung die Barzahlung durch eine Barzahlungsgebühr verteuert wird. Eine solche Forderung des Anbieters stellt ebenso das Angebot zur Änderung der AGB des Vertrages dar, wie eine angebotene kostenneutrale Umstellung von der möglichen Überweisung auf eine ausschließliche Einzugsermächtigung. Diese würde nur verbindlich, wenn der Kunde ausdrücklich zustimmt. Nur durch Schweigen kann er nicht zustimmen. Er müsste sich ausdrücklich dazu äußern.

Bei laufenden Dauerschuldverhältnissen wie z.B. der Energielieferung sind AGB-Änderungen und **101**
damit Änderungen der Zahlungsart möglich. Dem Verbraucher muss jedoch genügend Zeit zur Umstellung gegeben werden (mindestens 4 bis 6 Wochen). Zusammenfassend ist festzuhalten, dass dem Zwang zum Lastschriftverfahren nach der neueren Rechtsprechung nur noch in wenigen Ausnahmefällen entgangen werden kann, außer es werden vom Kunden Mehrkosten für alternative Zahlungsmöglichkeiten in Kauf genommen.

VII. Widerspruch in der Insolvenz

Infolge der Widerspruchsmöglichkeit entsteht für den Gläubiger eine Schwebephase, innerhalb **102**
derer er damit rechnen muss, dass sein Konto mit dem zunächst gutgeschriebenen Betrag später rückbelastet wird. Wurde eine Leistung ordnungsgemäß erbracht und der Rechnungsbetrag vom Leistungserbringer eingezogen, wird dieser kaum verstehen, dass ein Insolvenzverwalter ohne besonderen Grund berechtigt sein soll, diesen Betrag Wochen später einfach zurückzurufen und den Leistungserbringer auf seine im Zweifel wertlosen Rechte als Insolvenzgläubiger zu verweisen. Um das Missbrauchsrisiko in der Schwebelage bis zur endgültigen Genehmigung auszuschließen, haben sich die zuständigen Senate des BGH am 20.07.2010 auf einheitliche Rechtsgrundsätze zur Insolvenzfestigkeit der Einzugsermächtigungslastschrift geeinigt.[123] Nach Meinung des XI. Senats des BGH kann die Kreditwirtschaft unter der Geltung der §§ 675c ff. BGB in ihren AGB eine an das Vorbild des SEPA-Lastschriftverfahrens angelehnte Parteivereinbarung einführen, die von der Genehmigungstheorie abweicht. Wenn der Zahlungspflichtige danach mit der dem Gläubiger erteilten Einzugsermächtigung zugleich auch seine Bank autorisiert, die Zahlung auszuführen, ist die Belastungsbuchung auf seinem Konto von Anfang an wirksam. Sie hat auch dann Bestand, wenn nach der Belastungsbuchung das Insolvenzverfahren über das Konto des Zahlungspflichtigen eröffnet wird oder es im Eröffnungsverfahren zur Anordnung von Sicherungsmaßnahmen kommt. Das Recht des Zahlers gem. § 675x BGB, binnen 8 Wochen nach der Belastungsbuchung von seiner Bank Erstattung des abgebuchten Betrags zu verlangen, fällt nach Ansicht des BGH nicht in die Insolvenzmasse, sodass der Insolvenzverwalter keine Verfügungsbefugnis erlangt. § 675j Abs. 1 S. 2 BGB sieht vor, dass die Autorisierung bei entsprechender Vereinbarung zwischen Schuldner und seiner Bank als Genehmigung ausgestaltet werden kann. Die Kreditwirtschaft hat in ihren AGB die SEPA-Lastschrift nach den Überlegungen des BGH insolvenzsicher ausgestaltet. In den Lastschrift-AGB ist von Anfang an eine autorisierte Zahlung vorgesehen. Erteilt der Schuldner ein SEPA-Mandat, gestattet er seinem Gläubiger, die Forderung einzuziehen. Er autorisiert gleichzeitig gegenüber seiner Bank diesen Einzug.

123 BGH, Urt. v. 20.07.2010 – XI ZR 236/07, NJW 2010, 3510 und IX ZR 37/09, NJW 2010, 3517.

E. Zahlungskartengeschäft

I. Wirtschaftliche Bedeutung

103 Der Kartenmarkt ist gesättigt und weist nur noch leichte Zuwachsraten auf.[124] Dabei überwiegt die Zahl der Debitkarten die der Kreditkarten um ein Vielfaches.[125] Die Idee der Kreditkarte heutiger Form entstand 1950 und mündete in die Gründung der Firma Diners Club.[126] Ihren eigentlichen Siegeszug haben Zahlungskarten[127] ab 1968 angetreten. Seinerzeit wurden die auch heute noch umgangssprachlich bekannten »ec-Karten«, früher zusammen mit »Euroschecks«, ausgegeben. Der Einsatz von Zahlungskarten ist für die Bargeldversorgung der Bevölkerung inzwischen unverzichtbar geworden. An über 58.000 Geldautomaten kann Bargeld – auch mit den mit PIN versehenen Kreditkarten – abgehoben werden.[128] Inzwischen bieten in Konkurrenz zu den Automatenbetreibern auch viele Einzelhändler eine entsprechende, jedoch durchweg kostenlose Bargeldversorgung im Zusammenhang mit der Bezahlung der Rechnung an, um die Bargeldbestände in den Kassen zu reduzieren.

104 Die Zahl an Kreditkarten, bei denen dem Kunden eine echte Kreditlinie eingeräumt wird, ist mit 4 % des Kartenmarktes niedrig. Einem Anteil am Transaktionsumfang von 19 % mit Debit- und Kreditkarten steht ein Umfang von 29,6 % an Überweisungen gegenüber. Das Volumen an Überweisungen im bargeldlosen Zahlungsverkehr macht jedoch 91,6 % aus, dass an Debit- und Kreditkarten nur 0,5 %.[129]

II. Praktische Abwicklung

105 Aus dem hohen Anteil bargeldloser Zahlungen folgt die besondere Bedeutung der sicheren Autorisierung der Zahlungsvorgänge. Da es einen »elektronischen« Personalausweis für den Massenzahlungsverkehr (noch) nicht gibt, behelfen sich die Kartenausgeber bis heute mit dem Zugangsmedium einer für den oder vom Kunden bestimmten PIN, insbesondere am Geldautomaten, und dem zusätzlichen Einsatz einer TAN zur Autorisierung insb. von Online-Überweisungen. Da beide Medien fantasievollen und immer wieder neuen Angriffen von Kriminellen ausgesetzt sind, hat die Sicherheit des bargeldlosen Zahlungsverkehrs und die Frage der Beweislast bei Schädigungsfällen besondere Bedeutung für die Kunden.

106 Kartengebunden wird online vor allem unter Einsatz von Kreditkarten gezahlt. Dies bietet dem Händler eine Zahlungsgarantie, ist für ihn jedoch mit Kosten verbunden. Dabei wird das Referenzkonto den Kunden verzögert belastet, was ihm einen Wertstellungsvorteil einräumt. Je nach vertraglicher Gestaltung kann dem Kunden auch ein echter Kredit gewährt werden, der entweder in Teilen automatisch getilgt wird (Revolving-Kreditkarte) oder vom Kunden individuell getilgt werden kann. Die sehr hohen Kreditzinsen sorgen dabei für anhaltende Kritik und den Vorwurf,

---

124 Karten zur Bargeldabhebung am Geldautomaten 2012: 135 Millionen, 2016: 149 Millionen, vgl. Zahlungsverkehrsstatistik Deutsche Bundesbank, September 2017.

125 Debitkarten 2016: 108 Millionen, Kreditkarten 33 Millionen, vgl. Zahlungsverkehrsstatistik Deutsche Bundesbank, September 2017.

126 Ihr Gründer hatte beim Mittagessen seine Geldbörse vergessen und hinterließ als Sicherheit seine Visitenkarte. Der Name Diners Club skizziert die auf diesem Ereignis gründende Geschäftsidee. Es gab schon Ende des 19. Jahrhunderts Kreditkarten als eine Art Kundenkarte, die von einzelnen Firmen zum Bezahlen ausgegeben wurden.

127 Der immer noch populäre Begriff »ec-Karte« darf aus namensrechtlichen Gründen von der Kreditwirtschaft nicht mehr verwendet werde. Der neue gesetzliche Begriff »Zahlungsinstrument«, § 675v BGB, dürfte kaum Allgemeingut werden. Gebräuchlicher erscheint der Begriff »Zahlungskarte« aus § 1 Nr. 3 b) Zahlungsdiensteaufsichtsgesetz (ZAG).

128 Genaue Zahlen zum Karteneinsatz finden sich in den Zahlungsverkehrsstatistiken der Deutschen Bundesbank 2012-2016, Stand September 2017.

129 Zahlen, Daten, Fakten der Kreditwirtschaft, Bankenverband, November 2017.

die Kreditkarte fördere die Verbraucherverschuldung.[130] Sicherheit soll bei Online-Zahlungen mit der Kreditkarte die dreistellige Kartenprüfnummer gewähren, der nur auf der Rückseite der Karte abgedruckt ist. Da diese nicht geheim gehalten, sondern beim stationären Einsatz im Geschäft oder auch von einem Kartendieb abgelesen werden kann, stellt sich für den Karteninhaber im Diebstahlsfall die Frage, wie sicher die Kreditkarte aufbewahrt werden muss.

Für den Inhaber der Debitkarte, bei der das Kundenkonto sofort belastet wird, stellt sich im Schadensfall die vielfach die Gerichte beschäftigende Frage, wie Kriminelle an die nicht offen auf der Karte sichtbaren Sicherheitsmerkmale herangekommen sein könnten, insbesondere, wenn die PIN nach Behauptung des Kartenausgebers nicht mehr im Magnetstreifen, sondern im Chip der Karte hinterlegt ist. 107

Zur Frage der Haftung und Sicherheit finden sich nunmehr umfassende und für die Anbieter strenge Regelungen im BGB und im Zahlungsdiensteaufsichtsgesetz (ZAG), zuletzt die Forderung des Gesetzgebers an die Kartenausgeber nach der Einführung von Instrumenten, die eine starke Kundenauthentifizierung gewährleistet. 108

III. Karteneinsatz am Geldautomaten

1. Abhebungsvorgang

Der Karteninhaber kann an Geldautomaten (GAA) des die Karte ausgebenden Instituts oder an in- und ausländischen Fremdautomaten in den vereinbarten Grenzen Geld abheben. Eine auf dem sachlich und räumlich relevanten Markt marktbeherrschende Sparkasse kann den Zugang zu ihren Geldautomaten für konkurrierende Banken nur beschränken, wenn sie die anderen Kreditinstitute dadurch sachlich nicht diskriminiert.[131] Diese im Zusammenhang mit Direktbanken ohne GAA-Netz insb. von den Sparkassen geführte Kontroverse hat sich inzwischen beruhigt. 109

Zur Abhebung ist die Eingabe einer vierstelligen PIN notwendig. Wird diese dreimal hintereinander falsch eingeben, erfolgt eine automatische Kartensperre. Eine biometrische Authentifizierung, wie sie inzwischen bei Mobiltelefonen Standard ist, gibt es bei GAA nicht. Sicherheit ist für die Kreditwirtschaft immer eine wirtschaftliche Zweckmäßigkeitsüberlegung. Erscheint deren Verbesserung angesichts der Höhe der Schadensfälle unwirtschaftlich, wird die alte Automatentechnik weiter eingesetzt oder nur geringfügig verbessert, z.B. um den heute üblichen Sichtschutz am PIN-Eingabefeld zur Verhinderung von Ausspähattacken. 110

Der Auszahlungsvorgang wird durch den GAA protokolliert. Die Authentifizierung erfolgt technisch durch Eingabe der PIN am GAA und deren Online-Weiterleitung bis zur Prüfung und Freigabe durch den Kartenausgeber. Die Daten werden dabei nach Angaben der Kartenausgeber mit einem Triple-DES-Sicherheitssystem verschlüsselt, dass einen unbefugten Zugriff Dritter ausschließen soll.[132] Wer im Ausland mit Hilfe der Karte und Eingabe der PIN zahlt, kann angesichts des Tempos der Freigabe den Rückschluss ziehen, dass die PIN und damit die Zahlung auch anhand von Merkmalen freigegeben wird, die auf der Karte im Magnetstreifen bzw. dem EMV-Chip gespeichert sind. Die Kartenausgeber behaupten, die mit Chip ausgestatteten Karten seinen fälschungssicher.[133] Soweit die Karte einen Geldkartenchip enthält, kann dieser am GAA oder Ladeterminals geladen und entladen werden. 111

130 Z.B. www.n-tv.de v. 16.10.2017: »23 Prozent Zinsen – Kreditkarten können zu Gebührenfalle werden«.

131 OLG München, Urt. v. 17.06.2010 – U (K) 1607/10.

132 Darstellung aus der Sicht der Kartenausgeber in Beesch/Willershausen, jurisPR-BKR 9/2012 Anm. 1; Schilderung eines Angriffsszenarios in Heise-Online v. 07.08.2016 »Angriff auf Geldautomaten mit Fernsteuerung«.

133 Argumentiert wird mit dem starken Rückgang an sog. Skimming-Fällen, dh des Ausspähens der PIN am Automaten nebst technischer Kopie des Inhalts der Magnetstreifen zur Herstellung einer Kartendublette; Heise-Online berichtet am 28.12.2014 dagegen von einer Demonstration auf dem Chaos Communication Congress (31C3) in Hamburg unter der Überschrift: Kredit- und Bankkarten mit Chip »total unsicher«.

2. Rechtsnatur der Abhebung

112 Das Fremdinstitut stellt bei der Abhebung seine Kosten dem Institut des Karteninhabers in Rechnung. Dieses kann den Betrag als Auslagenersatz weiterreichen, muss dies jedoch nicht. Es kann auch im Preisverzeichnis einen höheren Betrag als den Ausgleich der reinen Fremdkosten vorsehen. Für den Kunden ergibt sich die missliche Situation, dass er bei einer Fremdabhebung nicht weiß, was ihn an Kosten erwartet, wenn ihm das Preisverzeichnis seines Instituts nicht geläufig ist. Am Fremdautomaten kann er zu den Preisen i.d.R. nur die für ihn kryptische Bemerkung ablesen, er möge sich wegen der Abhebungskosten an das die Karte ausgebende Institut wenden. Transparent sind zumindest Ausweisungen im Preisverzeichnis der Hausbank, bei denen vom eigenen Kunden bei einer Fremdabhebung ein einheitlicher Betrag verlangt wird, auch wenn die Höhe praktisch Abschreckcharakter haben soll.[134] Dogmatisch soll der Kunde mit der Automatenverfügung ein vertragliches Weisungsrecht ggü. dem kartenausgebenden Institut ausüben. Die Möglichkeit der Abhebung soll eine besondere Dienstleistung der kartenausgebenden Bank ggü. ihrem Kunden sein, der diese berechtigt, Aufwendungsersatz zu verlangen, §§ 670, 675 BGB.[135]

113 Bei der Abhebung am Fremdautomaten überzeugt der Weisungsgedanke nicht. Der Kunde tritt einem fremden Vertragspartner entgegen. Durch Einsatz der Karte beantragt er eine Abhebung von fremdem Geld des Drittanbieters, der ihm dies theoretisch verwehrt werden könnte, indem der den Antrag nicht annimmt. Das Fremdinstitut verwahrt nicht die Einlage des Abhebenden, sondern zahlt eigenes Geld aus. Es nimmt den Antrag auf Auszahlung nach Erhalt der Karte im Automaten in die Prüfung und erfüllt mit der Auszahlung nach Meinung des Verf. einen so abgeschlossenen Auszahlungsvertrag. Die Geldscheine gehen in das Eigentum des Abhebenden über. Das Geld ausgebende Institut kann den Betrag danach ohne Widerrufsmöglichkeit bei der Hausbank des Kunden auf der Grundlage des von der Kreditwirtschaft vereinbarten Regelwerks für das Deutsche Geldautomatensystem mit garantiertem Erfolg einziehen. Bei dieser dogmatischen Einordnung muss der Kunde bei jedem Abhebungsvorgang am Fremdautomaten ablesen können, was ihn dies an Auslagen kostet und das Abhebentgelt so verbindlich vereinbaren. Dies wird inzwischen zunehmend auch am Fremdautomaten betragsmäßig ausgewiesen. Seine eigene Bank kann für die Kontobelastung kein besonderes Entgelt verlangen, da die ordnungsgemäße Verbuchung der Abhebung eine Nebenpflicht ist. Der Gesetzgeber hat dafür kein Entgelt zugelassen.

114 Ist das Konto des Kunden nicht gedeckt oder verfügt er im Rahmen einer vereinbarten Überziehung, ergeben sich dogmatisch keine Probleme. Bei Deckung verfügt er über seine Einlage, bei vereinbarter Überziehung beantragt er einen Kredit, zu dessen Gewährung das die Karte ausgebende Institut aus dem Giroverhältnis verpflichtet ist, solange es den Kunden im Besitz der Karte lässt. Wird die Fremdabhebung als Auszahlungsvertrag betrachtet, muss die Hausbank ggü. dem an sie durch die Fremdbank übermittelten Auszahlungswunsch Zustimmung signalisieren, also die Deckung der Auszahlung garantieren. Beantragt der Kunde eine Auszahlung, obwohl die vereinbarte Überziehung ausgeschöpft ist, ist sein Antrag auf Gewährung einer geduldeten Überziehung gerichtet. Die Bank des Karteninhabers prüft im eigenen Sicherheitsinteresse, ob diese möglich ist. Lehnt sie ggü. der Fremdbank die Deckung ab, wird diese die Auszahlung und damit den Abschluss eines Auszahlungsvertrags verweigern. Erhält der Kunde am Automaten Geld, wurde die weitere Überziehung geduldet und er wird Eigentümer der Scheine.[136] Da nach Angaben der Kreditwirtschaft die Auszahlungsvorgänge durchweg online abgewickelt werden, stößt ein Auszahlungsvertrag auf keine technischen Probleme. Wird die weitere Überziehung verweigert, kann das die Karten ausgebende Institut sowohl am eigenen Automaten als auch durch Information des Fremdinstituts sicherstellen, dass keine weitere Auszahlung erfolgt. Der Einzug der Karte wegen Limitausschöpfung

134 Z.B. Postbank 1 % vom abgehobenen Betrag, mind. 5,99 € bei Abhebung an GAA, die kein direktes Kundenentgelt erheben (Preisverzeichnis Stand 01.10.2017).

135 *Koch/Vogel* Rn. 13 m.w.N.

136 Unzutreffend *Koch/Vogel* Rn. 14 m.w.N.

kann allerdings nur auf der Grundlage einer ausgesprochenen bzw. durch Einzug konkludenten Kündigung des Kartenvertrages erfolgen.

3. Verfügungsrahmen

Dieser bezeichnet die Betragshöhe, die der Kunde im Rahmen einer Abhebung am eigenen oder Fremdautomaten max. erhalten kann oder über den er beim Kreditkarteneinsatz max. – z.B. innerhalb eines Monats – verfügen kann. Zum Schutz vor Missbräuchen durch Dritte können gem. § 675k Abs. 1 BGB Betragsobergrenzen vereinbart werden. Das tägliche Verfügungslimit bezeichnet die max. Grenze aller an einem Tag möglichen Transaktionen unter Ausschöpfung des jeweiligen Verfügungsrahmens. Gerade in Schadensfällen führt es bei Geschädigten zu einem teilweise bösen Erwachen, wenn sie feststellen, dass das Tageslimit keinesfalls auf den Betrag beschränkt ist, der maximal mit einer Abhebung erlangt werden kann. Je nach Institut beträgt das tatsächlich eingeräumte Tageslimit teilweise mehrere Tausend Euro, teilweise in einer Kombination zwischen maximalem Tages- und Wochenlimit. Werden im Schadensfall Verfügungen über das Tageslimit hinaus getätigt, ist die Haftung des Kunden auf das Tageslimit beschränkt.[137] 115

4. Kosten

Bis zur Aufkündigung der früher bestehenden GAA-Gebührenübereinkunft der Kreditwirtschaft durch die Sparkassen mit Wirkung zum 01.03.1997 waren die Kosten für den Einsatz der Zahlungskarte am fremden GAA für den Kunden kalkulierbar, weil der Höhe nach einheitlich. Die Sparkassen kündigten diese Vereinbarung vor dem Hintergrund des Auftretens von Direktbanken. Da diese über keine oder wenige Automaten verfügen, versorgen sich deren Kunden an den weitverbreiteten Sparkassenautomaten, was als Wettbewerbsverzerrung betrachtet wurde. Seitdem wird über die Höhe der Kostenbelastung an Fremdautomaten kontrovers diskutiert. 2010 lehnte das Kartellamt noch ein Fünf-Euro-Angebot der Banken zur Entgeltbeschränkung ab. Eine 2011 auf Druck der Wettbewerbshüter propagierte Selbstbeschränkung der Banken auf 1,95 Euro hatte nur eine kurze Lebensdauer und wurde von den Sparkassen nicht übernommen. Inzwischen hat das Bundeskartellamt resigniert und erklärt, eine Obergrenze sei wegen der zahlreichen Möglichkeiten der Kunden, hohe Fremdgebühren zu vermeiden, nicht sinnvoll.[138] 116

Obwohl die Vollamortisationskosten für eine Abhebung unter einem Euro liegen, wurden den Fremdkunden vier bis fünf Euro für eine Abhebung abverlangt.[139] Die Institute versuchen, dem durch Verbundmodelle entgegen zu wirken. So hebt der Kunde nicht nur bei seiner eigenen Sparkasse kostenfrei ab, sondern auch bei den fremden Sparkassen, die dem Deutschen Sparkassen- und Giroverband angehören. Die Genossenschafts- und Geschäftsbanken unterhalten vergleichbare Angebote, denen sich jedoch insb. in Urlauberregionen nicht alle Institute angeschlossen haben. Direktbanken verweisen ihre Kunden zunehmend auf die Möglichkeit der Geldabhebung mit Kreditkarten. Für den Kunden ist ein Kostenvergleich zwischen Girokonten wegen der Bedeutung der Automatenabhebung und deren möglicher Kosten so nur noch schwer möglich. Tatsächlich dürfte die sich ausbreitende Möglichkeit, sich bei der Zahlung in großen Handelsketten kostenlos mit Bargeld zu versorgen, zu einer Entspannung der Diskussion für den Verbraucher beitragen. 117

IV. Karteneinsatz am Point of Sale (POS)

1. Grundlagen und Entwicklung

Beim Einsatz von Karten ist das Valutaverhältnis zwischen Karteninhaber (Schuldner) und Gläubiger vom Deckungsverhältnis zu unterscheiden. Im Valutaverhältnis betrifft der Einsatz der Karte 118

137 BGH, Urt. v. 29.11.2011 – XI ZR 370/10.
138 Meldung auf www.handelsblatt.com v. 15.09.2017.
139 Untersuchung in Finanztest 12/2016.

die Zahlungsabrede zur Erfüllung der schuldrechtlichen Verpflichtung zwischen Gläubiger und Schuldner. Im Deckungsverhältnis wird der aus dem Valutaverhältnis geschuldete Betrag von der Bank des Gläubigers, der Kreditkartengesellschaft bzw. sonstigen Einzugsstellen vom Konto des Schuldners eingezogen. Entweder wird dem Gläubiger durch den Einsatz der Karte die Zahlung des Betrages im Deckungsverhältnis garantiert (wenn der Schuldner zusätzlich die richtige PIN i.R.d. Electronic Cash am Zahlungsterminal des Gläubigers eingibt) oder er unterwirft sich hinsichtlich der Deckung den Besonderheiten des Deckungsverhältnisses. Beim Einsatz von Kreditkarten kann dies zu Einschränkungen für den Gläubiger aus dem gesondert zwischen ihm und der Kartenfirma geschlossenen Händlervertrag führen. Bei der unterschriftgestützten Einzugsermächtigung (ELV-Lastschrift), bei der der Gläubiger die Unterschrift der vorgelegten Karte mit derjenigen auf dem Ermächtigungsbeleg vergleicht, lässt er sich auf die dem Schuldner zustehenden Möglichkeit des Widerrufs der Lastschrift ein. Der Zahlungserfolg stellt sich für den Gläubiger endgültig erst dann ein, wenn der Schuldner die Möglichkeit des Widerrufs durch Zeitablauf nicht mehr hat.

119 Der Einsatz der Karte an der Ladenkasse mit PIN oder im ELV-Lastschriftverfahren machte 2016 noch 13,4 % Anteil am Umsatz und 7,8 % der Transaktionen aus. Im Verhältnis zu anderen, kartengestützten Verfahren hält sich die Bedeutung des für den Handel kostengünstigen und für den Kunden sicheren Zahlungssystems.[140] Es übersteigt den Einsatz der Kreditkarte. Lediglich ec-Cash/Girocard inkl. Maestro und Vpay haben in der Zahlungspraxis noch größere Bedeutung.

2. Girokarte

120 Die ec-Karte wurde von institutseigenen Zahlungskarten abgelöst. Als Oberbegriff wurde dafür die Bezeichnung »Girokarte« gewählt, deren entsprechendes Logo auf den Zahlungskarten aufgebracht ist. Sie dient dem Sofortzahlungssystem Electronic Cash mit PIN, der Bargeldabhebung und der Kontokontrolle. Die internationale Einsatzmöglichkeit zur Sofortzahlung mit PIN und Bargeldabhebung wird durch das Logo »Maestro« auf der Karte dokumentiert. Alternativ verwenden Kartenanbieter das »Vpay«-Symbol auf den Karten. Dabei handelt es sich um eine von Visa Inc. eingeführte Debitkarte mit PIN-Funktion, die auf der EMV-Chiptechnologie basiert. Der Leistungsumfang der Karte ergibt sich aus dem zwischen Kunde und seinem Institut gesondert geschlossenen Kartenvertrag. Die Pflicht zur Aushändigung einer Karte besteht nicht. Es handelt sich um einen Geschäftsbesorgungsvertrag mit dienstvertraglichem Einschlag. Die näheren Einzelheiten ergeben sich aus dem Zahlungsdiensterahmenvertrag. § 675j Abs. 1 Satz 4 BGB sieht lediglich vor, dass die Wirksamkeit eines Zahlungsvorgangs mit einem Zahlungsinstrument vereinbart werden *kann*. Es kann ebenso vereinbart werden, dass Karten nur dem bloßen Ausdruck von Kontoauszügen oder der Bargeldversorgung ausschließlich bei der eigenen Bank dienen.

121 Bei der Zahlung im geschäftlichen Verkehr ist zu unterscheiden zwischen der sofortigen oder der verzögerten Kontobelastung. Entweder zahlt der Kunde unter Einsatz seiner Karte und PIN im Wege des Electronic Cash.[141] Dann wird der Betrag sofort und unwiderruflich vom Konto abgebucht. Oder er zahlt unter Vorlage der Karte und mit Leistung seiner Unterschrift. Dann wird der Betrag vom Konto im Wege der ELV-Lastschrift abgebucht, ohne dass er dies rechtlich ggü. seiner Bank genehmigt hätte. Im Wege des Einzugsverfahrens hat er nur dem Händler eine Genehmigung zum Einzug erteilt. Er ist ggü. dem Händler (nicht ggü. seiner eigenen Bank) zur Kontodeckung verpflichtet. Verletzt er diese Pflicht schuldhaft, macht er sich ggü. dem Händler (nicht ggü. seiner eigenen Bank) schadensersatzpflichtig.

140 Insgesamt überwiegt nach wie vor der Bargeldeinsatz mit 51,3 % Anteil am Umsatz und 77,9 % Transaktionsanteil; ec-Cash/Girocard (inkl. Maestro, Vpay) machen 25,5 des Umsatzes und 10,7 % der Transaktionsanteile aus; Quelle: EHI Retail Institut, Erhebung für 2016.

141 International im Maestro-System von Mastercard. Die Kreditwirtschaft hat 2007 vereinbart, dass zukünftig auch Visa Europe mit dem Vpay-Dienst bei Debitkarten zum Zuge kommt.

3. Kreditkarte

a) Formen

Die meisten in Deutschland ausgegebenen Kreditkarten sind bisher sog. Chargekarten. Dabei erhält der Kunde eine Rechnung über alle in einem Abrechnungszeitraum getätigten Umsätze, die nach Rechnungserhalt beglichen werden muss. Dem Kreditkarteninhaber wird i.d.R. ein vierwöchiges Zahlungsziel gewährt. Der Betrag wird von seinem Girokonto seitens der Kreditkartenfirma automatisch eingezogen. Der Kunde erhält demnach einen fest umrissenen Zahlungsaufschub. Kreditkarten haben im inländischen Einzelhandel mit 6,1 % Anteil am Umsatz und 2,2 % Transaktionsanteil bei Online-Zahlungen den niedrigsten Marktanteil.[142] 122

Verstärkt werden Kreditkarten angeboten, bei denen der Rechnungsbetrag nicht in voller Höhe vom Konto des Schuldners abgebucht wird, sondern nur teilweise von einem bei der Kartenfirma geführten Kreditkonto mit individuellem Kreditrahmen (revolvierender Kredit). Bei solchen Revolving-Kreditkarten werden die mit Karte getätigten Umsätze flexibel in Rechnung gestellt. I.d.R. muss über das Lastschriftverfahren jeden Monat nur ein Mindestbetrag – z.B. 5 % des getätigten Umsatzes, mindestens 25 € pro Monat – zurückgeführt werden. Revolving-Kreditkarten sind nicht mit dem Girokonto des Kunden verknüpft. Will der Kunde nicht i.R.d. nur teilweisen Ausgleichs der Rechnung für den offen gebliebenen Betrag erhebliche Zinsen zahlen, muss er diesen Betrag mit einer Überweisung von seinem Konto zielgenau ausgleichen. Kredit und aufgelaufene Zinsen werden auf dem Kreditkonto nicht getrennt ausgewiesen, sondern zusammen neu verzinst (Zinskapitalisierung). Dadurch gerät der Kunde, der seine Kreditkartenzahlungen nicht aktiv managt, leicht in eine Schuldenspirale. 123

b) Grundlagen

Die Kreditkarte gehört nach der gesetzlichen Diktion zu den Zahlungsdiensten und ist ein Zahlungsinstrument i.S.v. § 1 Nr. 3 b), Abs. 20 ZAG. Da sie regelmäßig mit PIN ausgegeben wird, gelten die strengen Regeln der starken Kundenauthentifizierung für Zahlungskarten, § 1 Abs. 23, 24 ZAG. Über § 675c BGB ist die Kreditkarte den Regelungen für Zahlungsdienste unterworfen. An der rechtlichen Qualifizierung des Vertragsverhältnisses hat sich dadurch nichts geändert. Wie bei jeder Zahlungskarte kann neben dem Entgelt für die Hauptleistung für die Erfüllung von Nebenpflichten nur ein Entgelt verlangt werden, wenn dies gesetzlich zugelassen ist, § 675f Abs. 5 BGB. Untersagt ist dem Zahlungsempfänger, den Zahler mit einem Sonderentgelt für Kreditkartenzahlungen zu belasten, wenn dieser Verbraucher ist, § 270a BGB. Das gegenüber dem Kunden abgeschaffte Sonderentgelt hatte seine Ursache in den Kosten, die dem Händler im Rahmen der internen Abwicklung der Kreditkarte entstehen.[143] Früher wurden dieses nicht selten an den Kunden weitergereicht und dem Kaufpreis aufgeschlagen. Denn dem Händler wird vom Kaufpreis für den internen Zahlungseinzug im Rahmen des Händlervertrages ein prozentual am Kaufpreis orientiertes Agio abgezogen. Zulässig sein soll, wenn der Empfänger dem Zahler einen Anreiz oder eine Ermäßigung für den Kreditkarteneinsatz anbietet, § 675f Abs. 6 BGB. Ansonsten gelten die allgemeinen gesetzlichen Anforderungen und Besonderheiten für Zahlungskarten. 124

142 Quelle: EHI Retail Institute, Erhebung für das Jahr 2016.

143 Der Händler zahlt intern ein Disagio an die Bank des Händlers für den Karteneinsatz. Daraus wird ein geringer Betrag an die Bank des Kreditkarteninhabers abgegeben. Diese »Intercharge Fee« ist seit Dezember 2015 durch die Verordnung (EU) 2015/751 auf 0,30 % des Kaufpreises gedeckelt worden. Vorher lag sie bis zum sechsfachen höher.

125 Vertragsgrundlage ist ein entgeltpflichtiger[144] oder kostenloser Vertrag zwischen Kunden und Kartenausgeber (Emissionsvertrag), der keinem bestimmten Vertragstyp zugeordnet wird.[145] Der Kunde erhält das Recht, ggü. den Vertragsunternehmen des Kartenausgebers unter Vorlage der Karte bargeldlos zu zahlen. Die Karte hat eine dem Bargeld entsprechende Funktion.[146] Sie fällt nicht unter § 492 Abs. 1 BGB, da die Kreditschöpfung nicht im Vordergrund stehen soll.[147] Da zunehmend Revolving-Kreditkarten angeboten werden, bei denen die Gewährung des Kredits zu für den Verbraucher schwer zu durchschauenden Rückzahlungsbedingungen im Vordergrund steht, ist die von der herrschenden Meinung propagierte Privilegierung der Kreditkarte nicht mehr haltbar. Der Zahlungsaufschub wird vom Kunden teuer bezahlt.[148]

126 Es besteht Akzeptanzpflicht, soweit die Karte ordnungsgemäß eingesetzt wird. Der Kartenausgeber gibt ggü. der Akzeptanzstelle ein abstraktes Schuldversprechen ab, § 780 BGB. Auch für das Vertragsunternehmen ist der Karteneinsatz kostenpflichtig. Es zahlt ein an der Transaktionshöhe orientiertes Entgelt. Das Vertragsunternehmen stellt im Regelfall dem Kunden einen Beleg über die Zahlung aus, den dieser gegenzeichnet. Im Streitfall kann anhand der Echtheit des Belegs die Berechtigung zum Einzug des geschuldeten Betrags geprüft werden. Dieser Beleg legt das Vertragsunternehmen dem Kartenausgeber vor. Der Kartenausgeber, der auch das eigene Institut des Kunden sein kann, bucht gegen Vorlage den Zahlungsbetrag ab.

127 Die Besonderheit dieses beleggebundenen Einzugs besteht darin, dass der Kunde dem nicht rechtsmissbräuchlichen Einzug gem. § 675p BGB nicht widersprechen kann.[149] Denn er erteilt mit dem autorisierten Einsatz der Karte die Zustimmung zur Ausführung des Zahlungsauftrags. Der Autorisierung dient die Eingabe der PIN am Geldautomaten oder automatisierten Kassen, dort auch mittels Belegunterschrift. Als neue Variante gilt die kontaktlose Bezahlfunktion mit PIN. Dazu wird die Kreditkarte an das Empfangsgerät des Händlers gehalten.[150] Die Bank des Karteninhabers ist ggü. der den Betrag einziehenden Stelle verpflichtet, die vom Karteninhaber getätigten Umsätze zu begleichen.[151] Dem Händler wird i.R.d. Deckungsverhältnisses der Eingang des geschuldeten Betrags so garantiert. Kommt es zu Unstimmigkeiten zwischen Vertragsunternehmen und Kunden aus dem Valutaverhältnis, berührt dies die Deckungskette nicht. Diese Unstimmigkeiten müssen im Valutaverhältnis zwischen Schuldner und Akzeptanzstelle geklärt werden.

c) Zahlungsabwicklung

128 Die Belastung des Kundenkontos mit den aufgelaufenen Beträgen erfolgt bei Chargekarten verzögert im Monatsabstand. Der Kunde erhält eine Abrechnung. In den AGB ist geregelt, dass er diese unverzüglich auf Richtigkeit prüfen muss, vgl. § 676b Abs. 1 BGB.[152] Einwendungen gegen nicht autorisierte Kartenverfügungen sind ausgeschlossen, wenn sie nicht spätestens binnen 13 Monaten nach dem Tag der Belastungsbuchung erhoben werden, vgl. § 676b Abs. 2 BGB.[153] Bei verzögerter Kontobelastung wird dem Kunden vom Kartenausgeber ein Zahlungsaufschub zu den

---

144 Wenn entgeltpflichtig, folgt der Anspruch auf Aufwendungsersatz aus den §§ 675, 670 BGB (geschäftsbesorgungsrechtlicher Einschlag des Emissionsvertrags).

145 *Martinek/Oechler* Rn. 8.

146 BGH, WM 2002, 1120.

147 Str., kein Formerfordernis nach Langebucher/*Gößmann* § 3 Rn. 26 m.w.N.; dagegen *Metz* NJW 1991, 2804 (2811).

148 Fraglich ist, ob die Revolving Credit Cards § 493 BGB unterfallen. Wohl nein, weil ein Zahlungsaufschub von mehr als 3 Monaten abgestrebt und eingeräumt wird. Entsprechend hält Langenbucher/*Gößmann* § 3 Rn. 30 zutreffend für Revolving Credit Cards die Vorschriften über das Verbraucherdarlehen für anwendbar.

149 Z.B. AGB Kreditkarte SSK Düsseldorf Ziffer 5.3, Stand 13.01.2018.

150 Z.B. AGB Kreditkarten SSK Düsseldorf Ziffer 5.1, Stand 13.01.2018.

151 Z.B. AGB Kreditkarten SSK Düsseldorf Ziffer 8, Stand 13.01.2018.

152 Z.B. AGB Kreditkarten SSK Düsseldorf Ziffer 11, Stand 13.01.2018.

153 Z.B. AGB Kreditkarten SSK Düsseldorf Ziffer 13.4, Stand 13.01.2018.

Bedingungen des Kartenvertrages eingeräumt. Der Karteninhaber kann dadurch einen Zinsgewinn auf dem Belastungskonto durch verspätete Reduzierung der dortigen Einlage realisieren (nur wenn das Guthaben des Girokontos verzinst wird, was in den wenigsten Fällen geschieht) oder bei einem überzogenen Belastungskonto Zinsen für die vereinbarte oder geduldete Überziehung sparen. Die belastete Bank hat sich zum Ausgleich des Umsatzes verpflichtet, kann jedoch den Kartenvertrag fristlos kündigen und die Karte einziehen, wenn der Kunde die Kreditkarte nicht innerhalb der finanziellen Nutzungsgrenze einsetzt und damit gegen den Emissionsvertrag verstößt.

d) Händlervertrag

Der Händlervertrag zwischen Kartenfirma und Akzeptanzstelle verpflichtet diese, bei Vorlage der Kreditkarte diese als Zahlungsmittel zu akzeptieren und den Kunden wie einen Barzahler zu behandeln (Vertrag zugunsten Dritter, § 328 BGB). Da diese Verpflichtung nur ggü. dem berechtigten Karteninhaber gelten kann, ist die Akzeptanzstelle an bestimmte Abrechnungsvoraussetzungen gebunden. Geprüft werden muss, dass die Karte gültig ist und die Unterschrift des Karteninhabers trägt. Sie darf nicht gesperrt und muss frei von sichtbaren Manipulationen und Unstimmigkeiten sein. Der Beleg muss im Beisein der Akzeptanzstelle unterschrieben werden. Der Händler zahlt bei jeder Transaktion einen bestimmten Prozentsatz des Rechnungsbetrages als Entgelt an die Kartenfirma.[154] Im Gegenzug verpflichtet sich die Kartenfirma, die Beträge aus ordnungsgemäß abgewickelten Kartenzahlungen an den Händler zu erstatten. Keine Annahmepflicht besteht für den Händler ohne Vorlage der Karte bei Kontakt über Telefon oder Email. Gleichwohl ist der Einsatz der Karte ohne Beleg üblich geworden, vor allem im Mailorder-Verfahren der elektronischen Abwicklung. 129

Die Rechtsnatur des Händlervertrags wird als Rahmenvertrag sui generis bewertet.[155] Im Kern verpflichtet sich die Kartenfirma zum Rechnungsausgleich, wenn der Händler seine ihm auferlegten Pflichten erfüllt hat. Sie gibt demnach ggü. dem Händler ein abstraktes Schuldversprechen ab.[156] Auch wenn im Wortlaut der Händlerbedingungen von einem »Kauf« die Rede sei, schließe dies, so der BGH, nicht eine andere rechtliche Bewertung des Rechtsverhältnisses aus. Da die Karte einen Bargeldersatz darstellt, erbringt der Händler eine Vorleistung, indem er schon leistet, ohne die Gegenleistung in Geld in der Hand zu halten. Die Karte ist auf Zug-um-Zug-Geschäfte und nicht auf Rechnungsgeschäfte zugeschnitten. Da der Händler bei Karteneinsatz abredegemäß auf sofortige Zahlung verzichtet, muss die Kartenfirma für den Ausgleich der Vorleistung einstehen und diese dem Händler bei ordnungsgemäßer Abrechnung garantieren. Es liegt demnach im Interesse des Händlers, auf der Grundlage des Händlervertrages eine gesicherte Rechtsposition zu erhalten und insb. zu vermeiden, dass die Kartenfirma eigene Risiken auf ihn abwälzt. Ein solches Risiko wäre der Händler nicht eingegangen, hätte er ggü. einem Kunden auf die übliche Zug-um-Zug-Barzahlung mit Geld bestanden. Dem BGH ist zuzustimmen, dass der Forderungskauf den Händler nicht vor dem Missbrauchsrisiko schützt. Liegt keine Verletzung des Händlervertrages vor, muss der Zahlungsausgleich durch die Kartenfirma erfolgen.[157] Ob diese Ausgleich vom Karteninhaber erlangt, ergibt sich aus dem Kartenvertrag, an dem der Händler nicht beteiligt ist. Mit dieser Wende in der Rechtsprechung gehört die früher für die Kartenfirma einfache Rückbelastung des Händlers der Vergangenheit an.[158] 130

154 Z.B. Disagio: 3,0 %, Transaktionsgebühr: 0,35 €, Risikochecks 0,12 €.

155 Langenbucher/*Gößmann* § 3 Rn. 65.

156 BGH, WM 2002, 1120; BGH, WM 2004, 426. Besprochen durch *Hofmann* ZBB 2004, 405. Früher herrschte die Meinung vor, es handele sich um einen Forderungskauf, vgl. BGH, WM 1990, 1059.

157 Zur Kritik daran vgl. Langenbucher/*Gößmann* § 3 Rn. 73.

158 Die Kartenfirmen hatten sich nach altem Recht des Forderungsverkaufs im Händlervertrag ausbedungen, dass der Händler der Kartenfirma den erhaltenen Betrag wieder erstattet, wenn der Kartenkunde ggü. der Kartenfirma die Zahlung unter Hinweis auf eine Leistungsstörung aus dem Valutaverhältnis verweigert.

4. Geldkarte

131 Bei der »GeldKarte« handelt es um eine Zusatzfunktion auf der Karte, eine im Kartenchip enthaltene »elektronische Geldbörse«. Sie wird seit 1997 angeboten und hat sich bisher auf breiter Front mangels Akzeptanzstellen nicht durchgesetzt.[159] Zwar soll sie noch auf 70 Millionen Karten als Chip aufgebracht sein. Wenn jedoch nur 0.75 % der Girocardinhaber sie nutzen und die Volks- und Raiffeisenbanken sie schrittweise abschaffen, scheint ihr keine Zukunft bevorzustehen.[160] Ob die seit 2012 lancierte kontaktlose Geldkarte »Girogo« diesen Trend aufhalten kann, wird die Zukunft zeigen. Rund 38 Millionen Karten verfügen über die kontaktlose Bezahlfunktion »Girogo«. Damit können Kleinbeträge bis 20 Euro in Einzelhandelsgeschäften, an Tankstellen sowie anderen Akzeptanzstellen kontaktlos bezahlt werden. Der Chip der Geldkarte kann am Geldautomaten, an speziellen Ladeterminals oder über das Internet mit bis zu 200 EUR aufgeladen werden. Geldkarte und »Girogo« sollen vor allem anonymisierte Kleinzahlungen an elektronischen Kassen ermöglichen und damit aus Sicht der Kreditwirtschaft den kostenintensiveren Umlauf an Münzen und Scheinen reduzieren.[161]

132 Der Chip wird unter Eingabe der PIN, die auf dem Kartenchip selber gespeichert ist, mit elektronischen Geldeinheiten an Geldautomaten oder besonderen Ladeterminals aufgeladen. Der Kunde erhält elektronische Werteinheiten in Form von Buchgeld.[162] Er kann dieses elektronische Geld auch wieder von der Geldkarte auf sein Konto transferieren. Die Bezahlung erfolgt an besonderen elektronischen Ladenkassen, wobei Einzelheiten durch spezielle Händlerbedingungen geregelt sind. Der Kunde setzt beim Bezahlvorgang nicht die PIN ein. Der Betrag wird nach seiner Bestätigung von seinem Chip abgebucht und in ein Händlerkonto transferiert. Mit der erfolgten Umbuchung ist der Bezahlvorgang für den Kunden, genau wie bei der Übergabe von Scheinen und Münzen, abgeschlossen. Der Bezahlvorgang ist unwiderruflich.

133 Der Händler erhält einen garantierten Ausgleichsanspruch gegen das die Karte ausgebende Institut. Dies ist unproblematisch, weil das Institut den Betrag bereits dem Kundenkonto belastet hat und seitdem in einem internen Schattenkonto für Geldkartenbelastungen des Kunden bereithält. Der Kunde gibt der Bank demnach einen Vorschuss, §§ 669, 675 BGB, mit der Maßgabe, diesen auf Anforderung eines Dritten auszuzahlen.[163]

134 Bei Verlust der Zahlungskarte kann unberechtigt über das Guthaben verfügt werden, ohne dass der Kunde Regressansprüche – außer gegen den Bereicherten – haben soll.[164] Die Kreditwirtschaft wälzt demnach das Verlustrisiko verschuldensunabhängig auf den Kunden ab. Der Kunde wird bei Verlust so gestellt, wie bei Verlust seiner normalen Geldbörse mit Bargeld. Der Gültigkeit dieser Geschäftsbedingungen der Geldkarte begegnen erhebliche Bedenken.[165] Wird unberechtigt über den Vorschuss verfügt, den der Kunde dem Karten ausgebenden Institut eingeräumt hat, kann dies nicht mit Bargeld verglichen werden. Dies hält der Kunde in der Hand, den Vorschuss verwahrt

159 Insgesamt 152 Mio. € wurden 2009 auf GeldKarten-Chips geladen, 131 Mio. gaben die Besitzer wieder aus. Das ist deutlich weniger als 2007: Damals landeten noch 172 Mio. € auf den Karten; 148 Mio. davon wurden ausgegeben. Der durchschnittliche Aufladebetrag blieb mit rund 27 € hingegen nahezu gleich. Der durchschnittliche Transaktionsbetrag lag laut Statistik des ZKA 2009 bei rund 2,90 €. Daran hat sich bis 2014 wenig geändert, vgl. Infos unter www.geldkarte.de.

160 Laut SZ-Online v. 11.09.2014: »Es war einmal die Geldkarte«.

161 Damit wird nach Meinung des Verf. ein Problem der Geldkarte bezeichnet. Die Akzeptanzstellen scheuen angesichts der Einsatzmöglichkeit im Kleinzahlungsbereich die relativ hohen Transaktionskosten und die Investitionskosten in die elektronischen Kassen. Zur Rationalisierung der Abläufe vgl. Koch/Vogel, Rn. 65 bis 67.

162 *Koch/Vogel* Rn. 77.

163 *Kümpel* WM 1997, 1037.

164 *Koch/Vogel* Rn. 82 unter Hinweis auf die AGB Geldkarte.

165 *Hofmann* ZBB 2002, 377 (380) problematisiert dies im Hinblick auf § 307 Abs. 2 Nr. 1 i.V.m. Abs. 3 Satz 1 BGB.

jedoch bis auf Abruf das Institut. Das Geld ist mit Diebstahl der Karte nicht automatisch »weg«, sondern zunächst nach wie vor auf dem Schattenkonto vorhanden, über welches nur das Institut verfügen kann. Soweit es sich ggü. der Akzeptanzstelle zur Auszahlung verpflichtet hat, kann diese Pflicht kaum bestehen, wenn die Bank Kenntnis davon hat oder sich dieser Kenntnis grob fahrlässig verschließt, dass die Akzeptanzstelle unberechtigt z.B. ohne Bestehen eines Valutaverhältnisses verfügt. Erfährt sie dies bspw. durch einen schnellen Zugriff der Ermittlungsbehörden, trifft sie entgegen ihren AGB eine aus § 254 BGB folgende Schadensminderungspflicht aus dem Girovertrag. Löst sie in Kenntnis der Nichtberechtigung der Akzeptanzstelle ein, macht sie sich schadenersatzpflichtig.

In § 675i BGB, der den Begriff der Geldkarte als Kleinbetragsinstrument rechtlich definiert, sind Sonderregelungen vorgesehen. Eigentlich sieht § 675v BGB eine Haftungsobergrenze von 150 € bei missbräuchlichem Einsatz einer gültigen Zahlungskarte vor. Da die Geldkarte mit 200 € geladen werden kann, würde diese in bestimmten Fällen greifen können. Da die Geldkartenfunktion auf der Karte nicht gesperrt werden kann, gilt die Haftungsbegrenzung dafür jedoch nicht, § 675i Abs. 3 BGB. 135

Ungeklärt ist bei Verlust der Karte, was aus dem Vorschuss des Kunden wird, wenn über diesen nicht unberechtigt verfügt wird. Die AGB zur Geldkarte behandeln dieses Thema nicht. Nicht jeder Kartenverlust geht mit einer missbräuchlichen Verfügung einher. Auch hier wird der Unterschied zum Bargeld sichtbar. Wird dieses z.B. an einem Automaten ausgezahlt, gibt der Kunde der Bank keinen Vorschuss, sondern diese leistet in Geldscheinen endgültig in Erfüllung des Kartenvertrages. Im Fall der Geldkarte erhält der Kunde keine Geldscheine, sondern Verrechnungseinheiten in Form elektronischen Geldes, die nur dann »ausgegeben« werden, wenn eine Akzeptanzstelle sie anfordert. Ansonsten bleiben sie unverbraucht auf einem Schatten- bzw. Vorschusskonto. Es muss demnach die Möglichkeit geschaffen werden, dass dieses Schattenkonto wieder aufgelöst wird, wenn klar ist, dass es zu keiner Vorschussanforderung durch eine Akzeptanzstelle kommt. Da bei Diebstahl der Karte eine Ausgabe der elektronischen Verrechnungseinheiten in zeitlich engem Zusammenhang nahe liegt, muss für den Kunden die Möglichkeit geschaffen werden, dass zu seinen Gunsten nach einem längeren Zeitablauf das Schattenkonto vom Kreditinstitut aufgelöst und der Betrag dem Kunden gutgeschrieben wird. 136

5. Kundenkarte

»Kundenkarten« mit Zahlungsfunktion verkörpern keine besondere Kartenform, sondern werden im Wege des Co-Branding von Kreditkartenfirmen in der Weise ausgegeben, dass Händler oder sonstige Anbieter wie z.B. Fußballvereine diese mit eigenem Namen bezeichnen. Diese Karten werden jedoch hinsichtlich der Zahlungsfunktion als normale Kreditkarten abgewickelt.[166] Sie gewähren einen Warenkredit, dienen der Kundenbindung und der Gewinnung von Kundendaten zur Absatzförderung.[167] Sie können unabhängig davon mit Rabatt-, Bonus- und sonstigen Funktionen verknüpft werden. 137

V. Sicherheits- und Haftungsfragen

1. Schutz- und Sorgfaltspflichten des Zahlungsdienstnutzers

Der Zahlungsdienstnutzer ist verpflichtet, unmittelbar nach Erhalt eines Zahlungsinstruments alle zumutbaren Vorkehrungen treffen, um die personalisierten Sicherheitsmerkmale vor unbefugtem Zugriff zu schützen, § 675l Abs. 1 S. 1 BGB. Er muss dem Zahlungsdienstleister oder einer von diesem benannte Stelle unverzüglich den Verlust, Diebstahl oder missbräuchliche Verwendung anzeigen, § 675l Abs. 1 S. 2 BGB. 138

166 Langenbucher/*Gößmann* § 3 Rn. 3.

167 Vgl. *Martinek/Oechsler* Rn. 1, 5.

139 Es stellt sich zunächst die Frage, ob den Nutzer auch vor Erhalt Pflichten treffen. Zahlungskarten und die dazugehörigen PIN werden i.d.R. auf dem einfachen Postweg mit getrennten Briefen zugeschickt. Da der Inhalt der Briefe für im Postzustelldienst tätige Personen unschwer auszumachen ist, treten immer wieder Fälle auf, in denen Karten und PIN auf dem Versandweg verschwinden und anschließend rechtsmissbräuchlich eingesetzt werden. Nach § 675v Abs. 1 BGB haftet der Zahler bei einer abhandengekommenen Karte auch ohne Verschulden mit bis zu 50 €. Hier hilft jedoch § 675m Abs. 2 BGB, wonach der Zahlungsdienstleister das Versendungsrisiko tragen muss. Eine Eigenhaftung des Zahlers scheidet danach aus.

140 Die Kartenausgeber machen in krassen Einzelfällen geltend, dass der Kunde gegen ihn obliegende Sorgfaltspflichten verstößt, wenn er sich trotz des Nichterhalts der Karte nicht meldet und eine Sperre ermöglichen. Einen solchen Fall hatte das KG[168] zu entscheiden. Es stellte fest, dass der Bankkunde seine Kontroll- und Aufklärungspflichten grob fahrlässig verletzt, wenn er – nachdem ihm bereits zuvor dreimal eine von einer Bank zur Versendung gegebene Karte nicht zugegangen war – sich nicht zeitnah, spätestens 2 bis 3 Wochen nach Antragstellung, bei der Bank nach dem Verbleib der Karte erkundigt.[169] Diese Entscheidung ist vor dem Hintergrund der Versendungspflichten des Kartenausgebers nicht mehr haltbar.

141 Es ist nicht Aufgabe des Kunden, aktiv einzugreifen, um das allein von der Bank verursachte Versendungsrisiko zu mindern. Der Kartenausgeber hat es in der Hand, durch die Umstände der Versendung Diebstähle zu vermeiden. Er kann ohne Weiteres die neue Karte erst dann für den Einsatz freischalten, wenn der Kunde ausdrücklich den Erhalt signalisiert hat, bspw. durch eine Online-Rückmeldung unter Einsatz einer TAN oder durch Vorkehrungen bei Ersteinsatz der neuen Karte am GAA. Die Schadensfälle im Zusammenhang mit dem ungesicherten Versand sind mit einfachen Mitteln begrenzbar. Verzichtet der Kartenausgeber auf jede Risikominderung, kann kein Mitverschulden des Kunden diskutiert werden. Aus § 675m Abs. 1 Nr. 1 BGB lässt sich die Pflicht ableiten, den PIN-Brief per Einschreiben/Rückschein zu versenden. Ein Verstoß gegen gesetzliche Versendungspflichten schließt Haftungsdiskussionen zu Lasten des Kunden vor Erhalt der Karte und des PIN-Briefs regelmäßig aus. Im Fall des KG folgt daraus, dass es sich der Bank bei erstmaliger Verlustmeldung der Karte aufdrängen muss, diese nunmehr nach der gesetzlichen Vorgabe sicher zu versenden, um weitere Risiken auszuschalten.

142 Hat der Kunde die Karte erhalten muss er diese unterschreiben. Er muss weiter dafür Sorge tragen, dass die ihm überlassenen PIN Dritten nicht zugänglich gemacht wird, beispielsweise durch Notieren der PIN auf der Zahlungskarte. Kommt ihm die nicht unterschriebene »Blankokarte« abhanden, bringt der Täter seine Unterschrift auf und kauft unter Vorlage der Karte beispielsweise mittels elektronischen Lastschriftverfahren ein, liegt keine autorisierte Zahlung vor, die der Zahlungsdienstleister des Kunden erfüllen muss.

143 Im Zusammenhang mit dem bloßen Aufbewahren der Karte treffen den Kunden entgegen älterer Rechtsprechung keine besonderen Sorgfaltspflichten. Der BGH hat an Aufbewahrungspflichten geringe Anforderungen gestellt. So haftet nach Meinung des BGH[170] der Karteninhaber nicht, wenn ein Dieb in einem Haus in Abwesenheit des Eigentümers die Karte und die davon gesondert aufbewahrte PIN entwendet. Wird die Karte im Rotlichtmilieu eingesetzt und zum Einsatz an einem mobilen Terminal ausgehändigt, zurückgegeben und in der mit einem Reißverschluss gesicherten Jackentasche verstaut, wobei die Jacke anschließend im Auge behalten wird, ergibt sich

168 KG, NJW 2006, 381.

169 Im entschiedenen Fall kam hinzu, dass der Kunde 7 Wochen nach Beantragung der Karte 20.000 € auf sein Konto einzahlte und einen längeren Auslandsaufenthalt antrat, ohne sich um das Schicksal der Karte zu kümmern. Nach Rückkehr und Abhebungen von über 16.000 € behauptete der Kunde, die Karte nie erhalten zu haben.

170 BGH, Urt. v. 17.10.2000 – XI ZR 42/00, WM 2000, 2421.

keine besondere Missbrauchsgefahr.[171] Aus § 675l BGB lässt sich nur ableiten, dass die personalisierten Sicherheitsmerkmale vor unbefugtem Zugriff geschützt werden müssen. Dazu gehören PIN und TAN, nicht jedoch die Karte an sich. Auch die Prüfziffer auf der Kreditkarte ist kein personalisiertes Merkmal. Die Kartenausgeber sehen dies anders. In den AGB wird ausdrücklich die sorgfältige Aufbewahrung und Sicherung der Karte gefordert. Die unbeaufsichtigte Aufbewahrung im PKW ist untersagt.[172]

In den AGB wird präzisiert, wie sich die Zahlungsdienstleister die Sicherung der personalisierten Merkmale vorstellen. Dieses darf nicht ungesichert gespeichert werden. Es muss sichergestellt werden, dass Dritte es bei Eingabe nicht ausspähen. Das Merkmal darf nicht per E-Mail oder mit anderen Telekommunikationsmitteln weitergegeben werden. Es darf nicht zusammen mit dem Zahlungsinstrument aufbewahrt werden. Der Kunde darf zur Autorisierung nicht mehr als eine TAN verwenden. Bei der smsTAN darf das diese empfangende Gerät nicht gleichzeitig für das Online-Banking eingesetzt werden.[173] 144

Unbedenklich, wenn auch nicht empfehlenswert, erscheint es, wenn die PIN gesichert gespeichert wird, z.B. in einem Passwort-Manager. Denn angesichts der zahlreichen personalisierten Sicherheitsmerkmale im beruflichen und persönlichen, elektronischen Umfeld, die zur Verfügung gehalten werden müssen, ist es nicht realistisch und unzumutbar, nur auf ein Speichern im Kopf abzustellen. Der Appell, Ausspähen durch sorgfältige Betrachtung der GAA-Umgebung und Abdecken der Tastatur zu erschweren, ist sinnvoll. Sein Befolgen verhindert jedoch keine Schadensfälle, so z.B. durch Ablenkung beim Eingabeprozess oder durch technische Ausspähung. Dass keine Sicherheitsmerkmale per E-Mail weitergegeben werden, versteht sich von selbst, da sie dafür nicht bestimmt sind. Wenn es Tätern gelingt, z.B. durch Phishing-Mails in den Besitz solcher Merkmale zu kommen, liegt dem in der Regel ein Pflichtverstoß des Karteninhabers zugrunde. Bei der gemeinsamen Aufbewahrung ist das Abheften der PIN im häuslichen Bereich unproblematisch und wird vom BGH akzeptiert. Wird die PIN jedoch außerhalb des häuslichen Bereichs mit der Karte am Körper getragen oder gar auf dieser vermerkt, liegt ein Pflichtverstoß des Karteninhabers vor. 145

Umstritten ist seit jeher, welche Anforderungen an eine rechtzeitige Sperrung der Karte zu stellen sind. Der Kunde haftet bei grob fahrlässiger Verletzung seiner Sperrpflicht, §§ 675v Abs. 3 Nr. 2 a), 675l Abs. 1 S. 2 BGB. Er muss dem Kartenausgeber nach Kenntnis den Verlust, den Diebstahl, eine missbräuchliche oder nicht autorisierte Kartennutzung unverzüglich anzeigen. Der Gesetzgeber hat darauf verzichtet, im Zusammenhang mit der Kenntnis die Formulierung des § 199 Abs. 1 Nr. 2 BGB zu übernehmen. Dem Karteninhaber kann demnach nicht vorgeworfen werden, er hätte ohne grobe Fahrlässigkeit Kenntnis erlangen müssen. Überzogene Pflichten zu Lasten des Karteninhabers lassen sich daraus nicht ableiten. Das LG Berlin[174] hielt es für grob fahrlässig, wenn die Karte nach ihrem Einzug an dem Automaten einer Fremdbank erst 3 Tage später gesperrt wird. Werde der Verlust bemerkt oder bemerkt der Kunde ein Ereignis, dass ihn misstrauisch machen muss (die Karte verschwindet einfach in einem Automaten, ohne dass Geld herauskommt), sei eine sofortige Sperre notwendig. Ob der Einzug einer Karte durch einen GAA einem Verlust gleichsteht, erscheint zweifelhaft. Den Verlust kennzeichnet das Nichtwissen des tatsächlichen Verbleibs der Karte. Verschwindet diese im GAA, begründet dies allein keine Kenntnis einer potentiellen Schädigungsgefahr. Wenn das LG Dortmund[175] meinte, es sei grob fahrlässig, wenn die Sperre erst 9 Tage nach Verlust erfolgt und der Kunde sich zwischenzeitlich nicht vergewissert hat, ob die Karte noch da ist, werden überzogene Anforderungen gestellt. Der Kunden muss sich nicht permanent vergewissern, ob seine Zahlungskarten noch da sind. Nur bei Kenntnis des Verlusts, nicht bei grob fahrlässiger 146

171 BGH, Urt. v. 29.11.2011 – XI ZR 370/10.
172 AGB Mastercard / Visa Card, deutscher Sparkassenverlag, gültig ab 13.01.2018.
173 Z.B. Bedingung 7.2. für das Online-Banking, Sparkasse Hannover, Stand 13.01.2018.
174 LG Berlin, Urt. v. 18.07.2002 – 51 S 84/02.
175 LG Dortmund, Beschl. v. 11.12.2002 – 12 O 342/02.

Unkenntnis, muss er handeln. Nach LG Trier[176] muss die Sperre binnen weniger Stunden nach Kenntnis vom Diebstahl erfolgen. Wer erst 2 Tage später reagiert, hafte für den Schaden. Dies erscheint vertretbar. Noch enger sah dies das OLG Frankfurt am Main.[177] Danach verstößt der Kunde gegen seine Vertragspflichten, wenn er erst 1 1/2 Stunden nach dem Diebstahl die Kartensperre veranlasst. Dieser zeitliche Rahmen ist zu eng gesteckt, da die Karte nach Aussage der Kartenausgeber heute nicht mehr kopierbar und zudem durch die PIN als Auszahlungssperre geschützt ist.

2. Schutz- und Sorgfaltspflichten des Zahlungsdienstleisters

147 Der Zahlungsdienstleister, der die Karte ausgibt, ist verpflichtet sicherzustellen, dass die personalisierten Sicherheitsmerkmale nur der zur Nutzung berechtigten Person zugänglich sind, § 675m Abs. 1 Nr. 1 BGB. Dies schließt den einfachen Versand auf dem Postweg aus, da bei Einwurf in den Briefkasten nicht ausgeschlossen ist, dass Familienmitglieder der berechtigten Person auf diesen Zugriff nehmen. Dass Familienmitglieder sich der Zahlungskarte und der Sicherheitsmerkmale zu Missbrauchszwecken bemächtigen, gehört zu den üblichen Schadensbildern. Briefe mit PIN müssten demnach mit Einschreiben/Rückschein verschickt werden, um den Anforderungen von § 675m Abs. 1 Nr. 1 BGB gerecht zu werden. Dies geschieht nicht, weil die Kartenausgeber wirtschaftliche Zweckmäßigkeitserwägungen über die Versandpflichten stellen. Solange Versandschäden wirtschaftlich deutlich weniger ins Gewicht fallen als hohe Versandkosten, wird sich am jetzigen Versandsystem nichts ändern.

148 Kartenausgeber haben es zu unterlassen, unaufgefordert Zahlungsinstrumente zuzusenden, außer eine bereits erhaltene Karte muss bei dem Nutzer turnusgemäß ersetzt werden, § 675m Abs. 1 Nr. 2 BGB. Damit ist die breit angelegte Versendung z.B. von Kreditkarten zu Werbezwecken ausgeschlossen, wie sie in der Vergangenheit vereinzelt vorgekommen sind. Der BGH hatte diese Geschäftspraxis als nicht wettbewerbswidrig gebilligt.[178] Die Entscheidung ist mit dem gesetzlichen Verbot überholt.

149 Der Kartenausgeber hat sicherzustellen, dass der Kunde jederzeit eine kostenfreie Möglichkeit hat, eine Sperranzeige vorzunehmen oder die Sperre aufzuheben, § 675m Abs. 1 Nr. 3. und 4. BGB. Diese Pflicht wurde mit der Einführung des inländischen Sperr-Notrufs 116 116 erfüllt. Wer sich dem nicht angeschlossen hat, muss eigene Sperrnummern betreiben bzw. angeben.[179]

150 Nach Sperre muss die Weiternutzung der Karte vom Kartenausgeber verhindert werden, § 675m Abs. 1 Nr. 5 BGB. Dies liegt im Eigeninteresse des Kartenhausgebers, da er für alle nach Sperre eingetretenen Schäden – außer bei Betrug des Karteninhabers – haftet, vgl. § 675v Abs. 5 BGB.

3. Starke Kundenauthentifizierung

151 Die in Folge der Umsetzung der Zahlungsdiensterichtlinie II (»PSD II«) geforderte, starke Kundenauthentifizierung, bei deren Nichtumsetzung der Kartenausgeber gem. § 675v Abs. 4 Nr. 1 BGB für Schäden haftet, wurde näher in § 55 ZAG geregelt.[180] Die Begriffsbestimmungen dafür finden sich in § 1 Abs. 23 bis 26 ZAG. Authentifizierung beschreibt danach ein Verfahren, mittels dessen der Zahlungsdienstleister die Identität des Nutzes oder die berechtigte Verwendung einer Zahlungskarte einschließlich der personalisierten Sicherheitsmerkmale überprüfen kann. Bei der »starken« Authentifizierung muss das Verfahren so ausgestaltet sein, dass die Vertraulichkeit der dafür notwendigen Daten geschützt ist und unter Heranziehung von mindestens zwei voneinander

176 LG Trier, Urt. v. 03.04.2003 – 3 S 125/02.

177 OLG Frankfurt am Main, Beschl. v. 15.07.2003 – 19 U 71/03.

178 BGH, Urt. v. 03.03.2011 – I ZR 167/09.

179 Überblick unter https://www.kartensicherheit.de/oeffentlich/meine-kartensicherheit/kartensperrung.html.

180 Ausführlich zur Kundenauthentifizierung *Hoffmann*, VuR 2016, 243.

unabhängigen Elementen geprüft wird. Dabei darf die Nichterfüllung eines Kriteriums die Zuverlässigkeit der anderen nicht in Frage stellen. Als Kriterien nennt das Gesetz:
1. Kategorie Wissen, also etwas, das nur der Nutzer weiß,
2. Kategorie Besitz, also etwas, das nur der Nutzer besitzt oder
3. Kategorie Inhärenz, also etwas, das der Nutzer ist.

Praktisch bedeutet dies z.B. eine Kombination zwischen dem Besitz an dem Handy, auf das die smsTAN übertragen wird plus dem Wissen und die Zugangs-PIN zum Online-Konto. Oder der Besitz eines TAN-Generators und das Wissen der Zugangs-PIN zum Online-Konto. Die 3. Kategorie, der Einsatz von z.B. dem Fingerabdruck oder der Netzhaut, spielt bei Online-Zahlungen noch keine Rolle.

Nach § 55 Abs. 1 Nr. 1 ZAG muss die starke Kundenauthentifizierung auch verlangt werden, wenn 152
der Kunde lediglich online auf sein Konto zugreifen will, um Kontoauszüge auszudrucken oder sich online über den Kontostand zu informieren. Sie ist also nicht an einen elektronischen Zahlungsvorgang gebunden. Die bloße Eingabe von Kontonummer und PIN (Wissen) in das Handy des Kontoinhabers reicht zukünftig für den Kontoeinblick nicht, denn bloßer Besitz ermöglicht keine Authentifizierung.[181]

Schließlich wird eine starke Authentifizierung verlangt, wenn der Zahler über einen Fernzugang 153
eine Handlung vornimmt, die ein Betrugsrisiko in sich birgt, § 55 Abs. 1 Nr. 3 ZAG. Fernzugang liegt bei einer Online-Überweisung vor. Die starke Authentifizierung verlangt dabei Elemente, die den Zahlungsvorgang dynamisch mit einem bestimmten Betrag und einem bestimmten Empfänger verknüpfen, § 55 Abs. 2 ZAG. Technisch fließen dabei die Auftragsdaten in die dafür generierte TAN ein.[182]

In Kraft treten die verschärften Anforderungen an die Kundenauthentifizierung nicht am 13.01.2018, 154
sondern erst nach einer Übergangszeit, in denen die Finanzdienstleister die technischen Voraussetzungen schaffen können bzw. müssen. Nach Artikel 15 des Umsetzungsgesetzes zur PSD II[183] treten die Regelungen erst 18 Monate nach dem delegierten Rechtsakt nach Art. 98 der PSD II in Kraft. Das BMF gibt den Tag des Inkrafttretens des delegierten Rechtsaktes im BGBl. bekannt.

4. Haftung des Karteninhabers

Gem. § 675u Abs. 1 S. 1 BGB hat der Zahlungsdienstleister bei nicht autorisierten Zahlungsvor- 155
gängen keinen Anspruch auf Erstattung seiner Aufwendungen.[184] Er ist verpflichtet, dem Zahler den belasteten Betrag unverzüglich zu erstatten und bei Belastung eines Zahlungskontos dieses auf den Stand vor der nicht autorisierten Belastung zu bringen, § 675u Abs. 1 S. 2 BGB. Dies bedeutet, dass auch etwaige durch die Belastung ausgelöst Überziehungszinsen storniert werden müssen. Unverzüglich bedeutet, dass die Erstattung spätestens zum Ende des Geschäftstages zu erfüllen ist, der dem folgt, an welchem die fehlende Autorisierung angezeigt wurde, § 675u Abs. 1 S. 3 BGB.

§ 675v BGB setzt den Haftungsrahmen für den Zahler bei missbräuchlicher Verwendung der 156
Zahlungskarte fest. § 675v Abs. 1 BGB bestimmt bei nicht autorisierten, missbräuchlichen Zahlungsvorgängen mittels eines Zahlungsinstruments, z.B. der Debit- und Kreditkarte, eine verschuldensunabhängige Eigenhaftung des Zahlers von 50,00 Euro. Die Eigenhaftung ist ausgeschlossen, wenn der Zahler das Abhandenkommen der Zahlungskarte vor dem missbräuchlichen Zahlungsvorgang nicht bemerken konnte, § 675v Abs. 1 Nr. 1 BGB. Weiter, wenn der Verlust der Zahlungskarte durch einen im Rahmen des Zahlungsvorgangs zwischengeschalteten Dritten verursacht wurde. Handelt der Zahler in betrügerischer Absicht, haftet er in jeder Hinsicht und entgegen aller

181 *Zahrte*, NJW 2018, 337.
182 *Zahrte*, NJW 2018, 337.
183 BGBl. 2017, Nr. 48 v. 21.07.2017, S. 2494.
184 Zur Haftung im Zahlungsverkehr nach der Zahlungsdiensterichtlinie I vgl. *Hofmann*, BKR 2014, 105.

gesetzlichen Ausschlusstatbestände voll, § 675 v Abs. 3 Nr. 1, Abs. 4 S. 2, Abs. 5 S. 3 BGB. Ebenso, wenn der vorsätzlich oder grob fahrlässig seine Schutzpflichten aus § 675l Abs. 1 BGB verletzt hat, vgl. § 675v Abs. 3 Nr. 1 und 2 BGB.

157 Eine Schadensersatzpflicht ist ausgeschlossen, wenn der Zahlungsdienstleister des Zahlers keine starke Kundenauthentifizierung gem. § 1 Abs. 24 ZAG verlangt hat oder diese vom Empfänger nicht akzeptiert wird, § 675v Abs. 4 S. 1 BGB.[185]

158 Eine Haftung des Zahlers nach Kartensperre für die danach eingetretenen Schäden ist ausgeschlossen, § 675v Abs. 5 BGB. Ebenso, wenn der Zahlungsdienstleister seine Pflicht verletzt, geeignet Sperrmaßnahmen zur Verfügung zu stellen, §§ 675v Abs. 5 S. 2, 675m Abs. 1 Nr. 3 BGB.

5. Anscheinsbeweis

159 Kommt es vor der Sperre zu Abhebungen und trägt der Kunde vor, er habe die PIN sorgfältig verwahrt und keinem Dritten Zugang verschafft, ist der Haftungsstreit vorprogrammiert. § 675u BGB regelt zwar, dass bei einem nicht autorisierten Zahlungsvorgang kein Anspruch auf Zahlung gegen den Kunden besteht. Jedoch behauptet die Finanzwirtschaft bei dieser Fallkonstellation unisono, sie treffe keine Haftung. Ihr System sei technisch absolut sicher. Abhebungen seien ohne die richtige PIN unmöglich. Also müsse der Kunde die missbräuchliche Abhebung durch Weitergabe der PIN selbst und grob fahrlässig verursacht haben. Unter Berufung auf einen so konstruierten Anscheinsbeweis folgt die Weigerung, entstandene Schäden auszugleichen.

160 Registriert der Geldautomat die Eingabe der richtigen PIN, liegt scheinbar eine Authentifizierung des berechtigten Karteninhabers vor. Es entsteht der Anschein der Authentifizierung. Bestreitet der berechtigte Karteninhaber, die PIN an dem Geldautomaten eingesetzt oder sonst wie einem Dritten zugänglich gemacht zu haben, stellt sich die Frage, welche Anforderungen an die Authentifizierung bei Bestreiten des Karteninhabers gestellt werden müssen. Denn der Automat hat über die PIN hinaus keine Möglichkeit der Authentifizierung. Und diese kann nicht nur der Berechtigte, sondern auch ein Kartendieb richtig eingeben, der die PIN bei einer Abhebung des Berechtigten ausgespäht und diesem die Karte anschließend gestohlen hat. Kann anhand einer Kameraaufnahme am Geldautomaten ausgeschlossen werden, dass der Berechtigte abgehoben hat, stellt sich die weitere Frage, wie der schädigende Dritte die Kenntnis von der richtigen PIN erlangt hat. Denn der Berechtigte ist verpflichtet, diese geheim zu halten. Ansonsten haftet er für aus der Weitergabe entstehende Schäden wegen Verletzung der Pflicht zur Geheimhaltung der personalisierten Sicherheitsmerkmale, §§ 675v Abs. 3 Nr. 2 a), 675l Abs. 1 BGB. Bestreitet der Berechtigte die Pflichtverletzung, schließt sich die Frage an, welche Möglichkeiten er hat, die fehlende Pflichtverletzung zu beweisen.

161 Der Gesetzgeber verschärft in Umsetzung der PSD II die Beweisanforderungen zugunsten der geschädigten Karteninhaber. Gem. § 675w Abs. 1 S. 1 BGB muss bei streitiger Autorisierung der Zahlungsdienstleister nachweisen, dass eine Authentifizierung erfolgt ist und der Zahlungsvorgang ordnungemäß aufgezeichnet, verbucht sowie nicht durch eine Störung beeinträchtigt wurde. Die Authentifizierung erfolgt dabei durch ein vom Zahlungsdienstleister eingesetztes Verfahren, § 675w Abs. 1 S. 2 BGB. Diese unbestimmte Formulierung trägt der Vielfalt möglicher, technischer Systeme bei der Kartenabwicklung i.R.d. EU Rechnung und verzichtet deshalb bewusst auf nähere Beschreibung. Aus der Einbeziehung dieses Satzes unter die Überschrift von § 675w BGB »Nachweis der Authentifizierung« lässt sich ableiten, dass der Kunde auch einen Auskunftsanspruch hinsichtlich des technischen Verfahrens hat, auf dessen Grundlage die Authentifizierung erfolgte. Anders kann er sich keine Gewissheit über die zutreffende Authentifizierung verschaffen und den Anscheinsbeweis erschüttern.

162 Die Zeiten, in denen mit belanglosen Formbriefen Kundenbeschwerden nach PIN-Fällen mit dem pauschalen Hinweis auf den angeblichen Anschein technischer Sicherheit abgewimmelt wurden,

185 Neuerung in Folge der Zahlungsdiensterichtlinie II, Einzelheiten bei *Zahrte*, NJW 2018, 337.

sollten demnach vorbei sein. Der Kunde hat einen einklagbaren Auskunftsanspruch erhalten. Dieser umfasst die lückenlose Vorlage der Abhebungsprotokollierung, auch wenn diese an ausländischen Geldautomaten erfolgte. Da auch die Beeinträchtigung durch Störung ausgeschlossen werden muss, wird dies die Vorlage von Unterlagen zu etwaigen Fehlversuchen unter Einsatz der entwendeten Karte beinhalten.

Bei einem Geldautomaten sind dies der technische Hintergrundprozess ab Eingabe der Zahlungskarte und der PIN über die Prüfung der Richtigkeit der eingegebenen Daten bis zur Bestätigung der Authentifizierung mit nachfolgender Geldausgabe. Mit § 675w Abs. 1 S. 3 BGB wird die Aussagekraft der Authentifizierung, des technischen Prozesses und dessen Aufzeichnung stark relativiert. Denn dies allein reicht »nicht notwendigerweise« für den vom Zahlungsdienstleister zu erbringenden Nachweis, dass der Zahler den Zahlungsvorgang autorisiert, in betrügerischer Absicht, unter Verletzung seiner Sorgfaltspflichten gem. § 675l Abs. 1 BGB oder schuldhaft gegen Ausgabe- und Nutzungsbedingungen der Zahlungskarte verstoßen hat. 163

In § 675w Abs. 4 BGB wird die Beweisschwelle für den Kartenausgeber weiter angehoben. Er muss über die bereist formulierten Anforderungen hinaus »unterstützende Beweismittel vorlegen«, um Betrug, Vorsatz oder grobe Fahrlässigkeit der Karteninhabers nachzuweisen. Diese gesetzlichen Beweisanforderungen sind weit entfernt von der früheren Praxis von Zahlungsdienstleistern, die auf den Hinweis geschädigter Kunden, sie hätten keinem Dritten die PIN zugänglich gemacht, lapidar erwiderten, anders ließe sich der Vorgang aber nicht erklären. Eine Erstattung werde deshalb abgelehnt. 164

Bestreitet der Karteninhaber im Schadensfall eine Pflichtverletzung, ist demnach zunächst sehr umfänglich der Kartenausgeber gefordert, eine Fülle von Nachweisen vorzulegen, um überhaupt die ordnungsgemäße Auszahlung zu belegen. Da er im Fall bestrittener Autorisierung eines Zahlungsvorgangs die Belastung unverzüglich rückgängig machen muss, mithin bei einer Abhebung am Automaten die Belastungsbuchung zum Tag der Wertstellung stornieren muss, müsste praktische Folge sein, dass Abbuchungen zunächst ohne Wenn und Aber im Reklamationsfall gutgebucht werden müssen. Denn die Beweisanforderungen des Gesetzgebers kann ein Kartenausgeber – noch weniger bei einer Abhebung am ausländischen Geldautomaten – unverzüglich erfüllen. 165

Da der Zahlungsdienstleister unterstützende Beweismittel vorlegen muss, stellt sich die Frage, ob er überhaupt noch auf den bis zur gesetzlichen Änderung durch die PSD II im deutschen Recht gebräuchlichen Anscheinsbeweis zurückgreifen darf. *Zahrte*[186] bejaht dies mit dem Hinweis, der BGH sehe darin nur eine Beweiserleichterung bei typischen Geschehensabläufen. Der BGH hat sehr deutlich gemacht, dass die Frage, ob das konkret genutzte Sicherungssystem ein ausreichendes Niveau für die Anwendung des Anscheinsbeweises bietet, anhand neuester Erkenntnisse geprüft werden muss und Erkenntnisse aus älterer Rechtsprechung dazu nichts mehr beitragen können.[187] Die Rechtsprechung kann sich auch auf die Glaubwürdigkeit des Geschädigten stützen und ihm ungeachtet des Anscheinsbeweises Recht geben, wenn seine Aussage zur Verwahrung der PIN glaubwürdig erscheint. Der BGH hat die Rolle der Aussage des Geschädigten gestärkt und erklärt, soweit diesem keine weiteren Beweismittel zur Frage der Aufbewahrung der PIN zur Verfügung ständen, müsse er als Partei gem. § 448 ZPO vernommen werden.[188] 166

6. BGH zu Kartenschäden

Der BGH hat sich u.a. im Jahr 2004 mit der Frage der Beweislastverteilung bei Kartenschadensfällen, die unter Einsatz der PIN verursacht werden, beschäftigt.[189] In dem der BGH-Entschei- 167

186 *Zahrte*, NJW 2018, 337.

187 BGH, Urt. v. 14.11.2006 – XI ZR 294/05; BGH, Beschl. v. 06.07.2010 – XI ZR 224/09; BGH, Urt. v. 29.11.2011 – XI ZR 370/10.

188 BGH, Urt. v. 29.11.2011 – XI ZR 370/10.

189 BGH, Urt. v. 05.10.2004 – XI ZR 210/03, BKR 2004, 493 m. Anm. *Strube* und *Werner*.

dung zugrunde liegenden Fall hatte die Geschädigte zunächst vor dem AG Duisburg[190] Recht bekommen. Das LG Duisburg[191] änderte dieses Urteil jedoch und wies die Klage, gestützt auf ein Sachverständigengutachten, ab. Die zugelassene Revision wurde eingelegt. Der Sachverständige, auf den sich das LG Duisburg stützte, kam zu folgendem Ergebnis: Ein 128-BIT-Institutsschlüssel, auf dessen Basis die PIN-Prüfung abgewickelt wird, kann nicht ausgerechnet werden. Auch gebe es keine Hinweise des Bundeskriminalamts (BKA) auf Täter, die in den Besitz solcher Bankschlüssel gekommen seien. Weiter zählt der Gutachter, insoweit von seinem Auftrag abweichend, verschiedene Sicherheitslücken des PIN-Systems auf, die für Attacken ausgenutzt werden könnten. Dazu zählt z.B. die Systemsicherheit im Bankrechenzentrum. Konkret untersucht er diese nicht, denn dies »bedürfte einer genauen Systemanalyse vor Ort«. In einer Fußnote wird problematisiert, dass es dem Gutachter nicht bekannt ist, »ob ein Gericht in Deutschland je ein Gutachten zur Softwaresicherheit, den technischen und organisatorischen Maßnahmen zur Geheimhaltung des Institutsschlüssels und zum Ausschluss anderer interner Angriffe auf das PIN-System in Bankrechenzentren und Bankverlagen geprüft oder angeordnet hat«– diese Frage kann eindeutig mit Nein beantwortet werden. Im Weiteren schildert der Gutachter ausführlich die technisch einfache Möglichkeit der Innentäterattacke (der geheime Schlüssel liegt in zwei Händen und ist auch aus Gründen der Rekonstruierbarkeit dokumentiert), um jedoch auszuführen, es gäbe keine Hinweise auf einen solchen Angriff. Das LG Duisburg führte in seiner Entscheidung zulasten der Geschädigten aus, die vom Gutachter bestätigte Sicherheit der 128-BIT-Verschlüsselung lasse den Schluss zu, dass eine Sorgfaltspflichtverletzung der Geschädigten anzunehmen sei. Die anderen, vom Gutachter theoretisch aufgezeigten Möglichkeiten kämen »im allgemeinen oder im konkreten Fall ernsthaft nicht in Betracht«. Eine »Innentäterattacke« sei nach Auskunft des Justiziars der Bank ausgeschlossen. Gegen andere Attacken sprächen die Negativauskünfte des BKA.

168 Der BGH ist diesen Tatsachenfeststellungen, an die er revisionsrechtlich gebunden ist, gefolgt. Grob fahrlässiges Verhalten könne dem Geschädigten unterstellt werden, wenn andere Ursachen zwar theoretisch möglich seien, jedoch bei wertender Betrachtung außerhalb der Lebenserfahrung lägen. Die Unterstellung zulasten des Kunden, er habe die PIN auf der Karte oder sonst wie notiert gehabt, bräuchte auch nicht empirisch untermauert zu werden, um zu einem Erfahrungssatz zu werden. Die Feststellung der Vorinstanz, der 128-BIT-Schlüssel sei sicher, sei rechtlich zutreffend erfolgt. Weitere theoretische Möglichkeiten seien durch Tatsachenvortrag der Geschädigten nicht untermauert. Der BGH weist jedoch darauf hin, dass die Bank eine »sekundäre« Darlegungslast treffen kann, weil nur sie und nicht der Geschädigte die näheren Einzelheiten und Umstände ihrer Sicherungsvorkehrungen kennt. Sie muss dem Kunden sämtliche in ihrem Besitz befindlichen technischen Aufzeichnungen, die die streitigen oder vorangegangenen Auszahlungsvorgänge betreffen, zugänglich machen. Dies entspricht der nunmehrigen Regelung in § 675w BGB. Es kann sich zuungunsten der Bank zudem auswirken, wenn sie dem Kunden die Möglichkeit abschneidet, den Anscheinsbeweis zu erschüttern.[192] In Fortführung seiner Rechtsprechung und als Bestätigung des Senatsurt. v. 05.10.2004 – XI ZR 210/03 entschied der BGH, dass bei missbräuchlicher Abhebung an einem Geldautomaten unter Eingabe der richtigen persönlichen Geheimzahl (PIN) der Beweis des ersten Anscheins nur dann dafür spricht, dass der Karteninhaber pflichtwidrig die PIN auf der Karte notiert oder gemeinsam mit dieser verwahrt hat, wenn bei der Abhebung die Originalkarte eingesetzt worden ist.[193] Den Beweis für den Einsatz einer Originalkarte muss die kartenausgebende Bank führen, die dazu Journalstreifen oder sonstige Dokumentationen der Kartenabhebung vorlegen muss. Der Hinweis der betroffenen Bank, der Kartenchip könne nicht ausgelesen werden, hat nur Bedeutung, wenn der betroffene Geldautomat diese Echtheitsprüfung tatsächlich vorgenommen hat.

190 AG Duisburg, Urt. v. 23.04.2002 – 51 C 1317/01.

191 LG Duisburg, Urt. v. 08.05.2003 – 5 S 63/02.

192 AG Potsdam, Urt. v. 20.07.2009 – 20 C 338/08, WM 2009, 1941 bei Löschen der Videoaufzeichnungen des Abhebungsvorgangs.

193 BGH, Urt. v. 29.11.2011 – XI ZR 370/10, BKR 2012, 128.

Im Zusammenhang mit einem Schadensfall beim Online-Banking hat der BGH[194] klargestellt, dass § 675w S. 3 BGB die Anwendbarkeit des Anscheinsbeweises nicht verbiete. Es müsse jedoch geklärt sein, dass das eingesetzte Sicherungssystem zum Zeitpunkt des strittigen Zahlungsvorgangs im Allgemeinen praktisch unüberwindbar war und im konkreten Fall ordnungsgemäß angewendet worden ist und fehlerfrei funktioniert hat. Bei missbräuchlicher Nutzung des Online-Bankings spreche kein Beweis des ersten Anscheins für ein grob fahrlässiges Verhalten des Kontoinhabers. Die Entscheidung bestätigt, dass das Kreditinstitut im Schadensfall umfassend vortragen und beweisen muss, dass das eingesetzte System nach menschlichem Ermessen nicht überwunden werden kann.[195] 169

7. Begutachtung in Kartenschadensverfahren

In Deutschland gibt es keine unabhängige wissenschaftliche Forschung und entsprechend keine unabhängigen Publikationen zur Sicherheit des PIN-gestützten Kartensystems. In Kartenschadensverfahren führt diese regelmäßig zu Problemen bei der Formulierung von Beweisfragen und bei der Benennung von Sachverständigen. Die Einbettung der PIN in das Gesamtsystem der Zahlungsabwicklung ist bisher mangels ausreichenden Vortrags vor den mit dieser Thematik überforderten Instanzgerichten nicht Gegenstand von Begutachtungen geworden. Wie bspw. eine Abhebung aus dem Ausland abgewickelt wird, ob und wie der dortige Automat bei der Abhebung funktioniert hat, unter welcher Beteiligung von Fremdfirmen die grenzüberschreitende Übertragung über Switch-Stellen erfolgt, welche Zahlungsnetze beteiligt sind, wer die darin tätigen Fremdfirmen kontrolliert und auf welchem Weg die für die Zahlungsfreigabe notwendigen Informationen schließlich wieder im GAA der Abhebung ankommen, war bisher nicht Gegenstand der Begutachtung. Dies hängt auch mit den relativ niedrigen Schadenssummen im Einzelfall zusammen, die im Missverhältnis zu dem Prüfungsaufwand und dessen Kosten stehen. 170

Einer Bewertung durch den Sachverständigen bedarf das Key-Management der betroffenen Karte. Da nach Angaben der Kreditwirtschaft die PIN angeblich nicht auf der Karte gespeichert ist, bedarf es des Einsatzes von Schlüsseln, um die eingegebene PIN und die ausgelesenen Kartendaten zu versenden und um sie auf Richtigkeit zu prüfen. Aus den Daten werden unter Einsatz von Schlüsseln sog. PVNs generiert (PIN validation numbers), die über ein weltweit bestehendes Netz sog. Switch-Stellen schließlich zu dem Rechenzentrum des Kartenausgebers übertragen werden, das die PVNs – nicht die PIN – auf Richtigkeit prüft und die Zahlung auf umgekehrtem Weg freigibt. Kennt ein Täter die eingesetzten Schlüssel, kann er missbräuchliche Abhebungen tätigen. In diesem Zusammenhang muss anhand der konkret betroffenen Karte geprüft werden, ob nach dem Stand der Technik ausreichende Schlüsselwechsel stattfinden. Ein Gutachter muss bewerten, wie sich die Vorgabe, dass es besser wäre, Schlüssel jährlich zu wechseln, in der konkreten Schlüsselpraxis verhält. Der Gutachter muss auch bewerten, ob es bei der praktischen Umsetzung des Key-Managements zu Schwächen kommen kann, sei es durch Lücken in den organisatorischen und technischen Sicherheitsvorkehrungen, sei es bei der Konstruktion der verwendeten GAA oder sei es in den sog. Switch-Stellen externer Anbieter, durch deren Hände die verschlüsselten Daten gehen. Er muss demnach den gesamten Abwicklungsweg vom GAA über die diversen Switch-Stellen bis zum Rechenzentrum prüfen und bewerten. 171

Im Schadensfall sind unverzichtbare Hilfsmittel die Journalsteifen des verwendeten GAA und Autorisierungsprotokolle. Journalstreifen liegen im Gegensatz zu Autorisierungsprotokollen in fortlaufender Weise in Papierform vor und können deshalb Hinweise auf Fehlfunktionen des Systems liefern. Dies sieht auch der BGH so.[196] Dagegen ist die Vollständigkeit von Autorisierungsprotokollen nicht garantiert. Zudem muss dem Gutachter die Möglichkeit eröffnet werden, die Karte zu 172

194 BGH, Urt. v. 26.01.2016 – XI ZR 91/14.

195 Das dies in der Praxis keinen großen Widerhall findet, belegt der aus der Sicht der Kartenausgeber verfasste Aufsatz von *Beesch/Willershausen*, jurisPR-BKR 9/2012 Anm. 1. mit zahlreichen Rechtssprechungsbeispielen.

196 BGH, Urt. v. 29.11.2011 – XI ZR 370/10, BKR 2012, 128.

untersuchen. Der Sachverständige kann feststellen, ob die Karte manipuliert wurde.[197] Diese muss zumindest nach dem dritten Fehlversuch, den die Kreditwirtschaft nach eigenen Angaben online registriert, eingezogen werden. Geschieht dies nicht, wird dem Geschädigten schuldhaft schon der Beweis dafür abgeschnitten, dass die PIN nicht auf der Karte notiert war. Das AG Frankfurt bewertet die Nichtvorlage der Original-Karte im Schadensprozess zutreffend als Beweisvereitelung des die Karte ausgebenden Instituts.[198] Wer dem Geschädigten die Möglichkeit beschneidet, den Anscheinsbeweis zu erschüttern, kann sich nicht auf dessen Grundsätze berufen.

173 Ist auf der Karte ein Geldkartenchip vorhanden, ist zu berücksichtigen und zu bewerten, dass ein Täter drei zusätzliche Rateversuche hat. Denn die Prüfung der PIN der Geldkarte, die mit der ansonsten einsetzbaren PIN übereinstimmt, erfolgt offline. Zudem muss seitens eines Sachverständigen geprüft werden, ob auf technischem Weg der Referenzwert aus dem Chip der Karte erlangt werden kann, weil diesem die richtige PIN zugeordnet werden kann.

174 Als Fazit zur Praxis der Begutachtung bei Kartenschadensfällen ist festzustellen, dass der Aufwand einer Klärung der Systemsicherheit alle am Verfahren Beteiligte an Grenzen des im Zivilprozess Machbaren führt. Da Verbraucher jedoch fortwährend mit den technischen Systemvorgaben privater Anbieter konfrontiert werden, die keiner öffentlichen Überwachung oder Zertifizierung unterliegen, darf dies gleichwohl und auch nicht unter Berücksichtigung der individuellen Schadenshöhe dazu führen, dass einfachste Grundsätze und Sorgfaltspflichten gerichtlicher Begutachtung außer Acht gelassen werden.

8. Skimming und MM-Merkmal

175 Das sog. Skimming hatte sich zeitweise europaweit zur massivsten Missbrauchsvariante i.R.d. Geldautomatensystems entwickelt. Es entstanden Schäden im Multimillionenbereich.[199] Die Täter verschaffen sich mit technisch hochwertigen Vorsatzgeräten die Kartendaten und spähen die PIN z.B. mit Minikameras oder manipulierten Tastaturen aus. Aus den teilweise mit Funk zu den Tätern übertragenen Daten werden mittels im Handel erhältlicher Kartenrohlinge und Lesegeräte Kartendubletten hergestellt. Eine weitere Variante besteht darin, dass Kartenterminals in Geschäften im Rahmen vorgetäuschter Einbrüche ebenfalls so manipuliert werden, dass Kartendaten und PIN an die Täter gelangen. Nach Angaben der Kreditwirtschaft verhindert das auf deutschen Karten aufgebrachte MM-Merkmal, dass Kartendubletten in Deutschland eingesetzt werden. Das MM-Merkmal ist nicht im Magnetstreifen gespeichert und kann deshalb nicht bei Skimming-Attacken ausgelesen werden.[200] Das bloße Auslesen der auf dem Magnetstreifen einer Zahlungskarte mit Garantiefunktion gespeicherten Daten, um mit diesen Daten Kartendubletten herzustellen, erfüllt den Tatbestand des Ausspähens von Daten daher nicht.[201] Tatsächlich ist zu beobachten, dass die gestohlenen Kartendaten mit Dubletten im Ausland eingesetzt werden, weil es keine europäische Übereinkunft zum Einsatz des MM-Merkmals gibt und deshalb eine Echtheitsprüfung an ausländischen Automaten nicht stattfindet.

176 Bei Abhebungen, die durch Skimming verursacht werden, gibt es keinen Aufwendungsersatzanspruch des die Karten ausgebenden Instituts. Die Rechtslage ändert sich auch nicht durch die

197 *Lochter/Schindler* MMR 2006, 292.

198 AG Frankfurt, Urt. v. 16.01.2007 – 30 C 1774/06–45 unter Hinweis auf BGH, Urt. v. 17.06.1997 – X ZR 119/94.

199 Im Jahr 2007 waren nach Auskunft des BKA noch 459 Automaten das Ziel sog. Skimming-Attacken. Im Jahr 2008 stieg die Zahl auf 809 verschiedene Geldautomaten an. Dies entspricht einer Steigerung von 77 %. Insgesamt liegt die Zahl der Angriffe im Jahr 2008 bei 2.400 Angriffen auf Geldautomaten in Deutschland.

200 »MM« steht für »moduliertes Merkmal«, eine im Kartenkörper eingebrachte, geheime maschinenlesbare Substanz. Das MM-Merkmal in der Karte korrespondiert mit der »MM-Box«, die sich in allen deutschen Geldautomaten befindet, vgl. www.kartensicherheit.de.

201 BGH, Beschl. v. 06.07.2010 – 4 StR 555/09.

gesetzlichen Regelungen bei Zahlungskarten. Zwar begründet § 675v Abs. 1 BGB die Haftung des Zahlers bei missbräuchlicher Nutzung eines Zahlungsinstruments i.H.v. bis zu 50 €. Die Haftung des Zahlers betrifft jedoch nicht Fälle, bei denen die Täter mit einer Kartendublette unterwegs waren. Eine gefälschte Karte ist kein Zahlungsinstrument. Daher ist die Schadensbeteiligung bei Erstellung einer Kartenkopie ungerechtfertigt.[202]

Die Einführung des EMV-Chips war der wirkungsvolle Versuch, die seit vielen Jahren bestehende Praxis, bandenmäßig mit Kartendubletten an Automaten Schäden in Millionenhöhe hervorzurufen, abzustellen. Es soll den Tätern unmöglich sein, einen als echt erkennbaren Kartenchip auf eine Dublette aufzubringen. Die Praxis hat gezeigt, dass diese Annahme der Kartenwirtschaft stimmt. Die Schadensfälle sind sehr stark zurückgegangen. Nach Angaben von Euro-Kartensysteme gibt es seit Einführung der EMV-Chips im Jahr 2011 im girocard-System keine Schäden durch Skimming mehr. Diese treten fast ausschließlich im Maestro-System aufgrund von Magnetstreifen-Transaktionen auf.[203] 177

9. Auszahlungsprobleme am GAA

Der Auszahlungsvorgang am Geldautomaten kann auf vielfältige Weise manipuliert werden.[204] Es sind Fälle bekannt geworden, in denen nach Eingabe des gewünschten Betrages zwar kein Geld aus dem Auszahlungsschacht kam, jedoch die volle Summe dem Konto belastet wurde. Auch kommt es vor, dass ein höherer Betrag als der Abgehobene dem Konto belastet wird, dass nur ein Teilbetrag des gewünschten und später belasteten Betrages aus dem Automaten kommt oder der abgehobene Betrag mehrfach dem Konto belastet wird. Bei der Reklamation steht das Wort des Bankkunden gegen die Behauptung der Bank, der Automat habe technisch einwandfrei gearbeitet. Unter Hinweis auf die technische Sicherheit werden die Reklamationen überwiegend abgelehnt. In einem Fernsehmagazin wurde ein einfacher Trick gezeigt, mit dem der Auszahlungsvorgang durch Kriminelle manipuliert werden kann. In den Geldausgabeschacht wurde ein Plastikstreifen geschoben, der die Scheine nach dem Auszahlungsvorgang zurückhält. Der Kunde entnimmt seine Karte, der Auszahlungsvorgang wird ordnungsgemäß protokolliert (aus der Sicht des Automaten hat dieser das Geld ausgegeben). Der Täter entfernt anschließend den Widerstand und nimmt die Scheine an sich, wenn sich der ratlose Kunde zur Reklamation entfernt hat. Möglich sind Schädigungen auch, wenn der Kunde bewusst abgelenkt wird. Dabei hält ein im Kartenschlitz angebrachter Plastikstreifen den Auswurf der Karte zurück. Ein besorgter »Helfer« fordert den Kunden auf, noch einmal die PIN einzugeben, um die Blockade zu beheben. Auch dies funktioniert nicht, wobei der »Helfer« jedoch die PIN ausspähen konnte. Anschließend entfernen Komplizen den Widerstand, nehmen die Karten an sich und heben mit der ausgespähten PIN ab. Probleme treten ebenfalls auf, wenn der Automat aus technischen Gründen sehr lange für den Auszahlungsvorgang braucht. Entfernt sich der Kunde zu früh oder achtlos vom Automaten, kann es geschehen, dass der Automat das Geld doch ausgezahlt hat und der nachfolgende Kunde das »Geldgeschenk« an sich nimmt. Technische Fehler, menschliches Versagen beim Befüllvorgang bzw. beim »Kassensturz« und untreue Mitarbeiter eröffnen weitere Möglichkeiten für Schäden. Da die Kreditwirtschaft aus Kostengründen von einer wirksamen Video-Überwachung der Automaten absieht,[205] wäre es andererseits auch für den »untreuen« Kunden ein Leichtes, mit der Behauptung, es sei kein Geld aus dem Automaten herausgekommen, die Bank zu schädigen. 178

Wenn das Kreditinstitut das Konto mit einer Auszahlung in einer bestimmten Höhe belasten will, 179
muss es im Streitfall beweisen, dass dieser Betrag auch tatsächlich vom Automaten ausgezahlt worden ist. Nur wenn das Geld den Automaten gänzlich verlassen hat und dem Kunden griffbereit

202 Vgl. BT-Drucks. 16/11643, S. 113.
203 Quelle: www.kartensicherheit.de.
204 Vgl. zur Fälschung von Zahlungskarten mit Garantiefunktion: BGH, Beschl. v. 11.08.2011 – 2 StR 91/11.
205 Entgegen verbreiteter Meinung wird allenfalls die Hälfte der Automaten überwacht.

präsentiert wird, liegt es an diesem, es an sich zu nehmen, sodass die Bank ihrer Auszahlungspflicht genügt hat. Wird der Auszahlungsschlitz manipuliert und verschafft sich ein Täter nach Lösung der Blockade das Geld, ist die Bank von ihrer Leistungspflicht ggü. dem Kunden nicht befreit und kann sein Konto nicht belasten. Vergisst der Kunde jedoch, das griffbereite Geld an sich zu nehmen, z.B. weil er abgelenkt wird oder schlicht nicht mehr an das Mitnehmen denkt, haftet die Bank nicht. Die Bank muss für eine Haftung des Karteninhabers bei missbräuchlicher Abhebung an Geldautomaten den Einsatz der Originalkarte beweisen.[206]

180 Ein Teil der Rechtsprechung billigt den Kreditinstituten eine Beweiserleichterung durch den Anscheinsbeweis zu. So soll es genügen, wenn die Bank ein Auszahlungsprotokoll des Automaten vorlegt, das keine Unstimmigkeiten des Auszahlungsvorgangs (und auch der vorherigen und nachfolgenden Auszahlungsvorgänge) erkennen lässt.[207] Zudem wird auf den Ist- und Sollbestand der Geldmenge im Automaten abgestellt. Stimmen die Summen überein, spräche dieser Anschein gegen eine zu niedrige Auszahlung. Dagegen widersetzte sich das Amtsgericht einer persönlichen Anhörung des Geschädigten und hielt auch ein Sachverständigengutachten für überflüssig, da dieser nachträglich keine Erkenntnisse mehr gewinnen könne. Dieses Vorgehen, das einem Geschädigten kaum eine Chance lässt, findet sich auch in anderen Gerichtsentscheidungen.[208]

181 Dagegen machen sich andere Gerichte in erheblichem Maße Mühe, etwaigen Fehlerquellen in der Sphäre der Bank auf die Spur zu kommen. So ergaben sich für das AG Essen[209] nach der ausführlichen und lesenswerten Vernehmung einer Bankmitarbeiterin so zahlreiche Unstimmigkeiten und Fehlerquellen beim Befüllen des Automaten, dass der Anschein technischer Sicherheit erschüttert wurde. Auch bei der Prüfung des Auszahlungsprotokolls können sich Unstimmigkeiten ergeben, die den Anschein technischer Sicherheit entkräften.[210] Das AG Berlin-Mitte kommt in seinem Urteil[211] zum Ergebnis, dass angesichts der Zunahme der Skimming-Fälle bei der missbräuchlichen Verwendung einer gestohlenen EC-Karte nicht darauf geschlossen werden kann, dass die zur Karte gehörende PIN auf dieser vermerkt oder zusammen mit ihr aufbewahrt wurde. Ein anderes Gericht lässt die Auszahlungsprotokolle allein nicht als Beweis für die Auszahlung genügen. Die Bank hätte die genaue Überprüfung des Geldbestandes durch Mitarbeiter unter Beweis stellen müssen.[212] Gelingt es dem Institut nicht, den Kassenbestand im fraglichen Zeitraum zweifelsfrei darzulegen, muss es die streitige Abbuchung rückgängig machen.[213] Dabei kann auch die Glaubwürdigkeit des Geschädigten ausschlaggebend sein.[214] Der BGH bejaht die Pflicht zur Parteivernehmung gem. § 448 ZPO.[215] Da der gesamte Auszahlungsvorgang technisch und personell vom Institut vorgegeben wird, muss dieses im Schadensfall zunächst die angebliche Systemsicherheit belegen. Dazu gehört die Vorlage der nicht nur auf den streitigen Vorgang bezogenen Journalstreifen und der letzten Wartungsprotokolle. Zudem muss die Bank sich dazu äußern, ob vergleichbare Probleme am Automaten des Instituts, auch in anderen Standorten, im zeitlichen Zusammenhang vorgekommen sind. Die Mitarbeiter sind zu benennen, die den zu belegenden »Kassensturz« am Automaten vorgenommen haben. Die Bank muss sich auch zur Frage der Videoüberwachung und der allgemeinen Automatensicherheit äußern, also z.B. zu der Frage, ob der Automat nach Ablauf einer bestimmten Zeit nicht entnommene Geldscheine wieder einzieht, sich also auf dem Stand der Technik befindet.

---

206 BGH, Urt. v. 29.11.2011 – XI ZR 370/10.
207 AG Nürnberg, NJW 1987, 660.
208 OLG Celle, NJW-RR 1986, 42; AG Burgdorf, WM 1993, 2122; AG Düsseldorf, Beschl. v. 11.02.1998 – 48 C 20333/97.
209 AG Essen, Urt. v. 02.03.2000 – 21 C 518/99.
210 AG Duisburg, Urt. v. 09.06.1993 – 49 C 506/92.
211 AG Berlin-Mitte, Urt. v. 25.11.2009 – 21 C 442/08.
212 AG Berlin-Mitte, Urt. v. 08.07.2002 – 15 C 28/02.
213 AG Berlin-Schöneberg, NJW-RR 2004, 1277.
214 AG Aschaffenburg, NJW-RR 1989, 45.
215 BGH, Urt. v. 29.11.2011 – XI ZR 370/10.

10. Schadensfälle bei Barabhebung am Schalter

Die Zahlungskarte dient zusammen mit der PIN der Bargeldversorgung am GAA. Gleichwohl treten Schadensfälle in der Weise auf, dass mittels der Vorlage gestohlener Karten auch höhere Bargeldbeträge am Filialschalter erlangt werden. Einen solchen Fall mit Bargeldabhebungen am Schalter i.H.v. 40.000 € hatte das LG Bonn[216] zu entscheiden. Die Abhebungen wurden als Barauszahlungen mit Karte gebucht. Das Institut konnte die notierte Nummer des Personalausweises des Geschädigten vorweisen und hatte die Möglichkeit, elektronisch den Kontostand und die hinterlegte Unterschrift zu prüfen. Das LG bejaht eine Pflichtverletzung der Bank im Zusammenhang mit der Identitätsprüfung, weil deutlich abweichende Unterschriften festzustellen waren, die auch im laufenden Tagesgeschäft bei sorgfältiger Prüfung hätten auffallen müssen. Auf die Prüfung der Zahlungskarte dürfe sich das Institut nicht beschränken, weil diese keine Legitimationsfunktion habe. 182

Zutreffend ist, dass eine Bargeldauszahlung am Schalter entgegen landläufiger Praxis der Kreditinstitute nicht allein durch Vorlage der Zahlungskarte erfolgen darf. Sie dient i.R.d. Kartenvertrages der Bargeldversorgung nur unter Eingabe der PIN. Nach Wegfall der Euroschecks hat sie keine »Ausweisfunktion« mehr. Soweit der Kunde dennoch veranlasst wird, die Karte auf der Rückseite zu unterschreiben, hat dies nur Bedeutung für die elektronische Einzugsermächtigung. Verzichtet der Kunde bewusst auf diese Nutzungsmöglichkeit, kann er z.B. nicht daran gehindert werden, das Unterschriftfeld der Karte aus Sicherheitsgründen zu schwärzen und die Karte so auf den PIN-gestützten Einsatz zu beschränken. Lässt ein Institut am Schalter missbräuchliche Bargeldauszahlungen nur unter Vorlage der Karte zu, ist eine Haftung des Karteninhabers ausgeschlossen. Der Kartenvorleger ist auf den GAA zu verweisen. Aus dem Rechtscharakter des Girokontos als Verwahrverhältnis folgt jedoch auch, dass der Kunde die Möglichkeit haben muss, größere Bargeldbeträge oder auch seine gesamte Einlage in bar abzuheben. Da dies in der durch bargeldlose Transaktionen und Karteneinsatz geprägten Geschäftsabwicklung Ausnahmecharakter hat, sind an die Legitimationsprüfung des Kunden hohe Anforderungen zu stellen, denen sich der Kunde im eigenen Sicherheitsinteresse beugen muss. Dies betrifft die ihm zumutbare Vorankündigung der gewünschten Abhebung ebenso wie den Verweis, die Abhebung in der kontoführenden Filiale vorzunehmen. Wird die Unterschrift eines Ausweispapiers nicht durch die kontoführende Filiale geprüft, muss die Prüfung nicht nur sehr genau, sondern insb. unter Beiziehung der hinterlegten Unterschrift in elektronischer Form geschehen. Ausgeschlossen ist, dass der Zahlungskarte in diesem Zusammenhang eine besondere Funktion bei der Legitimationsprüfung zukommt. 183

11. Abwicklungsprobleme bei Kreditkarten

Bei der Kreditkartenzahlung wird der Zahlungsbetrag i.d.R. verzögert im Wege des Einzugsverfahrens vom Konto des Karteninhabers abgebucht. Ist er mit der vertraglichen Leistung i.R.d. Valutaverhältnisses unzufrieden, stellt sich für ihn die Frage, ob er die Kreditkartenzahlung nachträglich ggü. dem Zahlungsempfänger widerrufen kann oder ob der vom Konto abgebuchte Betrag, wie es bei einer normalen Lastschrift möglich ist, auch im Fall der Kreditkartenzahlung bei der eigenen Bank zurückgerufen werden kann. Der BGH hatte diese Rechtsfrage anhand eines Erlebnisses in einem Nachtlokal zu entscheiden, bei dem ein Kunde in etwas mehr als 2 Stunden für 9.200 € Kreditkartenbelege unterzeichnete. Nach kurzem Schlaf packte ihn die Reue. Der BGH[217] lehnte eine Widerrufsmöglichkeit des Kartenzahlers ab, weil die Kreditkarte eine Bargeldersatzfunktion habe. Durch den Vertrag zwischen Kreditkartenherausgeber und Akzeptanzstelle bestehe eine Verpflichtung für die Kartenfirma, die Verbindlichkeiten des Karteninhabers zu tilgen. Die Akzeptanzstelle erwerbe einen nicht mehr umkehrbaren Anspruch gegen die Kartenfirma auf Rechnungsausgleich. Deshalb sei ein Widerruf der Weisung des Karteninhabers nicht mehr möglich und die Kartenfirma 184

216 LG Bonn, ZIP 2005, 2308.
217 BGH, Urt. v. 24.09.2002 – XI ZR 420/01.

habe einen Aufwendungsersatzanspruch gegen den Karteninhaber.[218] Nicht anders stellt sich die Lage für den Kunden dar, wenn er einen Kreditkartenbeleg blanko unterschreibt. Er erteilt damit eine unbeschränkte Weisung, sein Kartenkonto zu belasten.[219] Auftretende Probleme muss er im Valutaverhältnis klären.

185 In den Kartenbedingungen finden sich Hinweise zur Autorisierung von Zahlungsaufträgen. Diese kann durch Eingabe der PIN oder durch Unterschrift auf einem Beleg erfolgen. An automatisierten Kassen kann auch die kontaktlose Bezahlfunktion[220] mit PIN oder bis zu 50 Euro ohne PIN erfolgen. Ausnahmsweise können anstelle der Unterschrift nach Aufforderung durch das Vertragsunternehmen die geforderten Kartendaten angegeben werden, z.B. am Telefon.[221] Das Abgehen vom unterschriebenen Beleg mit der dem innewohnenden Beweisfunktion führt bei Vertragsunternehmen zu Risikoerhöhungen. Das AG Krefeld[222] hatte einen Fall zu entscheiden, in dem der Kunde in einem ausländischen Hotel die Anmeldung unterschrieben hatte und auf Wunsch des Hoteliers diesem seine Kartendaten bekanntgab. Der Hotelier buchte daraufhin vom Kartenkonto einen Betrag ab, mit dessen Höhe der Kunde nicht einverstanden war. Einen Beleg hatte der Kunde nicht unterschrieben und einen solchen Beleg konnte das abbuchende Kreditinstitut nicht vorlegen. Gleichwohl war es nicht bereit, nach sofortiger Reklamation die Abbuchung zu stornieren und berief sich auf die vorgelegte Kopie der Hotelanmeldung, auf die der Hotelier die Kartenangaben kopiert hatte. Dies sollte die Einwilligung des Kunden dokumentieren. Das Gericht folgte dem nicht und führte aus, es sei Sache der belastenden Bank, die Echtheit der Ermächtigung durch einen Originalbeleg darzulegen. Sei dieser trotz umgehender Reklamation des Kunden bereits vernichtet worden, gehe dies zulasten der Bank. Den Belegverzicht, und damit die nach den AGB notwendige »vorherige Abstimmung« zwischen Karteninhaber und Vertragsunternehmen[223] muss die Bank beweisen.

186 Wird auf den unterschriebenen Beleg verzichtet, der der Rechtsklarheit aller Beteiligten in der Einzugskette dient und gar eine rein mündliche Weisung für zulässig gehalten,[224] muss die Einwilligung des Kunden in ein abweichendes Verfahren vergleichbar belegt werden. Dies kann bspw. mit Unterzeichnung der Rechnung als »sachlich richtig« unter gleichzeitiger klauselmäßig sehr deutlicher Einwilligung geschehen, den Betrag unter Nutzung der bekannten Kartendaten abzubuchen. In keinem Fall kann weder der Gläubiger noch die einziehende Bank die bloße Weitergabe der Kreditkartennummer durch den Kunden als Blankoermächtigung werten und auf den verkörperten Nachweis der Zustimmung zum Einzug des Rechnungsbetrags verzichten.[225]

12. Kreditkarte im Internet

187 Die Zahlung mit der Kreditkarte im Internet gehört zu den dort gängigen Zahlungsmethoden. Da sich Gläubiger und Schuldner anonym ggü. stehen und zudem Millionen von gestohlenen Kartendaten im Internet in einschlägigen Foren gehandelt werden, ist der Streit um die Berechtigung von Kartenabbuchungen auf der Grundlage von Internetgeschäften vorprogrammiert. Die Kartendaten sind keine Geheimdaten. Deshalb können sie im Bezahlvorgang rechtsmissbräuchlich eingesetzt werden. Da dann im Deckungsverhältnis keine wirksame Ermächtigung zum Einzug besteht, wird rechtsgrundlos eingezogen und der vermeintliche Schuldner kann der Belastungsbuchung widersprechen. Es obliegt dann dem Kartenausgeber, den Nachweis eines wirksamen

218 Vgl. zum Meinungsstreit *Martinek/Oechsler* Rn. 34.
219 OLG München, WM 1999, 2356.
220 Die Karte wird dabei an das Empfangsgerät des Vertragshändlers gehalten.
221 Z.B. AGB Master/Visa Card Deutscher Sparkassenverlag, gültig ab 13.01.2018.
222 AG Krefeld, Urt. v. 25.05.2007 – 3 C 299/06.
223 Vgl. z.B. Besondere Bedingungen MasterCard und VISA-Card der Deutsche Postbank AG aus 3/2007, www.postbank.de.
224 So weitgehend Langenbucher/*Gößmann* § 3 Rn. 35.
225 LG Karlsruhe, WM 2000, 2339.

Deckungsverhältnisses zu führen. Mangels digitaler Signatur ist es nicht möglich, eine Ermächtigung dem Verursacher sicher zuzuweisen. Sämtliche sonstige Identitätshinweise wie z.B. die E-Mail-Anschrift können gefälscht werden. Unter Berücksichtigung dessen gibt es bei Internetgeschäften keinen Anscheinsbeweis, der auf einen bestimmten Schuldner hinweist.

Anders stellt sich dies auch nicht durch die Abfrage der dreistelligen Prüfnummer auf der Rückseite der Kreditkarte dar. Die Branche hat dadurch versucht, zumindest die gröbsten Betrügereien mit Kartendaten im Internet zu verhindern. Jeder, der die Karte einmal in der Hand gehalten hat, kann sich die offen auf der Karte aufgebrachte Prüfnummer notieren. Auch diese Kartendaten sind handelbar. Die Prüfnummer bietet demnach keinen ausreichenden Schutz, sondern sortiert nur die gröbsten Missbrauchsfälle mit erfundenen Kartennummern aus. Bei Eingabe der richtigen Prüfnummer, die eben keine PIN ist, entsteht kein Anschein für ein wirksames Deckungsverhältnis gegen den Karteninhaber.[226] Da es der Kreditwirtschaft bisher nicht gelungen ist, identitätssichere Verfahren im Internet zu etablieren, lässt der Kartenausgeber Internetgeschäfte auf eigene Gefahr hin zu.[227] Es ist ihm nicht möglich, die damit verbundenen Risiken auf die Akzeptanzstelle durch Einführung einer Rückforderungsklausel abzuwälzen.[228] 188

F. Zahlungsauslösedienste und Kontoinformationsdienste

Mit der Umsetzung der Zahlungsdienstrichtlinie II (»Payment Service Directive«, PSD II) wurde für die Tätigkeit von Zahlungsauslösediensten und Kontoinformationsdiensten in § 1 Abs. 1 Nr. 8 ZAG und § 675f Abs. 3 BGB eine Rechtsgrundlage geschaffen und in deutsches Recht umgesetzt. Die PSD II und das novellierte ZAG sollen dabei die rasant fortschreitende Digitalisierung im Zahlungsverkehr rechtlich erfassen und durch eine stärkere Konturierung der Ausnahmetatbestände eine europaweit einheitliche Auslegung und Anwendung der Vorschriften fördern. Ziel ist es hinsichtlich der neuen Dienste, insbesondere den Wettbewerb zu den traditionellen Kreditinstituten zu stärken. Diese müssen künftig Schnittstellen für Drittanbieter zur Verfügung stellen, damit diese Kontodaten einsehen und Zahlungen initiieren können. Es handelt sich dabei um Zahlungsdienstleistungen. Hierbei legt die PSD II Rechte und Pflichten in Zusammenhang mit dem Erbringen und Nutzen von Zahlungsdiensten fest. 189

1. Zahlungsauslösedienste

Zahlungsauslösedienste ermöglichen in der Praxis den Zahlern, die in einem Online-Shop einkaufen, über dessen Internetseite einen Zahlungsauftrag für ihr Zahlungskonto auszulösen und somit eine Bezahlung sehr zeitnah zu tätigen. Der Zahlungspflichtige veranlasst den Zahlungsauslösedienst, einen Zahlungsauftrag bei seinem Konto zugunsten eines Dritten auszulösen.[229] 190

Der Zahlungsauslösedienst stößt statt des Zahlers den Zahlungsvorgang bei dem kontoführenden Zahlungsdienstleister des Zahlers an. Dabei wird über eine vom Zahlungsauslösedienstl hergestellte Datenbrücke zwischen Onlineplattformen Geld vom Konto des Zahlers auf das Konto des Zahlungsempfängers transferiert. Über diese Softwarebrücke kann der Zahler selbst den Zahlungsvorgang 191

226 Die Sicherungstechnik, die »nur aus seiner Sphäre stammen kann«, gibt es entgegen Langenbucher/*Gößmann* Rn. 37 nicht. So weit *Gößmann* unter Rn. 38 so weit gehen will, der Kartenausgeber könne einerseits die Sicherheit des beleggebundenen Verfahrens beliebig abbauen und auch mündliche Weisungen zulassen, um andererseits im Schadensfall »nicht das Risiko einer fehlenden Weisung« tragen zu müssen, wird die Verantwortung des das technische Abwicklungssystem vorgebenden Kartenausgebers komplett verkannt. Mit organisierter Verantwortungslosigkeit wird zwar dem Kartenausgeber geholfen, das Kreditkartensystem insgesamt jedoch aus Kundensicht diskreditiert.

227 So im Ergebnis auch *Martinek/Oechsler* Rn. 11, wonach der Verzicht auf den Beleg nicht zum »Beweisnotstand des Kartenemittenten« führen darf. Dass den Kartenemittenten die Beweislast trifft, wird nicht infrage gestellt.

228 BGH, WM 2002, 1120.

229 Legaldefinition in § 1 Nr. 33 ZAG; Art 4 Nr. 15 PSD II.

auslösen oder seine persönlichen Zahlungsauthentifikationsmerkmale (in der Regel PIN und TAN) an den Zahlungsauslösedienst weitergeben, der mit diesen Daten den Zahlungsvorgang für den Zahler auslöst.[230] Diese Weitergabe an Dritte war früher in den AGB der Kreditinstitute strikt verboten und ist nunmehr zulässig. Damit der Zahlungsauslösedienst überhaupt tätig werden kann, ist das kontoführende Institut verpflichtet, dem vom Zahler ausgewählten Zahlungsauslösedienst den Zugang zu dem vom ihm geführten Zahlungskonto zu gewähren, das gemäß Art. 66 Abs. 1 PSD II online zugängig sein muss.

192 Anders als bei anderen Zahlungsdienstleistungen gelangt dabei der Zahlungsauslösedienst nicht in den Besitz von Kundengeldern. Bei dem Zahlungsauslösedienst handelt es sich nach der Legaldefinition des Art. 4 Nr. 18 PSD II um einen Zahlungsdienstleister, der einen Zahlungsauslösedienst im Rahmen seiner gewerblichen Tätigkeit erbringt.

193 Im Verhältnis zwischen Zahler und Zahlungsauslösungsdienst besteht ein Einzelzahlungsdienstleistungsvertrag.[231] Hier geltend grds. die §§ 675 c – 676 c BGB. Der Zahlungsdienstnutzer ist berechtigt, Zahlungsauslösedienste einzusetzen, soweit er ein online zugängliches Konto führt. Ein Vertragsverhältnis zwischen dem kontoführenden Zahlungsdienstleister und dem Zahlungsauslösedienst zum Zwecke der Erbringung des Zahlungsauslösedienstes ist nicht erforderlich.[232]

194 Vorgaben für die sichere Kommunikation und die Schnittstelle zwischen den beteiligten Zahlungsdienstleistern enthalten die »Regulatory Technical Standards on Strong Customer Authentication and common and secure communication under Article 98 of Directive 2015/2366 (PSD2)« der EBA (European Banking Authority). Die darin getroffenen Regelungen sollen 18 Monate nach ihrer Veröffentlichung im Amtsblatt der Europäischen Union in Kraft treten; die Europäische Kommission rechnet mit September 2019.

195 Praktisches Beispiel für einen Anbieter von Zahlungsauslösediensten ist dabei z.B. die SOFORT GmbH, die SOFORT Überweisungen anbietet. Die neuen Zahlungsvorgänge erleichtern den Handel. Der Zahlungsempfänger bekommt den Zahlungseingang sofort bestätigt und liefert das Produkte sofort aus, ohne dass der Zahlungsempfänger das Zahlungsrisiko trägt. Es wird im Grunde eine Barzahlung simuliert. Ein weiterer Vorteil ist, dass der Nutzer als Zahler seine persönlichen Daten nicht seinem Vertragspartner im Valutaverhältnis bekannt geben muss, sondern nur dem Zahlungsauslösedienst, der wiederum der öffentlichen Regulierung und Kontrolle unterworfen ist, was unter datenschutzrechtlichen Gesichtspunkten bedeutsam ist.

196 Die Autorisierung des Zahlungsvorgangs kann auch gegenüber dem Zahlungsauslösedienst erteilt werden.[233] Der Zahlungsauslösedienst ist hinsichtlich der mit der Zahlungsausführung verbundenen Risiken dem Lager des Zahlungsdienstleisters zuzuordnen. Erstattungsansprüche sind vom Zahlungsdienstnehmer an den Zahlungsdienstleister zu stellen, wenn dem Zahlungsdienstnehmer bei direkter Ausführung durch den Zahlungsdienstleister Erstattungsansprüche zustehen würden.[234] Kontoführende Zahlungsdienstleister sind künftig verpflichtet, die durch die Zahlungsauslösedienste im Auftrag des Kunden angestoßenen Zahlungen auszuführen. Der kontoführende Zahlungsdienstleister darf die Nutzung dieser Dienste nicht davon abhängig machen, dass die Zahlungsauslösedienste zu diesem Zwecke einen Vertrag mit ihm abschließen, vgl. § 675f Abs. 3 Satz 2 BGB.

230 Erwägungsgrund 27 der PSD II; vgl. dazu auch Conreder/Schild, BB 2016, 1162-1167, 1165.
231 BT-Drucksache 18/11495 S 149.
232 BT-Drucksache 18/11495, S. 107.
233 Art. 64 Abs. 2 Satz 2 PSD II.
234 Art 73 Abs. 2 und BE 73 PSD II.

2. Kontoinformationsdienste

Kontoinformationsdienste[235] stellen einem Kunden z.B. über das Internet aufbereitete Informationen über sein Kontoguthaben bei den verschiedenen Kreditinstituten bereit. Sie haben keinen Zugriff auf das Geld und können keine Zahlungsaufträge auslösen. Kontoinformationsdienste sind Zahlungsdienste, die online konsolidierte Informationen über ein oder mehrere Zahlungskonten[236] eines Zahlungsdienstnutzers verfügbar machen, die bei einem oder mehreren Zahlungsdienstleistern geführt werden.[237] Darunter fallen daher alle Online-Dienste[238], die selbst oder durch einen anderen Kontoinformationsdienst Kontoinformationen von einem oder mehreren Zahlungskonten abrufen und an den Empfänger weiterleiten. Ob dieser Dienst im Privatkundenbereich Bedeutung erlangt, kann bezweifelt werden. Anders könnte sich dies im gewerblichen Bereich entwickeln, wo der Anbieter dem Zahlungspflichtigen in der Regel mehrere Konten für Zahlungseingänge zur Verfügung stellt. **197**

Auch dabei wird eine Datenbrücke für den Zugang benutzt. Die Kontoinformationen dürfen dabei **198**
auch verarbeitet werden. Damit erhalten Kunden einen besseren Überblick über ihre Finanzen, wenn alle Konten aller Banken eines Kunden von einzelnen Banken und/oder Drittanbietern auf einen Blick –nahezu in Echtzeit- dargestellt werden. Die Vorschriften der §§ 675 c – 676 c BGB sind – bis auf wenige Informationspflichten wie z.B. § 675 d Abs. 2 Satz 2 BGB – von der Anwendbarkeit ausgeschlossen. Nicht anwendbar ist zudem § 675 d Abs. 4 BGB.[239] Nicht zu den Zahlungskonten im Sinne des § 1 Abs. 17 ZAG gehören reine Einlagenkonten wie z.B. die Konten für Tages- und Termingelder und Sparkonten, reine Kreditkonten und rein interne Verrechnungskonten.

3. Erlaubnispflicht und Ausnahmen

Zahlungsauslösedienste sowie Zahlungsinformationsdienste werden durch die Neuregulierung **199**
erstmalig der Regulierung unterworfen. Wer Zahlungsauslösedienste erbringen will, benötigt eine Erlaubnis der Finanzaufsicht.[240] Wer Kontoinformationsdienste erbringen will, muss sich zudem registrieren lassen.[241] Die Zahlungsdienstleister haben besondere Vorschriften zum Zugang zu den Zahlungsverkehrskonten, den Kontoinformationen sowie deren Nutzung zu beachten und haben sicherzustellen, dass personalisierte Sicherheitsmerkmale des Zahlers keiner dritten Partei zugänglich sind.[242] Für eine Erlaubnis der Finanzaufsicht müssen Unternehmen zur Durchführung von Zahlungsdiensten zwingend als juristische Person oder Personenhandelsgesellschaft organisiert sein und ein Mindestanfangskapital von 50.000 Euro vorweisen können.[243] Zudem prüft die Bundes-

---

235 Art 4 Nr. 16 PSD II.

236 Zahlungskonto i.S.d. § 1 Nr. 17 ZAG ist *»ein auf den Namen eines oder mehrerer Zahlungsdienstnutzer lautendes Konto, das für die Ausführung von Zahlungsvorgängen genutzt wird«*.

237 Vgl. für Kontoinformationsdienste § 1 Nr. 34 ZAG; Art. 4 Nr. 16 PSD II.

238 § 1 Nr. 34 ZAG; die Bereitstellung von Software, die ausschließlich auf Rechnern im Verfügungsbereich des Zahlungsdienstnutzers läuft, fällt nicht unter den Tatbestand.

239 BT-Drucksache 18/11495 S. 147.

240 Bislang handelte es sich in der Regel um eine erlaubnisfreie Dienstleistung nach § 1 Abs. 10 Nr. 9 ZAG.

241 Art 33 PSD II.

242 sog. »starke Kundenauthentifizierung«; diese orientiert sich an den Empfehlungen des »European Forum on the Security of Retail Payments« für die Sicherheit von Internet-Zahlungen und schreibt die Authentifizierung über die Verwendung von zwei Faktoren aus den unterschiedlichen Merkmalen Wissen (z.B. Passwort, Code, PIN), Besitz (z.B. Token, Smartphone) und Inhärenz (z.B. Fingerabdruck, Stimmerkennung) vor. Nähere Vorgaben zur starken Kundenauthentifizierung und eine sichere Kommunikation der Beteiligten werden von der European Banking Authority (EBA) in Form von technischen Regulierungsstandards »regulatory technical standards« (RTS) erarbeitet und von der Europäischen Kommission in Kraft gesetzt (Quelle: Deutsche Bundesbank).

243 § 12 Abs. 1 Nr. 3 b ZAG.

anstalt für Finanzdienstleistungsaufsicht (BaFin) die Zuverlässigkeit, fachliche Eignung und Geschäftsorganisation des Unternehmens. Die Zahlungsdienstrichtlinie sieht in Art. 5 Abs. 2 PSD II zudem vor, dass die neuen Dienstleister eine Berufshaftpflichtversicherung bzw. eine gleichwertige Garantie abschließen müssen, deren Höhe sich unter anderem nach dem Umfang der erbrachten Zahlungsdienste bestimmt.[244]

200 Das ZAG sieht Übergangsvorschriften für bereits tätige Kontoinformationsdienste und Zahlungsauslösedienste vor.[245] Sie dürfen, soweit die Tätigkeit bereits vor dem 12. Januar 2016 ausgeübt wurde, ihre Dienste bis längstens zum Inkrafttreten der technischen Regulierungsstandards zur starken Kundenauthentifizierung[246] unter den bisher gültigen Voraussetzungen erbringen.

201 Kontoinformationsdienste und Zahlungsauslösedienste, die ab dem 13. Januar 2018 tätig sind und diese Dienste auch ab dem 13. Januar 2018 weiter anbieten wollen, müssen innerhalb von drei Monaten ab dem 13. Januar 2018 einen Erlaubnis- oder Registrierungsantrag stellen. Wird dieser rechtzeitig und vollständig gestellt, so können die Kontoinformationsdienste und Zahlungsauslösedienste bis zur Bestandskraft der Entscheidung über den Erlaubnis- bzw. Registrierungsantrag weiterhin tätig bleiben.

202 Auch die Europäische Kommission rief Kontoinformationsdienste und Zahlungsauslösedienste, die bereits vor 13. Januar 2016 tätig waren, Ende November 2017 in einem Memo dazu auf, schnellstmöglich eine Erlaubnis bzw. Registrierung zu beantragen.

203 In einer Stellungnahme aus September 2017[247], die sich an die nationalen Aufsichtsbehörden richtet, hat die EBA (European Banking Authority) zum Übergang der Regelungen von der PSD I zur PSD II festgestellt, dass Kontoinformationsdienste und Zahlungsauslösedienste nach dem 13. Januar 2018 ohne Erlaubnis oder Registrierung ihre Tätigkeit nicht aufnehmen bzw. fortsetzen dürfen. Unter Verweis auf Art. 115 Abs. 5 PSD II sieht sie allerdings eine Ausnahme für Dienste, die diese Tätigkeit bereits vor dem 12. Januar 2016 im gleichen Mitgliedsstaat ausgeübt haben. Diese dürften die Tätigkeit auch ohne Erlaubnis oder Registrierung fortsetzen.

204 Abzugrenzen sind die Zahlungsauslösedienste von technischen Dienstleistern im Sinne von § 2 Abs. 1 Nr. 9 ZAG. Diese erhalten keinen Zugriff auf die personalisierten Sicherheitsmerkmale oder das Zahlungskonto. Keine Zahlungsauslösedienste sind Netzbetreiber, die bei der Zahlung im electronic cash Verfahren mit Karte und PIN die elektronische Datenverbindung zwischen POS-Terminal und dem kartenausgebenden Zahlungsdienstleister herstellen, denn der Zahlungsvorgang wird durch den Zahlenden ausgelöst. Ebenfalls nicht unter den Begriff des Zahlungsauslösedienst fallen Netzbetreiber, die im Rahmen des elektronischen Lastschriftverfahrens (ELV) die elektronischen Lastschriftdateien vom Zahlungsempfänger an dessen Zahlungsdienstleister übertragen. Hier wird der Zahlungsvorgang durch den Zahlungsempfänger ausgelöst. Rein technische Dienstleistungen bleiben weiterhin erlaubnisfrei.

244 Grundlage für die Berechnung der Mindestdeckungssumme ist die von der EBA aufgestellte Leitlinie »Guidelines on the criteria on how to stipulate the minimum monetary amount of the professional indemnity insurance or other comparable guarantee under Article 5(4) of Directive (EU) 2015/2366 (PSD2)«.

245 § 66 ZAG.

246 »Regulatory Technical Standards on Strong Customer Authentication and common and secure communication under Article 98 of Directive 2015/2366 (PSD2)«, tritt im September 2019 in Kraft.

247 EBA/GL/2017/09: Leitlinien zu den Informationen, die für die Zulassung von Zahlungsinstituten und E-Geld-Instituten sowie für die Eintragung von Kontoinformationsdienstleistern gemäß Artikel 5 Absatz 5 der Richtlinie (EU) 2015/2366 zu übermitteln sind.

G. Wechsel- und Scheckverkehr

I. Scheckverkehr

1. Bedeutung

Mit dem Wegfall der garantierten Euroschecks[248] hat der Scheckverkehr seine Bedeutung i.R.d. Zahlungsverkehrs weitgehend eingebüßt. Händler nehmen Schecks als Zahlungsmittel bei Verbrauchergeschäften wegen der Kosten für den Einreicher und der Dauer der – ungesicherten – Einlösung in aller Regel nicht an. Auch der Reisescheck hat wegen der zunehmenden Einsatzmöglichkeit von Zahlungskarten im Ausland an Bedeutung verloren. Eine traurige Wiederkehr erlebt der Scheck im Rahmen von Internetbetrügereien ggü. Privatleuten. 205

2. Grundlagen

Der Scheck ist wie die Überweisung und die Lastschrift ein Instrument des bargeldlosen Zahlungsverkehrs, der der Bezahlung von Geldschulden zulasten eines Girokontos dient. Der Aussteller des Schecks muss über ein Girokonto verfügen, auf welchem er ein Guthaben hat, Art. 3 Satz 1 ScheckG. Die rechtlichen Grundlagen zum Scheck ergeben sich aus dem Scheckgesetz (ScheckG).[249] Der Scheck ist inhaltlich eine gesetzlich formalisierte, abstrakte und unbedingte Zahlungsanweisung (§ 783 BGB). Auch wenn der Bezogene regelmäßig ein Kreditinstitut ist, sind die Zahlungsvorgänge im Zusammenhang mit der Ausstellung und Einlösung eines Schecks keine Zahlungsdienste und der Scheckvertrag unterliegt daher als Geschäftsbesorgungsvertrag den allgemeinen Regeln.[250] Mit einem Scheck weist der Aussteller sein Kreditinstitut, bei dem er sein Girokonto unterhält (bezogenes Kreditinstitut) an, den im Scheck ausgewiesenen Geldbetrag gegen dessen Vorlage zulasten seines Kontos dem Konto des Einreichers gutzuschreiben (Verrechnungsscheck) oder an diesen auszuzahlen (Barscheck). Scheckfähig i.S.v. Art. 60 ScheckG ist dabei auch eine GbR.[251] Zur Geltendmachung der Rechte aus dem Scheck benötigt der Einreicher die Scheckurkunde. Die Scheckurkunde ist ein Wertpapier. Der Scheck ist ein forderungsrechtliches Inhaberpapier, denn die Geltendmachung des verbrieften Rechts setzt die Innehabung des Papier voraus, Art. 40 ScheckG. Als besondere Form der Anweisung[252] enthält der Scheck die für § 783 BGB charakteristische Doppelermächtigung. Die bezogene Bank wird ermächtigt die Schecksumme für Rechnung des Ausstellers oder eines Dritten, Art. 6 Nr. 2 ScheckG, mit befreiender Wirkung für den Aussteller an den Scheckinhaber zu zahlen und der Schecknehmer wird ermächtigt, die Zahlung bei der bezogenen Bank zu verlangen. Gleichzeitig liegt im Scheck eine girovertragliche Weisung des Ausstellers an die bezogene Bank den Scheck zulasten seines oder eines bestimmten Kontos einzulösen. Diese Weisung wird vom Scheckinhaber als Bote überbracht.[253] 206

Das schuldrechtliche Rechtsverhältnis zwischen der bezogenen Bank und ihren Scheckkunden (Deckungsverhältnis)regelt der Scheckvertrag. Dieser stellt einen entgeltlichen Geschäftsbesorgungsvertrag nach § 675 Abs. 1 BGB dar. Der Scheckvertrag kommt regelmäßig mit der Aushändigung von Scheckvordrucken an den Kontoinhaber oder den Kontobevollmächtigten zustande. Verweigert ein Institut seinem Kunden die Aushändigung der Scheckformulare, so ist darin eine Ablehnung dessen Antrages auf Abschluss eines Scheckvertrages zu sehen. Die Ausgabe von Schecks gehört nicht zum 207

248 Ab 01.01.2002 ist die Einlösegarantie der bezogenen Institute i.H.v. 400 DM pro Scheck weggefallen.

249 Scheckgesetz v. 14.08.1933.

250 §§ 675c ff. BGB gelten nicht, vgl. Palandt/Sprau § 675 Rn. 14.

251 BGH NJW 1997, 2754; ebenso die Vor-GmbH, so BGH NJW 1998, 1079.

252 Dem Scheck liegt im Grundsatz eine Anweisung zugrunde, diese weicht aber z.T. vom Anweisungsrecht des BGB ab: Annahme eines Schecks ist schlechthin wirkungslos, ScheckG Art. 4. vgl. Palandt/*Sprau* § 783 Rn. 13.

253 Schimansky/Bunte/Lwowski/*Nobbe*, Bankrechts-Handbuch § 60 Rn. 11.

Grundbestand des Girovertrages. Der Scheck hat eine Funktion als Zahlungsmittel, kann aber nicht angenommen (akzeptiert) werden, Art. 4 ScheckG. Annahme bedeutet in diesem Fall die rechtliche Verpflichtung des Angewiesenen, neben dem Aussteller der Anweisung für die Zahlung des im Papier versprochenen Betrags mit einzustehen.[254] Verboten ist aber nur die Begründung einer wertpapierrechtlichen Primärleistung, nicht jedoch bürgerlich-rechtliche Erklärungen, durch die das Kreditinstitut auf den Scheck haftet oder sich zur Einlösung verpflichtet, z.B. ein besonderer Garantievertrag.[255] Das Akzeptverbot soll der Verwendung des Schecks zu Kreditzwecken entgegen wirken. Im Gegensatz zum Wechsel ist der Scheck ein reines Zahlungsmittel und kein Kreditmittel, Art 4 ScheckG.[256] Für die Deutsche Bundesbank gilt das Akzeptverbot nicht, § 23 BBankG. Scheckzahlungen sind Leistungen erfüllungshalber. Die Schuld ist erst beglichen, wenn das bezogene Kreditinstitut gezahlt hat. Lässt sich also jemand darauf ein, einen Scheck zur Begleichung einer Schuld zu nehmen, muss dieser damit rechnen, dass das bezogene Kreditinstitut nicht zahlt.

208 Es besteht seitens der Bank keine Pflicht zur Einlösung. Sie darf allerdings auch bei mangelnder Deckung des Kontos einlösen und damit einen Überziehungskredit gewähren.[257] Das Institut ist berechtigt, nicht verpflichtet, den Scheck bei fehlendem Guthaben und nicht vereinbarter Überziehung einzulösen und damit eine weitere Überziehung zu dulden. Löst die Bank des Ausstellers den Scheck nicht ein, wird sie i.R.d. eigenen Sicherheitsinteresses tätig und erbringt ggü. dem Aussteller keine Leistung. Sie kann deshalb für diesen Vorgang kein Entgelt berechnen.[258] Die bezogene Bank wird mit der Einlösung im Rahmen eines Geschäftsbesorgungsvertrages tätig. Für diesen gelten i.R.d. Giroverhältnisses Sonderbedingungen für den Scheckverkehr. Danach ist die Bank verpflichtet, den Kunden bei Nichteinlösung zu unterrichten.[259]

209 Neben den »Bedingungen für den Scheckverkehr« (Scheckbedingungen) ist maßgeblich für die scheckrechtlichen Rechtsbeziehungen das Scheckgesetz (ScheckG). Gem. Art. 1 ScheckG muss ein Scheck sechs Bestandteile enthalten:

- Nr. 1 Bezeichnung als Scheck: Der Scheck muss mit dieser Bezeichnung oder zumindest als Wortbestandteil im Text der Urkunde in der Sprache bezeichnet sein, in der der Scheck ausgestellt ist. Text der Urkunde ist der Anweisungstext.[260]
- Nr. 2 Unbedingte Anweisung zur Zahlung einer bestimmten Geldsumme: Notwendig ist eine Formulierung wie: »Zahlen Sie gegen diesen Scheck Euro Tausend an…« Die in Buchstaben geschriebene Schecksumme ist die bei Abweichungen entscheidende, Art. 9 Abs. 1 ScheckG.
- Nr. 3 Name des Bezogenen: Gemäß Art. 3 ScheckG ist Bezogener ein Bankier. Dabei handelt es sich i.d.R. um ein Kreditinstitut, das bei Vorlage des Schecks zahlen soll.
- Nr. 4 Zahlungsort: Fehlt die Ortsangabe, ist der Scheck nicht ungültig. Es gilt ersatzweise der Ort des Bezogenen als Zahlungsort. Fehlt jede Ortsangabe, ist der Scheck am Ort der Hauptniederlassung des bezogenen Instituts zahlbar. Die Angabe mehrerer Zahlungsorte macht den Scheck nichtig.[261] Er kann jedoch nachträglich durch Streichung der zusätzlichen Ortsangaben wirksam werden mit möglicherweise geänderter Haftung, Art. 51 ScheckG.
- Nr. 5 Tag und Ort der Ausstellung: Der Ausstellungstag ist unentbehrlich, da ohne diesen keine Scheckverpflichtung entsteht[262] und sich danach die Vorlegefrist aus Art 29 Abs. 1 ScheckG ergibt. Es ist nicht erforderlich, dass der angegebene Tag der wirkliche Ausstellungstag ist.

---

254 Schwintowski/*Schwintowski*, Bankrecht Kapitel 12 Rn. 3; in § 784 BGB wird der Begriff der Annahme definiert.

255 BGHZ 64, 79 (81); BGH WM 1994, 884.

256 Scchwitowski/Schwintowski, Bankrecht Kapitel 12 Rn. 1.

257 BGHZ 53, 199 (204).

258 BGH NJW 1998, 309.

259 In den AGB mit Formulierungen wie »gleichzeitig« oder »unverzüglich«.

260 ScheckG/Bülow Art. 1 Rn. 2.

261 ScheckG/Bülow Art. 1 Rn. 15.

262 BGHZ 147, 145 (148); BGHZ 122, 156 (159); OLG Düsseldorf WM 1973, 403.

Vor- und Nachdatierung berühren die Wirksamkeit nicht.[263] Fehlt der Ausstellungsort, ist dieser gem. Art 2 Abs. 4 ScheckG ersetzbar durch den Ort, der beim Aussteller angegeben ist. Ist kein solcher Ort angegeben, ist der Scheck nichtig.[264] Eine Abkürzung kann zusammen mit dem Scheckformular in ausreichender Weise auf den richtigen Ausstellungsort hinweisen.[265] Allerdings muss es sich um eine allgemein bekannte Abkürzung handeln und den Ausstellungsort ggf. durch Auslegung erkennen lassen.[266] Wird das bewusst weggelassene Ausstellungsdatum später ergänzt, wird der zunächst bestehende Blankoscheck zum vollgültigen Scheck.[267]
- Nr. 6 Unterschrift des Ausstellers: Diese muss handschriftlich erfolgen und die gesamten Bestandteile des Schecks decken. Bloße Handzeichen sind keine Unterschrift.[268]

Zahlungsort und Ausstellungsort können fehlen. Fehlt jedoch eines der vier anderen Merkmale, liegt kein Scheck vor. Fehler können weitgehend dadurch vermieden werden, dass die bezogenen Banken i.d.R. nur Scheckeinziehungen auf den institutseigenen Vordrucken akzeptieren. Die Vordrucke ermöglichen zudem eine automatisierte Abwicklung. Die ausgegebenen Formulare enthalten insb. eine Schecknummer, was Schecksperren erleichtert. 210

Zinsvermerke auf dem Scheck gelten als nicht geschrieben, Art. 7 ScheckG. Gleiches gilt für den Annahmevermerk, Art. 4 Satz 2 ScheckG, eine Angstklausel des Ausstellers, Art. 12 Satz 2 ScheckG, und eine andere Verfallzeit als die Sicht, Art. 28 Abs. 1 Satz 2 ScheckG. 211

3. Scheckarten und Übertragung

Im Rahmen des Scheckverkehrs gibt es Inhaber-, Order- oder Rektaschecks, Art 5 ScheckG. Die in der Praxis gängigste Art des Inhaberschecks ist ein Scheck mit der aufgedruckten Weisung an die bezogene Bank, den Scheckbetrag an eine namentlich bezeichnete Person oder den Überbringer (»oder Überbringer«) zu zahlen, Art. 5 Abs. 2 ScheckG. Dieser kann nach Erhalt seinerseits vom Empfänger als Zahlungsmittel weitergereicht (indossiert) werden und auch gutgläubig erworben werden, Art 21 ScheckG. Die Angabe eines Namens bietet für den Scheckaussteller demnach keinen Schutz. Dies selbst dann nicht, wenn er die Klausel »… oder Überbringer« streicht. Die Auszahlung kann auch in bar erfolgen (»Barscheck«). 212

Der Aussteller bringt durch einen quer auf der Scheckvorderseite gesetzten Vermerk »nur zur Verrechnung« zum Ausdruck, dass er eine Barzahlung des Schecks untersagt, Art. 39 Abs. 1 ScheckG.[269] Die bezogene Bank darf den Scheck dann nur im Wege einer Gutschrift einlösen, Art 39 Abs. 2 ScheckG. Das Barzahlungsverbot richtet sich nur an die Bezogene. Nach dem Gesetzeswortlaut darf die Barzahlung auch durch »gleichbedeutenden Vermerk« untersagt werden, Art. 39 Abs. 1 ScheckG. In der Praxis werden hier häufig zwei parallele Schrägstriche an der linken oberen Ecke verwendet. Ob diese aber auch ein »gleichbedeutender Vermerk« sind, ist zumindest streitig.[270] 213

Der Verrechnungsscheck kann gegen Barzahlung vom Inhaber an einen Erwerber übertragen werden. Aus der Übertragbarkeit folgt, dass der Dieb den Verrechnungsscheck einlösen kann und der Aussteller ggü. dem Begünstigten aus dem Valutaverhältnis nicht mehr zur Zahlung verpflichtet ist, wenn er den Scheck an diesen übergeben hatte. Das Diebstahlsrisiko trägt beim Verrechnungsscheck der berechtigte Empfänger, in dessen Besitz sich der Scheck zum Zeitpunkt des Diebstahls 214

263 BGHZ 44, 178 (181).

264 OLG Hamm NJW 2013, 395.

265 »RE« für Recklinghausen bei einem Scheck der Stadtsparkasse Recklinghausen, so OLG Hamm NJW-RR 1998, 1345.

266 Um keine eindeutige Abkürzung handele es sich bei »POW« für »Porta Westfalica«, so OLG Hamm NJW 2013, 395.

267 OLG Hamm NJW-RR 1998, 1513.

268 OLG München ZIP 1997, 1878.

269 Die Bank des Einreichers kann dennoch auf eigenes Risiko in bar auszahlen.

270 ScheckG/*Bülow* Art. 39 Rn. 2; dagegen: OLG Nürnberg NJW 1977, 53.

befunden hat. Die Kreditinstitute müssen die Berechtigung und noch nicht einmal die Legitimation des Einreichers prüfen. Lediglich vor einer anonymen Barauszahlung des gestohlenen Schecks sind Aussteller und Empfänger durch den Vermerk gem. Art. 39 Abs. 1 ScheckG geschützt.

215 Dagegen enthält der Orderscheck die ausdrückliche Weisung an die bezogene Bank, nur an die angeordnete, namentlich und mit Anschrift bezeichnete Person zu zahlen. Diese wird i.d.R. auf der Rückseite des Scheckformulars benannt und die Angabe schließt eine Einlösung nach Diebstahl zugunsten des Nichtberechtigten aus. Sichtbar wird der Orderscheck schon durch die entsprechende Bezeichnung auf der Vorderseite des Scheckvordrucks.

216 Ein Indossament ist ein Übertragungsvermerk auf der Rückseite des Schecks. Der Übertragende (Indossant) übernimmt die Haftung für die Zahlung des Scheckbetrags. Bei Nichteinlösung durch die bezogene Bank kann gegen ihn Rückgriff genommen werden.

4. Scheckeinlösung und Haftung

217 Der Scheck ist bei Sicht zahlbar, Art. 28 ScheckG. Das Datum des Schecks hat dafür keine Bedeutung. Es ist jedoch für die Berechnung der Vorlegungsfrist entscheidend, die an dem Tag beginnt, der in dem Scheck als Ausstellungstag angegeben ist, Art 29 Abs. 4 ScheckG. Ein Inlandsscheck muss binnen 8 Tagen zur Zahlung vorgelegt werden, Art. 29 Abs. 1 ScheckG, ein Auslandsscheck binnen 20 Tagen, Art. 29 Abs. 2 ScheckG.[271] Nach Ablauf der Vorlegungsfrist kann die bezogene Bank gleichwohl zahlen, Art. 32 Abs. 2 ScheckG, muss es jedoch nicht. In der Vorlegungsfrist muss sie zahlen, wenn die sonstigen Bedingungen, insb. die Kontodeckung, gegeben sind. In der Praxis werden die Vorlegungsfristen nicht beachtet. Sie sind jedoch für die Schecksperre von Bedeutung. Diese greift erst nach der Vorlegungsfrist.

218 Die Praxis der Kreditinstitute, den verkörperten Betrag eingereichter Schecks dem Konto i.d.R. sofort gutzuschreiben, scheint bei Inlandsschecks wenig problematisch zu sein. Wie im Lastschriftverfahren erteilt die Inkassobank dem Scheckeinreicher aus seinem Konto eine Gutschrift unter dem Vorbehalt der Einlösung des Schecks. Diese Vorbehaltsgutschrift erfolgt unter der Bedingung, dass die Bank den Scheckbetrag tatsächlich erhält. Die Endgültigkeit der Belastungsbuchung steht hier relativ früh fest. Die bezogene Bank muss die Belastungsbuchung auf dem Konto des Scheckausstellers spätestens binnen 2 Bankarbeitstagen rückgängig machen. So kann der Einreicher nach 7 Bankarbeitstagen relativ sicher davon ausgehen, dass er endgültig über den Scheckbetrag verfügen kann. Gilt der Scheck bereits als eingelöst, weil die bezogene Bank eine die Einlösung bewirkende »Bezahltmeldung« i.S.d. Nr. 9 Abs. 2 Satz 2 AGB-Banken abgesendet hat, verweigert sie aber die Zahlung des Scheckbetrages, so kann die Vorbehaltsgutschrift gem. Nr. 9 Abs. 1 Satz 4 AGB-Banken wieder rückgängig gemacht werden. Diese Klausel ist mit § 307 BGB vereinbar, da der Anspruch auf Gutschrift der Schecksumme gem. §§ 675, 667 BGB erst entsteht, wenn die kontoführende Bank buchmäßig Deckung erlangt hat. Bei einer Scheckzahlung ist der den Schuldnerverzug beendende Zeitpunkt erst dann anzunehmen, wenn der Scheckbetrag beim Gläubiger wertgestellt ist und dieser über ihn verfügen kann. Diese Auslegung von §§ 270, 269 BGB ist aufgrund Art. 3 Abs. 1 der Richtlinie 2000/35/EG geboten.[272]

219 Bei Auslandsschecks besteht diese relative Sicherheit nicht. Wegen der langen Einlöseabläufe bestehen in der Praxis erhebliche Probleme. Auslandsschecks werden teilweise noch nach mehreren Wochen zurückgerufen, wenn der Einreicher nicht mehr damit rechnet. Den wenigsten, insb. ausländischen Kunden ist der Zusatz »E.v.« auf dem Kontoauszug heute noch verständlich. Damit soll dem Kunden signalisiert werden, dass es sich um eine vorläufige Gutbuchung handelt (»Eingang vorbehalten«), die unter dem Vorbehalt des Eingangs der Gegendeckung durch die bezogene Bank

271 Binnen 70 Tagen, wenn Ausstellungsort und Zahlungsort sich in verschiedenen Erdteilen befinden, Art. 29 Abs. 2 ScheckG. Schecks aus Ländern Europas und der Mittelmehranrainerstaaten gelten als im selben Erdteil ausgestellt, Art. 29 Abs. 3 ScheckG.

272 OLG Jena, Urt. v. 11.05.2011 – 2 U 1000/10.

steht (Bedingung, § 158 BGB).[273] Wann die vorläufige Gutbuchung zu einer endgültigen wird, teilt das Institut dem Kunden allerdings nicht mit. Anders als bei der Überweisung gibt es keine für die Scheckeinlösung vorgeschriebenen Zeitabläufe. Der Kunde kann endgültig über den Betrag erst dann verfügen, wenn die Gegendeckung eingegangen ist.

Die Bank des Einreichers ist berechtigt, dem Kunden die Einlösung des Schecks und die Auszahlung des Scheckbetrags zu verweigern, bis die Gegendeckung vorliegt. Sie wird dies insb. bei schlechter Bonität des Kunden so handhaben. Die »E.v.«-Gutbuchung hat für den Kunden die Konsequenz, dass er ein Recht erwirbt, über den im Saldo ausgewiesenen Scheckbetrag zu verfügen. Bis zur Gegendeckung nimmt er jedoch, soweit der Scheckbetrag eine Überziehungslinie auf seinem Konto verringert oder ausgeglichen hat, bei einer Verfügung über die noch nicht gedeckte Schecksumme einen Kredit in Anspruch und wird deshalb mit Zinsen belastet. 220

Die vorläufige Gutbuchung machen sich Betrüger bei Internetgeschäften zu Nutze. Wird bspw. in Deutschland im Internet ein Motorrad zum Kauf angeboten, kann es geschehen, dass sich ein Kaufinteressent aus dem Ausland meldet, ohne Weiteres den Preis akzeptiert und ankündigt, dem Kunden einen Scheck mit einem höheren Betrag als dem Kaufpreis zu übersenden. Der Kunde möge den Scheck doch einlösen und die Differenz an den »Shipping Agent« zur Auszahlung bringen, weil das Motorrad ja ins Ausland geschafft werden müsse. Löst der Kunde den Scheck ein und leitet den Differenzbetrag in bar mittels Western Union an den angeblichen Shipping Agent weiter, wird er feststellen, dass der Scheckbetrag teilweise erst nach mehreren Wochen von seinem Institut wieder zurückgebucht wird, weil die Gegendeckung verweigert wurde und der Auslandsscheck »geplatzt« ist.[274] 221

Angesichts der Tatsache, dass Schecks nicht mehr zu den Massenzahlungsmitteln gehören, erscheint eine grundsätzliche Abkehr von den »E.v.«-Gutbuchungen überfällig. Bankwirtschaftliche Gründe[275] sprechen nicht mehr gegen eine Abkehr von der bisherigen Praxis. Es ist zu beobachten, dass Banken durchaus bei mangelnder Bonität des Einreichers die Vorbehaltsgutschrift verweigern und erst bei endgültiger Gegendeckung den Betrag gutschreiben. Gegen diese Praxis bestehen keine Bedenken. Der Scheckbetrag sollte jedoch generell erst dann als Gutbuchung ausgewiesen werden, wenn die Gegendeckung vorliegt. Die Klauseln der Kreditwirtschaft, die ohne weiteres die Rückgängigmachung der Vorbehaltsgutbuchung zulassen, erscheinen angesichts der in der Praxis gewandelten Funktion des Schecks weg vom Massenzahlungsmittel in dieser Form nicht mehr haltbar.[276] Auch der Ansatz des OLG Saarbrücken,[277] bei einem Auslandsscheck nach Ablauf eines Monats die einlösende Bank zu einem neuen Vorbehalt zu verpflichten, löst die aufgetretenen Verbraucherprobleme mit betrügerischen Auslandsschecks nicht, obwohl es das Problem erkennt. 222

Will sich der Kunde vergewissern, ob er über den Scheckbetrag verfügen kann, muss er sich die Gegendeckung garantieren lassen. Dabei fragt sein Institut bei der bezogenen Bank ausdrücklich nach, 223

273 Umstritten ist, ob diese Vorbehaltsgutschrift dogmatisch als Gutschrift unter der auflösenden Bedingung der Nichteinlösung oder unter der aufschiebenden Bedingung der Einlösung anzusehen ist. Für eine aufschiebende Wirkung spricht der gegen die Inkassobank gerichtete auftragsrechtliche Herausgabeanspruch nach § 667 BGB des Scheckeinreichers, der mit dieser Kontogutschrift erfüllt werden soll. Dieser entsteht erst, wenn die Inkassobank von der auf dem Einzugswege nachgeordneten Bank buchmäßige Deckung erhalten hat. Lässt die Bank den Scheckeinreicher schon vor der Einlösung des Schecks über den gutgeschriebenen Betrag verfügen, liegt darin eine Kreditgewährung. Für eine auflösende Bedingung der Nichteinlösung spricht vor allem, dass die Vorbehaltsgutschrift mit einer bestimmten Wertstellung für die Zinsberechnung sofort verbucht wird. Die ist bei einer aufschiebend bedingten Gutschrift nicht möglich (Schimansky/Bunte/Lwowski/*Nobbe*, Bankrechts-Handbuch§ 61 Rn. 38). Die Rechtsprechung hierzu ist BGH WM 1986, 1409: auflösend bedingt; BGH WM 1992, 1083: aufschiebend bedingt.

274 Der Schaden verbleibt beim Einreicher, vgl. AG Düsseldorf, Urt. v. 16.01.2009 – 31 C 2175/08, (rk).

275 So noch BGH NJW 1997, 2042; BGH NJW 1997, 2112.

276 Keine Wirksamkeitsbedenken noch bei BGH NJW 1997, 2042.

277 OLG Saarbrücken ZIP 1998, 1267.

ob Gegendeckung besteht. Diese betrifft nicht nur den Tag der Anfrage, sondern eine generelle Zusicherung der Einlösung. Die bezogene Bank muss nach Einholung der Bestätigung zur Zahlung des Scheckbetrages verpflichtet sein.[278] Wird eine Bank von ihrem Kunden mit der Prüfung beauftragt, ob der Scheck gedeckt ist und eingelöst werden würde, so haftet die Bank aus diesem Auskunftsvertrag bei unzulänglicher Prüfung der vorgezeigten Scheckbestätigung auf ihre Echtheit und Authentizität.[279] Die Einholung dieser Garantie auf Wunsch des Kunden kann mit einem Entgelt belegt werden. Ansonsten ist es eine Beweisfrage, ob der Kunde auf die Äußerung des Mitarbeiters eines Instituts vertrauen konnte, der ausführt, »morgen können sie verfügen« oder »in zwei Tagen ist mit dem Scheck alles klar«.

5. Nichteinlösung

224 Wird der Scheck nicht eingelöst, kann der Empfänger im Wege des Rückgriffs gem. Art. 45 ScheckG verlangen:
- die Schecksumme,
- Zinsen von mindestens 6 % ab dem Tag der Vorlegung,[280]
- die Protestkosten oder die Kosten der gleichbedeutenden Feststellung und der Nachrichten sowie andere Auslagen,
- eine Vergütung.[281]

225 Wenn der Einreicher seine Bank mit dem Einzug eines ungedeckten Schecks bei einem anderen Kreditinstitut beauftragt hat, dürfen aufgrund der gesetzlichen Regelungen der §§ 670, 675 Abs. 1 BGB und dem Scheckabkommen die Kosten für die Nichteinlösung an ihn weitergereicht werden. Es handelt sich um zulässigen Aufwendungsersatz, hat der BGH entschieden.[282] Denn Grundlage der Scheckeinreichung ist ein Geschäftsbesorgungsvertrag zwischen dem Scheckeinreicher und seiner Bank. Die Bank zieht eine fremde Forderung ein.[283] Wenn die Bank des Scheckausstellers bei der Nichteinlösung des Schecks von der den Scheck einreichenden Bank ein Entgelt verlangt, stellt dies im Verhältnis zwischen der den Scheck einreichenden Bank und dem Scheckeinreicher eine notwendige Aufwendung dar, die der Scheckeinreicher bezahlen muss.

6. Haftung bei Disparität

226 In der Praxis bedeutsam ist die Haftungssituation, wenn bei entwendeten Schecks der Name des Einreichers vom Namen des Begünstigten abweicht (disparitätischer Scheck). Nur wenn eine solche Abweichung besteht, können die einlösende Bank überhaupt Nachfragepflichten treffen. In einem vom OLG Karlsruhe[284] entschiedenen Fall hatte der Mitarbeiter eines Autohauses verschiedene, auf das Autohaus ausgestellte Schecks in Höhe mehrerer 100.000 € seiner Bank zur Einlösung auf seinem Girokonto eingereicht, was diese auch ausführte. Nach Zahlungsunfähigkeit des Einlösenden fordert das Autohaus nunmehr von dessen Bank erfolgreich Schadensersatz mit der Begründung, bei der Disparität sei die Bank zur Nachfrage verpflichtet gewesen. Der BGH nimmt eine solche

---

278 BGH, Urt. v. 20.02.1990 – XI ZR 47/99.

279 OLG Karlsruhe, Urt. v. 21.10.2008 – 17 U 212/07.

280 Weil bei einem Inlandsscheck der Zinssatz gem. Art. 45 Nr. 2 ScheckG bei 2 %-Punkten über dem Basiszinssatz gem. § 247 BGB liegt, also auch unter 6 % absinken könnte, sieht das Gesetz eine Mindest-, jedoch keine Höchstverzinsung vor.

281 Diese beträgt gem. Art. 45 Nr. 4 ScheckG ein Drittel vom Hundert der Hauptsumme des Schecks und darf diesen Satz keinesfalls überschreiten.

282 BGH NJW 2002, 1950.

283 Sie nimmt, anders als bei einer Rücklastschrift, keine Prüfung der Einlösung im eigenen Sicherheitsinteresse vor.

284 OLG Karlsruhe, Urt. v. 03.04.2007 – 17 U 292/05, ZIP 2007, 857; vgl. dazu BGH NJW 2001, 2970; BGH NJW-RR 2004, 45.

Nachfragepflicht bei einem höheren Scheckbetrag an,[285] wobei im kaufmännischen Verkehr wegen der Umlaufhäufigkeit von Schecks kaum geringere Prüfungspflichten bestehen.[286]

Bei einem blanko indossierten Orderscheck trifft die einlösende Bank bei Disparität ebenfalls eine erhöhte Prüfungspflicht.[287] Auch solche Schecks sind im geschäftlichen Verkehr keine üblichen Zahlungsmittel, bei denen geringere Anforderungen an den Aufmerksamkeitsgrad bei Einlösung zu stellen sind.[288] Auch hier ist die einlösende Bank verpflichtet, beim Scheckaussteller und Schecknehmer nachzufragen, ob der Einreicher rechtmäßig handelt. Bei einer Pflichtverletzung ergibt sich die Haftung aus den §§ 990, 989 BGB i.V.m. Art. 21 ScheckG. 227

7. Abhandenkommen des Schecks

Bei entsprechender Abrede erlischt die Forderung, zu deren Erfüllung ein Scheck übergeben wird, mit Einlösung zugunsten des Scheckberechtigten. Löst ein Dritter, der sich den Scheck verschafft hat, diesen zugunsten seines Privatkontos ein, tritt diese Erfüllungswirkung nicht ein. Der Scheckaussteller hat bei einer Scheckzahlungsabrede das Recht, die Bezahlung der im Valutaverhältnis bestehenden Forderung so lange zu verweigern, bis ihm der unversehrte und unbezahlte Scheck zurückgegeben wird.[289] Er hat demnach ein ständiges Leistungsverweigerungsrecht dann, wenn die Verlustgefahr des Schecks entsprechend der Scheckzahlungsabrede auf den Schecknehmer übergegangen ist und dieser ihn nicht zurückgeben kann, weil ein Dritter den Scheck inzwischen eingelöst hat. 228

Daneben besteht auch in dem Fall, in dem der Empfänger das Abhandenkommen zu vertreten hat, zugunsten des Scheckausstellers – unabhängig von einer Scheckzahlungsabrede – ein Schadensersatzanspruch aus schuldhafter Sorgfaltspflichtverletzung gegen den Empfänger. Diesen kann er der Forderung aus dem Valutaverhältnis entgegenhalten.[290] Der Scheckaussteller verfügt so über einen rechtsvernichtenden Einwand gegen die Forderung aus dem Valutaverhältnis. Der Scheckempfänger hat den Aussteller so zu stellen, als sei der zu Schadensersatz verpflichtende Umstand – der Scheckverlust – nicht eingetreten, § 249 BGB, mithin also der Scheck ordnungsgemäß eingelöst worden. 229

Liegt keine ausdrückliche Scheckzahlungsabrede vor, kann ein Scheckbegebungsvertrag in der Weise zustande kommen, dass der Aussteller zum Zwecke der Bezahlung einen Scheck ausstellt und dem Gläubiger zuschickt, den dieser widerspruchslos – und ohne ausdrückliche Annahmeerklärung – annimmt, vgl. § 151 BGB.[291] Will sich ein Scheckempfänger nicht auf die Bezahlung mit Scheck einlassen, muss er ihn unverzüglich zurückgeben.[292] 230

8. Schecksperre

Da der Scheck eine Weisung an das bezogene Institut enthält, den verkörperten Betrag auszuzahlen, kann der Aussteller eine Gegenweisung (einen Widerruf – auch Schecksperre genannt) erteilen und den Scheck bei seinem Institut sperren lassen, solange der Zahlungsauftrag beim Zahlungsdienstleister des Zahlers noch nicht zugegangen ist, § 675p BGB. Der Widerruf ist erst nach Ablauf der Vorlegungsfrist wirksam, Art. 32 Abs. 1 ScheckG. In der Praxis werden Schecksperren jedoch 231

285 5.000 DM, vgl. BGH WM 1997, 1092.

286 Dies wird vom OLG Frankfurt am Main ZIP 1999, 1207 unter Berufung auf ein Gutachten des Deutschen Industrie- und Handelstags verneint, weil es keinen Handelsbrauch gebe, Inhaberschecks im Geschäftsverkehr zahlungshalber hinzugeben.

287 BGH WM 2000, 812.

288 OLG Saarbrücken, Urt. v. 17.04.2001 – 7 U 854/98.

289 BGH NJW 1996, 1961; NJW 2000 3344; OLG Celle WM 1996, 1951.

290 BGH WM 2007, 1171 m.w.N.

291 *Nobbe* Rn. 225; OLG München NJW-RR 1993, 117; OLG Hamburg WM 1997, 2027 (2028).

292 BGH WM 2007, 1171 (1173) m.w.N.

auch innerhalb der Vorlegungsfrist beachtet. Nach Meinung des BGH sind Schecksperren in jedem Fall verbindlich und Art 32 Abs. 1 ScheckG wird als abdingbar bewertet.[293] Der BGH hat damit grundsätzlich geklärt, dass es keine denkbare Situation gibt, in der die Bank die Schecksperre nicht beachten muss. Er bewertet die Verpflichtung der Bank zur Beachtung der Schecksperre als konkludent vereinbarte Nebenpflicht des Scheckvertrages.[294] Bei abhanden gekommenen Schecks muss dies der bezogenen Bank, möglichst der kontoführenden Stelle, unverzüglich mitgeteilt werden.[295] Die Sperre soll jedoch nicht endgültig wirken. Die Institute bedingen sich aus, Schecksperren nach Ablauf der Vorlegungsfrist nur für 6 Monate, gerechnet vom Eingang des Widerrufs, zu beachten. Der Aussteller muss anschließend die Schecksperre schriftlich um weitere 6 Monate verlängern.

232 Diese Regelung führt in der Praxis manchmal zu Problemen. Für die Schecksperre und deren Erneuerung verlangen die Institute i.d.R. vom Aussteller ein Entgelt.[296] Ein einmal ausgestellter und gesperrter Scheck kann jedoch kaum zu einer lebenslänglichen Zahlungs- und Sperrpflicht des Ausstellers führen. Die im Scheck verkörperte Anweisung an das bezogene Institut kann bei Widerruf der Weisung kaum automatisch durch Zeitablauf und Schweigen des Ausstellers wieder aufleben, sodass gegen die Wirksamkeit dieser Bedingung des Scheckverkehrs Bedenken bestehen.

233 Löst das Institut den Scheck trotz erfolgter Schecksperre ein, ist eine Belastung des Kundenkontos ausgeschlossen, da das Institut in diesem Fall grob fahrlässig gehandelt hat. Es macht sich schadensersatzpflichtig.

9. Gefälschte Schecks

234 Werden der Scheckbetrag oder die Unterschrift gefälscht oder verfälscht, fehlt es an einer wirksamen Anweisung des vermeintlichen Scheckausstellers sowie an einer wirksamen Leistungsbestimmung gegenüber dem Geldempfänger. Die Fälschung eines Schecks ist die Herstellung einer unechten Urkunde durch Nachahmen der Unterschrift des wahren Kontoinhabers. Unter Verfälschung ist die nachträgliche Änderung des Inhalts eines echten Schecks zu verstehen. In beiden Fällen mangelt es an einer wirksamen Scheckanweisung des Kontoinhabers als Scheckaussteller. Die bezogene Bank ist folglich ggü. dem Kontoinhaber zur Einlösung des ge- und verfälschten Schecks nicht befugt.[297] Mit der Scheckeinlösung erwirbt deshalb die Bank nach ständiger Rechtsprechung keinen Aufwendungsersatzanspruch gem. §§ 675, 670 BGB.[298] Die bezogene Bank trägt demnach das Fälschungsrisiko. Sie trifft auch das Risiko der Insolvenz des Scheckeinreichers.[299] Für Kaufleute gelten keine Besonderheiten.[300] Die Bank kann dieses Risiko nicht, wie früher geschehen, auf den Kunden durch Allgemeine Geschäftsbedingungen abwälzen.[301] Kaum haltbar scheint die AGB einer Bank, die dem Geschäftskunden eine verschuldensunabhängige Haftung auferlegen will, wenn Schecks aus seinen Geschäftsräumen entwendet werden.[302] Zumindest bei Privatkunden wird in

293 BGH WM 1988, 1325.

294 BGH WM 1988, 1325. Ausdrücklich ist heute in Nr. 5 SchB 2001 (Bedingungen für den Scheckverkehr i.d.F. v. 01.10.2000) vereinbart, dass der Scheck widerrufen werden kann, solange er von der Bank nicht eingelöst wurde.

295 BGH NJW 1997, 1700.

296 Vgl. hierzu LG Hamburg, Beschl. v. 22.04.2009 – 312 O 210/09. Die Klausel, dass Kunden für eine Schecksperre ein Entgelt von 15 € zu zahlen haben, ist nicht unklar und stellt keine unangemessene Benachteiligung i.S.d. § 307 Abs. 1 BGB dar.

297 Schimansky/Bunte/Lwowski/*Nobbe*, Bankrechts-Handbuch § 60 Rn. 100.

298 BGH WM 1984, 1173; BGH WM 1993, 12; BGH WM 2001, 1460.

299 Der Bereicherungsanspruch finde zwischen der Bank und dem Einreicher des Schecks statt, so OLG Naumburg WM 1998, 593. Im Valutaverhältnis könne die Einlösung des Schecks dem angeblichen Aussteller nicht zugerechnet werden, da es wegen der Fälschung an einer bewussten und gewollten Vermögensmehrung mangele.

300 BGH NJW 1997, 1700.

301 BGH NJW 1997, 1700; BGH NJW 1997, 2236.

302 AGB Nr. 3.3 der PSD Bank 09/2005.

den neueren AGB auf die allgemeine Haftungsverteilung gem. § 254 BGB abgestellt. Bei dieser ist zwischen den Sorgfaltspflichten des Kunden, insb. der sorgfältigen Aufbewahrung, und den Sorgfaltspflichten der einlösenden Bank, insb. der Prüfung des Schecks auf Echtheit, abzuwägen.[303] Im Streitfall muss dem Kunden durch Vorlage des Schecks die Möglichkeit gegeben werden, sich einen eigenen Eindruck von dessen Echtheitsanschein zu machen.

Anders kann sich die Situation darstellen, wenn der Kontoinhaber ein Scheckformular blanko unterzeichnet hat und so wesentlich einen Schaden mitverursacht hat. In diesem Fall haftet er ggü. der einlösenden Bank. 235

Der Kunde ist nach den Scheckbedingungen zu besonderer Sorgfalt bei der Aufbewahrung von Schecks und Scheckvordrucken verpflichtet. Den Kunden kann dann ein Mitverschulden treffen, wenn er durch sein Verhalten zum Schadenseintritt beigetragen hat. Die Beweislast dafür liegt bei der Bank.[304] Dies betrifft im Wesentlichen die Frage nach der sorgfältigen Aufbewahrung von Schecks. Diese müssen sorgfältig verwahrt werden, um Schäden von der Bank fernzuhalten.[305] Die Frage der richtigen Aufbewahrung hat, ähnlich wie bei der Aufbewahrung von Zahlungskarten, bei unteren Gerichtsinstanzen zu teilweise übersteigerten Pflichtvorstellungen geführt. 236

Wer Schecks in verschlossenen Räumen oder Behältnissen aufbewahrt, erfüllt seine Sorgfaltspflichten. Für den Inhaber eines Girokontos ist nicht grob fahrlässig, wenn die ec-Karte und die dazugehörige Geheimnummer in unterschiedlichen Räumen in der Wohnung verwahrt werden.[306] Str. ist die Aufbewahrung im Pkw.[307] Abzustellen ist bei den Anforderungen an die sorgfältige Aufbewahrung auch auf eine konkrete Anreizsituation. Dazu gehört das offene Aufbewahren und Liegenlassen an öffentlich zugänglichen Orten, wozu ein Pkw auf einem Parkplatz gehört. Werden die Schecks versteckt aufbewahrt, schafft der Kunde keinen Anreiz, sondern bemüht sich ganz im Gegenteil, diesen zu vermeiden. Schuldhaft soll der Kunde handeln, der Schecks in einem unverschlossenen Büro oder einer ausgezogenen Anzugjacke bei zeitweiser Abwesenheit aufbewahrt.[308] Zu prüfen wird dabei sein, ob die Räume für Publikumsverkehr offen oder bspw. durch eine Zugangskontrolle gesichert sind. Hat nur ein begrenzter Kreis von Mitarbeitern zum Büro Zutritt, wäre es nicht angemessen, diese unter Generalverdacht zu stellen und zu fordern, alle Zahlungsmedien müssten generell am Körper mitgeführt werden. Im kaufmännischen Verkehr wird eine Pflicht zur lückenlosen Überwachung von Angestellten abgelehnt. Gehaftet werden soll jedoch für Hilfspersonen, die für die Scheckabwicklung eingesetzt werden und Schecks entwenden bzw. unterschlagen (nicht verfälschen).[309] Den Kontoinhaber trifft aber kein Mitverschulden, wenn er den Scheck mit einfachem Brief dem Schecknehmer übermittelt hat.[310] Etwas anderes gilt dann, wenn der Scheck in einem Briefumschlag mit Klarsichtfenster versendet wurde und daher von außen erkennbar war, dass es sich um einen Scheck handelt.[311] 237

303 Solange der Kunde noch nicht in Besitz der Schecks ist und diese bspw. bei der Übersendung verloren gehen, haftet er grds. nicht. Nach Erhalt hat er die Vordrucke nach den AGB auf Vollständigkeit zu prüfen, was nur möglich ist, wenn das Institut ihm eine klare Vorstellung von der Zahl der überlassenen Scheckvordrucke gibt.

304 OLG Düsseldorf WM 1985, 1030; OLG Hamm WM 1985, 1261.

305 BGH NJW 1997, 1700; BGH NJW 1997, 2236; OLG Karlsruhe WM 2000, 953.

306 BGH ZIP 2000, 2196.

307 Grobe Fahrlässigkeit wird hier angenommen von LG Köln NJW-RR 1987, 740; LG Wuppertal NJW 1988, 500; LG Essen WM 1993, 546 (548). Dies gelte nicht, wenn eine sichere Verwahrung situationsbedingt (z.B. bei einem Strandbesuch) nicht möglich sei, so *Nobbe* in: Schimansky/Bunte/Lwowski, Bankrechts-Handbuch § 60 Rn. 110.

308 OLG Köln NJW-RR 1996, 619.

309 BGH NJW 1997, 2236.

310 BGH WM 1998, 1622.

311 OLG Celle WM 1991, 1412; OLG Frankfurt WM 1999, 1318.

238 Die bezogene Bank kann ein Mitverschulden treffen, wenn sie gegen die Pflicht verstößt, die Echtheit des Schecks und die Berechtigung des Ausstellers zu überprüfen. Diese Verpflichtung wird in dem Maße stärker, in dem die Scheckvorlegung Ausnahmecharakter hat und Scheckbetrügereien mit Auslandsschecks bekannt werden. Soweit die ältere BGH-Rechtsprechung noch auf geringere Pflichten im »Massenverkehr« hinwies,[312] liegt dieser angesichts der Marktentwicklung nicht mehr vor. Da Kreditinstitute heute die Möglichkeit haben, die Unterschrift des Kontoinhabers i.R.d. PC-Vernetzung online abzugleichen, werden auch höhere Anforderungen an den Eindruck der Echtheit der Unterschriften zu stellen sein. Dass Radierstellen[313] und Aufkleber auf dem Scheckformular[314] dem Eindruck der Echtheit entgegenstehen, liegt nahe. Wird ein Scheck der Zweigstelle der Bank vorgelegt, die nicht kontoführend ist, genügt diese ihrer Sorgfaltspflicht hingegen nur dann, wenn sie einen Vergleich mit der bei der kontoführenden Zweigstelle hinterlegten Unterschrift durchgeführt hat.[315]

10. Scheckprozess

239 Wird ein Scheck nicht eingelöst, hat der Scheckinhaber gegen den Aussteller eine vereinfachte Möglichkeit, seine Ansprüche titulieren zu lassen. Anwendbar sind die Vorschriften über den Wechselprozess, wenn im Urkundenprozess Ansprüche aus Schecks geltend gemacht werden, § 605a ZPO. Der Scheckinhaber kann durch Vorlage des Original-Schecks einen vollstreckbaren Titel im Wege des Scheckprozesses (Urkundenprozess) erlangen, ohne dass es in diesem Verfahrensstadium auf Einwände des Ausstellers aus dem Valutaverhältnis ankäme. Diese müssen in einem Nachverfahren geklärt werden. Neben dem Scheckbetrag können auch die sonstigen, dem Einreicher entstandenen Kosten und Auslagen[316] geltend gemacht werden.

240 Die Rückgriffsansprüche aus dem Scheck, nicht aus dem diesem zugrunde liegenden Valutaverhältnis, verjähren in 6 Monaten, gerechnet vom Ablauf der Vorlegungsfrist, Art. 52 ScheckG.

241 Die Rückgriffsrechte des Scheckinhabers ergeben sich aus Art. 40 bis 48 ScheckG. Voraussetzung für den Regress ist die Notanzeige des Art. 42 ScheckG. Binnen 4 Werktagen müssen der unmittelbare Vorbesitzer und der Aussteller über die Nichteinlösung informiert werden. Der Indossant muss seinen unmittelbaren Vormann binnen 2 Werktagen benachrichtigen. Der Aussteller des Schecks und der Indossant haften dem Scheckinhaber als Gesamtschuldner. Der Inhaber kann sich auch einen von beiden als Schuldner aussuchen.

II. Wechselverkehr

1. Bedeutung

242 Die Bedeutung des Wechsels ist angesichts der Entwicklung des bargeldlosen Zahlungsverkehrs zurückgegangen. Die Rechtsprechung beschäftigen Wechsel nur noch selten.[317] Ihm kommt im geschäftlichen Verkehr noch Bedeutung als Instrument der Kreditgewährung und der Kreditsicherung zu.[318] Insb. kann mit einem Wechsel ein Warenkredit abgesichert werden. Der Lieferant kann sich damit einverstanden erklären, dass nach erfolgter Lieferung die Zahlung durch die Einlösung eines ihm übergebenen Wechsels erfolgen soll. Mit dem Wechsel verpflichtet sich der Aussteller zur Zahlung bei Fälligkeit. Für den Lieferanten hat die Entgegennahme einer solchen Urkunde den

312 BGH NJW 1969, 694; BGH NJW 1986, 988.
313 BGH NJW 1997, 2236.
314 BGH ZIP 1988, 156.
315 BGHZ 91, 229.
316 Art. 45 ScheckG.
317 Zuletzt BGH NJW 2001, 517; BGH NJW-RR 2003, 771.
318 *Fischer* Rn. 3.

Vorteil, dass er die Forderung bei Fälligkeit i.R.d. Wechselprozesses schnell titulieren kann. Er kann den Wechsel seinerseits als Zahlungsmittel zur Erfüllung eigener Verpflichtungen weitergeben.

Im Rechtsverkehr mit Privaten dürfen gem. § 496 Abs. 2 BGB im Rahmen eines Verbraucherdarlehens Kreditnehmer nicht verpflichtet werden, zur Sicherung der Ansprüche aus dem gewährten Darlehen eine Wechselverbindlichkeit einzugehen. Dies wird der Tatsache geschuldet, dass Verbraucher keine Kenntnisse von den komplizierten wechselrechtlichen Vorschriften haben. 243

2. Grundlagen

Die rechtlichen Grundlagen zum Wechsel finden sich im Wechselgesetz (WG). Unterschieden wird 244 der »gezogene Wechsel«, Art. 1 WG und der »Eigenwechsel«, Art. 75 WG. Der gezogene Wechsel (auch »Tratte« genannt) ist ein Wechsel, in dem der Aussteller einen anderen anweist, an den durch die Urkunde ausgewiesenen Berechtigten eine bestimmte Geldsumme an einem bestimmten Tag zu zahlen.[319] Bei einem eigenen Wechsel (Solawechsel) verpflichtet sich der Aussteller selbst zur Zahlung der Wechselsumme.[320] Der Wechsel verbrieft ein Recht, das der Inhaber der Urkunde geltend machen kann. Dem Empfänger (Gläubiger) gibt der Wechsel bei Vorlage das unbedingte Recht zur Zahlung des verkörperten Betrages gegen den Aussteller (Schuldner). Der Kreis derjenigen, die Rechte und Pflichten aus Wechseln erwerben bzw. begründen können, ist weit gezogen. Neben natürlichen und juristischen Personen zählen dazu nicht rechtsfähige Personengesellschaften (OHG und KG), GbR[321] und auch nicht rechtsfähige Vereine.[322]

Der Wechsel hat drei Funktionen. Er ist Zahlungsmittel, Kreditmittel und Sicherungsmittel. 245

Im Rahmen der Funktion als Zahlungsmittel weist der Aussteller des Wechsels (Anweisender) den 246 Bezogenen (Angewiesenen) an, die Wechselsumme zu einem bestimmten Zeitpunkt an den Wechselnehmer (Anweisungsempfänger, Remittent) zu zahlen. Der Wechsel wird erfüllungshalber zur Erfüllung einer Forderung aus dem Valutaverhältnis zwischen Aussteller und Wechselnehmer übergeben. Die Forderung ist erst mit Einlösung des Wechsels getilgt. Der Bezogene ist vom Aussteller ermächtigt, an den Wechselnehmer zu zahlen. Er ist dazu aber nicht verpflichtet. Dazu bedarf es eines besonderen Verpflichtungsaktes des Bezogenen. Dieser muss ein Akzept auf den Wechsel setzen, Art. 25 WG. Die Wechselforderung besteht abstrakt neben der schuldrechtlichen Verpflichtung aus dem Valutaverhältnis. Sie wird durch Einwendungen aus dem Valutaverhältnis, bspw. schlechte oder unvollständige Lieferung, nicht berührt. Ansprüche hat der Wechselnehmer auch ohne Akzept. Er kann den Aussteller in Regress nehmen.

Die Funktion als Kreditmittel erhält der Wechsel durch die Bestimmung des Fälligkeitstermins. 247 Anders als ein Scheck ist er nicht sofort fällig. Mit der Vereinbarung eines zeitlich verzögerten Fälligkeitstermins stundet der Gläubiger des Valutaverhältnisses dem Schuldner die Zahlung und gibt ihm einen Warenkredit. Gleichzeitig erhöht der akzeptierte Wechsel seine eigene, geschäftliche Flexibilität. Der Gläubiger kann neben der Vorlage des Wechsels an seine Hausbank zum Inkasso dieser den Wechsel auch verkaufen und den Geldbetrag sofort besorgen (Wechseldiskontkredit) oder den Wechsel zur Zahlung eigener Verbindlichkeiten an Dritte weitergeben.[323]

Als wirksames Sicherungsmittel wirkt der Wechsel durch die Form- und Einlösungsstrenge. Zudem 248 kann die Wechselforderung im Wege des Wechselprozesses schnell und unabhängig von Streitigkeiten aus dem Valutaverhältnis tituliert werden. Aus dem Valutaverhältnis können Einwendungen gegen die Wechselforderung nur auf krasse Ausnahmen beschränkt erhoben werden, Art. 17 WG.

319 Schimansky/Bunte/Lwowski/*Peters*, Bankrechts-Handbuch, § 64, Rn. 4.
320 Schimansky/Bunte/Lwowski/*Peters*, Bankrechts-Handbuch, § 64, Rn. 4.
321 BGHZ 146, 341.
322 H.M., vgl. zum Meinungsstand *Kempfler*, NZG 2002, 411.
323 *Fischer* Rn. 4.

3. Gesetzliche Regelungen

249 Art. 1 WG bezeichnet die acht Bestandteile, die ein gezogener Wechsel enthalten muss.

- Art. 1 Nr. 1 WG Bezeichnung als Wechsel. Die Bezeichnung als »Wechsel« muss im Text der Urkunde in der Sprache ihrer sonstigen Abfassung vorkommen. Eine bloße Erwähnung als Überschrift reicht nicht.[324] Die Aufnahme des Wortes »Wechsel« in den Text der Urkunde soll eine nachträgliche Fälschung und die Missbrauchsmöglichkeit erschweren.[325] Solange das Gewollte eindeutig erscheint, ändern Schreibfehler nichts am Charakter der Urkunde als Wechsel.[326] Solange der Begriff Wechsel und die Anweisung zur Zahlung in derselben Sprache verfasst sind, darf der Text der Urkunde gemischtsprachig sein.[327]
- Art. 1 Nr. 2 WG Unbedingte Anweisung. Es muss die unbedingte Anweisung an den namentlich zur Zahlung Verpflichteten (Bezogenen) erfolgen, einen nach Betrag und Währung bestimmten Geldbetrag zu zahlen. Der Wechsel darf keine Bedingungen oder Einschränkungen enthalten. Ein Zusatz wie: »... zur Begleichung der Rechnung vom...« macht den Wechsel ungültig. Er kann zusätzliche Angaben enthalten, wie das Akzept und Indossamente. Die Wechselanweisung kann unter keine Bedingung gestellt werden, wohl jedoch die Ausstellung des Wechsels (Begebungsvertrag). Da dazu Hinweise im Wechsel fehlen, bedarf dessen Inhaber des Schutzes, den die Möglichkeit des gutgläubigen Erwerbs bietet, Art. 16 Abs. 2 WG. Die wechselrechtliche Anweisung geht ausschließlich auf Geld.[328] Es muss nicht die Währung des Ausstellungsorts sein. Bei einer Angabe in Buchstaben und in Ziffern geht im Zweifel die Betragsangabe in Buchstaben vor, Art. 6 Abs. 1 WG. Die Geldsumme muss eindeutig sein und darf keine Zusätze, z.B. eine Verzinsung, enthalten. Ca.-Angaben, alternative Beträge oder Beschreibungen der Summe[329] verstoßen gegen das Deutlichkeitsgebot. Die auf eine bestimmte Geldsumme bezogene, unbedingte Weisung dient der Umlauffähigkeit des Wechsels. Derjenige, der einen Wechsel im Wege des Indossaments erhält, kann Hinweise auf das ursprüngliche Valutaverhältnis, welche die Verwertung des Wechsels in Geld beeinflussen, nicht klären und einordnen.[330] Eine bloße Erwähnung des Valutaverhältnisses ist unschädlich, wobei Zweifel zulasten der Wirksamkeit des Wechsels gehen.[331] Wird bei einem in Deutschland ausgestellten Wechsel ein Betrag in ausländischer Währung eingetragen, wird dieser bei Einlösung in Deutschland in Euro zum Fälligkeitstag umgerechnet und ausgezahlt. Verhindert werden kann dies durch den Zusatz »effektiv« vor dem Betrag. Mit diesem Zusatz muss ausländische Währung ausgezahlt werden. Der Wechsel muss zwar der Schriftform entsprechen, unterliegt jedoch ansonsten keinen Formvorschriften. Auch wenn Wechselvordrucke mit einer bestimmten Form üblich sind, kann auch auf einem Bierdeckel ein Wechsel ausgestellt werden.[332]
- Art. 1 Nr. 3 WG Name des Bezogenen. Dies ist der bei Vorlage des Wechsels Zahlungspflichtige. Er muss den Wechsel akzeptiert haben, um zur Zahlung verpflichtet zu sein. Vorher wird der Wechsel als Tratte bezeichnet. Diese kann übertragen und dem Bezogenen bis zum Verfall jeweils neu vorgelegt werden, Art. 21 WG. Der Bezogene muss als natürliche und juristische, rechtsfähige Person existieren. Es kann sich auch um eine Mehrheit von Bezogenen handeln, soweit diese gesamtschuldnerisch haften. Auch Wechsel, die auf nicht existierende Personen

---

324 *Fischer* Rn. 9 m.w.N.

325 Schimansky/Bunte/Lwowski/*Peters*, Bankrechts-Handbuch, § 64, Rn. 5.

326 ScheckG/*Bülow* Art. 1 Rn. 4 erwähnt Bezeichnungen wie »Wexel« oder »Weksel«.

327 BGHZ 82, 200 (203); *Bülow* Art. 1 Rn. 5 gegen OLG Köln, ZIP 1981, 1079.

328 Im Gegensatz dazu kann die Anweisung nach § 783 BGB auch auf Wertpapiere oder andere vertretbare Sachen gehen.

329 ScheckG/*Bülow* Art. 1 Rn. 12 nennt als Beispiel für mangelnde Bestimmtheit das »Monatsgehalt eines Ministerialrats«.

330 Laut ScheckG/*Bülow* Art. 1 Rn. 8 schädlich: »Zahlen Sie zur Begleichung der Warenlieferung vom...«.

331 BGH, NJW 1994, 447.

332 ScheckG/*Bülow* Art. 1 Rn. 2, der allerdings darauf hinweist, dass ungewöhnliche Formen einen Hinweis auf ein Scheingeschäft oder einen Mangel an Ernstlichkeit geben können, §§ 117, 118 BGB.

und Firmen ausgestellt wurden, sind wirksam, Art. 7 WG. Gleiches soll für Personen gelten, die einen Allerweltsnamen tragen und deren Anschrift fehlt, die also nicht als Bezogene festgestellt werden können.[333] Nimmt der Bezogene den Wechsel an (Akzept), wird er Hauptschuldner der Wechselverpflichtung. Er muss bei Verfall des Wechsels zahlen, Art. 28 Abs. 1 WG. Eine teilweise Annahme für eine Teilsumme ist möglich, Art. 26 Abs. 1 WG. Er ist dazu nicht verpflichtet. Lehnt er die Annahme ab, geht der Wechsel zu Protest (»geplatzter Wechsel«, Art. 44 WG). Der Bezogene kann mit der Person des Ausstellers identisch sein (eigener Wechsel, auch Solawechsel genannt), Art. 75 WG. Es handelt sich um ein abstraktes Schuldversprechen, § 780 BGB, das der Formstrenge des Wechsels unterliegt, in der Praxis jedoch keine Rolle spielt.

- Art. 1 Nr. 4 WG Verfallszeit. Angegeben werden muss, wann der Wechsel zu bezahlen ist. Es kann ein Tag bestimmt werden (Tagwechsel), die Fälligkeit bei Vorlage (Sichtwechsel) oder eine bestimmte Zeit nach Ausstellung (Datowechsel). Die Angabe einer Verfallszeit ist entbehrlich. Fehlt sie, handelt es sich um einen Sichtwechsel, Art. 2 Abs. 2 WG, der bei Vorlage fällig ist, Art. 34 WG. Es darf jedoch kein nicht möglicher Tag (30.02.) oder unbestimmter Tag (»einen Tag nach meinem Geburtstag«) angegeben werden, da dies zur Nichtigkeit des Wechsels führt.
- Art. 1 Nr. 5 WG Zahlungsort. Fehlt diese Angabe, ist Zahlungsort der Ort des Bezogenen. Fehlt auch diese Angabe, ist der Wechsel unwirksam. Der Wechsel begründet eine Holschuld, sodass klar sein muss, wo die Geldsumme zu holen ist, entweder in der Wohnung oder im Geschäftslokal des Wechselschuldners. Vom Zahlungsort ist der Vorlegungsort zu unterscheiden. Der Wechsel kann bei einer Abrechnungsstelle vorgelegt werden, Art. 38 Abs. 2 WG. Der Bezogene kann auch angeben, dass der Wechsel von einer Bank bezahlt werden soll, Art. 27 Abs. 2 WG. Der Zahlungsort ist – neben dem Wohnort des Wechselschuldners – Gerichtsstand für Wechselklagen, § 603 Abs. 1 ZPO.
- Art. 1 Nr. 6 WG Name des Begünstigten. Unentbehrlich ist der Name dessen, an den oder an dessen Order gezahlt werden muss (Remittent oder erster Wechselnehmer). Der Wechsel ist übertragbar. Deshalb muss eindeutig sein, wer die erste Übertragung (Indossament) vornehmen darf, vgl. Art. 16 Abs. 1 WG. Fehlt der Name des Remittenten, kann ein Wechsel so ausgelegt werden, dass der Wechsel an eigene Order geht, wenn das Indossament des Ausstellers am Anfang der Indossantenkette steht.[334]
- Art. 1 Nr. 7 WG Ausstellungsdatum und -ort. Die Angabe des Ausstellungstags ist wegen der Möglichkeit der Fristberechnung unentbehrlich. Das Datum muss existieren (z.B. nicht 30.02.), braucht aber nicht sachlich richtig zu sein. Der Monat muss bei Inlandswechseln in Buchstaben ausgeschrieben werden. Ersetzbar ist der Ausstellungsort. Fehlt er, wird auf den Wohnort des Ausstellers zurückgegriffen. Fehlt auch dieser, ist der Wechsel nichtig, außer es handelt sich um einen Blankowechsel, vgl. Art. 10 WG. Ein Blankowechsel muss jedoch gewollt sein und nicht auf einem Versehen beruhen.[335]
- Art. 1 Nr. 8 WG Unterschrift. Der Wechsel muss handschriftlich entspr. § 126 BGB unterschrieben werden. Als Unterschrift im Wortsinne muss sie unter dem Text auf der Vorderseite des Wechsels stehen.[336] Ein Namensstempel macht den Wechsel ungültig. Ohne Unterschrift des Ausstellers ist der Wechsel unwirksam. Die Haftung des Ausstellers aus Art. 9 WG ginge ohne handschriftliche[337] Unterschrift ins Leere. Der Aussteller haftet für die Annahme und Zahlung des Wechsels. Da nicht er, sondern der Bezogene primär haftet, müssen für die Haftung des Ausstellers die Voraussetzungen des Rückgriffs, Art. 43 WG, vorliegen.

Fehlt ein wesentlicher Bestandteil, ist der Wechsel nichtig. Einschränkungen gibt es nur bei Verfallszeit, Zahlungs- und Ausstellungsort. Die spätere Ergänzung bewusst fehlender Angaben kann eine Urkunde bzw. einen Blankowechsel, Art. 10 WG, nachträglich zum vollgültigen Wechsel 250

333 *Fischer* Rn. 10 m.w.N.
334 BGH WM 1977, 1376.
335 BGH WM 1973, 66; BGH WM 1974, 558 (559).
336 *Fischer* Rn. 11 m.w.N.
337 ScheckG/*Bülow* Art. 1 Rn. 39.

machen.[338] Es dürfen jedoch keine außerhalb der Urkunde liegenden Umstände in diese hinein interpretiert werden.[339] Wenn der Urkunde einer der in Art. 1 Nr. 1 bis 8 WG genannten Bestandteile fehlt, dieser nicht gem. Nr. 4 verzichtbar oder gem. Nr. 5 und 7 ersetzbar ist, handelt es sich um keinen gezogenen Wechsel, vgl. Art. 2 WG.[340]

251 Diskutiert wird, den nichtigen Wechsel in ein anderes, nicht formstrenges Rechtsgeschäft umzudeuten, § 140 BGB. Infrage kommt eine kaufmännische Anweisung, § 363 Abs. 1 Satz 1 HGB, eine Schuldverschreibung auf den Inhaber nach § 793 BGB oder ein abstraktes Schuldversprechen bzw. Schuldanerkenntnis, §§ 780, 781 BGB.[341]

4. Indossierung

252 Der Wechsel ist ein übertragbares Wertpapier. Die wirksame Übertragung der Wechselforderung setzt ein schriftliches Indossament voraus, nicht jedoch die Hinzufügung einer besonderen Orderklausel, Art. 11 Abs. 1 WG. Daneben ist nach herrschender Meinung ein formloser Begebungsvertrag notwendig, da die Wechselurkunde übereignet werden muss.[342] Die Übertragung ist geregelt in den Art. 11 bis 20 WG. Der Übertragende (Indossant) schreibt die Übertragung auf dem Wechsel zugunsten des neuen Wechselnehmers (Indossatar) aus. Ergibt sich eine Kette von Indossierungen, werden diese auf einem mit dem Wechsel fest verbundenen Blatt fortgesetzt. Das Indossament ist bedingungsfeindlich und darf sich nicht auf einen Teilbetrag beschränken, Art. 12 Abs. 1 und 2 WG.

253 Der Aussteller kann die Übertragung durch Indossament ausschließen, indem er einen entsprechenden Vermerk aufbringt, z.B. »Indossament verboten« oder »nicht an Order«, Art 15 Abs. 2 WG. Er kann auch die Person bezeichnen, an die ausschließlich gezahlt werden soll (»zahlbar nur an…«). Ein so beschränkter Wechsel wird zum Rektapapier.[343] Wird entgegen der Weisung indossiert, haftet er bei Weitergabe nicht. Ohne diese Beschränkung ist der Wechsel übertragbar. Der Indossatar, der den Wechsel in der Hand hält und auf eine ununterbrochene Indossamentenkette verweisen kann, ist rechtmäßiger Inhaber des Wechsels, Art. 16 Abs. 1 WG. Wer dies bestreitet, muss den Beweis für das Fehlen der materiellen Berechtigung führen.[344]

254 Der Indossant haftet nach Art. 15 Abs. 1 WG sämtlichen späteren Besitzern der Indossamentenkette für die Annahme des Wechsels und dessen Bezahlung. Auch für diese Haftung ist, genau wie bei der Haftung gegen den Aussteller, der Regress Voraussetzung, Art. 43 WG. Vor diesen weitreichenden Folgen kann sich der Indossant etwas schützen, indem er seine Haftung auf einen Teilbetrag der Wechselsumme beschränkt oder die Weitergabe des Wechsels untersagt, vgl. Art. 15 Abs. 2 WG. In der Praxis ist dies ungebräuchlich, weil die Umlauffähigkeit des Wechsels dadurch zu stark eingeschränkt würde und zudem fehlendes Vertrauen in die Solvenz des Bezogenen sichtbar würde.

338 Näher zum Blankowechsel *Fischer* Rn. 17.

339 OLG Stuttgart WM 2002, 2015 lässt es zu, statt einer fehlerhaft als Zahlstelle benannten Zweigstelle einer Sparkasse die Zweigstelle zu benennen, bei der das im Wechsel genannte Konto des Bezogenen geführt wird.

340 Eine ausführliche Aufstellung weiterer möglicher Bestandteile eines Wechsels findet sich bei ScheckG/Bülow, Art. 1 Rn. 45–63.

341 *Fischer* Rn. 13 m.w.N.

342 Zum Meinungsstreit *Fischer* Rn. 23.

343 Rektapapiere sind wegen des Ausschlusses der Indossierung ausschließlich durch Zession übertragbar, Art. 11 Abs. 2 WG. Die notwendige Abtretung kann formlos erfolgen, § 398 Satz 1 BGB; vgl. dazu *Fischer* Rn. 22.

344 BGH WM 1986, 810.

5. Einlösung

Der Inhaber des Wechsels legt diesen am Verfalltag vor. Ist dieser kalendermäßig bestimmt, wird er den Wechsel schon vorher seiner Bank zum rechtzeitigen Inkasso geben. Wird der Wechsel vorgelegt, muss er am Zahltag bezahlt werden. Erfolgt dies nicht, kann der Inhaber den Wechsel auch noch an den beiden folgenden Werktagen zur Zahlung vorlegen, Art. 38 WG. Wurde der Wechsel bezahlt, kann der Bezogene vom Inhaber die Aushändigung der quittierten Wechselurkunde verlangen, Art. 39 WG. Eine Teilzahlung darf nicht zurückgewiesen werden. 255

6. Wechselregress

Zahlt der Bezogene den Wechsel nicht innerhalb der Vorlegungsfrist, wird der Wechsel Not leidend. Der Rückgriff mangels Zahlung, Art. 43 Abs. 1 WG, ist der praktisch bedeutsamste Fall für den Regress.[345] Der Inhaber des Wechsels kann nun alternativ versuchen, jeden Indossanten, Art. 15 WG, und den Aussteller, Art. 9 WG, in Regress zu nehmen. Es besteht insoweit eine gesamtschuldnerische Haftung, Art. 47 Abs. 1 WG. Der Inhaber kann den direkten Vorbesitzer in Regress nehmen, wird jedoch versuchen, bei dem leistungsstärksten Glied in der Kette der Vorbesitzer anzusetzen (Sprungregress). In Rechnung gestellt werden i.R.d. Regresses die Wechselsumme, Zinsen, Protestkosten und Provisionen. Wurde als Sicherheit für den Wechselgläubiger eine Wechselbürgschaft bestellt, Art. 30 bis 32 WG, kann daraus gegen den Bürgen vorgegangen werden. 256

Der Inhaber muss – auch im Hinblick auf eine angestrebte Titulierung – beweisen, dass der Wechsel Not leidend geworden ist. Dem dient der Wechselprotest.[346] Er ist formelle Voraussetzung des Rückgriffs. Dieser muss durch Vorlage einer öffentlichen Urkunde, z.B. eines Notars, nachgewiesen werden, Art. 44 Abs. 1 WG. In der Protesturkunde wird dokumentiert, dass der Wechsel bei Fälligkeit nicht bezahlt oder nicht angenommen wurde. 257

Es entsteht für den Wechselinhaber eine Benachrichtigungspflicht. Dieser muss den vorherigen Besitzer des Wechsels (Indossant) und den Aussteller innerhalb von 4 Werktagen nach Protesterhebung durch ein bei der Post aufgegebenes Schreiben[347] davon in Kenntnis setzen, vgl. Art. 45 Abs. 1 WG (Notanzeige, Notifikation). Der Indossant seinerseits muss innerhalb von 2 Tagen die Nachricht an den unmittelbaren Vormann weitergeben, Art. 45 Abs. 1 Satz 2 WG. Zweck der aufwendigen Übung ist die Ankündigung des Rückgriffs. Die Glieder der Indossamentenkette sollen die Möglichkeit haben, den Wechsel einzulösen. Wer die Benachrichtigung versäumt, haftet für den durch seine Nachlässigkeit entstandenen Schaden, Art. 45 Abs. 6 WG. 258

Die Höhe der Regressforderung ergibt sich aus Art. 48 Abs. 1 WG. Sie umfasst die Wechselsumme nebst etwaig vereinbarter Zinsen, Wechselzinsen seit dem Verfalltag von 2 %-Punkten über dem Basiszins gem. § 247 BGB, jedoch mindestens 6 %, Protestkosten und Auslagen und eine Vergütung i.H.v. max. 0,33 % der Wechselsumme, Art. 48 Abs. 1 Nr. 4 WG. 259

Der Garantieindossant, der neben dem Akzeptanten haften soll, hat keinen Rückgriffsanspruch gegen den Aussteller[348] oder denjenigen, der den Wechsel vor ihm gezeichnet hat.[349] Der Garantieindossant steht nicht in der Indossantenkette. Er ist nicht »Vormann« i.S.v. Art. 49 WG. Das Garantieindossament entspricht der Form des Blankoindossaments, bei dem die Angabe des Namens des Indossatars fehlt, Art. 13 Abs. 2 Satz 1 WG. Beim Blankoindossament erscheint der Veräußerer nicht auf dem Wechsel und haftet deshalb nicht. Dagegen begründet das Garantieindossament die Haftung des Indossanten gem. Art. 15 WG. Es muss auf die Rückseite des 260

345 Weitere Fälle vor Verfall: Verweigerung der Annahme des Wechsels, Art. 43 Abs. 2 Nr. 1 WG, oder Insolvenz, Art. 43 Abs. 2 Nr. 2 und 3 WG.

346 Nicht notwendig bei Insolvenz, vgl. Art. 44 Abs. 6 WG.

347 Rechtzeitige Absendung, nicht rechtzeitiger Zugang notwendig, vgl. *Fischer* Rn. 35.

348 BGH NJW-RR 2003, 771.

349 BGH WM 1998, 1277 (1278).

Wechsels gesetzt werden.[350] Die Garantie soll die Bonität des Wechsels erhöhen. Der Garantieindossant hat jedoch die außerhalb des WG bestehenden Ansprüche aus Bereicherungsrecht oder § 670 BGB.

7. Wechselprozess

261 Der Wechselprozess ist in den §§ 602 ff. ZPO geregelt. Der Wechselprozess ist eine Unterart des Urkundenprozesses, §§ 592 ff. ZPO, und dient der schnellen Durchsetzung eines Vorbehaltsurteils. Der »schnelle« Teil des Verfahrens ist der Wechselprozess (Vorverfahren). Ist der Schuldner mit der Entscheidung nicht einverstanden, schließt sich ein Nachverfahren in Form eines normalen gerichtlichen Verfahrens an. An der vorläufigen Vollstreckbarkeit des Titels aus dem Vorverfahren ändert das Nachverfahren nichts.

262 Beweismittel sind nur die auch im Urkundenprozess gem. §§ 592 ff. ZPO statthaften Beweismittel. Zulässig ist die Wechselurkunde, die Protesturkunde, die Rückrechnung (Wechselsumme und Kosten) und evtl. die Parteivernehmung. Widerklagen sind nicht statthaft, § 595 Abs. 1 ZPO. Die Ladungsfristen sind verkürzt, § 604 Abs. 2 und Abs. 3 ZPO. Es muss angezeigt werden, dass in Form der Wechselklage geklagt wird, § 604 Abs. 1 ZPO. Vergisst der Kläger die Bezeichnung, ist der Übergang in den Wechselprozess praktisch verbaut, da dann der Beklagte zustimmen oder das Gericht die Sachdienlichkeit bejahen muss, § 263 ZPO. Der Anspruch muss durch Urkunden belegt werden. Ansonsten ist die Klage unzulässig. Wie weit der Urkundsbeweis gehen muss, ist streitig. Tatsachen, die unstreitig, zugestanden oder offenkundig sind, müssen nicht zusätzlich mit Urkunden belegt werden. Dies wäre bloße Förmelei.[351]

263 Da dem Beklagten wesentliche Beweismittel im Vorverfahren abgeschnitten sind, ist er darauf angewiesen, nach einem gegen ihn ergangenen Vorbehaltsurteil, § 600 Abs. 1 ZPO, das Nachverfahren zu führen. Dabei ist zu beachten, dass die Wechselforderung abstrakt ist. Der Schuldner muss beweisen, dass keine Verpflichtung zur Zahlung der Wechselsumme bestand oder dass diese einwendungsbehaftet war.[352] Nur in Extremfällen kann ein Einwand aus dem Valutaverhältnis gegen die Wechselforderung erfolgen. Der Wechselinhaber erlangt ein Vorbehaltsurteil, das ohne Sicherheitsleistung sofort vollstreckbar ist, § 708 Nr. 4 ZPO.

---

350 Vgl. *Fischer* Rn. 25.

351 So jedoch entgegen der h.M. OLG Jena MDR 1997, 975.

352 ScheckG/*Bülow* Art. 18 Rn. 119.

Kapitel 4 Darlehens-/Kreditrecht

Übersicht

A. Grundlagen des Kredits

I. Kredite und Darlehen

1. Einführung

Ein traditioneller Schwerpunkt des Bankgeschäfts ist das Kreditgeschäft. Die Kreditversorgung der Wirtschaftsunternehmen und der privaten Haushalte ist eine Aufgabe von besonderer Bedeutung für die Gesamtwirtschaft.[1] Kredite und Darlehen werden in der Bankpraxis in den verschiedensten Formen vergeben. Die in der Praxis anzutreffenden vielfältigen Kredit- und Darlehensarten, die bedarfsbezogen auf den unterschiedlichsten vertraglichen Konstruktionen basieren, sind letztendlich alle Varianten des Grundproduktes »Kredit«. 1

»Kredit ist Vertrauenssache«. Dieses klassische Verständnis von Kredit geht über ein bloßes Rechtsverhältnis hinaus und ist im Sinn von »Vertrauen haben/Vertrauen genießen« zu verstehen. Abgeleitet von dem lateinischen Wort »credere« (»vertrauen, anvertrauen«) ist der Begriff des Kredits eigentlich kein verbindlicher Rechtsbegriff, sondern stellt die Bezeichnung eines wirtschaftlichen Vorgangs dar. In diesem Sinn hat der BGH festgestellt, dass es sich bei dem Begriff des Kredites um eine »Umschreibung eines wirtschaftlichen Sachverhaltes« handelt, »bei dem es um die zeitweilige Überlassung finanzieller Mittel geht, welche dem Verbraucher ohne die Kreditabsprache nicht zur Verfügung stünden«.[2] 2

Grds. zielt das Kreditgeschäft der Banken darauf ab, dem Kreditnehmer als Teilnehmer am Wirtschaftsverkehr Finanzierungshilfen zur Verfügung zu stellen. Der Vermögensvorteil des Kreditnehmers kann hierbei sowohl in der entgeltlichen und befristet eingeräumten Möglichkeit zur Geld- und Kapitaldisposition durch direkte Überlassung von Geld und Kapital liegen, als auch in der Belassung von Wirtschaftsgütern infolge von Stundungen oder Vorleistungen.[3] Letztendlich handelt es sich bei allen Formen um die zeitweilige Überlassung von Kaufkraft.[4] Neben dem Barkreditgeschäft, bei dem der Kreditnehmer den Kreditbetrag effektiv ausgezahlt erhält, kann dies auch im Rahmen eines Haftungskredites erfolgen, bei dem der Kreditgeber durch Mitübernahme einer Haftung z.B. durch Stellung einer Bürgschaft, die Kreditbasis des Kunden erweitert.[5] 3

Der Begriff des Kreditvertrages stellt daher keinen normierten Typus des Schuldrechts dar. Er dient lediglich als Umschreibung eines wirtschaftlichen Sachverhalts und kann durch ganz unterschiedliche vertragliche Konstruktionen verwirklicht werden.[6] 4

Seit Inkrafttreten des Schuldrechtsmodernisierungsgesetzes zum 01.01.2002 differenziert das Gesetz zwischen dem Sachdarlehen gem. §§ 607 bis 609 BGB und dem Gelddarlehen gem. §§ 488 ff. BGB. 5

1 Kümpel/*Wittig* Rn. 1.6.
2 BGH, NJW 1996, 457 (458).
3 *Bülow* NJW 2002, 1145 (1146); Staudinger/Freitag § 488 Rn. 22.
4 MüKo-BGB/*Berger* Vor § 488 Rn. 38.
5 Schimansky/Bunte/Lwowski/*Pamp* Bankrechts-Handbuch § 75 Rn. 4.
6 MüKo-BGB/Berger § 488 Rn. 1.

Das Darlehensrecht der §§ 607 ff. BGB a.F. sollte modernisiert und gleichzeitig das VerbrKrG in das BGB einbezogen werden. Der Darlehensvertrag ist in § 488 Abs. 1 Satz 1 BGB präzisiert worden und bezieht sich nur noch auf das Rechtsgeschäft zur Überlassung eines Geldbetrages. Der Begriff des Darlehens wird im Gegensatz zum alten Recht nur noch für den verschafften Geldbetrag verwendet.[7]

6 Der hierzu in Konkurrenz stehende Begriff des Kredits ist im privat-rechtlichen Bereich nur noch als Unterfall des Verbraucherdarlehens in § 493 BGB a.F definiert worden, der in Anlehnung an § 5 VerbrKrG Formerleichterungen und Informationspflichten für den Überziehungskredit regelt hat (jetzt § 504 BGB »geduldete Überziehung«).

7 Insgesamt bildet das neue Recht die vom Gesetzgeber vorgenommene Einheit von Gelddarlehen und verbraucherrechtlichen Sondernormen im Untertitel 1 des Abschnitts 8, Titel 3, ab, indem die Regeln des Verbraucherkreditgesetztes mit den allgemeinen Regeln des Darlehensvertrages verschmolzen worden sind. Dies führt allerdings dazu, dass der erste Untertitel aus zwei gänzlich unterschiedlichen Regelungsmaterien zusammengesetzt worden ist, nämlich aus den Inhalten der §§ 607 ff. BGB a.F. betreffend die allgemeinen bürgerlich-rechtlichen Vorschriften des Darlehensrechts (§§ 488 bis 490 BGB) und den Vorschriften des 1. und 2. Abschnitts des Verbraucherkreditgesetzes (§§ 491 bis 498 BGB a.F.). Die letztgenannten Normen zielen allerdings nicht auf einen Darlehensvertrag als einen frei aushandelbaren Austauschvertrag ab, sondern dienen als regulierende Sonderregelungen dem Schutz des Verbrauchers. Der zweite Untertitel soll die nicht in darlehensmäßiger Form erfolgenden Finanzierungshilfen durch die vertraglich vereinbarte Überlassung von Kaufkraft, z.B. durch einen Zahlungsaufschub oder sonstige Finanzierungshilfen regeln.

8 Nicht geregelt wurden in §§ 488 ff. BGB weitere Formen des Kreditgeschäft der Kreditinstitute wie z.B. Haftungskredite, Akzeptkredite, Lombard- und Rembourskredite, Forfaitierung, Factoring etc.[8]

9 Mit dem »Gesetz zur Umsetzung der Verbraucherkreditrichtlinie, des zivilrechtlichen Teils der Zahlungsdiensterichtlinie sowie zur Neuordnung der Vorschriften über das Widerrufs- und Rückgaberecht« vom 29.07.2009[9] ist mit Inkrafttreten ab dem 11.06.2010 in Abschnitt 8 Titel 3 durch die Aufgliederung des ersten Untertitels über den Darlehensvertrag in die beiden Kapitel »Allgemeine Vorschriften« (§§ 488 bis 490 BGB) und »Besondere Vorschriften für Verbraucherdarlehensverträge« (§§ 491 bis 505 BGB n.F.) die bisherige Systematik, die zunächst das allgemeine Darlehensvertragsrecht und sodann das Verbraucherdarlehensvertragsrecht regelt, deutlicher betont worden. Die bisherige durch die Vorschrift des § 491 BGB gezogene »unsichtbare Grenzlinie« wird durch Einfügung der beiden Kapitelüberschriften hervorgehoben. Dies dient der Übersichtlichkeit, die wegen der Ausdehnung der Vorschriften über das Verbraucherdarlehensvertragsrecht sonst gelitten hätte.

10 Aufsichtsrechtlich gilt ein anderer, weiter gefasster Kreditbegriff. Entsprechend der Legaldefinition des § 1 Abs. 1 Nr. 2 KWG fällt unter das Kreditgeschäft die Gewährung von Gelddarlehen und Akzeptkrediten. Zudem weiten die §§ 19 und 21 KWG den Kreditbegriff noch erheblich aus, nämlich auf Groß- und Millionenkredite (§§ 13 bis 14 KWG) sowie auf Organkredite und Kredite allgemein (§§ 15, 18 KWG), was zu einem gespaltenen Kreditbegriff innerhalb des KWG führt.[10] Hintergrund ist, dass sich das Bundesamt für Finanzdienstleistungen als Behörde der Ordnungs- (Eingriffs-) Verwaltung über diese Regelungen einen möglichst umfassenden Einblick in die Geschäftsrisiken der Kreditwirtschaft verschaffen kann.[11]

11 Zusammenfassend ist festzuhalten, dass der »Kredit« gegenüber dem »Darlehen« einerseits der umfassendere Begriff ist, da er sich nicht nur auf die Gelddarlehen sondern auch auf andere Kreditarten wie z.B. Akzeptkredite, Avalkredite oder Diskontkredite erstreckt. Andererseits werden die Begriffe im allgemeinen Sprachgebrauch zur Unterscheidung von mittel- und langfristigen »Darlehen« von

7 BT-Drucks. 14/6040, S. 253.
8 Staudinger/*Freitag/Mülbert* (2011) § 488 Rn. 1.
9 VerbrKrRL-UG; BGBl. 2009 I., S. 2355 ff.
10 Schimansky/Bunte/Lwowski/*Fischer* Bankrechts-Handbuch § 130 Rn. 6.
11 Kümpel/*Schelm* Rn. 2.282 f.

kurz- bzw. täglich fälligen »Krediten« verwendet. Die rechtliche Würdigung des vergebenen Kredit oder Darlehens darf daher nicht an der Wortwahl festgemacht werden, sondern lediglich am Vertragsinhalt.

Die Kreditwirtschaft ist bemüht, orientiert an den Wünschen der Kunden Kreditangebote mit hoher Kundenakzeptanz zu schaffen. Nicht selten verbergen sich identische Produkte hinter verschiedenen Produktbezeichnungen oder unter gleichen Produktnamen stehen völlig oder teilweise unterschiedlich ausgestaltete Kredit- und Darlehensformen.[12] Die uneinheitliche, überwiegend wirtschaftlich ausgerichtete Verwendung der Terminologie des Kredites erfordert daher, in jedem Einzelgeschäft nach der Rechtsnatur des jeweiligen Kreditgeschäftes zu fragen.[13] Allen Kredit- und Darlehensverträgen ist gemeinsam, dass diese im Wesentlichen durch den Kreditgeber und den Kreditnehmer, den Verwendungszweck, die Dauer, die Form und die Kosten sowie ggf. durch eine Sicherheit charakterisiert werden. 12

2. Kreditgeber

Die Einräumung eines Kredites muss nicht notwendigerweise durch ein Kreditinstitut erfolgen. Unter Kaufleuten sind Warenlieferungen gegen eine spätere Bezahlung zu einem vereinbarten Termin durchaus üblich (z.B. in Form eines Lieferantenkredits). Im privaten Bereich hat die Bedeutung der Warenfinanzierung bspw. durch einen Ratenkredit mit einer festen Ratenvereinbarung seit vielen Jahren ständig zugenommen (z.B. beim Autokauf). 13

Kreditinstitute sind demgegenüber Unternehmen, die Bankgeschäfte gewerbsmäßig oder in einem Umfang betreiben, der einen in kaufmännischer Weise eingerichteten Geschäftsbetrieb erfordert; § 1 Abs. 1 Satz 1 KWG. Zu den Bankgeschäften gehört z.B. gem. § 1 Abs. 1 Satz 2 Nr. 2 KWG »die Gewährung von Gelddarlehen und Akzeptkrediten (Kreditgeschäft)«. Die Begriffe Bank und Kreditinstitut sind daher gleichbedeutend.[14] 14

Die einfachste Unterscheidung der institutionellen Kreditgeber kann rein geografisch erfolgen, z.B. nach inländischen und ausländischen Bankengruppen, nach regional oder überregional tätigen Kreditinstituten. 15

Die deutsche Kreditwirtschaft ist in verschiedene Bankengruppen unterteilt. In Anlehnung an die Statistik der Deutschen Bundesbank können folgende Gruppen von Kreditinstituten unterschieden werden:[15] die Kreditbanken, die Institute des Sparkassensektors sowie die Institute des Genossenschaftssektors, die Banken mit Sonderaufgaben, die Realkreditinstitute und die Bausparkassen. 16

Ferner werden Kreditinstitute nach dem Ausmaß ihres Geschäftes in Universal- und Spezialkreditbanken aufgeteilt. 17

Universalkreditinstitute sind nicht auf eine Art von Bankdienstleistung oder auf wenige Arten von Bankdienstleistungen spezialisiert, sondern bieten grds. alle üblichen Bankdienstleistungen an. Zu den Universalkreditinstituten gehören z.B. die Sparkassen, Kreditbanken und Kreditgenossenschaften. 18

Spezialbanken beschränken sich i.d.R. auf ein oder wenige Bankgeschäfte nach § 1 Abs. 1 KWG. Zu den Spezialbanken gehören insb. die Realkreditinstitute, die Kreditinstitute mit Sonderaufgaben und die Bausparkassen.[16] Daneben gibt es noch Banken mit Teilkonzessionen wie z.B. Teilzahlungsbanken, die in erster Linie Ratenkredite an private Haushalte zur Finanzierung von Konsumgütern gewähren sowie die Kreditgarantiegemeinschaften (z.B. Bürgschaftsbanken in den Bundesländern).[17] 19

12 Z.B. bei Krediten für private Zwecke, bei Laufzeitzinsdarlehen – »Privatkredit«, »Easy-Credit«, »BestCredit« usw.; bei Dispositionsrahmenkrediten »Idealkredit«, »Variokredit« »Dispodarlehen«.

13 MüKo-BGB/*Berger* Vor § 488 Rn. 45.

14 Kümpel/*Wittig* Rn. 1.6.

15 Veröffentlichung der Deutschen Bundesbank, Bankgeschäftliche Informationen 2 – Verzeichnis der Kreditinstitute 2012, Stand 31.12.2011, s. www.bundesbank.de.

16 Kreditinstitute, die Bauspareinlagen annehmen und Bauspardarlehen gewähren.

17 Selbsthilfeeinrichtungen der Wirtschaft zur Übernahme von Bürgschaften, z.B. zur Absicherung von Investitionen.

Deutsche Bundesbank
Verzeichnis der Kreditinstitute
Stand 31.12.2013

Kreditinstitute (Bankengruppen)

Kreditbanken	Sparkassen und Girozentralen	Kreditgenossenschaften und genossenschaftliche Zentralbanken	Realkreditinstitute	Banken mit Sonderaufgaben
276 Institute **4 Großbanken**[1] z.B. Deutsche Bank AG, Commerzbank AG	426 Institute **1 Deka Bank**	1080 Institute **1 DZ-Bank AG Deutsche Zentral-Genossenschafts-bank,** Frankfurt	18 Institute **15 Private Hypothekenbanken und Schiffspfandbriefbanken** z.B. Westdeutsche Immobilienbank AG, Deutsche Schiffsbank AG	19 Institute **11 Institute in öffentlicher Form** z.B. NRW Bank, Investitionsbank Berlin **8 Institute in privater Form** Ausfuhrkredit-Gesellschaft mbH, Frankfurt am Main, IKB Deutsche Industrie Bank AG
163 Regionalbanken und sonstige Kreditbanken z.B. Westfalenbank AG Bochum, Internationales Bankhaus Bodensee AG, M.M.Warburg-bank & Co. KG aA, Hamburg	**8 Landesbanken** z.B. Landesbank Hesses – Thüringen – Girozentrale Frankfurt am Main, Erfurt	**1 Genossenschaftliche Zentralbank** WGZ-Bank AG Westdeutsche Genossenschafts-Zentralbank, Düsseldorf	**3 Öffentlich-rechtliche Grundkreditanstalten** z.B. Ritterschaftliches Kreditinstitut Stade	
			Bausparen	**Wertpapiersammelbank**
109 Zweigstellen ausländischer Banken z.B. Banco Santander S. A., Barclays Bank PLC.	**412 öffentlich-rechtliche Sparkassen** z.B. Frankfurter Sparkasse, Zweckverbands-sparkasse Rhön-Rennsteig	**1065 Kreditgenossenschaften** Volksbanken, Raiffeisenbanken z.B. Volksbank Kirchheim-Nürtingen eG, Volksbank Raiffeisenbank Amberg eG	22 Institute **10 in öffentlicher Rechtsform** z.B. LBS Bausparkasse Schleswig-Holstein-Hamburg AG	1 Institut Clearstream Banking AG
[1]einschl. Deutsche Postbank AG	**5 Freie Sparkassen** z.B. Die Sparkasse Bremen AG, Hamburger Sparkasse AG	**13 sonstige Kreditinstitute des Genossenschaftssektors** z.B. Edekabank AG, Bank für Sozialwirtschaft AG	**12 in privater Rechtsform** z.B. Wüstenrot Bausparkasse AG	

← Universalbanken → (Kreditbanken, Sparkassen und Girozentralen, Kreditgenossenschaften)
← Spezialbanken → (Realkreditinstitute, Banken mit Sonderaufgaben)

Finden sich mehrere Institute zur Finanzierung ein und desselben Vorhabens als gemeinsame Kreditgeber zusammen, spricht man von einem Konsortialkredit oder Gemeinschaftskredit. Sind nur zwei Kreditgeber vorhanden, wird diese Form der Beteiligung als Metakredit (a meta = zur Hälfte) bezeichnet. 20

3. Kreditarten

Das Kreditgeschäft der Kreditinstitute lässt sich entsprechend der vom Gesetzgeber in § 1 Abs. 1 Nr. 2 KWG vorgenommenen Unterscheidung in zwei Hauptgruppen einteilen, einerseits in das Geschäft mit den Haftungskrediten, andererseits in das Geschäft mit den Geldkrediten.[18] 21

Bei einem **Haftungskredit** übernimmt das Kreditinstitut im Auftrag des Kunden für dessen Verbindlichkeiten oder die einer anderen Person die Haftung, z.B. durch Avalkredite, Akzeptkredite oder Akkreditivkredite. Der Kreditgeber überträgt insoweit seine eigene Kreditwürdigkeit auf den Kreditnehmer, indem er für dessen Zahlungsverpflichtungen ggü. Dritten die Haftung übernimmt. Hierdurch wird die Kreditlinie des Kunden erweitert, ohne dass diesem konkrete Zahlungsmittel zur Verfügung gestellt werden.[19] 22

Der **Geldkredit**stellt die Grundform des Zahlungskredites dar.[20] Ein **Zahlungskredit** liegt vor, wenn der Kreditnehmer vom Kreditgeber ein Wirtschaftsgut für eine begrenzte Zeit zur Nutzung überlassen bekommt oder wenn dieser ein ihm zustehendes Gut nicht sofort zurückfordert. Bezogen auf den Geldkredit bedeutet dies die auf einen bestimmten Zeitraum begrenzte, entgeltliche oder unentgeltliche Zurverfügungstellung eines Geldbetrages als Bar- oder Buchgeld durch den Kreditgeber an den Kreditnehmer, den dieser zu einem späteren Zeitpunkt ausgleicht. Zu den Zahlungskrediten gehören z.B. der Kontokorrentkredit, der Lombardkredit, der Ratenkredit, das Verbraucherdarlehen.[21] 23

Die Unterteilung der **Geldkredite** nach Kreditarten und -formen ist vielfältig und nicht einheitlich.[22] 24

Eine erste Unterscheidung lässt sich vornehmen nach der Gruppe der Kreditnehmer, z.B. Kredite für private Kunden, Kredite für Geschäftskunden, Kredite an die öffentliche Hand und Interbankengeschäfte. Eine weitere übliche Zuordnung ist die Aufteilung nach Sicherheiten, die im Zusammenhang mit der Kreditgewährung gestellt werden, d.h. nach Real-[23] und besicherten bzw. unbesicherten Personalkrediten.[24] Darüber hinaus lassen sich Kredite entsprechend dem jeweils verfolgten Zweck nach Allzweck- und zweckgebundenen Krediten unterscheiden. Ist der Kredit zum persönlichen Verbrauch bzw. zur Anschaffung von Ge- oder Verbrauchsgütern bestimmt, so handelt es sich um einen Konsumentenkredit. Wird der Kredit zur Finanzierung eines Betriebes bzw. zur Erzeugung eines Produktes verwandt, spricht man von einem Investitions- bzw. Betriebsmittelkredit. 25

Zahlungskredite lassen sich auch danach unterscheiden, ob ihre Valutierung wie bei Darlehen für einen bestimmten Zeitpunkt bzw. für einen bestimmten Zeitraum vereinbart worden ist. Demgegenüber kann die Inanspruchnahme des Kredites auch einseitig im Ermessen des Bankkunden liegen, wie z.B. bei Kontokorrentkrediten. 26

---

18 Kümpel/*Rossbach* Rn. 11.7.

19 Schimansky/Bunte/Lwowski/*Pamp* Bankrechts-Handbuch § 75 Rn. 4; MüKo-BGB/*Berger* vor § 488 Rn. 41 ff.

20 Schimansky/Bunte/Lwowski/*Pamp* Bankrechts-Handbuch § 75 Rn. 3.

21 *Schwintowski* § 13 Rn. 3.

22 Vgl. die unterschiedlichen Kategorisierungen bei Staudinger/*Freitag* § 607 Rn. 13; MüKo-BGB/*Berger* vor § 488 Rn. 45; Schimansky/Bunte/Lwowski/*Pamp* Bankrechts-Handbuch § 75 Rn. 5 ff.

23 Durch Grundpfandrechte (Hypotheken, Grundschulden oder Rentenschulden) innerhalb der jeweiligen Beleihungsgrundsätze langfristige Kredite (Hypothekarkredite).

24 Kredite, die meist kurzfristig oder mittelfristig eingeräumt werden und nicht durch Eintragung eines Grundpfandrechts innerhalb der jeweiligen Beleihungsgrundsätze gesichert sind. Man unterscheidet gesicherte Personalkredite (Kreditsicherheiten) und ungesicherte Personalkredite (Blankokredite).

27 Ferner unterscheidet man nach der Kreditdauer. Angelehnt an die Monatsberichte der Deutschen Bundesbank[25] werden Kredite mit einer Laufzeit oder Kündigungsfrist bis zum einem Jahr als kurzfristig,[26]

Kurzfristige Kredite

Geldkredit

- **Kontokorrentkredite**
  an
  ▲ Privatkunden (Dispositionskredite)
  ▲ Firmenkunden
  ▲ Öffentliche Haushalte (Kassenkredite)
- **Lombardkredite**
  an
  ▲ Privatkunden (Wertpapierkredit)
- **Wechselkredite**
  an
  ▲ Firmenkunden

Haftungskredit

- **Akzeptkredite**
  an
  ▲ Firmenkunden
- **Avalkredite**
  an
  ▲ Firmenkunden

28 Kredite mit Laufzeiten von etwa einem Jahr bis zu 5 Jahren als mittelfristig[27] und Kredite mit einer darüber hinausgehen Laufzeit als langfristig bezeichnet.[28]

Mittel- und langfristige Kredite

Darlehen an private Haushalte

- ▲ **Ratenkredite**
- ▲ **Baufinanzierungskredite**

Darlehen an Unternehmen und Selbstständige

- ▲ **Investitionskredite** für Anlagen- und Vorratsfinanzierungen (bei sehr hohen Kreditbeträgen auch in Form von Schuldscheindarlehen)

Darlehen an öffentliche Haushalte

- ▲ **Kommunaldarlehen** (Kommunaldarlehen sind häufig Schuldscheindarlehen)

Baufinanzierungskredite sind regelmäßig **Realkredite oder Bauspardarlehen**. Auch Investitionskredite werden bevorzugt durch Grundschulden besichert.

29 Möglich ist auch eine Unterscheidung nach der Fälligkeit des Rückerstattungsanspruchs. Hierbei wird differenziert zwischen Tilgungskrediten, die in festen Terminen zu erbringende Tilgungsleistungen beinhalten, und Krediten mit einer Endfälligkeit, bei denen die Valuten am Ende der Vertragslaufzeit zurückgezahlt werden. Ferner zählen neben den Gelddarlehen auch die Finanzierungshilfen wie z.B. der entgeltliche Zahlungsaufschub und das Finanzierungsleasing sowie die Teilzahlungsgeschäfte und Ratenlieferungsverträge zu den Kreditgeschäften.

---

25 S. www.bundesbank.de (Statistiken/Geld- und Kapitalmärkte/Zinssätze und Renditen/Einlagen und Kreditzinsen).

26 Z.B. Kontokorrent- und Überziehungskredite.

27 Z.B. für Betriebsmittelfinanzierungen oder Ratenkredite.

28 Z.B. für Immobilienfinanzierungen.

II. Vorvertragliche Pflichten

1. Rechtliche Grundlagen

30 Rechtliche Beziehungen zwischen dem Kreditinstitut und dem Kreditnehmer entstehen nicht erst mit Abschluss einer schuldrechtlichen Vereinbarung, z.B. eines Kreditvertrages. Vielmehr können bereits bei der Vertragsanbahnung vorvertragliche Pflichten des Kreditinstitutes, insbesondere Aufklärungs- und Warnpflichten ausgelöst werden. Infolge der Aufnahme von Vertragsverhandlungen entsteht ein allgemeines Vertrauensverhältnis zwischen den Parteien, welches die Grundlage für besondere Schutz-, Loyalitäts- und Informationspflichten bildet. Der Inhalt und die Reichweite derartiger vorvertraglicher Pflichten zugunsten des Kunden lassen sich nicht allgemeingültig bestimmen. Das Vorliegen einer derartigen vorvertraglichen (Schutz-) Pflicht ist abhängig von der Art, Dauer und Intensität des mit den Verhandlungen beabsichtigten Schuldverhältnisses. Daher kommt es immer auf die Umstände des Einzelfalls an.[29]

31 Gemäß § 311 Abs. 2 Nr. 1 BGB entsteht bereits mit der Aufnahme von Vertragsverhandlungen ein Schuldverhältnis mit der Verpflichtung der Parteien, auf die Rechte, Rechtsgüter und Interessen des Verhandlungspartners Rücksicht zu nehmen (§ 241 Abs. 2 BGB). Dies gilt selbstverständlich auch für Banken im Umgang mit ihren Bestands- bzw. Neukunden.

32 Von diesem Grundsatz kann allerdings keine allgemeine Beratungs-, Warn- oder Aufklärungspflicht der Banken hergeleitet werden, da es eine solche nicht gibt.[30]

33 In erster Linie ist jeder Bankkunde für seine Entscheidungen selbst verantwortlich. Er kann nicht ohne weiteres erwarten, dass die Bank ihn über alle irgendwie erheblichen Umstände aufklären wird. Erkennt der Kunde, dass er Informationsdefizite hat oder ist er sich in der Einschätzung bestimmter Risiken unsicher, muss er sich Auskünfte oder fachkundigen Rat einholen, gegebenenfalls auch von der Bank, mit der er verhandelt.[31] Ansonsten kann er lediglich darauf vertrauen, dass die Bank ihn nicht sehenden Auges einen Schaden erleiden lässt, der durch Aufklärung über wesentliche Umstände und Risiken verhindert werden könnte.

34 Teilweise wurde von Teilen der Literatur vertreten, aus der Existenz einer langjährigen Geschäftsverbindung in Form verschiedener Verträge lasse sich neben den bestehenden Einzelverträgen ohne besondere Anhaltspunkte der Abschluss eines eigenständigen **allgemeinen Bankvertrages** als genereller Rahmenvertrag mit sekundären Schutz-, Sorgfalts- und Verhaltenspflichten zwischen einer Bank und ihrem Kunden herleiten.[32] Dieser Ansicht ist der BGH mit seiner Entscheidung vom 24.09.2002 entgegengetreten und hat das Konstrukt eines allgemeinen Bankvertrages als überflüssig abgelehnt.[33] Dem ist zuzustimmen, denn die Herstellung der Geschäftsverbindung als solche hat keinerlei rechtliche Gebundenheit zur Folge, da sie jederzeit abgebrochen werden kann.[34] Es fehlt an einer eigenständigen bindenden Rechtsfolge, die durch rechtlich verbindliche Willenserklärungen der Parteien in Gang gesetzt wird. Die aus dem allgemeinen Bankvertrag abgeleiteten Pflichten lassen sich gleichermaßen als vorvertragliche Sorgfalts- bzw. vertragliche Nebenpflichten begründen.

35 Hierbei ist zu unterscheiden zwischen Aufklärungs- und Warnpflichten einerseits und den Beratungspflichten andererseits. Ob eine Bank tatsächlich gegen bestehende Informationspflichten verstoßen hat, ist abhängig vom Einzelfall zu beurteilen. Die Praxis zeigt, dass entsprechende Vorwürfe seitens der Kreditnehmer bzw. deren juristischen Vertreter bei konkreter Überprüfung des

29 Lang BKR 2002, 227 (228).
30 Schimansky/*Wunderlich* § 76 Rn. 126; BGH WM 1999, 678 (679).
31 Schimansky/*Siol* § 43 Rn. 18.
32 Schimansky/*Hopt* § 1 Rn. 20 ff.
33 BGH BKR 2002, 1089 (1990); vgl. auch Rdn. 105 m.w.N.
34 *Canaris* 1. Teil Rn. 4.

Sachverhaltes unter Berücksichtigung der höchstrichterlichen Rechtsprechung nur in seltenen Fällen berechtigt sind, auch wenn die Diskussionen im Rahmen der sog. »Schrottimmobilien« einen anderen Eindruck hinterlassen mögen.

2. Aufklärungs- und Warnpflichten

a) Rechtliche Grundlagen

36 Unter der Aufklärung ist das Verschaffen von Wissen und die Belehrung über bestimmte erkennbar entscheidungserhebliche Tatsachen zu verstehen, mit dem Ziel, den Kunden in die Lage zu versetzen, die Zusammenhänge zu verstehen, damit er eine eigenständige und eigenverantwortliche Entscheidung treffen kann.[35] Die Bank ist lediglich verpflichtet, die Vertragsbedingungen deutlich zu machen und den Kunden über seine Vertragspflichten aufzuklären.[36] Dem Kreditnehmer bleibt es stets unbenommen, durch ein ausdrückliches Befragen der Bank eine über die Aufklärung hinausgehende konkrete Finanzierungsberatung herbeizuführen.[37]

37 Grundsätzlich kann die Bank davon ausgehen, dass der Kunde entweder selbst über die notwendigen Kenntnisse und Erfahrungen verfügt oder die Hilfe von Fachleuten in Anspruch nimmt.[38] Sie ist daher nicht verpflichtet, von sich aus den Informationsbedarf des Kunden zu erforschen.[39] Auch begründet die geschäftliche Unerfahrenheit eines Kreditnehmers dem Grunde nach ebenso wenig eine Aufklärungspflicht[40], wie das fortgeschrittene Lebensalter eines Kunden.[41]

38 Die Bank unterliegt keiner Verpflichtung, den Kreditnehmer über die Zweckmäßigkeit der beabsichtigten Kreditaufnahme und der gewählten Kreditart aufzuklären.[42] Der Kunde muss selbst prüfen, ob die Kreditaufnahme dem Grund und der Höhe nach sowie zu den angebotenen Bedingungen für ihn sinnvoll ist. Er muss Marktvergleiche anstellen und Konkurrenzangebote prüfen. Er muss auch wissen, dass die Bank bei der Kreditvergabe eigennützig handelt.[43] Aufklärungspflichten treffen die Bank in ihrem eigenen Geschäftsbereich betreffend die Konditionen des Darlehens, also Nominal-und Effektivzins, Laufzeit, Zins-und Tilgungsraten und eine eventuelle Besicherung. Wenn die Laufzeit im Darlehensvertrag korrekt ausgewiesen ist, bedarf es keiner zusätzlichen Aufklärung des Darlehensnehmers über seine langfristige Bindung.[44].Nach der ständigen Rechtsprechung des Bundesgerichtshofes ist eine kreditgebende Bank nur unter ganz besonderen Voraussetzungen zu einer **Risikoaufklärung** verpflichtet, wie dies im Einzelfall z.B. bei der Finanzierung steuersparender Bauherren-, Bauträger- und Erwerbermodelle vorkommen kann.[45]

aa) Kreditwürdigkeitsprüfung

39 Ob die sich aus dem Kreditvertrag ergebenden Belastungen für den Kreditnehmer tragbar sind, musste dieser in eigener Verantwortung bewerten, da er seine Leistungsfähigkeit selbst am besten kennt. Das Kreditinstitut hatte bis zum 20.03.2016 keine Verpflichtung, die Vernunft oder Unvernunft der wirtschaftlichen Disposition ihres Kunden zu prüfen. Die Beurteilung, ob der Kreditnehmer aufgrund seiner Einkommens- und Vermögensverhältnisse in der Lage ist, die Zins- und

35 *Freeckmann/Rösler*, S. 32.
36 Schimansky/*Siol* § 44 Rn. 12.
37 OLG Frankfurt am Main WM 2002, 1281 (1286).
38 BGH WM 2004, 1221 (1224).
39 Schimansky/*Siol* § 44 Rn. 9.
40 *Hertel/Edelmann*, S. 106; OLG Frankfurt am Main WM 2002, 1281 (1286); OLG Stuttgart WM 2000, 292 (298).
41 BGH WM 2005, 828 (830).
42 *Canaris* 2. Teil Rn. 114.
43 Schimansky/*Siol* § 44 Rn. 13.
44 BGH WM 2005, 828, 830.
45 BGH WM 2007, 876 Rn. 15.

Tilgungsansprüche zu erfüllen, erfolgte daher nicht im Interesse des Kunden sondern im Eigeninteresse der Bank.[46] Unter dem Schlagwort »**Schuldturmproblematik**« wird allerdings diskutiert, ob eine Bank nicht eine erhöhte Aufklärungs- und Warnpflicht trifft, wenn eine übermäßige Verschuldung des Kreditnehmers erkennbar ist. Derzeit wird vom Bundesgerichtshof eine Aufklärung zur Vermeidung der Sittenwidrigkeit des Kreditvertrages nur dann für erforderlich gehalten, wenn für die Bank vorhersehbar ist, dass der Kunde angesichts seiner wirtschaftlichen Verhältnisse seine Verpflichtungen voraussichtlich niemals wird erfüllen können und ihm diese Tatsache aufgrund seiner mangelnden Geschäftserfahrung bei Vertragsschluss nicht hinreichend bewusst ist.[47]

Mit dem VerbrKrRL-UG[48] ist mit Wirkung ab dem 11.06.2010 u.a. § 491a BGB neu eingeführt 40
worden. Die Norm begründet erstmals umfangreiche **vorvertragliche Informationspflichten** bei Verbraucherdarlehensverträgen, deren nähere Ausgestaltung in Art. 247 EGBGB geregelt ist.[49] Ziel der Neuregelung ist, dass der Verbraucher schon vor Abschluss des Darlehensvertrages über die wesentlichen Bestandteile des Kredites informiert wird. Damit soll ihm ermöglicht werden, verschiedene Angebote zu vergleichen und eine fundierte Entscheidung zu treffen. Sobald sich die Wahl einer bestimmten Kreditart abzeichnet, müssen dem Verbraucher zusätzlich die Hauptmerkmale des Vertrages erläutert werden.[50]

Durch das Gesetz zur Umsetzung der Wohnimmobilienkreditrichtlinie und zur Änderung handels- 41
rechtlicher Vorschriften vom 11.03.2016, in Kraft seit dem 21.03.2016, wurden §§505 a bis e BGB eingefügt, die ein umfassende Pflicht zur eingehenden Kreditwürdigkeitsprüfung vor Abschluss von Verbraucherdarlehensverträgen vorsehen. § 505 a BGB normiert einheitlich für sämtliche Kredite eine Pflicht zur eingehenden Kreditwürdigkeitsprüfung. Der Darlehensgeber darf den Verbraucherdarlehensvertrag nur abschließen, wenn aus der Kreditwürdigkeitsprüfung hervorgeht, dass bei einem Allgemein-Verbraucherdarlehensvertrag keine erheblichen Zweifel daran bestehen bzw.- noch schärfer-, dass es bei einem Immobiliar-Verbraucherdarlehensvertrag wahrscheinlich ist, dass der Darlehensnehmer seinen Verpflichtungen, die im Zusammenhang mit dem Darlehensvertrag stehen, vertragsgemäß nachkommen kann.[51]

bb) Offenlegung gemäß § KWG 18 a

Der EuGH hat mit Urteil vom 27.03.2014, C-566/12 (LCL Le Crédit Lyonnais SA/Fesih Kalhan) 42
[52] entschieden, dass Verstöße gegen die Kreditwürdigkeitsprüfung wirksame, verhältnismäßige und abschreckende Sanktionen auch im Verhältnis zwischen Darlehensgeber und Darlehensnehmer nach sich ziehen müssten. Aufgrund der Vorgaben in Artikel 18 Abs. 5a der Wohnimmobilienkreditrichtlinie nahm der Gesetzgeber die Umsetzung dieser Richtlinie zum 21.03.2016 zum Anlass, die Pflicht zur Kreditwürdigkeitsprüfung nunmehr auch zivilrechtlich zu verankern (§§ 505a ff.). Die Kreditwürdigkeitsprüfung wird nicht mehr lediglich bei Kreditinstituten als primär im öffentlichen Interesse liegende Pflicht(§ 18 a KWG), sondern gleichermaßen für alle Darlehensgeber (auch andere als Kreditinstitute), auch als Schutzpflicht gegenüber dem Verbraucher verstanden. Die bankaufsichtsrechtlichen Regelungen sind beibehalten und in § 18a KWG den zivilrechtlichen Regelungen inhaltlich angepasst worden..[53]

D die Frage, ob § 18 a KWG auf zivilrechtliche Auswirkungen hat, ist aufgrund der nunmehrigen 43
zivilrechtlichen Regelungen inzwischen rein akademischer Natur. Da nach §§ 505 a ff. BGB nicht

46 OLG Hamm WM 2002, 2326 (2328); BGH WM 1989, 595 (597).
47 BGH NJW 1966, 1451; NJW 1982, 1457 (1458); WM 1989, 595 (597); OLG Celle, Beschl. v. 28.10.2005 – 3 U 137/05; OLGR Celle 2006, 14.
48 VerbrKrRL-UG; BGBl. 2009, I. S. 2355 ff.
49 VerbrKrRL-UG; Artikel 1/Nr. 21, BGBl. 2009, I. S. 2355 (2359).
50 Pressemitteilung des BMJ vom 02.07.2009.
51 Buck-Heeb/Lang in ZBB 5/2016, S. 321.
52 NJW 2014, 1941.
53 BT-Drs. 18/5922, 96.

mehr primär auf die Werthaltigkeit der Immobilie abstellen, sondern im Mittelpunkt gerückt Zahlungsfähigkeit des Kunden, d.h. dessen Fähigkeit Vertragserfüllung steht, müssen künftig denkbare negative Szenarien in Bezug auf die Person des Kreditnehmers in die Kreditwürdigkeitsprüfung einbezogen werden. Während der Dauer des Kreditverhältnisses ist die wirtschaftliche Entwicklung des Kreditnehmers kontinuierlich überwacht werden..[54] § 18 a Abs. 2 KWG verpflichtet die Kreditinstitute, die Kreditwürdigkeit des Verbrauchers erneut zu prüfen und zu bewerten, wenn sich der Nettodarlehensbetrag deutlich erhöht..[55] Nach § 18 Abs. 2 S. 4 KWG a.F. war eine neue Kreditwürdigkeitsprüfung vorzunehmen, wenn sich der Nettodarlehensbetrag erheblich erhöht. Eine solche erhebliche Erhöhung des Nettodarlehensbetrages sollte nach Ansicht der BaFin vorliegen, wenn die Erhöhung 10 % des jeweils aktuellen netto Darlehensbetrages übersteigt..[56] Dieser Schwellenwert dürfte auch bei der Frage der deutlichen Erhöhung des Nettodarlehensbetrages weiterhin zu berücksichtigen sein immer was dem Referentenentwurf des BMJV und BMF vom 21.07.2017, der Verordnung zur Festlegung von Leitlinien zu den Kriterien und Methoden der Kreditwürdigkeitsprüfung bei Immobiliar-Verbraucherdarlehensverträgen (ImmoKWPLV), in § 7, zu entnehmen ist, wobei hier eine deutliche Erhöhung bei Erhöhung von mindestens 10 % des Nettodarlehensbetrages angenommen werden soll[57].

cc) Bankinternes Rating

44 Ähnlich dürften **bankinterne Ratings** zu beurteilen sein. Durch die Regelungen in Basel II ist die praktische Bedeutung bankinterner Ratings erheblich gestiegen.[58] Abgesehen davon, dass die Bank aufsichtsrechtlich hierzu gehalten ist[59], verfolgt die Bank mit ihren Ratings als Bestandteil ihres Risikomanagementsystems allerdings grundsätzlich eigene Interessen, z.B. wenn hiermit risikoadjustierte Konditionen im Kreditgeschäft verbunden sind.[60] Auch in diesen Fällen geschieht die Überprüfung der finanziellen Situation des Kreditnehmers ausschließlich im bankeigenen Interesse.

45 Nach ständiger Rechtsprechung des Bundesgerichtshofes prüft eine kreditgebende Bank die ihr angebotenen **Sicherheiten** und die Folgen einer Sicherheitenbestellung grundsätzlich nicht im Kunden-, sondern nur im eigenen Interesse.[61] Dementsprechend kann sich grundsätzlich aus der lediglich zu bankinternen Zwecken erfolgten Ermittlung des Beleihungswertes keine Aufklärungspflicht gegenüber dem Kreditnehmer ergeben.[62]

dd) Sittenwidrige Übervorteilung

46 Eine Aufklärungspflicht des Kreditinstitutes ist allerdings dann anzunehmen, wenn in einem Ausnahmefall die Bank einen Wissensvorsprung von der sittenwidrigen Übervorteilung des Käufers durch den Verkäufer erhält. Dies ist nach ständiger Rechtsprechung dann der Fall, wenn der Wert der Leistung des Käufers knapp doppelt so hoch ist wie der Wert der Gegenleistung des Verkäufers.[63] Auch bei einem Immobilienkaufvertrag kann erst ein besonders grobes Missverhältnis von knapp 100 % zwischen dem Verkehrswert dem finanzierten Kaufpreis den Einwand der Sittenwidrigkeit begründen. Beim Vorliegen eines lediglich auffälligen Missverhältnisses, führt der Umstand, dass der Käufer den Kaufpreis voll finanziert, für sich genommen auch dann nicht zur

54 Buck-Heeb/Lang in ZBB 5/2016, S. 322..
55 Palandt/*Weidenkaff* § 505a Rn. 1 Buck-Heeb/Lang in ZBB 5/2016, S. 322….
56 Buck-Heeb/Lang in ZBB 5/2016, S. 322..
57 www.bundesfinanzministerium.de/…/2017-08-17-entwurf-immobiliar-kreditwuerdigk.
58 Neue Eigenkapitalanforderungen für Kreditinstitute (Basel II), siehe www.bundesbank.de.
59 BaFin Rundschreiben 10/2012, Mindestanforderungen an das Risikomanagement (MaRisk), BTO 1.4, siehe www.bafin.de.
60 *Rohe* WM 2006, 1933 (1934).
61 BGH WM 2007, 876 Rn. 41.
62 BGH WM 2006, 1194 Rn. 45.
63 BGH WM 2008, 1260 Rn. 28; BGH WM 2014, 124 Rn. 16.

Sittenwidrigkeit des Kaufvertrages, wenn die finanzierende Bank im eigenen und im Interesse der Sicherheit des Bankensystems nach entsprechender Ankündigung gegenüber dem Käufer den Wert des Kaufgegenstands ermittelt.[64]

Im Rahmen von Fernabsatzverträgen hat die Bank dem Verbraucher rechtzeitig vor der Abgabe **47**
von dessen Willenserklärungen klar und verständlich und unter Angabe des geschäftlichen Zwecks bestimmte Informationen zur Verfügung zu stellen. Bei Fernabsatzverträgen über Finanzdienstleistungen sind dies gemäß § 312 d Abs. 2 BGBdie Informationen gemäß Art 246 b BGB.

b) Ausnahmen

Eine Aufklärungspflicht besteht daher nur in eng umgrenzten Ausnahmefällen, wenn im Einzel- **48**
fall ein **besonderes Aufklärungs- und Schutzbedürfnis der Kreditnehmer** vorliegt und nach Treu und Glauben ein Hinweis der Bank geboten ist.[65] Die Rechtsprechung zu der Frage, wann eine Bank ausnahmsweise zur Aufklärung über die mit der Kreditaufnahme verbundenen Risiken verpflichtet ist, ist deshalb notwendigerweise einzelfallgeprägt. Gleichwohl gilt als Leitlinie, dass eine Ausnahme immer dann in Betracht kommt, wenn die Gefährdung des Kundeninteresses im Bereich der Bank entsteht. Trotz aller Einzelfallbezogenheit hat die Rechtsprechung typische Fallgruppen herausgebildet, bei denen Informationspflichten bestehen oder zumindest nahe liegen. Nach der ständigen, verfassungsrechtlich nicht zu beanstandenden Rechtsprechung des Bundesgerichtshofes können sich Aufklärungs- und Hinweispflichten bei **vier Fallgruppen** ergeben[66].

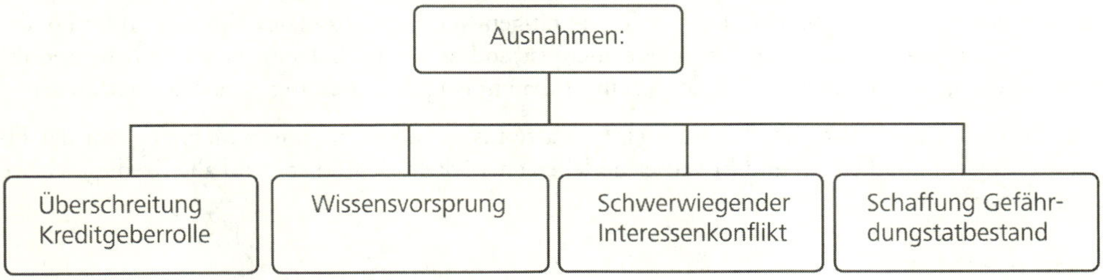

z.B. wenn Bank
- im Zusammenhang mit der Planung, der Durchführung oder dem Vertrieb eines Projektes über ihre Rolle als Kreditgeberin hinausgeht, insbesondere wenn sie in nach außen erkennbarer Weise Funktionen und Rollen anderer Projektbeteiligter übernimmt und damit einen zusätzlichen, auf die übernommenen Funktionen bezogenen Vertrauenstatbestand schafft.[67]
- einen zu den allgemeinen wirtschaftlichen Risiken hinzutretenden besonderen Gefährdungstatbestand für den Kunden schafft oder dessen Entstehung begünstigt, indem sie z.B. den unerfahrenen Kunden zur Aktienspekulation auf Kredit verleitet, bei der die die Leistungsfähigkeit des Kunden übersteigenden Verluste absehbar sind.[68]
- sich im Zusammenhang mit einer »Doppelfinanzierung« sowohl an den Bauträger als auch an die einzelnen Erwerber über die normale Finanzierung hinaus in schwerwiegende Interessenkonflikte verwickelt, indem sie z.B. ihr eigenes wirtschaftliches Risiko auf die Erwerber verlagert und diese mit der drohenden Insolvenz des Bauträgers belastet.[69]

64 BGH WM 2014, 124 Rn. 16.
65 *Nobbe* Rn. 464.
66 BGH WM 2007, 114 Rn. 15.
67 BGH WM 2004, 172 (174);BGH NJW 2004, 1376; BGH ZIP 2003, 1960; BGH WM 2011, 876 Rn. 7 ff.
68 BGH NJW 1997, 1361 (1362); BGH WM 1999, 678; BGH WM 2007, 876; BGH ZIP 2008, 1011.
69 BGH WM 2004, 172 (174); BGHZ 161, 15; BGH WM 2004, 620; BGH WM 2007, 876.

– in Bezug auf spezielle Risiken des Vorhabens, z.B. bei steuersparenden Bauherren-, Bauträger- und Erwerbermodellen einen konkreten Wissensvorsprung vor dem Darlehensnehmer hat und dies auch erkennen kann. Dies kann u.a. der Fall sein, wenn der Bank zum Zeitpunkt der Darlehensgewährung bekannt ist, dass das zu finanzierende Vorhaben scheitern wird oder dass wesentliche wertbildende Faktoren durch Manipulation verschleiert werden oder der Kreditnehmer von den Geschäftspartnern arglistig getäuscht wird.[70] In diesem Zusammenhang sieht der BGH es als treuwidriges Verhalten der Bank an, wenn diese sich zu ihrer Entlastung auf die Kenntnis des Vertreters des Kreditnehmers von der arglistigen Täuschung beruft.[71] Die Verpflichtung der Bank geht allerdings nur so weit, von ihr als wesentlich erkanntes Wissen zu offenbaren, nicht aber, sich den Wissensvorsprung erst zu verschaffen.[72]

49 Beschränkt die Bank sich auf ihre Rolle als Kreditgeberin, so besteht anders als bei einem Anlagevermittler keine Pflicht, sich über eine Anlage, die ein Interessent von ihr finanziert haben möchte, Gedanken zu machen oder ihn ungefragt über bei ihr vorhandene Bedenken gegen die Werthaltigkeit und/oder Rentabilität der Anlage zu informieren.[73]

50 Bei einer **arglistigen Täuschung** durch den Verkäufer oder Vertreiber bei steuersparenden Bauherren-, Bauträger- und Kapitalanlagemodellen wird die Kenntnis der Bank allerdings widerleglich vermutet, wenn Verkäufer oder Fondsinitiatoren, die von ihnen beauftragten Vermittler und die finanzierende Bank in institutionalisierter Art und Weise zusammenwirken, dabei auch die Finanzierung der Kapitalanlage vom Verkäufer oder Vermittler, sei es auch nur über einen von ihm benannten besonderen Finanzierungsvermittler, angeboten wurde und die Unrichtigkeit der Angaben des Verkäufers, Fondsinitiators oder der für sie tätigen Vermittler bzw. des Verkaufs- oder Fondsprospekts nach den Umständen des Falles evident ist, sodass sich nach der allgemeinen Lebenserfahrung aufdrängt, die Bank habe sich der Kenntnis der arglistigen Täuschung geradezu verschlossen.[74]

51 Die Rechtsprechung hat diese Ausnahmegrundsätze insbesondere im Zusammenhang mit der Finanzierung von Bauherren- und Erwerbermodellen entwickelt, sie sind aber auf alle Kreditgeschäfte anwendbar.[75]

c) Schadensersatz

52 Im Fall einer culpa in contrahendo kann der Kreditnehmer von der Bank entsprechend dem Grundsatz des § 249 Satz 1 BGB Naturalrestitution verlangen. Er ist so zu stellen, wie er bei gehöriger Aufklärung stehen würde. Statt der Rückgängigmachung des Darlehensvertrages[76] kann er gegebenenfalls auch dessen Anpassung durch Herabsetzung der Leistung auf ein angemessenes Maß und Ersatz der Mehraufwendungen verlangen, die er infolge des Aufklärungsverschuldens hatte.[77]

53 Für das Vorliegen eines Schadens bzw. dessen Höhe ist der Darlehensnehmer beweispflichtig.[78]

d) Verjährung

54 Zur Beantwortung der Frage, wann der Darlehensnehmer die nach § 199 Abs. 2 BGB erforderliche Kenntnis von den anspruchsbegründenden Umständen besitzt, kann auf die Rechtsprechung des Bundesgerichtshofes zu § 852 Abs. 1 BGB a.F. zurückgegriffen werden. Unabhängig, ob es sich um vorvertragliche oder vertragliche Verstöße handelt, liegt die erforderliche Kenntnis des Schadens

70 BGH WM 1999, 678 (680); BGH WM 2011, 2088 Rn. 18.
71 BGH WM 2011, 2088 Rn. 24.
72 BGH WM 2004, 620 (622).
73 BGH WM 2004, 1221 (1225).
74 BGH WM 2007, 114 Rn. 17.
75 Schimansky/*Siol* § 44 Rn. 20.
76 OLG Karlsruhe WM 2007, 355 (357).
77 *Nobbe* Rn. 480; BGH WM 2007, 114 Rn. 22.
78 BGH WM 2003, 1370 (1373).

und der Person des Ersatzpflichtigen im Allgemeinen vor, wenn dem Geschädigten die Erhebung einer Schadensersatzklage, sei es auch nur in Form einer Feststellungsklage, Erfolg versprechend möglich ist. Dafür ist es weder notwendig, dass der Darlehnsnehmer als Geschädigter alle Einzelumstände kennt, die für die Beurteilung möglicherweise von Bedeutung sind, noch muss er über hinreichend sichere Beweismittel verfügen, um einen Rechtsstreit im Wesentlichen risikolos führen zu können. Von Ausnahmefällen abgesehen, ist auch eine zutreffende rechtliche Würdigung nicht erforderlich. Aus Gründen der Rechtssicherheit und Billigkeit kommt es daher im Grundsatz auf die Kenntnis der den Ersatzanspruch begründenden tatsächlichen Umstände an. In Fällen der unzureichenden Aufklärung gehört hierzu die Kenntnis der Umstände einschließlich der wirtschaftlichen Zusammenhänge, aus denen sich das Recht zur Aufklärung ergibt.[79]

3. Beratungsvertrag

a) Zustandekommen

Häufig werden sich Banken nicht darauf beschränken, lediglich konkrete Kreditwünsche ihrer Kunden entgegen zu nehmen, sondern sie werden von sich aus eine Empfehlung abgeben, wenn sie nicht bereits von ihren Kunden um eine fachmännische Bewertung und Einschätzung gebeten worden sind.[80] 55

Geht die Bank über die bloße Darlegung des Kreditvertrages hinaus und berät sie den Kunden über verschiedene Finanzierungsmöglichkeiten, so kommt regelmäßig ein **Beratungsvertrag** zustande. Die Beratung stellt eine selbstständige Hauptpflicht der Bank dar und verpflichtet diese zur richtigen und vollständigen Information über die tatsächlichen Umstände, die für die Entscheidung des Kunden von wesentlicher Bedeutung sind oder sein können.[81] Dabei sind die Bedürfnisse des Kreditnehmers anhand der in Betracht kommenden Finanzierungsmodelle mit ihren Vor- und Nachteilen verständlich und richtig erläutern.[82] Allerdings kann die Bank hierbei eigene Geschäftsinteressen verfolgen und muss diese nicht dem Kundeninteresse unterordnen. Die Bank darf z.B. günstigere Bedingungen der Konkurrenzbanken verschweigen, wenn sie nicht danach gefragt wird.[83] Demgegenüber vertritt das OLG Celle die Auffassung, bei der Finanzierungsberatung eines Existenzgründers sei das Kreditinstitut verpflichtet, dem Kunden alle in Betracht kommenden Finanzierungsmodelle und damit auch alle passenden öffentlichen Fördermittel vorzustellen. Allein das Offerieren der hauseigenen Kredite sei nicht ausreichend.[84] Hiernach wäre die Bank gehalten, ihren Wissensvorsprung bezüglich der öffentlichen Mittel zum Vorteil des Kunden unter Zurückstellung eigener Interessen einzusetzen. Soweit ersichtlich, ist es bei dieser zu weitgehenden Einzelentscheidung geblieben. Der vermeintliche Wissensvorsprung der Bank beruht nämlich nicht auf einem ausschließlich intern erzielbaren Wissen der Bank, sondern auf allgemein zugänglichen Informationen. Ein schutzwürdiges, zur unaufgeforderten Aufklärung führendes Interesse des Kunden ist daher nicht zu erkennen. 56

Der Beratungsvertrag kann auch stillschweigend zustande kommen, wenn für die Bank erkennbar ist, dass die Beratung für den Kunden von erheblicher Bedeutung ist und diesem als Grundlage für seine Vermögensdisposition dient.[85] 57

---

79 BGH WM 2008, 1346 (1349).
80 *Siol* DRiZ 2006, 223; BGH WM 2004, 172 Rn. 15; WM 1987, 531 (532).
81 BGH WM 2005, 69.
82 *Freekmann/Rösler* ZBB 2007, 23 (33).
83 Schimanski/*Siol* § 43 Rn. 28.
84 OLG Celle VuR 1999, 449.
85 *Rösler* BKR 2001, 125; BGH WM 1993, 1455 (1456).

58 Unerheblich für das Zustandekommen eines Beratungsvertrages ist, von welcher Partei die Initiative für das Beratungsgespräch ausgegangen ist[86] oder ob ein besonderes Entgelt für die Beratung vereinbart worden ist.[87] Wie lange die Beratung gedauert hat, kann für deren Qualität von Bedeutung sein; für den Abschluss eines Beratungsvertrages ist die Beratungsdauer jedoch ohne Bedeutung. Ausreichend ist, dass dem Kunden eine Empfehlung gegeben werden sollte.[88] Wenn dem beratenden Mitarbeiter die notwendigen Kenntnisse fehlen, muss der Kunde darauf hingewiesen werden.[89]

b) Intransparente Finanzierungen

59 Grundsätzlich gilt auch bei den sog. **Kombinationsverträgen**, bei denen z.B. die Tilgung der Darlehensvaluta durch die Ansparung einer Lebensversicherung oder eines Bausparvertrages erfolgen soll, dass ein Kreditinstitut nicht verpflichtet ist, von sich aus dem Kunden die günstigste Kondition anzubieten bzw. diesen auf die Zweckmäßigkeit der von ihm gewählten Kreditart hinzuweisen.

60 Empfiehlt die Bank dem Kunden allerdings einen bestimmten Kredit, so muss sie den Kunden so ausreichend informieren, dass dieser selbst entscheiden kann, ob die angebotene Vertragsgestaltung seinen wirtschaftlichen Verhältnissen und Vorstellungen entspricht. Dies gilt insbesondere in den Fällen, in denen die Bank schwer durchschaubare Finanzierungskonstruktionen wählt, deren spezifischen Nachteile der Kunde nicht ohne weiteres erkennt.[90]

61 Wählt der Kunde von sich aus die Finanzierungsart, so kann das Kreditinstitut davon ausgehen, dass aufseiten des Kreditnehmers ein Informationsbedarf nicht vorliegt.[91]

aa) Tilgungsaussetzung gegen Ansparung Kapitallebensversicherung

62 Wer aufgrund eines Beratungsvertrags zu richtiger und vollständiger Information hinsichtlich der für eine Finanzierung wesentlichen tatsächlichen Umstände verpflichtet ist, muss den anderen Teil über die mit der Kombination von Festkredit und als Tilgungsersatz dienender Kapitallebensversicherung verbundenen spezifischen Nachteile und Risiken aufklären, wenn sie sich für den Kreditnehmer ungünstiger darstellen als ein marktübliches Tilgungsdarlehen. Dies ist z.B. der Fall, wenn die Bank dem Kunden anstelle eines von diesem gewünschten üblichen Ratenkredits einen mit einer Kapitallebensversicherung verbundenen Kreditvertrag anbietet, obwohl ein Versicherungsbedürfnis nicht besteht und die Vertragskombination für den Kunden wirtschaftlich ungünstiger ist als ein marktüblicher Ratenkredit, mit dem der verfolgte Zweck ebenso gut erreichbar ist.[92]

63 Aufzuklären ist sowohl über die Grundgestaltung dieser Finanzierungsform mit den Vor- und Nachteilen hinsichtlich der Verzinsung und der verzinslichen Ansammlung der kapitalbildenden Versicherungsprämien, als auch über die speziellen Risiken bei Nichterreichen der prognostizierten Ablaufleistung oder bei vorzeitiger Kündigung wegen Zahlungsverzuges.[93]

64 Dieser für den Konsumentenkredit entwickelte Grundsatz lässt sich auch auf grundbuchlich gesicherte Darlehen anwenden, welche durch eine während der Laufzeit des Darlehens anzusparende Kapitallebensversicherung getilgt werden sollen. Angesichts der Vielzahl der für die Finanzierung einer Immobilie relevanten Faktoren erfordert die Beratung einen umfassenden Vergleich der Konditionen der zur Finanzierung abgeschlossenen Verträge mit den Bedingungen eines marktüblichen, durch eine Belastung des zu erwerbenden Wohnungseigentums gesicherten Tilgungsdarlehens.

86 BGH WM 1993, 1455 (1456).
87 BGH WM 1987, 495 (496).
88 BGH WM 2004, 2349 (2351).
89 BGH WM 2005, 1219 (1220).
90 Schimansky/*Siol* § 44 Rn. 49.
91 BGH WM 2004, 417 (419).
92 BGH ZIP 1989, 558 (560); WM 1990, 918 (919); a.A. OLG Bamberg, BKR 2005, 108.
93 BGH WM 1990, 918 (919).

Hierzu gehören Informationen z.B. über die Verpflichtung zur Zinszahlung für die gesamte Laufzeit auf die volle Darlehensvaluta, das Risiko der Zinserhöhung nach Ablauf einer Zinsbindungsfrist, die Höhe der monatlichen Gesamtbelastung, die höhere Vorfälligkeitsentschädigung bei vorzeitiger Beendigung des Darlehensvertrages infolge Kündigung, den in den ersten Jahren die Summe der eingezahlten Beträge unterschreitenden Rückkaufswert der Lebensversicherung und den Umstand, dass für einen Festkredit insgesamt mehr Zinsen zu zahlen sind, als für ein Annuitätendarlehen. Auch ist auf die aktuellen steuerlichen Rahmenbedingungen hinzuweisen.[94]

Grundsätzlich ist bei der Kombination dieser Verträge davon auszugehen, dass die Tilgung aus einer Kapitallebensversicherung regelmäßig erfüllungshalber geschieht und nicht an Erfüllung statt. Die Tilgung erfolgt daher nur in Höhe der ausgezahlten Lebensversicherungsleistung. Das Risiko, dass die Versicherungsleistung nicht zur vollständigen Tilgung ausreicht, trägt grundsätzlich der Darlehensnehmer.[95] 65

bb) Bausparfinanzierung mit Fremdgeldansparung

Eine gesteigerte Beratungsverpflichtung dürfte sich auch bei den vielfältigen Kombinationen aus Bausparvertrag und sog. Vorausdarlehen ergeben. Gerade bei diesen speziellen Finanzierungsmethoden besteht regelmäßig ein erheblicher Aufklärungs- und Beratungsbedarf.[96] Die Bank muss gerade bei geschäftsunerfahrenen Privatpersonen die Wünsche und Möglichkeiten der Kunden ermitteln und auf die spezifischen Vor- und Nachteile sowie die voraussichtlichen Kosten einer solchen Finanzierung hinweisen.[97] 66

cc) Umschuldung

Die Ablösung von eigenen Vorkrediten der Bank bzw. von fremden Krediten durch einen Folgevertrag ist für die Darlehensnehmer oftmals nachteilig, weil sie zu einer Kostenhäufung oder erhöhten Ratenbelastung führen können. Bei einer Aufstockung bestehen die gleichen Aufklärungspflichten wie beim Erstabschluss eines Kreditvertrages, sodass die Bank über die **Zweckmäßigkeit der Umschuldung** grundsätzlich nicht aufklären muss.[98] 67

Geht die Umschuldung jedoch von dem Kreditinstitut aus und ist der abzulösende Kredit zu wesentlich günstigeren Bedingungen gewährt worden, so muss der Kunde über die Nachteile der Umschuldung aufgeklärt werden. 68

c) Vertragssprache

Immer mehr Kreditinstitute gehen dazu über, Kunden mit fehlenden oder nicht ausreichenden Kenntnissen der deutschen Sprache in deren **Muttersprache** über Produkte zu informieren und zu beraten. Zwar hat die EG in einzelnen Richtlinien den Gebrauch bestimmter, dem Kunden verständlicher **Vertragssprachen** vorgeschrieben[99], im Übrigen aber die Regelungen den Mitgliedstaaten überlassen. Daher ist das Sprachrisiko, ob eine Partei den Inhalt einer Erklärung aus sprachlichen Gründen verstehen musste, bzw. welche Folgen an das Nicht- oder Missverstehen zu knüpfen sind, anhand des jeweils auf das Rechtsgeschäft anzuwendenden Sachrechts zu klären.[100] 69

Das deutsche Recht kennt keine allgemeine gesetzliche Regelung zur Verteilung des Sprachrisikos. Eine Klärung erfolgt über die Regeln des Vertragsabschlusses, der Auslegung sowie des Irrtums. 70

94 BGH WM 2005, 69 (71).
95 BGH WM 2008, 121 (122).
96 BGH WM 2000, 2539 (2540).
97 Schimansky/*Siol* § 44 Rn. 53; BGH WM 1991, 179 (182).
98 Schimansky/*Siol* § 44 Rn. 54.
99 Z.B. Art. 4-2 Timesharing-Richtlinie, umgesetzt in § 483 Abs. 1 BGB.
100 *Schulze* Rn. 119.

71 Grundsätzlich trägt im Inland bei Nutzung der deutschen Sprache als Vertragssprache der ausländische Vertragspartner das Sprachrisiko. Wählen die Parteien im Rahmen ihrer geschäftlichen Beziehungen Deutsch als Verhandlungs- und Vertragssprache, so akzeptiert der ausländische Partner damit den gesamten deutschsprachigen Vertragsinhalt einschließlich ggfs. zugrunde liegender Allgemeiner Geschäftsbedingungen. Ihm ist es zuzumuten, sich vor Abschluss des Vertrages selbst die erforderliche Übersetzung zu verschaffen. Anderenfalls muss er den nicht zur Kenntnis genommenen Vertragstext gegen sich gelten lassen.[101] Ein in diesem Fall durch eine nicht verstandene Urkunde verursachter Inhaltsirrtum ist unbeachtlich und führt nicht zur Anfechtung.[102] Wer sich bewusst keine Kenntnis vom Vertragsinhalt verschafft, wird nämlich nur dann als irrend betrachtet, wenn er sich aus nachvollziehbaren Gründen (z.B. aus Umständen, Erläuterungen des Inhaltes durch den anderen Teil) eine fehlerhafte Vorstellung von dem Inhalt gemacht hat.

72 Auch im Hinblick auf die Regelungen des § 305 Abs. 2 Nr. 2 BGB, wonach im nichtunternehmerischen Geschäftsverkehr der Vertragspartei die Möglichkeit der Kenntnisnahme der Allgemeinen Geschäftsbedingungen in zumutbarer Weise zu verschaffen ist, wird eine Übersetzung der AGB als nicht erforderlich angesehen, sofern die Verhandlungen in deutscher Sprache geführt werden.[103] Im Einzelfall kann bei Verträgen mit erheblicher wirtschaftlicher Tragweite eine zusätzliche Informationspflicht des Unternehmers bestehen.[104]

73 Etwas anderes gilt jedoch in den Fällen, in denen im Inland die Vertragsverhandlungen in einer fremden Sprache, z.B. in der Muttersprache des Kunden geführt werden. In einem solchen Fall ist erkennbar, dass der ausländische Vertragspartner den in deutscher Sprache gedruckten Text gar nicht verstehen kann. Von dem deutschen Verwender von Allgemeinen Geschäftsbedingungen muss daher grundsätzlich verlangt werden, dass er in einer dem Vertragspartner verständlichen Weise, in der Regel somit in der Verhandlungssprache, auf der Vorderseite der Vertragsurkunde auf die Einbeziehung der eigenen AGB hinweist[105] oder diese in der Vertragssprache abgefasst sind.[106] Dies gilt grundsätzlich auch in der Geschäftsbeziehung zwischen Kaufleuten.[107]

74 Mit Einführung der Europäischen Standardinformationen für Verbraucherkredite, der Europäischen Verbraucherkreditinformation für Überziehungskredite und Umschuldungen sowie dem Europäischen Standardisierten Merkblatt[108] zum 11.06.2010 wird bei Verbraucherdarlehensverträgen, entgeltlichen Finanzierungshilfen und Darlehensvermittlungsverträgen gem. Art. 247 EGBGB die Wahl der Sprache vertraglich geregelt.

75 Im Anwendungsbereich von Fernabsatzverträgen ist bei Verbrauchern das Sprachproblem geregelt. Mit Umsetzung der Verbraucherkreditrichtlinie zum 11.06.2010 ist in Art. 246 § 1 Abs. 2 Nr. 5 EGBGB (früher § 1 Abs. 2 Nr. 6 BGB-InfoV) geregelt, dass der Unternehmer den Verbraucher über die Sprache informieren muss, in der die Vertragsbedingungen sowie die Vorabinformationen erfolgen und in der die Kommunikation während der Laufzeit des Vertrages erfolgt.

d) Erfüllungsgehilfen

76 Für die schuldhafte Pflichtverletzung ihres Erfüllungsgehilfen haftet die Bank gemäß § 278 BGB auch schon im vorvertraglichen Stadium.[109]

---

101 BGH WM 1983, 527 (529).
102 Palandt/*Ellenberger* § 119 Rn. 9; BGH WM 1994, 2274 (2276) OLG Köln MittBayNot 1999, 59.
103 BGH WM 1983, 527 (529); Palandt/*Grüneberg* § 305 Rn. 40.
104 Reich NJW 1995, 1857 (1860); Palandt/*Grüneberg* § 310 Rn. 26.
105 OLG Frankfurt NJW-RR 2003, 704.
106 OLG Hamburg NJW 1980, 1232 (1233).
107 OLG Stuttgart IPRax 1988, 293.
108 Anlagen zu 4 bis 7 Art. 247 3 2 EGBGB.
109 Schimansky/*Siol* § 44 Rn. 22.

Ein Erfüllungsgehilfe im Sinn des § 278 BGB kann nur sein, wer nach den tatsächlichen Verhältnissen mit dem Willen der Bank bei der Erfüllung der dieser obliegenden Verbindlichkeiten als Hilfsperson mitwirkt.[110] Entscheidend ist daher, von wem der Dritte eingeschaltet worden ist und inwieweit er als Hilfsperson einer Vertragspartei zuzuordnen ist. Allerdings wird häufig nicht nur der Kreditvertrag sondern auch das zugrunde liegende Erwerbsgeschäft von ein- und derselben Person vermittelt, insbesondere im Bereich der Kapitalanlagemodelle. Nach ständiger Rechtsprechung des Bundesgerichtshofes kann der in diesen Fällen tätige Vermittler nur dann als Erfüllungsgehilfe **dem Pflichtenkreis der Bank zugeordnet** werden, wenn er mit Willen der Bank sein Verhalten auf die Anbahnung des Kreditvertrages ausrichtet.[111] So betreffen z.B. falsche Erklärungen zur Immobilie oder zur Rentabilität des Finanzierungsobjekts nicht das Kreditverhältnis und liegen außerhalb der rollenbedingten Verantwortlichkeit der Bank. **77**

Überlässt die Bank einem Kreditvermittler jedoch Kreditantragsunterlagen, so wird dies in der Regel dazu führen, dass der Vermittler als Handlungsgehilfe des Kreditinstitutes anzusehen ist.[112] Allerdings kann dies allein nicht als Indiz dafür genommen werden, um das Wissen des Vermittlers in Bezug auf die Immobilie dem Kreditinstitut zuzurechnen. Der Pflichtenkreis des auf die Rolle des Kreditgebers beschränkten Kreditinstitutes kann in diesen Fällen nicht automatisch auf den Kaufvertrag ausgedehnt werden[113]. **78**

e) Verjährung

Nach ständiger Rechtsprechung des Bundesgerichtshofs entsteht ein Schadensersatzanspruch zu dem Zeitpunkt, ab dem er vom Geschädigten geltend gemacht und klageweise durchgesetzt werden kann. Für die Entstehung eines Geldanspruchs ist es nicht erforderlich, dass der Zahlungsanspruch bereits – teilweise – beziffert werden und damit Gegenstand einer Leistungsklage sein kann. Es genügt die Möglichkeit, eine Feststellungs- oder Stufenklage zu erheben[114]. **79**

Die Schadensentstehung ist ferner anzunehmen, wenn durch die Verletzungshandlung eine als Schaden anzusehende Verschlechterung der Vermögenslage eingetreten ist, ohne dass feststehen muss, ob ein Schaden bestehen bleibt und damit endgültig wird, oder wenn eine solche Verschlechterung der Vermögenslage oder auch ein endgültiger Teilschaden entstanden ist und mit der nicht fernliegenden Möglichkeit weiterer, noch nicht erkennbarer, adäquat verursachter Nachteile bei verständiger Würdigung zu rechnen ist[115]. **80**

Bei der Empfehlung einer Kapitalanlage oder einer anteilsgebundenen Lebensversicherung stellt auch der auf einer Aufklärungspflichtverletzung beruhende Abschluss eines für den Darlehensnehmer nachteiligen, weil seinen Zielen und Vermögensinteressen nicht entsprechenden Finanzierungs- und Tilgungsmodells aus Darlehensvertrag und Kapitallebensversicherung bereits für sich genommen einen Schaden dar und berechtigt ihn daher – unabhängig von der Entwicklung der Lebensversicherung – dazu, im Wege des Schadensersatzes die Erstattung der damit verbundenen wirtschaftlichen Nachteile zu verlangen. Der Anspruch entsteht hierbei schon mit dem Abschluss der zur Finanzierung und Tilgung empfohlenen Verträge[116]. **81**

110 BGH WM 1987, 85 (88).
111 BGH WM 2006, 1194 Rn. 63; BGH WM 2002, 2501 (2502).
112 BGH ZIP 1996, 1950 (1951).
113 *Hertel/Edelmann*, S. 121.
114 BGHZ 181, 310; BGH WM 2012, 2190.
115 BGHZ 119, 69, 70 f; BGH, XI ZR 430/16.
116 BGH XI ZR 430/16.

B. Vertragsformen

I. Zustandekommen von Kredit- und Darlehensverträgen

82 Wie jedes Wirtschaftsunternehmen wollen und müssen Banken und Sparkassen die Mittel, die ihnen aus Einlagen der Kunden, aus aufgenommenen Geldern oder aus sonstigen Erträgen zufließen, Ertrag bringend anlegen. Im Rahmen ihrer Finanzierungsleistungen werben sie daher für die Inanspruchnahme ihrer Kredite.

83 Als Wirtschaftsteilnehmer, deren Kreditbedarf zu befriedigen ist, kommen dabei in Betracht
- private Haushalte, zur Finanzierung verbrauchbarer Sachgüter und Dienstleistungen (**Konsumentenkredite**),
- Unternehmen, zur Produktion und zum Verkauf von Sachgütern oder Dienstleistungen (**Firmenkredite**),
- öffentliche Haushalte, wenn die Ausgaben größer sind als die Einnahmen aus Steuern, Gebühren und Beiträgen (**Kommunalkredite**).

84 Die Vergabe von Geldkrediten erfolgt auf vielfältige Art und Weise, z.B. durch die Einräumung eines wiederholt ausnutzbaren Kreditrahmens auf einen im Kontokorrent geführten Girokonto oder durch einmalige Zurverfügungstellung der Darlehensvaluta, die ratierlich zurückzuzahlen ist. Unabhängig von der Form des gewährten Kredites ist dessen rechtliche Grundlage zu bewerten.

85 Jedes Kreditverhältnis ist ein Schuldverhältnis i.S.d. § 241 BGB.

86 Das Bürgerliche Gesetzbuch differenziert bei den einzelnen Schuldverhältnissen in Titel 3 zwischen Krediten in Form von Gelddarlehensverträgen (§§ 488 bis 505a-e BGB), Finanzierungshilfen (§§ 506 bis 508 BGB), Ratenlieferungsverträgen (§ 510 BGB) und unentgeltlichen Darlehensverträgen und unentgeltlichen Finanzierungshilfen (§§ 514, 515 BGB).

87 Darüber hinaus unterscheidet die Praxis zwischen den Darlehen gem. §§ 488 ff. BGB und den Verbraucherdarlehensverträgen und somit zwischen.
- Unternehmensdarlehen, bei denen Darlehensgeber und Darlehensnehmer Unternehmer sind (§§ 488 bis 490 BGB),
- Privatdarlehen, bei denen sowohl der Darlehensgeber als auch der Darlehensnehmer Privatpersonen sind (§§ 488 bis 490 BGB) sowie
- Verbraucherdarlehen, bei denen der Darlehensgeber ein Unternehmer und der Darlehensnehmer ein Verbraucher ist (§§ 491 bis 505 e BGB).

88 Des Weiteren erfolgt eine Unterscheidung zwischen. den Krediten und Darlehen gem. den Regelungen in den §§ 491 ff. BGB bzw. §§ 504 und 505. BGB einerseits sowie den Kreditverträgen, die nicht den vorgenannten Regelungen unterliegen. Hierzu zählen der Darlehensvorvertrag und der Krediteröffnungsvertrag.[117]

1. Krediteröffnungsvertrag

a) Rechtliche Grundlagen

89 Die Breite und Vielfalt der Geschäfte, die i.S.d. Bankrechts als »Kredit« bezeichnet werden können, haben zu der bankrechtlich eigenständigen Form des Krediteröffnungsvertrages geführt. Eine gesetzliche Regelung gibt es nicht.[118] Vielmehr wird in der bankrechtlichen Praxis der Krediteröffnungsvertrag als gleichsam übergeordnete Vertragsform, als Rahmenvertrag eigener Art angesehen, der den in § 488 BGB verankerten Typus des Gelddarlehensvertrages in zulässiger Weise modifiziert.[119]

117 Schimansky/Bunte/Lwowski/*Pamp* Bankrechts-Handbuch § 76 Rn. 6.
118 *Schwintowski* § 13 Rn. 39 ff.
119 MüKo-BGB/*Berger* Vor § 488 Rn. 55.

Der Krediteröffnungsvertrag enthält die Zusage und somit die unmittelbare Verpflichtung der Bank, dem Vertragspartner zu den vereinbarten Bedingungen, in bestimmter Höhe oder auf Abruf bis zu einer vereinbarten Grenze Kredit zu gewähren, wobei der Kreditrahmen wie z.B. bei einem Kontokorrentkredit oder einem Kreditkartenvertrag auch revolvierend in Anspruch genommen werden kann.[120] Inhalt eines Krediteröffnungsvertrages können nicht nur Geldkredite wie z.B. Kontokorrentkredite oder Gelddarlehen (§§ 488 bis 490 BGB) sein, sondern auch Haftungskredite, wie z.B. Aval-, Akzept- oder Diskontkredite, die den Grundsätzen des Geschäftsbesorgungsrechts (§ 675 Abs. 1 BGB) unterliegen. Häufig wird dem Kreditnehmer dabei freigestellt, welche Kreditart er i.R.d. Krediteröffnungsvertrages in Anspruch nehmen will; dies wird von dem Geschäft des Kunden abhängen, das gerade finanziert werden soll. Innerhalt eines gewährten Gesamtkreditrahmens kann der Kunde damit z.B. jeweils abhängig von seinem konkreten Bedarf wahlweise Avalkredite und/oder Geldkredite in variierenden Höhen in Anspruch nehmen, ohne auf starre Einzelkreditgrenzen festgelegt zu sein. Insgesamt darf die Kreditinanspruchnahme den Gesamtkreditrahmen nicht übersteigen 90

Im Gegensatz zum eigentlichen Kreditvertrag unterbleibt beim Krediteröffnungsvertrag die sofortige Valutierung, d.h. die Auszahlung des Kredites. Durch die Vereinbarung wird dem Kunden das Recht eingeräumt, i.R.d. festgelegten Kreditlimits bestimmte Geldbeträge durch Barabhebung, Überweisung oder auf anderem Weg abzurufen. Da es dem Kreditnehmer überlassen bleibt, ob, wann und in welchem Umfang er von dem vom Kreditinstitut bereitgestellten Kreditrahmen Gebrauch macht, wird der Anspruch auf Auszahlung durch den Kunden begründet, indem er einen Geldbetrag abruft.[121] Das Abrufrecht als einseitiges Gestaltungsrecht steht allein dem Kreditnehmer zu, eine weitere Mitwirkung der Bank ist nicht erforderlich.[122] Durch den Abruf des Kreditnehmers sind dann je nach Vertragsinhalt z.B. Barmittel zur Verfügung zu stellen, Gutschriften zu erteilen, Wechsel zu akzeptieren, Avale zu übernehmen usw. Der Krediteröffnungsvertrag wird durch den Abruf konkretisiert und inhaltlich ausgestaltet.[123] Mit dem Abruf eines Kredits auf Grund eines Krediteröffnungsvertrages kommt das einzelne Kreditgeschäft zustande, das vom Krediteröffnungsvertrag zu trennen ist[124]. 91

Die Frage, ob ein Krediteröffnungsvertrag oder bereits ein Kreditvertrag vorliegt, kann im Einzelfall ebenso schwierig zu beurteilen sein, wie die Frage, ob bloße Vorverhandlungen zu einem Krediteröffnungsvertrag vorliegen. In der Praxis machen sich die Beteiligten über die Vertragsgestaltungen nur selten Gedanken, weshalb zur Auslegung Indizien heranzuziehen sind.[125] So sprechen z.B. die Vereinbarung eines Bereitstellungszinses und die Planung einer Vielzahl von revolvierenden Kreditinanspruchnahmen eher für einen Krediteröffnungsvertrag, während die Vereinbarung einer Nichtabnahmeentschädigung und der Abruf von wenigen, bestimmbaren Kreditteilen eher auf einen Darlehensvertrag hinweisen. 92

Der Abruf als Ausübung des vertraglich vereinbarten Gestaltungsrechts liegt im Ermessen des Kunden. Der Kunde kann den von der Bank bereitgestellten Kredit abrufen, muss dies aber nicht, sofern keine besondere gegenteilige Vereinbarung vorliegt. Für die Bereithaltung des jederzeit abrufbaren Kreditbetrages kann die Bank als Gegenleistung eine Bereitstellungsprovision verlangen.[126] Hierbei handelt es sich nicht um einen Zins für die Überlassung eines Darlehens, sondern um den Ersatz des Aufwandes, den die Bank dafür verlangen kann, die Erfüllung ihrer Kreditzusage aufrechtzuerhalten. Gem. § 354 Abs. 1 HGB ist der Kunde auch ohne entsprechende Vereinbarung zur Zahlung einer Bereitstellungsprovision verpflichtet.[127] 93

120 Kümpel/*Rossbach* Rn. 11.10; Palandt/*Weidenkaff* Vorbem. § 488 Rn. 24.
121 BGH, WM 2004, 517 (518); BGH, WM 2011, 1343 Rn. 13.
122 Schimansky/Bunte/Lwowski/*Pamp* Bankrechts-Handbuch § 77 Rn. 1.
123 BGH, WM 2004, 517 (518); BGH, NJW 2001, 1937 (1939); BGH, WM 2011, 1343 Rn. 13.
124 BGHZ 83, 76 (81) = NJW 1982, 1810; BGH NJW 1978, 947 (948) = WM 1978, 234 (235).
125 Schimansky/Bunte/Lwowski/*Pamp* Bankrechts-Handbuch § 77 Rn. 3.
126 BGH, WM 1986, 156 (157).
127 MüKo-BGB/*Berger* § 488 Rn. 222.

94 Bei dem Krediteröffnungsvertrag handelt es sich im Gegensatz zum eigentlichen Kreditvertrag um einen Grund- oder Rahmenvertrag,[128] der nicht zu verwechseln ist mit einen bloßen Vorvertrag, der auf den Abschluss eines Hauptvertrages gerichtet ist. In ihm wird vielmehr das Kreditverhältnis zum Kunden im Sinn eines lang andauernden Rechtsverhältnisses geregelt. Durch die Verpflichtung der Bank, den Kredit auf bestimmte oder unbestimmte Zeit zur Verfügung zu stellen, stellt er zugleich auch ein Dauerschuldverhältnis dar.[129]

95 Unstreitig dürfte zwischenzeitlich sein, dass es sich bei dem Krediteröffnungsvertrag um einen Konsensualvertrag handelt.[130]

96 Die in der fachwissenschaftlichen Literatur geführte Diskussion, ob der Abruf der Kreditmittel der Vertragsdurchführung dient, weshalb durch ihn kein nochmaliger Abschluss eines eigenständigen Kredit- oder Darlehensvertrages über den abgerufenen Betrag zustande kommt[131] oder ob der Abruf durch den Kreditnehmer neben der Durchführung des Krediteröffnungsvertrages zugleich auch doppelfunktional als ein Abschlusstatbestand hinsichtlich eines weiteren einzelnen Kreditvertrages zu qualifizieren ist (»Trennungstheorie«),[132] hat der BGH mit seiner Entscheidung vom 15.03.2001[133] zugunsten der Vertreter der letztgenannten Theorie entschieden, indem er darauf hinweist, dass mit jeder Auszahlung dann das einzelne Rechtsgeschäft in dem entsprechenden Umfang rechtswirksam zustande kommt. Der Abruf dient dabei der Vertragsdurchführung. Die Konsequenz der Trennungstheorie ist, dass der Krediteröffnungsvertrag und der konkrete Kreditvertrag unterschiedliche Entwicklungen nehmen können, da z.B. der Krediteröffnungsvertrag, der die gesamte Kreditbeziehung zum Kunden manifestiert, gekündigt werden kann, der einzelne Kreditvertrag demgegenüber aber bestehen bleiben könnte.[134] In der praktischen Durchführung wird die unterschiedliche Behandlung von Kredit- und Krediteröffnungsverträgen allerdings eher zu den Ausnahmen gehören, da bei der Notwendigkeit einer Kündigung diese i.d.R. nicht auf einzelne Kreditverträge beschränkt sein wird, sondern die gesamte Kreditbeziehung zum Kunden betreffen wird.

b) Zustandekommen

97 Der Krediteröffnungsvertrag kommt durch formlose Einigung zustande; es gelten im Vergleich zum Darlehensvertrag keine Besonderheiten. Wenn auch der mündliche oder stillschweigende Abschluss des Vertrages nicht ausgeschlossen ist, so kommt der Krediteröffnungsvertrag i.d.R. schriftlich zustande. Bei Verbraucherdarlehensverträgen ist die Schriftform zwingend (§ 492 BGB) vorgeschrieben.[135] Sofern Filialbanken Kontokorrentkredite und Anschaffungsdarlehen für den privaten Konsum von Verbrauchern nicht direkt im Präsenzgeschäft vereinbaren, übersendet das Kreditinstitut üblicherweise dem Kreditnehmer den Krediteröffnungsvertrag und bietet diesem den Abschluss des Vertrages an, den dieser schriftlich annimmt. Vereinbarungen hinsichtlich der Höhe (Kreditlinie bzw. Kreditrahmen) und der Laufzeit des Kredites sind ebenso selbstverständlich, wie die Regelung, ob der Kredit nach Inanspruchnahme und ganzer oder teilweiser Rückführung erneut abgerufen werden kann oder nicht. Die Frage der Verzinsung für die nach dem Abruf erfolgende Nutzung des Kapitals sowie eine mögliche Sicherstellung des Kredits ist ebenfalls zu klären. Selbstverständlich dürfte sein, dass auch der Krediteröffnungsvertrag unter dem Vorbehalt der Bonitätsprüfung des Kreditnehmers steht.

---

128 OLG Jena, Urt. v. 06.06.2000 – 5 U 765/99, OLGR Jena 2001, 241.
129 BGH, NJW 1982, 1810 (1811).
130 Schimansky/Bunte/Lwowski/*Pamp* Bankrechts-Handbuch § 77 Rn. 12.
131 Bülow/*Artz* § 491 Rn. 110; MüKo-BGB/*Berger* Vor 488 Rn. 66.
132 *Canaris* 2. Teil Rn. 1201; Schimansky/Bunte/Lwowski/*Pamp* Bankrechts-Handbuch § 77 Rn. 15.
133 BGH, WM 2001, 950 (951).
134 Schimansky/Bunte/Lwowski/*Pamp* Bankrechts-Handbuch § 77 Rn. 15.
135 Bülow/*Artz* § 491 Rn. 104.

Im Zweifel gelten die Allgemeinen Geschäftsbedingungen der Bank. 98

Aus dem nur hinsichtlich des Kreditrahmens umrissenen, noch unbestimmten Anspruch auf Kreditgewährung macht der Kreditnehmer durch Ausübung seines Abrufrechts eine bestimmte, nach Zeit und Umfang festgelegte Forderung aus § 488 Abs. 1 Satz 1 BGB geltend, die von der Bank durch Auszahlung erfüllt wird.[136] 99

Ohne den Abruf durch den Kreditnehmer wird der Auszahlungsvorgang daher nicht in Gang gesetzt. Erst mit dem Abruf kommt der eigentliche Kreditvertrag in Höhe des konkret abgerufenen Betrages zustande. 100

Die Valutierung des Krediteröffnungsvertrages kann daher nicht im Weg der Aufrechnung oder Verrechnung des Kreditanspruchs im Kontokorrent erfolgen, da bei einer Geldschuld der geschuldete Leistungserfolg nur dann erzielt wird, wenn der Gläubiger den Geldbetrag, den er beanspruchen kann, endgültig zur freien Verfügung übereignet oder überwiesen erhält, sofern keine andere Vereinbarung getroffen worden ist.[137] Daher muss die Bank den Auszahlungsbetrag dem Kreditnehmer bar oder als Gutschrift auf einem Girokonto zur Verfügung stellen.[138] Bei entsprechender Auszahlungsvereinbarung ist die Verfügbarkeit auch bei Buchung der Gutschrift auf ein debitorisch geführtes Konto gegeben.[139] 101

c) Kontrahierungszwang

Banken unterliegen grds. keinem allgemeinen Kontrahierungszwang zur Anlage von Konten.[140] Ausnahmen hiervon gelten für öffentliche-rechtliche Sparkassen und staatlich beherrschten Kreditinstitute. Diese sind vielfach aufgrund der geltenden Landesgesetze zur Anlage von Giro- und Sparkonten für natürliche Personen verpflichtet (z.B. § 5 SpkG NW, § 2 SpkG RP). Die Deutsche Kreditwirtschaft hat 1995 in einer freiwilligen Selbstverpflichtung beschlossen, dass jedermann ein Girokonto auf Guthabenbasis erhalten solle. 102

Durch die EU-Richtlinie 214/92 über die Vergleichbarkeit von Zahlungskontenentgelten, den Wechsel von Zahlungskonten sowie den Zugang zu Zahlungskonten mit grundlegenden Funktionen vom 23.07.2014 (Zahlungskontenrichtlinie) hat der europäische Gesetzgeber den Mitgliedstaaten auferlegt, die Vergleichbarkeit der Girokontenentgelte zu verbessern, für eine Erleichterung des Kontenwechsels zu sorgen, eine Intensivierung des Wettbewerbs auf dem Markt für Girokonten sowie eine Sicherung des Zugangs zu einem Basiskonto für Verbraucher zu gewährleisten. In Umsetzung dieser Richtlinie wurde das Zahlungskontengesetz (ZKG) am 18.04.2016 verkündet[141] Hiernach hat seit dem 19.06.2016 jeder Verbraucher, der sich rechtmäßig innerhalb der Europäischen Union aufhält, einen Anspruch gegen ein Kreditinstitut auf Einrichtung eines Basiskontos, § 1 i.V.m.§§ 30–45 ZKG. Das Gesetz verpflichtet jedes Institut, das Zahlungskonten für Verbraucher anbietet, Basiskontoverträge abzuschließen (Kontrahierungszwang). Hiervon erfasst sind nicht Förderbanken des Bundes und der Länder, da diese keine Zahlungskonten für Verbraucher anbieten. Berechtigten, die ein Basiskonto beantragen, müssen die Institute ein solches innerhalb von zehn Geschäftstagen einrichten. Wesentlicher Inhalt des Zahlungskontengesetzes ist auch die Verpflichtung der Institute zu Kontenwechselhilfe sowohl national, §§ 20–26 ZKG, als auch grenzüberschreitend, §§ 27–29 ZKG. 103

Die Bank unterliegt keinem **Kontrahierungszwang** zur Gewährung eines Kredits durch Abschluss eines Krediteröffnungs-, Kredit- oder Darlehensvertrages mit ihrem Kunden. Eine Verpflichtung 104

136 BGH, WM 2004, 517 (518); BGH, WM 2011, 1343 Rn. 13.
137 BGH, WM 1996, 438 (439).
138 Schimansky/Bunte/Lwowski/*Pamp* Bankrechts-Handbuch § 77 Rn. 24.
139 OLG Frankfurt am Main, WM 1988, 370 (372).
140 BVerfG NJW 2001, 1413.
141 BGBL, Nr. 17 vom 18.04.2016, S.720 ff.

zur Gewährung von Stützungsmaßnahmen z.B. durch einen Überbrückungskredit oder die Stundung von Zins- und/oder Tilgungsleistungen besteht ebenfalls nicht.[142] Im Schrifttum wird vereinzelt die Auffassung vertreten, eine Hausbank treffe unter bestimmten, besonderen Umständen eine Kreditversorgungspflicht, welche sich als besondere Treuepflicht aus einem bereits vorliegenden Bankvertrag bzw. unter Berücksichtigung von Treu und Glauben gem. § 242 BGB ergebe. Hierbei sollen als besondere Umstände z.B. anzusehen sein, wenn bei ausreichenden Sicherheiten ein sanierungsbedürftiger und -würdiger Kreditnehmer einen kurzfristigen Liquiditätsbedarf habe.[143] Demgegenüber hat der BGH bereits 1984 entscheiden, dass es einer Bank grds. überlassen bleibt, ob sie ein notleidendes Unternehmen, dem sie Kredit gegeben hat, fallen lassen will.[144]

d) Übertragbarkeit/Pfändung

105 Wegen der Personengebundenheit wird das Abrufrechts *aus* dem Krediteröffnungsvertrag als unselbstständiges, höchstpersönliches und damit nicht abtretbares Gestaltungsrecht angesehen, das auch nicht nach § 851 Abs. 1 ZPO pfändbar ist.[145] Zu berücksichtigen ist aber, dass nach dem erfolgten Abruf des Kontoinhabers der Anspruch *auf* Auszahlung des Kredits grds. abtretbar und damit auch pfändbar ist.[146] Daher ist die Pfändung einer »Kreditlinie« wirtschaftlich immer nur dann von Bedeutung, wenn der Kontoinhaber durch eine entsprechende Weisung an seine Bank einen Auszahlungsanspruch geltend macht. Die Bank darf in diesem Fall jedoch nicht an den angegebenen Zahlungsempfänger leisten, sondern muss wegen des gepfändeten Auszahlungsanspruchs an den Pfandgläubiger überweisen. Solange der Kontoinhaber keine Weisung zur (Teil) Valutierung seines Kredits erteilt, erfolgt keine Zahlung an den Pfandgläubiger.

e) Beendigung

106 Die Beendigung des Krediteröffnungsvertrages als Dauerschuldverhältnis ist gem. § 314 BGB ebenso durch Kündigung möglich wie bei einen Vertrag über Gelddarlehen. I.Ü. gelten die Kündigungsrechte aus Nr. 18 und 19 der AGB-Banken bzw. Nr. 26 AGB-Sparkassen.

f) Allgemeiner Bankvertrag

107 Der Krediteröffnungsvertrag ist nicht zu verwechseln mit einem »allgemeinen Bankvertrag«. Letzterer wird von Teilen der Literatur als übergeordneter, die gesamte Geschäftsverbindung regelnder Rahmenvertrag angesehen,[147] der vor oder zeitgleich mit dem Abschluss des ersten Bankgeschäftes zustande kommen soll.[148] Grundlage des allgemeinen Bankvertrages soll das Interesse des typischen Kunden sein, dass die Bank über das konkrete Geschäft hinaus seine Interessen wahrt und gleichsam ein Stück des Inhaltes der künftigen Verträge vorwegnimmt,[149] z.B. durch Beachtung des Bankgeheimnisses oder durch Vermeidung von Schäden bei der Verhandlung über zukünftige Einzelgeschäfte. Rechtlich wird der allgemeine Bankvertrag als Dienstvertrag eingeordnet, der auf eine ständige Geschäftsbesorgung gerichtet ist (§§ 675 Abs. 1, 611 BGB). Der Vertragsschluss soll zustande kommen, indem die Bank von vornherein zum Ausdruck bringt, sich den Erwartungen des Kunden nicht verschließen zu wollen.[150] Da er keine primären Hauptleistungspflichten entfaltet,

142 Schimansky/Bunte/Lwowski/*Pamp* Bankrechts-Handbuch § 76 Rn. 41.
143 Hopt, ZHR 143, 139; Canaris Bankvertragsrecht Rn. 1272.
144 BGH, WM 1984, 625; ebenso u.a. OLG Düsseldorf, WM 89, 1838; OLG Karlsruhe, WM 1991, 1332.
145 MüKo-BGB/*Berger* Vor § 488 Rn. 63; BGH, WM 2004, 517 (518).
146 BGH, NJW 2001, 1937 (1938).
147 Schimansky/Bunte/Lwowski/*Hopt/Roth* Bankrechts-Handbuch § 1 Rn. 19 ff. m.w.N.; Kümpel/*Peterek* Rn. 6.6 ff.
148 Schimansky/Bunte/Lwowski/*Hopt/Roth* Bankrechts-Handbuch § 1 Rn. 3.
149 *Larenz* Schuldrecht I § 7 I, S. 88.
150 Schimansky/Bunte/Lwowski/*Hopt/Roth* Bankrechts-Handbuch § 1 Rn. 22 f.

ist der allgemeine Bankvertrag als Rahmenvertrag zu qualifizieren, der durch die Inanspruchnahme einzelner Leistungen konkretisiert wird.

108 Demgegenüber hat der BGH in seiner Entscheidung vom 24.09.2002[151] grds. klargestellt, dass allein aus dem Bestehen einer längeren Geschäftsbeziehung zwischen einer Bank und ihrem Kunden im Zusammenhang mit einem Giro- oder Darlehensvertrag noch nicht das Bestehen eines eigenständigen Bankvertrages als übergeordneten, die gesamte Geschäftsbeziehung regelnden Bankrahmenvertrag folgt. Die Annahme eines allgemeinen Bankvertrages werde dem allgemeinen Vertragsbegriff nicht gerecht, da es an entsprechenden Willenserklärungen der Parteien und damit an einer eigenständigen, bindenden Rechtsfolge fehle. Nach Auffassung des BGH ist als Geschäftsbeziehung daher lediglich die tatsächliche Beziehung zwischen der Bank und ihrem Kunden anzusehen, die auf die Abwicklung einer Vielzahl von Geschäftsvorfällen gerichtet ist.[152]

109 Der Ansicht des BGH ist zuzustimmen. Allein das Bestehen einer bankmäßigen Geschäftsbeziehung begründet keine allgemeine Pflicht der Bank zur Durchführung von Bankgeschäften. Nebenpflichten der Bank wie z.B. Aufklärungs-, Auskunfts-, Beratungs- und sonstige Schutzpflichten werden über die Allgemeinen Geschäftsbeziehungen oder Einzelverträge mit dem Kunden begründet, mit der Folge des § 241 Abs. 1 BGB. Dies gilt i.R.d. § 311 Abs. 2 bzw. 305 Abs. 3 BGB auch für den vorvertraglichen Zeitraum. Die Theorie des »allgemeinen Bankvertrages« ist daher als überholt anzusehen.[153]

2. Darlehensvorvertrag

110 Die Konstruktion eines Vorvertrages bildet im Bereich des Darlehensrechts nur noch eine Ausnahme und ist in der Praxis von geringer Bedeutung. War der Darlehensvorvertrag noch unter der zwischenzeitlich überkommenen Realvertragstheorie erforderlich, um die rechtsgeschäftliche Einigung der Vertragsparteien schon vor Auszahlung der Darlehensvaluta zu begründen, ist dies bei der Konstruktion des Darlehensvertrages als Konsensualvertrag nicht mehr der Fall.

111 Ob der Darlehensvorvertrag schon verbindliche Kreditzusagen der Bank enthält, die noch nicht abgerufen werden können, weil sie noch an viele vom Kreditnehmer zu erfüllende Voraussetzungen geknüpft sind, oder möglicherweise erst eine bloße Absichtserklärung (Letter of Intent) vorliegt, ist im Einzelfall abhängig vom Rechtsbindungswillen der Parteien zu klären. Sind die Unsicherheiten für das Kreditinstitut noch zu groß, weil die Konkretisierung notwendiger Angaben erforderlich ist, z.B. weil wesentliche Vertragsbestandteile wie z.B. Laufzeit, Zins- und Tilgungsraten, Stellung von Sicherheiten etc. noch weiterer Absprachen bedürfen, wird man unter Berücksichtigung des § 154 Abs. 1 BGB davon ausgehen müssen, dass die Bank sich noch nicht verbindlich einigen will und daher noch kein bindender Vorvertrag vorliegt.[154] Die Annahme eines Vorvertrages ist daher nur gerechtfertigt, wenn besondere Umstände darauf schließen lassen, dass die Parteien sich ausnahmsweise schon binden wollen, bevor sie alle Vertragspunkte abschließend geregelt haben.[155]

112 Ein Darlehensvorvertrag kann allerdings vorliegen, wenn der Vorvertrag der Verpflichtung auf den Abschluss eines speziellen, von den Vertragspartnern individualisierten Hauptvertrag dient, der in seinen Umrissen zwar bestimmbar ist, dessen Einzelheiten aber noch nicht so feststehen, dass man sich schon auf den Hauptvertrag einigen könnte.[156] Dies kann dann der Fall sein, wenn die Parteien ausdrücklich den Abschluss des Hauptvertrages wollen, diesen aber einer späteren Einigung vorbehalten.[157] Allerdings kann auch ohne ausdrückliche Qualifizierung durch die Parteien ein Vor-

151 BGH, BKR 2002, 1089 (1090).
152 Kümpel/Peterek Rn. 6.9.
153 MüKo-BGB/*Berger* Vor § 488 Rn. 69; *Lang* BKR 2003, 227.
154 MüKo-BGB/*Berger* § 488 Rn. 16; OLG Jena, Urt. v. 06.06.2000 – 5 U 765/99, OLGR Jena 2001, 241.
155 BGH, NJW 1980, 1577 (1578).
156 OLG Düsseldorf, Urt. v. 10.01.2005 – 31 U 40/04.
157 BGH, WM 1997, 560 (561).

vertrag als »Platzhalter« für den Hauptvertrag vorliegen, wenn z.B. Absprachen über Konditionen noch der Anpassung an veränderte Verhältnisse bedürfen, wie dies bei volatilen Geldmarktbedingungen der Fall sein kann,[158] oder wenn der Darlehensvertrag spezielle rechtliche Konstruktionen im Devisenkontrollbereich erfordert.[159] In diesen Fällen fehlt es häufig am Abschluss eines Krediteröffnungsvertrages, weil die hieraus resultierende Verpflichtung der Bank zur Gewährung des Darlehens angesichts des damit verbundenen unkalkulierbaren wirtschaftlichen Risikos nicht gewollt ist.[160]

113 Infolge des Vorvertrages wird der Darlehensgeber verpflichtet, bei Erfüllung aller Voraussetzungen den Darlehenshauptvertrag abzuschließen. Dass in einem Darlehensvorvertrag i.d.R. nur der Darlehensgeber eine Verpflichtung übernimmt, während der Kunde noch nicht zur Abnahme verpflichtet ist, ist für die Bindung rechtlich ohne Bedeutung.[161]

114 Der Anspruch aus dem Darlehensvorvertrag ist weder abtretbar noch pfändbar, da der Anspruch auf Abschluss des Hauptvertrages höchstpersönlich ist, weil der Darlehenshauptvertrag auf die Bonität des Kreditnehmers gestützt ist.[162] Aufgrund seines rechtsgeschäftlichen Zwischenstadiums zwischen bloßer Vertragsverhandlung und dem Abschluss des Gelddarlehensvertrages wird der Darlehensvorvertrag daher nur in einigen wenigen speziell gelagerten Fällen zur Anwendung kommen.

3. Darlehensvertrag

115 Angesichts der Vielzahl von Kriterien unter denen Kredite und Darlehen voneinander abgegrenzt werden, treten die Gelddarlehensverträge i.S.v. § 488 BGB in der Praxis in den unterschiedlichsten Erscheinungsformen auf.

a) Rechtsnatur

116 Die Grundnorm des § 488 BGB regelt die vertragstypischen Pflichten bei einem Darlehensverhältnis. Durch den Darlehensvertrag wird der Darlehensgeber verpflichtet, dem Darlehensnehmer ein zeitlich begrenztes Kapitalnutzungsrecht durch Überlassung von Zahlungsmitteln einzuräumen, verbunden mit der Pflicht des Darlehensnehmers zur Rückerstattung zum vereinbarten Termin, spätestens nach Ablauf der Vertragsdauer. Im Gegensatz zu den Regelungen vor Einführung des SMG und entsprechend der Praxis geht das Gesetz davon aus, dass das Darlehen im Zweifel entgeltlich gewährt wird, weshalb der Darlehensnehmer von Gesetzes wegen verpflichtet ist, den geschuldeten Zins zu zahlen und bei Fälligkeit das zur Verfügung gestellte Darlehen zurück zu erstatten. Der Wortlaut des § 488 Abs. 1 Satz 1 BGB stellt klar, dass der Darlehensvertrag durch den Austausch zweier aufeinander bezogener Willenserklärungen begründet wird. Der Vertragsschluss ist nicht mehr an die reale Überlassung des Geldes geknüpft. Der früher in der Theorie herrschende Streit, ob der Darlehensvertrag ein Real- oder ein Konsensualvertrag ist, ist damit vom Gesetzgeber zugunsten der Konsensualvertragstheorie[163] entschieden worden und entspricht somit auch der seit Langem in der Praxis herrschenden Auffassung.[164]

b) Zustandekommen

117 Wie jeder zweiseitig verpflichtende Vertrag kommt auch der Darlehensvertrag durch Angebot und Annahme zustande. Ein Schriftformerfordernis besteht nicht, ist aber aus Beweisgründen zwingend anzuraten. Lediglich bei Verträgen zwischen einem Unternehmer und einem Verbraucher (§ 492

158 BGH, NJW 1975, 443 (444).
159 BGH, WM 1997, 560 (562).
160 MüKo-BGB/*Berger* § 488 Rn. 17.
161 BGH, WM 1997, 560 (561).
162 Schimansky/Bunte/Lwowski/*Pamp* Bankrechts-Handbuch § 76 Rn. 8.
163 BT-Drucks. 14/6040, S. 252.
164 Schimansky/Bunte/Lwowski/*Pamp* Bankrechts-Handbuch § 76 Rn. 5.

BGB) bzw. einem Existenzgründer (§ 512 BGB) ist zu beachten, dass bei diesen sog. »Verbraucherdarlehen« zwingend die Schriftform einzuhalten ist (§ 492 BGB).

Die Willenserklärungen von Darlehnsgeber und Darlehnsnehmer müssen übereinstimmend die typbildenden Pflichten der Vertragspartner enthalten. Hierbei handelt es sich einerseits um die Überlassung des Geldbetrages durch den Darlehensgeber und andererseits um die Rückerstattungspflicht des Darlehensnehmers. Nach dem Wortlaut des Gesetzes ist es nicht erforderlich, dass ein summenmäßig feststehender Betrag vereinbart wird, sofern die Höhe des Darlehens bestimmbar ist. Hierbei ist aber zu beachten, dass eine Bank keinen unbeschränkten Kredit vergeben will (und aufsichtsrechtlich auch nicht kann, da das zur Unterlegung des Kredites geforderte Eigenkapital auch nicht unbegrenzt zur Verfügung steht). Daher muss man wohl zumindest aufseiten der Bank von einem fehlenden Bindungswillen ausgehen, sofern keine Regelung über den Umfang des Kredites getroffen worden ist. Weitere Umstände wie die Zahlung von Zinsen durch den Darlehensnehmer bzw. die Einzelheiten der Zahlungspflicht wie Höhe und Fälligkeit sind keine zwingenden Bestandteile des Darlehensvertrages, sondern unterliegen der privatautonomen Gestaltungsfreiheit der Vertragsparteien. 118

In der Praxis zeigt sich häufig, dass der Kunde (vor)schnell glaubt, er habe eine mündliche Kreditzusage erhalten, während die Bank meint, noch keine Kreditentscheidung getroffen zu haben. Bei der Beurteilung der Frage, ob bei einer Partei ein Rechtsbindungswille vorhanden ist, kommt es darauf an, ob die andere Partei unter den gegebenen Umständen nach Treu und Glauben mit Rücksicht auf die Verkehrssitte auf einen solchen Willen schließen musste. Dies ist anhand objektiver Kriterien aufgrund der Erklärungen und des Verhaltens der Parteien zu ermitteln, wobei vor allem die wirtschaftliche sowie die rechtliche Bedeutung der Angelegenheit, insbesondere für den Begünstigten, und die Interessenlage der Parteien heranzuziehen sind.[165] Die Frage, wer das Angebot zum Abschluss eines Darlehens abgibt, ob Bank oder Kreditnehmer, lässt sich nicht einheitlich beantworten, sondern ist von der Beurteilung des Einzelfalls abhängig. 119

Beim Streit über die Höhe der Darlehensvaluta hat der Darlehensgeber (nur) die Entstehung des Rückzahlungsanspruchs zu beweisen, nicht aber die Fortdauer des Darlehensrückzahlungsanspruchs. Der Darlehensgeber muss beweisen, ob und in welchem Umfang er den Anspruch erfüllt hat.[166] Ob die Beweislast für die Verzinslichkeit des Darlehens beim Darlehensgeber liegen soll, ist umstritten.[167] 120

c) Form

Sieht eine Urkunde über ein Darlehen unter dem vorgedruckten Text zwei getrennte Unterschriftsspalten vor, wie dies in der Regel der Fall ist, und unterschreibt der Kunde, der Vertreter der Bank jedoch nicht, so spricht die Vermutung für die Vereinbarung einer schriftlichen Form zum Abschluss des Darlehensvertrages.[168] Haben die Parteien die schriftliche Form des Abschlusses vereinbart, so ist der Vertrag im Zweifel so lange nicht zustande gekommen, als auch die Bank eine rechtswirksame Unterschrift nicht geleistet hat.[169] Soll die schriftliche Abfassung nur Beweiszwecken dienen, so kommt § 154 Abs. 2 BGB nicht zur Anwendung. Bei bedeutsamen Bankgeschäften dient die Schriftform in der Regel aber nicht nur zu Beweiszwecken, sondern der eindeutigen Festlegung der Konditionen. Solange die Bank in diesen Fällen nicht nachweisen kann, dass der für sie handelnde Vertreter die Vollmacht gehabt hat, das vorgesehene Geschäft verbindlich abschließen 121

165 BGH WM 2009, 369 Rn. 7.

166 BGH WM 2007, 636 (638).

167 Zustimmend OLG Oldenburg – Urt. v. 07.09.2013, Az. 13 U 136/12 (juris-Rn. 34 m.w.N.); a.A. Palandt/*Weidenkaff* § 488 Rn. 28.

168 OLG Koblenz WM 1994, 1797 (1798).

169 Palandt/*Ellenberger* § 154 Rn. 4; OLG Koblenz WM 1994, 1797 (1798).

zu können, scheitert es im Zweifel an einem wirksamen Vertrag.[170] Ist die Schriftform von Gesetzes wegen vorgeschrieben, so sind die Regelungen des § 126 Abs. 2 BGB zu beachten. Hiernach ist es bei Erstellung mehrerer gleichlautender Vertragsurkunden ausreichend, wenn jede Partei die für die andere Partei bestimmte Urkunde unterzeichnet. Dies gilt auch, wenn es sich statt eines Darlehensvertrages um die Übernahme einer Mithaft handelt.[171]

122 Beim Streit über die Höhe der Darlehensvaluta hat der Darlehensgeber (nur) die Entstehung des Rückzahlungsanspruchs zu beweisen, nicht aber die Fortdauer des Darlehensrückzahlungsanspruchs. Der Darlehensgeber muss beweisen, ob und in welchem Umfang er den Anspruch erfüllt hat.[172]

d) Bindungsfrist

123 In der Praxis wird im Bereich des Standardgeschäftes das Angebot häufig durch den Kreditnehmer abgegeben, indem dieser den Darlehensantrag – ggf. sogar im Weg des Online-Bankings – bei der Bank stellt.

124 Die Annahme des Darlehensantrages des Kreditnehmers durch das Kreditinstitut darf nicht verspätet erfolgen. Da es sich in der Regel bei den von den Vertragspartnern verwendeten Vertragsunterlagen um von der Bank gestellte Allgemeine Geschäftsbedingungen handelt, ist die Regelung des § 308 Nr. 1 BGB zu beachten. Hiernach ist eine Bestimmung unwirksam, die den Kunden unangemessen lange an sein Angebot bindet. Ausgangspunkt für die Prüfung der Unangemessenheit ist § 147 Abs. 2 BGB.[173] Hiernach kann der einem Abwesenden ggü. gemachte Antrag nur bis zu dem Zeitpunkt angenommen werden, in welchem der Antragsteller den Eingang der Antwort unter regelmäßigen Umständen erwarten darf. Dies gilt selbst dann, wenn eine lange Bindungsfrist vereinbart worden ist, innerhalb der der Annehmende das Angebot annehmen kann, wenn der Antragende sein Angebot jederzeit widerrufen kann.[174]

125 Um eine Entscheidung über den Kreditantrag treffen zu können, muss die Bank Bewertungen durchführen, Kalkulationen anstellen und die ökonomische Seite der Finanzierung prüfen. Bei der Finanzierung von Verbrauchsgütern des täglichen Lebens geschieht dies meistens nach einem standardisierten Verfahren; eine Annahme oder Ablehnung des Angebotes erfolgt i.d.R. zügig. Lediglich bei Immobilienfinanzierungen ist ein größerer zeitlicher Aufwand bis zur Entscheidung erforderlich.

126 Sofern die Bank versucht, die **Bearbeitungsfrist** in Form einer AGB-Klausel zu regeln, scheinen folgende Bearbeitungsfristen anerkannt zu sein:

- Hypothekenbank – 6 Wochen zu lang[175]; 4 Wochen (und ggfs. weitere 2 Wochen nach Einreichung der letzten Unterlagen) anerkannt[176]
- Verbraucherkreditverträge – 1 Monat wird anerkannt.[177]

127 Ob die vorstehenden Bearbeitungszeiten im Hinblick auf die zwischenzeitlich meist technikunterstützte Bearbeitung des Standardgeschäftes noch zeitgemäß ist, mag dahingestellt sein, da in der Praxis die Kreditinstitute schon aus Gründen des Wettbewerbs eine schnelle Kreditentscheidung herbeiführen. Ist eine AGB-Klausel infolge unangemessen langer Frist – in der der Kunde an seinen

170 Schimansky/Bunte/Lwowski/*Pamp* Bankrechts-Handbuch § 76 Rn. 23 f.; OLG Koblenz WM 1994, 1797.
171 BGH WM 2011, 2356 (2357).
172 BGH WM 2007, 636 (638).
173 BGH WM 2013, 2315 Rn. 11.
174 BGH NJW 2013, 3434 Rn. 24.
175 BGH, WM 1986, 577 (579).
176 BGH WM 1988, 607 (611).
177 OLG München ZIP 2005, 160 (161).

Antrag gebunden ist – unwirksam, so gilt die gesetzliche Bestimmung des § 147 Abs. 2 BGB, d.h. es kommt zu einer richterlichen Entscheidung.[178]

Auch bei verspäteter Annahme durch die Bank kann der Darlehensvertrag zustande kommen, da gem. § 150 Abs. 1 BGB die verspätete Annahme als neuer Antrag zu werten ist. Hierbei kann das Schweigen des Kunden auf den Antrag der Bank nach Treu und Glauben als konkludente Annahme gewertet werden, sofern nicht Umstände vorliegen, die eine andere Beurteilung nahelegen.[179] 128

Der Ablauf bei individuell erstellten Finanzierungen gestaltet sich häufig komplizierter. Hier sind z.B. im Bereich der Immobilienfinanzierung oder der Finanzierung gewerblicher Kunden i.d.R. umfangreiche Bewertungs- und Analysetätigkeit zur Beurteilung der ökonomischen Seite der Finanzierung erforderlich. Kommt die Bank zu einem positiven Ergebnis und will die Finanzierung übernehmen, so macht sie diese häufig von Auflagen abhängig, die von dem Kreditnehmer (meist) vor Abschluss des Darlehensvertrages und Valutierung des Darlehens zu erfüllen sind. I.d.R. teilt die Bank ihre Bereitschaft zur Übernahme der Finanzierung dem Kunden in einem sog. **Zusageschreiben** mit, das neben der Auflistung der zu erfüllenden Bedingungen meist mit einem Konditionsangebot verbunden ist. Ob mit diesem Zusageschreiben nach Gegenzeichnung durch den Kunden oder stillschweigend bereits ein Krediteröffnungsvertrag zustande gekommen ist, ist abhängig vom Bindungswillen der Bank. Die Erstellung und Unterzeichnung der eigentlichen Darlehensverträge erfolgt in diesen Fällen zu einem späteren Zeitpunkt, meist wenn feststeht, dass die Bedingungen durch den Kreditnehmer erfüllt werden, z.B. der Eigenkapitalnachweis bei der »Immobilienfinanzierung« oder »Abnahmeverträge« bei der Investitionsfinanzierung einer Maschine. 129

Das Angebot der Bank auf Abschluss der Darlehensvertrages wird, sofern es von dem anwesenden Kunden nicht unverzüglich angenommen wird, i.d.R. mit einer Frist versehen, bis zu welchem Zeitpunkt die Bank sich an die Zusage hält. Hierdurch wird u.a. das Risiko von wesentlichen Veränderungen in den Zinskonditionen und den hiermit verbunden Refinanzierungsmöglichkeiten eingeschränkt. Selbst wenn eine zeitliche Befristung des Angebotes unterbleiben sollte, wird man davon ausgehen können, dass aufgrund der allgemeinen Übung zumindest bei geschäftserfahrenen Kunden eine Befristung stillschweigend als vereinbart gilt, da ein Kreditinstitut sein Angebot nicht über Jahre aufrechterhalten will.[180] 130

e) Wirksamkeit des Vertrages

aa) Sittenwidrigkeit

Ein Darlehensvertrag kann nach § 138 BGB sittenwidrig sein. I.d.R. handelt es sich hierbei um Sachverhalte betreffend die Themenkreise Ausbeutung und Zinswucher, Knebelung und Übersicherung insb. bei Darlehensgewährung in der Krise, Gläubigerbenachteiligung und Darlehen für verbotene Zwecke. 131

Die finanzielle Überforderung des Darlehensnehmers allein führt nicht zur Sittenwidrigkeit des Vertrages, selbst wenn für den Darlehensnehmer im Zeitpunkt des Vertragsabschlusses objektiv keine Aussicht besteht, seine Verpflichtung zur Zinszahlung und Rückzahlung des Darlehens erfüllen zu können. Wer aus eigenem Entschluss zur Finanzierung eigener Bedürfnisse oder Vorhaben zu marktgerechten Bedingungen einen Bankkredit aufnimmt, handelt daher selbst dann, wenn die Zahlungsverpflichtung seine Leistungsfähigkeit übersteigt, im Rahmen seiner Vertragsfreiheit und kann keine Entlastung wegen Sittenwidrigkeit verlangen, sondern haftet im vollen Umfang der 132

178 Schimansky/Bunte/Lwowski/*Pamp* Bankrechts-Handbuch § 76 Rn. 20.
179 BGH, WM 1986, 577 (579).
180 OLG Frankfurt am Main, Urt. v. 24.03.2004 – 13 U 203/02, BauR 2004, 120.

Vereinbarung.[181] Im Ausnahmefall kann bei geschäftlich völlig unerfahrenen Kreditnehmern etwas anderes gelten, z.B. wenn diese gerade volljährig geworden sind.[182]

133 Die Rechtsprechung zur sittenwidrigen Angehörigenbürgschaft wegen krasser finanzieller Überforderung ist auf die Fälle einer vertraglichen Mitverpflichtung übertragbar, wenn der Mitverpflichtete kein eigenes Interesse an der Kreditaufnahme hat. Die vier Pfeiler, auf der die Rechtsprechung zur Sittenwidrigkeit basiert, sind:

- Die Übernahme der Mithaft erfolgt nicht primär eigennützig, sondern nur, um einem anderen die Kreditaufnahme zu ermöglichen.[183]
- Der Mithaftende bürdet sich mit dem Vertrag eine deutliche finanzielle Überforderung auf.[184]
- Beim Vertragsschluss liegt eine enge emotionale Bindung des Mithaftenden zum Darlehensnehmer vor.[185] Bei Eheleuten soll dies nicht der Fall sein, wenn diese sich z.B. im Zeitpunkt der Mithaftungserklärung bereits getrennt haben und die Mitverpflichtung dazu diente, die für die Trennung erforderlichen Mittel zu beschaffen.[186]
- Die Kenntnis des Darlehensgebers von den vorgenannten Umständen ist erforderlich, wobei es genügt, dass die Umstände hätten erkannt werden müssen.[187]

134 Der von Teilen der Literatur geäußerten Ansicht, wegen der im Insolvenzverfahren bestehenden Möglichkeit der **Restschuldbefreiung** gem. den §§ 286 ff. InsO könne die Sittenwidrigkeit wegen der krassen finanziellen Überforderung des Mitverpflichteten entfallen,[188] hat der BGH mit seiner Entscheidung vom 16.06.2009[189] eine Absage erteilt. Hiernach stehen die §§ 286 ff. InsO in keinem Konkurrenzverhältnis zu § 138 Abs. 1 BGB. Dies folge bereits daraus, dass die §§ 286 ff. InsO rein begrifflich das Bestehen einer wirksam begründeten Schuld voraussetzen. Ferner gebe es auch keinen konkreten Anhaltspunkt, dass der Gesetzgeber mit der Rechtsfigur der Restschuldbefreiung den persönlichen Anwendungsbereich des § 138 Abs. 1 BGB habe einschränken wollen.[190]

135 Hat der Kreditnehmer **zusätzliche Sicherheiten** bestellt, so entfällt hierdurch nicht ohne weiteres der Vorwurf der Sittenwidrigkeit der Mitverpflichtung. Den Mithaftenden darf mit Rücksicht auf die weitere Sicherheit allenfalls eine »Ausfallhaftung« treffen, die seine finanzielle Leistungsfähigkeit nicht übersteigt und damit von § 138 Abs. 1 BGB nicht erfasst wird. Hierzu muss gewährleistet sein, dass der Kreditgeber den Mitverpflichteten erst nach einer ordnungsgemäßen Verwertung der anderen Sicherheiten in Anspruch nimmt.[191] Es sind daher zwei kumulativ notwendige Voraussetzungen erforderlich:

- Die reale Reduzierung des Haftungsrisikos durch die zusätzliche Sicherheit unter die Schwelle der finanziellen Überforderung und
- die Notwendigkeit, dass dies rechtlich gesichert geschieht.

136 Nur wenn nach der Verwertung aller Sicherheiten mit großer Wahrscheinlichkeit und rechtlicher Eindeutigkeit davon auszugehen ist, dass der Mithaftende durch die verbleibende »Ausfallhaftung«

---

181 BGH, NJW 1991, 1881; BGH, NJW 1993, 322 (323).

182 Schimansky/Bunte/Lwowski/*Pamp* Bankrechts-Handbuch § 76 Rn. 82; BGH, NJW 1966, 1451; BGH, NJW 1982, 1457 (1458); BGH, WM 1989, 595 (597); OLG Celle, Beschl. v. 28.10.2005 – 3 U 137/05, OLGR Celle 2006, 14.

183 BGH, WM 2005, 421 (422).

184 BGH, WM 2001, 402 (404).

185 Z.B. BGH, WM 1991, 313 – Ehegatten; BGH, WM 1997, 465 – nichteheliche Lebenspartner; BGH, WM 1998, 239 – Kinder, Geschwister.

186 OLG Celle, WM 2011, 1508 (1510).

187 BGH, NJW 1994, 1278 (1280).

188 Z.B. Uhlenbruck/*Vallendar* § 301 InsO Rn. 18.; Staudinger/*Sack* § 138 Rn. 328.

189 BGH, WM 2009, 1460 ff.

190 BGH, WM 2009, 1460 (1463).

191 BGH, WM 2002, 1649 (1651); BGH, Urteil vom 15.11.2016-XI ZR 32/16 in WM 2017, 93.

nicht finanziell überfordert werden wird, kann ausnahmsweise der Vorwurf der Sittenwidrigkeit unter dem Aspekt der finanziellen Überforderung entfallen.[192]

Die finanzielle Überforderung eines mithaftenden Dritten wie z.B. bei einem Bürgen oder Mithaftenden, die bei einem strukturellen Ungleichgewicht vorliegen kann, führt zur Nichtigkeit der Haftungsübernahme des Dritten, aber i.d.R. nicht zur Unwirksamkeit des Darlehensvertrages. 137

bb) Scheingeschäft

Ein nichtiges Scheingeschäft gem. § 117 BGB liegt vor, wenn die im Darlehensvertrag als Darlehensnehmer bezeichnete Person nach dem übereinstimmenden Willen der Vertragsparteien tatsächlich nicht haften soll. Ob die Vertragsschließenden einen solchen Willen hatten, ist eine Frage, die der Tatrichter unter Berücksichtigung aller relevanten Umstände des Falls zu entscheiden hat.[193] Damit grenzt sich das Scheingeschäft vom sog. »Strohmanngeschäft« ab, das i.d.R. ernsthaft gewollt und gültig ist, selbst wenn der andere Teil von der Strohmanneigenschaft weiß.[194]. 138

Für die Beurteilung der Frage, ob die als Darlehensnehmer bezeichnete Person zur Rückzahlung des Darlehens verpflichtet ist und dafür einzustehen hat oder ob ein Scheingeschäft vorliegt, kommt es daher in erster Linie auf die vor oder bei Abschluss des Vertrags abgegebenen Erklärungen an. Argumente für ein Scheingeschäft können sein, dass der Darlehensnehmer lediglich pro forma auftreten sollte, ihn kein Risiko treffen sollte oder eine wie auch immer geartete Inanspruchnahme aus dem Darlehen nicht erfolgen sollte.[195] 139

Die Beweislast für den Einwand eines Scheingeschäftes trägt dabei der Darlehensnehmer.[196] 140

f) Bestimmung der Vertragsparteien

Auf beiden Seiten des Vertrages können mehrere Personen beteiligt sein; aufseiten der Darlehensgeber z.B. bei Konsortialkrediten mehrere Banken, aufseiten der Darlehensnehmer z.B. Eheleute. 141

Alle für den Vertragsschluss notwendigen Willenserklärungen müssen von jedem Darlehensgeber abgegeben werden bzw. jedem Darlehensnehmer zugehen. Die Darlehensnehmer haften als Gesamtschuldner gem. §§ 421, 427 BGB. Ob es sich bei dem neben dem Darlehensnehmer auftretenden weiteren Dritten um einen echten Mitdarlehensnehmer im Sinn einer paritätischen Mitverpflichtung handelt oder dieser lediglich eine bloße Mithaft zur Absicherung des aufgenommenen Darlehens übernommen hat, ist der rechtlichen Würdigung des Einzelfalls vorbehalten und nicht abhängig von der Bezeichnung der Personen im Darlehensvertrag.[197] Dem Wortlaut »Darlehensnehmer« ist angesichts der Stärke der Verhandlungsposition der kreditgewährenden Bank und der allgemein üblichen Verwendung von Vertragsformularen grds. weniger Bedeutung beizumessen als sonst.[198] 142

Mitdarlehensnehmer im Sinn einer paritätischen Vertragspartnerschaft ist, wer ein eigenes sachliches und/oder persönliches Interesse an der Kreditaufnahme hat und im Wesentlichen als gleichberechtigter Partner über die Auszahlung und Verwendung des Darlehens mitentscheiden darf.[199] Demgegenüber ist als mithaftende Partei jede Person anzusehen, die sich einseitig verpflichtend zur Absicherung für den Kredit, der von einem anderen aufgenommen und verwendet wird, von vornherein oder später im Weg des Schuldbeitritts die Zahlung der Zinsen und die Rückzahlung 143

192 BGH, WM 2009, 1460 (1462); *Krüger*, NJW 2009, 3408 (3410).
193 BGH NJW-RR 1997, 238.
194 Palandt/*Ellenberger* § 117 Rn. 6.
195 BGH NJW 1996, 663 (664).
196 BGH NJW-RR 1997, 238.
197 MüKo-BGB/*Berger* § 488 Rn. 13; BGH, WM 2005, 418 (419).
198 BGW, WM 2005, 418 (419); OLG Düsseldorf, OLGR 2007, 498 (500).
199 BGH, WM 2009, 655 (656).

des Darlehens übernimmt, ohne Bürge zu sein.[200] Die Übernahme der Mithaft erfolgt daher nicht primär eigennützig, sondern nur, um einem anderen die Kreditaufnahme zu ermöglichen.

144 Die Beweislast, dass es sich beim Abschluss eines Darlehensvertrags um eine echte Mitdarlehensnehmerschaft handelt, trägt das Kreditinstitut. Spricht hierfür der Wortlaut des vorformulierten Darlehensvertrags, hat der Schuldner nach den Regeln über die sekundäre Darlegungslast darzutun, dass er nicht das für eine Mitdarlehensnehmerschaft notwendige Eigeninteresse an der Kreditaufnahme besaß.[201]

145 Die Unterscheidung ist von Bedeutung bei der Beurteilung der finanziellen Überforderung eines Vertragspartners und deren Folgen, wobei die Begriffe »Mitdarlehensnehmer« und »Mithaftender« nur als Kurzformen für Abgrenzungskriterien bei der Beurteilung von Mithaftungserklärungen unter dem Gesichtspunkt des § 138 Abs. 1 BGB sein bzw. nur als beschreibendes Element einer Gesamtwürdigung dienen sollen.[202]

g) Abtretung von Forderungen

aa) Abtretung der Darlehensauszahlungsansprüche durch den Darlehensnehmer

146 Ob der Anspruch auf Auszahlung des Darlehens abtretbar ist, ist strittig.[203] In vielen Fällen erfolgt die Darlehensgewährung mit einer Zweckbindung, die in den Verhältnissen des Auszahlungsgläubigers, also des Darlehensnehmers begründet ist, z.B. bei einer Immobilienfinanzierung, Anschaffung einer für die Produktion erforderlichen Maschine oder Finanzierung einer Existenzgründung.

147 Der Austausch des Gläubigers kann sich daher auf den Leistungsinhalt auswirken. Die wohl herrschende Meinung geht daher zu Recht davon aus, dass die der vertraglich vereinbarten Zweckbestimmung widersprechende Verwendung der Darlehensvaluta eine Veränderung des Leistungsinhaltes bedeuten würde.[204]

In diesem Fall ist der Auszahlungsanspruch gem. § 399 BGB nicht abtretbar.

148 Abtretbar ist der Auszahlungsanspruch daher nur dann, wenn der Zessionar zu dem Personenkreis gehört, der den mit dem Darlehen beabsichtigten Zweck fördert oder fördern kann[205] oder wenn das Darlehen ohne weitere Zweckbindung zur Verfügung gestellt wird.

149 Zu beachten ist, dass die Abtretung des Auszahlungsanspruchs des Darlehensnehmers an einen Dritten nicht automatisch mit einem Wechsel der Vertragspartei einhergeht. Verpflichtet zur Rückzahlung bleibt nach wie vor der Darlehnsnehmer, sofern nicht von allen Beteiligten eine befreiende Schuldübernahme gem. §§ 414 ff. BGB gewollt ist.

bb) Abtretung der Darlehensrückzahlungsansprüche durch den Darlehensgeber

150 Anders verhält es sich mit der Abtretung des Darlehensrückzahlungsanspruchs durch das Kreditinstitut. Für diese Fälle hat der BGH die Abtretung der Darlehensforderung durch das Kreditinstitut ausdrücklich für zulässig erklärt.

151 Nach dem Wortlaut des § 398 BGB ist die Abtretbarkeit der Forderung der Regelfall und deren Ausschluss die Ausnahme ist. Der Ausschluss muss – wie auch der eindeutige Wortlaut des § 399, 2. Alt. BGB besagt – von den Parteien erklärt werden. Bei fehlender Erklärung kann der Ausschluss nicht lediglich unterstellt werden, da dies den berechtigten Interessen der Bank widerspricht. Diese

200 *Nobbe/Kirchhof* BKR 2001, 6; *Fischer* WM 2001, 1049 (1059).
201 BGH, WM 2009, 655 (656).
202 *Maier* WM 2009, 1971 (1972).
203 MüKo BGB/*Berger* § 488 Rn. 10.
204 OLG Köln NJW-RR 1993, 1030 (1031); Saarländisches OLG WM 2006, 2212 (2214).
205 Staudinger/*Mülbert* § 488 Rn. 452; MüKo BGB/*Berger* § 488 Rn. 10.

ist an einer freien Abtretbarkeit der Kreditforderungen zum Zwecke der Refinanzierung oder der Risiko- und Eigenkapitalentlastung interessiert.[206] Dies gilt auch bei Abtretung von Forderungen der Bank an eine Nichtbank. Ein Verstoß der Nichtbank wegen des Fehlens einer erforderlichen Erlaubnis gem. § 32 Abs. 1 Satz 1 KWG als ordnungspolizeiliche Vorschrift, lässt die zivilrechtliche Wirksamkeit der abgetretenen Darlehensverträge unberührt.[207]

Das Bankgeheimnis und/oder das Datenschutzgesetz (§ 4 Abs. 1 BDSG) stehen der Abtretung nicht entgegen.[208] **152**

Die Verpflichtung zur **Wahrung des Bankgeheimnisses** ist eine besondere Ausprägung der allgemeinen Pflicht der Bank, die Vermögensinteressen des Vertragspartners zu schützen und nicht zu beeinträchtigen. Aus dieser Verschwiegenheitspflicht, die rein schuldrechtlichen Charakter hat, folgt kein dinglich wirkendes Abtretungsverbot.[209]

Allerdings kann es auf schuldrechtlicher Ebene zu einer Kollision der Pflichten der zedierenden Bank zur Auskunftserteilung gegenüber dem neuen Gläubiger nach § 402 BGB und der bestehenden Verpflichtung der Bank zur Wahrung des Bankgeheimnisses gegenüber dem Darlehensnehmer kommen. Da das Bankgeheimnis vorgeht, bedarf die Informationsweitergabe an den neuen Gläubiger einer ausdrücklichen Ermächtigung durch den Darlehensnehmer.[210] **153**

Eine Ermächtigung zur Abtretung ist allerdings dann entbehrlich und der Einwand der Verletzung des Bankgeheimnisses rechtsmissbräuchlich, wenn der Darlehensnehmer selbst durch sein vertragswidriges Verhalten den Anlass zur Offenlegung des Kreditverhältnisses durch die Bank gegeben hat. Daher bedarf es bei leistungsgestörten Kreditbeziehungen keiner Zustimmung durch den Darlehensnehmer.[211] **154**

Unbenommen bleibt es den Vertragspartnern, die Abtretung des Rückerstattungsanspruchs des Darlehensgebers ausdrücklich auszuschließen; hierzu bedarf es einer ausdrücklichen oder stillschweigenden Vereinbarung der Parteien (§§ 311, 399, 2. Alt. BGB). **155**

Aufgrund der öffentlich-rechtlichen Verfassung von **Sparkassen als Anstalten des öffentlichen Rechts** ist im Rahmen der Abtretung die Frage aufgeworfen worden, ob Sparkassenvorstände als »Amtsträger« gem. § 11 Abs. 1 Nr. 2b) StGB bzw. Mitarbeiter »als für den öffentlichen Dienst besonders Verpflichtete« gem. § 11 Abs. 1 Nr. 4a) StGB sich wegen der Verletzung von Privatgeheimnissen gem. § 203 Abs. 2 StGB strafbar machen. Wie der Bundesgerichtshof in seiner Entscheidung vom 27.10.2009 festgestellt hat, wird durch die Abtretung einer Darlehensforderung kein fremdes Geheimnis i.S. des § 203 Abs. 2 StGB berührt. Die Abtretung von Darlehensforderungen durch eine als Anstalt des öffentlichen Rechts organisierte Sparkasse oder eine Landesbank verstößt daher nicht gegen diese Norm.[212] **156**

Der zunehmende Verkauf sowohl von notleidenden als auch von ordnungsgemäß bedingten Darlehensforderungen, insbesondere aus Immobiliardarlehensverträgen mit dinglicher Sicherheit und Unterwerfung unter die sofortige Zwangsvollstreckung durch Kreditinstitute an Personen ohne Banklizenz hat den Gesetzgeber zu weiteren Schutzmaßnahmen bewogen. **157**

Mit Inkrafttreten des **Risikobegrenzungsgesetzes** zum 19.08.2008 wurde in § 492 Abs. 1a) Satz 3 BGB a.F. (ab dem 11.06.2010 Art. 247 § 9 Abs. 1 Satz 2 EGBGB) für Immobiliarverträge mit Verbrauchern die Regelung eingeführt, dass die vom Darlehensnehmer zu unterzeichnende Vertragserklärung auch einen deutlich gestalteten Hinweis darauf enthalten muss, dass der Darlehensgeber **158**

206 BGH NJW 2007, 2106 Rn. 14 ff.
207 BGH WM 2011, 1186 Rn. 20 ff.; OLG Frankfurt am Main BKR 2011, 330 (331).
208 BGH NJW 2007, 2106 Rn. 14 ff.
209 BGH NJW 2007, 2106 Rn. 18.
210 Nobbe WM 2005, 1537 (1547).
211 Nobbe WM 2005, 1537 (1547).
212 BGH NJW 2010, 361 Rn. 16 ff.

Forderungen aus dem Darlehensvertrag ohne Zustimmung des Darlehensnehmers abtreten und das Vertragsverhältnis auf einen Dritten übertragen darf, soweit nicht die Abtretung im Vertrag ausgeschlossen ist oder der Darlehensnehmer der Übertragung zustimmen muss.

159 Die Hinweispflicht ist somit nicht erforderlich, sofern in Immobiliardarlehensverträgen die Abtretung von Ansprüchen ausdrücklich abbedungen worden ist. Sofern allerdings die Abtretung im bestimmten Umfang oder auch nur in Einzelfällen möglich ist, ist der Hinweis unverzichtbar.

160 Ferner ist die Regelung des § 496 Abs. 2 BGB zu beachten. Wird hiernach eine Forderung des Darlehensgebers aus einem Darlehensvertrag an einen Dritten abgetreten oder findet in der Person des Darlehensgebers ein Wechsel statt, ist der Darlehensnehmer unverzüglich darüber sowie über die Kontaktdaten des neuen Gläubigers gem. Artikel 246 § 1 Abs. 1 Nr. 1 bis 3 und 4 des EGBGB) zu unterrichten. Die **Unterrichtung** ist bei Abtretungen entbehrlich, wenn der bisherige Darlehensgeber mit dem neuen Gläubiger vereinbart hat, dass im Verhältnis zum Darlehensnehmer weiterhin allein der bisherige Darlehensgeber auftritt. Fallen die Voraussetzungen des Satzes 2 fort, ist die Unterrichtung unverzüglich nachzuholen.

161 Die Informationspflicht greift in allen Fällen, in denen es zu einem Wechsel in der Person des Darlehensgebers kommt, unabhängig davon, ob es sich um eine rechtsgeschäftliche Übertragung oder eine gesetzliche Rechtsnachfolger handelt.[213] Zur Unterrichtung verpflichtet ist stets der bisherige Gläubiger. Unterlässt dieser pflichtwidrig die Unterrichtung, kann dies einen Schadensersatzanspruch des Darlehensnehmers nach § 280 Abs. 1 BGB begründen.

h) Vereinbarungsdarlehen

162 Bei einem **Vereinbarungsdarlehen** handelt es sich um eine Regelung zwischen zwei Parteien, dass ein Geldbetrag, den eine Partei der anderen Partei bisher aus einem anderen Grund schuldet, zukünftig als Darlehen geschuldet werden soll. Die Zulässigkeit dieser Regelung folgt aus der privatautonomen Gestaltungsfreiheit nach § 311 Abs. 1 BGB. Auf die Einigung der Parteien finden die allgemeinen Grundsätze Anwendung.[214]

163 Grds. kann jede Geldschuld, die besteht, durchsetzbar ist und nicht bereits als Darlehensverbindlichkeit geschuldet wird, durch Vereinbarung in eine Darlehensschuld umgewandelt werden. Dies gilt auch für zukünftig entstehende Verbindlichkeiten.[215]

164 Welche rechtliche Bedeutung die Vereinbarung hat, ist im Einzelfall zu ermitteln. Grds. kommen drei Konstruktionen in Betracht:

- Eine inhaltliche Abänderung einer bereits bestehenden Vereinbarung, dass die Schuld ab einem bestimmten Zeitpunkt dem Darlehensrecht unterliegt. Hierdurch wird das alte Schuldverhältnis nicht ersetzt, sondern gilt weiter fort (**Schuldumwandlung/Schuldabänderung**); dies gilt auch für bestellte Sicherheiten.[216]
- Möglich ist, dass die Parteien die Vereinbarung mit einem deklaratorischen Schuldanerkenntnis verbinden, sodass dem Darlehensnehmer solche Einwendungen abgeschnitten sind, die er bei Abgabe des Anerkenntnisses kannte oder zumindest für möglich gehalten hat.[217]
- Ersetzen der alten Schuld durch eine neue Vereinbarung (**Schuldumschaffung/Novation**). In Betracht kommen eine kausale oder eine abstrakte Schuldumschaffung. Der Unterschied besteht darin, dass bei der kausalen Schuldumschaffung die alte Schuld tatsächlich bestanden hat, während bei der abstrakten Schuldumschaffung der rechtliche Bestand der alten Vereinbarung nicht als Begründung herangezogen wird.[218]

---

213 Palandt/*Weidenkaff* § 496 Rn. 3.
214 Palandt/*Weidenkaff* § 488 Rn. 20.
215 MüKo-BGB/*Berger* § 488 Rn. 18.
216 BGH, WM 1972, 283 (287).
217 BGH, NJW 1980, 1158 (1159).
218 MüKo-BGB/*Berger* § 488 Rn. 22.

Bei der Abrede, eine bereits bestehende Darlehensschuld mit Mitteln eines neu aufgenommenen Darlehens zu tilgen (**Umschuldung**), ist daher zu differenzieren. Handelt es sich lediglich um die inhaltliche Änderung einer bereits bestehenden Schuld (Kontokorrentkredit in Darlehen) ohne dass ein weiteres Kapitalnutzungsrecht vereinbart wird, wird man von einer Schuldumwandlung ausgehen müssen, sofern die Parteien nicht eine völlig neue Schuld losgelöst vom Bestand der alten Schuld begründen wollten.[219] 165

Ein »neues« Kapitalnutzungsrecht ist dann anzunehmen, wenn die Kapitalnutzungsmöglichkeit weder im Ursprungsvertrag geregelt noch angelegt ist.[220] Geht es nur um die Anpassung von vertraglichen Konditionen des bereits laufenden Darlehens, ohne dass ein neues Kapitalnutzungsrecht damit verbunden ist, handelt es sich nicht um einen Fall des Vereinbarungsdarlehens. 166

In der Rechtsprechung ist als Grundsatz anerkannt, dass bei der Feststellung des Willens, das alte Schuldverhältnis aufzuheben und durch ein neues zu ersetzen, Zurückhaltung geboten ist und regelmäßig nur von einem Abänderungsvertrag ausgegangen werden kann.[221] Bei einer internen Umschuldung kann daher nur dann von einer Schuldumschaffung ausgegangen werden, wenn ein dahin gehender Wille der Parteien zweifelsfrei festzustellen ist. 167

Gleiches gilt, wenn verschiedene Einzeldarlehen in einem Gesamtdarlehen zusammengefasst werden. 168

Vereinbarungsdarlehen werden häufig bei Kreditkartengeschäften für den Fall abgeschlossen, dass der Kreditkarteninhaber nach Ablauf der eingeräumten Zahlungsfrist nicht in der Lage ist, den fälligen Aufwendungsersatzanspruch des Kreditkartenunternehmens auszugleichen.[222] 169

Die Vereinbarungsdarlehen dürfen nicht mit den sog. Umschuldungsdarlehen gem. § 495 Abs. 3 Satz 1 BGB verwechselt werden. Bei Letzteren ist der Darlehensgeber zur Kündigung des Darlehensvertrages berechtigt. Zur Vermeidung eines gerichtlichen Verfahrens wird eine ergänzende oder neue Rückzahlungsvereinbarung getroffen. 170

II. Inhalte von Kredit- und Darlehensverträgen

1. Kredite »in laufender Rechnung«

Wie jedes Wirtschaftsunternehmen wollen und müssen Banken und Sparkassen die Mittel, die ihnen aus Einlagen der Kunden, aus aufgenommenen Geldern oder aus sonstigen Erträgen zufließen, Ertrag bringend anlegen. Im Rahmen ihrer Finanzierungsleistungen werben sie daher für die Inanspruchnahme ihrer Kredite. Von besonderer Relevanz sind hierbei u.a. Die Kredite in laufender Rechnung. 171

a) Kontokorrentkredite

Als **Kontokorrent** wird eine Geschäftsbeziehung mit einem Kaufmann bezeichnet, nach der die aus der Verbindung entstehenden Ansprüche und Leistungen nebst Zinsen in Rechnung gestellt und in regelmäßigen Zeitabschnitten durch Verrechnung und Feststellung des für den einen oder den anderen Teil sich ergebenden Überschusses ausgeglichen werden (§ 355 HGB). Banken führen Girokonten regelmäßig in der Form des Kontokorrents. Das wesentliche Merkmal eines bei der Bank geführten Kontokorrentkontos liegt aber weniger in der Kontokorrentabrede, sondern darin, dass das Konto mit mehr oder weniger regelmäßigen Zahlungseingängen geführt wird und in erster Linie der Abwicklung des Zahlungsverkehrs dient.[223] Reichen die Zahlungseingänge nicht aus, kann die Bank dem Kontoinhaber einen Kredit einräumen, den dieser über das »laufende Konto« in Anspruch nehmen kann. 172

219 BGH, NJW 1958, 2111 (2112).
220 BGH, WM 1997, 2353 (2354).
221 PWW/*Buck-Heeb* § 780 Rn. 8; BGH, WM 1986, 135 (136).
222 Schimansky/Bunte/Lwowski/*Martinek*/*Omlor* Bankrechts-Handbuch § 67 Rn. 16.
223 Begründung RegE zum VerbrKrG, BT-Drucks. 11/5462, S. 20; PWW/*Kessal-Wulf* § 504 Rn. 2.

173 Rechtlich ist der Kontokorrentkredit als Krediteröffnungsvertrag zu werten, der speziell auf die Gewährung von Geldkrediten gerichtet und mit einem Girovertrag als Geschäftsbesorgungsvertrag (§§ 675, 611 BGB).[224] Der Kreditrahmen ist revolvierend nutzbar und wird in der Regel nicht zweckgebunden gewährt. Der Kreditnehmer kann daher ohne weitere Mitwirkung der Bank frei über die Valuta verfügen und durch Abruf zur Auszahlung bringen.[225] Mit dem Abruf des kreditierten Betrages kommt der Kreditvertrag zustande.

174 Der Zinssatz ist beim **Kontokorrentkredit** häufig variabel. Entsprechend der getroffenen Vereinbarung werden die Zinsen in monatlichen bis vierteljährlichen Zeitabschnitten gebucht und in ein Kontokorrent eingestellt. Hierbei handelt es sich regelmäßig um ein Periodenkontokorrent und nicht um ein Staffelkontokorrent.[226] Die unter die Kontokorrentabrede fallenden Einzelansprüche der Vertragspartner werden unter Anrechnung der einzelnen Leistungen bei Abschluss der Periode durch den Saldoanspruch ersetzt; dies geschieht durch Novation in Form eines abstrakten Schuldanerkenntnisses. Die Zinsen vom jeweiligen Saldo aus der betreffenden Periode werden an deren Ende berechnet und mitsaldiert, weshalb der anerkannte Saldo also bereits Zinsen enthält. Hierdurch werden die Zinsen kapitalisiert mit der Folge, dass sie nach ihrer Einstellung in das Kontokorrent in der folgenden Verrechnungsperiode einer erneuten Verzinsung unterliegen. Dies ist aber unschädlich, da gem. § 355 Abs. 1 HGB das Zinseszinsverbot des § 248 BGB entfällt.

175

Staffelkontokorrent	Periodenkontokorrent	Bankkontokorrent
Jede gebuchte Zahlung wird sofort mit bisherigem Saldo verrechnet und zu neuem Saldo fortgeschrieben = laufende Verrechnung.	*Gesetzliches Periodenkontokorrent* (§ 355 HGB); nur am Ende der Verrechnungsperiode wird Überschuss ermittelt = Verrechnung erfolgt in regelmäßigen Zeitabschnitten	Bankkontokorrent entspricht dem gesetzlich vorgesehenen Periodenkontokorrent. Tagessaldo ist lediglich ein rechnerisch ermittelter Postensaldo und nicht auf die Herbeiführung eines Saldoanerkenntnisses gerichtet.
Einzelansprüche gibt es nicht	kontokorrentgebundene Einzelforderungen stellen lediglich unselbstständige Rechnungsposten dar	kontokorrentgebundene Einzelforderungen stellen lediglich unselbstständige Rechnungsposten dar
		ABER: Kunde hat aus Girovertrag Anspruch auf Auszahlung der sich zwischen den Rechnungsabschlüssen ergebenden Tagesguthaben. Anspruch ist nicht kontokorrentgebunden.

176 Im Gegensatz zu Ratenkrediten besteht keine Verpflichtung zur Erbringung einer regelmäßigen Rückzahlungsrate. Häufig wird der Kontokorrentkredit für ein Jahr zugesagt, weshalb zum Ablauf des Jahres der in Anspruch genommene Betrag zurückzuführen ist. Im Normalfall wird bei ordnungsgemäßer Kontoführung der Kredit allerdings prolongiert werden. Zu beachten ist, dass infolge der Befristung die **Prolongation** des Kredites eine neue Kreditentscheidung voraussetzt.

177 Bei **Kreditengagements »in der Krise«** kann dies unter dem Stichwort »Sanierungskredit« zu einem erheblich höheren Prüfaufwand der Bank führen. Die Frage ist, ob der Kredit überhaupt noch eingeräumt werden darf oder ob die Bank nicht viel mehr auf dessen Rückführung drängen muss.

224 Schimansky/*Pamp* § 75 Rn. 10; BGH WM 2004, 517 (518).
225 Schimansky/*Pamp* § 75 Rn. 9; MüKo BGB/*Berger* Vor § 488 Rn. 59.
226 BGH WM 1972, 283 (284); BGH WM 2002, 2367 (2368).

Da zudem bei einer außerordentlichen Kündigung der Bank wegen Verschlechterung der Vermögenslage des Kunden darauf abzustellen ist, in welchem Umfang sich die wirtschaftlichen Verhältnisse seit der letzten Kreditgewährung verschlechtert haben,[227] ist bei der wiederholten Prolongation der Kreditlinie nicht auf deren erstmalige Einräumung auszugehen, sondern auf die letzte Prolongation. Zu diesem Zeitpunkt kann sich die wirtschaftliche Situation des Kunden aber bereits über die gesamte Laufzeit schleichend verschlechtert haben, sodass dies ggfs. keinen entsprechenden Kündigungsgrund mehr darstellt. 178

Sofern der Kredit »**b.a.w.**« (**bis auf Weiteres**) zugesagt wird, ist eine Prolongation nicht erforderlich. Regelmäßig behält sich der Kreditgeber aber ein einseitiges Kündigungsrecht vor[228]; Nr. 18 Abs. 1 und Nr. 19 Abs. 1 AGB-Banken bzw. Nr. 26 Abs. 1 AGB-Sparkassen. 179

Meistens erfolgt die Abwicklung der Kontokorrentbeziehung über ein Girokonto (»Einkontenmodel«). In besonders gelagerten Fällen, z.B. bei Bauträgerfinanzierungen, wird häufig ein zweites Girokonto eingerichtet. Auf dem ersten Girokonto werden die Belastungsbuchungen durchgeführt, während auf dem zweiten Konto die Zahlungseingänge verbucht werden (»**Zweikontenmodell**«). Die Saldierung der Einzelansprüche auf den beiden Konten erfolgt zu den vereinbarten Rechnungsabschlüssen, wobei die Rechnungsabschlussbuchungen auf einem der beiden Konten, i.d.R. dem Belastungskonto durchgeführt werden. 180

Beim Streit über die Höhe eines Überschusses auf dem Kontokorrentkonto ist es zunächst nicht erforderlich, jede einzelne in das Kontokorrent eingestellte Forderung darzulegen; vielmehr ist die Angabe des letzten Kontokorrentsaldos sowie die danach eingetretenen Änderungen ausreichend. Sofern der Saldo allerdings bestritten wird, ist ein näheres Vorbringen zu den einzelnen im Saldo zusammengefassten gegenseitigen Forderungen notwendig.[229] 181

Der Kontokorrentkredit wird bei Unternehmen und Selbstständigen üblicherweise als »**Betriebsmittel- oder Umsatzkredit**« und im Konsumentenbereich als »**Dispositionskredit**« zur Verfügung gestellt. 182

b) Dispositionskredite/eingeräumte Überziehung

Im Bereich der Verbraucher genießt die Einräumung eines Kredits auf einem im Kontokorrent geführten Konto in Gestalt des »Dispositionskredits« erhebliche Verbreitung. Zu beachten ist, dass seit Einführung der Verbraucherkreditregeln der früher in der Praxis als Dispositionskredit bezeichnete Kredit in § 493 BGB a.F (genehmigter) Überziehungskredit hieß. Mit Umsetzung der Verbraucherkreditrichtlinie zum 11.06.2010 wird dieser Kredit jetzt als »eingeräumte Überziehungsmöglichkeit« (§ 504 BGB) bezeichnet. § 504 Abs. 1 Satz 1 BGB definiert die **Überziehungsmöglichkeit** als besondere Form des Darlehensvertrags mit der Folge, dass die §§ 491 ff. BGB uneingeschränkt anzuwenden sind.[230]. § 504 Abs. 2 BGB ist nur auf Allgemein-Verbraucherdarlehensverträge im Sinne von § 491 Abs. 2 S. 1 BGB anwendbar. [231]. 183

Der Dispositionskredit zeichnet sich dadurch aus, dass dem Privatkunden auf seinem »laufenden Konto« (§ 504 BGB) ein Kreditrahmen einräumt wird, den dieser nach Belieben in Anspruch nehmen kann. Im Wesentlichen gelten für den Dispositionskredit die rechtlichen Grundsätze des Kontokorrentkredits ohne dass es sich hierbei um die Gewährung eines Kontokorrentrahmenkredits handelt.[232] Das laufende Konto ist das Girokonto des Kunden, für das ein Zahlungsdiensterahmenvertrag (§ 675f Abs. 2 BGB) besteht und über das der Kunde seinen Zahlungsverkehr 184

227 BGH WM 2002, 1345 (1346).
228 MüKo BGB/*Ulmer* § 491 Rn. 50.
229 BGH NJW 1991, 2908.
230 Palandt/*Weidenkaff* § 504 Rn. 1.
231 Palandt/*Weidenkaff* § 504 Rn. 1.
232 PWW/*Nobbe* § 504 Rn. 3.

abwickelt. In der Regel wird das Girokonto im Kontokorrent geführt, notwendige Bedingung ist dies aber nicht.[233] Kontokorrentkonten, die nur einem Sonderzahlungsverkehr dienen, z.B. Baukonten zur Auszahlung des Baudarlehens, zählen nicht zu den »laufen Konten«.[234]

185 Der Dispositionskredit schließt die Liquiditätslücke zwischen den Eingängen auf dem Girokonto des Kunden und seinen Dispositionen, er dient damit **kurzfristigen Liquiditätsanpassungen** des Kunden und damit auch zur Aufrechterhaltung des ungestörten Zahlungsverkehrs.[235] Sofern die Bonität und die Umsätze des Kunden es zulassen, räumt das Kreditinstitut dem Kunden das Recht ein, häufig bis in Höhe des Zwei- bis Dreifachen seiner regelmäßigen monatlichen Zahlungseingänge auf seinem laufenden Konto Kredit in Anspruch zu nehmen.[236] Im Rahmen seines Kreditlimits kann der Kreditnehmer daher wiederholt ohne weitere Mitwirkung der Bank frei über die zur Verfügung stehenden Beträge disponieren.[237]

186 Bis zur Umsetzung der Verbraucherkreditrichtlinie zum 11.06.2010 konnte die Einräumung des Dispositionskredites sowohl durch ausdrückliche vorherige Abrede zwischen der Bank und ihrem Kunden erfolgen, als auch durch ein vom Kreditinstitut selbst veranlasstes Angebot auf Abschluss einer entsprechenden Kreditvereinbarung. Nicht selten erfolgte hierbei das Angebot der Bank in Form eines formularmäßigen Aufdrucks einer Kreditlinie auf den Tagesauszügen des Kunden. Dieser Aufdruck war als Angebot zum Abschluss eines effektiven Kreditvertrages zu werten.[238] Im Gegensatz zum Krediteröffnungsvertrag kam es hierbei allerdings erst zum Vertragsschluss, wenn der Kontoinhaber über sein debitorisches Konto disponiert und dadurch den Kreditbetrag oder einen Teil davon abgerufen hat. Entsprechend der Regelung in § 504 BGB ist dies nicht mehr möglich, da die eingeräumte Überziehung jetzt einen Rahmenvertrag zwischen Bank und Verbraucher voraussetzt, bevor dieser das Darlehen in Anspruch nehmen kann.[239] Nach § 504 BGB hat hierbei der Darlehensgeber den Darlehensnehmer in regelmäßigen Zeitabständen über die Angaben aus Art. 247 § 16 EGBGB zu unterrichten. Ein Anspruch des Darlehensgebers auf Vorfälligkeitsentschädigung gemäß § 502 BGB ist ausgeschlossen.

187 Liegt eine Vereinbarung nicht vor, handelt es sich um eine geduldete Überziehung gem. § 505 BGB. Üblicherweise erfolgt die Einräumung des Dispositionskredits ohne weitere Sicherstellung durch den Kunden.

c) Überziehungskredit/geduldete Überziehung

188 Der Überziehungskredit ist dadurch gekennzeichnet, dass der Kunde ohne vorherige Rücksprache mit der kreditgebenden Bank über ein vorhandenes Guthaben oder eine bereits vereinbarte Kreditlinie hinaus weiteren Kredit in Anspruch nimmt. Typischerweise erfolgt dies durch Ausstellung ungedeckter Schecks, die Einreichung von Überweisungsaufträgen oder Lastschriften, die vom Konto des Kunden eingezogen und von der Bank eingelöst werden.[240] Dabei besteht vor der im Belieben der Bank stehenden Durchführung kein Anspruch auf den Kredit, sondern nur eine Chance, dass die Bank die Überziehung duldet.[241]

189 Es sind vier Konstellationen denkbar, wie die Bank reagieren kann:
- die Bank kann der Überziehung widersprechen und vom Kunden die Rückführung verlangen;
- die Bank kann trotz des – vielleicht konkludenten – Widerspruchs von dem Verlangen einer Rückführung absehen;

233 Schimansky/*Jungmann* § 81c Rn. 17.
234 BT-Drucks. 11/5462, zu Art. 1, zu § 3 VerbrKrG; S. 19; PWW/*Nobbe* § 504 Rn.
235 MüKo BGB/*Berger* Vor § 488 Rn. 52.
236 BT-Drucks. 11/5462, zu Art. 1, zu § 4 VerbrKrG; S. 20.
237 Schimansky/*Pamp* § 75 Rn. 9.
238 Müko BGB/*Berger* Vor § 488 Rn. 52.
239 Kümpel/*Merz* § 10 Rn. 10.378; PWW/*Nobbe* § 504 Rn. 5.
240 OLG Hamm WM 1995, 1443.
241 BGH WM 2007, 508 Rn. 15.

- die Bank kann die Überziehung hinnehmen, ohne sich hierzu rechtsgeschäftlich zu äußern oder
- in der Überziehung kann der Antrag des Kunden auf Abschluss eines Überziehungskreditvertrages liegen, den die Bank durch Duldung konkludent annimmt mit der Folge, dass der Kunde Anspruch auf das in der Erklärung liegende Darlehen hat und folglich die Bank nicht ohne die Erklärung einer Kündigung die Rückführung verlangen kann.

Mit Umsetzung der Verbraucherkreditrichtlinie zum 11.06.2010 hat der Gesetzgeber in § 505 190
BGB die Voraussetzungen einer vertraglich vereinbarten geduldeten Überziehung normiert. Eine stillschweigend akzeptierte Überziehung ist hiernach allerdings ebenso wenig geregelt, wie Überziehungen, denen das Kreditinstitut widerspricht oder zu denen sich das Kreditinstitut überhaupt nicht rechtsgeschäftlich äußert.[242]

In der Ausführungshandlung der Bank liegt zugleich die rechtsgeschäftliche Zustimmung zur gedul- 191
deten Überziehung. Anders als beim Abschluss eines Dispositionskredites geht beim Überziehungskredit die Initiative nicht von der Bank aus, sondern immer vom Kunden. Der Gelddarlehensvertrag kommt somit durch die Verfügung des Kunden (Angebot) und die Ausführungshandlung der Bank (Annahme) zustande.[243]

Für derartige Überziehungen ist die Bank berechtigt, ein gesondertes Entgelt zu verlangen, da die 192
Duldung einer Kontoüberziehung eine zusätzliche Leistung der Bank darstellt, z.B. wegen der laufenden Überwachung und Disposition, auf die der Kunde mangels vorheriger Vereinbarung keinen Anspruch hat. Daher kann der Kunde die Krediterweiterung nicht zu dem gleichen Preis erwarten oder verlangen, wie einen bewilligten Kredit. Die Bank muss dafür Sorge tragen, dass in dem Vertrag mit dem Kunden die Angaben nach Art. 247 § 17 Abs. 1 EGBGB auf einem dauerhaften Datenträger enthalten sind und dem Verbraucher in regelmäßigen Zeitabständen mitgeteilt werden.

Der erhöhte Zins für Überziehungen kann auch in Allgemeinen Geschäftsbedingungen geregelt 193
werden[244] (Nr. 12 Abs. 1 und 2 AGB-Banken, Nr. 17 Abs. 1 und 2 AGB-Sparkassen). Allerdings darf der Rahmen des marktüblichen Überziehungszinssatzes nicht deutlich überschritten werden; ein Überziehungszins von 4,0 %[245] bzw. 4,5 %[246] bewegt sich noch im Rahmen des Üblichen. Verweist die Klausel auf die Preisaushänge und Preisverzeichnisse der Bank, so liegt ein Fall des einseitigen Bestimmungsrechts gem. § 315 BGB vor.

Keinen Anspruch auf Zahlung eines Überziehungszinses hat die Bank allerdings dann, wenn sie 194
nach Fälligstellung mit dem Darlehensnehmer eine Vereinbarung trifft, nach der dieser zur weiteren Kapitalnutzung berechtigt ist. In diesem Fall liegt keine »geduldete Überziehung« vor, da die Inanspruchnahme des Kredits von dem ursprünglich eingeräumten oder eventuell auch stillschweigend abweichend festgelegten Kreditrahmen gedeckt ist[247].

Besteht die Bank auf sofortige Rückführung, liegt weder ein Fall der vereinbarten noch der gedulde- 195
ten Überziehung vor. In diesem Fall steht dem Kreditinstitut kein Anspruch auf einen vertraglichen Überziehungszins zu. Nach Inverzugsetzung des Kunden ist das Kreditinstitut vielmehr auf die Geltendmachung eines Schadensersatzanspruchs beschränkt. Für die Höhe des Schadensersatzes kann nicht auf den Überziehungszinssatz zurückgegriffen werden, sondern es ist ein der Geschäftsstruktur des jeweiligen Kreditinstituts entsprechender Durchschnittzinssatz zugrunde zu legen[248], sofern nicht auf den gesetzlichen Verzugszinssatz zurückgegriffen wird.

242 Bülow/Artz § 505 Rn. 3.
243 BGH NJW 1992, 1751 (1752); NJW 1985, 1218 (1219); PWW/*Nobbe* § 505 Rn. 2.
244 Müko BGB/*Berger* § 488 Rn. 207; BGH NJW 1992, 1751 für AGB-Sparkassen.
245 BGH NJW 1992, 942 (943); NJW 1992, 1753.
246 OLG Hamm WM 1983, 940.
247 BGH WM 2003, 922 (924).
248 BGH NJW 1989, 1276 (1278).

d) Nicht geduldete Kontoüberziehungen

196 Bei nicht geduldeten Kontoüberziehungen wird der Kontostand unberechtigterweise verringert. Typischerweise erteilt der Verbraucher in solchen Fällen keinen Auftrag; vielmehr ist der Zahlungsdienstleister verpflichtet, die Kontobelastung hinzunehmen bzw. kann sie nicht verhindern, z.B. die Stornierung von Kontogutschriften, die Rückbelastung von Schecks, die Abhebung an (institutsfremden) Geldautomaten sowie andere irrtümliche, nicht von einem Darlehensgewährungswillen getragene Verfügungen zulasten des laufenden Kontos. Wird das Konto des Verbrauchers auf diese Weise ins Debet geführt oder die eingeräumte Kreditlinie unterschritten, stellt dies grundsätzlich eine Verletzung des Zahlungsdiensterahmenvertrags/Girovertrags dar. Die Bank muss den Verbraucher in solchen Fällen allerdings zur unverzüglichen Rückführung der nicht geduldeten Überziehung auffordern; anderenfalls – etwa auch dann, wenn zur Rückführung eine Frist gesetzt wird – kann sich das Handeln der Bank als nachträgliche Duldung der Überziehung (§ 505 BGB) darstellen.

197 Auf nicht geduldete Überziehungen finden nicht nur §§ 504, 505 BGB keine Anwendung, sondern – wegen des fehlenden Vertragsschlusses – die §§ 491 ff. BGB (und Art. 247 § 15–17, Art. 247a EGBGB) insgesamt nicht. Deswegen treffen die Bank keine Informationspflichten, sie kann aber auch keine Überziehungszinsen verlangen, sondern nur Schadensersatz nach allgemeinen Regeln wegen Verletzung des Zahlungsdiensterahmenvertrags/Girovertrags (§§ 280 Abs. 1 Satz 1, 675f BGB). Die Pflicht zur Rückzahlung des Zwangskredits folgt aus § 249 BGB, nicht aus § 488 BGB.[249]

2. Darlehensvertrag gem. § 488 BGB

198 Im Gegensatz zum Kontokorrentkredit, der als Krediteröffnungsvertrag zur Verfügung gestellt wird, kann bei einem Darlehen die Darlehensvaluta nicht beliebig oft abgerufen werden. Vielmehr erfolgt die Valutierung in einer Summe bzw. in bestimmten Teilsummen meist durch Verbuchung auf dem von Darlehensnehmer angegebenen Girokonto. Durch die Einführung neuer Kreditformen sind allerdings auch revolvierende Inanspruchnahmen innerhalb eines Kreditrahmens möglich, die ratierlich getilgt werden müssen. Allen Formen ist jedoch gleich, dass die Rückführung des Darlehens nach einem vorher vereinbarten Tilgungsplan erfolgt. Dabei kann im Wesentlichen zwischen drei Tilgungsarten unterschieden werden, den Abzahlungsdarlehen, Annuitätendarlehen und Festdarlehen, wobei es innerhalb der jeweiligen Tilgungsart noch eine Vielzahl von variierenden Tilgungsmodellen gibt.

a) Pflichten des Darlehensgebers

aa) Wertverschaffungspflicht

199 Nach der Definition des § 488 Abs. 1 Satz 1 BGB ist der Darlehensgeber verpflichtet, »einen« Geldbetrag zur Verfügung zu stellen. Hierdurch wird zweierlei klargestellt: Zum einen ist der Darlehensgeber nicht verpflichtet, das Darlehen mittels bestimmter Geldscheine oder Münzen zur Verfügung zu stellen.[250] Zum anderen muss die Zurverfügungstellung der Darlehensvaluta nicht durch die Übergabe von Bargeld erfolgen, da der Darlehensgeber seine Auszahlungsverpflichtung auch durch jede andere wertmäßige Verschaffung der Geldsumme erfüllen kann.[251] Der Begriff »Geldbetrag« verdeutlicht somit, dass der Darlehensgeber nur zur wertmäßigen Verschaffung eines Geldbetrages verpflichtet ist. Damit ist seine Verpflichtung als Geldschuld im Sinne einer Wertverschaffungsschuld zu qualifizieren.[252]

---

249 Schimansky/Bunte/Lwowski, *Jungmann*, BankR-HdB, § 81c Rn. 79-81.
250 Schwintowski § 13 Rn. 15.
251 BT-Drucks. 14/6040, S. 253; Kümpel/*Rossbach* Rn. 11.20.
252 MüKo-BGB/*Grundmann* § 245 Rn. 83; Josten Rn. 88.

bb) Zurverfügungstellung des Geldbetrages

In der Praxis erfüllt der Darlehensgeber seine Verpflichtung zur **Verfügungstellung des Geldbetrages** nur in äußerst seltenen und ungewöhnlichen Fällen durch die Übergabe von Bargeld. Vielmehr entsprechen die bargeldlosen Auszahlungsmöglichkeiten der seit Langem üblichen Praxis. Hierbei wird der Erfüllungsanspruch des Darlehensnehmers z.B. durch Überweisung, Gutschrift auf einem Girokonto als Auszahlung der Darlehensvaluta oder durch Einräumung eines Kontokorrentkredites befriedigt. Die Verschaffung von Buchgeld stellt damit eine echte Erfüllung gem. § 362 Abs. 1 BGB dar.[253] 200

Wird der Darlehensvertrag mit **mehreren Darlehensnehmern** geschlossen, so muss das Darlehen auch allen Kreditnehmern gemeinschaftlich zur Verfügung gestellt werden. Dies geschieht z.B. durch Überweisung auf ein Gemeinschaftskonto. Sofern die Auszahlung auf das Konto lediglich eines Darlehensnehmers erfolgt, so muss dies ausdrücklich vereinbart werden bzw. den übrigen Darlehensnehmern muss eine Verfügungsmöglichkeit auf diesem Konto eingeräumt werden.[254] Wird das Darlehen auf Weisung des Darlehensnehmers an einen **Dritten** ausgezahlt, so ist hierdurch der Auszahlungsanspruch des Darlehensnehmers erfüllt. Dies gilt insb., wenn der Darlehensnehmer zur Zahlung an den Dritten verpflichtet ist.[255] Ist der Dritte allerdings nicht überwiegend im Interesse des Darlehensnehmers sondern als »verlängerter Arm« des Darlehensgebers tätig, gilt dies nicht. Dabei bedeutet die wirtschaftliche Verbundenheit von Finanzierung und finanziertem Geschäft nicht, dass der Partner des finanzierten Geschäfts die Valuta in erster Linie im Interesse des Darlehensgebers und nicht überwiegend im Interesse des Darlehensnehmers und Anlegers erhalten hat.[256] Ist die Auszahlungsanweisung unwirksam, so besteht lediglich ein bereicherungsrechtlicher Rückzahlungsanspruch ggü. dem Dritten.[257] 201

Erfolgt die Überweisung des Darlehens auf ein sog. CpD-Konto (»Konto pro Diverse«), d.h. auf ein von der Bank geführtes Sammelkonto, das dazu dient, Geschäftsvorgänge, die (noch) nicht direkt dem Kunden zugeordnet werden, buchungsmäßig unterzubringen,[258] so liegt ein Empfang des Darlehens nur vor, wenn sich im Einzelfall Bank und Darlehensnehmer geeinigt haben, dass dem Empfänger gegen die Bank ein Anspruch auf den gutgeschriebenen Betrag zustehen soll.[259] 202

Wird die Auszahlung der Darlehensvaluta erst zu einem späteren, fest fixierten Zeitpunkt als zum Vertragsabschluss vereinbart, handelt es sich häufig um ein sog. **Forward-Darlehen**. Hierdurch kann sich der Kunde die zum Zeitpunkt der Darlehensunterzeichnung günstigen Zinsen für die Zukunft sichern.[260] Die Forward-Laufzeit liegt üblicherweise zwischen 6 und 48 Monaten. Sinnvoll ist eine Forward-Vereinbarung z.B. bei Immobilienfinanzierungen zur Ablösung eines zukünftig fällig werdenden Darlehens.[261] Zu beachten ist, dass nicht jede Forward-Vereinbarung einem neuen Darlehensvertrag mit einem neuen Kapitalnutzungsrecht entspricht. Häufig werden Forward-Vereinbarungen auch bei sog. unechten Abschnittsfinanzierungen getroffen, um sich frühzeitig zum Ablauf einer Festzinsvereinbarung einen günstigen Zinssatz zu sichern.[262] 203

253 Palandt/*Grüneberg* § 362, Rn. 9; PWW/*Pfeiffer* § 362 Rn. 11.
254 MüKo-BGB/*Berger* § 488 Rn. 30.
255 BT-Drucks. 11/5462, S. 22; BGH, WM 2006, 1003 Rn. 31.
256 BGH, WM 2006, 1003 Rn. 32.
257 BGH, ZIP 2006, 846 Rn. 15.
258 *Schebesta* WM 1985, 1329 (1333).
259 BGH, WM 1986, 1182 (1183).
260 Schimansky/Bunte/Lwowski/*Pamp* Bankrechts-Handbuch § 77 Rn. 4.
261 Falter/*Fütterer* Rn. 9.10.
262 Zur Unterscheidung echte/unechte Abschnittsfinanzierung BGH WM 2013, 1314.

cc) Belassung der Darlehensvaluta

204 Da die Darlehensvaluta immer für einen bestimmten oder unbestimmten Zeitraum zur Verfügung gestellt wird, handelt es sich bei dem Darlehensvertrag i.S.v. §§ 488 ff. BGB um ein Dauerschuldverhältnis.[263]

205 Dies bedingt, dass allein das Verschaffen der Darlehensvaluta für die Erfüllung der Pflichten des Darlehensgebers nicht ausreichend ist. Die Darlehnsvaluta ist dem Darlehensnehmer für die Laufzeit des Darlehens auch zu belassen, d.h. dem Darlehensnehmer ist für eine gewisse Zeitdauer das Kapitalnutzungsrecht zu überlassen.[264]

206 Die Fälligkeit des Rückerstattungsanspruchs richtet sich dabei nach den vereinbarten Rückzahlungsmodalitäten, z.B. ratierlich oder endfällig, oder ist abhängig von einer auszusprechenden Kündigung des Darlehensvertrages.[265]

207 Die Rückerstattung des (Rest) Darlehens kann daher nur verlangt werden, wenn der Anspruch fällig ist, d.h. die vereinbarte Laufzeit beendet oder wirksam gekündigt ist, § 488 Abs. 3 BGB.

b) Pflichten des Darlehensnehmers

208 Der Darlehensnehmer ist verpflichtet, das Darlehen abzunehmen, Zinsen zu entrichten sowie bei entsprechender Vereinbarung Sicherheiten zu bestellen und das Darlehen zurück zu zahlen. Die Abnahme der Darlehensvaluta ist bei entgeltlichen Darlehensverträgen ebenso Hauptpflicht des Darlehensnehmers, wie die Zahlung von Zinsen.[266] Der Darlehensgeber hat anfallende Kosten für die Kreditbearbeitung und -auszahlung nach dem gesetzlichen Leitbild des § 488 Abs. 1 Satz 2 BGB durch den laufzeitabhängig bemessenen Zins zu decken. Daneben besteht keine Verpflichtung des Darlehensnehmers ein laufzeitunabhängiges Bearbeitungsentgelt zu entrichten, da der Darlehensgeber ein solches nicht verlangen kann[267]. Die in den beiden Urteilen des BGH vom 13. Mai 2014[268]zur Beurteilung von Entgeltklauseln in Verbraucherkreditverträgen entwickelten Grundsätze gelten ebenso für Darlehensverträge, die mit Unternehmern geschlossen werden[269]. Gleiches gilt bei einer laufzeitunabhängigen »Kostenbeteiligung« in einem Darlehensvertrag bei Gewährung des Darlehens zu einem unter Marktpreisniveau liegenden Zins[270].Dies gilt hingegen nicht, wenn das Darlehen der zweckgebundenen Gewährung besonders günstiger Mittel zur Förderung wirtschaftspolitischer Ziele dient[271].

aa) Rückzahlung des Darlehens

209 Die in § 488 Abs. 1 Satz 2 BGB geregelte Rückzahlungspflicht prägt den Typus des Darlehensvertrages und ist daher eine Hauptleistungspflicht. Sie dient der Abwicklung des Darlehensverhältnisses und setzt voraus, dass der Darlehensvertrag wirksam zustande gekommen ist und der Darlehensgeber den vereinbarten Geldbetrag zur Verfügung gestellt hat.[272] Der Darlehensnehmer hat den gesamten kreditierten Geldbetrag, somit den Nennbetrag des Darlehens sowie die vereinbarten Zinsen zurückzuerstatten.

---

263 Palandt/*Weidenkaff* Vorb. § 488 Rn. 4; L/B/S/*Steffek* 13. Kapitel Rn. 2.

264 L/B/S/*Steffek* 13. Kapitel Rn. 46; Kümpel/Wittig/*Rossbach* Rn. 11.24.

265 Josten Rn. 93.

266 Palandt/*Weidenkaff* § 488 Rn. 14.

267 BGH, Urteile vom 13. Mai 2014 – XI ZR 405/12, BGHZ 201, 168 Rn. 66 ff. und XI ZR 170/13, WM 2014, 1325 Rn. 71 ff.

268 BGH, Urteile vom 13. Mai 2014 – XI ZR 405/12, BGHZ 201, 168 Rn. 66 ff. und XI ZR 170/13, WM 2014, 1325 Rn. 71 ff.

269 BGH, Urteile vom 04. Juli 2017-XI ZR 562/15-sowie -XI ZR 233/16, juris.

270 BGH, Urteil vom 17. Oktober 2017 – XI ZR 157/16 –, juris.

271 BGH, Urteil vom 16. Februar 2016 – XI ZR 454/14 –, BGHZ 209, 71–86.

272 L/B/S/Steffek 13. Kapitel Rn. 66.

Ist der Darlehensnehmer dem Darlehensgeber aus mehreren Schuldverhältnissen zur Zahlung verpflichtet und liegt weder eine **Tilgungsvereinbarung** noch eine **Tilgungsbestimmung** vor, so richtet sich die Tilgung nach § 366 Abs. 2 BGB.[273] **210**

Gemäß § 362 BGB führt die Erfüllung zum Erlöschen der Forderung. Daher tritt die Erfüllung nur einmal und erst dann ein, wenn der Schuldner die Leistung bewirkt hat. Das Bewirken der geschuldeten Leistung besteht in der Herbeiführung des geschuldeten Leistungserfolges; dieser Vorgang kann weder gestreckt noch rückgängig gemacht werden.[274] **211**

Bei einer Geldschuld wird dieser Erfolg mangels einer anderen Vereinbarung nur dann erzielt, wenn der Gläubiger den Geldbetrag, den er beanspruchen kann, endgültig zur freien Verfügung übereignet oder überwiesen erhält. Darf er den Betrag (noch) nicht behalten, so tritt der Leistungserfolg nicht ein.[275] **212**

Spiegelbildlich mit der Wertverschaffungsverpflichtung des Darlehensgebers besteht entsprechend den Gesetzesmaterialien[276] das Recht des Darlehnsnehmers, die Rückzahlungsverpflichtung in Form von Buchgeld als echte Erfüllung im Sinn von § 362 Abs. 1 BGB.[277] und nicht nur als Leistung an Erfüllung statt (§ 364 Abs. 1 BGB) zu bewirken. Damit kann der Darlehensnehmer seine **Rückerstattungspflicht** im Sinn einer Wertverschaffungspflicht auch ohne Einverständnis der darlehensgewährenden Bank durch moderne Formen der Wertverschaffung erreichen, z.B. durch Übergabe einer aufgeladenen Geldkarte.[278] **213**

Häufig erfüllt der Schuldner seine Zahlungsverpflichtung per **Banküberweisung**, sofern kein Lastschrifteinzug vereinbart worden ist. Hierbei ist zu bedenken, dass bei der Überweisung als Schickschuld die erforderliche Leistungserbringung und damit die verzugsunterbrechende Handlung des Schuldners nicht erst mit Gutschrift der Überweisung auf dem Konto der Bank als Gläubigers eintritt, sondern gem. § 270 Abs. 1 BGB bereits mit Abschluss des Überweisungsvertrages zwischen dem Darlehensnehmer und seiner Überweisungsbank. Es konnte daher angenommen werden, dass der Darlehensnehmer rechtzeitig gezahlt hat, wenn er am letzten Tag der Frist überweist, vorausgesetzt, er verfügt zu diesem Zeitpunkt über ein ausreichendes Kontoguthaben oder über einen ausreichenden Kreditrahmen. Die gesetzliche Regelung konnte zwischen den Parteien durch eine sog. »**Rechtzeitigkeitsklausel**« abbedungen werden. **214**

Die Umsetzung von Art. 3 Abs. 1c) ii) der Zahlungsverzugsrichtlinie[279] und die Entscheidung der EuGH[280] erfordert jedoch eine andere Handhabung. Hiernach ist die Zahlung des Schuldners im Hinblick auf die Fälligkeit von Verzugszinsen nur dann rechtzeitig, wenn der Gläubiger den Geldbetrag innerhalb der Zahlungsfrist erhalten hat.[281] **215**

Die **Zahlung eines Dritten** kommt dem Schuldner nur zugute, wenn sie seine Verbindlichkeit erfüllen soll und mit einer entsprechenden **Tilgungsbestimmung** versehen ist. Bei einer Zahlung im Dreiecksverhältnis kommen zwei Möglichkeiten in Betracht:[282] **216**
- entweder erfolgt die Zahlung unter Angabe einer eigenen Tilgungsbestimmung als Dritter gem. § 267 Abs. 1. Satz 1 BGB oder
- die Zahlung erfolgt als Hilfsperson des Schuldners unter Übermittlung von dessen Tilgungsbestimmung gem. § 362 Abs. 1 BGB.

---

273 L/B/S/Steffek 13. Kapitel Rn. 69.
274 BGH, WM 1991, 454 (455).
275 BGH, WM 2008, 1703 (1705); OLG Brandenburg – 4 U 149/08, Pos. A.I 4.b).
276 BT-Drucks. 14/6857 S. 64.
277 Palandt/*Grüneberg* § 362 Rn. 9; BGH NJW 1999, 210 (*211*).
278 *Mülbert* WM 2002, 465, (468); *Schwintowski* § 13 Rn. 31.
279 ZVerzugRiLi, ABl. EU 2000, L 200, S. 39.
280 EuGH, NJW 2008, 1935 ff.
281 Palandt/*Grüneberg* § 270 Rn. 5.
282 BGH, WM 2008, 1703 (1706).

217 Zur Rückführung des Darlehens können unterschiedliche Tilgungsmodelle gewählt werden.

bb) Tilgungsmodelle

218 Die Rückführung von Darlehen kann auf unterschiedliche Weise erfolgen. Die erste große Unterscheidung besteht darin, ob das Darlehen **endfällig** und somit in vollem Umfang zu einem vereinbarten Termin zurück zu führen ist, oder das Darlehen **ratierlich** getilgt wird. Innerhalb der ratierlichen Tilgung kann zwischen Abzahlungsdarlehen und Annuitätendarlehen unterschieden werden, wobei es innerhalb der jeweiligen Tilgungsart noch eine Vielzahl von variierenden Tilgungsmodellen gibt.

(1) Abzahlungsdarlehen

219 Bei der Grundform des Abzahlungsdarlehens wird vereinbart, dass in bestimmten Perioden ein ausdrücklicher Betrag (z.B. »monatliche Teilzahlung in Höhe von […] Euro«) oder ein in einem bestimmten Prozentsatz vom Ursprungskapital angegebener Betrag (z.B. »monatliche Teilzahlungen in Höhe von […] % des ursprünglichen Kapitalbetrages«) zu zahlen ist. Das Kapital wird durch stets gleich bleibende Kapitalbeträge getilgt. Daneben sind die Zinsen zu zahlen, deren Betrag durch die fortschreitende Tilgung immer geringer wird. Hierdurch reduziert sich die periodisch aufzubringende Gesamtleistungsrate.

220 ▶ **Beispielrechnung 1: Abzahlungsdarlehen, Festzinssatz**

Darlehen:	15.000,00 €
Bearbeitungsgebühr:	0,00 %
Kreditbetrag:	15.000,00 €
Zinssatz p.a.:	7,80 %
Laufzeit:	41 Monate
Effektiver Jahreszins:	8,09 %
Tilgungsleistungen	
40 Tilgungsraten:	371,00 €
letzte Tilgungsrate:	160,00 €
Zahlungen insgesamt:	17.016,83 €
davon Zinszahlungen:	2.016,83 €

Laufzeit in M.	**Zahlung**	**Zinsen**	**Tilgung**	**Restschuld**
				15.000,00 €
1	468,50 €	97,50 €	371,00 €	14.629,00 €
2	466,08 €	95,08 €	371,00 €	14.258,00 €
3	463,68 €	92,68 €	371,00 €	13.887,00 €
4	461,26 €	90,26 €	371,00 €	13.516,00 €
5	458,85 €	87,85 €	371,00 €	13.145,00 €
				…
40	374,45 €	3,45 €	371,00 €	531,00 €
41	161,04 €	1,04 €	160,00 €	0,00 €

Abzahlungsdarlehen sollten nur dann vergeben werden, wenn ein hoher Tilgungsanteil und somit eine kurz- oder mittelfristige Laufzeit vereinbart werden kann. Bei einer geringen Tilgung können Abzahlungsdarlehen eine sehr hohe Laufzeit haben, z.B. bedingen 2 % Tilgung eine Laufzeit von 50 Jahren. Reine Abzahlungsdarlehen werden in der Praxis eher selten vergeben. Sofern dies doch der Fall ist, geschieht dies überwiegend im gewerblichen Bereich als **Investitionsdarlehen**. 221

(2) Ratenkredit

Eine Variante des Abzahlungsdarlehens ist der im Verbraucherbereich häufig als Ratenkredit bezeichnete Verrechnungstypus. 222

Hier wird für die gesamte Laufzeit der Kapitalnutzung von vornherein ein fester Zinssatz vereinbart, sodass die gesamten Darlehenskosten, neben den Zinsen z.B. Einmalkosten wie die Bearbeitungsprovision und sonstige laufzeitabhängige Kosten wie eine Restkreditversicherung, ermittelt werden können. Die Darlehenskosten werden dem Darlehensbetrag zugeschlagen. Die Zinsen werden errechnet auf der Grundlage 223
- eines variablen oder festen Jahreszinssatzes vom tatsächlich in Anspruch genommenen Darlehensbetrag (Beispielrechnung 2) oder
- eines festen Monatszinses vom ursprünglichen Kreditbetrag im Voraus für die ganze Laufzeit (Beispielrechnung 3).

Der sich so ergebende Endbetrag wird über einen längeren Zeitraum durch gleichbleibende monatliche Raten zurückgewährt. Dabei enthält jede monatliche Rate einen dem Verhältnis der Gesamtbeträge entsprechenden gleichbleibenden Kapital- und Kostenanteil. In Abweichung von § 367 BGB wird ausdrücklich oder stillschweigend vereinbart, dass das Kapital und die Darlehenskosten mit jeder Rate zu gleichbleibenden Teilen getilgt werden.[283] 224

Zur Auszahlung kommt lediglich der Nettodarlehensbetrag, d.h. der gewährte Darlehensbetrag unter Abzug, einer etwaigen Vermittlungsprovision sowie der Prämie einer ggf. abgeschlossenen Restschuldversicherung.[284] 225

▶ Beispielrechnung 2: Ratenkredit mit Jahreszinssatz 226

Darlehensantrag:	15.000,00 €	15.000,00 €
Restkreditversicherung*:	0,00 €	850,00 €
Nettokredit:	15.000,00 €	15.850,00 €
Bearbeitungsgebühr:[1]	0,00 %	2,00 %
Bruttokredit	15.000,00 €	16.167,00 €
Zinssatz p.a.:	7,80 %	7,80 %
Laufzeit:	36 Monate	36 Monate
35 monatliche Raten:	468,66 €	505,00 €
letzte Rate:	468,76 €	489,21 €
Zahlungen insgesamt:	16.871,86 €	18.461,21 €
-davon Zinszahlungen:	1.871,86 €	1.996,35 €
-davon Bearbeitungsgeb.:	0,00 €	317,00 €

283 PWW/*Nobbe* § 488 Rn. 52; BGH, NJW 1984, 2161 (2162).
284 MüKo-BGB/*Schürnbrandt* § 491 Rn. 47.

(Kosten für Effektivzins)	0,00 €	2.313,35 €
Gesamtkosten:	1.871,86 €	3.164,21 €
Effektiver Jahreszins:	8,09 %	9,56 %

* im Effektivzins nicht enthalten

[1] *Bearbeitungsentgelt bei Verbraucherdarlehen ablehnend BGH: Urt. v. 13.05.2014; Az. XI ZR 405/12 (WM 2014, 1224) und Az. XI ZR 170/13 (WM 2014, 1325).*

227 Der gleichbleibende Kostenanteil jeder Rate deckt sich aber nicht mit dem Zinsbetrag, den der Darlehensnehmer für den jeweiligen Ratenzeitraum schuldet. Dieser Betrag ist staffelmäßig zu berechnen; er liegt – entsprechend der Höhe des zu verzinsenden Kapitalbetrages – am Anfang der Darlehenslaufzeit höher und sinkt dann, mit fortschreitender Tilgung des Kapitals, immer weiter ab. Die Entstehung der Zinsschuld und der Fälligkeit fallen daher auseinander.[285] Für die Entstehung des Zinsanspruchs ist die staffelmäßige Berechnung maßgebend; der sich ergebende variable Zinsbetrag ist Berechnungsgrundlage für die Gutschrift der nicht verbrauchten Zinsen bei vorzeitiger Vertragsbeendigung. Die Fälligkeit des Zinsanspruchs tritt dagegen nur jeweils i.H.d. gleichbleibenden Ratenanteils ein. Für die Verrechnung der Zahlungen ist die Fälligkeit maßgebend. Zahlungen sind nach § 366 Abs. 2 BGB zunächst auf die fälligen Schulden zu verrechnen. Wenn und soweit der Darlehensnehmer die Raten vereinbarungsgemäß zahlt, werden danach Kapital und Kosten anteilig im Verhältnis des Gesamtkostenbetrags zum Darlehenskapital getilgt, für die Anwendung von § 367 BGB ist (noch) kein Raum.[286]

228 Die eingetretene Tilgungswirkung ändert sich für die vertragsgemäß gezahlten Raten auch nicht rückwirkend, wenn später weitere Darlehenskosten fällig werden. Erst bei vorzeitiger Rückzahlung des Darlehens, z.B. im Fall der Kündigung durch den Darlehensgeber, ist die verbleibende Forderung dementsprechend um die bei staffelmäßiger Berechnung überzahlten Zinsen und sonstige
229 laufzeitabhängigen Kreditkosten zu vermindern.[287]

Laufzeit in M.	**Zahlung**	**Zinsen**	**Tilgung**	**Restschuld**
				15.000,00 €
1	468,66 €	97,50 €	371,16 €	14.628,84 €
2	468,66 €	95,09 €	373,58 €	14.255,26 €
3	468,66 €	92,66 €	376,00 €	13.879,26 €
4	468,66 €	90,22 €	378,45 €	13.500,81 €
5	468,66 €	87,76 €	380,91 €	13.119,90 €
	…	…	…	…
23	468,66 €	40,64 €	428,02 €	5.824,18 €
24	468,66 €	37,86 €	430,81 €	5.393,38 €
	…	…	…	…
34	468,66 €	9,02 €	459,64 €	928,27 €
35	468,66 €	6,03 €	462,63 €	465,64 €
36	468,76 €	3,13 €	465,64 €	-0,00 €

285 MüKo-BGB/*Berger* § 488 Rn. 198; BGH, NJW 1987, 944 (945).
286 BGH, NJW 1984, 2161 (2162).
287 BGH, NJW 1984, 2161 (2162).

Im Beispielfall 2 belaufen sich bei vorzeitiger Ablösung des Darlehens nach 24 Monaten die verbleibenden zwölf Raten auf eine Forderung i.H.v. 5.624,02 €. Dem sind ersparte Zinsen für die ursprüngliche Restlaufzeit i.H.v. 230,64 € ggü. zu stellen, sodass sich der Kündigungssaldo auf 5.393,38 € beläuft. Nicht laufzeitabhängige Kosten wie z.B. Bearbeitungsprovisionen werden nicht erstattet. 230

Bei der Wahl eines **Konsumentenkredites** sind häufig die Konditionen das zentrale Entscheidungskriterium. Dabei ist zu beachten, dass sich die Kosten für einen Ratenkredit nicht nur aus der Höhe des Nominalzinssatzes ergeben, sondern Provisionskosten ebenso anfallen können, wie die Versicherungsprämie einer Restschuldversicherung. Entscheidend ist zudem die Art und Weise der Zins- und Tilgungsverrechnung. Um eine Vergleichbarkeit der Kosten eines Kredites zu ermöglichen, ist bei Verbrauchern daher gem. § 6 PAngV[288] die Angabe eines effektiven Jahreszinses erforderlich, in dem alle Zinsen und preisbestimmenden Faktoren enthalten sind. 231

Im Gegensatz zu einem »normalen« Ratenkredit wird mit einem **Laufzeitzinsdarlehen** eine Kosten erhöhende Wirkung erzielt; allerdings dürfte diese Darlehensform mittlerweile nicht mehr zu den gängigen Formen eines Verbraucherdarlehens gehören. Bei dieser Kreditart wird nicht ein nominaler Zinssatz »pro anno« angeboten, sondern ein Nominalzinssatz pro Monat. Zur Ermittlung des gesamten Zinsbetrages wird hierbei der erste Monatszinssatz zugrunde gelegt und mit der gesamten Laufzeit multipliziert, Tilgungsleistungen werden nicht berücksichtigt. 232

Dabei kann der Jahreszins nicht mit dem 12-fachen des Monatszinses gleichgesetzt werden. Wie die Beispielrechnung 3 zeigt, liegt der Effektivzinssatz deutlich über dem der Beispielrechnung 2, obwohl der nominelle Monatszinssatz von 0,65 % formal 1/12 des Jahreszinssatzes von 7,80 % entspricht. 233

▶ Beispielrechnung 3: Laufzeitzinsdarlehen mit Monatszinssatz 234

Darlehen:	15.000,00	€
Bearbeitungsgebühr:	0,00	%
Kreditbetrag:	15.000,00	€
Zinssatz p.M.:	0,65	%
Laufzeit:	36	Monate
Effektiver Jahreszins:	15,17	%
35 monatliche Raten:	513,00	€
Letzte Rate:	531,32	€
Zahlungen insgesamt:	18.486,32	€
davon Zinszahlungen:	3.486,32	€

Ratenkredite werden üblicherweise Privatleuten als **Konsumentenkredit** (oder **Verbraucherdarlehen**) mit Beträgen zwischen 2.000,00 € und 40.000,00 € zur Verfügung gestellt, bei Laufzeiten zwischen 12 und 72 Monaten. Allerdings werden auch vereinzelt Kredite bis zu einem Betrag von 100.000,00 € bei einer Laufzeit bis zu 120 Monaten angeboten. 235

I.d.R. erfolgt die Einräumung dieser Konsumentenkredite ohne Zweckbestimmung durch das Kreditinstitut, sodass der Darlehensnehmer zur Erfüllung seiner Konsumbedürfnisse frei über die Darlehensvaluta verfügen kann. Sofern mit dem Kreditinstitut allerdings vereinbart worden ist, mit dem zur Verfügung gestellten Betrag eine bestimmte Anschaffung (**Anschaffungsdarlehen**) zu 236

288 Preisangabenverordnung in der Fassung der Bekanntmachung v. 18.10.2002 (BGBl. I, S. 4197).

tätigen, ist der Darlehensnehmer zur Einhaltung der Zweckbestimmung verpflichtet. Bei Verstößen besteht ein außerordentliches Kündigungsrecht des Darlehensgebers.[289]

237 Eine Sonderform des Ratenkredits ist auch der **Blockratenkredit** (**Ballonratenkredit**), bei dem eine der zu zahlenden Raten einen wesentlichen Teil des Kreditbetrages ausmacht, also höher ist als die übrigen Raten. Eine derartige Vereinbarung ist immer dann sinnvoll, wenn der Darlehensnehmer zum Zeitpunkt der Fälligkeit dieser Rate einen größeren Geldbetrag erwartet, aus dem die Ratenzahlungspflicht erfüllt werden kann.[290] Häufig wird der ausstehende Geldbetrag an das Kreditinstitut abgetreten.

238 Der Ratenkredit ist nicht notwendig ein Barkredit. Er kann auch i.V.m. der Finanzierung eines Kaufpreises oder Leistungsentgelts stehen (**Finanzierungsdarlehen**) und bildet dann den Teil eines verbundenen Geschäfts.[291]

(3) Annuitätendarlehen (auch Amortisations- oder Tilgungsdarlehen)

239 Ebenso wie beim Ratenkredit wird auch beim Annuitätendarlehen ein fester Darlehensbetrag mit Nettoauszahlung vereinbart sowie feste periodische Ratenzahlungen für Zins und Tilgung. Allerdings werden hierbei nicht die Zinsen auf der Grundlage eines festen Zinssatzes für die Gesamtlaufzeit im Voraus ermittelt und schon zu Beginn dem Darlehenskapital zugeschlagen, um sodann aus dem Gesamtbetrag feste Raten zu ermitteln.

240 Das Annuitätenprinzip (§ 20 Abs. 2 HypBankG)[292] besagt, dass der Darlehensnehmer für die Laufzeit des Vertrages bis zur vollständigen Tilgung eine jährlich gleichbleibende Leistung (= Annuität) zu erbringen hat. Die Annuität errechnet sich aus einem festen Zins- und Tilgungssatz, bezogen auf den ursprünglichen Darlehenskapitalbetrag. Allerdings sind die Anteile nicht gleichbleibend. Bei jeder Rate erfolgt die Berechnung des Anteiles von Zins und Tilgung unter Berücksichtigung von § 367 Abs. 1 BGB auf der Grundlage der jeweils verbleibenden Restschuld.[293]

241 Gewährt ein Kreditinstitut z.B. ein Darlehen über 120.000,00 € zu 8 % Zinsen p.a. und zu einem anfänglichen Tilgungssatz von 2 %, so hat der Schuldner während der gesamten Darlehenslaufzeit in jedem Jahr eine gleichbleibende Jahresleistung (= Annuität) von insgesamt 10 % des Ursprungskapitals, also 12.000,00 € aufzubringen. Da die sich aus Zinsen und Tilgungszuschlägen zusammengesetzte Jahresleistung als absoluter Betrag konstant bleibt, die tatsächliche Verzinsung aber wegen der Kapitalreduzierung ständig abnimmt, verschiebt sich innerhalb jeder Leistung das Verhältnis zwischen Zins- und Kapitalabtrag in der Weise, dass der Zinsanteil ständig sinkt, der Tilgungsanteil ständig steigt.

242 Bei gleichbleibender Annuität wird dann der nicht für die Verzinsung benötigte Anteil (»ersparte Zinsen«) zur Tilgung verwendet. Das Darlehen wird also jährlich mit 2 % des Ursprungskapitals unter Zuwachs der ersparten Zinsen getilgt. Nach dieser Systematik der »progressiven Tilgung« wird das Darlehen umso schneller zurückgezahlt, je höher der Nominalzins ist.[294]

243 In einer Niedrigzinsphase ist ein geringer Tilgungssatz besonders gefährlich, da sich dann die Rückzahlung des Annuitätendarlehens extrem in die Länge ziehen kann. Liegt bei einem Zinssatz von 8 % und 1 % Tilgung die Laufzeit bei etwa 28 Jahren, so beträgt die Laufzeit bei 4 % Zins und 1 % Tilgung mehr als 40 Jahre. Die Ursache für den Laufzeiteffekt ist im Annuitätenprinzip

289 MüKo-BGB/*Berger* § 488 Rn. 85.
290 BGH, WM 1989, 165 (166).
291 BGH, NJW 1982, 1694 (1695).
292 Gültig bis zum 18.07.2005; ab dem 19.07.2005 durch das Pfandbriefgesetz (PfandBG) abgelöst und nur noch i.R.d. Übergangsvorschriften anwendbar; Art. 18 Nr. 5 des Gesetzes zur Neuordnung des Pfandbriefrechts v. 22.05.2005 (BGBl. I S. 1373).
293 PWW/*Nobbe* § 488 Rn. 58.
294 *Bruchner* WM 1988, 1873.

enthalten. Weil die Restschuld durch die laufende Tilgung abnimmt, enthält die Kreditrate einen immer kleiner werdenden Zinsanteil. Der Tilgungsanteil steigt nach jeder Rate um die Zinsen, die der Kreditnehmer mit der Tilgung spart. Diese Zinsersparnis (und damit der zusätzliche Tilgungsanteil) fällt umso niedriger aus, je niedriger der Zinssatz für das Darlehen ist. Deshalb ist es ratsam, die Zinsersparnis in der Niedrigzinsphase von Anfang an für eine erhöhte Tilgung zu nutzen.

Die Ausgestaltung der Annuität ist vielfältig. Neben den monatlichen Zahlungen und Verrechnungen kommen z.B. auch quartals-, halb- oder jährliche Zahlungen in Betracht, wobei die jeweiligen Zins- und Tilgungsabsprachen wiederum unterschiedliche Perioden vorsehen können, z.B. monatliche Zahlung mit monatlicher Zinsberechnung und jährlicher Tilgungsverrechnung. 244

Aktuell dürfte in der Praxis das Angebot einer monatlichen Ratenzahlung überwiegen, verbunden mit einer ratengleichen Zins- und Tilgungsverrechnung. 245

▶ Beispielrechnung 4: Annuitätendarlehen 246

Darlehen:	120.000,00	€
Bearbeitungsgebühr:	0,00	%
Kreditbetrag:	120.000,00	€
anfängliche Tilgung p.a.	2,00	%
Zinssatz p.a.:	8,00	%
Zahlungsmodus:	monatlich	
Zinsabschluss:	monatlich	
Tilgung	monatlich	
Laufzeit:	243	Monate
Effektiver Jahreszins:	8,30	%
242 monatliche Raten:	1.000,00	€
Letzte Rate:	86,87	€
Zahlungen insgesamt:	242.086,87	€
davon Zinszahlungen:	122.086,87	€

Laufzeit in M.	**Zahlung**	**Zinsen**	**Tilgung**	**Restschuld**
				120.000,00 €
1	1.000,00 €	800,00 €	200,00 €	119.800,00 €
2	1.000,00 €	798,67 €	201,33 €	119.598,67 €
3	1.000,00 €	797,32 €	202,68 €	119.395,99 €
4	1.000,00 €	795,97 €	204,03 €	119.191,96 €
…	…	…	…	…
241	…	…	…	1.210,56 €
242	1.000,00 €	8,07 €	991,93 €	218,64 €
243	220,08 €	218,64 €	1,46 €	0,00 €

247 Der zunächst niedrige Tilgungsanteil steigt durch die ersparten Zinsen, die den Tilgungsleistungen zufließen, zum Ende der Laufzeit überproportional an. Daher eignet sich diese Finanzierungsform i.d.R. für mittel- und langfristige Investitionen.

248 Zu beachten ist, dass der Tilgungsanteil umso schneller ansteigt, je höher der Zinssatz ist. Daher steigt bei der gleichen Anfangstilgung und einem geringen Zinssatz der Tilgungsanteil langsamer, weshalb sich die Laufzeit des Darlehens (deutlich!!!) verlängern kann. In Zeiten die Niedrigzinsphasen sollte daher die Anfangstilgung mindestens 2 % betragen, um Darlehenslaufzeiten von 40 oder 50 Jahren zu vermeiden. Den Unterschied sollen nachfolgende Tabellen verdeutlichen:

249 ▶ **Beispielrechnung 5: Zinssatz 4,0 %, Anfangstilgung von 2 %, monatliche Leistungsrate € 600,00**

Laufzeit in M.	Zahlung	Zinsen	Tilgung	Restschuld
				120.000,00 €
1	600,00 €	400,00 €	200,00 €	119.800,00 €
2	600,00 €	399,33 €	200,57 €	119.599,33 €
3	600,00 €	398,66 €	201,34 €	119.398,00 €
4	600,00 €	397,99 €	202,01 €	119.195,99 €
…	…	…	…	…
329	…	…	…	677,25 €
330	600,00 €	2,26 €	597,74 €	49,46 €
331	79,73 €	0,27 €	79,46 €	0,00 €

250 ▶ **Beispielrechnung 6: Zinssatz 2,0 %, Anfangstilgung von 2 %, monatliche Leistungsrate € 400,00**

Laufzeit in M.	Zahlung	Zinsen	Tilgung	Restschuld
				120.000,00 €
1	400,00 €	200,00 €	200,00 €	119.800,00 €
2	400,00 €	199,67 €	200,33 €	119.599,67 €
3	400,00 €	199,33 €	200,67 €	119.399,00 €
4	400,00 €	199,00 €	201,00 €	119.198,00 €
…	…	…	…	…
415	…	…	…	493,00 €
416	400,00 €	0,82 €	399,18 €	93,82 €
417	93,97 €	0,27 €	93,82 €	0,00 €

251 Allerdings besteht auch bei monatlicher Zahlung die Möglichkeit, sowohl z.B. die Zinsen nur quartalsmäßig, halbjährlich oder jährlich nachträglich zu buchen und zu verrechnen, als auch die Tilgung in anderen Intervallen nachträglich zu verrechnen.

252 Das ursprüngliche System der Annuität beruht darauf, Darlehen im Hinblick auf die Zinsberechnung in periodischen Jahresintervallen abzuwickeln. Dies hat seinen Ursprung in der manuell durchzuführenden Zins- und Tilgungsberechnung früherer Tage, verbunden mit dem Umstand, dass Zins- und Tilgungsleistungen i.d.R. nur jährlich oder halbjährlich erbracht worden sind. Aus

Gründen der Vereinfachung wurden daher alle in den Raten enthaltenen Tilgungsanteile erst am Schluss des Jahres rechnerisch vom Kapital abgesetzt (**nachschüssige Tilgungsverrechnung**).[295] Während die monatliche Verrechnung von Zins- und Tilgungsleistungen in den Beispielen 4–6 eine Kosten reduzierende Wirkung erzeugt, wirkt die nachschüssige Tilgungsverrechnung Kosten erhöhend und damit zum Nachteil des Kunden. Der BGH hat mit seinem Urt. v. 24.11.1988 die Vereinbarung dieser Verrechnungsmethode auch in AGB für zulässig erklärt, sofern diesbezügliche Klauseln für den normalen Verbraucher transparent sind.[296]

Nicht selten werden Annuitätendarlehen mit Festzinsvereinbarungen kombiniert. Hierbei vereinbart der Darlehensgeber mit dem Darlehensnehmer für einen bestimmten Zeitraum, z.B. für 5, 10 oder mehr Jahre einen festen Zinssatz. Innerhalb dieses Zeitabschnitts kann der Zinssatz vom Darlehensgeber nicht verändert werden. Daher spricht man in diesen Fällen von einer **Abschnittsfinanzierung**. Hierbei wird unterschieden zwischen einer echten und einer unechten Abschnittsfinanzierung. 253

Bei einer echten Abschnittsfinanzierung wird zu Beginn eines jeden Abschnitts jeweils ein neues Kapitalnutzungsrecht begründet. Das Ende der Zinsfestschreibungsfrist ist gleichbedeutend mit dem Ende der Kapitalnutzungslaufzeit, sodass das Darlehen zurückzuzahlen ist. Treffen die Parteien eine neue Anschlussvereinbarung, führt dies zu einem neuen, eigenständigen Darlehensvertrag gem. § 491 BGB. Selbst wenn der Zweck der Darlehensinanspruchnahme mit dem Ende des Darlehensvertrages noch nicht erreicht ist, ist das Darlehen zurückzuzahlen. Das Risiko des Zustandekommens einer Anschlussfinanzierung liegt hier allein beim Darlehensnehmer.[297] 254

Bei einer unechten Abschnittsfinanzierung wird dem Darlehensnehmer ein langfristiges Kapitalnutzungsrecht eingeräumt, die Zinsvereinbarung ist jedoch nicht für den gesamten Zeitraum, sondern nur für eine bestimmte Festzinsperiode festgelegt. Das Darlehen wird zum Ende der Festzinsperiode nicht ohne weiteres fällig, sondern nur dann, wenn der Darlehensnehmer der vorgeschlagenen Änderung der Konditionen widerspricht.[298] 255

Die Sicherung niedriger Zinsen für eine erforderliche Anschlussfinanzierung kann bereits frühzeitig durch ein sog. **Forward-Darlehen** gesichert werden. Hierdurch kann sich der Kunde die zum Zeitpunkt der Darlehensunterzeichnung günstigen Zinsen für die Zukunft sichern.[299] Erst wenn die Zinsbindung für das laufende Darlehen endet, beginnt die Anschlussfinanzierung zu den vereinbarten Konditionen. Die Vorlaufzeit liegt üblicherweise zwischen 6 und 48 Monaten. Den Vorteil der Zinssicherung muss sich der Darlehensnehmer durch einen höheren, als den aktuellen Zinssatz erkaufen.[300] Hierbei gilt: je kürzer die Vorlaufzeit und je kürzer die Festzinslaufzeit des Folgedarlehens, desto geringer fällt der Zinsaufschlag aus; z.B.: 256
- 12 Monate Forward-Zeit, 0,45 % Zinsaufschlag bei 5-jähriger Zinsbindung,
- 36 Monate Forward-Zeit, 0,85 % Zinsaufschlag bei 5-jähriger Zinsbindung,
- 36 Monate Forward-Zeit, 1,20 % Zinsaufschlag bei 10-jähriger Zinsbindung.

Sinnvoll kann eine Forward-Vereinbarung z.B. bei Immobilienfinanzierungen zur Ablösung eines zukünftig fällig werdenden Darlehens sein, wenn der Kunde mit zukünftig steigenden Zinsen rechnet. 257

Annuitätendarlehen spielen vor allem bei der Finanzierung von **Realkrediten** eine Rolle. 258

---

295 *Bruchner* WM 1987, 449 (450).
296 BGH, NJW 1989, 222.
297 BGH, WM 1997, 2353 (2355); OLG Frankfurt am Main, Urt. v. 24.01.2007 – 9 U 5/06, VuR 2007, 152.
298 BGH, WM 2004, 1542 (1543); BGH, BKR 2011, 286 (288).
299 Schimansky/Bunte/Lwowski/*Wunderlich* Bankrechts-Handbuch § 77 Rn. 4.
300 Falter/*Fütterer* Rn. 9.10.

(4) Realkredite

259 Als Realkredit im weiteren Sinn wird ein Kredit bezeichnet, der durch reale, dingliche Sicherheiten wie bewegliche Sachen oder Grundstücke abgesichert wird. Hierdurch unterscheidet sich der Realkredit vom **Personalkredit**, der auf die Bonität des Kunden abstellt (**Blankokredit**) oder auf andere persönliche Kreditsicherheiten, wie z.B. Bürgschaften oder Forderungsabtretungen.

260 Entsprechend dem Charakter des Beleihungsobjektes bezeichnet man den durch bewegliche Sachen abgesicherten Kredit als Mobiliarkredit, den durch unbewegliche Sachen gesicherten Kredit als Immobiliarkredit. Bei der ersten Gruppe, den **Mobiliarkrediten**, wird als Sicherheit für den Kredit i.d.R. eine Sicherungsübereignung von Waren, Maschinen, Kfz vereinbart. Es kann auch ein Pfandrecht an beweglichen Vermögenswerten, wie z.B. Waren oder Wertpapieren vorgenommen werden. Diese heute selten gewordene Verpfändung wird als Lombardierung, der ihm zugrunde liegende Kredit als **Lombardkredit** bezeichnet.

261 Der langfristige **Immobiliarkredit** ist der eigentliche Realkredit im engeren Sinn und bezieht sich auf die häufigste Form der Sicherstellung. Diese geschieht durch Eintragung eines Grundpfandrechts, d.h. einer Hypothek, Grundschuld oder Rentenschuld auf einem Grundstück, auf Wohnungseigentum oder einem grundstücksgleichen Recht.

262 Spricht man in der Praxis von einem Realkredit, so ist hiermit i.d.R. der durch Grundpfandrechte abgesicherte Kredit gemeint.

263 Grundpfandrechtlich gesicherte Kredite fallen nach Art. 2 Abs. 2 a) nicht in den Anwendungsbereich der Verbraucherkreditrichtlinie[301]. Sie werden unionsrechtlich jedoch von der Wohnimmobilienkreditrichtlinie erfasst[302], die 2016 in nationales Recht umgesetzt wurde[303]. Bis dahin arbeitete das deutsche Verbraucherdarlehensrecht in § 503 Abs. 1 BGB a.F. mit dem Begriff »Immobiliardarlehensvertrag«. Heute gliedern sich Verbraucherdarlehensverträge in Allgemein-Verbraucherdarlehensverträge und in Immobiliar-Verbraucherdarlehensverträge (§ 491 BGB). Dies sind die für die §§ 491 ff. BGB zu unterscheidenden, maßgeblichen Begriffe.

264 In Ausnahmefällen kann auf der Grundlage von § 7 Abs. 3 bis 5 BausparkG auch bei Realkrediten von der Sicherstellung durch ein Grundpfandrecht abgesehen werden. Eine Definition des Realkredits enthält § 21 Abs. 3 Nr. 1 KWG i.V.m. § 14 Abs. 1 und § 16 Abs. 1 und 2 PfandBG.[304] Danach darf der Realkredit nur bis zur Höhe von 60 % des durch einen sachverständigen Wertermittler festgestellten Beleihungswertes des Sicherungsobjektes besichert werden. Der Beleihungswert stellt den Wert einer Immobilie dar, der erfahrungsgemäß unabhängig von vorübergehenden, etwa konjunkturell bedingten Wertschwankungen am maßgebenden Grundstücksmarkt unter Ausschaltung von spekulativen Elementen während der gesamten Dauer der Beleihung bei einer Veräußerung voraussichtlich erzielt werden kann; § 3 Abs. 1 BelWertV.[305]

265 Der Verwendungszweck des Realkredites ist nicht von Bedeutung. Er braucht daher nicht auf den Erwerb oder Ausbau einer Immobilie gerichtet sein, sondern kann für jeden anderen Zweck

301 Richtlinie 2008/48/EG des Europäischen Parlaments und des Rates vom 23.4.2008 über Verbraucherkreditverträge und zur Aufhebung der Richtlinie 87/102/EWG des Rates (ABl. 2008 L 133, S. 66).

302 Richtlinie 2014/17/EU des Europäischen Parlaments und des Rates vom 4.2.2014 über Wohnimmobilienkreditverträge für Verbraucher und zur Änderung der Richtlinien 2008/48/EG und 2013/36/EU und der Verordnung (EU) Nr. 1093/2010 (ABl. 2014 L 60, S. 34).

303 Gesetz zur Umsetzung der Wohnimmobilienkreditrichtlinie und zur Änderung handelsrechtlicher Vorschriften vom 11.3.2016 (BGBl. I S. 396); vgl. dazu insbesondere BT-Drs. 18/5922, BT-Drs. 18/6286 sowie BT-Drs. 18/7584..

304 Pfandbriefgesetz v. 22.05.2005 (BGBl. I S. 1373), in Kraft getreten zum 19.07.2005; ersetzt das Hypothekenbankgesetz (HBG), das Gesetz über die Pfandbriefe und verwandten Schuldverschreibungen öffentlich-rechtlicher Kreditanstalten (ÖPG) und das Gesetz über Schiffspfandbriefbanken (SchbkG).

305 Beleihungswertermittlungsverordnung v. 12.05.2006 (BGBl. I S. 1185), in Kraft getreten am 01.08.2006.

verwendet werden, solange er nur grundpfandrechtlich (oder bei Mobiliarkrediten durch andere dingliche Sicherheiten) abgesichert ist.[306]

Bedeutung erlangt der Realkredit in der Finanzierung, da durch seine Sicherstellung durch Mobilien und Immobilien i.d.R. günstigere Zinskonditionen eingeräumt werden, als dies bei anderen Kreditformen der Fall ist.[307] 266

(5) Festdarlehen

Im Unterschied zu den vorbeschriebenen Darlehensformen, die mit einer regelmäßigen Tilgung versehen sind, tilgt bei einem Festdarlehen der Kreditnehmer erst am Ende der Kapitalnutzungsdauer das Darlehen in einer Summe. Die Gründe hierfür können ebenso vielfältig sein, wie die Form der Tilgung. Gemeinsam ist aber allen Festdarlehen, dass bis zum Tilgungszeitpunkt Zinsen zu zahlen sind, die variabel oder als Festzins vereinbart werden können. 267

Zur Sicherstellung der Tilgung zahlt der Darlehensnehmer regelmäßig Raten in ein Sparprodukt als **Tilgungsersatzmittel**. Die Fälle, bei denen Darlehensnehmer bereits zum Anfang des Vertrages über die erforderlichen Tilgungsmittel verfügen, dürften eher zu den Ausnahmen zählen. 268

Folgende Tilgungsersatzmittel kommen üblicherweise in Betracht: 269
- Sparverträge,
- Bausparverträge,
- Kapitallebensversicherungen,
- Fondsgebundene Lebensversicherungen,
- Rentenversicherungen,
- Investmentsparpläne.

Zum Zeitpunkt der Fälligkeit des Darlehens wird das erwirtschaftete Guthaben zur Tilgung des Darlehens herangezogen. Regelmäßig werden die Tilgungsersatzleistungen als Sicherheit an das Kreditinstitut abgetreten. 270

Bei endfälligen Darlehen besteht i.d.R. eine enge Verbindung zwischen dem Darlehensvertrag und dem entsprechenden Ansparvertrag.[308] Die Verträge sind voneinander abhängig, weshalb bei Verbraucherkreditverträgen auch eine Gesamtbetragsangabe erforderlich ist.[309] 271

Daher stellt sich häufig die Frage, was passiert, wenn die Tilgungsersatzleistung entgegen den ursprünglichen Prognosen nicht ausreichend ist, das Darlehen vollständig zurückzuführen. Dies kann z. B. bei Kapitallebensversicherungsverträgen infolge verringerter Überschussbeteiligungen oder bei anderen Sparverträgen, deren Erträge von spekulativen Wertentwicklungen abhängig sind, der Fall sein, aber auch bei Bausparverträgen im Fall der fehlenden Zuteilungsreife. Zur Klärung dieses Risikos kommt es entscheidend darauf an, was die Parteien vereinbart haben bzw. wie in der konkreten Beratung über Risiken aufgeklärt worden ist. 272

I.d.R. beinhalten die Verträge der Kreditinstitute bei endfälligen Darlehen eine Klausel, in der ausdrücklich geregelt ist, dass der Darlehensnehmer zusätzliche Tilgungsleistungen zu erbringen hat, sofern die angesparte Tilgungsersatzleistung nicht ausreichend ist. Vorsicht ist in diesem Zusammenhang geboten, entsprechende Hinweise nicht in den Vertrag mit auf zu nehmen, sondern nur als zusätzliche Information an den Darlehensnehmer auszuhändigen, selbst wenn dieser die Information unterzeichnet. Unter dem Blickwinkel des § 492 Abs. 1 Satz 3 BGB muss der Hinweis Bestandteil des Vertrages werden, um im Bereich der Verbraucherdarlehen das Schriftformerfordernis zu erfüllen. 273

306 PWW/*Nobbe* § 503 Rn. 3; BGH, WM 1992, 566.
307 Vgl. monatliche Zinsstatistik der Deutschen Bundesbank; www.bundesbank.de.
308 BGH, WM 2002, 380 (382).
309 Bülow/*Artz* § 492 Rn. 109a.

274 Problematisch wird es aber, wenn die Darlehensverträge keine Regelung über die Übernahme des Risikos der Unterdeckung vorsehen. Da i.d.R. das Ansparguthaben als Sicherheit an das Kreditinstitut abgetreten ist, ist die Frage von Bedeutung, ob die **Abtretung an Erfüllungs statt oder erfüllungshalber** erfolgt ist. Eine Forderung kann zwar zugleich sicherungs- und erfüllungshalber abgetreten werden,[310] mit der Leistung erfüllungshalber ist aber regelmäßig eine Stundung der ursprünglichen Forderung verbunden.[311]

275 Entsprechend der Auslegungsregel des § 364 Abs. 2 BGB liegt eine Leistung erfüllungshalber vor, wenn der Schuldner zum Zweck der Befriedigung des Gläubigers diesem eine Forderung ggü. einem Dritten verschafft.[312] Schuldet der Kreditnehmer somit die Rückerstattung der vollen Darlehenssumme und soll bei endfälligen Krediten mit Tilgungsaussetzung die Tilgung aus einer Kapitallebensversicherung erfolgen, so geschieht dies regelmäßig entsprechend § 364 Abs. 2 BGB erfüllungshalber und nicht an Erfüllungs statt. Die Tilgung erfolgt daher nur i.H.d. tatsächlich ausgezahlten Lebensversicherungsleistungen. Das Risiko, dass die Lebensversicherungsleistungen zur vollständigen Tilgung des Darlehens nicht ausreichen, hat grds. der Darlehensnehmer zu tragen.[313] Dieses Ergebnis entspricht auch dem Prinzip, dass der Gläubiger auf wesentliche Rechte, wie z.B. das Nachforderungsrecht im Fall einer Unterdeckung, nicht verzichtet.[314]

276 Lediglich bei einer klaren, eindeutigen Bestimmung im Darlehensvertrag, dass mit der Zahlung der Tilgungsersatzleistung die gesamt Darlehensschuld getilgt werden soll, kann von einer Leistung an Erfüllungs statt ausgegangen werden. Eine solche Vereinbarung kann auch stillschweigend erfolgen. Dem Verhalten des Gläubigers muss in diesen Fällen aber eindeutig der rechtsgeschäftliche Wille zu entnehmen sein, dass er die Ersatzleistung als Erfüllung annehmen will.[315]

277 Unter Berücksichtigung der Entscheidung des OLG Karlsruhe vom 04.04.2003 sind Formulierungen entsprechend »das Darlehen wird getilgt durch eine bei der X bestehende [...] Tilgungsersatzleistung« zu vermeiden, da sie einen weiten Raum für Auslegungen eröffnen, deren Ergebnis nicht vorhersehbar ist.[316]

278 Etwas anderes gilt, wenn eine ausdrückliche Vereinbarung über die Ausgleichspflicht des Darlehensnehmers im Fall einer auftretenden Unterdeckung vorliegt; diese ist daher unabdingbar.

279 Die vorstehenden Auslegungsregelungen sind bisher bei kapitalbildenden Lebensversicherungen zutage getreten, sie dürften bei den anderen risikoabhängigen Ansparmodellen aber ebenfalls zur Anwendung gelangen.

280 Häufig sind während der Laufzeit **Sonderzahlungen** möglich, die sowohl der außerplanmäßigen Tilgung des Darlehens dienen können, als auch der schnelleren Ansparung der Tilgungsersatzmittel.

281 Aufgrund der Gegebenheiten der Tilgungsaussetzungsmodelle können abhängig von der jeweiligen Konditionsgestaltung für das Darlehen und für das Ansparprodukt weitere Kosten entstehen, z.B. Abschluss- und Kontoführungskosten. Diese können die Aufwendungen des Darlehensnehmers im Vergleich zu einem reinen Annuitätendarlehen erhöhen. Möglicherweise stehen diesen erhöhten Aufwendungen aber positive steuerliche Auswirkungen ggü. bzw. Vorteile in der Abwicklung des Darlehens, z.B. durch Sondertilgungsmöglichkeiten. Bei komplizierten Tilgungsaussetzungsmodellen liegt es auf der Hand, dass die Vor- und Nachteile für einen normalen Verbraucher nur schwer

310 Palandt/*Grüneberg* § 364 Rn. 5.
311 BGH, NJW 1992, 683 (684).
312 Palandt/*Grüneberg* § 364 Rn. 5; OLG Karlsruhe, WM 2006, 1247 (1248).
313 BGH, WM 2008, 121 (122).
314 *Hertel/Edelmann*, S. 139; *Arzt/Weber* BKR 2005, 264 (265).
315 Palandt/*Grüneberg* § 364 Rn. 2; *Hertel/Edelmann*, S. 139.
316 OLG Karlsruhe, WM 2003, 2412 (2413).

zu erkennen sind. Daher kann abhängig vom Einzelfall den Kreditinstituten eine gesteigerte Aufklärungs- und Informationspflicht obliegen.[317]

(a) Ansparung über Sparverträge

282 Die Einzahlung von Tilgungsraten auf ein Sparkonto bzw. einen Ratensparvertrag ist die einfachste Form eines Tilgungsersatzmodels. I.d.R. fallen keine weiteren Kosten für den Darlehensnehmer an. Die Rentabilität dieses Modells kann ihre Vorteile aus der individuellen steuerlichen Situation des Schuldners ziehen, z.B. bei der Nutzung steuerlich abzugsfähiger Darlehenszinsen über die Gesamtlaufzeit.

(b) Ansparung über Bausparvertrag

283 Die Tilgung über einen Bausparvertrag ist nur möglich, wenn die Darlehensmittel wohnwirtschaftlichen Zwecken zugeführt werden, also insb. für den Bau oder Kauf eines Hauses, einer Eigentumswohnung oder eines Erbbauobjektes verwendet werden bzw. dem Aus- und Umbau, der Modernisierung oder der Umschuldung dienen.[318] Dies kommt i.d.R. nur bei Immobilienfinanzierungen von Privatpersonen in Betracht. Statt der direkten Tilgung werden hier die Beträge zielgerichtet auf einen Bausparvertrag eingezahlt. Der Bausparvertrag ist eine vom Staat ins Leben gerufene und speziell geförderte Anlageform, die es ermöglicht die Eigenkapitaldecke bei der Immobilienfinanzierung zu erhöhen und zeitgleich zinsgünstige Darlehen zur Baufinanzierung zu bekommen. Geregelt ist dies alles im 5. VermBG.[319] Der Vorteil dieser Tilgungsart liegt darin, dass ergänzend zu den eigenen Einzahlungen des Darlehensnehmers auf den Bausparvertrag noch Wohnungsbauprämien oder Vergünstigungen bei der ESt erzielt werden können. Aktuell kommen (beim Vorliegen der Fördervoraussetzungen) als steuerliche Vorteile in Betracht die Arbeitnehmersparzulage, die Wohnungsbauprämie sowie die vermögenswirksamen Leistungen des Arbeitgebers. Die Eigenheimzulage ist ab dem 01.01.2006 abgeschafft worden.

284 Das Bausparsystem basiert auf der Grundidee des kollektiven Sparens. Nach dem Motto »erst sparen, dann bauen« sparen bauwillige Personen »gemeinsam« mit dem Ziel, Wohneigentum zu erwerben. Wenn durch die Sparbeiträge aller Bausparer ein bestimmter Grundstock erreicht wird, kann dieser zu günstigen Zinsen an einzelne Bausparer als Darlehen gewährt werden, wenn diese die Zuteilungsvoraussetzungen – z.B. Mindestsparguthaben, Mindestsparfrist – erreicht haben. Durch die Rückführung der Darlehensmittel wird der Grundstock der Bauspargemeinschaft wieder aufgefüllt, wobei er durch die Zinszahlungen für die Kapitalnutzung noch wächst und erneut anderen Bausparern als Darlehen zur Verfügung gestellt werden kann. Durch die »gemeinschaftliche« Finanzierung der Bausparer untereinander sind die Darlehenszinsen i.d.R. günstiger, als dies sonst am Kapitalmarkt der Fall wäre. Mittlerweise sind die vorgeschilderten Grundstrukturen des Bausparens in der Praxis allerdings wesentlich komplexer.

285 Bei Festdarlehen mit Tilgungsaussetzung gegen Bausparvertrag erhält der Kreditnehmer von seinem Kreditinstitut sofort ein Wohnbaudarlehen zur Verfügung gestellt, mit dem er seine Investition tätigen kann, ohne auf die Wartezeit bis zur Zuteilung seines Bausparvertrages angewiesen zu sein.

286 Die Abwicklung gliedert sich in zwei Phasen.

287 In der ersten Phase muss der Darlehensnehmer neben den auf den Darlehensvertrag zu zahlenden Zinsen parallel Zahlungen auf einen gesondert abzuschließenden Bausparvertrag erbringen.

---

317 BGH, WM 1991, 179 (182); OLG Brandenburg, Urt. v. 06.09.2006 – 4 U 175/05. OLG Düsseldorf, Urteil vom 20. Juli 2017 – I-6 U 140/16 –, juris.

318 *Freckmann/Rösler* ZBB 2007, 23 (24).

319 Fünftes Gesetz zur Förderung der Vermögensbildung der Arbeitnehmer in der Fassung vom 04.03.1994. (BGBl. I S. 406); zuletzt geändert am 07.12.2011.

288 Im Rahmen des Abschlusses des Bausparvertrages wird festgelegt, welche Bausparsumme erreicht werden muss, um das Darlehen beim Kreditinstitut ablösen zu können. Die Bausparsumme resultiert aus dem angesparten Guthaben des Darlehensnehmers und dem gewährtem Bauspardarlehen durch die Bausparkasse, wobei zwischen den Parteien i.R.d. Vertragsabschlusses festgelegt worden ist, wie viel Prozent der Bausparsumme der Sparer ansparen muss, bevor die Darlehensgeberin das Bausparguthaben gewährt; z.B. wird in manchen Bauspartarifen das Bauspardarlehen bei einem Guthaben von 40 % der Bausparsumme gewährt. I.d.R. bestehen für die gesamte Laufzeit feste Vereinbarungen über den gewährten Zins sowohl in der **Vermögensaufbau- bzw. Ansparphase**, als auch in der Darlehensphase. Durch die festen Zinsabreden hat der Darlehensnehmer eine Planungssicherheit bis zur vollständigen Tilgung seines Darlehens. Der in der Ansparphase gezahlte Zins liegt meist unterhalb der marktüblichen Anlagezinsen, allerdings wird dies kompensiert durch den niedrigen Zinssatz des Bauspardarlehens. Zu berücksichtigen ist in diesem Zusammenhang, dass es den Bausparkassen von Gesetzes wegen verboten ist, einen konkreten Zuteilungstermin bereits vorab zu bestimmen bzw. zu vereinbaren. Daher lassen sich wegen der Ungewissheit des konkreten Zuteilungszeitpunktes die anfallenden Kosten vorab nur annähernd feststellen. Allerdings lässt sich durch Erfahrungswerte ein annähernder Ablösezeitpunkt ermitteln.

289 Wenn das vereinbarte Bausparguthaben und die hiermit zusammenhängende Zuteilung des Bauspardarlehens erreicht worden ist, wird die zur Auszahlung kommende Bausparsumme zur Tilgung des Darlehens bei der Bank verwendet. Diese ist nun befriedigt.

290 Es beginnt die zweite Phase. Das nunmehr valutierte Bauspardarlehen wird bei der Bausparkasse getilgt.

▶ **Beispielrechnung 7: Grundmuster einer Tilgungsaussetzung gegen Ansparung Bausparvertrag**

291 Finanzierungsbedarf: 120.000,00 €

1. Festdarlehen des Kreditinstituts 120.000,00 €; Zinssatz 5 %, tilgungsfrei
2. Bausparsumme: 120.000,00 €; zuteilungsreif bei 40 % Bausparguthaben nach ca. 10 Jahren

	Kreditinstitut			Bausparkasse		
Darlehen:	120.000,00	EUR	anzusparendes Guthaben:	48.000,00	EUR	1. Jahr
Bearbeitungsgebühr:	0,00	%				
Kreditbetrag:	120.000,00	EUR				
anfängliche Tilgung p.a.:	0,00	%				
Zinssatz p.a.:	5,00	%	Guthabenverzinsung p.a.:	1,5	%	
Zahlungsmodus:	monatlich		Zahlungsmodus:	monatlich		
Zinsabschluss:	monatlich		Zinsabschluss:	monatlich		
Tilgung	endfällig					
Laufzeit:	120	Monate	Laufzeit:	120	Monate	
Effektiver Jahreszins:	5,00	%				
120 monatliche Raten:	500,00	EUR	120 monatliche Raten:	400,00	EUR	
Letzte Rate:		EUR	Zinserträge:	410,00	EUR	
Zahlungen insgesamt:	60.000,00	EUR	Guthaben insgesamt:	48.410,00	EUR	
davon Zinszahlungen:	60.000,00	EUR	davon Ansparleistungen:	48.000,00	EUR	10. Jahr

292 Nach 10 Jahren erfolgt die Auszahlung der Bausparsumme über 120.000,00 € an das Kreditinstitut, dessen Darlehen wird getilgt. Die Bausparsumme errechnet sich aus 48.000,00 € Bausparguthaben und 72.000,00 € Bauspardarlehen.

Bauspardarlehen:	71.590,00	EUR	11. Jahr
anfängliche Tilgung p.a.	4,96	%	
Zinssatz p.a.:	3,80	%	
Zahlungsmodus:	monatlich		
Zinsabschluss:	monatlich		
Tilgung	monatlich		
Laufzeit:	120	Monate	
Effektiver Jahrenszins:	4,51	%	
120 monatliche Raten:	720,00	EUR	
Ratenzahlungen insges:	86.400,00	EUR	
davon Zinsen:	15.063,00	EUR	20. Jahr

Gesamtzahlungen:	60.000,00 EUR	+	134.400,00 EUR

293 In der Praxis hat sich eine Vielzahl weiterer Tilgungsformen über Bausparverträge entwickelt, z.B. in der Kombination mit Vorfinanzierungs- oder Zwischenfinanzierungskrediten.

294 Häufig werden sog. **Vorausdarlehen** oder **Auffüllkredite** auf noch nicht zuteilungsreife Bausparverträge ausgereicht. Hierdurch wird das für die Zuteilung erforderliche Bausparguthaben sofort aufgefüllt, sodass die Auskehrung der Bausparsumme und damit des zinsgünstigen Bauspardarlehens schneller erreicht wird, als im Wege der monatlichen Ansparung.

295 Das Vorausdarlehen wird von dem finanzierenden Kreditinstitut oder der Bausparkasse zur Verfügung gestellt und ist i.d.R. ebenfalls tilgungsfrei. Die Tilgung erfolgt häufig über einen weiteren abzuschließenden Bausparvertrag, dessen Rahmenbedingungen so bemessen sind, dass bei Zuteilungsreife das angesparte Guthaben ausreichend ist, um das Vorausdarlehen tilgen zu können. Diese geschachtelten Finanzierungen bedürfen bei normalen Verbrauchern i.d.R. einer gesteigerten Aufklärung.[320]

296 Ob eine konkret zu beurteilende Finanzierung unter Einbeziehung von Bausparmitteln sinnvoll ist, hängt neben den persönlichen Fördermöglichkeiten des Antragstellers natürlich auch entscheidend von den jeweils aktuellen Kapitalmarktzinsen ab. Je höher die Kreditzinsen sind, desto eher dürfte sich eine Finanzierung mit Bausparmitteln rechnen.

297 Finanzierungen unter Einbeziehung von Bausparmitteln werden gewöhnlich über Grundschulden abgesichert.

298 Die rechtliche Verbindung zwischen dem Darlehensvertrag des Kreditinstituts und der anzusparenden Bausparsumme, die der Sicherstellung der endfälligen Tilgung des Darlehens dient, erfolgt meist durch eine Zusatzregelung im Darlehensvertrag. Hier wird vereinbart, dass die regelmäßige Darlehenstilgung bis zum vertraglich vorgesehenen Vertragsende ausgesetzt wird. Für den Fall, dass der Darlehensnehmer seine Ansparverpflichtung nicht erfüllt, demgegenüber die erforderlichen Zinszahlungen auf das Darlehen jedoch erbringt (um keine Zwangsversteigerung der Bank zu riskieren), sollte zudem vereinbart werden, dass beim Verzug des Darlehensnehmers z.B. mit zwei aufeinanderfolgenden Raten ein Recht zum Widerruf der Tilgungsaussetzungsvereinbarung durch die Bank besteht.

299 Dass die Bausparsumme bei vertragsgemäßer Erfüllung durch den Bausparer nicht erreicht wird, ist bei normaler Ausgestaltung der Bausparverträge ausgeschlossen, da die Bausparsumme im Voraus feststeht. Allerdings kann sich der Zeitpunkt der Zuteilung verschieben, sofern die entsprechenden Voraussetzungen noch nicht vorliegen. Dies kann dazu führen, dass der Darlehensnehmer bei

320 BGH, WM 1991, 179 (182); OLG Brandenburg, Urt. v. 06.09.2006 – 4 U 175/05.

Fälligkeit seines Darlehens den Tilgungsanspruch der Bank nicht erfüllen kann. In diesen Fällen ist davon auszugehen, dass die Bank die Kapitalnutzungsfrist verlängern wird.

(c) Ansparung über Lebensversicherung

300 Die Kombination von Darlehen mit einer Kapitallebensversicherung wird häufig bei gewerblich veranlassten Finanzierungen eingesetzt. Der Darlehensnehmer schließt im Zusammenhang mit der Darlehensaufnahme einen Versicherungsvertrag über eine kapitalbildende Lebensversicherung auf den Erlebens- und den Todesfall ab. Im Vergleich zu einem Annuitätendarlehen zahlt der Darlehensnehmer daher nicht nur auf einen Tilgungsersatz, sondern gleichzeitig auch auf das Todesfallrisiko.

301 Lebensversicherungsverträge sind durch die steuerlichen Rahmenbedingungen geprägt. Für ab dem 01.01.2005 geschlossene Verträge gelten die Regelungen des AltEinkG,[321] für vor diesem Zeitpunkt abgeschlossene Verträge gelten die Vorschriften des Steueränderungsgesetzes 1992 fort.

▶ Beispielrechnung 8: Grundmuster einer Tilgungsaussetzung gegen Ansparung Lebensversicherung

302 Finanzierungsbedarf: 120.000,00 €

1. Festdarlehen des Kreditinstituts 120.000,00 €; Zinssatz 5,00 %, tilgungsfrei,
2. Lebensversicherung: Mann, 35 Jahre, anfängliche Versicherungssumme 80.770,00 €, Ablaufleistung 120.000,00 €, Laufzeit 20 Jahre

	Kreditinstitut			Lebensversicherung	
Darlehen:	120.000,00	EUR	anzusparendes Ablaufguthaben:	120.000,00	EUR
Bearbeitungsgebühr:	0,00	%	Versicherungssumme:	80.770,00	EUR
Kreditbetrag:	120.000,00	EUR			
anfängliche Tilgung p.a.	0,00	%			
Zinssatz p.a.:	5,00	%	Rendite:	4,0	%
Zahlungsmodus:	monatlich		Zahlungsmodus:	monatlich	
Zinsabschluss:	monatlich		Zinsabschluss:	monatlich	
Tilgung	endfällig				
Laufzeit:	240	Monate	Laufzeit:	240	Monate
Effektiver Jahreszins:	5,00	%			
240 monatliche Raten:	500,00	EUR	240 monatliche Raten:	328,60	EUR
Letzte Rate:		EUR	Erträge:	41.131,00	EUR
Zahlungen insgesamt:	120.000,00	EUR	Ablaufguthaben:	119.995,00	EUR
davon Zinszahlungen:	120.000,00	EUR	davon eingezahlte Beträge:	78.864,00	EUR
Gesamtzahlungen:	120.000,00	EUR	+	78.864,00	EUR

303 Zu berücksichtigen ist, dass von dem Ablaufguthaben i.H.v. 119.995,00 € lediglich ein Auszahlungsbetrag i.H.v. ca. 80.770,00 € garantiert ist. Die verbleibenden Erträge i.H.v. 39.225,00 € sind erwirtschaftete Überschüsse, die abhängig sind z.B. von der Entwicklung der Verzinsung am Kapitalmarkt, dem Verlauf der Sterblichkeit und den Kosten. Sie können daher nicht garantiert werden, mit der Folge, dass Veränderungen der wertbildenden Faktoren zu erheblichen Abweichungen bei der Erwirtschaftung des Überschusses führen können. Daher ist auch das Ablaufguthaben Schwankungen unterworfen.

321 Alterseinkünftegesetz (AltEinkG) – Gesetz zur Neuordnung der einkommensteuerlichen Behandlung von Altersvorsorgeaufwendungen und Altersbezügen v. 05.07.2004 (BGBl. I S. 1427).

Ein spezifischer Nachteil dieser Finanzierungsform liegt auch in der vorzeitigen Kündigung der Lebensversicherung. Diese ist bisher unwirtschaftlich, da gerade in den ersten Jahren überhaupt keine Rückkaufswerte erwirtschaftet werden, oder diese sehr gering sind. Hintergrund ist das als Zillmerung[322] bezeichnete Verfahren der Kreditwirtschaft Abschluss- und Vertriebskosten mit den ersten gezahlten Beiträgen zu verrechnen. Hierbei werden die Vertragsabschlusskosten dem Versicherungsnehmer nicht gesondert in Rechnung gestellt, sondern mit den insgesamt über die Gesamtlaufzeit zu zahlenden Prämien verrechnet. Die Prämienzahlungen des Versicherungsnehmers werden zunächst dazu verwendet, die Abschlusskosten zu decken. Die Regelung entsprechender Verrechnungsmodalitäten in Allgemeinen Geschäftsbedingungen der Versicherungswirtschaft hat der BGH für den Fall der vorzeitigen Vertragsbeendigung für unwirksam erklärt.[323] 304

Die Bestimmung der Rückkaufswerte ist seit der Änderung des Versicherungsgesetzes 1994 bei nach dem 28.07.1994 geschlossenen Verträgen der freien Vereinbarung der Vertragspartner vorbehalten und frei aushandelbar. Bleiben dem Versicherungsnehmer jedoch Art und Höhe der zu verrechnenden Abschlusskosten und der Verrechnungsmodus – wie in der Praxis – unbekannt, so ist eine eigenbestimmte Entscheidung unmöglich. Nach der Entscheidung des BVerfG vom 15.02.2006[324] reicht in diesem Fall ein Hinweis auf die Möglichkeiten eines zivilrechtlichen Gerichtsverfahrens nicht aus, um zu gewährleisten, dass Versicherungsnehmer erkennen können, in welcher Höhe Abschlusskosten mit der Prämie verrechnet werden dürfen. Aus diesem Grund ist der Gesetzgeber aufgefordert worden, bis zum 31.12.2007 eine gesetzliche Regelung zu schaffen, die die Informationsrechte der Versicherungsnehmer gewährleistet. Mit Änderung des Versicherungsvertragsgesetzes zum 30.11.2007 wurde in § 7 Abs. 2 das BMJ ermächtigt, durch Rechtsverordnung umfassende Informationspflichten zugunsten der Versicherungsnehmer festzulegen. Die Informationspflichtenverordnung[325] legt fest, welche weiteren Informationen dem Versicherungsnehmer bei der Lebensversicherung insb. über die zu erwartenden Leistungen, ihre Ermittlung und Berechnung, über eine Modellrechnung sowie über die Abschluss- und Vertriebskosten, soweit eine Verrechnung mit Prämien erfolgt, und über sonstige Kosten mitzuteilen sind. Die Verordnung ist am 01.01.2008 in Kraft getreten; manche Angaben, insb. zur Verrechnung der Kosten, sind erst ab dem 01.07.2008 erforderlich. 305

Vom Festkredit zu unterscheiden ist das sog. **Policendarlehen**. Hierbei wird durch Beleihung einer kapitalbildenden Lebensversicherung durch die Versicherungsgesellschaft eine entgeltliche Vorschussleistung auf die zu erwartende Versicherungssumme erbracht.[326] Die Tilgung erfolgt zum Ablauf des Versicherungsvertrages durch Verrechnung mit dem auszuzahlenden Versicherungsbetrag.[327] Strittig ist, ob es sich bei den zu leistenden Zinsen eigentlich um einen Prämienzuschlag handelt, weil dem Versicherer i.H.d. Auszahlung der Zinsträger verloren gehe. Damit handele es sich bei einem Policendarlehen auch nicht um ein Darlehen i.S.d. §§ 488 ff. BGB (zum Meinungsstand vgl. BGH, Urt. v. 27.01.1999).[328] Unabhängig hiervon ist mit der Bevorschussung der zu erwartenden Versicherungssumme ein kreditorischer Effekt verbunden, der die Einordnung des Vertrags zumindest als Form einer sonstigen Finanzierungshilfe rechtfertigt 306

322 Zillmerung: Deckungskapital-Berechnungsformel der Versicherungsmathematik, u.a. zur Bestimmung der Nettorückkaufswerte in der Handelsbilanz der Versicherungsunternehmen.

323 BGH, WM 2005, 2279 (2285).

324 BVerfG, NJW 2006, 1783 (1784).

325 VO über Informationspflichten bei Versicherungsverträgen (VVG-InfoV) v. 18.12.2007, BGBl. I, S. 3004).

326 PWW/*Nobbe* § 488 Rn. 59.

327 OLG Stuttgart, Beschl. v. 09.01.2007 – 18 WF 298/06, OLGR München 2007, 1036.

328 BGH, NJW 1999, 1935 (1936).

(d) Ansparung über Investmentsparpläne

307 Bei der Kombination eines Festdarlehens mit einem Investmentsparplan handelt es sich um eine spekulationsbasierte Sparform. Die Zielsetzung dieser Kombination ist die Erwirtschaftung einer besseren Wertentwicklung (Performance) des Fonds ggü. dem Aufwand für ein Annuitätendarlehen. Wenn die Wertentwicklung des Fonds besser als der Nettoaufwand für ein Annuitätendarlehen ist, kann die Rückzahlungszeit kürzer als bei einer normalen Tilgung sein oder sogar ein Mehrerlös erwirtschaftet werden.

308 Der Darlehensnehmer hofft, durch die Wertentwicklung der Investmentanteile höhere Erträge zu erzielen, als er zur Erfüllung seiner Tilgungsverpflichtung benötigt. Um die Höhe der Zahlungen in den Fondsplan festzulegen, muss eine Mindestwertentwicklung des Fondsplanes unterstellt werden. Dabei ist zu beachten, dass die Kapitalmärkte erheblichen Schwankungen unterliegen können.

309 Dies ist problematisch, da der Wert der Fondsanlage zum Zweck der Rückzahlung des Darlehens an einen bestimmten Tag realisiert werden muss und Kursrückgänge nur schwer vermieden werden können. Je geringer daher die Annahme der Wertentwicklung ist, desto sicherer fällt die Grundlage für die Rückzahlung des Darlehens aus.[329] Dennoch kann das Risiko, das eingesetzte Kapital zu verlieren, nicht ausgeschlossen werden.

310 Auch der Einsatz von Investmentsparplänen ist stark geprägt von der individuellen steuerlichen Situation des Darlehensnehmers.

(e) Ansparung über fondsgebundene Lebensversicherungen

311 Eine Kombination aus der Investition in eine Kapitallebensversicherung bzw. einen Investmentsparplan ist die fondsgebundene Lebensversicherung. Hier erhält der Darlehensnehmer zum einen den Todesfallschutz der Risikolebensversicherung, zum anderen werden die von ihm erbrachten Zahlungen in Investmentfonds angelegt. Auch bei dieser Anlageform gibt es keine Garantie für einen Zinsertrag oder für den Bestand des eingesetzten Kapitals. Obwohl der Darlehensnehmer in eine vermeintlich »sichere« Lebensversicherung investiert, trägt er das Risiko des Ausgleichs einer Unterdeckung bis zum Totalverlust der Sparanlage.[330]

(f) Ansparung über Rentenversicherungen

312 Bei dieser Finanzierungslösung tritt an die Stelle einer Kapitallebensversicherung eine Rentenversicherung, bei der statt einer monatlichen Rentenzahlung die Kapitalabfindung genutzt wird, um den Darlehensbetrag am Ende der Laufzeit tilgen zu können. Die Risiken sind mit denen der Kapitallebensversicherung vergleichbar, weil auch hier die Überschussbeteiligungen nicht garantiert sind.

cc) Zinszahlung

313 Nimmt der Darlehensnehmer das Darlehen nicht ab, so begeht er eine Vertragsverletzung. Er ist der Bank zur Zahlung einer **Nichtabnahmeentschädigung** verpflichtet, sofern er die Nichtabnahme zu vertreten hat.[331] Hierbei ist zu beachten, dass nach der darlehenstypischen Risikoverteilung das Verwendungsrisiko der Darlehensvaluta allein in den Verantwortungsbereich des Darlehensnehmers fällt. Nach der Rechtsprechung des BGH[332] kann eine Bank ihren Schaden für die Laufzeit der rechtlich geschützten Zinserwartung, der ihr durch die Nichtabnahme oder durch die vorzeitige

329 *Freckmann/Rösler* BKR 2007, 23 (26).
330 *Münscher/Rösler/Lang*, S. 18.
331 LG Hamburg, WM 2011, 1992 (1993).
332 BGH, WM 2005, 547 (548).

Ablösung eines Darlehens entsteht, sowohl nach der Aktiv-Aktiv-Methode als auch nach der Aktiv-Passiv-Methode berechnen.[333]

(1) Zinsbegriff

Sofern das Darlehen nicht eindeutig als unverzinst vereinbart ist, trifft den Darlehensnehmer die Pflicht zur Zinszahlung. **Zinsen** stellen die nach der Laufzeit des Darlehens bemessene, gewinn- und umsatzunabhängige Vergütung für die Kapitalnutzungsmöglichkeit dar, nach anderer Sichtweise das für die Entbehrung des Kapitals dem Gläubiger zu zahlende Entgelt.[334] Sind die funktionalen Kriterien erfüllt, so spielt es keine Rolle, aufgrund welcher rechtlichen Vorgaben oder wirtschaftlichen bzw. faktischen Faktoren der Zinssatz gebildet wird. Umstritten ist, ob die Zinsschuld begriffsnotwendig als prozentualer Anteil des Kapitals ausgedrückt werden muss, oder ob infolge der Entgeltfunktion des Kreditzinses dieser nicht auch in einer anderen Gattung als in Geld ausgedrückt werden kann.[335] 314

Fehlt die Vereinbarung eines bestimmten Zinssatzes, gilt der gesetzliche Zinssatz gem. § 246 BGB bzw. § 352 HGB. Der Zins kann auch in einer festen Summe bestimmt werden oder z.B. bei partiarischen Darlehen als Beteiligung am Gewinn des Unternehmens.[336] Ob die Beweislast, dass eine Zinszahlung vereinbart worden ist, beim Darlehensgeber liegt, ist streitig.[337] 315

Die Fälligkeit der Zinszahlung ergibt sich primär aus den Absprachen der Parteien. Mangels entsprechender Regelungen kommt § 488 Abs. 2 BGB zum Tragen, wonach der Zins nach Ablauf eines Jahres zu zahlen ist, bzw. bei Rückführung des Darlehens vor Ablauf eines Jahres, mit der Rückzahlung. 316

Die Zinsen können für einen bestimmten Zeitraum fest vereinbart oder variabel gestaltet werden. 317

(2) Darlehensvertrag mit gebundenem Sollzinssatz

Sofern eine Darlehen mit einem gebundenen Sollzinssatz (**Festzinsvereinbarung**) vorliegt, kann diese Zinsbindung zulasten des Darlehensnehmers nur maximal 10 Jahre betragen (§ 489 Abs. 1 Nr. 2 BGB). Diese Regelung gilt für alle Darlehensnehmer, unabhängig davon, ob es sich um Verbraucherdarlehen handelt oder nicht. Sie bezieht damit auch Darlehen zu unternehmerischen Zwecken mit ein. Ausnahmen von dieser nicht abdingbaren Maximalfrist (§ 489 Abs. 4 Satz 1 BGB) bestehen bei Darlehensgewährungen an bestimmte Körperschaften des öffentlichen Rechts wie z.B. den Bund, ein Land, eine Gemeinde, einen Gemeindeverband usw. (§ 489 Abs. 4 Satz 2 BGB).[338] 318

Die Festzinsvereinbarung darf nicht mit einer **echten Abschnittsfinanzierung** verwechselt werden. Letztere vorliegt nur dann vor, wenn mit Ablauf der Zinsbindungsfrist auch das Kapitalnutzungsrecht des Darlehensnehmers endet. Folge hiervon ist, dass die Restdarlehen in vollständiger Höhe zurückzuzahlen ist, sofern kein neuer Darlehensvertrag geschlossen wird.[339] 319

Davon zu unterscheiden ist die **unechte Abschnittsfinanzierung**, bei der lediglich die Festzinsbindung endet, im Übrigen das Darlehen aber weiterhin fortbesteht. Diese Konstellation findet sich häufig bei langfristigen Immobilienfinanzierungen. 320

---

333 BGH, NJW 1991, 1817 (1818); BGH, WM 2001, 20 (22); wg. weiterer Einzelheiten vgl. nachfolgend Abschnitt C.

334 PWW/*Schmidt-Kessel* § 246 Rn. 5; OLG Köln, ZIP 1992, 1478 (1480); BGH, WM 1989, 1011 (1914).

335 MüKo-BGB/*Berger* § 488 Rn. 155.

336 Palandt/*Weidenkaff* § 488 Rn. 14.

337 Zustimmend OLG Oldenburg – Urt. v. 09.07.2013, Az. 13 U 136/12; PWW/*Nobbe* § 488 Rn. 66; a.A. in Palandt/*Weidenkaff* § 488 Rn. 28.

338 Palandt/Weidenkaff § 489 Rn. 13; Schwintowski § 13 Rn. 310.

339 Zur Unterscheidung echte/unechte Abschnittsfinanzierung BGH WM 2013, 1314.

321 Der Darlehensgeber unterliegt keiner Höchstbindungsdauer. Er kann sich auch über 10 Jahre hinaus binden, weshalb Zinsbindungsfristen von 15 und mehr Jahren nicht unüblich sind.

(3) Darlehensvertrag mit veränderlichem Zinssatz

322 Erfasst sind alle Darlehnsverträge mit **variablem Zinssatz**, unabhängig davon, aus welchem Grund die Änderung eintreten kann, z.B. kann eine kapitalmarktbedingte Anpassung durch eine einseitige Leistungsbestimmung i.S.d. § 315 BGB erfolgen.[340]

323 Maßstab für die Prüfung der Zulässigkeit von Zinsanpassungsklauseln ist § 308 Nr. 4 und als Generalnorm § 307 BGB.[341] Werden wie üblich die Zinsanpassungsvereinbarungen in Allgemeinen Geschäftsbedingungen geregelt, so ist nach § 308 Nr. 4 das Recht der Bank, die versprochene Leistung zu ändern oder von ihr abzuweichen, unwirksam, wenn nicht die Vereinbarung der Änderung oder Abweichung unter Berücksichtigung der Interessen des Verwenders für den anderen Vertragsteil zumutbar ist.

324 Allerdings sind nach der Grundsatzentscheidung des BGH zur Zinsanpassung vom 21.04.2009[342] Zinsanpassungsklauseln nicht grundsätzlich unwirksam. Eine den Kunden entgegen den Geboten von Treu und Glauben benachteiligenden Inhalt haben Zinsanpassungsregelungen aber dann, wenn sie nur das Recht der Bank enthalten, Erhöhungen ihrer eigenen Kosten an ihre Kunden weiterzugeben, nicht aber auch die Verpflichtung, bei gesunkenen eigenen Kosten den Preis für die Kunden zu senken.[343] Daher muss die Zinsanpassung transparenten, nachvollziehbaren Kriterien unterliegen.

325 Hierzu gehört z.B. die Bindung an einen aussagekräftigen Referenzmarktzinssatz/Referenzzinssatz, ein konstant wiederkehrender Prüfungs- und Anpassungszeitpunkt, die Festlegung der Anpassungsmarge, d.h. die Festlegung eines **Schwellenwertes**, der bei der Mindestveränderung des Referenzzinssatzes zum vorherigen Anpassungstermin zur Anpassung der Zinsen nach unten oder nach oben führt, sowie die Regelung der Anpassungshöhe. Ferner ist bei Verbraucherdarlehensverträgen die Informationspflicht nach § 493 Abs. 3 BGB i.V.m. Art. 247 § 15 EGBGB zu beachten.

326 Eine weitere Sicherung des Darlehensnehmers dahingehend, dass Bestandskunden vom Nominalzinssatz nicht schlechter gestellt werden dürfen als bonitätsmäßig gleich starke Neukunden, ist bei Umsetzung der vorgenannten Punkte nicht vorzunehmen.[344]

327 Darlehen mit veränderlichem Zinssatz können unter Einhaltung einer Kündigungsfrist von 3 Monaten jederzeit gekündigt werden (§ 498 Abs. 2 BGB). Auch diese Regelung kann nicht zum Nachteil des Darlehensnehmers geändert werden (§ 498 Abs. 4 Satz 1 BGB).

3. Darlegungs- und Beweislast

328 Die Darlegungs- und Beweislast für die darlehensweise Hingabe des Geldbetrages, somit für den Abschluss des **Darlehensvertrages** und Auszahlung der Darlehensvaluta, trägt der Darlehensgeber.[345] Der Beweis kann allerdings nicht lediglich dadurch erbracht werden, dass der Schuldner in einer notariellen Urkunde den Erhalt der Darlehensvaluta bestätigt und sich hierfür der Zwangsvollstreckung unterworfen hat. Die notariell bestellte Vollstreckungsunterwerfung bezieht sich ausschließlich auf eine das Zustandekommen eines Vollstreckungstitel gerichtete einseitige prozessuale

340 Schwintowski § 13 Rn. 318.
341 Schimansky/Bunte/Lwowski/*Bruchner/Krepold* § 78 Rn. 70.
342 BGH BKR 2009, 345.
343 BGH BKR 2009, 345 Rn. 25.
344 BGH NJW 2010, 933 Rn. 28; Schimansky/Bunte/Lwowski/*Bruchner/Krepold* § 78 Rn. 71.
345 BGH NJW 1986, 2571; BGH WM 2007, 636 Rn. 19; OLG Brandenburg, WM 2006, 316.

Willenserklärung, die nur prozessrechtlichen Grundsätzen untersteht. Auf die materielle Rechtslage hat sie keine Auswirkung[346].

Die Darlegungs- und Beweislast für die Erfüllung des Rückzahlungsanspruchs liegt demgegenüber beim Darlehensnehmer[347]. **329**

Macht die Bank Forderungen aus einem **Kontokorrentverhältnis** nach § 355 Abs. 3 HGB geltend, ist zu beachten, dass es zunächst der Gläubigerbank als Anspruchstellerin obliegt, den Saldo ihrer Forderung durch Offenlegung der einzelnen Aktiv- und Passivposten konkret darzulegen. Hierbei kann sich die Bank grundsätzlich darauf beschränken, das letzte Saldoanerkenntnis und etwaige danach eingetretene Änderungen des Saldos substantiiert darzutun. Ist ihr dies nicht möglich, weil es z.B. zu einem bestätigten Rechnungsabschluss nicht gekommen ist oder ein solcher nicht bewiesen werden kann, muss sie alle in das Kontokorrent eingestellten Einzelforderungen darlegen. Dabei hat die Bank unter Einschluss aller von ihr akzeptierten Passivposten so vorzutragen, dass das Gericht die eingeklagte Saldoforderung rechnerisch nachvollziehen und überprüfen kann.[348] Dabei ist es ohne Bedeutung, ob die Bank als Klägerin ihren Anspruch geltend macht oder z.B. im Fall einer negativen Feststellungsklage des Kunden die Parteirolle der Beklagten innehat.[349] **330**

C. Zinsen, Kosten und Entgelte, Zinsanpassungsklauseln

I. Zinsen

1. Effektivzins

Der Kapitalschuldner ist gem. § 488 BGB verpflichtet, für die Kapitalüberlassung den geschuldeten Zins zu zahlen. Es handelt sich um die in Geld oder anderen vertretbaren Sachen zu entrichtende Vergütung für den Gebrauch eines auf Zeit überlassenen Kapitals. Die Zinsen sind eine laufzeitabhängige, jedoch gewinn- und umsatzunabhängige Vergütung.[350] Damit der Verbraucher die unterschiedlichen Zinsangebote vergleichen kann, muss im Verbraucherdarlehensvertrag gem. § 492 Abs. 2 BGB, Art. 247 § 6 Abs. 1 Nr. 1 i.V.m. Art. 247 § 3 Abs. 1 Nr. 3 EGBGB der effektive Jahreszins und gem. Nr. 5 der Sollzinssatz angegeben werden. In der Neufassung des Gesetzes zur Umsetzung der Verbraucherkreditrichtlinie (2008/48/EG), die ab 11.06.2010 im BGB Gültigkeit hat,[351] ist der Begriff des »anfänglichen effektiven Jahreszins« entfallen, da die Verbraucherkreditrichtlinie die vorvertraglichen Information über den effektiven Jahreszins unabhängig davon fordert, ob der Zins gebunden oder veränderlich ist. **331**

Fehlt die Angabe des effektiven Jahreszinses oder des Sollzinssatzes (oder des anfänglichen effektiven Jahreszinses nach § 492 Abs. 1 Satz 5 Nr. 5 BGB a.F.), mindert sich der Zinssatz gem. § 494 Abs. 2 Satz 2 BGB auf den gesetzlichen Zinssatz, § 246 BGB. Ist die Angabe im Vertrag zu niedrig, also »nur« falsch, mindert sich der Zinssatz gem. § 494 Abs. 3 BGB verhältnismäßig um den Prozentsatz, um welchen der effektive (oder zuvor anfänglich effektive) Jahreszins zu niedrig angegeben ist. Die gesetzliche Neuregelung des § 494 Abs. 2 BGB ersetzt den früheren Begriff »Zinssatz« durch »*Sollzinssatz*«. **332**

In § 492 Abs. 2 BGB a.F. wurde der effektive Jahreszins als die in einem Prozentsatz vom Nettodarlehen anzugebende Gesamtbelastung pro Jahr definiert. Diese Regelung wurde in § 492 Abs. 2 **333**

346 BGH NJW 2001, 2096.
347 BGH WM 2007, 636, Rn. 19; OLG Düsseldorf – Urt. v. 26.11.2010 – I-22 U 97/10.
348 BGH NJW-RR 2013, 948 Rn. 9; BGH NZG 2013, 553 Rn. 9; Schimanski/Bunte/Lwowski/*Joeres* § 29 Rn. 8.
349 BGH BKR 2012, 415 Rn. 35; BGH NJW-RR 2013, 948, Rn. 9.
350 *Knops* Rn. 1 m.w.H.
351 BGBl. I 2009, S. 2355.

BGB durch eine reine Verweisregel ersetzt. Der effektive Jahreszins ist nach § 6 der Preisangabenverordnung (PAngV) zu berechnen, Art. 247 § 3 Abs. 2 Satz 2 EGBGB.

334 Nach § 6 der Preisangabenverordnung (PAngV) ist der effektive Jahreszins für Kredite gemäß der Formel und den Hinweisen zur Vorgehen gemäß der Anlage zu § 6 PAngV zu berechnen. § 6 Abs. 3 PAngV regelt detailliert, welche Kosten in der Berechnung berücksichtigt werden müssen. § 6 Abs. 3 PAngV enthält eine klarstellende Einschränkung. Zu den anzugebenden Gesamtkosten zählen die Zinsen und alle sonstigen Kosten einschließlich etwaiger Vermittlerkosten, soweit sie dem Kreditgeber *bekannt sind.*

335 Soweit Nr. 3 die Kosten für die Führung eines Kontos erwähnt, auf dem die Zahlungen für den Kreditvertrag entgegengenommen werden, ist anzumerken, dass es sich bei der PAngV um eine ordnungsrechtliche Vorschrift handelt, die keine zivilrechtliche Ermächtigungsgrundlage für die Einführung solche Entgelte darstellt. Ein solches Entgelt muss gem. § 312a Abs. S.1 BGB mit dem Verbraucher ausdrücklich vereinbart werden. Dies besagt dann jedoch noch nichts zu dessen Rechtmäßigkeit. Vereinbarte Nebenentgelte unterliegen der inhaltlichen Überprüfung, die der BGH für Kontoführungsentgelte bei Darlehensverträgen vorgenommen hat. Danach ist der Kreditnehmer vertraglich zur Ratenzahlung verpflichtet. Wo und wie der Gläubiger die eingehenden oder eingezogenen Raten verbucht, ist nicht das Problem des Kunden. Die Verbuchung erfolgt im Interesse des Gläubigers an ordnungsgemäßer Rechnungslegung. Kosten kann er in diesem Zusammenhang nicht verlangen, auch nicht für die Einrichtung eines internen Verrechnungskontos.[352] Werden solche Kosten dennoch verlangt, was möglich ist (»wo kein Kläger, da kein Richter«), müssen sie in die Berechnung des effektiven Jahreszinses einfließen, wenn sie Voraussetzung des Kreditvertrags sind, § 6 Abs. 3 Nr. 1 PAngV.

336 Bei Teilzahlungskrediten fällt auf, dass bestimmte Institute im Zusammenhang mit Darlehensverträgen eine sehr hohe Zahl an Restschuldversicherungen verkaufen, was den Eindruck systematischen Vorgehens erweckt. Dies wird von den Instituten bestritten. Die Kosten der Versicherung werden in diesen Fällen nicht in den Effektivzins eingerechnet, da dies angesichts der teilweise extremen Prämienhöhe zu unschönen Ergebnissen für die Darlehensgeber führen und dem Vertrag ein erkennbar wucherisches Gepräge geben würde. Tests haben ergeben, dass die Restschuldversicherung seitens der Bank meist von vornherein vorgesehen war und dem Kunden kein ausgesprochenes Wahlrecht eingeräumt wurde.[353] Bei Einbeziehung ergäbe sich, dass der so ermittelte Effektivzins vielfach um 100 % und mehr ansteigt, was in eine Sittenwidrigkeits- und Wucherdiskussion einmündet. Zu berücksichtigen ist jedoch, dass Zinsvergleiche nach bisheriger Rechtsprechung des BGH dergestalt anzustellen sind, das die Restschuldversicherung sowohl bei der Ermittlung des Vertragszinses, als auch bei der Ermittlung des Vergleichszinses außer Betracht bleibt.[354] Es muss Gleiches mit Gleichem verglichen werden.[355] Eine Sittenwidrigkeit wäre so nicht zu belegen. Alternativ kann daran gedacht werden, die Kosten der Restschuldversicherung angesichts des Gestaltungsmaßstabs beim Vertragszins einzubeziehen und beim Vergleichszins die Kosten einer üblichen Rechtsschutzversicherung zu addieren.

337 Ein weiterer Ansatz zur Lösung dieser Problematik kann darin bestehen, dass der Gesetzgeber generell die Kosten der Rechtsschutzversicherung auch dann in den Effektivzins einbezieht, wenn der

352 BGH, Urt. v. 07.06.2011 – XI ZR 388/10.

353 Die Verbraucherzentrale Bundesverband verweist nach einer Pressemitteilung v. 29.01.2007 auf 200 eidesstattlichen Versicherungen. Danach wurde in mehr als der Hälfte der Fälle der Kredit ausdrücklich vom gleichzeitigen Abschluss einer Restschuldversicherung abhängig gemacht. Im Fall eines Kredites von netto 30.000 €, der um eine Restschuldversicherungsprämie von 17.315 € aufgestockt wurde, beliefen sich die gesamten Kosten (Restschuldversicherung, Bearbeitungsgebühr und Zinsen) bspw. auf 39.642 €. Ohne die Restschuldversicherung wären bei gleicher Ratenhöhe demgegenüber nur 7.810 € an Kosten angefallen.

354 BGH, NJW 1988, 1661.

355 *Knops* Rn. 5 bejaht die Sittenwidrigkeitsprüfung unter Einbeziehung der Prämie für die Restschuldversicherung, ohne auf den Berechnungsmaß des Vergleichszinssatzes einzugehen.

Abschluss des Kredits nicht von der Versicherung abhängig gemacht wird, diese jedoch zusammen mit dem Kredit in Form eines Koppelgeschäfts abgeschlossen wird. Dann wäre die Möglichkeit eröffnet, dass angesichts der ausgewiesenen Effektivzinssätze der Kunde die exorbitante Verteuerung rechtzeitig bemerkt und von seinem Widerrufsrecht Gebrauch machen kann. Zudem würden die sich dann ergebenden, »ehrlichen« Vertragszinssätze das wucherische Gepräge durch überteuerte Restschuldversicherungen verdeutlichen und Anbietern den Anreiz nehmen, solche überflüssige und überteuerte Versicherungsprodukte mit dem Darlehensvertrag zu koppeln. Der Gesetzgeber hat diese Kritik bisher nicht aufgenommen.

Beim Verbraucherdarlehen sind die Kosten in den effektiven Jahreszins nur dann zwingend ein- 338 zubeziehen, wenn der Kredit vom Abschluss einer solchen Versicherung abhängig gemacht wird, § 492 Abs. 1 Satz 5 Nr. 6 BGB a.F., § 6 Abs. 3 Nr. 5 PAngV a.F. In der Neufassung § 6 Abs. 4 Nr. 2 PAngV fehlt das Wort »zwingend«. Dies bezeichnet jedoch nur eine redaktionelle, nicht inhaltliche Änderung. Nach wie vor sind die Kosten nur einzubeziehen, wenn sie Voraussetzung für die Kreditvergabe sind. Die Folgen eines Verstoßes gegen die Einbeziehungspflicht ergeben sich aus § 494 Abs. 4 Satz 1 BGB. Die Kosten der Versicherung werden nicht geschuldet. Der durch Nichteinbeziehung zu niedrig angegebene Zins wird reduziert, § 494 Abs. 3 BGB.[356]

Der Kunde wird den Beweis einer bedingten Kreditvergabe mit Versicherung kaum einmal führen 339 können. Da die Versicherungen in der Praxis meist stillschweigend untergeschoben werden – der Darlehensnehmer geht davon aus, dies müsse so sein – reicht es nach Meinung des Verf., wenn der Kunde darlegt, dass die Versicherung ihm angetragen wurde, ohne auf deren absolute Freiwilligkeit hinzuweisen. Die Bank müsste nachweisen, dass sie auf die Freiwilligkeit der Versicherung hingewiesen hat und es dem ausdrücklichen Willen des Kunden entsprach, diese dennoch abzuschließen. In der Praxis lassen sich die Kreditinstitute inzwischen entsprechende »Freiwilligkeitsklauseln« von den Kunden unterschreiben, deren Gültigkeit unter dem Gesichtspunkt unzulässiger Beweislastverschiebung gem. § 309 Nr. 12 b) BGB zu prüfen ist.

Mit den Koppelgeschäften zwischen Kredit und Restschuldversicherung hat sich der BGH erst- 340 mals 2009 beschäftigt.[357] Danach können Darlehensvertrag und Restschuldversicherung ein verbundenes Geschäft darstellen, wenn das Darlehen auch der Finanzierung der Versicherungsprämie dient. Der BGH bejaht eine Widerrufsmöglichkeit dann, wenn in der Widerrufsbelehrung nicht gem. § 358 Abs. 5 auf die Rechtsfolgen bei verbundenen Verträgen gem. § 358 Abs. 1 u. 2 Satz 1, 2 BGB hingewiesen wurde. Die Regelungen des Versicherungsvertragsgesetzes würden dieses Widerrufsrecht nicht verdrängen. Das Kreditinstitut, gegen das sich der Widerruf richtet, übernimmt hinsichtlich der Folge für die Versicherung die Rolle des Versicherers. Beide Verträge sind rückabzuwickeln.

Mit einer weiteren Entscheidung aus 2011 hat der BGH die Rückabwicklungsfolgen präzisiert.[358] 341 Der Kunde ist nicht zur Rückzahlung des für die Versicherung aufgewendeten Darlehenanteils nebst Zinsen an die Bank verpflichtet, sondern nur zur Rückzahlung des Nettokreditbetrags abzüglich bereits geleisteter Zahlungen. Hierauf hat der Kunde gem. § 357 Abs. 1 Satz 1 a.F.[359], § 346 BGB Zinsen als Nutzungsersatz zu zahlen. Der BGH erklärt dazu, § 358 Abs. 4 Satz 2 BGB a.F.[360], der bei einem verbundenen Geschäft im Fall des Widerrufs die Zahlung von Kosten und Zinsen ausschließt, gelte nicht für den Nettodarlehensteil, der das verbundene Geschäft nicht finanziert.

356 Erstattungs- und Freistellungsansprüche im Einzelfall verneint: BGH, Urt. v. 18.01.2005 – XI ZR 17/04, WM 2005, 415 (417 f.) Tz. 21; Urt. v. 18.12.2007 – XI ZR 76/06, WM 2008, 292, Tz. 27.

357 BGH, Urt. v. 15.12.2009 – XI ZR 45/09.

358 BGH, Urt. v. 18.01.2011 – XI ZR 356/09.

359 In der bis 13.06.2014 gültigen Fassung des BGB.

360 In der bis 13.06.2014 gültigen Fassung des BGB.

2. Falschabgabe und Fehlen des Effektivzinses

342 § 494 Abs. 3 BGB regelt, dass bei zu niedriger Angabe des effektiven Jahreszinses sich der dem Verbraucherdarlehen zugrunde gelegte Sollzinssatz um den Prozentsatz vermindert, um den der effektive Jahreszins zu niedrig angegeben ist. Obwohl in der Norm vom Effektivzins die Rede ist, soll sich nach Meinung des BGH bei einem Rechtsverstoß der frühere Nominalzins (heute Sollzinssatz) vermindern. Auch soll trotz der Verwendung des Begriffs »Prozentsatz« eine Verminderung des Zinssatzes um Prozentpunkte eintreten.[361] Wird in älteren Verträgen ein Nominalzins von 10 % p.a. und ein Effektivzins von 10 % statt 13 % angegeben, liegt eine zu niedrige Angabe von 3 %-Punkten vor. Um diesen Wert vermindert sich der Nominalzins auf dann 7 % p.a. und der Vertrag muss auf dieser Basis neu abgerechnet werden. Diese Verfahrensweise »übersetzt« die gesetzliche Regelung in eine einfach zu handhabende Berechnungsformel, die nach Meinung des Verf. jedoch zu zweifelhaften Ergebnissen kommt. Theoretisch kann der Nominalzins auf unter 4 % zu reduzieren sein, was mit der Regelung des § 494 Abs. 2 Satz 2 BGB kaum vereinbar erscheint. Fehlt der Effektivzins ganz, wird auf 4 % p.a. reduziert, wird er »nur« zu niedrig angegeben, kann er unter 4 % p.a. »rutschen«. Nach Meinung des Verf. spricht nach dem Wortlaut der Regelung, die der BGH in anderen Streitfällen des Verbraucherdarlehens als alleiniger Auslegungsmaßstab betrachtet,[362] viel dafür, wenn bei ausgewiesenen effektiv 10 % statt tatsächlicher effektiv 13 % die relative Abweichung berechnet wird. Diese beträgt 30 %. Der ausgewiesene Zinssatz von 10 % ist um 30 % auf effektiv 7 % zu reduzieren.[363] Dies bei älteren Verträgen nominal oder nunmehr als Sollzinssatz darzustellen, ist Aufgabe des betroffenen Instituts.

343 Fehlt der Effektivzins ganz, ist bei Empfang des Darlehens auf den gesetzlichen Zinssatz gem. § 246 BGB von 4 % p.a. abzusenken.[364]

3. Fehlender Gesamtbetrag

344 Vielfach beschäftigte die Rechtsprechung[365] die Praxis von Kreditinstituten und Bausparkassen, im Zusammenhang mit der Vollfinanzierung von Kapitalanlagen Tilgungsaussetzungsmodelle zu vertreiben. Der Anleger zahlt dabei über viele Jahre auf das ausgelegte Darlehen nur Zinsen, tilgt jedoch nicht. Die Tilgung sollte nach vielen Jahren aus der Ablaufleistung einer gleichzeitig angesparten Kapital-Lebensversicherung oder durch Ablösung des angesparten Bausparvertrages erfolgen. Das Modell wurde den Anlegern mit dem Hinweis schmackhaft gemacht, durch das gleichzeitige Ansparen der Tilgungssumme in Form einer Kapital-Lebensversicherung bzw. eines Bausparvertrages ergebe sich ein besonderer Vorteil durch Prämiengewinne. Vielfach wurde der Gesamtbetrag aller auf das Darlehen zu zahlender Beträge entgegen der Regelung des § 492 Abs. 1 Nr. 2 BGB a.F. (für laufende Fälle evtl. noch anwendbar § 4 Abs. 1 Satz 4 Nr. 1 VerbrKrG) nicht oder nicht vollständig angegeben. Die Regelung findet sich nunmehr in Art. 247 § 3 Abs. 1 Nr. 8, Abs. 2 EGBGB. Bei nicht grundpfandrechtlich gesicherten Darlehensverträgen führt ein Verstoß, auch bei Abschnittsfinanzierungen, zu deren Nichtigkeit.[366] Der Mangel wird jedoch durch Empfang des Darlehens

361 BGH, NJW 2000, 2816; LG Stuttgart, NJW 1993, 208; ablehnend *Reifner* Rn. 138 m.w.H.

362 Bei der Gesamtbetragsangabe stellt er unter Berufung auf den gesetzlichen Wortlaut auf den gänzlich fehlenden Gesamtbetrag ab und lässt den falschen Gesamtbetrag sanktionslos, vgl. BGH, Urt. v. 25.04.2006 – XI ZR 106/05.

363 Zutreffend *Reifner* Rn. 139.

364 *Reifner* Rn. 142 weist darauf hin, dass der Nominalzinssatz i.R.d. Verbraucherkredits durch einen nach den Regeln des Effektivzinssatzes strukturierten Zinssatz von 4 % ersetzt werden müsse. Der Begriff »gesetzlicher Zinssatz« spricht jedoch dafür, dass der Nominalzinssatz des Vertrages einfach durch 4 % p.a. nominal ersetzt wird. Insgesamt erscheint § 494 BGB wenig konsistent.

365 BGH, Urt. v. 18.12.2001 – XI ZR 156/01; Urt. v. 08.06.2004 – XI ZR 150/3; Urt. v. 14.09.2004 – XI ZR 11/04; Urt. v. 08.06.2004 – XI 150/03; Urt. v. 18.01.2005 – XI ZR 17/04.

366 BGH, NJW 2002, 957; NJW 2004, 2820; WM 2004, 2306; WM 2004, 2436; NJW 2005, 981; NJW 2005, 1190; WM 2005, 843; NJW 2006, 1952; NJW 2006, 1955; NJW 2006, 1788; NJW 2006, 1957.

geheilt, wobei es ausreicht, dass ein für den Anleger tätiger Treuhänder den Betrag weisungsgemäß empfängt.[367] Das Darlehen muss dann auf der Basis des gesetzlichen Zinssatzes von 4 % p.a. neu abgerechnet werden. Der Darlehensnehmer kann die Neuberechnung der monatlichen Leistungsraten unter Berücksichtigung der auf den gesetzlichen Zinssatz verminderten Zinsen und gem. § 812 Abs. 1 Satz 1, 1. Alt. BGB die Rückzahlung überzahlter Zinsen verlangen.[368]

Um den Kreditinstituten und deren Rechtsabteilungen, denen die einschlägigen gesetzlichen Re- 345
gelungen über Jahre angesichts zahllos festzustellender Verstöße gegen die Norm des § 4 Abs. 1 Satz 4 Nr. 1 VerbrKrG offenbar nicht geläufig waren, entgegen zu kommen, hat sich der BGH zudem dazu entschlossen, falsche Gesamtbetragsangaben zu tolerieren. Er beruft sich dabei auf den Wortlaut des § 492 Nr. 2 BGB, Art. 247 § 3 Abs. 1 Nr. 8, Abs. 2 EGBGB, in dem vom »Gesamtbetrag« die Rede ist. Auch ein falscher Gesamtbetrag sei immerhin ein Gesamtbetrag. Dass dieser richtig sein müsse, ergebe sich aus dem Gesetz nicht. Dass der bewusst falsche Gesamtbetrag eine grobe Irreführung des Verbrauchers darstellt, die i.S.d. Verbraucherschutzes nicht weniger schwer wirkt, als das bloße »Vergessen« des Gesamtbetrags, bleibt dabei außer Betracht. § 494 Abs. 2 Satz 2 BGB korrigiert diese Unstimmigkeit nicht.

II. Kosten und Entgelte

1. Bereitstellungs- und Nichtabnahmeentschädigung

Die Bank braucht Kunden Darlehen nicht bis zum Abruf umsonst zur Verfügung zu stellen.[369] Es 346
ist das Sache der Kunden, wenn sie das auf ihren Wunsch bereits bereitstehende Geld noch nicht bzw. erst später verwenden können. Nimmt der Kunde das Darlehen trotz Bereitstellung überhaupt nicht ab, kann die Bank eine Nichtabnahmeentschädigung als Schadensersatz verlangen.[370] Hier bringt der Kunde die Bank schuldhaft um den Zinsgewinn. Den Verlust kann sich die Bank erstatten lassen. Die das regelnde Klausel, auf der diese Forderung der Bank beruht, muss das Recht und die Möglichkeit des Kunden berücksichtigen, einen niedrigeren Schaden nachzuweisen.

2. Vorfälligkeitsentschädigung

a) Gesetzliche Regelung der Vorfälligkeitsentschädigung beim Allgemein-Verbraucherdarlehensvertrag

Mit den zum 11.06.2010 in Kraft tretenden Neuregelungen in Umsetzung der Verbraucherkredit- 347
richtlinie wurde das Kündigungsrecht beim Allgemein-Verbraucherdarlehensvertrag in § 499 BGB neu gestaltet. Als Ausgleich seines Erfüllungsinteresses erhält der Darlehensgeber nach § 502 BGB eine Vorfälligkeitsentschädigung, die jedoch gem. § 502 Abs. 1 Satz 2 BGB – abhängig von der Restlaufzeit – auf 1,0 bzw. 0,5 % des vorzeitig zurückgezahlten Betrages beschränkt ist. Zudem darf der Betrag der Sollzinsen nicht überschritten werden, den der Darlehensnehmer im Zeitraum zwischen der vorzeitigen und der vereinbarten Rückzahlung entrichtet hätte.

Eine Vorfälligkeitsentschädigung ist insgesamt ausgeschlossen, wenn die Rückzahlung aus den 348
Mitteln einer Versicherung bewirkt wird, die gerade die Rückzahlung sicherstellen soll, § 502 Abs. 2 Nr. 1 BGB. Damit wird bei Tilgungsaussetzungsmodellen mit kapital- oder fondsgebundenen Lebensversicherungen der Anspruch auf Vorfälligkeitsentschädigung ausgeschlossen. Nach § 501 Abs. 2 Nr. 2 BGB ist der Anspruch auf eine Vorfälligkeitsentschädigung außerdem ausgeschlossen, wenn im Vertrag keine vollständigen Angaben zu Laufzeit, zum Kündigungsrecht

367 BGH, NJW 2002, 368; NJW 2005, 981; WM 2006, 1060; NJW 2006, 1952; NJW 2006, 1955.
368 BGH, Urt. v. 20.01.2009 – XI ZR 504/07.
369 BGH, Urt. v. 21.02.1985 – III ZR 207/83, NJW 1985, 1831.
370 BGH, Urt. v. 21.02.1985 – III ZR 207/83, NJW 1985, 1831; WM 1994, 583 (584); OLG Naumburg, WM 2004, 782.

des Darlehensnehmers oder zur Berechnung der Vorfälligkeitsentschädigung enthalten sind. *Immobiliardarlehensverträge, bisher im Mittelpunkt der Differenzen, sind davon nicht betroffen, § 503 Abs. 1 BGB.*

b) Vorfälligkeitsentschädigung und Disagio beim Immobiliendarlehen

349 Will ein Haus- oder Wohnungseigentümer sein grundpfandrechtlich gesichertes Darlehen (Realdarlehen) schon vor Ablauf der Zinsbindungsfrist zurückzahlen, ist dies unter bestimmten Voraussetzungen möglich. Zunächst hat der BGH hat festgelegt, unter welchen Umständen und zu welchen Bedingungen das Kreditinstitut einer vorzeitigen Ablösung eines Realdarlehens zustimmen muss. Die Bank kann in diesen Fällen eine Vorfälligkeitsentschädigung für den Gewinnverlust berechnen.[371] Im Jahr 2000 wurde vom BGH die umstrittene Frage der richtigen Berechnung der Entschädigung präzisiert[372] und im Jahr 2004 weiter klargestellt. Für die Berechnung der Vorfälligkeitsentschädigung ist die Wiederanlagerendite der Kapitalmarktstatistik der Deutschen Bundesbank entscheidend, nicht jedoch ein Wert aus dem PEX-Index des Verbandes deutscher Hypothekenbanken und des Bundesverbandes öffentlicher Banken Deutschlands.[373] Ein vereinbartes Disagio muss anteilig vom Kreditinstitut erstattet werden.[374]

350 Die Möglichkeit der Vertragslösung bei einem für einen festen Zeitraum geschlossenes Realdarlehen mit festem Zinssatz wurde, den Vorgaben des BGH folgend, ab 01.01.2002 durch § 490 Abs. 2 BGB als außerordentliches Kündigungsrecht gesetzlich geregelt. Der Darlehensnehmer muss ein berechtigtes Interesse an der Vertragsbeendigung geltend machen können. Der Gesetzgeber hat sich bei den aufgezählten Kündigungsgründen an die Rechtsprechung des BGH angelehnt. Grds. ist bei vorzeitiger Vertragsauflösung eine Vorfälligkeitsentschädigung zu zahlen (§ 490 Abs. 2 Satz 3 BGB). Deren Berechnung hat der Gesetzgeber nicht geregelt.

351 Eine vorzeitige Rückzahlung kann erfolgen, wenn der Verkauf der Immobilie beabsichtigt ist, da sonst das Kreditinstitut in unzulässiger Weise die wirtschaftliche Handlungsfähigkeit des Kunden einschränken würde. Im Fall eines geplanten Objektverkaufs kommt es nach Auffassung des BGH zudem nicht auf die konkreten Verkaufsgründe an. Ein Anspruch auf eine vorzeitige Kreditabwicklung besteht daher sowohl bei privaten Veräußerungsgründen (Scheidung, Krankheit, Arbeitslosigkeit, Überschuldung, Umzug) als auch einfach bei Wahrnehmung einer günstigen Verkaufsgelegenheit. Einen Anspruch auf eine vorzeitige Vertragsablösung billigt der BGH auch zu, wenn der Darlehensnehmer weitere Kreditmittel benötigte, sein bisheriges Kreditinstitut ihm diese aber nicht zur Verfügung stellen will. Ein anderes Kreditinstitut war zur weiteren Kreditbereitstellung nur unter der Bedingung der Übernahme der Gesamtfinanzierung bereit, was eine vorzeitige Ablösung der Altverträge erforderte. Hier hätte ein Festhalten an den bestehenden Verträgen nach Ansicht des BGH eine unangemessene Einschränkung der wirtschaftlichen Bewegungsfreiheit des Grundstückseigentümers bedeutet.

352 Kein Anspruch auf eine vorzeitige Vertragsbeendigung besteht dagegen, wenn der Darlehensnehmer das Darlehen lediglich ablösen will, um die Bank zu wechseln oder um auf günstigere Konditionen umzusteigen. Dies wird nach wie vor nur mit Zustimmung des Kreditinstitutes möglich sein. Wirtschaftlich machen solche Umschuldungen allerdings nur dann Sinn, wenn bei in naher Zukunft auslaufender Zinsbindung das aktuell günstige Zinsniveau auf lange Frist gesichert werden soll. Dies kann aber in der Regel auch durch den Abschluss eines Forwarddarlehens erreicht werden. Bis zum regulären Ablauf des laufenden Vertrages bringt eine Umschuldung dagegen aufgrund der anfallenden Vorfälligkeitsentschädigung kaum einen wirtschaftlichen Vorteil ggü. dem Altvertrag. Sinnvoller ist es für den Kunden deshalb, seine Berechtigung zum Widerruf des Vertrages

371 BGH, Urt. v. 01.07.1997 – XI ZR 267/96 u. XI ZR 197/96, WM 1997, 1747 u. 1799.
372 BGH, Urt. v. 07.11.2000 – XI ZR 27/00.
373 BGH, Urt. v. 30.11.2004 – XI ZR 285/03.
374 BGH, Urt. v. 29.05.1990 – XI ZR 231/89.

gem. § 355 BGB zu prüfen, weil in zahlreichen Fällen die Kreditanbieter falsche und rechtlich angreifbare Widerrufsbelehrungen bei Immobiliendarlehen gestellt haben. Zwar hat der Gesetzgeber rückwirkend das Widerrufsrecht für die vom 01.09.2002 bis 10.06.2010 geschlossenen Immobilienverträge mit Ablauf des 21.06.2016 beendet. Aber auch neuere Widerrufsinformationen in nach dem 10.06.2010 geschlossenen Verträgen enthalten Rechtsfehler. Bei einem rechtmäßigen Widerruf entfällt eine Vorfälligkeitsentschädigung.

c) Höhe der Entschädigung

Nach Auffassung des BGH soll ein Kreditinstitut – wenn es auf Initiative des Kunden schon die vorzeitige Vertragsbeendigung hinnehmen muss – wirtschaftlich nicht schlechter gestellt werden, als wenn das Darlehen über den ursprünglich vereinbarten Zinsfestschreibungszeitraum regulär fortgeführt und verzinst worden wäre. Allerdings kann es auch nicht mehr fordern, als den Ausgleich der tatsächlich durch den vorzeitigen Ausstieg des Kreditnehmers entstehenden Nachteile. Die konkrete Berechnung der Vorfälligkeitsentschädigung kann nach Ansicht des BGH auf unterschiedliche Weise erfolgen. Durchgesetzt hat sich die Aktiv/Passiv-Berechnung. **353**

Mit der Begründung, dass es einer Bank in der Praxis häufig nicht möglich sein werde, die bei einer vorzeitigen Darlehensrückzahlung erhaltenen Gelder wieder als gleichartiges Darlehen mit entsprechender Restlaufzeit auszuleihen, stellt der BGH es den Kreditinstituten frei, bei der Ermittlung des Zinsverschlechterungsschadens als Wiederanlagezins auf die Zinssätze für sichere Kapitalmarktanlagen zurückzugreifen (sog. »Aktiv/Passiv-Vergleich«). Konkret werden als Anlageform dabei öffentliche Anleihen (z.B. des Bundes oder der Länder) angesprochen. Der Schaden ist um auf eine Risikoprämie sowie Verwaltungskostenanteile entfallende Beträge zu verringern und mit einem an der Restlaufzeit orientierten aktuellen Zins für öffentliche Kapitalmarktanlagen abzuzinsen. Wie dies konkret zu handhaben ist, hat der BGH im Jahr 2004 entschieden. Einige Banken legten ihren Berechnungen als Wiederanlagerendite Werte aus dem sog. Pfandbriefindex PEX bzw. die sog. DGZF-Renditen zugrunde. **354**

Der BGH folgte dem nicht.[375] Die Wiederanlagerenditen müssen ein repräsentatives Bild des Marktgeschehens liefern, d.h. die Renditen müssen auf der Grundlage tatsächlich durchgeführter Wertpapiergeschäfte ermittelt werden. Der BGH sieht diese Anforderungen durch die sog. PEX-Renditen nicht erfüllt. Den PEX-Renditen liegen zum großen Teil keine realen Umsätze zugrunde, sondern bloße Angebote, zu denen Hypothekenbanken Pfandbriefe verkaufen möchten. Bei diesen Angebotskursen bleiben allerdings die höheren Nachfragekurse unberücksichtigt. Aus den gleichen Gründen sind die im Urteil nicht ausdrücklich erwähnten DGZF-Renditen zu verwerfen, da es sich hierbei gleichermaßen nur um bloße Angebotsrenditen handelt. Heranzuziehen sind vielmehr Bundesbank-Renditen. Die Kapitalmarktstatistik der Deutschen Bundesbank bildet die realen Marktverhältnisse hinreichend repräsentativ ab, da sie auf tatsächlichen Geschäften beruhen. **355**

Im Streit war die Frage, ob bei der Berechnung der Vorfälligkeitsentschädigung klauselmäßig die Berücksichtigung von Sondertilgungsrechten ausgeschlossen werden kann oder nicht. Das OLG Oldenburg[376] ist der zutreffenden Meinung, dass ein Kreditinstitut bei vorzeitiger Vertragsbeendigung nicht mehr verlangen darf, als ihm nach der vertraglichen Zinserwartung zusteht. Vertraglich vereinbarte Sondertilgungsrechte verkürzen diese geschützte Zinserwartung, weil sich damit der zu zahlende Gesamtzinsbetrag vermindert. Da die in einem Verbandsklageverfahren beanstandete Klausel einer Sparkasse dies nicht berücksichtigt, wurde die Klausel wegen unangemessener Benachteiligung für unzulässig erklärt. Der BGH hat diese Entscheidung bestätigt.[377] **356**

Hat ein Kreditinstitut bereits eine Vorfälligkeitsentschädigung erhalten, die den tatsächlichen Nachteil überstieg, kann der Darlehensnehmer eine Erstattung des zu viel gezahlten Betrages fordern. **357**

375 BGH, Urt. v. 30.11.2004 – XI ZR 285/03.
376 OLG Oldenburg, Urt. v. 04.07.2014 – 6 U 236/13.
377 BGH, Urt. v. 19.01.2016 – XI ZR 388/14.

Die Bank kann sich in diesem Zusammenhang auch nicht darauf berufen, dass mit dem Kunden eine das Vertragsverhältnis abschließende individuelle Vereinbarung getroffen worden sei, oder der Kunde die Zahlung ohne Vorbehalt geleistete habe.

d) Bearbeitungskosten bei Ermittlung

358 Der BGH hat den Instituten für die Ermittlung der Vorfälligkeitsentschädigung und die Berechnung der Höhe ein Entgelt zugebilligt. Dieses darf nicht prozentual bspw. vom Ablösebetrag, sondern nur pauschal berechnet werden.[378] Da sich der Kunde bei seinem Wunsch nach einer Vertragsauflösung auf gesetzliche Gründe berufen kann, § 490 Abs. 2 BGB, handelt die Bank bei Auflösung des Vertrages eigentlich in Erfüllung einer gesetzlichen Pflicht, was gegen die Berechtigung eines Bearbeitungsentgelts spricht. Das LG Frankfurt/Main hat eine entsprechende Bankklausel deshalb für generell unwirksam erklärt.[379] Der BGH billigt es den Kreditinstituten bisher offenbar zu, weil das Entgelt im Zusammenhang mit der Ermittlung der Vorfälligkeitsentschädigung steht, die den Charakter eines Schadensersatzes hat. Die Höhe des Entgelts, die somit als pauschalierter Schadensersatz zu bewerten wäre, hat sich in den vergangenen Jahren dynamisch von 100 bis 150 DM in Richtung 150 bis 300 € entwickelt. Da die Berechnung inzwischen automatisiert und mit handelsüblichen Programmen vorgenommen wird, lässt sich eine Schadenspauschale von mehr als 100 € kaum rechtfertigen. Der BGH stellt bei der Bewertung von Entgelthöhen auf die tatsächlichen Kosten der Bank ab.[380] Dies entspricht den gesetzlichen Vorgaben zur Höhe von Nebenentgelten im Zahlungsverkehr, § 675f Abs. 5 S.2 BGB. Mehrforderungen sind an § 309 Nr. 5a) BGB (unzulässig hohe Pauschalierung) zu messen. Zudem muss dem Kunden klauselmäßig das Recht eingeräumt werden, keinen oder einen geringeren Schaden nachzuweisen, § 309 Nr. 5b) BGB. Unter anderem aus diesem Grund hat das OLG Frankfurt[381] eine Pauschalierung von 300 € für unzulässig erklärt.

3. Entschädigung bei freiwilliger Vertragsauflösung durch Bank

359 Liegt kein gesetzlicher Kündigungsgrund vor, kann die Bank gleichwohl den Kunden auf dessen Wunsch hin aufgrund einer rein freiwilligen Vereinbarung aus dem Vertrag entlassen. Die Entschädigung kann in diesem Fall frei ausgehandelt werden und wird nur durch die allgemeinen Grundsätze der Sittenwidrigkeit begrenzt, so der BGH im Jahr 2003.[382] Diese Grenze wird erst dann erreicht, wenn die Bank die Entschädigung annähernd doppelt so hoch wie die bei einer berechtigten Kündigung übliche ansetzt.

360 Etwas anderes kann gelten, wenn es sich um eine von der Bank verursachte, scheinfreiwillige Vertragsauflösung handelt. Bestehen z.B. Zahlungsrückstände und legt die Bank dem Kunden nahe, zur Vermeidung der Kreditkündigung die Immobilie zu veräußern, bestehen berechtigte Zweifel, ob die so verursachte Vertragsauflösung unter Druck der Bank einen Anspruch auf Vorfälligkeitsentschädigung gem. § 490 Abs. 2 BGB auslöst. Das LG Hannover[383] verneint dies zutreffend für den Fall, wenn die Initiative für die Vertragsauflösung von der Bank ausgeht und sich die Parteien nicht auf eine Entschädigung haben einigen können.

4. Entschädigung bei Kündigung durch Bank

361 In der früheren Praxis verlangten Kreditinstitut eine so bezeichnete Vorfälligkeitsentschädigung auch dann, wenn sie selber von ihrem Kündigungsrecht aus dem Darlehensvertrag Gebrauch

378 BGH, NJW 1997, 2875; NJW 1997, 2878.
379 LG Frankfurt/Main, Urt. v. 21.12.2017 – 2-10 O 177/17, WM 2018, 330.
380 BGH XI ZR 66/13, Urt. v. 17.12.2013, NJW 2014, 922 zur Nacherstellung von Kontoauszügen.
381 OLG Frankfurt 23 U 50/12, Urt. v. 17.04.2013.
382 BGH, Urt. v. 06.05.2003 – XI ZR 226/02.
383 LG Hannover, Urt. 19.12.2012 – 22 O 52/12, BKR 2014, 419.

gemacht hat. Auf § 490 Abs. 2 BGB kann sie sich dabei nicht berufen, weil dort ausschließlich der Fall des gesetzlichen Kündigungsrechts des Kunden geregelt ist. Folge der Kündigung ist nach den gesetzlichen Vorschriften, dass bei einem Verbraucherdarlehen die Bank einen Verzugszinssatz von 2,5 %-Punkten über dem jeweils aktuellen Basiszinssatz berechnen kann, § 497 Abs. 4 BGB (vorher § 497 Abs. 1 Satz 2 BGB a.F., danach § 503 Abs. 2 BGB a.F.).

In der dazu veröffentlichten Lit., die ausschließlich von der Kreditwirtschaft nahe stehenden Au- 362
toren geprägt wurde,[384] fand sich die Meinung, als Schadensersatz wegen Nichterfüllung könne zusätzlich zu den pauschalierten Verzugszinsen des § 497 Abs. 1 Satz 2 BGB a.F. auch eine einmalig bei Kündigung fällige Vorfälligkeitsentschädigung gefordert werden. Entgegen den OLG Stuttgart[385] und OLG München[386] hat der BGH[387] diese Diskussion beendet und die Forderung der Bank nach eigener Kündigung auf den Schadensersatz von 2,5 %-Punkte über dem Basiszinssatz beschränkt.

5. Entgelte bei Darlehensverträgen

a) Prüffähigkeit von Entgelten

Auf dem gerichtlichen Prüfstand standen bisher vor allem Entgelte,[388] die im Zusammenhang 363
mit dem Girokonto erhoben wurden. Während diese inzwischen mit einem Zulässigkeitskatalog gesetzlich reguliert wurden, fehlt es im Darlehenbereich an entsprechend detaillierten Vorgaben. Berücksichtig werden muss jedoch bei einem Verbraucherdarlehensvertrag die Regelung des § 312a BGB. Danach kann ein Entgelt neben der Hauptleistung – den zu zahlenden Vertragszinsen – nur getroffen werden, wenn dies ausdrücklich vereinbart wurde, § 312a Abs. 3 S. 1 BGB. Ihre gerichtliche Prüffähigkeit ergibt sich dann aus § 307 Abs. 3 BGB. Es muss sich um Regelungen handeln, durch die von Rechtsvorschriften abgewichen wird oder die diese ergänzen. Der BGH hat in verschiedenen Entscheidungen Kriterien aufgestellt, nach denen die Wirksamkeit von Entgelten bewertet werden soll.[389] AGB-Klauseln, die Art und Umfang der vertraglichen Hauptleistungspflicht und den dafür zu zahlenden Preis unmittelbar regeln, unterliegen nicht der Inhaltskontrolle. Eine richterliche Preisgestaltungskontrolle ist unzulässig[390] und wird vom BGH auch nicht ausgeübt. Kontrollfähig sind Preisnebenabreden. Dies sind Abreden, die zwar mittelbare Auswirkungen auf Preis und Leistung haben, an deren Stelle aber, wenn eine wirksame vertragliche Regelung fehlt, dispositives Gesetzesrecht treten kann. Dabei sind unter Rechtsvorschriften nicht nur Gesetzesvorschriften im materiellen Sinne zu verstehen, sondern auch allgemein anerkannte Rechtsgrundsätze und das Abweichen von Rechten und Pflichten, die sich aus der Natur des jeweiligen Vertragsverhältnisses ergeben.[391] In der Praxis stellte der BGH inzwischen weniger auf den Begriff einer »Nebenabrede« ab, als darauf, ob es sich um Regelungen handelt, die von allgemeinen Rechtsgrundsätzen abweichen oder sich nicht bereits aus der Natur des Vertragsverhältnisses ergeben. Handelt die Bank in Erfüllung von ihr seitens des Gesetzgebers auferlegten Pflichten oder zu eignen

384 *Lang/Beyer* WM 1998, 897; *Früh* NJW 1999, 2623; *Rösler/Wimmer* WM 2000, 164.

385 OLG Stuttgart, Urt. v. 26.03.2014 – 9 U 193/13.

386 OLG München 17 U 4313/13, Urt. v. 31.03.2014, WM 2014, 1341.

387 BGH, Urt v. 19.01.2016 – XI ZR 103/15.

388 Es wird im Folgenden durchweg von Entgelten die Rede sein. Der im Bereich der Kreditwirtschaft auch verwendete Begriff der »Gebühr« ist irreführend. Eine Gebühr wird für die Dienstleistung einer Behörde bezahlt, bezeichnet also die Gegenleistung für eine hoheitliche Maßnahme. Der Begriff wird auch als Bezeichnung für die Vergütung bestimmter Berufsgruppe verwendet und beruht dann auf gesetzlichen Regelungen. Im privatwirtschaftlichen Bereich können keine »Gebühren« festgesetzt werden.

389 BGH, NJW 1999, 2276; NJW 2000, 651; NJW 2001, 1419; NJW 2002, 1950; NJW 2005, 1275; NJW 2005, 1645; vgl. auch OLG Brandenburg, ZIP 2007, 860; zuletzt Grundsatzentscheidung BGH, Urt. v. 21.04.2009 – XI ZR 78/08; grundlegend zuletzt *Nobbe* WM 2008, 185.

390 *Bitter* ZIP 2008, 1095.

391 BGH, WM 1997, 1663; WM 1997, 2298.

Zwecken, kann sie die damit verbundenen Kosten nicht auf den Kunden abwälzen. Sie würde damit von allgemein anerkannten Rechtsgrundsätzen abweichen.

b) Kosten der Kontoführung

364 Wird im Wege der Einzugsermächtigung oder anderweitig die monatliche Ratenzahlung auf eine (Baufinanzierungs-) Darlehensverpflichtung vereinnahmt, weisen Kreditinstitute diesen Zahlungseingang auf einem Darlehenskonto aus. Obwohl dieses Konto nur die vertraglich geschuldete, ordentliche Verbuchung der Leistungsrate darstellt, wurden für die Einrichtung und die laufende Führung des Kontos für die gesamte Länge der Darlehensverpflichtung früher Kontoführungsentgelte verlangt. Die Bank folgt mit Empfang der Leistungsrate einer sich für sie aus dem Vertrag ergebenden Pflicht und stellt diesen Vorgang im eigenen Interesse ordnungsgemäßer Rechnungslegung den Darlehensvertrag in einer bestimmten Weise technisch durch Eröffnung eines reinen Abrechnungskontos dar. Dieser interne, der Pflicht zur Entgegennahme der Rate nachfolgende Vorgang ist keine Leistung für den Kunden und darf nicht besonders bepreist werden. In diesem Zusammenhang entstehenden Kosten können daher nicht auf den Kunden abgewälzt werden.[392] Sie müssen als allgemeine Betriebskosten in die Zinsmarge einkalkuliert werden. Die Klausel über die Zahlung einer monatlichen Gebühr für die Führung des Darlehenskontos ist nach BGH deshalb unwirksam.[393] Nach der Entscheidung sind entsprechende Entgelte aus den Jahreskontoauszügen der Darlehensgeber verschwunden.

c) Übersendung von Kontoauszügen

365 Der Jahrenskontoauszug gibt einen von vielen Kunden gewünschten und auch zur Vorlage beim Finanzamt benötigten Überblick über die Darlehensentwicklung und den Zins- und Tilgungsverlauf des abgelaufenen Jahres. Ob er kostenfrei zu erteilen ist, bewertet die Rechtsprechung unterschiedlich. Das LG Freiburg[394], dessen Entscheidung durch einen die Berufung zurückweisenden Beschluss des OLG Karlsruhe[395] bestätigt wurde, ist der Ansicht, eine Bepreisung der jährlichen Übersendung von Kontoauszügen sei zulässig. Es gebe keine gesetzliche Pflicht zur Übersendung, denn der Darlehensvertrag sei – anders als das Girokonto – kein Geschäftsbesorgungsvertrag. Anders urteilt das LG Frankfurt am Main.[396] Die jährliche Übersendung diene überwiegend dem Interesse der Bank. Denn der Kunde sei von ihr angehalten, Beanstandungen in dem Kontoauszug anzuzeigen. Dem ist das OLG Frankfurt am Main im Berufungsverfahren gefolgt.[397]

366 Wird der Auszug automatisch und unverlangt von der Bank verschickt, kann entgegen dem OLG Karlsruhe nicht automatisch auch von einer Entgeltpflicht ausgegangen werden. Denn die Bank handelt freiwillig oder erfüllt eine vermeintliche, aus ihrer Sicht bestehende Informationspflicht. Sie wird nicht im Auftrag des Kunden tätig. Zuzustimmen ist OLG Frankfurt am Main[398], wonach eine Bank auch im Rahmen des § 242 BGB grundsätzlich zur Rechnungslegung und Auskunft über die Entwicklung des Darlehens verpflichtet ist. Die einmalige, jährlich Übersendung des Kontoverlaufs ist dabei zumutbar.[399]

392 *Krüger/Bütter* WM 2005, 673 (675); *Steppeler*, S. 65; *Nobbe* WM 2008, 185 (193 Nr. 9).

393 BGH, Urt. v. 07.06.2011 – XI ZR 388/10.

394 LG Freiburg, WM 2013, 223.

395 OLG Karlsruhe, W; 2013, 223; zustimmend Kropf/Habl, BKR 2014, 145.

396 LG Frankfurt am Main, WM 2013, 1987.

397 OLG Frankfurt am Main, Urt. v. 09.01.2014 – 3 U 72/13.

398 OLG Frankfurt am Main, Urt. v. 13.04.2011 – 23 U 386/09.

399 An der in der Vorauflage vertretenen Auffassung hält der Verf. Nicht mehr fest. Der Tilgungsplan, den der Kunde verlangen kann, ersetzt nicht einen Nachweis über den tatsächlichen Darlehens- und Zahlungsverlauf.

d) Bearbeitungsentgelt

In Kreditverträgen üblich war die Erhebung von Bearbeitungsentgelten. Diese wurden im prozentualen Verhältnis zur Darlehenssumme erhoben, also z.B. 2 % – 3 % vom Nettodarlehen.[400] Bei Kettenkrediten erfolgt im Verlauf der Kette keine laufzeitbezogene Erstattung dieser Entgelte. Wird nach kurzer Zeit der offene Saldo umgeschichtet und z.B. ein überzogenes Girokonto durch Einbeziehung des offenen Saldos in das Darlehen wieder auf Null gesetzt, wird eine erneute Bearbeitungsgebühr von der vollen Kreditsumme berechnet. Wofür diese im Einzelnen verlangt wird, lässt sich den vertraglichen Klauseln durchweg nicht entnehmen. Der BGH hat in früheren Entscheidungen ein Bearbeitungsentgelt nicht beanstandet,[401] wobei die damals auch im Streit stehenden Entgelthöhen von 0,2–0,3 % des Darlehensbetrages[402] nicht mit der heutigen Entgelthöhe verglichen werden können. 367

Es handelt sich bei dem Bearbeitungsentgelt um eine pauschalierte Vergütung für den betriebsinternen Personal- und Sachkostenaufwand, der im Vorfeld und Kontext eines i.S.d. Instituts erfolgreichen Geschäftsabschlusses notwendigerweise zu erbringen ist. Solchen pauschal vereinnahmten Entgelten hat das OLG Karlsruhe eine Absage erteilt.[403] Der Bearbeitungsaufwand steigt nicht deswegen, weil der Betrag des Nettodarlehens höher wird. Die gängige prozentuale Anknüpfung an die Höhe des Darlehens benachteiligt den Darlehensnehmer bspw. einer Baufinanzierung unangemessen und ist unwirksam.[404] Auch bei einem nur pauschalierten und am tatsächlichen Aufwand orientierten Betrag handelt es sich um eine prüffähige und unzulässige Preisnebenabrede. Es ist kein Aufwand erkennbar, der im Zusammenhang mit einem Vertragsabschluss über die Förderung eigener, unternehmerischer Zwecke hinausgeht. Der BGH konnte sich zunächst nicht mit diesem Thema beschäftigen, da das betroffene Institut die Revision beim BGH gegen die Entscheidung des OLG Dresden zurücknahm. 368

Nachdem Oberlandesgerichte vergleichbare Entgeltklauseln durchweg für unwirksam erachtet haben (zB OLG Bamberg, WM 2010, 2072; OLG Zweibrücken, MDR 2011, 1125; OLG Karlsruhe, WM 2011, 1366; OLG Celle, Beschl. v. 13.10.2011 – 3 W 86/11 unter ausdrücklicher Aufgabe seines in der Entscheidung WM 2010, 355 vertretenen gegenteiligen Standpunktes; OLG Düsseldorf, Urt. v. 24.02.2011 – 6 U 16210,; OLG Düsseldorf, Urt. v. 26.09.2013 – 6 U 32/13)[405], hatte der BGH schließlich auf der Grundlage zahlreicher, zugelassener Revisionen Gelegenheit, die umstrittene Rechtsfrage zu klären. Mit den Entscheidungen BGH XI ZR 405/12 und XI ZR 170/13 vom 13.05.2014 stellte er klar, dass ein laufzeitunabhängiges Bearbeitungsentgelt gleich welcher Höhe[406] und gleich an welchem Standort im Vertrag[407] rechtsunwirksam ist. Die mehrfache Betonung des BGH der »Laufzeitunabhängigkeit« lässt den Schluss zu, dass ein laufzeitabhängiges Bearbeitungsentgelt, das »vor die Zinsen« gezogen und gesondert ausgewiesen wird, zulässig sein könnte. Da dabei jedoch der aus Banksicht bestehende Vorteil des Behaltenkönnens des Entgelts bei vorzeitiger Vertragsbeendigung entfällt, dürfte wenig Veranlassung bestehen, solche Entgelte nun laufzeitabhängig neben den Zinsen auszuweisen. 369

400 Bearbeitungsentgelte für Privatkredite i.H.v. 2 % des ursprünglichen Kreditbetrages verstoßen nicht gegen § 307 Abs. 1, Abs. 2 Nr. 1 BGB (OLG Celle, Beschl. v. 02.02.2010 – 3 W 109/09).

401 BGH, WM 1989, 1011: 1 % vom Darlehensbetrag.

402 BGH, WM 1985, 686: 0,3 %; WM 1981, 838: 0,2 %.

403 OLG Karlsruhe, Urt. v. 03.05.2011 – 17 U 192/10; ebenso OLG Frankfurt am Main, Urt. v. 27.07.2011 – 17 U 59/11.

404 So auch *Krüger/Bütter* WM 2005, 673 (676); *Steppeler*, S. 68.

405 Ausnahme OLG Düsseldorf, Beschl. v. 14.10.2013 – 14 U 133/13.

406 BGH XI ZR 405/12, Urt. v. 13.05.2014, NJW 2014, 2420: »Bearbeitungsentgelt einmalig 1 %«.

407 BGH XI ZR 170/13, Urt. v. 13.05.2014, NJW-RR 2014, 1133: das Entgelt wird »im Kopf« des Instituts gespeichert, bei individuellen Darlehensvertrag nach bestimmten Vorgaben errechnet und sodann in den Vertrag eingesetzt. Heute unzulässig wegen Gesetzesverstoß, vgl. § 312a Abs. 3 S. 1 BGB.

370 Auch die Frage der Verjährung hat der BGH geklärt. Er geht in BGH XI ZR 348/13 und BGH XI ZR 17/14, Urteile vom 28.10.2014 davon aus, dass frühestens zum Schluss des Jahres 2011 für betroffene Kunden die Kenntnismöglichkeit mit der Verfestigung der die Zulässigkeit des Entgelts ablehnenden OLG-Rechtsprechung bestand. Der BGH hat damit bei Verträgen, in die das Entgelt 2011 und früher eingesetzt worden war, bis zum 31.12.2014 Gelegenheit gegeben, verjährungshemmende Maßnahmen einzuleiten und das Entgelt zurückzufordern.

371 Bei den teilweise sehr hohen Bearbeitungsentgelten für Darlehen mit Unternehmern gem. § 14 BGB hat der BGH am 4. Juli 2017[408] entschieden, dass auch diese unzulässig sind. Der BGH hat die für Verbraucherdarlehen geltenden Grundsätze auch für gewerbliche Kredite bekräftigt und die Annahme abweichender Handelsbräuche abgelehnt. Schließlich wurde auch ein Bearbeitungsentgelt bei Avalkrediten mit Unternehmen für unzulässig erklärt, BGH, Urt. v. 17.04.2018, XI ZR 238/16. Als »Trost« für die Kreditwirtschaft wurde auch bei gewerblichen Krediten die Verjährungsrechtssprechung für Verbraucherdarlehen übernommen. Dies, obwohl für Unternehmensdarlehen mitnichten schon 2011 eine gefestigte Rechtssprechung hinsichtlich deren Unwirksamkeit bestand.

372 In Focus der Diskussion standen längere Zeit die Abschluss- und Verwaltungsgebühren bei Bausparverträgen. Die Abschlussgebühr soll offenbar den Aufwand der Bausparkasse abdecken, der im Zusammenhang mit dem Vertragsschluss entsteht. Dabei handelt es sich insb. um die Vertriebskosten. Die Bausparkassen argumentieren, sie seien auf die Motivation durch sofortige Alimentierung des Vertriebs angewiesen, damit möglichst viele, neue Kunden für die »Solidargemeinschaft der Bausparer« gewonnen werden können. Nur so sei später gewährleistet, dass in der zweiten Phase des Bausparvertrags ein zinsgünstiges Darlehen gewährt werden könne. Der BGH hat die Kontroverse zugunsten der Argumente der Bausparkassen entschieden.[409]

373 Die Hoffung der Bausparkassen, dass diese Entscheidung neben dem »Eintrittspreis« der Abschlusskosten auch für die späteren Bearbeitungsentgelte für das Bauspardarlehen rechtfertigt, ist inzwischen geplatzt. Auch im Rahmen von Bausparverträgen sind gesonderte Bearbeitungsentgelte für das spätere Bauspardarlehn nach BGH unzulässig[410], da diese Entgeltklausel in keinem sachlichen Zusammenhang mit dem früheren »Eintrittspreis« mehr steht.

374 Zulässig sind dagegen Bearbeitungsentgelte für Förderdarlehen (KfW-Darlehen). Der BGH[411] stellt bei der Abwägung der Zulässigkeit des Bearbeitungsentgelts auf die mit den Förderbedingungen verfolgten Zwecke der Förderung ab. Es handele sich nicht um Darlehen, die nach den Bedingungen des Kapitalmarktes vergeben werden, sondern um die zweckgebundene Gewährung besonders günstiger Mittel zur Förderung wirtschaftspolitischer Ziele, bei der das Bearbeitungsentgelt Teil der vorgegebenen Förderbedingungen sei. Die Gewährung der Förderdarlehen diene deshalb von vornherein nicht der Verfolgung eigenwirtschaftlicher Interessen der KfW sondern beruht auf einem staatlichen Auftrag.

e) Entgelt bei Nichtabschluss und Beratungshonorar

375 Eine trotz Beratung durch das Institut vom Kunden nicht eingegangene Vertragsbindung kann zu der Überlegung führen, ob nicht der investierte Aufwand auf den Interessenten umgelegt werden kann. Interessenten dürfen jedoch nicht belastet werden, wenn sie von einem Vertragswunsch Abstand nehmen, bevor das Kreditinstitut zugestimmt hat. Es gehört zu den üblichen Risiken jeder Geschäftstätigkeit, dass potenzielle Kunden abspringen, bevor es zum Vertragsschluss kommt.[412]

---

408 BGH, Urt. v. 04.07.2017 – XI ZR 562/15 und 233/16.
409 BGH, Urt. v. 07.12.2010 – XI ZR 3/10.
410 BGH, Urt. v. 08.11.2016 – XI ZR 552/15.
411 BGH, Urt. v. 16.02.2016 – XI ZR 454/14, 63/15 und 73/15.
412 OLG Dresden, Urt. v. 08.02.2001 – 7 U 2238/00, (rechtskräftig).

Einen Vertretens-Maßstab einzuführen,[413] widerspräche auch dem marktwirtschaftlich gewollten Prinzip der Vertragsfreiheit.

Abzugrenzen ist auch hier der Zweck der Gespräche. Verfolgen diese das Ziel, zu einem Vertragsschluss zu kommen, handelt es sich um den üblichen Personal- und Sachkostenaufwand im eigenen Interesse der Gewinnung neuer Kunden. Prüft die Bank zunächst intern, ob sie dem Kunden ein Angebot unterbreiten kann, erbringt sie für diesen keine Leistung, sondern klärt im Rahmen von dessen Bonitätsprüfung im eigenen Interesse ihr Kreditausfallrisiko. Zieht sich der Kunde schon in einer Frühphase zurück, etwas nachdem ihm die Bank ausführlich ihr Angebot erläutert und dafür evtl. sogar Tilgungsberechnungsbeispiele gefertigt hat, ändert dies nichts am Charakter der Leistung, die auf die Vorbereitung eines im eigenen wirtschaftlichen Interesse gerichteten Vertragsangebots gerichtet war. Von § 312a Abs. 3 BGB wird diese Tätigkeit nicht erfasst, da die Regelung einen abgeschlossenen Verbrauchervertrag voraussetzt. **376**

Verfolgen die Gespräche jedoch nicht dieses Ziel, sondern beinhalten als Hauptleistung eine eigenständige Beratungsleistung, kann – bei sauberer preislicher Abgrenzung – dafür sehr wohl eine Vergütung verlangt werden. Der Kunde wird dabei nicht mit dem Ziel des Produktvertriebs angesprochen, sondern ihm wird eine eigenständige Leistung, bspw. eine Baufinanzierungsberatung, offeriert und gesondert preislich ausgewiesen. Geht der Kunde auf diese Offerte ein, kommt ein reiner Beratungsvertrag zustande, der zu vergüten ist. Die vertragliche Beziehung endet dann mit Abschluss der Beratung. In der Praxis hat die Kreditwirtschaft aus Wettbewerbsgründen bisher darauf verzichtet, entsprechende vertragliche Leistungen gesondert anzubieten und mit einer Vergütung zu belegen. Bei den Kunden ist das Bewusstsein wenig verbreitet, dass eine reine Orientierungsberatung im Vorfeld konkreter Vertragsabschlüsse einen geldwerten Vorteil darstellt. Erschwert würde die Einführung reiner Beratungsvergütungen zudem dadurch, dass die Grenzen zur Aufnahme von konkreten Vertragsverhandlungen fließend und bei einer Bank, die Beratung und Verkauf anbietet, schwer zu ziehen ist. Ändert der Beratungsvertrag seine Zweckrichtung und mündet in ein – erfolgreiches – Verkaufsgespräch, ist der Streit um die Zahlung der gesonderten Beratungsvergütung vorprogrammiert. **377**

f) Kosten des Wertgutachtens

Im Zusammenhang mit der Baufinanzierung wird regelmäßig ein Wertgutachten eingeholt. Der BGH hat sich bisher nicht mit der Kostentragungspflicht für Wertgutachten beschäftigt. Das LG Dortmund[414] und das LG Stuttgart[415] haben zu einer Klausel geurteilt, in der Kosten für ein Wertgutachten auch dann gefordert wurden, wenn es zu dem angestrebten Darlehensvertrag im Ergebnis nicht kam. Die Klauseln wurden für unzulässig erklärt. Bestätigt wurde diese Rechtsauffassung durch das Urteil des OLG Düsseldorf,[416] wonach eine solche Allgemeine Geschäftsbedingung Kunden unangemessen benachteilige (§ 307 Abs. 2 Nr. 1 BGB) und daher unwirksam sei. Die Kreditwirtschaft beruft sich dagegen auf Entscheidungen des OLG München[417] und des OLG Naumburg,[418] die keine Bedenken gegen die Berechnung eines solchen Entgelts äußerten. **378**

Nach ständiger Rechtsprechung des BGH prüfen und ermitteln Kreditinstitute den Wert der ihnen gestellten Sicherheiten grds. nur im eigenen Interesse sowie im Interesse der Sicherheit des **379**

413 Andiskutiert und im Ergebnis abgelehnt von *Krüger/Bitter* WM 2005, 673 (677).

414 LG Dortmund, WM 1994, 379.

415 LG Stuttgart, WM 2007, 1930; zustimmend *Nobbe* WM 2008, 185 (194 Nr. 11).

416 OLG Düsseldorf, Urt. v. 05.11.2009 – I-6 U 17/09; so auch LG Hannover, Anerkenntnisurt. v. 26.08.2008 – 18 O 346/07, dazu bestätigender Ordnungsgeldbeschluss OLG Celle, Beschl. v. 10.06.2010 – 13 W 49/10; LG Dortmund, Urt. v. 27.01.2009 – 8 O 262/08; LG Dortmund, Urt. v. 06.03.2009 – 8 O 199/08; LG Stuttgart, Urt. v. 24.04.2007 – 20 O 9/07; LG Düsseldorf, Urt. v. 16.04.2008 – 12 O 335/07.

417 OLG München, WM 2000, 130.

418 OLG Naumburg, WM 2004, 782 (783).

Bankensystems, nicht aber im Kundeninteresse.[419] Die Wertermittlung erfolgt, um zu klären, ob das Objekt im Fall der Nichtbedienung des Darlehens ausreichende Sicherheit bietet. Da die Wertermittlung ausschließlich im Interesse des finanzierenden Instituts erfolgt, müssen Bedenken des Instituts gegen die Werthaltigkeit des Objekts dem Kunden noch nicht einmal mitgeteilt werden, so BGH.[420] Dementsprechend kann sich grds. aus einer lediglich zu bankinternen Zwecken erfolgten Beleihungswertermittlung keine Pflichtverletzung ggü. dem Kreditnehmer und somit auch keine diesbezügliche Aufklärungspflicht ergeben. Das Wertgutachten wird nach Meinung des Verf. im Auftrag und Sicherheitsinteresse des Instituts erstellt, das zudem im Bereich der Bausparkassen sogar gesetzlich verpflichtet ist, vor Vergabe eines Darlehens den Wert des Objekts zu prüfen. Der Kunde muss dieses deshalb nicht bezahlen.[421]

380 Die Bank kann den Kunden jedoch individuell verpflichten, als Voraussetzung für die Finanzierung den Wert des Objekts mit einem Gutachten auf eigene Kosten nachzuweisen und i.R.d. Finanzierungsantrags vorzulegen. Dann ist jedoch der Kunde Auftraggeber und Eigentümer des Gutachtens. Ob eine solche Forderung realistisch ist, muss sich für die Institute in der Marktkonkurrenz erweisen. Sehr viele verunglückte Baufinanzierungen wären vermieden worden, wenn der Kunde vorher gezwungen gewesen wäre, sich des Werts des Objekts zu versichern. Das Vertrauen der Kunden in unter Verschluss gehaltene Wertermittlungen hat sich insb. im Zusammenhang mit der Diskussion um »Schrottimmobilien« vielfach als wirtschaftlich verhängnisvoll erwiesen.

g) Schuldhaftentlassung

381 Rechtlich nicht geklärt ist das in der Praxis übliche Entgelt für die Entlassung aus der Schuldhaft. Stand das Haus im gemeinsamen Eigentum, kann eine Entscheidung nur anhand der Zweckrichtung der mit der Schuldhaftentlassung verbundenen Tätigkeit gefunden werden. Ist die Bank nicht zur Entlassung aus der Haftung verpflichtet, prüft sie diese im Auftrag und Interesse des Kunden. Jedoch reicht für die Frage der Entgeltzuweisung der reine Anlass nach Meinung des Verf. dann nicht aus, wenn die Sicherheitsbewertung der Bank aus Anlass des Kundenwunsches im Vordergrund steht. Entlässt die Bank den Kunden vollständig aus der vertraglichen Verpflichtung, wird sie dem nur zugestimmt haben, wenn der verbleibende Darlehensnehmer über eine so gute Bonität verfügt, dass es auf den Mitschuldner nicht mehr ankommt. Auch ist bei einem Realdarlehen zu berücksichtigen, dass bei normaler Finanzierung der Wert des Objekts von besonderer Bedeutung ist und diese Sicherung der Bank verbleibt. Schließlich ist sie nicht daran gehindert, im Zusammenhang mit der Schuldentlassung eine Verstärkung ihrer Sicherheiten zu verlangen. Dies spricht dafür, dass bei einer Schuldhaftentlassung das Sicherungsinteresse der Bank überwiegt und sie den entstehenden Arbeitsaufwand nicht, zumindest nicht vollständig, auf den Kunden abwälzen kann.[422] Als vermittelnder Weg wäre denkbar, dass das Institut die Hälfte des angemessenen Entgelts vom Kunden erhält. Unabhängig davon muss im Verbraucherdarlehen dazu vorher eine Vereinbarung getroffen sein, § 312a Abs. 3 BGB.

h) Konditionenänderung

382 Nicht selten tritt der Fall auf, dass der Darlehensnehmer aus persönlichen Gründen und wegen einer Verschlechterung seiner wirtschaftlichen Situation um eine Änderung der Konditionen der Finanzierung und die Verminderung der monatlichen Rate nachsucht, ohne die Vertragsbeziehung zu beenden. Hier wird die Bank wohl überwiegend im Auftrag und Interesse des Kunden tätig. Sie ist zu einer Änderung der vertraglichen Rahmenbedingungen nicht verpflichtet. Ändert sie

419 BGHZ 147, 343 (349); BGH, Urt. v. 07.04.1992 – XI ZR 200/91, WM 1992, 977; Urt. v. 21.10.1997 – XI ZR 25/97, WM 1997, 2301 (2302); Urt. v. 11.11.2003 – XI ZR 21/03, WM 2004, 24 (27); Urt. v. 16.05.2006 – XI ZR 6/04, WM 2006, 1194 (1200 Tz. 45).

420 BGH, Urt. v. 20.03.2007 – XI ZR 414/04.

421 Ebenso *Siller* Rn. 24; *Krüger*, S. 270; *Krüger/Bütter* WM 2005, 673 (680).

422 *Nobbe* WM 2008, 185 (192 Nr. 14).

diese, werden ihre Sicherheitsinteressen nicht unbedingt im Vordergrund der Entscheidung stehen. Denn würde sie nur diesen folgen, müsste sie ganz im Gegenteil prüfen, ob die Veränderung der wirtschaftlichen Situation nicht zu einer schnellen Beitreibung des Darlehens und einer etwaigen Kündigung gem. § 490 Abs. 1 BGB Veranlassung gibt. Verringert sie lediglich die Rate, hat dies für den Kunden die Konsequenz, dass ihm das Darlehen länger zur Verfügung steht, er mithin zugunsten der Bank mehr Zinsen zahlen muss. Verringert sie den Zins, ist dies eine Entscheidung, die gänzlich unabhängig von Sicherheitsüberlegungen getroffen wird. Geht sie auf den Wunsch des Kunden also ein, erbringt sie für diesen eine überwiegend in dessen Interesse getroffene Leistung und kann dafür ein angemessenes Entgelt verlangen.[423] Unabhängig davon muss im Verbraucherdarlehen dazu vorher eine Vereinbarung getroffen sein, § 312a Abs. 3 BGB.

i) Löschungsbewilligung

Wird die Baufinanzierung beendet, hat der Kunde einen Anspruch darauf, dass die im Grundbuch eingetragene grundpfandrechtliche Absicherung gelöscht wird. Das Kreditinstitut kommt mit der Löschungsbewilligung einer gesetzlichen Verpflichtung aus den §§ 369 Abs. 1, 1144 BGB nach und kann deshalb den Aufwand nicht in Form eines besonderen Entgelts auf den Kunden abwälzen.[424] Entgelte können nur für tatsächliche Sachkosten in Form von Auslagenersatz berechnet werden, z.B. die Gebühr für eine notarielle Beglaubigung oder Übersendung. Das Kreditinstitut muss auf Wunsch des Kunden die Auslagen im Einzelnen belegen und nachweisen. Nicht nur Notare, sondern auch Sparkassen können die Löschung einer Grundschuld wirksame beglaubigen. Es erscheint jedoch sachlich nicht gerechtfertigt, wenn die Sparkasse in ihrer besonderen Eigenschaft als Anstalt des öffentlichen Rechts für die Löschung eine »Stempelgebühr« verlangt.[425] Sie hat alles in ihrer Möglichkeit stehende vorzunehmen, um die Löschung durchzuführen. Wenn sie dazu in der Lage ist, aufgrund ihrer besonderen Rechtsform auch die dafür notwendige Beglaubigung durchzuführen, sind dies keine fremden Auslagen und damit vom Kunden nicht zu erstatten. Stellt eine öffentliche Sparkasse aufgrund ihrer Siegelführungsbefugnis durch Siegelung selbst eine öffentliche Urkunde her, so kann sie dafür keine Siegelungsgebühr verlangen.[426] Nimmt die Bank das Entgelt für eine etwaige Löschungsbewilligung in das Vertragsformular selber als scheinbare Hauptleistung auf, ist auch dies unzulässig.[427] 383

j) Treuhandkosten

Zu beobachten ist, dass Institute das verlorene Entgelt für die Löschungsbewilligung durch eine sog. »Treuhandgebühr« ersetzen wollen. Sie nutzen damit eine Zwangslage des Kunden aus. Will der Kunde nach Auslaufen einer Abschnittsfinanzierung den nächsten Abschnitt bei einer neuen Bank finanzieren, fordert diese die Sicherungsgrundschuld, bevor sie den Ablösebetrag überweist. Die »alte« Bank will diese jedoch erst freigeben, wenn sie den Ablösebetrag vereinnahmt hat. Da von dieser Wettbewerbsbehinderung, die letztlich jede gesetzlich mögliche Kündigung praktisch ausschließen würde, jedes Institut betroffen sein kann, verständigen sich die Institute untereinander mit Treuhandkonstruktionen. Die »alte« Bank oder ein Notar nimmt den Ablösebetrag treuhänderisch in Verwahrung mit der Maßgabe, dass erst frei verfügt werden kann, wenn zugunsten der neuen Bank die Sicherungsgrundschuld bestellt ist. Für diese Ausgestaltung der Abwicklung belastet nun die »alte« Bank den Kunden mit einer Treuhandgebühr, obwohl er weniger Täter als Opfer 384

---

423 *Nobbe* WM 2008, 185 (191 f. Nr. 13).
424 BGH, Urt. v. 07.05.1991 – XI ZR 244/90, WM 1991, 1113.
425 Vgl. die weiteren Hinweise bei *Krüger/Bitter* WM 2005, 673 (680 unter Fn. 66).
426 AG Steinfurt, NJW-RR 1994, 1259.
427 OLG Köln, Urt. v. 28.02.2001 – 13 U 95/00, (rechtskräftig).

dieser aus seiner Sicht komplizierten Abwicklung ist. Das OLG Köln[428] hat in einem Verbandsklageverfahren diese Praxis gebilligt und die Treuhandgebühr für zulässig erklärt.[429]

k) Sicherheitenübertragung

385 In der Praxis sind Probleme im Zusammenhang mit der weiteren Verwendung von Sicherheiten nach Beendigung der Darlehensbeziehung zu beobachten. Möchte der Darlehensnehmer auf Löschung der Sicherheit verzichten und fordert er sein altes Institut auf, diese Sicherheit zugunsten des neuen Instituts im Grundbuch stehen zu lassen und an dieses zu übertragen, werden für die Erfüllung dieses Wunsches häufig Entgelte in nicht unerheblicher Höhe gefordert. Bleibt die Sicherheit beim früheren Vertragspartner lediglich für alle Fälle und im Hinblick auf mögliche Kreditwünsche der Zukunft »geparkt«, d.h. im Grundbuch ohne Löschung eingetragen, verlangen Institute in diesem Zusammenhang Prüfungs- und Überwachungsentgelte.

386 Der BGH hat im Zusammenhang mir der Löschungsbewilligung[430] festgestellt, dass Kosten im Zusammenhang mit der Freigabe von Sicherheiten nicht gesondert in Rechnung gestellt werden können. Die Freigabe zugunsten eines anderen Instituts stellt im Kern keine Mehrleistung im Vergleich zur Löschung der Sicherheit dar. Ob der Kunde in diesem Zusammenhang die Kosten für die Bestellung der Sicherheit für den neuen Kreditgeber spart, die er nach Löschung der alten Sicherheit aufwenden müsste, ist ohne Belang – wenn auch offenbar Motiv für das Beharren der Banken auf dem Übertragungsentgelt – und berührt die Pflichten aus dem alten Kreditverhältnis nicht. Wird nach Beendigung der Geschäftsbeziehung die Sicherheit nicht gelöscht, sondern bleibt diese auf Vorrat im Grundbuch »geparkt«, entsteht bei der früheren Bank des Darlehensnehmers ein fortwährender, bestimmter Überwachungsaufwand. Es bestehen keine Bedenken dagegen, dass die Bank diesen Aufwand bepreist, weil es dem Kunden jederzeit frei steht, die Löschung kostenfrei zu veranlassen. Bleibt diese im Grundbuch, verfolgt der Kunde allein eigene Zwecke. Da die Hauptleistung beendet ist, unterfällt dies nicht der Beschränkung von § 312a Abs. 3 BGB.

l) Entgeltbemessung

387 In der Praxis entstehen Probleme, wenn aus Sicht des Kunden für scheinbare Selbstverständlichkeiten hohe Entgelte gefordert werden. Der Kunde fühlt sich nicht selten »abgezockt«, wenn diese in Rechnung gestellt werden. Die Fronten verhärten sich, wenn die Bank sich bei nichts betragsmäßig vereinbarten Entgelten weigert, die Bemessung der Höhe des Entgelts offenzulegen, obwohl sie die richtige Ausübung ihres »billigen Ermessen« gem. § 315 BGB begründen muss. Zu der früher gängigen »Auffangklausel« für Tätigkeiten, die nicht durch das Preisverzeichnis konkret bepreist werden, hat sich der BGH 2009 geäußert. Zu beurteilen war folgende Klausel:

> »Nr. 17 – Entgelte, Kosten und Auslagen
>
> (2) Festsetzung und Ausweis der Entgelte
>
> Soweit nichts anderes vereinbart ist, werden die Entgelte im Privat- und Geschäftskundenbereich von der Sparkasse unter Berücksichtigung der Marktlage (z.B. Veränderung des allgemeinen Zinsniveaus) und des Aufwandes nach gem. § 315 des Bürgerlichen Gesetzbuches nachprüfbarem billigen Ermessen festgelegt und geändert. (…)«

388 Er entschied, dass Nr. 17 Abs. 2 Satz 1 AGB-Sparkassen wegen Verstoßes gegen § 307 Abs. 1 u. Abs. 2 Nr. 1 BGB unwirksam ist.[431] Die Klausel ermöglicht es nach Meinung des BGH in

---

428 OLG Köln – 13 U 202/08.

429 *Nobbe* WM 2008, 185 (194 Nr. 12) bejaht ein Entgelt, wenn der Kunde den Treuhandauftrag erteilt. Dies ist nicht der Fall und entspricht nicht der Abwicklungspraxis.

430 BGH, WM 1991, 1113.

431 BGH, Urt. v. 21.04.2009 – XI ZR 78/08.

unzulässiger Weise, Entgelte für Tätigkeiten festzulegen, zu deren Erbringung das Kreditinstitut vertraglich oder gesetzlich verpflichtet ist. Zudem seinen die Änderungsvoraussetzungen unklar, weil die Klausel keine Preisanpassung zugunsten des Kunden bei gesunkenen Kosten vorsieht. Dies bezieht sich auch auf das Zinsänderungsrecht.

Ihre Brisanz gewinnt die Entscheidung hinsichtlich der Preisanpassungsklausel. Der BGH bestätigt, 389 dass eine Preisanpassung über *konkrete* Kostensteigerungen hinaus unzulässig ist. Die Bank darf durch die Möglichkeit der Preisänderung nicht einen zusätzlichen Gewinn erzielen. Sinken die Kosten, ist dies an den Kunden in Form einer Preissenkung weiterzugeben. Deshalb ist eine Preisänderungsklausel die sich auf die »Marktlage« bezieht, unklar. Auch fehle es an einem Schwellenwert und an einer *bindenden* Verpflichtung zur Preissenkung. Es müssen sowohl Kostensteigerungen als auch Kostensenkungen berücksichtigt werden. Der BGH bezieht dies ausdrücklich auch auf Überziehungskredite, indem er die Klausel wegen Abweichung von § 493 Abs. 1 Satz 2 Nr. 3 BGB für nichtig gem. den §§ 134, 506 BGB erklärt. Da aus den vorgenannten Gründen die Unwirksamkeit der Klausel bereits auf der Hand liegt, lässt der BGH offen, ob die Klausel auch wegen falscher Preisanpassungsparameter unwirksam ist. Die Aufzählung von Anpassungsparametern, die die Klausel nicht enthält (Bindung an aussagekräftige Referenzzinssätze; Dauer der Zinsperiode), lässt diesen Schluss jedoch zu. Interessant ist auch die Aussage des BGH, dass die jederzeitige Kündigungsmöglichkeit des Kunden kein Äquivalent für die Möglichkeit einer unzulässigen Preisanpassung darstellt.

Da keine der Änderungen der Überziehungszinsen dienende Klausel den Anforderungen an die 390 Rechtsprechung genügt, sind die in der Vergangenheit verwendeten Klauseln nichtig mit der Folge, dass die in der Vergangenheit vorgenommene Erhöhung bzw. unterlassene Senkung der Überziehungszinsen auf dem gerichtlichen Prüfstand stehen müsste. Das OLG Stuttgart[432] hat diesen Weg bei Kontokorrentkrediten eröffnet, den Korrekturanspruch jedoch auf 5 Jahre rückwirkend wegen Verwirkung beschränkt.

Infolge der Entscheidung des BGH und nachfolgender, gesetzlicher Neuregelungen wurden die 391 Geschäftsbedingungen geändert. Ab dem 13.06.2014 wurden in Umsetzung des Verbraucherrechterichtlinie-Umsetzungsgesetzes § 312a Abs. 3 Satz 1 BGB neu eingeführt, wonach eine Vereinbarung, die auf eine über das vereinbarte Entgelt für die Hauptleistung hinausgehende Zahlung des Verbrauchers gerichtet ist, immer ausdrücklich mit diesem getroffen werden muss. Diese Regelung gilt auch für Finanzdienstleistungen. Daraufhin wurde z.B. Nr. 17 Abs. 6 Satz 1 der AGB-Sparkassen neu gefasst.

Im Sparkassenbereich lauten sie nunmehr im Verhältnis zum privaten Endkunden wie folgt:

> »Nr. 17 – Zinsen und Entgelte[433]
>
> (1) Zinsen und Entgelte im Geschäftsverkehr mit Verbrauchern Die Höhe der Zinsen und Entgelte für die im Geschäftsverkehr mit Verbrauchern üblichen Kredite und Leistungen ergibt sich aus dem Preisaushang und ergänzend aus dem Preis- und Leistungsverzeichnis. Wenn ein Verbraucher einen dort aufgeführten Kredit oder eine dort aufgeführte Leistung in Anspruch nimmt und dabei keine abweichende Vereinbarung getroffen wurde, gelten die zu diesem Zeitpunkt im Preisaushang oder Preis- und Leistungsverzeichnis angegebenen Zinsen und Entgelte.
>
> (2) Zinsen und Entgelte außerhalb des Geschäftsverkehrs mit Verbrauchern Außerhalb des Geschäftsverkehrs mit Verbrauchern bestimmen sich die Zinsen und Entgelte für in Anspruch genommene Kredite und Leistungen nach der getroffenen Vereinbarung, ergänzend nach dem Preis- und Leistungsverzeichnis in der zum Zeitpunkt der Inanspruchnahme geltenden Fassung.

432 OLG Stuttgart, Urt. v. 21.05.2014 – 9 U 75/11.
433 zB AGB Sparkasse München, Stand 20.03.2018.

(3) Entgelte für sonstige Leistungen Für Leistungen, die nicht Gegenstand einer Vereinbarung oder im Preisaushang bzw. im Preis- und Leistungsverzeichnis aufgeführt sind und die im Auftrag des Kunden oder in dessen mutmaßlichem Interesse erbracht werden und die, nach den Umständen zu urteilen, nur gegen eine Vergütung zu erwarten sind, kann die Sparkasse ein nach Maßgabe der gesetzlichen Bestimmungen angemessenes Entgelt verlangen.

(4) Nicht entgeltpflichtige Tätigkeiten Für Tätigkeiten, zu deren Erbringung die Sparkasse bereits gesetzlich oder aufgrund einer vertraglichen Nebenpflicht verpflichtet ist oder die sie im eigenen Interesse erbringt, wird die Sparkasse kein Entgelt berechnen, es sei denn, es ist gesetzlich zulässig und wird nach Maßgabe der gesetzlichen Regelungen erhoben.

(5) Änderung von Zinsen, Kündigungsrecht des Kunden bei Erhöhung Die Änderung der Zinsen bei Krediten mit einem veränderlichen Zinssatz erfolgt aufgrund der jeweiligen Kreditvereinbarungen mit dem Kunden. Die Sparkasse wird dem Kunden Änderungen von Zinsen mitteilen. Bei einer Erhöhung kann der Kunde, sofern nichts anderes vereinbart ist, die davon betroffene Kreditvereinbarung innerhalb von sechs Wochen nach der Bekanntgabe der Änderung mit sofortiger Wirkung kündigen. Kündigt der Kunde, so werden die erhöhten Zinsen für die gekündigte Kreditvereinbarung nicht zugrunde gelegt. Eine Kündigung des Kunden gilt als nicht erfolgt, wenn er den geschuldeten Betrag nicht binnen zweier Wochen nach Wirksamwerden der Kündigung zurückzahlt.

(6) Änderung von Entgelten bei typischerweise dauerhaft in Anspruch genommenen Leistungen Änderungen von Entgelten für Hauptleistungen, die vom Kunden im Rahmen der Geschäftsbeziehung typischerweise dauerhaft in Anspruch genommen werden (z. B. Depotführung), oder Änderungen von Entgelten im Rahmen von Zahlungsdiensterahmenverträgen werden dem Kunden spätestens zwei Monate vor dem vorgeschlagenen Zeitpunkt ihres Wirksamwerdens in Textform angeboten. Hat der Kunde mit der Sparkasse im Rahmen der Geschäftsbeziehung einen elektronischen Kommunikationsweg vereinbart (z. B. das Online-Banking), können die Änderungen auch auf diesem Wege angeboten werden. Die Zustimmung des Kunden gilt als erteilt, wenn er seine Ablehnung nicht vor dem vorgeschlagenen Zeitpunkt des Wirksamwerdens der Änderungen angezeigt hat. Auf diese Genehmigungswirkung wird ihn die Sparkasse in ihrem Angebot besonders hinweisen. Werden dem Kunden Änderungen angeboten, kann er den von den Änderungen betroffenen Vertrag vor dem vorgeschlagenen Zeitpunkt des Wirksamwerdens der Änderungen auch fristlos und kostenfrei kündigen. Auf dieses Kündigungsrecht wird ihn die Sparkasse in ihrem Angebot besonders hinweisen. Kündigt der Kunde, wird das geänderte Entgelt für die gekündigte Geschäftsbeziehung nicht zugrunde gelegt.

(7) Besonderheiten bei Verbraucherdarlehensverträgen Bei Verbraucherdarlehensverträgen richten sich die Zinsen und Entgelte nach den jeweiligen vertraglichen Vereinbarungen sowie ergänzend nach den gesetzlichen Vorschriften.

(8) Besonderheiten bei Zahlungsdiensteverträgen mit Verbrauchern Bei Zahlungsdiensteverträgen mit Verbrauchern richten sich die Entgelte nach den jeweiligen vertraglichen Vereinbarungen und besonderen Bedingungen. Soweit dort keine Regelung getroffen ist, gelten die Absätze 1 und 4 sowie – für die Änderung jeglicher Entgelte bei Zahlungsdiensterahmenverträgen (z. B. Girovertrag) – Absatz 6.

Nr. 18 Ersatz von Aufwendungen Der Ersatz von Aufwendungen der Sparkasse richtet sich nach den gesetzlichen Vorschriften.

392 In Abs. 4 wird der Kritik des BGH Rechnung getragen, wonach vom Institut selber zu tragende Entgelte nicht auf den Kunden abgewälzt werden können, außer es gibt eine gesetzliche Ermächtigungsgrundlage. Im Zahlungsdienstevertrag folgt dies aus § 675f Abs. 5 S. 1 BGB. Die Änderungsklauseln lassen ansonsten nicht erkennen, wann das Institut sich zu einer Änderung berechtigt fühlt. Bei Entgelten für Bankdienstleistungen sollen auch ohne das Kostenargument Änderungen möglich bleiben. Hinweise zu Entgeltsenkungen fehlen. Der Begriff »Änderung« wird erkennbar nicht neutral verstanden. Vermutlich liegt es in der Praxis außerhalb der Phantasie eines Kreditinstituts, Kosten auch einmal zugunsten des Kunden zu senken. Was sollte einen Kunden veranlassen, eine Preissenkung abzulehnen oder sogar deswegen den Vertrag zu kündigen, worauf Nr. 17 Abs. 6 AGB Sparkasse abstellt. Der Begriff »Änderung« ist so ein Synonym für »Erhöhung«.

III. Zinsanpassungsklauseln

1. Allgemeine Anforderungen

Verbraucherdarlehenverträge[434] werden meist mit fest vereinbarten Zinskonditionen abgeschlossen. **393** Wird jedoch ein variabler Zinssatz vereinbart, der während der Vertragsdauer vom Kreditinstitut verändert werden kann und sich nach einem Index oder Referenzzinssatz richtet, ist die Vereinbarung nur wirksam, wenn der Index oder Referenzzinssatz eindeutig bestimmt und für beide Vertragsparteien verfügbar und überprüfbar ist, § 492 Abs. 7 BGB. Die Anpassung des Sollzinssatzes eines Verbraucherdarlehens mit variabler Verzinsung wird erst wirksam, nachdem der Darlehensgeber den Kunden über die Einzelheiten informiert hat, die sich aus Art. 247 § 15 EGBGB ergeben.

In Bezug auf die Bekanntgabe von Zinsänderungen hatte das OLG Saarbrücken[435] entschieden, **394** dass eine auf der Basis einer vertraglichen Zinsänderungsklausel erfolgende Erhöhung des Zinssatzes dem Kreditnehmer gesondert mitgeteilt werden muss. Dies sieht auch der BGH so.[436] Inzwischen ist auch dies gesetzlich geregelt. Der Verbraucherdarlehensvertrag muss gem. § 492 Abs. 2 BGB die Angaben nach Artikel 247 §§ 6 bis 13 EGBGB enthalten. Werden variable Zinsen vereinbart, müssen Bedingungen und Zeitraum für die Art und Weise seiner Anpassung genannt werden. Wenn der Sollzinssatz von einem Index oder Referenzzinssatz abhängig ist, muss dieser angegeben werden, Art. 247 § 3 Abs. 4 EGBGB. Der Vertrag, auch das Immobiliar-Verbraucherdarlehen, muss diese Angaben klar und verständlich enthalten, Art. 247 § 6 Abs. 1 S. 1 Nr. 1 und S. 2 EGBGB.

Die Rechtsprechung hat in der Vergangenheit die Maßstäbe für wirksame Zinsänderungsklauseln in **395** Darlehensverträgen festgelegt. Diese gelten auch für Zinsänderungen bei Kontokorrentkrediten.[437] In der Vergangenheit wurde die variable Zinsvereinbarung in den Geschäftsbedingungen in der folgenden, unzulässigen Form oder in ähnlicher Weise festgelegt:

> »Die Bank ist berechtigt, den Zinssatz zu ändern, wenn sie dies (z.B. wegen der Entwicklung am Geld- oder Kapitalmarkt) für erforderlich hält. Sie wird dem Kunden Zinssatzänderungen mitteilen.«

Eine Pflicht zur Zinsänderung enthielt die Klausel nicht. Auch war unklar, was die Bank konkret **396** zur Zinsänderung veranlassen könnte. Dabei sollte der Vorteil variabler Zinsen sein, dass der Kunden beim Absinken des allgemeinen Zinsniveaus nicht auf Dauer an den zu hohen Ausgangszins gebunden bleiben sollte. Beobachter des Marktes gewannen damals den Eindruck, als würden in Zeiten steigender Zinsen die variablen Zinsen schneller nach oben angepasst, als in Zeiten sinkender Zinsen die Vertragszinsen herabgesetzt. Dies führte zu einer Diskussion um die Genauigkeit von Zinsanlassungsklauseln.

Anknüpfungspunkt für die Prüfung der Zulässigkeit von Zinsanpassungsklauseln sind die §§ 307, **397** 308 Nr. 4 BGB. Sie beinhalten einseitige Leistungsbestimmungsrechte. Es besteht zunächst gem. § 308 Nr. 4 BGB eine gesetzliche Vermutung für die Unzulässigkeit einer entsprechenden Klausel.[438] Der Verwender muss die Vermutung der Unwirksamkeit entkräften. Er muss die Zumutbarkeit des Änderungsvorbehalts belegen. Dies bedeutet nicht, dass in das Wahlrecht des Anbieters, welche Verzinsungsform er anbietet – fest oder variabel – eingegriffen wird. Der Anbieter muss jedoch klauselmäßig darlegen, dass und wann die Änderung des Zinssatzes für den Kunden zumutbar ist. Für die Änderung muss ein triftiger Grund vorliegen, der benannt werden muss.[439] Der Kunde muss eine mögliche Leistungsänderung im Voraus kalkulieren können. Dazu muss Voraussetzung

434 Dies sind Allgemein-Verbraucherdarlehnsverträge und Immobiliar-Darlehensverträge, § 491 Abs. 1 S. 2 BGB.
435 Urt. v. 22.12.1987 – 7 U 42/86.
436 BGH, Urt. v. 07.10.1997 – XI ZR 93/96.
437 OLG Düsseldorf, Urt. v. 05.04.2012 – 6 U 7/11 unter Hinweis auf BGH, Urt. v. 21.04.2009 – XI ZR 78/08.
438 BGH, Urt. v. 17.02.2004 – XI ZR 140/03.
439 BGH, NJW 2005, 3420.

und Umfang des Änderungsvorbehalts in der Klausel ausreichend konkret, jedoch auch so genau gefasst sein, dass zulasten des Kunden für den Anbieter keine unberechtigten Beurteilungsspielräume entstehen.[440] Ein Verstoß gegen § 308 Nr. 4 BGB liegt danach vor, wenn sich der Anbieter ein nicht eingeschränktes Änderungsrecht einräumt, ohne dass der Kunde vorhersehen kann, unter welchen Voraussetzungen und in welchem Umfang von diesem Recht Gebrauch gemacht wird.[441]

2. Entwicklung der Rechtsprechung

398 Der BGH hat bereits 1986[442] grundlegend zu variablen Zinsvereinbarungen Stellung genommen und diese nur dann für zulässig erklärt, wenn sie die Bank nicht nur zur Erhöhung des Zinssatzes berechtigen, sondern auch zur Herabsetzung des dem Kunden berechneten Zinssatzes verpflichten. Kostenminderungen müssen an den Kunden weitergegeben werden.[443] Mit einer variablen Zinsvereinbarung könne auch nicht jede beliebige Zinserhöhung durch das Kreditinstitut gerechtfertigt werden.

399 So ist z.B. die Bank nach den Ausführungen des BGH nicht berechtigt, Zinsen aus innerbetrieblichen Gründen (unabhängig von einem Wechsel ihrer Refinanzierungsbedingungen) zu ändern. Das Ausmaß der Zinsänderung müsse sich an der Veränderung der Refinanzierungsmöglichkeiten der Bank orientieren. Selbst bei einem Anstieg der Kapitalmarktzinsen könne z.B. eine ggü. dem Kunden vorgenommene Zinserhöhung unbillig sein, wenn die Bank frühere Senkungen des Zinsniveaus nicht an den Kunden weitergegeben habe. Als nicht problematisch wurde angesehen, wenn die Zinsklausel Voraussetzung und Grenze für die vorzunehmende Änderung nicht ausdrücklich beschreibt. Das Ausmaß zukünftiger Zinsänderungen sei ungewiss und die Präzisierung würden deshalb erhebliche Schwierigkeiten machen. Laut BGH muss sich die Bank bei Zinsanpassungen grds. i.R.d. Zinssätze für Kredite dieser Art und Größenordnung halten, die sich aus der monatlichen Statistik der Deutschen Bundesbank ergeben. Die Richtigkeit der Zinsanpassung ergebe sich aus den Grenzen von § 315 BGB und kann von einem Gericht überprüft und notfalls neu mit Urteil festgelegt werden. Dabei trägt das Kreditinstitut die Beweislast dafür, dass seine Zinsbestimmung der Billigkeit entspricht.

400 In einem nächsten Schritt hat das OLG Düsseldorf 1989[444] festgelegt, dass der obere Grenzwert der Zinsstreubreite, welche die Statistik der Deutschen Bundesbank für variable Hypothekenkredite ausweist, nicht überschritten werden darf. Damit wurde eine absolute Zinsobergrenze festgelegt, aber noch keine Entscheidung über den sonstigen, rechtlich zulässigen Zinsverlauf getroffen.

401 Das grundlegende Urteil des OLG Celle aus 1990[445] markierte einen weiteren Meilenstein in der Auseinandersetzung um variable Zinsgestaltungen. Das Gericht bewertete die in variablen Verträgen übliche Zinsanpassungsklausel für einen nicht ausreichenden Maßstab zur Zinsbestimmung. Deshalb musste in dem Gerichtsverfahren zur Frage der Zinsanpassung Beweis erhoben werden. Weil die Bank eine genaue Angabe zum verwendeten Anpassungsmaßstab verweigerte, hat das Gericht diesen selbst auf der Basis des zum Zeitpunkt des Vertragsschlusses aktuellen Bundesbank-Durchschnittszinses für Hypothekenkredite plus 1 % festgelegt. Der in der Bundesbankstatistik ausgewiesene Durchschnittszins betrug im Monat des Vertragsabschlusses 7,88 %, der im Vertrag vereinbarte Zinssatz 8,875 %. Im konkreten Fall erfolgte die vertragliche Festlegung eines Ausgangszinssatzes, der einen Aufschlag von 1 % auf den Durchschnittswert aufwies. Für alle weiteren

440 *Metz* BKR 2001, 21 (28).
441 BGH, NJW 2000, 651.
442 BGH, Urt. v. 06.03.1986 – III ZR 195/84, ZIP 1986, 698.
443 BGH, Urt. v. 21.04.2009 – XI ZR 78/09; OLG Dresden, Urt. v. 16.11.2010 – 8 U 17/10; LG Leipzig, Urt. v. 05.12.2014 – 8 O 3758/13.
444 Urt. v. 12.04.1989 – 17 U 94/88.
445 Urt. v. 24.10.1990 – 3 U 240/89, WM 1991, 1025; ähnlich *Reifner* Handbuch des Kreditrechtes § 18; *Reifner* JZ 1996, 866.

Zinsanpassungen ist nach den Ausführungen des OLG Celle diese bei Vertragsabschluss getroffene Festlegung die Basis, auf der diese ursprüngliche Zinsgestaltung anhand des Durchschnittszinssatzes konsequent fortgeschrieben werden muss. Damit darf der bei Vertragsabschluss bestehende Abstand des vertraglich vereinbarten Ausgangszinssatzes zum Durchschnittswert nicht vergrößert werden. War – wie im vom OLG Celle zu entscheidenden Fall – der Anfangszinssatz um 1 % höher als der Durchschnittswert, so bleibt dies auch im weiteren Darlehensverlauf der höchste zulässige Aufschlag. Das OLG Celle verpflichtet die Bank allerdings nicht, jeder noch so geringfügigen Zinsänderung sofort mit einer Anpassung des Vertragszinses zu folgen. Entsprechende Zinssenkungen müssen allerdings immer dann vorgenommen werden, wenn sich der Durchschnittszinssatz um 0,2 % oder mehr verringert hat. Als entscheidenden Zeitpunkt für die Zinsänderung legt das Gericht jeweils den letzten Monat des vorhergehenden Quartals fest. Wenn die Bundesbank für diesen Monat in ihrer Statistik eine maßgebliche Zinssenkung um mindestens 0,2 % ausweist, muss das Kreditinstitut seine Darlehenskonditionen entsprechend anpassen.

Eine wirksame Vereinbarung über variable Zinsen muss deshalb folgende Elemente festlegen:[446] **402**
- den Anpassungszinssatz, d.h. einen objektivierbaren Referenzmarktzinssatz, an dem sich die Zinsänderungen orientieren,
- das Anpassungsintervall, d.h. ein konstanter Zeitraum zwischen den Anpassungen,
- die Anpassungsmarge, d.h. die Mindestveränderung des Referenzzinssatzes zum vorherigen Anpassungstermin, die zwangsläufig zu einer Anpassung führen soll.

Der Kunde sei nur vor willkürlichen Zinsanpassungen geschützt, wenn er den Zinsmaßstab und **403** die daraus für ihn folgenden Rechte auch laienhaft erfassen könne. Das LG Dortmund hat sich dieser Auffassung angeschlossen.[447] Danach sind Zinsklauseln, die sich lediglich allgemein auf den Marktzins beziehen bzw. auf das allgemeine Zinsniveau, eine unangemessene Benachteiligung der Verbraucher, da sie ohne jegliche Aussagekraft sind. Zumindest der Referenzzins und die Anpassungsmasse müssten vorgegeben sein, um den Verbraucher eine angemessene Kontrolle der Abwicklung seines Darlehensvertrages zu ermöglichen.[448]

3. Geänderte Zinsklauseln

In Folge der Rechtsprechung geänderte Zinsklauseln stellen auf die veränderten Refinanzierungs- **404** verhältnisse ab. Sie stellen eine Verbindung zu nachvollziehbaren statistischen Werten her, z.B. zum sog. »EURIBOR«, einem europäischen Referenzzinssatz. Bei der Dreimonats-European-Inter-Bank-Offered-Rate (EURIBOR) handelt es sich um einen Satz, zu dem sich Banken, die im Gebiet der Europäischen Wirtschafts- und Währungsunion ansässig sind, untereinander Dreimonatsgelder leihen. Die Durchschnittssätze für EURIBOR-Dreimonatsgeld werden monatlich in der amtlichen Zinsstatistik der Deutschen Bundesbank veröffentlicht.

Der Zinssatz kann ausweislich der zB noch 2008 vorgeschlagenen Zinsänderungsklauseln nach **405** billigem Ermessen gem. § 315 BGB angehoben werden. Entsprechend »wird« die Bank den Zinssatz nach billigem Ermessen senken. Eine solche Klauselformulierung des DG Verlags lautete z.B. wie folgt:

> »Änderung von Zinsen und Entgelten: Soweit nichts anderes vereinbart ist, ist die Bank berechtigt, einen variablen Zinssatz den Veränderungen ihrer wechselnden und bei Vertragsabschluss oft nicht überschaubaren künftigen Refinanzierungsmöglichkeiten anzupassen. Zinsschwankungen am Geldmarkt werden an den sich ändernden Durchschnittssätzen für EURIBOR-Dreimonatsgeld erkennbar, die jeweils für den vorausgehenden Monat in den Monatsberichten der Deutschen Bundesbank veröffentlicht werden. Die

446 *Reifner* JZ 1995, 866.

447 Urt. v. 30.06.2000 – 8 O 559/99, ZIP 2001, 66; LG Köln, Urt. v. 06.12.2000 – 26 O 29/00, ZIP 2001, 65; LG Dortmund, Urt. v. 01.03.2002 – 8 O 449/01, BKR 2002, 599.

448 So ist auch BGH, Urt. v. 21.04.2009 – XI ZR 78/09, Rn. 35 zu verstehen, ohne dass dies dort abschließend entschieden wurde.

Bank überprüft den Zinssatz spätestens zum Ende eines jeden Monats. Erhöht sich der letzte veröffentlichte Monatsdurchschnitt für den EURIBOR-Dreimonatsgeld gegenüber dem bei Vertragsschluss bzw. bei der letzten Konditionenanpassung bzw. bei Ablauf der Zinsfestschreibung ermittelten Monatsdurchschnitt um mindestens 0,25 Prozentpunkte, so kann die Bank den Zinssatz unter Berücksichtigung ihrer Refinanzierungsmittel nach billigem Ermessen (§ 315 BGB) anheben; entsprechend wird die Bank den Vertragszinssatz nach billigem Ermessen senken, wenn sich der Monatsdurchschnitt für EURIBOR-Dreimonatsgeld um mindestens 0,25 Prozentpunkte ermäßigt hat. Bei der Leistungsbestimmung wird sich die Bank an der Zinsgestaltung orientieren, die bei Vertragsabschluss bestanden hat.«[449]

406 Die Formulierung zum billigen Ermessen ist – auch bei einem gewerblichen Kredit – unzulässig.[450] Es bleibt der Bank vorbehalten, ob sie Veränderungen des EURIBOR zum Anlass nimmt, den Zinssatz anzuheben. Bei einer Senkung ist jedoch für »billiges Ermessen« kein Raum mehr. Bei entsprechender Änderung des Referenzzinssatzes *muss* sie nach unten anpassen, ohne dass dies in ihrem Ermessen steht. Vorbildlich ist es zumindest, wenn die Bank den Referenzzinssatz für ihre Kunden auf der Homepage der Bank zum Vergleich veröffentlicht. Zweifel werfen auch die Zeitvorstellungen der Kreditinstitute auf. So soll die Zinsanpassung innerhalb eines Monats nach Änderung des Referenzzinssatzes erfolgen, was die Möglichkeit eröffnet, dass eine Zinserhöhung sofort, eine Zinssenkung jedoch erst kurz vor Ablauf der Monatsfrist erfolgt. Eine solche Vereinbarung ist wegen unangemessener Benachteiligung des Kunden rechtsunwirksam.

407 Eine zulässige Zinsanpassungsklausel lässt keinen Zweifel daran entstehen, dass der Zins zugunsten des Kunden entsprechend der veränderten Variablen nach unten ohne Wenn und Aber angepasst werden muss. Ein nach Meinung des Verf. gelungenes Beispiel einer Zinsanpassungsklausel für Überziehungskredite aus dem Preisaushang einer Volksbank[451] lautet wie folgt:

»Dieser Zinssatz ist variabel. Die Bank ist nach dem nachfolgend beschriebenen Verfahren berechtigt, den Sollzinssatz zu erhöhen und in gleicher Weise verpflichtet, den Sollzinssatz zu senken. Die Berechtigung und Verpflichtung der Bank zur Sollzinssatzänderung orientiert sich an einer Veränderung des Referenzzinssatzes. Referenzzinssatz ist der bei Vertragsabschluss ermittelte Durchschnittssatz des EURIBOR-Dreimonatsgeldes, der jeweils für das Vorquartal in den Monatsberichten der Deutschen Bundesbank veröffentlicht ist. Die Entwicklung des Referenzzinssatzes wird die Bank jeweils zum Quartals-Ultimo überprüfen. Hat sich zu diesem Zeitpunkt der Referenzzinssatz um mindestens 0,01 Prozentpunkte gegenüber seinem maßgeblichen Wert bei Vertragsabschluss bzw. der letzten Sollzinsänderung bzw. bei Ablauf der Sollzinsfestschreibung verändert, wird die Bank den Vertragszins entsprechend anpassen (Zinsgleitklausel). Der absolute Abstand zwischen Referenzzins und Vertragszins bleibt somit erhalten. Die Sollzinsänderung wird am Tag der Überprüfung der Referenzzinssatzänderung wirksam.«

4. Rechtsfolge unzulässiger Anpassung

408 Ist die verwendete Anpassungsklausel unzulässig, muss im Wege ergänzender Vertrausauslegung, §§ 133, 157 BGB, ein Maßstab gefunden werden, nach dem das Darlehen dann abzurechnen ist. Dass die Parteien für diesen Fall von einem zinslosen Darlehen ausgegangen wären, ist nicht anzunehmen. Es bleibt bei der variablen Verzinsung, wobei das von der Bank vorgegebene Ermessen entfällt. Damit fehlt es an einer Regelungslücke.[452] Die Parteien müssen sich auf einen Zinssatz einigen, der beiden Interessen gerecht wird. Nach dem BGH-Urteil vom 06.03.1986[453] sollte die Änderungsklausel nur im Wege der ergänzenden Vertragsaulegung einschränkend ausgelegt werden. Der Bank sollte die Änderung nach den veränderten Bedingungen ihrer Refinanzierung gestattet werden. Diese Rechtssprechung hat der BGH nach erheblicher Kritik der Literatur mit Urteil vom 21.04.2009 aufgegeben und falsche Anpassungsklauseln für grundsätzlich rechtsunwirksam

449 Formulierung Deutscher Genossenschafts-Verlag 9/2008.
450 OLG Düsseldorf, Urt. v. 05.05.2014 – I-9 U 64/13; LG Düsseldorf, Urt. v. 07.11.2014 – 22 O 208/12; LG Hamburg, Urt. v. 30.06.2017 – 308 O 34/16.
451 Formulierung Deutscher Genossenschafts-Verlag 6/2012.
452 *Schimansky* WM 2001, 1169 (1175).
453 BGH, Urt. v. 06.03.1986 – III ZR 195/84, ZIP 1986, 698.

erklärt..[454] Daraus folgt nicht, dass die Zinspflicht des Kunden entfällt. Die Änderungsklausel bleibt grundsätzlich ein anerkanntes Instrument zur Bewahrung des Gleichgewichts zwischen Leistung und Gegenleistung bei langfristigen Verträgen.[455] An ihre Stelle tritt eine nach dem mutmaßlichen Willen der Parteien ausgestaltete Änderungsklausel mit konkreten und zulässigen Parametern. Im Fall der unzulässigen Anpassungsklausel des LG Hamburg[456] urteilt dieses, die Parteien hätten sich in Kenntnis der Unwirksamkeit auf eine Orientierung am 3-Monats-EURIBOR, der Beibehaltung eines gleichbleibenden Abstands des Vertragszinses zum Referenzzinssatz und eine monatliche Anpassung bei Erreichen einer Anpassungsschwelle von 0,2 Prozentpunkten geeinigt.

Eine Anpassung entfällt, wenn es sich nicht um eine durchgängige, variable Verzinsung handelt, sondern Fest- und variabler Zins sich abwechseln. Es fehlt dann an einem »einheitlichen Äquivalenzverhältnis« im Rahmen eines einheitlichen Vertrages, so das OLG München.[457] 409

5. Verjährung

Die überhöhten, weil falsch angepassten Zinsen werden jeweils mit der Monatsrate an das Kreditinstitut gezahlt. Das OLG Düsseldorf[458] meint zu einem Fall nach altem Verjährungsrecht, der Bereicherungsanspruch auf rechtsgrundlos gezahlte Zinsen entstehe mit jeder gezahlten Rate und dem dort enthaltenen, zu hohen Zinsanteil. Es handele sich um regelmäßig wiederkehrende Leistungen, für die dir kurze Verjährung des § 197 BGB a.F. gelte. Dies gelte auch für die ins Kontokorrentkonto gestellten Zinszahlungen, bei denen die Verjährung nur bis Rechnungsabschluss gehemmt sei. Auf Kenntnis kam es seinerzeit bei der Verjährung nicht an. 410

Soweit nach neuem Verjährungsrecht für die kurze Verjährung Kenntnis gem. § 199 BGB vorliegen muss, tritt diese nach zutreffender Meinung des OLG Düsseldorf [459] nicht bereits mit den übersandten Kontoauszügen mit der Ratenabbuchung ein.[460] Der Kunde muss sich Informationen über die Bezugspunkte des Zinsanpassungsrechts nicht aktiv verschaffen. Anknüpfungspunkt für den Beginn der Verjährung ist danach die Änderung der Rechtsprechung des BGH 2009 zur Unwirksamkeit einer Zinsanpassungsklausel durch die Entscheidung vom 21.04.2009.[461] 411

D. Verbraucherkredit

I. Anwendungsbereich

Die Bestimmung des § 491 BGB ist die zentrale Vorschrift des Verbraucherkreditrechts. Sie regelt den persönlichen und sachlichen Anwendungsbereich der verbraucher-schützenden Vorschriften und beinhaltet in Abs. 1 zudem die Legaldefinition des Verbraucherdarlehens. 412

1. Zeitlicher Anwendungsbereich

Mit Einführung des SMG zum 01.01.2002 gelten die neuen Regelungen der §§ 491 ff. BGB. 413

Nach welchen Vorschriften ein Verbraucherkreditgeschäft zu beurteilen ist, richtet sich gem. Art. 229 § 5 Satz 1 EGBGB nach dem Zeitpunkt, in dem der Vertrag geschlossen worden ist. Maßgeblicher Zeitpunkt ist das Zusammentreffen von übereinstimmenden Willenserklärungen von Verbraucher 414

454 BGH, Urt. v. 21.04.2009 – XI ZR 78/08.
455 OLG Düsseldorf, Urt. v. 05.04.2010 – 6 U 7/11.
456 LG Hamburg, Urt. v. 30.06.2017 – 308 O 34/16.
457 OLG München, Urt. v. 09.05.2011 – 19 U 3229/10; OLG Celle, Urt. v. 20.12.2000 – 3 U 69/00; OLG Dresden, Urt. v. 16.11.2010 – 5 U 17/10.
458 OLG Düsseldorf, Urt. v. 05.04.2010 – 6 U 7/11; OLG München, Urt. v. 09.05.2011 – 19 U 3229/10.
459 OLG Düsseldorf, Urt. v. 05.04.2010 – 6 U 7/11.
460 So unzutreffend OLG München, Urt. v. 09.05.2011 – 19 U 3229/10; OLG Nürnberg, Urt. v. 30.03.2009 – 14 U 297/07.
461 BGH, Urt. v. 21.04.2009 – XI ZR 78/08.

und Bank.[462] Zu beachten ist, dass hiervon nicht nur ab dem 01.01.2002 geschlossene Neuverträge umfasst sind, sondern auch wesentliche Vertragsveränderungen, die entweder auf einer Änderungskündigung oder durch Neuverhandlungen veranlasst worden sind.[463] Hierunter fallen z.B. die Verlängerung eines befristeten Darlehens oder die Einräumung eines neuen Kapitalnutzungsrechts im Rahmen einer echten Abschnittsfinanzierung.[464] Eine bloße Konditionenanpassung, insb. durch Ausübung eines einseitigen Änderungsrechts, macht aus einem Altvertrag keinen Neuvertrag.[465] Allerdings sind die Übergangsregelungen des Art. 229 § 5 Satz 2 EGBGB zu berücksichtigen, wonach bei Dauerschuldverhältnissen nach einer Übergangszeit von einem Jahr ab dem 01.01.2003 die neuen Regelungen des SMG auch ohne zwischenzeitliche Vertragsänderungen gelten.

415 Zu beachten ist, dass durch das zum 01.08.2002 in Kraft getretene OLGVertrÄndG[466] die zuvor in § 491 Abs. 3 Nr. 1 BGB normierte Privilegierung der Immobiliardarlehen, auf die die Vorschriften über verbundene Verträge (§§ 358, 359 BGB), die Notwendigkeit der Angabe des Gesamtbetrages im Darlehensvertrag (§ 492 Abs. 1 Satz 5 BGB), das Widerrufsrecht (§ 495 BGB), die Sonderregelung für Verzugszinsen (§ 497 Abs. 2 und 3 BGB) sowie die Gesamtfälligstellung (§ 498 BGB) nicht anwendbar waren, entfallen war. Immobiliardarlehen wurden damit den allgemeinen Regelungen des Verbraucherdarlehensrechts unterworfen; Sonderregelungen befanden sich jetzt in § 492 Abs. 1a BGB a.F. Mit Inkrafttreten des Risikobegrenzungsgesetzes zum 18.08.2008 wurden mit §§ 492a, 496 Abs. 2 BGB a.F. weitere Unterrichtungspflichten während des laufenden Vertragsverhältnisses eingeführt.

416 Im Hinblick auf die Richtlinie 2008/48/EG des Europäischen Parlaments sowie des Rates vom 23.04.2008 über Verbraucherkreditverträge und zur Aufhebung der Richtlinie 87/102/EWG des Rates (Verbraucherkreditrichtlinie – ABl. EU Nr. L 133/66) wurde mit Datum vom 29.07.2009 das Gesetz zur Umsetzung der **Verbraucherkreditrichtlinie**, des zivilrechtlichen Teils der Zahlungsdiensterichtlinie sowie der Neuordnung der Vorschriften über das Widerrufs- und Rückgaberecht beschlossen.[467] Die Regelungen sind mit dem 11.06.2010 in Kraft getreten.[468]

417 Der Schwerpunkt der Verbraucherkreditrichtlinie liegt auf den von dem Kreditinstitut dem Darlehensnehmer zu erteilenden Informationen zur Überwindung des zwischen den beiden Parteien bestehenden Ungleichgewichts. Die gebotenen **Informationen** spielen sich auf vier Ebenen ab: bei den werblichen Maßnahmen, im vorvertraglichen Stadium, bei den vertraglichen Pflichtangaben und während des laufenden Vertrages.[469]

418 Der zivilrechtliche Teil der Vorgaben der Verbraucherkreditrichtlinie ist im Bürgerlichen Gesetzbuch umgesetzt worden, das Kreditrecht im Bereich der Vorschriften über den Darlehensvertrag (§§ 488 bis 512 BGB). Der »Untertitel 1. Darlehensvertrag« des Bürgerlichen Gesetzbuches ist in zwei Kapitel »Allgemeine Vorschriften« (§§ 488 bis 490) und »Besondere Vorschriften für Verbraucherdarlehensverträge« (§§ 491 bis 505) aufgeteilt worden. Die Regelungen für Immobiliardarlehensverträge sind in § 503 BGB zusammengefasst worden. Die Regelungen der §§ 312 bis 359 BGB wurden vereinfacht, indem die darin enthaltenen Informationspflichten teilweise in Art. 246 und 247 des Einführungsgesetzes zum Bürgerlichen Gesetzbuch ausgelagert worden sind. Die Musterwiderrufsbelehrungen haben als Anlagen 1 und 2 sowie mit dem »Gesetz zur Einführung einer Musterwiderrufsinformation für Verbraucherdarlehensverträge, zur Änderung der Vorschriften über das Widerrufsrecht bei Verbraucherdarlehensverträgen und zur Änderung

462 Bülow/Artz Einf. Rn. 55.
463 BGH, NJW 1995, 527.
464 OLG München, WM 2000, 1333 (1335).
465 Bülow/Artz § 491 Rn. 146.
466 OLGVertrÄndG; BGBl. I 2002, S. 2850.
467 VerbrKrRL-UG; BGBl. I 2009, S. 2355 ff.
468 VerbrKrRL-UG; BGBl. I 2009, S. 2355, 2388.
469 *Schürnbrand* WM 2009, 1548 (1551 f.).

des Darlehensvermittlungsrechts« vom 19.04.2010[470] als Anlage 6 (»Muster für eine Widerrufsinformation für Verbraucherdarlehensverträge)« zu Art. 247 § 6 Abs. 2 EGBGB den Rang eines formellen Gesetzes erhalten.

Die Neuerungen gelten gem. Art. 229 § 22 Abs. 2 EGBGB grds. für alle ab dem 11.06.2010 ge- 419
schlossenen Verträge; Abweichungen sind in Abs. 3 geregelt. Hiernach sind die Informations- und Auskunftspflichten gem. § 492 Abs. 5, § 493 Abs. 3 und § 504 Abs. 1 und § 505 Abs. 2 sowie die Kündigungsrechte gem. den §§ 499, 500 Abs. 1 des Bürgerlichen Gesetzbuchs auch auf unbefristete Schuldverhältnisse anzuwenden, die bereits vor dem 11.06.2010 entstanden sind. Bei Schuld- und Vertragsübernahmen kommt es auf den Zeitpunkt des Abschlusses dieser Verträge an.[471]

Mit dem am 05.07.2013 beschlossenen »Gesetz zur Umsetzung der Verbraucherrechterichtlinie 420
und zur Änderung des Gesetzes zur Regelung der Wohnungsvermittlung«[472] wurde die Richtlinie über die Rechte der Verbraucher, zur Abänderung der Richtlinie 93/13/EWG des Rates und die Richtlinie 1999/44/EG des Europäischen Parlaments und des Rates sowie zur Aufhebung der Richtlinie 85/577/EWG des Rates und die Richtlinie 97/7/EG des Europaparlaments und des Rates (Verbraucherrechterichtlinie)« umgesetzt.

Der europäische Gesetzgeber hat zwar Verträge über Finanzdienstleistungen nach Art. 3 Abs. 3 d) 421
der Verbraucherrechterichtlinie ausdrücklich von deren Geltungsbereich ausgenommen. Gleichwohl hat sich der nationale Gesetzgeber dafür entschieden, verschiedene Regelungen der Verbraucherrechterichtlinie auch auf Finanzdienstleistungen anzuwenden und dies genutzt, um die gesetzlichen Vorgaben für Verbraucherverträge in den §§ 312 ff. BGB und Art. 146 ff. EGBGB insgesamt zu systematisieren und zu konsolidieren.

Insbesondere sind hiervon betroffen Änderungen bei den Verbraucherinformationen für im Fern- 422
absatz bzw. außerhalb von Geschäftsräumen geschlossenen Verträgen sowie Modifikationen in den Verbraucherdarlehensverträgen und den verbraucherkreditrechtlichen vorvertraglichen Informationsblättern. Gemäß Art. 229 § 32 EGBGB finden die Neuerungen Anwendung auf alle ab dem 13.06.2014 geschlossenen Verträge.

Die »EU-Richtlinie über Wohnimmobilienverträge für Verbraucher«[473] ist am 20.03.2014 in Kraft 423
getreten. Die Richtlinie reguliert die Vergabe von Krediten an Verbraucher, die grundpfandrechtlich gesichert sind und für den Erwerb oder zum Erhalt von Eigentumsrechten an Wohnimmobilien bestimmt sind und ergänzt damit die Verbraucherkreditrichtlinie 2008/48/EG.[474] Sie wurde durch das Gesetz zur Umsetzung der Wohnimmobilienkreditrichtlinie und zur Änderung handelsrechtlicher Vorschriften vom 11.03.2016 in nationales Recht umgesetzt und trat am 21.03.2016 in Kraft[475]. Die Neuregelungen des Umsetzungsgesetzes gelten für alle Verträge, die seit dem 21.03.2016 abgeschlossen wurden. Für so genannte Bestandsverträge, deren Vertragsabschluss vor dem 21.03.2016 erfolgt ist, gilt gemäß Art. 229 § 38 Abs. 1 EGBGB auch nach dem Inkrafttreten des Umsetzungsgesetzes weiterhin die alte Rechtslage. Durch das Finanzaufsichtsrechteergänzungsgesetz vom 06.06.2017, in Kraft seit dem 10.06.2017 wurden klarstellende Vorschriften für Immobilienverzehrkreditverträge und Kreditwürdigkeitsprüfungen eingeführt[476]. Art. 229 § 40 Abs. 1 EGBGB bestimmt, dass die Neuregelungen in § 491 Abs. 2 Nr. 6, Abs. 3 Nr. 4, Abs. 4, § 492 b Abs. 2, § 505 b Abs. 2 S. 3, §§ 505 e, 506 Abs. 1 S. 1, § 512 S. 1 und § 514 Abs. 1 S. 1 nur ab Inkrafttreten wirken und bereits bestehende Vertragsverhältnisse nicht berührt werden. Art. 229 § 40

470 BT-Drucks. 17/1394, zu Art. 247 § 6 EGBGB; S. 6.
471 PWW/*Nobbe* § 491 Rn. 4.
472 BGBl. I 2013, 3642 ff.
473 ABl. EU L 60/34 vom 28.02.2014.
474 ABl. EU L 166/66 vom 22.05.2008.
475 BGBL 2016, Teil I vom 16.03.2016, S. 396 ff.
476 BGBL 2016, Teil I vom 16.03.2016, S. 396 ff.

Abs. 2 EGBGB regelt, dass die vorvertraglichen Informationspflichten gemäß Art. 247 § 4 Abs. 3 und Art. 247 a § 1 Nr. 14 nicht für vor dem 01.07.2018 abgeschlossene Verträge gelten[477].

424 Inhaltlich stützt sich die Richtlinie zum Teil auf Regelungen der Verbraucherkreditrichtlinie, sie weicht jedoch in vielen Bereichen auch davon ab bzw. geht sogar über die bisherigen Regelungen hinaus. Im Rahmen der Umsetzung in das nationale Recht sind Anpassungen sowohl im zivilrechtlichen Bereich wie z.B. bei den §§ 490 ff. BGB sowie bei Art. 247 EGBGB als auch im Bereich des Kreditwesengesetzes vorgenommen worden[478].

425 Das gesetzgeberische Konzept, § 491 Abs. 2 BGB, differenziert bei Verbraucherdarlehensverträgen nunmehr zwischen dem »Allgemein –Verbraucherdarlehensvertrag« für Verbraucherdarlehen, die der Verbraucherkreditrichtlinie unterfallen und dem »Immobiliar-Verbraucherdarlehensvertrag« für Verbraucherdarlehen, die von der Wohnimmobilienkreditrichtlinie erfasst werden[479].

426 Im Rahmen der Umsetzung der Wohnimmobilienkreditrichtlinie wurden die Vorschriften der §§ 492 a und b BGB eingefügt. § 492 a BGB enthält im ausschließlichen Anwendungsbereich von Immobiliar -Verbraucherdarlehensverträgen gemäß § 491 Abs. 3 S. 1 BGB ein Verbot, den Abschluss eines Immobiliar –Verbraucherdarlehensvertrages von dem Erwerb weiterer Finanzprodukte oder Finanzdienstleistungen abhängig zu machen (Kopplungsgeschäft). § 492 b BGB enthält im ausschließlichen Anwendungsbereich von Immobiliar -Verbraucherdarlehensverträgen einzelne Ausnahmen von § 492 a BGB und regelt bei Vorliegen der dortigen Voraussetzungen Ausnahmen zulässiger Koppelungsgeschäfte. Nähere Ausführungen hierzu erfolgen gesondert in Kap. 4 E.

2. persönlicher Anwendungsbereich

427 Der in § 491 Abs. 1 BGB in der bis zum 20.03.2016 anzuwenden Fassung vorausgesetzte Begriff des »Verbrauchers« wird in § 13 BGB näher geregelt. Nach der ab dem 21.03.2016 anzuwendenden Fassung erfolgt die Legaldefinition eines Allgemein -Verbraucherdarlehensvertrages in § 491 Abs.2 Satz 1 BGB, die Legaldefinition eines Immobiliar- Verbraucherdarlehensvertrages in § 491 Abs. 3 BGB wobei auch hier die Definition des Verbraucherbegriffs in § 13 BGB gilt.

428 Im Rahmen der Umsetzung der Verbraucherrechterichtlinie ist der Begriff des Verbrauchers neu definiert worden. Die Verbraucherrechterichtlinie enthält in Art. 2 Nr. 1 und 2 zwar Definitionen der Begriffe »Verbraucher« und »Unternehmer«. Hiernach ist »Verbraucher« jede natürliche Person, die zu einem Zweck handelt, der »außerhalb ihrer gewerblichen, geschäftlichen, handwerklichen oder beruflichen Tätigkeit« liegt[480]. Im deutschen Recht ist allerdings nur die Legaldefinition des »Verbrauchers« modifiziert worden. Hiernach ist Verbraucher »jede natürliche Person, die ein Rechtsgeschäft zu Zwecken abschließt, die überwiegend weder ihrer gewerblichen noch selbstständigen beruflichen Tätigkeit zugerechnet werden können«.

429 Damit ist in Abweichung des Vollharmonisierungsgebots des Art. 4 der Verbraucherrechterichtlinie der deutsche Begriff des Verbrauchers weiter als die europarechtliche Vorgabe, da nur die »selbständige berufliche Tätigkeit« ausgeschlossen wird. Da entsprechend dem Erwägungsgrund 13 der Verbraucherrechterichtlinie der nationale Gesetzgeber den Verbraucherschutz auch auf Bereiche ausdehnen kann, die außerhalb des Vollharmonisierungsbereichs liegen, dürfte diese Abweichung zulässig sein[481].

430 Danach begründet die natürliche Person als Darlehensnehmer allein noch nicht die Qualifikation als Verbraucher. Vielmehr wird die natürliche Person erst dadurch zum Verbraucher, dass der Abschluss des Darlehensvertrages überwiegend weder ihrer gewerblichen noch selbstständigen

---

477 BGBL 2017, Teil I vom 09.06.2017, S. 1495 ff.

478 BGBL 2016, Teil I vom 16.03.2016, S. 396 ff sowie BGBL 2017, Teil I vom 09.06.2017, S. 1495 ff.

479 Stamenkovic/Michel in VUR 2016, 132, 136 ff.

480 ABl. EU L 306/64 vom 20.11.2011.

481 Bittner/*Föhlich* Rn. 28.

beruflichen Tätigkeit zugerechnet werden kann. Entscheidend ist daher, zu welchen privaten oder nicht privaten Zwecken das Darlehen im Moment des Vertragsabschlusses verwendet werden soll.[482] Abzustellen ist hierbei auf den Zeitpunkt, zu dem der Darlehensnehmer seine auf den Abschluss des Vertrages gerichtete Willenserklärung abgibt.[483] Daher handelt eine natürliche Person im Rahmen einer Darlehensaufnahme für überwiegend private Zwecke immer als Verbraucher, selbst wenn sie ansonsten unternehmerisch oder freiberuflich tätig ist. Somit kann ein und dieselbe natürliche Person bei einem Rechtsgeschäft als Verbraucher handeln, bei einem anderen nicht.

a) Abgrenzung Verbraucherhandeln – Unternehmerhandeln

Auch nach der Modifizierung zum 13.06.2014 lässt der Wortlaut des § 13 BGB allerdings nicht 431 erkennen, ob für die Abgrenzung von Verbraucher- und Unternehmerhandeln allein objektiv auf den von der handelnden Person verfolgten Zweck abzustellen ist,[484] oder ob es für die Zurechnung des Handelns auf die dem Vertragspartner erkennbaren Umstände ankommt.[485] Nach Ansicht des BGH[486] wird aus der vom Gesetzgeber gewählten negativen Formulierung des 2. Halb. der Vorschrift des § 13 BGB deutlich, dass rechtsgeschäftliches Handeln einer natürlichen Person grds. als Verbraucherhandeln anzusehen ist und etwa verbleibende Zweifel, welcher Sphäre das konkrete Handeln zuzuordnen ist, zugunsten der Verbrauchereigenschaft zu entscheiden ist. Eine Zurechnung entgegen dem mit dem rechtsgeschäftlichen Handeln objektiv verfolgten Zweck kommt daher nur dann in Betracht, wenn die dem Vertragspartner erkennbaren Umstände eindeutig und zweifelsfrei darauf hinweisen, dass die natürliche Person in Verfolgung ihrer gewerblichen oder selbstständigen beruflichen Tätigkeit handelt.

Maßgebend für den Begriff des Verbrauchers ist der Zweck des rechtsgeschäftlichen Handelns. 432 Ob jemand eine natürliche Person ist oder nicht, ist für die Unterscheidung von Verbraucher und Unternehmer, da auch letztere natürliche Personen sein können, von untergeordneter Bedeutung. Eine Unterscheidung ist hier nur aufgrund der Zweckrichtung des Verhaltens möglich. Daran knüpft § 13 BGB auch an. Der überwiegende Zweck der Darlehensaufnahme darf daher weder der gewerblichen noch der selbstständigen beruflichen Tätigkeit des Darlehensnehmers zugeordnet werden, um als Verbraucherdarlehen qualifiziert zu werden. Das ausschlaggebende Kriterium für die Abgrenzung der privaten von einer berufsmäßig betriebenen Tätigkeit ist der Umfang der mit ihr verbundenen Geschäfte. Erfordern diese einen planmäßigen Geschäftsbetrieb, wie etwa die Unterhaltung eines Büros oder einer Organisation, so liegt eine gewerbliche Betätigung vor.[487] Auf die Höhe der verwalteten Werte oder die Höhe des Kreditbetrages kommt es dabei nicht an.[488] Dies ist zutreffend, da auch hohe Vermögenswerte mit einem niedrigen organisatorischen und zeitlichen Aufwand verwaltet werden können, z.B. Wertpapiere oder exklusive Wohnimmobilien, während demgegenüber die Verwaltung auch geringer Vermögenswerte aufgrund der Komplexität und Vielzahl der Vorgänge einen hohen Arbeitsumfang erfordern. Die Ausrichtung auf eine Vielzahl gleichartiger Geschäfte spricht daher für ein professionelles Vorgehen. Ob der mit der Tätigkeit verbundene organisatorische und zeitliche Aufwand danach insgesamt das Bild eines planmäßigen Geschäftsbetriebes vermittelt, bleibt eine im Einzelfall zu beurteilende Frage.[489]

Die vorstehenden Kriterien sind auch zur Beurteilung heranzuziehen, ob der Verwaltung eigenen 433 Vermögens das Merkmal einer gewerblichen Tätigkeit zuzuordnen ist oder nicht. Grundsätzlich gehört die Verwaltung eigenen Vermögens, auch wenn es beträchtlich ist, zum privaten Bereich. Sie ist

482 Schimansky/Bunte/Lwowski/*Münscher* Bankrechts-Handbuch § 81 Rn. 8.
483 LG Düsseldorf, WM 2011, 1990 (1991).
484 So z.B. PWW/*Prütting* § 13 Rn. 9.
485 So z.B. Palandt/*Ellenberger* § 13 Rn. 4.
486 BGH, ZIP 2010, 334 Rn. 10 f.
487 BGH, WM 2001, 2379 (2381); Schwintowski § 14 Rn. 26 ff.
488 Bülow/Artz § 491 Rn. 66.
489 BGH, WM 2001, 2379 (2381).

keine Berufsausübung. Die Aufnahme von Fremdmitteln kann zur ordnungsgemäßen Vermögensverwaltung gehören und lässt deshalb nicht zwangsläufig auf ein Gewerbe oder eine freiberufliche Tätigkeit schließen. Dass die Verwaltung auf Dauer angelegt ist, versteht sich ebenso von selbst, wie dass sie auf die Mehrung des Vermögens ausgerichtet ist. Nicht einmal ein spekulativer Charakter der Geschäfte lässt den zwingenden Schluss zu, die Verwaltung des Vermögens und diese Geschäfte würden als Beruf betrieben.[490]

434 Andererseits kann bereits der Umfang der mit der Verwaltung eines umfangreicheren Privatvermögens verbundenen Geschäfte diese zu einer gewerblichen Tätigkeit machen. Das ist etwa der Fall, wenn sie einen planmäßigen Geschäftsbetrieb mit Büro und Organisation erfordern.[491] Diese Bedingung kann je nach den Umständen schon bei der Errichtung einer Eigentumswohnungsanlage mit acht Einheiten zwecks späteren Verkaufs an Anleger vorliegen.[492] Entsprechendes. gilt, wenn die Verwaltung des eigenen Vermögens dazu führt, dass planmäßig entgeltliche Leistungen, z.B. die mehr als nur gelegentliche Vermietung von Wohnungen, angeboten werden.[493]

435 Handelt es sich um die Vermietung oder Verpachtung von Immobilien, so ist dementsprechend Umfang, Komplexität und Anzahl der damit verbundenen Vorgänge entscheidend. Das Kriterium des Umfanges der Verwaltung geht grundsätzlich von dem Privatmann aus, welcher nebenher das eigene Vermögen verwalten kann, weil dies einen geringen Aufwand verursacht, der eine gewerbsmäßige Betätigung nicht erforderlich macht. Der Umstand, dass der Privatmann die Verwaltung an eine professionelle Firma vergeben hat, spricht indiziell dafür, dass ein erheblicher Umfang an Verwaltungstätigkeit anfällt. Der Privatmann wird nämlich regelmäßig eine Vermögensverwaltung in kleinerem Umfange neben anderen Aktivitäten bewerkstelligen und nicht in die Hände einer professionellen Vermögensverwaltung geben. [494]

436 Bei Mischnutzungen, z.B. bei der Finanzierung eines PKW, der sowohl für gewerblich veranlasste Fahrten als auch privat genutzt wird, wird das Darlehen daher dann nicht den Verbraucherschutzvorschriften unterstellt, wenn der Kredit überwiegend den gewerblichen bzw. den selbstständigen beruflichen Zwecken dient.[495] Bei Kaufleuten greift die Vermutung des § 344 HGB, wonach ein Rechtsgeschäft, das von einem Kaufmann getätigt wird, im Zweifel seinem Handelsgewerbe zuzuordnen ist.[496]

437 Verwendet der Darlehensnehmer die Darlehensvaluta für mehrere Gegenstände, die teils privat, teils gewerblichen Zwecken dienen, kann eine Aufspaltung des Darlehensvertrages in Betracht kommen.[497] Nach Auffassung des EuGH ist in diesen Fällen nur dann ein Verbrauchergeschäft anzunehmen, wenn der gewerbliche Zweck derart in den Hintergrund tritt, dass er im Gesamtzusammenhang des konkreten Geschäfts nur eine ganz untergeordnete Rolle spielt.[498] Bei gleichgewichtiger Zurechnung gilt der Darlehensnehmer daher als Verbraucher.[499]

---

490 BGH, NJW 1992, 3242 (3243); BGH, WM 2001, 2379 (2381).

491 BGHZ 149, 80, 86 = NJW 2002, 368, 369; OLG Düsseldorf MDR 2010, 858; AG Löbau WuM 2004, 610; Erman/Saenger § 13 Rn. 14; Staudinger/Habermann § 13 Rn. 37; BGH, Urteil vom 20.02.2018-XI ZR 445/17 in WM 2018, 782.

492 OLG Koblenz OLGR 2003, 85, 86.

493 OLG Hamm RdL 2009, 181; AG Hannover NJW-RR 2010, 519; OLG Düsseldorf NJW-RR 2005, 13, 17; GE 2003, 1608; LG Köln WuM 2009, 730, 731; OLG Hamm, Urteil vom 26.10.2015 31 U 85/15, juris.

494 OLG Dresden, Urteil vom 10. Juni 2015 – 5 U 1847/14–, juris.

495 Schimansky/Bunte/Lwowski/*Münscher* Bankrechts-Handbuch § 81 Rn. 18.; OLG Naumburg OLGR 1998, 201.

496 BGH, WM 2009, 262 Rn. 22; Schwintowski § 14 Rn. 30.

497 BGH NJW 1984, 2292 (2293).

498 EuGH NJW 2005, 653 Rn. 39 ff.

499 Bülow/Artz Einl. Rn. 48.

Grundsätzlich trägt der Verbraucher die Darlegungs- und Beweislast dafür, dass nach dem von ihm objektiv verfolgten Zweck ein seinem privaten Rechtskreis zuzuordnendes Rechtsgeschäft vorliegt.[500] Bleiben Zweifel, sind die Schutzvorschriften des Verbraucherkreditrechts nicht anzuwenden, da derjenige, der sich auf die Schutzvorschriften beruft, auch die Beweislast dafür trägt, dass die erforderlichen Voraussetzungen vorliegen.[501] Allerdings gehen Unsicherheiten und Zweifel aufgrund der äußeren, für den Vertragspartner erkennbaren Umstände des Geschäfts gehen indes nach der negativen Formulierung des Gesetzes nicht zulasten des Verbrauchers.[502] Vielmehr ist bei einem Vertragsschluss mit einer natürlichen Person grundsätzlich vom Verbraucherhandeln auszugehen. Anders ist dies nur dann, wenn Umstände vorliegen, nach denen das Handeln aus der Sicht des Kreditinstituts eindeutig und zweifelsfrei einer gewerblichen oder selbstständigen beruflichen Tätigkeit zuzurechnen ist.[503] Damit wird auch nach der neuen Rechtslage der »überwiegende Nutzungszweck« zur Beweisfrage. 438

Obwohl die Zweckbestimmung keine notwendige Angabe im Verbraucherdarlehensvertrag ist, erweist es sich in der Praxis als sinnvoll, den Verwendungszweck schriftlich in den Darlehensvereinbarungen zu fixieren, z.B. in einem Zusageschreiben, unter welchen Bedingungen das Darlehen gewährt wird. Hierdurch kann späteren Meinungsverschiedenheiten vorgebeugt werden. Eine formularmäßige Bestätigung im Darlehensvertrag, dass es sich um ein gewerblich oder freiberuflich veranlasstes Darlehen handelt, kann allerdings gegen § 309 Nr. 12 b) BGB, der unzulässigen Tatsachenbestätigung zum Nachteil des Kunden verstoßen.[504] Aus der Bezeichnung eines Darlehensvertrages als Verbraucherdarlehensvertrag und der Bezugnahme auf die für den Verbraucherdarlehensvertrag geltenden Vorschriften der §§ 491 ff. BGB folgt hingegen kein Erklärungsgehalt der vertraglichen Willenserklärungen der Bank dahin, dass die für den Verbraucherdarlehensvertrag geltenden gesetzlichen Vorschriften unter allen Umständen Bestandteil der vertraglichen Regelung des Darlehensvertrages zwischen den Parteien als Unternehmer werden sollten. Grundsätzlich ist für die Einordnung eines geschlossenen Vertrages nicht die von den Vertragsparteien gebrauchte Bezeichnung, sondern der Vertragsinhalt, insbesondere die Art der vereinbarten Leistungen, entscheidend.[505] 439

b) Sonderfälle

aa) Gesamtschuldnerschaft

Sind Kreditnehmer durch eine **Gesamtschuldnerschaft** miteinander verbunden, so gelten die Anforderungen des Verbraucherdarlehensrechts ggü. jedem Gesamtschuldner, sofern er die Verbrauchereigenschaft erfüllt. 440

Sofern sich die Gemeinschaft der Darlehensnehmer aus Verbrauchern und gleichzeitig aus Nicht-Verbrauchern bzw. Unternehmen zusammensetzt, ist für jede einzelne Person zu prüfen, ob das konkrete Geschäft für diese eine ausgeübte gewerbliche oder selbstständige berufliche Tätigkeit darstellt oder nicht. Wird bei einem Darlehensvertrag bei einzelnen Darlehensnehmern die Verbrauchereigenschaft bejaht, so ist gegenüber diesen Personen das einschlägige Verbraucherdarlehensrecht anzuwenden.[506] Schließen mehrere Verbraucher als Darlehensnehmer mit einem Unternehmer als Darlehensgeber einen Verbraucherdarlehensvertrag, kann jeder von ihnen seine auf Abschluss des 441

500 BGH, WM 2007, 2024 Rn. 13; Bülow/Artz § 491 Rn. 73 BGB; OLG Frankfurt, Urteil vom 03.05.2016, 10 U 152/15, juris.
501 BGH, WM 2007, 2024 Rn. 13; Palandt/*Ellenberger* § 13 Rn. 4.
502 BGH, ZIP 2010, 334 Rn. 11, *Bülow* WM 2011, 1349 ff.
503 BGH, ZIP 2010, 334 Rn. 11, *Bülow* WM 2011, 1349 ff.
504 Schimansky/Bunte/Lwowski/*Münscher* Bankrechts-Handbuch § 81 Rn. 17; Palandt/*Grüneberg* § 309 Rn. 108.
505 Palandt/Grüneberg, BGB, 74. Auflage, vor § 311 Rdnr. 11 m.w.N.; OLG Dresden, Urteil vom 10. Juni 2015 – 5 U 1847/14–, juris.
506 BGH, NJW 2000, 3233 (3136).

Darlehensvertrags gerichtete Willenserklärung selbstständig widerrufen. Die Rechtswirkungen des Widerrufs im Verhältnis zwischen dem Darlehensgeber und den übrigen Darlehensnehmern richten sich nach § 139 BGB..[507] Die vorstehenden Ausführungen gelten ebenfalls für Erbengemeinschaften und Bruchteilsgemeinschaften.

bb) Ehegatten

442 Zu berücksichtigen ist in diesem Zusammenhang die Regelung des § 1357 BGB. Sofern die Ehegatten nicht getrennt leben, ist jeder Ehegatte berechtigt, Geschäfte zur angemessenen Deckung des Lebensbedarfs der Familie mit Wirkung auch für den anderen Ehegatten zu besorgen. Durch solche Geschäfte werden beide Ehegatten berechtigt und verpflichtet, es sei denn, dass sich aus den Umständen etwas anderes ergibt. Hierzu gehören grundsätzlich auch Kreditgeschäfte.[508]

443 Folge dieser Regelung ist die gesetzlich angeordnete Haftungsgemeinschaft der Eheleute.[509] Auch wenn im Außenverhältnis die Formerfordernisse eines Verbraucherdarlehens nur gegenüber demjenigen Ehegatten zu wahren sind, der das konkrete Geschäft abschließt, nimmt der andere Ehegatte an den Schutzwirkungen des Verbraucherkreditrechts teil.[510]

444 Die wirtschaftlich interessante Frage ist, in welchem Umfang der andere Ehegatte mitverpflichtet wird. Auszugehen ist dabei von dem Grundsatz, dass die Kreditaufnahme im konkreten Fall der individuell angemessenen Bedarfsdeckung der Familie zu dienen bestimmt sein muss, d.h. sich im Rahmen der durchschnittlichen Verbrauchsgewohnheiten von Familien in einer vergleichbaren sozialen Lage bewegt. Hierbei ist der individuelle, äußerlich erkennbare Konsumstil aus Sicht eines objektiven Betrachters zu bewerten.[511] Übersteigt dieses Erscheinungsbild nach spezifischen und konkreten Anhaltspunkten den aufgrund der tatsächlichen wirtschaftlichen Verhältnisse der Ehegatten zu erwartenden Lebenszuschnitt, so erhöht das im Grundsatz den Umfang der nach § 1357 BGB möglichen Mitverpflichtung.[512] Die Aufnahme eines Darlehens, das der Finanzierung eines Hausbaus bzw. der Verringerung der aus dem Hausbau entstandenen Verbindlichkeiten dient, kann in der Regel nicht als Geschäft zur angemessenen Deckung des Lebensbedarfs angesehen werden.[513]

445 Entsprechend dem Schutzzweck des § 1357 BGB werden daher nur kleinere Darlehen infrage kommen, wobei diese allerdings über die Grenze von 199,99 € (§ 491 Abs. 2 Nr. 1 BGB) hinausgehen können. Ob pauschal eine wirksame Mitverpflichtung des Ehegatten bei Darlehen angenommen werden kann, deren monatlichen Raten nicht mehr als ein Viertel des jeweiligen monatlichen Lebensbedarfs übersteigen[514], erscheint mangels konkreter empirischer Untersuchungen zweifelhaft. Insgesamt ist die praktische Relevanz der Mitverpflichtung eines Ehegatten unter Berücksichtigung der Regelungen des § 1357 BGB als gering einzustufen.

cc) Schuldbeitritt/Schuldübernahme/Vertragsübernahme

446 Bei einem Schuldbeitritt, bei dem der Beitretende nur die Mithaft für die Verpflichtungen des Darlehensnehmers übernimmt, ohne gleichzeitig auch dessen Ansprüche gegenüber dem Darlehensgeber zu übernehmen, besteht bei einem beitretenden Verbraucher nach der Rechtsprechung des

507 BGH, Urteil vom 11. Oktober 2016 – XI ZR 482/15 –, BGHZ 212, 207–223; BGH, Urteil vom 10. Oktober 2017 – XI ZR 449/16 –, juris. Wg. weiterer Einzelheiten vgl. Abschnitt D VIII 3 f.
508 Palandt/*Brudermüller* § 1357 Rn. 11.
509 BGH, WM 1991, 1678 (1679).
510 PWW/*Nobbe* § 491 Rn. 19.
511 BGH, WM 1985, 757 (759); Palandt/*Brudermüller* § 1357 Rn. 12.
512 BGH, WM 1985, 757 (760).
513 LG Aachen, NJW-RR 1989, 710 (711); PWW/*Weinreich* § 1357 Rn. 10.
514 So Palandt/*Weidenkaff* § 492 Rn. 1; Palandt/*Brudermüller* § 1357 Rn. 11.

BGH das gleiche Schutzbedürfnis wie bei einem Darlehensnehmer.[515] Das Schutzbedürfnis des Mitverpflichteten, der keinen eigenen Anspruch auf die Darlehensgewährung erwirbt, aber das damit verbundene Risiko der Belastung mit einer langjährigen Rückzahlungsverpflichtung eingeht, ist ebenso hoch, wie bei dem Darlehensnehmer selbst.[516] Daher kommt es bei einem Schuldbeitritt darauf an, dass zum Zeitpunkt der Mithafterklärung die Voraussetzungen des Verbrauchers in der Person des Mitverpflichteten vorliegen.[517] Der Darlehensnehmer selbst muss kein Verbraucher sein.[518]

Dasselbe wie für den Schuldbeitritt gilt auch bei einem Schuldnerwechsel in Form einer befreienden Schuldübernahme durch Vertrag zwischen Gläubiger und Übernehmer iSd § 414 BGB und im Fall der Vertragsübernahme unter dreiseitiger Beteiligung zwischen Gläubiger, Altschuldner und Neuschuldner, da sich ein gleiches, auf den Übernehmenden bezogenes Schutzbedürfnis ergibt[519]. 447

dd) Bürgschaft

Anders als beim Schuldbeitritt bewirkt eine Bürgschaft keine Verpflichtung aus dem Kreditvertrag. Die Bürgschaft ist ein Kreditsicherungsmittel, d.h. ein Haftungskredit, aber kein Geldkredit. Weil der Schutzzweck ein anderer als beim Schuldbeitritt sei, hat der BGH eine analoge Anwendung der Verbraucherschutzvorschriften auf die Bürgschaft abgelehnt.[520] 448

ee) Gesellschaft bürgerlichen Rechts

Schwierig ist die Beurteilung personenrechtlicher Zusammenschlüsse, wenn sich mehrere natürliche Personen zur Verfolgung eines gemeinsamen Zwecks in einer gesellschaftsrechtlichen Verbindung zusammengefunden haben. Ungeachtet der Diskussion, ob bei einer Personengesellschaft die Gesellschafter als Innengesellschaft oder als Außengesellschaft am Rechtsverkehr teilnehmen, hat der BGH in seinem Urteil vom 23.10.2001 entschieden, dass die Gesellschaft bürgerlichen Rechts Normadressat der Verbraucherschutzvorschriften ist, sofern die Tätigkeit nicht kommerziell ausgerichtet ist.[521] Die Schutzwürdigkeit einer Gruppe von natürlichen Kreditnehmern bleibt davon unberührt, dass sie auf gesellschaftsrechtlicher Grundlage einen gemeinsamen Zweck im Sinn von § 705 BGB verfolgen. 449

Die gewerbliche und freiberufliche Tätigkeit der Gesellschaft bürgerlichen Rechts zeichnet sich dadurch aus, dass sie sich geplant und auf Dauer äußerlich erkennbar am Markt zeigt.[522] Dabei ist das maßgebliche Kriterium für die Abgrenzung einer privaten von einer berufsmäßig betriebenen Vermögensverwaltung der Umfang der mit ihr verbundenen Geschäfte. Erfordern diese einen planmäßigen Geschäftsbetrieb, so liegt eine gewerbliche Betätigung vor.[523] 450

ff) rechtsfähige Personengesellschaften

Grundsätzlich führt die Eintragung in das Handelsregister zu einer Schnittstelle zwischen Verbraucher- und Unternehmereigenschaft. Sämtliche Personenhandelsgesellschaften (OHG, KG) unterfallen demnach nicht dem Verbraucherbegriff gem. § 13 BGB. Ein Grenzfall stellt die 451

515 BGH, WM 2009, 262 Rn. 24.
516 BGH, WM 2006, 81 Rn. 12.
517 Palandt/*Weidenkaff* § 491 Rn. 10.
518 PWW/*Nobbe* § 491 Rn. 17.
519 BGH, NJW 1999, 2664 (2666); PWW/*Nobbe* § 491 Rn. 18.
520 BGH WM 1998, 1120 (1122); OLG Düsseldorf WM 2008, 847; Bülow/Artz § 491 Rn. 112 ff. m.w.N.
521 BGH, WM 2001, 2379 (2381).
522 OLG Frankfurt, NJW 2004, 3266 (3267).
523 BGH, Urteil vom 25.03.2015-VIII ZR 243/13, BGHZ 204, 325; BGH, Beschluss vom 24.10.2017-XI ZR 189/17.

Personenhandelsgesellschaft dar, die keinen kaufmännischen Zweck verfolgt bzw. kein Gewerbe betreibt, aber dennoch von der Option des § 105 Abs. 2 HGB durch Eintragung in das Handelsregister Gebrauch gemacht hat. Für die letztgenannten Gesellschaften ist in Fortführung der Rechtsprechung zur GbR die Anwendung verbraucherrechtlicher Vorschriften zu befürworten.

452 Zu den rechtsfähigen Personengesellschaften zählen neben der teilrechtsfähigen GbR ferner sowohl die Partnerschaftsgesellschaften als Verbund von Freiberuflern[524] als auch die EWIV[525] sowie wegen der Regelung in § 10 Abs. 6 WEG auch die Wohnungseigentümer-Gemeinschaft.[526]

453 Eine Wohnungseigentümergemeinschaft ist im Interesse des Verbraucherschutzes der in ihr zusammengeschlossenen, nicht gewerblich handelnden natürlichen Personen dann einem Verbraucher gemäß § 13 BGB gleichzustellen, wenn ihr wenigstens ein Verbraucher angehört und sie ein Rechtsgeschäft zu einem Zweck abschließt, der weder einer gewerblichen noch einer selbständigen beruflichen Tätigkeit dient.[527]

gg) juristische Personen

454 Kredite an juristische Personen unterfallen nicht dem Schutzzweck der Verbraucherdarlehensregelungen. Juristische Personen sind vor allem die GmbH, die AG, die Genossenschaft und die KG aA. Die Verbrauchereigenschaft wird ebenfalls verneint für Idealvereine, wirtschaftliche Vereine, den Versicherungsverein aG und die Stiftung. Das Gleiche gilt für juristische Personen des öffentlichen Rechts.[528]

hh) Organmitglieder

455 Zu berücksichtigen ist, dass Mitglieder von Organen juristischer Personen keine Selbstständigkeit ausüben.[529] Der Geschäftsführer einer GmbH vollzieht demnach eine angestellte berufliche Tätigkeit.[530] Nach der gefestigten Rechtsprechung des Bundesgerichtshofes findet das Verbraucherkreditrecht auch in den Fällen Anwendung, in denen der Kredit einer GmbH gewährt wird und der der Gesellschaftsschuld Beitretende deren geschäftsführender Gesellschafter ist. Dies gilt nicht nur dann, wenn der Beitretende Mehrheitsgesellschafter und Alleingeschäftsführer oder Hauptgesellschafter und Mitgeschäftsführer der kreditnehmenden Hauptschuldnerin ist, sondern auch dann, wenn es sich bei ihm um den geschäftsführenden Alleingesellschafter handelt.[531] Dies gilt auch dann, wenn der GmbH Geschäftsführer eine Schuld seiner GmbH übernimmt oder sich für diese verbürgt.[532] Damit kann z.B. der Geschäftsführer einer GmbH Verbraucher sein, wenn er den Schuldbeitritt zu einem Kredit seiner Unternehmung erklärt oder für diese eine Bürgschaft übernimmt.[533]

456 Auch diejenige Person, die nur GmbH-Anteile hält, ist Verbraucher, da das Halten eines GmbH-Geschäftsanteils keine gewerbliche Tätigkeit darstellt, sondern einer Vermögensverwaltung entspricht.[534]

524 *Bülow/Artz* § 491 Rn. 55.
525 Europäische Wirtschaftliche Interessenvereinigung; Palandt/*Ellenberger* § 14 Rn. 3.
526 PWW/*Prütting* § 14 Rn. 6.
527 BGH, Urteil vom 25. März 2015 – VIII ZR 243/13 –, BGHZ 204, 325–346.
528 Palandt/*Ellenberger* § 14 Rn. 2.
529 BGH, NJW 1968, 396.
530 BGH, NJW 2000, 3133 (3136).
531 BGH, WM 2006, 81 Rn. 14.
532 BGH, WM 2007, 1833 Rn. 12; Palandt/*Ellenberger* § 13 Rn. 3.
533 BGH, WM 2007, 1833 Rn. 16 ff.
534 BGH, NJW 2007, 759 Rn. 13.

ii) Existenzgründer

457 Eine Besonderheit ist in § 512 BGB in der bis zum 20.03.2016 anzuwendenden Fassung, ab dem 21.03.2016 in § 513 BGB, geregelt. Hiernach gelten die Verbraucherdarlehensvorschriften auch für natürliche Personen, die sich in der Existenzgründungsphase ein Darlehn, einen Zahlungsaufschub oder eine sonstige Finanzierungshilfe für die Aufnahme einer gewerblichen oder selbstständigen beruflichen Tätigkeit gewähren lassen oder zu diesem Zweck einen Ratenlieferungsvertrag schließen, es sei denn, der Nettodarlehnsbetrag bzw. Barzahlungspreis liegt über € 75.000,00. Bis zum 10.06.2010 belief sich die Betragsgrenze auf € 50.000,00.

458 Entscheidend für die Privilegierung als Existenzgründer ist, dass es sich um die Aufnahme und nicht bereits um eine Ausübung der betreffenden Tätigkeiten handelt.

Das betreffende Darlehen muss dem Zweck der Aufnahme, d.h. dem Beginn der gewerblichen oder selbstständigen beruflichen Tätigkeit dienen. Eine davon abweichende tatsächliche Verwendung ist unbeachtlich sofern sie nach wie vor der Existenzgründung dient.

459 In der Praxis kann die konkrete Bestimmung der Existenzgründungsphase und deren Abschluss mit der tatsächlichen Aufnahme der gewerblichen oder selbstständigen beruflichen Tätigkeit schwierig sein. Die Aufnahme umfasst einen im Einzelfall zu bestimmten Zeitraum der Gründungsphase. Die hierfür zutreffenden Vorbereitungshandlungen, wie z.B. Einstellung von Arbeitskräften, Anmieten von Geschäftslokalen oder der Kauf von Einrichtungsgegenständen fallen in der Regel unter die Gründungsphase, sofern die Handlungen dem objektiven Zweck der Existenzgründung und damit dem beruflich/gewerblichen Bereich zuzuordnen sind.[535] Erst wenn die nach außen in Erscheinung tretende Bereitschaft festzustellen ist, am Markt aufzutreten, in dem operativen Funktion wie z.B. Werbung oder Kundenbesuche aufgenommen werden, ist die Gründung abgeschlossen. Maßgeblicher Zeitung für diese Beurteilung ist der Abschluss des Kreditvertrages.[536]

460 Eine früher ausgeübte gewerbliche oder berufliche Tätigkeit steht der Existenzgründung nicht entgegen, auch nicht in derselben Branche.[537] Ebenso wenig hindert die bisherige Ausübung einer gewerblichen oder freiberuflichen Tätigkeit die mit der Aufnahme der neuen zusätzlichen beruflichen Tätigkeit nicht im Zusammenhang steht.[538]

jj) Einschaltung eines Stellvertreters

461 Bei der Einschaltung eines Stellvertreters kommt es hinsichtlich des abzuschließenden Geschäfts auf beiden Seiten (Unternehmer/Verbraucher) grundsätzlich auf die persönlichen Voraussetzungen des Vertretenen an. Es ist grundsätzlich auf die Person abzustellen, die später Vertragspartei wird.[539] Der Vertreter selbst hat grundsätzlich kein Widerrufsrecht. Dies ist auch folgerichtig, da letztlich der Vertretene durch das Geschäft seines Vertreters verpflichtet wird.[540]

462 Ausnahmsweise kann auf den Handelnden abzustellen sein, wenn es im konkreten Fall ausdrücklich auf die Person des Vertreters angekommen ist. Dies kann z.B. bei einem außerhalb der Geschäftsräume der Bank geschlossener Vertrag der Fall sein, bei dem für den Darlehensnehmer ein Vertreter handelt. Die erhöhte Schutzbedürftigkeit in dieser »Haustürsituation« liegt gerade darin, dass auf den Willensentschluss in einer unzulässigen oder auch unangemessenen Weise Einfluss genommen wird. Dieser Einflussnahme kann durchaus auch der für den Darlehensnehmer handelnde Vertreter

535 BGH, WM 2007, 2392 Rn. 6; Palandt/*Weidenkaff* § 512 Rn. 3.
536 OLG Düsseldorf, OLGR 1997, 185.
537 OLG Köln, NJW-RR 1995, 816.
538 BGH, NJW-RR 2000, 1221 (1222).
539 BGH WM 1995, 1231 (1232).
540 Nobbe/*Sauer* – Kommentar zum Kreditrecht § 13 Rn. 12.

ausgesetzt sein, weil er mit dem Vertragspartner verhandelt und die Verpflichtungserklärung für den (abwesenden) Vertretenen abgibt.[541]

kk) Strohmann

463 Etwas anderes gilt bei der Einschaltung eines Strohmanns. Ist der Kredit für eine gewerbliche Tätigkeit bestimmt, die eine natürliche Person aufseiten des Darlehensnehmers als Strohmann für einen anderen ausübt, ist der Strohmann grundsätzlich nicht Verbraucher. Denn das Vorschieben eines Strohmanns erfolgt im rechtsgeschäftlichen Verkehr nicht zum Schein; vielmehr ist das Strohmann-Geschäft ernstlich gewollt, weil sonst der damit erstrebte wirtschaftliche Zweck nicht erreicht werden würde.[542]

ll) Scheinselbstständige

464 Bei Kreditaufnahmen durch mögliche Scheinselbstständige ist die Abgrenzung zwischen unselbstständigen Arbeitnehmern, arbeitnehmerähnlichen Personen oder einer selbstständigen beruflichen Tätigkeit zutreffen.[543] wie die Grenzziehung bestimmt sich nach § 84 Absatz ein Satz 2 AGB wonach selbstständig ist, wer im Wesentlichen frei seine Tätigkeit gestalten und seine Arbeitszeit bestimmen kann. Die Schutzvorschriften der §§ 491 ff. BGB gelten auch für Scheinselbstständige.

3. Sachlicher Anwendungsbereich

a) Anwendungsbereich des § 491 Abs. 1 BGB (Allgemein-Verbraucherdarlehensverträge)

465 Bei § 491 Abs. 1 BGB handelt es sich um die zentrale Norm für Verbraucherdarlehensverträge. § 491 Absatz 1 S. 2 BGB differenziert nunmehr zwischen dem »Allgemein –Verbraucherdarlehensvertrag« für Verbraucherdarlehen, die der Verbraucherkreditrichtlinie unterfallen und dem »Immobiliar-Verbraucherdarlehensvertrag« für Verbraucherdarlehen, die von der Wohnimmobilienkreditrichtlinie erfasst werden.

466 Der sachliche Anwendungsbereich bezieht sich gem. §§ 491 Abs. 1, 506 (§ 499 a.F.) BGB in der bis 20.03.2016 anzuwendenden Fassung, in der ab dem 21.03.2016 geltenden Fassung hingegen gem. § 491 Abs. 2 Satz 1 BGBfür Allgemein –Verbraucherdarlehensverträge als Verbraucherdarlehen in Übereinstimmung mit den Vorgaben in Art. 1 der Verbraucherkreditrichtlinie[544] grds. auf alle Kreditverträge zwischen einem gewerblich oder beruflich tätigen Kreditgeber und einem Verbraucher, die in der Form des Darlehens, des Zahlungsaufschubs oder sonstiger Finanzierungshilfen (wie z.B. Leasing oder Teilzahlungsgeschäfte) geschlossen werden. Darlehensverträge, die ausschließlich zwischen Verbrauchern geschlossen werden, unterfallen daher nicht den verbraucherrechtlichen Sonderbestimmungen der §§ 491 ff. BGB.[545]

467 Daher werden Verträge, durch die ein Unternehmer einem Verbraucher einen entgeltlichen Zahlungsaufschub von mehr als 3 Monaten oder eine sonstige Finanzierungshilfe gewährt, vom Anwendungsbereich der Verbraucherdarlehensverträge umfasst; sie sind in § 506 (§ 499 a.F.) BGB geregelt. Finanzierungsleasingverträge, vor Umsetzung der Verbraucherkreditrichtlinie zum 11.06.2010 geregelt in § 500 a.F. BGB, sind jetzt als entgeltliche Finanzierungshilfen in § 506 Abs. 2 BGB erfasst. Teilzahlungsverträge sind ab dem 11.06.2010 bis zum 20.03.2016 in den §§ 507 bis 509 BGB (§§ 501 bis 504 BGB a.F.), ab dem 21.03.2016 in den §§ 507, 508 BGB, wobei der bis zum 20.03.2016 geltende § 509 BGB (Prüfung der Kreditwürdigkeit) durch das

541 BGH NJW 2000, 2270 (2271).

542 BGH NJW 2002, 2030 (2031).

543 BAG NZA 1997, 1301 (1302).

544 Richtlinie 87/102/EWG zur Angleichung der Rechts- und Verwaltungsvorschriften der Mitgliedstaaten über den Verbraucherkredit v. 22.12.1986 (ABl. EG L 42/48), s. www.eur-lex.europa.eu.

545 Bülow/Artz § 491 Rn. 8.

Gesetz zur Umsetzung Wohnimmobilienkreditrichtlinie und zur Änderung handelsrechtlicher Vorschriften vom 11.03.2016 in § 506 Abs. 1 BGB i.V.m. §§ 505 a bis 505 d BGB, geregelt worden ist[546].Ratenlieferungsverträge sind in § 510 BGB (§ 505 BGB a.F.) und Existenzgründungsdarlehen in § 512 BGB, in der bis zum 20.03.2016 anzuwendenden Fassung (§ 507 BGB a.F.), ab dem 21.03.2016 in § 513 BGB geregelt.

Nach dem Anwendungsbereich des § 491 Abs. 2 Satz 1 BGB in der seit dem 21.03.2016 geltenden Fassung, muss es sich bei einem Allgemein-Verbraucherdarlehensvertrag um ein entgeltliches Darlehen, wie in § 488 Abs. 1 BGB definiert, handeln. Die Höhe des Entgeltes spielt bei der Einordnung als Verbraucherkredit keine Rolle.[547] Es genügt irgendein, nicht völlig unerhebliches Entgelt in Form von Zinsen, Damnum oder Kosten; gesetzliche Fälligkeits- oder Verzugszinsen fallen nicht hierunter.[548] Zins- und kostenlose Darlehensverträge sind daher grds. keine Verbraucherdarlehensverträge.[549] 468

Damit erfassen die §§ 491 ff. BGB u.a. folgende Gelddarlehen: Dispositions- und Überziehungskredite, Ratenkredite, Annuitätendarlehen, endfällige Darlehen, Forward-Darlehen, Rahmenkredite, Lombardkredite sowie Fremdwährungsdarlehen.[550] Ebenso unterfallen Vereinbarungsdarlehen dem sachlichen Anwendungsbereich der §§ 491 ff. BGB.[551] 469

b) Ausnahmen gem. § 491 Abs. 2 Satz 2 (ausgenommene Darlehensverträge)

In § 491 Abs. 2 Satz 2 BGB sind Ausnahmetatbestände normiert worden, bei deren Vorliegen es sich nicht um Allgemein- Verbraucherdarlehensverträge für Verbraucherdarlehen handelt. 470

Die Ausnahmeregelungen beziehen sich auf Verbraucherdarlehensverträge die keine Allgemein-Verbraucherdarlehensverträge sind, gelten aber auch für Verträge mit Finanzierungshilfen (§ 506 Abs. 4 Satz 1 BGB), namentlich Teilzahlungsgeschäfte und Finanzierungsleasingverträge. Darlehensvermittlungsverträge nach § 655a BGB sind von der vollständigen Freistellung des Abs. 2 ebenfalls erfasst, allerdings nicht von den Ausnahmen des Abs. 4. Für Ratenlieferungsverträge nach § 510 BGB gelten die Ausnahmevorschriften in vollem Umfang (§ 510 Abs. 3 Satz 2 BGB). 471

Die Beweislast für das Vorliegen eines Ausnahmetatbestandes trägt grds. der Darlehensgeber, da es in diesen Fällen darum geht, ob die Ausnahmenorm die an sich gegebene Anwendbarkeit des Verbraucherkreditrechts ausschließt.[552] 472

aa) Bagatellgeschäfte – Nr. 1 und 3

Die Ausnahmen des § 491 Abs. 2 Nr. 1 und 3 BGB sind Ausdruck des Bagatellprinzips. 473

Im Gegensatz zu der bis zum 10.06.2010 geltenden Regelung greift die Bagatellregelung gem. § 491 Abs. 2 Nr. 1, wenn der Nettodarlehensbetrag weniger als 200,00 €, mithin max. 199,99 € beträgt. (§ 491 Abs. 2 Nr. 1 BGB a.F. – 200,00 € nicht übersteigt) Der **Nettodarlehensbetrag** ist in Art. 247 § 3 Abs. 2 Satz 2 EGBGB legal definiert als »Höchstbetrag, auf den der Darlehensnehmer auf Grund des Darlehensvertrags Anspruch hat«. Er entspricht damit dem auf europäischer Ebene neu eingeführten »**Gesamtkreditbetrag**«[553] als »Obergrenze oder Summe aller Beträge, die auf 474

546 BGBL 2016, Teil I vom 16.03.2016, S. 396 ff.
547 PWW/*Nobbe* § 491 Rn. 7; Palandt/*Weidenkaff* § 491 Rn. 1.
548 PWW/*Nobbe* § 491 Rn. 7; BGH WM 2007, 2370 Rn. 17.
549 BT-Drucks. 16/11643, S. 76; Schwintowski § 14 Rn. 31; Nobbe/*Müller-Christmann* § 491 Rn. 17.
550 Kümpel/*Merz* Rn. 10.23.
551 PWW/Nobbe § 491 Rn. Bülow/Artz § 491 Rn. 100.
552 PWW/*Nobbe* § 491 Rn. 23; Bülow/Artz § 491 Rn. 106; OLG Düsseldorf, Grundeigentum 2005, 303 (304).
553 Verbraucherrichtlinie 2008/48/EG v. 23.04.2008 (ABl. EG vom 22.05.2008 – L 133/66), zu Kap. 1, Art. 3 l); S. 8.

Grund des Kreditvertrags zur Verfügung gestellt werden«. Hieraus ergibt sich, dass es sich anders als nach der vorherigen Rechtslage beim Nettodarlehensbetrag nicht mehr um das auszuzahlende Darlehen (§ 491 Abs. 2 Nr. 1 BGB a.F.) nach Abzug aller kreditierten Einmalkosten handelt. Maßgeblich ist nicht, welcher Betrag dem Darlehensnehmer tatsächlich zufließt, sondern auf welchen Betrag der Darlehensnehmer aufgrund des Darlehensvertrages Anspruch hat (Art. 247 § 3 Abs. 2 Satz 2 EGBGB). Daher sind nicht mehr alle kreditierten Einmalkosten abzuziehen, sondern nur die vom Darlehensgeber einbehaltenen eigenen Kosten, wie z.B. Gebühren, Spesen, Disagio oder Vermittlungskosten.[554] Mitfinanzierte Kosten sind dagegen einzubeziehen.

475 Zu beachten ist die Ausnahme bei **mitfinanzierten Versicherungskosten**, wenn der Abschluss der Versicherung Voraussetzung für die Darlehensvergabe ist. Gem. den Regelungen in § 6 Abs. 3 Nr. 5 PAngV ergibt sich, dass die entsprechenden Kosten in die Gesamtkosten des Darlehens einzurechnen sind. Würden die Versicherungskosten zusätzlich auch noch in den Nettodarlehensbetrag einbezogen, wären sie im Gesamtbetrag, der sich aus dem Nettodarlehensbetrag und den Gesamtkosten zusammensetzt (Art. 247 § 3 Abs. 2 Satz 1 EGBGB), doppelt berücksichtigt. Dies ist nicht sachgerecht. Da § 6 Abs. 3 PAngV aber eine eindeutige Vorgabe für die Berechnung der Gesamtkosten enthält, ist es erforderlich, die mitfinanzierten Versicherungskosten nicht in den Nettodarlehensbetrag mit einzubeziehen.

476 Erfolgt der Abschluss des Versicherungsvertrags dagegen auf Wunsch des Darlehensnehmers und ist die Versicherung nicht Voraussetzung für die Darlehensvergabe, so sind die mitfinanzierten Kosten in den Nettodarlehensbetrag mit einzurechnen.[555]

477 Bei revolvierenden Krediten und eingeräumten Überziehungskrediten ist der Höchstbetrag des Kredites maßgeblich, über den der Verbraucher verfügen kann.[556] Beim Zahlungsaufschub entspricht der Nettodarlehensbetrag dem Betrag, den der Verbraucher bei einer regulär anstehenden Zahlung zu entrichten hätte, der ihm aber wegen des Aufschubs einstweilen als zusätzliche Liquidität zur Verfügung steht.[557]

478 Zu beachten ist hierbei, dass bei Teilzahlungsgeschäften Nettodarlehensbetrag und Barzahlungspreis im jeweiligen Kreditvertrag anzugeben sind – § 492 Abs. 2 i.V.m. Art. 247 § 6 Abs. 1 Nr. 1 und § 3 Abs. 1 Nr. 4, § 507 Abs. 2 Satz 1 BGB (§ 492 Abs. 1 Satz 5 Nr. 1 BGB a.F i.V.m. § 502 Abs. 1 Satz 1 Nr. 1 BGB a.F.). Dies bedeutet, dass in den Barzahlungspreis die **USt** mit einzubeziehen ist, da sie als rechtlich unselbstständiger Teil des zu zahlenden Preises gilt.[558] Der Nettobarzahlungspreis (nicht der Nettodarlehensbetrag!) kann daher die Grenze von 200,00 € unterschreiten, dennoch bleiben die Verbraucherschutzregeln anwendbar.

479 Die ab dem 11.06.2010 geltende Regelung des § 491 Abs. 2 Nr. 3 BGB stellt alle zinslosen Darlehen, Zahlungsaufschübe und sonstige Finanzierungshilfen von den Vorschriften des Verbraucherdarlehensrechts frei, wenn der Verbraucher das Darlehen binnen 3 Monaten zurückzuzahlen hat und nur geringe Kosten vereinbart sind. Der Maßstab der »geringen Kosten« ist in der Gesamtschau aller Umstände zu beurteilen, ohne dass allein auf das prozentuale Verhältnis zwischen Kosten und Nettodarlehensbetrag abzustellen ist.[559] Hauptanwendungsfall dieser Regelung sind Zahlungskarten wie z.B. Kredit- und Kundenkarten.[560]

554 Bülow/Artz § 491 Rn. 159.
555 Palandt/*Weidenkaff* Art. 247 § 3 Rn. 4 EGBGB.
556 Bülow/Artz § 491 Rn. 159.
557 PWW/*Nobbe* § 491 Rn. 24.
558 BGH, WM 1972, 473 (474); BFH, ZIP 1996, 429 (430).
559 BT-Drucks. 16/11643; zu Nr. 20 (§ 491) S. 77; Kümpel/*Merz* Rn. 10.31.
560 Bülow/Artz § 491 Rn. 167; Palandt/*Weidenkaff* § 491 Rn. 15.

bb) Pfandbesicherte Darlehen – Nr. 2

Der Ausnahmetatbestand des § 491 Abs. 2 Nr. 2 BGB stellt sicher, dass die Tätigkeit von Pfandleihern nicht unter den Anwendungsbereich der §§ 491 ff. BGB fällt. Der **Pfandgegenstand**, aus dem sich der Darlehensgeber befriedigen kann, muss aus dem Darlehensvertrag oder aus gesetzlichen Vorschriften (z.B. Pfandleiherverordnung) resultierende Zahlungsverpflichtungen des Darlehensnehmers sichern.[561] Weitere Ansprüche, z.B. aus Verzug oder Nichterfüllung der Rückzahlung kann der Darlehensgeber neben der Befriedigung aus dem Pfand nicht geltend machen.[562] **480**

cc) Arbeitgeberdarlehen – Nr. 4

Die Verbraucherschutzvorschriften gelten ebenfalls nicht bei Arbeitgeberdarlehen, wenn das Darlehen als Nebenleistung zum bestehenden Arbeitsvertrag zu einem niedrigeren als dem marktüblichen effektiven Jahreszins gem. § 6 der Preisangabenverordnung gewährt wird. Die Ausnahme der Nr. 4 gilt nur in den Fällen, in denen der Arbeitgeber im Einzelfall – also nicht im Rahmen seiner Hauptgeschäftstätigkeit – einen Kredit oder Gehaltsvorschuss gewährt.[563] Daher sind Arbeitgeberdarlehen dann nicht von der Ausnahme umfasst, wenn der Arbeitgeber die Darlehen derart häufig vergibt, dass er bereits entsprechende Strukturen in seinem Betrieb angelegt hat, wie etwa eine »Kreditabteilung«.[564] Daher fallen die Darlehensverträge der Kreditinstitute mit ihren Arbeitnehmern (z.B. Überziehungsmöglichkeiten) nicht unter die Ausnahmeregelung des § 491 Abs. 2 Nr. 4 BGB. Die Tendenz geht dahin, den Begriff des Arbeitgeberdarlehens weit zu ziehen; daher fallen auch Darlehen von Unterstützungskassen unter die Ausnahmeregelung. Die Darlehen können sowohl an den Arbeitnehmer ausgereicht werden, als auch an dessen Angehörige (Ehegatten, Kinder), sofern sie mit Rücksicht auf die Betriebszugehörigkeit des Arbeitnehmers zustande kommen.[565] In Betracht kommen ferner auch Darlehen an ehemalige Arbeitnehmer, die nach dem Ausscheiden aus dem Betrieb in Ruhestand getreten sind, sowie an arbeitnehmerähnliche Personen. Von einem Arbeitgeberdarlehen wird daher immer dann gesprochen werden müssen, wenn es sich um eine Sozialleistung im arbeitsrechtlichen Sinn handelt. **481**

Abschlagszahlungen und Gehaltsvorschüsse stellen keine Darlehen dar, sofern sie nicht kreditiert werden; ebenso verhält es sich bei Gratifikationen, die mit einer Rückzahlungsklausel versehen sind.[566] **482**

Die Ermittlung der unter den marktüblichen Sätzen liegenden Zinsen ergibt sich aus einem Vergleich anhand der Monatsberichte der Deutschen Bundesbank.[567] Der Ausnahmetatbestand ist erfüllt, wenn die untere Streubreite der marktüblichen Zinsen nicht erreicht wird.[568] **483**

dd) Förderdarlehen – Nr. 5

Ferner werden Förderdarlehen vom Verbraucherschutz ausgenommen. Im Gegensatz zu der bis zum 10.06.2010 geltenden Regelung sind von der Ausnahmen nicht nur Darlehen zur Förderung des Wohnungswesens und Städtebaus betroffen, sondern alle Darlehen, die aufgrund von Rechtsvorschriften im öffentlichen Interesse abgeschlossen werden. Entfallen ist auch die frühere Voraussetzung der Unmittelbarkeit der Darlehensgewährung zwischen dem Förderinstitut und dem Darlehensnehmer. Hierdurch fallen nunmehr auch die sog. durchgeleiteten Förderdarlehen unter die Ausnahmeregelung, bei denen der Darlehensnehmer den Darlehensvertrag mit seiner **484**

561 BT-Drucks. 16/11643; zu Nr. 20 (§ 491) S. 76.
562 Palandt/*Weidenkaff* § 491 Rn. 14.
563 Vorschlag der Kommission der Europäischen Gemeinschaften v. 11.09.2002, KOM(2002) 443, S. 12.
564 BT-Drucks. 16/11643; zu Nr. 20 (§ 491) S. 77.
565 L/B/S/*Steffek* 12. Kapitel Rn. 29.
566 *Bülow/Artz* § 491 Rn. 168.
567 Schimansky/Bunte/Lwowski/*Münscher* Bankrechts-Handbuch § 81 Rn. 45; www.bundesbank.de.
568 PWW/*Nobbe* § 491 Rn. 28.

Hausbank zu den von der **Förderbank** vorgegebenen Konditionen abschließt.[569] Das Förderdarlehen muss für den Darlehensnehmer günstiger sein als marktübliche Verträge. Dies kann sich insb. in einem günstigeren als dem marktüblichen Sollzinssatz ausdrücken. Das Merkmal ist aber auch dann erfüllt, wenn die Vertragsbedingungen im Vergleich zu den marktüblichen, privatwirtschaftlichen Bedingungen andere Entlastungen für den Darlehensnehmer vorsehen, z.B. eine tilgungsfreie Zeit. Wesentliche Voraussetzung ist jedenfalls, dass der Sollzinssatz nicht über dem marktüblichen Sollzinssatz liegt.[570]

ee) Immobiliar- Verbraucherdarlehensverträge und Immobilienverzehrkreditverträge – Nr. 6

485 Durch das Gesetz zur Umsetzung der Wohnimmobilienkreditrichtlinie und zur Änderung handelsrechtlicher Vorschriften vom 11.03.2016, in Kraft seit dem 21.03.2016 hat der Gesetzgeber die bis zum 20.03.2016 geltenden Ausnahmevorschriften in § 492 Abs. 2 Nr. 1–5 um Nr. 6 ergänzt.[571] Hiernach handelt es sich bei Immobiliar -Verbraucherdarlehensverträgen oder Immobilienverzehrkreditverträgen nicht um Allgemein -Verbraucherdarlehensverträge.[572] Gleichwohl handelt es sich um Verbraucherdarlehensverträge [573]. Hierdurch wurde aber keine Ausnahme geschaffen, die systematisch mit den Ausnahmen in § 491 Abs. 2 Satz 2 Nr. 1–5 BGB vergleichbar ist. Vielmehr wird lediglich klargestellt, dass kein Verbraucherdarlehensvertrag zugleich Allgemein-Verbraucherdarlehensvertrag und Immobiliar-Verbraucherdarlehensvertrag sein kann.[574]. Die Ausnahmen in § 491 Abs. 2 Satz 2 Nr. 1–5 BGB beziehen sich auch nicht auf Immobiliar-Verbraucherdarlehensverträge. Diese sind in § 491 Abs. 3 Satz 2 und Satz 3 BGB geregelt worden.

c) Anwendungsbereich des § 491 Abs. 1, 3 BGB (Immobiliar-Verbraucherdarlehensverträge und Immobilienverzehrkreditverträge)

486 Nachdem § 491 Abs. 1 S. 2 BGB bei Verbraucherdarlehensverträge zwischen Allgemein- Verbraucherdarlehensverträgen und Immobiliar-Verbraucherdarlehensverträgen differenziert, hat der Gesetzgeber den bis zum 20.03.2016 geltenden § 503 BGB, der gesonderte Regelungen zu Verbraucherimmobiliardarlehensverträgen enthielt, aufgehoben und unter Immobiliar-Verbraucherdarlehensverträge in § 491 Abs. 3 Satz 1 BGB verortet.

487 Ein Immobiliar -Verbraucherdarlehensvertrag liegt vor, wenn der Verbraucherdarlehensvertrag bestimmte Bezüge zu einer Immobilie aufweist. Dies ist dann der Fall, wenn der Verbraucherdarlehensvertrag durch ein Grundpfandrecht oder eine Reallast gesichert ist, § 491 Abs. 3 S. 1 Nr. 1 BGB oder für den Erwerb oder die Erhaltung des Eigentumsrechts an Grundstücken, bestehenden oder zu errichtenden Gebäuden oder für den Erwerb oder die Erhaltung von grundstücksgleichen Rechten bestimmt ist, § 491 Abs. 3 S. 1 Nr. 2 BGB. Die bloße Zweckbestimmung des Darlehens ist in diesem Zusammenhang ausreichend, um die Eigenschaft als Immobiliar-Verbraucherdarlehensvertrag zu begründen[575].

488 Keine Immobiliar –Verbraucherdarlehensverträge sind Verträge gemäß § 492 Abs. 2 Nr. 4 BGB. Bei Förderdarlehen gemäß § 491 Abs. 2 S. 2 Nr. 5 BGB ist bei den vorvertraglichen Informationspflichten bei Verbraucherdarlehensverträgen nur § 491 Abs. 4 BGB anwendbar.

489 Durch § 491 Abs. 3 S. 4 BGB wird klargestellt, dass Immobilienverzehrkreditverträge nicht unter §§ 491 ff BGB fallen. Bei ihnen erhält der Verbraucher lebenslange regelmäßige Zahlungen oder eine Einmalzahlung von einem Kreditgeber. Dieser hat im Gegenzug einen Betrag aus dem künftigen

569 Kümpel/*Merz* Rn. 10.33.
570 BT-Drucks. 16/11643; zu Nr. 20 (§ 491) S. 77.
571 BGBL 2016, Teil I vom 16.03.2016, S. 396 ff sowie BGBL 2017, Teil I vom 09.06.2017, S. 1495 ff.
572 BGBL 2016, Teil I vom 16.03.2016, S. 396 ff sowie BGBL 2017, Teil I vom 09.06.2017, S. 1495 ff.
573 BT-Drucks. 16/11643; zu Nr. 20 (§ 491) S. 77.
574 Vgl. BT-Drs. 18/5922, 80; vgl. auch Bülow/Artz § 491 Rn. 181c.
575 Buck-Heeb/Lang in ZBB 5/2016, S 321.

Erlös des Verkaufs der Wohnimmobilie oder ein Verwertungsrecht an der Wohnimmobilie, § 491 Abs. 3 S. 4 Nr. 1 BGB. Wohnimmobilie ist hierbei ein Grundstück oder Wohnungseigentum, das zum Wohnen bestimmt ist. Mehrere Wohngrundstücke oder Eigentumswohnungen hingegen, wenn sie eine Einheit bilden[576]. Der Kreditgeber kann die Rückzahlung frühestens nach dem Tod des Verbrauchers gegebenenfalls auch erst später, zum Beispiel nach dem Tod des Ehegatten des Verbrauchers verlangen. Eine Ausnahme besteht bei einem Pflichtverstoß des Verbrauchers, der den Kreditgeber zu Kündigung berechtigt, § 491 Abs. 3 S. 4 Nr. 2 BGB [577]. Die Haftung muss auf die Wohnimmobilie beschränkt sein. Ist dies nicht der Fall, kann ein Immobilien- Verbraucherdarlehensvertrag vorliegen[578].c) Ausnahmen gem. § 491 Abs. 4 BGB (teilweise Unanwendbarkeit)

Bei § 491 Abs. 4 handelt es sich um Teilausnahmen, die lediglich einzelne Vorschriften für nicht anwendbar erklären. Bei ihnen steht der Gedanke der Sachgerechtigkeit im Vordergrund, weil auf die dort genannten Vertragstypen nicht alle Schutzvorschriften, die das Gesetz für den Regelfall der Verbraucherdarlehen vorsieht, passen oder sich nicht als erforderlich bzw. nicht praktikabel erweisen. Bei diesen Sonderfällen handelt es sich um **gerichtliche Vergleiche** gem. § 794 Abs. 1 Nr. 1 ZPO bzw. um **Vergleichsbeschlüsse** gem. § 278 Abs. 6 ZPO. **Anwaltsvergleiche** sind von der Privilegierung nicht betroffen[579]. Ob Schiedsvergleiche privilegiert sind, ist streitig.[580] Erforderlich ist, dass in den entsprechenden Protokollen der Sollzinssatz, die bei Abschluss des Vertrages mit dem Darlehen kausal verknüpften Kosten sowie die Leistungsbestimmung, unter welchen Voraussetzungen eine Partei Zinsen oder Kosten ändern kann, enthalten ist. Durch die Teilausnahmen werden die Vorschriften der §§ 491a bis 495 BGB, §§ 505a bis 505e BGB und § 358 Abs. 2 und 4 BGB (Widerruf bei verbundenen Geschäften) ausgenommen. Dies gilt, allerdings nur, wenn der Darlehensnehmer das Verbraucherdarlehen widerruft. Widerruft der Darlehensnehmer das finanzierte Geschäft gem. § 358 Abs. 1 BGB, so wirkt sich dies auch auf das Verbraucherdarlehen aus.[581] **490**

Rechtsfolge dieser Ausnahmeregelung ist, dass die Vorschriften über Form und Inhalte des Verbraucherdarlehensvertrages sowie die Informationspflichten und Widerrufsregelungen keine Anwendung finden.[582] **491**

Die bis zum 10.06.2010 geltenden Regelungen des § 491 Abs. 3 Nr. 2 BGB a.F. respektive die bis zum 12.06.2014 geltenden Regelungen des § 359a Abs. 3 BGB a.F sind jetzt in § 359 Abs. 2 BGB übernommen worden. Danach ist die Anwendbarkeit der Regelungen für verbundene Geschäfte auf Darlehen, die der Finanzierung des Erwerbs von Finanzinstrumenten dienen, ausgeschlossen. Insb. bei Wertpapier-, Derivat-, Devisen- und Edelmetallgeschäften wäre es dem Darlehensnehmer anderenfalls möglich, wirtschaftliche Risiken unter Bezugnahme auf § 495 BGB (Widerrufsrecht) auf den Darlehensgeber abzuwälzen. Das Verbundgeschäft hätte nämlich zur Folge gehabt, dass der Wertpapierkäufer durch den Widerruf des Darlehensvertrages zugleich auch dem Wertpapiergeschäft gem. § 358 Abs. 2 Satz 1 BGB die Wirksamkeit nehmen könnte. Auf diese Weise hätte der Darlehensnehmer frei von Kursrisiken zulasten des Kreditinstituts spekulieren können. Dieses Risiko wollte man den Banken nicht auferlegen.[583] Unter dem Gesichtspunkt des Verbraucherschutzes kann sich der Käufer jetzt jederzeit zum Tageskurs von den Wertpapieren, Devisen und Edelmetallen trennen.[584] **492**

576 Omlor in NJW 2017, 1633.
577 Palandt/Weidenkaff § 491 Rn. 21.
578 BT-Drs. 18/10935, S 39.
579 PWW/*Nobbe* § 491 Rn. 31.
580 Zust. PWW/*Nobbe* § 491 Rn. 31; ablehnend Staudinger/*Kessal-Wulf* § 491 Rn. 89.
581 Bülow/Arzt § 491 Rn. 191.
582 Palandt/*Weidenkaff* § 491 Rn. 22.
583 BT-Drs. 12/4526; zu Nr. 1 b) cc) § 3 Abs. 2Nr. 4 VerbrKrG. S. 13.
584 Bülow/Artz § 495 Rn. 450.

II. Vorvertragliche Informationspflichten (§ 491a BGB)

493 Mit dem VerbrKrRL-UG wurde ein neuer § 491a BGB eingeführt. Die Norm begründet erstmals umfangreiche **vorvertragliche Informationspflichten** bei Verbraucherdarlehensverträgen, deren nähere Ausgestaltung im EGBGB erfolgt. Damit wurden die wesentlichen Regelungsgehalte aus Art. 5 und Art. 6 der Verbraucherkreditrichtlinie[585] umgesetzt. Obwohl ein Vertrag zum Zeitpunkt der erforderlichen Informationen noch nicht abgeschlossen worden ist, werden in § 491a BGB bereits die Begriffe Darlehensgeber und Darlehensnehmer benutzt, um eine möglichst einheitliche Textfassung i.R.d. §§ 488 ff. BGB zu gewährleisten. Diese Begrifflichkeit verdeutlicht ggü. dem Begriffspaar »Verbraucher« und »Unternehmer«, dass es zwischen beiden Parteien bereits zu einem gewissen Kontakt gekommen sein muss. Aus der ausdrücklichen Erwähnung des »Verbraucherdarlehensvertrags« in Abs. 1 ergibt sich ebenso wie aus § 491 BGB, dass die Vorschrift nur für solche Verträge gilt.[586] Alles in allem muss der Darlehensgeber daher gem. § 491a BGB i.V.m. Art. 247 § 1 EGBGB bei Immobiliar-Verbraucherdarlehensverträgen und gem. § 491a BGB i.V.m. Art. 247 § 2 EGBGB bei Allgemein-Verbraucherdarlehensverträgen vor Vertragsabschluss den Verbraucher **in Textform** über die in Art. 247 EGBGB geregelten Einzelheiten unterrichten, die Einzelheiten des angebotenen Darlehensvertrages angemessen erläutern und dem Verbraucher auf Verlangen einen Vertragsentwurf aushändigen. Angesichts der Flut an Informationen sei die Frage erlaubt, ob dem Verbraucher in der Praxis tatsächlich geholfen wird oder ob die überbordenden Informationen nicht eher dazu führen, sich mit den Unterlagen nicht auseinanderzusetzen.[587]

494 Mit dem Gesetz zur Umsetzung der Wohnimmobilienkreditrichtlinie und zur Änderung handelsrechtlicher Vorschriften vom 11.03.2016, in Kraft seit dem 21.03.2016 sind § 491 a BGB Abs. 2 S. 3, Abs. 3 S. 3 und Abs. 4 eingefügt worden, die gesonderte Informationspflichten für Immobiliar-Verbraucherdarlehensverträge beinhalten [588].

1. Vorvertragliche Information

495 Mit den vorvertraglichen Information soll der Darlehensnehmer in die Lage versetzt werden, auf der Grundlage der vom Darlehensgeber angebotenen **Vertragsbedingungen** unter Berücksichtigung seiner eigenen Wünsche verschiedene Angebote miteinander zu vergleichen und eine eigenverantwortliche Entscheidung für oder wider einen Vertragsabschluss zu fällen.[589] Hinsichtlich des Zeitpunkts, der Form und der näheren Information verweist § 491a BGB auf Art. 247 EGBGB.

496 Aus Beweisgründen kann es zweckmäßig sein, wenn das Kreditinstitut sich den Erhalt der ausgehändigten Unterlagen vom Verbraucher bestätigen lässt, da dieses Empfangsbekenntnis nicht der Unwirksamkeit des § 309 Nr. 12 b) BGB unterliegt, oder sich die Aushändigung zumindest intern dokumentiert.

497 Durch die Wohnimmobilienkreditrichtlinie sind die aus der Umsetzung der Verbraucherkreditrichtlinie bekannten Informations- und Erläuterungspflichten des Darlehengebers noch erweitert bzw. bei Immobiliar-Verbraucherdarlehensverträgen modifiziert worden, wie die in Umsetzung von Art. 13 der Wohnimmobilienkreditrichtlinie neu eingeführte Bestimmung des Art. 247a § 1 EGBGB. Hiernach haben Darlehensgeber, die Immobiliar-Verbraucherdarlehensverträge anbieten, unentgeltliche Informationen über Entgelte und Auslagen aber auch zahlreiche Angaben zu den angebotenen Produkten zur Verfügung stellen. Der umfangreiche Angabenkatalog orientiert sich

---

585 Verbraucherkreditrichtlinie v. 22.05.2008; ABl. EU Nr. L 133, S. 66.

586 BT-Drucks. 16/11643 zu Nr. 21 (§ 491a BGB) S. 78.

587 *Nobbe*, WM 2011, 625 (627); Schimansky/Bunte/Lwowski/*Jungmann*/*Münscher* Bankrechts-Handbuch § 81 Rn. 79.

588 BGBL 2016, Teil I vom 16.03.2016, S. 396 ff.

589 BT-Drucks. 16/11643 zu Nr. 21 (§ 491a BGB) S. 78.

an dem im Rahmen des europäischen Verhaltenskodex für Hypothekarkreditgeber entstandenen Informationskatalog[590].

a) Rechtzeitigkeit/Form

Gemäß Art. 247 § 2 Abs. 1 EGBGB muss die vorvertragliche Information rechtzeitig vor Abschluss eines Allgemein-Verbraucherdarlehensvertrages erfolgen. Hierdurch soll der Darlehensnehmer die Informationen in Abwesenheit des Darlehensgebers prüfen und mehrere Angebote miteinander vergleichen können.[591] Im Rahmen der Umsetzung der Wohnimmobilienkreditrichtlinie wurde der Zeitpunkt der Erteilung der vorvertraglichen Informationen bei der Vergabe von Allgemein-Verbraucherdarlehen dahingehend geändert, dass die Informationen »rechtzeitig vor Abgabe der Vertragserklärung des Darlehensnehmers« erteilt werden müssen (Art. 247 § 2 Abs. 1 EGBGB). Hierbei handelt es sich lediglich um eine klarstellende Formulierung, die nicht mit einer inhaltlichen Änderung verbunden ist[592]. 498

Der **Rechtzeitigkeit** steht aber nicht entgegen, dass es am Tag der Informationserteilung oder auch unmittelbar nach der Erteilung der Information zum Vertragsabschluss kommt. Nach der Begründung des Regierungsentwurfs zur Verbraucherkreditrichtlinie muss dem Darlehensnehmer lediglich die Möglichkeit eingeräumt werden, die Informationen räumlich getrennt vom Darlehensgeber zu prüfen.[593] Hierauf sollten die Kreditinstitute daher hinweisen. Der Verbraucher ist allerdings nicht verpflichtet, sich mit den vorvertraglichen Informationen näher zu beschäftigen. Es steht im daher frei, ob er die Möglichkeit nutzt, die Informationen in Ruhe zu prüfen oder ob er den Vertrag sofort nach Erhalt der Informationen abschließt.[594] 499

Das Kreditinstitut ist nicht gehalten, bei jeder Kreditanfrage vorvertragliche Informationen zu erteilen. Dies ist nur dann erforderlich, wenn der Darlehensnehmer seinen Kreditwunsch hinreichend konkretisiert hat und der Darlehensgeber (bei ausreichender Bonität des Darlehensnehmers) auch tatsächlich zum Vertragsabschluss kommen möchte. 500

Fraglich ist, ob das Kreditinstitut verpflichtet ist, bei eintretenden Änderungen nach Aushändigung der vorvertraglichen Informationen dem Darlehensnehmer erneut entsprechende Informationen zu erteilen. Sofern sich die Veränderungen lediglich auf Zinskonditionen beziehen, wird eine erneute Information entbehrlich sein, denn infolge der Unterscheidung zwischen dem vorvertraglichen Stadium und dem eigentlichen Vertragsschluss – mit dem Anspruch der Darlehensnehmers auf vorherige Aushändigung eines Vertragsentwurfes – wird durch die Pflichtangaben im Vertrag(sentwurf) dem Informationsbedürfnis des Verbrauchers Genüge getan. Etwas anderes dürfte gelten, wenn letztendlich ein ganz anderer Vertrag(styp) vereinbart werden soll. Dies ist z.B. der Fall, wenn eine andere Kreditart gewählt oder statt eines festen ein veränderlicher Zinssatz vereinbart wird. Hier muss das Kreditinstitut seiner Informationspflicht unabhängig von einem Verlangen des Verbrauchers nachkommen. Daher kann es sinnvoll sein, die Informationen erst zum Ende der Vertragsanbahnungsphase auszuhändigen. Eine erneute Informationspflicht des Darlehensgebers wird man nur dann annehmen können, wenn die Änderungen so wesentlich sind, dass das Informationsbedürfnis des Verbrauchers genauso hoch zu bewerten ist wie beim Erstkontakt. Dass sich Änderungen ergeben können, wird dem Verbraucher ohnehin schon dadurch vor Augen geführt, 501

590 Schimansky/Bunte/Lwowski, BankR-HdB, 3. Abschnitt. Einlagen- und Kreditgeschäft 16. Kapitel. Kreditvertrag § 81. Verbraucherdarlehensrecht Rn. 79.

591 *Wittig/Wittig*, ZInsO 2009, 633 (636).

592 BT-Drs. 18/5922, S.113.

593 BT-Drucks. 16/11643; zu Art. 247 EGBGB, zu § 1, S. 121 f.

594 Kümpel/*Merz* Rn. 10.74;; *Nobbe* WM 2011, 625 (627).

dass der Darlehensgeber im Rahmen der vorvertraglichen Informationen anzugeben hat, ob und ggf. wie lange er sich an die erteilten Informationen gebunden fühlt..[595]

502 Sofern dem Darlehensnehmer z.B. nach einer telefonischen Kreditanfrage die vorvertraglichen Informationen und die Vertragsunterlagen per Post zugesandt werden, dürfte es zulässig sein, den Versand der vorvertraglichen Informationen im gleichen Briefumschlag zusammen mit dem Darlehensvertrag vorzunehmen. Hierbei ist der Darlehensnehmer in einem »Deckblatt« darauf hinzuweisen, dass er die vorvertraglichen Informationen vor Unterzeichnung der Vertragsunterlagen lesen soll. Die Unterlagen sind in entsprechender Reihenfolge anzuordnen, ggf. ergänzt um eine Erläuterungsbroschüre, sofern eine persönliche Erläuterung gem. § 491a Abs. 3 BGB unterblieben ist.

503 Kann der Verbraucher die vorvertraglichen Informationen und den Vertragsausdruck im Internet abrufen, so ist technisch sicher zu stellen, dass das Vertragsformular erst ausgefüllt, heruntergeladen oder ausgedruckt werden kann, wenn dem Kunden zuvor die vorvertraglichen Informationen vorliegen. Die in Art. 247 § 2 EGBGB vorgeschriebene Textform setzt voraus, dass die Erklärung in einer »zur dauerhaften Wiedergabe von Schriftzeichen geeigneten Weise« abgegeben wird (§ 126b BGB). Bei Texten, die im Internet auf der Homepage der Bank eingestellt, dem Empfänger aber nicht übermittelt werden, ist die Voraussetzung daher nur gewahrt, wenn es tatsächlich zu einem Download und damit zum Speichern oder Ausdrucken gekommen ist.[596]

504 Im Zuge der Umsetzung der Wohnimmobilienkreditrichtlinie wurden ein Muster für Allgemein-Verbraucherdarlehen (Anlage 4 zu Art. 247 § 2 EGBGB), wie bisher ein Muster für Überziehungskredite und Umschuldungen (Anlage 5 zu Art. 247 § 2 EGBGB) sowie ein neu konzipiertes Muster für Immobiliar-Verbraucherdarlehen (Anlage 6 zu Art. 247 § 2 EGBGB) vorgegeben. Allgemein-Verbraucherdarlehen und entgeltliche Finanzierungshilfen, § 506 BGB, erfordern für die Information gemäß § 491 a BGB zwingend das Muster gemäß Anl. 4 zu Art. 247 § 2 EGBGB. Bei Überziehungskrediten und Umschuldungen können die amtlichen Muster verwendet werden (Art. 247 § 2 Abs. 3 EGBGB), sofern diese Kredite als Allgemein-Verbraucherdarlehen anzusehen sind. Werden die amtlichen Muster »ordnungsgemäß ausgefüllt«, so besteht nach Art. 247 § 2 Abs. 4 EGBGB eine Gesetzlichkeitsfiktion, d.h, dass der Darlehensgeber mit Aushändigung der Mustermerkblätter seinen gesetzlichen Verpflichtungen nach § 491a Abs. 1 BGB nachgekommen ist[597]. Die Gesetzlichkeitsfiktion wird gemäß Art. 247 § 2 Abs. 4 S. 2 EGBGB auf die Erfüllung der vorvertraglichen Informationen gemäß § 312 d Abs. 2 BGB erweitert.

b) Inhalt

aa) Mindestinformationen gem. Art. 247 § 3 EGBGB

505 Die umfangreichen **Informationspflichten** gehen weit über die Pflichten nach den §§ 12 und 13 der bis zum 30.10.2009 geltenden BGB-InfoV vom 08.08.2002 hinaus.[598] Art. 247 § 3 Abs. 1 EGBGB enthält den umfangreichen Katalog von Informationen, die Angabepflichtig sind und durch weitere Vorschriften bei Immobiliar-Verbraucherdarlehensverträgen ergänzt wird. Bis zum 21.03.2016 war für Immobiliardarlehen iSd § 503 BGB aF der Angabenkatalog dem Art. 247 § 9 EGBGB zu entnehmen. Diese Regelung wurde aufgehoben.[599] Im Gesetz selbst ist keine Aufzählung der zu erteilenden Informationen bei Immobiliar-Verbraucherdarlehensverträgen mehr enthalten. Nunmehr

595 Schimansky/Bunte/Lwowski, BankR-HdB, 3. Abschnitt. Einlagen- und Kreditgeschäft 16. Kapitel. Kreditvertrag § 81. Verbraucherdarlehensrecht Rn. 81–82.

596 BGH, VuR 2011, 72, Rn. 19.

597 Schimansky/Bunte/Lwowski, BankR-HdB, 3. Abschnitt. Einlagen- und Kreditgeschäft 16. Kapitel. Kreditvertrag § 81. Verbraucherdarlehensrecht Rn. 83–85.

598 Verordnung über Informations- und Nachweispflichten nach bürgerlichem Recht v. 05.08.2002, BGBl. I 2002, S. 3002.

599 BGBL 2016, Teil I vom 16.03.2016, S. 396 ff.

ist in Art. 247 § 1 Abs. 2 S. 2 EGBGB ein Querverweis auf das zwingend zu nutzende ESIS, Anlage 6 zu Art. 247 Abs. 1 Satz 2 EGBGB, bei Immobiliar-Verbraucherdarlehensverträgen enthalten. In diesem Abschnitt werden lediglich die Angaben bezüglich der Allgemein- Verbraucherdarlehen kurz dargestellt, die in das Muster nach Anlage 4 zu Art. 247 § 2 EGBGB aufzunehmen sind und gemäß Art 247 § 12 EGBGB entsprechend für entgeltliche Finanzierungshilfen, § 506 BGB, Anwendung finden. Der Verbraucher ist **mindestens** gem. Art. 247 § 3 Abs. 1 EGBGB über die **16 folgenden Punkte** zu informieren:

(1) Name und Anschrift des Darlehensgebers

Die vorvertragliche Information muss den Namen des Darlehensgebers sowie dessen postalische Anschrift enthalten. Der Namen richtet sich nach § 12 BGB bzw. nach der Firma des Darlehensgebers gem. § 17 HGB. Die Anschrift des Darlehensgebers muss als Postanschrift erfolgen, die Angabe lediglich einer Internetadresse oder E-Mail-Adresse reicht hierzu nicht aus.[600] **506**

(2) Art des Darlehensvertrages

Zu berücksichtigen ist, dass die Bezeichnung »Darlehen« in diesem Zusammenhang als Oberbegriff auch für den Zahlungsaufschub und Finanzierungshilfen dient. Erforderlich ist sowohl die Angabe der Vertragsart (z.B. Darlehensvertrag oder Leasingvertrag) als auch dessen nähere Ausgestaltung (z.B. als befristetes oder unbefristetes Darlehen mit regelmäßiger Tilgung oder Tilgung am Ende der Laufzeit). Notwendig und hinreichend ist die Bezeichnung der **Vertragsart** in Abgrenzung zu den übrigen gesetzlich bestimmten Kreditformen. Hierzu ist eine kurze, schlagwortartige Bezeichnung ohne weitere ergänzende Erläuterungen ausreichend.[601] **507**

(3) Effektiver Jahreszins mit repräsentativem Beispiel

Bereits in den vorvertraglichen Informationen ist der effektive Jahreszins anzugeben und anhand eines repräsentativen Beispiels zu erläutern. **508**

Nach der bis zum 10.06.2010 geltenden Rechtslage wurde zwischen dem effektiven Jahreszins und »**anfänglichen effektiven Jahreszins**« unterschieden. Dabei wurde der Begriff des »anfänglichen effektiven Jahreszinses« verwendet, wenn »eine Änderung des Zinssatzes oder anderer preisbestimmender Faktoren vorbehalten« war (§ 492 Abs. 1 Satz 5 Nr. 5 BGB a.F., § 6 Abs. 1 PAngV a.F.). Hierdurch sollte dem Darlehensgeber vor Augen geführt werden, dass die Preisangabe lediglich auf anfänglichen Annahmen beruhte und sich der Zins ändern konnte. Demgegenüber verlangt die Verbraucherkreditrichtlinie die Angabe ausschließlich des effektiven Jahreszinses, unabhängig davon, ob der Sollzins gebunden, d.h., fest ist oder nicht. Daher sollen nunmehr bei Kreditverträgen mit Klauseln, nach denen der Sollzinssatz und ggf. die Entgelte – die im effektiven Jahreszins enthalten sind, deren Quantifizierung zum Zeitpunkt aber nicht möglich ist – geändert werden können, bei der Berechnung des effektiven Jahreszinses von der Annahme ausgegangen werden, dass der Sollzinssatz und die sonstigen Kosten gemessen an der ursprünglichen Höhe unverändert bleiben und bis zum Ende des Kreditvertrags gelten.[602] Dies und die weiteren bei der Berechnung des effektiven Jahreszinses zugrunde zu legenden Annahmen sind im Vertrag anzugeben (Art. 247 § 6 Abs. 3 EGBGB). Hierdurch soll dem Darlehensnehmer auch in Zukunft verdeutlicht werden, dass der tatsächlich für das Darlehen zu zahlende Preis von dem in den vorvertraglichen Informationen bzw. im Vertrag angegebenen effektiven Jahreszins abweichen kann.[603] **509**

---

600 BT-Drucks. 11/11643, zu Art. 247 EGBGB zu § 3 zu Abs. 1, S. 123; Palandt/*Weidenkaff* Art. 247 § 3 EGBGB Rn. 2.

601 BT-Drucks. 11/11643, zu Art. 247 EGBGB zu § 3 zu Abs. 1, S. 123; PWW/*Nobbe* § 491a Rn. 6.

602 Verbraucherrichtlinie 2008/48/EG v. 23.04.2008 (ABl. EG vom 22.05.2008 – L 133/66), zu Art. 5, Abs. 1g), S. 9 und zu Art. 19 Abs. 4 Satz 16.

603 BT-Drucks. 16/11643, zu Nr. 23 (§ 493 BGB) zu Abs. 3, S. 81; Kümpel/*Merz* Rn. 10.85.

510 Die Berechnung des effektiven Jahreszinses richtet sich gem. Art. 247 § 3 Abs. 2 Satz 3 EGBGB nach **§ 6 PAngV, der gemäß § 6 c PAngV für entgeltliche Finanzierungshilfen entsprechend gilt** [604] und dessen Anlage.[605] Danach sind in die Berechnung neben den Zinsen alle sonstigen Kosten einschließlich etwaiger Vermittlungskosten, die der Darlehensnehmer im Zusammenhang mit dem Darlehensvertrag zu entrichten hat und die dem Darlehensgeber bekannt sind, einzubeziehen. Hierzu gehören insb. neben dem Nominalzins auch Bearbeitungsgebühren, Disagio und Agio, Cap-Prämien, Forward-Prämien, Provisionen und sonstige Kreditvermittlungskosten, soweit sie vom Darlehensnehmer zu tragen sind. Nicht einzubeziehen sind hingegen Bereitstellungszinsen und Teilauszahlungsaufschläge sowie entsprechend § 6 Abs. 3 Nr. 1–6 PAngV Kosten, die ihre Ursache in einem nicht planmäßigen Vertragsverlauf haben (z.B. Verzugszinsen, Mahnkosten), ferner Notarkosten, Grundbuch- und Schätzungskosten, Kaskoversicherung, Anzahlungen und andere Eigenleistungen, letztlich alle Kosten, die vom Darlehensnehmer unabhängig davon zu tragen sind, ob es sich um ein Bar- oder ein Kreditgeschäft handelt. Auch Prämien für eine Kapitallebensversicherung, die der Tilgung eines fälligen Darlehens dienen soll, sind bei der Berechnung des effektiven Jahreszinses nicht zu berücksichtigen.[606]

511 Die zu berücksichtigenden Kosten sind nichts anderes als eine Vergütung für die Kapitalüberlassung und lassen sich gleichermaßen als Bruchteil vom Kapital oder Preis ausrechnen. Auf ein Jahr bezogenen ergeben diese Kosten zusammen mit dem Nominalzins die tatsächliche Belastung des Verbrauchers, die prozentual ausgedrückte Gegenleistung.[607] Im Gegensatz zur alten Rechtslage trägt ab dem 11.06.2010 der Darlehensgeber die Darlegungs- und Beweislast dafür, dass die **Zusatzleistung** für den Darlehensnehmer nicht verpflichtend gewesen ist.[608]

512 Gem. Art. 247 § 3 Abs. 3 Satz 1 EGBGB ist neben dem Gesamtbetrag auch der effektive Jahreszins anhand eines **repräsentativen Beispiels** zu erläutern. Hintergrund dieser Regelung ist Art. 5 Abs. 1 g) der Verbraucherkreditrichtlinie.[609] Hiernach sollen sich im Interesse einer größtmöglichen Transparenz und Vergleichbarkeit der Angebote diese Informationen insb. auf den effektiven Jahreszins beziehen, der innerhalb der gesamten Gemeinschaft auf die gleiche Art zu berechnen ist. Da der effektive Jahreszins im vorvertraglichen Stadium nur anhand eines Beispiels angegeben werden kann, soll dieses Beispiel repräsentativ sein. Das Beispiel soll daher der durchschnittlichen Laufzeit und dem Gesamtbetrag des gewährten Kredits bei der entsprechenden Art des Kreditvertrags entsprechen. Bei der Auswahl des repräsentativen Beispiels soll auch die Häufigkeit des Abschlusses bestimmter Kreditverträge auf einem speziellen Markt berücksichtigt werden. Was den Sollzinssatz, die Periodizität der Teilzahlungen und die Anrechnung der Zinsen auf das Darlehen anbelangt, so sollen die Kreditgeber bei dem jeweiligen Verbraucherkredit ihre herkömmlichen Berechnungsmethoden anwenden.[610] Hieraus ergibt sich, dass es sich bei dem repräsentativen Beispiel um die Berechnung des effektiven Jahreszinses handelt, der auf der Grundlage der Wünsche des Verbrauchers bzw. der Vertragsbedingungen, von den bei Erteilung der vorvertraglichen Informationen ausgegangen werden kann, zu ermitteln ist. Dabei sind sämtliche in die Berechnungen des effektiven Jahreszinses einfließenden Annahmen anzugeben und die vom Darlehensnehmer genannten Wünsche zu einzelnen Vertragsbedingungen zu berücksichtigen (Art. 247 § 3 Abs. 3 Satz 2 EGBGB). Die Angabe eines zusätzlichen Beispiels ist nicht erforderlich. Daher ist das repräsentative Beispiel

604 Preisangabenverordnung i.d.F. v. 18.10.2002; BGBl. I 2002, S. 4197 ff, zuletzt geändert durch Art. 5 des Gestzes vom 17.07.2017(BGBL. Teil I, S. 2394 ff.

605 Anlage zu § 6 PAngV, BGBl. I 2009, S. 2406–2407.

606 PWW/*Nobbe* § 491a Rn. 8.

607 Bülow/Artz § 492 Rn. 79.

608 BT-Drucks. 16/11643 zu Nr. 29 (zu Art. 6 Nr. 1 c), § 6 Abs. 3, Nr. 4 Satz 2 PAngV), S. 173; *Ady/Paetz* WM 2009, 1061 (1068).

609 Verbraucherrichtlinie 2008/48/EG v. 23.04.2008 (ABl. EG vom 22.05.2008 – L 133/66), zu Art. 5, Abs. 1g) S. 9.

610 Verbraucherrichtlinie 2008/48/EG v. 23.04.2008 (ABl. EG vom 22.05.2008 – L 133/66), Gründe Nr. 19 Satz 3.

nicht zu verwechseln mit dem im Rahmen von Werbemaßnahmen geforderten Beispiel gem. § 6a Abs. 3 PAngV.[611]

(4) Nettodarlehensbetrag

Der **Nettodarlehensbetrag** ist in Art. 247 § 3 Abs. 2 Satz 2 EGBGB legal definiert als »Höchstbetrag, auf den der Darlehensnehmer auf Grund des Darlehensvertrags Anspruch hat«. Er entspricht damit dem auf europäischer Ebene eingeführten »Gesamtkreditbetrag«[612] als »Obergrenze oder Summe aller Beträge, die auf Grund des Kreditvertrags zur Verfügung gestellt werden«. Dabei kommt es im Gegensatz zu der bis zum 10.06.2010 geltenden Regelung in § 492 Abs. 2 Nr. 1 BGB a.F. nicht darauf an, dass der Nettodarlehensbetrag dem Darlehensnehmer auch tatsächlich zufließt.[613, 614] Abzuziehen sind danach nicht mehr alle kreditierten Einmalkosten, sondern nur die vom Darlehensgeber einbehaltenen Kosten, z.B. Bearbeitungsentgelt, nicht dagegen mitfinanzierte Kosten, die der Darlehensgeber an einen Dritten abführt. **513**

Zu beachten ist die Ausnahme bei **mitfinanzierten Versicherungskosten**, wenn der Abschluss der Versicherung Voraussetzung für die Darlehensvergabe ist. Für diesen Fall regelt § 6 Abs. 3 Nr. 5 PAngV, das die entsprechenden Kosten in die Gesamtkosten des Darlehens und damit in den effektiven Jahreszins mit einzurechnen sind. Würden die Versicherungskosten zusätzlich auch noch in den Nettodarlehensbetrag einbezogen, wären sie im Gesamtbetrag, der sich aus dem Nettodarlehensbetrag und den Gesamtkosten zusammensetzt (Art. 247 § 3 Abs. 2 Satz 1 EGBGB), doppelt berücksichtigt. Dies ist nicht sachgerecht. Da § 6 Abs. 3 PAngV aber eine eindeutige Vorgabe für die Berechnung der Gesamtkosten enthält, ist es meines Erachtens erforderlich, diese mitfinanzierten Versicherungskosten nicht in den Nettodarlehensbetrag mit einzubeziehen. **514**

Erfolgt der Abschluss des Versicherungsvertrags dagegen auf Wunsch des Darlehensnehmers und ist die Versicherung nicht Voraussetzung für die Darlehensvergabe, so sind die mitfinanzierten Kosten in den Nettodarlehensbetrag mit einzurechnen. **515**

(5) Sollzinssatz

Der Begriff »**Sollzinssatz**« findet sich in Art. 3 Buchst. f) der Verbraucherkreditlinie 2008[615] und wird definiert als der **gebundene** oder **veränderliche** periodische Prozentsatz, der pro Jahr auf das in Anspruch genommene Darlehen angewendet wird (§ 489 Abs. 5 BGB). Der Sollzinssatz ist daher auszuweisen als Nominalzinssatz, der sich auf das jeweils zu verzinsende Kapital bezieht. Damit ist nun ein Jahreszeitraum in Bezug zu nehmen; die früher bei Ratenkrediten häufig anzutreffende Angabe eines Monatszinses entfällt dadurch. Der Sollzinssatz ist gebunden, wenn er für die gesamte Vertragslaufzeit oder für einen bestimmten Zeitraum (Zinsbindungsfrist) fest vereinbart ist. Bei einem veränderlichen Sollzinssatz kann jederzeit nach den vereinbarten Bedingungen eine Anpassung vorgenommen werden. **516**

Art. 247 § 3 Abs. 4 EGBGB konkretisiert die Angaben zum Sollzinssatz. Anzugeben sind die Bedingungen sowie der Zeitraum für die Anwendung und die Art und Weise der Anpassung des Sollzinssatzes. Hierzu gehören sowohl die zeitliche Eingrenzung, wann sich Änderungen ergeben können, als auch die tatsächlichen und rechtlichen Bedingungen, unter denen sich preisbestimmende Faktoren ändern können. Ist der Sollzinssatz von einem Index oder einem Referenzzinssatz (§ 675g Abs. 3 Satz 2 BGB) abhängig, so sind auch diese anzugeben. Mit dem Begriff »Anpassung« **517**

---

611 BT-Drucks. 16/11643 zu Art. 247 zu § 3 Abs. 3, S. 125; Kümpel/*Merz* Rn. 10.88.

612 Verbraucherkreditrichtlinie v. 22.05.2008; ABl. EU Nr. L 155, S. 66; zu Kap. 1, Art. 3 l); S. 8.

613 BT-Drucks. 16/11643 zu Art. 247 zu § 3 Abs. 3, S. 125; Kümpel/*Merz* Rn. 10.91; PWW/*Nobbe* § 491a Rn. 9.

614 Palandt/*Weidenkaff* § 3 Rn. 4 Art 247 EGBGB; aA. Schimansky/Bunte/Lwowski/*Münscher* Bankrechts-Handbuch § 81. Rn. 97.

615 Verbraucherkreditrichtlinie v. 22.05.2008; ABl. EU Nr. L 155, S. 66; zu Kap. 1, Art. 3f); S. 8.

soll die vertraglich vereinbarte, fortwährend mögliche einseitige Leistungsbestimmung durch eine Partei zum Ausdruck gebracht werden, während unter dem Begriff »Änderung« eine beiderseitig gewollte Inhaltsänderung verstanden wird.[616] Aus der Formulierung ergibt sich eine gesetzliche Verpflichtung zur Aufnahme von Zinsanpassungsklauseln. Diese können in Form der einseitigen Zinsanpassung an die Marktverhältnisse unter bestimmten Voraussetzungen durch den Darlehensgeber vereinbart werden oder in Form von Zinsgleitklauseln, die in Abhängigkeit eines Referenzzinssatzes zu einer automatischen Anpassung des Vertragszinses führen.[617]

518 Zusätzlich verlangt Art. 247 § 3 Abs. 4 Satz 3 EGBGB, dass die Angaben für den Fall, dass der Vertrag mehrere Sollzinssätze vorsieht, für alle Sollzinssätze zu erteilen sind. Diese Regelung bezieht sich auch auf **unechte Abschnittsfinanzierungen**. Solche Verträge sind dadurch gekennzeichnet, dass der vereinbarte Vertragszins nur für einen bestimmten Zeitraum innerhalb der Vertragslaufzeit fest vereinbart wurde.[618] Wird der Anschlusszinssatz zum Ablauf der Zinsbindungsfrist nicht erneut fest vereinbart, gilt ein veränderlicher Anschlusszinssatz. Entsprechend der zusätzlichen Annahmen in Anlage 1, Pos II. j) zu § 6 PAngV wird angenommen, dass »bei Verträgen, bei denen die Sollzinsbindung vor der für die Rückzahlung bestimmten Zeit endet und nach deren Ende ein neuer, veränderlicher Sollzinssatz vereinbart wird, der in regelmäßigen Abständen nach einem vereinbarten Index oder Referenzzinssatz angepasst wird,... der Sollzinssatz nach Ablauf der Sollzinsbindung dem Sollzinssatz entspricht, der sich aus dem Wert des vereinbarten Indexes oder Referenzzinssatzes zum Zeitpunkt der Berechnung des effektiven Jahreszinses ergibt.«[619] Die Annahme ist auf Vertragsgestaltungen zugeschnitten, bei denen die Sollzinsbindung vor der für die Rückzahlung bestimmten Zeit endet. Damit ist sie auch bei unechten Abschnittsfinanzierungen heranzuziehen und in die vorvertraglichen Informationen mit einzubeziehen.

519 Bei einem üblichen Ratenkredit, bei dem es zu keiner Zinssatzänderung kommt, dürfte die Angabe des Sollzinssatzes verbunden mit dem Zusatz »gebunden für die gesamte Vertragslaufzeit« zur Erfüllung der vorvertraglichen Unterrichtungspflicht ausreichend sein.[620]

(6) Vertragslaufzeit

520 Zu informieren ist über die Vertragslaufzeit. Diese erstreckt sich vom Vertragsschluss bis zur vollständigen Rückführung des Darlehens und kann entweder in Form eines Laufzeitenddatums oder einer Laufzeitdauer angegeben werden. Auch bei einem Festdarlehen kann dies durch die Bezifferung von Zeitabschnitten angegeben werden; der Benennung eines konkreten Zeitraums durch Angabe eines Anfangs-und eines Endtermins bedarf es hierfür nicht, da der Begriff der Laufzeit nach dem natürlichen Wortsinn eine Zeitspanne bezeichnet.,[621] Bei einem unbefristeten Darlehen ist die **Vertragslaufzeit** als unbefristet einzutragen.[622] In diesem Fall dürfte die in der Praxis häufig angewandte Formulierung »bis auf weiteres« als zulässig anzusehen sein.[623]

(7) Betrag, Zahl und Fälligkeit der einzelnen Teilzahlungen

521 Erforderlich ist die Angabe der jeweiligen Beträge, die Anzahl und Fälligkeit der einzelnen Teilleistungen, mithin die Angabe der Rückzahlungsmodalitäten. Erforderlich ist daher auch die Angabe, auf welche Art und Weise die Rückführung des Darlehens erfolgen soll, z.B. ratierliche oder durch eine Tilgung aus einer angesparten **Lebensversicherung** oder **Bausparvertrag**. Die Fälligkeit soll

616 BT-Drucks. 16/11643, zu Nr. 20 (§ 491 BGB) Abs. 3, S. 77.
617 Schimansky/Bunte/Lwowski/*Münscher* Bankrechts-Handbuch § 81 Rn. 99.
618 BGH, WM 2004, 2306 (2307).
619 Anlage zu § 6 PAngV (BGBl. I 2009, S. 2355 (2407).
620 Kümpel/*Merz* Rn. 10.94.
621 Schürnbrand in MüKo, BGB, 7.Aufl. 2016, § 491 a BGB, Rn. 26, m.w.N. OLG Brandenburg, Urteil vom 13.09.2017, 4 U 137/16.
622 BT-Drucks. 16/11643; zu Art. 247 EGBGB, zu § 3 Abs. 1, S. 124; Bülow/Artz § 492 Rn. 97.
623 Schimansky/Bunte/Lwowski/*Münscher* Bankrechts-Handbuch § 81 Rn. 100.

sich aus dem Kalender ergeben oder sich auf einen nach dem Kalender bestimmbaren Tag beziehen,[624] z.B. am 5. eines jeden dem Vertragsabschluss folgenden Kalendermonats.

(8) Gesamtbetrag

Nach der Legaldefinition in Art. 247 Abs. 3 Abs. 2 EGBGB ist der **Gesamtbetrag** die Summe aus Nettodarlehensbetrag und Gesamtkosten. Der Gesamtbetrag drückt damit als Oberbegriff die Gesamtbelastung des Darlehensnehmers aus. Diese teilt sich in die Rückzahlung des Darlehens, die Zinsleistungen und alle sonstigen Kosten. Bei Finanzierungshilfen fällt auch der Preis für den Erwerb der Ware oder Dienstleistung unter den Begriff.[625] Weitere Konkretisierungen hat der Gesetzgeber nicht vorgenommen. Da dieser beim Begriff des Gesamtbetrages offensichtlich aber keine wesentlichen Änderungen hinsichtlich der Information des Kunden herbeiführen wollte, ist davon auszugehen, dass die bisherige Grundsätze auch auf das neue Recht übertragen werden können.[626] 522

Steht der Gesamtbetrag der vom Darlehensnehmer aufzubringenden **Teilleistungen** bei Vertragsabschluss für die gesamte Vertragslaufzeit der Höhe nach fest, so ist dieser Betrag, der dem Rückzahlungsanspruch des Kreditgebers entspricht, anzugeben. Häufig ist dies bei Ratenkrediten der Fall, die mit Verbrauchern geschlossen werden. Dies gilt auch bei »endfälligen« Festdarlehen, bei denen der Darlehensnehmer neben den zu zahlenden Zinsen keine ratierliche Tilgungsleistung erbringt, sondern diese z.B. über die Ansparung einer Kapitallebensversicherung, eines Bausparvertrages oder eines anderen Sparvertrages erfolgen soll. Neben den zu erbringenden Leistungen auf den Darlehensvertrag sind diese Tilgungsersatzleistungen als Kosten im Zusammenhang mit dem Darlehen gem. § 6 Abs. 3 PAngV zu berücksichtigen. Hierzu gehören nun auch die Fälle, in denen die Lebensversicherung oder der Bausparvertrag selbst nicht ratierlich angespart, sondern durch eine Einmalzahlung gespeist werden. Im Gegensatz zu der bis zum 10.06.2010 geltenden Regelung des § 492 Abs. 1 Satz 5 Nr. 2 BGB a.F. ist es nach der neuen Rechtslage nämlich nicht mehr erforderlich, dass der Gesamtbetrag auch Teilleistungen enthält. 523

Ebenso kann nach der neuen Rechtslage auch bei Verträgen mit veränderlichen Bedingungen nicht mehr auf die Angabe des Gesamtbetrages verzichtet werden. Solche Verträge sind dadurch gekennzeichnet, dass der in Anspruch genommene Darlehensbetrag nur für einen bestimmten Zeitraum innerhalb der Vertragslaufzeit fest vereinbart wurde (**unechte Abschnittsfinanzierung**).[627] In diesen Fällen ist ein **fiktiver Gesamtbetrag** anhand des zum Zeitpunkt des Vertragsabschlusses geltenden Zinssatzes bis zum Vertragsende hoch zu rechen.[628] 524

Bei der Vereinbarung von **Höchstgrenzen** wie dies bei Kontoeröffnungsverträgen oder Kontokorrentkrediten der Fall ist, ist die Gesamtbetragsangabe entbehrlich, da diese nicht bestimmbar ist. In diesen Fällen ist weder die konkrete Höhe noch die Länge der Kapitalnutzungsdauer im Voraus bestimmbar. Eine Angabe des Gesamtbetrages würde daher eher zu Irritationen beim Verbraucher führen, als diesen über die wahren Kosten zu informieren.[629] 525

(9) Auszahlungsbedingungen

Die Nennung der **Auszahlungsbedingungen** soll dem Darlehensnehmer verdeutlichen, wie und wann er den Darlehensbetrag erhält. In der Praxis wird die Darlehensauszahlung i.d.R. an bestimmte Bedingungen geknüpft, wie z.B. die Einreichung von Einkommens- und Vermögensunterlagen zur Prüfung der Kreditwürdigkeit oder die wirksame Bestellung von Sicherheiten. Ausreichend dürfte ein Hinweis sein, wonach die Darlehensvaluta nach Abschluss des Darlehensvertrages zur 526

624 BT-Drucks. 16/11643, zu Art. 247 EGBGB, zu § 3 Abs. 1, S. 124.
625 BT-Drucks. 16/11643, zu Art. 247 EGBGB, zu § 3 Abs. 2, S. 125.
626 Schimansky/Bunte/Lwowski/*Münscher* Bankrechts-Handbuch § 81 Rn. 103.
627 BGH, WM 2004, 2306 (2307).
628 Bülow/Artz § 492 Rn. 115.
629 Bülow/Artz § 492 Rn. 113.

Verfügung gestellt wird, wenn alle Voraussetzungen dafür erfüllt sind. Voraussetzung für die Auszahlung ist die Kreditwürdigkeit des Kunden, die sich zwischen dem Abschluss des Darlehensvertrages und dem vorgesehenen Auszahlungszeitpunkt nicht wesentlich verschlechtern darf und die Bestellung der vereinbarten Sicherheiten, die ebenfalls – zumindest ihrer Art nach – konkret zu benennen sind. Hierzu gehört auch der Hinweis auf das AGB-Pfandrecht der Kreditinstitute nach Nr. 14 ABG-Banken bzw. Nr. 21 AGB-Sparkassen.

527 Nach der Gesetzesbegründung soll insb. angegeben werden, wenn der Darlehensnehmer das Darlehen nicht selbst ausgezahlt bekommt, sondern das Geld einem Dritten zufließt und der Darlehensnehmer dafür etwas anderes erhält, z.B. die Befreiung von einer Verbindlichkeit oder einen Gegenstand.[630]

(10) Alle sonstigen Kosten

528 Art. 247 § 3 Abs. 1 Nr. 10 EGBGB verpflichtet zur Angabe **sämtlicher Kosten**, die der Darlehensnehmer im Zusammenhang mit dem Darlehen zu tragen hat. Hierbei handelt es sich sowohl um Kosten, die vor Vertragsschluss entstehen, als auch um solche, die bei der Durchführung des Vertrages anfallen.[631]

529 Anzugeben sind somit alle sonstigen Kosten, die aufgrund der Darlehensaufnahme entstehen. Beispielhaft bezieht sich das Gesetz auf Kosten, die im Zusammenhang mit der Auszahlung oder der Verwendung eines Zahlungsauthentifizierungsinstruments,[632] mit dem sowohl Zahlungsvorgänge als auch Abhebungen getätigt werden können, entstehen. Die Angabe der Kosten der Kontoführung anlässlich eines zusätzlich vereinbarten Kontoführungsvertrages sind unter Einbeziehung des Art. 247 § 8 Abs. 1 EGBGB ebenfalls verpflichtend.

530 Zu den sonstigen, anzugebenden Kosten zählen z.B. Provisionen, Vermittlungskosten, Bereitstellungszinsen, Disagio (sofern laufzeitabhängig vereinbart), Notar- und Gerichtsgebühren für die Eintragung von Grundpfandrechten sowie die vorausgehenden Schätzkosten zur Ermittlung des Beleihungswertes, Kosten eines abstrakten Schuldanerkenntnisses, sofern von dessen Erteilung die Darlehensgewährung abhängig gemacht wird und die der Darlehensnehmer im Zusammenhang mit dem Vertrag zu tragen hat.[633] Zu den Kosten im Sinne Art. 247 § 3 Nr. 10 EGBGB gehört somit nicht das Entgelt, welches der Darlehensgeber dem Darlehensvermittler zahlt. Fallen weitere Kosten in einem separaten Vertrag an, sind diese Kosten jedoch nicht in Nr. 10 anzugeben.[634] Grundsätzlich ist bei der Berechnung von Entgelten zu beachten, dass nach der ständigen Rechtsprechung des Bundesgerichtshofs dem Kreditinstitut ein Vergütungsanspruch für solche Tätigkeiten nicht zusteht, zu deren Erbringung das Kreditinstitut bereits gesetzlich oder aufgrund einer selbstständigen vertraglichen Nebenpflicht verpflichtet ist oder die es vorwiegend im eigenen Interesse vornimmt. Die Bepreisung entsprechender Tätigkeiten ist mit wesentlichen Grundgedanken der gesetzlichen Regelungen nicht vereinbar, da nach dem gesetzlichen Leitbild für solche Tätigkeiten ein Entgelt nicht beansprucht werden kann.[635] Aus diesem Grund hat der Bundesgerichtshof bei Verbraucherdarlehen z.B. die Berechnung von Bearbeitungsgebühren[636] sowie die Berechnung eigener Gebühren des Kreditinstituts für die Sicherheitenbestellung[637] abgelehnt.

531 Die Kosten einer Restschuld- oder sonstigen Versicherung wie z.B. Kapitallebensversicherung, Risikolebensversicherung, Kaskoversicherung, Gebäudeversicherung sind als fester Betrag auszuweisen,

630 BT-Drucks. 16/11643, zu Art. 247 EGBGB, zu § 3 Abs. 1, S. 124.
631 BT-Drucks. 16/11643, zu Art. 247 EGBGB, zu § 3 Abs. 1, S. 124; Kümpel/*Merz* Rn. 10.101.
632 § 1 Abs. 5 Zahlungsdiensteaufsichtsgesetz (ZAG), BGBl. I 2009, S. 1506.
633 BTDrs. 17/1394; Bundesgesetzblatt Teil I 2010 Nr. 39, Seite 14; Bülow/Artz § 492 Rn. 121.
634 BTDrs. 16/11643, Seite 124.
635 BGH WM 2011, 1329 Rn. 33.
636 Ablehnend BGH WM 2014, 1224 Rn. 17 ff.; BGH WM 2014, 1325 Rn. 17 ff.
637 Ablehnend BGH WM 2012, 1117 Rn. 13 ff.

wenn die Versicherung mit sachlichem und zeitlichem Bezug zum Verbraucherdarlehensvertrag abgeschlossen wurde.[638] Steht die Höhe der Kosten nicht fest, sind sie dem Grunde nach anzugeben.[639]

Wann die Versicherung noch im sachlichen und zeitlichen Bezug zur Darlehensgewährung steht, wird sich nicht pauschal beurteilen lassen, sondern ist von den Gegebenheiten des konkreten Einzelfalls abhängig. Einige wenige Tage werden nicht ausreichend sein, den Sachzusammenhang und damit die Angabepflicht zu verneinen. Aus Gründen der Vorsicht sollte man eher von einigen Monaten ausgehen, innerhalb des Zeitraums man von einem Zusammenhang ausgehen sollte. **532**

Da nur die Kosten anzugeben sind, die der Verbraucher bei planmäßiger Abwicklung des Darlehens zu tragen, hat, kommt ein Hinweis auf eine Vorfälligkeitsentschädigung infolge der vorzeitigen Beendigung des Vertrages oder die Übernahme von Verzugskosten nicht in Betracht. **533**

Anzugeben sind auch die Bedingungen, unter denen die Kosten angepasst werden können. Da die meisten Kosten Einmalkosten sind, deren Höhe feststeht, erübrigt sich in diesen Fällen die Aufnahme einer entsprechenden Regelung. **534**

(11) Verzugszinssatz mit Angaben zur Anpassung und Verzugskosten

Ferner muss der Darlehensnehmer über den **Verzugszinssatz** und die Art und Weise seiner etwaigen Anpassung informiert werden. Hierzu ist es ausreichend, wenn der Verzugszinssatz abstrakt (z.B. Basiszinssatz +5 %-Punkte) und nicht konkret (z.B. 6,8 %) angegeben wird. Hinsichtlich der Anpassungsmöglichkeiten reicht der Hinweis, dass der Basiszinssatz von der Deutschen Bundesbank ermittelt und jeweils zum 1. Januar und 1. Juli eines jeden Jahres neu festgelegt wird (§ 247 BGB).[640] Die Notwendigkeit einer Angabe der Verzugskosten stellt sich nur in dem Fall, dass der Darlehensgeber den Verzugsschaden nicht abstrakt, sondern konkret berechnet. Macht der Darlehensgeber den Verzugszins pauschaliert, d.h. mit 5 % über dem Basiszinssatz geltend, scheidet der Ansatz weiterer konkreter Schadenspositionen aus, soweit diese zu den gewöhnlich anfallenden Refinanzierungskosten gehören oder den üblichen Bearbeitungsaufwand der Bank abdecken; hierzu gehören Mahnkosten, nicht jedoch Kosten der Sicherheitenverwertung oder Prozesskosten.[641] **535**

(12) Warnhinweis zu den Folgen ausbleibender Zahlungen

Die Formulierung des Warnhinweises zu den **Folgen ausbleibender Zahlungen** ist im gesetzlichen Muster gem. Anlage 3 zu Art. 247 § 2 EGBGB (europäische Standardinformation für Verbraucherkredite) vorgegeben. Der Warnhinweis lautet: »Ausbleibende Zahlungen können schwerwiegende Folgen für Sie haben (z.B. Zwangsverkauf) und die Erlangung eines Kredites erschweren.«. Fehlt der Hinweis, führt dies zur Nichtigkeit nach § 494 Abs. 1 BGB. **536**

(13) Bestehen oder Nichtbestehen eines Widerrufsrechts

Gem. Art. 247 § 3 Abs. 1 Nr. 13 BGB wird der Darlehensgeber lediglich zur Angabe verpflichtet, ob ein Widerrufsrecht besteht oder nicht.[642] Inhaltliche Ausführungen zum **Widerrufsrecht** sind im vorvertraglichen Stadium gem. Art. 246 § 1 Nr. 10 EGBGB nur bei Fernabsatzverträgen erforderlich. Ansonsten sind ausführlichere Angaben zum Widerrufsrecht entsprechend Art. 247 § 6 Abs. 2 EGBGB erst im Vertrag zu machen. **537**

---

638 PWW/*Nobbe* § 491a Rn. 13.

639 Bülow/Artz § 492 Rn. 127.

640 Kümpel/*Merz* Rn. 10.104.

641 Schwintowski § 14 Rn. 91; Kümpel/*Merz* Rn. 10.104.

642 Palandt/*Weidenkaff* Art. 247 § 3 Rn. 2 EGBGB.

(14) Recht zur vorzeitigen Rückzahlung

538 Die Angabe der vorzeitigen **Rückzahlungsmöglichkeit** beruht auf § 500 Abs. 2 BGB. Macht der Verbraucher von seinem Recht zur jederzeitigen vorzeitigen Erfüllung seiner Verbindlichkeiten Gebrauch, so steht dem Darlehensgeber ein Anspruch auf Vorfälligkeitsentschädigung nach § 502 BGB zu. Art. 247 § 7 Nr. 3 EGBGB verpflichtet den Darlehensgeber zur Angabe der Berechnungsmethode der Höhe des Anspruchs auf Vorfälligkeitsentschädigung. Die Angabepflicht hat der Darlehensgeber allerdings nur dann zu erfüllen, wenn er auch beabsichtigt, den Anspruch auf Vorfälligkeitsentschädigung im Fall der vorzeitigen Rückzahlung geltend zu machen.

(15) Recht auf einen Vertragsentwurf

539 Das Recht des Darlehensnehmers auf Erhalt eines **Vertragsentwurfs** ist in § 491a Abs. 2 Satz 1 BGB geregelt. Das gesetzliche Muster der vorvertraglichen Information enthält allerdings auch den Hinweis, dass diese Bestimmung nicht gilt, wenn der Kreditgeber zum Zeitpunkt der Beantragung nicht zum Abschluss eines Kreditvertrags bereit ist.

(16) Recht auf Auskunft über das Ergebnis einer Datenbankabfrage

540 Entsprechend den Regelungen in § 29 Abs. 7 BDSG hat ein Darlehensgeber, wenn er den Abschluss eines Verbraucherdarlehens infolge einer **Datenbankabfrage** ablehnt, den Verbraucher unverzüglich hierüber sowie über die erhaltene Auskunft zu unterrichten. Der Auskunftsanspruch des Verbrauchers richtet sich gegen den Darlehensgeber, er kann aber auch von der Stelle, die die Auskunft erteilt hat, erfüllt werden. Die Pflicht zur Unterrichtung des Darlehensnehmers ist vom Darlehensgeber ohne weitere Aufforderung zu erfüllen. Die Unterrichtungspflicht kommt allerdings nur dann zum Tragen, wenn der Vertragsschluss infolge der Datenbankabfrage abgelehnt wird, was i.d.R. nur bei der Ermittlung von sog. harten Negativmerkmalen wie z.B. Einleitung des Mahnverfahrens, eidesstattliche Versicherung oder Haftbefehl, der Fall ist.[643]

541 Inhaltlich richtet sich der Auskunftsanspruch des Verbrauchers nicht lediglich auf die bloße Unterrichtung über die erhaltene Auskunft, sondern umfasst auch deren Begründung.[644]

bb) Weitere Informationen gem. Art. 247 § 4 EGBGB

542 Soweit für den in Betracht kommenden Vertragsabschluss von Bedeutung, sind folgende weitere Angaben erforderlich:
(1) anfallende Notarkosten,
(2) zu stellende Sicherheiten,
(3) der Anspruch auf Vorfälligkeitsentschädigung und dessen Berechnungsmethode, falls der Darlehensnehmer bei einer Festzinsvereinbarung das Darlehen vorzeitig zurückzahlen möchte,
(4) ggf. der Zeitraum, an den sich der Darlehensgeber an die übermittelte Information bindet.

543 Sofern der Darlehnsgeber über das gebotene Maß hinaus zusätzliche Angaben machen möchte, müssen diese gem. Art. 247 § 4 Abs. 2 EGBGB optisch und räumlich von den gesetzlich vorgeschriebenen Informationen abgesetzt werden.

cc) Zusatzleistungen Art. 247 § 8 EGBGB

544 Verlangt der Darlehensgeber i.V.m. dem Abschluss des Verbraucherdarlehens ggf. weitere Zusatzleistungen, sind gem. Art. 247 § 8 EGBGB folgende Angaben erforderlich:
(1) ein Hinweis, dass der Darlehensnehmer zusätzliche Leistungen des Darlehensgebers annimmt oder einen weiteren Vertrag abschließt, insb. einen Versicherungs- oder Kontoführungsvertrag, z.B. beim Abschluss einer Restschuldversicherung die zusätzlichen Kosten. Ggf. berechnete Kontoführungsgebühren und deren Anpassungsmodalitäten sind ebenfalls anzugeben;

643 Kümpel/*Merz* Rn. 10.113.
644 BT-Drucks. 16/11643, zu Nr. 1 (zu § 29 BDSG), S. 140.

(2) wenn sich der Darlehensnehmer auch zur Vermögensbildung verpflichtet, der Hinweis auf eine ggf. nicht vollständige Tilgung des Darlehens, z.B. bei Ansparung der Tilgungsleistung durch eine Lebensversicherung oder einen Bausparvertrag, es sei denn, dies wird vertraglich vereinbart.

dd) Musterinformationen

Zur Umsetzung der vorvertraglichen Informationspflichten hatte der Gesetzgeber zum 11.06.2010 insgesamt **drei Muster für Informationsblätter als Anlagen 3 bis 5 zu Art. 247 § 2 EGBGB**[645] aufgenommen. Mit der Verbraucherrechterichtlinie wurden ab dem 13.06.2014 aus den vorstehenden Anlagen die Nr. 4 bis 6 zu Art. 247 § 2 EGBGB.[646] Seit ihrer Einführung zum 11.06.2010 sind die Anlagen »Europäische Standardinformation für Verbraucherkredite« und »Europäische Verbraucherkreditinformationen bei 1. Überziehungskrediten 2. Umschuldungen« mehrmals überarbeitet worden, so z.B.: 545

»Europäische Standard-information für Verbraucherkredite«	»Europäische Verbraucherkredit-informationen bei 1. Überziehungskrediten 2. Umschuldungen«	»Europäisches Standardisiertes Merkblatt«	Fassung vom	Gültigkeit:
Anlage 3	Anlage 4	Anlage 5	27.09.2009	11.06.2010 – 29.07.2010
Anlage 3	Anlage 4	---	24.07.2010	30.07.2010 – 28.01.2013
Anlage 3	Anlage 4	---	23.01.2013	29.01.2013 – 12.06.2014
Anlage 4	Anlage 5	Anlage 6	20.09.2013	ab 13.06.2014

Anlage 4 (Europäische Standardinformation für Verbraucherkredite) ist zu verwenden bei »gewöhnlichen Verbraucherdarlehensverträgen« i.S.d. § 491 BGB a.F. nunmehr bei Allgemein-Verbraucherdarlehensverträgen gemäß § 491 Abs. 2 S. 1 BGB und bei Finanzierungshilfen gem. § 506 BGB a.F.; die Verwendung des Musters der Anlage 4 **ist zwingend** (Art. 247 § 2 Abs. 1 EGBGB a.F., nunmehr Art. 247 § 2 Abs. 2 EGBGB). 546

Anlage 5 (Europäische Verbraucherkreditinformationen bei 1. Überziehungskrediten, 2. Umschuldungen) dient bei Verträgen im Sinn von § 495 Abs. 2 Nr. 1 BGB (Umschuldungen) oder Überziehungen entsprechend § 504 Abs. 2 BGB der Information des Verbrauchers und ist nunmehr in Art. 247 § 2 Abs. 3 S. 1 EGBGB geregelt 547

Bei **Immobiliardarlehen** gem. § 503 BGB a.F.war bis zum 20.06.2016**Anlage 6(Europäisches Standardisiertes Merkblatt)** zu nutzen. Seit dem 21.03.2016 ist durch das Gesetz zur Umsetzung der Wohnimmobilienkreditrichtlinie und zur Änderung handelsrechtlicher Vorschriften vom 11.03.2016 bei Immobiliar-Verbraucherdarlehensverträgen i.S. von § 491 Abs. 3 BGB, nach § 491 a Abs.4 BGB i.V.m. Art 247 § 1 Abs.2 Satz 2 EGBGB das Muster der Anl. 6 (ESIS-Merkblatt), zwingend zu verwenden. 548

Die Verwendung des Musters 5 ist fakultativ, weshalb der Darlehensgeber die vorvertraglichen Informationen auch auf andere Weise kommunizieren kann. Voraussetzung ist, dass – wie bei den entsprechenden Mustern – die Pflichtangaben »gleichartig gestaltet und hervorgehoben« werden, Art. 247 § 2 Abs. 3 Satz 2 EGBGB. 549

Hat der Darlehensgeber dem Darlehensnehmer das im konkreten Fall einschlägige Muster ordnungsgemäß ausgefüllt in Textform übermittelt, so gilt die Verpflichtung zur Unterrichtung gem. § 491a 550

645 VerbrKrRiLi, BGBl. I 2009, S. 2393 – 2405.
646 VerbrRRL-UG, BGBl. I 2013, S. 3642 – 3670.

Abs. 1 BGB als erfüllt (Art. 247 § 2 Abs. 4 EGBGB). »Ordnungsgemäß« bedeutet in diesem Zusammenhang, dass die tatsächlichen Vertragsbedingungen des Darlehensgebers wiedergegeben werden und die Wünsche des Darlehensnehmers, soweit bekannt, auch tatsächlich berücksichtigt worden sind.[647] Art. 247 § 2 Abs. 4 Satz 2 EGBGB erweitert die Fiktion zusätzlich auf Fälle, in denen auch fernabsatzrechtliche Informationspflichten zu wahren sind. Allerdings greift die **Gesetzlichkeitsfiktion** im Fall der Nutzung von selbst zusammengestellten Informationsunterlagen entsprechend den Anlagen 5 und 6 nicht. Deshalb ist grds. die Verwendung der Muster anzuraten, wobei allerdings dessen Ergänzung durch das Firmenlogo und der Produktbezeichnung nicht schadet,[648] wenn hierdurch die Gestaltung und Hervorhebung der erforderlichen Angaben nicht beeinträchtigt wird.

551 Europäische Standardinformationen für Verbraucherkredite – Anlage 4 zu Art. 247 § 2 EGBGB:[649]

552 *(1) Name und Kontaktangaben des Kreditgebers/Kreditvermittlers*

Kreditgeber	[Name]
Anschrift	[Ladungsfähige Anschrift für Kontakte des Verbrauchers]
Telefon*)	
E-Mail*)	
Fax*)	
Internet-Adresse*)	
(falls zutreffend)	[Name]
Kreditvermittler	[Anschrift für Kontakte mit dem Verbraucher]
Anschrift	
Telefon*)	
E-Mail*)	
Fax*)	
Internet-Adresse*)	

**) Freiwillige Angaben des Kreditgebers*

553 In allen Fällen, in denen »falls zutreffend« angegeben ist, muss der Kreditgeber das betreffende Kästchen ausfüllen, wenn die Information für den Kreditvertrag relevant ist, oder die betreffende Information bzw. die gesamte Zeile streichen, wenn die Information für die infrage kommende Kreditart nicht relevant ist.

554 Die Vermerke in eckigen Klammern dienen zur Erläuterung und sind durch die entsprechenden Angaben zu ersetzen.

555 *(2) Beschreibung der wesentlichen Merkmale des Kredits*

Kreditart

Gesamtkreditbetrag

Obergrenze oder Summe aller Beträge, die aufgrund des Kreditvertrags zur Verfügung gestellt wird

Bedingungen für die Inanspruchnahme

Gemeint ist, wie und wann Sie das Geld erhalten

Laufzeit des Kreditvertrags

647 Palandt/*Weidenkaff* Art. 247 § 2 Rn. 2 EGBGB.

648 Kümpel/*Merz* Rn. 10.79.

649 Gem. Art. 2 Nr. 8 Gesetz zur Umsetzung der Verbraucherrechterichtlinie BGBl. I 2013 S. 3642 ff.

Teilzahlungen und ggf. Reihenfolge, in der die Teilzahlungen angerechnet werden

Sie müssen folgende Zahlungen leisten:
[Betrag, Anzahl und Periodizität der vom Verbraucher zu leistenden Zahlungen]
Zinsen und/oder Kosten sind wie folgt zu entrichten:

Von Ihnen zu zahlender Gesamtbetrag

Betrag des geliehenen Kapitals zuzüglich Zinsen und etwaiger Kosten im Zusammenhang mit Ihrem Kredit

[Summe des Gesamtkreditbetrags und der Gesamtkosten des Kredits]

(falls zutreffend)

Der Kredit wird in Form eines Zahlungsaufschubs für eine Ware oder Dienstleistung gewährt oder ist mit der Lieferung bestimmter Waren oder der Erbringung einer Dienstleistung verbunden.

Bezeichnung der Ware oder Dienstleistung Barzahlungspreis

(falls zutreffend)

Verlangte Sicherheiten

Beschreibung der von Ihnen im Zusammenhang mit dem Kreditvertrag zu stellenden Sicherheiten

[Art der Sicherheiten]

(falls zutreffend)

Zahlungen dienen nicht der unmittelbaren Kapitaltilgung

(3) Kreditkosten 556

Sollzinssatz oder ggf. die verschiedenen Sollzinssätze, die für den Kreditvertrag gelten

[%
- gebunden oder
- veränderlich (mit dem Index oder Referenzzinssatz für den anfänglichen Sollzinssatz)
- Zeiträume]

Effektiver Jahreszins

Gesamtkosten ausgedrückt als jährlicher Prozentsatz des Gesamtkreditbetrags

Diese Angabe hilft Ihnen dabei, unterschiedliche Angebote zu vergleichen.

[% Repräsentatives Beispiel unter Angabe sämtlicher in die Berechnung des Jahreszinses einfließender Annahmen]

Ist
- der Abschluss einer Kreditversicherung oder
- die Inanspruchnahme einer anderen mit dem Kreditvertrag zusammenhängenden Nebenleistung

zwingende Voraussetzung dafür, dass der Kredit überhaupt oder nach den vorgesehenen Vertragsbedingungen gewährt wird?

Ja/Nein
[Falls ja, Art der Versicherung:]
Ja/Nein
[Falls ja, Art der Nebenleistung:]

Falls der Kreditgeber die Kosten dieser Dienstleistungen nicht kennt, sind sie nicht im effektiven Jahreszins enthalten.

Kosten im Zusammenhang mit dem Kredit

(falls zutreffend)

Die Führung eines oder mehrerer Konten ist für die Buchung der Zahlungsvorgänge und der in Anspruch genommenen Kreditbeträge erforderlich.

(falls zutreffend) Höhe der Kosten für die Verwendung eines bestimmten Zahlungsmittels (z.B. einer Kreditkarte)	
(falls zutreffend) Sonstige Kosten im Zusammenhang mit dem Kreditvertrag	
(falls zutreffend) Bedingungen, unter denen die vorstehend genannten Kosten im Zusammenhang mit dem Kreditvertrag geändert werden können	
(falls zutreffend) Verpflichtung zur Zahlung von Notarkosten	
Kosten bei Zahlungsverzug Ausbleibende Zahlungen können schwerwiegende Folgen für Sie haben (z.B. Zwangsverkauf) und die Erlangung eines Kredits erschweren.	Bei Zahlungsverzug wird Ihnen [… (anwendbarer Zinssatz und Regelungen für seine Anpassung sowie gegebenenfalls Verzugskosten)] berechnet.

557 *(4) Andere wichtige rechtliche Aspekte*

Widerrufsrecht Sie haben das Recht, innerhalb von 14 Kalendertagen den Kreditvertrag zu widerrufen.	Ja/Nein
Vorzeitige Rückzahlung Sie haben das Recht, den Kredit jederzeit ganz oder teilweise vorzeitig zurückzuzahlen. (falls zutreffend) Dem Kreditgeber steht bei vorzeitiger Rückzahlung eine Entschädigung zu	[Festlegung der Entschädigung (Berechnungsmethode) gem. § 502 BGB]
Datenbankabfrage Der Kreditgeber muss Sie unverzüglich und unentgeltlich über das Ergebnis einer Datenbankabfrage unterrichten, wenn ein Kreditantrag aufgrund einer solchen Abfrage abgelehnt wird. Dies gilt nicht, wenn eine entsprechende Unterrichtung durch die Rechtsvorschriften der Europäischen Gemeinschaft untersagt ist oder den Zielen der öffentlichen Ordnung oder Sicherheit zuwiderläuft.	
Recht auf einen Kreditvertragsentwurf Sie haben das Recht, auf Verlangen unentgeltlich eine Kopie des Kreditvertragsentwurfs zu erhalten. Diese Bestimmung gilt nicht, wenn der Kreditgeber zum Zeitpunkt der Beantragung nicht zum Abschluss eines Kreditvertrags mit Ihnen bereit ist.	
(falls zutreffend) Zeitraum, während dessen der Kreditgeber an die vorvertraglichen Informationen gebunden ist	Diese Informationen gelten vom… bis…

(falls zutreffend)

(5) Zusätzliche Informationen beim Fernabsatz von Finanzdienstleistungen 558

a) zum Kreditgeber	
(falls zutreffend)	[Name]
Vertreter des Kreditgebers in dem Mitgliedstaat, in dem Sie Ihren Wohnsitz haben	[Ladungsfähige Anschrift für Kontakte des Verbrauchers]
Anschrift	
Telefon*)	
E-Mail*)	
Fax*)	
Internet-Adresse*)	
*) Freiwillige Angaben des Kreditgebers	
(falls zutreffend) Eintrag im Handelsregister	[Handelsregister, in das der Kreditgeber eingetragen ist, und seine Handelsregisternummer oder eine gleichwertige in diesem Register verwendete Kennung]
(falls zutreffend) Zuständige Aufsichtsbehörde	
b) zum Kreditvertrag	
(falls zutreffend) Ausübung des Widerrufsrechts	[Praktische Hinweise zur Ausübung des Widerrufsrechts, darunter Widerrufsfrist, Angabe der Anschrift, an die die Widerruferklärung zu senden ist, sowie Folgen bei Nichtausübung dieses Rechts]
(falls zutreffend) Recht, das der Kreditgeber der Aufnahme von Beziehungen zu Ihnen vor Abschluss des Kreditvertrags zugrunde legt	
(falls zutreffend) Klauseln über das auf den Kreditvertrag anwendbare Recht und/oder das zuständige Gericht	[Entsprechende Klauseln hier wiedergeben]
(falls zutreffend) Wahl der Sprache	Die Informationen und Vertragsbedingungen werden in [Angabe der Sprache] vorgelegt. Mit Ihrer Zustimmung werden wir während der Laufzeit des Kreditvertrags in [Angabe der Sprache(n)] mit Ihnen Kontakt halten.
c) zu den Rechtsmitteln	
Verfügbarkeit außergerichtlicher Beschwerde- und Rechtsbehelfsverfahren und Zugang dazu	[Angabe, ob der Verbraucher, der Vertragspartei eines Fernabsatzvertrags ist, Zugang zu einem außergerichtlichen Beschwerde- und Rechtsbehelfsverfahren hat, und ggf. die Voraussetzungen für diesen Zugang]

c) Abweichende Informationspflichten

Abweichend von den Standardinformationen nach Art. 247 §§ 3 bis 8, 12 und 13 EGBGB waren bis 559
zum 20.03.2016 bei Immobiliardarlehen gemäß § 503 BGB a.F. und eingeräumten Überziehungen

andere Angaben erforderlich. Diese sind im Anwendungsbereich nach dem 21.03.2016 in Art. 247 §§ 3–8 und §§ 10–13 in §§ 10 bis 13 b EGBGB geregelt.

aa) Immobiliardarlehen gem. Art. 247 § 9 EGBGB a.F.

560 Der Inhalt der vorvertraglichen Informationspflichten für **Immobiliardarlehen** (§ 503 BGBa.F.) war bis zum 20.03.2016 in Art. 247 § 9 EGBGB, seit dem 21.03.2016 in Art 247 § 1 EGBGB, auf dessen Inhalt in Kap. 4 E. gesondert eingegangen wird, abschließend geregelt. Folgende Angaben waren zwingend:
- Name und Anschrift des Darlehensgebers (Art. 247 § 3 Nr. 1 EGBGB),
- Art des Darlehens (Art. 247 § 3 Nr. 2 EGBGB),
- effektiver Jahreszins (Art. 247 § 3 Nr. 3 EGBGB),
- Nettodarlehensbetrag (Art. 247 § 3 Nr. 4 EGBGB),
- Sollzinssatz mit Angaben zur Anpassung von Anwendung (Art. 247 § 3 Nr. 5 und Abs. 4 EGBGB),
- Vertragslaufzeit (Art. 247 § 3 Nr. 6 EGBGB),
- Betrag, Zahl und Fälligkeit der einzelnen Teil Leistungen (Art. 247 § 3 Nr. 7 EGBGB),
- alle sonstigen Kosten, insbesondere in Zusammenhang mit der Auszahlung oder der Verwendung eines Zahlungsauthentifizierungsinstruments, mit dem sowohl Zahlungsvorgänge als auch Abhebungen getätigt werden können, sowie die Bedingungen, unter denen die Kosten angepasst werden können (Art. 247 § 3 Nr. 10 EGBGB),
- Bestehen oder Nichtbestehen eines Widerrufs (Art. 247 § 3 Nr. 13 EGBGB),
- Informationen über Verträge mit Zusatzleistung (Art. 247 § 8 EGBGB).

561 Im Gegensatz zu den Angaben in den gesetzlichen Mustern gemäß Anlage 4 und 5 zu Art. 247 § 2 EGBGB a.F.verlangte das Europäische Standardisierte Merkblatt (Anlage 6 zu Art. 247 § 2 EGBGB) nicht nur die Angabe der Darlehensart, sondern eine kurze, aber deutliche Beschreibung des Darlehens, bei der unter anderem auf die zu stellenden Sicherheiten, die Tilgungsart und das einzutragende Eigenkapital eingegangen werden soll. Das Merkblatt entsprach weitestgehend der seit 2001 für grundpfandrechtlich gesicherte Darlehen existierenden Empfehlung der Kommission für vorvertragliche Informationen.[650] Neben einigen sprachlichen Anpassungen wurde der Inhalt der Empfehlung nur um die Punkte 17 (Widerrufsrecht) und 18 (Abtretung, Übertragung) ergänzt.[651]

562 Anschließend an die mit dem Risikobegrenzungsgesetz zum 19.08.2008[652] in § 492 Abs. 1a Satz 3 BGB a.F. eingeführten Regelung musste die vorvertragliche Information einen deutlich gestalteten Hinweis darauf enthalten, dass der Darlehensgeber Forderungen aus dem Darlehensvertrag ohne Zustimmung des Darlehensnehmers abtreten und das Vertragsverhältnis auf einen Dritten übertragen darf, wenn die Abtretung im Darlehensvertrag nicht ausgeschlossen wird oder der Darlehensnehmer der Übertragung zustimmen muss (Art. 247 § 9 Abs. 1 Satz 2 EGBGB a.F.).

563 Die im gesetzlichen Muster gemäß Anlage 6 zu Art. 247 § 2 EGBGB (**Europäisches Standardisiertes Merkblatt**) unter Punkt 12–15 und 18 vorgesehenen Angaben waren ebenfalls nach Art. 247 § 9 EGBGB nicht zwingend, konnten jedoch nach anderen Vorschriften, z.B. über Fernabsatzverträge (Art. 246 § 1 Abs. 2 Nr. 3 EGBGB) erforderlich sein.[653]

650 Freiwilliger Verhaltenskodex über vorvertragliche Informationen für wohnungswirtschaftliche Kredite der europäischen kreditwirtschaftlichen Verbände, der Europäische Kommission und der europäischen Verbraucherschutzverbände v. 05.03.2001.

651 *Ady/Paetz* WM 2009, 1061 (1065).

652 Risikobegrenzungsgesetz v. 12.08.2008, BGBl. I 2008, S. 1666 (1669).

653 BT-Drucks. 16/11643, zu Art. 247 EGBGB, zu § 9, S. 130.

Bei der Kombination eines Immobiliardarlehensvertrages mit einem **Bausparvertrag** als Tilgungsersatz war zu berücksichtigen, dass nach § 4 Abs. 5 BauSparKG[654] der Zeitpunkt der Zuteilungsreife nicht im Voraus festgelegt werden durfte. Aus diesem Grund konnte die Anzahl der Teilleistungen entsprechend Art. 247 § 9 Abs. 2 EGBGB in diesem Fall nicht angegeben werden. Möglich war allerdings die Angabe der Laufzeit, indem diese als »bis zur Zuteilungsreife« beschrieben wurde.[655] 564

Bei Immobiliardarlehensverträgen bestand bis zum 20.03.2016 keine rechtliche Verpflichtung zur Verwendung des gesetzlichen Musters gemäß Anlage 6 zu Art. 247 § 2 EGBGB. Hatte der Darlehensgeber allerdings das Europäische Standardisierte Merkblatt und ist dieses ordnungsgemäß ausgefüllt, so galt mit dessen Übermittlung die Verpflichtung zur Unterrichtung nach § 491a Abs. 1 BGB auch im Fernabsatz als erfüllt. (Art. 247 § 2 Abs. 3 EGBGB). 565

Seit dem 21.03.2016 sind die Informationspflichten bei Immobiliar-Verbraucherdarlehensverträgen einheitlich in Art. 247 § 1 EGBGB, mit Hinweis auf das anzuwendende Muster in Anl. 6, enthalten. 566

bb) Überziehungen

Bei **eingeräumten Überziehungsmöglichkeiten** in Form des Allgemeinen-Verbraucherdarlehensvertrages i.S.d. § 504 Abs. 1 BGB sind gem. Art. 247 § 10 Abs. 1 Nr. 1 EGBGB in den vorvertraglichen Informationen folgende Angaben erforderlich: 567
- Name und Anschrift des Darlehensgebers (Art. 247 § 10 Abs. 1 Nr. 1 Buchst. a) i.V.m. § 3 Abs. 1 Nr. 1 EGBGB),
- Art des Darlehens (Art. 247 § 10 Abs. 1 Nr. 1 Buchst. a) i.V.m. § 3 Abs. 1 Nr. 2 EGBGB),
- effektiver Jahreszins mit repräsentativem Beispiel (Art. 247 § 10 Abs. 1 Nr. 1 Buchst. a) i.V.m. § 3 Abs. 1 Nr. 3 EGBGB),
- Nettodarlehensbetrag (Art. 247 § 10 Abs. 1 Nr. 1 Buchst. a) i.V.m. § 3 Abs. 1 Nr. 4 EGBGB),
- Sollzinssatz mit Angaben zur Anpassung und Anwendung (Art. 247 § 10 Abs. 1 Nr. 1 Buchst. a) i.V.m. § 3 Abs. 1 Nr. 5 und Abs. 4 EGBGB),
- Vertragslaufzeit (Art. 247 § 10 Abs. 1 Nr. 1 Buchst. a) i.V.m. § 3 Abs. 1 Nr. 6 EGBGB),
- alle sonstigen Kosten mit Angaben zur Anpassung (Art. 247 § 10 Abs. 1 Nr. 1 Buchst. a) i.V.m. § 3 Abs. 1 Nr. 10 EGBGB),
- Verzugszinssatz mit Angaben zur Anpassung und Verzugskosten (Art. 247 § 10 Abs. 1 Nr. 1 Buchst. a) i.V.m. § 3 Abs. 1 Nr. 11 EGBGB),
- Recht auf Auskunft über das Ergebnis einer Datenbankabfrage (Art. 247 § 10 Abs. 1 Nr. 1 Buchst. a) i.V.m. § 3 Abs. 1 Nr. 16 EGBGB),
- ggf. Bindungszeitraum (Art. 247 § 10 Abs. 1 Nr. 1 Buchst. a) i.V.m. § 4 Abs. 1 Nr. 4 EGBGB),
- Bedingungen zur Beendigung des Darlehensverhältnisses (Art. 247 § 10 Abs. 1 Nr. 1 Buchst. b) EGBGB),
- Hinweis, dass der Darlehensnehmer jederzeit zur Rückzahlung des gesamten Darlehensbetrages aufgefordert werden kann, falls ein entsprechendes Kündigungsrecht vereinbart worden ist (Art. 247 § 10 Abs. 1 Nr. 1 Buchst. c) EGBGB).

Zu beachten ist, dass Art. 247 § 10 Abs. 1 EG BGB eine abschließende Sonderregelung nur zu den Regelungen in Art. 247 §§ 3 4 und 6 enthält, weshalb die vorvertraglichen Informationspflichten zu den Art. 247 §§ 8, 12 und 13 EGBGB weiterhin bestehen bleiben. 568

Auch bei den eingeräumten Überziehungsmöglichkeiten ist die Nutzung des Musters gemäß Anlage 5 zu Art. 247 § 2 EGBGB gesetzlich nicht vorgeschrieben. Will der Darlehensgeber über den Pflichtenkatalog hinausgehende Angaben machen, so müssen diese räumlich getrennt von den Pflichtangaben erfolgen (Art. 247 § 4 Abs. 2 EGBGB) Andernfalls dürfte auch hier die 569

654 Gesetz über Bausparkassen v. 15.09.1991 i.d.F. v. 29.07.2008, BGBl. I 2008, S. 1509.
655 BT-Drucks. 16/11643, zu Art. 247 EGBGB, zu § 9, S. 130.

Gesetzesfiktion gem. Art. 247 § 2 Abs. 4 Satz 1 EGBGB nicht eingreifen. In den Fällen, in denen der Darlehensgeber das Muster überhaupt nicht verwendet, schreibt Art. 247 § 2 Abs. 3 Satz 2 EGBGB eine gleichartige Gestaltung und Hervorhebung der zu erteilenden Informationen vor.

570 Zu berücksichtigen ist im Fall der Vertragsanbahnung durch den Darlehensnehmer mittels besonderer Kommunikationsmittel i.S.d. Art. 247 § 5 Abs. 1 EGBGB bei einem Allgemein-Verbraucherdarlehensvertrag, dass die Beschreibung i.R.d. für Fernabsatzverträge geltenden Art. 246 § 1 Abs. 1 Nr. 5 EGBGB erfolgen und zumindest die Angaben nach Art. 247 § 3 Abs. 1 Nr. 3–5, Abs. 3 und 4 sowie nach § 10 Abs. 1 Nr. 1 Buchst. c EGBGB, –enthalten muss, Art. 247 § 10 Abs. 2 EGBGB.

cc) Umschuldungen

571 Bei Allgemein-Verbraucherdarlehensverträgen zur **Umschuldung** i.S.d. §§ 495 Abs. 2 Nr. 1 BGB sind gem. Art. 247 § 11 Abs. 1 Nr. 1 EGBGB sind in der vorvertraglichen Informationen nur folgende Angaben erforderlich:
- Name und Anschrift des Darlehensgebers (Art. 247 § 11 Abs. 1 Nr. 1 Buchst. a) i.V.m. § 3 Abs. 1 Nr. 1 EGBGB),
- Art des Darlehens (Art. 247 § 11 Abs. 1 Nr. 1 Buchst. a) i.V.m. § 3 Abs. 1 Nr. 2 EGBGB),
- effektiver Jahreszins mit repräsentativem Beispiel (Art. 247 § 11 Abs. 1 Nr. 1 Buchst. a) i.V.m. § 3 Abs. 1 Nr. 3 EGBGB),
- Nettodarlehensbetrag (Art. 247 § 11 Abs. 1 Nr. 1 Buchst. a) i.V.m. § 3 Abs. 1 Nr. 4 EGBGB),
- Sollzinssatz mit Angaben zur Anpassung und Anwendung (Art. 247 § 11 Abs. 1 Nr. 1 Buchst. a) i.V.m. § 3 Abs. 1 Nr. 5 und Abs. 4 EGBGB),
- Vertragslaufzeit (Art. 247 § 11 Abs. 1 Nr. 1 Buchst. a) i.V.m. § 3 Abs. 1 Nr. 6 EGBGB),
- Betrag, Zahl und Fälligkeit der einzelnen Teilleistungen (Art. 247 § 11 Abs. 1 Nr. 1 Buchst. a) i.V.m. § 3 Abs. 1 Nr. 7 EGBGB),
- alle sonstigen Kosten mit Angaben zur Anpassung (Art. 247 § 11 Abs. 1 Nr. 1 Buchst. a) i.V.m. § 3 Abs. 1 Nr. 10 EGBGB),
- Verzugszinssatz mit Angaben zur Anpassung und Verzugskosten (Art. 247 § 11 Abs. 1 Nr. 1 Buchst. a) i.V.m. § 3 Abs. 1 Nr. 11 EGBGB),
- Recht zur vorzeitigen Rückzahlung (Art. 247 § 11 Abs. 1 Nr. 1 Buchst. a) i.V.m. § 3 Abs. 1 Nr. 14 EGBGB),
- Recht auf Auskunft über das Ergebnis einer Datenbankabfrage (Art. 247 § 11 Abs. 1 Nr. 1 Buchst. a) i.V.m. § 3 Abs. 1 Nr. 16 EGBGB),
- Anspruch auf Vorfälligkeitsentschädigung und dessen Berechnungsmethode (Art. 247 § 11 Abs. 1 Nr. 1 Buchst. b) i.V.m. § 4 Abs. 1 Nr. 3 EGBGB),
- Bedingungen zur Beendigung des Darlehensverhältnisses (Art. 247 § 11 Abs. 1 Nr. 1 Buchst. c) i.V.m. § 10 Abs. 1 Nr. 1 Buchst. b) EGBGB),
- ggf. Bindungszeitraum (Art. 247 § 11 Abs. 1 Nr. 1 Buchst. a) i.V.m. § 4 Abs. 1 Nr. 4 EGBGB).

572 Zu berücksichtigen ist im Fall der Vertragsanbahnung durch den Darlehensnehmer mittels besonderer Kommunikationsmittel i.S.d. Art. 247 § 5 Abs. 1 EGBGB bei einem Allgemein-Verbraucherdarlehensvertrag, dass die Beschreibung i.R.d. für Fernabsatzverträge geltenden Art. 246 § 1 Abs. 1 Nr. 5 EGBGB erfolgen und zumindest die Angaben nach Art. 247 § 3 Abs. 1 Nr. 3–6, 10 sowie Abs. 3 und 4 enthalten sein muss.

573 Auch bei den Umschuldungen besteht keine Rechtspflicht zur Nutzung des gesetzlichen Musters gemäß Anl. 5 zu Art. 247 § 2 EGBGB (europäische Verbraucherkreditinformationen bei Umschuldung). Verwendet der Darlehensgeber dieses Muster und ist es ordnungsgemäß ausgefüllt, gilt mit dessen Übermittlung gem. Art. 247 § 2 Abs. 4 Satz 2 EGBGB die Verpflichtung zur Unterrichtung nach § 491a Abs. 1 BGB auch im Fernabsatz als erfüllt. Freiwillig im Muster aufgenommene Angaben müssen räumlich getrennt von den Pflichtangaben erfolgen, um die Gesetzlichkeitsfiktion gem. Art. 247 § 2 Abs. 4 Satz 1 EGBGB zu erzielen. Verwendet der Darlehensgeber das Muster

nicht, so ist auf eine gleichartige Gestaltung und Hervorhebung der zu erteilten Informationen entsprechend der Vorlage zu achten (Art. 247 § 2 Abs. 3 Satz 2 EGBGB).

Für den Fall, dass eine Umschuldung in Form der Überziehungsmöglichkeit vereinbart wird, gehen auch bei den vorvertraglichen Informationen die Regeln des Art. 247 § 10 EGBGB vor, Art.247 § 11 Abs. 3 EGBGB **574**

d) Besondere Angaben

Besondere Angaben sind erforderlich im Rahmen verbundener bzw. vermittelter Verträge und entgeltlicher Finanzierungshilfen gemäß § 506 Abs. 1 BGB. **575**

aa) Verbundene Verträge – Art. 247 § 12 EGBGB

Bei **verbundenen Verträgen** i.S.d. § 358 BGB bzw. § 360 Abs. 2 Satz 2 BGB sowie bei den entgeltlichen Finanzierungshilfen sind in den vorvertraglichen Informationen auch der **finanzierte Gegenstand** sowie der Barzahlungspreis anzugeben, Art. 247 § 12 Absatz 1 Nr.1 EGBGB. Hinsichtlich der Bezeichnung des finanzierten Gegenstandes ist eine genaue Spezifizierung nach Hersteller oder Modell allerdings nicht erforderlich, sondern die Angabe einer Gattungsbezeichnung ist ausreichend.[656] Als Barzahlungspreis ist der Kaufpreis anzugeben, den der Verbraucher zu entrichten hätte, wenn der zu zahlende Preis bei Übergabe der Sache oder Erbringung der Leistung in voller Höhe fällig werden würde.[657] **576**

bb) Vermittlung – Art. 247 § 13 EG BGB

Bei **vermittelten Verträgen** entsprechend § 655a BGB sind bei Allgemein-Verbraucherdarlehensverträgen im **Darlehensvertrag** gem. Art. 247 § 13 a Abs. 1 EGBGB neben den vorvertraglichen Angaben (Art. 247 § 3 Abs. 1 EGBGB) und dem Vertragsinhalt (Art. 247 § 6 Abs. 1 EGBGB) lediglich noch der Name und die Postanschrift des Darlehensvermittlers, sofern dieser Unternehmer ist, anzugeben. Die Angabe einer bloßen Internetanschrift ist auch hier nicht ausreichend.[658] **577**

Nicht erforderlich ist, dass in den vorvertraglichen Informationen zum Darlehensvertrag das vom Verbraucher oder einem Dritten dem Darlehensvermittler gezahlte Vermittlungsentgelt angegeben wird. Eine diesbezügliche Angabepflicht sieht der Gesetzeswortlaut nicht vor und ergibt sich auch nicht aus Art. 247 § 3 Abs. 1 Nr. 10 EGBGB. Darlehensgeber werden die Informationspflicht sinnvollerweise durch Übergabe des Formulars »Europäische Standardinformation zum Verbraucherkredit« erfüllen. Die Erfüllung ihrer Informations- und Erläuterungspflicht erfüllt auch die Verpflichtung des Darlehensvermittlers und umgekehrt. Dies gilt allerdings nicht, wenn der Darlehensvermittler dem Verbraucher unrichtige Information und Erläuterungen erteilt.[659] **578**

Demgegenüber sind im **Darlehensvermittlungsvertrag** entsprechend Art. 247 § 13 Abs. 2 EGBGB folgende Angaben erforderlich: **579**

1. die Höhe einer vom Verbraucher verlangten Vergütung,
2. die Tatsache, ob der Vermittler für die Vermittlung von einem Dritten ein Entgelt erhält, sowie ggf. dessen Höhe,
3. den Umfang seiner Befugnisse, insb., ob der Vermittler ausschließlich für einen oder mehrere bestimmte Darlehensgeber oder unabhängig tätig wird, und

656 Kümpel/*Merz* Rn. 10.140.

657 BT-Drucks. 16/11643 zu Art. 247 EGBGB, zu § 12 Satz 132; Palandt/*Weidenkaff* Art. 247 § 12 EGBGB Rn. 2.

658 BT-Drucks. 11/11643 zu Art. 247 EGBGB zu § 3 zu Abs. 1, S. 123.

659 PWW/*Nobbe* § 655a Rn. 7.

4. ggf. weitere vom Verbraucher verlangte Nebenentgelte sowie deren Höhe, soweit diese zum Zeitpunkt der Unterrichtung bekannt ist, andernfalls einen Höchstbetrag.

580 Hiernach muss der Darlehensvermittler bereits vorab den Verbraucher über die von ihm oder einem Dritten zu zahlende **Vermittlungsprovision** unterrichten. Eine erneute Unterrichtung durch den Darlehensgeber ist somit nicht zwingend geboten. Etwas anderes gilt nur in den Fällen, wenn der Darlehensgeber das von ihm an den Darlehensvermittler zu zahlende Entgelt nicht aus der eigenen Marge nimmt, sondern das Entgelt dem Darlehensnehmer zusätzlich in Rechnung stellt. In diesem Fall sind die Kosten für die Darlehensvermittlung als sonstige Kosten i.S.d. Art. 247 § 3 Abs. 1 Nr. 10 EGBGB anzusehen und entsprechend in der vorvertraglichen Information anzugeben.[660]

581 Sofern das Kreditinstitut auch die Wahrung der Interessen des Verbrauchers als Hauptleistungspflicht schuldet, z.B. aufgrund eines **Vermögensbetreuungsvertrages**, ist der Kunde immer vor Abschluss des Darlehensvertrages über die Zahlung der Vermittlungsprovision aufzuklären.[661]

582 Mit dem Gesetz zur Einführung einer Musterwiderrufsinformation für Verbraucherdarlehensverträge, zur Änderung der Vorschriften über das Widerrufsrecht bei Verbraucherdarlehensverträgen und zur Änderung des Darlehensvermittlungsrechts vom 24.07.2010 wurde geregelt, dass ab dem **30.07.2010** die Angaben auch erforderlich sind, wenn der Verbraucher nicht der Auftraggeber ist.[662]

e) Informationen bei besonderen Kommunikationsmitteln – Art. 247 § 5 EGBGB

583 Art. 247 § 5 Abs. 1 Satz 1 EGBGB sieht unter bestimmten Voraussetzungen gewisse Erleichterungen bei der vorvertraglichen Information bei Allgemein-Verbraucherdarlehensverträgen vor, nämlich dann, wenn die Information nicht in Textform gem. Art. 247 § 2 BGB erteilt werden muss. Dies ist bei Überziehungsmöglichkeiten nach § 504 Abs. 2 BGB sowie bei Teilzahlungsgeschäften im Fernabsatz gem. § 507 Abs. 1 Satz 2 BGB der Fall. Hiernach kann die vollständige vorvertragliche Information unter drei Voraussetzungen nachgeholt werden.[663] Art. 247 § 5 Abs. 1 EGBGB ist gemäß Art. 247 § 12 EGBGB auf entgeltliche Finanzierungshilfe entsprechend anzuwenden[664].

584 Erste Voraussetzung ist, dass der Vertrag mittels **Kommunikationsmitteln** abgeschlossen wird, die die Erteilung der vorvertraglichen Information in der in Art. 247 § 2 EGBGB genannten **Form** nicht gestatten. Die Form bezieht sich hierbei sowohl auf den Zeitpunkt als auch auf die Textform als auch auf die Verwendung des Musters der Europäischen Standardinformationen[665]. Der Vertragsabschluss muss ohne Einhaltung der Form gemäß § 492 Abs. 1 BGB zulässig sein. Dies sind die Fälle gemäß § 504 Abs. 2 S. 2, § 505 und § 507 Abs. 1 S. 2 BGB im Fernabsatz[666].Dies ist insb. aber nicht ausschließlich bei mündlicher Kommunikation, sondern auch bei fernmündlicher Kommunikation, der Fall[667].

585 Zweite Voraussetzung ist, dass der Darlehensnehmer die entsprechende Kommunikationsform frei gewählt hat. Die Initiative für die Vertragsanbahnung muss daher vom zukünftigen Darlehensnehmer ausgehen. [668]. Sofern dies nicht der Fall ist, sondern die Kommunikationsform von Darlehensgeber ausgeht bzw. von diesem z.B. durch vorherige schriftliche Kontaktaufnahme mit dem Darlehensnehmer verbunden mit der Bitte um telefonische Rückmeldung provoziert wird, kommt die Ausnahme nicht zum Tragen.

660 Kümpel/*Merz* Rn. 10.143.
661 BGH, WM 2004, 521 (523).
662 BGBl. I 2010, S. 977 (978).
663 BT-Drucks. 11/11643 zu Art. 247 EGBGB zu § 5, S. 126 f.
664 Palandt/*Weidenkaff* Art. 247 § 5 Rn. 1.
665 Palandt/*Weidenkaff* Art. 247 § 5 Rn. 2.
666 Palandt/*Weidenkaff* Art. 247 § 5 Rn. 2.
667 Palandt/*Weidenkaff* Art. 247 § 5 Rn. 2.
668 BT-Drucks. 11/11643, S. 126.

Als dritte Voraussetzung muss die vollständige Information; in Textform (§ 126 b BGB) gemäß Art. 247 § 2 Abs. 1 S. 2 EGBGB; unverzüglich, somit also ohne schuldhaftes Zögern (§ 121 BGB) nachgeholt werden. Dies kann noch nach Vertragsabschluss sein, etwa wenn der Darlehensnehmer eine schnelle Bereitstellung des Geldes oder des gekauften Gegenstandes wünscht. Der Inhalt der Information richtet sich nach Art. 247 §§ 3 bis 5 und 8 bis 13 a EGBGB. 586

Art. 247 § 5 Abs. 1 Satz 2 EGBGB enthält eine Sonderregelung für die telefonisch angebahnte Darlehensverträge. Bei **Telefongesprächen** werden die kreditrechtlichen Informationsverpflichtungen von denjenigen des Fernabsatzes überlagert. Daher sind nach Art. 247 § 5 Abs. 1 Satz 2 EGBGB die Informationspflichten für Fernabsatzverträge entsprechend § 312c Abs. 1 BGB i.V.m. Art. 246 § 1 Nr. 5EGBGB zu erfüllen. Die hiernach zu beschreibenden Hauptmerkmale des Angebotes werden zumindest durch die folgenden wesentlichen Merkmale konkretisiert: 587

- effektiver Jahreszins (Art. 247 § 3 Abs. 1 Nr. 3 EGBGB),
- Nettodarlehensbetrag (Art. 247 § 3 Abs. 1 Nr. 4 EGBGB),
- Sollzinssatz (Art. 247 § 3 Abs. 1 Nr. 5 EGBGB),
- Vertragslaufzeit (Art. 247 § 3 Abs. 1 Nr. 6 EGBGB),
- Betrag, Zahl und Fälligkeit der einzelnen Teilleistungen (Art. 247 § 3 Abs. 1 Nr. 7 EGBGB),
- Gesamtbetrag (Art. 247 § 3 Abs. 1 Nr. 8 EGBGB),
- Auszahlungsbedingungen (Art. 247 § 3 Abs. 1 Nr. 9 EGBGB),
- Erläuterung des Gesamtbetrages und des effektiven Jahreszinses anhand eines repräsentativen Beispiels (Art. 247 § 3 Abs. 3 EGBGB),
- Bedingungen für die Anwendung und Anpassung des Sollzinssatzes (Art. 247 § 3 Abs. 4 EGBGB).

Die vorstehende Aufzählung ist allerdings nicht abschließend, weshalb der Darlehensgeber die Möglichkeit hat, die Aufzählung durch weitere Einzelheiten zu ergänzen.[669] 588

Darüber hinaus hat der Darlehensgeber die folgenden gesetzlichen Erweiterungen und Einschränkungen zu beachten: 589

Der eingeräumten Überziehung i.S.d. § 504 Abs. 2 BGB muss gem. Art. 247 § 10 Abs. 2 EGBGB Weg die Beschreibung der wesentlichen Merkmale zumindest die Angabe des effektiven Jahreszinses mit repräsentativem Beispiel, das Nettodarlehensbetrages, der Sollzinssatz nebst Bedingungen für dessen Anwendung sowie Anpassung und die Angaben aller sonstigen Kosten enthalten und auf die etwaige Möglichkeit zur jederzeitigen Rückzahlungsaufforderung durch den Darlehensnehmer hinweisen. 590

Bei Umschuldungen gem. § 495 Abs. 2 Nr. 1 BGB muss die Beschreibung der wesentlichen Angaben zumindest die Angabe des effektiven Jahreszinses mit repräsentativem Beispiel, des Nettodarlehensbetrages, des Sollzinssatzes nebst Bedingungen für dessen Anwendung sowie Anpassung, die Vertragslaufzeit und die Angaben aller sonstigen Kosten enthalten. 591

Auch bei Telefongesprächen ist eine **vollständige Unterrichtung** nach Art. 247 § 5 Abs. 1 Satz 1 BGB in jeden Fall nachzuholen. Satz 2 stellt keine Ausnahme zu Satz 1 dar. Die verkürzte Form der vorvertraglichen Information soll die vollständige vorvertragliche Information nicht ersetzen.[670] 592

Art. 247 § 5 Abs. 2 EGBGB enthält eine Sonderregelung bei Telefongesprächen, die sich auf Immobiliar-Verbraucherdarlehensverträge beziehen.[671] 593

669 Palandt/*Weidenkaff* Art. 247 § 5 Rn. 3.
670 BT-Drucks. 11/11643 zu Art. 247 EGBGB zu § 5, S. 127.
671 Palandt/*Weidenkaff* Art. 247 § 5 Rn. 4, m.w.A.

f) Vertragsentwurf

594 Vorausgesetzt, das Kreditinstitut ist zum Abschluss eines Verbraucherdarlehens bereit, räumt § 491a Abs. 2 Satz 1 BGB dem Verbraucher einen eigenständigen Anspruch auf einen **Vertragsentwurf** ein. Der Vertragsentwurf soll den beabsichtigten Vertragsinhalt wiedergeben. Dieser wird wie der Inhalt des Vertrages (§ 492 Abs. 2 BGB) durch die Regelung in Art. 247 §§ 6 bis 13 EGBGB bestimmt. Eine bestimmte Form ist nicht vorgegeben, sodass die Textform gem. § 126b BGB ausreicht.

595 Indem die Vorschrift als Anspruchsgrundlage ausgestaltet wird, sollen zwei Dinge klargestellt werden. Zum einen besteht der Anspruch unabhängig davon, ob der Darlehensgeber die Pflichten nach Abs. 1 erfüllt. Der Anspruch besteht also auch dann, wenn der Darlehensnehmer bereits das Muster der europäischen Standardinformation für Verbraucherkredite erhalten hat. Zum anderen wird klargestellt, dass der Darlehensgeber für diese Leistung keine Kosten verlangen darf.[672]

596 Der Anspruch erlangt insb. Bedeutung, wenn der Darlehensgeber das vorgegebene Muster nicht verwendet, was bei den ab dem 13.06.2014 in § 495 Abs. 2 Nr. 1 BGB genannten Fällen der Umschuldungen und bei Überziehungsmöglichkeiten gem. § 504 Abs. 2 BGB und § 505 BGB zulässig ist. In diesen Verträgen können Informationen enthalten sein, die nicht zwingend vorvertraglich erteilt werden müssen, z.B. die Auszahlungsbedingungen. Entsprechend den europarechtlichen Vorgaben ist der Anspruch auf den Vertragsentwurf so lange ausgeschlossen, wie der Darlehensgeber zum Vertragsabschluss noch nicht bereit ist. Dies ist z.B. der Fall, wenn das Kreditinstitut den Vertragsabschluss von einer Bonitätsprüfung abhängig macht.[673]

597 Gemäß § 491 a Abs. 2 S. 3 BGB muss bei Immobiliar-Verbraucherdarlehensverträgen, sofern der Darlehensgeber dem Darlehensnehmer ein Angebot oder einen bindenden Vorschlag für bestimmte Vertragsbestimmungen unterbreitet, dem Darlehensnehmer anbieten, einen Vertragsentwurf auszuhändigen oder zu übermitteln. Besteht kein Widerrufsrecht nach § 495 BGB, ist der Darlehensgeber dazu verpflichtet, dem Darlehensnehmer einen Vertragsentwurf auszuhändigen. Bei einem Immobiliarverbraucher -Darlehensvertrag entsprechend § 491 Abs. 2 S. 2 Nr. 5 BGB (Förderdarlehen) ist der Darlehensgeber verpflichtet, den Darlehensnehmer rechtzeitig vor Abgabe von dessen Vertragserklärung auf einem dauerhaften Datenträger über die Merkmale gemäß den Abschnitten 3,4 und 13 in Art. 247 § 1 Abs. 2 S. 2 EGBGB genannten Musters (Anl. 6-ESIS-Merkblatt), zu informieren, wobei Art. 247 § 1 Abs. 2 S. 6 EGBGB Anwendung findet.

g) Erläuterungen

598 § 491a Abs. 3 BGB statuiert eine im deutschen Recht bislang nicht normierte, sich bisher allerdings aus § 241 Abs. 2 BGB ergebende Pflicht, vor dem Vertragsabschluss dem Darlehensnehmer die einzelnen Vertragsbestimmungen angemessen zu erläutern. **Erläuterung** bedeutet in diesem Zusammenhang, dass der Darlehensgeber dem Darlehensnehmer den Vertrag und die Vertragsbedingungen verständlich zu machen hat. Es geht bei der Erläuterung nicht darum, dass der Darlehensgeber dem Darlehensnehmer zu einem für seine Zwecke und Vermögensverhältnisse optimal zugeschnittenen Vertrag rät. Vielmehr soll der Darlehensgeber die Eigenschaften und Folgen der angebotenen Verträge darstellen, damit der Darlehensnehmer von sich aus auf informierter Grundlage entscheiden kann. Die Erläuterung hat zum Ziel, dass der Darlehensnehmer anhand seiner Vermögensverhältnisse und des mit dem Vertrag verfolgten Zwecks einschätzen kann, ob der Vertrag für ihn nützlich ist oder nicht. Der Darlehensgeber ist aufgrund der Vorschrift nicht verpflichtet zu prüfen, ob der vom Darlehensnehmer verfolgte **Zweck** für diesen sinnvoll ist.[674] Im Gegensatz zu

672 BT-Drucks. 16/11643 zu Nr. 21 (§ 491a BGB) S. 78.

673 Palandt/*Weidenkaff* § 491a Rn. 3; Bülow/Artz § 491a Rn. 28.

674 BT-Drucks. 16/116431, zu Nr. 21 (§ 491a BGB) S. 79; Schimansky/Bunte/Lwowski/*Münscher* Bankrechts-Handbuch § 81 Rn. 126.

einer Beratung besteht daher auch keine Verpflichtung des Darlehensgebers, den Verbraucher auf ein anderes, für ihn günstigeres Produkt hinzuweisen.[675]

Die Erläuterung ist daher von der Beratung aufgrund eines besonderen Beratungsvertrags abzugrenzen und bleibt dahinter zurück. Allerdings ist hierbei zu beachten, dass ein Beratungsvertrag auch über die erläuterungspflichtigen Angaben zustande kommen kann, wenn der Darlehensnehmer eine Beratung wünscht und der Darlehnsgeber sich darauf einlässt oder der Darlehensgeber von sich aus in eine Beratung eintritt.[676] 599

Der Umfang der Erläuterung hängt von der Komplexität des konkreten Darlehensgeschäfts ab. Die Erfüllung der Erläuterungspflichten soll sich am Verständnis des durchschnittlichen Darlehensnehmers ausrichten, wenn nicht z.B. aufgrund von Rückfragen Anhaltspunkte für einen abweichenden höheren oder ggf. auch geringeren Aufwand erkennbar sind. Je höher die Schwierigkeiten des durchschnittlichen oder, soweit erkennbar, auch des konkreten Darlehensnehmers sind, eine Vertragsklausel zu begreifen, desto höhere Anforderungen sind an die Erfüllung der Erläuterungspflicht zu stellen.[677] Sind aufgrund von An- oder Rückfragen des Kunden keine Besonderheiten erkennbar, kann die Erläuterung in standardisierter Form erfolgen.[678] 600

Die Erläuterungspflicht ist auch nicht dahin gehend zu verstehen, dass vor dem Vertragsschluss regelmäßig ein direktes Gespräch zwischen den Vertragsparteien erforderlich wäre, in dem sich der Darlehensgeber von der Person des Darlehensnehmers ein Bild zu machen hat. Die Verbraucherkreditrichtlinie soll nämlich insb. auch den Abschluss grenzüberschreitender Verbraucherkredite erleichtern, bei denen aber oftmals bereits wegen der Entfernung ein direktes Gespräch nicht zustande kommt.[679] Da eine Form nicht vorgeschrieben ist, ist die Erläuterung mittels Schriftzeichen oder (fern)mündlich möglich.[680] 601

§ 491a Abs. 3 Satz 2 BGB konkretisiert die Erläuterungspflicht bei Verbraucherdarlehensverträgen. Entsprechend der Verbraucherkreditrichtlinie sind ggf. zu erläutern: 602
– vorvertragliche Information gem. Abs. 1,
– die vertragstypischen Auswirkungen und
– die Hauptmerkmale der angebotenen Vertragstypen.

Dabei wird mit dem Begriff »gegebenenfalls« klargestellt, dass § 491a BGB nicht alle Erläuterungspflichten abschließend aufführt. Weitere Erläuterungs- und insb. Aufklärungspflichten bleiben von der Vorschrift unberührt. Dies gilt insb. für solche Aufklärungspflichten, die die Rechtsprechung ausgearbeitet hat. Diese Rechtsprechung soll durch die Einfügung des Abs. 3 nicht geändert werden. Andererseits bedeutet »gegebenenfalls« auch, dass nicht zwingend alle in Satz 2 aufgeführten Angaben zu erläutern sind. Wenn kein Anlass dafür besteht, die vorvertragliche Information zu erläutern, etwa weil sie der Darlehensnehmer verstanden hat, wird eine zusätzliche Erläuterung nicht verlangt.[681] 603

Die Hauptmerkmale eines Vertrags sind vorrangig die Hauptleistungspflichten. Aber auch sonstige Besonderheiten, die den speziellen Vertrag von anderen Verträgen unterscheiden, sind dem Darlehensnehmer näher darzulegen. Mit vertragstypischen Auswirkungen sind insb. die finanziellen Belastungen des Darlehensnehmers gemeint. Unter Auswirkungen fallen aber auch andere vertragstypische Risiken, vorrangig Haftungsrisiken. Dies gilt umso mehr, je weiter ein Vertrag 604

675 *Herresthal* WM 2009, 1174 (1180); Kümpel/*Merz* Rn. 10.150.
676 *Nobbe* WM 2011, 625 (628).
677 Kümpel/*Merz* Rn. 10.153; PWW/*Nobbe* § 491a Rn. 21.
678 Bülow/Artz § 491a Rn. 30.
679 BT-Drucks. 16/11643 zu Nr. 21 (§ 491a BGB) S. 78.
680 Palandt/*Weidenkaff* § 491a Rn. 4.
681 BT-Drucks. 16/11643 zu Nr. 21 (§ 491a BGB) S. 78.

Besonderheiten aufweist und von einem Durchschnittsdarlehensvertrag abweicht.[682] Bei kombinierten Verträgen wie z.B. der Gewährung eines endfälligen Darlehens mit der Ansparung der Tilgungsleistung durch eine kapitalbildende Lebensversicherung erstreckt sich die Erläuterung auch auf das Risiko, dass möglicherweise die Ablaufleistung der Versicherung am Ende der Laufzeit nicht ausreichend ist, um die vollständige Tilgungsleistung erbringen zu können.[683] Ein Sonderfall der Auswirkungen sind die Folgen bei Zahlungsverzug, die die Verbraucherkreditrichtlinie besonders hervorhebt und die daher auch im Gesetz genannt werden.[684]

605 Beim Angebot eines Immobiliar -Verbraucherdarlehensvertrages mit weiteren Finanzprodukten oder Finanzdienstleistungen ist gemäß § 491 a Abs. 3 S. 3 BGB zu erläutern, ob eine gesonderte Kündigung der Nebenleistungen möglich ist und welche Folgen sie gegebenenfalls hat.

h) Pflichtverletzungen

606 Im Gegensatz zu den in § 494 Abs. 1 BGB geregelten Fällen, wirkt sich die Verletzung der Vorschriften des § 491a BGB nicht unmittelbar auf den Darlehensvertrag aus. Die Wirksamkeit des Darlehensvertrages ist von dem Verstoß gegen die vorvertraglichen Informationspflichten grundsätzlich nicht betroffen.[685] Dem Darlehensnehmer verbleiben die Ansprüche aus Verschulden bei Vertragsanbahnung gem. §§ 311 Abs. 2, 280 Abs. 1 BGB.[686] In diesem Fall muss der Verbraucher nachweisen,[687] dass ihm durch den schuldhaften Verstoß des Unternehmers kausal ein Vermögensschaden entstanden ist.[688] Nach dem Grundsatz der Naturalrestitution (§ 249 Abs. 1 BGB) ist der Darlehensnehmer so zu stellen, wie er ohne Pflichtverletzung gestanden hätte.[689] Durch die vorvertragliche Information soll der Darlehensnehmer in die Lage versetzt werden, zu entscheiden, ob das Darlehen in seiner Situation sinnvoll ist. Sofern der Schaden im Abschluss des Darlehensvertrages besteht, kann der Kunde daher die Rückabwicklung verlangen. Dem Darlehensnehmer steht in diesem Fall ein Anspruch auf vollständige Rückabwicklung des Darlehens zu. Zu berücksichtigen ist hierbei allerdings, dass der Darlehensgeber auch gem. § 492 BGB mit Abschluss des Darlehensvertrages umfangreiche Informationspflichten zu wahren hat, deren Verstoß umfassende Rechtsfolgen nach sich ziehen. Ferner steht dem Verbraucher gem. § 495 BGB ein Widerrufsrecht mit seinen speziellen Rechtsfolgen zu.

607 Verletzt der Darlehensgeber lediglich spezifische Besonderheiten des angebotenen Darlehensvertrages und informiert z.B. nicht ausreichend über die Nachteile einer intransparenten Finanzierungskonstruktion, rechtfertigt dies nicht die Rückabwicklung des gesamten Darlehens. Vielmehr steht dem Darlehensnehmer grds. nur der Ersatz des Schadens zu, dessen Eintritt die spezielle Informationspflicht verhindern sollte.[690]

608 Handelt es sich bei dem Verbraucherdarlehensvertrag gleichzeitig um einen Fernabsatzvertrag gem. §§ 312c, §312 d Abs. 2 BGB(§ 312b BGB a.F.), so führt die Verletzung der vorvertraglichen Informationspflichten gem. § Art. 246 b § 1 Abs. 1EGBGB nicht dazu, dass das Widerrufsrecht gemäß § 356 Abs. 3 S. 2 BGB spätestens 12 Monate und 14 Tage mit Vertragsschluss erlischt. Gemäß § 356 Abs. 3 S. 3 BGB gilt dies mangels entsprechender Vorgabe in der FernAbsFinDL-RL[691] nicht bei Verträgen über Finanzdienstleistungen. Hier kann, soweit nicht die abweichenden

682 *Nobbe* WM 2011, 625 (629).
683 Kümpel/*Merz* Rn. 10.151.
684 BT-Drucks. 16/11643 zu Nr. 21 (§ 491a BGB) S. 79.
685 Bülow/Artz § 491a Rn. 41.
686 Palandt/*Weidenkaff* § 491a Rn. 6.
687 *Wittig/Wittig* ZInsO 2009, 633 (637).
688 Bülow/Artz § 491a Rn. 41.
689 BGH, WM 2009, 1274 Rn. 22; BGH, WM 2007, 876 Rn. 21.
690 BGH, WM 2007, 1257 Rn. 35.
691 Finanzdienstleistungs-FernabsatzRL (RL 2002/65/EG vom 23. 9. 2002, FernAbsFinDL-RL);.

Voraussetzungen von § 356 Abs. 4 S. 3 BGB vorliegen, das Widerrufsrecht bei Fehlen einer ordnungsgemäßen Belehrung in Ausnahmefällen, lediglich verwirkt werden. [692]

Ein Kreditinstitute tut gut daran, die Erfüllung vorvertraglichen Informationspflichten nicht auf die leichte Schulter zu nehmen. Im Fall einer systematischen Umgehung der gesetzlichen Anforderungen können Verbraucherschutzverbände einen Unterlassungsanspruch gegen das betreffende Kreditinstitute wegen gesetzeswidriger Praktiken gem. § 2 UKlaG geltend machen. § 2 Abs. 2 Nr. 1 UKlaG sieht ausdrücklich vor, dass die Vorschriften des Bürgerlichen Gesetzbuches über Verbraucherdarlehensverträge zu den Schutzgesetzen i.S.d. Unterlassungsklagengesetzes gehören. Darüber hinaus können Beseitigung- und Unterlassungsansprüche gem. § 8 UWG sowie ggf. auch Schadensersatzansprüchen von Mitbewerbern gem. § 9 UWG vorliegen. **609**

Nicht gänzlich außer Betracht bleiben muss auch, dass ein dauerhafter Verstoß gegen die Schutzvorschriften des Verbraucherdarlehensrechts zu Zweifeln an der Zuverlässigkeit der Geschäftsleiter des Kreditinstituts führen kann, was bei wiederholen hartnäckigen Verstößen im Entzug der Erlaubnis zur Geschäftsführungstätigkeit durch die Bankenaufsicht führen kann (§ 33 Abs. 1 Nr. 2 KWG). **610**

Insgesamt wird man die Regelungen des § 491a BGB daher eher als Marktverhaltensregelungen ansehen müssen, bei deren Verstoß wettbewerbsrechtliche Folgen oder Unterlassungsansprüche gem. § 2 Abs. 2 Nr. 1 UKlaG eintreten.[693] **611**

2. Kreditwürdigkeitsprüfung (§§ 505 a bis e BGB, § 18a KWG)

a) Schutzzweck/Anwendungsbereich

§ 505 a BGB wurde durch das Gesetz zur Umsetzung der Wohnimmobilienkreditrichtlinie und zur Änderung handelsrechtlicher Vorschriften vom 11.03.2016, in Kraft seit dem 21.03.2016, eingefügt. Er erweitert § 509 BGB a.F. § 505 a BGB normiert einheitlich für sämtliche Kredite eine Pflicht zur eingehenden Kreditwürdigkeitsprüfung. Der Darlehensgeber darf den Verbraucherdarlehensvertrag nur abschließen, wenn aus der Kreditwürdigkeitsprüfung hervorgeht, dass bei einem Allgemein-Verbraucherdarlehensvertrag keine erheblichen Zweifel daran bestehen bzw.-noch schärfer-, dass es bei einem Immobiliar-Verbraucherdarlehensvertrag wahrscheinlich ist, dass der Darlehensnehmer seinen Verpflichtungen, die im Zusammenhang mit dem Darlehensvertrag stehen, vertragsgemäß nachkommen kann.[694] **612**

Der EuGH hat mit Urteil vom 27.03.2014, C-566/12 (LCL Le Crédit Lyonnais SA/Fesih Kalhan) [695] entschieden, dass Verstöße gegen die Kreditwürdigkeitsprüfung wirksame, verhältnismäßige und abschreckende Sanktionen auch im Verhältnis zwischen Darlehensgeber und Darlehensnehmer nach sich ziehen müssten. Aufgrund der Vorgaben in Artikel 18 Abs. 5a der Wohnimmobilienkreditrichtlinie nahm der Gesetzgeber die Umsetzung dieser Richtlinie zum 21.03.2016 zum Anlass, die Pflicht zur Kreditwürdigkeitsprüfung nunmehr auch zivilrechtlich zu verankern (§§ 505a ff.). Die Kreditwürdigkeitsprüfung wird nicht mehr lediglich bei Kreditinstituten als primär im öffentlichen Interesse liegende Pflicht(§ 18 a KWG), sondern gleichermaßen für alle Darlehensgeber (auch andere als Kreditinstitute), auch als Schutzpflicht gegenüber dem Verbraucher verstanden.[696] Die bankaufsichtsrechtlichen Regelungen sind beibehalten und in § 18a KWG den zivilrechtlichen Regelungen inhaltlich angepasst worden. **613**

692 Palandt/*Weidenkaff* § 356 Rn. 8.
693 Bülow/Artz § 491a Rn. 42.
694 Buck-Heeb/Lang in ZBB 5/2016, S. 321.
695 NJW 2014, 1941.
696 BT-Drs. 18/5922, 96.

614 Da die §§ 505 a ff. BGB europäisches Recht umsetzen, sind diese zwingend und können nicht individualvertraglich oder in AGB abbedungen werden. Ebenso wenig kann der Kunde im Voraus auf sie verzichten..[697]

615 Der Anwendungsbereich erstreckt sich auf Verbraucherdarlehensverträge gemäß § 491 Abs. 1 S. 2 BGB, Finanzierungshilfen sowie unentgeltliche Darlehensverträge und unentgeltliche Finanzierungshilfen gemäß § 506 Abs. 1, §§ 514, 515 BGB. § 505 a Abs. 3 BGB gilt nur für Immobiliar-Verbraucherdarlehensverträge undentsprechende Finanzierungshilfen.[698]

b) Pflicht zur Kreditwürdigkeitsprüfung

616 Die Kreditwürdigkeit ist für den Darlehensgeber Voraussetzung des Vertragsschlusses. Kann sie aufgrund der Prüfung nicht bejaht werden, ist dem Darlehensgeber der Vertragsschluss verboten. Hierbei handelt es sich nicht um ein Verbot im Sinne von § 134 BGB[699] Die zivilrechtliche Verpflichtung zur Prüfung der Kreditwürdigkeit des Darlehensnehmers muss vor Abschluss eines Verbraucherdarlehensvertrages erfolgen. Hinsichtlich der Intensität und des Ergebnisses der Kreditwürdigkeitsprüfung unterscheidet das Gesetz zwischen Allgemein-Verbraucherdarlehen und Immobiliar-Verbraucherdarlehen.

617 Bei Allgemein-Verbraucherdarlehen darf der Darlehensgeber den Verbraucherdarlehensvertrag nur abschließen, wenn die Kreditwürdigkeitsprüfung eine positive Prognose ergibt, dass keine erheblichen Zweifel bestehen, dass der Darlehensnehmer seinen Verpflichtungen aus dem Darlehensvertrag vertragsgemäß nachkommen wird.

618 Bei einem Immobiliar-Verbraucherdarlehen darf der Darlehensgeber den Verbraucherdarlehensvertrag nur abschließen, wenn die Kreditwürdigkeitsprüfung eine positive Prognose ergibt, dass es wahrscheinlich ist, dass der Darlehensnehmer seinen Verpflichtungen aus dem Darlehensvertrag nachkommen wird (§ 505a Abs. 1 S. 2 BGB).

619 Die Pflicht zur Prüfung der Kreditwürdigkeit besteht nicht nur vor Abschluss eines Verbraucherdarlehensvertrages, sondern auch bei einer deutlichen Erhöhung des Nettodarlehensbetrages nach Abschluss des Darlehensvertrages (§ 505a Abs. 2 BGB). Ab wann von einer deutlichen Erhöhung auszugehen ist, kann früheren bankaufsichtsrechtlichen Rundschreiben zurückgegriffen werden. Hier wurde eine Erhöhung um 10 % des Kreditbetrages als Auslöser für eine erneute Bonitätsprüfung angenommen[700] In diesem Fall ist die Kreditwürdigkeit aufgrund aktueller Auskünfte neu zu prüfen. Das gilt nicht, wenn der zusätzliche Betrag bereits Gegenstand der ursprünglichen Prüfung war. Auch eine deutliche Erhöhung des Sollzinssatzes nach dem Ende der Zinsbindung bei einer unechten Abschnittsfinanzierung fällt nicht hierunter..[701]

c) Grundlagen der Kreditwürdigkeitsprüfung

620 Bei Allgemein-Verbraucherdarlehen können als Grundlage gemäß § 505b Abs. 1 BGB Auskünfte des Darlehensnehmers im Rahmen einer Selbstauskunft und erforderlichenfalls Auskünfte von Stellen herangezogen werden, die geschäftsmäßig personenbezogene Daten, die zur Bewertung der Kreditwürdigkeit genutzt werden dürfen, zum Zwecke der Übermittlung erheben, speichern, verändern oder nutzen, wie zB Schufa-Auskünfte.[702]

697 Buck-Heeb/Lang in ZBB 5/2016, S. 3222..
698 Palandt/*Weidenkaff* § 505a Rn. 1..
699 Palandt/*Weidenkaff* § 505a Rn. 2.
700 Münscher in Schimansky/Bunte/Lwowski, BankR-HdB, § 81 Rn. 133; so auch Palandt/*Weidenkaff* § 505a Rn. 3.
701 Palandt/*Weidenkaff* § 505a Rn. 3..
702 Münscher in Schimansky/Bunte/Lwowski, § 81 Rn. 134; so auch Palandt/*Weidenkaff* § 505b Rn. 2..

Bei Immobiliar-Verbraucherdarlehen sind die Grundlagen in § 505 b Abs. 2 BGB detaillierter und mit höheren Anforderungen geregelt. Der Darlehensgeber hat die Kreditwürdigkeit auf der Grundlage notwendiger, ausreichender und angemessener Informationen zu Einkommen, Ausgaben sowie anderen finanziellen und wirtschaftlichen Umständen des Darlehensnehmers »eingehend« zu prüfen. Dabei hat der Darlehensgeber die Faktoren angemessen zu berücksichtigen, die für die Einschätzung relevant sind, ob der Darlehensnehmer seinen Verpflichtungen aus dem Darlehensvertrag voraussichtlich nachkommen kann. Ferner sind Zahlungserhöhungen infolge aufgeschobene Tilgung, ein Anstieg des Sollzinssatzes oder eine negative Wechselkursentwicklung bei Darlehen in zu berücksichtigen[703] Die Gesetzesbegründung verweist ausdrücklich auf zukünftige Ereignisse hin wie ein verringertes Einkommen für den Fall, dass die Kreditlaufzeit in die Zeit des Ruhestands hineinreicht[704]. Der Wert der Immobilie stellt zwar ein wichtiges Element für die Kreditwürdigkeit dar. Die Kreditwürdigkeit darf sich nach § 505 b Abs. 2 S. 3 BGB jedoch nicht hauptsächlich aus dem den Darlehensbetrag übersteigenden Wert oder dem voraussichtlich zunehmenden Wert der Wohnimmobilie stützen, es sei denn der Darlehensvertrag dient zum Bau oder Renovierung der Wohnimmobilie. Primär kommt es auf die Fähigkeit und Bonität des Darlehensnehmers zur Vertragserfüllung an[705]. **621**

Gemäß § 505 b Abs. 3 BGB hat der Darlehensgeber die maßgeblichen Informationen nach § 505 b Abs. 2 BGB für einen Immobiliar-Verbraucherdarlehensvertrag aus einschlägigen internen und externen Quellen zu ermitteln, wozu Auskünfte des Darlehensnehmers gehören. Auskünfte die einem Darlehensvermittler erteilt werden sind gemäß § 505 b Abs. 2 S. 2 BGB zu verwerten. Der Darlehensgeber ist verpflichtet die ihm aus externen oder internen Quellen zur Verfügung gestellten Informationen in angemessener Weise zu überprüfen, § 505 Abs. 3 S. 3 BGB. Gemäß § 505 b Abs. 4 BGB ist der Darlehensgeber bei einem Immobiliar-Verbraucherdarlehensvertrag verpflichtet, die Verfahren und Angaben, auf die sich die Kreditwürdigkeitsprüfung stützt, festzulegen, zu dokumentieren und die Dokumentation aufzubewahren. Die Dokumentation erlangt Bedeutung, sofern ein Streit darüber entsteht, ob die Prüfung ordnungsgemäß war. Bei einer Verletzung der Dokumentationspflicht können Beweiserleichterungen bis hin zur Beweislastumkehr zu Gunsten des Darlehensnehmers ergeben. Bei fehlender lückenloser unschlüssiger Dokumentation müsse der Darlehensgeber nachweisen, die Prüfung ordnungsgemäß durchgeführt zu haben[706] **622**

§ 505 c BGB enthält weitere gesonderte Regelungen im Rahmen der Kreditwürdigkeitsprüfung bei Immobiliar-Verbraucherdarlehensverträgen. Durch diese Vorschrift soll eine einheitliche und zuverlässige Bewertung Standard bei der Bewertung grundpfandrechtlich oder durch Reallast gesicherter Immobiliar-Verbraucherdarlehensverträge sichergestellt werden[707]. **623**

d) Rechtsfolgen bei Verstoß gegen die Kreditwürdigkeitsprüfung

§ 505 d BGBregelt die Rechtsfolgen einer unzureichenden Kreditwürdigkeitsprüfung. Ein Verstoß gegen die Pflicht zur Kreditwürdigkeitsprüfung gemäß § 505 a-c BGB begründet ein Verbot zum Vertragsschluss, § 505 a Absatz 1 S. 2 BGB. Ein Verstoß führt aber nicht zur Nichtigkeit des Darlehensvertrages gemäß § 134 BGB[708] Die Pflicht zur Rückzahlung des Darlehens bleibt in voller Höhe bestehen, grundsätzlich auch die Pflicht zur Zinszahlung. Der Inhalt des vereinbarten Vertrages wird nur im Übrigen durch die Sanktionen gemäß § 505 d Absatz 1 Nr. 1–3, Abs. 2 BGB abgeändert. Die Sanktionen gemäß § 505 d Abs. 1 greifen stets ein. Die Sanktionen gemäß § 505 d Abs. 2 sind gegebenenfalls zusätzlich anwendbar[709]. Daneben besteht kein weitergehender **624**

703 Palandt/*Weidenkaff* § 505b Rn. 3..
704 BT-Drs. 18/5922, S. 99.
705 Palandt/*Weidenkaff* § 505b Rn. 3.
706 Palandt/*Weidenkaff* § § 505b Rn. 5.
707 Palandt/*Weidenkaff* § § 505c Rn. 2.
708 Palandt/*Weidenkaff* § 505 d Rn. 3.
709 Palandt/*Weidenkaff* § 505 d Rn. 3.

Schadensersatzanspruch wegen eines Verstoßes des Darlehensgebers gegen die Pflicht zur ordnungsgemäßen Kreditwürdigkeitsprüfung[710]

625 § 505d Abs. 1 BGB sieht bei Verletzung der Kreditwürdigkeitsprüfung zwei nebeneinander bestehende Sanktionen vor. Wurde ein gebundener Sollzins vereinbart, so ermäßigt sich der Vertragszins auf den marktüblichen Zinssatz am Kapitalmarkt für Anlagen in Hypothekenpfandbriefe und öffentliche Pfandbriefe, deren Laufzeit derjenigen der Sollzinsbindung entspricht; bei einem veränderlichen Zinssatz wird als geschuldeter Zinssatz der EURIBOR herangezogen, zu dem europäische Banken einander Anleihen in Euro mit einer Laufzeit von drei Monaten gewähren (§ 505d Abs. 1 S. 1 Nr. 1 und 2 BGB)..[711]

626 Neben der Zinsermäßigung kann der Darlehensnehmer außerdem den Darlehensvertrag jederzeit fristlos kündigen und das Darlehen ohne Zahlung einer Vorfälligkeitsentschädigung vorzeitig zurückzahlen (§ 505d Abs. 1 S. 3 BGB). § 505d Abs. 1 S. 4 BGB verpflichtet den Darlehensgeber, dem Darlehensnehmer eine Vertragsabschrift zur Verfügung zu stellen, die die Änderungen (Zinssatz und Kündigungsrecht) enthalten. Hat der Darlehensnehmer aufgrund der kraft Gesetzes eintretenden Zinsermäßigung zu hohe Zinsen gezahlt, richtet sich sein Rückerstattungsanspruch nach allgemeinen (bereicherungsrechtlichen) Grundsätzen.[712]

627 Eine Zinsermäßigung bzw. das Kündigungsrecht kommt dann nicht in Betracht, wenn bei einer ordnungsgemäßen Kreditwürdigkeitsprüfung der Darlehensvertrag hätte geschlossen werden dürfen (§ 505d Abs. 1 S. 5 BGB). In einem solchen Fall hat der Verstoß des Darlehensgebers nicht zu einem Nachteil für den Darlehensnehmer geführt. Die Beweislast obliegt insoweit dem Darlehensgeber [713].

628 In Fällen, in denen der Darlehensnehmer Pflichten, die im Zusammenhang mit dem Darlehensvertrag stehen, nicht vertragsgemäß erfüllt, kann der Darlehensgeber keine Ansprüche wegen Pflichtverletzung geltend machen, wenn die Pflichtverletzung auf einem Umstand beruht, der bei ordnungsgemäßer Kreditwürdigkeitsprüfung dazu geführt hätte, dass der Darlehensvertrag nicht geschlossen hätte werden dürfen, § 505 d Abs. 2 BGB. § 505 d Abs. 2 BGB setzt neben dem Verstoß gegen die Pflicht zur Kreditwürdigkeitsprüfung, der ein Risiko für den Darlehensnehmer begründet, voraus, dass sich dieses Risiko verwirklicht und der Darlehensnehmer deshalb das Darlehen nicht vollständig vertragsgemäß bedienen kann. Beruht dies auf einem Umstand, der bei ordnungsgemäßer Kreditwürdigkeitsprüfung an einem Vertragsschluss gehindert hätte, kann der Darlehensgeber keine Ansprüche wegen Pflichtverletzung geltend machen. Hiervon umfasst ist der Anspruch auf Schadensersatz wegen Nichterfüllung oder Verzugs, etwaiger Rechtsverfolgungskosten und der Vorfälligkeitsentschädigung[714]

629 Die vorab dargestellten Sanktionen greifen nicht, wenn der Mangel der Kreditwürdigkeitsprüfung darauf beruht, dass der Darlehensnehmer dem Darlehensgeber vorsätzlich oder grob fahrlässig Informationen unrichtig erteilt oder vorenthalten hat (§ 505d Abs. 3 BGB).

630 § 505 e BGB enthält eine Verordnungsermächtigung, wonach das Bundesministerium der Finanzen und das Bundesministerium der Justiz und für Verbraucherschutz ermächtigt werden, durch gemeinsame Rechtsverordnung ohne Zustimmung des Bundesrates Leitlinien zu den Kriterien und Methoden der Kreditwürdigkeitsprüfung bei Immobiliar-Verbraucherdarlehensverträgen nach den §§ 505. a und 505 b Abs. 2–4 festlegen können. Die vorbezeichneten Ministerien haben einen Referentenentwurf einer Verordnung zur Festlegung von Leitlinien zu den Kriterien und Methoden der Kreditwürdigkeitsprüfung bei Imobiliar-Verbraucherdarlehensverträgen (ImmoKWPLV) vom

710 Buck-Heeb, NJW 2016, 2065.
711 Münscher in Schimansky/Bunte/Lwowski, § 81 Rn. 135,.
712 Münscher in Schimansky/Bunte/Lwowski, § 81 Rn. 135.
713 Münscher in Schimansky/Bunte/Lwowski, § 81 Rn. 135.
714 Palandt/*Weidenkaff* § 505 d Rn. 7 8.

21.07.2017 gefertigt, der den Ländern und Verbänden zur Stellungnahme vorgelegt worden ist[715]. In dem Referentenentwurf sind nähere Einzelheiten zu den Grundlagen der Kreditwürdigkeitsprüfung in § 2, nähere Anforderungen an die Einschätzung der Wahrscheinlichkeit in § 3, berücksichtigende, relevante Faktoren für die Einschätzung der voraussichtlichen Zahlungsunfähigkeit im § 4 sowie weitere Regelungen zu Abschnittsfinanzierung mit einem neuen Darlehensgeber sowie eine nähere Ausgestaltung der deutlichen Erhöhung des Nettodarlehensbetrages enthalten. Auch der Referentenentwurf stellt bei einer deutlichen Erhöhung des Nettodarlehensbetrages auf eine Erhöhung von mindestens 10 % des Nettodarlehensbetrages ab[716].

III. Formerfordernisse

1. Allgemeine Anforderungen

Der wirksame Abschluss eines Verbraucherdarlehensvertrages ist nur möglich, wenn dieser der gesetzlichen Schriftform und den gesetzlich bestimmten Vertragsinhalten entspricht (492 Abs. 1 und 2 BGB). Das Schriftformerfordernis und die zwingende Angabe des Vertragsinhaltes sollen den Verbraucher über die Darlehensbedingungen informieren und ihm zum Schutz vor unüberlegten finanziellen Risiken als sachgerechte Grundlage für seine Entscheidung dienen. Bei eingeräumten und geduldeten Überziehungsmöglichkeiten kann von dem Schriftformerfordernis abgesehen werden (§ 504 Abs. 2 Satz 2 BGB, § 505 Abs. 4 BGB). 631

Bis zum 11.06.2010 war es gem. § 492 Abs. 1 Satz 2 BGB a.F. nicht möglich, dass Verbraucherdarlehensverträge in elektronischer Form geschlossen wurden. Dies war mit der neuen Verbraucherkreditrichtlinie, die bewusst einen Abschluss im Fernabsatz zulässt, nicht vereinbar. Daher kann ein Verbraucherdarlehensvertrag nun in Papierform oder mittels eines anderen dauerhaften Datenträgers und statt durch **Unterschrift** auch durch eine qualifizierte **elektronische Signatur** (§ 126 Abs. 3 BGB, § 126a BGB) vereinbart werden. Die **Textform** des § 126b BGB ist weiterhin ausgeschlossen.[717] Eine Ausnahme enthält § 507 Abs. 1 Satz 2 BGB für Teilzahlungsgeschäfte. 632

Die Wahrung des Schriftformerfordernisses bezieht sich auf den Verbraucherdarlehensvertrag. Damit werden die Willenserklärungen sowohl des Darlehensgebers als auch des Darlehensnehmers von der gesetzlichen Form umfasst. Eine konkludente Annahme des Angebotes des Darlehensnehmers zum Abschluss des Darlehensvertrages z.B. durch Auszahlung der Darlehensvaluta kommt deshalb nicht in Betracht. Allerdings ist ein Verzicht des Darlehensnehmers auf die Annahmeerklärung der Bank im Sinn von § 151 Satz 1 BGB denkbar.[718] Denn der Zugang einer der gesetzlichen Formvorschrift unterliegenden Willenserklärung ist im Gegensatz zur Formvorschrift selbst dispositiv, sodass ohne weiteres zwischen den Parteien Zugangserleichterungen vereinbart werden können.[719] 633

Die Aushändigung einer Abschrift der Vertragserklärungen gem. § 492 Abs. 3 BGB an den Darlehensnehmer ist kein Wirksamkeitserfordernis für den Vertragsabschluss, wohl aber für den Beginn der Widerrufsbelehrung.[720] 634

Mit der Schriftform wird das Informationsmodell des Gesetzgebers verwirklicht, das sich aus dem Zusammenspiel der Bestimmungen in § 492 Abs. 2 i.V.m. Art. 247 § 6 bis 13 EGBGB ergibt. Nur wenn dem Verbraucher alle Bedingungen schriftlich niedergelegt und überlassen werden, kann er einen Vergleich mit anderen Anbietern vornehmen. Auf diese Weise wird dem Darlehensgeber eine Verschleierung seiner Konditionen erschwert. Bei mehreren Darlehensschuldnern muss die Schriftform ggü. jedem einzelnen Darlehensnehmer gewahrt werden. Schuldbeitritte und 635

715 www.bundesfinanzministerium.de/.../2017-08-17-entwurf-immobiliar-kreditwuerdigk.
716 www.bundesfinanzministerium.de/.../2017-08-17-entwurf-immobiliar-kreditwuerdigk.
717 Palandt/*Weidenkaff* § 492 Rn. 2.
718 BGH, WM 2004, 1381; a.A. OLG Rostock, ZIP 2005, 1835.
719 BGH, WM 1995, 1547 (1548).
720 Bülow/Artz § 492 Rn. 47.

Schuldübernahmen, die von Verbrauchern erklärt werden, unterliegen ebenso denselben Formerfordernissen (einschließlich der Pflichtangaben) wie der Verbraucherdarlehensvertrag selbst.[721]

2. Voraussetzungen der Schriftform

636 Mit dem Erfordernis der Schriftform aus § 126 Abs. 2 Satz 1 und 2 BGB ist das abzuleitende Gebot der Urkundeneinheit verbunden, mithin die Unterschriften des Darlehensgebers und des Darlehensnehmers auf ein und derselben Urkunde erforderlich wären, zumindest jede Partei aber die für die andere Seite bestimmte Urkunde zu unterzeichnen hätte. Dies würde in der praktischen Umsetzung zu einem erheblichen Korrespondenzaufwand zwischen den Beteiligten führen. Daher lässt der Gesetzgeber es genügen, wenn der Antrag und die Annahme durch die Vertragsparteien jeweils getrennt schriftlich erklärt werden. Sofern die Erklärung des Darlehensgebers mittels einer automatischen Einrichtung erstellt wird, muss diese nicht unterzeichnet werden (§ 492 Abs. 1 Satz 3 BGB).

637 Ist durch das Gesetz die schriftliche Form vorgeschrieben, dann muss die Original-Urkunde vom Aussteller eigenhändig durch Namensunterschrift unterzeichnet werden. Die Unterschrift muss den gesamten Vertragstext abdecken; eine »Oberschrift« ist nicht zulässig, da diese den Vertragstext nicht abschließt.[722] Wird auf einer bereits unterschriebenen Urkunde ein »Nachsatz« unterhalb der Unterschriften angebracht, muss dieser Nachsatz ebenfalls zwingend unterschrieben werden.[723]

638 Bei einem Telefax wird ebenso wenig ein Original mit eigenhändiger Unterschrift zugänglich gemacht, wie bei einem Computerfax.[724] Gem. § 126 Abs. 3 BGB kann die schriftliche Form allerdings durch die elektronische Form gem. § 126a BGB ersetzt werden.

639 Vorsicht ist geboten bei **Blankounterschriften**. Im Hinblick darauf, dass die Schriftform vor allem der Verwirklichung des Informationsmodells dient, verbietet der Schutzzweck der Norm nicht nur Blankounterschriften des Darlehensnehmers mit einem nachträglichen Ausfüllen durch den Darlehensgeber, sondern jede spätere Vervollständigung des Vertrages, zumindest soweit es sich um Pflichtangaben gem. § 492 Abs. 2 BGB i.V.m. Art. 247 §§ 6 ff. EGBGB handelt. Dagegen dürfte gegen eine Blankounterschrift des Darlehensgebers keine Bedenken bestehen.[725]

640 Die Unterschrift muss **eigenhändig** geleistet werden. Eine Schreibhilfe ist zulässig, sofern sie den Aussteller lediglich unterstützt und der Schriftzug von seinem Willen bestimmt wird.[726] Eine Unterzeichnung durch Stempel, Maschinenschrift, Faksimile oder sonstige mechanische Hilfsmittel wie Fotokopie oder Matrizen sind nicht ausreichend. Eine bloße Paraphe muss gem. § 126 Abs. 1 BGB notariell beglaubigt werden.

641 Eine Unterzeichnung mit Pseudonym oder einem fremden Namen ist ebenso gültig, wie die Angabe des Familiennamens ohne Vornamen, und umgekehrt. Voraussetzung ist, dass der Aussteller zweifelsfrei feststeht und sich die Identität aus der Urkunde selbst ergibt.[727]

642 Sofern der Darlehensvertrag auf elektronischen Weg zustande kommen soll, muss auch der Verbraucher seine Erklärung mit einer qualifizierten elektronischen Signatur versehen (§ 126a Abs. 1 BGB). Wie der Erfahrung zeigt, hat sich diese bisher im Bereich der Verbraucher noch nicht durchgesetzt.

721 PWW/*Nobbe* § 492 Rn. 6.
722 BGH, ZIP 1994, 1860 (1862).
723 BGH, WM 1990, 890.
724 Bülow/Artz § 492 Rn. 28; PWW/*Nobbe* § 492 Rn. 3.
725 PWW/*Nobbe* § 492 Rn. 5; Bülow/Artz § 492 Rn. 22; a.A. Kümpel/*Merz* Rn. 10.177 m.w.H.
726 BGH, NJW 1981, 1900 (1901).
727 Staudinger/*Kessal-Wulf* § 492 Rn. 11.

3. Umfang der Schriftform

Die formbedürftige Erklärung muss ihrem gesamten Umfang nach in einer Urkunde verkörpert sein. Nicht erforderlich ist, dass das Rechtsgeschäft mit seinem vollständigen Abschlusstatbestand (Angebot und Annahme) Teil einer einheitlichen Urkunde ist. Angebot und Annahme können getrennt schriftlich erklärt werden, ohne dass dies auf die Formwirksamkeit des Abschlusstatbestandes Einfluss hätte (§ 492 Abs. 1 Satz 2 BGB). Bei **Rahmenverträgen** ist es ausreichend, wenn das Grundgeschäft die Voraussetzungen der Schriftform erfüllt, die späteren Ausführungsgeschäfte sind nicht nochmals formbedürftig. 643

Bezugnahmen sind unzulässig, wenn sich die für den Vertragsinhalt wesentlichen Angaben ausschließlich aus Umständen außerhalb der Urkunden ergeben.[728] Sofern die Vertragsurkunde daher aus mehreren Blättern besteht, sollte deren Zusammengehörigkeit durch eine körperliche Verbindung erkennbar gemacht werden, z.B. durch Zusammenheften, Zusammenleimen, Verbindung durch Ösen. Unterbleibt eine körperliche Verbindung, genügt es, wenn die Einheit des Vertrages durch eine Paginierung, fortlaufende Paragrafenaufzählung, Paraphierung der einzelnen Blätter, inhaltlichen Zusammenhang des Textes oder vergleichbare Merkmale zweifelsfrei festgestellt werden kann.[729] Nicht ausreichend zur Erfüllung der Schriftformerfordernisse ist es, wenn lediglich eine der Parteien einseitig, ohne Wissen des anderen Beteiligten die Verbindung nachträglich vornimmt.[730] 644

Die Ergänzung des Urkundeninhalts durch andere Schriftstücke ist zulässig, soweit die Haupturkunde auf die ergänzende Urkunde Bezug nimmt und beide Schriftstücke durch körperliche Verbindung zu einer Urkunde zusammengefügt werden. In diesen Fällen ist es ausreichend, wenn die Unterschrift auf der Haupturkunde erfolgt. 645

Im Hinblick auf die Einbeziehung von Allgemeinen Geschäftsverbindungen der Kreditinstitute ist es daher nicht ausreichend, entsprechend den Regelungen in den §§ 305 Abs. 2, 305c Abs. 1 BGB nur auf die Allgemeinen Geschäftsbedingungen hinzuweisen und dem Darlehensnehmer die Möglichkeit zur Kenntnisnahme zu verschaffen. Daher müssen diese dem Vertragstext in einer Art und Weise beigeheftet werden, dass sie auch äußerlich als Teil einer Urkunde erkennbar sind.[731] 646

Bei **mehreren Darlehensnehmern** muss die Schriftform ggü. jedem Einzelnen von ihnen gewahrt werden. Es ist ausreichend, wenn alle Darlehensnehmer auf einem Vertragsformular unterschreiben. Das Schriftformerfordernis gilt auch für die Vereinbarungen eines nachträglichen Schuldbeitritts.[732] Sofern die Beitrittserklärung in einer gesonderten Urkunde erfolgt, ist die Schriftform daher nur gewahrt, wenn der Vertrag, auf den sich der Beitritt bezieht, einschließlich etwaiger Allgemeiner Vertragsbedingungen beigeheftet wird. Dies gilt auch bei einer Schuldübernahme.[733] 647

Der Darlehensgeber ist gem. § 492 Abs. 3 Satz 1 BGB verpflichtet, dem Darlehensnehmer eine **Abschrift des Vertrages** zur Verfügung zu stellen Nach der Vorgabe Verbraucherkreditrichtlinie sollen alle Vertragsparteien eine »Ausfertigung« erhalten. Mit dem Begriff »Ausfertigung« ist nach europäischem Recht aber keine beglaubigte Abschrift, sondern bloß der Vertragsinhalt in wiedergegebener Form gemeint. Eine Abschrift ist unabhängig von ihrer Herstellung jedes Dokument, das den Vertragsinhalt wiedergibt, ohne dass es besonderer förmlicher Zusätze, wie bspw. einer Unterschrift, bedarf. Daher genügt auch ein elektronisches Dokument, wenn der Vertragsabschluss in elektronischer Form zugelassen wird.[734] Die Textform des § 126b BGB ist ausgeschlossen. 648

---

728 BGH, WM 1992, 177 (179).
729 BGH, NJW 2003, 1248 (1249).
730 BGH, NJW 1968, 1229.
731 MüKo-BGB/*Ulmer* § 492 Rn. 29.
732 BGH, WM 1997, 2000 (2001).
733 Staudinger/*Kessal-Wulf* § 492 Rn. 21.
734 BT-Drucks. 16/11643 zu Nr. 22 (§ 492 BGB); S. 80.

649 Eine Ausnahme des Schriftformerfordernisses ist vorgesehen bei »privilegierten« Überziehungskrediten gem. § 504 Abs. 2 Satz 2 BGB. Hier reicht es aus, wenn der Darlehensgeber dem Darlehensnehmer den Vertragsinhalt spätestens unverzüglich nach Vertragsschluss in Textform mitteilt. Auch die nunmehr erforderlichen Vereinbarungen zu geduldeten Überziehungen gem. § 505 Abs. 1 BGB bedürfen nicht der Schriftform, sondern können in Textform geschlossen werden.

4. Änderungsverträge

650 Bei **Vertragsänderungen, Prolongationen, Konditionenanpassungen, Umschuldungen** und ähnlichen Vorgängen, die einer Neuvereinbarung gleich kommen, ist nicht nur die Schriftform zu beachten, sondern es sind auch die dann aktualisierten Pflichtangaben in die von Darlehensnehmer zu unterzeichnende Vertragsurkunde aufzunehmen. Daher ist – z.B. bei geänderten Konditionen – die Klärung, ob es sich um einen Neuvertrag handelt oder lediglich um einen Fortführungsvertrag, von Bedeutung. Das entscheidende Abgrenzungskriterium ist hierbei für den BGH, ob dem Darlehensnehmer ein neues Kapitalnutzungsrecht eingeräumt worden ist, das im Ursprungsvertrag weder geregelt noch angelegt gewesen ist.[735]

651 Auch bei schlichten Vertragsänderungen gilt weiterhin das Erfordernis der Schriftlichkeit für die ergänzenden Vereinbarungen, da Verbraucherdarlehensverträge nicht mündlich abgeändert werden können. Indes ist der Grundsatz der Urkundeneinheit mit weniger Strenge zu handhaben, sodass eine Verbindung der alten mit der neuen Urkunde nicht erforderlich ist, sofern die neue Urkunde alle wesentlichen Vertragsbestandteile erhält.[736]

5. Erklärungen nach Vertragsschluss

652 **Erklärungen** des Darlehensgebers, die nach Abschluss des Darlehensvertrages dessen Inhalt und Abwicklung betreffen, bedürfen gem. § 492 Abs. 5 BGB der **Textform** (§ 126b BGB). Der Begriff der »Erklärung« ist weit auszulegen, sodass sämtliche Mitteilungen, die rechtsgeschäftlich relevant sind, erfasst werden. Hierunter fallen bspw. die Unterrichtungen gem. § 493 BGB oder die Kündigungserklärungen gem. § 499 Abs. 2 BGB.[737]

6. Vollmachten

653 Grds. ist die Erteilung einer **Vollmacht** gem. § 167 Abs. 2 BGB formfrei. Die Telefaxkopie einer Originalvollmacht ist hingegen keine Vollmachtsurkunde im Sinne des § 174 Satz 1 BGB[738]. Mit Einführung des § 492 Abs. 4 BGB hat der Gesetzgeber demgegenüber jedoch entschieden, dass das Erfordernis der Schriftform auch auf die Erteilung der Vollmacht zu beziehen ist. Anderenfalls könnte die Warn- und Informationsfunktion der Schriftform nur den Vertreter, nicht aber den Vertretenen als den Verbraucher erreichen. Durch die verbraucherrechtliche Sonderregelung wird sichergestellt, dass die erforderliche Information auch den Verbraucher selbst erreicht. Ausgenommen hiervon sind Prozessvollmachten oder notariell beurkundete Vollmachten (§ 492 Abs. 4 Satz 2 BGB) Sofern die Vollmacht vor dem 01.01.2002 erteilt worden ist, richtet sie sich nach altem Recht, wobei es egal ist, wann von ihr Gebrauch gemacht wird.[739]

654 Die formwidrige Vollmacht ist gem. § 494 Abs. 1 BGB nichtig, sodass der Bevollmächtigte als Vertreter ohne Vertretungsmacht handelt. Die Wirksamkeit des vom Vertreter ohne Vertretungsmacht unterzeichneten Darlehensvertrages hängt davon ab, ob der Vertretene den Vertrag in

735 BGH, WM 1997, 2353 (2354).
736 BGHZ 42, 333 (338); BGH, WM 2006, 217 Rn. 25.
737 Palandt/*Weidenkaff* § 492 Rn. 8; Bülow/Artz § 492 Rn. 154.
738 BGH, Urteil vom 10. Oktober 2017 – XI ZR 457/16 –, juris.
739 PWW/*Nobbe* § 492 Rn. 8.

formwirksamer Weise nachträglich genehmigt, z.B. durch nochmalige Unterzeichnung des Darlehensvertrages, oder ob der Verbraucher das Darlehen empfängt bzw. in Anspruch nimmt.[740]

7. Rechtsfolgen

Verstöße gegen das Schriftformerfordernis der §§ 126, 126a BGB, ebenso wie die fehlenden Angaben nach Art. 247 §§ 6 und 9 bis 13 EGBGB, führen gem. § 494 Abs. 1 BGB grds. zur Nichtigkeit des Darlehensvertrages, die aber unter der Voraussetzung des Abs. 2 Satz 1 BGB geheilt werden können. 655

§ 494 Abs. 2 regelt, dass der Verbraucherdarlehensvertrag gültig wird, soweit der Darlehensnehmer das Darlehen empfängt oder in Anspruch nimmt. Das Darlehen erlangt volle Gültigkeit mit dem vereinbarten Inhalt, allerdings behaftet mit den Sanktionen des Abs. 2 Satz 2 sowie Abs. 3 bis 6. Dies gilt auch, wenn die Erklärung des Darlehensnehmers vollständig unwirksam ist, weil sie z.B. nicht in einer einheitlichen Urkunde, nur mündlich oder ohne Unterschrift erteilt worden ist. Hat der Darlehensnehmer seine Erklärungen vollständig und wirksam abgegeben, die Erklärungen des Darlehensgebers sind jedoch formungültig oder dem Darlehensnehmer nicht zugegangen, so greifen die Sanktionen nicht ein.[741] 656

Beim Schuldbeitritt fehlt es an der Auszahlungsvoraussetzung mit der Folge, dass der Vertrag hierdurch nicht geheilt wird.[742] 657

IV. Pflichtangaben

1. Pflichtangaben gem. § 492 Abs. 2 BGB i.V.m. Art. 247 §§ 6 bis 13 EGBGB

Die Bestimmungen des § 492 Abs. 2 BGB i.V.m. Art. 247 §§ 6 bis 13 EGBGB nennen die Pflichtangaben, die in einem Verbraucherdarlehensvertrag aufgeführt sein müssen, um den Informationsbedürfnissen des Verbrauchers zu genügen und der Transparenz- und Warnfunktion, die der Gesetzgeber mit den Formvorschriften verbindet, Rechnung zu tragen. Diese beinhalten die schriftliche Anweisung der gesetzlich vorgegebenen Angaben in einer ganz bestimmten Qualität, um einen möglichst hohen Grad an Überschaubarkeit und Verständlichkeit zu erreichen. Entsprechend dem mit den Pflichtangaben verfolgten Zweck, dem Darlehensnehmer die ihm im Lauf der Zeit insgesamt zukommenden Belastungen deutlich zu machen und ihm innerhalb der Widerrufsfrist einen sachgerechten Preisvergleich zu ermöglichen, sind an Klarheit und Übersichtlichkeit des Erklärungsinhaltes sowie an die Genauigkeit hohe Anforderungen zu stellen. Die erforderlichen Angaben müssen in der Urkunde zusammenhängend und deutlich sichtbar enthalten und auch für einen geschäftsunerfahrenen Darlehensnehmer verständlich formuliert sein.[743] 658

Das Fehlen von Pflichtangaben wird i.R.d. § 494 Abs. 3 bis 6 BGB sanktioniert.[744] Unrichtige Angaben bleiben nach dem Gesetz i.d.R. ungeahndet und ziehen nur im Einzelfall spezielle verbraucherrechtliche Sanktionen nach sich (z.B. § 494 Abs. 3 BGB bei der zu geringen Angabe eines effektiven Jahreszinses).[745] 659

Art 247 EGBGB regelt die einzelnen grundsätzlich erforderlichen Pflichtangaben in § 6, die zusätzlichen Angaben bei bestimmten Verträgen in §§ 7, 8, die teilweisen Ausnahmen bei eingeräumten Überziehungsmöglichkeiten gemäß § 504 Abs. 2 BGB, Umschuldungen, § 495 Abs. 2 Nr. 1 BGB und Finanzierungshilfen gemäß § 506 Abs. 1 BGB in §§ 10–12 sowie die zusätzlichen Angaben 660

740 Bülow/Artz § 492 Rn. 63.
741 Palandt/*Weidenkaff* § 494 Rn. 5; BGH, WM 2006, 217 Rn. 25.
742 Palandt/*Weidenkaff* § 494 Rn. 3.
743 MüKo-BGB/*Ulmer* § 492 Rn. 37.
744 PWW/*Nobbe* § 494 Rn. 16.
745 Bülow/Artz § 494 Rn. 45.

bei Beteiligung eines Darlehensvermittlers in § 13. Eine weitere Ausnahme enthält § 507 Abs. 3 S. 1 BGB. Aufgenommen werden müssen die in diesen Vorschriften ausdrücklich für den Vertrag vorgeschriebenen Angaben. Nicht angegeben werden muss der Zweck des Darlehensvertrages. Für ihn gilt der Formzwang nicht. Fehlen Pflichtangaben im Darlehensvertrag kann ein Anspruch des Darlehensnehmers gemäß § 280 BGB bestehen, auch wenn die Angaben gemäß § 492 Abs. 6 BGB nachgeholt werden[746]

661 Nachfolgend werden lediglich die einzelnen Pflichtangaben eines Allgemein-Verbraucherdarlehensvertrages dargestellt. Die bis zum 20.03.2016 geltenden Mitteilungspflichten bei Immobiliar-Verbraucherdarlehensverträgen gemäß § 503 BGB a.F. i.V.m. Art. 247 § 9 EGBGB sind in Umsetzung der Wohnimmobilienkreditrichtlinie aufgehoben worden. Die einzelnen Mitteilungspflichten bei Immobiliardarlehensverträgen sind nunmehr im Zusammenhang mit den einzelnen Sachregelungen normiert worden. Diese werden in Kapitel 4 E. gesondert dargestellt.

2. Pflichtangaben gem. Art. 247 § 6 Abs. 1 EGBGB

a) Art. 247 § 6 Abs. 1 Nr. 1 i.V.m. § 3 Abs. 1 Nr. 1–14, Abs. 4 EGBGB

662 Nr. 1 beinhaltet die i.R.d. vorvertraglichen Informationen aufgeführten Pflichtangaben entsprechend § 3 Abs. 1 Nr. 1–14 sowie Abs. 4.[747]

663 Hierunter fallen

(1) Name und postalische Anschrift des Darlehensgebers,
(2) die Art des Darlehens, z.B. ob es sich um etwa befristetes, endfälliges Darlehen handelt,
(3) den effektiven Jahreszins, der anhand eines repräsentativen Beispiels zu erläutern ist,
(4) den Nettodarlehensbetrag,
(5) den Sollzinssatz – einschließlich der Zinsanpassungsbedingungen gem. Abs. 4,
(6) die Vertragslaufzeit,
(7) den Betrag, die Anzahl und die Fälligkeit von Teilzahlungen,
(8) den Gesamtbetrag, bestehend aus Nettodarlehensbetrag und Gesamtkosten, zu erläutern anhand eines repräsentativen Beispiels,
(9) die Auszahlungsbedingungen,
(10) die sonstigen Kosten wie etwa Vermittlungskosten, Bearbeitungsgebühren oder Kosten einer Restschuld- oder Risikolebensversicherung,
(11) den Verzugszinssatz, die Art und Weise seiner Anpassung sowie ggf. anfallende Verzugskosten,
(12) Warnhinweise zu den Folgen Ausbleiben der Zahlungen,
(13) Hinweis auf das Bestehen oder Nichtbestehens eines Widerrufsrechts,
(14) Hinweis auf das Recht des Darlehensnehmers zur vorzeitigen Darlehensrückzahlung.

b) Nr. 2 – Name und Anschrift des Darlehensnehmers

664 Neben dem Namen ist eine zustellfähige Postanschrift des Darlehensnehmers anzugeben; die Angabe einer Internetanschrift ist nicht ausreichend.

c) Nr. 3 – Die für den Darlehensgeber zuständige Aufsichtsbehörde

665 Für Kreditinstitute i.S.d. Kreditwesengesetzes ist gem. § 6 KWG die Bundesanstalt für Finanzdienstleistung (BaFin) zuständige Aufsichtsbehörde.

746 Palandt/*Weidenkaff* § 494 Rn. 3.

747 Wg. weiterer Einzelheiten wird auf die Ausführungen zur vorvertraglichen Information Pos D. II. 1. verwiesen.

d) Nr. 4 – Hinweis auf den Anspruch des Darlehensnehmers auf einen Tilgungsplan nach § 492 Abs. 3 Satz 2 BGB

Nach dieser Regelung hat der Darlehensnehmer bei einem zeitlich befristeten Verbraucherdarlehen einen jederzeitigen Anspruch auf einen Tilgungsplan. Auf diesen Anspruch ist der Darlehensnehmer im Darlehensvertrag hinzuweisen. **666**

e) Nr. 5 – Einzuhaltendes Verfahren bei der Kündigung des Vertrages

Das neue Verbraucherkreditrecht hat die Rechte zur Kündigung des Vertrags durch den Darlehensgeber und den Darlehensnehmer in den §§ 499 und 500 BGB geregelt. Daneben besteht die allgemeine Regelung des § 314 BGB. Dem Darlehensnehmer ist daher zu erläutern, unter welchen Bedingungen und nach welchem Verfahren das Vertragsverhältnis durch ihn bzw. den Darlehensgeber gekündigt werden kann. Mit der Bekanntgabe der Kündigungsmöglichkeiten sollen dem Verbraucher die ordentlichen und außerordentlichen Kündigungsrechte nebst deren Voraussetzungen verdeutlicht werden. Im Ergebnis läuft dies auf die Wiedergabe der einschlägigen gesetzlichen Kündigungsregelungen hinaus, bei einem befristeten Darlehensvertrag auch auf die Regelungen gem. § 314 BGB, was jedoch gerade im Zusammenhang mit den Fällen, in denen sich Verbraucher im Rahmen der sog. »Dieselabgasaffäre« von Verbraucherdarlehen und damit verbundenen Kfz-Kaufverträgen lösen wollen, im Schrifttum und in der Rechtsprechung höchst kontrovers diskutiert wird.[748] Zu dem Kündigungsverfahren gehört auch der Hinweis, dass eine Kündigung erst mit Zugang bei der anderen Vertragspartei wirksam wird. Zudem dürfte darauf hinzuweisen sein, dass die Kündigung durch den Darlehensnehmer keiner Form bedarf, die Kündigung des Darlehensgebers dagegen in Textform (§ 126b BGB) erfolgen muss.[749] **667**

f) Nr. 6 – Sämtliche weitere Vertragsbedingungen

Nach dem eindeutigen Wortlaut dieser Regelung trifft den Darlehensgeber die Pflicht, sämtliche Vereinbarungen, die in den Vertrag einbezogen werden sollen, in den Vertragstext aufzunehmen. Eine Unterscheidung zwischen wesentlichen und unwesentlichen Vertragsbedingungen ist seit dem 11.06.2010 nicht (mehr) möglich. Unter Vertragsbedingungen sind alle vertraglichen Abreden zu verstehen, die Bedingung des Darlehensvertrages geworden sind.[750] Bedingungen, die zwar anlässlich des Abschlusses des Darlehensvertrages vereinbart werden, aber mit dem Darlehensvertrag nicht in einem unmittelbaren Zusammenhang stehen, fallen nicht hierunter. Möchte der Darlehensgeber seine **Allgemeinen Geschäftsbedingungen** in den Vertrag einbeziehen, muss er diese dem Vertragstext hinzufügen.[751] **668**

Der nach Umsetzung der Wohnimmobilienkreditrichtlinie neu eingefügte Art. 247 § 6 Abs. 1 S. 2 EGBGB enthält nunmehr Regelungen zu abweichenden Mitteilungspflichten bei Immobiliar-Verbraucher Darlehensverträgen. **669**

3. Widerrufsbelehrung gem. Art. 247 § 6 Abs. 2 EGBGB

Art. 247 § 6 Abs. 2 EGBGB ergänzt die Widerrufsregelungen des § 495 BGB sowohl für Allgemein-Verbraucherdarlehensverträge als auch für Immobiliar-Verbraucherdarlehensverträge. **670**

Im Gegensatz zu den vorvertraglichen Informationen, die lediglich eine Angabe zum Bestehen oder Nichtbestehen eines Widerrufsrechts beinhalten, sind die Angaben im Darlehensvertrag umfangreicher zu gestalten. Es sind insb. Angaben zur Widerrufsfrist zu machen wie z.B. Beginn, Dauer und **671**

---

748 Palandt/*Weidenkaff* Art. 247 EGBGB § 6 Rn. 3; vgl. hierzu den Aufsatz von *Herresthal* in ZIP 2018, Heft 16, S. 753 ff.

749 Kümpel/*Merz* Rn. 10.203.

750 Palandt/*Weidenkaff* Art. 247 § 6 Rn. 3.

751 Bülow/Artz § 492 Rn. 38; Palandt/*Weidenkaff* Art. 247 EGBGB § 6 Rn. 3; a.A. Kümpel/*Merz* Rn. 10.204.

Wahrung der Widerrufsfrist und zu den weiteren Erfordernissen der Erklärung wie z.B. Empfänger des Widerrufs mit Name und Anschrift, Form und Entbehrlichkeit einer Begründung. Ferner ist der Hinweis erforderlich, dass der Widerruf zur Rückabwicklung des Darlehens führt und der Darlehensnehmer für die Kapitalnutzung Zinsen zahlen muss. Der Zinsbetrag ist pro Tag anzugeben.

672 Mit dem »Gesetz zur Einführung einer **Musterwiderrufsinformation** für Verbraucherdarlehensverträge, zur Änderung der Vorschriften über das Widerrufsrecht bei Verbraucherdarlehensverträgen und zur Änderung des Darlehensvermittlungsrechts« vom 24.07.2010, Inkraft seit dem 30.07.2010[752] hat der Gesetzgeber zu Art. 247 EGBGB als Anlage 6, seit dem 13.06.2014 Anlage 7[753], ein Muster für die Informationen über das Widerrufsrecht bei Verbraucherkreditverträgen, eingeführt, das bei richtiger Anwendung eine Gesetzlichkeitsfiktion entfaltet (Art. 247 § 6 Abs. 2 Satz 3 EGBGB. Zugleich trat § 14 BGB-InfoV nebst der Anl. 2 hierzu außer Kraft. Das durch die VerbrKrRL vorgegebene Gesetz verlangt für die Widerrufsinformation keine Hervorhebung, sondern lediglich, dass sie klar und verständlich sind Nur wer das durch die VerbrKrRL nicht vorgegebene Muster gemäß Anl. 7 verwendet, muss zur Erlangung der Gesetzlichkeitsfiktion die Widerrufsinformation »in hervorgehobener und deutlich gestalteter Form« verwenden (Art. 247 § 6 Abs. 2 Satz 3 EGBGB). Dem steht auch nicht die Verwendung von Ankreuzoptionen entgegen[754].

673 Für die Zeit vom 11.06.2010 bis 29.07.2010 ist zu berücksichtigen, dass zwar § 14 BGB-InfoV nebst der Anl. 2 hierzu außer Kraft trat, ohne dass hingegen sogleich eine Folgevorschrift geschaffen wurde. Für die Zeit vom 11.06.2010 bis 29.07.2010 gab es keine rechtliche Grundlage für eine Richtigkeitsvermutung bei Verwendung eines Musters ein verbindliches Muster hat der Gesetzgeber erst mit Wirkung ab dem 30.07.2010 geschaffen[755].

674 Art. 247 § 6 Abs. 2 S. 3 EGBGB differenziert nunmehr zwischen Allgemein-Verbraucherdarlehensverträgen und dem Hinweis der Verwendung des Musters in Anl. 7 sowie Immobiliar-Verbraucherdarlehensverträgen und dem Hinweis auf das Muster in Anl. 8. Nimmt der Darlehensgeber das Muster der Anl. 7 bei Allgemein-Verbraucherdarlehensverträgen bzw. der Anl. 8 bei Immobiliar-Verbraucherdarlehensverträgen unter richtiger Verwendung der Gestaltungshinweise in den Darlehensverträgen auf, genügen die Angaben den gesetzlichen Anforderungen.

4. Gesamtbetrag und effektiver Jahreszins gem. Art. 247 § 6 Abs. 3 EGBGB

675 Durch die Angabe des Betrages, den der Darlehensnehmer tatsächlich als Nettodarlehen erhält und des Gesamtbetrags aller zu erbringenden Leistungen soll dem Verbraucher verdeutlicht werden, was er tatsächlich zahlen muss. Der effektive Jahreszinses errechnet sich auf der Basis von § 6 PAngV.[756] Beide Angaben sind unter Berücksichtigung der bekannten Annahmen für die Berechnung in den Darlehensvertrag mit aufzunehmen. Hierbei ist die Kenntnis des Darlehensgebers objektiv zu beurteilen und richtet sich nach den Anforderungen seiner beruflichen Sorgfaltspflichten.[757]

5. Weitere Angaben im Vertrag gem. Art. 247 § 7 EGBGB

676 Art. 247 § 7 Abs. 1 EGBGB nennt weitere Zusatzangaben für Allgemein-Verbraucherdarlehensverträge, der mit Umsetzung der Wohnimmobilienrichtlinie neu eingefügte Art. 247 § 7 Abs. 2 EGBGB nennt weitere Zusatzangaben für Immobiliar -Verbraucherdarlehensverträge die ebenfalls in klarer und verständlicher Weise im Darlehensvertrag enthalten sein müssen, sofern sie für diesen von Bedeutung sind. Es handelt sich hierbei bei Art. 247 § 7 Abs. 1 EGBGB um

752 BGBl. I 2010, S. 977.

753 VerbrRRL-UG, BGBl. I 2013, S. 3642 – 3670.

754 BGH, Urteile vom 23.02.2016, XI ZR 549/14 und XI ZR 101/15, juris; inWM 2016, 706.

755 BGBl. I 2010, S. 977.

756 Vgl. auch die Ausführungen zum Gesamtbetrag und effektiven Jahreszins i.R.d. vorvertraglichen Informationen Pos D II 1 aa).

757 Palandt/*Weidenkaff* Art. 247 EGBGB § 6 Rn. 7.

1. den Hinweis, dass der Darlehensnehmer die **Notarkosten** zu tragen hat:
   – Erforderlich ist nur die Angabe der Kostenpflicht, nicht aber die Höhe der Notarkosten. Die Angabe von gesetzlich vorgegebenen Notargebühren könnte zwar verlangt werden. Sie wäre aber für den Darlehensnehmer nur begrenzt nützlich, da zu den Gebühren noch weitere, im Voraus nicht feststehende Kosten wie etwa Auslagen und Pauschalbeträge hinzukämen.[758]
2. den Hinweis auf die vom Darlehensgeber verlangten **Sicherheiten und Versicherungen**:
   – entgegen den allgemein gehaltenen Angaben i.R.d. vorvertraglichen Informationen ist es in der Vertragsurkunde selbst erforderlich, die hinreichend konkretisierte schuldrechtliche Verpflichtung aufzunehmen, bestimmte Sicherheiten (noch) zu bestellen bzw. Versicherungen (noch) abzuschließen. Der dingliche Bestellungsakt sowie die eigentliche Sicherungsabrede brauchen im Darlehensvertrag jedoch nicht enthalten zu sein.[759]
   – Sind bei Abschluss des Verbraucherdarlehensvertrag aus einer bestehenden Geschäftsverbindung bereits Sicherheiten vorhanden, für die eine Sicherungsabrede besteht, so ist es nicht erforderlich, im Verbraucherdarlehensvertrag eine erneute schuldrechtliche Verpflichtung zur Bestellung dieser Sicherheit zu begründen. In diesem Fall ist es ausreichend, anzugeben, dass die Sicherheit auch für die Verbindlichkeiten aus dem Verbraucherdarlehensvertrag fortbesteht.[760]
   – Die schlichte Einbeziehung des **AGB-Pfandrechts** der Kreditinstitute (Nr. 14 AGB-Banken, Nr. 21 AGB-Sparkassen) in den Darlehensvertrag genügt demgegenüber den Anforderungen an Art. 247 § 7 Nr. 2 EGBGB nicht, da es an einer konkretisierenden Bezeichnung der Pfandgegenstände scheitert. Wegen der fehlenden Angaben im Darlehensvertrag kann der Darlehensgeber daher gem. § 494 Abs. 6 Satz 2 die Bestellung der Sicherheiten nicht fordern. Über das AGB-Pfandrecht können diese Gegenstände daher für andere Forderungen des Darlehensgebers haften, nicht jedoch für Forderungen des Darlehensgebers aus dem Verbraucherdarlehensvertrag, sofern der Nettodarlehensbetrag 75.000 € nicht übersteigt.
   – Gleiches gilt für den **Nachbesicherungsanspruch** der Kreditinstitute (Nr. 13 AGB-Banken, Nr. 22 AGB-Sparkassen). Die Nachbesicherungsanspruch kann ebenfalls nur dann wirksam in den Darlehensvertrag einbezogen werden, wenn die später zu bestellten Sicherheiten im Darlehensvertrag bereits einzelnen benannt werden.
   – Erfüllt der Darlehensgeber die Angabeverpflichtung nicht, hat er keinen Anspruch auf die Bestellung der Sicherheit. Die Sicherungsabrede ist allerdings gem. § 494 Abs. 6 Satz 2 BGB dennoch verbindlich, wenn der Nettodarlehensbetrag 75.000 € übersteigt. Daher enthalten die Allgemeinen Geschäftsbedingungen der Kreditinstitute (Nr. 13 Abs. 2 AGB-Banken, Nr. 21 Abs. 1 AGB-Sparkassen) die Regelung, dass bei Verbraucherdarlehensverträgen ein Anspruch auf die Bestellung oder Verstärkung von Sicherheiten nur besteht, soweit die Sicherheiten im Kreditvertrag angegeben sind. Wenn der Nettokreditbetrag 75.000 € übersteigt, besteht der Anspruch auf Bestellung oder Verstärkung auch dann, wenn der Kreditvertrag keine oder keine abschließenden Angaben über Sicherheiten enthält.
3. die Berechnungsmethode des Anspruchs auf **Vorfälligkeitsentschädigung**:
   – grds. kann der Darlehensgeber i.R.d. Vorfälligkeitsentschädigung nur einen Ausgleich der Nachteile verlangen, der durch die vorzeitige Rückzahlung des Darlehens entstehen. Der Darlehensgeber ist daher so zu stellen, wie wenn das Darlehen für den ursprünglich vereinbarten Festzinsbindungszeitraum vereinbarungsgemäß fortgeführt worden wäre. Die Vorfälligkeitsentschädigung kann alternativ nach verschiedenen Methoden berechnet werden. Es handelt sich um die sog. Aktiv-Passiv-Vergleichsmethode[761] oder um die sog. Aktiv-Aktiv-Berechnungsmethode aufgrund einer hypothetischen Darlehensneuausrichtung.[762]

758 BT-Drucks. 11/11643 zu Art. 247, zu § 4, S. 126.
759 Bülow/Artz § 492 Rn. 140; PWW/*Nobbe* § 492 Rn. 10.
760 BT-Drucks. 11/5462 zu Art. 1, zu § 3, S. 20.
761 Schimansky/Bunte/Lwowski/*Bruchner/Krepold* Bankrechts-Handbuch § 79 Rn. 83.
762 Schimansky/Bunte/Lwowski/*Bruchner/Krepold* Bankrechts-Handbuch § 79 Rn. 95.

Nach der ständigen Rechtsprechung des BGH[763] kann der Darlehensgeber die Methode der Berechnung der Vorfälligkeitsentschädigung selbst wählen. Daher ist die Festlegung auf eine bestimmte Berechnungsmethode und deren detaillierte Darstellung im Vertrag nicht erforderlich, um die gesetzlichen Anforderungen zu erfüllen. Es reicht daher der Hinweis, dass die Berechnungen nach den vom BGH vorgeschriebenen finanzmathematischen Rahmenbedingungen erfolgen und insb. ein zwischenzeitlich gesunkenes Zinsniveau, die für den Kredit ursprünglich vereinbarten Zahlungsströme, der dem Institut entgehende Gewinn sowie die infolge der vorzeitigen Rückzahlung ersparten Risiko- und Verwaltungskosten berücksichtigt werden. Auch dies wird derzeit im Zusammenhang mit den Fällen, in denen sich Verbraucher im Rahmen der sog. »Dieselabgasaffäre« von Verbraucherdarlehen damit verbundenen Kraft-Kaufverträgen lösen wollen, im Schrifttum und in der Rechtsprechung höchst kontrovers diskutiert; vgl. hierzu den Aufsatz von *Herresthal* in ZIP 2018, Heft 16, S. 753 ff. Der Hinweis auf die Höchstgrenzen des § 502 Abs. 1 BGB ist sinnvoll. Soweit das Kreditinstitut darüber hinaus ein Bearbeitungsentgelt in Rechnung stellen will, ist dies gesondert anzugeben.

4. den Zugang des Darlehensnehmers zu einem **außergerichtlichen Beschwerde- und Rechtsbehelfsverfahren** nebst Zugangsvoraussetzung:
   – bei Streitigkeiten aus der Anwendung der §§ 491 bis 509 BGB können die Beteiligten unbeschadet ihres Rechts, die Gerichte anzurufen, nach § 14 Abs. 1 Nr. 2 UKlaG die zuständige Schlichtungsstelle einschalten. Für die vorgenannten Streitigkeiten wurde die Zuständigkeit auf die jeweiligen Verbände der Kreditinstitute übertragen (§ 14 Nr. 3 UKlaG).[764]

6. Verträge mit Zusatzleistungen gem. Art. 247 § 8 EGBGB.

677 Unter den Oberbegriff »**Zusatzleistungen**« fallen insb. Versicherungsverträge, die im Zusammenhang mit dem Darlehensvertrag abgeschlossen werden, etwa Restschuldversicherungen oder auch die sog. »Spar-/Kreditkombinationen«, bei denen der Darlehensnehmer Teilzahlungen entrichtet, die nicht der Rückführung des Darlehens dienen, sondern einen separaten Kapitalstock bilden, mit dem das Darlehen zurückgeführt werden soll. Ebenso zählen zu den Zusatzleistungen Girokontoverträge, die zwingend im Zusammenhang mit dem Darlehensvertrag abzuschließen sind. Die Regelung des § 8 gilt für alle Zusatzleistungen, die nach dem Willen der Vertragsparteien vereinbart werden sollen, damit der Darlehensvertrag zustande kommt.[765]

678 Ein **Verlangen** im Sinn dieser Vorschrift ist gegeben, wenn das konkret angebotene Darlehen überhaupt oder nur zu den vorgesehenen Darlehenskonditionen gewährt wird, falls der Darlehensnehmer weitere Leistung des Darlehensgebers in Anspruch nimmt oder gleichzeitig einen weiteren Vertrag abschließt. Daher liegt »kein Verlangen« vor, wenn der Darlehensnehmer die gleichen Darlehenskonditionen auch dann erhält, wenn er die angebotene Zusatzleistung nicht abschließt.[766]

679 Werden im Zusammenhang mit einem Verbraucherdarlehensvertrag Kontoführungsgebühren erhoben, so sind diese sowie die Bedingungen, unter denen die Gebühren angepasst werden können, im Vertrag anzugeben, Art. 247 § 8 Abs. 2 EGBGB.

680 Art. 247 § 8 Abs. 1–3 EGBGB ist auf allgemein-Verbraucherdarlehensverträgen und gemäß Art. 247 § 12 EGBGB auf entsprechende entgeltliche Finanzierungshilfe anwendbar. Art. 247 § 8 Abs. 2 und 3 EGBGB ist auch auf Immobiliar-Verbraucherdarlehensverträge und gemäß Art. 247 § 12 EGBGB auf entgeltliche Finanzierungshilfen im Sinne von § 506 Abs. 1 S. 2 BGB anwendbar.[767].7.. Rechtsfolgen bei Verstößen gegen die Pflichtangaben gem. § 494 BGB

763 BGH, WM 2005, 322 (324).
764 Kümpel/*Merz* Rn. 10.207.
765 BT-Drucks. 16/11643 zu Art. 247, zu § 8, S. 128.
766 Kümpel/*Merz* Rn. 10.208.
767 Palandt/*Weidenkaff* Art. 247 EGBGB § 8 Rn. 1.

a) Abs. 1 – Nichtigkeit bei fehlenden Pflichtangaben

Gem. § 494 Abs. 1 BGB sind der Verbraucherdarlehensvertrag und die auf Abschluss eines solchen Vertrages vom Verbraucher erteilte Vollmacht nichtig, wenn die Schriftform oder die – in § 494 Abs. 1 BGB nicht ausdrücklich angesprochene – elektronische Form insgesamt nicht eingehalten sind oder wenn eine der in Art. 247 §§ 6 und 10bis 13 EGBGB von dem Verbraucherdarlehensvertrag vorgeschriebenen Angaben fehlt. **681**

Hieraus ergibt sich, dass das Fehlen der in Art. 247 §§ 7, 8 und EGBGB normierten Angaben nicht die Nichtigkeit des Vertrages nach sich zieht. Dies wird damit begründet, dass diese Regelungen insb. Pflichtangaben vorsehen, die die Ansprüche des Darlehensgebers betreffen (z.B. Sicherheiten, Vorfälligkeitsentschädigungen und sonstige Zusatzleistungen). Würden Verstöße auch hier zur Nichtigkeit des Vertrages führen, so wäre dies für den Verbraucher nachteilig. Es reicht daher aus, wenn der Darlehensgeber diese Ansprüche ggf. nicht geltend machen kann. Die Anordnung der Nichtigkeit bei fehlender und nicht ordnungsgemäßer Angabe der Notarkosten oder des Zugangs zu einem außergerichtlichen Streitschlichtungsverfahren (Art. 247 § 7 Nr. 1 und 4 EGBGB) sei in diesem Fall unverhältnismäßig.[768] **682**

b) Abs. 2 – Heilung nach Darlehensauszahlung

Entsprechend der bis zum 10.06.2010 geltenden Rechtslage regelte § 494 Abs. 2 BGB, dass der Verbraucherdarlehensvertrag ungeachtet eines Mangels nach Abs. 1 gültig wird, soweit der Darlehensnehmer das Darlehen empfängt oder in Anspruch nimmt. Das Darlehen erlangt volle Gültigkeit mit dem vereinbarten Inhalt, allerdings behaftet mit den Sanktionen des § 494 Abs. 2 Satz 2 sowie Abs. 3 bis Abs. 6. BGB. **683**

Der im Vertrag zugrunde gelegte Sollzinssatz ermäßigt sich auf den gesetzlichen Zinssatz, wenn die Angabe des Sollzinssatzes, dass effektiven Jahreszinses oder des Gesamtbetrages fehlt. **684**

Zu berücksichtigen ist bei einem Schuldbeitritt, dass i.d.R. eine Auszahlung der Darlehensvaluta oder deren Inanspruchnahme an bzw. durch den Darlehensnehmer, nicht jedoch durch den Beitretenden erfolgt. In diesem Fall wäre eine Heilung des Vertrages infolge der Auszahlung nicht möglich. Die Berufung des Beitretenden auf die fehlende Auszahlung kann allerdings eine unzulässige Rechtsausübung darstellen.[769] **685**

Die bislang in § 494 Abs. 2 Satz 3–5 BGB a.F. geregelten Sanktionen wurden mit Einführung der Verbraucherkreditrichtlinie z.T. ergänzt und in die neuen Abs. 4 bis 7 überführt. **686**

c) Abs. 3 – Reduzierung des Sollzinssatzes

§ 494 Abs. 3 BGB, wonach sich der vertraglich vereinbarte Sollzins und den Prozentsatz vermindert, um den der effektive Jahreszins zu niedrig angegeben ist., **687**

d) Abs. 4 – Nicht angegebene Kosten

Gem. § 494 Abs. 4 Satz 1 BGB werden nicht angegebene Kosten vom Darlehensnehmer nicht geschuldet. Ist im Vertrag nicht angegeben, unter welchen Voraussetzungen Kosten oder Zinsen angepasst werden können, so entfällt die Möglichkeit, diese zum Nachteil des Darlehensnehmers anzupassen. **688**

---

768 BT-Drucks. 11/11643 zu Art. 1, zu Nr. 24 (§ 494 BGB) zu a), S. 81.

769 Palandt/*Weidenkaff* § 494 Rn. 3; PWW/*Nobbe* § 494 Rn. 6.

e) Abs. 5 – Neuberechnung der Teilzahlungen

689 Sofern Teilzahlungen vereinbart worden sind, sind diese unter Berücksichtigung der verminderten Zinsen und Kosten neu zu berechnen. In Höhe der ermittelten Überzahlung besteht ein bereicherungsrechtlicher Rückzahlungsanspruch des Darlehensnehmers.[770]

690 In diesem Zusammenhang steht dem Darlehensnehmer kein Wahlrecht zu, die vereinbarte Ratenzahlung beizubehalten, um den Zinsanteil, der den gesetzlichen Zinssatz übersteigt, zur schnelleren Tilgung des Darlehens heranzuziehen.[771] Durch ein entsprechendes Wahlrecht wird sowohl in das Recht des Darlehensgebers auf Einhaltung der vereinbarten Kreditlaufzeit eingegriffen, als auch diesem das Recht genommen, die Rückzahlung der vom Darlehensnehmer rechtsgrundlos gezahlten Zinsen zu verweigern, soweit Verjährung eingetreten ist.[772]

f) Abs. 6 – Kündigung durch den Darlehensnehmer

691 Fehlen im Vertrag Angaben zur Laufzeit oder zum Kündigungsrecht, ist der Darlehensnehmer entsprechend der neuen Regelungen des §§ 494 Abs. 6 Satz 1 BGB jederzeit zur Kündigung berechtigt.

692 Übt der Darlehensnehmer dieses Kündigungsrecht aus, handelt es sich nicht um einen Fall der vorzeitigen Rückzahlung mit der Folge, dass dem Darlehensgeber kein Anspruch auf Vorfälligkeitsentschädigung zusteht (§ 502 Abs. 2 Nr. 2 BGB).

693 Fehlen Angaben zu Sicherheiten, können diese nicht gefordert werden, es sei denn, der Nettodarlehensbetrag übersteigt 75.000 € (§ 494 Abs. 6 Satz 2 BGB); diese Regelung entspricht § 494 Abs. 2 Satz 6 BGB a.F., wobei allerdings der Schwellenwert von ursprünglich 50.000 € heraufgesetzt worden ist.

g) Abs. 7 – Aushändigung einer Abschrift des Vertrages

694 § 494 Abs. 7 BGB verpflichtet den Darlehensgeber schließlich, dem Darlehensnehmer eine Abschrift des Vertrages zur Verfügung zu stellen, in der i.R.d. Nachholung der bisher fehlenden Pflichtangaben die Vertragsänderungen berücksichtigt sind, die sich nach § 494 Abs. 2 bis 6 BGB ergeben.

695 Die Vorschrift ist eine Klarstellung; sie ist § 492 Abs. 3 nachgebildet und ergänzt die Verpflichtung zur Überlassung einer Vertragsabschrift. Auf diese Weise soll sichergestellt werden, dass der Darlehensnehmer die tatsächliche Höhe seiner Schuld und der zu leisten Teilzahlungen kennt.

8. Nachholung von Pflichtangaben gem. § 492 Abs. 6 BGB

696 Die Regelung des §§ 492 Abs. 6 BGB korrespondiert mit § 495 Abs. 1 BGB i.V.m. § 356 b Abs. 1 und Abs.2 S. 1 BGB bei Allgemein-Verbraucherdarlehensverträgen und i.V.m. § 356 b Abs. 1 und Abs. 2 S. 2 BGB bei Immobiliar-Verbraucherdarlehensverträgen. Nach den letztgenannten Regelungenbeginnt der Lauf der Widerrufsfrist nicht vor Vertragsabschluss und bevor der Darlehensnehmer die Pflichtangaben nach § 492 Abs. 2 BGB erhalten hat. Hierdurch hat der Unternehmer die Möglichkeit, fehlende oder unvollständige Pflichtangaben durch einseitige Erklärung nachzuholen, um nachträglich die Widerrufsfrist in Gang zu setzen. Andernfalls wäre der Verbraucherdarlehensvertrag unbefristet bis zur Grenze der Verwirkung widerruflich, mit der Folge, dass der Unternehmer auf den Neuabschluss des Vertrages hinwirken müsste, auf den sich der Verbraucher aber nicht einzulassen bräuchte.[773]

770 PWW/*Nobbe* § 494 Rn. 13.
771 BGH, BKR 2009, 244 (246).
772 BGH, BKR 2009, 244 (248).
773 PWW/*Nobbe* § 492 Rn. 15.

Ein **Vertragsmangel** liegt vor, wenn die Form der Pflichtangaben gem. § 492 Abs. 1 BGB nicht eingehalten worden ist oder eine der Pflichtangaben gem. § 492 Abs. 2 BGB i.V.m. Art. 247 §§ 6 ff. EGBGB fehlt. 697

Die **Nachholung der Pflichtangaben** setzt einen von Anfang an wirksamen Vertragsschluss voraus. 698
Dieser liegt z.B. beim Fehlen von Pflichtangaben entsprechend Art. 247 §§ 7 und 8 EGBGB vor, da gem. § 494 Abs. 1 BGB das Fehlen dieser Angaben nicht zur Nichtigkeit führt. Ebenso ist der Vertrag wirksam, wenn der Darlehensnehmer die Darlehensvaluta empfängt oder in Anspruch nimmt und dadurch gem. § 494 Abs. 2 Satz 1 BGB eine Heilung des Formmangels eintritt.

Nachholbar sind solche Pflichtangaben, die nicht zu einer Änderung des wirksam abgeschlossenen 699
Vertrages oder des gültig gewordenen Vertrages führen. Hierzu gehören insb. nach Heilung des Vertrages die nicht formgerecht vereinbarten Pflichtangaben gem. Art. 247 §§ 6 und 10 bis 13 EGBGB, soweit ihr Fehlen nicht zu einer Vertragsänderung gem. § 494 Abs. 2 Satz 2 bis Abs. 6 BGB führt. Nachholbar sind allerdings nur solche Informationen, die für das Vertragsverhältnis noch relevant sind.[774] Die Nachholung dieser Informationen kann in Textform (§ 126b BGB) erfolgen.

Hat das Fehlen von Angaben allerdings zur Änderung des Vertragsinhaltes geführt, z.B. zur Herab- 700
setzung des Sollzinssatzes auf den gesetzlichen Zinssatz bei fehlender Angabe des Sollzinssatzes oder des effektiven Zinssatzes (§ 494 Abs. 2 Satz 2 BGB), zum Wegfall des Anspruchs auf Bestellung von Sicherheiten bei fehlenden Angaben (§ 494 Abs. 6 Satz 2 BGB), so hat der Darlehensgeber dem Darlehensnehmer eine Abschrift des Vertrages zur Verfügung zu stellen, die die Änderung berücksichtigt. In diesem Fall hat gem. § 494 Abs. 7 Satz 1 BGB die Nachholung der Pflichtangaben im Rahmen dieser Abschritt zu erfolgen.

Die **Widerrufsfrist** beginnt im Fall der Nachholung der Angaben nach deren Erhalt durch den 701
Darlehensnehmer (§ 494 Abs. 7 Satz 2 BGB); sie beträgt abweichend von §§ 495, 355 BGB einen Monat, da dem Darlehensnehmer eine längere Überlegungsfrist eingeräumt werden soll.

V. Laufende Informationen

1. Tilgungsplan gem. § 492 Abs. 3 Satz 2 BGB

Gem. § 492 Abs. 3 Satz 2 BGB kann der Darlehensnehmer jederzeit vom Darlehensgeber einen 702
Tilgungsplan mit dem Inhalt des Art. 247 § 14 EGBGB verlangen. Dieser Anspruch wird durch den erforderlichen Hinweis in den Pflichtangaben des Verbraucherdarlehensvertrages gem. Art. 247 § 6 Abs. 1 Nr. 4 EGBGB flankiert. Der Anspruch kann während der Laufzeit wiederholt ausgeübt werden. Allerdings wird das Kreditinstitut eine wiederholte Erstellung identischer Tilgungspläne unter Berufung auf Treu und Glauben (§ 242 BGB) verweigern können, wenn der Darlehensnehmer keine nachvollziehbaren Gründe vorträgt, weshalb er einen weiteren Tilgungsplan benötigt.

Wie der Regelung in Art. 247 § 14 Abs. 1 EGBGB zu entnehmen ist, muss aus dem Tilgungs- 703
plan hervorgehen, »welche Zahlungen in welchen Zeitabständen zu leisten sind«. Ein Verzicht auf die Berücksichtigung bereits in der Vergangenheit geleisteter Zahlungen im Tilgungsplan erscheint daher vertretbar.

Der Tilgungsplan muss mindestens Textform (§ 126b BGB) aufweisen. Da der Darlehensgeber eine 704
gesetzliche Verpflichtung zu erfüllen hat, können Kosten für die Erstellung des Tilgungsplanes nicht verlangt werden.[775]

774 BT-Drucks. 17/1394 zu Nr. 4b), S. 16.
775 Palandt/*Weidenkaff* § 492 Rn. 5.

2. Information während des Vertragsverhältnisses – § 493 BGB

705 Um den Kreditnehmern mehr Sicherheit und Transparenz zu verschaffen, sind mit Art. 6. des Gesetzes zur Begrenzung der mit Finanzinvestitionen verbundenen Risiken (**Risikobegrenzungsgesetz**) neben der Regelung des § 492 Abs. 1a Satz 3 BGB die Unterrichtungspflichten gem. den §§ 492a, 496 Abs. 2 BGB für bereits bestehende Darlehensverhältnisse neu eingeführt worden. Die Regelungen gelten für alle Verbraucherdarlehensverträge, somit auch für Immobilienfinanzierungen. Das Gesetz ist am 19.08.2008 in Kraft getreten.[776]

706 Mit Umsetzung der Verbraucherkreditrichtlinie zum 11.06.2010 wurden die Regelungen des § 492a BGB a.F. entsprechend der Reihenfolge der Vorschriften an die Stelle des § 493 verschoben. Die bisher in § 493 BGB a.F. geregelten Bereiche Überziehungskredit und geduldete Überziehung wurden bis zum 20.03.2016 in den §§ 504, 505 BGB als Sonderformen angesiedelt.

707 Mit Umsetzung der Wohnimmobilienkreditrichtlinie zum 21.03.2016 sind diese Änderungen beibehalten worden, wobei § 493 BGB hinsichtlich der Informationspflichten während des Vertragsverhältnisses um Abs. 4 und 5 erweitert wurde.

708 Die neu formulierten Vorschriften des § 493 Abs. 4 und 5 BGB sind nur bei Immobiliar Verbraucherdarlehensverträgen, § 493 Abs. 1–3 BGB hingegen bei allen Verbraucherdarlehensverträgen anwendbar. [777] Der Darlehensnehmer soll rechtzeitig Informationen erhalten über die bevorstehende Änderung oder Beendigung des Vertragsverhältnisses gemäß § 493 Abs. 1–3 BGB sowie bei Immobiliar- Verbraucherdarlehensverträgen über eine erhebliche Wechselkursänderung im Falle von Fremdwährungen (Abs. 4) und über die Folgen einer angekündigten vorzeitigen Rückzahlung (Abs. 5), damit er sich darauf einstellen kann. [778].

a) Unterrichtung über Gläubigerwechsel

709 Grds. ist gem. § 496 Abs. 2 BGB (in der ab dem 19.08.2008 geltenden Fassung) der Darlehensnehmer über einen Wechsel in der Person des Gläubigers zu informieren. Unerheblich ist, ob der **Gläubigerwechsel** durch eine rechtsgeschäftliche Übertragung oder durch eine gesetzliche Rechtsnachfolge eingetreten ist. Gemäß der Gesetzesbegründung wurde ausdrücklich auf eine Regelung verzichtet, wer die Information erteilen muss, wichtig ist, dass die Unterrichtung überhaupt erfolgt.[779] Im Fall der Zession soll die Unterrichtung durch den Altgläubiger als dem bestehenden Vertragspartner, im Fall der Vertragsübernahme bzw. Rechtsnachfolge durch den neuen Vertragspartner erfolgen; **abweichende Vereinbarungen** sind zulässig.[780] Die Unterrichtung muss neben dem Hinweis auf die Abtretung bzw. den Gläubigerwechsel auch die Kontaktdaten des neuen Gläubigers gem. Art. 246b § 1 Abs. 1 Nr. 1, 3 und 4 EGBGB enthalten und in der Textform des § 492 Abs. 5 BGB erfolgen.[781] Im Fall der stillen Zession ist die Unterrichtung entbehrlich (§ 496 Abs. 2 Satz 2 BGB); entfallen die Voraussetzungen, ist die Information unverzüglich nachzuholen.

710 Die Verletzung der Unterrichtungspflicht kann **Schadensersatzansprüche** nach § 280 Abs. 1 BGB begründen.

711 Zu beachten ist, dass mittels **Allgemeiner Geschäftsbedingungen** nicht vereinbart werden kann, dass ein Dritter in die sich aus dem Vertrag ergebenden Rechte und Pflichten eintritt oder eintreten kann, es sei denn, der Dritte wird im Vertrag namentlich bezeichnet oder dem Vertragspartner wird das Recht eingeräumt, sich vom Vertrag zu lösen (§ 309 Nr. 10 BGB). Die Regelung erfasst

776 Risikobegrenzungsgesetz; BGBl. I 2008, S. 1666 ff.
777 Palandt/*Weidenkaff* § 493 Rn. 1.
778 Palandt/*Weidenkaff* § 493 Rn. 1.
779 BT-Drucks. 16/9821 zu Nr. 5 (§ 496 BGB) S. 15.
780 Palandt/*Weidenkaff* § 496 Rn. 3.
781 PWW/*Nobbe* § 496 Rn. 3.

die Fälle der Vertragsübernahme; sie ist auf die befreiende Schuldübernahme (§§ 414, 415 BGB) entsprechend anzuwenden.[782] Keine Anwendung findet die Regelung auf die Abtretung[783] oder die Gesamtrechtsnachfolge.[784]

b) Unterrichtung über Ablauf der Festzinsvereinbarung bzw. Beendigung des Darlehensverhältnisses

712 Grundvoraussetzung der Hinweispflicht ist, dass eine Anschlussfinanzierung überhaupt erforderlich ist; bei vollständiger Tilgung entfällt § 493 BGB.

aa) Unterrichtung bei Auslauf der Festzinsvereinbarung

713 § 493 Abs. 1 BGB bezieht sich auf sog. **unechte Abschnittsfinanzierungen**, bei denen die bestehenden Festzinsvereinbarungen vor der Rückzahlung der Kredite auslaufen. Der Darlehensgeber muss rechtzeitig 3 Monate vor Ablauf der Zinsbindungsfrist den Darlehensnehmer darüber unterrichten, ob er eine neue Zinsbindung eingehen möchte und, falls ja, zu welchen Bedingungen. Hierbei ist der Sollzinssatz[785] im Zeitpunkt der Unterrichtung zugrunde zu legen.

714 Die Gesetzesbegründung stellt ausdrücklich klar, dass es sich bei der Unterrichtung nicht um ein **verbindliches Angebot** handeln muss, sondern der Darlehensnehmer nur in die Lage versetzt werden soll, grob die möglicherweise anstehenden Veränderungen abschätzen zu können.[786] Ob in der Erklärung eines Darlehensgebers daher schon ein verbindliches Vertragsangebot enthalten ist, hängt von den Umständen des Einzelfalls ab. Grds. ist bei Erfüllung lediglich der gesetzlichen Informationspflicht eine verbindliche Vertragserklärung nicht anzunehmen.[787]

715 Nicht ausreichend wird es sein, in der Mitteilung lediglich die allgemeinen Standardkonditionen für Darlehen in entsprechender Höhe und mit entsprechender Laufzeit zu benennen, ohne zugleich auch die sich auf die Zinskondition auswirkende Bonität des Darlehensnehmers zu berücksichtigen. Da der Darlehensnehmer die Möglichkeit erhalten soll, in dem Dreimonatszeitraum Alternativangebote zu prüfen, ist es erforderlich, dass der von der Bank angegebene Zinssatz auch dessen Bonität zum aktuellen Zeitpunkt berücksichtigt. Statt eines bestimmten Zinssatzes wird man im Hinblick auf übliche Marktveränderungen ebenfalls die Angabe einer Zinsspanne für zulässig erachten müssen.

716 Sofern sich infolge der Veränderung von Marktbedingungen oder aufgrund der Änderung der wirtschaftlichen Verhältnisse des Darlehensnehmers die Zinskonditionen zwischen der Unterrichtung und dem tatsächlichen Angebot wesentlich verändern, entfaltet dies keine Auswirkung, wenn sich die Abweichung begründen lässt. Es muss dem Kreditinstitut jederzeit möglich sein, vor Abschluss der konkreten Vereinbarung sich auf die dann aktuell vorliegenden Gegebenheiten einzustellen. Dies kann sich sowohl zugunsten als auch zulasten der Parteien auswirken.

717 Die vorgeschriebene Unterrichtungsverpflichtung stellte für die Praxis grds. keine wesentliche Neuerung dar, da bereits heute schon viele Kreditinstitute frühzeitig vor Auslaufen der Festzinsphase mit ihren Kunden wegen neuer Vertragsverhandlungen Kontakt aufnehmen.

bb) Unterrichtung bei Ablauf des Kapitalnutzungsrechts

718 Bei sonstigen Verbraucherdarlehen, die mit Ablauf der Zinsbindungsfrist auch beendet sind, regelt § 493 Abs. 2. BGB, dass der Darlehensnehmer spätestens 3 Monate vor Beendigung des Vertrages

782 Palandt/*Grüneberg* § 309 Rn. 98.
783 BT-Drucks. 16/9821 zu Nr. 2 (§ 309 Nr. 10 BGB) S. 14.
784 PWW/*Berger* § 309 Rn. 88.
785 PWW/*Nobbe* § 493 Rn. 2.
786 BT-Drucks. 16/9821 zu Nr. 4 (§ 492a BGB) S. 15.
787 Palandt/*Weidenkaff* § 493 Rn. 2.

über die Bereitschaft zur Fortführung des Vertrages zu unterrichten ist. Bei den sog. **echten Abschnittsfinanzierungen** besteht i.d.R. ein weiterer Kreditbedarf auf Kundenseite. Daher soll sich der Darlehensgeber erklären, ob er bereit ist, das Vertragsverhältnis fortzuführen. In diesem Fall muss er auch seine aktuellen Vertragskonditionen darlegen.

719 § 493 Abs. 2 Satz 2 BGB verweist uneingeschränkt auf die erforderlichen Pflichtangaben gem. § 491a Abs. 1 BGB.

cc) Zinsanpassung

720 Die Vorschrift des § 493 Abs. 3 BGB macht die Wirksamkeit einer **Sollzinsanpassung** bei Verbraucherdarlehensverträgen mit variablem Sollzinssatz davon abhängig, dass der Darlehensgeber den Darlehensnehmer über die entsprechenden Einzelheiten aus Art. 247 § 15 EGBGB unterrichtet hat. Der Begriff »anpassen« ist wie in § 491 Abs. 3 zu verstehen; hiermit soll die einseitige Leistungsbestimmung zum Ausdruck gebracht werden.[788]

721 Voraussetzung ist daher ein Verbraucherdarlehensvertrag mit veränderlichem **Sollzinssatz** (Definition § 489 Abs. 5 BGB) und eine entsprechende Änderungsvereinbarung im Vertrag. Außerdem muss der Darlehensgeber in Ausübung seines Leistungsbestimmungsrechts gegenüber dem Darlehensnehmer eine Erklärung (§ 315 Abs. 2) abgegeben haben, die gemä§ § 492 Abs. 5 BGB, auf einem dauerhaften Datenträger erfolgen muss (Textform gem. § 126b Satz 2 BGB). Frühestens ab Zugang sowohl dieser Erklärung als auch der Unterrichtung gem. Art. 247 § 15 EGBGB kann der neue Sollzinssatz als Berechnungsgrundlage für die Zinszahlungen herangezogen werden. Wie Art. 11 der Verbraucherkreditrichtlinie 2008 zu entnehmen ist, gelten die Unterrichtungspflichten grds. gleichermaßen sowohl bei Zinserhöhungen als auch bei Zinssenkungen.[789]

722 Gem. Art. 247 § 15 Abs. 1 EGBGB ist über folgende Angaben zu informieren:
- den angepassten Sollzinssatz,
- die angepasste Höhe der Teilzahlungen,
- die Zahl und Fälligkeit der Teilzahlungen,

sofern sich diese ändern.

723 § 493 Abs. 3 Satz 2 BGB lässt abweichende Vereinbarungen im begrenzten Umfang des Art. 247 § 15 Abs. 2 EGBGB und des in Umsetzung der Wohnimmobilienkreditrichtlinie neu eingefügten Art. 247 § 15 Abs. 3 EGBGB zu und bestimmt insoweit »etwas anderes« i.S.d. § 512 BGB. Die Regelung des Art. 247 § 15 Abs. 2 Satz 1 EGBGB gilt für die Fälle, dass sich der Sollzinssatz in Abhängigkeit von einem Referenzzinssatz oder einem anderen Zinsindex ändert. In diesem Fall können die Vertragsparteien auch vereinbaren, dass der geänderte Zinssatz unmittelbar nach seiner Änderung auf den Vertrag angewendet werden soll.[790] Weitere Abweichungen bei Überziehungsmöglichkeiten ergeben sich aus § 504 Abs. 1 Satz 3 BGB; hiernach greift die Unterrichtungspflicht nur bei Zinserhöhungen ein.

dd) Unterrichtung bei Forderungsabtretung

724 Nach § 493 Abs. 6 BGB trifft die Unterrichtungspflicht im Fall einer Abtretung sowohl den alten als auch den neuen Gläubiger. Die Regelung setzt allerdings voraus, dass es sich bei dem neuen Gläubiger aufsichtsrechtlich überhaupt um ein Kreditinstitut gem. § 1 Abs. 1 Satz 2 Nr. 2 KWG handelt, das zur Fortführung eines Darlehens berechtigt ist.[791] Bei strenger Interpretation des Gesetzeswortlautes trifft die Unterrichtungspflicht beide Gläubiger auf unbegrenzte Zeit.

788 BT-Drucks. 16/11643 zu Nr. 20 (§ 491 Abs. 3 BGB); S. 77 a.E.
789 Verbraucherkreditrichtlinie 2008; EU Abl. L 133/66 v. 22.05.2008, S. 13; Palandt/*Weidenkaff* § 493 Rn. 3.
790 BT-Drucks. 16/11643 zu Nr. 23 (§ 493 BGB) S. 81.
791 *Langenbucher* NJW 2008, 3169, (3171).

Lediglich für den Fall, dass der alte Gläubiger im Verhältnis zum Darlehensnehmer auch weiterhin allein auftritt, obliegt ausschließlich dem Zedenten die Informationspflicht. Der Altgläubiger bleibt weiterhin zur Einziehung der Forderung ermächtigt. Ohne Offenlegung des Gläubigerwechsels kann er nach wie vor Zahlung an sich verlangen. Dies entspricht den Regelungen zur stillen Zession gem. § 496 Abs. 2 Satz 2 BGB. 725

In allen anderen Fällen sind sowohl der alte als auch der neue Gläubiger zur Unterrichtung des Darlehensnehmers verpflichtet.[792] In der Praxis wird sich der Altgläubiger mangels aktueller Unterlagen zunächst beim Übernehmer zumindest über den Forderungsverlauf und im Fall der Vertragsübernahme auch über die aktuelle Sicherheitensituation und Bonität des Darlehensnehmers informieren müssen, um überhaupt ein neues Angebot abgeben zu können. Diese Situation ist weder interessengerecht, noch praktikabel, da es in diesem Fall für ein und dasselbe Darlehen zwei verschiedene Angebote geben würde. Zudem ist davon auszugehen, dass der Zedent, der das Kreditverhältnis zum Darlehensnehmer durch die Zession bewusst beendet hat, eine Abwehrkondition anbieten wird, um dem Darlehensnehmer eine Rückkehr zum Altgläubiger nicht attraktiv erscheinen zu lassen. Der ausdrückliche Zweck der Regelung zielt auf die Chance des Darlehensnehmers, durch die frühzeitige Unterrichtung über anstehende Vertragsänderungen den Markt erforschen zu können. Hierfür ist die Abgabe eines »Scheinangebotes« durch den Altgläubiger wenig hilfreich, zumal eine konkrete Konditionenangabe nur erforderlich ist, wenn der Altgläubiger zur Fortführung der Zinsbindung bzw. des Kreditverhältnisses bereit ist. Durch die erfolgte Abtretung hat der Zedent i.d.R. jedoch bereits seinen gegenteiligen Willen zum Ausdruck gebracht. Es sprechen daher gute Argumente dafür, die Unterrichtungspflicht des ursprünglichen Gläubigers mit dem Übergang auf den Erwerber untergehen zu lassen. 726

Wird das Kreditportfolio abgetreten, aber der Datenbestand nicht an den Zessionar weitergeleitet, um z.B. Vertragsverletzungen ggü. den Darlehensnehmern zu vermeiden, so wird häufig ein externer Dritter als Datentreuhänder eingeschaltet, der das **Servicing** ggü. dem Darlehensnehmer übernimmt. Da dieser Dritte nicht Gläubiger der Darlehensforderungen ist, unterliegt er nicht den Regelungen des § 493 Abs. 6BGB.[793] 727

ee) Rechtsfolge bei Verstoß

Die Verletzung der Vorschriften von § 493 Abs. 1 und 2 BGB löst keine gesetzliche Anordnung zur Fortführung des Vertrages aus, allerdings **Schadensersatzansprüche** gem. § 280 Abs. 1 BGB.[794] 728

Anders als in den Fällen der Abs. 1 und 2, bei denen insb. Schadensersatzansprüche in Betracht kommen, führt die Missachtung der Pflichten aus Abs. 3 dazu, dass eine Zinsänderung nicht wirksam wird und demzufolge der Vertrag zu den bisherigen Bedingungen fortgeführt wird. 729

Allerdings führt eine schuldhafte Verzögerung der Unterrichtung über eine Zinssenkung zu einem Schadensersatzanspruch des Darlehensnehmers.[795] 730

VI. Dispositionskredit

1. Eingeräumte Überziehungsmöglichkeit – § 504 BGB

Der Dispositionskredit zeichnet sich dadurch aus, dass dem Privatkunden auf seinem »laufenden Konto« (§ 504 BGB) ein Kreditrahmen einräumt wird, den dieser nach Belieben in Anspruch nehmen kann. Das laufende Konto ist das Girokonto des Kunden, für das ein Zahlungsdiensterahmenvertrag (§ 675f Abs. 2 BGB) besteht und über das der Kunde seinen Zahlungsverkehr 731

792 BT-Drucks. 16/9821 zu Nr. 4 (§ 492a BGB), S. 15.
793 *Langenbucher* NJW 2008, 3169, (3171).
794 Palandt/*Weidenkaff* § 493 Rn. 2.
795 Palandt/*Weidenkaff* § 493 Rn. 2.

abwickelt. I.d.R. wird das Girokonto im Kontokorrent geführt, notwendige Bedingung ist dies aber nicht.[796] Kontokorrentkonten, die nur der Kreditabwicklung dienen, zählen nicht zu den »laufen Konten«.[797]

732 Der Dispositionskredit schließt die Liquiditätslücke zwischen den Eingängen auf dem Girokonto des Kunden und seinen Dispositionen, er dient damit indirekt auch der Aufrechterhaltung des ungestörten Zahlungsverkehrs.[798] Sofern die Bonität und die Umsätze des Kunden es zulassen, räumt das Kreditinstitut dem Kunden das Recht ein, häufig bis i.H.d. Zwei- bis Dreifachen seiner regelmäßigen monatlichen Zahlungseingänge auf seinem laufenden Konto Kredit in Anspruch zu nehmen.[799] Im Rahmen seines Kreditlimits kann der Kreditnehmer daher wiederholt ohne weitere Mitwirkung der Bank frei über die zur Verfügung stehenden Beträge disponieren.[800]

733 Bis zur Umsetzung der Verbraucherkreditrichtlinie zum 11.06.2010 konnte die Einräumung des Dispositionskredites sowohl durch ausdrückliche vorherige Abrede zwischen der Bank und ihrem Kunden erfolgen, als auch durch ein vom Kreditinstitut selbst veranlasstes Angebot auf Abschluss einer entsprechenden Kreditvereinbarung. Nicht selten erfolgte hierbei das Angebot der Bank in Form eines formularmäßigen Aufdrucks einer Kreditlinie auf den Tagesauszügen des Kunden. Dieser Aufdruck war als Angebot zum Abschluss eines effektiven Kreditvertrages zu werten.[801] Im Gegensatz zum Krediteröffnungsvertrag kam es hierbei allerdings erst zum Vertragsschluss, wenn der Kontoinhaber über sein debitorisches Konto disponiert und dadurch den Kreditbetrag oder einen Teil davon abgerufen hat. Entsprechend der Regelung in § 504 BGB ist dies nicht mehr möglich, da die eingeräumte Überziehung jetzt einen Rahmenvertrag zwischen Bank und Verbraucher voraussetzt, bevor dieser das Darlehen in der vereinbarten Höhe in Anspruch nehmen kann.[802] Da es sich bei den Kreditformen des § 504 BGB um Verbraucherdarlehen handelt, sind zudem die vorvertraglichen Informationspflichten gem. § 491a Abs. 1 BGB i.V.m. Art. 247 § 10 EGBGB zu beachten. Liegt eine Vereinbarung nicht vor, handelt es sich um eine geduldete Überziehung gem. § 505 BGB. Üblicherweise erfolgt die Einräumung des Dispositionskredits ohne weitere Sicherstellung durch den Kunden.

734 Neue Kreditformen im Konsumentenkreditgeschäft weisen Elemente sowohl des Kontokorrent- als auch des Ratenkredites auf. So wird z.B. dem Kunden ein Kreditrahmen zur Verfügung gestellt, den dieser wiederholt in Anspruch nehmen kann, wobei zur Rückzahlung allerdings eine monatliche Mindestrate vereinbart ist.[803] Wenn hierbei die Errichtung des Kontos von vornherein nur zu dem Zweck erfolgt ist, Kontokorrentratenkredite abzuwickeln, kann nicht mehr von einem »laufenden Konto« ausgegangen werden[804] dies hat Auswirkungen auf die Angabepflichten bei Verbraucherdarlehen. Im Einzelfall kann zudem die Ausgestaltung bzw. irreführende Bezeichnung des Kredits sowie die Undurchsichtigkeit der Vertragsgestaltung, die den Kreditnehmer über die wirtschaftliche Tragweite der Vereinbarung im Unklaren lässt, zur Aufklärungspflicht der Bank oder Sittenwidrigkeit des Vertrages führen. Die Beurteilung der Sittenwidrigkeit der neuen Kreditformen richtet sich u.a. danach, ob der Kunden jederzeit ohne weitere Mitwirkung des Kreditinstitutes seinen Kreditrahmen revolvierend ausnutzen kann oder ob nach der Reduzierung der Kreditlinie die erneute Inanspruchnahme die Zustimmung der Bank erfordert. Ferner ist auf den jeweils zugrunde gelegten effektiven Vertragszins abzustellen, d.h. ist als Vergleichsmaßstab der Schwerpunktzins für Kontokorrentkredite oder für Ratenkredite heranzuziehen. Kontokorrentratenkredite (z.B. Scheckkredit,

796 Schimansky/Bunte/Lwowski/*Jungmann* Bankrechts-Handbuch § 81c Rn. 14.
797 BT-Drucks. 11/5462 zu § 3 VerbrKrG; S. 19.
798 MüKo-BGB/*Berger* Vor § 488 Rn. 52.
799 BT-Drucks. 11/5462 zu § 4 VerbrKrG; S. 20.
800 Schimansky/Bunte/Lwowski/*Pamp* Bankrechtshandbuch § 75 Rn. 9.
801 MüKo-BGB/*Berger* Vor § 488 Rn. 52.
802 Kümpel/*Merz* § 10 Rn. 10.378; PWW/*Nobbe* § 504 Rn. 5.
803 Z.B. »Idealkredit«, »VarioKredit«, »Abrufkredit«.
804 Schimansky/Bunte/Lwowski/*Jungmann* Bankrechtshandbuch § 81c Rn. 17.

Variodispokredit, Rahmenkredit, Idealkredit) erfüllen daher i.d.R. nicht die Voraussetzungen eines Dispositionskredits.[805]

Zu beachten ist, dass seit Einführung der Verbraucherkreditregeln der früher in der Praxis als Dispositionskredit bezeichnete Kredit in § 493 BGB a.F (genehmigter) Überziehungskredit hieß. Mit Umsetzung der Verbraucherkreditrichtlinie zum 11.06.2010 wird dieser Kredit jetzt als »eingeräumte Überziehungsmöglichkeit« (§ 504 BGB) bezeichnet. Diese Formulierung wurde auch nach Umsetzung der Wohnimmobilienkreditrichtlinie beibehalten. 735

a) Überziehungsmöglichkeit – § 504 Abs. 1

Abs. 1 Satz 1 definiert die **Überziehungsmöglichkeit** als besondere Form des Darlehensvertrags. Sie dient der Einführung des Begriffes und der Zuordnung dieses Vertragstyps zum Darlehensvertrag. Die Überziehungsmöglichkeit ist ein atypischer Darlehensvertrag, weil der Vertrag i.d.R. nur einen Rahmen vorgibt. Der Darlehensgeber verpflichtet sich, dem Darlehensnehmer einen bestimmten Kreditrahmen auf einem laufenden Konto zur Verfügung zu stellen, das i.d.R. als Kontokorrentkonto geführt wird. Innerhalb dieses Rahmens steht es in der freien Entscheidung des Darlehensnehmers, das Darlehen oder einen Teil tatsächlich abzurufen und zu nutzen. Da es sich um ein Verbraucherdarlehen handelt, sind daher die §§ 491 ff. BGB uneingeschränkt anzuwenden.[806] Der in Umsetzung der Wohnimmobilienkreditrichtlinie geänderte § 504 Abs. 2 BGB ist nur auf Allgemein-Verbraucherdarlehensverträge gemäß § 491 Abs. 2 S. 1 BGB anwendbar. [807] 736

Liegt eine Überziehungsmöglichkeit i.S.d. Satzes 1 vor, begründet die Vorschrift eine zusätzliche **Unterrichtungspflicht**. Bei Überziehungsmöglichkeiten ist der Darlehensnehmer regelmäßig, also nicht nur bei Vertragsabschluss, über die Angaben zu unterrichten, die sich aus Art. 247 § 16 EGBGB ergeben; damit werden die Unterrichtungspflichten ausgeweitet. Aus § 492 Abs. BGB 5 ergibt sich seit Umsetzung der Wohnung Immobilienkreditrichtlinie aufgrund der Änderung des § 126 b BGB das Erfordernis, den Darlehensnehmer auf einem dauerhaften Datenträger, zu unterrichten. Ferner muss die Unterrichtung »in regelmäßigen Zeitabständen« erfolgen. Das bedeutet nicht nur, dass die Unterrichtung in zeitlich aufeinander abgestimmten Terminen erfolgt (z.B. wöchentlich, monatlich, vierteljährlich). Die Unterrichtungsperiode muss auch so gewählt sein, dass der Darlehensnehmer angemessen informiert ist und insb. seine Belastung erkennen kann. Ein jährlicher Rhythmus zur angemessenen Information ist keinesfalls ausreichend.[808] Demgegenüber dürfte eine Unterrichtung jeweils am Ende eines Kalenderquartals die Anforderungen an die regelmäßige Unterrichtung noch erfüllen. Diese kann z.B. i.R.d. Rechnungsabschlusses erfolgen. Wird der Rechnungsabschluss nicht innerhalb von 35 Tagen abgeholt, ist es sinnvoll, dem Darlehensnehmer einen sog. **Zwangsausdruck** mit den erforderlichen Angaben zuzusenden. Auf diese Weise wird sichergestellt, dass dem Kunden i.R.d. Möglichen die Informationen gem. § 504 BGB i.V.m. Art. 247 § 16 EGBGB spätestens nach 3 Monaten und 35 Tagen zuzüglich dem üblichen Postweg zugeht. 737

Die Überziehungsmöglichkeiten sollen einfach eingeräumt und vom Darlehensnehmer jederzeit schnell und ohne Verlust zurückgezahlt werden können. Daher ist die Berechnung einer Vorfälligkeitsentschädigung gemäß Satz 2 ausgeschlossen. 738

Satz 3 schafft spezielle Regelungen in Bezug auf die Unterrichtung bei Zinsanpassungen (§ 493 Abs. 3 BGB). Seine Anwendung wird in zweifacher Hinsicht modifiziert: Die Anforderungen des § 493 Abs. 3 werden zum einen erleichtert, da nur bei einer Erhöhung des Sollzinssatzes zu unterrichten ist. Sie werden zum anderen ausgeweitet, da auch über die Erhöhung aller sonstigen Kosten wie bspw. der vereinbarten Verzugskosten zu unterrichten ist. Der Verweis auf § 493 Abs. 3 zielt auf 739

805 Schimansky/Bunte/Lwowski/*Pamp*Bankrechtshandbuch § 75 Rn. 11; BGH, WM 1991, 179 (180).
806 Palandt/*Weidenkaff* § 504 Rn. 1.
807 Palandt/*Weidenkaff* § 504 Rn. 1.
808 BT-Drucks. 16/11643; zu Art. 1, zu Nr. 29 (§ 504 BGB); S. 89.

die Möglichkeit der vereinfachten Unterrichtung, wie es § 493 Abs. 3 Satz 2 i.V.m. Art. 247 § 15 Abs. 2 und 3 EGBGB vorsieht.

740 Satz 4 nimmt § 499 Abs. 1 (Kündigungsrecht des Darlehensgebers) aus dem Anwendungsbereich der Überziehungsmöglichkeiten aus. Dies beruht darauf, dass entsprechend der Verbraucherkreditrichtlinie 2008 der Darlehensnehmer das Darlehen »auf Aufforderung« des Darlehensgebers zurückzuzahlen hat. Die Möglichkeit zu einer solchen Aufforderung kann vertraglich jedoch nur durch ein jederzeitiges Kündigungsrecht des Darlehensgebers gestaltet werden. Deshalb ist die Anwendung von § 499 Abs. 1 für Überziehungsmöglichkeiten ausgeschlossen worden.[809]

b) Besonderheiten – § 504 Abs. 2

741 Abs. 2 Satz 1 ist nur für Allgemein-Verbraucherdarlehensverträge gemäß § 491 Abs. 2 S. 1 BGB anwendbar, knüpft an Abs. 1 Satz 4 an und enthält weitere Abweichungen von §§ 491 ff. BGB für Überziehungsmöglichkeiten, bei denen das Darlehen nach seiner Auszahlung binnen 3 Monaten oder auf Aufforderung, also nach fristloser ordentlicher Kündigung durch den Darlehensgeber, zurückzuzahlen ist. Bei derartigen Überziehungsmöglichkeiten sind folgende Regelungen nicht anzuwenden:
- die Erläuterungspflicht in § 491a Abs. 3 BGB,
- das Widerrufsrecht gem. § 495 Abs. 2 Nr. 3 BGB sowie
- die Beendigungstatbestände in §§ 499 Abs. 2, 500 Abs. 1 Satz 2 BGB.

742 Weitere Ausnahmen betreffend die vorvertraglichen Informationspflichten und den Vertragsinhalt (keine Angabe der Teilzahlungen, kein Tilgungsplan, keine Kontoführungsgebühren, kein Warnhinweis, keine Angabe der Sicherheiten, kein Hinweis auf das Nichtbestehen eines Widerrufsrechts, kein Hinweis auf das Recht auf vorzeitige Rückzahlung) sind in Art. 247 § 10 EGBGB geregelt.

743 Abs. 2 Satz 2 erlaubt in Abweichung von § 492 BGB, den Vertrag über eine Überziehungsmöglichkeit i.S.d. Abs. 2 ohne Einhaltung einer Form abzuschließen. Damit auf die **Schriftform** des § 492 verzichtet werden kann, stellt Satz 2 allerdings **drei Voraussetzungen** auf:
1. außer den Sollzinsen dürfen keine weiteren laufenden Kosten vereinbart sein, also insb. keine Bearbeitungsgebühren. »Laufende« Kosten sind nur solche, die bei ordnungsgemäßer Vertragsdurchführung anfallen. Nicht von dem Begriff erfasst sind dagegen vereinbarte Verzugskosten, die auch nicht in die Gesamtkosten einbezogen werden;
2. die geschuldeten Zinsen dürfen nicht in kürzeren Perioden als 3 Monate belastet werden. Damit soll der Problematik des Zinseszinses entgegengewirkt werden;
3. der Darlehensgeber hat dem Darlehensnehmer den Vertragsinhalt so schnell wie möglich auf einem dauerhaften Datenträger, § 126, b S. 2 BGB, mitzuteilen.

744 Auch für Überziehungen nach Abs. 2 gelten die in Abs. 1 genannten Unterrichtungspflichten und Anwendungseinschränkungen der §§ 493, 502 BGB.

c) Beratungspflicht bei Inanspruchnahme der Überziehungsmöglichkeit – § 504 a BGB

745 § 505 a Abs. 1 und 2 BGB wurden in Umsetzung der Wohnimmobilienkreditrichtlinie, in Kraft seit dem 21.03.2016, eingefügt. Die Vorschrift dient dem Verbraucherschutz und soll dauerhaft und erhebliche Kontoüberziehungen verbessern. Die Beratung soll verhindern, dass des dass der Dispositionskredit zu einer übermäßigen Belastung des Darlehensnehmers führt. Der Anwendungsbereich erstreckt sich auf die eingeräumte Überziehungsmöglichkeit gemäß § 504 BGB, die geduldete Überziehung nach § 505 Abs. 2 S. 2 und 3 BGB. Die Vorschrift ist unabdingbar, § 512 BGB.[810]

809 BT-Drucks. 16/11643; zu Art. 1, zu Nr. 29 (§ 504 BGB); S. 90.
810 Palandt/*Weidenkaff* § 504a Rn. 1.

Nach § 504 a Abs. 1 BGB setzt eine Beratungspflicht bei einer dauerhaften erheblichen Überziehung ein. Ein Kontoüberziehung ist dauerhaft, wenn die Überziehungsmöglichkeit über einen Zeitraum von sechs Monaten in Anspruch genommen wird, ohne dass zu irgendeinem Zeitpunkt ein ausgeglichener Kontosaldo vorliegt. Erheblich ist die Kontoüberziehung, wenn sie innerhalb eines solchen Sechsmonatszeitraums im Mittel – Schwankungen sind also unschädlich – 75 Prozent der vereinbarten Kreditlinie übersteigt[811]. 746

Sind für das Konto vierteljährlich Rechnungsabschlüsse vereinbart, sind sie die maßgeblichen Zeitpunkte für den Zeitraum von 6 Monaten besteht dieser Vereinbarung nicht, ist für den Zeitraum von 6 Monaten auf den Beginn der Überziehung abzustellen, § 504 a Abs. 1 S. 2 BGB. 747

Das zu dokumentierende Beratungsangebot ist dem Darlehensnehmer in Textform, § 126 b S. 2 BGB, auf demjenigen Kommunikationsweg zu unterbreiten, der für den Kontakt mit dem Darlehensnehmer üblicherweise genutzt wird. Abzustellen ist darauf, wie dem Darlehensnehmer Kontoauszüge zur Verfügung gestellt werden. Den Anforderungen des § 504a Abs. 1 BGB werden daher auch Beratungsangebote gerecht, die per Email übermittelt oder im Internet heruntergeladen werden[812]. Der Darlehensnehmer kann frei entscheiden, wie das Angebot annimmt oder ablehnt. Hierfür gelten die allgemeinen Vorschriften, insbesondere § 147 BGB. Eine Äußerungspflicht des Darlehensnehmers besteht nicht. Schweigen begründet keine Annahme[813]. 748

§ 504a Abs. 2 BGB enthält detaillierte Vorgaben zum Inhalt der geschuldeten Beratung, zur Durchführung des eigentlichen Beratungsgesprächs und zu dessen Dokumentation in Bezug auf Zeit und Ort. Geschuldet ist eine der spezifischen finanziellen Lage des Darlehensnehmers gerecht werdende und bezogen auf den Überziehungskredit und in Frage kommende Alternativen objektgerechte Beratung. Der Darlehensgeber hat die von ihm selbst angebotenen Produkte darauf zu überprüfen, ob diese für den Verbraucher geeignet und kostengünstiger sind. Gegebenenfalls ist auf Hilfsangebote Dritter zu verweisen; damit sind Beratungsangebote z.B. von Schuldnerberatungsstellen gemeint[814]. 749

Die Beratung hat in Form eines persönlichen Gesprächs zu erfolgen, § 504 a Abs. 2 S. 2 BGB. Das persönliche Gespräch kann auch telefonisch stattfinden. Der Darlehensgeber hat Ort und Zeit des Beratungsgesprächs zu dokumentieren, für den gilt dies nicht[815]. 750

Nach § 504a Abs. 3 BGB muss dem Darlehensnehmer ein erneutes Beratungsangebot unterbreitet werden, wenn die Voraussetzungen von § 504 a Abs. 1 BGB erneut vorliegen. Dies nicht enthält, wenn der Darlehensnehmer ausdrücklich auf weitere Beratungsangebote verzichtet[816]. 751

2. Geduldete Überziehung – § 505 BGB

§ 505 BGB regelt die Anwendung des Verbraucherdarlehensrechts auf »geduldete Überziehungen«. Abweichend von der eingeräumten Überziehungsmöglichkeit besteht hier kein Darlehensrahmenvertrag, sondern der Darlehensvertrag kommt erst mit der Auszahlung des Darlehens als »Handdarlehen« zustande.[817] § 505 BGB ist nur auf Allgemein-Verbraucherdarlehensverträge im Sinne von § 491 Abs. 2 S. 1 BGB anwendbar, § 505 Abs. 4 BGB. Eine **geduldete Überziehung** im Sinn dieser Vorschrift liegt vor, wenn ein Unternehmer entweder in einem Verbrauchervertrag über ein laufendes Konto ohne eingeräumte Überziehungsmöglichkeit eine Überziehung des Kontos gegen Entgelt duldet (Abs. 1 Satz 1) oder in einem Verbrauchervertrag über ein laufendes Konto mit 752

811 Schimansky/Bunte/Lwowski/*Jungmann* Bankrechts-Handbuch § 81c Rn. 30.
812 BT-Drs. 18/5922, 99.
813 Palandt/*Weidenkaff* § 504a Rn. 2.
814 Schimansky/Bunte/Lwowski/*Jungmann* Bankrechts-Handbuch § 81c Rn. 34.
815 Palandt/*Weidenkaff* § 504a Rn. 3.
816 Palandt/*Weidenkaff* § 504a Rn. 4.
817 BT-Drucks. 16/11643 S. 90; Schwintowski § 14 Rn. 383.

eingeräumter Überziehungsmöglichkeit eine Überschreitung des vereinbarten Höchstbetrags gegen Entgelt duldet (Abs. 1 Satz 2).

753 Der Kunde nimmt i.d.R. ohne vorherige Absprache mit seiner Bank (über ein vorhandenes Guthaben oder eine vereinbarte Kreditlinie hinausgehend) Kredit in Anspruch, indem er z.B. ungedeckte Schecks ausstellt, Überweisungen ausführt oder Lastschriften abbuchen lässt, die von der Bank eingelöst werden.[818] Dabei besteht vor der im Belieben der Bank stehenden Durchführung kein Anspruch auf den Kredit, sondern nur eine Chance, dass die Bank die Überziehung duldet.[819]

754 Es sind vier Konstellationen denkbar, wie die Bank reagieren kann:
- die Bank kann der Überziehung widersprechen und vom Kunden die Rückführung verlangen;
- die Bank kann trotz des – vielleicht konkludenten – Widerspruchs von dem Verlangen einer Rückführung absehen;
- die Bank kann die Überziehung hinnehmen, ohne sich hierzu rechtsgeschäftlich zu äußern oder
- in der Überziehung kann der Antrag des Kunden auf Abschluss eines Überziehungskreditvertrages liegen, den die Bank durch Duldung konkludent annimmt mit der Folge, dass der Kunde Anspruch auf das in der Erklärung liegende Darlehen hat und folglich die Bank nicht ohne die Erklärung einer Kündigung die Rückführung verlangen kann.

755 Mit Umsetzung der Verbraucherkreditrichtlinie zum 11.06.2010 hat der Gesetzgeber in § 505 BGB die Voraussetzungen einer vertraglich vereinbarten geduldeten Überziehung normiert. Eine stillschweigend akzeptierte Überziehung ist hiernach allerdings ebenso wenig geregelt, wie Überziehungen, denen das Kreditinstitut widerspricht oder zu denen sich das Kreditinstitut überhaupt nicht rechtsgeschäftlich äußert.[820]

756 In der Ausführungshandlung der Bank liegt zugleich die rechtsgeschäftliche Zustimmung zur geduldeten Überziehung. Anders als beim Abschluss eines Dispositionskredites geht beim Überziehungskredit die Initiative nicht von der Bank aus, sondern immer vom Kunden. Die Überziehungsvereinbarung kommt somit durch die Verfügung des Kunden (Angebot) und die Duldung der Ausführungshandlung durch die Bank (Annahme) zustande.[821] Sie bedarf zu ihrer Beendigung der Kündigung.[822]

757 Für derartige Überziehungen ist die Bank berechtigt, ein gesondertes Entgelt zu verlangen, da die Duldung einer Kontoüberziehung eine zusätzliche Leistung der Bank darstellt, z.B. wegen der laufenden Überwachung und Disposition, auf die der Kunde mangels vorheriger Vereinbarung keinen Anspruch hat. Daher kann der Kunde die Krediterweiterung nicht zu dem gleichen Preis erwarten oder verlangen, wie einen bewilligten Kredit.

758 Der erhöhte Zins für Überziehungen kann auch in Allgemeinen Geschäftsbedingungen geregelt werden[823] (Nr. 12 Abs. 1 und 2 AGB-Banken, Nr. 17 Abs. 1 und 2 AGB-Sparkassen). Allerdings darf der Rahmen des marktüblichen Überziehungszinssatzes nicht deutlich überschritten werden; ein Überziehungszins von 4,0 %[824] bzw. 4,5 %[825] bewegt sich noch i.R.d. Üblichen. Verweist die Klausel auf die Preisaushänge und Preisverzeichnisse der Bank, so liegt ein Fall des einseitigen Bestimmungsrechts gem. § 315 BGB vor.

759 Keinen Anspruch auf Zahlung eines Überziehungszinses hat die Bank allerdings dann, wenn sie nach Fälligstellung mit dem Darlehensnehmer eine Vereinbarung trifft, nach der dieser zur weiteren

818 OLG Hamm, WM 1995, 1443.
819 BGH, WM 2007, 508 Rn. 15.
820 Bülow/Artz § 505 Rn. 3.
821 BGH, NJW 1992, 1751 (1752); NJW 1985, 1218 (1219); PWW/*Nobbe* § 505 Rn. 2.
822 BGH WM 2013, 1796 Rn. 33; PWW/*Nobbe* § 505 Rn. 5.
823 MüKo-BGB/*Berger* § 488 Rn. 207; BGH, NJW 1992, 1751 für AGB-Sparkassen.
824 BGH, NJW 1992, 942 (943); NJW 1992, 1753.
825 OLG Hamm, WM 1983, 940.

Kapitalnutzung berechtigt ist. In diesem Fall liegt keine »geduldete Überziehung« vor, da die Inanspruchnahme des Kredits von dem ursprünglich eingeräumten oder evtl. auch stillschweigend abweichend festgelegten Kreditrahmen gedeckt ist.[826]

Besteht die Bank auf sofortige Rückführung, liegt weder ein Fall der vereinbarten noch der geduldeten Überziehung vor. In diesem Fall steht dem Kreditinstitut kein Anspruch auf einen vertraglichen Überziehungszins zu. Nach Inverzugsetzung des Kunden ist das Kreditinstitut vielmehr auf die Geltendmachung eines Schadensersatzanspruchs beschränkt. Für die Höhe des Schadensersatzes kann nicht auf den Überziehungszinssatz zurückgegriffen werden, sondern es ist ein der Geschäftsstruktur des jeweiligen Kreditinstituts entsprechender Durchschnittzinssatz zugrunde zu legen,[827] sofern nicht auf den gesetzlichen Verzugszinssatz zurückgegriffen wird. 760

a) Vertrag (Abs. 1)

Nach § 505 Abs. 1 BGB muss in dem Vertrag über die Zurverfügungstellung des laufenden Kontos zumindest die Möglichkeit einer Saldoüberschreitung gegen Entgelt vorgesehen sein und der Kontoinhaber ist gem. Art. 247 § 17 Abs. 1 EGBGB auf einem dauerhaften Datenträger über Sollzinssatz und weitere Kosten zu informieren. I Wann diese Information erteilt wird (vor, während oder nach Abschluss des Kontovertrags), ist gleichgültig. Sie muss allerdings vor der ersten geduldeten Überziehung erteilt worden sein, sonst treten die Rechtsfolgen des Abs. 3 ein.[828] Darüber hinaus muss das Kreditinstitut den Darlehensnehmer in regelmäßigen Zeitabständen über die Einzelheiten gem. Art. 247 § 17 Abs. 1 EGBGB unterrichten, unabhängig davon, ob überhaupt eine Überziehung vorliegt. Die Dauer der Zeitabstände richtet sich danach, ob und in welcher Höhe das Konto überzogen ist.[829] 761

b) Erhebliche Überziehung (Abs. 2)

Bei einer vom Darlehensgeber geduldeten **erheblichen Überziehung**, die länger als einen Monat dauert, besteht die erhöhte Verpflichtung zur Unterrichtung gem. Art. 247 § 17 Abs. 2 EGBGB.[830] Für die Beantwortung der Frage, wann eine Überziehung erheblich ist, ist eine Einzelfallbetrachtung vorzunehmen. Wichtigster Orientierungspunkt sind die in der Vergangenheit auf dem Konto zu verzeichnenden Geldeingänge, z.B. aus Arbeitseinkommen, Vermietung- und Verpachtung, Sozialleistungen etc. Regelmäßig wird man eine erhebliche Überziehung annehmen können, wenn im Wege der geduldeten Überziehung Kredit in einer Größenordnung von mehr als dem Doppelten der Summe der üblichen monatlichen Einkünfte gewährt wird. Allerdings sind die konkreten Möglichkeiten des Verbrauchers, den durch die geduldete Überziehung gewährten Kredit zurückzuführen, zu berücksichtigen.[831] Mangels konkreter Richtgrößen kann die Bewertung der erheblichen Überziehung nur anhand eines subjektiven Maßstabes erfolgen. Um kein Risiko einzugehen, ist anzuraten, dass Kreditinstitute zumindest im Standardgeschäft generell bei allen geduldeten Überziehungen der gesteigerten Informationspflicht des Art. 247 § 17 Abs. 2 EGBGB nachkommen. 762

Gem. § 505 Abs. 2 BGB muss die Unterrichtung »unverzüglich« erfolgen, sofern die erhebliche Überziehung mehr als einen Monat besteht. Würde in diesem Fall das Kreditinstitut die Monatsfrist abwarten, dürfte eine Unterrichtung des Darlehensnehmers z.B. über einen Kontoauszugsdrucker nur ausreichen, wenn der Kunde den Auszug unverzüglich zieht. Ist dies nicht der Fall und wird dem Kunde 35 Tage nach dem letzten Abruf eines Kontoauszugs ein sog. Zwangsauszug zugesandt, dürfte dies meines Erachtens nicht mehr der »unverzüglichen« Information genügen. Aus diesem Grund ist 763

826 BGH, WM 2003, 922 (924).
827 BGH, NJW 1989, 1276 (1278).
828 BT-Drucks. 16/11643 zu Nr. 29 (§ 505 BGB), S. 90.
829 Palandt/*Weidenkaff* § 505 Rn. 2.
830 Palandt/*Weidenkaff* § 505 Rn. 2.
831 Schimansky/Bunte/Lwowski/*Jungmann* Bankrechts-Handbuch § 81c Rn. 69..

anzuraten, dass das Kreditinstitut bereits zu Beginn der erheblichen Überziehung den Kunden mittels eines Kontoauszugs informiert. Zieht der Kunde binnen 35 Tagen keinen Kontoauszug, erhält er den Zwangsauszug und damit die Information zeitnah nach Ablauf der Monatsfrist zugesandt.

764 Dauert die erhebliche Überziehung einen weiteren Monat an, so stellt sich die Frage, ob der Darlehensnehmer erneut informiert werden muss. Geht man davon aus, dass die Information des Darlehensnehmers der Aufklärung über die anfallenden Kosten der erheblichen Überziehung dienen soll, wobei diese nicht bei jeden noch zu kurzen Zeitraum, sondern – wegen der entstandenen Höhe der Kosten – erst nach einem Monat anzugeben sind, so wird man nicht umhin können, bei einer längeren Inanspruchnahme der Überziehung diesen Warnhinweis nach einem weiteren Monat zu wiederholen.

765 § 505 Abs. 2 Satz 2 BGB verpflichtet den Darlehensgeber bei geduldeten Überziehungen, ein Beratungsangebot iSv. § 504a BGB abzugeben. Die Voraussetzungen, unter denen die Pflicht zu Abgabe eines Beratungsangebots liegen vor, wenn eine Überziehung »dauerhaft« ist, d.h., wenn sie länger als drei Monate ununterbrochen andauert, und wenn sie »erheblich« ist, d.h. wenn der durchschnittliche Überziehungsbetrag die Hälfte des durchschnittlichen monatlichen Geldeingangs innerhalb der letzten drei Monate (vor Beginn der relevanten ununterbrochenen Überziehung) übersteigt. Überziehungsbetrag ist dabei derjenige Betrag, in dessen Höhe die Überziehung nur geduldet wird.

c) Verstoß gegen Hinweispflichten (Abs. 3)

766 Bei einem Verstoß gegen die Hinweispflichten aus Abs. 1 oder 2 gilt nämlich die Fiktion, dass eine Vereinbarung zwischen den Parteien nicht existiert.[832] Daher besteht außer der Rückzahlungspflicht keine weitere Verpflichtung des Darlehensnehmers. Das Kreditinstitut kann in diesem Fall kein weiteres Entgelt für Zinsen und Kosten verlangen. Hiervon nicht berührt wird die Verpflichtung des Darlehensnehmers, ggf. Verzugszinsen (§ 497 BGB) zu zahlen.[833]

3. Nicht geduldete Kontoüberziehungen

767 Keine Informationspflichten bestehen, wenn es zu nicht geduldeten Kontoüberziehungen kommt. Bei diesen wird der Kontostand unberechtigterweise verringert. Typischerweise erteilt der Verbraucher in solchen Fällen keinen Auftrag; vielmehr ist der Zahlungsdienstleister verpflichtet, die Kontobelastung hinzunehmen, bzw. kann sie nicht verhindern. Beispiele sind die Stornierung von Kontogutschriften, die Rückbelastung von Schecks, die Abhebung an (institutsfremden) Geldautomaten sowie andere irrtümliche, nicht von einem Darlehensgewährungswillen getragene Verfügungen zulasten des laufenden Kontos (auch die Durchführung von Aufträgen des Verbrauchers, bei welchen die Prüfmechanismen des Zahlungsdienstleisters, ob dadurch die Kreditlinie nicht überschritten wird, versagt haben). Wird das Konto des Verbrauchers auf diese Weise ins Debet geführt oder die eingeräumte Kreditlinie unterschritten, stellt dies grundsätzlich eine Verletzung des Zahlungsdiensterahmenvertrags/Girovertrags dar. Die Bank muss den Verbraucher in solchen Fällen allerdings zur unverzüglichen Rückführung der nicht geduldeten Überziehung auffordern; anderenfalls - etwa auch dann, wenn zur Rückführung eine Frist gesetzt wird - kann sich das Handeln der Bank als nachträgliche Duldung der Überziehung (§ 505 BGB) darstellen.
Auf nicht geduldete Überziehungen finden nicht nur §§ 504, 505 BGB keine Anwendung, sondern - wegen des fehlenden Vertragsschlusses - die §§ 491 ff. BGB (und Art. 247 § 15 -17, Art. 247a EGBGB) insgesamt nicht. Deswegen treffen die Bank keine Informationspflichten, sie kann aber auch keine Überziehungszinsen verlangen, sondern nur Schadensersatz nach allgemeinen Regeln wegen Verletzung des Zahlungsdiensterahmenvertrags/Girovertrags (§§ 280 Abs. 1 Satz 1, 675f BGB). Die Pflicht zur Rückzahlung des Zwangskredits folgt aus § 249 BGB, nicht aus § 488 BGB.[834]

832 BT-Drucks. 16/11643 zu Nr. 29 (§ 505 BGB), S. 91.
833 Palandt/*Weidenkaff* § 505 Rn. 6.
834 Schimansky/Bunte/Lwowski, *Jungmann*, BankR-HdB, § 81c Rn. 79-81.

VII. Verbundene Geschäfte

1. Einführung

Häufig erwerben Verbraucher Waren und Leistungen, ohne diese aus ihrem vorhandenen Einkommen oder Vermögen zu bezahlen. Beim typischen Fall des **finanzierten Abzahlungskaufs** kauft der Verbraucher beim Unternehmer eine Sache und beschafft sich das Geld dafür bei einer Bank, indem er mit dieser einen Darlehensvertrag abschließt. Verschafft sich der Verbraucher das Geld für den Kaufpreis durch den Darlehensvertrag ohne Absprache mit dem Verkäufer, ergibt sich folgende Rechtslage: Der Darlehensvertrag ist nach § 495 widerruflich, der Kaufvertrag jedoch nicht. Widerruft der Verbraucher daher den Darlehensvertrag, muss er die Valuta an die Bank zurückzahlen, bekommt sie aber nicht vom Verkäufer ersetzt, dessen Kaufpreisanspruch er ja bereits erfüllt hat. Widerruft der Verbraucher andererseits den Darlehensvertrag nicht, wenn die gekaufte Sache mangelhaft ist und er den Kaufpreis mindern könnte, muss er das Darlehen ungemindert an die Bank zurückzahlen (§ 488 Abs. 1. Satz 2 BGB). Für den Verbraucher verwirklicht sich in diesen Fällen ein hinzunehmendes Risiko aus der Teilnahme am Rechtsverkehr. 768

Anders ist die Situation zu bewerten, wenn der Verbraucher nicht aus eigenem Antrieb den finanzierten Vertrag und den Darlehensvertrag isoliert abschließt, sondern Verkäufer und Bank so zusammenwirken, dass dies für den Verbraucher nicht wie zwei isolierte Vorgänge, sondern als eine Einheit erscheint. In diesen Fällen sollen die Veränderungen des einen Vertrages auch den anderen Vertrag ergreifen.[835] 769

Typischerweise handelt es sich um ein Dreipersonenverhältnis zwischen Verbraucher, Verkäufer/ Dienstleister und Bank. Die Vorschriften sind jedoch auch in den Fällen anzuwenden, in denen Unternehmer und Kreditgeber identisch sind. 770

Mit Umsetzung der Verbraucherrechterichtlinie zum 13.06.2014[836] sind die Vorschriften über verbundene Geschäfts neu strukturiert worden. § 358 BGB n.F. entspricht der bis zum 12.06.2014 geltenden Rechtslage. Mit Umsetzung der Wohnimmobilienkreditrichtlinie wurde § 358 Abs. 2 BGB mit Wirkung vom 21.03.2016 neu gefasst und auf unentgeltliche Verbraucherdarlehensverträge und unentgeltliche Finanzierungshilfen, §§ 514, 515 BGB, erstreckt. Die Regelungen in den Absätzen 1 bis 3 sind wörtlich identisch mit der Regelung des § 358 BGB a.F. Die Formulierung in § 358 Abs. 4 Satz 1 BGB stellt klar, dass es sich bei wirtschaftlich verbundenen Verträgen nicht um ein einheitliches Rechtsgeschäft handelt, sondern dass die Verträge rechtlich selbstständig bleiben.[837] 771

Folge ist, dass sich bei verbundenen Verträgen infolge des Kompensationsmodells sich bestimmte Veränderungen des einen Vertrages auch auf den anderen Vertrag auswirken. Die Veränderungen können darin liegen, dass einer der beiden Verträge widerrufen wird (**Widerrufserstreckung**) oder dass gegen den finanzierten Vertrag Einwände entstanden sind, die auch gegenüber dem Darlehnsvertrag erheblich sind (**Einwendungsdurchgriff**). Dagegen sehen die Regelungen keinen **Forderungsdurchgriff** des Verbrauchers vor, dass dieser seine darüber hinausgehenden Ansprüche gegenüber dem Verkäufer auch beim Darlehensgeber erheben könnte.[838] 772

Die Vereinheitlichung der Rechtsfolgen des Widerrufs bei verbundenen Verträgen wird über die §§ 358, 359 BGB geschaffen. Geregelt werden die Rechtsfolgen, wenn ein Vertrag über die Lieferung von Waren bzw. die Erbringung von Leistungen mit einem Darlehensvertrag so verbunden ist, dass das Darlehen ganz oder teilweise der Finanzierung des anderen Vertrages dient, beide Verträge eine wirtschaftliche Einheit bilden und einer der Verträge vom Verbraucher nach Maßgabe der 773

835 Bülow/Artz § 495 Rn. 249.
836 VerbrRRL-UG, BGBL.I 2013, S. 3642 – 3670.
837 Palandt/*Grüneberg* § 358 Rn. 19; Bülow/Artz § 495 Rn. 249.
838 Bülow/Artz § 495 Rn. 250.

§§ 355 ff. BGB widerrufen wird. Der Widerruf setzt dabei die lediglich schwebende Wirksamkeit der beiden miteinander verbundenen Verträge voraus.[839]

774 Der **Einwendungsdurchgriff** des Widerrufs steht gem. § 358 Abs. 3 Satz 1 BGB unter zwei Voraussetzungen, nämlich dass
- das Darlehen der Finanzierung der vom Verbraucher zu erbringenden Gegenleistung dient und
- beide Verträge, d.h. der zu finanzierende Vertrag und das Darlehen als eine wirtschaftliche Einheit anzusehen sind.

775 Beide Verträge stehen insofern in einem einheitlichen Verhältnis zueinander, als der eine Vertrag nicht ohne den anderen abgeschlossen worden wäre.

776 Dies gilt auch für die Fälle, bei denen Kauf- und Darlehensvertrag nicht zeitgleich abgeschlossen worden sind, sondern die Finanzierungsabrede erst später, nach dem Kaufvertrag getroffen worden ist.[840]

777 Kein Widerrufsrecht bei Verbundgeschäften besteht bei den in § 491 Abs. 4 BGB aufgezählten Vertragskonstellationen. Darlehensverträge, die der Finanzierung von Finanzinstrumenten dienen(Definition Vergl. § 1 Abs. 11 KWG) sind grds. von der Anwendung der Verbundregelung ausgenommen §§358 Abs. 5, 359 Abs. 2 BGB. In diesen Fällen würde der Automatismus der Unwirksamkeit des zugrunde liegenden Geschäfts durch den Widerruf zu dem Ergebnis führen, dass der Verbraucher auf das Risiko der Bank spekulieren könnte. Gleiches gilt, wenn das finanzierte Entgelt weniger als 200 € beträgt.Für Immobiliardarlehensverträge gelten seit Einführung des § 358 Abs. 3 Satz 3 BGB mit der Änderung i.R.d. OLGVertrÄndG[841] keine Besonderheiten mehr im Hinblick auf Widerruf und Verbundgeschäft. Grds. sind ab dem 01.08.2002 alle Immobiliardarlehensverträge widerruflich. Für vor dem 01.08.2002 abgeschlossene Verträge sind gemäß den Entscheidungen des BGH die Vorschriften über Verbundgeschäfte gem. § 3 Abs. 2 Nr. 2 VerbrKrG nicht anwendbar;[842] die Regelungen des Verbundgeschäfts finden keine Anwendung.

2. Wirtschaftliche Einheit

778 Eine **wirtschaftliche Einheit** ist gem. § 358 Abs. 3 Satz 1 BGB in den Fällen anzunehmen, wenn das Darlehen ganz oder teilweise der Finanzierung des anderen Vertrags dient und beide Verträge eine wirtschaftliche Einheit bilden. Damit kommt es auf die tatsächliche Zweckbindung der Darlehensvaluta an. Eine dementsprechende Vereinbarung der Vertragsparteien ist nicht erforderlich[843], allerdings muss der Darlehensgeber den Finanzierungszweck kennen. Die bloße Weiterleitung der Darlehensvaluta an den Partner des Beschaffungsvertrages ist nicht ausreichend.[844]

779 Nach der unwiderleglichen Vermutung des Abs. 3 Satz 2[845] ist eine wirtschaftliche Einheit insbesondere anzunehmen, wenn der Unternehmer selbst die Gegenleistung des Verbrauchers finanziert, oder im Fall der Finanzierung durch einen Dritten, wenn sich der Darlehensgeber bei der Vorbereitung oder dem Abschluss des Darlehensvertrags der Mitwirkung des Unternehmers bedient. Hiernach liegt immer ein verbundenes Geschäft vor, wenn Unternehmer und Bank **arbeitsteilig zusammenwirken**. Dies ist immer dann der Fall, wenn der Verkäufer den Abschluss des Darlehensvertrages im Lauf der Verhandlungen fördert, indem bspw. die Finanzierungsinitiative vom Verkäufer ausgeht und der Antrag auf Abschluss des Darlehensvertrages beim Verkäufer unterschrieben wird. Die Finanzierungsinitiative kann auch vom Darlehensgeber ausgehen. Ein Zusammenwirken wird daher vermutet, wenn der Kreditvertrag nicht lediglich deshalb zustande kommt, weil der

839 Bülow/Artz § 495 Rn. 254.
840 BGH, NJW 1984, 1755 (1756).
841 OLGVertrÄndG; BGBl. I 2002, S. 2850 ff.
842 BGH, WM 2006, 1008 Rn. 22.
843 MüKo-BGB/*Habersack* § 358 Rn. 31.
844 PWW/*Stürner* § 358 Rn. 5.
845 Palandt/*Grüneberg* § 358 Rn. 11.

Verbraucher von sich aus die Bank um die Finanzierung des Anlageobjektes ersucht hat, sondern weil der Vertriebsbeauftragte des Anlagevertreibers dem Interessenten zugleich mit den Anlageunterlagen einen Kreditantrag des Finanzierungsinstituts vorgelegt hat, das sich zuvor dem Anlagevertreiber gegenüber zur Finanzierung bereit erklärt hatte aufsucht.[846] Entscheidend ist die faktische Zusammenarbeit, auf einen Rahmenvertrag oder eine ähnliche rechtliche Vereinbarung zwischen Unternehmer und Bank kommt es nicht an.[847]

Daher ist erforderlich, dass sich der Darlehensvertrag als Teil eines einheitlichen Geschäfts darstellt, 780 und beide Verträge so miteinander verwoben sind, dass keiner ohne den anderen abgeschlossen worden wäre. Entscheidend ist die faktische Zusammenarbeit, auf einen Rahmenvertrag oder eine ähnliche rechtliche Vereinbarung zwischen Unternehmer und Bank kommt es nicht an.[848] Voraussetzung ist, dass objektiv festgestellte Umstände (**Verbindungselemente**) vorliegen und dadurch für den Darlehensnehmer der Eindruck erweckt wird, Verkäufer und Darlehensgeber stünden ihm gemeinsam als Vertragspartner gegenüber.[849] Als Indizien für eine wirtschaftliche Einheit sind bspw. anzusehen die ständige Geschäftsbeziehung zwischen der Bank und dem Verkäufer/Leistungserbringer, sofern diese ggü. dem Verbraucher als Einheit erscheinen[850] oder die Bank und der Unternehmer aufeinander abgestimmte Formulare verwenden.[851] Die Grundsätze des verbundenen Geschäfts sind aber auch dann anzuwenden, wenn die Verbindung zwischen Bank und Verkäufer nur locker, vielleicht sogar nur einmalig ist, sofern es sich für den Verbraucher als Einheit darstellt, z.B. weil der Kauf- und der Darlehensvertrag zeit- und ortsgleich in den Geschäftsräumen des Verkäufers abgeschlossen werden.[852] Auch kann eine Verbindung vorliegen bei Einschaltung derselben Vertriebsorganisation durch den Kreditgeber und Verkäufer und das Abhängigmachen des Wirksamwerdens des Erwerbsvertrags vom Zustandekommen des Finanzierungsvertrags mit einem vom Unternehmer vorgegebenen Kreditinstitut.[853] Die wertende Gesamtbetrachtung der Einzelelemente begründet daher ein bewegliches System zur Ermittlung einer wirtschaftlichen Einheit im konkreten Einzelfall.

Allerdings ist die für einen Einwendungsdurchgriff beim finanzierten Kauf erforderliche wirtschaft- 781 liche Einheit von Kauf- und Darlehensvertrag trotz ausreichender objektiver Verbindungselemente zu verneinen, wenn die kreditgebende Bank dem Darlehensnehmer durch unmissverständliche individuelle Hinweise vor Abschluss des Darlehensvertrages klarmacht, dass das Darlehen völlig unabhängig vom Kaufvertrag gewährt wird und deshalb ohne Rücksicht auf Einwendungen daraus zurückzuzahlen ist. Entsprechendes gilt, gleichartige Interessenlage vorausgesetzt, auch bei anderen kreditfinanzierten Verträgen.[854]

Mit Urt. v. 15.12.2009[855] hat der BGH entschieden, dass ein Darlehensvertrag und ein Restschuld- 782 versicherungsvertrag verbundene Verträge bilden, sofern die Voraussetzungen des § 358 Abs. 3 BGB vorliegen. Dies ist der Fall, wenn das Darlehen ganz oder teilweise der Finanzierung des anderen Vertrages dient und beide Verträge eine wirtschaftliche Einheit bilden. Eine wirtschaftliche Einheit ist dann anzunehmen, wenn sich der Darlehensgeber bei der Vorbereitung oder dem Abschluss des Verbraucherdarlehensvertrages der Mitwirkung des Unternehmers, d.h. des Partners des Vertrages über die Erbringung einer Leistung, bedient. Dient das Darlehen daher auch der Finanzierung des Restschuldversicherungsvertrages, stellt die **Restschuldversicherung** eine andere

846 BGH NJW 2006, 1003 Rn. 14; Palandt/*Grüneberg* § 358 Rn. 11.
847 Palandt/*Grüneberg* § 358 Rn. 12.
848 Palandt/*Grüneberg* § 358 Rn. 12.
849 OLG Köln, ZIP 1995, 21 (22).
850 BGH, NJW 1971, 2303 (2306).
851 BGH, NJW 1987, 1698 (1700).
852 OLG Köln, ZIP 1995, 21 (22).
853 BGH, WM 2008, 967 (968).
854 BGH, WM 1992, 1355 (1358).
855 BGH, WM 2010, 166 Rn. 18.

Leistung i.S.d. § 358 Abs. 3 BGB dar und ist nicht lediglich ein Teil der Gesamtfinanzierung oder ein reines Sicherungsmittel.[856] Keine Zweckbindung besteht in dem Fall, dass die ratierliche Tilgungsleistung ausgesetzt worden ist gegen Ansparung einer **Kapitallebensversicherung** durch den Darlehensnehmer. In diesem Fall fließt keine Darlehensvaluta an den Versicherer, sondern die Versicherungsbeiträge werden von dem Darlehensnehmer aus seinem laufenden Einkommen beglichen. Etwas andres kann allerdings dann gelten, wenn eine zu zahlende Einmalprämie des Versicherers durch das Darlehen mitfinanziert wird[857].

783 Ein Verbundgeschäft setzt voraus, dass das finanzierte Geschäft auf einer eigenen Willenserklärung des Verbrauchers beruht. Das folgt unmittelbar aus § 358 Abs. 1 und 2 BGB. Ist hingegen ein Versicherungsvertrag über eine Kreditversicherung unmittelbar zwischen der Bank und dem Versicherungsunternehmen abgeschlossen worden und nicht zwischen dem Darlehensnehmer (Verbraucher) und der Versicherung, liegt kein verbundenes Geschäft im Sinne von, weil der Versicherungsvertrag nicht auf einer eigenen Willenserklärung des Verbrauchers beruht, sodass ein Aufspaltungsrisiko für den Verbraucher nicht besteht[858]

784 Die Vermutungsregelung gilt nicht nur im Dreipersonenverhältnis, sondern erst recht, wenn der Darlehensgeber sowohl Partei des Darlehensvertrages als auch Partei des finanzierten Geschäfts ist. Bei einer Bank kann dies der Fall sein, wenn diese z.B. Sicherungsgut oder eigenes Anlagevermögen an einen Verbraucher verkauft.

785 Bei der Einschaltung eines **Kreditvermittlers** kommt es darauf an, ob dieser für den Verbraucher erkennbar selbstständig handelt, oder sein Handeln dem Verkäufer oder der Bank zuzurechnen ist und deshalb ein Verbindungselement darstellen kann.[859]

786 Besorgt der Vermittler die Finanzierung im Auftrag des Verbrauchers, unterbleibt eine Zurechnung zwar dann, wenn dessen Handeln allein auf selbstbestimmten Handlungen und Weisungen des Kunden beruht. Wird das Kreditinstitut jedoch nach den Empfehlungen, geschäftlichen Verbindungen oder dem freien Ermessen des Vermittlers bestimmt, kann die auf dessen Handeln beruhende Situation selbst dann dem Kreditinstitut zuzurechnen sein, wenn die Bank sonst keine geschäftliche Verbindung mit dem Vermittler unterhält.[860]

787 Kommt es durch eine arglistige Täuschung des Vermittlers zum Abschluss sowohl des Anlage- bzw. Beschaffungsvertrages als auch des Darlehensvertrages, muss sich die kreditgebende Bank das täuschende Verhalten des Vermittlers zurechnen lassen, da dieser nicht Dritter im Sinne von § 123 Abs. 2 BGB ist. Zur Vermeidung eines Wertungswiderspruchs ist daher bei verbundenen Geschäften der kreditgebenden Bank nicht nur die arglistige Täuschungshandlung des Vermittlers zuzurechnen, sondern auch ein darin liegender vorsätzlicher Vertragsschluss.[861]

3. Finanzierter Grundstückserwerb

788 Bei der Finanzierung von Grundstücksgeschäften sind gem. § 358 Abs. 3 Satz 3 BGB die Anforderungen an die wirtschaftliche Einheit eines Geschäfts erweitert, die Annahme eines verbundenen Geschäfts wird somit eingeschränkt. Insb. gilt die unwiderlegliche Vermutung des § 358 Abs. 3 Satz 2 BGB nicht. Hintergrund ist, dass Kreditinstitute, die Immobilienfinanzierungen anbieten, typischerweise auf die Mitwirkung von Grundstücksverkäufern angewiesen sind. Das

856 Bülow/Artz § 495 Rn. 270.

857 Bülow/Artz § 495 Rn. 272.

858 OLG Karlsruhe, Urteil vom 17. September 2014 – 17 U 239/13 –, juris(rkr. Nach Rücknahme der Revision BGH, XI ZR 439/14); a.A. OLG Frankfurt, Beschluss vom 10. Dezember 2013 – 1 W 79/13 –, juris.

859 OLG Düsseldorf, NJW 1997, 2056 (2057).

860 OLG Oldenburg, WM 2009, 1835 (1837).

861 BGH, WM 2008, 1596 (1597).

Verbundgeschäft mit seinen weitreichenden Folgen wäre der Regelfall, nicht die Ausnahme. Ferner weiß bei einem Immobilienkauf auch der geschäftsunerfahrene Laie, dass die Bank und der Verkäufer unterschiedliche Personen sind.[862]

Gegenstand des Erwerbs sind nicht nur Grundstücke im herkömmlichen Sinn, sondern auch grundstücksgleiche Rechte wie Wohnungseigentum, Erbbaurechte oder Teilzeitwohnrechte und – nach Beilegung der BGH-internen Meinungsverschiedenheiten zwischen dem II. und XI. Senat – nun auch Immobilienfondsbeteiligungen.[863] Dienstbarkeiten oder andere dingliche Belastungen des Grundstückes[864] gehören ebenso wenig hierzu wie Fertighausverträge.[865] 789

Voraussetzung der Ausnahmeregelung ist, dass das Verbraucherdarlehen der Finanzierung des Grundstückserwerbs dient. Nicht erforderlich ist, dass es sich bei dem Verbraucherdarlehen um einen Immobiliendarlehensvertrag im Sinn von § 491 Abs. 3 BGB handelt. Ausgehend vom Sinn und Zweck des Gesetzes, nämlich den Besonderheiten des Immobilienfinanzierungsgeschäftes Rechnung zu tragen, ist ein normaler Verbraucherdarlehensvertrag ohne grundbuchliche Absicherung ausreichend; umgekehrt sind Immobiliendarlehen, die nicht der Grundstücksfinanzierung dienen, jetzt den allgemeinen Verbundregelungen des § 358 Abs. 3 Satz 2 BGB unterworfen.[866] 790

Bei der Immobilienfinanzierung ist eine wirtschaftliche Einheit nur an den Kriterien des § 358 Abs. 3 Satz 3 BGB zu messen. Dies hat zur Folge, dass beim Fehlen der Kriterien des Abs. 3 selbst dann kein verbundenes Geschäft vorliegt, wenn die Voraussetzungen des Abs. 2 gegeben sind. Ausgangspunkt ist das arbeitsteilige Zusammenwirken zwischen Kreditinstitut und Verkäufer. I.d.R. verhält sich der Darlehensgeber beim Abschluss des finanzierten Geschäfts passiv. Demgegenüber setzt das Verbundgeschäft voraus, dass der Darlehensgeber nunmehr die Rolle des Verkäufers übernimmt oder mit übernimmt, nämlich durch die Verschaffung des Grundstücks oder über die Zurverfügungstellung des Darlehens hinaus durch die Förderung des Grundstückserwerbs durch das Zusammenwirken mit dem Verkäufer. Betreffend die letztere Konstellation beinhaltet das Gesetz drei Fallgruppen; der Darlehensgeber 791

- macht sich die Veräußerungsinteressen des Unternehmers zu eigen,
- übernimmt Funktionen des Veräußerers, oder
- begünstigt den Veräußerer einseitig,

wobei dies stets im Zusammenwirken mit dem Unternehmer geschehen muss. Eine wirtschaftliche Einheit kann danach beim finanzierten Grundstückskauf nur vorliegen, wenn die Bank ihre Rolle als Kreditgeberin überschreitet.[867] Sog. Doppelfinanzierungen von Unternehmer und Erwerber führen somit nicht zu einer wirtschaftlichen Einheit, soweit die Maßnahmen allein der Kreditvergabe und der Kreditrückzahlung dienen.[868] Auch genügt ein einseitiges Fördern ohne Einverständnis des Unternehmers nicht.[869]

Macht die Bank sich die Veräußerungsinteressen des Unternehmers **zu Eigen**, dann findet hierdurch die Aufspaltung der angenommenen wirtschaftlichen Einheit in zwei selbstständige Verträge mit einer Risikoverlagerung auf den Verbraucher statt.[870] Das ist z.B. der Fall, wenn der Darlehensgeber auch als Makler des Veräußerers auftritt.[871] Nicht hierzu gehört die Kontrolle der Kalkulation des Bauträgers, da die Kontrolle dem eigenen Sicherungsinteresse der Kreditgeberin dient. 792

862 BGH, WM 2002, 1181 (1185).
863 BGH, WM 2006, 1008 Rn. 41.
864 Staudinger/*Nobbe* § 358 Rn. 51.
865 OLG Koblenz, BauR 2004, 1951.
866 BGH, NJW 2003, 3703 (3704).
867 BGH, WM 1992, 901 (905).
868 *Becher* BKR 2002, 931 (934).
869 Bülow/Artz § 495 Rn. 299.
870 *Becher* BKR 2002, 932 (934).
871 BGH, WM 1992, 901 (905).

Ebenso ist das bloße Aufhängen von Aushängen in einem Schaukasten des Darlehensgebers für die Bejahung eines Verbundgeschäftes nicht ausreichend.[872] Ob sich der Darlehensgeber das Interesse des Veräußerers tatsächlich zu Eigen macht, ist in den meisten Fällen ein interner Vorgang zwischen diesen beiden Beteiligten und für den Käufer i.d.R. nicht erkennbar.

793 Ist die Bank in die **Projektplanung oder Projektgestaltung** mit eingebunden und beschränkt sich die Einbindung nicht auf die typische Rolle eines Kreditgebers, kann ein verbundenes Geschäft vorliegen, wenn dies nach außen für den Erwerber erkennbar wird. Ein wichtiges Verbindungselement für die wirtschaftliche Einheit dürfte die Werbung für die Immobilie sein. Anzeigen wie z.B. »Finanzierung durch unsere Hausbank« sollten ebenso vermieden werden wie gemeinsame Verkaufsveranstaltungen von Unternehmer und Bank zum Zweck des Absatzes der konkreten Immobilie. Ein Verbundgeschäft liegt auch vor, wenn die Bank bei der Durchführung des Projektes Funktionen des Veräußerers übernimmt. Dies kann der Fall sein, wenn die Bank in der Insolvenz des Bauträgers mit eigenen Mitteln die Baumaßnahme fertigstellen lässt und anschließend die Immobilie selbst veräußert. Stellt die Bank lediglich die Mittel zur Verfügung und der Insolvenzverwalter übernimmt die Fertigstellung, ist dies unproblematisch.[873]

794 Eine **einseitige Begünstigung** des Veräußerers durch die Bank kann bei der in der Praxis ab und zu vorkommenden Gewährung von Finanzierungssonderkonditionen des Kreditinstitutes als Anreiz für den Erwerb einer bestimmten Immobilie vorliegen. Dies gilt auch für den Fall, dass der Unternehmer selbst die zinsgünstigen Darlehen bei dem Kreditinstitut subventioniert, sofern die Subventionierung nicht offengelegt wird. Ebenso verhält es sich mit der Offenlegung von vertragswesentlichen Informationen, zu deren Aufklärung die Bank verpflichtet ist. Sofern das Wissen um diesen Sachverhalt den Interessenten von Kauf der Immobilie abhalten könnte, muss die Bank ihren konkreten Wissensvorsprung preisgeben.

795 Im Einzelfall ist es nach Ansicht des BGH möglich, dass das Kreditinstitut durch unmissverständliche individuelle Hinweise, an die angesichts der in besonderem Maße für eine wirtschaftliche Einheit der Verträge sprechenden Verbindungselemente strenge Anforderungen zu stellen sind, Klarheit über die völlige Selbstständigkeit des Darlehensvertrages und über das Risiko des Verbrauchers herstellt.[874]

4. Widerruf verbundener Geschäfte

796 Erklärt der Verbraucher fristgerecht den Widerruf, so wird gem. §§ 495, 355, 358 BGB ein Rückabwicklungsverhältnis ausgelöst, demzufolge insb. die empfangenen Leistungen an den Kreditgeber bzw. den Verbraucher zurückzugeben sind. Beim verbundenen Geschäft entfällt durch den Widerruf aber nicht nur die Bindung an den Kreditvertrag, sondern auch an den Liefervertrag (§ 358 Abs. 2 BGB). Die Regelungen der Rückabwicklung im Zwei-Personen-Verhältnis sind auf verbundene Geschäfte daher nicht ohne weiteres anzuwenden. Aus diesem Grund hat der Gesetzgeber in § 358 Abs. 4 Satz 5 BGB bestimmt, mit wem der Verbraucher die Rückabwicklung durchzuführen hat, ob mit dem Darlehensgeber oder dem Partner des finanzierten Geschäfts. Durch den Widerruf entfällt somit nicht nur die Bindung an den Darlehensvertrag, sondern auch an den Liefervertrag. Besondere Bedeutung kommt dem Widerruf von Verträgen i.R.d. Rückabwicklung von Kapitalanlagemodellen zu (»Schrottimmobilien«), die im Zusammenhang mit einer Haustürsituation vereinbart worden sind.

797 Hat der Darlehensgeber das Darlehen noch nicht ausgezahlt, findet die Rückabwicklung zwischen Verbraucher und Unternehmer des finanzierten Vertrages statt, da in diesem Fall der Verbraucher von der Bank noch nichts erhalten hat. Dies gilt auch in den Fällen, in denen die Darlehensvaluta nicht direkt an den Verkäufer ausgekehrt wird, sondern an den Verbraucher zur Weiterleitung an

872 Palandt/*Grüneberg* § 358 Rn. 16.
873 *Becher* BKR 2002, 1931 (935).
874 BGH, WM 1992, 1355 (1357).

den Unternehmer zum Zweck der Zahlung des Kaufpreises. Ein Zufluss beim Unternehmer im Sinn einer Auszahlung des Darlehens liegt erst vor, wenn die Valuta endgültig in dessen Vermögen gelangt, diesem also nicht mehr entzogen werden kann. Dies ist der Fall, wenn der Nettokreditbetrag dem Verkäufer ausbezahlt, gutgeschrieben oder verrechnet worden ist. Der Zufluss beim Verkäufer muss zudem bereits beim Zugang des Widerrufs der auf den Abschluss des Kreditvertrages gerichteten Willenserklärung beim Kreditgeber erfolgt sein.[875]

Hat der Darlehensgeber das Darlehen allerdings bereits an den Verkäufer ausgekehrt, so erfolgt 798 die Rückabwicklung im Verhältnis Darlehensgeber – Darlehensnehmer. Der Darlehensgeber tritt hinsichtlich der Rechtsfolgen des Widerrufs an die Stelle des Unternehmers. Somit werden Darlehensgeber und Verbraucher Gläubiger und Schuldner des Rückabwicklungsverhältnisses; sie können gegenseitige Forderungen haben.[876] Ziel des § 358 BGB ist, den Verbraucher vor Risiken zu schützen, die ihm durch die Aufspaltung eines wirtschaftlich einheitlichen Vertrags in ein Bargeschäft und einen damit verbundenen Darlehensvertrag drohen. Dieses Ziel wird im Fall des Widerrufs des Darlehensvertrages sichergestellt, indem der Darlehensnehmer auch an seine auf den Abschluss des mit dem Verbraucherdarlehensvertrag verbundenen Vertrags gerichtete Willenserklärung insgesamt nicht mehr gebunden ist. Im Rahmen der Rückabwicklung beider Verträge steht ihm hinsichtlich aller Verträge nur noch der Darlehensgeber ggü. Der Eintritt des Darlehensgebers in das Abwicklungsverhältnis erfolgt dabei nicht neben, sondern anstelle des Partners des finanzierten Vertrages.[877] Der Eintritt in die Rechte und Pflichten aus dem verbundenen Vertrag hat für die Bank gravierende Folgen:

- die Bank muss dem Kunden eine von diesem an den Verkäufer gezahlte Anzahlung erstatten, auch soweit diese nicht aus dem Kredit finanziert worden ist;
- die Bank muss die gekaufte Sache zurücknehmen;
- die Bank hat keinen durchsetzbaren Anspruch auf Rückzahlung des Darlehens gegen den Kunden,[878]
- die Bank muss ihren Regress allein im Verhältnis zum Unternehmer des finanzierten Geschäfts suchen.

Dabei spielt es keine Rolle, ob die Bank als deutlich vom Unternehmer getrenntes Rechtssubjekt mit nicht deckungsgleichen wirtschaftlichen Interessen aufgetreten ist. Die auf dem Schutzzweck des Widerrufsrechts beruhende Freistellung des Darlehensnehmers von der Verpflichtung zur Rückzahlung der Darlehensvaluta stellt allein darauf ab, dass es sich hierbei um verbundene Geschäfte handelt.[879] 799

Sofern der Darlehensnehmer den bei dem Unternehmer erworbenen Gegenstand nicht nur aus Darlehensmitteln, sondern auch aus Eigenmitteln bezahlt hat, steht ihm ggü. dem Darlehensgeber nicht nur ein Rückerstattungsanspruch wegen der Zins- und Tilgungsleistungen zu, sondern auch ein Anspruch auf Rückzahlung der aus seinen Eigenmitteln an den Unternehmer erbrachten Zahlung.[880] 800

Nicht ausdrücklich geregelt ist, wie sich der Darlehensgeber im Anschluss mit dem Verkäufer auseinandersetzt. Beide sind auf vertragliche Ansprüche angewiesen, bei deren Fehlen Ansprüche aus ungerechtfertigter Bereicherung oder aus Geschäftsführung ohne Auftrag vorliegen können.[881] Unabhängig vom Zufluss der Darlehensvaluta gestaltet das Gesetz die Rückabwicklung bereits vom Darlehensnehmer gezahlter Finanzierungskosten. Für den Fall des Widerrufs dürfen dem 801

875 BGH, NJW 1995, 3386 (3388).
876 Staudinger/*Kessal-Wulf* § 358 Rn. 67.
877 BGH, WM 2009, 283 (286).
878 BGH, WM 2006, 1003 Rn. 12.
879 BGH, WM 2006, 1003 Rn. 12.
880 BGH, WM 2009, 283 (286).
881 Bülow/Artz § 495 Rn. 28.

Verbraucher gem. § 358 Abs. 4 Satz 4 BGB aus der Rückabwicklung des Darlehens keine Zinsen und Kosten auferlegt werden; der Darlehensvertrag ist entschädigungsfrei aufzulösen.

5. Einwendungsdurchgriff

802 Soweit dem Verbraucher Einwendungen aus dem verbundenen Vertrag ggü. dem Unternehmer zustehen, die zur Verweigerung seiner Leistung berechtigten, kann der Verbraucher auch ggü. der Bank die Erfüllung seiner Leistung verweigern (§ 359 Satz 1 BGB). Der Einwand gegen den finanzierten Vertrag wird damit zur Einrede gegen den Finanzierungsvertrag, deren Erhebung im Belieben des Verbrauchers steht.[882] Folgerichtig kann der Verbraucher alle den Kaufpreisanspruch betreffenden rechtshindernden, rechtsvernichtenden und rechtshemmenden Einwendungen oder Einreden auch dem Darlehensgeber entgegenhalten. Dazu zählt auch die Einrede der Verjährung.[883] Erhebt der Verbraucher die Einrede ggü. dem Darlehensgeber nicht, ist er zur ungeschmälerten Rückzahlung des Darlehens verpflichtet.[884] Allerdings ist auch hier der Grundsatz der Subsidiarität zu beachten, wonach der Verbraucher die Rückzahlung des Darlehens erst dann verweigern kann, wenn er erfolglos Nacherfüllung verlangt hat. Liegen die Voraussetzungen von Rücktritt und Minderung vor, ist eine vorherige Inanspruchnahme des Unternehmers nicht erforderlich.[885] Einwendungen, die aus dem Darlehensvertrag resultieren, kann der Verbraucher ohne Rückgriff auf § 359 BGB ggü. dem Darlehensgeber geltend machen.

803 Die Einwendungen nach § 359 BGB verschafft dem Verbraucher ein Leistungsverweigerungsrecht. Dieses wirkt ex nunc und gibt dem Verbraucher nicht die Möglichkeit, bereits erbrachte Leistungen zurückzufordern.[886] Ein solcher Rückforderungsanspruch kann sich nur aus Bereicherungsrecht ergeben.[887]

804 Sofern die Rückabwicklung nicht auf einen Widerruf zurückzuführen ist, erfolgt die Rückabwicklung nach den allgemeinen Regeln. Liegt eine Direktanweisung der Darlehensvaluta an den Unternehmer vor, handelt es sich um einen Anweisungsfall. Sind sowohl Kaufvertrag als auch Darlehensvertrag unwirksam, erfolgt die Rückabwicklung im Dreiecksverhältnis entlang der Leistungsbeziehungen. Eine Durchgriffskondiktion zwischen Darlehensgeber und Unternehmer kommt nicht in Betracht.[888]

805 Der Einwendungsdurchgriff versagt, wenn das finanzierte Entgelt gem. § 359 Abs. 2 BGB weniger als 200,00 € beträgt. Die Regelung gilt auch bei Einräumung eines höheren Kreditrahmens, wenn die finanzierten Einzelverträge jeweils unter 200 € liegen.[889]

806 Ferner entfällt nach der vorbenannten Regelung der Einwendungsdurchgriff bei einer Finanzierung, die dem Erwerb von Finanzinstrumenten dient. Entsprechend der Regelung in § 1 Abs. 11 KWG fallen hierunter z.B. Wertpapiere, Aktien, Investmentanteile, Zertifikate, Genussscheine, Schuldverschreibungen, Devisen und Geldmarktinstrumente.

6. Zusammenhängende Verträge

807 Mit Umsetzung der Verbraucherrechterichtlinie zum 13.06.2014 ist § 360 BGB neu geregelt worden. Die Norm bezweckt, bei zusammenhängenden Verträgen den Verbraucher nicht deshalb vom Widerruf eines Vertrags abzuhalten, weil er im Zusammenhang mit diesem Vertrag einen weiteren

882 Bülow/Artz § 495 Rn. 412.
883 BGH, WM 2004, 2203 (2204); NK-BGB/*Ring* § 359 Rn. 4.
884 Bülow/Artz § 495 Rn. 412.
885 PWW/*Stürner* § 359 Rn. 5; JurisPK/*Wildemann* § 359 Rn. 25.
886 OLG Stuttgart, ZIP 2001, 332 (338).
887 BGH WM 2008, 244 Rn. 30; PWW//*Stürner* § 359 Rn. 17.
888 PWW/*Stürner* § 359 Rn. 16.; NK-BGB/*Ring* § 359 Rn. 43.
889 Palandt/Grüneberg § 359Rn. 2.

Vertrag abgeschlossen hat.[890] Die Norm bündelte die bisher in den §§ 312f, 359a Abs. 1 und 2, 485 Abs. 3 BGB enthaltenen Regelungen.

Mit Umsetzung der Wohnimmobilienkreditrichtlinie wurde der Anwendungsbereich des § 360 BGB mit Wirkung vom 21.03.2016 auf unentgeltliche Darlehensverträge erstreckt[891]. 808

Gemäß der Definition in § 360 Abs. 2 Satz 1 BGB liegt ein **zusammenhängender Vertrag** vor, wenn dieser einen Bezug zu dem widerrufenen Vertrag aufweist und eine Leistung betrifft, die von dem Unternehmer des widerrufenen Vertrags oder einem Dritten auf der Grundlage einer Vereinbarung zwischen dem Dritten und dem Unternehmer des widerrufenen Vertrags erbracht wird. Der Bezug zum widerrufenen Vertrag setzt eine **kausale Verknüpfung** mit diesem voraus, ohne dass der Darlehensgeber den Vertragsabschluss verlangen müsste.[892] Dafür reicht i.d.R. ein tatsächlicher oder wirtschaftlicher Zusammenhang. Wird die weitere Leistung von einem Dritten erbracht, muss diese auf einer ausdrücklichen oder konkludenten Vereinbarung zwischen dem Unternehmer und dem Dritten beruhen.[893] Als Beispiel für einen zusammenhängenden Vertrag gem. § 360 Abs. 2 Satz 1 BGB kommen damit sowohl obligatorische wie auch fakultativ abgeschlossene Restkreditversicherungsverträge infrage.[894] 809

Die Regelung in § 360 Abs. 2 Satz 2 BGB stimmt inhaltlich mit § 359a Abs. 1 BGB a.F. überein. Danach ist ein Verbraucherdarlehensvertrag auch dann ein zusammenhängender Vertrag, wenn das Darlehen ausschließlich der Finanzierung des widerrufenen Vertrags dient und die Leistung des Unternehmers aus dem widerrufenen Vertrag in dem Verbraucherdarlehensvertrag genau angegeben ist. Sofern kein verbundenes Geschäft vorliegt, wird ein Verbraucherdarlehensvertrag somit nur dann zu einem zusammenhängenden Vertrag, wenn im Darlehensvertrag die zu finanzierende Leistung aus dem widerrufenen Vertrag genau angegeben ist.[895] 810

Ausweislich des Wortlautes regelt § 360 Abs. 2 Satz 2 BGB nur den Widerruf des Vertrages, dessen Finanzierung das Verbraucherdarlehen dient. Der Widerruf des Verbraucherdarlehens selbst erfolgt über Abs. 2 Satz 1[896]. 811

Widerruft der Verbraucher den Vertrag, ist er infolge der Regelung in § 360 Abs. 1 Satz 1 BGB kraft Gesetzes auch an den zusammenhängenden Vertrag nicht mehr gebunden. Bei Finanzdienstleistungen richtet sich die Rückabwicklung nach den §§ 355 Abs. 3, 357a BGB. Im Übrigen sind gem. § 360 Abs. 2 Satz 2 BGB die Regelungen in § 358 Abs. 4 Satz 1 bis 3 BGB entsprechend anwendbar, wo auf die für den widerrufenen Vertrag geltende Abwicklungsregelung verwiesen wird. Im Fall von Finanzdienstleistungen ist dies § 357a BGB, im Fall von Verbraucherdarlehensverträgen als zusammenhängendem Vertrag gelten die §§ 357a Abs. 3 i.V.m. Abs. 2, 357 Abs. 5 bis 8 BGB.[897] 812

VIII. Widerrufsrecht

1. Chronologie des Widerrufrechts

Zu den unverzichtbaren Grundsätzen des Vertragsrechts gehört u.a., dass Vertragsparteien vor übereilt geschlossenen Verträgen geschützt werden, ohne dass eine Abwägung des Für und Wider der jeweiligen Vertragskonstellation erfolgt. 813

890 Palandt/*Grüneberg* § 360. Rn. 1.
891 Palandt/*Grüneberg* § 360. Rn. 1.
892 Bülow/Artz § 495 Rn. 341.
893 Palandt/*Grüneberg* § 360. Rn. 3; Bülow/Artz § 495 Rn. 342.
894 Bülow/Artz § 495 Rn. 341; PWW/*Stürner* § 360 Rn. 4.
895 VerbrRRL-UG BT-Drucks. 17/12637, S. 67 (zu § 360 Abs. 2).
896 PWW/*Stürner* § 360 Rn. 5.
897 Bülow/Artz § 495 Rn. 344.

814 Während die Formvorschrift des § 492 BGB eine Warn- und Informationsfunktion beinhaltet, um den Verbraucher bei seiner Entscheidung zu unterstützen, ob er sich überhaupt auf das Kreditgeschäft einlassen soll, führt manchmal die Situation, in der der Vertrag zustande gekommen ist (z.B. Haustürgeschäft, Fernabsatzvertrag) oder auch die schwierig zu durchschauende Vertragsgestaltung zur Durchbrechung des Grundsatzes »pacta sunt servanda«. Der Schutzmechanismus des Widerrufsrechts räumt dem Verbraucher eine Überlegungsfrist ein, in der mögliche Störungen im Gleichgewicht der Vertragsparteien behoben werden können.[898]

815 Hierzu hat der Bundesgerichtshof in seinen Grundsatzurteilen vom 13.01.2009[899] ausgeführt, dass der Schutz des Verbrauchers daher eine umfassende, unmissverständliche und für den Verbraucher eindeutige Belehrung erfordere. Hierdurch soll der Verbraucher nicht nur von seinem Widerrufsrecht Kenntnis erlangen, sondern auch in die Lage versetzt werden, dieses auszuüben.

816 Seit der Umsetzung des Gesetzes zur Modernisierung des Schuldrechts mit Wirkung zum 01.01.2002 hat der Gesetzgeber sich wiederholt bemüht, Klarheit und Struktur in das Widerrufsrecht zu bekommen. Allerdings ist ihm dies erst mit Umsetzung der Verbraucherkreditrichtlinie zum 11.06.2010 weitgehend gelungen.

817 Maßgebend für die Frage der Widerruflichkeit ist das im Zeitpunkt des Vertragsschlusses geltende Recht[900] Sind die Verträge vor dem 01.10.2000 zustande gekommen, so gelten die Widerrufsregelungen des § 7 VerbrKrG (§ 19 VerbrKrG) bzw. des § 1 HWiG (§ 9 HWiG). Für ab dem 01.10.2000 bis zum Ablauf des 31.12.2001 geschlossene Verträge gilt § 361a BGB.

818 Für das Widerrufsrecht bei Verbraucherverträgen wurden als zentrale Vorschriften die §§ 355 bis 359 in das BGB eingefügt. Der Regelungsgehalt der alten §§ 361a, 361b BGB ist in § 355 BGB (Widerrufsrecht), § 356 BGB (Rückgaberecht) und § 357 BGB (Rechtsfolgen des Widerrufs und der Rückgabe) aufgegangen.

819 Mit Einführung des »Gesetzes zur Änderung des Rechts der Vertretung durch Rechtsanwälte vor den Oberlandesgerichten« vom 23.07.2002 (OLGVertrÄndG) hat der Gesetzgeber quasi als »Anhang« normiert, dass gemäß den Regelungen des § 14 der ab dem 01.08.2002 geltenden »Verordnung über Informations- und Nachweispflichten nach bürgerlichem Recht (BGB-InfoV)« die Belehrung über das Widerrufsrecht den Anforderungen des § 355 Abs. 2 BGB genügt, wenn das vom Verordnungsgeber als Anlage 2 zu § 14 BGB-InfoV erstellte Muster verwendet wird. Diese Regelung findet Anwendung auf nach dem 01.11.2002 geschlossene Verbraucherdarlehen (Art. 229 § 9 EGBGB).

820 Die Musterwiderrufsbelehrung ist seit Einführung im August 2002 bis zum Außerkrafttreten der Verordnung zum 10.06.2010 insgesamt vier Mal angepasst worden. In den Fassungen bis zum 30.03.2008 enthielten die Muster u.a. auch die vom Bundesgerichtshof[901] als unwirksam angesehene Regelung: *»Die Frist beginnt* ***frühestens*** *mit Erhalt dieser Belehrung«*

821 Die bereits bestehenden Vorschriften über das Widerrufsrecht wurden zum 11.06.2010 neu geordnet. Der Aufforderung des Bundestages zur Umsetzung der Verbraucherkreditrichtlinie 2008[902] folgend, hat die Bundesregierung einen Gesetzentwurf u.a. mit einem Muster für eine Information über das Widerrufsrecht bei Verbraucherkreditverträgen mit Gesetzlichkeitsfiktion in das Gesetzgebungsverfahren eingebracht[903]. Das neue Muster erhält als Anhang 6 zu Art. 247 § 2 EGBGB den

898 Bülow/Artz § 495 Rn. 15.

899 BGH WM 2009, 350 Rn. 14; BGH NJOZ 2009, 777 Rn. 12.

900 BGH, Urteil vom 24.11.2009, XI ZR 260/08, in WM 2010, 34 und BGH, Urteil vom 23.02.2016, XI ZR 101/15, in WM 2016, 706.

901 BGH WM 2012, 1886.

902 Verbraucherkreditrichtlinie vom 22.05.2008; ABl. EU Nr. L 133 S. 79.

903 Entwurf eines »Gesetzes zur Einführung einer Musterwiderrufsinformation für Verbraucherdarlehensverträge, zur Änderung der Vorschriften über das Widerrufsrecht bei Verbraucherdarlehensverträgen und zur

Rang eines formellen Gesetzes. Bei Verwendung des Musters gelten die gesetzlichen Anforderungen an die Widerrufsinformationen als erfüllt (sog. **Gesetzlichkeitsfiktion**).[904] Unternehmer, die für ihre Belehrungen über das Widerrufs- und Rückgaberecht die neuen Muster verwenden, müssen keine wettbewerbsrechtlichen Abmahnungen oder unbefristete Widerrufs- oder Rückgaberechte mehr fürchten. Zudem gelten bei Fernabsatzverträgen weitgehend gleiche Widerrufsfristen und Widerrufsfolgen.[905]

Mit Umsetzung der Verbraucherrechterichtlinie[906] wurden zum 13.06.2014 die Regelungen zur Ausübung des Widerrufsrechts sowie den Rechtsfolgen eines Widerrufs in den §§ 355 ff. BGB neu geregelt. Dabei gelten die Vorschriften nicht nur für die besonderen Vertriebsformen des »Fernabsatzes« sowie der »außerhalb der Geschäftsräume der Bank geschlossenen Verträge«, sondern auch für die gesetzlichen Widerrufsrechte bei Verbraucherdarlehensverträgen gem. § 495 BGB. § 355 BGB enthält die Grundregelung, während die § 356 und 356b BGB Sonderregelungen zum Widerrufsrecht bei Verbraucherdarlehensverträgen und Fernabsatz bzw. nicht in den Geschäftsräumen der Bank geschlossenen Verträgen beinhalten. § 357 und § 357a enthalten die Rechtsfolgen des Widerrufs, die §§ 358 bis 360 BGB die Regelungen für verbundene und zusammenhängende Geschäfte. 822

Zusammengefasst sind seit 1990 bis zur Umsetzung der Wohnimmobilienkreditrichtlinie im Wesentlichen folgende, das Kreditgeschäft betreffende Änderungen des Widerrufsrechts erfolgt: 823 824

Veränderungen ab 1990	**Fassung vom**	**gültig ab**	**Gültig bis**	**Änderungen u.a.**
§ 7 VerbrKrG	22.12.1990	01.01.1991	30.09.2000	
§ 7 VerbrKrG/361a BGB a.F.	27.06.2000	01.10.2000	31.12.2001	§ 361a
§ 355 BGB SMG	26.11.2001	01.01.2002		Gegenstandslos
	02.01.2002	01.01.2002	31.07.2002	
OLGVertrÄndG	23.07.2002	01.08.2002 bzw. 01.11.2002	07.12.2004	§ 312d, § 355, § 358, § 495 Abs. 2
FernAbsÄndG	02.12.2004	08.12.2004	03.08.2009 10.06.2010	§ 312d, § 355
VSchVerbG	29.07.2009	04.08.2009	10.06.2010	§ 312d
VerbrKrRL-UG	29.07.2009	11.06.2010	12.06.2014	§ 312, § 312c, § 312d, § 355, § 357, § 359a, § 360
VerbrRRL-UG	20.09.2013	13.06.2014		§ 312g, § 355, § 356, § 356b, § 357, § 357a, § 358, § 360, Art. 246b EGBGB

In Umsetzung der Wohnimmobilienkreditrichtlinie sind mit Wirkung vom 21.03.2016 §§ 356 Abs. 4, 356 a, 356 b, 357 a, 358–360 geändert und § 356 d BGB, der das Widerrufsrecht des Verbrauchers bei unentgeltlichen Darlehensverträgen und unentgeltlichen Finanzierungshilfen im Sinne der ebenfalls im Zuge der Umsetzung der Wohnimmobilienkreditrichtlinie neu eingefügten §§ 514, 515 BGB regelt, eingefügt worden, das spätestens zwölf Monate und 14 Tage nach dem Vertragsschluss erlischt (§§ 514 Abs. 2, 515, 356d BGB). 825

Änderung des Darlehensvermittlungsrechts« vom 19.04.2010, BT-Drucks. 17/1394.

904 BT-Drucks. 17/1394, zu Art. 2 (Art. 247 § 6 EGBGB); S. 6.

905 Pressemitteilung des BMJ v. 02.07.2009.

906 BGBl. I 2013, 3642 ff.

826 Eine wesentliche Neuerung für das Widerrufsrecht im Wege der Umsetzung der Wohnimmobilienkreditrichtlinie ist die zeitliche Begrenzung des Widerrufsrechts für Immobiliar-Verbraucherdarlehensverträge. Demnach erlischt gemäß § 356b Abs. 2 Satz 4 das Widerrufsrecht spätestens zwölf Monate und 14 Tage nach dem Vertragsschluss. Für (»Alt-«)Immobiliar-Verbraucherdarlehensverträge gemäß § 492 Abs. 1a Satz 2 des BGB in der vom 01.08.2002 bis einschließlich 10.6.2010 geltenden Fassung, die zwischen dem 1.9.2002 und dem 10.6.2010 geschlossen wurden, erlischt das Widerrufsrecht nach Art. 229 § 38 Abs. 3 Satz 1 EGBGB spätestens drei Monate nach dem 21.03.2016, wenn das Fortbestehen des Widerrufsrechts darauf beruht, dass die dem Verbraucher erteilte Widerrufsbelehrung den zum Zeitpunkt des Vertragsschlusses geltenden Anforderungen des BGB nicht entsprochen hat[907].

827 Dem Verbraucher räumt § 495 BGB, der auf § 355 BGB verweist, ein Widerrufsrecht bzw. eine Bedenkzeit ein, um ihn vor unüberlegten Entscheidungen zu schützen. Dadurch wird ihm eine Prüfungs- und Überlegensfrist gegeben, binnen derer er die Möglichkeit hat, anhand des Darlehensvertrages mit den darin enthaltenen Angaben seinen Entschluss noch einmal zu überdenken bzw. Vergleiche anzustellen und anderweitigen Rat einzuholen.

2. Anwendungszeiträume

828 Nach welchen konkreten Vorschriften sich ein Verbraucherdarlehen richtet, ist gem. Art. 229 § 5 EGBGB abhängig von dem Zeitpunkt zu beurteilen, zu dem der Vertrag zustande gekommen ist. Die neuen Vorschriften des SMG sind auf alle Verträge anzuwenden, die ab dem 01.01.2002 geschlossen worden sind. Für Dauerschuldverhältnisse, die bereits am 31.12.2001 bestanden haben, galten die alten Regelungen bis zum 31.12.2002 fort. Ab dem 01.01.2003 gelten entsprechend Art. 229 § 5 Satz 2 EGBGB auch für diese Verträge die jeweiligen Regelungen des SMG.

829 Diese Überleitungsregelung gilt allerdings nicht uneingeschränkt, sondern ist nur auf Umstände anzuwenden, die neu von außen auf das Schuldverhältnis einwirken wie z.B. der Abschluss eines Aufhebungsvertrages, ein Schuldanerkenntnis oder ein Schuldnerwechsel. Für Tatbestände, die das Schuldverhältnis im Ganzen betreffen, d.h. seine Begründung, seine Durchführung und seine Beendigung gelten daher nach wie vor die beiderseitigen Rechte und Pflichten, die zum Zeitpunkt der Begründung des Vertragsverhältnisses Anwendung gefunden haben.[908]

830 Auch nach der Einführung des SMG variieren die Regelungen des Widerrufsrechts.

831 Die Überleitungsvorschriften des OLGVertrÄndG (Art. 229 § 9 EGBGB) haben nicht zu einer Klärung beigetragen, sondern sind eher verwirrend. So bestimmt Abs. 1 fünf Zeitpunkte, nämlich den Zeitpunkt des Inkrafttretens der Vorschrift (= 01.08.2002), den Zeitpunkt nach dem Inkrafttreten (= ab dem 02.08.2002), den Zeitpunkt des 01.11.2002, den Zeitpunkt nach dem 01.11.2002 (= ab dem 02.11.2002) und den Zeitpunkt nach dem 31.12.2001 (= ab dem 01.01.2002).

832 Grds. sind die Neuerungen des OLGVertrÄndG gem. Art. 229 § 9 Abs. 1 Nr. 2 EGBGB auf alle Verbraucherkreditverträge anzuwenden, die nach dem 01.11.2002 entstanden sind.

833 Eine Ausnahme gilt allerdings im Hinblick auf die Widerrufsfrist gem. § 355 Abs. 2 Satz 2 BGB, die einen Monat beträgt, sofern die Belehrung erst nach dem Vertragsschluss erfolgt ist. Gem. Art. 229 § 9 Abs. 2 EGBGB gilt diese Regelung auch für Verträge, die vor dem 01.08.2002 geschlossen worden sind, somit auch für Verträge, die vor der Zeit des SMG vereinbart worden sind. Konsequenz dieser Regelung ist, dass – im Gegensatz zur alten Regelung des § 335 Abs. 2 Satz 2 BGB a.F. – die Widerrufsbelehrung für einen Verbraucherkredit auch dann als ordnungsgemäß erteilt gilt, wenn der Kreditnehmer die Widerrufsbelehrung nicht unterschrieben hat. Bei Altverträgen, die vor dem 01.01.2002 vereinbart worden und mangels einer ordnungsgemäßen Belehrung

907 Schimansky/Bunte/Lwowski/Peters, Bankrechts-Handbuch § 81 Rn. 281.

908 Palandt/*Grüneberg* Art. 229 § 5 EGBGB Rn. 5; BGH, WM 2006, 1995, Rn. 10.

unbegrenzt widerruflich sind, kann die Belehrung jederzeit nachgeholt werden und setzt eine Widerrufsfrist von 1 Monat in Gang.[909]

Wurde die Widerrufsbelehrung für Altverträge allerdings zu einem Zeitpunkt nachgeholt, der vor Inkrafttreten des OLGVertrÄndG, dem 01.08.2002, liegt, bleibt es bei dem Unterschriftserfordernis, die Widerrufsfrist beträgt in diesem Fall 2 Wochen. Fehlt in einem solchen Fall die Unterschrift des Verbrauchers, so bleibt immer noch die Möglichkeit, die fehlerhafte Widerrufsbelehrung im Zeitraum nach Inkrafttreten des OLGVertrÄndG nachzuholen.[910] 834

Mit dem VerbrKrRL-UG vom 29.07.2009[911] hat der Gesetzgeber die Regelungen in § 355 BGB mit Wirkung ab dem 11.06.2010 neu gefasst. 835

Die mit dem VerbrRRL-UG vom 27.09.2013[912] erfolgten Änderungen gelten für ab dem 13.06.2004 geschlossene Verbraucherdarlehensverträge, davor sind die bis zu diesem Tag geltenden Gesetze anzuwenden. (Art. 229 § 32 Abs. 1 EGBGB). Im Gegensatz zu den Verbraucherverträgen über die Lieferung von Waren, über wiederkehrende Leistungen gleichartiger Waren oder sonstige Dienstleistungen Verträgen gibt es bei Verträgen über Finanzdienstleistungen, die vor dem 13.06.2014 geschlossen worden sind und eine nicht ausreichende Widerrufsbelehrung haben, keinen gesetzlichen Ablauf der Widerrufsfrist zum 27.06.2015. Eine Ausnahme gilt für Verträge, die bei einem Haustürgeschäft vor dem 11.06.2010 geschlossen worden sind (Art. 229 § 32 Abs. 4 EGBGB). 836

Die mit dem Gesetz zur Umsetzung der Wohnimmobilienkreditrichtlinie und zur Änderung handelsrechtlicher Vorschriften vom 16.03.2016[913] erfolgten Änderungen gelten für ab dem 21.03.2016 geschlossene Verbraucherdarlehensverträge, davor sind die bis zu diesem Tage geltenden Regelungen auf Verbraucherdarlehensverträge (§§ 491–505, 511, 512 a.F) und Verträge über entgeltliche Finanzierungshilfen (§§ 506–509, 511, 512 a.F), Art 229 § 38 Abs. 1Nr. 1 EGBGB anzuwenden, wenn diese vor dem 21.03.2016 abgeschlossen wurden[914]. 837

Als Ausnahme von Art. 229 § 38 Abs. 1 EGBGB besteht gemäß Abs. 2 die Beratungspflicht bei vereinbarter Überziehung (§ 504 BGB) oder geduldete Überziehung (§ 505 Abs. 2 S. 2, 3 BGB) in Fällen dauerhaft und erheblicher Inanspruchnahme auch dann, wenn das Schuldverhältnis vor dem 21.03.2016 begründet wurde[915]. 838

Bei Immobiliardarlehensverträgen mit Verbrauchern in Form von Haustürgeschäften ist in Art. 229 § 38 Abs. 3 S. 2 EGBGB eine Abweichung von Art. 229 § 38 Abs. 3 S. 1 EGBGB geregelt worden. Hiernach ist Art. 229 § 38 Abs. 3 S. 1 EGBGB nur anzuwenden, wenn die beiderseitigen Leistungen aus dem Verbraucherdarlehensvertrag bei Ablauf des 21.05.2016 vollständig erbracht worden sind, andernfalls erlöschen die fortbestehenden Widerrufsrechte erst einen Monat nach vollständiger Erbringung der beiderseitigen Leistungen aus dem Vertrag. 839

3. Widerruf gem. § 495 BGB

Die gesetzlichen Anforderungen an das Widerrufsrecht sind in § 355 BGB normiert. Hiernach ist ein Vertrag schwebend wirksam, bis er widerufen wird.[916] Erklärt der Verbraucher fristgerecht den Widerruf, ist er an seine Willenserklärung nicht mehr gebunden. Der bis dahin wirksame Darlehensvertrag wird ex nunc in ein Rückabwicklungsverhältnis umgewandelt (§ 355 Abs. 3 BGB).[917] 840

909 Palandt/*Grüneberg* Art. 229 § 9 EGBGB Rn. 4; BGH, WM 2006, 1995, Rn. 13.
910 Bülow/Artz, 7. Aufl., 5. Teil Rn. 12.
911 VerbrKrRL-UG; BGBl. I 2009, S. 2355 (2357).
912 VerbrRRL-UG BGBl. I 2013, S. 3642 – 3670.
913 BGBl. I 2016, S. 396ff.
914 Palandt/*Weidenkaff* Art. 229 § 38 EGBGB Rn. 2.
915 Palandt/*Weidenkaff* Art. 229 § 38 EGBGB Rn. 3.
916 BT-Drucks. 14/2658, S. 47, 60; Kümpel/Wittig/*Merz* Rn. 10.262.
917 Kümpel/Wittig/*Merz* Rn. 10.262; Palandt/*Grüneberg* § 355 n.F. Rn. 12.

841 § 355 BGB selbst räumt dem Verbraucher kein Widerrufsrecht ein, sondern ist durch andere Normen auszufüllen. Für Verbraucherdarlehen ist dies § 495 Abs. 1 BGB, der dem Darlehensnehmer ein Widerrufsrecht einräumt.

842 Mit Umsetzung der VerbrRRL[918] wurden zum 13.06.2014 die Regelungen zur Ausübung des Widerrufsrechts sowie den Rechtsfolgen eines Widerrufs in den §§ 355 ff. BGB neu geregelt. Dabei gelten die Vorschriften nicht nur für die besonderen Vertriebsformen des »Fernabsatzes« sowie für Verträge, die »außerhalb der Geschäftsräume« der Bank abgeschlossen worden sind, sondern auch für die gesetzlichen Widerrufsrechte bei Verbraucherdarlehensverträgen gem. § 495 BGB. Der Gesetzgeber hat die bestehenden Widerrufsvorschriften neu gefasst, wobei allerdings wesentliche inhaltliche Änderungen ausgeblieben sind Die Voraussetzungen für die Ausübung des Widerrufsrechts sowie die Anforderungen an die Form und den Inhalt des Widerrufs werden in den §§ 355 Abs. 1 Satz 2 bis 5 BGB geregelt, wobei die §§ 356,356b und der neu eingefügte 356 d BGB einige Modifikationen enthalten.

843 Zu beachten ist, dass der bis zum 13.06.2014 geltende § 495 Abs. 2 BGB aufgehoben worden ist, da die Widerrufsfolgen nach dem 13.06.2014 einheitlich im allgemeinen Teil des Schuldrechts (§§ 355 ff. BGB) geregelt wurden. Ein Rückgriff wie bisher auf das Rücktrittsrecht sollte nicht mehr erfolgen.[919] Entsprechend dem neu gefassten Absatz 2 in der bis zum 20.03.2016 anzuwendenden Fassung galt, dass die §§ 355 bis 359 BGB Anwendung finden, allerdings mit einigen Einschränkungen.

844 Nach § 495 Abs. 3 BGB, der neu eingefügt worden ist, muss bei Immobiliar-Verbraucherdarlehensverträgen gemäß § 491 Abs. 3 S. 1 BGB, bei denen gemäß § 495 Abs. 2 BGB kein Widerrufsrecht besteht, der Darlehensgeber dem Darlehensnehmer eine Bedenkzeit von mindestens 7 Tagen einräumen. Während des Laufs der Frist ist der Darlehensgeber an sein Angebot gebunden. Die Bedenkzeit beginnt mit der Aushändigung des Vertragsangebots an den Darlehensnehmer.

a) Belehrungen

aa) Vorvertragliche Information

845 Der Darlehensnehmer ist bereits vor Vertragsschluss im Rahmen der vorvertraglichen Informationen gem. § 491a BGB Art. 247 § 3 Nr. 13 EGBGB über sein Widerrufsrecht zu informieren. Die Verletzung dieser Pflicht berührt die Wirksamkeit des Vertrages und des Widerrufsrecht allerdings nicht.[920]

bb) Widerrufsbelehrung im Vertrag

846 An die Stelle einer separaten Widerrufsbelehrung trat gem. § 495 Abs. 2 Nr. 1 BGB in der bis zum 12.06.2014 anzuwendenden Fassung bei Verbraucherdarlehen die Berücksichtigung der notwendigen Information im Rahmen der Pflichtangaben gem. Art. 247 § 6 Abs. 2 EGBGB. Bei Immobiliardarlehensverträgen gemäß § 503 BGB galt hier der reduzierte Pflichtangabenkatalog nach Art. 247 § 9 EGBGB. Bei Krediteröffnungsverträgen muss der Widerruf beim Abschluss des Rahmenvertrages erfolgen, nicht beim Abruf des konkreten Kredits.[921]

847 Nach § 495 Abs. 1 BGB in der ab dem 13.06.2014 anzuwendenden Fassung regeln §§ 355 Abs. 2 Satz 2, 356 b Abs. 2 BGB, dass an die Stelle einer Widerrufsbelehrung die Pflichtangaben gemäß Art. 247 § 6 Abs. 2 EGBGB im Vertrag benannt werden müssen.

918 BGBl. I 2013, 3642 – 3670.

919 BT-Drucks. 17/12637, zu § 495 BGB, Nr. 15. A) S. 71.

920 Palandt/*Weidenkaff* § 495 Rn. 2; Bülow/Artz § 491a Rn. 41.

921 PWW/*Nobbe* § 495 Rn. 6.

cc) Gesetzliches Widerrufsrecht

Nur die auf Abschluss eines Verbraucherdarlehensvertrages gerichtete Willenserklärung ist nach § 495 BGB widerruflich. Entscheidend für die Abgrenzung ist, ob der Darlehensnehmer privat oder unternehmerisch handelte, §§ 13, 14 BGB. Hier kann auf die Ausführungen unter D. I. 2.a) verwiesen werden. 848

Kein gesetzliches Widerrufsrecht besteht bei einer Prolongationsvereinbarung. Hierbei handelt es sich um eine unechte Abschnittsfinanzierung bei denen dem Verbraucher bereits im Zeitpunkt des Vertragsschlusses ein langfristiges Kapitalnutzungsrecht eingeräumt wird, die Zinsvereinbarung jedoch nicht für den gesamten Zeitraum, sondern zunächst nur für eine bestimmte Festzinsperiode getroffen wird. [922]Anders als bei einer echten Abschnittsfinanzierung, einer Novation oder einer Prolongation nach Ablauf der Gesamtlaufzeit wird dem Verbraucher bei einer unechten Abschnittsfinanzierung kein neues Kapitalnutzungsrecht gewährt, wenn nach Ablauf der Zinsbindungsfrist lediglich neue Konditionen für die Zukunft vereinbart werden und die Konditionenvereinbarung entsprechend dem ursprünglichen Darlehensvertrag vollzogen wird [923]. Das ist auch bei einer als Forward-Darlehen bezeichneten zeitlich vorgezogenen Neuregelung des Zins- und Tilgungsanteils der Darlehensraten der Fall, wenn dem Darlehensnehmer damit kein neues Kapitalnutzungsrecht eingeräumt wird[924]. 849

(1) Prüfung der Widerrufsbelehrungen am Gesetz

Bei der Prüfungsabfolge der Fehlerhaftigkeit von Widerrufsbelehrungen konnte vielfach festgestellt werden, dass als Maßstab für die Übereinstimmung der Widerrufsbelehrungen im Darlehensvertrag lediglich ein Abgleich mit den Musterbelehrungen des Verordnungsgebers nach § 14 BGB-InfoV in den jeweils anzuwendenden Fassungen erfolgte. Allein entscheidend ist hingegen, ob die jeweiligen Widerrufsbelehrungen den zum Zeitpunkt des Vertragsabschlusses maßgeblichen Rechtsgrundlagen, z.B. §§ 355 Abs. 2 Satz 1 BGB a.F.; §§ 360 Abs.1 Satz 1 BGB a.F.; Art 246 Abs. 3 Satz 2 EGBGB genügten. 850

Die Belehrung muss inhaltlich richtig, vollständig und hinreichend deutlich sein. Ein Hinweis, dass die Widerrufsfrist erst beginnt, wenn die Belehrung hinreichend deutlich gestaltet ist, ist nicht erforderlich.[925] Die Widerrufsbelehrung ist objektiv auszulegen. Daran ändert sich nichts, wenn sie im Präsenzgeschäft übergeben wird.[926] Der Unternehmer muss nicht genauer formulieren als der Gesetzgeber selbst.[927] 851

Bei der anzuwendenden Rechtslage zwischen dem 11.06.2010 und 12.06.2014, der Geltung der Widerrufsinformationen, ist es ausreichend, wenn der Unternehmer auf die Pflichtangaben nach § 492 Abs.2 BGB hinweist. Die Beispiele aus der Musterwiderrufsinformation des Gesetzgebers hingegen müssen nicht verwendet werden. Werden hingegen bei der beispielhaften Aufzählung im Klammerzusatz der Pflichtangaben nach § 492 Abs. 2 BGB Beispiele (z.B. Aufsichtsbehörde) benannt, die nicht im Muster stehen, handelt es sich um eine unschädliche Erweiterung des Widerrufsrechts. Zum Anlaufen der Widerrufsfrist müssen die in dem angegebenen Beispiel 852

922 BGHZ 159, 270, 273; BGH, Urteil vom 28. Mai 2013 – XI ZR 6/12–.

923 BGH, Urteile vom 7. Oktober 1997 – XI ZR 233/96, WM 1997, 2353, 2354 und vom 15. November 2004 – II ZR 375/02, WM 2005, 124; BGH, Urteil vom 28. Mai 2013 – XI ZR 6/12; BGH, Urteil vom 20.02.2018-XI ZR 551/16.

924 BGH, Beschluss vom 07.06.2016, XI ZR 385/15, in WM 2016, 1727.

925 BGH, Beschluss vom 24.10.2017, XI ZR 183/17.

926 BGH, Urteil vom 21.02.2017, XI ZR 381/16, in WM 2017, 806.

927 BGH, Beschluss vom 27.09.2016, XI ZR 309/15; BGH, Urteil vom 22.11.2016, XI ZR 434/15; BGH, Urteil vom 21.02.2017, XI ZR 381/16.

genannten Angaben auch gemacht werden[928]. Dies kann in den allgemeinen Vertragsbedingungen des Darlehensgebers erfolgen. Verweist der Darlehensgeber im Hauptvertrag auf die beigehefteten Bedingungen, so müssen sie auch beigeheftet sein[929]. Ob die vom BGH im Bereich des Mietrechts entwickelten Grundsätze, wonach für die Wahrung der Schriftform die zweifelsfreie Bezugnahme der Haupturkunde auf die Anlage genügt, auf § 492 BGB übertragbar sind, ist offen[930].

853 Für frei formulierte Widerrufsinformationen gelten für die Art und Weise der Pflichtangaben zum Widerrufsrecht zunächst die allgemeinen Regeln für alle Pflichtangaben nach Art. 247 § 6 EGBGB.[931] Demgemäß müssen die Pflichtangaben

- klar und verständlich sein und
- die Widerrufsfrist von 14 Tagen gem. § 355 Abs. 2 Satz 1 sowie
- die Umstände für die Erklärung des Widerrufs nennen.
  Diese beinhalten
  - den Hinweis auf das Recht zum Widerruf,
  - den Hinweis auf die Entbehrlichkeit einer Begründung,
  - die Empfänger des Widerrufs,
  - den Hinweis auf den Beginn der Widerrufsfrist, auch für den Fall der Nachholung (§ 492 Abs. 6 BGB), gegebenenfalls die Fristwahrung durch rechtzeitige Absendung.
- den Hinweis auf die Verpflichtung zur Rückzahlung bereits ausgezahlter Valuten nebst Zinsen (§ 357a Abs. 1 BGB) enthalten sowie die hierbei geltenden Fristen und die Angabe des pro Tag zu zahlenden Zinsbetrags.[932]

(2) Gesetzlichkeitsfiktion

854 Erst wenn nach der erfolgten Prüfung der Widerrufsbelehrung anhand des maßgeblichen Rechts deren Fehlerhaftigkeit festgestellt wurde, erfolgt die Prüfung der im Darlehensvertrag enthaltenen Widerrufsbelehrung auf ihre Übereinstimmung mit der Musterwiderrufsbelehrung nach dem maßgeblichen Recht. Verwendet das Kreditinstitut eine Widerrufsbelehrung, die der Musterwiderrufsbelehrung Anlage 7 bei Allgemein-Verbraucherdarlehensverträgen (§ 491 Abs. 2 S. 1 BGB) bzw. der Anl. 8 bei Immobiliar-Verbraucherdarlehensverträgen (§ 491 Abs. 3 BGB) zu Art. 247 § 6 Abs. 2 und § 12 Abs. 1 EGBGB entspricht, so gelten die gesetzlichen Anforderungen an die Widerrufsinformationen als erfüllt (sog. **Gesetzlichkeitsfiktion**).[933] Die Muster-Widerrufsbelehrung bietet dem Darlehensgeber die Sicherheit, dass seine Informationen den gesetzlichen Voraussetzungen entsprechen.

855 Vor Umsetzung der Verbraucherkreditrichtlinie zum 11.06.2010 mit der Einführung der Regelung in Art. 247 § 6 EGBGB waren die Widerrufsbelehrungen gemäß dem Muster der Anlage 2 zu § 14 Abs. 1 und 3 BGB-InfoV zu erstellen.

856 Mit dem OLG-Vertretungsänderungsgesetz vom 23.07.2002[934] hatte der Gesetzgeber die zwischenzeitlich erheblich gewachsenen Anforderungen an eine ordnungsgemäße Widerrufsbelehrung erkannt und sich um Abhilfe bemüht. Aufgrund der unterschiedlich zu gestaltenden Widerrufsbelehrungen und der Tatsache, dass ein Widerrufsrecht nunmehr – zumindest theoretisch – zeitlich

928 BGH, Urteil vom 22.11.2016, XI ZR 434/15, in WM 2017, 427; BGH, Urteil vom 04.07.2017, XI ZR 741/16, in WM 2017, 1602.

929 BGH, Urteil vom 04.07.2017, XI ZR 741/16, in WM 2017, 1602.

930 BGH, Urteil vom 04.07.2017, XI ZR 741/16, in WM 2017, 1602 mit Hinweis auf BGH, Urteile vom 24. September 1997 – XII ZR 234/95, BGHZ 136, 357, 359 ff. und vom 18. Dezember 2002 – XII ZR 253/01, NJW 2003, 1248 f. mwN; vgl. außerdem BGH, Urteil vom 21. Januar 1999 – VII ZR 93/97, WM 1999, 595, 596).

931 Bülow/Artz § 495 Rn. 96.

932 Bülow/Artz § 495 Rn. 96.

933 BT-Drucks. 17/1394, zu Art. 247 § 6 EGBGB, S. 6; Palandt/*Weidenkaff* Art. 247 § 6 Rn. 6 EGBGB.

934 BGBl I 2002, S. 2850.

unbefristet ausgeübt werden konnte, hat der Gesetzgeber in Art. 245 EGBGB a.F. das Bundesministerium der Justiz dazu ermächtigt, durch eine Rechtsverordnung Inhalt und Gestaltung der den Verbrauchern gem. §§ 355 Abs. 2 BGB a.F. zu erteilenden Widerrufsbelehrung festzulegen. Aufgrund dieser Ermächtigung hat der Gesetzgeber die BGB-Info V mit Wirkung zum 01.09.2002 um den Abschnitt 5, bestehend aus § 14 sowie die Anlagen 2 und 3 ergänzt. Gemäß § 14 Abs. 1 BGB-InfoV genügte die Belehrung über das Widerrufsrecht den Anforderungen des §§ 355 Abs. 2 BGB a.F. und den ergänzenden Vorschriften, wenn das Muster der Anlage 2 verwandt wurde. Spätestens seit der Neufassung der Verordnung durch das Gesetz zur Änderung der Vorschriften über Fernabsatzverträge bei Finanzdienstleistungen vom 02.12.2004[935] ist unbestritten, dass auch die Muster-Widerrufsbelehrung selbst Gesetzesrang erhalten hat. Bei Nutzung der Musterbelehrung kommt auch hier dem Verwender die Gesetzlichkeitsfiktion zugute.[936]

Die Gesetzlichkeitsfiktion greift nur, wenn die verwendete Belehrung der Musterbelehrung/-Information inhaltlich als auch in der äußeren Gestaltung entspricht. Bei eigener inhaltlicher Bearbeitung geht die Schutzwirkung verloren[937]. **857**

Als unbedenkliche Änderungen, die die Gesetzlichkeitsfiktion nicht entfallen lassen sind eine andere Schriftgröße, ein anderes Format, ein Einrücken oder Zentrieren von Überschriften, ein Verzicht auf die Einrahmung, ein Zusatz der Firma oder Kennzeichen des Unternehmers sowie die Zuordnung der Widerrufsbelehrung zu einem konkreten Verbrauchervertrag im Text der Belehrung möglich[938]. Sieht das Muster fakultativ einen Widerrufsfolgenhinweis vor, so berührt das Weglassen des Hinweises die Gesetzlichkeitsfiktion nicht (hier: Gestaltungshinweis 4c zu Anlage 6 zu Art. 247 § 6 Abs. 2 und 12 Abs. 2 EGBGB in der Fassung vom 30.07.2010 bis 03.08.2011)[939]. **858**

Bedenkliche Änderungen liegen hingegen vor, wenn eine abweichende Verwendung von Gestaltungshinweisen des Musters erfolgt. Auch eine Übernahme von Gestaltungshinweisen oder sonstigen Bearbeitungshinweisen-auch in Form von Fußnoten-in den Belehrungstext stellen bedenkliche Änderungen dar[940]. Weitere bedenkliche Änderungen werden in dem Verzicht auf die verbindlich vorgegebene Angabe der ladungsfähigen Anschrift[941] und in dem Texteinschub zur Rücküberweisung von Einlagen, die weder im Muster noch in den Gestaltungshinweisen vorgesehen sind, gesehen[942]. **859**

b) Deutlichkeitsgebot

Um die vom Gesetz bezweckte Verdeutlichung des Rechts zum Widerruf (**Deutlichkeitsgebot**) nicht zu beeinträchtigen, darf die Widerrufsbelehrung grds. keine anderen Erklärungen enthalten. Allerdings ist nicht schlechthin jeder Zusatz zur Belehrung ausgeschlossen. Ihrem Zweck entsprechend sind Ergänzungen als zulässig anzusehen, die den Inhalt der Belehrung verdeutlichen. Nicht hierzu gehören jedoch Erklärungen, die einen eigenen Inhalt aufweisen und weder für das Verständnis noch für die Wirksamkeit der Widerrufsbelehrung von Bedeutung sind.[943] **860**

Deutlichkeit bedeutet auch, dass die Sprache des Textes der Sprachkenntnis des einzelnen Verbrauchers entspricht.[944] Grds. ist die Widerrufsbelehrung in deutscher Sprache zu erstellen. Eine deutsche Belehrung reicht auch dann aus, wenn die Verhandlungen zweisprachig geführt worden sind, solange der übrige Vertragstext ebenfalls in deutscher Sprache abgefasst worden ist.[945] **861**

935 BGBl. I 2004, S. 3120.
936 BGH WM 2012, 1886 Rn. 10; BGH WM 2014, 887 Rn. 18.
937 BGH, Urteil vom 12.07.2016, XI ZR 564/15, in WM 2016, 1930.
938 BGH, Urteil vom 12.07.2016, XI ZR 564/15, in WM 2016, 1930.
939 BGH, Beschluss vom 12.09.2017, XI ZR 781/16.
940 BGH, Urteil vom 12.07.2016, XI ZR 564/15, in WM 2016, 1930.
941 BGH, Urteil vom 20.06.2017, XI ZR 72/16, in WM 2017, 1599.
942 BGH, Urteil vom 20.06.2017, XI ZR 72/16, in WM 2017, 1599.
943 BGH, WM 2002, 1989 (1991); BGH WM 2014, 887 Rn. 18.
944 JurisPK/*Wildemann* § 355 Rn. 43.
945 *Mankowski* VuR 2001, 359; vgl. auch die Ausführungen unter Kap. A. II 3. c).

862 Eine Untergliederung des Textes sowie die Überschriften »Widerrufsrecht« und »Widerrufsfolgen« ist zwingend erforderlich, um dem Verbraucher deutlich zu machen, dass diese Information eine für ihn wichtige Belehrung enthält.[946]

863 Fraglich war, ob es zur Einhaltung des Deutlichkeitsgebots zwingend notwendig ist, dass sich die Widerrufsbelehrung »in hervorgehobener und deutlich gestalteter Form« (Art. 247 § 6 Abs. 2 Satz 3 EGBGB), d.h. optisch bzw. drucktechnisch vom übrigen Vertragstext heraushebt.[947] Ob es wirklich erforderlich ist, zur Vermeidung, dass der Verbraucher die im brigen Vertragstext eingebettete Widerrufsbelehrung überliest, diese drucktechnisch aus dem Gesamttext hervorzuheben[948] konnte bezweifelt werden.

864 Der Gesetzeszweck erfordert nicht, dass eine Hervorhebung der Widerrufsbelehrung in einer Form geschieht, die sich in dem Vertragsentwurf in gleicher Weise in Bezug auf keine andere zu gebende Belehrung oder Information findet. Bereits dem Wortlaut des Artikels 247 § 6 Abs. 1 und Abs. 2 Satz 1 und 2 EGBGB kann kein Erfordernis einer besonderen Hervorhebung entnommen werden. Vielmehr wird dort lediglich gefordert, dass bestimmte Pflichtangaben »klar und verständlich« sein müssen, ohne dass damit auch deren Hervorhebung angeordnet wird. Eine Information kann ohne weiteres auch dann »klar und verständlich« sein, wenn sie nicht grafisch hervorgehoben wird. Aus der Gesetzesbegründung zu Art. 247 § 6 Abs. 1 EGBGB (BT-Drucks. 16/11643, S. 127) ergibt sich ebenfalls nicht, dass mit den Begriffen »klar und verständlich« eine optische Hervorhebung verlangt werden soll. Auch dort heißt es lediglich, dass in »formeller Hinsicht … die Vorschrift in Übereinstimmung mit Artikel 10 der Verbraucherkreditrichtlinie klare und prägnante Angaben« verlange und die »Angaben aus sich heraus auch für den Darlehensnehmer verständlich sein« sollen. Mit der Verwendung der Begriffe »klar und verständlich« hat der Gesetzgeber demnach nur die Erwartung verbunden, dass die in Art. 247 § 6 Abs. 1 EGBGB geregelten Pflichtangaben aus sich heraus für den Darlehensnehmer eindeutig und leicht verständlich sein müssen[949]. Dafür, dass mit den Begriffen »klar und verständlich« kein Erfordernis einer Hervorhebung verbunden ist, spricht außerdem, dass gemäß Art. 247 § 6 Abs. 1 Nr. 6 EGBGB auch »sämtliche weiteren Vertragsbedingungen« klar und verständlich sein müssen. Daraus ergibt sich im Umkehrschluss, dass den Begriffen »klar und verständlich« in Art. 247 § 6 Abs. 1 EGBGB das Erfordernis einer Hervorhebung einzelner Vertragsbedingungen, wie etwa einer Widerrufsinformation, nicht entnommen werden kann, denn »sämtliche weiteren Vertragsbedingungen« wären dann in gleicher Weise hervorzuheben[950].

865 Auch die Verwendung von Ankreuzoptionen steht dem nicht entgegen. Bei Ankreuzoptionen in einer formularmäßigen Widerrufsinformation handelt es sich, wie sich bereits aus deren optionalem Charakter ergibt, um die Widerrufsinformation selbst, soweit sie vom Verwender tatsächlich angekreuzt wurde. Nicht vom Verwender markierte Optionen hingegen stellen keine Zusätze zur Information dar, sondern werden schlicht nicht Vertragsbestandteil. Der Empfänger eines Vertragsformulars braucht nur den ihn betreffenden Vertragstext zu lesen, der ihm vom Verwender durch das Markieren von Textvarianten kenntlich gemacht wird. Die Gefahr, dass sich ein Verbraucher auch mit nicht angekreuzten Textvarianten befasst und dadurch abgelenkt oder irritiert wird, ist demgegenüber gering. Vielmehr wird sich auch ein flüchtiger und erst Recht ein normal informierter, angemessen aufmerksamer und verständiger Verbraucher regelmäßig nur mit denjenigen Textvarianten beschäftigen, die markiert sind.[951] Auch ein im Abschnitt »Widerrufsfolgen« zu § 495 Abs. 2 Satz 1 Nr. 3 Halbsatz 1 BGB in der zwischen dem 30. Juli 2010 und dem 12. Juni 2014 geltenden Fassung formulierter Zusatz »Wenn die Sparkasse gegenüber öffentlichen Stellen Aufwendungen gemäß § 495 Abs. 2 S. 1 Nr. 3 HS 1 BGB erbringt (z.B. Notarkosten, die nicht

946 BGH WM 2011, 86 Rn. 18.
947 BGH WM 2009, 1497 Rn. 24.
948 BGH WM 2011, 655, Rn. 16.
949 BGH, Urteile vom 23.02.2016, XI ZR 549/14 sowie XI ZR 101/15.
950 BGH, Urteile vom 23.02.2016, XI ZR 549/14 sowie XI ZR 101/15.
951 BGH, Urteil vom 23.02.2016, XI ZR 101/15 ; BGH, Beschluss vom 24.04.2018-XI ZR 573/17.

zurückrstattet werden) und sich für den Fall des Widerrufs die Geltendmachung dieses Anspruchs vorbehalten will« beeinträchtigt die Klarheit und Verständlichkeit der Information unabhängig davon nicht, ob die Bank Aufwendungen gegenüber öffentlichen Stellen erbringt.

c) Maßstab des Verbraucherleitbildes

Die Widerrufsbelehrung muss für einen durchschnittlichen Verbraucher verständlich sein.[952] Ist der Inhalt der Widerrufsbelehrung grundsätzlich geeignet, einen durchschnittlichen Verbraucher über das Bestehen eines befristeten Widerrufsrechts aufzuklären, darf das Kreditinstitut auf den dauernden Bestand des Darlehensvertrages vertrauen.[953] 866

Wie Informations- und Aufklärungsobliegenheiten gegenüber dem Verbraucher aus andren Rechtsnormen, beispielsweise diejenigen aus §§ 5, 5a UWG sind auch die Informationspflichten nach § 495 BGB i.V. m. Art. 247 § 6 EGBGB am neuen Verbraucherleitbild orientiert und haben daher nicht mehr den schwächsten Verbraucher zum Maßstab, sondern einen normal informierten, angemessen aufmerksamen und verständigen Verbraucher.[954] Denn die Norm dient nicht dem Schutz einer besonders schutzbedürftigen Gruppe, sondern dem jeder natürlichen Person.[955] 867

d) Beginn der Widerrufsfrist

Nach § 355 Abs. 2 BGB beträgt die Widerrufsfrist grundsätzlich 14 Tage. Sie beginnt mit Vertragsschluss. Diese Regelung wird bei Verbraucherdarlehen spezifiziert, indem nach § 356b Abs. 1 BGB die Frist nicht beginnt, bevor der Darlehensgeber dem Darlehensnehmer eine für diesen bestimmte Vertragsurkunde, den schriftlichen Antrag des Darlehensnehmers oder eine Abschrift einer der beiden Urkunden zur Verfügung gestellt hat. 868

Daneben besteht gem. § 356b Abs. 2 BGB die zusätzliche Anforderung, dass die dem Darlehensnehmer zur Verfügung gestellte Urkunde die Information nach § 492 Abs. 2 BGB (sog. Pflichtangaben) enthalten muss. Sofern die Pflichtangaben nicht (vollständig) enthalten sind, beginnt die Widerrufsfrist erst zu laufen, wenn der Darlehensgeber diese nachträglich zur Verfügung stellt. Die Widerrufsfrist beträgt dann allerdings einen Monat (§ 356b Abs. 2 BGB). 869

Sofern die zur Verfügung gestellte Urkunde Formmängel aufweist, können diese nach Maßgabe des § 494 BGB geheilt werden. In diesem Fall hat der Darlehensgeber dem Darlehensnehmer eine Abschrift des geänderten Darlehensvertrages zu übermitteln (§ 494 Abs. 7 BGB). Die Widerrufsfrist beginnt bei einem Allgemein-Verbraucher Darlehensvertrag dann mit Aushändigung der neuen Vertragsabschrift zu laufen (§ 356b Abs. 3 BGB). 870

e) Anforderungen an die Widerrufserklärung

Die formellen und inhaltlichen Anforderungen an die Widerrufserklärung sind in den Sätzen 2 bis 5 des § 355 Abs. 1 BGB neu geregelt. 871

Gegenstand des Widerrufs ist die auf den Abschluss des Darlehensvertrages gerichtete Willenserklärung des Verbrauchers. Durch den Widerruf ändert sich die Rechtslage. Der bis zur Erklärung des Widerrufs wirksame Vertrag fällt weg, beide Parteien sind gem. § 355 Abs. 1 Satz 1 BGB nicht mehr an ihre Vertragserklärungen gebunden. Aus den Wirkungen des Widerrufs folgt, dass es sich bei dem Widerrufsrecht um ein Gestaltungsrecht handelt,[956] dessen Ausübung eine rechtsvernichtende Einwendung des Verbrauchers begründet.[957] 872

952 BGH WM 2011, 86 Rn. 18.
953 OLG Frankfurt am Main, Beschl. v. 10.03.2014 – 17 W 11/14.
954 BGH, Urteil vom 23.02.2016, XI ZR 101/15.
955 OLG Stuttgart WM 2014, 995 Rn. 75.
956 PWW/*Stürner* Vor. §§ 355 Rn. 1.
957 Bülow/Artz § 495 Rn. 44.

873 Seiner Natur als Gestaltungsrecht entsprechend ist die Ausübung des Widerrufsrechts bedingungsfeindlich. Eine nur teilweise Ausübung, z.B. beschränkt auf einen Teil der Darlehensvaluta, kommt nicht in Betracht.[958] Da der Darlehensvertrag durch den Widerruf seine Gültigkeit verliert, führt der Widerruf vom Widerruf nicht zum Aufleben des Vertrages, sodass dieser unwirksam bleibt. Den Parteien bleibt nur die Möglichkeit, einen neuen Vertrag zu schließen.

874 Wie bisher erfolgte ein Widerruf durch Erklärung gegenüber dem Unternehmer, damit gegenüber dem Kreditinstitut (§ 355 Abs. 1 Satz 2 BGB). Wie auch vor der Gesetzesänderung muss der Widerruf auch weiterhin nicht als solcher bezeichnet werden. Es reicht aus, wenn sich aus der Erklärung eindeutig ergibt, dass sich der Verbraucher vom Vertrag lösen will.[959] Auch eine Begründung des Widerrufs ist weiterhin nicht erforderlich (§ 355 Abs. 1 Satz 4 BGB).

875 Allerdings bewirken die neuen Vorschriften eine wesentliche Neuerung gegenüber der vorherigen Rechtslage. So kann der Widerruf nunmehr gem. § 355 Absatz 1 Satz 2 BGB formlos erklärt werden, das heißt auch **mündlich oder telefonisch**. Dies gilt für den Widerruf sämtlicher Verträge zu Finanzdienstleistungen, somit also auch für den Widerruf von Verbraucherdarlehen.[960]

876 Die Möglichkeit des formlosen Widerrufs geht zulasten der Rechtssicherheit und kann in der Praxis zu Problemen führen. Es ist daher für den beweisbelasteten Verbraucher ratsam, auch weiterhin das Widerrufsrecht in Textform auszuüben.[961]

877 Die Verbraucher schützenden Normen der §§ 355 bis 359 BGB sind halb zwingend.[962] Sie können nicht zum Nachteil des Verbrauchers abgeändert werden (§ 361 Abs. 2 Satz 1 BGB).

878 Das Widerrufsrecht des § 495 Abs. 1 BGB ist zwingender Natur. Eine Abweichung zum Nachteil des Verbrauchers ist grds. ausgeschlossen (§ 512 BGB).

f) Widerrufsberechtige

879 Das Widerrufsrecht steht jedem Verbraucher[963] als der Partei des von ihm mit dem Darlehensgeber geschlossenen bzw. angebahnten Vertrages zu.

880 Bei einer **Mehrheit von Darlehensnehmern** kann das bestehende Widerrufsrecht von jedem einzelnen Darlehensnehmer selbstständig ausgeübt werden[964].Die Rechtswirkungen des Widerrufs im Verhältnis der Bank zu den Darlehensnehmern richtet sich nach § 139 BGB[965]. Widerrufen mehrere Darlehensnehmer ihre auf Abschluss eines Verbraucherdarlehensvertrags gerichteten Willenserklärungen oder wandelt sich nach Widerruf nur eines der Darlehensnehmer der Verbraucherdarlehensvertrag im Verhältnis zu sämtlichen Darlehensnehmern in ein (einheitliches) Rückgewährschuldverhältnis um, sind die Darlehensnehmer Mitgläubiger der aus dem Rückgewährschuldverhältnis resultierenden Ansprüche[966].

881 Wenn aufseiten des Verbrauchers ein **Vertreter** eingeschaltet wird, steht das Widerrufsrecht dem Vertretenen zu; darauf, ob der Vertreter Verbraucher ist, kommt es nicht an. Der Vertreter kann das Widerrufsrecht des Darlehensnehmers nur ausüben, wenn seine Vollmacht dies zulässt.[967]

---

958 Bülow/Artz § 495 Rn. 47.

959 BGH, Urteil vom 12.01.2017, I ZR 198/15, WM 2017, 1120.

960 Begründung zum Regierungsentwurf, BT-Drucks. 17/12637, S. 62.

961 Begründung zum Regierungsentwurf, BT-Drucks. 17/12637, S. 60; Palandt/*Grüneberg*, § 355 n.F. RN 6.

962 Staudinger/*Kaiser* § 355 Rn. 65; Palandt/*Grüneberg* Vorb. Vor § 355 n.F. Rn. 4.

963 PWW/*Nobbe* § 491 Rn. 16; BGH.

964 BGH, Urteil vom 11.10.2016, XI ZR 482/15, in WM 2016, 2295.

965 BGH, Urteil vom 11.10.2016, XI ZR 482/15, in WM 2016, 2295.

966 BGH, Urteil vom 11.10.2016, XI ZR 482/15, in WM 2016, 2295; BGH, Urteil vom 10. Oktober 2017, XI ZR 449/16, in WM 2017, 2251.

967 MüKo-BGB/*Ulmer* § 495 Rn. 20; *Masuch* BB 2003, Beilage Nr. 6, 32.

Der vollmachtlose Vertreter, dem der Vertretene die Genehmigung des Rechtsgeschäfts verweigert, kann sich anstelle des Vertretenen auf das Widerrufsrecht nach § 355 BGB (analog) berufen.[968] 882

Bei einer Vertragsübernahme, bei der der Verbraucher als Partei des Darlehens ausgewechselt wird, verliert der scheidende Darlehensnehmer sein Widerrufsrecht an den Übernehmenden. Erfüllt der Übernehmer z.B. als Gewerbetreibender oder Freiberufler selbst aber nicht die Qualifikation eines Verbrauchers vertritt der BGH[969] die Ansicht, die lediglich schwebende Wirksamkeit des Vertrages gelte fort, während Stimmen in der Literatur die Ansicht vertreten, die persönliche Qualifikation als Verbraucher können nicht auf eine andere Person übergehen.[970] 883

Bei einem Schuldbeitritt ist dem beitretenden Verbraucher immer eine ordnungsgemäße Widerrufsbelehrung zu erteilen, egal ob der Hauptschuldner ebenfalls ein Verbraucher ist oder nicht.[971] Der Schuldbeitritt ist seinem Wesen nach zwar selbst kein Kreditvertrag i.S.d. § 491 BGB. Er ist aber nach der gefestigten Rechtsprechung des BGH einem Kreditvertrag bei wertender Betrachtung gleichzustellen, wenn es sich bei dem Vertrag, zu dem der Beitritt erklärt wird, um einen Kreditvertrag handelt. An die Formwirksamkeit des Schuldbeitritts sind deshalb dieselben strengen Anforderungen zu stellen wie an den Kreditvertrag selbst.[972] 884

4. Rechtsfolgen des Widerrufs

Mit der Umsetzung der VerbrRRL[973] wurde zum 13.06.2014 der bis dahin geltende Absatz 2 des § 495 BGB aufgehoben, da die Widerrufsfolgen nunmehr einheitlich im allgemeinen Teil des Schuldrechts (§§ 355 ff. BGB) geregelt werden. Ein Rückgriff auf das Rücktrittsrecht gem. §§ 346 ff. BGB ist nicht mehr erforderlich.[974] § 495 BGB räumt dem Verbraucher ein »rücktrittsähnliches« Widerrufsrecht ein.[975] 885

a) Entstehen eines Rückabwicklungsverhältnisses

Die wirksame Ausübung des Widerrufsrechts bewirkt, dass der widerrufende Verbraucher nicht mehr an seine auf den Vertragsabschluss gerichtete Willenserklärung gebunden ist (§ 355 Abs. 1 Satz 1 BGB). Dies hat zur Folge, dass die Bindung an den Vertrag erlischt und sich der Vertrag mit Wirksamwerden des Widerrufs in ein Rückabwicklungsverhältnis wandelt. 886

Gemäß den Regelungen in § 355 Abs. 3 Satz 1 BGB sind die empfangenen Leistungen (d.h. die verbliebene Darlehensschuld) im Fall eines wirksamen Widerrufs unverzüglich zurück zu gewähren. Hierbei legt. § 357a Abs. 1 BGB eine Höchstfrist für die Rückgewährung von max. 30 Tagen fest, deren Beginn sich wiederum nach § 355 Abs. 3 Satz 2 BGB richtet. Für das Kreditinstitut beginnt die 30-Tagesfrist mit dem Zugang der Widerrufserklärung, für den Verbraucher mit deren Abgabe. Beim Verstreichen der Frist kommt das Kreditinstitut allerdings nicht ohne die Mahnung des Verbrauchers in Zahlungsverzug.[976] 887

b) Anspruch auf Wertersatz

Grundsätzlich fällt auch das vom Verbraucher für die Gewährung des Kredites zu zahlende Entgelt unter die Regelung des §§ 357a Abs. 1 BGB, sodass eigentlich auch die von dem Kreditinstitut erhobenen Entgelte (z.B. Darlehenszinsen) zurückgezahlt werden müssen. Allerdings sieht das Gesetz 888

968 BGH, NJW 2002, 1867 (1868).
969 BGH, WM 1996, 1546 (1547).
970 Staudinger/*Reuss* § 530 Rn. 15; Bülow/Artz § 495 Rn. 66.
971 BGH, WM 2006, 81 Rn. 14.
972 BGH, WM 2006, 81 Rn. 12.
973 BGBl. I 2013, 3642 bis 3670.
974 BT-Drucks. 17/12637, zu § 495 BGB, Nr. 15. A) S. 71.
975 BGH WM 2011, 1616 Rn. 28; PWW/*Nobbe* § 495 Rn. 5.
976 Palandt/*Grüneberg*, § 355 n.F. RN 15.

in diesen Fällen ein Anspruch des Kreditinstitutes auf Wertersatz vor, der in § 357a Abs. 3 BGB für Verbraucherdarlehen näher geregelt ist.

889 Hiernach gilt, dass grundsätzlich der Darlehensnehmer für den Zeitraum zwischen Auszahlung und Rückzahlung des Darlehens den **vereinbarten Sollzins** zu entrichten hat. Im Fall eines grundpfandrechtlich gesicherten Darlehens hat der Darlehensnehmer die Möglichkeit nachzuweisen, dass der Gebrauchsvorteil niedriger war als der vereinbarte Sollzins. Maßgeblich ist dabei der marktübliche Zinssatz zum Zeitpunkt des Vertragsschlusses; nachträgliche Veränderungen der Marktzinsen sind unerheblich. In diesem Fall würde der Anspruch auf Wertersatz niedriger als der vereinbarte Vertragszins ausfallen.

890 Sofern der Darlehensgeber Aufwendungen gegenüber öffentlichen Stellen (z.B. Notarkosten) erbracht hat und diese nicht von Dritten zurückverlangen kann, hat der Darlehensnehmer diese zu ersetzen.[977]

891 Ferner ist der Gesetzesbegründung zu entnehmen, dass dem Darlehensnehmer im Fall des Widerrufs eines gewöhnlichen Darlehens **kein Anspruch auf Herausgabe oder Ersatz von Nutzungen** in Höhe des Verzugszinssatzes für die von ihm entrichteten Zins- und Tilgungsleistungen gegenüber dem Darlehensgeber zusteht.[978]

892 In Altfällen, in denen § 357a BGB noch keine Anwendung findet, schuldet der Darlehensnehmer dem Darlehensgeber gemäß § 346 Abs. 1 Halbsatz 1 BGB Herausgabe der gesamten Darlehensvaluta ohne Rücksicht auf eine (Teil-)Tilgung und gemäß § 346 Abs. 2 Satz 1 Nr. 1 und Satz 2 BGB Herausgabe von Wertersatz für Gebrauchsvorteile am jeweils tatsächlich noch überlassenen Teil der Darlehensvaluta. Der Darlehensgeber schuldet dem Darlehensnehmer gemäß § 346 Abs. 1 Halbsatz 1 BGB die Herausgabe bereits erbrachter Zins- und Tilgungsleistungen und gemäß § 346 Abs. 1 Halbsatz 2 BGB die Herausgabe von Nutzungsersatz wegen der (widerleglich) vermuteten Nutzung der bis zum Wirksamwerden des Widerrufs erbrachten Zins- und Tilgungsleistungen[979]. Der Wertersatzanspruch des Darlehensnehmers bezieht sich auf die von ihm erbrachten Zins-und Tilgungsleistungen[980] auch wenn der Vertrag beendet ist[981].

893 Der Wertersatzanspruch des Darlehensnehmers unterliegt hierbei nicht der Kapitalertragsteuer, solange das Kreditinstitut die Steuer noch nicht abgeführt hat[982].

894 Für die Berechnung des Wertersatzanspruchs des Darlehensnehmers ist grundsätzlich mit Hinweis auf § 346 Abs. 2 BGB der Vertragszins maßgeblich. Der Darlehensnehmer kann jedoch einen geringeren Gebrauchsvorteil nachweisen wobei hier die Verhältnisse im Zeitpunkt des Vertragsschlusses und gegebenenfalls der Zeitpunkt vertraglich vereinbarter Zinsanpassungen maßgeblich sind. Der alleinige Verweis auf die MFI-Zinsstatistik genügt hierbei nicht[983].

895 Bei dem Darlehensgeber eines Immobiliardarlehens besteht nach zwischenzeitlich gefestigter Rechtsprechung die (widerlegliche) Vermutung, er habe aus den von ihm erlangten Zins- und Tilgungsleistungen Nutzungen in Höhe von zweieinhalb Prozentpunkten über dem Basiszinssatz erlangt, wobei hier auf Regelung des § 497 Abs. 1 Satz 2 BGB verwiesen wird. Die Widerlegung der Vermutung erfordert Sachvortrag und konkreten Beweisantritt zu den aus dem konkreten

977 Palandt/*Grüneberg*, § 357a n.F. Rn. 4.

978 Begründung zum Regierungsentwurf, BT-Drucks. 17/12637, S. 65; Palandt/*Grüneberg*, § 357a n.F. Rn. 4.

979 BGH, Beschluss vom 22.09.2015, XI ZR 116/15, in ZIP 2016, 109; BGH Beschluss vom 12.01.2016, XI ZR 366/15, in ZPI 2016, 642.

980 BGH, Urteil vom 25.04.2017, XI ZR 513/15, in WM 2017, 1004.

981 BGH, Beschluss vom 12.09.2017, XI ZR 365/16.

982 BGH, Urteile vom 25.04.2017, XI ZR 108/16, in WM 2017, 1008 sowie XI ZR 573/15, in WM 2017, 1060 (zur Rechtslage bis 12.06.2014).

983 BGH, Beschluss vom 12.09.2017, XI ZR 365/16(zur Rechtslage bis 12.06.2014).

Darlehensverhältnis erwirtschafteten Mitteln des Darlehensgebers[984]. Bei Darlehen, die keine Immobiliardarlehen sind, besteht die (widerlegliche) Vermutung, der Darlehensgeber habe aus den von ihm erlangten Zins- und Tilgungsleistungen Nutzungen in Höhe von 5 Prozentpunkten über dem Basiszinssatz erlangt[985].

5. Verstoß gegen Treu und Glauben bzw. Verwirkung des Widerrufsrechts

Die Ausübung des vom Darlehensnehmer ausgeübten Widerrufsrechts kann gemäß § 242 BGB gegen Treu und Glauben verstoßen. Hierbei ist zu berücksichtigen, dass auch wenn die Ausübung des Widerrufs nicht dem intendierten Schutzzweck des Verbraucherwiderrufsrechts, dem Übereilungsschutz, entspricht, den Widerruf für sich nicht als rechtsmissbräuchlich erscheinen lassen soll. Gleiches gilt für die gesamtwirtschaftlichen Folgen der vermehrten Ausübung von Widerrufsrechten. Es muss vielmehr vom Verbraucher ein Verhalten gezeigt worden sein, dass unter die anerkannten Fallgruppen des § 242 BGB fällt, wobei die vom Tatrichter zu würdigenden Umstände des jeweiligen Einzelfalls ausschlaggebend sind[986]. Erklärt ein Mitdarlehensnehmer zugleich als Vertreter auch für die anderen Darlehensnehmer den Widerruf, ist sein unter § 242 BGB fallendes Verhalten den anderen Mitdarlehensnehmern gemäß § 166 BGB zuzurechnen[987]. Unter Berücksichtigung dieser Rechtsprechung des BGH ist festzustellen, dass sich hier keine verallgemeinerungsfähigen Fallgruppen bilden lassen dürften. Vielmehr ist die Rechtsfrage, ob die Ausübung des Widerrufsrechts gemäß § 242 BGB gegen Treu und Glauben verstoßen kann allein dem Tatrichter vorbehalten, wobei die jeweilige tatrichterliche Würdigung insbesondere davon abhängt, bei welchem örtlich zuständigen Gericht der Rechtsstreit geführt wird. **896**

Die Ausübung des Widerrufsrechts kann auch der Verwirkung unterliegen. Eine Verwirkung als Unterfall der wegen Verstoßes gegen Treu und Glauben unzulässigen Rechtsausübung kommt in Betracht, wenn der Berechtigte ein Recht längere Zeit nicht geltend gemacht hat, obwohl er hierzu in der Lage war, und der Verpflichtete sich mit Rücksicht auf das gesamte Verhalten des Berechtigten darauf einrichten durfte und eingerichtet hat, dass dieser sein Recht nicht mehr geltend machen werde, sodass die verspätete Geltendmachung gegen Treu und Glauben verstößt. Auch hier obliegt es dem Tatrichter zu würdigen, ob anhand der Umstände des Einzelfalls eine Verwirkung angenommen werden kann[988]. **897**

Für die Annahme der Verwirkung bedarf es zunächst das vorliegen eines Zeitmoments. Die maßgebliche Frist beginnt mit dem Zu-Stande-Kommen des Verbrauchervertrages zu laufen[989] Von den gesetzlichen Verjährungshöchstfristen kann nicht auf ein »Mindestzeitmoment« für die Verwirkung des Verbraucherwiderrufsrechts geschlossen werden.[990] Der Vertrauenstatbestand kann nicht durch bloßen Zeitablauf geschaffen[991]. Allerdings stehen das Zeitmoment und das Umstandsmoment insofern in Wechselwirkung zueinander, als der Zeitablauf umso kürzer sein kann, je gravierender **898**

---

984 BGH, Urteil vom 25.04.2017, XI ZR 573/15, in WM 2017, 1060 (zur Rechtslage bis 12.06.2014); zur Wertersatzpflicht des Darlehensnehmers bei erklärtem Widerruf des Darlehensvertrages und der Rückabwicklung des verbundenen Kaufvertrages zur Rechtslage ab dem 13.06.2014, *Herresthal* in ZIP 2018, Heft 16, S. 761.

985 BGH, Urteil vom 25.04.2017, XI ZR 573/15, in WM 2017, 1060 (zur Rechtslage bis 12.06.2014); zur Wertersatzpflicht des Darlehensnehmers bei erklärtem Widerruf des Darlehensvertrages und der Rückabwicklung des hiermit verbundenen Kaufvertrages, *Herresthal* in ZIP 2018, Heft 16, S 761.

986 BGH, Urteil vom 12.07.2016, XI ZR 564/15, in WM 2016, 1930.

987 BGH, Beschluss vom 14.03.2017, XI ZR 160/16.

988 BGH, Urteil vom 12.07.2016, XI ZR 564/15, in WM 2016, 1930.

989 BGH, Urteil vom 12.07.2016, XI ZR 564/15, in WM 2016, 1930; BGH, Urteil vom 11. Oktober 2016, XI ZR 482/15, BGHZ 212, 207-223.

990 BGH, Urteil vom 10. Oktober 2017, XI ZR 393/16, in WM 2017, 2247.

991 BGH, Urteil vom 09.10.2013, XII ZR 59/12, in NJW-RR 2014, 195.

die sonstigen Umstände sind, und umgekehrt an diese Umstände desto geringere Anforderungen gestellt werden, je länger der abgelaufene Zeitraum ist[992].

899 Neben dem Zeitmoment muss für die Annahme der Verwirkung auch ein Umstandsmoment vorliegen. Zu dem Zeitablauf müssen besondere, auf dem Verhalten des Berechtigten beruhende Umstände hinzutreten, die das Vertrauen des Verpflichteten rechtfertigen, der Berechtigte werde sein Recht nicht mehr geltend machen[993]

900 Bei laufenden Verträgen begründet allein das laufende vertragstreue Verhalten des Darlehensnehmers kein schutzwürdiges Vertrauen beim Darlehensgeber. Dieser soll insoweit nicht unbillig belastet sein, da ihm die Erteilung einer Nachbelehrung möglich gewesen wäre[994]

901 Bei beendeten Verträgen hingegen besteht die Möglichkeit der Nachbelehrung auch nach Beendigung des Verbraucherdarlehensvertrags von Gesetzes wegen fort. Eine Nachbelehrung ist indessen nach Vertragsbeendigung sinnvoll nicht mehr möglich, weil die Willenserklärung des Verbrauchers, deren fortbestehende Widerruflichkeit in das Bewusstsein des Verbrauchers zu rücken, Ziel der Nachbelehrung ist, für den Verbraucher keine in die Zukunft gerichteten wiederkehrenden belasteten Rechtsfolgen mehr zeitigt[995]. Insbesondere bei einer einvernehmlichen Beendigung des Darlehensvertrages kann das Umstandsmoment erfüllt sein[996]. Ebenso ist die Beendigung des Darlehensvertrages auf Wunsch des Darlehensnehmers maßgeblich in die Beurteilung einzustellen[997]. Auch hier lassen sich keine verallgemeinerungsfähigen Fallgruppen bilden, wobei gerade bei beendeten Darlehensverträgen eher von der Annahme der Verwirkung ausgegangen werden dürfte.

6. Ausnahmen zum Widerruf § 495 Abs. 2 BGB

902 Das Widerrufsrecht ist ein zentrales Verbraucher schützendes Rechtsinstitut. Deshalb war es sinnvoll, alle **Ausnahmen** in § 495 Abs. 2 BGB zusammenzufassen

a) Umschuldung

903 Nr. 1 schließt ein Widerrufsrecht bei besonderen Formen der **Umschuldung** aus. Hierdurch soll im Fall des Verzugs eines Darlehensnehmers rasch eine Vertragsänderung ermöglicht und nicht durch die 14-tägige Widerrufsfrist in die Länge gezogen werden, während der in dem bestehenden Darlehensvertrag Soll- und Verzugszinsen anfallen.

904 Voraussetzung ist
- ein bestehender Darlehensvertrag,
- bei dem der Darlehensnehmer mit seinen Verpflichtungen in Rückstand geraten ist.
- Der Vertrag muss nach § 498 BGB kündbar sein.
- Durch den neuen Vertrag muss ein Gerichtsverfahren jedenfalls zum Zeitpunkt der Umschuldung vermieden werden.
- Ein Vergleich der Gesamtbeträge (Art. 247 § 3 Abs. 2 EGBGB) muss ergeben, dass der vom Darlehensnehmer zu entrichtende Gesamtbetrag des neuen Vertrags die Restschuld des alten Vertrags nicht erreicht.

992 BGH, Urteil vom 19. Dezember 2000, X ZR 150/98, BGHZ 146, 217, 224; BGH, Urteil vom 19.10.2005 XII ZR 224/03, in NJW 2006, 219; BGH, Urteil vom 09.10.2013, XII ZR 59/12, in NJW-RR 2014, 195.

993 BGH, Urteil vom 09.10.2013, XII ZR 59/12, in NJW-RR 2014, 195; Urteil vom 12.07.2016, XI ZR 501/15, in NJW 2016, 3518; Urteil vom 11.10.2016, XI ZR 482/15, in NJW 2017, 243..

994 BGH, Urteil vom 12.07.2016, XI ZR 564/15, in WM 2016, 1930.

995 BGH, Urteil vom 12.07.2016, XI ZR 501/15; BGH, Urteil vom 11.10.2016, XI ZR 482/15, in NJW 2017, 243.

996 BGH, Urteil vom 14.03.2017, XI ZR 442/16;in WM 2017, 849.

997 BGH, Beschluss vom 12.09.2017, XI ZR 365/16; BGH, Beschlüsse vom 22.01.2018 und 07.03.2018-XI ZR 298/17.

Die besonderen rechtlichen Vorschriften, die für diese Art von Umschuldung gelten, sind also nur anwendbar, wenn die Umschuldung zu einer realen Minderbelastung des Darlehensnehmers führt. Eine Prognose des Darlehensgebers über das zukünftige Rückzahlungsverhalten des Darlehensnehmers ist nicht erforderlich. Weitere Vereinfachungen für diesen Vertragstyp ergeben sich bei den Informationspflichten, die in Art. 247 § 11 EGBGB geregelt werden.[998] **905**

b) Notarielle Beurkundung

Die Öffnungsklausel des Art. 14 Abs. 6 der Verbraucherkreditrichtlinie 2008 ermöglicht es, vom Widerrufsrecht abzusehen, wenn das innerstaatliche Recht die Mitwirkung eines Notars beim Vertragsschluss vorschreibt und der **Notar bestätigt**, dass die vorvertragliche Information gemäß den Vorgaben der Richtlinie stattgefunden hat. Dies gilt nur für Vertragsabschlüsse, bei denen die Form der notariellen Beurkundung (§ 128 BGB) vorgeschrieben ist. Für öffentliche Beglaubigungen (§ 129 BGB) ist kein Raum, da sie nur für Erklärungen gilt. Damit das Widerrufsrecht wirksam entfallen kann, muss der Notar außerdem bestätigen, dass die Rechte des Darlehensnehmers aus den §§ 491a, 492 BGB gewahrt sind. Dies muss der Notar in eigener Verantwortung feststellen (Nr. 2).[999] Aufgrund der Verlagerung des Risikos einer unzureichenden Information vom Kreditinstitut auf den Notar findet diese Regelung in der bisherigen Praxis selten Anwendung. **906**

c) Überziehungsmöglichkeiten

Nr. 3 schließt das Widerrufsrecht bei bestimmten **Überziehungsmöglichkeiten** aus, insofern wird auf die Vorschriften der §§ 504, 505 BGB verwiesen. **907**

Ein Widerrufsrecht besteht für unentgeltliche Darlehensverträge und unentgeltliche Finanzierungshilfen gemäß §§ 514 Abs. 2 Satz 2, 515 BGB dann nicht, wenn bereits ein Widerrufsrecht nach § 312g Abs. 1 BGB (Fernabsatz) besteht und ferner nicht bei Verträgen, die § 495 Abs. 2 Nr. 1 BGB (Rückzahlungsvereinbarungen) entsprechen[1000]. **908**

IX. Fernabsatz

1. Einführung

Mit der Richtlinie 2002/65/EG vom 23.09.2002[1001] hat das Europäische Parlament eine Erweiterung der bereits bestehenden Fernabsatzrichtlinie erlassen und den Bereich der Finanzdienstleistungen ausdrücklich in den Anwendungsbereich mit aufgenommen. Die Richtlinie zielt auf die europaweite Angleichung der Rechtsvorschriften über den Vertrieb mittels Fernkommunikationsmittel wie z.B. Internet, E-Mail, Briefpost oder Telefon zum Schutz des Verbrauchers durch hinreichende Transparenz. Sie ist vom deutschen Gesetzgeber am 07.12.2004 mit Wirkung zum 08.12.2004 umgesetzt worden.[1002] Weitere Anpassungen waren erforderlich[1003] und erfolgten u.a. im Lauf der Umsetzung der Verbraucherkreditrichtlinie mit Wirkung zum 11.06.2010.[1004] Mit Umsetzung der Verbraucherrechterichtlinie zum 13.06.2014[1005] sind die Vorschriften zu Fernabsatzverträgen in den §§ 312c ff. BGB neu geregelt worden. Die bisher bestehenden Regelungen zum Widerrufsrecht bei Haustürgeschäften (§ 312 BGB) bzw. bei Fernabsatzverträgen (§ 312 die BGB) sind in der neu geschaffenen Vorschrift des § 312g BGB zusammengeführt worden. Das Widerrufsrecht nach § 312g BGB ist subsidiär gegenüber anderen gesetzlichen Widerrufsrechten **909**

---

998 BT-Drucks. 16/11643 zu Nr. 25 (§ 495 BGB), S. 84; Palandt/*Weidenkaff* § 495 Rn. 6.

999 BT-Drucks. 16/11643 zu Nr. 25 (§ 495 BGB), S. 84.

1000 Peters in Schimansky/Bunte/Lwowski, BankR-HdB, § 81 Rn. 292.

1001 Abl. EG Nr. L 271 v. 09.10.2002, s. http://eur-lex.europa.eu/de/index.htm.

1002 FernAbsÄndG, BGBl. I 2004, S. 3102 ff.

1003 U.a. Gesetz zur Bekämpfung unlauterer Telefonwerbung, BGBl. I 2009, 2413 ff.

1004 VerbrKrRL-UG, BGBl. I 2009, S. 2355 ff.

1005 VerbrKrRL-UG, BGBl. I 2009, S. 2355 ff.

und besteht demnach wie bisher nicht bei Verträgen, bei denen dem Verbraucher ein Widerrufsrecht nach den §§ 495, 506 bis 513 BGB zusteht (§ 312g Abs. 3 BGB).

910 Ein Fernabsatzvertrag liegt vor, wenn der Unternehmer oder eine in seinem Namen oder Auftrag handelnde Person und der Verbraucher für die Vertragsverhandlungen und den Vertragsschluss ausschließlich Fernkommunikationsmittel verwenden, es sei denn, dass der Vertragsschluss nicht im Rahmen eines für den Fernabsatz organisierten Vertriebs- oder Dienstleistungssystems erfolgt.

911 Das Fernabsatzrecht dient dem Schutz der Verbraucher vor irreführenden und aggressiven Verkaufsmethoden im Fernabsatz. In diesen Fällen ist der Verbraucher schutzbedürftig, weil er dem Unternehmer nicht physisch begegnet. Das hat zwei Konsequenzen. Er kann sich über den Vertragspartner und die Ware oder Dienstleistung vor Vertragsschluss nicht unmittelbar informieren. Aufgrund der Distanz zum Unternehmer kann er seine Rechte ggf. nur unter erschwerten Bedingungen durchsetzen. Zur Kompensation dieser Nachteile verwendet das Fernabsatzrecht zwei klassische Mittel: Zum einen hat das Fernabsatzrecht dem Unternehmer umfangreiche und stark formalisierte Informationspflichten auferlegt (§ 312d BGB). Zum anderen wird dem Verbraucher ein befristetes Widerrufsrecht gewährt, um sich von dem Vertrag zu lösen, wenn er sich nach einer Bedenkzeit nicht dazu entscheiden kann, die Ware zu behalten oder die Dienstleistung in Anspruch zu nehmen (§ 312g Abs. 1 BGB).

2. Anwendungsbereich

a) Zeitlicher Anwendungsbereich

912 Gem. Art. 229 § 11 Abs. 1 EGBGB findet das BGB und die BGB-Informationspflichten-Verordnung Anwendung auf Schuldverhältnisse, die bis zum Ablauf des 07.12.2004 entstanden sind, in der bis zu diesem Tag geltenden Fassung. Ab dem 08.12.2004 gelten bis zum 12.06.2014 die jeweils aktuellen Fassungen des § 312b BGB a.F. Bei Vertragsverhältnissen i.S.d. § 312b Abs. 4 Satz 1 BGB a.F. wird auf den Zeitpunkt der Entstehung der erstmaligen Vereinbarung abgestellt. Im Hinblick auf die ab dem 11.06.2010[1006] geltenden Änderungen regelt Art. 229 § 22 Abs. 2 EGBGB, dass bei Verträgen, die bis zum 10.06.2010 entstanden sind, die Regelungen des Bürgerlichen Gesetzbuches und der BGB-InfoV jeweils in der bis zu diesem Zeitpunkt geltenden Fassung anzuwenden sind. Vor dem 13.06.2014 entstandene Schuldverhältnisse richten sich gem. Art. 229 § 32 Abs. 1 EGBGB grundsätzlich nach dem bisher geltenden Recht. Ausnahmen davon enthält Art. 229 § 32 Abs. 2–4 EGBGB.

b) Sachlicher Anwendungsbereich

913 Voraussetzung ist gem. § 312 Abs. 1 BGB das Vorliegen eines Verbrauchervertrages i.S. v. § 310 Abs. 3 BGB, der eine entgeltliche Leistung der Bank zum Gegenstand hat. Damit findet das Fernabsatzrecht auf Verträge zwischen Verbrauchern keine Anwendung; Gleiches gilt für Verträge zwischen Unternehmern.[1007] Die Vorschriften über den Fernabsatz sind auch nicht auf einseitige Rechtsgeschäfte anwendbar.

914 Gemäß § 312 Abs. 5 BGB fallen auch Finanzdienstleistungen unter die Schutznormen für Fernabsatzgeschäfte. Während das Kreditwesengesetz in § 1 zwischen Bankdienstleistungen und Finanzdienstleistungen als zwei sich ergänzende Begriffe unterscheidet, umfasst die **Legaldefinition der Finanzdienstleistungen** in § 312 Abs. 5 Satz 1 BGB alle Vertragsverhältnisse über Bankdienstleistungen sowie Dienstleistungen im Zusammenhang mit einer Kreditgewährung, Versicherung, Altersversorgung von Einzelpersonen, Geldanlage oder Zahlung. Damit fallen z.B. alle Verbraucherdarlehen (bis auf die Ausnahmen des § 491 Abs. 2 BGB), Überziehungskredite, Giroverträge, Zahlungsdiensteverträge, Einlagengeschäfte, Verträge zur Alterssicherung, Finanzierungsleasingverträge, Depotverträge, Wertpapierdienstleistungen, Pfandbriefgeschäfte, Diskontgeschäfte, Emissionsgeschäfte, Investmentgeschäfte sowie E-Geld-Geschäfte unter diese Norm.[1008]

1006 VerbrKrRL-UG, BGBl. I 2009, S. 2355 ff.

1007 PWW/*Stürner* § 312c Rn. 6.

1008 Palandt/*Grüneberg* § 312 Rn. 26; JurisPK/*Junker* § 312 Rn. 115.

915 Zu beachten ist, dass in der neuen Konstellation dem Widerruf einer Sicherheit eine besondere Bedeutung zukommt, insbesondere im Hinblick auf die bei einem Notar zu bestellende Grundschuld als Sicherheit für die Bank. Nicht eindeutig geklärt ist nämlich, ob es sich bei der **Hereinnahme einer Sicherheit** um eine Finanzdienstleistung i.S.v. Art. 246b EGBGB bzw. um eine entgeltliche Leistung des Kreditinstituts i.S.v. § 312 BGB handelt. Sofern dies der Fall ist, wovon auszugehen ist, ist daher – neben der Erwähnung der Sicherheit in den vorvertraglichen Informationen – zwingend die Erteilung einer Widerrufsbelehrung erforderlich (§ 312g Abs. 1 BGB)

916 Die Ausnahmeregelung des § 312g Abs. 2 Nr. 13 BGB, wonach dem Verbraucher dann kein Widerrufsrecht zusteht, wenn der Notar bestätigt, gegenüber dem Verbraucher die Informationspflichten des § 312d BGB i.V.m. Art. 246b EGBGB gewahrt zu haben, wird in der Praxis keine große Rolle spielen. Verständlicherweise scheuen sich die Notare, das Aufklärungsrisiko gegenüber der Bank zu übernehmen. Damit verbleibt die Aufklärungsverpflichtung bei diesen.

917 Der Begriff des Fernabsatzvertrages umfasst im Gegensatz zu den bis zum 12.06.2014 geltenden Regelungen aber nicht nur den eigentlichen Vertragsabschluss unter ausschließlicher Verwendung von Fernkommunikationsmitteln, sondern bezieht nun auch ausdrücklich die Phase vor dem Vertragsabschluss mit ein.[1009] Charakteristisch für den Fernabsatzvertrag ist daher nicht der Vertragsinhalt, sondern die Art des Vertragsabschlusses. Der Vertrag muss unter **ausschließlicher Verwendung von Fernkommunikationsmitteln** abgeschlossen werden. Dies ist der Fall, wenn sowohl für die Vertragsanbahnung als auch für den Antrag auf Abschluss des Vertrages (§ 145 BGB) und für die Annahme dieses Antrags (§§ 146 ff. BGB) Fernkommunikationsmittel (§ 312c Abs. 2 BGB) eingesetzt werden.[1010] Daher unterfallen auch die nicht seltenen Fälle des Telefonanrufs des Kunden und des anschließenden Versands der Vertragsunterlagen durch die Bank per Post den Regelungen des Fernabsatzes.

918 Abgrenzungsschwierigkeiten können entstehen, wenn die Vertragspartner vor dem Vertragsschluss mit Fernkommunikationsmitteln bereits persönlichen Kontakt hatten. Wird mindestens eine der zum Vertragsschluss führenden Willenserklärungen in anderer Form, z.B. i.R.d. persönlichen Kontakts übermittelt, so finden die Fernabsatzvorschriften keine Anwendung. Problematisch ist, ob in der Phase der Vertragsanbahnung gewisse **Mindestanforderungen** an die Qualität des **persönlichen Kontakts** erforderlich sind.[1011] Die Begriffsbestimmung umfasst nämlich auch Situationen, in denen der Verbraucher die Geschäftsräume der Bank lediglich zum Zwecke der Information über die Konditionen bzw. Dienstleistungen aufsucht und anschließend den Vertrag aus der Ferne verhandelt und abschließt. Hiervon zu unterscheiden ist die Situation, in der der Verbraucher in den Geschäftsräumen der Bank bereits über einen konkreten Vertrag verhandelt hat, diesen aber letztendlich erst später über ein Fernkommunikationsmittel abschließt. Im letzten Fall liegt kein Fernabsatzvertrag vor. Auch ein Vertrag, der über ein Fernkommunikationsmittel angebahnt und letztendlich in den Geschäftsräumen des Unternehmers geschlossen wird, ist kein Fernabsatzvertrag.[1012]

919 Nicht geklärt ist die Frage, ob zwischen den persönlichen Vorverhandlungen und dem Vertragsabschluss ein enger zeitlicher Zusammenhang bestehen muss, um einen Fernabsatzvertrag zu verneinen. Das Amtsgericht Frankfurt hat einen Zeitraum von 6 Wochen zwischen Gespräch und Vertragsabschluss via Fernkommunikationsmitteln als zu lang angesehen und das Vorliegen eines Fernabsatzvertrages bejaht.[1013]

920 Vorsicht ist ferner bei der Frage geboten, ob unter »Vertragsverhandlungen« die Information des Verbrauchers und das Aushandeln über alle wesentlichen Vertragspunkte zu verstehen ist, die dann in dem über Fernabsatzwege geschlossenen Vertrag mündet,[1014] oder ob hierunter auch lediglich die

1009 BT-Drucks. 17/12637, S. 63.
1010 Palandt/*Grüneberg* § 312b Rn. 8; BGH, Urteil vom 27.02.2018_XI ZR 224/17.
1011 Palandt/*Grüneberg* § 312c Rn. 4; Bittner/Clausnitzer/Föhlisch Rn. 80.
1012 BT-Drucks. 17/12637, S. 50.
1013 AG Frankfurt am Main, MMR 2011, 804; Bittner/Clausnitzer/Föhlisch Rn. 81.
1014 Palandt/*Grüneberg* § 312c Rn. 4; PWW/*Stürner* § 312c Rn. 10.

Beschaffung von Produktinformationen zu verstehen ist.[1015] Wenn sich im letztgenannten Fall der Verbraucher in den Geschäftsräumen des Unternehmers, z.B. bei der Bank, über das Produkt informieren kann, ist er nicht den typischen Risiken des Fernabsatzgeschäftes ausgesetzt und sei daher insoweit nicht schutzwürdig. Außerdem könne man in der Praxis kaum zwischen »Information« und »Verhandlung« unterscheiden.[1016]

921 Die Aufzählung der Fernkommunikationsmittel in § 312c Abs. 2 BGB ist nicht abschließend.[1017] Vom Begriff der Fernkommunikationsmittel sind nicht nur moderne Kommunikationstechnologien erfasst, sondern auch traditionelle Vertriebswege. Es ist weder erforderlich, dass die Vertragspartner gleiche Kommunikationswege benutzen, noch dass eine Vertragsseite einen einmal eingeschlagenen Kommunikationsweg beibehalten muss.

922 Weiterhin fordert die Anwendung der fernabsatzrechtlichen Regelungen, dass der Vertragsabschluss im Rahmen eines für den Fernabsatz organisierten Vertriebs- und Dienstleistungssystems erfolgt. Hierfür sind aufwendige Maßnahmen nicht erforderlich.[1018] Es sollen lediglich solche Geschäfte aus dem Anwendungsbereich des Fernabsatzrechts ausscheiden, die unter gelegentlichem und eher zufälligem Einsatz von Fernkommunikationsmitteln geschlossen werden.[1019] Bei Banken dürfte immer von einem entsprechend organisierten Fernabsatzsystem auszugehen sein.

923 Auch von Dritten angebotene Vertriebs- und Dienstleistungssysteme, die die Bank nutzt, eröffnen den Anwendungsbereich des § 312c BGB.[1020] Hierunter können z.B. Kreditvermittler fallen, sofern sie ihre Dienste über das Internet anbieten.

924 Im Verhältnis zu anderen verbraucherschützenden Normen gilt das **Günstigkeitsprinzip**. Es ist jeweils die für den Verbraucher günstigere Regelung anzuwenden.[1021] Für Informationspflichten gilt die Sonderregelung in § 312i Abs. 3 BGB, für das Widerrufsrecht die Sonderregelung in § 312g Abs. 3 BGB.

925 Die Rechtsfolgen eines Pflichtverstoßes beim Vorliegen eines Fernabsatzvertrages sind, sofern es die Pflichten des Unternehmers betrifft, in den §§ 312d, 312e, 312f Abs. 2, 312i und 312j geregelt, sowie betreffend das Widerrufsrecht des Verbrauchers in § 312g BGB.

3. Ausnahmen

926 Von den Vorschriften des Fernabsatzes sind u.a. gem. § 312 Abs. 5 BGB ausgeschlossen Vertragsverhältnisse, die eine erstmalige Vereinbarung mit daran anschließenden aufeinanderfolgenden Vorgängen oder eine daran anschließende Reihe getrennter, in einem zeitlichen Zusammenhang stehender Vorgänge der gleichen Art umfassen. In diesen Fällen finden die Vorschriften über Fernabsatzverträge nur Anwendung auf die erste Vereinbarung. Diese Vorschrift hat herausragende Bedeutung für die Abwicklung des Massenverkehrs.[1022]

927 Als Vorgänge innerhalb eines Rahmenvertrages kommen u.a. in Betracht die Eröffnung eines Kontos oder Depots, der Erwerb einer Kreditkarte, die Eingehung von Dauerschuldverhältnissen, in deren Vollzug es zu aufeinanderfolgenden Vorgängen oder getrennten, aber in einem zeitlichen Zusammenhang stehenden Vorgängen kommt. In der Praxis am häufigsten vorkommend sind Ein-/Auszahlungen beim eigenen Konto, Überweisungen u.Ä. Auf den nachfolgenden Vorgang finden weder die Informationspflichten nach § 312d BGB Anwendung, noch steht dem Verbraucher ein Recht zum Widerruf gem. den §§ 312g, 355 BGB zu.

1015 Bittner/Clausnitzer/Föhlisch Rn. 84.
1016 Bittner/Clausnitzer/Föhlisch Rn. 84.
1017 JurisPK/*Junker* § 312c Rn. 23.
1018 BT-Drucks. 14/2658, S. 30; Palandt/*Grüneberg* § 312c Rn. 6.
1019 PWW/*Stürner* § 312c Rn. 14.
1020 PWW/*Stürner* § 312c Rn. 15.
1021 BT-Drucks. 14/2658, S. 33; Palandt/*Grüneberg* § 312c Rn. 9.
1022 Bittner/Clausnitzer/Föhlisch Rn. 35.

Von den Einzelvorgängen abzugrenzen sind **Zusatzvereinbarungen** zur Erstvereinbarung, bei der es sich um eine Erweiterung der bestehenden Vereinbarung um neue Komponenten handelt, weshalb die Fernabsatzregeln zur Anwendung kommen. Als Zusatzvereinbarung kommt bei einem Girovertrag bspw. die Nutzung des Online-Bankings in Betracht. **928**

4. Immobiliengeschäfte

Gem. § 312 Abs. 2 Nr.2 BGB finden die Vorschriften des Fernabsatzrechts keine Anwendung auf Verträge über die Veräußerung von Grundstücken und grundstücksgleichen Rechten. Hintergrund dieser Ausnahmeregelung ist, dass Verträge über die Veräußerung von Grundstücken i.d.R. nicht im Wege des Fernabsatzes geschlossen werden. Ein Vertrag, durch den sich der eine Teil verpflichtet, das Eigentum an einem Grundstück zu übertragen oder zu erwerben, bedarf nämlich der notariellen Beurkundung, wobei allerdings eine Heilung des Formmangels durch Eintragung des Rechts in das Grundbuch möglich ist (§ 311b Abs. 1 BGB i.V.m. § 128 BGB). Zudem verlangen die §§ 873, 925 Abs. 1 Satz 1 BGB bei der Auflassung die gleichzeitige Anwesenheit beider Vertragsparteien. Die Befreiung gilt auch für die Begründung, Veräußerung und Aufhebung von dinglichen Rechten an Grundstücken und grundstücksgleichen Rechten sowie über die Errichtung von Bauwerken, nicht aber über die Renovierung, den Umbau oder den Abriss eines Bauwerks, denn die Vorschrift ist nach überwiegender Auffassung restriktiv auszulegen.[1023] **929**

5. Informationspflichten

Neben dem Widerrufsrecht stellt die Unterrichtung des Verbrauchers gem. § 312d BGB ein Kernelement des Fernabsatzes dar. Für Finanzdienstleistungen ergibt sich der Inhalt der notwendigen Informationen aus Art. 246b §§ 1 und 2 EGBGB. Die hierdurch bestehenden Informationspflichten sind umfangreich; allein Art. 246b § 1 Abs. 1 EGBGB umfasst 19 Ziffern. Das Risiko, dass in der Praxis eine erforderliche Information übersehen wird, ist daher groß. **930**

a) Zeitpunkt der Information

Die Informationen sind gem. Art. 246b § 1 Abs. 1 Satz 1 EGBGB dem Verbraucher rechtzeitig vor Abgabe von dessen Willenserklärungen zur Verfügung zu stellen, d.h., die Information ist zu erteilen, bevor der Verbraucher durch seine Vertragserklärungen gebunden ist.[1024] Somit müssen die Informationen dem Verbraucher bereits zu einem Zeitpunkt zugehen, zu dem bei ihm nicht der Eindruck entstanden sein kann, vom Vertragsschluss nicht mehr Abstand nehmen zu können.[1025] **931**

Die Praxis muss daher darauf achten, wie die Anschreiben an Verbraucher ausgestattet werden. Sofern es sich bei dem Anschreiben nicht nur um ein Werbeschreiben handelt, sondern der Inhalt auf den Abschluss eines Vertrages gerichtet ist, sei es in Form einer invitatio ad offerendum oder bereits in Form eines konkreten Angebots der Bank, so ist es erforderlich, dem Verbraucher die gem. Art. 246b §§ 1 und 2 EGBGB zu erteilenden Informationen zukommen zu lassen. **932**

b) Art und Weise der Informationserteilung

Darüber hinaus fordert Art. 246b § 1 Abs. 1 EGBGB, dass dem Verbraucher die Information in einer dem eingesetzten Fernkommunikationsmittel entsprechenden Weise zur Verfügung gestellt wird. Insoweit ist die Erteilung der Information nach dem jeweiligen Vertriebsweg zu differenzieren. Die Bank muss den Verbraucher dem gewählten Vertriebsweg entsprechend ausdrücklich auf die Informationen hinweisen, sofern der Verbraucher nicht bereits zwangsläufig auf diese stoßen muss, bevor er seine auf den Vertragsschluss gerichtete Willenserklärung abgibt. Bei brieflicher Kontaktaufnahme bereitet ein entsprechender Hinweis i.d.R. keine Schwierigkeit. Auch die Einstellung **933**

1023 Palandt/*Grüneberg* § 312b Rn. 10.
1024 *Rott* BB 2005, 53 (55).
1025 BT-Drucks. 15/2946, S. 20.

der Informationen in das Internet auf der Homepage der Bank ist als taugliches Mittel anzusehen. Allerdings ist hierbei zu beachten, dass die Informationen leicht erkennbar sein müssen. Eine bestimmte Stelle, an der die Information zu erteilen ist, ist im Gesetz aber nicht vorgeschrieben. Daher hat der BGH es für ausreichend angesehen, dass ein Link zur Anbieterkennung führt und diese ohne wesentliche Zwischenschritte aufgerufen werden kann.[1026]

c) Das Deutlichkeitsgebot

934 Die Information muss gem. Art. 246b § 1 Abs. 1 Satz 1 EGBGB klar und verständlich sein. Von Bedeutung ist insb., dass die Information so gefasst ist, dass der Kunde nicht von der Durchsetzung bestehender Rechte abgehalten wird.[1027] Eine Klausel, die die Rechtslage unzutreffend oder missverständlich darstellt und auf diese Weise dem Verwender ermöglicht, begründete Ansprüche unter Hinweis auf die in der Klausel getroffene Regelung abzuwehren, benachteiligt den Vertragspartner entgegen den Geboten von Treu und Glauben unangemessen.[1028]

935 Schließlich ist es erforderlich, dass die Bank die Information noch unter Angabe des geschäftlichen Zwecks zur Verfügung stellt. Offen zu legen ist hierbei, ob die Bank überhaupt den Abschluss des Vertrages mit dem Verbraucher anstrebt und der Umstand, dass der Vertragsabschluss der Gewinnerzielung dient sowie eine Information darüber, welcher Natur der angestrebte Vertrag entspricht.

d) Textform

936 Die Bank hat gem. Art. 246b § 2 Abs. 1 EGBGB dem Verbraucher rechtzeitig vor Abgabe von dessen Vertragserklärung auf einem dauerhaften Datenträger gem. § 126b BGB die Vertragsbedingungen einschließlich der Allgemeinen Geschäftsbedingungen sowie die in Art. 246b § 1 EGBGB aufgeführten Informationen mitzuteilen.

937 Die Informationsübermittlung in Textform umfasst neben Schriftstücken alle für die Übermittlung geeigneten Medien, sofern diese nur zweierlei sicherstellen, nämlich dass die Informationen dem Verbraucher in lesbarer Form zugehen und dass sie diesem für eine angemessene Zeit in einer inhaltlich unveränderten Wiedergabe dauerhaft zur Verfügung stehen. Um den Erfordernissen der Textform zu entsprechen, muss die Erklärung in einer Urkunde oder auf andere zur dauerhaften Wiedergabe in Schriftzeichen geeigneten Weise abgegeben, die Person des Erklärenden genannt und der Abschluss der Erklärung durch Nachbildung der Namensunterschrift oder anders erkennbar gemacht werden.[1029] Außer der schriftlichen Urkundenform können auch elektronische Medien wie Diskette, E-Mail oder CD-ROM den Erfordernissen entsprechen. Nicht erforderlich ist die körperliche Übergabe eines Datenträgers. Notwendig ist nur der Zugang der Information beim Verbraucher.[1030] Daher reicht die Zurverfügungstellung der Information lediglich auf der Web-Site der Bank nicht aus. Erforderlich ist, dass die Information vom Verbraucher auf eine eigene Festplatte, CD oder einen anderen Datenträger heruntergeladen wird, um dem Erfordernis der Dauerhaftigkeit Rechnung zu tragen. Die bloße Möglichkeit, die Information von der Web-Site der Bank herunterzuladen, reicht für den Beweis des Zugangs beim Verbraucher nicht aus.[1031]

e) Besonderheiten bei Telefonaten

938 Zu beachten ist, dass die Bank bei von ihr veranlassten Telefonaten neben der Erteilung der Informationen gem. Art. 246b § 1 Abs. 2 EGBGB gem. § 312a Abs. 1 BGB ihre Identität und den geschäftlichen Zweck ihrer Kontaktaufnahme bereits zu Beginn eines jeden Gespräches ausdrücklich

1026 BGH, ZIP 2006, 2041 (2042).
1027 BT-Drucks. 17/12637 S. 75; PWW/*Stürner* § 312d Rn. 6.
1028 BGH, WM 2006, 53 (55).
1029 OLG Hamburg, ZIP 2007, 186 (187).
1030 BT-Drucks. 14/2658, S. 40.
1031 BT-Drucks. 14/2658, S. 40.

offen legen muss. Dies gilt auch dann, wenn der Verbraucher aufgrund einer Aufforderung der Bank bei dieser anruft, da auch dieses Gespräch als vom Unternehmer veranlasst anzusehen ist. Wird der Vertrag telefonisch oder unter Verwendung eines anderen Fernkommunikationsmittels geschlossen, das die Mitteilung auf einem dauerhaften Datenträger vor Vertragsschluss nicht gestattet, ist die Information unverzüglich nach Vertragsabschluss vorzunehmen Art. 246b § 2 Abs. 1. Satz 2 BGBGB.

6. Übermittlung in einer Urkunde

Gem. Art. 246b § 2 Abs. 2 EGBGB kann der Verbraucher während der Laufzeit des Vertrages jederzeit verlangen, dass ihm die Bank alle Vertragsbedingungen einschließlich der Allgemeinen Geschäftsbedingungen in einer Urkunde im Sinn von § 126 BGB kostenlos zur Verfügung stellt. Der Anspruch besteht auch dann, wenn der Verbraucher die Information bereits vor Vertragsschluss in Papierform erhalten hat; der Anspruch kann aber nur einmal geltend gemacht werden.[1032] 939

7. Widerruf

Das Widerrufsrecht des Verbrauchers nach § 312g BGB entsteht grds. bei allen Fernabsatzverträgen, auf die das Fernabsatzrecht Anwendung findet. Ausgenommen hiervon sind gem. § 312g Abs. 2 Nr. 8 BGB Finanzdienstleistungen, deren Preis auf dem Finanzmarkt Schwankungen unterliegen, auf die der Unternehmer keinen Einfluss hat und die innerhalb der Widerrufsfrist auftreten können, insb. Dienstleistungen im Zusammenhang mit Aktien, Anteilsscheinen, die von einer Kapitalanlagegesellschaft oder einer ausländischen Investmentgesellschaft ausgegeben werden, und anderen handelbaren Wertpapieren, Devisen, Derivaten oder Geldmarktinstrumenten. 940

Zur Erfüllung seiner Informationspflicht über das Bestehen eines Widerrufsrechts kann die Bank dem Verbraucher s ab dem 13.06.2014 unter der Anlage 3 zu Art. 246b EGBGB vorgesehene Muster verwenden. § 312g Abs. 3 BGB stellt klar, dass das Widerrufsrecht nach Fernabsatz nicht besteht, wenn dem Verbraucher ein Widerrufsrecht gem. den §§ 495 und 506 bis 513 BGB und nicht außerhalb von Geschäftsräumen geschlossenen Verträgen, bei denen dem Verbraucher bereits nach § 305 Abs. 1 bis 6 des KAGB ein Widerrufsrecht zusteht. 941

Die Widerrufsfrist beginnt gem. § 356 Abs. 3 Satz 1 BGB nicht vor Erfüllung der Informationspflichten gem. Art. 246b § 2 Abs. 1 EGBGB. Die Schutzfrist des § 356 Abs. 3 Satz 1 BGB von 12 Monaten und 14 Tagen besteht bei Verträgen über Finanzdienstleistungen nicht (§ 356 Abs. 3 Satz 3 BGB), sodass das Widerrufsrecht des Verbrauchers in diesem Fall unbefristet fortbesteht. Daher ist eine ordnungsgemäße Erfüllung der Informationspflichten zwingend erforderlich. Eine Ausnahme für geringfügige Verstöße sieht das Gesetz nicht vor. Jeder Verstoß hat zur Folge, dass die Frist nicht zu laufen beginnt. Sofern die fehlende Information für den Abschlusswillen des Verbrauchers offensichtlich keine Rolle gespielt hat, kann einem erklärten Widerruf der Einwand der Verwirkung und damit der unzulässigen Rechtsausübung (§ 242 BGB) entgegenstehen.[1033]Gem. § 312d Abs. 2 BGB i.V.m. Art. 246b § 1 Nr. 12 EGBGB muss der Unternehmer den Verbraucher auch über das Bestehen oder Nichtbestehen eines Widerrufsrechts belehren. Daneben bleibt der Unternehmer zur Belehrung auch nach § 492 Abs. 2 BGB i.V.m. Art. 247 § 6 Abs. 2 EGBGB verpflichtet. Beim Fehlen der erforderlichen Angaben ist es möglich, die Erfüllung der Informationspflichten nachzuholen. Bis zu diesem Zeitpunkt ist der Beginn der Widerrufsfrist lediglich gehemmt. Bei Fernabsatzverträgen über Finanzdienstleistungen erlischt das Widerrufsrecht auch dann nicht, wenn die Bank den Verbraucher zwar gem. § 492 Abs. 2 BGB belehrt, aber ihre Mitteilungspflichten gem. § 312d Abs. 2 BGB nicht ordnungsgemäß erfüllt hat 942

Das Widerrufsrecht gem. § 312g BGB besteht bei Fernabsatzverträgen nicht, sofern dem Verbraucher auch ein Widerrufsrecht gem. § 495 BGB zusteht (§ 312g Abs. 3 BGB). 943

1032 Palandt/*Grüneberg* Art. 246b § 2 n.F. EGBGB Rn. 5.
1033 OLG Köln WM 2012, 162 Rn. 22 ff.; PWW/.

8. Rechtsfolge

944 Die Rechtsfolgen beim Vorliegen eines Fernabsatzvertrages sind in § 312g BGB geregelt. Neben den »allgemeinen« Rückabwicklungsregelungen ist im Hinblick auf Sicherheiten auf folgendes zu achten:

945 Im Fall des Widerrufs einer nicht vom Darlehensnehmer gestellten Sicherheit (sog. Drittsicherheit) muss diese an den Dritten zurückgewährt werden.

946 Ob dies auch für den Fall einer vom Darlehensnehmer gestellten Sicherheit gilt, ist unklar. Der Darlehensnehmer ist nämlich aufgrund des Darlehensvertrages zur Stellung einer Sicherheit verpflichtet, sodass der Rückabwicklung des Sicherheit wohl der Einwand des rechtsmissbräuchlichen Verhaltens (§ 242 BGB) entgegengehalten werden kann. Zumindest dürfte ein Zurückbehaltungsrecht des Darlehensgebers bestehen, bis der Darlehensnehmer eine neue Sicherheit gestellt hat.

X. Zahlungsaufschub, sonstige Finanzierungshilfe

1. Einführung

947 Das Verbraucherkreditgesetz galt entsprechend der Regelung in § 1 Abs. 1 und 2 VerbrKrG für sämtliche entgeltlichen Kreditverträge zwischen einem Unternehmer und einem Verbraucher. Entgeltliche Kredite waren hiernach sowohl Darlehen als auch der Zahlungsaufschub und die sonstige Finanzierungshilfen. Aus systematischen Gründen und um die Übersichtlichkeit zu verbessern, wurden mit Einführung des SMG die neben den Verbraucherdarlehensverträgen bestehenden übrigen Verbraucherkreditverträge in den §§ 499 bis 504 BGB a.F. geregelt.[1034]

948 Mit Umsetzung der Verbraucherkreditrichtlinie 2008 zum 11.06.2010 sind die Regelungen der §§ 499 ff. BGB in den §§ 506 ff. BGB geregelt. Die Vorschrift des § 506 BGB n.F. entspricht im Wesentlichen § 499 BGB a.F.

949 Mit Umsetzung der Wohnimmobilienkreditrichtlinie wurde § 506 Abs. 1 BGB ergänzt. In § 506 Abs. 1 S. 1 und 2 BGB werden der Unterschied zwischen einem Allgemein-Verbraucherdarlehensvertrag sowie einem Immobiliar-Verbraucherdarlehensvertrag und die Pflichten zur Kreditwürdigkeitsprüfung berücksichtigt. In § 506 Absatz 1 S. 3 BGB wird dem Schutzbedürfnis des Verbrauchers im Falle eines unentgeltlichen Zahlungsaufschubs, der von einer Besicherung durch ein Grundpfandrecht oder einer Reallast abhängig gemacht wird, berücksichtigt. Die Übergangsregelungen sind in Art. 229 § 38 EGBGB enthalten[1035].

2. Grundsatz

950 In § 506 Abs. 1 Satz 1BGB ist geregelt, dass auf Verbraucherverträge in Form von Allgemein-Verbraucherdarlehensverträgen, die einen entgeltlichen Zahlungsaufschub oder eine sonstige entgeltliche Finanzierungshilfe zum Gegenstand haben, die Vorschriften über den Verbraucherdarlehensvertrag der §§358 bis 360und 491a bis 505 sowie 505a bis 505 e BGB, somit auch die Vorschriften über die Kreditwürdigkeitsprüfung, entsprechend anzuwenden sind. Ausgenommen sind nur die Regelungen betreffend die eingeräumten Überziehungsmöglichkeiten bzw. geduldeten Überziehungen gem. den §§ 504 bzw. 505 BGB und Vollmachten (§ 492 Abs. 4 BGB). Die Ausnahmetatbestände des § 491 Abs. 2 Satz 2 und 4 BGB gelten entsprechend.

951 Im Hinblick auf die vorvertraglichen Informationen gem. § 491a BGB und die Pflichtangaben gem. § 492 Abs. 2 BGB ist Art. 247 § 12 EGBGB zu beachten.

952 Notwendige Voraussetzung bei allen Verträgen, die unter §§ 506 bis 508 BGB fallen, ist die Entgeltlichkeit. Sie bezieht sich nicht auf den finanzierten Vertrag, sondern auf die Finanzierungshilfe,

1034 BT-Drucks. 14/6040, S. 256.

1035 Palandt/*Weidenkaff, § 506* BGB Rn. 1.

diese muss entgeltlich sein. Es genügt jede Art von Gegenleistung, auch eine nur geringfügige. Hierzu gehören insb. Zinsen, einmalige Vergütungen, Teilzahlungszuschläge. Entscheidend ist, dass der Teilzahlungspreis höher ist als der Barzahlungspreis. Auch die Übernahme von Kosten kann ein Entgelt darstellen.[1036] Nur Kleinstbeträge sind unerheblich.[1037]

a) Zahlungsaufschub – § 506 Abs. 1

Ein Zahlungsaufschub liegt vor, wenn zugunsten des Verbrauchers von dem Leistungsbestimmungsrecht, insb. von § 271 BGB abgewichen wird; folgende Voraussetzungen sind daher zu erfüllen: 953
- Es stehen sich ein Verbraucher und ein Unternehmer gegenüber.
- Zwischen beiden besteht ein Schuldverhältnis (gleich welcher Art), aus dem sich eine Zahlungsverpflichtung des Verbrauchers ergibt.
- Für diese Verbindlichkeit wird bei Abschluss des Rechtsgeschäfts oder danach eine vom dispositiven Recht zugunsten des Verbrauchers abweichende Vereinbarung getroffen.
- Der sich daraus ergebende Zahlungsaufschub ist entgeltlich.
- Der Zahlungsaufschub wird für einen Zeitraum von mehr als 3 Monaten eingeräumt (wie sich mittelbar aus § 491 Abs. 2 Nr. 3 BGB ergibt).

Der Zahlungsaufschub kann sich an einen anderen bestehenden Kreditvertrag anschließen (Kette von Verbraucherkreditverträgen) oder anlehnend an ein bestehendes Schuldverhältnis dieses erstmals mit den verbraucherkreditrechtlichen Bestimmungen in Verbindung bringen.[1038] Darauf, zu welchem Zeitpunkt der Zahlungsaufschub vereinbart worden ist, kommt es nicht an. Es ist daher unerheblich, ob der Zahlungsaufschub einen Teil der bei Vertragsschluss getroffenen Abreden bildet oder erst im Zug der Vertragserfüllung bei mangelnder Leistungserfüllung durch den Schuldner vereinbart wird.[1039] 954

Für das Vorliegen eines Kredits ist die Begründung einer Vorleistungspflicht eines Vertragspartners erforderlich. Daher fehlt es an einem Zahlungsaufschub, wenn die Fälligkeit beider Forderungen aus einem Vertrag um den gleichen Zeitraum hinausgeschoben wird.[1040] 955

Der wohl wichtigste Fall des Zahlungsaufschubs ist die **Stundung**. Ist eine Zeit für die Leistung weder bestimmt noch aus den Umständen zu entnehmen, so kann der Gläubiger die Leistung jederzeit verlangen, der Schuldner sie sofort bewirken (§ 271 Abs. 1 BGB). Ist eine Zeit bestimmt, so ist anzunehmen, dass der Gläubiger die Leistung nicht vor der Zeit verlangen, der Schuldner sie aber vorher bewirken kann (§ 271 Abs. 2 BGB). Unter **Fälligkeit** ist daher der Zeitpunkt zu verstehen, von dem an der Gläubiger die Leistung verlangen kann. Die Erfüllbarkeit bezeichnet demgegenüber den Zeitpunkt, von dem an der Schuldner leisten darf. Stundung bedeutet das zugunsten des Schuldners wirkende **Hinausschieben der Fälligkeit** bei Bestehenbleiben der **Erfüllbarkeit**.[1041] 956

Von der Stundung zu unterscheiden ist die **Befristung**. Letztere schiebt die Entstehung des gesamten Schuldverhältnisses hinaus, während die gestundete Forderung bereits entstanden, aber noch nicht fällig ist. 957

In Abgrenzung zum **Vereinbarungsdarlehen** wollen die Vertragsparteien bei der Stundung ihr Verhältnis nicht insgesamt dem Darlehensrecht unterstellen, sondern nur den Fälligkeitszeitpunkt regeln. Auch die **Prolongation** eines Darlehens führt im Regelfall nicht zur Umqualifizierung des Darlehens in einen Zahlungsaufschub. Dies ist nur dann der Fall, wenn es sich um eine isolierte Stundung des Anspruchs handelt, ohne dass die Darlehensbedingungen als solche für die Dauer der Forderungsstundung weitergelten. 958

1036 Palandt/*Weidenkaff* Vorb. zu § 506 Rn. 6.
1037 LG Karlsruhe, NJW-RR 2000, 1442 (1442).
1038 PWW/*Nobbe* § 506 Rn. 3.
1039 MüKo-BGB/*Habersack* § 499 Rn. 6.
1040 OLG Dresden, ZIP 2000, 830 (832).
1041 Palandt/*Weidenkaff* Vorb. § 506 Rn. 3; OLG Stuttgart, ZIP 1993, 1466 (1467).

959 Häufig werden laufende Ratenzahlungsvereinbarungen um die Abrede erweitert, dass der Schuldner einzelne Raten aussetzen darf, die nach Ablauf der ursprünglichen Vertragslaufzeit angehängt und nachzuentrichten sind. In den Fällen der sog. **Tilgungsaussetzung** oder **Tilgungsstreckung** wird der Kredit dadurch teurer, dass für die gestundeten Raten länger als ursprünglich vereinbart der Vertragszins berechnet wird. Allerdings ist darin keine entgeltliche Vereinbarung eines Zahlungsaufschubes zu sehen, selbst wenn sich bei Weitergeltung eines variablen Zinssatzes infolge der Erhöhung des Zinssatzes sich bei den »angehängten« Raten ein Nachteil des Verbrauchers ergibt. Die über eine Tilgungsstreckung gefundene Regelung ist demnach nicht als selbstständiger Kreditvertrag zu werten.

960 Kritisch wird es, wenn neben dem vereinbarten vertraglichen Zinssatz zusätzlich für die Vereinbarung der Tilgungsstreckung eine Bearbeitungsgebühr verlangt wird. Der amtl. Begründung ist zu entnehmen, dass ein entgeltlicher Zahlungsaufschub nicht vorliegt, wenn sich die laufzeitabhängigen Kosten nicht erhöhen. Allerdings liegt auch bei einer Bearbeitungsgebühr die Vermutung nahe, dass es sich um ein laufzeitabhängiges Entgelt für die Gewährung der Stundung handelt.[1042] Ohne einen Nachweis, dass die Gebühr nicht laufzeitabhängig ist, ist von einem entgeltlichen Zahlungsaufschub auszugehen, sodass sich ein weiterer Kreditvertrag für den Zahlungsaufschub anschließen muss.

961 Die Berechnung lediglich von Verzugszinsen führt nicht zur Entgeltlichkeit des Zahlungsaufschubs. Das Gleiche gilt für Rechtsverfolgungskosten wie z.B. Kosten eines Vergleichs, Inkassokosten, anwaltliche Honorarforderungen, da diese einerseits dem Gläubiger nicht zugutekommen und andererseits auch kein Entgelt für die Gewährung der Stundung darstellen.[1043]

962 Ist der Kredit bereits durch eine **Kündigung** fällig gestellt, der Kunde aber zur sofortigen Rückführung der gekündigten Gesamtforderung nicht in der Lage, treffen die Beteiligten häufig eine Rückzahlungsvereinbarung. Sofern die Vereinbarung auch die Zahlung von Zinsen mit umfasst, ist die Frage, ob es sich um einen entgeltlichen Zahlungsaufschub handelt, davon abhängig, ob der Schuldner zukünftig einen höheren Zinssatz als den ursprünglichen Vertragszinssatz entrichten muss. Nach Fälligstellung der Forderung kann der Unternehmer statt des Vertragszinses nur noch den Verzugszins gem. § 288 Abs. 1 BGB geltend machen. Wird im Rahmen der Rückzahlungsregelung ein Zinssatz vereinbart der im Verhältnis zum Verzugszinssatz gleich hoch oder geringer ist, liegt keine Entgeltlichkeit vor, denn die Lage des Verbrauchers hat sich durch die getroffene Stundungsabrede nicht verschlechtert. Liegt der Vertragszins jedoch über dem Verzugszins, so wird der Verbraucher mit der Rückzahlungsvereinbarung schlechter gestellt, mit der Folge, dass den Erfordernissen des § 492 BGB Rechnung zu tragen ist. Die Berechnung lediglich von Verzugszinsen führt nicht zur Entgeltlichkeit des Zahlungsaufschubs. Das Gleiche gilt für Rechtsverfolgungskosten wie z.B. Kosten eines Vergleichs, Inkassokosten, anwaltliche Honorarforderungen, da diese einerseits dem Gläubiger nicht zugutekommen und andererseits auch kein Entgelt für die Gewährung der Stundung darstellen.[1044]

963 Der Stundung in den Auswirkungen gleich zu stellen sind die **Stillhalteabkommen** (pactum de non petendo). Im Unterschied zur Stundung bleibt zwar die Fälligkeit der Forderung nach dispositivem Recht unberührt, der Gläubiger verpflichtet sich aber, seine Forderung zeitweise nicht geltend zu machen.[1045] Sie gibt dem Schuldner ein entsprechendes, als Einrede zu erhebendes Leistungsverweigerungsrecht. Auch das Versprechen des Gläubigers, aus einem Titel vorläufig nicht zu vollstrecken (**Vollstreckungsstillhalteabkommen**), kann denselben Beurteilungsmaßstäben unterliegen wie das Stillhalteabkommen.

964 Kein Zahlungsaufschub, sondern nur eine systembedingte zeitliche Verschiebung liegt hingegen beim **Kreditkartengeschäft** vor. I.d.R. erreicht diese Verschiebung zudem nicht die 3-Monate-Grenze. Schließlich fehlt es regelmäßig an der Entgeltlichkeit.

1042 BGH, WM 1989, 1438 (1439).
1043 PWW/*Nobbe* § 506 Rn. 5.
1044 PWW/*Nobbe* § 506 Rn. 5.
1045 BGH, NJW-RR 1989, 1048 (1049).

§ 506 Abs. 1 Satz 2 passt die Verweisung für solche entgeltlichen Zahlungsaufschübe und sonstigen Finanzierungshilfen an, die wegen ihres Immobilienbezuges einer der beiden Varianten des Immobiliar-Verbraucherdarlehensvertrages gem. § 491 Abs. 3 Nr. 1 und Nr. 2 entsprechen und enthält daher einen zusätzlichen Verweis auf § 503, der die Gewährung von Fremdwährungs-Immobiliar-Verbraucherdarlehensverträgen betrifft. Außerdem ist die Verweisung auf die Regelung der Kreditwürdigkeitsprüfung in den §§ 505a ff. gemäß S. 2 auf die spezifisch ausgestalteten Normen für die Kreditwürdigkeitsprüfung bei Immobiliar-Verbraucherdarlehensverträgen bezogen. Damit werden die Vorgaben der RL 2014/17/EU umgesetzt (BT-Drs. 18/5922, 104) [1046]. 965

§ 506 Abs. 1 S. 3 erweitert den Anwendungsbereich auf solche unentgeltlichen Formen des Zahlungsaufschubs, bei denen ein Grundpfandrecht oder eine Reallast zur Sicherung eingesetzt werden. 966

b) Sonstige Finanzierungshilfe – § 506 Abs. 2 BGB

Unter den Begriff der sonstigen Finanzierungshilfe, dem eine Auffangfunktion zukommt, fallen vor allem Finanzierungsleasingverträge, aber auch das Hersteller- bzw. Händlerleasing und der Mietkauf. 967

Der Begriff des **Finanzierungsleasing**vertrages ist gesetzlich nicht definiert. Er ist dadurch gekennzeichnet, dass der Leasingnehmer nicht nur für eine bestimmte Dauer Leasingraten als Entgelt für die Gebrauchsüberlassung zahlen muss, sondern dass er darüber hinaus auch für die Amortisation der vom Leasinggeber vorfinanzierten Anschaffungskosten einstehen muss. Ein Erwerbsrecht des Leasingnehmers ist nicht erforderlich.[1047] 968

Das **Teilzahlungsgeschäft** ist nach der Legaldefinition des Abs. 3 ein Vertrag, der die Lieferung einer bestimmten Sache oder die Erbringung einer bestimmten Leistung gegen Teilzahlungen zum Inhalt hat. Es genügt jeder entgeltliche Zahlungsaufschub, selbst wenn er nur eine einzige Zahlung zum Gegenstand hat. Hierunter ist auch die Abrede einzuordnen, dass die Vergütung in ihrer Gesamtheit kreditiert wird. Für den Verbraucherschutz ist von Bedeutung, ob die Lieferung oder Erbringung der Leistung zu einem ggü. dem Barzahlungspreis erhöhten Teilzahlungspreis erfolgt.[1048] Keine Teilzahlungsgeschäfte sind die sog. **Ansparkredite**. Bei diesen spart der Käufer zunächst den Kaufpreis in Teilbeträgen an, um die Kaufsache erst später zu übernehmen. Hierdurch hat wirtschaftlich der Verkäufer ein Darlehen beim Verbraucher aufgenommen. 969

Nicht zu den sonstigen Finanzierungsformen gehören z.B. Haftungskredite, Überziehungskredite, der Wechseldiskont, Factoring und Forfaitierung. 970

c) Weitere Regelungen – § 506 Abs. 3, 4 BGB

§ 506 Abs Abs. 3 zufolge sind weiterhin Besonderheiten für Teilzahlungsgeschäfte zu beachten, die in §§ 507, 508 verankert sind und den §§ 502–504 aF weitgehend entsprechen. 971

In § 506 Abs. 4 S. 1 werden die Ausnahmen des § 491 Abs. 2 S. 2 Nr. 1–5, § 491 Abs. 3 S. 2 und Abs. 4 auf den gesamten Untertitel 2 erstreckt. Daraus ergibt sich, dass die entsprechende Anwendung der Verbraucherdarlehensregeln auf einen entgeltlichen Zahlungsaufschub nach wie vor an die zeitliche Mindestanforderung von drei Monaten gebunden bleibt (§ 491 Abs. 2 Nr. 3). Abs. 4 S. 2 enthält eine Anpassung des Nettodarlehensbetrags (§ 491 Abs. 2 S. 2 Nr. 1) an sonstige Finanzierungshilfen, bei denen der Barzahlungspreis oder – bei Erwerb des Gegenstandes durch den Unternehmer – der Anschaffungspreis an die Stelle gesetzt wird).[1049] 972

1046 BeckOK BGB/Möller BGB § 506 Rn. 1–4.
1047 BT-Drucks. 11/8274, S. 20.
1048 PWW/*Nobbe* § 506 Rn. 13.
1049 BeckOK BGB/Möller BGB § 506 Rn. 1–4.

3. Pflichtangaben

973 § 507 BGB regelt, welche Pflichtangaben die vom Verbraucher zu unterzeichnende Vertragserklärung bei einem Teilzahlungsgeschäft haben muss. Der Katalog des § 507 Abs. 1 BGB ähnelt den Pflichtangaben, der für Verbraucherdarlehensverträge maßgeblich ist, wobei die geforderten Angaben den Besonderheiten des Teilzahlungsgeschäfts Rechnung tragen. Neben der Schriftform des § 492 Abs. 1 BGB sind gem. § 506 Abs. 1 BGB auch die Pflichtangaben des § 492 Abs. 2 BGB i.V.m. Art. 247 §§ 6 bis 13a EGBGB erforderlich. Allerdings ist zu berücksichtigen, dass Verstöße gegen die Vorgaben der §§ 6, 12 und 13 bei Teilzahlungsgeschäften nicht sanktioniert werden, weshalb deren Fehlen auch nicht zur Nichtigkeit des Vertrages führt (§ 507 Abs. 2 BGB)

4. Formnichtigkeit/Heilung

974 In Übereinstimmung mit § 494 Abs. 1 BGB regelt § 507 Abs. 2 Satz 1 BGB, dass das Teilzahlungsgeschäft nichtig ist, wenn die Schriftform des § 492 Abs. 1 BGB nicht eingehalten ist oder eine der Angaben des Art. 247 §§ 6, 12 und 13 EGBGB fehlt. Ein nach § 507 Abs. 2 Satz 1 BGB grds. nichtiges Teilzahlungsgeschäft wird nach Abs. 2 Satz 2 gültig, wenn dem Verbraucher die Sache übergeben oder die Leistung erbracht worden ist. Entscheidend ist, dass der Verbraucher und die Entgegennahme der Sache oder Leistung erneut einen (Kauf) Vertragsabschluss zum Ausdruck bringt. Die Heilung tritt erst bei vollständiger Erfüllung ein; die Möglichkeit einer teilweisen Heilung z.B. bei der Lieferung mehrerer Sachen besteht nicht.

975 Liegen die Voraussetzungen vor, so wird das Teilzahlungsgeschäft gültig. Geheilt wird nur die Formnichtigkeit des § 502 Abs. 2 Satz 1 BGB; andere Nichtigkeitsgründe bleiben unberührt. Unberührt bleibt auch das Widerrufsrecht gem. den §§ 506 Abs. 1, 495 BGB.

5. Widerruf/Zahlungsverzug/Rücktritt

976 Grds. steht dem Verbraucher auch bei Teilzahlungsgeschäften ein Widerrufsrecht zu.

977 Bis zur Umsetzung der VerbrRRL Wirkung vom 13.6.2014 wurde durch Abs. 1 aF für den Unternehmer die Möglichkeit eröffnet, dem Verbraucher anstelle des Widerrufsrechts nach § 495 Abs. 1 aF, das kraft der Verweisung in § 506 Abs. 1 aF besteht, ein Rückgaberecht nach § 356 aF einzuräumen. Das Rückgaberecht wurde allerdings im Rahmen der Umsetzung der VerbrRRL vollständig abgeschafft, so dass auch bei Teilzahlungsgeschäften ein Rückgaberecht nicht mehr in Betracht kommt (BT-Drs. 17/12637, 71) [1050].

978 § 508 S. 1–4 BGB regelt das Rücktrittsrecht des Unternehmers. Dieser hat bei Zahlungsverzug gemäß § 286 BGB des Verbrauchers neben dem Recht zur Kündigung der Teilzahlungsabrede gemäß § 506 Abs. 1, § 498 BGB, die zur Fälligkeit der Restschuld führt, ein gesetzliches Rücktrittsrecht vom Vertrag, § 323 BGB, aber nur mit den Maßgaben gemäß S. 1–4[1051].

979 Liegt ein verbundenes Geschäft im Sinn von § 358 BGB vor, so hat der Unternehmer typischerweise seine Vergütung schon erhalten. Gerät der Verbraucher mit der Rückzahlung des Darlehens in Verzug, so kann der Verkäufer nicht vom Vertrag zurücktreten, weil ihm ggü. der Verbraucher nicht im Verzug ist. Der Darlehensgeber kann in diesem Fall am Vertrag festhalten und seinen Schaden über § 497 BGB liquidieren. Er kann stattdessen allerdings auch den Darlehensvertrag nach § 498 BGB kündigen und die Restschuld fällig stellen. In beiden Fällen behält der Käufer die gelieferte Sache. Sofern eine Sicherungsübereignung stattgefunden hat, kann der Darlehensgeber das Sicherungsgut an sich nehmen und verwerten. Tut er dies, so wird der Darlehensgeber Partei des Rückabwicklungsverhältnisses mit dem Verbraucher.

1050 BeckOK BGB/Möller BGB § 508 Rn. 1.
1051 Palandt/*Weidenkaff* § 508 Rn. 2.

XI. Unentgeltliche Darlehensverträge und unentgeltliche Finanzierungshilfen, §§ 514, 515 BGB

1. unentgeltliche Darlehensverträge, § 514 BGB

§ 514 BGB ist in Umsetzung der Wohnimmobilienkreditrichtlinie, in Kraft seit dem 21.03.2016, eingefügt worden. Die Übergangsregelungen sind in Art. 229 § 38 EGBGB erfasst. Durch § 514 BGB soll bei unentgeltlichen Darlehensverträgen zwischen Unternehmern und Verbrauchern, bei denen §§ 491 ff BGB nicht gelten, Verbraucherschutz zur Überschuldung, Abs. 1 und übereiltem Vertragsschluss, Abs. 2, bewirken[1052]. 980

§ 514 BGB setzt begrifflich eine Unentgeltlichkeit voraus. Bei Darlehensverträgen, bei denen die Entgeltlichkeit fehlt, sind von der Laufzeit abhängige oder unabhängige Zahlungen oder sonstige Leistungen als Gegenleistung für das Darlehen nicht vereinbart. Hierbei handelt es sich insbesondere um Zins-um kostenlose Darlehen, Stundungen oder Prolongationsvereinbarungen eines Darlehens, bei der die bisherigen Konditionen zu Zins und Kosten unverändert weitergelten. Ein unentgeltlicher Darlehensvertrag liegt auch bei der so genannten 0 % Finanzierung vor, wenn zur Finanzierung eines anderen Vertrages das damit verbundene Darlehen dem Verbraucher zinslos gewährt wird und vom Unternehmer an den Partner des anderen Vertrages wie vereinbart nur teilweise ausgezahlt wird.[1053]. 981

Nach § 514 Abs. 1 Satz 1 BGB sind § 497 Abs. 1 und 3 sowie § 498 und die §§ 505 a-505 c sowie § 505 d Abs. 2 und 3 und § 505 e BGB entsprechend anzuwenden. Somit sind auch hier die Vorschriften der Kreditwürdigkeitsprüfung anzuwenden und eine Kreditwürdigkeitsprüfung durchzuführen, um eine Überschuldung vorzubeugen[1054]. Dies gilt nicht in dem in § 491 Abs. 2 S. 2 Nr. 1 BGB bestimmten Umfang, § 514 Abs. 1 S. 2 BGB. 982

Gemäß § 514 Abs. 2 S. 1 BGB steht dem Verbraucher das Widerrufsrecht gemäß § 355 BGB zu. Es ist ausgeschlossen, wenn bereits ein Widerrufsrecht nach § 312 d Abs. 1 bei außerhalb von Geschäftsräumen abgeschlossenen Verträgen und bei Fernabsatzverträgen besteht oder ein Umschuldungsdarlehen gemäß § 495 Abs. 2 Nr. 1 BGB vorliegt[1055]. 983

Gemäß § 514 Abs. 2 S. 3 BGB muss der Unternehmer den Verbraucher rechtzeitig vor dessen Vertragserklärung über das Widerrufsrecht gemäß Art. 246 Abs. 3 EGBGB unterrichten. Dies bezieht sich auf Inhalt, Deutlichkeit und Form. Wird das Muster gemäß Anl. 9 zu Art. 246 Abs. 3 EGBGB ordnungsgemäß ausgefüllt und in Textform, § 126 BGB, übermittelt, gilt die Belehrung als wirksam erteilt[1056]. 984

2. unentgeltliche Finanzierungshilfen, § 515 BGB

§ 515 BGB bestimmt, dass § 514 BGB sowie die §§ 358–360 entsprechend gelten, wenn ein Unternehmer einem Verbraucher einen unentgeltlichen Zahlungsaufschub oder eine sonstige unentgeltliche Finanzierungshilfe gewährt hat. 985

Hierunter fallen der Zahlungsaufschub, der vorliegt, wenn die vereinbarte Fälligkeit der vom Verbraucher geschuldeten Zahlung für die Leistung eines Unternehmers im Rahmen eines Austauschvertrages gegen Entgelt hinausgeschoben wird, um dem Verbraucher die Zahlung des vereinbarten Preises zu erleichtern [1057], sowie sonstige Finanzierungshilfen im Sinne von § 506 BGB. 986

Hinsichtlich des Widerrufsrechts und anzuwendenden Verbraucherschutzvorschriften kann auf die vorab dargestellten Ausführungen zu § 514 BGB verwiesen werden. 987

1052 Palandt/*Weidenkaff* § 514 Rn. 1.
1053 Palandt/*Weidenkaff* § 514 Rn. 2.
1054 Palandt/*Weidenkaff* § 514 Rn. 3.
1055 Palandt/*Weidenkaff* § 514 Rn. 4.
1056 Palandt/*Weidenkaff* § 514 Rn. 4.
1057 Palandt/*Weidenkaff* Vor § 506 Rn. 3.

E. Besonderheiten in der Bau-/Immobilienfinanzierung

I. Einleitung

988 Seit jeher findet sich in breiten Bevölkerungsschichten der Wunsch nach Immobilieneigentum oder wertbeständigen Immobilienkapitalanlagen. Bei privaten Eigennutzern steht als Motivation für den Immobilienerwerb meist die Schaffung einer krisenfesten Altersversorgung im Vordergrund, anderen wiederum dient der Immobilienerwerb unter Ausnutzung etwaiger Steuerersparnisse als private Kapitalanlage. Regelmäßig können Eigennutzer und Kapitalanleger das erforderliche Kapital aber nicht oder nicht in voller Höhe selbst aufbringen und nutzen das breite Angebot an Finanzierungsmöglichkeiten, bei vielen Fonds-Modellen ist die Finanzierung des Eigenkapitals aus steuerlichen Gründen sogar notwendiger Bestandteil des Anlageangebots. Die Anbieter von Immobilien und Immobilienkapitalanlagen (z.B. Fondsgesellschaften, Bauträger) lassen sich die Anschaffung der Grundstücke und die Bauerrichtung ebenfalls häufig fremdfinanzieren, bevor sie die Immobilie oder Immobilienkapitalanlage am Markt als Wohnraum oder Kapitalanlage anbieten. Auch darüber hinaus besteht im gewerblichen und kommunalen Bereich erheblicher immobilienspezifischer Finanzierungsbedarf. Der Bau- und Immobilienfinanzierung sowie der Finanzierung von Immobilienkapitalanlagen kommt daher in der Kreditwirtschaft eine gewichtige Rolle zu. Die damit im Zusammenhang stehenden rechtlichen Fragestellungen haben zuletzt erheblich an praktischer und auch wirtschaftspolitischer Brisanz gewonnen. Zunächst rückte insb. die rechtliche Behandlung der im Strukturvertrieb als Steuersparmodell veräußerten Eigentumswohnungen und Immobilienfondsanteile unter dem Schlagwort »**Schrottimmobilien**« in den Blickpunkt des öffentlichen Interesses. Selten zuvor wurde in Rechtsprechung und Literatur in solcher Schärfe kontrovers um rechtlich und wirtschaftlich befriedigende Lösungen gerungen. Im Schatten dieser Kontroverse entwickelte sich weniger medienwirksam, aber mit ähnlicher Unnachgiebigkeit eine Diskussion über das »Ende« des klassischen Bauträgervertrages, die zugleich die **Bauträgerfinanzierung** infrage stellte, aber spätestens durch das am 01.01.2009 in Kraft getretene **Forderungssicherungsgesetz**[1058] ihren Abschluss gefunden haben dürfte. Sodann führten verschiedene Medienberichte über »Häuslebauer«, die infolge des Verkaufs der gegen sie bestehenden Forderungen aus der Immobilienfinanzierung an Investoren ihr Wohneigentum verloren haben sollten, zu einer emotional geführten Diskussion über die Zulässigkeit solcher **Forderungsverkäufe**, die sich erst mit den im sog. Risikobegrenzungsgesetz[1059] enthaltenen und am 19.08.2008 in Kraft getretenen **Vorschriften zur Verbesserung des Schuldner- und Verbraucherschutzes bei Abtretung und Verkauf von Darlehensforderungen an Finanzinvestoren** wieder beruhigte. Am 11.06.2010 sind die im »**Gesetz zur Umsetzung der Verbraucherkreditrichtlinie, des zivilrechtlichen Teils der Zahlungsdiensterichtlinie sowie zur Neuordnung der Vorschriften über das Widerrufs- und Rückgaberecht**«[1060] enthaltenen Neuregelungen zum Verbraucherdarlehensrecht in Kraft getreten. Obwohl Immobilienfinanzierungen und grundpfandrechtlich gesicherte Darlehen auch vom Anwendungsbereich der mit diesem Gesetz umgesetzten Verbraucherkreditrichtlinie 2008/48/EG[1061] ausgenommen wurden, hat der deutsche Gesetzgeber – wie bereits bei der Umsetzung der Verbraucherkreditrichtlinie 87/102/EWG durch das Verbraucherkreditgesetz vom 01.01.1991 – abermals Immobilienfinanzierungen und Immobiliardarlehen weitestgehend in die verbraucherdarlehensrechtlichen Vorschriften einbezogen, um nicht hinter dem bereits begründeten Schutzniveau zurückzubleiben. Besonders einschneidende Änderungen erfuhren die gesetzlichen Regelungen für

1058 Gesetz zur Sicherung von Werkunternehmeransprüchen und zur verbesserten Durchsetzung von Forderungen (Forderungssicherungsgesetz – FoSiG) v. 23.10.2008, BGBl. I, S. 2022.

1059 Gesetz zur Begrenzung der mit Finanzinvestitionen verbundenen Risiken vom 12.08.2008 (BGBl. I, S. 1666).

1060 BGBl. I, S. 2355.

1061 Richtlinie 2008/48/EG v. 23.04.2008 über Verbraucherkreditverträge und zur Aufhebung der Richtlinie 87/102/EWG des Rates, Abl. EU Nr. L 133/66 v. 22.05.2008.

Immobiliar-Verbraucherdarlehen zum 21.03.2016 mit dem **»Gesetz zur Umsetzung der Wohnimmobilienkreditrichtlinie**[1062] **und zur Änderung handelsrechtlicher Vorschriften«**[1063], das insbes. zu einer Verschärfung der Kreditwürdigkeitsprüfung mit einer zivilrechtlichen Verortung und zahlreichen offenen Fragen führte. Daneben finden sich zahlreiche weitere Problemfelder der Immobilienfinanzierung, etwa zum Umgang mit **Immobilienverwaltungs- oder Anlagegesellschaften bürgerlichen Rechts** als Darlehensnehmer, zur Behandlung des **Erbbaurechts** als Gegenstand der Immobilienfinanzierung, zur Bauträgerfinanzierung oder zu spezifischen **Aufklärungs- und Beratungspflichten** der Bank.

1. Modelle des Immobilienerwerbs und des Erwerbs von Anteilen an geschlossenen Immobilienfonds

Bei den Immobilien, die Kapitalanlegern im Rahmen verschiedener Anlagemöglichkeiten zur Auswahl gestellt werden, kann es sich um Eigentumswohnungen, Bürogebäude, Fachmärkte (z.B. Supermärkte, Baumärkte), Einkaufszentren, Hotelgebäude oder Praxen handeln. Eigennutzern werden meist Eigentumswohnungen, Doppelhaushälften oder auch Fertighäuser zum Kauf angeboten. In der Konzeption, Vertragsgestaltung und Abwicklung finden sich für den Erwerb einer Immobilie oder Immobilienkapitalanlage unter dem Obergriff »**Baumodelle**« ganz unterschiedliche Gestaltungsvarianten, die insb. bei Kapitalanlagemodellen auch von der Tätigkeit verschiedener **Funktionsträger** (z.B. Treuhänder, Baubetreuer, Steuerberater, Notare) geprägt sind. 989

Beim **Bauherren-Modell**, das sich zeitweise bei Kapitalanlegern wegen steuerlicher Anreize großer Beliebtheit erfreute, seit dem Bauherrenerlass aus dem Jahr 1990[1064] die Rechts- und Kreditpraxis aber eher noch über Abwicklungsfälle beschäftigte, ist der Kapitalanleger selbst der Bauherr. Das Objekt wird gemeinsam mit anderen Kapitalanlegern in einer Bauherrengemeinschaft – meist in der Rechtsform der GbR – errichtet und entweder vermietet oder selbst genutzt. Die Finanzierung des Bauvorhabens erfolgt während der Bauphase durch eine Zwischenfinanzierung und eine sich daran anschließende langfristige Endfinanzierung. Zu diesem Zweck werden spätestens mit der Teilung des Objekts (§ 8 WEG) individuelle Darlehensverträge mit den einzelnen Bauherren abgeschlossen, und zwar bezogen auf das jeweils erworbene Wohnungs- oder Teileigentum. Beim **Erhaltungs- oder Erwerbermodell** ist das Objekt bereits saniert (Altbausanierungsmodell) oder errichtet und – bei Wohnungs- oder Teileigentum – aufgeteilt, fremdgenutzte Kapitalanlagen sind ggf. auch vermietet. Der Erwerber ist lediglich Käufer und bedient sich einer gewöhnlichen – grundpfandrechtlich gesicherten – Immobilienfinanzierung. Auch beim **Bauträger-Modell**, das sich namentlich in der Nachkriegszeit – bedingt durch wohnungswirtschaftliche Zwänge – zu einer »industriellen« Form der Wohnungsproduktion entwickelte, ist der Erwerber als Kapitalanleger oder Eigennutzer nur Käufer. Die Erstellung des Objekts erfolgt durch einen Bauträger, der das Bauvorhaben im eigenen Namen und für eigene Rechnung vorbereitet und durchführt und die errichteten oder noch zu errichtenden Einheiten (z.B. Einfamilienhäuser, Wohnungs- oder Teileigentum) zu einem Festpreis veräußert (vgl. § 650u BGB). Die Finanzierung des Bauträgers weist ebenso wie jene des Erwerbers zahlreiche Besonderheiten auf, die sich insb. aus der vom Bauträger bei der Kaufpreisabwicklung zu beachtenden Makler- und Bauträgerverordnung erklären (dazu 990

1062 Richtlinie 2014/17/EU des Europäischen Parlaments und des Rates v. 04.02.2014 über Wohnimmobilienkreditverträge für Verbraucher und zur Änderung der Richtlinien 2008/48/EG und 2013/36/EU und der Verordnung (EU) Nr. 1093/2010, Abl. L 60/34 v. 28.02.2014.

1063 BGBl. I, S. 396.

1064 BMF-Schreiben v. 31.08.1990 – IV B3 – S 2253a – 49/90, Negative Einkünfte aus der Vermietung und Verpachtung im Rahmen von sog. Bauherrenmodellen und vergleichbaren Modellen sowie geschlossenen Immobilienfonds, BStBl. I, S. 366; abgelöst durch BMF-Schreiben v. 20.10.2003 – IV C 3 – S 2253a – 48/03, Einkommensteuerliche Behandlung von Gesamtobjekten, von vergleichbaren Modellen mit nur einem Kapitalanleger und von gesellschafts- und gemeinschaftsrechtlich verbundenen Personenzusammenschlüssen (geschlossene Fonds), BStBl., I S. 546; zur Entwicklung der steuerbegünstigten Kapitalanlage Assmann/Schütze/*Wagner* Handbuch des Kapitalanlagerechts § 16 Rn. 1 ff.

Rdn. 1306-1336). Da der Kapitalanleger oder Eigennutzer bei diesen Modellen eine selbstständig verkehrsfähige Immobilie in der Form des Wohnungs- oder Teileigentums erwirbt, spricht man insoweit auch von **Teilungsmodellen**.

991 Bei den **Fondsmodellen** bleibt es hingegen bei einer gesamthänderischen Bindung des Eigentums an dem Immobilienanlageobjekt, bei dem es sich meist um eine besonders ertragreiche, aber nicht nach den Vorschriften des WEG teilbare Gewerbeimmobilie (z.B. Einkaufszentrum) handelt.[1065] Beschränkt sich der Fonds von vornherein auf ein bestimmtes Immobilienanlageobjekt, handelt es sich um einen **geschlossenen Immobilienfonds**, der je nach wirtschaftlicher Zielsetzung entweder in der Rechtsform der Gesellschaft bürgerlichen Rechts (GbR) oder der Kommanditgesellschaft (KG) gegründet wird. Finanziert wird dabei nicht nur der Erwerb des Fondsobjekts durch die Fondsgesellschaft, sondern im Wege individueller Darlehensverträge auch das erforderliche Kapital für den Anteilserwerb einschließlich Nebenkosten. Die Höhe der Finanzierung hängt vorwiegend von der steuerlichen Konzeption des Fondsmodells ab. Der geschlossene Immobilienfonds in der Rechtsform der KG ist meist renditeorientiert, im Vordergrund steht die Objektfinanzierung. Hingegen wird die Rechtsform der GbR regelmäßig bei steuerlichen Zielsetzungen herangezogen. Zur Erlangung möglichst hoher Verlustzuweisungen erfolgt daher häufig eine Vollfinanzierung des Anteilserwerbs. Die in den GbR-Fonds eintretenden Gesellschafter sollen zudem in aller Regel nur die quotale Haftung für die von der GbR zum Erwerb des Fondsobjekts bereits begründeten Darlehensverbindlichkeiten übernehmen (dazu Rdn. 1077–1079).[1066] Die Besicherung der Fondsfinanzierung erfolgt durch Grundpfandrechte auf dem Fondsobjekt und durch die Abtretung der Mietforderungen aus dessen Vermietung. Die Anteilsfinanzierung – regelmäßig langfristige und nicht selten tilgungsfreie Festdarlehen (Zinszahlungsdarlehen) in Kombination mit einer Kapitallebensversicherung als Tilgungsinstrument (dazu Rdn. 1084–1095) – wird ebenfalls in den Sicherungsumfang der Grundschuld und der Mietzession einbezogen, darüber hinaus lässt sich die Bank den finanzierten Fondsanteil verpfänden (dazu Rdn. 1148) und verlangt – soweit vorhanden – auch die Abtretung der Rechte und Ansprüche aus der als Tilgungsinstrument abgeschlossenen Kapitallebensversicherung (dazu Rdn. 1149–1153).[1067]

2. Der Realkredit

992 Die Besonderheiten des **Realkredits** – auch Bodenkredit, Hypothekarkredit oder Grundpfanddarlehen genannt – erklären sich aus seiner Sicherstellung durch Sachsicherheiten. Handelt es sich bei dieser Sachsicherheit um eine Immobilie, die durch ein **Grundpfandrecht** beliehen wird. Steht für die Bank bei der Prüfung eines Darlehensantrags i.d.R. nicht mehr das Schuldnervermögen oder die persönliche Kreditwürdigkeit des Schuldners im Vordergrund, sondern die Werthaltigkeit der beliehenen Immobilie, so hat man es mit einem Realkredit im engeren Sinne zu tun;[1068] bei Immobiliar-Verbraucherdarlehen (§ 491 Abs. 3 BGB) darf seit 21.03.2016 die Kreditwürdigkeitsprüfung zwar grds. nicht auf den Wert der belasteten Wohnimmobilie gestützt werden (dazu Rdn. 1038), dennoch kann es sich in solchen Fällen noch um Realkredite handeln. So wird in § 21 Abs. 3 Nr. 1 KWG Realkredite bankaufsichtsrechtlich als Kredit bezeichnet, die den Erfordernissen der §§ 14, 16 Abs. 1 und 2 PfandBG entsprechen. Diese Art der Besicherung bietet einem Grundstückseigentümer die Möglichkeit, langfristige Darlehensmittel zu erhalten, die im Vergleich zu ungesicherten oder weniger werthaltig gesicherten Personal- oder Konsumentenkrediten auf einem günstigeren Zinsniveau ausgereicht werden können. Dahinter verbirgt sich ein geschlossenes System verschiedener Regelungsbereiche, die den Realkredit im Laufe seiner Entwicklungsgeschichte

---

1065 Assmann/Schütze/*Sagasser* Handbuch des Kapitalanlagerechts § 27 Rn. 298.

1066 Vgl. BGH, WM 2007, 110; OLG Schleswig, WM 2007, 1516.

1067 Vgl. BGH, WM 2007, 200.

1068 BGHZ 17, 89 (94). Eingehend zum Realkredit Schimansky/Lwowski/Bunte/*v. Heymann/Merz* Bankrechts-Handbuch § 86 Rn. 6.

zu einer eigenständigen Darlehensform haben heranwachsen lassen und die Gestaltung der Zinskonditionen beeinflussen.

So können sich **Pfandbriefbanken** (§ 1 Abs. 1 PfandBG)[1069] durch die Ausgabe von **Hypothekenpfandbriefen**, die durch Hypotheken oder Grundschulden gedeckt sein müssen (§§ 12, 18 PfandBG), am Kapitalmarkt laufzeitkongruent refinanzieren.[1070] Da für die Sicherung der Forderung aus der Darlehensgewährung (Aktivgeschäft) maßgeblich auf den Wert der beliehenen Immobilie abgestellt wird, ist für solche Pfandbriefemissionen (Passivgeschäft) zum Schutz der Pfandbriefgläubiger unter anderem die Einhaltung bestimmter Deckungswerte vorgeschrieben (§§ 12 ff. PfandBG), insb. darf nach § 14 PfandBG die Hypothek oder Grundschuld nur bis zur Höhe der ersten 60 % des Beleihungswertes (§ 16 PfandBG i.V.m. der Beleihungswertverordnung[1071]) zur Deckung genutzt werden. Als **Beleihungswert** bezeichnet man jenen Wert, der unabhängig von vorübergehenden, etwa konjunkturell bedingten Wertschwankungen am Grundstücksmarkt und unter Ausschaltung spekulativer Elemente während der gesamten Dauer der Beleihung bei einer Veräußerung erzielt werden kann (§ 3 BelWertV). Er unterscheidet sich vom Verkehrs- oder Marktwert (§§ 194 BauGB, 16 Abs. 2 Satz 4 PfandBG), der grds. stichtagsbezogen ermittelt wird und den aktuell am Markt erzielbaren Wert der Immobilie wiedergibt, durch die langfristigere und vorsichtigere Risikobeurteilung. Daher bleibt der Beleihungswert grds. hinter dem Verkehrswert zurück. Lässt sich der Finanzierungsbedarf des Darlehensnehmers innerhalb der engen Beleihungswertgrenzen nicht decken, wird die Gewährung eines weiteren Darlehens erforderlich, bei dem dann die persönlichen Vermögensverhältnisse des Darlehensnehmers wieder in den Vordergrund rücken können. Dieses weitere Darlehen wird indes nicht notwendig von der Pfandbriefbank ausgereicht, sondern auch von anderen Banken sowie von **Bausparkassen**, die zweckgebundene **Bauspardarlehen** für wohnungswirtschaftliche Maßnahmen gewähren (§ 1 Abs. 1 BausparkG). Diese Bauspardarlehen sind zwar grds. auch durch ein Grundpfandrecht zu besichern, den Bausparkassen steht aber ein weiterer Beleihungsrahmen bis zu 80 % des Beleihungswertes zur Verfügung (§ 7 Abs. 1 Satz 3 BausparkG), der auch nachrangige Finanzierungen ermöglicht.[1072] Um dem Darlehensnehmer seine Immobilienfinanzierung nicht durch die so erforderliche Aufnahme abgestufter Darlehen bei verschiedenen Banken zu erschweren, wurde die »**Finanzierung aus einer Hand**« entwickelt, bei der eine Bank im Rahmen einer Kooperation mit ihrer Partnerbank bzw. mit der Bausparkasse zur Vereinfachung der Verfahrensabläufe die gesamte Abwicklung der Darlehensverhältnisse übernimmt. Dem Darlehensnehmer erspart das lange Wege und die mehrfache Einreichung der für eine Darlehensgewährung erforderlichen Unterlagen. 993

Die Besicherung des Darlehens durch ein Grundpfandrecht ist aber nicht nur für Pfandbriefbanken von Bedeutung, sondern kann sich darüber hinaus auch wegen der geringeren **Risikogewichtung** i.R.d. Ermittlung der angemessenen **Eigenmittelausstattung** der Banken auf die Konditionengestaltung auswirken, denn nach § 10 Abs. 1 KWG i.V.m. § 22 SolvV sind durch Grundpfandrechte vollständig besicherte Darlehen lediglich mit 35 % (Wohnimmobilien) bzw. 50 % (Gewerbeimmobilien) zu gewichten, wobei wiederum eine Beleihungswertgrenze von 60 % einzuhalten und deren Einhaltung regelmäßig zu beobachten ist. Schließlich findet sich in § 21 Abs. 3 Nr. 1 KWG sogar ansatzweise eine (bankaufsichtsrechtliche) **Legaldefinition** für den Realkredit. Es handelt sich 994

1069 Gesetz zur Neuordnung des Pfandbriefrechts v. 22.05.2005 (BGBl. I, S. 1373) und Gesetz zur Fortentwicklung des Pfandbriefrechts v. 20.03.2009 (BGBl. I, S. 607). Die Möglichkeit der Refinanzierung durch Pfandbriefemissionen stand bis zum Inkrafttreten des Pfandbriefgesetzes nur Hypothekenbanken nach den Vorschriften des HypBG und öffentlich-rechtlichen Pfandbriefinstituten nach den Vorschriften des ÖPG a.F. offen. Diese Vorschriften wurden unter Aufgabe des sog. Spezialbankprinzips mit gewissen Modifikationen in das Pfandbriefgesetz übernommen, vgl. dazu *Schuster/Sester* ZBB 2004, 481.

1070 Zur Bedeutung festverzinslicher Immobiliardarlehen in der Finanzkrise *Krepold* BKR 2009, 28.

1071 Verordnung über die Ermittlung der Beleihungswerte von Grundstücken nach § 16 Abs. 1 und 2 des Pfandbriefgesetzes (Beleihungswertverordnung – BelWertV) v. 12.05.2006, BGBl. I, S. 1175.

1072 Unter den Voraussetzungen des § 7 Abs. 3 bis 5 BausparkG können Bausparkassen sogar gänzlich von einer grundpfandrechtlichen Besicherung des Darlehens absehen.

danach um Kredite, die den Erfordernissen der §§ 14, 16 Abs. 1 und 2 PfandBG entsprechen. Für solche Kredite ist aufgrund des hohen Sicherungswertes der grundpfandrechtlich beliehenen Immobilie insb. eine Offenlegung der wirtschaftlichen Verhältnisse des Kreditnehmers (§ 18 KWG) nicht erforderlich.

995 Verschiedene weitere gesetzliche Vorschriften verbinden mit grundpfandrechtlich gesicherten Darlehen unter divergierenden und mitunter verwirrenden Begrifflichkeiten jedoch auch anderweitige Regelungsinhalte. So verwendet das **Verbraucherdarlehensrecht** in § 491 Abs. 3 BGB den Begriff des »**Immobiliar-Verbraucherdarlehens**« und versteht darunter solche entgeltliche Verbraucherdarlehen, die entweder durch ein Grundpfandrecht oder eine Reallast gesichert sind, oder die für den Erwerb oder die Erhaltung des Eigentumsrechts an Grundstücken, an bestehenden oder zu errichtenden Gebäuden (z.B. Fertighaus) oder für den Erwerb oder die Erhaltung von grundstücksgleichen Rechten (z.B. Erbbaurecht) bestimmt sind (dazu Rdn. 1190–1195). Der Begriff des »Immobiliar-Verbraucherdarlehens« i.S.d. § 491 Abs. 3 BGB stimmt folglich inhaltlich nicht mit dem bankaufsichtsrechtlichen Begriff des »Realkredits« überein. Ferner versteht man unter **Baugeld** nach § 1 Abs. 3 Nr. 1 des Bauforderungssicherungsgesetzes (BauFordSiG)[1073] Geldbeträge, die zweckgebunden sind und zur Bestreitung der Kosten eines Baus in der Weise gewährt werden, dass zur Sicherung des Geldgebers ein Grundpfandrecht auf dem zu bebauenden Grundstück dient oder die Übertragung des Eigentums an dem Grundstück erst nach gänzlicher oder teilweiser Herstellung des Baus erfolgen soll (dazu Rdn. 1352).[1074]

996 Inhaltlich ist für die Bau- und Immobilienfinanzierung das langfristige, durch ein Grundpfandrecht gesicherte und in **Annuitäten** zu tilgende Darlehen typisch. Es wird i.d.R. ein gebundener Sollzinssatz (vgl. § 489 Abs. 5 BGB) vereinbart. Da die Zinsbindungsperioden meist kürzer sind als die Gesamtlaufzeit des Darlehens, werden nacheinander neue Vereinbarungen über den gebundenen Sollzinssatz getroffen (**unechte Abschnittsfinanzierung**; dazu Rdn. 1103–1108). In jüngerer Zeit haben sich indes auch im Bereich solcher grundpfandrechtlich gesicherter Bau- und Immobilienfinanzierungen verschiedene Alternativen zum festverzinslichen Annuitätendarlehen entwickelt. Im Rahmen der Zinsgestaltung wird gelegentlich auf Referenzzinssätze (z.B. EURIBOR) zurückgegriffen und gegen ein entsprechendes Entgelt eine Zinsobergrenze vereinbart (Cap-Darlehen; dazu Rdn. 1111–1112). Bei der Finanzierung steuersparender Erwerber-, Bauherren- oder Bauträgermodelle finden sich ferner häufig tilgungsfreie Festdarlehen in Kombinationen mit einem Tilgungsinstrument (z.B. Kapitallebensversicherung; dazu Rdn. 1084–1095). Darüber hinaus versuchten sich in der Vergangenheit Darlehensnehmer mit Fremdwährungsdarlehen (dazu Rdn. 1265–1278) besondere Zinsvorteile bestimmter Währungen (z.B. SFR, USD oder JPY) zu sichern. Sie tragen dabei aber das Währungsrisiko, da aufgrund der regelmäßig vereinbarten sog. Effektivklausel abweichend von § 244 Abs. 1 BGB das Darlehen zum Fälligkeitszeitpunkt in der Vertragswährung zurückzuzahlen ist.

II. Vorvertraglicher Pflichtenkreis der Bank

997 Grundlage jeder wirtschaftlichen Entscheidung sind Informationen. Ihnen kommt insb. bei der Finanzierung einer Immobilie oder Immobilienkapitalanlage angesichts der wirtschaftlichen Tragweite und Komplexität der abzuschließenden Rechtsgeschäfte erhebliches Gewicht zu. Neben den typisierten Informationspflichten des gesetzlich normierten Verbraucherschutzes (z.B. § 492 Abs. 2 BGB i.V.m. Art. 247 §§ 6 ff. EGBGB; § 312d Abs. 2 BGB i.V.m. Art. 246b §§ 1 ff. EGBGB), die seit 11.06.2010 – für Immobiliar-Verbarucherdarlehen zum 21.03.2016 nochmals modifiziert mit der Umsetzung der Wohnimmobilienkreditrichtlinie (RL 2014/17/EU) – um besondere **vorvertragliche Informationspflichten** (§ 491a Abs. 1 BGB i.V.m. Art. 247 §§ 1 ff., 8 ff. EGBGB; Art. 247a § 1 EGBGB; dazu Rdn. 1049–1057), **Erläuterungspflichten** (§ 491a Abs. 3 BGB; dazu

1073 Dazu BVerfG, Beschl. v. 27.01.2011 – 1 BvR 3222/09, (ZfIR 2011, 601); *Derleder* ZfIR 2011, 585.
1074 Vgl. BGH, ZfIR 2001, 41; *Derleder* ZfIR 2011, 585 (586).

Rdn. 1058–1064) erweitert wurden, besteht aber **keine allgemeine Rechtspflicht der Bank**, ihre Kunden umfassend **zu beraten, aufzuklären oder vor riskanten Geschäften zu warnen**. Anders ist das, wenn etwa ein Kunde mit finanzierungstypischem Beratungsbedarf an die Bank herantritt und i.R.d. Gespräche über die verschiedenen Finanzierungsmodelle aus der Produktpalette der Bank ausdrücklich oder stillschweigend ein **Beratungsvertrag** (dazu Rdn. 1029–1032) abgeschlossen wird.[1075] Ungefragt muss die Bank allerdings eine Beratung oder Aufklärung grds. nicht durchführen. Das gilt insb. bei der Finanzierung steuersparender Bauherren-, Bauträger- und Erwerbermodelle. Die Bank darf insoweit regelmäßig davon ausgehen, dass der Kunde die erforderlichen Kenntnisse für die erwünschte Finanzierung und die finanzierten Geschäfte besitzt oder vorab fachkundigen Rat eingeholt hat. Auch der Gesichtspunkt eines etwaigen strukturellen Ungleichgewichts der Vertragspartner vermag eine umfassende Schutz- und Fürsorgepflicht der Bank nicht zu begründen.[1076] Nur aus den Besonderheiten der individuellen Sachverhaltsgestaltung können der Bank auch Aufklärungspflichten erwachsen. Sie hat nach allgemeinen Grundsätzen nur über solche Umstände aufzuklären, die für den anderen Vertragsteil **erkennbar von entscheidungserheblicher Bedeutung** sind und über die er unter Berücksichtigung der Verkehrsauffassung nach Treu und Glauben oder im Rahmen einer Vertrauenshaftung nach § 311 Abs. 2 i.V.m. § 241 Abs. 2 BGB redlicherweise Aufklärung erwarten darf.[1077]

Bei der **Werbung für Verbraucherdarlehen** hat die Bank die besonderen Vorgaben aus § 6a PrAng- 998
VO zu beachten.[1078] Der Begriff »Werbung« ist weit auszulegen und umfasst jede geschäftliche Äußerung zum Zwecke der Absatzförderung. Allgemeine **Lauterbarkeitsanforderungen** werden seit 21.03.2016 in § 6a Abs. 1 PrAngVO (Art. 10 und Erwägungsgrund 37 RL 2014/17/EU) aufgestellt (vgl. auch § 23 Abs. 1 Satz 2 KWG). Jegliche Kommunikation für Werbe- und Marketingzwecke hat den Kriterien der Redlichkeit und Eindeutigkeit zu genügen und darf – insbes. im Hinblick auf die Kosten des Verbraucherdarlehens – nicht irreführend sein. Es handelt sich insoweit um eine Ergänzung der Vorgaben zur Preiswahrheit und Preisklarheit aus § 1 Abs. 6 PrAngVO.[1079] Die Vorgaben für die **Werbung mit Zahlen** (Zinssätze und Kosten) für Verbraucherdarlehen sind in § 6a Abs. 2 bis 6 PrAngVO geregelt. Die Regelungen wurden mit der Umsetzung der Verbraucherkreditrichtlinie (RL 2008/48/EG) zum 11.06.2010 eingeführt und mit der Umsetzung der Wohnimmobilienkreditrichtlinie (RL 2014/17/EU) zum 21.03.2016 nochmals ergänzt; sie gelten nach § 6a Abs. 7 PrAngVO nicht für Immobiliar-Förderdarlehen (§ 491 Abs. 2 Satz 2 Nr. 5 BGB). Bei den stets notwendigen **Pflichtangaben** in der Werbung, die klar und eindeutig sowie in auffallender Art und Weise (d.h. hervorgehoben)[1080] anzugeben sind, handelt es sich nach § 6a Abs. 2 Satz 1 PrAngVO (Art. 4 RL 2008/48/EG; Art. 11 RL 2014/17/EU) um die Identität und die Anschrift des Darlehensgebers oder ggf. des Darlehensvermittlers, den Nettodarlehensbetrag (dazu Rdn. 1202), den Sollzinssatz und die Art des Sollzinssatzes (vgl. § 489 Abs. 5 BGB; dazu Rdn. 1099–1113), die »Einzelheiten« aller in die Gesamtkosten einbezogenen Kosten des Verbraucherdarlehens (vgl. Art. 247 § 3 Abs. 2 Satz 3 EGBGB; dazu Rdn. 1115–1137, 1202) sowie den effektive Jahreszins (dazu Rdn. 1115–1137, 1202). Der effektive Jahreszins, der in aller Regel höher sein wird als der Sollzinssatz, ist »mindestens« genauso hervorzuheben wie jeder andere Zinssatz (§ 6a Abs. 2 Satz 2 PrAngVO). Durch den Begriff »mindestens« ist klargestellt, dass der effektive Jahreszins als Blickfang auch stärker hervorgehoben werden darf als andere Pflichtangaben. Möglich ist i.Ü. auch die

1075 Vgl. BGHZ 74, 103 (106); 100, 117 (118); KG, WM 2008, 1123 (1125); Schimansky/Bunte/Lwowski/*Siol* Bankrechts-Handbuch § 43 Rn. 7 ff.; *Köndgen* NJW 2000, 468 (469); *Buck-Heeb* BKR 2014, 221 (228).

1076 OLG Stuttgart, WM 2000, 292 (298).

1077 BGH, WM 1989, 416 (417); OLG Stuttgart, WM 2000, 292 (294).

1078 Vgl. dazu *Wintermeier* WRP 2017, 520.

1079 Begr. RegE zu § 6a PrAngVO, BT-Drucks. 18/5922, S. 133.

1080 Vgl. Begr. RegE zu § 6a PrAngVO, BT-Drucks. 16/11643, S. 143.

Werbung mit Bandbreitenangaben für die Konditionen (z.B.: »ab ... %«).[1081] Nach § 6a Abs. 3 PrAngVO sind in der Werbung **zusätzliche Pflichtangaben** erforderlich, soweit sie im Einzelfall zutreffend sind. Als »zutreffend« lassen sich Merkmale bezeichnen, die zwingende Voraussetzung für den beworbenen Verbraucherdarlehensvertrag sind. Es handelt sich bei diesen ggf. zusätzlich erforderlichen Pflichtangaben um den vom Verbraucher zu zahlenden Gesamtbetrag (vgl. Art. 247 § 3 Abs. 2 EGBGB), die Laufzeit des Verbraucherdarlehensvertrages, die Höhe und die Anzahl der Raten, sowie bei Immobilar-Verbraucherdarlehen ggf. um einen Hinweis auf die grundpfandrechtliche Besicherung und bei Immobiliar-Verbraucherdarlehen in Fremdwährung um einen Warnhinweis auf die Auswirkungen möglicher Wechselkursschwankungen. Eine Pflicht zur Hervorhebung dieser zusätzlichen Angaben dürfte nicht bestehen. § 6a Abs. 4 PrAngVO schreibt vor, dass vorstehende Pflichtangaben – mit Ausnahme der Identitätsangabe sowie der Hinweise bei Immobiliar-Verbraucherdarlehen zur Besicherung und zu Wechselkursrisiken – mit einem **repräsentativen Beispiel** zu versehen sind, das auch als solches zu bezeichnen ist, aber ebenfalls nicht hervorgehoben darzustellen sein dürfte.[1082] Diesem repräsentativen Beispiel ist ein effektiver Jahreszins zugrunde zu legen, von dem die Bank als Darlehensgeberin erwarten darf, dass sie mindestens zwei Drittel der auf Grund der Werbung zustande kommenden Verbraucherdarlehensverträge zu diesem oder einem niedrigeren effektiven Jahreszins abschließen wird. Da § 6a Abs. 2 und 3 PrAngVO für die Pflichtangaben keine besondere Positionierung vorschreiben, dürfte es auch möglich sein, bestimmte Pflichtangaben (nur) in das repräsentative Beispiel zu integrieren;[1083] allerdings wäre insoweit bzgl. der Pflichtangaben aus § 6a Abs. 2 PrAngVO die Pflicht zur eindeutigen und auffallenden Darstellung zu beachten. Das repräsentative Beispiel ist entbehrlich, wenn nur ein ganz bestimmtes Verbraucherdarlehen mit festgelegten Konditionen beworben wird, die für alle Darlehensnehmer gleich sind. Verlangt die Bank als Darlehensgeberin den Abschluss eines Versicherungsvertrages (z.B. Gebäudeversicherung) oder den Abschluss eines sonstigen Vertrages über eine Zusatzleistung, dessen Kosten im Voraus nicht bestimmt werden können, so hat sie auf die Verpflichtung zum Abschluss des weiteren Vertrages an hervorgehobener Stelle zusammen mit dem effektiven Jahreszinses hinzuweisen (§ 6a Abs. 5 PrAngVO). Ein **Verstoß** gegen die Vorgaben aus § 6a PrAngVO begründet eine Ordnungswidrigkeit (§ 10 Abs. 2 Nr. 6 PrAngVO, § 3 Abs. 2 WiStG, § 17 Abs. 2 OWiG).

1. Aufklärungspflichten der Bank

a) Aufklärungspflichten hinsichtlich des Darlehensvertrages

aa) Kreditwürdigkeit und Leistungsfähigkeit

999 Bis zum Inkrafttreten der zivilrechtlichen Vorschriften zur Kreditwürdigkeitsprüfung bei Verbraucherdarlehen (§§ 505a ff. BGB; dazu Rdn. 1033–1048) am 21.03.2016[1084] war die Bank auch bei der Finanzierung von Immobilien oder Immobilienkapitalanlagen **ggü. dem Kunden nicht verpflichtet**, die Wirtschaftlichkeit seiner Darlehensaufnahme oder seine **Kreditwürdigkeit und Leistungsfähigkeit zu prüfen.**[1085] Zwar hatte die Bank unter den Voraussetzungen des § 18 KWG die wirtschaftlichen Verhältnisse des Darlehensnehmers und bei Verbraucherdarlehen dessen

---

1081 Vgl. Begr. RegE zu § 6a PrAngVO, BT-Drucks. 16/11643, S. 143; *Weyand* BKR 2012, 197 (198 f.); *Wintermeier* WRP 2017, 520 (521); a.A. LG Stuttgart, Urt. v. 22.09.2011 – 17 O 165/11, BKR 2012, 206 (207).

1082 A.A. LG Stuttgart, Urt. v. 22.09.2011 – 17 O 165/11, BKR 2012, 206 (207).

1083 *Ohly/Sosnitza* UWG 6a PrAngVO Rn. 8.

1084 Gesetz zur Umsetzung der Wohnimmobilienkreditrichtlinie und zur Änderung handelsrechtlicher Vorschriften vom 11.03.2016, BGBl. I, S. 396.

1085 BGH, WM 1988, 1085; OLG Dresden, WM 2003, 1802 (1806); OLG München, ZIP 2000, 2295 (2298); abweichend aufgrund eines situationsbedingten Beratungsbedarfs des Kunden OLG Karlsruhe, ZIP 2005, 698 (705), ferner OLG Karlsruhe, WM 1998, 1711 (1712); OLG Celle, NJW-RR 1990, 878 (879); *Hofmann* ZIP 2005, 688 (697).

Kreditwürdigkeit zu prüfen, soweit sie hiervon bei einem Realkredit nicht bereits nach § 21 Abs. 3 Nr. 1 KWG befreit war.[1086] Die aufsichtsrechtliche Vorschrift des § 18 KWG erschöpfte sich aber in ihrer ordnungspolitischen Funktion und diente in erster Linie der Sicherheit der Geldeinleger und des Bankensystems. Sie entfaltete keine Schutzwirkung zugunsten des Darlehensnehmers und zog deshalb auch keine Aufklärungspflichten der Bank ggü. dem Darlehensnehmer nach sich.[1087] Ein haftungsrechtlich relevantes **Prinzip der verantwortungsvollen Vergabe** von Krediten dergestalt, dass die Bank ggü. dem Kunden die Verantwortung für das »Ob« und das »Wie« des Kredits zu übernehmen hat, ist dem deutschen Recht – abgesehen von den erst seit 21.03.2016 geltenden zivilrechtlichen Regelungen zur Kreditwürdigkeitsprüfung bei Verbraucherdarlehen (§§ 505a ff. BGB) – fremd.[1088] Ein solches Prinzip war zwar im ersten Richtlinienvorschlag der Europäischen Kommission aus dem Jahr 2002 zur Überarbeitung der Verbraucherkreditrichtlinie vorgesehen,[1089] es wurde aber in dieser Form nach massiver und berechtigter Kritik[1090] wieder gestrichen.[1091] Auch im ursprünglichen Vorschlag zur Wohnimmobilienkreditrichtlinie (RL 2014/17/EU)[1092] fand sich eine Verpflichtung der Darlehensgeber und Darlehensvermittler, im »besten Interesse des Verbrauchers« zu handeln (»Prinzip der verantwortungsvollen Kreditvergabe«),[1093] die letztlich aber zugunsten abgeschwächter **Wohlverhaltensregeln (Art. 7 und Erwägungsgrund 31 RL 2014/17/EU) aufgegeben wurde.** Art. 7 Abs. 1 RL 2014/17/EU verlangt lediglich, dass Darlehensgeber und Darlehensvermittler bei der Gestaltung von Darlehensprodukten oder der Gewährung oder Vermittlung von Darlehen oder bei der Erbringung von Beratungsdienstleistungen zu Darlehen und bei der Ausführung des Darlehensvertrages unter Berücksichtigung der Rechte und Interessen der Verbraucher »ehrlich, redlich, transparent und professionell« handeln. Da diese Regelung einen umsetzungsfähigen Rechtssatz vermissen lässt,[1094] findet sich auch keine unmittelbare Umsetzungsvorschrift im deutschen Umsetzungsgesetz. Geregelt sind allerdings seit 11.06.2010 für Verbraucherdarlehen ausgeweitete vorvertragliche Informationspflichten (dazu Rdn. 1049-1057), die neuartige Erläuterungspflicht (dazu Rdn. 1058–1065) und eine zunächst aufsichtsrechtliche Pflicht der Bank zur Bewertung der Kreditwürdigkeit des Verbrauchers, die seit 21.03.2016 auch zivilrechtlich geregelt ist und sowohl inhaltlich als auch hinsichtlich der Sanktionen bei Verstößen erheblich verschärft wurde. Diese zunächst nur aufsichtsrechtlich geregelte Rechtspflicht der Bank zur Prüfung der Kreditwürdigkeit des Verbrauchers begründete nach herrschender Rechtsauffassung

---

1086 Dazu *Nobbe* WM 2011, 625 (629).

1087 BGH, WM 1990, 54; OLG Dresden, WM 2003, 1802 (1806); *Nobbe* WM 2011, 625 (629). Das gilt auch für rein bankinterne Kreditvergabe- oder Beleihungsrichtlinien, OLG Braunschweig, WM 1998, 1223 (1229); OLG Köln, WM 1994, 197 (201); Schimansky/Bunte/Lwowski/*Siol* Bankrechts-Handbuch § 44 Rn. 15; *Rohe* BKR 2003, 267 (270); vgl. auch Begr. RegE zu §§ 505a ff. BGB, BT-Drucks. 18/5922, S. 97; a.A. *Lambsdorff* ZfIR 2003, 705 (714).

1088 Vgl. BGH, WM 2007, 876 (Rn. 43). Rechtsvergleichend zum Prinzip verantwortungsvoller Vergabe von Immobilienkrediten *Berresheim* ZfIR 2006, 695.

1089 Art. 9 des Vorschlags für eine Richtlinie des Europäischen Parlaments und des Rates zur Harmonisierung der Rechts- und Verwaltungsvorschriften der Mitgliedstaaten über den Kredit an Verbraucher und zur Änderung der Richtlinie 93/13/EWG des Rates, KOM (2002) 443 endg. V. 11.09.2002, Abl. EG C 331 v. 31.12.2002, S. 200, abgedruckt in WM 2002, 2260.

1090 Vgl. etwa *Danco* WM 2003, 853 (857).

1091 Zur Entstehungsgeschichte der Richtlinie 2008/48/EG v. 23.04.2008 über Verbraucherkreditverträge und zur Aufhebung der Richtlinie 87/102/EWG des Rates, Abl. EU Nr. L 133/66 v. 22.05.2008, vgl. *Siems* EuZW 2008, 454.

1092 Richtlinie 2014/17/EU des Europäischen Parlaments und des Rates v. 04.02.2014 über Wohnimmobilienkreditverträge für Verbraucher und zur Änderung der Richtlinien 2008/48/EG und 2013/36/EU und der Verordnung (EU) Nr. 1093/2010, Abl. L 60/34 v. 28.02.2014; dazu *Schürnbrand* ZBB 2014, 168; *Rott* BKR 2015, 8; *König* WM 2013, 1688.

1093 Vgl. *Schnauder* WM 2014, 783 (790).

1094 *Schnauder* WM 2014, 783 (790); vgl. auch *Rott* BKR 2015, 8 (13); *König* WM 2013, 1688 (1689, 1690: allgemeine Rücksichtnahmepflicht aus § 241 Abs. 2 BGB genügt); a.A. *Schürnbrand* ZBB 2014, 168 (172).

keine Schutzwirkung zugunsten des Verbrauchers.[1095] Selbst eine negative Bewertung der Kreditwürdigkeit des Kunden hatte nach der Verbraucherkreditrichtlinie keine Aufklärungs- oder Hinweispflicht der Bank zur Folge.[1096] So sah auch § 18 Abs. 2 KWG eine rein aufsichtsrechtliche Regelung vor, die schon aufgrund ihrer systematischen Stellung im KWG keine Schutzwirkung zugunsten des Verbrauchers entfaltete.[1097] Es oblag danach i.R.d. **Privatautonomie** unverändert auch bei der Finanzierung einer Immobilie oder einer Immobilienkapitalanlage der freien Entscheidung des Darlehensnehmers, über seinen Grad der Verschuldung und seine wirtschaftlichen Möglichkeiten zur Erfüllung der Zins- und Tilgungsraten zu befinden,[1098] und er musste dabei auch mit einem legitimen eigennützigen Verhalten der Bank rechnen.[1099] Auch im Rahmen ihrer seit 11.06.2010 bei Verbraucherdarlehen zu beachtenden vorvertraglichen Erläuterungspflichten aus § 491a Abs. 3 BGB (dazu Rdn. 1058–1065) war die Bank insoweit lediglich gehalten, den Darlehensnehmer in die Lage zu versetzen selbst zu entscheiden, ob der Darlehensvertrag dem von ihm verfolgten Zweck und seinen Vermögensverhältnissen gerecht wird, eine zivilrechtliche Pflicht der Bank zur Kreditwürdigkeitsprüfung wurde damit aber nicht verbunden.[1100] Selbst die **erkennbare geschäftliche Unerfahrenheit** des Kunden begründete keine Aufklärungspflicht der Bank im Hinblick auf die Wirtschaftlichkeit oder Kreditwürdigkeit des Kunden.[1101] Eine einzelfallbezogene Aufklärungspflicht der Bank war indes keineswegs ausgeschlossen. Sie kam dann in Betracht, wenn es geradezu evident war, dass die Finanzierung aufgrund der persönlichen und wirtschaftlichen Verhältnisse scheitern musste[1102] und dem Darlehensnehmer die Tatsache seiner finanziellen Überforderung nicht bewusst war.

bb) Finanzierungsmodelle

1000 Immobilienfinanzierungen weisen üblicherweise lange Laufzeiten auf und sehen meist eine Tilgung in Annuitäten vor. Hinzu kommen regelmäßig Zinsbindungsvereinbarungen (gebundener Sollzinssatz, vgl. § 489 Abs. 5 BGB) mit – je nach Zinsniveau – mehr oder weniger langen Zinsbindungsperioden. Gleichwohl trifft die Bank hinsichtlich des Darlehensvertrages **keine generelle Aufklärungspflicht**, da sich der Zweck der Darlehensgewährung zunächst darin erschöpft, dem Darlehensnehmer gegen ein entsprechendes Entgelt zeitlich befristet finanzielle Mittel zur Verfügung zu stellen. Auch hinsichtlich der **Zweckmäßigkeit des vom Darlehensnehmer gewählten Finanzierungsmodells** ist die Bank grds. nicht gehalten, ungefragt auf mögliche Bedenken hinzuweisen, wenn sie lediglich den Wünschen des Darlehensnehmers entspricht und die Konditionen des Darlehensvertrages verhandelt.[1103] So muss sie auch über das marktbedingte Risiko einer für den Darlehensnehmer **negativen Zinsentwicklung** zum Ablauf der Zinsbindungsperiode grds.

1095 Dazu *Herresthal* WM 2009, 1174 ff.; *Buck-Heeb* BKR 2014, 221 (223); zu Zweifeln an der Richtlinienkonformität der Umsetzung der Kreditwürdigkeitsprüfung in § 18 Absatz 2 KWG *Schnauder* WM 2014, 783 (790) unter Hinweis auf EuGH, Urt. v. 27.03.2014 – RS. C-565/12, (Rn. 42 ff.), ZIP 2014, 1837; dazu Rdn. 1025 f.

1096 *Herresthal* WM 2009, 1174 (1177); a.A. *Rott* WM 2008, 1104 (1110).

1097 Vgl. BuB/*Franke* Rn. 3/455. Zur Frage des abschreckenden Charakters der Sanktionen für einen Verstoß gegen die Kreditwürdigkeitsprüfung vgl. aber auch EuGH, Urt. v. 27.03.2014 – Rs. C-565/12, (Rn. 43), ZIP 2014, 1837.

1098 BGH, WM 1990, 59 (60); WM 1989, 165 (167); OLG Hamm, BB 1992, 2177; *Rohe* BKR 2003, 267 (270).

1099 BGH, WM 1992, 977; vgl. auch OLG Karlsruhe, WM 2006, 16 (18).

1100 A.A. *Hoffmann/Bartlitz* WM 2014, 2297 (2302); *Bartlitz* WM 2016, 344 (347 ff.).

1101 Vgl. OLG Frankfurt a.M., WM 2002, 1281 (1286); OLG München, WM 2001, 252 (255); OLG Stuttgart, WM 2000, 292 (298): »konturenloser Ausnahmetatbestand«.

1102 Vgl. OLG Hamm, BB 1992, 2177; OLG Düsseldorf, WM 1993, 2207 (2209 f.); Schimansky/Bunte/Lwowski/*Siol* Bankrechts-Handbuch § 44 Rn. 16; *Köndgen* NJW 2000, 468 (470).

1103 BGH, WM 1989, 665 (666); BGH, WM 2004, 417 (419); BGH WM 2004, 172 (174); BGH, WM 2004, 21 (22); BGH, WM 2003, 1370 (1373); BGH, WM 2003, 2328 (2332); KG, WM 2008, 1123 (1126); *Freckmann/Rösler* ZBB 2007, 23 (32).

nicht aufklären.[1104] Seit 11.06.2010 trifft die Bank bei Verbraucherdarlehensverträgen allerdings eine **vorvertragliche Erläuterungspflicht** (§ 491a Abs. 3 BGB; dazu Rdn. 1058–1065). Mit Ihren Erläuterungen zu den vorvertraglichen Informationen und zu den vertraglichen Bestimmungen hat die Bank den Darlehensnehmer aber lediglich in die Lage zu versetzen, die Zweckmäßigkeit des Darlehens selbst zu beurteilen.

Im Rahmen der Diskussionen über Aufklärungspflichten der Bank trifft man insb. bei Immobilien- und Anlagefinanzierungen häufig auch auf **tilgungsfreie Festdarlehen**, bei denen die Tilgung unter Einsatz eines Tilgungsinstruments (z.B. Kapitallebensversicherung, Rentenversicherung mit Kapitalwahlrecht, Bausparvertrag), in das der Darlehensnehmer – der seine Ansprüche daraus an die Bank abtritt – regelmäßige Ansparleistungen erbringt, ganz oder teilweise erst am Ende der Darlehenslaufzeit erfolgen soll (dazu Rdn. 1084–1095).[1105] Solange die Bank lediglich die diesbezüglichen Wünsche des Darlehensnehmers umsetzt und das Finanzierungsmodell nicht selbst initiiert, treffen sie keine diesbezüglichen Aufklärungspflichten. Das gilt namentlich dann, wenn das Finanzierungsmodell eines tilgungsfreien Darlehens in Kombination mit einem Tilgungsinstrument seitens des Initiators oder Anlagevermittlers als Bestandteil eines dem Erwerb der Eigentumswohnung oder des Fondsanteils zugrunde liegenden **Steuersparmodells** angeboten wird.[1106] Die Bank darf in solchen Fällen davon ausgehen, dass der Kunde die notwendige Sachkunde besitzt oder sich zumindest professionellen Rat eingeholt hat.[1107] Die Tatsache, dass solche Kombinationsmodelle nicht nur Vorteile in Gestalt einer Beteiligung an den von dem Versicherungsunternehmen erwirtschafteten Überschüssen oder einer steuerlichen Abzugsfähigkeit der Versicherungsprämien mit sich bringen können, sondern auch Nachteile durch höhere Gesamtzinsbelastungen, weitere Kosten für das Tilgungsinstrument, geringe Rückkaufswerte in den Anfangsjahren und der dadurch bedingten Verluste bei einer vorzeitigen Kündigung des Darlehens, die zudem eine höhere Vorfälligkeitsentschädigung zur Folge hat, ändert daran zunächst nichts, denn es handelt sich weder um ein besonders ungewöhnliches noch um ein gefährliches Finanzierungsmodell.[1108] Die Bank ist auch nicht etwa aufgrund eines mit dem Kunden geschlossenen Finanzierungsberatungsvertrages (dazu Rdn. 1029–1085) verpflichtet, diesen darüber zu informieren, dass ihr für die Vermittlung des Tilgungsinstruments eine Provision zugeflossen ist, denn der Provisionsanspruch der Bank als Versicherungsvermittlerin gegen das Versicherungsunternehmen ist offensichtlich.[1109] Allerdings hat die Bank seit 11.06.2010 bei Verbraucherdarlehen in den **vorvertraglichen Informationen** und im Verbraucherdarlehensvertrag nach § 491a Abs. 1, 492 Abs. 2 BGB i.V.m. Art. 247 § 8 Abs. 3 Satz 2 EGBGB darauf hinzuweisen, dass weder die während der Vertragslaufzeit für das Tilgungsinstrument fälligen Zahlungsverpflichtungen noch die Ansprüche, die der Darlehensnehmer aus dem Tilgungsinstrument erwirbt, die Tilgung des Darlehens gewährleisten. Daneben trifft die Bank seit dem 11.06.2010 die **vorvertragliche Erläuterungspflicht** aus § 491a Abs. 3 BGB (dazu Rdn. 1058–1065), die sich zwar gerade bei tilgungsfreien Festdarlehen in Kombination mit einem 1001

1104 OLG Hamm, BB 1992, 2177; Schimansky/Bunte/Lwowski/*Siol* Bankrechts-Handbuch § 44 Rn. 14; a.A. in der Gesamtschau einer intransparenten Finanzierungskonstruktion OLG Karlsruhe, ZIP 2005, 698 (705); *Hofmann* ZIP 2005, 688 (697).

1105 Dazu eingehend *Freckmann/Rösler* ZBB 2007, 23; *Rösler* BKR 2001, 125.

1106 BGH, WM 2004, 172 (174); kritisch *Hofmann* WM 2006, 1847 (1852); *ders.* ZBB 2005, 174 (179); *Köndgen* NJW 2000, 468 (472).

1107 BGH, WM 2008, 154 (Rn. 13); BGH, WM 2004, 521 (524); BGH, WM 2003, 1370 (1373); BGH, WM 2001, 2110 (2113); OLG Karlsruhe, WM 2001, 245 (249); OLG Stuttgart, WM 2000, 292 (298); OLG München, WM 1999, 1818 (1820); a.A. OLG Karlsruhe, ZIP 2005, 698 (705) ausgehend von einem situationsbedingten Beratungsbedarf des Kunden (»intransparente Finanzierungskonstruktion«); ferner OLG Karlsruhe, WM 2007, 355 (356); OLG Koblenz, ZIP 2002, 702 (708); OLG Karlsruhe, ZIP 1998, 1711 (1712); OLG Celle, NJW-RR 1990, 878 (879).

1108 KG, WM 2008, 1123 (1126); dazu *Freckmann/Rösler* ZBB 2007, 23 (32).

1109 Vgl. BGH, Urt. v. 01.07.2014 – XI ZR 247/14, (Rn. 17 ff., 30), zu vermittelten Lebensversicherungen; ferner OLG Karlsruhe, Urt. v. 06.02.2017 – 13 U 185/15, WM 2017, 772 (774).

Tilgungsinstrument intensivieren kann,[1110] aber bei seitens des Initiators oder Anlagevermittlers als Bestandteil eines dem Erwerb der Eigentumswohnung oder des Fondsanteils angebotenen **Steuersparmodells** diesbezüglich kaum noch Raum beanspruchen dürfte.[1111] Unabhängig von der vorvertraglichen Erläuterungspflicht kann eine Aufklärungspflicht der Bank aber einsetzen, wenn sich das Kombinationsmodell für den ersichtlich geschäftsunerfahrenen und rechtsunkundigen Kunden wirtschaftlich ungünstiger darstellt als ein marktübliches Raten- oder Annuitätendarlehen, mit dem der verfolgte Zweck ebenso gut erreichbar ist.[1112] Erst recht aufklärungs- und erläuterungspflichtig ist die Bank, wenn sie dem Kunden anstelle des von ihm gewünschten üblichen Annuitätendarlehens ein tilgungsfreies Festdarlehen in Kombination mit einer Kapitallebensversicherung anbietet, obwohl für den Kunden ein Versicherungsbedürfnis nicht besteht und sich die Vertragskombination für ihn auch als wirtschaftlich ungünstiger darstellt als sein ursprünglich gewünschtes Finanzierungsmodell.[1113] Gar eine Beratungspflicht aus einem (stillschweigenden) Beratungsvertrag (dazu Rdn. 1029–1032) kann die Bank treffen, wenn sich der Kunde mit einem bestimmten Finanzierungswunsch, aber ohne konkrete Vorstellungen über das Finanzierungsmodell und daher mit Beratungsbedarf an die Bank wendet.[1114]

b) Aufklärungs- und Prüfungspflichten hinsichtlich der finanzierten Immobilie oder Immobilienkapitalanlage

aa) Grundsatz

1002 Grds. trifft die kreditgebende Bank keine Verpflichtung, den Darlehensnehmer über die Gefahren und Risiken der Verwendung eines Darlehens aufzuklären und vor dem Vertragsschluss zu warnen (sog. **Trennungstheorie**); auch für die seit 11.06.2010 geltende vorvertragliche Erläuterungspflicht der Bank (§ 491a Abs. 3 BGB; dazu Rdn. 1058–1065) ist insoweit kein Raum. Das gilt nach ständiger Rechtsprechung des BGH zu Aufklärungspflichten insb. bei der Finanzierung von steuersparenden Bauherren-, Bauträger- und Erwerbermodellen. Die Bank darf auch insoweit davon ausgehen, dass der Interessent entweder über die notwendigen Kenntnisse oder Erfahrungen verfügt oder sich über den Wert und Zustand der gekauften Immobilie, die damit evtl. verbundene Steuerersparnis, die Mieterträge, die Wirtschaftlichkeit oder das Wertsteigerungspotenzial einer Immobilienkapitalanlage selbst mithilfe beratender Fachleute sachkundig gemacht hat.[1115] Die Risiken aus diesen Geschäften liegen nicht im Bereich der Darlehensverhandlungen, sondern in dem Angebot der

---

1110 Vgl. *Hofmann* BKR 2010, 232 (235); *Metz* NJW 2012, 1990 (1992); *Merz/Rösler* ZIP 2011, 2381 (2385): Hinweis auf das Risiko, dass die Ablaufleistung aus dem Tilgungsinstrument ggf. nicht zur Tilgung des Darlehens ausreicht.

1111 A.A. Hofmann BKR 2010, 232 (236).

1112 BGHZ 111, 117 (120); WM 2004, 172 (174); BGH, WM 2003, 2328 (2332); BGH, WM 1989, 665 (666); BGH, WM 1990, 918 (919); OLG Stuttgart, WM 2000, 292 (298); *Freckmann/Rösler* ZBB 2007, 23 (34); *Hofmann* WM 2006, 1847 (1851); *Rösler* BKR 2001, 125 (126); zur Verjährung eines Schadensersatzanspruchs wegen Falschberatung über das Finanzierungsmodell BGH, Urt. v. 16.05.2017 – XI ZR 430/16, NJW 2017, 2187 (Rn. 16).

1113 BGH, WM 2004, 172 (174); BGH, WM 2004, 21 (22); BGH, WM 2003, 1370 (1373); OLG Stuttgart, WM 2000, 292 (298); *Freckmann/Rösler* ZBB 2007, 23 (32); *Hofmann* ZBB 2005, 174 (176). Das gilt für den Bausparvertrag als Tilgungsinstrument entsprechend, vgl. *Hofmann* WM 2006, 1847 (1852). In den »Bausparkassen-Entscheidungen« stellte der BGH (WM 1996, 2105 und WM 2000, 2539) in besonders gelagerten Sachverhalten sogar erheblichen – allerdings nicht näher präzisierten – Aufklärungsbedarf bei der Kombination von Vorausdarlehen und Bausparverträgen fest.

1114 *Freckmann/Rösler* ZBB 2007, 23 (33); *Rösler* BKR 2001, 125 (126); ferner *Hofmann* ZIP 2005, 688 (696), der allerdings noch weiter gehende Beratungspflichten befürwortet.

1115 BGHZ 159, 294 (316); BGH, WM 2006, 1194 (Rn. 41); BGH, WM 2004, 172 (173); BGH, ZIP 2004, 500 (503); BGH, WM 2003, 1710 (1713); BGH, WM 2000, 1245 (1246); BGH, WM 1992, 1310 (1311); BGH, WM 1992, 901 (902); BGH, WM 1992, 216 (217); OLG Karlsruhe, WM 2006, 16 (17); OLG Karlsruhe, WM 2001, 245 (248); OLG Dresden, WM 2003, 1802 (1806); abweichend

Immobilie bzw. Immobilienkapitalanlage und können vom Anleger bei enttäuschten Erwartungen nicht auf die kreditgebende Bank abgewälzt werden.[1116] So ist die Bank insb. nicht verpflichtet, den Darlehensnehmer bereits aufgrund einer zum Zwecke der grundpfandrechtlichen Beleihung vorgenommenen **Werthaltigkeitsprüfung** über eine etwaige Diskrepanz zwischen dem Kaufpreis und dem von ihr ermittelten Wert des Objekts aufzuklären, denn die Wertermittlung erfolgt primär zu bankinternen Zwecken der Bank unter kreditwirtschaftlichen Gesichtspunkten.[1117] Daran ändert im Ergebnis auch die seit 21.03.2016 für Immobiliar-Verbraucherdarlehen geltende Regelung des § 505c BGB (§ 18a Abs. 7 KWG; Art. 19 RL 2014/17/EU) nichts, die besondere Pflichten des Darlehensgebers im Zusammenhang mit der Immobilienbewertung vorsieht und insoweit die Anwendung zuverlässiger Standards und fachliche Kompetenz der Gutachter verlangt. Die Regelung steht im Zusammenhang mit der Kreditwürdigkeitsprüfung und der dort – wenngleich nur eingeschränkt – möglichen Berücksichtigung der Immobilie (dazu Rdn. 1040), begründet aber keine Aufklärungspflichten über den Wert der Immobilie. Eine diesbezügliche Aufklärungspflicht besteht selbst dann nicht, wenn der Darlehensnehmer für die Wertermittlung durch die Bank ein Wertermittlungsentgelt (dazu Rdn. 1120–1123) zu entrichten hat.[1118] Auch die **Kontrolle und Dokumentation eines Bauvorhabens** aufgrund regelmäßiger Baustellenbesuche eines Mitarbeiters der Bank, die eine Kenntnis von der schlechten Lage des Objekts vermitteln, begründen angesichts der vom Darlehensnehmer eigenverantwortlich zu treffenden Entscheidungen über die Verwendung der Finanzierungsmittel keine Aufklärungspflicht der Bank.[1119] Die Überwachung des Baufortschritts und der zweckentsprechenden Verwendung der Gelder i.R.d. Bauvorhabens obliegt allein dem Darlehensnehmer.[1120] Auch auf das Totalverlustrisiko bei einem Immobilienfonds muss grundsätzlich nicht gesondert hingewiesen werden, es sei denn, es liegen besondere gefahrerhöhende Umstände vor.[1121] Erst recht kann die Bank nicht verpflichtet sein, bei der Finanzierung eines Immobilienfonds in der Rechtsform der GbR die unbeschränkt oder auch nur quotal haftenden Gesellschafter der Fondsgesellschaft bR über deren Gesellschafterhaftung aufzuklären, zumal die Gesellschafter nicht einmal Vertragspartner des Darlehensvertrages sind.[1122] Eine Aufklärungspflicht der anlageberatenden Bank besteht auch nicht im Hinblick auf ein (vermeintliches) Innenhaftungsrisiko der Anleger analog §§ 30, 31 GmbHG bei einem als GmbH & Co. KG strukturieren geschlossenen Fonds, weil den Anleger ein solches Innenhaftungsrisiko bei einer Publikums-KG überhaupt nicht trifft.[1123]

bb) Aufklärungspflichten in Ausnahmefällen

Nur unter besonderen Umständen können die Bank bei steuersparenden Bauherren-, Bauträger- 1003
oder Erwerbsmodellen ausnahmsweise Aufklärungs- und Hinweispflichten hinsichtlich des finanzierten Geschäfts treffen. Dies kann nach den von der Rechtsprechung entwickelten Grundsätzen

---

wohl OLG Karlsruhe, ZIP 2001, 1914 (1915): Aufklärungspflicht, dass die Darlehenszinsen höher sind als die zu erwartende Rendite aus dem finanzierten Fondsanteil.

1116 BGH, WM 1992, 901 (904).

1117 BGH, WM 2008, 1394 (Rn. 24); BGH, WM 2008, 154 (Rn. 15); BGH, WM 2007, 876 (Rn. 40); BGH, WM 2006, 1194 (Rn. 45); OLG Stuttgart, WM 2000, 292 (296); a.A. *Lambsdorff* ZfIR 2003, 705 (714); *Buck-Heeb* BKR 2014, 221 (227); *dies.* BKR 2015, 177 (185); *Stöhr* WM 2017, 1288 (1293).

1118 LG Nürnberg-Fürth, WM 2000, 2153 (2155).

1119 OLG Karlsruhe, WM 2001, 245 (248).

1120 BGH, WM 1987, 1416 (1418).

1121 BGH Urt. v. 11.09.2012 – XI ZR 363/10, BKR 2012, 513 (Rn. 13).

1122 BGH, WM 2009, 2210 (Rn. 18). Allerdings soll eine Haftung der Bank wegen einer vorsätzlichen sittenwidrigen Schädigung (§ 826 BGB) bestehen können, wenn die Bank an einer vorsätzlichen Täuschung und Schädigung der Anleger durch den Vertreiber von Kapitalanlagen mitwirkt, indem sie abweichend von der im Fondsprospekt vorgesehenen subsidiären Haftung der Gesellschafter vereinbart, dass die Gesellschafter auch vor Verwertung der von der Fondsgesellschaft bestellten Grundschuld in Anspruch genommen werden können, BGH, WM 2009, 2210 (Rn. 21).

1123 *Baumann/Wagner* WM 2015, 1370; *Herrmann/Reiter* WM 2018, 545 (546).

der Fall sein, wenn die Bank (1) über ihre Rolle als Kreditgeberin hinausgeht, (2) einen zu den allgemeinen wirtschaftlichen Risiken hinzutretenden besonderen Gefährdungstatbestand für den Kunden schafft oder dessen Entstehung begünstigt, (3) sich im Zusammenhang mit der Kreditgewährung sowohl an den Bauträger als auch an einzelne Erwerber in schwerwiegende Interessenkonflikte verwickelt, oder (4) in Bezug auf spezielle Risiken des Vorhabens einen konkreten Wissensvorsprung vor dem Darlehensnehmer hat und dies auch erkennen kann.[1124]

(1) Überschreitung der Kreditgeberrolle

1004 Für eine die Aufklärungspflicht auslösende **Überschreitung der neutralen Rolle als Kreditgeber** muss die Bank aktiv Funktionen übernehmen, die typischerweise vom Veräußerer oder Vertreiber der finanzierten Immobilie oder Immobilienkapitalanlage wahrgenommen werden.[1125] Bei diesen Funktionen kann es sich um solche der unternehmerischen Planung oder Durchführung des Projekts handeln, aber auch um die Werbung von Anlageinteressenten oder eine aktive Förderung der Veräußerungsbemühungen. Erforderlich ist dabei stets, dass die Bank einen auf diese zusätzlichen Funktionen bezogenen **Vertrauenstatbestand** setzt, indem sie **nach außen erkennbar tätig** wird und auf diese Weise gleichsam **als Partei des finanzierten Geschäfts erscheint.**[1126] Unschädlich ist es daher, wenn die Bank lediglich eine dauerhafte Geschäftsbeziehung zu dem Bauträger oder zu dem Vertriebsunternehmen unterhält,[1127] sich generell bereit erklärt, nach Bonitätsprüfung die Erwerber zu finanzieren,[1128] sich im Verkaufsprospekt eine Referenzerklärung der Bank mit ihrem Logo findet, die Treuhandkonten für die Käufer zu führen,[1129] oder wenn die Bank lediglich als Finanzierer des Projekts genannt wird oder auftritt. Auch die einvernehmliche Erstellung eines Werbeprospekts vermag allein eine Aufklärungspflicht nicht auszulösen, ebenso wenig können nur interne Absprachen mit dem Veräußerer oder Vertreiber des Projekts über eigene Vorstellungen der Bank bei der Durchführung des Projekts zur Absicherung ihres Kreditengagements für die Annahme einer Aufklärungspflicht ausreichen, und zwar selbst dann nicht, wenn die Bank über das Maß dessen hinausgeht, was bei solchen Projekten banküblich ist.[1130] Die Bank überschreitet ihre Rolle als Kreditgeberin ferner dann nicht, wenn sie von dem Initiator als Teil der Kapitalanlage die Einrichtung eines Mietpools fordert und die Auszahlung des Darlehens vom Beitritt des Darlehensnehmers zu diesem Mietpool abhängig macht, denn dadurch verringert sich das Mietausfallrisiko aufseiten des Darlehensnehmers, und ein solches Sicherungsinteresse ist typischerweise mit der Rolle eines Kreditgebers verbunden.[1131] Erst wenn die Bank in kreditfremden Funktionen nach außen in Erscheinung tritt oder in zurechenbarer Weise den Anschein einer weitgehenden Zusammenarbeit mit demjenigen erweckt, dem die Kreditmittel letztlich zufließen sollen (z.B. durch einen Hinweis im Prospekt auf die Mitwirkung der Bank bei der Planung oder bei dem Vertrieb des Projekts), kann das Vertrauensprinzip eine Aufklärungspflicht unter dem Gesichtspunkt einer

---

1124 BGH, WM 1988, 895 (898); BGH, WM 1992, 901 (902); BGH, WM 1992, 1310 (1311); BGH, WM 2000, 1245 (1246); BGH, WM 2003, 1370 (1372); BGH, WM 2003, 1710 (1713); BGH, WM 2004, 521 (522); BGH, WM 2005, 828 (830); BGH, WM 2005, 72 (76); BGH, WM 2006, 2347 (Rn. 26); BGH, WM 2006, 1194 (Rn. 41); OLG Dresden, WM 2003, 1802 (1807).

1125 BGH, WM 1992, 901 (905); BGH, WM 2003, 918 (922); BGH, WM 2004, 620 (623).

1126 BGH, WM 2004, 620 (623); BGH, WM 2004, 172 (174); BGH, WM 2003, 918 (922); BGH, WM 1992, 901 (905); BGH, WM 1988, 561 (562); OLG Dresden, WM 2003, 1802 (1807); OLG Stuttgart, WM 2000, 292 (295).

1127 BGH, WM 2004, 172 (174): Finanzierung von etwa 120 Eigentumswohnungen in dem Objekt und Verwendung von Bankformularen durch Vertriebsbeauftragten ist unbeachtlich.

1128 OLG Stuttgart, WM 2000, 292 (295); OLG Karlsruhe, WM 2001, 1210 (1214).

1129 KG, WM 2007, 2142 (2149).

1130 BGH, WM 1992, 901 (905); BGH, WM 1988, 561 (562); BGH, WM 1980, 1446 (1448).

1131 BGH, WM 2007, 876 (Rn. 19); BGH, WM 2008, 154 (Rn. 18); BGH, WM 2008, 1394 (Rn. 17); BGH, WM 1992, 901 (905); zum Mietpool auch *Lang* ZfIR 2007, 609; zu den Pflichten des einen Mietpool empfehlenden Wohnungsverkäufers aus einem Beratungsvertrag vgl. BGH, ZfIR 2007, 347 (Rn. 11 ff.).

Überschreitung der Kreditgeberrolle rechtfertigen.[1132] Nach Inkrafttreten des OLGVertrÄndG am 01.08.2002, das die Unanwendbarkeit der Regelungen über verbundene Geschäfte auf Realkredite (§§ 3 Abs. 2 Nr. 2 VerbrKrG, 491 Abs. 3 Satz 1 BGB a.F.) entfallen ließ, dürfte in solchen Fällen meist auch bei Immobilienfinanzierungen mit Verbrauchern ein verbundenes Geschäft i.S.d. § 358 Abs. 3 Satz 3 BGB vorliegen (dazu Rdn. 1206–1216) und damit dem Erwerber jedenfalls ein Einwendungsdurchgriff (§ 359 BGB) gegen die Bank möglich sein.

(2) Schaffung eines besonderen Gefährdungstatbestandes

Einen **besonderen Gefährdungstatbestand** schafft die Bank, wenn sie den Kunden bei Abschluss des Darlehensvertrages bewusst mit einem Risiko belastet, das über das Maß der mit einer Immobilienfinanzierung üblicherweise verbundenen Gefahren hinausgeht. Dabei genügt es, wenn die Bank die Entstehung eines besonderen Gefährdungstatbestands begünstigt.[1133] Finanziert die Bank einen **insolvenzreifen Bauträger** und lässt sie sich dessen Kaufpreisansprüche gegen die Erwerber abtreten, so nimmt sie dem Bauträger die finanzielle Bewegungsfreiheit und verlagert ihre Risiken auf die Erwerber, weil diese im Fall der Rückabwicklung des Kaufvertrages Gefahr laufen, ihre gezahlten Kaufpreise zu verlieren.[1134] Daraus darf indes nicht geschlossen werden, dass bereits jede Vollfinanzierung eines Bauträgers unter Abtretung der Kaufpreisansprüche einen besonderen Gefährdungstatbestand schafft oder dessen Entstehung begünstigt, denn bei der Abtretung der Kaufpreisansprüche handelt es sich um ein in der Bauträgerfinanzierung (dazu Rdn. 1303–1357) übliches Sicherungsmittel.[1135] Ein konkretes Insolvenzrisiko und damit eine besondere Gefährdungslage kann in solchen Fällen aber entstehen, wenn aufgrund konkreter Umstände die Wohnungsvermarktung gefährdet ist und der finanzierenden Bank das bekannt ist.[1136] Wird das projektierte Bauvorhaben hingegen fertiggestellt und erst danach das Insolvenzverfahren über das Vermögen des Bauträgers eröffnet, kann in aller Regel ein besonderer Gefährdungstatbestand nicht mehr vorliegen.[1137] Die Schaffung eines besonderen Gefährdungstatbestands kann auch nicht darin erblickt werden, dass die Bank den Erwerb einer Immobilie ohne Eigenkapital und ohne werthaltige Sicherheiten finanziert, denn der Darlehensnehmer hat – vorbehaltlich der seit 21.03.2016 für Verbraucherdarlehen geltenden Regelungen zur Kreditwürdigkeitsprüfung (dazu Rdn. 1033–1048) – selbst zu prüfen, ob er in der Lage ist, das Darlehen zurückzuzahlen.[1138] Auch die seit 11.06.2010 geltende vorvertragliche Erläuterungspflicht der Bank (§ 491a Abs. 3 BGB; dazu Rdn. 1058–1065) soll den Darlehensnehmer lediglich in die Lage versetzen, selbst prüfen zu können, ob der Darlehensvertrag seinen Vermögensverhältnissen gerecht wird (dazu Rdn. 998, Rdn. 1058–1065). Es reicht für die Annahme eines besonderen Gefährdungstatbestandes ferner nicht aus, dass die Bank den Beitritt des Darlehensnehmers zu einem **Mietpool** für das finanzierte Objekt als Auszahlungsvoraussetzung für das Darlehen vorsieht, denn für den Erwerber ist ein solcher Mietpool keineswegs zwangsläufig mit ungewöhnlichen Risiken verbunden, sondern er trägt vor allem auch zu einer Risikoreduzierung bei.[1139] Etwas anderes gilt nur bei Hinzutreten spezifischer und der Bank bekannter Risiken des 1005

1132 BGH, WM 1992, 901 (905); OLG Dresden, WM 2003, 1802 (1807): Kenntnis des Darlehensnehmers bei Abschluss des Darlehensvertrages von der Mitwirkung der Bank an dem Projekt reicht aus; OLG München, WM 2008, 15 (16): Angebot einer Immobilie i.R.d. freihändigen Verkaufs einer Immobilie, die zugunsten der Bank mit einem Grundpfandrecht aus der Finanzierung der Voreigentümer belastet ist, und Finanzierung des so geworbenen Erwerbers.

1133 BGH, WM 2004, 172 (174); BGH, WM 1999, 678 (679); BGH, WM 1992, 1310 (1311); BGH, WM 1992, 216 (218).

1134 BGH, ZIP 1999, 574 (575); BGH, WM 1992, 1310 (1311).

1135 OLG München, WM 2001, 252 (254).

1136 OLG München, WM 2001, 252 (254).

1137 BGH, WM 2008, 115 (Rn. 42); OLG München, WM 2001, 252 (254); OLG Stuttgart, WM 2000, 292 (295).

1138 BGH, WM 2008, 115 (Rn. 43).

1139 BGH, WM 2007, 876 (Rn. 19); BGH, WM 2008, 971 (Rn. 17 f.); BGH, WM 2008, 1394 (Rn. 14 f.); BGH, WM 2006, 1194 (Rn. 44); *Sauer* BB 2006, 1581 (1583). Zum Mietpool als Gefahrentatbestand konkreten Mietpools. Das kann etwa der Fall sein, wenn der Mietpool zum Zeitpunkt des Beitritts bereits überschuldet war und der Darlehensnehmer erst durch die Auszahlungsvoraussetzungen der Bank, der die Überschuldung des Mietpools nicht verborgen blieb, zu dem nachteiligen Beitritt veranlasst wurde.[1140] Entsprechendes gilt, wenn dem konkreten Mietpool bereits Darlehen gewährt wurden, für die der Anleger als Poolmitglied mithaften muss.[1141] Ferner besteht eine Aufklärungspflicht der Bank auch dann, wenn sie vom Darlehensnehmer den Beitritt zum Mietpool verlangt, obwohl ihr die konstante Überhöhung der Mietpoolausschüttungen bekannt war, sodass der Anleger nicht nur einen falschen Eindruck von der Rentabilität und Finanzierbarkeit des Vorhabens erhält, sondern seine gesamte Finanzierung darüber hinaus Gefahr läuft, wegen ständig erforderlicher Nachzahlungen zu scheitern.[1142] Ein besonderer Gefährdungstatbestand soll unter Umständen auch entstehen können, wenn die Sicherung der den Gesellschaftern eines geschlossenen Immobilienfonds zur Finanzierung ihrer Einlagen gewährten Darlehen mittels einer bereits von den Gründungsgesellschaftern zulasten der Fondsgrundstücks bestellten Grundschuld erfolgt; wird der Anleger jedoch im Fondsprospekt hinreichend deutlich auf die dingliche Mithaftung des Gesellschaftsvermögens für die Privatverbindlichkeiten der Gesellschafter hingewiesen, so ist er darüber hinreichend aufgeklärt.[1143]

(3) Schwerwiegender Interessenkonflikt

1006 Ein **schwerwiegender Interessenkonflikt** der Bank wird angenommen, wenn sie aufgrund ihrer Einbindung in das Projekt **branchenunübliche Risiken** übernommen hat und diese **auf ihre Kunden verlagert**.[1144] Das kann etwa der Fall sein, wenn die Globalgrundschulden der Bank auch Altschulden des Initiators aus zuvor gescheiterten Projekten sichern und die Kreditgewährung an den Erwerber wegen der dringenden Notwendigkeit einer alsbaldigen Veräußerung der einzelnen Einheiten auch dazu dient, die zuvor an den Initiator ausgereichten Kredite zurückzuführen, obwohl der Bank das Scheitern früherer Projekte, die hohen Vermarktungsrisiken des neuen Projekts, die Wertlosigkeit der Festpreis-, Miet- und Zinsgarantien sowie die schwache Bonität des Initiators bekannt waren.[1145] Die Bank gerät aber nicht etwa bereits dadurch in einen schwerwiegenden Interessenkonflikt, dass sie gleichzeitig den Bauträger finanziert und die Einzelfinanzierungen der Erwerber übernimmt.[1146] Zwar liegt in solchen Fällen der »**Doppelfinanzierung**« ein Interessenkonflikt auf den ersten Blick nicht ganz fern, weil in aller Regel die Kaufpreiszahlungen zur Rückführung der dem Bauträger gewährten Kredite verwendet werden, die Bank also ein besonderes Interesse an den Kaufpreiszahlungen hat. Allein diese abstrakte Gefahr eines Interessenkonflikts genügt aber nicht,[1147] es müssen vielmehr besondere risikoverlagernde Umstände hinzutreten, um

auch *Hofmann* ZIP 2005, 688 (690); *Derleder* ZBB 2006, 375 (383); ferner *Lang* ZfIR 2007, 609; zu den Pflichten des einen Mietpool empfehlenden Wohnungsverkäufers aus einem Beratungsvertrag vgl. BGH, ZfIR 2007, 347 (Rn. 11 ff.).

1140 BGH, WM 2007, 876 (Rn. 34); BGH, WM 2008, 154 (Rn. 19); BGH, WM 2008, 971 (Rn. 19).

1141 BGH, WM 2008, 971 (Rn. 19).

1142 BGH, WM 2007, 876 (Rn. 27); OLG Karlsruhe, WM 2007, 355 (356); ferner OLG Karlsruhe, ZIP 2005, 698 (700) bei besonders weitreichenden Befugnissen des Mietpool-Verwalters und dessen gleichzeitiger personeller Verflechtung mit dem Verkäufer angesichts des Risikos überhöhter Mietausschüttungen zu Werbezwecken; OLG Karlsruhe, Urt. v. 15.01.2007 – 15 W 56/06, mit eingehenden Erwägungen zur Kausalität der Aufklärungspflichtverletzung für den Schaden und zum Umfang des Schadens selbst.

1143 OLG Karlsruhe, WM 2011, 1219 (1225).

1144 BGH, WM 1992, 1310 (1313).

1145 BGH, WM 1992, 216 (218).

1146 BGH, WM 2004, 620 (623); BGH, WM 2003, 918 (921); BGH, WM 1992, 1310 (1311); BGH, WM 1988, 561 (562); OLG Dresden, WM 2003, 1802 (1807); OLG Karlsruhe, WM 2006, 16 (18); OLG Karlsruhe, WM 2001, 245 (248); OLG München, WM 2001, 252 (254); OLG Stuttgart, WM 2000, 292 (295).

1147 BGH, WM 2008, 115 (Rn. 40); BGH, WM 2007, 876 (Rn. 50); OLG München, WM 2001, 252 (254); a.A. *Köndgen* NJW 2000, 469 (471).

eine Aufklärungspflicht der Bank zu begründen.[1148] Etwaige Mängel des fertig gestellten Objekts begründen ein solches Risiko nicht.[1149] Etwas anderes kann hingegen gelten, wenn die Bank im Rahmen eines freihändigen Verkaufs der zu ihren Gunsten aus der notleidenden Finanzierung des Voreigentümers mit einem Grundpfandrecht belasteten Immobilie einen Käufer wirbt, den Kaufpreis festlegt und finanziert, dem Käufer aber ein Verkehrswertgutachten verschweigt, das deutlich von der eigenen Bewertung der Bank abweicht.[1150] Ein schwerwiegender Interessenkonflikt liegt ferner vor, wenn die Bank einer Anlage- bzw. Massenkommanditgesellschaft einen Kredit gewährt hat und die beteiligten Anleger veranlasst, zur Rettung dieses Kredits die sanierungsbedürftige Anlagegesellschaft durch wiederum von der Bank finanzierte Mittel zu unterstützen.[1151] Ob sich die Bank in den Fällen eines Interessenkonflikts ggü. dem Darlehensnehmer auf das **Bankgeheimnis** aus einer mit dem Initiator, Mietgaranten oder sonstigen Geschäftspartnern bestehenden Geschäftsbeziehung berufen kann,[1152] wird im Einzelfall durch eine Güterabwägung zu ermitteln sein.[1153] Das Schutzbedürfnis des Anlegers dürfte jedoch überwiegen, wenn der ihm drohende Schaden eklatant ist.[1154] Letztlich liegt es dann in der Verantwortung der Bank, bei Zweifeln über die Reichweite des Bankgeheimnisses die Finanzierung der Anleger abzulehnen.[1155] Eine Aufklärungspflicht der Bank besteht allerdings nicht, wenn sie an den Finanzierungsvermittler eine **Vermittlungsprovision** zahlt, es sei denn, der Bank obliegt als Hauptleistungspflicht gleich einem Vermögensverwalter die Wahrnehmung von Vermögensinteressen ggü. dem Kunden.[1156]

(4) Konkreter Wissensvorsprung

Ein **konkreter Wissensvorsprung** liegt dann vor, wenn die Bank über **Kenntnisse von speziellen Risiken oder Nachteilen des finanzierten Projekts** verfügt, die für den Darlehensnehmer erkennbar von wesentlicher Bedeutung sind, von denen er aber ebenso erkennbar keine Kenntnis hat.[1157] Dabei muss sich die Bank nicht etwa im Sinne einer Nachforschungspflicht durch Auswertung der bspw. vom Initiator oder Bauträger eingereichten Objektunterlagen einen Wissensvorsprung verschaffen.[1158] Erforderlich ist vielmehr grds. die **positive Kenntnis der Bank von aufklärungspflichtigen Tatsachen.** Die bloße Erkennbarkeit solcher Tatsachen reicht allenfalls dann aus, wenn sich diese der Bank nach den Umständen des Einzelfalls geradezu aufdrängen müssen.[1159] Der Darlehensnehmer seinerseits hat nur dann keine Kenntnis von den speziellen Risiken des Projekts, wenn er sie trotz seiner eigenen allgemeinen Prüfungspflicht in Bezug auf typische Risiken des finanzierten Immobilien(anlage)projekts nicht erlangen konnte oder sie ihm zumindest nicht infolge Fahrlässigkeit unbekannt geblieben sind. Die Bank darf dabei zunächst davon ausgehen, dass der Darlehensnehmer im eigenen Interesse das finanzierte Projekt hinreichend geprüft hat. Eine Nachforschungspflicht darüber, ob der Darlehensnehmer seinen eigenen Prüfungspflichten nachgekommen ist, besteht nicht.[1160] 1007

1148 BGH, WM 2003, 918 (921); BGH, Beschl. v. 05.04.2011 – XI ZR 365/09, (Rn. 7 ff.): Abwälzung des eigenen insolvenzgefährdeten Kreditengagements beim Bauträger auf Darlehensnehmer.
1149 OLG Dresden, WM 2003, 1802 (1807).
1150 OLG München, WM 2008, 15 (16 f.).
1151 BGH, WM 1978, 896 (897).
1152 Vgl. *Bruchner* WM 1999, 825 (831); *Früh* ZIP 1999, 701 (704).
1153 BGH, WM 1991, 85 (86).
1154 *Köndgen* NJW 2000, 468 (471).
1155 Schimansky/Bunte/Lwowski/*Siol* Bankrechts-Handbuch § 43 Rn. 30.
1156 BGH, WM 2004, 521 (523).
1157 BGH, WM 2003, 1710 (1713); BGH, WM 1992, 901 (902); BGH, WM 1990, 920 (923).
1158 BGH, WM 2004, 620 (622); BGH, WM 2004, 172 (173); BGH, WM 1992, 901 (904); BGH, WM 1992, 602 (603); OLG Karlsruhe, WM 2001, 245 (248); OLG Hamm, WM 1998, 1230 (1234).
1159 BGH, WM 1992, 602 (603); OLG Brandenburg, WM 2008, 14 (18).
1160 OLG Karlsruhe, WM 2001, 245 (248).

1008 Ein konkreter Wissensvorsprung kann sich etwa darauf gründen, dass der Bank zum Zeitpunkt der Darlehensgewährung die **drohende Zahlungsunfähigkeit** des Initiators eines Immobilien(anlage)projekts[1161] oder eines Mietgaranten[1162] bekannt ist. Wurden i.R.d. finanzierten Geschäfts **wesentliche wertbildende Umstände falsch angegeben** (z.B. Angaben in Werbeunterlagen über die Mieteinnahmen und die Rentabilität des finanzierten Objekts) oder wertmindernde Umstände verschwiegen (z.B. vorhandene Altlasten auf dem finanzierten Objekt) und ist dies der Bank nicht verborgen geblieben, so kann auch dies einen konkreten Wissensvorsprung hervorrufen. Das gilt namentlich dann, wenn die Bank weiß, dass für die Bewertung des Kaufobjekts wesentliche Umstände manipuliert wurden[1163] oder der Vertragsschluss ihres Kunden auf einer **arglistigen Täuschung**[1164] bzw. einem vorsätzlichen Verschulden bei Vertragsschluss des Verkäufers[1165] beruht. Allerdings reicht die Kenntnis der Bank, dass die **projektierte Miete am Markt nicht erzielbar** sein wird, zur Annahme eines aufklärungspflichtigen konkreten Wissensvorsprungs nicht aus.[1166] Auch etwaige Erkenntnisse hinsichtlich **Werthaltigkeit und Wertsteigerungspotenzial des Anlageobjekts** muss die Bank dem Darlehensnehmer grds. nicht offenbaren, da sie davon ausgehen darf, dass der Darlehensnehmer als Anleger solche wesentlichen Umstände bedacht und – erforderlichenfalls mithilfe von Fachleuten – überprüft hat.[1167] Aus diesem Grund muss die Bank nach ständiger Rechtsprechung auch grds. nicht über die **Angemessenheit des Kaufpreises** der finanzierten Immobilie aufklären, zumal eine solche Pflicht nicht einmal den Verkäufer trifft.[1168] Das gilt auch dann, wenn die Bank in üblicher Weise eine Wertermittlung durchführt[1169] und dafür dem Darlehensnehmer ein entsprechendes Wertermittlungsentgelt (dazu Rdn. 1120–1123) berechnet.[1170] Daran ändert im Ergebnis auch die seit 21.03.2016 für Immobiliar-Verbraucherdarlehen geltende Regelung des § 505c BGB (§ 18a Abs. 7 KWG; Art. 19 RL 2014/17/EU) nichts, die zwar besondere Pflichten des Darlehensgebers im Zusammenhang mit der Immobilienbewertung im Rahmen der Kreditwürdigkeitsprüfung vorsieht, aber keine Aufklärungspflichten über die Werthaltigkeit der Immobilie begründet. Eine Aufklärungspflicht der Bank über die Angemessenheit des Kaufpreises ist ausnahmsweise nur dann anzunehmen, wenn es zu einer so bedeutsamen Verschiebung des Verhältnisses zwischen Kaufpreis und tatsächlichem Verkehrswert der Immobilie (ohne Grunderwerbsteuer, Notar- und Grundbuchgebühren, Vermittlungsprovision und sonstiger Nebenkosten) kommt, dass die Bank von einer **sittenwidrigen Übervorteilung des Käufers** durch den Verkäufer ausgehen muss.[1171] Das ist erst dann der Fall, wenn der Wert der Leistung knapp doppelt so hoch ist wie der

---

1161 BGH, WM 1992, 1310 (1311); BGH, WM 1991, 85; BGH, WM 1978, 896 (897).

1162 BGHZ 159, 294 (317).

1163 BGH, WM 1992, 216 (218).

1164 BGH, WM 1989, 1368 (1369); BGH, WM 1999, 678 (679); BGH, WM 2005, 375 (377); BGH, WM 2007, 114 (Rn. 16); BGH, WM 2007, 1257 (Rn. 39); BGH, Urt. v. 24.03.2009 – XI ZR 456/07, (Rn. 35).

1165 BGH, WM 2007, 114 (115).

1166 BGH, WM 2005, 72 (76); BGH, WM 2004, 1221 (1225).

1167 BGH, WM 1992, 901 (902); OLG München, WM 2001, 252 (254).

1168 BGH, WM 2008, 1394 (Rn. 24); BGH, WM 2006, 2343 (Rn. 19); BGH, WM 2004, 172 (173); BGH, WM 2003, 1686 (1688); BGH, WM 1992, 901 (903).

1169 BGH, WM 2008, 1394 (Rn. 24); BGH, WM 2008, 154 (Rn. 15); BGH, WM 2007, 876 (Rn. 40); BGH, WM 2006, 1194 (Rn. 45); OLG Stuttgart, WM 2000, 292 (296); a.A. *Lambsdorff* ZfIR 2003, 705 (714); *Stöhr* WM 2017, 1288 (1293).

1170 BGH, Urt. v. 10.12.2013 – XI ZR 508/12, ZIP 2014, 118 (Rn. 18); *Buck-Heeb* BKR 2014, 221 (227); *dies.* BKR 2015, 177 (185).

1171 BGH, Urt. v. 18.10.2016 – XI ZR 145/14, (Rn. 19); BGH, Urt. v. 29.04.2008 – XI ZR 221/07, WM 2008, 1121 (Rn. 14 ff.); BGH, WM 2010, 1448 (Rn. 10): bloße Erkennbarkeit der sittenwidrigen Übervorteilung steht der grds. erforderlichen positiven Kenntnis der Bank ausnahmsweise gleich, wenn sich die Überteuerung der Bank geradezu aufdrängen musste; vgl. auch OLG Düsseldorf, Urt. v. 14.02.2014 – I-17 U 107/11, ZfIR 2014, 822. Zu den wertbildenden Umständen des Objekts und der daraus folgenden sittenwidrigen Überteuerung muss der Anleger im Rahmen der Substantiierung seiner Schadensersatzklage näher vortragen, BGH, Urt. v. 19.09.2006 – XI ZR 204/04, (Rn. 20);

Wert der Gegenleistung.[1172] Daraus folgt ganz zwanglos, dass auch allein die Kenntnis der Bank von einer versteckten, den Erwerbspreis der finanzierten Immobilie oder Immobilienkapitalanlage erhöhende **Innenprovision** nicht zu einer Aufklärungspflicht unter dem Gesichtspunkt des konkreten Wissensvorsprungs führen kann, wenn sich die Bank auf ihre Kreditgeberrolle beschränkt und nicht selbst als Anlagevermittlerin tätig wird;[1173] das kann nur dann anders sein, wenn gerade die versteckte Innenprovision mitursächlich dafür ist, dass der Erwerbspreis knapp doppelt so hoch wie der Wert der Immobilienkapitalanlage.[1174] Ob und in welchem Umfang anteilige Vertriebskosten und auch etwaige Provisionen in den Kaufpreis für die Immobilie oder in den Gesamtaufwand eines Bauherrenmodells einbezogen sind und wie sich dieser zusammensetzt, unterfällt ausschließlich der Kalkulation des Verkäufers, über die aufzuklären nicht Aufgabe der finanzierenden Bank sein kann.[1175] Auch über eine im Kaufpreis enthaltene **Zinssubvention** des Verkäufers für die Finanzierung des Kaufobjekts muss die Bank den Darlehensnehmer nicht aufklären, wenn diese nicht zu einer sittenwidrigen Überteuerung des Kaufpreises führt.[1176] Die Kalkulation des Zinssatzes ist zudem ein Geschäftsgeheimnis der Bank und nicht offenzulegen.[1177] Bestehen abweichend von den Angaben in einem Verkaufsprospekt **personelle Verflechtungen** zwischen dem Treuhänder und den übrigen Vertragspartnern (Gründungsgesellschafter, Verkäufer) oder besteht das **Risiko mangelnder Neutralität des Treuhänders** und ist dies der Bank bekannt, so kann eine Aufklärungspflicht unter dem Gesichtspunkt des konkreten Wissensvorsprungs gleichwohl nur dann angenommen werden, wenn der Bank auch bekannt ist, dass sich dies nachteilig auf den Preis des finanzierten Projekts niederschlägt.[1178] Die Kenntnis von **versteckten Mängeln**, die dem Erwerber trotz eigener Prüfung

---

abweichend BGH, Urt. v. 02.04.2009 – V ZR 177/08, (Rn. 11): bloße Behauptung eines Wertes reicht aus, wenn die Behauptung nicht ersichtlich ins Blaue hinein erfolgt und durch Sachverständigengutachten unter Beweis gestellt wird.

1172 BGH, Urt. v. 18.10.2016 – XI ZR 145/14, (Rn. 19); BGH, WM 2008, 1121 (Rn. 14); BGH, WM 2008, 115 (Rn. 34); BGH, WM 2007, 1456 (Rn. 13); BGH, WM 2006, 2343 (Rn. 19); BGH, WM 2006, 1194 (Rn. 46); BGH, WM 2005, 828 (830); BGH, WM 2004, 1221 (1225); BGH, WM 2004, 521 (524); BGH, WM 2003, 916 (917); BGH, WM 2003, 918 (921); BGH, WM 2003, 1370 (1372); OLG München, WM 2001, 252 (254); KG, WM 2008, 1123 (1128): Berücksichtigung verschiedener Wertermittlungsmethoden i.R.d. Prüfung einer sittenwidrigen Kaufpreisüberhöhung, wenn diese Methoden in rechtlich nicht zu beanstandender Weise zu Unterschieden führen); kritisch *Derleder* ZBB 2006, 375 (384). Besteht kein grobes, sondern nur ein auffälliges Missverhältnis zwischen Kaufpreis und tatsächlichem Verkehrswert der Immobilie, kommt die Anwendung des § 138 Abs. 1 BGB nur dann in Betracht, wenn weitere Umstände hinzutreten, die in Verbindung mit dem auffälligen Missverhältnis den Vorwurf einer sittenwidrigen Übervorteilung begründen, BGH, Urt. v. 10.12.2013 – XI ZR 508/12; ZIP 2014, 118 (Rn. 16).

1173 BGHZ 146, 298 (302); BGH, Urt. v. 23.04.2013 – XI ZR 405/11, BKR 2013, 280 (Rn. 20); BGH, Urt. v. 05.06.2012 – XIZR 175/11, WM 2012, 1389 (Rn. 22); BGH, WM 2007, 154 (Rn. 16); BGH, WM 2006, 1194 (Rn. 46); BGH, WM 2005, 127 (129); BGH, WM 2004, 521 (524); BGH, WM 2004, 21 (22); BGH, WM 2003, 1370 (1372); OLG Dresden, WM 2003, 1802 (1807); a.A. *Lambsdorff* ZfIR 2003, 705 (713). Zur Aufklärung über Innenprovisionen und Rückvergütungen (»kick-backs«) in der Anlageberatung BGH, Urt. v. 19.10.2017 – III ZR 565/16, (Rn. 11 ff.); BGH, Urt. v. 03.06.2014 – XI ZR 147/12, BKR 2014, 370; *Buck-Heeb* WM 2014, 1601; *Winter* WM 2014, 1606; *Bünnigmann* BKR 2014, 491; ferner *Kotte* BB 2014, 1353: keine Aufklärungspflicht der Banken über Rückvergütungen beim Vertrieb konzerneigener Produkte.

1174 BGHZ 168, 1 (Rn. 47); BGH, WM 2004, 521 (524); BGH, WM 2004, 1221 (1225); BGH, WM 2007, 1831 (Rn. 15); BGH, WM 2010, 1448 (Rn. 8); BGH, Urt. v. 05.06.2012 – XIZR 175/11, WM 2012, 1389 (Rn. 22); *Wiechers* WM 2011, 145 (150); *ders.* WM 2013, 341 (342).

1175 OLG München, WM 2001, 252 (255); OLG Stuttgart, WM 2000, 292 (297).

1176 BGH, WM 2008, 154 (Rn. 17); BGH, WM 2008, 1394 (Rn. 26).

1177 BGH, WM 2008, 1394 (Rn. 26).

1178 BGH, WM 2003, 1710 (1713): personelle Verflechtungen; BGH, WM 2005, 72 (76): mangelnde Neutralität des Treuhänders.

der finanzierten Immobilie nicht erkennbar waren, kann hingegen zu einem konkreten Wissensvorsprung führen.[1179]

1009 Im Rahmen seiner Rechtsprechung zu fehlgeschlagenen Immobilienkapitalanlagen hat der XI. Zivilsenat des BGH die Fallgruppe des konkreten Wissensvorsprungs auf der Ebene der **Beweislastverteilung** bedeutsam, wenngleich nur unter engen Voraussetzungen ergänzt. Es wird die Kenntnis aufklärungspflichtiger Tatsachen bei der Bank widerleglich vermutet, wenn der Anleger durch unrichtige Angaben des Verkäufers, des Fondsinitiators oder der für sie tätigen Vermittler bzw. durch fehlerhafte Angaben im Prospekt **arglistig getäuscht** wurde, der **Täuschende mit der Bank in institutionalisierter Weise zusammengearbeitet** hat, die Finanzierung der Kapitalanlage vom Verkäufer oder Vermittler angeboten wurde und die Unrichtigkeit der Angaben evident ist (dazu Rdn. 1018–1023).[1180]

c) Haftung für unrichtige Angaben und Aufklärungspflichtverletzungen aus zugerechnetem Verhalten und Wissen Dritter; Beihilfe zu einer sittenwidrigen vorsätzlichen Schädigung der Anleger

aa) Erfüllungsgehilfe

1010 Die Bank hat nach § 278 BGB für schuldhafte Aufklärungspflichtverletzungen oder unrichtige Angaben ihrer **Erfüllungsgehilfen** einzustehen. Erfüllungsgehilfe ist, wer nach den tatsächlichen Gegebenheiten des Einzelfalls mit Wissen und Wollen der Bank in deren **Pflichtenkreis** als Hilfsperson tätig wird.[1181] Dazu ist weder ein Weisungsrecht noch eine Überwachungsmöglichkeit der Bank erforderlich. Die Tätigkeit des Erfüllungsgehilfen muss sich aber im Bereich des von der Bank geschuldeten Gesamtverhaltens bewegen. Für ein schuldhaftes Verhalten des Erfüllungsgehilfen nur bei Gelegenheit der Vertragserfüllung haftet die Bank nicht.

1011 Treten für die Bank **eigene Kreditvermittler** auf, so handeln diese als deren Erfüllungsgehilfen, soweit sie Erklärungen hinsichtlich des Darlehensvertrages abgeben. Hingegen werden sonstige, **nicht von der Bank unmittelbar eingeschaltete Vertriebsunternehmen**, die mit der Vermittlung von Immobilienkapitalanlagen befasst sind und sich auch um die Vermittlung der Finanzierung bemühen, nicht ohne Weiteres als Erfüllungsgehilfen der Bank tätig.[1182] Selbst wenn ein Anlagevermittler des Vertriebsunternehmens die Formulare der finanzierenden Bank besitzt und dort die Konditionen der Bank einträgt, wird er nicht zwangsläufig zu deren Erfüllungsgehilfen, denn es handelt sich hierbei zunächst einmal nur um eine **Ausfüll- und Botentätigkeit**, aus der sich allenfalls eine Zusammenarbeit mit der Bank ableiten lässt.[1183] Daran ändert auch eine von der Bank an den Vermittler entrichtete Provision nichts.[1184] I.Ü. versteht es sich von selbst, dass eine unterlassene Aufklärung durch den Erfüllungsgehilfen nur dann zu einer Haftung der Bank führen kann, wenn dieser tatsächlich Aufklärungspflichten oblagen,[1185] und darüber hinaus hat die Bank für unrichtige Angaben des Erfüllungsgehilfen auch nur einzustehen, wenn diese ihren Pflichtenkreis und ihre Rolle als Kreditgeberin betreffen.[1186] So wird nach ständiger Rechtsprechung des BGH ein **im Rahmen von Bauherren-, Bauträger- oder Erwerbermodellen auftretender Vermittler**, der etwa falsche

1179 BGH, WM 1988, 561; BGH, WM 1992, 133 (134).
1180 BGH, WM 2006, 1194 (Rn. 51); BGH, WM 2006, 2343 (Rn. 23); BGH, WM 2006, 2347 (Rn. 28); BGH, WM 2007, 114 (Rn. 17); BGH, WM 2007, 876 (Rn. 52); OLG Karlsruhe, WM 2006, 16 (18).
1181 Vgl. BGHZ 98, 330 (334).
1182 BGH, WM 2008, 115 (Rn. 28).
1183 OLG München, WM 2001, 252 (256); OLG Stuttgart, WM 2000, 133 (134); OLG Braunschweig, WM 1998, 1223 (1229); LG Nürnberg-Fürth, WM 2000, 2153 (2155); *Köndgen* NJW 2000, 468 (473); ähnlich BuB/*Eckstein/Wilhelm* Rn. 3/998; a.A. OLG Düsseldorf, WM 1993, 2207 (2209).
1184 OLG Stuttgart, WM 2000, 292 (299); OLG Braunschweig, WM 1998, 1223 (1229).
1185 BGH, WM 2003, 1710 (1713); *Nobbe* WM 2007 Sonderbeilage Nr. 1, S. 33.
1186 Vgl. BGH, WM 2004, 1221 (1225); OLG Karlsruhe, WM 2001, 245 (249).

Angaben zum Wert des Objekts, zu dessen Vermietbarkeit, zur Werthaltigkeit einer Mietgarantie und zur monatlichen Belastung macht, **nicht im Pflichtenkreis der Bank** tätig, auch wenn er zugleich das Darlehen vermittelt. Seine Falschangaben betreffen nicht den Darlehensvertrag, sondern die Rentabilität des Anlagegeschäfts und die Anlageentscheidung als solche.[1187] Entsprechendes gilt, wenn die **Kombination eines tilgungsfreien Festdarlehens mit einer Lebensversicherung** als Tilgungsinstrument vom Anlagevermittler als Bestandteil eines dem Erwerb der zu finanzierenden Eigentumswohnung zugrunde liegenden **Steuersparmodells** angeboten wird. Soweit die optimale Ausnutzung der möglichen Steuerspareffekte eine Beratung des Darlehensnehmers erfordert, fällt dies in den **Pflichtenkreis der Anlagevermittlung**, nicht aber in jenen des Darlehensgeschäfts.[1188] Eine erweiterte Zurechnung des Verhaltens des Verkäufers oder eines Vermittlers kann sich aber ergeben, wenn die Bank ihre neutrale Rolle als Kreditgeberin überschreitet, indem sie etwa durch eine nach außen erkennbare Einschaltung in den Vertrieb des Anlageobjekts einen zusätzlichen auf die übernommenen Funktionen bezogenen Vertrauenstatbestand schafft, dem Kunden also selbst als Anlagevermittler ggü. tritt und dadurch ihren Pflichtenkreis selbst ausdehnt.[1189] Im sachlichen Anwendungsbereich der Regelungen über **verbundene Geschäfte** soll der über die Fondsbeteiligung getäuschte Darlehensnehmer, der sich von der Bank seinen Fondsanteil hat finanzieren lassen, nach der Rechtsprechung des BGH sogar einen unmittelbaren Schadensersatzanspruch aus Verschulden bei Vertragsschluss wegen der Aufklärungsverpflichtverletzung des Vermittlers gegen die Bank geltend machen können, wenn es ausnahmsweise an der erforderlichen Arglist des Vermittlers fehlt oder die Anfechtungsfrist des § 124 Abs. 1 BGB verstrichen ist.[1190] Im zeitlichen Anwendungsbereich der § 491 Abs. 3 Satz 1 BGB a.F., § 3 Abs. 2 Nr. 2 VerbrKrG (dazu Rdn. 1168–1170) wird das bei grundpfandrechtlich gesicherten Darlehen allerdings eine eher untergeordnete Rolle spielen, da diese Regelungen bei realkreditfinanzierten Erwerbsgeschäften den Zugriff auf die Regelungen über verbundene Geschäfte sperren (dazu Rdn. 1168–1170).[1191]

bb) Arglistige Täuschung durch den Verkäufer, Initiator oder Vermittler der Kapitalanlage

Eine **arglistige Täuschung des Anlegers** durch den Verkäufer, Initiator oder Vermittler etwa über 1012
den Wert der finanzierten Immobilie oder Fondsbeteiligung, deren Ertragsmöglichkeiten, die monatlichen Ausschüttungen oder die Werthaltigkeit einer Mietgarantie **führt nicht** ohne Weiteres auch **zur Anfechtbarkeit des Darlehensvertrages** nach § 123 BGB.[1192] Solche Angaben betreffen den finanzierten Immobilien- oder Anteilserwerb, nicht aber den Darlehensvertrag.[1193] Bilden hingegen das Erwerbsgeschäft und dessen Finanzierung ein **verbundenes Geschäft** i.S.d. § 358 Abs. 3 BGB (§ 9 Abs. 1 VerbrKrG; dazu Rdn. 1206–1216), haben die vorsätzlichen Falschangaben des Verkäufers, Initiators oder der Vermittler auch Auswirkungen für die finanzierende Bank. So kann nämlich der durch die arglistige Täuschung zum Fondsbeitritt bewogene Anleger, sofern er sein

1187 BGHZ 152, 331 (333); BGH, WM 2006, 1194 (Rn. 63); BGH, WM 2004, 1221 (1225); BGH, WM 2004, 620 (622); BGH, WM 2003, 1710 (1713); BGH, WM 2000, 1685 (1686); BGH, WM 2003, 918 (922); OLG Dresden, WM 2003, 1802 (1806); OLG Karlsruhe, WM 2001, 245 (249); OLG Stuttgart, WM 2000, 292 (299); kritisch *Häublein* ZfIR 2006, 601 (605); *Kulke* ZfIR 2004, 713 (717). Abweichend im »Bausparkassen-Fall« BGH, WM 1996, 2105, wenn eine Vermittlerfirma aufgrund einer entsprechenden Vereinbarung ständig für die finanzierende Bank tätig wird und sich diese durch die Einschaltung der Vermittlerfirma völlig der Verantwortung für die persönlichen Vertragsverhandlungen entzieht; ferner *Derleder* ZfIR 2006, 489 (494).

1188 OLG Dresden, WM 2003, 1802 (1806).

1189 BGH, WM 2003, 1710 (1713); *Köndgen* WM 2000, 468 (472).

1190 BGH, WM 2006, 1066 (Rn. 30); BGH, WM 2007, 1367 (Rn. 14); BGH, Urt. v. 13.02.2007 – XI ZR 145/06, (Rn. 22); BGH, WM 2009, 2366 (Rn. 24); kritisch zu Recht *Habersack* BKR 2006, 305 (309); *Wolters* ZfIR 2007, 135 (136); OLG Stuttgart, WM 2007, 203 (209).

1191 BGH, WM 2006, 1194 (Rn. 63).

1192 OLG Hamm, WM 1998, 1230 (1232).

1193 OLG Karlsruhe, WM 2001, 245 (251).

Recht nicht verwirkt hat,[1194] seine Fondsbeteiligung jederzeit (auch durch Erklärung ggü. der finanzierenden Bank)[1195] fristlos kündigen und – falls die Täuschung durch die Vertragspartei des finanzierten Geschäfts begangen wurde[1196] – ggü. seiner die Fondsbeteiligung finanzierenden Bank über den **Einwendungsdurchgriff** nach § 359 Satz 1 BGB (§ 9 Abs. 3 Satz 1 VerbrKrG) die Rückzahlung des Darlehens verweigern, soweit ihm gegen die Fondsgesellschaft wegen dieses Kündigungsrechts ein Abfindungsanspruch zusteht.[1197] Darüber hinaus kann der Darlehensnehmer wegen dieser arglistigen Täuschung bei einem verbundenen Geschäft gem. § 123 BGB auch **unmittelbar den Darlehensvertrag anfechten**, wenn die Täuschung für dessen Abschluss kausal war, denn bei einem verbundenen Geschäft ist der Verkäufer, Initiator oder Vermittler für die finanzierende Bank nicht Dritter i.S.d. § 123 Abs. 2 BGB.[1198] Die Beweislast für das Vorliegen der Arglist trägt der Darlehensnehmer.[1199] Versäumt der Darlehensnehmer die Anfechtungsfrist des § 124 Abs. 1 BGB oder fehlt es ausnahmsweise an der erforderlichen Arglist, soll er aus wenig überzeugenden Gründen dennoch gegen die Bank wegen einer vorsätzlichen Aufklärungspflichtverletzung des Initiators oder Vermittlers – über welche Zurechnungsnorm auch immer – einen **Schadensersatzanspruch aus Verschulden bei Vertragsschluss** haben und daraus gegen Abtretung der finanzierten Fondbeteiligung oder, nach deren Kündigung, des Abfindungsanspruchs die Rückabwicklung des verbundenen Darlehensvertrages verlangen können.[1200] Dabei ist es nicht zwingend erforderlich, dass der unmittelbar ggü. dem Darlehensnehmer tätige Vermittler arglistig täuscht, es reicht vielmehr aus, wenn ein arglistiges Verhalten der eingeschalteten Vertriebsgesellschaft vorliegt, die über das geschäftsrelevante Wissen verfügt und ihrerseits zumindest bedingt vorsätzlich bei der Weitergabe unwahrer Tatsachen an die Untervermittler oder bei dem Zurückhalten geschäftsrelevanten Wissens gehandelt hat.[1201] Ferner ist es denkbar, dass der Darlehensnehmer nach Anfechtung des finanzierten verbundenen Erwerbsgeschäfts wegen arglistiger Täuschung durch den Verkäufer trotz Wirksamkeit des Darlehensvertrages im Wege eines »**Rückforderungsdurchgriffs**« gegen die Bank nach § 813 Abs. 1 Satz 1 i.V.m. § 812 Abs. 1 Satz 1 BGB die geleisteten Zahlungen auf das Darlehen zurückverlangen kann. Für den Fall der anfänglichen Nichtigkeit des finanzierten Geschäfts[1202]

1194 BGHZ 156, 46 (53).

1195 BGH, WM 2005, 295 (298); BGH, Urt. v. 13.02.2007 – XI ZR 145/06, (Rn. 21).

1196 BGH, WM 2006, 1066 (Rn. 28); BGH, WM 2007, 200 (Rn. 22); BGH, WM 2007, 1257 (Rn. 27). Der II. Zivilsenat des BGH (BGHZ 159, 280, 291; 159, 294, 312) wollte im Rahmen eines drittgestützten Einwendungsdurchgriffs weiter gehend sogar die Ansprüche des Anlegers gegen außerhalb des Verbunds stehende Personen (z.B. Fondsinitiatoren und Prospektverantwortliche) in die Rechtsfolgen aus §§ 9 Abs. 3 VerbrKrG, 359 BGB einbeziehen; ferner *Strohn* WM 2005, 1441 (1445); diese Rechtsprechung wegen Überschreitung der Grenzen zulässiger Rechtsfortbildung offen boykottierend OLG Schleswig, WM 2005, 1173 (1175). Der II. Zivilsenat hat erklärt, dass er an dieser Rechtsprechung nicht festhalte, BGH, WM 2006, 1066 (Rn. 28).

1197 So der XI. Zivilsenat des BGH, WM 2006, 1066 (Rn. 28); BGH, WM 2011, 2304 (Rn. 17).

1198 BGH, WM 2006, 1066 (Rn. 29); BGH, WM 2007, 1367 (Rn. 14 ff.); BGH, WM 2008, 1596 (Rn. 19); BGH, WM 2009, 2366 (Rn. 24); zum finanzierten Abzahlungskauf ebenso bereits BGH, WM 1978, 1154 (1155); BGH, WM 1979, 429 (431); *Habersack* BKR 2006, 305 (307); *Derleder* ZfIR 2006, 489 (494).

1199 BGH, WM 2008, 1596 (Rn. 23).

1200 BGH, WM 2006, 1066 (Rn. 30) BGH, WM 2007, 1367 (Rn. 14); BGH, Urt. v. 13.02.2007 – XI ZR 145/06, (Rn. 22); BGH, WM 2009, 2366 (Rn. 24); kritisch zu Recht *Habersack* BKR 2006, 305 (309); *Wolters* ZfIR 2007, 135 (136); OLG Stuttgart, WM 2007, 203 (209).

1201 BGH, WM 2009, 2366 (Rn. 30).

1202 Der rechtlich mögliche Haustürwiderruf des finanzierten Beitritts zu Fondsgesellschaften erzeugt nach der Rechtsprechung des II. Zivilsenats des BGH über die Grundsätze der fehlerhaften Gesellschaft nur die Wirkung einer ex nunc erfolgten (außerordentlichen) Kündigung, BGHZ 156, 46 (52); 148, 201 (207 f.). Der II. Zivilsenat (WM 2008, 1026) hatte mit Beschl. v. 05.05.2008 dem EuGH die Frage zur Vorabentscheidung vorgelegt, ob die Bestimmungen der Haustürgeschäfterichtlinie 85/577/EWG v. 20.12.1985 ein solches Widerrufsrecht überhaupt verlangen und ob – falls dies bejaht wird – damit eine auf den Zeitpunkt des Wirksamwerdens des Widerrufs erfolgte Berechnung des Anspruchs gegen wegen Verstoßes gegen das Rechtsberatungsgesetz hat der XI. Zivilsenat des BGH einen solchen »**Rückforderungsdurchgriff**« jedenfalls zugelassen.[1203] Auf diese Grundsätze wird im zeitlichen Anwendungsbereich des § 491 Abs. 3 Satz 1 BGB a.F., § 3 Abs. 2 Nr. 2 VerbrKrG wiederum nur selten zurückgegriffen werden können, da realkreditfinanzierte Erwerbsvorgänge nach diesen Vorschriften nicht den Regelungen über verbundene Geschäfte unterlagen (dazu Rdn. 1168–1170).[1204] Es bleibt dem arglistig getäuschten Erwerber einer Immobilie oder eines Fondsanteils nach der Rechtsprechung des BGH allerdings dann noch die Möglichkeit, unter erleichterten Voraussetzungen gegen die Bank einen Schadensersatzanspruch wegen einer eigenen **Aufklärungspflichtverletzung** geltend zu machen, und zwar mittels der widerleglichen Vermutung, dass die Bank wegen der arglistigen Täuschung des mit ihr in **institutionalisierter Weise zusammenwirkenden** Verkäufers, Initiators oder Vermittlers einen die Aufklärungspflicht auslösenden konkreten Wissensvorsprung hatte (dazu Rdn. 1018–1023).[1205]

cc) Wissenszurechnung

Das Wissen ihrer **Vertreter** muss sich die Bank nach § 166 Abs. 1 BGB zurechnen lassen.[1206] Daneben erfolgt in analoger Anwendung des § 166 Abs. 1 BGB auch eine Zurechnung des Wissens sog. Wissensvertreter, die ohne Vertretungsmacht eigenverantwortlich für die Bank als deren **Repräsentanten** im Rechtsverkehr tätig werden und die dabei anfallenden Informationen zur Kenntnis zu nehmen und ggf. weiterzugeben haben.[1207] Die Wissenszurechnung kann insb. im Rahmen einer Aufklärungspflichtverletzung wegen eines **konkreten Wissensvorsprungs** eine Rolle spielen.[1208] So handelt es sich bspw. bei dem von der Bank eingeschalteten Kreditvermittler um deren 1013

die Gesellschaft vereinbar ist (dazu *Schäfer* ZIP 2008, 1022). Der EuGH (WM 2010, 882 Rn. 25 ff.) hat mit Urt. v. 15.04.2010 beide Fragen bejaht, die erste Frage aber nur für den Fall, dass der Beitritt nicht vorrangig darin besteht, Mitglied dieser Gesellschaft zu werden, sondern Kapital anzulegen; dazu BGH, WM 2010, 1589 (Rn. 3 ff.); *Habersack* ZIP 2010, 775.

1203 BGH, WM 2008, 244 (Rn. 25 ff.); BGH, WM 2008, 1596 (Rn. 16); BGH, WM 2009, 2366 (Rn. 49 ff.); offen gelassen in BGH, WM 2000, 1687 (1689); BGH, WM 2007, 1367 (Rn. 12); BGH, Urt. v. 13.02.2007 – XI ZR 145/06, (Rn. 20 ff.). Ein »Rückforderungsdurchgriff« scheidet hingegen aus, wenn der Anleger gegen Gründungsgesellschafter, Initiatoren oder ähnliche Personen Ansprüche wegen arglistiger Täuschung geltend macht, da es an einem Finanzierungszusammenhang, wie ihn die Regelungen über verbundene Geschäfte voraussetzen, mit diesen Personen fehlt, BGH, WM 2008, 1596 (Rn. 16); *Nobbe* WM 2007 Sonderbeilage Nr. 1, S. 34. Ein »Rückforderungsdurchgriff« kommt auch dann nicht in Betracht, wenn der finanzierte Vertrag mit Wirkung ex-nunc in ein Rückgewährschuldverhältnis umgestaltet wird, wie das aufgrund der Anwendbarkeit der Grundsätze der fehlerhaften Gesellschaft bei einem Haustürwiderruf des Fondsbeitritts der Fall ist, vgl. BGH, WM 2009, 2366 (Rn. 49 ff.); WM 2011, 260 (Rn. 21 ff.); offen gelassen in BGH, WM 2007, 1367 (Rn. 12); Urt. v. 13.02.2007 – XI ZR 145/06, (Rn. 20 ff.); dazu auch *Frey* BB 2008, 467. Eine analoge Anwendung des § 9 Abs. 2 Satz 4 VerbrKrG kommt zur Begründung eines »Rückforderungsdurchgriffs« dann nicht Betracht, wenn die Voraussetzungen des § 813 Abs. 1 Satz 1 BGB nicht vorliegen, BGH, WM 2009, 2366 (Rn. 53). Abweichend noch der II. Zivilsenat des BGH in seinen Entscheidungen v. 14.06.2004, der im Wege eines allgemeinen »Rückforderungsdurchgriffs« unter vollständiger Verlagerung des Anlegerrisikos auf die finanzierende Bank den getäuschten Anleger so stellen wollte, als wäre er dem Fonds nicht beigetreten und als hätte er den Darlehensvertrag nicht abgeschlossen, BGHZ 159, 280 (291); 159, 294 (312); zustimmend *Schäfer* BKR 2005, 98 (100); dagegen *Habersack* BKR 2006, 305 (307). Der II. Zivilsenat hat erklärt, dass er an dieser Rechtsprechung nicht festhalte, BGH, WM 2006, 1066 (Rn. 28). Zum »Rückforderungsdurchgriff« auch Rdn. 1216.

1204 BGH, WM 2006, 1194 (Rn. 63).

1205 BGH, WM 2006, 1194 (Rn. 51); BGH, WM 2006, 2343 (Rn. 23); BGH, WM 2006, 2347 (Rn. 28); BGH, WM 2007, 114 (Rn. 17).

1206 Zur Wissenszurechnung bei juristischen Personen im Rahmen der deliktischen Vorsatzhaftung vgl. KG, Urt. v. 27.08.2015 – 2 U 57/09, WM 2015, 2365 (2369); MüKo-BGB/*Wagner* § 826 Rn. 37 ff.

1207 Vgl. BGHZ 83, 293 (296); 117, 104 (106).

1208 Vgl. BGH, WM 2007, 114 (Rn. 19).

Wissensvertreter.[1209] Allerdings handelt der Darlehensnehmer treuwidrig, wenn er sich auf die Zurechnung des Wissens des Kreditvermittlers beruft, obwohl er wusste oder damit rechnen musste, dass der Kreditvermittler sein Wissen der Bank als Geschäftspartnerin des Darlehensnehmers vorenthalten würde.[1210] I.Ü. ist aber auch die Wissenszurechnung auf den **Pflichtenkreis der kreditgebenden Bank beschränkt.**[1211] Das Wissen des Bauträgers, Fondsinitiators oder eines Vermittlers muss sich die Bank i.R.d. § 166 BGB also nur dann zurechnen lassen, wenn er als ihr Bevollmächtigter bei der Verhandlung oder dem Abschluss des Darlehensvertrages eingeschaltet war oder als Wissensvertreter repräsentativ für die Bank eigenverantwortlich im Rechtsverkehr aufgetreten ist.[1212] Das wird aber in aller Regel nicht der Fall sein. Bevollmächtigter oder Wissensvertreter der Bank wird ein Bauträger, Initiator oder Vermittler auch nicht allein dadurch, dass er dem Erwerber die Formulare der Bank aushändigt und die vom Erwerber ausgefüllten Darlehensanträge oder Selbstauskünfte an die Bank weiterleitet; er fungiert insoweit allenfalls als Bote.[1213] Das gilt selbst dann, wenn keine direkten Gespräche zwischen der Bank und dem Erwerber stattfinden.[1214] Die Bank hat zwar ferner im Rahmen einer ordnungsgemäße Organisation für einen hinreichenden Transfer entscheidungserheblicher Informationen zu sorgen, eine allgemeine Zusammenrechnung aller Kenntnisse der Bankmitarbeiter oder ihrer Wissensvertreter findet aber gleichwohl grds. nicht statt.[1215]

dd) Beihilfe der finanzierenden Bank zu einer sittenwidrigen vorsätzlichen Schädigung der Anleger

1014 Nach der Rechtsprechung des BGH kann sich eine Haftung der den Anleger finanzierenden Bank auch aus einer Beihilfe (§ 830 Abs. 1 Satz 1, Abs. 2 BGB) zu einer sittenwidrigen vorsätzlichen Schädigung (§ 826 BGB) des Anlegers durch die (prospektverantwortlichen) Fondsinitiatoren oder Gründungsgesellschafter ergeben.[1216] Die Beihilfe verlangt neben der Kenntnis der Tatumstände zumindest in groben Zügen den jeweiligen Willen der einzelnen Beteiligten, die Tat als fremde Tat zu fördern; objektiv muss eine Beteiligung an der Ausführung der Tat hinzukommen, die in irgendeiner Form deren Begehung fördert oder für diese relevant ist.[1217] Diese objektive Förderungshandlung der objektfinanzierenden Bank wird bereits in der Gewährung des Darlehens an die Fondsgesellschaft erblickt, wenn erst durch die Finanzierung der Fondsgesellschaft die Schädigung der Anleger ermöglicht wird. Als Beihilfehandlung kommt diese neutrale Handlung der Darlehensgewährung aber nur in Betracht, wenn auch die Voraussetzungen des subjektiven Tatbestands der Beihilfe erfüllt sind. Auch ein bewusstes Verschließen der finanzierenden Bank vor der Erkenntnis sittenwidrigen Handelns der Fondsinitiatoren oder Gründungsgesellschafter kann den subjektiven Tatbestand der Beihilfe erfüllen. Das setzt aber voraus, dass die Unkenntnis der Bank auf einem gewissenlosen oder grob fahrlässigen Handeln beruht, etwa weil Berufspflichten in solchem Maße leichtfertig verletzt wurden, dass das Verhalten als bedenken- und gewissenlos zu bezeichnen ist. Auf einen Schädigungsvorsatz der finanzierenden Bank kann daraus aber nur dann geschlossen werden, wenn sie die Schädigung der Anleger in Kauf genommen hat.[1218]

1209 BGH, Urt. v. 19.03.2013 – XI ZR 46/11, WM 2013, 924 (Rn. 26); OLG Düsseldorf, WM 1993, 2207 (2210).
1210 BGH, Urt. v. 19.03.2013 – XI ZR 46/11, WM 2013, 924 (Rn. 27 ff.).
1211 LG Frankfurt a.M., WM 2001, 257 (262).
1212 MüKo-BGB/*Berger* Vor § 488 Rn. 79.
1213 LG Nürnberg-Fürth, WM 2000, 2153 (2155).
1214 Vgl. OLG München, WM 2001, 252 (255).
1215 Schimansky/Bunte/Lwowski/*Siol* Bankrechts-Handbuch § 43 Rn. 23; vgl. aber auch BGHZ 135, 202 (205) = WM 1997, 1092; OLG Bamberg, WM 2007, 389 (391); a.A. wohl MüKo-BGB/*Berger* Vor § 488 Rn. 79.
1216 BGH, Urt. v. 03.12.2013 – XI ZR 295/13, WM 2014, 71 (Rn. 28 ff.).
1217 BGH, Urt. v. 13.07.2010 – XI ZR 28/09, (Rn. 43).
1218 BGH, Urt. v. 03.12.2013 – XI ZR 295/13, WM 2014, 71 (Rn. 34).

d) Rechtsfolgen einer Verletzung von Aufklärungspflichten

Verletzt die Bank schuldhaft ihre **vorvertraglichen Aufklärungspflichten** und ist diese Pflichtverletzung kausal für einen dem Darlehensnehmer entstandenen Schaden, hat sie den Darlehensnehmer nach den Grundsätzen der **Naturalrestitution** (§ 249 Satz 1 BGB) so zu stellen, wie er ohne diese Aufklärungspflichtverletzung gestanden hätte.[1219] Der Schadensersatzanspruch des Darlehensnehmers steht im Falle des Widerrufs des Darlehensvertrages auch bei verbundenen Geschäften neben dem Anspruch auf Rückabwicklung des widerrufenen Darlehensvertrages; allerdings wirkt sich die Geltendmachung dieser Ansprüche wechselseitig auf deren Umfang aus.[1220] Im Übrigen hängen Art und Umfang des Schadensersatzanspruchs davon ab, in welcher Hinsicht die Bank ihre Aufklärungspflicht verletzt hat. Der Schaden muss solchen Gefahren entsprungen sein, die durch die Aufklärungspflicht gerade abgewendet werden sollten. Hat es die Bank pflichtwidrig und schuldhaft unterlassen, den Darlehensnehmer über die **wirtschaftlichen Nachteile eines tilgungsfreien Festdarlehens i.V.m. einer Kapitallebensversicherung** oder einem sonstigen Tilgungsinstrument aufzuklären (dazu Rdn. 1000), so kann der Darlehensnehmer als Schadensersatz regelmäßig nur die ihm daraus entstandenen Mehrkosten, nicht aber die Rückabwicklung des Darlehensvertrages verlangen.[1221] Entsprechendes gilt auch dann, wenn die Bank einen **besonderen Gefährdungstatbestand** dadurch schafft, dass sie vom Darlehensnehmer den Beitritt zu einem Mietpool verlangt, über dessen ihr bekannte ganz spezifische Risiken sie den Darlehensnehmer schuldhaft nicht aufgeklärt hat.[1222] War die Bank bei einer Anteils- oder Immobilienfinanzierung etwa aus einem **konkreten Wissensvorsprung aufklärungspflichtig** und hat sie diese Pflicht schuldhaft verletzt, so ist nach der Lebenserfahrung, die in solchen Fällen zu widerlegen Sache der Bank ist, davon auszugehen, dass der Anleger entweder das Finanzierungs- und das Erwerbsgeschäft nicht abgeschlossen bzw. das Erwerbsgeschäft wegen arglistiger Täuschung angefochten hätte.[1223] Etwaige Vorteile, die er adäquat kausal durch das schädigende Ereignis erlangt hat (z.B. Steuervorteile), muss sich der Darlehensnehmer i.R.d. **Vorteilsausgleichung** nach allgemeinen Grundsätzen grds. anrechnen lassen.[1224] Eine Ausnahme von der grundsätzlichen Anrechenbarkeit besteht hingegen bei Steuervorteilen dann, wenn auch die vom Darlehensnehmer geforderte Schadensersatzleistung der Besteuerung unterliegt und die Klärung der daraus zu erwartenden Steuernachteile auch unter Berücksichtigung des § 287 ZPO mit so großen Schwierigkeiten verbunden wäre, dass ein zweiter diesbezüglicher Prozess zu einer nicht hinnehmbaren Erschwerung der Durchsetzung eines Schadensersatzanspruchs führen 1015

1219 BGH, WM 2007, 114 (Rn. 22). Zur Verjährung des Schadensersatzanspruchs bei konkretem Wissensvorsprung der Bank im Rahmen eines institutionalisierten Zusammenwirkens mit dem arglistig täuschenden Verkäufer oder Vermittler sowie zum Vorliegen der subjektiven Voraussetzungen des § 199 Abs. 1 Nr. 2 BGB zur Bestimmung des Verjährungsbeginns vgl. BGH, WM 2008, 1260 (Rn. 30 ff.); BGH, WM 2008, 1346 (Rn. 23 ff.); OLG Karlsruhe, WM 2009, 691 (697 f.); ferner BGH, WM 2010, 1399 (Rn. 12 ff.): subjektive Voraussetzungen des § 199 Abs. 1 Nr. 2 BGB bei bereicherungsrechtlichem Anspruch hinsichtlich Disagios; BGH, WM 2008, 2155 (Rn. 14 ff.): subjektive Voraussetzungen des § 199 Abs. 1 Nr. 2 BGB hinsichtlich des Beginns der Verjährung bei unübersichtlicher oder zweifelhafter Rechtslage erst mit objektiver Klärung der Rechtslage. Zum Beginn der Verjährungsfrist, wenn der Schadensersatzanspruch auf verschiedene Aufklärungs- oder Beratungsfehler gestützt wird, BGH, Urt. v. 02.07.2015 – III ZR 149/14, WM 2015, 1413 (Rn. 14).

1220 BGH, Urt. v. 05.07.2016 – XI ZR 254/15, WM 2016, 1831 (Rn. 20): Widerruf eines Darlehensvertrages, mit dem im Rahmen eines verbundenen Geschäfts ein Fondsbeitritt finanziert wurde.

1221 BGH, WM 2006, 1194 (Rn. 49); BGH, WM 2007, 1257 (Rn. 35); BGH, WM 2008, 154 (Rn. 10); ferner BGH, WM 2004, 521 (524); BGH, WM 2004, 417 (419); BGH, WM 2003, 1370 (1373); OLG München, ZIP 2000, 2295 (2300); weiter gehend in einer »intransparenten« Fallkonstellation OLG Karlsruhe, ZIP 2005, 698 (705); kritisch auch *Derleder* ZBB 2006, 375 (384); *Hofmann* WM 2006, 1847 (1853); *ders.* ZIP 2005, 688 (697); *ders.* ZBB 2005, 174 (182).

1222 BGH, WM 2008, 1394 (Rn. 16).

1223 BGH, WM 2006, 1066 (Rn. 31); OLG Brandenburg, WM 2008, 14 (19).

1224 BGH, Urt. v. 23.09.2014 – XI ZR 215/13, (Rn. 26); OLG Karlsruhe, WM 2009, 691 (696); *Knops* WM 2015, 993.

würde.[1225] Etwas anderes gilt nur dann, wenn die Bank als Schädigerin Umstände darlegt, auf deren Grundlage dem Darlehensnehmer als Geschädigtem auch unter Berücksichtigung der Steuerbarkeit der Ersatzleistung außergewöhnlich hohe Steuervorteile verblieben.[1226] Wäre der Schaden auch bei pflichtgemäßer Aufklärung oder Information eingetreten, haftet die Bank indes nicht.[1227] I.Ü. verwirkt der Darlehensnehmer seinen Schadensersatzanspruch nicht etwa allein dadurch, dass er in Kenntnis der die Aufklärungspflicht begründenden Umstände nach Ablauf einer Zinsbindungsperiode neue Konditionen für das Darlehen vereinbart, ohne sich Schadensersatzansprüche ausdrücklich vorzubehalten.[1228]

e) Beweislast

aa) Pflichtverletzung

1016 Nach ständiger Rechtsprechung des BGH trägt derjenige, der eine **Aufklärungs- oder Beratungspflichtverletzung behauptet**, dafür auch die **Darlegungs- und Beweislast**. Er hat die Tatsachen darzulegen und zu beweisen, aus denen er einen bestimmten Umfang der Aufklärungs- oder Beratungspflicht herleiten möchte. Ihm obliegt auch der Beweis für das pflichtwidrige Tätigwerden eines Erfüllungsgehilfen der Bank, die aber ihrerseits nachzuweisen hat, dass ihren Erfüllungsgehilfen kein Verschulden trifft. Macht der Darlehensnehmer geltend, er sei pflichtwidrig nicht über die wirtschaftlichen Nachteile eines tilgungsfreien Festdarlehens in Kombination mit einer Lebensversicherung aufgeklärt worden (dazu Rdn. 1000), so muss er sowohl die Verletzung einer Aufklärungspflicht als auch die wirtschaftlichen Nachteile ggü. einem herkömmlichen Ratenkredit substantiiert darlegen und beweisen.[1229] Stützt etwa ein Anleger seinen Schadensersatzanspruch gegen die Bank auf eine Aufklärungspflichtverletzung wegen einer Überschreitung der Kreditgeberrolle, so muss er im Rahmen seiner Beweisführung zur Aufklärungspflicht auch darlegen und beweisen, dass er Kenntnis von dieser Rollenüberschreitung der Bank hatte.[1230] Macht der Darlehensnehmer geltend, die Bank hätte ihn ausnahmsweise aus einem konkreten Wissensvorsprung über die Differenz zwischen dem Kaufpreis und dem tatsächlichen Verkehrswert der finanzierten Immobilie aufklären müssen (dazu Rdn. 1007), so bedarf es der Darlegung konkreter, dem Beweis zugänglicher Angaben zu den wertbildenden Faktoren der Immobilie.[1231] Auch muss er bei Geltendmachung eines die Aufklärungspflicht begründenden konkreten Wissensvorsprungs dartun, auf welche speziellen Risiken des Vorhabens sich der Wissensvorsprung beziehen soll und wie sich gerade diese Risiken verwirklicht haben. Zwar sind mit dem Nachweis der negativen Tatsache einer

1225 BGH, WM 2010, 1641 (Rn. 34 ff.); BGH, WM 2011, 740 (Rn. 8 ff.); BGH, Urt. v. 28.01.2014 – XI ZR 495/12, WM 2014, 460 (Rn. 11); zu Werbungskosten und Sonderabschreibungen nach dem Fördergebietsgesetz auch BGH, Urt. v. 11.02.2014 – II ZR 276/12, (Rn. 14 ff.); zu Steuervorteilen aus Verlustzuweisungen und Steuernachteilen aus in einzelnen Jahren erfolgten Gewinnzuweisungen KG, Urt. v. 16.05.2013 – 8 U 258/11, WM 2013, 1601; vgl. auch *Schlick* WM 2011, 154 (158 ff.); *Stützel* NJW 2014, 2070; *Knops* WM 2015, 993; kritisch zur Rechtsprechung des BGH zur Anrechnung von Steuervorteilen bei Inanspruchnahme von Sonderabschreibungen nach dem Fördergebietsgesetz durch geschlossene Immobilienfonds unter Hinweis auf die fehlende steuerrechtliche Konformität mit der Rechtsprechung des BFH *Yildirim*, BKR 2014, 188. Allgemein zur Besteuerung der Rückgängigmachung von Beteiligungen an geschlossenen Immobilienfonds *Seibert* WM 2017, 1968; *Stützel* NJW 2014, 2070.

1226 BGH, WM 2011, 1641 (Rn. 36 f.); BGH, WM 2011, 740 (Rn. 9 f.); BGH, Urt. v. 28.01.2014 – XI ZR 495/12, (Rn. 11), WM 2014, 460; BGH, Urt. v. 11.02.2014 – II ZR 276/12, (Rn. 14 ff.); zur Frage des »außergewöhnlichen« Steuervorteils KG, Urt. v. 27.08.2015 – 2 U 57/09, WM 2015, 2365 (2372).

1227 Vgl. BGHZ 79, 337 (347); BGH, NJW-RR 1990, 876 (878).

1228 BGH, WM 2007, 114 (Rn. 25), allerdings unter Hinweis auf höhere Anforderungen der Verwirkung angesichts der seinerzeit noch geltenden 30-jährigen Regelverjährung.

1229 BGH, WM 2003, 1370 (1373); BGH, WM 2004, 521 (524).

1230 OLG Dresden, WM 2003, 1802 (1807).

1231 BGH, WM 2006, 2343 (Rn. 20); BGH, WM 2003, 61 (62).

solchen Pflichtverletzung oftmals Schwierigkeiten verbunden, diese werden aber dadurch ausgeglichen, dass die Bank als Gegenpartei die behauptete Fehlberatung substantiiert bestreiten und darlegen muss, wie im Einzelnen beraten bzw. aufgeklärt worden sein soll; der Darlehensnehmer hat dann nachzuweisen, dass die Gegendarstellung der Bank nicht zutrifft.[1232]

Eine Beweislastumkehr oder Beweiserleichterung ergibt sich nicht etwa aus der Verletzung einer vermeintlichen **Dokumentationsobliegenheit oder -pflicht** der Bank. Eine Obliegenheit oder Pflicht zur Dokumentation der Aufklärung oder Beratung des Kunden besteht für die Bank nämlich nicht, denn der Kunde kann sich auch ohne Fachkenntnisse eigene Aufzeichnungen über das Beratungsgespräch anfertigen oder einen Zeugen beziehen, wenn er das für erforderlich hält;[1233] Im Falle eines Beratungsvertrages zu Immobiliar-Verbraucherdarlehensverträgen hat die Bank allerdings seit 21.03.2016 dem Darlehensnehmer die Empfehlung aus einem Beratungsvertrag oder den Hinweis, dass sie kein Produkt empfehlen kann, auf einem dauerhaften Datenträger zur Verfügung zu stellen (§ 511 Abs. 3 Satz 2 BGB). Selbst ohne Zeugen besteht im Prozess die Möglichkeit, durch Abtretung oder durch Parteivernehmung eine beweisrechtlich ebenbürtige Stellung mit der Bank herbeizuführen.[1234] **1017**

bb) Kausalität und Vermutung des aufklärungsrichtigen Verhaltens

Besonderheiten gelten für den **Beweis der Kausalität**. Nach ständiger Rechtsprechung des BGH ist derjenige, der vertragliche oder vorvertragliche Aufklärungspflichten verletzt, dafür beweispflichtig, dass der – ebenfalls vom Anspruchsteller darzulegende – Schaden auch eingetreten wäre, wenn er ordnungsgemäß aufgeklärt oder beraten hätte, der Geschädigte den Rat oder Hinweis also unbeachtet gelassen hätte.[1235] Nach der allgemeinen Lebenserfahrung wird folglich **vermutet**, dass sich ein vernünftiger Darlehensnehmer bei ordnungsgemäßer Aufklärung auch **aufklärungsrichtig verhalten** hätte und der Schaden deshalb nicht eingetreten wäre.[1236] Diese allgemeine Lebenserfahrung zu widerlegen obliegt der Bank.[1237] Dabei handelt es sich nach überwiegender Auffassung im Kapitalanlagerecht nicht lediglich um eine Beweiserleichterung im Sinne eines Anscheinsbeweises[1238], sondern um eine zur Beweislastumkehr führende widerlegliche Vermutung.[1239] Diese Kausalitätsvermutung greift jedenfalls in Kapitalanlagefällen nicht nur dann ein, wenn der Geschädigte bei ordnungsgemäßer Aufklärung vernünftigerweise nur eine Handlungsalternative gehabt hätte, er **1018**

1232 BGHZ 126, 217 (225); BGH, WM 2004, 567 (568); BGH, WM 1999, 645 (646); BGH, WM 1993, 510 (512); KG, WM 2002, 746 (748 f.); OLG Frankfurt a.M., ZIP 1998, 2148 (2149).

1233 BGH, WM 2006, 567 (568).

1234 BGH, WM 2006, 567 (569); *Schwennicke* WM 1998, 1101 (1109).

1235 BGHZ 61, 118 (121); 64, 46 (51); 72, 92 (106); 89, 95 (103); 123, 311 (314); 124, 151 (159); BGH, WM 1991, 127 (130); BGH, WM 1992, 1935 (1937); BGH, WM 2006, 114 (116).

1236 BGH, WM 2006, 1194 (Rn. 61); BGH, WM 2007, 114 (Rn. 22); für den Fall der Prospekthaftung aufgrund unrichtiger oder unvollständiger Darstellung im Prospekt auch BGH, Urt. v. 11.02.2014 – II ZR 273/12, WM 2014, 661 (Rn. 10); vgl. auch *Rohlfing* ZfIR 2007, 217. Die Vermutung des aufklärungsrichtigen Verhaltens gilt nicht i.R.d. vom Verbraucher nachzuweisenden Kausalität einer unterbliebenen Haustürwiderrufsbelehrung für den behaupteten Schaden, BGHZ 169, 109 (121 Rn. 43) = WM 2006, 2343 (Rn. 43); BGH, WM 2008, 683 (Rn. 34); *Lang/Rösler* WM 2006, 513 (518); a.A. OLG Bremen, WM 2006, 758 (766 f.); *Hoffmann* ZIP 2005, 1985 (1992); differenzierend *Jungmann* WM 2006, 2193 (2194); zweifelnd auch *Hofmann* WM 2006, 1847 (1850).

1237 BGHZ 72, 92 (106); 124, 151 (159); BGH, WM 2007, 114 (Rn. 22); Schimansky/Bunte/Lwowski/*Siol* Bankrechts-Handbuch § 43 Rn. 51.

1238 So *Rohlfing* ZfIR 2007, 217 (221); *Piekenbrock* WM 2012, 429 (439); vermittelnd *Dieckmann* WM 2011, 1153 ff.

1239 So der XI. Zivilsenat des BGH in BGHZ 151, 5 (12); BGH, WM 2009, 1274 (Rn. 22); BGH, Urt. v. 08.05.2012 – XI ZR 262/10, WM 2012, 1337 (Rn. 29); Schimansky/Bunte/Lwowski/*Siol* Bankrechts-Handbuch § 43 Rn. 51; abweichend unter Anwendung der Grundsätze des Anscheinsbeweis für die Rechts- und Steuerberaterhaftung der IX. Zivilsenat des BGH, vgl. BGH, Beschl. v. 15.05.2014 – IX ZR 267/12; dazu auch *Bünnigmann* BKR 2014, 491 (493).

sich also in einem Entscheidungskonflikt befunden hätte, sondern bereits dann, wenn eine Aufklärungspflichtverletzung feststeht.[1240]

cc) Vermutung eines konkreten Wissensvorsprungs bei arglistiger Täuschung des Anlegers und institutionalisiertem Zusammenwirken zwischen Bank und Täuschendem

1019 Mit Urt. v. 16.05.2006 hat der XI. Zivilsenat des BGH[1241] seine Rechtsprechung zu Aufklärungspflichtverletzungen der Bank wegen eines konkreten Wissensvorsprungs auf der Ebene der Beweislastverteilung bedeutsam, wenngleich unter engen Voraussetzungen ergänzt. In den Fällen eines **institutionalisierten Zusammenwirkens** der Bank mit dem Verkäufer oder Vertreiber der Kapitalanlage können sich die Anleger unter erleichterten Voraussetzungen auf einen die **Aufklärungspflicht auslösenden konkreten Wissensvorsprung der Bank** im Zusammenhang mit einer arglistigen Täuschung durch unrichtige Angaben der Verkäufer, Fondsinitiatoren oder der für sie tätigen Vermittler bzw. des Verkaufs- oder Fondsprospekts über das Anlageobjekt berufen, indem die bisher vom Anleger zu beweisende Kenntnis der Bank von der arglistigen Täuschung nunmehr **widerleglich vermutet** wird. Voraussetzung für diese Beweiserleichterung ist, dass
- die Bank und der Verkäufer, der Fondsinitiator oder die von diesen beauftragten Vermittlern in institutionalisierter Art und Weise zusammenwirken,
- auch die Finanzierung der Kapitalanlage vom Verkäufer oder Vermittler, und sei es nur über einen von ihm benannten Finanzierungsvermittler, angeboten wurde, und
- die Unrichtigkeit der objektbezogenen Angaben evident ist, sodass es sich aufdrängt, die Bank habe sich der Kenntnis der arglistigen Täuschung geradezu verschlossen.[1242]

1020 Diese Rechtsprechung versteht sich als Reaktion auf die Entscheidungen des EuGH vom 25.10.2005[1243] und dient der **Effektivierung des Verbraucherschutzes vor Risiken bei Kapitalanlagemodellen** im nationalen Recht bei realkreditfinanzierten Wohnungskäufen und Immobilienfondsbeteiligungen.[1244] Der EuGH hielt es zwar für richtlinienkonform, dass der ein Haustürgeschäft widerrufende Darlehensnehmer die Darlehensvaluta nebst marktüblichem Zins selbst dann zurückzuzahlen hat, wenn sie direkt dem Verkäufer der finanzierten Immobilie oder Fondsbeteiligung zugeflossen ist,[1245] er hat zugleich aber unmissverständlich gefordert, den nicht über sein Widerrufsrecht belehrten Darlehensnehmer vor der Verwirklichung jener Risiken aus dem finanzierten Geschäft zu schützen, die er bei rechtzeitiger Belehrung hätte vermeiden können.[1246] Auf die Regelungen über verbundene Geschäfte, die regelmäßig hinreichenden Schutz bieten würden,[1247] kann insoweit allerdings nicht zugegriffen werden, wenn man es im zeitlichen Anwendungsbereich der § 491 Abs. 3 Satz 1 BGB a.F., § 3 Abs. 2 Nr. 2 VerbrKrG – durchaus in Einklang

1240 BGH, Urt. v. 08.05.2012 – XI ZR 262/10, WM 2012, 1337 (Rn. 33), unter Aufgabe von BGH, Urt. v. 16.11.1993 – XI ZR 214/92, BGHZ 124, 151 (161); dazu *Bausch/Kohlmann* BKR 2012, 410.

1241 BGH, WM 2006, 1194 (Rn. 51).

1242 BGH, WM 2006, 1194 (Rn. 52); BGH, WM 2006, 2343 (Rn. 23); BGH, WM 2006, 2347 (Rn. 28); BGH, WM 2007, 114 (Rn. 17); BGH, WM 2007, 876 (Rn. 52); BGH, WM 2008, 154 (Rn. 20 ff.); BGH, WM 2008, 115 (Rn. 44 ff.); OLG Karlsruhe, WM 2006, 16 (18); dazu auch *Schoppmeyer* WM 2009, 10 (15 ff.).

1243 EuGH, WM 2005, 2079 (»Schulte/Badenia«) und EuGH, WM 2005, 2086 (»Crailsheimer Volksbank«).

1244 BGH, WM 2006, 1194 (Rn. 50); BGH, WM 2006, 2347 (Rn. 29); OLG Karlsruhe, WM 2007, 16 (18); dazu *Derleder* ZBB 2006, 375; *Habersack* BKR 2006, 305; *Häublein* ZfIR 2006, 601; *Hofmann* WM 2006, 1847 (1853); *Jungmann* WM 2006, 2193 (2195); *Sauer* BB 2006, 1581; *Wittemann* Bank-Praktiker 2007, 10.

1245 EuGH, WM 2005, 2079; BGH, WM 2005, 2086; vgl. dazu BGH, Urt. v. 26.09.2006 – XI ZR 358/04, (Rn. 23 ff.). Ein für die Sicherungsgrundschuld und das abstrakte Schuldversprechen vereinbarter weiter Sicherungszweck sichert diese Zahlungsansprüche auch im Fall eines Widerrufs des Darlehensvertrages, BGH, Urt. v. 26.09.2006 – XI ZR 358/04, (Rn. 19, 24).

1246 EuGH, WM 2005, 2079 (Rn. 100); BGH, WM 2005, 2086 (Rn. 49).

1247 Zur arglistigen Täuschung des Verkäufers, Initiators oder Vermittlers im Rahmen eines verbundenen Geschäfts Rdn. 1011.

mit der Rechtsprechung des EuGH[1248] – mit einem Realkredit zu tun hat (dazu Rdn. 1190–1195). Zudem liegt keineswegs jeder Haustürsituation ein verbundenes Geschäft zugrunde, sodass schon aus diesem Grund nach anderen Lösungswegen zu suchen war. Ein auf die unterbliebene Widerrufsbelehrung gestützter Schadensersatzanspruch (§§ 280 Abs. 1, 311 Abs. 2, 241 Abs. 2 BGB bzw. culpa in contrahendo) gegen die Bank,[1249] der über § 249 BGB auch zur Befreiung von den Folgen des finanzierten Geschäft führen könnte, bedarf nicht nur einer Pflichtverletzung und der – vom Darlehensnehmer nachzuweisenden[1250] – Kausalität der unterbliebenen Widerrufsbelehrung für das Zustandekommen des finanzierten Immobilien- oder Anteilserwerbs,[1251] an der es fehlt, wenn der Darlehensnehmer bereits vor Abschluss des Darlehensvertrag an den Vertrag über das finanzierte Objekt gebunden war,[1252] sondern auch eines entsprechenden Verschuldens der Bank.[1253] An Letzterem wird es aber nach den Feststellungen des BGH jedenfalls bei Sachverhalten im Anwendungsbereich der § 5 Abs. 2 HausTWG, § 312a BGB a.F., § 491 Abs. 3 Satz 1 BGB a.F., § 3 Abs. 2 Nr. 2 VerbrKrG wegen des seinerzeitigen Wortlauts des § 5 Abs. 2 HausTWG und der diesbezüglichen Äußerungen des BGH im Zusammenhang mit den »Heininger«-Entscheidungen[1254] fehlen.[1255] Um auch für diesen Fall richtlinienkonform gerüstet zu sein, hat der BGH auf dem Gebiet der Aufklärungspflichten nach Schadensersatzansprüchen der arglistig getäuschten Anleger gegen die Bank gesucht, dabei die Fallgruppe des konkreten Wissensvorsprungs der Bank bei institutionalisiertem Zusammenwirken der Bank mit dem Täuschenden auf der Ebene der Beweislastverteilung zugunsten des arglistig getäuschten Anlegers erweitert, sich hierzu weitgehend der objektiven Verbindungselemente zur Begründung einer wirtschaftlichen Einheit bei verbundenen Geschäften bedient und dadurch den Kreis zum verbundenen Geschäft auf der Ebene der Beweislastverteilung unter bestimmten (engen) Voraussetzungen geschlossen, ohne freilich einen vollständigen Gleichlauf zum

1248 EuGH, WM 2005, 2079 (Rn. 80). Die Haustürgeschäfterichtlinie kennt kein verbundenes Geschäft, vgl. BGH, WM 2006, 1194 (Rn. 29).

1249 BGHZ 169, 109 (Rn. 43) = WM 2006, 2343 (Rn. 43); dazu *Maier* WM 2008, 1630. Ein solcher Schadensersatzanspruch kommt auch dann in Betracht, wenn die Haustürsituation nicht beim Vertragsschluss, sondern bei dessen Anbahnung vorlag, BGH, WM 2008, 683 (Rn. 19).

1250 Die Vermutung des aufklärungsrichtigen Verhaltens gilt insoweit nicht, BGHZ 169, 109 (Rn. 43) = WM 2006, 2343 (Rn. 43); BGH, WM 2008, 683 (Rn. 34); *Lang/Rösler* WM 2006, 513 (518); *Mediger* ZfIR 2008, 406 (408); a.A. OLG Bremen, WM 2006, 758 (766 f.); *Hoffmann* ZIP 2005, 1985 (1992); differenzierend *Jungmann* WM 2006, 2193 (2194); zweifelnd auch *Hofmann* WM 2006, 1847 (1850).

1251 EuGH, WM 2005, 2079 (Rn. 79); BGH, WM 2006, 1194 (Rn. 38); BGH, WM 2006, 2343 (Rn. 43); BGH, WM 2006, 2347 (Rn. 24); OLG Frankfurt a.M., WM 2006, 769; OLG Karlsruhe, WM 2006, 676 (680); *Habersack* BKR 2006, 305 (310); *Lang/Rösler* WM 2006, 513 (518); *Sauer* BKR 2006, 96 (101); *ders.* BB 2006, 1581 (1582); differenzierend OLG Bremen, WM 2006, 758 (764); *Jungmann* WM 2006, 2193 (2194); a.A. *Kulke* ZfIR 2007, 171 (173); *Derleder* ZBB 2006, 375 (382 f.); *ders.* BKR 2005, 442 (449); *Knops* WM 2006, 70 (73 f.).

1252 BGH, WM 2006, 1194 (Rn. 38); Urt. v. 26.09.2007 – XI ZR 358/04, (Rn. 41); BGH, WM 2008, 683 (Rn. 18).

1253 BGH, WM 2008, 683 (Rn. 21); a.A. OLG Bremen, WM 2006, 758 (764); *Hoffmann* WM 2006, 1847 (1849); *Jungmann* NJW 2007, 1562 (1566): Verzicht auf das Tatbestandsmerkmal »Vertretenmüssen« zur Erfüllung der Vorgaben des EuGH. Zur Möglichkeit des Erlöschens des Widerrufsrechts einen Monat nach beiderseits vollständiger Erfüllung des Darlehensvertrages gem. § 2 Abs. 1 HausTWG auch bei verbundenen Verträgen OLG Stuttgart, ZIP 2008, 1579 (1580); zur Richtlinienkonformität EuGH, WM 2008, 869; kritisch *Häublein* ZIP 2008, 2005.

1254 BGHZ 150, 248.

1255 OLG Karlsruhe, WM 2006, 16 (19); *Freitag* WM 2006, 61 (69); *Habersack* JZ 2006, 91 (93); *Häublein* ZfIR 2006, 601 (604); *Lang/Rösler* WM 2006, 513 (517); *Sauer* BKR 2006, 96 (101). Das Verschulden kann nicht durch eine verschuldensunabhängige Haftung ersetzt werden, vgl. BGH, WM 2006, 2343 (Rn. 42); a.A. OLG Bremen, WM 2006, 758 (764); *Jungmann* NJW 2007, 1562 (1566). Die Frage des Verschuldens letztlich offen lassend BGH, WM 2006, 2343 (Rn. 42); BGH, WM 2006, 1194 (Rn. 37); kritisch *Derleder* ZBB 2006, 375 (381).

Einwendungs- oder Widerrufsdurchgriff bei verbundenen Geschäften herzustellen.[1256] Eine Ausdehnung der Grundsätze über die Beweiserleichterung bei institutionalisiertem Zusammenwirken über die eine eigene Aufklärungspflicht der Bank begründende Fallgruppe des konkreten Wissensvorsprungs hinaus hat der BGH abgelehnt.[1257]

1021 Für die Annahme eines institutionalisierten Zusammenwirkens zieht der BGH beispielhaft solche Kriterien heran, die für das verbundene Geschäft als formelles Verbindungselement des arbeitsteiligen Zusammenwirkens entwickelt wurden. Das lag nahe, wurden doch bereits zuvor aus den zum Einwendungsdurchgriff beim finanzierten Immobilienerwerb entwickelten Vertrauenstatbeständen auch Aufklärungspflichten aus einem konkreten Wissensvorsprung oder einem Überschreiten der Kreditgeberrolle abgeleitet.[1258] Erforderlich ist danach zunächst, dass zwischen dem Verkäufer oder Fondsinitiator oder den von ihnen beauftragten Vermittlern und der finanzierenden Bank **auf Dauer angelegte Geschäftsbeziehungen** bestehen.[1259] Diese können etwa auf einer **Rahmenvereinbarung** beruhen, aber auch auf einer Vertriebsvereinbarung oder auf **konkreten Vertriebsabsprachen.**[1260] So kann die Bank etwa an dem Vertriebskonzept des Verkäufers oder Fondsinitiators mitgearbeitet und konkrete Vorgaben und Anweisungen an den Vertrieb gegeben haben, wenn sie die Abläufe über die Vorbereitungen und Verhandlungen zu den Darlehensverträgen vorgab und die Vermittler des Verkäufers oder Fondsinitiators dies umsetzten.[1261] Die auf Dauer angelegte Geschäftsbeziehung kann sich indiziell auch daraus ergeben, dass die Bank den vom Verkäufer oder Fondsinitiator eingeschalteten Vermittlern ihre Büroräume überließ oder von ihnen unbeanstandet **Formulare der Bank verwendet** wurden[1262] und die Darlehensnehmer niemals persönlichen Kontakt mit der Bank hatten.[1263] Indizien können ferner die Identität der Finanzierungsformen (z.B. über sog. Vorausdarlehen) oder das Führen sämtlicher Vertragsverhandlungen, die Beibringung sämtlicher Unterlagen und das Ausfüllen der Darlehens- und Bausparverträge durch das vermittelnde Unternehmen sein.[1264] Als Indiz kommt auch in Betracht, dass die Auszahlung der Darlehensvaluta vom Beitritt zu einem Mietpool abhängig gemacht wird, den eine Beteiligungsgesellschaft des Vermittlers verwaltet.[1265] Ausreichend soll es sogar sein, dass der Verkäufer oder die Vermittler der Bank nur wiederholt Finanzierungen von Eigentumswohnungen oder Fondsbeteiligungen desselben Objekts vermittelt haben.[1266] Letzteres kann aber nur dann den Grad einer ständigen Geschäftsbeziehung erlangen, wenn die Finanzierungen eine geplante Regelmäßigkeit aufweisen. Eine ständige Geschäftsbeziehung liegt daher noch nicht vor, wenn die Bank nur von Zeit zu Zeit auf Initiative eines

---

1256 Zustimmend *Habersack* BKR 2006, 305 (311); *Lang* WM 2007, 1728 (1730 ff.); kritisch im Hinblick auf die nur strukturellen Zurechnungserwägungen auch zulasten der Banken *Schmitt* BB 2007, 290 (291); die Erfüllung der Vorgaben des EuGH insb. im Hinblick auf die engen Voraussetzungen der Beweiserleichterung bestreitend *Derleder* ZBB 2006, 375 (386); *Häublein* ZfIR 2006, 601 (604 f.); *Hofmann* WM 2006, 1847 (1854); *Jungmann* WM 2006, 2193 (2196); *ders.* NJW 2007, 1562 (1563 ff.). In dogmatischer Hinsicht wird insb. kritisiert, es wäre gerade bei institutionalisiertem Zusammenwirken auch eine Verhaltenszurechnung über § 278 BGB und damit ein umfassenderer Schutz des Anlegers möglich gewesen, *Häublein* ZfIR 2006, 601 (604).

1257 BGH, WM 2008, 683 (Rn. 43); BGH, WM 2008, 115 (Rn. 39): keine Ausdehnung auf die Fallgruppe der Überschreitung der Kreditgeberrolle.

1258 Vgl. BGH, WM 1992, 901 (905).

1259 BGH, WM 2006, 1194 (Rn. 53); OLG Nürnberg, WM 2007, 782 (783).

1260 BGH, WM 2006, 1194 (Rn. 53); BGH, WM 2006, 2347 (Rn. 30); BGH, WM 2007, 114 (Rn. 20); BGH, WM 2007, 1257 (Rn. 40); BGH, WM 1992, 1355 (1358).

1261 BGH, WM 2006, 1194 (Rn. 59); BGH, WM 2007, 876 (Rn. 56).

1262 BGH, WM 2006, 1194 (Rn. 53); BGH, WM 2007, 114 (Rn. 21); BGH, WM 2007, 1257 (Rn. 40); OLG Nürnberg, WM 2007, 782 (784).

1263 BGH, WM 2007, 114 (Rn. 21).

1264 OLG Brandenburg, WM 2008, 14 (18).

1265 BGH, WM 2007, 876 (Rn. 18 ff.); OLG Brandenburg, WM 2008, 14 (18).

1266 BGH, WM 2006, 1194 (Rn. 53); BGH, WM 2006, 2347 (Rn. 30); OLG Karlsruhe, WM 2006, 16 (18).

Vermittlers entsprechende Finanzierungen übernimmt.[1267] Sie liegt auch dann nicht vor, wenn die Bank den übrigen Beteiligten am Vertrieb des Kapitalanlagemodells bereits vorab eine allgemeine Finanzierungszusage erteilt,[1268] lediglich als Finanzierer des Immobilien(anlage)projekts genannt wird bzw. auftritt oder der Vermittler oder Verkäufer lediglich als Bote die bereits von der Bank vorbereiteten und unterzeichneten Darlehensverträge an den Käufer zur Unterzeichnung weiterleitet.

Die **Finanzierung der Kapitalanlage wird vom Verkäufer oder Vermittler angeboten**, wenn der 1022 Darlehensvertrag nicht aufgrund eigener Initiative des Darlehensnehmers zustande kommt, sondern weil – wie im Strukturvertrieb üblich – der Vertriebsbeauftragte des Verkäufers oder Fondsinitiators dem Interessenten im Zusammenhang mit den Anlage- oder Verkaufsunterlagen einen Kreditantrag des Finanzierungsinstituts vorgelegt hat, das sich zuvor dem Verkäufer oder Fondsinitiator ggü. zur Finanzierung bereit erklärt hatte.[1269] Die allgemeine Finanzierungszusage der Bank allein reicht insoweit nicht aus.[1270]

Eine **evidente Unrichtigkeit** der Angaben über das Anlageobjekt liegt vor, wenn sie sich objektiv 1023 als grob falsch dargestellt haben, sodass es sich aufdrängt, die kreditgebende Bank habe sich der Kenntnis der Unrichtigkeit und der arglistigen Täuschung geradezu verschlossen.[1271] Die vom Darlehensnehmer nachzuweisende Falschangabe muss sich auf objektiv nachprüfbare und dem Beweis zugängliche unrichtige Angaben des Verkäufers, Fondinitiators oder der Vermittler beziehen, eine lediglich durch subjektive Werturteile oder marktschreierische Anpreisungen vermittelte Täuschung reicht nicht aus.[1272] Eine evident unrichtige Falschangabe kann sich etwa daraus ergeben, dass die Nettomieteinnahmen um 46 % höher angegeben werden, als es der Realität entspricht und dies der Bank, die ganz überwiegend die Verkäuferfinanzierungen für das Projekt übernimmt, auch nicht verborgen geblieben sein kann.[1273] Gegenstand der evidenten Unrichtigkeit können ferner die Angaben des arglistig täuschenden Verkäufers oder Vertreibers der finanzierten Immobilie über die Höhe der erwirtschafteten oder erwirtschaftbaren Mietpoolausschüttung sein.[1274] Auch eine arglistige Täuschung durch die Vermittler oder durch den Fondsprospekt über die Höhe der zu entrichtenden Vermittlungsprovisionen – zu unterscheiden von einer Täuschung über eine im Kaufpreis versteckte Innenprovision[1275], die indes ebenfalls Gegenstand einer arglistigen Täuschung und bei positiver Kenntnis der Bank davon einen aufklärungspflichtigen Wissensvorsprung der Bank begründen kann[1276] – kann eine maßgebliche evidente unrichtige Angabe sein, deren Kenntnis bei der Bank im Fall des institutionalisierten Zusammenwirkens mit dem Vermittler widerleglich vermutet wird.[1277] Hingegen beinhaltet eine Anpreisung des Anlageobjekts dergestalt, dass es sich um eine »risikolose« Immobilie handele, die sich »hervorragend« zur Altersvorsorge und

1267 BGH, WM 2006, 2347 (Rn. 31); OLG Karlsruhe 2006, 16 (18): Übernahme mehrerer Einzelfinanzierungen eines aus mehreren zu veräußernden Einheiten bestehenden Immobilienkomplexes. Ebenso zu einer Aufklärungspflicht wegen Überschreitens der Kreditgeberrolle bereits BGH, WM 2004, 172 (174); OLG Karlsruhe, WM 2001, 1210 (1214). Kritisch dazu *Kulke* ZfIR 2007, 171 (174).

1268 BGH, WM 2006, 1194 (Rn. 53); OLG Karlsruhe, WM 2006, 16 (18).

1269 BGH, WM 2006, 1194 (Rn. 54).

1270 BGH, WM 2006, 1194 (Rn. 53).

1271 BGH, WM 2006, 1194 (Rn. 55).

1272 BGH, WM 2006, 2343 (Rn. 24); KG, WM 2008, 1123 (1127); OLG München, WM 2008, 691 (695); *Kulke* ZfIR 2007, 171 (174).

1273 BGH, WM 2006, 1194 (Rn. 57); vgl. auch OLG München, WM 2010, 1834 (1836).

1274 BGH, WM 2008, 1260 (Rn. 20 ff.); BGH, WM 2008, 115 (Rn. 47 ff.); BGH, WM 2008, 154 (Rn. 21 ff.); BGH, WM 2008, 1346 (Rn. 18); OLG Karlsruhe, WM 2009, 691 (692 ff.); OLG Brandenburg, WM 2008, 14 (16); KG, ZfIR 2007, 2068; zu den Pflichten des einen Mietpool empfehlenden Wohnungsverkäufers aus einem Beratungsvertrag vgl. BGH, ZfIR 2007, 347 (348 Rn. 11 ff.).

1275 BGH, WM 2011, 309 (Rn. 8 f.); BGH, WM 2011, 397 (Rn. 8 f.); *Wiechers* WM 2011, 145 (150); dazu Rdn. 1007.

1276 BGH, Urt. v. 23.04.2013 – XI ZR 405/11, BKR 2013, 280 (Rn. 21); OLG Karlsruhe, Urt. v. 13.09.2013 – 6 O 410/12.

1277 BGH, WM 2010, 1451 (Rn. 12 ff.); BGH, WM 2011, 309 (Rn. 9 ff.); BGH, WM 2011, 397 (Rn. 9 ff.).

Steuerersparnis eigne, die ihren Wert »mit großer Wahrscheinlichkeit noch steigere« und nach ca. 5 bis 10 Jahren aufgrund der »üblichen« Wertentwicklung verlustfrei verkauft werden könne, um die Finanzierung zurückzuführen, keine dem Beweis zugängliche Falschangabe. Vielmehr handelt es sich dabei um ersichtlich werbende Attribute und unbestimmte Formulierungen.[1278] Die falschen Angaben müssen sich zudem auf das Anlageobjekt beziehen, falsche Angaben zu den Steuervorteilen oder sonst falsche Berechnungen durch den Täuschenden reichen für die Beweiserleichterung nicht aus.[1279] Auch die sittenwidrige Überteuerung des Kaufpreises eines finanzierten Objekts führt für sich genommen selbst im Fall eines institutionalisierten Zusammenwirkens zwischen finanzierender Bank und dem Verkäufer oder Vertreiber des Objekts nicht zu der widerleglichen Vermutung, die finanzierende Bank habe von der sittenwidrigen Überteuerung Kenntnis gehabt, denn eine solche Vermutung kommt nur im Fall einer arglistigen Täuschung des Käufers über den Kaufpreis in Betracht.[1280] Weder Evidenz noch institutionalisiertes Zusammenwirken ersetzen das Tatbestandsmerkmal der arglistigen Täuschung.[1281] Allerdings ist für ein arglistiges Handeln eine Täuschungsabsicht nicht erforderlich, es genügt vielmehr, wenn der Vermittler unrichtige Behauptungen ins Blaue hinein aufstellt.[1282] Die **Darlegungs- und Beweislast** hinsichtlich vorstehender Voraussetzungen der Beweiserleichterung einschließlich der Evidenz obliegt dem Darlehensnehmer,[1283] der dadurch zwar in den typischen Sachverhaltskonstellationen des Strukturvertriebs hinsichtlich des Vorliegens eines institutionalisierten Zusammenwirkens nicht übermäßig belastet sein wird, mitunter aber bei der Bestimmung der objektiv grob falschen Angaben nicht unerhebliche Beweisschwierigkeiten haben kann. Umgekehrt wird die Bank den vollen Gegenbeweis ihrer Unkenntnis von den evident falschen Angaben zum Anlageobjekt oder deren Nichterkennbarkeit zu führen haben.[1284] Gelingt ihr das nicht, liegen also sämtliche Voraussetzungen eines die Aufklärungspflicht auslösenden konkreten Wissensvorsprungs vor, wird im haftungsausfüllenden Tatbestand nach allgemeiner Lebenserfahrung auch angenommen, dass der Darlehensnehmer – wäre er entsprechend aufgeklärt worden – den finanzierten Vertrag sofort angefochten oder sich auf dessen Nichtigkeit berufen hätte.[1285] Die zur Beweislastumkehr führende Vermutung des **aufklärungsrichtigen Verhaltens** (Rdn. 1017) zu widerlegen obliegt wiederum der Bank.[1286]

1024 Praktisch bedeutsam ist die **Reichweite der Beweiserleichterung und ihre Abgrenzung zu anderen Rechtsinstituten**. Die Beweiserleichterung gilt zunächst sowohl bei Immobilien- als auch bei Anteilsfinanzierungen.[1287] Sie gilt ferner unabhängig davon, ob dem Darlehensvertrag eine Haustürsituation zugrunde liegt oder ob der Darlehensnehmer erforderlichenfalls ordnungsgemäß belehrt wurde; insoweit reicht die Beweiserleichterung über die Vorgaben des EuGH hinaus.[1288] Wenn-

1278 BGH, WM 2006, 2343 (Rn. 26); KG, WM 2008, 1123 (1127, 1130).

1279 *Derleder* ZBB 2006, 375 (385), der insoweit aber die Falschangaben nach § 278 BGB der Bank zurechnet.

1280 BGH, WM 2008, 154 (Rn. 16).

1281 BGH, WM 2008, 154 (Rn. 16).

1282 BGH, WM 2008, 1596 (Rn. 24); OLG München, WM 2010, 2223 (2224).

1283 BGH, Beschl. v. 04.12.2007 – XI ZR 382–385/07; OLG Karlsruhe, WM 2006, 16 (18); *Schoppmeyer* WM 2009, 10 (14); *Jungmann* WM 2006, 2193 (2196); *Sauer* BB 2006, 1581 (1583); ferner *Derleder* ZBB 2006, 375 (385).

1284 BGH, WM 2010, 2069 (Rn. 18); *Schoppmeyer* WM 2009, 10 (16).

1285 BGH, WM 2006, 1194 (Rn. 61); BGH, WM 2007, 114 (Rn. 22); dazu auch *Rohlfing* ZfIR 2007, 217.

1286 BGHZ 72, 92 (106); BGH, 124, 151 (159); BGH, WM 2007, 114 (Rn. 22); OLG Stuttgart, WM 2007, 203 (210).

1287 BGH, WM 2006, 1194 (Rn. 50); BGH, WM 2007, 200 (Rn. 29); *Habersack* BKR 2006, 305 (312).

1288 BGH, WM 2007, 200 (Rn. 28); *Hofmann* WM 2006, 1847 (1854); *Jungmann* WM 2006, 2193 (2196). Dies gilt ungeachtet der Tatsache, dass der BGH die Beachtung der Vorgaben des EuGH (WM 2005, 2079 und WM 2005, 2086) an anderer Stelle nur in den wenigen Fällen für notwendig erachtet, in denen eine Haustürsituation i.S.d. Haustürgeschäfterichtlinie und nicht auch i.S.d. überschießend umgesetzten § 312 Abs. 1 BGB a.F. (§ 1 Abs. 1 HausTWG a.F.) vorliegt, BGH, WM 2006, 1194 (Rn. 30); zur gespaltenen Auslegung des deutschen Rechts *Habersack* BKR 2006, 305 (309); *Hofmann* WM 2006, 1847 (1850).

gleich sich der BGH zu dieser Fallgruppenfortbildung auch deshalb veranlasst sah, weil ihn bei realkreditfinanzierten Erwerbsvorgängen die § 491 Abs. 3 Satz 1 BGB a.F., § 3 Abs. 2 Nr. 2 VerbrkrG an der Anwendung der Regelungen über verbundene Geschäfte hinderten (dazu Rdn. 1206–1208),[1289] so hat er seine Grundsätze über die Beweiserleichterung ferner auch auf solche Fälle ausgedehnt, in denen zwar durchaus die Regelungen über verbundene Geschäfte zur Anwendung gelangen können, der Täuschende (z.B. Fondinitiator, Gründungsgesellschafter), mit dem die Bank in institutionalisierter Weise zusammengewirkt hat, aber nicht Vertragspartner des verbundenen Geschäfts ist.[1290] Ohnehin dürfte es außer Frage stehen, dass die Beweiserleichterung auch dann in Betracht kommt, wenn die Regelungen über verbundene Geschäfte anwendbar sind, da letztere nur das Aufspaltungsrisiko des Verbundgeschäfts verlagern, nicht aber Aufklärungspflichtverletzungen ausschließen wollen.[1291] Deshalb kann die Beweiserleichterung auch nach Wegfall der Privilegierungen aus § 491 Abs. 3 Satz 1 BGB a.F., § 3 Abs. 2 Nr. 2 VerbrKrG neben den Regelungen der §§ 358 ff. BGB eine Rolle spielen. Die Ausweitung der Aufklärungspflichten der Bank im Fall eines »institutionalisierten Zusammenwirkens« reicht indes deutlich über die Grenzen einer wirtschaftlichen Einheit i.S.d. neuen § 358 Abs. 3 Satz 3 BGB bei Immobilienfinanzierungen (dazu Rdn. 1210) hinaus. Rückschlüsse auf eine extensive Auslegung des § 358 Abs. 3 Satz 3 BGB lässt die Fallgruppenfortbildung durch den BGH gleichwohl nicht zu.[1292] Der durch Falschangaben des Verkäufers, Initiators oder der Vermittler des finanzierten Immobilienvertrags oder Fondsbeitritts arglistig getäuschte Darlehensnehmer kann zwar bei Vorliegen eines verbundenen Geschäfts auch den Darlehensvertrag nach § 123 BGB anfechten und – sollte er die Anfechtungsfrist versäumen oder ausnahmsweise keine Arglist des Täuschenden vorliegen – sogar einen Schadensersatzanspruch gegen die Bank wegen einer eigenen Aufklärungspflichtverletzung aus dem – auf welcher Rechtsgrundlage auch immer – zugerechneten Verhalten des Verkäufers, Initiators oder Vermittlers haben,[1293] die Fallgruppenfortbildung des konkreten Wissensvorsprungs sieht eine solche Zurechnungsmöglichkeit hingegen zu Recht nicht vor. Generell hat der BGH explizit darauf hingewiesen, dass sich die Bank selbst im Fall des Nichtvorliegens eines eigenen Aufklärungsverschuldens aus einem konkreten Wissensvorsprung bei institutionalisiertem Zusammenwirken mit dem Täuschenden und bei Nichtanwendbarkeit der Regelungen über verbundene Geschäfte – etwa aufgrund der Sperrwirkung der § 491 Abs. 3 Satz 1 BGB a.F., § 3 Abs. 2 Nr. 2 VerbrKrG – unrichtige Erklärungen des Verkäufers, Initiators oder Vermittlers über die Kapitalanlage wegen der Pflichtenkreistheorie nicht nach § 278 BGB zurechnen lassen muss.[1294]

2. Prospekthaftung der Bank

Nach gefestigter Rechtsprechung des BGH unterliegen der Prospekthaftung namentlich die **Herausgeber des Prospekts** und die **Verantwortlichen für die Prospekterstellung**,[1295] ferner auch diejenigen, die aufgrund ihrer besonderen beruflichen oder wirtschaftlichen Stellung oder aufgrund ihrer Fachkunde eine **Garantenstellung** einnehmen, sofern sie durch ihr nach außen in Erscheinung 1025

1289 So ausdrücklich BGH, WM 2006, 1194 (Rn. 50); kritisch dazu unter Hinweis auf die unterschiedlichen Schutzrichtungen der Verbraucherkredit- und der Haustürgeschäfterichtlinie *Hofmann* BKR 2005, 487 (492); *ders.* WM 2006, 1847 (1849).

1290 BGH, WM 2007, 200 (Rn. 29); *Nobbe* WM 2007 Sonderbeilage Nr. 1, S. 34; anders zuvor der II. Zivilsenat des BGH (BGHZ 159, 280, 291; 159, 294, 312), der auch einen drittgestützten Einwendungsdurchgriffs zuließ, daran aber nicht mehr festhält (vgl. BGH, WM 2006, 1066 Rn. 28).

1291 *Habersack* BKR 2006, 305 (312); *Schmitt* BB 2007, 290 (291); *Wolters* ZfIR 2007, 135 (136).

1292 A.A. wohl *Jungmann* WM 2006, 2193 (2197).

1293 BGH, WM 2006, 1066 (Rn. 30); kritisch zu Recht *Habersack* BKR 2006, 305 (309); *Wolters* ZfIR 2007, 135 (136); wohl auch OLG Stuttgart, WM 2007, 203 (209).

1294 BGH, WM 2006, 1194 (Rn. 63); *Habersack* BKR 2006, 305 (311); kritisch *Häublein* ZfIR 2006, 601 (604 f.); *Derleder* ZBB 2006, 375 (386): »Einwendungsdurchgriff zweiten Grades«.

1295 BGHZ 71, 284 (287); WM 1984, 889; BGH, WM 1990, 1276 (1277); BGH, WM 1992, 901 (906); BGH, WM 2004, 620 (623).

tretendes Mitwirken am Prospekt einen **Vertrauenstatbestand** schaffen.[1296] Die den Erwerber finanzierende Bank wird eine solche Haftung nur selten treffen. Ist sie Treuhandkommanditistin und Mitherausgeberin des Prospekts, so liegt eine Haftung für unrichtige Angaben im Prospekt[1297] sicher nahe.[1298] Auch die Übernahme einer prospektierten Kapitalanlage in ihr Beratungsprogramm als Vermittlerin oder eine sonstige Inanspruchnahme des Vertrauens der Anleger bei den Beitrittsverhandlungen (»Prospekthaftung im weiteren Sinne«)[1299] kann die Bank in eine haftungsrechtliche Prospektverantwortlichkeit führen.[1300] Allein die Nennung der Bank mit ihrem Logo – etwa als Treuhandbank für die Anleger[1301] – in dem Prospekt zu einem steuersparenden Bauherren- oder Erwerbermodell kann indes eine Prospekthaftung nicht begründen. Auch die bloße konzernmäßige Verbundenheit der Bank als Finanzierungsgeberin der den Prospekt herausgebenden Fondsgesellschaft mit weiteren – neben der Bank als Treuhandbank – im Prospekt genannten Gesellschaften führt nicht zu einer Prospekthaftung.[1302] Vielmehr bedarf es zur Schaffung eines außenwirksamen und haftungsbegründenden Vertrauenstatbestands weiterer Anknüpfungspunkte,[1303] wie etwa einer einverständlichen **Benennung der Bank als Referenz**[1304] oder die Bezeichnung einer Kapitalanlage als »**bankgeprüft**«.[1305] Hingegen reicht es nicht aus, dass die Bank in dem Prospekt namentlich als diejenige Bank genannt ist, die die Objektfinanzierung übernommen hat. Unschädlich ist es auch, wenn in dem Prospekt ein Schreiben der »bauzwischenfinanzierenden Bank« abgedruckt ist, wonach sie ankündigt, dass sie die Prüfung der Voraussetzungen für die Anlagegelder übernehmen wird. Solche Hinweise lassen weder eine Mitwirkung der Bank an der Prospektgestaltung erkennen noch den Schluss auf die Übernahme einer Gesamtverantwortung für den Erfolg des Projekts durch die Bank zu.[1306]

1026 Daneben kann die Bank bei **verbundenen Geschäften** über den **Einwendungsdurchgriff** (§ 359 BGB, § 9 Abs. 3 VerbrKrG) oder einen etwaigen »**Rückforderungsdurchgriff**« (§ 813 Abs. 1 Satz 1 i.V.m. § 812 Abs. 1 Satz 1 BGB)[1307] eine mittelbare Haftung für fehlerhafte Prospektangaben treffen. Selbst wenn auf die Regelungen über verbundene Geschäfte nicht zugegriffen werden kann, weil etwa § 491 Abs. 3 Satz 1 BGB a.F., § 3 Abs. 2 Nr. 2 VerbrKrG deren Anwendbarkeit sperren (dazu Rdn. 1168-1170), kann bei einem **institutionalisierten Zusammenwirken** mit dem Verkäufer, dem Initiator oder deren Vermittler ein konkreter Wissensvorsprung und damit eine Aufklärungspflichtverletzung der Bank widerleglich vermutet werden, falls der Anleger

---

1296 BGHZ 74, 103 (109); BGH, 84, 141 (143); BGH, WM 1992, 901 (906); BGH, WM 1990, 1276 (1277).

1297 Für die Beantwortung der Frage, ob ein Prospekt unrichtig oder unvollständig ist, ist auf die Kenntnisse eines durchschnittlichen Anlegers abzustellen, der als Adressat des Prospekts in Betracht kommt, BGH Urt. v. 18.09.2012 – XI ZR 344/11, BB 2012, 2906 (Rn. 25). Ist Adressat des Prospekts auch das börsenunkundige Publikum, kommt es auf die Erkenntnismöglichkeiten eines durchschnittlichen (Klein) Anlegers an. Aufklärungspflichtig ist dann auch die Möglichkeit der Weisungen durch eine beherrschende Konzernmuttergesellschaft und die daraus evt. entstehende erhöhte Gefahr für die Rückzahlung der an die Konzernmuttergesellschaft gezahlten Anlegergelder. Zu den Ansprüchen (Vertrauensschaden) eines Anlegers, der durch unrichtige Prospektangaben bewogen wurde, einer Anlagegesellschaft als Kommanditist beizutreten vgl. BGH, Urt. v. 05.02.2018 – II ZR 17/17 (Rn. 7 ff.).

1298 BGH, WM 1985, 533 (534).

1299 BGH, Urt. v. 09.05.2017 – II ZR 344/15, WM 2017, 1252 (Rn. 15); BGH, Urt. v. 04.07.2017 – II ZR 358/14, WM 2017, 1640 (Rn. 8).

1300 BGH, WM 1987, 495 (496).

1301 KG, WM 2007, 2142 (2149).

1302 KG, WM 2007, 2142 (2149).

1303 BGH, WM 2004, 620 (623).

1304 BGH, WM 1992, 1269 (1270).

1305 BGH, WM 1987, 495 (496).

1306 BGH, WM 2004, 620 (623).

1307 BGH, WM 2008, 244 (Rn. 25 ff.): anfängliche Nichtigkeit des finanzierten Geschäfts. Zum »Rückforderungsdurchgriff« Rdn. 1011 und 1216.

durch die evident falschen Angaben der Prospektverantwortlichen arglistig getäuscht wurde (dazu Rdn. 1018–1023).[1308]

3. Allgemeine Informationspflichten für Immobiliar-Verbraucherdarlehen

Unabhängig von sonstigen (vorvertraglichen) Informationspflichten (dazu auch nachfolgend Rdn. 945–960) sind in Art. 247a § 1 EGBGB **allgemeine Informationspflichten** für den Fall vorgeschrieben, dass durch den Darlehensgeber der Abschluss von **Immobiliar-Verbraucherdarlehensverträgen** oder deren Vermittlung durch gebundene Darlehensvermittler (§ 655a Abs. 3 Satz 3 BGB) angeboten wird. Die Regelungen gelten entsprechend, wenn entgeltliche Finanzierungshilfen (§ 506 Abs. 1 Satz 2 und 3 BGB) angeboten oder vermittelt werden (Art. 247a § 1 Abs. 3 EGBGB). Mit diesen Vorschriften wurden zum 21.03.2016 die Vorgaben aus Art. 13 und Erwägungsgrund RL 2014/17/EU umgesetzt. Der Darlehensgeber oder Darlehensvermittler muss die allgemeinen Informationen nicht aktiv anbieten oder übermitteln. Es genügt, wenn die Informationen etwa von den Mitarbeitern des Darlehensgebers oder auf der Internetseite des Darlehensgebers zur Kenntnisnahme für Interessenten bereitgehalten werden. Die Zurverfügungstellung der allgemeinen Informationen hat unentgeltlich zu erfolgen (Art. 8 RL 2014/17/EU). **1027**

Inhaltlich sieht Art. 247a § 1 Abs. 2 EGBGB (Art. 13 Satz 2 RL 2014/17/EU) einen umfangreichen Katalog von Pflichtangaben für die allgemeinen Informationen vor. Die Informationen sind allgemeiner Natur und nicht individualisiert auf den konkreten Einzelfall zugeschnitten. Sie sollen es potentiellen Kunden ermöglichen, sich einen Überblick über das Leistungsangebot des Darlehensgebers zu verschaffen. Daher sind neben der Identität des Darlehensgebers oder des gebundenen Darlehensvermittlers sowie einer Warnung vor Fremdwährungsrisiken und möglichen Konsequenzen aus Vertragsverletzungen des Darlehensnehmers in den Informationen insbesondere die angebotenen Produktvarianten darzustellen (»Produktinformation«). Zu den erforderlichen Informationen, die in Art. 247a § 1 Abs. 2 EGBGB geregelt sind, gehören die Zwecke, für die das Darlehen verwendet werden kann, die möglichen Arten der Sicherheiten, die möglichen Laufzeiten der Darlehensverträge, die angebotenen Arten von Sollzinssätzen, ein Hinweis auf Kosten des Darlehens, die nicht in den Gesamtkosten des Darlehensenthalten sind, die verschiedenen Arten der Rückzahlung einschließlich der Anzahl, Häufigkeit und Höhe der regelmäßigen Rückzahlungsraten. Eine solche Darstellung der Darlehensraten wird in einer generalisierten »Produktinformation« indes kaum möglich sein; daher genügt insoweit der Hinweis, dass Anzahl und Höhe der Zins- und Tilgungsraten abhängig sind von der gewählten Laufzeit und von der gewählten Tilgungsvariante. Anzugeben sind außerdem die Bedingungen, die für eine vorzeitige Rückzahlung gelten, Hinweise zur Erforderlichkeit und zum Verfahren einer Bewertung der belasteten und/oder finanzierten Immobilie sowie zu etwaigen Kosten daraus für den Darlehensnehmer, sowie Hinweise zu Zusatzleistungen, die der Darlehensnehmer erwerben muss, um das Darlehen zu erhalten. Am 01.07.2018 (Art. 229 § 40 Abs. 2 EGBGB) ist durch das »**Finanzaufsichtsrechtergänzungsgesetz**«[1309] eine weitere Pflichtangabe in Art. 247a Abs. 2 Satz 1 Nr. 14 EGBGB zu Referenzwerten (z.B. Referenzzinssätzen) im Sinne von Art. 3 Abs. 1 Nr. 3 der Benchmark-Verordnung der Europäischen Union ergänzt worden.[1310] Art. 247a § 1 Abs. 2 Nr. 6 EGBGB schreibt ein repräsentatives Beispiel des Nettodarlehensbetrags, der Gesamtkosten, des Gesamtbetrages und des effektiven Jahreszinses vor. Dafür gelten indes nicht die Vorgaben für das repräsentative Beispiel in der Werbung (§ 6a Abs. 4 **1028**

1308 BGH, WM 2006, 1194 (Rn. 51); BGH, WM 2006, 2343 (Rn. 23); BGH, WM 2006, 2347 (Rn. 28); BGH, WM 2007, 114 (Rn. 17).

1309 Gesetz zur Ergänzung des Finanzdienstleistungsaufsichtsrechts im Bereich der Maßnahmen bei Gefahren für die Stabilität des Finanzsystems und zur Änderung der Umsetzung der Wohnimmobilienkreditrichtlinie v. 06.06.2017, BGBl. I, S. 1495.

1310 Verordnung (EU) 2016/1011 des Europäischen Parlaments und des Rates vom 08.06.2016 über Indizes, die bei Finanzinstrumenten und Finanzkontrakten als Referenzwert oder zur Messung der Wertentwicklung eines Investmentfonds verwendet werden, und zur Änderung der Richtlinien 2008/48/EG und 2014/17/EU sowie der Verordnung (EU) 596/2014, Abl.. EU Nr. L 171/56 v. 29.06.2016.

Satz 2 PrAngVO, dazu Rdn. 997). Vielmehr genügt ein abstrakt generelles Beispiel, das sich letztlich an einem gängigen Finanzierungsprodukt des Darlehensgebers und an aktuellen Marktkonditionen orientieren sollte.

1029 Fehlende oder fehlerhafte allgemeine Informationen haben weder Auswirkungen auf die Wirksamkeit des Darlehensvertrages noch auf den Beginn der Widerrufsfrist. Schadensersatzansprüche des Kunden aus §§ 280 Abs. 1, 311 Abs. 2, 241 Abs. 2 BGB sind rechtlich zwar denkbar, werden aber jedenfalls unter Kausalitätsgesichtspunkten praktisch kaum vorstellbar sein.

4. Beratungsvertrag und Beratungsleistungen

1030 Bislang existiert zum **Finanzierungsberatungsvertrag** – anders zum Anlageberatungsvertrag – verhältnismäßig wenig Rechtsprechung[1311] und Literatur;[1312] die Grundsätze zur Anlageberatung lassen sich gleichwohl nicht ohne Weiteres auf den Finanzierungsberatungsvertrag übertragen.[1313] Grds. besteht in der Kreditfinanzierung **keine allgemeine Rechtspflicht der Bank**, ihre Kunden umfassend **zu beraten, aufzuklären oder vor riskanten Geschäften zu warnen**. Der Finanzierungsberatungsvertrag kann zwar auch stillschweigend abgeschlossen werden,[1314] es bedarf aber besonderer Indizien, um einen gesonderten Beratungsvertrag annehmen zu können, da Beratungsleistungen der Darlehensgewährung nicht immanent sind. [1315] Abzugrenzen ist der Finanzierungsberatungsvertrag daher zunächst von der bloßen Darstellung oder werblichen Anpreisung der eigenen Produktpalette der Bank.[1316] Für die Annahme eines (stillschweigend) geschlossenen Finanzierungsberatungsvertrages reicht es auch nicht aus, dass der Mitarbeiter der Bank als »Kundenberater« auftritt oder Gespräche mit dem Darlehensnehmer als »Finanzierungsberatungsgespräche« bezeichnet werden.[1317] Ebenso wenig reicht es aus, dass der Darlehensnehmer lediglich unerfahren ist, dass für den Darlehensnehmer mehrere Darlehensvarianten zur Verfügung stehen, oder dass aufgrund des konkreten Finanzierungswunsches des Darlehensnehmers ein kompliziertes Finanzierungsmodell in Betracht kommt.[1318] Der Finanzierungsberatungsvertrag kommt aber stillschweigend zustande, wenn bei einer Gesamtwürdigung der Umstände davon auszugehen ist, dass die Bank als Darlehensgeberin mit Rechtsbindungswillen eine bestimmte Erklärung zum Darlehensvertrag oder seiner Eignung zum Gegenstand vertraglicher Rechte und Pflichten gemacht hat.[1319] Das gilt unabhängig davon, ob die Initiative dazu von der Bank oder von dem Darlehensnehmer ausgeht.[1320] Es kommt auch nicht darauf an, ob die Beratung entgeltlich oder unentgeltlich erfolgt;[1321] eine entgeltliche Beratung ist aber ein gewichtiges Indiz für das Zustandekommen eines Beratungsvertrages. Ein Finanzierungsberatungsvertrag kann auch dann zustande kommen, wenn sich der Darlehensnehmer ohne konkrete Vorstellungen über das Finanzierungsmodell für seinen Finanzierungswunsch an die besonders sachkundige Bank wendet und die Bank erkennen kann, dass die Beratung für den Darlehensnehmer von erheblicher Bedeutung ist und er sie zur Grundlage wesentlicher Entscheidungen machen

1311 OLG Düsseldorf, Urt. v. 22.12.2016 – I-6 U 57/16, WM 2017, 2059.

1312 *Buck-Heeb* BKR 2014, 221; *Krüger* BKR 2016, 397.

1313 BGH, Urt. v. 19.12.2017 – XI ZR 152/17 (Rn. 34); ferner *Buck-Heeb* BKR 2014, 221 (222, 224, 230) *dies.* ZIP 2018, 705 (709); abweichend im Hinblick auf die dogmatische Grundlage *Krüger* BKR 2016, 397 (402); anders auch Begr. RegE zu § 511 BGB, BT-Drucks. 18/5922, S. 107.

1314 OLG Frankfurt a.M., Urt. v. 03.05.2010 – 24 U 103/10, juris Rn. 39.

1315 Zurückhaltend *Buck-Heeb* BKR 2014, 221 (228, 229).

1316 *Buck-Heeb* BKR 2014, 221 (228).

1317 A.A. *Buck-Heeb* ZIP 2018, 705 (707).

1318 *Buck-Heeb* BKR 2014, 221 (229).

1319 Begr. RegE zu § 511 BGB, BT-Drucks. 18/5922, S. 105.

1320 OLG Düsseldorf, Urt. v. 22.12.2016 – I-6 U 57/16, WM 2017, 2059 (2060); *Buck-Heeb* BKR 2014, 221 (228) *dies.* ZIP 2018, 705 (706).

1321 Palandt/*Sprau* § 675 Rn. 36; *Buck-Heeb* ZIP 2018, 705 (706).

will;[1322] gibt die Bank i.R.d. Gespräche mit dem Darlehensnehmer über verschiedene Finanzierungsmodelle dann eine abschließender Empfehlung, wird man von einem stillschweigend geschlossenen Finanzierungsberatungsvertrag ausgehen können.[1323] Insbesondere im Zusammenhang mit dem Finanzierungsmodell des tilgungsfreien Festdarlehens, das mit einem anzusparenden Tilgungsinstrument (z.B. Kapitallebensversicherung, Bausparvertrag) kombiniert wird, werden Beratungspflichten der Bank diskutiert (dazu Rdn. 1000, 1085). Allerdings handelt es sich bei solchen Gestaltungen weder um ein besonders ungewöhnliches noch um ein gefährliches Finanzierungsmodell.[1324] Daher kann nicht bereits ein diesbezüglicher Finanzierungswunsch des Darlehensnehmers zur Annahme eines stillschweigend geschlossenen Beratungsvertrages führen.

Kommt ein Finanzierungsberatungsvertrag zustande, ist die Beratung als gesonderte Tätigkeit eine **1031**
selbständige Hauptpflicht aus dem Finanzierungsberatungsvertrag. Welche Beratungs- und Hinweispflichten der Bank auf Grund eines Finanzierungsberatungsvertrag obliegen, lässt sich indes nur anhand der konkreten Umstände des Einzelfalls beurteilen.[1325] In der Regel wird die Bank vorab die Wünsche und Ziele des Darlehensnehmers sowie seine persönlichen und wirtschaftlichen Verhältnisse zu ermitteln und sodann – soweit möglich – dem Darlehensnehmer einen geeigneten Darlehensvertrag zu empfehlen haben.[1326] Je unerfahrener der Kunde Kunde ist, desto umfassender werden in der Regel die Aufklärungs- und Beratungspflichten sein.[1327] Ist ein tilgungsfreies Festdarlehen als Kombinationsmodell mit Tilgungsinstrumenten (dazu Rdn. 1000, 1084–1095) Gegenstand der Beratung, hat die Bank bspw. hinsichtlich des Einsatzes einer Kapitallebensversicherung auch darüber aufzuklären, dass dieses Finanzierungsmodell nicht nur Vorteile in Gestalt einer Beteiligung an den von dem Versicherungsunternehmen erwirtschafteten Überschüssen oder einer steuerlichen Abzugsfähigkeit der Versicherungsprämien mit sich bringen kann, sondern auch Nachteile durch höhere Gesamtzinsbelastungen und eine höhere Vorfälligkeitsentschädigung im Falle einer vorzeitigen Vertragsbeendigung während einer Zinsbindungsperiode, durch weitere Kosten für das Tilgungsinstrument, durch geringe Rückkaufswerte in den Anfangsjahren und der dadurch bedingten Verluste bei einer vorzeitigen Kündigung des Darlehens.[1328] Die Bank ist hingegen aufgrund eines mit dem Kunden geschlossenen Finanzierungsberatungsvertrages nicht verpflichtet, diesen über das Fehlen einer Zinsobergrenze bei einem variabel verzinslichen Darlehen aufzuklären.[1329] Sie ist auch nicht verpflichtet, den Darlehensnehmer darüber zu informieren, dass ihr für die Vermittlung des Tilgungsinstruments eine Provision zugeflossen ist, denn der Provisionsanspruch der Bank als Versicherungsvermittlerin gegen das Versicherungsunternehmen ist offensichtlich.[1330] Auch die von der Rechtsprechung postulierte Aufklärungspflicht zu sog. »kick-backs« in der Anlageberatung[1331] ist bereits mangels Interessenkonflikts auf Finanzierungsberatungsverträge oder auf die Darlehensvermittlung nicht übertragbar; diese Aufklärungspflicht gilt nur bei

---

1322 Begr. RegE zu § 511 BGB, BT-Drucks. 18/5922, S. 105; *Buck-Heeb* BKR 2014, 221 (228); *dies.* ZIP 2018, 705 (707).

1323 Vgl. BGHZ 74, 103 (106); 100, 117 (118); KG, WM 2008, 1123 (1125); OLG Düsseldorf, Urt. v. 22.12.2016 – I-6 U 57/16, WM 2017, 2059; Schimansky/Bunte/Lwowski/*Siol* Bankrechts-Handbuch § 43 Rn. 7 ff.; *Köndgen* NJW 2000, 468 (469); *Buck-Heeb* BKR 2014, 221 (228).

1324 KG, WM 2008, 1123 (1126); *Freckmann/Rösler* ZBB 2007, 23 (32).

1325 OLG Düsseldorf, Urt. v. 22.12.2016 – I-6 U 57/16, WM 2017, 2059 (2061); *Buck-Heeb* BKR 2014, 221 (230); *dies.* ZIP 2018, 705 (709).

1326 *Hofmann* BKR 2010, 232 (234); *Buck-Heeb* ZIP 2018, 705 (710).

1327 *Buck-Heeb* ZIP 2018, 705 (712).

1328 Vgl. OLG Hamm, Urt. v. 15.01.2013 – 34 U 3/12, juris Rn. 62; Schimansky/Bunte/Lwowski/*Siol* Bankrechts-Handbuch § 44 Rn. 8, 50; *Buck-Heeb* BKR 2014, 221 (223).

1329 A.A. *Buck-Heeb* ZIP 2018, 705 (711).

1330 Vgl. BGH, Urt. v. 01.07.2014 – XI ZR 247/14, ZIP 2014, 1620 (Rn. 17 ff., 30), zu vermittelten Lebensversicherungen; ferner OLG Karlsruhe, Urt. v. 06.02.2017 – 13 U 185/15, WM 2017, 772 (774).

1331 BGH, Urt. v. 03.06.2014 – XI ZR 147/12, BKR 2014, 370; BGH, Urt. v. 08.05.2012 – XI ZR 262/10, WM 2012, 1337; die Rechtsprechung des BGH zu »kick-backs« bestätigend BVerfG, Beschl. v. 08.12.2011 – 1 BvR 2514/11, WM 2012, 68.

Beratungsverträgen, die die Empfehlung einer Kapitalanlage zum Gegenstand haben.[1332] Verletzt die Bank ihre Beratungspflichten aus einem Finanzierungsberatungsvertrag, gilt die Vermutung des aufklärungsrichtigen Verhaltens (dazu Rdn. 1017).[1333] Der Schadensersatzanspruch des Darlehensnehmers kann auch auf Aufhebung des aufgrund der fehlerhaften Beratung zustande gekommenen Darlehensvertrages gerichtet sein.[1334]

1032 Mit der Umsetzung von Art. 22 Abs. 3 RL 2014/17/EU wurden zum 21.03.2016 erstmals gesetzliche Regelungen für Beratungsleistungen im Zusammenhang mit Immobilienfinanzierungen eingeführt. Sie gelten allerdings **nur für Beratungsleistungen zu Immobiliar-Verbraucherdarlehensverträgen.**[1335] Nach der Legaldefinition in § 511 Abs. 1 BGB liegt eine Beratungsleistung vor, wenn der Darlehensgeber dem Darlehensnehmer individuelle Empfehlungen zu einem Geschäft oder zu mehreren Geschäften erteilt, die im Zusammenhang mit einem Immobiliar-Verbraucherdarlehensvertrag stehen. Die Beratungsleistung wird dabei vom Gesetzgeber keineswegs unterstellt, sondern bleibt auch bei Immobiliar-Verbraucherdarlehen eine gesonderte Tätigkeit, die mit der Gewährung oder Vermittlung von Darlehen kombiniert werden kann, aber nicht muss.[1336] Die Beratungsleistung ist von der Erläuterungspflicht des Darlehensgebers aus § 491a Abs. 3 BGB (dazu Rdn. 1058–1065) abzugrenzen. Anders als die Beratungsleistungen umfasst die Erläuterungspflicht nicht die Erteilung von Empfehlungen, sondern soll den Darlehensnehmer in die Lage versetzen, selbst zu entscheiden, ob der Darlehensvertrag für ihn geeignet ist.[1337]

1033 Bevor der Darlehensgeber Beratungsleistungen für Immobiliar-Verbraucherdarlehensvertrag erbringt oder einen entsprechenden Beratungsvertrag abschließt, hat er den Darlehensnehmer darüber in Kenntnis zu setzen, ob überhaupt eine Beratungsleistung erbracht wird (Art. 22 Abs. 1 RL 2014/17/EU)[1338] und ihn insbesondere gemäß Art. 247 § 18 EGBGB darüber zu informieren,

- wie hoch das Entgelt ist, sofern ein solches für die Beratungsleistung verlangt wird; lässt sich die Höhe des Entgelts noch nicht bestimmen, ist über die Methode zu informieren, die für die Berechnung verwendet wird;
- ob der Darlehensgeber seiner Empfehlung nur oder im Wesentlichen eigene Produkte zugrunde legt oder ob er neben eigenen Produkten auch eine größere Anzahl von Produkten anderer Anbieter zugrunde legt.

Diese vorvertraglichen Informationen sind dem Darlehensnehmer auf einem dauerhaften Datenträger zu übermitteln und können in der gleichen Art und Weise wie weitere Informationen gem. Art. 247 § 1 Abs. 3 Satz 1 EGBGB in einem gesonderten Dokument dem »ESIS-Merkblatt« beigefügt werden (Art. 247 § 18 Abs. 2 EGBGB). Ferner hat sich der Darlehensgeber vor Erbringung der Beratungsleistung zunächst über den Bedarf, die persönliche und finanzielle Situation sowie über die Präferenzen und Ziele des Darlehensnehmers zu informieren, soweit dies für eine passende Empfehlung eines Darlehensvertrages erforderlich ist (§ 511 Abs. 2 Satz 1 BGB; »Exploration«). Der Darlehensgeber hat folglich – ausgehend von einem durchschnittlichen Darlehensnehmer[1339] –

1332 BGH, Urt. v. 29.11.2011 – XI ZR 220/10, ZIP 2012, 67; BGH, Urt. v. 01.07.2014 – XI ZR 247/14, ZIP 2014, 1620 (Rn. 17 ff.), zu vermittelnden Lebensversicherungen.

1333 *Buck-Heeb* ZIP 2018, 705 (713).

1334 OLG Düsseldorf, Urt. v. 22.12.2016 – I-6 U 57/16, WM 2017, 2059; *Buck-Heeb* ZIP 2018, 705 (713).

1335 Für eine Übertragbarkeit der in § 511 BGB enthaltenen Grundsätze auf andere Finanzierungsberatungsverträge *Buck-Heeb* ZIP 2018, 705 (709).

1336 Vgl. Begr. RegE zu § 511 BGB, BT-Drucks. 18/1522, S. 105; abweichend *Buck-Heeb/Lang* ZBB/JBB 2016, 320 (329), die bei einem Gespräch zur Anbahnung eines Immobiliar-Verbraucherdarlehensvertrages zwischen dem Mitarbeiter des Kreditinstituts und dem Kunden regelmäßig von einer Beratung i.S.d. § 511 BGB ausgehen. Zur unklaren dogmatischen Einordnung als (stillschweigender) Beratungsvertrag oder als Rücksichtnahmepflicht gem. § 241 Abs. 2 BGB vgl. *Krüger* BKR 2016, 397 (402).

1337 Begr. RegE zu § 511 BGB, BT-Drucks. 18/5922, S. 105.

1338 *Krüger* BKR 2016, 397 (399); *Buck-Heeb* ZIP 2018, 705 (707) mit dem Hinweis, dass über das »Ob« einer Beratung bei stillschweigend abgeschlossenen Beratungsverträgen kaum aufgeklärt werden kann.

1339 Begr. RegE zu § 511 BGB, BT-Drucks. 18/5922, S. 106.

das Beratungsbedürfnis des Darlehensnehmers zu ermitteln. Erbringt der Darlehensgeber sodann Beratungsleistungen, hat er auf der Grundlage dieser aktuellen Informationen, zu denen auch die vom Darlehensnehmer gem. Art. 247 § 1 Abs. 1 EGBGB für die Kreditwürdigkeitsprüfung beigebrachten Informationen gehören können,[1340] und unter Zugrundelegung »realistischer Annahmen« hinsichtlich der Risikobereitschaft des Darlehensnehmers eine ausreichende Zahl an Darlehensverträgen zumindest aus seiner Produktpalette auf ihre Geeignetheit zu prüfen (§ 511 Abs. 2 Satz 2 BGB; vgl. auch § 18a Abs. 8 KWG). Im Hinblick auf die Produktpalette wird sich der Darlehensgeber grds. an den Darlehensvarianten zu orientieren haben, die er in seinen allgemeinen Informationen gem. Art. 247a § 1 EGBGB (dazu Rdn. 1026–1028) abgebildet hat. »Aktuell« sind die Informationen, solange sie vom Darlehensgeber im Rahmen eines normalen Arbeitsprozesses geprüft und ausgewertet werden.[1341] Der Begriff »realistische Annahmen« gewährt dem Darlehensgeber bei der Geeignetheitsprüfung einen gewissen Einschätzungsspielraum.[1342] Er hat allerdings bei der Geeignetheitsprüfung die spezifischen Risikofaktoren des Darlehensnehmers (z.B. Arbeitsplatzverlust aufgrund eines befristeten Arbeitsverhältnisses) zu berücksichtigen, muss den Darlehensnehmer aber ohne besonderen Anlass nicht auf allgemeine Lebensrisiken wie Arbeitslosigkeit, Erwerbsunfähigkeit, Scheidung oder Krankheit hinweisen. Grds. wird eine eher risikoarme Betrachtungsweise zugrunde zu legen sein. Auf Grund der Geeignetheitsprüfung hat der Darlehensgeber dem Darlehensnehmer ein geeignetes Produkt oder auch mehrere geeignete Produkte zu empfehlen oder – auch das kann das Ergebnis der Beratung sein – ihn darauf hinzuweisen, dass er kein Produkt empfehlen kann (§ 511 Abs. 3 Satz 1 BGB). Der Gesetzgeber spricht insoweit von einer Beratung nach »kunden- und objektbezogenen« Kriterien.[1343] Unter kundenbezogenen Gesichtspunkten hat der Darlehensgeber einem kreditunwürdigen Darlehensnehmer von der Aufnahme eines Darlehens abzuraten.[1344] Die Empfehlung oder der Hinweis ist dem Darlehensnehmer als Ergebnis der Beratung auf einem dauerhaften Datenträger zur Verfügung zu stellen (§ 511 Abs. 3 Satz 2 BGB); ferner ist über das Ergebnis der Beratungsleistung auch in den vorvertraglichen Informationen zum Immobiliar-Verbraucherdarlehensvertrag (Abschnitt 1 des »ESIS-Merkblatts« – Anlage 6 zu Art. 247 § 1 Abs. 2 EGBGB; dazu nachfolgend Rdn. 1049) zu unterrichten. Auf die Vermittlung von Immobiliar-Verbraucherdarlehensverträge finden vorstehende Regelungen – teilweise modifiziert – entsprechende Anwendung (§ 655a Abs. 3 BGB); sie gelten aber nicht für die Vermittlung von Immobiliar-Förderdarlehen (§ 491 Abs. 3 Satz 3 BGB). Führt eine fehlerhafte Beratung durch den Darlehensgeber oder durch den Darlehensvermittler zu einem Schaden beim Darlehensnehmer, begründet das eine auf den Ersatz des Vertrauensschadens begrenzte Schadensersatzpflicht des Darlehensgebers oder des Darlehensvermittlers (dazu Rdn. 1015–1017).[1345]

5. Kreditwürdigkeitsprüfung

a) Grundlagen

Bis zum 21.03.2016 war die Verpflichtung des Darlehensgebers zur Prüfung der Kreditwürdigkeit des Darlehensnehmers lediglich aufsichtsrechtlich in § 18 KWG a.F geregelt, seit 11.06.2010 erstmals auch mit einer speziell verbraucherdarlehensrechtlichen Regelung in § 18 Abs. 2 KWG a.F. 1034

1340 Begr. RegE zu § 511 BGB, BT-Drucks. 18/5922, S. 106.

1341 Begr. RegE zu § 511 BGB, BT-Drucks. 18/5922, S. 106.

1342 Begr. RegE zu § 511 BGB, BT-Drucks. 18/5922, S. 106.

1343 Begr. RegE zu § 511 BGB, BT-Drucks. 18/5922, S. 107; der BGH (Urt. v. 19.12.2017 – XI ZR 152/17 (Rn. 34)) hat allerdings eine Übertragung der Grundsätze zur Anlageberatung auf Finanzierungsberatungsverträge abgelehnt; ebenso *Buck-Heeb/Lang* ZBB/JBB 2016, 320 (330); *Buck-Heeb* ZIP 2018, 705 (709).

1344 MüKo-BGB/*Schürnbrand* § 505d Rn. 19; vgl. auch § 505a Abs. 1 BGB, der den Abschluss eines Verbraucherdarlehensvertrages mit einem kreditunwürdigen Darlehensnehmer untersagt.

1345 Zur Verjährung eines Schadensersatzanspruchs wegen Falschberatung über das Finanzierungsmodell BGH, Urt. v. 16.05.2017 – XI ZR 430/16, NJW 2017, 2189 (Rn. 16).

Eine zivilrechtliche Regelung fand sich lediglich in § 509 BGB a.F., die jedoch praktisch weitgehend bedeutungslos war. Nach überwiegender und zutreffender Auffassung kam auch der verbraucherdarlehensrechtlichen Regelung des § 18 Abs. 2 KWG keine drittschützende Wirkung zu (dazu Rdn. 998).[1346] Weder konnte der Darlehensnehmer gegen den Darlehensgeber aus der Vorschrift einen Anspruch auf Kreditwürdigkeitsprüfung herleiten noch führte eine Verletzung der aufsichtsrechtlichen Pflicht zur Kreditwürdigkeitsprüfung zu einem Schadensersatzanspruch des Darlehensnehmers gegen den Darlehensgeber aus §§ 280 Abs. 1, 311 Abs. 2, 241 Abs. 2 BGB. Ebenso wenig führte die Kreditwürdigkeitsprüfung zu einer Aufklärungspflicht des Darlehensgebers (dazu Rdn. 998).[1347] Das »Gesetz zur Umsetzung der Wohnimmobilienkreditrichtlinie und zur Änderung handelsrechtlicher Vorschriften« vom 11.03.2016[1348] brachte nicht nur erheblich verschärfte Anforderungen an die Kreditwürdigkeitsprüfung mit sich, sondern neben einer erweiterten aufsichtsrechtlichen Regelung (§ 18a KWG) erstmals auch eine korrespondierende zivilrechtliche Pflicht des Darlehensgebers zur Kreditwürdigkeitsprüfung und ausdrückliche zivilrechtliche Sanktionen für den Fall eines Pflichtverstoßes (§§ 505a ff. BGB; Art. 18 bis 20, 38 sowie Erwägungsgründe 55 bis 61 RL 2014/17/EU).[1349] Im Referentenentwurf des Umsetzungsgesetzes war zunächst eine weiterhin nur aufsichtsrechtliche Verortung der Kreditwürdigkeitsprüfung vorgesehen. Unter Hinweis auf eine Entscheidung des EuGH,[1350] in der die verbraucherschutzrechtliche Zielrichtung der vorvertraglichen Pflicht zur Kreditwürdigkeitsprüfung zum Zwecke des Schutzes des Verbrauchers vor der finanziellen Überforderung des Darlehensnehmers durch Überschuldung und Zahlungsunfähigkeit hervorgehoben wurde, hat der Gesetzgeber jedoch einen Wandel im Verständnis des Zwecks der Kreditwürdigkeitsprüfung vollzogen, der sich nach den Vorstellungen des Gesetzgebers mit individualschützenden zivilrechtlichen Regelungen zur Verhinderung leichtfertiger Kreditvergaben besser realisieren lässt als mit einer nur aufsichtsrechtlichen Regelung ohne drittschützende Wirkung.[1351] Es handelt sich insoweit allerdings um eine überschießende nationale Umsetzung der Sanktionsvorgaben der RL 2014/17/EU, die es nach Erwägungsgrund 57 hätte ausreichen lassen, von den zuständigen Behörden zu verlangen, im Rahmen ihrer Aufsichts- und Kontrolltätigkeiten entsprechende Maßnahmen einzuleiten und die Verfahren der Darlehensgeber bei der Kreditwürdigkeitsprüfung zu überwachen.[1352] Letztlich wird man die nun auch zivilrechtlich geregelte Pflicht zur Kreditwürdigkeitsprüfung als national verbliebenen Teilaspekt des ursprünglich für die Wohnimmobilienkreditrichtlinie (RL 2014/17/EU) vorgesehenen »Prinzips der verantwortungsvollen Kreditvergabe« (»responsible lending«; dazu Rdn. 998)[1353] mit einer Verlagerung der Verantwortlichkeiten auf den Darlehensgebers einzuordnen haben. Aus den zivilrechtlichen Regelungen der §§ 505a ff. BGB ergibt sich ein subjektives Recht des einzelnen Darlehensnehmers auf eine ordnungsgemäße Prüfung seiner Kreditwürdigkeit. Diese Regelungen gelten auch für entgeltliche Finanzierungshilfen (§ 506 BGB; Art. 4 Nr. 3 RL 2014/17/EU), nicht aber für Verbraucher-Förderdarlehen.[1354]

1035 Auf Grund der zahlreichen unbestimmten Rechtsbegriffe in den gesetzlichen Regelungen zur Kreditwürdigkeitsprüfung (z.B. »wahrscheinlich«, »angemessen«, »eingehend«, »hauptsächlich«) sowie der damit verbundenen Unklarheiten bei der Auslegung der gesetzlichen Vorschriften, und

---

1346 Begr. RegE zu §§ 505a ff. BGB, BT-Drucks. 18/5922, S. 97.

1347 *Buck-Heeb* BKR 2014, 221 (224); *Nobbe* WM 2011, 625 (629 f.); *Herresthal* WM 2009, 1176 (1178); *Schürnbrand* ZBB 2008, 383 (388 f.).

1348 BGBl. I, S. 396.

1349 Vgl. zu den Neuregelungen *Buck-Heeb/Lang* ZBB/JBB 2016, 320; *Buck-Heeb* NJW 2016, 2065; *Binder* ZIP 2018, 1201.

1350 EuGH, Urt. v. 27.03.2014 – RS. C-565/12, ZIP 2014, 1837 (Rn. 42 ff., 52).

1351 Begr. RegE zu §§ 505a ff. BGB, BT-Drucks. 18/5922, S. 96 f.; befürwortend *Stamenković/Michel* VuR 2016, 132 (135); kritisch zu Recht *König* WM 2017, 269 (271 f.).

1352 *König* WM 2017, 269 (272); vgl. auch *Buck-Heeb* BKR 2015, 177 (181).

1353 Vgl. etwa *Herresthal* EuZW 2014, 497.

1354 Begr. RegE zu § 18a KWG, BT-Drucks. 18/5922, S. 135.

angesichts der drastischen Sanktionen für den Fall eines Verstoßes gegen die gesetzliche Pflicht zur Kreditwürdigkeitsprüfung, die bereits als »Widerrufsjoker II« gehandelt werden,[1355] deutete sich in der Kreditpraxis eine restriktive Vergabe und ein erschwerter Zugang zu Immobiliar-Verbraucherdarlehen insbes. für ältere Menschen (z.B. aufgrund des Renteneintritts während der Darlehenslaufzeit) und junge Familien (z.B. aufgrund des Wegfalls eines Einkommens bei Familienzuwachs) an. Der Gesetzgeber hat daher nach berechtigter Kritik von verschiedensten Seiten im Rahmen des »Finanzaufsichtsrechtergänzungsgesetzes«[1356] vom 06.06.2017 unter Bezugnahme auf Erwägungsgrund 55 RL 2014/17/EU in § 505e BGB und in § 18 Abs. 10a KWG eine Ermächtigung für das Bundesministerium der Finanzen und das Bundesministerium der Justiz und für Verbraucherschutz aufgenommen, im Wege einer gemeinsamen Rechtsverordnung Leitlinien für die Kreditwürdigkeitsprüfung bei Immobiliar-Verbraucherdarlehen festzulegen. Auf der Grundlage dieser Ermächtigungsgrundlage haben die Bundesministerien zum 01.05.2018 die »Verordnung zur Festlegung von Leitlinien zu den Kriterien und Methoden der Kreditwürdigkeitsprüfung bei Immobiliar-Verbraucherdarlehen« (Immobiliar-Kreditwürdigkeitsprüfungsleitlinien-Verordnung – ImmoKWPLV) vorgelegt erlassen.[1357] Mit dieser Verordnung soll im Interesse von Darlehensgebern und Verbrauchern die Rechtssicherheit im Bereich der Kreditwürdigkeitsprüfung bei Immobiliar-Verbraucherdarlehen erhöht werden.[1358] Ob sich diese Rechtssicherheit allerdings tatsächlich mit einer Verordnung ohne Gesetzlichkeitsfiktion erreichen lässt, bleibt abzuwarten.[1359] Mit dem »Gesetz zur Umsetzung der zweiten Zahlungsdiensterichtlinie« vom 17.07.2017[1360] wurde zudem in § 505a Abs. 3 BGB – und korrespondierend in § 18a Abs. 2a KWG – eine Sonderregelung zur Entbehrlichkeit der Kreditwürdigkeitsprüfung für Immobiliar-Verbraucherdarlehensverträge eingefügt, die als Anschlussverträge ohne deutliche Erhöhung des Nettodarlehensbetrages im Wege einer Abschnittsfinanzierung oder zum Zwecke einer Umschuldung abgeschlossen werden (dazu Rdn. 1043, 1239–1240).[1361]

b) Zivilrechtliche Anforderungen an die Kreditwürdigkeitsprüfung bei Immobiliar-Verbraucherdarlehen

Der Verbraucherdarlehensvertrag darf nur abgeschlossen werden, wenn aufgrund der durchgeführten Kreditwürdigkeitsprüfung **1036**
- bei Allgemein-Verbraucherdarlehen »keine erheblichen Zweifel« bestehen,
- bei Immobiliar-Verbraucherdarlehen es »wahrscheinlich« ist,

dass der Darlehensnehmer seinen im Zusammenhang mit dem Darlehensvertrag stehenden Verpflichtungen vertragsgemäß nachkommen wird (§ 505a Abs. 1 Satz 2 BGB; für Immobiliar-Verbraucherdarlehen vgl. Art. 18 Abs. 5 Buchst. a) RL 2014/17/EU). Es handelt sich dabei um ein Verbot, bei negativem Ergebnis der Kreditwürdigkeitsprüfung den Verbraucherdarlehensvertrag abzuschließen; ein Verstoß gegen dieses Verbot führt aber nicht gem. § 134 BGB zur Nichtigkeit des Verbraucherdarlehensvertrages (dazu Rdn. 1045–1049). Bei Immobiliar-Verbraucherdarlehen muss die vertragsgemäße Rückzahlung des Darlehens in jedem Stadium der Vertragslaufzeit »wahrscheinlich«[1362] sein. Die zu treffende **Prognoseentscheidung** (vgl. § 2 Abs. 1 ImmoKWPLV) im Zusammenhang mit der Fähigkeit des Darlehensnehmers zur Rückzahlung des Verbraucherdarlehens

1355 *König* WM 2017,269 (270).

1356 Gesetz zur Ergänzung des Finanzdienstleistungsaufsichtsrechts im Bereich der Maßnahmen bei Gefahren für die Stabilität des Finanzsystems und zur Änderung der Umsetzung der Wohnimmobilienkreditrichtlinie v. 06.06.2017, BGBl. I, S. 1495.

1357 BGBl. I, S. 529.

1358 Begr. RegE zu § 18a KWG, BT-Drucks. 18/10935, S. 28.

1359 *Buck-Heeb* WM 2017, 1329 (1335).

1360 BGBl. I, S. 2446.

1361 Beschlussempfehlung und Bericht des Finanzausschusses zu § 505a BGB, BT-Drucks. 18/12568, S. 183.

1362 Zum Begriff der »Wahrscheinlichkeit« vgl. *Buck-Heeb/Lang* ZBB/JBB 2016, 320 (323); ferner § 4 Abs. 4 Satz 2 ImmoKWPLV.

muss nach einer Gesamtschau aller relevanten Faktoren vernünftigerweise vertretbar sein und eröffnet dem Darlehensgeber gewisse Ermessensspielräume.[1363] An die Prognoseentscheidung dürfen keine übermäßig strengen Anforderungen gestellt werden.[1364] Bei der Prognose, welche künftigen Entwicklungen »wahrscheinlich« sind, kann der Darlehensgeber – vorbehaltlich abweichender Anhaltspunkte – einen Verlauf der Dinge annehmen, wie er nach der Lebenserfahrung typischerweise anzunehmen ist (vgl. § 3 Abs. 1 ImmoKWPLV). Der Begriff der Lebenserfahrung umfasst dabei sowohl die allgemeine Lebenserfahrung als auch spezielle Erfahrungswerte der Branche. Der Prognosezeitraum richtet sich nach der Laufzeit des Darlehensvertrages; je weiter der Prognosezeitraum in die Zukunft reicht, desto stärker kann der Darlehensgeber auf Erfahrungswerte und Schätzungen zurück greifen (vgl. § 3 Abs. 2 ImmoKWPLV). Der **maßgebliche Zeitpunkt für die Kreditwürdigkeitsprüfung** liegt vor Vertragsschluss (§ 505a Abs. 1 BGB: »vor dem Abschluss eines Verbraucherdarlehensvertrages«). Nachträglich eingetretene Umstände, die auf die Kreditwürdigkeit Einfluss haben könnten, sind daher – soweit sie nicht in die zu treffende Prognoseentscheidung einzufließen haben – unbedeutend. Wird ein Allgemein-Verbraucherdarlehen nachträglich grundpfandrechtlich besichert, dürfte es grds. bei der Einordnung als Allgemein-Verbraucherdarlehen bleiben, insbes. kann eine nachträgliche grundpfandrechtliche Besicherung des Allgemein-Verbraucherdarlehens keine Pflicht zur erneuten Kreditwürdigkeitsprüfung nach den erhöhten Anforderungen für Immobiliar-Verbraucherdarlehen auslösen, da die Pflicht zur Kreditwürdigkeitsprüfung zeitlich an den Abschluss des Darlehensvertrags anknüpft.

1037 Bei **Immobiliar-Verbraucherdarlehen** ist eine »eingehende Prüfung« der Kreditwürdigkeit **auf der Grundlage »notwendiger, ausreichender und angemessener« Informationen** zu Einkommen, Ausgaben und anderen finanziellen und wirtschaftlichen Umständen des Darlehensnehmers erforderlich (§ 505b Abs. 2 Satz 1 BGB). Die hierfür gem. § 505b Abs. 2 BGB erforderlichen Informationen ermittelt der Darlehensgeber aus einschlägigen **»internen« und »externen« Quellen**. Zu den »internen Quellen« gehören die beim Darlehensgeber evt. bereits vorhandenen Unterlagen oder Erkenntnisse aus der Kontoführung des Darlehensnehmers; eine Gesamtzurechnung aller Erkenntnisse des Darlehensgebers erfolgt dabei im Rahmen der Wissenszurechnung allerdings nicht, vielmehr sind auch verpflichtende interne »Chinese Walls« zu beachten.[1365] Zu den »externen« Quellen gehören zunächst die Auskünfte, die der Darlehensgeber von einem Darlehensvermittler erhält (§ 505b Abs. 3 Satz 2 BGB, Art. 247 § 13b Abs. 2 EGBGB; Art. 20 Abs. 1 Satz 2, Abs. 2 RL 2014/17/EU). Als »externe« Quelle können ferner insbes. Auskünfte von anderen Kreditinstituten und von Auskunfteien wie etwa Kreditdatenbanken (z.B. Schufa) im Sinne des § 505b Abs. 1 BGB dienen (Art. 21 und Erwägungsgrund 59 RL 2014/17/EU).[1366] Zudem gehören zu den »externen« Quellen auch die Auskünfte des Darlehensnehmers (§ 505b Abs. 3 Satz 1 Halbs. 2 BGB; Art. 20 Abs. 1 Satz 2 RL 2014/17/EU). Nach Art. 247 § 1 Abs. 1 Satz 1 EGBGB (Art. 20 Abs. 3 RL 2014/17/EU) muss der Darlehensgeber daher dem Darlehensnehmer vorvertraglich zunächst mitteilen, welche Informationen und Nachweise er innerhalb welchen Zeitraums von ihm benötigt, um eine ordnungsgemäße Kreditwürdigkeitsprüfung für den Immobiliar-Verbraucherdarlehensvertrag durchführen zu können. Dazu wird in der Regel eine **Selbstauskunft** des Darlehensnehmers einzuholen sein.[1367] Als einzelne Nachweise kommen dabei etwa Gehalts- oder Einkommensnachweise, Personenstandsurkunden, Konto- oder Grundbuchauszüge sowie Angaben des Darlehensnehmers zu seinen laufenden Ausgaben (z.B. Miete, Unterhaltszahlungen, Versicherungen, Mobilität), Altschulden und Lebenshaltungskosten in Betracht.[1368] Anlasslos muss der Darlehensgeber insoweit keine höchstpersönlichen Lebensumstände wie etwa Familienplanung, Schwangerschaft, Krankheit

1363 Buck-Heeb WM 2017, 1329 (1331).
1364 Begr. zu § 2 ImmoKWPLV Bundesanzeiger v. 30.04.2018, S. 3.
1365 *Buck-Heeb* WM 2017, 1329 (1332).
1366 Begr. RegE zu § 505b BGB, BT-Drucks. 18/5922, S. 99.
1367 *Josten* Kreditvertragsrecht Rn. 496.
1368 Begr. RegE zu Art. 247 § 1 Abs. 1 EGBGB, BT-Drucks. 18/5922, S. 111.

abfragen,[1369] insbes. dürfen die Grenzen des allgemeinen Persönlichkeitsschutzes und des Benachteiligungs- bzw. Diskriminierungsverbots (Allgemeines Gleichbehandlungsgesetz – AGG) nicht überschritten werden;[1370] die diesbezügliche Praxis beim Abschluss von Lebensversicherungen ist auf Verbraucherdarlehen nicht übertragbar. Der Darlehensgeber hat den Darlehensnehmer ferner darauf hinzuweisen, dass eine Kreditwürdigkeitsprüfung für den Abschluss des Darlehensvertrags zwingend ist und nur durchgeführt werden kann, wenn die hierfür benötigten Informationen und Nachweise richtig sind und vollständig beigebracht werden (Art. 247 § 1 Abs. 1 Satz 2 EGBGB; Art. 20 Abs. 4 RL 2014/17/EU). Die Einhaltung einer bestimmten Form ist für die Mitteilung und den Hinweis nicht vorgeschrieben, sie können auch standardisiert erteilt werden.[1371] Die Kreditwürdigkeitsprüfung hat zwar **individualisiert** zu erfolgen (vgl. § 2 Abs. 3 Satz 1 des ImmoKWPLV), ausgehend von den persönlichen Lebensumständen des Darlehensnehmers kann der Darlehensgeber aber gleichwohl bzgl. einzelner Faktoren nach allgemeiner Lebenserfahrung auch **Schätzungen oder Erfahrungswerte** heranziehen oder auf **tabellarische Werte oder Pauschalen** (z.B. öffentliche Statistiken) zurückgreifen. Das gilt in erster Linie für die Auswirkungen künftiger Ereignisse, soweit aussagekräftige Informationen nicht mit verhältnismäßigem Aufwand zu ermitteln sind (vgl. § 3 Abs. 3 ImmoKWPLV), wie das etwa beim Ruhestandseinkommen (»Rentenstatistiken«) der Fall sein kann. Soweit nicht bereits der Darlehensnehmer zuverlässige Angaben in seiner Selbstauskunft machen kann, ist der Rückgriff auf Pauschalen bzw. Erfahrungswerte und Schätzungen auch hinsichtlich aktueller Faktoren wie etwa der Lebenshaltungskosten oder der Kosten für einen Pkw im Haushalt des Darlehensnehmers denkbar. Zur Frage der Aktualität der erhaltenen Unterlagen und Auskünfte bzw. Informationen treffen die gesetzlichen Vorschriften keine Aussage. Da sich die Kreditentscheidungsprozesse bei den Vertragsbeteiligten mitunter langwierig gestalten können, sollten bis zu sechs Monate alte Unterlagen und Auskünfte grds. noch als hinreichend aktuell behandelt werden können. Die Bestimmungen zum **Schutz personenbezogener Daten** bleiben bei der erforderlichen Einholung der erforderlichen Informationen unberührt (§ 505b Abs. 5 BGB; Art. 18 Abs. 7 RL 2014/17/EU). Eine Verwendung der erhaltenen Daten zu anderen Zwecken als die Kreditwürdigkeitsprüfung und möglichen diesbezüglichen späteren Streitigkeiten mit dem Darlehensnehmer wird angesichts der Sensibilität der Daten im Hinblick auf die finanziellen und wirtschaftlichen Verhältnisse des Darlehensnehmers nur ausnahmsweise ohne dessen Einwilligung in Betracht kommen.[1372]

Der Darlehensgeber hat die **erhaltenen Informationen in »angemessener« Weise zu überprüfen,** 1038
soweit erforderlich auch durch Einsichtnahme in unabhängig nachprüfbare Unterlagen (§ 505b Abs. 3 Satz 3 BGB; Art. 20 Abs. 1 Satz 3 RL 2014/17/EU). Er kann also je nach Quelle und zu berücksichtigenden Faktoren nicht ohne Weiteres darauf vertrauen, dass alle Informationen, die er erhalten hat, zutreffend und vollständig sind. So soll nach Abschnitt 4 Leitlinie 3 der EBA-Leitlinien zur Kreditwürdigkeitsprüfung (EBA/GL/2015/12) die Kreditdokumentation in einer Weise erstellt werden, die es ermöglicht, falsche Angaben des Darlehensnehmers festzustellen und zu verhindern. Allerdings muss insoweit eine Plausibilisierung ausreichen,[1373] die ggf. auch anhand von Erfahrungswerten oder tabellarischen Werten bzw. Pauschalen (z.B. öffentliche Statistiken) erfolgen kann. Eine detaillierte Verifizierung ist anlasslos nicht erforderlich. Besteht hingegen Anlass für eine Verifizierung, kann auch die Einsichtnahme in unabhängig nachprüfbare Unterlagen erforderlich sein; Zweifeln an den Angaben des Darlehensnehmers darf sich der Darlehensgeber nicht verschließen.

1369 Wohl auch *Binder* ZIP 2018, 1201 (1207, 1208); a.A. wohl Bülow/Artz/*Artz* Verbraucherkreditrecht (9.Aufl.) § 505b Rn. 3.

1370 Zutreffend *Josten* Kreditvertragsrecht Rn. 495; *Buck-Heeb* WM 2017, 1329 (1332).

1371 Begr. RegE zu Art. 247 § 1 Abs. 1 EGBGB, BT-Drucks. 18/5922, S. 111.

1372 Begr. RegE zu § 505b BGB, BT-Drucks. 18/5922, S. 100.

1373 So auch *Bitterwolf* in: Reischauer/Kleinhans, KWG 05/16, § 18a KWG Rn. 11; *Josten* Kreditvertragsrecht Rn. 483.

1039 Bei der »**eingehenden**« **Prüfung der Kreditwürdigkeit** sind die erhaltenen **Unterlagen und Informationen auszuwerten** und dabei die Umstände angemessen zu berücksichtigen, die für die Einschätzung erforderlich sind, ob der Darlehensnehmer seinen Verpflichtungen aus dem Immobiliar-Verbraucherdarlehensvertrag voraussichtlich nachkommen kann (§ 505b Abs. 2 Satz 2 BGB, § 2 Abs. 2 ImmoKWPLV; Art. 18 Abs. 1 und Art. 20 Abs. 1 Satz 1 RL 2014/17/EU). Die Prüfung hat sich auf die »**Fähigkeiten und Neigung**« des Verbrauchers zur Rückzahlung des Darlehens zu beziehen (Erwägungsgrund 55 RL 2014/17/EU). Dabei sollen sämtliche erforderlichen und relevanten Faktoren berücksichtigt werden, die die Fähigkeit des Darlehensnehmers beeinflussen könnten, während der Vertragslaufzeit fällige Rückzahlungen zu leisten. Es darf nicht zu unbilligen Härten oder einer Überschuldung des Darlehensnehmers kommen. Offen ist dabei, welches Mindesteinkommen oder -vermögen dem Darlehensnehmer verbleiben muss, um keine »unbillige Härten« hervorzurufen.[1374] Die Kreditwürdigkeitsprüfung hat zwar **individualisiert** zu erfolgen (vgl. § 2 Abs. 3 Satz 1 ImmoKWPLV), auch bei der Auswertung der Unterlagen und Informationen kann der Darlehensgeber aber ausgehend von den persönlichen Lebensumständen des Darlehensnehmers auch Erfahrungswerte oder Schätzungen zugrunde legen, soweit sie auf allgemeiner Lebenserfahrung beruhen. Je weiter der Prognosezeitraum in die Zukunft reicht, desto stärker kann der Darlehensgeber auf solche Erfahrungswerte und Schätzungen zurückgreifen (vgl. § 3 Abs. 2 ImmoKWPLV). Es ist dem Darlehensgeber auch gestattet, zum Zwecke der individualisierten Kreditwürdigkeitsprüfung von seinen eigenen standardisierten Verfahrensgrundsätzen zur Kreditwürdigkeitsprüfung (vgl. § 505a Abs. 4 BGB; § 18a Abs. 5 KWG) abzuweichen, ohne dass die Kreditwürdigkeitsprüfung hierdurch zwangsläufig fehlerhaft wird (§ 2 Abs. 3 Satz 2 ImmoKWPLV). Erste Hinweise zu den Anforderungen an die Kreditwürdigkeitsprüfung für Immobiliar-Verbraucherdarlehen ergaben sich bereits aus den EBA-Leitlinien zur Kreditwürdigkeitsprüfung (EBA/GL/2015/11 v. 19.08.2015), die sich allerdings nicht unmittelbar an den Darlehensgeber richten.[1375] Nähere Regelungen lassen sich der »Verordnung zur Festlegung von Leitlinien zu den Kriterien und Methoden der Kreditwürdigkeitsprüfung bei Immobiliar-Verbraucherdarlehen« (**Immobiliar-Kreditwürdigkeitsprüfungsleitlinien-Verordnung – ImmoKWPLV**) entnehmen. Neben den zu berücksichtigenden wahrscheinlichen **Negativszenarien** wie etwa Renteneintritt, Zins- oder Wechselkursrisiken[1376] (vgl. 4 Abs. 3 ImmoKWPLV, Abschnitt 4 Leitlinie 6 der EBA-Leitlinien zur Kreditwürdigkeitsprüfung – EBA/GL/2015/11 v. 19.08.2015; Begr. RegE zu § 505b BGB, BT-Drucks. 18/5922, S. 99) kann der Darlehensgeber auch **Positivszenarien** wie etwa eine Verlängerung des Beschäftigungsverhältnisses sowie – bei ausreichendem Nachweis – eine Gehaltssteigerung oder einen Vermögenszuwachs berücksichtigen (vgl. § 4 Abs. 4 ImmoKWPLV; vgl. auch Abschnitt 4 Leitlinie 4.4 der EBA-Leitlinien zur Kreditwürdigkeitsprüfung – EBA/GL/2015/11 v. 19.08.2015). Handelt es sich um einen Immobiliar-Verbraucherdarlehensvertrag, bei dem am Ende der Vertragslaufzeit das Darlehen in einer Summe oder teilweise zur Rückzahlung fällig wird, hat sich die Kreditwürdigkeitsprüfung auch auf die Wahrscheinlichkeit zu erstrecken, dass der Darlehensnehmer der Verpflichtung zur Rückzahlung dieses endfälligen Darlehens(rest)betrages wird nachkommen können (§ 4 Abs. 5 Satz 1 ImmoKWPLV). Soweit der endfällige Darlehens(rest) betrag nach den vertraglichen Vereinbarungen nicht aus eigenen Mitteln des Darlehensnehmers geleistet werden soll, hat sich die Kreditwürdigkeitsprüfung auf die Wahrscheinlichkeit eines künftigen Anschlussdarlehensvertrages zu erstrecken (§ 4 Abs. 5 Satz 2 ImmoKWPLV; zur Entbehrlichkeit einer Kreditwürdigkeitsprüfung für diesen Anschlussdarlehensvertrag vgl. Rdn. 1043).

1374 Dazu *König* WM 2017, 269 (278).

1375 *König* WM 2017, 269 (270).

1376 Insoweit liegt es nahe, auf die Werte aus den entsprechenden Warnhinweisen zum Zins- und Wechselkursrisiko in Abschnitten 4 und 6 des »ESIS-Merkblatts« (Anlage 6 zu Art. 247 § 1 Abs. 2 EGBGB) zurückzugreifen. Zu berücksichtigen ist bei Annuitätendarlehen auch die Möglichkeit der der Verlängerung der Darlehenslaufzeit aufgrund einer Zinsänderung, wenn die Leistungsrate zur Aufrechterhaltung des vertraglich vereinbarten Tilgungssatzes angepasst wird.

Die Prüfung der Kreditwürdigkeit wird sich zunächst dem **Einkommen und Vermögen** des Darlehensnehmers sowie der Entwicklung des Einkommens einschließlich etwaiger Einkommensschwankungen im Laufe der Zeit zuwenden. Bei selbständig tätigen Darlehensnehmern oder bei Verbrauchern, die über ein saisonales oder sonstiges unregelmäßiges Einkommen verfügen, ist besondere Sorgfalt bei der Kreditwürdigkeitsprüfung geboten. Hier wird man – ebenso wie bei variablen Einkommensbestandteilen (z.B. Bonuszahlungen) – nach allgemeiner Lebenserfahrung durchschnittliche Werte der letzten Jahre heranziehen können.[1377] Zu berücksichtigen sind auch künftig zu erwartende **Einnahmen aus einer Vermietung oder Verpachtung** von Immobilien, soweit diese Einnahmen dem Grunde und der Höhe nach wahrscheinlich und nachhaltig zu erzielen sind; mögliche, aber ungewisse Mietsteigerungen sind nicht zu berücksichtigen (§ 4 Abs. 1 Satz 2 Nr. 3 ImmoKWPLV; Erwägungsgrund 56 RL 2014/17/EU). Als wahrscheinliches **Negativszenario** kommt auf der Einkommensseite insbes. ein verringertes **Ruhestandseinkommen** des Darlehensnehmers in Betracht, wenn die Darlehenslaufzeit über das voraussichtliche Renteneintrittsalter des Darlehensnehmers hinausgeht (§ 4 Abs. 3 Satz 1 ImmoKWPLV; Abschnitt 4 Leitlinie 4.3 der EBA-Leitlinien zur Kreditwürdigkeitsprüfung – EBA/GL/2015/11 v. 19.08.2015).[1378] Ein verringertes Ruhestandseinkommen ist bei der Prüfung der Fähigkeit des Darlehensnehmers, seinen Zahlungsverpflichtungen aus dem Immobiliar-Verbraucherdarlehensvertrag nachzukommen, angemessen zu berücksichtigen. Da es sich dabei in aller Regel um Fiktionen handeln wird, kann der Darlehensgeber sowohl hinsichtlich des Renteneintrittsalters als auch hinsichtlich des Ruhestandseinkommens, zu dem oftmals zuverlässige Werte zum maßgeblichen Zeitpunkt der Kreditwürdigkeitsprüfung noch nicht vorliegen werden, auf vernünftigerweise naheliegende Schätzungen oder Statistiken zurückgreifen. Der Eintritt nach der Lebenserfahrung möglicher, aber nicht überwiegend wahrscheinlicher Ereignisse (»**allgemeine Lebensrisiken**«) wie bspw. Arbeitslosigkeit, Erwerbsunfähigkeit, Scheidung oder das Versterben des Darlehensnehmers (»**Lebenserwartung**«) während der Vertragslaufzeit braucht nur berücksichtigt zu werden, wenn für ihren Eintritt konkrete Anhaltspunkte vorliegen (§ 4 Abs. 3 Satz 2 ImmoKWPLV);[1379] allein eine statistische Wahrscheinlichkeit solcher Lebensrisiken führt somit nicht dazu, dass sie zu berücksichtigen sind.[1380] So kann nach § 4 Abs. 3 Satz 3 ImmoKWPLV die Möglichkeit des Versterbens des Darlehensnehmers während der Vertragslaufzeit dann unberücksichtigt bleiben, wenn (1) wahrscheinlich ist, dass der Darlehensnehmer zu Lebzeiten seinen jeweils fälligen Verpflichtungen aus dem Immobiliar-Verbraucherdarlehensvertrag voraussichtlich vertragsgemäß nachkommen wird, und (2) der Immobilienwert oder der Wert anderer als Sicherheiten dienender Vermögenswerte hinreichende Gewähr für die Tilgung der Verbindlichkeiten aus dem Darlehensvertrag bietet. Ein eigenständiges Interesse der Erben, eine »schuldenfreie« Immobilie zu erben, ist nicht Schutzzweck der Kreditwürdigkeitsprüfung. Als zukünftige wahrscheinliche **Positivszenarien** können bspw. eine Verlängerung oder Entfristung eines Arbeitsverhältnisses, die Wiederaufnahme einer Berufstätigkeit nach einer Elternzeit oder eine Beförderung berücksichtigt werden (§ 4 Abs. 4 Satz 1 ImmoKWPLV). »Wahrscheinlich« ist ein solches zukünftiges positives Ereignis, wenn es bezogen auf die konkreten Umstände (z.B. Branche) nach der Lebenserfahrung voraussichtlich anzunehmen, wenn auch nicht sicher ist (§ 4 Abs. 4 Satz 2 ImmoKWPLV). Einen erwarteten »deutlichen« Anstieg des Einkommens darf der Darlehensgeber allerdings nur berücksichtigen, sofern die vom Darlehensnehmer vorgelegten Unterlagen einen ausreichenden Nachweis dafür bieten (§ 4 Abs. 4 Satz 3 ImmoKWPLV), wie das etwa bei Beamten aufgrund der Dienstaltersstufe der Fall sein kann; rein spekulative Erwartungen eines Anstiegs des Einkommens genügen nicht. Gehaltssteigerungen, die die Deutlichkeitsschwelle nicht überschreiten, kann der Darlehensgeber hingegen ohne Nachweis berücksichtigen und dabei etwa auf vergangene Werte aus dem Arbeits- oder Angestelltenverhältnis des Darlehensnehmers 1040

1377 A.A. *Buck-Heeb* WM 2017, 1329 (1333).

1378 Vgl. auch Begr. RegE zu § 505b BGB, BT-Drucks. 18/5922, S. 99.

1379 *Buck-Heeb* WM 2017, 1329 (1333 f.).

1380 Vgl. dazu auch *Buck-Heeb/Lang* ZBB/JBB 2016, 320 (324); *König* WM 2017, 269 (274, 275); abweichend Begr. RegE zu § 505e BGB, BT-Drucks. 18/10935, S. 41.

zurückgreifen.[1381] Es können neben dem Einkommen oder den Einnahmen aus Vermietung oder Verpachtung aber auch **Ersparnisse und andere Vermögenswerte** des Darlehensnehmers berücksichtigt werden (§ 4 Abs. 1 Satz 2 Nr. 4 ImmoKWPLV). Der Gesetzgeber scheint zwar davon auszugehen, dass der Kreditwürdigkeitsprüfung stets zunächst laufende Einnahmequellen zugrunde zu legen sind, er dürfte dabei aber nur den praktischen Regelfall laufender Einkommen im Blick gehabt haben. Daher ist es bspw. möglich, die Kreditwürdigkeit auch ohne laufende Einnahmen etwa allein aufgrund vorhandenen Vermögens zu bejahen, wenn das Darlehen – unter Berücksichtigung der Lebenshaltungskosten und der sonstigen Ausgaben des Darlehensnehmers – aus dem vorhandenen (liquiden oder ohne Weiteres liquidierbaren) Vermögen des Darlehensnehmers durch Verzehr dieses Vermögens getilgt werden kann. Das ergibt sich auch aus § 503 Abs. 1 Satz 3 BGB, der für Fremdwährungsdarlehen ausdrücklich die Rückzahlung der Darlehensschuld aus Vermögenswerten des Darlehensnehmers vorsieht. Einen erwarteten deutlichen Anstieg des Vermögens des Darlehensnehmers darf der Darlehensgeber als Positivszenario allerdings nur berücksichtigen, sofern die vom Darlehensnehmer vorgelegten Unterlagen einen ausreichenden Nachweis dafür bieten (§ 4 Abs. 4 Satz 3 ImmoKWPLV); rein spekulative Erwartungen eines Vermögenszuwachses genügen nicht.

1041 Besondere Bedeutung wird in der Kreditpraxis der Frage zukommen, ob und inwieweit der **Wert der belasteten oder finanzierten Immobilie bei der Kreditwürdigkeitsprüfung berücksichtigt** werden kann. Die Kreditwürdigkeitsprüfung darf nach § 505b Abs. 2 Satz 3 BGB (Art. 18 Abs. 3 RL 2014/17/EU) nicht hauptsächlich darauf gestützt werden, dass der Wert der Wohnimmobilie den Darlehensbetrag übersteigt, oder auf die Annahme, dass der Wert der Wohnimmobilie voraussichtlich zunimmt, es sei denn, der Darlehensvertrag dient zum Bau oder zur Renovierung der Wohnimmobilie. In dieser Fassung gilt § 505 Abs. 2 Satz 3 BGB zwar nur für Immobiliar-Verbraucherdarlehensverträge, die nach dem 09.06.2017 abgeschlossen wurden (Art. 229 § 40 Abs. 1 EGBGB),[1382] es soll sich bei den Änderungen gegenüber der Vorfassung aber nach den Vorstellungen des Gesetzgebers in erster Linie nur um »Klarstellungen« bzw. um eine engere Anlehnung des Wortlauts an Art. 18 Abs. 3 RL 2014/17/EU handeln.[1383] In der Vorfassung war weder die Beschränkung auf Wohnimmobilien noch die Ausnahmeregelung für Bau- oder Renovierungsfinanzierungen in § 505b Abs. 2 Satz 3 BGB vorgesehen. Das hatte insbes. eingeschränkte Kreditvergaben zum Zwecke der Finanzierung des altersgerechten Umbaus von Wohnimmobilien zur Folge. Die Kreditwürdigkeitsprüfung darf nach der Neufassung des § 505b Abs. 2 Satz 3 BGB folglich **hauptsächlich** auf die Berücksichtigung des Wertes der belasteten oder finanzierten **gewerblich oder landwirtschaftlich genutzten Immobilie** gestützt werden;[1384] das ist richtlinienkonform, weil die RL 2014/17/EU sich auf Wohnimmobilien beschränkt und der deutsche Gesetzgeber die RL 2014/17/EU insoweit überschießend umgesetzt hatte. Bei **Bau- oder Renovierungsdarlehen** (Art. 18 Abs. 3 Halbs. 2 RL 2014/17/EU) darf sich die Kreditwürdigkeitsprüfung auch hauptsächlich darauf stützen, dass der Wert der Wohnimmobilie den Darlehensbetrag übersteigt oder der Wert der Wohnimmobilie zunimmt (vgl. § 5 ImmoKWPLV). Das führt allerdings weder bei gewerblichen Immobilien noch bei Bau- und Renovierungsdarlehen dazu, dass der Darlehensgeber von einer Kreditwürdigkeitsprüfung absehen darf oder alleine darauf abstellen darf, dass der Wert der Wohnimmobilie die Darlehensverbindlichkeiten abdeckt, ohne dass der Darlehensnehmer in der Lage wäre, die darlehensvertraglichen Verpflichtungen zu erfüllen. Der Darlehensgeber bleibt vielmehr zu einer verantwortlichen Darlehensvergabeentscheidung verpflichtet.[1385] Wird eine **Wohnimmobilie finanziert** oder eine **Wohnimmobilie nicht zum Zwecke der Absicherung**

1381 *König* WM 2017, 269 (276).

1382 Gesetz zur Ergänzung des Finanzdienstleistungsaufsichtsrechts im Bereich der Maßnahmen bei Gefahren für die Stabilität des Finanzsystems und zur Änderung der Umsetzung der Wohnimmobilienkreditrichtlinie v. 06.06.2017, BGBl. I, S. 1495.

1383 Begr. RegE zu § 505b Abs. 2 Satz 3 BGB, BT-Drucks. 18/10935, S. 40.

1384 Vgl. Begr. zu § 4 Abs. 2 ImmoKWPLV Bundesanzeiger v. 30.04.2018, S. 6.

1385 Begr. RegE zu § 505b Abs. 2 Satz 3 BGB, BT-Drucks. 18/10935, S. 40.

einer Bau- oder Renovierungsdarlehen grundpfandrechtlich belastet, darf die Kreditwürdigkeitsprüfung **nicht hauptsächlich** auf die Werthaltigkeit oder den Wertzuwachs der Wohnimmobilie abgestellt werden. Alleine eine werthaltige Sicherheit oder mit dem Darlehen erworbene immobilienbezogene Werte können die Kreditwürdigkeit insoweit also nicht begründen.[1386] Der Schwerpunkt der Kreditwürdigkeitsprüfung muss auf die Fähigkeit des Darlehensnehmers gelegt werden, seinen Verpflichtungen aus dem Darlehensvertrag ordnungsgemäß nachzukommen. Das schließt freilich nicht aus, dass der Darlehensnehmer die bei der Kreditwürdigkeitsprüfung nach Maßgabe von § 505b Abs. 2 Satz 3 BGB berücksichtigte Wohnimmobilie bei Zahlungsschwierigkeiten durch Verwertungsmaßnahmen des Darlehensgebers verlieren kann. Einer Berücksichtigung der Wohnimmobilie bei der Kreditwürdigkeitsprüfung steht auch nicht entgegen, dass sich nach § 505a Abs. 1 Satz 2 BGB die Kreditwürdigkeitsprüfung auf die »vertragsgemäße« Erfüllung der Zahlungsverpflichtungen aus dem Verbraucherdarlehensvertrag bezieht (vgl. auch Art. 18 Abs. 5 Buchst. a) RL 2014/17/EU: »Verpflichtungen im Zusammenhang mit dem Kreditvertrag in der gemäß diesem Vertrag vorgeschriebenen Weise erfüllt werden«), der Immobilienwert aber nicht liquide ist und eine Verwertung der Wohnimmobilie nur erfolgt, wenn die Zins- und Tilgungszahlungen des Darlehensnehmers nicht mehr vertragsgemäß erfolgen.[1387] Auch die RL 2014/17/EU sieht keinen absoluten Schutz des Darlehensnehmers vor dem Verlust seiner belasteten oder finanzierten Wohnimmobilie vor (vgl. Art. 28 RL 2014/17/EU: »angemessene Nachsicht walten zu lassen, bevor Zwangsvollstreckungsverfahren eingeleitet werden«), sondern will lediglich verhindern, dass die Darlehensgewährung von vorneherein auf die Verwertung der belasteten oder finanzierten Wohnimmobilie hinausläuft. Soweit also die Gesetzesbegründung zu § 505a BGB den Schutz des Darlehensnehmers vor dem Verlust seiner Immobilie hervorhebt, ändert das nichts daran, dass es keinen absoluten Schutz vor diesem Verlust geben kann. So werden auch in Art. 19 RL 2014/17/EU und in der entsprechenden Vorschrift des § 505c BGB die **Standards für die Immobilienbewertung** (vgl. zur Immobilienbewertung z.B. § 16 Abs. 2 PfandBG, die Immobilienwertermittlungsverordnung – ImmoWertV, die Beleihungswertermittlungsverordnung – BelWertV Beleihungswertverordnung; fachliche Qualifikation und Objektivität der tätigen Immobiliengutachter)[1388] gerade im Zusammenhang mit der Kreditwürdigkeitsprüfung geregelt; das wäre sinnwidrig, wenn die Immobilie bei der Kreditwürdigkeitsprüfung überhaupt nicht berücksichtigt werden könnte. Der Darlehensgeber kann daher in solchen Fällen auch eine Wohnimmobilie im Rahmen seiner Prognoseentscheidung und der entsprechenden Ermessensspielräume als zusätzliches Merkmal zu anderen Faktoren durchaus berücksichtigen, solange er **nicht hauptsächlich** auf deren Wert abstellt (§ 4 Abs. 2 ImmoKWPLV). Er kann insoweit den »freien« Beleihungswert der Wohnimmobilie etwa zur Auflösung einer prognostizierten Unterdeckung heranziehen, die sich unter Berücksichtigung der Einnahmen, des sonstigen Vermögens, der Schulden, der Ausgaben und relevanter Negativszenarien hinsichtlich der Kapitaldienstfähigkeit des Darlehensnehmers ergibt.

Auf der **Ausgaben- bzw. Schuldenseite** sind regelmäßige Ausgaben (z.B. Lebenshaltungskosten, **1042** Miete), sonstige verbindliche und feste Ausgaben (z.B. Steuern und Versicherungen) sowie Faktoren wie etwa vorhandene Schulden, Unterhaltspflichten, zu berücksichtigen (§ 4 Abs. 1 Satz 2 Nr. 2 ImmoKWPLV; vgl. auch Rdn. 1036).

Bei Darlehensvergaben an **mehrere gesamtschuldnerisch haftende Darlehensnehmer** (z.B. Ehe- **1043** leute; nichteheliche Lebensgemeinschaften; dazu Rdn. 1070) darf bei der Kreditwürdigkeitsprüfung auf die Darlehensnehmermehrheit abgestellt werden, d.h. es ist nicht die Kreditwürdigkeit

1386 Begr. RegE zu § 505b BGB, BT-Drucks. 18/5922, S. 99.

1387 A.A. *Heibel* Bank Praktiker 2016, 330 (333 f.), der eine Berücksichtigung des (illiquiden) Immobilienwertes bei der Kreditwürdigkeitsprüfung nur für möglich hält, wenn sich der Darlehensnehmer bei realistischen Szenarien (z.B. altersbedingter Verkauf der Immobilie) gegenüber dem Darlehensgeber verpflichtet, den Wert der Immobilie zur Darlehenrückführung durch Veräußerung zu liquidieren.

1388 Vgl. Begr. RegE zu § 505c, BT-Drucks. 18/5922, S. 100.

jedes einzelnen Darlehensnehmers gesondert zu prüfen.[1389] Denn durch eine getrennte Kreditwürdigkeitsprüfung wären Darlehensnehmermehrheiten von einer Teilhabe am Wirtschaftsleben u.U. abgeschnitten. Insbes. bei Ehegatten oder eingetragenen Lebenspartnern würde es der gesetzgeberischen Zielsetzung widersprechen, einzelne Bevölkerungsschichten gerade nicht vom Zugang zu Immobilienfinanzierungen auszuschließen, wenn für die Kreditwürdigkeitsprüfung nicht auf das Haushaltseinkommen der gesamtschuldnerisch haftenden Darlehensnehmer abgestellt werden könnte. Der Schutzzweck der Kreditwürdigkeitsprüfung im Hinblick auf den einzelnen Darlehensnehmer (»Überschuldungsschutz«) wird durch den Gesamtschuldnerausgleich im Innenverhältnis (§ 426 Abs. 2 BGB) gewahrt, zumal sich bspw. der Innenausgleich bei Ehegatten grds. nach dem Verhältnis der Leistungsfähigkeit des jeweiligen Ehegatten richtet.[1390] Soll einer von mehreren Darlehensnehmern aus dem Darlehensvertrag entlassen werden, ist zuvor keine erneute Kreditwürdigkeitsprüfung für den oder die verbleibenden Darlehensnehmer erforderlich, denn die Rückgriffsmöglichkeiten im Innenverhältnis der Darlehensnehmer bleiben unberührt. Handelt es sich bei dem Darlehensnehmer um eine **Gesellschaft bürgerlichen Rechts**, die im Hinblick auf den Darlehensvertrag als Verbraucher zu qualifizieren ist (dazu Rdn. 1072–1082), kann bei der Kreditwürdigkeitsprüfung zunächst allein auf die finanziellen Verhältnisse der Gesellschaft abgestellt werden. Erweist sich die Gesellschaft als nicht kreditwürdig, wäre es denkbar, einen ausreichend vermögenden Gesellschafter anzuhalten, gegenüber seiner Gesellschaft eine Ausstattungsverpflichtung dergestalt zu übernehmen, dass die Gesellschaft ihren Verbindlichkeiten aus dem Darlehensvertrag nachkommen kann und die Gesellschaft deshalb kreditwürdig wird. Möglich ist es aber auch ohne eine solche Ausstattungsverpflichtung, auf der Ebene der gesamtschuldnerisch und primär haftenden Gesellschafter zu prüfen, ob einer der Gesellschafter oder alle Gesellschafter gemeinsam im Hinblick auf den Darlehensvertrag kreditwürdig wäre(n). Wie bei gesamtschuldnerisch haftenden Ehegatten wäre in diesem Fall der Schutzzweck der Kreditwürdigkeitsprüfung im Hinblick auf den einzelnen Gesellschafter durch den Gesamtschuldnerausgleich im Innenverhältnis (§ 426 Abs. 2 BGB) gewahrt.

1044 Wird nach Abschluss des Verbraucherdarlehensvertrages der **Nettodarlehensbetrag deutlich erhöht** (z.B. bei Erhöhung der Kosten des finanzierten Baus), so ist eine erneute Kreditwürdigkeitsprüfung auf aktualisierter Grundlage erforderlich, wenn der Erhöhungsbetrag nicht bereits in die ursprüngliche Kreditwürdigkeitsprüfung einbezogen wurde (§ 505a Abs. 2 BGB, Art. 18 Abs. 6 RL 2014/17/EU); »deutlich« ist die Erhöhung, wenn sich der Nettodarlehensbetrag um mehr als 10% erhöht (vgl. § 7 Abs. 1 ImmoKWPLV). Da es einen Nettodarlehensbetrag nur beim ursprünglichen Darlehensvertrag gibt, ist als Ausgangswert für die Erhöhung der ursprüngliche Nettodarlehensbetrag maßgeblich und nicht etwa der noch zu tilgende Darlehensrestbetrag. Bei dieser Kreditwürdigkeitsprüfung darf der Darlehensgeber auch das bisherige Zahlungsverhalten des Darlehensnehmers berücksichtigen (vgl. § 7 Abs. 2 ImmoKWPLV). Eine (ggf. erneute) Kreditwürdigkeitsprüfung ist im Übrigen über die Anwendbarkeit der verbraucherdarlehensrechtlichen Vorschriften grds. auch dann erforderlich, wenn dem Darlehensnehmer anderweitig ein **neues Kapitalnutzungsrecht** eingeräumt wird, wie das etwa bei einer neuen Darlehensgewährung, bei einer Verlängerung der Darlehenslaufzeit oder bei einer Reduzierung der Tilgung zu einem bestehenden Darlehensvertrag der Fall ist. Ein neues Kapitalnutzungsrecht wird dem Darlehensnehmer bei einer unechten Abschnittsfinanzierung allerdings nicht bereits dadurch eingeräumt, dass sich aufgrund der bereits im Darlehensvertrag angelegten Vereinbarung durch den neuen Sollzinssatz und der daraus folgenden Anpassung der Leistungsrate bei einem Annuitätendarlehen die Darlehenslaufzeit verlängert (dazu Rdn. 1108). Für Immobiliar-Verbraucherdarlehen sieht darüber hinaus § 505a Abs. 3 BGB – und korrespondierend § 18a Abs. 2a KWG – seit 22.07.2017[1391] eine bedeutende **Ausnahmeregelung** für die dort definierten **Anschlussfinanzierungen und Umschuldungen** vor.[1392] Da in beiden Fällen auf eine

1389 *König* WM 2017, 269 (274).
1390 MüKo-BGB/Bydlinski § 426 Rn. 17.
1391 Gesetz zur Umsetzung der zweiten Zahlungsdiensterichtlinie vom 17.07.2017, BGBl. I, S. 2446.
1392 *Schultheiß* ZBB 2018, 107.

bereits getroffene Kreditentscheidung des Darlehensgebers aufgebaut wird und der Darlehensnehmer zudem oft auf den Abschluss des neuen Vertrages angewiesen ist, um seine erworbene Immobilie nicht unter Verlust vorzeitig veräußern zu müssen, wird für Darlehensverträge, die als Folgeverträge im Rahmen von Abschnittsfinanzierungen und Umschuldungen abgeschlossen werden, auf eine erneute Kreditwürdigkeitsprüfung auf aktualisierter Grundlage verzichtet, wenn der Nettodarlehensbetrag nicht deutlich (d.h. nicht um mehr als 10%) erhöht wird.[1393] Maßgeblich für die Überschreitung der Erhöhungsschwelle dürfte – anders als nach § 505a Abs. 2 BGB – der ursprüngliche Nettodarlehensbetrag sein.[1394] Wenn dem Darlehensgeber allerdings bereits positiv bekannt ist, dass der Darlehensnehmer seinen Verpflichtungen, die im Zusammenhang mit diesem neuen Darlehen stehen, dauerhaft nicht nachkommen kann, darf er den neuen Immobiliar-Verbraucherdarlehensvertrag nicht abschließen (§ 505a Abs. 3 Satz 2 BGB). Es handelt sich insoweit um einen Missbrauchsschutz, der aber über vorhandene Informationen hinaus keine Nachforschungspflichten des Darlehensgebers zum Gegenstand hat.[1395] Bei Verstößen gegen § 505a Abs. 3 Satz 2 BGB gelten die Sanktionen des § 505d BGB entsprechend (§ 505a Abs. 3 Satz 3 BGB). Von der Ausnahmeregelung in § 505a Abs. 3 Satz 1 Nr. 1 BGB für **Anschlussfinanzierungen** nicht erfasst werden solche sich einem Darlehensvertrag anschließende Folgedarlehensverträge, die in keinem Zweckzusammenhang mit dem ursprünglichen Darlehensvertrag stehen, denn die Neuregelung soll es Darlehensgebern und Verbrauchern nur erleichtern, nach getroffener Kreditentscheidung für ein bestimmtes Vorhaben dieses zu Ende führen zu können.[1396] Der Zweckzusammenhang wird indes grds. immer dann vorliegen, wenn die Finanzierungsmittel aus dem ursprünglichen Darlehensvertrag zweckgebunden zum Erwerb oder Bau einer Immobilie oder zur Erhaltung des Eigentumsrechts an einer Immobilie verwendet wurden, weil die Anschlussfinanzierungen diesen Verwendungszweck nachträglich nicht mehr ändern kann; das könnte allenfalls dann anders sein, wenn die Immobilie zwischenzeitlich veräußert wurde. Handelt es sich bei dem ursprünglichen Darlehensvertrag um einen Immobiliar-Verbraucherdarlehensvertrag allein aufgrund einer grundpfandrechtlichen Sicherung (§ 491 Abs. 3 Satz 1 Nr. 1 BGB), verdient der erforderliche Zweckzusammenhang u.U. eine genauere Betrachtung. Nicht erfasst von dem Begriff der »Anschlussfinanzierung« sind Ablösungen des bisherigen Darlehensvertrages durch einen neuen Darlehensvertrag, der mit einem anderen Darlehensgeber abgeschlossen wird. In solchen Fällen kann der neue Darlehensgeber im Rahmen seiner erforderlichen Kreditwürdigkeitsprüfung aber das Zahlungsverhalten des Darlehnsnehmers im Rahmen des bisherigen Darlehensvertrages berücksichtigen (§ 6 ImmoKWPLV). Eine **Umschuldung** im Sinne der Ausnahmeregelung des § 505a Abs. 3 Satz 1 Nr. 2 BGB liegt vor, wenn der neue Darlehensvertrag den bisherigen Darlehensvertrag zur Vermeidung von Kündigungen wegen Zahlungsverzuges des Darlehensnehmers oder zur Vermeidung von Zwangsvollstreckungsmaßnahmen gegen den Darlehensnehmer ersetzt oder ergänzt (vgl. auch Art. 28 RL 2014/17/EU; ferner Abschnitt 4 Leitlinie 4.1 EBA-Leitlinien zu Zahlungsrückständen und Zwangsvollstreckung v. 19.08.2015 – EBA/GL/2015/12; dazu Rdn. 1239–1242); der Wortlaut des § 505a Abs. 3 Satz 1 Nr. 2 BGB verlangt einen bereits eingetretenen Zahlungsverzug des Darlehensnehmers. Erfasst wird nach Sinn und Zweck der Ausnahmeregelung des § 505a Abs. 3 Satz 1 BGB bei unechten Abschnittsfinanzierungen (dazu Rdn. 1103–1108) aber auch ein im Rahmen der Konditionenneuvereinbarung etwa durch Herabsetzung des Tilgungssatzes eingeräumtes neues Kapitalnutzungsrecht, denn die Kreditwürdigkeitsprüfung verfolgt einen präventiven Zweck, der grds. nur bei Erstvergabe eines Darlehens oder im Fall einer Erhöhung des

1393 Beschlussempfehlung und Bericht des Finanzausschusses zu § 505a BGB, BT-Drucks. 18/12568, S. 160.

1394 Vgl. Beschlussempfehlung und Bericht des Finanzausschusses zu § 505a Abs. 3 Satz 1 BGB, BT-Drucks. 18/12568, S. 161; *Schultheiß* ZBB 2018, 107 (112).

1395 Beschlussempfehlung und Bericht des Finanzausschusses zu § 505a Abs. 3 Satz 2 BGB, BT-Drucks. 18/12568, S. 161 f.

1396 Beschlussempfehlung und Bericht des Finanzausschusses zu § 505a Abs. 3 Satz 1 BGB, BT-Drucks. 18/12568, S. 161.

Darlehensbetrages erreicht werden kann;[1397] zudem kann es sich in solchen Fällen um eine Sanierungsmaßnahme zugunsten des Darlehensnehmers handeln. Auch die Zusammenführung von mehreren unechten Abschnittsfinanzierungen nach Ablauf der Zinsbindungsperioden dürfte vom Ausnahmetatbestand des § 505a Abs. 3 BGB erfasst sein. Die Neuregelung des § 505a Abs. 3 BGB ist am 22.07.2017 ohne Überleitungsregelungen im EGBGB in Kraft getreten (Art. 15 Abs. 2 des »Gesetzes zur Umsetzung der zweiten Zahlungsdiensterichtlinie«); sie gilt allerdings auch für Anschlussfinanzierungen und Umschuldungen, die zu vor dem 22.07.2017 abgeschlossenen Darlehensverträgen vereinbart werden. Bei Umschuldungen besteht nach § 495 Abs. 2 Nr. 1 BGB darüber hinaus kein Widerrufsrecht, wenn der Darlehensgeber zur Kündigung des ursprünglichen Darlehensvertrages wegen Zahlungsverzugs berechtigt wäre, durch die Umschuldung ein gerichtliches Verfahren vermieden wird und der Gesamtbetrag (Art. 247 § 3 Abs. 1 Nr. 8, Abs.2 und 3 EGBGB) geringer ist als die Restschuld des ursprünglichen Vertrages; bei Umschuldungen, die nach dem 20.03.2016 vereinbart wurden bzw. werden, ist dem Darlehensnehmer jedoch vor Vertragsschluss eine Bedenkzeit von zumindest sieben Tagen einzuräumen (§ 495 Abs. 3 BGB). Für **unentgeltliche Stundungen**, bei denen die Zahlungsrückstände während der ursprünglichen Laufzeit des Darlehensvertrages nachgeholt werden, oder für unentgeltliche Ratenreduzierungen gelten die Regelungen des Verbraucherdarlehensrechts hingegen von vorneherein nicht (§ 506 Abs. 1 BGB: »entgeltlich«); eines Rückgriffs auf § 505a Abs. 3 BGB bedarf es insoweit nicht. Die bloße Weiterzahlung des vereinbarten Vertragszinses führt in solchen Fällen nicht zur Entgeltlichkeit.[1398] Auch ein zusätzlich vom Darlehensnehmer für die Zahlungsrückstände zu zahlender Verzugszins ist kein Entgelt, sondern ein gesetzlich geregelter Schadensersatzanspruch.[1399] Es handelt sich bei solchen Stundungen und Tilgungsreduzierungen auch nicht um unentgeltliche Finanzierungshilfen im Sinne des § 515 BGB, denn der Anwendungsbereich dieser seit 21.03.2016 geltenden Regelung, die übrigens nicht auf einer europäischen Richtlinienvorgabe beruht, ist nach ihrem Sinn und Zweck auf klassische Konsumentenkredite beschränkt.[1400] Als entgeltlich gilt der Zahlungsaufschub allerdings, wenn er davon abhängig gemacht wird, dass die Forderung durch ein Grundpfandrecht oder eine Reallast besichert wird (§ 506 Abs. 1 Satz 3 BGB; Art. 3 Abs. 2 Buchst. f) RL 2014/17/EU). Das gilt indes nur, wenn das Grundpfandrecht oder die Reallast gerade für den Zahlungsaufschub zu bestellen ist, nicht hingegen, wenn das Darlehen ohnehin bereits entsprechend besichert war und diese bereits bestellte Sicherheit auch für den Zahlungsaufschub haftet.[1401]

1045 Die **Verfahren und Angaben**, auf die sich die Kreditwürdigkeitsprüfung stützt, müssen solide sein, sind **festzulegen, zu dokumentieren und die Dokumentation ist aufzubewahren** (§ 505b Abs. 4 BGB, Art. 18 Abs. 2 RL 2014/17/EU; ferner Abschnitt 4 Leitlinien 2 und 4.2 der EBA-Leitlinien zur Kreditwürdigkeitsprüfung – EBA GL/2015/11 v. 19.08.2015). Der Darlehensgeber soll sich bei der Kreditwürdigkeitsprüfung eines – letztlich formalisierten – Verfahrens bedienen, das falsche Angaben u.a. des Darlehensnehmers verhindert (Abschnitt 4 Leitlinie 3 der EBA-Leitlinien zur Kreditwürdigkeitsprüfung – EBA/GL/2015/11 v. 19.08.2015). Sein Verfahren der Kreditwürdigkeitsprüfung soll der Darlehensgeber regelmäßig überprüfen. Die maßgeblichen Unterlagen zur Kreditwürdigkeitsprüfung dürften so lange aufzubewahren sein, wie etwaige Ansprüche, die sich aus einer unzureichenden Kreditwürdigkeitsprüfung ergeben können, geltend gemacht werden können.[1402] Insoweit wird die absolute Verjährungsfrist von 10 Jahren (§ 199 Abs. 4 BGB) ab Beendigung des Darlehensvertrages zugrunde zu legen sein. Im Falle einer fehlerhaften, nicht erfolgten

1397 Beschlussempfehlung und Bericht des Finanzausschusses zu § 505a Abs. 3 BGB, BT-Drucks. 18/12568, S. 160.

1398 OLG Hamburg, Urt. v. 10.02.2016 – 13 U 140/14; Bülow/Artz/*Bülow* Verbraucherkreditrecht (9. Aufl.) § 506 Rn. 63d; *Bülow* WM 2015, 1309 (1312); *Godefroid* Verbraucherkreditverträge (2008) Rn. 269; wohl auch MüKo-BGB/*Schürnbrand* § 506 Rn. 13.

1399 MüKo-BGB/*Schürnbrand* § 491 Rn. 37.

1400 So wohl auch *Bitterwolf* in: Reischauer/Kleinhans, KWG 05/16, § 18a KWG Rn. 4c.

1401 Begr. RegE zu § 491 Abs. 3 BGB, BT-Drucks. 18/5922, S. 77.

1402 Begr. RegE zu § 505b BGB, BT-Drucks. 18/5922, S. 99.

oder vorzeitig vernichteten Dokumentation der Kreditwürdigkeitsprüfung können sich zugunsten des Darlehensnehmers Beweiserleichterungen bis hin zur Beweislastumkehr ergeben, denn aus einer fehlenden Dokumentation kann auf eine unterbliebene Kreditwürdigkeitsprüfung geschlossen werden.[1403] Die zivilrechtlichen Regelungen zur Verpflichtung des Darlehensgebers, das Verfahren und die Angaben, auf die sich die Kreditwürdigkeitsprüfung stützt, zu dokumentieren, dürften dem Darlehensnehmer ein subjektives Recht auf Auskunft oder Aushändigung der dokumentierten Kreditwürdigkeitsprüfung jedenfalls dann geben, wenn er gegen den Darlehensgeber Ansprüche wegen einer Verletzung der Pflicht zur Kreditwürdigkeitsprüfung geltend machen möchte. Es ist dem Darlehensgeber allerdings durchaus gestattet, zum Zwecke der individualisierten Kreditwürdigkeitsprüfung von seinen eigenen standardisierten Verfahrensgrundsätzen zur Kreditwürdigkeitsprüfung (vgl. § 505a Abs. 4 BGB; § 18a Abs. 5 KWG) abzuweichen, ohne dass die Kreditwürdigkeitsprüfung hierdurch zwangsläufig fehlerhaft wird (§ 2 Abs. 3 Satz 2 ImmoKWPLV).

c) Rechtsfolgen einer fehlerhaften Kreditwürdigkeitsprüfung

Ein Verbraucherdarlehensvertrag, der unter Verstoß gegen die Vorschriften zur Kreditwürdig- **1046**
keitsprüfung abgeschlossen wurde, ist zwar nicht nach § 134 BGB nichtig, das Gesetz sieht aber verschiedene **zivilrechtliche Sanktionen** vor (§§ 505d, 499 Abs. 3 BGB),[1404] die neben etwaige aufsichtsrechtliche Maßnahmen aus einem Verstoß gegen § 18a KWG treten. Die zivilrechtlichen Sanktionen lassen bei einem Verstoß des Darlehensgebers gegen die Pflicht zur Kreditwürdigkeitsprüfung für einen darüber hinaus gehenden Schadensersatzanspruch des Darlehensnehmers aus §§ 280 Abs. 1, 311 Abs. 2, 241 Abs. 2 BGB keinen Raum.[1405]

Allein an den Verstoß gegen die Pflicht zur Kreditwürdigkeitsprüfung knüpfen die Sanktionen aus **1047**
§ 505d Abs. 1 BGB an. Zahlungsschwierigkeiten des Darlehensnehmers sind für das Eingreifen dieser Sanktionen nicht erforderlich. Allerdings setzen diese Sanktionen eine Kausalität dergestalt voraus, dass der Verstoß gegen die Pflicht zur Kreditwürdigkeitsprüfung relevant war, d.h. die Sanktionen gelten nicht, wenn der Darlehensvertrag bei ordnungsgemäßer Kreditwürdigkeitsprüfung hätte geschlossen werden dürfen (§ 505d Abs. 1 Satz 5 BGB). Hätte der Darlehensvertrag auch bei ordnungsgemäßer Kreditwürdigkeitsprüfung nicht geschlossen werden dürfen, ermäßigt sich nach § 505d Abs. 1 Satz 1 Nr. 1 BGB ein im Darlehensvertrag vereinbarter gebundener Sollzinssatz auf den marktüblichen Zinssatz am Kapitalmarkt für Anlagen in Hypothekenpfandbriefe und öffentliche Pfandbriefe, deren Laufzeit derjenigen der Sollzinsbindung entspricht. Ein im Darlehensvertrag vereinbarter veränderlicher Sollzinssatz ermäßigt sich auf den marktüblichen Zinssatz, zu dem europäische Banken einander Anleihen in Euro mit einer Laufzeit von drei Monaten gewähren. Maßgeblicher Zeitpunkt für die Bestimmung des maßgeblichen marktüblichen Zinssatzes ist der Zeitpunkt des Vertragsschlusses sowie bei veränderlichem Sollzinssatz oder bei einem Roll-over Sollzinssatz (dazu Rdn. 1111) der Zeitpunkt vertraglich vereinbarter Sollzinsanpassungen (§ 505d Abs. 1 Satz 2 BGB). Daraus kann sich innerhalb der allgemeinen Grenzen der Verjährung und Verwirkung auch ein bereicherungsrechtlicher Anspruch des Darlehensnehmers gegen den Darlehensgeber auf Rückzahlung überzahlter Zinsen ergeben. Unabhängig von der Ermäßigung des Sollzinssatzes kann der Darlehensnehmer den Darlehensvertrag jederzeit fristlos kündigen; ein Anspruch der Bank auf Vorfälligkeitsentschädigung besteht nicht (§ 505d Abs. 1 Satz 3 BGB). Diese Sanktion soll es dem Darlehensnehmer bspw. ermöglichen, sich bei gesunkenem Zinsniveau eine Anschlussfinanzierung zu günstigeren Konditionen zu verschaffen. Ob der Darlehensnehmer anderweitig tatsächlich eine solche Anschlussfinanzierung ohne Weiteres erhalten kann, ist allerdings angesichts der mangelnden Kreditwürdigkeit des Darlehensnehmers, die gerade zur Kündbarkeit

1403 Begr. RegE zu § 505b BGB, BT-Drucks. 18/5922, S. 100.

1404 Dazu *Buck-Heeb* NJW 2016, 2065.

1405 MüKo-BGB/*Schürnbrand* § 505d Rn. 18; Bülow/Artz/*Artz* Verbraucherkreditrecht (9.Aufl.) § 505d Rn. 15; *Buck-Heeb* NJW 2016, 2065 (2070); *Josten* Kreditvertragsrecht Rn. 516; *König* WM 2017, 269 (273).

des Darlehensvertrages führt, überaus fragwürdig.[1406] Der Darlehensgeber hat dem Darlehensnehmer eine Abschrift des Vertrages zur Verfügung zu stellen, in der die vorstehenden Sanktionen berücksichtigt sind (§ 505d Abs. 1 Satz 4 BGB). Eine weitere Sanktionsregelung ist in § 505d Abs. 2 BGB für den Fall enthalten, dass sich die Risiken aus der fehlerhaften Kreditwürdigkeitsprüfung realisieren. Sie tritt neben die Sanktionen aus § 505d Abs. 1 Satz 1 bis 3 BGB. Ist der Darlehensnehmer nicht in der Lage, seinen Zahlungsverpflichtungen bzgl. einzelner Darlehensraten oder der gesamten Darlehens(rest)schuld aus dem Darlehensvertrag nachzukommen, kann der Darlehensgeber aus dieser Pflichtverletzung keine Ansprüche herleiten, wenn der Darlehensvertrag bei ordnungsgemäßer Kreditwürdigkeitsprüfung nicht hätte geschlossen werden dürfen. Der Darlehensgeber kann dann insbes. keine Verzugszinsen und Rechtsverfolgungskosten vom Darlehensnehmer verlangen und auch keinen sonstigen materiell-rechtlichen Anspruch auf Schadensersatz wegen Nichterfüllung geltend machen. Dieser Sanktionsregelung liegt der Gedanke einer unzulässigen Rechtsausübung durch den Darlehensgeber zugrunde; der Darlehensgeber soll sich nicht auf Rechte berufen können, die er mittels eines Rechtsverstoßes erworben hat.[1407] Die Sanktionsregelung des § 505d Abs. 2 BGB gilt allerdings nicht für Ansprüche auf zivilprozessualer Grundlage wie etwa den Kostenerstattungsanspruch aus §§ 91 ff. ZPO oder den Anspruch auf Ersatz von Kosten der Zwangsvollstreckung nach § 788 ZPO.[1408] Auch der Anspruch des Darlehensgebers auf Rückzahlung des Darlehens bleibt unberührt. Unberührt bleibt auch das Kündigungsrecht des Darlehensgebers wegen einer Pflichtverletzung des Darlehensnehmers, weil anderenfalls der Darlehensgeber seinen Anspruch auf Rückzahlung des Darlehens faktisch nicht durchsetzen könnte. Das Kündigungsrecht des Darlehensgebers kann aber durch § 499 Abs. 3 Satz 1 BGB (vgl. Art. 18 Abs. 4 und Art. 20 Abs. 3 Unterabs. 2 RL 2014/17/EU) eingeschränkt sein.[1409] Nach dieser Vorschrift ist es dem Darlehensgeber verwehrt, den Darlehensvertrag zu kündigen oder zu beenden, wenn allein Fehler in der Kreditwürdigkeitsprüfung der Grund hierfür sind, d.h. er kann den Darlehensvertrag nicht mit der Begründung beenden, dass er nach § 505a Abs. 1 BGB nie hätte abgeschlossen werden dürfen.[1410] Das schließt eine Gesamtfälligstellung des Darlehens wegen Zahlungsverzugs des Darlehensnehmers nicht aus. Die Beschränkung aus § 499 Abs. 3 Satz 1 BGB gilt allerdings nicht, soweit der Fehler der Kreditwürdigkeitsprüfung darauf beruht, dass der Darlehensnehmer dem Darlehensgeber für die Kreditwürdigkeitsprüfung relevante Informationen wissentlich vorenthalten oder gefälscht hat (§ 499 Abs. 3 Satz 2 BGB). Weil in solchen Fällen der Unredlichkeit der Darlehensnehmer nicht schutzwürdig ist, greifen auch die Sanktionen aus § 505d Abs. 1 und 2 BGB nicht ein, und zwar auch dann nicht, wenn der Darlehensnehmer grob fahrlässig handelt (§ 505d Abs. 3 BGB).

1048 Die **Darlegungs- und Beweislast** für die nicht ordnungsgemäße Kreditwürdigkeitsprüfung liegt beim Darlehensnehmer.[1411] Er kann sich dazu allerdings auf die Unterlagen zur Kreditwürdigkeitsprüfung (§ 505b Abs. 4 BGB) stützen. Eine unzureichende Dokumentation der Kreditwürdigkeitsprüfung kann dann zu Beweiserleichterungen für den Darlehensnehmer bis hin zu einer Beweislastumkehr führen.[1412] Die Darlegungs- und Beweislast für den sanktionshindernden Umstand, dass der Darlehensvertrag auch bei ordnungsgemäßer Kreditwürdigkeitsprüfung hätte geschlossen werden dürfen, liegt beim Darlehensgeber.[1413] Auch für das wissentliche oder grob fahrlässige Vorenthalten oder das Fälschen bzw. die unrichtige Erteilung von Angaben durch den

1406 *König* WM 2017, 269 (273).
1407 Begr. RegE zu § 505d BGB, BT-Drucks. 18/5922, S. 103.
1408 Begr. RegE zu § 505d BGB, BT-Drucks. 18/5922, S. 103.
1409 Begr. RegE zu § 505d BGB, BT-Drucks. 18/5922, S. 103.
1410 *Buck-Heeb* NJW 2016, 2065 (2067).
1411 *Buck-Heeb* NJW 2016, 2065 (2068).
1412 Begr. RegE zu § 505d BGB, BT-Drucks. 18/5922, S. 102; a.A. MüKo-BGB/*Schürnbrand* § 505d Rn. 6.
1413 Begr. RegE zu § 505d BGB, BT-Drucks. 18/5922, S. 102; MüKo-BGB/*Schürnbrand* § 505d Rn. 8; *Buck-Heeb* NJW 2016, 2065 (2068).

Darlehensnehmer (§§ 499 Abs. 3 Satz 2, 505d Abs. 3 BGB) trägt der Darlehensgeber die Darlegungs- und Beweislast.

Die **aufsichtsrechtlichen Parallelvorschriften zur Kreditwürdigkeitsprüfung** (§ 18a KWG) begründen zwar unverändert kein subjektives Recht des Darlehensnehmers, dies ist aber letztlich auch nicht erforderlich, weil sich das subjektive Recht des Darlehensnehmers aus §§ 505a ff. BGB ergibt. Ein Verstoß gegen die aufsichtsrechtlich normierte Pflicht zur Kreditwürdigkeitsprüfung eröffnet den Aufsichtsbehörden ggf. die Möglichkeit, auf ihr vorhandenes aufsichtsrechtliches Instrumentarium zurück zu greifen. Im Übrigen ist die Bundesanstalt für Finanzdienstleistungsaufsicht (BaFin) nach § 4 Abs. 1a FinDAG innerhalb ihres gesetzlichen Auftrags auch dem kollektiven Verbraucherschutz verpflichtet. Sie kann unbeschadet weiterer Befugnisse nach anderen Gesetzen gegenüber beaufsichtigten Kreditinstituten usw. alle Anordnungen treffen, die geeignet und erforderlich sind, um verbraucherschutzrelevante Missstände zu verhindern oder zu beseitigen, wenn eine generelle Klärung im Interesse des Verbraucherschutzes geboten erscheint. 1049

6. Vorvertragliche Informationspflichten bei Immobiliar-Verbraucherdarlehensverträgen

a) Allgemeines

Die vorvertraglichen Informations- und Hinweispflichten für Immobiliar-Verbraucherdarlehen sind seit 21.03.2016 in § 491a Abs. 1 und 4 BGB, Art. 247 § 1 EGBGB (Art. 14 und Erwägungsgründe 40–45 RL 2014/17/EU) geregelt; ergänzend sind Art. 247 § 5 Abs. 2 und § 12 EGBGB zu beachten. Diese vorvertraglichen Pflichten umfassen nicht nur die eigentlichen **individualisierten vorvertraglichen Informationen** im Hinblick auf den Immobiliar-Verbraucherdarlehensvertrag (Anlage 6 zu Art. 247 § 1 Abs. 2 EGBGB – »**ESIS-Merkblatt**«; Anhang II zur RL 2014/17/EU), sondern auch vorvertragliche **Mitteilungs- und Hinweispflichten zur Kreditwürdigkeitsprüfung** (Art. 247 § 1 Abs. 1 EGBGB; Art. 20 Abs. 3 RL 2014/17/EU) sowie die Verpflichtung des Darlehensgebers, dem Darlehensnehmer die Ablehnung des Vertragsschlusses unverzüglich mitzuteilen (Art. 247 § 1 Abs. 4 EGBGB; Art. 18 Abs. 5 Buchst. b) Satz 1 RL 2014/17/EU). Die vorvertraglichen Informationen, Mitteilungen und Hinweise haben unentgeltlich zu erfolgen (Art. 8 RL 2014/17/EU). 1050

b) Mitteilungen und Hinweise zur Kreditwürdigkeitsprüfung

Art. 247 § 1 Abs. 1 EGBGB (vgl. Art. 20 Abs. 3 Satz 1, Abs. 4 RL 2014/17/EU) sieht zunächst Mitteilungs- und Hinweispflichten des Darlehensgebers im Hinblick auf die Kreditwürdigkeitsprüfung vor (dazu Rdn. 1036). 1051

c) »ESIS-Merkblatt«

Die **individualisierten vorvertraglichen Informationspflichten** im Hinblick auf den Immobiliar-Verbraucherdarlehensvertrag sind im »**ESIS-Merkblatt**« (Anlage 6 zu Art. 247 Abs. 1 Abs. 2 EGBGB; vgl. Anhang II zur Wohnimmobilienkreditrichtlinie) enthalten. Dieses Merkblatt ersetzt das bis 20.03.2016 in Anlage 6 zu Art. 247 § 2 EGBGB a.F. vorgesehene gesetzliche Muster.[1414] Beim »ESIS-Merkblatt« handelt es sich um ein gesetzliches Muster, das für alle EU-Mitgliedstaaten einheitlich ausgestaltet ist und dem Darlehensnehmer unter Zugrundelegung seiner Bedürfnisse, finanziellen Situation und Präferenzen auch grenzüberschreitend die Möglichkeit geben soll, sich am Markt vergleichend zu orientieren. Das gesetzliche Muster des »ESIS-Merkblatts« ist vom Darlehensgeber zur Erfüllung seiner vorvertraglichen Informationspflichten zwingend zu verwenden und ordnungsgemäß auszufüllen. Es sieht in Teil A eine Vielzahl an einzelnen Informationen vor 1052

1414 Zu den vorvertraglichen Informationspflichten nach den von 11.06.2010 bis 21.03.2016 geltenden Vorschriften s. Art. 247 § 9 EGBGB a.F.; vgl. auch 4. Aufl. Kap. 4 Rn. 946–958.

und enthält in Teil B dazu eingehende Ausfüllhinweise. Mit der Verwendung des »ESIS-Merkblatts« werden im Fernabsatz und bei außerhalb von Geschäftsräumen geschlossenen Verträgen auch die Informationspflichten aus § 312d BGB erfüllt (Art. 247 § 1 Abs. 2 Satz 6 EGBGB; Art. 14 Abs. 7 RL 2014/17EU).

1053 Inhaltlich ist Teil A des »ESIS-Merkblatts« in 15 Abschnitte gegliedert. Nach einer Vorbemerkung enthalten **Abschnitte 1 und 2** Angaben zum Darlehensgeber und – falls zutreffend – zum Darlehensvermittler. **Abschnitt 3** sieht Angaben zu den Hauptmerkmalen des Darlehens vor. Dazu gehören neben dem Darlehensbetrag und der Darlehensart (z.B. Annuitätendarlehen, Ratendarlehen; Fremdwährungsdarlehen) auch Angaben und Warnhinweise zu Fremdwährungsdarlehen (dazu Rdn. 1265–1278), die Laufzeit des Darlehens, die Art des anwendbaren Sollzinssatzes (einschließlich Angaben zur Zinsanpassung und zu verwendeten Referenzzinssätzen als »Bestandteile« des Sollzinssatzes) und die verlangten Sicherheiten (dazu Rdn. 1138–1157). Dient eine Immobilie aufgrund einer grundpfandrechtlichen Belastung als Sicherheit, ist entweder die Beleihungsgrenze oder der vom Darlehensgeber für die Darlehensgewährung vorausgesetzte Mindestwert der Immobilie anzugeben. Bis 21.03.2016 war die Gesamtbetragsangabe bei Immobiliardarlehen stets entbehrlich, sie ist nun aber ebenfalls als vorvertragliche Information in Abschnitt 3 des »ESIS-Merkblatts« vorgesehen. Wie der Gesamtbetrag für ein Immobiliar-Verbraucherdarlehen zu berechnen ist, ist gesetzlich nicht geregelt. Es werden aber die für Allgemein-Verbraucherdarlehen geltenden Vorschriften aus Art. 247 § 3 Abs. 2 und 3 EGBGB entsprechend heranzuziehen sein. In **Abschnitt 4** sind der Zinssatz und sonstige Kosten anzugeben. Ausgangspunkt der Darstellung in Abschnitt 4 ist der effektive Jahreszins, der nach § 6 PrAngVO zu berechnen ist. Anzugeben ist sodann, wie sich der effektive Jahreszins zusammensetzt. Folglich sind insoweit nach der Darstellung in Abschnitt 4 nur Kosten abzubilden, die als solche nach § 6 Abs. 3 PrAngVO auch in die Berechnung des effektiven Jahreszinses einzubeziehen sind. Nicht in den effektiven Jahreszins einzurechnen sind bspw. Bereitstellungszinsen (dazu Rdn. 1126) und die in § 6 Abs. 4 PrAngVO dargestellten Kosten. Einzurechnen ist hingegen nach § 6 Abs. 3 PrAngVO der Sollzinssatz, dessen Art (d.h. gebunden oder veränderlich) und Höhe in Abschnitt 4 anzugeben sind. Handelt es sich um einen veränderlichen Sollzinssatz, ist ein hervorgehobener Warnhinweis aufzunehmen, dass sich die Veränderlichkeit des Sollzinssatzes negativ auf die tatsächliche Höhe des effektiven Jahreszinses auswirken kann; dem dazu als Szenario abzubildenden Beispiel ist grds. der höchste veränderliche Sollzinssatz der mindestens letzten 20 Jahre zugrunde zu legen oder – falls die der Berechnung des veränderlichen Sollzinssatzes zugrunde liegenden Daten nur für einen Zeitraum von weniger als 20 Jahren vorliegen – der höchste Zinssatz aus diesem kürzeren Zeitraum (vgl. Art. 17 Abs. 6 RL 2014/17/EU). Bei sog. **unechten Abschnittsfinanzierungen** (Rdn. 1103–1108) ist der effektive Jahreszins auf die Gesamtlaufzeit des Darlehens zu rechnen, wobei davon auszugehen ist, dass der Sollzinssatz und die sonstigen (nicht für die Gesamtlaufzeit des Darlehens quantifizierbaren) Kosten gemessen an der bei Abschluss des Vertrags festgesetzten Höhe unverändert bleiben (§ 6 Abs. 5 PrAngVO, Art. 17 Abs. 4 RL 2014/17/EU). Einzurechnen in den effektiven Jahreszins sind auch die von § 6 Abs. 3 PrAngVO erfassten sonstigen Kosten des Darlehens. Sie sind – soweit dem Darlehensgeber bekannt – in Abschnitt 4 getrennt als einmalige Kosten (einschließlich der Kosten für die Eintragung eines Grundpfandrechts[1415]) und als regelmäßige Kosten abzubilden. Anzugeben sind – optisch hervorgehoben – auch die Kosten, deren Höhe dem Darlehensgeber nicht bekannt ist, die aber in den effektiven Jahreszins einzurechnen wären, wenn sie dem Darlehensgeber der Höhe nach bekannt wären. Ferner sind bei einem veränderlichen Sollzinssatz auch die der Berechnung des effektiven Jahreszinses zugrunde gelegten Annahmen anzugeben, die sich aus § 6 Abs. 2, 5 und 6 PrAngVO und aus Nr. 2 der Anlage zu § 6 PrAngVO ergeben. **Abschnitt 5** verlangt Angaben zur Häufigkeit und Anzahl der Ratenzahlungen. Unter »Häufigkeit« versteht das »ESIS-Merkblatt« das Zahlungsintervall (z.B. monatlich). In **Abschnitt 6** ist die Höhe der einzelnen Raten anzugeben. Dabei sind

1415 Die Begründung zum Regierungsentwurf spricht hingegen davon, dass die Kosten der Bestellung und Eintragung des Grundpfandrechts nicht in die Berechnung des effektiven Jahreszinses einzubeziehen sind, Begr. RegE zu § 6 Abs. 4 PrAngVO, BT-Drucks. 18/5922, S. 132.

bei Vereinbarung eines veränderlichem Sollzinssatzes oder einer Fremdwährung auch Warnhinweise zu den Auswirkungen von Zins- oder Wechselkursänderungen aufzunehmen, die nach Maßgabe der Vorgaben im »ESIS-Merkblatt« mit einem konkreten Zahlenbeispiel zu versehen sind. **Abschnitt** 7 verlangt die Abbildung eines beispielhaften Tilgungsplans, der in das »ESIS-Merkblatt« zu integrieren ist. In **Abschnitt 8** sind zusätzliche Auflagen darzustellen. Es geht dabei grds. nur um Auflagen, die den Abschluss des Darlehensvertrages als solchen oder die für das Darlehen vorgesehenen Konditionen betreffen. Solche Auflagen können etwa sein der Abschluss einer Gebäudeversicherung oder einer anderen einschlägigen Versicherung. Zu jeder Auflage ist deren Dauer anzugeben, ferner wem gegenüber die Verpflichtung besteht und bis wann ihr nachzukommen ist; anzugeben ist außerdem, ob die Kosten im effektiven Jahreszins enthalten sind oder nicht. Mitzuteilen ist dem Darlehensnehmer auch, ob er zum Erwerb einer Nebenleistung verpflichtet ist, um das Darlehen zu den vorgesehenen Konditionen zu bekommen, und ob er ggf. die Nebenleistung mit den vom Darlehensgeber bestimmten Mindestmerkmalen auch bei einem Anbieter seiner Wahl erwerben kann. Ist der Abschluss eines Vertrages über die Inanspruchnahme einer Nebenleistung zwingende Voraussetzung für den Abschluss des Darlehensvertrages oder für den Abschluss des Darlehensvertrages zu den vorgesehenen Konditionen, und können die Kosten für diese Nebenleistung im Voraus nicht bestimmt werden, so hat der Darlehensgeber – auch nach der Neufassung des § 6 Abs. 7 PrAngVO (Art. 11 Abs. 4 RL 2014/17/EU), der nach Sinn und Zweck wohl eher für die Angabepflichten in der Werbung gelten sollte – klar und eindeutig darauf hinzuweisen, dass eine Verpflichtung zum Abschluss des Vertrages über die Nebenleistung besteht und wie hoch die Kosten dafür sind oder falls dies nicht möglich ist, dass Kosten entstehen (vgl. Abschnitt 4 des »ESIS-Merkblatts«).[1416] Hinzuweisen ist der Darlehensnehmer auch darauf, ob und ggf. mit welchen Folgen er die Nebenleistung selbständig kündigen kann. Keine Auflage im Sinne des Abschnitts 8 sind die Auszahlungsvoraussetzungen für das Darlehen, denn sie sind dem Abschluss des Darlehensvertrages zeitlich nachgelagert. Gegenstand des **Abschnitts 9** ist das Recht des Darlehensnehmers zur vorzeitigen Rückzahlung (§ 500 Abs. 2 Satz 2 BGB). Anzugeben sind auch der (potentielle) Höchstbetrag der Vorfälligkeitsentschädigung, den der Darlehensnehmer im Falle einer vorzeitigen Rückzahlung ggf. zu zahlen hat, sowie die Berechnungsmethode für die Vorfälligkeitsentschädigung. **Abschnitt 10** sieht »Flexible Merkmale« vor und meint damit zunächst Hinweise zur Übertragbarkeit oder Unübertragbarkeit des Darlehens auf einen anderen Darlehensnehmer oder die Austauschbarkeit der bestellten Grundpfandrechte. Weitere flexible Merkmale können etwa Sondertilgungsrechte oder Tilgungssatzwechseloptionen des Darlehensnehmers sein. Die sonstigen Rechte des Darlehensnehmers, die in **Abschnitt 11** abzubilden sind, umfassen den Hinweis auf die Widerruflichkeit des Darlehensvertrages und den weiteren Hinweis, dass der Darlehensnehmer prüfen möge, ob er im Falle des Widerrufs des Darlehensvertrages an weitere Verträge im Zusammenhang mit dem Darlehen stehende Verträge (z.B. Versicherungsverträge) gebunden bleibt. In **Abschnitt 12** sind die Beschwerdestellen des Darlehensgebers anzugeben. Dazu gehören interne Beschwerdestellen, aber auch externe außergerichtliche Beschwerdeverfahren und Streitschlichtungsstellen. **Abschnitt 13** enthält Angaben zu den Konsequenzen für den Darlehensnehmer, wenn er seine darlehensvertraglichen Pflichten nicht erfüllt. Zu den Konsequenzen gehören etwa Schadensersatzansprüche des Darlehensgebers in Gestalt von Verzugszinsen, die Kündigung des Darlehens und etwaige Einträge bei Kreditdatenbanken (z.B. Schufa), die Zwangsvollstreckung in das persönliche Vermögen oder gar der Verlust der Immobilie durch Zwangsversteigerung. Hinweise auf schwerwiegende Konsequenzen sind optisch hervorzuheben. **Abschnitt 14** verlangt zusätzliche Informationen etwa zu dem auf den Darlehensvertrag anwendbaren Recht, zur Vertragssprache, zur Vorlage eines Vertragsentwurfs. Zuletzt sieht **Abschnitt 15** die Angabe der Aufsichtsbehörde vor, der die Aufsicht über den Darlehensgeber oder den Darlehensvermittler obliegt.

1416 Begr. RegE zu § 6 Abs. 7 PrAngVO, BT-Drucks. 18/5922, S. 132.

d) Weitere vorvertragliche Informationen

1054 Da es sich beim »ESIS-Merkblatt« um ein gesetzliches Muster handelt, das dem Darlehensnehmer – auch grenzüberschreitend – die Möglichkeit geben soll, sich am Markt vergleichend zu orientieren, darf der Darlehensgeber das »ESIS-Merkblatt« nicht verändern oder ergänzen und daher auch keine **weiteren vorvertraglichen Informationen** in das »ESIS-Merkblatt« integrieren. Er muss solche weiteren Informationen vielmehr in Textform (§ 126b BGB) in einem gesonderten Dokument erteilen, das dem »ESIS-Merkblatt« beigefügt werden kann (Art. 247 § 1 Abs. 3 Satz 1 EGBGB; Art. 14 Abs. 8 Satz 2 RL 2014/17/EU). Eine solche weitere vorvertragliche Information, zu deren Erteilung der Darlehensgeber gesetzlich verpflichtet ist, ist in Art. 247 § 1 Abs. 3 Satz 2 EGBGB geregelt. Es handelt sich um den zuvor in Art. 247 § 9 Abs. 1 Satz 2 EGBGB a.F.[1417] geregelten und dem »Risikobegrenzungsgesetz« vom 12.08.2008 (dazu Rdn. 1253–1258) entsprungenen Pflichthinweis, dass der Darlehensgeber Forderungen aus dem Immobiliar-Verbraucherdarlehensvertrag ohne Zustimmung des Darlehensnehmers abtreten und das Vertragsverhältnis auf einen Dritten übertragen darf, soweit die Abtretung im Darlehensvertrag nicht ausgeschlossen wird oder der Darlehensnehmer der Übertragung zustimmen muss. Der Hinweis muss deutlich gestaltet sein, d.h. er muss inhaltlich klar und optisch hervorgehoben abgebildet werden.

e) Form und Zeitpunkt der vorvertraglichen Informationen aus dem »ESIS-Merkblatt«

1055 Das »ESIS-Merkblatt« ist dem Darlehensnehmer in **Textform** (§ 126b BGB) zu übermitteln. Hinsichtlich des **Zeitpunkts** der Übermittlung des »ESIS-Merkblatts« sieht das Gesetz zwei Anknüpfungspunkte vor (Art. 247 § 1 Abs. 2 Satz 1 EGBGB). Das »ESIS-Merkblatt« ist unverzüglich nachdem der Darlehensgeber die nach Art. 247 § 1 Abs. 1 EGBGB anzufordernden Angaben zur Kreditwürdigkeitsprüfung vom Darlehensnehmer erhalten hat zu übermitteln (Art. 247 § 1 Abs. 2 Satz 1 EGBGB; Art. 14 Abs. 1 Buchst. a) RL 2014/17/EU). Es ist zudem rechtzeitig vor Abgabe der Vertragserklärung des Darlehensnehmers zu übermitteln (Art. 247 § 1 Abs. 2 Satz 1 EGBGB; Art. 14 Abs. 1 Buchst. b), Abs. 7 Halbs. 2 RL 2014/17/EU). »Rechtzeitig« erteilt sind die vorvertraglichen Informationen, wenn der Darlehensnehmer die Möglichkeit hat, sie vor Vertragsschluss in räumlicher Abwesenheit des Darlehensgebers eingehend zur Kenntnis zu nehmen und zu prüfen. Das steht einem Vertragsschluss am Tag der Informationserteilung und auch unmittelbar nach der Erteilung der Informationen nicht entgegen,[1418] denn es steht dem Darlehensnehmer frei, ob er von der Möglichkeit, die Informationen in Ruhe zu prüfen, Gebrauch macht oder den Darlehensvertrag sofort nach Erhalt der vorvertraglichen Informationen abschließt.[1419] »Rechtzeitig« bedeutet außerdem, dass der Darlehensnehmer die Informationen vor jeder rechtlichen Bindung, d.h. auch vor Abgabe seines Angebots erhalten muss. Das ist insb. dann zu beachten, wenn der Darlehensnehmer sein Angebot unter Nutzung einer Internetplattform des Darlehensgebers abgibt. Der Darlehensgeber hat das »ESIS-Merkblatts« ferner jedem bindenden Vertragsangebot und jedem bindenden Vertragsvorschlag (vgl. Art. 247 § 1 Abs. 2 Satz 5 EGBGB; § 491a Abs. 2 Satz 3 BGB; Art. 14 Abs. 3 Buchst. a) RL 2014/17/EU) beizufügen, es sei denn, der Darlehensnehmer hat bereits ein Merkblatt erhalten, das über die konkreten Bedingungen des Vertragsangebots oder Vertragsvorschlags informiert (Art. 247 § 1 Abs. 2 Satz 3 und 4 EGBGB; Art. 14 Abs. 3 Buchst. b) RL 2014/17/EU).

f) Vorvertragliche Informationspflichten bei Immobiliarförderdarlehen

1056 **Förderdarlehen** unterliegen grundsätzlich nicht den verbraucherdarlehensrechtlichen Vorschriften (§ 491 Abs. 2 Satz 2 Nr. 5 BGB; Art. 3 Abs. 3 RL 2014/17/EU). Erfüllt das Förderdarlehen

1417 Seit dem 19.08.2008 war ein entsprechender Hinweis im Immobiliardarlehensvertrag erforderlich (§ 492 Abs. 1a Satz 3 BGB a.F., dazu Rdn. 1256); er war dort seit dem 11.06.2010 aber wieder entbehrlich und in Art. 247 § 9 Abs. 1 Satz 2 EGBGB a.F. nur noch als vorvertragliche Information vorgesehen.

1418 Begr. RegE zu Art. 247 § 1 EGBGB, BT-Drucks. 16/11643, S. 122.

1419 *Nobbe* WM 2011, 625 (627).

allerdings die Voraussetzungen eines Immobiliar-Verbraucherdarlehens (§ 491 Abs. 3 Satz 1 BGB), hat der Darlehensgeber die vorvertraglichen Informationspflichten aus Abschnitten 3, 4 und 13 des »ESIS-Merkblatts« (Anlage 6 zu Art. 247 § 1 Abs. 2 EGBGB) zu beachten (§§ 491 Abs. 3 Satz 3, 491 Abs. 4 BGB; Art. 3 Abs. 4 RL 2014/17/EU). Es handelt sich dabei um die Angaben zu den Hauptmerkmalen des Kredits, zum Zinssatz und zu den Kosten und zu den Konsequenzen für den Darlehensnehmer aus der Nichteinhaltung seiner darlehensvertraglichen Pflichten. Daneben bestehen für Förderdarlehen mit Verbrauchern weiterhin die Informationspflichten für Fernabsatzgeschäfte und für außerhalb von Geschäftsräumen geschlossene Verträge (§ 312d Abs. 2 BGB; Art. 246b EGBGB), wenn die entsprechenden situativen Voraussetzungen vorliegen. In den Genuss der Gesetzlichkeitsfiktion aus Art. 247 § 1 Abs. 2 Satz 6 EGBGB kommt der Darlehensgeber insoweit allerdings nur, wenn er das »ESIS-Merkblatt« vollständig ausfüllt (§ 491a Abs. 4 Satz 2 BGB). Tut er das, bildet er in Abschnitt 11 nicht etwa das verbraucherdarlehensrechtliche Widerrufsrecht ab, sondern das Widerrufsrecht aus §§ 312g Abs. 1, 355 BGB. Nicht erforderlich ist der weitere Hinweis aus Art. 247 Abs. 3 Satz 2 EGBGB zur Abtretbarkeit der Darlehensforderungen oder Übertragbarkeit des Darlehensverhältnisses, weil in § 491a Abs. 4 BGB auf diese Regelung nicht verwiesen wird. Das »ESIS-Merkblatt« ist dem Darlehensgeber rechtzeitig vor Abgabe von dessen Vertragserklärung zu übermitteln (§ 491a Abs. 4 BGB). Zum Begriff der Rechtzeitigkeit Rdn. 1054.

g) Rechtsfolgen eines Verstoßes gegen die vorvertraglichen Informationspflichten und Beweislast

Verletzt die Bank ihre vorvertraglichen Informationspflichten aus § 491a Abs. 1 BGB i.V.m. Art. 247 **1057** § 1 Abs. 2 EGBGB, ist ein später abgeschlossener Immobiliar-Verbraucherdarlehensvertrag nicht nach § 494 Abs. 1 BGB nichtig. Da es sich bei den vorvertraglichen Informationspflichten aber um Nebenpflichten der Bank handelt, kann deren Verletzung Schadensersatzpflichten der Bank zur Folge haben (§§ 280 Abs. 1, 311 Abs. 2, 241 Abs. 2 BGB).[1420] Freilich ist es dafür erforderlich, dass dem Darlehensnehmer tatsächlich ein Schaden entstanden ist und dieser Schaden gerade auf einer Verletzung der vorvertraglichen Informationspflichten beruht. Dem Darlehensnehmer soll ferner die Möglichkeit des Rücktritts vom Darlehensvertrag offen stehen (§§ 280, 323, 325 BGB).[1421] Verstößt der Darlehensgeber gegen seine Mitteilungs- und Hinweispflichten aus Art. 247 § 1 Abs. 1 EGBGB im Hinblick auf die Kreditwürdigkeitsprüfung, hat das ebenfalls keine Auswirkungen auf die Wirksamkeit des später abgeschlossenen Darlehensvertrages; allerdings sehen §§ 499 Abs. 3, 505d BGB besondere Sanktionsregelungen für die Verletzung der Pflichten im Zusammenhang mit der Kreditwürdigkeitsprüfung vor (dazu Rdn. 1033–1048). Darüber hinaus besteht bei Verletzung der gesetzlich vorgeschriebenen vorvertraglichen Pflichten auch die Möglichkeit von Maßnahmen nach den Vorschriften des UWG und des Unterlassungsklagengesetzes sowie aufsichtsrechtlich nach § 4 Abs. 1a FinDAG, da die Bundesanstalt für Finanzdienstleistungsaufsicht (BaFin) innerhalb ihres gesetzlichen Auftrags auch dem kollektiven Verbraucherschutz verpflichtet ist. Sie kann unbeschadet weiterer Befugnisse nach anderen Gesetzen gegenüber beaufsichtigten Kreditinstituten usw. alle Anordnungen treffen, die geeignet und erforderlich sind, um verbraucherschutzrelevante Missstände zu verhindern oder zu beseitigen, wenn eine generelle Klärung im Interesse des Verbraucherschutzes geboten erscheint.

Behauptet der Darlehensnehmer, vorvertraglich nicht ordnungsgemäß informiert worden zu sein, **1058** trägt die Bank die Beweislast für die Erfüllung der vorvertraglichen Informationspflichten. Eine formularmäßige Empfangsbestätigung des Darlehensnehmers im Darlehensvertrag ist nach § 309 Nr. 12 BGB unwirksam, es sei denn, sie ist gesondert unterschrieben. Die Beweislast für das Vorliegen eines Schadens trägt der Darlehensnehmer. Für den Beweis der Kausalität zwischen einer Verletzung der vorvertraglichen Informationspflichten der Bank und dem eingetretenen Schaden

1420 *Ady/Paetz* WM 2009, 1061 (1066).
1421 *Ady/Paetz* WM 2009, 1061 (1066).

kann sich der Darlehensnehmer – anders als im Fall der Verletzung einer Aufklärungspflicht der Bank (dazu Rdn. 1017) – nicht darauf berufen, dass nach der allgemeinen Lebenserfahrung zu vermuten sei, ein vernünftiger Darlehensnehmer hätte sich bei ordnungsgemäßer Information auch richtig verhalten und der Schaden wäre deshalb nicht eingetreten. Die vorvertraglichen Informationspflichten der Bank lassen sich insoweit nicht mit den nur ausnahmsweise bestehenden Aufklärungspflichten der Bank vergleichen.

7. Vorvertragliche Erläuterungspflichten

a) Abgrenzung zwischen Erläuterungs-, Aufklärungs- und Beratungspflichten

1059 Als eines der Relikte des auf europäischer Ebene ursprünglich angedachten, aber stark kritisierten Prinzips der »verantwortlichen Kreditvergabe«[1422] und in Umsetzung des Art. 5 Abs. 6 der Verbraucherkreditrichtlinie 2008/48/EG[1423] sieht das deutsche Recht seit 11.06.2010 in § 491a Abs. 3 BGB eine Verpflichtung des Darlehensgebers vor, dem Darlehensnehmer vor Abschluss eines Verbraucherdarlehensvertrages **angemessene Erläuterungen** zu geben. Eine entsprechende Erläuterungspflicht sieht auch Art. 16 Abs. 1 der Wohnimmobilienkreditrichtlinie (RL 2014/17/EU) vor, die zum 21.03.2016 in deutsches Recht umgesetzt wurde (dazu Rdn. 1187). Die Erläuterung soll dem Darlehensnehmer neben den vorvertraglichen Informationen im Bedarfsfall **weitere Unterstützung** leisten, um entscheiden zu können, ob der Darlehensvertrag dem von ihm verfolgten Zweck und seinen Vermögensverhältnissen gerecht wird.[1424] Die Regelung des § 491a Abs. 3 BGB gilt sachlich auch für Immobiliar-Verbraucherdarlehen (vgl. auch § 503 BGB a.F.) und für entgeltliche Finanzierungshilfen (§ 506 BGB) und trifft in ihrem persönlichen Anwendungsbereich nach § 655a Abs. 2 Satz 2 BGB zudem den Darlehensvermittler. Der **zeitliche Anwendungsbereich** erstreckt sich nur auf solche Verbraucherdarlehensverträge, die seit dem 11.06.2010 geschlossen wurden bzw. werden (Art. 229 § 22 Abs. 1 EGBGB), die erweiterte Erläuterungspflicht aus § 491a Abs. 3 Satz 3 BGB (Art. 16 Abs. 1 Satz 2 Buchst. d) RL 2014/17/EU) zur gesonderten Kündbarkeit weiterer mit dem Immobiliar-Verbraucherdarlehensvertrag angebotener Finanzprodukte oder – dienstleistungen gilt erst seit 21.03.2016 (Art. 229 § 38 Abs. 1 EGBGB).

1060 Der nur in bestimmten Ausnahmesituationen bestehenden Aufklärungs- und Warnpflicht des Darlehensgebers (dazu Rdn. 998–1023) und der nur aufgrund eines ausdrücklich oder stillschweigend geschlossenen Beratungsvertrags (dazu Rdn. 1029–1032) mit dem Kunden entstehenden Beratungspflicht des Darlehensgebers wird eine neuartige **vorvertragliche Erläuterungspflicht** zur Seite gestellt.[1425] Nach dem Willen des Gesetzgebers bleibt die Erläuterungspflicht aber hinter den Pflichten aus einem Beratungsvertrag zurück.[1426] Ziel der Beratungsleistung (§ 511 BGB, vgl. Rdn. 1031) ist es, dem Darlehensnehmer individuelle Empfehlungen zu einem Geschäft oder zu

1422 Vgl. Art. 6 und Art. 9 des Vorschlags für eine Richtlinie des Europäischen Parlaments und des Rates zur Harmonisierung der Rechts- und Verwaltungsvorschriften der Mitgliedstaaten über den Kredit an Verbraucher und zur Änderung der Richtlinie 93/13/EWG des Rates, KOM (2002) 443 endg. v. 11.09.2002, Abl. EG C 331 v. 31.12.2002, S. 220, abgedruckt in WM 2002, 2260; zu Recht ablehnend *Danco* WM 2003, 853 (857); *Nobbe* ZBB 2008, 78 (80); *Schürnbrand* ZBB 2008, 383 (388).

1423 Richtlinie des Europäischen Parlaments und des Rates v. 23.04.2008 über Verbraucherkreditverträge und zur Aufhebung der Richtlinie 87/102/EWG des Rates (Verbraucherkreditrichtlinie), Abl. EU L 133, S. 66.

1424 Erwägungsgrund 27 der Verbraucherkreditrichtlinie 2008/48/EG.

1425 Dazu *Hofmann* BKR 2010, 232; *Metz* NJW 2012, 1990.

1426 Begr. RegE zu § 491a Abs. 3 BGB, BT-Drucks. 16/11643, S. 79. *Ady/Paetz* WM 2009, 1061 (1066) erblicken in der Neuregelung eine spürbare Erweiterung der bisherigen Aufklärungspflichten in Richtung Beratung; ebenso *Hofmann* BKR 2010, 232 (234); *Kulke* VuR 2009, 373 (379); *Buck-Heeb* BKR 2014, 221 (225); einschränkend zu Recht *Nobbe* WM 2011, 625 (628); *Hesse/Niederhofer* MDR 2010, 968 (972): Es könne auf die von der Rechtsprechung entwickelten Grundsätze zur Aufklärungs- und Informationspflicht der Bank zurückgegriffen werden; die Erläuterungspflicht führe nur dazu, dass diese mehreren Geschäften zu erteilen, die im Zusammenhang mit einem Immobiliar-Verbraucherdarlehensvertrag stehen. Die Erläuterungspflicht ist hingegen nicht auf Empfehlungen des Darlehensgebers gerichtet. »Erläutern« bedeutet auch nicht, dass der Darlehensgeber dem Darlehensnehmer einen auf dessen Verhältnisse optimal zugeschnittenen Vertrag zur Verfügung zu stellen hat. Der Darlehensgeber ist folglich unverändert nicht verpflichtet zu prüfen, ob der vom Darlehensnehmer verfolgte Zweck für diesen sinnvoll ist, sondern darf den von Kunden geäußerten Finanzierungswunsch als solchen zugrunde legen.[1427] Die Erläuterungspflicht lässt etwaige Aufklärungspflichten des Darlehensgebers (dazu Rdn. 998–1023) ebenso unberührt wie umgekehrt diese Aufklärungspflichten die vorvertragliche Erläuterungspflicht unberührt lassen.

b) Inhalt und Umfang der Erläuterungspflichten

»Erläutern« bedeutet, dass der Darlehensgeber dem Darlehensnehmer den Vertrag und die Vertragsbedingungen verständlich zu machen hat.[1428] Die Erläuterungen sollen den Darlehensnehmer in die Lage versetzen, nach dem Leitbild des »mündigen Verbrauchers« **eigenverantwortlich** auf informierter Grundlage anhand seiner **Vermögensverhältnisse**[1429] und des **verfolgten Zwecks** zu entscheiden, ob der Vertrag für ihn nützlich ist oder nicht. Eine abstrakt-generelle Beschreibung des angebotenen Darlehensvertrages genügt nicht;[1430] die Auswahl eines optimalen Darlehensvertrages schuldet der Darlehensgeber unverändert nur im Rahmen eines Beratungsvertrags (dazu Rdn. 1029–1032).[1431] Folglich hat die Erläuterung durch den Darlehensgeber produktspezifisch und unter Berücksichtigung der individuellen Verhältnisse des Darlehensnehmers zu erfolgen. Den Zweck des Darlehens und die Vermögensverhältnisse des Darlehensnehmers braucht der Darlehensgeber im Rahmen seiner Erläuterungspflicht nicht zu erfragen, denn die Erläuterungspflicht beschränkt sich auf produktbezogene Merkmale;[1432] zudem hat der Darlehensnehmer selbst darüber zu entscheiden, ob der Darlehensvertrag für ihn geeignet ist. Die Regelung des § 491a Abs. 3 BGB konkretisiert den **Inhalt der Erläuterungspflichten**, ohne alle Erläuterungspflichten abschließend aufzuführen. Zu erläutern sind danach »gegebenenfalls« die vorvertraglichen Informationen (Art. 247 §§ 1 ff. EGBGB), ferner die Hauptmerkmale der vom Darlehensgeber angebotenen Verträge (z.B. Tilgungsvarianten, Zinsvarianten) sowie ihre vertragstypischen Auswirkungen auf den Darlehensnehmer (z.B. finanzielle Belastungen, Haftungsrisiken, Auswirkungen eines veränderlichen Sollzinssatzes auf die Ratenzahlungen[1433]), einschließlich der Folgen bei Zahlungsverzug. Dabei hat der Darlehensgeber grds. nur die bei ihm angebotenen Gestaltungsvarianten zu erläutern, nicht hingegen – im Sinne einer Beratungspflicht – generell auch auf alternative Vertragsvarianten hinzuweisen, die er selbst nicht anbietet.[1434] Durch die Verwendung des Begriffs »gegebenenfalls« bringt die Vorschrift des § 491a Abs. 3 Satz 2 BGB zum Ausdruck, dass nicht zwingend alle dort aufgeführten Punkte zu erläutern sind, sondern nur dann, wenn Anlass zu der Annahme besteht, dass sie der Darlehensnehmer nicht verstanden hat. Insoweit liegt es zumindest teilweise auch in der Hand des Darlehensgebers, seine Darlehensverträge »selbsterläuternd« zu gestalten. Werden allerdings gebündelt mit einem Immobiliar-Verbraucherdarlehensvertrag oder im Rahmen eines zulässigen Kopplungsgeschäfts (dazu Rdn. 1196–1199) zusätzlich Finanzprodukte 1061

Aufklärungs- und Informationspflicht nicht mehr die Ausnahme sei, sondern der Regelfall; im Ergebnis ähnlich *Servatius* ZfIR 2015, 178 (183 ff.).

1427 Begr. RegE zu § 491a Abs. 3, BT-Drucks. 16/11643, S. 79.

1428 *Hofmann* BKR 2010, 232 (234).

1429 Der Begriff »Vermögensverhältnisse« ist ebenso zu verstehen wie etwa in §§ 490 Abs. 1, 775 Abs. 1 BGB, vgl. Begr. RegE zu § 491a Abs. 3 BGB, BT-Drucks. 16/11643, S. 79.

1430 *Ady/Paetz* WM 2009, 1061 (1066).

1431 *Hofmann* BKR 2010, 232 (234).

1432 *Buck-Heeb* BKR 2015, 177 (179); a.A. *Hofmann* BKR 2010, 232 (236).

1433 Begr. RegE zu § 491a Abs. 3 BGB, BT-Drucks. 18/5922, S. 80.

1434 Vgl. Begr. RegE § 491a Abs. 3 BGB, BT-Drucks. 16/11643, S. 79; *Rott* WM 2008, 1104 (1109); *Herresthal* WM 2009, 1174 (1179 f.).

oder –dienstleistungen angeboten, muss dem Darlehensnehmer nach § 491a Abs. 3 Satz 3 BGB (Art. 16 Abs. 1 Buchst. d) RL 2014/17/EU) seit 21.03.2016 auch erläutert werden, ob sie gesondert gekündigt werden können und welche Folgen die Kündigung hat. I.Ü. muss die Erläuterung aber nur auf der Grundlage der vom Darlehensnehmer gemachten – auch unrichtigen – Angaben erfolgen. Der Darlehensgeber darf sich insoweit auf die Angaben des Kunden verlassen;[1435] eine Nachforschungspflicht des Darlerhensgebers besteht nicht.[1436]

1062 Der **Umfang der Erläuterungen** hängt von der Komplexität des konkreten Darlehensgeschäfts und von den Verständnismöglichkeiten des Darlehensnehmers ab.[1437] Dabei wird auf einen durchschnittlichen Verständnishorizont abzustellen sein, es sei denn, für den Darlehensgeber ist es offenkundig, dass der Kunde Verständnisschwierigkeiten hat.[1438] Neu gestaltete oder ungewöhnliche Vertragsklauseln führen ebenso zu einer erhöhten Erläuterungspflicht wie konkrete Rückfragen des Darlehensnehmers. Ebenso können juristische Fachbegriffe erläuterungsbedürftig sein, soweit sich deren Inhalt nicht bereits aus den vorvertraglichen bzw. vertraglichen Formulierungen erschließt.[1439] Da die Verbraucherkreditrichtlinie 2008/48/EG insb. auch den Abschluss grenzüberschreitender Verbraucherdarlehensverträge erleichtern soll, stellt sich bereits aus diesem Grund die Frage, ob den Darlehensgeber ein erhöhtes Maß an Erläuterungspflichten trifft, wenn er es mit fremdsprachigen Kunden zu tun hat. War es bislang primär Aufgabe des Kunden, sich die erforderlichen Kenntnisse der gewählten Vertragssprache selbst dann zu verschaffen, wenn es sich um vorformulierte Vertragstexte, mithin also Allgemeine Geschäftsbedingungen des Verwenders handelte,[1440] so könnte dem Darlehensgeber jetzt eine verstärkte Erläuterungspflicht erwachsen, wenn ihm schon Sprachschwierigkeiten nahelegen, dass der Kunde die Vertragsbestimmungen nicht versteht. Allerdings ist der Darlehensgeber ungeachtet des fortschreitenden europäischen Zusammenwachsens keineswegs verpflichtet, die Vertragstexte und die vorvertraglichen Informationen auch fremdsprachig vorzuhalten oder gar fremdsprachig zu erläutern. Stellt der Darlehensgeber fest, dass er dem Kunden die Vertragsbestimmungen nicht verständlich machen kann, kann er den Darlehensnehmer um Beiziehung einer Übersetzungshilfe bitten oder zur Vermeidung einer Verletzung ihrer Erläuterungspflichten den Vertragsschluss vorsorglich auch ablehnen, ohne allein dadurch den Kunden zu diskriminieren.

1063 Bei **Änderungsverträgen** kann eine Erläuterungspflicht überhaupt allenfalls dann entstehen, wenn die Vertragsänderung mit der Aufhebung des bisherigen Vertrags und dem Abschluss eines neuen Vertrages gleichzusetzen ist. Das setzt zumindest eine tief greifende Umgestaltung des Vertrages voraus. Darüber hinaus wird auch die mit dem Änderungsvertrag einhergehende Einräumung eines neuen Kapitalnutzungsrechts unter Umständen geeignet sein, die Erläuterungspflicht auszulösen. Die Erläuterungspflicht erstreckt sich dann aber nur auf den Änderungsvertrag (z.B. Umstellung von annuitätischer Tilgung auf ein tilgungsfreies Festdarlehen in Kombination mit einer Lebensversicherung), nicht hingegen rückwirkend auch auf etwaige fortgeltende Regelungen des Altvertrages. Entbehrlich wird die Erläuterung gar, wenn der Darlehensnehmer aufgrund seiner Geschäftserfahrung bereits über die erforderlichen Informationen und Kenntnisse verfügt. Das kann etwa der Fall sein bei Begründung eines neuen Kapitalnutzungsrechts durch bloße Prolongation eines Darlehensvertrages, der dem Darlehensnehmer bereits hinreichend erläutert wurde.

c) Zeitpunkt und Art und Weise der Erläuterungen

1064 Die Erläuterung hat **vor Vertragsschluss** zu erfolgen, da ihr Ergebnis eine Hilfe für die Entscheidung des Darlehensnehmers für oder gegen den Abschluss des Darlehensvertrages sein soll. Es ist

1435 *Rösler/Werner* BKR 2009, 1 (3).
1436 *Herresthal* WM 2009, 1174 (1180).
1437 *Hofmann* BKR 2010, 232 (235).
1438 *Buck-Heeb* BKR 2015, 177 (179).
1439 *Schürnbrand* ZBB 2008, 383 (389).
1440 BGHZ 87, 112 (114 f.).

zur Erfüllung der Erläuterungspflicht nicht erforderlich, dass sich der Darlehensgeber in einem direkten Gespräch ein Bild von der Person des Darlehensnehmers macht.[1441] Ein solches Erfordernis verbietet sich schon deshalb, weil die einschlägigen RL 2008/48/EG und 2014/17/EU u.a. auch den Abschluss grenzüberschreitender Darlehensverträge erleichtern wollen,[1442] oftmals aber schon die räumliche Entfernung einem direkten Gespräch entgegenstehen wird.[1443] Es genügen telefonische oder schriftliche Erläuterungen. Möglich ist auch eine standardisierte, individualisierte elektronische pfadgeführte Erläuterung im Internet.[1444]

d) Rechtsfolgen einer Verletzung der Erläuterungspflicht und Beweislast

Es handelt sich bei der Erläuterungspflicht nicht nur um eine Obliegenheit des Darlehensgebers, **1065** sondern um eine echte Verpflichtung, deren Verletzung zu Schadensersatzpflichten des Darlehensgebers aus §§ 280 Abs. 1, 311 Abs. 2, 241 Abs. 2 BGB führen kann.[1445] Eine solche Schadensersatzpflicht kommt auch dann in Betracht, wenn der Vertrag aufgrund fehlender Erläuterungen nicht zustande kommt und dem Darlehensnehmer gerade daraus ein Schaden entsteht.

Behauptet der Darlehensnehmer, der Darlehensgeber habe seine Erläuterungspflicht verletzt, ist es **1066** am Darlehensgeber, den **Beweis für die Erfüllung dieser Pflicht** zu erbringen. Aus diesem Grund werden Darlehensgeber die jeder Erläuterung zugrunde liegenden tatsächlichen Angaben des Darlehensnehmers und ihre Erläuterungen ggü. dem Darlehensnehmer i.d.R. entsprechend gerichtsfest dokumentieren.[1446] Schriftliche Erläuterungen wird sich der Darlehensgeber vom Darlehensnehmer unterzeichnen lassen oder er wird unter Beachtung des § 309 Nr. 12 BGB eine Empfangsbestätigung einholen. Mündliche Erläuterungen wird der Darlehensgeber in einem Erläuterungs- oder Dokumentationsprotokoll festhalten. Im Hinblick auf die Kausalität der Erläuterungspflichtverletzung des Darlehensgebers für einen etwaigen Schaden bleibt allerdings der Darlehensnehmer darlegungs- und beweislastpflichtig. Die Vermutung aufklärungsrichtigen Verhaltens (dazu Rdn. 1017) gilt hier nicht, weil die Erläuterungspflicht dem Darlehensnehmer nur die Möglichkeit geben soll, auf informierter Grundlage nach dem Leitbild des **eigenverantwortlich** zu entscheiden, eine bestimmte Entscheidung also nicht vorgezeichnet ist.[1447]

8. Aushändigung eines Vertragsentwurfs; Ablehnung des Vertragsschlusses

Der Darlehensnehmer kann vom Darlehensgeber die Aushändigung eines Vertragsentwurfs ver- **1067** langen (§ 491a 2 Abs. 2 Satz 1 BGB; Art. 14 Abs. 11 Satz 2 RL 2014/17/EU). Dies gilt allerdings nicht, solange der Darlehensgeber zum Vertragsschluss nicht bereit ist (§ 491a Abs. 2 Satz 2 BGB). Ist der Darlehensgeber bspw. noch mit der Prüfung der Kreditwürdigkeit des Darlehensnehmers befasst, kann dieser zwar nach Art. 247 § 1 Abs. 2 Satz 1 EGBGB bereits einen Anspruch auf Aushändigung eines »ESIS-Merkblatts« haben, einen Vertragsentwurf kann er jedoch noch nicht verlangen, weil der Darlehensgeber in diesem Stadium noch nicht zum Vertragsschluss bereit sein wird und darf (vgl. § 505a Abs. 1 Satz 2 BGB). Unterbreitet der Darlehensgeber bei einem Immobiliar-Verbraucherdarlehensvertrag dem Darlehensnehmer hingegen ein Angebot oder einen bindenden Vorschlag, so muss er dies in Textform tun (Art. 247 § 1 Abs. 2 Satz 5 EGBGB; Art. 14 Abs. 3 RL 2014/17/EU) und das »ESIS-Merkblatt« beifügen, falls der Darlehensnehmer nicht bereits ein »ESIS-Merkblatt« erhalten hat, das über die Bedingungen des Angebots oder des bindenden Vorschlags informiert (Art. 247 § 1 Abs. 2 Satz 3 und 4 EGBGB; Art. 14 Abs. 3 Buchst. b) RL

1441 *Herresthal* WM 2009, 1174 (1179 f.); a.A. wohl *Rott* WM 2008, 1104 (1109).
1442 Vgl. Erwägungsgrund 6 und 7 der neuen Verbraucherkreditrichtlinie 2008/48/EG.
1443 Begr. RegE zu § 491a Abs. 3 BGB, BT-Drucks. 16/11643, S. 78.
1444 *Herresthal* WM 2009, 1174 (1179); *Buck-Heeb* BKR 2015, 177 (179).
1445 *Hoffmann/Bartlitz* WM 2014, 2297.
1446 Vorgeschlagen wird eine Orientierung am WpHG-Bogen, vgl. *Rösler/Werner* BKR 2009, 1 (3).
1447 MüKo-BGB/*Schürnbrand* § 491a Rn. 61; a.A. *Servatius* ZfIR2015, 178 (183); *Bartlitz* WM 2016, 344 (348).

2014/17/EU). Darüber hinaus hat der Darlehensgeber in solchen Fällen dem Darlehensnehmer anzubieten, ihm einen Vertragsentwurf auszuhändigen oder zu übermitteln (§ 491a Abs. 2 Satz 3 Halbs. 1 BGB; Art. 14 Abs. 11 Satz 2 RL 2014/17/EU); besteht gemäß § 495 Abs. 2 BGB kein Widerrufsrecht des Darlehensnehmers, ist der Darlehensgeber zur Aushändigung oder Übermittlung des Vertragsentwurfs sogar verpflichtet (§ 491a Abs. 2 Satz 3 Halbs. 2 BGB; Art. 14 Abs. 11 Satz 1 RL 2014/17/EU). Allerdings führt allein die Bindung des Darlehensgebers an bestimmte Konditionen keineswegs zwangsläufig auch zur Bereitschaft, den Verbraucherdarlehensvertrag abzuschließen. In der Praxis werden zwar bindende Konditionen durchaus bereits vorab zugesagt, dies aber in aller Regel unter dem Vorbehalt einer abschließenden Prüfung (z.B. Kreditwürdigkeitsprüfung, vgl. § 505 Abs. 1 Satz 2 BGB); in solchen Fällen sollte daher an sich nach § 491a Abs. 2 Satz 2 BGB gerade kein Anspruch des Darlehensnehmers auf Aushändigung eines Vertragentwurfs bestehen. Falls der Darlehensgeber gesetzlich zur Aushändigung eines Vertragsentwurfs verpflichtet ist, hat die Erfüllung dieser Pflicht unentgeltlich zu erfolgen (Art. 8 RL 2014/17/EU).

1068 Entscheidet sich der Darlehensgeber, den Immobiliar-Verbraucherdarlehensvertrag nicht abzuschließen, hat er dies dem Darlehensnehmer unverzüglich, d.h. ohne schuldhaftes Zögern, mitzuteilen (Art. 247 § 1 Abs. 4 EGBGB). Das gilt auch dann, wenn der Darlehensgeber aufgrund der mangelnden Kreditwürdigkeit des Darlehensnehmers verpflichtet ist, den Vertragsschluss abzulehnen (§ 505a Abs. 1 Satz 2 BGB), oder wenn er ein Vertragsangebot des Darlehensnehmers nicht annehmen möchte. Eine bestimmte Form ist für die Mitteilung nicht einzuhalten. Erfolgt die Ablehnung des Vertragsschlusses infolge einer Auskunft einer Kreditdatenbank im Sinne des § 30 Abs. 1 BDSG (§ 29 Abs. 6 BDSG a.F.), hat der Darlehensgeber den Darlehensnehmer auch darüber sowie über die erhaltene Auskunft unverzüglich zu informieren § 30 Abs.2 BDSG (§ 29 Abs. 7 BDSG a.F.); die Einhaltung einer bestimmten Form ist auch für diese Information nicht vorgesehen.

III. Besonderheiten des Darlehensvertrags zur Finanzierung einer Immobilie oder Immobilienkapitalanlage

1. Darlehensnehmer

a) Verbraucherbegriff und Immobilienverwaltung, mehrere Darlehensnehmer, Schuldnerwechsel

1069 Die Ausgestaltung des Darlehensvertrages zur Finanzierung des Immobilienerwerbs oder des Beitritts zu einem Immobilienfonds hängt maßgeblich auch davon ab, ob es sich bei dem Darlehensnehmer um einen Verbraucher oder um einen Nichtverbraucher handelt. **Verbraucher** kann nach § 13 BGB nur eine natürliche Person sein. Als solche kommen auch Personenmehrheiten in Gestalt von Erbengemeinschaften und nach der Rechtsprechung des BGH sogar Gesellschaften bürgerlichen Rechts in Betracht,[1448] deren Gesellschafter ausschließlich natürliche Personen sind (dazu Rdn. 1081).[1449] Maßgeblich für die Schutzbedürftigkeit des Verbrauchers ist, dass er das Darlehen nach dem Inhalt des Vertrages überwiegend zu einem Zweck abschließt, der weder einer bereits ausgeübten gewerblichen noch einer selbstständigen beruflichen Tätigkeit zugerechnet werden kann. Da die Zweckbestimmung der Darlehensaufnahme dem übereinstimmenden Willen der Parteien zu entnehmen ist, gibt hierüber indiziell bereits der darlehensvertraglich festgelegte

1448 BGHZ 149, 80 (83) = WM 2001, 2379; BGH, WM 2006, 1673 (Rn. 30); BGH, WM 2007, 62 (Rn. 30); a.A. *Mülbert* WM 2004, 905.

1449 BGH, Urt. v. 30.03.2017 – VII ZR 269/15, (Rn. 25); abweichend für die Wohnungseigentümergemeinschaft BGH, Urt. v. 25.03.2015 – VIII ZR 243/13, ZIP 2015, S. 979 (Rn. 30, 35): Wenn die Wohnungseigentümergemeinschaft das Geschäft zu privaten Zwecken tätigt, genügt es für die Anwendbarkeit des Verbraucherrechts, dass der Wohnungseigentümergemeinschaft wenigstens ein Verbraucher angehört.

Verwendungszweck Auskunft. Für die Feststellung, ob das Darlehen einem privaten oder einem gewerblichen bzw. selbstständig beruflichen Zweck dient, kommt es auf den Zeitpunkt des Abschlusses des Darlehensvertrages an.[1450] Spätere Änderungen der Tätigkeit des Darlehensnehmers oder eine vom vereinbarten Verwendungszweck abweichende tatsächliche Verwendung des Darlehens sind grds. unerheblich.

Für die Immobilien- oder Anteilsfinanzierung ist von grundlegender Bedeutung, dass die bloße **Vermögensanlage oder -verwaltung** unabhängig von der wirtschaftlichen Bedeutung bzw. des Volumens des Geschäfts grds. **zur privaten Sphäre** gehört.[1451] Die Vermögensverwaltung wird erst dann **berufs- oder gewerbsmäßig**, wenn der Umfang der mit ihr verbundenen Geschäfte einen **planmäßigen Geschäftsbetrieb** erfordert, wie etwa die Unterhaltung eines Büros oder organisatorischer Einrichtungen.[1452] Ist die Tätigkeit des Darlehensnehmers maßgeblich durch die Verpachtung oder Vermietung von Grundbesitz geprägt, kommt es demnach auf das Ausmaß, die Komplexität und die Anzahl der damit verbundenen Vorgänge an;[1453] nicht maßgeblich ist hingegen die Größe der verwalteten Werte oder die Höhe des Darlehensbetrages.[1454] Die Vermietung oder Verpachtung eines ausgedehnten und besonders hochwertigen Objekts an eine geringe Anzahl von Personen hält sich daher noch im Rahmen einer privaten Vermögensverwaltung. Die Ausrichtung auf eine **Vielzahl gleichartiger Geschäfte** spricht hingegen für ein berufs- oder gewerbsmäßiges Vorgehen.[1455] Gewisse Indizien für eine gewerbliche Tätigkeit können insoweit ggf. auch der Rechtsprechung zu der steuerrechtlichen Norm des § 15 Abs. 2 EStG entnommen werden.[1456] So entschied der BFH,[1457] dass der Erwerb eines unbebauten Grundstücks und die anschließende Veräußerung dreier darauf errichteter Eigentumswohnungen mit Gewinnerzielungsabsicht gewerblicher Grundstückshandel und keine private Vermögensverwaltung mehr sei. Steuerrechtlich sei die Grenze der privaten Vermögensverwaltung überschritten, wenn nach dem Gesamtbild der Betätigung und unter Berücksichtigung der Verkehrsauffassung die Ausnutzung substantieller Vermögenswerte durch Umschichtung ggü. der Nutzung im Sinne einer Fruchtziehung aus zu erhaltenden Substanzwerten (z.B. durch Selbstnutzung oder Vermietung) entscheidend in den Vordergrund tritt. Während also der BGH i.R.d. § 13 BGB primär auf den Umfang der Geschäfte und den damit verbundenen organisatorischen Aufwand abstellt, steht für den BFH die Teilnahme am **1070**

1450 OLG Hamm, WM 2001, 2329.

1451 BGHZ 149, 80 (86) = WM 2001, 2379; *Bülow/Artz/Bülow/Artz* Verbraucherkreditrecht (9. Aufl.) § 491 Rn. 50. Der deutsche Gesetzgeber hat von der in der Verbraucherkreditrichtlinie 2008/48/EG vorgesehenen Möglichkeit, das Verbraucherdarlehensrecht nur bei Darlehen bis 75.000,00 € anzuwenden, keinen Gebrauch gemacht.

1452 BGHZ 149, 80 (86); BGH Urt. v. 20.02.2018 – XI ZR 445/17 (Rn. 26): Unterhaltung eines Büros kann Beleg für planmäßigen Geschäftsbetrieb sein, ist dafür aber kein zwingendes Erfordernis; OLG Stuttgart, Urt. v. 11.02.2015 – 9 U 153/14, WM 2015, 1009 (1011); OLG Braunschweig, Urt. v. 14.05.2018 – 11 U 31/18: Softwareanwendung zur Verwaltung der Mietobjekte und Reduzierung des Arbeitsaufwandes ist planmäßig, auch wenn kein Büro unterhalten wird; zum Begriff der berufsmäßigen Vermögensverwaltung ferner BGHZ 119, 252 (256).

1453 BGH, Urt. v. 20.02.2018 – XI ZR 445/17 (Rn. 23 ff.): Anzahl der einzelnen Vermietungs- und Verpachtungsobjekte; OLG Dresden, Urt. v. 10.06.2017 – 5 U 1847/14, BeckRS 2016, 16421 (Rn. 20); OLG Braunschweig, Urt. v. 14.05.2018 – 11 U 31/18: Vermietung von insgesamt 27 Wohneinheiten in zwei Mehrfamilienhäusern ist gewerblich.

1454 OLG Stuttgart, Urt. v. 11.02.2015 – 9 U 153/14, WM 2015, 1009 (1012); OLG Dresden, Urt. v. 10.06.2017 – 5 U 1847/14, BeckRS 2016, 16421 (Rn. 20).

1455 So wohl BGH, WM 2006, 1673 (Rn. 30); BGH, WM 2007, 62 (Rn. 30); OLG Frankfurt a.M., ZMR 2004, 577: 14 Immobilien mit mehr als 40 Mietwohnungen; LG Berlin, Urt. v. 30.04.2015 – 37 O 352/14: 12-stöckiges Haus mit 40 Wohneinheiten; vgl. dazu auch Rdn. 1081.

1456 Bülow/Artz/*Bülow/Artz* Verbraucherkreditrecht (9. Aufl.) § 491 Rn. 50; weitergehend wohl BGH, Urt. v. 26.02.2016 – V ZR 208/14, (Rn. 29); einschränkend hingegen OLG Stuttgart, Urt. v. 11.02.2015 – 9 U 153/14, WM 2015, 1009 (1012); zur Heranziehung steuerrechtlicher Erwägungen auch OLG Köln, Urt. v. 08.02.2017 – 13 U 94/15, ZIP 2017, 2047.

1457 BFH, ZfIR 2002, 837 (838).

Wettbewerb im Vordergrund.[1458] Das schließt sich keineswegs aus, sondern beleuchtet nur verschiedene Aspekte des gleichen Vorgangs. Zurückhaltung bei einem solchen Rückgriff auf die steuerrechtliche Rechtsprechung ist dennoch geboten, denn die Regelungsbereiche des Verbraucherrechts und des Steuerrechts weisen im Grunde unterschiedliche Zielrichtungen auf,[1459] insbesondere wird nationales Steuerrecht nicht abschließend über die Auslegung des europäischen Verbraucherbegriffs entscheiden können. Die **Darlegungs- und Beweislast** für das Vorliegen der Verbrauchereigenschaft liegt nach allgemeinen Grundsätzen beim Verbraucher. Über die Zuordnung zum privaten oder zum gewerblichen bzw. selbständig beruflichen Beeich entscheidet dabei nicht der innere Wille des Handelnden, sondern die objektiv zu bestimmende Zweckrichtung seines Verhaltens hinsichtlich des fraglichen Rechtsgeschäfts. Bleiben Zweifel, sind die Vorschriften des Verbraucherrechts nicht anzuwenden.[1460]

1071 Gerade in der Immobilienfinanzierung erfolgt die Darlehensaufnahme häufig durch **mehrere Darlehensnehmer**, etwa beim gemeinsamen Immobilienerwerb durch Ehegatten oder nichteheliche Lebensgemeinschaften. Mehrere Darlehensnehmer haften aufgrund vertraglicher oder gesetzlicher Regelungen in aller Regel als Gesamtschuldner. Handelt es sich bei einem der Darlehensnehmer um einen Verbraucher, so müssen ihm ggü. die Vorschriften des Verbraucherdarlehensrechts beachtet werden. Handelt es sich bei allen Darlehensnehmern um Verbraucher, sind die verbraucherdarlehensrechtlichen Regelungen bei jedem einzelnen Darlehensnehmer einzuhalten. Bei der Kreditwürdigkeitsprüfung (dazu Rdn. 1033–1048) darf die Bank auf die Darlehensnehmermehrheit abstellen, d.h. es ist nicht die Kreditwürdigkeit jedes einzelnen Darlehensnehmers gesondert zu prüfen.[1461] Schließen mehrere Verbraucher als Darlehensnehmer einen Verbraucherdarlehensvertrag, so genügt es, wenn diese Mitbesitz im Rahmen der §§ 356b, 492 Abs. 3 BGB an einer Vertragsurkunde mit der Widerrufsinformation erhalten.[1462] Jeder von diesen Darlehensnehmern kann seine auf den Abschluss des Darlehensvertrags gerichtete Willenserklärung selbständig widerrufen (dazu Rdn. 1219).[1463] Widerruft nur einer von mehreren Darlehensnehmern, hat das nach § 139 BGB regelmäßig zur Folge, dass der Darlehensvertrag insgesamt in ein Rückgewährschuldverhältnis umgewandelt wird.[1464] Auch für die weitere Abwicklung des Darlehensvertrags ist es von Bedeutung, wenn mehrere Personen als Darlehensnehmer auftreten. Oftmals wird geregelt, dass bereits die Auszahlung an einen der Darlehensnehmer auch Wirkung ggü. den anderen Darlehensnehmern entfaltet. Ferner können Konditionenneuvereinbarungen bei unechten Abschnittsfinanzierungen (dazu Rdn. 1108) und Vertragsänderungen nur gemeinsam mit allen Darlehensnehmern wirksam getroffen werden. Für eine Kündigung aus wichtigem Grund durch die Bank genügt es, wenn dieser in der Person eines gesamtschuldnerisch haftenden Darlehensnehmers eintritt (z.B. eine wesentliche Verschlechterung der wirtschaftlichen Verhältnisse eines Darlehensnehmers, § 490 Abs. 1 BGB). Das wird regelmäßig vertraglich vereinbart, ergibt sich aber auch daraus, dass § 425 Abs. 2 BGB auf den Darlehensvertrag als Dauerschuldverhältnis nicht anwendbar ist.[1465] Die Kündigung ist selbstverständlich gleichwohl allen Darlehensnehmern ggü. zu erklären. Will die Bank einen von mehreren gesamtschuldnerisch haftenden Darlehensnehmern aus der Schuldhaft entlassen, wird sie bei vorhandenen Drittsicherheiten vorab die Zustimmung des Drittsicherungsgebers einzuholen haben, wenn sie ihre Sicherheit nicht gefährden will. Bei interessengerechter Auslegung des Sicherungsvertrages will nämlich ein Sicherungsgeber nur das zum Zeitpunkt des Vertragsschlusses vorhersehbare Risiko des Sicherungsfalls übernehmen; für die Eintrittswahrscheinlichkeit des

1458 So auch Bülow/Artz/*Bülow/Artz* Verbraucherkreditrecht (9. Aufl.) § 491 Rn. 50.

1459 *Lang* ZfIR 2003, 1 (7).

1460 BGH, Urt. v. 11.07.2007 –VIII ZR 110/06, ZIP 2007, 1611; OLG Frankfurt a.M., Urt. v. 03.05.2016 – 10 U 152/15, ZIP 2016, 1626.

1461 *König* WM 2017, 269 (274).

1462 BGH, Beschl. v. 07.03.2017 – XI ZR 282/16 (zur Widerrufsbelehrung).

1463 BGH, Urt. v 11.10.2016 – XI ZR 482/15, (Rn. 14 ff.).

1464 BGH, Urt. v 11.10.2016 – XI ZR 482/15, (Rn. 22).

1465 OLG München, WM 1996, 1623 (1624).

Sicherungsfalls ist aber in der Regel die Anzahl der Gesamtschuldner und die Kapitaldienstfähigkeit in deren Gesamtheit maßgeblich. Die Bank darf durch die Schuldhaftentlassung eines gesamtschuldnerisch haftenden Darlehensnehmers die Risiken des Drittsicherungsgebers nicht einseitig zu dessen Nachteil beeinflussen.

Die Bank ist grds. nicht verpflichtet, einem vom Darlehensnehmer gewünschten **Schuldnerwechsel** 1072 zuzustimmen. Das gilt auch dann, wenn der Darlehensnehmer aufgrund der verweigerten Zustimmung der Bank gezwungen ist, das Immobiliardarlehen gemäß § 490 Abs. 2 BGB zu kündigen und eine Vorfälligkeitsentschädigung zu zahlen. Denn im Fall eines Schuldnerwechsels stünde dem neuen Darlehensnehmer ggf. ein erneutes Widerrufsrecht zu; das Risiko eines Widerrufs und eines damit verbundenen Vorfälligkeitsschadens ist der Bank nicht zumutbar.

b) Immobilienverwaltung und Immobilienfonds in der Rechtsform der GbR

Sehr häufig treten auch **Gesellschaften bürgerlichen Rechts** mit dem Wunsch einer Immobilien- 1073 finanzierung an Banken heran. Es kann sich dabei um reine Besitzgesellschaften handeln, die aus einer Betriebsaufspaltung hervorgegangen sind, um Immobilienverwaltungsgesellschaften auf privatem oder gewerblichem bzw. selbstständig beruflichem Sektor, aber auch um geschlossene Fondsgesellschaften in der Rechtform der GbR. Seit jeher bereitet die GbR als Vertragspartnerin im Kreditgeschäft erhebliche Probleme, sei es nun im Zusammenhang mit der Feststellung der Vertretungsmacht, mit der Haftung ihrer Gesellschafter oder mit der Anwendbarkeit des Verbraucherrechts. Gerade Bauherrengemeinschaften und Immobilienfonds in der Rechtsform der GbR weisen insoweit einige Besonderheiten auf.

aa) Die Gesellschaft bürgerlichen Rechts als Vertragspartnerin der Bank

Nach der Rechtsprechung des BGH ist die GbR rechtsfähig, wenn sie im Rechtsverkehr als solche 1074 auftritt.[1466] Sie kann daher auch Vertragspartnerin eines Darlehensvertrages mit der Bank sein und haftet mit ihrem Gesellschaftsvermögen.

Die **organschaftliche Vertretung** der GbR erfolgt grds. durch alle Gesellschafter gemeinsam 1075 (§§ 714, 709 BGB). Von diesem Grundsatz der **Gesamtvertretung** kann gesellschaftsvertraglich in den Grenzen des Prinzips der Selbstorganschaft beliebig abgewichen werden. Denkbar ist etwa eine Einzelvertretungsbefugnis einzelner oder aller Gesellschafter. Zur Feststellung der organschaftlichen Vertretungsverhältnisse bleibt mangels Registerpublizität der GbR[1467] grds. nur der Blick in den Gesellschaftsvertrag. Dabei sollte die Bank darauf bestehen, sich das Original des Gesellschaftsvertrages vorlegen zu lassen, um auf die darin geregelte organschaftliche Vertretungsmacht vertrauen zu können (§ 172 Abs. 2 BGB analog).[1468] Über den **Umfang der organschaftlichen Vertretungsmacht** für die GbR bestimmt ebenfalls grds. der Gesellschaftsvertrag. So kann der Gesellschaftsvertrag etwa Zustimmungsvorbehalte oder betragliche Grenzen für Kreditaufnahmen vorsehen.[1469] Es ist auch nicht auszuschließen, dass sogar der Gesellschaftszweck die organschaftliche Vertretungsbefugnis beschränkt.[1470] Allerdings wirkt eine etwaige gesellschaftsvertragliche Beschränkung der organschaftlichen Vertretungsmacht im Außenverhältnis grds. nicht.[1471] Anders kann das unter Hinzuziehung der Grundsätze über den Missbrauch der Vertretungsmacht allenfalls dann sein,

---

1466 BGHZ 146, 341 (343 ff.) = WM 2001, 408 (409).

1467 Der Gesetzgeber hat sich i.R.d. Gesetzes zur Einführung des elektronischen Rechtsverkehrs und der elektronischen Akte im Grundbuchverfahren (ERVGBG) gegen die Errichtung eines GbR-Registers entschieden, BT-Drucks. 16/1337, S. 28, 30.

1468 Zutreffend *Steffek* ZIP 2009, 1445 (1455); a.A. die wohl h.M., weil ein Gesellschaftsvertrag nicht den Rechtsschein für den Fortbestand einer Vertretungsmacht erzeuge, vgl. *Heil* NJW 2002, 2158 (2159); zweifelnd *Reymann* ZfIR 2009, 81 (86).

1469 Vgl. MüKo-BGB/*Schäfer* § 714 Rn. 24.

1470 MüKo-BGB/*Schäfer* § 714 Rn. 25.

1471 BGHZ 142, 315 (320).

wenn der Bank solche Beschränkungen der Vertretungsmacht bekannt sind oder von ihr hätten erkannt werden müssen.[1472] Wenn die Gesellschafter selbst die organschaftliche Vertretungsmacht behalten, begegnet auch die Erteilung umfassender rechtsgeschäftlicher Vollmachten durch Gesellschafter einer GbR an einen Nichtgesellschafter – vorbehaltlich der verbraucherdarlehensrechtlichen Sonderregelung des § 492 Abs. 4 BGB – keinen rechtlichen Bedenken.[1473]

1076 Die GbR kann auch Eigentümerin einer Immobilie sein[1474] und ist als solche **grundbuchfähig.**[1475] Dazu hat sich auch der Gesetzgeber in dem partiell bereits am 18.08.2009 in Kraft getretenen Gesetz zur Einführung des elektronischen Rechtsverkehrs und der elektronischen Akte im Grundbuchverfahren (ERVGBG)[1476] bekannt. Um den zahlreichen kritischen Stimmen[1477] zur Grundbuchfähigkeit der GbR Rechnung zu tragen, sieht das Grundbuchverfahren insoweit zunächst die zwingende Eintragung sämtlicher Gesellschafter vor (§ 47 Abs. 2 Satz 1 GBO). Freigestellt ist darüber hinaus die Eintragung des Namens und des Sitzes der GbR (§ 15 Abs. 1 Buchst. c) GBV).[1478] Ferner wird nach der Neufassung des § 899a Satz 1 BGB vermutet, dass in Ansehung eingetragener Rechte die eingetragenen Personen auch tatsächlich Gesellschafter der GbR sind und keine weiteren Gesellschafter vorhanden sind. Nach § 899a Satz 2 BGB finden zudem die §§ 892 bis 899 BGB hinsichtlich der Eintragung der Gesellschafter entsprechende Anwendung, allerdings nur in Ansehung der im Grundbuch zugunsten der GbR eingetragenen Rechte.[1479] Geschützt wird damit bei gemeinsamem Handeln **aller** Gesellschafter der gute Glaube in die organschaftliche Vertretungsmacht der eingetragenen Gesellschafter.[1480] Darüber hinaus erstreckt sich die Vermutungsregelung des § 899a Satz 1 BGB ausweislich der Gesetzesbegründung auch auf die Existenz der

---

1472 MüKo-BGB/*Schäfer* § 714 Rn. 24.

1473 BGH, DNotZ 2011, 361 (Rn. 9, 12): Die rechtsgeschäftliche Vollmacht sei von den Gesellschaftern zu erteilen; die GbR selbst könne eine solche Vollmacht nicht erteilen.

1474 BGH, WM 2006, 2135 (Rn. 8).

1475 BGH, WM 2009, 171 (Rn. 8 ff.); *Altmeppen* ZIP 2011, 1937; ferner *Pohlmann* WM 2002, 1421 (1429); *Ulmer/Steffek* NJW 2002, 330 (334 ff.: Einreichung einer öffentlich beglaubigten Gesellschafterliste zu den Grundakten erforderlich).

1476 BGBl. I, S. 2713; dazu *Steffek* ZIP 2009, 1445 ff.; *Böttcher* ZfIR 2009, 613 ff.; *Heßeler/Kleinhenz* WM 2010, 446 ff.; kritisch *Bestelmeyer* Rpfleger 2010, 169 ff.

1477 Vgl. etwa *Reymann* ZfIR 2009, 81 ff.; *Volmer* ZfIR 2009, 97 ff.

1478 Anders noch BGH, WM 2009, 171 (Rn. 20 ff.), wonach eine namenstragende GbR allein unter der Bezeichnung in das Grundbuch eingetragen werden konnte, die ihre Gesellschafter im Gesellschaftsvertrag für sie vorgesehen hatten.

1479 Eine weiter gehende – an die Grundbucheintragung anknüpfende – Rechtsscheinhaftung wird erwogen von *Steffek* ZIP 2009, 1445 (1454); *Heßeler/Kleinhenz* WM 2010, 446 (448 f.). Für eine erweiterte (kondiktionsfeste) schuldrechtliche Wirkung des § 899a Satz 1 BGB zu Recht *Heßeler/Kleinhenz* WM 2010, 446 (449); *Wertenbruch* ZIP 2010, 1884 (1885 f.); *Witt* BB 2011, 259 (262); im Ergebnis auch *Kohler* ZIP 2011, 2227 (2282 ff.); dagegen Palandt/Herrler § 899a Rn. 6; *Bestelmeyer* Rpfleger 2010, 169 (175). Den gutgläubigen Erwerb von Anteilen an der Grundbesitz-GbR ermöglicht § 899a BGB hingegen nicht. Zu Grundbuchberichtigungen bei Gesellschafterwechseln, zur nachträglichen Eintragung von Gesellschaftern und zum Nachweis des Gesellschafterbestandes bei einer GbR, die auf der Grundlage der Entscheidung des BGH v. 04.12.2008 (WM 2009, 171) nur unter ihrem Namen ohne Angabe der Gesellschafter im Grundbuch eingetragen wurde, vgl. OLG Schleswig, ZfIR 2011, 409 (411); *Böttcher* ZfIR 2011, 461 (465, 467); *Bestelmeyer* ZfIR 2011, 395 ff. Zur Wirkung des § 899a BGB in Bezug auf Verfügungsbeschränkungen bei Gesellschaften bürgerlichen Rechts *Kohler* ZIP 2013, 1362; allgemein zu Grundstücksgeschäften mit Gesellschaften bürgerlichen Rechts *Suttmann* NJW 2012, 423.

1480 Palandt/*Herrler* § 899a Rn. 7; *Heßeler/Kleinhenz* WM 2010, 446 (448); *Witt* BB 2011, 259 (260 f.); vgl. aber auch BGH, WM 2011, 239 (Rn. 28): Die Regelung des § 899a BGB bezieht sich nur auf die Namen und Anzahl der Gesellschafter, nicht aber darauf, ob sie zur Geschäftsführung befugt sind (Zustellung an verstorbenen, vormals geschäftsführungsberechtigten und noch im Grundbuch eingetragenen Gesellschafter); kritisch zur Rechtsscheinvertretungsmacht aus § 899 Satz 1 BGB *Altmeppen* ZIP 2011, 1937 (1941).

GbR.[1481] Die Regelung des § 899a BGB gilt hingegen nicht, wenn eine GbR auf der Erwerberseite steht.[1482] Ihrem Wortlaut nach unanwendbar ist die Gutglaubensvorschrift des § 899a Satz 2 BGB ferner auch dann, wenn die GbR eine Briefgrundschuld abtritt, die sie ihrerseits ohne grundbuchmäßigem Vollzug durch Abtretung erworben hat, weil in diesem Fall nicht an die erforderliche Grundbucheintragung der Gesellschafter angeknüpft werden kann und der gute Glaube an die Vertretungsmacht außerhalb des Grundbuchs nicht geschützt ist.[1483] Der zeitliche Anwendungsbereich der Regelungen des § 899a BGB sowie der §§ 47 Abs. 2 Satz 2, 82 Satz 3 GBO erstreckt sich gem. Art. 229 § 21 EGBGB auch auf Gesellschaften bürgerlichen Rechts, die vor dem diesbezüglichen Inkrafttreten des ERVGBG am 18.08.2009 im Grundbuch eingetragen wurden.

Die GbR ist auch selbst **parteifähig**, kann also als solche verklagt werden, und es kann mit dem so **1077** erwirkten Titel in das Gesellschaftsvermögen vollstreckt werden.[1484] Wegen der fehlenden Registerpublizität und fehlender firmenrechtlicher Regelungen kann es allerdings in Einzelfällen schwierig sein, die GbR prozessual individualisierend zu bezeichnen.[1485] Es empfiehlt sich grds. die Gesellschaftsbezeichnung sowie die Bezeichnung der organschaftlichen Vertreter und möglichst eine Benennung aller Gesellschafter.[1486] Soll in das Immobiliarvermögen einer GbR die Zwangsvollstreckung betrieben werden, müssen sogar zwingend sämtliche Gesellschafter in Übereinstimmung mit dem Grundbuch in dem Titel genannt sein;[1487] das ist insb. bei einer Grundschuldbestellung mit Unterwerfung unter die sofortige Zwangsvollstreckung durch eine GbR zu beachten. Eine im Grundbuch vollzogene Änderung im Gesellschafterbestand bedarf einer Titelumschreibung analog § 727 ZPO; ist der Gesellschafterwechsel hingegen nicht im Grundbuch vollzogen, ist eine Klauselumschreibung analog § 727 ZPO in entsprechender Anwendung des § 1148 Satz 1 BGB entbehrlich.[1488] Auch die nach § 130 Nr. 1 ZPO erforderliche Angabe des Sitzes kann Probleme bereiten. Örtlich zuständig für eine Klage gegen die GbR ist das Gericht an deren Sitz (§ 17 Abs. 1 ZPO), mangels Sitz das Gericht am Wohnsitz des Organs, und bei mehreren Organen der GbR kommen mehrere Gerichtsstände in Betracht, zwischen denen der Kläger wählen kann (§ 35 ZPO). Ob bei Grundbesitzgesellschaften das Gericht am Ort des Vermögens örtlich zuständig ist, erscheint indes sehr zweifelhaft.[1489] Ein gegen die GbR erstrittener Titel soll analog § 129 Abs. 1 HGB auch zur Vollstreckung in das Vermögen der persönlich haftenden Gesellschafter (dazu Rdn. 1077–1079)

1481 BT-Drucks. 16/1337, S. 26 f., 30; *Heinze* ZfIR 2010, 713 (716); *Wertenbruch* ZIP 2010, 1884 (1885); dagegen *Altmeppen* ZIP 2011, 1937 (1942); *Bestelmeyer* Rpfleger 2010, 169 (174) unter Hinweis auf den Wortlaut des § 899 Satz 1 BGB; *Kohler* NZG 2012, 441 (443); kritisch auch *Steffek* ZIP 2009, 1445 (1453 f.): Anwendung allgemeiner Rechtsscheingrundsätze.

1482 *Bestelmeyer* Rpfleger 2010, 169 (173, 177 ff.). Für den grundbuchmäßigen Vollzug eines Immobilienerwerbs durch eine bestehende GbR reicht es nach der Rechtsprechung des BGH (Beschl. v. 28.04.2011 – V ZB 194/10) aus, wenn die GbR und ihre Gesellschafter in Übereinstimmung mit § 47 Abs. 2 Satz 1 GBO in der notariellen Auflassungsverhandlung benannt sind und die für die GbR handelnden Personen erklären, dass sie deren alleinige Gesellschafter sind; weiterer Nachweise der Existenz, der Identität und der Vertretungsverhältnisse dieser GbR bedarf es ggü. dem Grundbuchamt nicht; zum Nachweis der Vertretungsverhältnisse der GbR durch das zu vollstreckende Urteil vgl. BGH, Beschl. v. 13.10.2011 – V ZB 90/11, (Rn. 13 ff.).

1483 *Bestelmeyer* Rpfleger 2010, 169 (190).

1484 BGHZ 146, 341 (356) = WM 2001, 408 (410).

1485 Vgl. *Pohlmann* WM 2002, 1421 (1422).

1486 *Hadding* ZGR 2001, 712 (732); einschränkend *Pohlmann* WM 2002, 712 (732): zur Identifizierung der GbR reiche die Benennung einzelner Gesellschafter aus.

1487 BGH, WM 2011, 239 (Rn. 7 ff.); zur Vollstreckungsabwehrklage, wenn sich ein Vollstreckungstitel gegen eine GbR als Vollstreckungsschuldnerin richtet, BGH, Urt. v. 03.11.2015 – II ZR 446/13, ZIP 2016, 211 (Rn. 22).

1488 BGH, WM 2011, 642 (Rn. 14 ff.); BGH, WM 2011, 239 (Rn. 21); kritisch *Bestelmeyer* ZfIR 2011, 117 (125), der auf etwaige Probleme des Nachweises des geänderten Gesellschafterbestands durch öffentliche oder öffentlich beglaubigte Urkunden hinweist und darüber hinaus auch den Nachweis der Identität von Schuldner-GbR und Eigentümer-GbR problematisiert.

1489 Vgl. *Pohlmann* WM 2002, 1421 (1423).

berechtigen. Umgekehrt berechtigt ein gegen sämtliche Gesellschafter erstrittener Titel nicht nur zur Vollstreckung in deren Privatvermögen, sondern gem. § 736 ZPO auch zur Vollstreckung in das Vermögen der GbR.[1490] Problematisch wird das allerdings, wenn die Gesellschafter nicht alle namentlich bekannt sind oder vor Klageerhebung noch ein Gesellschafterwechsel erfolgt.[1491] Ist ein ausgeschiedener Gesellschafter in dem Titel namentlich benannt, kann gegen ihn daraus im Rahmen seiner Nachhaftung vollstreckt werden. Gegen einen nach Erlangung des Titels gegen die Gesellschafter eintretenden und für Altverbindlichkeiten haftenden Neugesellschafter ist zur Vollstreckung in dessen Privatvermögen ein entsprechender Titel aber noch zu erwirken.

bb) Haftungsverhältnisse bei Bauherrengemeinschaften und Anlagegesellschaften bürgerlichen Rechts

1078 Für die wirksam begründeten Verbindlichkeiten der GbR haften deren Gesellschafter analog §§ 128 ff. HGB **persönlich, unbeschränkt und akzessorisch als Gesamtschuldner.**[1492] Der in eine GbR **eintretende Gesellschafter** haftet nach einem Grundsatzurteil des II. Zivilsenats des BGH vom 07.04.2003 entsprechend § 130 HGB auch für die vor seinem Eintritt begründeten Gesellschaftsverbindlichkeiten.[1493] Dies gilt aus Gründen des Vertrauensschutzes zwar grds. nur für die dem 07.04.2003 nachfolgenden Eintrittsfälle,[1494] diesen Vertrauensschutz genießt aber keineswegs jeder, der bis zu diesem Stichtag in eine GbR eingetreten ist. Der eintretende Gesellschafter haftet vielmehr auch dann für die vor seinem Eintritt begründeten Gesellschaftsverbindlichkeiten, wenn er diese kannte oder wenn er deren Vorhandensein bei auch nur geringer Aufmerksamkeit hätte erkennen können.[1495] Das gilt insb. auch im Fall des Beitritts zu einem Immobilienfonds, wenn der Gesellschaftsvertrag eine – typischerweise quotale – Haftung der Gesellschafter vorsieht und der Eintretende diesen Gesellschaftsvertrag kennt.[1496] Ein Gesellschafter, der gem. § 128 HGB analog

---

1490 Vgl. BGHZ 146, 341 (356); BGH, WM 2007, 62 (Rn. 22); *Pohlmann* WM 2002, 1421 (1427). Wenn allerdings in einem Rechtsstreit alle Gesellschafter aus ihrer persönlichen Gesellschafterhaftung in Anspruch genommen werden, erstreckt sich die Rechtskraft eines in diesem Rechtsstreit ergangenen Urteils nicht gem. § 325 ZPO auf einen weiteren Prozess des Gläubigers gegen die Gesellschaft; § 736 ZPO ordnet keine Rechtskrafterstreckung an, sondern regelt nur die Möglichkeit, mit einem gegen sämtliche Gesellschafter erwirkten Urteil auch in das Gesellschaftsvermögen zu vollstrecken, BGH, WM 2011, 1036 (Rn. 7, 10).

1491 Die Neuregelung des § 899a BGB schützt den Rechtsverkehr insoweit nur in Ansehung der im Grundbuch zugunsten der GbR eingetragenen Rechte (dazu Rdn. 1075).

1492 BGHZ 146, 341 (358). Diese Haftung trifft aber grds. nur diejenigen Kapitalanleger, die der werbenden Fondsgesellschaft unmittelbar und nicht unter Einschaltung eines Treuhänders nur mittelbar beitreten, BGH, WM 2008, 2359 (Rn. 18 ff.); BGH, WM 2010, 1555 (Rn. 25); anders bei Einschaltung nur eines Grundbuchtreuhänders BGH, WM 2011, 1658 (Rn. 36 ff.).

1493 BGHZ 154, 370 (373) = WM 2003, 977; OLG Schleswig, WM 2007, 1516 (1517); zuvor bereits BayObLG, NZG 2000, 736 (737); OLG Hamm, NZG 2002, 282 (283); a.A. OLG Düsseldorf, NZG 2002, 284.

1494 So der II. Zivilsenat in BGHZ 154, 370 (377) = WM 2003, 977 (979); dazu *Wagner* ZfIR 2005, 605 (613), der auch das Verhältnis dieser Haftung zu separaten Schuldbeitrittserklärungen beleuchtet. Dagegen *Wössner* ZIP 2003, 1236 (1239), der nach Privilegierungsbedürftigkeit differenziert. Die Regelung des § 130 HGB gelte nicht für eine GbR, deren Gründung aus Mangel einer rechtlichen oder praktischen Möglichkeit, sich der Rechtsform der GmbH oder KG zu bedienen, in der Rechtsform der GbR erfolgte.

1495 BGH, WM 2006, 187 (Rn. 19); BGH, WM 2011, 1658 (Rn. 41); a.A. KG, ZIP 2008, 18 (19): Der Vertrauensschutz rechtfertige sich nicht aus der Unkenntnis der Gesellschaftsverbindlichkeiten, sondern aus der vormaligen Rechtslage.

1496 BGH, WM 2006, 1673 (Rn. 34); BGH, WM 2007, 62 (Rn. 31); BGH, WM 2011, 1658 (Rn. 41 f.: Haftung auch ohne ausdrücklichen Hinweis im Gesellschaftsvertrag oder im Fondsprospekt); ebenso KG, WM 2005, 553 (555); OLG Celle, WM 2005, 877 (880); zustimmend *Lehleiter/Hoppe* WM 2005, 2213 (2216); *Jungmann* ZfIR 2006, 722 (723). Nach BGH, WM 2007, 110 (112) muss der beitretende Anleger bei Publikumsgesellschaften auch ohne einen solchen Hinweis unbedingt damit auf eine anderweitig – bei Immobilienfonds typischerweise durch eine Grundschuld gesicherte – Verbindlichkeit der GbR zahlt, hat jedenfalls bei nicht akzessorischen Sicherheiten keinen Zug-um-Zug zu erfüllenden Anspruch auf anteilige Übertragung der Sicherheit, den er der Bank als Einrede entgegenhalten kann. Ein solcher Anspruch ergibt sich auch nicht aus §§ 426 Abs. 2, 412, 401 BGB, da Gesellschaft und Gesellschafter im Verhältnis zueinander nicht gesamtschuldnerisch haften; ebenso scheidet eine Analogie zu § 774 Abs. 1 Satz 1 BGB aus.[1497] Für einen Rückgriff des zahlenden Gesellschafters gilt § 110 HGB, der lediglich einen Erstattungsanspruch vorsieht.[1498]

Die Gesellschafter können ihre **persönliche Haftung** für Gesellschaftsverbindlichkeiten ggü. der 1079
Bank grds. nicht mehr dadurch **ausschließen oder beschränken**, dass sie oder der geschäftsführungs- und vertretungsberechtigte Gesellschafter die Haftungsbeschränkung dem Vertragspartner bei Vertragsabschluss durch entsprechende Hinweise im Gesellschaftsvertrag oder in der Korrespondenz erkennbar machen.[1499] Eine im Gesellschaftsvertrag enthaltene Haftungsbeschränkung der Gesellschafter führt auch nicht zu einer Beschränkung der Vertretungsmacht der organschaftlichen Vertreter, denn diese vertreten ausschließlich die GbR, nicht aber deren Gesellschafter, die bereits kraft Gesetzes persönlich und unbeschränkt für die Gesellschaftsverbindlichkeiten haften.[1500] Gerade weil die Haftung der Gesellschafter eine gesetzliche ist, kann deren Beschränkung oder Ausschluss nur noch durch eine **individualvertragliche Vereinbarung** mit dem Vertragspartner herbeigeführt werden.[1501] Allerdings kann die **haftungsbeschränkende oder -ausschließende Vereinbarung** auch **durch schlüssiges Verhalten** zustande kommen, wobei hohe Anforderungen an die Feststellung eines solchen Verhaltens zu stellen sein werden und der Beweis hierfür den Gesellschaftern obliegt. Besonderheiten gelten indes bei **geschlossenen Immobilienfonds und Bauherrengemeinschaften in der Rechtsform der GbR**, die bereits vor der diesbezüglichen Rechtsprechungsänderung am 27.09.1999 mit einer im Gesellschaftsvertrag vorgesehenen Haftungsbeschränkung ihre Finanzierungsverträge abgeschlossen haben. Für bereits abgeschlossene Finanzierungsverträge können sich die Gesellschafter aus Gründen des **Vertrauensschutzes** auf eine solche Haftungsbeschränkung berufen, wenn sie der Bank erkennbar war.[1502] Zudem ist bei Verträgen, die eine Anlagegesellschaft nach der Rechtsprechungsänderung abschließt, die **Herbeiführung der Haftungsbeschränkung** der Gesellschafter dadurch erleichtert, dass sie durch eine **in Allgemeinen Geschäftsbedingungen** enthaltene Regelung vereinbart werden kann, d.h., eine individualvertragliche Vereinbarung der Haftungsbeschränkung ist hier nicht erforderlich.[1503] Auch die Gesellschafter einer Bauherrengemeinschaft in der Rechtsform einer GbR erachtet der BGH[1504] für privilegierungswürdig. Ihre Gesellschafter sollen für die sog. Herstellungskosten auch weiterhin nur anteilig haften können.[1505]

---

rechnen, dass die zur Finanzierung des Fondsobjekts benötigen Kredite bereits aufgenommen wurden. Zur Verfassungsmäßigkeit der rückwirkenden Rechtsprechungsänderung hinsichtlich der Haftung des eintretenden GbR-Gesellschafters BVerfG, Beschl. v. 18.10.2012 – 1 BvR 2366/11, WM 2012, 2273.

1497 BGH, WM 2011, 1658 (Rn. 59 f.).

1498 BGH, WM 2011, 1658 (Rn. 59).

1499 So noch BGH, NJW 1992, 3037 (3039) auf der Grundlage der »Doppelverpflichtungslehre«; vgl. auch OLG Jena, ZIP 1998, 1797 (1798).

1500 A.A. MüKo-BGB/*Schäfer* § 714 Rn. 68 f.

1501 BGHZ 142, 315 (320).

1502 BGH, WM 2011, 1658 (Rn. 39).

1503 BGHZ 150, 1 (5), zustimmend *Ulmer* ZIP 2003, 1113 (1119); *Hasenkamp* BB 2004, 230 (235).

1504 BGH, ZIP 2002, 851 (853).

1505 Zustimmend *Ulmer* ZIP 2003, 1113 (1119). Kritisch *Wössner* ZIP 2003, 1235 (1236), der generell als Kriterium für die erleichterte Haftungsbeschränkung nur die fehlende rechtliche oder praktische Möglichkeit der Gesellschafter, sich der Rechtsformen der GmbH oder der KG zu bedienen, heranziehen möchte; steuerlich oder zeitlich motivierte Gründe sollen jedoch nicht ausreichen.

1080 Insb. bei **Immobilienfonds und Bauherrengemeinschaften in der Rechtsform der GbR** ist i.d.R. eine **quotale Haftungsbeschränkung** der Gesellschafter vorgesehen.[1506] Dabei kann die Haftung auf einen ausdrücklich genannten Betrag oder durch Vereinbarung eines Prozentsatzes beschränkt werden. Ob Tilgungsleistungen der GbR oder Verwertungserlöse aus den von der Gesellschaft bestellten Sicherheiten nur die Schuld der Gesellschaft oder anteilig auch den Haftungsbetrag jedes quotal haftenden Gesellschafters mindern, ist dabei ungeachtet der Akzessorietät der Gesellschafterhaftung im Wege der Auslegung der im Darlehensvertrag getroffenen Vereinbarungen unter Berücksichtigung der im Gesellschaftsvertrag geregelten Haftung zu ermitteln. Sind keine anderslautenden eindeutigen Absprachen getroffen (z.B. vorrangige Verwertung der aus dem Gesellschaftsvermögen bestellten Sicherheiten), führen die Grundsätze der beiderseitigen interessengerechten Auslegung regelmäßig zu dem Ergebnis, dass Tilgungsleistungen der GbR oder Verwertungserlöse aus den von der Gesellschaft gestellten Sicherheiten nicht auch die anteilige Haftung der Gesellschafter mindern;[1507] das gilt insb. dann, wenn die Haftungsanteile der Gesellschafter betragsmäßig im Darlehensvertrag ausgewiesen sind.[1508] Bezugsgröße für die Haftung der Gesellschafter ist demnach der Nominalbetrag des Darlehens zuzüglich Kosten und Zinsen, die anteilige Haftung stellt lediglich die Obergrenze der Gesellschafterhaftung dar. Daran ändert sich auch dann nichts, wenn einzelne Gesellschafter aus der Gesellschaft ausscheiden.[1509] Auch ein von der Bank mit einzelnen Gesellschaftern geschlossener Haftungsvergleich oder Haftungsverzicht kommt den anderen Gesellschaftern nicht zugute.[1510] Die Bank ist grds. auch nicht verpflichtet, vor einer Inanspruchnahme der haftenden Gesellschafter die von der Gesellschaft bestellten Sicherheiten zu verwerten.[1511] Wird indes eine abweichende Vereinbarung über die Verwertungsreihenfolge getroffen, spricht das indiziell für eine gesellschafterfreundliche Auslegung und damit für eine Anrechnung der Verwertungserlöse auf die quotale Haftung der Gesellschafter. Für die Bank kann sich das insb. dann nachteilig auswirken, wenn einzelne haftende Gesellschafter vermögenslos geworden sind. Muss die Bank nämlich zuerst die Grundschuld verwerten und reicht der Verwertungserlös zur Rückführung der Darlehensforderungen nicht aus, so entsteht der Bank daraus unter Umständen ein Ausfall, denn die zahlungsfähigen Gesellschafter haben rechnerisch nicht auch für die Vermögenslosigkeit ihrer Mitgesellschafter einzustehen. Ob sich die im Darlehensvertrag vereinbarte quotale Haftung der Gesellschafter einer Fondsgesellschaft bürgerlichen Rechts erhöht, wenn nicht alle Gesellschaftsanteile gezeichnet werden, ist ebenfalls durch Auslegung der Vereinbarung über die Haftungsbeschränkung zu ermitteln.[1512]

1081 In der **Insolvenz der Gesellschaft bürgerlichen Rechts** ist den Gesellschaftsgläubigern der Zugriff auf die Gesellschafterhaftung versperrt (§ 93 InsO). Eine Inanspruchnahme der Gesellschafter kann dann nur noch durch den Insolvenzverwalter erfolgen.[1513] Dadurch soll ein Wettlauf der

---

1506 Vgl. etwa BGH, WM 2007, 62 (Rn. 23): Ein Titel gegen alle nur quotal haftenden Gesellschafter (hier: quotales persönliches vollstreckbares Schuldversprechen) genügt nicht zur Vollstreckung in das Vermögen der GbR.

1507 BGH, WM 2011, 893 (Rn. 22 ff., 34); BGH, WM 2011, 1658 (Rn. 45 ff.); *K. Schmidt* NJW 2011, 2001 (2004 ff.); dazu auch *Deutscher* ZfIR 2011, 505 (507 ff.); a.A. *Klimke* WM 2010, 492 (493 ff.); KG, WM 2011, 397 (Rn. 8 f. für die OHG).

1508 BGH, WM 2011, 893 (Rn. 22 ff. 34).

1509 *Wagner* ZfIR 2005, 605 (616); *Schleicher* ZfIR 2002, 430 (434): Regelungen im Kreditvertrag maßgeblich.

1510 BGH, WM 2011, 893 (Rn. 40).

1511 BGH, WM 2011, 893 (Rn. 25, 30, 31, 38); ebenso KG, WM 2008, 744 (746); *Klimke* WM 2010, 492 (497 ff.); a.A. *Loddenkemper* ZfIR 2006, 707 (714): treuwidriges Verhalten der Bank, da die vorrangige Inanspruchnahme der Gesellschafter zu einer gesetzlich nicht vorgesehenen Ausfallhaftung der Gesellschafter der GbR führt.

1512 BGH, Urt. v. 27.11.2012 – XI ZR 144/11, WM 2013, 261, 11 (Rn. 16).

1513 Zur Frage der Anwendbarkeit des § 93 InsO in der Doppelinsolvenz von Gesellschaft und Gesellschafter *Kranz* ZInsO 2013, 1119, der die Anwendbarkeit des § 93 InsO letztlich bejaht, weil auch hier ein Wettlauf der Gläubiger zu verhindern sei.

Gesellschaftsgläubiger auf die haftenden Gesellschafter verhindert und die Gesellschafterhaftung zur Masse gezogen werden. Um der Sperrwirkung des § 93 InsO zu entgehen wird gelegentlich eine separate Bürgschaft der persönlich haftenden Gesellschafter für die Gesellschaftsverbindlichkeiten eingeholt, denn der Inanspruchnahme einer solchen Gesellschafterbürgschaft durch den Gesellschaftsgläubiger soll § 93 InsO nicht entgegen stehen.[1514]

cc) Anwendbarkeit des Verbraucherrechts bei Gesellschaften bürgerlichen Rechts

Nach der Rechtsprechung des BGH können die Vorschriften über Verbraucherdarlehen und sonstige Verbraucherschutzvorschriften auch bei einer GbR anwendbar sein.[1515] Verbraucher kann zwar nach § 13 BGB nur eine natürliche Person sein, es sei aber entscheidend, dass es sich bei der GbR auch nach Anerkennung ihrer beschränkten Rechts- und Parteifähigkeit[1516] eben nicht um eine juristische Person handele und geschützter Normadressat auch eine Mehrzahl von natürlichen Personen sein könne, und zwar auch dann, wenn sie gesellschaftsrechtlich zu einer GbR verbunden sei und deren Organisation korporative Merkmale aufweise. Das erscheint im Ergebnis angesichts der kaum nachvollziehbaren Erweiterung des gesetzlich klar umrissenen Verbraucherbegriffs zweifelhaft.[1517] Im Rahmen seiner Argumentation stellte der BGH zunächst ganz maßgeblich auf den Schutzzweck der Regelungen über Verbraucherdarlehen ab und gab dabei zu erkennen, dass es keineswegs um die Schutzbedürftigkeit der GbR, sondern allein um die Schutzbedürftigkeit der einzelnen Gesellschafter aufgrund ihrer akzessorischen Gesellschafterhaftung gehe. Daraus sollte man schließen dürfen, dass ein entsprechendes Schutzbedürfnis bereits dann entfällt, wenn wirksam eine Haftungsbeschränkung auf das Gesellschaftsvermögen vereinbart wird.[1518] Jedenfalls aber dann, wenn es sich bei einem der Gesellschafter um eine juristische Person handelt, ist eine als Außengesellschaft rechtsfähige GbR kein Verbraucher im Sinne des § 13 BGB, und zwar unabhängig davon, ob sie privat oder selbständig beruflich bzw. gewerblich tätig ist.[1519] Handelt es sich bei den Gesellschaftern ausschließlich um natürliche Personen, kommt es für die Anwendbarkeit des Verbraucherdarlehensrechts zunächst darauf an, ob das Darlehen nach dem Inhalt des Vertrages für eine bereits ausgeübte gewerbliche oder selbstständige berufliche Tätigkeit der GbR aufgenommen wird[1520] (dazu Rdn. 1068–1069). Eine solche Tätigkeit hat der BGH verneint bei einer GbR, zu der sich vier Rechtsanwälte und ein Bankbetriebswirt zum Zwecke des Erwerbs, des Umbaus und der **1082**

1514 BGH Urt. v. 04.07.2002 – IX ZR 265/01, BGHZ 151, 245; MüKo-InsO/*Brandes/Gehrlein* § 93 Rn. 21.

1515 BGHZ 149, 80 (83) = WM 2001, 2379; BGH, WM 2006, 1673 (Rn. 30); BGH, WM 2007, 62 (Rn. 30).

1516 BGHZ 146, 341 (343).

1517 Ebenso MüKo-BGB/*Micklitz* § 13 Rn. 20; *Mülbert* WM 2004, 905 (910 ff.). Unanwendbar sind die Vorschriften des Verbraucherrechts jedenfalls dann, wenn es sich um eine Vermögensverwaltungs-OHG handelt, die nur kraft Eintragung im Handelsregister (§ 105 Abs. 2, 2. Alt. HGB) den Regelungen des HGB unterworfen ist, *Bülow/Artz/Bülow/Artz* Verbraucherkreditrecht (9. Aufl.) § 491 Rn. 38; a.A. *Fehrenbach/Herr* BB 2002, 1006 (1008).

1518 *Peters* BankPraktiker 2011, 344 (345); vgl. auch *Dörrie* ZfIR 2001, 1 (12); *ders.* ZfIR 2002, 26 (27).

1519 BGH, Urt. v. 30.03.2017 – VII ZR 269/15, (Rn. 25); kritisch *Linardatos/Nordholtz* NZG 2017, 699; a.A. OLG Köln, Urt. v. 08.02.2017 – 13 U 94/15, ZIP 2017, 2047; der BGH (Beschl. v. 24.10.2017 – XI ZR 189/17) hat die Nichtzulassungsbeschwerde gegen das Urteil des OLG Köln zwar zurückgewiesen, Rückschlüsse lassen sich daraus aber nicht ziehen, weil im konkreten Sachverhalt die GbR nur aus natürlichen Personen bestand; zur Wohnungseigentümergemeinschaft BGH, Urt. v. 25.03.2015 – VIII ZR 243/13, ZIP 2015, S. 979 (Rn. 30, 35): Wenn die Wohnungseigentümergemeinschaft das Geschäft zu privaten Zwecken tätigt, genügt es für die Anwendbarkeit des Verbraucherrechts, dass der Wohnungseigentümergemeinschaft wenigstens ein Verbraucher angehört. Dazu *Nordholtz/Linardatos* NZG 2017, 947; *Otte-Gräbener* BB 2017, 2391; *Samhat* EWiR 2018, 5.

1520 Unklar OLG Köln, Urt. v. 08.02.2017 – 13 U 94/15, ZIP 2017, 2047; der BGH (Beschl. v. 24.10.2017 – XI ZR 189/17) hat die Nichtzulassungsbeschwerde gegen das Urteil des OLG Köln zwar zurückgewiesen, Rückschlüsse lassen sich daraus aber nicht ziehen, weil der BGH die Ausführungen zur privaten Tätigkeit auf die GbR bezog.

Verwaltung einer hochwertigen Immobilie zusammengeschlossen hatten, weil die Immobilie nur an eine geringe Anzahl von Personen vermietet wurde.[1521] Er hat eine gewerbliche Tätigkeit aber ohne nähere Begründung bejaht bei einer in der Rechtsform der GbR gegründeten Immobilienfondsgesellschaft, deren Gesellschaftszweck die Errichtung, Nutzung und Bewirtschaftung eines Wohn- und Geschäftshauses war.[1522] Präzisere Abgrenzungskriterien lässt der BGH insoweit zwar vermissen, es dürfte aber davon auszugehen sein, dass der BGH unabhängig vom Umfang der Immobilienverwaltung die Aufnahme von Objektfinanzierungsdarlehen durch Immobilienfondsgesellschaften generell dem Anwendungsbereich des Verbraucherdarlehensrechts entzieht. Ist eine Besitzgesellschaft bR (Immobilienverwaltung) aus der Betriebsaufspaltung einer GmbH & Co. KG hervorgegangen, lag also vor der Betriebsaufspaltung eine gewerbliche Tätigkeit vor, so kann unter Umständen bei unveränderter Zusammensetzung des Gesellschafterkreises in der Betriebsgesellschaft mbH und der Besitzgesellschaft bR auch nach der Betriebsaufspaltung eine gewerbliche Tätigkeit der GbR vorliegen, weil aus der Sicht der Gesellschafter die Betriebs- und die Besitzgesellschaft faktisch unverändert im Rahmen eines einheitlichen Betriebes tätig werden.[1523] I.Ü. aber dürften steuerrechtliche oder gewerberechtliche Vorschriften zur Bestimmung einer gewerblichen Tätigkeit i.S.d. § 13 BGB allenfalls als Indizien herangezogen werden können (dazu Rdn. 1069),[1524] denn maßgeblich für die Bestimmung der Verbrauchereigenschaft bleiben die zivilrechtlichen Vorschriften des BGB einschließlich ihrer unionsrechtlichen Grundlagen. Ist die GbR gewerblich oder selbstständig beruflich tätig, ist das Verbraucherrecht nicht anwendbar. Die Verwendungsinteressen der jeweiligen Gesellschafter bleiben dann unbeachtlich, die gewerbliche oder selbständig berufliche Tätigkeit der GbR schlägt dann auf die Gesellschafter durch.[1525] Aber selbst wenn die Tätigkeit der GbR privater Natur ist, muss das noch nicht zwangsläufig zur Anwendbarkeit des Verbraucherdarlehensrechts führen. Sind nämlich alle natürlichen Person, die Gesellschafter der GbR sind, im Rahmen einer ausgeübten gewerblichen oder selbstständig beruflichen Tätigkeit an der GbR beteiligt, entfällt ebenfalls deren verbraucherdarlehensrechtliches Schutzbedürfnis. Die Regelungen des Verbraucherdarlehensrechts können nicht weiter reichen als bei einem unmittelbar den Gesellschaftern gewährten Darlehen.[1526]

1083 Ist das Verbraucherdarlehensrecht anwendbar, so sind nicht etwa ggü. den einzelnen Gesellschaftern, sondern ggü. der GbR die **verbraucherrechtlichen Vorschriften** zu beachten.[1527] Das **Widerrufsrecht** steht der GbR zu, denn nur sie gibt als Vertragspartnerin eine widerrufliche Willenserklärung ab.[1528] Daher ist der GbR – und nicht etwa den einzelnen Gesellschaftern – die Vertragsausfertigung oder –abschrift mit der darin enthaltenen Widerrufsinformation für das Verbraucherdarlehen zu erteilen (§§ 356b, 492 BGB). Die **Vollmachtsproblematik nach § 492 Abs. 4 Satz 1 BGB** stellt sich jedenfalls bei organschaftlichem Vertreterhandeln eines Gesellschafters nicht, weil diese Vertretungsbefugnis organisationsrechtlichen Ursprungs ist.[1529]

1521 BGHZ 149, 80 (86) = WM 2001, 2379 (2381).

1522 BGH, WM 2006, 1673 (Rn. 30); BGH, WM 2007, 62 (Rn. 30); BGH, WM 2007, 1648 (Rn. 22).

1523 So OLG Oldenburg, Urt. v. 24.01.1997 – 13 U 90/96, WM 1997, 813: Kreditaufnahme durch Mehrheitsgesellschafter ist beruflich, wenn der Mehrheitsgesellschafter mit dem Kredit seine berufliche Tätigkeit innerhalb der vermieten Räume der Gesellschaft ausüben wollte; vgl. auch Schimansky/Bunte/Lwowski/*Münscher* Bankrechts-Handbuch § 81 Rn. 13.

1524 Weitergehend im Hinblick auf steuerrechtliche Gesichtspunkte wohl BGH, Urt. v. 26.02.2016 – V ZR 208/14, (Rn. 29).

1525 Vgl. *Lwowski/Wunderlich* ZInsO 2005, 5 (9).

1526 *Peters* BankPraktiker 2011, 344 (346).

1527 BGH, WM 2007, 62 (Rn. 34); BGH, WM 2006, 1673 (Rn. 37): keine Anwendung des § 4 VerbrKrG auf die Haftung des eintretenden Gesellschafters aus § 130 BGB analog.

1528 KG, WM 2005, 549 (550); *Dörrie* ZBB 2005, 121 (133).

1529 Zutreffend *Volmer* ZfIR 1999, 891 (895).

2. Inhaltliche Ausgestaltung des Darlehensvertrags zur Finanzierung einer Immobilie oder Immobilienkapitalanlage

a) Tilgungsmodelle

aa) Annuitätendarlehen

Die häufigste Form der Bau- oder Immobilienfinanzierung ist das langfristige und festverzinsliche Annuitätendarlehen.[1530] Es entspricht dem Leitbild des grundpfandrechtlich gesicherten Darlehens. Der Darlehensnehmer zahlt dabei während der Dauer der Zinsbindungsperiode jährlich gleichbleibende Leistungsraten (Annuitäten), die sowohl die Tilgung als auch den Zinsanteil enthalten. Mit fortlaufender Zahlung verändert sich innerhalb der Leistungsrate das Verhältnis zwischen der Tilgung und dem Zinsanteil ständig zugunsten der Tilgung, da der Zinsanteil aus der jeweiligen – sich durch die fortlaufende Tilgung stets verringernden – Darlehensrestschuld berechnet wird.[1531] Bei einem üblichen (anfänglichen) Tilgungssatz von 1 % p.a. ist deshalb etwa ein mit 6,5 % p.a. zu verzinsendes Darlehen nicht erst nach 100 Jahren, sondern bereits nach 32 Jahren getilgt.[1532] **1084**

bb) Tilgungsfreie Festdarlehen in Kombination mit Tilgungsinstrumenten

(1) Tilgungsinstrumente, deren Vor- und Nachteile sowie vertragliche Gestaltungspraxis

Aus verschiedenen Gründen und insb. auch **bei steuersparenden Erwerber- oder Kapitalanlagemodellen** wurde in der Vergangenheit von Darlehensnehmern als Tilgungsvariante häufig auch das sog. **tilgungsfreie Festdarlehen in Kombination mit einem Ansparprodukt als Tilgungsinstrument** (z.B. Kapitallebensversicherung, Rentenversicherung mit Kapitalwahlrecht, Bausparvertrag) gewählt,[1533] in das der Darlehensnehmer regelmäßige Ansparleistungen zu erbringen hat. Während der tilgungsfreien Zeit zahlt der Darlehensnehmer neben diesen Ansparleistungen und etwaigen weiteren Kosten (z.B. Abschluss-, Konto- oder Depotgebühren) für das Tilgungsinstrument nur die Darlehenszinsen, seine Tilgungsleistungen auf das Darlehen erbringt er am Ende der tilgungsfreien Zeit oder Gesamtlaufzeit des Darlehens ganz oder teilweise aus dem angesparten Guthaben des Tilgungsinstruments. Denkbar ist auch eine Kombination aus Annuitätendarlehen und tilgungsfreiem Festdarlehen dergestalt, dass der Darlehensnehmer teilweise annuitätische Leistungsraten zahlt und hinsichtlich eines zum Ende der Darlehenslaufzeit verbleibenden Restbetrages ein Tilgungsinstrument zum Einsatz kommt. Die Ansprüche aus dem Tilgungsinstrument lässt sich die Bank sicherungshalber abtreten oder verpfänden (dazu auch Rdn. 1149–1153). Darüber hinaus wird sie sich gegen erkennbare **Störungen des Tilgungsinstruments**, etwa durch negative Wertentwicklungen oder Zahlungsrückstände des Darlehensnehmers, im Wege entsprechender Vertragsklauseln schützen, die ihr bspw. das Recht zur Umstellung des Darlehens auf monatliche Tilgung (ggf. gegen Zahlung einer Vorfälligkeitsentschädigung) oder auf Nachsicherung geben können. **1085**

Die **wirtschaftlichen Vor- und Nachteile** solcher tilgungsfreier Kombinationsmodelle hat der Darlehensnehmer sorgfältig abzuwägen, insb. haben sich mit dem Inkrafttreten des Alterseinkünftegesetzes (AltEinkG,[1534] dazu auch Rdn. 1151) zum 01.01.2005 die steuerlichen Rahmenbedingungen für den Einsatz kapitalbildender Lebens- oder Rentenversicherungen als Tilgungsinstrument erheblich **1086**

1530 Allgemein dazu Schimansky/Bunte/Lwowski/*v. Heymann*/*Merz* Bankrechts-Handbuch § 86 Rn. 1 ff.; Staudinger/*Wolfsteiner* BGB (2015) vor §§ 1113 ff. Rn. 19 ff.

1531 Zum Problem der Transparenz kundenbelastender Zinsberechnungs- bzw. Tilgungsverrechnungsklauseln bei Annuitätendarlehen vgl. MüKo-BGB/*Berger* § 488 Rn. 199 ff.; Schimansky/Bunte/Lwowski/*Krepold* Bankrechts-Handbuch § 78 Rn. 98 ff.

1532 Palandt/Herrler § 1113 Rn. 26.

1533 Dazu etwa BuB/*Eckstein*/*Wilhelm* Rn. 3/813 ff.; *Freckmann*/*Rösler* ZBB 2007, 23.

1534 Gesetz zur Neuordnung der einkommensteuerrechtlichen Behandlung von Altersvorsorgeaufwendungen und Altersbezügen v. 05.07.2004, BGBl. I, S. 1427.

geändert. **Aufklärungspflichten** hinsichtlich solcher Kombinationsmodelle erwachsen der Bank außerhalb eines möglicherweise zustande gekommenen Beratungsvertrags (dazu Rdn. 1029–1032) ausnahmsweise nur dann, wenn sie selbst ein für den Kunden nachteiliges Kombinationsmodell initiiert oder es sich um einen ersichtlich geschäftsunerfahrenen und rechtsunkundigen Kunden handelt, für den sich das Kombinationsmodell wirtschaftlich ungünstiger darstellt als ein marktübliches Raten- oder Annuitätendarlehen (dazu auch Rdn. 1000).[1535] Vorteilhaft können sich bei solchen Kombinationsmodellen für den Kunden staatliche Förderungen auswirken, denkbar sind auch vertragliche Sondertilgungsmöglichkeiten oder steuerliche Vorteile in Gestalt einer Abzugsfähigkeit der Kosten für das Darlehen (vgl. Rdn. 1151). Allerdings darf die Bank über die steuerlichen Auswirkungen nicht beraten und wird sich deshalb darauf beschränken, den Kunden an seinen Steuerberater zu verweisen. Wirtschaftlich nachteilig wirkt sich bei einem tilgungsfreien Festdarlehen für den Darlehensnehmer zunächst die **höhere Gesamtzinsbelastung** aus, weil die Darlehenszinsen aus der vollen tilgungsfreien Darlehenssumme errechnet werden. Weitere Folge ist, dass sich das **Zinsänderungsrisiko** bei veränderlichem Sollzinssatz oder nach Ablauf einer Zinsbindungsperiode auf die volle tilgungsfreie Darlehenssumme niederschlägt. Ferner fallen für das vom Darlehensnehmer als Tilgungsinstrument gewählte Ansparprodukt meist noch **Abschluss-, Kontoführungsgebühren, Provisionen oder weitere Kosten** an,[1536] die wirtschaftlich zu berücksichtigen sind. Wird das Darlehen vorzeitig gekündigt, fällt im Vergleich zu einem üblichen Ratendarlehen eine **höhere Vorfälligkeitsentschädigung** an. Dabei handelt es sich freilich um Nachteile, die solchen Kombinationsmodellen unabhängig von dem gewählten Tilgungsinstrument innewohnen.

1087 Aus einem **Bausparvertrag als Tilgungsinstrument** erwachsen dem Darlehensnehmer neben den typischen Nachteilen des Kombinationsmodells **keine besonderen produktspezifischen Risiken.**[1537] Er schließt mit der Bausparkasse einen zu besparenden Bausparvertrag ab und vereinbart eine **Bausparsumme i.H.d. tilgungsfreien Festdarlehens** (»Vorausdarlehen« oder »Vorfinanzierungskredit«). Die Bausparsumme, mit der der Darlehensnehmer das Vorausdarlehen der Bank bei Zuteilung des Bausparvertrages ablöst, setzt sich zusammen aus dem angesparten und verzinsten Mindestsparguthaben und dem Bauspardarlehen, auf das der Darlehensnehmer als Bausparer nach Leistung der Bauspareinlagen einen Rechtsanspruch hat. Da die Bausparkasse den Zuteilungstermin nach § 4 Abs. 5 BausparkG nicht bestimmt zusagen darf, besteht letztlich eine gewisse Unsicherheit über den Zeitpunkt der Ablösung des Vorausdarlehens. Die Bank wird daher einen spätesten Tilgungstermin regeln und darüber hinaus zur Vermeidung einer vorfälligen Tilgung bei Zinsbindungsabreden vereinbaren, dass die Ablösung erst zum Ende der Zinsbindungsperiode erfolgt, in der der Bausparvertrag zuteilungsreif wird. Keine zusätzlichen Fragen wirft die Zwischenfinanzierung eines Bausparvertrages auf. Es wird dabei lediglich die Zeit ab der beendeten Sparphase bis zur Zuteilung des Bausparvertrages überbrückt. Neben diesem Grundmodell des Bausparens sind auch andere Varianten denkbar. So kann der Bausparvertrag etwa die Bildung von Teilbausparsummen und eine entsprechend spaltbare Zuteilung vorsehen, um das tilgungsfreie Vorausdarlehen in mehreren

1535 OLG Nürnberg, WM 2007, 1787 (1789); *Freckmann/Rösler* ZBB 2007, 23 (32); *Rösler* BKR 2001, 125 (126).

1536 Zur Zulässigkeit der Abschlussgebühr bei Bausparverträgen vgl. BGH, WM 2011, 263 (Rn. 17 ff.). Zur Unwirksamkeit von formularmäßigen Kontogebühren in der Darlehensphase des Bausparvertrages mit Verbrauchern vgl. BGH, Urt. v. 09.05.2017 – XI ZR 308/15, (Rn. 19 ff.). Zur Unwirksamkeit einer formularmäßigen Darlehensgebühr bei Bauspardarlehen vgl. BGH, Urt. v. 08.11.2016 – XI ZR 552/15, WM 2017, 87 (Rn. 12 ff.); a.A. *Herresthal* ZIP 2015, 1949 (1952).

1537 *Freckmann/Rösler* ZBB 2007, 23 (24); a.A. *Hofmann* WM 2006, 1847 (1851). Zu Bausparverträgen in der Sparphase *Feldhusen* WM 2017, 1490. Zur Kündbarkeit von (langfristigen) Bausparverträgen gem. § 489 Abs. 1 Nr. 2 BGB durch Bausparkassen 10 Jahre nach Zuteilungsreife anlässlich der Niedrigzinsphase, vgl. BVerfG, Beschl. v. 21.06.2017 – 1 BvR 918/17; BGH, Urt. v. 21.02.2017 – XI ZR 185/16, WM 2017, 616 (Rn. 34 ff.); BGH, Urt. v. 21.02.2017 – XI ZR 272/16, (Rn. 26 ff.); *Herresthal* ZIP 2017, 852; *Schultheiß* ZIP 2017, 1793.

Schritten abzulösen. Daneben gibt es noch die spezielle Form der Sofortfinanzierung durch sofortige und kreditfinanzierte Einzahlung des Mindestsparguthabens (sog. »Auffüllkredit«).[1538]

Bei einer kapitalbildenden **Lebensversicherung oder einer Rentenversicherung mit Kapitalwahlrecht**, die der Darlehensnehmer durch Zahlung der Versicherungsprämien bespart und die ihm auch wirtschaftlich zu berücksichtigenden Versicherungsschutz bietet, steht die Ablaufleistung bzw. Kapitalabfindung bei Abschluss des Darlehensvertrages noch nicht fest, da die Höhe der Überschussbeteiligung nicht garantiert ist. Bei fondsgebundenen Lebens- oder Rentenversicherungen oder sonstigen Fondsprodukten treten noch spekulative Risiken hinzu. Das kann – wie in der Vergangenheit häufig geschehen – dazu führen, dass die Wertentwicklung der Lebens- oder Rentenversicherung hinter den Erwartungen zurückbleibt und das im Ansparprodukt angesammelte Kapital – unter Umständen auch bedingt durch steuerliche Ertragsminderungen – nicht ausreicht, um das Darlehen in der vorgesehenen Höhe zu tilgen.[1539] Seit 11.06.2010 (Art. 229 § 22 Abs. 2 EGBGB) hat die Bank bei Verbraucherdarlehen den Darlehensnehmer zwar über diese Risiken vorvertraglich und vertraglich zu informieren (Art. 247 § 8 Abs. 3 Satz 2 EGBGB), wenn sich aber die negative Wertentwicklung während der Darlehenslaufzeit tatsächlich bemerkbar macht, treffen die Bank keine diesbezüglichen Hinweispflichten. Der Darlehensnehmer bleibt auch in solchen Fällen im Zweifel zur vollständigen Tilgung des Darlehens einschließlich eines etwaigen Fehlbetrages verpflichtet (dazu Rdn. 1151–1153)[1540] und hat – entsprechende Vereinbarungen vorausgesetzt – für das Darlehen auf Verlangen weitere Sicherheiten beizubringen. Darüber hinaus hat der Darlehensnehmer zu berücksichtigen, dass es bei vorzeitiger Beendigung des tilgungsfreien Festdarlehens und damit einhergehender **Kündigung des Lebens- oder Rentenversicherungsvertrages** insb. in den ersten Jahren zu einem (Teil-)Verlust der Ansparleistungen durch **geringe Rückkaufswerte** kommen kann.[1541] 1088

(2) Verbraucherdarlehensrechtliche Besonderheiten bei tilgungsfreien Festdarlehen

Handelt es sich bei dem Darlehensnehmer um einen **Verbraucher**, gelten bei tilgungsfreien Festdarlehen einige verbraucherdarlehensrechtliche Besonderheiten. Da die vom Darlehensnehmer in das Tilgungsinstrument erbrachten **Zahlungen nicht der unmittelbaren Darlehenstilgung dienen**, sondern der Bildung von Kapital, hat die Bank seit **11.06.2010** (vgl. Art. 229 § 22 Abs. 2 EGBGB) nach § 492 Abs. 2 BGB i.V.m. Art. 247 § 8 Abs. 3 Satz 1 EGBGB im Verbraucherdarlehensvertrag die Zeiträume und Bedingungen für die Zahlung der Sollzinsen und der damit verbundenen wiederkehrenden und nicht wiederkehrenden Kosten aufzustellen. Außerdem sind jedenfalls vorvertraglich die Höhe und Anzahl sowohl der regelmäßigen Zinszahlungen als auch der zur Vermögensbildung in den Tilgungsbaustein zu leistenden Ansparleistungen bzw. Beiträge anzugeben (vgl. Teil B Hinweis 3 zu Abschnitt 6 des »ESIS-Merkblatts« – Anlage 6 zu Art. 247 § 1 Abs. 2 EGBGB; zur vertraglichen Angabepflichten Rdn. 1202). Das gilt allerdings nur, soweit der Bank die Beträge und der Zahlungsrhythmus auch bekannt sind; eine diesbezügliche Nachforschungspflicht besteht nicht. 1089

1538 Vgl. *Freckmann/Rösler* ZBB 2007, 23 (25).

1539 Vgl. OLG Nürnberg 2007, 1787 (1788); OLG Koblenz, WM 2007, 497.

1540 BGH, WM 2008, 121; OLG Nürnberg, WM 2007, 1787 (1788); OLG Koblenz, WM 2007, 497 (498); OLG Karlsruhe, WM 2006, 1810 (1812); OLG Karlsruhe, WM 2006, 1247 (1248); *Freckmann/Rösler* ZBB 2007, 23 (31); abweichend in einem Sonderfall OLG Karlsruhe, WM 2003, 2412; ferner OLG Frankfurt a.M., Urt. v. 06.10.2005 – 3 U 191/04; zu den Auslegungsproblemen eingehend *Wegmann* BKR 2007, 268.

1541 Das BVerfG hat allerdings mit Beschl. v. 15.02.2006 – 1 BvR 1317/96 entschieden, dass die Berechnung des Rückkaufswertes einer kapitalbildenden Lebensversicherung bei vorzeitiger Vertragsbeendigung durch Verrechnung der Kosten usw. im Wege der Zillmerung verfassungswidrig ist; vgl. auch BGH, WM 2005, 2279. Das Gesetz zur Reform des Versicherungsvertragsrechts v. 23.11.2007 (BGBl. I, S. 2631) hat diese Rechtsprechung berücksichtigt (vgl. § 169 VVG). Vgl. auch BGH, Urt. v. 11.09.2013 – IV ZR 17/13, WM 2013, 1939.

1090 Bei Verbraucherdarlehensverträgen, die **nach dem 10.06.2010** (vgl. Art. 229 § 22 Abs. 2 EGBGB) abgeschlossen wurden, ist ferner sowohl in den vorvertraglichen Informationen (§ 491a Abs. 1 BGB i.V.m. Art. 247 § 8 Abs. 3 Satz 2 EGBGB) als auch im Verbraucherdarlehensvertrag (§ 492 Abs. 2 BGB i.V.m. Art. 247 § 8 Abs. 3 Satz 2 EGBGB) auf das **Risiko hinzuweisen**, dass weder die während der Vertragslaufzeit fälligen Zahlungsverpflichtungen noch die Ansprüche, die der Darlehensnehmer aus dem vermögensbildenden Tilgungsinstrument erwirbt, die Tilgung des Darlehens gewährleisten. Dieses Risiko soll auch Gegenstand der Erläuterungspflicht nach § 491a Abs. 3 BGB sein.[1542] Stellt sich dann während der Vertragslaufzeit heraus, dass die Wertentwicklung des vermögensbildenden Tilgungsinstruments hinter den Erwartungen zurück bleibt, treffen die Bank aber grds. keine Informationspflichten.

1091 Verlangt die Bank vom Darlehensnehmer, dass er zum Abschluss des Darlehensvertrages **zusätzliche Leistungen** der Bank annimmt oder weitere Verträge abschließt, hat sie den Darlehensnehmer nach § 491a Abs. 1 BGB i.V.m. Art. 247 § 1 Abs. 2 Satz 2 EGBGB (vgl. Abschnitt 8 des »ESIS-Merkblatts« – Anlage 6 zu Art. 247 § 1 Abs. 2 EGBGB) bzw. Art. 247 § 8 Abs. 1 Satz 1 EGBGB **seit 11.06.2010** (vgl. Art. 229 § 22 Abs. 2 EGBGB) in der vorvertraglichen Information (dazu Rdn. 1051) auf diesen Umstand hinzuweisen. Auch bei dem Tilgungsinstrument kann es sich um eine zusätzliche Leistung im Sinne dieser Vorschriften handeln, da auch sog. »Spar-/Kreditkombinationen« von dem Begriff der »Zusatzleistung« umfasst sind.[1543] Ferner kann § 360 BGB (§ 359a Abs. 2 BGB a.F.) zu beachten sein, wonach die Regelungen des § 358 Abs. 2 und 4 BGB auch bei Nichtvorliegen der Voraussetzungen eines verbundenen Geschäfts anwendbar sind, wenn der Verbraucher einen mit dem Darlehensvertrag **»zusammenhängenden Vertrag«** abschließt (vgl. dazu auch Rdn. 1176, 1185). Der Darlehensvertrag und der als Tilgungsinstrument dienende Vertrag über die Kapitallebensversicherung sind u.a. dann keine **verbundenen Verträge** im Sinne des § 358 Abs. 3 BGB, wenn die Versicherungsprämie nicht in Form einer Einmalzahlung zu entrichten ist, die ganz oder teilweise durch das Darlehen finanziert wird.[1544] Das gilt auch bei Einsatz eines Bausparvertrages als Tilgungsinstrument, und zwar selbst dann, wenn die Einzahlungen in den Bausparvertrag aus den Darlehensmitteln erfolgt oder die Abschlussgebühr für den Bausparvertrag ganz oder teilweise aus den Darlehensmitteln finanziert wird.[1545] Die Eigenleistungen des Bausparers sind kein Entgelt für die Leistung der Bausparkasse, d.h. für die spätere Darlehensgewährung seitens der Bausparkasse.

1092 Bei Verbraucherdarlehensverträgen, die **vor dem 11.06.2010** (Art. 229 § 22 Abs. 2 EGBGB) abgeschlossen wurden, waren nach herrschender Auffassung die auf eine als Tilgungsinstrument eingesetzte kapitalbildende Lebens- oder Rentenversicherung zu zahlenden Ansparleistungen und Kosten als **Kosten einer »sonstigen Versicherung«** i.S.d. § 492 Abs. 1 Satz 5 Nr. 6 BGB a.F. (§ 4 Abs. 1 Satz 4 Nr. 1 Buchst. f) VerbrKrG) anzugeben, weil die Gewährung des tilgungsfreien Festdarlehens von einer solchen Versicherung abhing;[1546] hinsichtlich der Beiträge und Kosten für einen Bausparvertrag gilt dies allerdings nicht, weil es sich dabei nicht um eine Versicherung handelt. Freilich

1542 Vgl. *Merz/Rösler* ZIP 2011, 2381 (2385).

1543 Begr. RegE zu Art. 247 § 8 EGBGB, BT-Drucks. 16/11643, S. 129.

1544 BGH, Urt. v. 05.05.2017 – XI ZR 406/13, WM 2015, 1332 (Rn. 19).

1545 OLG Karlsruhe, Urt. v. 01.07.2016 – 4 U 10/2016, juris Rn. 18; wohl auch BGH, Urt. v. 27.02.2018 – XI ZR 160/17 (Rn. 28); a.A. *Rosenkranz* WM 2018, 410 (416 ff.).

1546 BGHZ 162, 20 (27) = WM 2005, 415 = WM 2006, 1010 (Rn. 32); BGH, WM 2006, 1060 (Rn. 43); BGH, WM 2006, 1066 (Rn. 23); Staudinger/*Kessal-Wulf* BGB (2004) § 492 Rn. 64; *Bülow/Artz* Verbraucherkreditrecht (6. Aufl.) § 492 Rn. 128; a.A. mit beachtlichen Argumenten *Bohner* WM 2001, 2227 (2228); *Freckmann/Rösler* ZBB 2007, 23 (30). Ob die Angabepflicht auch dann gilt, wenn die Bank nur die Fortführung einer bereits bestehenden Lebensversicherung als Tilgungsinstrument verlangt, erscheint höchst zweifelhaft, weil in diesem Fall der Verbraucher die Kosten bereits kennt und insoweit nicht schutzbedürftig ist, vgl. OLG Frankfurt am Main, BKR 2002, 271 (273): Verstoß gegen Treu und Glauben, wenn Verbraucher solche nicht angegebenen Kosten von der Bank zurück fordert; ferner *Godefroid* Verbraucherkreditverträge Rn. 255; zur neuen Rechtslage und zu den Folgen nicht ließen sich solche Kosten aus Versicherungsverträgen des Darlehensnehmers nur angeben, wenn sie der Bank auch bekannt waren. Waren sie der Bank nicht betragsmäßig bekannt, so genügte es, diese dem Grunde nach anzugeben. Eine Nachforschungspflicht der Bank bestand insoweit nicht. Ein Verstoß gegen die Angabepflicht führt indes nicht etwa nach § 494 Abs. 2 Satz 3 BGB a.F. (§ 6 Abs. 2 Satz 3 VerbrKrG) zu einem Freistellungs- oder Erstattungsanspruch des Darlehensnehmers gegen die Bank hinsichtlich der an den Versicherer zu zahlenden bzw. gezahlten Versicherungsprämien, denn das würde im Ergebnis dazu führen, dass die Bank das von ihr ausgereichte Darlehen selbst zurückführen müsste.[1547] Im Übrigen erforderte bei periodisch wiederkehrenden Kosten die Kostenangabe keine Hochrechnung auf die Gesamtlaufzeit des Darlehens, es genügte die Angabe der periodisch zu leistenden Zahlungen.[1548] Die Gesamtbelastung wurde dem Darlehensnehmer durch die Gesamtbetragsangabe und/oder den effektiven Jahreszins hinreichend kenntlich gemacht. **Seit 11.06.2010 (Art. 229 § 22 Abs. 2 EGBGB)** sind die Ansparleistungen für Tilgungsinstrumente allenfalls noch als Teilzahlungen nach Art. 247 § § 3 Abs. 1 Nr. 7, § 6 Abs. 1 EGBGB anzugeben (vgl. Rdn. 1202).

Bei Verbraucherdarlehensverträgen, die **nach dem 10.06.2010** abgeschlossen wurden (Art. 229 **1093**
§ 22 Abs. 2 EGBGB), dürften die **Kosten des Tilgungsinstruments** (z.B. Abschlussgebühren, Verwaltungskosten) im Verbraucherdarlehensvertrag nicht anzugeben sein. Den Gesetzesmaterialien zur Umsetzung der Verbraucherkreditrichtlinie 2008/48/EG ist insoweit zu entnehmen, dass von der in Art. 247 § 3 Abs. 1 Nr. 10 EGBGB geregelten Kostenangabepflicht, die über § 492 Abs. 2 BGB i.V.m. Art. 247 § 6 Abs. 1 EGBGB auch für den Verbraucherdarlehensvertrag gilt, nur Entgelte »aufgrund des Darlehensvertrages« erfasst sein sollen, jedoch weitere Kosten aus separaten Verträgen über Nebenleistungen nicht bei Art. 247 § 3 Abs. 1 Nr. 10 EGBGB anzugeben sind, sondern insoweit lediglich eine allgemeine Information über die Verpflichtung zum Abschluss eines solchen Vertrages über die Nebenleistung erforderlich ist.[1549] Vorvertraglich ist für Immobiliar-Verbraucherdarlehen allerdings seit 11.06.2010 die Angabe auch solcher Kosten vorgesehen (vgl. Abschnitte 10 und 11 der Anlage 5 zu Art. 247 § 2 EGBGB a.F.; seit 21.03.2016 Abschnitt 4 des »ESIS-Merkblatts« – Anlage 6 zu Art. 247 § 1 Abs. 2 EGBGB). § 6 Abs. 7 PrAngVO (Art. 11 Abs. 4 RL 2014/17/EU), der 21.03.2016 eingeführt wurde und sachlich eher der Werbung zuzuordnen sein dürfte,[1550] wird eine vertragliche Angabepflicht nicht begründen können. Unabhängig davon wäre jedenfalls eine Angabe von Kosten für Versicherungen oder sonstige Verträge über Nebenleistungen, deren Abschluss der Darlehensgeber nicht verlangt, ausgehend vom Wortlaut des Art. 247 § 3 Abs. 1 Nr. 10 EGBGB und aufgrund der Tatsache, dass sie auch in die Berechnung des effektiven Jahreszinses nicht einzubeziehen sind, im Darlehensvertrag (§ 492 Abs. 2 BGB) nicht erforderlich.[1551] Im Übrigen kann eine Pflicht zur betragsmäßigen Kostenangabe auch nur für solche Kosten gelten, die der Bank betragsmäßig auch bekannt sind. Sind der Bank die anzugebenden sonstigen Kosten nicht betragsmäßig bekannt, hat sie sie dem Grunde nach anzugeben. Eine aktive Nachforschungspflicht hinsichtlich der Beträge besteht allenfalls dann, wenn der Abschluss des Vertrages über die Versicherung oder Zusatzleistung mit dem oder über die Bank erfolgen muss, nicht hingegen, wenn es dem Darlehensnehmer freigestellt bleibt, mit wem er den Versicherungs- oder

---

angegebener Kosten aus Drittverträgen auch Schimansky/Bunte/Lwowski/*Peters* Bankrechts-Handbuch § 81 Rn. 260 ff.

1547 BGHZ 162, 20 (28) = WM 2005, 415; BGH, WM 2006, 1060 (Rn. 43).

1548 A.A. wohl OLG Frankfurt am Main, BKR 2002, 271 (272); *Bülow/Artz/Artz Verbraucherkreditrecht* (9. Aufl.) § 492 Rn. 125 (Kapitallebensversicherung); unklar BGH, Urt. v. 06.12.2004 – II ZR 379/02.

1549 Begr. RegE zu Art. 247 § 3 EGBGB, BT-Drucks. 16/11643, S. 124; ebenso MüKo-BGB/Schürnbrand § 491a BGB Rn. 33; Schimansky/Bunte/Lwowski/*Münscher* Bankrechts-Handbuch § 81 Rn. 107.

1550 Vgl. die Bezugnahme auf die Richtlinienregelung des Art. 11 Abs. 4 RL 2014/17/EU in der Gesetzesbegründung, Begr. RegE zu § 6 Abs. 7 PrAngVO, BT-Drucks. 18/5922, S. 132.

1551 Unter Hinweis auf Art. 5 Abs. 1 Satz 4 Buchst. i) RL 2008/48/EG ebenso MüKo-BGB/*Schürnbrand* § 491a Rn. 33; zur alten Rechtslage auch *Godefroid* Verbraucherkreditverträge Rn. 225; a.A. wohl Bülow/Artz/*Artz* Verbraucherkreditrecht (9. Aufl.) § 492 Rn. 124.

Zusatzvertrag abschließt. Eine Pflicht zur Erstellung einer Beispielsrechnung (Schätzkosten) dürfte in solchen Fällen ebenfalls nicht bestehen.[1552] Bei periodisch wiederkehrenden Kosten erfordert die Kostenangabe, soweit sie erforderlich ist, keine Hochrechnung auf die Gesamtlaufzeit des Darlehens, es genügt die Angabe der periodisch zu leistenden Zahlungen (vgl. auch Teil B Hinweis 3 zu Abschnitt 4 des »ESIS-Merkblatts«).[1553] Die Gesamtbelastung wird dem Darlehensnehmer durch die Gesamtbetragsangabe und/oder den effektiven Jahreszins hinreichend kenntlich gemacht.

1094 Bei Verbraucherdarlehensverträgen, die **vor dem 11.06.2010** abgeschlossen wurden (vgl. Art. 229 § 22 Abs. 2 EGBGB), waren bei der **Effektivzinsangabe** gem. § 492 Abs. 1 Satz 5 Nr. 5 BGB a.F. (§ 4 Abs. 1 Satz 4 Nr. 1 Buchst. e) VerbrKrG) die **Ansparleistungen auf das Tilgungsinstrument** preisangaberechtlich nicht zu berücksichtigen.[1554] Das galt sowohl für Zahlungen auf einen Bausparvertrag als auch für solche auf eine Kapitallebensversicherung oder eine Rentenversicherung mit Kapitalwahlrecht.[1555] Zwar wurden nach § 6 Abs. 3 Nr. 5 PrAngVO a.F., auf den § 492 Abs. 2 Satz 2 BGB a.F. (§ 4 Abs. 2 Satz 2 VerbrKrG) insoweit verwies, bei der Effektivzinsberechnung auch die Kosten einer Versicherung einbezogen, die die Rückzahlung an die Bank bei Tod, Invalidität, Krankheit oder Arbeitslosigkeit des Darlehensnehmers zum Ziel haben und von der Bank zwingend als Bedingung für die Gewährung des Darlehens vorgeschrieben wird, aber selbst bei einer Kapitallebensversicherung handelt es sich ungeachtet der Tatsache, dass sie auch Risikoelemente enthalten kann, nicht um eine solche (Restschuld-)Versicherung, sondern um einen Ansparvorgang.[1556] Daran hat sich auch nach **Inkrafttreten der gesetzlichen Neuregelungen am 11.06.2010** (Art. 229 § 22 Abs. 2 EGBGB) und am 21.03.2016 (Art. 229 § 38 Abs. 1 EGBGB) nichts geändert. Zwar sind nun nach § 6 Abs. 3 Satz 1, Abs. 4 Nr. 2 PrAngVO (§ 6 Abs. 3 Nr. 4 PrAngVO a.F.) die **Kosten solcher Versicherungen** in die Berechnung des effektiven Jahreszinses einzubeziehen, die Voraussetzung für die Darlehensvergabe oder für die Darlehensvergabe zu den vorgesehenen Vertragsbedingungen sind, ohne dass der Wortlaut dieser Vorschrift nach der Art der Versicherung unterscheidet.[1557] Diese Regelung gilt aber gleichwohl nicht für Ansparleistunggen, die der Vermögensbildung und als Tilgungsinstrument für den Darlehensvertrag dienen, denn bei den Ansparleistungen handelt es sich aus der Sicht des Kunden allenfalls um mittelbare Tilgungsleistungen oder »Anschaffungskosten« einer Vermögensbildung, die sich nicht als Kosten des Darlehens behandeln lassen.[1558] Die Ansparbeiträge sind daher selbst im Fall einer Abtretung der Ansprüche aus dem Tilgungsinstrument an die Bank auch **nicht als Kosten für Sicherheiten** in die Effektivzinsberechnung

1552 Bülow/Artz/*Artz* Verbraucherkreditrecht (9. Aufl.) § 492 Rn. 127: keine fiktiven, geschätzten Kosten; wohl auch MüKo-BGB/*Schürnbrand* § 492 Rn. 25; abweichend wohl das »ESIS-Merkblatt« (Anlage 6 zu Art. 247 § 1 Abs. 2 EGBGB), das in Teil B Hinweis 3 zu Abschnitt 4 die Angabe von Näherungswerten vorsieht.

1553 A.A. wohl OLG Frankfurt a.M., BKR 2002, 271 (272); Bülow/Artz/*Artz* Verbraucherkreditrecht (9. Aufl.) § 492 Rn. 125 (Kapitallebensversicherung); unklar BGH, Urt. v. 06.12.2004 – II ZR 379/02.

1554 Begründung zur Verordnung zur Änderung der Preisangaben- und der Fertigpackungsverordnung, BR-Drucks. 180/00 v. 27.03.2000 zu § 6 PrAngVO. Nach § 6 Abs. 7 PrAngVO a.F. war lediglich auf das Erfordernis einer Versicherung als solches hinzuweisen.

1555 BGHZ 162, 20 (27) = WM 2005, 415; *Freckmann/Rösler* ZBB 2007, 23 (29); *Habersack* WM 2006, 353 (354).

1556 BGHZ 162, 20 (24) = WM 2005, 415; Schimansky/Bunte/Lwowski/*Krepold* Bankrechts-Handbuch § 78 Rn. 36; a.A. *Hemmerde/v. Rottenburg* WM 1993, 181 (182); *Reifner* ZBB 1999, 349 (356).

1557 Bei risikoadäquater Kreditvergabe ist zu vermuten, dass der Abschluss eines Versicherungsvertrages (Restschuldversicherung) die Vertragsbedingungen beeinflusst, vgl. Begr. RegE, BT-Drucks. 16/11643, S. 142. Außerdem wird vermutet, dass die Bank die Kosten der Verträge über Zusatzleistungen kennt, wenn die Kosten nicht von den persönlichen Verhältnissen des Darlehensnehmers abhängen, Begr. RegE, BT-Drucks. S. 141.

1558 Beschlussempfehlung und Bericht des Rechtsausschusses BT-Drucks. 16/13669, S. 189; zur Berücksichtigung des in den Lebensversicherungsprämien enthaltenen Risikoanteils aufgrund ihres gesonderten Ausweises nach § 2 Abs. 1 Nr. 1 VVG-InfoVO vgl. MüKo-BGB/*Schürnbrand* § 491a Rn. 26; ferner Begr. RegE zu § 6 Abs. 3 PrAngVO, BT-Drucks. 18/5922, S. 132.

einzubeziehen. Die Abtretung der Ansprüche aus dem Tilgungsinstrument an die Bank dient lediglich dazu, Lücken aus dem Tilgungsumweg zu schließen und ein geschlossenes System der Spar-/Darlehenskombination zu schaffen. Seit **21.03.2016** ist allerdings bei einem Darlehen, mit dem ein Bausparvertrag vor- oder zwischenfinanziert wird, für das **Gesamtprodukt aus Vor- oder Zwischenfinanzierungsdarlehen und Bausparvertrag sowie anschließendem Bauspardarlehen** ein »Gesamteffektivzins« anzugeben (§ 6 Abs. 8 Satz 4 PrAngVO).

Eine **Gesamtbetragsangabe** ist zwar in Immobiliar-Verbraucherdarlehensverträgen nach § 492 Abs. 2 BGB i.V.m. Art. 247 § 6 Abs. 1 Satz 2 EGBGB (zuvor: §§ 503 Abs. 1, 492 Abs. 2 BGB a.F. i.V.m. Art. 247 § 9 Abs. 1 EGBGB a.F.; zuvor: § 492 Abs. 1a BGB a.F.; zuvor: § 491 Abs. 3 Satz 1 BGB a.F.; zuvor: § 3 Abs. 2 Nr. 2 VerbrKrG) unverändert entbehrlich, sie ist aber seit 21.03.2016 (Art. 229 § 38 Abs. 1 EGBGB) auch für Immobiliar-Verbraucherdarlehen als vorvertragliche Information in Abschnitt 3 des »ESIS-Merkblatts« (Anlage 6 zu Art. 247 § 1 Abs. 2 EGBGB) vorgesehen. Für die dann auch bei tilgungsfreien Festdarlehen (Zinszahlungsdarlehen) erforderliche Gesamtbetragsangabe gilt hinsichtlich der Berücksichtigung von Ansparleistungen Folgendes: Der Gesamtbetrag wird in Art. 247 § 3 Abs. 2 Satz 1 EGBGB definiert als die **Summe aus Nettodarlehensbetrag und Gesamtkosten**. Es kommt folglich für die Gesamtbetragsberechnung nicht auf die zur Tilgung zu erbringenden Teilleistungen an, sondern nur noch auf den Nettodarlehensbetrag. Die hinzukommenden Gesamtkosten wiederum sind nach § 6 PrAngVO zu berechnen (Art. 247 § 3 Abs. 2 Satz 3 EGBGB). Da die Ansparleistungen in ein Tilgungsinstrument aber nach dieser Vorschrift nicht in die Gesamtkosten für die Effektivzinsberechnung einzubeziehen sind (dazu Rdn. 1093), sind sie auch bei der Berechnung des Gesamtbetrags nicht zu berücksichtigen. 1095

Bei Verbraucher**darlehensverträgen, die vor dem 11.06.2010 abgeschlossen** wurden (Art. 229 § 22 Abs. 2 EGBGB) und die die Voraussetzungen eines Immobiliardarlehens nicht erfüllten, waren hingegen bei der **Gesamtbetragsberechnung** nach § 492 Abs. 1 Satz 5 Nr. 2 BGB a.F. (§ 4 Abs. 1 Satz 4 Nr. 1 Buchst. b) VerbrKrG) die **Ansparleistungen für ein Tilgungsinstrument zu berücksichtigen**, wenn es – wie meist – eine enge Verbindung zu dem Darlehensvertrag aufwies und sich die Ansparleistungen aus der Sicht des Darlehensnehmers als Teilzahlungen zur Tilgung des Darlehens darstellten.[1559] Daran änderte sich auch dann nichts, wenn sich die Bank die Ansprüche aus dem Tilgungsinstrument nicht oder nur z.T. als Sicherheit abtreten ließ oder das Darlehen – etwa bei einer nur partiellen Tilgung in Annuitäten – nur z.T. aus dem Tilgungsinstrument zurückgeführt werden sollte.[1560] Auch der ggf. spekulative Charakter und die ungewisse Entwicklung eines Ansparvertrages (z.B. Fondsbeteiligung) standen dessen enger Verbindung mit dem später daraus zu tilgenden Darlehensvertrag nicht entgegen; für die Gesamtbetragsangabe waren die bei Abschluss des Darlehensertrages geltenden Anfangskonditionen maßgeblich.[1561] Eine Auflistung aller relevanten Einzelpositionen war bei dieser Gesamtbetragsangabe allerdings nicht erforderlich.[1562] Erbrachte der Darlehensnehmer hingegen eine Einmalzahlung in das Tilgungsinstrument, lagen aus seiner Sicht keine Teilzahlungen vor und die Pflicht zur Gesamtbetragsangabe entfiel, denn allein die regelmäßigen Zinszahlungen auf das tilgungsfreie Festdarlehen konnten auch aus der Sicht des Darlehensnehmers wirtschaftlich nicht als regelmäßige Tilgungsleistungen qualifiziert werden.[1563] Erfolgten die Ansparleistungen in Teilzahlungen, stellt sich indes die weitere Frage, welche Positionen bei der Berechnung des Gesamtbetrages zu berücksichtigen waren. Dabei ist zunächst davon auszugehen, dass in Anbetracht des klaren Wortlauts des § 492 Abs. 1 Satz 5 Nr. 2 1096

1559 BGHZ 149, 302 (306); 159, 270 (276 ff.); BGH, WM 2004, 2306 (2307); BGH, WM 2004, 2436 (2437); BGH, WM 2006, 1066 (Rn. 13); BGH, WM 2006, 1003 (Rn. 25); BGH, WM 2011, 656 (Rn. 11 ff.); *Bülow/Artz* Verbraucherkreditrecht (6. Aufl.) § 492 Rn. 91; Schimansky/Bunte/Lwowski/*Münscher* Bankrechts-Handbuch (4. Aufl.) § 81 Rn. 87.

1560 BGH, WM 2004, 2436 (2437); BGH, WM 2006, 1003 (Rn. 25).

1561 BGH, WM 2011, 656 (Rn. 22 f.).

1562 BGH, WM 2004, 2346 (2347).

1563 BGH, WM 2008, 681 (Rn. 12 ff.).

BGB a.F. (§ 4 Abs. 1 Satz 4 Nr. 1 Buchst. b) VerbrKrG) nicht nur die addierten Ansparleistungen selbst, sondern darüber hinaus auch die Zinsen und die sonstigen Kosten i.S.d. § 492 Abs. 1 Satz 5 Nr. 5 BGB (§ 4 Abs. 1 Satz 4 Nr. 1 Buchst. e) VerbrKrG) einzubeziehen waren. Es war nicht erforderlich, zu den Ansparleistungen noch den Darlehensbetrag selbst zu addieren, denn dies hätte praktisch zu einer Verdoppelung des Gesamtbetrages geführt.[1564] Unbeachtlich ist insoweit, dass die einzuzahlenden Ansparleistungen in der Summe geringer sein können als der eigentliche Darlehensbetrag, es war lediglich darauf zu achten, dass der Darlehensnehmer verpflichtet blieb, das gesamte Darlehen ungeachtet der Wertentwicklung des Tilgungsinstruments zurückzuzahlen. Wenn hingegen der Darlehensnehmer das Darlehen teilweise in Annuitäten tilgen und hinsichtlich des Darlehensrestbetrages ein Tilgungsinstrument zum Einsatz kommen sollte, waren bei der Gesamtbetragsangabe sowohl die annuitätischen Raten als auch die Ansparleistungen zu berücksichtigen. Wurde ein **Gesamtbetrag** zwar angegeben, dieser jedoch **falsch berechnet**, so steht dies einem völligen Fehlen der Gesamtbetragsangabe allenfalls dann gleich, wenn sich ein Informationsgehalt überhaupt nicht mehr feststellen lässt.[1565] Eine **fehlende Gesamtbetragsangabe** führte gem. § 494 Abs. 1 BGB a.F. (§ 6 Abs. 1 VerbrKrG) zur Nichtigkeit des Darlehensvertrag, die jedoch nach § 494 Abs. 2 Satz 1 BGB a.F. (§ 6 Abs. 2 Satz 1 VerbrKrG) geheilt wurde, soweit das Darlehen zur Auszahlung gelangte, und zwar selbst dann, wenn die Darlehensvaluta nicht dem Darlehensnehmer selbst, sondern etwa direkt einem Treuhänder zwecks Erwerbs des finanzierten Fondsanteils im Rahmen eines verbundenen Geschäfts zufloss.[1566] Allerdings reduzierte sich der vereinbarte Zinssatz nach § 494 Abs. 2 Satz 2 BGB a.F. (§ 6 Abs. 2 Satz 2 VerbrKrG) auch bei unechten Abschnittsfinanzierungen für die gesamte Laufzeit des Darlehens auf den gesetzlichen Zinssatz. Der Darlehensnehmer hat nach § 494 Abs. 2 Satz 4 BGB a.F. (§ 6 Abs. 2 Satz 4 VerbrKrG) einen Anspruch auf eine entsprechende Neuberechnung des Darlehens sowie gem. § 812 Abs. 1 Satz 1, 1. Alt. BGB einen Anspruch auf Rückzahlung überzahlter Zinsen.[1567] Er hat indes **kein Wahlrecht**, stattdessen die überzahlten Zinsen zur (vorfälligen) Tilgung des Darlehensrückzahlungsanspruchs der Bank zu verrechnen (dazu auch Rdn. 1107).[1568]

cc) Sondertilgungs- und Tilgungsänderungsrechte des Darlehensnehmers

1097 Häufig äußern Darlehensnehmer ggü. ihrer Bank den Wunsch, auch während einer Zinsbindungsperiode über den vereinbarten Rahmen hinaus aus überschießender Liquidität zusätzliche Tilgungsleistungen erbringen zu dürfen, um die Laufzeit ihrer Immobilienfinanzierung zu verkürzen und ihre jährliche Zinsbelastung zu senken. Zur Entgegennahme solcher **Sondertilgungen**, die letztlich einer (teilweisen) Kündigung des Darlehens gleich kommen würden, ist die Bank bei Immobiliar-Verbraucherdarlehensverträgen während einer Zinsbindungsperiode nicht verpflichtet. Sie wird dazu aber bereit sein, wenn ihr daraus keine wirtschaftlichen Nachteile erwachsen. Zu diesem Zweck können nachträglich **Änderungsvereinbarungen** getroffen werden, die allerdings auch die Zahlung eines **Vorfälligkeitsentgelts** durch den Darlehensnehmer zum Gegenstand haben werden. Oftmals werden Sondertilgungsrechte in Gestalt eines **Optionsrechts** aber auch von vornherein vertraglich für eine Zinsbindungsperiode vereinbart. Sie begründen abweichend von § 266 BGB ein vorzeitiges

---

1564 A.A. wohl BGH, WM 2006, 1066 (Rn. 3, 14).

1565 Vgl. BGH, WM 2006, 1066 (Rn. 14); Bülow/Artz/*Bülow* Verbraucherkreditrecht (9. Aufl.) § 494 Rn. 45.

1566 BGH, WM 2006, 1003 (Rn. 31); BGH, WM 2006, 1008 (Rn. 32); BGH, WM 2006, 1060 (Rn. 37); BGH, WM 2006, 1066 (Rn. 16); a.A. zuvor noch der II. Zivilsenat des BGH (BGHZ 159, 294; BGH, WM 2004, 1536; BGH, WM 2005, 843), der aber auf Anfrage des XI. Zivilsenats hat mitteilen lassen, dass er an dieser Ansicht nicht mehr festhält, vgl. BGH, WM 1003 (Rn. 36); BGH, WM 2006, 1008 (Rn. 41); BGH, WM 1066 (Rn. 21).

1567 BGH, WM 2010, 1399 (Rn. 28); BGH, WM 2009, 506 (Rn. 11); BGH, WM 2006, 1242 (Rn. 32); BGH, WM 2004, 2306 (2307); zur Verjährung des Neuberechnungsanspruchs vgl. BGH, WM 2009, 542 (Rn. 26 ff.); zum Neuberechnungsanspruch auch *Freckmann/Rösler* ZBB 2006, 23 (28).

1568 BGH, WM 2009, 506 (Rn. 12 ff.).

Teilleistungsrecht des Darlehensnehmers.[1569] Die vertragliche Ausgestaltung wird dabei vorsehen, dass der Darlehensnehmer während der Zinsbindungsperiode etwa kalenderjährlich eine einmalige Sondertilgung i.H.e. bestimmten Betrags leisten darf und dies auch bis zu einem bestimmten Zeitpunkt ankündigen muss. Nicht ausgenutzte Sondertilgungsbeträge kann er regelmäßig nicht auf Folgejahre übertragen, ebenso wenig wird er Sondertilgungen für Folgejahre vorausleisten dürfen. Klargestellt wird bei solchen Sondervereinbarungen zum Tilgungsrecht in aller Regel auch, dass dieses nur für die jeweilige Zinsbindungsperiode gilt.[1570] Für solche Sondertilgungsrechte des Darlehensnehmers kann die Bank bei einem Immobiliar-Verbraucherdarlehensvertrag unter Verzicht auf die Vorfälligkeitsentschädigung auch ein formularmäßiges Entgelt wirksam vereinbaren.[1571] Bei nach dem 20.03.2016 abgeschlossenen Immobiliar-Verbraucherdarlehensverträgen steht dem Darlehensnehmer zwar auch während einer Zinsbindungsperiode ein Recht zur vorzeitigen Rückzahlung zu, dazu bedarf es aber eines berechtigten Interesses des Darlehensnehmers, der zudem auch zur Zahlung einer Vorfälligkeitsentschädigung verpflichtet wäre (§§ 500 Abs. 2 Satz 2, 502 BGB; dazu Rdn. 1230–1232).

Denkbar sind auch Vereinbarungen, die es dem Darlehensnehmer während einer Zinsbindungs- 1098
periode ermöglichen, seine annuitätische **Tilgung innerhalb bestimmter Ober- und Untergrenzen** einmal oder mehrmals herabzusetzen oder zu erhöhen. Letzteres kommt ebenfalls einer Sondertilgung gleich. Macht der Darlehensnehmer bei einer solchen Tilgungsänderungsklausel von seinem Recht zur Tilgungsherabsetzung Gebrauch, ist darin nicht die Einräumung eines die Verpflichtungen aus §§ 491 ff. BGB auslösenden neuen Kapitalnutzungsrechts zu erblicken, denn es handelt sich zu diesem Zeitpunkt nicht mehr um eine verbraucherdarlehensrechtliche Vertragserklärung, sondern um ein bereits im Darlehensvertrag angelegtes einseitiges Gestaltungsrecht des Darlehensnehmers. Allerdings kann das Tilgungsänderungsrecht seit 11.06.2010 (vgl. Art. 229 § 22 Abs. 2 EGBGB) bei der **Effektivzinsberechnung** i.R.d. insoweit zu zugrunde zu legenden Annahmen zu berücksichtigen sein (vgl. Nr. 2 Buchst. g) aa) der Anlage zu § 6 Abs. 6 PrAngVO; Ziff. II Buchst. g) der Anlage zu § 6 PrAngVO a.F.).

Sondertilgungsrechte können aus refinanzierungstechnischen Gründen zu einer Verteuerung des 1099
Darlehens führen. Die Bank ist aber nicht etwa nach § 492 Abs. 2 BGB i.V.m. Art. 247 § 6 Abs. 1, § 3 Abs. 1 Nr. 10 EGBGB (zuvor: §§ 503 Abs. 1, 491a Abs. 1, 492 Abs. 2 BGB a.F. i.V.m. Art. 247 §§ 9 Abs. 1, 3 Abs. 1 Nr. 10 EGBGB a.F.; zuvor: § 492 Abs. 1 Satz 5 Nr. 4 BGB a.F.; zuvor: § 4 Abs. 1 Satz 4 Nr. 1 Buchst. d) VerbrKrG) verpflichtet, die hierdurch entstehenden **Mehrkosten** separat durch Gebühren oder Prämien auszuweisen, sie kann vielmehr ihre Mehraufwendungen im Rahmen ihrer Gesamtkalkulation einpreisen und einen dadurch erhöhten Darlehenszins angeben.[1572] Entsprechende Hinweispflichten bestehen allenfalls im Rahmen eines Beratungsvertrages (dazu Rdn. 1029–1032) oder wenn es die Bank ist, die das Tilgungsmodell entgegen den ursprünglichen Vorstellungen des Kunden initiiert, i.Ü. kommt i.d.R. bereits dem erhöhten Darlehens- bzw. Effektivzins eine ausreichende Hinweisfunktion zu. Bei Darlehensverträgen, die seit dem 11.06.2010 abgeschlossen werden bzw. wurden (Art. 229 § 22 Abs. 2 EGBGB), kann aber eine Erläuterungspflicht der Bank bestehen (§ 491a Abs. 3 BGB). Im Fall einer **vorzeitigen Beendigung des Darlehensvertrages** sind noch **nicht ausgenutzte Sondertilgungsrechte** i.R.d. Berechnung einer **Vorfälligkeits- oder Nichtabnahmeentschädigung** zu berücksichtigen. Dabei wird zugunsten des

1569 BGH, Urt. v. 08.11.2011 – XI ZR 341/10, WM 2012, 28 (Rn. 12).

1570 Vgl. zum Erlöschen des Sondertilgungsrechts bei Nichtausübung innerhalb der hierfür vorgesehenen Frist BGH, Urt. v. 08.11.2011 – XI ZR 341/10, WM 2012, 28 (Rn. 13).

1571 BGH, Urt. v. 16.02.2016 – XI ZR 96/15, WM 2016, 704 (Rn. 34). Bei Allgemein-Verbraucherdarlehen kann eine solches Entgelt nicht wirksam vereinbart werden, da bereits §§ 500 Abs. 2, 502 Abs. 1 BGB ein Recht zur vorzeitigen Rückzahlung und zudem nur einen betragsmäßig gedeckelten Anspruch des Darlehensgebers auf Zahlung einer Vorfälligkeitsentschädigung vorsehen, der nach § 502 Abs. 2 BGB sogar vollständig entfallen kann, vgl. BGH, Urt. v. 16.02.2016 – XI ZR 96/15, WM 2016, 704 (Rn. 17 ff.).

1572 So zur Bepreisung von Forward-Darlehen zutreffend *Peters/Wehrt* WM 2003, 1509 (1519).

Darlehensnehmers unterstellt, dass er – unabhängig von seinem bisherigen Tilgungsverhalten – von seinen noch möglichen Sondertilgungsrechten Gebrauch gemacht hätte, wenn er dazu wirtschaftlich in der Lage gewesen wäre.[1573] Eine rechtlich geschützte Zinserwartung der Bank kann insoweit nicht bestehen, denn sie hätte die Sondertilgungen aufgrund der vertraglichen Vereinbarungen entschädigungslos entgegennehmen müssen.[1574] Das gilt indes nicht hinsichtlich bereits verfallener, vom Darlehensnehmer nicht ausgenutzter Sondertilgungsmöglichkeiten zurückliegender Jahre.[1575]

b) Zinsvereinbarungen

aa) Sollzinsen und Beginn der Zinszahlungspflicht; Disagio

1100 Für die Überlassung der Darlehensmittel hat der Darlehensnehmer nach § 488 Abs. 1 Satz 2 BGB als Gegenleistung den vertraglich vereinbarten **Sollzins als laufzeitabhängige Vergütung** zu erbringen. Festverzinsliche Grundpfanddarlehen werden aufgrund ihrer werthaltigen Besicherung und der laufzeitkongruenten Refinanzierung der Banken grds. zu niedrigeren Konditionen als Konsumentenkredite ausgereicht.[1576] Die Sollzinsen werden regelmäßig ab dem Auszahlungstag aus der jeweiligen Darlehensschuld berechnet. Dazu genügt auch die Auszahlung an einen Dritten, wenn dies etwa auf Weisung und im Interesse des Darlehensnehmers zur Tilgung seiner Verbindlichkeiten geschieht. Entscheidend ist, dass die Darlehensmittel aus dem Vermögen der Bank ausgeschieden und dem Vermögen des Darlehensnehmers in der vereinbarten Form endgültig zugeführt wurden.[1577] Erfolgt die Auszahlung – wie das bei Immobilienfinanzierungen häufig der Fall ist – im überwiegenden Interesse der Bank zunächst auf ein Treuhandkonto (z.B. Notaranderkonto), so liegt zwar noch keine Auszahlung i.S.d. § 488 Abs. 1 Satz 1 BGB an den Darlehensnehmer vor,[1578] die Bank kann aber auch für solche Fälle den Beginn der Zinszahlungspflicht durch entsprechende Regelungen im Darlehensvertrag vereinbaren. Eine solche Vereinbarung kann sich dem Darlehensvertrag bereits durch Auslegung entnehmen lassen, weil die Bank auch bei einer Auszahlung auf ein Treuhandkonto die Darlehensvaluta nicht mehr anderweitig nutzen kann.[1579] Für die Fälligkeit der Zinsleistungen wird meist eine von § 488 Abs. 2 BGB abweichende Vereinbarung getroffen werden, bei Annuitätendarlehen werden sie mit der Leistungsrate erbracht.[1580]

1101 Fehlen in einem Verbraucherdarlehensvertrag die Angabe des Sollzinssatzes, des effektiven Jahreszinses oder – bei einem Allgemein-Verbraucherdarlehen – des Gesamtbetrages, ermäßigt sich nach § 494 Abs. 2 Satz 2 BGB der Sollzinssatz für das Darlehen auf den gesetzlichen Zinssatz, d.h. auf 4% (§ 246 BGB). Wurde aufgrund einer Niedrigzinsphase für den Vertrag ein Sollzinssatz vereinbart, der unterhalb des gesetzlichen Sollzinssatzes liegt, führt die Sanktionsregelung des § 494 Abs. 2 Satz 2 BGB allerdings nicht zu einer Erhöhung des vertraglichen Sollzinssatzes auf den gesetzlichen Zinssatz. Vielmehr wird der Verbraucherdarlehensvertrag mit dem niedrigeren vereinbarten Sollzinssatz fortgeführt.[1581]

1573 Vgl. OLG Frankfurt a.M., WM 2001, 565; ferner BGH, Urt. v. 19.01.2016 – XI ZR 388/14, (Rn. 19 ff.) zur Unwirksamkeit abweichender Vertragsklauseln.

1574 MüKo-BGB/*Berger* § 488 Rn. 70; *Wimmer* BKR 2002, 479 (482).

1575 Abweichend OLG Frankfurt am Main, WM 2001, 565.

1576 Zum Begriff des Realkredits eingehend Schimansky/Bunte/Lwowski/*v. Heymann*/*Merz* Bankrechts-Handbuch § 86 Rn. 1 ff. Dazu auch Rdn. 991–995.

1577 BGH, WM 1985, 221 (223); BGH, WM 1985, 653; BGH, WM 1997, 1658 (1659); BGH, WM 2006, 1003 (Rn. 31); BGH, WM 2006, 1060 (Rn. 37).

1578 BGH, WM 1986, 933 (934); BGH, WM 1994, 647 (648); BGH, WM 1998, 1869 (1870).

1579 Vgl. Staudinger/*Kessal-Wulf* BGB (2012) § 491 Rn. 47.

1580 Zum Problem der Transparenz kundenbelastender Zinsberechnungs- bzw. Tilgungsverrechnungsklauseln bei Annuitätendarlehen vgl. MüKo-BGB/*Berger* § 488 Rn. 199 ff.; Schimansky/Bunte/Lwowski/*Krepold* Bankrechts-Handbuch § 78 Rn. 98 ff..

1581 MüKo-BGB/*Schürnbrand* § 494 Rn. 29; Bülow/Artz/*Bülow* Verbraucherkreditrecht (9. Aufl.) § 494 Rn. 62; zu § 505d BGB auch Begr. RegE, BT-Drucks. 18/5922, S. 102; a.A. *Danwerth* WM 2015,

Als **Disagio (Damnun)** bezeichnet man einen vorweggenommenen Abschlag vom nominalen Darlehensbetrag. Handelte es sich dabei früher nach dem Willen der Parteien meist noch um laufzeitunabhängige Darlehensnebenkosten zur Abgeltung des einmaligen Aufwands der Bank bei der Kapitalbeschaffung und -gewährung, so wird das Disagio heute namentlich bei Bau- und Immobilienfinanzierungen **im Zweifel** als vorweggenommene Zinszahlung vereinbart, die bei unechten Abschnittsfinanzierungen auf die Zinsbindungsperiode und damit **laufzeitabhängig zu verrechnen** ist.[1582] Das Disagio und der Nominalzinssatz stehen dann in einem wechselseitigen Abhängigkeitsverhältnis, weil der Darlehensnehmer durch die Wahl eines höheren Disagios – und damit eines geringeren Auszahlungskurses – die Möglichkeit hat, für seine Zinsbindungsperiode einen ermäßigten Nominalzins zu erhalten. Auch wenn das Disagio regelmäßig bei der Auszahlung des Darlehens einbehalten wird und dadurch das Darlehen nicht in Höhe seines Nominalbetrages zur Auszahlung gelangt, bleibt der Darlehensnehmer zur vollständigen Rückzahlung des Darlehens verpflichtet. Auf das Disagio kann dabei ohne Verstoß gegen das Zinseszinsverbot (§ 248 Abs. 1 BGB) der vereinbarte Vertragszins berechnet werden.[1583] Bei einer **vorzeitigen Vertragsbeendigung** ist es zwar grds. **anteilig zurück zu erstatten** und insoweit bei der Berechnung einer Vorfälligkeits- oder Nichtabnahmeentschädigung zu berücksichtigen. Dies gilt aber keineswegs in jedem Fall der vorzeitigen Vertragsbeendigung. Eine anteilige Rückerstattung kommt grds. nicht in Betracht, wenn der Bank aufgrund der vorzeitigen Vertragsbeendigung ein Schadensersatzanspruch gegen den Darlehensnehmer zusteht. Das ist i.d.R. der Fall bei einer außerordentlichen Kündigung durch die Bank, aber auch im Falle einer außerordentlichen Kündigung durch den Darlehensnehmer nach § 490 Abs. 2 BGB. Verbrauchedarlehensrechtlich kann der Anspruch der Bank auf Schadensersatz in Gestalt einer Vorfälligkeitsentschädigung allerdings nach § 502 BGB betragsmäßig eingeschränkt oder gar ausgeschlossen sein; auch im Falle der Gesamtfälligstellung eines Immobiliar-Verbraucherdarlehens wegen Zahlungsverzugs des Darlehensnehmers ist nach der Rspr. des BGH ein Anspruch der Bank auf Zahlung einer Vorfälligkeitsentschädigung aufgrund der Sperrwirkung des § 497 Abs. 1 BGB ausgeschlossen (dazu Rdn. 1237, 1247). Im Falle einer einvernehmlichen Aufhebung eines unkündbaren Darlehensvertrages wiederum ist das Vorfälligkeitsentgelt kein Schadensersatzanspruch, sondern eine in den Grenzen des § 138 BGB frei aushandelbare Preisvereinbarung, so dass kein Anspruch des Darlehensnehmers auf eine anteilige Rückerstattung des nicht verbrauchten Disagios besteht. Da das Disagio den auszuzahlenden Darlehensbetrag mindert, der Darlehensnehmer aber i.d.R. dennoch den vollen Darlehensbetrag für seine Finanzierung benötigt, wird mitunter zur Finanzierung des Disagios separat ein sog. Tilgungsstreckungsdarlehen vereinbart, das vorab zu tilgen ist und so den Tilgungsbeginn des eigentlichen Darlehens streckt. Solche Tilgungsstreckungsdarlehen sind indes mit zusätzlichem Aufwand verbunden; daher wird meist der gewünschte Darlehensbetrag um das so mitfinanzierte Disagio erhöht. 1102

Bei **Verbraucherdarlehen** ist ein laufzeitunabhängiges Disagio bei den Kosten des Darlehens in den vorvertraglichen Informationen (§ 491a Abs. 1 BGB i.V.m. Art. 247 § 1 Abs. 2, § 3 Abs. 1 Nr. 10 EGBGB) und im Verbraucherdarlehensvertrag (§ 492 Abs. 2 BGB i.V.m. Art. 247 §§ 6 Abs. 1, 3 Abs. 1 Nr. 10 EGBGB separat auszuweisen. Bei Vereinbarung eines Disagios als laufzeitabhängigem Zinsbestandteil wird hingegen dessen verbraucherdarlehensrechtliche Behandlung innerhalb der vorvertraglichen und der vertraglichen Pflichtangaben unterschiedlich beurteilt. Sicher wird es aber genügen, das Disagio in einem Vomhundertsatz ausdrücken.[1584] 1103

1604 (1609).

1582 BGHZ 111, 287 (288); BGH, WM 1996, 2047 (2048); BGH, WM 2000, 1243 (1244); OLG Düsseldorf, ZIP 2007, 1748. Das Disagio kann bei fremdgenutzten Objekten unter bestimmten Voraussetzungen steuermindernd abgesetzt werden. Zur Wirksamkeit des Disagios bei Förderdarlehen im Interesse einer optimalen Förderung vgl. BGH, NJW 1994, 47.

1583 BGH, WM 1999, 2547 (2548); OLG Köln, WM 1992, 603 (604).

1584 Staudinger/*Kessal-Wulf* BGB (2012) § 492 Rn. 49; offen gelassen in BGH, WM 2000, 2816.

bb) *Gebundener Sollzinssatz und Konditionenneuvereinbarung bei unechten Abschnittsfinanzierungen*

1104 Üblicherweise werden für Bau- und Immobilienfinanzierungen – je nach Zinsniveau – mehr oder weniger langfristige Zinsbindungsvereinbarungen in Gestalt eines gebundenen Sollzinssatzes getroffen. Den gebundenen Sollzinssatz definiert § 489 Abs. 5 Satz 2 und 3 BGB nach richtigem Verständnis als einen Sollzinssatz, für den eine feststehende Prozentzahl bzw. bei mehreren Sollzinssätzen mehrere feststehende Prozentzahlen für einen bestimmten Zeitraum vereinbart ist bzw. sind.[1585] Möglich ist daher auch die Vereinbarung von Staffelzinssätzen, ohne dass zum Ende jeder Staffelzinsperiode ein ordentliches Kündigungsrecht des Darlehensnehmers entsteht (dazu Rdn. 1117).[1586] Um keinen Vorfälligkeitsschaden aus ihrer Refinanzierung zu erleiden, wird sich die Bank aber grds. an die zwingenden zeitlichen Grenzen des § 489 Abs. 1 Nr. 2 und Abs. 4 BGB (§ 489 Abs. 1 Nr. 3 BGB a.F.) halten, der einen Kündigungsausschluss nur bis zu einer Dauer von 10 Jahren – zuzüglich weiterer 6 Monate aus der Kündigungsfrist – zulässt. Bei Verbraucherdarlehensverträgen, die vor dem 11.06.2010 abgeschlossen wurden (Art. 229 § 22 Abs. 2 EGBGB), war zur Erlangung der Kündigungsfestigkeit außerdem die Sicherung durch ein Grundpfandrecht erforderlich (§ 489 Abs. 1 Nr. 2 BGB a.F.). Seit 11.06.2010 ist die grundpfandrechtliche Sicherung zur Erlangung der Kündigungsfestigkeit bei Verbraucherdarlehen zwar nicht mehr erforderlich, allerdings kann der Darlehensnehmer ein Allgemein-Verbraucherdarlehen seither jederzeit zurückzahlen (§ 500 Abs. 2 Satz 1 BGB) und muss bei Rückzahlung während des Zeitraums einer Sollzinsbindung allenfalls eine betragsmäßig gedeckelte Vorfälligkeitsentschädigung zahlen (§ 502 Abs. 1 Satz 1, Abs. 3 BGB), die unter bestimmten Voraussetzungen sogar ganz entfallen kann (§ 502 Abs. 2 BGB). Für Immobiliar-Verbraucherdarlehensverträge wurde das Recht des Darlehensnehmers zur vorzeitigen Rückzahlung zum 21.03.2016 eingeführt (§ 500 Abs. 2 Satz 2 BGB; dazu Rdn. 1230–1232). Es besteht während des Zeitraums einer Sollzinsbindung allerdings nur bei berechtigtem Interesse des Darlehensnehmers, der im Falle der vorzeitigen Rückzahlung auf Verlangen der Bank eine angemessene (betragsmäßig nicht begrenzte) Vorfälligkeitsentschädigung zahlen muss (§§ 500 Abs. 2 Satz 2, 502 Abs. 1 Satz 1 BGB); der Anspruch auf Vorfälligkeitsentschädigung kann allerdings nach § 502 Abs. 2 BGB, der seit 21.03.2016 auch für Immobiliar-Verbraucherdarlehen gelten soll,[1587] ausgeschlossen sein. Die kündigungsfesten 10 Jahre (zuzüglich der sechsmonatigen Kündigungsfrist) bestimmen zugleich die zeitliche Grenze für die rechtlich geschützte Zinserwartung der Bank,[1588] soweit sie bei Verbraucherdarlehen nicht durch §§ 500 Abs. 1 Satz 1, Abs. 2, 502 Abs. 2 und 3 BGB beschränkt oder ausgeschlossen ist. Zwar werden mitunter gleichwohl auch Zinsbindungen mit bis zu 15 Jahren angeboten, wenn sich etwa bei besonders niedrigem Zinsniveau für die Bank das Risiko einer späteren Kündigung des Darlehensnehmers als eher gering darstellt, aber auch diese Zinsbindungen werden oftmals nicht die Gesamtlaufzeit des den Immobilienerwerb finanzierenden Darlehensvertrages erreichen. In solchen Fällen der sog. **unechten Abschnittsfinanzierung** sind dann Regelungen zu treffen, wie nach Ablauf der zunächst vereinbarten Zinsbindungsperiode zu verfahren ist. Bei Verbraucherdarlehensverträgen hat die Bank seit 19.08.2008 den Darlehensnehmer nach § 493 Abs. 1 BGB (bis 10.06.2010: § 492a Abs. 1 BGB a.F.) spätestens 3 Monate vor Ablauf der Zinsbindungsperiode darüber zu unterrichten, ob sie dazu bereit ist, das Darlehen mit einem gebundenen Sollzinssatz fortzuführen (dazu Rdn. 1257).[1589]

1585 Staudinger/*Mülbert* BGB (2015) § 489 Rn. 22.

1586 Staudinger/*Mülbert* BGB (2015) § 489 Rn. 23; abweichend MüKo-BGB/*Berger* § 489 Rn. 8, der in der Staffelzinsvereinbarung eine das Kündigungsrecht ausschließende Vereinbarung im Sinne des § 489 Abs. 1 Nr. 1 Halbs. 1 BGB erblickt.

1587 Bülow/Artz/*Bülow* Verbraucherkreditrecht (9. Aufl.) § 502 Rn. 4a.

1588 BGHZ 104, 337 (343); 136, 161 (170); 146, 5 (12).

1589 Dazu *Dörrie* ZBB 2008, 292 (298). Zeitlich dürfte sich der Anwendungsbereich der Unterrichtungspflichten aus § 493 Abs. 1 und 2 BGB (§ 492a BGB a.F.) auch auf Darlehensverträge erstrecken, die vor dem Inkrafttreten der Neuregelung am 19.08.2008 abgeschlossen wurden und bei denen das Ende der Festzinsperiode bzw. der Darlehenslaufzeit mehr als 3 Monate nach diesem Zeitpunkt liegt.

Ist sie dazu bereit, hat sie dem Darlehensnehmer in der Unterrichtung ihren zum Zeitpunkt der Unterrichtung angebotenen Zinssatz mitzuteilen.[1590] Die Mitteilung dieses Zinssatzes darf für die Bank **unverbindlich** sein,[1591] es bleibt ihr aber gleichwohl unbenommen, dem Darlehensnehmer auch bereits zu diesem Zeitpunkt ein verbindliches Konditionenangebot zu unterbreiten, das sie aus refinanzierungstechnischen Gründen auch schadlos mit einer Annahmefrist versehen kann, wenn dem Darlehensnehmer mitgeteilt wird, dass er auch nach Verstreichenlassen der Annahmefrist auf Nachfrage ein Angebot über einen gebundenen Zinssatz erhalten kann. Seit Inkrafttreten des § 492 Abs. 5 BGB am 11.06.2010 (vgl. Art. 229 § 22 Abs. 3 EGBGB) bedarf die in § 493 Abs. 1 BGB (bis 10.06.2010: § 492a Abs. 1 BGB a.F.) geregelte Unterrichtung der Textform bzw. seit 13.06.2014 der Verwendung eines dauerhaften Datenträgers.[1592] Verletzt die Bank ihre gesetzlichen Unterrichtungspflichten, kann sie sich ggü. dem Darlehensnehmer schadensersatzpflichtig machen.[1593] Hingegen wird sich ein außerordentliches Kündigungsrecht des Darlehensnehmers allein aus einer Verletzung dieser Unterrichtungspflichten nicht begründen lassen.

Der Darlehensnehmer kann je nach vertraglicher Gestaltung bei unechten Abschnittsfinanzierungen bereits aus dem Darlehensvertrag einen **Anspruch** darauf haben, das Darlehensverhältnis nach Ablauf der zunächst vereinbarten Zinsbindungsperiode mit einem gebundenen Zinssatz **fortführen** zu dürfen. Eine Unterrichtung nach § 493 Abs. 1 BGB (bis 10.06.2010: § 492a Abs. 1 BGB) ist indes auch in diesem Fall nicht ohne Weiteres gänzlich entbehrlich, denn die Vorschrift verpflichtet die Bank auch zur Mitteilung des aktuellen Zinssatzes für das Darlehen (dazu Rdn. 1256). 1105

Für den Fall des **Nichtzustandekommens einer Konditionenneuvereinbarung** kann der Darlehensvertrag verschiedene Reaktionsmöglichkeiten vorsehen. Teilweise wird dem Darlehensnehmer, der das Konditionenangebot der Bank nicht annimmt, ein **veränderlicher Sollzinssatz** in Rechnung gestellt. Für Darlehensverträge, die nach dem 10.06.2010 abgeschlossen wurden (Art. 229 § 22 Abs. 2 EGBGB), gelten dann für die Anpassung veränderlicher Sollzinssätze die strengeren Anforderungen aus §§§ 493 Abs. 3, 492 Abs. 7 BGB, Art. 247 § § 3 Abs. 4, § 6 Abs. 1, § 15 EGBGB; ein Verstoß gegen die vertragliche Angabe der Voraussetzungen einer Anpassung des veränderlichen Zinssatzes führt nach § 494 Abs. 4 Satz 2 BGB zum Verlust der Möglichkeit einer Zinsanpassung zum Nachteil des Darlehensnehmers. Nach Art. 229 § 22 Abs. 3 EGBGB können von den neuen strengeren Zinsanpassungsvorschriften zwar auch unbefristete Kreditverhältnisse betroffen sein, die vor dem 11.06.2010 (Art. 229 § 22 Abs. 2 EGBGB) entstanden sind, allerdings wird Darlehensverträgen in aller Regel bereits aufgrund der Tilgungsvereinbarung zu entnehmen sein, dass das Kapitalnutzungsrecht gerade nicht unbefristet gewährt wird. Die Umstellung von einer Zinsbindungsvereinbarung auf einen veränderlichen Zinssatz kann bei Annuitätendarlehen indes unpraktikabel sein. Deshalb wird in den vertraglichen **Konditionenanpassungsklauseln** auch mitunter geregelt, dass das Darlehen **sofort zur Rückzahlung fällig** ist, wenn der Darlehensnehmer das Angebot der Bank zur Vereinbarung neuer Konditionen nicht annimmt. Eine solche Regelung ist rechtlich nicht zu beanstanden, allerdings sollte die Bank auf diese Folge in ihrem Angebotsschreiben bzw. in ihrer Unterrichtung nach § 493 Abs. 1 BGB (bis 10.06.2010: § 492a Abs. 1 BGB a.F.) nochmals hinweisen. Diese Verfahrensweise birgt für die Bank den Nachteil, dass mit dem später reuigen Darlehensnehmer zur Fortführung des einmal fällig gestellten Darlehens ein neuer Darlehensvertrag unter Beachtung aller verbraucherdarlehensrechtlichen Vorgaben zu schließen ist und von dem Neuabschluss insb. auch akzessorische Sicherheiten nicht unberührt bleiben. Früher war außerdem häufig das sog. **Widerspruchsverfahren** anzutreffen, bei dem die Bank dem Darlehensnehmer nach Ablauf der vereinbarten Zinsbindungsperiode einseitig Konditionen mitteilte, die im Fall des Verstreichens einer ihm zu gewährenden angemessenen Widerspruchs- bzw. Kündigungsfrist dann für 1106

1590 Die Bank darf Bestandskunden nicht durch marktfremde Konditionen von einer Konditionenneuvereinbarung abhalten, vgl. *Knops* WM 2008, 2185 (2189).

1591 BT-Drucks. 16/9821, S. 20.

1592 Vgl. *Wendehorst* NJW 2014, 577.

1593 BT-Drucks. 16/9821, S. 20 f.

das Darlehen Geltung beanspruchten.[1594] Diese Verfahrensweise beinhaltet eine fingierte Erklärung des Darlehensnehmers und ist daher bei formularmäßiger Verwendung nur unter den engen Voraussetzungen des § 308 Nr. 5 BGB wirksam; sie erfordert nach § 307 BGB ferner ein berechtigtes Interesse der Bank, das sich allerdings in den organisatorischen Anforderungen des Massengeschäfts finden lassen dürfte. [1595]

1107 Auch bei **unechten Abschnittsfinanzierungen** sind für den **Darlehensvertrag verbraucherdarlehensrechtliche Besonderheiten** zu beachten. Für nach dem 10.06.2010 abgeschlossene Darlehensverträge (Art. 229 § 22 Abs. 2 EGBGB) wies die Berechnung des **effektiven Jahreszinses** zunächst besondere Schwierigkeiten auf, denn anders als bis zum 10.06.2010 ist unter dem seither geltenden Verbraucherdarlehensrecht der effektive Jahreszins bei unechten Abschnittsfinanzierungen nicht nur auf die erste Zinsbindungsperiode, sondern auf die Gesamtlaufzeit des Darlehens zu berechnen (vgl. § 6 Abs. 5 PrAngVO).[1596] Damit stellte sich die Frage, mit welchem Sollzinssatz für die Zeit nach Ablauf der ersten Zinsbindungsperiode weiterzurechnen ist. Zuweilen wurde die Auffassung vertreten, es sei nach Art. 247 § 3 Abs. 4 Satz 3 EGBGB auch ein veränderlicher Sollzinssatz, der im Fall der Nichteinigung über neue Konditionen nach Ablauf der Zinsbindungsperiode gelten solle (Nichteinigungszinssatz), bereits im Darlehensvertrag mit seiner aktuellen Höhe anzugeben und aufgrund der Regelung in Ziff. II Buchst. j) in der bis 31.07.2012 geltenden Fassung der Anlage zu § 6 PrAngVO a.F. in dieser Höhe bei der Berechnung des effektiven Jahreszinses für die Restlaufzeit des Darlehens nach Ablauf der Zinsbindungsperiode zu berücksichtigen.[1597] Das ist bereits im Ansatz zweifelhaft, denn die Regelung des Art. 247 § 3 Abs. 4 Satz 3 EGBGB beruht auf Art. 5 Abs. 1 Buchst. f) der VerbrKrRL 2008/48/EG und wird eher alternative oder gestaffelte Sollzinssätze zum Gegenstand haben, nicht jedoch einen bloßen Auffangzinssatz, der nur bei unregelmäßigem Verlauf des Darlehensvertrages gelten soll, um den Darlehensnehmer vor einer Fälligstellung des Darlehens zu schützen. Auch konnte Ziff. II. Buchst. j) der Anlage zu § 6 PrAngVO in der bis 31.07.2012 geltenden Fassung eine Bank nicht verpflichten, sich bereits im Darlehensvertrag auf den Ausgangswert für einen Sollzinssatz festzulegen, dessen maßgebliche Zusammensetzung sie bei seiner künftigen Geltung noch gar nicht kennt. Darüber hinaus ist der Nichteinigungszinssatz ein bloßer Auffangzinssatz, der erfahrungsgemäß gerade nicht für die gesamte Restlaufzeit des Darlehens gelten wird. Ferner hätte die Anwendbarkeit von Ziff. II Buchst. j) der Anlage zu § 6 PrAngVO in der bis 31.07.2012 geltenden Fassung bei unechten Abschnittsfinanzierungen zu dem Ergebnis geführt, dass der effektive Jahreszins unter Umständen niedriger anzugeben gewesen wäre als der nominale Sollzinssatz. Mit der Sechsten Verordnung zur Änderung der Preisangabenverordnung[1598] wurde schließlich Ziff. II. Buchst. j) der Anlage zu § 6 PrAngVO a.F. zum 01.08.2012 dahingehend geändert, dass für den Zeitraum nach Ablauf einer Sollzinsbindung der effektive Jahreszins nur dann mit einem veränderlichen Anschlusssollzinssatz weiterzurechnen ist, wenn feststeht, dass dieser veränderlicher Sollzinssatz auch tatsächlich zur Anwendung kommt. Das ist bei unechten Abschnittsfinanzierungen, die für den Fall des Nichtzustandekommen einer Konditionenneuvereinbarung die Fortführung des Verbraucherdarlehens mit einem veränderlichen Sollzinssatz vorsehen, gerade nicht der Fall. Maßgeblich bleibt daher – auch nach Inkrafttreten des Gesetzes zur Umsetzung der Wohnimmobilienkreditrichtlinie (RL 2014/17/EU) am 21.03.2017[1599] – § 6 Abs. 5 PrAngVO und Nr. 2 Buchst. k) der Anlage zu § 6 Abs. 6 PrAngVO (Art. 17 Abs. 4 RL 2014/17/EU; zuvor: § 6 Abs. 4 PrAngVO und Ziff. II. Buchst. j) der Anlage zu § 6 PrAngVO a.F. a.F., Art. 19 Abs. 4 VerbrKrRL 2008/48/EG). Es ist folglich der effektive Jahreszins bei unechten Abschnittsfinanzierungen mit dem anfänglichen gebundenen Sollzinssatz auf die Gesamtlaufzeit des Darlehens

1594 Vgl. BGH, WM 1989, 740 (742).

1595 A.A. Staudinger/*Mülbert* (2015) § 489 Rn. 34.

1596 *Wimmer/Rösler* BKR 2011, 6 (7); *Ady* WM 2010, 1305 (1307).

1597 *Ady* WM 2010, 1305 (1307); kritisch, aber im Ergebnis ebenso *Köhler* WM 2012, 149 (150).

1598 BGBl I, S. 1706.

1599 Gesetz zur Umsetzung der Wohnimmobilienkreditrichtlinie und zur Änderung handelsrechtlicher Vorschriften vom 11.03.2016, BGBl. I, S. 396.

zu rechnen. Ordnet man Annuitätendarlehen, bei denen sich aufgrund einer Änderung des Sollzinssatzes und einer daraus folgenden Anpassung der Leistungsrate die Laufzeit ändern kann, als Darlehen mit unbestimmter Laufzeit ein[1600] (vgl. Nr. 2 Buchst. f) Abs. 2 der Anlage zu § 6 Abs. 6 PrAngVO), dann ist anzunehmen, dass das Darlehen auf einen Zeitraum von 20 Jahren ab der ersten Inanspruchnahme gewährt wird und dass mit der letzten Zahlung des Darlehensnehmers der Saldo, die Zinsen und sonstige Kosten ausgeglichen sind (Nr. 2. Buchst. f) Abs. 1 aa) der Anlage zu § 6 Abs. 6 PrAngVO).

Die **Gesamtbetragsangabe** ist zwar in Immobiliar-Verbraucherdarlehensverträgen nach § 492 Abs. 2 BGB i.V.m. Art. 247 § 6 Abs. 1 Satz 2 EGBGB (zuvor: §§ 503 Abs. 1, 492 Abs. 2 BGB a.F. i.V.m. Art. 247 § 9 Abs. 1 EGBGB a.F.; zuvor: § 492 Abs. 1a BGB a.F.; zuvor: § 491 Abs. 3 Satz 1 BGB a.F.; zuvor: § 3 Abs. 2 Nr. 2 VerbrKrG) entbehrlich, sie ist aber seit 21.03.2016 auch für Immobiliar-Verbraucherdarlehen als vorvertragliche Information in Abschnitt 3 des »ESIS-Merkblatts« (Anlage 6 zu Art. 247 § 1 Abs. 2 EGBGB) vorgesehen. Zudem lagen bis 20.03.2016 bei Immobilienfinanzierungen keineswegs stets auch die Voraussetzungen eines Immobiliardarlehens (vgl. § 503 BGB a.F.; zuvor: § 492 Abs. 1a BGB a.F.; zuvor: § 491 Abs. 3 Nr. 1 BGB a.F., zuvor: § 3 Abs. 2 Nr. 2 VerbrKrG)[1601] vor, so dass auch im Darlehensvertrag die Gesamtbetragsangabe erforderlich wurde (§ 492 Abs. 2 BGB i.V.m. Art. 247 § 6 Abs. 1, § 3 Abs. 1 Nr. 8 EGBGB a.F.; zuvor: § 492 Abs. 1 Satz 5 Nr. 2 Halbs. 2 BGB a.F.; § 4 Abs. 1 Satz 4 Nr. 1 Buchst. b) Satz 2 VerbrKrG). Bei unechten Abschnittsfinanzierungen ist insoweit die Verpflichtung zur **modifizierten Angabe des Gesamtbetrages** zu beachten, da es sich um ein Darlehen mit »veränderlichen Bedingungen« handelt.[1602] Es reicht dann nicht etwa aus, den Gesamtbetrag nur für die erste Zinsbindungsperiode hochzurechnen und zusätzlich die Darlehensrestvaluta anzugeben, er ist vielmehr auf der Grundlage der bei Abschluss des Darlehensvertrages maßgeblichen Konditionen für die gesamte voraussichtliche Laufzeit des Darlehens hochzurechnen.[1603] Wird der Gesamtbetrag gleichwohl nur für die erste Zinsbindungsperiode berechnet, ist er nicht nur falsch, sondern er fehlt gänzlich. Das hat bei Allgemein-Verbraucherdarlehen bzw. Nicht-Immobiliardarlehen nach § 494 Abs. 2 Satz 2 BGB (§ 6 Abs. 2 Satz 2 VerbrKrG) nach Valutierung des Darlehens zur Folge, dass der Darlehensnehmer für die gesamte Laufzeit des Darlehens – nicht nur für die erste Zinsbindungsperiode – lediglich den gesetzlichen Zinssatz schuldet und auf dieser Grundlage eine Neuberechnung des Darlehens nach § 494 Abs. 5 BGB (§ 494 Abs. 2 Satz 4 BGB a.F.; § 6 Abs. 2 Satz 4 VerbrKrG) verlangen kann.[1604] Der Darlehensnehmer hat allerdings **kein Wahlrecht**, stattdessen die überzahlten Zinsen zur (vorfälligen) Tilgung des Darlehensrückzahlungsanspruchs der Bank zu verrechnen.[1605] Bei Annuitätendarlehen ergibt sich das bereits aus der in der Tilgungsabrede getroffenen Anrechnungsvereinbarung.[1606] Auch das Verbraucherdarlehensrecht kann ein solches Wahlrecht nicht begründen, denn es würde in die Rechte der Bank eingreifen und deren geschütztem Interesse, Zinsen für die vereinbarte Darlehenslaufzeit zu erhalten, zuwider laufen.[1607] Soweit die Forderungen der Bank auf Rückzahlung des Darlehens nicht erfüllbar sind, kann der Darlehensnehmer mangels Aufrechnungslage auch eine Aufrechnung gegen den Darlehensrückzahlungsanspruch nicht wirksam erklären.[1608] Für Darlehensverträge, die als unechte Abschnittsfinanzierung vor dem 01.05.1993 1108

1600 So *Nobbe* WM 2011, 625 (629); *Ady* WM 2010, 1305 (1307); a.A. BuB/*Franke* Rn. 3/643.
1601 4. Aufl. Kap. 4 Rn. 1084–1088.
1602 BGHZ 159, 270 (273); BGH, WM 2004, 1542 (1543); BGH, WM 2004, 2306 (2307); BGH, WM 2004, 2436 (2347); BGH, WM 2011, 656 (Rn. 17).
1603 BGH, WM 2006, 1003 (Rn. 29); BGH, WM 2011, 656 (Rn. 16).
1604 BGH, WM 2004, 2306 (2308); OLG Brandenburg, ZIP 2006, 1719 (1721); zur Verjährung des Neuberechnungsanspruchs aus § 6 Abs. 2 Satz 4 VerbrKrG (§ 494 Abs. 2 Satz 4 BGB; seit 11.06.2010: § 494 Abs. 5 BGB) vgl. BGH, WM 2009, 542 (Rn. 26 ff.).
1605 BGH, WM 2009, 506 (Rn. 12 ff.).
1606 BGH, WM 2009, 506 (Rn. 12 ff.).
1607 BGH, WM 2009, 506 (Rn. 20 ff.; 34).
1608 BGH, WM 2009, 506 (Rn. 39).

abgeschlossen wurden, gilt die Verpflichtung zur Gesamtbetragsangabe hingegen generell nicht. Denn nach § 4 Abs. 1 Satz 2 Nr. 1 Buchst. b) VerbrKrG in der bis 30.04.1993 gültigen Fassung wurde die Angabe des Gesamtbetrages nur »wenn möglich« verlangt. Dazu musste er bei Vertragsschluss bereits absolut – nicht nur vorläufig – feststehen, und genau das ist bei solchen unechten Abschnittsfinanzierungen nicht der Fall.[1609]

1109 Die **Vereinbarung eines neuen gebundenen Sollzinssatzes** (Konditionenneuvereinbarung) unterliegt bei unechten Abschnittsfinanzierungen nicht dem modifizierten Schriftformerfordernis der § 492 Abs. 1 und 2 BGB i.V.m. Art. 247 §§ 6 bis 8, 12, 13 EGBGB und löst auch kein Widerrufsrecht des Darlehensnehmers nach § 495 BGB aus.[1610] Denn eine solche Konditionenneuvereinbarung begründet **kein neues Kapitalnutzungsrecht**, wie es die Anwendbarkeit der §§ 491 ff. BGB grds. erfordert, sondern ist bei unechten Abschnittsfinanzierungen in dem bereits abgeschlossenen Darlehensvertrag angelegt.[1611] Mit der Konditionenneuvereinbarung wird der Darlehensvertrag demnach lediglich vollzogen. Das gilt auch dann, wenn sich bei Annuitätendarlehen aufgrund des neuen Sollzinssatzes und einer zur Aufrechterhaltung des vereinbarten Tilgungssatzes erfolgten Anpassung der Leistungsrate die Laufzeit des Darlehens verlängert. Eine Konditionenneuvereinbarung bedarf daher bei unechten Abschnittsfinanzierungen insb. auch keiner vorvertraglichen Informationen i.S.d. § 491a Abs. 1 BGB i.V.m. Art. 247 § 1 Abs. 2, §§ 2 ff. EGBGB (dazu Rdn. 1049–1055). Ebenso wenig sind die Vorschriften über die Grundsätze bei Verbraucherverträgen und besonderen Vertriebsformen (§§ 312 ff. BGB) anwendbar, denn es fehlt an einer eigenständigen Finanzdienstleistung der Bank.[1612] Die Konditionenneuvereinbarung ist vielmehr auch im Hinblick auf diese Vorschriften regelmäßig bereits im Darlehensvertrag angelegt und dient lediglich dessen Vollzug. Auch die eigentliche Entgeltvereinbarung erfolgt bereits im ursprünglichen Darlehensvertrag, d.h. die eigentliche Entscheidung über die Darlehensaufnahme hat der Darlehensnehmer bereits getroffen, so dass er sich nicht mehr in einer schutzbedürftigen Entscheidungssituation befindet. Der BGH hat darüber hinaus klar gestellt, dass bei einem ursprünglich verbundenen Geschäft die Regelungen über verbundene Geschäfte bei der Konditionenneuvereinbarung nicht mehr anwendbar sind, weil es am erforderlichen Finanzierungszusammenhang fehlt.[1613] Nach § 6 Abs. 6 PrAngVO in der bis 10.06.2010 geltenden Fassung war hingegen auch bei einer Konditionenneuvereinbarung die Angabe des Effektivzinssatzes erforderlich.[1614] Diese Regelung ist zwar seit 11.06.2010 zunächst entfallen, dennoch könnte bereits nach § 6 Abs. 1 PrAngVO in der Konditionenneuvereinbarung die Angabe des neuen **Effektivzinssatzes** erforderlich geblieben sein, um dem Darlehensnehmer

1609 BGH, WM 2005, 327 (330).

1610 BGH, Urt. v. 28.05.2013 – XI ZR 6/12, WM 2013, 1314 (Rn. 19); KG, Beschl. v. 07.08.2015 – 8 U 191/14, WM 2016, 213; *Wiechers* WM 2014, 145 (150); ferner Bülow/Artz/*Bülow* Verbraucherkreditrecht (9. Aufl.) § 491 Rn. 146: Schlichte Vertragsänderungen ohne Einräumung eines neuen Kapitalnutzungsrechts sind formlos möglich, d.h. keine Einhaltung der Schriftform erforderlich.

1611 BGH, Urt. v. 28.05.2013 – XI ZR 6/12, WM 2013, 1314 (Rn. 21); BGH, Urt. v. 23.01.2018 - XI ZR 359/16 (Rn. 20, 21): Einräumung eines vertraglichen Widerrufsrechts für die Konditionenneuvereinbarung selbst dann nicht, wenn im Zuge der Konditionneuvereinbarung durch Aufstockung des Darlehens ein neues Kapitalnutzungsrecht eingeräumt wird und der Darlehensgeber dem Darlehnsnehmer eine einheitliche Widerrufsbelehrung erteilt; der Widerruf der das neue Kapitalnutzungsrecht betreffenden Willenserklärung führt nicht auch zur Rückabwicklung der Konditionenneuvereinbarung; ferner BGH, WM 1997, 2353 (2354); BGH, WM 1995, 103; BGH, Beschl. v. 07.06.2016 – XI ZR 385/15 (zu einer Forward-Konditionenneuvereinbarung); ferner Beschlussempfehlung und Bericht des Finanzausschusses zu § 505a Abs. 3 BGB, BT-Drucks. 18/12568, S. 184. Gegenteiliges ergibt sich auch nicht aus BGH, WM 2006, 217 (218), da dieses Urteil gerade keine unechte Abschnittsfinanzierung zum Gegenstand hatte.

1612 BGH, Urt. v. 23.01.2018 - XI 359/16 (Rn. 19); KG, Beschl. v. 10.02.2017 – 26 U 40/16; OLG Karlsruhe, Urt. v. 09.01.2018 – 17 U 128/17; OLG München, Urt. v. 15.05.2018 - 5 U 4139/17.

1613 BGH, Urt. v. 28.05.2013 – XI ZR 6/12, WM 2013, 1314 (Rn. 29); *Wiechers* WM 2014, 145 (150); zur Rechtslage bei echten Anschlussfinanzierungen und Umfinanzierungen Rdn. 1215.

1614 *Völker* Preisangabenrecht § 6 Rn. 87.

für den Fall einer etwaigen Kündigung des Darlehens nach § 489 Abs. 1 Nr. 1 BGB den Vergleich mit den Konditionen anderer Banken zu ermöglichen. Mit der Sechsten Verordnung zur Änderung der Preisangabenverordnung vom 01.08.2012[1615] wurde das Erfordernis der Effektivzinsangabe in § 6 Abs. 1 PrAngVO für die Konditionenneuvereinbarung ausdrücklich aufgenommen.[1616] Es ist aber mit dem Gesetz zur Umsetzung der Wohnimmobilienkreditrichtlinie zum 21.03.2016 ohne Begründung wieder entfallen. Auch soweit die Angabe des effektiven Jahreszinses in der Konditionenneuvereinbarung erforderlich war, sind jedenfalls die Annahmen zur Berechnung des effektiven Jahreszinses (vgl. insbes. Nr. 2 der Anlage zu § 6 Abs. 6 PrAngVO) nicht anzugeben, denn die Regelungen des Art. 247 § 3 Abs. 3 Satz 2, § 6 Abs. 3 EGBGB sind rein verbraucherdarlehensrechtlicher Natur und auf eine bereits im Darlehensvertrag angelegte Konditionenneuvereinbarung nicht anwendbar;[1617] für Immobiliar-Verbraucherdarlehensverträge gelten sie ohnehin nicht (Art. 247 § 6 Abs. 1 Satz 2 EGBGB; Art. 247 § 9 Abs. 1 Satz 1 EGBGB a.F.).

cc) Forward-Darlehen

Bei langfristigen Darlehensverträgen, wie sie für Bau- und Immobilienfinanzierungen typisch sind, ist der Darlehensnehmer auch an verlässlichen Kalkulationsgrundlagen interessiert.[1618] Möchte er ein Darlehen aufnehmen, das aber bspw. erst in 3 Jahren (Forward-Zeit) zur Auszahlung kommen soll, kann er sich bereits vorab ein aktuell günstiges Zinsniveau sichern, indem er mit der Bank ein sog. **Forward-Darlehen** vereinbart. Dieser Weg wird in der Praxis auch bei unechten Abschnittsfinanzierungen sehr häufig beschritten, wenn der Darlehensnehmer mit der Bank schon einen Darlehensvertrag mit einem gebundenen Zinssatz abgeschlossen hat und sich für die anschließende Zinsbindungsperiode den gerade günstigen Zinssatz sichern möchte. Die **Konditionenneuvereinbarung** wird dann – bezogen auf den Konditionenanpassungszeitpunkt – bereits vor Ablauf der noch gültigen Zinsbindungsperiode abgeschlossen. Allerdings wird sich die Bank bei solchen vorgezogenen Konditionenneuvereinbarungen zur Vermeidung eines Refinanzierungsschadens meist an die zwingenden zeitlichen Vorgaben der § 489 Abs. 1 Nr. 2 BGB (bis 10.06.2010: § 489 Abs. 1 Nr. 3 BGB a.F.) halten und die Forward-Zeit von der dort geregelten 10-jährigen Höchstbindungsfrist (zuzüglich der sechsmonatigen Kündigungsfrist)[1619] absetzen. Das gebietet ihm § 489 Abs. 1 Nr. 2 Halbs. 2 BGB (bis 10.06.2010: § 489 Abs. 1 Nr. 3 Halbs. 2 BGB), der für den Beginn der höchstmöglichen Zinsbindungsfrist bei bereits empfangenen Darlehen zwingend auf den Zeitpunkt der (neuen) Zinsvereinbarung abstellt.[1620] Für den Beginn der Höchstbindungsfrist hinsichtlich der 1110

1615 BGBl I, S. 1706.

1616 Dieser Regelung hätte es übrigens nicht bedurft, wenn auf Konditionenneuvereinbarungen das Verbraucherdarlehensrecht anwendbar wäre, weil dann die Angabe des effektiven Jahreszinses bereits nach Art. 247 § 3 Abs. 1 Nr. 3, § 6 Abs. 1 Nr. 1 EGBGB erforderlich gewesen wäre.

1617 BGH, Urt. v. 28.05.2013 – XI ZR 6/12, WM 2013, 1314 (Rn. 19, 21).

1618 Mitunter werden auch weitere Verträge über Finanzderivate im Zusammenhang mit dem Darlehensvertrag abgeschlossen (z.B. Zinsswaps). Zu etwaigen Aufklärungspflichten der Bank über das mögliche Auseinanderfallen von Zinssicherungsgeschäft und (konnexem) Darlehensvertrag für den Fall der Ausübung des gesetzlichen Kündigungsrechts des Darlehensnehmers aus § 489 BGB OLG Dresden, Urt. v. 09.04.2015 – 8 U 532/14 (Rn. 35).

1619 Liegen die Voraussetzungen eines Immobiliar-Verbraucherdarlehens nicht vor, kann der Darlehensnehmer bei einem nach dem 10.6.2010 abgeschlossenen Verbraucherdarlehensvertrag allerdings bereits nach § 500 Abs. 2 BGB das Darlehen jederzeit vorzeitig zurückzahlen; er muss dann zwar eine Vorfälligkeitsentschädigung entrichten, diese Vorfälligkeitsentschädigung ist aber der Höhe nach begrenzt, §§ 500 Abs. 2, 502 BGB. Bis 10.06.2010 war bei Verbraucherdarlehen zur Erlangung der Kündigungsfestigkeit die Besicherung des Darlehens durch ein Grundpfandrecht erforderlich, § 489 Abs. 1 Nr. 2 BGB a.F.

1620 OLG München, Urt. v. 24.04.2017 – 19 U 4296/16, juris Rn. 12 ff.; anhängig beim BGH unter XI ZR 328/17. Anders ist das allerdings bei echten Abschnittsfinanzierungen, wenn vorab ein neuer Forward-Darlehensvertrag abgeschlossen wird, der an den bisherigen – voll valutierten – Darlehensvertrag anschließt, weil § 489 Abs. 1 Nr. 2 Halbs. 2 BGB dann nicht einschlägig ist, Staudinger/*Mülbert* BGB (2015) § 489 Rn. 50; *Herresthal* ZIP 2017, 1541 (1546).

im Darlehensvertrag selbst festgelegten ersten Zinsbindungsperiode ist hingegen nach § 489 Abs. 1 Nr. 2 Halbs. 1 BGB (bis 10.06.2010: § 489 Abs. 1 Nr. 3 Halbs. 1 BGB a.F.) nicht auf den Zeitpunkt des Vertragsschlusses abzustellen, sondern auf den »vollständigen Empfang« des Darlehens. Das ermöglicht innerhalb der Grenzen des Umgehungsverbots aus § 489 Abs. 4 BGB, das den Schutz der wirtschaftlichen Bewegungsfreiheit des Darlehensnehmers nochmals manifestiert und daher den gleichzeitigen Abschluss hintereinander geschalteter Forward-Darlehen (»Mehrfachdarlehen«) mit einer Gesamtbindungsfrist von etwa 30 Jahren untersagen dürfte, auch im Interesse des Darlehensnehmers zu Beginn des Darlehensverhältnisses längerfristige Bindungen.[1621] Deren praktische Relevanz zeigt sich insb. bei Baufinanzierungen, die typischerweise eine Auszahlung des Darlehens nach Baufortschritt vorsehen, beschränkt sich aber keineswegs auf solche Auszahlungen in Tranchen. Eine Forward-Zeit von bis zu 5 Jahren dürfte insoweit durchaus zulässig sein.[1622] Dabei ist es unschädlich, wenn bei Verbraucherdarlehen, die bis 10.06.2010 abgeschlossen wurden (Art. 229 § 22 Abs. 2 EGBGB), das für den Ausschluss des Kündigungsrechts in §§ 489 Abs. 1 Nr. 2 und 3 BGB a.F. vorgesehene Grundpfandrecht nicht bereits zu Beginn der Forward-Zeit bestellt wurde.[1623] Sinkende Zinsen während der Forward-Zeit begründen kein berechtigtes Interesse des Darlehensnehmers an einer außerordentlichen Kündigung gem. § 490 Abs. 2 BGB, da diese Regelung nur die wirtschaftliche Handlungsfreiheit des Darlehensnehmers im Hinblick auf die grundpfandrechtlich beliehene Immobilie schützt.[1624]

1111 Die der Bank aus einer Forward-Vereinbarung entstehenden Mehraufwendungen – etwa aufgrund entsprechender Zinssicherungsgeschäfte oder aus einer vorzeitigen Eindeckung am Kapitalmarkt – können dem Darlehensnehmer über eine einmalige **Forward-Prämie** in Rechnung gestellt werden,[1625] die dann bei **Verbraucherdarlehen** zu den sonstigen Kosten (§ 491a Abs. 1 BGB i.V.m. Art. 247 § 1 Abs. 2, § 3 Abs. 1 Nr. 10 EGBGB; § 492 Abs. 2 BGB i.V.m. Art. 247 § 6 Abs. 1, § 3 Abs. 1 Nr. 10 EGBGB) zählt und bei der **Effektivzinsberechnung** (§ 491a Abs. 1 BGB i.V.m. Art. 247 § 1 Abs. 2, § 3 Abs. 1 Nr. 3, Abs. 2 Satz 3, § 6 PrAngVO; § 492 Abs. 2 BGB i.V.m. Art. 247 § 6 Abs. 1, § 3 Abs. 1 Nr. 3, Abs. 2 Satz 3 EGBGB, § 6 PrAngVO) sowie bei einer **Gesamtbetragsangabe** (§ 491a Abs. 1 BGB i.V.m. Art. 247 § 1 Abs. 2, § 3 Abs. 1 Nr. 8, Abs. 2 Satz 1 EGBGB; § 492 Abs. 2 BGB i.V.m. Art. 247 § 6 Abs. 1 Satz 1 Nr. 1, § 3 Abs. 1 Nr. 8, Abs. 2 Satz 1 EGBGB) zu berücksichtigen ist. Zu einem separaten Ausweis der Forward-Prämie ist die Bank aber keineswegs verpflichtet, sie kann ihre Mehraufwendungen auch in einen **Forward-Zinssatz** einpreisen, der dann bei Verbraucherdarlehen auch den effektiven Jahreszins erhöht und dadurch

1621 *Rösler* WM 2000, 1930; *Peters/Wehrt* WM 2003, 1509 (1511).

1622 *Rösler* WM 2000, 1930; *Peters/Wehrt* WM 2003, 1509 (1512); weitergehend *Herresthal* ZIP 2017, 1541 (1545), der in zeitlicher Hinsicht auf § 138 BGB abstellt und indiziell auch eine 20-jährige Bindungsdauer zulässt.

1623 *Peters/Wehrt* WM 2003, 1509 (1513); vgl. auch OLG Stuttgart, WM 1999, 1007 (1008), das unabhängig vom Stadium der Eintragung im Grundbuch von einer Absicherung i.S.d. § 489 Abs. 1 Nr. 2 BGB a.F. ausgeht, wenn eine entsprechende Vereinbarung über das Grundpfandrecht im Darlehensvertrag getroffen wurde. Für nach dem 10.06.2010 (Art. 229 § 22 Abs. 2 EGBGB) abgeschlossene Nicht-Immobiliardarlehensverträge bzw. Allgemein-Verbraucherdarlehensverträge gilt das jederzeitige Recht des Darlehensnehmers zur vorzeitigen Rückzahlung (§ 502 Abs. 2 Satz 1 BGB), bei dem der Anspruch auf Vorfälligkeitsentschädigung beschränkt ist (§ 502 Abs. 3 BGB) und sogar ganz ausgeschlossen sein kann (§ 502 Abs. 2 BGB). Einen nach dem 20.03.2016 (Art. 229 § 38 Abs. 1 EGBGB) abgeschlossenen Immobiliar-Verbraucherdarlehensvertrag kann der Darlehensnehmer nach § 500 Abs. 2 Satz 2 zwar auch vorzeitig zurückzahlen, dies aber nur unter sehr eingeschränktem Voraussetzungen und zudem auch nur gegen Entrichtung einer betraglich nicht gedeckelten Vorfälligkeitsentschädigung (§ 502 Abs. 1 BGB), so dass dieses Rückzahlungsrecht bei Forward-Vereinbarungen keine Rolle spielen dürfte.

1624 Zweifelnd *Peters/Wehrt* WM 2003, 1509 (1514); dort finden sich auch eingehende Ausführungen zur Berechnung der Vorfälligkeits- bzw. Nichtabnahmeentschädigung bei Forward-Darlehen; zur Berechnung der Vorfälligkeitsentschädigung auch *Reifner* WM 2009, 1773 ff.

1625 Vgl. aber auch BGH, Urt. v. 05.06.2018 – XI ZR 790/16 zur Unwirksamkeit einer AGB-mäßig vereinbarten laufzeitunabhängigen Zinscap-Prämie.

dem Darlehensnehmer ggü. eine hinreichend transparente Hinweisfunktion übernimmt.[1626] Bereitstellungszinsen und -provisionen (dazu Rdn. 1124–1126) werden für die Forward-Zeit hingegen regelmäßig nicht anfallen. Bei dem Forward-Darlehen handelt es sich weder um ein Geschäft i.S.d. § 762 BGB noch um ein Finanztermingeschäft,[1627] da die Forwardvereinbarung kein Derivat i.S.d. § 2 Abs. 2 Nr. 1 WpHG ist. Es handelt sich vielmehr um eine Nebenabrede zum Darlehen, die gerade keine unbegrenzten und unbekannten Verlustrisiken für den Darlehensnehmer mit sich bringt. Auch sonst treffen die Bank bei dieser Zinsgestaltung grds. keine besonderen Aufklärungspflichten (dazu Rdn. 998–1000), allerdings kann bei Verbraucherdarlehensverträgen, die seit dem 11.06.2010 abgeschlossen wurden (Art. 229 § 22 Abs. 2 EGBGB), eine Erläuterungspflicht der Bank nach § 491a Abs. 3 BGB in Betracht kommen; seit dem 21.03.2016 kann die Möglichkeit einer Forward-Vereinbarung bei Immobiliar-Verbraucherdarlehen auch Gegenstand von Beratungsleistungen nach § 511 BGB sein (dazu Rdn. 1029–1032).

d) *Veränderlicher oder referenzzinsbasierter Zinssatz mit Zins-Cap/Collar-Darlehen; Roll-over Darlehen; Zinssicherungsgeschäft*

Darlehensnehmer können für ihr Darlehen auch einen veränderlichen Sollzinssatz (vgl. § 489 Abs. 2 BGB) oder einen sog. Roll-over Sollzinssatz vereinbaren,[1628] bei dem der Sollzinssatz nur für kurze, aufeinanderfolgende Zeiträume von bis zu einem Jahr gebunden ist und auf der Grundlage eines Referenzzinssatzes automatisch angepasst wird (vgl. § 489 Abs. 1 Nr. 1 Halbs. 2 BGB). Dem Darlehensnehmer bieten solche Zinsvarianten den Vorteil erleichterter Kündigungsmöglichkeiten (vgl. § 489 Abs. 1 Nr. 1 Halbs. 2, Abs. 2 BGB), sie bergen aber auch ein Zinsänderungsrisiko. In solchen Fällen bietet dem Darlehensnehmer die Vereinbarung eines **Zins-Caps** die Möglichkeit, die Chancen sinkender Zinsen zu nutzen und gleichzeitig das Zinsänderungsrisiko nach oben durch eine **entgeltliche Zinsobergrenze** zu beschränken, ohne die flexiblen Kündigungsrechte aus § 489 Abs. 1 Nr. 1, Abs. 2 BGB zu verlieren. Mitunter sind solche Vereinbarungen als Zinssatz-Collar ausgestaltet, bei dem sich der Zinssatz zur Kostensenkung zwischen einer die Bank sichernden Untergrenze (Floor) und einer den Darlehensnehmer sichernden Obergrenze (Strike-Price) bewegen kann.[1629] Der Darlehensnehmer zahlt dafür als Kaufpreis in aller Regel ein einmaliges Entgelt (Cap-Prämie). Allerdings soll nach der Rspr. des BGH[1630] die AGB-mäßige Vereinbarung einer Zinscap-Prämie in Darlehensverträgen mit Verbrauchern als laufzeitunabhängiges (Teil-)Entgelt vom gesetzlichen Leitbild des § 488 Abs. 1 Satz 2 BGB abweichen, den Darlehensnehmer daher unangemessen benachteiligen und deshalb unwirksam sein. Es dürfte davon auszugehen sein, dass diese Rechtsprechung auch auf Darlehensverträge mit gewerblichen Darlehensnehmern übertragbar ist. Es bleibt insoweit die Möglichkeit, die Zinscap-Prämie entweder laufzeitabhängig auszugestalten oder sie in den Sollzins einzupreisen. Allerdings wird ein separat vereinbartes Zinssicherungsgeschäft in Gestalt eines Zinscaps weiterhin auch formularmäßig wirksam vereinbart werden können, denn es handelt sich bei Zinssicherungsgeschäften grds. selbständige vertragliche Vereinbarungen. 1112

1626 *Rösler* WM 2000, 1930 (1931); *Peters/Wehrt* WM 2003, 1509 (1519); vgl. auch BGH, Urt. v. 05.06.2018 – XI ZR 790/16 zur Unwirksamkeit einer AGB-mäßig vereinbarten laufzeitunabhängigen Zinscap-Prämie.

1627 *Peters/Wehrt* WM 2003, 1509 (1522) zu §§ 37d ff. WpHG a.F., 50 f. BörsG a.F.; a.A. im Hinblick auf § 53 BörsG a.F. BuB/*Eckstein/Wilhelm* Rn. 3/857c.

1628 Für den veränderlichen Sollzinssatz selbst und auch für den Roll-over Sollzinssatz gelten – unbeschadet der allgemeinen Anforderungen an Zinsanpassungs- bzw. Zinsgleitklauseln (vgl. etwa *Wimmer/Rösler* WM 2011, 1788 ff.) – bei Verbraucherdarlehen zahlreiche vorvertragliche und vertragliche Pflichten des Darlehensgebers (vgl. §§ 491a Abs. 1, 492 Abs. 1, Abs. 7, 493 Abs. 3 BGB, Art. 247 § 1 Abs. 2, § 2 Abs. 2, § 3 Abs. 4, § 4 Abs. 3, § 6 Abs. 1, § 15 EGBGB; Art. 247a § 1 Abs. 2 Satz 1 Nr. 14 EGBGB); ein Verstoß gegen die vertragliche Angabe der Voraussetzungen einer Anpassung des veränderlichen Zinssatzes führt bei Verbraucherdarlehen zum Verlust der Möglichkeit einer Zinsanpassung zum Nachteil des Darlehensnehmers (§ 494 Abs. 4 Satz 2 BGB).

1629 Schimansky/Bunte/Lwowski/*Jahn/Reiner* Bankrechts-Handbuch § 114 Rn. 16.

1630 BGH, Urt. v. 08.05.2018 – XI ZR 790/16.

Bei **Verbraucherdarlehen** ist eine wirksam vereinbarte Zinscap-Prämie bei den Kosten separat auszuweisen (§ 491a Abs. 1 BGB i.V.m. Art. 247 § 1 Abs. 2, § 3 Abs. 1 Nr. 10 EGBGB; § 492 Abs. 2 BGB i.V.m. Art. 247 § 6 Abs. 1, § 3 Abs. 1 Nr. 10 EGBGB). Bei der Angabe des effektiven Jahreszinses (§ 491a Abs. 1 BGB i.V.m. Art. 247 § 1 Abs. 2, § 3 Abs. 1 Nr. 3; Abs. 3 Satz 3 EGBGB; § 492 Abs. 2 BGB i.V.m. Art. 247 § 6 Abs. 1, § 3 Abs. 1 Nr. 3, Abs. 3 Satz 3, EGBGB) ist die Cap-Prämie als preisbestimmender Faktor i.S.d. § 6 Abs. 3 PrAngVO zu berücksichtigen, wenn sie als Preisbestandteil unmittelbar im Verbraucherdarlehensvertrag vorgegeben ist,[1631] nicht hingegen, wenn sie separat vom Darlehensnehmer als freiwillige Zusatzleistung zum Verbraucherdarlehensvertrag vereinbart wird (§ 6 Abs. 4 Nr. 2 PrAngVO). Es kann sich bei der separaten Cap-Vereinbarung dann aber um einen zusammenhängenden Vertrag i.S.d. § 360 Abs. 2 Satz 1 BGB (§ 359a Abs. 2 BGB a.F.) handeln, für den die Privilegierung für Finanzinstrumente (§ 358 Abs. 5 BGB; § 359a Abs. 3 BGB a.F.) aus kaum nachvollziehbaren Gründen nicht gelten soll (vgl. auch nachfolgend Rdn. 1113).[1632] Auch Aufklärungspflichten der Bank (dazu Rdn. 998–1000) zum Zins-Cap sind denkbar, zudem wird bei Verbraucherdarlehensverträgen, die seit dem 11.06.2010 abgeschlossen wurden (Art. 229 § 22 Abs. 2 EGBGB), eine Erläuterungspflicht der Bank nach § 491a Abs. 3 BGB in Betracht kommen; seit dem 21.03.2016 kann die Möglichkeit einer Zins-Cap-Vereinbarung bei Immobiliar-Verbraucherdarlehen auch Gegenstand von Beratungsleistungen nach § 511 BGB sein (dazu Rdn. 1029–1032).

1113 Nach der Rechtsprechung des BGH kann die Cap-Prämie AGB-mäßig nur als laufzeitabhängiges Entgelt wirksam vereinbart werden, das dem Darlehensnehmer bei vorzeitiger Beendigung des Darlehensvertrages anteilig zu erstatten ist.[1633] Individualvertraglich kann allerdings ein Ausschluss der Rückerstattung der Cap-Prämie bei vorzeitiger Beendigung des Darlehensvertrages wirksam vereinbart werden. Eine solche Vereinbarung erschwert nicht das gesetzliche Kündigungsrecht des Darlehensnehmers aus § 489 Abs. 1 Nr. 1 und Abs. 2 BGB und ist daher auch nicht nach § 489 Abs. 4 Satz 1 BGB unwirksam, denn der Darlehensnehmer erhält für die Cap-Prämie eine zusätzliche Leistung der Bank.

1114 Denkbar ist auch die Kombination eines darlehensvertraglich vereinbarten veränderlichen Sollzinssatz mit einem Zinssicherungsgeschäft (**synthetisches Festzinsdarlehen**). Wurde eine solche Produktkombination bereits bei Abschluss eines Verbraucherdarlehensvertrages vor dem 21.03.2016 gewählt, ist es allerdings denkbar, dass die Voraussetzungen eines Immobiliardarlehensvertrages i.S.d. § 503 BGB a.F. (zuvor: § 492 Abs. 1a BGB a.F.; zuvor: § 491 Abs. 3 Nr. 1 BGB a.F., zuvor: § 3 Abs. 2 Nr. 2 VerbrKrG) nicht mehr vorgelegen haben, da die Grenzen der Üblichkeit der Vertragsbestimmungen überschritten gewesen sein könnten.[1634] Dem Darlehensnehmer bietet sich bei einem synthetischen Festzinsdarlehen nicht nur die Möglichkeit des jederzeitigen Kündigungsrechts aus § 489 Abs. 2 BGB, sondern bei Verbraucherdarlehen darüber hinaus die Möglichkeit der vorzeitigen Rückzahlung nach §§ 500 Abs. 2, 502 BGB. Eine unzulässige Erschwerung des Kündigungsrechts (§ 489 Abs. 4 BGB) ist in der Vereinbarung eines synthetischen Festzinsdarlehen nicht zu erblicken (dazu Rdn. 1244).[1635] Möchte der Darlehensnehmer mit der Kündigung oder vorzeitigen Rückzahlung des Verbraucherdarlehensvertrages auch das Zinssicherungsgeschäfts auflösen, gelten insoweit die Regelungen des Rahmenvertrages für Finanztermingeschäfte, die Regelung des § 489 BGB ist trotz wirtschaftlicher Nähe des Zinssicherungsgeschäfts zum Darlehnsvertrag nicht (analog) auf den Zinssicherungsvertrag anwendbar, es sei denn, dass der Darlehensvertrag

1631 *Rösler* WM 2000, 1930 (1933).
1632 Kritisch zu Recht auch BuB/*Franke* Rn. 3/497b.
1633 BGH, Urt. v. 08.05.2018 – XI ZR 790/16.
1634 BuB/*Franke* Rn. 3/496.
1635 *Gottschalk/Spiegel* WM 2017, 2179 (2185); *Hanke* BKR 2017, 358 (363). Zu Aufklärungs- und Beratungspflichten der Bank bei Zinsswap-Geschäften vgl. BGH, Urt. v. 28.04.2017 – XI ZR 378/13, (Rn. 21); BGH, Urt. v. 12.06.2016 – XI ZR 150/15, (Rn. 13 ff.); BGH, Urt. v. 22.03.2016 – XI ZR 425/14, (Rn. 22 ff.); BGH, Urt. v. 20.01.2015 – XI ZR 316/13, (Rn. 14); BGH, Urt. v. 20.02.2018 – XI ZR 65/16 (Rn. 14 ff.); *Weber* ZIP 2008, 2199 ff.; *Hanke* BKR 2017, 358.

und das Zinssicherungsgeschäft als ein einheitliches Rechtsgeschäft abgeschlossen werden.[1636] Ein einheitliches Rechtsgeschäft liegt allerdings nicht bereits dann vor, wenn der Darlehensgeber den Darlehensnehmer verpflichtet, zum veränderlichen Sollzins aus dem Darlehensvertrag ein Zinssicherungsgeschäft abzuschließen, wenn es dem Darlehensnehmer freigestellt bleibt, mit wem er das Zinssicherungsgeschäft abschließt. Ein einheitliches Rechtsgeschäft liegt auch dann nicht vor, wenn die dem Darlehensgeber bestellten Sicherheiten zugleich die Darlehensforderungen und etwaige Ansprüche aus dem Zinssicherungsgeschäft absichern. Etwaige Ausgleichszahlungsverpflichtungen des Darlehensnehmers aus der vorzeitigen Auflösung des Zinssicherungsgeschäfts werden bei Verbraucherdarlehen der Höhe nach nicht durch § 502 BGB begrenzt oder ausgeschlossen, denn bei dem Zinssicherungsgeschäft handelt es sich grds. um ein rechtlich selbstständiges Geschäft, auf das die verbraucherdarlehensrechtlichen Vorschriften nicht anwendbar sind.[1637] Die Kosten des Zinssicherungsgeschäfts sind bei den verbraucherdarlehensrechtlichen Kostenangabepflichten (§ 491a Abs. 1 BGB i.V.m. Art. 247 § 1 Abs. 2, § 3 Abs. 1 Nr. 10 EGBGB; § 492 Abs. 2 BGB i.V.m. Art. 247 § 6 Abs. 1, § 3 Abs. 1 Nr. 10, EGBGB) zu berücksichtigen, bei der Berechnung des effektiven Jahreszinses (§ 491a Abs. 1 BGB i.V.m. Art. 247 § 1 Abs. 2, § 3 Abs. 1 Nr. 3, Abs. 2 Satz 3 EGBGB, § 6 PrAngVO; § 492 Abs. 2 BGB i.V.m. Art. 247 § 6 Abs. 1, § 3 Abs. 1 Nr. 3, Abs. 2 Satz 3 EGBGB, § 6 PrAngVO) allerdings nur, wenn die Bank den Abschluss des Zinssicherungsgeschäfts vom Darlehensnehmer verlangt oder die Darlehenskonditionen vom Abschluss des Zinssicherungsgeschäfts abhängig macht (vgl. § 6 Abs. 4 Nr. 2 PrAngVO); in solchen Fällen wird die Bank allerdings darauf zu achten haben, dass kein verbotenes Kopplungsgeschäft (§§ 492a f. BGB; dazu Rdn. 1196–1199) und auch keine unzulässige Erschwerung des ordentlichen Kündigungsrechts des Darlehensnehmer (§ 489 Abs. 4 BGB) vorliegt (dazu Rdn. 1244). Denkbar ist es auch, dass es sich bei dem Zinssicherungsgeschäft um einen »zusammenhängenden Vertrag« i.S.d. § 360 Abs. 2 Satz 1 BGB (§ 359a Abs. 2 BGB a.F.) handelt. Da es sich bei dem Zinssicherungsgeschäft um ein Finanzinstrument i.S.d. § 1 Abs. 11 KWG handelt, stellt sich im Falle eines Widerrufs des Darlehensvertrages dann die Frage, ob die Privilegierungstatbestände der § 358 Abs. 5 BGB, § 359 Abs. 2 BGB (§ 359a Abs. 3 BGB a.F.) u.a. mit der Folge greifen, dass der Darlehensnehmer abweichend von § 360 Abs. 1 Satz 2 BGB (§ 359a Abs. 2 BGB a.F.) an das Zinssicherungsgeschäft gebunden bleibt. Für eine solche Annahme spricht, dass ein weitergehendes Schutzbedürfnis des Verbrauchers als bei einem verbundenem Geschäft für »zusammenhängende Verträge« nicht ersichtlich ist.[1638] Gleichwohl hat es der Gesetzgeber auch im Rahmen der Umsetzung der Verbraucherrechterichtlinie RL 2011/83/EU zum 13.06.2014 (dazu Rdn. 1185–1186) bei der Beschränkung des Anwendungsbereichs des § 358 Abs. 5 BGB, § 359a Abs. 2 BGB (§ 359a Abs. 3 BGB a.F.) auf die Finanzierung des Erwerbs von Finanzinstrumenten belassen.

e) Negative Zinsen und Mindestzinsklausel

Die Leitzinspolitik der Europäischen Zentralbank hat in den vergangenen Jahren zu einer Diskussion **1115**
über »**negative Zinsen**« sowohl im Einlagengeschäft (Passivgeschäft)[1639] als auch im Kreditgeschäft

1636 *Gottschalk/Spiegel* WM 2017, 2179 (2182, 2182); *Hanke* BKR 2017, 358 (362); *Stupp/Mucke* BKR 2005, 20 (25); ferner Staudinger/*Mülbert* (2015) § 489 Rn. 57; Schimansky/Bunte/Lwowski/*Jahn/Reiner* Bankrechts-Handbuch § 114 Rn. 147; zu etwaigen Aufklärungspflichten der Bank über das mögliche Auseinanderfallen von Zinssicherungsgeschäft und (konnexem) Darlehensvertrag für den Fall der Ausübung des gesetzlichen Kündigungsrechts des Darlehensnehmers aus § 489 BGB OLG Dresden, Urt. v. 09.04.2015 – 8 U 532/14 (Rn. 35).

1637 So auch BuB/*Franke* Rn. 3/498 ferner MüKo-BGB/*Berger* § 489 Rn. 20; Schimansky/Bunte/Lwowski/*Krepold* Bankrechts-Handbuch § 79 Rn. 58; *Stupp/Mucke* BKR 2005, 20 (25); *Hanke* BKR 2017, 358 (361); *Gottschalk/Spiegel* WM 2017, 2179 (2182, 2184).

1638 BuB/*Franke* Rn. 3/497b.

1639 *Tröger* NJW 2015, 657; *Kropf* WM 2017, 1185; *Langer/Brocker* WM 2017, 1917.

(Aktivgeschäft)[1640] der Kreditinstitute geführt. Die phasenweise negativen Referenzzinssätze als Bezugsgröße für die Zinsanpassungen bei veränderlichen Sollzinssätzen oder bei Roll-over Sollzinssätzen in Darlehensverträgen führten zu der Frage nach den Auswirkungen auf den vertraglichen Sollzinssatz, wenn der Darlehensvertrag keine entsprechenden Regelungen zu dem Szenario des negativen Referenzzinssatzes enthält. Die erforderliche Auslegung des Darlehensvertrages wird in aller Regel zunächst ergeben, dass sich die Anpassung des Sollzinssatzes nach der sog. Differenzmethode (»absolute Marge«) definiert, bei der der Abstand des Referenzzinssatzes zum laufenden Sollzinssatz absolut gleich bleibt.[1641] Das ergibt sich bei Roll-over Darlehen bereits aus der ausdrücklichen Vereinbarung eines festen und offen gelegten Aufschlags auf den Referenzzinssatz, ansonsten zumindest aus dem Parteiwillen, weil die sog. Verhältnismethode (»relative Marge«) zu höheren Ausschlägen nach oben und nach unten führen würde.[1642] Darüber hinaus würde zwar eine ausschließlich wortgetreue Auslegung der Zinsgleit- oder Zinsanpassungsklauseln im Darlehensvertrag rechnerisch zu einem negativen Sollzinssatz führen können, unter Berücksichtigung der Gesamtumstände ergibt die ergänzende Auslegung des Darlehensvertrages aber auch unter Zugrundelegung der sog. Differenzmethode (»absolute Marge«), dass ein negativer Referenzzinssatz nicht zu einem negativen Sollzinssatz führen kann, sich die Zinszahlungspflicht also nicht dahingehend umkehrt, dass die Bank verpflichtet ist, ein Entgelt an den Darlehensnehmer zu zahlen.[1643] Die Zinszahlungspflicht liegt sowohl nach dem gesetzlichen Leitbild des § 488 Abs. 1 Satz 2 BGB, der eine synallagmatische Pflichtenstruktur aufweist, als auch nach dem Parteiwillen ausschließlich beim Darlehensnehmer; in aller Regel werden die Darlehensverträge auch ausdrücklich von einer Zinszahlungspflicht des Darlehensnehmers sprechen.[1644] Zwar steht es den Vertragsparteien im Rahmen der Vertragsautonomie frei, auch anderslautende Vereinbarung zu treffen,[1645] für die Annahme einer solchen Vereinbarung bedarf es aber hinreichend konkreter Anhaltspunkte.[1646] Soweit Banken zur Absicherung der darlehensvertraglichen Pflichtenstruktur (Zinszahlungspflicht nur beim Darlehensnehmer) in ihre Darlehensverträge sog. **Mindestzins- oder Floorklauseln**[1647] aufnehmen, mit denen sie eine Zinsuntergrenze von Null vereinbaren, handelt es sich um integrale Bestandteile der Preishauptabrede und somit um eine Klausel, die nicht der AGB-Inhaltskontrolle unterworfen ist. Selbst wenn man solche Mindestzins- oder Floorklauseln der AGB-Inhaltskontrolle als Preisnebenabrede unterwerfen wollte, wären sie nicht unwirksam, denn auf der Ebene eines Sollzinssatzes von Null würde die Klausel lediglich das gesetzliche Leitbild des § 488 BGB wiedergeben und der Bank kein Recht einräumen, einseitig nachträglich in den Sollzinssatz einzugreifen. Zudem verstoßen

1640 *Söbbing/von Bodungen* ZBB 2016, 39; *Hingst/Neumann* BKR 2016, 95 (98, 100); *Binder/Ettenberger* WM2015, 2069; zu Inhaberschuldverschreibungen *Becker* WM 2013, 1736.

1641 Dazu Schimansky/Bunte/Lwowski/*Krepold* Bankrechts-Handbuch § 78 Rn. 85 f.

1642 Schimansky/Bunte/Lwowski/*Krepold* Bankrechts-Handbuch § 78 Rn. 86; a.A. für das Passivgeschäft (Sparvertrag) BGH, Urt. v. 13.04.2010 – XI ZR 197/09, (Rn. 27), der für das Passivgeschäft zur Ausfüllung der durch eine unwirksame Zinsanpassungsklausel entstandenen Lücke eine ergänzende Vertragsauslegung präferiert, die ein Absinken des Vertragszinses unter Null ausschließt.

1643 *Binder/Ettensberger* WM 2015, 2069 (2073); vgl. auch OGH Österreich, Urt. v. 30.05.2017 – 80b101/16k; OLG Innsbruck, Urt. v. 28.06.2016 – 4 R 58/16k; einschränkend *Hingst/Neumann* BKR 2016, 95 (100): nur bei Darlehensverträgen, bei deren Abschluss die Zinsentwicklung noch nicht absehbar war; a.A. wohl *Söbbing/von Bodungen* ZBB 2016, 39 (44 ff.); abstellend auf die Refinanzierung der Bank Staudinger/*Freitag* BGB (2015) § 488 Rn. 51a f.; *Grunwald/Walter/Zipse* BKR 2016, 450 (454).

1644 *Langner/Brocker* WM 2017, 1917 (1919).

1645 *Hingst/Neumann* BKR 2016, 95 (98); *Langner/Müller* WM 2015, 1979 (1980).

1646 *Binder/Ettensberger* WM 2015, 2069 (2071). Zur Situation bei Kombination des variabel verzinslichen Darlehens mit einem Festzinszahlerswap *Grunwald/Walter/Zipse* BKR 2016, 450.

1647 Die Begriffe »Mindestzinsklausel« und »Floorklausel« werden häufig synonym verwendet. Konstruktiv können sie sich aber dadurch unterscheiden, dass bei der Mindestzinsklausel als Preis zunächst ein Mindestzins festgelegt und daran anschließend der veränderliche oder Roll-over Sollzinssatz nebst Zinsgleitklausel vereinbart wird, bei der Floorklausel hingegen die Zinsuntergrenze oftmals in oder als Annex nach dem Zinsanpassungsmechanismus dargestellt wird. Höhere Rechtssicherheit dürfte aufgrund ihrer Trennung von dem eigentlichen Zinsanpassungsmechanismus die Mindestzinsklausel bieten.

solche Klauseln auch nicht gegen das Äquivalenzprinzip[1648], weil das Äquivalenzverhältnis gerade durch die anfänglich vereinbarte Zinsuntergrenze bestimmt wird.[1649] Ebenso wenig erfordert der Einsatz einer Mindestzinsklausel zugleich die Vereinbarung einer Zinsobergrenze oder eine Aufklärung des Darlehensnehmers über das Fehlen einer Zinsobergrenze.[1650] Legt die Mindestzinsklausel den Mindestzins nicht bei Null, sondern »margensichernd« auf der Ebene des Aufschlags auf den vereinbarten Referenzzinssatz fest, ändert sich an dieser Betrachtungsweise grds. nichts. Auch in diesem Fall handelt es sich um eine der AGB-Inhaltskontrolle entzogene Preishauptabrede und damit um eine wirksame Vertragsgestaltung. In der Literatur finden sich hingegen einige Stimmen, die eine »margensichernde« Untergrenze des Sollzinssatzes in Gestalt einer Floorklausel kritisch sehen. Die Bank müsse aufgrund ihrer Zinsgleit- oder Zinsanpassungsklauseln den durch einen negativen Referenzzinssatz bedingten »Margenverzehr« bis zur Untergrenze eines Sollzinssatzes von Null hinnehmen.[1651] Eine Floorklausel, die innerhalb des Zinsanpassungsmechanismus die Marge sichere, greife unzulässig in die Anpassungssysmmetrie bzw. in das Äquivalenzprinzip ein. Gegen diese Argumentation könnte indes bereits sprechen, dass sie dem regelmäßig erkennbaren Interesse der Bank an einer Margensicherung zur Deckung ihrer Kosten und zur Erhaltung ihres positiven Ertrags widerspricht.[1652] Aber selbst wenn die Vereinbarung der Zinsuntergrenze nach § 307 BGB unwirksam sein sollte, würde das nicht etwa aufgrund des Verbots der geltungserhaltenden Reduktion zur Unwirksamkeit der gesamten Zinsgleit- oder Zinsanpassungsklausel führen und folglich bei Verbraucherdarlehen auch nicht die Sanktionen aus § 494 Abs. 4 Satz 2 BGB auslösen. Bei der Mindestzins- oder Floorklausel handelt es sich um einen selbständig abtrennbaren Teil der Zinsklausel, bei dessen Streichung die Zinsgleit- oder Zinsanpassungsklausel als solche in aller Regel ohne sprachliche und inhaltliche Änderung mit ihrem eigentlichen Sinngehalt erhalten bleiben könnte (sog. »Blue-Pencil-Test«).[1653]

c) Sonstige Kosten, Entgelte und Provisionen bei Bau- und Immobilienfinanzierungen

aa) Bearbeitungsentgelt

Der Darlehensvertrag kann auch eine vom Darlehensnehmer zu entrichtendes **Bearbeitungsentgelt** 1116
als laufzeitunabhängiges Einmalentgelt vorsehen, das meist bei der ersten Auszahlung in Abzug gebracht wird. Mit zwei Urteilen vom 13.05.2014 hat der BGH allerdings die Vereinbarung von solchen Bearbeitungsentgelten in **Allgemeinen Geschäftsbedingungen** für den Abschluss von Darlehensverträgen mit **Verbrauchern** ungeachtet der überzeugenderen Gegenstimmen[1654] und unter Aufgabe seiner bisherigen Rechtsprechung[1655] für **unwirksam** erklärt, und zwar unabhängig davon,

---

1648 BGH, Urt. v. 21.04.2009 – XI ZR 78/08, (Rn. 28, 32).

1649 *Weiß/Reps* WM 2016, 1865 (1871); a.A. *Söbbing/von Bodungen* ZBB 2016, 39 (46); ferner OGH Österreich, Urt. v. 30.05.2017 – 8Ob101/16k, der bei Mindestzinsklauseln eine gleichzeitige Begrenzung nach oben verlangt. Mindestzinsklauseln waren zwar auch Gegenstand des Urteils des EuGH v. 21.12.2016 – Rs C 1554/15, eine Aussage zur Wirksamkeit solcher Mindestzinsklauseln wurde dort aber nicht getroffen.

1650 Abweichend in der Sonderkonstellation einer Abhängigkeit des Sollzinssatzes von einem Wechselkurs mit Zinsuntergrenze zugunsten des Darlehensgebers BGH, Urt. v. 19.12.2017 – XI ZR 152/17 (Rn. 39).

1651 *Storck/Reul* BB 2015, 115 (116); *Söbbing/von Bodungen* ZBB 2016, 39, 44; *Binder/Ettensberger* WM 2015, 2069 (2074), ferner OLG Innsbruck, Urt. v. 28.06.2016 – 4 R 58/16k.

1652 A.A. für das Passivgeschäft (Sparvertrag) wohl BGH, Urt. v. 13.04.2010 – XI ZR 197/09, (Rn. 27).

1653 Vgl. zum sog. »Blue-Pencil-Test« Palandt/*Grüneberg* § 306 Rn. 7.

1654 Vgl. etwa *Godefroid* ZIP 2011, 947 (950); *Placzek* WM 2011, 1066 (1068 ff.); *Berger/Rübsamen* WM 2011, 1877 (1879); *Piekenbrock/Ludwig* WM 2012, 2349; *Billing* WM 2013, 1777; *Weber* BKR 2013, 450 (453); *Becher/Krepold* BKR 2014, 45; *Casper/Möllers* BKR 2014, 59; *Kropf/Habl* BKR 2014, 145; *Bitter* ZBB 2007, 241 ff. unter Hinweis auf das – vom BGH allerdings abgelehnte – Verursacherprinzip; *Bitter/Linardatos* ZIP 2018, 1203.

1655 Vgl. BGH, WM 1989, 1011 (1014); ferner BGH, WM 2004, 2306 (2308); BGH, WM 1990, 1150 (1152); vgl. auch BGH, Urt. v. 05.04.2011 – XI ZR 201/09, (Rn. 2, 9, 21).

ob das Bearbeitungsentgelt in einem Preis- und Leistungsverzeichnis bzw. Preisaushang enthalten ist[1656] oder konkret im Verbraucherdarlehensvertrag vereinbart wird.[1657] Es handele sich bei dem laufzeitunabhängigen Bearbeitungsentgelt um eine **kontrollfähige Preisnebenabrede**, da das Entgelt für die Hauptleistungen in § 488 BGB als laufzeitabhängiger Darlehenszins geregelt sei; das Bearbeitungsentgelt werde auch für keine darüber hinausgehende Sonderleistung der Bank erhoben. Das Bearbeitungsentgelt benachteilige den Verbraucher auch unangemessen. Das gesetzliche Leitbild des § 488 Abs. 1 Satz 2 BGB lege fest, dass die mit der Kreditgewährung anfallenden Kosten durch den laufzeitunabhängigen Sollzins zu decken seien. Laufzeitunabhängige Entgelte seien zwar nicht ausgeschlossen, Kreditbearbeitung und -auszahlung aber seien Tätigkeiten, zu denen die Bank gesetzlich oder nebenvertraglich verpflichtet sei. Die Nennung von Kreditwürdigkeitsprüfungs- und Bearbeitungskosten in den Berechnungsbeispielen des Anhangs zu § 6 PrAngVO lasse sich nicht so verstehen, dass der Gesetzgeber die Bearbeitungsgebühr gebilligt habe, denn die PrAngVO diene der Preiswahrheit ohne Unterscheidung zwischen berechtigten und unberechtigten Kosten; die PrAngVO sei lediglich formelles Preisangaberecht. Ebenso wenig habe der Gesetzgeber mit der seit 13.06.2014 geltenden Regelung § 312a Abs. 3 Satz 1 BGB zum Ausdruck bringen wollen, dass er Bearbeitungsentgelte generell für zulässig erachte.[1658] Auch verfassungsrechtliche oder unionsrechtliche Gesichtspunkte stünden einem AGB-rechtlichen Verbot formularmäßig erhobener Bearbeitungsentgelte nicht entgegen. Unwirksam ist unter diesen Gesichtspunkten auch eine formularmäßig vereinbarte »laufzeitunabhängige Kostenbeteiligung« in einem Darlehensvertrag, und zwar selbst dann, wenn das Darlehen zu einem unter Marktpreisniveau liegenden Sollzinssatz gewährt wird.[1659] Die Rechtsprechung des BGH zur Wirksamkeit von Bearbeitungsentgelten in Förderdarlehensverträgen mit Verbrauchern[1660] ist nicht übertragbar, wenn das Darlehen nicht der Umsetzung staatlicher Wirtschaftsförderung dient.[1661] Eine Klausel, die auch für den Fall der Nichtannahme des Darlehensangebots ein Bearbeitungsentgelt vorsieht, kann gegen § 305c BGB oder gegen § 307 BGB verstoßen.[1662] Die kenntnisabhängige **Verjährungsfrist** des § 199 Abs. 1 BGB für bereicherungsrechtliche Rückforderungsansprüche wegen formularmäßig unwirksam vereinbarter Bearbeitungsentgelte in Darlehensverträgen mit Verbrauchern begann mit dem Schluss des Jahres 2011 zu laufen, weil sich zu diesem Zeitpunkt eine gefestigte oberlandesgerichtliche Rechtsprechung zur Unwirksamkeit formularmäßig vereinbarter Bearbeitungsentgelte herausgebildet hatte und deshalb den einzelnen Darlehensnehmern die Erhebung einer Rückforderungsklage vor 2011 nicht zumutbar gewesen war.[1663] Mit verjährten bereicherungsrechtlichen Rückforderungsansprüchen kann der Darlehensnehmer nicht nach § 215 BGB gegen fällige Darlehensraten aufrechnen, weil sich dieser Rückforderungsanspruch und die später fällig gewordenen Darlehensraten in unverjährter Zeit nicht erfüllbar und damit nicht aufrechenbar gegenüber standen. Bezüglich anderer Fälligkeiten als jene der vereinbarten Ratenzahlung kann die Erfüllbarkeit

1656 BGH, Urt. v. 13.05.2014 – XI ZR 405/12, (Rn. 17 ff.); zuvor bereits OLG Bamberg, Urt. v. 04.08.2010 – 3 U 78/10, WM 2010, 2072 (2073); OLG Dresden, Urt. v. 29.09.2011 – 8 U 562/11, WM 2011, 2320; OLG Zweibrücken, Beschl. v. 21.02.2011 – 4 U 174/10; OLG Hamm, Urt. v. 11.04.2011 – I-31 U 192/10; OLG Hamm, Urt. v. 17.09.2012 – I-31 U 60/12; OLG Celle, Beschl. v. 13.10.2011 – 3 W 86/11; OLG Karlsruhe, Urt. v. 03.05.2011 – 17 U 192/10, WM 2011, 1366 (1368); vgl. auch *Schmieder* WM 2012, 2358.

1657 BGH, Urt. v. 13.05.2014 – XI ZR 170/13, WM 2014, 1325 (Rn. 26 ff.).

1658 BGH, Urt. v. 13.05.2014 – XI ZR 405/12, (Rn. 72); BGH, Urt. v. 17.10.2017 – XI ZR 157/16, (Rn. 36); abweichend BT-Drucks. 17/12637, S. 53; *Herweg/Fürtjes* ZIP 2015, 1261 (1269).

1659 BGH, Urt. v. 17.10.2017 – XI ZR 157/16, (Rn. 27 ff.).

1660 BGH, Urt. v. 16.02.2016 – XI ZR 63/15, (Rn. 37), WM 2016, 699; BGH, Urt. v. 16.02.2016 – XI ZR 454/14, (Rn. 44 ff.), WM 2016, 699; BGH, Urt. v. 05.07.2016 – XI ZR 101/16, (Rn. 14 ff.).

1661 BGH, Urt. v. 17.10.2017 – XI ZR 157/16, (Rn. 35).

1662 OLG Köln, ZIP 1980, 981; *Godefroid* ZIP 2011, 947.

1663 BGH, Urt. v. 28.10.2014 – XI ZR 348/13, (Rn. 22 ff., 34 ff.); *Bartlitz* BKR 2015, 1; zur Verjährung ferner 4. Aufl. Kap. 4 Rdn. 1115.

erst mit Kündigung des Darlehens eintreten.[1664] Die Zahlung eines Bearbeitungsentgelts aufgrund einer unwirksamen Vereinbarung im Darlehensvertrag ist auch nicht als unentgeltliche Leistung des Darlehensnehmers nach § 134 InsO anfechtbar; deshalb ist in der Insolvenz des Darlehensnehmers eine Aufrechnung durch die Bank mit ihren Darlehensforderungen gegen bereicherungsrechtliche Rückzahlungsansprüche des Insolvenzverwalters nicht nach § 96 Abs. 1 InsO unzulässig.[1665]

Schwer nachvollziehbar ist die Entscheidung des BGH, seine Rechtsprechung zur Unwirksamkeit formularmäßiger Bearbeitungsentgelte in Darlehensverträgen mit Verbrauchern ungeachtet zahlreicher überzeugender Gegenstimmen aus Literatur und Rechtsprechung[1666] auch auf Darlehensverträge mit **unternehmerischen Kreditnehmern** zu übertragen.[1667] Als Preisnebenabreden halten die entsprechenden Klauseln nach Auffassung des BGH auch unter angemessener Berücksichtigung der im Handelsverkehr geltenden Gewohnheiten einer AGB-mäßigen Inhaltskontrolle nicht stand. Die Angemessenheit eines formularmäßigen Bearbeitungsentgelts könne weder mit eventuell hieraus resultierenden steuerlichen Vorteilen für den unternehmerischen Kreditnehmer noch mit einem gesteigerten wirtschaftlichen Verständnis von Unternehmern begründet werden. Der unternehmerische Kunde soll im Hinblick auf formularmäßige Bearbeitungsentgelte nicht weniger schutzbedürftig sein als der Verbraucher,[1668] insbesondere erblickt der BGH auch keinen Anhaltspunkt dafür, dass Banken gegenüber unternehmerischen Kunden keine einseitige Gestaltungsmacht hinsichtlich der verwendeten Vertragsklauseln haben. Insoweit sei auch nicht etwa zwischen verschiedenen Gruppen von Unternehmern zu differenzieren.[1669] Unerheblich soll es ferner sein, dass bei bestimmten Krediten wie etwa Kontokorrentkrediten die Bank überhaupt nicht absehen kann, ob und in welcher Höhe der Kredit in Anspruch genommen und damit von der Bank überhaupt Sollzinsen gezahlt werden; der BGH verweist die Banken insoweit auf die Möglichkeit einer wie auch immer gearteten »Mischkalkulation«. Bezüglich der Verjährung für bereicherungsrechtliche Rückforderungsansprüche wegen formularmäßig unwirksam vereinbarter Bearbeitungsentgelte in Darlehensverträgen mit unternehmerischen Kreditnehmern zieht der BGH jene Grundsätze heran, die er insoweit für Darlehensverträge mit Verbrauchern aufgestellt hat (dazu Rdn. 1115). Für die kenntnisabhängige dreijährige Verjährungsfrist des § 199 Abs. 1 BGB war auch unternehmerischen Kreditnehmern angesichts der gefestigten oberlandesgerichtlichen Rechtsprechung zur Unwirksamkeit formularmäßig vereinbarter Bearbeitungsgebühren bereits 2011 eine Rückforderungsklage zumutbar.[1670] Zur Aufrechnung mit verjährten Rückforderungsansprüchen gegen fällige Darlehensraten vgl. vorstehend Rdn. 1115. In der Insolvenz des Darlehensnehmers kann die Bank mit seinen Darlehensforderungen gegen bereicherungsrechtliche 1117

1664 BGH, Urt. v. 08.11.2011 – XI ZR 341/10, (Rn. 11); OLG Karlsruhe, Beschl. v. 27.11.2012 – 17 U 180/11. Anders kann das allerdings bei nach dem 10.06.2010 abgeschlossenen Allgemein-Verbraucherdarlehensverträgen sein, weil dort nach § 500 Abs. 2 Satz 1 BGB ein jederzeitiges Recht zur vorzeitigen Rückzahlung besteht; seit 21.03.2016 besteht zwar auch bei Immobiliar-Verbraucherdarlehensverträgen das Recht zur vorzeitigen Rückzahlung, es ist dort aber an das Vorliegen der Voraussetzungen des § 500 Abs. 2 Satz 2 BGB geknüpft (dazu Rdn. 1230–1232).

1665 BGH, Urt. v. 20.04.2017 – IX ZR 252/16, (Rn. 23 ff.).

1666 Vgl. etwa die Nachweise in BGH, Urt. v. 04.07.2017 – XI ZR 233/16, (Rn. 30); die Rechtsprechung des BGH ablehnend auch *Müller/Marchant/Eilers*, BB 2017, 2243.

1667 BGH, Urt. v. 04.07.2017 – XI ZR 562/15, (Rn. 37 ff.); BGH, Urt. v. 04.07.2017 – XI ZR 233/16, (Rn. 26 ff.); BGH, Urt. v. 17.04.2018 – XI ZR 213/16 (Rn. 23); BGH, Urt. v. 17.04.2018 – XI ZR 236/16 (Rn. 19 ff.); kritisch zu Recht *Piekenbrock* ZBB/JBB 2017, 325 (329 ff; 334).

1668 A.A. ausdrücklich der VIII. Zivilsenat des BGH zu Preisregelungen in Gaslieferungsverträgen, BGH, Urt. v. 14.05.2014 – VIII ZR 114/13, (Rn. 44 ff.); BGH, Urt. v. 25.03.2015 – VIII ZR 109/14, (Rn. 24); vgl. auch *Müller/Marchant/Eilers* BB 2017, 2243 (2245).

1669 BGH, Urt. v. 04.07.2017 – XI ZR 562/15, (Rn. 66, 69); BGH, Urt. v. 04.07.2017 – XI ZR 233/16, (Rn. 72, 75).

1670 BGH, Urt. v. 04.07.2017 – XI ZR 562/15, (Rn. 94 ff.); BGH, Urt. v. 04.07.2017 – XI ZR 233/16, (Rn. 102 ff.); dazu auch *Piekenbrock* ZBB/JBB 2017, 325 (330).

Rückzahlungsansprüche des Insolvenzverwalters aufrechnen; § 96 Abs. 1 InsO steht dem nicht entgegen (dazu auch Rdn. 1115).[1671]

1118 Für die Kreditpraxis stellt sich daher die Frage nach **alternativen Gestaltungsmöglichkeiten**. Selbstverständlich ist es in den Grenzen der Sittenwidrigkeit und des Wuchers (§ 138 BGB) möglich, **sämtliche Kosten in den Sollzinssatz einzupreisen.** Es handelt sich dann um eine der AGB-Inhaltskontrolle entzogene Preishauptabrede, die dem vom BGH postulierten gesetzlichen Leitbild entspricht. Die wirtschaftliche Zielerreichung hängt dabei allerdings davon ab, dass der Darlehensvertrag nicht vorzeitig beendet wird; insbesondere bei einem veränderlichen Sollzinssatz kann der Darlehensnehmer nach § 489 Abs. 2 BGB den Darlehensvertrag jederzeit mit einer Kündigungsfrist von drei Monaten kündigen. Bei revolvierenden Kreditlinien (Kontokorrentkrediten; Rahmenkreditverträgen) ist zudem ungewiss, ob und in welcher Höhe der Kreditnehmer die Kreditlinie in Anspruch nimmt. Die Einpreisung lässt sich insbesondere bei gebundenen Sollzinssätzen u.U. auch in Gestalt eines »**Staffelzinssatzes**« darstellen,[1672] denn die Definition des gebundenen Sollzinssatzes in § 489 Abs. 5 BGB ordnet auch Staffelzinssätze als gebundene Sollzinssätze ein. Die Regelung des § 489 Abs. 5 BGB ist insoweit dergestalt zu lesen, dass ein gebundener Sollzinssatz bzw. eine Sollzinsbindung vorliegt, wenn ein Sollzinssatz durch eine feste Prozentzahl bzw. mehrere Sollzinssätze durch mehrere feststehende Prozentzahlen für einen bestimmten Zeitraum vereinbart sind.[1673] Es handelt sich daher bei solchen Staffelzinsvereinbarungen um nur »einen« gebundenen Sollzinssatz, so dass der Darlehensnehmer nicht etwa zum Ablauf jeder einzelnen Staffelzinsperiode das Darlehen nach § 489 Abs. 1 Nr. 1 BGB kündigen kann. Bei der Vereinbarung eines solchen Staffelzinses sind für die höher bepreisten ersten Staffelzinsperioden allerdings die Grenzen der Sittenwidrigkeit und des Wuchers (§ 138 BGB) zu beachten. Bei veränderlichen Sollzinssätzen oder bei Roll-over Sollzinssätzen (dazu Rdn. 1111–1113) hingegen dürfte eine Staffelzinsvereinbarung mit einer gestreckten Einpreisung auch des Bearbeitungsentgelts für die Bank weniger interessant sein, denn bei diesen Zinsvarianten kann der Darlehensnehmer das Darlehen nach § 489 Abs. 2, Abs. 1 Nr. 1 Halbs. 2 BGB so frühzeitig kündigen, dass die wirtschaftliche Zielerreichung der Bank gefährdet ist. Weiterhin möglich ist auch die formularmäßige Vereinbarung von **Bereitstellungszinsen** für den vom Darlehensnehmer noch nicht abgerufenen Darlehensbetrag (dazu Rdn. 1124–1126); in Kontokorrentkreditverträgen oder Rahmenkreditverträgen können für den jeweils nicht in Anspruch genommen Teil der Kreditlinie **Bereitstellungs- oder Kreditprovisionen** formularmäßig wirksam vereinbart werden.[1674] Die Ausführungen des BGH in seinen Urteilen vom 04.07.2017, wonach die Zurverfügungstellung der Darlehenssumme keine gesondert vergütungsfähige, neben die Kapitalüberlassung tretende Sonderleistung der Bank für den Kunden darstelle,[1675] stehen dem nicht entgegen. Der BGH hatte in diesen Entscheidungen nur über laufzeitunabhängige und einmalige Bearbeitungsentgelte zu urteilen, nicht hingegen über laufzeitabhängige Bereitstellungszinsen oder –provisionen. Zudem hat der BGH seine bisherige Rechtsprechung, mit der er solche Bereitstellungsentgelte als Preishauptabrede für wirksam erachtete,[1676] in seinen Entscheidungen vom 04.07.2017 gerade nicht aufgehoben. Zwar ist bezüglich dieser Provisionen ungewiss, ob sie überhaupt anfallen, da ihre Entstehung vom Verhalten des Darlehens- bzw. Kreditnehmers abhängt; möglicherweise lassen sich aber durch Einpreisung in die Bereitstellungsentgelte in Wechselwirkung mit dem Sollzinssatz brauchbare wirtschaftliche Ergebnisse erzielen (»Mischkalkulation«). Eine bekannte Komponente in Darlehensverträgen ist bereits bislang auch das **Disagio** (dazu Rdn. 1101).

1671 BGH, Urt. v. 20.04.2017 – IX ZR 252/16, (Rn. 23 ff.).

1672 *Lang/Schulz* WM 2015, 2173 (2178); *Müller/Marchant/Eilers* BB 2017, 2243 (2246).

1673 Staudinger/*Mülbert* BGB (2015) § 489 Rn. 22; abweichend MüKo-BGB/*Berger* § 489 Rn. 8, der in der Staffelzinsvereinbarung eine das Kündigungsrecht ausschließende Vereinbarung im Sinne des § 489 Abs. 1 Nr. 1 Halbs. 1 BGB erblickt.

1674 Schimansky/Bunte/Lwowski/*Krepold* Bankrechts-Handbuch § 78 Rn. 118j.

1675 BGH, Urt. v. 04.07.2017 – XI ZR 562/15, (Rn. 32); BGH, Urt. v. 04.07.2017 – XI ZR 233/16, (Rn. 41).

1676 BGH, WM 1986, 156; BGH, WM 1986, 577 (579).

Als vorweggenommene Zinszahlung ist es Teil der Preishauptabrede. Aufgrund seiner Laufzeitabhängigkeit wird es aber wirtschaftlich sinnvoll nur bei gebundenen Sollzinssätzen einsetzbar sein, weil dort der Darlehensnehmer während der Zinsbindungsfrist im Rahmen des § 489 Abs. 1 BGB an einer vorzeitigen ordentlichen Kündigung des Darlehens gehindert ist. Möglich ist es selbstverständlich auch, das Bearbeitungsentgelt als laufzeitunabhängiges Einmalentgelt **individuell mit dem Kunden auszuhandeln** (§ 305b BGB). Es handelt sich dann nicht mehr um Allgemeine Geschäftsbedingungen. Allerdings stellt die Rechtsprechung sehr hohe Anforderungen an ein solches individuelles Aushandeln, denn vorformuliert – und damit Allgemeine Geschäftsbedingung – ist nach der Rechtsprechung des BGH eine Klausel bereits dann, wenn sie »im Kopf des Verwenders gespeichert« ist.[1677] Das Aushandeln geht über das bloße Verhandeln hinaus. Es erfordert, dass der »gesetzesfremde Kerngehalt« der Klausel (d.h. die Bearbeitungsgebühr) ernsthaft zur Disposition gestellt wird und dem Darlehensnehmer Gestaltungsfreiheit zur Wahrung eigener Interessen eingeräumt wird mit der realen Möglichkeit, die Ausgestaltung der der Vertragsbedingungen zu beeinflussen[1678] und eigene Textvorschläge einzubringen.[1679] Dabei genügt es nicht, nur die Höhe des Preises auszuhandeln, vielmehr muss die Preisgestaltung ausgehandelt, d.h. die Einmalgebühr als solche muss zur Disposition gestellt werden.[1680] Möglich ist das u.a. im Wege eines **»Mehr-Konditionen-Modells«**. Dabei werden dem Darlehensnehmer mehrere Preisgestaltungsvarianten zur freien Auswahl angeboten.[1681] Inhaltlich handelt es sich um Preisgestaltungen mit und ohne Bearbeitungsentgelt, dafür aber ggf. mit anderen (in der Höhe entsprechend angepassten) Preiskomponenten wie etwa dem Disagio oder andere Gestaltungen wie dem Staffelzins. In jedem Falle empfehlenswert ist es, insoweit als Ausgangsgestaltung einen Sollzinssatz darzustellen, der alle Kosten der Inanspruchnahme des Darlehens beinhaltet. Es wird nämlich dann nicht nur das Bearbeitungsentgelt als solches zur Disposition gestellt,[1682] sondern es handelt sich bei genauer Betrachtung bei der Wahl des Kunden sogar um eine der AGB-Inhaltskontrolle entzogene Preishauptabrede.[1683] Freilich darf die Bank nicht etwa durch die äußere Gestaltung der Wahlmöglichkeiten den Eindruck erwecken, dass sie maßgeblichen Einfluss auf die Entscheidung des Darlehensnehmers nimmt.[1684] Zudem sollte – etwa durch ein Freitextfeld – dafür Sorge getragen werden, dass der Darlehensnehmer auch tatsächlich seine eigenen Gestaltungsvorstellungen einbringen kann. Im Übrigen rechtfertigen gerade auch steuerrechtliche Erwägungen das »Mehr-Konditionen-Modell«, wenn als Alternative zum alle Kosten für die Darlehensinanspruchnahme enthaltenden Sollzinssatz auch ein reduzierter Sollzinssatz zuzüglich eines laufzeitunabhängigen Einmalentgelts angeboten wird und für den unternehmerischen Darlehensnehmer die Möglichkeit besteht, dieses Einmalentgelt als sofortige Betriebsausgabe geltend zu machen.[1685] Der BGH hat lediglich festgestellt, dass steuerrechtliche Vorteile nicht bei jedem Darlehensnehmer unterstellt werden können, er hat

1677 BGH, Urt. v. 13.05.2014 – XI ZR 170/13, (Rn. 20).

1678 BGH, Urt. v. 04.07.2017 – XI ZR 233/16, (Rn. 23); BGH, Urt. v. 17.04.2018 – XI ZR 21318 (Rn. 16).

1679 BGH, Urt. v. 15.02.2017 – IV ZR 91/16, (Rn. 9 f.).

1680 BGH, Urt. v. 04.07.2017 – XI ZR 233/16, (Rn. 25).

1681 *Lang/Schulz* WM 2015, 2173 (2177); *Koch* WM 2016, 717 (725); LG Chemnitz, Urt. v. 13.06.2014 – 7 O 28/13, juris Rn. 18; zurückhaltend *Pieckenbrock*, ZBB/JBB 2015, 13 (21); *ders.* ZBB/JBB 2017, 325 (331); vgl. auch BGH, Urt. v. 13.03.2018 – XI ZR 291/16 (Rn. 16 f.) zur Auswahl zwischen mehreren inhaltlich unterschiedlichen Darlehensvarianten: Keine Individualabrede, wenn lediglich eine Wahlmöglichkeit zwischen mehreren vorformulierten Vertragsbedingungen eröffnet wird; das Urteil des BGH zu Recht kritisierend *Bitter/Linardatos* ZIP 2018, 1203: Abschaffung der Vertragsfreiheit und Zwang zur Ineffizienz.

1682 LG Chemnitz, Urt. v.13.06.2014 – 7 O 28/13, juris Rn. 18; *Lang/Schulz* WM 2015, 2173 (2177). Das Urteil des BGH v. 15.02.2017 – IV ZR 91/16 (Rn. 9, 11) steht dem »Mehr-Konditionen-Modells« nicht entgegen, weil es darin nicht nur um Preisgestaltungsvarianten ging, sondern die dem Kunden angebotenen Verträge auch ansonsten inhaltliche Unterschiede aufwiesen.

1683 Vgl. auch BGH, Urt. v. 04.07.2017 – XI ZR 562/15, (Rn. 27 a.E.).

1684 BGH, Urt. v. 15.02.2017 – IV ZR 91/16, (Rn. 10).

1685 Vgl. *von Bevern/Schmitt* BKR 2015, 323 (328); *Henke/Adler* WM 2015, 1313 (1318); *Herweg/Fürtjes* ZIP 2015, 1261 (1267).

steuerrechtliche Motive aber keineswegs als insgesamt irrelevant abgetan.[1686] Vom »Mehr-Konditionen-Modells« zu unterscheiden ist der sog. **Individualbeitrag.** Beim Individualbeitrag kann sich der Darlehensnehmer zwischen einem Basis-Darlehen und einem Individual-Darlehen entscheiden, das besondere Merkmale aufweist, für die der Darlehensnehmer den Individualbeitrag zahlen soll. Die Einordnung solcher Individualbeiträge ist umstritten. Teilweise wird die Auffassung vertreten, es handele sich um eine kontrollfähige Preisnebenabrede, denn für ein individuelles Aushandeln fehle es an der Entscheidungsfreiheit des Darlehensnehmers, weil er beim Individual-Darlehen nicht die Wahl zwischen alternativen Entgeltgestaltungen habe.[1687] Zudem nehme die Bank Einfluss auf den Darlehensnehmer, weil das Individual-Darlehen mit wesentlich größeren Vorteilen für ihn verbunden sei. Nach anderer Auffassung handelt es sich um eine Preishauptabrede, wenn die zusätzlichen Leistungen im Interesse des Darlehensnehmers liegen.[1688] Letztlich wird im Einzelfall zu entscheiden sein, um welche Leistungen es sich handelt. Sind sie nach den Grundsätzen der Rechtsprechung des BGH gesondert bepreisbar, handelt es sich um eine Preishautabrede, die der AGB-Inhaltskontrolle entzogen ist. Generell können weiterhin **Sonderleistungen** der Bank, die über die bloße Gewährung des Darlehens hinausgehen, mit einmaligen laufzeitunabhängigen Einmalentgelten bepreist werden.[1689] Insoweit ist etwa auch ein Entgelt für separate **Beratungsleistungen** möglich, die sich nicht nur auf ohnehin schon kraft Gesetzes bestehende Aufklärungs- und/oder Erläuterungspflichten der Bank beschränken. In Art. 247 § 18 Abs. 1 EGBGB ist das Entgelt für die Beratung sogar ausdrücklich vorgesehen. Diskutiert wird mitunter auch, den Darlehensvertrag oder auch nur die Entgeltvereinbarung einer **ausländischen Rechtsordnung** zu unterstellen, die das Bearbeitungsentgelt zulässt.[1690] Bei sog. Binnensachverhalten, die keine Verbindung zu dieser ausländischen Rechtsordnung aufweisen, bietet eine solche Rechtswahl aber keinen Ausweg, da nach Art. 3 Abs. 3, 4 Rom I VO zwingende nationale Vorschriften oder das Gemeinschaftsrecht trotz Rechtswahl anwendbar bleiben können.[1691] Ungeachtet dessen wird sich in der Praxis des standardisierten Kreditgeschäfts eine solche Rechtwahlklausel wohl kaum durchsetzen können.

1119 Zulässig bleibt im Übrigen das – auch AGB-mäßig vereinbarte – Bearbeitungsentgelt bei durchgeleiteten **Förderdarlehen.**[1692] Solche Bearbeitungsentgelte halten der AGB-Inhaltskontrolle stand, da es sich bei Förderdarlehen um zweckgebundene zinssubventionierte Mittel zur Förderung wirtschaftspolitischer Ziele handelt und die Bank keine eigenwirtschaftlichen Interessen verfolgt, sodass bereits aus diesem Grund eine unangemessene Benachteiligung des Darlehensnehmers nicht vorliegen kann.[1693]

1686 BGH, Urt. v. 04.07.2017 – XI ZR 562/15, (Rn. 49); BGH, Urt. v. 04.07.2017 – XI ZR 233/16, (Rn. 57).

1687 OLG Düsseldorf, Urt. v. 28.04.2016 – I-6 U 152/15, WM 2017, 664: Intransparent und daher unwirksam, weil nicht erkennbar ist, wofür genau der Individualbeitrag zu leisten ist; ferner *Schild von Spannenberg* WM 2017, 1443 (1445).

1688 LG Stuttgart, Urt. v. 02.12.2015 – 13 S 45/15, BKR 2016, 74 (Spielräume bei Zins- und Tilgungsleistungen).

1689 BGH, Urt. v. 04.07.2017 – XI ZR 562/15, (Rn. 30 ff.); BGH, Urt. v. 04.07.2017 – XI ZR 233/16, (Rn. 38 ff.); *Koch* WM 2016, 717 (726). Zur AGB-rechtlichen Zulässigkeit von Entgeltklauseln in Konsortialkreditverträgen und zu sog. Mandatsvereinbarungen zu Konsortialkreditverträgen *Becker/Dreyer* ZIP 2014, 2057; *Koch* WM 2016, 717 (724); *Müller/Marchant/Eilers* BB 2017, 2243 (2246); *Josenhans/Danzmann* BKR 2018, 142.

1690 Vgl. *Piekenbrock* ZBB/JBB 2017, 325 (333).

1691 *Kondring* ZIP 2017, 706, der das aber anders bewertet für die Abwahl einfach zwingenden Rechts im Rahmen eines Schiedsverfahrens gemäß § 1051 Abs. 1 ZPO; ebenso *Müller/Marchant/Eilers* BB 2017, 2243 (2246); dazu auch *Valdini* ZIP 2017, 1.

1692 BGH, Urt. v. 16.02.2016 – XI ZR 63/15, (Rn. 37), WM 2016, 699; BGH, Urt. v. 16.02.2016 – XI ZR 454/14, (Rn. 44 ff.), WM 2016, 699; BGH, Urt. v. 05.07.2016 – XI ZR 101/16, (Rn. 14 ff.); *Nobbe* WM 2008, 185 (193).

1693 BGH, Urt. v. 16.02.2016 – XI ZR 454/14, (Rn. 44 ff.), WM 2016, 699; BGH, Urt. v. 05.07.2016 – XI ZR 101/16, (Rn. 20 ff.).

1120 Bei **Verbraucherdarlehen** sind verlangte Bearbeitungsentgelte, die jedenfalls individualvertraglich oder als Entgelt für eine Sonderleistung durchaus wirksam vereinbart werden können, als **sonstige Kosten** in den vorvertraglichen Informationen (§ 491a Abs. 1 BGB i.V.m. Art. 247 § 1 Abs. 2, § 3 Abs. 1 Nr. 10 EGBGB) und im Darlehensvertrag (§ 492 Abs. 2 BGB i.V.m. Art. 247 § 6 Abs. 1, § 3 Abs. 1 Nr. 10 EGBGB) anzugeben. Bearbeitungsentgelte sind ferner bei der Berechnung des **effektiven Jahreszinses** (§ 491a Abs. 1 BGB i.V.m. Art. 247 § 1 Abs. 2, § 3 Abs. 1 Nr. 3, Abs. 2 Satz 3 EGBGB, § 6 PrAngVO; § 492 Abs. 2 BGB i.V.m. Art. 247 § § 6 Abs. 1 Satz 1 Nr. 1, § 3 Abs. 1 Nr. 3, Abs. 2 Satz 3 EGBGB, § 6 PrAngVO) und bei der **Gesamtbetragsangabe** – falls eine solche vorgeschrieben ist (§ 491a Abs. 1 BGB i.V.m. Art. 247 § 1 Abs. 2, § 3 Abs. 1 Nr. 8, Abs. 2 EGBGB; § 492 Abs. 2 BGB i.V.m. Art. 247 § 6 Abs. 1 Satz 1 Nr. 1, § 3 Abs. 1 Nr. 8, Abs. 2 EGBGB) – zu berücksichtigen und können als Einmalkosten auch bei unechten Abschnittsfinanzierungen auf die gesamte (voraussichtliche) Laufzeit des Darlehens verrechnet werden. Wird das Bearbeitungsentgelt bei der Auszahlung des Darlehens einbehalten, verringert sich der anzugebende **Nettodarlehensbetrag** i.S.d. § 491a Abs. 1 i.V.m. Art. 247 § 1 Abs. 2, § 3 Abs. 1 Nr. 4 EGBGB; § 492 Abs. 2 BGB i.V.m. Art. 247 § 6 Abs. 1, § 3 Abs. 1 Nr. 4 EGBGB.

bb) Wertermittlungsentgelt/Schätzkosten

1121 Ein Kostenfaktor in der Bau- und Immobilienfinanzierung kann für den Darlehensnehmer auch ein **Wertermittlungsentgelt sein**. Es wird dem Darlehensnehmer in Rechnung gestellt, weil der Darlehensgewährung regelmäßig eine Prüfung der Werthaltigkeit des Beleihungsobjekts vorausgeht (vgl. §§ 14, 16 PfandBG; § 22 SolvV; § 7 BausparkG). Die Wertermittlung wird meist durch eigene Mitarbeiter der Bank vorgenommen, die mit der Kreditentscheidung selbst nicht betraut sind, es kann aber auch – ggf. im Auftrag und für Rechnung des Darlehensnehmers – ein externer Sachverständiger mit dieser Aufgabe betraut werden (vgl. § 16 Abs. 1 PfandBG). Es handelt sich dann um einen Werkvertrag, der nach der Honorarordnung für Architekten und Ingenieure (HOAI) vergütet wird. Grds. nicht zu beanstanden ist es, wenn die Bank im Darlehensvertrag ein Wertermittlungsentgelt für die ihr durch die Schätzung des Beleihungsobjekts entstehenden Kosten verlangt.[1694] Ob ein solches Wertermittlungsentgelt allerdings auch formularmäßig in Allgemeinen Geschäftsbedingungen wirksam vereinbart werden kann, ist umstritten und angesichts der jüngsten Rechtsprechung des BGH zu formularmäßig vereinbarten Bearbeitungsentgelten (dazu Rdn. 1115–1118) zweifelhaft. Da der BGH zudem auch bereits die Auffassung geäußert hat, dass die Objektprüfung im Interesse der Bank erfolge,[1695] wird vielerorts die Auffassung vertreten, das formularmäßig vereinbarte Wertermittlungsentgelt sei unwirksam.[1696] Gleichwohl gibt es auch berechtigte Gegenstimmen, die eine formularmäßige Vereinbarung über ein Wertermittlungsentgelt für wirksam halten.[1697] So führt die grundpfandrechtliche Besicherung üblicherweise zu günstigeren Darlehenskonditionen. Tatsächlich steht insoweit also das Interesse des Darlehensnehmers an günstigen Darlehenskonditionen im Vordergrund,[1698] die aber grds. nur gewährt werden können, wenn die Bank auch eine entsprechende Beleihungswertermittlung vornimmt (vgl. § 16 PfandBG, § 22 SolvV; § 7 Abs. 1 Satz 3 BausparkG). Zu diesem Zweck kann die Bank von ihrem Kunden grds. einen Nachweis der Werthaltigkeit des angebotenen Beleihungsobjekts verlangen, sie könnte den Kunden das Gutachten also auf eigene Rechnung auch selbst beauftragen lassen und sich sogar

---

1694 BGH, WM 1989, 1011 (1014); OLG Naumburg, WM 2004, 782 (783).

1695 BGH, Urt. v 03.06.2008 – XI ZR 131/07, (Rn. 24).

1696 OLG Düsseldorf, WM 2010, 215 (216); LG Stuttgart, WM 2007, 1930 (1931); LG Stuttgart NJW-RR 1992, 380; LG Dortmund, Urt. v. 06.01.2015 – 25 O 184/14, BeckRS 2015, 08458; *Nobbe* WM 2008, 185 (193); *Pieckenbrock*, ZBB/JBB 2015, 13 (22).

1697 OLG München, WM 2000, 130 (132) und WM 2000, 291; OLG Naumburg, WM 2004, 782 (783); LG Nürnberg-Fürth, WM 1999, 1458 (1459); LG Düsseldorf, WM 1998, 288 (289); Schimansky/Bunte/Lwowski/*Krepold* Bankrechts-Handbuch § 78 Rn. 122; *Kropf/Habl*, BKR 2015, 316 (322).

1698 Schimansky/Bunte/Lwowski/*Krepold* Bankrechts-Handbuch § 78 Rn. 122.

als Auftragnehmer anbieten.[1699] Da in aller Regel der Darlehensnehmer nicht geneigt sein wird, selbst ein Wertgutachten beizubringen, das den Anforderungen der Bank genügt, erfolgt die Erstellung des Wertgutachtens als eigenständige Leistung auch nicht vorwiegend im Interesse der Bank. Das Wertermittlungsentgelt sollte allerdings nicht prozentual von der Höhe des Darlehensbetrages abhängig gemacht werden, da sich der Aufwand der Bank nicht notwendig am Darlehensbetrag bemisst.[1700] Möglich erscheint aber eine Staffelung in bestimmten Stufen, da die Wertermittlung bei höheren Darlehensbeträgen oftmals einen erhöhten Sorgfaltsmaßstab verlangt.[1701]

1122 An dieser rechtlichen Einordnung des Wertermittlungsentgelts ändert auch die Tatsache nichts, dass die Beleihungswertermittlung nur nach Maßgabe der internen Beleihungswertrichtlinien der Bank erfolgt und dem Darlehensnehmer ungeachtet der von ihm zu entrichtenden Wertermittlungsgebühr grds. **kein Anspruch auf Aushändigung des Wertermittlungsgutachtens** oder Auskunft über dessen Inhalt zusteht.[1702] Ein solcher Anspruch kann als Nebenpflicht aus dem Darlehensvertrag allenfalls dann bestehen, wenn der Darlehensnehmer das Gutachten zur Vorbereitung eines Schadensersatzanspruchs gegen die Bank benötigt.[1703] Denkbar ist das etwa im Fall einer Aufklärungspflichtverletzung der Bank aus einem konkreten Wissensvorsprung hinsichtlich des Wertes der finanzierten Immobilie. Eine solche Aufklärungspflicht der Bank kommt aber nur unter sehr engen Voraussetzungen in Betracht (dazu Rdn. 1006–1008). Der Darlehensnehmer kann einen Anspruch auf Aushändigung des Wertermittlungsgutachtens darüber hinaus nur noch dann erfolgreich geltend machen, wenn es die Bank in seinem Auftrag einholt.[1704]

1123 Nach teilweise vertretener Ansicht dürfen die **Kosten einer Wertermittlung für den Fall, dass der Vertragsschluss scheitert**, nicht formularmäßig auf den Kunden abgewälzt werden.[1705] Eine solche Klausel sei in einem Darlehensantrag grds. überraschend und könne auch als pauschalierter Schadensersatzanspruch gem. § 309 Nr. 5 Buchst. b) BGB unwirksam sein.[1706] Zudem verstoße sie gegen §§ 308 Nr. 7, 307 Abs. 2 Nr. 1 BGB[1707] und mithin gegen das gesetzliche Leitbild, wonach jede Partei ihre Kosten der Vertragsanbahnung selbst zu tragen habe. Zu überzeugen vermag diese Auffassung aber letztlich nicht. In der Praxis unterzeichnet der an einem Darlehensangebot der Bank interessierte Kunde vorab meist eine **separate Vereinbarung**, die ihn zur Erstattung der Wertermittlungskosten auch dann verpflichtet, wenn aus von ihm zu vertretenden Gründen später der Vertragsschluss scheitert. Eine solche Vereinbarung ist bei entsprechender Gestaltung für den Kunden nicht überraschend. Darüber hinaus erfolgt die Wertermittlung wiederum vorrangig im Interesse des Kunden, der seinerseits die Werthaltigkeit des als Sicherheit angebotenen Beleihungsobjekts nachzuweisen hat. Es ist kein Grund ersichtlich, weshalb er der vorleistenden Bank nicht die von ihm veranlassten Aufwendungen erstatten soll. Erforderlich ist lediglich, dem Kunden

---

1699 *Pieckenbrock* ZBB/JBB 2015, 13 (22); *ders.* ZBB/JBB 2017, 325 (332): Art. 19 Abs. 1 Satz 2 RL 2014/17/EU, § 505c BGB stehe einer solchen Individualvereinbarung nicht entgegen. Bei einer Refinanzierung des Darlehens durch Pfandbriefe sei dieser Weg jedoch ausgeschlossen, weil Gutachten, die vom Darlehensnehmer vorgelegt oder beauftragt werden, nicht zugrunde gelegt werden dürfen (§ 5 Abs. 2 Satz 3 BelWerV). Die Bank könne allerdings den externen Gutachter im Auftrag des Darlehensnehmers mandatieren, dann stehe ihr kraft Gesetzes ein Aufwendungsersatzanspruch nach § 670 BGB zu.

1700 LG Dortmund, WM 1994, 379 (380).

1701 *Steppeler* Bankentgelte, Rn. 450.

1702 Vgl. OLG München, WM 2000, 130 (132); LG Düsseldorf, WM 1998, 288 (289); LG Nürnberg-Fürth, WM 1999, 1458 (1459) m. zust. Anm. *Bülow* WuB I E 1.-6.99; *v. Heymann* NJW 1990, 1137 (1144); BuB/*Eckstein/Wilhelm* Rn. 3/940.

1703 OLG München, WM 2000, 291; LG Nürnberg-Fürth, WM 1999, 1458 (1459); LG Düsseldorf, WM 1998, 288.

1704 LG Düsseldorf, WM 1998, 288 (289); LG Dortmund, WM 1994, 379 (380).

1705 LG Dortmund, WM 1994, 379 (380); LG Stuttgart, WM 1991, 1220; wohl auch BuB/*Eckstein/Wilhelm* Rn. 3/939.

1706 LG Stuttgart, WM 1991, 1220; wohl auch OLG Naumburg, WM 1994, 782 (783).

1707 LG Dortmund, WM 1994, 378 (380).

die Reichweite der Vereinbarung hinreichend transparent zu machen. Ferner muss der Kunde das Scheitern des Vertragsschlusses zu vertreten haben. Letzteres ist insb. dann der Fall, wenn er falsche Angaben zum Beleihungsobjekt macht, aber auch dann, wenn der ermittelte Wert des Beleihungsobjekts der Bank die Finanzierung nicht ermöglicht.

Bei **Verbraucherdarlehen** ist das Wertermittlungsentgelt unter den **sonstigen Kosten** in den vorvertraglichen Informationen (§ 491a Abs. 1 BGB i.V.m. Art. 247 § 1 Abs. 2, § 3 Abs. 1 Nr. 10 EGBGB) und im Verbraucherdarlehensvertrag (§ 492 Abs. 2 BGB i.V.m. Art. 247 § 6 Abs. 1, § 3 Abs. 1 Nr. 10 EGBGB) auszuweisen.[1708] Seit dem 11.06.2010 (Art. 229 § 22 Abs. 2 EGBGB) sind die Kosten der Sicherheiten auch in die Effektivzinsberechnung für Allgemein-Verbraucherdarlehen einzubeziehen (§ 491a Abs. 1 BGB i.V.m. Art. 247 § 3 Abs. 1 Nr. 3, Abs. 2 Satz 3 EGBGB, § 6 Abs. 3 PrAngVO; § 492 Abs. 2 BGB i.V.m. Art. 247 § 6 Abs. 1, § 3 Abs. 1 Nr. 3, Abs. 2 Satz 3 EGBGB, § 6 Abs. 3 PrAngVO); bei Darlehensverträgen, die vor dem 11.06.2010 abgeschlossen wurden (Art. 229 § 22 Abs. 2 EGBGB), war die Wertermittlungsgebühr hingegen auch bei Nicht-Immobiliardarlehen nicht in die **Effektivzinsberechnung** einzubeziehen (§ 6 Abs. 3 Nr. 5 PrAngVO a.F.). Seit 21.03.2016 sind auch bei Immobiliar-Verbraucherdarlehen die Kosten für die Immobilienbewertung in den effektiven Jahreszins einzurechnen, sofern eine solche Bewertung Voraussetzung für die Gewährung des Darlehens ist (§ 491a Abs. 1 BGB i.V.m. Art. 247 § 1 Abs. 2, § 6 Abs. 1 Satz 2, § 3 Abs. 1 Nr. 3, Abs. 2 Satz 3 EGBGB, § 6 Abs. 3 Satz 2 Nr. 2 PrAngVO; § 492 Abs. 2 BGB i.V.m. Art. 247 § 6 Abs. 1 Satz 2, § 3 Abs. 1 Nr. 3, Abs. 2 Satz 3 EGBGB, § 6 Abs. 3 Satz 2 Nr. 2 PrAngVO). Da auch für die Berechnung des **Gesamtbetrages** seit 11.06.2010 (Art. 229 § 22 Abs. 2 EGBGB) die nach § 6 PrAngVO zu berechnenden Gesamtkosten maßgeblich sind (vgl. Art. 247 § 3 Abs. 2 EGBGB), gelten insoweit vorstehende Grundsätze auch für die Gesamtbetragsangabe, soweit eine solche nach § 491a Abs. 1 BGB i.V.m. Art. 247 § 1 Abs. 2, § 3 Abs. 1 Nr. 8, Abs. 2 EGBGB; § 492 Abs. 2 BGB i.V.m. Art. 247 § 6 Abs. 1 Satz 1 Nr. 1 und Satz 2, § 3 Abs. 1 Nr. 8, Abs. 2 EGBGB erforderlich ist. Wird die Wertermittlungsgebühr bei der Auszahlung des Darlehens einbehalten, mindert sie den anzugebenden **Nettodarlehensbetrag** (§ 491a Abs. 1 BGB i.V.m. Art. 247 § 1 Abs. 2, § 3 Abs. 1 Nr. 4 EGBGB; § 492 Abs. 2 BGB i.V.m. Art. 247 § 6 Abs. 1, § 3 Abs. 1 Nr. 4 EGBGB. 1124

cc) Bereitstellungszinsen und -provision

Für den Zeitraum zwischen der Abrufbarkeit des festverzinslichen Darlehens und dessen vollständiger Auszahlung kann die Bank auch sog. **Bereitstellungszinsen** vereinbaren, die aus dem nicht ausgezahlten Darlehensbetrag errechnet werden. Sie erklären sich insb. daraus, dass sich die Bank meist unmittelbar nach ihrer Darlehens- und Festzinszusage zur Vermeidung wirtschaftlicher Risiken aus einer nachteiligen Zinsentwicklung am Kapitalmarkt laufzeitkongruent refinanziert, aber vom Darlehensnehmer die zur Deckung ihrer Refinanzierungskosten erforderlichen Zinszahlungen erst nach Auszahlung des Darlehens erhält. Zwar könnte die Bank die noch nicht ausgezahlten Darlehensmittel am Geld- und Kapitalmarkt kurzfristig anlegen, sie wird daraus aber nur einen geringeren Zins erlösen, der durch die Bereitstellungszinsen ausgeglichen werden soll.[1709] Es handelt sich dabei nicht etwa um Zinsen i.S.d. § 248 Abs. 1 BGB, sondern um ein vertragliches **Entgelt für die Bereitstellung der Darlehensvaluta**.[1710] Man spricht daher auch von **Bereitstellungsprovisionen**.[1711] 1125

Die Vereinbarung von **Bereitstellungszinsen** ist rechtlich selbst dann **nicht zu beanstanden**, wenn – wie etwa bei Baufinanzierungen – von vornherein feststeht, dass das Darlehen erst zu einem 1126

1708 OLG Zweibrücken, WM 2000, 2150 (2152).

1709 BGH, WM 1986, 577 (579); BGH, WM 1978, 422 (423): kein Verstoß gegen das Zinseszinsverbot aus § 289 BGB.

1710 Vgl. BGH, WM 1986, 156; *Nobbe* WM 2008, 185 (191).

1711 Vgl. Staudinger/*Kessal-Wulf* BGB (2012) § 491 Rn. 47; MüKo-BGB/*Berger* § 488 Rn. 219; BuB/*Früh*/*Müller-Arends* Rn. 3/103a.

späteren Zeitpunkt vollständig zur Auszahlung gekommen sein wird.[1712] Auch in **Allgemeinen Geschäftsbedingungen** können Bereitstellungszinsen **wirksam** vereinbart werden.[1713] Sie unterliegen als Preishauptabrede nicht der Inhaltskontrolle nach §§ 305 ff. BGB[1714] und können bei jeder Auszahlung einbehalten werden. Die Ausführungen des BGH in seinen Urteilen zur Unwirksamkeit formularmäßiger Bearbeitungsentgelte in Darlehensverträgen mit Unternehmern, wonach die Zurverfügungstellung der Darlehenssumme keine gesondert vergütungsfähige, neben die Kapitalüberlassung tretende Sonderleistung der Bank für den Kunden darstelle,[1715] stehen dem nicht entgegen. Der BGH hatte in diesen Entscheidungen nur über laufzeitunabhängige und einmalige Bearbeitungsentgelte geurteilt, nicht hingegen über laufzeitabhängige Bereitstellungszinsen oder –provisionen. Zudem hat der BGH seine bisherige Rechtsprechung, mit der er solche Bereitstellungsentgelte als Preishauptabrede für wirksam erachtete,[1716] gerade nicht aufgehoben. Im Übrigen handelt es sich bei den Bereitstellungszinsen auch weder um einen pauschalierten Verzugsschaden noch um eine Vertragsstrafe, sondern um ein vertraglich vereinbartes Entgelt für die Bereithaltung des Darlehens.[1717] Allerdings können Bereitstellungszinsen der Sittenwidrigkeits- und Wucherkontrolle nach § 138 BGB unterliegen.[1718] Der Anspruch auf Zahlung der Bereitstellungszinsen besteht so lange fort, wie die Bank aufgrund ihrer vertraglichen Verpflichtung das Darlehen abrufbereit der Verfügung stellt.[1719] Kommt eine Abnahme des Darlehens nicht mehr in Betracht, weil etwa der Darlehensnehmer sie endgültig verweigert hat, kann neben die bis dahin angefallenen Bereitstellungszinsen auch eine Nichtabnahmeentschädigung (dazu Rdn. 1164) treten.[1720]

1127 Bei **Verbraucherdarlehensverträgen** sind die Bereitstellungszinsen in den vorvertraglichen Informationen (§ 491a Abs. 1 BGB i.V.m. Art. 247 § 3 Abs. 1 Nr. 10 EGBGB) und im Verbraucherdarlehensvertrag (§ 492 Abs. 2 BGB i.V.m. Art. 247 § 6 Abs. 1, § 3 Abs. 1 Nr. 10 EGBGB) als **sonstige Kosten** des Darlehens separat auszuweisen, da sie als Entgelt für eine Leistung der Bank zu zahlen sind und sich daher im Rahmen einer ordnungsgemäßen Vertragsabwicklung bewegen.[1721] Weil sie aber bei Vertragsschluss nicht der Höhe nach angegeben werden können, reicht eine Angabe als Vomhundertsatz. Bei der Berechnung der Gesamtkosten (Art. 247 § 3 Abs. 2 EGBG; § 6 PrAngVO) und folglich auch bei der Berechnung des **Effektivzinssatzes** und des **Gesamtbetrages** sind Bereitstellungszinsen indes nicht zu berücksichtigen.[1722]

dd) Teilauszahlungszuschlag

1128 Meist erfolgt bei Baufinanzierungen die **Auszahlung des Darlehens nach Baufortschritt**. Für den ihr daraus entstehenden erhöhten Bearbeitungsaufwand verlangt die Bank mitunter **Teilauszahlungszuschläge**. Sie lassen sich darüber hinaus auch als **Ausgleich für das Fertigstellungsrisiko** der

1712 BGH, WM 1986, 156; BGH, WM 1986, 577 (579).

1713 BGH, WM 1986, 577 (579); MüKo-BGB/*Berger* § 488 Rn. 219; Schimansky/Bunte/Lwowski/*Krepold* Bankrechts-Handbuch § 78 Rn. 127; *Nobbe* WM 2008, 185 (191); *Weber* BKR 2017, 106 (108).

1714 BGH, WM 1986, 156; BGH, WM 1986, 577 (579); ferner BGH, 1994, 583 (584); OLG Naumburg, WM 2004, 782; KG Berlin, Urt. v. 06.04.2017 – 8 U 114/16, BKR 2017, 417 (Rn. 28); Schimansky/Bunte/Lwowski/*Krepold* Bankrechts-Handbuch § 78 Rn. 127; *Becker/Dreyer* WM 2014, 2057 (2059 f.); *Weber* BKR 2017, 106 (108).

1715 BGH, Urt. v. 04.07.2017 – XI ZR 562/15, (Rn. 32); BGH, Urt. v. 04.07.2017 – XI ZR 233/16, (Rn. 41).

1716 BGH, WM 1986, 156; BGH, WM 1986, 577 (579); ferner BGH, 1994, 583 (584).

1717 MüKo-BGB/*Berger* § 488 Rn. 219; Schimansky/Bunte/Lwowski/*Krepold* Bankrechts-Handbuch § 78 Rn. 127.

1718 BGH, WM 1986, 577; Schimansky/Bunte/Lwowski/*Krepold* Bankrechts-Handbuch § 78 Rn. 125.

1719 KG, WM 2001, 2204 (2205).

1720 BGH, WM 1986, 156; OLG Stuttgart, Urt. v. 26.03.2014 – 9 U 193/13.

1721 Vgl. Staudinger/*Kessal-Wulf* BGB (2012) § 492 Rn. 64.

1722 Vgl. die Begründung zur Verordnung zur Änderung der Preisangaben- und Fertigpackungsverordnung, BR-Drucks. 180/00 v. 27.03.2000 zu § 6 PrAngVO.

Bank während der Bauphase verstehen, weil die Verwertung eines nur unvollständig fertig gestellten Objekts die Bank vor nicht unerhebliche Schwierigkeiten stellen wird.[1723] Teilauszahlungszuschläge sind Darlehensnebenkosten und können in Form von Gebühren pro Auszahlung oder als Zinsaufschlag bis zur Erreichung eines bestimmten Bautenstands in Rechnung gestellt werden. Es handelt sich i.d.R. um verhandelbare Größen. Noch nicht entschieden ist, ob solche Teilauszahlungszuschläge auch **formularmäßig wirksam vereinbart** werden können. Soweit es sich dabei um eine kontrollfähige Preisnebenabrede handelt, dürften sie einer Inhaltskontrolle nach §§ 307 ff. BGB standhalten, da ihnen eine eigenständige Leistung der Bank jedenfalls dann zugrunde liegt, wenn die Teilauszahlung vom Kunden erwünscht ist oder in den Darlehensvertrag eingebracht wird.[1724] Das ist etwa dann der Fall, wenn der Erwerb einer Immobilie vom Bauträger mit einer Kaufpreisabwicklung nach § 3 MaBV finanziert wird, da die Teilauszahlung aufgrund der zwingenden Schutzwirkung der Kaufpreisabwicklung nach der MaBV im Interesse des Darlehensnehmers liegt. Allerdings kann ein lediglich genereller und betragsmäßig unbezifferter Hinweis auf etwaige Teilauszahlungszuschläge in Allgemeinen Geschäftsbedingungen überraschend und damit nach § 305c Abs. 1 BGB unwirksam sein. Daher empfiehlt es sich, den Zuschlag bei den Konditionen entsprechend auszuweisen. Im Fall einer vorzeitigen Beendigung des Darlehensvertrages sind die Zuschläge grds. **nicht zeitanteilig erstattungsfähig**, da sie entweder ohnehin nur pro Auszahlung – und damit für den hierfür angefallenen Arbeitsaufwand – in Rechnung gestellt werden oder sich das durch sie abgegoltene Fertigstellungsrisiko der Bank gerade verwirklicht hat. Bei **Verbraucherdarlehen** sind solche Teilauszahlungszuschläge als **sonstige Kosten** in den vorvertraglichen Informationen (§ 491a Abs. 1 BGB i.V.m. Art. 247 § 1 Abs. 2, § 3 Abs. 1 Nr. 10 EGBGB) und im Verbraucherdarlehensvertrag (§ 492 Abs. 2 BGB i.V.m. Art. 247 § 6 Abs. 1, § 3 Abs. 1 Nr. 10 EGBGB) separat anzugeben, soweit sie nicht bereits in Prozentpunkten als Zinsaufschlag berücksichtigt werden.[1725] Wird der Teilauszahlungszuschlag bei der Auszahlung des Darlehens einbehalten, mindert er den anzugebenden **Nettodarlehensbetrag** (§ 491a Abs. 1 BGB i.V.m. Art. 247 § 1 Abs. 2, § 3 Abs. 1 Nr. 4 EGBGB; § 492 Abs. 2 BGB i.V.m. Art. 247 § 6 Abs. 1, § 3 Abs. 1 Nr. 4 EGBGB). Bei der **Effektivzinsberechnung** und bei der **Gesamtbetragsangabe** sind Teilauszahlungs-Zuschläge nicht zu berücksichtigen.[1726] Das dürfte sich auch nach Inkrafttreten der verbraucherdarlehensrechtlichen Neuregelungen am 11.06.2010 (Art. 229 § 22 Abs. 2 EGBGB) und am 21.03.2016 (Art. 229 § 38 Abs. 1 EGBGB) nicht geändert haben, da die in Nr. 2. Buchst. b) der Anlage zu § 6 PrAngVO geregelte Annahme den Fall des Teilauszahlungs-Zuschlags wohl nicht erfasst.

ee) Vermittlungsprovision

Bei **nach dem 10.06.2010** abgeschlossenen Verbraucherdarlehensverträgen (Art. 229 § 22 Abs. 2 EGBGB) sind nach § 6 Abs. 3 PrAngVO Vermittlungskosten, die der Darlehensnehmer im Zusammenhang mit dem Darlehensvertrag zu entrichten hat und die dem Darlehensgeber bekannt sind, in die **Effektivzinsberechnung** (§ 491a Abs. 1 BGB i.V.m. Art. 247 § 1 Abs. 2, § 3 Abs. 1 Nr. 3, Abs. 2 EGBGB; § 492 Abs. 2 BGB i.V.m. Art. 247 § 6 Abs. 1, § 3 Abs. 1 Nr. 3, Abs. 2 EGBGB) einzubeziehen. Dazu gehören nicht nur die an den Darlehensgeber zu zahlenden Vermittlungskosten, sondern nunmehr auch jene, die der Darlehensnehmer an den Darlehensvermittler im Rahmen eines mit diesem abgeschlossenen Darlehensvermittlungsvertrages zu zahlen hat. Das ergibt sich aus Art. 247 § 13 Abs. 3 EGBGB, wonach der Darlehensvermittler dem Darlehensgeber die Höhe der von ihm verlangten Vermittlungsvergütung zum Zwecke der Einbeziehung in die Effektivzinsberechnung[1727] – und damit auch in die Berechnung des anzugebenden **Gesamtbetrags** (§ 491a 1129

1723 Zur Zulässigkeit eines Teilauszahlungszuschlags BGH, WM 1992, 940.

1724 A.A. LG Düsseldorf, Urt. v. 16.04.2008 – 12 O 335/07, BeckRS 2008, 11855, das bereits in den Bereitstellungszinsen die Gegenleistung für die Bereitstellung erblickt.

1725 Staudinger/*Kessal-Wulf* BGB (2012) § 492 Rn. 50.

1726 Vgl. die Begründung zur Verordnung zur Änderung der Preisangaben- und Fertigpackungsverordnung, BR-Drucks. 180/00 v. 27.03.2000 zu § 6 PrAngVO.

1727 Begr. RegE zu Art. 247 § 13 EGBGB, BT-Drucks. 16/11643, S. 133.

Abs. 1 BGB i.V.m. Art. 247 § 1 Abs. 2, § 3 Abs. 1 Nr. 8, Abs. 2 EGBGB; § 492 Abs. 2 BGB i.V.m. Art. 247 § 6 Abs. 1 Satz 1 Nr. 1, § 3 Abs. 1 Nr. 8, Abs. 2 EGBGB) – mitzuteilen hat. Für die in Art. 247 § 13 Abs. 2 Nr. 4 EGBGB genannten Nebenentgelte, die letztlich den Auslagenersatz des Vermittlers aus § 655d BGB betreffen,[1728] dürfte die Mitteilungspflicht des Vermittlers zwar nach dem Wortlaut der Vorschrift nicht gelten, da es sich jedoch auch hierbei um Vermittlungskosten (§ 6 Abs. 3 PrAngVO) handelt, werden diese von dem Darlehensgeber ebenfalls in die Effektivzinsberechnung und in den Gesamtbetrag einzubeziehen sein, wenn ihm deren Betrag bekannt ist oder bekannt sein muss; eine Nachforschungsforschungspflicht des Darlehensgebers hinsichtlich solcher Nebenentgelte besteht freilich nicht. Zweifelhaft ist, ob die Vermittlungsvergütung nun auch dann bei den »**sonstigen Kosten**« in den vorvertraglichen Informationen (§ 491a Abs. 1 BGB i.V.m. Art.247 § 1 Abs. 2, § 3 Abs. 1 Nr. 10 EGBGB) und im Darlehensvertrag (§ 492 Abs. 2 BGB i.V.m. Art. 247 § 6 Abs. 1, § 3 Abs. 1 Nr. 10 EGBGB) separat anzugeben ist, wenn sie unmittelbar an den Darlehensvermittler zu entrichten ist.[1729] I.Ü. ist nach dem Verständnis des Gesetzgebers davon auszugehen, dass dem Darlehensgeber solche Vermittlungskosten aufgrund der Mitteilungspflicht des Darlehensvermittlers aus Art. 247 § 13 Abs. 3 EGBGB bekannt sind.[1730] Das gilt auch für Immobiliar-Verbraucherdarlehen, denn § 492 Abs. 2 BGB verweist uneingeschränkt auf Art. 247 § 13 EGBGB. Auch bei Verbraucherdarlehensverträgen, die **vor dem 11.06.2010 abgeschlossen** wurden (Art. 229 § 22 Abs. 2 EGBGB), waren nach § 492 Abs. 1 Satz 5 Nr. 4 BGB a.F. (§ 4 Abs. 1 Satz 4 Nr. 1 Buchst. d) VerbrKrG) insb. auch die **vom Darlehensnehmer zu tragenden Kosten für die Vermittlung des Darlehensvertrages** separat anzugeben und nach § 6 Abs. 3 PrAngVO a.F. in die **Effektivzinsberechnung** einzubeziehen. Das galt indes nur für solche Vermittlungskosten, die der Darlehensnehmer an den Darlehensgeber zu zahlen hatte, nicht hingegen für Zahlungsverpflichtungen des Darlehensnehmers aus einem Finanzierungsvermittlungsvertrag, den er im eigenen Interesse und auf eigene Initiative mit einem Vermittler abgeschlossen hatte.[1731] Darüber hinaus war eine Vermittlungsprovision, die der Darlehensnehmer unmittelbar an den Vermittler zu zahlen hatte, weder bei der Berechnung des Effektivzinses zu berücksichtigen noch nach § 492 Abs. 1 Satz 5 Nr. 5 BGB a.F. (§ 4 Abs. 1 Satz 4 Nr. 1 Buchst. d) VerbrKrG) anzugeben, wenn die Tätigkeit des Vermittlers weniger im Interesse des Darlehensgebers, sondern in jenem des Darlehensnehmers lag oder ihm besondere Vorteile brachte. Das war bei der Finanzierungsvermittlung im Rahmen eines steuersparenden Erwerber- oder Anlagemodells regelmäßig der Fall, weil die im Konzept des Steuersparmodells vorgesehene Einschaltung des Finanzierungsvermittlers mit der Folge der Entstehung der vom Darlehensnehmer zu zahlenden Finanzierungsvermittlungsprovision der Erzielung der begehrten Steuervorteile diente.[1732]

1130 Eine **Provision, die ein Vermittler von dem Darlehensgeber** für die Vermittlung des konkreten Darlehensvertrages erhält, belastet der Darlehensgeber – regelmäßig im Wege eines Zinszuschlags – an den Darlehensnehmer weiter (sog. »**packing**«). Nach überwiegend vertretener Auffassung sollte das den Darlehensgeber unter der bis 10.06.2010 (Art. 229 § 22 Abs. 22 EGBGB) geltenden Rechtslage allerdings nicht von der Verpflichtung befreien, den auf das »packing« kalkulatorisch entfallenden und die Kosten des Darlehens erhöhenden Anteil gem. § 492 Abs. 1 Satz 5 Nr. 4 BGB a.F. (§ 4 Abs. 1 Satz 4 Nr. 1 Buchst. d) VerbrKrG) gleichwohl betragsgemäß separat auszuweisen.[1733] Man stützte sich insoweit auf den Wortlaut des § 492 Abs. 1 Satz 5 Nr. 4 BGB a.F. (§ 4 Abs. 1 Satz 4 Nr. 1 Buchst. d) VerbrKrG) und führte aus, die Vorschrift erwähne die Vermittlungskosten gerade deshalb ausdrücklich, um dem Darlehensnehmer seine Belastung durch Vermittlungsentgelte

1728 Begr. RegE zu Art. 247 § 13 EGBGB, BT-Drucks. 16/11643, S. 133.

1729 Ablehnend MüKo-BGB/*Schürnbrand* § 491a Rn. 33.

1730 Begr. RegE zu § 6 Abs. 3 PrAngVO, BT-Drucks. 16/11643, S. 141.

1731 OLG Karlsruhe, WM 2001, 356 (358); a.A. *Bülow/Artz* Verbraucherkreditrecht (6. Aufl.) § 492 Rn. 104.

1732 BGH, WM 2003, 1710 (1711); BGH, WM 2004, 172 (175).

1733 Palandt/*Weidenkaff* (69. Aufl.) § 492 Rn. 12; MüKo-BGB/*Schürnbrand* (5. Aufl.) § 492 Rn. 51; Schimansky/Bunte/Lwowski/*Peters* Bankrechts-Handbuch (3. Aufl.) § 81 Rn. 220; wohl auch OLG Dresden, WM 2003, 1802 (1808).

kenntlich zu machen. Ohne den separaten Ausweis der im »packing« enthaltenen Vermittlungskosten könne der Darlehensnehmer nicht erkennen, dass gerade die Einschaltung eines Vermittlers sein konkretes Darlehen im Vergleich zu sonstigen Darlehen, bei denen ein Darlehensvermittler nicht eingeschaltet sei, verteuere.[1734] Diese Auffassung erscheint indes zweifelhaft, denn die gesetzlichen Regelungen verlangten nur die Angabe »sonstiger« Kosten, d.h. solcher Kosten, die nicht bereits im Zinssatz berücksichtigt waren.[1735] Eine Aufschlüsselung der Zinsbestandteile oder eine Offenlegung der Kalkulation des Darlehensgebers verlangten die gesetzlichen Regelungen hingegen nicht.[1736] Die Gesamtbelastung und die Verteuerung wurden dem Darlehensnehmer durch die Angabe des effektiven Jahreszinses hinreichend kenntlich gemacht. So entschied auch der BGH in einem Fall, in dem die Vermittlungskosten ohne separaten Ausweis im Wege des »packing« in eine Bearbeitungsgebühr eingerechnet wurden, dass die Angabe der Vermittlungskosten nicht i.S.d. § 494 Abs. 1 BGB (§ 6 Abs. 1 VerbrKrG) fehle, sondern allenfalls unrichtig sei. Der Darlehensnehmer sei auch in diesem Fall aufgrund des Darlehensvertrages über auf die ihn zukommenden Kostenbelastung zutreffend informiert und bleibe in der Lage, das angebotene Darlehen hinsichtlich der Kreditkonditionen mit Konkurrenzangeboten zu vergleichen.[1737] Auch die **seit 11.06.2010 geltenden Regelungen** (Art. 229 § 22 Abs. 2 EGBGB) führen zu keinem anderen Ergebnis, denn die Vermittlungskosten werden dort gerade in Umsetzung des Art. 5 Abs. 1 Satz 4 Buchst. i) der Richtlinie 2008/48/EG nicht mehr explizit aufgeführt. Die eigentlichen Offenlegungspflichten wurden vielmehr durch §§ 655 ff. BGB, Art. 247 § 13 Abs. 2 EGBGB auf den Vermittler verlagert.[1738] Die Gesamtbelastung wird dem Darlehensnehmer durch den effektiven Jahreszins und den Gesamtbetrag, der ebenfalls die in die Effektivzins einzubeziehenden Gesamtkosten nach § 6 Abs. 3 PrAngVO enthalten muss (Art. 247 § 3 Abs. 2 EGBGB), vor Augen geführt. Auch die Vorschrift des Art. 247 § 13 Abs. 2 Satz 2 EGBGB dürfte an diesem Ergebnis nichts ändern, denn sie regelt nur die Pflichten des Vermittlers. Unabhängig davon sind die Vermittlungskosten jedenfalls dann nicht separat betragsmäßig auszuweisen, wenn sie zulasten der Gewinnmarge des Darlehensgebers gehen oder ganz generell in seine Preisgestaltung einfließen, ohne durch einen konkreten Darlehensvertrag veranlasst zu sein;[1739] dafür trägt der Darlehensgeber aber die Beweislast.

ff) Kosten der Grundschuldbestellung, eines abstrakten Schuldversprechens und der Versicherung des Beleihungsobjekts; Kosten der Sicherheitenfreigabe

Die **Kosten für die Sicherstellung** des Darlehens wird nach den vertraglichen Vereinbarungen **1131**
stets der Darlehensnehmer zu tragen haben. Bei langfristigen Bau- und Immobilienfinanzierungen handelt es sich insb. um die Kosten der Grundschuldbestellung, die aus der erforderlichen Beglaubigung der Eintragungsbewilligung (§§ 19, 29 GBO) und der Eintragung der Grundschuld in das Grundbuch entstehen. Verlangt die Bank darüber hinaus, dass sich der Darlehensnehmer als Grundstückseigentümer nach §§ 800, 794 Abs. 1 Nr. 5 ZPO der sofortigen Zwangsvollstreckung aus der Grundschuld in das belastete Grundstück und im Rahmen eines abstrakten Schuldversprechens

1734 Schimansky/Bunte/Lwowski/*Peters* Bankrechts-Handbuch (3. Aufl.) § 81 Rn. 220.

1735 Vgl. *Bülow/Artz* Verbraucherkreditrecht (6. Aufl.) § 492 Rn. 104, die aber die Offenlegung des »packing« dem Grunde nach empfahlen.

1736 Auch die von der Rechtsprechung postulierte Aufklärungspflicht zu Innenprovisionen und sog. »kickbacks« in der Anlageberatung (vgl. dazu BGH, Urt. v. 19.10.2017 – III ZR 565/16, (Rn. 11 ff.); BGH, Urt. v. 03.06.2014 – XI ZR 147/12, BKR 2014, 370; ist bereits mangels Interessenkonflikts auf die Fälle der Darlehensvermittlung grds. nicht übertragbar,, vgl. BGH, Urt. v. 01.07.2014 – XI ZR 247/12, (Rn. 17 ff.). Die Vermittlungsprovision, die der Darlehensgeber für das Zustandekommen des Darlehensvertrages an den Vermittler zahlt, ist auch nicht mit »Schmiergeldzahlungen« vergleichbar, vgl. Schimansky/Bunte/Lwowski/*Siol* Bankrechts-Handbuch § 44 Rn. 30.

1737 BGH, WM 2004, 172 (176).

1738 Vgl. auch OLG Brandenburg, Urt. v. 10.01.2018 – 4 U 35/17; a.A. MüKo-BGB/*Schürnbrand* § 491a Rn. 34; wohl auch BGH, Urt. v. 10.05.2015 – III ZR 234/11, (Rn. 15 ff.) zu § 655b Abs. 1 Satz 2 BGB a.F.

1739 So auch BuB/*Eckstein/Wilhelm* Rn. 3/935.

(§ 780 BGB) auch in sein sonstiges Privatvermögen unterwirft (dazu Rdn. 1141–1147), so treffen ihn ferner die Kosten der erforderlichen notariellen Beurkundung (§§ 97 ff. GNotKG). Hinzu treten können Notarkosten für den Vollzug des Geschäfts (§ 112 GNotKG) und für Nebentätigkeiten des Notars (z.B. § 122 GNotKG). Eine **Gebühr für die Freigabe der Grundschuld** (z.B. durch Erteilung einer Löschungsbewilligung oder Rückabtretung der Grundschuld) nach Fälligkeit des Rückgewähranspruchs kann die Bank indes formularmäßig nicht wirksam vereinbaren, da es sich bei einer solchen **Sicherheitenfreigabe** um eine eigene Pflicht der Bank aus dem Sicherheitenvertrag handelt.[1740] Ebenso wenig kann die Bank im Fall einer Kündigung des Darlehens durch den Darlehensnehmer nach § 490 Abs. 2 BGB für die Freigabe der Grundschuld nach Begleichung der gesicherten Forderungen formularmäßig ein Entgelt vereinbaren. Werden hingegen auf Wunsch des Darlehensnehmers die vorhandenen **Sicherheiten ausgetauscht**, kann die Bank hierfür ein angemessenes Entgelt verlangen, wenn der Darlehensnehmer – wie das in der Regel der Fall sein wird[1741] – den Sicherheitentausch nicht verlangen kann.[1742] Falls der Darlehensnehmer im Zusammenhang mit der Veräußerung des belasteten Objekts nach § 490 Abs. 2 BGB den Darlehensvertrag gegen Zahlung einer Vorfälligkeitsentschädigung kündigen könnte, kann er von der Bank – soweit deren schutzwürdige Interessen nicht beeinträchtigt sind – auch Austausch der Grundschuld gegen eine andere Grundschuld verlangen.[1743] Die Bank kann aber dafür vom Darlehensnehmer verlangen, ihr alle durch den Sicherheitentausch entstehenden Aufwendungen zu ersetzen.[1744] Entsprechendes gilt auch für die Abgabe einer Rangrücktrittserklärung durch die Bank.[1745] Auch im Fall einer vorfälligen Ablösung des Darlehens kann die Bank i.R.d. frei bis zur Grenze der Sittenwidrigkeit vereinbarten **Aufhebungsentgelts**[1746] ihren Aufwand für die Freigabe der Grundschuld und des abstrakten Schuldversprechens einfließen lassen. Im Zusammenhang mit der Ablösung des Darlehens kann die Bank ferner für die **Abwicklung von Treuhandverträgen** eine Gebühr vereinbaren, die als Preishauptabrede für eine freiwillige Sonderdienstleistung nicht der Inhaltskontrolle nach § 307 Abs. 3 Satz 1 BGB unterliegt.[1747] I.d.R. verlangt die Bank auch den Abschluss einer **Gebäudeversicherung** für das beliehene Objekt, bei gefährdeten Objekten (z.B. Theater- oder Bahnhofsgebäude) mitunter sogar den Abschluss einer Terrorversicherung. Bei Baufinanzierungen kann auch der Abschluss einer Bauleistungsversicherung, einer Rohbauversicherung oder einer Bauwesen- und Bauherrenhaftpflichtversicherung zur Auszahlungsvoraussetzung erhoben werden, für die dann weitere Kosten anfallen.

1132 Nach der Rechtsprechung des BGH[1748] ist eine generelle **Auslagenersatzklausel** in **Allgemeinen Geschäftsbedingungen** unwirksam, wenn sie von dem gesetzlichen Leitbild des § 670 BGB abweichende Regelungen zum Auslagenersatz enthält. Dies sei etwa der Fall, wenn sie auch den Ersatz von Aufwendungen für Vorgänge umfasse, die im Interesse der Bank liegen. Der BGH führt insoweit überschießend u.a. aus, auch die Bestellung von Sicherheiten erfolge ausschließlich im Interesse der Bank. Daraus darf indes nicht geschlossen werden, dass die üblichen Kostentragungsregelungen hinsichtlich der Sicherheitenbestellung unwirksam seien. Die **Bestellung und Verwaltung**

1740 BGHZ 114, 330 (335); *Nobbe* WM 2008, 185 (194).

1741 BGH, Urt. v. 30.06.2017 – V ZR 248/16, (Rn. 9): Kein allgemeiner Grundsatz, dass der Sicherungsgeber, der mit dem Sicherungsnehmer eine bestimmte Sicherheit vereinbart hat, einen Austausch dieser Sicherheit gegen eine ihm genehmere verlangen kann.

1742 *Nobbe* WM 2008, 185 (192); Schimansky/Bunte/Lwowski/*Krepold* Bankrechts-Handbuch § 78 Rn. 135.

1743 Vgl. BGH, Urt. v. 03.02.2004 – XI ZR 398/02, WM 2004, 780 (zur Rechtslage vor Inkrafttreten des § 490 Abs. 2 BGB).

1744 Schimansky/Bunte/Lwowski/*Krepold* Bankrechts-Handbuch § 78 Rn. 135.

1745 OLG Frankfurt am Main, Urt. v. 20.09.1990 – 6 U 117/88, WM 1990, 2036 (2037).

1746 BGH, NJW 2003, 2230; OLG Stuttgart, Urt. v. 22.09.2010 – 9 U 66/10.

1747 OLG Köln, Urt. v. 27.05.2009 – 13 U 202/08, BKR 2011, 244; Schimansky/Bunte/Lwowski//*Krepold* Bankrechts-Handbuch § 78 Rn. 136.

1748 BGH, Urt. 08.05.2012 – XI ZR 61/11 (zu Nr. 18 AGB-Sparkassen a.F.) und XI ZR 437/11 (zu Nr. 12 Abs. 6 AGB-Banken a.F.); kritisch und differenzierend zu Recht *Bork* WM 2013, 1101.

von Sicherheiten liegt bereits deshalb zumindest auch im Interesse des Kunden,[1749] weil sonst das Darlehen nicht[1750] oder nicht zu den vorgesehenen Konditionen[1751] gewährt worden wäre. Letzteres zeigt sich insbesondere bei Immobiliar-Verbraucherdarlehensverträgen, die aufgrund ihrer grundpfandrechtlichen Absicherung und der daraus folgenden Deckungsfähigkeit nach dem PfandBG zu günstigeren Konditionen gewährt werden.[1752] So hat auch der Gesetzgeber den Verzugszinssatz für Immobiliar-Verbraucherdarlehensverträge in § 497 Abs. 4 BGB (§ 503 Abs. 2 BGB a.F.; zuvor: § 497 Abs. 1 Satz 1 Halbs. 2 und Satz 2 BGB a.F.) mit 2,5 Prozentpunkten über dem Basiszinssatz niedriger angesetzt als den Verzugszinssatz für normale Verbraucherdarlehen. Zudem kann die Sicherheitenbestellung den Darlehensnehmer im Fall einer wesentlichen Verschlechterung seiner wirtschaftlichen Verhältnisse nach § 490 Abs. 1 BGB vor einer Kündigung schützen, denn bei der Frage, ob die Rückzahlung des Darlehens gefährdet ist, sind vorhandene Sicherheiten zu berücksichtigen.[1753] Soweit auch die Bank den Antrag auf Eintragung der Grundschuld stellt, weil der Grundstückseigentümer als Sicherungsgeber diesen Antrag nicht einseitig zurück nehmen kann, sieht § 32 GNotKG zwar eine gesamtschuldnerische Kostentragungspflicht vor, im Rahmen des § 426 Abs. 1 Satz 1 BGB sind aber hiervon abweichende Vereinbarungen möglich.[1754] Auch die **Sicherheitenfreigabe** erfolgt im Interesse des Kunden. Die Bank kann zwar keine Gebühren für die Freigabe der Sicherheiten verlangen, sie kann sich vom Darlehensnehmer aber bei Freigabe einer Grundschuld weiterhin ihre Auslagen bereits nach §§ 369, 897, 1144 BGB erstatten lassen.[1755] Das gilt schließlich auch für die Aufwendungen der Bank im Zusammenhang mit der **Verwertung** der Sicherheit, da die Verwertung durch das Verhalten oder die Insolvenz des Darlehensnehmers ausgelöst ist und er verpflichtet bleibt, das Darlehen zurückzuführen.[1756] Zumindest aber kann die Bank ihre Nachteile aus der Verwertung im Rahmen eines Schadensersatzanspruchs gegen den Darlehensnehmer geltend machen.[1757] Darüber hinaus kann sich im Fall einer Sicherheitenverwertung durch Zwangsvollstreckung ein Kostenerstattungsanspruch der Bank aus der spezialgesetzlichen Regelung des § 788 ZPO ergeben.[1758]

Bei **Verbraucherdarlehen** sind grds. auch die **Kosten der Sicherheitenbestellung** in den vorvertraglichen Informationen (§ 491a Abs. 1 BGB i.V.m. Art. 247 § 1 Abs. 2, § 3 Abs. 1 Nr. 10 EGBGB) und im Verbraucherdarlehensvertrag (§ 492 Abs. 2 BGB i.V.m. Art. 247 § 6 Abs. 1, § 3 Abs. 1 Nr. 10 EGBGB) betragsmäßig anzugeben.[1759] Das erscheint aber jedenfalls bei solchen Kosten, die sich – wie jene einer Grundschuldbestellung – nur nach den komplizierten Vorschriften des Kosten- und Gebührenrechts errechnen lassen, in der Kreditpraxis kaum sachgerecht. Es muss daher zunächst bei Verbraucherdarlehensverträgen, die vor dem 21.03.2016 (Art. 229 § 38 Abs. 1 EGBGB) abgeschlossen wurden, grds. ein Hinweis genügen, dass der Darlehensnehmer solche Kosten nach Maßgabe der gesetzlichen Bestimmungen zu tragen hat.[1760] Bestätigt wird das letztlich durch die seit 11.06.2010 geltenden Regelungen (Art. 229 § 22 Abs. 2 EGBGB), denn Art. 247 § 4 Nr. 1 und § 7 Nr. 1 EGBGB a.F. verlangten in den vorvertraglichen und vertraglichen Informationen für den Verbraucher nur einen Hinweis auf **Notarkosten**; bei Immobiliardarlehen war nach Art. 247 § 9 Abs. 1 EGBGB a.F. nicht einmal dieser Hinweis erforderlich. Daraus wird man generell schließen dürfen, dass bei Verbraucherdarlehensverträgen, die vor dem 21.03.2016 **1133**

1749 *Bork* WM 2013, 1101 (1105, 1107); *Kropf/Habl* BKR 2013, 103 (106).
1750 *Bunte* EWiR 2012, 473 (474); *Bork* WM 2013, 1101 (1106) unter Hinweis auf § 18 KWG.
1751 *Derleder* EWiR 2012, 401 (402); *Bork* WM 2013, 1101 (1107); *Kropf/Habl* BKR 2013, 103 (106).
1752 *Kropf/Habl* BKR 2013, 103 (106).
1753 *Bork* WM 2013, 1101 (1107).
1754 Im Ergebnis auch *Kropf/Habl* BKR 2013, 103 (106).
1755 *Bork* WM 2013, 1101 (1108, 1109); *Kropf/Habl* BKR 2013, 103 (106).
1756 *Bork* WM 2013, 1101 (1108).
1757 BGH, Urt. v. 08.05.2012 – XI ZR 61/11, WM 2012, 1189 (Rn. 45).
1758 BGH, Urt. v. 08.05.2012 – XI ZR 61/11, WM 2012, 1189 (Rn. 47).
1759 Bülow/Artz/*Artz* Verbraucherkreditrecht (9.Aufl.) § 492 Rn. 121.
1760 Schimansky/Bunte/Lwowski/*Krepold* Bankrechts-Handbuch § 78 Rn. 129.

abgeschlossen wurden (Art. 229 § 38 Abs. 1 EGBGB), Kosten der Sicherheitenbestellung jedenfalls dann nicht betragsmäßig anzugeben waren, soweit sie nach dem Gebührenrecht zu errechnen waren. Das dürfte weiterhin auch für Immobiliar-Verbraucherdarlehensverträge gelten, die nach dem 20.03.2016 (Art. 229 § 38 Abs. 1 EGBGB) abgeschlossen wurden.[1761] Das »ESIS-Merkblatt« (Anlage 6 zu Art. 247 § 1 Abs. 2 EGBGB) führt in Abschnitt 4 zwar die Gebühren für die Eintragung des Grundpfandrechts auf, differenziert aber ebenfalls danach, ob sie bekannt sind oder nicht. Die Pflicht, vertraglich auf Notarkosten hinzuweisen (Art. 247 § 7 Abs. 1 Nr. 1 EGBGB), gilt für Immobiliar-Verbraucherdarlehen auch nach dem 21.03.2016 weiterhin nicht. Ein bloßer Hinweis auf die Kosten als solche genügt i.d.R. hinsichtlich der Kosten einer für das Beleihungsobjekt abzuschließenden Versicherung, soweit diese Kosten nach § 491a Abs. 1 BGB i.V.m. Art. 247 § 1 Abs. 2, § 3 Abs. 1 Nr. 10 EGBGB; § 492 Abs. 2 BGB i.V.m. Art. 247 § 6 Abs. 1, § 3 Abs. 1 Nr. 10 EGBGB überhaupt anzugeben sind. Den Gesetzesmaterialien zur Umsetzung der Verbraucherkreditrichtlinie 2008/48/EG ist nämlich zu entnehmen, dass von Art. 247 § 3 Abs. 1 Nr. 10 EGBGB nur Entgelte »aufgrund des Darlehensvertrages« erfasst sein sollen, die Kosten aus separaten Verträgen über Nebenleistungen jedoch nicht bei Art. 247 § 3 Abs. 1 Nr. 10 EGBGB anzugeben sind, sondern lediglich eine allgemeine Information über die Verpflichtung zum Abschluss eines solchen Vertrages über die Nebenleistung erforderlich ist.[1762] Vorvertraglich ist für Immobiliar-Verbraucherdarlehen allerdings seit 11.06.2010 die Angabe auch dieser Kosten vorgesehen (vgl. Abschnitte 10 und 11 der Anlage 5 zu Art. 247 § 2 EGBGB a.F.; seit 21.03.2016 Abschnitt 4 des »ESIS-Merkblatts« – Anlage 6 zu Art. 247 § 1 Abs. 2 EGBGB). § 6 Abs. 7 PrAngVO (Art. 11 Abs. 4 RL 2014/17/EU), der 21.03.2016 eingeführt wurde und sachlich eher der Werbung zuzuordnen sein dürfte,[1763] wird eine vertragliche Angabepflicht nicht begründen können. Unabhängig davon wäre jedenfalls eine Angabe von Kosten für Versicherungen oder sonstige Verträge über Nebenleistungen, deren Abschluss der Darlehensgeber nicht verlangt, ausgehend vom Wortlaut des Art. 247 § 3 Abs. 1 Nr. 10 EGBGB und aufgrund der Tatsache, dass sie auch in die Berechnung des effektiven Jahreszinses nicht einzubeziehen sind, im Darlehensvertrag (§ 492 Abs. 2 BGB) nicht erforderlich.[1764] Im Übrigen kann eine Pflicht zur betragsmäßigen Kostenangabe auch nur für solche anzugebenden Kosten gelten, die dem Darlehensgeber tatsächlich bekannt sind. Oftmals werden die Bedingungen solcher Verträge im Einzelnen aber nur dem Darlehensnehmer bekannt sein.[1765] Etwas anderes kann allerdings etwa dann gelten, wenn es gerade die Bank ist, die dem Darlehensnehmer die Versicherung vermittelt oder annahmefähig anbietet; eine Nachforschungspflicht der Bank oder eine Pflicht zur Erstellung einer Beispielsrechnung (Schätzkosten) dürfte indes nicht bestehen, wenn es dem Darlehensnehmer freigestellt bleibt, mit wem er den Versicherungs- oder Zusatzvertrag abschließt.[1766] Bei periodisch wiederkehrenden Kosten erfordert die Kostenangabe, soweit sie erforderlich ist, keine Hochrechnung auf die Gesamtlaufzeit des Darlehens, es genügt

1761 Schimansky/Bunte/Lwowski/*Krepold* Bankrechts-Handbuch § 78 Rn. 129. Die Begründung zum Regierungsentwurf spricht davon, dass die Kosten der Bestellung und Eintragung des Grundpfandrechts nicht in die Berechnung des effektiven Jahreszinses einzubeziehen sind, Begr. RegE zu § 6 Abs. 4 PrAngVO, BT-Drucks. 18/5922, S. 132.

1762 Begr. RegE zu Art. 247 § 3 EGBGB, BT-Drucks. 16/11643, S. 124; ebenso MüKo-BGB/*Schürnbrand* § 491a BGB Rn. 33.

1763 Vgl. die Bezugnahme auf die Richtlinienregelung des Art. 11 Abs. 4 RL 2014/17/EU in der Gesetzesbegründung, Begr. RegE zu § 6 Abs. 7 PrAngVO, BT-Drucks. 18/5922, S. 132.

1764 Unter Hinweis auf Art. 5 Abs. 1 Satz 4 Buchst. i) RL 2008/48/EG ebenso MüKo-BGB/*Schürnbrand* § 491a Rn. 33; zur alten Rechtslage auch *Godefroid* Verbraucherkreditverträge Rn. 225; a.A. wohl Bülow/Artz/*Artz* Verbraucherkreditrecht (9. Aufl.) § 492 Rn. 124.

1765 Begr. RegE zu Art. 247 § 8 EGBGB, BT-Drucks. 16/11643, S. 215.

1766 Vgl. Bülow/Artz/*Artz* Verbraucherkreditrecht (9. Aufl.) § 492 Rn. 127: keine fiktiven, geschätzten Kosten anzugeben. Für die vorvertraglichen Informationen bei Immobiliar-Verbraucherdarlehen sieht allerdings seit 21.03.2016 das »ESIS-Merkblatt« (Teil B Hinweis 3 zu Abschnitt 4) – falls möglich – die Angabe von Näherungswerten vor, wenn die Kosten nicht bekannt sind. Solche Näherungswerte sind aber nicht in den effektiven Jahreszins einzurechnen.

die Angabe der periodisch zu leistenden Zahlungen (vgl. auch Teil B Hinweis 3 zu Abschnitt 4 des »ESIS-Merkblatts«).[1767] Bei Verbraucherdarlehensverträgen, die vor dem 11.06.2010 abgeschlossen wurden (Art. 229 § 22 Abs. 2 EGBGB), waren die Kosten der Sicherheiten und Versicherungen nach § 6 Abs. 3 Nr. 5 PrAngVO nicht in die **Effektivzinsberechnung** einzubeziehen, soweit es sich nicht um eine Restschuld- bzw. Risikolebensversicherung handelte, deren Abschluss die Bank zwingend als Bedingung für die Darlehensgewährung vorschrieb.[1768] Seit 11.06.2010 sind die Kosten der Sicherheiten bei Nicht-Immobiliardarlehen (Allgemein-Verbraucherdarlehen) in die Effektivzinsberechnung und in den **Gesamtbetrag** einzubeziehen (Art. 247 § 3 Abs. 2 EGBGB; § 6 Abs. 3 PrAngVO bzw. § 6 Abs. 3 Nr. 6 PrAngVO a.F.). Seit 21.03.2016 (Art. 229 § 38 Abs. 1 EGBGB) sind auch bei Immobiliar-Verbraucherdarlehen die Kosten der Sicherheiten in die Gesamtkosten und damit in den effektiven Jahreszins und in den im ESIS-Merkblatt (Anlage 6 zu Art. 247 § 1 Abs. 2 EGBGB) anzugebenden Gesamtbetrag einzubeziehen (Art. 247 § 3 Abs. 2 EGBGB, § 1 Abs. 2 EGBGB; § 6 Abs. 3 PrAngVO). Weiterhin nicht einzubeziehen sind hingegen Notarkosten (§ 6 Abs. 4 Nr. 5 PrAngVO).

gg) Kontoführungsentgelt für das Darlehenskonto; Entgelt für Darlehenskontoauszug zum Jahresende und für Saldenbestätigung

Ein **Entgelt für die Führung des Darlehenskontos** kann im Bankverkehr mit Verbrauchern in Allgemeinen Geschäftsbedingungen nicht wirksam vereinbart werden. Nach der Rechtsprechung des BGH handelt es sich bei einer solchen Kontoführungsgebühr um eine kontrollfähige Preisnebenabrede,[1769] die der Inhaltskontrolle nach § 307 Abs. 2 Nr. 1, Abs. 1 Satz 1 BGB nicht standhält. Da die Kontoführung primär im eigenen Interesse der Bank erfolgt, ist das Kontoführungsentgelt für ein Darlehenskonto mit dem gesetzlichen Leitbild nicht vereinbar.[1770] Auch die Tatsache, dass Kontoführungsentgelte in § 6 Abs. 3 Satz 2 Nr. 1 PrAngVO (§ 6 Abs. 3 Nr. 3 PrAngVO a.F.) Berücksichtigung finden, ändert nach der Rechtsprechung des BGH an deren Unangemessenheit bei formularmäßiger Vereinbarung nichts, denn § 6 Abs. 3 PrAngVO regelt – so der BGH – gerade nicht die Zulässigkeit von bestimmten Preisen, vielmehr sind die dort genannten Kosten schon deshalb in den effektiven Jahreszins (und damit in die Berechnung des Gesamtbetrags, Art. 247 § 3 Abs. 2 EGBGB) einzubeziehen, weil sie – ob berechtigt oder unberechtigt – vom Kunden tatsächlich verlangt werden.[1771] **1134**

Für die **Erteilung eines Darlehenskontoauszugs** zum Jahresende kann die Bank hingegen auch in Allgemeinen Geschäftsbedingungen ein Entgelt vorsehen. Es handelt sich insoweit um eine gemäß § 307 Abs. 3 BGB kontrollfreie Preishauptabrede, weil die Bank zu dieser Leistung weder kraft Gesetzes noch aufgrund vertraglicher Nebenpflichten verpflichtet ist.[1772] Zulässig ist daher auch ein AGB-mäßig vereinbartes **Entgelt für die Erstellung einer Saldenbestätigung,** in der ausstehende Forderungen und Verbindlichkeiten gegenüber gestellt werden und der Darlehensnehmer **1135**

1767 A.A. wohl OLG Frankfurt a.M., BKR 2002, 271 (272); *Bülow/Artz/Artz* Verbraucherkreditrecht (9. Aufl.) § 492 Rn. 125 (Kapitallebensversicherung); unklar BGH, Urt. v. 06.12.2004 – II ZR 379/02.

1768 Vgl. auch Begründung zur Verordnung zur Änderung der Preisangaben- und Fertigpackungsverordnung, BR-Drucks. 180/00 v. 27.03.2000 zu § 6 PrAngVO.

1769 BGH, Urt. v. 07.06.2011 – XI ZR 388/10 (Rn. 18 ff.), WM 2011, 1329; OLG Karlsruhe, Urt. v. 08.02.2011 – 17 U 138/10; a.A. OLG Stuttgart, ZIP 2011, 462 ff.: der Inhaltskontrolle entzogene Preishauptabrede.

1770 BGH, Urt. v. 07.06.2011 –XI ZR 388/10, (Rn. 32 ff.). Zur Unwirksamkeit von formularmäßigen Kontogebühren in der Darlehensphase des Bausparvertrages mit Verbrauchern vgl. BGH. Urt. v. 09.05.2017 – XI ZR 308/15, (Rn. 19 ff.). Zur Unwirksamkeit einer Darlehensgebühr bei Bauspardarlehen vgl. BGH, Urt. v. 08.11.2016 – XI ZR 552/15, (Rn. 12 ff.), WM 2017, 87; a.A. *Herresthal* ZIP 2015, 1949 (1952).

1771 BGH, Urt. v. 07.06.2011 –XI ZR 388/10, (Rn. 35 f.).

1772 OLG Karlsruhe, Beschl. v. 15.08.2012 – 14 U 41/12, WM 2013, 224; LG Freiburg, Urt. v. 22.02.2012 – 14 O 379/11, WM 2013, 223 (224); *Juretzek* BKR 2011, 392; *Kropf/Habl* BKR 2014, 145; a.A. – *Meder/Flick* EWiR 2013, 669 (670).

über den Darlehenssaldo informiert wird, denn eine Pflicht der Bank zur Auskunftserteilung nach § 666 BGB begründet der Darlehensvertrag nicht.[1773] Die Saldenbestätigung liegt folglich im Interesse des Darlehensnehmers. Anders kann das allerdings sein, wenn der Darlehensnehmer mit der Saldenbestätigung aufgefordert wird, die darin enthaltene Aufstellung zu kontrollieren und bei etwaigen Einwendungen binnen einer bestimmten Frist zu beanstanden.[1774] In einem solchen Fall liegt die Saldenbestätigung maßgeblich auch im Interesse der Bank.[1775]

hh) Entgelt für das Recht zur vorzeitigen Rückzahlung; pauschaliertes Entgelt für die Berechnung der Vorfälligkeitsentschädigung

1136 Ist für das Darlehen ein gebundener Sollzinssatz vereinbart, kann der Darlehensgeber für ein dem Darlehensnehmer unter Verzicht auf die Vorfälligkeitsentschädigung eingeräumtes **Recht zur vorzeitigen Rückzahlung während des Zeitraums einer Sollzinsbindung** (Sondertilgungsrecht) ein **einmaliges Entgelt** auch formularmäßig wirksam vereinbaren. Bei einem solchen Recht zur vorzeitigen Rückzahlung handelt es sich um eine bepreisbare Sonderleistung des Darlehensgebers, weil der Darlehensnehmer das Darlehen nur nach Maßgabe § 489 Abs. 1 BGB ordentlich kann. Das gilt auch bei Immobiliar-Verbraucherdarlehen.[1776] Bei nach dem 20.03.2016 abgeschlossenen Immobiliar-Verbraucherdarlehensverträgen (Art. 229 § 38 Abs. 1 EGBGB) steht dem Darlehensnehmer zwar auch während des Zeitraums einer Sollzinsbindung ein Recht zur vorzeitigen Rückzahlung zu, dazu bedarf es aber eines berechtigten Interesses des Darlehensnehmers, der zudem auch zur Zahlung einer Vorfälligkeitsentschädigung verpflichtet wäre (§§ 500 Abs. 2 Satz 2, 502 Abs. 1 BGB; dazu Rdn. 1230–1232). Das Entgelt für das Recht zur vorzeitigen Rückzahlung ist sowohl vorvertraglich (§ 491a Abs. 1 i.V.m. Art. 247 § 1 Abs. 2, § 3 Abs. 1 Nr. 10 EGBGB) als auch im Darlehensvertrag (§ 492 Abs. 2 BGB i.V.m. Art. 247 § 6 Abs. 1, § 3 Abs. 1 Nr. 10 EGBGB) als **»sonstige Kosten«** des Darlehens anzugeben. Es ist außerdem bei der Berechnung des **effektiven Jahreszinses** (§ 491a Abs. 1 BGB i.V.m. Art. 247 § 1 Abs. 2, § 3 Abs. 1 Nr. 3, Abs. 2 Satz 3 EGBGB, § 6 PrAngVO; § 492 Abs. 2 BGB i.V.m. Art. 247 § 6 Abs. 1, § 3 Abs. 1 Nr. 3, Abs. 2 Satz 3 EGBGB, § 6 PrAngVO) und bei der **Gesamtbetragsangabe** (§ 491a Abs. 1 BGB i.V.m. Art. 247 § 1 Abs. 2, § 3 Abs. 1 Nr. 8, Abs. 2 EGBGB; § 492 Abs. 2 BGB i.V.m. Art. 247 § 6 Abs. 1 Satz 1 Nr. 1, § 3 Abs. 1 Nr. 8, Abs. 2 EGBGB) zu berücksichtigen. Wird das Entgelt bei der Auszahlung des Darlehens einbehalten, verringert sich der anzugebende **Nettodarlehensbetrag** i.S.d. § 491a Abs. 1 i.V.m. Art. 247 § 1 Abs. 2, § 3 Abs. 1 Nr. 4 EGBGB; § 492 Abs. 2 BGB i.V.m. Art. 247 § 6 Abs. 1, § 3 Abs. 1 Nr. 4 EGBGB.

1137 Unwirksam ist hingegen in der Regel die AGB-mäßige Vereinbarung eines pauschalen Entgelts für die Berechnung der Vorfälligkeitsentschädigung.[1777] Da es sich bei der Vorfälligkeitsentschädigung um einen Schadensersatzanspruch der Bank handelt, wären zunächst die Grenzen des § 309 Nr. 5 BGB zu beachten. Darüber hinaus zieht auch § 308 Nr. 7 BGB einer solchen Regelung klare Angemessenheitsgrenzen. Auch für die Informationen aus § 493 Abs. 5 BGB für den Fall, dass der Darlehensnehmer bei einem Immobiliar-Verbraucherdarlehen die vorzeitige Rückzahlung beabsichtigt,

1773 OLG Karlsruhe, Beschl. v. 15.08.2012 – 14 U 41/12, WM 2013, 224; Schimansky/Bunte/Lwowski/*Krepold* Bankrechts-Handbuch § 78 Rn. 134b.

1774 OLG Frankfurt a.M. Urt. v. 09.01.2014 – 3 U 72/13, BeckRS 2015, 4855.

1775 Schimansky/Bunte/Lwowski/*Krepold* Bankrechts-Handbuch § 78 Rn. 134b.

1776 BGH, Urt. v. 16.02.2016 – XI ZR 96/15, (Rn. 34); BGH, Urt. v. 16.02.2016 – XI ZR 96/15, WM 2016, 704 (Rn. 27 ff.). Bei Allgemein-Verbraucherdarlehen kann ein solches Entgelt nicht wirksam vereinbart werden, da bereits §§ 500 Abs. 2, 502 Abs. 1 BGB ein Recht zur vorzeitigen Rückzahlung und zudem nur einen betragsmäßig gedeckelten Anspruch des Kreditinstituts auf Zahlung einer Vorfälligkeitsentschädigung vorsehen, der nach § 502 Abs. 2 BGB sogar vollständig entfallen kann, vgl. BGH, Urt. v. 16.02.2016 – XI ZR 96/15, WM 2016, 704 (Rn. 17 ff.).

1777 OLG Frankfurt a.M., Urt. v. 17.04.2013 – 23 U 50/12, WM 2013, 1351; Schimansky/Bunte/Lwowski/*Krepold* Bankrechts-Handbuch § 78 Rn. 134c; *Kropf/Habl* BKR 2014, 145 (147 f.).

darf der Darlehensgeber kein Entgelt verlangen, denn der Darlehensgeber ist zur Erteilung dieser Informationen gesetzlich verpflichtet (vgl. auch Art. 8 RL 2014/17/EU).

ii) Entgelt für eine Änderung des Tilgungssatzes oder der Darlehensraten

Wünscht der Darlehensnehmer nachträglich eine **Änderung seines Tilgungssatzes oder der Höhe seiner Darlehensraten**, kann die Bank für die entsprechende Änderungsvereinbarung und deren Umsetzung in den Grenzen des § 138 BGB ein Entgelt auch formularmäßig wirksam verlangen, denn ein Anspruch des Darlehensnehmers auf eine solche Vertragsänderung besteht jedenfalls bei Immobiliar-Verbraucherdarlehen und bei gewerblichen Darlehen grds. nicht.[1778] **1138**

d) Sicherheiten

aa) Schuldrechtliche Verpflichtung zur Sicherheitenbestellung

Der Darlehensgeber wird ein Darlehen zur Finanzierung von Immobilien oder Immobilienkapitalanlagen nur gegen Stellung entsprechender Sicherheiten (z.B. Grundschulden, Verpfändung des finanzierten Fondsanteils) gewähren. Dazu bedarf es grds. freilich zunächst einer **schuldrechtlichen Verpflichtung des Darlehensnehmers** zur Sicherheitenbestellung oder einer entsprechenden Auszahlungsvoraussetzung im Darlehensvertrag. Handelt es sich bei dem Darlehensnehmer um einen **Verbraucher**, forderte für Verbraucherdarlehensverträge, die vor dem 11.06.2010 abgeschlossen wurden (Art. 229 § 22 Abs. 2 EGBGB), bereits die modifizierte Schriftformregelung des § 492 Abs. 1 Satz 5 Nr. 7 BGB a.F. (§ 4 Abs. 1 Satz 4 Nr. 1 Buchst. g) VerbrKrG) die Angabe der zu bestellenden Sicherheiten im Darlehensvertrag. Seit 11.06.2010 (Art. 229 § 22 Abs. 2 EGBGB) ist das in §§ 491a Abs. 1, 492 Abs. 2 BGB i.V.m. Art. 247 §§ 4 Abs. 1 Nr. 2, 7 Nr. 2 EGBGB geregelt; die Angabepflicht galt aber nach § 503 Abs. 1 BGB a.F. i.V.m. Art. 247 § 9 Abs. 1 EGBGB a.F. seither zunächst nicht mehr für **Immobiliardarlehensverträge**. Seit 21.03.2016 (Art. 229 § 38 Abs. 1 EGBGB) sind indes auch bei **Immobiliar-Verbraucherdarlehen** die Sicherheiten **vorvertraglich** im »ESIS-Merkblatt« (§ 491a Abs. 1 i.V.m. Art. 247 § 1 Abs. 2, Anlage 6 zu Art. 247 § 1 Abs. 2 EGBGB) anzugeben; zuvor sah zwar auch das »Europäische Standardisierte Merkblatt« (Anlage 6 zu Art. 247 § 2 EGBGB a.F.; zuvor Anlage 5 zu Art. 247 § 2 EGBGB a.F.) für Immobiliardarlehen vorvertraglich eine Angabe der Sicherheiten vor, nach Art. 247 § 2 Abs. 2 Satz 2 EGBGB a.F. war aber die Verwendung dieses Merkblatts nicht zwingend vorgeschrieben. Eine **vertragliche Angabepflicht** besteht zwar weiterhin für Immobiliar-Verbraucherdarlehen nicht (§ 492 Abs. 2 BGB i.V.m. Art. 247 § 6 Abs. 1 Satz 2, § 7 Abs. 2 EGBGB), die Nichtangabe der Sicherheiten ist aber nach dem Wortlaut des § 494 Abs. 6 Satz 2 BGB auch bei Immobiliar-Verbraucherdarlehen sanktioniert. Auch unabhängig davon ist eine Darstellung aller erwünschten Sicherheiten (z.B. auch die Abtretung der Rückgewähransprüche hinsichtlich vor- und gleichrangiger Grundpfandrechte bei grundpfandrechtlicher Besicherung des Darlehens) im Darlehensvertrag sinnvoll. Das gilt insb. dann, wenn ausnahmsweise eine Auszahlung des Darlehens vor Bestellung der Sicherheiten in Betracht kommt oder die Sicherheitenbestellung – namentlich bei Drittsicherheiten – nach den Vorschriften über Fernabsatzgeschäfte oder außerhalb von Geschäftsräumen geschlossenen Verträgen widerruflich ist (dazu Rdn. 1185),[1779] denn im Fall eines Widerrufs des Sicherheitenvertrages muss der Darlehensgeber auf eine schuldrechtliche Verpflichtung des Darlehensnehmers zur Bestellung der gewünschten Sicherheit zurückgreifen können. Auch wenn es sich bei der vertraglich bezeichneten Sicherheit um den finanzierten Gegenstand handelt, dürfte das nicht die Rechtsfolgen des **1139**

1778 Schimansky/Bunte/Lwowski/*Krepold* Bankrechts-Handbuch § 78 Rn. 134.

1779 Vgl. zur Widerruflichkeit von Sicherungsverträgen nach § 312 BGB a.F. (§ 1 HausTWG) BGH, WM 2006, 377; BGH, WM 1995, 2027; OLG Hamm, WM 2005, 2378 (2380); Palandt/*Grüneberg* § 312 Rn. 5 f.; gegen eine Anwendbarkeit der Vorschriften über Fernabsatzgeschäfte und über außerhalb von Geschäftsräumen geschlossenen Verträgen auf Sicherheitenverträge überzeugend *von Loewenich* WM 2015, 113; *ders.* WM 2016, 2011 (2015); a.A. *Meier* ZIP 2015, 1156 (1161).

§ 360 Abs. 1 und Abs. 2 Satz 2 BGB (§ 359a Abs. 1 BGB a.F.; Widerrufsdurchgriff) auslösen, da für Allgemein-Verbraucherdarlehen bereits Art. 247 § 7 Nr. 2 EGBGB und für Immobiliar-Verbraucherdarlehen seit 21.03.2016 (Art. 229 § 38 Abs. 1 EGBGB) wohl die Sanktionsregelung des § 494 Abs. 6 Satz 2 BGB grds. die Angabe der verlangten Sicherheiten fordert; bei Immobilienfinanzierungen dürfte die Regelung des § 360 Abs. 2 Satz 2 BGB (§ 359a Abs. 1 BGB a.F.) im Übrigen ohnehin nicht anwendbar sein, weil anderenfalls die engeren Anforderungen an ein verbundenes Geschäft im Bereich der Immobilienfinanzierungen (§ 358 Abs. 3 Satz 3 BGB; dazu Rdn. 1206–1216) ausgehebelt würden.[1780] Soweit eine Pflicht des Darlehensgebers zur Angabe der verlangten Sicherheiten im Verbraucherdarlehensvertrag besteht, gilt außerdem Folgendes: Ist die Sicherheit bereits vor Abschluss des Verbraucherdarlehensvertrages bestellt worden, wie dies bei Grundschulden mitunter der Fall sein wird, genügt auch verbraucherdarlehensrechtlich ein Hinweis auf den Fortbestand dieser Sicherheit.[1781] Nicht einmal ein solcher Hinweis ist erforderlich, wenn einer bereits bestellten Sicherheit ein weiter Sicherungszweck zugrunde liegt und der Darlehensvertrag generell bestimmt, dass bereits vorhandene Sicherheiten im Rahmen ihres Sicherungszwecks auch für die neue Darlehensverbindlichkeit haften. Das ergab sich vor dem 11.06.2010 (Art. 229 § 22 Abs. 2 EGBGB) bereits aus dem Wortlaut des § 492 Abs. 1 Satz 5 Nr. 7 BGB a.F., der nur von den »zu bestellenden« Sicherheiten sprach; das gilt aber auch noch nach dem 11.06.2010, da die gesetzlichen Neuregelungen nur die Angabe der »verlangten« Sicherheiten fordern. Bei einem Verstoß gegen die vertragliche Angabepflicht kann der Darlehensnehmer nach § 494 Abs. 6 Satz 2 BGB (§ 492 Abs. 2 Satz 6 Halbs. 1 BGB a.F.; § 6 Abs. 2 Satz 6 Halbs. 1 VerbrKrG) die Bestellung der Sicherheit verweigern; diese Sanktion gilt seit 21.03.2016 (Art. 229 § 38 Abs. 1 EGBGB) nach ihrem Wortlaut trotz fehlender gesetzlicher Angabepflicht wohl auch für Immobiliar-Verbraucherdarlehen.[1782] Bestellt der Darlehensnehmer dem Darlehensgeber die Sicherheit gleichwohl, kann er sie später nicht bereits wegen des Verstoßes des Darlehensgebers gegen die verbraucherdarlehensrechtliche Angabeflicht im Darlehensvertrag wieder zurück verlangen, denn mit der tatsächlichen Sicherheitenbestellung verliert er seine verbraucherrechtliche Schutzbedürftigkeit.[1783] Hinzu kommt, dass nach § 494 Abs. 6 Satz 2 Halbs. 2 BGB (zuvor: § 494 Abs. 6 Satz 3 BGB a.F.; zuvor: § 494 Abs. 2 Satz 6 Halbs. 2 BGB a.F.; zuvor: § 6 Abs. 2 Satz 6 Halbs. 2 VerbrKrG) die Verletzung der Angabepflicht in einem Allgemein-Verbraucherdarlehensvertrag bei einem Nettodarlehensbetrag über 75.000 € (bis 10.06.2010: 50.000 €) keine Rolle spielt. Auch ein Rückgewähranspruch aus ungerechtfertigter Bereicherung nach §§ 812 ff. BGB kommt jedenfalls bei Personalsicherheiten (z.B. Schuldversprechen, § 780 BGB), die ohne ausdrückliche Verpflichtung im Verbraucherdarlehensvertrag bestellt wurden, nicht in Betracht, denn Personalsicherheiten tragen ihren Rechtsgrund in sich, solange die gesicherte Darlehensverbindlichkeit besteht.[1784] Bei bestellten Grundschulden wird sich der Rechtsgrund jedenfalls aus der in aller Regel separat getroffenen Sicherungszweckerklärung ergeben.[1785] Zu verbraucherdarlehensrechtlichen Besonderheiten beim Nachsicherungsrecht Rdn. 1202. Zur verbraucherdarlehensrechtlichen Berücksichtigung der Kosten der Sicherheitenbestellung Rdn. 1132, 1202.

bb) Grundschuld und abstraktes Schuldversprechen

1140 Bau- und Immobilienfinanzierungen werden üblicherweise grundpfandrechtlich besichert.[1786] Als **Belastungsgegenstand** kommt neben dem Grundstück insb. auch das Wohnungs- bzw. Teileigentum

1780 Zutreffend Palandt/*Grüneberg* § 360 BGB Rn. 3; *Volmer* DNotZ 2010, 591 (594).
1781 Bülow/Artz/*Artz* Verbraucherkreditrecht (9. Aufl.) § 492 Rn. 141.
1782 Begr. RegE zu § 494 BGB, BT-Drucks. 18/5922, S. 87.
1783 BGH, WM 2008, 1679 (Rn. 24 ff.).
1784 BGH, WM 2008, 1679 (Rn. 18 ff.); OLG Dresden, WM 2001, 1854 (1858); zustimmend, aber nachdrücklich auf das Erfordernis einer Sicherungsabrede hinweisend *Zimmer* NJW 2008, 3185 (3186 f.).
1785 Bülow/Artz/*Bülow* Verbraucherkreditrecht § 494 (9. Aufl.) Rn. 77.
1786 Zur Grundschuldbestellung durch eine GbR vgl. Rdn. 1075.

(§ 1 WEG) in Betracht.[1787] Die Veräußerung – nicht die Belastung – des Wohnungs- und Teileigentums kann von der Zustimmung eines Dritten (z.B. des Verwalters) abhängig gemacht werden (§ 12 WEG), die dann auch im Fall einer Veräußerung durch Zwangsversteigerung (§ 12 Abs. 3 Satz 2 WEG) einzuholen ist. Als grundstücksgleiches Recht kann ferner das Erbbaurecht mit einem Grundpfandrecht belastet werden.[1788] Meist wird zur Belastung des Erbbaurechts und später nochmals zu dessen Veräußerung im Wege der Zwangsversteigerung aber die Zustimmung des Grundstückseigentümers erforderlich sein (§§ 5, 8 ErbbauRG).[1789] Die Grundschuld ist mit dem **Grundschuldkapital** und den **dinglichen Zinsen** (§§ 1115 Abs. 1, 1192 Abs. 1 BGB) zu benennen. Letztere werden üblicherweise in einer Höhe zwischen 14 % und 18 % vereinbart,[1790] sind ebenso wenig akzessorisch wie die Grundschuld selbst und sichern neben der Darlehensforderung insb. auch Kosten, Verzugszinsen (§§ 1146, 1192 Abs. 1 BGB) und künftige Zinserhöhungen. Denkbar ist auch die Vereinbarung einer einmaligen Nebenleistung (§§ 1115 Abs. 1, 1192 Abs. 1 BGB), in der Praxis ist das aber zunehmend seltener anzutreffen. Hinsichtlich des Grundschuldkapitals ist zu berücksichtigen, dass dieses bei Grundschulden, die ab dem 19.08.2008 bestellt wurden (Art. 229 § 18 EGBGB), vor Verwertung zwingend durch Kündigung mit einer sechsmonatigen Kündigungsfrist fällig zu stellen ist (§ 1193 Abs. 1, Abs. 2 Satz 2 BGB); auch wenn die Zwangsversteigerung aus einer vollstreckbaren Sicherungsgrundschuld nur wegen der dinglichen Zinsen betrieben wird, setzt das in Rechtsanalogie zu §§ 1234, 1193 Abs. 1 Satz 3 BGB die Kündigung des Grundschuldkapitals oder die Androhung der Zwangsversteigerung und das Verstreichen einer Wartefrist von sechs Monaten voraus.[1791] Eines besonderen Kündigungsgrundes bedarf es indes nicht (dazu Rdn. 1261). Die Bank wird ferner bereits im Darlehensvertrag regeln, in welchem **Rang** die Grundschuld in Abt. III des Grundbuchs stehen soll und ob ihr in Abt. II wertmindernde Rechte (z.B. Dienstbarkeiten, Reallasten) vorgehen dürfen. In der Sicherungszweckerklärung für die Grundschuld lässt sich die Bank regelmäßig auch die **Rückgewähransprüche hinsichtlich vor- und gleichrangiger Grundschulden** abtreten. Erfolgt eine solche Abtretung nicht nur als Sicherheitenverstärkung zur Ermöglichung einer Rangverbesserung der bestellten oder zu bestellenden Grundschuld, sondern zur Erlangung einer eigenständigen Sicherheit neben der bereits bestellten oder zu bestellenden Grundschuld, so kann auch für diese Abtretung eine entsprechende schuldrechtliche Verpflichtung des Darlehensnehmers im Darlehensvertrag angezeigt sein.

Ist zugunsten des zu finanzierenden Erwerbers eine vorrangige **Auflassungsvormerkung** eingetra- 1141
gen, verlangt die Bank meist auch einen **Rangrücktritt** dieser Auflassungsvormerkung hinter ihr Grundpfandrecht, weil nach § 883 Abs. 2 BGB die im Rang nach einer Auflassungsvormerkung eingetragenen Rechte insoweit unwirksam sind, als sie den durch die Auflassungsvormerkung geschützten Anspruch auf Eigentumsübertragung beeinträchtigen. Anstelle eines Rangrücktritts kommt aber auch die Eintragung eines sog. **Wirksamkeitsvermerks** zugunsten der Erwerberbank in Betracht, mit dessen Hilfe kenntlich gemacht wird, dass die Grundschuld ggü. der Auflassungsvormerkung des Erwerbers wirksam ist.[1792] Der Wirksamkeitsvermerk ist gesetzlich nicht geregelt. Er beruht auf der Erwägung, dass die Bestellung der Finanzierungsgrundschuld im Interesse des

1787 Auch einzelne Miteigentumsanteile nach Bruchteilen lassen sich mit einem Grundpfandrecht belasten (§§ 1114, 1192 Abs. 1 BGB), davon wird aber in der Praxis wegen damit verbundener Verwertungsschwierigkeiten nur sehr zurückhaltend Gebrauch gemacht.

1788 Zum Erbbaurecht als Gegenstand der Bau- und Immobilienfinanzierung Rdn. 1279–1302.

1789 MüKo-BGB/*Heinemann* § 8 ErbbauRG Rn. 10.

1790 Zur Zulässigkeit der Vereinbarung von dinglichen Zinsen in dieser Höhe *Freckmann* BKR 2005, 167 (170); dagegen *Clemente/Lenk* ZfIR 2002, 337 (341); *Peters* JZ 2001, 1017; ferner *Zimmer* NJW 2006, 1325 (1326). Zur Geltendmachung oder Nichtanmeldung der dinglichen Zinsen durch den Grundpfandgläubiger in der Zwangsversteigerung *Kesseler* DNotZ 2012, 405.

1791 BGH Urt. v. 30.03.2017 – V ZB 84/16, (Rn. 15 ff.); dazu *Kesseler* NJW 2017, 2442; *Lieder/Werner* WuB 2017, 546; *Clemente* ZfIR 2017, 523, der die sechsmonatige Wartefrist allerdings auch bei der Anordnung der Zwangsverwaltung zur Anwendung bringen will.

1792 BGH, WM 1999, 969 (970); OLG Stuttgart, WM 2011, 1778 (auch zu Kostenfragen); Palandt/*Herrler* § 883 Rn. 21; a.A. OLG Köln, DNotZ 1998, 311.

Erwerbers erfolgt und er deshalb meist bereits im Immobilienkaufvertrag oder durch Ausnutzung einer dort vorgesehenen **Belastungsvollmacht**[1793] seine Zustimmung zur Wirksamkeit der Grundschuld ggü. der Auflassungsvormerkung erteilt. Die Eintragung des Wirksamkeitsvermerks soll insoweit für jedermann Klarheit schaffen und die Publizitätswirkung des Grundbuchs fördern.[1794] In diesem Zusammenhang findet sich sogar die Auffassung, dass mangels Rangfähigkeit der Auflassungsvormerkung ein Rangrücktritt überhaupt nicht möglich sei und nur noch ein Wirksamkeitsvermerk eingetragen werden könne.[1795] Das wird zwar nicht richtig sein,[1796] es stellt sich aber gleichwohl die Frage, ob der Wirksamkeitsvermerk in seinen Wirkungen einem Rangrücktritt der Auflassungsvormerkung gleichkommt und der Bank eine entsprechende Sicherheit bietet. Eine Zwangsversteigerung aus dem (nachrangigen) Grundpfandrecht, die noch vor der Eigentumsumschreibung auf den Erwerber eingeleitet wird, dürfte nicht erschwert sein. Zwar ist nach § 44 Abs. 1 ZVG ein vorrangiges Recht in das geringste Gebot aufzunehmen und daher nach § 52 Abs. 1 ZVG vom Ersteher zu übernehmen, das wird aber dann nicht gelten, wenn bei der Grundschuld des die Zwangsversteigerung betreibenden Gläubigers ein Wirksamkeitsvermerk eingetragen ist. Der vormerkungsberechtigte Erwerber selbst hat dieser Grundschuldbestellung zur Kaufpreisfinanzierung zugestimmt, sodass er sein Recht in einer Zwangsversteigerung aus dieser Grundschuld verlieren muss.[1797] Ein weiteres Problem könnte darin erblickt werden, dass der durch die Auflassungsvormerkung gesicherte schuldrechtliche Eigentumsverschaffungsanspruch verpfändet werden kann und auch dem Pfändungszugriff der Gläubiger des Erwerbers unterliegt. Im Fall der Eigentumsumschreibung auf den Erwerber entsteht dann nach § 1287 BGB für den (Pfändungs-) Pfandgläubiger im Rang der Auflassungsvormerkung eine Sicherungshypothek. Vorrang dürften aber jene Grundpfandrechte haben, die bereits im Immobilienkaufvertrag vorgesehen sind und aufgrund der dort geregelten Belastungsvollmacht bestellt werden, denn der Erwerbsvertrag bestimmt inhaltlich über den schuldrechtlichen Eigentumsverschaffungsanspruch. Ein (Pfändungs-) Pfandgläubiger kann nicht mehr Rechte erwerben, als dem Vormerkungsberechtigten zustehen. Auch die Widerruflichkeit der Einwilligung (§ 183 BGB) des Erwerbers in die relative Wirksamkeit der nachrangigen Grundschuld ggü. der Auflassungsvormerkung wird zumindest konkludent ausgeschlossen sein, da nach dem übereinstimmenden Parteiwillen die Erwerberbank gerade eine rangwirksame Grundschuld erhalten soll. Dennoch werden sich in der Praxis die Erwerberbanken auf einen Wirksamkeitsvermerk vorsorglich nicht einlassen und unverändert den Rangrücktritt der Auflassungsvormerkung fordern.[1798]

1142 Die Bank wird darüber hinaus häufig eine **sofort vollstreckbare Grundschuld** verlangen (§ 800 ZPO), um bei Bedarf den dinglichen Anspruch auf Duldung der Zwangsvollstreckung in das Grundstück (§§ 1147, 1192 Abs. 1 BGB) sofort durchsetzen zu können, ohne zuvor eine Duldungsklage erheben zu müssen. Die Unterwerfung unter die sofortige Zwangsvollstreckung (§ 794 Abs. 1 Nr. 5 ZPO) wegen des Grundschuldbetrages und der dinglichen Zinsen ist eine einseitige – lediglich prozessrechtlichen Grundsätzen unterliegende – Erklärung.[1799] Sie kann formularmäßig auch von einem Drittsicherungsgeber eingeholt werden[1800] und dergestalt erfolgen, dass

1793 Zur Stellvertretung bei der Grundschuldbestellung und bei der Unterwerfung unter die sofortige Zwangsvollstreckung im Allgemeinen *Zimmer* ZfIR 2008, 487. Die Neuregelung des § 79 Abs. 2 ZPO, die in ihrem Anwendungsbereich als taugliche Bevollmächtigte nur noch einen bestimmten Personenkreis vorsieht, steht einer Belastungsvollmacht zugunsten des Erwerbers nicht entgegen, a.A. *Grziwotz* ZfIR 2008, 821 (822 f.); vgl. Rdn. 1141–1161.

1794 BGH, WM 1999, 969 (970).

1795 *Schubert* DNotZ 1999, 967 (970).

1796 Zutreffend *Freckmann* BKR 2005, 167 (168).

1797 *Stöber* MittBayNot 1997, 143; a.A. *Muth* WuB 1 F 3–10.99; *Freckmann* BKR 2005, 167 (169).

1798 *Freckmann* BKR 2005, 167 (169).

1799 BGH, WM 1989, 1760 (1761); Palandt/Herrler § 1147 Rn. 4. Zu den Besonderheiten bei sofort vollstreckbaren Grundschulden, die durch eine GbR bestellt werden vgl. Rdn. 1076.

1800 BGH, WM 1991, 758 (759); ferner OLG Köln, WM 2000, 2139 (2140); zur Eigensicherheit zuletzt BGH, WM 2008, 1679 (Rn. 32); OLG Celle, WM 2009, 1185 (1187 ff.).

die sofortige Zwangsvollstreckung gegen den jeweiligen Grundstückseigentümer möglich ist und deshalb von einem etwaigen Eigentumswechsel an dem Grundstück unberührt bleibt (§ 800 Abs. 1 ZPO).[1801] Die Regelungen zur Verbesserung des Schuldner- und Verbraucherschutzes bei Abtretung und Verkauf von Darlehensforderungen an Finanzinvestoren, die am 19.08.2008 in Kraft getreten sind (Art. 229 § 18 EGBGB), haben an der Wirksamkeit der auch formularmäßig eingeholten Zwangsvollstreckungsunterwerfung und des meist zugleich eingeholten **Verzichts des Sicherungsgebers auf den Nachweis der Fälligkeit des Grundschuldkapitals** nichts geändert (dazu Rdn. 1264). Auch eine **Belastungsvollmacht**, mit der der Verkäufer einer Immobilie den Käufer im Immobilienkaufvertrag zur Bestellung eines Grundpfandrechts nebst Zwangsvollstreckungsunterwerfung hinsichtlich der kaufgegenständlichen Immobilie bevollmächtigt, kann sich auf die Abgabe einer Unterwerfungserklärung erstrecken. Die Regelung des § 79 Abs. 2 ZPO, die als Vertreter im Prozess neben Rechtsanwälten nur die dort bestimmten Person zulässt, steht einer solchen Reichweite der Belastungsvollmacht nicht entgegen,[1802] da die Vorschrift nur kontradiktorische Verfahren (»Rechtsstreit«) nach der ZPO erfasst, nicht aber die Beurkundung einer prozessualen Willenserklärung.[1803] Wegen der für die erforderliche Beurkundung der Unterwerfungserklärung (§ 794 Abs. 1 Nr. 5 ZPO) anfallenden Notargebühren wird zur Kostenersparnis die Zwangsvollstreckungsunterwerfung häufig auf einen **Teilbetrag** beschränkt. Zu diesem Zweck können zwei Grundschulden mit einer entsprechenden **Rangbestimmung** bestellt werden, wobei lediglich für eine der beiden Grundschulden die Zwangsvollstreckungsunterwerfung erklärt wird und diese Grundschuld vorzugsweise im Rang vor der nicht vollstreckbaren Grundschuld eingetragen werden sollte. So bleibt der Bank die Möglichkeit, aus dem Erlös auch Zahlungen auf ihre nachrangige und mit dem Zuschlag erlöschende Grundschuld zu erhalten. Außerdem könnte bei umgekehrter Rangfolge die – betragsmäßig höhere und nicht vollstreckbare – vorrangige Grundschuld durch ihr Bestehenbleiben im Zwangsversteigerungsverfahren (§§ 44 Abs. 1, 52 Abs. 1 ZVG) die Verwertung behindern. Die Beschränkung der Zwangsvollstreckungsunterwerfung auf einen Teilbetrag ist allerdings auch ohne die Bildung zweier Grundschulden möglich, indem sich der Grundstückseigentümer **wegen eines zuletzt zu zahlenden Teilbetrages** in der gewünschten Höhe der sofortigen Zwangsvollstreckung

---

1801 BGH, WM 2010, 1022 (Rn. 27, 33). Die Wirksamkeit formularmäßiger Zwangsvollstreckungsunterwerfungen bestreitend *Schimansky* WM 2008, 1049; ferner LG Hamburg, WM 2008, 1450 (1451), für den Fall, dass die Darlehensforderung an eine Nichtbank abtretbar ist; dagegen zu Recht OLG Celle, WM 2009, 1185 (1187 ff.); OLG Schleswig, WM 2009, 1195 (1197); *Volmer* ZfIR 2008, 634 ff.; *Bork* ZIP 2008, 2149 ff.; *Schulz* ZIP 2008, 858 ff. Das Urteil des LG Hamburg wurde aus formalen Gründen aufgehoben durch BGH, WM 2009, 846 (847). An die Titelumschreibung im Fall einer Abtretung der vollstreckbaren Grundschuld sind keine besonderen Anforderungen zu stellen, BGH, WM 2011, 1460 (Rn. 16 ff.); dazu auch Rdn. 1263.

1802 A.A. wohl *Grziwotz* ZfIR, 821 (822 f.).

1803 Für die vollstreckbare Ausfertigung muss die Vollmacht in öffentlicher oder öffentlich beglaubigter Urkunde nachgewiesen werden, BGH, WM 2008, 1278 (Rn. 9); *Grziwotz* ZfIR 2008, 821 (822). Auch die Zwangsvollstreckung ist nur zulässig, wenn dem Schuldner zuvor auch die Vollmachtsurkunde des Vertreters oder die Genehmigung des Vertretenen in öffentlich beglaubigter Form zugestellt wurde, BGH, WM 2006, 2266 (Rn. 10). Allerdings soll es nach Auffassung des OLG Schleswig (DNotZ 2008, 152) gegen § 17 Abs. 2a Satz 1 Nr. 1 BeurkG verstoßen, in einen Grundstückskaufvertrag mit einem Verbraucher eine Vollmacht zugunsten eines Notariatsangestellten aufzunehmen, die diesen berechtigt, die Finanzierungsgrundschulden nebst Unterwerfungserklärung zugunsten der Bank zu bestellen; der Notariatsangestellte sei keine Vertrauensperson des Erwerbers. Ein etwaiger Verstoß gegen § 17 Abs. 2a Satz 1 Nr. 1 BeurkG würde aber die Wirksamkeit der Vollmacht bzw. der Grundschuldbestellung unberührt lassen, denn § 17 Abs. 2a Satz 1 Nr. 1 BeurkG ist weder eine Verbotsnorm i.S.d. § 134 BGB noch ein Schutzgesetz i.S.d. § 823 Abs. 2 BGB, sondern eine Ordnungsvorschrift, deren Nichtbeachtung allenfalls zu einer Amtspflichtverletzung des Notars (§ 19 BNotO) führen kann, *Terner* NJW 2013, 1404 (1407). Allerdings steht die Regelfrist von 2 Wochen nach § 17 Abs. 2a Satz 2 Nr. 2 BeurkG nicht zur Disposition der Urkundsbeteiligten; Voraussetzung für die Nichteinhaltung der Frist ist ein sachlicher Grund, BGH, Urt. v. 07.02.2013 – III ZR 121/12, ZfIR 2013, 427.

aus der (ungeteilten) Grundschuld unterwirft.[1804] Teilzahlungen auf die Grundschuld werden dann **außerhalb des Zwangsvollstreckungsverfahrens** zunächst auf deren nicht titulierten Teil angerechnet,[1805] hingegen kann **im Zwangsversteigerungsverfahren** durch Zahlung auf den Titel die Zwangsversteigerung abgewendet werden.[1806] Es dürften bei dieser Variante aus Kostengründen aber zwei Urkunden auszufertigen sein, nämlich die vom Notar lediglich zu beglaubigende Grundschuldbestellungsurkunde sowie die notariell zu beurkundende Unterwerfungserklärung. Freilich sollte der titulierte Teilbetrag betragsmäßig stets so gewählt werden, dass voraussichtlich weder der Grundstückseigentümer (§§ 1150, 1192 Abs. 1 BGB) noch ein etwaiger ablöseberechtigter Dritter (§§ 1150, 1192 Abs. 1, 268 BGB) in der Zwangsvollstreckung auf den Titel zahlen wird (§ 75 ZVG).[1807] I.Ü. kann sich die Bank hinsichtlich des nicht titulierten Teilbetrags vom Grundstückseigentümer unwiderruflich und unter Befreiung von § 181 BGB – sowie vorzugsweise notariell beurkundet – bevollmächtigen lassen, den Grundbesitz in dessen Namen und für dessen Rechnung der sofortigen Zwangsvollstreckung zu unterwerfen.[1808] Auch einer solchen Bevollmächtigung steht § 79 Abs. 2 ZPO nicht entgegen.

1143 Da die Bank aus der sofort vollstreckbaren Grundschuld nur in das belastete Objekt vollstrecken kann, holt sie vom Darlehensnehmer neben der dinglichen Zwangsvollstreckungsunterwerfung oftmals auch ein **abstraktes Schuldanerkenntnis oder -versprechen** (§§ 780 ff. BGB) nebst **Unterwerfung unter die sofortige Zwangsvollstreckung** (§ 794 Abs. 1 Nr. 5 ZPO) ein, um im Verwertungsfall ohne zeitliche Verzögerungen und unabhängig von der Eintragung der Grundschuld im Grundbuch auch in das sonstige Privatvermögen des Darlehensnehmers vollstrecken zu können.[1809] Möchte die Bank als Gläubigerin einer Grundschuld wegen einer persönlichen Forderung die Zwangsversteigerung aus dem vollstreckbaren abstrakten Schuldversprechen betreiben, muss sie allerdings analog §§ 1234, 1193 Abs. 1 Satz 3 BGB zuvor entweder das Grundschuldkapital gekündigt haben oder die Zwangsvollstreckung zuvor angedroht und eine sechsmonatige Frist analog §§ 1234, 1193 Abs. 1 Satz 3 BGB abgewartet haben;[1810] das gilt aber nicht für die Zwangsvollstreckung aus dem vollstreckbaren abstrakten Schuldversprechen in das sonstige Vermögen des Schuldners. Das abstrakte Schuldversprechen mit Zwangsvollstreckungsunterwerfung kann für die Bank auch **verjährungsrechtlich** von Bedeutung sein, denn tituliert verjährt das abstrakte Schuldversprechen erst nach 30 Jahren (§ 197 Abs. 1 Nr. 4 BGB), der gesicherte Darlehensrückzahlungsanspruch aber bereits nach 3 Jahren (§ 195 BGB). Eine Verjährung des Darlehensrückzahlungsanspruchs hindert die Bank nicht an einer Zwangsvollstreckung aus dem in einer notariellen Urkunde abgegebenen abstrakten Schuldversprechen (§ 216 Abs. 2 BGB analog), denn das abstrakte

1804 BGHZ 108, 372 (377) = WM 1989, 1760 (1761); BGH, Beschl. v. 29.03.2007 – V ZB 160/06, (Rn. 12); OLG Hamm, WM 1987, 382; dazu *Clemente* ZfIR 2003, 94 (97).

1805 BGHZ 108, 372 (377) = WM 1989, 1760 (1761).

1806 BGH, Beschl. v. 29.03.2007 – V ZB 160/06, (Rn. 15).

1807 Vgl. *Thaler* ZfIR 2002, 669 (670).

1808 Vgl. *Dux* WM 1994, 1145 (1146); *Rösler* WM 1998, 1377 (1380); *Thaler* ZfIR 2002, 669 (670). Im Fall eines Eigentumswechsels an dem betreffenden Grundstück oder der Eröffnung eines Insolvenzverfahrens (§ 117 InsO) wird die Vollmacht allerdings hinfällig. Zur Stellvertretung bei der Grundschuldbestellung und bei der Unterwerfung unter die sofortige Zwangsvollstreckung im Allgemeinen *Zimmer* ZfIR 2008, 487.

1809 Vgl. BGH, WM 1992, 132 (133). Auch wenn der Bank ein abstraktes Schuldversprechen mit Zwangsvollstreckungsunterwerfung des Darlehensnehmers vorliegt, hat sie noch immer das erforderliche Rechtsschutzinteresse für eine Klage auf Darlehensrückzahlung, BGH, Urt. v. 19.12.2006 – XI ZR 113/06, (Rn. 11 ff.). Zum beurkundungsrechtlichen Erfordernis des Verlesens der Niederschrift über die Beurkundung des abstrakten Schuldversprechens BGH, WM 2009, 2212.

1810 So für die Zwangsversteigerung aus den dinglichen Zinsen BGH, Urt. v. 30.03.2017 – V ZB 84/16, (Rn. 31).

Schuldversprechen ist nicht an die Darlehensforderung, sondern durch die Verbindung mit der Grundschuld verjährungsrechtlich an diese gebunden.[1811]

Die Übernahme der abstrakten Schuldverpflichtung erfolgt regelmäßig in der Grundschuldbestellungsurkunde bzw. in der separaten Unterwerfungserklärung hinsichtlich des zuletzt zu zahlenden Teilbetrags, und zwar beschränkt auf einen Betrag, dessen Höhe der bewilligten Grundschuld bzw. des vollstreckbaren Teilbetrags entspricht. Das ist bei einer Sicherheitenbestellung durch den Darlehensnehmer formularmäßig ohne Verstoß gegen § 305c BGB, § 307 BGB[1812] oder § 309 Nr. 12 BGB[1813] auch mit einer weiten Zweckerklärung möglich, da die Bank ein berechtigtes Interesse an der abstrakten Schuldverpflichtung hat und der Darlehensnehmer für seine Darlehensverbindlichkeiten ohnehin mit seinem gesamten Vermögen einzustehen hat.[1814] Bei wirksamer Bestellung sowohl des sofort vollstreckbaren Schuldversprechens als auch der sofort vollstreckbaren Grundschuld kann die Bank im Zweifel aus der vollstreckbaren Urkunde nur einmal den vollstreckbaren Betrag verlangen, weil der Darlehensnehmer davon ausgehen darf, dass durch die in derselben Urkunde erklärten dinglichen und persönlichen Vollstreckungsunterwerfungen seine Haftung für die Grundschuldsumme nur gegenständlich über den belasteten Grundbesitz hinaus auf sein gesamtes Vermögen erweitert, nicht aber betragsmäßig verdoppelt wird.[1815] Deshalb wird auch kostenrechtlich für die gleichzeitige Beurkundung der sofort vollstreckbaren Grundschuld und des abstrakten Schuldanerkenntnisses oder -versprechens mit Zwangsvollstreckungsunterwerfung nur eine volle Gebühr aus dem Nennbetrag der Grundschuld erhoben (§ 93 Abs. 1 GNotKG). **1144**

An der **Wirksamkeit** der solchermaßen eingeholten Erklärungen des Darlehensnehmers haben auch die Regelungen zur Verbesserung des Schuldner- und Verbraucherschutzes bei Abtretung und Verkauf von Darlehensforderungen an Finanzinvestoren, die am 19.08.2008 in Kraft getreten sind (Art. 229 § 18 EGBGB), nichts geändert.[1816] Das abstrakte Schuldversprechen bleibt auch nach Inkrafttreten der Neuregelung des § 1193 Abs. 2 BGB am 19.08.2008 sofort fällig (§ 271 BGB) und setzt die Fälligkeit des Grundschuldkapitals nicht voraus.[1817] Darüber hinaus verstößt das **1145**

1811 BGH, WM 2010, 28 (Rn. 24); OLG Frankfurt am Main, WM 2007, 2196 (2197); im Ergebnis auch *Clemente* WM 2008, 718 (720).

1812 BGHZ 99, 274 (282); BGH, WM 2008, 1679 (Rn. 31 f.); Palandt/*Grüneberg* § 307 Rn. 94; a.A. *Schimansky* WM 2008, 1049; ferner LG Hamburg, WM 2008, 1450 (1451); dagegen zu Recht *Volmer* ZfIR 2008, 634 ff.; *Bork* ZIP 2008, 2149 ff.; *Schulz* ZIP 2008, 858 ff. Das Urteil des LG Hamburg wurde aus formalen Gründen aufgehoben durch BGH, WM 2009, 846 (847).

1813 BGHZ 114, 9 (12); Palandt/*Grüneberg* § 309 Rn. 107.

1814 BGH, WM 2004, 2375 (2378); BGH, WM 2004, 372 (376); *Freckmann* BKR 2005, 167 (172); a.A. für verbundene Immobilienfinanzierungen *Vollkommer* NJW 2004, 818 (820); differenzierend *Joswig* ZfIR 2000, 593 (595). Anders ist das bei einem Drittsicherungsgeber zu beurteilen, BGHZ 114, 9 (12); *Freckmann* BKR 2005, 167 (172).

1815 BGH, WM 2000, 1058 (1059); BGH, WM 1988, 109 (110); *Freckmann* BKR 2005, 167 (171). Werden die Forderungen der Bank bei einer zunächst erfolgten Vollstreckung in das Grundstück nicht voll befriedigt, kann die Bank hinsichtlich ihrer Restforderungen – soweit der titulierte Betrag reicht – aber noch in das persönliche Vermögen vollstrecken, BGH, WM 1990, 1927 (1928).

1816 Palandt/*Herrler* § 1193 Rn. 3; *Dörrie* ZBB 2008, 292 (303); *Volmer* MittBayNot 2009, 1 (6 ff.); *Ruzik* ZInsO 2008, 1225 (1227 ff.); *Müller* RNotZ 2010, 167 (169); *Everts* DNotZ 2013, 730 (732 ff.); dazu auch Rdn. 1261.

1817 Daher bleibt auch der regelmäßig eingeholte Verzicht des Darlehensnehmers auf den Nachweis der Fälligkeit des abstrakten Schuldversprechens wirksam Möchte die Bank allerdings als Gläubigerin einer Grundschuld wegen einer persönlichen Forderung die Zwangsversteigerung aus dem vollstreckbaren abstrakten Schuldversprechen betreiben, muss sie allerdings analog §§ 1234, 1193 Abs. 1 Satz 3 BGB zuvor entweder das Grundschuldkapital gekündigt haben oder die Zwangsvollstreckung zuvor angedroht und eine sechsmonatige Frist analog §§ 1234, 1193 Abs. 1 Satz 3 BGB abgewartet haben, vgl. für die Zwangsversteigerung aus den dinglichen Zinsen BGH, Urt. v. 30.03.2017 – V ZB 84/16, (Rn. 31).

abstrakte Schuldversprechen mit sofortiger Zwangsvollstreckungsunterwerfung auch nicht gegen § 496 Abs. 3 BGB (§ 496 Abs. 2 BGB a.F., § 10 VerbrKrG).[1818]

1146 Wird das abstrakte Schuldversprechen nebst Zwangsvollstreckungsunterwerfung von einer **GbR als Sicherungsgeberin** eingeholt, so haften zwar deren Gesellschafter kraft Gesetzes unbeschränkt und persönlich auch für die Verpflichtung der GbR aus dem abstrakten Schuldversprechen,[1819] die Zwangsvollstreckungsunterwerfung der GbR ermöglicht aber nicht die Zwangsvollstreckung in das Privatvermögen dieser Gesellschafter.[1820] Dazu bedarf es vielmehr einer eigenen Zwangsvollstreckungsunterwerfung der Gesellschafter hinsichtlich ihrer Gesellschafterhaftung aus dem abstrakten Schuldversprechen ihrer GbR.

1147 I.Ü. sollte die Bank darauf achten, sich auch für die Beibringung des abstrakten Schuldversprechens mit Vollstreckungsunterwerfung einen **schuldrechtlichen Anspruch im Darlehensvertrag** zu verschaffen. Die darlehensvertragliche Verpflichtung zur Bestellung einer sofort vollstreckbaren Grundschuld beinhaltet nicht zwangsläufig zugleich eine Verpflichtung zur Übernahme eines abstrakten Schuldversprechens, selbst wenn typischerweise das vollstreckbare Schuldversprechen ebenfalls in der Grundschuldbestellungsurkunde eingeholt wird. Hat der Darlehensnehmer das abstrakte Schuldversprechen aber bestellt, kann er es bei Fehlen einer entsprechenden Regelung im Darlehensvertrag weder nach verbraucherdarlehensrechtlichen Regelungen noch nach §§ 812 ff. BGB zurück verlangen, denn Personalsicherheiten tragen ihren Rechtsgrund in sich, solange die gesicherte[1821] Darlehensverbindlichkeit besteht.[1822] Im Fall eines wirksamen **Widerrufs des Darlehensvertrages** bleibt die Bank hinsichtlich ihrer Rückzahlungsansprüche berechtigt, aus einem zur Sicherung der Darlehensforderungen eingeholten abstrakten Schuldversprechen mit Zwangsvollstreckungsunterwerfung die Zwangsvollstreckung gegen den Darlehensnehmer zu betreiben.[1823]

1148 Will sich die Bank eine noch zugunsten eines anderen Gläubigers eingetragene Grundschuld – etwa im Zuge einer Umschuldung – abtreten lassen und wurde mit der Bestellung dieser Grundschuld auch ein sofort vollstreckbares abstraktes Schuldversprechen ggü. dem bisherigen Gläubiger abgegeben, muss sich die Bank dieses bei Bedarf ausdrücklich mit abtreten lassen. Es ist nicht Teil der Grundschuld und geht bei einer Abtretung der Grundschuld nicht ohne Weiteres auf den Zessionar über.[1824] Wird ein sofort vollstreckbares abstraktes Schuldversprechen ohne die Grundschuld abgetreten, ist eine Titelumschreibung auf den Zessionar dann nicht möglich, wenn etwa in der

1818 BGH, ZIP 2005, 828 (831); BGH, WM 2006, 1194 (Rn. 17); Urt. v. 26.09.2006 – XI ZR 358/04, (Rn. 14); a.A. *Vollkommer* NJW 2004, 818.

1819 Die für das abstrakte Schuldversprechen mit Zwangsvollstreckungsunterwerfung maßgebliche 30-jährige Verjährungsfrist des § 197 Abs. 1 Nr. 4 BGB gilt auch für die diesbezügliche Gesellschafterhaftung aus § 128 BGB analog, vgl. BGH, WM 2010, 308 (Rn. 40).

1820 Zur Rechts-, Partei- und Grundbuchfähigkeit der GbR als Vertragspartnerin der Bank sowie zur Haftung der Gesellschafter oben Rdn. 1072–1076.

1821 Nachdrücklich auf das Erfordernis einer Sicherungsabrede hinweisend *Zimmer* NJW 2008, 3185 (3186 f.).

1822 BGH, WM 2008, 1679 (Rn. 18 ff.); OLG Dresden, WM 2001, 1854 (1858); *Zimmer* NJW 2008, 3185 (3186); ferner *Freckmann* BKR 2005, 167 (171); a.A. OLG Saarbrücken, ZfIR 2003, 153 (155).

1823 OLG Saarbrücken, WM 2007, 1924 (1926); vgl. auch BGH, Urt. v. 27.02.2018 – XI ZR 224/17 (Rn. 17): Die vom Darlehensvertrag verschiedene Sicherungszweckabrede für die Grundschuld erfasst auch ohne entsprechende ausdrückliche Vereinbarung regelmäßig nicht nur die eigentlichen Erfüllungsansprüche aus dem Darlehensvertrag, sondern auch typische Folgeansprüche wie solche aus einem Rückabwicklungsschuldverhältnis nach einem Widerruf des Darlehensvertrages. Zu den Voraussetzungen einer Widerrufserklärung, die sich auch auf eine im widerrufenen Darlehensvertrag enthaltene Sicherungszweckerklärung für das abstrakte Schuldversprechen erstrecken soll, vgl. BGH, Urt. v. 26.09.2006 – XI ZR 358/04, (Rn. 30 ff.).

1824 Vgl. BGH, WM 1999, 1616: In dem zu entscheidenden Sachverhalt fand sich in der Grundschuldbestellungsurkunde folgende (nicht beanstandete) Formulierung: *»(…) jedem künftigen Fremdgläubiger gegenüber für den Eingang des Grundschuldbetrages nebst Zinsen die volle persönliche Haftung (…).«*

Grundschuldbestellungsurkunde als Vollstreckungsbedingung (§ 726 Abs. 1 ZPO) geregelt ist, dass nur der jeweilige Inhaber der Grundschuld berechtigt sein soll, wegen der persönlichen Forderung aus dem abstrakten Schuldversprechen gegen den Schuldner zu vollstrecken.[1825]

cc) Verpfändung des finanzierten Immobilienfondsanteils

Insb. bei der **Finanzierung des Beitritts zu einem geschlossenen Immobilienfonds** erfolgt die Sicherstellung des Darlehens in aller Regel auch durch die **Verpfändung des finanzierten Anteils.**[1826] Da es sich bei Fondsgesellschaften in der Rechtsform der KG oder der GbR um Personengesellschaften handelt und die Anteile an Personengesellschaften nicht frei übertragbar sind, bedarf die Verpfändung zu ihrer Wirksamkeit grds. der **Zustimmung aller Gesellschafter**. Für die schuldrechtliche Verpflichtung zur Verpfändung des Anteils, die im Darlehensvertrag bei den zu bestellenden Sicherheiten vorgesehen sein wird, gilt dieses Zustimmungserfordernis hingegen nicht. Häufig wird im Gesellschaftsvertrag der Fondsgesellschaft bereits eine Regelung zur Übertragbarkeit und damit auch zur Verpfändbarkeit des Fondsanteils enthalten sein. Ist das nicht der Fall, so wird die Bank die Auszahlung des Darlehens von der Vorlage einer solchen Zustimmung abhängig machen. Die Verpfändung erstreckt sich nach dem Willen der Bank in aller Regel auch auf die vermögensrechtlichen Ansprüche aus dem Anteil, also insb. auf die Gewinnansprüche des Anteilsinhabers, seinen Anspruch auf das Auseinandersetzungsguthaben, den anteiligen Liquidations- und sonstigen Veräußerungserlös sowie auf etwaige Ansprüche auf Rückzahlung der Einlage. Das Pfandrecht wird zudem gem. §§ 1273 Abs. 2, 1213 Abs. 1, 1214 BGB mitunter als Nutzungspfandrecht ausgestaltet sein, das der Bank die Inhaberschaft der Gewinnansprüche unmittelbar zuweist. Die Verpfändung des Gesellschaftsanteils bedarf als Verpfändung eines Rechts zwar nicht der Anzeige nach § 1280 BGB, eine solche wird aber bei der Mitverpfändung sämtlicher vermögensrechtlichen Ansprüche erforderlich sein.[1827] Die Stimmrechte aus der verpfändeten Beteiligung verbleiben beim Gesellschafter, und auch zur Veräußerung seines – mit dem Pfandrecht belasteten – Anteils bleibt er befugt. Allerdings wird sich die Bank regelmäßig zur Ausübung der Kündigungsrechte des Gesellschafters bevollmächtigen lassen, um im Verwertungsfall auch auf diese Weise auf den Auseinandersetzungsanspruch zugreifen zu können.[1828] I.Ü. kann die Verwertung des verpfändeten Fondsanteils unter tatsächlichen Gesichtspunkten problematisch sein, denn geschlossene Immobilienfonds unterliegen den Regeln des Grauen Kapitalmarkts und sind – da ein Sekundärmarkt nur eingeschränkt besteht – nur schwer veräußerbar. 1149

dd) Abtretung oder Verpfändung von Rechten und Ansprüchen aus Tilgungsinstrumenten

Wählt der Darlehensnehmer das bei Immobilien- oder Anteilsfinanzierungen keineswegs unübliche Finanzierungsmodell des **tilgungsfreien Festdarlehens** (Zinszahlungsdarlehens) **in Kombination mit einem Tilgungsinstrument (dazu** Rdn. 1000, 1029, 1084–1095), so lässt sich die Bank zur Sicherstellung der Darlehensrückführung auch die Ansprüche aus diesem Tilgungsinstrument abtreten oder verpfänden. Darüber hinaus kann sich die Bank auch die Ansprüche aus einem für das Tilgungsinstrument unterhaltenen und meist werthaltigen Beitragskonto oder -depot, aus dem die jährlichen Prämien oder Beiträge in das Tilgungsinstrument geleistet werden, abtreten oder 1150

Konstruktiv dürfte es sich um ein Angebot an jeden Grundschulderwerber handeln, verbunden mit der auflösenden Bedingung des Übergangs der Grundschuld auf einen anderen.

1825 BGH, Beschl. v. 24.11.2011 – VII ZB 12/11, (Rn. 10); vgl. auch BGH, Beschl. v. 12.12.2007 – VII ZB 108/06, (Rn. 16).

1826 Wird der finanzierte Anteil von einem Treuhänder gehalten, kann sich die Bank auch sämtliche Ansprüche des Darlehensnehmers aus dem Treuhandverhältnis verpfänden lassen.

1827 Das Erfordernis der Anzeige gem. § 1280 BGB soll indes bei der Bestellung eines Nutzungspfandrechts nicht gelten, vgl. *Reymann* DNotZ 2005, 425 (434) m.w.N.

1828 Scheidet der Gesellschafter aus der Gesellschaft aus, erlischt zwar das Pfandrecht am Gesellschaftsanteil, es besteht aber bereits kraft Gesetzes am Auseinadersetzungsanspruch fort, OLG Stuttgart, DB 2004, 1307 (1308).

verpfänden lassen. I.d.R. handelt es sich bei dem Tilgungsinstrument um eine kapitalbildende Lebens- oder Rentenversicherung oder um einen Bausparvertrag.[1829]

1151 Bei **Bausparverträgen** werden sowohl der Anspruch auf Rückzahlung des angesparten Bausparguthabens als auch jener auf Gewährung des Bauspardarlehens als Gegenstand des Sicherungsvertrages benannt sein.[1830] Da das spätere Bauspardarlehen nur zweckgebunden zur Finanzierung einer wohnungswirtschaftlichen Maßnahme gewährt wird, dürfte bereits aus diesem Grund der Anspruch auf Gewährung des Bauspardarlehens nach § 399 BGB nur mit Zustimmung der Bausparkasse übertragbar sein,[1831] meist ist dies in den Allgemeinen Bedingungen für Bausparverträge aber auch ausdrücklich geregelt. Zu beachten sind für die Erlangung der Prämienbegünstigung ferner – auch i.R.d. Beleihung eines Bausparvertrages durch Abtretung oder Verpfändung – die Voraussetzungen des § 2 Abs. 2 WoPG.

1152 Die Abtretung der Rechte und Ansprüche aus einer **kapitalbildenden Lebens- oder Rentenversicherung mit Kapitalwahlrecht** wird erst wirksam, wenn eine schriftliche Anzeige der Abtretung durch den bisherigen Gläubiger – oder in dessen Namen durch die hierzu bevollmächtigte Bank – an das Versicherungsunternehmen erfolgt ist (§ 9 Abs. 4 der Allgemeinen Bedingungen für kapitalbildende Lebensversicherungen 2017 – ALB 2017). Unerheblich ist dabei, ob die Anzeige vor oder nach der Abtretung vorgenommen wird.[1832] Wird zusammen mit der Kapitallebensversicherung eine Berufsunfähigkeitszusatzversicherung abgeschlossen, steht die Einheitlichkeit des Versicherungsvertrages ungeachtet der Unübertragbarkeit der Berufsunfähigkeitsversicherung (§ 850b Abs. 1 Nr. 1 ZPO) einer Abtretung von Ansprüchen allein aus der Lebensversicherung nicht entgegen.[1833] Weiter ist dafür zu sorgen, dass der Versicherungsnehmer das Bezugsrecht eines Dritten für die Dauer der Abtretung (unwiderruflich) widerruft.[1834] Der Widerruf des Bezugsrechts muss wie die Abtretung selbst gem. § 9 Abs. 4 ALB 2017 durch den bisherigen Gläubiger – oder wiederum in dessen Namen durch die hierzu bevollmächtigte Bank – schriftlich angezeigt werden. Der Bezugsberechtigte verliert seine Rechtsposition dadurch nicht gänzlich, er tritt vielmehr lediglich im Rang hinter den mit der Bank vereinbarten Sicherungszweck zurück.[1835] Ist ein bezugsberechtigter Dritter unwiderruflich eingesetzt worden, so muss er nach § 9 Abs. 2 ALB 2017 dem Widerruf seiner Bezugsberechtigung zustimmen. Auch wenn bei der Kapitallebensversicherung nur für den Todesfall ein unwiderrufliches Bezugsrecht vorgesehen ist (gespaltenes Bezugsrecht), gebührt dem unwiderruflich Bezugsberechtigten ohne dessen Zustimmung zur Abtretung der Rückkaufswert auch im Fall einer Auflösung oder Kündigung des Versicherungsvertrages vor dem vertraglich vorgesehenen Erlebensfall.[1836] Überträgt die Bank die ihr abgetretenen Ansprüche aus einer Lebensversicherung nach dem Tod des Versicherungsnehmers auf dessen Erben zurück, so lebt die widerrufene Bezugsberechtigung wieder auf, wenn der Widerruf nur für die Dauer der Abtretung erfolgte.[1837] Da das Versicherungsunternehmen nach § 8 Abs. 2 ALB 2017 den Inhaber des Versicherungsscheins ohne Weiteres als berechtigt ansehen darf, umgekehrt aber auch die Auszahlung der Versicherungssumme

---

1829 Dazu bereits Rdn. 1084–1095. Zur Sicherungsabtretung von Ansprüchen aus Lebens- und Rentenversicherungen bzw. Bausparverträgen etwa BuB/*Huber* Rn. 4/700 ff. und 4/739 ff.

1830 Zur Kündbarkeit von (langfristigen) Bausparverträgen gem. § 489 Abs. 1 Nr. 2 BGB durch Bausparkassen 10 Jahre nach Zuteilungsreife anlässlich der Niedrigzinsphase, vgl. BVerfG, Beschl. v. 21.06.2017 – 1 BvR 918/17; BGH, Urt. v. 21.02.2017 – XI ZR 185/16, WM 2017, 616 (Rn. 34 ff.); BGH, Urt. v. 21.02.2017 – XI ZR 272/16, (Rn. 26 ff.); *Herresthal* ZIP 2017, 852; *Schultheiß* ZIP 2017, 1793.

1831 MüKo-BGB/*Berger* vor § 488 Rn. 29.

1832 BGH, WM 2001, 1513 (1514).

1833 BGH, WM 2010, 163 (Rn. 21).

1834 Vgl. dazu BGHZ 109, 67 (69).

1835 BGHZ 109, 67 (71); BGH, Urt. v. 18.01.2012 – IV ZR 196/10, (Rn. 16).

1836 BGHZ 45, 162 (166); 118, 242 (247); zur Reichweite der Abtretung der Todesfallansprüche im Hinblick auf den Rückkaufswert vgl. auch BGH, Urt. v. 26.01.2012 – IX ZR 191/10, NZI 2012, 319 (Rn. 9 ff.).

1837 BGH, Urt. v. 18.01.2012 – IV ZR 196/10, (Rn. 18 ff.).

von der Vorlage des Versicherungsscheins abhängig machen kann, sollte sich die Bank diesen aushändigen lassen. Mit dem Inkrafttreten des Alterseinkünftegesetzes (AltEinkG)[1838] zum 01.01.2005 haben sich die steuerlichen Rahmenbedingungen für den Einsatz kapitalbildender Lebens- oder Rentenversicherungen als Tilgungsinstrument grundlegend geändert. Die sicherungsweise Verwendung von Erlebensfallansprüchen aus einer nach dem 01.01.2005 abgeschlossenen Kapitallebens- oder Rentenversicherung, für die ein Sonderausgabenabzug für die Versicherungsprämien möglich ist (§ 10 Abs. 1 Nr. 2 Buchst. b), Abs. 2 und Abs. 5 EStG), kommt nicht mehr in Betracht. Hingegen führt die Abtretung oder Verpfändung von Erlebensfallansprüchen aus kapitalbildenden Lebens- oder Rentenversicherungsverträgen, die vor dem 01.01.2005 abgeschlossen wurden, aufgrund der Einschränkungen des Steueränderungsgesetzes 1992 nur dann steuerlich zum Verlust des Sonderausgabenabzugs für die Versicherungsprämien und der Steuerfreiheit der in der Versicherungsleistungen enthaltenen Zinsen (§ 20 Abs. 1 Nr. 6 EStG), wenn das Darlehen nicht in voller Höhe des Sicherungsumfangs der Finanzierung der Anschaffungs- oder Herstellungskosten für ein begünstigtes Wirtschaftsgut dient.[1839] Nur beschränkt steuerschädlich ist es, wenn die Ansprüche nicht länger als insgesamt 3 Jahre der Sicherung betrieblich veranlasster Darlehen dienen. Über etwaige steuerliche Auswirkungen darf die Bank nach §§ 2 ff. StBerG zwar nicht beraten, sie wird den Kunden aber – ohne dazu verpflichtet zu sein – in aller Regel auf diese möglichen steuerlichen Auswirkungen abstrakt hinweisen und ihn an seinen Steuerberater verweisen. Ungeachtet dessen ist die Bank als Sicherungsnehmerin verpflichtet, dem zuständigen Finanzamt unter den Voraussetzungen des § 29 EStDV die Abtretung oder Verpfändung unverzüglich anzuzeigen.

Sollten die Versicherungsleistungen wider Erwarten nicht zur vollständigen Tilgung des tilgungsfreien Festdarlehens ausreichen und beschränkt sich der Darlehensvertrag darauf, nur auf die Tilgung durch eine Lebensversicherung hinzuweisen, so bleibt es im Zweifel gleichwohl bei der gesetzlichen Regelung, dass ein gewährtes Darlehen in voller Höhe zurückzuführen ist und grds. sowohl die Abtretung der Ansprüche aus dem Versicherungsvertrag als auch die Auszahlung der Versicherungssumme[1840] entsprechend § 364 Abs. 2 BGB nur zu einer Leistung erfüllungshalber und nicht an Erfüllungs statt führen.[1841] Das Unterdeckungsrisiko ist grds. vom Darlehensnehmer zu tragen. Seit 11.06.2010 (Art. 229 § 22 Abs. 2 EGBGB) hat die Bank den Verbraucher bei tilgungsfreien Festdarlehen auf dieses Risiko allerdings sowohl in den vorvertraglichen Informationen (§ 491a Abs. 1 BGB i.V.m. Art. 247 § 8 Abs. 3 Satz 2 EGBGB) als auch im Verbraucherdarlehensvertrag (§ 492 Abs. 2 BGB i.V.m. Art. 247 § 8 Abs. 3 Satz 2 EGBGB) hinzuweisen. Kaum nachvollziehbar ist indes die Auffassung, den Erben des Darlehensnehmers stehe ein vorfälliges und entschädigungsfreies Sondertilgungsrecht zu, wenn die Versicherung durch den Todesfall vorzeitig ausgezahlt werde.[1842] Bereits eine einfache Auslegung des Darlehensvertrags dürfte in den meisten Fällen zu dem Ergebnis führen, dass eine vorzeitige Fälligkeit der Versicherungsleistung den vertraglich vereinbarten Fälligkeitstermin für die Darlehensrückzahlung unberührt lässt. Eine ganz andere Frage ist es hingegen, ob bei Abtretung nur der Todesfallansprüche aus einer kapitalbildenden Lebensversicherung auch 1153

1838 Gesetz zur Neuordnung der einkommensteuerrechtlichen Behandlung von Altersvorsorgeaufwendungen und Altersbezügen v. 05.07.2004, BGBl. I, S. 1427.

1839 Vgl. BFH, ZIP 2007, 1101 (1102 Rn. 15): Steuerschädlichkeit bei Absicherung eines Darlehens, das dem Erwerb von Aktien aus einem Aktienfonds dient, durch Ansprüche aus einem Lebensversicherungsvertrag; ferner BFH, ZIP 2007, 1300 (1301 Rn. 17): keine Steuerschädlichkeit bei Absicherung eines Avalkredits durch Ansprüche aus einem Lebensversicherungsvertrag.

1840 LG Göttingen, WM 2005, 2092 (2093); LG Mainz, WM 2005, 2093; LG Freiburg, WM 2005, 2090 (2091): Auslegung einer Regelung, die es der Bank gestattet, eine angemessene jährliche Tilgung festzulegen, wenn die Rückzahlung aus der Lebensversicherung gefährdet ist.

1841 BGH, WM 2008, 121; OLG Nürnberg, WM 2007, 1787 (1788); OLG Koblenz, WM 2007, 497 (498); OLG Karlsruhe, WM 2006, 1810 (1812); OLG Karlsruhe, WM 2006, 1247 (1248); *Freckmann/Rösler* ZBB 2007, 23 (31); abweichend in einem Sonderfall OLG Karlsruhe, WM 2003, 2412; ferner OLG Frankfurt am Main, Urt. v. 06.10.2005 – 3 U 191/04; zu den Auslegungsproblemen eingehend *Wegmann* BKR 2007, 268.

1842 So OLG Karlsruhe, WM 2001, 1561 (1562); dagegen zu Recht *Freckmann/Rösler* ZBB 2007, 23 (31).

zugleich der Rückkaufswert für den Fall einer vorzeitigen Kündigung des Versicherungsvertrages abgetreten ist. Einen generellen Vorrang für die Zuordnung des Rückkaufswerts zu den Todesfallansprüchen soll es nicht geben, obwohl es sich bei dem Anspruch auf den Rückkaufswert der Sache nach um einen Erlebensfallanspruch handelt. Es ist vielmehr im Wege der Auslegung unter Berücksichtigung der Parteiinteressen und des Zwecks des Rechtsgeschäfts zu ermitteln, ob die Abtretung der Todesfallansprüche auch den Rückkaufswert erfasst.[1843] Wird mit der Beschränkung der Abtretung auf die Todesfallansprüche das Ziel verfolgt, dem Sicherungsgeber mit Blick auf das Steueränderungsgesetz 1992 steuerliche Vorteile zu erhalten, ist im Regelfall der Anspruch auf den Rückkaufswert nicht mit übertragen.[1844]

1154 Wird die Rückführung des langfristigen tilgungsfreien Festdarlehens nicht nur durch die Abtretung der Ansprüche aus dem Tilgungsinstrument, sondern in üblicher Weise primär durch die Bestellung einer Grundschuld oder die Verpfändung des finanzierten Anteils an einer Fondsgesellschaft gesichert, so entsteht ein Anspruch des Darlehensnehmers auf teilweise Freigabe dieser Sicherheiten nicht ohne Weiteres daraus, dass mit fortlaufender Zahlung der Ansparleistungen der Wert des Tilgungsinstruments steigt. Es handelt sich bei dem tilgungsfreien Festdarlehen auch im Bereich der Sicherheiten um ein geschlossenes Finanzierungsmodell, das durch die planmäßige Wertsteigerung des Tilgungsinstruments nicht durchbrochen wird. Eine teilweise Freigabe des Tilgungsinstruments scheidet ohnehin von vornherein aus. Auch die teilweise Freigabe des verpfändeten Gesellschaftsanteils kann tatsächlich kaum in Betracht kommen. Bei einer teilweisen Freigabe der Grundschuld würde die Bank bei vor dem 11.06.2010 abgeschlossen Darlehensverträgen (Art. 229 § 22 Abs. 2 EGBGB) Gefahr laufen, die für eine Festzinsvereinbarung wichtige grundpfandrechtliche Sicherung und damit den Kündigungsausschluss nach § 489 Abs. 1 Nr. 2 BGB a.F. zu verlieren.[1845]

ee) Abtretung von Miet- und Pachtzinsforderungen

1155 Soll die finanzierte Immobilie vermietet oder verpachtet werden, kommt für die Bank als Sicherheit auch die Abtretung gegenwärtiger und künftiger Miet- und Pachtzinsansprüche in Betracht. Diese Abtretung bedarf zu ihrer Wirksamkeit zwar keiner betragsmäßigen oder zeitlichen Beschränkung,[1846] sie kann aber aufgrund verschiedener gesetzlicher Bestimmungen zu einem späteren Zeitpunkt hinfällig werden und hat daher – auch unabhängig von der Bonität des Mieters oder Pächters – nur beschränkten Sicherheitenwert. Veräußert der Darlehensnehmer nach Abtretung der Miet- und Pachtzinsansprüche die finanzierte Immobilie, so wird diese Abtretung als Vorausverfügung nach Maßgabe des §§ 566b Abs. 1, 581 BGB unwirksam, soweit sie sich auf Miet- und Pachtzinsansprüche bezieht, die nach dem Eigentumsübergang auf den Erwerber entstehen. Die Vorausverfügung muss sich der Erwerber nach §§ 566b Abs. 2, 581 BGB nur dann entgegenhalten lassen, wenn er sie zum Zeitpunkt des Eigentumsübergangs kennt. Auch im Fall von Zwangsmaßnahmen eines dritten (vorrangigen) Grundpfandgläubigers in das vermietete oder verpachtete Objekt läuft die Abtretung künftiger Miet- und Pachtzinsforderungen ins Leere, denn mit der Beschlagnahme (§ 21 Abs. 2 ZVG) fallen diese Forderungen nach §§ 1124 Abs. 2, 1192 BGB in den Haftungsverband der Grundschuld und stehen im Fall einer Zwangsverwaltung (§§ 146 ff. ZVG) dem Zwangsverwalter zu; im Fall einer Zwangsversteigerung wird die Vorausverfügung mit dem Zuschlag wiederum nach §§ 57b ZVG, 566b, 581 BGB unwirksam.[1847] Ebenso führt die Anordnung des Insolvenzverfahrens über das Vermögen des vermietenden oder verpachtenden Darlehensnehmers nach § 110 InsO zur Unwirksamkeit der vorausverfügenden Abtretung von Miet- und

1843 Vgl. zu den Auslegungsfragen bereits BGH, WM 2007, 1510 (Rn. 21 ff.).

1844 BGH, WM 2007, 1510 (Rn. 23 ff.); vgl. im Anschluss aber auch OLG Hamburg, WM 2008, 248; LG Bonn, WM 2008, 445.

1845 Vgl. *Dörrie* ZfIR 1999, 717 (719). Zum Kündigungsausschluss nach §§ 503, 489 BGB bei festverzinslichen Darlehen Rdn. 1244.

1846 Vgl. BGH, WM 1999, 219 (200).

1847 Dazu *Eickmann* ZfIR 2006, 273.

Pachtzinsforderungen. Daher erfolgt die Abtretung von Miet- und Pachtzinsforderungen aus dem finanzierten Objekt in der Praxis regelmäßig nur in Ergänzung zur Bestellung eines Grundpfandrechts, um bei Bedarf bereits vor Einleitung einer Zwangsverwaltung auf die Forderungen zugreifen zu können. Eine Übersicherung tritt dadurch nicht ein, weil die Miet- und Pachtzinsforderungen bereits vom Umfang des Grundpfandrechts erfasst sind (§§ 1123 ff., 1192 BGB).[1848] In der Insolvenz des Grundstückseigentümers hat die Bank, die sich ein Grundpfandrecht hat bestellen und die Mietforderungen abtreten lassen, einen Anspruch auf die abgetretenen Mietforderungen. Dieser Anspruch basiert indes nicht auf der Mietzession (§ 110 InsO), sondern auf dem Haftungsverband des Grundpfandrechts. Dazu ist weder eine Beschlagnahme noch ein Titel erforderlich. Daher scheidet auch eine Anfechtbarkeit der Abtretung solcher Mietforderungen aus, der Grundpfandgläubiger erwirbt alleine aufgrund seines Grundpfandrechts ein Recht auf abgesonderte Befriedigung.[1849]

ff) Objektbezogene atypische Kreditsicherheiten bei Immobilienfinanzierungen

In Ausnahmefällen wird das finanzierte Objekt aus Kostengründen nicht oder zumindest nicht sogleich mit einem Grundpfandrecht belastet. Die Bank kann den Darlehensnehmer dann durch eine **Negativerklärung** schuldrechtlich verpflichten, zur Sicherung ihrer Ansprüche aus dem Darlehensverhältnis das Objekt weder zu veräußern noch über bestehende Belastungen hinaus zu belasten und auch keine Verpflichtungen zur Veräußerung oder Belastung des Objekts einzugehen. Bei privaten **Baufinanzierungen** durch Bausparkassen, die nach § 7 Abs. 1 BausparkG ihre Darlehensforderungen grds. durch Grundpfandrechte zu sichern haben, findet sich eine Regelung zu Negativerklärungen für Darlehen bis zu einem Betrag von 30.000 € sogar in § 7 Abs. 4 BausparkG i.V.m. § 6 Abs. 1 BausparkVO wieder. Negativerklärungen können gem. § 137 Satz 2 BGB wirksam vereinbart werden, stoßen aber in dem Verbot der §§ 1136, 1192 Abs. 1 BGB an ihre Grenzen. Danach ist eine Negativerklärung unwirksam, wenn das Objekt bereits mit einem Grundpfandrecht zugunsten der Bank belastet ist und die Negativerklärung in innerem Zusammenhang mit diesem Grundpfandrecht steht, indem sie dessen Stärkung dient.[1850] In der Praxis wird daher in Negativerklärungen, die sich auf den gesamten Grundbesitz des Darlehensnehmers erstrecken, der bereits zugunsten der Bank belastete Grundbesitz vom Veräußerungs- und Belastungsverbot häufig generell ausgenommen. Die Überwachung der Verpflichtung des Darlehensnehmers aus der Negativerklärung erfolgt meist durch eine Regelung, die es der Bank gestattet, jederzeit Einsicht in die betreffenden Grundbücher zu nehmen und vom Darlehensnehmer auch Auskunft über den jeweiligen Grundbesitz zu verlangen. Verstöße gegen die Verpflichtungen aus der Negativerklärung begründen allenfalls – oftmals wirtschaftlich wertlose – Schadensersatzansprüche der Bank sowie meist ein Recht zur außerordentliches Kündigung des Darlehensvertrages. **1156**

Die Bank wird sich indes häufig nicht mit der Negativerklärung begnügen, sondern darüber hinaus den Darlehensnehmer im Wege einer **Positiverklärung** auch verpflichten, ihr auf jederzeitiges Verlangen eine Grundschuld zu bestellen; wird die Positiverklärung zu einem Verbraucherdarlehen eingeholt, entsteht daraus ein Immobiliar-Verbraucherdarlehen (§ 491 Abs. 3 BGB). Mitunter lässt sie sich sogar in grundbuchmäßiger Form (§ 29 GBO) unwiderruflich zur Bestellung des Grundpfandrechts unter Befreiung von § 181 BGB bevollmächtigen.[1851] Noch einen Schritt weiter geht die Bank, wenn sie sich die Grundschuld schon eintragungsfähig nebst Eintragungsbewilligung unter Übergabe aller diesbezüglichen Unterlagen bestellen lässt und dazu vereinbart, unter welchen **1157**

1848 OLG Köln, WM 1997, 759 (761).

1849 BGH, WM 2007, 129 (Rn. 11 f.).

1850 BGH, MDR 1966, 756; Palandt/*Herrler* § 1136 Rn. 1; *Mucke* WM 2006, 1804 (1806).

1851 Vgl. zur Erstreckung der Vollmacht auf die Bestellung einer sofort vollstreckbaren Grundschuld *Dux* WM 1994, 1145 (1146); *Rösler* WM 1998, 1377 (1380); *Freckmann* BKR 2005, 167 (172). Im Fall eines Eigentumswechsels an dem betreffenden Grundstück oder der Eröffnung eines Insolvenzverfahrens (§ 117 InsO) wird die Vollmacht allerdings hinfällig.

Voraussetzungen sie den grundbuchmäßigen Vollzug veranlassen darf. Dinglichen Schutz erlangt die Bank dabei freilich noch nicht, denn der Grundstückseigentümer kann weiterhin über seinen Grundbesitz wirksam verfügen. Darüber hinaus kann die auf Verlangen der Bank bestellte Grundschuld den insolvenzrechtlichen Anfechtungstatbeständen ausgesetzt sein, wenn sie zu spät zur Entstehung gelangt. Ist die zu bestellende Grundschuld in der Positiverklärung des Darlehensnehmers bereits konkret bestimmt, handelt es sich aber immerhin nur um einen Fall der kongruenten Deckung (§ 130 InsO).[1852] Schutz bietet indes die Eintragung einer insolvenzfesten (§ 106 InsO) Vormerkung zugunsten der Bank im Grundbuch.

1158 In Darlehensverträgen zur Finanzierung fremdgenutzter Gewerbeimmobilien (z.B. Einkaufszentren) finden sich häufig **Financial Covenants**,[1853] die sich als sog. »Zinsdeckungsklauseln« (Interest Service Cover Ratio – ISCR) oder »Kapitaldienstdeckungsklauseln« (Debt Service Cover Ratio – DSCR) am Ertragswert der finanzierten und mit einem Grundpfandrecht belasteten Immobilie orientieren und als Maßstab dafür dienen, ob sich aus den Mieterträgen während der Laufzeit des Darlehens die geschuldeten Zinsen (ISCR) oder der Kapitaldienst (DSCR) aufbringen lassen werden. Zu einem bestimmten Stichtag wird dazu etwa die nachgewiesene jährliche Nettokaltmiete aus dem finanzierten Beleihungsobjekt ins Verhältnis zum Zinsaufwand oder Kapitaldienst gesetzt und vereinbart, dass insoweit eine bestimmte Quote einzuhalten ist. Das dient der Früherkennung einer Krise und gibt auch dem Darlehensnehmer nachvollziehbare Maßstäbe für etwaige Reaktionen der Bank. Die Einhaltung der Financial Covenants kann die Bank grds. nur überprüfen, wenn sie entsprechende Unterlagen vom Darlehensnehmer erhält. Jedenfalls wird der Darlehensnehmer zu verpflichten sein, die Bank umgehend zu informieren, wenn er die Financial Covenants nicht einhalten können wird. Kann er sie tatsächlich nicht einhalten, wird die Bank regelmäßig einen Nachsicherungsanspruch haben, der sich entweder aus einer ausdrücklichen Vereinbarung oder aus Nr. 13 Abs. 2 AGB-Banken (Nr. 22 Abs. 1 AGB-Sparkassen) ergeben und im Fall einer Erfüllung den Gefahren der insolvenzrechtlichen Anfechtungstatbestände ausgeliefert sein kann. Lassen sich weitere Sicherheiten nicht erlangen, wie dies bei reinen Objektfinanzierungen häufig der Fall sein wird, wird der Bank aufgrund einer ausdrücklichen Vereinbarung regelmäßig ein Recht zur außerordentlichen Kündigung des Darlehensvertrages zustehen, wenn die Grenzen der Financial Covenants nicht übermäßig eng gezogen sind und negative Auswirkungen auf die Rückzahlung des Darlehens zu befürchten sind.[1854] Darüber hinaus kommt ein außerordentliches Kündigungsrecht wegen einer wesentlichen Verschlechterung der wirtschaftlichen Verhältnisse aus Nr. 19 Abs. 3 AGB-Banken bzw. Nr. 26 Abs. 2 AGB-Sparkassen in Betracht. Alternativ wird häufig vereinbart, dass die Bank gegen Zahlung einer waiver fee auf die Geltendmachung von Rechten verzichtet. I.Ü. sollte darauf geachtet werden, dass
- auch bei Bruch der Financial Covenants keine nachhaltige Einflussnahme auf die unternehmerische Entscheidungsfreiheit genommen wird,
- die Vereinbarung der Financial Covenants keine gesellschafterähnliche Stellung der Bank begründet, die im Fall der Insolvenz des Kreditnehmers nach § 39 Abs. 1 Nr. 5 InsO zu einem Nachrang der Kreditforderungen führen könnte,
- die allgemeinen Rechte der Bank (AGB-Nachsicherungs- und Kündigungsrecht) nicht leer laufen,
- vor Ausspruch einer Kündigung wegen eines Bruchs der Financial Covenants auch unter Berücksichtigung des Leitgedankens aus § 490 Abs. 1 BGB geprüft wird, ob die Kündigung wirklich zulässig ist.[1855]

1852 Zur Positiverklärung in der Insolvenz BuB/*Wittig/Wulfers* Rn. 4/3107 ff.

1853 Zu Financial Covenants eingehend BuB/*Wittig/Wulfers* Rn. 4/3139 ff.; *Tauber* ForderungsPraktiker 2011, 116; *Nouvertne* ZIP 2012, 2139.

1854 Vgl. *Nouvertne* ZIP 2012, 2139 (2145): Maßstab für Wirksamkeitskontrolle des in Financial Covenants geregelten außerordentlichen Kündigungsrechts der Bank ist nach § 307 Abs. 2 Nr. 1 BGB auch der Leitgedanke des § 490 Abs. 1 BGB.

1855 Vgl. *Tauber* ForderungsPraktiker 2011, 116 (120).

e) *Auszahlungsvoraussetzungen und Abnahmeverpflichtung*

aa) *Bestellung der Sicherheiten, Ablauf der Widerrufsfristen und sonstige Voraussetzungen*

Namentlich bei Bau- und Immobilienfinanzierungen erfolgt die Auszahlung des Darlehens meist erst nach Erfüllung der üblicherweise vereinbarten **Auszahlungsvoraussetzungen.**[1856] Dazu können je nach Verwendungszweck und Tilgungsmodalitäten des Darlehens mehr oder weniger umfangreiche Kataloge zu bestellender Sicherheiten, abzuschließender Versicherungen oder einzureichender Unterlagen vereinbart werden. Bei einem Grundpfanddarlehen hat der Darlehensnehmer in aller Regel zunächst einen Nachweis über die rechtswirksame und **ranggerechte Bestellung der vereinbarten Grundschuld** – etwa durch Vorlage eines beglaubigten Grundbuchauszugs – zu erbringen, den Abschluss einschlägiger Versicherungen für das Beleihungsobjekt (z.B. Feuerversicherung zum gleitenden Neuwert) zu belegen und eine entsprechende Sicherungszweckabrede mit der Bank zu vereinbaren. Auch die rechtswirksame Bestellung weiterer vereinbarter Sicherheiten ist regelmäßig Voraussetzung für die Auszahlung des Darlehens, so etwa die Abtretung der Ansprüche aus einer als Tilgungsinstrument vorgesehenen Kapitallebensversicherung. Weiter wird bei einer Baufinanzierung die Auszahlung des Darlehens beispielweise von der Erteilung der Baugenehmigung und dem Abschluss weiterer Versicherungen (z.B. Bauwesen- und Bauherrenhaftpflichtversicherung, Rohbauversicherung, Baufertigstellungsversicherung) abhängen. Die Auszahlungen werden bei typischen Baufinanzierungen dann nach **Baufortschritt** erfolgen (vgl. auch § 3 Abs. 2 MaBV), der etwa durch die Vorlage eines entsprechenden Bautenstandsberichts des bauleitenden Architekten nachzuweisen ist. Bei Projektfinanzierungen wird vom Darlehensnehmer meist die Abtretung seiner Ansprüche gegen den Generalunternehmer nebst hierfür bestellter Bürgschaften und Garantien verlangt, mitunter auch der Abschluss einer Mietausfallversicherung oder einer Versicherung gegen Schäden durch Terrorakte und die Abtretung der Ansprüche hieraus. Handelt es sich bei dem Darlehensgeber oder Sicherungsgeber um einen Verbraucher, wird die Bank vor einer Auszahlung auch den Ablauf etwaiger Widerrufsfristen abwarten wollen, insb. dann, wenn Drittsicherheiten verlangt werden, die als Fernabsatzgeschäfte oder als außerhalb von Geschäftsräumen geschlossene Verträge widerruflich sind (dazu Rdn. 1185).[1857] Auch die Verpflichtung zur Vorlage weiterer Unterlagen, wie etwa eine Wirtschaftlichkeitsberechnung für das Beleihungsobjekt oder Dokumente zur Prüfung der wirtschaftlichen Verhältnisse des Darlehensnehmers (§ 18 KWG), ist durchaus üblich. Die Bank wird sich vorbehalten, die Unterlagen zu prüfen und eine Auszahlung nur dann vorzunehmen, wenn sich insoweit aus den Unterlagen keine Bedenken ergeben. 1159

bb) *Auszahlung vor Eintragung der Grundschuld*

Wird der Kauf einer Immobilie finanziert, benötigt der Darlehensnehmer wegen etwaiger Kaufpreisfälligkeiten die Darlehensmittel mitunter bereits vor Eintragung der als Sicherheit dienenden Grundschuld in das Grundbuch. Den Sicherungsbedürfnissen der Bank kann auch in solchen Fällen noch Rechnung getragen werden, wenn sie eine **gesicherte Anwartschaft auf die Grundschuld** erlangt. Das ist der Fall, wenn 1160

– die Einigung mit der Bank über die Bestellung der Grundschuld für den Grundstückseigentümer nach § 873 Abs. 2 BGB bindend geworden ist (z.B. wenn die Einigungserklärungen beider Parteien beim Grundbuchamt vorliegen),

---

1856 Dazu etwa BuB/*Eckstein/Wilhelm* Rn. 3/1005; ferner zur Nebenpflicht der Bank ggü. einem Bürgen, das Darlehen nicht vor Erfüllung der Auszahlungsvoraussetzungen zu valutieren MüKo-BGB/*Berger* § 488 Rn. 40.

1857 Gegen eine Anwendbarkeit der Vorschriften über Fernabsatzgeschäfte und über außerhalb von Geschäftsräumen geschlossenen Verträgen auf Sicherheiten überzeugend *von Loewenich* WM 2015, 113; *ders.* WM 2016, 2011 (2015); a.A. *Meier* ZIP 2015, 1156 (1161).

- der auch von der Bank gestellte Eintragungsantrag beim Grundbuchamt eingegangen ist, weil dieser vom Grundstückseigentümer nicht mehr einseitig zurückgenommen werden kann,[1858]
- dem Grundbuchamt die Eintragungsbewilligung des betroffenen Grundstückseigentümers in öffentlich beglaubigter oder beurkundeter Form vorliegt,
- der Betroffene als Eigentümer des Grundstücks bzw. als Inhaber des Belastungsobjekts bereits voreingetragen ist,
- für den Erwerb der Grundschuld die Zustimmung eines Dritten oder einer Behörde nicht erforderlich ist bzw. erforderlichenfalls so erteilt worden ist, dass sie nicht widerrufen werden kann,[1859]
- die geschuldete Rangstelle für die Grundschuld frei ist,
- dem Grundbuchamt bezüglich desselben Belastungsobjekts keine Anträge oder Eintragungsersuchen vorliegen, die dort früher als der Eintragungsantrag für die Grundschuld eingegangen sind, und
- bei Bestellung einer Briefgrundschuld gem. § 1117 Abs. 2 BGB vereinbart worden ist, dass der Erwerb der Grundschuld nicht von der Aushändigung des Grundschuldbriefs durch den Grundstückseigentümer abhängig ist.

1161 Der Nachweis, dass die wesentlichen Erfordernisse erfüllt sind, kann durch eine **Notarbestätigung** erbracht werden.[1860] Der Notar darf allerdings nach § 14 Abs. 4 BNotO keine Gewährleistung für die rangrichtige Eintragung der Grundschuld übernehmen, sondern nur eine gutachterliche Äußerung darüber abgeben, dass nach seinen Feststellungen einer solchen Eintragung keine Hindernisse entgegenstehen. Ob nach § 15 Abs. 3 GBO gegenüber dem Grundbuchamt vom Notar ein Nachweis erbracht werden muss, dass die zur Grundbucheintragung erforderliche Erklärung auf Eintragungsfähigkeit geprüft wurde, ist noch nicht abschließend geklärt.[1861]

1162 Bei einer Immobilienfinanzierung ist der Darlehensnehmer in aller Regel noch nicht als Eigentümer des kaufgegenständlichen und finanzierten Beleihungsobjekts im Grundbuch eingetragen, er kann also **mangels Voreintragung** die Eintragung der Grundschuld in das Grundbuch nicht bewilligen (§ 19 GBO). Es ist bei finanzierten Immobiliengeschäften aber üblich, dass der Verkäufer dem Käufer im Kaufvertrag eine sog. **Belastungsvollmacht** erteilt, die sich auch auf eine Unterwerfung des jeweiligen Eigentümers des Grundstücks unter die sofortige Zwangsvollstreckung (§§ 800, 794 Abs. 1 Nr. 5 ZPO) erstrecken kann.[1862] Die Regelung des § 79 Abs. 2 ZPO, die im Prozess neben Rechtsanwälten als Vertreter nur die dort bestimmten Personen zulässt, steht einer solchen Reichweite der Belastungsvollmacht nicht entgegen,[1863] da sich der Anwendungsbereich der Vorschrift auf das kontradiktorische Verfahren (»Rechtsstreit«) nach der ZPO beschränkt.[1864]

1858 Die Antragstellung durch die Bank ist auch aus insolvenzrechtlichen Gründen bedeutsam, denn für die Frage, ob eine Rechtshandlung (Grundschuldbestellung) anfechtbar ist, kommt es nach § 140 Abs. 2 InsO nicht auf das Wirksamwerden durch Eintragung in das Grundbuch an, sondern auf die übrigen Voraussetzungen für das Wirksamwerden, d.h. auf die Bindung des Grundstückseigentümers an seine Willenserklärung (§ 873 Abs. 2 BGB) und den Eintragungsantrag durch die Bank.

1859 Zum Erfordernis der Zustimmung Dritter zur Grundschuldbestellung etwa *Wormuth/Trenkel* ZfIR 2009, 400.

1860 Eine solche Notarbestätigung dürfte zur Annahme eines Realkredits i.S.d. §§ 14 ff. PfandBG (dazu Rdn. 991–995) ausreichen, wenn sie etwa auf einer frühestens 7 Tage nach Eingang der Anträge durchgeführten Akteneinsicht des Notars beim Grundbuchamt beruht, vgl. BuB/*Eckstein/Wilhelm* Rn. 3/1079; vgl. auch *Schilling* ZNotP 2012, 335; a.A. *Keilich/Schönig* NJW 2012, 1841, die Lücken in der Notarbestätigung erblicken.

1861 Vgl. OLG Schleswig, Beschl. v. 28.07.2017 – 2 Wx 50/17, FGPrax 2017, 210; Zimmer NJW 2017, 1909.

1862 Zur Stellvertretung bei der Grundschuldbestellung und bei der Unterwerfung unter die sofortige Zwangsvollstreckung im Allgemeinen *Zimmer* ZfIR 2008, 487.

1863 A.A. *Grziwotz* ZfIR 2008, 821 (822 f.).

1864 Für die vollstreckbare Ausfertigung muss die Vollmacht in öffentlicher oder öffentlich beglaubigter Urkunde nachgewiesen werden, BGH, Beschl. v. 17.04.2008 – V ZB 146/07, ZfIR 2008, 512 (Rn. 9);

Damit kann der Käufer die noch im Eigentum des Verkäufers stehende Immobilie zum Zwecke der Kaufpreisfinanzierung zugunsten seiner Bank mit einer Grundschuld belasten und entsprechende Sicherungszweckabreden treffen. Die Bank hat darauf zu achten, dass der Rahmen dieser Belastungsvollmacht nicht überschritten wird, insb. werden bis zur Eigentumsumschreibung nur die zur Kaufpreiszahlung ausgereichten Darlehensmittel gesichert sein dürfen. Der BGH geht davon aus, dass die Grundschuld nicht entsteht, wenn der Sicherungsvertrag die in der Belastungsvollmacht gesetzten Grenzen überschreitet; dies soll unabhängig davon gelten, zu welchem Zweck die Grundschuld später verwendet wird.[1865] Allerdings wird ein etwaiger Mangel spätestens mit der Eigentumsumschreibung »geheilt« sein.[1866]

Lässt sich dieser Weg zur Schaffung der Auszahlungsvoraussetzungen nicht beschreiten, weil sich etwa die Eintragung der Grundschuld verzögert, kann die Kaufpreisabwicklung entweder über ein **Treuhandkonto** erfolgen oder die Bank kann sich dadurch Sicherheit verschaffen, dass sie sich den **Auflassungsanspruch** ihres Kunden oder dessen **Anwartschaftsrecht aus einer bereits vollzogenen Auflassung**, das nach zusätzlicher Stellung eines entsprechenden Antrags auf Eigentumsumschreibung oder durch Eintragung einer Auflassungsvormerkung entsteht, **verpfänden** lässt. Die Verpfändung des Auflassungsanspruchs ist formfrei möglich, bedarf aber gem. § 1280 BGB der Anzeige durch den Käufer.[1867] Für die Verpfändung der Anwartschaft aus der vollzogenen Auflassung ist hingegen eine Anzeige nach § 1280 BGB nicht erforderlich, gem. § 1273 Abs. 1 BGB ist aber die Form des § 925 BGB zu beachten. Im Grundbuch kann die Verpfändung in beiden Fällen vermerkt werden, wenn eine Auflassungsvormerkung zugunsten des Käufers eingetragen ist. Mit der Eigentumsumschreibung auf den Käufer entsteht für die Bank nach § 1287 BGB eine **Sicherungshypothek**, die aber nur auf Berichtigungsantrag (§ 894 BGB) eingetragen wird. Die Sicherungshypothek erhält dann den Rang der Auflassungsvormerkung, wenn eine solche zugunsten des Käufers im Grundbuch eingetragen und die Verpfändung des Auflassungsanspruchs oder der Anwartschaft aus einer vollzogenen Auflassung dort vermerkt ist. Gewisse Risiken verbleiben allerdings dadurch, dass die Verpfändung – ebenso wie die Auflassungsvormerkung – als akzessorisches Sicherungsrecht mit einer etwaigen Unwirksamkeit oder Aufhebung des Kaufvertrags entfällt. **1163**

Insb. bei der Finanzierung eines Immobilienerwerbs vom Bauträger (dazu Rdn. 1358–1361) kommt es vor, dass die den Käufer finanzierende Bank bis zur rangrichtigen Eintragung ihrer Grundschuld eine **Finanzierungsbürgschaft** verlangt, die meist von der Bauträgerbank i.R.d. Avalkreditverhältnisses mit dem Bauträger übernommen wird. Das Wirksamwerden dieser Bürgschaft wird in aller Regel davon abhängig gemacht, dass im Gegenzug die Darlehensvaluta aus der Erwerberfinanzierung auf einem bei der Bauträgerbank geführten Konto des Bauträgers eingegangen ist. Als Alternative zur Finanzierungsbürgschaft kommt auch ein **Abtretungsversprechen der Bauträgerbank** hinsichtlich des auf das finanzierte Vertragsobjekt entfallenden Teils ihrer Globalgrundschuld in Betracht.[1868] **1164**

Grziwotz ZfIR 2008, 821 (822). Auch die Zwangsvollstreckung ist nur zulässig, wenn dem Schuldner zuvor auch die Vollmachtsurkunde des Vertreters oder die Genehmigung des Vertretenen in öffentlich beglaubigter Form zugestellt wurde, BGH, WM 2006, 2266 (Rn. 10).

1865 BGH Urt. v. 28.10.1988 – V ZR 14/87 (= BGHZ 106, 1); zur Prüfungspflicht des Grundbuchamts auch BGH, Beschl. v. 21.02.2016 – V ZB 13/15, (Rn. 8); kritisch zu Recht *Gaberdiel/Gladenbeck* Kreditsicherung durch Grundschulden, Rn. 712: Zerlegung in einen durch die Vollmacht gedeckten und einen unwirksamen (ungedeckten) Teil.

1866 *Samhat* WM 2017, 891 (895 ff.).

1867 MüKo-BGB/*Damrau* § 1274 Rn. 29.

1868 *Rösler* ZfIR 2001, 259 (264).

cc) Abnahmeverpflichtung und Nichtabnahmeentschädigung

1165 Der Darlehensnehmer ist zwar bei einem Darlehen nicht von vornherein zu dessen Abnahme verpflichtet,[1869] bei festverzinslichen Grundpfanddarlehen ist aber bereits aufgrund des Anlagecharakters der Darlehensgewährung für die Bank von einer **synallagmatischen Abnahmepflicht** des Darlehensnehmers auszugehen.[1870] Daher sind die in der Vertragspraxis üblichen Verpflichtungen des Darlehensnehmers, bis zu einem bestimmten Zeitpunkt die Auszahlungsvoraussetzungen zu schaffen und das Darlehen abzunehmen, auch bei formularmäßigem Gebrauch nicht zu beanstanden.[1871] Bei Baufinanzierungen wird insoweit dem Darlehensnehmer üblicherweise eine **Abnahmefrist** von knapp einem Jahr seit Vertragsschluss gesetzt. Bis zur vollständigen Abnahme werden dem Darlehensnehmer aus der nicht valutierten Darlehenssumme zunächst regelmäßig **Bereitstellungszinsen** (dazu Rdn. 1124–1126) berechnet. Unterbleibt die Abnahme, kann die Bank nach Ablauf einer angemessenen Nachfrist den Darlehensvertrag außerordentlich kündigen.[1872] Sie kann ferner wegen der nicht erfolgten Abnahme gemäß §§ 280 Abs. 1 und 3, 281, 249, 252 i.V.m. § 488 Abs. 1 BGB Schadensersatz wegen Nichterfüllung vom Darlehensnehmer verlangen, und zwar in Gestalt einer **Nichtabnahmeentschädigung**.[1873] Der Darlehensnehmer hat insoweit für alle aus seiner Sphäre stammenden Risiken einzustehen (z.B. Scheitern des zu finanzierenden Immobilienerwerbs; Nichterteilung einer Baugenehmigung; Kündigung vor Auszahlung wegen wesentlicher Verschlechterung seiner Vermögensverhältnisse).[1874] Vom Darlehensnehmer gezahlte Bereitstellungszinsen schließen den Anspruch der Bank auf die Nichtabnahmeentschädigung nicht aus, denn die Bereitstellungszinsen fallen nur bis zur Kündigung des Darlehens bzw. der endgültigen Abnahmeverweigerung durch den Darlehensnehmer an,[1875] die Nichtabnahmeentschädigung bezieht ihren Anfangszeitpunkt hingegen auf den Tag der Kündigung bzw. der endgültigen Abnahmeverweigerung durch den Darlehensnehmer und schließt sich zeitlich an die Bereitstellungszinsen an. Es ergibt sich daraus folglich weder eine zeitliche noch eine betragsmäßige Doppelabrechnung,[1876] zudem würden Bereitstellungszinsen als vertraglicher Erfüllungsanspruch auch bei ordnungsgemäßer Abnahme des Darlehens anfallen.[1877] Der Schaden der Bank gründet sich bei festverzinslichen Darlehen – abgesehen von etwaigen Refinanzierungskosten – auf deren rechtlich geschützte Zinserwartung, die ihre Grenzen in den vertraglichen oder gesetzlichen ordentlichen Kündigungsrechten des Darlehensnehmers hat und deshalb nach § 489 Abs. 1 Nr. 2 BGB (bis 10.06.2010: § 489 Abs. 1 Nr. 3 BGB a.F.) einen Zeitraum von 10 Jahren zzgl. der Kündigungsfrist von 6 Monaten nicht überschreiten kann. Bei nach dem 10.6.2010 (Art. 229 § 22 Abs. 2 EGBGB) abgeschlossenen Nicht-Immobiliardarlehen bzw. Allgemein-Verbraucherdarlehen wird die rechtlich

1869 MüKo-BGB/*Berger* § 488 Rn. 67.

1870 BGH, WM 1991, 760 (761); MüKo-BGB/*Berger* § 488 Rn. 68; Schimansky/Bunte/Lwowski/*Krepold* Bankrechts-Handbuch § 80 Rn. 1.

1871 BGH, WM 1991, 760 (761).

1872 Vgl. OLG Stuttgart, Urt. v. 26.03.2014 – 9 U 193/13.

1873 Schimansky/Bunte/Lwowski/*Bruchner/Krepold* Bankrechts-Handbuch § 80 Rn. 3 ff.; der Anspruch auf Nichtabnahmeentschädigung besteht neben dem Kündigungsrecht der Bank, vgl. BGH, Urt. v. 07.11.2000 – XI ZR 27/2000; BGH, Urt. v. 08.02.2000 – XI ZR 313/98; OLG Stuttgart, Urt. v. 26.03.2014 – 9 U 193/13. Die derzeit streitige Frage, ob im Fall einer Gesamtfälligstellung des Darlehens wegen Zahlungsverzugs durch die verbraucherdarlehensrechtlichen Regelungen zum Verzugsschaden der Anspruch auf eine Vorfälligkeitsentschädigung ausgeschlossen ist (dazu Rdn. 1237), ist auf die Nichtabnahmeentschädigung nicht übertragbar, denn bei der Nichtabnahmeentschädigung ist der Darlehensnehmer gerade nicht mit Zahlungsverpflichtungen aus dem Darlehen in Verzug; bis zur Kündigung gezahlte Bereitstellungszinsen sind keine Verzugszinsen, OLG Stuttgart, Urt. v. 26.03.2014 – 9 U 193/13.

1874 BGH, WM 1990, 8 (9); OLG Stuttgart, Urt. v. 26.03.2014 – 9 U 193/13; MüKo-BGB/*Berger* § 488 Rn. 69.

1875 OLG Naumburg, Urt. v. 09.10.2003 – 2 U 13/03, WM 2004, 782.

1876 OLG Stuttgart, Urt. v. 26.03.2014 – 9 U 193/13.

1877 OLG Naumburg, Urt. v. 09.10.2003 – 2 U 13/03, WM 2004, 782 (783).

geschützte Zinserwartung der Bank zusätzlich durch das ordentliche Kündigungsrecht des Darlehensnehmers aus § 500 Abs. 1 Satz 1 BGB und das jederzeitige vorzeitige Rückzahlungsrecht des Darlehensnehmers beschränkt oder gar ausgeschlossen (§§ 500 Abs. 2 Satz 1, 502 Abs. 2 und 3 BGB). Für Immobiliar-Verbraucherdarlehensverträge gilt das ordentliche Kündigungsrecht des Darlehensnehmers aus § 500 Abs. 1 Satz 1 BGB nicht. Einen nach dem 20.03.2016 (Art. 229 § 38 Abs. 1 EGBGB) abgeschlossenen Immobiliar-Verbraucherdarlehensvertrag kann der Darlehensnehmer nach § 500 Abs. 2 Satz 2 BGB zwar auch vorzeitig zurückzahlen, dies aber nur unter sehr eingeschränktem Voraussetzungen und zudem auch nur gegen Entrichtung einer betraglich nicht gedeckelten Vorfälligkeitsentschädigung (§ 502 Abs. 1 BGB; dazu Rdn. 1230–1232); dieses vorzeitige Rückzahlungsrecht berührt die rechtlich geschützte Zinserwartung der Bank daher nicht. Vereinbarte Sondertilgungsrechte sind bei der Berechnung der Nichtabnahmeentschädigung zugunsten des Darlehensnehmers schadensmindernd zu berücksichtigen (vgl. auch Rdn. 1098). Die Bank darf für den mit der vorzeitigen Auflösung des Darlehens verbundenen Verwaltungsaufwand als weitere Schadensposition eine Aufwandsentschädigung – mitunter auch »Bearbeitungskosten« genannt – verlangen.[1878] Dieser Betrag hängt nicht von der Höhe der Darlehenssumme ab und kann daher nicht als Prozentsatz geltend gemacht werden, sondern ist als absoluter Betrag anzusetzen.[1879] Diese Schadensposition kann pauschal beziffert werden und gemäß § 287 ZPO geschätzt werden.[1880]

3. Besondere Regelungen des Verbraucherdarlehensrechts für Immobilienfinanzierungen und Immobiliar-Verbraucherdarlehen

a) Überblick

Für Immobiliar-Verbraucherdarlehen (§ 491 Abs. 3 BGB) sieht das Gesetz zahlreiche Sonderrege- **1166**
lungen vor, die von den Vorschriften für Allgemein-Verbraucherdarlehen abweichen. Derzeit sind das im Überblick insbesondere folgende Sonderregelungen:

- Für Immobiliar-Verbraucherdarlehen findet sich eine **Legaldefinition** in § 491 Abs. 3 Satz 1 BGB (dazu Rdn. 1190–1195).
- Im **sachlichen Anwendungsbereich** sind auf sog. **Mitarbeiterdarlehen** (§ 491 Abs. 2 Satz 2 Nr. 4 BGB) die Regelungen über Immobiliar-Verbraucherdarlehen unanwendbar (§ 491 Abs. 3 Satz 2 BGB). Bei **Förderdarlehen** (§ 491 Abs. 2 Satz 2 Nr. 5 BGB), die die Voraussetzungen eines Immobiliar-Verbraucherdarlehen erfüllen, hat der Darlehensgeber verbraucherdarlehensrechtlich lediglich die vorvertraglichen Informationspflichten aus Abschnitten 3, 4 und 13 des »ESIS-Merkblatts« (Anlage 6 zu Art. 247 § 1 Abs. 2 EGBGB) zu erfüllen (§§ 491 Abs. 3 Satz 3, 491 Abs. 4 BGB; dazu Rdn. 1055).[1881] Weitere verbraucherdarlehensrechtliche Vorschriften sind bei Förderdarlehen im Sinne des § 491 Abs. 2 Satz 2 Nr. 5 BGB nicht zu beachten.
- In der **Werbung** für Immobiliar-Verbraucherdarlehen sind zusätzlich erforderlich der Hinweis, dass das Darlehen durch ein Grundpfandrecht oder eine Reallast besichert wird (§ 6a Abs. 3

1878 BGH, Urt. v. 07.11.2000 – XI ZR 27/2000; OLG Stuttgart, Urt. v. 11.02.2015 – 9 U 153/14, WM 2015, 1009 (1014); *Krepold/Kropf* WM 2015, 1 (10). Unwirksam ist wegen § 502 Abs. 3 BGB hingegen die formularmäßige Vereinbarung eines pauschalen Entgelts für die Berechnung der Vorfälligkeitsentschädigung, OLG Frankfurt a.M., Urt. v. 17.04.2013 – 23 U 50/12, WM 2013, 1351; Schimansky/Bunte/Lwowski/*Krepold* Bankrechts-Handbuch § 78 Rn. 134b; dazu Rdn. 1136. Dies gilt aber nur für Allgemein-Verbraucherdarlehen, die nach dem 20.03.2016 abgeschlossen wurden, *Rösler/Wimmer* WM 2016, 1821 (1825).

1879 BGH, Urt. v. 07.11.2000 – XI ZR 27/2000; OLG Stuttgart, Urt. v. 26.03.2014 – 9 U 193/13.

1880 OLG Stuttgart, Urt. v. 26.03.2014 – 9 U 193/13: Betrag von 250,00 ist angemessen.

1881 Zur Einräumung eines vertraglichen Widerrufsrechts bei Förderdarlehen OLG Schleswig, Urt. v. 24.05.2017 – 5 U 23/17, BeckRS 2017, 117184 – anhängig beim BGH unter XI ZR 411/17; zu Fragen vertraglich eingeräumter Widerrufsrechte ferner BGH, Urt. v. 06.12.2011 – XI ZR 401/10, (Rn. 19 ff.); BGH, Urt. v. 22.05.2012 – II ZR 14/10, Rn. 33); BGH, Urt. v. 28.05.2013 – XI ZR 6/12, (Rn. 33 ff.).

Nr. 5 PrAngVO), sowie bei Immobiliar-Verbraucherdarlehen in Fremdwährung ein Warnhinweis, dass sich mögliche Wechselkursschwankungen auf die Höhe des vom Verbraucher zu zahlenden Gesamtbetrags auswirken können (§ 6a Abs. 3 Nr. 6 PrAngVO).

- Vereinzelte Besonderheiten für Immobiliar-Verbraucherdarlehen sind bei der Berechnung des **effektiven Jahreszinses** zu berücksichtigen (§ 6 Abs. 3 Nr. 2, Abs. 6 PrAngVO i.V.m. der Anlage zu § 6 PrAngVO).
- Unabhängig von sonstigen (vorvertraglichen) Informationspflichten muss der Darlehensgeber **allgemeine Informationen zu Immobiliar-Verbraucherdarlehen** bereitstellen (Art. 247a § 1 EGBGB; dazu Rdn. 1026–1028).
- Im Bereich der **vorvertraglichen Pflichten** des Darlehensgebers gelten für Immobiliar-Verbraucherdarlehen folgende Besonderheiten:
  - Der Darlehensgeber muss dem Darlehensnehmer mitteilen, welche Informationen und Nachweise er innerhalb welchen Zeitraums von ihm benötigt, um eine ordnungsgemäße **Kreditwürdigkeitsprüfung** durchführen zu können (Art. 247 § 1 Abs. 1 Satz 1 EGBGB, dazu Rdn. 1036, 1050). Der Darlehensnehmer ist darauf hinzuweisen, dass eine Kreditwürdigkeitsprüfung für den Abschluss des Darlehensvertrags zwingend ist und nur durchgeführt werden kann, wenn die hierfür benötigten Informationen und Nachweise richtig sind und vollständig beigebracht werden (Art. 247 § 1 Abs. 1 Satz 2 EGBGB).
  - Die **Kreditwürdigkeitsprüfung** selbst unterliegt bei Immobiliar-Verbraucherdarlehen deutlich strengeren Anforderungen als bei Allgemein-Verbraucherdarlehen (§§ 505a Abs. 1 Satz 2, 505b Abs. 2 und 4, 505e BGB; dazu Rdn. 1033–1048). Für Anschlussfinanzierungen und Umschuldungen ist hingegen unter den Voraussetzungen des § 505a Abs. 3 BGB bei Immobiliar-Verbraucherdarlehen eine Kreditwürdigkeitsprüfung entbehrlich.
  - Die individualisierten vorvertraglichen Informationspflichten zum Darlehensvertrag (§ 491a Abs. 1 BGB) sind unter Verwendung des **»ESIS-Merkblatts«** in Anlage 6 zum EGBGB zu erfüllen (Art. 247 § 1 Abs. 2 EGBGB; dazu Rdn. 1051–1055). Mit der Verwendung des »ESIS-Merkblatts« werden im Fernabsatz und bei außerhalb von Geschäftsräumen geschlossenen Verträgen auch die Informationspflichten aus § 312d BGB erfüllt (Art. 247 § 1 Abs. 2 Satz 6 EGBGB). Ein weiterer vorvertraglicher Hinweis, zu dessen Erteilung der Darlehensgeber in einem gesonderten und dem »ESIS-Merkblatt« beizufügenden Dokument (Art. 247 § 1 Abs. 3 Satz 1 EGBGB) verpflichtet ist, ist in Art. 247 § 1 Abs. 3 Satz 2 EGBGB geregelt und betrifft die Abtretbarkeit der Darlehensforderung und die Übertragung des Darlehensverhältnisses auf einen Dritten.
  - Unterbreitet der Darlehensgeber dem Darlehensnehmer zu einem Immobiliar-Verbnraucherdarlehensvertrag ein Angebot oder einen bindenden Vorschlag für bestimmte Vertragsbestimmungen, so muss er dem Darlehensnehmer anbieten, ihm einen **Vertragsentwurf** auszuhändigen oder zu übermitteln (§ 491a Abs. 2 Satz 3 Halbs. 1 BGB); der Darlehensgeber ist zur Aushändigung des Vertragsentwurfs verpflichtet, wenn gem. § 495 Abs. 2 BGB ein Widerrufsrecht des Darlehensnehmers nicht besteht (§ 491a Abs. 2 Satz 3 Halbs. 2 BGB). Jedem Vertragsangebot oder bindenden Vorschlag hat der Darlehensgeber das »ESIS-Merkblatt« beifügen, falls der Darlehensnehmer nicht bereits ein »ESIS-Merkblatt« erhalten hat, das über die Bedingungen des Angebots oder des bindenden Vorschlags informiert (Art. 247 § 1 Abs. 2 Satz 3 und 4 EGBGB)
  - Entscheidet sich der Darlehensgeber, den Immobiliar-Verbraucherdarlehensvertrag nicht abzuschließen, hat er dies dem Darlehensnehmer unverzüglich, d.h. ohne schuldhaftes Zögern, mitzuteilen (Art. 247 § 1 Abs. 4 EGBGB).
  - Besonderheiten sind auch bei den **Erläuterungspflichten** (dazu Rdn. 1058–1065) zu beachten. Werden gebündelt mit einem Immobiliar-Verbrauchersdarlehensvertrag oder im Rahmen eines zulässigen Kopplungsgeschäfts zusätzlich Finanzprodukte oder –dienstleistungen angeboten (dazu Rdn. 1196–1199), muss dem Darlehensnehmer nach § 491a Abs. 3 Satz 3 BGB auch erläutert werden, ob sie gesondert gekündigt werden können und welche Folgen die Kündigung hat. Teilweise wird die Auffassung vertreten, bei

Immobilienfinanzierungen sei eine individualisierte oder gar persönliche Erläuterung erforderlich, der Rückgriff auf standardisierte Informationsbroschüren genüge nicht.[1882]

  - Bietet der Darlehensgeber dem Verbraucher **Beratungsleistungen** im Zusammenhang mit Immobiliar-Verbraucherdarlehen an (dazu Rdn. 1029–1032), so hat er den Kunden vorab darüber zu informieren, ob er für seine Beratung vom Verbraucher ein Entgelt verlangt und auf welche Produktpalette (eigene und/oder fremde Produkte) er seine Empfehlungen stützt (§ 511 BGB, Art. 247 § 18 EGBGB). Die Eignung des Produkts für den Verbraucher ist nach der Gesetzesbegründung kunden- und objektbezogen in der Beratung zu ermitteln.
- Es gilt ein grundsätzliches »**Kopplungsverbot**« (§ 492a BGB; dazu Rdn. 1196–1199). Nur bei bestimmten Produkte ist die Kopplung mit einem dem Immobiliar-Verbraucherdarlehensvertrag zulässig (§ 492b BGB).
- Sonderregelungen bestehen auch für die **vertraglichen Pflichtangaben**. Nach § 492 Abs. 2 BGB i.V.m. Art. 247 § 6 Abs. 1 Satz 2 EGBGB sind im Immobilar-Verbraucherdarlehensvertrag **entbehrlich**: (1) Gesamtbetragsangabe; (2) Angaben zu den Auszahlungsbedingungen; (3) Angaben zum Verzugszinssatz und zu ggf. anfallenden Verzugskosten; (4) Angaben zum Recht des Darlehensnehmers, das Darlehen vorzeitig zurückzuzahlen. **Zusätzlich erforderlich** sind nach Art. 247 § 7 Abs. 2 EGBGB – soweit für den Immobiliar-Verbraucherdarlehensvertrag bedeutsam – Angaben zu den Voraussetzungen und der Berechnungsmethode für den Anspruch auf Vorfälligkeitsentschädigung (vgl. aber § 502 Abs. 2 Nr. 2 BGB) sowie ein Hinweis auf die Pflichten des Darlehensgebers aus § 493 Abs. 5 BGB, dem Darlehensnehmer die erforderlichen Informationen zu einem Recht auf vorzeitige Rückzahlung sowie die Höhe des zurückzahlenden Betrags und einer etwaigen Vorfälligkeitsentschädigung zu übermitteln, wenn der Darlehensnehmer mitteilt, dass er eine vorzeitige Rückzahlung des Darlehens beabsichtigt. Nach Art. 247 § 15 Abs. 2 Satz 2 EGBGB muss der Immobiliar-Verbraucherdarlehensvertrag bei Vereinbarung eines Referenzzinssatzes einen Hinweis auf die Pflicht des Darlehensgebers vorsehen, den Darlehensnehmer bei Zinsanpassungen auch über die Höhe des neuen Referenzzinssatzes unterrichten.
- Es sind engere Voraussetzungen für das Vorliegen eines **verbundenen Geschäfts** geregelt (§ 358 Abs. 3 Satz 3 BGB; dazu Rdn. 1206–1216). Dabei nimmt das Gesetz zwar nicht auf Immobiliar-Verbraucherdarlehen Bezug, aber es findet sich dort mit der Finanzierung des Erwerbs eines Grundstücks oder eines grundstücksgleichen Rechts eine der gesetzlichen Voraussetzungen aus der Legaldefinition für Immobiliar-Verbraucherdarlehen (§ 491 Abs. 3 Satz 1 Nr. 2 BGB).
- Es sind für Immobiliar-Verbraucherdarlehen **zusätzliche vertragliche Informations- und Unterrichtungspflichten während der Vertragslaufzeit** zu beachten. Der Darlehensgeber hat bei Immobiliar-Verbraucherdarlehen nach § 493 Abs. 5 BGB dem Darlehensnehmer die erforderlichen Informationen zu einem **Recht auf vorzeitige Rückzahlung** (dazu Rdn. 1230–1232) sowie die Höhe des zurückzahlenden Betrags und einer etwaigen Vorfälligkeitsentschädigen zu übermitteln, wenn der Darlehensnehmer mitteilt, dass er eine vorzeitige Rückzahlung des Darlehens beabsichtigt. Liegt dem Sollzinssatz ein Referenzzinssatz zugrunde, muss der Darlehensgeber den Darlehensnehmer bei Zinsanpassungen auch **über die Höhe des neuen Referenzzinssatzes unterrichten** und diese Verpflichtung auch in den Darlehensvertrag aufnehmen (§ 493 Abs. 3 Satz 2 BGB, Art. 247 § 15 Abs. 2 Satz 3 EGBGB). Die weitere besondere Informationspflicht aus § 493 Abs. 3 Satz 2 BGB, Art. 247 § 15 Abs. 3 EGBGB zu veränderlichen Sollzinssätzen, die im Wege der Versteigerung am Kapitalmarkt festgelegt werden, dürfte indes kaum praktische Relevanz haben. Ferner ist für **Immobiliar-Verbraucherdarlehen in Fremdwährung** (dazu Rdn. 1274–1277) in § 493 Abs. 4 BGB eine Informationspflicht des Darlehensgebers vorgesehen, wenn sich der Wechselkurs gegenüber jenem bei Vertragsschluss um mehr als 20% zum Nachteil des Darlehensnehmers verändert (dazu Rdn. 1275).

1882 *Schürnbrand* ZBB 2014, 168 (175).

- Für Immobiliar-Verbraucherdarlehen ist in Anlage 8 zu Art. 247 § 6 Abs. 2 und § 12 Abs. 1 EGBGB ein eigenständiges gesetzliches Muster für die **Widerrufsinformation** vorgesehen. Es bildet neben den gesetzliche Sonderregelungen für Immobiliar-Verbraucherdarlehen zum Beginn der Widerrufsfrist (§ 356b Abs. 2 Satz 2 BGB), zum Erlöschen des Widerrufsrechts (§ 356b Abs. 2 Satz 4 BGB) und zu den Widerrufsfolgen (§ 357a Abs. 3 Satz 2 BGB) auch gesetzliche Regelungen zu verbundenen Geschäften (§§ 358 Abs. 3 Satz 3, 359 BGB) und zu zusammenhängenden Verträgen (§ 360 BGB) ab; dazu Rdn. 1217–1220. Für Immobiliardarlehensverträge, die zwischen 01.09.2002 und 10.06.2010 abgeschlossen wurden, wurde am 21.03.2016 eine **nachträgliche Befristung des Widerrufsrechts** eingeführt (dazu Rdn. 1221, 1224).
- Dem Darlehensnehmer ist bei Immobiliar-Verbraucherdarlehensverträgen, für die ein Widerrufsrecht nach § 495 Abs. 2 BGB nicht besteht, vor Vertragsschluss eine **Bedenkzeit** von sieben Tagen einzuräumen (§ 495 Abs. 3 BGB).
- Der Darlehensnehmer ist bei einem Immobilar-Verbraucherdarlehensvertrag, der nach dem 20.03.2016 abgeschlossen wurde, jederzeit **zur vorzeitigen Rückzahlung berechtigt** (§ 500 Abs. 2 Satz 1 BGB). Während des Zeitraums einer Sollzinsbindung kann er dieses Recht aber nur bei berechtigtem Interesse geltend machen (§ 500 Abs. 2 Satz 2 BGB); außerdem ist die vom Darlehensnehmer zu zahlende Vorfälligkeitsentschädigung nicht betragsmäßig beschränkt (dazu Rdn. 1231).
- Der **Verzugszinssatz** für Immobiliar-Verbraucherdarlehen beträgt 2,5 Prozentpunkte über dem Basiszinssatz, und nicht – wie bei Allgemein-Verbraucherdarlehen – 5 Prozentpunkte über dem Basiszinssatz (§ 497 Abs. 4 BGB), dazu Rdn. 1233.
- Für die **Gesamtfälligstellung** des Darlehens wegen Zahlungsverzugs bei Teilzahlungsdarlehen muss der Darlehensnehmer gem. § 498 Abs. 2 BGB mit mindestens 2,5 Prozent des Nennbetrags des Darlehens in Verzug sein, dazu Rdn. 1234–1237, 1248, 1259.
- Für **Immobiliar-Verbraucherdarlehensverträge in Fremdwährung** (dazu Rdn. 1274–1277) sind gesetzliche Sonderregelungen in §§ 503, 493 Abs. 4 BGB, Art. 247 § 7 Abs. 2 Nr. 2 EGBGB, in den vorvertraglichen Informationspflichten des »ESIS-Merkblatts« (Abschnitte 3 und 6 der Anlage 6 zu Art. 247 § 1 Abs. 2 EGBGB), für die allgemeinen Informationen (»Produktinformation«) in Art. 247a § 1 Abs. 2 Satz 2 EGBGB sowie für die Werbung in § 6a Abs. 3 Nr. 6 PrAngVO vorgesehen.
- Für die **Vermittlung von Immobiliar-Verbraucherdarlehensverträgen** und entsprechender entgeltlicher Finanzierungshilfen (§ 506 BGB) sind ebenfalls zusätzliche Sonderregelungen zu beachten (§ 655a Abs. 2 und 3 BGB, Art. 247 § 13b EGBGB; § 34i GewO).
  - Es wird zwischen »gebundenen« und »nicht gebundenen« Darlehensvermittlern differenziert (§ 655a Abs. 3 Satz 3 BGB; Art. 4 Nr. 7, Art. 15 Abs. 1 Buchst. c), Abs. 2, Art. 29 Abs. 4 S. 2 Bucht. c), Art. 30 RL 2014/17/EU). »Gebunden« ist ein Vermittler, wenn er im Namen und unter unbeschränkter und vorbehaltloser Verantwortung nur eines Darlehensgebers oder einer begrenzten Zahl von Darlehensgebern tätig ist, die am Markt keine Mehrheit darstellt (§ 655a Abs. 3 Satz 3 BGB).
  - Erbringt der Vermittler im Zusammenhang mit der Vermittlung eines Immobiliar-Verbraucherdarlehensvertrages oder entsprechender entgeltlicher Finanzierungshilfen (§ 506 BGB) auch Beratungsleistungen, hat er die Vorgaben aus § 511 BGB (dazu Rdn. 1029–1032) zu beachten. Der »nicht gebundene« Vermittler hat dabei eine ausreichende Zahl von am Markt verfügbaren Darlehensverträgen zu prüfen (§ 655 Abs. 3 Satz 2 BGB). Der »gebundene« Vermittler muss nur Darlehensverträge aus der Produktpalette der Darlehensgeber berücksichtigen, für die er tätig ist (§ 655a Abs. 3 Satz 3 BGB).
  - Im Bereich der vorvertraglichen Informationspflichten des Darlehensvermittlers zum Darlehensvermittlungsvertrag sieht darüber hinaus Art. 247 § 13b Abs. 1 EGBGB (Art. 15 Abs. 1 RL 2014/17/EU) für die Vermittlung von Immobiliar-Verbraucherdarlehensverträgen einige zusätzliche Informationen vor. Vorvertragliche Informationspflichten bestehen für den Vermittler eines Immobiliar-Verbraucherdarlehensvertrages auch im Hinblick auf

im Zusammenhang mit der Vermittlung angebotene Beratungsleistungen (Art. 247 § 13b Abs. 3 i.V.m. § 18 EGBGB).

- Der Darlehensvermittler hat vorvertraglich außerdem grds. die gleichen Pflichten zu erfüllen wie ein Darlehensgeber (§§ 655a Abs. 2 Satz 2, 491a BGB), d.h. ihn treffen die vorvertraglichen Informations- und Erläuterungspflichten im Hinblick auf den vermittelten Darlehensvertrag und er hat dem Darlehensnehmer unter den Voraussetzungen des § 491a Abs. 2 Satz 3 BGB einen Entwurf des Darlehensvertrages auszuhändigen. Der Darlehensvermittler hat dem Darlehensgeber ferner die Informationen zur Kreditwürdigkeitsprüfung (Art. 247 § 1 Abs. 1 EGBGB), die er von dem Darlehensnehmer einzuholen hat, zu übermitteln (§§ 655a Abs. 2 Satz 2, 491a BGB i.V.m. Art. 247 § 1 Abs. 1, § 13b Abs. 2 EGBGB).
- Darüber hinaus finden sich **gewerberechtliche Regelungen** in §§ 11a, 34i, j GewO (Art. 29 RL 2014/17/EU). Gewerbsmäßig tätige Darlehensvermittler benötigen zur Vermittlung von Immobiliar-Verbraucherdarlehen oder entsprechender entgeltlicher Finanzierungshilfen (§ 506 BGB) eine gewerberechtliche Erlaubnis, die u.a. einen Sachkundenachweis und eine Berufshaftpflichtversicherung erfordert. Einer Sachkundeprüfung bedarf es nicht, wenn der Vermittler seit 21.03.2011 ununterbrochen seine erlaubte Tätigkeit ausgeübt hat (§ 160 Abs. 3 GewO). Der Darlehensvermittler darf nur zuverlässige und sachkundige Personen beschäftigen (§ 34i Abs. 6 GewO). Die Struktur der Vergütung der beschäftigten Personen des Vermittlers darf deren Fähigkeit nicht beeinträchtigen, im besten Interesse des Darlehensnehmers zu handeln (§ 34i Abs. 7 GewO; Art. 4 Nr. 11 RL 2014/17/EU); diese Regelungen beruhen auf den unionsrechtlichen Wohlverhaltensregeln (Art. 7 Abs. 2 bis 4 RL 2014/17/EU). Sog. Honorar-Immobiliardarlehensberater dürfen vom Darlehensgeber keine Zuwendung entgegennehmen (§ 34i Abs. 5 Satz 1 Nr. 2 GewO) und keine Tätigkeit als Immobiliardarlehensvermittler ausüben (§ 34i Abs. 5 Satz 2 GewO). Einzelheiten zu den gewerberechtlichen Anforderungen an die Vermittlung von Immobiliar-Verbraucherdarlehen regelt die **»Verordnung über Immobiliardarlehensvermittlung – ImmVermV«**. Kreditinstitute, die eine Erlaubnis nach § 32 Abs. 1 KWG haben, bedürfen zur Vermittlung von Immobiliar-Verbraucherdarlehen keiner besonderen Erlaubnis und Registrierung für die Darlehensvermittlung (§ 34i Abs. 3 GewO).

- Bezieht sich ein **entgeltlicher Zahlungsaufschub oder eine sonstige entgeltliche Finanzierungshilfe** auf den Erwerb oder die Erhaltung des Eigentumsrechts an einer Immobilie oder ist der Anspruch des Unternehmers durch ein Grundpfandrecht besichert, so sind die Vorschriften der §§ 358 bis 360 und 491a bis 502 sowie 503 und 505a bis 506 BGB grds. entsprechend anwendbar (§ 506 Abs. 1 Satz 2 BGB); der unentgeltliche Zahlungsaufschub gilt als entgeltlich, wenn er davon abhängig gemacht wird, dass die Forderung durch ein Grundpfandrecht oder eine Reallast besichert wird (§ 506 Abs. 1 Satz 3 BGB). Dazu Rdn. 1241
- **Anforderungen an die Qualifikation interner und externer Mitarbeiter**, die mit der Vergabe von Immobiliar-Verbraucherdarlehen befasst sind, sind aufsichtsrechtlich in § 18a Abs. 6 KWG geregelt. Damit soll ein hohes Maß an Professionalität gewährleistet werden. Näheres regelt die aufgrund der Ermächtigungsgrundlage in § 18a Abs. 11 KWG von der BaFin erlassene **»Verordnung über die Anforderungen an die Sachkunde der mit der Vergabe von Verbraucher-Wohnimmobilienkrediten befassten internen und externen Mitarbeiter – ImmoDarlSachkV«**, die am 04.05.2016 in Kraft getreten ist (vgl. auch die Mindestanforderungen in Anhang 3 zur RL 2014/17/EU). Zivilrechtlich und aufsichtsrechtlich geregelt sind ferner die **Anforderungen an die Standards für die Immobilienbewertung** bei Immobiliar-Verbraucherdarlehen (§ 505c BGB; § 18a Abs. 7 KWG; vgl. zu den Standards § 16 Abs. 2 PfandBG, die Immobilienwertermittlungsverordnung – ImmoWertV, die Beleihungswertermittlungsverordnung – BelWertV); die Regelungen stehen systematisch im Zusammenhang mit der Kreditwürdigkeitsprüfung. Sonderregelung zu Immobiliar-Verbraucherdarlehen enthält ferner § 5 Abs. 1 Nr. 4 und 5 der **Institutsvergütungsverordnung** (InstitutsVergV). Die Ausgestaltung der Vergütung der Mitarbeiter darf einer ordnungsgemäßen und angemessenen Erbringung von Beratungsleistungen für Immobiliar-Verbraucherdarlehen (§ 511 BGB) nicht entgegen stehen (§ 5

Abs. 1 Nr. 4 InstitutsVergV; Art. 7 Abs. 4 RL 2014/17/EU); insbesondere darf die Vergütung nicht (ausschließlich) an Absatzziele gekoppelt sein und nicht von der Zahl oder dem Anteil der genehmigten Anträge abhängen. Die Vergütung der für die Prüfung der Kreditwürdigkeit zuständigen Mitarbeiter darf nicht von der Zahl der genehmigten Anträge auf Abschluss eines Immobiliar-Verbraucherdarlehensvertrages abhängen (§ 5 Abs. 1 Nr. 5 InstitutsVergV; Art. 7 Abs. 3 RL 2014/17/EU).

1167 Aufgrund zahlreicher Gesetzesänderungen gelten viele der vorgenannten Sondervorschriften allerdings je nach Zeitpunkt des Vertragsschlusses entweder in variierenden Ausgestaltungen oder überhaupt erst ab bestimmten Zeitpunkten; manche Vorschriften für Immobiliar-Verbraucherdarlehen wurden im Zuge bestimmter Novellen auch aufgehoben. Da es sich bei Immobiliar-Verbraucherdarlehen meist um sehr langfristige Dauerschuldverhältnisse handelt, ist der Feststellung der jeweils zeitlich anwendbaren Vorschriften besonderes Augenmerk zu widmen.

b) Entstehungsgeschichte und Überleitungsvorschriften

1168 Eine ganz besondere Entstehungsgeschichte weisen die heutigen verbraucherdarlehensrechtlichen Sonderregelungen für Immobilar-Verbraucherdarlehensverträge (§ 491 Abs. 3 BGB) und **Immobiliardarlehen** (§ 503 Abs. 1 BGB a.F.; zuvor: § 492 Abs. 1a BGB a.F.; zuvor: § 491 Abs. 3 Nr. 1 BGB a.F., zuvor: § 3 Abs. 2 Nr. 2 VerbrKrG) auf.[1883]

aa) Zeitraum von 1991 bis 2002

1169 Der Zeitraum bis 2002 war maßgeblich geprägt von der Umsetzung der Verbraucherkreditrichtlinie 87/102/EG, von den »Heininger-Entscheidungen« des BGH[1884] und des EuGH[1885], vom Schuldrechtsmodernisierungsgesetz v. 26.11.2001 und von den Folgeänderungen durch das OLG-Vertretungsänderungsgesetz v. 23.07.2002[1886] sowie dem durch die »**Zweite Verordnung zur Änderung der BGB-InfoVO**« vom 01.08.2002 durch das BMJ in Anlage 2 zu § 14 BGB-InfoVO eingeführten Muster einer Widerrufsbelehrung. Nach Art. 2 Abs. 1 Buchst. a) der **Verbraucherkreditrichtlinie 87/102/EWG**[1887] waren vom Anwendungsbereich dieser Richtlinie solche Kreditverträge ausgenommen, die hauptsächlich zum Erwerb oder zur Erhaltung von Grund- oder Gebäudeeigentum oder zur Renovierung oder Verbesserung eines Gebäudes bestimmt sind; eine vergleichbare Regelung sieht auch Art. 2 Abs. 2 Buchst. b) der neuen **Verbraucherkreditrichtlinie 2008/48/EG** vor.[1888] Darüber hinaus waren nach Art. 2 Abs. 3 der Verbraucherkreditrichtlinie 87/102/EWG deren Vorschriften in weiten Bereichen unanwendbar auf Kreditverträge, die durch Grundpfandrechte gesichert sind. Auch nach Art. 2 Abs. 2 Buchst. a) der Verbraucherkreditrichtlinie 2008/48/EG sind grundpfandrechtlich gesicherte Darlehensverträge vom Anwendungsbereich der Richtlinie ausdrücklich ausgenommen. Der **deutsche Gesetzgeber** ließ diese Ausnahmen allerdings weitgehend unberücksichtigt und hat die **Richtlinien überschießend umgesetzt**. Bereits mit dem zum 01.01.1991 in Kraft getretenen Verbraucherkreditgesetz wurde die Immobilienfinanzierung grds.

1883 Vgl. zum Verbraucherkreditrecht im Zeitablauf *Josten* Kreditvertragsrecht R. 220 ff.; bis 2010 ferner Staudinger/*Kessal-Wulf* BGB (2012) Einl. zu §§ 491 ff. Rn. 20 ff.; *Bülow/Artz* Verbraucherkreditrecht (7. Aufl.), S. 832.

1884 BGHZ 150, 248; zur Verfassungsmäßigkeit dieses Urteils BVerfG, Beschl. v. 26.09.2011 – 2 BvR 2216/06, 469/07, WM 2012, 1179.

1885 EuGH, WM 2001, 2434.

1886 Art. 25 Abs. 2 des OLGVertrÄndG v. 23.07.2002, BGBl. I, S. 2850.

1887 Richtlinie 87/102/EWG des Rates zur Angleichung der Rechts- und Verwaltungsvorschriften der Mitgliedstaaten über den Verbraucherkredit v. 22.12.1986, ABl. EG L 42/48 v. 12.02.1987, in der Fassung der Änderungsrichtlinien des Rates v. 22.02.1990 (90/88/EWG), Abl. Nr. L 61/14 v. 10.03.1990, und des Europäischen Parlaments und des Rates v. 16.02.1998 (98/7/EG), Abl. Nr. L 101/17 v. 01.04.1998.

1888 Richtlinie 2008/48/EG v. 23.04.2008 über Verbraucherkreditverträge und zur Aufhebung der Richtlinie 87/102/EWG des Rates, Abl. EU Nr. L 133/66 v. 22.05.2008; zu ihrer Entstehungsgeschichte vgl. *Siems* EuZW 2008, 454.

den verbraucherkreditrechtlichen Vorschriften unterworfen; lediglich für sog. Realkredite sah § 3 Abs. 2 Nr. 2 VerbrKrG verschiedene Privilegierungen vor. So waren zunächst die Vorschriften über verbundene Geschäfte (§ 9 VerbrKrG), das Widerrufsrecht (§ 7 VerbrKrG a.F.) und die Regelungen zu kreditvertraglichen Leistungsstörungen (§§ 11 bis 13 VerbrKrG) nicht anwendbar auf Kredite, die von der Sicherung durch ein Grundpfandrecht abhängig gemacht und zu für grundpfandrechtlich gesicherte Kredite üblichen Bedingungen gewährt wurden. Der Sicherung durch ein Grundpfandrecht stand es gleich, wenn unter den Voraussetzungen des § 7 Abs. 2 bis 5 BausparkG auf das Grundpfandrecht verzichtet wurde.[1889] Durch die sog. »**Technische Novelle**« des Verbraucherkreditrechts wurden sodann mit Wirkung ab 01.05.1993 bestimmte Anwendungs- und Formfragen teils rückwirkend zur Klarstellung und teils für die Zukunft auch für Realkredite neu geregelt.[1890] So wurde etwa klargestellt, dass die Privilegierung des § 3 Abs. 2 Nr. 2 VerbrKrG auch für die Zwischenfinanzierung von Realkrediten gelten sollte,[1891] ferner wurde geregelt, dass bei Realkrediten kein Gesamtbetrag (§ 4 Abs. 1 Satz 4 Nr. 1 Buchst. b) VerbrKrG) anzugeben ist.[1892] Hintergrund der Privilegierungen des § 3 Abs. 2 Nr. 2 VerbrKrG war die vom Gesetzgeber erkannte Notwendigkeit, den Hypothekenbanken und auch allen sonstigen Banken die taggenaue Refinanzierung von langfristigen Realkrediten zu ermöglichen, um so die Grundlagen für deren günstige Verzinsung nicht zu gefährden.[1893] Außerdem wirke – so der Gesetzgeber – die grundpfandrechtliche Besicherung eines Darlehens warnend und rechtfertige daher die entsprechenden Bereichsausnahmen für Realkredite. Im Übrigens sah § 7 Abs. 2 Satz 3 VerbrKrG a.F. für Nicht-Immobiliardarlehen auch bei fehlerhafter oder unterbliebener Widerrufsbelehrung ein **Erlöschen des Widerrufsrechts durch Zeitablauf** spätestens ein Jahr nach Abgabe der auf den Abschluss des Darlehensvertrages gerichteten Willenserklärung des Verbrauchers vor; das dergestalt erloschene Widerrufsrecht lebte auch durch die zeitlich nachfolgenden Gesetzesänderungen – auch unter Berücksichtigung der unechten Rückwirkung des Art. 229 § 5 Satz 2 EGBGB – nicht wieder auf.

In der Folge entbrannte indes ein heftiger Streit darüber, ob nach § 3 Abs. 2 Nr. 2 VerbrKrG das Widerrufsrecht des Darlehensnehmers bei Realkrediten auch dann ausgeschlossen war, wenn der Verbraucher zum Abschluss des Kreditvertrages in einer Haustürsituation bestimmt wurde. Nach überwiegender Meinung sollte auch in diesem Fall nach dem klaren Wortlaut der § 5 Abs. 2 HausTWG, § 312a BGB a.F. ein Widerrufsrecht des Kreditnehmers nicht bestehen.[1894] Der BGH[1895] legte diese Frage im Fall »**Heininger**« mit Vorlagebeschl. v. 29.11.1999 dem EuGH vor, schloss sich aber zunächst der überwiegenden Meinung an. Der EuGH erblickte mit Urt. v. 13.12.2001[1896] in dieser Rechtsmeinung allerdings einen Verstoß gegen die Haustürgeschäfterichtlinie.[1897] Er urteilte, dass dem Verbraucher im Anwendungsbereich der Haustürgeschäfterichtlinie stets ein Widerrufsrecht zustehen müsse. Für den Fall, dass der Verbraucher nicht ordnungsgemäß belehrt worden sei, müsse ihm ein unbefristetes Widerrufsrecht zustehen. In Kenntnis des anhängigen Verfahrens beim EuGH hatte der Gesetzgeber aber zwischenzeitlich das **Schuldrechtsmodernisierungsgesetz** verabschiedet, dabei die Privilegierung des § 3 Abs. 2 Nr. 2 VerbrKrG unverändert in § 491 Abs. 3 Satz 1 BGB a.F. übernommen, die umstrittene Regelung des § 5 Abs. 2 HausTWG ebenfalls in das 1170

1889 Vgl. dazu *Bülow/Artz* Verbraucherkreditrecht (6. Aufl.) § 492 Rn. 163.

1890 Das Änderungsgesetz war in Art. 2 des Bauhandwerkersicherungsgesetzes v. 27.04.1993 enthalten, BGBl. I, S. 509.

1891 *Bülow/Artz* Verbraucherkreditgesetz (8. Aufl.) § 503 Rn. 17.

1892 Vgl. zu den Änderungen insgesamt etwa Staudinger/*Kessal-Wulf* BGB (2012) Einl. zu §§ 491 ff. Rn. 20 ff.

1893 BT-Drucks. 11/5462, S. 18; ferner BGH, WM 2006, 1008 (Rn. 20).

1894 OLG Stuttgart, WM 1999, 74 (76); BGH, WM 1999, 1419; OLG München, WM 1999, 728 (729); OLG München, WM 1999, 1418.

1895 BGH, WM 2000, 26.

1896 EuGH, WM 2001, 2434.

1897 Richtlinie 85/577/EWG des Rates v. 20.12.1985 betreffend den Verbraucherschutz im Fall von außerhalb von Geschäftsräumen geschlossenen Verträgen, Abl. EG L 372, 31 v. 31.12.1985.

BGB übertragen (§ 312a BGB a.F.), zudem noch das Erlöschen des Widerrufsrechts auch im Fall einer unterbliebenen Belehrung spätestens sechs Monaten nach Vertragsschluss vorgesehen (§ 355 Abs. 3 Satz 1 BGB a.F.), und das Ganze zum 01.01.2002 in Kraft gesetzt (Art. 229 § 5 EGBGB).[1898]

1171 Nun entschied am 09.04.2002 im »Heininger-Fall« auch der BGH, dass Haustür-Realkreditverträge aufgrund einer einschränkenden richtlinienkonformen Auslegung des § 5 Abs. 2 HausTWG (§ 312a BGB a.F.) doch nicht zu den Geschäften gehörten, die in den Genuss der privilegierenden Bereichsausnahme des § 3 Abs. 2 Nr. 2 VerbrKrG (§ 491 Abs. 3 Nr. 1 BGB a.F.) kommen konnten.[1899] So war also seit der Schuldrechtsmodernisierung kaum ein halbes Jahr vergangen, als der Gesetzgeber mit dem **OLG-Vertretungsänderungsgesetz**[1900] die gesetzlichen Regelungen im Dienste der Richtlinienkonformität wieder änderte, und zwar nach der Überleitungsvorschrift des Art. 229 § 9 Abs. 1 EGBGB für Haustürgeschäfte zum 02.08.2002 und für sonstige Schuldverhältnisse zum 02.11.2002.[1901] Die Befristung des Widerrufsrechts auch für nicht ordnungsgemäße Widerrufsbelehrungen entfiel wieder (§ 355 Abs. 3 Satz 2 BGB a.F.), und über die europarechtlichen Vorgaben hinaus schuf der Gesetzgeber nun ein generelles Widerrufsrecht für Immobiliardarlehensverträge, die er bei dieser Gelegenheit als Immobilienfinanzierungen zusätzlich den Regelungen über verbundene Geschäfte unterwarf, wenngleich mit gewissen tatbestandlichen Einschränkungen (§ 358 Abs. 3 Satz 3 BGB; dazu Rdn. 1210–1214). Allerdings entfiel nun generell auch das bisherige Erfordernis einer Unterzeichnung der Widerrufsbelehrung durch den Verbraucher (§ 355 Abs. 2 Satz 2 BGB a.F.), um der betroffenen Kreditwirtschaft die Nachholung einer wegen § 5 Abs. 2 HausTWG unterbliebenen Widerrufsbelehrung zu erleichtern.[1902]

1172 Zudem entwickelte das BMJ einen Mustertext für die Widerrufsbelehrung, der durch die »**Zweite Verordnung zur Änderung der BGB-InfoVO**« vom 01.08.2002 – in Kraft getreten am 01.09.2002 – in Anlage 2 zu § 14 BGB-InfoVO eingeführt wurde und nach § 14 Abs. 1 BGB-InfoVO a.F. den ausgesprochen komplexen gesetzlichen Anforderungen genügen sollte.[1903] Um dem Unternehmer eine **Nachbelehrung** (dazu Rdn. 1118) zu ermöglichen, wurde dabei das Erfordernis der Unterzeichnung der Widerrufsbelehrung durch den Verbraucher aufgehoben. Nach der **Überleitungsvorschrift** des Art. 229 § 9 Abs. 2 EGBGB gilt der Wegfall des Unterschriftserfordernisses auch für Verträge, die vor dem 01.08.2002 abgeschlossen wurden.

1173 Aus dieser gesetzgeberischen Odyssee und ihren **Überleitungsvorschriften** ergeben sich für Immobiliardarlehen bis 2002 im Grundsatz zunächst folgende **zeitliche Anwendungsbereiche**:[1904]
- Für Immobiliardarlehensverträge, die ab Inkrafttreten des »**Verbraucherkreditgesetzes**« zwischen 01.01.1991 und 30.04.1993 abgeschlossen wurden, gilt grds. das Verbraucherkreditgesetz in der bis dahin gültigen Fassung, soweit nicht durch gesetzgeberische Klarstellung nur seinerzeitige Ungewissheiten beseitigt wurden (z.B. Zwischenfinanzierung von Realkrediten) und ab 01.01.2003 kein Statutenwechsel nach Art. 229 § 5 Satz 2 EGBGB eingetreten ist; mit

1898 Zu den Auswirkungen der Schuldrechtsmodernisierung auf Immobilienfinanzierungen *Dörrie* ZfIR 2002, 89.

1899 BGHZ 150, 248; zur Verfassungsmäßigkeit dieses Urteils BVerfG, Beschl. v. 26.09.2011 – 2 BvR 2216/06, 469/07, WM 2012, 1179.

1900 Art. 25 Abs. 2 des OLGVertrÄndG v. 23.07.2002, BGBl. I, S. 2850.

1901 Eingehend zu den Änderungen durch das OLG-Vertretungsänderungsgesetz *Dörrie* ZfIR 2002, 685.

1902 Zu den Anforderungen an eine nachträgliche Widerrufsbelehrung BGH, WM 2011, 655.

1903 Die Gesetzmäßigkeit des Mustertextes ist nach vorausgegangenen Unsicherheiten (vgl. LG Münster, WM 2007, 121; LG Halle, WM 2007, 119; *Rohlfing* MDR 2008, 304) mittlerweile vom BGH bejaht worden, BGH, Urt. v. 15.08.2012 – VIII ZR 378/11, BGHZ 194, 238 (Rn. 14); offen gelassen noch in BGH, Urt. v. 12.04.2007 – XI ZR 122/06, (Rn. 12); BGH, WM 2011, 1799, (Rn. 36); BGH, WM 2011, 86 (Rn. 14).

1904 Vgl. zum Verbraucherdarlehensrecht im Zeitablauf *Josten* Kreditvertragsrecht Rn. 220 ff.; bis 2010 ferner Staudinger/*Kessal-Wulf* BGB (2012) Einl. zu §§ 491 ff. Rn. 20 ff.; *Bülow/Artz* Verbraucherkreditrecht (7. Aufl.), S. 832.

dem OLG-Vertretungsänderungsgesetz wurde darüber hinaus das Haustürwiderrufsrecht auch auf Bestandsverträge erstreckt (vgl. nachfolgend); für Immobiliardarlehensverträge, die ab dem 01.05.1993 abgeschlossen wurden, gelten die weiteren Sonderregelungen der sog. »Technischen Novelle«.[1905]

- Für alle vor dem 29.06.2000 – also vor dem Inkrafttreten des »**Gesetzes über Fernabsatzverträge**«[1906] und des damit unter beachtlichen Änderungen generell in § 361a BGB a.F. geregelten Widerrufsrechts – geschlossenen Verbraucherdarlehensverträge gelten die Regelungen des VerbrKrG und des HausTWG in der bis dahin geltenden Fassung (Art. 229 § 2 Abs. 1 EGBGB).[1907] Für die zwischen dem 29.06.2000 und dem 31.12.2001 abgeschlossenen Verträge gilt das Widerrufsrecht des § 361a BGB a.F.
- Für Darlehensverträge, die ab Inkrafttreten des »**Schuldrechtsmodernisierungsgesetzes**« am 01.01.2002 abgeschlossen wurden, gelten die entsprechenden neuen Vorschriften (z.B. Verzugszinsen gemäß § 497 Abs. 1 Satz 2 BGB a.F.; Darlehensvollmachten gemäß § 492 Abs. 4 BGB).[1908] I.Ü. gelten die Vorschriften des Schuldrechtsmodernisierungsgesetzes nach Art. 229 § 5 Satz 2 EGBGB ab 01.01.2003 auch für Dauerschuldverhältnisse (d.h. auch für Darlehensverträge[1909]), die vor dem 01.01.2002 abgeschlossen wurden, sodass es insoweit zu einem »Statutenwechsel« kommt; das gilt aber nicht für vor dem 01.01.2003 beendete Dauerschuldverhältnisse und nicht für Ansprüche aus einem am 01.01.2003 fortbestehenden Dauerschuldverhältnis, die vor Ablauf dieses Tages zu erfüllen waren.[1910]
- Mit Inkrafttreten des »**OLG-Vertretungsänderungsgesetzes**« erfolgte hinsichtlich der Frage des zeitlichen Anwendungsbereichs der einschlägigen Verbraucherschutzvorschriften insbesondere eine Differenzierung danach, ob es sich um einen Immobiliardarlehensvertrag handelt, zu dessen Abschluss der Verbraucher in einer **Haustürsituation** bestimmt wurde:
  - Immobiliardarlehensverträge, die unter der Geltung des § 5 Abs. 2 HausTWG (§ 312a BGB a.F.) und des § 3 Abs. 2 Nr. 2 VerbrKrG (§ 491 Abs. 3 Nr. 1 BGB a.F.) – also vor dem 02.08.2002 – abgeschlossen wurden und zu deren Abschluss der Verbraucher in einer Haustürsituation bestimmt wurde, sind unbefristet widerruflich, wenn – wie dies meist der Fall sein wird – eine Widerrufsbelehrung nicht ordnungsgemäß erteilt und das Widerrufsrecht nicht verwirkt wurde.[1911] Nicht ordnungsgemäß soll nach der insoweit

1905 Die »Technische Novelle« war in Art. 2 des Bauhandwerkersicherungsgesetzes v. 27.04.1993 enthalten, BGBl. I, S. 509.

1906 Gesetz über Fernabsatzverträge und andere Fragen des Verbraucherrechts sowie zur Umstellung von Vorschriften auf Euro v. 27.06.2000, BGBl. I, S. 897.

1907 Insoweit bestehen allerdings Unklarheiten wegen der ursprünglichen Übergangsregelung des § 19 VerbrKrG, die ein Inkrafttreten erst ab 01.10.2000 vorsah, vgl. dazu Staudinger/*Kessal-Wulf* BGB (2012) Einl. zu §§ 491 ff. Rn. 22.

1908 Vgl. dazu und zu den diesbezüglichen Übergangsregelungen etwa *Dörrie* ZfIR 2002, 89 (92 f., 96).

1909 Vgl. BGH, NJW 2010, 602.

1910 BGH, WM 2007, 2124 (Rn. 8). Ferner ist Art. 229 § 9 EGBGB (Überleitungsvorschrift zum OLG-Vertretungsänderungsgesetz v. 23.07.2002) lex specialis zu Art. 229 § 5 Satz 2 EGBGB (Überleitungsvorschrift zum Gesetz zur Modernisierung des Schuldrechts vom 26.11.2011), BGH, WM 2006, 1995 (Rn. 8 ff.). Zur Geltung der verjährungsrechtlichen Hemmungsregelung des § 497 Abs. 3 Satz 3 BGB für vor dem 01.01.2002 entstandene, aber noch nicht verjährte Forderungen BGH, WM 2011, 973 (Rn. 14).

1911 Zum Schadensersatzanspruch wegen unterbliebener Widerrufsbelehrung BGH, WM 2008, 683 (Rn. 21); BGH, WM 2006, 2343 (Rn. 43); *Mediger* ZfIR 2008, 406; *Maier* WM 2008, 1630; vgl. auch Rdn. 1020. Ein solcher Schadensersatzanspruch kommt auch dann in Betracht, wenn die Haustürsituation nicht beim Vertragsschluss, sondern bei dessen Anbahnung vorlag, BGH, WM 2008, 683 (Rn. 19). Zur Möglichkeit des Erlöschens des Widerrufsrechts einen Monat nach beiderseits vollständiger Erfüllung des Darlehensvertrages gem. § 2 Abs. 1 HausTWG auch bei verbundenen Verträgen OLG Stuttgart, ZIP 2008, 1579 (1580); zur Richtlinienkonformität EuGH, WM 2008, 869; kritisch *Häublein* ZIP 2008, 2005. Der rechtlich mögliche Haustürwiderruf des finanzierten Beitritts zu Fondsgesellschaften erzeugt nach der Rechtsprechung des II. Zivilsenats des BGH über die Grundsätze von der fehlerhaften höchst zweifelhaften Rechtsprechung des BGH die Widerrufsbelehrung auch dann erfolgt sein, wenn sie zwar den Anforderungen des § 7 Abs. 1 VerbrKrG a.F. (§§ 361a, 495 Abs. 1, 355 BGB a.F.) genügte, aber wegen des Hinweises auf die seinerzeit für den Verbraucher gesetzlich geregelte zweiwöchige Rückzahlungsfrist nach erfolgten Widerruf (§§ 7 Abs. 2 VerbrKrG a.F., 495 Abs. 2 BGB a.F.) eben nicht mehr den Regelungen zum Haustürwiderrufsrecht.[1912] Allerdings ist das Widerrufsrecht auch in solchen Fällen mit der beiderseits vollständigen Erfüllung des Darlehensvertrages erloschen (§ 2 Abs. 1 Satz 4 HausTWG), wenn die Erfüllung vor dem 01.01.2003 erfolgte (Art. 229 § 5 Satz 2 EGBGB),[1913] und zwar auch dann, wenn das Darlehen lediglich abgelöst wurde (d.h. die Darlehensschuld andernorts fortbesteht)[1914] oder es sich um ein verbundenes Geschäft in Gestalt der Finanzierung eines Fondsanteils handelte.[1915] Falls das Widerrufsrecht nicht dergestalt erloschen ist, kann eine unterbliebene oder fehlerhafte Widerrufsbelehrung seit dem 01.08.2002 auch für solche »Altverträge« stets unter Verzicht auf die Unterzeichnung der Widerrufsbelehrung durch den Darlehensnehmer (§ 355 Abs. 2 BGB) nachgeholt werden (Art. 229 § 9 Abs. 2 EGBGB).[1916] Die Regelungen über verbundene Geschäfte (§ 9 VerbrKrG; §§ 358 ff. BGB) gelten für solche »Altverträge« hingegen nicht, wenn es sich um ein Immobiliardarlehen handelt.[1917]

– Für Immobiliardarlehensverträge, die nach dem 01.08.2002 abgeschlossen wurden und zu deren Abschluss der Darlehensnehmer in einer Haustürsituation bestimmt wurde, gelten nach der Überleitungsvorschrift des Art. 229 § 9 Abs. 1 Satz 1 Nr. 1 EGBGB neben dem verbraucherdarlehensrechtlichen Widerrufsrecht u.a. auch die Regelungen über verbundene Geschäfte.[1918] Art. 229 § 9 EGBGB (Überleitungsvorschrift zum OLG-Vertretungsänderungsgesetz v. 23.07.2002) ist für die dort genannten Vorschriften lex

---

Gesellschaft nur die Wirkung einer ex nunc erfolgten (außerordentlichen) Kündigung, BGHZ 156, 46 (51); 148, 201 (207 f.). Der II. Zivilsenat (WM 2008, 1026) hat mit Beschl. v. 05.05.2008 dem EuGH die Frage zur Vorabentscheidung vorgelegt, ob die Bestimmungen der Haustürgeschäfterichtlinie (85/577/EWG) ein solches Widerrufsrecht überhaupt verlangen und ob – falls dies bejaht wird – damit eine auf den Zeitpunkt des Wirksamwerdens des Widerrufs erfolgte Berechnung des Anspruchs gegen die Gesellschaft vereinbar ist; dazu *Schäfer* ZIP 2008, 1022 ff. Der EuGH (WM 2010, 882 Rn. 25 ff.) hat mit Urt. v. 15.04.2010 beide Fragen bejaht, die erste Frage aber nur für den Fall, dass der Beitritt nicht vorrangig darin besteht, Mitglied dieser Gesellschaft zu werden, sondern Kapital anzulegen; dazu BGH, WM 2010, 1589 Rn. 3 ff.; *Habersack*, ZIP 2010, 775.

1912 BGH, WM 2003, 61 (63); BGH, WM 2004, 1521 (1523); BGH, WM 2005, 547 (548); BGH, WM 2006, 220 (222); BGH, WM 2011, 23 (Rn. 24); BGH, WM 2011, 1799 (Rn. 29): unzulässige andere Erklärung i.S.d. § 2 Abs. 1 Satz 3 HausTWG); grds. zustimmend *Mülbert/Hogel* WM 2006, 2281 (2290); anders noch BGH, WM 2000, 1687 (1688). Kritisch zu Recht auch *Reifner* WM 2005, 456; *Schmitt* BB 2007, 290 (291). Zur teleologischen Reduktion des Zusatzverbots aus § 2 Abs. 1 Satz 3 HausTWG aber – unter Aufgabe von BGH, WM 2004, 1527 (1528) – BGH, WM 2007, 1117 (Rn. 11 ff.): Keine unzulässige andere Erklärung i.S.d. § 2 Abs. 1 Satz 3 HausTWG ist der Zusatz in einer Widerrufsbelehrung, dass im Fall des Widerrufs einer Darlehensvertragserklärung auch der Beitritt in eine Fondsgesellschaft nicht wirksam zustande kommt, denn es handelt sich nur um einen sinnvollen Hinweis auf die Rechtsfolgen des Widerrufs. Das gilt unbeschadet der Anwendbarkeit der Grundsätze über die fehlerhafte Gesellschaft auf den Widerruf und auch dann, wenn das verbundene Anlagegeschäft nicht konkret, sondern bspw. nur als »Kaufvertrag« bezeichnet ist, BGH, WM 2009, 65 (Rn. 11); BGH, WM 2011, 261 (Rn. 15).

1913 BGH, WM 2010, 34 (Rn. 16 f.); BGH, WM 2011, 23 (Rn. 35).

1914 BGH, WM 2010, 34 (Rn. 16 f.).

1915 EuGH, WM 2008, 869 (Rn. 49); BGH, WM 2008, 2162 (Rn. 27); BGH, WM 2009, 2366 (Rn. 16 ff.); BGH, WM 2011, 23 (Rn. 32).

1916 BGH, WM 2006, 1995 (1996).

1917 BGH, WM 2003, 64 (66); BGH, WM 2002, 1181 (1186); BGH, WM 2002, 2501 (2503); anders LG Bremen, WM 2002, 1450 (1455); *Hoffmann* ZIP 2002, 1066 (1070).

1918 Vgl. *Dörrie* ZfIR 2002, 685 (687).

specialis zu Art. 229 § 5 Satz 2 EGBGB (Überleitungsvorschrift zum Gesetz zur Modernisierung des Schuldrechts v. 26.11.2001), d.h. die durch das OLG-Vertretungsänderungsgesetz eingeführten Widerrufsregelungen für Verbraucherträge sind nur anwendbar auf Haustürgeschäfte, die nach dem 01.08.2002 abgeschlossen worden sind, und auf andere Schuldverhältnisse, die nach dem 01.11.2002 entstanden sind.[1919] Allerdings erlischt das einem Darlehensnehmer nach dem HausTWG zustehende Widerrufsrecht nicht gem. § 2 Abs. 1 Satz 4 HausTWG, wenn die vollständige Ablösung des Darlehens erst ab dem 01.01.2003 erfolgt ist.[1920] Bezüglich § 358 BGB verdrängt die Überleitungsvorschrift des Art. 229 § 9 Abs. 1 EGBGB als speziellere Regelung die Überleitungsvorschrift des Art. 229 § 5 Satz 2 EGBGB nur, soweit § 358 BGB durch das OLG-Vertretungsänderungsgesetz geändert wurde.[1921]

- Für Immobiliardarlehensverträge, die vor dem 02.11.2002 abgeschlossen wurden und zu deren Abschluss der Darlehensnehmer nicht in einer Haustürsituation bestimmt wurde, war eine Widerrufsbelehrung nicht erforderlich. Auch die Regelungen über verbundene Geschäfte finden wegen § 3 Abs. 2 Nr. 2 VerbrKrG (§ 491 Abs. 3 Satz 1 BGB a.F.) keine Anwendung.
- Für Immobiliardarlehensverträge, die nach dem 01.11.2002 abgeschlossen wurden und die keine Haustürgeschäfte sind, gelten nunmehr ebenfalls die Regelungen über das verbraucherdarlehensrechtliche Widerrufsrecht (§§ 495 Abs. 1, 355 ff. BGB a.F.);[1922] dieses konnte nach § 506 Abs. 3 BGB a.F. zwar übergangsweise bis 30.06.2005 vertraglich ausgeschlossen werden, davon dürfte aber aufgrund des damit verbundenen Aufwands und der bestehenden Rechtsunsicherheiten in der Bankenpraxis allenfalls in gewichtigen Ausnahmefällen Gebrauch gemacht worden sein. Ferner gelten für nach dem 01.11.2002 abgeschlossene Immobilienfinanzierungsverträge die Regelungen über verbundene Geschäfte (§ 358 Abs. 3 Satz 3 BGB).

bb) Zeitraum von 2004 bis 2016

Mit dem am **08.12.2004** in Kraft getretenen »**Gesetz zur Änderung der Vorschriften über Fernabsatzverträge**« (FernAbsÄndG)[1923] wurde das in Anlage 2 zu § 14 BGB-InfoVO a.F. enthaltene Muster der Widerrufsbelehrung bereits wieder geändert. Zum Teil handelte es sich um redaktionelle Änderungen, zum Teil wurde das Muster an die neuen gesetzlichen Anforderungen des Fernabsatzrechts angepasst,[1924] aber auch der Textbaustein für die Belehrung zum Darlehensvertrag wurde korrigiert, indem in Satz 2 entsprechend § 358 Abs. 3 Satz 2 BGB nach dem Wort »Vorbereitung« das Wort »und« durch das Wort »oder« ersetzt wurde. Daneben wurden Vorschriften für den Fernabsatz von Finanzdienstleistungen eingeführt, die auch für Immobiliardarlehensverträge zu beachten waren. Die Neuregelungen begründeten insbes. eine Verpflichtung der Bank, dem Verbraucher rechtzeitig vor Vertragsschluss den in § 1 BGB-InfoVO a.F. normierten Informationenkatalog mitzuteilen. Nach der **Überleitungsvorschrift** des Art. 229 § 11 Abs. 1 Satz 1 EGBGB waren die Neuregelungen nur auf Schuldverhältnisse anwendbar, die ab dem 08.12.2004 abgeschlossen wurden; maßgeblich war insoweit der Zeitpunkt des Zustandekommens des Vertrags. 1174

1919 BGH, Urt. v. 13.06.2006 – XI ZR 94/05, WM 2006, 1995 (Rn. 8 ff.).
1920 BGH, WM 2011, 34 (Rn. 16 f.).
1921 BGH, Urt. v. 04.04.2017 – II ZR 179/16, (Rn. 9).
1922 BGH, WM 2006, 1995 (1996).
1923 BGBl. I, S. 3102; dazu *Dörrie* ZBB 2005, 121.
1924 Vgl. RegE BT-Drucks. 16/2946, S. 27.

1175 Die »**Dritte Verordnung zur Änderung der BGB-InfoVO**«[1925] führte mit ihrem Inkrafttreten am **01.04.2008** zur neuerlichen Änderung der Musterbelehrung in Anlage 2 zu § 14 BGB-InfoVO. An die gesetzlichen Anforderungen angepasst wurde insbes. der Passus zum Beginn der Widerrufsfrist, da die bisherige Formulierung, die den Beginn der Widerrufsfrist mit den Worten »frühestens mit Erhalt dieser Belehrung« umschrieb, in Rechtsprechung und Literatur als zu unbestimmt kritisiert und die Musterbelehrung mitunter gar als nicht gesetzeskonform bezeichnet wurde (dazu Rdn. 1224).[1926] Erst der Text der Musterbelehrung in der Fassung der BGB-InfoVO v. 04.03.2008 wurde inhaltlich für gesetzeskonform erachtet.[1927] Nach der **Überleitungsvorschrift** des § 16 BGB-InfoVO ist die Gesetzlichkeitsfiktion aus § 14 Abs. 1 und 3 BGB-InfoVO a.F. auch auf solche Widerrufsbelehrungen anzuwenden, die den bis 31.03.2008 geltenden Musterbelehrungen entsprechen und dem Verbraucher vor dem 01.10.2008 mitgeteilt worden sind.

1176 Mit den im »**Gesetz zur Begrenzung der mit Finanzinvestitionen verbundenen Risiken**« (sog. Risikobegrenzungsgesetz)[1928] enthaltenen und am **19.08.2008** in Kraft getretenen Regelungen zur Verbesserung des Schuldner- und Verbraucherschutzes bei Abtretung und Verkauf von Darlehensforderungen an Finanzinvestoren wurden weitere Sondervorschriften eingeführt, die in besonderem Maße auch für Immobiliar-Verbraucherdarlehen relevant sind (dazu Rdn. 1249–1264).[1929] So wurden etwa die Voraussetzungen für die Gesamtfälligstellung eines in Teilzahlungen zu tilgenden Darlehens mit gewissen Modifikationen auch auf Immobiliardarlehensverträge erstreckt (§ 498 Abs. 2 BGB; zuvor: § 503 Abs. 3 BGB a.F.; zuvor: § 498 Abs. 3 BGB a.F.; Art. 229 § 18 Abs. 1 EGBGB). Ferner war nach § 492 Abs. 1a Satz 3 BGB a.F. der Darlehensnehmer durch einen deutlich gestalteten Hinweis im Immobiliardarlehensvertrag darüber zu unterrichten, dass die Bank – soweit nicht im Immobiliardarlehensvertrag ein Abtretungsausschluss nach § 399, 2. Alt. BGB vereinbart ist – ohne dessen Zustimmung die Forderungen aus dem Darlehensvertrag (z.B. Tilgungs-, Zins- und Kostenansprüche) abtreten kann und das Darlehensverhältnis insgesamt unter bestimmten Umständen (z.B. bei Umwandlungen nach dem UmwG) auf einen Dritten übergehen kann.[1930] Dieser Hinweis war allerdings seit 11.06.2010 nicht mehr im Immobiliardarlehensvertrag unterzubringen, sondern in den dem Darlehensnehmer zur Verfügung zu stellenden vorvertraglichen Informationen für Immobiliardarlehen (§ 503 Abs. 1 BGB a.F. i.V.m. Art. 247 § 9 Abs. 1 Satz 2 EGBGB a.F.); seit 21.03.2016 ist der Hinweis bei Immobiliar-Verbraucherdarlehensverträgen als weitere vorvertragliche Information in einem gesonderten Dokument zu erteilen, das dem »ESIS-Merkblatt« beigefügt werden kann (Art. 247 § 1 Abs. 3 Satz 2 EGBGB, Art. 229 § 38 Abs. 1 EGBGB). Nicht nur für Immobiliar-Verbraucherdarlehen, aber typischerweise in besonderem Maße auch bei diesen sind nach §§ 493 Abs. 1, 2 und 6 BGB (zuvor: § 493 Abs. 1, 2 und 4 BGB a.F.; zuvor: § 492a BGB a.F.) bei unechten Abschnittsfinanzierungen und befristeten Darlehensverträgen besondere Unterrichtungspflichten für die Bank oder einen Forderungserwerber zu beachten, die auch für Darlehensverträge gelten, die vor dem 19.08.2008 abgeschlossen wurden, deren Zinsbindungsperioden oder gar Laufzeiten aber nach diesem Zeitpunkt enden (dazu Rdn. 1287). Weitere Unterrichtungspflichten regelt

1925 Dritte Verordnung zur Änderung der BGB-Informationspflichten-Verordnung v. 04.03.2008, BGBl. I, S. 292 (293).

1926 Vgl. OLG Koblenz, NJW 2005, 3430 (3431); OLG Schleswig, OLGR 2007, 929; OLG Jena, ZIP 2011, 1063; LG Halle, WM 2007, 121 (122); LG Koblenz, BB 2007, 239; Palandt/*Grüneberg* (67. Aufl.) § 14 BGB-InfoVO Rn. 5; MüKo-BGB/*Masuch* (5. Aufl.) § 355 Rn. 56 mwN. Der BGH entschied erst mit Urt. v. 15.08.2012 – VIII ZR 378/11 (BGHZ 194, 238), dass die Gesetzlichkeitsfiktion – ungeachtet vorhandener Fehler der Musterbelehrung – von der Ermächtigungsgrundlage des Art. 245 Nr. 1 EGBGB gedeckt und die Musterbelehrung wirksam ist.

1927 Palandt/*Grüneberg* (69. Aufl.) § 14 BGB-InfoVO Rn. 5; *Schirmbacher* BB 2009, 1088.

1928 BGBl. I, S. 1666.

1929 Zu den gesetzlichen Neuregelungen insgesamt *Dörrie* ZBB 2008, 292 ff.

1930 Zur Gestaltung des Hinweises *Dörrie* ZBB 2008, 292 (297).

§ 496 Abs. 2 BGB für den Fall des Forderungsübergangs oder eines Wechsel des Vertragspartners, und zwar wiederum auch für den Fall, dass der Darlehensvertrag vor dem 19.08.2008 abgeschlossen wurde, der Forderungs- oder Vertragsübergang aber nach diesem Zeitpunkt erfolgte. Außerdem wurde die Sicherungsgrundschuld gesetzlich geregelt und ein gutgläubig einredefreier Erwerb der Sicherungsgrundschuld hinsichtlich solcher Einreden, die dem Sicherungsvertrag zur Grundschuld entspringen, ausgeschlossen (§ 1192 Abs. 1a BGB; Art. 229 § 18 Abs. 2 EGBGB). Das Grundschuldkapital kann zudem zwingend nur durch Kündigung mit sechsmonatiger Frist fällig gestellt werden (§ 1193 Abs. 2 BGB, Art. 229 § 18 Abs. 3 EGBGB; dazu Rdn. 1261). Auswirkungen auf das Widerrufsrecht und die Musterbelehrung in Anlage 2 zu § 14 BGB-InfoVO a.F. hatte das Risikobegrenzungsgesetz indes nicht.

Am 02.07.2009 hat der Deutsche Bundestag das »**Gesetz zur Umsetzung der Verbraucherkreditrichtlinie, des zivilrechtlichen Teils der Zahlungsdiensterichtlinie sowie zur Neuordnung der Vorschriften über das Widerrufs- und Rückgaberecht**« verabschiedet.[1931] Die darin enthaltenen Neuregelungen zum Verbraucherdarlehensrecht sind am 11.06.2010 in Kraft getreten. Obwohl Immobilienfinanzierungen und grundpfandrechtlich gesicherte Darlehen auch vom Anwendungsbereich der mit diesem Gesetz umgesetzten Verbraucherkreditrichtlinie 2008/48/EG[1932] ausgenommen sind (Art. 2 Abs. 2 Buchst. a) und b) RL 2008/48/EG), hat der deutsche Gesetzgeber – wie bereits bei der Umsetzung der Verbraucherkreditrichtlinie 87/102/EWG durch das Verbraucherkreditgesetz vom 01.01.1991 – abermals Immobilienfinanzierungen und Immobiliardarlehen weitestgehend in die verbraucherdarlehensrechtlichen Vorschriften einbezogen, um nicht hinter dem bereits begründeten Schutzniveau zurückzubleiben.[1933] Das führte für alle Verbraucherdarlehensverträge einschließlich Immobiliardarlehensverträge insb. zu folgenden Neuerungen: 1177
- die Regelung des § 6a PrAngVO a.F., die besondere Anforderungen an die Werbung für Kreditverträge mit Letztverbrauchern stellt und zum 21.03.2016 erweitert wurde um allgemeine Lauterbarkeitsanforderungen (§ 6a Abs. 1 PrAngVO) und für Immobiliar-Verbraucherdarlehensverträge um ergänzende Pflichtangaben zur Sicherung des Darlehens durch ein Grundpfandrecht oder eine Reallast (§ 6a Abs. 3 Nr. 5 PrAngVO) und zu Wechselkursrisiken bei Fremdwährungsdarlehen (§ 6a Abs. 3 Nr. 6 PrAngVO);
- **vorvertragliche Informationspflichten** (§§ 503 Abs. 1, 491a Abs. 1 BGB a.F. i.V.m. Art. 247 §§ 1 bis 4, §§ 8 bis 12 EGBGB a.F.; dazu Rdn. 1049–1057), die für Immobiliardarlehen weitgehend jenen aus dem Verhaltenskodex für Hypothekarkreditgeber entsprachen, mit der Umsetzung der Wohnimmobilienkreditrichtlinie 2014/17/EU für Immobiliar-Verbraucherdarlehen zum 21.03.2016 aber wieder geändert wurden (Art. 247 § 1, § 8 Abs. 3 Satz 2, § 12 Abs. 1 EGBGB; dazu Rdn. 1051–1055);
- eine **vorvertragliche Erläuterungspflicht** (§ 503 Abs. 1 BGB a.F. i.V.m. § 491a Abs. 3 BGB; dazu Rdn. 1058–1065);
- **erweiterte vertragliche Pflichtangaben** (§§ 503 Abs. 1, 492 Abs. 2 BGB a.F. i.V.m. Art. 247 §§ 9 Abs. 1, 6 ff. EGBGB a.F.), die zum 21.03.2016 für Immobiliar-Verbraucherdarlehensverträge nochmals ergänzt wurden (dazu Rdn. 1200–1202);
- eine Neufassung der in die **Berechnung des effektiven Jahreszinses** einzubeziehenden Gesamtkosten (§ 6 Abs. 3 PrAngVO a.F.) sowie die Erweiterungen der Annahmen zur Berechnung des Effektivzinses (vgl. § 6 Abs. 5 PrAngVO a.F. i.V.m. II. der Anlage zu § 6 PrAngVO a.F.); der Begriff »anfänglicher effektiver Jahreszins« entfiel;

1931 BGBl. I, S. 2355.

1932 Richtlinie 2008/48/EG v. 23.04.2008 über Verbraucherkreditverträge und zur Aufhebung der Richtlinie 87/102/EWG des Rates, Abl. EU Nr. L 133/66 v. 22.05.2008.

1933 Der in Art. 22 Abs. 1 der Richtlinie 2008/48/EG v. 23.04.2008 niedergelegte Grundsatz der Vollharmonisierung stand dem nicht entgegen, vgl. EuGH, Urt. v. 12.07.2012 – Rs. C-602/10, WM 2012, 2049 (Rn. 44).

- die Ersetzung der Widerrufsbelehrung durch einen **Hinweis auf das Widerrufsrecht im Darlehensvertrag** (»**Widerrufsinformation**«; §§ 503 Abs. 1, 495 Abs. 2 Nr. 1 BGB a.F. i.V.m. Art. 247 §§ 9 Abs. 1 Satz 3, 6 Abs. 2 EGBGB a.F.; seit 21.03.2016: § 495 Abs. 1 BGB n.F. i.V.m. Art. 247 § 6 Abs. 2 EGBGB n.F.; dazu Rdn. 1182); eine gesetzliche Pflicht zur Hervorhebung besteht für die Widerrufsinformation nicht (dazu Rdn. 1182); auch die Erfüllung der verbraucherdarlehensrechtlichen vertraglichen Pflichtangaben wurde maßgeblich für den Beginn der Widerrufsfrist (§ 495 Abs. 2 Nr. 2 Buchst. b) BGB a.F.);
- eine **Erstreckung des Widerrufsdurchgriffs aus § 358 Abs. 1 und 4 BGB** auf Verbraucherdarlehensverträge, die zwar keine verbundenen Geschäfte sind, in denen aber die **Ware oder Leistung des Unternehmers aus dem widerrufenen (finanzierten) Vertrag genau angegeben** ist (§ 359a Abs. 1 BGB a.F.; »zusammenhängende Verträge«, § 360 Abs. 2 Satz 2, Abs. 1 BGB n.F.). Die Regelung des § 359a Abs. 1 BGB a.F. (§ 360 Abs. 2 Satz 2 BGB n.F., der nur noch auf § 358 Abs. 4 Sätze 1 bis 3 BGB verweist) kann zwar grds. auch für Immobiliardarlehensverträge relevant sein, aber wohl nicht für Immobilienfinanzierungen, da anderenfalls die engere Sonderregelung des § 358 Abs. 3 Satz 3 BGB für verbundene Geschäfte (dazu Rdn. 1206–1216) ausgehebelt werden würde;[1934] unschädlich ist unabhängig davon die genaue Bezeichnung des finanzierten Vertrages als Gegenstand der Kreditsicherung, da Art. 247 § 7 Nr. 2 EGBGB a.F. grds. die Angabe der verlangten Sicherheiten verlangt;[1935] die Regelung des Art. 247 § 7 Nr. 2 EGBGB a.F. ist zwar bei Immobiliardarlehen nicht anwendbar (Art. 247 § 9 Abs. 1 BGB a.F.), seit 21.03.2016 ist aber mittelbar nach dem Wortlaut der Sanktionsregelung des § 494 Abs. 6 Satz 2 BGB die Angabe der Sicherheiten auch im Immobiliar-Verbraucherdarlehensvertrag erforderlich;
- eine **Erstreckung des Widerrufsdurchgriffs aus § 358 Abs. 2 und 4 BGB** auf **Verträge über Zusatzleistungen** (z.B. Restkreditversicherungen; vgl. auch Art. 247 § 8 EGBGB und Rdn. 948), die der Darlehensnehmer in unmittelbarem Zusammenhang mit dem Verbraucherdarlehensvertrag abgeschlossen hat (§ 359a Abs. 2 BGB a.F.; »zusammenhängende Verträge«, § 360 Abs. 2 Satz 1, Abs. 1 BGB); die Gesetzesbegründung zu § 359a Abs. 2 BGB a.F., die zur Definition des Begriffs »Zusatzleistung« auf Art. 247 § 8 EGBGB verweist,[1936] spricht dafür, dass ein solcher Zusatzvertrag nur dann vorliegt, wenn die Bank dessen Abschluss vom Darlehensnehmer verlangt; auch Gestaltungshinweis 4c der gesetzlichen Widerrufsinformation (Anl. 6 zu Art. 247 EGBGB a.F.) war entsprechend formuliert; Art. 14 Abs. 4 VerbrKrRL 2008/48/EG sieht darüber hinaus einschränkend vor, dass der Vertrag über die Zusatzleistung mit der Bank oder mit einem Dritten aufgrund einer Vereinbarung zwischen der Bank und dem Dritten erfolgt (so auch die am 04.08.2011 in Kraft getretene richtlinienkonforme Neuregelung des § 312f BGB für Fernabsatzverträge und ab 13.06.2014 geltende Neufassung des § 360 Abs. 1 Satz 2 BGB, der nur noch auf § 358 Abs. 4 Sätze 1 bis 3 BGB verweist, dazu Rdn. 1184); die Regelung des § 359a Abs. 2 BGB a.F. und dessen ab 13.06.2014 geltende Neufassung (§ 360 Abs. 2 Satz 1 BGB) sind auch für Immobiliardarlehensverträge (dazu Rdn. 1190–1195) relevant;
- besondere **Voraussetzungen für das Wirksamwerden der Anpassung eines veränderlichen Sollzinssatzes** (§§ 503 Abs. 1, 493 Abs. 3 BGB a.F. i.V.m. Art. 247 § 15 EGBGB; dazu Rdn. 1105, 1111); die **Überleitungsregelung** des Art. 229 § 22 Abs. 3 EGBGB sieht eine Erstreckung des § 493 Abs. 3 BGB a.F. auf vor dem 11.06.2010 **unbefristet** abgeschlossene Schuldverhältnisse vor;
- der **Anspruch des Darlehensnehmers auf einen Tilgungsplan** für Darlehensverträgen, bei denen ein Zeitpunkt für die Rückzahlung des Darlehens bestimmt ist (§ 503 BGB a.F., § 492 Abs. 3 Satz 2 BGB i.V.m. Art. 247 § 14 EGBGB);

1934 Zutreffend Palandt/*Grüneberg* § 360 Rn. 3; *Volmer* DNotZ 2010, 591 (594).

1935 Vgl. auch BuB/*Franke* Rn. 3/543b.

1936 BT-Drucks. 16/11643, S. 73, 129.

- das **Textformerfordernis** (seit 13.06.2014 »dauerhafter Datenträger«[1937]) für Erklärungen der Bank, die nach Abschluss des Verbraucherdarlehensvertrages ggü. dem Darlehensnehmer abzugeben sind (§ 503 Abs. 1 BGB a.F., § 492 Abs. 5 BGB); die Überleitungsregelung des Art. 229 § 22 Abs. 3 EGBGB sieht eine Erstreckung des § 492 Abs. 5 BGB auf vor dem 11.06.2010 unbefristet abgeschlossene Schuldverhältnisse vor;
- **Sonderregelungen für Umschuldungen** (§§ 503, 495 Abs. 3 Nr. 1 BGB a.F., § 495 Abs. 2 Nr. 1 BGB n.F. i.V.m. Art. 247 § 11 EGBGB).

Die Regelungen des § 503 BGB a.F. und des Art. 247 § 9 EGBGB a.F. enthielten für Immobiliardarlehen hinsichtlich der gesetzlichen Neuregelungen für Verbraucherdarlehen aber zugleich auch einige **neue Ausnahmeregelungen bzw. Privilegierungen**. So **galten** nach § 503 Abs. 1 BGB a.F. **für Immobiliardarlehensverträge nicht** 1178

- die Regelung zum Kündigungsrecht und Leistungsverweigerungsrecht der Bank aus § 499 BGB;
- das jederzeitige Kündigungsrecht des Darlehensnehmers bei unbefristeten Darlehensverträgen aus § 500 Abs. 1 BGB;
- das Recht des Darlehensnehmers aus § 500 Abs. 2 BGB a.F., seine Darlehensverbindlichkeiten jederzeit ganz oder teilweise zu tilgen (vgl. aber für Immobiliar-Verbraucherdarlehensverträge seit 21.03.2016 die Regelung des § 500 Abs. 2 Satz 2 BGB; dazu Rdn. 1230–1232);
- die einschränkenden Regelungen zur Vorfälligkeitsentschädigung aus § 502 BGB a.F.; seit 21.03.2016 soll § 502 Abs. 2 BGB aber auch für Immobiliar-Verbraucherdarlehensverträge gelten;[1938]
- die Regelungen über die gesonderte Verbuchung von Zinsen (§ 497 Abs. 2 BGB; vgl. seit 21.03.2016 § 497 Abs. 4 BGB n.F.) und über die Verrechnung von Teilleistungen im Verzug des Darlehensnehmers (§ 497 Abs. 3 Satz 1, 2, 4 und 5 BGB), die schon nach vorheriger Rechtslage für Immobiliardarlehen nicht galten.

Ferner galten für Immobiliardarlehen nach Art. 247 § 9 EGBGB a.F. auch zahlreiche **Ausnahmeregelungen** hinsichtlich der **vorvertraglichen Informationspflichten**[1939] und der **vertraglichen Informationspflichten** (dazu Rdn. 1203) der Bank. Darüber hinaus waren nach § 6 Abs. 3 Nr. 6 PrAngVO a.F. die Kosten für die Sicherheiten bei Immobiliardarlehensverträgen nicht in die **Effektivzinsberechnung** einzubeziehen; seit 21.03.2016 sind nach § 6 Abs. 3 PrAngVO aber auch bei Immobiliar-Verbraucherdarlehen die Kosten der Sicherheiten bei der Berechnung des effektiven Jahreszinses zu berücksichtigen. Die Verpflichtung aus Art. 247 § 6 Abs. 3 EGBGB, den effektiven Jahreszins unter Angabe aller Annahmen, die zum Zeitpunkt des Abschlusses des Darlehensvertrages bekannt und nach § 6 Abs. 6 PrAngVO (§ 6 Abs. 5 PrAngVO a.F.) Anlage zu § 6 PrAngVO bei der Berechnung des Effektivzinses zu berücksichtigen sind, im Darlehensvertrag darzustellen, gilt für Immobiliardarlehensverträge nicht; daran hat sich auch durch die Umsetzung der Wohnimmobilienkreditrichtlinie zum 21.03.2016 nichts geändert. 1179

Die auch für Immobiliar-Verbraucherdarlehensverträge geltende Regelung des § 501 BGB (zuvor ab 19.08.2008: § 498 Abs. 2 BGB a.F.), die bei **vorzeitiger Vertragsbeendigung eine Ermäßigung der Kosten** für den Darlehensnehmer um Zinsen und sonstige laufzeitabhängige Kosten vorsieht, die bei gestaffelter Berechnung auf die Zeit nach der Fälligkeit entfallen, lässt einen etwaigen Anspruch der Bank auf Zahlung einer Vorfälligkeitsentschädigung unberührt. Es handelt sich bei dieser Regelung lediglich um einen allgemeinen Rechtssatz, der bei der Berechnung der Vorfälligkeitsentschädigung ohnehin insoweit Berücksichtigung findet, als ersparte und unverbrauchte 1180

1937 Vgl. *Wendehorst* NJW 2014, 577.
1938 Bülow/Artz/*Bülow* Verbraucherkreditrecht (9. Aufl.) § 502 Rn. 4a.
1939 Dazu 4. Aufl. Kap. 4 Rdn. 950.

Kosten (z.B. Risikokosten, Verwaltungskosten oder als Zinsvorauszahlung ausgestaltete Disagi) i.R.d. Vorteilsausgleichung anspruchsmindernd zu berücksichtigen sind.[1940]

1181 Darüber hinaus wurden vereinzelt **weitere Neuregelungen für Immobiliardarlehensverträge eingeführt.** In den **vorvertraglichen Informationen** war der Darlehensnehmer über die Möglichkeiten einer **Abtretung der Forderungen aus dem Darlehensvertrag** und einer Übertragung des gesamten Darlehensverhältnisses zu unterrichten (§ 503 Abs. 1 BGB a.F. i.V.m. Art. 247 § 9 Abs. 1 Satz 2 EGBGB a.F.); zuvor musste ein entsprechender Hinweis nach § 492 Abs. 1a Satz 3 BGB in der ab 19.08.2008 geltenden Fassung deutlich gestaltet im Immobiliardarlehensvertrag untergebracht werden (dazu Rdn. 1256); seit 21.03.2016 ist der Hinweis bei Immobiliar-Verbraucherdarlehensverträgen als weitere vorvertragliche Information in einem gesonderten Dokument zu erteilen, das dem »ESIS-Merkblatt« beigefügt werden kann (Art. 247 § 1 Abs. 3 Satz 2 EGBGB, Art. 229 § 38 Abs. 1 EGBGB). Zudem wurde nur noch für grundpfandrechtlich gesicherte Darlehen geregelt, dass der Darlehensnehmer im Falle seines Widerrufs einen geringeren Gebrauchsvorteil als den vereinbarten Sollzinssatz nachweisen kann (§ 495 Abs. 2 Nr. 3 Halbs. 2 BGB a.F., § 346 Abs. 2 Satz 2 Halbs. 2 BGB a.F.; seit 13.06.2014: § 357a Abs. 3 Satz 2 BGB a.F.; nochmals angepasst zum 21.03.2016: »Immobiliar-Verbraucherdarlehen« statt »durch ein Grundpfandrecht gesichert«).

1182 Für Darlehensverträge, die ab dem 11.06.2010 abgeschlossen wurden, gelten nach der **Überleitungsvorschrift** des Art. 229 § 22 Abs. 2 EGBGB die neuen verbraucherdarlehensrechtlichen Vorschriften des Gesetzes zur Umsetzung der Verbraucherkreditrichtlinie, des zivilrechtlichen Teils der Zahlungsdiensterichtlinie sowie zur Neuordnung der Vorschriften über das Widerrufs- und Rückgaberecht vom 29.07.2009;[1941] maßgeblich war insoweit der Zeitpunkt des Zustandekommens des Vertrags. Die Sondervorschriften des § 503 BGB a.F. und des Art. 247 § 9 EGBGB a.F. regelten, welche Vorschriften auch für Immobiliardarlehen zwingend zu beachten waren (vgl. dazu insb. Rdn. 1176–1180 und 1203 sowie 4. Aufl. Kap. 4 Rdn. 1049–1057). Nach Art. 229 § 22 Abs. 3 EGBGB sind einige der gesetzlichen Neuregelungen auch auf Kreditverhältnisse anzuwenden, die unbefristet vor dem 11.06.2010 begründet wurden. Für Bauspardarlehen galten die Ausnahmeregelungen für Immobiliardarlehen gem. § 503 Abs. 1 Halbs. 2 BGB a.F. (bis 10.06.2010: § 492 Abs. 1a Satz 2 BGB a.F.; zuvor: § 491 Abs. 3 Satz 1 BGB a.F., § 3 Abs. 2 Nr. 2 VerbrKrG) bis 20.03.2016 weiterhin auch dann, wenn die Bausparkasse nach § 7 Abs. 2 bis 5 BausparkG von der Bestellung eines Grundpfandrechts absehen kann;[1942] mit dem Gesetz zur Umsetzung der Wohnimmobilienkredirichtlinie ist diese Regelung zum 21.03.2016 **aufgrund der neuen Legaldefinition für Immobiliar-Verbraucherdarlehen (§ 491 Abs. 3 BGB) entfallen.**

1183 Mit dem am **30.07.2010** in Kraft getretenen »**Gesetz zur Einführung einer Musterwiderrufsinformation für Verbraucherdarlehensverträge, zur Änderung der Vorschriften über das Widerrufsrecht bei Verbraucherdarlehensverträgen und zur Änderung des Darlehensvermittlungsrechts**«[1943] vom 24.07.2010 wurde insb. ein auch für Immobiliardarlehen geltendes gesetzliches Muster einer Widerrufsinformation eingeführt, bei dessen Verwendung in hervorgehobener und deutlich gestalteter Form[1944] eine Gesetzlichkeitsfiktion gilt (Art. 247 § 6 Abs. 2 Satz 3, § 12 Abs. 1 Satz 3 EGBGB a.F.); die Widerrufsinformation ist allerdings nur zur Erlangung der Gesetzlichkeitsfiktion

1940 Begr. RegE zu § 501 BGB, BT-Drucks. 16/11643, S. 85 f.; zur Berechnung der Vorfälligkeitsentschädigung *Reifner* WM 2009, 1773 ff.

1941 BGBl. I, S. 2355.

1942 Vgl. dazu *Bülow/Artz* Verbraucherkreditrecht (8. Aufl.) § 503 Rn. 17.

1943 BGBl. I, S. 977.

1944 Vgl. OLG Stuttgart, Urt. v. 24.04.2014 – 2 U 98/13, WM 2014, 995.

bei Verwendung des gesetzlichen Musters in hervorgehobener Form zu erteilen, eine gesetzliche Anforderung zur Hervorhebung besteht ansonsten nicht.[1945] Zugleich wurde in §§ 492 Abs. 6, 494 Abs. 7 Satz 2, § 495 Abs. 2 Nr. 2 Buchst. b) BGB a.F. geregelt, dass unterbliebene Pflichtangaben zur Ingangsetzung der Widerrufsfrist nachgeholt werden können. Bis zum 04.11.2011 konnte dieses gesetzliche Muster zur Erlangung der Gesetzlichkeitsfiktion verwendet werden (vgl. Art. 229 § 27 EGBGB und Art. 247 § 6 Abs. 2 Satz 4, § 12 Abs. 1 Satz 4 EGBGB; vgl. nachstehend Rdn. 1183).

Das gesetzliche Muster der Widerrufsinformation wurde in Gestaltungshinweis 8c durch das »**Gesetz zur Anpassung der Vorschriften über den Wertersatz bei Widerruf von Fernabsatzverträgen und über verbundene Verträge**«[1946] vom 27.07.2011 – in Kraft getreten am **04.08.2011** – bereits wieder leicht modifiziert. Ab 05.11.2011 war zur Erlangung der Gesetzlichkeitsfiktion bei Erteilung der Widerrufsinformation das neue gesetzliche Muster der Widerrufsinformation zu verwenden (vgl. Art. 247 § 6 Abs. 2 Satz 4, § 12 Abs. 1 Satz 4 EGBGB); neu gefasst wurde aber lediglich der Gestaltungshinweis 8c der gesetzlichen Widerrufsinformation. 1184

Die »**Sechste Verordnung zur Änderung der Preisangabenverordnung**« vom **01.08.2012**[1947] brachte für die Angabe und die Annahmen zur Berechnung des **effektiven Jahreszinses** einige Neuerungen mit sich, die auch für Immobilienfinanzierungen bedeutsam sind. So wurde in § 6 Abs. 1 PrAngVO klarstellend geregelt, dass der effektive Jahreszins auch in einer Konditionenneuvereinbarung im Rahmen einer unechten Abschnittsfinanzierung (dazu Rdn. 1103–1108) anzugeben ist. Diese Regelung ist aber mit dem Gesetz zur Umsetzung der Wohnimmobilienkreditrichtlinie zum 21.03.2016 ohne Begründung wieder entfallen. Auch soweit die Angabe des effektiven Jahreszinses in der Konditionenneuvereinbarung erforderlich war, waren jedenfalls die Annahmen zur Berechnung des effektiven Jahreszinses (vgl. insbes. Nr. 2 der Anlage zu § 6 PrAngVO) in der Konditionenneuvereinbarung nicht anzugeben, denn die Regelungen des Art. 247 § 3 Abs. 3 Satz 2, § 6 Abs. 3 EGBGB sind rein verbraucherdarlehensrechtlicher Natur und auf eine bereits im Darlehensvertrag angelegte Konditionenneuvereinbarung nicht anwendbar (dazu Rdn. 1108);[1948] für Immobiliardarlehensverträge gelten sie ohnehin nicht (Art. 247 § 9 Abs. 1 Satz 1 EGBGB). In II. Buchst. j) der Anlage zu § 6 PrAngVO a.F. wurde darüber hinaus klar gestellt, dass bei dem auf die Gesamtlaufzeit des Darlehens zu rechnenden effektiven Jahreszinses für den Zeitraum nach Ablauf einer Sollzinsbindung nur dann mit einem veränderlichen Anschlusssollzinssatz weiterzurechnen ist, wenn feststeht, dass ein veränderlicher Sollzinssatz auch tatsächlich zur Anwendung kommt. Das ist bei unechten Abschnittsfinanzierungen, die nur für den Fall des Nichtzustandekommen einer Konditionenneuvereinbarung die Fortführung des Verbraucherdarlehens mit einem veränderlichen Sollzinssatz vorsehen (dazu Rdn. 1105), nicht der Fall, denn der veränderliche Sollzinssatz dient in diesen Fällen nur als Auffangsollzinssatz. Es gilt dann § 6 Abs. 5 PrAngVO i.V.m. Buchst. k) in Nr. 2 der Anlage zu § 6 PrAngVO (Art. 17 Abs. 4 RL 2014/17/EU; bis 20.03.2016: § 6 Abs. 4 PrAngVO a.F.), d.h. es ist der Berechnung des effektiven Jahreszinses bei unechten Abschnittsfinanzierungen der anfängliche gebundene Sollzinssatz zugrunde zu legen. 1185

Am **13.06.2014** ist das »**Gesetz zur Umsetzung der Verbraucherrechterichtlinie und zur Änderung des Gesetzes zur Regelung der Wohnungsvermittlung**« in Kraft getreten.[1949] Die gesetzlichen Neuregelungen betreffen primär die besonderen Vertriebsformen der im Fernabsatz oder 1186

1945 BGH, Urt. v. 23.02.2016 – XI ZR 101/15, (Rn. 24, 36).
1946 BGBl. I, S. 1600.
1947 BGBl. I, S. 1706.
1948 BGH, Urt. v. 28.05.2013 – XI ZR 6/12, WM 2013, 1314 (Rn. 19, 21).
1949 BGBl. I, S. 3642; vgl. dazu *Wendehorst* NJW 2014, 577; zu den Neuerungen des situativen Anwendungsbereichs *Brinkmann* NJW 2014, 3270.

außerhalb von Geschäftsräumen des Unternehmers geschlossenen Verbraucherverträge und sehen insbesondere vorvertragliche Informationspflichten der Bank vor (§§ 312 ff. BGB, Art. 246 ff. EGBGB). Geändert wurden darüber hinaus die gesetzlichen Regelungen zum Widerrufsrecht sowie die gesetzlichen Mustertexte der Widerrufsinformation für Verbraucherdarlehen und der Widerrufsbelehrungen für Finanzdienstleistungen. Über die Vorgaben der Verbraucherrechterichtlinie[1950] hinaus, die primär die bisherige Haustürgeschäfterichtlinie[1951] und die Fernabsatzrichtlinie[1952] zusammenführt und modifiziert, die Fernabsatzfinanzdienstleistungsrichtlinie[1953] aber unberührt lässt, hat der deutsche Gesetzgeber generell auch Finanzdienstleistungen in den Anwendungsbereich der neuen Verbraucherrechtevorschriften einbezogen.[1954] Für die Immobilienfinanzierung mit einem Verbraucher als Darlehensnehmer ergaben sich daraus insbesondere folgende Neuerungen und Änderungen:

- Nach der Neufassung des § 13 BGB ist für die Schutzbedürftigkeit des Verbrauchers maßgeblich, dass er den Vertrag »überwiegend« zu einem Zweck abschließt, der weder einer bereits ausgeübte gewerblichen oder selbstständigen beruflichen Tätigkeit zugerechnet werden kann.
- In § 126b BGB wurde die Definition des Begriffs »Textform« angepasst; darüber hinaus hat der Begriff des »dauerhaften Datenträgers« eine richtlinienkonforme Legaldefinition erhalten.[1955]
- Bei allen Verbraucherverträgen – d.h. auch im stationären Vertrieb von Finanzdienstleistungen – sind allgemeine Regelungen zu beachten. Bei jedem geschäftlich motivierten Anruf der Bank sind dem Verbraucher zu Beginn des Gesprächs die Identität des Anrufers und der Bank sowie der geschäftliche Zweck des Anrufs zu nennen (§ 312a Abs. 1 BGB). Nebenentgelte, die über das für die Hauptleistung vereinbarte Entgelt hinausgehen, können nur noch ausdrücklich vereinbart werden (§ 312a Abs. 3 BGB).[1956] Entgelte für die Nutzung eines Zahlungsmittels dürfen dem Verbraucher nur noch dann auferlegt werden, wenn eine gängige unentgeltliche Zahlungsmöglichkeit besteht und das Entgelt nicht über die Kosten hinausgeht, die der Bank durch die Nutzung des Zahlungsmittels entstehen (§ 312a Abs. 4 BGB). Für die Nutzung von Telefonhotlines, die der Verbraucher Fragen zu einem bestehenden Vertragsverhältnis an die Bank richten kann, dürfen keine Entgelte erhoben werden, die über das Entgelt des Telefonanbieters hinausgehen.
- Die **vorvertraglichen Informationspflichten für Verbraucherdarlehen** (§ 491a Abs. 1 BGB i.V.m. Art. 247 EGBGB a.F.) blieben unberührt. Geringfügig modifiziert wurde aber das gesetzliche Muster der »Europäische Standardinformationen für Verbraucherkredite« in Anlage 4 (zuvor: Anlage 3) zu Art. 247 § 2 EGBGB a.F. Die Änderungen betreffen die Textfelder zum Zahlungsverzug und zu den Notarkosten. Unverändert blieb hingegen das »Europäische Standardisierte Merkblatt« in Anlage 6 (zuvor: Anlage 5) zu Art. 247 § 2 EGBGB a.F. War der

1950 Richtlinie 2011/83/EU des Europäischen Parlaments und des Rates v. 25.10.2011 über die Rechte der Verbraucher, zur Abänderung der Richtlinie 93/13/EWG des Rates und der Richtlinie 1999/44/EG des Europäischen Parlaments und des Rates sowie zur Aufhebung der Richtlinie 85/577/EWG des Rates und der Richtlinie 97/7/EG des Europäischen Parlaments und des Rates, Abl. EU Nr. L 304/64 v. 22.11.2011; dazu *Schwab/Giesemann* EuZW 2012, 253; *Purnhagen* ZRP 2012, 36.

1951 Richtlinie 85/577/EWG des Rates v. 20.12.1985 betreffend den Verbraucherschutz im Fall von außerhalb von Geschäftsräumen geschlossenen Verträgen, Abl. Nr. L 372 v. 31.12.1985, S. 31.

1952 Richtlinie 97/7/EG des Europäischen Parlaments und des Rates v. 20.05.1997 über den Verbraucherschutz bei Vertragsabschlüssen im Fernabsatz, Abl. Nr. L 144, S. 19.

1953 Richtlinie 2002//65/EG des Europäischen Parlaments und des Rates v. 23.09.2002 über den Fernabsatz von Finanzdienstleistungen an Verbraucher und zur Änderung der Richtlinie 90/619/EWG des Rates sowie der Richtlinien 97/7/EG und 98/27/EG des Rates, Abl. Nr. L 271, S. 16.

1954 Dazu *von Loewenich* NJW 2014, 1409; *ders.* WM 2015, 113; *Meier* ZIP 2015, 1156 (1161).

1955 *Wendehorst* NJW 2014, 577.

1956 Einen praktischen Anwendungsbereich für das Darlehensrecht zu Recht bezweifelnd *Kropf* BKR 2014, 309 (312 f.).

Immobiliardarlehensvertrag zugleich ein Fernabsatzvertrag oder ein außerhalb von Geschäftsräumen geschlossener Vertrag, galten mit der Übermittlung des entsprechend ausgefüllten gesetzlichen Musters auch die Anforderungen des § 312d Abs. 2 BGB als erfüllt (Art. 247 § 2 Abs. 3 Satz 2 EGBGB a.F.), obwohl das gesetzliche Muster des »Europäischen Standardisierte Merkblatt« insoweit nur eine Rubrik für den Fernabsatz vorsah.[1957]

- Der Begriff des Haustürgeschäfts wurde aufgegeben und durch den umfassenderen Begriff der **»außerhalb von Geschäftsräumen des Unternehmers geschlossen Verträge«** (§ 312b BGB) ersetzt. Nunmehr bestehen nicht nur für Verbraucherdarlehen, die im Fernabsatz abgeschlossen werden, weitere besondere vorvertragliche Informationspflichten, sondern auch für Verbraucherdarlehen, die außerhalb von Geschäftsräumen der Bank abgeschlossen werden (§ 312d BGB i.V.m. Art. 246b EGBGB). Auch zur Erfüllung dieser Informationspflichten konnte aber auf das »Europäische Standardisierte Merkblatt« in Anlage 6 (früher Anlage 5) zu Art. 247 § 2 EGBGB a.F. zurückgegriffen werden (Art. 247 § 2 Abs. 3 Satz 2 EGBGB a.F.). Die bisher für Haustürgeschäfte geregelte Ausnahme für vom Verbraucher bestellte Besuche eines Bankmitarbeiters (§ 312 Abs. 3 Nr. 1 BGB a.F.) entfiel.
- Die neuen Vorschriften über die Grundsätze bei Verbraucherverträgen und besonderen Vertriebsformen sehen keine allgemeine Ausnahmevorschrift für **Sicherheitenverträge** vor. Gleichwohl ist zweifelhaft, ob die neuen Vorschriften – anders als nach der vorherigen Rechtslage bei Haustürgeschäften[1958] – für **Sicherheitenverträge** zu beachten sind, die außerhalb von Geschäftsräumen der Bank geschlossenen werden. Denn abweichend von § 312 Abs. 1 Satz BGB a.F., der generell entgeltliche Leistungen zum Gegenstand hatte, regelt § 312 Abs. 1 BGB seit 13.06.2014 nur entgeltliche Leistungen des Unternehmers.[1959] Jedenfalls gelten aber die neuen Vorschriften – wie schon bisher[1960] – nicht für Sicherheitenverträge mit Verbrauchern, die im Fernabsatz abgeschlossen werden.[1961] Für die Grundschuldbestellung gelten die neuen Vorschriften von vorneherein nicht (§ 312 Abs. 2 Nr. 2 BGB). Soweit die neuen Vorschriften gleichwohl auch auf Sicherheitenverträge angewendet werden, kann in der **Widerrufsbelehrung** auf eine Darstellung der Rechtsfolgen des Widerrufs nach Gestaltungshinweis 3 der Musterbelehrung in Anlage 3 zu Art. 246b § 2 Abs. 3 EGBGB verzichtet werden, wenn eine Rückabwicklung nicht in Betracht kommt; das wird bei Sicherheitenverträgen regelmäßig der Fall sein.
- Die **Vorschriften zum Widerrufsrecht** des Verbrauchers wurden neu konzipiert. Die Rückabwicklung nach einem Widerruf erfolgt nicht mehr nach Rücktrittsrecht (§ 357 Abs. 1 Satz 1 BGB a.F. i.Vm. §§ 346 ff. BGB), sondern abschließend nach den in §§ 357 ff. BGB geregelten Rechtsfolgen.[1962] In § 357a Abs. 3 BGB ist vorgesehen, dass der widerrufende Darlehensnehmer zur Zahlung des vereinbarten Sollzinssatzes für die bis zur Rückzahlung in Anspruch genommene Darlehenssumme verpflichtet ist. Der Darlehensnehmer hat hingegen gegen die Bank keinen Anspruch auf Herausgabe oder Ersatz von Nutzungen.[1963] Die neue Fassung des § 355 Abs. 1 BGB schreibt für den Widerruf nicht mehr die Einhaltung der Textform vor. Es genügt

1957 Vgl. RegE BT-Drucks. 17/12637, S. 77.

1958 Vgl. etwa BGH ZIP 1993, 585 (Bürgschaft); BGH, NJW 1996, 55 (Sicherungszweckerklärung für Grundschulden); BGH, WM 2006, 377 (Verpfändung).

1959 *von Loewenich* NJW 2014, 1409 (1411); *ders.* WM 2015, 113; *ders.* WM 2016, 2011 (2015); a.A. *Meier* ZIP 2015, 1156 (1161).

1960 BGH, Urt. v. 12.11.2015 – I ZR 168/14, (Rn. 29); OLG Dresden BeckRS 2009, 10612; MüKo-BGB/*Wendehorst* (6. Aufl.) § 312b Rn. 40; Palandt/*Grüneberg* (70. Aufl.) § 312b Rn. 10c; *Dörrie* ZBB 2005, 121 (123); *Kropf* WM 2015, 1699 (1701).

1961 *Schürnbrand WM 2014, 1157(1162); von Loewenich* NJW 2014, 1409 (1411); *Kropf* WM 2015, 1699 (1703); a.A. *Meier* ZIP 2015, 1156 (1161).

1962 Vgl. *Wendehorst* NJW 2014, 577 (583).

1963 RegE. BT-Drucks. 17/12637; S. 65; ferner Palandt/*Grüneberg* § 357a Rn. 4.

ein formloser Widerruf, der Verbraucher trägt dann aber die Beweislast für den Widerruf.[1964] Die Möglichkeit einer **Nachbelehrung** sieht § 355 BGB zwar nun nicht mehr ausdrücklich vor, sie dürfte aber noch möglich sein;[1965] für Verbraucherdarlehen ist die Möglichkeit der Nachbelehrung hingegen auch weiterhin gesetzlich geregelt (§ 356b Abs. 2 BGB). Geändert wurden auch die gesetzlichen Muster für die Widerrufsbelehrung (Anlage 3 zu Art. 246b § 2 Abs. 3 EGBGB) und für die verbraucherdarlehensrechtliche Widerrufsinformationen (Anlage 7 zu Art. 247 § 6 Abs. 2 und § 12 Abs. 1 EGBGB a.F.). Rechtstechnisch führt Art. 246b § 1 Abs. 1 Nr. 12 i.V.m. § 2 Abs. 3 EGBGB die Widerrufsbelehrung für Fernabsatzgeschäfte und außerhalb von Geschäftsräumen der Bank geschlossene Verträge nun als Teil der vorvertraglichen Informationen auf.

– Die zuvor in § 359a Abs. 1 und 2 BGB a.F. geregelten »angegebenen Geschäfte« und »Verträge über Zusatzleistungen« (dazu Rdn. 1176) werden nun unter dem Oberbegriff **»zusammenhängende Verträge«** in § 360 BGB geregelt.[1966] Im Hinblick auf die bisherigen »Verträge über Zusatzleistungen« ist gesetzgeberisch nun richtig gestellt, dass ein solcher nur vorliegt, wenn er als Nebenleistung einen Bezug zu dem widerrufenen Hauptvertrag[1967] aufweist und eine Leistung betrifft, die von dem Unternehmer des widerrufenen Vertrags oder einem Dritten auf der Grundlage einer Vereinbarung zwischen dem Dritten und dem Unternehmer des widerrufenen Vertrags erbracht wird (§ 360 Abs. 2 Satz 1 BGB; vgl. auch § 312f BGB a.F. und Art. 14 Abs. 4 VerbrKrRL 2008/48/EG; dazu Rdn. 1176). Das bisherige Erfordernis des »unmittelbaren Zusammenhangs« des »Vertrages über die Zusatzleistung« (vgl. § 359a Abs. 2 BGB a.F.) mit dem Darlehensvertrag ist zwar entfallen und durch die Formulierung »einen Bezug zu dem widerrufenen Vertrag« ersetzt worden, eine inhaltliche Änderung wird der Gesetzgeber damit aber nicht bezweckt haben. Nach wie vor ist daher auch ein zeitlicher Zusammenhang zwischen dem Darlehensvertrag und dem weiteren Vertrag (z.B.Restkreditversicherung) für die Einordnung des Geschäfts nach § 360 Abs. 2 Satz 1 BGB erforderlich. Das ergibt sich bereits daraus, dass der aus § 360 Abs. 1 BGB folgende Widerrufsdurchgriff eine regelmäßige Widerrufsfrist von 2 Wochen voraussetzt,[1968] d.h. die gesetzliche Widerrufsfrist selbst gibt die Grenzen des zeitlichen Zusammenhangs vor.

1187 Der zeitliche Anwendungsbereich der **Neuregelungen über die Grundsätze bei Verbraucherverträgen und besonderen Vertriebsformen** ergibt sich aus der **Überleitungsvorschrift** des Art. 229 § 32 Abs. 1 EGBGB. Danach sind auf einen vor dem 13.06.2014 abgeschlossenen Verbrauchervertrag die Vorschriften des EGBGB, des Bürgerlichen Gesetzbuchs, des Fernunterrichtsschutzgesetzes, der Zivilprozessordnung, des Gesetzes zur Regelung der Wohnungsvermittlung, des Gesetzes gegen unlauteren Wettbewerb, des Vermögensanlagengesetzes, der Wertpapierdienstleistungs-Verhaltens- und Organisationsverordnung, des Wertpapierprospektgesetzes, der Preisangabenverordnung, des Kapitalanlagegesetzbuchs, des Versicherungsvertragsgesetzes und des Unterlassungsklagengesetzes in der bis zu diesem Tag geltenden Fassung anzuwenden; maßgeblich ist insoweit der Zeitpunkt des Zustandekommens des Vertrags. Die besonderen Regelungen über die absolute Befristung des Widerrufsrechts in Art. 229 § 32 Abs. 2 und 3 EGBGB sind nicht anwendbar auf Finanzdienstleistungen (Art. 229 § 32 Abs. 4 Satz 1 EGBGB).

1188 Einschneidende Änderungen erfuhren die gesetzlichen Regelungen für Immobiliar-Verbraucherdarlehen zum 21.03.2016 mit dem **»Gesetz zur Umsetzung der Wohnimmobilienkreditrichtlinie und zur Änderung handelsrechtlicher Vorschriften«** vom 11.03.2016[1969]. Da dem europäischen

1964 RegE. BT-Drucks. 17/12637; S. 60; vgl. auch *Wendehorst* NJW 2014, 577 (583).

1965 Vgl. auch *Wendehorst* NJW 2014, 577 (582).

1966 Dazu *Wendt/Lorscheid-Kratz* BB 2013, 2434.

1967 Das Verhältnis von Haupot- und Nebenleistung hervorhebend *Wendt/Lorscheid-Kratz* BB 2013, 2434 (2436).

1968 *Wendt/Lorscheid-Kratz* BB 2013, 2434 (2437).

1969 BGBl. I, S. 396.

Gesetzgeber die Entwicklung eines transparenten und grenzüberschreitenden Kreditmarkts innerhalb des europäischen Binnenmarkts auch für grundpfandrechtlich gesicherte Kreditverträge oder andere Wohnimmobilienkreditverträge (Art. 1 RL 2014/17/EU) von entscheidender Bedeutung erschien und er zudem der unverantwortlichen Kreditvergabe der Marktteilnehmer und der Unerfahrenheit kreditnehmender Verbraucher entgegentreten wollte (Erwägungsgrund 4 RL 2014/17/EU), hielt er zur Wiederherstellung des zuvor in der Finanzkrise verloren gegangenen Vertrauens in die Kreditwirtschaft, als Beitrag zur Finanzstabilität und für die Entwicklung eines reibungslosen Binnenmarkts mit einem hohen Verbraucherschutzniveau einen größtmöglich harmonisierten Rechtsrahmen über verlässliche Kreditvergabestandards im Zusammenhang mit Wohnimmobilien für unerlässlich (Erwägungsgründe 2, 3 und 5 RL 2014/17/EU) und legte die neuen Regelungen in der **Wohnimmobilienkreditrichtlinie (RL 2014/17/EU)**[1970] nieder. Sie machen den auf Grundlage einer Empfehlung der Europäischen Kommission am 30.09.2002 eingeführten selbstbindenden Verhaltenskodex für Hypothekarkreditgeber[1971] entbehrlich. Die Wohnimmobilienkreditrichtlinie stellt allgemein auch sog. **Wohlverhaltensregeln** auf (**Art.** 7 **und Erwägungsgrund 31 RL 2014/17/EU**). Im ursprünglichen Richtlinienvorschlag noch als ein Handeln der Darlehensgeber und Darlehensvermittler im »besten Interesse des Verbrauchers« vorgesehen (»Prinzip der verantwortungsvollen Kreditvergabe«),[1972] verlangt Art. 7 Abs. 1 RL 2014/17/EU abgeschwächt, dass Darlehensgeber und Darlehensvermittler bei der Gestaltung von Darlehensprodukten oder der Gewährung oder Vermittlung von Darlehen oder bei der Erbringung von Beratungsdienstleistungen zu Darlehen und bei der Ausführung des Darlehensvertrages unter Berücksichtigung der Rechte und Interessen der Verbraucher »ehrlich, redlich, transparent und professionell« handeln. Da diese Regelung einen umsetzungsfähigen Rechtssatz vermissen lässt,[1973] findet sich auch keine unmittelbare Umsetzungsvorschrift im deutschen Umsetzungsgesetz. Wenngleich der deutsche Gesetzgeber bereits mit dem Verbraucherkreditgesetzes im Jahr 1991 auch grundpfandrechtlich gesicherte Verbraucherdarlehen – mit vereinzelten Ausnahmeregelungen – in den Schutzbereich des Verbraucherkreditrechts einbezogen und dies in der Folgezeit beibehalten hatte (dazu Rdn. 1168), so ergaben sich aus der Umsetzung der **Wohnimmobilienkreditrichtlinie** in deutsches Recht dennoch zahlreiche Änderungen und Neuerungen:

- Das Gesetz unterscheidet bei Verbraucherdarlehen nun zwischen **Allgemein-Verbraucherdarlehen** und den primär betroffenen **Immobiliar-Verbraucherdarlehen** (§ 491 Abs. 1 und 3 BGB). Die bisherige Legaldefinition für das Immobiliardarlehen[1974] wurde aufgegeben; zur Legaldefinition des Immobiliar-Verbraucherdarlehens vgl. Rdn. 1190–1195. Für Bauspardarlehen ist aufgrund der neuen Legaldefinition die Privilegierung aus § 503 Abs. 1 Halbs. 2 BGB a.F. entfallen, wonach es der Sicherung durch ein Grundpfandrecht gleich stand, wenn von einer solchen Sicherung nach § 7 Abs. 3 bis 5 BausparkG abgesehen wurde.
- § 6a PrAngVO sieht allgemein neu konzipierte Anforderungen an die **Werbung** und ergänzende Pflichtangaben in der Werbung für Immobiliar-Verbraucherdarlehen vor (dazu Rdn. 997).

1970 Richtlinie 2014/17/EU des Europäischen Parlaments und des Rates v. 04.02.2014 über Wohnimmobilienkreditverträge für Verbraucher und zur Änderung der Richtlinien 2008/48/EG und 2013/36/EU und der Verordnung (EU) Nr. 1093/2010, Abl. L 60/34 v. 28.02.2014; dazu *Schürnbrand* ZBB 2014, 168; *Rott* BKR 2015, 8; *König* WM 2013, 1688.

1971 Empfehlung 2001/193/EG der Kommission vom 01.03.2001 über vorvertragliche Informationen, die Darlehensgeber, die wohnwirtschaftliche Darlehen anbieten, den Verbrauchern zur Verfügung stellen, Abl. Nr. L 69 S. 25; dazu 4. Aufl. Kap. 4 Rn. 970–974.

1972 Vgl. *Schnauder* WM 2014, 783 (790).

1973 *Schnauder* WM 2014, 783 (790); vgl. auch *Rott* BKR 2015, 8 (13); *König* WM 2013, 1688 (1689, 1690: allgemeine Rücksichtnahmepflicht aus § 241 Abs. 2 BGB genügt); a.A. *Schürnbrand* ZBB 2014, 168 (172).

1974 Dazu eingehend 4. Aufl. Kap. 4 Rdn. 1084–1088.

- Neben der Verpflichtung zur Bereithaltung **allgemeiner Informationen** für Immobiliar-Verbraucherdarlehen (Art. 247a § 1 EGBGB; Art. 13 RL 2014/17/EU und Erwägungsgrund 22 RL 2014/17/EU; dazu Rdn. 1026–1028) wurden **vorvertragliche Pflichten bei Beratungsleistungen** zu Immobiliar-Verbraucherdarlehen (§ 511 BGB, Art. 247 § 18 BGB; dazu Rdn. 1031–1032) sowie neu gestaltete **individualisierte vorvertragliche Informationspflichten für Immobiliar-Verbraucherdarlehen** (§ 491a Abs. 1 BGB, Anlage 6 zu Art. 247 § 1 Abs. 2 EGBGB – »**ESIS-Merkblatt**«; Art. 14 und Erwägungsgründe 40–45 sowie Anhang II RL 2014/17/EU; dazu Rdn. 1051–1055) eingeführt. Partiell gelten die vorvertraglichen Informationspflichten auch für Immobilar-Verbraucherförderdarlehen (§§ 491 Abs. 3 Satz 3, 491a Abs. 4 BGB).
- Neu eingeführt wurde ein grundsätzliches »**Kopplungsverbot**« (§ 492a BGB; dazu Rdn. 1196–1199). Nur unter bestimmten Voraussetzungen ist eine Kopplung des Immobiliar-Verbraucherdarlehensvertrages mit einem Finanzprodukt oder einer Finanzdienstleistung zulässig (§ 492b BGB). Werden mit einem Immobiliar-Verbraucherdarlehensvertrag oder im Rahmen eines zulässigen Kopplungsgeschäfts zusätzlich Finanzprodukte oder –dienstleistungen angeboten, muss dem Darlehensnehmer im Rahmen der **Erläuterungspflichten** nach § 491a Abs. 3 Satz 3 BGB (Art. 16 Abs. 1 Buchst. d) RL 2014/17EU) auch erläutert werden, ob diese Finanzprodukte oder –dienstleistungen gesondert gekündigt werden können und welche Folgen die Kündigung hat.
- Verschärft wurden in Umsetzung von insbes. Art. 15, 29, 34 RL 2014/17/EU (vgl. ferner etwa Erwägungsgründe 22, 47, 68 bis 74 RL 2014/17/EU) die Anforderungen an die **Vermittlung von Immobiliar-Verbraucherdarlehen** und entsprechende entgeltliche Finanzierungshilfen (§ 506 BGB) sowie an Beratungsleistungen des Vermittlers (§§ 655a ff., Art. 247 §§ 13 ff. EGBGB; §§ 34i, j GewO; dazu Rdn. 1165). Auf europäischer Ebene erblickte man in der Ineffizienz, der Widersprüchlichkeit oder gar dem Fehlen von Regelungen für Kreditvermittler und der daraus folgenden Nachteile für Verbraucher ein nicht unerhebliches Problem (Erwägungsgrund 4 RL 2014/17/EU).
- Erstmals zivilrechtlich geregelt ist auch die Verpflichtung zur **Kreditwürdigkeitsprüfung** bei Verbraucherdarlehen (§§ 505a ff. BGB; Art. 18 bis 20 RL 2014/17/EU; dazu Rdn. 1033–1048); aufsichtsrechtliche Parallelvorschriften zur Kreditwürdigkeitsprüfung finden sich in § 18a KWG. Die Anforderungen an die Kreditwürdigkeitsprüfung wurden im Vergleich zu den Vorgängerregelungen der §§ 509 BGB a.F., 18 Abs. 2 KWG a.F. deutlich erhöht, für Verstöße gegen die Verpflichtung zur Kreditwürdigkeitsprüfung sind drastische zivilrechtliche Sanktionen vorgesehen (§§ 505d, 499 Abs.3 BGB). Der Darlehensgeber muss den Darlehensnehmer bei einem Immobiliar-Verbraucherdarlehensvertrag vorvertraglich darauf hinweisen, dass die Kreditwürdigkeitsprüfung zwingend ist und ihm mitteilen, welche Informationen und Nachweise er innerhalb welchen Zeitraums von ihm benötigt, um eine Kreditwürdigkeitsprüfung durchführen zu können (Art. 247 § 1 Abs. 1 EGBGB).
- Die Vorgaben für die Berechnung des **effektiven Jahreszinses** wurden erneut geändert (Art. 17 und Art. 4 Nr. 13, 15, Erwägungsgründe 49 bis 54 RL 2014/17/EU). Bei Immobiliar-Verbraucherdarlehen sind auch die Kosten der Sicherheiten – falls bekannt – sowie die Kosten der Immobilienbewertung, sofern eine solche Bewertung Voraussetzung für die Gewährung des Immobiliar-Verbraucherdarlehens ist, in den effektiven Jahreszins einzurechnen (§ 6 Abs. 3 Nr. 2 PrAngVO; Art. 4 Nr. 13 RL 2014/17/EU). Neu ist, dass vorvertraglich beim effektiven Jahreszins auch anzugeben ist, welche Kosten nicht bekannt und daher im effektiven Jahreszins nicht berücksichtigt sind (Abschnitt 4 des »ESIS-Merkblatts« – Anlage 6 zu Art. 247 § 1 Abs. 2 EGBGB).[1975] Bei einem Darlehen, mit dem ein Bausparvertrag vor- oder zwischenfinanziert

---

1975 Für die vorvertraglichen Informationen bei Immobiliar-Verbraucherdarlehen sieht seit 21.03.2016 das »ESIS-Merkblatt« (Hinweis 3 zu Abschnitt 4) – falls möglich – auch die Angabe von Näherungswerten vor, wenn die Kosten nicht bekannt sind. Solche Näherungswerte sind aber nicht in den effektiven Jahreszins einzurechnen.

wird, ist für das Gesamtprodukt aus Vor- oder Zwischenfinanzierungsdarlehen und Bausparvertrag sowie anschließendem Bauspardarlehen ein »Gesamteffektivzins« anzugeben (§ 6 Abs. 8 Satz 4 PrAngVO). Darüber hinaus wurden auch die Annahmen für die Berechnung des effektiven Jahreszinses teilweise neu geregelt (vgl. § 6 Abs. 6 PrAngVO i.Vm. der Anlage zu § 6 PrAngVO). Die Annahmen für die Berechnung des effektiven Jahreszinses sind bei Immobiliar-Verbraucherdarlehen im Falle der Vereinbarung eines veränderlichen Sollzinssatzes zwar im »ESIS-Merkblatt« abzubilden, aber – anders als bei Allgemein-Verbraucherdarlehen – weiterhin nicht im Darlehensvertrag. In Konditionenneuvereinbarungen bei unechten Abschnittsfinanzierungen (dazu Rdn. 1103–1108) ist der effektive Jahreszins allerdings nicht mehr anzugeben; die diesbezügliche bisherige Regelung des § 6 Abs. 1 PrAngVO wurde ohne Begründung gestrichen (dazu Rdn. 1108).

– Ist der Abschluss eines Vertrages über die Inanspruchnahme einer **Nebenleistung (z.B. eines Versicherungsvertrages) zwingende Voraussetzung für den Abschluss des Darlehensvertrages** oder für den Abschluss des Darlehensvertrages zu den vorgesehenen Konditionen, und können die Kosten für diese Nebenleistung im Voraus nicht bestimmt werden, so hat der Darlehensgeber nach der Neufassung des § 6 Abs. 7 PrAngVO (Art. 11 Abs. 4 RL 2014/17/EU), der nach Sinn und Zweck wohl eher für die Angabepflichten in der Werbung gelten sollte, klar und eindeutig darauf hinzuweisen, dass eine Verpflichtung zum Abschluss des Vertrages über die Nebenleistung besteht und wie hoch die Kosten dafür sind oder falls dies nicht möglich, dass Kosten entstehen.[1976] Diese Angaben werden sich für Immobiliar-Verbraucherdarlehen i.d.R. bereits aus Abschnitten 4 und 8 des »ESIS-Merkblatts« (dazu Rdn. 1052) ergeben; eine darüber hinaus gehende vertragliche Angabepflicht dürfte § 6 Abs. 7 PrAngVO (Art. 11 Abs. 4 RL 2014/17/EU) nicht normieren.
– Es wurden **neue vertragliche Pflichtangaben und laufende Unterrichtungspflichten** eingeführt, so etwa § 492 Abs. 7 BGB (Art. 24 Buchst. a) RL 2014/17/EU) zur Vereinbarung von referenzzinsbasierten veränderlichen Sollzinssätzen, § 493 Abs. 4 BGB (Art. 23 Abs. 4, Art. 4 Nr. 28 RL 2014/17/EU) zu Währungsschwankungen bei Immobiliar-Verbraucherdarlehen in Fremdwährungsdarlehen, § 492 Abs. 2 BGB, Art. 247 § 7 Abs. 2 Nr. 2 EGBGB (Art. 23 Abs. 6 Satz 1 RL 2014/17/EU) zu vertraglichen Pflichtangaben für Immobiliar-Verbraucherdarlehen in Fremdwährung, §§ 493 Abs. 5, 492 Abs. 2 BGB, Art. 247 § 7 Abs. 2 Nr. 1 EGBGB (Art. 25 Abs. 4 RL 2014/17/EU) zu Unterrichtungs- und vertraglichen Angabepflichten zum Recht des Darlehensnehmers zur vorzeitigen Rückzahlung des Immobiliar-Verbraucherdarlehens, § 492 Abs. 2 BGB, Art. 247 § 15 Abs. 2 Satz 3 EGBGB (Art. 27 Abs. 2 RL 2014/17/EU) zur Pflicht bei referenzzinsbasierten Immobiliar-Verbraucherdarlehen, den Darlehensnehmer auch über die neue Höhe des Referenzzinssatzes zu unterrichten und diese Pflicht auch in den Darlehensvertrag aufnehmen. Bei verbundenen Geschäften (§ 358 BGB) und bei im Darlehensvertrag gemäß 360 Abs. 2 Satz 2 BGB angegebenen Leistungen ist darüber hinaus aufgrund der Neufassung des Art. 247 § 6 EGBGB seit 21.03.2016 auch die vertragliche Angabe finanzierten Gegenstandes und des Barzahlungspreises (§ 492 Abs. 2 BGB, Art. 247 § 12 Abs. 1 Satz 2 Nr. 2 Buchst. a) EGBGB) erforderlich. Zudem wurde die Angabe der verlangten Sicherheiten im Immobiliar-Verbraucherdarlehensvertrag mittelbar wieder eingeführt, die zwischen 11.06.2010 und 20.03.2016 als Pflichtangabe für Immobiliardarlehen nicht vorgesehen war; zwar gilt die Pflichtangabe aus § 492 Abs. 2 BGB, Art. 247 § 7 Abs. 1 Nr. 2 EGBGB nur für Allgemein-Verbraucherdarlehen, das Fehlen der Angabe zu den verlangten Sicherheiten ist aber nach dem Wortlaut des § 494 Abs. 6 Satz 2 BGB auch bei Immobiliar-Verbraucherdarlehen sanktioniert.[1977]

1976 Begr. RegE zu § 6 Abs. 7 PrAngVO, BT-Drucks. 18/5922, S. 132.
1977 Begr. RegE zu § 494 BGB, BT-Drucks. 18/5922, S. 87.

- Erstmals gesetzlich geregelt wurden Fremdwährungsdarlehen; die Regelungen gelten aber nur für **Immobiliar-Verbraucherdarlehen in Fremdwährung** (§§ 503, 493 Abs. 4 BGB; Art. 23, Art. 4 Nr. 28, Art. 11 Abs. 2 Buchst. j), Erwägungsgründe 4, 30 RL 2014/17/EU; dazu Rdn. 1274–1277). Bei Vorliegen bestimmter Voraussetzungen kann der Darlehensnehmer das Darlehen in seine Landeswährung umwandeln.
- Das **Recht des Darlehensnehmers zur jederzeitigen vorzeitigen Rückzahlung** wurde auch für Immobiliar-Verbraucherdarlehen eingeführt (§ 500 Abs. 2 Satz 2 BGB; Art. 25 und Erwägungsgrund 66 RL 2014/17/EU). Es kann während einer laufenden Sollzinsbindung aber nur bei berechtigtem Interesse des Darlehensnehmers geltend gemacht werden; zudem ist die vom Darlehensnehmer zu zahlende Vorfälligkeitsentschädigung nicht »gedeckelt« (dazu Rdn. 1230–1232).
- Für Immobiliar-Verbraucherdarlehen ist in Anlage 8 zu Art. 247 § 6 Abs. 2 und § 12 Abs. 1 EGBGB ein eigenständiges gesetzliches Muster für die **Widerrufsinformation** vorgesehen. Es bildet neben den Voraussetzungen und Rechtsfolgen verbundener Geschäfte (§§ 358 f. BGB) und zusammenhängender Verträge (§ 360 BGB) auch einige neue gesetzliche Sonderregelungen zum Widerrufsrecht bei Immobiliar-Verbraucherdarlehen ab. Diese Sonderregelungen betreffen den Beginn der Widerrufsfrist (§ 356b Abs. 2 Satz 2 BGB), für den die verbraucherdarlehensrechtlichen vertraglichen Pflichtangaben nicht mehr maßgeblich sind, und das Erlöschen des Widerrufsrechts (§ 356b Abs. 2 Satz 4 BGB); dazu Rdn. 1217–1220. Von besonderer Bedeutung sind dabei die **Befristungen des Widerrufsrechts bei Immobilar-Verbraucherdarlehen.** Für Immobiliar-Verbraucherdarlehensverträge, die nach dem 20.03.2016 abgeschlossen wurden, erlischt das Widerrufsrecht unter den Voraussetzungen des § 356b Abs. 2 Satz 4 BGB spätestens nach zwölf Monaten und 14 Tagen (dazu Rdn. 1218). Für Immobiliardarlehensverträge, die zwischen dem 01.09.2002 und dem 10.06.2010 abgeschlossen wurden, wurde eine **nachträgliche Befristung des Widerrufsrechts** eingeführt (Art. 229 § 38 Abs. 3 EGBGB; dazu Rdn. 1221, 1224). Dem Darlehensnehmer ist bei Immobiliar-Verbraucherdarlehensverträgen, für die ein Widerrufsrecht nach § 495 Abs. 2 BGB nicht besteht, eine **Bedenkzeit** von sieben Tagen einzuräumen (§ 495 Abs. 3 BGB; Art. 14 Abs. 6 RL 2014/17/EU).
- Der **unentgeltliche Zahlungsaufschub** gilt als entgeltlich, wenn er davon abhängig gemacht wird, dass die Forderung durch ein Grundpfandrecht oder eine Reallast besichert wird (§ 506 Abs. 1 Satz 3 BGB; Art. 3 Abs. 2 Buchst. f) RL 2014/17/EU), dazu Rdn. 1043; 1241). Nach Art. 28 Abs. 1 und Erwägungsgrund 27 RL 2014/17/EU sollen Darlehensgeber bei Zahlungsrückständen des Darlehensnehmers proaktiv in einem frühen Stadium tätig werden, angemessene Nachsicht walten lassen und sich bemühen, vor Einleitung von Zwangsvollstreckungsmaßnahmen eine Verhandlungslösung zu finden. Die **EBA-Leitlinien zu Zahlungsrückständen und Zwangsvollstreckung (EBA/GL/2015/12)** v. 19.08.2015 sehen korrespondierende Regelungen zum Umgang mit Verbrauchern in Zahlungsschwierigkeiten vor. Da die Vorgaben aus Art. 28 RL 2014/17/EU allerdings keinen Eingang in das Gesetz zur Umsetzung der Wohnimmobilienkreditrichtlinie gefunden haben, ist nicht ersichtlich, welche nationalen aufsichtsrechtlichen Vorschriften die EBA-Leitlinien konkretisieren. Soweit sie überhaupt Geltung beanspruchen sollten, würden sie nur bei Immobiliar-Verbraucherdarlehensverträge anwendbar sein, die nach dem 20.03.2016 abgeschlossen wurden.
- Für interne und externe Mitarbeiter, die mit der Vergabe von Immobiliar-Verbraucherdarlehen befasst sind (vgl. Art.4 Nr. 11 RL 2014/17/EU), wurden aufsichtsrechtliche **Anforderungen an deren Qualifikation** eingeführt (§ 18a Abs. 6 KWG; Art. 9 und Erwägungsgründe 32, 34, 36 RL 2014/17/EU), um ein hohes Maß an Professionalität zu gewährleisten. Die internen und externen Mitarbeiter müssen über angemessene Kenntnisse und Fähigkeiten in Bezug auf das Gestalten, Anbieten, Vermitteln und Abschließen von Immobiliar-Verbraucherdarlehensverträgen oder das Erbringen von Beratungsdienstleistungen verfügen und ihre Kenntnisse und Fähigkeiten auf aktuellem Stand halten. Anhang III der Wohnimmobilienkreditrichtlinie legt insoweit gewisse Mindestanforderungen fest. Näheres bestimmt die aufgrund der Ermächtigungsgrundlage in § 18a Abs. 11 KWG von der BaFin erlassene

»**Verordnung über die Anforderungen an die Sachkunde der mit der Vergabe von Verbraucher-Wohnimmobilienkrediten befassten internen und externen Mitarbeiter**« (**ImmoDarlSachkV**). Zivilrechtlich und aufsichtsrechtlich geregelt wurden ferner die Anforderungen an die **Standards für die Immobilienbewertung** bei Immobiliar-Verbraucherdarlehen (§ 505c BGB; § 18a Abs. 7 KWG; Art. 19 RL 2014/17/EU); die Regelungen stehen systematisch im Zusammenhang mit der Kreditwürdigkeitsprüfung. Geändert wurde zudem die **Institutsvergütungsverordnung** (InstitutsVergV; vgl. Art. 7 Abs. 2 bis 4 und Erwägungsgrund 35 RL 2014/17/EU; dazu auch Rdn. 1165).
- Unabhängig von der Wohnimmobilienkreditrichtlinie hat der Gesetzgeber auch Unterrichtungs- und Beratungspflichten bei dauerhaften Kontoüberziehungen (§§ 504a, 505 Abs. 2 S. 2 BGB) und gesetzliche Regelungen zu unentgeltlichen Darlehensverträgen (§ 514 BGB) und unentgeltlichen Finanzierungshilfen (§ 515 BGB) eingeführt.[1978] Die Neuregelungen zu dauerhaften Kontoüberziehungen dienten der Umsetzung der Vereinbarungen aus dem Koalitionsvertrag der Fraktionen CDU/CSU und SPD, die Neuregelungen zu unentgeltlichen Darlehensverträgen waren eine Reaktion auf zunehmende 0%-Finanzierungen bei Konsumentenkrediten und sollen insbes. dem Schutz vor Überschuldung dienen.

Nach der **Überleitungsvorschrift** des Art. 229 § 38 Abs. 1 EGBGB sind die neuen gesetzlichen Regelungen anzuwenden auf Verbraucherdarlehensverträge, Verträge über entgeltliche Finanzierungshilfen und Vermittlungsverträge, die nach dem 20.03.2016 abgeschlossen wurden. Maßgeblich ist insoweit der Zeitpunkt des Zustandekommens des Vertrags. Die Regelungen zur Informations- und Beratungspflicht des Darlehensgebers bei dauerhaften Überziehungen sind auch auf Schuldverhältnisse anwendbar, die vor dem 21.03.2016 abgeschlossen wurden; es werden folglich alle dauerhaften und erheblichen Überziehungen erfasst, die ab dem Inkrafttreten der Neuregelungen am 21.3.2016 entstehen (Art. 229 § 38 Abs. 2 EGBGB).

1189 Erste Änderungen erfuhren die mit der Umsetzung der Wohnimmobilienkreditrichtlinie neu eingeführten gesetzlichen Regelungen bereits durch das »**Finanzaufsichtsrechtergänzungsgesetz**«[1979] vom 06.06.2017. Primärer Regelungsgegenstand des Gesetzes war zwar die Schaffung neuer Befugnisse für die Bundesanstalt für Finanzdienstleistungsaufsicht im KWG, KAGB und VAG, um einer möglichen Gefahr für die Finanzstabilität entgegen wirken zu können, die sich im Zusammenhang mit Überbewertungen auf Wohnimmobilienmärkten, nachlassenden Kreditvergabestandards sowie einer übermäßigen Expansion der Kreditvergabe ergeben kann.[1980] Aber daneben führten Unklarheiten bei der Auslegung der neuen **Regelungen zur aufsichtsrechtlichen und zivilrechtlichen Kreditwürdigkeitsprüfung** bei Immobiliar-Verbraucherdarlehensverträgen (dazu Rdn. 1033–1048) auch zu einer Ergänzung dieser Regelungen, um einer sich andeutenden Ausgrenzung insbesondere älterer Menschen und junger Familien von Immobilienkreditvergaben entgegen zu wirken und vorhandene, jedoch zuvor ungenutzte Spielräume aus der RL 2014/17/EU zu nutzen. Der Gesetzgeber hat daher unter Bezugnahme auf Erwägungsgrund 55 RL 2014/17/EU in den neuen § 505e BGB und in § 18 Abs. 10a KWG eine Verordnungsermächtigung für das Bundesministerium der Finanzen und das Bundesministerium der Justiz und für Verbraucherschutz vorgesehen, im Wege einer gemeinsamen Rechtsverordnung Leitlinien für die Kreditwürdigkeitsprüfung bei Immobiliar-Verbraucherdarlehen festzulegen. Auf der Grundlage dieser Ermächtigungsgrundlage haben die Bundesministerien zum 01.05.2018 die »**Verordnung zur Festlegung von Leitlinien zu den Kriterien und Methoden der Kreditwürdigkeitsprüfung bei Immobiliar-Verbraucherdarlehen**« (Immobiliar-Kreditwürdigkeitsprüfungsleitlinien-Verordnung – ImmoKWPLV) erlassen (dazu Rdn. 1034, 1035–1044). Mit dieser Verordnung soll im Interesse von Darlehensgebern und

---

1978 Dazu *Bülow/Artz* ZIP 2016, 1204; ferner *Schürnbrand* WM 2016, 1105; *ders.* ZIP 2015, 249.

1979 Gesetz zur Ergänzung des Finanzdienstleistungsaufsichtsrechts im Bereich der Maßnahmen bei Gefahren für die Stabilität des Finanzsystems und zur Änderung der Umsetzung der Wohnimmobilienkreditrichtlinie v. 06.06.2017, BGBl. I, S. 1495.

1980 Begr. RegE, BT-Drucks. 18/10935, S. 1; dazu *Buck-Heeb* WM 2017, 1329 (1335 ff.).

Verbrauchern die Rechtssicherheit im Bereich der Kreditwürdigkeitsprüfung bei Immobiliar-Verbraucherdarlehen erhöht werden.[1981] Darüber hinaus wurde der sog. »**Immobilienverzehrkredit**« (Art. 3 Abs. 2 Buchst. a) RL 2014/17/EU) erstmals gesetzlich geregelt und ausdrücklich von der Anwendbarkeit der Vorschriften über Verbraucherdarlehen ausgenommen (§ 491 Abs. 2 Satz 2 Nr. 6, Abs. 3 Satz 4 BGB; dazu Rdn. 1194). Von weitaus größerer praktischer Bedeutung ist die Neufassung des § 505b Abs. 2 Satz 3 BGB und des § 18a Abs. 4 Satz 3 KWG. Der Anwendungsbereich der Vorschriften wurde zunächst auf Wohnimmobilien beschränkt; sie gestatten jetzt also im Rahmen der Kreditwürdigkeitsprüfung auch die hauptsächliche Berücksichtigung von gewerblichen Immobilen. Bei **Bau- oder Renovierungsdarlehen** (Art. 18 Abs. 3 Halbs. 2 RL 2014/17/EU) darf sich die Kreditwürdigkeitsprüfung hauptsächlich darauf stützen, dass der Wert der Wohnimmobilie den Darlehensbetrag übersteigt oder der Wert der Wohnimmobilie zunimmt (dazu Rdn. 1040). Diese gesetzlichen »Klarstellungen« im BGB sind am 10.06.2017 in Kraft getreten und gelten für Immobiliar-Verbraucherdarlehensverträge und Verträge über deren Vermittlung, die nach dem 09.06.2017 abgeschlossen wurden (Art. 229 § 40 Abs. 1 EGBGB). Weitere Gesetzesänderungen erfolgten im »Finanzaufsichtsrechtergänzungsgesetz« anlässlich der sog. **Benchmark-Verordnung** der Europäischen Union,[1982] mit der einer Manipulation von **Referenzzinssätzen und anderen Referenzwerten** entgegen gewirkt werden soll. Sie ergänzen den Pflichtenkreis des Darlehensgebers um zwei **neue Informationspflichten**, wenn der Darlehensgeber in seinen Verbraucherdarlehensverträgen auf einen Referenzwert im Sinne von Art. 3 Abs. 1 Nr. 3 der Benchmark-Verordnung Bezug nimmt. Bei solchen Referenzwerten kann es sich insbesondere um Referenzzinssätze (z.B. EURIBOR) handeln, aber ggf. auch um Referenzwechselkurse bei Fremdwährungsdarlehen. In Art. 247 § 4 Abs. 3 EGBGB ist für Allgemein-Verbraucherdarlehen insoweit geregelt, dass der Darlehensgeber dem Darlehensnehmer in einem gesonderten Dokument, das den (vorvertraglichen) »Europäischen Standardinformationen für Verbraucherkredite« (Anlage 4 zu Art. 247 § 2 EGBGB) beigefügt werden kann, die Bezeichnung des Referenzwertes und den Namen des Administrators sowie die möglichen Auswirkungen auf den Darlehensnehmer mitzuteilen hat. Eine entsprechende Verpflichtung ist für Immobiliar-Verbraucherdarlehensverträge in Art. 247a Abs. 2 S. 1 Nr. 14 EGBGB im Hinblick auf die Allgemeinen Informationen vorgesehen, die der Darlehensgeber oder der Darlehensvermittler unentgeltlich zur Verfügung stellen muss. Diese Neuregelungen für Informationspflichten zu Referenzwerten sind am 01.07.2018 in Kraft getreten (Art. 229 § 40 Abs. 2 EGBGB).

1190 Weitere bedeutsame Änderungen der Vorschriften über die Kreditwürdigkeitsprüfung bei Immobiliar-Verbraucherdarlehen brachte das »**Gesetz zur Umsetzung der zweiten Zahlungsdiensterichtlinie**« vom 17.07.2017 mit sich.[1983] In § 505a Abs. 3 BGB – und korrespondierend in § 18a Abs. 2a KWG – wurde eine Ausnahmeregelung zur Entbehrlichkeit der **Kreditwürdigkeitsprüfung für Immobiliar-Verbraucherdarlehenverträge** eingefügt, die als **Anschlussverträge im Wege einer echten Abschnittsfinanzierung** oder zum Zwecke einer **Umschuldung** ohne deutliche Erhöhung des Nettodarlehensbetrages abgeschlossen werden (dazu Rdn. 1043, 1241). Die Neuregelungen sind am 22.07.2017 ohne Überleitungsregelungen im EGBGB in Kraft getreten (Art. 15 Abs. 2 des »Gesetzes zur Umsetzung der zweiten Zahlungsdiensterichtlinie«).

1981 Begr. RegE zu § 18a KWG, BT-Drucks. 18/10935, S. 28.

1982 Verordnung (EU) 2016/1011 des Europäischen Parlaments und des Rates vom 08.06.2016 über Indizes, die bei Finanzinstrumenten und Finanzkontrakten als Referenzwert oder zur Messung der Wertentwicklung eines Investmentfonds verwendet werden, und zur Änderung der Richtlinien 2008/48/EG und 2014/17/EU sowie der Verordnung (EU) 596/2014, Abl. EU Nr. L 171/56 v. 29.06.2016.

1983 BGBl. I, S. 2446.

c) Legaldefinition des Immobiliar-Verbraucherdarlehens

Zum 21.03.2016 hat sich mit der Umsetzung der Wohnimmobilienkreditrichtlinie auch die Definition für das Immobiliar-Verbraucherdarlehen geändert. Ein Immobiliar-Verbraucherdarlehen ist nach § 491 Abs. 3 Satz 1 BGB (Art. 3 Abs. 1 RL 2014/17/EU) ein entgeltliches Verbraucherdarlehen, das **1191**
- entweder durch ein Grundpfandrecht oder eine Reallast gesichert ist, oder
- für den Erwerb oder die Erhaltung des Eigentumsrechts an Grundstücken, an bestehenden oder zu errichtenden Gebäuden (z.B. Fertighaus) oder für den Erwerb oder die Erhaltung von grundstücksgleichen Rechten (z.B. Erbbaurecht) bestimmt ist.

Anders als nach der bis 20.03.2016 geltenden Rechtslage (vgl. § 503 Abs. 1 BGB a.F.; zuvor: § 492 Abs. 1a BGB a.F.; zuvor: § 491 Abs. 3 Nr. 1 BGB a.F., zuvor: § 3 Abs. 2 Nr. 2 VerbrKrG)[1984] kommt es bzgl. des grundpfandrechtlichen Bezugs nicht mehr auf eine Abhängigkeit der Darlehensgewährung von der grundpfandrechtlichen Besicherung und auf die Üblichkeit der Konditionen für grundpfandrechtlich gesicherte Darlehen an. Zudem reicht – anders als nach der bis 20.03.2016 geltenden Rechtslage – allein ein hinreichend immobilienbezogener Verwendungszweck zur Einordnung als Immobiliar-Verbraucherdarlehen aus, ohne dass dazu eine darlehenssichernde Belastung der Immobilie erforderlich ist. Es kommt nicht darauf an, ob es sich bei dem Belastungsobjekt oder bei der finanzierten Immobilie um eine wohnwirtschaftlich oder gewerblich genutzte Immobilie handelt.[1985]

aa) Sicherung durch ein Grundpfandrecht oder eine Reallast

Ein Immobiliar-Verbraucherdarlehen liegt immer dann vor, wenn ein Verbraucherdarlehen **grundpfandrechtlich oder durch eine Reallast gesichert** ist, ohne dass es auf den Verwendungszweck des Darlehens ankommt (§ 491 Abs. 3 Satz 1 Nr. 1 BGB; Art. 3 Abs. 1 Buchst. a) und Erwägungsgrund 15 RL 2014/17/EU). Für die Einordnung als Immobiliar-Verbraucherdarlehen aufgrund grundpfandrechtlicher Besicherung genügt bereits jede geringfügige Belastung der Immobilie durch ein Grundpfandrecht. Es spielt keine Rolle, ob das Grundpfandrecht aus Anlass der Darlehensgewährung neu bestellt wird oder ob das Darlehen in den Sicherungsumfang einer bereits bestehenden Grundschuld einbezogen wird. Auch ein aus anderem Anlass eingeholter weiter Sicherungszweck für ein Grundpfandrecht dürfte daher für die Einordnung als Immobiliar-Verbraucherdarlehen ausreichen, wenn nicht das Verbraucherdarlehen von dem Haftungsumfang des bestehenden weiten Sicherungszwecks ausgenommen wird. Die Regelungen für Immobiliar-Verbraucherdarlehen sind auch dann anwendbar, wenn ein an sich unentgeltlicher Zahlungsaufschub (dazu Rdn. 1241) davon abhängig gemacht wird, dass die Forderung durch ein Grundpfandrecht oder eine Reallast besichert wird (§ 506 Abs. 1 Satz 3 BGB; Art. 3 Abs. 2 Buchst f) RL 2014/17/EU); die Entgeltlichkeit wird dann fingiert. Das gilt indes nur, wenn das Grundpfandrecht oder die Reallast gerade für den Zahlungsaufschub zu bestellen ist, nicht hingegen, wenn das Darlehen ohnehin bereits entsprechend besichert war und diese bereits bestellte Sicherheit auch für den Zahlungsaufschub haftet.[1986] Allein die mit der Sicherung durch ein Grundpfandrecht oder einer Reallast verbundenen Kosten führen allerdings noch nicht zur Entgeltlichkeit des Darlehens oder des Zahlungsaufschubs. **1192**

1984 Zur Legaldefinition des Immobiliardarlehens unter der bis 20.03.2016 geltenden Rechtslage eingehend 4. Aufl. Kap. 4 Rdn. 1084–1088.

1985 Begr. RegE zu § 491 Abs. 3 BGB, BT-Drucks. 18/5922, S. 77; a.A. *Bülow* WM 2015, 1309 (1310 f.).

1986 Begr. RegE zu § 491 Abs. 3 BGB, BT-Drucks. 18/5922, S. 77.

bb) Immobilienbezogener Verwendungszweck

1193 Darüber hinaus kann ein Immobiliar-Verbraucherdarlehen – anders als nach bisheriger Rechtslage (dazu Rdn. 1193–1195) – auch ohne grundpfandrechtliche Sicherung **allein aufgrund des Verwendungszwecks** vorliegen, eine Immobilie zu erwerben oder die Eigentumsrechte daran zu erhalten (§ 491 Abs. 3 Satz 1 Nr. 2 BGB; Art. 3 Abs. 1 Buchst b) und Erwägungsgrund 15 RL 2014/17/EU). Diese Zweckbestimmung muss nicht zwingend im Darlehensvertrag enthalten sein, es reicht aus, dass sie dem Darlehensgeber zumindest bekannt ist.[1987] Für den Begriff des Erwerbs muss kein tatsächlicher Erwerb vorliegen, es genügt vielmehr der darauf gerichtete Verwendungszweck.[1988] Der Begriff des Eigentums umfasst sämtliche Formen des Eigentums, die an Grundstücken erworben werden (z.B. Allein- und Miteigentum, Wohnungseigentum).[1989] Der Erhaltung des Eigentumsrechts dient eine Darlehensaufnahme bspw. zur Abwendung des Eigentumsverlusts durch eine Zwangs- oder Teilungsversteigerung. Auch ein neues Darlehen zur Ablösung eines zuvor bei einem anderen Darlehensgeber aufgenommen Immobiliar-Verbraucherdarlehens erfüllt den Tatbestand des § 491 Abs. 3 Satz 1 BGB, wenn der Darlehensnehmer weiterhin Eigentümer der finanzierten Immobilie bleibt.[1990] Es reicht bereits aus, dass der Darlehensnehmer den Darlehensvertrag zu dem Zweck der Finanzierung der Eigentumserhaltung abschließt, nicht erforderlich ist, dass die Erhaltung des Eigentums tatsächlich erfolgt. **Modernisierungs- und Renovierungsdarlehen** sind – wenn sie nicht grundpfandrechtlich gesichert sind – hingegen keine Immobiliar-Verbraucherdarlehen, denn solche Darlehen dienen nicht der Erhaltung von Eigentumsrechten, sondern dem Erhalt der Sachsubstanz.[1991] Zweifelhaft ist die Einordnung von reinen Baufinanzierungen. Bebaut etwa der Grundstückseigentümer sein Grundstück, wird er zwar kraft Gesetzes durch die Verbindung der Baustoffe mit dem Grund und Boden auch Eigentümer des Bauwerks (§ 946 BGB), aber bei dem Bauwerk handelt es nicht um ein selbständiges und unabhängig vom Grundstück übertragbares Recht, wie es die Begründung des Gesetzgebers zu § 491 Abs. 3 Satz 1 Nr. 2 BGB vorsieht. Dort wird als Beispiel das **Fertighaus** vor Verbindung mit dem Grundstück anführt.[1992] In der Regel wird es auf diese Frage aber nicht ankommen, da solche Darlehen meist grundpfandrechtlich besichert sein werden und bereits aufgrund dieser Besicherung als Immobiliar-Verbraucherdarlehen einzuordnen sind.

cc) Förderdarlehen; Bauspardarlehen

1194 Den Regelungen für Immobiliar-Verbraucherdarlehen unterliegen eingeschränkt auch **Förderdarlehen** im Sinne des § 491 Abs. 2 Satz 2 Nr. 5 BGB (Art. 3 Abs. 3 lit c und Abs. 5 RL 2014/17/EU), wenn die Voraussetzungen des § 491 Abs. 3 Satz 1 BGB erfüllt sind. Es sind dann für das Immobiliarförderdarlehen aber nach §§ 491 Abs. 3 Satz 3, 491a Abs. 4 BGB nur einige verbraucherdarlehensrechtliche vorvertragliche Informationspflichten aus dem »ESIS-Merkblatt« (Anlage 6 zu Art. 247 § 1 Abs. 2 EGBGB) zu erfüllen, nämlich jene aus Abschnitten 3, 4 und 13. Will der Darlehensgeber allerdings in den Genuss der Gesetzlichkeitsfiktion des Art. 247 § 1 Abs. 2 Satz 6 EGBGB auch für den Fernabsatz kommen, muss er das »ESIS-Merkblatt« komplett befüllen (§ 493 Abs. 4 Satz 2 BGB). Für **Bauspardarlehen** ist zum 21.03.2016 die Privilegierung aus § 503 Abs. 1 Halbs. 2 BGB a.F. entfallen, wonach es der Sicherung durch ein Grundpfandrecht gleich stand, wenn von einer solchen Sicherung nach § 7 Abs. 3 bis 5 BausparkG abgesehen wurde.

1987 Begr. RegE zu § 491 Abs. 3 BGB, BT-Drucks. 18/5922, S. 77.
1988 Begr. RegE zu § 491 Abs. 3 BGB, BT-Drucks. 18/5922, S. 77.
1989 Begr. RegE zu § 491 Abs. 3 BGB, BT-Drucks. 18/5922, S. 77.
1990 Begr. RegE zu § 491 Abs. 3 BGB, BT-Drucks. 18/5922, S. 77.
1991 Begr. RegE zu § 491 Abs. 3 BGB, BT-Drucks. 18/5922, S. 77.
1992 Begr. RegE zu § 491 Abs. 3 BGB, BT-Drucks. 18/5922, S. 77.

dd) Immobilienverzehrkredite

Mit dem »Finanzaufsichtsrechtergänzungsgesetz«[1993] wurde zum 10.06.2017 der sog. »**Immobilienverzehrkredit**« in das deutsche Darlehensrecht eingeführt (§ 491 Abs. Satz 2 Nr. 6 BGB).[1994] Der deutsche Gesetzgeber hat insoweit nachträglich die in Art. 3 Abs. 2 Buchst. a) RL 2014/17/EU (vgl. auch Erwägungsgrund 16 RL 2014/17/EU) vorgesehenen Ausnahmeregelungen für Immobilienverzehrkredite zivilrechtlich umgesetzt. Beim Immobilienverzehrkredit handelt es sich um einen Vertrag, bei dem der Verbraucher gegen Einräumung eines Verwertungsrechts an seiner (i.d.R selbstgenutzten) Wohnimmobilie lebenslange regelmäßige Zahlungen oder eine pauschale Einmalzahlung vom Darlehensgeber erhält (§ 491 Abs. 3 Satz 4 BGB).[1995] Die Zahlungen erfolgen also vom Darlehensgeber an den Verbraucher, und nicht umgekehrt. Als Haftungsmasse soll dem Darlehensgeber ausschließlich oder in erster Linie die Wohnimmobilie zur Verfügung stehen (»non-recourse« Vereinbarung), die grds. erst nach seinem Tod verwertet werden darf. Die Rückführung des Darlehens durch den Darlehensnehmer oder dessen Erben kann jedoch nach den vertraglichen Vereinbarungen auch auf andere Art und Weise als durch Verwertung der Wohnimmobilie erfolgen. Darlehensrechtlich ist der Immobilienverzehrkredit weder ein Allgemein-Verbraucherdarlehen (§ 491 Abs. 2 Satz 2 Nr. 6 BGB) noch ein Immobiliar-Verbraucherdarlehen (§ 491 Abs. 3 Satz 4 BGB), er ist also von der Anwendbarkeit der verbraucherdarlehensrechtlichen Vorschriften ausgenommen. Eine entsprechende aufsichtsrechtliche Bereichsausnahme wurde in § 18a KWG zwar nicht eingefügt, es ist jedoch davon auszugehen, dass Immobilienverzehrkredite auch aufsichtsrechtlich von der Pflicht zur Kreditwürdigkeitsprüfung ausgenommen sind, da sie keine Verbraucherdarlehen sind. Immobilienverzehrkredite sind in Deutschland bislang kaum bekannt. Nach den Vorstellungen des Gesetzgebers lassen sich nach deutschem Recht die damit verfolgten Ziele auch außerhalb des Darlehensrechts erreichen, etwa mit einem Leibrentenrecht.[1996] Daher soll es sich bei den Neuregelungen zum Immobilienverzehrkredit nach den Vorstellungen des Gesetzgebers auch nur um eine Klarstellung handeln.[1997] 1195

ee) Maßgeblicher Zeitpunkt

Maßgeblich für die Einordnung als Immobiliar-Verbraucherdarlehen nach den seit 21.03.2016 geltenden Vorschriften oder als Immobiliardarlehen nach bisheriger Rechtslage ist der Zeitpunkt des Abschluss des Darlehensvertrages (Art. 229 § 38 Abs. 1 EGBGB). Für die Frage, ob die Voraussetzungen für das Vorliegen eines Immobiliar-Verbraucherdarlehensvertrages (§ 491 Abs. 3 BGB) erfüllt sind, ist ebenfalls auf den Zeitpunkt des Abschlusses des Darlehensvertrages abzustellen. Das gilt insbesondere im Hinblick auf die Einordnung aufgrund des Verwendungszwecks des Verbraucherdarlehens. Aber auch eine spätere Freigabe des Grundpfandrechts ändert an der einmal erfolgten Einordnung als Immobiliar-Verbraucherdarlehensvertrag nachträglich nichts mehr; das gilt auch dann, wenn das Darlehen nicht der Finanzierung des Erwerbs einer Immobilie oder der Erhaltung der Eigentumsrechte an einer Immobilie diente. Ob allerdings ein Allgemein-Verbraucherdarlehen auch dann noch ein solches bleibt, wenn es nachträglich grundpfandrechtlich besichert wird, ist ungewiss. Letztlich dürfte es in solchen Fällen aber grds. bei der Einordnung als Allgemein-Verbraucherdarlehen bleiben, insbes. kann eine nachträgliche grundpfandrechtliche Besicherung des Allgemein-Verbraucherdarlehens keine erneute Pflicht zur Kreditwürdigkeitsprüfung nach den 1196

1993 Gesetz zur Ergänzung des Finanzdienstleistungsaufsichtsrechts im Bereich der Maßnahmen bei Gefahren für die Stabilität des Finanzsystems und zur Änderung der Umsetzung der Wohnimmobilienkreditrichtlinie v. 06.06.2017, BGBl. I, S.1495.

1994 Dazu eingehend *Freitag/Allstadt* WM 2017, 1877.

1995 Begr. RegE zu § 491 BGB, BT-Drucks. 18/10935, S. 39.

1996 Begr. RegE zu § 491 BGB, BT-Drucks. 18/10935, S. 38 f.; kritisch zur fragwürdigen Argumentation des Gesetzgebers zu Recht *Freitag/Allstadt* WM 2017, 1877 1880, (1882).

1997 Begr. RegE zu § 491 BGB, BT-Drucks. 18/10935, S. 39.

erhöhten Anforderungen für Immobiliar-Verbraucherdarlehen auslösen (dazu Rdn. 1033–1048), da die Pflicht zur Kreditwürdigkeitsprüfung an den Abschluss des Darlehensvertrags anknüpft (§ 505a Abs. 1 BGB: »vor dem Abschluss eines Verbraucherdarlehensvertrages«). Eine Grenze findet sich freilich im Umgehungstatbestand des § 512 Satz 2 BGB.

d) Kopplungsgeschäfte

1197 Die Regelungen zu Kopplungsgeschäften sind zum 21.03.2016 mit dem »Gesetz zur Umsetzung der Wohnimmobilienkreditrichtlinie und zur Änderung handelsrechtlicher Vorschriften«[1998] neu eingeführt worden. Sie haben ihre Grundlage in Art. 12 Abs. 1 und Erwägungsgründen 24, 25 RL 2014/17/EU und sprechen nur für Immobiliar-Verbraucherdarlehen ein **grundsätzliches Verbot von Kopplungsgeschäften** aus (§ 492a Abs. 1 Satz 1 BGB). Der Abschluss eines Immobiliar-Verbraucherdarlehensvertrages darf daher nicht davon abhängig gemacht werden, dass der Darlehensnehmer oder ein Dritter als Nebenleistung weitere Finanzprodukte (z.B. Sparkonten, Bausparvertrag, Aktien, verzinsliche Wertpapiere) oder Finanzdienstleistungen (§ 312 Abs. 5 Satz 1 BGB bzw. § 1 Abs. 1a KWG,[1999] z.B. Versicherungen) im Paket erwirbt (vgl. auch Art. 4 Nr. 26 RL 2014/17/EU). Dabei kommt es nicht darauf an, wer Vertragspartner des Vertrages über die Nebenleistung werden soll; es müssen weder der Darlehensgeber noch der Darlehensnehmer Vertragspartner des weiteren Geschäfts sein. Rechtsfolge eines Verstoßes gegen das Kopplungsverbot ist die Nichtigkeit des gekoppelten Geschäfts, der Immobiliar-Verbraucherdarlehensvertrag hingegen bleibt wirksam (§ 492a Abs. 2 BGB). Darüber hinaus sind Schadensersatzansprüche des Darlehensnehmers denkbar.[2000] Will der Darlehensnehmer aus einem Verstoß gegen das Kopplungsverbot Ansprüche gegen den Darlehensgeber geltend machen, trägt er nach allgemeinen Grundsätzen die Beweislast für das Vorliegen der Abhängigkeit des Darlehensvertrages von dem Erwerb des Finanzprodukts oder der Finanzdienstleistung.

1198 Kein verbotenes Kopplungsgeschäft liegt hingegen vor, wenn die gemeinsam mit dem Darlehensvertrag angebotene Finanzdienstleistung oder das gemeinsam mit dem Darlehensvertrag angebotene Finanzprodukt einzeln nicht angeboten werden könnte, weil sie bzw. es fester Bestandteil des Darlehensvertrages ist (Erwägungsgrund 25 RL 2014/17/EU). Bietet der Darlehensgeber zwar den Darlehensvertrag gemeinsam mit einen Finanzprodukt oder einer Finanzdienstleistung an, ist er aber zum Abschluss des Darlehensvertrages auch bereit, ohne dass der Darlehensnehmer weitere Finanzprodukte oder –dienstleistungen erwirbt, handelt es sich ebenfalls nicht um ein verbotenes Kopplungsgeschäft, sondern um ein erlaubtes »Bündelungsgeschäft« (§ 492a Abs. 1 Satz 2 BGB; Art. 4 Nr. 27 RL 2014/177EU). Das gilt selbst dann, wenn die Bedingungen für den Darlehensvertrag ohne das Finanzprodukt oder die Finanzdienstleistung von jenen für den Darlehensvertrag mit dem Finanzprodukt oder der Finanzdienstleistung abweichen (§ 492a Abs. 1 Satz 2 BGB). Diese Abweichung darf für den Darlehensnehmer auch nachteilig sein und kann bspw. in einem höheren Sollzinssatz oder abweichenden Tilgungsbestimmungen liegen. Bietet der Darlehensgeber etwa tilgungsfreie Festdarlehen nur zusammen mit einem Tilgungsinstrument (z.B. Kapitallebensversicherung) an (dazu Rdn. 1084–1095), handelt es sich dabei nicht um ein Kopplungsgeschäft, wenn der Darlehensnehmer stattdessen auch ein Darlehen ohne das Tilgungsinstrument, aber mit anderen Tilgungsbestimmungen (z.B. Tilgung in Raten) erhalten kann. Kein Kopplungsgeschäft liegt ferner im Hinblick auf die vom Darlehensgeber verlangten Sicherheiten vor. Das gesetzliche Muster der Widerrufsbelehrung in Anlage 3 zu Art. 246b § 2 Abs. 3 EGBGB führt in Gestaltungshinweis 3 zwar die Bürgschaft weiterhin als »Finanzdienstleistung« auf, das Gesetz setzt aber die Besicherung von Immobiliar-Verbraucherdarlehen als selbstverständlich voraus (§ 491 Abs. 3 Satz 1 Nr. 1 BGB) und verlangt darüber hinaus sogar ausdrücklich die Nennung der Sicherheiten im

1998 BGBl. I, S. 396.
1999 Begr. RegE zu § 492a BGB, BT-Drucks. 18/5922, S. 82.
2000 Begr. RegE zu § 492a BGB, BT-Drucks. 18/5922, S. 82.

»ESIS-Merkblatt« (Abschnitt 3 der Anlage 6 zu Art. 247 § 1 Abs. 2 EGBGB) und letztlich auch im Darlehensvertrag (vgl. § 494 Abs. 6 Satz 2 BGB) bei Immobiliar-Verbraucherdarlehen.[2001]

Bestimmte Kopplungsgeschäfte sind – unbeschadet der Anwendbarkeit der Vorschriften über verbundene Geschäfte (§§ 358 ff. BGB)[2002] – gesetzlich **zulässig** (§ 492b BGB). Nach § 492b Abs. 1 **1199**
BGB darf der Darlehensgeber den Abschluss des Immobiliar-Verbraucherdarlehensvertrages davon abhängig machen, dass der Darlehensnehmer, ein Familienangehöriger des Darlehensnehmers oder beide zusammen unter bestimmten Voraussetzungen (1) ein Sparkonto eröffnen oder (2) ein Anlageprodukt oder ein privates Rentenprodukt erwerben oder behalten oder (3) einen weiteren Darlehensvertrag mit Wertbeteiligung abschließen. Familienangehörige sind nur Personen, die in einem sozialen Näheverhältnis zum Darlehensnehmer stehen (z.B. Ehegatten, eingetragene Lebenspartner, Verwandte im Sinne des § 1589 BGB bis zum dritten Grad, Verschwägerte im Sinne des § 1590 BGB bis zum zweiten Grad).[2003] Den beiden Kopplungsvarianten aus § 492b Abs. 1 Nr. 1 und 2 BGB gemeinsam ist eine im Gesetz bestimmte Zweckbindung, die ausdrücklich oder auch konkludent getroffen werden kann. Zulässig ist zunächst die Kopplung des Immobiliar-Verbraucherdarlehensvertrages mit der **Eröffnung eines Zahlungs- oder Sparkontos**, dessen einziger Zweck die Ansammlung von Kapital ist, um das Immobiliar-Verbraucherdarlehen zurückzuzahlen oder zu bedienen, die erforderlichen Mittel für die Gewährung des Darlehens bereitzustellen oder als zusätzliche Sicherheit für den Fall eines Zahlungsausfalls zu dienen (§ 492b Abs. 1 Nr. 1 BGB; Art. 12 Abs. 2 Buchst. a) RL 2014/17/EU). Dazu ist stets eine entsprechende Zweckabrede für das Zahlungs- oder Sparkonto erforderlich. Zulässig ist als Kopplungsgeschäft auch der **Erwerb oder das Behalten eines Anlageprodukts oder eines privaten Rentenprodukts**, das in erster Linie als Ruhestandseinkommen dient und bei Zahlungsausfall als zusätzliche Sicherheit für den Darlehensgeber dient oder das der Ansammlung von Kapital dient, um damit das Immobiliar-Verbraucherdarlehen zurückzuzahlen oder zu bedienen oder um damit die erforderlichen Mittel für die Gewährung des Darlehens bereitzustellen (§ 492b Abs. 1 Nr. 2 BGB; Art. 12 Abs. 2 Buchst. b) RL 2014/17/EU). Auch hier ist eine entsprechende Zweckabrede erforderlich. Nicht ausreichend ist es, wenn z.B. ein Sparvertrag oder ein Anteil an einem Investmentfonds zwar nach dem inneren Willen des Kunden der privaten Altersvorsorge dient, die Zweckbindung aber nicht vertraglich manifestiert ist.[2004] Ein weiteres zulässiges – wenngleich weniger praxisrelevantes – Kopplungsgeschäft ist in § 492b Abs. 1 Nr. 3 BGB genannt. Zulässig ist danach der Abschluss eines weiteren Darlehensvertrages, bei dem das zurückzuzahlende Kapital auf einem vertraglich festgelegten Prozentsatz des Wertes der Immobilie beruht, die diese zum Zeitpunkt der Rückzahlung des Darlehensvertrages hat (Darlehensvertrag mit Wertbeteiligung). Als Kopplungsgeschäft zulässig ist es außerdem, wenn der Darlehensgeber den Abschluss des Immobiliar-Verbraucherdarlehensvertrags davon abhängig macht, dass der Darlehensnehmer eine **im Zusammenhang mit dem Immobiliar-Verbraucherdarlehen einschlägige Versicherung abschließt** (z.B. Kreditausfallversicherung, Feuer- und Wohngebäudeversicherung) und dem Darlehensnehmer gestattet ist, diese Versicherung auch bei einem anderen als bei dem vom Darlehensgeber bevorzugten Anbieter abzuschließen (§ 492b Abs. 2 BGB; Art. 12 Abs. 4 RL 2014/17/EU). Verträge mit Familienangehörigen sind hier – anders als in § 492b Abs. 1 BGB – nicht freigestellt. Die Leistung der Versicherung, mit der der Darlehensnehmer das gekoppelte Angebot des Darlehensgebers ersetzen kann, muss gleichwertig sein; das Erfordernis der Gleichwertigkeit beschränkt sich aber auf die Versicherungssumme und den Umfang des versicherten Risikos, hingegen müssen die Eintritts- und Leistungsvoraussetzungen der Versicherungen nicht identisch sein.[2005] In § 492b Abs. 3 BGB (vgl. Art. 12 Abs. 3 RL 2014/17/EU) ist darüber hinaus die Zulässigkeit weiterer Kopplungsgeschäfte vorgesehen, wenn die für den Darlehensgeber zuständige Aufsichtsbehörde die weiteren Finanzprodukte oder –dienstleistungen

---

2001 Begr. RegE zu § 494 BGB, BT-Drucks. 18/5922, S. 87.
2002 *Rosenkranz* NJW 2016, 1473 (1474 f.).
2003 Begr. RegE zu § 492a BGB, BT-Drucks. 18/5922, S. 82.
2004 Begr. RegE zu § 492a BGB, BT-Drucks. 18/5922, S. 83.
2005 Begr. RegE zu § 492a BGB, BT-Drucks. 18/5922, S. 84.

sowie deren Kopplung mit dem Immobiliar-Verbraucherdarlehensvertrag genehmigt. Der Darlehensgeber muss dazu seiner Aufsichtsbehörde einen klaren Nutzen für den Verbraucher nachweisen (Art. 12 Abs. 3 RL 2014/17/EU). Die Regelung bezieht sich nur auf neuartige Finanzprodukte, die zum Zeitpunkt der Verabschiedung der Wohnimmobilienkredit-Richtlinie noch nicht vertrieben worden sind.[2006]

1200 Werden gebündelt mit einem Immobiliar-Verbraucherdarlehensvertrag oder im Rahmen eines zulässigen Kopplungsgeschäfts zusätzlich Finanzprodukte oder –dienstleistungen angeboten, muss dem Darlehensnehmer nach § 491a Abs. 3 Satz 3 BGB (Art. 16 Abs. 1 Satz 2 Buchst.d) RL 2014/17/EU) auch **erläutert** werden, ob sie gesondert gekündigt werden können und welche Folgen die Kündigung hat (zur Erläuterungspflicht Rdn. 961–968).

e) Vertragliche Informationspflichten für Immobiliar-Verbraucherdarlehensverträge; Unterlagen für den Darlehensnehmer

1201 Da der deutsche Gesetzgeber seit jeher auch Immobiliar-Verbraucherdarlehensverträge weitgehend in den Anwendungsbereich der verbraucherdarlehensrechtlichen Vorschriften einbezogen hatte, waren die bis 10.06.2010 in § 492 Abs. 1 Satz 5 BGB a.F. aufgeführten vertraglichen Pflichtangaben mit Ausnahme des Gesamtbetrags auch bei Immobiliardarlehensverträgen zu beachten (§ 503 Abs. 1 BGB a.F.; § 492 Abs. 1a Satz 2 BGB a.F.; zuvor: § 491 Abs. 3 Satz 1 BGB a.F., zuvor: § 3 Abs. 2 Nr. 2 VerbrKrG).

1202 Mit den 19.08.2008 in Kraft getretenen Regelungen zur Verbesserung des Schuldner- und Verbraucherschutzes bei Abtretung und Verkauf von Darlehensforderungen an Finanzinvestoren (dazu Rdn. 1249–1264) kam übergangsweise eine besondere vertragliche Pflichtangabe hinzu. Nach § 492 Abs. 1a Satz 3 BGB a.F. war ab diesem Zeitpunkt der Darlehensnehmer durch einen deutlich gestalteten Hinweis im Immobiliardarlehensvertrag darüber zu unterrichten, dass der Darlehensgeber – soweit nicht im Immobiliardarlehensvertrag ein Abtretungsausschluss nach § 399, 2. Alt. BGB vereinbart wurde – ohne Zustimmung des Darlehensnehmers die Forderungen aus dem Darlehensvertrag (z.B. Tilgungs-, Zins- und Kostenansprüche) abtreten kann und das Darlehensverhältnis insgesamt unter bestimmten Umständen (z.B. bei Umwandlungen nach dem UmwG) auf einen Dritten übergehen kann. Dieser Hinweis war allerdings seit 11.06.2010 nicht mehr im Immobiliardarlehensvertrag unterzubringen, sondern nach §§ 503 Abs. 1, 491a Abs. 1 BGB a.F. i.V.m. Art. 247 § 9 Abs. 1 Satz 2 EGBGB a.F. in den ab diesem Zeitpunkt dem Darlehensnehmer zur Verfügung zu stellenden vorvertraglichen Informationen für Immobiliardarlehen (dazu 4. Aufl. Kap. 4 Rdn. 1049–1057). Seit 11.03.2016 ist er vorvertraglich in einem gesonderten Dokument zu erteilen, das dem »ESIS-Merkblatt« (Anlage 6 zu Art. 247 § 1 Abs. 2 EGBGB) beigefügt werden kann (Art. 247 § 1 Abs. 3 Satz 1 EGBGB).

1203 Für Immobiliar-Verbraucherdarlehensverträge, die nach dem 10.06.2010 abgeschlossen wurden (vgl. Art. 229 § 22 Abs. 2 EGBGB), gelten neben den vorvertraglichen Informations- und Erläuterungspflichten des Darlehensgebers (dazu Rdn. 1048–1065; 4. Aufl. Kap. 4 Rdn. 1049–1057) auch weiterhin vertragliche Informationspflichten, die zunächst mit dem neuen Verbraucherdarlehensrechts zum 11.06.2010 eine beträchtliche Erweiterung erfuhren (§§ 503 Abs. 1, § 492 Abs. 2 BGB a.F. i.V.m. Art. 247 § 9 Abs. 1 EGBGB a.F.). Die Wohnimmobilienkreditrichtlinie (RL 2014/17/EU) enthält zwar keine konkreten Vorgaben zu vertraglichen Pflichtangaben, der deutsche Gesetzgeber hat aber mit seinem Umsetzungsgesetz zum 21.03.2016 die grundsätzliche Einbeziehung auch von Immobiliar-Verbraucherdarlehensverträgen in den Katalog vertraglicher Pflichtangaben beibehalten und ihn nochmals ergänzt (dazu Rdn. 1187). Es sind seither über § 492 Abs. 2 BGB folgende Pflichtangaben zu beachten:

– **Name und Anschrift des Darlehensgebers** (Art. 247 § 6 Abs. 1 Satz 2, § 3 Abs. 1 Nr. 1 EGBGB): Für den Namen gilt § 12 BGB. Bei der Anschrift muss es sich um eine ladungsfähige

2006 Begr. RegE zu § 492a BGB, BT-Drucks. 18/5922, S. 84.

Anschrift des Darlehensgebers handeln, eine Postfachanschrift genügt nicht.[2007] Ausreichend ist auch die ladungsfähige Anschrift der zuständigen Stelle (z.B. Filiale) des Darlehensgebers.

- **Art des Darlehens** (Art. 247 § 6 Abs. 1 Satz 2, § 3 Abs. 1 Nr. 2 EGBGB): Auch das Immobiliar-Verbraucherdarlehen stellt ausweislich der Gesetzesbegründung eine bestimmte Darlehensart dar.[2008] Ebenso dürfte das Fremdwährungsdarlehen hinreichend eigenständige Züge tragen, um es als Darlehensart einzuordnen. I.Ü. erfordert die Information über die Darlehensart eine Produktbeschreibung, die sich aber im Wesentlichen auf eine Darstellung der gewählten Tilgungsvariante beschränken wird.
- **Effektiver Jahreszins** (Art. 247 § 6 Abs. 1 Satz 2, § 3 Abs. 1 Nr. 3, Abs. 2 Satz 3 EGBGB, § 6 PrAngVO): Der **effektive Jahreszins** gibt die **Gesamtkosten** des Darlehens wieder, ausgedrückt als jährlicher Prozentsatz des Nettodarlehensbetrages einschließlich der Kosten des Darlehens. Die Berechnung des effektiven Jahreszinses erfolgt nach § 6 PrAngVO i.V.m. der Anlage zu § 6 PrAngVO. Zu den Kosten des Darlehens gehören nach § 6 Abs. 3 PrAngVO grds. alle Kosten, die der Darlehensnehmer im Zusammenhang mit dem Darlehen zu entrichten hat und die dem Darlehensgeber bekannt sind. Zu den einzubeziehenden Kosten gehören u.a. die Sollzinsen, Vermittlungskosten, die Kosten der Immobilienbewertung, Kosten für Nebenleistungen (z.B. Versicherungsverträge), die Voraussetzung für den Darlehensvertrag zu den angebotenen Konditionen sind,[2009] sowie Kosten der Sicherheitenbestellung (für Immobiliar-Verbraucherdarlehen erst seit 21.03.2016 zu berücksichtigen[2010]). Keine Kosten im Sinne des § 6 PrAngVO sind hingegen die Anparleistungen bzw. Prämien für einen als Tilgungsinstrument dienenden Vertrag über eine Kapitallebensversicherung, Rentenversicherung usw. (dazu Rdn. 1093).[2011] Die Kosten der Sicherheitenbestellung umfassen auch die Kosten für die Eintragung eines Grundpfandrechts und die Kosten einer Gebäudeversicherung für das grundpfandrechtlich belastete Sicherungsobjekt, denn die Gebäudeversicherung ist letztlich nichts anderes als ein Surrogat für das Grundpfandrecht (vgl. § 1127 BGB). Zu berücksichtigen sind solche Kosten bei der Berechnung des effektiven Jahreszinses aber nur, wenn sie dem Darlehensgeber betragsmäßig bekannt sind. Die Kosten der Eintragung eines Grundpfandrechts in das Grundbuch dürften dem Darlehensgeber grds. nicht bekannt sein, da sie erst mit dem entsprechenden Gebührenbescheid festgelegt werden (dazu Rdn. 1132).[2012] Die Ausfüllhinweise in Abschnitt 4 des »ESIS-Merkblatts« (Anlage 6 – zu Art. 247 § 1 Abs. 2 EGBGB) stehen dem nicht entgegen, denn dort wird auch bzgl. der Kosten für die Eintragung eines Grundpfandrechts danach differenziert, ob diese Kosten dem Darlehensgeber bekannt sind oder nicht. Eine aktive Nachforschungspflicht des Darlehensgebers besteht bei unbekannten Kosten ebenso wenig wie eine Verpflichtung zur Ermittlung von Schätzwerten.[2013] Dem Darlehensgeber werden die Kosten aber dann bekannt

---

2007 MüKo-BGB/*Schürnbrand* § 492 Rn. 26.

2008 Begr. RegE zu Art. 247 § 3 EGBGB, BT-Drucks. 16/11643, S. 123.

2009 Begr. RegE zu § 6 PrAngVO, BT-Drucks. 18/5922, S. 132.

2010 Vor 21.03.2016 waren bei Immobiliardarlehen die Kosten der Sicherheitenbestellung nach § 6 Abs. 3 Nr. 6 PrAngVO a.F. nicht in den effektiven Jahreszins einzubeziehen. Solche nicht einzubeziehende Kosten der Sicherheiten waren generell auch vom Darlehensgeber als Sicherheit verlangte Versicherungen oder Zusatzleistungen, denn insoweit genoss § 6 Abs. 3 Nr. 6 PrAngVO a.F. bereits seinem Wortlaut nach Vorrang vor § 6 Abs. 3 Nr. 4 PrAngVO a.F., der die Kosten von Versicherungen oder Zusatzleistungen regelte.

2011 Begr. RegE zu § 6 PrAngVO, BT-Drucks. 18/5922, S. 132.

2012 Vgl. auch Begr. RegE zu § 6 PrAngVO, BT-Drucks. 18/5922, S. 132.

2013 Bülow/Artz/*Artz* Verbraucherkreditrecht (9. Aufl.) § 492 Rn. 127: keine fiktiven, geschätzten Kosten anzugeben; wohl auch MüKo-BGB/*Schürnbrand* § 492 Rn. 25: Kenntnis unter Berücksichtigung der beruflichen Sorgfalt; abweichend wohl das ESIS-Merkblatt (Anlage 6 zu Art. 247 § 1 Abs. 2 EGBGB), das in Teil B in den Hinweisen zu Abschnitt 4, Absatz 3, die Angabe von Näherungswerten vorsieht. Im Übrigen besteht allerdings im Rahmen der Effektivzinsberechnung eine widerlegliche Vermutung dafür, dass der Darlehensgeber bei risikoadäquater Kreditvergabe den Versicherungsvertrag (Restschuldversicherung) zur Voraussetzung für die Kreditkonditionen gemacht hat, Begr. RegE, BT-Drucks. 16/11643, S. 142.

sein, wenn er die Versicherung oder die Zusatzleistung selbst konkret annahmefähig anbietet und vom Darlehensnehmer den Abschluss des entsprechenden Vertrages mit oder über den Darlehensgeber verlangt, nicht aber, wenn es dem Darlehensnehmer freigestellt bleibt, mit wem er den Versicherungs- oder Zusatzvertrag abschließt. Nicht zu berücksichtigen sind bei der Berechnung des effektiven Jahreszinsen neben betragsmäßig unbekannten Kosten des Darlehens u.a. Bereitstellungszinsen, Nichtabnahme- oder Vorfälligkeitsentschädigung, Verzugszinsen, Notargebühren (§ 6 Abs. 4 PrAngVO). Bei einem veränderlichen Sollzinssatz und bei sog. **unechten Abschnittsfinanzierungen** (Rdn. 1103–1108) ist der effektive Jahreszins auf die Gesamtlaufzeit des Darlehens zu rechnen,[2014] wobei davon auszugehen ist, dass der Sollzinssatz und die sonstigen (nicht für die Gesamtlaufzeit des Darlehens quantifizierbaren) Kosten gemessen an der bei Abschluss des Vertrags festgesetzten Höhe unverändert bleiben (§ 6 Abs. 5 PrAngVO und Buchst. k) in Nr. 2 der Anlage zu § 6 PrAngVO; Art. 17 Abs. 4 RL 2014/17/EU). Die Annahmen für die Berechnung des effektiven Jahreszinses sind – anders als bei Allgemein-Verbraucherdarlehen – weiterhin nicht im Immobiliar-Verbraucherdarlehensvertrag abzubilden. Fehlt die Angabe des effektiven Jahreszinses im Darlehensvertrag, reduziert sich nach Heilung (§ 494 Abs. 2 Satz 1 BGB) der Sollzinssatz auf den gesetzlichen Zinssatz (§§ 494 Abs. 2 Satz 2, 246 BGB). Ist der effektive Jahreszins zu niedrig angegeben, reduziert sich der dem Darlehensvertrag zugrunde gelegte Sollzinssatz um den Prozentsatz, um den der effektive Jahreszins zu niedrig angegeben ist (§ 494 Abs. 3 BGB).

- **Nettodarlehensbetrag** (Art. 247 § 6 Abs. 1 Satz 2, § 3 Abs. 1 Nr. 4, Abs. 2 Satz 2 EGBGB): Der Nettodarlehensbetrag erfährt in Art. 247 § 3 Abs. 2 Satz 2 EGBGB eine Legaldefinition, auf die zwar in Art. 247 § 6 Abs. 1 Satz 2 EGBGB nicht verwiesen wird, weil sie in unmittelbarem Zusammenhang mit der Definition des im Immobiliar-Verbraucherdarlehensvertrag nach wie vor nicht anzugebenden Gesamtbetrages steht, die aber gleichwohl auch für Immobiliar-Verbraucherdarlehen gelten wird. Danach wird der Nettodarlehensbetrag definiert als der »Höchstbetrag, auf den der Darlehensnehmer aufgrund des Darlehensvertrages Anspruch hat«. Es handelt sich dabei – wie schon nach § 492 Abs. 1 Nr. 1 BGB in der bis 10.06.2010 geltenden Fassung – um den »auszuzahlenden Darlehensbetrag« (vgl. Art. 3 Buchst. l) RL 2008/48/EG; Art. 4 Nr. 12 RL 2014/17/EU: »Gesamtkreditbetrag«). Das ergibt sich u.a. daraus, dass sich nach Art. 247 § 3 Abs. 2 Satz 1 EGBGB der »Gesamtbetrag« zusammensetzt aus dem »Nettodarlehensbetrag« und den »Gesamtkosten«, die sich wiederum nach § 6 PrAngVO errechnen; die vom Darlehensgeber bei der Auszahlung einbehaltenen Beträge werden folglich grds. bereits bei den Gesamtkosten berücksichtigt und haben nicht doppelt in die Gesamtbetragsberechnung einzufließen.
- **Sollzinssatz** (Art. 247 § 6 Abs. 1 Satz 2, § 3 Abs. 1 Nr. 5, Abs. 4, § 15 Abs. 2 EGBGB): vgl. zu Zinsvereinbarungen Rdn. 1099–1113. Der Begriff des Sollzinssatzes ist in § 489 Abs. 5 BGB legaldefiniert. Ergänzend zur Höhe des Sollzinssatzes sind im Darlehensvertrag die Bedingungen und der Zeitraum für seine Anwendung sowie die Art und Weise seiner Anpassung anzugeben (Art. 247 § 6 Abs. 1 Satz 2, § 3 Abs. 4 Satz 1 EGBGB). Ist der Sollzinssatz – wie das bei einem veränderlichen Sollzins oder einem Roll-over Sollzinsatz (vgl. § 489 Abs. 1 Nr. 1 Halbs. 2 BGB) üblich ist – von einem Referenzzinssatz abhängig, ist auch dieser anzugeben (Art. 247 § 6 Abs. 1 Satz 2, § 3 Abs. 4 Satz 2 EGBGB). Der Darlehensvertrag muss dann auch eine Verpflichtung des Darlehensgebers enthalten, den Darlehensnehmer regelmäßig über den Sollzinssatz, die angepasste Höhe der Teilzahlungen und die Zahl und Fälligkeit der Teilzahlungen, soweit sich auch diese ändern, zu unterrichten (Art. 247 § 15 Abs. 2 Satz 2 EGBGB); bei einem Immobiliar-Verbraucherdarlehen muss der Darlehensgeber seit 21.03.2016 außerdem über die neue Höhe des Referenzzinssatzes unterrichten und diese Verpflichtung auch im Darlehensvertrag vorsehen (Art. 247 § 15 Abs. 2 Satz 2 EGBGB). Seit 21.03.2016 regelt § 492 Abs. 7 BGB (Art. 24 Buchst. a) RL 2014/17/EU) zudem, dass die Vereinbarung eines veränderlichen Sollzinssatzes, der sich nach einem Index oder einem Referenzzinssatz richtet, nur dann wirksam ist,

2014 MüKO-BGB/*Schürnbrand* § 491a Rn. 17.

wenn der Index oder der Referenzzinssatzsatz objektiv, eindeutig bestimmt und für Darlehensgeber und Darlehensnehmer verfügbar und überprüfbar ist. Fehlt die Angabe des Sollzinssatzes im Darlehensvertrag, reduziert sich nach Heilung (§ 494 Abs. 2 Satz 1 BGB) der Sollzinssatz auf den gesetzlichen Zinssatz (§§ 494 Abs. 2 Satz 2, 246 BGB). Ist im Darlehensvertrag nicht angegeben, unter welchen Voraussetzungen der Sollzinssatz angepasst werden kann, darf der Darlehensgeber den Sollzinssatz nicht zum Nachteil des Darlehensnehmers anpassen (§ 494 Abs. 3 BGB).

- **Vertragslaufzeit** (Art. 247 § 6 Abs. 1 Satz 2, § 3 Abs. 1 Nr. 6 EGBGB): Die Verpflichtung zur Angabe der Vertragslaufzeit wurde mit der Umsetzung der Verbraucherkreditrichtlinie 2008/48/EG (Art. 10 Abs. 2 Buchst. c) RL 2008/47EG) zum 11.06.2010 eingeführt; sie gilt auch für Immobiliar-Verbraucherdarlehen. Da es sich bei Darlehensverträgen um Verpflichtungs- und nicht um Realverträge handelt,[2015] ist unter der Vertragslaufzeit grds. der Zeitraum zwischen Vertragsschluss und vollständiger Tilgung des Darlehens zu verstehen. Weil aber regelmäßig weder der Zeitpunkt des Vertragsschlusses noch der Beginn der Tilgung feststehen, kann der Darlehensgeber insoweit wahrscheinliche fiktive Zeitpunkte bei der Berechnung der Laufzeit unterstellen oder den Zeitpunkt der Vertragserstellung als Anfangszeitpunkt heranziehen. Hinweise zu den erforderlichen Angaben finden sich i.Ü. in Teil B in den Anmerkungen zu Abschnitt 3 des »ESIS-Merkblatts« (Anlage 6 zu Art. 247§ 1 Abs. 2 EGBGB). Diese Hinweise dürften auch auf die vertragliche Pflichtangabe übertragbar sein. Die Laufzeit ist – je nach Relevanz – in Jahren oder Monaten auszudrücken. Bei sog. tilgungsfreien Festdarlehen (dazu Rdn. 1084), die einen festen Termin für die vollständige Tilgung vorsehen, muss es für die Laufzeitangabe allerdings auch ausreichen, nur diesen Endtermin anzugeben. Kann sich die Laufzeit während der Dauer des Darlehensvertrages ändern, wie das etwa bei Annuitätendarlehen der Fall denkbar ist, bei denen der Sollzinssatz nicht für die Gesamtlaufzeit festgeschrieben ist, kann der Darlehensgeber die voraussichtliche Laufzeit angeben oder sie ggf. als »unbefristet« bezeichnen. Ist der Darlehensvertrag unbefristet, hat der Darlehensgeber dies bei der Laufzeitangabe klar anzugeben.[2016] Fehlt die Angabe der Laufzeit, kann der Darlehensgeber nach Heilung des Darlehensvertrages (§ 494 Abs. 2 Satz 1 BGB) gemäß § 502 Abs. 2 Nr. 2 BGB, der seit 21.03.2016 auch für Immobiliar-Verbraucherdarlehensverträge gelten soll,[2017] im Falle der vorzeitigen Rückzahlung des Darlehens durch den Darlehensnehmer (§ 500 Abs. 2 Satz 2 BGB) seinen Anspruch auf Vorfälligkeitsentschädigung verlieren. Eine Verpflichtung zur **Darstellung der Kündigungsmöglichkeiten** des Darlehensnehmers lässt sich der Verpflichtung zur Angabe der Laufzeit zwar nicht entnehmen, sie ist auch nicht nach Art. 247 § 6 Abs. 1 Satz 1 Nr. 5 EGBGB erforderlich, weil diese Regelung nach Art. 247 § 6 Abs. 1 Satz 2 EGBGB für Immobiliar-Verbraucherdarlehen nicht gilt, aber sie ergibt sich als Obliegenheit letztlich seit 21.03.2016 mittelbar aus § 502 Abs. 2 Nr. 2 BGB wegen der dort normierten Sanktion bei Fehlen entsprechender Angaben zum Kündigungsrecht des Darlehensnehmers.
- **Betrag, Zahl und Fälligkeit der einzelnen Teilzahlungen** (Art. 247 § 6 Abs. 1 Satz 2, § 3 Abs. 1 Nr. 7 EGBGB): Gemeint ist mit dem Begriff »Fälligkeit« die Periodizität (z.B. monatlich). Mit dem Begriff »Teilzahlungen« sind zunächst die bei regelmäßigem Verlauf des Darlehensverhältnisses vertraglich geschuldeten Tilgungsleistungen bzw. Annuitäten gemeint. Darüber hinaus dürften auch die Zinsraten bei tilgungsfreien Festdarlehen (vgl. auch Art. 247 § 8 Abs. 3 Satz 1 EGBGB) und bei Ratendarlehen als »Teilzahlungen« zu qualifizieren sein. Auch die bei tilgungsfreien Festdarlehen in Kombination mit anzusparenden Tilgungsinstrumenten (dazu Rdn. 1084–1095) zur Vermögensbildung in das Tilgungsinstrument zu leistenden Ansparleistungen bzw. Beiträge könnten weiterhin von dem Begriff »Teilzahlungen« erfasst sein. Der BGH hat in seiner Rechtsprechung zu § 492 Abs. 1 Satz 5 Nr. 2 BGB a.F. und zu § 498 Abs. 3 BGB Ansparleistungen für ein Tilgungsinstrument als Teilzahlungen behandelt, wenn sie einen

2015 BT-Drucks. 14/6040, S. 252.
2016 Vgl. auch Begr. RegE, BT-Drucks. 16/11634, S. 124.
2017 Bülow/Artz/*Bülow* Verbraucherkreditrecht (9. Aufl.) § 502 Rn. 4a.

engen Zusammenhang zum Darlehensvertrag aufwiesen und sich daher aus der Sicht des Darlehensnehmers wirtschaftlich als Tilgungsleistungen darstellten (dazu Rdn. 1094 und 1235; vgl. zur vorvertraglichen Angabepflicht Teil B Hinweis 3 zu Abschnitt 6 des »ESIS-Merkblatts« – Anlage 6 zu Art. 247 § 1 Abs. 2 EGBGB). Allerdings kann insoweit keine Pflicht des Darlehensgebers bestehen, die Höhe der Ansparleistungen durch Nachforschung zu ermitteln. Die Anzahl der Teilzahlungen ist nach Art. 247 § 6 Abs. 1 Satz 3 EGBGB nicht anzugeben, wenn die Laufzeit des Immobiliar-Verbraucherdarlehensvertrages von dem Zeitpunkt der Zuteilung eines Bausparvertrags abhängt.

– **Sonstige Kosten** (Art. 247 § 6 Abs. 1 Satz 2, § 3 Abs. 1 Nr. 10 EGBGB): Anzugeben sind ferner **alle sonstigen Kosten** sowie die Bedingungen, unter denen die Kosten angepasst werden können. Den Gesetzesmaterialien zur Umsetzung der Verbraucherkreditrichtlinie 2008/48/EG ist zu entnehmen, dass von Art. 247 § 3 Abs. 1 Nr. 10 EGBGB nur Entgelte »aufgrund des Darlehensvertrages« erfasst sein sollen, weitere Kosten aus separaten Verträgen über Nebenleistungen jedoch nicht bei Art. 247 § 3 Abs. 1 Nr. 10 EGBGB anzugeben sind, sondern lediglich eine allgemeine Information über die Verpflichtung zum Abschluss eines solchen Vertrages über die Nebenleistung erforderlich ist.[2018] Vorvertraglich ist für Immobiliar-Verbraucherdarlehen allerdings seit 11.06.2010 die Angabe auch dieser Kosten vorgesehen (vgl. Abschnitte 10 und 11 der Anlage 5 zu Art. 247 § 2 EGBGB a.F.; seit 21.03.2016 Abschnitt 4 des »ESIS-Merkblatts« – Anlage 6 zu Art. 247 § 1 Abs. 2 EGBGB). § 6 Abs. 7 PrAngVO (Art. 11 Abs. 4 RL 2014/17/EU), der 21.03.2016 eingeführt wurde und sachlich eher der Werbung zuzuordnen sein dürfte,[2019] wird eine vertragliche Angabepflicht nicht begründen können. Unabhängig davon wäre eine Angabe von Kosten für Versicherungen oder sonstige Verträge über Nebenleistungen, deren Abschluss der Darlehensgeber nicht verlangt, ausgehend vom Wortlaut des Art. 247 § 3 Abs. 1 Nr. 10 EGBGB und aufgrund der Tatsache, dass sie auch in die Berechnung des effektiven Jahreszinses nicht einzubeziehen sind, im Darlehensvertrag (§ 492 Abs. 2 BGB) nicht erforderlich.[2020] Im Übrigen kann eine Pflicht zur betragsmäßigen Kostenangabe nur für solche Kosten gelten, die dem Darlehensgeber betragsmäßig auch bekannt sind. Sind dem Darlehensgeber die anzugebenden sonstigen Kosten nicht betragsmäßig bekannt, hat er sie dem Grunde nach anzugeben. Die Kosten der Eintragung eines Grundpfandrechts in das Grundbuch werden dem Darlehensgeber grds. nicht betragsmäßig bekannt sein, da sie erst mit dem entsprechenden Gebührenbescheid festgelegt werden (dazu Rdn. 1132). Zur Angabe von Vermittlungskosten, die der Darlehensgeber in den Sollzinssatz eingepreist hat, vgl. Rdn. 1129. Soweit man eine Angabepflicht auch für Kosten von verlangten Versicherungen oder sonstigen Zusatzverträgen verlangt, gilt zudem Folgendes: Sind dem Darlehensgeber die Kosten der Versicherung (z.B. Gebäudeversicherung) oder eines Vertrages über eines Zusatzvertrages betragsmäßig (noch) nicht bekannt, besteht eine aktive Nachforschungspflicht oder eine Pflicht zur Erstellung einer Beispielsrechnung allenfalls dann, wenn der Abschluss des Vertrages über die Versicherung oder Zusatzleistung Abschluss mit dem oder über den Darlehensgeber erfolgen muss, nicht hingegen, wenn es dem Darlehensnehmer freigestellt bleibt, mit wem er den Versicherungs- oder Zusatzvertrag abschließt.[2021] Bei periodisch wiederkehrenden Kosten erfordert die Kostenangabe keine Hochrechnung auf die Gesamtlaufzeit des Darlehens, es genügt die

2018 Begr. RegE zu Art. 247 § 3 EGBGB, BT-Drucks. 16/11643, S. 124; ebenso MüKo-BGB/Schürnbrand § 491a BGB Rn. 33; Hölldampf WM 2018, 114 (117); vgl. auch OLG Brandenburg, Urt. v. 10.01.2018 – 4 U 35/17.

2019 Vgl. die Bezugnahme auf die Richtlinienregelung des Art. 11 Abs. 4 RL 2014/17/EU in der Gesetzesbegründung, Begr. RegE zu § 6 Abs. 7 PrAngVO, BT-Drucks. 18/5922, S. 132.

2020 Unter Hinweis auf Art. 5 Abs. 1 Satz 4 Buchst. i) RL 2008/48/EG ebenso MüKo-BGB/*Schürnbrand* § 491a Rn. 33; zur alten Rechtslage auch *Godefroid* Verbraucherkreditverträge Rn. 225; vgl. auch OLG Brandenburg, Urt. v. 10.01.2018 – 4 U 35/17; a.A. wohl Bülow/Artz/*Artz* Verbraucherkreditrecht (9. Aufl.) § 492 Rn. 124.

2021 Bülow/Artz/*Artz* Verbraucherkreditrecht (9. Aufl.) § 492 Rn. 127: keine fiktiven, geschätzten Kosten; wohl auch MüKo-BGB/*Schürnbrand* § 492 Rn. 25; abweichend wohl das »ESIS-Merkblatt« (Anlage 6

Angabe der periodisch zu leistenden Zahlungen (vgl. auch den Teil B Hinweis zu Abschnitt 4 Absatz 3 des »ESIS-Merkblatts«);[2022] die Gesamtbelastung wird dem Darlehensnehmer durch die Gesamtbetragsangabe und/oder den effektiven Jahreszins hinreichend kenntlich gemacht. Fehlen die Angaben zu den Kosten des Darlehensvertrages, kann der Darlehensgeber sie nicht verlangen (§ 494 Abs. 4 Satz 1 BGB).

- **Bestehen oder Nichtbestehen eines Widerrufsrechts** (Art. 247 § 6 Abs. 1 Satz 2, § 3 Abs. 1 Nr. 13 EGBGB): Der Darlehensnehmer ist im Darlehensvertrag über das Bestehen oder Nichtbestehen eines Widerrufsrechts zu informieren. Kein Widerrufsrecht besteht in den Fällen des § 495 Abs. 2 BGB; in solchen Fällen ist dem Darlehensnehmer bei Immobiliar-Verbraucherdarlehensverträgen nach § 495 Abs. 3 BGB vor Vertragsschluss eine Bedenkzeit von mindestens sieben Tagen einzuräumen.
- **Angaben zum Widerrufsrecht** (Art. 247 § 6 Abs. 2, § 12 Abs. 1 EGBGB: Besteht ein Widerrufsrecht nach § 495 Abs. 1 BGB, so hat der Darlehensvertrag auch Angaben zu den Modalitäten des Widerrufsrechts und zu den sonstigen Umständen des Widerrufserklärung zu enthalten; dazu gehören u.a. die Widerrufsfrist (§ 356b BGB), das Erlöschen des Widerrufsrechts (§ 356b Abs. 2 Satz 4 BGB), die Widerrufsfolgen (§ 357a BGB) einschließlich der Zinszahlungspflicht bis zur Rückzahlung (§ 357a Abs. 3 BGB) und die Besonderheiten bei verbundenen Geschäften (§§ 358 f. BGB) und zusammenhängenden Verträgen (§ 360 BGB) zu enthalten. Diese Angabepflichten gelten nach Art. 247 § 6 Abs. 2 Satz 3, § 12 Abs. 1 Satz. 3 EGBGB als erfüllt, wenn der Darlehensvertrag eine Vertragsklausel in hervorgehobener und deutlich gestalteter Form enthält, die bei Immobiliar-Verbraucherdarlehensverträgen dem Muster der Widerrufsinformation in Anlage 8 zu Art. 247 § 6 Abs. 2 und 12 Abs. 1 EGBGB entspricht (**Gesetzlichkeitsfiktion**); die zur Erlangung der Gesetzlichkeitsfiktion erforderliche Hervorhebung kann bspw. durch Umrandung oder farbliche Unterlegung erfolgen (zum Widerrufsrecht bei Immobiliar-Verbraucherdarlehen Rdn. 1217–1220).
- **Sicherheiten** (§ 494 Abs. 6 Satz 2 Halbs. 1 BGB): Von 11.06.2010 bis 20.03.2016 war die Angabe der verlangten Sicherheiten in Immobiliardarlehensverträgen nicht erforderlich (dazu Rdn. 1138). Gleichwohl wurden sie von den Darlehensgebern in aller Regel im Darlehensvertrag aufgeführt, um sich einen wirksamen schuldrechtlichen Anspruch auf Sicherheitenbestellung zu verschaffen und die Sicherheitenbestellung zur Voraussetzung für die Auszahlung des Darlehens zu machen. Seit 21.03.2016 ist die Angabe der verlangten Sicherheiten auch in Immobiliar-Verbraucherdarlehensverträgen letztlich wieder erforderlich. Zwar gilt die Pflichtangabe aus § 492 Abs. 2 BGB i.V.m. Art. 247 § 7 Abs. 1 Nr. 2 EGBGB hinsichtlich der verlangten Sicherheiten nur für Allgemein-Verbraucherdarlehen, das Fehlen der Angabe zu den verlangten Sicherheiten ist aber nach dem Wortlaut des § 494 Abs. 6 Satz 2 BGB seit 21.03.2016 auch bei Immobiliar-Verbraucherdarlehen sanktioniert.[2023] Ob auch hinsichtlich eines Nachsicherungsrechts des Darlehensgebers, das für den Fall einer nachträglichen Veränderung der Risikolage vereinbart wird, bereits im Darlehensvertrag die konkret zu nachzubestellende Sicherheit genannt werden muss, erscheint allerdings sehr zweifelhaft. Aufgrund der unabsehbaren künftigen wirtschaftlichen Situation des Darlehensnehmers lässt sich nicht vorhersagen, welche konkreten Sicherheiten der Darlehensnehmer überhaupt bestellen könnte. Es sprechen daher die besseren Gründe dafür, dass der Darlehensgeber verbraucherdarlehensrechtlich ein solches Nachsicherungsrecht auch dann durchsetzbar im Darlehensvertrag vereinbaren kann, wenn die evt. später als Nachsicherung zu bestellende Sicherheit nicht bereits konkret im Darlehensvertrag bezeichnet ist.[2024] Nr. 13 Abs. 2 AGB-Banken und Nr. 22 Abs. 1 AGB-Sparkassen sehen gleichwohl

---

zu Art. 247 § 1 Abs. 2 EGBGB), das in Teil B in den Hinweisen zu Abschnitt 4, Absatz 3, die Angabe von Näherungswerten vorsieht.

2022 A.A. wohl OLG Frankfurt a.M., BKR 2002, 271 (272); Bülow/Artz/*Artz* Verbraucherkreditrecht (9. Aufl.) § 492 Rn. 125 (Kapitallebensversicherung); unklar BGH, Urt. v. 06.12.2004 – II ZR 379/02.

2023 Begr. RegE zu § 494 BGB, BT-Drucks. 18/5922, S. 87.

2024 A.A. Bülow/Artz/*Artz* Verbraucherkreditrecht (9. Aufl.) § 492 Rn. 142.

vor, dass bei Verbraucherdarlehen auch die als Nachsicherung zu bestellende Sicherheit im Darlehensvertrag genannt sein muss.

- **Angaben zur Vorfälligkeitsentschädigung und zu den Rechten des Darlehensnehmers bei vorzeitiger Rückzahlung des Darlehens** (Art. 247 § 7 Abs. 2 Nr. 1 EGBGB): Immobiliar-Verbraucherdarlehensverträge, die nach dem 20.03.2016 abgeschlossen wurden (Art. 229 § 38 Abs. 1 EGBGB), müssen – soweit bedeutsam – nach Art. 247 § 7 Abs. 2 Nr. 1 EGBGB klar und verständlich formuliert die Voraussetzungen und die Berechnungsmethode für den Anspruch des Darlehensgebers auf Vorfälligkeitsentschädigung für den Fall angeben, dass der Darlehensnehmer beabsichtigt, das Darlehen vorzeitig zurückzuzahlen (§ 500 Abs. 2 Satz 2, 502 Abs. 1 Satz 1 BGB; dazu Rdn. 1230–1232); sind die Angaben zur Berechnung der Vorfälligkeitsentschädigung unzureichend, kann der Darlehensgeber nach § 502 Abs. 2 Nr. 2 BGB, der seit 21.03.2016 auch für Immobiliar-Verbraucherdarlehen gelten soll,[2025] im Falle der vorzeitigen Rückzahlung keine Vorfälligkeitsentschädigung verlangen. Außerdem muss der Darlehensnehmer im Immobiliar-Verbraucherdarlehensvertrag auf seine Rechte aus § 493 Abs. 5 BGB (dazu Rdn. 1232) hingewiesen werden.
- **Angaben zu den Rechten des Darlehensnehmers bei Immobiliar-Verbraucherdarlehen in Fremdwährung** (Art. 247 § 7 Abs. 2 Nr. 2 EGBGB): Immobiliar-Verbraucherdarlehensverträge, die nach dem 20.03.2016 abgeschlossen wurden, müssen – soweit bedeutsam – nach Art. 247 § 7 Abs. 2 Nr. 2 EGBGB klar und verständlich formuliert Angaben zu den Rechten des Darlehensnehmers aus § 503 BGB (Umwandlungsrecht bei bestimmten Wechselkursänderungen) und aus § 493 Abs. 4 BGB (Informationspflicht des Darlehensgebers bei bestimmten Wechselkursänderungen) enthalten (dazu Rdn. 1274–1277). Fehlen die Angaben zum Umwandlungsrecht des Darlehensnehmers im Immobiliar-Verbraucherdarlehensvertrag, kann das Umwandlungsrecht jederzeit ausgeübt werden (§ 494 Abs. 6 Satz 3 BGB).
- **Angaben über Zusatzleistungen** (Art. 247 § 8 EGBGB): Verlangt der Darlehensgeber, dass der Darlehensnehmer im Zusammenhang mit dem Darlehensvertrag einen Kontoführungsvertrag abschließt, so sind im Darlehensvertrag die Kontoführungsgebühren sowie die Bedingungen, unter denen sie angepasst werden können, anzugeben (Art. 247 § 8 Abs. 2 EGBGB). Bei tilgungsfreien Festdarlehen, bei denen die vom Darlehensnehmer geleisteten Zahlungen nicht der unmittelbaren Darlehenstilgung dienen, sind auch die Zeiträume und Bedingungen für die Zahlung der Sollzinsen und der damit verbundenen wiederkehrenden und nicht wiederkehrenden Kosten aufzustellen. Diese Angaben dürften sich allerdings mit den Angabepflichten aus Art. 247 § 6 Abs. 1 Satz 2, § 3 Abs. 1 Nr. 7 und Nr. 10 EGBGB überschneiden. Ferner hat der Darlehensgeber den Darlehensnehmer im Falle eines tilgungsfreien Festdarlehens in Kombination mit einem **vermögensbildenden Tilgungsinstrument** (z.B. Kapitallebensversicherung; dazu Rdn. 1084–1095) auch darüber zu informieren, dass weder die vom Darlehensnehmer während der Vertragslaufzeit fälligen Zahlungsverpflichtungen noch die Ansprüche, die der Darlehensnehmer aus dem vermögensbildenden Tilgungsinstrument erwirbt, die Tilgung des Darlehens gewährleisten, falls dies nicht vertraglich vereinbart wird (Art. 247 § 8 Abs. 3 Satz 2 EGBGB).
- **Verbundene und angegebene Geschäfte** (§ 492 Abs. 2 BGB, Art. 247 § 12 Abs. 1 Satz 2 Nr. 2 EGBGB): Ist der Darlehensvertrag mit einem anderen Vertrag gemäß § 358 BGB verbunden (dazu Rdn. 1206–1216) oder ist der finanzierte Gegenstand gemäß § 360 Abs. 2 Satz 2 BGB im Darlehensvertrag angegeben, so muss der Darlehensvertrag die Informationen zum Widerrufsdurchgriff (§§ 358, 360 BGB) und zum Einwendungsdurchgriff (§ 359 BGB) sowie – bei Immobiliar-Verbraucherdarlehensverträgen seit 21.03.2016 – den Gegenstand und den Barzahlungspreis des verbundenen Geschäfts oder der im Darlehensvertrag angegebenen Leistung enthalten (Art. 247 § 12 Abs. 1 Satz 2 Nr. 2 Buchst. a) EGBGB). Die Angabepflichten zu den Rechten des Darlehensnehmers aus §§ 358, 360 BGB gelten als erfüllt, wenn der Darlehensvertrag eine Vertragsklausel in hervorgehobener und deutlich gestalteter Form enthält, die bei Immobiliar-Verbraucherdarlehensverträgen dem Muster der Widerrufsinformation in

2025 Bülow/Artz/*Bülow* Verbraucherkreditrecht (9. Aufl.) § 502 Rn. 4a.

Anlage 8 (zu Art. 247 § 6 Abs. 2 und 12 Abs. 1 EGBGB) entspricht (Art. 247 § 12 Abs. 1 Satz 3 EGBGB). Zwar dürfte auch der Gegenstand des verbundenen oder angegebenen Geschäfts in der Widerrufsinformation enthalten sein (vgl. Gestaltungshinweise 2a und 2b der Anlage 8 zu Art. 247 § 6 Abs. 2 und 12 Abs. 1 EGBGB), nicht aber der Barzahlungspreis des verbundenen oder angegebenen Geschäfts.
- **Name und Anschrift des Darlehensvermittlers** (Art. 247 § 13 Abs. 1 EGBGB): Ist bei der Anbahnung oder beim Abschluss des Darlehensvertrages ein Darlehensvermittler beteiligt, so muss der Darlehensvertrag auch den Namen und die Anschrift des Darlehensvermittlers enthalten.
- **Anpassung eines referenzzinsbasierten Sollzinssatzes** (Art. 247 § 15 Abs. 2 EGBGB): Soll die Anpassung eines referenzzinsbasierten Sollzinssatzes mit der Änderung des vereinbarten Referenzzinssatzes wirksam werden, muss der Darlehensvertrag eine Verpflichtung des Darlehensgebers enthalten, den Darlehensnehmer in regelmäßigen Abständen über den angepassten Sollzinssatz, die angepasste Höhe der Teilzahlung und die Zahl und Fälligkeit der Teilzahlungen, sofern sich auch diese ändern, zu unterrichten (Art. 247 § 15 Abs. 2 Satz 2 EGBGB). Bei einem Immobiliar-Verbraucherdarlehen muss der Darlehensvertrag seit 21.03.2016 außerdem die Pflicht des Darlehensgebers vorsehen, auch über die neue Höhe des Referenzzinssatzes zu unterrichten (Art. 247 § 15 Abs. 2 Satz 3 EGBGB). Seit 21.03.2016 regelt § 492 Abs. 7 BGB (Art. 24 Buchst. a) RL 2014/17/EU) zudem, dass die Vereinbarung eines veränderlichen Sollzinssatzes, der sich nach einem Index oder einem Referenzzinssatz richtet, nur dann wirksam ist, wenn der Index oder der Referenzzinssatzsatz objektiv, eindeutig bestimmt und für Darlehensgeber und Darlehensnehmer verfügbar und überprüfbar ist.

Im Immobiliar-Verbraucherdarlehensvertrag **nicht anzugeben** sind nach Art. 247 § 6 Abs. 1 Satz 2 EGBGB hingegen **1204**
- die Informationen gem. Art. 247 § 6 Abs. 1 Nr. 1 EGBGB aus § 3 Abs. 1 Nr. 8 (Gesamtbetrag), Nr. 9 (Auszahlungsbedingungen), Nr. 11 (Verzugszins und anfallende Verzugskosten), Nr. 12 (Warnhinweis zu den Folgen ausbleibender Zahlungen); nicht anzugeben ist zwar auch Nr. 14 (Recht zur vorzeitigen Rückzahlung des Darlehens) es gilt aber Art. 247 § 7 Abs. 2 Nr. 1 EGBGB;
- die Anzahl der Teilzahlungen, wenn die Laufzeit des Immobiliar-Verbraucherdarlehensvertrages von dem Zeitpunkt der Zuteilung eines Bausparvertrages abhängt (Art. 247 § 6 Abs. 1 Satz 3 EGBGB);
- die Informationen gem. Art. 247 § 6 Abs. 1 EGBGB aus Nr. 2 (Namen und Anschrift des Darlehensnehmers), Nr. 3 (für den Darlehensgeber zuständige Aufsichtsbehörde), Nr. 4 (Hinweis auf den auch bei Immobiliar-Verbraucherdarlehensverträgen bestehenden Anspruch des Darlehensnehmers auf einen **Tilgungsplan**); Nr. 5 (das einzuhaltende Verfahren bei Kündigung des Darlehensvertrages; vgl. aber § 502 Abs. 2 Nr. 2 BGB, der seit 21.03.2016 auch für Immobiliar-Verbraucherdarlehen gelten soll[2026]) und Nr. 6 (sämtliche weitere Vertragsbedingungen; die weiteren Vertragsbedingungen sind in den Immobiliar-Verbraucherdarlehensvertrag allerdings bereits aufgrund des Schriftformerfordernisses aus § 492 Abs. 1 BGB aufzunehmen);
- die Annahmen für die Berechnung des effektiven Jahreszinses aus § 6 PrAngVO i.V.m. Nr. 2 der Anlage zu § 6 PrAngVO (vgl. Art. 247 § 6 Abs. 3 EGBGB);
- ein Hinweis auf Notarkosten, und ein Hinweis auf den Zugang zu einem außergerichtlichen Beschwerde- und Rechtsbehelfsverfahren; die verlangten Sicherheiten sind bei Immobiliar-Verbraucherdarlehen zwar keine Pflichtangabe, ein Fehlen der Angabe ist aber seit 21.03.2016 nach dem Wortlaut des § 494 Abs. 6 Satz 2 BGB auch bei Immobiliar-Verbraucherdarlehen sanktioniert;
- ein Hinweis zur Abtretbarkeit der Darlehensforderungen oder zur Übertragung des Darlehensverhältnisses auf einen Dritten (§ 247 § 1 Abs. 3 Satz 2 EGBGB).

Auch der **Verwendungszweck** ist in Verbraucherdarlehensverträgen nicht anzugeben.

2026 Bülow/Artz/*Bülow* Verbraucherkreditrecht (9. Aufl.) § 502 Rn. 4a.

1205 Nach § 492 Abs. 2 Satz 1 BGB hat der Darlehensgeber dem Darlehensnehmer eine **Abschrift des Darlehensvertrages** zur Verfügung zu stellen. Bei der Abschrift handelt es sich um ein Dokument, das den rechtlich maßgeblichen Inhalt der vertraglichen Vereinbarung wiedergibt und dem Darlehensnehmer zur Information und zu Beweiszwecken dient. Da es sich um eine gesetzliche Verpflichtung handelt, darf der Darlehensgeber für die Zurverfügungstellung der Abschrift der Vertragsurkunde kein Entgelt verlangen. Die Erfüllung dieser gesetzlichen Pflicht ist keine Wirksamkeitsvoraussetzung für den Darlehensvertrag, kann aber für den Beginn der Widerrufsfrist maßgeblich sein (§ 356b Abs. 1 BGB; dazu Rdn. 1218). Es ist für den Beginn der Widerrufsfrist im Hinblick auf den Informationszweck der Abschrift nicht erforderlich, dass sie auch die Unterschrift des Darlehensnehmers trägt; es genügt, dass er ein vom Darlehensgeber unterzeichnetes Exemplar erhält.[2027] Ist ein Zeitpunkt für die Rückzahlung des Darlehens bestimmt (vgl. auch § 488 Abs. 3 BGB), kann der Darlehensnehmer vom Darlehensgeber jederzeit unentgeltlich die Aushändigung eines **Tilgungsplans** verlangen (§ 492 Abs. 3 Satz 2 BGB, Art. 247 § 14 EGBGB). Der Anspruch auf den Tilgungsplan besteht in solchen Fällen, in denen er erstellt werden kann.[2028] Das ist bspw. auch bei unechten Abschnittsfinanzierungen (dazu Rdn. 1103–1108) oder bei einem veränderlichen Sollzinssatz der Fall; es ist dann nach Art. 247 § 14 Abs. 2 EGBGB in dem Tilgungsplan klar und verständlich darauf hinzuweisen, dass die Angaben in dem Tilgungsplan nur bis zur nächsten Anpassung des Sollzinssatzes gelten. Der Tilgungsplan muss auch den übrigen Anforderungen des Art. 247 § 14 EGBGB entsprechen. Er ist dem Darlehensnehmer auf einem dauerhaften Datenträger zur Verfügung zu stellen und muss darüber Auskunft geben, welche Zahlungen in welchen Zeitabständen zu leisten sind und welche Bedingungen für die Zahlungen gelten. Der Tilgungsplan hat die Zahlungen danach aufzuschlüsseln, in welcher Höhe sie auf die Darlehensschuld, die Zinsen und etwaige sonstige Kosten angerechnet werden. Der Anspruch auf Aushändigung des Tilgungsplans besteht während der gesamten Dauer des Vertragsverhältnisses. Der Darlehensnehmer kann folglich in den Grenzen des Rechtsmissbrauchs[2029] auch mehrmals einen Tilgungsplan verlangen. Der Immobiliar-Verbraucherdarlehensvertrag muss allerdings – anders als der Allgemein-Verbraucherdarlehensvertrag (Art. 247 § 6 Abs. 1 Satz 1 Nr. 4 EGBGB) – keinen Hinweis auf die Rechte des Darlehensnehmers aus § 492 Abs. 3 Satz 2 BGB enthalten.

f) Informations- und Unterrichtungspflichten während der Vertragslaufzeit

1206 Neben den vertraglichen Pflichtangaben bestehen auch während der Laufzeit des Immobiliar-Verbraucherdarlehenvertrages verschiedene Informations- und Unterrichtungspflichten des Darlehensgebers. Sie sind weitgehend in § 493 BGB geregelt. Bereits mit dem »**Risikobegrenzungsgesetz**« (dazu Rdn. 1175; 1146–1157) wurde zum 19.08.2008 die Verpflichtung des Darlehensgebers eingeführt, den Darlehensnehmer spätestens **drei Monate vor Ablauf einer Sollzinsbindung** darüber zu unterrichten, ob er zu einer neuen Sollzinsbindung bereit ist, wenn der für die Rückzahlung des Darlehens bestimmte Zeitpunkt noch nicht erreicht ist (§ 493 Abs. 1 BGB; zuvor: § 492a Abs. 1 BGB a.F.; dazu Rdn. 1103–1105, 1257). Der Darlehensgeber hat den Darlehensnehmer ferner spätestens **drei Monate vor Beendigung des Darlehensvertrages** darüber zu unterrichten, ob er zur Fortführung des Darlehens bereit ist, wenn vertragsgemäß noch ein Darlehensrestbetrag offen ist (§ 493 Abs. 2 BGB; zuvor: § 492a Abs. 2 BGB a.F.; dazu Rdn. 1257). Mit dem **Gesetz zur Umsetzung der Verbraucherkreditrichtlinie** RL 2008/48/EG (dazu Rdn. 1176–1181) wurde zum 11.06.2010 in § 493 Abs. 3 Satz 1 BGB geregelt, dass eine **Anpassung des vereinbarten veränderlichen Sollzinssatzes** erst dann wirksam wird, nachdem der Darlehensgeber den Darlehensnehmer

2027 BGH, Urt. v. 27.02.2018 – XI ZR 160/17 (Rn. 30); OLG Stuttgart, Urt. v. 14.03.2017 – 6 U 115/16; OLG Frankfurt, Beschl. v. 18.10.2017 – 17 U 144/16; *Hölldampf* WM 2018, 114 (120); a.A wohl OLG Köln, Beschl. v. 05.10.2017 – 24 U 109/17, WM 2018, 81 (82); zum Begriff der »Vertragsurkunde« auch BGH, Urt. v. 21.02.2017 – XI ZR 381/16, WM 2017, 806 (Rn. 14): Der Begriff »Vertragsurkunde« bezeichnet das von den Vertragsparteien unterzeichnete schriftliche Original des Vertrages.

2028 Begr. RegE zu § 492 Abs. 3 BGB, BT-Drucks. 16/11643, S. 80.

2029 MüKo-BGB/*Schürnbrand* § 492 Rn. 42.

über die Einzelheiten aus Art. 247 § 15 Abs. 1 EGBGB (d.h. über den angepassten Sollzinssatz, die angepasste Höhe der Teilzahlungen und die Zahl und Fälligkeit der Teilzahlungen, sofern sich diese ändern) unterrichtet hat. Die Wirkungen dieser Unterrichtungspflicht werden indes kaum eine Rolle spielen, da in der Kreditpraxis referenzzinsbasierte Zinsgleitklauseln üblich sind, für die ein abweichender Zeitpunkt des Wirksamwerdens der Zinsanpassung vereinbart werden kann (§ 493 Abs. 3 Satz 2 BGB, Art. 247 § 15 Abs. 2 Satz 1 EGBGB). In diesem Fall muss der Darlehensgeber den Darlehensnehmer allerdings »regelmäßig« über den angepassten Sollzinssatz, die angepasste Höhe der Teilzahlungen und die Zahl und Fälligkeit der Teilzahlungen, sofern sich diese ändern, unterrichten (§ 493 Abs. 3 Satz 2 BGB, Art. 247 § 15 Abs. 2 Satz 2 EGBGB). Weitere Informationspflichten wurden mit der **Umsetzung der Wohnimmobilienkreditrichtlinie** RL 2014/17/EU (dazu Rdn. 1187) zum 21.03.2016 eingeführt. Ergänzt wurden für **Immobiliar-Verbraucherdarlehen** zunächst die vorgenannten Unterrichtungspflichten des Darlehensgebers bei einem referenzzinsbasierten veränderlichem Sollzinssatz, denn es muss der Darlehensnehmer auch **über die Höhe des neuen Referenzzinssatzes unterrichtet** werden (§ 493 Abs. 3 Satz 2 BGB, Art. 247 § 15 Abs. 2 Satz 3 EGBGB). Bei **Immobiliar-Verbraucherdarlehen in Fremdwährung** hat der Darlehensgeber den Darlehensnehmer nach Maßgabe von § 493 Abs. 4 BGB unverzüglich zu informieren, wenn der Wert des noch zu zahlenden Darlehensrestbetrages oder der Wert der regelmäßigen Darlehensraten in der Landeswährung des Darlehensnehmers (§ 503 Abs. 1 BGB) um mehr als 20% gegenüber dem Wert steigt, der bei Zugrundelegung des Wechselkurses bei Vertragsabschluss gegeben wäre (dazu Rdn. 1275). Die Bank hat ferner bei Immobiliar-Verbraucherdarlehen dem Darlehensnehmer unverzüglich die erforderlichen Informationen zu einem **Recht auf vorzeitige Rückzahlung** (dazu Rdn. 1230–1232) sowie die Höhe des zurückzahlenden Betrags und einer etwaigen Vorfälligkeitsentschädigen auf einem dauerhaften Datenträger zu übermitteln, wenn der Darlehensnehmer mitteilt, dass er eine vorzeitige Rückzahlung des Darlehens beabsichtigt (§ 493 Abs. 5 Satz 1 BGB). Soweit sich diese Informationen auf Annahmen stützen, müssen sie nachvollziehbar und sachlich gerechtfertigt sein und als solche dem Darlehensnehmer offengelegt werden (§ 493 Abs. 5 Satz 2 BGB). Diese Unterrichtungspflicht gilt nur für nach dem 20.03.2016 abgeschlossene Immobiliar-Verbraucherdarlehensverträge (Art. 229 § 38 Abs. 1 EGBGB).

g) Immobilienfinanzierungen mit Verbrauchern als verbundenes Geschäft

aa) Entstehungsgeschichte und Rechtslage bis zum Inkrafttreten des § 358 Abs. 3 Satz 3 BGB

Von erheblicher praktischer Relevanz ist namentlich bei gleichzeitiger Finanzierung eines Bauträ- **1207**
gers und der Erwerber der vom Bauträger errichteten Objekte die Regelung des § 358 Abs. 3 Satz 3 BGB, deren Verständnis eng mit ihrer Vorgeschichte verknüpft ist.[2030] Bereits die von der Rechtsprechung zu finanzierten Abzahlungsgeschäften aus § 6 AbzG (Umgehungsgeschäfte) und insb. aus § 242 BGB entwickelten und später auf weitere Finanzierungsformen erweiterten Grundsätze über den Einwendungsdurchgriff fanden für Immobilienfinanzierungen nur äußerst eingeschränkt Anwendung. Der BGH ging in ständiger Rechtsprechung bei dem Erwerb einer Immobilie und den diesen Erwerb finanzierenden Darlehensvertrag grds. von zwei rechtlich selbstständigen Geschäften aus und betonte, es fehle an dem für einen Einwendungsdurchgriff erforderlichen zurechenbaren Anschein einer weiter gehenden Zusammenarbeit der Bank mit dem Bauträger oder Verkäufer, da auch dem rechtsunkundigen und geschäftsunerfahrenen Laien erkennbar sei, dass Bank und Immobilienverkäufer voneinander verschiedene Personen mit jeweils eigenen Interessen seien.[2031] Nur ganz ausnahmsweise konnte der Einwendungsdurchgriff zur Anwendung gelangen, wenn sich nämlich die Bank nicht mit ihrer Rolle als Kreditgeberin begnügte, sondern im

2030 Dazu Staudinger/*Herresthal* BGB (2016) § 358 Rn. 142 ff.; *Lang* ZBB 2002, 457 (464); *Schmucker* DNotZ 2002, 900 (901).

2031 BGH, WM 1979, 1054; BGH, WM 1980, 1446 (1447); BGH, WM 1992, 901 (906); BGH, WM 2000, 1287 (1288); ferner OLG Braunschweig, WM 1998, 1223 (1227); OLG Hamm, WM 1998, 1230 (1233); OLG Stuttgart, WM 2000, 292 (300).

Zusammenwirken mit dem Verkäufer auch dessen Funktionen (z.B. in der Werbung, im Vertrieb oder bei der rechtlichen Ausgestaltung der Geschäfte) in einer Weise und einem Umfang wahrnahm, dass die Berufung auf die rechtliche Selbstständigkeit des Darlehensvertrages gegen Treu und Glauben verstieß;[2032] die Bank musste dem Darlehensnehmer dabei »gleichsam als Partei des finanzierten Geschäfts erscheinen«.[2033] Der Gesetzgeber hat diese Rechtsprechung mit Inkrafttreten des Verbraucherkreditgesetzes am 01.01.1991 im Grundsatz bestätigt[2034] und – weil ihm das nach der Verbraucherkreditrichtlinie möglich war (dazu Rdn. 1168) – in § 3 Abs. 2 Nr. 2 VerbrKrG ganz generell realkreditfinanzierte Geschäfte bewusst und unmissverständlich von der Anwendbarkeit der Regelungen über verbundene Geschäfte (§ 9 VerbrKrG) befreit.[2035] Auch die Rechtsprechung hat in der Folge unter Hinweis auf den Willen des Gesetzgebers nochmals betont, dass ein **Realkredit** und das finanzierte Grundstücksgeschäft jedenfalls im zeitlichen und sachlichen Anwendungsbereich des § 3 Abs. 2 Nr. 2 VerbrKrG ausnahmslos kein zu einer wirtschaftlichen Einheit verbundenes Geschäft darstellen, sodass ein **Einwendungsdurchgriff ausgeschlossen** ist, und zwar sowohl jener nach § 9 VerbrKrG[2036] als auch jener, den die Rechtsprechung zum Abzahlungsgesetz aus § 242 BGB hergeleitet hatte.[2037] Das gilt selbst dann, wenn dem Abschluss des Darlehensvertrages eine Haustürsituation zugrunde lag und der Darlehensnehmer nicht über sein Widerrufsrecht belehrt wurde, denn die **Haustürgeschäfterichtlinie kennt kein verbundenes Geschäft**.[2038] Diese Grundsätze gelten in gleichem Maße auch für die **realkreditfinanzierte Immobilienfondsbeteiligung**.[2039] Der II. Zivilsenat des BGH hatte zwar zwischenzeitlich im Rahmen einer viel beachteten Kontroverse mit dem XI. Zivilsenat über eine teleologische Auslegung des § 3 Abs. 2 Nr. 2 VerbrKrG versucht, jedenfalls für den realkreditfinanzierten Beitritt zu einem Immobilienfonds den Zugang zu der Verbundregel des § 9 VerbrKrG wieder zu öffnen, der II. Zivilsenat hat aber erklärt, dass er an seiner Rechtsauffassung nicht festhalte (dazu Rdn. 1011 und 4. Aufl. Kap. 4 Rdn. 1191).

1208 Hingegen gaben §§ 491 Abs. 3 Satz 1 BGB a.F., 3 Abs. 2 Nr. 2 VerbrKrG auch bei einem finanzierten Immobilien- oder Anteilserwerb unstreitig den Weg zu §§ 358 ff. BGB, 9 VerbrKrG frei, wenn seinerzeitigen Voraussetzungen für einen Realkredit bzw. Immobiliardarlehen nicht vorlagen, d.h. die Gewährung des Darlehens **nicht von der Bestellung eines Grundpfandrechts abhängig gemacht** wurde oder keine für solche Darlehen üblichen Konditionen vereinbart wurden (dazu 4. Aufl. Kap. 4 Rdn. 1190). Dabei beantwortet der BGH die Frage nach dem Vorliegen einer wirtschaftlichen Einheit auch bei der Immobilienfinanzierung nicht etwa einschränkend auf der Grundlage der noch aus § 242 BGB entwickelten Grundsätze zum Einwendungsdurchgriff bei finanzierten Immobiliengeschäften oder unter Heranziehung des Gedankens aus § 358

2032 BGH, WM 2000, 1287 (1288); OLG München, WM 2001, 252 (256).

2033 BGH, WM 1979, 1054; BGH, WM 1980, 1446 (1448); BGH, WM 1986, 1561 (1562); BGH, WM 1992, 901 (905).

2034 BT-Drucks. 11/5462, S. 12 (23).

2035 *Lieb* WM 1991, 1533 (1541); *Tonner* BKR 2002, 856 (860); *Knott* WM 2003, 49 (52).

2036 BGH, WM 2006, 1194 (Rn. 29); BGH, WM 2007, 1257 (Rn. 25); BGH, WM 2007, 1456 (Rn. 15); BGH, WM 2008, 115 (Rn. 22); BGH, WM 2008, 683 (Rn. 16); zuvor wurde etwas einschränkender noch entschieden, dass dies »grundsätzlich« nicht der Fall sei, BGHZ 150, 248 (263); 152, 331 (337); 161, 15 (25); BGH, WM 2003, 2232 (2234); BGH, WM 2003, 2410 (2411); BGH, WM 2004, 620 (622); BGH, WM 2005, 1520 (1523).

2037 BGHZ 161, 15 (25); BGH, WM 2008, 115 (Rn. 23); BGH, WM 2006, 2347 (Rn. 14); BGH, WM 2006, 1194 (Rn. 25); BGH, ZfIR 2004, 728; BGH, WM 2004, 620 (622); OLG, WM 2003, 1802 (1809); OLG Karlsruhe, WM 2001, 245 (249); *Lwowski/Wunderlich* ZInsO 2005, 5 (11); unklar BGH, WM 2003, 2184; a.A. OLG Hamm, WM 2003, 1809 (1810); *Derleder* ZBB 2006, 375 (379); *Lang* ZBB 2002, 457 (464); offen gelassen von OLG Braunschweig, WM 1998, 1223 (1227); OLG Hamm, WM 1998, 1230 (1233); unklar OLG Karlsruhe, WM 2001, 245 (251).

2038 So in der »Heininger«-Entscheidung ausdrücklich BGHZ 150, 248 (263); ferner BGH, WM 2006, 1194 (Rn. 29); BGH, WM 2006, 2347 (Rn. 12); BGH, WM 2004, 620 (622 f.); kritisch *Derleder* ZBB 2002, 202 (208); *Kulke* ZfIR 2004, 713 (717); *ders.* ZfIR 2004, 138 (140).

2039 BGH, WM 2006, 1008 (Rn. 20).

Abs. 3 Satz 3 BGB, sondern er greift überraschend vollumfänglich auf § 9 Abs. 1 Satz 2 VerbrKrG zurück und vermutet – ebenso wie bei der Finanzierung des Beitritts zu einem geschlossenen Immobilienfonds[2040] – unwiderleglich das Vorliegen einer wirtschaftlichen Einheit, wenn der Darlehensvertrag nicht aufgrund eigener Initiative des Darlehensnehmers zustande kam, sondern weil ihm der Verkäufer oder einer seiner Vertriebsbeauftragten zugleich mit den Anlageunterlagen einen Darlehensantrag der grds. finanzierungsbereiten Bank vorgelegt hatte.[2041] In solchen Fällen soll der Finanzierungsinitiative des Verkäufers insb. bei ständiger Geschäftsbeziehung zur Bank (z.B. durch einen Rahmenvertrag) mehr als nur Indizwirkung dafür zukommen, dass sich die Bank bei der Vorbereitung oder dem Abschluss des Darlehensvertrages tatbestandlich der Mitwirkung des Verkäufers und dessen Vertriebssystems bediente. Das gilt namentlich dann, wenn die Bank dem Verkäufer oder dessen Vermittlern die Vorbereitung der Darlehensverträge bis zur Abschlussreife überließ, ohne jemals selbst in Kontakt zu den Darlehensnehmern zu treten.[2042]

Das Inkrafttreten des Schuldrechtsmodernisierungsgesetzes am 01.01.2002 änderte an der Unanwendbarkeit der Verbundregeln auf **Immobiliardarlehen** zunächst nichts.[2043] Die Privilegierungen des § 3 Abs. 2 Nr. 2 VerbrKrG fanden sich nun unverändert in § 491 Abs. 3 Satz 1 BGB a.F. wieder. Nur wenige Monate später schränkte der Gesetzgeber diese Privilegierungen dann aber in § 492 Abs. 1a BGB ein und unterwarf mit Inkrafttreten des OLG-Vertretungsänderungsgesetzes am 01.08.2002[2044] auch grundpfandrechtlich abgesicherte Darlehen den Regeln über verbundene Geschäfte, obwohl er dazu europarechtlich nicht angehalten war.[2045] 1209

bb) Anwendungsbereich des § 358 Abs. 3 Satz 3 BGB bei Immobilienfinanzierungen

Der Gesetzgeber verschloss sich nach anfänglichen Zweifeln[2046] nicht gänzlich dem Bedürfnis, für **Immobilienfinanzierungen** in § 358 Abs. 3 Satz 3 BGB eine einschränkende Legaldefinition für die zum Verbundgeschäft führende wirtschaftliche Einheit vorzusehen. Die Regelung knüpft dabei nicht etwa an das Vorliegen eines Immobiliar-Verbraucherdarlehensvertrages (§ 491 Abs. 3 BGB; vormals **Immobiliardarlehen,** § 503 BGB a.F.; bis 10.06.2010: § 492 Abs. 1a BGB) an, sondern setzt **eine Immobilienfinanzierung voraus, ohne dass es auf eine grundpfandrechtliche Absicherung ankommt.**[2047] Das führte für die Bank insoweit zu einer durchaus gerechtfertigten Verbesserung ggü. der Rechtslage unter § 9 Abs. 1 VerbrKrG, denn dort bringt der BGH bei nicht privilegierten Immobilienfinanzierungen den Einwendungsdurchgriff ohne Rücksicht auf die von ihm sonst stets postulierten Besonderheiten des finanzierten Immobilienerwerbs zur 1210

2040 BGHZ 156, 46 (51) = WM 2003, 1762; BGH, WM 2006, 1003 (1005); BGH, WM 2003, 2232 (2234).

2041 BGH, WM 2003, 2232 (2234); anders auch unter Hinweis auf § 358 Abs. 3 Satz 3 BGB noch BGH, WM 2002, 2405 (2410); dagegen *Kulke* ZfIR 2004, 713 (715).

2042 BGH, WM 2006, 1003 (1005); vgl. auch *Kulke* ZfIR 2004, 713 (720), der aus solchen atypischen Situationen eine erhöhte Aufklärungsintensität ableiten möchte.

2043 Zu den Auswirkungen der Schuldrechtsmodernisierung auf Immobilienfinanzierungen *Dörrie* ZfIR 2002, 89.

2044 BGBl. I, S. 2850. Nach der Übergangsregelung des Art. 229 § 9 Abs. 1 Satz 1 Nr. 2 EGBGB ist eine dreimonatige Übergangsfrist für Immobiliardarlehen, die keine Haustürgeschäfte waren, vorgesehen. Insoweit sind die Neuregelungen erst am 02.11.2002 in Kraft getreten. Zu den Übergangsvorschriften Rdn. 1172 f.

2045 Der EuGH (WM 2001, 2434) stellte in den »Heininger«-Entscheidungen ausdrücklich klar, dass die Haustürgeschäfterichtlinie keine besonderen Maßnahmen zum Schutz des Verbrauchers bei verbundenen Geschäften fordere.

2046 Beschlussempfehlung und Bericht des Rechtsausschusses zum RegE OLGVertrÄndG, BR-Drucks. 614/02, auszugsweise abgedruckt in: ZfIR 2002, 586 (587).

2047 Bülow/Artz/*Bülow* Verbraucherkreditgesetz (9. Aufl.) § 495 Rn. 292; *Habersack* BKR 2006, 305 (308 Fn. 38); a.A. *Jungmann* WM 2006, 2193 (2197).

Anwendung.[2048] Die Regelung des § 358 Abs. 3 Satz 3 BGB gilt indes nur für die **Finanzierung von Grundstücken und grundstücksgleichen Rechten** (z.B. Erbbaurechte, Teilzeitwohnrechte), nicht hingegen für die Finanzierung des Beitritts zu einem geschlossenen Immobilienfonds. Ob die Finanzierung des Beitritts zu einem geschlossenen Immobilienfonds ein verbundenes Geschäft darstellt, richtet sich allein nach § 358 Abs. 3 Satz 2 BGB, der die bisherige Regelung des § 9 Abs. 1 Satz 2 VerbrKrG übernommen hat.[2049] Das gilt auch dann, wenn es sich bei der Fondsgesellschaft um eine GbR handelt und die Gesellschafter selbst in das Grundbuch eingetragen werden.

cc) Fallgruppen verbundener Immobilienfinanzierungen (§ 358 Abs. 3 Satz 3 BGB)

1211 Nach § 358 Abs. 3 Satz 3 BGB liegt bei Immobilienfinanzierungen eine wirtschaftliche Einheit (§ 358 Abs. 3 Satz 1 BGB) – und damit ein verbundenes Geschäft – zwischen dem Verbraucherdarlehensvertrag[2050] und dem finanzierten Immobilienkaufvertrag nur dann vor, wenn

(1) der Darlehensgeber selbst das Grundstück oder das grundstücksgleiche Recht **verschafft**, oder
(2) der Darlehensgeber über die Zurverfügungstellung von Darlehen hinaus den Erwerb des Grundstücks oder des grundstücksgleichen Rechts durch Zusammenwirken mit dem Unternehmer **fördert**, indem er
   - sich dessen Veräußerungsinteressen ganz oder teilweise zu eigen macht, oder
   - bei der Planung, Werbung oder Durchführung des Projekts Funktionen des Veräußerers übernimmt, oder
   - den Veräußerer einseitig begünstigt.

1212 Um negative Auswirkungen auf die Bauwirtschaft und etwaige Nachteile für die Verbraucher aus der Risikoverlagerung auf die Kreditwirtschaft zu vermeiden, sind nach dem Willen des Gesetzgebers an das Vorliegen eines verbundenen Geschäfts deutlich höhere Anforderungen zu stellen, als dies nach § 358 Abs. 2 Satz 2 BGB der Fall ist.[2051] Entscheidend ist, dass der Darlehensgeber seine Rolle als Darlehensgeber verlässt, sei es durch sein Auftreten als Verkäufer der Immobilie oder durch ein absatzförderndes Zusammenwirken mit dem Verkäufer. Dabei vermag allein der beim Verbraucher erweckte Anschein eines Zusammenwirkens mit dem Verkäufer noch kein Verbundgeschäft zu begründen. Vielmehr bedarf es zur Feststellung einer der in § 358 Abs. 3 Satz 3 BGB genannten Fallgruppen der Erfüllung objektiver und dem Beweis zugänglicher Kriterien. Auch der BGH hat insoweit zu erkennen gegeben, dass er § 358 Abs. 3 Satz 3 BGB als **eng auszulegende Ausnahmevorschrift** zu § 358 Abs. 3 Satz 2 BGB und als gesetzliche Ausprägung seiner ständigen Rechtsprechung zum finanzierten Immobilienerwerb verstanden wissen möchte.[2052] Darüber hinaus wurde ein Verbundgeschäft weder gesetzlich noch vertraglich allein dadurch begründet, dass dem Verbraucher eine Widerrufsbelehrung erteilt wurde, die die Hinweise zu verbundenen Geschäften enthielt.[2053] Dies gilt erst recht dann, wenn der Darlehensgeber eine Widerrufsbelehrung auf der Grundlage des in der BGB-InfoVO enthaltenen Mustertextes (Anlage 2 zu § 14 Abs. 1 BGB-InfoVO) verwendete[2054] und dabei vorsorglich auch den als Eventualität formulierten Textbaustein

---

2048 BGH, WM 2003, 2232 (2233); zu Recht anders aber noch BGH, WM 2002, 2405 (2410); dazu *Kulke* ZfIR 2004, 713.

2049 Vgl. BGH, WM 2006, 1003 (Rn. 14).

2050 Kein verbundenes Geschäft liegt vor bei einer sog. 0%-Finanzierung, weil §§ 358, 359 BGB einen Verbraucherdarlehensvertrag im Sinne des § 491 BGB voraussetzen, der wiederum voraussetzt, dass der Darlehensvertrag entgeltlich ist, BGH, Urt. v. 30.09.2014 – XI ZR 168/13, WM 2014, 2091.

2051 BT-Drucks. 14/9266, abgedruckt in ZIP 2002, 1100 (1104).

2052 BGH, WM 2002, 2405 (2410); vgl. auch *Lang* ZBB 2002, 457 (472); *Becher* BKR 2002, 931 (934).

2053 So bereits zur Rechtslage vor Inkrafttreten des OLGVertrÄndG BGH, WM 2003, 2232 (2234); OLG Karlsruhe, WM 2001, 245 (251); *Volmer* ZfIR 2003, 1027; a.A. LG München, BKR 2003, 806.

2054 Zu den Anforderungen an die Verwendung des Mustertextes und Abweichungen hiervon vgl. BGH, WM 2011, 86 (Rn. 15 ff.); BGH, WM 2011, 1799 (Rn. 36 ff.).

für verbundene Geschäfte aufnahm.[2055] I.Ü. kann eine wirtschaftliche Einheit i.S.d. § 358 Abs. 3 Satz 3 BGB nur vorliegen, wenn es sich bei dem Veräußerer der Immobilie um einen Unternehmer (§ 14 BGB) handelt und die Bank den erwerbenden Verbraucher (§ 13 BGB) finanziert.[2056]

Die erste Alternative des § 358 Abs. 3 Satz 3 BGB erfasst die Fälle des »**Verschaffens**« des Grundstücks oder des grundstücksgleichen Rechts durch den Darlehensgeber. Darunter sind grds. nur jene Fälle zu subsumieren, in denen der Darlehensgeber **selbst auch Vertragspartner des finanzierten Geschäfts** ist.[2057] Für dieses Verständnis des Merkmals »Verschaffen« spricht insb. der Wortlaut des bis 10.06.2010 geltenden Mustertextes der Widerrufsbelehrung (Anlage 2 zu § 14 Abs. 1 BGB-InfoVO), weil dort in dem entsprechenden Baustein für finanzierte Immobiliengeschäfte von »identischen Vertragspartnern« des Kauf- und des Darlehensgeschäfts die Rede ist. Zudem wäre die zweite Alternative des § 358 Abs. 3 Satz 3 BGB weitgehend entbehrlich, wenn man unter das Merkmal »Verschaffen« auch Unterstützungshandlungen des Darlehensgebers beim Absatz der Immobilie subsumieren wollte. Deshalb genügt es für das Merkmal des Verschaffens nicht, wenn der Darlehensgeber den Verkäufer der Immobilie im Rahmen einer Verwertung durch freihändige Veräußerung vertritt und den Erwerber finanziert, da er in diesen Fällen nichts anderes tut, als die ihm gestellte Sicherungsgrundschuld zu verwerten.[2058] Allerdings wird davon auszugehen sein, dass dem Darlehensgeber i.R.d. § 358 Abs. 3 Satz 3, 1. Alt. BGB Veräußerungen durch seine Tochtergesellschaften zuzurechnen sind, wenn deren Auftreten am Markt das rechtfertigt.[2059] 1213

Die zweite Alternative des § 358 Abs. 3 Satz 3 BGB setzt voraus, dass der Darlehensgeber über die Zurverfügungstellung des Darlehens hinaus die **Veräußerung der finanzierten Immobilie** durch einvernehmliches Zusammenwirken mit dem Verkäufer **fördert**. Das Gesetz führt – wenngleich in generalklauselartiger Unschärfe – in drei Fallvarianten die möglichen Unterstützungshandlungen des Darlehensgebers abschließend auf. Stets muss der Darlehensgeber dabei über sein legitimes Finanzierungsinteresse hinaus die **Kreditgeberrolle** durch eine hinreichend enge Beziehung zu dem Veräußerungsvorgang nach außen erkennbar[2060] **überschreiten**. Da sich § 358 Abs. 3 Satz 3, 2. Alt. BGB ersichtlich an den von der Rechtsprechung entwickelten Fallgruppen zu Aufklärungspflichten der Bank bei Immobilienfinanzierungen (dazu Rdn. 1001–1008) orientiert, lassen sich dort erste Auslegungshilfen finden.[2061] Unter Zugrundelegung der insoweit entwickelten Leitgedanken kann eine wirtschaftliche Einheit i.S.d. § 358 Abs. 3 Satz 3 BGB nicht vorliegen, wenn das Eigeninteresse des Darlehensgebers an der Immobilienfinanzierung im Vordergrund steht. Nach § 358 Abs. 3 Satz 3, 2. Alt. BGB ist eine wirtschaftliche Einheit zwischen dem Veräußerungsgeschäft und dessen Finanzierung unter diesen Voraussetzungen zunächst dann anzunehmen, wenn sich der **Darlehensgeber die Veräußerungsinteressen des Verkäufers zu eigen** macht. Das kann etwa der Fall sein, wenn er selbst als Verkäufermakler für die Immobilie auftritt.[2062] Allerdings genügt allein eine »Doppelfinanzierung« des Bauträgers und der Enderwerber zur Annahme eigener Veräußerungsinteressen des Darlehensgebers selbst dann nicht, wenn zur Rückführung des Bauträgerkredits 1214

2055 BGH, Beschl. v. 24.01.2017 – XI ZR 66/16, WM 2017, 370 (Rn. 10); BGH, Urt. v. 21.02.2017 – XI ZR 467/15, (Rn. 50 f.). Dazu und zu dem in der BGB-InfoV enthaltenen Mustertext der Widerrufsbelehrung *Dörrie* ZfIR 2002, 685 (690). Anders ist das seit 11.06.2010 in dem Muster der Widerrufsinformation vorgesehen (vgl. Anlage 8 zu Art. 247 § 6 Abs. 2 und § 12 Abs. 1 EGBGB).

2056 *Volmer* MittBayNot 2002, 336 (338).

2057 A.A. *Lwowski/Wunderlich* ZInsO 2005, 5 (12).

2058 A.A. *Lang* ZBB 2002, 457 (472); *Lauer* BKR 2004, 92 (95).

2059 OLG Brandenburg, Urt. v. 31.05.2017 – 4 U 67/17, BKR 2017, 512, (Rn. 71); *Lang* ZBB 2002, 457 (472); *Lauer* BKR 2004, 92 (95); *Lwowski/Wunderlich* ZInsO 2005, 5 (12).

2060 So auch *Merz/Rösler* ZIP 2011, 2381 (2390).

2061 Weitergehend *Kulke* ZfIR 2004, 713 (718), der wegen der Wechselwirkungen von Geschäftsverbund und Aufklärungspflichten bei Vorliegen einer wirtschaftlichen Einheit i.S.d. § 358 Abs. 3 Satz 3 BGB stets auch Aufklärungspflichten der Bank bejaht.

2062 OLG Brandenburg, Urt. v. 31.05.2017 – 4 U 67/17, BKR 2017, 512 (Rn. 74); *Lauer* BKR 2004, 92 (96); *Volmer* MittBayNot 2002, 336 (339).

die Kaufpreisforderungen des Bauträgers aus den Bauträgerkaufverträgen dienen sollen und sich der Darlehensgeber als Sicherheit diese Forderungen abtreten lässt, denn er verfolgt insoweit nur seine berechtigten Finanzierungs- und Sicherungsinteressen.[2063] Das gilt auch dann, wenn etwa ein Bauträger ein »Globalangebot« abgibt, bei dem das Angebot auf Abschluss des Bauträgerkaufvertrages mit einem Finanzierungsangebot oder mit der Angabe der Finanzierungskonditionen des Darlehensgebers verknüpft wird, es aber dem Interessenten erkennbar freigestellt bleibt, sich auch anderweitig zu finanzieren.[2064] Eine andere Frage ist es, ob der Bauträger in solchen Fällen als Erfüllungsgehilfe des Darlehensgebers tätig wird (dazu Rdn. 1009–1010) oder sogar ein gemeinsamer werblicher Auftritt vorliegt. So nennt § 358 Abs. 3 Satz 3 BGB als zweite Möglichkeit des rollenüberschreitenden und absatzfördenden Zusammenwirkens des Darlehensgebers mit dem Verkäufer die **Übernahme von Funktionen des Verkäufers bei der Planung, Werbung oder Durchführung des Projekts**. Auch hier müssen die unterstützenden Maßnahmen des Darlehensgebers aber einen hinreichend engen Bezug zu dem Veräußerungsvorgang aufweisen und nach außen in Erscheinung treten;[2065] sie dürfen sich nicht nur als Reflex des eigenen Finanzierungsinteresses darstellen. Daher ist es wiederum unschädlich, wenn der Darlehensgeber den Bauträger und zugleich dessen Enderwerber finanzieren möchte und durch interne Absprachen mit dem Bauträger seine eigenen Vorstellungen zur Durchführung des Projekts zur Absicherung ihres Kreditengagements und zur Förderung des Finanzierungsabsatzes einbringt.[2066] In einer Maklertätigkeit des Darlehensgebers ist hingegen durchaus die Übernahme einer Funktion des Verkäufers zu erblicken, auch gemeinsame Verkaufs- oder Informationsveranstaltungen (z.B. Immobilienmessen) mit einem Bauträger können zur Annahme eines Verbundgeschäfts führen, ebenso rechtfertigen unmittelbare Werbemaßnahmen des Darlehensgebers für die finanzierte Immobilie die Anwendung der Regelungen über verbundene Geschäfte. Das gilt indes nicht für die bloße Nennung des Darlehensgebers auf einem Bauschild des Verkäufers oder die Auslage von Werbematerial des Verkäufers in den Geschäftsräumen des Darlehensgebers, da insoweit keine Funktionen des Verkäufers übernommen werden.[2067] Das Argument, der Darlehensgeber mache sich die Werbeaussagen des Verkäufers zu eigen und stehe aus der Sicht des Erwerbers für eine Qualitätskontrolle, muss nicht zwangsläufig verfangen, denn es ist durchaus üblich, dass Werbung unter Einschaltung von Dritten und insb. dort erfolgt, wo Interessenten vermutet werden. Selbst wenn der Darlehensgeber als das finanzierende Kreditinstitut in dem Werbematerial des Verkäufers genannt wird oder dem Werbematerial gar ein Selbstauskunftsformular des Darlehensgebers beigefügt ist, muss dies keineswegs zu einem Verbundgeschäft führen, denn der Darlehensgeber übernimmt auch dabei keine Funktionen des Veräußerers, sondern wird lediglich in seiner eigenen Funktion als Darlehensgeber genannt.[2068] Erst wenn bei gemeinsamer Werbung die rollenmäßige Aufteilung zwischen dem Darlehensgeber und dem Verkäufer verschwimmt oder der Darlehensgeber offensichtlich den Eindruck einer Qualitätskontrolle vermittelt, kann davon die Rede sein, dass der Darlehensgeber zugleich Funktionen des Verkäufers übernimmt. Das ist insb. im sog. Strukturvertrieb denkbar, wenn sich der Darlehensgeber in das Vertriebssystem des Verkäufers arbeitsteilig einbinden lässt und der Interessent nur noch einem Vermittler ggü. steht, der die Geschäfte mit allen Beteiligten einleitet oder gar – soweit rechtlich zulässig – abwickelt. Zuletzt kann die Immobilienfinanzierung nach § 358 Abs. 3 Satz 3, 2. Alt. BGB auch dann eine wirtschaftliche Einheit mit dem Immobilienkauf bilden, wenn der Darlehensgeber durch **einseitige Begünstigung**

2063 *Lang* ZBB 2002, 457 (474); *Lauer* BKR 2004, 92 (97); *Lwowski/Wunderlich* ZInsO 2005, 5 (13); ebenso wohl *Hoffmann* ZIP 2002, 1066 (1074); *Volmer* MittBayNot 2002, 336 (339); vgl. auch OLG Brandenburg, Urt. v. 31.05.2017 – 4 U 67/17, BKR 2017, 512, (Rn. 76).

2064 Vgl. auch OLG Brandenburg, Urt. v. 31.05.2017 – 4 U 67/17, BKR 2017, 512, (Rn. 75).

2065 OLG Brandenburg, Urt. v. 31.05.2017 – 4 U 67/17, BKR 2017, 512, (Rn. 78).

2066 Vgl. *Lang* ZBB 2002, 457 (472); vgl. ferner OLG Brandenburg, Urt. v. 31.05.2017 – 4 U 67/17, BKR 2017, 512, (Rn. 76); dazu auch bereits Rdn. 1003.

2067 Vgl. Palandt/*Grüneberg* § 358 Rn. 16; *Lauer* BKR 2004, 92 (98); *Merz/Rösler* ZIP 2011, 2381 (2391); differenzierend *Lwowski/Wunderlich* ZInsO 5 (14); a.A. *Lang* ZBB 2002, 457 (473).

2068 Palandt/*Grüneberg* § 358 Rn. 17; a.A. *Lang* ZBB 2002, 457 (473); ferner *Lwowski/Wunderlich* ZInsO 2005, 5 (14) für den Fall, dass die Bank damit auf die Kaufwürdigkeit des Objekts hinweisen möchte.

des Verkäufers dessen Verkaufsbemühungen fördert. Denkbar wäre insoweit, dass der aufklärungspflichtige Darlehensgeber dem Darlehensnehmer ggü. bekannte Mängel der Immobilie verschweigt oder objektiv falsche Gutachten vorlegt, weil er die durch den Verkauf der Immobilien eingehenden Kaufpreiszahlungen zur Rückführung eines notleidenden Bauträgerkredits benötigt.[2069] Andererseits ist die Annahme einer einseitigen Begünstigung nicht gerechtfertigt, wenn der Darlehensgeber den überhöhten, aber keineswegs sittenwidrigen Kaufpreis für die Immobilie erkennt und dies dem Darlehensnehmer nicht mitteilt, denn § 358 Abs. 3 Satz 3 BGB will nicht grds. das Prinzip der Trennung von Immobilienkauf und Immobilienfinanzierung durchbrechen, sondern den Verbraucher vor besonderen Ausnahmesituationen schützen. Darüber hinaus stellt sich aber noch die Frage, ob sich zur Annahme eines verbundenen Geschäfts die Begünstigung nur im Verhältnis zu dem Darlehensnehmer oder auch im Verhältnis zu Mitbewerbern des Verkäufers als einseitig darstellen darf. Letzteres erscheint zweifelhaft.[2070] So ist eine einseitige Begünstigung des Verkäufers nicht schon dann anzunehmen, wenn der Verkäufer für seine Enderwerber mit dem Darlehensgeber ein Sonderkontingent besonders günstiger Konditionen aushandelt.[2071] Das dürfte selbst dann gelten, wenn der Unternehmer die Darlehenskonditionen entsprechend anpreist. Ein absatzförderndes Zusammenwirken zwischen dem Darlehensgeber und dem Verkäufer liegt hingegen vor, wenn der Unternehmer selbst das »Sonderkreditprogramm« des Darlehensgebers subventioniert und die Sonderkonditionen dann auch von dem Darlehensgeber beworben werden. Das ist indes kein Fall der einseitigen Begünstigung, sondern eine Werbemaßnahme zur Unterstützung des Verkäufers.[2072]

Bei der Suche nach Möglichkeiten, eine wirtschaftliche Einheit des Darlehensvertrages mit dem **1215** finanzierten Immobiliengeschäft zu vermeiden, trifft man häufig auf die Empfehlung, den in bestimmten Fallkonstellationen vorstellbaren Eindruck eines Verbundgeschäfts bei dem Interessenten durch entsprechende deutliche Hinweise oder Zusatzerklärungen wieder zu beseitigen (sog. **Trennungsklauseln**).[2073] Dabei geht es insb. um die Fallvariante des gemeinsamen werblichen Auftritts des Darlehensgebers mit dem Verkäufer, etwa bei sog. Immobilienmessen oder einer Nennung des Darlehensgebers als finanzierendes Kreditinstitut in Werbematerialien des Verkäufers.[2074] In der Tat könnten solche Hinweise und Zusatzerklärungen in den Grenzen des § 309 Nr. 12 BGB sinnvoll sein und dem unerwünschten Eindruck einer Rollenüberschreitung des Darlehensgebers bei den Interessenten entgegenwirken, können doch gerade solche Werbemaßnahmen auch subjektiven Komponenten ein Schlupfloch zur wirtschaftlichen Einheit der Geschäfte öffnen.[2075]

Die Regelungen über verbundene Geschäfte sind hingegen nicht mehr anwendbar, wenn der ur- **1216** sprüngliche Darlehensvertrag, der mit dem Vertrag über den Finanzierungsgegenstand ein verbundenes Geschäft bildete, durch Abschluss eines neuen Darlehensvertrages umfinanziert wird. Eine solche Umfinanzierung kann etwa im Falle einer Umschuldung, aber auch im Falle einer Anschlussfinanzierung nach Ablauf der Darlehenslaufzeit vorliegen (vgl. § 505a Abs. 3 BGB). Es fehlt dann der für ein verbundenes Geschäft erforderliche Finanzierungszusammenhang, da der Vertragsgegenstand bereits durch den ursprünglichen Darlehensvertrag finanziert wurde.[2076] Anders kann das allenfalls dann sein, wenn von vorneherein die Anschlussfinanzierung Teil des

---

2069 Palandt/*Grüneberg* § 358 Rn. 18; *Lauer* BKR 2004, 92 (97).

2070 So wohl auch *Lwowski/Wunderlich* 2005 ZInsO 5 (14).

2071 So auch *Merz/Rösler* ZIP 2011, 2381 (2392); a.A. *Becher* BKR 2002, 931 (935).

2072 Zutreffend *Lang* ZBB 2002, 457 (473); *Lauer* BKR 2004, 92 (97); weiter gehend *Lwowski/Wunderlich* ZInsO 2005, 5 (13). Zur Vereinbarkeit derartiger Gestaltungen mit der (aufgehobenen) ZugabeVO und dem UWG vgl. BGH, WM 1994, 1346 (1347).

2073 Palandt/*Grüneberg* § 358 Rn. 17.

2074 So *Lang* ZBB 2002, 457 (477); *Lauer* BKR 2004, 92 (98).

2075 Zur Möglichkeit, durch Zusatzerklärungen den Eindruck eines einheitlichen Geschäfts zu beseitigen BGH, ZIP 2003, 64 (66); BGH, NJW 1992, 2560 (2562).

2076 So auch *Ruland* BKR 2017, 140 (142); das gilt erst recht bei bloßen Konditionnneuvereinbarungen im Rahmen unechter Abschnittsfinanzierungen (dazu Rdn. 1108), vgl. BGH, Urt. v. 28.05.2013 – XI ZR 6/12, WM 2013, 1314 (Rn. 29); *Wiechers* WM 2014, 145 (150).

Finanzierungsgesamtkonzepts war. Die Regelungen über verbundene Geschäfte gelten indes keinesfalls, wenn die Anschlussfinanzierung bei einer anderen Bank, etwa im Wege der Ablösung, erfolgt.[2077]

dd) Rechtsfolgen verbundener Immobilienfinanzierungen

1217 Ein Blick auf die Rechtsfolgen einer verbundenen Immobilienfinanzierung lässt die damit für den Darlehensgeber verbundenen Risiken erkennen. Ein Widerruf des Darlehensvertrages (§§ 495, 355, 358 Abs. 2 BGB) führt auf dem Wege des **Widerrufsdurchgriffs** auch zur Rückabwicklung des finanzierten Immobilienkaufvertrages; umgekehrt gilt das auch bei einem Widerruf des finanzierten Geschäfts (§ 358 Abs. 1 BGB). Ist die Darlehensvaluta bereits an den Verkäufer geflossen, tritt der Darlehensgeber nach § 358 Abs. 4 Satz 3 BGB im Verhältnis zum Verbraucher in die Rechte und Pflichten des Verkäufers ein. Dadurch erlöschen die Ansprüche des Darlehensnehmers gegen den Unternehmer und des Darlehensgebers gegen den Darlehensnehmer kraft Gesetzes; das gilt auch in der Insolvenz des Verbrauchers.[2078] Die Rückzahlung des Darlehens kann der Darlehensgeber dann nur noch vom Verkäufer der Immobilie verlangen. Der Darlehensnehmer ist hingegen verpflichtet, die finanzierte Immobilie Zug-um-Zug gegen Erstattung seiner bereits – auch aus Eigenmitteln (z.B. Anzahlungen)[2079] – erbrachten Leistungen dem Darlehensgeber zu übereignen. Es liegt auf der Hand, dass der Darlehensgeber daran kein Interesse haben kann. Deshalb wird er bei verbundenen Immobilienfinanzierungen vor Ablauf der Widerrufsfrist die Darlehensvaluta i.d.R. nicht auszahlen. Im Übrigen gelten für die Anrechnung von Steuervorteilen im Rahmen der Rückabwicklung nach Widerruf des Darlehensvertrages im Fall eines verbundenen Geschäfts die schadensersatzrechtlichen Grundsätze des Vorteilsausgleichs (dazu Rn. 934) entsprechend.[2080] Die über § 508 Abs. 2 Satz 6 BGB bei verbundenen Geschäften grds. anwendbare **Rücktrittsfiktion** des § 508 Satz 6 BGB, die durch ein »Wiederansichnehmen« der gelieferten Sache bei Zahlungsverzug ausgelöst wird und ebenfalls zu einem Rückabwicklungsverhältnis führt, wird bei verbundenen Immobilienfinanzierungen eher keine Rolle spielen. Würde man auch in der Verwertung der Grundschuld ein »Wiederansichnehmen« erblicken, wäre die Sicherheit praktisch nicht verwertbar. Neben dem Widerrufsdurchgriff erweist sich der für verbundene Geschäfte in § 359 BGB geregelte **Einwendungsdurchgriff** in der Immobilienfinanzierung als äußerst riskant. Der Darlehensnehmer kann nämlich die Rückzahlung des Darlehens verweigern, soweit ihn Einwendungen aus dem finanzierten Immobiliengeschäft auch zur Verweigerung der Kaufpreiszahlung ggü. dem Verkäufer berechtigen würden. Das kann insb. bei Mängeln der Immobilie der Fall sein, wobei § 359 Abs. 3 BGB klarstellt, dass ein Leistungsverweigerungsrecht ggü. dem Darlehensgeber nicht besteht, solange der Darlehensnehmer noch Nacherfüllung verlangen kann. Gleichwohl sind die Haftungsrisiken des Darlehensgebers angesichts der 5-jährigen Verjährungsfrist für Mängel der Bauleistungen des Bauträgers beträchtlich. Darüber hinaus stellt sich auch die Frage, ob der Darlehensnehmer über § 359 Satz 1 BGB im Wege eines »**Rückforderungsdurchgriffs**« sogar bereits gezahlte Zins- und Tilgungsraten zurückverlangen kann, wenn der finanzierte Immobilienkaufvertrag nichtig oder durch Rücktritt umgestaltet ist. Einen allgemeinen Rückforderungsdurchgriff analog § 9 Abs. 2 Satz 4 VerbrKrG hat der XI. Zivilsenat des BGH mangels Regelungslücke nachdrücklich abgelehnt,[2081] aber zugleich darauf hingewiesen, dass § 9 Abs. 2 Satz 4 VerbrKrG (§§ 358 ff. BGB) die

2077 OLG Köln, Beschl. v. 22.10.2008 – 13 U 10/08, BeckRS 2009, 08576.

2078 BGH, Urt. v. 03.03.2016 – IX ZR 132/15, (Rn. 31 ff.).

2079 BGH, WM 2009, 932 (Rn. 24 ff.); MüKo-BGB/*Habersack* § 358 Rn. 84.

2080 OLG Stuttgart, Urt. v. 29.12.2011 – 6 U 79/11. Im Falle des Widerrufs des Darlehensvertrages steht auch bei verbundenen Geschäften der Schadensersatzanspruch des Darlehensnehmers aus Aufklärungspflichtverletzungen des Darlehensgebers neben dem Anspruch auf Rückabwicklung des widerrufenen Darlehensvertrages; allerdings kann sich die Geltendmachung des einen Anspruchs auf seinen Umfang auswirken, BGH, Urt. v. 05.07.2016 – XI ZR 254/15, WM 2016, 1831 (Rn. 20): Widerruf eines Darlehensvertrages, mit dem im Rahmen eines verbundenen Geschäfts ein Fondsbeitritt finanziert wurde.

2081 BGH, WM 2008, 244 (Rn. 25 ff.); BGH, WM 2008, 967 (Rn. 20); BGH, WM 2008, 1596 (Rn. 16).

Rechte des Verbrauchers gegen den Darlehensgeber nicht abschließend regele.[2082] Für den Fall der anfänglichen Nichtigkeit des finanzierten verbundenen Erwerbsgeschäfts hat der BGH trotz Wirksamkeit des Darlehensvertrages daher einen »Rückforderungsdurchgriff« gegen den Darlehensgeber nach § 813 Abs. 1 Satz 1 BGB i.V.m. § 812 Abs. 1 Satz 1 BGB zugelassen, da der Darlehensnehmer von Anfang an und auf Dauer die Zahlungen an den finanzierenden Darlehensgeber hätte verweigern können.[2083] Eine Anrechnung von Steuervorteilen erfolgt in diesen Fällen nicht, da die schadensersatzrechtlichen Grundsätze der Vorteilsausgleichung i.R.d. Bereicherungsausgleichs grds. keine Anwendung finden.[2084] Im Rahmen der Rückabwicklung des nichtigen finanzierten Geschäfts im Verhältnis zum Darlehensgeber wird der Darlehensnehmer dem Darlehensgeber seinen Kondiktionsanspruch gegen den Verkäufer der Immobilie abzutreten haben.[2085] Über die Fälle der anfänglichen Nichtigkeit des finanzierten Geschäfts hinaus – etwa in den Fällen der Mangelhaftigkeit der Immobilie oder der Umgestaltung des finanzierten Vertrages mit Wirkung ex-nunc[2086] – wird ein Rückforderungsdurchgriff allerdings nicht möglich sein, da § 359 Satz 1 BGB (§ 358 Abs. 4 Satz 3 BGB a.F.; § 9 Abs. 2 Satz 4 VerbrKrG) den Verbraucher lediglich vor Nachteilen aus der Verbundenheit der Geschäfte schützen will, ihm aber nicht privilegierend durch eine erweiterte Zugriffsmöglichkeit auf den Darlehensgeber eine doppelte Haftungsmasse zur Verfügung gestellt werden soll.[2087] Zum Schutz vor den Folgen des Einwendungs- und Rückforderungsdurchgriffs bleibt der Bank – wenn sie das Verbundgeschäft nicht vermeiden kann – nur die Möglichkeit, die Zusammenarbeit auf Bauträger mit guter Bonität und qualitativ hochwertiger Bauausführung zu beschränken, entsprechende Qualitätskontrollen durchzuführen und eine Freistellungsvereinbarung mit dem Bauträger zu treffen (dazu Rdn. 1357).

2082 BGH, WM 2008, 244 (Rn. 30); BGH,WM 2009, 2366 (Rn. 53).

2083 BGH, WM 2008, 244 (Rn. 24 ff.): Nichtigkeit des finanzierten Vertrages wegen Verstoßes gegen das Rechtsberatungsgesetz; ferner BGH, WM 2009, 2366 (Rn. 48 f.); BGH, WM 2011, 261 (Rn. 20 f.); ebenso OLG Stuttgart, WM 2001, 1667 (1675); OLG Dresden, WM 2001, 136 (139).

2084 BGH, WM 2008, 244 (Rn. 34); anders aber für die Rückabwicklung nach § 3 HausTWG im Fall eines Widerrufs nach § 1 HausTWG BGH, WM 2007, 1173 (Rn. 28).

2085 MüKo-BGB/*Habersack* § 359 Rn. 66; offen gelassen in BGH, WM 2008, 244 (Rn. 38 ff.).

2086 Der rechtlich mögliche Haustürwiderruf des finanzierten Beitritts zu Fondsgesellschaften hat nach der Rechtsprechung des II. Zivilsenats des BGH über die Grundsätze von der fehlerhaften Gesellschaft bislang nur die Wirkung einer ex nunc erfolgten (außerordentlichen) Kündigung, BGHZ 156, 46 (51); 148, 201 (207 f.); BGH, WM 2009, 2366 (Rn. 49). Der II. Zivilsenat (WM 2008, 1026) hatte aber mit Beschl. v. 05.05.2008 dem EuGH die Frage zur Vorabentscheidung vorgelegt, ob die Bestimmungen der Haustürgeschäfterichtlinie (85/577/EWG) ein solches Widerrufsrecht überhaupt verlangen und ob – falls dies bejaht wird – damit eine auf den Zeitpunkt des Wirksamwerdens des Widerrufs erfolgte Berechnung des Anspruchs gegen die Gesellschaft vereinbar ist; dazu *Schäfer* ZIP 2008, 1022 ff. Der EuGH (WM 2010, 882 Rn. 25 ff.) hat mit Urt. v. 15.04.2010 beide Fragen bejaht, die erste Frage aber nur für den Fall, dass der Beitritt nicht vorrangig darin besteht, Mitglied dieser Gesellschaft zu werden, sondern Kapital anzulegen; dazu BGH, WM 2010, 1589 (Rn. 3 ff.); *Habersack* ZIP 2010, 775.

2087 Für den Fall des Widerrufs eines Fondsbeitritts wegen der Anwendbarkeit der Grundsätze der fehlerhaften Gesellschaft BGH, WM 2009, 2366 (Rn. 49); BGH, WM 2011, 261 (Rn. 21); MüKo-BGB/*Habersack* § 359 Rn. 75 ff.; Staudinger/*Herresthal* BGB (2016) § 359 Rn. 34 f.; offen gelassen in BGH, WM 2000, 1687 (1689); Urt. v. 13.02.2007 – XI ZR 145/06, (Rn. 20 ff.); vgl. dazu auch *Frey* BB 2008, 467. Abweichend der II. Zivilsenat des BGH noch in seinen Entscheidungen v. 14.06.2004, der im Wege eines allgemeinen »Rückforderungsdurchgriffs« unter vollständiger Verlagerung des Anlegerrisikos auf die finanzierende Bank den getäuschten Anleger so stellen wollte, als wäre er dem Fonds nicht beigetreten und als hätte er den Darlehensvertrag nicht abgeschlossen, BGHZ 159, 280 (291); 159, 294 (312); zustimmend *Schäfer* BKR 2005, 98 (100); dagegen *Habersack* BKR 2006, 305 (307). Der II. Zivilsenat hat erklärt, dass er an dieser Rechtsprechung nicht festhalte, BGH, WM 2006, 1066 (Rn. 28).

h) Widerrufsrecht

aa) Widerrufsrecht bei Immobiliar-Verbraucherdarlehen

1218 Das **Widerrufsrecht** des Darlehensnehmers für Immobiliar-Verbraucherdarlehen ist in §§ 495 Abs. 1, 355, 356b, 357a, 358, 360 BGB geregelt. Kein Widerrufsrecht besteht auch bei Immobiliar-Verbraucherdarlehen in den Fällen des § 495 Abs. 2 BGB, in diesen Fällen ist dem Darlehensnehmer aber eine **Bedenkzeit** einzuräumen (§ 495 Abs. 3 BGB). Besteht ein Widerrufsrecht nach § 495 Abs. 1 BGB, so hat der Darlehensvertrag auch Angaben zum Beginn der Widerrufsfrist und zu »anderen Umständen« für die Widerrufserklärung sowie einen Hinweis auf die Verpflichtung des Darlehensnehmers zur Rückzahlung des Darlehens und zur Zinszahlungszahlungspflicht bis zur Rückzahlung zu enthalten (§ 492 Abs. 2 BGB i.V.m. Art. 247 § 6 Abs. 2 EGBGB). Für Immobiliar-Verbraucherdarlehen gelten insoweit zahlreiche Sonderregelungen. Sie betreffen u.a. die Widerrufsfrist (§ 356b BGB), das Erlöschen des Widerrufsrechts (§ 356b Abs. 2 Satz 4 BGB), die Widerrufsfolgen (§ 357a BGB) einschließlich der Zinszahlungspflicht bis zur Rückzahlung (§ 357a Abs. 3 BGB) und Besonderheiten bei verbundenen Geschäften (§§ 358 f. BGB; Art. 247 § 12 Abs. 1 Satz 2 EGBGB). Die entsprechenden vertraglichen Angabepflichten gelten nach Art. 247 § 6 Abs. 2 Satz 3, § 12 Abs. 1 Satz 3 EGBGB als erfüllt, wenn der Darlehensvertrag eine Vertragsklausel in hervorgehobener und deutlich gestalteter Form enthält, die bei Immobiliar-Verbraucherdarlehensverträgen dem **Muster der Widerrufsinformation** in Anlage 8 (zu Art. 247 § 6 Abs. 2 und 12 Abs. 1 EGBGB) entspricht (**Gesetzlichkeitsfiktion**). Unerheblich ist es für die Gesetzmäßigkeit der Widerrufsinformation, wenn der im ESIS-Merkblatt enthaltene Text der Widerrufsinformation abweichende Angaben enthält.[2088] Die zur Erlangung der Gesetzlichkeitsfiktion erforderliche Hervorhebung kann bspw. durch Umrandung oder farbliche Unterlegung erfolgen. Eine Verpflichtung des Darlehensgebers zur Verwendung dieses gesetzlichen Musters besteht nicht. Die Hervorhebung der Widerrufsinformation ist nur zur Erlangung der Gesetzlichkeitsfiktion erforderlich, aber keine materiell-rechtliche Voraussetzung für die Pflichtangaben zum Widerrufsrecht (§ 492 Abs. 2 BGB i.V.m. Art. 247 § 6 Abs. 2 EGBGB) als solche.[2089] Die Ordnungsgemäßheit der Widerrufsinformation wird nicht dadurch beeinträchtigt, dass der Darlehensvertrag für Willenserklärungen oder zu bewirkenden Leistungen die Vorschrift des § 193 BGB abbedingt.[2090]

1219 Die **Widerrufsfrist** beträgt 14 Tage (§ 355 Abs. 2 Satz 1 BGB). Der **Beginn der Widerrufsfrist** setzt neben dem Vertragsschluss (§ 356 Abs. 2 Satz 2 BGB) bei Immobiliar-Verbraucherdarlehen auch voraus, dass der Darlehensgeber dem Darlehensnehmer eine für diesen bestimmte Vertragsurkunde, seinen schriftlichen Antrag oder eine Abschrift der Vertragsurkunde (vgl. § 492 Abs. 3 Satz 1 BGB) oder seines Antrags zur Verfügung gestellt hat (§ 356b Abs. 1 BGB) und diese Urkunde auch die Pflichtangaben zum Widerrufsrecht des Darlehensnehmers (§ 492 Abs. 2 BGB i.V.m. Art. 247 § 6 Abs. 2, § 12 Abs. 1 Satz 2 EGBGB) enthält (§ 356b Abs. 2 Satz 2 BGB). Bei der Abschrift der Vertragsurkunde handelt es sich um ein Dokument, das den rechtlich verbindlichen Inhalt der vertraglichen Vereinbarung wiedergibt und dem Darlehensnehmer zur Information und zu Beweiszwecken dient. Für den Beginn der Widerrufsfrist kann es im Hinblick auf den Informationszweck der Abschrift der Vertragsurkunde nicht erforderlich sein, dass diese auch die Unterschrift des Darlehensnehmers trägt; es reicht aus, dass der Darlehensnehmer ein vom Darlehensgeber unterzeichnetes Exemplar vom Darlehensgeber zum Verbleib erhält.[2091] Seit 21.03.2016 ist bei Immobiliar-Verbraucherdarlehen – anders als seit 11.06.2016 bei Allgemein-Verbraucherdarlehen und

---

2088 OLG Frankfurt, Beschl. v. 18.10.2017 – 17 U 144/16.

2089 BGH, Urt. v. 23.02.2016 – XI ZR 101/15, (Rn. 24 ff., 36).

2090 BGH, Beschl. v. 03.07.2018 – XI ZR 758/17.

2091 BGH, Urt. v. 27.02.2018 – XI ZR160/17 (Rn. 30); OLG Stuttgart, Urt. v. 14.03.2017 – 6 U 115/16; OLG Frankfurt, Beschl. v. 18.10.2017 – 17 U 144/16; *Hölldampf* WM 2018, 114 (120); a.A. wohl OLG Köln, Beschl. v. 05.10.2017 – 24 U 109/17, WM 2018, 81 (82); zum Begriff der »Vertragsurkunde« BGH, Urt. v. 21.02.2017 – XI ZR 381/16, WM 2017, 806 (Rn. 14): Der Begriff »Vertragsurkunde« bezeichnet das von den Vertragsparteien unterzeichnete schriftliche Original des Vertrages.

anders als bei Immobiliardarlehensverträgen, die zwischen dem 11.06.2010 und dem 20.03.2016 abgeschlossen wurden (vgl. § 356b Abs. 2 BGB a.F.; Art. 229 § 38 Abs. 1, § 22 Abs. 2 EGBGB) – abgesehen von den Pflichtangaben zum Widerrufsrecht (§ 492 Abs. 2 BGB i.V.m. Art. 247 § 6 Abs. 2 EGBGB) für den Beginn der Widerrufsfrist zur Vermeidung »ewiger Widerrufsrechte« nicht mehr die Erfüllung sonstiger verbraucherdarlehensrechtlicher Pflichtangaben im Darlehensvertrag erforderlich (vgl. § 356b Abs. 2 Satz 2 BGB).[2092] Auch von der Erfüllung der Informationspflichten für Fernabsatzgeschäfte oder für außerhalb von Geschäftsräumen geschlossene Verträgen (§ 312d BGB i.V.m. Art. 246b EGBGB) ist der Beginn der Widerrufsfrist bei Verbraucherdarlehen nicht abhängig (§ 312g Abs. 3 BGB; vgl. zum Fernabsatzrecht auch Art. 14 Abs. 5 RL 2008/48/EG; Art. 14 Abs. 6 RL 2014/17/EU).[2093] Fehlen im Immobiliar-Verbraucherdarlehensvertrag die verbraucherdarlehensrechtlichen Pflichtangaben zum Widerrufsrecht (§ 492 Abs. 2 BGB i.V.m. Art. 247 § 6 Abs. 2 EGBGB), beginnt gemäß § 356b Abs. 2 Satz 2 BGB die Widerrufsfrist erst mit **Nachholung** dieser Angaben nach Maßgabe des § 492 Abs. 6 BGB; die **Widerrufsfrist beträgt dann einen Monat** (§ 356b Abs. 2 Satz 3 BGB). Das **Widerrufsrecht erlischt** bei Immobiliar-Verbraucherdarlehensverträgen, die nach dem 20.03.2016 abgeschlossen wurden (Art. 229 § 38 Abs. 1 EGBGB), zur Vermeidung »ewiger Widerrufsrechte«[2094] aber spätestens zwölf Monate und vierzehn Tage nach dem Vertragsschluss oder nachdem der Darlehensgeber dem Darlehensnehmer eine für ihn bestimmte Vertragsurkunde, sein schriftlicher Antrag oder eine Abschrift der Vertragsurkunde oder seines Antrags zur Verfügung gestellt hat, wenn dieser Zeitpunkt nach dem Vertragsschluss liegt (§ 356b Abs. 2 Satz 4 BGB). Als Ausgleich für dieses Erlöschen des Widerrufsrecht sollen dem Darlehensnehmer Schadensersatzansprüche aus §§ 281 Abs. 1, 241 Abs. 1, 249 BGB dienen können.

Die Widerrufsfrist wahrt der Verbraucher, wenn er seine **Widerrufserklärung** rechtzeitig inner- 1220
halb der Widerrufsfrist absendet (§ 355 Abs. 1 Satz 5 BGB). Der Widerruf muss keine Begründung enthalten (§ 355 Abs. 1 Satz 4 BGB). Er muss auch nicht als solcher bezeichnet werden, es genügt, dass sich aus der Widerrufserklärung des Darlehensnehmers ergibt, er wolle den Vertrag von Anfang an nicht gelten lassen.[2095] Die Regelung des § 355 Abs. 1 BGB stellt seit ihrer am 13.06.2014 in Kraft getretenen Fassung auch keine Formerfordernisse mehr an die Widerrufserklärung; die Beweislast für den erfolgten Widerruf liegt allerdings beim Darlehensnehmer.[2096] Das Widerrufsrecht ist ein Gestaltungsrecht; als solches ist es bedingungsfeindlich und es verjährt nicht.[2097] Nach seinem Zugang ist der Widerruf unwiderruflich.[2098] Ein nur teilweiser Widerruf (z.B. beschränkt auf einen Teil des Darlehensbetrages) ist ausgeschlossen. Bei **mehreren Darlehensnehmern** steht jedem einzelnen Darlehensnehmer ein eigenes Widerrufsrecht zu;[2099] es genügt aber, dass die Darlehensnehmer Mitbesitz an den für die Ingangsetzung der Widerrufsfrist erforderlichen Unterlagen erhalten.[2100] Das Widerrufsrecht besteht auch dann, wenn neben dem Verbraucher ein Unternehmer weiterer Darlehensnehmer ist.[2101] Widerruft nur einer von mehreren Darlehnsnehmern, richtet sich die Beurteilung des Fortbestands des Darlehensvertrages mit den verbleibenden Darlehensnehmern vorbehaltlich besonderer vertraglicher Regelungen nach § 139 BGB, d.h. der

2092 Begr. RegE zu § 356b BGB, BT-Drucks. 18/5922, S. 74.
2093 Bülow/Artz/*Bülow* Verbraucherkreditrecht (9. Aufl.) § 495 Rn. 158, 167.
2094 Begr. RegE zu § 356b BGB, BT-Drucks. 18/5922, S. 74.
2095 BGH, Urt. v. 12.01.2017 – I ZR 198/15, (Rn. 42).
2096 Bülow/Artz/*Bülow* Verbraucherkreditrecht (9. Aufl.) § 495 BGB Rn. 58; vgl. auch *Wendehorst* NJW 2014, 577 (583).
2097 BGH, Urt. v. 17.12.2014 – IV ZR 260/11, (Rn. 34).
2098 BGH, Urt. v. 07.11.2017 – ZR 369/16, (Rn. 29).
2099 BGH, Urt. v. 11.10.2016 – XI ZR 482/15, (Rn. 14 ff., 27): Zusatz, dass bei mehreren Darlehensnehmern jeder Darlehensnehmer seine Willenserklärung gesondert widerrufen kann, führt nicht zum Verlust der Gesetzlichkeitsfiktion, da es sich um eine inhaltlich zutreffende Vervollständigung der Widerrufsbelehrung handelt.
2100 BGH, Beschl. v. 07.03.2017 – XI ZR 282/16.
2101 BGH, Urt. v. 11.10.2016 – XI ZR 482/15, (Rn. 15).

Darlehensvertrag wandelt sich in der Regel im Verhältnis zu allen Darlehensnehmern in ein Rückgewährschuldverhältnis um;[2102] aus dem Rückgewährschuldverhältnis resultiert dann eine einfache Forderungsgemeinschaft, die die Darlehensnehmer zu Mitgläubigern nach § 432 BGB macht.[2103] Handelt es sich bei dem Darlehensnehmer um eine Gesellschaft bürgerlichen Rechts, steht dieser – vertreten durch den oder die geschäftsführenden Gesellschafter – das Widerrufsrecht zu, nicht etwa den einzelnen Gesellschaftern.

1221 Widerruft der Darlehensnehmer wirksam, ist er nicht mehr an seine auf den Abschluss des Darlehensvertrages gerichtete Willenserklärung gebunden. Der Darlehensgeber macht sich nicht allein dadurch gegenüber dem Darlehensnehmer schadensersatzpflichtig, dass er den Widerruf des Darlehensnehmers unberechtigt zurückweist, denn der Widerspruch des Darlehensgebers ist für die Wirksamkeit der Widerrufserklärung ohne rechtliche Bedeutung; es besteht keine vertragliche Nebenpflicht des Darlehensgebers die richtige Rechtsauffassung dazu zu vertreten, ob eine Widerrufsinformation oder Widerrufsbelehrung fehlerhaft ist, die Gesetzlichkeitsfiktion für die Musterbelehrung eingreift oder der Ausübung des Widerrufsrechts § 242 BGB entgegensteht (dazu Rdn. 1228–1229).[2104] Der Darlehensvertrag wandelt sich nach erfolgtem wirksamen Widerruf in ein Rückgewährschuldverhältnis um. Die weiteren **Rechtsfolgen des Widerrufs** sind in §§ 357a, 355 Abs. 3 BGB geregelt; mit der Umsetzung der Verbraucherrechterichtlinie zum 13.06.2014 (Art. 229 § 32 Abs. 1 EGBGB; dazu Rdn. 1185) ist insoweit die Anwendbarkeit der Vorschriften aus dem Rücktrittsrecht (§§ 346 ff. BGB) entfallen. Die gegenseitigen Ansprüche aus dem Rückgewährschuldschuldverhältnis sind nicht mehr Zug-um-Zug zu erfüllen. Die Aufrechnung[2105] und die Geltendmachung des Zurückbehaltungsrechts bleiben aber sowohl für den Darlehensnehmer als auch für den Darlehensgeber möglich. Die empfangenen Leistungen sind spätestens nach 30 Tagen zurück zu gewähren. Für den Darlehensnehmer beginnt diese Frist mit der Abgabe der Widerrufserklärung, für den Darlehensgeber beginnt sie mit dem Zugang der Widerrufserklärung (§ 355 Abs. 3 Satz 2 BGB). Der Darlehensnehmer hat für den Zeitraum zwischen der Auszahlung und der Rückzahlung des Darlehens den vereinbarten Sollzins zu entrichten (§ 357a Abs. 1 BGB). Kann der Darlehensnehmer bei einem Immobiliar-Verbraucherdarlehen nachweisen, dass der Wert des Gebrauchsvorteils niedriger war als der vereinbarte Sollzins (§ 357a Abs. 3 Satz 2 BGB), hat er nur den niedrigeren Betrag zu zahlen (§ 357a Abs. 3 Satz 4 BGB).[2106] Darüber hinaus hat der Darlehensnehmer dem Darlehensgeber nur die Aufwendungen zu ersetzen, die der Darlehensgeber gegenüber öffentlichen Stellen erbracht hat und nicht zurückverlangen kann (z.B. Notarkosten; § 357a Abs. 3 Satz 5 BGB). Seit 13.06.2016 besteht nach § 357a BGB eine Verpflichtung des Darlehensgebers zur Zahlung von Nutzungsersatz auf erbrachte Zins- und Tilgungsleistungen des Darlehensnehmers[2107] nicht mehr, da die Vorschriften aus dem Rücktrittsrecht (§§ 346 ff. BGB) auf das Rückabwicklungsschuldverhältnis nicht mehr anwendbar sind.[2108] Im Falle eines Widerrufs des Darlehensvertrages erfasst übrigens die vom Darlehensvertrag verschiedene Sicherungszweckabrede für die Grundschuld auch ohne entsprechende ausdrückliche Vereinbarung regelmäßig nicht nur die eigentlichen Erfüllungsansprüche aus dem Darlehensvertrag, sondern auch typische Folgeansprüche wie solche aus einem Rückabwicklungsschuldverhältnis nach einem Widerruf des

2102 BGH, Urt. v. 11.10.2016 – XI ZR 482/15, (Rn. 22).

2103 BGH, Urt. v. 10.10.2017 – XI ZR 555/16, (Rn. 20).

2104 BGH, Urt. v. 27.02.2018 – XI ZR 224/17 (Rn. 35).

2105 Die Aufrechnung wirkt nach § 389 BGB nur auf den Zeitpunkt des Entstehens des Rückgewährschuldverhältnisses und nicht weiter zurück, weil vor dem Wirksamwerden des Widerrufs kein Rückgewährschuldverhältnis existierte, dessen Pflichtenprogramm vorab erfüllt werden könnte, BGH, Beschl. v. 12.01.2016 – XI ZR 366/15, (Rn. 16).

2106 Zu diesem Nachweis OLG Nürnberg, Urt. v. 29.05.2017 – 14 U 118/16, BKR 2017, 375 (377 f.).

2107 Zur vorherigen Rechtslage aufgrund der Anwendbarkeit der Rücktrittsregelungen BGH, Beschl. v. 12.01.2016 – XI ZR 366/15, (Rn. 17 ff.).

2108 Begr. RegE zu § 357a BGB, BT-Drucks. 17/12637, S. 65.

Darlehensvertrages.[2109] Weitere Widerrufsfolgen ergeben sich bei verbundenen Verträgen aus § 358 BGB (dazu Rdn. 1216) und bei zusammenhängenden Verträgen aus § 360 BGB (dazu Rdn. 1177, 1186).

bb) Gesetzlichkeitsfiktion und inhaltliche Anforderungen an die Widerrufsbelehrung bzw. die Widerrufsinformation; »ewiges Widerrufsrecht«; Verwirkung des Widerrufsrechts

In den seltensten Fällen übt der Darlehensnehmer bei Verbraucherdarlehen sein Widerrufsrecht innerhalb der »regulären« 14-tägigen Widerrufsfrist aus. Vielmehr sind es meist ganz besondere äußere Umstände, die ihn nach rechtlichen Möglichkeiten suchen lassen, sich mitunter erst Jahre später von seinem Darlehensvertrag zu lösen. Bei verbundenen Geschäften kann die Motivation für den Widerruf in der enttäuschten Erwartung über die Wertentwicklung der finanzierten Kapitalanlage sein, wie das in den sog. »Schrottimmobilienfällen« anzutreffen war; das mündete schließlich in die »Heininger«-Entscheidungen des EuGH und des BGH und führte nicht nur zu Änderungen der gesetzlichen Vorschriften zum Widerrufsrecht, sondern letztlich auch zur Einführung eines Mustertextes für die Widerrufsbelehrung (Anlage 2 zu § 14 BGB-InfoVO a.F.; dazu 1172). Die jüngste Widerrufswelle durch Darlehensnehmer erst mehrere Jahre nach Vertragsschluss oder gar nach Vertragsbeendigung aufgrund eines behaupteten Mangels der Widerrufsbelehrung hat ihre Ursache in der seit der Finanzmarktkrise anhaltenden Niedrigzinsphase. Dahinter steckt als Motivation für den Widerruf zumeist, sich ohne Verpflichtung zur Zahlung einer Vorfälligkeitsentschädigung vorzeitig aus der langfristigen Sollzinsbindung für das Immobiliardarlehen befreien zu wollen, um entweder das Darlehen vorzeitig abzulösen oder sich – ggf. anderweitig – zu günstigeren Zinsen zu finanzieren. Widerrufe nach Vertragsbeendigung durch Vertragsauflösung oder durch Kündigung nach § 490 Abs. 2 BGB (dazu Rdn. 1242) werden mit dem Ziel ausgesprochen, die gezahlte Vorfälligkeitsentschädigung zurück zu erhalten. Betroffen von dieser Widerrufswelle sind in sachlicher Hinsicht fast ausschließlich festverzinsliche Immobiliardarlehensverträge, weil sich für sie »kündigungsfeste« Zinsbindungsperioden bis zu 10 Jahren (zzgl. der sechsmonatigen Kündigungsfrist) vereinbaren ließen (§ 489 Abs. 1 Nr. 2 BGB; § 489 Abs. 1 Nr. 2 und Nr. 3 BGB a.F.). In zeitlicher Hinsicht sind primär Immobiliardarlehensverträge betroffen, die zwischen dem Inkrafttreten des OLG-Vertretungsänderungsgesetzes am 01.08.2002 bzw. 01.11.2008 (Art.229 § 9 EGBGB; dazu Rdn. 1170–1172) und dem Inkrafttreten des Gesetzes zur Umsetzung der Verbraucherkreditrichtlinie 2008/48/EG am 11.06.2010 (Art. 229 § 22 Abs. 2 EGBGB; dazu Rdn. 1176–1181) abgeschlossen wurden. Aber auch noch nach dem 10.06.2010 unter Verwendung des neuen gesetzlichen Musters für die Widerrufsinformation abgeschlossene Immobiliardarlehensverträge werden noch Jahre nach Vertragsschluss widerrufen; in diesen Fällen stützen sich die Darlehensnehmer u.a. auf das Fehlen verbraucherdarlehensrechtlich vorgeschriebener vertraglicher Pflichtangaben, die seit 11.06.2010 auch für Immobiliardarlehensverträge zur Ingangsetzung der Widerrufsfrist erforderlich waren. Möglich ist das, weil der Gesetzgeber mit dem **OLG-Vertretungsänderungsgesetz** zum 01.08.2002 die Befristung des Widerrufsrechts auch für nicht ordnungsgemäße Widerrufsbelehrungen entfallen ließ und ohne europarechtliche Vorgabe ein generelles Widerrufsrecht für Immobiliardarlehensverträge geschaffen wurde (dazu Rdn. 1168–1172). Zur **Vermeidung solcher »ewigen Widerrufsrechte«** und der daraus resultierenden Schäden für die Kreditwirtschaft hat der deutsche Gesetzgeber zum 21.03.2016 verschiedene gesetzliche Regelungen in Kraft gesetzt.[2110] So **erlischt das Widerrufsrecht bei Immobiliar-Verbraucherdarlehensverträgen**, die nach dem 20.03.2016 abgeschlossen wurden (Art. 229 § 38 Abs. 1 EGBGB), spätestens zwölf Monate und vierzehn Tage nach dem Vertragsschluss oder nachdem der Darlehensgeber dem Darlehensnehmer eine für ihn bestimmte Vertragsurkunde, sein schriftlicher Antrag oder eine Abschrift der Vertragsurkunde oder seines Antrags zur Verfügung gestellt hat, wenn dieser Zeitpunkt nach dem Vertragsschluss liegt (§ 356b Abs. 2 Satz 4 BGB);[2111] als Ausgleich für dieses Erlöschen des Widerrufsrecht sollen dem Darlehensnehmer 1222

2109 Vgl. BGH, Urt. v. 27.02.2018 – XI ZR 224/17 (Rn. 17).
2110 Begr. RegE zu § 356b BGB, BT-Drucks. 18/5922, S. 74.
2111 Zum Erhalt einer Vertragsurkunde vgl. *Hölldampf* WM 2018, 114 (120).

Schadensersatzansprüche aus §§ 281 Abs. 1, 241 Abs. 1, 249 BGB dienen können. Außerdem ist für den Beginn der Widerrufsfrist bei Immobiliar-Verbraucherdarlehen nicht mehr die Erteilung der verbraucherdarlehensrechtlichen vertraglichen Pflichtangaben erforderlich (vgl. § 356b Abs. 2 Satz 2 BGB). Darüber hinaus wurde für Immobiliardarlehensverträge gemäß § 492 Abs. 1a Satz 2 BGB in der vom 01.08.2002 bis einschließlich 10.06.2010 geltenden Fassung, die zwischen dem 01.09.2002 und dem 10.06.2010 abgeschlossen wurden, eine **nachträgliche Befristung des Widerrufsrechts** eingeführt. Ein fortbestehendes Widerrufsrecht ist danach spätestens mit Ablauf des 21.06.2016 erloschen, wenn es darauf beruhte, dass die Widerrufsbelehrung nicht den gesetzlichen Anforderungen entsprochen hat (Art. 229 § 38 Abs. 3 Satz 1 EGBGB);[2112] diese nachträgliche Befristung gilt nur für fehlerhafte, nicht hingegen für fehlende Widerrufsbelehrungen. Sie gilt bei Haustürgeschäften außerdem nur, wenn die beiderseitigen Leistungen aus dem Verbraucherdarlehensvertrag bei Ablauf des 21.05.2016 vollständig erbracht wurden, anderenfalls erlöschen die fortbestehenden Widerrufsrechte erst einen Monat nach vollständiger Erbringung der beiderseitigen Leistungen aus dem Vertrag (Art. 229 § 38 Abs. 3 Satz 2 EGBGB).

1223 Zu Auseinandersetzungen über das Bestehen und die Folgen »ewiger Widerrufsrechte« ist eine unüberschaubare Anzahl an instanzgerichtlicher und höchstrichterlicher Entscheidungen ergangen.[2113] Dabei wurde bspw. auch festgehalten, dass es sich bei der **Widerrufsbelehrung und bei der Widerrufsinformation um AGB i.S.d. §§ 305 ff. BGB handelt**, die aus der Sicht eines normal informierten, angemessen aufmerksamen und verständigen Verbraucher auszulegen ist.[2114] Ein durch objektive Auslegung ermittelter Belehrungsfehler kann nicht durch die konkreten, aber nicht in der für die Widerrufsbelehrung vorgeschriebenen Form dokumentierten Umstände der Erteilung der Widerrufsbelehrung ausgeräumt werden.[2115] Zu den allgemeinen Anforderungen an das »**Deutlichkeitsgebot**« hat der BGH betont, dass der Schutz des Verbrauchers eine umfassende, unmissverständliche und für den Verbraucher eindeutige Belehrung über sein Widerrufsrecht erfordert. Um die vom Gesetz bezweckte Verdeutlichung des Rechts zum Widerruf nicht zu beeinträchtigen, darf die Widerrufsbelehrung bzw. Widerrufsinformation grundsätzlich keine anderen Erklärungen enthalten. Zulässig sind zu diesem Zweck allerdings Ergänzungen, die den Inhalt des Widerrufsrechts verdeutlichen. Nicht zulässig sind Erklärungen, die einen eigenen Inhalt aufweisen und weder für das Verständnis noch für die Wirksamkeit der Widerrufsbelehrung bzw. Widerrufsinformation von Bedeutung sind und deshalb von ihr ablenken oder aber gemessen an den einschlägigen gesetzlichen Regelungen einen unrichtigen Inhalt haben. [2116] Eine formal und inhaltlich des gesetzlichen Anforderungen genügende Widerrufsbelehrung wird nicht dadurch undeutlich, dass die Vertragsunterlagen an anderer (drucktechnisch nicht hervorgehobener Stelle) einen inhaltlich nicht ordnungsgemäßen Zusatz enthalten.[2117] Entschieden wurde ferner, dass es für die Widerruflichkeit nicht auf eine **Kausalität des Belehrungsfehlers** für das Unterbleiben des Widerrufs ankommt.[2118] Außerdem genügt es bei **mehreren Darlehensnehmern** (dazu Rdn. 1219), wenn die Darlehensnehmer Mitbesitz an den für die Ingangsetzung der Widerrufsfrist erforderlichen Unterlagen erhalten.[2119] Wirksam ist auch ein zusätzlicher Hinweis, dass bei mehreren Darlehensnehmern jeder Darlehensnehmer sein Widerrufsrecht gesondert ausüben kann.[2120] Das Widerrufsrecht ist ein Gestaltungsrecht; als solches ist es bedingungsfeindlich und es verjährt nicht.[2121] Nach seinem

2112 BGH, Beschl. v. 16.01.2018 – XI ZR 477/17.
2113 Vgl. etwa *Lechner* WM 2017, 689 und 737.
2114 Vgl. BGH, Urt. v.06.12.2011 – XI ZR 401/10, WM 2012, 262 (Rn. 22 f.); BGH, Urt. v. 22.11.2016 – XI ZR 434/15, (Rn. 15, 20).
2115 BGH, Urt. v. 21.02.2017 – XI ZR 381/16, (Rn. 16).
2116 BGH, Urt. v. 13.01.2009 – XI ZR 118/08, (Rn. 14).
2117 BGH, Urt. v. 16.12.2015 – IV ZR 71/14, (Rn. 11); BGH, Urt. v. 10.10,2017 – XI ZR 443/16, Rn. 25).
2118 BGH, Urt. v. 12.07.2016 – XI ZR 564/15 (Rn. 26); BGH, Urt. v. 21.02.2017 – XI ZR 381/16, (Rn. 18).
2119 BGH, Beschl. v. 07.03.2017 – XI ZR 282/16.
2120 BGH, Urt. v. 11.10.2016 – XI ZR 482/15, (Rn. 27).
2121 BGH, Urt. v. 17.12.2014 – IV ZR 260/11, (Rn. 34).

Zugang ist der Widerruf unwiderruflich.[2122] Soweit gesetzlich kein Erlöschen des Widerrufsrechts angeordnet ist (§ 356b Abs. 2 Satz 4 BGB; zuvor vgl. § 7 Abs. 2 VerbrKrG; § 355 Abs. 3 BGB in der am 01.01.2002 in Kraft getretenen Fassung, dazu Rdn. 1169), kann der Darlehensnehmer auch noch nach **vorzeitiger Beendigung** (z.B. durch Aufhebungsvereinbarung)[2123] oder nach **vollständiger Erfüllung des Darlehensvertrages**[2124] sein Widerrufsrecht ausüben. In Betracht kommt dann aber eine **rechtsmissbräuchliche Ausübung oder eine Verwirkung des Widerrufsrechts** (dazu Rdn. 1228–1229).[2125] Viele der relevanten Einzelfragen hängen aufgrund der häufigen gesetzlichen Änderungen aber letztlich maßgeblich von den jeweils zeitlich anwendbaren Vorschriften ab. Im Wesentlichen stellt sich das wie folgt dar:

Zur Rechtslage bei Immobiliardarlehensverträgen, die zwischen dem 01.01.1991 und dem 01.08.2002 (bzw. 01.11.2002 abgeschlossen wurden), vgl. Rdn. 1168–1172. Das »ewige Widerrufsrecht« dürfte hier wegen des in § 7 Abs. 2 VerbrKrG; § 355 Abs. 3 BGB a.F. geregelten Erlöschens des Widerrufsrechts spätestens ein Jahr nach Abgabe der auf den Abschluss des Darlehensvertrages gerichteten Willenserklärung des Verbrauchers allenfalls bei Haustürgeschäften eine Rolle spielen (dazu Rdn. 1172). 1224

Mit dem **OLG-Vertretungsänderungsgesetz** entfiel zum 01.08.2002 die Regelung zum Erlöschen des verbraucherdarlehensrechtlichen Widerrufsrechts (dazu Rdn. 1170). Zum Ausgleich wurde durch die »**Zweite Verordnung zur Änderung der BGB-InfoVO**« vom 01.08.2002 (in Kraft getreten am 01.09.2002) in Anlage 2 zu § 14 BGB-InfoVO a.F. vom BMJ erstmals ein **Mustertext für die Widerrufsbelehrung** eingeführt (dazu (Rdn. 1171), der den komplexen gesetzlichen Anforderungen genügen sollte und eine **Gesetzlichkeitsfiktion** gewährte, d.h. der Verwender sollte darauf vertrauen können, dass er mit der Verwendung der Musterbelehrung die gesetzlichen Anforderungen an eine Widerrufsbelehrung erfüllt (§ 14 Abs. 1 und 3 BGB-InfoVO a.F.). Ganz überwiegend wurde allerdings die Auffassung vertreten, dass jedenfalls die in diesem Muster enthaltene Formulierung zum Beginn der Widerrufsfrist (»Die Frist beginnt frühestens mit Erhalt dieser Belehrung«) nicht gesetzeskonform war, weil die Formulierung den Verbraucher nicht richtig über den nach § 355 Abs. BGB a.F. maßgeblichen Beginn der Widerrufsfrist und die zeitlichen Grenzen des Widerrufsrechts informierte.[2126] Darüber hinaus wurde in Zweifel gezogen, dass die Gesetzlichkeitsfiktion von der Ermächtigungsgrundlage des Art. 245 Nr. 1 EGBGB gedeckt war.[2127] Mit dem am **08.12.2004** in Kraft getretenen »**Gesetz zur Änderung der Vorschriften über Fernabsatzverträge**« (FernAbsÄndG)[2128] wurde das in Anlage 2 zu § 14 BGB-InfoVO a.F. enthaltene Muster der Widerrufsbelehrung zwar auch für Verbraucherdarlehensverträge korrigiert, indem in Satz 2 des Textbausteins für Verbraucherdarlehen entsprechend § 358 Abs. 3 Satz 2 BGB nach dem Wort »Vorbereitung« das Wort »und« durch das Wort »oder« ersetzt wurde. Die Formulierung zum Beginn der Widerrufsfrist wurde allerdings beibehalten. Die »**Dritte Verordnung zur Änderung der BGB-InfoVO**«[2129] v. 04.03.2008 führte mit ihrem Inkrafttreten am **01.04.2008** zu einer erneuten Änderung 1225

2122 BGH, Urt. v. 07.11.2017 – XI ZR 369/16, (Rn. 29).

2123 BGH, Urt. v. 11.10.2016 – XI ZR 482/15, (Rn. 28); BGH, Urt. v. 21.02.2017 – XI ZR 381/16, WM 2017, 806 (Rn. 20); BGH, Urt. v. 25.04.2017 – XI ZR 314/16, (Rn. 13).

2124 OLG Köln, Urt. v. 25.01.2012 – 13 U 30/11, WM 2012, 1532.

2125 BGH, Urt. v. 12.07.2016 – XI ZR 501/15, (Rn. 31 ff.); BGH, Urt. v. 21.02.2017 – XI ZR 381/16, WM 2017, 806 (Rn. 21); BGH, Urt. v. 14.03.2017 – XI ZR 442/16, (Rn. 27 f.).

2126 BGH, Urt. v. 09.12.2009 – VIII ZR 82/08, WM 2010, 721 (Rn. 13, 15); BGH, Urt. v. 29.04.2010 – I ZR 66/08, WM 2010, 2126 (Rn. 21); BGH, Urt. v. 28.06.2011 – XI ZR 349/10, WM 2011, 1799 (Rn. 34); BGH, Urt. v. 15.08.2012 – VIII ZR 378/11, BGHZ 194, 238 (Rn. 9); kritisch *Schmidt-Kessel/Gläser* WM 2014, 965 (970 f.).

2127 Zu den Zweifeln an der Gesetzmäßigkeit der Musterbelehrung etwa OLG Koblenz, NJW 2005, 3430 (3431); OLG Schleswig, OLGR 2007, 929; OLG Jena, ZIP 2011, 1063; LG Halle, WM 2007, 121 (122); LG Koblenz, BB 2007, 239; Palandt/*Grüneberg* (67. Aufl.) § 14 BGB-InfoVO Rn. 5; MüKo-BGB/*Masuch* (5. Aufl.) § 355 Rn. 56 mwN.; vgl. auch *Schmidt-Kessel/Gläser* WM 2014, 965.

2128 BGBl. I, S. 3102; dazu *Dörrie* ZBB 2005, 121.

2129 BGBl. I, S. 292 (293).

der Musterbelehrung in Anlage 2 zu § 14 BGB-InfoVO a.F. Es wurde nun auch der Passus zum Beginn der Widerrufsfrist an die gesetzlichen Anforderungen angepasst. Erst dieser Text der Musterbelehrung in der Fassung der BGB-InfoVO v. 04.03.2008 wurde allgemein inhaltlich für gesetzeskonform erachtet.[2130] Nach der **Überleitungsvorschrift** des § 16 BGB-InfoVO ist die Gesetzlichkeitsfiktion aus § 14 Abs. 1 und 3 BGB-InfoVO a.F. auch auf solche Widerrufsbelehrungen anzuwenden, die den bis 31.03.2008 geltenden Musterbelehrungen entsprechen und dem Verbraucher vor dem 01.10.2008 mitgeteilt worden sind. Der BGH entschied erst im Jahr 2012, dass die Gesetzlichkeitsfiktion – ungeachtet vorhandener Fehler der Musterbelehrung – von der Ermächtigungsgrundlage des Art. 245 Nr. 1 EGBGB gedeckt und die Musterbelehrung wirksam ist.[2131] Auf die **Schutzwirkung** des § 14 Abs. 1 und 3 BGB-InfoVO a.F. kann sich der Darlehensgeber allerdings nur berufen, wenn er ein Widerrufsformular verwendet hat, das dem Muster der Anlage 2 zu § 14 Abs. 1 BGB-InfoVO a.F. in der jeweils maßgeblichen Fassung sowohl inhaltlich als auch in der äußeren Gestaltung vollständig entsprochen hat und keiner eigenen inhaltlichen Bearbeitung unterzogen wurde.[2132] Maßstab ist insbes. § 14 Abs. 3 BGB-InfoVO a.F., der lediglich Abweichungen in Format und Schriftgröße und Zusätze wie die Firma oder ein Kennzeichen des Unternehmers zuließ.[2133] Allerdings führt nicht zwangsläufig jede Abweichung von oder Ergänzung der Musterbelehrung zum Verlust der Gesetzlichkeitsfiktion.[2134] Ebenso wenig stellen bloß redaktionelle Änderungen[2135] oder bloße Korrekturen[2136] die Richtigkeitsgewähr infrage. Zulässig sind daher jedenfalls Ergänzungen, die keinen eigenen Inhalt aufweisen oder den Inhalt der

2130 Palandt/*Grüneberg* (69. Aufl.) § 14 BGB-InfoVO Rn. 5; *Schirmbacher* BB 2009, 1088.

2131 BGH, Urt. v. 15.08.2012 – VIII ZR 378/11 (BGHZ 194, 238); offen gelassen noch in BGH, Urt. v. 12.04.2007 – XI ZR 122/06, (Rn. 12); BGH, WM 2011, 1799, (Rn. 36); BGH, WM 2011, 86 (Rn. 14); dazu und zu den Abweichungen der Musterbelehrungen von den gesetzlichen Vorschriften *Schmidt-Kessel/Gläser* WM 2014, 965.

2132 BGH, Urt. v. 09.12.2009 – VIII ZR 219/08, (Rn. 20); BGH, Urt. v. 28.06.2011 – XI ZR 349/10, (Rn. 37); BGH, Urt. v. 18.03.2014 – II ZR 109/13, (Rn. 15, 18); BGH, Urt. v. 12.07.2016 – XI ZR 564/15, (Rn. 22).

2133 BGH, Urt. v. 12.07.2016 – XI ZR 564/15, (Rn. 22).

2134 **Kein Verlust der Gesetzlichkeitsfiktion**: BGH, Urt. v. 26.10.2010 – XI ZR 367/07, (Rn. 20): zulässig sind Ergänzungen, die keinen eigenen Inhalt aufweisen und den Inhalt der Widerrufsbelehrung verdeutlichen (Empfangsbekenntnis auf der Widerrufsbelehrung); BGH, Beschl. v. 20.11.2012 – II ZR 264/10, (Rn. 6): Anpassung des Fristbeginns an § 187 BGB; BGH, Urt. v. 12.07.2016 – XI ZR 564/15, (Rn. 23): Einrücken oder Zentrieren von Überschriften, individuelle Gestaltung der Einrahmung, Zuordnung eines konkreten Verbrauchervertrages im Text der Widerrufsbelehrung, Ersetzung von Begriffen durch Synonyme ohne Abstriche bei der Verständlichkeit; BGH, Urt. v. 11.10.2016 – XI ZR 482/15, (Rn. 27): Hinweis, dass bei mehreren Darlehensnehmern jeder Darlehensnehmer gesondert widerrufen kann. **Verlust der Gesetzlichkeitsfiktion**: BGH, Urt. v. 18.03.2014 – II ZR 109/13, (Rn. 18 f.): Abweichung vom Text zum Beginn der Widerrufsfrist; BGH, Urt. 12.07.2016 – XI ZR 564/15, WM 2016, 1930 (Rn. 25) und BGH, Urt. v. 25.04.2017 – XI ZR 314/16, (Rn. 12): sog Sammelbelehrung, die die Darstellung der Voraussetzungen des verbundenen Geschäfts bei Mobiliar- und Immobiliarfinanzierungen kombiniert, vgl. Gestaltungshinweis 9 des Musters der Widerrufsbelehrung v. 08.12.2004 – Anlage zu § 14 BGB-InfoV; BGH, Urt. v. 12.07.2016 – XI ZR 564/15, (Rn. 25, 16): Postfachangabe ist keine »ladungsfähiger Anschrift« (wird aber den gesetzlichen Anforderungen aus § 355 Abs. 2 Satz 1 BGB a.F. gerecht), Ergänzung von Fußnote zur Widerrufsfrist (»Bitte Frist im Einzelfall prüfen«); BGH, Urt. 20.06.2017 – XI ZR 72/16, (Rn. 26): Kombination der Ortsangabe mit Großempfängerpostleitzahl ist keine »ladungsfähige Anschrift«. Vgl. die Übersicht bei *Lechner* WM 2017, 689 und 737.

2135 BGH, Urt. v. 12.07.2016 – XI ZR 564/15, (Rn. 23): erster Person Plural statt dritte Person Singular für den Unternehmer; OLG Frankfurt a.M., Beschl. v. 01.10.2014 – 17 U 138/14, WM 2014, 2362; OLG Frankfurt a.M., Urt. v. 07.07.2014 – 23 U 172/13, BeckRS 2014, 16740: »Frist« statt »Widerrufsfrist«; »wir« statt »Darlehensgeber«; OLG Dresden, Urt. v. 13.01.2017 – 5 U 839/16, WM 2018. 128: »Nutzen« statt »Nutzungen«.

2136 BGH, Beschl. v. 20.11.2012 – II ZR 264/10, (Rn. 6); BGH, Urt. v. 18.03.2014 – II ZR 109/13, (Rn. 18): Anpassung des Fristbeginns an § 187 BGB.

Widerrufsbelehrung verdeutlichen.[2137] Auch bloße Ausfüllhinweise, die an den Bearbeiter zum richtigen Ausfüllen der Widerrufsbelehrung gerichtet sind und drucktechnisch abgehoben sind, beinträchtigen die Gesetzlichkeitsfiktion nicht, denn der Durchschnittsverbraucher wird solche Ausfüllhinweise nicht auf sich beziehen.[2138] Eine inhaltliche Bearbeitung der Musterbelehrung führt aber selbst dann zum Verlust der Gesetzlichkeitsfiktion, wenn sie als solche zutreffend ist und den Verbraucher begünstigt.[2139] Der Verlust der Gesetzlichkeitsfiktion führt allerdings noch nicht zwangsläufig zur **Fehlerhaftigkeit der Widerrufsbelehrung.**[2140] Vielmehr ist ihre Gesetzmäßigkeit an § 355 BGB a.F. (zuvor: § 361a BGB a.F.) zu messen und zu prüfen, ob sie dem **Deutlichkeitsgebot** genügt.[2141] Dabei ist es aber nicht erforderlich, dass sämtliche Vorgaben des § 355 Abs. 1 und 2 BGB a.F. ausdrücklich in der Widerrufsbelehrung genannt wurden.[2142] Die Verwendung der Formulierung zum Beginn der Widerrufsfrist aus der Musterbelehrung in der Fassung bis 31.03.2008 (»frühestens«) genügt dem gesetzlichen Deutlichkeitsgebot nicht.[2143] Gesetzmäßig ist die Darstellung des Beginns der Widerrufsfrist aber dann, wenn die für die Fristbestimmung maßgebenden Ereignisse angegeben wurden, wie das auch der Gesetzgeber seit dem 11.06.2010 in den gesetzlichen Mustern für die Widerrufsinformation für ausreichend erachtet hat; die konkrete Bestimmung des Fristbeginns war dem Verbraucher nicht zu erläutern, weil es ihm zumutbar ist, sich selbst über den konkreten Anlauf der Frist nach dem Inhalt des Bürgerlichen Gesetzbuches zu informieren [2144] Hinsichtlich der für den Fristbeginn dem Verbraucher auszuhändigenden Unterlagen muss im Hinblick auf den schriftlichen Vertragsantrag (vgl. §§ 355 Abs. 2 Satz 3 BGB a.F. i.V.m. § 492 BGB a.F.) der Widerrufsbelehrung zu entnehmen sein, dass es sich um den Antrag des Verbrauchers handelt;[2145] hingegen ist in diesem Zusammenhang die Verwendung des Begriffs »Vertragsurkunde« niemals undeutlich, da dieser Begriff unmissverständlich auch vom Gesetzgeber verwendet wurde (§ 355 Abs. 2 Satz 3 BGB a.F.) und der Darlehensgeber nicht genauer formulieren muss als der Gesetzgeber.[2146] Ein Hinweis in der Widerrufsbelehrung auf die Rechtsfolgen des

2137 BGH, Beschl. v. 20.11.2012 – II ZR 264/10, (Rn. 8) zur Musterbelehrung in der bis 31.03.2008 geltenden Fassung: Anpassung des Beginns der Widerrufsfrist an die gesetzliche Regelung des § 187 BGB (»mit dem Tag nach Erhalt«); BGH, Urt. v. 11.10.2016 – XI ZR 482/15, (Rn. 14 ff., 27): Zusatz, dass bei mehreren Darlehensnehmern jeder Darlehensnehmer seine Willenserklärung gesondert widerrufen kann und bei Widerruf nur eines Darlehensnehmers der Darlehensvertrag insgesamt unwirksam wird; vgl. auch BGH, Urt. v. 13.01.2009 – XI ZR 118/08, WM 2009, 350 (Rn. 16 ff.): Erläuternder Zusatz zur Heilung des Fristbeginns »frühestens«.

2138 So wohl BGH, Beschl. v. 24.01.2017 – XI ZR 66/16, WM 2017, 370 (Rn. 6); *Schmidt-Kessel/Schäfer* WM 2013, 2241 (2248).

2139 BGH, Urt. v. 18.03.2014 – II ZR 109/13, WM 2014, 887 (Rn. 17).

2140 Schadensersatzansprüche des Darlehensnehmers bei Fehlerhaftigkeit der Widerrufsbelehrung verneinend OLG Braunschweig, Urt. v. 07.12.2017 – 8 U 40/17.

2141 Vgl. die Übersicht bei *Lechner* WM 2017, 689 und 737; zu den allgemeinen Anforderungen an das Deutlichkeitsgebot etwa BGH, Urt. v. 13.01.2009 – XI ZR 118/08, (Rn. 14).

2142 BGH, Urt. v. 27.02.2018 – XI ZR 160/17 (Rn. 24).

2143 BGH, Urt. v. 09.12.2009 – VIII ZR 82/08, WM 2010, 721 (Rn. 13, 15); BGH, Urt. v. 29.04.2010 – I ZR 66/08, WM 2010, 2126 (Rn. 21); BGH, Urt. v. 28.06.2011 – XI ZR 349/10, WM 2011, 1799 (Rn. 34); BGH, Urt. v. 15.08.2012 – VIII ZR 378/11, BGHZ 194, 238 (Rn. 9); BGH, Urt. 12.7.2016 – XI ZR 564/15, (Rn. 18). Bzgl. der Länge der Widerrufsfrist wirksam ist aber der Hinweis zwei Wochen (einen Monat) in Verbindung mit einer erläuternden Fußnote, dass die Monatsfrist nur bei nachträglicher Widerrufsbelehrung gilt, BGH, Urt. v. 14.03.2017 – XI ZR 442/16, (Rn. 23); BGH, Urt. v. 28.11.2017 – XI ZR 432/16, (Rn. 8).

2144 BGH, Urt. v. 24.01.2017 –XI ZR 183/15, (Rn. 26); OLG Karlsruhe, Urt. v. 10.10.2017 – 17 U 129/16, WM 2018, 78 (79).

2145 BGH, Urt. v. 10.03.2009 – XI ZR 33/08, (Rn. 15); BGH, Beschl. v. 27.09.2016 – XI ZR 309/15, (Rn. 8); BGH, Urt. v. 21.02.2017 – XI ZR 381/16, (Rn. 13); BGH, Urt. v. 14.03.2017 – XI ZR 442/16, Rn. 24); vgl. zur Heilungsmöglichkeit durch anderweitige Formulierungen BGH, Urt. v. 16.05.2017 – XI ZR 586/15, (Rn. 20 ff.).

2146 BGH, Urt. v. 21.02.2017 – XI ZR 381/16, (Rn. 14); vgl. auch OLG Köln, Beschl. v. 05.10.2017 – 24 U 109/17, WM 2018, 81.

Widerrufs war nach § 355 BGB a.F. (zuvor: § 361a BGB a.F.) nicht erforderlich,[2147] wenn es sich nicht um ein Fernabsatzgeschäft handelte.[2148] Zulässig ist auch ein Verweis auf gesetzliche Vorschriften im Hinblick auf die im Fernabsatz für das Ingangsetzen der Widerrufsfrist zu erteilenden Informationen (§ 312c Abs. 2 BGB a.F.); dem Verbraucher ist zuzumuten, solche frei zugänglichen Vorschriften selbst nachzuschlagen.[2149] Wirksam ist ferner eine Kombination der Darstellung der Voraussetzungen des verbundenen Geschäfts bei Mobiliar- und Immobiliarfinanzierungen (sog. Sammelbelehrung);[2150] dabei musste der Darlehensgeber – anders als nach dem seit 30.07.2010 geltenden Muster für die Widerrufsinformation (vgl. Rdn. 1182) – auch nicht entscheiden, ob tatsächlich ein verbundenes Geschäft vorlag.[2151] Unschädlich ist es auch, wenn das Datum in der Überschrift der Widerrufsbelehrung nicht dem Tag der Unterzeichnung durch den Verbraucher entspricht.[2152] Die Widerrufsbelehrung nach § 355 BGB a.F. (zuvor: § 361a BGB a.F.) durfte zwar grundsätzlich keine anderen Erklärungen enthalten, zulässig waren allerdings Ergänzungen, die keinen eigenen Inhalt aufwiesen oder den Inhalt der Widerrufsbelehrung verdeutlichten.[2153] Um einen verdeutlichenden – aber gesetzlich nicht erforderlichen[2154] – Zusatz handelt es sich bei dem Hinweis, dass bei mehreren Darlehensnehmern jeder Darlehensnehmer einzeln widerrufen kann und bei Widerruf nur eines Darlehensnehmers der Darlehensvertrag insgesamt unwirksam wird.[2155] Zulässig ist auch die Erteilung einer Widerrufsbelehrung für mehrere Darlehensverträge, wenn die Belehrung erkennen lässt, dass sie sich auf mehrere Verträge bezieht; das gilt auch dann, wenn mehrere Darlehensverträge in einer Vertragsurkunde zusammengefasst werden.[2156] Wurde die Widerrufsbelehrung nicht ordnungsgemäß erteilt, kommt es für die Widerruflichkeit nicht auf eine Kausalität des Belehrungsfehlers für das Unterbleiben des Widerrufs an.[2157] Entscheidend ist allein, ob die Widerrufsbelehrung durch ihre missverständliche Formulierung objektiv geeignet ist, den Darlehensnehmer von der Ausübung seines Widerrufsrechts abzuhalten.[2158] Macht der Darlehensnehmer von seinem Widerrufsrecht Gebrauch, wandelt sich das Darlehensverhältnis ex nunc in ein **Rückabwicklungsschuldverhältnis** um; dabei werden die beiderseits aus dem Rückabwicklungsschuldverhältnis resultierenden Ansprüche – auch wenn sie gleichartig sind – nach §§ 346 ff. BGB nicht automatisch saldiert.[2159] Die jeweiligen Ansprüche sind aber Zug-um-Zug zu erfüllen (§ 348 Satz 1 BGB). Der Darlehensnehmer hat den noch offenen Darlehensrestbetrag zurück zu zahlen und als Wertersatz für die Nutzung des jeweils tatsächlich noch überlassenen Teils der Darlehensvaluta bis zu deren Rückzahlung einen marktüblichen Zins zu leisten (§ 357 Abs. 1 Satz 1 i.V.m.

2147 OLG Celle, Beschl. v. 14.07.2014 – 3 W 34/14, WM 2014, 1421 (1422); OLG Karlsruhe, Urt. v. 17.09.2014 – 17 U 239/13, WM 2014, 2162; wohl auch BGH, Urt. v. 28.11.2017 – XI ZR 432/16, (Rn. 9). Einseitige Rechtsfolgenbelehrung (Hinweis nur auf Pflichten des Darlehensnehmers) zulässig: OLG Frankfurt a.M., Urt. v. 05.08.2015 – 23 U 178/14, juris Rn. 55.

2148 BGH, Beschl. v. 24.01.2017 – XI ZR 183/15, (Rn. 28).

2149 BGH, Beschl. v. 24.01.2017 – XI ZR 183/15, (Rn. 24 f.); BGH, Urt. v. 21.02.2017 – XI ZR 467/15, (Rn. 46).

2150 BGH, Beschl. v. 24.01.2017 – XI ZR 66/16, (Rn. 9); BGH, Urt. v. 21.02.2017 – XI ZR 467/15, (Rn. 49): kombinierte Verwendung der Texte aus Gestaltungshinweis 9 der Musterbelehrung v. 08.12.2004; ferner BGH, Urt. v. 27.02.2018 – XI ZR 160/17 (Rn. 29).

2151 BGH, Beschl. v. 24.01.2017 – XI ZR 66/16, WM 2017, 370 (Rn. 10); BGH, Urt. v. 21.02.2017 – XI ZR 467/15, (Rn. 50 f.).

2152 BGH, Beschl. v. 25.04.2017 – XI ZR 264/16.

2153 BGH, Urt. v. 13.01.2009 – XI ZR 118/08, WM 2009, 350 (Rn. 14); BGH, Urt. v. 10.03.2009 – XI ZR 33/08, (Rn. 18): Zulässigkeit eines Kenntnisnahmevermerks.

2154 BGH, Urt. v. 11.10.2016 – XI ZR 482/15, (Rn. 13).

2155 BGH, Urt. v. 11.10.2016 – XI ZR 482/15, (Rn. 14 ff., 27); BGH, Urt. v. 21.02.2017 – XI ZR 467/15, (Rn. 53).

2156 BGH, Beschl. v. 29.08.2017 – XI ZR 318/16.

2157 BGH, Urt. v. 12.07.2016 – XI ZR 564/15 (Rn. 26). Zur Möglichkeit einer Nachbelehrung vgl. 4. Aufl. Kap. 4 Rdn. 1118.

2158 BGH, Urt. v. 12.07.2016 – XI ZR 564/15, WM 2016, 1930 (Rn. 26).

2159 BGH, Beschl. v. 12.01.2016 – XI ZR 366/15, (Rn. 16).

§ 346 Abs. 2 Satz 2 BGB a.F.);[2160] marktüblich ist i.d.R. der Vertragszins, wenn er innerhalb einer Spannbreite von 1 Prozentpunkt zur Bundesbankstatistik liegt.[2161] Bei Widerruf eines Darlehensvertrages mit gebundenem Sollzinssatz ist als marktüblicher Sollzinssatz jener für die vereinbarte Zinsbindungsperiode maßgeblich, denn der Wertersatz bezieht sich auf den gebundenen Sollzinssatz, nicht auf das jeweils zu bestimmten Zeitpunkten ermittelte aktuelle Zinsniveau.[2162] Dem Darlehensnehmer ist der Nachweis gestattet, dass der Wert des Gebrauchsvorteils niedriger war als der vereinbarte Sollzins (§ 346 Abs. 2 Satz 2 Halbs. 2 BGB a.F.).[2163] Wurde das Darlehen durch ein Grundpfandrecht gesichert, sichert die vom Darlehensvertrag verschiedene Sicherungszweckabrede auch die Ansprüche des Darlehensgebers aus dem Rückgewährschuldverhältnis; der Darlehensnehmer ist insoweit vorleistungspflichtig und kann daher nicht Freigabe der Grundschuld »Zug-um-Zug« gegen Zahlung verlangen.[2164] Über die Anwendbarkeit der Regelungen zum Rücktrittsrecht (§ 357 Abs. 1 BGB a.F.; Art. 229 § 32 Abs. 1 EGBGB) hat der Darlehensgeber auch Nutzungsersatz für die vom Darlehensnehmer bereits erbrachten Zins- und Tilgungsleistungen zu erbringen;[2165] das gilt grds. auch im Fall einer vorzeitigen Rückzahlung des Darlehens.[2166] Bei Immobiliardarlehen werden insoweit Nutzungen in Höhe von 2,5 Prozentpunkten über dem Basiszinssatz widerleglich vermutet.[2167] Dem Darlehensnehmer steht insoweit aber gegen die Bank kein Anspruch auf Auskunft über die von ihr konkret gezogenen Nutzungen zu.[2168] Dem Darlehensnehmer steht die Möglichkeit einer Aufrechnung offen; die Aufrechnung wirkt nach § 389 BGB nur auf den Zeitpunkt des Entstehens des Rückgewährschuldverhältnisses und nicht weiter zurück, weil vor dem Wirksamwerden des Widerrufs kein Rückgewährschuldverhältnis existierte, dessen Pflichtenprogramm vorab erfüllt werden könnte.[2169] Die vom Darlehensnehmer nach erfolgtem Widerruf weiterhin erbrachten Zins- und Tilgungsleistungen fallen nicht mehr unter das Rückgewährschuldverhältnis, sondern sind nach bereicherungsrechtlichen Grundsätzen abzuwickeln.[2170] Führt der Darlehensnehmer nach erfolgtem Widerruf das Darlehen unter Zahlung der von der Bank berechneten Vorfälligkeitsentschädigung zurück, steht einem Rückforderungsverlangen hinsichtlich der Vorfälligkeitsentschädigung die Einrede der Kenntnis der Nichtschuld aus § 814 BGB entgegen.[2171] Für Immobiliardarlehensverträge, die zwischen 01.09.2002 und 10.06.2010 abgeschlossen wurden, wurde am 21.03.2016 eine **nachträgliche Befristung des Widerrufsrechts** eingeführt. Das Widerrufsrecht ist danach spätestens mit Ablauf des 21.6.2016 erloschen, wenn es

2160 OLG Nürnberg, Urt. v. 18.12.2017 – 14 U 1221/16, WM 2018, 370 (372). Zum Nachweis eines geringeren Gebrauchsvorteils BGH, Beschl. v. 12.09.2017 – XI ZR 365/16, (Rn. 10).

2161 BGH, Urt. v. 19.01.2016 – XI ZR 103/15, (Rn. 17).

2162 BGH, Beschl. v. 12.09.2017 – XI ZR 365/16, (Rn. 10).

2163 Dazu BGH, Beschl. v. 12.09.2017 – XI ZR 365/16, (Rn. 10 f.).

2164 BGH, Beschl. v. 17.01.2017 – XI ZR 170/16, (Rn. 7); BGH, Urt. v. 27.02.2018 – XI ZR 224/17 (Rn. 17).

2165 BGH, Beschl. v. 12.01.2016 – XI ZR 366/15, (Rn. 18 ff.); BGH, Urt. v. 25.04.2017 – XI ZR 108/16, (Rn. 22 ff.): keine Auswirkungen anfallender Kapitalertragssteuer nebst Solidaritätszuschlag und Kirchensteuer auf die Möglichkeit der Aufrechung durch den Verbraucher; vgl. aber auch BGH, Beschl. v. 24.04.2018 – XI ZR 385/16: kein Anspruch auf Nutzungsersatz, wenn mit dem Darlehen im Rahmen eines verbundenen Geschäfts eine Fondsbeteiligung finanziert und das Darlehen unmittelbar aus den Ausschüttungen der Fondsgesellschaft zurückgezahlt worden ist.

2166 BGH, Beschl. v. 12.09.2017 –XI ZR 365/16, (Rn. 8).

2167 BGH, Urt. v. 12.07.2016 – XI ZR 564/15, (Rn. 58); zur Widerlegung der Vermutung BGH, Urt. v. 25.04.2017 –XI ZR 573/15, (Rn. 17 ff.; 36 ff.); zur Höhe des Nutzungsersatzes *Krepold* BKR 2017, 397.

2168 BGH, Urt. v. 17.04.2018 – XI ZR 446/16 (Rn. 22 ff.).

2169 BGH, Beschl. v. 12.01.2016 – XI ZR 366/15, (Rn. 16). Ein unbefristetes Widerrufsrecht entsteht nicht aufgrund der Unwirksamkeit des Aufrechnungsausschlusses in Nr. 11 Abs. 1 AGB-Sparkassen, OLG Hamburg, Beschl. v. 18.06.2018 – 13 U 139/17.

2170 BGH, Beschl. v. 10.01.2017 – XI ZB 17/16; BGH, Beschl. v. 21.02.2017 – XI ZR 389/16, (Rn. 3); BGH, Urt. v. 21.02.2017 – XI ZR 467/15, (Rn. 20); *Siemienowski* BKR 2017, 183.

2171 OLG Karlsruhe, Urt. v. 12.05.2015 – 17 U 59/14; KG, Beschl. v. 23.03.2018 – 4 U 3 /17.

darauf beruht, dass die Widerrufsbelehrung nicht den gesetzlichen Anforderungen entsprochen hat (Art. 229 § 38 Abs. 3 Satz 1 EGBGB);[2172] diese nachträgliche Befristung gilt nur für fehlerhafte, nicht hingegen für fehlende Widerrufsbelehrungen. Sie gilt zudem bei Haustürgeschäften nur, wenn die beiderseitigen Leistungen aus dem Verbraucherdarlehensvertrag bis zum 21.05.2016 vollständig erbracht wurden, anderenfalls erlöschen die fortbestehenden Widerrufsrechte erst einen Monat nach vollständiger Erbringung der beiderseitigen Leistungen aus dem Vertrag (Art. 229 § 38 Abs. 3 Satz 2 EGBGB). Mit dieser nachträglichen Befristung dürften sich in der Praxis viele der vorstehend aufgeworfenen Fragen erledigt haben.

1226 Mit der **Umsetzung der Verbraucherkreditrichtlinie (RL 2008/48/EG) zum 11.06.2010** (dazu Rdn. 1176–1182) wurde die Widerrufsbelehrung durch einen **Hinweis auf das Widerrufsrecht im Darlehensvertrag** (»Widerrufsinformation«) ersetzt (vgl. §§ 503 Abs. 1, 495 Abs. 2 Nr. 1 BGB a.F. i.V.m. Art. 247 §§ 9 Abs. 1 Satz 3, 6 Abs. 2 EGBGB a.F.). Für den Beginn der Widerrufsfrist wurde außerdem auch die Erfüllung der verbraucherdarlehensrechtlichen vertraglichen Pflichtangaben maßgeblich (§ 495 Abs. 2 Nr. 2 Buchst. b) BGB a.F.; für Immobiliar-Verbraucherdarlehensverträge wieder entfallen mit der Umsetzung der Wohnimmobilienkreditrichtlinie zum 21.03.2016, vgl. § 356b Abs. 2 Satz 2 BGB). Ferner erfolgte eine Erstreckung des Widerrufsdurchgriffs (§ 358 Abs. 1 und 4 BGB) auf »zusammenhängende Verträge« (§ 360 BGB, § 359a BGB a.F.; dazu Rdn. 1176). Mit dem »**Gesetz zur Einführung einer Musterwiderrufsinformation für Verbraucherdarlehensverträge, zur Änderung der Vorschriften über das Widerrufsrecht bei Verbraucherdarlehensverträgen und zur Änderung des Darlehensvermittlungsrechts**«[2173] wurde zum **30.07.2010** insb. auch ein für Immobiliardarlehen geltendes gesetzliches Muster einer Widerrufsinformation eingeführt, bei dessen Verwendung in hervorgehobener und deutlich gestalteter Form eine **Gesetzlichkeitsfiktion** gilt (Art. 247 § 6 Abs. 2 Satz 3, § 12 Abs. 1 Satz 3 EGBGB). Zugleich wurde in §§ 492 Abs. 6, 494 Abs. 7 Satz 2, § 495 Abs. 2 Nr. 2 Buchst. b) BGB a.F. geregelt, dass unterbliebene Pflichtangaben zur Ingangsetzung der Widerrufsfrist nachgeholt werden können. Ferner wurde nur noch für grundpfandrechtlich gesicherte Darlehen geregelt, dass der Darlehensnehmer im Falle seines Widerrufs einen geringeren Gebrauchsvorteil als den vereinbarten Sollzinssatz nachweisen kann (§§ 495 Abs. 2 Nr. 3 Halbs. 2 BGB a.F., § 346 Abs. 2 Satz 2 Halbs. 2 BGB a.F.; seit 13.06.2014: § 357a Abs. 3 Satz 2 BGB a.F.; nochmals angepasst zum 21.03.2016: »Immobiliar-Verbraucherdarlehen« statt »durch ein Grundpfandrecht gesichert«).[2174] Das gesetzliche Muster der Widerrufsinformation wurde durch das »**Gesetz zur Anpassung der Vorschriften über den Wertersatz bei Widerruf von Fernabsatzverträgen und über verbundene Verträge**«[2175] zum **04.08.2011** in Gestaltungshinweis 8c bereits wieder leicht modifiziert. Ab 05.11.2011 war zur Erlangung der Gesetzlichkeitsfiktion bei Erteilung der Widerrufsinformation das neue gesetzliche Muster der Widerrufsinformation zu verwenden (vgl. Art. 247 § 6 Abs. 2 Satz 4, § 12 Abs. 1 Satz 4 EGBGB); bis zum 04.11.2011 konnte das vorherige gesetzliche Muster zur Erlangung der Gesetzlichkeitsfiktion verwendet werden (vgl. Art. 229 § 27 EGBGB und Art. 247 § 6 Abs. 2 Satz 4, § 12 Abs. 1 Satz 4 EGBGB). Mit der Einführung des gesetzlichen Musters der Widerrufsinformation hat der Gesetzgeber zwar die zuvor hinsichtlich der Musterbelehrung aus der BGB-InfoVO bestehenden Unsicherheiten beseitigt, dem »ewigen Widerrufsrecht« aber dadurch zum Fortbestand verholfen, dass er die Erteilung der verbraucherdarlehensrechtlich vorgeschriebenen vertraglichen Pflichtangaben zur Voraussetzung für den Beginn der Widerrufsfrist erhoben hat (§ 495 Abs. 2 Nr. 2 Buchst. b) BGB a.F.). Auch zu diesen gesetzlichen Mustern der Widerrufsinformation und den zugehörigen gesetzlichen Regelungen liegt mittlerweile Rechtsprechung vor.[2176] So ist die Hervorhebung der Widerrufsinformation nur zur Erlangung der Gesetzlichkeitsfiktion erforderlich, aber

2172 BGH, Beschl. v. 16.01.2018 – XI ZR 477/17.
2173 BGBl. I, S. 977.
2174 Zu dem Nachweis BGH, Beschl. v. 12.09.2017 – XI ZR 365/16, (Rn. 10 f.).
2175 BGBl. I, S. 1600.
2176 Dazu *Hölldampf* WM 2018, 114.

keine materiell-rechtliche Voraussetzung für die Pflichtangabe zum Widerrufsrecht als solche.[2177] Zulässig ist auch eine Darstellung der Widerrufsinformation im »Baukastensystem« mit Ankreuzoptionen.[2178] Im Übrigen dürften zu Fragen der Gesetzlichkeitsfiktion einige der Grundsätze der BGH-Rechtsprechung zu den Musterbelehrungen nach der BGB-InfoVO (vorstehend Rdn. 1224) entsprechend auch für die Widerrufsinformation herangezogen werden. Inhaltlich wird das Muster dieser Widerrufsinformation auch bei fehlender Hervorhebung den gesetzlichen Anforderungen gerecht, insbes. kann ein normal informierter, angemessen aufmerksamer und verständiger Verbraucher die für seinen Darlehensvertrag maßgeblichen Pflichtangaben allein anhand der Nennung der Vorschrift des § 492 Abs. 2 BGB und der sich daraus anschließenden Verweisungskette selbst ermitteln.[2179] Zulässig ist es auch, die Pflichtangaben anhand von Beispielen in einem Klammerzusatz zu erläutern;[2180] die so erläuterten Pflichtangaben müssen dann aber im Darlehensvertrag bzw. in einer in den Darlehensvertrag einbezogenen Anlage[2181] enthalten sein, und zwar auch dann, wenn sie über die gesetzlich vorgeschriebenen vertraglichen Pflichtangaben hinausgehen.[2182] Bei Annuitätendarlehen, bei denen sich aufgrund einer Zinsänderung und einer darauf beruhenden Anpassung der Annuitätsrate die Laufzeit ändern kann, ist es statthaft, die Vertragslaufzeit mit »unbefristet« anzugeben.[2183] Im Übrigen ist eine bloß fehlerhafte Pflichtangabe einer fehlenden Pflichtangabe nicht gleichzusetzen.[2184] Auch ein nur »einseitiger Rechtsfolgenhinweis« auf die Verpflichtungen des Darlehensnehmers im Falle eines Widerrufs genügte weiterhin den gesetzlichen Anforderungen.[2185] Der Hinweis zu Aufwendungen gegenüber öffentlichen Stellen (vgl. Gestaltungshinweis 7 des Musters der Widerrufsinformation – Anlage 6 zu Art. 247 § 6 Abs. 2 EGBGB a.F.) kann in der Widerrufsinformation unabhängig davon verwendet werden, ob beim Darlehensgeber solche Aufwendungen angefallen sind; dafür spricht bereits, dass dem Darlehensgeber mitunter bei Erstellung seines Vertragsangebots noch gar nicht bekannt ist, ob solche Aufwendungen überhaupt anfallen.[2186] Die Widerrufsinformation wird dadurch weder undeutlich noch unverständlich.[2187] Für den in der Widerrufsinformation bei Immobiliardarlehen pro Tag anzugebenden Zinsbetrag kann als Berechnungsgrundlage die deutsche Zinsberechnungsmethode (30/360) herangezogen werden.[2188] Einem »ewigen Widerrufsrecht« kann der Darlehensgeber ggf. der Einwand des Rechtsmissbrauchs oder der Verwirkung des Widerrufsrechts entgegen halten (dazu Rdn. 1228–1229).

Am **13.06.2014** ist das »**Gesetz zur Umsetzung der Verbraucherrechterichtlinie und zur Änderung des Gesetzes zur Regelung der Wohnungsvermittlung**« in Kraft getreten.[2189] Die gesetzlichen Neuregelungen betreffen primär die besonderen Vertriebsformen der im Fernabsatz oder außerhalb von **1227**

2177 BGH, Urt. v. 23.02.2016 – XI ZR 101/15, (Rn. 24 ff., 36); BGH, Urt. v. 23.02.2016 – XI ZR 549/14, (Rn. 14 ff.).

2178 BGH, Urt. v. 23.02.2016 – XI ZR 101/15, (Rn. 41 ff.).

2179 BGH, Urt. 22.11.2016 – XI ZR 434/15, (Rn. 18); ferner BGH, Beschl. v. 25.10.2016 – XI ZR 6/16, (Rn. 7); BGH, Beschl. v. 17.01.2017 – XI ZR 170/16, (Rn. 6).

2180 BGH, Urt. v. 22.11.2016 – XI ZR 434/15, (Rn. 21); dazu auch *Hölldampf* WM 2018, 114 (118).

2181 BGH, Urt. v. 04.07.2017 – XI ZR 741/16, (Rn. 25).

2182 BGH, Urt. v. 22.11.2016 – XI ZR 434/15, (Rn. 29); BGH, Urt. v. 04.07.2017 – XI ZR 741/16, (Rn. 22, 25).

2183 OLG Frankfurt, Beschl. v. 03.07.2016 – 23 U 172/16, WM 2016, 1605; vgl. auch Begr. RegE zu Art. 247 § 3Abs. 1 Nr. 10 EGBGB, BT-Drucks. 16/11643, S. 124; *Hölldampf* WM 2018, 114 (117).

2184 *Hölldampf* WM 2018, 114 (115).

2185 BGH, Beschl. v. 12.09.2017 – XI ZR 466/16; *Hölldampf* WM 2018, 114 (120).

2186 BGH, Beschl. v. 24.04.2018 – XI ZR 573/17; OLG Saarbrücken, Urt. v. 17.05.2018 – 4 U 22/17; OLG Brandenburg, Urt. v. 10.01.2018 – 4 U 35/17; *Hölldampf* WM 2018, 114 (119).

2187 BGH, Beschl. v. 25.10.2016 – XI ZR 6/16, (Rn. 7); vgl. auch OLG Nürnberg, Urt. v. 26.09.2016 – 14 U 969/15, ZIP 2016, 2155 (2157); OLG Stuttgart, Urt. v. 16.11.2015 – 6 U 171/15, BeckRS 2016, 12038, (Rn. 41): Verlust der Gesetzlichkeitsfiktion, aber inhaltlich gesetzmäßig.

2188 BGH, Urt. v. 04.07.2017 – XI ZR 741/16, (Rn. 23).

2189 BGBl. I, S. 3642; vgl. dazu *Wendehorst* NJW 2014, 577; zu den Neuerungen des situativen Anwendungsbereichs *Brinkmann* NJW 2014, 3270.

Geschäftsräumen des Unternehmers geschlossenen Verbraucherverträge und sehen insbesondere vorvertragliche Informationspflichten der Bank vor (§§ 312 ff. BGB, Art. 246 ff. EGBGB; dazu Rdn. 1185–1186). Es wurden aber auch die **Vorschriften zum Widerrufsrecht** des Verbrauchers neu konzipiert. Die **Rückabwicklung nach einem Widerruf** erfolgt nicht mehr nach Rücktrittsrecht (§ 357 Abs. 1 Satz 1 BGB a.F. i.Vm. §§ 346 ff. BGB), sondern abschließend nach den in §§ 357 ff. BGB geregelten Rechtsfolgen.[2190] Damit kommt im Falle des Widerrufs eines Verbraucherdarlehensvertrages, der nach dem 12.06.2014 abgeschlossen wurde (Art. 229 § 32 Abs. 1 EGBGB), eine Nutzungsersatzpflicht des Darlehensgebers für die von Darlehensnehmer bereits erbrachten Zins- und Tilgungsleistungen des Darlehensnehmers nicht mehr in Betracht.[2191] Diese Neuregelungen zu den Rechtsfolgen des Widerrufs wirken allerdings nicht zurück.[2192] Für den Widerruf ist die Einhaltung der Textform nicht mehr vorgesehen (§ 355 Abs. 1 BGB a.F.). Es genügt ein formloser Widerruf, der Verbraucher trägt aber die Beweislast für den Widerruf.[2193] Geändert wurden darüber hinaus die gesetzlichen Mustertexte der Widerrufsinformation für Verbraucherdarlehen (Anlage 7 zu Art. 247 § 6 Abs. 2 und § 12 Abs. 1 EGBGB a.F.).

1228 Mit der **Umsetzung der Wohnimmobilienkreditrichtlinie** (RL 2014/17/EU; dazu Rdn. 1187) wurden **zum 21.03.2016** abermals neue Vorschriften zum Widerrufsrecht für Immobiliar-Verbraucherdarlehen in Kraft gesetzt (vgl. zu der seit 21.03.2016 geltenden Rechtslage Rdn. 1217–1220). Für Immobiliar-Verbraucherdarlehen ist in Anlage 8 zu Art. 247 § 6 Abs. 2 und § 12 Abs. 1 EGBGB ein eigenständiges **gesetzliches Muster für die Widerrufsinformation** vorgesehen; wenn der Immobiliar-Verbraucherdarlehensvertrag eine Vertragsklausel in hervorgehobener und deutlich gestalteter Form enthält, die dem Muster der Widerrufsinformation in Anlage 8 zu Art. 247 § 6 Abs. 2 und 12 Abs. 1 EGBGB unter Berücksichtigung der einschlägigen Gestaltungshinweise entspricht, gelten die vertraglichen Angabepflichten des Darlehensgebers aus § 492 Abs. 2 BGB i.V.m. Art. 247 § 6 Abs. 2 Satz 3, § 12 Abs. 1 Satz 3 EGBGB als erfüllt (**Gesetzlichkeitsfiktion**). Für den **Beginn der Widerrufsfrist** bei Immobiliar-Verbraucherdarlehen ist – anders als bei Allgemein-Verbraucherdarlehen und anders als bei Immobiliardarlehensverträgen, die zwischen dem 10.06.2010 und dem 20.03.2016 abgeschlossen wurden (vgl. § 495 Abs. 2 Nr. 2 Buchst. b) BGB a.F.) – abgesehen von den Angabe zum Widerrufsrecht (§ 492 Abs. 2 BGB i.V.m. Art. 247 § 6 Abs. 2 EGBGB) selbst nicht mehr die Erfüllung der verbraucherdarlehensrechtlichen Pflichtangaben aus § 492 Abs. 2 BGB i.V.m. Art. 247 §§ 6 bis 13 EGBGB im Darlehensvertrag erforderlich (§ 356b Abs. 2 Satz 2 BGB). Fehlen die Angaben zum Widerrufsrecht, beginnt die Widerrufsfrist erst mit Nachholung dieser Angaben gemäß § 492 Abs. 6 BGB (§ 356b Abs.2 Satz 2 BGB); die Widerrufsfrist beträgt dann einen Monat (§ 356b Abs. 2 Satz 3 BGB). Ferner hängt der Beginn der Widerrufsfrist gemäß § 356b Abs. 1 BGB nach wie vor von der Zuverfügungstellung einer für den Darlehensnehmer bestimmten Vertragsurkunde, des schriftlichen Antrags des Darlehensnehmers oder einer Abschrift der Vertragsurkunde oder des Antrags des Darlehensnehmers ab. Bei Immobiliar-Verbraucherdarlehensverträgen **erlischt spätestens zwölf Monate und 14 Tage** nach Vertragsschluss oder nach dem Zeitpunkt der Zurverfügungstellung der Unterlagen aus § 356b Abs. 1 BGB, wenn dieser Zeitpunkt nach dem Vertragsschluss liegt (§ 356b Abs. 2 Satz 4 BGB). »Ewige Widerrufsrechte« bleiben also auch nach dieser Regelung zum Erlöschen des Widerrufsrechts denkbar; insoweit bleibt dem Darlehensgeber ggf. der Einwand des Rechtsmissbrauchs oder der Verwirkung des Widerrufsrechts (dazu Rdn. 1228–1229). Die Rechtsprechung des BGH zu der seit 11.06.2010 erforderlichen Widerrufsinformation und den entsprechenden gesetzlichen Mustern ist grds. auch auf das neue Muster für die Widerrufsinformation übertragbar. Für Immobiliardarlehensverträge, die zwischen dem 01.09.2002 und dem 10.06.2010 abgeschlossen wurden, wurde eine **nachträgliche Befristung des Widerrufsrechts** eingeführt. Das Widerrufsrecht ist danach spätestens mit

2190 Vgl. *Wendehorst* NJW 2014, 577 (583).

2191 RegE. BT-Drucks. 17/12637; S. 65; ferner Palandt/*Grüneberg* § 357a BGB Rn. 4.

2192 BGH, Urt. v. 12.01.2016 – XI ZR 366/15, (Rn. 20).

2193 Bülow/Artz/*Bülow* Verbraucherkreditrecht (9. Aufl.) § 495 BGB Rn. 58; vgl. auch *Wendehorst* NJW 2014, 577 (583).

Ablauf des 21.6.2016 erloschen, wenn es darauf beruht, dass die Widerrufsbelehrung nicht den gesetzlichen Anforderungen entsprochen hat (Art. 229 § 38 Abs. 3 Satz 1 EGBGB);[2194] diese nachträgliche Befristung gilt nur für fehlerhafte, nicht hingegen für fehlende Widerrufsbelehrungen. Sie gilt bei Haustürgeschäften zudem nur, wenn die beiderseitigen Leistungen aus dem Verbraucherdarlehensvertrag bis zum 21.05.2016 vollständig erbracht wurden, anderenfalls erlöschen die fortbestehenden Widerrufsrechte erst einen Monat nach vollständiger Erbringung der beiderseitigen Leistungen aus dem Vertrag (Art. 229 § 38 Abs. 3 Satz 2 EGBGB).

Auch ein zeitlich unbefristetes verbraucherdarlehensrechtliches Widerrufsrecht kann verwirkt 1229
werden.[2195] Bei der **Verwirkung** handelt es sich um einen Unterfall der unzulässigen Rechtsausübung nach § 242 BGB wegen der illoyal verspäteten Geltendmachung von Rechten; das Unionsrecht steht der Anwendung dieser Grundsätze nicht entgegen.[2196] Das Widerrufsrecht ist verwirkt, wenn sich der Darlehensgeber wegen der Untätigkeit des Darlehensnehmers über einen gewissen Zeitraum hin bei objektiver Beurteilung darauf einrichten darf und eingerichtet hat, dass dieser sein Widerrufsrecht nicht mehr geltend machen werde, so dass die verspätete Geltendmachung gegen Treu und Glauben verstößt. Zu dem Zeitablauf müssen besondere, auf dem Verhalten des Darlehensnehmers beruhende Umstände hinzutreten, die das Vertrauen des Darlehensgebers rechtfertigen, der Darlehensnehmer werde sein Widerrufsrecht nicht mehr geltend machen. Erforderlich für den Einwand der Verwirkung sind daher ein **Zeitmoment** und ein **Umstandsmoment**. Dabei stehen Zeit- und Umstandsmoment in einem wechselseitigen Verhältnis insofern, als der erforderliche Zeitablauf sich verkürzt, je einschneidender das Umstandsmoment ist.[2197] Ob eine Verwirkung vorliegt, richtet sich nach den Umständen des Einzelfalls, ohne dass insoweit auf Vermutungen zurückgegriffen werden kann.[2198] Die Verwirkung ist nicht bereits deshalb ausgeschlossen, weil der Darlehensgeber fehlerhaft, gar nicht belehrt oder nicht nachbelehrt hat und deshalb das unbefristete Widerrufsrecht selbst herbeigeführt hat.[2199] Für das **Zeitmoment beginnt die maßgebliche Frist** mit dem Abschluss des Darlehensvertrages und nicht erst mit dessen Beendigung zu laufen.[2200] Da das Widerrufsrecht als Gestaltungsrecht nicht verjährt, kann aus den gesetzlichen Verjährungsfristen nicht auf ein »Mindestzeitmoment« geschlossen werden.[2201] Für das **Umstandsmoment** reicht es nicht aus, dass der Darlehensnehmer seine laufenden Verpflichtungen aus dem Darlehensvertrag erfüllt.[2202] Unklar ist, ob allein die darlehensvertraglich bereits vorgesehene Vereinbarung eines neuen Sollzinssatzes bei einer unechten Abschnittsfinanzierung (dazu Rdn. 1103–1108) für das Umstandsmoment ausreichen kann, denn es handelt sich bei dieser Vereinbarung im Grunde um einen Vollzug des Darlehensvertrages.[2203] Für das Umstandsmoment kommt es auch nicht darauf an, wie gewichtig der Fehler der Widerrufsbelehrung bzw. Widerrufsinformation war oder

---

2194 BGH, Beschl. v. 16.01.2018 - XI ZR 477/16, WM 2018, 369.

2195 BGH, Urt. v. 12.07.2016 – XI ZR 564/15, (Rn. 34); BGH, Beschl. v. 23.01.2018 – XI ZR 298/17 (Rn. 10 ff.).

2196 BGH, Urt. v. 12.07.2016 – XI ZR 564/15, (Rn. 32); *Habersack/Schürnbrand* ZIP 2014, 749 (751); *Lang/Schulz* ZBB 2014, 273 (281 f.); *Hölldampf* WM 2014, 1659 (1662 f.).

2197 BGHZ 146, 217 (224 f.); OLG Düsseldorf, Urt. v. 09.01.2014 – 14 U 55/13, juris Rn. 19 f.; vgl. aber auch OLG Frankfurt a.M., Urt. v. 10.01.2018 – 17 U 134/17: lange Zeitdauer macht Umstandsmoment nicht entbehrlich.

2198 BGH, Urt. v. 11.10.2016 – XI ZR 482/15, (Rn. 30).

2199 BGH, Beschl. v. 10.10.2017 – XI ZR 455/16, (Rn. 21); OLG Stuttgart, Urt. v. 12.12.2017 – 6 U 208/16, WM 2018, 373 (375).

2200 BGH, Urt. v. 12.07.2016 – XI ZR 564/15, (Rn. 37); *Habersack/Schürnbrand* ZIP 2014, 749 (755).

2201 BGH, Urt. v. 10.10.2017 – XI ZR 393/16, (Rn. 9).

2202 BGH, Urt. v. 12.07.2016 – XI ZR 564/15, (Rn. 39).

2203 Bejahend OLG Koblenz, Urt. v. 14.10.2016 – 8 U 1038/15, BKR 2017, 78 (Rn. 52), wenn dem Darlehensnehmer vor Abschluss der Vereinbarung über den neuen Sollzinssatz sein Widerrufsrecht bekannt war; *Habersack/Schürnbrand* ZIP 2014, 749 (755); verneinend OLG München, Urt. v. 27.03.2012 – 5 U 4557/11, BeckRS 2012, 07947.

ob der Darlehensnehmer überhaupt über sein Widerrufsrecht belehrt bzw. informiert wurde.[2204] Daraus folgt zunächst, dass die Verwirkung keine Kenntnis des Darlehensnehmers von seinem Widerrufsrecht voraussetzt.[2205] Andererseits wird aber eine Verwirkung des Widerrufsrechts bei laufenden Vertragsverhältnissen grds. ausscheiden, weil dem Darlehensgeber bei fehlerhafter oder fehlender Widerrufsbelehrung bzw. Widerrufsinformation vor Beendigung des Darlehensvertrages grds. die Möglichkeit der Nachbelehrung zur Verfügung steht.[2206] Daher dürfte auch im Falle des Fehlens verbraucherdarlehensrechtlicher vertraglicher Pflichtangaben – soweit deren Erfüllung seit 11.06.2010 Voraussetzung für den Beginn der Widerrufsfrist war – die konkrete Bedeutung der fehlenden Informationspflicht für den Darlehensnehmer im Rahmen der Verwirkung keine Berücksichtigung finden können,[2207] denn auch diese Informationspflichten kann der Darlehensnehmer auch nachträglich noch erfüllen (§§ 495 Abs. 2 Nr. 2 Buchst. b, 492 Abs. 6 BGB a.F.); die Widerrufsrist beträgt im Falle der Nachholung einen Monat. Das Vertrauen des Darlehensgebers in das Unterbleiben des Widerrufs kann aber dann schutzwürdig sein, wenn das Darlehen beendet ist, weil eine Nachbelehrung dann praktisch nicht mehr in Betracht kommt.[2208] Das gilt in besonderem Maße dann, wenn die Beendigung des Darlehensvertrages auf einen Wunsch des Kunden zurückgeht (z.B. durch eine Aufhebungsvereinbarung; Ablösung nach Ablauf einer Sollzinsbindung).[2209] Auch ein nur kurzer Zeitraum zwischen Vertragsbeendigung und Widerruf kann dann für das Umstandsmoment ausreichen.[2210]

1230 Die Ausübung des Widerrufsrechts kann auch aus sonstigen Gründen als **rechtsmissbräuchlich** (§ 242 BGB) darstellen, ohne dass die Voraussetzungen einer Verwirkung vorliegen.[2211] Relevant kann das bei noch nicht beendeten Darlehensverhältnissen werden, bei denen eine Verwirkung des Widerrufsrechts aufgrund der Möglichkeit der Nachbelehrung grds. nicht in Betracht kommt (Rdn. 1228). Ob ein solcher Rechtsmissbrauch vorliegt, kann nur anhand einer umfassenden Bewertung der gesamten Umstände des Einzelfalls durch den Tatrichter entschieden werden. Die Ausübung des Widerrufsrechts ist nicht allein deshalb rechtsmissbräuchlich, weil sie nicht durch den

---

2204 BGH, Urt. v. 12.07.2016 – XI ZR 564/15, (Rn. 40 f.).

2205 BGH, Beschl. v. 10.10.2017 – XI ZR 455/16, (Rn. 21); BGH, Urt. v. 10.10.2017 – XI ZR 443/16, (Rn. 26); BGH, Beschl. v. 07.03.2018 – XI ZR 298/17.

2206 BGH, Urt. v. 12.07.2016 – XI ZR 564/15, (Rn. 40 f.); a.A. *Braunschmidt* NJW 2014, 1558 (1560); *Hölldampf* WM 2014, 1659 (1665); *Peters* WM 2014, 2145 (2153). Zur Möglichkeit der Nachbelehrung vgl. 4. Aufl. Kap. 4 Rdn. 1118.

2207 A.A. *Habersack/Schürnbrand* ZIP 2014, 749 (756).

2208 OLG Köln, Beschl. v. 20.06.2016 – 13 U 87/16, BeckRS 2016, 18776; OLG Schleswig, Urt. v. 31.03.2016 – 5 U 188/15, BeckRS 2016, 118384; OLG Düsseldorf, Urt. v. 09.01.2014 – 14 U 55/13, juris Rn. 19 f.; OLG Braunschweig, Urt. v. 08.02.2017 – 9 U 1/17.

2209 BGH, Urt. v. 11.10.2016 – XI ZR 482/15, (Rn. 30); BGH, Urt. v. 14.03.2017 – XI ZR 442/16, (Rn. 28); BGH, Beschl. v. 12.09.2017 – XI ZR 365/15, (Rn. 8); BGH, Urt. v. 10.10.2017 – XI ZR 450/16, (Rn. 18); BGH, Beschl. v. 23.01.2018 – XI ZR 298/17; OLG Stuttgart, Urt. v. 12.12.2017 – 6 U 316/17, juris Rn. 8 (Ablösung nach Ablauf der Sollzinsbindung); vgl. auch *Kropf* WM 2013, 2250 (2254); *Lang/Schulz* ZBB 2014, 273 (289); enger OLG Karlsruhe, Urt. v. 09.01.2018 – 17 U 183/16, WM 2018, 622 (625): einvernehmliche Ablösung als Vertragstreue des Darlehensnehmers, die gerade kein vertrauensbegründender Umstand sein kann.

2210 Vgl. etwa BGH, Beschl. v. 10.10.2017 – XI ZR 455/16, (Rn. 12): Widerruf drei Monate nach der Aufhebungsvereinbarung; vgl. auch BGH, Beschl. v. 07.03.2018 – XI ZR 298/17: Es reicht für das Umstandsmoment auch aus, wenn zwischen Rückführung Darlehens und in diesem Zusammenhang getätigten Vermögensdispositionen der Bank (z.B. Sicherheitenfreigabe) nur ein kurzer Zeitraum liegt; ebenso OLG Dresden, Beschl. v. 02.05.2018 - 8 U 205/18; ferner OLG Stuttgart, Urt. v. 12.12.2017 – 6 U 208/16, WM 2018, 373 (376); zu eng OLG Karlsruhe, Urt. v. 09.01.2018 – 17 U 183/16, WM 2018, 622 (625): elf Jahre nach Vertragsschluss und zwei Jahre nach einvernehmlicher Aufhebung des Darlehensvertrages für Verwirkung nicht ausreichend.

2211 BGH, Urt. v. 12.07.2016 –XI ZR 564/15, (Rn. 43).

Schutzzweck des Widerrufsrechts motiviert ist.[2212] Die Motive des Darlehensnehmers für seinen Widerruf sind daher unerheblich, er soll sein Gestaltungsrecht nach freiem Belieben und ohne Angabe von Gründen ausüben können. Daher ist es nach der Rspr. des BGH auch nicht rechtsmissbräuchlich, wenn der Darlehensnehmer sein Widerrufsrecht nur deshalb ausübt, um sich von hohen Sollzinsen zu lösen. Eine Änderung der Verhältnisse kann allerdings dazu führen, dass ein zunächst zulässiger Widerruf nachträglich noch missbräuchlich wird.[2213] Gleichwohl wird letztlich außerhalb der Verwirkung eine rechtsmissbräuchliche Ausübung des Widerrufsrechts nur in seltenen Ausnahmefällen in Betracht kommen. Das kann etwa der Fall sein, wenn es sich bei dem Darlehensnehmer um einen Rechtsanwalt mit Schwerpunkt Bank- und Kapitalmarktrecht handelt, der in einem Kreditinstitut arbeitet. Ein solcher Darlehensnehmer kann die Widerrufsbelehrung nach seinem objektivierten Empfängerhorizont richtig verstehen; er verhält sich widersprüchlich, wenn er sich entgegen seiner eigenen Erkenntnis auf das Verständnis eines unbefangenen Verbrauchers beruft.[2214] Widersprüchlich verhält sich auch ein Darlehensnehmer, der den Widerruf erklärt, das Darlehen aber weiter bedient, ohne sich die Rückforderung seiner Leistung vorzubehalten, und sich dann nach längerer Zeit doch entscheidet, die Rechte aus dem Widerruf gegenüber der darlehensgewährenden Bank geltend zu machen.[2215]

i) Recht des Darlehensnehmers zur vorzeitigen Rückzahlung des Immobiliar-Verbraucherdarlehens

Der europäische Gesetzgeber erblickte in der Fähigkeit des Verbrauchers, das Darlehen vor Ablauf des Darlehensvertrages zurückzuzahlen, ein wichtiges Instrument bei der Förderung des Wettbewerbs, das dazu beitragen kann, die erforderliche Flexibilität während der Laufzeit des Darlehensvertrages zu gewähren und die Finanzstabilität zu fördern (Erwägungsgrund 66 RL 2014/17/EU). Daher sollten die Verbraucher ein Recht auf vorzeitige Rückzahlung des Kredits erhalten (Art. 25 Abs. 1 RL 2017/14/EU). Der deutsche Gesetzgeber hat diese Vorgaben zum 21.03.2016 in § 500 Abs. 2 Satz 2 BGB umgesetzt. Der Darlehensnehmer ist demnach bei einem Immobilar-Verbraucherdarlehensvertrag, der nach dem 20.03.2016 abgeschlossen wurde (Art. 229 § 38 Abs. 1 EGBGB), jederzeit ganz oder teilweise **zur vorzeitigen Rückzahlung berechtigt** (§ 500 Abs. 2 Satz 1 BGB). Im **Zeitraum einer Sollzinsbindung** (§ 489 Abs. 5 BGB) kann er dieses Recht aber **nur bei berechtigtem Interesse** geltend machen (§ 500 Abs. 2 Satz 2 BGB; Art. 25 Abs. 2 und 5 sowie Erwägungsgrund 66 RL 2014/17/EU). Für die Feststellung des berechtigten Interesses kann auf die Kriterien aus der vergleichbaren Regelung zum außerordentlichen Kündigungsrecht des Darlehensnehmers in § 490 Abs. 2 BGB zurückgegriffen werden, obwohl der Wortlaut des § 500 Abs. 2 Satz 2 BGB (»berechtigtes Interesse des Darlehensnehmers besteht«) insoweit vom Wortlaut des § 490 Abs. 2 BGB (»seine berechtigten Interessen dies gebieten«) leicht abweicht.[2216] Als berechtigtes Interesse kommt daher etwa der Verkauf der finanzierten Immobilie in Betracht; nicht ausreichend ist hingegen der Wunsch des Darlehensnehmers, einen günstigeren Zinssatz zu erhalten. Erwägungsgrund 66 RL 2014/17/EU nennt als berechtigtes Interesse ferner die Scheidung oder Arbeitslosigkeit. 1231

Liegt ein berechtigtes Interesse des Darlehensnehmers an der vorzeitigen Rückzahlungen im **Zeitraum einer Sollzinsbindung** vor und zahlt er ganz oder teilweise zurück, kann der Darlehensgeber von ihm eine angemessene **Vorfälligkeitsentschädigung** verlangen (§ 502 Abs. 1 Satz 1 BGB; 1232

2212 BGH, Urt. v. 12.07.2016 –XI ZR 564/15, (Rn. 47); BGH, Urt. v. 12.07.2016 – XI ZR 501/15, (Rn. 23); BGH, Urt. v. 09.01.2018 – XI ZR 402/16.

2213 BGH, Urt. v. 07.11.2017 – XI ZR 369/15, (Rn. 17).

2214 OLG Schleswig, Urt. v. 31.03.2016 – 5 U 188/15, BeckRS 2016, 118384; die Nichtzulassungsbeschwerde zurückweisend BGH, Beschl. v. 14.03.2017 – XI ZR 160/16; vgl. zu einem widersprüchlichen Verhalten des Darlehensnehmers auch OLG Koblenz, Urt. v. 08.12.2017 – 8 U 48/17.

2215 OLG Stuttgart, Urt. v. 13.03.2018 – 6 U 62/17.

2216 MüKo-BGB/*Schürnbrand* § 500 Rn. 12; undeutlich Begr. RegE zu § 500 Abs. 2 BGB, BT-Drucks. 18/5922; S. 90.

Art. 25 Abs. 3 RL 2014/17/EU).[2217] Das gilt auch dann, wenn der Darlehensnehmer während des Zeitraums einer Sollzinsbindung vorzeitig zurückzahlen möchte, die erst nach Vertragsschluss (z.B. im Rahmen einer Konditionenneuvereinbarung bei einer unechten Abschnittsfinanzierung, dazu Rdn. 1103–1108) vereinbart wurde;[2218] § 502 Abs. 1 Satz 2 BGB gilt für Immobiliar-Verbraucherdarlehensverträge nicht. Unter den Voraussetzungen des § 502 Abs. 2 BGB, der auch für Immobiliar-Verbraucherdarlehensverträge gelten soll,[2219] kann der Anspruch auf Vorfälligkeitsentschädigung allerdings ausgeschlossen sein. Wegen § 502 Abs. 2 Nr. 2 BGB wird der Immobiliar-Verbraucherdarlehensvertrag u.a. auch Angaben zum Kündigungsrecht enthalten, obwohl die Angabepflicht aus § 492 Abs. 2 BGB i.V.m. Art. 247 § 6 Abs. 1 Satz 1 Nr. 5 EGBGB zum »einzuhaltenden Verfahren bei der Kündigung des Vertrags« für Immobiliar-Verbraucherdarlehen nicht gilt (§ 492 Abs. 2 BGB i.V.m. Art. 247 § 6 Abs. 1 Satz 2 EGBGB). Der Anspruch auf Vorfälligkeitsentschädigung ist nicht bereits dann nach § 502 Abs. 2 Nr. 1 BGB ausgeschlossen, wenn als Tilgungsinstrument eine Kapitallebensversicherung oder eine Rentenversicherung auf Kapitalbasis eingesetzt wurde (dazu Rdn. 1000; 1085–1095; 1151–1153).[2220] Denn bei diesen Versicherungen handelt es sich gerade nicht um Versicherungen, die als solche darauf gerichtet sind, die Begleichung der Darlehensschuld zu versichern, sondern um Ansparmodelle, die aufgrund ihres zunächst geringen Rückkaufswertes die Rückzahlung des Darlehens gar nicht angemessen sichern könnten, wie es § 502 Abs. 2 Nr. 1 BGB voraussetzt. Die Vorschrift des § 502 Abs. 2 Nr. 1 BGB setzt darüber hinaus auch eine gegenüber den vereinbarten Vertragsregelungen vorzeitige Rückzahlung des Darlehens aus der Versicherungsleistung voraus.[2221] Der Darlehensgeber will dem Darlehensnehmer bei Einsatz solcher Tilgungsinstrumente aber gerade nicht das Recht einräumen, bei Verfügbarkeit der Versicherungsleistung das Darlehen vorzeitig zurückzahlen zu dürfen (dazu Rdn. 1152). Auch die bei grundpfandrechtlich gesicherten Immobiliar-Verbraucherdarlehen übliche Gebäudeversicherung führt nicht zu einem Ausschluss der Vorfälligkeitsentschädigung nach § 502 Abs. 2 Nr. 1 BGB. Die Gebäudeversicherung dient der Werterhaltung des belasteten Objekts, nicht hingegen der unmittelbaren Absicherung des Ausfallrisikos. Anders ist das bei einer Restschuldversicherung, deren Abschluss der Darlehensgeber vom Darlehensnehmer verlangt.[2222]

1233 Wenn der Darlehensnehmer dem Darlehensgeber mitteilt, dass er eine vorzeitige Rückzahlung des Immobiliar-Verbraucherdarlehens beabsichtigt, muss ihm der Darlehensgeber unverzüglich Informationen zur Zulässigkeit der vorzeitigen Rückzahlung, zur Höhe des zurückzuzahlenden Betrags und zur Höhe der Vorfälligkeitsentschädigung auf einem dauerhaften Datenträger übermitteln (§ 493 Abs. 5 Satz 1 BGB). Soweit sich die Informationen auf Annahmen stützen, müssen diese nachvollziehbar und sachlich gerechtfertigt sein und als solche dem Darlehensnehmer offengelegt werden (§ 493 Abs. 5 Satz 2 BGB). Diese Unterrichtungspflicht gilt nur für nach dem 20.03.2016 abgeschlossene Immobiliar-Verbraucherdarlehensverträge (Art. 229 § 38 Abs. 1 EGBGB). Ein Entgelt für diese Unterrichtung darf die Bank nicht verlangen, da es sich um eine gesetzliche Pflicht handelt (vgl. auch Art. 8 RL 2014/17/EU). An der Berechnungsmethode für die Vorfälligkeitsentschädigung hat sich durch die zum 21.03.2016 in Kraft getretenen neuen Vorschriften nichts geändert. Sie ist in Abschnitt 9 des »ESIS-Merkblatts« (§ 491a BGB i.Vm. Art. 247 § 1 Abs. 2 EGBGB) und im Immobiliar-Verbraucherdarlehensvertrag (§ 492 Abs. 2 BGB i.V.m. Art. 247 § 7 Abs. 2 Nr. 1 EGBGB) darzustellen. Ist im Darlehensvertrag die Berechnung der

---

2217 Zur Vorfälligkeitsentschädigung als Grundlage des deutschen Pfandbriefsystems *Krepold/Kropf* WM 2015, 1.

2218 Begr. RegE zu § 502 BGB, BT-Drucks. 18/5922, S. 90 f.

2219 Bülow/Artz/*Bülow* Verbraucherkreditrecht (9. Aufl.) § 502 Rn. 4a.

2220 A.A. wohl MüKo-BGB/*Schürnbrand* § 502 Rn. 13; Bülow/Artz/*Bülow* Verbraucherkreditrecht (9. Aufl.) § 502 Rn. 19.

2221 Vgl. BeckOKG/Knops § 502 BGB Rn. 38.

2222 Begr. RegE, BT-Drucks. 16/11643, S. 87 f.; Bülow/Artz/*Bülow* Verbraucherkreditrecht (9. Aufl.) § 502 Rn. 19; kritisch MüKo-BGB/*Schürnbrand* § 502 Rn. 13.

Vorfälligkeitsentschädigung unzureichend dargestellt, ist der Anspruch des Darlehensgebers auf Vorfälligkeitsentschädigung ausgeschlossen (§ 502 Abs. 2 Nr. 2 BGB).

j) Verzugsregelungen und Gesamtfälligstellung bei Immobiliar-Verbraucherdarlehen

1234 Nach § 497 Abs. 4 BGB (zuvor: § 503 Abs. 2 BGB a.F.; zuvor: § 497 Abs. 1 Satz 1 Halbs. 2 und Satz 2 BGB a.F.) beträgt der **Verzugszinssatz** bei Immobiliar-Verbraucherdarlehen i.S.d. § 491 Abs. 3 BGB (zuvor: § 503 Abs. 2 BGB a.F.; zuvor: § 492 Abs. 1a BGB a.F.) abweichend von § 288 Abs. 1 BGB und vorbehaltlich einer konkreten Schadensberechnung lediglich 2,5 Prozentpunkte über dem Basiszinssatz (§ 247 BGB). Diese Regelung wurde mit dem Schuldrechtsmodernisierungsgesetz zum 01.01.2002 eingeführt, um die vorausgegangenen Schwierigkeiten der Berechnung des Verzugszinses bei (zinsgünstigen) Immobiliardarlehen zu beseitigen;[2223] sie gilt nach Art. 229 § 5 Satz 2 EGBGB seit 01.01.2003 auch für Immobiliardarlehensverträge, die vor dem Inkrafttreten des Schuldrechtsmodernisierungsgesetzes abgeschlossen wurden. Macht der Darlehensgeber diesen pauschalisierten Verzugsschaden geltend, kann er daneben nicht auch seinen Verwaltungsaufwand als Schaden geltend machen.[2224] Nach § 497 Abs. 1 Satz 2 BGB bleibt es den Parteien allerdings unbenommen, einen höheren bzw. niedrigeren Schaden nachzuweisen. I.Ü. gelten nach § 497 Abs. 4 Satz 2 BGB (zuvor: § 503 Abs. 1 BGB a.F.; zuvor: § 497 Abs. 4 BGB a.F.; zuvor: § 3 Abs. 2 Nr. 2 VerbrKrG) die besonderen verbraucherdarlehensrechtlichen Verzugsregelungen für Immobiliar-Verbraucherdarlehen nicht. Der Darlehensgeber kann daher insb. auch auf die Tilgungsreihenfolge des § 367 Abs. 1 BGB zurückgreifen, Teilleistungen des Darlehensnehmers zurückweisen und bei Verzug mit Verzugszinsen gem. § 289 Satz 2 BGB auch über die Höhe des gesetzlichen Zinssatzes hinaus Schadensersatz verlangen. Die verjährungsrechtliche Hemmungsregelung des § 497 Abs. 3 Satz 3 BGB bleibt indes anwendbar, und zwar auch für vor dem 01.01.2002 entstandene, zu diesem Zeitpunkt aber noch nicht verjährte und damit der Übergangsvorschrift des Art. 229 § 6 EGBGB unterfallende Ansprüche.[2225] Die Tatsache, dass sich dadurch die Verjährung eines vor dem 01.01.2002 entstandenen und noch nicht verjährten Darlehensrückzahlungsanspruchs im Verhältnis zum alten Recht faktisch verlängern kann, hat der Gesetzgeber bewusst in Kauf genommen, denn die Regelung des § 497 Abs. 3 Satz 3 BGB soll den Schuldner nur vor den weiteren Kosten einer zur Verhinderung der Verjährung anderenfalls erforderlichen Titulierung durch den Gläubiger schützen.[2226]

1235 Bei Immobiliardarlehen waren bis zum Inkrafttreten der Regelungen zur Verbesserung des Schuldner- und Verbraucherschutzes bei Abtretung und Verkauf von Darlehensforderungen am 19.08.2008[2227] (dazu Rdn. 1249–1264) gem. § 498 Abs. 3 BGB a.F. (zuvor: § 3 Abs. 2 Nr. 2 VerbrKrG) ferner die Regelungen über die **Gesamtfälligstellung** eines Verbraucherdarlehens (dazu Rdn. 1248, 1259) nicht anwendbar, weil sie auf langfristige Realdarlehen mit ihrer geringen (annuitätischen) Anfangstilgung nicht zugeschnitten waren.[2228] Die Gesamtfälligstellung von Immobiliar-Verbraucherdarlehen, die letztlich nichts anderes ist als eine außerordentliche Kündigung des Darlehens durch den Darlehensgeber wegen Zahlungsverzugs des Darlehensnehmers, richtete sich folglich nach den vertraglich ausbedungenen Kündigungsrechten (z.B. Nr. 19 AGB-Banken; Nr. 26 Abs. 2 ABG-Sparkassen) und i.Ü. nach den gesetzlichen Vorschriften (§§ 488 Abs. 3, 490 Abs. 1, 313 Abs. 3 Satz 2, 314 BGB). Nach der zum 19.08.2008 in Kraft getretenen Rechtslage kann der Darlehensgeber aber nun ein **in Teilzahlungen zu tilgendes Immobiliar-Verbraucherdarlehen**

2223 Begr. RegE SchuRMoG, BT-Drucks. 14/6040, S. 256.
2224 OLG Karlsruhe, Urt. v. 19.11.2013 – 9 U 43/12, BKR 2014, 113 (114).
2225 BGH, WM 2011, 973 (Rn. 14).
2226 BGH, WM 2011, 973 (Rn. 14); zu den Wirkungen des § 497 Abs. 3 Satz 3 BGB auch OLG Nürnberg, Urt. v. 28.07.2014 – 14 U 2180/13, WM 2014, 1953; vgl. zu Titulierungserfordernissen für die Banken auch *Derleder/Horn* ZIP 2013, 709.
2227 Art. 6 bis 11 des Gesetzes zur Begrenzung der mit Finanzinvestitionen verbundenen Risiken (Risikobegrenzungsgesetz) v. 12.08.2008, BGBl. I, S. 1666.
2228 Begr. RegE zum VerbrKrG, BT-Drucks. 11/5462.

wegen Zahlungsverzugs des Darlehensnehmers nur noch kündigen, wenn der Darlehensnehmer mit mindestens zwei aufeinanderfolgenden Teilzahlungen ganz oder teilweise und mindestens 2,5 % des Nennbetrags des Darlehens in Verzug ist, und der Darlehensgeber dem Darlehensnehmer erfolglos eine zweiwöchige Frist zur Zahlung des rückständigen Betrags mit der Erklärung gesetzt hat, dass er bei Nichtzahlung innerhalb der Frist die gesamte Restschuld verlange (§ 498 Abs. 2 BGB; zuvor: § 503 Abs. 3 BGB a.F.; zuvor: § 498 Abs. 3 BGB a.F.).[2229] Den rückständigen Betrag hat der Darlehensgeber bei der Nachfristsetzung genau anzugeben, bereits kleine Abweichungen vom tatsächlich rückständigen Betrag zu Ungunsten des Darlehensnehmers sollen insoweit schädlich sein und die Nachfristsetzung bzw. die darauf folgende Gesamtfälligstellung unwirksam machen.[2230] Solche Abweichungen können auch dadurch entstehen, dass unzulässige Gebühren mitfinanziert wurden und in die Berechnung des rückständigen Betrags einbezogen werden. Darüber hinaus soll der Darlehensgeber dem Darlehensnehmer spätestens mit der Fristsetzung ein Gespräch über die Möglichkeiten einer einverständlichen Regelung anbieten. Letzteres ist indes keine Wirksamkeitsvoraussetzung für die Gesamtfälligstellung, sondern kann im Einzelfall allenfalls eine Verpflichtung des Darlehensgebers zur Anhörung des Darlehensnehmers begründen.[2231] Die Gesamtfälligstellung wird nicht dadurch ausgeschlossen, dass der Darlehensnehmer nach Androhung der Kündigung den rückständigen Betrag durch eine Teilzahlung unter die Rückstandsquote von 2,5 % des Darlehensnennbetrags zurückführt, denn eine den gesetzlichen Anforderungen entsprechende Androhung der Gesamtfälligstellung kann der Darlehensnehmer nur dahingehend verstehen, dass er den gesamten rückständigen Betrag fristgerecht zu zahlen hat.[2232] Da die Voraussetzungen des § 498 Abs. 3 BGB (zuvor: § 503 Abs. 3 BGB a.F.; zuvor: § 498 Abs. 3 BGB a.F.) **nur für Gesamtfälligstellungen wegen Zahlungsverzugs des Darlehensnehmers** zu beachten sind, bleiben i.Ü. die außerordentlichen Kündigungsrechte des Darlehensgebers aus §§ 490 Abs. 1 BGB, 313 Abs. 3 Satz 2, 314 BGB oder aus vertraglichen Vereinbarungen als solche unberührt.[2233] Außerdem ist die Regelung des § 498 Abs. 3 BGB (zuvor: § 503 Abs. 3 BGB a.F.; zuvor: § 498 Abs. 3 BGB a.F.) grds. nur auf Immobiliar-Verbraucherdarlehensverträge anwendbar, die ab dem 19.08.2008 abgeschlossen wurden (Art. 229 § 18 Abs. 1 Satz 1 EGBGB). Eine Ausnahme gilt lediglich dann, wenn der vor diesem Zeitpunkt abgeschlossene Immobiliar-Verbraucherdarlehensvertrag nach dem Inkrafttreten des Gesetzes auf einen Dritten übertragen wurde (Art. 229 § 18 Abs. 1 Satz 2 EGBGB).

1236 Die besonderen Voraussetzungen für die Gesamtfälligstellung des § 498 Abs. 3 BGB (zuvor: § 503 Abs. 3 BGB a.F.; zuvor: § 498 Abs. 3 BGB a.F.) gelten nur für Immobiliar-Verbraucherdarlehensverträge, die **in Teilzahlungen zu tilgen** sind. Teilzahlungen im Sinne dieser Vorschrift sind nur Zahlungen, die der Rückführung des Darlehens dienen sollen. Die Vorschrift ist folglich nicht anwendbar, wenn der Darlehensnehmer bei einem tilgungsfreien Festdarlehen nur mit den wiederkehrend zu entrichtenden Zinsen in Zahlungsverzug gerät. Wird das tilgungsfreie Festdarlehen hingegen mit einem Tilgungsinstrument (z.B. Kapitallebensversicherung) kombiniert, in das der Darlehensnehmer regelmäßige Ansparleistungen zu erbringen hat (dazu Rdn. 1084–1095), stellen sich die Ansparleistungen aus seiner Sicht wirtschaftlich als Teilzahlungen zur Tilgung des Darlehens dar.[2234]

2229 Einzelheiten zu der Neuregelung des § 503 Abs. 3 BGB (bis 11.06.2010: § 498 Abs. 3 BGB a.F.) bei *Dörrie* ZBB 2008, 292 (300 ff.).

2230 BGH, Urt. v. 26.01.2005 – VIII ZR 90/04, WM 2005, 459; OLG Karlsruhe, Urt. v. 19.11.2013 – 9 U 43/12, BKR 2014, 113 (115); OLG Celle, WM 2005, 71.

2231 Bülow/Artz/*Bülow* Verbraucherkreditrecht (9. Aufl.) § 498 Rn. 36.

2232 BGH, Urt. v. 26.01.2005 – VIII ZR 90/04, WM 2005, 459.

2233 BT-Drucks. 16/9821, S. 21; vgl. auch OLG Stuttgart, Urt. v. 29.03.2017 – 9 U 223/16, ZIP 2017, 1897 (1899) mwN.; Palandt/*Weidenkaff* § 498 BGB Rn. 1; a.A. MüKo-BGB/*Schürnbrand* § 498 Rn. 24; *Knops* WM 2012, 1649 (1650 f.).

2234 Vgl. BGHZ 149, 302 (306); 159, 270 (276 ff.). Das gilt nicht, wenn der Darlehensnehmer nur eine Einmalzahlung in das Tilgungsinstrument erbringt, BGH, WM 2008, 681 (682 Rn. 12 ff.).

Die nun auch bei geringer annuitätischer Anfangstilgung erforderliche Rückstandsquote von 2,5 %, 1237
deren Bezugspunkt der Nennbetrag des Darlehens (d.h. der kreditierte Betrag unter Einbeziehung der mitfinanzierten Einmalkosten) ist, wird regelmäßig dazu führen, dass der Darlehensnehmer mit deutlich mehr als nur zwei Monatsraten in Verzug sein muss. Der erforderliche Verzugszeitraum wird sich aber i.d.R. auf ein halbes Jahr beschränken,[2235] falls nicht etwa der Darlehensnehmer den Verzug »steuert« und die Gesamtfälligstellung zu verhindern versucht, indem er keine zwei aufeinanderfolgende Raten ausstehen lässt. In diesem Fall dürfte der Darlehensgeber aber aus sonstigem wichtigem Grund kündigen können. I.Ü. bleibt es dem Darlehensgeber unbenommen, auch bei Nichtvorliegen der Voraussetzungen für die Gesamtfälligstellung wegen der rückständigen Tilgungsleistungen bereits vor einer Gesamtfälligstellung des Darlehens aus einem vorhandenen sofort vollstreckbaren abstrakten Schuldversprechen in das sonstige Vermögen des Darlehensnehmers zu vollstrecken.

Im Fall einer Gesamtfälligstellung des Immobiliar-Verbraucherdarlehens wegen Zahlungsverzugs 1238
(§ 498 BGB) soll dem Darlehensgeber ein Anspruch auf Vorfälligkeitsentschädigung nicht zustehen, weil § 497 Abs. 1 BGB nach Auffassung des BGH für solche Fälle notleidender Darlehen eine spezielle Regelung zur Schadensberechnung enthält, die eine Sperrwirkung gegenüber der Geltendmachung einer als Erfüllungsinteresse verlangten Vorfälligkeitsentschädigung entfaltet.[2236] Diese Rechtsprechung des BGH ist weder in der Begründung noch im Ergebnis überzeugend (dazu Rdn. 1248).

Die »Abzinsungsregelung« des § 501 BGB (zuvor: § 498 Abs. 2 BGB a.F.) war bis zum Inkrafttreten 1239
der Regelungen zur Verbesserung des Schuldner- und Verbraucherschutzes bei Abtretung und Verkauf von Darlehensforderungen an Finanzinvestoren am 19.08.2008 durch § 498 Abs. 3 BGB a.F. ausgeschlossen, gilt aber seither auch für gekündigte Immobiliar-Verbraucherdarlehensverträge. Den Anspruch des Darlehensgebers auf Vorfälligkeitsentschädigung im Fall der vorzeitigen Beendigung eines festverzinslichen Darlehens lässt § 501 BGB (§ 498 Abs. 2 BGB a.F.) jedoch unberührt.[2237] Der Regelung kommt insoweit nur die allgemeingültige Bedeutung zu, dass ersparte und »unverbrauchte« Kosten (z.B. Risikokosten, Verwaltungskosten oder ein als Zinsvorauszahlung ausgestaltete Disagio) i.R.d. Berechnung einer Vorfälligkeitsentschädigung zu berücksichtigen sind.[2238]

k) Umgang mit notleidenden Immobiliar-Verbraucherdarlehen; Tilgungsaussetzung, Stundung

Nach Art 28 Abs. 1 und Erwägungsgrund 27 RL 2014/17EU sollen Darlehensgeber ein entstehen- 1240
des Kreditrisiko bei Zahlungsrückständen proaktiv in einem frühen Stadium angehen, angemessene Nachsicht walten lassen und sich bemühen, vor Einleitung von Zwangsvollstreckungsmaßnahmen eine Verhandlungslösung zu finden. Die **EBA-Leitlinien zu Zahlungsrückständen und Zwangsvollstreckung v. 19.08.2015 (EBA/GL/2015/12)** sehen konkretisierende Regelungen zum Umgang mit Verbrauchern in Zahlungsschwierigkeiten vor. Um geeignete Schritte festzulegen, soll der Darlehensgeber zusammen mit dem Kunden die Gründe ermitteln, aus denen die Zahlungsschwierigkeiten entstanden sind. Dazu soll ein angemessenes und verhältnismäßiges Maß an Kontakt

---

2235 BT-Drucks. 16/9821, S. 21.

2236 BGH, Urt. v. 19.01.2016 – XI ZR 103/15, (Rn. 19 ff.); BGH, Urt. v. 26.11.2016 – XI ZR 187/14, (Rn. 13 ff.), jeweils zu § 497 Abs. 1 BGB in der bis 01.01.2002 geltenden Fassung. Für eine Erstreckung der Sperrwirkung des § 497 Abs. 1 BGB auch auf andere außerordentliche Kündigungsgründe OLG Frankfurt a.M., Urt. v. 22.03.2018 – 24 U 49/17 (Kündigung wegen wesentlicher Verschlechterung der wirtschaftlichen Verhältnisse des Darlehensnehmers); *Wedekind* ZfIR 2016, 442 (446). Zur Verjährung von Rückforderungsansprüchen bei überzahlter Vorfälligkeitsentschädigung vgl. *Feldhusen* NJW 2016, 2145.

2237 A.A. *Clemente* ZfIR 2008, 589 (594).

2238 Begr. RegE zu § 501 BGB, BT-Drucks. 16/11643, S. 86; zur Berechnung der Vorfälligkeitsentschädigung *Reifner* WM 2009, 1773 ff.; *Rösler/Wimmer* WM 2016, 1821 (1823); *Huber* WM 2016, 605 (609 ff.); zur Höhe der Risikokostenerstattung *Wehrt* ZIP 2018, 1212.

mit dem Kunden gehalten werden. Der Kunde soll unterstützt werden und verschiedene Informationen erhalten (z.B. über seine Zahlungsrückstände, über die Folgen ausbleibender Zahlungen, über verfügbare staatliche oder öffentliche Förderung oder Hilfen). Darüber hinaus sollen unter Berücksichtigung der individuellen Umstände des Kunden geeignete Lösungen gefunden werden (z.B. Zahlungsaufschub, Tilgungsaussetzung, Änderung des Zinssatzes). Allerdings dürften diese Leitlinien vom Darlehensgeber nicht zwingend zu beachten sein, da sie sich nicht unmittelbar an ihn richten und zudem die Vorgaben aus Art. 28 RL 2014/17EU keinen Eingang in das Gesetz zur Umsetzung der Wohnimmobilienkreditrichtlinie gefunden haben. Es ist daher nicht ersichtlich, auf welche nationalen aufsichtsrechtlichen Vorschriften sich die EBA-Leitlinien (EBA/GL/2015/12) beziehen. Soweit sie überhaupt Geltung beanspruchen sollten, würden sie nur für Immobiliar-Verbraucherdarlehensverträge gelten, die nach dem 20.03.2016 abgeschlossen wurden. Die Möglichkeit des Darlehensgebers zum Verkauf von Darlehensforderungen aus notleidenden Engagements (dazu Rdn. 1249–1264) bleibt unberührt.

1241 In der Praxis dürften sich Darlehensgeber vor Einleitung von Zwangsvollstreckungsmaßnahmen ohnehin um **geeignete Lösungen** bemühen. Als Unterstützungs- und Sanierungsmaßnahme für den Darlehensnehmer kommen insbes. in Betracht eine **Umschuldung, ein Zahlungsaufschub bzw. eine Stundung, eine Laufzeitverlängerung bzw. eine Reduzierung der Darlehensraten oder eine Änderung des Sollzinssatzes** (Abschnitt 4 Leitlinie 4.1 der EBA-Leitlinien EBA/GL/2015/12). Solche Maßnahmen begründen in der Regel aber neues Kapitalnutzungsrecht des Darlehensnehmers und führen daher zur Anwendbarkeit des Verbraucherdarlehensrechts. Bei Umschuldungen besteht nach § 495 Abs. 2 Nr. 1 BGB gleichwohl kein Widerrufsrecht, wenn der Darlehensgeber zur Kündigung des ursprünglichen Darlehensvertrages wegen Zahlungsverzugs berechtigt wäre, durch die Umschuldung ein gerichtliches Verfahren vermieden wird und der »Gesamtbetrag« (vgl. Art. 247 § 3 Abs. 1 Nr. 8, Abs.2 und 3 EGBGB) geringer ist als die Restschuld des ursprünglichen Vertrages; bei Umschuldungen, die nach dem 20.03.2016 vereinbart wurden bzw. werden, ist dem Darlehensnehmer jedoch vor Vertragsschluss eine Bedenkzeit von zumindest sieben Tagen einzuräumen (§ 495 Abs. 3 BGB). Das Erfordernis der Kreditwürdigkeitsprüfung durch den Darlehensgeber hätte nach § 505a Abs. 1 Satz 2 BGB in seiner ab 21.03.2016 geltenden Fassung allerdings solche Sanierungsmaßnahmen in aller Regel untersagt, obwohl sie in Betracht gezogen werden sollten (vgl. Art. 28 RL 2014/17/EU; ferner Abschnitt 4 Leitlinie 4.1 EBA-Leitlinien EBA/GL/2015/12). Daher hat der Gesetzgeber mit dem »Gesetz zur Umsetzung der zweiten Zahlungsdiensterichtlinie« vom 17.07.2017[2239] in § 505a Abs. 3 Satz 1 Nr. 2 BGB – und korrespondierend in § 18a Abs. 2a Satz 1 Nr. 2 KWG – eine Ausnahmeregelung zur Kreditwürdigkeitsprüfung für Immobiliar-Verbraucherdarlehensverträge (dazu Rdn. 1033–1048) eingefügt, die zur Vermeidung einer Kündigung wegen Zahlungsverzugs oder von Zwangsvollstreckungsmaßnahmen den bisherigen Darlehensvertrag ersetzen oder ergänzen (Umschuldung). In solchen Fällen wird auf das Erfordernis der Kreditwürdigkeitsprüfung verzichtet, wenn nicht der Nettodarlehensbetrag deutlich erhöht wird; »deutlich« ist die Erhöhung, wenn sich der Nettodarlehensbetrag um mehr als 10% erhöht (vgl. § 7 Abs. 1 ImmoKWPLV). Nach der Gesetzesbegründung bezieht sich die Erhöhungsschwelle auf den ursprünglichen Nettodarlehensbetrag.[2240] Wenn dem Darlehensgeber bereits positiv bekannt ist, dass der Darlehensnehmer seinen Verpflichtungen, die im Zusammenhang mit diesem Darlehen stehen, dauerhaft nicht nachkommen kann, darf er den neuen Immobiliar-Verbraucherdarlehensvertrag allerdings nicht abschließen (§ 505a Abs. 3 Satz 2 BGB). Es handelt sich insoweit um einen Missbrauchsschutz, der allerdings keine Nachforschungspflichten des Darlehensgebers zum Gegenstand hat.[2241] Bei Verstößen gegen § 505a Abs. 3 Satz 2 BGB gelten die Sanktionen des § 505d BGB (dazu Rdn. 1045–1048) entsprechend (§ 505a Abs. 3 Satz 3 BGB).

2239 BGBl. I, S. 2446.

2240 Beschlussempfehlung und Bericht des Finanzausschusses zu § 505a Abs. 3 Satz 1 BGB, BT-Drucks. 18/12568, S. 161; *Schultheiß* ZBB 2018, 107 (112).

2241 Beschlussempfehlung und Bericht des Finanzausschusses zu § 505a Abs. 3 Satz 2 BGB, BT-Drucks. 18/12568, S. 161 f.

Die Neuregelung des § 505a Abs. 3 BGB ist am 22.07.2017 ohne Überleitungsregelungen im EGBGB in Kraft getreten; sie gilt aber auch für Umschuldungen, die zu vor dem 22.07.2017 abgeschlossenen Darlehensverträgen vereinbart wurden bzw. werden.

Für **unentgeltliche Stundungen**, bei denen die Zahlungsrückstände während der ursprünglichen Laufzeit des Darlehensvertrages nachgeholt werden, oder für unentgeltliche Ratenreduzierungen sind die Regelungen des Verbraucherdarlehensrechts hingegen von vorneherein grds. nicht zu beachten (§ 506 Abs. 1 BGB: »entgeltlich«). Die bloße Weiterzahlung des vereinbarten Vertragszinses führt in solchen Fällen nicht zur Entgeltlichkeit.[2242] Auch ein zusätzlich vom Darlehensnehmer für die Zahlungsrückstände zu zahlender Verzugszins ist kein Entgelt, sondern ein gesetzlich geregelter Schadensersatzanspruch.[2243] Es handelt sich bei solchen Stundungen oder Tilgungsreduzierungen auch nicht um unentgeltliche Finanzierungshilfen im Sinne des § 515 BGB, denn der Anwendungsbereich dieser seit 21.03.2016 geltenden Regelungen, die nicht auf einer unionsrechtlichen Richtlinienvorgabe beruhen, ist nach ihrem Sinn und Zweck auf klassische Konsumentenkredite beschränkt.[2244] Als entgeltlich gilt der Zahlungsaufschub allerdings, wenn er davon abhängig gemacht wird, dass die Forderung durch ein Grundpfandrecht oder eine Reallast besichert wird (§ 506 Abs. 1 Satz 3 BGB; Art. 3 Abs. 2 Buchst. f) RL 2014/17/EU). Das gilt indes nur, wenn das Grundpfandrecht oder die Reallast gerade für den Zahlungsaufschub zu bestellen ist, nicht hingegen, wenn das Darlehen ohnehin bereits entsprechend besichert war und diese bereits bestellte Sicherheit auch für den Zahlungsaufschub haftet.[2245] 1242

4. Vorzeitige Beendigung des Darlehensvertrages durch Kündigung

a) Ordentliche Kündigung durch den Darlehensnehmer (§ 489 BGB)

Das ordentliche Kündigungsrecht des Darlehensnehmers bestimmt sich nach § 489 BGB. Das Gesetz knüpft insoweit daran an, ob für das Darlehen ein gebundener Sollzinssatz (§ 489 Abs. 1 BGB) oder ein veränderlicher Sollzinssatz (§ 489 Abs. 2 BGB) vereinbart ist. Den gebundenen Sollzinssatz definiert § 489 Abs. 5 Satz 2 und 3 BGB nach richtigem Verständnis als einen Sollzinssatz, für den eine feststehende Prozentzahl bzw. bei mehreren Sollzinssätzen mehrere feststehende Prozentzahlen für einen bestimmten Zeitraum vereinbart ist/sind.[2246] Möglich ist daher auch die Vereinbarung von Staffelzinssätzen, ohne dass zum Ende jeder Staffelzinsperiode ein ordentliches Kündigungsrecht des Darlehensnehmers entsteht[2247] (dazu Rdn. 1118). 1243

Diese Regelung ist für **Immobiliardarlehensverträge** im Grundsatz auch nach Inkrafttreten der verbraucherdarlehensrechtlichen Neuregelungen am 11.06.2010 maßgeblich geblieben, da § 503 BGB a.F. insoweit die gesetzlichen Regelungen der §§ 500 Abs. 1 und 2, 502 BGB a.F. für unanwendbar erklärte.[2248] Das Gesetz zur Umsetzung der Wohnimmobilienkreditrichtlinie hat für Immobiliar-Verbraucherdarlehensverträge zum 21.03.2016 zwar auch ein Recht des Darlehensnehmers zur vorzeitigen Rückzahlung des Darlehens gebracht (dazu Rdn. 1230–1232), an den ordentlichen Kündigungsrechten des Darlehensnehmers aus § 489 BGB aber nichts geändert. Auch 1244

2242 OLG Hamburg, Urt. v. 10.02.2016 – 13 U 140/14; Bülow/Artz/*Bülow* Verbraucherkreditrecht (9. Aufl.) § 506 Rn. 63c f.; *Bülow* WM 2015, 1309 (1312); *Godefroid* Verbraucherkreditverträge Rn. 269 (zu § 499 BGB a.F.); wohl auch MüKo-BGB/*Schürnbrand* § 506 Rn. 13.

2243 MüKo-BGB/*Schürnbrand* § 491 Rn. 37.

2244 So wohl auch *Bitterwolf* in: Reischauer/Kleinhans, KWG 05/16, § 18a KWG Rn. 4c.

2245 Begr. RegE zu § 491 Abs. 3 BGB, BT-Drucks. 18/5922, S. 77.

2246 Staudinger/*Mülbert* BGB (2015) § 489 Rn. 22.

2247 Staudinger/*Mülbert* BGB (2015) § 489 Rn. 23; abweichend MüKo-BGB/*Berger* § 489 Rn. 8, der in der Staffelzinsvereinbarung eine das Kündigungsrecht ausschließende Vereinbarung im Sinne des § 489 Abs. 1 Nr. 1 Hs. 1 BGB erblickt.

2248 Zu der bis 10.06.2010 unter § 489 Abs. 1 Nr. 2 BGB a.F. geltenden Rechtslage vgl. 3. Auflage, Kap. 4 Rdn. 1071.

das jederzeitige ordentliche Kündigungsrecht des Darlehensnehmers aus § 500 Abs. 1 BGB für ein Darlehen, bei dem eine Zeit für die Rückzahlung nicht bestimmt ist, bleibt auf Allgemein-Verbraucherdarlehen beschränkt. Für die Frage des Vorliegens eines Immobiliar-Verbraucherdarlehens oder eines Allgemein-Verbraucherdarlehens ist ausschließlich auf den Zeitpunkt des Vertragsschlusses abzustellen. Es sprechen daher die besseren Gründe dafür, dass eine spätere Grundschuldfreigabe – anders als nach der bis 10.06.2010 geltenden Rechtslage[2249] – nicht zu einem vorzeitigen Rückzahlungs- oder Kündigungsrecht des Darlehensnehmers (z.B. aus § 500 Abs. 1 BGB) führen kann, soweit nicht der Umgehungstatbestand des § 512 Satz 2 BGB erfüllt ist. Bei Immobiliar-Verbraucherdarlehensverträgen, die nach dem 20.03.2016 abgeschlossen wurden, wird eine Grundschuldfreigabe in der Regel ohnehin keinen Einfluss auf die rechtliche Qualifizierung als Immobiliar-Verbraucherdarlehen haben, weil nach § 491 Abs. 3 Satz 1 Nr. 2 BGB auch der Verwendungszweck des Darlehens (insbes. Finanzierung des Erwerbs oder der Erhaltung von Eigentumsrechten an einem Grundstück) zur Einordnung als Immobiliar-Verbraucherdarlehen führt (dazu Rdn. 1191–1195).

1245 Ist für das Darlehen ein Referenzzinssatz (z.B. EURIBOR) zuzüglich Aufschlag vereinbart, bei dem die Zinsanpassungen in bestimmten Zeiträumen bis zu einem Jahr erfolgen (Roll-over Darlehen), kann der Darlehensnehmer nach § 489 Abs. 1 Nr. 1 Halbs. 2 BGB das Darlehen unter Einhaltung einer Kündigungsfrist von einem Monat nur zum Ablauf der jeweiligen Zinsbindungsfrist kündigen. Bei Vereinbarung eines veränderlichen Sollzinssatzes ist das Darlehen nach § 489 Abs. 2 BGB jederzeit unter Einhaltung einer Frist von 3 Monaten durch den Darlehensnehmer kündbar. I.d.R. handelt es sich bei Bau- und Immobilienfinanzierungen jedoch um **festverzinsliche** Darlehen, für die nach § 489 Abs. 1 BGB (zuvor: § 503 Abs. 1 i.V.m. § 489 Abs. 1 Nr. 2 und Abs. 4 BGB a.F.; zuvor: § 489 Abs. 1 Nr. 3 und Abs. 4 BGB a.F.) auch mit Verbrauchern (§ 13 BGB) grds. **unkündbare Laufzeiten bis zu 10 Jahren** zzgl. der Kündigungsfrist von 6 Monaten vereinbart werden können. Diese Regelung schafft einen Ausgleich zwischen dem Interesse der Bank an verlässlichen (laufzeitkongruenten) Refinanzierungsbedingungen und der wirtschaftlichen Handlungsfreiheit des Darlehensnehmers, der zudem durch die langfristigen Refinanzierungsmöglichkeiten der Bank von einem günstigeren Zinsniveau für seine Bau- oder Immobilienfinanzierung profitieren kann.[2250] Ein Darlehen, dessen Laufzeit jene der zunächst vereinbarten Zinsbindungsperiode überschreitet (unechte Abschnittsfinanzierung; dazu Rdn. 1103–1108), kann der Darlehensnehmer folglich entweder nach § 489 Abs. 1 Nr. 1 Halbs. 1 BGB mit einer Frist von einem Monat zum Ende der Zinsbindungsperiode oder gem. § 489 Abs. 1 Nr. 2 BGB spätestens nach Ablauf von 10 Jahren seit dem vollständigen Empfang des Darlehens mit einer Kündigungsfrist von 6 Monaten kündigen. Da nach dem Gesetzeswortlaut für den Beginn der Höchstbindungsdauer des Darlehensnehmers auf den vollständigen Empfang des Darlehens abgestellt wird, können für die erste Zinsbindungsperiode einer unechten Abschnittsfinanzierung durchaus auch Laufzeiten vereinbart werden, die – etwa bei **Teilvalutierungen nach Baufortschritt** – 10 Jahre überschreiten. Der vollständige Empfang des Darlehens ist für den Beginn der Höchstbindungsdauer nach § 489 Abs. 1 Nr. 2 BGB (§ 489 Abs. 1 Nr. 3 BGB a.F.) auch dann maßgeblich, wenn der Darlehensnehmer sich während einer Niedrigzinsphase den gerade günstigen Zins vorab langfristig für sein erst künftig benötigtes Darlehen sichern möchte (**Forward-Darlehen**; dazu Rdn. 1109–1110). I.Ü. darf die Bank nach § 489 Abs. 4 BGB das ordentliche Kündigungsrecht des Darlehensnehmers weder ausschließen noch erschweren (z.B. durch Vertragsstrafen, Aufhebungsentgelte oder den vertraglichen Ausschluss der Rückzahlung laufzeitabhängiger Vergütungen). Eine solche Erschwerung liegt allerdings nicht bereits dann vor, wenn mit dem Darlehensnehmer ein Zinssicherungsgeschäft zur Schaffung eines synthetischen

2249 Die Bank ist bei Darlehensverträgen, die vor dem 11.06.2010 abgeschlossen wurden, bereits deshalb nicht verpflichtet, die Grundschuld gegen eine andere Sicherheit (z.B. Wertpapiere) freizugeben, weil sie sonst das Kündigungsrisiko aus § 489 Abs. 1 Nr. 2 BGB a.F. zu tragen hätte, OLG Stuttgart, Urt. v. 22.09.2010 – 9 U 66/10.

2250 Vgl. OLG Stuttgart, WM 1999, 1007 (1008).

Festzinssatzes (dazu Rdn. 1113) abgeschlossen wird.[2251] Darlehensvertrag und Zinssicherungsgeschäft sind grds. rechtlich voneinander unabhängige Geschäfte, das Zinssicherungsgeschäft kann der Darlehensnehmer im Grunde mit jedem beliebigen Kreditinstitut abschließen.[2252] Auch wenn die Bank gleichzeitig der Vertragspartner des Zinssicherungsgeschäfts ist, reicht folglich allein ein zeitlicher Zusammenhang zwischen Abschluss des Darlehensvertrages und des Zinssicherungsgeschäftes nicht aus, um eine Erschwerung des Kündigungsrechts des Darlehensnehmers i.S.d. § 489 Abs. 4 BGB zu begründen.[2253] Das gilt auch dann, wenn die Bank als Darlehensgeberin den Darlehensnehmer im Darlehensvertrag zum Abschluss des Zinssicherungsgeschäfts verpflichtet und des dem Darlehensnehmer freigestellt bleibt, mit wem er das Zinssicherungsgeschäft abschließt. Unerheblich ist insoweit, dass eine Drittbank für das Zinssicherungsgeschäft ggf. nicht (gleichrangig) an den dem Darlehensgeber für das Darlehen bestellten Sicherheiten partizipieren kann und deshalb der Abschluss des Zinssicherungsgeschäfts mit einer Drittbank teurer werden kann als bei der darlehensgebenden Bank.[2254] Unerheblich ist außerdem, ob die Fortführung des Zinssicherungsgeschäfts für den Darlehensnehmer nach Kündigung des Darlehensvertrages wirtschaftlich sinnvoll ist oder nicht.[2255] Unschädlich ist es auch, wenn das der Bank bestellte Grundpfandrecht zugleich die Darlehensforderungen und etwaige Ansprüche aus dem Zinssicherungsgeschäft sichert. Etwas anderes kann aber gelten, wenn die Bank gleichzeitig der Vertragspartner des Darlehensvertrages und des Zinssicherungsgeschäftes ist und mit der Kündigung des Darlehensvertrages durch den Darlehensnehmer automatisch auch das Zinssicherungsgeschäft aufgelöst wird[2256] oder von der Bank einseitig beendet werden kann.[2257] Macht der Darlehensnehmer von seinem ordentlichen Kündigungsrecht aus § 489 BGB Gebrauch, so gilt seine Kündigung nach § 489 Abs. 3 BGB als nicht erfolgt, wenn er den Darlehensrestbetrag nicht innerhalb einer Frist von 2 Wochen (§§ 187 Abs. 1, 188 Abs. 2 BGB) nach Wirksamwerden seiner Kündigung zurückzahlt.

b) Außerordentliche Kündigung durch den Darlehensnehmer; berechtigtes Interesse des Darlehensnehmers an einer anderweitigen Verwertung des Beleihungsobjekts; Vorfälligkeitsentschädigung

Der Darlehensnehmer kann den Darlehensvertrag nach allgemeinen Grundsätzen (vgl. § 314 BGB) **1246**
aus wichtigem Grund kündigen; im Falle einer solchen Kündigung muss der Darlehensnehmer keine Vorfälligkeitsentschädigung zahlen. Ein wichtiger Grund liegt vor, wenn dem Darlehensnehmer unter Berücksichtigung aller Umstände des Einzelfalls und unter Abwägung der beiderseitigen Interessen die Fortsetzung des Darlehensvertrages bis zur vereinbarten Beendigung oder bis zum Ablauf einer Kündigungsfrist für eine ordentliche Kündigung (dazu Rdn. 1244) nicht zugemutet werden. Für Verbraucherdarlehen sind darüber hinaus als Sanktion bei Pflichtverstößen der Bank weitere fristlose Kündigungsrechte des Darlehensnehmers gesetzlich geregelt. Nach § 505d Abs. 1 Satz 3 BGB kann der Darlehensnehmer einen Verbraucherdarlehensvertrag, der nach dem 20.03.2016 abgeschlossen wurde, ohne Verpflichtung zur Zahlung einer Vorfälligkeitsentschädigung fristlos kündigen, wenn die Bank gegen die Pflicht zur Kreditwürdigkeitsprüfung (dazu Rdn. 1033–1048) verstoßen hat; das gilt allerdings nicht, soweit der Mangel der Kreditwürdigkeitsprüfung darauf beruht, dass der Darlehensnehmer der Bank relevante Informationen (§ 505b Abs. 1 bis 3 BGB)

2251 *Gottschalk/Spiegel* WM 2017, 2179 (2185); *Hanke* BKR 2017, 358 (363).

2252 MüKo-BGB/*Berger* § 489 Rn. 20; Schimansky/Bunte/Lwowski/*Krepold* Bankrechts-Handbuch § 79 Rn. 58; *Stupp/Mucke* BKR 2005, 20 (25).

2253 *Gottschalk/Spiegel* WM 2017, 2179 (2185); zu etwaigen Aufklärungspflichten der Bank über das mögliche Auseinanderfallen von Zinssicherungsgeschäft und (konnexem) Darlehensvertrag für den Fall der Ausübung des gesetzlichen Kündigungsrechts des Darlehensnehmers aus § 489 BGB OLG Dresden, Urt. v. 09.04.2015 – 8 U 532/14 (Rn. 35).

2254 *Gottschalk/Spiegel* WM 2017, 2179 (2184).

2255 *Gottschalk/Spiegel* WM 2017, 2179 (2185 f.).

2256 *Gottschalk/Spiegel* WM 2017, 2179 (2185).

2257 *Stupp/Mucke* BKR 2005, 20 (25).

vorsätzlich oder grob fahrlässig unrichtig erteilt oder vorenthalten hat (§ 505d Abs. 3 BGB). Ferner ist der Darlehensnehmer nach § 494 Abs. 6 Satz 1 BGB jederzeit zur Kündigung berechtigt, wenn im Verbraucherdarlehensvertrag Angaben zur Laufzeit oder zum Kündigungsrecht des Darlehensnehmers[2258] fehlen. Diese Regelung gilt allerdings hinsichtlich der Angaben zum Kündigungsrecht des Darlehensnehmers nur für Allgemein-Verbraucherdarlehen, da nur dort das »einzuhaltende Verfahren bei der Kündigung des Vertrags« im Darlehensvertrag darzustellen ist (§ 492 Abs. 2 BGB i.V.m. Art. 247 § 6 Abs. 1 Satz 1 Nr. 5, Satz 2 EGBGB; zuvor: §§ 503 Abs. 1, 492 Abs. 2 BGB a.F. i.V.m. Art. 247 § 9 EGBGB a.F.).[2259] Wegen der seit 21.03.2016 auch für Immobiliar-Verbraucherdarlehen geltenden Sanktion aus § 502 Abs. 2 Nr. 2 BGB bei Fehlen entsprechender Angaben zum Kündigungsrecht des Darlehensnehmers wird der Darlehensgeber i.d.R. aber gleichwohl auch die Kündigungsrechte des Darlehensnehmers im Darlehensvertrag darstellen.

1247 Die Parteien können jederzeit eine **Vereinbarung über die vorzeitige Rückzahlung** des Darlehens treffen. Auf einen dahin gehenden Wunsch des Darlehensnehmers wird sich die Bank, die für den Zeitraum einer Sollzinsbindung (§ 489 Abs. 5 BGB) eine **rechtlich geschützte Zinserwartung** hat, allenfalls dann einlassen, wenn sie der Darlehensnehmer durch Zahlung eines Vorfälligkeitsentgelts, dessen Höhe in den Grenzen des § 138 BGB frei vereinbart werden kann, schadlos stellt. Die Rechtsprechung hatte zur Vermeidung von Härten dem Darlehensnehmer unter Rückgriff auf das Gebot zur gegenseitigen Rücksichtnahme indes auch einen schuldrechtlichen Anspruch gegen die Bank auf Einwilligung in die vorzeitige Rückführung des Darlehens Zug-um-Zug gegen Zahlung einer entsprechenden **Vorfälligkeitsentschädigung** zugestanden, wenn er sich zur Veräußerung der finanzierten und grundpfandrechtlich belasteten Immobilie etwa aufgrund beruflicher Veränderungen oder infolge einer Ehescheidung veranlasst sah.[2260] Diese Rechtsprechung wurde im Zuge der Schuldrechtsreform zum Zwecke »größerer Rechtsklarheit und Rechtssicherheit für den Rechtsanwender«[2261] in Gestalt eines **außerordentlichen Kündigungsrechts des Darlehensnehmers** in § 490 Abs. 2 BGB kodifiziert, das auch nach Inkrafttreten der verbraucherdarlehensrechtlichen Neuregelungen aufgrund der Umsetzung der Wohnimmobilienkreditrichtlinie (dazu Rdn. 1187) für Immobiliar-Verbraucherdarlehen am 21.03.2016 inhaltlich unverändert fortbesteht. Das Kündigungsrecht aus § 490 Abs. 2 BGB kann der Darlehensnehmer freilich nur dann wirksam ausüben, wenn seine **berechtigten Interessen** das gebieten. Letztlich geht es der gesetzlichen Regelung allein um die Wahrung der – objektbezogenen – **wirtschaftlichen Handlungsfreiheit** des Darlehensnehmers,[2262] deshalb erwähnt § 490 Abs. 2 Satz 2 BGB als exemplarischen Fall eines berechtigten Interesses des Darlehensnehmers auch sein Bedürfnis nach einer **anderweitigen Verwertung** der grundpfandrechtlich beliehenen Immobilie. Die Darlehensrückführung muss für den Darlehensnehmer also erforderlich sein, um über das Beleihungsobjekt verfügen zu können.[2263] Aus welchem Beweggrund der Darlehensnehmer das Beleihungsobjekt anderweitig verwerten möchte, soll unerheblich sein (z.B. berufsbedingter Umzug, Ehescheidung, Arbeitslosigkeit oder nachteilige Änderung der Einkommensverhältnisse,[2264] günstige Verkaufsgelegenheit).[2265] Allerdings vermag unerwartet erlangte Liquidität oder der Wunsch nach einer Ablösung des Darlehens zur Erlangung eines günstigeren Zinsniveaus ein berechtigtes Interesse des Darlehensnehmers nicht zu begründen, da es insoweit an einem hinreichenden Bezug zur wirtschaftlichen Handlungsfreiheit

2258 Palandt/*Weidenkaff* § 494 Rn. 10.

2259 Palandt/*Weidenkaff* § 494 Rn. 10.

2260 BGHZ 136, 161 (164) = WM 1997, 1747; BGH, WM 1997, 1799 (1800).

2261 Begr. RegE SchuRModG, BT-Drucks. 14/6040, S. 25; kritisch *Köndgen* WM 2001, 1637 (1643); *Freitag* WM 2001, 2370 (2376).

2262 BGH, WM 2003, 1261 (1262).

2263 Zutreffend MüKo-BGB/*Berger* § 490 Rn. 26; *Wenzel* ZfIR 2001, 93 (95).

2264 OLG Naumburg, WM 2007, 1923 (1924).

2265 Begr. RegE SchuRModG, BT-Drucks. 14/6040, S. 254 f.; MüKo-BGB/*Berger* § 490 Rn. 26; Palandt/*Weidenkaff* § 490 Rn. 6; kritisch *Köndgen* WM 2001, 1637 (1643). Handelt es sich bei dem Grundpfandrecht um eine Drittsicherheit, bleiben die Beweggründe des Drittsicherungsgebers außer Betracht.

des Darlehensnehmers im Hinblick auf das grundpfandrechtlich belastete Objekt fehlt.[2266] Liegt hingegen ein berechtigtes Interesse des Darlehensnehmers vor, bleibt er im Fall einer Kündigung nach § 490 Abs. 2 Satz 3 BGB zur Erstattung des der Bank entstehenden Vorfälligkeitsschadens verpflichtet,[2267] allerdings hängt die Wirksamkeit seiner Kündigung nicht von der Zahlung der Vorfälligkeitsentschädigung ab.[2268] Bei der Berechnung der Vorfälligkeitsentschädigung spielt u.a. die rechtlich geschützte Zinserwartung der Bank eine Rolle. Sie wird zeitlich insbes. durch die ordentlichen Kündigungsrechte des Darlehensnehmers aus § 489 BGB beschränkt. Bei nach dem 10.6.2010 (Art. 229 § 22 Abs. 2 EGBGB) abgeschlossenen Nicht-Immobiliardarlehens- bzw. Allgemein-Verbraucherdarlehensverträgen wird die rechtlich geschützte Zinserwartung der Bank zusätzlich durch das ordentliche Kündigungsrecht des Darlehensnehmers aus § 500 Abs. 1 Satz 1 BGB und das jederzeitige vorzeitige Rückzahlungsrecht des Darlehensnehmers beschränkt oder gar ausgeschlossen (§§ 500 Abs. 2 Satz 1, 502 Abs. 2 und 3 BGB). Für Immobiliar-Verbraucherdarlehensverträge gilt das ordentliche Kündigungsrecht des Darlehensnehmers aus § 500 Abs. 1 Satz 1 BGB hingegen nicht. Einen nach dem 20.03.2016 (Art. 229 § 38 Abs. 1 EGBGB) abgeschlossenen Immobiliar-Verbraucherdarlehensvertrag kann der Darlehensnehmer zwar auch vorzeitig zurückzahlen, dies aber nur unter sehr eingeschränktem Voraussetzungen und zudem auch nur gegen Entrichtung einer betraglich nicht gedeckelten Vorfälligkeitsentschädigung (§ 500 Abs. 2 Satz 2 BGB; dazu Rdn. 1230–1232). Dieses vorzeitige Rückzahlungsrecht berührt die rechtlich geschützte Zinserwartung der Bank daher nicht. Bei der Berechnung der Vorfälligkeitsentschädigung sind zugunsten des Darlehensnehmers außerdem etwaige Sondertilgungsrechte und laufzeitabhängige Vergütungen (z.B. Disagio) sowie entfallende Risiko- und Verwaltungskosten zu berücksichtigen.[2269] Die Bank kann bei der Berechnung ihres Vorfälligkeitsschadens aufgrund des Negativzinsumfelds auch negative Wiederanlagezinsen berücksichtigen.[2270] Unklar ist, ob die Vorfälligkeitsentschädigung dabei ab Geldeingang[2271] oder ab Kündigung[2272] zu rechnen ist. Die Bank darf für den mit der vorzeitigen Abrechnung des Darlehens verbundenen Verwaltungsaufwand als weitere Schadensposition eine – nach § 287 ZPO zu schätzende – Aufwandsentschädigung verlangen (mitunter auch »Bearbeitungskosten« genannt).[2273] Das gilt auch dann, wenn die vorzeitige Abrechnung des Darlehens auf einem gesetzlichen Recht des Darlehensnehmers zur vorzeitigen Darlehensrückzahlung beruht und die gesetzlichen Regelungen eine Vorfälligkeitsentschädigung vorsehen (§ 490 Abs. 2; §§ 500 Abs. 2, 502 BGB), denn auch in diesen Fällen ist die Vorfälligkeitsentschädigung ein Schadensersatzanspruch der Bank; die Bank berechnet die Vorfälligkeitsentschädigung nicht aufgrund einer gesetzlichen Pflicht oder im ausschließlich eigenen Interesse. Der Betrag der Aufwandsentschädigung hängt nicht von der Höhe der Darlehenssumme ab und kann daher nicht

---

2266 Vgl. BGH, WM 2003, 1261 (1262); MüKo-BGB/*Berger* § 490 Rn. 26; Palandt/*Weidenkaff* § 490 Rn. 6; *Becher/Lauterbach* WM 2004, 1163 (1168); zweifelnd bei Forward-Darlehen für den Fall sinkender Zinsen während der Forward-Zeit *Peters/Wehrt* WM 2003, 1509 (1514).

2267 Zur Berechnung der Vorfälligkeitsentschädigung *Rösler/Wimmer* WM 2016, 1821 (1823); *Huber* WM 2016, 605 (609 ff.); *Wehrt* ZIP 2018, 1212.

2268 *Freitag* WM 2001, 2370 (2376); *Dörrie* ZfIR 2002, 89 (100).

2269 Vgl. BGH, Urt. v. 19.01.2016 – XI ZR 388/14, (Rn. 19 ff.): zur Unwirksamkeit abweichender Vertragsklauseln; *Krepold/Kropf* WM 2015, 1 (8 ff.); *Wimmer* CompRechtsPraktiker 2014, 228; ferner OLG Stuttgart, Urt. v. 11.02.2015 – 9U 153/14, WM 2015, 1009 (1014).

2270 *Rösler/Wimmer* WM 2016, 1821 (1826).

2271 OLG Frankfurt am Main, Urt. v. 13.04.2011 – 23 U 389/09, ZIP 2011, 1303; OLG Frankfurt am Main, Urt. v. 11.06.2014, juris (Rn. 14); *Wehrt* WM 2004, 401 (408).

2272 OLG Stuttgart, Urt. v. 11.02.2015 – 9 U 153/14, WM 2015, 1009 (1014); zur Höhe der Risikokostenerstattung *Wehrt* WM 2018, 1158.

2273 BGH, Urt. v. 07.11.2000 – XI ZR 27/2000; OLG Stuttgart, Urt. v. 01.02.2015 – 9 U 153/14, WM 2015, 1009 (1014); *Krepold/Kropf* WM 2015, 1 (10). Unwirksam ist wegen § 502 Abs. 3 BGB hingegen für Allgemein-Verbraucherdarlehen, die nach dem 20.03.2016 abgeschlossen wurden, die formularmäßige Vereinbarung eines pauschalen Entgelts für die Berechnung der Vorfälligkeitsentschädigung, OLG Frankfurt a.M., Urt. v. 17.04.2013 – 23 U 50/12, WM 2013, 1351; Schimansky/Bunte/Lwowski/*Krepold* Bankrechts-Handbuch § 78 Rn. 134c; *Rösler/Wimmer* WM 2016, 1821 (1825); dazu Rdn. 1136.

als Prozentsatz geltend gemacht werden, sondern ist – ggf. auch pauschal – als absoluter Betrag anzusetzen.[2274] Da der Markt für Bau- und Immobilienfinanzierungen zunehmend um flexiblere Finanzierungsangebote erweitert wird, bieten baufinanzierende Banken für Realdarlehen mitunter einen sog. **Vorfälligkeitsschutz** an, der gegen eine Einmalgebühr die Vorfälligkeitsentschädigung im Fall einer Kündigung nach § 490 Abs. 2 BGB etwa wegen eines berufsbedingten Umzugs entfallen lässt. Es spricht einiges dafür, dass es sich hierbei trotz seiner Bezeichnung als Einmalgebühr um einen laufzeitabhängigen Kostenfaktor mit versicherungsähnlichem Charakter handelt, der bei einer anderweitigen vorzeitigen Beendigung des Darlehensvertrages anteilig zu erstatten ist.

c) Kündigung durch die Bank

1248 Die Bank kann nach § 488 Abs. 3 BGB ein Darlehen, das sie dem Darlehensnehmer für eine bestimmte Laufzeit zur Verfügung gestellt hat, nicht ordentlich kündigen.[2275] Eine solche Laufzeitvereinbarung kann ausdrücklich im Darlehensvertrag vereinbart sein oder sich durch Auslegung einer Tilgungsvereinbarung entnehmen lassen, wie das bei Ratendarlehen der Fall ist; dem Darlehensnehmer soll das Darlehen dann so lange zur Verfügung stehen, bis er es durch seine periodisch zu erbringenden Tilgungsleistungen getilgt hat. Ob das allerdings bei Annuitätendarlehen auch dann gilt, wenn sich aufgrund einer im Darlehensvertrag angelegten Konditionenneuvereinbarung oder Zinsanpassung und entsprechender Reduzierung der Leistungsrate zur Aufrechterhaltung des Tilgungssatzes die Laufzeit verkürzen oder verlängern kann, ist streitig.[2276] Der Bank bleibt auch bei Laufzeitvereinbarungen aber die Möglichkeit, den Darlehensvertrag nach den gesetzlichen Vorschriften (§§ 490 Abs. 1, 313 Abs. 3 Satz 2, 314 BGB)[2277] oder den vertraglichen Vereinbarungen (vgl. z.B. Nr. 19 Abs. 3 AGB-Banken; Nr. 26 Abs. 2 AGB-Sparkassen) aus wichtigem Grund zu kündigen[2278] und ihren Vorfälligkeits- bzw. Nichtabnahmeschaden geltend zu machen.[2279] Die außerordentlich kündigende Bank kann als Stichtag für die Berechnung der Vorfälligkeitsentschädigung wahlweise auf den Zeitpunkt des Wirksamwerdens der Kündigung des Darlehens oder auf den Tag der Rückzahlung der Darlehenssumme abstellen.[2280] Allerdings stellt sich die Frage, ob die für einen Schadensersatzanspruch in Gestalt der Vorfälligkeitsentschädigung erforderliche schuldhafte Pflichtverletzung des Darlehensnehmers auch dann vorliegt, wenn die Bank wegen einer wesentlichen Verschlechterung der wirtschaftlichen Verhältnisse des Darlehensnehmers kündigt.[2281] Außerdem kann

---

2274 BGH, Urt. v. 07.11.2000 – XI ZR 27/2000; OLG Stuttgart, Urt. v. 26.03.2014 – 9 U 193/13.

2275 Öffentlich-rechtlichen Kreditinstituten soll die Ausübung eines ordentlichen Kündigungsrechts nur bei Vorliegen eines sachgerechten Grunds möglich sein, weil öffentlich-rechtliche Kreditinstitute den Zugang zu ihren Einrichtungen aufgrund Art. 3 Abs. 1 GG nicht willkürlich beschneiden dürfen, BGH, Urt. v. 05.05.2015 – XI ZR 214/14, (Rn. 12). Das dürfte für Darlehens- und Kreditverträge aufgrund deren besonderer Risikostruktur (vgl. auch § 505a Abs. 1 Satz 1 BGB; Art. 166 CRR) allerdings nicht ohne Weiteres gelten.

2276 Zeit für die Rückzahlung ist nicht bestimmt: *Nobbe* WM 2011, 625 (629); *Ady* WM 2010, 1305 (1307); Zeit für die Rückzahlung ist bestimmt: BuB/*Franke* Rn. 3/643.

2277 Dazu etwa *Knops* WM 2012, 1649; *Regenfus*, ZBB/JBB 2015, 383.

2278 Zur Wirksamkeit bzw. Unwirksamkeit insolvenzabhängiger Kündigungsklauseln BGH, Urt. v. 15.11.2012 – IX ZR 169/11, WM 2013, 274; *Obermüller* ZInsO 2013, 476; *Raeschke-Kessler/Christopeit* WM 2013, 1582; *Jacoby* ZIP 2014, 649. Zum Erfordernis der Abmahnung und des wiederholten Vertragsverstoßes bei einer Kündigung nach § 314 BGB *Bonitz/Schramm* WM 2013, 1637.

2279 Zur Berechnung der Vorfälligkeitsentschädigung Reifner WM 2009, 1773; *Rösler/Wimmer* WM 2016, 1821 (1823); *Huber* WM 2016, 605 (609 ff.); zur Höhe der Risikokostenerstattung *Wehrt* ZIP 2018, 1212. Zum Verhältnis von Vorfälligkeitsentschädigung und Verzugsschaden BGH, Urt. v. 20.02.2018 – XI ZR 445/17 (Rn. 33 ff.); *Wehrt* ZIP 2018, 1212.

2280 BGH, Urt. v. 20.02.2018 – 445/17 (Rn. 28 ff.).

2281 BGH, Urt. v. 20.02.2018 – XI ZR 445/17 (Rn. 18): Darlehensnehmer schuldet lediglich die Erfüllung der vereinbarten Zins- und Tilgungsleistungen, nicht aber die Einhaltung seiner Bonität; ebenso OLG Frankfurt a.M., Urt. v. 23.03.2018 – 24 U 49/17; OLG Braunschweig, Beschl. v. 04.05.2017 – 2 U 105/16.

die Bank nach § 499 Abs. 3 BGB, der mit der Umsetzung der Wohnimmobilienkreditrichtlinie am 21.03.2016 eingeführt wurde (dazu Rdn. 1187), den Verbraucherdarlehensvertrag nicht allein deshalb kündigen, weil die vom Darlehensnehmer vor Vertragsschluss gemachten Angaben, ohne dass dies wissentlich oder mit Fälschungsabsicht geschah, unvollständig waren oder die Kreditwürdigkeitsprüfung des Darlehensnehmers nicht ordnungsgemäß durchgeführt wurde (dazu Rdn. 1046). Zu Besonderheiten bei Kündigung eines Immobiliar-Verbraucherdarlehensvertrages wegen Zahlungsverzugs nachfolgend Rdn. 1248.

Bei Immobiliar-Verbraucherdarlehensverträgen (§ 491 Abs. 3 BGB; zuvor: § 503 Abs. 1 BGB a.F.; **1249**
zuvor: § 492 Abs. 1a BGB a.F.; zuvor: § 491 Abs. 3 Nr. 1 BGB a.F., zuvor: § 3 Abs. 2 Nr. 2 VerbrKrG) gelten im Hinblick auf die Gesamtfälligstellung des Darlehens durch die Bank (dazu Rdn. 1234–1237) – vorbehaltlich § 499 Abs. 3 BGB (dazu vorstehend Rdn. 1247) – gewisse Sonderregelungen (dazu auch Rdn. 1234–1237), deren Anwendbarkeit sich nach den verbraucherdarlehensrechtlichen Übergangsregelungen richtet:

- Nach § 498 Abs. 3 BGB in der bis 18.08.2008 geltenden Fassung sind für Immobiliardarlehensverträge, die bis zu diesem Zeitpunkt abgeschlossen wurden, die Sonderregelungen zur Gesamtfälligstellung von Verbraucherdarlehensverträgen aus § 498 Abs. 1 und 2 BGB nicht zu beachten.[2282] Entsprechendes galt auch bereits nach der Vorgängerregelung des § 3 Abs. 2 Nr. 2 VerbrKrG.
- Nach § 498 Abs. 3 BGB in der seit 19.08.2008 geltenden Fassung kann die Bank einen Immobiliardarlehensvertrag, der nach diesem Zeitpunkt abgeschlossen wurde (Art. 229 § 18 Abs. 1 Satz 1 EGBGB)[2283] und der in Teilzahlungen zu tilgen ist, wegen Zahlungsverzugs des Darlehensnehmers nur kündigen, wenn der Darlehensnehmer mit mindestens zwei aufeinanderfolgenden Teilzahlungen ganz oder teilweise und mindestens 2,5 % des Nennbetrages des Darlehens in Verzug ist und die Bank dem Darlehensnehmer erfolglos eine zweiwöchige Frist zur Zahlung des rückständigen Betrags mit der Erklärung gesetzt hat, dass er bei Nichtzahlung innerhalb der Frist die gesamte Restschuld verlange; darüber hinaus soll der Darlehensgeber dem Darlehensnehmer spätestens mit der Fristsetzung ein Gespräch über die Möglichkeiten einer einverständlichen Regelung anbieten (dazu Rdn. 1259). Anwendbar wurde die »Abzinsungsregelung« des § 498 Abs. 2 BGB a.F. (seit 11.06.2010: § 501 BGB), die bei vorzeitiger Vertragsbeendigung eine Ermäßigung der Kosten für den Darlehensnehmer um solche Zinsen und sonstige laufzeitabhängige Kosten vorsieht, die bei gestaffelter Berechnung auf die Zeit nach der Fälligkeit entfallen. Die Regelung des § 498 BGB entfaltet bei Verbraucherdarlehen nach h.M. keine Sperrwirkung gegenüber einer Kündigung aus anderem wichtigem Grund (z.B. wegen einer wesentlichen Vermögensverschlechterung, § 490 Abs. 1 BGB).[2284]
- Das Inkrafttreten der verbraucherdarlehensrechtlichen Neuregelungen am 11.06.2010 und am 21.03.2016 hat an der zuletzt geltenden Gesetzeslage nichts geändert. Die maßgeblichen Vorschriften fanden sich seither zunächst in §§ 503, 498 BGB a.F., seit 21.03.2016 finden sie sich in § 498 BGB. Die Gesetzesbegründung lässt klar erkennen, dass die auch für Immobiliar-Verbraucherdarlehensverträge geltende »Abzinsungsregelung« des § 501 BGB (zuvor: § 498 Abs. 2 BGB a.F.) einen etwaigen Anspruch der Bank auf Zahlung einer Vorfälligkeitsentschädigung unberührt lässt. Es handelt sich bei dieser Regelung lediglich um einen allgemeinen Rechtssatz, der bei der Berechnung der Vorfälligkeitsentschädigung ohnehin insoweit Beachtung findet, als ersparte und unverbrauchte Kosten (z.B. Risikokosten, Verwaltungskosten oder als

2282 Vgl. dazu die Begründung zur Vorgängervorschrift des § 2 Abs. 1 Nr. 3 VerbrKrG (später § 3 Abs. 2 Nr. 2 VerbrKrG) in BT-Drucks. 11/5462, S. 18.

2283 Auf vor diesem Zeitpunkt abgeschlossene Immobiliardarlehensvertrag ist die Neuregelung des § 498 Abs. 3 BGB allerdings dann anwendbar, wenn der Immobiliardarlehensvertrag nach diesem Zeitpunkt auf einen Dritten übertragen wurde oder wird (Art. 229 § 18 Abs. 1 Satz 2 EGBGB).

2284 OLG Stuttgart, Urt. v. 29.03.2017 – 9 U 223/16, ZIP 2017, 1897 (1899) mwN.; Palandt/*Weidenkaff* § 498 Rn. 1; a.A. MüKo-BGB/*Schürnbrand* § 498 Rn. 24; *Knops* WM 2012, 1649 (1650 f.).

Zinsvorauszahlung ausgestaltete Disagi) i.R.d. Vorteilsausgleichung anspruchsmindernd zu berücksichtigen sind.[2285]

- Kündigt die Bank den Immobiliar-Verbraucherdarlehensvertrag wegen Zahlungsverzugs, soll ihr ein Anspruch auf Vorfälligkeitsentschädigung nicht zustehen, weil § 497 Abs.1 BGB nach Auffassung des BGH für solche Fälle notleidender Darlehen eine spezielle Regelung zur Schadensberechnung bei notleidenden Darlehen enthält, die eine Sperrwirkung gegenüber der Geltendmachung einer als Erfüllungsinteresse verlangten Vorfälligkeitsentschädigung entfaltet.[2286] Das ist weder in der Begründung noch im Ergebnis überzeugend.[2287] Bei der Vorfälligkeitsentschädigung handelt es sich um einen Schadensersatzanspruch für den Wegfall des vertraglichen Zinsanspruchs, der unabhängig von dem Verzugsschaden und nicht beschränkt auf diesen geltend gemacht werden können muss.[2288] Es entspricht bereits einem allgemeinen Grundsatz, dass neben dem außerordentlichen Kündigungsrecht der Schadensersatzanspruch besteht (vgl. §§ 288 Abs. 4, 490 Abs. 3, 314 Abs. 4, 325, 628 Abs. 2 BGB).[2289] Die Vorschrift des § 497 Abs. 1 BGB regelt lediglich die Höhe des Verzugsschadens, der den Vorfälligkeitsschaden weder kompensiert noch in irgendeinem wechselseitigen Verhältnis zum Verzugsschaden steht. Auch der Hinweis des BGH auf den vermeintlichen gesetzgeberischen Willen[2290] überzeugt nicht. Durch § 11 Abs. 1 VerbrKrG a.F. sollte lediglich der Verzugsschaden gesetzlich pauschalisiert werden, nicht aber der Anspruch auf den Vorfälligkeitsschaden im Fall einer verzugsbedingten Kündigung ausgeschlossen werden.[2291] Der Gesetzgeber hat im Gegenteil im Zuge der Umsetzung der Verbraucherkreditrichtlinie 2008/48/EG im Jahr 2010 an der Kündigungsfestigkeit von Immobiliardarlehen mit gebundenem Sollzinssatz festgehalten und sich im Rahmen der Umsetzung der Wohnimmobilienkreditrichtlinie 2014/17/EU zum 21.03.2016 eindeutig zur Vorfälligkeitsentschädigung und deren Notwendigkeit bekannt. Ein Wegfall der Vorfälligkeitsentschädigung bei verzugsbedingter Kündigung hätte möglicherweise auch die unerwünschte Folge, dass das Immobiliar-Verbraucherdarlehen nicht mehr im gewohnten Umfang als Deckung für die zur Refinanzierung emittierten Schuldverschreibungen genutzt werden kann.[2292] Auch die seit 21.03.2016 geltende Regelung des § 505d Abs. 2 BGB zu den Folgen einer fehlerhaften Kreditwürdigkeitsprüfung (dazu Rdn. 1045–1048) spricht dafür, dass bei ordnungsgemäßer Kreditwürdigkeitsprüfung das Erfüllungsinteresse der Bank auch im Falle des Zahlungsverzugs des Darlehensnehmers geschützt bleiben soll.[2293] Kündigt die Bank nicht

---

2285 Begr. RegE zu § 501 BGB, BT-Drucks. 16/11643, S. 86; zur Berechnung der Vorfälligkeitsentschädigung *Reifner* WM 2009, 1773 ff.; *Rösler/Wimmer* WM 2016, 1821 (1823).

2286 BGH, Urt.v. 19.01.2016 – XI ZR 103/15, (Rn. 19 ff.); BGH, Urt. v. 26.11.2016 – XI ZR 187/14, (Rn. 13 ff.), jeweils zu § 497 Abs.1 BGB in der bis 01.01.2002 geltenden Fassung. Zur Verjährung von Rückforderungsansprüchen bei überzahlter Vorfälligkeitsentschädigung vgl. *Feldhusen* NJW 2016, 2145.

2287 Zutreffend *Rösler/Wimmer* WM 2016, 1821 (1822); *Huber* WM 2017, 605 (609); *Keding* BKR 2017, 177; *ders.* BKR 2016, 244 (245).

2288 OLG München, Urt. v. 31.03.2014 – 17 U 4313/13, WM 2014, 1341; LG Stuttgart, Urt. v. 25.09.2014 – 12 O 769/13; LG Stuttgart, Urt. v. 12.08.2014 – 21 O 830/13; LG Münster, Urt. v. 25.09.2014 – 2-14 O 67/14; für den Fall der Nichtabnahmeentschädigung auch OLG Stuttgart, Urt. v. 26.03.2014 – 9 U 193/13.

2289 BGH, Urt. v. 07.11.2000 – XI ZR 27/2000; BGH, Urt. v. 08.02.2000 – XI ZR 313/98; OLG Stuttgart, Urt. v. 26.03.2014 – 9 U 193/13; *Edelmann/Hölldampf* BB 2014, 202 (205, 206); *Krepold/Kropf* WM 2015, 1 (13).

2290 BGH, Urt. v. 19.01.2016 – XI ZR 103/15, (Rn. 25 ff.).

2291 *Edelmann/Hölldampf* BB 2014, 202 (206); *Huber* WM 2016, 605 (609); *Keding* BKR2016, 244 (245).

2292 Zur Vorfälligkeitsentschädigung als Grundlage des deutschen Pfandbriefsystems *Krepold/Kropf* WM 2015, 1.

2293 *Keding* BKR 2017, 177 (182).

wegen Zahlungsverzugs, sondern aus einem anderen wichtigen Grund, bleibt ihr Anspruch auf Vorfälligkeitsentschädigung jedenfalls unberührt.[2294]

5. Verkauf von Darlehensforderungen aus der Immobilienfinanzierung und Schutzvorschriften zugunsten des Darlehensnehmers

Die Übertragung von Darlehensforderungen – insb. aus Immobiliar-Verbraucherdarlehensverträgen – wird von Banken als Mittel der Refinanzierung, der Eigenkapitalentlastung und der Risikodiversifizierung genutzt. In erster Linie handelt es sich dabei um Forderungen aus notleidenden Darlehen, d.h. aus solchen Darlehen, die entweder bereits gekündigt oder wegen Zahlungsverzugs, Vermögensfalls oder aufgrund einer schwerwiegenden Vertragsverletzung kündbar sind;[2295] mitunter finden sich in den verkauften Forderungspaketen aber auch Darlehensforderungen aus nur störanfälligen oder gar gänzlich unauffälligen Darlehensverhältnissen. Der Gesetzgeber hat den Forderungshandel als finanzpolitisch durchaus erwünschtes Instrument mit den im sog. Risikobegrenzungsgesetz[2296] enthaltenen und am 19.08.2008 in Kraft getretenen **Regelungen zur Verbesserung des Schuldner- und Verbraucherschutzes bei Abtretung und Verkauf von Darlehensforderungen an Finanzinvestoren** bestätigt.[2297] Auch das Verbraucherdarlehensrecht sieht keine Einschränkungen der Abtretbarkeit von Darlehensforderungen vor (dazu Rdn. 1239–1241).[2298] 1250

a) Abtretbarkeit von Darlehensforderungen, Bankgeheimnis und Datenschutz

Darlehensforderungen sind grds. **abtretbar.** Weder dem **Bankgeheimnis** noch dem **Datenschutz** kann ein vertragliches oder gar gesetzliches Abtretungsverbot für Darlehensforderungen entnommen werden.[2299] Das gilt keineswegs nur für die Abtretung von Forderungen aus notleidenden Darlehen, sondern auch für die Abtretung von Forderungen aus Darlehen, die ordnungsgemäß bedient werden, und zwar unabhängig davon, ob es sich um ein Verbraucherdarlehen oder um einen gewerblichen Kredit handelt.[2300] Selbst einer Abtretung oder Ausgliederung von Darlehensforderungen an eine Nichtbank stehen weder das Bankgeheimnis[2301] noch § 134 BGB i.V.m. § 32 1251

2294 Zutreffend *Rösler/Wimmer* WM 2016, 1821 (1823); *Krepold/Kropf* WM 2015, 1 (11); im Ergebnis auch *Huber* WM 2017, 605 (607 ff.); a.A. OLG Frankfurt a.M., Urt. v. 22.03.2018 – 24 U 49/17: Erstreckung der Sperrwirkung des § 497 Abs. 1 BGB auch auf Kündigung wegen wesentlicher Verschlechterung der wirtschaftlichen Verhältnisse des Darlehensnehmers; *Wedekind* ZfIR 2016, 442 (446).

2295 Vgl. *Nobbe* ZIP 2008, 97; grundlegend zur Veräußerung notleidender Darlehen *Hofmann/Walter*, WM 2004, 1566; *Bomhard/Kessler/Dettmeier* BB 2004, 2085 (2087); *Schilmar/Breiteneicher/Wiedenhofer* DB 2005, 1367.

2296 Gesetz zur Begrenzung der mit Finanzinvestitionen verbundenen Risiken v. 12.08.2008 (BGBl. I, S. 1666).

2297 Dazu eingehend *Dörrie* ZBB 2008, 292.

2298 Die Abtretbarkeit von Darlehensforderungen wird in Art. 17 der Verbraucherkreditrichtlinie 2008/48/EG sogar vorausgesetzt.

2299 BGHZ 171, 180 (183 Rn. 12 ff.); a.A. OLG Frankfurt a.M., WM 2004, 1386; *Schwintowski/Schantz* NJW 2008, 472. Vom BVerfG (WM 2007, 1694) wurde das Urteil des BGH durch Nichtannahmebeschluss bestätigt, da das informationelle Selbstbestimmungsrecht des Darlehensnehmers durch die Forderungsabtretung nicht verletzt wird.

2300 *Schimansky* WM 2008, 1049; *Nobbe* ZIP 2008, 97 (102). Zur Übertragung von Darlehensforderungen im Rahmen umwandlungsrechtlicher Maßnahmen OLG Dresden, WM 2008, 1273; LG Nürnberg, WM 2008, 2015 (2016); einschränkend *Bitter* ZHR 173 (2009), 379.

2301 BGH, WM 2011, 1168 (Rn. 24); OLG München, WM 2008, 688; LG Nürnberg, WM 2008, 2015 (2017); zweifelnd im Hinblick auf Nr. 2 AGB-Banken und auf eine etwaige Inhaltsänderung (§ 399, 1. Alt. BGB) ungekündigter Darlehensforderungen *Clemente* ZfIR 2007, 737 (739 f.); *Schwintowski/Schantz* NJW 2008, 472 ff.; für eine Unabtretbarkeit der Forderungen nach § 399 BGB wegen Fehlens der Bankerlaubnis beim Forderungserwerber *Knops* WM 2008, 2185 (2188); dagegen jedoch BGH, WM 2011, 1168 (Rn. 25).

Abs. 1 Satz 1 KWG[2302] entgegen. Es kann auch bereits aufgrund des Willkürverbots aus Art. 3 GG keinen Unterschied machen, ob es sich bei dem zedierenden Kreditinstitut um eine Privat- oder Genossenschaftsbank handelt oder um ein öffentlich-rechtliches Kreditinstitut.[2303] Dem Darlehensnehmer bleibt es freilich unbenommen, mit seiner Bank einen Abtretungsausschluss nach § 399, 2. Alt. BGB zu vereinbaren,[2304] er muss dann aber möglicherweise einen höheren Sollzinssatz für sein Darlehen in Kauf nehmen. Ein solcher Abtretungsausschluss kann nach der Neufassung des § 354a Abs. 2 HGB seit 19.08.2008 (Art. 64 EGHGB) auch dann vereinbart werden, wenn es sich bei dem Darlehensvertrag für beide Teile um ein Handelsgeschäft handelt oder der Schuldner eine juristische Person des öffentlichen Rechts oder ein öffentlich-rechtliches Sondervermögen ist, und es sich um Darlehensforderungen handelt, deren Gläubiger eine Bank i.S.d. KWG ist.

1252 Mag die Darlehensforderung auch abtretbar sein, so kann sich die Bank ggü. dem Darlehensnehmer doch nach § 280 Abs. 1 i.V.m. § 241 Abs. 2 BGB schadensersatzpflichtig machen, wenn sie nicht anonymisierte vertrags- und personenbezogene Kundendaten an den Abtretungsempfänger weitergibt und dadurch das Bankgeheimnis verletzt.[2305] Die Verpflichtung der Bank aus § 402 BGB, dem Abtretungsempfänger die erforderlichen Auskünfte über die zedierte Darlehensforderung zu erteilen, steht einer solchen Schadensersatzpflicht oder einem außerordentlichen Kündigungsrecht des Darlehensnehmers[2306] nicht entgegen, da dem Bankgeheimnis der Vorrang gebührt, solange sich der Darlehensnehmer vertragstreu verhält.[2307] Nicht mehr vertragstreu hat sich der Darlehensnehmer verhalten, wenn das Darlehen notleidend geworden ist. Daher verstößt die Bank nicht gegen das Bankgeheimnis, wenn sie ihre Forderungen aus dem notleidenden Engagement überträgt und dabei Kundendaten an den Abtretungsempfänger weitergibt.[2308] Eine Befreiung vom Bankgeheimnis ist grds. auch dann nicht erforderlich, wenn das gesamte Darlehensverhältnis infolge einer umwandlungsrechtlichen Maßnahme auf eine andere Bank oder auch auf ein Unternehmen ohne Bankerlaubnis übertragen wird[2309] oder Geschäftsbereiche nach § 25a Abs. 2 KWG (Outsourcing) ausgelagert werden.[2310] Solche Umstrukturierungen wären faktisch unmöglich, wenn zuvor von jedem einzelnen Darlehensnehmer eine Befreiung vom Bankgeheimnis eingeholt werden müsste.[2311]

2302 BGH, WM 2011, 1168 (Rn. 17).

2303 *Nobbe* ZIP 2008, 97 (101); *ders.* WM 2005, 1537 (1543); *Köchling* ZInsO 2008, 232 (236 f.); *Deuber* ZfIR 2007, 313 (314). Die Abtretung von Darlehensforderungen durch ein öffentlich-rechtliches Kreditinstitut scheitert insb. auch nicht an § 134 BGB i.V.m. § 203 Abs. 2 Nr. 1 StGB, BGH, WM 2009, 2307 (Rn. 15 ff.: Abtretung gekündigter Darlehensforderungen); OLG Schleswig, WM 2007, 2103 (2106); *Nobbe* ZIP 2008, 97 (101); *ders.* WM 2005, 1537 (1543); *Schalast/Safran/Sassenberg* NJW 2008, 1486 (1490); *Domke/Sperlich* BB 2008, 342 (347 f.).

2304 Vgl. zur Abtretbarkeit von Darlehensforderungen aus einem notleidenden Darlehensverhältnis trotz (stillschweigenden) Abtretungsverbots OLG Stuttgart, Urt. v. 22.06.2005 – 9 U 34/05, BeckRS 2007, 08273.

2305 BGHZ 171, 180 (Rn. 19); Schimansky/Bunte/Lwowski/*Krepold* Bankrechts-Handbuch § 39 Rn. 300 ff.; *Nobbe* ZIP 2008, 97 (102 ff.); zur Entbehrlichkeit der Befreiung vom Bankgeheimnis, wenn die Kreditbetreuung (sog. Servicing) ausschließlich beim Zedenten verbleibt *Bredow/Vogel* BKR 2008, 271 (274); *Büttner/Tonner* ZBB 2005, 165 (170). Die Weitergabe anonymisierter kundenbezogener Daten im Rahmen synthetischer Transaktionen oder Unterbeteiligungen ist unproblematisch, *Nobbe* ZIP 2008, 97 (98).

2306 Dazu Schimansky/Bunte/Lwowski/*Bruchner/Krepold* Bankrechts-Handbuch § 39 Rn. 310; *Nobbe* WM 2005, 1537 (1547); *Bredow/Vogel* BKR 2008, 271 (275 f.); ferner BR-Drucks. 152/08, S. 14.

2307 *Nobbe* ZIP 2008, 97 (104); *Klüwer/Meister* WM 2004, 1157 (1160); *Rögner* NJW 2004, 3230 (3232).

2308 Vgl. *Nobbe* ZIP 2008, 97 (1004); *Dörrie* ZBB 2008, 292 (294); *Bredow/Vogel* BKR 2008, 271 (276); teilweise wird insoweit der Erlaubnistatbestand des § 28 Abs. 1 Satz 1 Nr. 2 BDSG entsprechend herangezogen, vgl. LG Frankfurt am Main, ZIP 2005, 115 (116); *Hofmann/Walter* WM 2004, 1566 (1574).

2309 LG Nürnberg, WM 2008, 2015 (2016); wohl auch OLG Dresden, WM 2008, 1273 ff.

2310 Schimansky/Bunte/Lwowski/*Bruchner/Krepold* Bankrechts-Handbuch § 39 Rn. 28, 70; *Cahn* WM 2004, 2041 (2045 f.); *Bredow/Vogel* BKR 2008, 271 (272).

2311 Einschränkend *Bitter* ZHR 173 (2009), 379 ff.; kritisch *Nobbe* ZIP 2008, 97 (99, 105).

Will die Bank auch Forderungen aus nicht notleidenden Darlehensverhältnissen ohne Verletzung des Bankgeheimnisses übertragen können, muss sie sich insoweit vertraglich vom Bankgeheimnis befreien lassen. Die Regelungen des Datenschutzes, der nur natürliche Personen schützt (Art. 1 DSGVO; § 3 Abs. 1 BDSG a.F.) und dem im Verhältnis zum Bankgeheimnis nur eine Auffangfunktion zukommt,[2312] sind insoweit nur hinsichtlich der Anforderungen an die Einwilligung zur Datenweitergabe (Art. 6 Abs. 1 Buchst. a), Art. 7 DSGVO (§§ 4 Abs. 1, 4a BDSG a.F.) zu berücksichtigen, da das Bankgeheimnis keine diesbezüglichen Aussagen trifft. Nach Art. 7 DSGVO (vgl. auch Erwägungsgründe 32, 42, 43 DSGVO; § 4a Abs. 1 Satz 1 BDSG a.F.) ist die Einwilligung des Darlehensnehmers nur wirksam, wenn sie auf seiner freien Entscheidung beruht und vor der Datenverarbeitung eingeholt wird.[2313] Es muss sich um eine »informierte Einwilligung« handeln, d.h., der Darlehensnehmer ist nach Art 7 DSGVO (vgl. auch Erwägungsgründe 32, 42 DSGVO; § 4a Abs. 1 Satz 2 BDSG a.F.) über den Zweck der vorgesehenen Datenweitergabe (z.B. Forderungsübertragung) zu unterrichten; § 4 Abs. 3 Satz 1 Nr. 3 BDSG a.F. forderte ausdrücklich auch eine Unterrichtung über die Kategorien der potenziellen Übermittlungsempfänger, soweit der Darlehensnehmer nicht mit der Übermittlung seiner Daten an diese rechnen musste. Die Einwilligung des Darlehensnehmers ist grds. formlos möglich (vgl. Erwägungsgrund 32 DSGV; anders noch § 4a Abs. 1 Satz 3 BDSG a.F.: grds. Schriftform), sie muss aber unmissverständlich und bestätigend sein; außerdem muss die Bank nachweisen können, dass der Darlehensnehmer tatsächlich eingewilligt hat (Art. 7 Abs. 1 DSGVO; Erwägungsgrund 42 DSGVO). Die Einwilligung kann ohne Verstoß gegen § 307 BGB auch durch vorformulierte Klauseln im Darlehensvertrag eingeholt werden, wenn sie hinreichend transparent und drucktechnisch hervorgehoben sind (vgl. Art. 7 Abs. 2 DSGVO, Erwägungsgrund 42 Satz 3 DSGVO; § 4a Abs. 1 Satz 4 BDSG a.F.).[2314] Eines Hinweises auf die Folgen der Verweigerung seiner Einwilligung (vgl. § 4a Abs. 1 Satz 2 BDSG a.F.) wird es – abgesehen von den Fällen eines entsprechenden Verlangens des Darlehensnehmers – in aller Regel nicht bedürfen, da der Darlehensnehmer damit rechnen muss, dass die Verweigerung einer formularmäßig vorgesehenen – und sogar drucktechnisch hervorgehobenen – Einwilligung das Zustandekommen des Darlehensvertrages hindert. Auch die erforderliche Freiwilligkeit der Einwilligung liegt bei Verwendung entsprechender Einwilligungsklauseln regelmäßig vor, selbst wenn die Bank das Zustandekommen des Darlehensvertrages oder die angebotenen Konditionen von der Einwilligung des Darlehensnehmers abhängig macht (vgl. aber auch Erwägungsgrund 42 Satz 5 und Erwägungsgrund 43 Satz 2 DSGVO); einen Kontrahierungszwang für Darlehensverträge mit unveräußerlichen Darlehensforderungen kann es nicht geben. Der Darlehensnehmer kann seine Einwilligung jederzeit widerrufen, darauf ist er vor Abgabe seiner Einwilligung hinzuweisen (Art. 7 Abs. 3 DSGVO). 1253

b) Vorschriften zum Schutz des Darlehensnehmers bei Übertragung der Darlehensforderungen und der Sicherungsgrundschuld

Aufgrund verschiedener Medienberichte, die zahlreiche Darlehensnehmer als Opfer rücksichtsloser Machenschaften forderungserwerbender Finanzinvestoren präsentierten, sah sich der Gesetzgeber veranlasst, mit den gesetzlichen **Regelungen zur Verbesserung des Schuldner- und Verbraucherschutzes bei Abtretung und Verkauf von Darlehensforderungen an Finanzinvestoren**, die i.R.d. sog. Risikobegrenzungsgesetzes verabschiedet wurden und am 19.08.2008 in Kraft traten,[2315] verloren gegangenes Vertrauen der Darlehensnehmer in die Kreditwirtschaft wiederherzustellen.[2316] Der Handel mit Darlehensforderungen ist jedoch unverändert möglich und wird auch nicht 1254

2312 BGHZ 171, 180 (188 Rn. 29); *Nobbe* WM 2005, 1537 (1544).

2313 Eingehend dazu *Dörrie* ZBB 2008, 292 (295 f.).

2314 *Dörrie* ZBB 2008, 292 (295); wohl auch *Klüwer/Meister* WM 2004, 1157 (1162); zweifelnd *Schilmar/Breiteneicher/Wiedenhofer* DB 2005, 1367 (1368 f.).

2315 Vgl. Art. 6 bis 11 des Gesetzes zur Begrenzung der mit Finanzinvestitionen verbundenen Risiken (Risikobegrenzungsgesetz) v. 12.08.2008 (BGBl. I, S. 1666).

2316 Zum Inhalt der gesetzlichen Regelungen eingehend *Dörrie* ZBB 2008, 292 (296 ff.).

erschwert, zum Schutz der Darlehensnehmer sorgen nun aber besondere Hinweis- und Unterrichtungspflichten sowohl der Banken als auch der Forderungserwerber für eine erhöhte Transparenz hinsichtlich des Schicksals der Darlehensforderung und des Darlehensvertrages. Darüber hinaus sollen verschärfte Kündigungsvoraussetzungen für Immobiliar-Verbraucherdarlehen und für Grundschulden, der weitgehende Ausschluss eines gutgläubig einredefreien Erwerbs von Sicherungsgrundschulden sowie ergänzende Regelungen zum Zwangsvollstreckungsrecht die Darlehensnehmer und Grundstückseigentümer vor den befürchteten Missbrauchsfällen bewahren. Ein Sonderkündigungsrecht des Darlehensnehmers allein aufgrund des Übergangs der Darlehensforderung hat der Gesetzgeber jedoch abgelehnt.[2317] Die Darlehensnehmer sind gleichwohl hinreichend geschützt. Auch nach einer Forderungstransaktion können sie nur Risiken treffen, die ihre Ursache bereits in der Darlehensaufnahme und der Sicherheitenbestellung haben. Der Forderungs- und Grundschulderwerber kann gegen den Darlehensnehmer und Sicherungsgeber nicht mehr Rechte geltend machen, als der zedierenden Bank als ursprünglicher Gläubigerin zustanden.

aa) Abtretbarkeit von Darlehensforderungen und Übertragbarkeit des Darlehensverhältnisses

1255 Darlehensforderungen sind abtretbar.[2318] Der Darlehensnehmer kann mit seiner Bank aber einen **vertraglichen Abtretungsausschluss** nach § 399, 2. Alt. BGB aushandeln. Ein solcher Abtretungsausschluss kann nach § 354a Abs. 2 HGB seit 19.08.2008 (Art. 64 EGHGB) auch dann vereinbart werden, wenn es sich bei dem Darlehensvertrag für beide Teile um ein Handelsgeschäft handelt oder der Schuldner eine juristische Person des öffentlichen Rechts oder ein öffentlich-rechtliches Sondervermögen ist, und es um Darlehensforderungen geht, deren Gläubiger eine Bank i.S.d. KWG ist. Der Bank steht es indes frei, sich auf einen Abtretungsausschluss einzulassen, denn eine Verpflichtung, auch »abtretungsfeste« Darlehen anzubieten, besteht für Banken nicht. Deshalb bleibt es der Bank auch unbenommen, für ein »abtretungsfestes« Darlehen einen höheren Zinssatz zu verlangen.

1256 Nach der Neufassung des § 309 Nr. 10 BGB ist indes in Allgemeinen Geschäftsbedingungen eine **Klausel unwirksam**, die es der Bank gestattet, den **Darlehensvertrag ohne Zustimmung des Darlehensnehmers auf einen Dritten zu übertragen**, wenn nicht der Dritte namentlich bezeichnet oder dem Darlehensnehmer ein Recht eingeräumt wird, sich vom Darlehensvertrag zu lösen. Allerdings konnte sich bereits vor der Neufassung des § 309 Nr. 10 BGB die Unwirksamkeit einer formularmäßigen Vertragsübernahmeklausel in einem Darlehensvertrag aus § 305c BGB oder aus § 307 BGB ergeben. Daher will auch der Gesetzgeber die Erstreckung des § 309 Nr. 10 BGB auf Darlehensverträge lediglich als Klarstellung verstanden wissen.[2319] Unberührt bleiben indes Vertragsübertragungen aufgrund einer Umwandlung nach den Vorschriften des UmwG.[2320] Im kaufmännischen Bereich ist i.R.d. Inhaltskontrolle nach § 309 Nr. 10 BGB darauf abzustellen, ob durch den Wechsel des Vertragspartners berechtigte Interessen des Darlehensnehmers beeinträchtig sind; das ist etwa anzunehmen, wenn es auf die Zuverlässigkeit und Solvenz des Vertragspartners ankommt.[2321]

bb) Hinweis- und Unterrichtungspflichten der Bank

1257 Nach Art. 247 § 1 Abs. 3 Satz 2 EGBGB ist der Darlehensnehmer bei Immobiliar-Verbraucherdarlehen vorvertraglich darauf hinzuweisen, dass die Bank – soweit nicht im Darlehensvertrag ein Abtretungsausschluss nach § 399, 2. Alt. BGB vereinbart ist – ohne seine Zustimmung die **Forderungen aus dem Darlehensvertrag (z.B. Tilgungs-, Zins- und Kostenansprüche) abtreten** kann

2317 Zu den gesetzgeberischen Erwägungen gegen ein gesetzlich normiertes Sonderkündigungsrecht vgl. BT-Drucks. 16/9821, S. 14; BR-Drucks. 152/08, S. 1 f.

2318 BT-Drucks. 16/9821, S. 19.

2319 BT-Drucks. 16/9821, S. 19; zustimmend *Koch* ZBB 2008, 232 (233).

2320 BT-Drucks. 16/9821, S. 19; einschränkend *Bitter* ZHR 173 (2009), 379 ff.

2321 Palandt/*Grüneberg* § 309 Rn. 100.

und das **Darlehensverhältnis insgesamt unter bestimmten Umständen (z.B. bei Umwandlungen nach dem UmwG) auf einen Dritten übergehen** kann.[2322] Dieser Hinweis darf nicht in das »ESIS-Merkblatt« (Anlage 6 zu Art. 247 § 1 Abs. 2 EGBGB) aufgenommen werden, sondern ist in einem gesonderten Dokument zu erteilen, das dem »ESIS-Merkblatt« beigefügt werden kann (Art. 247 § 1 Abs. 3 Satz 1 EGBGB; vgl. Art. 14 Abs. 8 Satz 2 RL 2014/17/EU). Der Hinweis bleibt auch dann erforderlich, wenn sich die Bank eine Abtretung der Darlehensforderungen nur für bestimmte Sachverhaltskonstellationen (z.B. Verletzung der Vertragspflichten durch den Darlehensnehmer) vorbehalten möchte.[2323] Bis zum 20.03.2016 war ein entsprechender Hinweis deutlich gestaltet in die vorvertraglichen Informationen zu dem Immobiliardarlehen aufzunehmen (§ 503 BGB a.F. i.V.m. Art. 247 § 9 Abs. 1 Satz 2 EGBGB a.F.). Zuvor war seit 19.08.2008 nach § 492 Abs. 1a Satz 3 BGB ein entsprechender Hinweis in den Immobiliardarlehensvertrag aufzunehmen. Ein Verstoß gegen diese vertragliche Hinweispflicht führte zwar nicht zur Nichtigkeit des Immobiliardarlehensvertrags, die Bank konnte sich aber aus einer Pflichtverletzung ggü. dem Darlehensnehmer schadensersatzpflichtig machen.[2324] Ein Schadensersatzanspruch des Darlehensnehmers ist auch im Falle einer Verletzung der nunmehr vorvertraglich zu erfüllenden Hinweispflicht der Bank denkbar.

Des Weiteren ist die Bank bei Verbraucherdarlehen verpflichtet, den Verbraucher spätestens 3 Monate vor Ende einer Zinsbindungsvereinbarung bei sog. unechten Abschnittsfinanzierungen (dazu Rdn. 1103–1108) bzw. spätestens 3 Monate vor Ende der Darlehenslaufzeit über ihre **Bereitschaft zur Vereinbarung einer neuen Zinsbindungsperiode** (§ 493 Abs. 1 BGB; zuvor: § 492a Abs. 1 BGB a.F.) bzw. über ihre **Bereitschaft zur Fortführung des Darlehensverhältnisses** (§ 493 Abs. 2 BGB; zuvor: § 492a Abs. 2 BGB a.F.) zu **unterrichten.**[2325] Im Fall ihrer Bereitschaft zur festverzinslichen Fortführung des Darlehens hat die Bank in der Unterrichtung ihren zum Zeitpunkt der Unterrichtung angebotenen Sollzinssatz anzugeben, ohne freilich daran bereits gebunden zu sein. Ist die Bank zur Fortführung eines befristeten Darlehensverhältnisses bereit, so hat sie in ihrer Unterrichtung alle zu diesem Zeitpunkt gültigen Pflichtangaben nach § 491a Abs. 1 BGB in die Unterrichtung aufzunehmen.[2326] Der Verbraucher soll durch diese Unterrichtungen rechtzeitig Kenntnis davon erlangen, ob sich am Darlehensverhältnis Änderungen ergeben, um den Markt nach weiteren Angeboten erforschen zu können. Diese Unterrichtungspflichten treffen nach § 493 Abs. 6 BGB (zuvor: § 493 Abs. 4 BGB a.F.; zuvor: § 492a Abs. 3 BGB a.F.) »auch« den **Forderungserwerber**, wenn dem Darlehensnehmer die Übertragung der Darlehensforderung offengelegt wird und der Forderungserwerber das sog. Servicing für das Darlehen übernimmt.[2327] Ob der Forderungserwerber zu einer Fortführung des Darlehens bereit ist, wird insb. auch davon abhängen, ob und inwieweit es dazu aufsichtsrechtlich einer Bankerlaubnis nach § 32 KWG bedarf.[2328] Eine Verletzung der Unterrichtungspflichten aus § 493 Abs. 1, 2 und 6 BGB (zuvor: § 493 Abs. 1, 2 und 4 BGB a.F.; zuvor: § 492a BGB a.F.) kann Schadensersatzansprüche des Darlehensnehmers gegen die Bank oder gegen den Forderungserwerber zur Folge haben.[2329] Hingegen wird sich ein außerordentliches Kündigungsrecht des Darlehensnehmers allein aus einer Verletzung dieser Unterrichtungspflichten nicht begründen lassen. Zeitlich dürfte sich der Anwendungsbereich der Unterrichtungspflichten 1258

2322 Zur Gestaltung des Hinweises *Dörrie* ZBB 2008, 292 (297).

2323 BT-Drucks. 16/9821, S. 20.

2324 BT-Drucks. 16/9821, S. 19.

2325 Dazu *Dörrie* ZBB 2008, 292 (298) und Rdn. 1103–1105.

2326 Die Unterrichtungspflicht aus § 493 Abs. 2 BGB (§ 492a Abs. 2 BGB a.F.) entfällt bei endfälligen Darlehen, die mit einem Tilgungsinstrument (z.B. Kapitallebensversicherung) kombiniert werden und erst am Ende der Kapitalnutzungsdauer in einer Summe zunächst aus diesem Tilgungsinstrument zurückgeführt werden sollen (sog. tilgungsfreie Festdarlehen); das gilt selbst dann, wenn die Wertentwicklung des Tilgungsinstruments hinter den Erwartungen zurückbleibt, vgl. *Dörrie* ZBB 2008, 292 (299).

2327 Die Regelung dürfte aber nicht dazu führen, dass der Forderungserwerber und zugleich der Darlehensgeber Konditionenangebote zu unterbreiten haben, *Dörrie* ZBB 2008, 292 (298).

2328 BR-Drucks. 152/08, S. 11; dazu *Schilmar/Breiteneicher/Wiedenhofer* DB 2005, 1367 (1371); *Bomhard/Kessler/Dettmeier* BB 2004, 2085 (2087); *Dörrie* ZBB 2008, 292 (304).

2329 BT-Drucks. 16/9821, S. 20 f.

aus § 493 Abs. 1, 2 und 6 BGB (zuvor: § 493 Abs. 1, 2 und 4 BGB a.F.; zuvor: § 492a BGB a.F.) auch auf Darlehensverträge erstrecken, die vor dem Inkrafttreten der Regelung am 19.08.2008 abgeschlossen wurden und bei denen das Ende der Zinsbindungsperiode bzw. der Darlehenslaufzeit mehr als 3 Monate nach diesem Zeitpunkt liegt. Seit 11.06.2010 ist die Unterrichtung nicht mehr formlos[2330] möglich, sondern es bedarf gem. § 492 Abs. 5 BGB der Textform[2331] bzw. seit 13.06.2014 der Verwendung eines dauerhaften Datenträgers.[2332]

1259 Der Darlehensnehmer ist nach § 496 Abs. 2 Satz 1 BGB über eine vollzogene Abtretung der Forderungen aus dem Verbraucherdarlehensvertrag oder einen vollzogenen Wechsel in der Person des Darlehensgebers (z.B. infolge einer umwandlungsrechtlichen Maßnahme) und nach Maßgabe des Art. 246b § 1 Abs. 1 Nr. 1, 3 und 4 EGBGB (zuvor: Art. 246 § 1 Nr. 1 bis 3 EGBGB a.F.; zuvor § 1 Abs. 1 Nr. 1 bis 3 BGB-InfoVO a.F.) über die Kontaktdaten des neuen Gläubigers oder Vertragspartners unverzüglich zu unterrichten. Allein der Forderungsübergang oder der Übergang des Vertragsverhältnisses infolge einer Betriebsumwandlung geben dem Darlehensnehmer aber noch keinen wichtigen Grund, den Darlehensvertrag vorfälligkeitsentschädigungsfrei zu kündigen; auf die Regelung eines entsprechenden Sonderkündigungsrechts hat der Gesetzgeber verzichtet.[2333] Seit 11.06.2010 ist gem. § 492 Abs. 5 BGB für die Unterrichtung die Textform einzuhalten[2334] bzw. seit 13.06.2014 ein dauerhafter Datenträger zu verwenden,[2335] zuvor waren hingegen Formvorschriften nicht zu beachten. Die Pflichten aus § 496 Abs. 2 BGB werden bei Forderungsabtretungen i.d.R. den Zedenten und im Fall eines Vertragsübergangs den neuen Vertragspartner treffen,[2336] die Zuweisung der Unterrichtungspflicht ist aber auch einer vertraglichen Vereinbarung der Forderungs- oder Vertragsübernahmepartner zugänglich.[2337] Die Unterrichtungspflicht besteht nach § 496 Abs. 2 Satz 2 BGB für Forderungsabtretungen nicht, wenn der bisherige Gläubiger aufgrund einer Vereinbarung mit dem Forderungserwerber weiterhin alleine ggü. dem Darlehensnehmer auftritt. Wenn der Forderungserwerber ggü. dem Darlehensnehmer später aber doch als Forderungsinhaber in Erscheinung tritt, ist die Unterrichtung unverzüglich nachzuholen (§ 496 Abs. 2 Satz 3 BGB). Eine Verletzung der Pflichten aus § 496 Abs. 2 BGB kann – einen entsprechenden Schaden vorausgesetzt – Schadensersatzansprüche des Darlehensnehmers zur Folge haben, sie wird aber kein außerordentliches Kündigungsrecht des Darlehensnehmers begründen können. Vom zeitlichen Anwendungsbereich des § 496 Abs. 2 BGB werden grds. nur Forderungs- und Vertragsübertragungen erfasst, die nach dem Inkrafttreten des Gesetzes vollzogen werden, auch wenn der betroffene Verbraucherdarlehensvertrag bereits zuvor abgeschlossen wurde. Zweifelhaft ist indes, ob dies auch dann gilt, wenn eine Forderungsabtretung vor Inkrafttreten des Gesetzes noch still erfolgte und erst danach offengelegt wird. Vorsorglich sollte in solchen Fällen die Regelung des § 496 Abs. 2 Satz 3 BGB beachtet werden.

cc) Voraussetzungen der Gesamtfälligstellung von Immobiliardarlehen

1260 Bis zum Inkrafttreten der neuen Regelungen zur Verbesserung des Schuldner- und Verbraucherschutzes bei Abtretung und Verkauf von Darlehensforderungen am 19.08.2008 galten die besonderen **Voraussetzungen für die Gesamtfälligstellung von Verbraucherdarlehen** nicht für Immobiliardarlehensverträge (dazu Rdn. 1234–1237, 1248).[2338] Seither bestimmt § 498 BGB (zuvor: § 503 Abs. 3

2330 Anders noch der Entwurf des Bundesrates zu einem »Kreditnehmerschutzgesetz« (BR-Drucks. 152/08), der die Textform vorsah.

2331 Begr. RegE zu § 492 Abs. 5 BGB, BT-Drucks. 16/11643, S. 80.

2332 Vgl. *Wendehorst* NJW 2014, 577.

2333 BT-Drucks. 16/9821, S. 14; vgl. dazu aber auch OLG Karlsruhe, WM 2001, 1803 (Bankenfusion).

2334 Begr. RegE zu § 492 Abs. 5 BGB, BT-Drucks. 16/11643, S. 80.

2335 Vgl. *Wendehorst* NJW 2014, 577.

2336 Palandt/*Weidenkaff* § 496 Rn. 3.

2337 BT-Drucks. 16/9821, S. 21.

2338 Vgl. dazu die Gesetzesbegründung zur Vorgängervorschrift des § 2 Abs. 1 Nr. 3 VerbrKrG (später § 3 Abs. 2 Nr. 2 VerbrKrG) in BT-Drucks. 11/5462, S. 18.

BGB a.F.; zuvor: § 498 Abs. 3 BGB a.F.), dass die Bank ein in Teilzahlungen zu tilgendes Immobiliar-Verbraucherdarlehen wegen Zahlungsverzugs des Darlehensnehmers nur kündigen kann, wenn der Darlehensnehmer mit mindestens zwei aufeinanderfolgenden Teilzahlungen ganz oder teilweise und mindestens 2,5 % des Nennbetrags des Darlehens in Verzug ist, und die Bank dem Darlehensnehmer erfolglos eine zweiwöchige Frist zur Zahlung des rückständigen Betrags mit der Erklärung gesetzt hat, dass sie bei Nichtzahlung innerhalb der Frist die gesamte Restschuld verlange (dazu Rdn. 1234–1237, 1248).[2339] Darüber hinaus soll die Bank dem Darlehensnehmer spätestens mit der Fristsetzung ein Gespräch über die Möglichkeiten einer einverständlichen Regelung anbieten. Mit dieser Regelung soll verhindert werden, dass insb. im Fall eines Wechsels des Vertragspartners oder einer Forderungsabtretung schon bei geringem Zahlungsverzug wegen eines drohenden Vermögensverfalls nach § 490 Abs. 1 BGB die Kündigung ausgesprochen wird und sodann unmittelbar Vollstreckungsmaßnahmen eingeleitet werden.[2340] Die Regelung ist damit in erster Linie der Tatsache geschuldet, dass Forderungen aus Darlehensverträgen unverändert übertragen werden können. Anwendbar ist sie grds. nur auf Immobiliar-Verbraucherdarlehensverträge, die ab dem 19.08.2008 abgeschlossen wurden bzw. werden (Art. 229 § 18 Abs. 1 Satz 1 EGBGB). Eine Ausnahme gilt allerdings dann, wenn der vor diesem Zeitpunkt abgeschlossene ImmobiliarVerbraucherdarlehensvertrag nach dem Inkrafttreten des Gesetzes auf einen Dritten übertragen wurde oder wird (Art. 229 § 18 Abs. 1 Satz 2 EGBGB).

Mit der gesetzlichen Änderung des § 498 Abs. 3 BGB a.F. wurde indes auch die Unanwend- **1261**
barkeit der »Abzinsungsregelung« des § 498 Abs. 2 BGB a.F. (seit 11.06.2010: § 501 BGB) für Immobiliar-Verbraucherdarlehensverträge aufgehoben. Der Anspruch auf eine Vorfälligkeitsentschädigung der Bank bleibt davon aber unberührt (zur Sperrwirkung des § 497 Abs. 1 BGB vgl. Rdn. 1237, 1248). Die Gesetzesbegründung zu der ab 11.06.2010 geltenden Nachfolgeregelung des § 501 BGB lässt klar erkennen, dass mit der auch für Immobiliar-Verbraucherdarlehensverträge geltenden Regelung des § 501 BGB lediglich ein allgemeiner Rechtssatz normiert werden sollte, der bei der Berechnung der Vorfälligkeitsentschädigung ohnehin insoweit Berücksichtigung findet, als ersparte und unverbrauchte Kosten (z.B. Risikokosten, Verwaltungskosten oder als Zinsvorauszahlung ausgestaltete Disagi) i.R.d. Vorteilsausgleichung anspruchsmindernd zu berücksichtigen sind.[2341]

dd) Fälligkeit des Grundschuldkapitals, der dinglichen Zinsen und des abstrakten Schuldversprechens; Einreden aus der Sicherungszweckerklärung und Verwertungsmaßnahmen durch Zwangsvollstreckung

Nach § 1193 Abs. 1 und 2 BGB ist das Grundschuldkapital zwingend erst nach vorheriger Kün- **1262**
digung unter Einhaltung einer Kündigungsfrist von 6 Monaten fällig. Abweichende Vereinbarung hiervon können – anders als nach § 1193 Abs. 2 BGB a.F.[2342] – für ab dem 19.08.2008 bestellte[2343] Grundschulden nicht mehr wirksam getroffen werden, wenn die Grundschuld als Eigen- oder Drittsicherheit eine Geldforderung sichert (§ 1193 Abs. 2 BGB; Art. 229 § 18 Abs. 3 EGBGB).[2344] Unverändert kann aber das Grundschuldkapital jederzeit ordentlich ohne Angabe von Gründen gekündigt werden, insb. ist die Fälligstellung des Grundschuldkapitals auch nicht ohne Weiteres über die Sicherungszweckerklärung an die besonderen Kündigungsvoraussetzungen für

---

2339 Einzelheiten dazu bei *Dörrie* ZBB 2008, 292 (300 ff.).

2340 BT-Drucks. 16/9821, S. 21; zustimmend *Koch* ZBB 2008, 232 (235).

2341 Begr. RegE zu § 501 BGB, BT-Drucks. 16/11643, S. 86; zur Berechnung der Vorfälligkeitsentschädigung *Reifner* WM 2009, 1773 ff.

2342 Schimansky/Bunte/Lwowski/*Epp* Bankrechts-Handbuch § 94 Rn. 205.

2343 »Bestellt« ist die Grundschuld bereits mit der bindenden Einigung (§ 873 Abs. 2 BGB) zwischen dem Grundstückseigentümer und der Bank, vgl. zum maßgeblichen Zeitpunkt der Bestellung auch *Volmer* MittBayNot 2009, 1 (2); a.A. Staudinger/*Wolfsteiner* BGB (2015) § 1193 Rn. 13.

2344 Vgl. zur Kündigung der Grundschuld nach § 1193 Abs. 2 BGB *Volmer* MittBayNot 2009, 1 ff.

Immobiliar-Verbraucherdarlehen geknüpft (dazu Rdn. 1259).[2345] Ist allerdings die gesicherte Forderung noch nicht fällig, kann das der Sicherungsgeber einer Verwertung der Grundschuld durch die Bank und jedem Erwerber der Grundschuld (§§ 1157, 1192 Abs. 1 und Abs. 1a BGB) unter Bezugnahme auf den Sicherungsvertrag einredeweise entgegenhalten.[2346] Der Gesetzgeber hat insoweit die Warnungen von Verbraucherschützern vor den angeblich unkalkulierbaren Risiken einer Sicherungsgrundschuld[2347] zum Anlass genommen, die Sicherungsgrundschuld in § 1192 Abs. 1a BGB ab 19.08.2008 dergestalt gesetzlich zu regeln, dass ein gutgläubig einredefreier Erwerb von Sicherungsgrundschulden hinsichtlich etwaiger Einreden aus dem bestehenden Sicherungsvertrag ausdrücklich ausgeschlossen ist, und zwar selbst dann, wenn dem Grundschulderwerber nicht positiv bekannt war, dass es sich bei der von ihm erworbenen Grundschuld um eine Sicherungsgrundschuld handelte.[2348] Unberührt bleibt die Möglichkeit eines gutgläubig einredefreien Erwerbs nur noch hinsichtlich solcher Einreden, die sich nicht aus dem Sicherungsvertrag ergeben (z.B. Stundung des Grundschuldkapitals). Schützen kann sich der Grundschulderwerber insoweit durch Vereinbarung einer eigenen Sicherungsabrede mit dem Grundstückseigentümer. I.Ü. ist die Regelung des § 1192 Abs. 1a BGB nur auf nach dem Inkrafttreten des Gesetzes am 19.08.2008 durch Abtretung erworbene Grundschulden anwendbar (Art. 229 § 18 Abs. 2 EGBGB).[2349] Unerheblich ist dabei, ob die Grundschuld evtl. bereits vor diesem Zeitpunkt bestellt wurde und aus welchem Grund sie abgetreten wird.[2350]

1263 Die Fälligkeit der **dinglichen Zinsen** – aber auch sonstiger Nebenleistungen – kann unabhängig von der Fälligkeit des Grundschuldkapitals vereinbart werden. Aus den fälligen dinglichen Zinsen kann die Bank nicht nur die Zwangsversteigerung zeitnah betreiben, sondern über die Zwangsverwaltung zuvor auch auf die Miet- und Pachtzinsforderungen zugreifen. Aber auch wenn die Zwangsversteigerung aus einer vollstreckbaren Sicherungsgrundschuld nur wegen der dinglichen Zinsen betrieben wird, setzt sie in Rechtsanalogie zu §§ 1234, 1193 Abs. 1 Satz 3 BGB die Kündigung des Grundschuldkapitals oder die Androhung der Zwangsversteigerung und das Verstreichen einer Wartefrist von sechs Monaten voraus.[2351] Die Miet- und Pachtzinsforderungen können aufgrund des dinglichen Titels bereits über die dinglichen Zinsen unverändert auch gepfändet werden.[2352] Auch die sofortige Fälligkeit (§ 271 BGB) des mit der Grundschuldbestellung meist eingeholten **abstrakten Schuldversprechens** (§§ 780 ff. BGB; dazu Rdn. 1142–1147) bleibt von der Regelung des § 1193 Abs. 2 BGB grds. unberührt.[2353]

2345 Ebenso *Schmid/Voss* DNotZ 2008, 740 (748 ff.); *Derleder* ZIP 2009, 2221 (2225), der jedoch den vorherigen Abschluss des Darlehensvertrages und die Valutierung des Darlehens verlangt; noch zurückhaltender *Volmer* MittBayNot 2009, 1, 5 f..

2346 *Schmid/Voss* DNotZ 2008, 740 (748 f.); bereits zuvor BGH, ZIP 1985, 732.

2347 Vgl. nur *Clemente* ZfIR 2007, 737 ff.; *ders.* ZfIR 2008, 589 (590).

2348 Dazu *Dörrie* ZBB 2008, 292 (304 f.); *Nietsch* NJW 2009, 3606; kritisch zu der Neuregelung Staudinger/*Wolfsteiner* BGB (2015) § 1192 Rn. 31 ff.; *Meyer* WM 2010, 58; zur Rechtslage für vor dem Inkrafttreten des § 1192 Abs. 1a BGB abgetretene Grundschulden *Fridgen* WM 2008, 1862 ff.; ferner OLG Celle, WM 2009, 1185 (1190).

2349 Vgl. aber BGH, Urt. v. 25.10.2013 – V ZR 147/12: Die Einrede kann nicht erhoben werden, wenn vor dem für die Anwendbarkeit des § 1192 Abs. 1a BGB maßgeblichen Stichtag die Grundschuld bereits gutgläubig einredefrei erworben wurde und nach dem Stichtag weiter abgetreten wird.

2350 Vgl. BT-Drucks. 16/9821, S. 23.

2351 BGH, Urt. v. 30.03.2017 – V ZB 84/16, (Rn. 15 ff.); dazu *Clemente* ZfIR 2017, 523, der die Wartefrist auch für die Anordnung der Zwangsverwaltung zur Anwendung bringen will.

2352 MüKo-BGB/*Lieder* § 1123 Rn. 23.

2353 Staudinger/*Wolfsteiner* BGB (2015) § 1193 Rn. 10; eine ausdrückliche Regelung der sofortigen Fälligkeit klarstellend empfehlend *Schmid/Voss* DNotZ 2008, 740 (752); weiter gehend *Derleder* ZIP 2009, 2221 (2227, 2229), der vor Inanspruchnahme des abstrakten Schuldversprechens die Geltendmachung der Grundschuld verlangt; gegen die sofortige Fälligkeit des abstrakten Schuldversprechens auch *Clemente* ZfIR 2008, 589 (596).

Zudem kann für die Grundschuld und – bei Sicherheitenbestellung durch den Darlehensnehmer[2354] – auch für das abstrakte Schuldversprechen selbst durch Allgemeine Geschäftsbedingungen der Bank wirksam eine **Unterwerfung unter die sofortige Zwangsvollstreckung** (§§ 800, 794 Abs. 1 Nr. 5 ZPO) eingeholt werden.[2355] Die teilweise vertretene Auffassung, solche Unterwerfungserklärungen seien jedenfalls dann nach § 307 Abs. 1 Satz 1 BGB unwirksam, wenn die Darlehensforderung an eine Nichtbank abtretbar sei,[2356] findet im Gesetz keine Stütze und lässt i.R.d. Interessenabwägung zur Feststellung einer unangemessenen Benachteiligung des Darlehensnehmers wesentliche Gesichtspunkte außer Acht.[2357] So lässt sich zunächst keineswegs unterstellen, eine Nichtbank wirke als Gläubigerin für den Darlehensnehmer von vornherein Gefahr erhöhend. Zudem erleidet der Darlehensnehmer nicht bereits durch die Abtretung der Darlehensforderungen einen Rechtsverlust, denn einem Forderungs- und Grundschulderwerber stehen nicht mehr Rechte gegen den Darlehensnehmer zu als der veräußernden Bank, vielmehr muss er sich über § 404 BGB, §§ 1157, 1192 Abs. 1 und Abs. 1a BGB die Einwendungen des Darlehensnehmers und Grundstückseigentümers entgegenhalten lassen.[2358] Dem Darlehensnehmer stehen auch in hinreichendem Maße vollstreckungsrechtliche Rechtsbehelfe (§§ 767 f. ZPO) zur Verfügung, und es benachteiligt ihn in keiner Weise, sich dieser Rechtsbehelfe im eigenen Interesse bedienen zu müssen. Der **Vollstreckungsschutz** der Darlehensnehmer wurde sogar noch effektiviert, weil seit 19.08.2008 in § 769 Abs. 1 Satz 2 ZPO die Voraussetzungen präzisiert sind, unter denen der Vollstreckungsschuldner im Rahmen einer Klage nach §§ 767, 768 ZPO gegen den Gläubiger die Einstellung der Zwangsvollstreckung ohne Sicherheitsleistung erreichen kann. Darüber hinaus sieht die Vorschrift des § 799a ZPO eine verschuldensunabhängige Schadensersatzpflicht des Forderungs- und/ oder Grundschulderwerbers vor, wenn er aus einer vollstreckbaren Urkunde (§ 794 Abs. 1 Nr. 5 ZPO), in der nicht er als Gläubiger bezeichnet ist, die Zwangsvollstreckung betreibt und diese nach dem 19.08.2008 (§ 37 EGZPO) für unzulässig erklärt worden ist.[2359] Der Gesetzgeber hat damit die Wirksamkeit auch der formularmäßigen Zwangsvollstreckungsunterwerfung gerade auch für den Fall bestätigt, dass die Darlehensforderung nebst Sicherungsgrundschuld an einen Dritten abgetreten wird. Es besteht für die Unterwerfungserklärung auch kein Abtretungsverbot;[2360] die Möglichkeit zur Vollstreckung der Grundschuld geht unter den Voraussetzungen der §§ 795 Satz 1, 727 Abs. 1 ZPO im Fall der **Abtretung der Grundschuld** kraft Gesetzes auf den Rechtsnachfolger hinsichtlich des titulierten Anspruchs über, ohne dass es einer Abtretungsvereinbarung bedarf.[2361] Entgegen der Auffassung des XI. Zivilsenats des BGH[2362] ist die Unterwerfungserklärung auch nicht gem. § 305c Abs. 2 BGB dahin auszulegen, dass sich die Vollstreckungsunterwerfung nur auf Ansprüche aus einer treuhänderisch gebundenen Sicherungsgrundschuld erstreckt und deshalb der neue Grundschuldinhaber im Klauselerteilungsverfahren nach den Maßgaben des § 727 Abs. 1 ZPO den Eintritt in den für die abgetretene vollstreckbare Grundschuld vom Zedenten abgeschlossenen 1264

2354 Handelt es sich bei dem Sicherungsgeber um einen Dritten, kann in der Grundschuldbestellungsurkunde formularmäßig ein abstraktes Schuldversprechen nicht wirksam eingeholt werden, BGHZ 114, 9 (12).

2355 BGH, WM 2010, 1022 (Rn. 25); BGH, WM 2008, 1679 (Rn. 31 f.); *Dörrie* ZBB 2008, 292 (303); *Schmid/Voss* DNotZ 2008, 740 (753 f.); im Ergebnis auch *Clemente* ZfIR 2008, 589 (599); ferner OLG Celle, WM 2009, 1185 (1189); a.A. *Schimansky* WM 2008, 1049.

2356 So LG Hamburg, WM 2008, 1450 (1451), aus formalen Gründen aufgehoben durch BGH, WM 2009, 846 (847); *Schimansky* WM 2008, 1049 (1050).

2357 BGH, WM 2010, 1022 (Rn. 27, 33); *Habersack* NJW 2008, 3173 ff.; ferner *Volmer* ZfIR 2008, 634 ff.; *Bork* ZIP 2008, 2049 ff.; *Schulz* ZIP 2008, 858 ff.

2358 Vgl. OLG München, WM 2008, 688 (689).

2359 Dazu eingehend *Vollkommer* ZIP 2008, 2060 ff.

2360 So aber *Reifner* BKR 2008, 142 (148 f.).

2361 BGH, WM 2010, 1022 (Rn. 22); vgl. auch *Dieckmann* WM 2010, 1254.

2362 BGH, Urt. v. 30.03.2010 – XI ZR 200/09, WM 2010, 1022 (Rn. 34, 40), für den Fall des Forderungsverkaufs (obiter dictum).

Sicherungsvertrag[2363] nachweisen muss.[2364] Mit Beschl. v. 29.06.2011 hat der VII. Zivilsenat des BGH[2365] zutreffend klargestellt, dass die Rechtsnachfolge in die Grundschuld dem materiell-rechtlichen Übertragungstatbestand folgt, die Möglichkeit zur Vollstreckung aus der Unterwerfungserklärung unter den Voraussetzungen des § 727 Abs. 1 ZPO kraft Gesetzes auf den Rechtsnachfolger übergeht und der Auffassung des XI. Zivilsenats die Grundlage fehlt, wenn die Grundschuld und der Anspruch aus der persönlichen Haftungserklärung durch Abtretung erworben sind.[2366] Eine Ausnahme von dem Grundsatz, dass eine materiell-rechtliche Prüfung im Klauselerteilungsverfahren nicht stattfindet, besteht nur dann, wenn die Vollstreckung nach dem Inhalt des Titels vom Vorliegen bestimmter Vollstreckungsbedingungen abhängt, die im Wortlaut der notariellen Urkunde (Unterwerfungserklärung) angelegt sind oder sich dem Notar aufdrängen müssen. Solche Vollstreckungsbedingungen sind gem. § 726 Abs. 1 ZPO im Klauselerteilungsverfahren zu beachten (sog. »titelergänzende Klauselfunktion«), werden sich in Grundschuldbestellungsurkunden mit Unterwerfungserklärungen aber i.d.R. nicht finden.[2367] Als Ausgleich für die Formalisierung des Klauselerteilungsverfahrens stehen sowohl dem Gläubiger als auch dem Schuldner schützend Rechtsbehelfe zur Verfügung, die kontradiktorische Verfahren ohne Beweismittelbeschränkungen eröffnen (vgl. §§ 731, 768 ZPO). Da es sich bei der anderslautenden Entscheidung des BGH nur um ein obiter dictum handelte und der VII. Zivilsenat des BGH für Rechtsbeschwerden und sonstige Rechtsbehelfe zuständig ist, die die allgemeinen Vollstreckungsvoraussetzungen betreffen, war die Frage des Prüfungsumfangs im Klauselerteilungsverfahren auch nicht gem. § 132 Abs. 4 GVG dem Großen Senat für Zivilsachen zur Entscheidung vorzulegen.[2368]

1265 Auch der in den Grundschuldbestellungsurkunden zum Zwecke der sofortigen Erteilung einer vollstreckbaren Ausfertigung der notariellen Urkunde (§§ 724 ff., 795, 797 Abs. 2 ZPO) formularmäßig vorgesehene **Verzicht des Sicherungsgebers auf den Nachweis der Fälligkeit des Grundschuldkapitals** verstößt ungeachtet der Neufassung des § 1193 Abs. 2 BGB (dazu Rdn. 1261) nicht gegen gesetzliche Bestimmungen und ist daher wirksam.[2369] Schon formal ist bei der Erteilung einer

2363 BGH, Urt. v. 11.05.2012 – V ZR 237/11, WM 2012, 1331 (Rn. 5, 12): Für den erforderlichen Eintritt des Grundschulderwerbers in den Sicherungsvertrag genüge ein Vertrag zugunsten Dritter; vgl. auch *Hoffmann* ZBB 2014, 307. Das Erfordernis des Eintritts in Sicherungsvertrag ablehnend *Wolfsteiner* ZfIR 2012, 681.

2364 BGH, Urt. v. 30.03.2010 – XI ZR 200/09, WM 2010, 1022 (Rn. 34, 40), für den Fall des Forderungsverkaufs (obiter dictum), ebenso BGH, Urt. v. 03.12.2010 – V ZR 200/09; BGH, Urt. v. 11.05.2012 – V ZR 237/11, WM 2012, 1331 (Rn. 5, 12); abweichend und eher der Rechtsprechung des VII. Zivilsenats BGH zuneigend aber BGH, Urt. v. 14.06.2013 – V ZR 148/12, ZBB/JBB 2014, 324. Der Rechtsprechung des XI. Zivilsenats des BGH zustimmend *Clemente* ZfIR 2010, 441; *Knops* WM 2010, 2063; wohl auch *Hoffmann* ZBB 2014, 307; für eine Übertragbarkeit auf Fälle der Ausgliederung *Herrler* ZfIR 2011, 186; gegen eine Übertragbarkeit auf die Fälle der Umschuldung oder Ausgliederung zu Recht etwa *Freckmann* BKR 2010, 279; *Kessler* WM 2011, 436; *Koberg* ForderungsPraktiker 2011, 112 (113); *Wolfsteiner* ZfIR 2012, 681. Die Entscheidung des BGH führte in der Folge zu zahlreichen Notarbeschwerden und zu teilweise kuriosen Lösungsvorschlägen, vgl. dazu *Bolkart* DNotZ 2010, 483; *Bork* WM 2010, 2057; *Heinze* ZIP 2010, 2030 (2034); Gutachten des DNotI DNotI-Report, 2010, 93.

2365 BGH, Beschl. v. 29.06.2011 – VII ZB 89/10, WM 2011, 1460 (Rn. 14); wohl auch BGH, Urt. v. 14.06.2013 – V ZR 148/12, ZBB/JBB 2014, 324; zustimmend *Soutier* ZfIR 2011, 725; *Everts* DNotI 2011, 724.

2366 BGH, Beschl. v. 29.06.2011 – VII ZB 89/10, WM 2011, 1460 (Rn. 16, 30).

2367 BGH, Beschl. v. 29.06.2011 – VII ZB 89/10, WM 2011, 1460 (Rn. 18, 23). Eine Vollstreckungsbedingung liegt jedoch vor, wenn die Grundschuldbestellungsurkunde auch hinsichtlich eines titulierten abstrakten Schuldversprechens des Grundstückseigentümers nur die Vollstreckung durch den jeweiligen Gläubiger der Grundschuld vorsieht, BGH, Beschl. v. 24.11.2011 – VII ZB 12/11, (Rn. 10).

2368 BGH, Beschl. v. 29.06.2011 – VII ZB 89/10, WM 2011, 1460 (Rn. 32).

2369 OLG Celle, WM 2009, 1185 (1189); OLG Schleswig, WM 2009, 1103 (1197); LG Lübeck, RPfleger 2009, 451; LG Essen, Beschl. v. 05.11.2010 – 7 T 596/10, RPfleger 2011, 288; LG Meiningen, Beschl. v. 09.07.2013, BeckRS 2013, 20901; LG Schwerin, Beschl. v. 22.08.2013 – 5 T 165/13; LG Frankenthal, Beschl. v. 06.02.2014 – 1 T 11/14; Palandt/*Herrler* § 1193 Rn. 3; *Dörrie* ZBB 2008, vollstreckbaren Ausfertigung der notariellen Urkunde nach §§ 726, 795 ZPO die Fälligkeit der zugrunde liegenden Forderung nicht zu prüfen, wenn sich die Fälligkeitsvoraussetzungen nicht aus der Urkunde selbst, sondern – wie im Fall des § 1193 BGB – aus dem Gesetz ergeben.[2370] Zudem bieten dem Darlehensnehmer wiederum die zivilrechtlichen Vorschriften der §§ 1157, 1192 Abs. 1 und Abs. 1a BGB sowie die Vorschriften des Zwangsvollstreckungsrechts §§ 767 Abs. 1, 769 Abs. 1, 799a ZPO auch ggü. einem Forderungserwerber hinreichenden Schutz.[2371]

IV. Besonderheiten bei Immobilienfinanzierungen in Fremdwährung

1. Ausgangssituation und wirtschaftliche Erwägungen

Immobilien werden nicht selten auch in »fremder Währung« finanziert,[2372] d.h. aus der Sicht des Darlehensnehmers in einer anderen Währung als die seiner Einkünfte, seines Vermögens oder seines Wohnsitzes (vgl. auch § 503 BGB; Art. 4 Nr. 28 RL 2014/17/EU; dazu Rdn. 1274). Als Fremdwährung werden in der Praxis vom Darlehensnehmer meist CHF, JPY oder USD als gängige Währungen gewählt. Den Darlehensnehmer reizt dabei in der Regel das niedrige Zinsniveau der Fremdwährung, gelegentlich mag dem besonderen Finanzierungswunsch des Darlehensnehmers aber auch ein spekulatives Motiv zugrunde liegen. Insbesondere in Grenzregionen – etwa zur Schweiz – kann es aber auch vorkommen, dass der in Deutschland wohnhafte Darlehensnehmer das Fremdwährungsdarlehen aus seinen Einkünften in der Fremdwährung zurückführen möchte. Handelt es sich im vorstehenden Fall unter Währungsgesichtspunkten noch um einen meist risikoarmen Darlehensvertrag, ist in anderen Fällen das Fremdwährungsdarlehen für den Darlehensnehmer nicht nur mit Chancen, sondern auch mit Risiken verbunden. So kann der aktuelle Zinsvorteil durch Änderungen des wirtschaftlichen Umfelds im Euro- und Fremdwährungsraum verloren gehen und sich sogar in einen Nachteil umwandeln. Insbesondere können unerwartete Wechselkursschwankungen, wie sie im Zuge der internationalen Finanzkrise anzutreffen waren, das Fremdwährungsdarlehen für den Darlehensnehmer erheblich verteuern, wenn er zur Tilgung der Fremdwährungsschuld (dazu Rdn. 1269) wesentlich höhere Beträge in Euro aufwenden muss als dies auf Basis des bei Vertragsschluss geltenden Wechselkurses der Fall gewesen wäre. Den Darlehensnehmer kann im Fall einer nachteiligen Währungskursentwicklung auch eine Nachsicherungspflicht treffen, denn die Bank wird sich in der Regel durch entsprechende Nachsicherungsklauseln vor einer Veränderung der Risikolage durch Währungskursschwankungen schützen (dazu Rdn. 1271). 1266

In Deutschland wurden **gesetzliche Regelungen zu Fremdwährungsdarlehen** erstmals zum 21.03.2016 mit dem »Gesetz zur Umsetzung der Wohnimmobilienkreditrichtlinie und zur Änderung handelsrechtlicher Vorschriften«[2373] vom 11.03.2016 eingeführt (vgl. §§ 503, 493 Abs. 4 BGB; Abschnitte 3 und 6 in Anlage 6 zu Art. 247 § 1 Abs. 2 EGBGB – »ESIS-Merkblatt«; Art. 247a § 1 Abs. 2 Satz 2 EGBGB; § 6a Abs. 3 Nr. 6 PrAngVO; Art. 23, Art. 4 Nr. 28, Art. 11 Abs. 2 1267

292 (303); *Ruzik* ZInsO 2008, 1225 (1227 ff.); *Schmid/Voss* DNotZ 2008, 740 (757); *Müller* RNotZ 2010, 167 (169); *Everts* DNotZ 2013, 730 (732 ff.); *Schmieszek* WM 2014, 1804; wohl auch *Volmer* MittBayNot 2009, 1 (7 f.); *Koch* ZBB 2008, 232 (236); abweichend *Clemente* ZfIR 2008, 589 (596); *ders.* ZfIR 2017, 523 (526); a.A. LG Hamburg, Beschl. 18.04.2013 – 328 T 32/13; *Derleder* ZIP 2009, 2221 (2224, 2226, 2228); *Sommer* RNotZ 2009, 451; *Dieckmann* BWNotZ 2009, 144; *Knops* NJW 2015, 3121 (3124). Zur bisherigen Zulässigkeit des Nachweisverzichts BGH, WM 2008, 1679 (Rn. 33 f.); OLG Hamm, WM 1991, 1955. Zur Abwehr der Vollstreckung wegen verjährter Grundschuldzinsen vgl. BGH Urt. v. 21.10.2016 – V ZR 230/15, (Rn. 6).

2370 BGH, WM 2008, 1679 (Rn. 33); KG, DNotZ 1983, 699; abweichend BGH, Urt. v. 30.03.2017 –V ZB 84/16, (Rn. 15 ff.), der dem Vollstreckungsgericht über § 751 ZPO eine Prüfungskompetenz zuweist; ablehnend *Clemente* ZfIR 2017, 523 (525).

2371 MüKo-BGB/*Lieder* § 1193 Rn. 8.

2372 Eingehend zu Bankgeschäften in Fremdwährung und etwaigen devisenrechtlichen Fragestellungen Schimansky/Bunte/Lwowski/*Schefold* Bankrechts-Handbuch §§ 115 ff.

2373 BGBl. I, S. 396.

Buchst. j), Erwägungsgründe 4, 30 RL 2014/17/EU).[2374] Diese Regelungen gelten allerdings nur für **Immobiliar-Verbraucherdarlehen** im Sinne des § 491 Abs. 3 BGB und untersagen Fremdwährungsdarlehen keineswegs, sondern legen lediglich bestimmte Schutzmechanismen zugunsten des Verbrauchers fest (dazu Rdn. 1274 ff.).

2. Aufklärungs- und Informationspflichten

1268 Zu besonderen **Aufklärungspflichten** der Bank bei Fremdwährungsdarlehen finden sich bislang – soweit ersichtlich – allenfalls vereinzelte Entscheidungen deutscher Gerichte.[2375] Der EuGH hat allerdings in einer Entscheidung vom 30.04.2014[2376] im Rahmen der Bestimmung des Anwendungsbereichs von Art. 4 Abs. 2 der Richtlinie 93/13/EWG über missbräuchliche Klauseln und zur Frage nach der Klarheit und Verständlichkeit einer Vertragsklausel ausgeführt, dass ein Verbraucher vor Abschluss eines Fremdwährungsdarlehensvertrages über dessen Bedingungen und die Folgen des Vertragsschlusses informiert sein muss, um auf der Grundlage dieser Informationen entscheiden zu können, ob er das Darlehen zu den von der Bank vorgesehenen Bedingungen eingehen will. Der Verbraucher besitze gegenüber einer Bank regelmäßig einen geringeren Informationsstand. Er müsse die wirtschaftlichen Folgen einschätzen können, die sich daraus ergeben, dass aufgrund der Vertragsbedingungen der Bank die geschuldete Darlehenstilgung anhand des Devisenverkaufskurses berechnet werde und daher ein anderer Kurs maßgeblich sei als der zur Berechnung des Darlehensbetrags bei dessen Auszahlung heran gezogene Kurs (Devisenankaufskurs).[2377] Der EuGH traf in diesem Urteil aber lediglich Aussagen zu den Transparenzanforderungen an bestimmte Umrechnungsklauseln in Verbraucherverträgen, nicht hingegen allgemein zu Aufklärungspflichten bei Fremdwährungsdarlehen. In einer weiteren Entscheidung vom 20.09.2017 hat sich der EuGH[2378] im Rahmen der Auslegung von Art. 3 Abs. 1 und Art. 4 Abs. 2 RL 93/13/EWG über missbräuchliche Klauseln mit der Frage befasst, ob es sich bei einer sog. Effektivklausel, die den Darlehensnehmer zur Rückzahlung des Darlehensbetrages in der – von seiner Einkommenswährung abweichenden – Vertragswährung verpflichtet (dazu Rdn. 1269), um eine missbräuchliche Klausel handelt. Er hat das verneint, weil die Effektivklausel notwendigerweise den Hauptgegenstand des Vertrages betrifft (Zahlung und Rückzahlung von Geldbeträgen nebst zugehöriger Währung), zugleich aber nochmals betont, dass auch Klauseln, die den Hauptgegenstand des Vertrages betreffen, nach § 4 Abs. 2 RL 93/13/EWG der Transparenzkontrolle unterliegen und daher klar und verständlich abgefasst sein müssen.[2379] Dieses Transparenzgebot, für das als Maßstab der normal informierte, angemessen aufmerksame und verständliche Durchschnittsverbraucher herangezogen wird, beschränkt sich nicht nur auf die bloße Verständlichkeit der Vertragsklauseln in formeller und grammatikalischer Hinsicht, sondern ist umfassend dahingehend zu verstehen, dass der Verbraucher in die Lage versetzt werden muss, die sich für ihn aus der Effektivklausel ergebenden wirtschaftlichen Folgen auf der Grundlage genauer und nachvollziehbarer Kriterien einzuschätzen. Dazu können alle relevanten Tatsachen einschließlich Werbung und Informationen herangezogen werden.[2380] Mittelbar hat der EuGH damit im Anwendungsbereich der Richtlinie 93/13/EWG auch Aufklärungspflichten zu Fremdwährungsdarlehen statuiert. Dem Verbraucher müssen sämtliche Tatsachen mitgeteilt

2374 Anders war das etwa in Österreich, vgl. zur Selbstregulierung der in Österreich tätigen Kreditinstitute unter Aufsicht der Finanzmarktaufsichtbehörde (FMA) www.fma.gv.at.

2375 OLG München, Urt. v. 22.06.2006 – 19 U 1907/06, juris Rn. 20; zu dem Sonderfall einer Kopplung des Sollzinssatzes an die Wechselkursentwicklung ferner BGH Urt. v. 19.12.2017 – XI ZR 152/17.

2376 EuGH, Urt. v. 30.04.2014 – C-26/13, EuZW 2014, 506; dazu *Sik-Simon* euvr 2014, 256.

2377 EuGH, Urt. v. 30.04.2014 – C-26/13, EuZW 2014, 506 (Rn. 73 ff.); vgl. zu Swap-Geschäften aber auch BGH, Urt. v. 20.01.2015 – XI ZR 316/13: Jedem erfahrenen Kaufmann ist bekannt, dass zwischen dem Sortenein- und -verkauf von Währungen eine Marge eingepreist ist.

2378 EuGH, Urt. v. 20.09.2017 – Rs. C-186/16.

2379 EuGH, Urt. v. 20.09.2017 – Rs. C-186/16, (Rn. 43 ff.); zum Transparenzgebot bei Fremdwährungsdarlehen vgl. auch *Venieris* VuR 2015, 363.

2380 EuGH, Urt. v. 20.09.2017 – Rs. C-186/16, (Rn. 46).

werden, die sich auf den Umfang seiner Verpflichtung zur Rückzahlung in der Vertragswährung auswirken können und es ihm u.a. ermöglichen, die Gesamtkosten seines Kredits einzuschätzen. Insbesondere sind ihm Folgen darzulegen, die eine schwere Abwertung seiner Einkommenswährung (Wechselkursrisiko) und eine Erhöhung des ausländischen Zinssatzes auf die Ratenzahlung und auf seine finanziellen Verpflichtungen haben.[2381] Maßgeblich für die Einhaltung dieses Transparenzgebots ist der Zeitpunkt des Abschlusses des Fremdwährungsdarlehensvertrages mit dem Verbraucher.[2382] Für Immobiliar-Verbraucherdarlehen in Fremdwährung (dazu Rdn. 1274–1277) finden sich Regelungen, die diesen Anforderungen genügen, seit 21.03.2016 insbes. in Abschnitten 3 und 6 des »ESIS-Merkblatts« (Anlage 6 zu Art. 247 § 1 Abs. 2 EGBGB).[2383] Enthält der Fremdwährungsdarlehensvertrag – wie das in der Regel der Fall sein wird – keine Begrenzung des Wechselkursrisikos auf weniger als 20 %, sind bei Immobiliar-Verbraucherdarlehen im »ESIS-Merkblatt« beispielhaft die Auswirkungen einer Wechselkursschwankung von 20 % dazustellen, im Falle einer Begrenzung des Wechselkursrisikos ist der Höchstbetrag anzugeben, den der Verbraucher ggf. zurück zuzahlen hat. Im kaufmännischen Geschäftsverkehr dürften entsprechende Aufklärungspflichten eher nicht oder zumindest nicht in gleichem Umfang bestehen. Etwas anderes kann freilich gelten, wenn der Bank negative Kurstendenzen bekannt sind oder sie sogar selbst negative Kursentwicklungen prognostiziert. Auch bei besonderen Vertragsgestaltungen – wie etwa der Kopplung des Sollzinssatzes an die Wechselkursentwicklung – sind im Einzelfall sachverhaltsbezogene Aufklärungspflichten denkbar.[2384] Die Rspr. des BGH zur anleger- und objektgerechten Beratung bei Swapverträgen[2385] ist auf Fremdwährungsdarlehen nicht übertragbar. Der Darlehensnehmer hat selbst darüber zu entscheiden, ob das Darlehen in der gewählten Gestaltung für ihn geeignet ist (»anlegergerechte Beratung«). Entscheidend für die Unübertragbarkeit der Rspr. zur anleger- und objektgerechten Beratung bei Swapverträgen ist jedoch, dass es sich bei dem Fremdwährungsdarlehen – anders als bei den streitgegenständlichen Swaps in den maßgeblichen Entscheidungen des BGH – gerade nicht um ein hochkomplexes und riskantes Finanzprodukt handelt (»objektgerechte Beratung«). In der deutschen Kreditpraxis ist es gleichwohl üblich, auch den unternehmerisch tätigen Darlehensnehmer über die mit dem Fremdwährungsdarlehen einhergehenden Risiken aufzuklären. Diese Aufklärung kann bspw. einen Hinweis auf etwaige Wechselkursschwankungen und den weiteren Hinweis enthalten, dass der Darlehensnehmer die Zins- und Tilgungsleistungen ungeachtet etwaiger Wechselkursschwankungen in der Vertragswährung zu erbringen hat (ggf. mit einem ergänzenden Hinweis auf das Bestehen oder Nichtbestehen eines Umwandlungsrechts in eine andere Währung), ferner einen Hinweis auf etwaige Zinsänderungsrisiken sowie die Warnung, dass eine Finanzierung in Fremdwährung für den Darlehensnehmer letztlich teurer werden kann als eine entsprechende Finanzierung in der Wohnsitz- oder in der Einkommenswährung. Meist wird die Risikoaufklärung auch einen Hinweis auf die Möglichkeiten vorsehen, das Wechselkursrisiko durch alternative Finanzprodukte abzusichern, sowie auf die daraus entstehenden Kostenrisiken. Auf der Grundlage des EuGH Urteils vom 30.04.2014[2386] empfiehlt sich ferner auch ein Hinweis auf die Mehrkosten durch Umtauschgeschäfte aufgrund unterschiedlicher Devisenkurse bei der Auszahlung und der Rückzahlung des Darlehens. Ob dem Darlehensnehmer darüber hinaus aufgrund des EuGH-Urteils vom 20.09.2017[2387] auch konkrete Zahlenbeispiele aufgrund bestimmter Negativszenarien dargestellt werden sollten, erscheint indes ungeachtet entsprechender vorvertraglicher Angabepflichten für Immobiliar-Verbraucherdarlehen in Fremdwährung (vgl. Abschnitt 6 in Anlage 6 zu Art. 247 § 1 Abs. 2 EGBGB –ESIS-Merkblatt) zweifelhaft. Im Übrigen wird die Bank

2381 EuGH, Urt. v. 20.09.2017 – Rs. C-186/16, (Rn. 49 f.), unter Bezugnahme auf die Empfehlungen des Europäischen Ausschusses für Systemrisiken (ESRB/2011/1 v. 21.09.2011).

2382 EuGH, Urt. v. 20.09.2017 – Rs. C-186/16, (Rn. 54).

2383 In der Verbraucherkreditrichtlinie 2008/48/EG finden sich keine Regelungen zu fremdwährungsspezifischen Aufklärungspflichten der Bank.

2384 BGH Urt. v. 19.12.2017 – XI ZR 152/17.

2385 BGH, Urt. v. 22.03.2011 – XI ZR 33/10, BGHZ 189, 13.

2386 EuGH, Urt. v. 30.04.2014 – C-26/13, EuZW 2014, 506; dazu *Sik-Simon*, euvr 2014, 256.

2387 EuGH, Urt. v. 20.09.2017 – Rs. C-186/16.

im Rahmen ihrer **Erläuterungspflichten** bei Verbraucherdarlehen (dazu Rdn. 1058–1065) auch zu Hinweisen auf Wechselwechselkursrisiken verpflichtet sein, um dem Darlehensnehmer eine Entscheidung über die Eignung des Fremdwährungsdarlehens zu seinen Zwecken zu ermöglichen.[2388]

1269 Nur für Immobiliar-Verbraucherdarlehensverträge in Fremdwährung, die nach dem 20.03.2016 abgeschlossen wurden/werden, bestehen darüber hinaus für die Bank während des Vertragsverhältnisses gemäß § 493 Abs. 4 BGB (Art. 23 Abs. 4 und Erwägungsgründe 22, 30 WoIKr-RiLi) besondere fremdwährungsspezifische Informationspflichten bei Wechselkursschwankungen (dazu Rdn. 1275). Ansonsten bestehen während der Laufzeit des Darlehensvertrages derzeit keine fortlaufenden **Informationspflichten** der Bank über Verschlechterungen der Risikoposition des Darlehensnehmers, die sich aus Wechselkursschwankungen ergeben. Es ist zunächst Sache des Darlehensnehmers, im eigenen Interesse den Wechselkurs zu beobachten und ggf. an die Bank mit der Frage nach Absicherungsmöglichkeiten heranzutreten. Das gilt namentlich dann, wenn er über die Risiken eines Fremdwährungsdarlehens entsprechend aufgeklärt wurde (vorstehend Rdn. 1267).

3. Typische fremdwährungsspezifische Vertragsklauseln

1270 Ist eine Geldschuld, die in einer anderen Währung als Euro ausgedrückt ist, im Inland zu zahlen, so kann nach § 244 Abs. 1 BGB die Zahlung in Euro erfolgen (sog. unechte Valutaschuld), es sei denn, es ist die Zahlung in der anderen Währung (Fremdwährung) ausdrücklich vereinbart (sog. echte Fremdwährungsschuld).[2389] Eine solche Vereinbarung sehen Fremdwährungsdarlehensverträge in aller Regel in Gestalt der sog. **Effektivklausel**[2390] vor. Sie verpflichtet den Darlehensnehmer ausdrücklich, sämtliche Zins- und Tilgungsleistungen in der vereinbarten Fremdwährung zu erbringen. Auch Verzugszinsen (§ 288 Abs. 1 BGB) sind dann in der vereinbarten Fremdwährung zu leisten.[2391] Eine in ausländischer Währung ausgedrückte Geldschuld und eine auf Euro lautende Geldschuld sind zudem nicht gleichartig,[2392] daher ist etwa eine Aufrechnung nach § 387 BGB nicht möglich. Effektivklauseln sind rechtlich nicht zu beanstanden und auch bei formularmäßigem Gebrauch in hinreichend transparenter Ausgestaltung (dazu Rdn. 1267) wirksam.[2393] Im Falle einer AGB-rechtlichen Unwirksamkeit der Effektivklausel würde über § 306 BGB anstelle der unwirksamen Klausel die gesetzliche Regelung des § 244 Abs. 2 BGB gelten; würde sich der Darlehensnehmer entscheiden, die geschuldeten Zahlungen nicht in der Vertragswährung, sondern in Euro zurückzahlen (§ 244 Abs. 1 BGB), würde ausgehend von der Vertragswährung eine Umrechnung zu dem zum Zeitpunkt der Zahlung am Zahlungsort geltenden Umrechnungskurs erfolgen.

1271 Möchte der Darlehensnehmer mit dem Fremdwährungsdarlehen etwa eine Kaufpreisverbindlichkeit in Euro finanzieren oder wird das angegebene Auszahlungskonto in Euro geführt, erfolgt mit einem separaten **Umtauschgeschäft** eine Konvertierung der Fremdwährungsdarlehensvaluta in Euro. Gemäß den internationalen Gepflogenheiten werden fällige Beträge dann 2 Bankarbeitstage vor deren Fälligkeit umgetauscht. Ebenso kann sich der Darlehensnehmer zur Rückzahlung seiner Fremdwährungsschuld die erforderlichen Fremdwährungsbeträge durch entsprechende Umtauschgeschäfte beschaffen.[2394] Verbraucherrechtlich handelt es sich bei dem Umtauschgeschäft weder um einen verbundenen Vertrag i.S.d. § 358 BGB noch um einen zusammmenhängenden Vertrag i.S.d.

2388 Begr. RegE zu § 491a BGB, BT-Drucks. 18/5922, S. 80.

2389 Vgl. Schimansky/Bunte/Lwowski/*Schefold* Bankrechts-Handbuch § 115 Rn. 130 ff. und § 116 Rn. 396 ff.

2390 Vgl. Palandt/*Grüneberg* §§ 244, 245 Rn. 22.

2391 Vgl. Schimansky/Bunte/Lwowski/*Schefold* Bankrechts-Handbuch § 115 Rn. 155.

2392 BGH, NJW 1993, 2011; Schimansky/Bunte/Lwowski/*Schefold* Bankrechts-Handbuch § 115 Rn. 64.

2393 Vgl. auch EuGH, Urt. v. 20.09.2017 – Rs. C-186/16, (Rn. 38): Die Effektivklausel bezieht sich zwar auf den Hauptgegenstand des Vertrages und ist daher der Inhaltskontrolle entzogen, sie unterliegt aber der Transparenzkontrolle.

2394 Zu den Transparenzanforderungen an entsprechende Umrechnungsklausel in Verbraucherdarlehensverträgen vgl. EuGH, Urt. v. 30.04.2014 – C-26/13, EuZW 2014, 506 (Rn. 73 ff.).

§ 360 Abs. 2 Satz 2 BGB, denn das Umtauschgeschäft wird nicht mit dem Darlehen finanziert. Denkbar ist allenfalls ein zusammenhängender Vertrag i.S.d. § 360 Abs. 2 Satz 1 BGB, Art. 247 § 8 Abs. 1 Satz 1 EGBGB.

Für die Bank verbindet sich mit der Möglichkeit von nachteiligen Wechselkursschwankungen 1272
ein erhöhtes Bonitäts- und Ausfallrisiko aufseiten des Darlehensnehmers. Fremdwährungsdarlehensverträge können daher währungsspezifische **Nachsicherungsklauseln** enthalten, die an einen bestimmten Wechselkurs anknüpfen und bei Erreichen eines bestimmten Schwellenwertes des Umrechnungskurses für die vereinbarte Fremdwährung und einer sich daraus ergebenden Veränderung der Risikolage eine Nachsicherungspflicht des Darlehensnehmers auslösen. Solche Nachsicherungsklauseln sind auch bei formularmäßigem Gebrauch wirksam, da ein erkennbares schutzwürdiges Interesse der Bank besteht, sich auch vor währungsspezifischen Ausfallrisiken zu schützen. Soweit bei Verbraucherdarlehen aufgrund der Regelung des § 494 Abs. 6 Satz 2 BGB sogar vertraglich vereinbart ist, dass auch die aufgrund des Nachsicherungsrechts verlangten Sicherheiten bereits im Verbraucherdarlehensvertrag genannt sein müssen (vgl. etwa Nr. 13 Abs. 2 AGB-Banken), könnte die Bank als Nachsicherheit bspw. eine Bürgschaft eines ihr genehmen Bürgen vertraglich vorsehen. Kommt der Darlehensnehmer seiner Nachsicherungspflicht nicht nach, kann die Bank das Fremdwährungsdarlehen i.d.R. außerordentlich kündigen, denn bei der Nachsicherungspflicht handelt es sich um eine wesentliche Vertragspflicht des Darlehensnehmers. Zweifelhaft ist hingegen, ob formularmäßig auch ein **außerordentliches Kündigungsrecht der Bank** vereinbart werden kann, das nur an bestimmte Wechselkursschwankungen anknüpft. Allein eine negative Kursentwicklung führt auch noch nicht zu einer wesentlichen Verschlechterung der wirtschaftlichen Verhältnisse des Darlehensnehmers und berechtigt daher die Bank noch nicht zu einer Kündigung nach § 490 Abs. 1 BGB. Ebenso zweifelhaft ist, ob die Bank in solchen Fällen anstelle eines außerordentlichen Kündigungsrechts ohne Weiteres ein **Recht zur Konvertierung der Fremdwährung** in Euro vereinbaren kann. Da ein Fremdwährungsdarlehen bestimmte Hauptleistungsmerkmale aufweist, könnte eine solche Klausel bei formularmäßigem Gebrauch u.U. überraschend sein (§ 305c BGB) oder an einer Inhaltskontrolle nach §§ 308 Nr. 4, 307 BGB scheitern. Die bis 1993 in Nr. 3 Abs. 1 Satz 2 AGB-Banken a.F., Nr. 14 Satz 2 AGB-Sparkassen (a.F.) enthaltene Klausel, die es der Bank bzw. der Sparkasse ermöglichte, die Fremdwährung in inländische Währung zu konvertieren, wenn die ordnungsgemäße Abwicklung des Fremdwährungsdarlehens aus nicht von der Bank bzw. der Sparkasse zu vertretenden Gründen nicht mehr gewährleistet ist, hat die Rechtsprechung – wenngleich mit eingeschränktem Anwendungsbereich – allerdings grundsätzlich für wirksam erachtet.[2395] Eine Konvertierungsklausel könnte ggf. auch Folgefragen aufwerfen, etwa nach den Auswirkungen auf die Refinanzierung der Bank und daraus folgenden Vorfälligkeitsproblemen oder auf etwaige vertragliche Zinsanpassungsklauseln und die dort genannten fremdwährungsspezifischen Referenzzinssätze.

Für den Fall der **außerordentlichen Kündigung des Darlehensvertrages durch die Bank** kann im 1273
Fremdwährungsdarlehensvertrag vereinbart werden, dass die Bank die vereinbarte Fremdwährung in Höhe der noch bestehenden Zahlungsverpflichtungen des Darlehensnehmers zu dem zum Kündigungszeitpunkt maßgeblichen Umrechnungskurs kauft. Eine solche Klausel ist auch bei formularmäßigem Gebrauch nicht zu beanstanden, denn sie benachteiligt den Darlehensnehmer nicht unangemessen. Es ist der Darlehensnehmer, der die Ursache für die außerordentliche Kündigung setzt und der insofern auch nicht mehr schutzbedürftig ist. Der Bank ist es in solchen Fällen nicht zumutbar, für einen ungewissen Zeitraum das Währungsrisiko zu tragen; das gilt insbesondere dann, wenn sie den Fremdwährungsdarlehensvertrag wegen einer wesentlichen Verschlechterung der wirtschaftlichen Verhältnisse des Darlehensnehmers gekündigt hat.

Insbesondere im Auslandskreditgeschäft finden sich häufig weitere typische Vertragsklauseln, die in 1274
der Regel aber grenzüberschreitende Sachverhalte zum Gegenstand haben.[2396] So können sich im

2395 BGH, NJW 1980, 2017; OLG Hamm, WM 1991, 1371; *Canaris* Bankvertragsrecht (1981) Rn. 2560; *Steppeler/Künzle* AGB-Sparkassen (2001), S. 194.

2396 Vgl. Schimansky/Bunte/Lwowski/*Schefold* Bankrechts-Handbuch § 116 Rn. 396 ff.

Darlehensvertrag etwa auch besondere Klauseln über den Zeitpunkt und den Ort der Zahlungen finden, um den Rahmen für die Rechtzeitigkeit der vertraglichen Zahlungen festzulegen.[2397] Ferner sind Klauseln üblich, die Transferrisiken oder die Nichtverfügbarkeit der Vertragswährung nach Vertragsschluss regeln (non-availibility Klauseln).[2398] Anzutreffen sind auch Klauseln, die die Umrechnung von Fremdwährungsbeträgen bei Klagen vor ausländischen Gerichten zum Gegenstand haben (judgement currency Klausel).[2399]

4. Verbraucherdarlehensrechtliche Besonderheiten bei Fremdwährungsdarlehen

1275 Mit der Umsetzung der Wohnimmobilienkreditrichtlinie (Art. 23, Art. 4 Nr. 28, Art. 11 Abs. 2 Buchst. j), Erwägungsgründe 4, 30 RL 2014/17/EU) wurden zum 21.03.2016 erstmals verbraucherdarlehensrechtliche Regelungen zu Fremdwährungsdarlehen in Kraft gesetzt,[2400] die allerdings **nur für Immobiliar-Verbraucherdarlehen**[2401] (dazu Rdn. 1190) gelten. Veranlasst zu entsprechenden Maßnahmen sah sich der europäische Gesetzgeber durch die starken Wechselkursschwankungen im Zuge der Finanzmarktkrise, die bei zahlreichen Darlehensnehmern insbesondere in Österreich, Polen, Ungarn und Rumänien zu erheblichen Mehrbelastungen geführt haben. In der Grundregelung des § 503 Abs. 1 Satz 1 BGB wird das Fremdwährungsdarlehen als ein Immobiliar-Verbraucherdarlehen definiert, das nicht auf die Währung des Mitgliedsstaates der Europäischen Union lautet, in dem der Verbraucher zum Zeitpunkt des Vertragsschlusses seinen Wohnsitz hat **(Wohnsitzwährung als Landeswährung des Darlehensnehmers)**. Nach dieser Definition kann also auch ein EUR-Darlehen ein Fremdwährungsdarlehen sein, wenn etwa ein Darlehensnehmer mit Wohnsitz in Polen zur Finanzierung eines Immobilienerwerbs in Deutschland eine Finanzierung in EUR-Darlehen benötigt. Steigt bei dem Fremdwährungsdarlehen der Wert des ausstehenden Darlehensrestbetrages oder der Wert der regelmäßigen Raten in der Landeswährung (also der Wohnsitzwährung) des Darlehensnehmers aufgrund einer Änderung des Wechselkurses um mehr als 20% gegenüber dem Wert an, der bei Zugrundelegung des Wechselkurses bei Vertragsschlusses gegeben wäre (§ 503 Abs. 1 Satz 2 BGB), kann der Darlehensnehmer von der Bank die **Umwandlung des Darlehens in seine Landeswährung** (also in seine Wohnsitzwährung verlangen). Nimmt bspw. ein Darlehensnehmer mit Wohnsitz in Deutschland und Einkommen in Euro ein Darlehen in Schweizer Franken auf, kann er bei entsprechender Wechselkursentwicklung die Umwandlung seines Darlehens in Euro verlangen. Die Umstellung des Darlehens hat zu jenem Marktwechselkurs (Referenzwechselkurs der Europäischen Zentralbank)[2402] zu erfolgen, der am Tag der Ausübung des Umwandlungsrechts gilt, soweit im Immobiliar-Verbraucherdarlehensvertrag nicht ein anderer Referenzwechselkurs vereinbart ist (§ 503 Abs. 2 BGB). Die weiteren Rechtsfolgen einer solchen Umwandlung regelt das Gesetz allerdings nicht. Da sich der Darlehensnehmer durch das Umwandlungsrecht nur von den Währungsrisiken befreien können soll, ist zweifelhaft, ob er das günstige Zinsniveau der Fremdwährung auch weiterhin für seine Landeswährung in Anspruch nehmen kann, d.h. es erscheint nicht zwingend, dass der Darlehensnehmer das Immobiliar-Verbraucherdarlehen nach der Umwandlung zu den ansonsten bestehenden Konditionen fortführen können muss.[2403] Abweichend von § 503 Abs. 1 Satz 1 BGB gestattet es § 503 Abs. 1 Satz 3 BGB der Bank aber auch, im Immobiliar-Verbraucherdarlehensvertrag anstelle der Wohnsitzwährung des Darlehensnehmers jene Währung ausschließlich oder ergänzend als Landeswährung des Darlehensnehmers zu vereinbaren, in der der Darlehensnehmer zum Zeitpunkt der maßgeblichen

2397 Vgl. Schimansky/Bunte/Lwowski/*Schefold* Bankrechts-Handbuch § 116 Rn. 417 ff.

2398 Schimansky/Bunte/Lwowski/*Schefold* Bankrechts-Handbuch § 116 Rn. 430.

2399 Schimansky/Bunte/Lwowski/*Schefold* Bankrechts-Handbuch § 116 Rn. 428 ff.

2400 Gesetz zur Umsetzung der Wohnimmobilienkreditrichtlinie und zur Änderung handelsrechtlicher Vorschriften v. 11.03,2016, BGBl. I, S. 396.

2401 Zur Einordnung eines Fremdwährungsdarlehens als Immobiliardarlehen i.S.d. § 503 BGB a.F. unter der Rechtslage bis 20.3.2016 vgl. 4. Aufl., Kap. 4 Rn. 1168.

2402 Begr. RegE zu § 503 BGB, BT-Drs. 18/5922, S. 93.

2403 So wohl auch Bülow/Artz/*Bülow* Verbraucherkreditrecht (9. Aufl.) § 503 Rn. 4.

Kreditwürdigkeitsprüfung (dazu Rdn. 1033–1048) überwiegend sein Einkommen bezieht oder Vermögenswerte hält, aus denen das Darlehen zurück gezahlt werden soll (**Einkommens- oder Vermögenswährung als Landeswährung des Darlehensnehmers**). Bei der Einkommenswährung und bei der Vermögenswährung muss es sich nicht notwendig um die Währung eines EU-Mitgliedstaates handeln. Für die Einkommenswährung ist das Nettoeinkommen des Darlehensnehmers maßgeblich, das sowohl aus Arbeitseinkommen oder Versorgungsbezügen als auch aus Kapitaleinkünften oder Vermietung und Verpachtung erzielt werden kann.[2404] Für die Vermögenswährung sind Vermögenswerte (z.B. Immobilien, Wertpapierdepots, Kapitalanlagen) heranzuziehen, durch deren Verwertung das Darlehen zurückgezahlt werden soll; die Zweckbestimmung zur Verwertung kann sich auch daraus ergeben, dass die Vermögenswerte bei der Kreditwürdigkeitsprüfung nach § 505b Abs. 2 BGB berücksichtigt wurden.[2405] Die Regelung des § 505 Abs. 1 Satz 3 BGB gestattet es der Bank auch, unter den dort genannten Voraussetzungen das **Umwandlungsrecht des Darlehensnehmers vertraglich auszuschließen**. Nimmt etwa ein Darlehensnehmer mit Wohnsitz in Deutschland und Einkommen in CHF ein Immobilar-Verbraucherdarlehen in CHF auf, hätte er an sich nach § 503 Abs. 1 Satz 1 BGB unter den dort genannten Voraussetzungen das Recht, von der Bank die Umwandlung des Darlehens in EUR zu verlangen, weil die Vertragswährung von der Wohnsitzwährung als Landeswährung des Darlehensnehmers abweicht. Die Bank kann allerdings im Immobiliar-Verbraucherdarlehensvertrag dieses Umwandlungsrecht von vorneherein ausschließen, indem sie nach § 503 Abs. 1 Satz 3 BGB die Einkommenswährung (CHF) als ausschließliche Landeswährung des Darlehensnehmers vertraglich vereinbart.

Darüber hinaus regelt § 493 Abs. 4 BGB in Umsetzung von Art. 23 Abs. 4 WoIKr-RiLi Überwachungs- und Mitteilungspflichten der Bank bei Immobiliar-Verbraucherdarlehen in Fremdwährung. Die Bank hat den Darlehensnehmer unverzüglich zu informieren, wenn die von ihm noch zu begleichende Darlehensrestschuld oder der Wert der regelmäßigen Raten in seiner Landeswährung um mehr als 20% gegenüber dem Wert steigt, der bei Zugrundelegung des Wechselkurses bei Vertragsschluss gegeben wäre. Mit dieser Information, die auf einem dauerhaften Datenträger zu erfolgen hat, ist der Darlehensnehmer auch auf ein bestehendes Recht zur Umwandlung des Darlehens in seine Landeswährung oder auf andere Möglichkeiten zur Begrenzung des Wechselkursrisikos hinzuweisen; ferner muss die Information die Angabe über die Veränderung des Darlehensrestbetrages in der Landeswährung des Darlehensnehmers enthalten. Die Darstellung der Veränderung des Darlehensrestbetrages erfordert auch die Angabe des Differenzbetrages gegenüber dem auf der Grundlage des ursprünglichen Wechselkurses berechneten Betrag. Die Information ist so lange in regelmäßigen Abständen zu wiederholen, bis die Differenz von 20% wieder unterschritten ist. Die vorstehenden Informationspflichten gelten entsprechend, wenn unter den Voraussetzungen des § 503 Abs. 1 Satz 3 BGB das Umwandlungsrecht des Darlehensnehmers vertraglich ausgeschlossen wurde (dazu Rdn. 1274).[2406] 1276

Handelt es sich bei dem Fremdwährungsdarlehen um ein Immobiliar-Verbraucherdarlehen, muss der Darlehensvertrag seit 21.03.2016 gemäß Art. 247 § 7 Abs. 2 Nr. 2 EGBGB auch Angaben zu den sich aus §§ 503, 493 Abs. 4 BGB ergebenden Rechten des Darlehensnehmers (dazu Rdn. 1274 f.) enthalten. Fehlen die Angaben zum Umwandlungsrecht des Darlehensnehmers aus § 503 BGB, kann der Darlehensnehmer das Umwandlungsrecht jederzeit ausüben, d.h. unabhängig von etwaigen Währungsschwankungen (§ 494 Abs. 6 Satz 3 BGB). Das »ESIS-Merkblatt«(Anlage 6 zu Art. 247 § 1 Abs. 2 EGBGB) sieht darüber hinaus in Abschnitten 3 und 6 auch vorvertragliche Informationen zu dem Immobiliar-Verbraucherdarlehen in Fremdwährung vor, die den Verbraucher u.a. auch über seine Rechte aus §§ 503, 493 Abs. 4 BGB unterrichtet. Erfolgt zu dem Immobiliar-Verbraucherdarlehensvertrag eine Beratung nach § 511 BGB (dazu 1277

2404 Begr. RegE zu § 503 BGB, BT-Drs. 18/5922, S. 93.
2405 Begr. RegE zu § 503 BGB, BT-Drs. 18/5922, S. 93.
2406 Begr. RegE zu § 493 BGB, BT-Drs. 18/5922, S. 85: Informationspflicht und Umwandlungsrecht können bei Fremdwährungsdarlehen auseinanderfallen.

Rdn. 1029–1032), hat die Bank auch über Risikofaktoren wie Wechselkursschwankungen zu beraten.[2407] Die Erläuterungspflichten der Bank aus § 491a Abs. 3 BGB erstrecken sich bei Immobiliar-Verbraucherdarlehen in Fremdwährung auch auf die Auswirkungen veränderter Wechselkurse auf die Ratenzahlung und den ausstehenden Darlehensbetrag.[2408] Die Allgemeinen Informationen, die die Bank für standardisierte Immobiliar-Verbraucherdarlehen nach Art. 247a § 1 EGBGB vorvertraglich zur Verfügung zu stellen hat, müssen einen Hinweis auf die in Betracht kommenden Fremdwährungen enthalten (Art. 247a § 1 Abs. 2 Satz 2 EGBGB), falls solche Immobilar-Verbraucherdarlehen in Fremdwährung aktiv als Standardprodukt angeboten werden. Im Rahmen der Kreditwürdigkeitsprüfung (dazu Rdn. 1033–1048) sind für das Immobiliar-Verbraucherdarlehen in Fremdwährung als mögliches Negativszenario auch etwaige negative Entwicklungen des Wechselkurses zu berücksichtigen (vgl. § 4 Abs. 3 Satz 1 ImmoKWPLV; Abschnitt 4 Leitlinie 6 der EBA-Leitlinien zur Kreditwürdigkeitsprüfung – EBA/GL/2015/11 v. 19.08.2015; Begr. RegE zu § 505b BGB, BT-Drucks. 18/5922, S. 99). Insoweit liegt es nahe, auf die Werte aus den entsprechenden Warnhinweisen zum Wechselkursrisiko in Abschnitten 4 und 6 des »ESIS-Merkblatts« (Anlage 6 zu Art. 247 § 1 Abs. 2 EGBGB) zurückzugreifen. Ferner besteht eine Verpflichtung der Bank, in der Werbung für Immobiliar-Verbraucherdarlehen in Fremdwährung warnend darauf hinzuweisen, dass sich mögliche Wechselkursschwankungen auf die Höhe des vom Darlehensnehmer zu zahlenden Gesamtbetrags auswirken können (§ 6a Abs. 3 PrAngVO; Art. 11 Abs. 2 Buchst. j) RL 2014/17/EU). Der **Gesamtbetrag** (Art. 247 § 3 Abs. 1 Nr. 3, Abs. 2 EGBGB), der bei Immobilar-Verbraucherdarlehen in Abschnitt 3 des »ESIS-Merkblatts« enthalten sein muss, ist in der vereinbarten Fremdwährung anzugeben. Für die erforderliche Berechnung der **Gesamtkosten** (Art. 247 Abs. 2 Satz 2 EGBGB) dürften in Euro geschuldete Beträge in die vereinbarte Vertragswährung umzurechnen sein.

1278 Widerruft der Darlehensnehmer aufgrund seines **Widerrufsrechts** aus § 495 BGB seine auf den Abschluss des Fremdwährungsdarlehensvertrages gerichtete Willenserklärung, entsteht ein Rückgewährschuldverhältnis, für das aufgrund des Widerrufs die vertraglich vereinbarte Effektivklausel (dazu Rdn. 1269) nicht mehr gelten dürfte. Der Darlehensnehmer hat dann das Wahlrecht aus § 244 Abs. 1 BGB, d.h. er kann seine Darlehensschuld auch in Euro begleichen. Durch eine Rückzahlung in Euro soll die Bank als Gläubigerin aber wertmäßig nicht schlechter gestellt werden. Daher bestimmt § 244 Abs. 2 BGB, dass bei Zahlung in Euro der Devisenbriefkurs (Verkaufskurs) zum Zeitpunkt und am Zahlungsort (§ 270 BGB) der Rückzahlung maßgeblich ist.[2409] Es ist also auch nach einem Widerruf nicht der zum Zeitpunkt des Abschlusses des Fremdwährungsdarlehensvertrages maßgebliche Kurs heranzuziehen. Durch den Widerruf kann sich der Darlehensnehmer folglich nicht zu Lasten der Bank von eingetretenen Nachteilen aus Wechselkurschwankungen befreien.[2410] Dass der Verbraucher mit seinem Widerrufsrecht nicht zu Lasten der Bank spekulieren können soll, findet sich im Zusammenhang mit Widerrufsrechten und Widerrufsfolgen in den gesetzlichen Regelungen zu verbundenen Geschäften (§ 358 Abs. 5 BGB) und zu Fernabsatzgeschäften bzw. außerhalb von Geschäftsräumen geschlossenen Verträgen (§ 312g Abs. 2 Nr. 8 BGB) bestätigt.

5. Kreditsicherung bei Fremdwährungsdarlehen

1279 Soll das Fremdwährungsdarlehen durch Kreditsicherheiten abgesichert werden, wird die Bank daran interessiert sein, bei der Sicherheit einen Gleichlauf mit der im Darlehensvertrag vereinbarten Fremdwährung herzustellen, um etwaige Wechselkursrisiken mitzusichern. In der **Bürgschaft** wird der zu sichernde Betrag daher in der mit dem Hauptschuldner vereinbarten Fremdwährung

2407 Begr. RegE zu § 511 BGB, BT-Drs. 18/5922, S. 106.

2408 Begr. RegE zu § 491a BGB, BT-Drs. 18/5922, S. 80.

2409 Palandt/*Grüneberg* §§ 244, 245 Rn. 20; Schimansky/Bunte/Lwowski/*Schefold* Bankrechts-Handbuch § 115 Rn. 167 ff.

2410 Vgl. Schimansky/Bunte/Lwowski/*Schefold* Bankrechts-Handbuch § 115 Rn. 169.

angegeben. Ob dann auch für den Bürgen eine echte Fremdwährungsschuld entsteht oder das Wahlrecht aus § 244 Abs. 1 BGB besteht, die Schuld auch in Euro zu begleichen, ist durch Auslegung zu ermitteln, denn allein die Akzessorietät der Bürgschaft führt wohl nicht zur Geltung der darlehensvertraglichen Effektivklausel auch für die Bürgschaftsschuld.[2411] Bei einer **grundpfandrechtlichen Besicherung des Fremdwährungsdarlehens** sind in das Grundbuch einzutragende Geldbeträge nach § 28 Satz 2 Halbs. 1 GBO grundsätzlich in Euro anzugeben. Auf der Grundlage des § 28 Satz 2 Halbs. 2 GBO lässt die »Verordnung über Grundpfandrechte in ausländischer Währung und in Euro vom 30. Oktober 1997«[2412] aber auch die Eintragung von Grundschulden in der Währung eines der Mitgliedstaaten der EU, in SFR und in USD zu. Falls eine Eintragung der Grundschuld in der darlehensvertraglich vereinbarten und zu sichernden Fremdwährung demnach nicht möglich ist oder die Grundschuld aus anderen Gründen in Euro eingetragen wird, können etwaige Wechselkursrisiken aufgrund der Nichtakzessorietät der Grundschuld durch einen Puffer beim eingetragenen Grundschuldkapital und/oder durch die Grundschuldzinsen sowie eine Nebenleistung gesichert werden. Daneben kommt auch ein durch Vormerkung gesicherter Anspruch der Bank auf Erhöhung des Grundschuldkapitals bei einer bestimmten Entwicklung des Wechselkurses in Betracht.[2413]

V. Besonderheiten bei der Finanzierung eines Erbbaurechts

1. Das Erbbaurecht als Möglichkeit des finanzierten Immobilienerwerbs

Wer über die finanziellen Mittel für den Erwerb eines Grundstücks nicht verfügt, gleichwohl aber nicht auf den Bau seines Eigenheims verzichten möchte, dem bietet das **Erbbaurecht** die Möglichkeit, als Erbbauberechtigter über eine dem Grundstückseigentum angenäherte Rechtsstellung kostengünstig an Bauland zu gelangen und zudem Eigentum an einem Bauwerk zu erwerben. Das Erbbaurecht ist zwar zeitlich beschränkt, die regelmäßig lange und mitunter generationenübergreifende Laufzeit des Erbbaurechts schafft hierfür aber einen entsprechenden Ausgleich. Die gesetzlichen Regelungen zum Erbbaurecht finden sich im **Erbbaurechtsgesetz.**[2414] Sie sollten ursprünglich sozial schwächeren Schichten in Zeiten der Wohnungsnot den Zugang zu Wohneigentum eröffnen und den **Wohnungsbau** fördern. Das Erbbaurecht spielt indes nicht nur für den privaten Wohnungsbau eine Rolle, sondern hat sich auch im Bereich der **gewerblichen oder industriellen Bauerrichtung** – etwa im Bereich des Immobilienleasings – zu einem wichtigen Rechtsinstrument entwickelt. Statt der Erwerbskosten für das Grundstück hat der Erbbauberechtigte an den Erbbaurechtsausgeber – meist Kommunen oder Kirchen[2415] – den Erbbauzins zu zahlen.[2416] Der Erbbauzins übernimmt insoweit eine gewisse Finanzierungsfunktion für den Erwerb des Baulands, er beträgt bei Wohnnutzung jährlich etwa zwischen 3 % und 5 % des Grundstückswertes und kann bei Erbbaurechten zu sozialen Zwecken – etwa für kinderreiche Familien – auch darunter liegen. Bei gewerblicher Nutzung liegt der Erbbauzins etwa bei 6 % bis 7 % des Grundstückswertes. Dem Erbbaurechtsausgeber bleiben bei der Bestellung eines Erbbaurechts der Substanzwert und der Wertzuwachs des Grundstücks erhalten, er erhält zudem den Erbbauzins und bei Beendigung des Erbbaurechts – i.d.R. gegen Zahlung einer entsprechenden Entschädigung – auch das Eigentum an dem darauf errichteten Bauwerk. 1280

Bei der Finanzierung eines Erbbaurechts handelt es sich oftmals um eine reine **Baufinanzierung** für das zu errichtende Bauwerk, mitunter wird aber auch der Erwerb eines bereits bebauten 1281

2411 Schimansky/Bunte/Lwowski/*Schefold* Bankrechts-Handbuch § 115 Rn. 311 f.

2412 BGBl. I 1997, S. 2683; BGBl. I 1998, S. 4023.

2413 Schimansky/Bunte/Lwowski/*Schefold* Bankrechts-Handbuch § 115 Rn. 333.

2414 Die Erbbaurechtsverordnung – in Kraft getreten am 15.01.1919 – ist inhaltlich unverändert mit Wirkung vom 30.11.2007 in »Erbbaurechtsgesetz« umbenannt worden.

2415 Vgl. Freckmann/Frings/Grziwotz/*Grziwotz* Das Erbbaurecht in der Finanzierungspraxis Rn. 9, 12.

2416 Zu den wirtschaftlichen Vorteilen des Erbbaurechts *Claussen* WIB 1995, 864 ff.

Erbbaurechts oder ein Erbbauzins als einmalige Gegenleistung für das Erbbaurecht finanziert. Um solche Finanzierungen zu ermöglichen, sieht das Erbbaurechtsgesetz auch die grundsätzliche **Beleihbarkeit des Erbbaurechts** vor. Der entsprechende Finanzierungsvertrag selbst weist keine wesentlichen Besonderheiten auf, im Blickpunkt stehen eher die Eigenheiten des Erbbaurechts als Belastungsgegenstand des Finanzierungsgrundpfandrechts. So hat die Bank regelmäßig die **Zustimmung des Grundstückseigentümers** zur Beleihung des Erbbaurechts einzuholen. Im Rahmen der **Beleihungswertermittlung**[2417] sind neben dem Bauwerk insb. auch die meist vorrangig im Grundbuch eingetragene **Erbbauzinsreallast** (vgl. § 19 Abs. 2 ErbbauRG) und die **Laufzeit des Erbbaurechts** (vgl. § 13 Abs. 2 PfandBG bzw. §§ 16 PfandBG, 22 SolvV i.V.m. § 21 BelWertV; für Mündelhypotheken ferner § 20 Abs. 1 Nr. 3 ErbbauRG) zu berücksichtigen. Ferner kann es für die Bank von Interesse sein, welche Auswirkungen ein im Erbbaurechtsvertrag vereinbarter **Heimfallanspruch** des Grundstückseigentümers auf die Finanzierung hat.

2. Dinglicher Inhalt und Entstehung des Erbbaurechts

1282 Nach § 1 Abs. 1 ErbbauRG gibt das Erbbaurecht dem Erbbauberechtigten das **veräußerliche, vererbliche und beleihbare Recht**, auf oder unter der Oberfläche des Grundstücks ein **Bauwerk zu haben**. Bei diesem Bauwerk kann es sich um Wohn- und Geschäftsgebäude handeln, aber beispielweise auch um Tiefgaragen, Brücken oder Sportstätten. Das Bauwerk steht als wesentlicher Bestandteil des Erbbaurechts im **Eigentum des Erbbauberechtigten** (§ 12 ErbbauRG). Zur Wahrung des sachenrechtlichen Bestimmtheitsgrundsatzes ist das Bauwerk als zwingender gesetzlicher Inhalt des Erbbaurechts nach seiner ungefähren Beschaffenheit zu beschreiben, dem Bestimmtheitsgrundsatz genügt aber auch eine Regelung, wonach »jede baurechtlich zulässige Zahl und Art von Gebäuden« auf dem Erbbaurecht errichtet werden darf.[2418] Fehlt es an der Bestimmtheit, gelangt das Erbbaurecht nicht zur Entstehung, ein gleichwohl eingetragenes Erbbaurecht ist als inhaltlich unzulässig von Amts wegen zu löschen (§ 53 Abs. 1 Satz 2 GBO).[2419] Dem Erbbaurecht kann man auch in den besonderen Gestaltungsformen des Eigentümererbbaurechts, des Gesamt- und Nacherbbaurechts, des Wohnungs- und Teilerbbaurechts (§ 30 WEG) und des Untererbbaurechts begegnen.[2420] Es kann grds. wie ein Grundstück übertragen und belastet werden; die Vorschriften für Grundstücke gelten insoweit entsprechend (§ 11 Abs. 1 Satz 1 ErbbauRG).

1283 Neben dem zwingenden gesetzlichen **Inhalt des Erbbaurechts** (§ 1 ErbbauRG) besteht nach §§ 2 bis 8, 9 Abs. 3, 27 Abs. 1 Satz 2, 32 Abs. 1 Satz 2 ErbbauRG die Möglichkeit, weitere Vereinbarungen mit dinglicher Wirkung zum Inhalt des Erbbaurechts zu machen. Der Eigentümer des Erbbaugrundstücks macht hiervon regelmäßig Gebrauch. So werden meist dingliche **Beschränkungen der Veräußerlichkeit und Beleihbarkeit des Erbbaurechts** nach §§ 5 bis 8 ErbbauRG geregelt. Nach § 1 Abs. 4 Satz 1 ErbbauRG darf das Erbbaurecht wegen seiner Beleihbarkeit zwar **nicht auflösend bedingt** bestellt werden, es kann aber mit dinglicher Wirkung **zeitlich befristet** werden (§ 27 ErbbauRG). Eine solche zeitliche Befristung ist in der Praxis durchaus üblich, häufig anzutreffen sind Laufzeiten bis zu 99 Jahren. Zudem wird der Erbbaurechtsvertrag nach § 2 Nr. 4 ErbbauRG auch eine Verpflichtung des Erbbauberechtigten vorsehen, das Erbbaurecht beim Eintreten bestimmter Voraussetzungen (z.B. Verstoß gegen die Bauverpflichtung, Eröffnung des Insolvenzverfahrens über das Vermögen des Erbbauberechtigten[2421]) auf den Grundstückseigentümer zu übertragen (**Heimfall**).

2417 Zur Beleihungswertermittlung des Erbbaurechts eingehend Freckmann/Frings/Grziwotz/*Frings* Das Erbbaurecht in der Finanzierungspraxis Rn. 401 ff.

2418 BGHZ 126, 12 (14); MüKo-BGB/*Heinemann* § 1 ErbbauRG Rn. 13.

2419 OLG Frankfurt am Main, OLGZ 83, 165; MüKo-BGB/*Heinemann* § 11 ErbbauRG Rn. 16.

2420 Dazu und zur Überführung von Gebäudeeigentum in den neuen Bundesländern in ein Erbbaurecht nach dem Sachenrechtsbereinigungsgesetz (BGBl. I, S. 2457) Freckmann/Frings/Grziwotz/*Grziwotz* Das Erbbaurecht in der Finanzierungspraxis Rn. 20 ff.

2421 Zum Erbbaurecht in der Insolvenz *Meyer* NZI 2007, 487.

Zur Begründung des Erbbaurechts wird ein **Erbbaurechtsvertrag** abgeschlossen, der das schuldrechtliche Grundgeschäft enthält und nach § 11 Abs. 2 ErbbauRG i.V.m. § 311b Abs. 1 BGB notariell zu beurkunden ist. Darüber hinaus finden sich im Erbbaurechtsvertrag die Regelungen zum gesetzlichen (§ 1 ErbbauRG) und vertraglichen Inhalt (§§ 2 bis 8, 27 Abs. 1 Satz 2, 32 Abs. 1 Satz 2 ErbbauRG) des Erbbaurechts sowie zum Erbbauzins (§§ 9 f. ErbbauRG) und zu etwaigen ergänzenden schuldrechtlichen Vereinbarungen.[2422] Die dingliche Bestellung des Erbbaurechts erfolgt nach § 873 Abs. 1 BGB durch **Einigung und Eintragung** des Erbbaurechts als dingliche Belastung des Erbbaugrundstücks in Abt. II des Grundstücks-Grundbuchs (vgl. § 14 Abs. 2 ErbbauRG). Mit einem Erbbaurecht kann nur ein Grundstück belastet werden (§ 1 Abs. 1 ErbbauRG), darüber hinaus kann aber auch das Erbbaurecht selbst mit einem Untererbbaurecht belastet werden.[2423] Nach § 10 Abs. 1 ErbbauRG muss das Erbbaurecht im Grundbuch die erste Rangstelle haben, soweit nicht i.R.d. § 10 Abs. 2 ErbbauRG landesgesetzlich etwas anderes bestimmt ist. Für das Erbbaurecht selbst wird ein eigenes »**Erbbaugrundbuch**« angelegt (§ 14 Abs. 1 ErbbauRG), in dessen Bestandsverzeichnis das Erbbaurecht eingetragen und sein dinglicher Inhalt beschrieben wird. Begrifflich verbleibt das Erbbaurecht zwar ein Recht, auf dessen Entstehung, Aufhebung oder Veränderung die §§ 873, 875, 877 BGB anzuwenden sind, i.Ü. aber wird es nach § 11 Abs. 1 ErbbauRG als **grundstücksgleiches Recht** behandelt. 1284

3. Grundpfandrechtliche Besicherung der Baufinanzierung für ein Erbbaurechts

a) Bestellung des Grundpfandrechts und Zustimmung des Grundstückseigentümers

Das Erbbaurecht kann auch mit einem Grundpfandrecht belastet werden. Dazu ist nach § 873 BGB eine Einigung und die Eintragung des Grundpfandrechts im Erbbaugrundbuch erforderlich. Allerdings wird nach Maßgabe der §§ 5 bis 8 ErbbauRG als dinglicher Inhalt des Erbbaurechts meist vereinbart sein, dass die **Zustimmung des Grundstückseigentümers zur Belastung und Veräußerung** des Erbbaurechts erforderlich ist. Mit der Belastungszustimmung kann der Grundstückseigentümer verhindern, dass er beim Heimfall überhöhte Belastungen des Erbbaurechts und persönliche Verpflichtungen übernehmen muss (§ 33 ErbbauRG; dazu Rdn. 1300–1302), die Veräußerungszustimmung schützt den Grundstückseigentümer vor einem unliebsamen Erbbauberechtigten. Auch die Inhaltsänderung eines bestehenden Grundpfandrechts löst das vereinbarte Zustimmungserfordernis aus. Handelt es sich bei dem Eigentümer des Erbbaugrundstücks um eine Kommune oder um eine Kirche, so sind für die Zustimmung ggf. auch etwaige aufsichtsrechtliche Genehmigungserfordernisse zu beachten. 1285

Die Bestellung des Grundpfandrechts und das schuldrechtliche Verpflichtungsgeschäft hierzu sind ohne die erforderliche Zustimmung des Grundstückseigentümers **schwebend unwirksam** (§ 6 Abs. 1 ErbbauRG);[2424] das Grundpfandrecht darf vom Grundbuchamt nicht in das Erbbaugrundbuch eingetragen werden (§ 15 ErbbauRG). Die Zustimmung zur Bestellung einer Finanzierungsgrundschuld kann – ähnlich einer Belastungsvollmacht – auch bereits im Erbbaurechtsvertrag enthalten sein. I.Ü. besteht unter den Voraussetzungen des § 7 Abs. 2 und 3 ErbbauRG ein durchsetzbarer Anspruch des Erbbauberechtigten auf Zustimmung des Grundstückseigentümers zur Belastung des Erbbaurechts. Bis zur Entstehung des Grundpfandrechts kann der Grundstückseigentümer seine Zustimmung widerrufen (§ 183 BGB), es sei denn, die Widerruflichkeit ist ausdrücklich oder konkludent ausgeschlossen oder der Eintragungsantrag ist gestellt und die Einigung zwischen dem (künftigen) Grundpfandgläubiger und dem Erbbauberechtigten ist nach § 873 Abs. 2 BGB bindend geworden. Vor Eintragung der Grundschuld wird die Bank das Darlehen also nur valutieren können, wenn neben den hierzu üblichen Voraussetzungen (dazu Rdn. 1158–1163) 1286

2422 Zum notariellen Erbbaurechtsvertrag Freckmann/Frings/Grziwotz/*Grziwotz* Das Erbbaurecht in der Finanzierungspraxis Rn. 14 ff.

2423 BGHZ 62, 179 (180).

2424 BGHZ 33, 76 (86).

auch die Zustimmung des Grundstückseigentümers zur Belastung und Veräußerung des Erbbaurechts in grundbuchmäßiger Form (§ 29 GBO) und unwiderruflich vorliegt.

1287 Ist als Inhalt des Erbbaurechts sowohl die Zustimmung zur Belastung des Erbbaurechts als auch zu dessen Veräußerung vereinbart, so genügt es aus der Sicht der finanzierenden Bank nicht, nur die Zustimmung zur Belastung des Grundstücks mit dem Finanzierungsgrundpfandrecht nach § 5 Abs. 2 ErbbauRG einzuholen. Es bedarf daneben nach § 5 Abs. 1 ErbbauRG im Hinblick auf eine etwaige spätere Verwertung des Grundpfandrechts im Wege der Zwangsversteigerung (§ 8 ErbbauRG) auch zugleich der Zustimmung des Grundstückseigentümers zur Veräußerung des Erbbaurechts.[2425] Ist bei der Zwangsversteigerung eines Erbbaurechts der Meistbietende nicht bereit, die im Erbbaurechtsvertrag enthaltene schuldrechtliche Verpflichtung zur Anpassung des Erbbauzinses (dazu Rdn. 1288) zu übernehmen, kann der Grundstückseigentümer nach §§ 7 Abs. 1, 8 ErbbauRG seine Zustimmung zur Erteilung des Zuschlags verweigern, wenn die Zwangsversteigerung nicht zum Erlöschen einer Erbbauzinsreallast geführt hat.[2426] Die Zustimmung des Grundstückseigentümers kann auch bereits vorab bei der Belastung des Erbbaurechts eingeholt werden, er muss zum Zeitpunkt des Zuschlags allerdings noch Eigentümer des Grundstücks sein.[2427] Die Widerruflichkeit der Zustimmung (§ 183 BGB) kann ausdrücklich oder konkludent ausgeschlossen werden.

1288 Das Erbbaurecht wird auch **bankaufsichtsrechtlich** als grundstücksgleiches Recht behandelt. So können Pfandbriefbanken (§ 1 Abs. 1 Nr. 1 PfandBG), die sich durch Pfandbriefemissionen refinanzieren, unter besonderen Voraussetzungen (§ 13 Abs. 2 PfandBG, § 21 BelWertV) die Beleihung eines Erbbaurechts zur Deckung von Hypothekenpfandbriefen nutzen.[2428] Zum Haftungsumfang des Grundpfandrechts gehört als wesentlicher Bestandteil des Erbbaurechts nach § 12 Abs. 1 ErbbauRG auch das darauf errichtete Bauwerk. Es ist also Gegenstand der Beleihungswertermittlung (§ 16 PfandBG i.V.m. §§ 9, 14, 16 BelWertV), [2429] soweit es sich nicht nur um einen Scheinbestandteil handelt (§ 12 Abs. 2 ErbbauRG, § 95 BGB).

b) Rangkonkurrenz zwischen Erbbauzins und Finanzierungsgrundpfandrecht

aa) Erbbauzins als reallastartige Belastung des Erbbaurechts

1289 Nach § 9 Abs. 1 ErbbauRG ist der dingliche Erbbauzins ein Entgelt in wiederkehrenden Leistungen, für das die Vorschriften über Reallasten (§§ 1105 ff. BGB) entsprechend gelten. Als **dingliche Belastung des Erbbaurechts** entsteht er gem. § 873 BGB durch Einigung und Eintragung in Abt. II des Erbbaugrundbuchs. Der Grundstückseigentümer hat meist ein Interesse daran, den Erbbauzins wertsichernd an veränderte wirtschaftliche Verhältnisse anpassen zu können. Bis zum 30.09.1994 musste der Erbbauzins indes für die gesamte Laufzeit im Voraus bestimmt sein (§ 9 Abs. 2 Satz 1 ErbbauVO a.F.), um die Finanzierung von Erbbaurechten nicht durch ungewisse Beleihungsgrundlagen für nachrangige Grundpfandgläubiger zu erschweren. Die Praxis vereinbarte daher lediglich **schuldrechtliche Anpassungs- bzw. Gleitklauseln** und sicherte die Ansprüche gegen den Erbbauberechtigten durch Eintragung einer entsprechender Vormerkung (§ 883 BGB).[2430] Die Zulässigkeit solcher schuldrechtlichen Klauseln wurde durch die Einführung des § 9a ErbbauVO (§ 9a ErbbauRG) klargestellt, der für Erbbaurechte mit zu Wohnzwecken errichteten Gebäuden aber zugleich gesetzliche Beschränkungen normierte. Mit Inkrafttreten des

2425 BGHZ 33, 76 (87); MüKo-BGB/*Heinemann* § 8 ErbbauRG Rn. 10.
2426 BGH, Beschl. v. 13.07.2017 – V ZB 186/15, (Rn. 11 ff.).
2427 Vgl. dazu BuB/*Wenzel* Rn. 4/1834.
2428 Zur Beleihungswertermittlung bei Erbbaurechten Rundschreiben 13/2009 der Bundesanstalt für Finanzdienstleistungsaufsicht (BaFin) v. 08.06.2009.
2429 Vgl. MüKo-BGB/*Heinemann* § 19 ErbbauRG Rn. 2 ff.
2430 OLG Hamm, DNotZ 1999, 823 (824); dazu MüKo-BGB/*Heinemann* § 9 ErbbauRG Rn. 46 ff.; BuB/*Wenzel* Rn. 4/1837.

Sachenrechtsänderungsgesetzes am 01.10.1994[2431] wurde das Erfordernis der strengen Bestimmtheit des Erbbauzinses zwar aufgegeben und in § 9 Abs. 2 Satz 2 ErbbauVO a.F. die Möglichkeit eröffnet, auch eine Anpassungs- bzw. Gleitklausel **zum dinglichen Inhalt der Erbbauzinsreallast** zu machen. Auslegungsschwierigkeiten dieser Neuregelung führten jedoch bereits am 16.06.1998 zu einer neuerlichen Gesetzesänderung,[2432] in deren Verlauf die problematische Regelung des § 9 Abs. 2 ErbbauVO a.F. aufgehoben und durch § 1105 Abs. 1 Satz 2 BGB, der über § 9 Abs. 1 Satz 1 ErbbauRG auch für den Erbbauzins gilt, klarstellend ersetzt wurde. Danach kann als dinglicher Inhalt einer Erbbauzinsreallast auch vereinbart werden, dass sie sich wertsichernd automatisch an veränderte Verhältnisse anpasst, wenn anhand der Vereinbarungen der Änderungszeitpunkt und der Wertmaßstab für die einzelne Erhöhung und damit Art und Umfang der Belastung des Erbbaurechts bestimmt werden können. Es ist folglich eine Indexierung der Erbbauzinsreallast zulässig, die aus dem Grundbuch nicht (mehr) ersichtlich sein muss und von einem nachrangigen Grundpfandgläubiger i.R.d. Beleihungsprüfung durch Einsicht in den Erbbaurechtsvertrag festzustellen ist. Beschränkungen für dingliche und schuldrechtliche Anpassungsklauseln ergeben sich bei Erbbaurechten mit zu Wohnzwecken errichteten Bauwerken unverändert aus § 9a ErbbauRG.

bb) Rang und Versteigerungsfestigkeit des Erbbauzinses bei der Beleihungswertermittlung

Der Erbbauzins ist nicht dinglicher Inhalt des Erbbaurechts. Als Reallast ist er daher einer freien **Rangvereinbarung** zugänglich, wird aber meist vorrangig auf dem Erbbaurecht lasten. Der Grundstückseigentümer wird kaum bereit sein, ohne Weiteres mit seiner Erbbauzinsreallast hinter ein Grundpfandrecht der den Erbbauberechtigten finanzierenden Bank zurückzutreten. Der Bank ist aber ihrerseits daran gelegen, ihr Grundpfandrecht durch die vorrangige Erbbauzinsreallast nicht zu entwerten. Die Gründe für die Erwägungen der Beteiligten erklären sich aus dem Schicksal der Erbbauzinsreallast in der Zwangsversteigerung des Erbbaurechts.[2433] 1290

Betreibt der Grundstückseigentümer aus seiner **erstrangigen Erbbauzinsreallast** wegen rückständiger Erbbauzinsen die **Zwangsversteigerung** des Erbbaurechts, so wird der Erbbauzins als erlöschendes Recht (§§ 52 Abs. 1 Satz 2, 91, 10 Abs. 1 Nr. 5 ZVG) grds. nach Maßgabe der §§ 92, 121 ZVG kapitalisiert, d.h. es wird der Erbbauzins auf die verbleibende Laufzeit des Erbbaurechts hochgerechnet und nach der Erteilung des Zuschlags einschließlich der laufenden und der rückständigen Erbbauzinsen für die letzten 2 Jahre (§ 10 Abs. 1 Nr. 4 ZVG) an den Grundstückseigentümer ausgekehrt. Für einen nachrangigen Grundpfandgläubiger, dessen Recht mit dem Zuschlag ebenfalls erlischt (§§ 52 Abs. 1 Satz 2, 91 ZVG), wird dann möglicherweise kein ausreichender Verwertungserlös zur Verteilung verbleiben. Die vorrangige Erbbauzinsreallast belässt der Bank also nur einen geringeren Beleihungsspielraum, weil der dingliche Erbbauzins in kapitalisierter Form als Vorlast von der **Beleihungsgrenze** in Abzug zu bringen ist;[2434] eine Finanzierung kann daran scheitern. Betreibt hingegen die Bank aus einem **vorrangigen Grundpfandrecht** die Zwangsversteigerung in das Erbbaurecht, so wird die nachrangige Erbbauzinsreallast nicht in das geringste Gebot aufgenommen und erlischt mit dem Zuschlag (§§ 52 Abs. 1 Satz 2, 91, 10 Abs. 1 Nr. 5 ZVG).[2435] Der Grundstückseigentümer verliert also sein Recht, es entstehen erbbauzinslose Erbbaurechte. Der kapitalisierte Wert der Erbbauzinsen (§§ 92, 121 ZVG) wird zwar an der Rangstelle der Erbbauzinsreallast aus dem Erlös entnommen und an den Grundstückseigentümer ausgekehrt, er wird in diesen Fällen aber wirtschaftlich meist das Nachsehen haben und deshalb zu einem Rangrücktritt nicht ohne Weiteres bereit sein. 1291

2431 Gesetz zur Änderung sachenrechtlicher Bestimmungen v. 21.09.1994, BGBl. I, S. 2455.

2432 Art. 11a des Gesetzes zur Einführung des Euro v. 09.06.1996, BGBl. I, S. 1242.

2433 Zum Rangkonflikt zwischen Erbbauzinsreallast und Finanzierungsgrundpfandrecht Freckmann/Frings/Grziwotz/*Freckmann* Das Erbbaurecht in der Finanzierung Rn. 229 ff.

2434 Vgl. Rundschreiben 13/2009 der Bundesanstalt für Finanzdienstleistungsaufsicht (BaFin) v. 12.06.2009, S. 2.

2435 BGHZ 81, 358 (361); 100, 107 (115).

1292 Diese rechtspolitisch unerwünschte Rangkonkurrenz wurde im Wege der Einfügung des § 9 Abs. 3 Satz 1 Nr. 1 ErbbauVO (§ 9 Abs. 3 Satz 1 Nr. 1 ErbbauRG) durch das Sachenrechtsänderungsgesetz[2436] mit Wirkung zum 01.10.1994 einer praktikablen Lösung zugeführt. Es kann nunmehr abweichend von § 52 Abs. 1 ZVG als **Inhalt des Erbbauzinses** vereinbart werden, dass dieser im Fall einer Zwangsversteigerung durch den Grundstückseigentümer oder durch einen vor- oder gleichrangigen Grundpfandgläubiger bestehen bleibt. Der Erbbauzins wird dadurch **versteigerungsfest**, auch wenn er als nachrangiges Recht bei der Feststellung des geringsten Gebots nicht berücksichtigt wird (§ 52 Abs. 2 Satz 2 ZVG). Er bleibt also bestehen und wird von einem Ersteher übernommen (§ 56 Satz 2 ZVG). Lediglich in den Fällen einer Zwangsversteigerung aus den Rangklassen des § 10 Abs. 1 Nr. 1 bis 3 ZVG (z.B. wegen Ansprüchen auf Entrichtung der öffentlichen Lasten des Grundstücks) erlischt die Erbbauzinsreallast und ist daher zu kapitalisieren (§§ 92, 121 ZVG). Bei diesen Rangklassen handelt es sich indes meist um relativ geringe Beträge, die der Grundstückseigentümer oder auch die Bank als Grundpfandgläubigerin zur Abwendung des Erlöschens ihrer Rechte ablösen können (§ 268 Abs. 1 Satz 1 BGB).[2437] Die Bank muss daher eine vorrangige Erbbauzinsreallast, für die eine Vereinbarung nach § 9 Abs. 3 Satz 1 Nr. 1 ErbbauRG getroffen wurde, im Rahmen ihrer Beleihungswertermittlung nicht mehr kapitalisiert als Vorlast (d.h. als Abzug von der Beleihungsgrenze) ansetzen (vgl. § 19 Abs. 2 Satz 2 ErbbauRG), sondern es ist – unabhängig davon, ob die Erbbauzinsreallast vor- oder nachrangig ist – als Wertminderung lediglich ein Abzug i.H.d. kapitalisierten Erbbauzinses **von dem Wert des erbbauzinsfreien Erbbaurechts** erforderlich. Das gilt auch im Fall einer schuldrechtlichen Stillhaltevereinbarung (dazu Rdn. 1294), die mit einer juristischen Person des öffentlichen Rechts getroffen wurde.[2438] Eine bestehen bleibende Erbbauzinsreallast wird also die Beleihbarkeit meist nicht beinträchtigen, da die Bank in aller Regel im Rahmen einer Baufinanzierung ohnehin nur das Bauwerk finanzieren wird. I.Ü. kann die bestehen bleibende Erbbauzinsreallast der Verwertbarkeit des Erbbaurechts sogar in gewisser Hinsicht dienlich sein, da der Ersteher – ebenso wie jeder Erbbauberechtigte – den Erbbauzins ggf. als Instrument der (teilweisen) Finanzierung des Erbbaurechts nutzen kann.

1293 Im Fall einer Vereinbarung nach § 9 Abs. 3 Satz 1 Nr. 1 ErbbauRG entscheidet der **Rang der Erbbauzinsreallast** dann nur noch darüber, wie in der Zwangsversteigerung des Erbbaurechts **rückständige und laufende Erbbauzinsen** behandelt werden. Steht die Erbbauzinsreallast im **Rang vor dem Finanzierungsgrundpfandrecht** der Bank und betreibt diese aus dem Grundpfandrecht die Zwangsversteigerung, so werden die laufenden und die für die letzten 2 Jahre rückständigen Erbbauzinsen in der Rangklasse des § 10 Abs. 1 Nr. 4 ZVG dem bar zu zahlenden Teil des geringsten Gebots entnommen; ältere Rückstände werden in der Rangklasse des § 10 Abs. 1 Nr. 8 ZVG befriedigt. Die Erbbauzinsreallast als solche fällt in das geringste Gebot und bleibt bestehen (§§ 44 Abs. 1, 52 Abs. 1 Satz 1 ZVG), der Ersteher hat ab dem Zuschlag die Erbbauzinsen zu zahlen (§ 56 Satz 2 ZVG). Betreibt der Grundstückseigentümer aus der vorrangigen Erbbauzinsreallast die Zwangsversteigerung, so werden die laufenden und die aus den letzten 2 Jahren rückständigen Erbbauzinsen an der Rangstelle des § 10 Abs. 1 Nr. 4 ZVG berücksichtigt und bar ausgezahlt, ältere Rückstände erleiden den Rangverlust. Die Erbbauzinsreallast bleibt aufgrund der nach § 9 Abs. 3 Satz 1 Nr. 1 ErbbauRG getroffenen Vereinbarung außerhalb des geringsten Gebots bestehen (§ 52 Abs. 2 Satz 2 ZVG) und wird vom Ersteher übernommen (§ 56 Satz 2 ZVG). Steht die Erbbauzinsreallast im **Rang nach dem Finanzierungsgrundpfandrecht** der Bank und betreibt diese die Zwangsversteigerung, so bleibt die Erbbauzinsreallast wiederum außerhalb des geringsten Gebots bestehen (§ 52 Abs. 2 Satz 2 ZVG). Die aus den letzten 2 Jahren rückständigen Erbbauzinsen

2436 Gesetz zur Änderung sachenrechtlicher Bestimmungen v. 21.09.1994, BGBl. I S. 2455.

2437 BuB/*Wenzel* Rn. 4/1850. Die Regelung des § 174a ZVG, die es dem Insolvenzverwalter gestattet, bis zum Schluss der Verhandlung im Versteigerungstermin zu verlangen, dass bei der Feststellung des geringsten Gebots nur die den Ansprüchen aus § 10 Abs. 1 Nr. 1 Buchst. a) ZVG vorgehenden Rechte berücksichtigt werden, dürfte nicht anwendbar sein, vgl. MüKo-BGB/*Heinemann* § 9 ErbbauRG Rn. 27.

2438 Vgl. Rundschreiben 13/2009 der Bundesanstalt für Finanzdienstleistungsaufsicht (BaFin) v. 08.06.2009, S. 2.

fallen aber nicht in den bar zu zahlenden Teil des geringsten Gebots, sondern begründen lediglich einen Anspruch nach § 92 Abs. 1 ZVG.[2439] Der Grundstückseigentümer wird daher auch bei einer Vereinbarung nach § 9 Abs. 3 Satz 1 Nr. 1 ErbbauRG möglicherweise nicht bereit sein, dem Finanzierungsgrundpfandrecht der Bank den Vorrang einzuräumen. Ist er dazu bereit, wird er als Inhalt des Erbbauzinses nach § 9 Abs. 3 Satz 1 Nr. 2 ErbbauRG auch zugleich einen Rangvorbehalt oftmals vereinbaren, der es dem Erbbauberechtigten gestattet, das Erbbaurecht in bestimmten Umfang mit einem der Erbbauzinsreallast im Rang vorgehenden Grundpfandrecht zu belasten. Das kann im Hinblick auf eine Zwangsversteigerung des Erbbaurechts sinnvoll sein, wenn ein Ersteher ebenfalls Fremdkapital einsetzen muss und deshalb zur Sicherung der Finanzierung seiner Bank wiederum ein Finanzierungsgrundpfandrecht erforderlich wird. Es wird dann die Rangstelle für Finanzierungsgrundpfandrechte etwaiger Ersteher freigehalten. Für den Grundstückseigentümer ergeben sich daraus keine weiteren Nachteile, da seine Erbbauzinsreallast ohnehin bereits im Rang nach einer Finanzierungsgrundschuld stehen soll.

Für bereits bestehende (**alte**) Erbbauzinsreallasten kann ebenfalls auf die Regelung des § 9 Abs. 3 **1294** Satz 1 Nr. 1 ErbbauRG zurückgegriffen werden und durch **Inhaltsänderung** im Wege der Einigung und Eintragung in das Grundbuch (§ 873 BGB) **nachträglich** ein versteigerungsfester Erbbauzins zwischen dem Grundstückseigentümer und dem Erbbauberechtigten vereinbart werden. Es ist aber die Zustimmung der Inhaber vor- oder gleichrangiger dinglicher Rechte zu einer solchen Inhaltsänderung erforderlich (§ 876 BGB). Die Zustimmung nachrangiger Gläubiger ist hingegen nicht erforderlich, da sie nicht beeinträchtigt sein können.

Vor Einführung des § 9 Abs. 3 ErbbauVO (§ 9 Abs. 3 ErbbauRG) versuchte sich die Praxis **1295** noch mit sog. **Stillhalteerklärungen** oder Nichtkapitalisierungserklärungen des Grundstückseigentümers zu behelfen, um das Problem der Rangkonkurrenz zwischen der Erbbauzinsreallast und dem Finanzierungsgrundpfandrecht zu lösen.[2440] Mit einer solchen Erklärung verpflichtet sich der Grundstückseigentümer, die (vorrangige) Erbbauzinsreallast im Fall der Zwangsversteigerung des Erbbaurechts stehen zu lassen, sie also nicht zu kapitalisieren. Es soll dazu nach Maßgabe des § 59 Abs. 1 ZVG spätestens im Versteigerungstermin ein Antrag auf eine von den gesetzlichen Vorschriften **abweichende Feststellung des geringsten Gebots** dahin gehend gestellt werden, dass die (vorrangige) Erbbauzinsreallast nicht mit dem Zuschlag erlischt. Freilich bedarf es dazu der Zustimmung aller Beteiligten, deren Rechte durch die Abweichung beeinträchtigt werden (§ 59 Abs. 1 Satz 3 ZVG).[2441] Da die Stillhalteerklärung nur schuldrechtlich wirkt und nicht auf einen Sonderrechtsnachfolger übergeht, wird der Grundstückseigentümer zusätzlich verpflichtet, das Grundstück nur zu veräußern, wenn die Verpflichtungen aus der Stillhalteerklärung vom Erwerber übernommen werden. Darüber hinaus wird meist geregelt, dass der Grundstückseigentümer aus einem zu seinen Gunsten eingetragenen Vorkaufsrecht hinsichtlich des Erbbaurechts keinen Wertersatz verlangt und auf eine Erlöszuteilung verzichtet, soweit er keinen rückständigen Erbbauzins zum Verfahren angemeldet hat. Eine der Regelung des § 9 Abs. 3 ErbbauRG annähernd vergleichbare Wirkung dürfte einer solchen bloß **schuldrechtlich wirkenden** Stillhalteerklärung gleichwohl allenfalls dann zukommen, wenn es sich bei dem Grundstückseigentümer um eine juristische Person des öffentlichen Rechts oder um eine Kirche handelt, weil dann ein Zuwiderhandeln nicht zu befürchten ist.[2442] Stillhalteerklärungen, die vor Inkrafttreten des § 9 Abs. 3 ErbbauVO (§ 9 Abs. 3

2439 MüKo-BGB/*Heinemann* § 9 ErbbauRG Rn. 27.

2440 Dazu BuB/*Wenzel* Rn. 4/1841a; *Winkler* NJW 1985, 940; *Muth* JurBüro 1985, 802 und 970; *ders.* WM 1985, 1281.

2441 Wird eine nach § 59 Abs. 1 Satz 2 ZVG erforderliche Zustimmung verweigert, ist auch eine Verpflichtung des Grundstückseigentümers denkbar, nach § 91 Abs. 2 ZVG eine Vereinbarung mit dem Ersteher über das Bestehenbleiben der Erbbauzinsreallast zu treffen. Das Ergebnis hängt dann aber von den wirtschaftlichen Überlegungen des Erstehers ab, die Vereinbarung bietet daher kaum Schutz, vgl. BuB/*Wenzel* Rn. 4/1841b.

2442 Vgl. Rundschreiben 13/2009 der Bundesanstalt für Finanzdienstleistungsaufsicht (BaFin) v. 12.06.2009, S. 2; BuB/*Wenzel* Rn. 4/1841a; Freckmann/Frings/Grziwotz/*Freckmann* Das Erbbaurecht in der Finanzierungspraxis Rn. 250; *Muth* WM 1985, 1281.

ErbbauRG) abgegeben wurden, bleiben wirksam. Sie können auch weiterhin wirksam abgegeben werden, dürften jedoch zunehmend seltener anzutreffen sein.

c) Erlöschen des Erbbaurechts und des Finanzierungsgrundpfandrechts

aa) Berücksichtigung der Restlaufzeit des Erbbaurechts nach Beleihungsgrundsätzen

1296 Mit dem Erlöschen des Erbbaurechts **erlischt** auch ein darauf eingetragenes **Grundpfandrecht** und das Bauwerk scheidet aus der Haftung aus (§ 12 Abs. 3 ErbbauRG). Für die grundpfandrechtlich gesicherte Bank ist bereits aus diesem Grunde der Bestand des Erbbaurechts von größter Bedeutung. Darüber hinaus stellt sich das Grundpfandrecht auch nur dann als sinnvolle Sicherheit dar, wenn es bei Bedarf auch tatsächlich noch wirtschaftlich verwertbar ist. Das wiederum setzt voraus, dass das Erbbaurecht über die Laufzeit des Darlehens hinaus einen hinreichenden zeitlichen Spielraum bietet, um einen Interessenten für das Erbbaurecht zu finden. So regelt insb. auch § 13 Abs. 2 PfandBG (vgl. auch § 20 Abs. 1 ErbbauRG für Mündelhypotheken), dass zur Deckung für Hypothekenpfandbriefe die Beleihung des befristeten Erbbaurechts nur zulässig ist, wenn die planmäßige Tilgung des Darlehens spätestens 10 Jahre vor Ablauf des Erbbaurechts endet und nicht länger dauert, als zur buchmäßigen Abschreibung des Bauwerks nach wirtschaftlichen Grundsätzen erforderlich ist. Letzteres soll sicherstellen, dass das Darlehen planmäßig getilgt ist, bevor der Wert des Bauwerks vorhersehbar verfallen ist. Auch nach § 22 SolvV i.V.m. § 21 BelWertV hat die Bank bei der Beleihung von Erbbaurechten die Restlaufzeit des Erbbaurechts zu berücksichtigen.[2443]

bb) Erlöschen des Erbbaurechts und Entschädigungsanspruch

1297 Nach § 13 ErbbauRG erlischt das Erbbaurecht nicht bereits dadurch, dass das darauf errichtete Bauwerk untergeht. Das Erbbaurecht kann aber gem. § 26 ErbbauRG durch **Aufhebung** beendet werden. Eine solche Aufhebung ist nach §§ 11 Abs. 1 ErbbauRG, 876 BGB indes nicht ohne Zustimmung des Grundpfandgläubigers möglich. I.Ü. erlischt das Erbbaurecht – und mit ihm das darauf lastende Grundpfandrecht – durch **Zeitablauf** (§ 27 Abs. 1 ErbbauRG). Zuvor ist ein Erlöschen des Erbbaurechts durch dessen Verkauf oder Zwangsversteigerung nicht möglich, die erste Rangstelle im Grundstücks-Grundbuch (§ 10 Abs. 1 ErbbauRG) und die ergänzende Regelung des § 25 ErbbauRG gewährleisten dem Erbbaurecht seinen Bestand für dessen gesamte Dauer. Als dinglicher Inhalt des Erbbaurechts kann auch ein **Vorrecht des Erbbauberechtigten auf Erneuerung des Erbbaurechts** vereinbart werden (§ 2 Nr. 6 ErbbauRG). Es kann aber erst ausgeübt werden, wenn das Erbbaurecht erloschen ist und der Grundstückseigentümer mit einem Dritten einen Vertrag über die Bestellung eines Erbbaurechts an dem Grundstück geschlossen hat (§ 31 Abs. 1 Satz 1 ErbbauRG). Das Vorrecht unterliegt zudem weiteren Beschränkungen (§ 31 Abs. 1 Satz 2, Abs. 2 ErbbauRG), die es für den Erbbauberechtigten weitgehend wertlos machen. Daher kann es i.R.d. Laufzeitbestimmung nach § 13 Abs. 2 PfandBG, § 20 Abs. 1 Nr. 3 ErbbauRG; § 22 SolvV i.V.m. § 21 BelWertV grds. keine Berücksichtigung finden. Entsprechendes gilt, wenn das Erbbaurecht schuldrechtlich dergestalt bestellt wird, dass es sich **automatisch verlängert**, wenn nicht ein Vertragsteil widerspricht. Es liegt dann in der Hand eines Dritten, über die Laufzeit des Erbbaurechts und damit über das Schicksal des Finanzierungsgrundpfandrechts zu bestimmen.

1298 Nach Ablauf der vereinbarten Zeit und dem Erlöschen des Erbbaurechts erwirbt der Grundstückseigentümer das Eigentum an dem Bauwerk (§ 12 Abs. 3 ErbbauRG). Der Erbbauberechtigte ist nicht berechtigt, das Bauwerk wegzunehmen oder sich Bestandteile des Bauwerks anzueignen (§ 34 ErbbauRG). Als Ausgleich für den Rechtsverlust muss der Grundstückseigentümer

2443 Zur Beleihungswertermittlung bei Erbbaurechten vgl. Rundschreiben 13/2009 der Bundesanstalt für Finanzdienstleistungsaufsicht (BaFin) vom 08.06.2009, S. 2.

dem Erbbauberechtigten eine **Entschädigung** zahlen (§ 27 ErbbauRG). Nach § 27 Abs. 3 Satz 1 Halbs. 1 ErbbauRG kann der Grundstückseigentümer seine Verpflichtung zur Zahlung der Entschädigung dadurch abwenden, dass er dem Erbbauberechtigten das Erbbaurecht vor dessen Ablauf für die voraussichtliche Standdauer des Bauwerks **verlängert**. Lehnt der Erbbauberechtigte die Verlängerung ab, erlischt der Anspruch auf Entschädigung (§ 27 Abs. 3 Satz 1 Halbs. 2 ErbbauRG).

An dem Entschädigungsanspruch, für den das Grundstück an der Rangstelle des erloschenen Erbbaurechts haftet (§ 28 ErbbauRG), erhält der Grundpfandgläubiger im Wege der dinglichen Surrogation zwar ein pfandrechtsähnliches[2444] Recht (§ 29 ErbbauRG),[2445] die Werthaltigkeit dieses Rechts hängt aber nicht nur von der Bonität des Grundstückseigentümers ab, sondern auch davon, ob der Erbbaurechtsvertrag eine Regelung über die Höhe des Entschädigungsanspruchs oder gar dessen Ausschluss vorsieht (§ 27 Abs. 1 Satz 2, Abs. 2 ErbbauRG). Letzteres ist häufig bei gewerblichen Zweckbauten anzutreffen, die ohne Nutzen für den Grundstückseigentümer sind. Darüber hinaus kann die Weigerung des Erbbauberechtigten, das Erbbaurecht zu verlängern, den Entschädigungsanspruch zum Erlöschen bringen (§ 27 Abs. 3 Satz 1 Halbs. 2 ErbbauRG). Deshalb wird der Entschädigungsanspruch keinen bewertbaren Ersatz für die grundpfandrechtliche Besicherung des Darlehens bieten können. 1299

d) Auswirkungen des Heimfalls auf das grundpfandrechtlich gesicherte Darlehen

aa) Heimfall, Heimfallgründe und Vergütung

Als Inhalt des Erbbaurechts wird nach § 2 Nr. 4 ErbbauRG meist vereinbart, dass der Erbbauberechtigte bei Eintritt bestimmter Voraussetzungen verpflichtet ist, das Erbbaurecht auf den Eigentümer zurück zu übertragen (**Heimfall**). Der Heimfall begründet einen **Übertragungsanspruch** des Grundstückseigentümers und dient als Ersatz für die nach § 1 Abs. 4 ErbbauRG ausgeschlossenen Rücktrittsrechte und für das sonst bei Dauerschuldverhältnissen bestehende außerordentliche Kündigungsrecht des Erbbauberechtigten.[2446] Dem Heimfallanspruch kommt allerdings keine dingliche Wirkung zu. Sind die Voraussetzungen des Heimfalls bei einem früheren Erbbauberechtigten eingetreten, kann der Heimfallanspruch daher nicht gegen den Erwerber des Erbbaurechts geltend gemacht werden;[2447] das gilt auch dann, wenn der Ersteher aufgrund des Nachrangs der Erbbauzinsreallast gegenüber der verwerteten Grundschuld ein erbbauzinsloses Erbbaurecht erlangt.[2448] Als **Heimfallgründe** finden sich in Erbbaurechtsverträgen etwa häufig die Eröffnung des Insolvenzverfahrens über das Vermögen des Erbbauberechtigten,[2449] die Anordnung der Zwangsversteigerung oder Zwangsverwaltung des Erbbaurechts, Verstöße des Erbbauberechtigtens gegen eine Verpflichtung zur Bauerrichtung oder ein Rückstand des Erbbauberechtigens mit der Entrichtung von mindestens zwei Jahresbeiträgen des Erbbauzinses (§ 9 Abs. 4 ErbbauRG). Bei Vorliegen eines Heimfallgrundes geht das Erbbaurecht nicht automatisch auf den Grundstückseigentümer oder den von ihm bestimmten Dritten (§ 3 Halbs. 2 ErbbauRG) über. Vielmehr wird der Heimfall durch **formlose einseitige, empfangsbedürftige Willenserklärung** ggü. dem Erbbauberechtigten ausgeübt und begründet sodann einen dinglichen Übertragungsanspruch des Erbbauberechtigten, der nach § 873 BGB durch Einigung und Eintragung vollzogen wird. Das Erbbaurecht bleibt beim Heimfall folglich bestehen, der Erbbauberechtigte ist nicht berechtigt, das Bauwerk wegzunehmen 1300

2444 MüKo-BGB/*Heinemann* § 29 ErbbauRG Rn. 2.

2445 Zur Eintragungsfähigkeit der Entschädigungsforderung des Erbbauberechtigten und eines Vermerks über die pfandrechtsähnlichen Rechte der Realgläubiger im Grundbuch OLG Hamm, DNotZ 2007, 750.

2446 MüKo-BGB/*Heinemann* § 2 ErbbauRG Rn. 24.

2447 BGH, Urt. v. 06.11.2015 – V ZR 165/14, WM 2016, 548 (Rn. 17).

2448 BGH, Urt. v. 06.11.2015 – V ZR 165/14, WM 2016, 548 (Rn. 29).

2449 Zum Erbbaurecht in der Insolvenz *Meyer* NZI 2007, 487.

oder sich Bestandteile des Bauwerks anzueignen (§ 34 ErbbauRG). Der Eigentümer hat dem Erbbauberechtigten aber als Ausgleich für den Rechtsverlust eine **angemessene Vergütung** zu zahlen (§ 32 Abs. 1 Satz 1 ErbbauRG). Als Inhalt des Erbbaurechtsvertrages können in den Grenzen des § 32 Abs. 2 ErbbauRG allerdings auch Vereinbarungen über die Höhe der Vergütung oder deren Ausschluss getroffen werden.

bb) Grundschuld, befreiende Schuldübernahme durch den Grundstückseigentümer und Abtretung des Vergütungsanspruchs

1301 Bei einem Heimfall bleiben mit dem Erbbaurecht auch die auf ihm lastenden **Finanzierungsgrundpfandrechte** bestehen, ferner bleibt das Bauwerk vom Haftungsumfang des Grundpfandrechts erfasst. Der Heimfall beeinträchtigt also die Beleihbarkeit des Erbbaurechts nicht. Es werden sogar die Möglichkeiten zur Fremdfinanzierung des Erbbaurechts dadurch verbessert, dass nach § 33 Abs. 2 Satz 1 ErbbauRG beim Heimfall der Grundstückseigentümer die persönliche Haftung i.H.d. Finanzierungsgrundpfandrechts übernimmt, wenn auch der Erbbauberechtigte persönlich haftet. Es handelt sich um einen Fall der **befreienden Schuldübernahme**, die nach § 415 BGB der Genehmigung durch den Gläubiger bedarf. Nach § 33 Abs. 2 Satz 2 ErbbauRG gilt für die Genehmigung der Schuldübernahme die Regelung des § 416 BGB entsprechend.

1302 Für die das Erbbaurecht finanzierende Bank kann sich die Frage stellen, ob und unter welchen Voraussetzungen für sie die gesetzlich in § 33 Abs. 2 ErbbauRG normierte Schuldübernahme für das Darlehensverhältnis dergestalt nutzbar ist, dass der **Grundstückseigentümer als Bonitätsträger** herangezogen werden kann. Erforderlich wäre dazu in jedem Fall zunächst eine entsprechende Ausgestaltung der Heimfallgründe.[2450] Darüber hinaus müsste die Bank sicherstellen, dass der Heimfallanspruch auch ausgeübt und das Erbbaurecht durch Einigung und Eintragung auf den Grundstückseigentümer übertragen wird. Da der Heimfallanspruch nach § 3 Halbs. 1 ErbbauRG nicht von dem Eigentum an dem Grundstück getrennt und folglich nicht gesondert übertragen werden kann, ist insoweit nach alternativen Lösungswegen zu suchen. So könnte sich die Bank vom Grundstückseigentümer u.U. unwiderruflich zur Ausübung des Heimfallanspruchs und zur Vornahme der Übertragung des Erbbaurechts bevollmächtigen lassen. Denkbar wäre auch eine schuldrechtliche Verpflichtung des Grundstückseigentümers zur Ausübung des Heimfallanspruchs[2451] und dessen Vollzug. Es kann in diesem Zusammenhang auch das Recht des Grundstückseigentümers, die Übertragung des Erbbaurechts auf einen Dritten zu verlangen (§ 3 Halbs. 2 ErbbauRG), schuldrechtlich ausgeschlossen werden. Da der Heimfallanspruch nur dem Grundstückseigentümer zusteht und gerade dessen Bonität als potenzieller Schuldübernehmer nach § 33 Abs. 2 Satz 1 ErbbauRG nutzbar gemacht werden soll, wäre zudem darauf zu achten, dass nicht ohne Weiteres ein Wechsel in der Person des Grundstückseigentümers möglich ist. So kann bereits im Erbbaurechtsvertrag mit dinglicher Wirkung eine Verkaufsverpflichtung des Grundstückseigentümers zugunsten des Erbbauberechtigten vereinbart sein (§ 2 Nr. 7 ErbbauRG), häufiger werden indes gegenseitige Vorkaufsrechte (§§ 1094 ff. BGB) anzutreffen sein, deren nachteilige Wirkungen es zu vermeiden gilt. Generell wäre zur Erhaltung der Folgen des § 33 Abs. 2 ErbbauRG der Grundstückseigentümer über eine **Negativerklärung** (dazu Rdn. 1155) zu verpflichten, nicht über das Grundstück zu verfügen. Eine solche Negativerklärung kann ohne Verstoß gegen § 1136 BGB eingeholt werden, da sie nicht im Zusammenhang mit einem auf dem Grundstück lastenden Grundpfandrecht der Bank steht. Freilich ist auch bei solchen Vorkehrungen nicht auszuschließen, dass der Heimfallanspruch als Grundstücksbestandteil (§ 96 BGB) von der Zwangsvollstreckung eines Dritten in das Grundstück erfasst wird. Es wird dann aber der Grundstückseigentümer meist insolvent und als

2450 Zur insolvenzrechtlichen Anfechtbarkeit der Vereinbarung eines Heimfallanspruchs BGH, WM 2007, 1218 (Rn. 7 ff.); allgemein zum Erbbaurecht in der Insolvenz *Meyer* NZI 2007, 487.

2451 BGH, NJW 1985, 1462 (1463). Nach § 4 ErbbauRG verjährt der Heimfallanspruch in 6 Monaten ab Kenntnis von den Voraussetzungen eines Heimfallgrundes, ohne Kenntnis in 2 Jahren ab Vorliegen des Heimfallgrundes.

Bonitätsträger ohnehin ausgefallen sein. Ein solches Insolvenzrisiko ist grds. ausgeschlossen, wenn es sich bei dem Grundstückseigentümer etwa um eine insolvenzunfähige Kommune handelt (vgl. § 12 Abs. 1 InsO i.V.m. § 45 Satz 1 AGGVG BW).

Am Vergütungsanspruch des Erbbauberechtigten (§ 32 Abs. 1 Satz 1 ErbbauRG) entstehen beim 1303 Heimfall – anders als beim Entschädigungsanspruch im Fall des Erlöschens des Erbbaurechts (§ 28 ErbbauRG) – keine Rechte der Grundpfandgläubiger, da deren Grundpfandrechte nicht erlöschen. Zweifelhaft ist, ob sich die Bank den **Vergütungsanspruch abtreten** lassen kann. Teilweise wird insoweit die Auffassung vertreten, der Vergütungsanspruch sei dinglicher Inhalt des Erbbaurechts und als solcher vor seiner Entstehung nicht sonderrechtsfähig.[2452] Jedenfalls als künftige Forderung muss er aber abtretbar sein. Zu berücksichtigen bleibt dabei jedoch, dass er in den Grenzen des § 32 Abs. 2 ErbbauRG vertraglich beschränkt oder gar ausgeschlossen sein kann. I.Ü. wird der Vergütungsanspruch im Fall der befreienden Schuldübernahme des Grundstückseigentümers nach § 33 Abs. 2 ErbbauRG hinfällig, denn nach § 33 Abs. 3 ErbbauRG werden die übernommenen Forderungen auf den Vergütungsanspruch angerechnet.

VI. Besonderheiten der Bauträgerfinanzierung und Immobilienfinanzierungen unter Berücksichtigung der Makler- und Bauträgerverordnung

1. Bauträger und Bauträgervertrag

Als **Bauträger** bezeichnet man einen Gewerbetreibenden, der ein Bauvorhaben – sei es ein Neu- 1304 bau oder die Sanierung eines Altbaus – im eigenen Namen und für eigene Rechnung vorbereitet und durchführt und die errichteten oder noch zu errichtenden Einheiten (z.B. Einfamilienhäuser, Wohnungs- und Teileigentum) zu einem Festpreis veräußert. Die Planungs- und Bauleistungen erbringt der Bauträger nicht notwendig selbst, er kann mit der teilweisen oder vollständigen Ausführung dieser Arbeiten auch Subunternehmer (Handwerker, Architektur- und Ingenieurbüros) oder einen Generalunternehmer beauftragen. Das Bauvorhaben errichtet der Bauträger indes auf seinem eigenen oder auf einem von ihm zu beschaffenden Grundstück, er stellt den Bauantrag im eigenen Namen bzw. zeigt das Bauvorhaben der Gemeinde an, ist als Bauherr selbst Vertragspartner der von ihm beauftragten Bauunternehmer, Architekten und Ingenieure und trägt auch die entsprechenden wirtschaftlichen Risiken aus der Baumaßnahme. Zugleich ist der Bauträger bemüht, die Einheiten zu einem möglichst frühen Zeitpunkt zu verkaufen, um die von den Erwerbern noch vor der Eigentumsumschreibung zu leistenden Zahlungen – meist Abschlagszahlungen nach § 3 MaBV – für die Ausführung des Bauvorhabens verwenden zu können. Dadurch reduziert sich nicht nur der Kostenaufwand für die Finanzierung des Bauvorhabens, sondern es verbilligen sich zugleich die Kaufpreise für die vom Bauträger zum Verkauf angebotenen Objekte.[2453]

Anders als bei sog. Bauherrenmodellen ist auf der anderen Seite der **Erwerber** beim Abschluss eines 1305 **Bauträgervertrages** nicht selbst Bauherr und muss sich auch nicht mit dem vielschichtigen und multilateralen Vorgang der Bauplanung und -errichtung befassen, sondern er hat es nur noch mit einem Vertragspartner zu tun, der ihm zur Übereignung eines Grundstücks oder Grundstücksanteils nebst schlüsselfertiger Herstellung des Kaufobjekts zu dem vereinbarten Festpreis verpflichtet ist. Rechtlich wurde der Bauträgervertrag nach der Rechtsprechung als einheitlicher Vertrag eigener Art behandelt, der sich aus kauf-, werk- und werklieferungsvertraglichen Elementen zusammensetzt und – je nach den Umständen des Einzelfalls – auch Bestandteile des Auftrags- und

2452 MüKo-BGB/*Heinemann* § 32 ErbbauRG Rn. 2; a.A. Palandt/*Wicke* § 32 ErbbauRG Rn. 2.
2453 Vgl. BGH, WM 2002, 1506 (1507); *Weis/Rösler* ZIP 2002, 1520 (1523).

Geschäftsbesorgungsrechts enthalten kann.[2454] Seit 01.01.2018[2455] findet sich eine Legaldefinition des Bauträgervertrages in § 650u BGB. Ein Bauträgervertrag ist demnach ein Vertrag, der die Errichtung oder den Umbau eines Hauses zum Gegenstand hat und der zugleich die Verpflichtung des Unternehmers (Bauträgers) enthält, dem Besteller (Erwerber) das Eigentum an dem Grundstück zu übertragen oder ein Erbbaurecht zu bestellen oder zu übertragen; der Besteller (Erwerber) kann ein Verbraucher oder ein Unternehmer sein. Hinsichtlich der Errichtung oder des Umbaus finden grds. die Vorschriften des Werkvertragsrechts Anwendung (§ 650u Abs. 1 Satz 2 BGB), hinsichtlich des Anspruchs auf Übertragung des Eigentums an dem Grundstück oder auf Übertragung oder Bestellung des Erbbaurechts jene des Kaufrechts (§ 650u Abs. 2 Satz 3 BGB). Handelt es sich bei dem Erwerber um einen Verbraucher, hat ihn der Bauträger vorvertraglich in Gestalt einer Baubeschreibung zu unterrichten (§§ 650u Abs. 1 Satz 2, 650j BGB, Art. 249 EGBGB). Der Bauträgervertrag ist nach § 311b BGB notariell zu beurkunden, ein Widerrufsrecht steht dem Erwerber – anders als beim Verbraucherbauvertrag (§ 650l BGB) – nicht zu (§ 650u Abs. 2 BGB). Der Erwerber, der bereits vor Fertigstellung und Übereignung des Kaufobjekts an den Bauträger Zahlungen auf den Kaufpreis erbringen soll und damit auch eine Finanzierungsfunktion für das Bauvorhaben übernimmt, wird durch die zivilrechtlichen Sonderregelungen des § 650v BGB, die an den Bauträger gerichteten Vorschriften der öffentlich-rechtlichen **Makler- und Bauträgerverordnung** und durch die zivilrechtlichen Regelungen der §§ 305 ff. BGB vor einer unangemessenen Benachteiligung geschützt.

1306 Zwischen den am Bauträgervertrag beteiligten Parteien und deren Banken bestehen **divergierende Interessenlagen**. Der Bauträger möchte von seinen Erwerbern frühzeitig Zahlungen erhalten, um seine Kreditverbindlichkeiten bei der Bauträgerbank, die sich insb. durch eine Globalgrundschuld auf dem gesamten Objekt sowie durch die Abtretung sämtlicher Kaufpreisansprüche gegen die Erwerber aus den Bauträgerverträgen sichern lässt, ablösen zu können. Der Erwerber möchte auf der anderen Seite zu einem günstigen Kaufpreis das gewünschte Objekt erwerben, dabei aber sicher sein, dass er für seine Anzahlungen einen entsprechenden – nicht mit einem Grundpfandrecht der Bauträgerbank belasteten – Gegenwert erhält. Die den Kaufvertrag finanzierende Erwerberbank möchte ihrerseits das Aufrücken ihres zunächst im Rang nach der Globalgrundschuld der Bauträgerbank und ggf. auch nach der Auflassungsvormerkung des Erwerbers[2456] eingetragenen Grundpfandrechts gesichert wissen. Das vertragliche Geflecht der Beteiligten stellt sich etwa wie folgt dar:

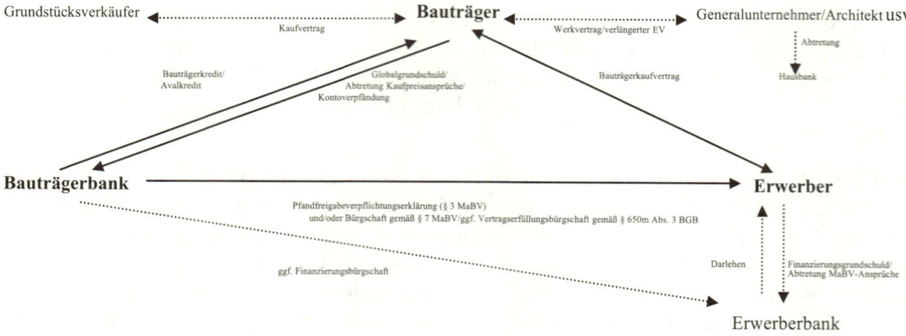

2454 BGHZ 92, 123 (126); 96, 275 (279). An dieser Einordnung dürfte sich auch nach Inkrafttreten des Schuldrechtsmodernisierungsgesetzes v. 26.11.2001 (BGBl. I, S. 3138) nichts geändert haben, vgl. *Dören* ZfIR 2003, 497; *Heinemann* ZfIR 2002, 167; a.A. *Hildebrandt* ZfIR 2003, 489, der den Bauträgervertrag als Kaufvertrag einordnet.

2455 Gesetz zur Reform des Bauvertragsrechts und zur Änderung der kaufrechtlichen Mängelhaftung v. 28.04.2017 (BGBl. I, S. 969).

2456 Dazu Rdn. 1140.

2. Sicherung des Käufers nach der Makler- und Bauträgerverordnung (MaBV)

a) Die Makler- und Bauträgerverordnung als öffentlich-rechtliches Regelungswerk des Gewerberechts mit zivilrechtlicher Komponente

In erster Linie dem Schutzbedürfnis des Erwerbers vor einem Verlust seiner Anzahlungen durch eine Insolvenz oder durch Straftaten des Bauträgers trägt die Verordnung über die Pflichten der Makler, Darlehens- und Anlagenvermittler, Bauträger und Baubetreuer (**Makler- und Bauträgerverordnung** – MaBV) Rechnung, die der Bauträger als Gewerbetreibender i.S.d. § 34c Abs. 1 Nr. 3 Buchst. a) GewO bei der Kaufpreisabwicklung zu beachten hat. Darüber hinaus sucht die Makler- und Bauträgerverordnung auch einen angemessenen Ausgleich zwischen den gegenläufigen Interessen des Erwerbers, des Bauträgers und den jeweils finanzierenden Banken.[2457] Die Makler- und Bauträgerverordnung basiert auf der Ermächtigungsgrundlage des § 34c Abs. 3 GewO, ist in ihrer ursprünglichen Fassung am 01.09.1974 in Kraft getreten und in der Folge wiederholt den praktischen Bedürfnissen des Bauträgergeschäfts angepasst worden. Sie regelt, unter welchen Voraussetzungen der Bauträger von seinen Erwerbern frühestens **Kaufpreiszahlungen entgegennehmen darf**. Nach § 2 Abs. 1 Satz 1 Halbs. 2 MaBV sind dabei Bauträger von der Verpflichtung befreit, den Erwerber von vornherein durch Versicherungen oder Bürgschaften gem. § 2 Abs. 2 und 3 MaBV abzusichern. Dem Bauträger stehen vielmehr zwei Modelle der Kaufpreisabwicklung zur Verfügung. I.d.R. entscheiden sich die Parteien für **Abschlagszahlungen (vgl. § 650v BGB)**, die gem. § 3 Abs. 2 MaBV **nach Baufortschritt** zu leisten sind, wenn der Bauträger zuvor die in § 3 Abs. 1 MaBV bestimmten **Grundvoraussetzungen** geschaffen hat. Liegen diese Grundvoraussetzungen nicht vor oder soll der Kaufpreis vorab vollständig entrichtet werden, wie dies ab 1990 viele Erwerber für die Erlangung der Steuervorteile aus der Sonderabschreibung in den neuen Bundesländern[2458] wünschten, hat der Bauträger nach § 7 MaBV eine **Bankbürgschaft** zu stellen, die sämtliche Ansprüche des Erwerbers auf Rückzahlung des Kaufpreises (z.B. nach einer Rückabwicklung des Bauträgervertrages) zu sichern hat. Es handelt sich bei §§ 3 und 7 MaBV um Schutzgesetze i.S.d. § 823 Abs. 2 BGB.[2459] 1307

Nach § 7 Abs. 2 MaBV ist der Bauträger von den Bestimmungen der MaBV befreit, wenn es sich bei dem Erwerber um eine juristische Person des öffentlichen Rechts, ein öffentlich-rechtliches Sondervermögen oder um einen in das Handelsregister oder das Genossenschaftsregister eingetragenen Kaufmann handelt und sich der Bauträger dessen Kaufmannseigenschaft hat nachweisen lassen. Der Erwerber muss allerdings in einer gesonderten Urkunde auf die Anwendung der Makler- und Bauträgerverordnung verzichten. I.Ü. handelt es sich bei der Makler- und Bauträgerverordnung aber um **zwingendes Recht**. Eine hiervon zulasten des Erwerbers abweichende Fälligkeitsvereinbarung ist nach § 134 BGB i.V.m. § 12 MaBV nichtig.[2460] 1308

Bei der Makler- und Bauträgerverordnung handelt es sich um ein **gewerberechtliches Regelungswerk**, das sich zwar an der Nahtstelle zum Zivilrecht bewegt, dem aber keine zivilrechtliche Leitbildfunktion zukommt.[2461] Die Vorschriften der Makler- und Bauträgerverordnung setzen lediglich einen gewerberechtlichen Mindeststandard an Erwerberschutz, ohne sich dadurch einer 1309

2457 Vgl. *Weis/Rösler* ZfIR 2001, 1520 (1523); *Rösler* ZfIR 2001, 259; *Reithmann* NJW 1997, 1816 (1817); *Grziwotz* NJW 1994, 2745; abweichend BGHZ 146, 250 (258) = WM 2001, 482; *Blank* ZfIR 2001, 85 (90).

2458 Gesetz über Sonderabschreibungen und Abzugsbeträge im Fördergebiet (Fördergebietsgesetz) vom 23.09.1993, BGBl. I, S. 1654.

2459 BGH, WM 2009, 211 (Rn. 10 f.).

2460 BGHZ 146, 250 (257) = WM 2001, 482; WM 2007, 1760 (Rn. 19).

2461 BGHZ 146, 250 (259) = WM 2001, 482; *Freckmann/Rösler* ZfIR 2011, 739 (740); abweichend für den Bauträgervertrag mit guten Gründen *Kesseler* ZfIR 2006, 701 (702).

Inhaltskontrolle nach §§ 307 ff. BGB entziehen zu können.[2462] Es ist deshalb grds. danach zu unterscheiden, was der Bauträger gewerberechtlich nach der Makler- und Bauträgerverordnung darf und welche Grenzen ihm zivilrechtlich gesetzt sind.[2463] So wurde in jüngerer Vergangenheit und insb. unter Hinweis auf § 632a BGB in der bis 31.12.2008 geltenden Fassung wiederholt das **»Ende« des formularmäßigen MaBV-Bauträgervertrages** ausgerufen, weil er aufgrund der Verpflichtung, bereits vor der Abnahme und Eigentumsumschreibung entsprechende (Abschlags-) Zahlungen zu erbringen, den Erwerber mit unangemessenen Risiken belaste und folglich den europa- und zivilrechtlichen Anforderungen des Verbraucherschutzes nicht genüge (dazu auch Rdn. 1320–1322).[2464] Zur Beseitigung diesbezüglicher Zweifel ist am 30.05.2001 – gestützt auf § 27a AGBG (Art. 244 EGBGB) – die **Verordnung über Abschlagszahlungen bei Bauträgerverträgen**[2465] (sog. Eil-Sicherungsverordnung bzw. Hausbauverordnung) in Kraft getretenen. Mit ihr wurde den Regelungen der §§ 3, 7 MaBV zivilrechtlicher Charakter verliehen.[2466] Wenngleich auch die Wirksamkeit dieser Verordnung in der Literatur unter verfassungs- und europarechtlichen Gesichtspunkten infrage gestellt wurde,[2467] wird doch spätestens mit dem zum 01.01.2009[2468] neu gefassten § 632a Abs. 2 BGB a.F., der sich seit 01.01.2018 insoweit in § 650v BGB wiederfindet, davon auszugehen sein, dass eine formularmäßige Abschlagszahlungsvereinbarung nach § 3 oder § 7 MaBV in einem Bauträgervertrag wirksam getroffen werden kann,[2469] denn es ist in § 650v BGB (§ 632a Abs. 2 BGB a.F.) nun auch gesetzlich klargestellt, dass in einem Bauträgervertrag auch Abschlagszahlungen verlangt werden können, soweit sie gemäß einer Verordnung aufgrund von Art. 244 EGBGB – also auch gemäß der Verordnung über Abschlagszahlungen bei Bauträgerverträgen vom 23.05.2001 – vereinbart sind.[2470] Der Gesetzgeber hat sich damit unter Prüfung der verfassungs- und europarechtlichen Bedenken eindeutig und zu Recht zur Kaufpreisabwicklung nach den Regelungen der Makler- und Bauträgerverordnung bekannt,[2471] denn bereits rechtspolitisch sollte der Praxis nicht ein Vertragsmodell entzogen werden, das über Jahrzehnte hinweg im Interesse aller Beteiligten erfolgreich praktiziert wurde.[2472]

2462 Der EuGH hat mit Urt. v. 01.04.2004 (WM 2004, 989) entschieden, dass Klauseln in Bauträgerverträgen, die auf der MaBV beruhen, nicht außerhalb des Anwendungsbereichs der Richtlinie 93/13/EG v. 05.04.1993 über missbräuchliche Klauseln in Verbraucherverträgen (»Klauselrichtlinie«) stehen. Der Kontrollmaßstab ist dabei nicht notwendig jener der §§ 305 ff. BGB.

2463 *Thode* ZfIR 2005, 548 (550).

2464 Vgl. *Thode* ZNotP 2006, 208; *ders.* ZfIR 2001, 345; *Grziwotz* ZfIR 2005, 267; *Wagner* WM 2001, 718 (720).

2465 BGBl. I, S. 981.

2466 Palandt/*Sprau* (73. Aufl) § 632a Rn. 14; *Ullmann* NJW 2002, 1073 (1077).

2467 Vgl. *Wagner* ZfIR 2001, 422 (425); *ders.* WM 2001, 718 (720); *ders.* BauR 2001, 1313; *Thode* ZfIR 2001, 345 (346); *Blank* ZfIR 2001, 85 (92).

2468 Gesetz zur Sicherung von Werkunternehmeransprüchen und zur verbesserten Durchsetzung von Forderungen (Forderungssicherungsgesetz – FoSiG) v. 23.10.2008, BGBl. I, S. 2022.

2469 So auch *Basty* DNotZ 2008, 891 (892); vor Inkrafttreten des neu gefassten § 632a Abs. 2 BGB bereits Grziwotz/*Bischoff* MaBV 2006 § 3 Rn. 16; *Ullmann* NJW 2002, 1073 (1077); *Kesseler* ZfIR 2006, 701 (706); zur Wirksamkeit der Abschlagszahlungsverordnung neigend, die Frage aber noch offen lassend BGH, WM 2007, 1760 (Rn. 24); zweifelnd *v. Heymann* Die Bank 2004, 310; a.A. *Grziwotz*, ZfIR 2005, 267; *Thode* ZfIR 2001, 345 (346). Eingehend dazu Rdn. 1321 und 1323.

2470 Teilweise wird allerdings in der Einführung des Begriffs »Abschlagszahlung« (vgl. § 1 Satz 1 der Abschlagszahlungsverordnung) eine wesentliche Einschränkung ggü. dem Ratenplan nach § 3 Abs. 2 MaBV erblickt (vgl. *Herrler* DNotZ 2007, 895, 902 f.). Danach sei – so heißt es – nicht jede Zahlung, die der MaBV entspreche, zugleich zivilrechtlich unbedenklich, vielmehr müsse es bei der Zahlung um eine echte »Abschlagszahlung« handeln.

2471 *Marcks* MaBV § 3 Rn. 1c.

2472 Zutreffend *Kesseler* ZfIR 2005, 701 (702); *Blank* ZfIR 2001, 85 (92); im Ergebnis auch *Ullmann* NJW 2002, 1073 (1074); zuvor bereits *Kanzleiter* DNotZ 2001, 165 (166).

b) Kaufpreisfälligkeit nach § 3 MaBV

aa) Grundvoraussetzungen nach § 3 Abs. 1 MaBV

Regelmäßig entscheiden sich die Parteien für eine Kaufpreisabwicklung nach § 3 MaBV. Diese **1310** Regelung sieht vom Erwerber zu erbringende Abschlagszahlungen nach einem bestimmten – am Baufortschritt orientierten – Zahlungsplan vor (§ 3 Abs. 2 MaBV), wenn der Bauträger zuvor die in § 3 Abs. 1 MaBV zum Schutz des Erwerbers bestimmten **Grundvoraussetzungen** erfüllt hat:

- Der **Bauträgervertrag** muss **rechtswirksam** sein, d.h. er muss nach § 311b BGB notariell beurkundet sein, es müssen sämtliche Genehmigungen vorliegen, von denen die Wirksamkeit des Vertrages abhängt (z.B. Zustimmung des Wohnungseigentumsverwalters, § 12 WEG; Genehmigung des bei der Beurkundung vollmachtlos Vertretenen; nicht hingegen die Erklärung der Gemeinde über das Nichtbestehen oder die Nichtausübung des Vorkaufsrechts nach §§ 24, 28 Abs. 1 Satz 2 BauGB), und der Notar muss diese Voraussetzungen durch eine schriftliche Mitteilung bestätigt haben; außerdem dürfen dem Bauträger **keine vertraglichen Rücktrittsrechte** (mehr) zustehen (§ 3 Abs. 1 Satz 1 Nr. 1 MaBV).
- Es muss zugunsten des Erwerbers an der vereinbarten Rangstelle eine **Auflassungsvormerkung** eingetragen sein, die seinen Eigentumsverschaffungsanspruch auch in der Insolvenz des Bauträgers schützt (§ 106 Abs. 1 InsO);[2473] eine unwiderrufliche Bewilligung und der Eintragungsantrag bzw. eine Notarbestätigung genügen nicht.[2474] Bezieht sich der Eigentumsverschaffungsanspruch des Erwerbers auf Wohnungs- oder Teileigentum, so muss auch die **Teilungserklärung im Grundbuch vollzogen** sein, um den Erwerber vor Unsicherheiten hinsichtlich der Erteilung einer Abgeschlossenheitsbescheinigung zu schützen (§ 3 Abs. 1 Satz 1 Nr. 2 MaBV).
- Es muss sichergestellt sein, dass das Kaufobjekt von allen **Grundpfandrechten**, die der Auflassungsvormerkung vorgehen oder gleichstehen und vom Erwerber nicht übernommenen werden (z.B. Globalgrundschuld der Bauträgerbank), **freigestellt** wird (§ 3 Abs. 1 Satz 1 Nr. 3, Sätze 2 bis 5 MaBV); für sonstige vorrangige und vom Erwerber nicht übernommene Belastungen des Kaufobjekts gilt diese Regelung nicht, es verbleibt insoweit bei den schuldrechtlichen Verpflichtungen des Bauträgers.
- Es muss – soweit bauordnungsrechtlich vorgesehen – die **Baugenehmigung** erteilt worden sein, ohne aber notwendig Bestandskraft erlangt haben zu müssen;[2475] ist das Bauvorhaben nach den landesrechtlichen Vorschriften von der Genehmigungspflicht freigestellt, so genügt – je nach Landesrecht – eine Bestätigung der Baubehörde oder des Bauträgers über die Freistellung (§ 3 Abs. 1 Satz 1 Nr. 4 MaBV).

Aufgrund der dinglichen Absicherung des Erwerbers bezeichnet man die Kaufpreisabwicklung nach **1311** § 3 MaBV häufig auch als »**Vormerkungslösung**«.

bb) Freistellungs- oder Pfandfreigabeverpflichtungserklärung (§ 3 Abs. 1 Satz 1 Nr. 3 Satz 2 bis 5 MaBV)

Unter den allgemeinen Voraussetzungen des § 3 Abs. 1 MaBV kommt der Verpflichtung des **1312** Bauträgers, die Freistellung des Kaufobjekts von vor- oder gleichrangigen und nicht vom Erwerber übernommenen Grundpfandrechten sicherzustellen, eine zentrale Bedeutung zu. Bei diesen Grundpfandrechten handelt es sich in aller Regel um das **Globalgrundpfandrecht der Bauträgerbank**, die den Grundstückserwerb und/oder das Bauvorhaben des Bauträgers zwischenfinanziert hat. Die erforderliche Sicherung der Lastenfreistellung des Erwerbers erfolgt in der Praxis meist durch eine **Freistellungs- oder Pfandfreigabeverpflichtungserklärung** der Bauträgerbank nach § 3

2473 Zur Kostentragungspflicht für die Eintragung einer Vormerkung nach § 3 Abs. 1 Satz 1 Nr. 2 MaBV vgl. *Lange* WM 2018, 258.

2474 *Freckmann/Rösler* ZfIR 2011, 739 (741).

2475 *Marcks* MaBV § 3 Rn. 22; vgl. aber auch Nr. 3.3.1.4 MaBVwV (»unanfechtbar«).

Abs. 1 Satz 1 Nr. 3, Sätze 2 bis 5 MaBV.[2476] Sie kann an den Erwerber gerichtet sein oder – wenn die Bauträgerverträge nicht von verschiedenen Notaren beurkundet werden – als Erklärung »an den, den es angeht« vor der Beurkundung des ersten Bauträgervertrages dem Notar übergeben worden sein, muss aber dem Erwerber nach § 3 Abs. 1 Satz 4 MaBV **ausgehändigt** werden. Eine Hinterlegung der Urkunde beim Notar ist zwar möglich, den Anforderungen des § 3 Abs. 1 Satz 4 MaBV ist aber nur dann genüge getan, wenn der Notar dem Erwerber bestätigt, dass die Verwahrung ausschließlich für ihn und nach dessen Weisungen erfolgt.[2477] Ob eine globale Freistellungsverpflichtungserklärung für das gesamte Bauvorhaben in einer einzigen Urkunde noch möglich ist, erscheint daher zweifelhaft. Die Freistellungsverpflichtungserklärung begründet unabhängig von ihrer rechtlichen Einordnung[2478] unter den darin genannten Voraussetzungen einen **schuldrechtlichen Anspruch des Erwerbers** gegen die Bauträgerbank auf Erteilung einer **Löschungsbewilligung** (§ 875 BGB) bzw. bei einer Globalgrundschuld auf Erteilung einer **Pfandfreigabeerklärung** (§§ 1175 Abs. 1 Satz 2, 1192 Abs. 1 BGB) in vollzugsfähiger Form (§ 29 GBO), den er allerdings nur geltend machen kann, wenn (noch) ein Anspruch auf Eigentumsverschaffung gegen den Bauträger besteht.[2479] Die anfallenden Kosten der Pfandfreigabe (z.B. Beglaubigungsgebühren) trägt im Verhältnis zur Bank grds. der Bauträger; eine Kostenregelung zulasten des Erwerbers dürfte in der Pfandfreigabeerklärung nicht wirksam vorgesehen werden können.

1313 Die **inhaltlichen Anforderungen an die Freistellungs- oder Pfandfreigabeverpflichtungserklärung** sind in § 3 Abs. 1 Satz 1 Nr. 3, Sätze 2 und 3 MaBV geregelt. Nach § 3 Abs. 1 Satz 2, 1. Alt. MaBV muss das Freigabeversprechen vorsehen, dass die Bauträgerbank bei **Vollendung des Bauvorhabens** ihr vorrangiges Grundpfandrecht unverzüglich nach Zahlung des **geschuldeten Kaufpreises** löscht. Dabei handelt es sich nicht etwa um den beurkundeten Kaufpreis, sondern um die tatsächlich geschuldete Vertragssumme, wie sie sich unter Berücksichtigung der mit dem Bauträgervertrag unmittelbar in Zusammenhang stehenden Einwendungen des Erwerbers errechnet.[2480] Der Erwerber muss also die Freistellung auch dann verlangen können, wenn er die Aufrechnung erklärt (z.B. mit Schadensersatzansprüchen oder Erstattungsansprüchen aus einer Ersatzvornahme) oder den Kaufpreis mindert. Voraussetzung für den Freistellungsanspruch ist freilich, dass der Erwerber den so geschuldeten Kaufpreis **vorbehaltlos und auflagenfrei** zahlt. Allerdings kann er die Freistellung nicht verlangen, solange ein **Sicherheitseinbehalt nach § 650m Abs. 2 Satz 3 BGB (§ 632a Abs. 3 Satz 3 BGB** a.F.) i.H.v. 5 % der Vertragssumme noch besteht (dazu Rdn. 1337–1340), denn der Einbehalt ist lediglich eine Sicherheit und führt daher nicht zur Herabsetzung des geschuldeten Kaufpreises. Im Fall der **Nichtigkeit des Bauträgervertrages** wird das Freigabeversprechen zwar gegenstandslos,[2481] der Erwerber soll aber gegen die Bauträgerbank nach bereicherungsrechtlichen Grundsätzen einen Rückzahlungsanspruch haben können, wenn er zum Zwecke der Erlangung der Lastenfreistellung seine Kaufpreiszahlungen vereinbarungsgemäß auf ein bei der Bauträgerbank geführtes Konto des Bauträgers erbracht hat.[2482] Das kann indes allenfalls dann zutreffend sein, wenn das Freigabeversprechen eine entsprechend strenge Zahlstellenklausel vorsieht. Bei **Steckenbleiben des Bauvorhabens** muss die Freistellungsverpflichtungserklärung nach § 3 Abs. 1 Satz 2, 2. Alt. MaBV

2476 Alternativ soll auch ein Rangrücktritt des Grundpfandrechts zur Sicherung der Erwerberfinanzierung in Betracht kommen, vgl. dazu *Rösler* ZfIR 2001, 259 (264). Ggf. ist – etwa bei gleichzeitiger Finanzierung des Bauträgers und des Erwerbers durch die Bank – auch eine Übernahme der Grundschuld durch den Erwerber zu Finanzierungszwecken denkbar.

2477 BGH, WM 2007, 545 (Rn. 20); *Rösler* ZfIR 2001, 259 (265). Allerdings kann die Aushändigung einer Kopie bereits ausreichend sein.

2478 Nach zutreffender Ansicht handelt es sich um einen Vertrag sui generis zwischen der Bauträgerbank und dem Erwerber, *Blank* ZfIR 2005, 678 (679).

2479 BGHZ 162, 157 (159).

2480 KG, ZfIR 2003, 860 (861): Aufrechnung. Formulierungen, die auf den »vereinbarten« Kaufpreis abstellen, verstoßen gegen die MaBV, der Bauträger darf dann Zahlungen des Erwerbers nicht entgegennehmen, vgl. *Grziwotz* ZIP 2002, 825 (826); *Rösler* ZfIR 2001, 259 (265).

2481 BGHZ 160, 277 (283) = WM 2004, 2386 (2388); BGH, WM 2001, 1023.

2482 BGH, WM 2005, 592; *Blank* ZfIR 2005, 678 (682).

für den Fall gelten, dass der Erwerber einen dem Bautenstand entsprechenden Teil der geschuldeten Vertragssumme geleistet hat. Die Abgrenzung zwischen einem vollendeten und einem stecken gebliebenen Bauvorhaben richtet sich zunächst nach dessen konkreter Art. So ist etwa beim Erwerb von Wohnungs- und Teileigentum das Bauvorhaben bereits mit der Fertigstellung des entsprechenden Sondereigentums und der Herstellung des zum Gebrauch des Sondereigentums erforderlichen Gemeinschaftseigentums vollendet. Die Mangelfreiheit ist für die Vollendung des Bauvorhabens nicht erforderlich,[2483] ebenso wenig hindern bloße Bauverzögerungen oder Überschreitungen von Fertigstellungsterminen dessen Vollendung. Selbst die Insolvenz des Bauträgers führt nicht notwendig zu einem Steckenbleiben des Bauvorhabens, denn auch der Insolvenzverwalter kann die Bauverpflichtung durchaus noch erfüllen. Ein Steckenbleiben des Bauvorhabens liegt nach herrschender Meinung vielmehr erst dann vor, wenn endgültig feststeht, dass das Bauvorhaben nicht vollendet wird.[2484] Der dem **erreichten Bautenstand entsprechende Teil der geschuldeten Vertragssumme** errechnet sich in diesen Fällen nicht nach dem Verkehrswert des Vertragsobjekts, sondern nach dem Verhältnis des Wertes des unvollendeten Objekts zum vereinbarten Kaufpreis.[2485] Vom Erwerber erbrachte Eigenleistungen dürfen dabei nicht in Ansatz gebracht werden.[2486] Da sich die Zahlungspflicht des Erwerbers im Fall des Steckenbleibens des Bauvorhabens folglich nicht auf die zuletzt fällig gewordene Abschlags- bzw. Ratenzahlung nach § 3 Abs. 2 MaBV beschränkt, muss er ggf. noch weitere Zahlungen leisten, wenn er die Freistellung des Objekts von dem Grundpfandrecht der Bauträgerbank erlangen möchte.[2487] Hat er hingegen – gleich aus welchem Grund – mehr gezahlt, als es dem Bautenstand entspricht, kann er von der Bauträgerbank nicht die Erstattung solcher »Überzahlungen« verlangen. Die Regelung des § 3 MaBV hält also keineswegs einen umfassenden Schutz des Erwerbers bereit, denn er wird für das unvollendete Bauvorhaben, das mit seinen Abschlags- bzw. Ratenzahlungen errichtet wurde, vielleicht keine rechte Verwendung mehr finden oder nur unter erheblichem Aufwand und möglicherweise langwierigen Abstimmungsprozessen mit anderen Erwerbern zu einer Fertigstellung in der Lage sein. Entscheidet er sich für die Rückabwicklung des Bauträgervertrages, sind seine vorausgeleisteten Abschlags- bzw. Ratenzahlungen überhaupt nicht gesichert.[2488] Namentlich deshalb steht dem Erwerber seit 01.01.2009 als zusätzliches Sicherungsinstrument der Sicherheitseinbehalt nach § 650m Abs. 2 BGB (§ 632a Abs. 3 BGB a.F.) zur Verfügung, der nur in den Grenzen des § 650m Abs. 4 BGB, § 309 Nr. 15 Buchst. b) abbedungen werden kann (dazu Rdn. 1337–1340).

Die Bauträgerbank kann sich nach § 3 Abs. 1 Satz 3 MaBV in ihrer Freigabeverpflichtungserklä- **1314**
rung für den Fall des Steckenbleibens des Bauvorhabens **vorbehalten, anstelle der Freistellung** alle vom Erwerber vertragsgemäß **bereits geleisteten Zahlungen** bis zum anteiligen Wert des Vertragsobjekts **zurückzuzahlen**. Ein solcher Vorbehalt ist in den Freigabeverpflichtungserklärungen der Bauträgerbanken regelmäßig anzutreffen. Erforderlich ist allerdings auch eine korrespondierende Regelung im Bauträgervertrag.[2489] Ob es sich sodann um eine **Wahlschuld** (§ 262 BGB) oder um eine **Ersetzungsbefugnis** (§ 364 BGB analog)[2490] der Bauträgerbank handelt, wird durch Auslegung der Freigabeverpflichtungserklärung zu ermitteln sein.[2491] Ihr »Wahlrecht« kann die Bauträgerbank

2483 OLG Hamburg, DNotZ 1999, 406; *Rösler* ZfIR 2001, 259 (265). Im Rahmen des § 3 Abs. 2 Satz 2 Nr. 2 MaBV gilt das allerdings nicht.

2484 *Weis/Rösler* ZIP 2002, 1520 (1522); einschränkend *Grziwotz* ZIP 2002, 825 (826).

2485 BGH, DNotZ 1984, 322; *Marcks* MaBV § 3 Rn. 14b; *Rösler* ZfIR 2001, 259 (265).

2486 *Rösler* ZfIR 2001, 259 (265).

2487 *Rösler* ZfIR 2001, 259 (265).

2488 *Kesseler* ZfIR 2006, 701 (705); *Ullmann* NJW 2002, 1073 (1974). Teilweise wird das Modell der Vormerkungslösung und Abschlagszahlung bereits deshalb für unangemessen und unwirksam erachtet, vgl. *Thode* ZNotP 2006, 208 (216); *ders.* ZNotP 2004, 210; dagegen zu Recht *Kesseler* ZfIR 2006, 701 (706).

2489 *Grziwotz* ZIP 2002, 825 (826).

2490 *Reithmann* NJW 1997, 1816 (1817); *Weis/Rösler* ZIP 2002, 1520 (1521); *Blank* ZfIR 2005, 678 (679).

2491 BGHZ 160, 277 (282) = WM 2004, 2386 (2388).

nur unverzüglich und unter angemessener Berücksichtigung der Interessen des Erwerbers ausüben. Sie wird sich dabei von der wirtschaftlichen Überlegung leiten lassen, ob es zur Minimierung ihres Ausfalls aus der gescheiterten Bauträgerfinanzierung sinnvoll ist, das Bauvorhaben auf eigene Rechnung fertig zu stellen und anschließend das Objekt in seiner Gesamtheit zu verwerten.[2492] Das kann etwa dann der Fall sein, wenn es sich bei dem finanzierten Bauvorhaben um eine größere und aus einer Mehrzahl von Eigentumswohnungen bestehende Wohnanlage handelt, bislang aber nur ein (geringer) Teil der Einheiten verkauft ist.[2493] Selbstverständlich kann – abhängig vom erreichten Stand der Veräußerungsbemühungen des Bauträgers – auch eine einvernehmliche Lösung mit den Erwerbern gesucht werden, um diese zu einem Festhalten an den abgeschlossenen Kaufverträgen zu bewegen und die Fälligkeit der noch ausstehenden Kaufpreisraten zu bewirken. Freilich wird die Bank im Rahmen einer eigenen Fertigstellung mit anschließender Veräußerung der Einheiten stets zu berücksichtigen haben, dass sie möglicherweise mit Gewährleistungsansprüchen konfrontiert wird, die ihre Ursache noch in den Bauleistungen des Bauträgers haben können. I.Ü. werden der Bank durch die gebotene **Interessenabwägung nach Treu und Glauben** (§ 242 BGB) bei der Ausübung ihres »Wahlrechts« gewisse Grenzen gesetzt. So darf sie ihr Recht nicht nutzen, um Wertsteigerungen im Wege der freihändigen Veräußerung zu realisieren.[2494] Handelt es sich bei dem Bauträgervorhaben etwa um Einfamilienhäuser oder Doppelhaushälften, so wird regelmäßig das Interesse des Erwerbers an einer Fertigstellung in eigener Regie ggü. dem Interesse der Bauträgerbank überwiegen.[2495] Wenn sich die Bank unter angemessener Berücksichtigung der berechtigten Interessen des Erwerbers für ihr Rückzahlungsrecht entscheidet, ist der Berechnung des dem Erwerber zu erstattenden Betrages nicht etwa – wie bei § 3 Abs. 1 Satz 2 MaBV – der anteilige Vertragswert, sondern nach dem eindeutigen Wortlaut des § 3 Abs. 1 Satz 3 MaBV und damit regelmäßig auch nach dem Wortlaut der Freigabeverpflichtungserklärung der Verkehrswert des unvollendeten Bauvorhabens zugrunde zu legen.[2496] Das kann für den Erwerber zu einem teilweisen Verlust der bereits geleisteten Abschlagszahlungen führen, wenn diese den anteiligen Wert des Vertragsobjekts überschreiten. Darüber hinaus ist die Rückzahlung stets begrenzt auf die Höhe der tatsächlich vom Erwerber vertragsgemäß (z.B. auf das vereinbarte Konto) geleisteten Zahlungen, die zudem nicht zu verzinsen sind.[2497] Auch die dem Erwerber entstandenen und noch entstehenden Finanzierungskosten (z.B. Darlehenszinsen, Bereitstellungsprovision, ggf. Vorfälligkeitsentschädigung) werden nicht erstattet, bereits erbrachte Eigenleistungen und Aufwendungen für Sonderwünsche gehen dem Erwerber ggf. verloren.[2498] Etwaige Schadensersatzansprüche gegen den Bauträger bleiben zwar unberührt, werden in solchen Fällen aber meist wirtschaftlich wertlos sein. Bislang werden solche Schwachstellen der Makler- und Bauträgerverordnung wohl überwiegend hingenommen, da es letztlich darum gehen muss, einen angemessenen Ausgleich zwischen den Interessen der am Bauträgermodell beteiligten Parteien zu finden und die wirtschaftlichen Risiken eines Scheiterns des Bauvorhabens nicht einseitig auf die Bauträgerbank zu verlagern.[2499] Vor einer unbilligen Ausübung des »Wahlrechts« aus § 3 Abs. 1 Satz 3 MaBV, das die Bauträgerbank meist vereinbaren wird, schützt den Verbraucher die Regelung des § 242 BGB, ferner schützt ihn seit 01.01.2009 der Sicherheitseinbehalt nach § 650m Abs. 2 BGB (§ 632a Abs. 3 BGB a.F., der nur in den Grenzen des § 650m Abs. 4 BGB, § 309 Nr. 15 Buchst. b) abbedungen werden kann; dazu Rdn. 1337–1340). Falls die Bauträgerbank tatsächlich von ihrem Recht zur Rückzahlung der Kaufpreise Gebrauch macht, steht ihr gegen den Bauträger ein entsprechender **Aufwendungsersatzanspruch** zu, den sie

2492 Dazu *Weis/Rösler* ZIP 2002, 1520 (1522).

2493 *Weis/Rösler* ZIP 2002, 1520 (1522).

2494 *Reisach* Bauträgerrecht und Bauträgerfinanzierung, S. 275.

2495 Wohl auch *Weis/Rösler* ZIP 2002, 1520 (1522); a.A. *Reisach* Bauträgerrecht und Bauträgerfinanzierung, S. 275.

2496 *Marcks* MaBV § 3 Rn. 16; *Rösler* ZfIR 2001, 259 (265); a.A. *Blank* ZfIR 2005, 678 (681).

2497 *Weis/Rösler* ZIP 2002, 1520 (1521).

2498 *Grziwotz* ZIP 2002, 825 (826 f.); *Rösler* ZfIR 2001, 259 (265).

2499 Zutreffend die diesbezüglichen Erwägungen von *Weis/Rösler* ZIP 2002, 1520 (1523); ferner *Reithmann* NJW 1997, 1816 (1817); a.A. *Grziwotz* ZIP 2002, 825 (826 f.).

dem Kreditkonto belasten wird. Dieser Aufwendungsersatz ist vom Sicherungsumfang der bestellten Sicherheiten erfasst, wenn die Bauträgerfinanzierung als solche besichert ist.

Die Bauträgerbank kann in gewissem Rahmen über den Wortlaut des § 3 Abs. 1 Satz 1 Nr. 3, **1315** Sätze 2 bis 5 MaBV hinaus **weitere Bedingungen** in ihre Freistellungsverpflichtungserklärung aufnehmen. Anzutreffen sind in Freigabeverpflichtungserklärungen etwa Regelungen, dass bei Streitigkeiten über die Nichtvollendung des Bauvorhabens, des erreichten Bautenstands oder des anteilig vorhandenen Werts des Kaufobjekts das **Gutachten eines Sachverständigen** entscheiden soll, soweit dadurch der Rechtsweg nicht ausgeschlossen wird.[2500] Zulässig und üblich ist es auch, die Freistellung von der (auflagenfreien) **Zahlung** des geschuldeten Kaufpreises einschließlich Verzugszinsen auf ein bei der **Bauträgerbank geführtes Konto des Bauträgers** abhängig zu machen.[2501] Die Bauträgerbank kann die Freigabe bei Zahlung des Erwerbers auf ein anderes Konto des Bauträgers verweigern, und zwar selbst dann, wenn durch diese Zahlung die vollständige Tilgung des Kaufpreises erfolgt ist.[2502] Da aus diesem Grund seitens der Notare die Freistellungsverpflichtungserklärungen vermehrt zurückgewiesen wurden, finden sich nunmehr häufiger Klauseln, wonach nur dann auf das Konto des Bauträgers bei der Bauträgerbank zu zahlen ist, wenn an sie die Kaufpreisforderungen abgetreten sind. Die Bauträgerbank wird auch ein berechtigtes Interesse daran haben, dass der Bauträger die finanzierten Einheiten nur zu einem bestimmten **Listen- oder Mindestpreis** veräußert, da die Kaufpreiserlöse zur Rückführung der dem Bauträger ausgereichten Kredite dienen sollen. Das kann die Bauträgerbank – wenn nicht bereits die Verwendung der Freigabeversprechen durch den Notar mit entsprechenden Treuhandauflagen verbunden ist – auch unmittelbar in ihrem Freigabeversprechen als Voraussetzung formulieren, soweit dadurch nicht das Recht des Erwerbers eingeschränkt wird, nur die unter Berücksichtigung seiner Einwendungen geschuldete Vertragssumme zahlen zu müssen. Unzulässig soll es hingegen sein, die Freigabe bei Nichtvollendung nur dann zu versprechen, wenn der Erwerber die Nichtvollendung des Baus nicht zu vertreten hat.[2503] Auch die im Zusammenhang mit einem Vorbehalt gem. § 3 Abs. 1 Satz 3 MaBV in Freigabeversprechen anzutreffende Klausel, nach der die Rückzahlung des anteiligen Vertragswertes an den Erwerber Zug-um-Zug von der **Löschung** der zu seinen Gunsten eingetragenen **Auflassungsvormerkung** abhängig gemacht wird, soll nach mittlerweile herrschender Auffassung nicht wirksam vereinbart werden können.[2504] Unzulässig ist auch eine Bestimmung in der Freistellungsverpflichtungserklärung, die dem Erwerber die Kosten für die Löschung des Grundpfandrechts zuweist. Mit § 3 Abs. 1 Satz 1 Nr. 3, Satz 3 MaBV unvereinbar ist es ferner, die Verpflichtung der Bank zur Pfandfreistellung an die Bedingung zu knüpfen, den Bauträger dürfe hinsichtlich der Nichtvollendung des Bauvorhabens kein Verschulden treffen.[2505]

Ein Verstoß gegen § 3 MaBV Abs. 1 Nr. 2 MaBV führt indes nicht gemäß § 12 MaBV, § 134 **1316** BGB zur Gesamtnichtigkeit der Pfandfreistellungserklärung, denn Zweck des § MaBV ist es, den Erwerber vor Vermögensschäden zu bewahren; dieser Schutz darf ihm nicht durch eine Gesamtnichtigkeit der Pfandfreistellungserklärung genommen werden.[2506] Nimmt der Bauträgervertrag

2500 *Weis/Rösler* ZIP 2002, 1520 (1521).

2501 BGH, Beschl. v. 08.12.2005 – IX ZR 200/04; BGH, Urt. v. 11.10.2007 – VII ZR 235/05; *Marcks* MaBV § 3 Rn. 13a; *Rösler* ZfIR 2001, 259 (265); Basty DNotZ 2011, 932 (933).

2502 BGH, WM 2007, 2291 (Rn. 12 ff.); KG, WM 2006, 1718 (1719); LG Aschaffenburg, WM 1997, 1849. Zu den Folgen der Zahlstellenklausel im Fall der Nichtigkeit des Bauträgervertrages Rdn. 1312.

2503 OLG München, DNotZ 2011, 929 (931).

2504 OLG München, DNotZ 2011, 929 (931); *Basty* WM 1995, 1525 (1528); a.A. *Blank* ZfIR 2005, 678 (679); *Weis/Rösler* ZIP 2002, 1520 (1521); *Reithmann* NJW 1997, 1816 (1818); offen gelassen in BGH, Urt. 07.11.2013 – VII ZR 167/11, WM 2014, 163 (Rn. 18).

2505 BGH, Urt. v. 07.11.2013 – VII ZR 167/11, WM 2014, 163 (Rn. 17); dazu *Grziwotz* EWiR 2014, 179.

2506 BGH, Urt. v. 07.11.2013 – VII ZR 167/11, WM 2014, 163 (Rn. 22); kritisch *Grziwotz* EWiR 2014, 179 (180).

nicht gemäß § 3 MaBV Abs. 1 Satz 5 Halbs. 1 MaBV auf eine bereits vorliegende Pfandfreistellungserklärung Bezug, führt dies nicht zur Nichtigkeit des Bauträgervertrages.[2507]

cc) Abschlagszahlungsplan nach § 3 Abs. 2 MaBV

1317 Liegen die Grundvoraussetzungen des § 3 Abs. 1 MaBV vor, darf der Bauträger bereits vor vollständiger Fertigstellung des Bauvorhabens von den Erwerbern nach Maßgabe des § 3 Abs. 2 MaBV auch **Abschlagszahlungen** entgegennehmen, für die die Beschränkungen aus § 650m Abs. 1 BGB nicht gelten (§ 650u Abs. 2 BGB). Er kann zu diesem Zweck den Erwerbspreis in bis zu sieben Teilbeträge aufteilen, die wiederum flexibel und in beliebiger Reihenfolge **dem Bauablauf entsprechend** aus den für folgende dreizehn Gewerke bestimmten Höchstsätzen im Bauträgervertrag[2508] zusammengesetzt werden können:

- 30 % (bzw. 20 % bei einem Erbbaurecht) der Vertragssumme nach Beginn der Erdarbeiten, d.h. mit der Abtragung des Mutterbodens auf dem Baugrundstück, sowie vom Rest der Vertragssumme
- 40 % nach Rohbaufertigstellung einschließlich Zimmererarbeiten, d.h. nach Herstellung aller tragenden und den sie schützenden Bauteile,
- 8 % für die Herstellung der Dachflächen und Dachrinnen,
- 3 % für die Rohinstallation der Heizungsanlagen,
- 3 % für die Rohinstallation der Sanitäranlagen,
- 3 % für die Rohinstallation der Elektroanlagen,
- 10 % für den Fenstereinbau, einschließlich der Verglasung,
- 6 % für den Innenputz, ausgenommen Beiputzarbeiten,
- 3 % für den Estrich,
- 4 % für die Fliesenarbeiten im Sanitärbereich,
- 12 % nach Bezugsfertigkeit und Zug-um-Zug gegen Besitzübergabe, ohne dass hierzu die Außenanlagen fertig gestellt sein müssen,
- 3 % für die Fassadenarbeiten,
- 5 % nach vollständiger Fertigstellung.

1318 Fälligkeitsvoraussetzung bereits für die erste(n) Abschlagszahlung(en) ist seit 01.01.2009 allerdings, dass der Bauträger eine Vertragserfüllungssicherheit nach § 650m Abs. 2 Satz 1 oder Abs. 3 BGB (§ 632a Abs. 3 Satz 1 oder Abs. 4 BGB a.F.) geleistet hat bzw. dem Erwerber das Recht auf den Sicherheitseinbehalt nach § 650m Abs. 3 Satz 3 BGB (§ 632a Abs. 3 Satz 3 BGB a.F.) zusteht (dazu Rdn. 1337–1340). I.Ü. darf der Bauträger die nach § 3 Abs. 2 MaBV gebildeten Teilbeträge erst entgegennehmen, wenn der entsprechende Bautenstand erreicht ist. Einen besonderen Nachweis des Bautenstands fordert § 3 Abs. 2 MaBV insoweit allerdings nicht, insb. ist die Bauträgerbank zu einer Überwachung der Mittelverwendung durch den Bauträger nicht verpflichtet, auch wenn sie dies im eigenen Interesse mitunter tut. Mängel an den einzelnen Bauabschnitten hindern den Bauträger gewerberechtlich nicht an der Entgegennahme der vereinbarten Abschlagszahlungen, soweit der betreffende Bauabschnitt trotz der Mängel als im Wesentlichen erstellt betrachtet werden kann. Dem Erwerber bleibt es aber unbenommen, seine zivilrechtlichen **Leistungsverweigerungsrechte** bereits gegen die Abschlagszahlung geltend zu machen und entsprechend § 641 Abs. 3 BGB das Doppelte der voraussichtlichen Mängelbeseitigungskosten einzubehalten, um seinem Mängelbeseitigungsverlangen – ggf. auch hinsichtlich am Gemeinschaftseigentum vorhandener Mängel – entsprechenden Nachdruck zu verleihen. Darüber hinaus kann der Erwerber die Zahlung auch dann verweigern, wenn der Wert der vom Bauträger erbrachten Leistung hinter der Höhe der

2507 BGH, Urt. v. 07.11.2013 – VII ZR 167/11, WM 2014, 163 (Rn. 30).

2508 Eine einseitige Zusammensetzung der sieben Raten durch den Bauträger erst während der Bauphase dürfte nicht zulässig sein, vgl. Begründung zum Entwurf der 3. MaBV-Änderungsverordnung, BR-Drucks. 1004/96, S. 7; a.A. *Rösler* ZfIR 2001, 259 (260).

Bauabschnittsraten zurückbleibt. Eine diesbezügliche Vorleistungspflicht des Erwerbers wäre nach §§ 307 Abs. 2, 309 Nr. 2 i.V.m. § 641 BGB unwirksam.

Meist stellt der Erwerber etwaige Mängel am Vertragsobjekt aber erst bei der Übergabe des Vertragsobjekts oder auch später fest, sodass in der Praxis sehr häufig die Leistung der letzten Abschlagszahlung bis zur **vollständigen Fertigstellung** durch Mängelbeseitigung verweigert wird. Vollständig fertig gestellt ist das Vertragsobjekt erst dann, wenn alle vertragsmäßigen Leistungen des Bauträgers erbracht sind, also ggf. auch die Außenanlagen (z.B. Zufahrtswege, Anpflanzungen, Kinderspielplätze) und Garagen erstellt worden sind. Werden bei der Abnahme des Vertragsobjekts sog. »Protokollmängel« festgehalten, die der Bauträger zu beseitigen hat, so liegt eine vollständige Fertigstellung nach wohl herrschender Auffassung erst nach Erledigung dieser Mängel vor.[2509] Das Objekt ist dessen ungeachtet jedenfalls dann vollständig fertig gestellt, wenn es der Erwerber als mangelfrei abgenommen hat oder er sich nach § 640 Abs. 2 BGB (§ 640 Abs. 1 Satz 3 BGB a.F.) so behandeln lassen muss, als habe er es vorbehaltlos abgenommen. I.Ü. kann der Erwerber die Zahlung der Fertigstellungsrate – wie auch der sonstigen Abschlagszahlungen – wegen nur geringfügiger Mängel am Vertragsobjekts zwar (gewerberechtlich) nicht verweigern,[2510] es bleibt ihm aber wiederum das zivilrechtliche Leistungsverweigerungsrecht aus § 641 Abs. 3 BGB i.H.d. Doppelten der für Mängelbeseitigung erforderlichen Kosten. 1319

Die Vorschrift des § 650g Abs. 4 BGB verlangt seit 01.01.2018 als weitere Fälligkeitsvoraussetzung die Erteilung einer prüffähigen Schlussrechnung. Die Anwendbarkeit dieser Vorschrift wird für Bauträgerverträge in § 650u Abs. 2 BGB nicht ausgeschlossen. Im Falle einer Kaufpreisabwicklung nach § 3 MaBV kann das Erfordernis einer prüffähigen Schlussrechnung indes allenfalls im Zusammenhang mit der Schlussrate eine Rolle spielen, da anderenfalls gesetzlich zulässige Möglichkeit der Vereinbarung von Abschlagszahlungen leerlaufen würde. 1320

dd) Unzulässige Fälligkeitsvereinbarungen und zivilrechtliche Wirkungen des § 3 Abs. 2 MaBV

Bei der Makler- und Bauträgerverordnung handelt es sich um ein gewerberechtliches Regelungswerk, das der Bauträger unter Strafandrohung (§ 18 MaBV) zu beachten hat. Einer zivilrechtlichen Inhaltskontrolle nach §§ 305 ff. BGB (§§ 8 ff. AGBG) wurde die Kaufpreisabwicklung nach § 3 MaBV zunächst entzogen,[2511] zumindest wurde deren Vereinbarkeit mit dem gesetzlichen Leitbild des § 641 BGB nicht in Zweifel gezogen.[2512] Das änderte sich ab dem 01.05.2000 mit der Einführung des § 632a BGB a.F.,[2513] der Abschlagszahlungen nur noch für in sich abgeschlossene Teile des Werkes nach Übertragung des Eigentums auf den Besteller oder entsprechender Sicherheitsleistung zuließ und auch eine gewisse Leitbildfunktion beanspruchte.[2514] Als dann noch der BGH über eine zum Nachteil des Erwerbers vom Abschlagszahlungsplan des § 3 Abs. 2 MaBV abweichende Kaufpreisregelung zu entscheiden hatte und zu dem Ergebnis gelangte, dass diese gem. § 134 BGB i.V.m. § 12 MaBV nichtig sei[2515] und an deren Stelle nicht etwa der gewerberechtliche 1321

2509 OLG Hamm, NZBau 2007, 715; OLG Düsseldorf, BauR 2003, 93; *Riemenschneider* ZfIR 2002, 949 (958); vgl. auch Nr. 3.3.2.1 der Allgemeinen Verwaltungsvorschrift zum § 34c der Gewerbeordnung und zur Makler- und Bauträgerverordnung. Für eine vollständige Fertigstellung erst nach Ablauf der Gewährleistungsfrist *Thode* WuB I E 5. – 6.01, 530 (531); *ders.* WuB I E 5. – 1.02, 34.

2510 BGH, WM 1998, 1978 (1979); *Fischer* WM 2003, 1 (3).

2511 Vgl. *Reithmann* NJW 1997, 1816 (1817).

2512 Vgl. BGH, WM 1986, 1054 (1055); *Ullmann* NJW 2002, 1073 (1074).

2513 Gesetz zur Beschleunigung fälliger Zahlungen v. 30.03.2000, BGBl. I, S. 330.

2514 *Blank* ZfIR 2001, 85 (90); *Rösler* ZfIR 2001, 259 (260); a.A. *Kanzleiter* DNotZ 2001, 165 (167); *Brambring* ZfIR 2001, 257 (258).

2515 Bereits zuvor hatte der BGH die in einem Bauträgervertrag vorgesehene Zwangsvollstreckungsunterwerfung ohne Fälligkeitsnachweis gem. § 134 BGB i.V.m. §§ 3, 12 MaBV für nichtig erklärt, BGHZ 139, 387 (390 f.).

Abschlagszahlungsplan aus § 3 Abs. 2 MaBV, sondern die Vorschrift des § 641 Abs. 1 BGB trete,[2516] machte sich bei Bauträgern, Notaren und Banken angesichts der einsetzenden Diskussion über das »Ende« des Bauträgervertrages[2517] eine spürbare Verunsicherung bemerkbar.[2518] So fand sich insb. die Auffassung, der Bauträgervertrag müsse sich mangels zivilrechtlicher Aussagen der Makler- und Bauträgerverordnung im Rahmen einer Inhaltskontrolle nach §§ 307, 309 Nr. 2 BGB (§§ 9, 11 Nr. 2 AGBG) am Leitbild des § 632a BGB in der bis 31.12.2008 geltenden Fassung messen lassen und halte einer solchen Inhaltskontrolle nicht stand, da er gegen die Vorleistungspflicht des Bauträgers verstoße, die sich zudem auch auf die Übereignungspflicht beziehe.[2519] Mit der auf § 27a AGBG (Art. 244 EGBGB) gestützten und am 30.05.2001 in Kraft getretenen **Verordnung über Abschlagszahlungen bei Bauträgerverträgen**[2520] (sog. Eil-Sicherungsverordnung bzw. Hausbau- oder Abschlagszahlungsverordnung) sollten die bestehenden Zweifel an der formularmäßigen Wirksamkeit einer Fälligkeitsvereinbarung nach § 3 MaBV beseitigt und der Regelung des § 3 MaBV ein zivilrechtliches Fundament verliehen werden.[2521] Auch die Rechtmäßigkeit dieser Verordnung wurde allerdings unter verfassungs- und europarechtlichen Gesichtspunkten in Zweifel gezogen. So hieß es, die Ermächtigungsgrundlage des Art. 244 EGBGB (§ 27a AGBG) genüge nicht den Anforderungen des Art. 80 Satz 2 GG und dessen ungeachtet stehe weder Art. 244 EGBGB (§ 27a AGBG) noch die Verordnung mit der europäischen Richtlinie über missbräuchliche Klauseln in Verbraucherverträgen[2522] in Einklang.[2523]

1322 Bereits im Ansatz war die Leitbilddiskussion um § 632a BGB a.F. verfehlt, denn der Gesetzgeber hatte bei der Einführung des § 632a BGB a.F. keineswegs die Abschaffung des MaBV-Bauträgervertrages im Sinn, sondern eine Privilegierung des Werkunternehmers und damit auch des Bauträgers.[2524] Darüber hinaus ist auch höchst zweifelhaft, ob der Abschlagszahlungsplan den Erwerber, dessen Eigentumsverschaffungsanspruch am zu bebauenden Grundstück durch eine Vormerkung geschützt ist, tatsächlich unangemessen benachteiligt. Würde er das Bauvorhaben in Eigenregie oder im Rahmen einer Bauherrengemeinschaft durchführen, stünde er im Fall der Insolvenz des beauftragten Generalunternehmers oder eines Bauhandwerkers ebenfalls vor der Aufgabe, nach geeigneten Ersatzlösungen zu suchen. Hier wie dort sind seine bereits erbrachten Zahlungen nicht verloren, sondern in einen stecken gebliebenen Bau geflossen, dessen Fertigstellung dann auf anderen Wegen zu bewerkstelligen ist. Selbst man wenn das anders beurteilt, so wird doch spätestens mit Inkrafttreten des neu gefassten § 632a Abs. 2 BGB am 01.01.2009[2525] davon auszugehen sein, dass ein **formularmäßiger Abschlagszahlungsplan nach § 3 MaBV** in einem Bauträgervertrag **wirksam** vereinbart werden kann, denn es wurde in § 632a Abs. 2 BGB a.F., der sich seit 01.01.2018 insoweit in § 650v BGB wiederfindet, gesetzlich klargestellt, dass in einem Bauträgervertrag auch Abschlagszahlungen verlangt werden können, soweit sie gemäß einer Verordnung aufgrund von Art. 244 EGBGB – also auch gemäß der vorgenannten Verordnung über Abschlagszahlungen bei

2516 BGHZ 146, 250 (257) = WM 2001, 482 (484); ferner ZfIR 2007, 618 (620 Rn. 23); ebenso *Blank* ZfIR 2001, 85 (90).

2517 Vgl. dazu insb. *Grziwotz* ZIP 2001, 250; *ders.* ZfIR 2000, 929; *Wagner* WM 2001, 718; *Blank* ZfIR 2001, 85; *Kanzleiter* DNotZ 2001, 165; *Ullmann* NJW 2002, 1073.

2518 Vgl. etwa den Bericht über die Tagung des DAI v. 24.03.2001 von *Sorge/Vollrath* DNotZ 2001, 261.

2519 *Thode* ZfIR 2001, 345.

2520 BGBl. I, S. 981.

2521 Palandt/*Sprau* (73. Aufl.) § 632a Rn. 14; *Ullmann* NJW 2002, 1073 (1079); *ders.* ZfIR 2001, 523 (524), zurückhaltender *Blank* ZfIR 2001, 85 (90).

2522 Richtlinie 93/13/EWG des Rates über missbräuchliche Klauseln in Verbraucherverträgen v. 05.04.1993, Abl. L 95/29).

2523 *Thode* ZfIR 2001, 345 (346); *Wagner* WM 2001, 718 (720); dazu auch *Staudinger* DNotZ 2002, 166.

2524 *Ullmann* ZfIR 2001, 523 (524); *Kanzleiter* DNotZ 2001, 165 (167); einschränkend *Blank* ZfIR 2001, 85 (91).

2525 Gesetz zur Sicherung von Werkunternehmeransprüchen und zur verbesserten Durchsetzung von Forderungen (Forderungssicherungsgesetz – FoSiG) v. 23.10.2008, BGBl. I, S. 2022.

Bauträgerverträgen vom 23.05.2001 – vereinbart sind.[2526] Der Gesetzgeber hat sich damit unter Prüfung der verfassungs- und europarechtlichen Bedenken eindeutig zur Kaufpreisabwicklung nach § 3 MaBV bekannt.

Verstößt der Bauträger gegen die Vorgaben des § 3 MaBV, ist die kaufvertragliche Fälligkeitsvereinbarung nichtig (§ 134 BGB i.V.m. § 12 MaBV). An ihre Stelle tritt grds. zunächst § 641 BGB, d.h. der Bauträger kann die Vergütung erst mit vollständiger Fertigstellung und Abnahme verlangen, vorausgesetzt, es sind auch die Voraussetzungen des § 3 Abs. 1 MaBV erfüllt. Auch § 1 der **Verordnung über Abschlagszahlungen bei Bauträgerverträgen**[2527] kommt insoweit nicht etwa die Wirkung zu, dass eine nichtige Vereinbarung durch einen Abschlagszahlungsplan nach § 3 Abs. 2 MaBV ersetzt wird.[2528] Die Regelung des § 632a BGB in der bis 31.12.2008 geltenden Fassung vermochte ebenfalls nicht an die Stelle einer nichtigen Fälligkeitsvereinbarung im Bauträgervertrag zu treten, da sie auf den Bauträgervertrag nicht zugeschnitten war und dessen ungeachtet nicht zur Umgehung der MaBV dienen durfte.[2529] Daran ändert auch die am 01.01.2009 in Kraft getretene Regelung des § 632a Abs. 2 BGB a.F. (seit 01.01.2018: § 650v BGB) nichts, denn nach dieser Regelung kann der Bauträger nur dann Abschlagszahlungen verlangen, soweit sie nach der Verordnung über Abschlagszahlungen bei Bauträgerverträgen[2530] (sog. sog. Eil-Sicherungsverordnung bzw. Hausbau- oder Abschlagszahlungsverordnung) vereinbart sind.[2531] Dort wiederum ist bestimmt, dass der Erwerber nur unter den Voraussetzungen des § 3 Abs. 1 und 2 bzw. § 7 MaBV zur Leistung von Abschlagszahlungen verpflichtet werden kann. Folglich führen Verstöße gegen § 3 Abs. 2 MaBV dazu, dass der Bauträger sowohl gewerberechtlich nach der MaBV als auch zivilrechtlich nach § 632a Abs. 2 BGB erst nach der Abnahme des vollständig fertiggestellten Vertragsobjekts und nach Lastenfreistellung sowie Abgabe aller von seiner Seite zur Eigentumsumschreibung erforderlichen Erklärungen Zahlungen des Erwerbers verlangen bzw. entgegennehmen darf. Zuvor gleichwohl geleistete Zahlungen kann der Erwerber nach § 817 Satz 1 BGB oder nach § 812 Abs. 1 Satz 1 BGB zurückfordern und darüber hinaus unter den Voraussetzungen der §§ 818 Abs. 1 und 4, 819 Abs. 2 BGB auch die gezogenen Nutzungen herausverlangen.[2532] Allerdings wird der Bereicherungsanspruch durch § 813 Abs. 2 BGB beschränkt. Der Erwerber kann solche Zahlungen nicht zurückverlangen, die bei wirksamer Vereinbarung eines Abschlagszahlungsplans i.R.d. § 3 Abs. 1, 2 MaBV oder bei Vorliegen der Voraussetzungen des § 7 MaBV nicht zu beanstanden wären.[2533] Bereicherungsrechtlicher Anspruchsgegner des Erwerbers kann sogar die Bauträgerbank 1323

2526 *Basty* DNotZ 2008, 891 (892); *Marcks* MaBV § 3 Rn. 1c; so im Ergebnis auch bereits vor Inkrafttreten des damals neu gefassten § 632a Abs. 2 BGB a.F. *Kesseler* ZfIR 2006, 701 (704); *Ullmann* NJW 2002, 1073 (1077); a.A. *Grziwotz* ZfIR 2005, 267. Zur Wirksamkeit der Abschlagszahlungsverordnung neigend, die Frage aber letztlich offen lassend BGH, WM 2007, 1760 (Rn. 24). Teilweise wird allerdings in der Einführung des Begriffs »Abschlagszahlung« (vgl. § 1 Satz 1 der Abschlagszahlungsverordnung) eine wesentliche Einschränkung ggü. dem Ratenplan nach § 3 Abs. 2 MaBV erblickt (vgl. *Herrler* DNotZ 2007, 895, 902 f.). Danach sei – so heißt es – nicht jede Zahlung, die der MaBV entspreche, zugleich zivilrechtlich unbedenklich, vielmehr müsse es bei der Zahlung um eine echte »Abschlagszahlung« handeln.

2527 BGBl. I, S. 981.

2528 BGH, WM 2007, 1760 (Rn. 25); *Herrler* DNotZ 2007, 895 (902). In Ausnahmefällen – insb. bei geringfügigen Abweichungen vom Ratenplan (z.B. Rundungsfehlern) und unverschuldeten Verstößen gegen § 3 MaBV – kann aber dennoch im Wege der ergänzenden Vertragsauslegung auch der gewerberechtliche Abschlagszahlungsplan nach § 3 Abs. 2 MaBV an die Stelle der nichtigen Vereinbarung treten, *Herrler* DNotZ 2007, 895 (899 ff.); *Ullmann* ZfIR 2001, 523; *Kanzleiter* DNotZ 2001, 165.

2529 BGH, WM 2007, 1760 (Rn. 28); OLG Celle, BauR 2004, 1007 (1009); *Herrler* DNotZ 2007, 895 (903 ff.).

2530 BGBl. I, S. 981.

2531 *Basty* DNotZ 2008, 891 (893).

2532 Vgl. BGH, WM 2007, 1760 (Rn. 31); OLG München, NJW-RR 2001, 13; dagegen *Basty* DNotZ 2011, 932 (934).

2533 BGH, WM 2007, 1760 (Rn. 32); a.A. *Herrler* DNotZ 2007, 895 (906 ff.).

sein, wenn der Erwerber aufgrund einer offengelegten Abtretung der Kaufpreisforderungen oder zur Erlangung der Lastenfreistellung aus dem Freigabeversprechen aufgrund der darin vorgesehenen Zahlstellenklausel an die Bauträgerbank geleistet hat.[2534] Soweit der Erwerber einen Schaden durch die vorausgeleisteten Kaufpreiszahlungen erlitten hat, kann er diesen unter den Voraussetzungen des § 823 Abs. 2 BGB i.V.m. § 3 MaBV gegen den Bauträger geltend machen. Daneben ist auch eine Haftung des Notars nach § 19 Abs. 1 BNotO denkbar, wenn er bei Beurkundung des mit einer nichtigen Fälligkeitsvereinbarung versehenen Bauträgervertrag gegen seine Amtspflichten (§ 14 Abs. 2 BNotO, § 4 BeurkG) verstoßen hat. Nicht sicher ausschließen lässt sich auch eine deliktische Haftung der Bank aus §§ 830 Abs. 2, 823 Abs. 2 BGB i.V.m. § 3 MaBV, wenn sie – etwa durch Erstellung einer fehlerhaften Freistellungsverpflichtungserklärung – an der nichtigen Fälligkeitsvereinbarung mitgewirkt hat.

c) Fälligkeit des Kaufpreises gegen Aushändigung einer Bürgschaft nach § 7 MaBV

aa) Normzweck und zivilrechtliche Wirkungen des § 7 MaBV

1324 Soll der Kaufpreis über den Abschlagszahlungsplan des § 3 Abs. 2 MaBV hinaus vorab geleistet werden oder liegen die Voraussetzungen des § 3 Abs. 1 MaBV nicht vor, weil etwa die Auflassungsvormerkung zugunsten des Erwerbers noch nicht eingetragen werden kann, so eröffnet die Makler- und Bauträgerverordnung dem Bauträger die Möglichkeit, gleichwohl Zahlungen des Erwerbers entgegen zu nehmen, wenn er dem Erwerber eine Bürgschaft nach Maßgabe des § 7 Abs. 1 MaBV beibringt und das auch im Bauträgervertrag vereinbart ist. Insb. steuerrechtliche Erwägungen führten aufgrund der Sonderabschreibungsmöglichkeiten in den neuen Bundesländern[2535] in der Vergangenheit auf Wunsch des Erwerbers zu einer Kaufpreisabwicklung nach § 7 MaBV. Auch diese sog. »**Bürgschaftslösung**«, die im Vergleich zur Vormerkungslösung nach § 3 MaBV mitunter als die bessere Sicherheit für den Erwerber betrachtet wurde, muss sich als gewerberechtliche Regelung an den zivilrechtlichen Vorschriften messen lassen und sieht sich deshalb zunehmender Kritik ausgesetzt.[2536] Mit der am 30.05.2001 in Kraft getretenen **Verordnung über Abschlagszahlungen bei Bauträgerverträgen**[2537] (sog. Eil-Sicherungsverordnung bzw. Hausbau- oder Abschlagszahlungsverordnung) sollte allerdings auch der »Bürgschaftslösung« die zivilrechtliche Wirksamkeit verliehen werden.[2538] Wenngleich der VII. Zivilsenat des BGH später in einem durch rechtlichen Hinweis beendeten Verfahren andeutete, dass er dazu neige, eine Vorauszahlungsvereinbarung gegen Aushändigung einer § 7 MaBV-Bürgschaft für unwirksam zu halten,[2539] so dürfte im Grundsatz spätestens mit dem am 01.01.2009 in Kraft getretenen Forderungssicherungsgesetz,[2540] das die Makler- und Bauträgerverordnung in das Zivilrecht transformiert hat (§ 632a Abs. 2 BGB i.V.m. Art. 244 EGBGB, § 1 Abschlagszahlungsverordnung), die grundsätzliche Wirksamkeit einer auch formularmäßigen Kaufpreisabwicklung nach § 7 MaBV außer Frage stehen. Problematisiert

2534 BGH, WM 2005, 592.

2535 Gesetz über Sonderabschreibungen und Abzugsbeträge im Fördergebiet (Fördergebietsgesetz) v. 23.09.1993, BGBl. I, S. 1654.

2536 Vgl. *Thode* ZNotP 2006, 208; *Grziwotz* ZfIR 2005, 267.

2537 BGBl. I, S. 981.

2538 *Ullmann* ZfIR 2001, 523 (524); dazu bereits Rdn. 1308 und 1320.

2539 BGH, ZfIR 2005, 300; ebenso *Basty* DNotZ 2005, 94; *Kanzleiter* DNotZ 2005, 191. In seinem vorausgegangenen Vorlagebeschluss an den Europäischen Gerichtshof, in dem der BGH um Prüfung der Vereinbarkeit einer solchen Regelung mit der Richtlinie 93/13/EG v. 05.04.1993 über missbräuchliche Klauseln in Verbraucherverträgen (»Klauselrichtlinie«) bat, damit aber zurückgewiesen wurde (EuGH, WM 2004, 989; dazu *Volmer* ZfIR 2004, 460; *Markwardt* ZIP 2005, 152), sah der BGH (ZfIR 2002, 536) das noch anders; dazu *Riemenschneider* ZfIR 2002, 949; unklar BGH, WM 2007, 545 (Rn. 12 ff.). Zur Wirksamkeit der Abschlagszahlungsverordnung neigend, die Frage letztlich aber offen lassend BGH, WM 2007, 1760 (Rn. 24).

2540 Gesetz zur Sicherung von Werkunternehmeransprüchen und zur verbesserten Durchsetzung von Forderungen (Forderungssicherungsgesetz – FoSiG) v. 23.10.2008, BGBl. I, S. 2022.

wird allein noch der Fall, dass mit der Aushändigung der Bürgschaft nach § 7 MaBV nicht nur die Hindernisse aus § 3 Abs. 1 MaBV (z.B. Fehlen einer Auflassungsvormerkung) überwunden werden sollen, sondern der Bauträger darüber hinaus auch **unabhängig vom tatsächlichen Bautenstand** vorab Zahlungen des Erwerbers entgegennehmen möchte. Ausgehend von dem Begriff der »Abschlagszahlung« wird argumentiert, eine solche Bautenstandsvorfinanzierung lasse ein berechtigtes Interesse des Bauträgers vermissen und scheitere daher bei formularmäßiger Vereinbarung an einer Inhaltskontrolle nach §§ 307 Abs. 2 Nr. 1, 309 Nr. 2 BGB, denn der Bauträger fordere mehr an, als er zur Finanzierung des gerade anstehenden Bauabschnitts benötige.[2541] Das wäre indes bereits dann anders zu beurteilen, wenn gerade der Erwerber (z.B. aus steuerlichen Gründen) den Kaufpreis vollständig vorauszahlen möchte.[2542] Auch unabhängig davon lässt sich angesichts des Sicherungsumfangs der Bürgschaft gem. § 7 MaBV gut argumentieren, dass der Bauträger gegen Aushändigung einer Bürgschaft nach § 7 MaBV auch außerhalb des Abschlagszahlungsplans (§ 3 Abs. 2 MaBV) Vorauszahlungen des Erwerbers entgegen nehmen darf. So geht insb. auch der BGH[2543] davon aus, dass die Bürgschaft nach § 7 MaBV die Vorauszahlung des Erwerbers in geeigneter Weise bzw. angemessen sichere.[2544]

bb) Inhalt und Umfang der Bürgschaft nach § 7 MaBV

Die Bürgschaft muss alle Ansprüche des Erwerbers sichern, die ihm bezüglich der Rückgewähr **1325**
oder Auszahlung solcher Vermögenswerte entstehen können, die der Bauträger von ihm entgegen nimmt. Es genügt nicht, wenn die Bürgschaft nur einen Teil der vom Erwerber zu erbringenden Zahlungen abdeckt, insb. darf die Bürgschaft **nicht auf einzelne Abschlagszahlungen nach § 3 Abs. 2 MaBV beschränkt** werden[2545] und sich auch **nicht nach Baufortschritt reduzieren** (sog. Abschmelzungsklausel).[2546] Zulässig erscheint es hingegen, dem Erwerber für jede Abschlagszahlung eine weitere Bürgschaft beizubringen, weil seine Vorauszahlungen auch in diesem Fall insgesamt gesichert sind.[2547] Außerdem ist es möglich, die Bürgschaft dergestalt mit einer **Zahlstellenklausel** zu versehen, dass sie nur i.H.d. auf dem genannten Konto eingegangenen Vorauszahlungen des Erwerbers in Anspruch genommen werden kann.[2548] Nach § 7 Abs. 1 Satz 2 MaBV i.V.m. § 2 Abs. 2 MaBV muss die Bürgschaft von einem tauglichen Bürgen (z.B. inländische Kreditinstitute, Versicherungsunternehmen) und selbstschuldnerisch übernommen werden. Unwirksam ist daher eine Klausel, die die Inanspruchnahme des Bürgen davon abhängig macht, dass die Höhe und Fälligkeit des Kaufpreisrückzahlungsanspruchs durch rechtskräftiges Urteil oder übereinstimmende Erklärung von Erwerber und Bauträger nachgewiesen sind, denn sie widerspricht dem in § 7 MaBV vorgegebenen Verzicht auf die Einrede der Vorausklage und ist überraschend (§ 305c Abs. 1 BGB).[2549] Die Bürgschaft ist dem Erwerber nach § 7 Abs. 1 Satz 2 i.V.m. § 2 Abs. 4 Satz 3 MaBV **auszuhändigen**. Diesem Erfordernis ist bei einer **Hinterlegung der Bürgschaftsurkunde beim Notar** nur dann Genüge getan, wenn durch eine eindeutige Vereinbarung der jederzeitige Zugriff des Erwerbers auf die Bürgschaftsurkunde gesichert ist und der Notar allein an dessen Weisungen gebunden ist.[2550] Eine sog. Globalbürgschaft, mit der alle betroffenen Erwerber in einer einzigen

---

2541 Vor Inkrafttreten des Forderungssicherungsgesetzes bereits *Kesseler* ZfIR 2005, 701 (705); *Rösler* ZfIR 2001, 259 (262); *Basty* DNotZ 2002, 567 (573): Stellung weiterer Sicherheiten neben der Aushändigung der § 7 MaBV-Bürgschaft erforderlich; a.A. *Reithmann* NJW 1997, 15 (16).

2542 *Grziwotz* NJW 1994, 2745 (2747); *Kesseler* ZfIR 2006, 701 (705).

2543 BGHZ 151, 147 (152); WM 2002, 2411 (2412); BGH, WM 2003, 485 (486); BGH, WM 2005, 952 (953); BGH, WM 2005, 1024 (1025); BGH, WM 2011, 215.

2544 Ebenso *Fischer* WM 2003, 1 (2).

2545 *Fischer* WM 2003, 1.

2546 BGH, WM 2009, 211 (Rn. 20); BGH, WM 2003, 1259 (1260); *Basty* Der Bauträgervertrag Rn. 663; *Fischer* WM 2003, 1 (4).

2547 *Rösler* ZfIR 2001, 259 (263); a.A. KG, WM 2001, 406 (408); *Fischer* WM 2003, 1 (4).

2548 *Rösler* ZfIR 2001, 259 (263).

2549 BGH, WM 2006, 1901 (Rn. 46); vgl. auch *Fischer* WM 2003, 1 (5); a.A. *Krause*, ZfIR 2006, 757 (758).

2550 BGH, WM 2007, 545 (Rn. 20); *Freckmann/Rösler* ZfIR 2011, 739 (741).

Bürgschaftsurkunde erfasst werden sollen, wird daher kaum noch zulässig[2551] oder zumindest unpraktikabel[2552] sein. Die Bürgschaft darf nach § 7 Abs. 1 Satz 3 MaBV nicht **erlöschen**, bevor die Voraussetzungen des § 3 Abs. 1 MaBV erfüllt sind und das Vertragsobjekt **vollständig fertig gestellt** ist. Eine vollständige Fertigstellung liegt vor, wenn der Bauträger sämtliche Arbeiten erbracht hat und das Vertragsobjekt abnahmereif ist[2553] oder – so die wohl herrschende Auffassung – die bei der Abnahme festgehaltenen und zu beseitigenden Protokollmängel erledigt sind (dazu auch Rdn. 1318);[2554] ferner muss die Besitzübergabe erfolgt sein. Wirksam ist eine Klausel, die das Erlöschen der Bürgschaft an die **Rückgabe der Bürgschaftsurkunde** knüpft, weil für das Erlöschen der Bürgschaft nicht jede Besitzerlangung der Bank ausreicht, sondern nur das im Zweifel der Rückgabe durch Auslegung zu entnehmende Angebot an den Bürgen auf Abschluss eines Erlassvertrages.[2555]

1326 Nach der Rechtsprechung des BGH ist eine Bürgschaft, die den Wortlaut des § 7 MaBV wiedergibt, weit auszulegen. Begründen lässt sich das damit, dass der Erwerber im Fall einer Vorauszahlung gegen Stellung einer § 7 MaBV-Bürgschaft die Möglichkeit verliert, entsprechende **Leistungsverweigerungsrechte** geltend zu machen oder die **Aufrechnung** zu erklären, wie ihm das im Fall einer Kaufpreisabwicklung nach § 3 MaBV bis zur vollständigen Fertigstellung möglich wäre.[2556] Deshalb sichert die Bürgschaft nicht nur Ansprüche des Erwerbers aus einem Scheitern des Bauträgervertrages, sondern alle Ansprüche, die ihm aus der Differenz zwischen dem vorausgezahlten Betrag und der tatsächlich geschuldeten Vertragssumme zustehen,[2557] soweit diese Ansprüche auf einer Minderung der Gebrauchstauglichkeit oder des Wertes der Leistung des Bauträgers beruhen (**Äquivalenzstörung**) und das im Bauträgervertrag angelegte Gleichgewicht der gegenseitigen Leistungen wiederherstellen sollen.[2558] Die § 7 MaBV-Bürgschaft ist daher im Grundsatz eine Vorauszahlungsbürgschaft und keine Vertragserfüllungsbürgschaft.[2559] Wird die § 7 MaBV-Bürgschaft hingegen als Sicherheit dafür vereinbart, dass der Bauträger die nach Baufortschritt geschuldeten Zahlungen entgegen nehmen darf, ohne dass die Voraussetzungen des § 3 Abs. 1 Satz 1 Nr. 2 bis 4 MaBV vorliegen, sichert sie keine Mängelansprüche.[2560] In einem solchen Fall sind die Zahlungen des Erwerbers keine Vorausleistungen für noch zu erbringende Bauleistungen. Er entrichtet die Vergütung vielmehr nach Baufortschritt und kann in Ausübung seines gesetzlichen Leistungsverweigerungsrechts gem. § 320 BGB einen entsprechenden Teil seiner Vergütung einbehalten und ggf. mit Schadensersatzansprüchen aufrechnen, die sich aus der mangelhaften Erbringung der Bauleistung ergeben.[2561]

1327 Vom **Sicherungsumfang der Bürgschaft** nach § 7 MaBV sind unter den vorgenannten Voraussetzungen im Einzelnen folgende Ansprüche auf Rückgewähr der Vorauszahlungen **erfasst**:[2562]

2551 *Rösler* ZfIR 2001, 259 (262).
2552 *Grziwotz* ZfIR 2007, 235.
2553 *Fischer* WM 2003, 1 (4).
2554 OLG Hamm, NZBau 2007, 715; OLG Düsseldorf, BauR 2003, 93; *Riemenschneider* ZfIR 2002, 949 (958); kritisch *Vogel* ZfIR 2003, 60 (61); für eine vollständige Fertigstellung erst nach Ablauf der Gewährleistungsfrist *Thode* WuB I E 5. – 6.01, 530 (531); *ders.* WuB I E 5. – 1.02, 34.
2555 Zweifelnd *Riemenschneider* ZfIR 2002, 949 (958).
2556 BGHZ 151, 147 (152) = WM 2002, 1655; BGH, WM 2003, 485 (486); BGH, WM 2005, 1024 (1025 f.); BGH, WM 2011, 215 (Rn. 18); *Fischer* WM 2003, 1 (2).
2557 BGH, WM 2001, 1756 (1758).
2558 BGHZ 151, 147 (153) = WM 2002, 1655; BGHZ 160, 277 (281) = WM 2004, 2386 (2388); BGH, WM 2007, 1089 (Rn. 58); BGH, WM 2003, 485 (486); BGH, WM 2002, 1506 (1507); BGH, WM 2001, 1756 (1758).
2559 *Freckmann/Rösler* ZfIR 2011, 739 (743).
2560 BGH, WM 2011, 215 (Rn. 18).
2561 BGH, WM 2011, 215 (Rn. 20).
2562 Dazu auch *Freckmann/Rösler* ZfIR 2011, 739 (742 ff.).

- Ansprüche aus ungerechtfertigter Bereicherung bei Nichtigkeit des Bauträgervertrages[2563] oder nach einem mit dem Bauträger abgeschlossenen Aufhebungsvertrag,[2564] auch wenn die Gründe für die Nichtdurchführung des Bauvorhabens vom Bauträger nicht zu vertreten sind und in der Sphäre des Erwerbers liegen oder gar von diesem zu vertreten sind;[2565] eine Ausnahme gilt nach §§ 826, 242 BGB, wenn der Bauträger und der Erwerber durch den Aufhebungsvertrag den Bürgschaftsfall einvernehmlich bewusst zum Nachteil des Bürgen herbeiführen;[2566]
- der Anspruch auf Ersatz von Aufwendungen für Mängelbeseitigung nach §§ 634 Nr. 2, 637 BGB (§ 633 Abs. 3 BGB a.F.)[2567] einschließlich eines Mängelbeseitigungsvorschusses;[2568]
- Kosten, die zur endgültigen Fertigstellung des vom Bauträger nicht fertiggestellten Objekts aufzuwenden sind;[2569]
- Ansprüche aus einem auf Mängel gestützten Rücktritt oder aus einer mängelbedingten Minderung oder Wandlung[2570] oder aus einem Schadensersatzanspruch wegen Nichterfüllung;[2571] dazu gehört auch der Rückzahlungsanspruch, der sich aus der Wahl des großen Schadensersatzanspruchs gem. §§ 634 Nr. 4, 636, 280, 281, 283 BGB (§ 635 BGB a.F.) ergibt;[2572] i.R.d. Schadensberechnung können auch die Finanzierungskosten des Erwerbers berücksichtigt werden;[2573]
- der Anspruch auf Erstattung der Fertigstellungskosten aus Vertragsverletzung (z.B. Architektenkosten);[2574]
- der Anspruch auf Eigentumsverschaffung an dem verkauften Grundstück.[2575]

Voraussetzung ist allerdings stets, dass die vorgenannten Vertragsstörungen **bis zur Abnahme** auf- 1328
treten, weil der Erwerber anderenfalls besser stünde als im Fall einer Kaufpreisabwicklung nach § 3 MaBV, bei der er Leistungsverweigerungsrechte nur geltend machen kann, solange er selbst Abschlagszahlungen an den Bauträger zu erbringen hat. Ansprüche des Erwerbers wegen Mängeln, die nicht im Abnahmeprotokoll festgehalten sind, sondern erst **nach Abnahme** des Vertragsobjekts geltend gemacht werden, sind von einer Bürgschaft gem. § 7 MaBV **nicht gesichert**.[2576] Die Bürgschaft darf daher durchaus vor Ablauf der Gewährleistungsfristen erlöschen.[2577] Ferner werden

2563 BGH, WM 2005, 1024 (1026).

2564 BGHZ 160, 277 (280) = WM 2004, 2386 (2388).

2565 BGH, WM 2005, 1024 (1025); BGH, WM 2008, 729 (Rn. 17 f.).

2566 BGH, WM 2005, 1024 (1026); BGH, WM 2008, 729 (Rn. 17 f.); kritisch wegen der unbrauchbaren Kriterien zu Recht *Thode* ZfIR 2005, 548 (549).

2567 BGHZ 151, 147 (151) = WM 2002, 1655; BGH, WM 2002, 2411 (2412 f.); BGH, WM 2002, 1506 (1507); BGH, WM 2003, 485 (486); BGH, WM 2007, 1089 (Rn. 52 ff.); BGH, WM 2007, 2352 (Rn. 30 ff.); noch im Wege der Auslegung des Wortlauts der Bürgschaft ferner BGH, WM 1999, 535 (537). Zu den Besonderheiten der Geltendmachung von Zahlungsansprüchen wegen Mängeln am Gemeinschaftseigentum BGH, WM 2007, 1089 (Rn. 58 f.).

2568 BGH, WM 1999, 535 (537).

2569 BGH, DNotZ 2002, 871.

2570 Der fehlende Vollzug der Wandlung steht einer Inanspruchnahme der § 7 MaBV-Bürgschaft im Fall der Insolvenz des Bauträgers nicht entgegen, es genügt allein der Anspruch *auf* Wandlung, BGH, WM 2010, 302 (Rn. 18).

2571 BGHZ 151, 147 (151) = WM 2002, 1655; BGH, WM 2001, 1756 (1758); BGH, WM 2002, 1506 (1507); BGH, WM 2002, 2411 (2412); BGH, WM 2003, 485 (486); BGH, WM 2010, 302 (Rn. 18).

2572 BGH, WM 2006, 1901 (Rn. 44); BGH, WM 2006, 1540 (Rn. 10).

2573 BGH, NJW-RR 2008, 972 (973).

2574 BGHZ 151, 147 (154) = WM 2002, 1655; BGH, WM 2001, 1756 (1758); *Fischer* WM 2003, 1 (2).

2575 BGH, WM 2009, 211 (Rn. 13 ff.).

2576 BGH, WM 2002, 2411 (2412); BGH, WM 2005, 1024 (1025); *Fischer* WM 2003, 1 (3); differenzierend *Rösler* ZfIR 2001, 259 (263); ablehnend *Thode* ZfIR 2005, 548 (549); *Vogel* ZfIR 2003, 60 (61), unter Hinweis auf die Möglichkeit des Erwerbers, i.R.d. § 3 Abs. 2 MaBV auch noch hinsichtlich nach Übergabe und Abnahme entdeckter Mängel mangels vollständiger Fertigstellung die letzte Abschlagszahlung verweigern zu können.

2577 A.A. *Thode* WuB I E 5. – 6.01, 530 (531); *ders.* WuB I E 5. – 1.02, 34; *v. Heymann* Die Bank 2004, 310 (312).

durch die Bürgschaft nach § 7 MaBV solche Ansprüche **nicht gesichert**, die den Wert der vom Bauträger geschuldeten Leistung nicht beeinträchtigen, wie etwa

- steuerliche Nachteile, Mietausfall oder Rechtsanwaltskosten als Verzugsschaden aufgrund einer Überschreitung der festgelegten Bauzeit;[2578]
- Ansprüche auf Ersatz von Mangelfolgeschäden;
- Ansprüche auf eine vereinbarte Vertragsstrafe;
- Ansprüche auf Erstattung öffentlicher Abgaben (z.B. Sanierungsausgleichabgabe), für die der Erwerber anstelle des Bauträgers in Anspruch genommen wird.[2579]

1329 **Fällig** wird die **Bürgschaftsforderung** aufgrund ihrer Akzessorietät bereits mit der Fälligkeit der gesicherten Hauptschuld, nicht etwa erst mit der Zahlungsaufforderung durch den Gläubiger.[2580] Von Bedeutung ist das namentlich für die Verjährung der Bürgschaftsforderung, denn es kann nicht in der Hand des Bürgschaftsgläubigers liegen, beliebig durch seine Leistungsaufforderung über den Beginn der Verjährung seiner Forderung zu bestimmen.

cc) Unzulässige Einschränkungen der Bürgschaft nach § 7 MaBV und deren Rechtsfolgen

1330 Bei der Frage, welche weitergehenden Regelungen in der Bürgschaft vorgesehen werden dürfen, sind als Prüfungsmaßstäbe sowohl § 7 MaBV als auch §§ 305 ff., 765 ff. BGB heranzuziehen.[2581] So lässt die Regelung des § 7 MaBV, deren Normadressat ausschließlich der Bauträger ist, in der Bürgschaft keine **Hinterlegungsklausel** zu.[2582] Unzulässig ist auch eine Klausel, nach der sich die Höhe der Bürgschaft dem **Baufortschritt entsprechend reduziert** (sog. Abschmelzungsklauseln).[2583] Darüber hinaus ist nach § 7 MaBV generell jede Bestimmung unzulässig, die den erforderlichen Sicherungsumfang der Bürgschaft, wie er von der Rechtsprechung festgelegt wurde, beschränkt. Unstatthaft ist daher zunächst ein **Ausschluss der Haftung für Mängel** des Vertragsobjekts, soweit es sich um solche Mängel handelt, die bis zur Abnahme auftreten. Das dürfte indes nicht gelten, wenn der Erwerber die Bürgschaft (zunächst) wegen des Fehlens der Voraussetzungen des § 3 Abs. 1 MaBV erhalten hat und i.Ü. seine Zahlungen nach einem Abschlagszahlungsplan gem. § 3 Abs. 2 MaBV erbringt,[2584] denn in diesem Fall kann er seine Leistungsverweigerungsrechte unverändert geltend machen, d.h. die § 7 MaBV-Bürgschaft sichert dann keine Mängelansprüche.[2585] Grds. nicht erlaubt ist eine **Befristung** der Bürgschaft,[2586] weil dem Erwerber das Sicherungsrecht bis zum Vorliegen der Voraussetzungen des § 3 Abs. 1 MaBV und der vollständigen Fertigstellung des Vertragsobjekts einschließlich der Beseitigung etwaiger Protokollmängel zur Verfügung stehen muss und sich dieser Zeitpunkt nicht sicher kalendermäßig bestimmen lässt. Ebenso wenig darf die Bürgschaft mit einer **auflösenden Bedingung** versehen werden, die an den Eintritt von Ereignissen anknüpft, die zu einem Erlöschen der Bürgschaft vor dem in § 7 Abs. 1 Satz 3 MaBV vorgesehenen Zeitpunkt führen können.[2587] So ist eine Vereinbarung, die ein Erlöschen der Bürgschaft bei Vorliegen der Voraussetzungen des § 3 Abs. 1 und 2 MaBV vorsieht, nicht mit § 7 MaBV zu vereinbaren, denn die Bürgschaft ist bis zur vollständigen Fertigstellung des Vertragsobjekts aufrechtzuerhalten,[2588] sofern nicht nach § 7 Abs. 1 Satz 4 MaBV ein Austausch der MaBV-Sicherungssysteme

2578 BGHZ 151, 147 (155) = WM 2002, 1655; BGH, WM 2002, 2411 (2412); BGH, WM 2003, 485 (486); *Fischer* WM 2003, 1 (2); kritisch hinsichtlich des Mietausfallschadens *Vogel* ZfIR 2003, 60 (62); *Kunze* ZfIR 2003, 540 (546).
2579 BGH, WM 2002, 2411 (2412).
2580 BGH, WM 2008, 729 (Rn. 24 f.).
2581 *Riemenschneider* ZfIR 2002, 949 (951).
2582 *Rösler* ZfIR 2001, 259 (263).
2583 BGH, WM 2009, 211 (Rn. 20); BGH, WM 2003, 1259 (1260); *Fischer* WM 2003, 1 (4).
2584 Bejahend *Blank* ZfIR 2001, 785 (790); verneinend *Riemenschneider* ZfIR 2002, 949 (955).
2585 BGH, WM 2011, 215 (Rn. 18).
2586 Vgl. *v. Heymann/Rösler* WM 1998, 2456 (2457); *Rösler* ZfIR 2001, 259 (263).
2587 *Riemenschneider* ZfIR 2002, 949 (958).
2588 *Riemenschneider* ZfIR 2002, 949 (958).

vorgenommen wird, der auch im Bauträgervertrag vereinbart sein muss (dazu Rdn. 1333–1336). Unwirksam ist auch eine Klausel, die als Voraussetzung der Inanspruchnahme der § 7 MaBV-Bürgschaft vorsieht, dass der Erwerber vorher auf seinen Anspruch ggü. der Bank aus einer Freistellungserklärung gem. § 3 MaBV verzichtet.[2589]

Wird durch unzulässige Klauseln im **Bauträgervertrag gegen die Vorgaben des § 7 MaBV verstoßen**, führt dies zur **Nichtigkeit** der betreffenden Klausel im Bauträgervertrag (§ 134 BGB i.V.m. § 12 MaBV).[2590] Der Bauträger darf gewerberechtlich keine Zahlungen des Erwerbers entgegennehmen, an die Stelle einer nichtigen Klausel im Bauträgervertrag tritt der Abschlagszahlungsplan nach § 3 Abs. 2 MaBV, soweit er im Bauträgervertrag wirksam vorgesehen ist und die Voraussetzungen des § 3 Abs. 1 MaBV vorliegen. Ist das nicht der Fall, gilt die Fälligkeitsregelung des § 641 Abs. 1 BGB.[2591] An diesen Rechtsfolgen ändert auch die am 01.01.2009 in Kraft getretene Regelung des § 632a Abs. 2 BGB a.F. (seit 01.01.2018: § 650v BGB) nichts, denn dort wird über die Bezugnahme auf die Verordnung über Abschlagszahlungen bei Bauträgerverträgen[2592] (sog. Eil-Sicherungsverordnung bzw. Hausbau- oder Abschlagszahlungsverordnung) und deren Bezugnahme auf die Vorschriften der MaBV gerade eine wirksame Abrede nach § 7 MaBV vorausgesetzt.[2593] Die dargestellten Rechtsfolgen dürften auch dann gelten, wenn die Bürgschaft hinter den Vereinbarungen im Bauträgervertrag zurückbleibt. Bereits geleistete Zahlungen kann der Erwerber nach § 817 Satz 1 BGB oder nach § 812 Abs. 1 Satz 1 BGB vom Leistungsempfänger zurückfordern und darüber hinaus unter den Voraussetzungen der §§ 818 Abs. 1 und 4, 819 Abs. 2 BGB auch die gezogenen Nutzungen herausverlangen.[2594] Der Bereicherungsanspruch kann allerdings nach § 813 Abs. 2 BGB beschränkt sein, soweit der Erwerber Zahlungen geleistet hat, die bei Vorliegen der Voraussetzungen des § 3 Abs. 1, 2 MaBV nicht zu beanstanden wären.[2595] Da es sich bei den § 7 MaBV um ein Schutzgesetz i.S.d. § 823 Abs. 2 BGB handelt,[2596] kommt darüber hinaus eine deliktische Haftung des Bauträgers in Betracht, unter Umständen sogar auch eine solche der Bauträgerbank nach §§ 830 Abs. 2, 823 Abs. 2 BGB[2597] oder aus einem Aufklärungsverschulden (§ 311 Abs. 2 BGB). Der Notar, der den Bauträgervertrag mit einer nach § 134 BGB i.V.m. §§ 2, 7 MaBV nichtigen Klausel beurkundet, verstößt gegen seine Amtspflichten (§ 14 Abs. 2 BNotO, § 4 BeurkG) und schuldet unter den Voraussetzungen des § 19 Abs. 1 Satz 2 BNotO ggf. Schadensersatz.[2598] 1331

Die **Wirksamkeit der Bürgschaft** bleibt von einem Verstoß des Bauträgers gegen § 7 MaBV hingegen grds. unberührt, da sich die Makler- und Bauträgerverordnung als gewerberechtliches Regelungswerk nur an den Bauträger richtet.[2599] Verstößt bereits die **Sicherungsabrede im Bauträgervertrag** gegen die Vorgaben des § 7 MaBV und setzt sich dieser Verstoß in den Formulierungen der § 7 MaBV-Bürgschaft fort, so kann die bürgende Bank ihrer Inanspruchnahme nicht über § 768 BGB entgegensetzen, die Sicherungsabrede im Bauträgervertrag sei nichtig und es bestehe daher kein Zahlungsanspruch des Erwerbers.[2600] Das wäre treuwidrig und würde den Erwerber, der bereits mit einer unzureichenden Bürgschaft zur Vorauszahlung bewegt wurde, ggü. der Bauträgerbank unter Umständen vollkommen rechtlos stellen. Vielmehr kann in solchen Fällen der Erwerber 1332

2589 BGH, WM 2006, 1901 (Rn. 51).
2590 BGH, WM 2007, 545 (Rn. 22); BGH, ZfIR 2007, 618 (620 Rn. 19).
2591 BGH, WM 2002, 1506 (1507).
2592 BGBl. I, S. 981.
2593 *Basty* DNotZ 2008, 891 (893).
2594 Vgl. BGH, WM 2007, 1760 (Rn. 31); *Vogel* ZfIR 2003, 60 (62); *Basty* DNotZ 2002, 567 (574).
2595 Vgl. BGH, WM 2007, 1760 (Rn. 32).
2596 BGH, WM 2009, 211 (Rn. 10 f.); Palandt/*Sprau* § 823 Rn. 68.
2597 *Vogel* ZfIR 2003, 60 (62).
2598 *Fischer* WM 2003, 1 (5).
2599 BGH, WM 2003, 1258 (1259).
2600 BGHZ 160, 277 (280) = WM 2004, 2386 (2388).

die § 7 MaBV-Bürgschaft jedenfalls mit ihrem übernommenen Inhalt in Anspruch nehmen.[2601] Umgekehrt erweitert aber auch ein Verstoß des Bauträgervertrages gegen die Vorgaben des § 7 MaBV nicht die Pflichten der bürgenden Bank; insofern bleiben ggü. dem Erwerber allein die in der Bürgschaft getroffen Abreden maßgeblich.

1333 Enthält hingegen nur der **Bürgschaftstext unzulässige Einschränkungen** des § 7 MaBV, wurde aber die Bürgschaft ausdrücklich als solche nach § 7 MaBV übernommen, so kann sich die Bank auf die Einschränkungen nicht berufen, weil bei formularmäßigen Bürgschaftstexten die Einschränkungen als überraschende Klauseln gem. § 305c BGB unwirksam sind[2602] und sich die Bank **widersprüchlich verhalten** würde, wenn sie sich auf die Unwirksamkeit einer von ihr vorgegebenen Klausel berufen würde. Auch bei Verstößen des Bürgschaftstextes gegen die Regelungen der MaBV oder der §§ 305 ff. BGB kann der Erwerber hingegen die Vorauszahlung verweigern, bereits erbrachte Leistungen aber nach bereicherungsrechtlichen Grundsätzen vom Bauträger nur zurückfordern, wenn die Bürgschaft zugleich den Vorgaben des § 7 MaBV widerspricht. Ein solcher Rückzahlungsanspruch dürfte hingegen nicht bestehen, wenn im Bauträgervertrag auch ein wirksamer Abschlagszahlungsplan nach § 3 Abs. 2 MaBV vereinbart ist, die Voraussetzungen des § 3 Abs. 1 MaBV vorliegen und der Bautenstand den bereits erbrachten Zahlungen entspricht.

d) Austausch und unzulässige Vermischung der Sicherungssysteme nach §§ 2 bis 6 MaBV und § 7 MaBV

1334 Nach § 7 Abs. 1 Satz 4 MaBV ist der **Austausch der Sicherung nach §§ 2 bis 6 MaBV und derjenigen nach § 7 MaBV** gewerberechtlich in beide Richtungen möglich. Möchte der Bauträger einen Austausch der Sicherheiten auch ggü. dem Erwerber durchsetzen können, bedarf es dazu zivilrechtlich stets einer entsprechenden **Vereinbarung im Bauträgervertrag**. Eine **Vermischung** der in der Makler- und Bauträgerverordnung angebotenen Sicherungssysteme ist hingegen **nicht gestattet**, d.h. sie dürfen nicht nebeneinander zur Anwendung kommen, um einzelne Abschlagszahlungen nach § 3 MaBV und andere nach § 7 MaBV zu sichern.[2603] Unzulässig ist daher eine Vereinbarung, nach der sich eine § 7 MaBV-Bürgschaft bei Vorliegen der Voraussetzungen des § 3 Abs. 1 MaBV sukzessive mit dem Baufortschritt reduziert (sog. Abschmelzungsklausel)[2604] oder dem Erwerber für jede Abschlagszahlung ausgehändigte Teilbürgschaften dem Bautenstand entsprechend zurückzugeben sind.[2605] In diesem Zusammenhang wird auch darauf hingewiesen, dass die Bürgschaft in solchen Fällen bereits wegen ihres Sicherungsumfangs, der auch Ansprüche wegen Mängel des Vertragsobjekts erfassen kann, hinsichtlich der jeweiligen Bauleistungen, für die sie ausgehändigt wurde, bis zur vollständigen Fertigstellung aufrechtzuerhalten ist.[2606] Nicht statthaft ist es ferner, eine den Höchstbetrag der Abschlagszahlung gem. § 3 Abs. 2 MaBV übersteigende Zahlung beim Erwerber anzufordern und diesen Betrag durch eine Bürgschaft gem. § 7 MaBV abzusichern.[2607]

1335 In der Praxis wird man häufiger dem **Wechsel von der § 7 MaBV-Bürgschaft zu den Sicherungssystemen der §§ 2 bis 6 MaBV** begegnen. Hat der Bauträger dem Erwerber für seine Vorauszahlungen zunächst eine Bürgschaft nach § 7 MaBV gestellt, weil etwa die nach § 3 Abs. 1 Nr. 2 MaBV für die Entgegennahme von Zahlungen nach Baufortschritt erforderliche Auflassungsvormerkung noch nicht eingetragen werden konnte, so wird er nach deren Eintragung und dem Vorliegen der sonstigen Voraussetzungen des § 3 Abs. 1 MaBV möglichst bald an einer Rückgabe der Bürgschaft

---

2601 Im Ergebnis auch *Fischer* WM 2003, 1 (5); vgl. zum Schutzzweck der MaBV und Verstößen der Bauträgerbank auch BGH, Urt. v. 07.11.2013 – VII ZR 167/11, WM 2014, 163 (Rn. 22).

2602 BGH, WM 2006, 1901 (Rn. 46); ähnlich *Fischer* WM 2003, 1 (5).

2603 Zu den Rechtsfolgen eines Verstoßes Rdn. 1322, 1329–1332.

2604 BGH, WM 2003, 1258 (1259); *Reisach* Bauträgerrecht und Bauträgerfinanzierung, S. 48; *Rösler* ZfIR 2001, 259 (267); im Ergebnis auch *Volmer* ZfIR 1999, 493 (500); *Ewenz* ZfIR 2000, 8 (13).

2605 *Rösler* ZfIR 2001, 259 (266); im Ergebnis auch *Volmer* ZfIR 1999, 493 (500).

2606 *Grziwotz* ZfIR 2003, 592 (593).

2607 *Reisach* Bauträgerrecht und Bauträgerfinanzierung, S. 48.

interessiert sein, um seiner Bank nicht weiter Avalprovisionen für die Übernahme der Bürgenhaftung zahlen zu müssen. Den Nachweis für das Vorliegen sämtlicher **Voraussetzungen des § 3 Abs. 1 MaBV** wird der Erwerber regelmäßig durch eine entsprechende Fälligkeitsmitteilung des Notars erhalten. Darüber hinaus muss auch der **Bautenstand nach § 3 Abs. 2 MaBV** den bereits geleisteten Vorauszahlungen des Erwerbers entsprechen, zudem müssen die Zahlungen des Erwerbers der Vorschrift des § 4 MaBV entsprechend objektbezogen verwendet worden sein.[2608] Um in solchen Fällen des Wechsels der Sicherungssysteme der MaBV eine doppelte Inanspruchnahme zu vermeiden, kann die Freistellungsverpflichtungserklärung auch mit einer Klausel versehen werden, wonach der Erwerber die Freistellung nur verlangen kann, wenn er Zug um Zug gegen die Freistellung die ihm zuvor gestellte Bürgschaft nach § 7 MaBV zurückgibt.[2609]

Wirtschaftlich weniger sinnvoll ist i.d.R. der **Wechsel von den Sicherungssystemen der §§ 2 bis 6 MaBV zur Bürgschaft nach § 7 MaBV**, da der Bauträger an seine Bank dann Avalprovisionen zu entrichten hat. Allerdings besteht seitens des Bauträgers häufig der Wunsch, die sog. »**Fertigstellungsrate**« oder auch die beiden letzten »Raten« gegen Aushändigung einer Bürgschaft in entsprechender Höhe fällig zu stellen. Eine solche Gestaltung wird unter Hinweis darauf, dass die Bürgschaft nach dem Wortlaut des § 7 MaBV »alle« etwaigen Rückzahlungsansprüche sichern müsse und zudem eine Vermischung der Sicherungssysteme nicht statthaft sei, zu Recht überwiegend abgelehnt.[2610] 1336

In der Praxis kommt es nicht selten vor, dass die Bauträgerbank auf Wunsch der Beteiligten **neben der § 7 MaBV-Bürgschaft zugleich die Pfandfreigabeverpflichtungserklärung nach § 3 Abs. 1 Nr. 3 MaBV** abgibt, um einen späteren Wechsel von der § 7 MaBV-Bürgschaft zu den Sicherungen der §§ 2 bis 6 MaBV reibungslos zu ermöglichen. Für die Bauträgerbank birgt das die Gefahr einer doppelten Inanspruchnahme, weil sie hinsichtlich ihres Aufwendungsersatzanspruchs aus einer Bürgschaftsinanspruchnahme nach der Pfandfreigabe nicht mehr dinglich gesichert wäre. Die Bank wird daher entsprechende Regelungen treffen, etwa dergestalt, dass die Pfandfreigabe nur Zug um Zug[2611] gegen Verzicht auf die Bürgschaft erklärt wird[2612] oder durch Formulierung entsprechender Bedingungen nicht beide Sicherungsinstrumente zugleich wirksam werden lässt. Solche Bedingungen sind rechtlich zulässig, denn der Bauträger ist gewerberechtlich nicht zur gleichzeitigen Beibringung beider Sicherungsinstrumente verpflichtet, und auch die Bauträgerbank treffen keine entsprechenden zivilrechtlichen Pflichten. Voraussetzung ist freilich auch eine Regelung im Bauträgervertrag über einen solchen automatischen Austausch der Sicherungsinstrumente. 1337

3. Sicherung der Vertragserfüllung bei Verbraucherverträgen

Mit dem Forderungssicherungsgesetz[2613] sind zum Schutze des Erwerbers am 01.01.2009 weitere Vorschriften in Kraft getreten, die der Bauträger neben den Regelungen der Makler- und Bauträgerverordnung zu beachten hat. So können bei Bauträgerverträgen nach § 650v BGB (§ 632a Abs. 2 BGB a.F.) Abschlagszahlungen nur verlangt werden, soweit sie gemäß einer Verordnung aufgrund von Art. 244 EGBGB – also gemäß der Verordnung über Abschlagszahlungen bei 1338

2608 *Riemenschneider* ZfIR 2002, 949 (956); *Rösler* ZfIR 2001, 259 (266). Die Regelung des § 6 MaBV ist hingegen nicht zu beachten (§ 6 Abs. 1 Satz 2 MaBV).

2609 Eine Klausel, wonach die Inanspruchnahme der Bürgschaft davon abhängig ist, dass der Erwerber *zuvor* auf seine Ansprüche aus der Pfandfreigabeverpflichtungserklärung verzichtet, erzeugt eine Vorleistungspflicht und verstößt bei formularmäßigem Gebrauch gegen § 307 BGB, vgl. BGH, WM 2006, 1901 (Rn. 51).

2610 *Münscher* BKR 2003, 815 (820); *Grziwotz* ZfIR 2003, 592; *Rösler* ZfIR 2001, 259 (267); a.A. *Reisach* Bauträgerrecht und Bauträgerfinanzierung, S. 48 f.

2611 Vgl. BGH, WM 2006, 1901 (Rn. 51).

2612 *Rösler* ZfIR 2001, 259 (266).

2613 Gesetz zur Sicherung von Werkunternehmeransprüchen und zur verbesserten Durchsetzung von Forderungen (Forderungssicherungsgesetz – FoSiG) v. 23.10.2008, BGBl. I, S. 2022.

Bauträgerverträgen vom 23.05.2001 (sog. »Abschlagszahlungsverordnung«)[2614] – vereinbart sind. Darüber hinaus ist nach § 1 Satz 3 der »Abschlagszahlungsverordnung« bei Bauträgerverträgen auch die Regelung des § 650m Abs. 2 und 3 BGB (§ 632a Abs. 3 BGB a.F.) anzuwenden. Danach hat der Bauträger dem Erwerber bei der ersten Abschlagszahlung **Sicherheit für die rechtzeitige Herstellung des Werkes ohne wesentliche Mängel i.H.v. 5 % der Gesamtvergütung** zu leisten, wenn es sich bei dem Erwerber um einen **Verbraucher** handelt. Erhöht sich der Vergütungsanspruch infolge einer Anordnung des Verbrauchers (§§ 650b f. BGB) oder infolge sonstiger Änderungen oder Ergänzungen des Bauträgervertrages um mehr als 10 %, ist dem Erwerber bei der nächsten Abschlagszahlung eine **weitere Sicherheit** i.H.v. 5 % des zusätzlichen Vergütungsanspruchs zu stellen (§ 650m Abs. 2 Satz 2 BGB; § 632a Abs. 3 Satz 2 BGB a.F.). Hinter dieser Verbraucherschutzvorschrift verbirgt sich die Erwägung, dass dem Erwerber i.d.R. erhebliche Mehraufwendungen entstehen, wenn das Bauwerk insb. im Fall der Insolvenz des Bauunternehmers nicht vollendet oder mangelhaft errichtet wird.[2615] Dem daraus folgenden Sicherungsbedürfnis des Erwerbers, das allein durch die § 7 MaBV-Bürgschaft und die Freistellungsverpflichtungserklärung gem. § 3 MaBV nicht abgedeckt ist (dazu Rdn. 1312), soll § 650m Abs. 2 BGB (§ 632a Abs. 3 BGB a.F.) Rechnung tragen. Einen formularmäßigen Verzicht des Erwerbers auf die Vertragserfüllungssicherheit kann der Bauträger nicht wirksam einholen (§ 309 Nr. 15 Buchst. b) BGB).[2616] Er hat aber hinsichtlich der Art der Sicherheit ein **Wahlrecht**. So gelten für die Sicherheitsleistung zwar zunächst die Regelungen der §§ 232 ff. BGB, der Bauträger kann aber auch bestimmen, dass der Erwerber von den ersten nach Maßgabe des § 3 Abs. 1 und 2 MaBV fälligen Abschlagszahlungen einen Betrag in entsprechender Höhe als **Sicherheit einbehält** (§ 650m Abs. 2 Satz 3 BGB; § 632a Abs. 3 Satz 3 BGB a.F.), oder er kann stattdessen dem Erwerber eine **Garantie oder ein sonstiges Zahlungsversprechen** eines in Deutschland zum Geschäftsbetrieb befugten Kreditinstituts oder Kreditversicherers beibringen (§ 650m Abs. 3 BGB; § 632a Abs. 4 BGB a.F.). In der Praxis wird es sich bei diesem Zahlungsversprechen in aller Regel um eine **Vertragserfüllungsbürgschaft** handeln. Auch diese Vertragserfüllungsbürgschaft ist dem Erwerber bei der ersten Abschlagszahlung zu stellen.

1339 Die Sicherheit ist für die **rechtzeitige Herstellung** des Bauwerkes **ohne wesentliche Mängel** zu leisten. Die rechtzeitige Herstellung setzt die Abnahmereife innerhalb der vereinbarten Bauzeit voraus; abnahmereif ist das Bauwerk, wenn es vollständig und – von unwesentlichen Mängeln abgesehen – mangelfrei hergestellt ist.[2617] Das Erfordernis einer völlig mangelfreien Leistung, die auch keine unwesentlichen Mängel aufweisen darf, wäre unpraktikabel und würde den Bauträger, der unter Umständen sehr lange auf die Zahlung auch des Sicherheitseinbehalts warten müsste, über Gebühr belasten.[2618] Dem Erwerber steht wegen solcher unwesentlicher Mängel aber ein Zurückbehaltungsrecht nach § 641 Abs. 3 BGB zu, und zwar i.d.R. i.H.d. Doppelten der für die Beseitigung des Mangels erforderlichen Kosten.[2619] Gesichert werden folglich nach § 650m Abs. 2 BGB (§ 632a Abs. 3 BGB a.F.) insb. die Ansprüche des Erwerbers auf Aufwendungsersatz (§ 634 Nr. 2 BGB), aufgrund einer Minderung (§ 638 BGB) oder wegen Verzugs aufgrund einer Überschreitung der vereinbarten Bauzeit einschließlich eines Vertragsstrafenanspruchs.[2620] Nicht gesichert sind hingegen Gewährleistungsansprüche[2621] und Überzahlungen,[2622] da es sich insoweit nicht um Erfüllungsansprüche handelt.

2614 BGBl. I, S. 981.

2615 BT-Drucks. 16/511, S. 15.

2616 Vgl. zuvor auch »Aus der Gutachtenpraxis des DNotI« DNotI-Report 2009, 1 (2).

2617 BT-Drucks. 16/511, S. 15.

2618 Begr. RegE zu § 632a BGB, BT-Drucks. 16/511, S. 14; ferner Begr. RegE zu § 640 BGB, BT-Drucks. 18/8486, S. 48; a.A. *Basty* DNotZ 2008, 891 (895): Erstreckung der Vertragserfüllungsbürgschaft auch auf unwesentliche Mängel, solange sie wirksam ist.

2619 *Basty* DNotZ 2008, 891 (895).

2620 »Aus der Gutachtenpraxis des DNotI« DNotI-Report 2009, 1 (3).

2621 Begr. RegE zu § 632a BGB, BT-Drucks. 16/511, S. 15.

2622 *Basty* DNotZ 2008, 891 (892 f.).

Gesichert werden nur die bis zur **Abnahme bzw. Abnahmereife** entstandenen Ansprüche des Erwerbers, d.h. nach der Abnahme bzw. nach Vorliegen der Abnahmereife kann der Bauträger vom Erwerber die Zahlung der einbehaltenen Beträge oder die Rückgabe der gestellten Vertragserfüllungsbürgschaft verlangen, es sei denn, es sind bereits vor der Abnahme bzw. Abnahmereife gesicherte Ansprüche des Erwerbers wegen nicht rechtzeitiger Herstellung des Bauobjekts entstanden oder die bei der Abnahme vorbehaltenen – nicht unwesentlichen[2623] – Mängel noch nicht beseitigt.[2624] Die Vertragserfüllungsbürgschaft darf daher auch Regelungen enthalten, wonach nur die bis zur Abnahme bzw. Abnahmereife des Bauwerks entstandenen Ansprüche des Erwerbers verbürgt sind; eine Abnahme in diesem Sinne liegt auch im Falle einer Abnahmefiktion (§§ 640 Abs. 2, 650g BGB) vor. Unzulässig ist hingegen eine Befristung der Vertragserfüllungsbürgschaft. Die Vertragserfüllungsbürgschaft kann nach Maßgabe der für die Bürgschaft gem. § 7 MaBV geltenden Anforderungen durch den Notar verwahrt werden.[2625] 1340

Die Sicherung der Vertragserfüllung nach § 650m Abs. 2 und 3 BGB (§ 632a Abs. 3 und 4 BGB a.F.) ist auch dann erforderlich, wenn dem Erwerber eine Bürgschaft nach § 7 MaBV gestellt wurde,[2626] denn beide Sicherungsinstrumente weisen unterschiedliche Reichweiten auf.[2627] So erstreckt sich etwa der Sicherungsumfang der Bürgschaft nach § 7 MaBV nicht auf den Verzugsschaden[2628] oder eine Vertragsstrafe wegen einer Überschreitung der Bauzeit. Die Vertragserfüllungsbürgschaft nach § 650m Abs. 3 BGB (§ 632a Abs. 4 BGB a.F.) reicht daher über den Sicherungsumfang einer Bürgschaft nach § 7 MaBV hinaus. 1341

4. Vertragsverhältnisse der Bank mit dem Bauträger

a) Kreditverträge und Kontenmodelle einschließlich Kompensationsvereinbarung

aa) Bauträgerkreditvertrag als Kontokorrentkredit

Der Bauträger wird den Ankauf des Grundstücks und die Ausführung des Bauvorhabens nur sehr selten (vollständig) aus Eigenmitteln bestreiten können, sondern meist eine **Grundstücksankaufs- und eine Bauzwischenfinanzierung** durch seine Bank benötigen. Mit dem zu diesem Zwecke abzuschließenden Bauträgerkreditvertrag stellt die Bank dem Bauträger i.d.R. einen **Kontokorrentkredit** zur Verfügung, der durch die Erlöse aus dem Verkauf der projektierten Einheiten (z.B. Eigentumswohnungen, Einfamilienhäuser) zurückgeführt werden soll. Mitunter kommt es dabei auch vor, dass die Grundstücksankaufsfinanzierung von dem Bauzwischenkredit (sog. Aufbaukredit) für das Bauvorhaben getrennt wird, wenn etwa der Stand der Projektentwicklung dies der Bank nahe legt und sie sich daher eine Ausstiegsmöglichkeit aus dem Gesamtengagement offen halten möchte. Auch darüber hinaus wird die Bank unter verschiedenen Gesichtspunkten besondere Vorsicht walten lassen, denn zahlreiche Bauträgerinsolvenzen belegen, dass es sich bei der Bauträgerfinanzierung um ein risiko- und ausfallträchtiges Geschäft handelt. Als Objektkredit verlangt die Bauträgerfinanzierung besondere Aufmerksamkeit bei der Prüfung und laufenden Überwachung 1342

2623 Begr. RegE zu § 632a BGB, BT-Drucks. 16/511, S. 14; ferner Begr. RegE zu § 640 BGB, BT-Drucks. 18/8486, S. 48; a.A. *Basty* DNotZ 2008, 891 (895): Erstreckung der Vertragserfüllungsbürgschaft auch auf unwesentliche Mängel, solange sie wirksam ist.

2624 Begr. RegE zu § 632a BGB, BT-Drucks. 16/511, S. 15; ferner »Aus der Gutachtenpraxis des DNotI« DNotI-Report 2009, 1 (3).

2625 *Basty* DNotZ 2008, 891 (897).

2626 Vgl. BT-Drucks. 16/511, S. 24: In § 1 der Abschlagszahlungsverordnung wurde gerade die Regelung gestrichen, dass bei einem Bauträgervertrag keine Sicherheiten verlangt werden, die über die in §§ 3 und 7 MaBV vorgesehenen Sicherheiten hinausgehen; ferner »Aus der Gutachtenpraxis des DNotI« DNotI-Report 2009, 1 (6).

2627 *Weber/Kesselring/Hennig* NJW 2009, 3346 (3347).

2628 BGHZ 151, 147 (155) = WM 2002, 1655; WM 2003, 485 (486); *Fischer* WM 2003, 1 (2); kritisch hinsichtlich des Mietausfallschadens *Vogel* ZfIR 2003, 60 (62); *Kunze* ZfIR 2003, 540 (546).

des Kreditengagements. Das gilt zunächst hinsichtlich der gewerberechtlichen Erlaubnis des Bauträgers nach § 34c GewO, die sich die Bank nachweisen lassen wird. Die Bank wird auch die Einhaltung der Makler- und Bauträgerverordnung durch den Bauträger beobachten, etwa im Hinblick auf wirksame Fälligkeitsvereinbarungen nach §§ 3, 7 MaBV und die ordnungsgemäße Mittelverwendung nach § 4 MaBV, ohne dadurch aber ggü. den Erwerbern zur Mittelverwendungskontrolle verpflichtet zu sein. Ferner wird sich die Bank die bauplanungs- und bauordnungsrechtliche Zulässigkeit des Vorhabens, den Vertrag mit einem zuverlässigen Generalunternehmer oder entsprechende Verträge mit einzelnen Bauhandwerkern und Architekten, die Abtretung der Nutzungsrechte an den Bau- und Planungsunterlagen (§§ 31 ff. UrhG), eine Kostenkalkulation mit Bauzeitenplan und den Abschluss erforderlicher Bauversicherungen nachweisen lassen oder zur Auszahlungsvoraussetzung für den Bauträgerkredit erheben. Es kommt auch nicht selten vor, dass die Kreditzusage oder die Auszahlung des Kredits von einem bestimmten Mindestverkaufsstand zu den kalkulierten Verkaufspreisen abhängig gemacht wird. Die Besonderheiten des Bauträgerkredits – insbesondere die Überlagerung durch die Makler- und Bauträgerverordnung – dürften es der Bank daher ungeachtet der Rechtsprechung des BGH zur Unwirksamkeit von formularmäßigen Bearbeitungsentgelten in Darlehensverträgen mit Unternehmern[2629] (dazu Rdn. 1117) auch weiterhin gestatten, laufzeitunabhängige Einmalentgelte formularmäßig wirksam zu vereinbaren.[2630]

1343 Darüber hinaus finden sich noch weitere besondere Regelungen im Bauträgerkreditvertrag. So wird die Bauträgerbank ihre Bereitschaft erklären, Freigabeverpflichtungserklärungen nach § 3 Abs. 1 Satz 1 Nr. 3 MaBV abzugeben und zugleich die Zustimmung des Bauträgers zum Text dieser Erklärung einholen, um sich insoweit keinen Haftungsrisiken auszusetzen. Ferner werden die Voraussetzungen der **Verwendung der Freigabeverpflichtungserklärung** geregelt, die meist vorab dem Notar überlassen wird. I.d.R. wird die Bauträgerbank die Verwendung der Freigabeverpflichtungserklärung durch den Notar mit der Auflage verbinden, dass ein bestimmter **Listen- oder Mindestpreis** im Bauträgervertrag vereinbart wird. Behält sich die Bank in dem Freigabeversprechen nach § 3 Abs. 1 Satz 3 MaBV vor, den Erwerbern im Fall eines Steckenbleibens des Bauvorhabens anstelle einer Lastenfreistellung bereits geleistete Kaufpreiszahlungen zurückzuerstatten, so regelt sie im Bauträgerkreditvertrag für diesen Fall ihren Aufwendungsersatzanspruch und dessen Verbuchung auf dem Kreditkonto des Bauträgers.

1344 Im Rahmen der Bauträgerfinanzierung kann unter Umständen auch die in §§ 48 bis 48d EStG geregelte **Bauabzugsteuer**[2631] eine Rolle spielen. Nach diesen Vorschriften ist jeder, der als Unternehmer i.S.d. § 2 UStG oder als juristische Person des öffentlichen Rechts eine Bauleistung in Auftrag gegeben hat, seit dem 01.01.2002 verpflichtet, von den Zahlungen an den beauftragten Bauunternehmer 15 % einzubehalten und an das Finanzamt des Bauunternehmers abzuführen. Von dieser Verpflichtung ist der Auftraggeber nach § 48 Abs. 2 Satz 1 EStG befreit, wenn ihm der Bauunternehmer eine sog. **Freistellungsbescheinigung** (§ 48b Abs. 1 Satz 1 EStG)[2632] seines Finanzamts vorlegt, bestimmte Bagatellgrenzen nicht überschritten werden oder es sich bei dem Auftraggeber um einen sog. Kleinvermieter handelt, der lediglich zwei Wohnungen vermietet und die Bauleistung für diese Wohnungen in Auftrag gibt. Darüber hinaus hat das BMF[2633] zur Beseitigung zwischenzeitlicher Zweifel[2634] klargestellt, dass die Leistungen des Bauträgers nur dann

2629 BGH, Urt. v. 04.07.2017 – XI ZR 562/15, (Rn. 15 ff.); BGH, Urt. v. 04.07.2017 – XI ZR 233/16, (Rn. 26 ff.).

2630 OLG Köln, Urt. v. 13.07.2016 – 13 U 140/15, (Rn. 14, 18), WM 2016, 41: keine kontrollfähige Preisnebenabrede; *Koch* WM 2016, 717 (724); im Ergebnis auch OLG Nürnberg, Urt. v. 04.04.2017 – 14 U 612/15, BKR 2017, 251 (256): keine unangemessene Benachteiligung.

2631 Eingeführt durch Gesetz illegaler Betätigung im Baugewerbe v. 30.08.2001, BGBl. I, S. 2267; dazu *Beck/Girra* NJW 2002, 1079.

2632 Dazu *Reich/Böhme* DNotZ 2001, 924 (936).

2633 BMF-Schreiben v. 27.12.2002 – IV A 5 – S 2272–1/02, Rn. 18, abgedruckt in ZfIR 2003, 125 (127).

2634 Zur Diskussion über eine Kollision der Bauabzugsteuer mit den Regelungen der Makler- und Bauträgerverordnung *Reich/Böhme* DNotZ 2001, 924 (935); *Vollrath* DB 2002, 134 (135).

der Bauabzugsteuer unterliegen, wenn der Erwerber selbst als Bauherr i.S.d. BMF-Schreibens vom 31.08.1990[2635] anzusehen ist. Das wird in aller Regel nicht der Fall sein. Gleichwohl verlangt die Bauträgerbank mitunter vom Bauträger vorsorglich die Vorlage einer Freistellungsbescheinigung, da sich die Gerichte an das BMF-Schreiben nicht gebunden fühlen müssen und zudem ausnahmsweise einzelne Erwerber zum Einbehalt der Bauabzugsteuer verpflichtet sein können. Durch die Freistellungsbescheinigung soll verhindert werden, dass die Erwerber vom Kaufpreis die Bauabzugsteuer zum Zwecke der Abführung an das Finanzamt des Bauträgers in Abzug bringen, denn eine etwaige Abzugsverpflichtung des Erwerbers würde auch nach Abtretung der Kaufpreisforderungen aus dem Bauträgervertrag an die Bauträgerbank bestehen bleiben.[2636] Die Kaufpreise würden dann möglicherweise nicht mehr ausreichen, um den Bauträgerkredit in der beabsichtigten Form zurückzuführen. Davor kann sich die Bauträgerbank durch die Vorlage der Freistellungsbescheinigung des Bauträgers schützen.[2637] Darüber hinaus ist aber auch der Bauträger als Auftraggeber einer Bauleistung zu behandeln, soweit er Bauaufträge an Werkunternehmer vergibt. Insb. von Bauträgern mit dünner Eigenkapitaldecke verlangt die Bauträgerbank daher gelegentlich die Vorlage der Freistellungsbescheinigungen für die beauftragten Werkunternehmer, damit der Bauträger nicht aufgrund einer Haftung für nicht abgeführte Bauabzugsteuern nach § 48a Abs. 3 EStG in Zahlungsschwierigkeiten gerät.[2638] Vergleichbare Erwägungen können auch bei der Erwerberfinanzierung eine Rolle spielen, wenn Zweifel daran bestehen, ob der Bauträgerkaufvertrag ungeachtet des BMF-Schreibens vom 31.08.1990 tatsächlich von der Bauabzugsteuer befreit ist.

bb) Kontenmodelle, Kaufpreissammelkonto und Kompensationsvereinbarung

Die Rückführung des Bauträgerkredits durch die Kaufpreiserlöse aus dem projektierten Bauvor- 1345
haben kann in der Praxis auf unterschiedlichen Wegen erfolgen. Naheliegend ist es, den Bauträger dafür Sorge tragen zu lassen, dass die Kaufpreiszahlungen auf dem Kreditkonto eingehen, um dort die Kreditinanspruchnahme unmittelbar zurückzuführen. Zugleich reduziert sich dadurch der Kreditrahmen, der Bauträger kann also i.H.d. eingehenden Kaufpreiszahlungen den Kredit nicht wieder in Anspruch nehmen. Bei diesem **Einkontenmodell** kann die Bank die Zahlungsströme und damit die Risiken des Bauträgerkredits – insb. im Hinblick auf die anfallenden Baukosten – wegen der fehlenden Transparenz nur unter erhöhtem Aufwand überwachen.

In der Praxis hat sich daher verstärkt das **Zweikontenmodell** durchgesetzt, bei dem der Kredit auf 1346
einem Kreditkonto zur Verfügung gestellt wird und daneben ein **Kaufpreissammelkonto** für den Bauträger eingerichtet wird, auf dem die Kaufpreise der Erwerber aus der Bauträgermaßnahme einzuzahlen sind und das die Bank mit dem Kreditkonto verrechnen kann. Das erleichtert der Bank die Überwachung der Zahlungseingänge und die Feststellung der Baukosten. Der Bauträger wird aber nicht damit einverstanden sein, weiter mit hohen Kreditzinsen belastet zu werden und auf dem Kaupreissammelkonto nur eine geringe Verzinsung des Guthabens zu erhalten. Die Bank würde andererseits zwar gerne die Zinsmarge zwischen beiden Konten nutzen, möchte aber das Guthaben auf dem Kaufpreissammelkonto nicht mit einer Mindestreserve für Einlagen nach den Vorschriften der Europäischen Zentralbank[2639] unterlegen müssen. Daher werden entweder die beiden Konten mittels einer **Kontokorrentabrede** verknüpft oder die Bank trifft mit dem Bauträger eine **Kompensationsvereinbarung**, mit der beide Konten zins- und bilanzmäßig kompensiert werden und der Bauträger wie bei der Verbuchung über ein einziges Konto gestellt wird.

2635 BStBl. I, S. 366.

2636 BGH, WM 2005, 1381 (1382).

2637 Vgl. BGH, WM 2005, 1381 (1382).

2638 Weitere steuerrechtliche und haftungsbegründende Pflichten können sich bei Bauleistungen etwa auch aus § 13b UStG ergeben, vgl. dazu *Eisolt* NZBau 2005, 320 (321).

2639 Verordnung (EG) Nr. 1745/2003 der Europäischen Zentralbank v. 12.09.2003 über die Auferlegung einer Mindestreserve (EZB/2003/9); ferner Verordnung (EG) Nr. 1052/2008 der Europäischen Zentralbank v. 22.10.2008 zur Änderung der Verordnung (EG) Nr. 1745/2003 (EZB/2003/9) über die Auferlegung einer Mindestreservepflicht (EZB/2008/10).

Die Kompensationsvereinbarung erfordert nach § 10 RechKredV zur Befreiung der Bank von der Mindestreservepflicht, dass täglich fällige Forderungen der Bank (Kreditkonto des Bauträgers) mit täglich fälligen, keinerlei Bindungen unterliegenden Forderungen des Bauträgers (Kaufpreissammelkonto des Bauträgers) in der gleichen Währung verrechnet werden. Es ist daher darauf zu achten, dass der Bauträgerkreditvertrag jederzeit kündbar ist, um die tägliche Fälligkeit zu gewährleisten. Die Mittelverwendungsvorschriften des § 4 MaBV und der §§ 1 ff. BauFordSiG stehen der Kompensation nicht entgegen.[2640] Daran dürfte auch der seit 01.01.2009 erweiterten Baugeldbegriff, der eine baustellenbezogene Verwendungspflicht des Bauträgers vorsieht (§ 1 Abs. 3 Nr. 2 BauFordSiG; dazu Rdn. 1352), nichts ändern. Zwar sollen Baugelder grds. nur von Baugläubigern (z.B. Bauhandwerker, Architekten) gepfändet werden können,[2641] doch das dürfte noch nicht notwendig eine Verwaltung der Baugelder auf einem – der Kompensation entzogenen – Treuhandkonto erfordern.[2642] Soweit der Bauträger eine Verpfändung des Kaufpreissammelkontos überhaupt noch vornehmen darf (dazu Rdn. 1354),[2643] kann nur eine enge Sicherungszweckvereinbarung getroffen werden, weil das Konto im Fall einer weiten Sicherungszweckerklärung vor dem Hintergrund der Mindestreservepflicht und der baustellenbezogenen Verwendungspflicht des Bauträgers schädlichen Bindungen unterliegen würde.

cc) Avalkredit

1347 Der Bauträger hat seinen Vertragspartnern häufig auch **Bürgschaften** beizubringen. Dabei kann es sich um Bürgschaften nach § 650f BGB (§ 648a BGB a.F.) für die von ihm beauftragten Bauhandwerker oder um Bürgschaften nach § 7 MaBV (dazu Rdn. 1323–1331) handeln, aber auch um solche nach § 650m Abs. 3 BGB (§ 632a Abs. 4 BGB a.F.; dazu Rdn. 1337–1340) oder um solche zugunsten der die Erwerber finanzierenden Banken, wenn diesen die gewünschte Grundschuld auf dem Vertragsobjekt zur Sicherung der Erwerberfinanzierung noch nicht bestellt werden kann. Um seinen Verpflichtungen zur Beibringung entsprechender Bürgschaften nachkommen zu können, schließt der Bauträger mit seiner Bank einen Avalkreditvertrag ab, der regelmäßig auf den Bauträgerkredit angerechnet wird. Der Bauträger hat für die Übernahme der Bürgschaften durch seine Bank entsprechende **Avalprovisionen** zu zahlen. Soweit es sich dabei um Avalprovisionen für eine Bürgschaft nach § 7 MaBV handelt, kann der Bauträger diese Kosten formularmäßig nicht auf den Erwerber überwälzen;[2644] entsprechendes dürfte auch bei Bürgschaften nach § 650m Abs. 3 BGB (§ 632a Abs. 4 BGB a.F.; dazu Rdn. 1337–1341) gelten. Legt die Bauträgerbank neben der Bürgschaft nach § 7 MaBV auch eine **Finanzierungsbürgschaft** heraus, um die Erwerberbank bis zur rangrichtigen Eintragung ihrer Finanzierungsgrundschuld zu sichern (dazu auch Rdn. 1163, 1359), so kann sie das Risiko einer Doppelinanspruchnahme aus beiden Bürgschaften vermeiden, indem sie vereinbart, dass Zahlungen aus der § 7 MaBV-Bürgschaft nur auf das Kreditkonto des Erwerbers bei seiner Bank erfolgen.[2645] Soweit darin eine unzulässige Beschränkung der § 7 MaBV-Bürgschaft zu erblicken sein sollte, wird alternativ vorgeschlagen, die Erwerberbank zu verpflichten, sich etwaige Rückzahlungsansprüche des Erwerbers gegen den Bauträger nebst der § 7 MaBV-Bürgschaft abtreten zu lassen und diese Ansprüche an die Bauträgerbank weiter abzutreten, wenn sie die zusätzliche Bürgschaft der Bauträgerbank in Anspruch nimmt.[2646]

1348 Der Inhalt der Bürgschaft wird regelmäßig zum Gegenstand des Avalkreditvertrages gemacht. Im Hinblick auf die § 7 MaBV-Bürgschaft erwartet der Bauträger, dass diese mit den im Bauträgervertrag getroffenen Vereinbarungen übereinstimmt und den Vorgaben der Makler- und

2640 Vgl. OLG Düsseldorf, WM 1997, 913 (915).

2641 OLG Düsseldorf, ZIP 2002, 902 (905).

2642 *Leidig* NJW 2009, 2919 (2921); *Hänsel/Flache* NJW-Spezial 2009, 572.

2643 Ablehnend *Hänsel/Flache* NJW-Spezial 2009, 572.

2644 LG Bremen, NJW-RR 1994, 476.

2645 *Rösler* ZfIR 2001, 259 (264).

2646 *Reisach* Bauträgerrecht und Bauträgerfinanzierung, S. 153.

Bauträgerverordnung entspricht. Für beides ist die Bank dem Bauträger aber nicht verantwortlich,[2647] vielmehr wird sie ihm den Bürgschaftstext zur eigenständigen Prüfung überlassen und eine Haftung zur Klarstellung ausschließen. Darüber hinaus ist zu beachten, dass mit der Sicherung des Erwerbers nach § 7 MaBV die Mittelverwendungsbindung des Bauträgers für die Kaufpreiszahlung der Erwerber aus § 4 MaBV entfällt. Die Bauträgerbank wird also den Bauträger im Avalkredit zur objektbezogenen Mittelverwendung verpflichten und ggf. geeignete Kontrollmechanismen vorsehen. Zahlt die Bauträgerbank aus einer der übernommenen Bürgschaften an den Bürgschaftsgläubiger, so steht ihr neben den nach § 774 BGB kraft Gesetzes auf sie übergehenden Ansprüchen ein **Aufwendungsersatzanspruch** gegen den Bauträger gem. §§ 670, 675 BGB aus dem Avalkreditvertrag zu. Dieser Aufwendungsersatzanspruch wird regelmäßig dem Kreditkonto des Bauträgers belastet, das ebenfalls durch den Sicherungsumfang der bestellten Sicherheiten zu besichern ist.

In der Praxis sind die Erwerber auch nach Bezug und Abnahme des Vertragsobjekts mitunter nicht 1349
bereit, die § 7 MaBV-Bürgschaft an die Bauträgerbank zurückzugeben, weil sie entweder noch Mängel festgestellt haben oder sich auch für künftig auftretende Mängel eine Sicherung erhoffen. Ebenso kann es vorkommen, dass der Erwerber die Bürgschaft nach § 650m Abs. 3 BGB (§ 632a Abs. 4 BGB a.F.; dazu Rdn. 1337–1340) nicht zurückgibt. Für die Bauträgerbank stellt sich dann die Frage, ab wann ein Haftungsrisiko aus der Bürgschaft nicht mehr besteht und deshalb die Bürgschaft ausgebucht werden kann. Auch für den Bauträger ist das von Interesse, da er nach **Ausbuchung der Bürgschaft** keine Avalprovision mehr zu zahlen hat. Die MaBV-Bürgschaft ist nach § 7 Abs. 1 Satz 3 MaBV so lange aufrechtzuerhalten, bis die Voraussetzungen des § 3 Abs. 1 MaBV erfüllt sind (dazu Rdn. 1309) und das Vertragsobjekt vollständig fertiggestellt (dazu Rdn. 1318, 1325) ist. Letzteres ist der Fall, wenn der Bauträger sämtliche Arbeiten erbracht hat und das Vertragsobjekt abnahmereif ist bzw. die bei der Abnahme festgehaltenen und zu beseitigenden Protokollmängel erledigt sind.[2648] Auch die Bürgschaft nach § 650m Abs. 3 BGB (§ 632a Abs. 4 BGB a.F.) ist mit der Abnahme bzw. Abnahmereife des Bauobjekts zurückzugewähren, soweit nicht bereits vor der Abnahme bzw. Abnahmereife gesicherte Ansprüche wegen nicht rechtzeitiger Herstellung des Bauobjekts entstanden sind oder festgehaltene Protokollmängel beseitigt sind.[2649] Da die Abnahmereife für die Bauträgerbank kaum feststellbar ist, wird sie sich vor Ausbuchung der Bürgschaft das Abnahmeprotokoll vorlegen lassen und ggf. eine weitere Bestätigung des Erwerbers über die Beseitigung etwaiger Protokollmängel verlangen. Mängel, die erst nach der Abnahme festgestellt werden, sind von den Bürgschaften nach § 7 MaBV und nach § 632a Abs. 4 BGB nicht erfasst, die Bürgschaften müssen also keineswegs bis zum Ablauf der Gewährleistungsfristen aufrechterhalten bleiben.[2650] Zulässig dürfte es sein, die Verpflichtung des Bauträgers zur Entrichtung der Avalprovision von dem Bestand der gesicherten Forderung abzukoppeln und an die Rückgabe der Bürgschaft zu knüpfen, um den Bauträger zur Mitwirkung an der Rückgabe der Bürgschaftsurkunde zu bewegen.

b) Besicherung des Bauträgerkredits

aa) Globalgrundschuld

Die Bauträgerfinanzierung wird üblicherweise durch eine – i.d.R. sofort vollstreckbare (§ 800 1350
ZPO) – Grundschuld gesichert, die nach Teilung des belasteten Grundstücks (§§ 2 ff. WEG) zur Bildung von Wohnungs- und Teileigentum als **Globalgrundschuld** auf allen aus der Teilung hervorgegangenen Einheiten lastet. In ihrer Höhe wird sich die Globalgrundschuld nicht am effektiven Finanzierungsbedarf des Bauträgers orientieren, sondern an der Summe der Kaufpreise.

2647 A.A. hinsichtlich der Makler- und Bauträgerverordnung wohl *Riemenschneider* ZfIR 2002, 949 (959).

2648 *Fischer* WM 2003, 1 (4); *Riemenschneider* ZfIR 2002, 949 (958); kritisch *Vogel* ZfIR 2003, 60 (61).

2649 Begr. RegE zu § 632a BGB, BT-Drucks. 16/511, S. 15; vgl. auch *Leinemann* NJW 2008, 3745 (3747).

2650 A.A. *Thode* WuB I E 5. – 6.01, 530 (531); *ders.* WuB I E 5. – 1.02, 34; *v. Heymann* Die Bank 2004, 310 (312). Zum Umfang der Bürgschaft nach § 7 MaBV bereits Rdn. 1324–1327.

Anderenfalls ist die Bauträgerbank hinsichtlich ihrer Aufwendungsersatzansprüche unter Umständen nicht hinreichend dinglich gesichert, wenn sie Bürgschaften nach § 7 MaBV oder § 650m Abs. 3 BGB (§ 632a Abs. 4 BGB a.F.) übernimmt oder sich in der Freistellungsverpflichtungserklärung nach § 3 Abs. 1 Satz 3 MaBV vorbehält, dem Erwerber im Fall des Steckenbleibens des Bauvorhabens die geleisteten Kaufpreiszahlungen zurückzuerstatten. Der entsprechende Rückgewähranspruch des Bauträgers, der nach Wegfall des Sicherungszwecks für die von ihm bestellten (Global-)Grundschuld entsteht, wird hinsichtlich der verkauften Einheiten auf die Erteilung einer Löschungsbewilligung (Pfandfreigabe) beschränkt, weil die Bank aufgrund der ggü. den Erwerbern abgegebener Pfandfreigabeverpflichtungserklärung (§ 3 Abs. 1 Satz 1 Nr. 3 MaBV) nach Zahlung des geschuldeten Kaufpreises die verkauften Einheiten aus ihrer grundpfandrechtlichen Mithaft entlassen muss. Eine solche Beschränkung des Rückgewähranspruchs ist in diesen Fällen auch bei formularmäßiger Vereinbarung nicht zu beanstanden, weil sie letztlich dem Schutz des Erwerbers dient (z.B. vor Pfändungen des Rückgewähranspruchs durch Dritte) und der Verpflichtung des Bauträgers zur lastenfreien Übertragung des Vertragsobjekts geschuldet ist. Mit der Pfandfreigabe erfüllt die Bank sodann zugleich ihre Rückgewährverpflichtung ggü. dem Bauträger. Finanziert die Bank neben dem Bauträger auch den Erwerber, kann die Grundschuld nach ihrer Verteilung (§§ 1132 Abs. 2, 1192 Abs. 1 BGB) kostensparend auch zur Sicherung der Erwerberfinanzierung herangezogen werden. Mit dem Bauträger wird insoweit vereinbart, dass die Grundschuld bis zu deren Verteilung vorrangig die Kaufpreisfinanzierung der Erwerber sichert. Die Grundschuld wird dann vom Erwerber mit der Eigentumsumschreibung übernommen und bleibt – mit einer entsprechenden Sicherungszweckerklärung des Erwerbers versehen – bestehen. Ihre Verpflichtung aus der Pfandfreigabeverpflichtungserklärung erfüllt die Bank in diesem Fall dadurch, dass die Grundschuld keine Verbindlichkeiten des Bauträgers mehr sichert. Erfolgt die Endfinanzierung des Erwerbers durch eine andere Bank, so wird sich diese zur Sicherung der Erwerberfinanzierung möglicherweise nicht mit einem Grundpfandrecht im Rang nach der Globalgrundschuld und der Abtretung der Ansprüche des Erwerbers aus der Freistellungsverpflichtungserklärung nach § 3 Abs. 1 MaBV zufriedengeben. Die Bauträgerbank, die ihrerseits am Absatz der finanzierten Objekte zur Rückführung des Bauträgerkredits interessiert ist, wird aber unter Umständen auch zu einem **Rangrücktritt mit ihrer Globalgrundschuld** auf der belasteten Einheit einverstanden sein, wenn ihr die Auszahlungsansprüche des Erwerbers gegen seine Bank abgetreten werden, die Grundschuld der Erwerberbank nur die zur Zahlung des notariell beurkundeten Kaufpreises valutierten Beträge sichert und für den Fall eines Steckenbleibens des Bauvorhabens gewährleistet ist, dass die Grundschuld der Erwerberbank gegen Rückerstattung der geleisteten Kaufpreiszahlungen wieder gelöscht wird.

bb) Abtretung der Kaufpreisansprüche gegen die Erwerber

1351 Neben der Globalgrundschuld verlangt die Bauträgerbank als Sicherheit regelmäßig die **Abtretung sämtlicher Kaufpreisansprüche** des Bauträgers aus dem Verkauf der erstellten oder noch zu erstellenden Einheiten. Dadurch wird die Bauträgerbank materiellrechtlich Inhaberin der Forderungen und verhindert den Zugriff von (Pfändungs-)Gläubigern des Bauträgers. Eine solche Abtretung der Kaufpreisansprüche ist auch bei Vereinbarung einer weiten Sicherungszweckerklärung nicht etwa wegen eines Verstoßes gegen § 4 Abs. 1 Nr. 2, § 6 Abs. 1 MaBV nach § 134 BGB nichtig.[2651] Der Bauträger sollte allerdings gleichwohl darauf bedacht sein, die Vereinbarung einer weiten Zweckerklärung wegen seiner objektbezogenen Mittelverwendungspflicht aus § 4 MaBV zu vermeiden, um der Bank nicht die Möglichkeit zu eröffnen, eingehende Zahlungen der Erwerber auch mit anderen Forderungen gegen den Bauträger als jenen aus der Finanzierung des konkreten Bauvorhabens zu verrechnen.[2652] **Einwendungen und Einreden des Erwerbers** gegen die abgetretenen

2651 BGH, WM 2007, 2191 (Rn. 13); kritisch gegen die Erwägung des BGH, die Vorschriften der MaBV auch im Verhältnis zwischen Bauträger und Bank anzuwenden, zu Recht *Blank* ZfIR 2007, 842 (843).

2652 *Blank* ZfIR 2007, 842 (844), der eine entsprechende Verrechnungsbeschränkung der Bank annimmt.

Kaufpreisforderungen (z.B. Zurückbehaltungsrechte, Verjährung[2653]) muss sich die Bauträgerbank nach § 404 BGB entgegenhalten lassen. Um den Zahlungsfluss aus den abgetretenen Kaufpreisansprüchen zur Rückführung des Bauträgerkredits zu sichern, wird sie daher die Beachtung der Makler- und Bauträgerverordnung durch den Bauträger überwachen und auch selbst bei der Gestaltung ihrer Freigabeverpflichtungserklärung gem. § 3 Abs. 1 Satz 1 Nr. 3 MaBV oder ihrer § 7 MaBV-Bürgschaft im eigenen Interesse entsprechende Sorgfalt walten lassen. Verstöße des Bauträgers gegen die Regelungen der §§ 3, 7 MaBV führen zur Nichtigkeit der entsprechenden Fälligkeitsvereinbarungen (§ 134 BGB i.V.m. § 12 MaBV), die Kaufpreise werden dann in aller Regel gem. § 641 BGB erst bei Abnahme des Vertragsobjekts fällig (dazu Rdn. 1322, 1330). Bereits geleistete Zahlungen kann der Erwerber sogar von der Bauträgerbank zurückverlangen, wenn diese aufgrund der Offenlegung der Forderungsabtretung (z.B. im Bauträgervertrag oder in der Pfandfreigabeverpflichtungserklärung nach § 3 Abs. 1 MaBV) selbst Leistungsempfängerin war. Das soll auch dann gelten, wenn der Erwerber mit seinen Zahlungen ggü. der Bauträgerbank zur Erlangung der Lastenfreistellung einen eigenen Leistungszweck verfolgte, wie das auch ohne Offenlegung der Forderungsabtretung aufgrund der in den Pfandfreigabeversprechen regelmäßig vorgesehenen Zahlstellenklausel der Fall sein kann.[2654]

Bei der Abtretung sämtlicher Kaufpreisansprüche aus dem Bauvorhaben handelt es sich regelmäßig 1352
um eine **Globalzession,**[2655] die als solche den insoweit üblichen – insb. insolvenzrechtlichen[2656] – Risiken und Beschränkungen unterliegt. Weitere Probleme können der Bauträgerbank aus der **Umsatzsteuerhaftung aus § 13c UStG** erwachsen, die den Abtretungsempfänger bei Vereinnahmung der Forderung für die darin enthaltene USt gesamtschuldnerisch haften lässt.[2657] Nach der sog. **Vertragsbruchtheorie** des BGH ist außerdem eine Globalzession sittenwidrig und damit nichtig, wenn sie auch solche Forderungen erfasst, die üblicherweise Gegenstand eines **verlängerten Eigentumsvorbehalts** der Lieferanten des Zedenten sind.[2658] Nur eine **dingliche Teilverzichtsklausel** zugunsten der Vorbehaltslieferanten vermag der Globalzession insoweit zur Wirksamkeit zu verhelfen.[2659] Verlängerte Eigentumsvorbehalte werden üblicherweise auch die vom Bauträger beauftragten Bauhandwerker vereinbaren, dennoch erscheint es äußerst zweifelhaft, ob die Forderung nach einer dinglichen Teilverzichtsklausel hier angebracht ist. Bereits der Erwerber hat nämlich ein schützenswertes Interesse daran, den geschuldeten Kaufpreis auf das in der Pfandfreigabeverpflichtungserklärung (§ 3 Abs. 1 Satz 1 Nr. 3 MaBV) angegebene Bauträgerkonto zahlen zu dürfen, um die Pfandfreigabe zu erlangen. Darüber hinaus handelt die Bauträgerbank keineswegs sittenwidrig, wenn sie die Pfandfreigabe davon abhängig macht, dass die Kaufpreiszahlungen zu ihr gelangen und sich insoweit durch eine Globalzession entsprechend sichert. Gleichwohl enthalten in der Praxis die Globalzessionen der Bauträgerbanken meist die geforderte dingliche Teilverzichtsklausel. Damit besteht die Gefahr, dass sich die Bauhandwerker unter Hinweis auf ihren verlängerten Eigentumsvorbehalt an die Bauträgerbank wenden und nach § 816 Abs. 2 BGB die Herausgabe der bei ihr eingezahlten Kaufpreise verlangen. Ob sich die Bauträgerbank davor schützen kann, indem sie auf eine Offenlegung der Abtretung verzichtet und sich auf ihre Funktion als Zahlstelle des Bauträgers beschränkt, erscheint jedenfalls dann zweifelhaft, wenn der Erwerber mit seinen Zahlungen zur Erlangung der Lastenfreistellungen ggü. der Bauträgerbank einen eigenen Leistungszweck verfolgt.[2660]

2653 Vgl. dazu *Pauly* ZfIR 2006, 47.

2654 BGH, WM 2005, 592; *Blank* ZfIR 2005, 678 (682).

2655 Vgl. BGH, WM 1983, 953 (955).

2656 Zur Werthaltigkeit der Globalzession in der Insolvenz des Sicherungsgebers etwa *Piekenbrock* WM 2007, 141; *Cranshaw* DZWIR 2008, 397; *Psaroudakis* ZInsO 2009, 1039; *Huber* ZInsO 2012, 1314.

2657 Dazu *Molitor* ZInsO 2006, 804; *Piekenbrock* WM 2007, 141.

2658 BGHZ 30, 149 (151).

2659 BGH, WM 1974, 368 (369).

2660 Vgl. BGH, WM 2005, 592; zur Stellung des Kreditinstituts als Zahlstelle und Sicherungsnehmer *Peters/Lwowski* WM 1999, 258.

1353 Fragen im Zusammenhang mit der Besicherung des Bauträgerkredits kann auch das **Bauforderungssicherungsgesetz** (BauFordSiG)[2661] aufwerfen, das sich als öffentlich-rechtliche Verpflichtung an den Empfänger von **Baugeld** i.S.d. § 1 Abs. 3 BauFordSiG richtet. Die Bestimmungen der §§ 1 f. BauFordSiG sind Schutzgesetze i.S.d. § 823 Abs. 2 BGB,[2662] die Regelung des § 2 BauFordSiG sieht bei Zuwiderhandlungen sogar strafrechtliche Konsequenzen für den Bauträger vor. Baugeld sind nach der seit 01.01.2009 geltenden und erweiterten Fassung des § 1 Abs. 3 BauFordSiG alle zum Zwecke der Bestreitung der Kosten eines Bauvorhabens bestimmten Geldbeträge, die

- in der Weise gewährt werden, dass zur Sicherung des Geldgebers ein Grundpfandrecht auf dem zu bebauenden Grundstück dient oder die Übertragung des Eigentums an dem Grundstück erst nach gänzlicher oder teilweiser Herstellung des Baus oder des Umbaus[2663] erfolgen soll; erfasst werden alle Gelder, die ein Bauunternehmer von seinem Auftraggeber erhält (§ 1 Abs. 3 Satz 2 BauFordSiG), also auch Eigenmittel;[2664] oder
- der Empfänger von einem Dritten für ein Werk, dessen Herstellung der Empfänger dem Dritten versprochen hat, erhalten hat, wenn an der Herstellung des Werks andere Unternehmer (§ 14 BGB) aufgrund eines Werk-, Dienst- oder Kaufvertrages beteiligt waren.

1354 Für den Empfänger handelt es sich um Treuhandvermögen, das er nach § 1 Abs. 1 BauFordSiG bestimmungsgemäß zur Befriedigung solcher Personen zu verwenden hat, die an der Herstellung des Baus aufgrund eines Werk-, Dienst- oder Lieferungsvertrages beteiligt sind. Daher unterliegt das Baugeld beim Empfänger weder der Pfändung noch der Aufrechnung durch Dritte, die nicht Baugläubiger (z.B. Bauhandwerker, Architekten) sind.[2665] Empfänger von Baugeld kann auch ein Bauträger sein,[2666] ferner der Generalunternehmer, der Baubetreuer und darüber hinaus jeder Bauunternehmer, der Baumaterial kauft oder einen weiteren Unternehmer beauftragt, sowie jeder Nachunternehmer, der seinerseits mit Nachunternehmern oder Baustofflieferanten entsprechende vertragliche Beziehungen begründet.[2667] Baugeldempfänger ist hingegen nicht die Bauträgerbank.[2668] Um Baugeld handelt es sich indes nicht, soweit die Geldbeträge nach dem Verwendungszweck des Finanzierungsvertrages nicht nur zur Bestreitung der Baukosten verwendet werden sollen, sondern etwa zur Finanzierung eines Grundstücks.[2669] Gleichwohl wird es sich – ungeachtet der kaufvertraglichen Komponente des Bauträgervertrages – bei den Kaufpreiszahlungen des Erwerbers um Baugelder i.S.d. § 1 Abs. 3 BauFordSiG handeln.[2670] Diese dürften dann, soweit sie den nach § 1 Abs. 2 BauFordSiG zulässigen Einbehalt des an der Bauherstellung selbst beteiligten Bauträgers übersteigen, aufgrund ihrer Zweckbindung nach § 399 BGB auch nicht abtretbar sein.[2671] Allerdings wird das nicht bei einer Abtretung zur Sicherung der Bauträgerfinanzierung gelten, denn die Kaufpreisgelder dienen gerade zur Rückführung des Bauträgerkredits, der seinerseits als Baugeld bereits der Befriedigung der am Bau beteiligten Handwerker dient. Es besteht

---

2661 Das bisherige Gesetz über die Sicherung von Bauforderungen (GSB) v. 01.06.1909 hat durch Forderungssicherungsgesetz v. 28.10.2008 (BGBl. I, S. 2022) den Kurztitel »Bauforderungssicherungsgesetz« (BauFordSiG) erhalten; zur Verfassungsmäßigkeit des BauFordSiG BVerfG, ZfIR 2011, 601; *Derleder* ZfIR 2011, 585.

2662 *Drasdo* NJW-Spezial 2006, 97 (98).

2663 Der Begriff der Herstellung oder des Umbaus eines Baus ist nicht auf Gebäude beschränkt, sondern mit der Herstellung oder dem Umbau eines Bauwerks gleichbedeutend, BGH, Beschl. v. 24.01.2013 – VII ZR 47/11, ZfIR 2013, 329 (Rn. 6).

2664 *Derleder* ZfIR 2011, 585 (589); vgl. aber zum Gesetz zur Sicherung von Bauforderungen (GSB) auch BGH, Urt. v. 19.08.2010 – VII ZR 169/09 (Rn. 22).

2665 BGH, NJW 1988, 263; OLG Düsseldorf, ZIP 2002, 902 (905).

2666 BGH, WM 1986, 264; *Schulze-Hagen* NJW 1986, 2403 (2406).

2667 *Derleder* ZfIR 2011, 585 (588).

2668 Vgl. BGH, NJW-RR 1990, 88; OLG München, NJW-RR 1991, 280.

2669 BGH, NJW 1986, 1104 (1105); BGH, WM 1989, 411 (412); OLG Düsseldorf, WM 1997, 913 (915).

2670 BGH, WM 1986, 264.

2671 Vgl. BuB/*Huber* Rn. 4/693; offen gelassen in BGH, WM 1990, 1326 (1327); BGH, WM 1991, 905 (906); zur Erstreckung des AGB-Pfandrechts auf Baugeld LG Ravensburg, WM 2007, 886 (887).

dann – ein auf die Finanzierung des konkreten Bauprojekts begrenzter Sicherungszweck der Abtretung vorausgesetzt – kein Bedürfnis, durch die Kaufpreisgelder bzw. deren Finanzierung zusätzliches Baugeld zu schaffen.[2672] Die Bauträgerbank wird durch die Abtretung auch nicht Empfänger des Baugeldes, Empfänger bleibt vielmehr der Bauträger. In Fällen, in denen die Baugeldeigenschaft oder die Verwendung des Baugeldes streitig ist, trifft nach § 1 Abs. 4 BauFordSiG den Empfänger die Beweislast.

cc) Verpfändung des Guthabens auf dem Kaufpreissammelkonto

Mit der Zahlung des Erwerbers auf das angegebene Bauträgerkonto (Kaufpreissammelkonto) erlöschen in entsprechender Höhe die Kaufpreisforderungen, die Forderungsabtretung wird zu diesem Zeitpunkt hinfällig. Die Bauträgerbank wird sich daher von vornherein das Guthaben auf dem Kaufpreissammelkonto vom Bauträger verpfänden lassen, um die Rückführung des Kredits durch Verfügungen des Bauträgers oder durch Pfändungsmaßnahmen Dritter nicht doch noch zu gefährden. Die Verpfändung bedarf keiner Anzeige nach § 1280 BGB, da die Bauträgerbank selbst Schuldnerin des verpfändeten Guthabens ist. Die Regelungen der §§ 1 ff. BauFordSiG dürften einer Verpfändung des Kaufpreissammelkontos selbst nach der Erweiterung des Baugeldbegriffs durch § 1 Abs. 3 Satz 1 Nr. 2 BauFordSiG (dazu Rdn. 1352) wohl nicht entgegen stehen,[2673] wenn ein auf die Finanzierung des konkreten Bauprojekts begrenzter Sicherungszweck vereinbart wird, denn letztlich können die vom Erwerber erbrachten Zahlungen nicht anders zu behandeln sein als die mit den Zahlungen erloschenen Kaufpreisforderungen. So wird den Bauträger zunächst keine Verpflichtung treffen, das Baugeld zwingend auf einem Treuhandkonto zu verbuchen,[2674] auch wenn es sich bei dem Baugeld für den Empfänger um Treuhandvermögen handelt, das er nach § 1 Abs. 1 BauFordSiG bestimmungsgemäß zur Befriedigung solcher Personen zu verwenden hat, die an der Herstellung des Baus aufgrund eines Werk-, Dienst- oder Lieferungsvertrages beteiligt sind. Entscheidend gilt aber auch hier, dass die Kaufpreisgelder gerade als Sicherheit zur Rückführung des Bauträgerkredits dienen sollen, der seinerseits als Baugeld bereits zur Befriedigung der am Bau beteiligten Handwerker zur Verfügung steht (dazu Rdn. 1352). Im Kreditvertrag wird auch oftmals geregelt, dass der Bauträger im Fall eines die Kreditinanspruchnahme zwischenzeitlich übersteigenden Guthabens auf dem Kaufpreissammelkonto eine Freigabe des überschießenden Betrages bis zum Abschluss des Bauvorhabens nicht verlangen kann. Auch i.Ü. darf die Verpfändung nur die Forderungen der Bauträgerbank aus der Finanzierung der konkreten Baumaßnahme sichern, weil anderenfalls der Bauträger gegen seine Mittelverwendungspflichten aus § 4 MaBV bzw. §§ 1 ff. BauFordSiG verstoßen könnte und die Befreiung der Bauträgerbank von ihrer Mindestreservepflicht gefährdet ist. 1355

dd) Sonstige Sicherheiten

Als weitere Sicherheit kommt für eine Bauträgerfinanzierung die **Abtretung** der Ansprüche des Bauträgers aus dem abgeschlossenen **Generalunternehmer-/übernehmervertrag** oder aus den **Bauverträgen über die Hauptgewerke** in Betracht, jeweils einschließlich der für die Bauleistungen bestellten Sicherheiten (z.B. Vertragserfüllungs- oder Gewährleistungsbürgschaften); es sollte vorsorglich eine Regelung in der Abtretungserklärung vorgesehen werden, dass auch die nach Abtretung bestellten (akzessorischen) Sicherheiten auf die Bank übergehen.[2675] Diese Abtretung kann etwa bedeutsam sein, wenn der Bauträger seinen Erwerbern bestimmte Fertigstellungstermine zugesagt hat und er diese Verpflichtungen an seine Subunternehmer unter Vereinbarung entsprechender 1356

2672 OLG München, NJW-RR 1991, 279; ebenso wohl OLG Düsseldorf, WM 1997, 913 (915).

2673 Anders zum AGB-Pfandrecht der Banken und Sparkassen wohl LG Ravensburg, WM 2007, 886 (887); *Hänsel/Flache* NJW-Spezial 2009, 572. Dem AGB-Pfandrecht liegt allerdings ein weiter Sicherungszweck zugrunde.

2674 *Hänsel/Flache* NJW-Spezial 2009, 572; *Leidig* NJW 2009, 2919 (2912).

2675 Vgl. BGH, Urt. v. 15.08.2002 – IX ZR 217/99.

Vertragsstrafen – unterlegt durch entsprechende Bürgschaften – weitergereicht hat. Auch die Abtretung der Ansprüche des Bauträgers aus dem **Architektenvertrag** wird meist verlangt. Ferner kann es für die Bauträgerbank sinnvoll sein, sich ein **Eintrittsrecht** in die jeweiligen Bau- und Architektenverträge anstelle des Bauträgers und ein (unentgeltliches) Nutzungsrecht (§§ 31 ff. UrhG) an den Planungsunterlagen und Bauzeichnungen einräumen zu lassen.

1357 Bauträger treten häufig in der Rechtsform der GmbH auf und sind meist nur mit einer dünnen Eigenkapitaldecke ausgestattet. Daher holt die Bauträgerbank nicht selten auch **Bürgschaften der Gesellschafter** ein. Selbst bei krasser finanzieller Überforderung des Gesellschafters ist seine Bürgschaft nicht sittenwidrig, wenn er maßgeblich an der Bauträgergesellschaft beteiligt ist, denn es steht dann sein eigenes wirtschaftliches Interesse im Vordergrund und die Bank hat grds. ein berechtigtes Interesse an der persönlichen Haftung der maßgeblich beteiligten Gesellschafter. Maßgeblich ist die Beteiligung des Gesellschafters an der GmbH, wenn sie 10 % übersteigt.[2676]

c) Freistellungsvereinbarung mit dem Bauträger bei verbundenem Geschäft

1358 Nach § 358 Abs. 3 Satz 3 BGB sind unter den dort genannten Voraussetzungen die verbraucherschützenden Regelungen über **verbundene Geschäfte** auch bei **Immobilienfinanzierungen** anwendbar (dazu Rdn. 1210–1214). Beabsichtigt die Bank, absatzfördernde Maßnahmen zu ergreifen, setzt sie sich dadurch den mit verbundenen Geschäften einhergehenden Risiken des **Widerrufsdurchgriffs** (§ 358 Abs. 1 und 2 BGB), des **Einwendungsdurchgriffs** (§ 359) und – in Ausnahmefällen – sogar des **Rückforderungsdurchgriffs** (§ 813 Abs. 1 Satz 1, 812 Abs. 1 Satz 1 BGB) aus (dazu Rdn. 1216). Sie wird daher bemüht sein, diese Risiken durch entsprechende **Freistellungsvereinbarungen** mit dem Bauträger einzugrenzen. Angesichts der Unabdingbarkeit der Regelungen über verbundene Geschäfte können solche Freistellungsvereinbarungen indes nur schuldrechtliche Wirkungen zwischen den Parteien entfalten. Sie hängen daher in ihrer Werthaltigkeit von der Bonität des Bauträgers ab. Inhaltlich kann die Freistellungsvereinbarung zunächst darauf gerichtet sein, den Bauträger zur Aufnahme bestimmter Klauseln in den Bauträgerkaufvertrag zu verpflichten. Um langwierigen Auseinandersetzungen über das Vorhandensein behaupteter Mängel möglichst zu begegnen, sind etwa Regelungen im Bauträgervertrag über die Begleitung der Abnahme des Gemeinschaftseigentums durch einen unabhängigen vereidigten Sachverständigen und – soweit rechtlich überhaupt zulässig – die Vereinbarung einer Schiedsgutachterklausel[2677] denkbar. Außerdem kann der Bauträger verpflichtet werden, im Bauträgerkaufvertrag sicherungshalber die Abtretung seiner Gewährleistungsansprüche gegen die von ihm beauftragten Bauhandwerker für den Fall der Insolvenzeröffnung über sein Vermögen an den jeweiligen Käufer vorzusehen und dafür Sorge zu tragen, dass der nach dem WEG bestellte Verwalter vom Käufer zur Ausübung dieser Gewährleistungsansprüche ermächtigt wird, soweit sie das Gemeinschaftseigentum betreffen. Wirtschaftlich mag diese (insolvenzfeste) Abtretung zwar unter Umständen nicht sehr werthaltig sein, wenn die Baubeteiligten Gegenrechte gegen den Bauträger haben, aber gleichwohl kann sie die Chance bieten, drohende Einwendungsdurchgriffe etwas einzudämmen. Etwaige Vertragserfüllungs- und/oder Gewährleistungsbürgschaften der bauausführenden Handwerker muss der Verwalter treuhänderisch verwahren, und zwar zunächst für den Bauträger und im Fall des Wirksamwerdens der Abtretung der Gewährleistungsansprüche für die Eigentümergemeinschaft. Ferner hat sich der Bauträger zu verpflichten, der Bank jeden finanziellen Nachteil auszugleichen, der ihr dadurch entsteht, dass der Erwerber dem Anspruch der Bank auf Rückzahlung des Darlehens Einwendungen entgegenhält. Bei diesen Zahlungen des Bauträgers handelt es sich keineswegs um eine Tilgung des dem Erwerber gewährten Darlehens, sondern um Zahlungen auf die Freistellungsverpflichtung. Die Bank wird dem Bauträger im Gegenzug etwaige Zahlungsansprüche gegen den Erwerber unter Beachtung des Bankgeheimnisses in entsprechender Höhe abtreten. Für den Fall eines Widerrufs der verbundenen

2676 BGH, WM 2003, 275 (276).

2677 Vgl. zu den Anforderungen an eine formularmäßige Schiedsgutachterklauseln BGHZ 115, 331; Palandt/*Heinrichs* § 307 Rn. 129 f.

Geschäfte durch den Erwerber sollte ferner versucht werden, den Bauträger zu verpflichten, der Bank auch die ihr durch die Rückabwicklung entstehenden Nachteile auszugleichen; eine Verpflichtung des Bauträgers, die Immobilie gegen entsprechende Zahlungen an die Bank zurückzunehmen, wäre jedoch beurkundungspflichtig (§ 311b BGB). Darüber hinaus kann auch eine Verpflichtung des Bauträgers vorgesehen werden, der Bank bei Auftreten gravierender Mängel eine Sicherheit im Hinblick auf etwaige Einwendungsdurchgriffe der Erwerber zu leisten. Auch Informationspflichten des Bauträgers sind denkbar, etwa hinsichtlich solcher von ihm erteilter Aufträge, die keinen Sicherheitseinbehalt oder einen niedrigeren Prozentsatz als die üblichen 5 % vorsehen.

5. Finanzierung eines Immobilienerwerbs vom Bauträger; Abtretung/Verpfändung von Ansprüchen aus den Sicherungsinstrumenten der Makler- und Bauträgerverordnung

Der Darlehensvertrag weist bei der Finanzierung eines Immobilienerwerbs vom Bauträger keine **1359** grundsätzlichen Besonderheiten auf. Es handelt sich um eine Baufinanzierung, die Auszahlung des Darlehens erfolgt im Fall einer Kaufpreisabwicklung nach § 3 MaBV nach Baufortschritt. Besonderheiten können sich aber im Bereich der Sicherstellung des Darlehens ergeben. Die Bank verlangt zwar auch bei der Finanzierung des Erwerbs einer Immobilie vom Bauträger in aller Regel die Bestellung einer **Grundschuld auf dem finanzierten Objekt**, es wird darauf aber bereits **vorrangig** eine **Globalgrundschuld der Bauträgerbank** lasten.[2678] Gelegentlich nimmt die Erwerberbank den Vorrang dieser Globalgrundschuld zunächst hin und lässt sich die Ansprüche des Erwerbers aus der **Pfandfreigabeverpflichtungserklärung** der Bauträgerbank (§ 3 Abs. 1 Satz 1 Nr. 3 MaBV) **abtreten**, um das Aufrücken ihrer zunächst nachrangigen Grundschuld zu gegebener Zeit selbst durchsetzen zu können. Darüber hinaus kann diese Abtretung für die Erwerberbank auch im Hinblick auf die im Freigabeversprechen meist vorgesehene Berechtigung der Bauträgerbank, dem Erwerber im Fall eines Steckenbleibens des Bauvorhabens statt der Freistellung die von ihm bereits geleisteten Kaufpreisraten zurückzuzahlen (§ 3 Abs. 1 Satz 3 MaBV), von Bedeutung sein, auch wenn dieser Fall gerade dazu führt, dass die Erwerberbank mit ihrem Grundpfandrecht nicht aufrücken kann. Nicht nur dieser Gesichtspunkt, sondern auch die Tatsache, dass die Erwerberbank keinen Einfluss auf die zur Pfandfreigabe führende vollständige Zahlung des geschuldeten Kaufpreises hat, führt häufig dazu, dass sich insb. Pfandbriefbanken (§§ 1, 12 ff. PfandBG) und Bausparkassen (§ 7 BausparkG) i.R.d. Erwerberfinanzierung nicht mit der Abtretung der Ansprüche aus der Pfandfreigabeverpflichtungserklärung der Bauträgerbank begnügen, sondern eine erstrangige Erwerbergrundschuld verlangen.[2679] Die Bauträgerbank, die i.d.R. ebenfalls ein Interesse am Zustandekommen der Endfinanzierung hat, wird sich zu einem **Rangrücktritt** bewegen lassen, wenn der Erwerber an sie seine Auszahlungsansprüche aus dem Darlehensvertrag abtritt, die Sicherungszweckerklärung für die Grundschuld der Erwerberbank auf die Kaufpreisfinanzierung beschränkt wird, der Rückgewähranspruch hinsichtlich dieser Grundschuld an die Bauträgerbank abgetreten wird und sichergestellt ist, dass im Fall eines Scheiterns des Bauträgerkaufvertrages die Grundschuld der Erwerberbank Zug-um-Zug gegen Rückzahlung des geleisteten Kaufpreises wieder gelöscht wird. Teilweise wird auch vorgeschlagen, die bauträgerfinanzierende Bank in deren Freistellungserklärung zu verpflichten, dem Grundpfandrecht der Erwerberbank im Umfang der von ihr finanzierten Zahlungen den Vorrang vor dem Globalgrundpfandrecht einzuräumen und für den Fall der Rückabwicklung die Rückerstattung geleisteter Zahlungen direkt an die Erwerberbank vorzunehmen.[2680] Darüber hinaus wird zugunsten des Erwerbers aber auch eine **vorrangige Auflassungsvormerkung** eingetragen

---

2678 Finanziert die Bank sowohl den Bauträger als auch den Erwerber, kann auch erwogen werden, dass der Erwerber das zur Sicherung der Bauträgerfinanzierung bestehende Grundpfandrecht auf der kaufgegenständlichen Immobilie kostensparend für die eigene Finanzierung übernimmt. Zur Sicherung des Erwerbers ist dann aber eine Nichtwiedervalutierungserklärung und/oder entsprechende Sicherungszweckerklärung der Bank erforderlich.

2679 Vgl. auch *Freckmann/Rösler* ZfIR 2011, 739 (746).

2680 *Freckmann/Rösler* ZfIR 2011, 739 (747).

sein (§ 3 Abs. 1 Satz 1 Nr. 2 MaBV). Die Erwerberbank verlangt häufig auch einen **Rangrücktritt** dieser Auflassungsvormerkung hinter ihr Grundpfandrecht. Anstelle eines Rangrücktritts kommt zwar auch die Eintragung eines sog. **Wirksamkeitsvermerks** (dazu Rdn. 1140) zugunsten der Erwerberbank in Betracht, darauf wird sich die Erwerberbank angesichts der noch nicht abschließend geklärten Wirkungen des Wirksamkeitsvermerks aber mitunter nicht einlassen.

1360 Ist eine Kaufpreisabwicklung nach § 3 MaBV nicht möglich oder nicht erwünscht, so darf der Bauträger gleichwohl Zahlungen des Erwerbers entgegennehmen, wenn er ihm eine **Bürgschaft nach § 7 MaBV** beibringt, die sämtliche **Rückzahlungsansprüche des Erwerbers gegen den Bauträger** sichert. Die Erwerberbank lässt sich regelmäßig sämtliche durch die Bürgschaft gesicherten Zahlungsansprüche des Erwerbers **abtreten**, die Rechte aus der Bürgschaft gehen dann gem. § 401 BGB ebenfalls auf sie über. Allerdings wird im Fall einer Kaufpreisabwicklung nach § 7 MaBV häufig auch das Grundbuch noch nicht angelegt sein, es kann also die Finanzierungsgrundschuld zur Sicherung der Erwerberbank nicht eingetragen werden. In diesem Fall wird sich die Erwerberbank nicht mit der Abtretung der durch die § 7 MaBV-Bürgschaft gesicherten Rückzahlungsansprüche des Erwerbers zufriedengeben, da diese Bürgschaft bereits vor der rangrichtigen Eintragung der Grundschuld zugunsten der Erwerberbank erlöschen kann.[2681] Sie erhält dann meist eine gesonderte **Finanzierungsbürgschaft**, die ebenfalls von der Bauträgerbank im Rahmen ihres Avalkreditverhältnisses mit dem Bauträger abgegeben wird. Das Wirksamwerden dieser Bürgschaft wird regelmäßig davon abhängig gemacht, dass die Darlehensvaluta auf einem bei der Bauträgerbank geführten Konto des Bauträgers eingegangen ist. Die Bürgschaft erlischt nach den getroffenen Vereinbarungen, wenn die Grundschuld zugunsten der Erwerberbank rangrichtig im Grundbuch eingetragen ist. Anstelle einer Finanzierungsbürgschaft ist auch ein **Abtretungsversprechen der Bauträgerbank** hinsichtlich des auf das finanzierte Vertragsobjekt entfallenden Teils der Globalgrundschuld denkbar. Die Bauträgerbank hat hierzu aber die Zustimmung des Bauträgers wegen dessen Rückgewähranspruchs einzuholen.[2682]

1361 Oftmals lässt sich die Erwerberbank etwaige Rückzahlungsansprüche des Erwerbers gegen den Bauträger auch dann abtreten, wenn diese nicht durch eine Bürgschaft gem. § 7 MaBV gesichert sind. Einer solchen Abtretung wird indes nur in Ausnahmefällen wirtschaftliche Bedeutung zukommen können. Wird nämlich über das Vermögen des Bauträgers das Insolvenzverfahren eröffnet, ist es für den Erwerber meist nicht ratsam, vom Bauträgervertrag zurückzutreten, da der Rückzahlungsanspruch gegen den Bauträger voraussichtlich noch wertloser sein wird als der steckengebliebene Bau. Ungeachtet dessen muss der Erwerber dem Bauträger im Fall einer Rückabwicklung des Bauträgervertrages eine Löschungsbewilligung für die zugunsten der Erwerberbank eingetragene Finanzierungsgrundschuld beibringen.[2683] Die Erteilung dieser Löschungsbewilligung kann die Erwerberbank davon abhängig machen, dass die Rückzahlungen des Bauträgers zunächst als Sicherheit an sie fließen.

1362 Finanziert die Bank im Rahmen einer »Doppelfinanzierung« gleichzeitig den Bauträger und dessen Käufer, wird sie zur **Vermeidung einer etwaigen Konfusion** anstelle einer Abtretung vorsorglich eine **Verpfändung** der Rechte und Ansprüche aus der von ihr übernommenen Freistellungsverpflichtungserklärung (§ 3 Abs. 1 Satz 1 Nr. 3 MaBV) bzw. der durch ihre § 7 MaBV-Bürgschaft gesicherten Rückzahlungsansprüche des Erwerbers verlangen. Allerdings dürfte auch im Fall einer Abtretung eine Konfusion eher nicht eintreten, da eine besondere Interessenlage das Bestehenbleiben der Rechte bzw. Forderungen in solchen Fällen rechtfertigen sollte.[2684]

2681 *Reisach* Bauträgerrecht und Bauträgerfinanzierung 2000, S. 153; *Rösler* ZfIR 2001, 259 (264).

2682 *Rösler* ZfIR 2001, 259 (264).

2683 BGH, ZfIR 2009, 293 (Rn. 26).

2684 Vgl. OLG Düsseldorf, NJW-RR 1999, 1406: Sicherungsabtretung der Rechte aus einer Lebensversicherung an den Versicherer.

VII. Die Finanzierungsbestätigung in der Bau- und Immobilienfinanzierung

1. Finanzierungsbestätigungen ggü. Fertighausherstellern und Bauträgern als Kreditgeschäft

Im Bereich der Bau- und Immobilienfinanzierung trifft man häufig auch auf sog. **Finanzierungsbestätigungen** der Bank, die der Erwerber einem Bauträger oder Fertighaushersteller bzw. der private Bauherr einem sonstigen Bauunternehmer als Nachweis einer gesicherten Fremdfinanzierung beizubringen hat.[2685] Gelegentlich genügt dem Unternehmer dabei schon die bloße Auskunft der Bank des Erwerbers bzw. Bauherren, dass bei ihr entsprechende Darlehensmittel – nach Erfüllung der Auszahlungsvoraussetzungen und vorbehaltlich etwaiger Kündigungsgründe (z.B. Nr. 19 AGB-Banken; Nr. 26 Abs. 2 AGB-Sparkassen) – bereitstehen.[2686] Darüber hinaus kann sich die Bank ggü. dem Erwerber bzw. Bauherren im Rahmen ihres Darlehensverhältnisses auch verpflichten, die Darlehensvaluta auf dessen Weisung nach Baufortschritt (§ 3 MaBV) bei Vorliegen der sonstigen Auszahlungsvoraussetzungen unmittelbar an den Unternehmer auszuzahlen. Allerdings ist der aus einem solchen **Vertrag zugunsten des Unternehmers** entstehende unmittelbare Auszahlungsanspruch (§ 328 BGB) gegen die Bank dann vom einwendungsfreien Fortbestand des Darlehensvertrages oder der Darlehenszusage abhängig (§ 334 BGB).[2687] Meist verlangt der Unternehmer daher zumindest eine **unwiderrufliche und bankbestätigte Zahlungsanweisung** des Erwerbers bzw. Bauherren an seine Bank, die Darlehensmittel auf das angegebene Konto auszuzahlen. Ob in der entsprechenden Bestätigung der Bank dann tatsächlich eine Anweisung des Erwerbers bzw. Bauherren i.S.d. §§ 783 ff. BGB zu erblicken ist und der Bauunternehmer daraus einen eigenen Zahlungsanspruch gegen die Bank erworben hat, ist jeweils durch Auslegung zu ermitteln.[2688] Selbst wenn die Voraussetzungen der §§ 783 ff. BGB nicht vorliegen, so wird in der Bestätigung der Bank, einen unwiderruflichen Zahlungsauftrag erhalten zu haben und diesen durch Zahlung an den begünstigten Bauträger oder Fertighaushersteller auszuführen, eine **garantieähnliche Haftungszusage** zu erblicken sein. Es handelt sich bei solchen Finanzierungsbestätigungen der Bank aber nicht um Garantien, sondern um **abstrakte Schuldversprechen** i.S.d. § 780 BGB, die zudem **akkreditivähnliche Züge** erhalten, wenn die Zahlung auf Vorlage bestimmter Dokumente (z.B. Bautenstandsbescheinigungen) erfolgen soll.[2689] Die Bank kann dem Unternehmer bei einer derartigen Finanzierungsbestätigung dann nur solche Einwendungen aus dem Grundverhältnis entgegenhalten, die sie in das Schuldversprechen als Zahlungsvorbehalt aufnimmt.[2690] Denkbar sind insoweit als vereinbarte Voraussetzungen der Zahlungspflicht insb. die Bestellung der Grundschuld zur Sicherung ihrer Forderungen aus der Erwerber- bzw. Baufinanzierung oder die Erreichung eines bestimmten Bautenstands. Allerdings verstößt in einem Bauträger- oder Fertighausvertrag die formularmäßige Verpflichtung des Erwerbers zur Beibringung einer Finanzierungsbestätigung, die bereits die Vorlage einer Bautenstandsbescheinigung der Bauleitung des Bauträgers/Fertighausherstellers zum Abruf der Abschlagszahlungen ausreichen lassen soll und damit dem Erwerber seine Leistungsverweigerungs- und Zurückbehaltungsrechte nimmt, gegen das Klauselverbot des § 309 Nr. 2 BGB (§ 11 1363

2685 Finanzierungsbestätigungen sind auch bei Grundstücksgeschäften oder Anteilsfinanzierungen anzutreffen.

2686 Vgl. zur Finanzierungsbestätigung als Form der Auskunft BuB/*Wittig/Wulfers* Rn. 4/3020; *Lauer* WM 1985, 705.

2687 Vgl. *Lauer* WM 1992, 705 (707). Der Bauunternehmer kann sich auch – soweit der Darlehensvertrag das zulässt – die Auszahlungsansprüche seines Erwerbers gegen die Bank abtreten lassen, muss sich dann aber nach § 404 BGB ebenfalls alle Einwendungen der Bank entgegenhalten lassen.

2688 Vgl. dazu BGH, WM 1985, 784 (785); *Lauer* WM 1985, 705 (709).

2689 OLG Schleswig, WM 1980, 48; BuB/*Wittig/Wulfers* 4/3023a; *Lauer* WM 1985, 705 (707); a.A. wohl BGH, WM 1986, 784 (785).

2690 Vgl. *Lauer* WM 1985, 705 (709).

Nr. 2 AGBG).[2691] Die Unwirksamkeit der Sicherungsabrede im Bauträgervertrag kann auch die Bank ihrer Inanspruchnahme aus einer solchen Finanzierungsbestätigung entgegenhalten.[2692]

1364 Für die Bank stellt sich eine Finanzierungsbestätigung i.S.d. § 780 BGB bzw. der §§ 783 ff. BGB letztlich als Haftungszusage und damit als **Avalkredit** i.S.d. § 21 Abs. 1 Nr. 4 KWG dar.[2693] Mit dem Erwerber bzw. Bauherren schließt sie daher neben dem Darlehensvertrag zur Finanzierung der Immobilie bzw. des Bauvorhabens einen diesbezüglichen Geschäftsbesorgungsvertrag (§ 675 BGB) in Gestalt eines Avalkreditvertrages ab und verlangt für die Übernahme der Finanzierungsbestätigung eine entsprechende Provision. Leistet die Bank aus der Finanzierungsbestätigung Zahlungen, kann darin unter Umständen zugleich eine Valutierung des Darlehens mit einer entsprechenden darlehensvertraglichen Rückzahlungs- und Verzinsungspflicht liegen. Liegt keine Darlehensvalutierung vor, steht der zahlenden Bank jedenfalls nach §§ 675, 670 BGB ein entsprechender **Aufwendungsersatzanspruch** gegen ihren Darlehensnehmer zu. Die Bank wird darauf achten, auch diesen Aufwendungsersatzanspruch in etwaige Sicherungszweckerklärungen einzubeziehen. Regelmäßig wird der Darlehensnehmer diesem Aufwendungsersatzanspruch der Bank nicht eine etwaige Unwirksamkeit der Sicherungsabrede aus seinem Vertragsverhältnis mit dem Bauunternehmer entgegenhalten können, denn die Bank ist – wie generell bei Avalkreditverträgen – nicht zur Prüfung des durch die Finanzierungsbestätigung gesicherten Hauptschuldverhältnisses verpflichtet. Es können allenfalls **Aufklärungspflichten** der bestätigenden Bank über die Tragweite der im Auftrag des Darlehensnehmers übernommenen Finanzierungsbestätigung in Betracht kommen. Besondere Gefahren, über die der Darlehensnehmer von der Bank redlicherweise Aufklärung verlangen darf, bestehen aber jedenfalls dann nicht, wenn die Bank bei der Ausgestaltung des Geschäftsbesorgungs- bzw. Avalkreditvertrages und der Finanzierungsbestätigung die Leistungsverweigerungs- bzw. Zurückbehaltungsrechte des Darlehensnehmers, die diesem gegen den begünstigten Unternehmer zustehen, hinreichend berücksichtigt. Der Avalkreditvertrag zur Finanzierungsbestätigung ist bei Verbrauchern kein mit dem Verbraucherdarlehensvertrag verbundenes Geschäft i.S.d. § 358 BGB, denn finanzierter Gegenstand bleibt das Fertighaus bzw. die Immobilie. Allerdings kann ein zusammenhängender Vertrag i.S.d. § 360 Abs. 2 Satz 1 BGB (§ 359a Abs. 2 BGB a.F.) vorliegen.

1365 Vermehrt lassen sich Fertighaushersteller die **Darlehensauszahlungsansprüche** des Darlehensnehmers gegen seine Bank **abtreten**. Sieht der Darlehensvertrag einen Zustimmungsvorbehalt der Bank vor, wird die Abtretung erst mit Erteilung der Zustimmung wirksam. Die Bank kann die Zustimmung erteilen, ohne zuvor ihrerseits die Zustimmung des Darlehensnehmers einholen zu müssen, denn der Zustimmungsvorbehalt entfaltet i.d.R. nur Schutzwirkung zugunsten der Bank. Der Darlehensnehmer bleibt durch § 404 BGB hinreichend geschützt, denn seine Einwendungen aus dem Darlehensvertrag bleiben ihm erhalten. Im Übrigen ist es der Darlehensnehmer selbst, der die Abtretung vornimmt. Für die Bank handelt es sich im Falle ihrer Zustimmung zur Abtretung auch nicht um eine »verkappte« Finanzierungsbestätigung. Anders ist das freilich, wenn der Fertighaushersteller mit der Einholung der Zustimmung der Bank zugleich deren Verzicht auf Einwendungen und Einreden gegen den Darlehensauszahlungsanspruch oder eine Bestätigung über das Vorliegen sämtlicher Auszahlungsvoraussetzungen verlangt. Die Abtretung rückt dann aufgrund des Einwendungsverzichts bzw. der Bestätigung über das Vorliegen sämtlicher Auszahlungsvoraussetzungen in die Nähe eines Zahlungsversprechens entsprechend § 650f Abs. 2 BGB und kann im weiteren Sinne einen **Avalkredit** i.S.d. § 21 Abs. 1 Nr. 4 KWG darstellen. Es empfiehlt sich für die Bank dann auch, zugunsten des Darlehensnehmers in den Einwendungsverzicht die Voraussetzungen des § 650f Abs. 2 Satz 2 BGB aufzunehmen.

2691 BGH, WM 1986, 784 (785).

2692 BGH, WM 1986, 784 (786); a.A. *Lauer* WM 1985, 705 (713).

2693 Mitunter werden daher von Banken an Stelle einer Finanzierungsbestätigung auch Bürgschaften abgegeben, deren Inhalt sich an § 650 f Abs. 2 Satz 2 BGB (§ 648a Abs. 2 Satz 2 BGB a.F.) orientiert.

2. Finanzierungsbestätigungen als atypische Kreditsicherheit

Finanzierungsbestätigungen werden in der Baufinanzierung auch von den Banken selbst als **Kreditsicherheit** herangezogen. Das ist etwa der Fall, wenn sich eine Bank nur zu einer Zwischenfinanzierung bereit erklärt, deren Ablösung sie durch die Endfinanzierung einer anderen Bank gesichert wissen möchte. Eine Finanzierungsbestätigung der endfinanzierenden Bank als bloße **Auskunft**, der Kredit stehe bei ihr – nach Erfüllung der Auszahlungsvoraussetzungen und vorbehaltlich etwaiger Kündigungsgründe (z.B. Nr. 19 Abs. 3 AGB-Banken; Nr. 26 Abs. 2 AGB-Sparkassen) – zur Ablösung der Zwischenfinanzierung bereit, ist indes als Kreditsicherheit nicht tauglich. Es wird in solchen Fällen zwar konkludent ein Auskunftsvertrag zwischen den beteiligten Banken zustande kommen, der die bestätigende Bank zu vollständigen und zutreffenden Auskünften sowie möglicherweise zur Unterrichtung über eine nachträgliche Änderung der bestätigungsrelevanten Tatsachen verpflichtet, einen durchsetzbaren Anspruch auf Ablösung der Zwischenfinanzierung begründet eine derartige Finanzierungsbestätigung hingegen nicht, denn es bleibt der bestätigenden Bank unbenommen, bei Vorliegen der vereinbarten Voraussetzungen die der Finanzierungsbestätigung zugrunde liegende Darlehenszusage ggü. ihrem Kunden zu kündigen.[2694] Entsprechendes gilt, wenn sich die bestätigende Bank nicht auf eine Auskunft beschränkt, sondern die Finanzierungsbestätigung einen **Vertrag zugunsten Dritter** (§ 328) erkennen lässt und eigene Ausführungsansprüche der zwischenfinanzierenden Bank begründet. Eine Kündigung der Darlehenszusage muss sich die zwischenfinanzierende Bank dann nach § 334 BGB entgegenhalten lassen.[2695] Der zwischenfinanzierenden Bank ist insoweit auch nicht geholfen, wenn sie sich die **Auszahlungsansprüche** des Kunden gegen seine endfinanzierende Bank – ggf. mit deren Zustimmung – **abtreten** lässt, denn nach § 404 BGB muss sich der Zessionar alle Einwendungen aus dem betreffenden Schuldverhältnis entgegenhalten lassen. 1366

Als Kreditsicherheit tauglich ist eine Finanzierungsbestätigung nur, wenn sie – losgelöst vom Grundverhältnis – in hinreichender Deutlichkeit eine unbedingte Zahlungsverpflichtung der endfinanzierenden Bank enthält, sei es als unwiderrufliche Zusage der endfinanzierenden Bank, die Zwischenfinanzierung abzulösen, oder als Erklärung, dass ihr eine unwiderrufliche Weisung des Darlehensnehmers zur Auszahlung an die zwischenfinanzierende Bank vorliege und diese auch unbedingt ausgeführt werde.[2696] Es handelt sich dann regelmäßig um ein **abstraktes Schuldversprechen** i.S.d. § 780 BGB,[2697] das **akkreditivähnliche Züge** trägt, weil zu dessen Inanspruchnahme in aller Regel die Vorlage bestimmter Dokumente erforderlich ist.[2698] Das abstrakte Schuldversprechen ist vom Bestand oder der Einredefreiheit der Darlehenszusage unabhängig, sogar eine Insolvenz des gemeinsamen Kunden lässt die Verpflichtungen der bestätigenden Bank bei vorbehaltloser Zusage unberührt.[2699] Freilich kann das abstakte Schuldversprechen selbst als aufschiebende Bedingung (§ 158 Abs. 1 BGB) noch die Erfüllung besonderer Voraussetzungen aufführen. Bei Bau- und Immobilienfinanzierungen kann die endfinanzierende Bank insb. die wirksame Bestellung der Sicherungsgrundschuld und unter Umständen auch das Erreichen bestimmter Bautenstände zur Voraussetzung einer Inanspruchnahme der ansonsten unbedingten Finanzierungsbestätigung machen. In solchen Fällen kann dann auch die Insolvenz des gemeinsamen Kunden dazu führen, dass die in der Finanzierungsbestätigung aufgeführten Voraussetzungen etwa wegen § 91 InsO nicht mehr erfüllt werden können und die Zahlungspflicht des bestätigenden Endfinanzierers entfällt.[2700] 1367

2694 Zum Regelungsgehalt einer Finanzierungsbestätigung als Form der Auskunft BuB/*Wittig/Wulfers* Rn. 4/3020; *Lauer* WM 1985, 705 (706).

2695 *Lauer* WM 1985, 705 (707).

2696 Schimansky/Bunte/Lwowski/*Merkel/Richrath* Bankrechts-Handbuch § 98 Rn. 133.

2697 OLG Brandenburg, WM 2007, 1879.

2698 OLG Schleswig, WM 1980, 48; *Lauer* WM 1985, 705 (707).

2699 Schimansky/Bunte/Lwowski/*Merkel/Richrath* Bankrechts-Handbuch § 98 Rn. 134, 135.

2700 BuB/*Wittig/Wulfers* Rn. 4/3030; Schimansky/Bunte/Lwowski/*Merkel/Richrath* Bankrechts-Handbuch § 98 Rn. 135.

VIII. Rechtliche Probleme und Abwicklung von fehlgeschlagenen Immobilienkapitalanlagen

1. Einleitung

1368 Insb. der Bauboom in den neuen Bundesländern Anfang der neunziger Jahre des letzten Jahrhunderts hat dazu geführt, dass breite Bevölkerungskreise im Wege des Strukturvertriebs unter Hinweis auf besondere Steuervorteile für **kreditfinanzierte Anlagen in Immobilien** – i.d.R. eine Eigentumswohnung – und **Immobilienfondsbeteiligungen** geworben wurden. Interessierten Anlegern wurde dabei regelmäßig ein Modell präsentiert, in welchem der Kauf der Immobilie oder die Einlage in den Immobilienfonds kreditfinanziert werden sollten. Mieteinkünfte bzw. Gewinnausschüttungen an den Anleger sollten dann i.V.m. durch Sonderabschreibungen, Zinsaufwendungen und Verlustzuweisungen erzielten Steuervorteilen die Zinszahlungen decken und – soweit es sich nicht um endfällige Darlehen handelte, die durch eine angesparte Kapitallebensversicherung zurückgezahlt werden sollten – auch zur Zahlung der Tilgungsraten ausreichen. Oft ging die Rechnung allerdings nicht auf. Entweder traten z.B. die steuerlichen Effekte nicht wie gewünscht oder nicht in ausreichender Höhe ein, oder die prognostizierten Mieteinnahmen waren z.B. wegen Leerstands oder eines Überangebots an Wohn- und Geschäftsräumen und den damit verbundenen fallenden Mietpreisen nicht erzielbar. Eingeschaltete Mietgaranten gingen entweder selbst in die Insolvenz oder Mietgarantiefristen liefen aus. Dies führte dazu, dass die häufig aus einkommensschwächeren Bevölkerungskreisen stammenden Anleger ihre Verpflichtungen aus den den Erwerb der Immobilie oder des Immobilenfondsanteils finanzierenden Darlehensverträgen nicht mehr erfüllen konnten. Ein Verkauf der Immobilie stellte regelmäßig keine Lösung dar, weil die Kaufpreise, zu denen die Anleger die Immobilie erworben hatten und die zu 100 % finanziert worden waren, hohe Provisionen des Vertriebs beinhalteten, sodass ein Wiederverkauf die ausstehenden Darlehensverbindlichkeiten nicht gedeckt hätte. Für einen Verkauf von Fondsanteilen an geschlossenen Immobilienfonds gab es regelmäßig keinen Markt[2701] oder eine Veräußerung war durch Zustimmungshürden im Gesellschaftsvertrag faktisch so gut wie ausgeschlossen. Die Anleger versuchten deshalb mit allen rechtlichen Mitteln, ihre »Schrottimmobilie« wieder loszuwerden und aus dem nicht lukrativen Geschäft auszusteigen. Folge war, dass kaum ein anderes Thema aus dem Bereich des Verbraucherschutzes Öffentlichkeit und Justiz in dem Jahrzehnt nach Mitte der 90er Jahre des letzten Jahrhunderts so beschäftigte und zu einer solchen Flut von Entscheidungen von Instanzgerichten und auch des BGH geführt hat. Eine einheitliche Linie in der Rechtsprechung war dabei, lange nicht zu erkennen. Die sowohl für Anleger als auch Banken unbefriedigende Situation gipfelte schließlich in der Kontroverse zwischen dem für Gesellschaftsrecht zuständigen II. Zivilsenat und dem für Bankrecht zuständigen XI. Zivilsenat des BGH. Ausgangspunkt hierfür waren die Entscheidungen des **II. Zivilsenats vom 14.06.2004.**[2702] Eine Klärung durch Anrufung des Großen Zivilsenats des BGH nach § 132 GVG wurde von beiden Senaten nahezu 2 Jahre lang vermieden. Die Senate einigten sich schließlich intern mit der Folge, dass mit einer Entscheidungsserie des **XI. Zivilsenats vom 25.04.2006**[2703] und **16.05.2006**[2704] die Meinungsverschiedenheiten beigelegt wurden und seit 2006 sowohl Fälle kreditfinanzierter Fondsbeteiligungen als auch Fälle kreditfinanzierter Immobilien allein durch den XI. Zivilsenat entschieden werden.[2705] Zwar ist die Welle der »Ost-« oder »Schrottimmobilienfälle« zwischenzeitlich abgeebbt. In der Folge der 2007 beginnenden

2701 Vgl. zur Verpflichtung von Anlageberatern und Anlagevermittlern, auf die eingeschränkte Möglichkeit der Veräußerung von Anteilen an geschlossenen Immobilienfonds hinzuweisen, BGH, ZIP 2007, 636 (637).

2702 BGH, WM 2004, 1518–1542.

2703 BGH, WM 2006, 1003–1008; BGH, WM 2006, 1008–1013; BGH, WM 2006, 1060–1066; BGH, WM 2006, 1066–1071.

2704 BGH, WM 2006, 1194 ff.; BGH, BKR 2006, 452 f.; sowie XI ZR 400/03; XI ZR 15/04; XI ZR 26/04; XI ZR 63/04; XI ZR 92/04; XI ZR 104/04; XI ZR 111/04.

2705 Mit dem Konzept des XI. Zivilsenats befasst sich eingehend *Schäfer* DStR 2006, 1753.

Finanzkrise und der sich anschließenden noch andauernden Staatsschuldenkrise werden die Finanzmärkte jedoch von den Zentralbanken mit billigem Geld überschwemmt. Der niedrige Zins hat zu einem Boom an den Immobilienmärkten vor allem in den Ballungszentren und damit zusammenhängend stark steigenden Immobilienpreisen geführt. Abermals haben sich viele Personen zu einem kreditfinanzierten Immobilienkauf verleiten lassen, welcher sie überfordert. Bereits jetzt zeigen sich die ersten Auswirkungen. Die ersten Immobilienkäufer, welche die finanzielle Belastung etwa wegen geänderter Familienplanung oder Arbeitsplatzverlust nicht mehr tragen können, versuchen bereits, sich ihrer Kreditverpflichtungen zu entledigen. Sollten die Zinsen in den nächsten Jahren wieder steigen und zum Auslaufen der jeweiligen Zinsbindungsfrist höher liegen als die derzeitigen Darlehenszinsen, dürfte sich hieraus ein neues Massenphänomen entwickeln.

Die nachfolgende Darstellung beschränkt sich im Kern auf diejenigen Rechtsfragen, die sich bei der **Auseinandersetzung des Anlegers** mit der den Immobilienerwerb oder den Fondsanteilserwerb **finanzierenden Bank** ergeben. Die Frage, ob Verbrauchern, die nicht ordnungsgemäß über ein Widerrufsrecht nach dem Haustürwiderrufsgesetz belehrt wurden, wegen eines möglichen Verstoßes der Bundesrepublik Deutschland gegen ihre Umsetzungsverpflichtung aus Art. 249 Abs. 3 EGV ein gemeinschaftsrechtlicher Staatshaftungsanspruch zusteht, ist Gegenstand wissenschaftlicher Diskussion[2706] und auch von Gerichtsentscheidungen,[2707] wird hier jedoch nicht behandelt. Ebenso wenig wird eine isolierte Betrachtung möglicher Ansprüche von Anlegern ggü. Verkäufern und/oder Vermittlern/Beratern erfolgen. Diese werden vielmehr nur unter dem Blickwinkel möglicher Einwendungen des Darlehensnehmers gegen Ansprüche der Bank geschildert. 1369

Zu Beginn der Auseinandersetzungen zwischen Anlegern und Banken stand die Geltendmachung von Schadensersatzansprüchen im Vordergrund. Im Laufe der Zeit verlagerte sich die Diskussion zunehmend auf Fragen, die mit der Wirksamkeit des zur Finanzierung der Immobilie oder des Immobilienfondsanteils abgeschlossenen Darlehensvertrages und dem sog. »Verbundgeschäft« nach § 9 VerbrKrG im Zusammenhang stehen. Insb. seit den ersten Securenta-Entscheidungen des BGH vom 17.09.1996[2708] sahen Anleger die Möglichkeit, den Grundsatz der bilateralen Rückabwicklung eines unwirksamen oder widerrufenen Darlehensvertrages zwischen Anleger und Bank dadurch durchbrechen zu können, dass sie der Bank statt der ausgezahlten Darlehensvaluta die ungeliebte Immobilie oder den nicht lukrativen Fondsanteil übertragen. Nach der Klärung der Meinungsverschiedenheiten zwischen dem II. Zivilsenat und dem XI. Zivilsenat und der Rechtsprechung des XI. Zivilsenats zur Bankenhaftung im Fall eines sog. »institutionalisierten Zusammenwirkens«[2709] hat sich gerade bei grundpfandrechtlich gesicherten Krediten die Diskussion vermehrt wieder auf Fragen der Aufklärungspflichtverletzung der Banken verlagert. 1370

Die rechtlichen Ansätze, mit denen Anleger ggü. den finanzierenden Banken argumentierten und die den Kern der juristischen Auseinandersetzung bilden, lassen sich dabei in folgende Hauptgruppen unterteilen, die im Rahmen dieses Abschnitts insb. anhand der Rechtsprechung des BGH dargestellt werden sollen: 1371

1. Rückgewähransprüche gegen die Bank aufgrund Nichtigkeit des Darlehensvertrages nach § 6 Abs. 1 VerbrKrG bzw. § 494 Abs. 1 BGB wegen Verstoßes gegen Pflichtangaben (vgl. hierzu Rdn. 1372 ff.), 1372
2. Rückgewähransprüche gegen die Bank aufgrund Unwirksamkeit des Darlehensvertrages wegen Verstoßes gegen Art. 1 § 1 RBerG bzw. – für die Zeit ab dem 01.07.2008 – § 3 RDG (vgl. hierzu Rdn. 1415 ff.),
3. Rückgewähransprüche gegen die Bank nach Widerruf wegen eines Haustürgeschäfts nach § 1 HausTWG bzw. § 312 BGB a.F. (vgl. hierzu Rdn. 1461 ff.),

2706 Vgl. hierzu etwa *Kahl/Essig* WM 2007, 525; *dies.* ZIP 2009, 659.
2707 LG Berlin, ZIP 2009, 657.
2708 BGH, WM 1996, 2100 f.; BGH, WM 2006, 2103 f.
2709 Vgl. dazu unten Rdn. 1539.

4. Rückgewähransprüche gegen die Bank aufgrund Widerrufs des Darlehensvertrages nach VerbrKrG bzw. – für die Zeit ab dem 01.01.2002 – der entsprechenden in das BGB inkorporierten Regelungen (vgl. hierzu Rdn. 1522),
5. Einwendungs- und Rückforderungsdurchgriff bei wirksamem Darlehensvertrag (vgl. hierzu Rdn. 1524 ff.),
6. Schadensersatzansprüche des Darlehensnehmers gegen die Bank (vgl. hierzu Rdn. 1532 ff.).

2. Rückgewähransprüche gegen die Bank aufgrund Nichtigkeit des Darlehensvertrages nach § 6 Abs. 1 VerbrKrG bzw. § 494 Abs. 1 BGB wegen Verstoßes gegen Pflichtangaben

1373 Die weit überwiegende Anzahl der Darlehensverträge, die seit Anfang der 1990er Jahre bis heute – wenn auch nunmehr immer seltener – die Rechtsprechung zu darlehensfinanzierten Immobilienkapitalanlagen beschäftigte, unterfiel dem Anwendungsbereich des am **01.01.1991** in Kraft getretenen **Verbraucherkreditgesetzes (VerbrKrG)**. Dessen Regelungen wurden im Zuge des Schuldrechtsmodernisierungsgesetzes vom 26.11.2001 in das Bürgerliche Gesetzbuch durch die **§§ 491 ff. BGB** integriert, die auf alle ab dem **01.01.2002** abgeschlossenen Darlehen anzuwenden waren.[2710] Erneut umgestaltet wurden die Vorschriften durch das Gesetz zur Umsetzung der VerbrKr-RL 2008/48/EG vom 29.07.2009 mit Wirkung ab dem **11.06.2010**. Der Katalog der Pflichtangaben wurde dabei mit erheblich erweitertem Inhalt von § 492 Abs. 1 Satz 5 BGB a.F. nach Abs. 2 verschoben. Die einzelnen Pflichtangaben finden sich nun in Art. 247 §§ 6 bis 13 EGBGB.

Nach § 6 Abs. 1 VerbrKrG war ein Kreditvertrag nichtig, wenn die Schriftform insgesamt nicht eingehalten ist oder wenn eine der in § 4 Abs. 1 Satz 4 Nr. 1 Buchst. a)–f) und Nr. 2 Buchst. a)–e) VerbrKrG vorgeschriebenen Angaben fehlte. Eine vergleichbare Regelung enthält nach wie vor § 494 Abs. 1 BGB. Hiernach tritt Nichtigkeit des Vertrages und einer auf den Abschluss eines solchen Vertrages gerichteten Vollmacht[2711] ein, wenn die nach § 492 Abs. 1 BGB erforderliche Schriftform nicht eingehalten wurde oder wenn eine der in § 492 Abs. 2 i.V.m. Art. 247 §§ 6 und 10–13 EGBGB (§ 492 Abs. 1 Satz 5 Nr. 1–6 BGB a.F.) vorgesehenen Angaben fehlt. Da die Darlehensnehmer hofften, die Nichtigkeitsfolge des § 6 Abs. 1 VerbrKrG bzw. des § 494 Abs. 1 BGB für sich fruchtbar machen zu können, rückten die mit dem Fehlen der Schriftform oder von Pflichtangaben und dessen Heilung verbundenen Rechtsfragen in den Fokus der Rechtsprechung. Da diese naturgemäß zumeist noch auf der Grundlage des VerbrKrG bzw. der §§ 491 ff. BGB in der Fassung vor dem Gesetz zur Umsetzung der VerbrKr-RL 2008/48/EG vom 29.07.2009 erging, orientiert sich die folgende Darstellung an der jedoch jeweils entsprechend gekennzeichneten alten Gesetzeslage.

a) Heilung etwaiger einzelner Schriftformmängel durch Auszahlung des Darlehens

1374 Ungeachtet eines Mangels der Schriftform oder eines in § 4 Abs. 1 Satz 4 Nr. 1 Buchst. a)–f) VerbrKrG bzw. § 492 Abs. 1 Satz 5 Nr. 1–6 BGB a.F. genannten Mangels wurde bzw. wird der Darlehensvertrag sowohl nach § 6 Abs. 2 Satz 1 VerbrKrG als auch nach § 494 Abs. 2 Satz 1 BGB gültig, soweit der Darlehensnehmer das **Darlehen empfängt oder in Anspruch nimmt.** Die Heilung beschränkt sich allerdings wegen des Wortlauts der Vorschriften (»*soweit*«) immer auf den empfangenen oder in Anspruch genommenen Teil, mit der Folge der dann geltenden weiteren Sanktionen in § 6 Abs. 2 Satz 2–6 VerbrKrG bzw. § 494 Abs. 2 Satz 2–6 BGB a.F.[2712] Hinsichtlich des nicht empfangenen oder nicht in Anspruch genommenen Teils verbleibt es bei der Nichtigkeit. Da es wegen dieser Heilungsmöglichkeit für die Frage der Gültigkeit des Darlehensvertrages

---

2710 Die §§-Angaben zum VerbrKrG orientieren sich im Folgenden an der Fassung des VerbrKrG bis 30.09.2000, lassen also Änderungen aufgrund des FernAbsG vom 27.06.2000, BGBl. I, S. 897 sowie aufgrund des FormAnpG vom 13.07.2001, BGBl. I, S. 1542, unberücksichtigt.

2711 Vgl. dazu unten Rdn. 1416, 1417.

2712 Hierzu im Einzelnen bei den Ausführungen zu den Angabepflichten.

vielfach gar nicht auf das Vorliegen eines Schriftformmangels oder das Fehlen einer der Angaben ankommt,[2713] soll vorab auf die Voraussetzungen und Folgen der Heilung des Darlehensvertrages eingegangen werden.

Die **Inanspruchnahme** des Darlehens bedeutet eine Disposition des Darlehensnehmers über die Darlehensvaluta mit Wirkung ggü. dem Darlehensgeber, sei es durch Erteilung von Überweisungsaufträgen zulasten des Darlehenskontos oder durch Inanspruchnahme eines für den Darlehensnehmer eröffneten Rahmenkredits.[2714] Die Auszahlung der Darlehensvaluta muss dabei **nicht zwingend erst nach Abschluss des Darlehensvertrages** erfolgen, weil auch in der Fortsetzung der Darlehensnutzung bei einem bereits ausgezahlten Darlehen eine Inanspruchnahme des Darlehens liegen kann.[2715] 1375

Von einem **Empfang** des Darlehens i.S.d. § 494 Abs. 2 Satz 1 BGB und des § 6 Abs. 2 Satz 1 VerbrKrG ist wie im Fall des § 7 Abs. 3 VerbrKrG, des § 607 Abs. 1 BGB a.F. und auch des § 3 Abs. 1 HausTWG[2716] auszugehen, wenn der Darlehensgegenstand aus dem Vermögen des Darlehensgebers ausgeschieden ist und dem Vermögen des Darlehensnehmers in der vereinbarten Form endgültig zugeführt wurde.[2717] 1376

Anerkannt ist ferner, dass bei einer **Mehrheit von Darlehensnehmern** ein Darlehen als von allen empfangen gilt, wenn die Darlehensvaluta auch nur an einen Darlehensnehmer überwiesen wird, sofern der bzw. die andere(n) Darlehensnehmer hiermit tatsächlich einverstanden ist (sind). Entscheidend ist allein, ob der Darlehensbetrag aus dem Machtbereich des Darlehensgebers heraus dahin gelangt ist, wohin er nach den zwischen sämtlichen Beteiligten bestehenden vertraglichen Vereinbarungen fließen sollte. Dabei kommt es nicht einmal darauf an, ob es sich insoweit um ein gemeinschaftliches Konto handelt oder nicht.[2718] 1377

Neben der Barauszahlung an den Darlehensnehmer oder einen von ihm legitimierten Empfangsboten liegt ein Empfang des Darlehens auch in den Fällen einer auf Weisung des Darlehensnehmers erfolgten **Auszahlung an einen Dritten** vor. Hier hat der Darlehensnehmer regelmäßig den Kreditbetrag i.S.d. § 607 Abs. 1 BGB a.F. empfangen, wenn der von ihm als Empfänger namhaft gemachte Dritte das Geld vom Darlehensgeber erhalten hat, es sei denn, der Dritte ist nicht überwiegend im Interesse des Darlehensnehmers, sondern sozusagen als »verlängerter Arm« des Darlehensgebers tätig geworden.[2719] Dementsprechend gilt ein Darlehen auch dann als *»empfangen«* i.S.d. § 7 VerbrKrG, wenn der Kreditgeber es vereinbarungsgemäß an einen Dritten ausgezahlt hat.[2720] 1378

2713 Vgl. z.B. BGH, BB 2006, 1409 (1410).

2714 MüKo-BGB/*Schürnbrand* § 494 Rn. 23.

2715 BGH, ZIP 2008, 357 (360); BGH, WM 2006, 217 (218).

2716 Vgl. zum Empfang des Darlehens nach § 3 Abs. 1 HausTWG BGH, WM 2002, 2501 (2503).

2717 BGH, WM 1985, 653; BGH, WM 2006, 1066 (1068).

2718 OLG Naumburg, Urt. v. 22.06.2006 – 2 U 124/05; OLG Hamm, WM 1992, 257 (261); Palandt/*Putzo* 61. Aufl. 2002, VerbrKrG § 6 Rn. 2; BGB § 607 Rn. 6.

2719 BGHZ 152, 331 (337); BGH, WM 1985, 221 (223); BGH, WM 1985, 653; BGH, WM 1985, 993 (994); BGH, WM 1997, 1658 (1659); BGH, WM 2006, 1003 (1007); BGH, WM 2006, 1008 (1012); BGH, WM 2006, 1060 (1064); BGH, WM 2006, 1066 (1068); BGH, BB 2006, 1409 (1410/1411); WM 2007, 108 (110); BGH, WM 2008, 292 (294); BGH,ZIP 2008, 2211 (2214); a.A. noch der II. Zivilsenat des BGH, WM 2004, 1529; BGH, WM 2004, 1536 (1540); Urt. v. 06.12.2004 – II ZR 379/02, Umdruck S. 8; II ZR 461/02, Umdruck S. 8 f.; BGH, WM 2005, 843 (844); der II. Zivilsenat hatte jedoch auf Anfrage des XI. Zivilsenat vor den Urteilen BGH, WM 2006, 1003 (1007); BGH, WM 2006, 1008 (1012); BGH, WM 2006, 1060 (1064); BGH, WM 2006, 1066 (1068) mitgeteilt, dass er an seiner abweichenden Auffassung zum »Empfang« des Darlehens i.S.v. § 6 Abs. 2 Satz 1 VerbrKrG bei verbundenen Geschäften nicht festhält, sodass es einer Vorlage der Sache an den Großen Senat für Zivilsachen des BGH nach § 132 GVG nicht bedurfte.

2720 § 362 Abs. 2 BGB i.V.m. § 185 BGB; s. amtl. Begründung zum VerbrKrG BT-Drucks. 11/5462, S. 11; BGHZ 152, 331 (337) m.w.N.; vgl. zum Empfang des Darlehens auch EuGH, WM 2005, 2079 (2085).

1379 Dies gilt nach der jüngeren Rechtsprechung des BGH[2721] **unabhängig davon**, ob der Darlehensvertrag und der finanzierte Fondsbeitritt ein **verbundenes Geschäft** i.S.d. § 9 Abs. 1 VerbrKrG darstellen. Auch europarechtliche Erwägungen[2722] stehen dem nicht entgegen, weil es besondere europarechtliche Vorgaben zu Rechtsfolgen von Formverstößen bei Verbraucherkrediten nicht gibt.[2723] Dem Gebot, dass Kreditverträge von den zur Anwendung der Richtlinie ergangenen und ihr entsprechenden innerstaatlichen Vorschriften nicht zum Nachteil des Verbrauchers abweichen dürfen, wird durch das abgestufte Sanktionensystem des § 6 Abs. 2 Satz 1 VerbrKrG hinreichend Rechnung getragen.

1380 Wurde die Anweisung allerdings nicht vom Darlehensnehmer selbst, sondern von einem von ihm bevollmächtigten **Geschäftsbesorger** erteilt, ist zu prüfen, ob die in seinem Namen erteilte Anweisung den Darlehensnehmer tatsächlich bindet oder ihm mangels wirksamer Vollmacht[2724] nicht zuzurechnen ist. Ist die Vollmacht unwirksam und auch nach Rechtsscheingesichtspunkten nicht als wirksam zu behandeln, ist die Anweisung des Geschäftsbesorgers dem Darlehensnehmer nicht zuzurechnen[2725] und eine Heilung des formunwirksamen Darlehensvertrages tritt nicht ein. Die **Rückabwicklung** von Leistungen, die auf diesen nichtigen und nicht geheilten Vertrag erbracht wurden, erfolgt nach **§ 812 BGB**. Der Anleger kann von ihm erbrachte **Zins- und Tilgungsleistungen** im Wege der **Leistungskondiktion** nach § 812 Abs. 1 Satz 1, 1. Alt. BGB bei der Bank kondizieren.[2726] Der Anleger kann weiter die Herausgabe vom Geschäftsbesorger bestellter **Sicherheiten** (also z.B. die Rückabtretung abgetretener Lebensversicherungsansprüche oder die Herausgabe vollstreckbarer Schuldanerkenntnisse) verlangen. Ein **Anspruch der Bank** gegen den Anleger auf Rückzahlung der aufgrund des unwirksamen Darlehensvertrages ausgereichten **Darlehensvaluta scheidet aus**, weil es mangels wirksamer Anweisung an einer dem Anleger zuzurechnenden Verfügung über die Darlehensvaluta fehlt.[2727] Da der Anleger durch die Anweisung des (nicht wirksam bevollmächtigten) Geschäftsbesorgers auch nicht von seiner Verpflichtung zur Zahlung des Kaufpreises für die Wohnung oder die Erbringung seiner Einlage in die Fondsgesellschaft befreit ist, hat der Anleger durch die Bank nichts erlangt. Die Bank muss dementsprechend die ausgezahlte Darlehensvaluta und die Nebenkosten im Wege der **Nichtleistungskondiktion** nach § 812 Abs. 1 Satz 1, 2. Alt. BGB bei dem **jeweiligen tatsächlichen Zahlungsempfänger** kondizieren und kann auch nur dort Nutzungszinsen nach § 818 Abs. 1 BGB beanspruchen. Die Bank kann darüber hinaus von den Darlehensnehmern weder die **Mieteinnahmen** aus der finanzierten Eigentumswohnung noch die Übereignung der **Eigentumswohnung** verlangen.[2728] Entsprechendes dürfte hinsichtlich **Ausschüttungen** auf einen finanzierten Fondsanteil und den **Immobilienfondsanteil** selbst gelten.

2721 BGH, WM 2006, 1003 (1007); BGH, WM 2006, 1008 (1012); BGH, WM 2006, 1060 (1064); BGH, WM 2006, 1066 (1068); BGH, BB 2006, 1409 (1410/1411) m.w.N.; BGH, WM 2007, 108 (110); vgl. auch OLG Dresden, WM 2005, 1792 (1794); KG Berlin, WM 2005, 2218 (2222 f.).

2722 Namentlich die Richtlinie 87/102/EWG des Rates v. 22.12.1986 zur Angleichung der Rechts- und Verwaltungsvorschriften der Mitgliedstaaten über den Verbraucherkredit (Verbraucherkreditrichtlinie, ABl. EG 1987, Nr. 42, S. 48 in der Fassung der Änderungsrichtlinie 90/88/EWG des Rates v. 22.02.1990, ABl. EG Nr. 61, S. 14).

2723 So schon OLG Dresden, WM 2005, 1792 (1795).

2724 Insb. wegen Verstoßes der Vollmacht gegen Art. 1 § 1 RBerG bzw. jetzt § 3 RDG.

2725 BGH, WM 2004, 1227 (1230); BGH, WM 2007, 440 (441).

2726 Zu den sich stellenden Verjährungsfragen vgl. BGH, ZIP 2007, 624; OLG Celle, ZIP 2006, 2163 (2166); OLG Hamm, WM 2006, 1477 (1478); OLG Karlsruhe, OLGR 2004, 405; OLG Karlsruhe, OLGR 2005, 886 (888); OLG Karlsruhe, OLGR 2006, 526; anders: OLG Braunschweig, ZIP 2006, 180 (183); OLG Bamberg, NJW 2006, 304.

2727 Zur Abhängigkeit zwischen wirksamer Vollmacht und Zurechnung der Anweisung des Treuhänders BGH, WM 2004, 1227 (1230); BGH, WM 2007, 440 (441).

2728 BGH, ZIP 2007, 718 (720 f.).

b) Fehlen der Schriftform insgesamt

Nach § 6 Abs. 1 Satz 1 VerbrKrG bzw. § 494 Abs. 1 Satz 1 BGB ist der Darlehensvertrag u.a. nichtig, wenn die **Schriftform insgesamt nicht eingehalten** wurde. Für das Schriftformerfordernis des § 4 Abs. 1 Satz 1 VerbrKrG und des § 492 Abs. 1 Satz 1 BGB gilt grds. § 126 BGB. Während früher der Abschluss des Vertrages in **elektronischer Form** gem. §§ 126 Abs. 3, 126a BGB a.F. nach dem durch Art. 16 Nr. 1 des Gesetzes vom 13.07.2001 (BGBl. 1542) eingefügten § 4 Abs. 1 Satz 2 VerbrKrG bzw. nach § 492 Abs. 1 Satz 2 BGB a.F. **ausgeschlossen war**, ist dies heute aufgrund der zwischenzeitlich erfolgten Streichung des § 492 Abs. 1 Satz 2 BGB a.F. möglich. Das Erfordernis eigenhändiger Unterschrift in § 126 Abs. 1 BGB entfällt gem. § 4 Abs. 1 Satz 4 VerbrKrG bzw. § 492 Abs. 1 Satz 3 BGB für den Kreditgeber, wenn die gesamte Erklärung durch **automatische Einrichtungen** erstellt wurde. Anders als bei § 126 Abs. 2 BGB genügt es, wenn Antrag und Annahme in getrennt unterzeichneten Urkunden erklärt werden. Das Fehlen einer formgültigen Annahmeerklärung führt aber als Fehler der Schriftform insgesamt zur Nichtigkeit der Kreditvereinbarung.[2729] Auch eine Blankounterschrift genügt dem Schriftformerfordernis nicht.[2730] 1381

Das Fehlen der Schriftform insgesamt ist wiederum nach § 6 Abs. 2 Satz 1 VerbrKrG bzw. § 494 Abs. 2 Satz 1 BGB **durch Empfang oder Inanspruchnahme des Darlehens heilbar.**[2731] 1382

Bei der Beantwortung der Frage, ob und welche der in § 6 Abs. 2 Satz 2–6 VerbrKrG bzw. § 494 Abs. 2 Satz 2–6 BGB a.F. vorgesehenen **Sanktionen trotz der Heilung** eintreten, ist nach der Auffassung des BGH zu differenzieren: Bei Fehlen mehrerer erforderlicher Angaben des § 4 Abs. 1 Satz 4 VerbrKrG bzw. des § 492 Abs. 1 Satz 5 BGB a.F. trat eine **Kumulation der Rechtsfolgen** des § 6 Abs. 2 Satz 2 ff. VerbrKrG bzw. des § 494 Abs. 2 Satz 2 ff. BGB a.F. ein.[2732] Eine Verletzung der Schriftform insgesamt, z.B. im Fall eines mündlichen Vertragsschlusses, konnte also auch sämtliche Sanktionen des § 6 Abs. 2 Satz 2–6 VerbrKrG bzw. des § 494 Abs. 2 Satz 2–6 BGB a.F. nach sich ziehen.[2733] Da allerdings der Schutzzweck des Schriftformerfordernisses in der umfassenden Information und Warnung des Verbrauchers bestand,[2734] war beim Fehlen der Schriftform insgesamt stets zusätzlich darauf abzustellen, ob der Verstoß gegen die Schriftform tatsächlich zu einer unzureichenden Information und Warnung des Verbrauchers entsprechend den in § 6 Abs. 2 Satz 2 ff. VerbrKrG bzw. den in § 494 Abs. 2 Satz 2 ff. BGB a.F. genannten Fällen geführt hat. War dies nicht der Fall, blieb der Verstoß – die Heilung des Vertrages durch Auszahlung des Darlehens vorausgesetzt – i.Ü. **folgenlos**. Lag z.B. eine formgültige Vertragserklärung des Darlehensnehmers mit allen gem. § 4 Abs. 1 Satz 4 VerbrKrG bzw. § 492 Abs. 1 Satz 5 BGB a.F. erforderlichen Angaben vor, war der Darlehensnehmer also über alle Konditionen des Darlehens schriftlich informiert und ausreichend gewarnt und wurde die Schriftform nur wegen Fehlens einer schriftlichen Annahmeerklärung der Bank insgesamt nicht eingehalten, wurde der Formmangel des Vertrages durch die Inanspruchnahme des Kredits **ohne Ermäßigung des Zinssatzes** gem. § 6 Abs. 2 Satz 2 VerbrKrG bzw. § 494 Abs. 2 Satz 2 BGB geheilt.[2735] 1383

c) Fehlen von Angaben

Nach § 6 Abs. 1 Satz 1 VerbrKrG bzw. § 494 Abs. 1 Satz 1 BGB ist der Darlehensvertrag ferner nichtig, wenn bestimmte, in § 4 Abs. 1 Satz 4 Nr. 1 Buchst. a)–f) und Nr. 2 Buchst. a)–e) VerbrKrG bzw. in § 492 Abs. 1 Satz 5 Nr. 1–6 BGB a.F., genannte **Angaben fehlen**. Der Schutzzweck des 1384

2729 BGH, WM 2006, 217.

2730 BGH, WM 1996, 762; BGH, WM 2005, 1330 (1332); BGH, WM 2006, 1066 (1070).

2731 BGH, WM 2006, 217 (218); vgl. oben Rdn. 1373–1379.

2732 Gleiches gilt heute bei Fehlen mehrerer der nach § 492 Abs. 2 BGB i.V.m. Art. 247 §§ 6 und 9–13 EGBGB erforderlichen Angaben. Auch hier sind die Rechtsfolgen für jeden dieser Mängel im Rahmen des § 494 Abs. 2 Satz 2 bis Abs. 6 BGB gesondert zu prüfen.

2733 BGH, WM 2006, 217 (219) m.w.N.

2734 Begr. RegE BT-Drucks. 11/5462, S. 19; BGH, WM 1996, 762; BGH, WM 1999, 1412.

2735 BGH, WM 2006, 217 (220).

Formerfordernisses des § 4 Abs. 1 Satz 4 VerbrKrG[2736] bzw. des § 492 Abs. 1 Satz 5 BGB a.F. bestand auch hier in der umfassenden Information und Warnung des Verbrauchers.[2737] Er sollte die Möglichkeit erhalten, eine sachgerechte Entscheidung für oder gegen die beabsichtigte Kreditaufnahme zu fällen. Es sollten dem Verbraucher also die finanziellen Folgen aufgezeigt werden, die mit der Kreditaufnahme verbunden waren. Angesichts des eindeutigen, auf das »Fehlen« von Angaben abstellenden Wortlauts der genannten Bestimmungen entsprach es jedoch der ganz herrschenden Meinung, dass eine Nichtigkeit nur dann gegeben war, wenn z.B. die in § 4 Abs. 1 Satz 4 Nr. 1 Buchst. b) Satz 2 VerbrKrG vorgeschriebene Angabe des Gesamtbetrags aller vom Verbraucher zur Tilgung des Kredits sowie zur Zahlung der Zinsen und sonstigen Kosten zu entrichtenden Teilleistungen völlig fehlte und dass allein die **Unrichtigkeit von Pflichtangaben** zur Annahme der Nichtigkeit eines Kreditvertrages **nicht genügte**.[2738] Im Unterschied zum Fehlen erforderlicher Angaben war der Fall ihrer Unrichtigkeit in § 6 Abs. 4 VerbrKrG bzw. § 494 Abs. 3 BGB a.F. nur in Bezug auf den effektiven Jahreszins dergestalt geregelt, dass bei zu niedrig angegebenem Effektivzins eine entsprechende Verminderung des vereinbarten Nominalzinses eintrat. Daraus folgte für sonstige unrichtige Angaben, dass sie die Wirksamkeit des Darlehensvertrags grds. unberührt gelassen haben[2739] und grds. für die Vertragslaufzeit Vertragsinhalt wurden. Allerdings konnte ggf. eine Anfechtung nach §§ 119, 123 BGB bzw. ein Schadensersatzanspruch in Betracht kommen.[2740]

1385 Wenn vom Verbraucher zu tragende Kosten des Kredits betragsmäßig zutreffend in dem Kreditvertrag angegeben worden sind, stellt es auch dann kein Fehlen von Angaben i.S.d. § 6 Abs. 1 VerbrKrG bzw. § 494 Abs. 1 BGB dar, wenn der Bestimmungszweck einzelner ausgewiesener Beträge unzutreffend bezeichnet worden ist. Auch in diesem Fall ist der Verbraucher über die Höhe der aufgrund des Vertragsschlusses auf ihn zukommenden Kostenbelastung zutreffend informiert worden. Er bleibt auch in der Lage, das angebotene Darlehen hinsichtlich der Kreditkonditionen mit Konkurrenzangeboten zu vergleichen. Die unzutreffende Bezeichnung des **Bestimmungszwecks** eines im Vertrag ausgewiesenen Kostenbetrages macht die Angabe zwar unrichtig und mag das Ziel einer hinreichenden Transparenz der Kostenstruktur für den Verbraucher[2741] nicht ganz erreichen, einem Fehlen einer Angabe i.S.d. § 6 Abs. 1 VerbrKrG bzw. § 494 Abs. 1 BGB steht sie jedoch nicht gleich.[2742] Wird aber bei einer sog. **unechten Abschnittsfinanzierung**[2743] i.R.d. Gesamtbetragsangabe lediglich der für die Zeit der Zinsfestschreibung berechnete Teilbetrag ausgewiesen, liegt darin nach Auffassung des BGH nicht eine lediglich unrichtige Gesamtbetragsangabe, die im Hinblick auf den Schutzzweck der Norm keine Sanktion i.S.d. § 6 Abs. 1 und 2 VerbrKrG bzw. § 494 Abs. 1 BGB auslöst, sondern es wird damit bewusst etwas anderes als der Gesamtbetrag angegeben, sodass hier vom Fehlen der Gesamtbetragsangabe auszugehen ist.[2744]

2736 Die Zitate der Vorschrift beziehen sich auf die bis zum 01.08.2001 geltend Fassung des VerbrKrG. Durch Einfügung eines neuen Satz 2 (»Der Abschluss des Vertrages in elektronischer Form ist ausgeschlossen«) durch Art. 16 Nr. 1 des Gesetzes v. 13.07.2001 (BGBl. I, S. 1542) wurde aus dem Satz 4 der Satz 5.

2737 Vgl. Begr. RegE BT-Drucks. 11/5462, S. 19; BGH, WM 2006, 217 (219).

2738 BGH, WM 2003, 2328 (2330); BGH, WM 2004, 172 (176); BGH, 417 (420); BGH, WM 2006, 1243; BGH, WM 2006, 1066 (1068) m.w.N.; OLG Brandenburg, WM 2006, 2168 (2169).

2739 Palandt/*Weidenkaff* § 494 Rn. 14.

2740 Palandt/*Weidenkaff* § 494 Rn. 14.

2741 Vgl. Begr. RegE BT-Drucks. 11/5462, S. 36.

2742 BGH, WM 2003, 2328 (2330); BGH, WM 2004, 172 (176); BGH, WM 2004, 417 (420).

2743 Bei diesen wird dem Verbraucher ein langfristiges Kapitalnutzungsrecht eingeräumt, die Zinsvereinbarung jedoch nicht für den gesamten Zeitraum, sondern zunächst nur für eine bestimmte Festzinsperiode getroffen; vgl. etwa BGH, WM 2004, 2436 (2437) und oben Rdn. 1103.

2744 BGH, WM 2006, 1243.

d) Nettokredit-/Nettodarlehensbetrag

Nach § 4 Abs. 1 Satz 4 Nr. 1 Buchst. a) VerbrKrG bzw. nach § 492 Abs. 1 Satz 5 Nr. 1 BGB a.F. **1386**
(vgl. heute Art. 247 §§ 6 Abs. 1 Nr. 1, 3 Abs. 1 Nr. 4 EGBGB) war der Nettokredit- bzw. der Nettodarlehensbetrag des Darlehens anzugeben, wobei der **Nettokredit- bzw. Nettodarlehensbetrag** nach der Legaldefinition in § 3 Abs. 1 Nr. 1 VerbrKrG bzw. § 491 Abs. 2 Nr. 1 BGB a.F. der **auszuzahlende Betrag** war.

Das **Fehlen** – nicht aber bereits die Unrichtigkeit[2745] – von Angaben zum Nettodarlehensbetrag **1387**
oder der Höchstgrenze der Inanspruchnahme führt zur Nichtigkeit des Darlehensvertrages (§ 6 Abs. 1 VerbrKrG bzw. § 494 Abs. 1 BGB), allerdings wiederum mit der Möglichkeit der Heilung durch Empfang oder Inanspruchnahme des Darlehens nach § 6 Abs. 2 Satz 1 VerbrKrG bzw. § 494 Abs. 2 Satz 1 BGB.[2746] Tritt die **Heilung** ein, bleibt die **fehlende Nettobetragsangabe folgenlos**.

e) Angabe des Gesamtbetrages

Nach § 4 Abs. 1 Satz 4 Nr. 1 Buchst. b) VerbrKrG bzw. nach § 492 Abs. 1 Satz 5 Nr. 2 BGB a.F. **1388**
(vgl. heute Art. 247 §§ 6 Abs. 1 Nr. 1, 3 Abs. 1 Nr. 8 EGBGB) musste die vom Darlehensnehmer zu unterzeichnende Vertragserklärung den **Gesamtbetrag aller Teilzahlungen** angeben, die zur **Tilgung** des Darlehens sowie zur Zahlung der **Zinsen** und **sonstigen Kosten** zu entrichten waren, wenn der Gesamtbetrag bei Abschluss des Darlehensvertrages für die gesamte Laufzeit der Höhe nach feststand. Anzugeben war hierbei auch etwa ein Disagio.[2747] Insgesamt verpflichtete § 4 Abs. 1 Satz 4 Nr. 1 Buchst. b) Satz 2 VerbrKrG nur zur Angabe des Gesamtbetrages aller vom Verbraucher zu erbringenden Leistungen. Eine **Auflistung** sämtlicher **Einzelpositionen**, z.B. nach Zins- und Tilgungsleistungen, war hingegen **nicht erforderlich**.[2748] Sinn und Zweck dieser Vorschrift war es, dem Verbraucher seine gesamte finanzielle Belastung aus der Kreditaufnahme vor Augen zu führen und ihm Preisvergleiche zu ermöglichen.[2749] Dafür war die Angabe des Gesamtbetrages ausreichend. Ein anderes Ergebnis ergibt sich nach Auffassung des BGH auch nicht unter Berücksichtigung der Verbraucherkreditänderungsrichtlinie,[2750] auf die die Novelle von 1993 zum Verbraucherkreditgesetz zurückzuführen war. Selbst wenn § 4 Abs. 1 Satz 4 Nr. 1 Buchst. b) Satz 2 VerbrKrG hinter den Vorgaben der Änderungsrichtlinie, die unter anderem auch die Angabe der zu entrichtenden Beträge für Zins und Tilgung verlangte, zurückbliebe, käme aus Gründen der Rechtssicherheit eine richtlinienkonforme Auslegung nur dann in Betracht, wenn verschiedene Auslegungen dieser Norm möglich wären, nicht jedoch wenn diese – wie hier – absolut klar und eindeutig war.[2751]

Für **Darlehen mit veränderbaren Bedingungen**, die in Teilzahlungen getilgt werden, war nach § 4 **1389**
Abs. 1 Satz 4 Nr. 1 Buchst. b) Satz 2 VerbrKrG bzw. nach § 492 Abs. 1 Satz 5 Nr. 2 Halbs. 2 BGB a.F. der Gesamtbetrag auf der Grundlage der bei Darlehensvertragsabschluss maßgeblichen Konditionen anzugeben. Die Errechnung dieses fiktiven Gesamtbetrages erfolgte, indem auf der Basis der für den ersten Finanzierungsabschnitt vereinbarten Konditionen die Zins- und Tilgungsraten (Annuitäten) kalkuliert, auf die Gesamtlaufzeit des Vertrages hochgerechnet und zu

---

2745 BGH, WM 2003, 2328 (2330); BGH, WM 2004, 172 (176); BGH, WM 2004, 417 (420); BGH, WM 2006, 1243; BGH, WM 2006, 1066 (1068) m.w.N.; OLG Brandenburg, WM 2006, 2168 (2169).

2746 Vgl. oben Rdn. 1373–1379.

2747 Häfner/*Fischbeck* Fehlgeschlagene Immobilienkapitalanlagen Rn. 687.

2748 BGH, WM 2004, 2436 (2438).

2749 BGH, WM 2002, 380.

2750 Richtlinie des Rates der Europäischen Gemeinschaften (90/88/EWG) v. 22.02.1990 zur Änderung der Richtlinie 87/102/EWG zur Angleichung der Rechts- und Verwaltungsvorschriften der Mitgliedstaaten über den Verbraucherkredit.

2751 BGH, WM 2003, 2184 (2186); BGH, WM 2003, 2186 (2187); BGH, WM 2004, 21 (23); BGH, WM 2004, 372 (376); BGH, WM 2004, 2436 (2438).

sämtlichen Kosten des Vertrages addiert wurden.[2752] Dies gilt insb. auch für Fälle einer sog. **unechten Abschnittsfinanzierung,**[2753] weil die Zinskonditionen und das Vertragsschicksal selbst bei Abschluss des Kreditvertrages noch nicht für die gesamte Laufzeit feststehen.[2754]

1390 Eine **Tilgung** des Kredites **in Teilzahlungen** gem. § 4 Abs. 1 Satz 4 Nr. 1 Buchst. b) Satz 2 VerbrKrG bzw. nach § 492 Abs. 1 Satz 5 Nr. 2 Halbs. 2 BGB a.F. mit der Folge einer Pflicht zur Angabe des Gesamtbetrages und der Einbeziehung der Prämien in die Gesamtbetragsangabe liegt nach der Rechtsprechung des BGH auch bei **endfälligen Krediten mit Tilgungsaussetzung**[2755] vor, die bei Fälligkeit zumindest z.T. mittels eines in der Zwischenzeit **angesparten Tilgungsinstruments**, z.B. einer Lebensversicherung, eines Bausparvertrags oder eines Investmentfonds,[2756] abgelöst werden sollen, sofern aus der maßgeblichen Sicht des Verbrauchers die Zahlungen an den Lebensversicherer oder auf den Bausparvertrag wirtschaftlich regelmäßigen Tilgungsleistungen an den Kreditgeber gleichstehen.[2757] Ausschlaggebend ist dafür, ob nach den getroffenen Vereinbarungen der Parteien der Festkredit mit dem Ansparvertrag derart verbunden wird, dass die Tilgung des Kredits für die Laufzeit ganz oder teilweise ausgesetzt wird und dafür parallel Zahlungen auf den Ansparvertrag geleistet werden, die nach der übereinstimmenden Vorstellung der Parteien bei Abschluss des Darlehensvertrages mindestens zur teilweisen Rückzahlung des Kredites verwendet werden sollen.[2758] Bei den Streitigkeiten im Zusammenhang mit darlehensfinanzierten Immobilienkapitalanlagen liegen diese Voraussetzungen nahezu stets vor, weil die steuerliche Konzeption gerade die Kombination von steuerbegünstigten Einzahlungen in Kapitallebensversicherungen und absetzbaren Zinsen über die gesamte Vertragslaufzeit vorsieht. Etwas anderes kommt nur dann in Betracht, wenn die Lebensversicherung eindeutig nicht als Tilgungsersatz, sondern nur als Sicherheit dient, wie es etwa bei einer nur auf den Todesfall abgeschlossenen Lebensversicherung der Fall sein kann, weil hier die Fälligkeit der Lebensversicherung ungewiss ist.[2759]

1391 Das **Fehlen** – nicht bereits die Unrichtigkeit[2760] – der Gesamtbetragsangabe führt zur Nichtigkeit des Darlehensvertrages (§ 6 Abs. 1 VerbrKrG bzw. § 494 Abs. 1 BGB), allerdings mit der Möglichkeit

---

2752 Zur Berechnung des Gesamtbetrages, insb. auch unter Berücksichtigung eines Disagios, vgl. Häfner/*Fischbeck* Fehlgeschlagene Immobilienkapitalanlagen Rn. 691.

2753 BGH, ZIP 2010, Rn. 20 m.w.N.; vgl. hierzu auch oben Rdn. 1106.

2754 BGH, WM 2004, 1542 (1544); BGH, WM 2004, 2306 (2307); BGH, WM 2004, 2436 (2437); vgl. ferner Urt. v. 14.09.2004 – XI ZR 10/04 und XI ZR 12/04 (jeweils Umdruck S. 6) sowie XI ZR 330/03 (Umdruck S. 5); BGH, WM 2006, 1003 (1007). Eine Besonderheit ist allerdings für in der Zeit zwischen dem 01.01.1991 und dem 30.04.1993 abgeschlossene Darlehensverträge zu beachten. Sie mussten nur die nach § 4 Abs. 1 Satz 2 Nr. 1 Buchst. b) VerbrKrG in der bis 30.04.1993 gültigen Fassung notwendigen Pflichtangaben enthalten, wonach die Ausweisung des Gesamtbetrags nur »wenn möglich« verlangt war, sodass zumeist bei den in diesen Zeitraum fallenden Darlehensverträgen kein Gesamtbetrag angegeben werden musste, BGH, WM 2005, 327 (330) m.w.N.; a.A. *v. Westphalen* ZIP 1993, 93 (96).

2755 Ausführlich zur Gesamtbetragsangabe bei Tilgungsaussetzung bei Immobilienfinanzierungen, *Freckmann/Rösler* ZBB 2007, 23 (26 f.) und oben Rdn. 1094.

2756 Hierzu BGH, ZIP 2011, 702.

2757 BGH, WM 2002, 380; BGH, WM 2004, 1542 (1544 f.); BGH, WM 2004, 2306 (2307); BGH, WM 2004, 2436 (2438); sowie Urt. v. 14.09.2004 – XI ZR 10/04 und XI ZR 12/04, jeweils Umdruck S. 7, und XI ZR 330/03, Umdruck S. 6; BGH, WM 2005, 415 (416) mit dem Hinweis darauf, dass dies nicht im Widerspruch zu der Auffassung des Senats steht, dass Prämien für Kapitallebensversicherungen nicht bei der Berechnung des effektiven Jahreszinses zu berücksichtigen sind; ferner BGH, WM 2006, 1066 (1068).

2758 BGH, WM 2004, 2436 (2437).

2759 OLG Stuttgart, WM 2003, 2234 (2236); vgl. aber auch BGH, WM 2004, 1542 (1545), wo der BGH bei der Abtretung der Lebensversicherungsansprüche nur für den Todesfall trotzdem zu dem Ergebnis kam, dass die Abtretung Tilgungsersatz und nicht nur Sicherheit war.

2760 BGH, WM 2003, 2328 (2330); BGH, WM 2004, 172 (176); BGH, WM 2004, 417 (420); BGH, WM 2006, 1243; BGH, WM 2006, 1066 (1068) m.w.N.; OLG Brandenburg, WM 2006, 2168 (2169).

der Heilung nach § 6 Abs. 2 Satz 1 VerbrKrG bzw. § 494 Abs. 2 Satz 1 BGB.[2761] Liegen die Voraussetzung für eine Heilung vor, trat jedoch nach § 6 Abs. 2 Satz 2 VerbrKrG bzw. § 494 Abs. 2 Satz 2 BGB a.F. eine **Ermäßigung des Zinssatzes auf den gesetzlichen Zinssatz** gem. § 246 BGB ein.[2762] Die Ermäßigung bezog sich auf die gesamte Vertragslaufzeit, sodass dem Verbraucher ein Anspruch auf Neuberechnung der Darlehensraten zustand. Zuviel gezahlte Zinsen können nach **§ 812 BGB** zurückgefordert werden.[2763]

Für Immobilienfinanzierungen, die zumeist grundpfandrechtlich abgesichert sind, werden Verstöße gegen die Gesamtbetragsangabeverpflichtung i.d.R. keine Rolle spielen. Entsprechendes gilt für realkreditfinanzierte Immobilienfondsbeteiligungen. Denn sowohl nach § 3 Abs. 2 Nr. 2 VerbrKrG als auch nach § 492 Abs. 1a BGB a.F. galt die **Gesamtbetragsangabeverpflichtung nicht für Realkreditverträge** i.S.v. § 3 Abs. 2 Nr. 2 VerbrKrG bzw. für als Immobiliardarlehensverträge bezeichnete Realkreditverträge i.S.v. § 492 Abs. 1a Satz 2 BGB a.F.[2764] 1392

f) Angaben zur Art und Weise der Rückzahlung des Darlehens oder Regelung der Vertragsbeendigung

Nach § 4 Abs. 1 Satz 4 Nr. 1 Buchst. c) VerbrKrG bzw. nach § 492 Abs. 1 Satz 5 Nr. 3 BGB a.F. musste der Darlehensvertrag Angaben zu der **Art und Weise der Rückzahlung** des Darlehens oder, wenn eine Vereinbarung hierüber nicht vorgesehen war, eine Regelung zur Vertragsbeendigung enthalten. Letzteres spielte bei Immobilienfinanzierungen i.d.R. keine Rolle, da diese üblicherweise eine Tilgungsvereinbarung beinhalteten. Angaben zur Tilgung mussten die Zahl, die Zahlungstermine oder -intervalle und die Höhe der einzelnen Tilgungsraten beinhalten.[2765] Ob es im Fall einer zur Kredittilgung vorgesehenen Kapitallebensversicherung ausreichte, den zu entrichtenden Monats- und den daraus resultierenden Jahresbeitrag anzugeben oder ob unter Berücksichtigung von Art. 1 Nr. 4 der Verbraucherkreditänderungsrichtlinie,[2766] nach der auch die Anzahl der Tilgungsleistungen zu nennen ist, auch die Anzahl der zu entrichtenden Lebensversicherungsbeiträge anzugeben ist,[2767] hat der BGH bisher, soweit ersichtlich, offen gelassen.[2768] 1393

Das **Fehlen** von Angaben zur Art und Weise der Rückzahlung oder der Regelung zur Vertragsbeendigung – nicht bereits die Unrichtigkeit[2769] – führt zur Nichtigkeit des Darlehensvertrages (§ 6 Abs. 1 VerbrKrG bzw. § 494 Abs. 1 BGB), wobei wiederum eine Heilung nach § 6 Abs. 2 Satz 1 VerbrKrG bzw. § 494 Abs. 2 Satz 1 BGB durch Empfang oder Inanspruchnahme des Darlehens möglich ist.[2770] Tritt die **Heilung** ein, bleibt das Fehlen derartiger Angaben i.Ü. **folgenlos**.[2771] 1394

2761 Vgl. oben Rdn. 1373–1379.
2762 War ein Zinssatz unter 4 % vereinbart, verblieb es bei dem vereinbarten Nominalzinssatz; MüKo-BGB/*Schürnbrand* § 494 Rn. 29.
2763 BGH, WM 2004, 2306 (2308); hinsichtlich bereits verjährter Rückzahlungsansprüche besteht kein Anspruch auf Neuberechnung der Zinsen, OLG Karlsruhe, ZIP 2006, 2074 (2076).
2764 Zu den Voraussetzungen für das Eingreifen dieser Bereichsausnahme im Einzelnen unten Rdn. 1512.
2765 OLG Karlsruhe, WM 1999, 222.
2766 Richtlinie des Rates der Europäischen Gemeinschaften (90/88/EWG) v. 22.02.1990 zur Änderung der Richtlinie 87/102/EWG zur Angleichung der Rechts- und Verwaltungsvorschriften der Mitgliedstaaten über den Verbraucherkredit.
2767 Hierzu etwa OLG Karlsruhe, WM 1999, 222.
2768 BGH, WM 2004, 2436 (2438).
2769 BGH, WM 2003, 2328 (2330); BGH, WM 2004, 172 (176); BGH, WM 2004, 417 (420); BGH, WM 2006, 1243; BGH, WM 2006, 1066 (1068) m.w.N.; OLG Brandenburg, WM 2006, 2168 (2169).
2770 Vgl. oben Rdn. 1373–1379.
2771 Vgl. hierzu BGH, WM 2004, 2436 (2438), wonach gemäß der eindeutigen, einer richtlinienkonformen Auslegung nicht zugänglichen Regelung des § 6 Abs. 2 Satz 2 VerbrKrG nach Inanspruchnahme des Kredits nur die Nichtangabe des vertraglich vereinbarten Zinssatzes, des effektiven Jahreszinses oder des Gesamtbetrages, nicht aber ein Verstoß gegen § 4 Abs. 1 Satz 4 Nr. 1 Buchst. c) VerbrKrG a.F. zur Ermäßigung des Vertragszinses führt.

g) Zinssatz und sonstige Kosten

1395 Nach § 4 Abs. 1 Satz 4 Nr. 1 Buchst. d) VerbrKrG bzw. § 492 Abs. 1 Satz 5 Nr. 4 BGB a.F. (vgl. heute Art. 247 §§ 6 Abs. 1 Nr. 1, 3 Abs. 1 Nr. 5, 10 EGBGB) musste der Darlehensvertrag auch Angaben zum Zinssatz und den sonstigen Kosten enthalten. Der **Zinssatz** als das vom Darlehensnehmer zu entrichtende Entgelt für die Kreditgewährung kann als Monats- oder Jahreszins angegeben werden. Zinsen sind dabei laufzeitabhängige Kosten.[2772] Ein **Disagio** als zinsähnliches Entgelt für die zeitweilige Kapitalnutzung[2773] musste ebenfalls angegeben werden. Zu den sonstigen **Kosten**, die im Einzelnen angegeben werden müssen, zählen ferner alle sonstigen Aufwendungen, die der Darlehensnehmer vereinbarungsgemäß bei planmäßiger Abwicklung für den Kredit zu tragen hat, insb. Wertermittlungsgebühren, Bearbeitungsgebühren, Inkassokosten für den Einzug der Monatsraten, Kosten für die Bestellung von Sicherheiten,[2774] Forward- und Cap-Prämien,[2775] nicht jedoch eine Vorfälligkeitsentschädigung.[2776]

1396 Bei **Vermittlungsprovisionen** ist zu differenzieren. Vermittlerkosten von Dritten, die der Bank bekannt sind, sind bei Konsumentenratenkrediten i.d.R. dem Darlehensgeber als Teil der Kreditkosten zuzurechnen und deshalb von diesem im Kreditvertrag anzugeben. Denn die Einschaltung eines Vermittlers liegt im Allgemeinen im überwiegenden Interesse der Teilzahlungsbank und erspart ihr organisatorische und finanzielle Aufwendungen für die Anwerbung von Kunden oder die Unterhaltung von Zweigstellen.[2777] Etwas anderes gilt jedoch dann, wenn die Tätigkeit des Vermittlers nicht so sehr im Interesse der Bank, sondern des Darlehensnehmers selbst liegt oder ihm besondere Vorteile bringt.[2778] Das ist bei der Finanzierungsvermittlung im Rahmen eines Steuersparmodells regelmäßig anzunehmen, weil die vom Darlehensnehmer zu zahlenden Finanzierungsvermittlungsgebühr der Erzielung der begehrten steuerlichen Effekte dient.[2779]

1397 Das **Fehlen** von Angaben zu Zinsen und Kosten – nicht bereits die Unrichtigkeit[2780] – führt zur Nichtigkeit des Darlehensvertrages (§ 6 Abs. 1 VerbrKrG bzw. § 494 Abs. 1 BGB), allerdings wiederum mit der Möglichkeit der **Heilung** nach § 6 Abs. 2 Satz 1 VerbrKrG bzw. § 494 Abs. 2 Satz 1 BGB.[2781]

1398 Bei Heilung trat jedoch – wenn der **Zinssatz** nicht zutreffend angegeben wurde – nach § 6 Abs. 2 Satz 2 VerbrKrG bzw. § 494 Abs. 2 Satz 2 BGB a.F. eine **Ermäßigung des Zinssatzes auf den gesetzlichen Zinssatz** gem. § 246 BGB ein.[2782] Zuviel gezahlte Zinsen können nach **§ 812 BGB** zurückgefordert werden.[2783]

1399 Wurden **Kosten** nicht angegeben, waren diese nach § 6 Abs. 2 Satz 3 VerbrKrG bzw. § 494 Abs. 2 Satz 3 BGB a.F. **nicht geschuldet**. Gleiches galt für nicht angegebene Kosten nach § 4 Abs. 1 Satz 4 Nr. 1 Buchst. f) VerbrKrG bzw. nach § 492 Abs. 1 Satz 5 Nr. 6 BGB a.F. Hatte der Darlehensgeber solche Kosten bei Auszahlung des Nettodarlehensbetrags einbehalten, so trat Heilung des Vertrages

---

2772 BGH, NJW 1979, 805 (806).

2773 BGH, NJW 1990, 2250; BGH, NJW 1996, 3337; BGH, NJW 1998, 1062; BGH, WM 1999, 1547; Palandt/*Grüneberg* § 246 Rn. 4.

2774 Vgl. oben Rdn. 1132.

2775 *Rösler* WM 2000, 1930 (1931); vgl. auch oben Rdn. 1110 und 1111.

2776 BGH, NJW 1998, 602 (603).

2777 BGH, WM 2000, 1580 (1582); BGH, WM 2004, 417 (420).

2778 BGH, WM 1986, 1519 (1520); BGH, WM 2000, 1580 (1582); BGH, WM 2003, 1710 (1711); BGH, WM 2003, 2328 (2330); BGH, WM 2004, 172; BGH, WM 2004, 417 (420).

2779 BGH, WM 2004, 417 (420); BGH, WM 2004, 172 (175).

2780 BGH, WM 2003, 2328 (2330); BGH, WM 2004, 172 (176); BGH, WM 2004, 417 (420); BGH, WM 2006, 1243; BGH, WM 2006, 1066 (1068) m.w.N.; OLG Brandenburg, WM 2006, 2168 (2169).

2781 Vgl. oben Rdn. 1373–1379.

2782 War ein Zinssatz unter 4 % vereinbart, verblieb es bei dem vereinbarten Nominalzinssatz; MüKo-BGB/*Schürnbrand* § 494 Rn. 29.

2783 BGH, WM 2004, 2306 (2308); aber auch OLG Karlsruhe, ZIP 2006, 2074 (2076).

nur i.H.d. Auszahlung ein.[2784] Die Zahlung nicht geschuldeter Kosten führte wiederum zu einem Bereicherungsanspruch des Verbrauchers nach **§ 812 BGB**.

Was die **Kosten** angeht, die nicht an den Darlehensgeber, sondern im Zusammenhang mit der Darlehensaufnahme **an einen Dritten** zu entrichten waren (z.B. Kosten einer Kapitallebensversicherung), nimmt die wohl überwiegende Meinung an, dass der Darlehensnehmer ggü. dem Dritten zur Zahlung verpflichtet bleibt und diesem den Einwand aus § 6 Abs. 2 Satz 3 VerbrKrG bzw. § 494 Abs. 2 Satz 3 BGB a.F. nicht entgegensetzen konnte. Begründet wird dies damit, dass sich die Zahlungspflicht des Darlehensnehmers aus dem wirksam zustande gekommenen, in Begründung und Bestand vom Verbraucherdarlehensvertrag unabhängigen Vertrag ergibt. Dem Darlehensnehmer soll nach Auffassung des BGH ggü. der Bank auch kein Erstattungs- bzw. Freistellungsanspruch zustehen.[2785] 1400

h) Effektiver Jahreszins

Nach § 4 Abs. 1 Satz 4 Nr. 1 Buchst. e) VerbrKrG bzw. § 492 Abs. 1 Satz 5 Nr. 5 BGB a.F. (vgl. heute Art. 247 §§ 6 Abs. 1 Nr. 1, 3 Abs. 1 Nr. 3 EGBGB) musste der Darlehensvertrag auch Angaben zum effektiven Jahreszins enthalten. Eine Legaldefinition hierzu enthielt § 4 Abs. 2 VerbrKrG bzw. § 492 Abs. 2 BGB a.F. (vgl. heute Art. 247 §§ 3 Abs. 2 Satz 3 EGBGB). Die Berechnung richtet sich nach § 6 der Preisangabenverordnung (PrAngVO). Nach § 6 Abs. 3 PrAngVO sind in die Berechnung die **Gesamtkosten des Kredits** einschließlich etwaiger Vermittlungskosten mit **Ausnahme der in § 6 Abs. 3 Nr. 1–5 PrAngVO genannten Kosten** einzubeziehen. 1401

Außer Ansatz bleiben also z.B. die mit der Nichterfüllung der Pflichten des Darlehensnehmers aus dem Darlehensvertrag verbundenen Kosten, wie Verzugszinsen und Mahnkosten (vgl. Nr. 1), Kosten, die für das finanzierte Geschäft unabhängig davon anfallen, ob es sich um ein Bar- oder ein Kreditgeschäft handelt (vgl. Nr. 2), bestimmte Überweisungs- und Kontoführungsgebühren und Tilgungskosten (vgl. Nr. 3), Kosten für Versicherungen (mit Ausnahme von obligatorischen Restschuldversicherungen)[2786] und Kosten für vom Darlehensnehmer zu stellende Sicherheiten (vgl. Nr. 5), z.B. Notariats- und Grundbuchgebühren. **Prämien für eine als Tilgungsersatz vorgesehene Kapitallebensversicherung** sind nach herrschender Meinung bei der Berechnung des effektiven Jahreszinses ebenfalls **nicht zu berücksichtigen.**[2787] Nach § 6 Abs. 3 Nr. 5 Halbs. 2 PrAngVO werden nämlich lediglich die Kosten obligatorischer Restschuldversicherungen[2788] einbezogen. Bei einer Kapitallebensversicherung handelt es sich nicht um eine solche (Restschuld-) Versicherung, auch wenn eine Risikolebensversicherung als in einer Kapitallebensversicherung mitenthalten gedacht werden kann. Eine Kapitallebensversicherung stellt vielmehr im Wesentlichen einen Ansparvorgang dar, der im Erlebensfalle zur Tilgung des zugleich aufgenommenen Darlehens dienen soll.[2789] Entsprechendes gilt für **Ansparleistungen in einen Bausparvertrag**, weil die für Kapitallebensversicherungen angestellten Überlegungen zum gleichen Ergebnis führen.[2790] 1402

2784 MüKo-BGB/*Schürnbrand* § 494 Rn. 18 m.w.N.

2785 BGH, WM 2005, 415 (417).

2786 Vgl. Rückausnahme des § 6 Abs. 3 Nr. 5 Halbs. 2 PrAngVO.

2787 BGH, WM 2005, 415 (416) m.w.N. auch zur Gegenansicht; *Freckmann/Rösler* ZBB 2007, 23 (29); *Habersack* WM 2006, 353 (355); *Reifner* WM 2005, 1825 f.

2788 Bei der Berechnung des effektiven Jahreszinses sind auch die Kosten einer (Restschuld-) Versicherung anzusetzen, die die Rückzahlung an die Bank wegen Tod, Invalidität, Krankheit oder Arbeitslosigkeit des Darlehensnehmers bezweckt und die die Bank zwingend als Voraussetzung für die Darlehensgewährung vorschreibt. Derartige Restschuldversicherungen werden bei Immobilienfinanzierungen zum einen nur selten abgeschlossen, zum anderen wird eine Bank diese allenfalls empfehlen, nicht jedoch zur Voraussetzung für den Kreditvertrag machen, sodass sie im Bereich der Immobilienfinanzierung keine große Rolle spielen; vgl. Häfner/*Fischbeck* Fehlgeschlagene Immobilienkapitalanlagen Rn. 717.

2789 BGH, WM 2005, 415 (416).

2790 *Freckmann/Rösler* ZBB 2007, 23 (30).

1403 Einzubeziehen sind demgegenüber außer dem Nominalzins unter Einschluss der Zinssollstellungstermine, der Tilgungshöhe und der sonstigen Zahlungstermine, sowie den ausdrücklich genannten Vermittlungskosten, ein bei Auszahlung oder Verlängerung des Darlehens bzw. neuer Zinsfestschreibung in Ansatz kommendes **Disagio (Damnum) oder Agio**[2791] sowie **Cap- und Forward-Prämien**[2792] und sonstige Provisionen.

1404 Wenn bei einem Darlehen eine Änderung des Zinssatzes oder anderer preisbestimmender Faktoren vorbehalten war, waren nach § 4 Abs. 1 Satz 4 Nr. 1 Buchst. e) Halbs. 2 VerbrKrG bzw. nach § 492 Abs. 1 Satz 5 Nr. 5 Halbs. 2 BGB a.F. der **anfängliche effektive Jahreszins** anzugeben, der sich unter Einbeziehung derselben Positionen berechnet wie der effektive Jahreszins, sowie zusätzlich die Voraussetzungen, unter denen die Änderung der preisbestimmenden Faktoren möglich ist.[2793]

1405 Das **Fehlen** von Angaben nach § 4 Abs. 1 Satz 4 Nr. 1 Buchst. e) VerbrKrG bzw. nach § 492 Abs. 1 Satz 5 Nr. 5 BGB a.F. – nicht nur die Unrichtigkeit[2794] – führt zur Nichtigkeit des Darlehensvertrages (§ 6 Abs. 1 VerbrKrG bzw. § 494 Abs. 1 BGB), allerdings auch hier mit der Möglichkeit der **Heilung** nach § 6 Abs. 2 Satz 1 VerbrKrG bzw. § 494 Abs. 2 Satz 1 BGB.[2795] Bei Heilung trat jedoch nach § 6 Abs. 2 Satz 2 VerbrKrG bzw. § 494 Abs. 2 Satz 2 BGB a.F. eine **Ermäßigung des Zinssatzes auf den gesetzlichen Zinssatz** gem. § 246 BGB ein.[2796] Zuviel gezahlte Zinsen können nach **§ 812 BGB** zurückgefordert werden.[2797] Sind die Änderungsvoraussetzungen nicht angegeben, so entfiel nach § 6 Abs. 2 Satz 5 VerbrKrG bzw. § 494 Abs. 2 Satz 5 BGB a.F. die Möglichkeit für die Bank, die Zinsen zum Nachteil des Darlehensnehmers zu ändern.

i) Kosten einer Restschuld- oder sonstigen Versicherung

1406 Nach § 4 Abs. 1 Satz 4 Nr. 1 Buchst. f) VerbrKrG bzw. nach § 492 Abs. 1 Satz 5 Nr. 6 BGB a.F. musste der Darlehensvertrag auch Angaben zu den Kosten einer etwaigen Restschuld- oder sonstigen Versicherung enthalten, die im Zusammenhang mit dem Verbraucherdarlehensvertrag abgeschlossen wurde, und zwar unabhängig von der Frage, ob diese Kosten i.R.d. effektiven Jahreszinses zu berücksichtigen waren. Eine im Bereich von Immobilienkrediten nur selten vorkommende **Restschuldversicherung** dient der Abdeckung offen stehender Ratenverpflichtungen bei Tod oder Arbeitsunfähigkeit des Darlehensnehmers und wird direkt an den Darlehensgeber ausbezahlt. Der Angabepflicht unterlagen vor allem Prämien, aber auch gesondert in Rechnung gestellte Gebühren und Provisionen, die der Darlehensnehmer für den Abschluss einer Restschuld- oder **sonstigen Versicherung** (z.B. einer mit einem Festkredit verbundenen **Kapitallebensversicherung**[2798] oder einer Versicherung gegen den Ausfall einer vom Darlehensnehmer bestellten Sicherheit) aufbringen musste. War die Bank dazu nicht in der Lage, z.B. weil die Prämie von der Ausstattung/Lage der zu versichernden Immobilie abhing, waren anstelle der Versicherungskosten, die für den geforderten Versicherungsschutz maßgebenden Umstände genau zu beschreiben. Da nur Kosten für Versicherungen anzugeben waren, die **im Zusammenhang mit dem Darlehensvertrag** abgeschlossen

2791 Vgl. dazu Palandt/*Weidenkaff* Art. 247 § 3 EGBGB, Rn. 7.

2792 Hierzu *Rösler* WM 2000, 1930 (1931).

2793 Zu Zinsanpassungsklauseln vgl. im Einzelnen *Schimansky* WM 2003, 1449; *Rösler/Lang* ZIP 2006, 214.

2794 BGH, WM 2003, 2328 (2330); BGH, WM 2004, 172 (176); BGH, WM 2004, 417 (420); BGH, WM 2006, 1243; BGH, WM 2006, 1066 (1068) m.w.N.; OLG Brandenburg, WM 2006, 2168 (2169).

2795 Vgl. oben Rdn. 1373–1379.

2796 War ein Zinssatz unter 4 % vereinbart, verblieb es bei dem vereinbarten Nominalzinssatz; MüKo-BGB/*Schürnbrand* § 494 Rn. 29.

2797 BGH, WM 2004, 2306 (2308); aber auch OLG Karlsruhe, ZIP 2006, 2074 (2076).

2798 Dass die Kosten einer Kapitallebensversicherung als Kosten einer »sonstigen Versicherung« der Angabepflicht unterliegen, wenn ein zeitlicher Bezug zwischen dem Abschluss des Versicherungsvertrages und dem des Kreditvertrages besteht, ist h.M.; vgl. BGH, WM 2005, 415 (417) m.w.N.; BGH, WM 2006, 1066 (1069) m.w.N.; BGH, WM 2007, 440 (442).

wurden, fielen hierunter nicht die Kosten bereits abgeschlossener und nun für das Darlehen eingesetzter Versicherungen.[2799]

Auch das **Fehlen** von Angaben nach § 4 Abs. 1 Satz 4 Nr. 1 Buchst. f) VerbrKrG bzw. nach § 492 **1407**
Abs. 1 Satz 5 Nr. 6 BGB a.F. – nicht hingegen nur die Unrichtigkeit[2800] – führt zur Nichtigkeit des Darlehensvertrages (§ 6 Abs. 1 VerbrKrG bzw. § 494 Abs. 1 BGB), allerdings wiederum mit der Möglichkeit der **Heilung** nach § 6 Abs. 2 Satz 1 VerbrKrG bzw. § 494 Abs. 2 Satz 1 BGB durch Empfang oder Inanspruchnahme des Darlehens.[2801] Wurden **Kosten** nicht angegeben, waren diese – ebenso wie nicht angegebene Kosten nach § 4 Abs. 1 Satz 4 Nr. 1 Buchst. d) VerbrKrG bzw. nach § 492 Abs. 1 Satz 5 Nr. 4 BGB a.F. – nach § 6 Abs. 2 Satz 3 VerbrKrG bzw. § 494 Abs. 2 Satz 3 BGB a.F. **nicht geschuldet**. Insoweit kann auf die zu den Kosten nach § 4 Abs. 1 Satz 4 Nr. 1 Buchst. d) VerbrKrG bzw. nach § 492 Abs. 1 Satz 5 Nr. 4 BGB a.F. gemachten Ausführungen verwiesen werden.[2802]

j) Zu bestellende Sicherheiten

Nach § 4 Abs. 1 Satz 4 Nr. 1 Buchst. g) VerbrKrG bzw. nach § 492 Abs. 1 Satz 5 Nr. 7 BGB a.F. **1408**
(vgl. heute Art. 247 § 7 Nr. 2 EGBGB) musste der Darlehensvertrag auch Angaben zu den zu bestellenden Sicherheiten enthalten. Dies bezog sich nur auf die **schuldrechtliche Verpflichtung**. Das dingliche Vollzugsgeschäft konnte entweder Gegenstand einer gesonderten Vereinbarung sein oder mit dem formbedürftigen Darlehensvertrag verbunden werden.[2803] Bei bereits bestellten Sicherheiten genügte der Hinweis auf ihr Fortbestehen.[2804]

Anders als beim **Fehlen von Angaben** nach § 4 Abs. 1 Satz 4 Nr. 1 Buchst. a)–f) VerbrKrG bzw. **1409**
nach § 492 Abs. 1 Satz 5 Nr. 1–6 BGB a.F. führte das Fehlen der Angaben von Sicherheiten wegen § 6 Abs. 1 VerbrKrG bzw. § 494 Abs. 1 BGB a.F. **nicht** zur **Nichtigkeit** des Darlehensvertrages. Sanktion war aber nach § 6 Abs. 2 Satz 6 Halbs. 1 VerbrKrG bzw. § 494 Abs. 2 Satz 6 Halbs. 1 BGB a.F., dass das Darlehen **ohne Sicherheiten** gewährt werden musste, also die Stellung von Sicherheiten nicht gefordert werden konnte. Umstritten ist, ob der Darlehensnehmer eine gleichwohl bestellte Sicherheit nach § 812 BGB vom Darlehensgeber zurückfordern kann. Die wohl überwiegende Meinung verneint dies mit dem Argument, die Regelung des § 6 Abs. 2 Satz 6 VerbrKrG bzw. des § 494 Abs. 2 Satz 6 BGB a.F. sei systematisch als dauernde Einrede einzuordnen. Macht der Darlehensnehmer davon – und sei es aus Unkenntnis seines Rechts – keinen Gebrauch, so besteht auch unter Berücksichtigung seiner schutzwürdigen Interessen nicht die Notwendigkeit einer Rückübertragung, weil er sich selbst in der Lage gesehen hat, die im Darlehensvertrag nicht angegebenen, jedoch von der Bank geforderten Sicherheiten beizubringen.[2805]

Zu beachten ist jedoch, dass nach § 6 Abs. 2 Satz 6 Halbs. 2 VerbrKrG bzw. § 494 Abs. 2 Satz 6 **1410**
Halbs. 2 BGB a.F. die Bestellung von Sicherheiten auch bei fehlenden Angaben hierzu im Darlehensvertrag gleichwohl gefordert werden konnte, wenn das **Darlehen 50.000 € überstieg.**

k) Verjährungsfragen

Auf die Rückforderung von **bis zum 31.12.1997** geleisteten **Zinsen** ist grds. die **4-jährige kennt-** **1411**
nisunabhängige Verjährungsfrist des **§ 197 BGB a.F.** i.V.m. §§ 201 Satz 1, 198 Satz 1 BGB a.F.

2799 BGH, WM 2007, 440 (442); BGH, Urt. v. 06.12.2004 – II ZR 379/02, Umdruck, S. 6/7.

2800 BGH, WM 2003, 2328 (2330); BGH, WM 2004, 172 (176); BGH, WM 2004, 417 (420); BGH, WM 2006, 1243; BGH, WM 2006, 1066 (1068) m.w.N.; OLG Brandenburg, WM 2006, 2168 (2169).

2801 Vgl. oben Rdn. 1373–1379.

2802 Vgl. oben Rdn. 1394–1399.

2803 Palandt/*Weidenkaff* Art. 247 EGBGB § 7 Rn. 3.

2804 Begründung RegE zu § 4 VerbrKrG, BT-Drucks. 11/5462, S. 20.

2805 OLG Dresden, WM 2001, 1854 (1858) m.w.N.; Häfner/*Fischbeck* Fehlgeschlagene Immobilienkapitalanlagen Rn. 782, m.w.N.; in BGH, WM 2002, 380 (381) offen gelassen.

anzuwenden,[2806] es sei denn die Zinsen wurden mit der Darlehenssumme in einem Betrag gezahlt, worauf die regelmäßige Verjährungsfrist des § 195 BGB a.F. anzuwenden ist.[2807] Von dieser Ausnahme abgesehen, verjähren bis einschließlich 31.12.1997 geleistete Zins- und Tilgungsraten somit – vorbehaltlich etwaiger Hemmungs- oder Unterbrechungstatbestände – kenntnisunabhängig spätestens **zum 31.12.2001**.

1412 Da Rückforderungsansprüche auf **ab dem 01.01.1998 bis 31.12.2001** geleistete Zinsen gemäß der 4-jährigen Verjährungsfrist des § 197 BGB a.F. i.V.m. §§ 201 Satz 1, 198 Satz 1 BGB a.F. zum Zeitpunkt des Inkrafttretens des neuen Verjährungsrechts am 01.01.2002 noch nicht verjährt waren, unterfallen sie gem. Art. 229 § 6 Abs. 1 Satz 1 EGBGB fortan der 3-jährigen Regelverjährung des neuen § 195 BGB. Allerdings hat nach Maßgabe des Art. 229 § 6 Abs. 4 EGBGB ein **Fristenvergleich** stattzufinden, ob die Verjährungsfrist nach altem Recht oder die Verjährungsfrist nach neuem Recht kürzer ist. Endet die Frist nach altem Recht früher, so gilt gem. Art. 229 § 6 Abs. 4 Satz 2 EGBGB das alte Verjährungsrecht fort. Die 4-jährige Verjährungsfrist des **§ 197 BGB a.F.** beginnt gem. § 201 BGB a.F. **kenntnisunabhängig** mit dem Schluss des Jahres, in dem der Anspruch entstanden ist. Für den Beginn der 3-jährigen Verjährungsfrist des **§ 195 BGB** ist hingegen nach Rechtsprechung des BGH gem. Art. **229 § 6 Abs. 4 Satz 1 EGBGB** nicht allein der **Stichtag des 01.01.2002** maßgeblich, sondern es müssen zudem auch die **subjektiven Voraussetzungen** des § 199 Abs. 1 Nr. 2 BGB vorliegen, also Kenntnis oder grob fahrlässige Unkenntnis von den den Anspruch begründenden Umständen und der Person des Schuldners.[2808] I.d.R. nicht erforderlich ist allerdings, dass der Gläubiger aus den ihm bekannten Umständen die zutreffenden rechtlichen Schlüsse zieht, sodass nur ausnahmsweise die Rechtsunkenntnis des Gläubigers den Verjährungsbeginn hinausschieben kann, wenn eine unsichere und zweifelhafte Rechtslage vorliegt, die selbst ein rechtskundiger Dritter nicht zutreffend einzuschätzen vermag.[2809]

1413 Für **ab dem 01.01.2002 geleistete Zinsen** gilt schließlich gem. Art. 229 § 6 Abs. 1 Satz 1, Abs. 4 Satz 1 EGBGB die 3-jährige kenntnisabhängige Verjährungsfrist des § 195 BGB i.V.m. § 199 Abs. 1 BGB, wobei auch in Überleitungsfällen für den Fristbeginn am 01.01.2002 die subjektiven Voraussetzungen des § 199 Abs. 1 Nr. 2 BGB vorliegen müssen.[2810]

1414 Geht es um die Rückforderung zu viel bezahlter **Einmalentgelte** (z.B. Geldbeschaffungskosten, Bearbeitungsgebühr, Disagio) unterlag ein solcher Anspruch ursprünglich der **30-jährigen** Verjährungsfrist des **§ 195 BGB a.F.**,[2811] die mit der Entstehung des Anspruchs begann.[2812] Nach

---

2806 Ausführlich BGH, WM 2007, 731 (732); vgl. ferner BGHZ 98, 174 (181 f.); BGH, WM 2000, 2423 (2426); BGH, WM 2004, 2306 (2308); BGH, ZIP 2009, 1266 (1269).

2807 BGH, WM 2008, 304 (307).

2808 BGH, ZIP 2011, 1046, Rn. 14; BGH, ZIP 2010, 1536; BGH, ZIP 2008, 1714 (1716); BGH, WM 2008, 89 (90); BGH, WM 2008, 40 (41); BGH, ZIP 2007, 624 m.w.N. auch zur Gegenansicht; so vorher auch schon OLG Bamberg, NJW 2006, 304; OLG Braunschweig, ZIP 2006, 180 (183); OLG Karlsruhe, ZIP 2006, 1855 (1857); OLG Stuttgart, ZIP 2005, 2152 (2156); a.A. OLG Celle, ZIP 2006, 2163 (2166); OLG Hamm, WM 2006, 1477 (1480); *Wagner* BKR 2007, 18; hat der Gläubiger *vor* dem Stichtag 01.01.2002 Kenntnis von der Anschrift des Schuldners, verliert er diese jedoch *vor* diesem Stichtag wieder, beginnt die nach § 199 Abs. 1 Nr. 2 BGB kenntnisabhängige dreijährige Verjährungsfrist des § 195 BGB erst, wenn der Gläubiger *nach* dem genannten Stichtag erstmals wieder Kenntnis von der Anschrift des Schuldners erlangt oder grob fahrlässig nicht erlangt, BGH, ZIP 2012, 763, Rn. 17.

2809 BGH; ZIP 2010, 1536, Rn. 12; BGH, ZIP 2009, 507 Rn. 47; nach BGH, ZIP 2011, 1046, Rn. 21, bestand in Bezug auf die Verpflichtung der Bank, bei einer sog. unechten Abschnittsfinanzierung gem. § 4 Abs. 1 Satz 4 Nr. 1 Buchst. b) VerbrKrG den Gesamtbetrag aller vom Verbraucher zu erbringenden Leistungen auf der Grundlage der bei Abschluss des Vertrages maßgeblichen Kreditbedingungen anzugeben, eine solche unsichere und zweifelhafte Rechtslage zu keinem Zeitpunkt.

2810 BGH, ZIP 2007, 624 (626); BGH, ZIP 2010, 1536, Rn. 11.

2811 BGH, WM 2004, 2306 (2308); BGH, ZIP 2010, 1536, Rn. 10.

2812 BGH, ZIP 2007, 624 (626).

Inkrafttreten des neuen Verjährungsrechts am 01.01.2002 unterfällt auch dieser Rückforderungsanspruch aus ungerechtfertigter Bereicherung der 3-jährigen Regelverjährung des § 195 BGB. Da diese Frist ebenfalls kürzer ist als die bis zum 01.01.2002 geltende Regelverjährung, hat wiederum der vorgenannte Fristenvergleich stattzufinden. Zu beachten ist, dass in den Fristenvergleich nach neuem Recht neben der kurzen kenntnisabhängigen Verjährungsfrist (§§ 195, 199 BGB) ferner die längeren kenntnisunabhängigen Verjährungsfristen (§ 199 Abs. 2 bis 4 BGB) des neuen Verjährungsrechts einzubeziehen sind, die als Höchstfristen – anders als die kurze Frist des § 195 BGB – stets vom 01.01.2002 an zu berechnen sind.[2813]

Die **Einrede der Verjährung** setzt voraus, dass aus dem Sinn der Erklärung klar wird, der Schuldner wolle seine endgültige Leistungsverweigerung gerade mit dem Ablauf der Verjährungsfrist begründen.[2814] Soweit der BGH in einem Einzelfall angenommen hat, die Verjährungseinrede könne auch in dem Hinweis auf eine **Verwirkung** des Anspruchs wegen der verstrichenen Zeit zu sehen sein,[2815] ist zweifelhaft, ob dies auch für Fälle gilt, die dem neuen Verjährungsrecht unterfallen, da die Regelverjährung jetzt nicht mehr allein an den Zeitablauf, sondern auch an subjektive Elemente anknüpft.[2816] 1415

3. Rückgewähransprüche gegen die Bank wegen Unwirksamkeit des Darlehensvertrages aufgrund Unwirksamkeit der Vollmacht zu dessen Abschluss

Zahlreiche Fallkonstellationen im Zusammenhang mit vermittelten kreditfinanzierten Eigentumswohnungen und Immobilienfondsanteilen sind dadurch geprägt, dass ein Anleger einem – oft auch als Treuhänder bezeichneten – Geschäftsbesorger eine umfassende Vollmacht zum Kauf einer Eigentumswohnung, zum Beitritt zu einem Immobilienfonds, zur Aufnahme der dafür benötigten Darlehen, zur Bestellung der erforderlichen Sicherheiten und zu weiteren damit zusammenhängenden Geschäften wie etwa einer Vollstreckungsunterwerfungserklärung erteilt hat. In Fällen, in denen die Anlageentscheidung zugunsten der Beteiligung an einem geschlossenen Immobilienfonds ausgefallen war, ist der Erteilung einer solchen Vollmacht zumeist die Unterzeichnung eines sog. Zeichnungsscheins vorausgegangen. Ist nun ein Darlehensvertrag zur Finanzierung einer Immobilienkapitalanlage oder eine Vollstreckungsunterwerfungserklärung unter Verwendung derartiger Vollmachten durch einen bevollmächtigten Geschäftsbesorger geschlossen worden, führt eine Prüfung der Wirksamkeit eines solchen Darlehensvertrages oder einer Vollstreckungsunterwerfungserklärung zwangsläufig auf die Frage nach der wirksamen Bevollmächtigung des Treuhänders und der sich hieraus ergebenden Konsequenzen zurück. 1416

a) Vollmachterteilung und Pflichtangaben nach § 4 Abs. 1 Satz 4 Nr. 1 VerbrKrG bzw. § 492 BGB

Die einem Geschäftsbesorger **vor dem 01.01.2002** noch unter der Geltung des Verbraucherkreditgesetzes (VerbrKrG) erteilte **Vollmacht** zum Abschluss eines Darlehensvertrages musste gem. § 167 Abs. 2 BGB und nach inzwischen ständiger Rechtsprechung des BGH nicht die Mindestangaben über die Kreditbedingungen nach § 4 **Abs. 1 Satz 4 Nr. 1 VerbrKrG** in der bis zum 31.07.2001 geltenden Fassung enthalten und war auch ohne diese Angaben **formwirksam.**[2817] Zur Begründung wird im Wesentlichen ausgeführt, dass das **VerbrKrG** das dem Vertretungsrecht zugrunde liegende Repräsentationsprinzip nicht entscheidend einschränke. Die erforderlichen Mindestangaben sollen dem Vertragsschließenden einen Vergleich mit konkurrierenden Angeboten ermöglichen und 1417

2813 BGH, ZIP 2007, 624 (627).
2814 BGHZ 146, 269 (271).
2815 BGH, NJW 1996, 1894 (1895).
2816 BGH, ZIP 2009, 1266 (1269).
2817 BGH, NJW 2001; 1931 (1932), bestätigt durch BGH, WM 2001, 1663 (1664 f.); BGH, NJW 2001, 3479 f.; BGH, WM 2001, 2113 (2114); BGH, WM 2003, 1710; BGH, WM 2003, 2328 (2330); BGH, WM 2004, 417 (420).

ihm ein vollständiges Bild von den Bedingungen und Kosten des Darlehens verschaffen, damit er die Risiken überblicken kann. Wenn der Abschluss des Kreditvertrages einem Vertreter überlassen werde, so müsse es auch unter Berücksichtigung des Schutzzweckes des § 4 Abs. 1 Satz 4 VerbrKrG genügen, wenn diesem die Informationen erteilt werden.[2818]

1418 Etwas anderes gilt demnach ausschließlich für Vollmachtserteilungen **ab dem 01.01.2002.**[2819] Nach der Vorschrift des **§ 492 Abs. 4 BGB** gelten die in § 492 Abs. 1 und Abs. 2 BGB vorgesehenen Formerfordernisse für Verbraucherdarlehensverträge ausdrücklich auch für die Vollmacht, die ein Darlehensnehmer zum Abschluss eines Verbraucherdarlehensvertrages erteilt, und zwar unabhängig davon, ob der Bevollmächtigte seinerseits Verbraucher oder Unternehmer ist. Ausnahme ist gem. § 492 Abs. 4 Satz 2 BGB – neben der Prozessvollmacht – die notariell beurkundete Vollmacht. Das genannte Formerfordernis führt praktisch dazu, dass dem Darlehensnehmer bei Vollmachtserteilung der Inhalt des Darlehensvertrages vorliegen und bekannt sein muss.[2820] Ein Verstoß gegen die Formvorschrift führt nach §§ 492 Abs. 1 Satz 1, 494 Abs. 1 BGB zur **Nichtigkeit der Vollmacht**[2821] und zur Geltung der §§ 177 ff. BGB. Eine Heilung der formnichtigen Vollmacht kann nicht eintreten,[2822] jedoch besteht für den aufgrund der nichtigen Vollmacht abgeschlossenen Darlehensvertrag die Heilungsmöglichkeit nach § 494 Abs. 2 Satz 1 BGB.[2823]

b) Unwirksamkeit der Vollmacht im Geschäftsbesorgungsvertrag wegen Verstoßes gegen Art. 1 § 1 RBerG

1419 Ein wichtiges Probleme, mit dem sich die Rechtsprechung in den vergangenen Jahren beschäftigte, war die Frage der Unwirksamkeit eines umfassenden Geschäftsbesorgungsvertrages und einer Vollmachtserteilung wegen eines Verstoßes gegen das bis zum 30.06.2008 geltende Rechtsberatungsgesetz.[2824] Nach **Art. 1 § 1 RBerG** durfte die Besorgung fremder Rechtsangelegenheiten geschäftsmäßig nur von Personen betrieben werden, denen dazu von der zuständigen Behörde die Erlaubnis erteilt worden war.

1420 Von der Erlaubnispflicht ausgenommen waren die in Art. 1 § 3 RBerG abschließend aufgezählten **privilegierten Berufsgruppen**, also z.B. Rechtsanwälte und Rechtsanwaltsgesellschaften (vgl. Art. 1 § 3 Nr. 2 RBerG). Treuhandgesellschaften, die selbst nicht über eine Erlaubnis zur Rechtsbesorgung verfügen, wurden von der Privilegierung jedoch auch dann nicht erfasst, wenn deren Geschäftsführer ein zugelassener Rechtsanwalt war.[2825] Vertragspartner und Treuhänder des Anlegers war hier nämlich nicht der zugelassene Rechtsanwalt, sondern die von ihm vertretene Gesellschaft.

1421 Bei der Beauftragung eines Wirtschaftsprüfers, eines Steuerberaters oder einer Steuerberatungs-GmbH durch einen Anleger zum Abschluss aller zum kreditfinanzierten Erwerb einer Eigentumswohnung oder Immobilienfondsbeteiligung erforderlichen Verträge ging es auch nicht um eine der **privilegierten Tätigkeiten** nach Art. 1 § 5 RBerG. Die Ausnahmeregelung des Art. 1

2818 BGH, NJW 2001, 1931 (1932); OLG Karlsruhe, WM 2001, 536 (538); OLG Frankfurt am Main, WM 2001, 353 (354); OLG Frankfurt am Main, OLGR 2000, 11; OLG Zweibrücken, OLGR 2000, 336; OLG Köln, WM 2000, 127 (129); a.A. LG Potsdam, WM 1998, 1235; nur bei unwiderruflich erteilter Vollmacht: OLG München, WM 1999, 1456 (1457).

2819 So ausdrücklich BT-Drucks. 14/7052, S. 201.

2820 Palandt/*Weidenkaff* § 492 Rn. 6.

2821 Eine Ausnahme gilt nur für Mängel bezüglich der Angabe zu bestellender Sicherheiten, vgl. §§ 491 Abs. 1, 492 Abs. 1 Satz 5 Nr. 7 BGB a.F.

2822 BT-Drucks. 14/7052, S. 202.

2823 Vgl. oben Rdn. 1373–1379.

2824 Vgl. Art. 20 des Gesetzes zur Neuregelung des Rechtsberatungsrechts v. 12.12.2007 (BGBl. I, S. 2840). Seit dem 01.07.2008 ist das Rechtsberatungsgesetz durch das Rechtsdienstleistungsgesetz abgelöst worden. Nachdem die maßgebliche Rechtsprechung jedoch noch zum RBerG ergangen ist, erfolgt auch die nachfolgende Darstellung anhand der bis zum 30.06.2008 geltenden gesetzlichen Regelungen.

2825 BGH, WM 2005, 786 (787).

§ 5 Nr. 1 RBerG griff deshalb nicht, weil der beauftragte Geschäftsbesorger für den Anleger eine Vielzahl von Verträgen abschließen sollte, aber nicht die wirtschaftliche Betreuung schuldete.[2826] Art. 1 § 5 Nr. 2 RBerG war nicht einschlägig, weil der Steuerberater in solchen Fällen in aller Regel überhaupt nicht zur Beratung des Anlegers in steuerlichen Angelegenheiten verpflichtet war: Es fehlte also schon an einem Hauptgeschäft der Steuerberatung, zu dessen Erledigung die Besorgung fremder Rechtsangelegenheiten das notwendige Hilfsgeschäft sein könnte. Vielmehr stellte hier die Besorgung fremder Rechtsangelegenheiten das Hauptgeschäft dar.[2827]

Dass der Geschäftsbesorger ein **fremdes** Geschäft führt, war bei einer Vertretung des Anlegers i.R.d. 1422
kreditfinanzierten Erwerbs einer Eigentumswohnung oder einer Immobilienfondsbeteiligung problemlos gegeben. Da als Geschäftsbesorger regelmäßig Steuerberater oder eine Steuerberatungs-GmbH auftraten, galt dies auch für das Merkmal der **Geschäftsmäßigkeit** als eine selbstständige und mit Wiederholungsabsicht ausgeübte Tätigkeit. Von der Besorgung von **Rechtsangelegenheiten** abzugrenzen war die Wahrnehmung nur wirtschaftlicher Belange des Auftraggebers, die von dem Tatbestand des Art. 1 § 1 RBerG nicht erfasst wurden. Unter den Begriff der Rechtsangelegenheiten fiel die Gestaltung fremder Rechtsverhältnisse, insb. die Fertigung von Vertragsentwürfen und der Abschluss von Verträgen.[2828] Dabei war der rechtliche Schwierigkeitsgrad der Angelegenheit ebenso unerheblich wie die Frage, ob die Vertragsbedingungen für die kreditfinanzierte Anlage in Formularen fest vorformuliert waren oder ob der Geschäftsbesorger noch einen inhaltlichen Gestaltungsspielraum hatte.[2829]

Da angesichts der rechtlichen Durchdringung nahezu aller Lebensbereiche eine Besorgung wirt- 1423
schaftlicher Belange vielfach auch mit rechtlichen Vorgängen verknüpft ist, war für die Abgrenzung der Besorgung von Rechtsangelegenheiten ggü. der zulässigen Wahrnehmung nur wirtschaftlicher Belange des Auftraggebers nicht allein auf die rechtliche Form einer Tätigkeit, sondern auf ihren Kern und Schwerpunkt abzustellen. Entscheidend war also, ob die in Rede stehende Tätigkeit im Kern und im Schwerpunkt auf wirtschaftlichem Gebiet lag und die Wahrnehmung wirtschaftlicher Belange bezweckte oder ob die rechtliche Seite der Angelegenheit im Vordergrund stand und es im Wesentlichen um die Klärung rechtlicher Verhältnisse ging.[2830]

Ausgehend hiervon hat erstmals der IX. Zivilsenat des BGH mit Urt. v. 28.09.2000 entschieden, 1424
dass derjenige, der ausschließlich oder hauptsächlich den Abschluss und die rechtliche Abwicklung eines kreditfinanzierten Wohnungskaufvertrages im Rahmen eines Bauträgermodells für den Erwerber besorgt, in einer fremden Rechtsangelegenheit tätig wird.[2831] Entsprechendes gilt nach inzwischen ständiger Rechtsprechung aller Zivilsenate des BGH für einen **Geschäftsbesorgungsvertrag** mit einem Treuhänder, der für den Anleger alle für eine kreditfinanzierte Immobilienfondsbeteiligung oder einen Grundstückserwerb erforderlichen, zweckmäßigen oder jedenfalls vorgesehenen Verträge abschließen soll. Dabei handelt es sich nicht nur um eine untergeordnete Hilfstätigkeit, sondern eine umfassende Rechtsbesorgung und Rechtsgestaltung. Auch liegt der Schwerpunkt einer solchen Tätigkeit nicht nur auf wirtschaftlichem Gebiet, weil der Geschäftsbesorgungsvertrag

2826 BGH, WM 2004, 372 (374); BGH, BKR 2004, 236 (237).

2827 BGHZ 145, 265 (272); BGH, WM 2001, 2113 (2115); BGH, WM 2004, 2349 (2352).

2828 BGH, WM 2001, 2113 (2114); BGH, WM 1987, 1263 (1264).

2829 BGHZ 145, 265 (269); BGHZ 153, 214 (218); BGH, WM 2001, 2113 (2114).

2830 BVerfGE 97, 12 (27); BGH, WM 2000, 1466 (1467), dazu *Kleine-Cosack* EWiR 2000, 691; BGH, WM 2002, 2017 (2021); BGH, WM 2002, 2030 (2032); BGHZ 153, 214 (218); BGHZ 154, 283 (285); BGH, WM 2003, 2000 (2002); BGH, WM 2005, 412 (414), dazu *Henssler/Deckenbrock* EWiR 2005, 551; BGH, WM 2005, 1764 (1767); BGH, WM 2006; 1008 (1010); BGH, WM 2006, 1060 (1061); BGH, WM 2006, 1673 (1675); BGH, ZIP 2007, 16 (18); BGH, ZIP 2007, 173 (175); BGH, ZIP 2011, 2353, Rn. 14; die letztgenannte Entscheidung ist dabei deshalb von besonderem Interesse, weil der BGH in dem zu entscheidenden Sachverhalt den Schwerpunkt der dem Treuhänder erteilten Vollmacht auf wirtschaftlichem Gebiet sah und dementsprechend einen Verstoß gegen Art. 1 § 1 RBerG verneinte.

2831 BGHZ 145, 265 (270).

den Treuhänder gerade nicht verpflichtet, die Zweckmäßigkeit der Investitionsentscheidung des Anlegers, die Mängelfreiheit des Investitionsobjekts, die Bonität seiner Geschäftspartner oder die Angemessenheit des Kaufpreises und der Honorare und Provisionen zu prüfen.[2832]

1425 Da Art. 1 § 1 RBerG ein Verbotsgesetz i.S.d. § 134 BGB war, führte der Verstoß zur **Nichtigkeit** des Geschäftsbesorgungsvertrages und, ohne dass es auf die Voraussetzungen des § 139 BGB ankam,[2833] auch zur Nichtigkeit der zu seiner Ausführung erteilten **Vollmacht**, und zwar unabhängig davon, ob diese im Geschäftsbesorgungsvertrag oder in einer gesonderten Urkunde enthalten war.[2834] Dies galt auch, soweit die Vollmacht den Geschäftsbesorger zur Abgabe einer **Vollstreckungsunterwerfungserklärung** berechtigte. Auch wenn es sich hier um eine prozessuale Vollmacht handelt, die den Vorschriften der §§ 78 ff. ZPO und nicht denen der §§ 164 ff. BGB unterfällt, musste für sie angesichts des Verbotszwecks des Art. 1 § 1 RBerG dasselbe gelten. Es wäre nicht hinzunehmen, könnte der Treuhänder den Anleger nicht aus einer materiell-rechtlichen Haftungsübernahme (§ 780 BGB) wirksam verpflichten, wohl aber zu seinen Lasten eine prozessuale Unterwerfungserklärung abgeben und auf diese Weise einen Vollstreckungstitel schaffen. Die besonderen rechtlichen Folgen, die mit der Vollstreckungsunterwerfung nach § 794 Abs. 1 Nr. 5 ZPO verbunden sind, geboten daher die Anwendung des Art. 1 § 1 RBerG i.V.m. § 134 BGB.[2835]

1426 Der Verstoß der Tätigkeit des Treuhänders gegen Art. 1 § 1 RBerG bewirkte allerdings **keine automatische Nichtigkeit** auch der von ihm für den Anleger abgeschlossenen Kauf-, Darlehens-, Fondsbeitritts- oder sonstigen **Verträge** nach § 134 BGB. Vielmehr waren diese Rechtsgeschäfte mangels wirksamer Vollmachtserteilung zugunsten des Vertreters grds. nur **schwebend unwirksam**, weil diese Verträge für sich genommen nicht auf die Verwirklichung eines gesetzwidrigen Tatbestandes, nämlich auf eine nicht genehmigte geschäftsmäßige Besorgung fremder Rechtsangelegenheiten

2832 BGH, WM 2001, 2113 (2114); BGH, WM 2001, 2260 (2261); BGH, WM 2002, 1273 (1274); BGHZ 153, 214 (218); BGHZ 154, 283 (285); aus jüngerer Zeit etwa BGH, WM 2005, 1764 (1767); BGH, WM 2006, 1008 (1010); BGH, WM 2006, 1060 (1061); BGH, WM 2006, 1673 (1675); BGH, WM 2007, 108 (110); BGH, WM 2007, 116 (117).

2833 So ausdrücklich BGH, WM 2005, 127 (129).

2834 Ständige Rechtsprechung aller Senate des BGH; vgl. BGH, WM 2001, 2260 (2262); BGH, WM 2002, 1273 (1274); BGHZ 153, 214 (218); BGHZ 154, 283 (285); BGH, WM 2003, 918 (920); BGH, WM 2003, 1064 (1065); BGH, WM 2003, 1710 (1711); BGH, WM 2003, 2328 (2333); BGH, WM 2003, 2372 (2373); BGH, WM 2003, 2375 (2377); BGH, BKR 2003, 942 (944); BGH, WM 2004, 21 (23); BGH, WM 2004, 27 (30); BGH, WM 2004, 372 (375); BGH, WM 2004, 417 (421); BGH, BKR 2004, 236 (237); BGH, WM 2004, 922 (923); BGH, WM 2004, 1127; BGH, WM 2004, 1221 (1223); BGH, WM 2004, 1227 (1228); BGH, WM 2004, 1230 (1231); BGH, WM 2004, 1529 (1530); BGH, WM 2004, 1536 (1538); BGH, WM 2004, 2349 (2352); BGH, WM 2005, 72 (73); BGH, WM 2005, 127 (129); BGH, WM 2005, 327 (328); BGH, WM 2005, 786 (787); BGH, WM 2005, 828 (830); BGH, WM 2005, 1520 (1521); BGH, WM 2005, 1598 f.; BGH, WM 2005, 1698 (1700); BGH, WM 2005, 1764 (1765); BGH, BKR 2005, 501 (502); BGH, WM 2006, 853 (854); BGH, WM 2006, 1008 (1010); BGH, WM 2006, 1060 (1061); BGH, BKR 2006, 451; BGH, WM 2007, 62 (66); BGH, WM 2007, 108 (109); BGH, WM 2007, 110 (112); BGH, WM 2007, 440 (441); BGH, WM 2007, 731 (732); BGH, WM 2008, 244 (245); BGH, WM 2008, 683 (686); BGH, ZIP 2008, 2354 (2357); BGH, ZIP 2011, 2353, Rn. 13 m.w.N.; BGH, ZIP 2012, 363, Rn. 15; anders die früher h.L. in der Literatur, vgl. etwa *Ganter* WM 2001, 195; *Hermanns* DNotZ 2001, 6 (8 f.); *Sommer* NotBZ 2001, 28 (29), insb. unter dem Hinweis darauf, dass es sich bei der Vollmacht um ein einseitiges Rechtsgeschäft handelt und das Verbot unerlaubter Rechtsberatung sich nicht gegen den Vollmachtgeber richtet.

2835 BGH, WM 2003, 914 (915); BGH, WM 2003, 2372 (2373); BGH, WM 2003, 2375 (2377); BGH, WM 2004, 27 (30); BGH, WM 2004, 372 (375); BGH, WM 2004, 417 (421); BGH, BKR 2004, 236 (238); BGH, WM 2004, 922 (923); BGH, WM 2005, 828 (830); BGH, WM 2005, 1520 (1521); BGH, WM 2005, 1698 (1700); BGH, BKR 2005, 501 (504); BGH, WM 2006, 853 (854); vgl. aber zu den Fällen, in denen es dem Anleger nach Treu und Glauben verwehrt ist, sich auf die Unwirksamkeit der vom Geschäftsbesorger abgegebenen prozessualen Unterwerfungserklärung zu berufen, unten Rdn. 1437–1441.

gerichtet waren und die unerlaubte Rechtsbesorgung auch nicht förderten.[2836] Es blieb daher zu prüfen, inwieweit **Rechtsscheingesichtspunkte**[2837] oder eine **Genehmigung**[2838] zur Wirksamkeit der »nur« vollmachtlos geschlossenen Verträge führen können.

Schwebend unwirksam war dementsprechend grds. auch ein durch den Geschäftsbesorger aufgrund nichtiger Vollmacht erklärter **Fondsbeitritt**. Bei der Rückabwicklung greifen insoweit jedoch die Grundsätze der fehlerhaften Gesellschaft mit der Folge ein, dass ein tatsächlich vollzogener Beitritt des Anlegers **nicht ex tunc nichtig, sondern lediglich für die Zukunft vernichtbar** ist und daher allenfalls außerordentlich mit Wirkung für die Zukunft gekündigt werden kann.[2839] 1427

Etwas anderes – nämlich die automatische Nichtigkeit auch der geschlossenen Verträge – gilt nur dann, wenn Dritte, deren Verträge mit dem Anleger von dem gegen Art. 1 § 1 RBerG verstoßenden Geschäftsbesorger vermittelt oder von diesem als Vertreter des Anlegers abgeschlossen wurden, in einer Weise mit dem Geschäftsbesorger zusammenarbeiteten, dass ihre Tätigkeit als **Beteiligung an der unerlaubten Rechtsbesorgung** angesehen werden musste. Letzteres war jedoch bei einem kreditfinanzierten Immobilienerwerb zu Steuersparzwecken regelmäßig nicht der Fall, weil der Darlehensvertrag nicht der verbotenen Rechtsbesorgung diente und sich die Bank nicht dadurch an einer unerlaubten Rechtsbesorgung beteiligte, dass sie als bloßer Vertragspartner eines Darlehensvertrages zur Finanzierung eines Beitritts zu einem Bauherren- oder Erwerbermodell auftrat.[2840] Das galt selbst dann, wenn die Bank das steuersparende Erwerbermodell mit initiiert hatte, weil das RBerG solche Modelle nicht verbot und auch nicht verhindern sollte, dass ein Auftraggeber bestimmte Verträge mithilfe eines Geschäftsbesorgers abschließt.[2841] 1428

c) Sonderproblem: Einzelvollmacht im Zeichnungsschein

Aufgrund der Tatsache, dass die Geschäftsbesorgungsverträge und die darin enthaltenen oder aufgrund einer gesonderten Urkunde erklärten Vollmachten wegen ihrer Nichtigkeit keine Vertretungsmacht begründen konnten, rückten von Anlegern unterzeichnete Zeichnungsscheine in das Blickfeld der richterlichen Überprüfung. Zeichnungsscheine enthalten zuweilen eine ausdrückliche, auf die Abgabe der Fondsbeitrittserklärung, den Abschluss des finanzierenden Darlehensvertrages, die Kontoeröffnung und die Verfügung über das Guthaben beschränkte Vollmacht mit der Verpflichtung des Anlegers, eine in einem weitreichenden Geschäftsbesorgungsvertrag enthaltene Vollmacht notariell beglaubigen zu lassen. Der II. Zivilsenat des BGH hat zunächst eine solche **Vollmachtserteilung im Zeichnungsschein** mit der Begründung verneint, dass wegen der Bezugnahme auf den noch abzuschließenden Geschäftsbesorgungsvertrag und die dort vorgesehene notariell zu beglaubigende Vollmacht nicht schon von einer gesonderten Vollmachtserteilung im Zeichnungsschein ausgegangen werden könne.[2842] Dem ist der XI. Zivilsenat nicht gefolgt und hat – nachdem der II. Zivilsenat erklärt hat, an seiner Auffassung nicht mehr festzuhalten – zwischenzeitlich mehrfach entschieden, dass ein Zeichnungsschein, der ausdrücklich zum Abschluss des finanzierenden Darlehensvertrages, zur Kontoeröffnung und zur Verfügung über das Guthaben bevollmächtigt, trotz der darin festgelegten Verpflichtung, noch eine notariell beglaubigte 1429

2836 BGH, WM 2001, 2113 (2115); BGH, WM 2003, 1710 (1712); BGH, WM 2003, 2375 (2379); BGH, WM 2004, 922 (923); BGH, WM 2004, 1127 (1129); BGH, WM 2004, 1221 (1224); BGH, WM 2004, 2349 (2353); BGH, WM 2005, 1598 (1599).

2837 Vgl. dazu unten Rdn. 1431–1445.

2838 Vgl. dazu unten Rdn. 1446.

2839 BGH, WM 2003, 247 (249); BGH, WM 2004, 372 (376); BGH, WM 2005, 1698 (1701); BGH, WM 2006, 1060 (1064).

2840 BGH, WM 2003, 1710 (1712); BGH, WM 2003, 2375 (2379); BGH, WM 2004, 1127 (1129); BGH, WM 2004, 1221 (1224); BGH, WM 2004, 2349 (2353); BGH, WM 2005, 72 (76); BGH, WM 2005, 127 (132); BGH, WM 2005, 1598 (1599).

2841 BGH, WM 2004, 2349 (2353).

2842 BGH, WM 2004, 1529 (1531).

Vollmacht zu erteilen, eine **echte Vollmacht zum Abschluss des Finanzierungsdarlehens** mit eigener Bedeutung darstellt.[2843] Während die notarielle Vollmacht den Sinn hat, dem Formerfordernis des § 29 GBO bei der Eintragung des Anlegers als Miteigentümer des Fondsgrundstücks im Grundbuch Rechnung zu tragen, soll die im Zeichnungsschein enthaltene Vollmacht einen aus steuerlichen Gründen gebotenen sofortigen Beitritt zur Fondsgesellschaft und die rasche Aufnahme der dazu notwendigen Finanzierungsmittel ermöglichen.[2844] Enthält der Zeichnungsschein jedoch etwa nur die Verpflichtung, eine Beteiligung zu übernehmen, sowie das Angebot zum Abschluss eines Geschäftsbesorgungs- und Treuhandvertrages, ist aus ihm nicht auf die Erteilung einer Vollmacht zum Abschluss eines Darlehensvertrages zu schließen.[2845] Wenn die im Zeichnungsschein erteilte Vollmacht nicht auch ausdrücklich zur **Bestellung von Sicherheiten** berechtigt, scheidet ebenfalls eine erweiternde, über den Wortlaut hinausgehende Auslegung der in dem Zeichnungsschein enthaltenen Vollmacht dahin gehend, dass diese etwa auch zur Sicherungsabtretung von Lebensversicherungen berechtigt, aus.[2846] Da der Bevollmächtigte allerdings den Darlehensvertrag mit Vollmacht des Anlegers abschließen und diesen darin wirksam zur Stellung der üblicherweise geforderten Sicherheiten verpflichten kann, steht der Bank gegen den Anleger als Darlehensnehmer ein Anspruch auf Bestellung der Sicherheiten zu. Ist die Sicherheit – sei es auch aufgrund unwirksamer Vollmacht – durch den Bevollmächtigten gemäß den Verpflichtungen des Darlehensvertrages gestellt worden, ist es dem Darlehensnehmer nach § 242 BGB verwehrt, diese Sicherheit zurückzufordern, da er zu ihrer Stellung verpflichtet ist.[2847]

1430 Eine im **Zeichnungsschein** erteilte Vollmacht verstieß ihrerseits auch nicht gegen das **Rechtsberatungsgesetz,**[2848] wenn sie anders als der Geschäftsbesorgungsvertrag nicht den Abschluss eines ganzen Bündels von Verträgen mit mannigfaltigem rechtlichem Beratungsbedarf zum Gegenstand hatte. Beschränkte sich die Vollmacht vielmehr auf die Erklärung des Beitritts zur Fondsgesellschaft und die Aufnahme der Finanzierungsdarlehen, war ein Verstoß gegen das Rechtsberatungsgesetz zu verneinen, weil es sich hierbei um die Wahrnehmung von im Wesentlichen wirtschaftlichen Belangen handelte.[2849]

1431 Ob sich allerdings eine Nichtigkeit des weitreichenden Geschäftsbesorgungsvertrages und der damit verbundenen umfassenden Vollmacht wegen Verstoßes gegen das Rechtsberatungsgesetz auch auf die Vollmacht im Zeichnungsschein erstreckt, beurteilt sich nach **§ 139 BGB**, ist damit Tatfrage und durch Ermittlung und Auslegung des Parteiwillens festzustellen.[2850] Da bei getrennt abzuschließenden Rechtsgeschäften eine tatsächliche Vermutung für die rechtliche Selbstständigkeit der jeweiligen Vereinbarungen spricht,[2851] wird man ohne besondere Anhaltspunkte im Einzelfall regelmäßig nicht von einem Einheitlichkeitswillen der Parteien und damit von einer »Infizierung«

2843 BGH, WM 2006, 1008 (1011); BGH, WM 2006, 1060 (1062); BGH, WM 2007, 108 (109); BGH, WM 2007, 116 (117); BGH, ZIP 2008, 2354 (2358); zur Herleitung dieses Auslegungsergebnisses vgl. *Paal* JuS 2006, 775 (777).

2844 BGH, WM 2006, 1008 (1011); BGH, WM 2006, 1060 (1062); BGH, WM 2007, 108 (109); BGH, WM 2007, 116 (117); OLG Bamberg, Urt. v. 27.03.2007 – 4 U 95/06; OLG München, WM 2005, 1986; Urt. v. 07.06.2004 – 19 U 5236/03; *Jork/Engel* BKR 2005, 3 (9); *Wolf/Großerichter* WM 2004, 1993 (2001).

2845 BGH, ZIP 2008, 1417 (1419).

2846 BGH, ZIP 2008, 2354 (2358).

2847 BGH, ZIP 2008, 2354 (2358).

2848 BGH, WM 2006, 1008 (1011); BGH, WM 2006, 1060 (1062); BGH, WM 2007, 108 (109); BGH, WM 2007, 116 (117); BGH, WM 2009, 542, Rn. 17 ff.; BGH, ZIP 2010, 319, Rn. 25.

2849 BGH, WM 2006, 1008 (1010); BGH, WM 2006, 1060 (1062); BGH, WM 2007, 108 (110); BGH, WM 2007, 116 (117); BGH, WM 2009, 542, Rn. 17 ff.; BGH, ZIP 2010, 319, Rn. 25.

2850 BGH, WM 2006, 1008 (1010); BGH, WM 2007, 108 (110); BGH, WM 2007, 116 (117).

2851 BGHZ 78, 346 (349); BGH, WM 2007, 116 (118); OLG Frankfurt am Main, Urt. v. 20.05.2009 – 9 U 33/07.

der im Zeichnungsschein erteilten Vollmacht durch die wegen Verstoßes gegen Art. 1 § 1 RBerG nach § 134 BGB nichtige Vollmacht im Geschäftsbesorgungsvertrag ausgehen können.

d) Rechtsscheinvollmacht bei materiell-rechtlichen Verträgen

Waren der Geschäftsbesorgungsvertrag und die darin enthaltene Vollmacht nach Art. 1 § 1 RBerG i.V.m. § 134 BGB nichtig und verhalf auch ein Zeichnungsschein nicht zu einer wirksamen Vollmacht, blieb zu berücksichtigen, dass eine unwirksame Vollmacht ggü. der Bank dann nach den Grundsätzen der **Rechtsscheinvollmacht gem. §§ 171 ff. BGB** als gültig zu behandeln sein kann, wenn die Vollmachtsurkunde vor oder bei Abschluss des Vertrages vorlag[2852] und die Bank eine etwaige Unwirksamkeit der Vollmacht weder kannte noch kennen musste.[2853] Dabei wird auf den allgemeinen Rechtsgrundsatz abgestellt, dass derjenige, der einem gutgläubigen Dritten ggü. zurechenbar den Rechtsschein einer Bevollmächtigung eines anderen setzt, sich so behandeln lassen muss, als habe er dem anderen wirksam Vollmacht erteilt.[2854] §§ 172, 173 BGB gelten dabei über ihren Wortlaut hinaus auch dann, wenn eine Vollmacht unmittelbar gegen Art. 1 § 1 RBerG verstößt und nach § 134 BGB nichtig ist,[2855] weil die §§ 171 ff. BGB dem Schutz des Vertragspartners dienen. Seine Schutzbedürftigkeit ist nicht davon abhängig, aus welchem Grund die ihm vorgelegte Vollmachtsurkunde nichtig ist. 1432

An dieser Rechtsprechung hielt der XI. Zivilsenat des BGH auch unter Berücksichtigung von zwei Entscheidungen des II. Zivilsenats[2856] vom **14.06.2004** fest. Der **II. Zivilsenat** hatte dort in obiter dicta für den Fall eines kreditfinanzierten Beitritts zu einem geschlossenen Immobilienfonds mit einheitlicher Vertriebsorganisation die Auffassung vertreten, dass in dieser Fallkonstellation die Annahme einer Rechtsscheinhaftung dem Umstand nicht gerecht würde, dass der – unmittelbare oder durch den Treuhänder vermittelte – Beitritt zu der Fondsgesellschaft und der diesen Beitritt finanzierende Darlehensvertrag ein verbundenes Geschäft i.S.d. § 9 Abs. 1 VerbrKrG bzw. i.S.d. § 358 Abs. 3 BGB in der ab dem 01.01.2002 geltenden Fassung bilden[2857] und dass in diesem Rahmen die Einschaltung des Treuhänders als Vertreter des Anlageinteressenten nicht von diesem, sondern von den Initiatoren und Gründungsgesellschaftern des Fonds in Kenntnis und mit zumindest stillschweigender Billigung der Bank erfolgt sei. Im Rahmen des Vertriebsmodells setze nicht allein der Anleger den Rechtsschein einer wirksamen Bevollmächtigung. Vielmehr werde die Art der Geschäftsabwicklung entscheidend von den Initiatoren und Gründungsgesellschaftern des Fonds bestimmt, und die Bank bediene sich dieses vorgegebenen Modells, um ihre Geschäftsinteressen zu verwirklichen. 1433

Der XI. Zivilsenat hat dieser Auffassung bereits in den Entscheidungen vom **26.10.2004**[2858] und 09.11.2004[2859] eine Absage erteilt. Schon systematisch habe § 9 Abs. 1 VerbrKrG, in dem von 1434

2852 BGH, ZIP 2008, 1417 (1418).

2853 BGH, WM 1985, 10 (11); BGH, WM 2000, 1247 (1249 f.); BGH, WM 2001, 2113 (2115).

2854 Vgl. etwa BGH, WM 1987, 1426.

2855 BGH, WM 2001, 2113 (2115); BGH, WM 2002, 1273 (1275); BGH, WM 2003, 918 (920); BGH, WM 2003, 1064 (1066); BGH, WM 2003, 1710 (1711); BGH, WM 2003, 2328 (2333); BGH, WM 2003, 2375 (2379); BGH, WM 2004, 21 (23); BGH, WM 2004, 417 (421); BGH, WM 2004, 445 (446); BGH, WM 2004, 1221 (1223 f.); BGH, WM 2004, 1227 (1228); BGH, WM 2004, 1230 (1232); BGH, WM 2004, 2349 (2352); BGH, WM 2005, 72 (73); BGH, WM 2005, 127 (130); BGH, WM 2005, 327 (328); BGH, WM 2005, 828 (831); BGH, WM 2005, 1520 (1521); BGH, WM 2005, 1598 (1599); BGH, WM 2005, 1764 (1766); BGH, WM 2006, 1008 (1011); BGH, WM 2006, 1060 (1062); BGH, BKR 2006, 451; BGH, WM 2007, 110 (112); BGH, WM 2007, 440 (441); BGH, ZIP 2007, 624 (626).

2856 BGH, WM 2004, 1529 (1531) und BGH, WM 2004, 1536 (1538).

2857 Vgl. dazu auch Urteile des II. Zivilsenats vom 21.07.2003, WM 2003, 1762 und die weiteren Urt. v. 14.06.2004, WM 2004, 1521 f.; WM 2004, 1525 f.

2858 BGH, WM 2005, 127 (130).

2859 BGH, WM 2005, 72 (73).

Vertretung keine Rede ist, mit dem Vertretungsrecht der §§ 164 ff. BGB nichts zu tun.[2860] Die Rechtsscheinhaftung des Vertretenen bestimme sich vielmehr ausschließlich nach §§ 171 ff. BGB sowie nach den Grundsätzen über die Anscheins- und Duldungsvollmacht. Auch die Erwägung, der Rechtsschein einer wirksamen Vollmacht könne den einzelnen Anlegern mangels eines Vertrauensverhältnisses zwischen Treuhänder und Anleger nicht zugerechnet werden, entbehre einer gesetzlichen Verankerung und sei mit grundlegenden Prinzipien des Vertretungsrechts nicht vereinbar. Die §§ 171 ff. BGB setzten kein irgendwie geartetes Vertrauensverhältnis zwischen dem Vertreter und dem Vertretenen voraus, sondern knüpften ausschließlich an die Vorlage der vom Vertretenen ausgestellten Vollmachtsurkunde und den guten Glauben des Vertragspartners an die Wirksamkeit der Vollmacht an.[2861] Auch fehle es nicht an einem Verkehrsgeschäft, da die Vertragspartner des Darlehensvertrages nicht wirtschaftlich identisch seien, sodass dahingestellt bleiben konnte, ob ein solches als Voraussetzung einer Rechtsscheinvollmacht zu fordern ist.[2862] Mit im Wesentlichen dieser Begründung hat der XI. Zivilsenat in zwei Urteilen vom **25.04.2006** die Rechtsprechung des II. Zivilsenats aufgegeben und betont, dass die der Senatsrechtsprechung zugrunde liegenden Erwägungen in gleicher Weise für die Kreditfinanzierung von **Immobilien** wie für kreditfinanzierte **Immobilienfondsbeteiligungen**[2863] gelten.[2864] Auch Billigkeitserwägungen stehen der Anwendbarkeit der §§ 171, 172 BGB nicht entgegen, weil der Anleger über die Regeln für den Vollmachtsmissbrauch hinreichend geschützt ist.[2865]

1435 Objektive Tatsachengrundlage für die Anwendung der §§ 171, 172 BGB ist dabei die Vorlage der **Vollmacht im Original** oder bei einer notariell beurkundeten Vollmacht in **Ausfertigung** (§ 47 BeurkG). Maßgeblicher **Zeitpunkt**, zu welchem die Vollmacht spätestens vorliegen muss, ist der Zeitpunkt des Vertragsabschlusses, d.h. der Zeitpunkt des Zugangs der Annahmeerklärung.[2866] Aus § 179 Abs. 1 BGB ergibt sich nichts anderes. Dass die dort geregelte Haftung des Vertreters ohne Vertretungsmacht nur besteht, sofern der Vertreter nicht seine Vertretungsmacht nachweist, erlaubt keinen Rückschluss auf die Voraussetzungen der Vertretungsbefugnis gem. §§ 171 ff. BGB, insb. nicht auf den maßgeblichen Zeitpunkt der Vorlage der Vollmachtsurkunde.[2867] Dass der Vertragspartner in die Vollmachtsurkunde tatsächlich Einsicht nimmt, ist hingegen nicht erforderlich,[2868] sodass es auch nicht auf den Nachweis ankommt, dass der Rechtsschein des Urkundenbesitzes den Vertragspartner auch zum Geschäftsabschluss veranlasst hat. Ausreichend ist ferner die Bezugnahme auf die dem Vertragspartner bereits bei einem früheren Geschäft vorgelegte Ausfertigung einer

2860 BGH, WM 2005, 72 (73); BGH, WM 2005, 127 (130); BGH, WM 2006, 1008 (1011); BGH, WM 2006, 1060 (1062); *Wallner* BKR 2004, 368 (369); vgl. auch BGH (V. Zivilsenat), WM 2005, 1764 (1766).

2861 BGH, WM 2005, 127 (130); BGH, WM 2005, 72 (73); BGH, WM 2006, 1008 (1011); vgl. auch *Jork/Engel* BKR 2005, 3 (10).

2862 BGH, WM 2005, 828 (832).

2863 Für kreditfinanzierte Immobilienfondsbeteiligungen noch offen gelassen in BGH, WM 2005, 327 (328).

2864 BGH, WM 2006, 1008 (1011); BGH, WM 2006, 1060 (1062); BGH, BGH, WM 2007, 440 (441).

2865 BGH, WM 2005, 72 (74); BGH, WM 2005, 127 (131); BGH, WM 2005, 1520 (1523); BGH, WM 2008, 683 (686); BGH, WM 2008, 1266 (1267).

2866 BGH, ZIP 2012, 363; BGH, ZIP 2008, 1417 (1418) m.w.N.; zu beachten ist jedoch, dass eine zwar nicht zum Zeitpunkt des Abschlusses des Darlehensvertrages, aber zum Zeitpunkt der Auszahlungsanweisung erfolgte Vorlage der Vollmachtsurkunde dazu führt, dass zwar der Darlehensvertrag nicht wirksam zulasten des Anlegers geschlossen wurde, ihm aber die Auszahlungsanweisung des bevollmächtigten Treuhänders zuzurechnen ist, und die Bank deshalb einen Bereicherungsanspruch gegen den Anleger i.H.d. Nettokreditbetrages hat, vgl. hierzu BGH, ZIP 2008, 1417 (1420).

2867 BGH, ZIP 2008, 1417 (1419).

2868 St. Rspr., vgl. etwa BGH, WM 1980, 338; BGH, WM 1987, 1426; BGH, WM 2005, 1520 (1523); BGH, WM 2006, 1060 (1063) sowie Palandt/*Ellenberger* § 172 Rn. 3 m.w.N.

Vollmacht bei Abschluss eines weiteren Vertretergeschäfts.[2869] Dabei liegt eine in Bezug genommene Vollmachtsurkunde auch dann vor, wenn sie vom Notar selbst beurkundet und jederzeit bei ihm zugänglich ist.[2870] Eine beim Notar hinterlegte Vollmachtsurkunde genügt hingegen nur dann, wenn sie dem Notar bei der notariellen Beurkundung des Vertrages vorlag, dieser das Vorliegen der Vollmacht ausdrücklich in seine Vertragsniederschrift aufgenommen und deren Ausfertigung zusammen mit einer Abschrift der Vollmacht dem Geschäftsgegner zugestellt hat.[2871] Ist die Vollmacht in einem Vertragsantrag enthalten, bedarf es nur der Vorlage des Antrags, nicht auch der Annahmeerklärung, weil die Vollmacht eine selbstständige, einseitige, nicht annahmebedürftige Erklärung ist.[2872]

Auch die Vorlage einer im **Durchschreibeverfahren** erstellten Vollmacht, die dem Vertreter zum 1436
Zwecke des Vollmachtsnachweises übergeben wurde, reicht als Rechtsscheingrundlage aus, weil der Aussteller damit eine gleichwertige Urschrift und nicht nur eine Abschrift herstellen wollte.[2873] Anders als bei der Erstellung einer Abschrift, wird bei einem Durchschreibesatz die Durchschrift ebenso wie das Deckblatt von dem Aussteller selbst be- und unterschrieben und die Anzahl der von ihm auf diese Weise gefertigten Durchschriften steht aufgrund des benutzten Durchschreibesatzes fest. Die nachträgliche Herstellung einer Durchschrift durch einen Dritten oder die Herstellung mehrerer Exemplare ohne Wissen des Ausstellers ist bei korrekter Ausführung des Verfahrens nicht möglich.[2874] Die Vorlage einer **Abschrift** genügt demgegenüber als Rechtsscheingrundlage nicht, weil Abschriften von einem Dritten in unbeschränkter Zahl gefertigt werden können, nicht der Rückgabepflicht nach § 175 BGB unterliegen und nichts über den Verbleib der Originalurkunde sowie den Fortbestand der Vollmacht besagen.[2875] Eine Abschrift kann lediglich beweisen, dass der Vertreter diese Vollmacht einmal erhalten hat, nicht aber, dass er sie aktuell noch besitzt.[2876] Gleiches gilt für beglaubigte Abschriften oder einfache Kopien.[2877]

Der gem. §§ 171, 172 BGB an die Vorlage der Vollmachtsurkunde anknüpfende **Rechtsschein** 1437
ist allerdings gem. **§ 173 BGB ausgeschlossen**, wenn dem Vertragspartner entweder der Mangel der Vertretungsmacht bekannt war oder er einen solchen kennen musste. Nach dem eindeutigen Wortlaut des Gesetzes kommt es insoweit nicht auf die Kenntnis oder das Kennenmüssen der den Mangel der Vertretungsmacht begründenden Umstände an, sondern auf die **Kenntnis oder das Kennenmüssen des Mangels der Vertretungsmacht** selbst.[2878] Soweit es um den Verstoß der Vollmacht gegen Art. 1 § 1 RBerG ging, fehlte es regelmäßig an diesen Voraussetzungen. Da es eben nicht auf die Kenntnis oder das Kennenmüssen der den Mangel der Vertretungsmacht begründenden Umstände ankommt, ging zunächst der Einwand fehl, die Unwirksamkeit der Vollmacht sei aus der Vollmachtsurkunde selbst ersichtlich. Auch enthielten die in Rede stehenden Urkunden keine Angaben darüber, dass der Geschäftsbesorger nicht über eine Erlaubnis zur Besorgung fremder

2869 BGH, WM 2005, 1598 (1599) m.w.N.
2870 BGH, WM 1987, 1426 (1428).
2871 BGH, WM 1987, 1426; BGH, WM 2005, 828 (832); BGH, WM 2006, 853 (855); BHG; WM 2007, 110 (113).
2872 BGH, WM 2004, 1127 (1128); BGH, WM 2005, 72 (75); BGH, WM 2005, 127 (131); BGH, WM 2005, 1764 (1767); BGH, WM 2007, 440 (442).
2873 BGH, WM 2006, 1060 (1062); vgl. ferner BGHZ 47, 68 ff. (»Blaupause«).
2874 BGH, WM 2006, 1060 (1063).
2875 BGH, WM 1987, 1426 m.w.N.
2876 RGZ 88, 430 (431).
2877 *Seidel* WM 2006, 1614 (1615).
2878 BGH, WM 2003, 1710 (1712); BGH, WM 2004, 417 (421); BGH, WM 2004, 1127 (1128); BGH, WM 2004, 1221 (1224); BGH, WM 2005, 72 (75); BGH, WM 2005, 127 (132); BGH, WM 2005, 327 (329); BGH, WM 2005, 828 (832); BGH, WM 2005, 1764 (1767); BGH, WM 2006, 1008 (1012); BGH, WM 2006, 1060 (1063); BGH, ZIP 2008, 686 (690).

Rechtsangelegenheiten verfügte. Sie ließen also nicht alle relevanten Umstände erkennen.[2879] Ferner war zu berücksichtigen, dass im Rahmen von §§ 172, 173 BGB keine allgemeine Überprüfungs- und Nachforschungspflicht besteht.[2880] Dementsprechend konnten vor der grundlegenden Entscheidung des BGH aus dem Jahr 2000[2881] alle Beteiligten den Verstoß des Treuhandvertrages und der darauf beruhenden Vollmacht gegen das Rechtsberatungsgesetz nicht erkennen.[2882] Zwar darf sich ein Vertragsgegner nicht rechtlichen Bedenken, die sich gegen die Wirksamkeit der Vollmacht ergeben, verschließen. Auch sind an eine **Bank**, die über rechtlich versierte Fachkräfte verfügt, strengere Sorgfaltsanforderungen zu stellen als an einen juristisch nicht vorgebildeten Durchschnittsbürger.[2883] Allerdings dürfen auch i.R.d. § 173 BGB die Anforderungen an eine Bank nicht überspannt werden.[2884] Der Vorwurf fahrlässigen Verhaltens kann der Bank demnach nur gemacht werden, wenn sie aus den ihr vorgelegten Unterlagen den rechtlichen Schluss ziehen musste, dass die Vollmacht unwirksam war.[2885] Dies war jedoch in den streitgegenständlichen Sachverhalten nicht der Fall, da der Treuhandvertrag und die zu seiner Durchführung erteilte Vollmacht Ende der achtziger und in den neunziger Jahren einer weitverbreiteten und seinerzeit nicht angezweifelten Praxis entsprachen,[2886] damals nicht einmal ein Notar Bedenken gegen die Wirksamkeit der Vollmacht haben musste[2887] und sich den vor dem Jahr 2000 ergangenen Entscheidungen des BGH nichts entnehmen ließ, was für einen Verstoß eines umfassenden Treuhand- oder Geschäftsbesorgungsvertrages und der mit ihm verbundenen Vollmacht des Treuhänders gegen Art. 1 § 1 RBerG i.V.m. § 134 BGB gesprochen hätte.[2888] Diese Grundsätze finden auch dann Anwendung, wenn die umfassende Vollmacht eine Ermächtigung zur Vertretung ggü. Gerichten und Behörden enthält[2889] oder die Vollmacht einer Steuerberatungsgesellschaft erteilt wurde.[2890] Auch der **Verkäufer** kann sich ggü. dem Anleger/Darlehensnehmer auf den Gutglaubensschutz der §§ 171, 172 BGB selbst dann berufen, wenn er das Erwerbsmodell initiiert und konzipiert sowie den Treuhänder ausgesucht hat.[2891] Entsprechendes gilt schließlich auch hinsichtlich der Frage, ob etwaige Auswirkungen des nichtigen Treuhandvertrages und der notariell beglaubigten Vollmacht auf die bereits im Zeichnungsschein enthaltene Vollmacht für die Bank erkennbar waren.[2892] Was den Verstoß der Vollmacht gegen Art. 1 § 1 RBerG angeht, musste sich also die Bank ein Kennenmüssen des Mangels der Vertretungsmacht nicht entgegenhalten lassen, sondern sie durfte bei Vorliegen der genannten objektiven Rechtsscheingrundlagen auf die Wirksamkeit der erteilten Vollmacht vertrauen.

2879 BGH, WM 2003, 1710 (1712); BGH, WM 2004, 1127 (1128); BGH, WM 2004, 1221 (1224); BGH, WM 2005, 327 (329).

2880 BGH, WM 2003, 1710 (1712); BGH, WM 2004, 417 (421); BGH, WM 2004, 1127 (1128); BGH, WM 2004, 1221 (1224); BGH, WM 2004, 2349 (2353); BGH, WM 2005, 72 (76); BGH, WM 2005, 127 (132); BGH, WM 2005, 327 (329); BGH, WM 2005, 828 (832); BGH, WM 2005, 1764 (1767); BGH, WM 2006, 1008 (1012); BGH, WM 2006, 1060 (1063); BGH, BKR 2006, 451.

2881 BGHZ 145, 265 (270).

2882 BGHZ 167, 223 (233); BGH, WM 2004, 417 (421); BGH, BKR 2006, 451 (452); BGH, ZIP 2008, 686 (690).

2883 BGH, WM 1985, 10 (11); BGH, WM 1985, 596 (597); BGH, WM 2006, 1060 (1063).

2884 BGH, WM 1985, 10 (11); BGH, WM 2006, 1060 (1063).

2885 BGH, WM 1985, 596 (597); BGH, WM 2005, 72 (75); BGH, WM 2006, 1060 (1063).

2886 BGH, WM 2005, 828 (832); BGH, WM 2005, 1764 (1767); BGH, WM 2006, 1060 (1063).

2887 BGH, WM 2000, 2443 (2446).

2888 BGH, WM 2006, 1060 (1063); ständige Rspr., vgl. etwa auch die Nachweise in dem Urteil BGH, WM 2005, 72 (75).

2889 BGH, WM 2003, 914; BGH, WM 2005, 327 (329); BGH, WM 2005, 1520 (1523); BGH, WM 2005, 1764 (1767).

2890 BGH, WM 2005, 327 (329); BGH, WM 2005, 828 (832).

2891 BGH, ZIP 2008, 686 (690).

2892 BGH, WM 2006, 1060 (1063).

e) Sonderproblem: Rechtsscheinvollmacht bei prozessualen Vollstreckungsunterwerfungserklärungen

Wie bereits angesprochen,[2893] führte ein Verstoß gegen Art. 1 § 1 RBerG zur Nichtigkeit eines umfassenden Geschäftsbesorgungsvertrages auch insoweit, als sie den Geschäftsbesorger zur Abgabe einer **prozessualen Vollstreckungsunterwerfungserklärung** berechtigte. Anders als auf das der Vollstreckungsunterwerfungserklärung zugrunde liegende materiell-rechtliche Rechtsverhältnis sind die **§§ 171, 172 BGB** jedoch auf die Abgabe einer Vollstreckungsunterwerfungserklärung **nicht anwendbar.**[2894] Vielmehr gelten für diese die **§§ 78 ff. ZPO**, die für die Prozessvollmacht ein **Sonderrecht** bilden. Materiellrechtliche Regelungen über die Vollmacht können auf die prozessuale Vollmacht nur Geltung erlangen, wenn die ZPO auf sie verweist oder in ihnen allgemeine Rechtsgedanken der Stellvertretung zum Ausdruck kommen.[2895] Das ist hier nicht der Fall. Es besteht kein Anlass, die auf die materiell-rechtliche Vollmacht zugeschnittenen, zum Schutz des Geschäftsgegners eingeführten Vorschriften der §§ 172 ff. BGB anzuwenden. Die Zivilprozessordnung enthält vor allem in ihren §§ 80 bis 89 ZPO insoweit eigene Regelungen, bei denen eine **Rechtsscheinhaftung des Vollmachtgebers nicht vorgesehen** ist.[2896] Ist danach die durch einen Geschäftsbesorger abgegebene Vollstreckungsunterwerfungserklärung wegen Nichtigkeit der Vollmacht grds. unwirksam, weil sie nicht mithilfe der §§ 171, 172 BGB überwunden werden kann, während das zugrunde liegende materiell-rechtliche Schuldverhältnis, z.B. ein abstraktes Schuldanerkenntnis nach § 781 BGB, gem. §§ 171, 172 BGB als wirksam zu behandeln ist, stellt sich die Frage, ob die Nichtigkeit der Vollstreckungsunterwerfungserklärung nach § 139 BGB auch das abstrakte Schuldanerkenntnis erfasst. Hierauf dürften die gleichen Grundsätze Anwendung finden wie sie bei der Beantwortung der Frage gelten, ob die Nichtigkeit eines Geschäftsbesorgungsvertrages und der darin erteilten Vollmacht auch zur Unwirksamkeit einer in einem Zeichnungsschein erteilten Vollmacht führen.[2897] Die Beantwortung ist damit Tatfrage und es ist durch Ermittlung und Auslegung des Parteiwillens festzustellen, ob nach dem maßgeblichen Willen die Nichtigkeit der Vollstreckungsunterwerfungserklärung auch die Nichtigkeit des zugrunde liegenden materiellrechtlichen Schuldverhältnisses zur Folge haben sollte. 1438

Ist die Vollstreckungsunterwerfungserklärung nichtig, ist nicht eine Vollstreckungsgegenklage zu erheben, die materiell-rechtliche Einwendungen gegen die titulierte Forderung voraussetzt, sondern eine prozessuale **Gestaltungsklage analog § 767 ZPO**, die allerdings mit einer Vollstreckungsgegenklage verbunden werden kann.[2898] 1439

Allerdings entspricht es auch gefestigter Rechtsprechung des BGH, dass sich ein Darlehensnehmer, der an den Darlehensvertrag gebunden und zur Rückzahlung der Darlehensvaluta verpflichtet ist und der nach dem Inhalt des Darlehensvertrages oder sonst schuldrechtlich eine Verpflichtung eingegangen ist, ein selbstständiges Schuldversprechen mit einer Vollstreckungsunterwerfung abzugeben, gem. § **242 BGB** treuwidrig verhält, wenn er versucht, aus der bisherigen Nichterfüllung 1440

2893 Vgl. oben Rdn. 1424.

2894 BGH, WM 2003, 914 (915); BGH, WM 2003, 2372 (2374); BGH, WM 2003, 2375 (2377); BGH, WM 2004, 27 (29); BGH, WM 2004, 372 (375); BGH, BKR 2004, 236 (238); BGH, WM 2005, 828 (830); BGH, WM 2005, 1520 (1521); BGH, WM 2005, 1698 (1700); BGH, WM 2006, 853 (854); BGH, WM 2007, 110 (112); BGH, Urt. v. 22.05.2007 – IX ZR 337/05, Umdruck S. 7.

2895 BGH, WM 2007, 110 (112).

2896 BGH, WM 2003, 914 (915); BGH, WM 2003, 2372 (2374); BGH, WM 2003, 2375 (2377); BGH, WM 2004, 27 (29); BGH, WM 2004, 372 (375); BGH, BKR 2004, 236 (238); BGH, WM 2005, 828 (830); BGH, WM 2005, 1520 (1521); BGH, WM 2005, 1698 (1700); BGH, WM 2006, 853 (854); BGH, WM 2007, 110 (112); BGH, Urt. v. 22.05.2007 – IX ZR 337/05, Umdruck S. 7.

2897 Vgl. dazu BGH, WM 2007, 108 (110) und oben Rdn. 1430.

2898 BGH, WM 2003, 2372 (2373); BGH, WM 2004, 27 (29); BGH, WM 2004, 372 (374); BGH, WM 2004, 922 (923); BGH, WM 2005, 828 (829); BGH, WM 2005, 1698 (1699); BGH, WM 2006, 853 (854); BGH, WM 2007, 110 (113); BGH, Urt. v. 22.05.2007 – XI ZR 337/05, Umdruck S. 6.

der Verpflichtung Vorteile zu ziehen.[2899] Dem Einwand des Anlegers der Nichtigkeit der Vollstreckungsunterwerfungserklärung steht also der aus § 242 BGB abgeleitete Einwand *»dolo agit, qui petit, quod statim redditurus est«* entgegen, wenn er sich entweder aufgrund eines Darlehensvertrages mit der Bank oder in sonstiger Weise **schuldrechtlich** wirksam **zur Abgabe der Unterwerfungserklärung verpflichtet** hat. Folglich ist auch bei Nichtigkeit der Vollstreckungsunterwerfungserklärung wieder zu prüfen, ob etwa der von dem Geschäftsbesorger abgeschlossene und eine Verpflichtung zur Abgabe einer Vollstreckungsunterwerfungserklärung beinhaltende Darlehensvertrag im Wege der Rechtsscheinhaftung wirksam geworden ist. Mit der Verpflichtung zu einer Grundschuldbestellung ist allerdings nicht die Verpflichtung verbunden, die persönliche Haftung zu übernehmen und sich der sofortigen Zwangsvollstreckung in das gesamte Vermögen zu unterwerfen.[2900]

1441 Auch aus einem **Gesellschaftsvertrag** einer Immobilienfonds-GbR allein ergibt sich regelmäßig nicht die Befugnis des geschäftsführenden Gesellschafters zur Abgabe eines vollstreckbaren Schuldanerkenntnisses, das die Vollstreckung in das persönliche Vermögen der Gesellschafter erlaubt. Auch die Tatsache, dass die echten Gesellschafter der GbR – anders als ein Treugeber-Gesellschafter, der nicht selbst Gesellschafter ist, sondern für den ein Gesellschafter den Geschäftsanteil treuhänderisch hält[2901] – gem. §§ 128, 130 HGB (analog) für die Gesellschaftsverbindlichkeiten akzessorisch persönlich mit ihrem Privatvermögen haften,[2902] ändert daran nichts.[2903] Wirksam abgeben kann der geschäftsführende Gesellschafter oder der Geschäftsbesorger daher ohne Weiteres lediglich eine **Unterwerfungserklärung zur Vollstreckung in das Gesellschaftsvermögen**. Allerdings kann sich auch hier der einzelne Gesellschafter wegen § 242 BGB nicht auf die Unwirksamkeit der für ihn persönlich abgegebenen Vollstreckungsunterwerfungserklärung berufen, wenn er selbst verpflichtet ist, sich wegen eines bestimmten, auf ihn als Haftungsquote entfallenden Betrages eines von der Immobilienfonds-GbR aufgenommenen Objektfinanzierungsdarlehens der sofortigen Zwangsvollstreckung in sein persönliches Vermögen zu unterwerfen. Dies ist etwa auch dann der Fall, wenn zum einen der Gesellschaftsvertrag der GbR eine Verpflichtung der GbR-Gesellschafter enthält, ggü. der finanzierenden Bank wegen des dem jeweiligen Gesellschaftsanteil entsprechenden Teils der Darlehensschuld ein persönliches Schuldanerkenntnis abzugeben und sich insoweit der Zwangsvollstreckung in das persönliche Vermögen zu unterwerfen, und zum anderen auch der vom geschäftsführenden Gesellschafter für die GbR abgeschlossene Darlehensvertrag eine Verpflichtung der einzelnen Gesellschafter vorsieht, vollstreckbare Schuldanerkenntnisse abzugeben.[2904]

1442 Fehlt es an diesen Voraussetzungen, wird eine prozessuale Gestaltungsklage des Gesellschafters zunächst Erfolg haben. Allerdings dürfte dies regelmäßig auch dann nur einen »Pyrrhus-Sieg« bedeuten, wenn der zwischen der Immobilienfonds-GbR und der Bank geschlossene Darlehensvertrag wirksam ist, die Gesellschafter folglich nach § 128 HGB analog hierfür haften[2905] und sich die

2899 BGH, WM 2003, 2372 (2374); BGH, WM 2003, 2375 (2378); BGH, WM 2004, 27 (29); BGH, WM 2004, 372 (376); BGH, WM 2004, 922 (923); BGH, BKR 2004, 236 (239); BGH, WM 2005, 828 (830); BGH, WM 2005, 1520 (1521); BGH, WM 2005, 1698 (1701); BGH, BKR 2005, 501 (505); BGH, WM 2006, 853 (855); BGH, WM 2007, 62 (64); BGH, WM 2007, 110 (113); BGH, Urt. v. 22.05.2007 – XI ZR 337/05, Umdruck S. 8; BGH, ZIP 2010, 24, Rn. 13.

2900 BGH, WM 2006, 853 (855).

2901 BGH, ZIP 2008, 2354 (2356); BGH, ZIP 2009, 1266 (1267); BGH, ZIP 2009, 2237 (2238, 2239).

2902 BGH, ZIP 2007, 1650 (1652); BGH, ZIP 2008, 2354 (2355); BGH, ZIP 2009, 1266 (1267).

2903 BGH, WM 2006, 177 (179); BGH, WM 2007, 62 (67).

2904 BGH, WM 2004, 372 (375); BGH, WM 2005, 1698 (1701); BGH, WM 2006, 177 (178); BGH, WM 2007, 62 (67); BGH, WM 2007, 110 (113); BGH, ZIP 2008, 1650 (1653); a.A. *Ulmer* ZIP 2005, 1341 (1345), der einwendet, dass der geschäftsführende Gesellschafter der kreditnehmenden GbR mangels gesetzlicher Vertretungsmacht nicht befugt sei, die Anleger zur Abgabe eines vollstreckbaren Schuldanerkenntnisses zu verpflichten.

2905 BGH, ZIP 2007, 1650 (1652); BGH, ZIP 2008, 2354 (2355); BGH, ZIP 2009, 1266 (1267); BGH, ZIP 2009, 2237 (2238, 2239).

Bank jedenfalls im Wege der Leistungsklage gegen die Gesellschafter den zur Vollstreckung in deren persönliche Vermögen erforderlichen Vollstreckungstitel besorgen kann.

f) Sonderproblem: Vollmacht zugunsten eines Nichtgesellschafters als Geschäftsbesorger und Haftung der Gesellschafter für im Namen der Gesellschaft abgeschlossene Objektfinanzierungsdarlehen

Im Fall einer Immobilienfonds-GbR stehen der Übertragung von Geschäftsführungsaufgaben 1443
durch schuldrechtlichen Vertrag an einen **Nichtgesellschafter** und der Erteilung **umfassender Vollmachten** zugunsten dieses Nichtgesellschafters nach Auffassung des BGH keine rechtlichen Bedenken entgegen, wenn die Gründungsgesellschafter selbst die organschaftliche Geschäftsführungs- und Vertretungsbefugnis behalten.[2906] Eine GbR, deren Geschäfte ein nicht zum Kreis der Gesellschafter zählender Dritter führt, entspricht zwar nicht dem gesetzlichen Regeltyp, ist aber rechtlich zulässig[2907] und bei Publikumsgesellschaften allgemein üblich.[2908] Die umfassende Vollmacht eines solchen Geschäftsbesorgers verstößt auch nicht gegen das alte Rechtsberatungs- bzw. das neue Rechtsdienstleistungsgesetz und ist deshalb wirksam,[2909] weil ein solcher Geschäftsbesorgungsvertrag im Schwerpunkt nicht auf die Besorgung von Rechtsangelegenheiten, sondern auf die Wahrung wirtschaftlicher Belange der Immobilien-GbR und ihrer Gesellschafter gerichtet ist.[2910] Bei der Abgrenzung zwischen unzulässiger Rechtsbesorgung und zulässiger Wahrung wirtschaftlicher Belange ist u.a. maßgeblich, ob der Auftraggeber eine besondere rechtliche Prüfung von Geschäftsinhalt oder Geschäftsrisiken ausdrücklich wünscht oder zumindest erkennbar erwartet.[2911] Da jedoch in den zugrunde liegenden Sachverhalten mit Abschluss des Geschäftsbesorgungsvertrages alle wesentlichen Grundlagen der GbR geschaffen und die Rechtsverhältnisse der künftigen Gesellschafter festgelegt worden waren, der an Weisungen der Geschäftsführer gebundene Geschäftsbesorger die geschlossenen Verträge rechtlich nicht zu prüfen, sondern hinzunehmen hatte und die Ausarbeitung der Verträge gerade nicht zu den Aufgaben des Geschäftsbesorgers gehörte, bejahte der BGH eine Wahrnehmung nur wirtschaftlicher Belange und verneinte damit einen Verstoß gegen Art. 1 § 1 RBerG.

War folglich die Vollmacht zugunsten des Drittgeschäftsführers in diesen Fällen wirksam, waren 1444
dies auch die **Darlehensverträge**, die dieser Drittgeschäftsführer zur Finanzierung des Erwerbs der Immobilien der GbR abgeschlossen hatte. Folge ist die **Haftung der GbR-Gesellschafter** mit ihrem Privatvermögen für die aus den Darlehen resultierenden Verbindlichkeiten gem. **§§ 128 ff. HGB** analog.[2912] Dies gilt grds. auch für die schon vor dem Eintritt in die GbR entstandenen

2906 BGH, WM 1982, 394 (396 f.); BGH, WM 1992, 263; BGH, WM 1994, 237 (238); BGH, WM 2005, 1698 (1700); BGH, WM 2006, 1673 (1674); BGH, WM 2007, 62 (65); *Schimansky* WM 2005, 2209 (2210); *Lehleiter/Hoppe* WM 2005, 2213 (2214); *Goette* DStR 2006, 337; *Altmeppen* ZIP 2006, 1, (5 f.); *Jungmann* EWiR 2006, 201 (202); *Aigner*, EWiR 2005, 417 (418); a.A. *Ulmer* ZIP 2005, 1341 (1343 f.); s.a. *Habersack* BB 2005, 1695 (1697).

2907 BGH, WM 1982, 583; BGH, WM 2005, 1698 (1700).

2908 BGH, WM 2005, 1698 (1700).

2909 BGH, WM 2004, 372 (375); BGH, WM 2005, 1698 (1700 f.); BGH, WM 2006, 177 (179); BGH, WM 2006, 1673 (1674); BGH, WM 2007, 62 (65) m.w.N.; BGH, ZIP 2010, 319, Rn. 21; an dieser Rechtsprechung hält der XI. Senat auch unter Berücksichtigung der in der Literatur (*Ulmer* ZIP 2005, 1341 [1343 f.]; s.a. *Habersack* BB 2005, 1695 [1697]) vereinzelt geäußerten Kritik fest.

2910 BGH, WM 2006, 1673 (1674); BGH, WM 2007, 62 (65); BGH, ZIP 2010, 319, Rn. 21; *Schimansky* WM 2005, 2209 (2211); s.a. *Goette* DStR 2006, 337.

2911 BGH, WM 2000, 1466 (1467).

2912 BGH, WM 2001, 408 (414); BGH, WM 2002, 958 (959); BGH, WM 2003, 830 (831); BGH, WM 2003, 977 (979); BGH, WM 2006, 187 (189); BGH, WM 2006, 1673 (1676); BGH, WM 2007, 62 (66); BGH, WM 2007, 110 (111/112); BGH, WM 2007, 1648 (1650); BGH, ZIP 2008, 2354 (2355); BGH, ZIP 2009, 1266 (1267); BGH, ZIP 2009, 2237 (2238, 2239); BGH, ZIP 2010, 319, Rn. 46; dementsprechend haftet der Anleger für seitens der Gesellschaft abgeschlossene *Objekt*finanzierungsdarlehen gem. § 128 HGB (analog), während ein nur kapitalmäßig beteiligter

Gesellschaftsschulden,[2913] deren Bestehen der Gesellschafter bei seinem Eintritt in die Gesellschaft kennt oder deren Vorhandensein er bei auch nur geringer Aufmerksamkeit hätte erkennen können.[2914] Ein Anleger, der in eine Publikumsgesellschaft eintritt, muss aber auch ohne entsprechende gesellschaftsvertragliche Regelungen und/oder Prospektangaben unbedingt damit rechnen, dass die zur Finanzierung des Fondsobjekts benötigten Kredite bereits ganz bzw. z.T. aufgenommen wurden. Die Haftungsverbindlichkeit des Gesellschafters aus § 128 HGB (analog) unterliegt dabei derselben **Verjährung** wie die Schuld der GbR.[2915] Ist ein Anleger hingegen nicht selbst Gesellschafter der GbR, sondern lediglich **Treugeber**, für den ein Gesellschafter den Gesellschaftsanteil treuhänderisch hält, haftet er selbst dann **nicht analog §§ 128, 130 HGB** persönlich für die Gesellschaftsschulden, wenn ihm im Gesellschaftsvertrag unmittelbare Rechte und Ansprüche (z.B. unmittelbares Stimmrecht, Teilnahmerecht an der Gesellschafterversammlung, Einsichts-, Informations- und Kontrollrechte) zugebilligt worden sind und er somit die Stellung eines »Quasi-Gesellschafters« hat.[2916]

g) Duldungs-/Anscheinsvollmacht

1445 Auch wenn die Voraussetzungen der §§ 171 ff. BGB nicht vorliegen, kann eine nach Art. 1 § 1 RBerG i.V.m. § 134 BGB nichtige Vollmacht unter dem Gesichtspunkt einer **Duldungs- und Anscheinvollmacht** als wirksam zu behandeln sein, wobei allerdings nur Umstände in Betracht kommen, die *vor* oder *bei* Vertragsschluss vorlagen.[2917] Den Versuchen, aus einer der Bank durch den Geschäftsbesorger vorgelegten Selbstauskunft des Anlegers, einer Ermächtigung zur Einholung einer Information bei der SCHUFA, der Vorlage eines Gehaltsnachweises oder eines Einkommensteuerbescheides, der Vorlage einer vom Anleger unterzeichneten Einzugsermächtigung oder der Abtretung einer Lebensversicherung oder aus einer Notarbestätigung über die Abgabe eines notariellen Angebots auf Abschluss eines Geschäftsbesorgungsvertrages mit Vollmacht auf Anknüpfungspunkte für eine wirksame Bevollmächtigung des Geschäftsbesorgers durch den Anleger zu schließen, hat der BGH eine Absage erteilt.[2918] Ebenso wenig reicht ein bloßes Schweigen des Anlegers auf die Mitteilung über die Einrichtung eines Kontos zur Vorfinanzierung des Kaufpreises für die Annahme einer Duldungsvollmacht hinsichtlich des zeitlich nachfolgenden endgültigen Darlehensvertrages aus.[2919]

1446 Höchstrichterlich noch nicht geklärt ist, ob die Grundsätze der Duldungs- und Anscheinsvollmacht auch im **prozessualen Bereich** Anwendung finden. Während die herrschende Meinung in

---

Anleger bei einem wegen eines Verstoßes gegen Art. 1 § 1 RBerG unwirksamen Darlehensvertrag zur Finanzierung seiner *Fondsbeteiligung* für einen Bereicherungsanspruch der Bank gegen die Fondsgesellschaft nach BGH, ZIP 2008, 1317 (1319 f.) und BGH, ZIP 2008, 2164 (2167) nicht (analog) § 128 f. HGB einzustehen hatte.

2913 BGH, WM 2003, 977 (978); BGH, WM 2007, 110 (111).

2914 BGH, WM 2006, 187 (189); BGH, WM 2006, 1673 (1676); BGH, WM 2007, 62 (66); BGH, WM 2006, 110 (111/112).

2915 BGH, ZIP 2010, 319, Rn. 40 f. m.w.N.

2916 BGH, ZIP 2008, 2354 (2356) m.w.N.; BGH, ZIP 2009, 1266 (1267); BGH, ZIP 2010, 1590, Rn. 25; kritisch *Kindler*, ZIP 2009, 1146 f.

2917 BGH, WM 2002, 1273 (1274); BGH, WM 2003, 1064 (1066); BGH, BKR 2004, 236 (238); BGH, WM 2004, 922 (924); BGH, WM 2004, 1227 (1229); BGH, WM 2004, 1230 (1232); BGH, WM 2004, 1529 (1531); BGH, WM 2004, 1536 (1539); BGH, WM 2005, 327 (328); BGH, WM 2005, 786 (788); BGH, WM 2005, 1520 (1522).

2918 BGH, WM 2004, 1227 (1229); BGH, WM 2004, 1230 (1232); BGH, WM 2004, 1529 (1532); BGH, WM 2004, 1536 (1539); BGH, WM 2005, 786 (788); zur Begründung wurde ausgeführt, dass derartige Unterlagen lediglich der Vorbereitung oder der technischen Abwicklung, nicht aber dem Abschluss eines Darlehensvertrages dienen und nicht den Schluss zulassen, deren Inhaber sei ohne jede Einschränkung und Bindung an den Willen des Vertretenen zum beliebigen Abschluss von Darlehensverträgen gleich in welcher Höhe, zu welchen Konditionen und mit welchen Sicherheiten ermächtigt.

2919 BGH, WM 2005, 1520 (1523).

der Literatur[2920] sich für eine Anwendung ausspricht, hat der BGH diese Frage bisher offen gelassen.[2921] Da die vom Geschäftsbesorger für den Anleger abgegebene Unterwerfungserklärung in den meisten Fällen die erste und einzige prozessuale Handlung war, wird es zumeist schon an dem tatsächlichen Erfordernis fehlen, dass eine Partei es bewusst duldet, dass jemand für sie als Prozessbevollmächtigter auftritt. Das Dulden lediglich materiell-rechtlich bedeutsamen Handelns eines Dritten durch eine Partei reicht hierfür grds. nicht aus.[2922]

h) Genehmigung, § 177 BGB

In den streitgegenständlichen Fällen führte die Tatsache, dass der Anleger zumeist über Jahre hinweg den Darlehensvertrag bedient hat oder sogar oft nach Ablauf einer ersten Zinsbindungsvereinbarung selbst mit der Bank korrespondiert und eine neue Zinsbindungsvereinbarung abgeschlossen hat, zu der Frage, ob in einem solchen Verhalten des Anlegers nach Abschluss des von einem vollmachtlosen Geschäftsbesorger abgeschlossenen Darlehensvertrages eine **ausdrückliche Genehmigung** des schwebend unwirksamen Darlehensvertrages oder eine **Genehmigung durch schlüssiges Verhalten** erblickt werden kann. Anders als eine ausdrückliche Genehmigung setzt eine Genehmigung durch schlüssiges Verhalten voraus, dass der Genehmigende die Unwirksamkeit des Geschäfts kennt oder zumindest mit ihr rechnet und in seinem Verhalten der Ausdruck des Willens zu sehen ist, das bisher als unverbindlich angesehene Geschäft verbindlich zu machen.[2923] Ein derartiger Wille wird vom BGH regelmäßig mit der Begründung verneint, dass vor der Grundsatzentscheidung des BGH zum Verstoß der Vollmacht gegen das Rechtsberatungsgesetz[2924] alle Beteiligten von der Wirksamkeit der Vollmacht ausgegangen seien,[2925] sodass in der mehrjährigen Bedienung eines Darlehens keine Genehmigung des Darlehensvertrages gesehen werden kann.[2926] Ob das Gleiche auch für den Fall des Abschlusses einer Prolongationsvereinbarung nach Ablauf einer Zinsfestschreibungsperiode gilt oder ob man hier eine ausdrückliche Genehmigung annehmen kann, ist auch in der obergerichtlichen Rechtsprechung streitig.[2927] Für eine ausdrückliche Genehmigung spricht, dass der Anleger durch die von ihm selbst vorgenommenen Rechtshandlungen zum Ausdruck bringt, dass er zu dem durch den Geschäftsbesorger abgeschlossenen Darlehensvertrag steht und die Fortführung des Vertrages ausdrücklich wünscht. Auch i.Ü. kommt die instanz- und obergerichtliche Rechtsprechung 1447

2920 Vgl. hierzu *Musielak/Weth* ZPO § 80 Rn. 9 m.w.N.

2921 Offen gelassen in BGH, BKR 2004, 236 (238); vgl. dazu auch OLG Frankfurt am Main, OLGR 2000, 264.

2922 BGH, BKR 2004, 236 (238).

2923 Ständige Rechtsprechung, vgl. BGH, WM 2002, 1273 (1275); BGH, ZIP 2003, 1692 (1696); BGH, BKR 2004, 145 m. Anm. *Freckmann*; BGH, WM 2007, 731 (732); BGH, ZIP 2008, 1417 (1420); BGH, ZIP 2008, 1816 (1817).

2924 BGH, WM 2000, 2243 f.

2925 BGH, WM 2002, 1273 (1275); BGH, WM 2003, 914 (915); BGH, WM 2003, 2372 (2373); BGH, WM 2003, 2375 (2377); BGH, BKR 2003, 942 (944); BGH, WM 2004, 21 (24); BGH, WM 2004, 372 (375); BGH, WM 2004, 1227 (1229); BGH, WM 2004, 1230 (1233); BGH, WM 2004, 1529 (1532); BGH, WM 2004, 1536 (1539); BGH, WM 2005, 786 (789); BGH, BKR 2005, 501; ferner Urt. v. 17.01.2006 – XI ZR 179/04, Umdruck S. 10.

2926 BGH, BKR 2003, 942 (944); BGH, WM 2004, 372 (375); BGH, WM 2004, 922 (923).

2927 Für eine ausdrückliche Genehmigung: OLG Frankfurt am Main, Urt. v. 08.09.2004 – 23 U 231/03; Urt. v. 02.03.2005 – 23 U 83/04; Urt. v. 13.04.2005 – 23 U 143/04, NJW-RR 2005, 1514 (1516); KG Berlin, Urt. v. 01.09.2004 – 23 U 226/01, zwischenzeitlich rechtskräftig durch Beschluss des BGH v. 25.04.2006 – XI ZR 326/04; OLG Dresden, BKR 2006, 122; OLG Karlsruhe, OLGR 2006, 865 (866); dagegen: OLG Stuttgart, Urt. v. 13.12.2005 – 6 U 119/05, und Urt. v. 30.12.2005 – 6 U 107/05; OLG Karlsruhe, Urt. v. 04.08.2005 – 11 U 59/04; OLG Hamburg, Urt. v. 25.04.2003 – 11 U 140/03, bestätigt durch BGH, Nichtannahmebeschl. v. 04.05.2004 – XI ZR 214/03; OLG München, Urt. v. 21.06.2005 – 5 U 1531/05, VuR 2005, 337. In seiner Entscheidung ZIP 2007, 718 (719), hat der BGH die Ablehnung einer ausdrücklichen oder konkludenten Genehmigung durch persönliche Unterzeichnung einer Konditionenanpassung durch das OLG Karlsruhe als Berufungsinstanz nicht beanstandet.

bei der Beantwortung der Frage, ob in Handlungen des Darlehensnehmers eine Genehmigung oder eine Bestätigung des Rechtsgeschäfts zu sehen ist, zu unterschiedlichen Ergebnissen.[2928]

i) Keine Bestätigung des Darlehensvertrages durch Darlehensauszahlung und -entgegennahme

1448 Die Darlehensauszahlung durch die Bank und Entgegennahme durch den Darlehensnehmer stellen keine Bestätigung des Darlehensvertrages i.S.d. § 141 Abs. 1 BGB dar. Eine Bestätigung setzt einen Bestätigungswillen und damit das Bewusstsein der Unwirksamkeit des früheren Geschäfts voraus.[2929] Ob hingegen bereits aufgekommene Zweifel einer Partei an der Wirksamkeit ausreichen, um eine Bestätigung annehmen zu können, hat der BGH bisher ausdrücklich offen gelassen.[2930]

j) Kein Schuldanerkenntnis und kein Ausschluss von Einwendungen allein durch Bezahlen der Darlehensverbindlichkeit

1449 Nicht selten finden sich Fallkonstellationen, in denen ein Darlehensnehmer einen nach einer vereinbarten Zinsbindung von der Bank angebotenen Anschlusszinssatz nicht akzeptierte, sondern die Darlehensschuld ablöste. Es stellt sich dann die Frage, ob in einer Rückzahlung des Darlehens ein konkludent erklärtes Anerkenntnis der Darlehensschuld mit der Folge gesehen werden kann, dass der Darlehensnehmer mit Einwendungen gegen die Wirksamkeit des ursprünglichen Darlehensvertrages ausgeschlossen ist. Der BGH hat dies verneint.[2931] Zwar könne grds. die Bezahlung einer Verbindlichkeit im Einzelfall ein konkludent erklärtes, bestätigendes Schuldanerkenntnis der beglichenen Forderung darstellen.[2932] Dieser Erklärungswert komme einer Tilgungsleistung als solcher aber nicht allgemein, sondern nur dann zu, wenn der Schuldner aufgrund besonderer Umstände im Einzelfall bei seiner Leistung aus der Sicht des Empfängers den Eindruck erweckt, er handele mit einem auf den Abschluss einer solchen Vereinbarung gerichteten Rechtsfolgewillen. Letzteres setze voraus, dass die Beteiligten einen nachvollziehbaren Anlass für ein Schuldanerkenntnis haben, insb. Streit oder zumindest Ungewissheit über das Bestehen der Schuld oder über einzelne Einwendungen herrschte und damit der Wille erkennbar werde, diese Unsicherheit durch vertragliche Vereinbarung zu beseitigen.[2933] Es bestehe hingegen weder ein rechtlicher Anhaltspunkt noch ein wirtschaftlicher Anlass dafür, allgemein Erfüllungshandlungen des Schuldners als Verzicht auf Einwendungen gegen den Anspruch aufzufassen.

k) Einrede aus § 242 BGB gegen den Einwand der Nichtigkeit des Darlehensvertrages/ Verwirkung?

1450 Auch wenn ein Anleger jahrelang die Vorteile aus einem Darlehensvertrag, z.B. durch Geltendmachung von Steuervorteilen, in Anspruch genommen hat, stellt die spätere Berufung des Anlegers auf die Unwirksamkeit der vom Geschäftsbesorger abgegebenen Vertragserklärung nach Auffassung des BGH **keinen Verstoß** gegen die Grundsätze von Treu und Glauben gem. **§ 242 BGB** dar, weil die Regeln des Rechtsberatungsgesetzes gerade den Anleger als den die Rechtsberatung in Anspruch nehmenden Kunden und nicht die beteiligte Bank schützen sollten.[2934] Dem Vertragspartner war – von ganz besonderen Fallkonstellationen abgesehen[2935] – bei einem Verstoß der Vollmacht gegen das Rechtsberatungsgesetz grds. ein über die §§ 171 ff. BGB und die Grundsätze der Duldung- und

2928 Vgl. etwa OLG Jena, ZIP 2004, 1097; OLG Frankfurt am Main, BKR 2003, 831 (832); LG Berlin, WM 2006, 2214 (2215).
2929 BGH, ZIP 2008, 1417 (1419).
2930 BGH, ZIP 2008, 1417 (1419).
2931 BGH, ZIP 2008, 2405 (2407).
2932 BGH, WM 1979, 694 (695); BGH, WM 1995, 1886 (1887).
2933 BGH, ZIP 2008, 2405 (2407).
2934 BGH, WM 2004, 1529 (1532); BGH, WM 2004, 1536 (1539); a.A. OLG Frankfurt am Main, Urt. v. 08.09.2004 – 23 U 231/03; vgl. auch *Jork/Engel* BKR 2005, 3 (10).
2935 Vgl. etwa den besonderen Sachverhalt in BGH, WM 2004, 21 (24).

Anscheinsvollmacht hinausgehender Schutz nicht zuzubilligen.[2936] Allerdings ist die Möglichkeit einer **Verwirkung** von Ansprüchen bei Verstoß der Vollmacht gegen das RBerG nicht von der Hand zu weisen, wenn das Darlehen seit 9 Jahren zurückgezahlt ist und auch seit der grundlegenden Entscheidung des BGH zum Verstoß von Treuhandverträgen mit umfassender Bevollmächtigung gegen Art. 1 § 1 Abs. 1 Satz 1 RBerG bereits 4 Jahre bis zur Klageerhebung verstrichen waren.[2937]

l) Widerrufsrecht bei Haustürgeschäften und Vollmacht

Ob die **Vollmacht als Haustürgeschäft** i.S.v. § 312 BGB a.F.[2938] bzw. § 1 des Gesetzes über den Widerruf von Haustürgeschäften in der bis zum 01.01.2002 geltenden Fassung (HausTWG) angesehen und widerrufen werden kann, ist nach wie vor umstritten und durch den BGH noch nicht entschieden.[2939] Da die Vollmacht als einseitige Willenserklärung weder ein »*Vertrag*« i.S.v. § 312 BGB a.F. noch eine »*auf Abschluss eines Vertrages*« gerichtete Willenserklärung i.S.v. § 1 HausTWG ist, die Erteilung der Vollmacht auch nicht eine »*entgeltliche Leistung*« i.S.v. § 312 BGB a.F. und § 1 HausTWG zum Inhalt hat und der Vollmachtgeber durch die jederzeitige freie Widerruflichkeit der Vollmacht nach § 168 Satz 2 BGB weiter gehend geschützt ist als der Verbraucher, der in einer Haustürsituation einen Vertrag abschließt, ist die Frage bei richtiger Betrachtung zu verneinen. **1451**

Hielte man demgegenüber mit der Gegenansicht den Widerruf der Vollmacht für möglich, so hätte dies gleichwohl für seit 01.01.2002 erteilte und somit dem Anwendungsbereich des § 312 BGB a.F. unterfallende Vollmachten keine Auswirkungen, wenn diese bereits vor der Erklärung des Widerrufs genutzt worden sind. Im Gegensatz zu § 1 HausTWG[2940] ist nämlich ein gem. §§ 312 a.F., 355 BGB widerrufliches Rechtsgeschäft zunächst wirksam, der Widerruf wirkt lediglich ex-nunc.[2941] Ebenso wenig wie ein Widerruf nach § 168 Satz 2 BGB kann daher auch der Widerruf nach §§ 312 a.F., 355 BGB Auswirkung auf einen bereits kraft der widerrufenen Vollmacht abgeschlossenen Vertrag zeitigen.[2942] **1452**

Soweit ein rückwirkender Widerruf danach überhaupt noch in Betracht kommt, gelten schließlich auch hier die unter Rdn. 1431–1436 dargestellten Grundsätze der Rechtsscheinvollmacht gem. **§§ 171 ff. BGB**.[2943] Die Bank kann i.Ü. bei Vorlage einer **notariell beurkundeten Vollmacht** aufgrund § 312 Abs. 3 Nr. 3 BGB a.F. bzw. § 1 Abs. 2 Nr. 3 HausTWG davon ausgehen, dass ein **1453**

2936 BGH, WM 2002, 1273 (1275); BGH, ZIP 2008, 1816 (1817).

2937 OLG München, WM 2006, 1292 (1293).

2938 Die §§ 312 ff. BGB wurden mit Wirkung zum 13.06.2014 neu gefasst. Gegenstand dieser rückblickenden Betrachtung ist die bis zum 12.06.2014 gültige Gesetzesfassung.

2939 Offen gelassen in BGH, WM 2000, 1247 (1249 f.); BGH, WM 2000, 1250 (1252); OLG Karlsruhe, WM 2001, 2002 (2003); dagegen: LG Frankfurt am Main in ständiger Rechtsprechung, vgl. etwa Urt. v. 05.10.2006 – 2-27 O 155/05; Urt. v. 29.09.2006 – 2-27 O 356/05; Urt. v. 22.09.2006 – 2-20 O 355/05; OLG Frankfurt am Main, Urt. v. 20.05.2009 – 9 U 33/07; *Masuch* ZIP 2001, 143 (146); dafür: MüKo-BGB/*Masuch*, 6. Aufl. 2012, § 312 Rn. 35; Staudinger/*Thüsing* § 312 Rn. 47; *Hoffmann* ZIP 1999, 1586 (1588); offen in Palandt/*Grüneberg*, 73. Aufl. 2014, § 312 Rn. 5; vgl. zur Diskussion auch *Habersack* ZIP 2001, 353 (354 f.) m.w.N.

2940 Dieser führte nach h.M. zur schwebenden Unwirksamkeit des widerruflichen Vertrages, vgl. Palandt/*Putzo*, HausTWG, 59. Aufl. 2000, § 1 Rn. 12a.

2941 Palandt/*Grüneberg*, 73. Aufl. 2014, § 355 Rn. 4 f.; ebenso MüKo-BGB/*Masuch*, 6. Aufl. 2012, § 355 Rn. 39 und Staudinger/*Kaiser* § 355 Rn. 24.

2942 MüKo-BGB/*Masuch*, 6. Aufl. 2012, § 312 Rn. 35 erkennt dem Widerruf der Vollmacht dagegen Rückwirkung zu, ohne dabei zwischen § 1 HausTWG und § 312 BGB zu unterscheiden; ebenso postuliert auch Staudinger/*Thüsing* § 312 Rn. 47 eine ex-tunc Wirkung des Widerrufs einer Vollmacht nach §§ 312, 355 BGB; die schwebende Wirksamkeit eines widerruflichen Rechtsgeschäfts bis zum Widerruf nach § 355 BGB im Gegensatz zur früheren Rechtslage hebt dagegen Staudinger/*Kaiser* § 355 Rn. 23 ff. unter Verweis auf die Gesetzesbegründung ausdrücklich hervor.

2943 BGH, WM 2000, 1247 (1249 f.); BGH, WM 2000, 1250 (1252); vgl. auch *Lechner* NZM 2007, 145 (149).

Widerrufsrecht nicht besteht, weil der Wortlaut der Vorschriften eindeutig und nicht auslegungsfähig ist.[2944]

1454 Wurde nur die Vollmacht in einer Haustürsituation erteilt, während der Darlehensvertrag durch den Geschäftsbesorger außerhalb einer solchen abgeschlossen wurde, scheidet nach inzwischen anerkannter Rechtsprechung des BGH eine **Widerruflichkeit des Darlehensvertrages** als Haustürgeschäft grds. aus, weil es nach dem Rechtsgedanken des § 166 BGB bei der Einschaltung eines Vertreters für die Widerruflichkeit der Vertragserklärung grds. nicht auf die Haustürsituation des Vertretenen bei der Vollmachtserteilung, sondern auf die **Situation des Vertreters** bei Abschluss des Darlehensvertrages ankommt.[2945] Anlass, von dieser Rechtsprechung wegen des Urteils des Gerichtshofs der Europäischen Gemeinschaften vom 25.10.2005 »Crailsheimer Volksbank«[2946] abzuweichen, sah der BGH nicht, weil dieses Urteil – ebenso wie die Urt. des BGH v. 12.12.2005[2947] und v. 14.02.2006[2948] – nicht das Vorliegen, sondern die Zurechnung einer objektiv gegebenen Haustürsituation betreffen.[2949] Etwas anderes folgt auch nicht aus § 5 HausTWG, weil die gesetzlich zulässige Einschaltung eines Stellvertreters nicht als Umgehung der Vorschriften des HausTWG angesehen werden kann.[2950] Auf die **Situation bei Erteilung der Vollmacht** kommt es demnach auch unter Berücksichtigung der jüngeren europäischen Rechtsprechung allenfalls dann entsprechend dem Rechtsgedanken des § 166 Abs. 2 BGB[2951] an, wenn der Vertretene dem Vertreter derart bestimmte Weisungen für den Abschluss des Rechtsgeschäfts erteilt hatte, dass dem Vertreter keinerlei Spielraum verblieben war.[2952]

m) Rechtsfolge des wegen nichtiger Vollmacht unwirksamen Darlehens

1455 Die aufgrund eines – wegen Verstoßes der Vollmacht gegen das RBerG – unwirksamen Darlehensvertrages erbrachten Leistungen sind nach Maßgabe der §§ 812 ff. BGB rückabzuwickeln. Der Anleger ist berechtigt, die von ihm erbrachten **Zins- und Tilgungsleistungen** im Wege der **Leistungskondiktion** nach § 812 Abs. 1 Satz 1, 1. Alt. BGB bei der Bank zu kondizieren.[2953] Dabei trägt der Anleger als Gläubiger dieses Bereicherungsanspruches die volle **Darlegungs- und Beweislast** für die tatsächlichen Voraussetzungen des Fehlens des rechtlichen Grundes.[2954] Macht der Anleger als Bereicherungsgläubiger geltend, der Darlehensvertrag sei unwirksam, weil er bei dessen Abschluss nicht wirksam vertreten worden sei, hat er also die tatsächlichen Voraussetzungen des Fehlens der Vertretungsmacht, ggf. auch das Fehlen einer Rechtsscheinvollmacht gem. §§ 171 ff. BGB, darzulegen

2944 BGH, WM 2000, 1250 (1252); BGH, WM 2003, 1346 (1347); BGH, WM 2003, 2328 (2331); BGH, WM 2004, 21 (23); BGH, WM 2004, 372 (374); BGH, WM 2005, 1520 (1522): vgl. auch OLG Jena, ZIP 2006, 946 (947); OLG Jena, ZIP 2006, 1526 (1527).

2945 BGH, WM 1991, 860 (861); BGH, WM 2000, 1247 (1248 f.); BGH, WM 2000, 1250 (1251); BGH, WM 2004, 417 (420); BGH, WM 2006, 853 (854); BGH, WM 2007, 440 (442); BGH, ZIP 2008, 1417 (1418); s.a. BGH, WM 2003, 2328 (2330) mit Abgrenzung zu BGH, WM 2001, 1464.

2946 EuGH, WM 2005, 2086 (2088 f.).

2947 BGH, WM 2006, 220 (221 f.).

2948 BGH, WM 2006, 674.

2949 BGH, WM 2006, 853 (854); BGH, WM 2007, 440 (442).

2950 BGH, WM 2004, 417 (420).

2951 Für eine Übertragung dieses für den Bereich der arglistigen Täuschung entwickelten Rechtsgedankens – vgl. etwa BGH, NJW 1969, 925 – auch auf andere Fallgestaltungen etwa MüKo-BGB/*Schramm*, 6. Aufl. 2012, § 166 Rn. 59 m.w.N.

2952 Offen gelassen im Urteil BGH, NJW 2000, 2268 (2269).

2953 Vgl. etwa BGH, ZIP 2012, 363, Rn. 15; BGH, ZIP 2007, 718, Rn. 20; zu den sich stellenden Verjährungsfragen vgl. BGH, ZIP 2008, 1714 (1716); BGH, ZIP 2007, 718 und BGH, ZIP 2007, 624; OLG Celle, ZIP 2006, 2163 (2166); OLG Hamm, WM 2006, 1477 (1478); OLG Karlsruhe, OLGR 2004, 405; OLG Karlsruhe, OLGR 2005, 886 (888); OLG Karlsruhe, OLGR 2006, 526; anders: OLG Braunschweig, ZIP 2006, 180 (183); OLG Bamberg, NJW 2006, 304.

2954 BGH, WM 1995, 20 (21); BGH, WM 2003, 640 (641); BGH, WM 2004, 225 (226); BGH, ZIP 2008, 2164 (2166); BGH, ZIP 2008, 2255 (2259).

und zu beweisen. Dementsprechend sind bei einer Leistungskondiktion die Umstände, die die Unwirksamkeit einer Vollmacht begründen, und das Fehlen einer Rechtsscheinvollmacht gem. §§ 171 ff. BGB anspruchsbegründende Tatsachen, nicht nur rechtshindernde Einwendungen.[2955]

Beim **Umfang** der Rückforderung ist zu berücksichtigen, dass der Rückzahlungsanspruch des Anlegers auf solche Leistungen beschränkt ist, die er aus seinem eigenen, von dem Fondsanteil bzw. der Immobilie unabhängigen Vermögen erbracht hat.[2956] Direktzahlungen, die die Fondsgesellschaft auf das Darlehen in Anrechnung auf Ausschüttungen an den Anleger geleistet hat, kann dieser also nicht bei der Bank kondizieren. 1456

Der Anleger kann weiter die Herausgabe der vom Geschäftsbesorger bestellten **Sicherheiten**, also z.B. die Rückabtretung abgetretener Lebensversicherungsansprüche oder die Herausgabe vollstreckbarer Schuldanerkenntnisse verlangen. Eine **Aufrechnung** der Bank mit einem **Anspruch** gegen den Anleger auf Rückzahlung der aufgrund des unwirksamen Darlehensvertrages ausgereichten **Darlehensvaluta scheidet** mangels eines entsprechenden Gegenanspruches **aus**, wenn – was regelmäßig der Fall war – die Darlehensvaluta durch die Bank auf Anweisung des (nicht wirksam bevollmächtigten) Geschäftsbesorgers an den Verkäufer der Wohnung, auf ein Notaranderkonto, auf ein Konto des Geschäftsbesorgers selbst, an die Fondsgesellschaft oder an einen sonstigen Dritten überwiesen wurde.[2957] Zwar liegt nach ständiger Rechtsprechung des BGH zu § 607 BGB a.F. ein Empfang des Darlehens grundsätzlich auch dann vor, wenn die Bank es vereinbarungsgemäß an einen Dritten ausgezahlt hat.[2958] Bei einer Auszahlung auf Anweisung des durch den Anleger nicht wirksam bevollmächtigten Geschäftsbesorgers fehlt es jedoch an einer dem Anleger zuzurechnenden Verfügung über die Darlehensvaluta,[2959] es sei denn, es lag der Bank ausnahmsweise zum Zeitpunkt der Auszahlungsanweisung des Geschäftsbesorgers eine Vollmachtsurkunde vor.[2960] Da der Anleger ansonsten durch die Anweisung des (nicht wirksam bevollmächtigten) Geschäftsbesorgers auch nicht von seiner Verpflichtung zur Zahlung des Kaufpreises für die Wohnung oder die Erbringung seiner Einlage in die Fondsgesellschaft befreit ist, hat der Anleger durch die Bank nichts erlangt. Die Bank muss folglich die ausgezahlte Darlehensvaluta und die Nebenkosten im Wege der **Nichtleistungskondiktion** nach § 812 Abs. 1 Satz 1, 2. Alt. BGB bei dem **jeweiligen tatsächlichen Zahlungsempfänger** kondizieren[2961] und kann auch nur diesem ggü. Nutzungszinsen nach § 818 Abs. 1 BGB geltend machen. Handelt es sich bei dem tatsächlichen Zahlungsempfänger um die **Fondsgesellschaft**, an der der Anleger selbst beteiligt ist, haftet der **Anleger** für einen solchen **Bereicherungsanspruch** der Bank gegen die Fondsgesellschaft **nicht analog § 128 HGB**.[2962] Auch insoweit fehlt es an einem Anspruch der Bank gegen den Anleger, mit dem die Bank die Aufrechnung 1457

2955 BGH, ZIP 2008, 2164 (2166); BGH, ZIP 2008, 2255 (2259) insoweit unter Aufgabe von BGH, WM 2004, 1227 (1228); BGH, ZIP 2008, 2405 (2408).

2956 Vgl. hierzu etwa BGH, WM 2004, 1521 (1523); BGH, WM 2004, 1527 (1529).

2957 BGH, WM 2004, 1221 (1226); BGH, WM 2004, 1227 (1230); BGH, WM 2004, 1230 (1233); BGH, ZIP 2008, 1417 (1418).

2958 BGH, WM 1985, 221 (223); BGH, WM 1985, 653; BGH, WM 1985, 993 (994); BGH, WM 1989, 1718; BGH, WM 1997, 1658 (1659); BGH, WM 2002, 2501 (2503); BGH, WM 2006, 1003 (1007); BGH, WM 2006, 1008 (1012); BGH, WM 2006, 1060 (1064); BGH, WM 2006, 1194 (1198); BGH, ZIP 2010, 24, Rn. 16; vgl. zum Empfang des Darlehens auch EuGH, WM 2005, 2079 (2085).

2959 Zur Abhängigkeit zwischen wirksamer Vollmacht und Zurechnung der Anweisung des Treuhänders BGH, WM 2004, 1227 (1230); BGH, WM 2005, 828 (832 f.); BGH, WM 2007, 440 (441); BGH, ZIP 2008, 1417; BGH, ZIP 2012, 363, Rn. 26.

2960 Vgl. zu dieser Konstellation BGH, ZIP 2008, 1417 f.

2961 BGH, WM 2003, 14; BGH, WM 2004, 671 (672); BGH, WM 2004, 1221 (1226); BGH, WM 2004, 1227 (1230); BGH, WM 2004, 1230 (1233); BGH, WM 2005, 327 (329); BGH, WM 2005, 786 (789); BGH, WM 2005, 828 (833); BGH, ZIP 2007, 718 (721) jew. m.w.N.

2962 BGH, ZIP 2008, 1317 (1319 f.); BGH, ZIP 2008, 2164 (2167); beachte jedoch, dass die Gesellschafter der Fonds-GbR nach §§ 128 ff. HGB analog grds. für die Gesellschaftsverbindlichkeiten persönlich haften, BGH, ZIP 2007, 1650 (1652); BGH, ZIP 2008, 2354 (2355); BGH, ZIP 2009, 1266 (1267).

erklären könnte. So bestehen nach Auffassung des BGH schon Zweifel, ob bei einem reinen Anlagegesellschafter eines geschlossenen Immobilienfonds eine Haftung nach § 128 HGB überhaupt in Betracht kommt, weil der Rechtsverkehr vernünftigerweise nicht erwarten kann, dass ein Gesellschafter, für den sich die Fondsbeteiligung als reine Kapitalanlage darstellt, für das gesamte Investitionsvolumen persönlich haftet.[2963] Jedenfalls mit Rücksicht auf den Schutzzweck des RBerG sei es jedoch der Bank verwehrt, den Anleger für die Bereicherungsschuld der Fondsgesellschaft aus Nichtleistungskondiktion analog § 128 HGB persönlich in Anspruch zu nehmen.[2964] Auch wenn es sich bei dem tatsächlichen Zahlungsempfänger um den **Treuhänder/Geschäftsbesorger** handelt und dieser etwaige Ansprüche gegen den Anleger an die Bank abgetreten hat, scheidet ein Anspruch gegen den Anleger, z.B. aus Geschäftsführung ohne Auftrag, aus.[2965] Auch kann die Bank von den Darlehensnehmern weder die **Mieteinnahmen** aus einer finanzierten Eigentumswohnung noch die Übereignung der **Eigentumswohnung** verlangen. Von dem Anspruch der Darlehensnehmer sind Einnahmen der Darlehensnehmer aus der Vermietung schon deshalb nicht abzuziehen, weil angesichts der Nichtigkeit des Darlehensvertrages nur ein bereicherungsrechtlicher Anspruch in Betracht kommt, die Erträge aus der Vermietung aber weder durch Leistung der Bank noch in sonstiger Weise auf deren Kosten erlangt wurden.[2966] Ebenso scheidet ein bereicherungsrechtlicher Anspruch auf Übereignung der Eigentumswohnung aus, weil die Eigentumswohnung von den Verkäufern in Erfüllung des Kaufvertrages und somit durch Leistung der Verkäufer erlangt wurde. Auch kann die Eigentumswohnung nicht als Surrogat für die Darlehensvaluta herausverlangt werden, weil die Darlehensnehmer die Valuta mangels zu ihren Lasten wirkender wirksamer Anweisung nie erhalten haben.[2967] Im Fall der Finanzierung eines Anteils an einem geschlossenen Immobilienfonds im Hinblick auf **Ausschüttungen** und den **Immobilienfondsanteil** selbst kommt man zu einem vergleichbaren Ergebnis. Da der Darlehensnehmer zumindest nach den Grundsätzen der fehlerhaften Gesellschaft Gesellschafter der Fondsgesellschaft geworden ist, sind ihm die Vorteile aus der Kapitalanlage, d.h. Fondsausschüttungen und Steuervorteile, zu belassen.[2968]

n) Verjährungsfragen

1458 Hinsichtlich der Verjährung kann zunächst auf die bereits unter Rdn. 1410–1414 gemachten Ausführungen verwiesen werden, die auf die Rückforderung von geleisteten Zins- und Tilgungsraten entsprechend Anwendung finden.

1459 Geht es um die Rückforderung einer **in einer Summe geleisteten Kredittilgung**, unterlag ein solcher Anspruch ursprünglich nach § 195 BGB a.F. der **30-jährigen** Verjährungsfrist des **§ 195 BGB a.F.**, die mit der Entstehung des Anspruchs begann.[2969] Entsprechendes gilt für Ansprüche auf Rückübertragung von **Sicherheiten**. Nach Inkrafttreten des neuen Verjährungsrechts am 01.01.2002 unterfallen auch diese Rückforderungsansprüche aus ungerechtfertigter Bereicherung der 3-jährigen kenntnisabhängigen Regelverjährung des § 195 BGB. Da diese Frist ebenfalls kürzer ist als die bis zum 01.01.2002 geltende Regelverjährung, hat wiederum ein Fristenvergleich stattzufinden. Zu beachten ist, dass in den Fristenvergleich nach neuem Recht neben der kurzen kenntnisabhängigen Verjährungsfrist (§§ 195, 199 BGB) ferner die längere kenntnisunabhängige Verjährungsfrist (§ 199 Abs. 2 bis 4 BGB) des neuen Verjährungsrechts einzubeziehen ist, die als Höchstfrist – anders als die kurze kenntnisunabhängige Frist des § 195 BGB – in Altsachverhalten stets vom 01.01.2002 an zu berechnen ist.[2970]

2963 BGH, ZIP 2008, 1317 (1319).
2964 BGH, ZIP 2008, 1317 (1319); KG, ZIP 2006, 1814 (1817); OLG Celle, ZIP 2006, 2163 (2165 f.); vgl. auch OLG Stuttgart, ZIP 2006, 2364 (2369).
2965 BGH, ZIP 2008, 1317 (1320).
2966 BGH, ZIP 2007, 718 (720).
2967 BGH, ZIP 2007, 718 (721).
2968 BGH, ZIP 2008, 2164 (2167); BGH, ZIP 2008, 2354 (2357); BGH, ZIP 2009, 1266 (1270).
2969 BGH, ZIP 2007, 624 (626); BGH, ZIP 2008, 2164; BGH, ZIP 2009, 1266 (1268).
2970 BGH, ZIP 2007, 624 (626).

Die **Beweislast** für Beginn und Ablauf der Verjährung und Kenntnis des Gläubigers gem. § 199 Abs. 1 BGB trägt der Schuldner.[2971] Die subjektiven Voraussetzungen (Kenntnis bzw. grob fahrlässige Unkenntnis von den den Anspruch begründenden Umständen und der Person des Schuldners) müssen grds. in der **Person des Gläubigers** vorliegen.[2972] Allerdings hat die Rechtsprechung zu § 852 Abs. 1 BGB aus dem Rechtsgedanken des § 166 Abs. 1 BGB abgeleitet, dass auch die Kenntnis eines **Wissensvertreters** genügt, d.h. der Gläubiger, der einen Dritten mit der Tatsachenermittlung gerade zur Durchsetzung oder Abwehr unter anderem desjenigen Anspruchs, um dessen Verjährung es geht, beauftragt hat, muss dessen Kenntnis gegen sich gelten lassen.[2973] Ob dies uneingeschränkt auch bei § 199 Abs. 1 Nr. 2 BGB gilt, hat der BGH zuletzt offen gelassen. Jedenfalls die Zurechnung der Kenntnis eines wegen Art. 1 § 1 RBerG nicht wirksam bevollmächtigten Geschäftsbesorgers scheidet aus, weil die erteilte Vollmacht unwirksam ist und Rechtsscheingesichtspunkte der §§ 171 ff. BGB i.R.d. § 199 Abs. 1 Nr. 2 BGB keine Rolle spielen. Zudem würde auch dem Schutzzweck des Rechtsberatungsgesetzes, die Rechtsuchenden vor unsachgemäßer Erledigung ihrer rechtlichen Angelegenheiten zu schützen, nicht hinreichend Rechnung getragen.[2974] **1460**

Betreibt eine Bank die Zwangsvollstreckung aus einem von dem Darlehensnehmer abgegebenen abstrakten Schuldversprechen, steht die **Verjährung des Darlehensrückzahlungsanspruchs** der Zwangsvollstreckung aus dem **abstrakten Schuldversprechen** nicht entgegen, weil ein solches gem. § 216 Abs. 2 Satz 1 BGB analog nicht gem. § 812 Abs. 2 BGB herausverlangt werden kann.[2975] **1461**

4. Rückgewähransprüche gegen die Bank nach Widerruf wegen Haustürgeschäfts nach § 1 HausTWG bzw. § 312 BGB a.F.

a) Heininger-Entscheidung und Verhältnis des Widerrufsrechts zum Verbraucherkreditrecht

Streitigkeiten zwischen Anlegern und Banken im Zusammenhang mit fehlgeschlagenen Immobilienkapitalanlagen waren in den vergangenen Jahren wesentlich von der Diskussion um den Anwendungs- und Geltungsbereich der Vorschriften über den Widerruf von Haustürgeschäften geprägt. Ein solcher Widerruf bedarf keiner Begründung. Es genügt jede Erklärung, den Vertragsschluss nicht mehr gelten lassen zu wollen.[2976] **1462**

Aufgrund der Tatsache, dass gem. **§ 5 Abs. 2 HausTWG** bzw. § 312a BGB in der Fassung vor dem OLG-Vertretungsänderungsgesetz (OLGVertrÄndG) vom 23.07.2002 die Vorschriften des Haustürwiderrufsgesetzes im Anwendungsbereich des Verbraucherkreditgesetzes ausgeschlossen waren, bei Realkrediten jedoch nach § 3 Abs. 2 Nr. 2 VerbrKrG[2977] gerade ein Widerrufsrecht nach dem VerbrKrG nicht bestand, stellte sich die Frage, ob der damit gegebene Ausschluss des Widerrufsrechts für in oder aufgrund einer Haustürsituation abgeschlossener Realkreditverträge mit der Haustürgeschäfterichtlinie[2978] vereinbar war. Auf Vorlage des BGH vom 29.11.1999[2979] zu dieser Frage kam der **Gerichtshof der Europäischen Gemeinschaften** am 13.12.2001 in der viel **1463**

2971 BGH, ZIP 2008, 1714 (1717); BGH, ZIP 2007, 624 (628); OLG Bamberg, NJW 2006, 304; OLG Karlsruhe, ZIP 2006, 1855 (1858).

2972 Palandt/*Ellenberger* BGB § 199 Rn. 24; im Einzelnen zum Verjährungsbeginn bei Verstoß des Geschäftsbesorgungsvertrages gegen das RBerG OLG Karlsruhe, ZIP 2007, 1049 (1052).

2973 BGH, WM 1993, 251 (258); BGH, NJW 1997, 2049 (2050).

2974 BGH, ZIP 2007, 624 (628).

2975 BGH, ZIP 2010, 24, Rn. 18 f.; BGH, ZIP 2010, 319, Rn. 29 f. m.w.N.; OLG Frankfurt am Main, WM 2007, 2196 (2197); Palandt/*Ellenberger* BGB § 216 Rn. 5.

2976 BGHZ 97, 351 (358); BGH, NJW 1993, 128; BGH, NJW 1996, 1964; BGH, BKR 2005, 284 (286).

2977 Verbraucherkreditgesetz in der bis zum 31.12.2001 geltenden Fassung.

2978 Richtlinie 85/577/EWG des Rates v. 20.12.1985 betreffend den Verbraucherschutz im Fall von außerhalb von Geschäftsräumen geschlossenen Verträgen, ABl. EG L 372/31 vom 31.12.1985.

2979 BGH, WM 2000, 26; die seinerzeit überwiegende Meinung hielt ein Widerrufsrecht bei Realkrediten für ausgeschlossen, vgl. etwa OLG Stuttgart, WM 1999, 74 (75 f.); OLG Stuttgart, WM 1999, 1419; OLG München, WM 1999, 1418 f.; *Bruchner* WM 1999, 825 (835 f.); *Schönfelder* WM 1999, 1495 ff.;

beachteten »**Heininger**«-**Entscheidung**[2980] zum Ergebnis, dass der nationale Vorrang des **VerbrKrG** gem. § 5 Abs. 2 HausTWG bzw. § 312a BGB a.F. dann nicht gelte, wenn dem Verbraucher nach den Regelungen des VerbrKrG kein gleich weitreichendes Widerrufsrecht eingeräumt werde. Greift also das Widerrufsrecht nach dem VerbrKG wegen Vorliegens eines Realkreditvertrages aufgrund § 3 Abs. 2 Nr. 2 VerbrKrG oder wegen Ablaufs der 1-jährigen Widerrufsfrist des § 7 VerbrKrG nicht ein, kann der Darlehensvertrag unbefristet als Haustürgeschäft widerrufen werden, soweit die Voraussetzungen für einen solchen Widerruf vorliegen. Auf der Grundlage der »Heininger«-Entscheidung des Gerichtshofes der Europäischen Gemeinschaften hat der BGH daraufhin mit Urt. v. 09.04.2002[2981] entschieden, dass § 5 Abs. 2 HausTWG **richtlinienkonform einschränkend auszulegen** sei: Kreditverträge gehören danach insoweit nicht zu den Geschäften, die i.S.d. § 5 Abs. 2 HausTWG »*die Voraussetzungen eines Geschäfts nach dem Verbraucherkreditgesetz*« erfüllen, als das VerbrKrG kein gleich weitreichendes Widerrufsrecht wie das Haustürwiderrufsgesetz einräumt.[2982] Um einen Wertungswiderspruch zu Personalkrediten zu vermeiden, hat der BGH dabei ferner die richtlinienkonforme Auslegung nicht auf **Realkreditverträge** beschränkt, sondern auf **Personalkreditverträge** erstreckt,[2983] für die ansonsten ja nur die gem. § 7 VerbrKrG befristete Widerrufsmöglichkeit bestünde. Dies gilt nach der Rechtsprechung des BGH für Personalkreditverträge selbst dann, wenn die Bank den Darlehensnehmer – auf den Wortlaut des § 5 Abs. 2 HausTWG vertrauend – nicht nach dem Haustürwiderrufsgesetz, sondern allein nach den Vorschriften des Verbraucherkreditgesetzes über sein Widerrufsrecht belehrt hat; denn eine dem § 7 Abs. 3 VerbrKrG entsprechende Widerrufsbelehrung enthält den nach dem Haustürwiderrufsgesetz unzulässigen zusätzlichen Hinweis, dass der Widerruf bei Empfang des Darlehens dann nicht als erfolgt gilt, wenn der Darlehensnehmer das Darlehen nicht binnen 2 Wochen zurückbezahlt.[2984] Der nach § 9 Abs. 2 Satz 2 VerbrKrG erforderliche Hinweis in der Widerrufsbelehrung, dass im Fall des Widerrufs auch das verbundene Geschäft nicht zustande kommt, stellt hingegen keinen nach dem Haustürwiderrufsgesetz unzulässigen Zusatz dar und führt nicht zum Fehlen einer ordnungsgemäßen Widerrufsbelehrung nach dem Haustürwiderrufsgesetz.[2985]

1464 Die dargestellte richtlinienkonforme Auslegung von § 5 Abs. 2 HausTWG führt für **Altverträge** dazu, dass ein nicht ordnungsgemäß belehrter Darlehensnehmer seine auf den Abschluss des Kreditvertrages gerichtete Willenserklärung sowohl bei Real- als auch bei Personalkrediten als Haustürgeschäft grds. unbefristet[2986] widerrufen kann, soweit die weiteren Voraussetzungen für einen solchen Widerruf vorliegen. Da nach dem bis zum 12.06.2014 gültigen § 312a BGB in der Fassung des OLGVertrÄndG bei Haustürgeschäften ein Widerrufsrecht dann ausgeschlossen ist, wenn dem Verbraucher nach anderen Vorschriften, insb. nach § 355 BGB i.V.m. § 495 BGB das Widerrufsrecht bei Verbraucherdarlehensverträgen zusteht und § 355 BGB grds. sowohl für Real- als auch für

---

von Heymann/Annertzok BKR 2002, 234; *Hochleitner/Wolf/Großerichter* WM 2002, 529 (531 f.); *Peikenbrock/Schulze* WM 2002, 521 (524).

2980 EuGH, WM 2001, 2434.

2981 BGH, WM 2002, 1181 (1182), nachdem er noch im Vorlagebeschluss (WM 2000, 26 [27 f.]) geäußert hatte, sich der überwiegenden Meinung anschließen zu wollen, dass der Wortlaut von § 5 Abs. 2 HausTWG eindeutig und der Ausschluss des Widerrufsrechts für Realkredite vom Gesetzgeber gewollt sei; vgl. ferner BGH, WM 2002, 2501; BGH, WM 2003, 483; BGH, WM 2007, 1117.

2982 Vgl. etwa auch OLG Stuttgart, WM 2005, 972 (973).

2983 BGH, WM 2002, 1181 (1184); BGH, WM 2004, 1521 (1522); BGH, WM 2004, 1579 (1580); BGH, WM 2004, 2491 (2493); BGH, WM 2006, 220 (221); Urt. v. 26.10.2010 – XI ZR 367/07, Rn. 22.

2984 BGH, WM 2003, 61 (63); BGH, WM 2004, 1521 (1523); BGH, WM 2004, 1527 (1528); BGH, WM 2004, 1579 (1580); BGH, WM 2005, 547 (548); BGH, WM 2006, 220 (222); a.A. OLG Schleswig, ZIP 2005, 1127 (1132); kritisch auch *Peters* WM 2005, 456.

2985 BGH, WM 2007, 1117 (1118); anders aber noch der II. Zivilsenat, vgl. BGH, WM 2004, 1527 (1528); a.A. OLG Stuttgart, WM 2005, 972 (978/979); OLG Schleswig, ZIP 2005, 1127 (1132); OLG Bremen, ZIP 2006, 1527 (1528); zweifelnd schon BGH, WM 2006, 1003 (1005).

2986 Z.B. vorbehaltlich einer etwa eingreifenden Verwirkung und dem Erlöschen eines etwaigen Widerrufsrechts nach § 2 Abs. 1 Satz 4 HausTWG einen Monat nach vollständiger Erfüllung des Darlehensvertrages.

Personalkreditverträge gilt, wird sich für neuere Verträge die Problematik der richtlinienkonformen Auslegung des § 5 Abs. 2 HausTWG bzw. des § 312a BGB a.F. nicht mehr ergeben.

b) Tatbestandsvoraussetzung des § 1 Abs. 1 Nr. 1 HausTWG bzw. § 312 Abs. 1 Nr. 1 BGB a.F.: Vertrag über eine »entgeltliche Leistung«

§ 1 Abs. 1 Nr. 1 HausTWG[2987] bzw. § 312 Abs. 1 Nr. 1 BGB a.F. setzen einen Vertrag voraus, der eine **entgeltliche Leistung** zum Gegenstand hat. Hiervon erfasst werden alle Arten entgeltlicher Verträge mit Ausnahme der in § 312 Abs. 3 BGB a.F. genannten Versicherungsverträge,[2988] also auch Bank- und **Kreditverträge.**[2989] Anwendbar sind die Vorschriften auch auf Sicherungsabreden, die auf die Bestellung einer Grundschuld gerichtet sind[2990] oder die die Bestellung eines Pfandrechts oder eines anderen akzessorischen Sicherungsrechts, z.B. einer Bürgschaft, zum Inhalt haben.[2991] Dies gilt unabhängig davon, ob ein Verbraucherdarlehen oder ein gewerblicher Kredit gesichert werden soll.[2992] Auch darauf, ob die gesicherte Forderung selbst in einer Haustürsituation begründet wurde oder nicht, kommt es nicht mehr an.[2993] Die Anwendbarkeit auf die Erteilung einer Vollmacht ist nach wie vor umstritten.[2994] **1465**

Dass es sich beim **Kauf einer Immobilie** um einen Vertrag über eine entgeltliche Leistung handelt, ist unproblematisch. Da allerdings gem. § 1 Abs. 2 Nr. 3 HausTWG bzw. § 312 Abs. 3 Nr. 3 BGB a.F. ein Widerrufsrecht nicht besteht, wenn die Willenserklärung des Verbrauchers **notariell beurkundet** wurde, wird die notarielle Beurkundungspflicht des § 311b Abs. 1 Satz 1 BGB (§ 313 BGB a.F.) regelmäßig zum Ausschluss des Widerrufsrechts hinsichtlich des Immobilienkaufvertrages führen. Letzteres ist mit der Haustürgeschäfterichtlinie vereinbar. Zum einen sind Immobilienkaufverträge vom Anwendungsbereich auch der Richtlinie ausgenommen. Zum anderen fehlt es im Fall der notariellen Beurkundung einer Willenserklärung in den Kanzleiräumen des Notars an einer Haustürsituation.[2995] **1466**

In der Rechtsprechung des BGH ist zwischenzeitlich ferner anerkannt, dass auch Verträge über eine unmittelbare oder mittelbare Beteiligung an einem **geschlossenen Immobilienfonds** als Verträge über eine entgeltliche Leistung i.S.v. § 1 Abs. 1 Nr. 1 HausTWG bzw. § 312 Abs. 1 Nr. 1 BGB a.F. anzusehen sind.[2996] Für eine **mittelbare Beteiligung** über einen Treuhänder wurde dies damit begründet, dass sich der Anleger in der Hoffnung auf Gewinnerzielung zur Entgeltzahlung für den Erwerb eines für ihn von dem Treuhänder zu haltenden Gesellschaftsanteils verpflichtet hat.[2997] Ein Beitritt zu einer Gesellschaft im Wege einer **unmittelbaren Beteiligung** hat zwar grds. nicht eine entgeltliche Leistung zum Gegenstand, weil die geschuldete Einlage nicht Entgelt für die Mitgliedschaft ist. Wenn der Zweck des Gesellschaftsbeitritts aber vorrangig in der Anlage von Kapital bestehe und nicht darin, Mitglied der Gesellschaft zu werden, sei der Beitrittsvertrag nach Auffassung **1467**

2987 Gesetz über den Widerruf von Haustürgeschäften und ähnlichen Geschäften in der bis zum 31.12.2001 geltenden Fassung.

2988 MüKo-BGB/*Masuch*, 6. Aufl. 2012, § 312 Rn. 25.

2989 Vgl. etwa BGH, WM 2006, 220 (221).

2990 BGH, WM 1995, 2027 f.

2991 BGH, WM 2006, 377 (378).

2992 Anders noch BGH, WM 1998, 1388 f.

2993 BGH, WM 2006, 377 (378).

2994 Vgl. dazu oben Rdn. 1450–1453.

2995 BGH, WM 2003, 1346 (1347); vgl. hierzu auch *Mörsdorf* ZIP 2012, 845 (846).

2996 BGH, WM 2001, 1464; BGH, WM 2004, 2491; BGH, ZIP 2005, 254 (255); BGH, ZIP 2005, 753 (756); BGH, ZIP 2005, 1124 (1126); vgl. auch BGH, ZIP 2008, 1018 (1019) sowie EuGH, ZIP 2010, 772 (773); BGH, ZIP 2011, 859 (860); a.A. *Mörsdorf* ZIP 2012, 845 (847); *Schäfer* ZIP 2008, 1022 (1023); *Habersack* ZIP 2001, 327 (328); *ders.* ZIP 2001, 353 (355) und ZIP 2010, 775; *H.-P. Westermann* ZIP 2002, 189 (195, 199); *ders.* DZWIR 2010, 265 (266 f.); vgl. auch OLG Karlsruhe, WM 2003, 1218 (1220) zu dem vergleichbaren Tatbestand des § 9 Abs. 1 und 3 VerbrKrG.

2997 BGH, WM 2001, 1464.

des BGH einem Vertrag über eine entgeltliche Leistung zumindest gleichzustellen.[2998] Ob die Haustürgeschäfterichtlinie[2999] eine solche Auslegung gebietet, war zwischenzeitlich Gegenstand des Vorlagebeschlusses des BGH zum Gerichtshof der Europäischen Gemeinschaften vom 05.05.2008.[3000] Dieser hat hierzu am 15.04.2010[3001] entschieden, dass die Haustürgeschäfterichtlinie auf den Betritt eines Verbrauchers zu einem geschlossenen Immobilienfonds in Form einer Personengesellschaft anwendbar ist, wenn der Zweck eines solchen Beitritts vorrangig nicht darin besteht Mitglied der Gesellschaft zu werden, sondern Kapital anzulegen. Er hat damit die vom BGH vertretene Auffassung bestätigt. Der BGH hat seine Rechtsprechung hierzu zwischenzeitlich auch auf einen **Beitritt zu Genossenschaften** erweitert, denen Anleger zu reinen Kapitalanlage- und Steuersparzwecken beitreten.[3002]

c) Situationsbedingte Anforderungen an § 1 Abs. 1 Nr. 1 HausTWG bzw. § 312 Abs. 1 Nr. 1 BGB a.F.: »Verhandlungen in Privatwohnung«

1468 § 1 Abs. 1 Nr. 1 HausTWG bzw. § 312 Abs. 1 Nr. 1 BGB a.F. setzen voraus, dass der Kunde durch mündliche Verhandlungen an seinem Arbeitsplatz oder im Bereich einer Privatwohnung zu einer späteren Vertragserklärung bestimmt worden ist. Der Begriff »**Verhandlungen**« i.S.d. § 1 Abs. 1 Nr. 1 HausTWG ist dabei weit auszulegen. Verhandlungen in diesem Sinne beginnen nicht erst dann, wenn über Einzelheiten des Vertragsschlusses gesprochen wird. Es genügt vielmehr jedes werbemäßige Ansprechen eines Kunden und jede Kontaktaufnahme, die auf einen späteren Vertragsschluss abzielt.[3003] Für das Vorliegen einer Haustürsituation kommt es auch nicht darauf an, ob die mündlichen Verhandlungen überraschend und/oder anbieterinitiiert erfolgten.[3004] Ausreichend ist ebenso, dass bei dem Gespräch in der Privatwohnung lediglich der Besuch des Kunden in den Geschäftsräumen der anderen Vertragspartei vorbereitet oder verabredet wird. Folglich genügt es sogar, wenn ein Vermittler mit dem Anleger in dessen Privatwohnung über die Optimierung seiner finanziellen Verhältnisse gesprochen hat und es daraufhin zum Besuch des Anlegers in den Geschäftsräumen kommt, bei dem dem Anleger dann das Anlagemodell vorgestellt wird.[3005] Auch umgekehrt kann bei einer Erstansprache im Geschäftslokal des Unternehmers und Fortführung der Verhandlungen in einer Privatwohnung oder am Arbeitsplatz des Verbrauchers ein Widerrufsrecht bestehen.[3006]

1469 Das Merkmal der »**Privatwohnung**« erfasst dabei grds. jede Privatwohnung, also nicht nur diejenige des Verbrauchers selbst, in der er auf den Vertragsschluss angesprochen wird.[3007] Darunter fallen also etwa auch Fallgestaltungen, in denen eine von dem Direktvertreiber gewonnene Privatperson ihre Wohnung als Verhandlungsort zur Verfügung stellt.[3008] Privatwohnung i.S.d. § 1 Abs. 1 Nr. 1 HausTWG bzw. § 312 Abs. 1 Nr. 1 BGB a.F. ist auch die Privatwohnung des Vertragspartners des Kunden oder eines vom Vertragspartner eingeschalteten Vermittlers, wenn der Kunde

2998 BGH, WM 1996, 2100; 148; BGH, WM 2001, 1464; BGH, WM 2004, 2491; ebenso zu dem vergleichbaren Tatbestand des § 9 Abs. 1 und 3 VerbrKrG, BGH, WM 2003, 1762; BGH, WM 2004, 1521; BGH, ZIP 2011, 859 (860).

2999 Richtlinie 85/577/EWG des Rates v. 20.12.1985 betreffend den Verbraucherschutz im Fall von außerhalb von Geschäftsräumen geschlossenen Verträgen, ABl. EG L 372/31 v. 31.12.1985.

3000 BGH, ZIP 2008, 1018 f.; vgl. auch Schlussanträge der Generalanwältin v. 08.09.2009, ZIP 2009, 1902 f.

3001 ZIP 2010, 772 ff. (»Friz«); EWiR 2010, 281; *Langen/Möhle* BB 2010, 1301 ff.

3002 BGH, ZIP 2011, 859 (860 f.); vgl. hierzu auch BGH, ZIP 1997, 511 (512) und BGH, WM 2004, 1518 (1519).

3003 BGH, WM 2004, 2491 (2492).

3004 OLG Stuttgart, WM 2005, 972 (975).

3005 Vgl. den der Entscheidung BGH, WM 2004, 2491 (2492), zugrunde liegenden Sachverhalt.

3006 OLG Dresden, WM 2007, 1065 (1066).

3007 MüKo-BGB/*Masuch*, 6. Aufl. 2012, § 312 Rn. 45.

3008 BGH, WM 2005, 124 (125); OLG Stuttgart, ZIP 2002, 1885 (1886).

diese nicht bewusst zu Zwecken eines geschäftlichen Kontakts aufgesucht hat.[3009] Entscheidend ist jeweils, ob der Verbraucher an diesen Orten mit einem werbemäßigen Ansprechen rechnet und sich in seiner **Entscheidungsfreiheit typischerweise eingeengt** fühlt oder nicht. Es genügt, dass der Darlehensnehmer in eine Lage gebracht worden ist, in der seine Entschließungsfreiheit beeinträchtigt war, den ihm später angebotenen Vertrag zu schließen oder davon Abstand zu nehmen.[3010] Für die Annahme einer Haustürsituation nicht ausreichend ist allerdings eine telefonische Kontaktaufnahme ohne nachfolgenden Hausbesuch.[3011] Eine Haustürsituation ist auch zu verneinen, wenn ein Ehegatte dem anderen in der ehelichen Wohnung oder ein naher Angehöriger einem Verwandten in dessen Wohnung eine Vertragserklärung auf Veranlassung des Vertragsgegners zur Unterschrift vorgelegt hat,[3012] weil solche Personen nicht als Verhandlungsgehilfen des Unternehmers unbestellt in die häusliche Sphäre eindringen. Abzugrenzen ist dies jedoch von Situationen, in denen der nahe Angehörige im Auftrage der Bank ggü. einem nahen Angehörigen wie ggü. nicht verwandten Dritten werbend tätig wird, um dessen Interesse an einer finanzierten Kapitalanlage zu wecken. In solchen Fällen jedenfalls ist das Verhalten des Angehörigen der Bank in gleicher Weise zuzurechnen, wie wenn er einen nicht verwandten Dritten angesprochen hätte.[3013]

d) Tatbestandsvoraussetzung des § 1 Abs. 1 Nr. 1 HausTWG bzw. § 312 Abs. 1 BGB a.F.: »bestimmt«

Weitere Tatbestandsvoraussetzung für das Eingreifen des Widerrufsrechts nach § 312 Abs. 1 BGB **1470**
in der bis zum 12.06.2014 gültigen Fassung war, dass der Verbraucher durch die Haustürsituation zu dem Vertragsabschluss **bestimmt** worden ist.[3014] Dieses Merkmal zielt auf die Frage der **Kausalität** zwischen einer der in § 1 Abs. 1 Nr. 1 HausTWG bzw. § 312 Abs. 1 BGB a.F. umschriebenen Haustürsituation und der auf den Vertragsschluss gerichteten Willenserklärung des Verbrauchers. Voraussetzung ist nicht der Abschluss eines Vertrages in einer Haustürsituation. Es genügt eine Haustürsituation bei der Vertragsanbahnung, die für den späteren Vertragsschluss mit ursächlich geworden ist.[3015] Der Hausbesuch muss also nicht die einzige, nicht einmal die entscheidende Ursache für den späteren Vertragsschluss darstellen. Ausreichend ist, dass die besonderen Umstände der Kontaktaufnahme einen unter mehreren Beweggründen darstellen, sofern nur ohne sie der später abgeschlossene Vertrag nicht oder nicht mit demselben Inhalt zustande gekommen wäre.[3016] Auch ist ein enger zeitlicher Zusammenhang zwischen der mündlichen Verhandlung gem. § 1 Abs. 1 Nr. 1 HausTWG und der Vertragserklärung nicht unbedingt erforderlich.[3017] Die von einem engen zeitlichen Zusammenhang ausgehende Indizwirkung für die erforderliche Kausalität nimmt aber mit zunehmendem zeitlichen Abstand ab und kann nach einer gewissen Zeit ganz entfallen.[3018] Es ist dem Verbraucher unbenommen, bei Wegfall der Indizwirkung den Nachweis einer

3009 BGH, WM 2000, 1260 (1261); BGH, WM 2005, 124 (125); BGH, WM 2006, 1669 (1670); OLG Stuttgart, ZIP 2004, 891 (895).

3010 BGHZ, WM 1994, 14 m.w.N.; BGH, WM 2004, 521 (522); BGH, WM 2004, 1579 (1581); BGH, WM 2006, 1243 (1244).

3011 BGH, WM 1996, 387 (390); BGH, WM 2004, 1579 (1581).

3012 BGH, WM 1986, 1466; BGH, WM 1993, 683 (684); BGH, WM 1995, 2133.

3013 BGH, WM 1996, 2100 (2101).

3014 Nachdem die EU-Kommission das Tatbestandsmerkmal »bestimmt worden« als richtlinienwidrig beanstandet hat, ist es im seit dem 13.06.2014 gültigen § 312b BGB entfallen; Palandt/*Grüneberg*, 73. Aufl. 2014, § 312, Rn. 1, 13.

3015 BGH, WM 2006, 220 (221); BGH, WM 2006, 1995 (1996); BGH, ZIP 2009, 1054 (1055); Urt. v. 26.10.2010 – XI ZR 367/07, Rn. 18.

3016 BGH, WM 1996, 387 (390); BGH, WM 1996, 2103 (2104); BGH, WM 2004, 2491 (2492); BGH, WM 2004, 1579 (1581); BGH, WM 2006, 220 (221).

3017 BGH, WM 2006, 220 (221); BGH, WM 2006, 1243 (1244).

3018 BGH, WM 1996, 387 (390); BGH, WM 2003, 483 (484); BGH, WM 2003, 2372 (2374); BGH, WM 2006, 1243 (1244); BGH, NJOZ 2006, 2499 (250); Urt. v. 18.11.2008 – XI ZR 157/07, Rn. 22; BGH, ZIP 2009, 1054 (1055); BGH, ZIP 2011, 16, Rn. 18.

gleichwohl bestehenden Kausalität zu führen.[3019] Ob sich der Darlehensnehmer auch bei einem größeren zeitlichen Abstand zwischen der mündlichen Verhandlung und dem Vertragsschluss noch in einer Lage befindet, in der er in seiner Entschließungsfreiheit beeinträchtigt ist, ob also noch von einem **Fortwirken der Haustürsituation** ausgegangen werden kann, ist eine Frage der Würdigung des Einzelfalls.[3020] Welcher Zeitraum hierfür erforderlich ist und welche Bedeutung möglicherweise auch anderen Umständen i.R.d. Kausalitätsprüfung zukommt, ist Sache der tatrichterlichen Würdigung, die in der Revisionsinstanz grds. nur beschränkt überprüft werden kann.[3021] Einen Rechtssatz, nach dem mit Ablauf einer bestimmten Frist die Kausalität ohne Rücksicht auf die Umstände des Einzelfalls entfällt, gibt es nicht.[3022] Ob ein Anscheinsbeweis zugunsten des in einer Haustürsituation geworbenen Verbrauchers nach der allgemeinen Lebenserfahrung gewöhnlich bereits nach einer Woche entfällt,[3023] hat der BGH offen gelassen.[3024] Während der BGH in früheren Entscheidungen nicht beanstandet hat, das Fortwirken einer Haustürsituation bei einem Zeitraum von 3 Wochen zwischen Hausbesuch und Vertragsschluss zu verneinen,[3025] hat er in einer neueren Entscheidung einem rechtlichen Obersatz des Inhalts, dass die Vermutung der Ursächlichkeit einer Haustürsituation für den späteren Abschluss eines Darlehensvertrages ohne Rücksicht auf die konkreten Umstände des Einzelfalls bei einer Zeitspanne von 3 Wochen zwischen Hausbesuch und Vertragsschluss entfällt, eine ausdrückliche Absage erteilt.[3026] In einer jüngeren Entscheidung hat das OLG Brandenburg[3027] nach einem Ablauf von 13 Wochen eine Indizwirkung verneint. Nicht beanstandet wurde in Einzelfällen durch den BGH eine Ablehnung des Fortwirkens der Haustürsituation z.B. bei einem Zeitraum von einem Monat,[3028] 6 Wochen,[3029] 2 1/2 Monaten,[3030] 3 1/2 Monaten[3031] oder 9 Monaten[3032] zwischen Vertragsanbahnung und -abschluss. Die Kausalität zwischen Haustürsituation und Darlehensvertragsabschluss kann auch durch notarielle Beurkundung des finanzierten Geschäfts unterbrochen werden.[3033] Auch kann ein unterlassener Widerruf des Erwerbsgeschäfts bzw. des Fondsbeitritts die Annahme rechtfertigen, die Haustürsituation habe nicht bis zum Darlehensvertragsabschluss fortgewirkt.[3034] Entscheidend ist insgesamt, ob nach den Umständen des Einzelfalles bei Abgabe der Erklärung das Überraschungsmoment noch fortwirkt und der Verbraucher in seiner Entschließungsfreiheit beeinträchtigt ist oder ob der Kunde zwischen Vertragsanbahnung und Abschluss des Geschäfts durch Zeitablauf und/oder Hinzutreten weiterer

---

3019 BGH, Urt. v. 18.11.2008 – XI ZR 157/07, Rn. 22; BGH, ZIP 2009, 1054 (1056).

3020 BGH, WM 2003, 483 (484); BGH, WM 2003, 918 (921), BGH, WM 2003, 1370 (1372); BGH, WM 2003, 2372 (2374); BGH, WM 2006, 1243 (1244); BGH, WM 1995 (1997); BGH, NJOZ 2006, 2499 (2501); Urt. v. 18.11.2008 – XI ZR 157/07, Rn. 22; BGH, ZIP 2009, 1054 (1055); BGH, ZIP 2011, 16, Rn. 18.

3021 BGH, WM 2006, 1243 (1244); BGH, WM 2007, 1831 (1832); BGH, WM 2008, 292 (294); Urt. v. 18.11.2008 – XI ZR 157/07, Rn. 22; BGH, ZIP 2009, 1054 (1055); BGH, ZIP 2011, 16, Rn. 18.

3022 BGH, ZIP 2008, 357 (359).

3023 So MüKo-BGB/*Masuch*, 6. Aufl. 2012, § 312 Rn. 41.

3024 BGH, WM 2006, 1243 (1244).

3025 BGH, WM 2003, 1370 (1371); BGH, WM 2003, 2372 (2374); BGH, WM 2006, 1243 (1244).

3026 BGH, ZIP 2009, 1054 (1056); vgl. aber auch OLG Koblenz, Urt. v. 29.05.2009 – 10 U 505/08.

3027 OLG Brandenburg, BKR 2012, 115, Rn. 120.

3028 BGH, NJOZ 2006, 2499 (1502); OLG Schleswig, WM 2005, 607 (609); LG Deggendorf, WM 2006, 770 (771).

3029 OLG Köln, WM 2000, 2139 (2145); vgl. auch OLG Dresden, WM 2008, 1682.

3030 OLG Jena, ZIP 2006, 946 (947); KG Berlin, WM 2005, 2218 (2220).

3031 BGH, WM 2003, 918 (920).

3032 BGH, WM 2004, 620 (623); OLG Frankfurt am Main, ZIP 2004, 260.

3033 BGH, WM 2006, 1995 (1997); BGH, WM 2003, 1370 (1372); OLG Jena, ZIP 2006, 946 (947); OLG Karlsruhe, ZIP 2006, 2074 (2075); vgl. aber auch OLG Dresden, BKR 2003, 114 (117); OLG München, WM 2012, 131 (132 f.).

3034 BGH, WM 2006, 1243 (1244).

Umstände in der Lage ist, unbeeinflusst zu entscheiden, ob er an dem angebahnten Geschäft festhalten will oder nicht.[3035]

e) Haustürsituation und Einschaltung Dritter

In Fällen, in denen ein Dritter die Haustürsituation herbeigeführt hat, in der oder aufgrund derer es dann zum Abschluss des Darlehensvertrages zur Finanzierung der Immobilie oder der Immobilienfondsbeteiligung kam, haben der BGH – und zwar sowohl der II. als auch der XI. Zivilsenat – und die obergerichtliche Rechtsprechung bis zum Urteil des Gerichtshofs der Europäischen Gemeinschaften v. 25.10.2005 »Crailsheimer Volksbank«[3036] lange die Auffassung vertreten, dass ein Kreditvertrag nicht immer schon dann widerrufen werden kann, wenn in der Person des Anlagevermittlers, der für die Anlagegesellschaft und zugleich für die Bank tätig wird, eine Haustürsituation vorgelegen hat.[3037] Vielmehr wurde die Haustürsituation der Bank nur dann zugerechnet, wenn die Voraussetzungen erfüllt waren, die für die **Zurechnung** einer arglistigen Täuschung **nach § 123 BGB** entwickelt worden sind.[3038] Nach § 123 BGB ist das Verhalten des Verhandlungsführers dem Erklärungsempfänger zuzurechnen, wenn er dessen Angestellter, Mitarbeiter oder Beauftragter ist oder wenn er wegen seiner engen Beziehungen zu diesem als dessen Vertrauensperson erscheint.[3039] Ist hingegen der Verhandlungsführer als Dritter anzusehen, so ist sein Handeln der finanzierenden Bank nur dann zuzurechnen, wenn sie die Haustürsituation kannte oder kennen musste.[3040] Auch wenn es für eine **fahrlässige Unkenntnis** in diesem Sinne genügte, dass die Umstände des Falles die Bank veranlassen mussten, sich zu erkundigen, auf welchen Umständen die ihr übermittelte Willenserklärung beruhte,[3041] stellte diese Auffassung insgesamt hohe Anforderungen an eine Zurechnung der Haustürsituation gegenüber der Bank. Begründet wurde dies mit der amtl. Begründung des Haustürwiderrufsgesetzes,[3042] wo zur Auslegung des § 1 HausTWG ausdrücklich auf die Rechtsprechung und Literatur zu § 123 BGB verwiesen wird. Nichts spreche dafür, denjenigen, der in einer Haustürsituation überrumpelt und zur Abgabe einer Willenserklärung veranlasst worden sei, besser zu stellen als denjenigen, der dazu durch eine arglistige Täuschung bestimmt wurde.[3043] 1471

Nach diesen zu § 123 BGB entwickelten Grundsätzen war die Haustürsituation der einen Fondsbeitritt finanzierenden Bank etwa dann zurechenbar, wenn sie dem von dem Fonds eingeschalteten Vermittler die **Anbahnung auch des Kreditvertrages** überlassen hatte und wenn aufgrund des Inhalts der Kreditunterlagen (z.B. dem Auseinanderfallen von Sitz des Vertriebes und Ort der Unterzeichnung des Darlehensvertrages) Anhaltspunkte dafür bestanden, dass der Anleger in einer Haustürsituation geworben worden war.[3044] Dies sollte selbst dann gelten, wenn die Bank wegen der vor der »Heininger«-Entscheidung geltenden Rechtslage[3045] an eine Belehrung nach dem Haus- 1472

3035 KG Berlin, WM 2005, 2218 (2220).

3036 EuGH, WM 2005, 2086.

3037 Zurückzuführen war dieses Verständnis auf einen Hinweis der Gesetzesbegründung auf § 123 BGB; vgl. hierzu *Derleder* BKR 2005, 441 (443) m.w.N.

3038 BGH, WM 2003, 61 (63); BGH, ZIP 2003, 1741 (1743); BGH, WM 2004, 521 (522); BGH, WM 2004, 1521 (1523); BGH, WM 2004, 1527 (1528); BGH, WM 2005, 124 (125); BGH, WM 2005, 1408 (1409); OLG Hamm, WM 1995, 1872 (1873); OLG Stuttgart, WM 1999, 2310 (2313).

3039 BGH, WM 2003, 61 (63); BGH, ZIP 2003, 1741 (1743) m.w.N.; BGH, WM 2004, 521 (522).

3040 BGH, WM 2003, 61 (63); BGH, ZIP 2003, 1741 (1743); BGH, WM 2004, 521 (522); BGH, WM 2004, 1521 (1523); BGH, WM 2004, 1527 (1528); BGH, WM 2005, 124 (125); BGH, WM 2005, 1408 (1409); OLG Hamm, WM 1995, 1872 (1873); OLG Stuttgart, WM 1999, 2310 (2313).

3041 BGH, WM 2005, 124 (125).

3042 BT-Drucks. 10/2876, S. 11.

3043 BGH, WM 2003, 61 (63).

3044 BGH, WM 2005, 1521 (1523).

3045 Vgl. dazu oben Rdn. 1461–1463.

türwiderrufsgesetz gar nicht denken musste.[3046] Andererseits war eine fahrlässige Unkenntnis der Bank von der Haustürsituation bei der Finanzierung des Erwerbs einer Eigentumswohnung nicht allein deshalb anzunehmen, weil die Bank Kenntnis davon hatte, dass die Eigentumswohnung nicht von einer Privatperson, sondern von einer gewerblich tätigen Bauträgergesellschaft über einen Vermittler verkauft und der Darlehensvertrag über ihn vermittelt wurde. Allein dieser Umstand ließ nicht den Schluss zu, dass die Darlehensvertragserklärungen der Kunden auf einer mündlichen Verhandlung an ihrem Arbeitsplatz oder in ihrer Privatwohnung ohne vorherige Bestellung beruhten, und verpflichtete die kreditgebende Bank auch nicht ohne Weiteres zu einer Nachfrage hinsichtlich der Umstände der Vertragsanbahnung.[3047]

1473 Mit Urt. v. 25.10.2005 »**Crailsheimer Volksbank**«,[3048] das aufgrund einer Vorlage durch das OLG Bremen[3049] erging, hat allerdings der Gerichtshof der Europäischen Gemeinschaften entschieden, dass Art. 1 und 2 der Haustürgeschäfterichtlinie[3050] dahingehend auszulegen sind, dass die Anwendung der Richtlinie, wenn ein Dritter im Namen oder für Rechnung eines Gewerbetreibenden in die Aushandlung oder den Abschluss eines Vertrages eingeschaltet wird, nicht davon abhängig gemacht werden kann, dass der Gewerbetreibende wusste oder hätte wissen müssen, dass der Vertrag in einer Haustürsituation i.S.v. Art. 1 der Richtlinie geschlossen wurde. Dies führte dazu, dass der BGH an seiner früheren Rechtsprechung ausdrücklich nicht weiter festhält und fortan das Haustürwiderrufsgesetz **richtlinienkonform dahin auslegt**, dass die **Haustürsituation** der Bank bereits dann zuzurechnen ist, wenn sie **objektiv vorgelegen hat.**[3051] Allerdings war schon zu Beginn dieses Rechtsprechungswandels zweifelhaft, ob der kreditgebenden Bank eine Haustürsituation auch dann nach rein objektiven Kriterien zuzurechnen ist, wenn der Vermittler das Kreditgeschäft ausschließlich im Auftrag des von ihm in einer Haustürsituation geworbenen Anlegers vermittelt hat.[3052] Denn der Schutzzweck der Haustürgeschäfterichtlinie und des Haustürwiderrufsgesetzes bzw. des § 312 BGB a.F. rechtfertigt eine Zurechnung der Haustürsituation dann nicht mehr, wenn das Handeln des Dritten allein auf selbstbestimmten Weisungen des Anlegers beruht, ohne dass der auch von der Richtlinie vorausgesetzte rechtliche oder wirtschaftliche Zusammenhang zwischen der Tätigkeit des Dritten in der Haustürsituation und dem Gewerbe des Vertragspartners besteht. Der BGH hat am 10.06.2008[3053] hierzu entschieden, dass ein Dritter, der einem Anleger eine Kapitalanlage in einer Haustürsituation vermittelt, nicht im Namen und für Rechnung der die Kapitalanlage finanzierenden Bank handelt, wenn er keine Empfehlung zu Verhandlungen gerade mit dieser Bank ausgesprochen hat, sondern die **Auswahl der Bank** auf einer eigenständigen, selbstbestimmten und damit **autonomen Weisung des Anlegers**, z.B. nur über seine Hausbank finanzieren zu wollen, beruht.[3054] Dementsprechend fehlt es hier an einer zurechenbaren Haustürsituation. Einer solchen autonomen Weisung des Anlegers steht es wertungsmäßig gleich,

3046 BGH, WM 2005, 295 (297); BGH, WM 2005, 1408 (1409); a.A. KG Berlin, WM 2005, 596 (601/602); *Edelmann* BB 2004, 1648 (1649); Häfner/*Münscher* Fehlgeschlagene Immobilienkapitalanlagen Rn. 314.

3047 BGH, WM 2003, 61 (63); BGH, ZIP 2003, 1741, 1743 m.w.N.; BGH, WM 2004, 521 (522).

3048 EuGH, WM 2005, 2086.

3049 OLG Bremen, WM 2004, 1328.

3050 Richtlinie 85/577/EWG des Rates v. 20.12.1985 betreffend den Verbraucherschutz im Fall von außerhalb von Geschäftsräumen geschlossenen Verträgen, ABl. EG L 372/31 v. 31.12.1985.

3051 BGH, WM 2006, 220 (221); BGH, WM 2006, 674 (675); BGH, WM 2006, 1003 (1008); BGH, BKR 2006, 448 (449); BGH, WM 2006, 674 (675); BGH, WM 2006, 1669 (1671); BGH, WM 2006, 2303 (2304); BGH, WM 2006, 2343 (2346); BGH, ZIP 2008, 2211 (2212).

3052 BGH, BKR 2006, 448 (450); vgl. zur Diskussion *Derleder* BKR 2005, 441 (443 f.); *Staudinger* NJW 2005, 3521 (3522); *Thume/Edelmann* BKR 2005, 477 (479); *Lechner* NZM 2005, 921 (924) f.; *Sauer*, BKR 2006, 96 (99); *Freitag* WM 2006, 61 (62); *Piekenbrock* WM 2006, 466 (469); *Hoffmann* ZIP 2005, 1985 (1988); *Meschede* ZfIR 2006, 546 (547); *Rösler/Sauer* ZfIR 2006, 666 (669); *Lang/Rösler* WM 2006, 513 (521 f.).

3053 BGH, ZIP 2008, 1865 (1867).

3054 BGH, ZIP 2008, 1865 (1867); bestätigt durch BGH, ZIP 2008, 2211 (2213).

wenn der Anleger mit den Finanzierungsverhandlungen eine Person seines Vertrauens (z.B. einen Steuerberater) beauftragt, die ihrerseits nicht im Auftrag der finanzierenden Bank oder des mit dieser planmäßig zusammenarbeitenden Verkäufers/Vertreibers der Kapitalanlage handelt, und die Vertrauensperson keine wirtschaftlichen Vorteile von der Bank erhält. Da in diesem Fall die Vertrauensperson ausschließlich »im Lager« des Verbrauchers steht und sie auch wirtschaftlich nicht im entferntesten Sinne im Namen oder für Rechnung der Bank handelt, fehlt hier für eine Zurechenbarkeit der Haustürsituation in aller Regel die notwendige Wertungsbasis.[3055] Wenn hingegen der in den Vertrieb der Kapitalanlage eingebundene Dritte zwar im Auftrag des Anlegers die Finanzierung der vermittelten Kapitalanlage besorgt, die konkrete Bank jedoch nach Empfehlungen, bestehenden geschäftlichen Verbindungen oder freiem Ermessen dieses Dritten bestimmt wird, ist eine auf seinem Handeln beruhende Haustürsituation der Bank zuzurechnen.[3056] Erst wenn der Anleger diesen durch den Vertrieb der Kapitalanlage vorgegebenen Zusammenhang durch eine autonome Weisung unterbricht, wird der Dritte nicht mehr – auch nicht im weitesten Sinne – wirtschaftlich für Rechnung der Bank tätig, sodass er dieser auch nicht zugerechnet werden kann.[3057]

f) Ausschluss des Widerrufsrechts wegen vorhergehender Bestellung

Nach § 1 Abs. 2 Nr. 1 HausTWG bzw. § 312 Abs. 3 Nr. 1 BGB a.F. besteht das Widerrufs- 1474
recht nicht, wenn die mündlichen Verhandlungen, auf denen der Abschluss des Vertrages beruht, aufgrund **vorhergehender Bestellung** des Verbrauchers geführt worden sind. Nach dem in der Entstehungsgeschichte der Vorschrift zutage getretenen Willen des Gesetzgebers setzt eine solche Bestellung einen hinreichend konkreten Inhalt der Anfrage des Verbrauchers voraus, weil es nur dann nicht zu einer Überrumpelung oder anderweitigen unlauteren Beeinflussung seiner Willensbildung kommen kann.[3058] Eine solche Bestellung ist jedenfalls dann anzunehmen, wenn der Verbraucher den Unternehmer schriftlich, mündlich oder telefonisch zu Vertragsverhandlungen über eine bestimmte Art von Leistungen[3059] eingeladen hat, es zu den Vertragsverhandlungen also auf Wunsch des Verbrauchers gekommen ist.[3060] Eine »vorhergehende Bestellung« liegt hingegen nicht vor bei einer Einladung zur allgemeinen Informationserteilung,[3061] zur Warenpräsentation,[3062] zur Erörterung eines Kostenvoranschlags[3063] oder bei einem Wunsch nach Beratung über Kapitalanlagen im Allgemeinen.[3064] Da eine »vorhergehende Bestellung« eine Bestellung zwecks Verhandlungen über eine bestimmte Art von Leistungen voraussetzt, ist eine solche auch bei einem erbetenen Besuch des Steuerberaters in der Privatwohnung des Anlegers zu verneinen, wenn dieser Besuch erfolgen sollte, um den Anleger über die voraussichtliche Steuerlast zu informieren und zugleich nur allgemein die Möglichkeit zeitnaher steuersparender Investitionen zu besprechen.[3065] Wird in einem Gespräch Einvernehmen zwischen den Parteien über einen Hausbesuch hergestellt, so kommt es für die Annahme einer »Bestellung« nicht in erster Linie darauf an, wer das Gespräch im Sinne einer »Initiative« eröffnet hat.[3066] Abzugrenzen ist die »Bestellung« i.S.d. Erteilung eines Einverständnisses mit einem Hausbesuch vielmehr nur von der durch eine **überraschende Kontaktaufnahme »provozierten« Bestellung**, die nach dem Schutzzweck des Haustürwiderrufsgesetzes keine

3055 BGH, ZIP 2008, 1865 (1867).
3056 BGH, ZIP 2008, 1865 (1867); BGH, ZIP 2008, 2211 (2213).
3057 BGH, ZIP 2008, 1865 (1867); BGH, ZIP 2008, 2211 (2213).
3058 BGH, ZIP 2008, 1865 (1866).
3059 BGH, ZIP 2008, 1865 (1866).
3060 BGH, NJW 1990, 181 (182).
3061 OLG Stuttgart, ZIP 2001, 322; OLG Jena VuR 2003, 100; BGH, ZIP 2008, 1865 (1866).
3062 BGH, NJW 1990, 181 (183) m.w.N.; OLG Jena VuR 2003, 100.
3063 OLG Jena VuR 2003, 100.
3064 LG München, BKR 2003, 806 (807); OLG Karlsruhe, BKR 2003, 26.
3065 BGH, ZIP 2008, 1865 (1866).
3066 BGH, NJW 1990, 181 (183).

Bestellung in diesem Sinne sein kann.[3067] Ob eine einverständliche Terminabsprache unzulässigerweise einen derartig überraschenden Charakter besitzt, ist anhand der konkreten Umstände des Einzelfalls zu beurteilen. Das Widerrufsrecht ist danach nicht wegen einer »vorhergehenden Bestellung« ausgeschlossen, wenn es zu dem Hausbesuch z.B. durch einen vorher nicht durch den Verbraucher veranlassten Telefonanruf des Unternehmers gekommen ist.[3068] Kennen sich der Vermittler und der Verbraucher hingegen und kommt es zur Verabredung eines Hausbesuchs in ihrer »Stammkneipe«, fehlt es an einer überraschenden Kontaktaufnahme, sodass von einer das Widerrufsrecht ausschließenden vorhergehenden Bestellung auszugehen ist.[3069]

g) Ausschluss des Widerrufsrechts wegen notarieller Beurkundung

1475 Nach § 1 Abs. 2 Nr. 3 HausTWG bzw. § 312 Abs. 3 Nr. 3 BGB a.F. besteht das Widerrufsrecht nicht, wenn die Willenserklärung des Verbrauchers von einem Notar beurkundet wurde. Erforderlich ist nach Rechtsprechung des BGH gemäß dem Wortlaut der Norm eine **Beurkundung** der auf den Vertragsschluss gerichteten Willenserklärung, weil sich nur dann die Belehrungspflicht des Notars aus § 17 BeurkG auf den Vertragsschluss bezieht und damit eine Ausnahme von der grundsätzlichen Widerruflichkeit der Vertragserklärung rechtfertigt. Eine notarielle Beglaubigung genügt folglich nicht.[3070] Angesichts des klaren Gesetzeswortlauts ist für eine richtlinienkonforme Auslegung kein Raum,[3071] sodass ein Widerruf des **notariell beurkundeten Geschäftsbesorgungsvertrags** sowie einer **notariell beurkundeten Vollmacht** ausscheidet.[3072] Dass der Ausschlusstatbestand auch bei einem **notariell beurkundeten Fondsbeitritt** greift, wird zwar vereinzelt in Abrede gestellt, wenn die Bedingungen vorher feststanden und sich der Notartermin als bloße Förmelei darstellt,[3073] ist aber aufgrund der Eindeutigkeit des Gesetzeswortlauts zu bejahen.[3074]

h) Ausschluss des Widerrufsrechts wegen beiderseitiger Erbringung der Leistung?

1476 Nach **§ 2 Abs. 1 Satz 4 HausTWG** in der bis zum 30.09.2000 geltenden Fassung bzw. nach § 2 HausTWG in der bis zum 31.12.2001 geltenden Fassung i.V.m. § 361a BGB a.F. erlosch das Widerrufsrecht bei unterbliebener oder nicht ordnungsgemäßer Belehrung einen Monat nach beiderseits vollständiger Erbringung der Leistung. Auch bei verbundenen Geschäften ist dabei lediglich auf die Leistungen in dem Vertrag abzustellen, in welchem ein Widerrufsrecht nach dem Haustürwiderrufsgesetz begründet ist, nicht dagegen auch auf die Leistungen in dem verbundenen Vertrag.[3075] Schon aus der Verwendung des Begriffs »beiderseits« folgt, dass für das Erlöschen des Widerrufsrechts allein das Vertragsverhältnis maßgeblich ist, in dem das Widerrufsrecht entstanden ist.[3076] Auch wenn das ursprüngliche Darlehen durch den Kredit eines anderen Finanzierungsinstituts abgelöst wurde, steht dies einem Erlöschen des Widerrufsrechts in Bezug auf den ursprünglichen Darlehensvertrag nicht entgegen, weil es allein auf die Frage ankommt, ob das ursprüngliche

3067 BGH, NJW 1990, 181 (183); BGH, WM 1994, 2206 (2207); OLG Schleswig, WM 2005, 607 (609).
3068 BGH, NJW 1990, 181 (182).
3069 OLG Schleswig, WM 2005, 607 (609).
3070 BGH, WM 2004, 2491 (2492, 2493).
3071 BGH, WM 2004, 21 (23); BGH, WM 2004, 372 (376); BGH, WM 2005, 1520 (1522).
3072 BGH, WM 2005, 1520 (1522).
3073 OLG Stuttgart, WM 1999, 2305; OLG Karlsruhe, OLGR Karlsruhe 2002, 272.
3074 BGH, WM 2003, 1346 (1347); BGH, WM 2003, 2328 (2331); BGH, WM 2005, 1520 (1522); OLG Karlsruhe, ZIP 2004, 946 (950); OLG Jena, ZIP 2006, 946 (947); 1526 (1527).
3075 BGH, WM 2003, 2328 (2331); BGH, ZIP 2008, 2211 (2213); OLG Stuttgart, ZIP 2008, 1570 (1577, 1579); BGH, Urt. v. 10.11.2009 – XI ZR 252/08, Umdruck S. 8; BGH, ZIP 2010, 70, Rn. 15.
3076 BGH, WM 2003, 2328 (2332); BGH, WM 2008, 2162, Rn. 27; Urt. v. 10.11.2009 – XI ZR 252/08, Umdruck S. 9; ZIP 2011, 16, Rn. 32.

Darlehen vollständig getilgt und dem Darlehensnehmer ein vom alten Darlehensvertrag unabhängiges Nutzungsrecht eingeräumt wurde.[3077]

Eine Vorlage der Frage an den Gerichtshof der Europäischen Gemeinschaften, ob die deutschen Gerichte im Wege richtlinienkonformer Auslegung verpflichtet sind, § 2 Abs. 1 Satz 4 HausTWG in der bis zum 30.09.2000 geltenden Fassung wegen der darin geregelten Monatsfrist nicht anzuwenden, hat der BGH mit der Begründung abgelehnt, dass der Ausschluss des Widerrufsrechts in § 2 Abs. 1 Satz 4 HausTWG angesichts des eindeutigen Gesetzeswortlauts einer **richtlinienkonformen Auslegung nicht zugänglich** sei und dass nationale Gerichte nach ständiger Rechtsprechung des Gerichtshofs der Europäischen Gemeinschaften[3078] zur Nichtanwendung zwingenden, nationalen, einer richtlinienkonformen Auslegung nicht zugänglichen Gesetzesrechts zulasten eines Einzelnen nicht befugt seien.[3079] Auf Vorlage des OLG Stuttgart mit Beschl. v. 02.10.2006[3080] hat der **Gerichtshof der Europäischen Gemeinschaften** am **10.04.2008**[3081] sodann entschieden, dass der nationale Gesetzgeber für den Fall einer fehlerhaften Belehrung des Verbrauchers über die Modalitäten der Ausübung des mit der Haustürgeschäfterichtlinie[3082] eingeführten Widerrufsrechts durchaus vorsehen kann, dass dieses Recht nicht später als einen Monat nach vollständiger Erbringung der Leistungen aus einem langfristigen Darlehensvertrag durch die Vertragsparteien ausgeübt werden kann. Damit hat er die in § 2 Abs. 1 Satz 4 HausTWG in der bis zum 30.09.2000 geltenden Fassung bzw. in § 2 HausTWG in der bis zum 31.12.2001 geltenden Fassung i.V.m. § 361a BGB a.F. enthaltene Regelung und die dazu vom BGH vertretene Auffassung gebilligt. 1477

Bei einem **Darlehensvertrag** liegt eine beiderseitige Leistungserbringung erst bei vollständiger Rückzahlung des Darlehens einschließlich Zinsen vor.[3083] Erfolgte dies erst nach dem **01.01.2003**, ist nach der Rechtsprechung des BGH § 2 Abs. 1 Satz 4 HausTWG mit Rücksicht auf die Überleitungsvorschrift des Art. 229 § 5 Satz 2 EGBGB nicht mehr anwendbar.[3084] Wann bei einem Beitritt zu einem geschlossenen **Immobilienfonds** von einer beiderseitigen Erbringung der Leistung gesprochen werden kann, ist umstritten. Der BGH hat hierzu – entgegen einer in Literatur[3085] und Rechtsprechung[3086] verbreiteten Ansicht – die Auffassung vertreten, dass das Widerrufsrecht nicht schon einen Monat nach Eintragung des Gesellschaftsbeitritts im Handelsregister und Zahlung der Einlage erlischt, sondern dass zu den Leistungen, mit deren vollständiger Erfüllung die Widerrufsfrist zu laufen beginnt, vielmehr auch die mit der Beteiligung angestrebten wirtschaftlichen Vorteile, insb. die Auszahlung von Gewinnanteilen bzw. die steuerlich relevante Zuweisung von Verlusten, gehören.[3087] 1478

3077 BGH, ZIP 2008, 2211 (2213); BGH, Urt. v. 10.11.2009 – XI ZR 252/08, Umdruck S. 10.

3078 Vgl. etwa EuGH, NJW 2004, 3547 (3549).

3079 BGH, Beschl. v. 18.01.2005 – XI ZR 54/04 und XI ZR 66/04, jeweils Umdruck S. 4; BGH, WM 2003, 2328 (2331); BGH, WM 2002, 1181 (1185); a.A. OLG Stuttgart, WM 2006, 1997 (Vorlagebeschluss an EuGH); dazu kritisch *Edelmann* WuB IV D.-1.07; dazu, dass infolge des OLG-Vertretungsänderungsgesetzes, der Neufassung des § 355 Abs. 3 Satz 3 BGB und den Überleitungsvorschriften Art. 229 § 5 EGBGB und Art. 229 § 9 EGBGB ein etwaiges Widerrufsrecht spätestens seit dem 30.06.2003 nicht mehr besteht, *Schaffelhuber* WM 2005, 765 (771).

3080 OLG Stuttgart, WM 2006, 1997.

3081 EuGH, Urt. v. 10.04.2008 – Rs C-412/06 (»Hamilton«), ZIP 2008, 772.

3082 Richtlinie Nr. 85/577/EWG des Rates v. 20.12.1985 betreffend den Verbraucherschutz im Fall von außerhalb von Geschäftsräumen geschlossenen Verträgen, ABl. EG L 372/31 v. 31.12.1985.

3083 Vgl. etwa OLG Jena, ZIP 2006, 1526 (1527); rechtskräftig durch Zurückweisung der Nichtzulassungsbeschwerde durch Beschluss des BGH, v. 27.05.2008 – XI ZR 228/06.

3084 BGH, ZIP 2010, 70, Rn. 16 f.; BGH, ZIP 2011, 16, Rn. 35.

3085 Vgl. etwa *Edelmann* BKR 2002, 801 (805).

3086 Vgl. etwa OLG München, ZIP 2003, 338 (341).

3087 BGH, WM 2004, 2491 (2493); vgl. auch schon für den Beitritt zu einer Genossenschaft BGH, WM 1997, 533.

i) Ausschluss des Widerrufsrechts wegen § 7 Abs. 2 Satz 3 VerbrKrG in der bis zum 30.09.2000 geltenden Fassung?

1479 Nach Rechtsprechung des BGH ist ein etwaiges Widerrufsrecht nach dem Haustürwiderrufsgesetz auch im Geltungsbereich des Verbraucherkreditgesetzes nicht in entsprechender Anwendung des § 7 Abs. 2 Satz 3 VerbrKrG in der bis zum 30.09.2000 geltenden Fassung ein Jahr nach Abgabe der Willenserklärungen erloschen. Nach der »Heininger«-Entscheidung des Gerichtshofs der Europäischen Gemeinschaften[3088] ist § 7 Abs. 2 Satz 3 VerbrKrG auf Geschäfte, die dem Haustürwiderrufsgesetz unterfallen, nicht entsprechend anwendbar, weil der deutsche Gesetzgeber durch die Haustürgeschäfterichtlinie[3089] daran gehindert ist, das Widerrufsrecht nach Art. 5 dieser Richtlinie bei nicht ordnungsgemäßer Belehrung auf ein Jahr ab Vertragsschluss zu befristen.[3090] Damit scheidet eine analoge Anwendung des § 7 Abs. 2 Satz 3 VerbrKrG auf Geschäfte, die in den Geltungsbereich des Haustürwiderrufsgesetzes fallen, grds. aus. Das gilt auch für Vertragserklärungen, die von dem Verbraucher nicht *in*, sondern nur *aufgrund* der Haustürsituation abgegeben worden sind. Diese Fallgruppe wird zwar – im Gegensatz zum deutschen Recht, das insoweit über die Vorgaben der Richtlinie hinausgeht – von der Haustürgeschäfterichtlinie nicht erfasst.[3091] Nach der Rechtsprechung des BGH kommt aber eine **»gespaltene Auslegung«** des die Richtlinie überobligatorisch umsetzenden Haustürwiderrufsgesetzes **nicht in Betracht**. Was für die der Haustürgeschäfterichtlinie unterfallenden Sachverhalte gilt, hat danach auch für die übrigen Fallgestaltungen zu gelten.[3092]

j) Ausschluss des Widerrufsrechts wegen Verwirkung?

1480 Verwirkung setzt voraus, dass der Berechtigte ein Recht längere Zeit nicht geltend gemacht hat, obwohl er dazu in der Lage gewesen wäre (**»Zeitmoment«**), dass der Gegner sich mit Rücksicht auf das gesamte Verhalten des Berechtigten darauf einrichten durfte und eingerichtet hat, dass dieser sein Recht auch in Zukunft nicht geltend machen werde (**»Umstandsmoment«**), und dass die verspätete Geltendmachung daher gegen den Grundsatz von Treu und Glauben verstößt.[3093] Gerade im Anwendungsbereich des Haustürwiderrufsgesetzes sind daran **strenge Anforderungen** zu stellen. Die bloße Dauer zwischen Vertragsabschluss und dem Widerruf allein soll dafür nicht ausreichen.[3094] So hat der BGH etwa bei nicht ordnungsgemäßer Belehrung über den Fristbeginn einen Widerruf auch nach 10 Jahren noch für möglich gehalten.[3095] In einem anderen Urteil des BGH heißt es, dass das Verhalten eines Kunden, der von seinem Widerrufsrecht keine Kenntnis habe, generell keinen Schluss darauf zulasse, er werde von dem ihm zustehenden Widerrufsrecht keinen Gebrauch machen.[3096] In einem nach Erlass der »Heininger«-Entscheidung am 13.12.2001[3097] ergangenen Urteil wird dann eine Ablehnung der Verwirkung damit begründet, dass der betroffene Darlehensnehmer erst durch diese Entscheidung über eine Widerrufsmöglichkeit nach dem Haustürwiderrufsgesetz verbindlich in Kenntnis gesetzt worden sei,[3098] sodass das Zeitmoment schon nicht vorliege. Mit

3088 EuGH, WM 2001, 2434.
3089 Richtlinie Nr. 85/577/EWG des Rates v. 20.12.1985.
3090 BGH, WM 2002, 1181; BGH, WM 2004, 2491 (2494).
3091 Hierzu Staudinger/*Thüsing* § 312 Rn. 2.
3092 BGH, WM 2002, 1181 (1185); BGH, WM 2004, 2491 (2494); a.A. *Habersack* WM 2000, 981 (991); *Habersack/Mayer* WM 2002, 253 (257); *Edelmann* BKR 2002, 80 (81); *Peikenbrock/Schulze* WM 2002, 521 (527 f.); *Wagner* BKR 2002, 194 (195).
3093 BGH, WM 1989, 354 (355); BGH, WM 2003, 1370 (1371); BGH, WM 2004, 2491 (2494) m.w.N.
3094 BGH, WM 2004, 2491 (2494); BGH, WM 2001, 1464; vgl. aber OLG München, WM 2006, 1292 (1293).
3095 BGH, WM 2001, 1464.
3096 BGH, WM 2003, 1370 (1371).
3097 EuGH, WM 2001, 2434.
3098 BGH, WM 2005, 124 (126).

im Wesentlichen gleicher Begründung wurde eine Verwirkung des Widerrufsrechts auch in einer weiteren Entscheidung v. 17.10.2006 abgelehnt.[3099]

Trotz dieser Entscheidungen erschien es jedoch schon länger fraglich, ob zum Beispiel in den Fällen, in denen dem Verbraucher eine **Belehrung nach dem Verbraucherkreditgesetz** erteilt wurde und diese »nur« den Anforderungen des Haustürwiderrufsgesetzes nicht genügte, die Möglichkeit der Verwirkung des Widerrufsrechts auch nach längerem Zeitablauf tatsächlich generell abzulehnen ist. Für eine Vermutung, dass der Verbraucher sein Widerrufsrecht mangels Kenntnis nicht ausgeübt habe, ist in derartigen Fällen kein Raum, weil eine Belehrung über eine Widerrufsmöglichkeit in Gestalt einer Belehrung nach dem Verbraucherkreditgesetz vorlag. Dass bei Nichtausübung des Widerrufsrechts trotz Kenntnis von einer Widerrufsmöglichkeit, trotz Bedienung der Darlehensraten über Jahre, trotz Teilnahme am Gesellschaftsleben der Fondsgesellschaft, trotz Inanspruchnahme von Steuervorteilen und möglicherweise trotz des Abschlusses neuer Konditions- und Prolongationsvereinbarungen eine Verwirkung des Widerrufsrechts eingetreten sein kann, ist folglich nicht von der Hand zu weisen.[3100] Die Frage, ob das infolge der »Heininger«-Entscheidung des Gerichtshofs der Europäischen Gemeinschaften[3101] und der anschließenden Entscheidungen des BGH[3102] bestehende Widerrufsrecht nach dem Haustürwiderrufsgesetz jahre-, jahrzehnte- oder gar jahrhundertelang über Generationen hinweg vererbt bestehen bleibt oder ob nicht das fehlende Eingreifen von Verjährungsvorschriften auf das Widerrufsrecht durch eine strengere Anwendung der Grundsätze der Verwirkung zu kompensieren ist, war auch Gegenstand eines Vorlagebeschlusses des OLG Stuttgart v. 02.10.2006.[3103] Zwar hat der Gerichtshof der Europäischen Gemeinschaften zwischenzeitlich am 10.04.2008[3104] über das Vorabentscheidungsersuchen des OLG Stuttgart entschieden. Über die Frage der Verwirkung musste er jedoch nicht urteilen, weil diese den Gegenstand der zweiten Vorlagefrage bildete, diese Frage nur unter der Bedingung der Verneinung der ersten Vorlagefrage des OLG Stuttgart gestellt und die erste Vorlagefrage vom Gerichtshof der Europäischen Gemeinschaften bejaht worden war.[3105] Mittlerweile hat der Gesetzgeber das Problem durch die Regelung in Art. 229 § 38 Abs. 3 EGBGB entschärft und für die zwischen dem 01.09.2002 und dem 10.06.2010 geschlossenen Verbraucher-Immobiliendarlehensverträge weitgehend Rechtssicherheit geschaffen. Zudem wurde vom BGH in zwei richtungsweisenden Entscheidungen vom 12.07.2016[3106] klar gestellt, dass das Widerrufsrecht des Darlehensnehmers verwirkt werden kann, wenn das Umstands- und das Zeitmoment vorliegen. Für das Zeitmoment beginnt die maßgebliche Frist mit dem Zustandekommen des Verbrauchervertrags zu laufen. Vom Vorliegen des Umstandsmoments kann man beispielsweise ausgehen, wenn die Parteien den Verbraucherdarlehensvertrag vor Erklärung des Widerrufs einverständlich gegen Zahlung eines Aufhebungsentgelts beendet hatten.[3107] 1481

k) Widerrufsrecht und ordnungsgemäße Belehrung

Nach § 1 Abs. 1 HausTWG in der bis zum **30.09.2000** geltenden Fassung wurde eine in einer Haustürsituation abgegebene Willenserklärung des Kunden erst wirksam, wenn der Kunde sie nicht 1482

3099 BGH, WM 2007, 114 (116).

3100 OLG Karlsruhe, ZIP 2004, 946 (949); OLG Karlsruhe, WM 2003, 1218 (1223); OLG Stuttgart, BKR 2002, 828 (833); OLG Stuttgart, ZIP 2002, 1885 (1888); OLG Bamberg EWiR 2001, 79 (*Jork*), rechtskräftig durch Nichtannahmebeschluss des BGH – XI ZR 68/01; *Westermann* ZIP 2002, 189 (198); a.A. OLG Stuttgart, WM 2005, 972.

3101 EuGH, WM 2001, 2434.

3102 BGH, WM 2002, 1181; BGH, WM 2002, 1687 (1688).

3103 OLG Stuttgart, WM 2006, 1997 (2000); kritisch dazu *Edelmann* WuB IV D. Art. 5 RL 85/577/EWG 1.07.

3104 EuGH, Urt. v. 10.04.2008 – Rs C-412/06 (»Hamilton«), ZIP 2008, 772.

3105 Vgl. hierzu oben Rdn. 1476.

3106 BGH, BKR 2016, 463 (466); 474; BGH, BKR 2016 504 (508).

3107 BGH, BKR 2017, 285 (288).

binnen einer Frist von einer Woche widerrief. Nach § 2 Abs. 1 Satz 2 HausTWG begann der Lauf der Frist erst, wenn dem Kunden eine drucktechnisch deutlich gestaltete schriftliche Belehrung über sein Recht zum Widerruf einschließlich Name und Anschrift des Widerrufsempfängers sowie einschließlich der Bestimmung ausgehändigt wurde, dass zur Fristwahrung die rechtzeitige Absendung des Widerrufs genügt. Nach § 2 Abs. 1 Satz 3 HausTWG musste die Belehrung vom Kunden unterschrieben sein und durfte keine anderen Erklärungen enthalten. Die Belehrung musste geeignet sein, einen rechtsunkundigen Erklärungsempfänger vollständig, zutreffend und unmissverständlich über die Voraussetzungen seines Widerrufsrechts zu belehren.[3108]

1483 Sinn und Zweck dieser Regelung war es, den Kunden vor den Folgen eines unüberlegten und übereilten Vertragsabschlusses zu schützen und ihm die Möglichkeit zu geben, Vor- und Nachteile des Geschäfts in Ruhe zu überdenken und dieses innerhalb einer bestimmten Frist zu widerrufen. Um diesen Schutzzweck zu erreichen und zu verhindern, dass der Widerruf aus Unkenntnis der Rechtslage unterbleibt, wurde es für erforderlich gehalten, dass sich die Belehrung aus dem Text des Vertrags, z.B. durch Sperrschrift, Fett- oder Farbdruck, Unterstreichung, Verwendung einer anderen Drucktype, durchgezogene Trennlinien,[3109] Einrahmung oder Einrückung,[3110] **deutlich heraushebt** und so die Rechtslage unübersehbar zur Kenntnis bringt und dass sich weiter die gesonderte Unterschrift gerade auf die Belehrung bezieht.[3111] Dabei kommt es allein auf den Zeitpunkt an, zu dem der Verbraucher von der Belehrung anlässlich ihrer Aushändigung und etwaigen Unterzeichnung Kenntnis nehmen kann. Es ist also nicht erforderlich, dass die Belehrung auch noch während des Zeitraums, während dessen die Ausübung des Widerrufsrechts in Betracht kommt, als deutlich gestaltet vom Verbraucher wahrgenommen werden kann.[3112] Die Verwendung einer ggü. dem restlichen Vertrag deutlich kleineren und nur mit Mühe lesbaren Drucktype[3113] genügt diesen Anforderungen ebenso wenig wie die Verwendung größerer Absätze und eines etwas geringeren Randabstandes bei i.Ü. gleichem Schriftbild.[3114]

1484 **Ausgehändigt** ist eine Widerrufsbelehrung nur dann, wenn sie dem Kunden, z.B. einem Kreditnehmer, für die Dauer der Widerrufsfrist verbleibt.[3115] Fehlt es daran, beginnt die Frist erst zu laufen, wenn der Verbraucher die Vertragsunterlagen mit der Belehrung dauerhaft zurückerhält.[3116]

1485 Die Belehrung über den Widerruf der auf den Vertragsschluss gerichteten Willenserklärung muss zudem eine Belehrung über den **Beginn der Widerrufsfrist** enthalten.[3117] Nicht erforderlich ist, den Beginn der Widerrufsfrist durch konkrete Kalenderdaten und/oder Wochentage zu bezeichnen. Es reicht aus, wenn die Widerrufsbelehrung zutreffend und unzweideutig das Ereignis benennt, das nach dem Gesetz den Lauf der Frist auslöst, nämlich die Aushändigung der Vertragsurkunde, etwa mit den Worten »*Fristbeginn nach Aushändigung dieser Urkunde*«.[3118] Auch der Zusatz in einer Widerrufsbelehrung durch eine Bank, der Lauf der Widerrufsfrist beginne »*frühestens nach Aushändigung der Belehrung über das Widerrufsrecht, nicht jedoch bevor der Darlehensnehmer die von der Bank gegengezeichnete Ausfertigung des Darlehensvertrages erhalten hat*«, genügt dem Deutlichkeitsgebot des § 2 Abs. 1 Satz 2 HausTWG.[3119] Demgegenüber vermittelt eine Widerrufsbelehrung, in

3108 BGH, WM 1993, 589; BGH, WM 2004, 2491 (2491); BGH, WM 2005, 278; BGH, WM 2005, 1166 (1168).
3109 BGH, NJW 1994, 1800 (1801).
3110 BGH, NJW-RR 2004, 751 (752).
3111 BGH, NJW 1996, 1964 (1965).
3112 BGH, WM 2003, 204 (206).
3113 BGH, NJW 1996, 1964 (1965).
3114 BGH, NJW 1994, 1800.
3115 BGH, NJW 1998, 540 (542); OLG Koblenz, ZIP 2002, 1979.
3116 OLG Koblenz, ZIP 2002, 1979.
3117 BGH, NJW 1993, 1013; BGH, ZIP 2009, 362 (363); BGH, ZIP 2009, 952 (953); BGH, ZIP 2009, 1054 (1055).
3118 BGH, NJW 1994, 1800 (1801); OLG Rostock, OLGR 1997, 277.
3119 BGH, ZIP 2009, 362 (363 f.); BGH, ZIP 2011, 1858, Rn. 35.

der der Fristbeginn lediglich mit »*frühestens nach Erhalt dieser Belehrung*«, also ohne klarstellende Zusätze über einen hinausgeschobenen Beginn der Widerrufsfrist (»*jedoch nicht bevor…*«) angegeben wird, nicht mit hinreichender Klarheit die Kenntnis über den Fristbeginn.[3120] Gleiches gilt für eine Formulierung nach der eine Widerrufsfrist erst »*mit Aushändigung der Belehrung, nicht jedoch bevor der Bank die von dem Darlehensnehmer unterzeichnete Ausfertigung des Darlehensvertrages zugegangen ist*«, in Gang gesetzt wird.[3121] Die Bezeichnung des Fristbeginns mit den Worten »*ab heute*« entbehrt ebenfalls auch dann der notwendigen Klarheit, wenn die Widerrufsbelehrung am selben Tag unterzeichnet wird, an dem auch die Vertragsurkunde ausgehändigt wird, weil diese Formulierung beim Kunden den unzutreffenden (vgl. § 187 Abs. 1 BGB) Eindruck nahe legt, bei der Fristberechnung werde dieser Tag mitgezählt.[3122] Auch eine Widerrufsbelehrung mit dem Zusatz, der Lauf der Widerrufsfrist beginne »*nicht jedoch, bevor die auf Abschluss des Vertrags gerichtete Willenserklärung vom Auftraggeber abgegeben wurde*«, entspricht nicht dem Deutlichkeitsgebot.[3123] Unzureichend ist ferner, wenn sich vor dem Hinweis, dass zur Fristwahrung die rechtzeitige Absendung des Widerrufs genügt, nicht nur die Unterschriftszeile für den Kunden, sondern auch die Unterschriftszeile für die Annahmeerklärung der anderen Vertragspartei befinden, weil damit für einen unbefangenen rechtsunkundigen Kunden unklar ist, ob die Frist mit seiner Unterzeichnung, mit der Unterzeichnung durch die andere Vertragspartei oder mit der der Gegenzeichnung vorausgehenden Aushändigung der Widerrufsbelehrung zu laufen beginnt.[3124] Schädlich ist auch ein Zusatz, wonach die Widerrufsfrist mit Aushändigung der Widerrufsbelehrung »*und nach Annahme der Beitrittserklärung durch die Beteiligungsgesellschaft*« beginnt, weil nach § 2 Abs. 1 Satz 2 HausTWG die Annahme der Vertragserklärung nicht Voraussetzung für den Fristbeginn ist.[3125] Missverständlich ist ferner eine Belehrung, die in der Unterschriftszeile nach den Worten »*Ort, Datum*« den Zusatz »*(Beginn der Widerrufsfrist)*« enthält, zum einen, weil sich diese Angabe an einer Stelle befindet, an der der Kunde nicht mit ihr rechnet, zum anderen wird damit der unzutreffende Eindruck erweckt, die Frist beginne mit der Unterzeichnung der Widerrufsbelehrung und nicht erst mit ihrer Aushändigung.[3126] Eine den Anforderungen des § 355 Abs. 2 BGB genügende Belehrung über den Fristbeginn liegt ebenfalls nicht vor, wenn der Lauf der Widerrufsfrist »*einen Tag, nachdem dem Darlehensnehmer diese Belehrung mitgeteilt und eine Vertragsurkunde, der schriftliche Darlehensantrag oder eine Abschrift der Vertragsurkunde oder des Darlehensantrages zur Verfügung gestellt wurde*« beginnen soll, weil hierdurch das unrichtige Verständnis nahegelegt werde, die Widerrufsfrist beginne ohne Rücksicht auf eine Vertragserklärung des Anlegers bereits einen Tag nach Zugang des mit der Widerrufsbelehrung versehenen Darlehensangebots der Bank zu laufen.[3127] Da eine hinsichtlich des Beginns der Widerrufsfrist unklare Belehrung unzureichend ist, löst sie grundsätzlich ein **zeitlich unbegrenztes Widerrufsrecht** aus und nicht lediglich – wie das OLG Celle[3128] in einem obiter dictum meint – einen **Fristbeginn ab dem spätestmöglichen Zeitpunkt**, der durch die Auslegungsvarianten begründet wurde.

Unzureichend für eine Belehrung darüber, dass zur Fristwahrung die **rechtzeitige Absendung des Widerrufs** genügt, ist ein bloßer Hinweis, das Widerrufsschreiben sei »*binnen Wochenfrist*« an die andere Vertragspartei »*abzusenden*«.[3129] Enthält die schriftliche Belehrung über die Einhaltung der Widerrufsfrist bei Haustürgeschäften nach der Formulierung »*Zur Fristwahrung genügt die* 1486

3120 BGH, ZIP 2011, 1858, Rn. 34.
3121 BGH, ZIP 2009, 1054 (1055).
3122 BGH, NJW 1994, 1800; zu einer Belehrung mit dem Hinweis »ab Unterzeichnung« vgl. BGH, WM 2005, 1166 (1168).
3123 BGH, WM 2002, 1989.
3124 BGH, WM 2005, 1166 (1168).
3125 BGH, WM 2004, 2491 (2492).
3126 BGH, WM 2004, 2491 (2492).
3127 BGH, ZIP 2009, 952 (954).
3128 OLG Celle, WM 2005, 737 (742).
3129 BGH, NJW 1996, 1964 (1965).

rechtzeitige Absendung des Widerrufs…« den Klammerzusatz »*(Datum des Poststempels)*«, ist auch diese Belehrung missverständlich und löst daher nicht den Lauf der Widerrufsfrist aus.[3130]

1487 Für die Angabe von Namen und **Anschrift des Widerrufsempfängers** wurde früher die Postfachanschrift für ausreichend erachtet, weil unter Anschrift nicht die Hausanschrift, sondern die Postanschrift und dementsprechend auch die Postfachanschrift zu verstehen ist.[3131] Wegen des in § 14 Abs. 4 BGB-InfoV enthaltenen Erfordernisses der Angabe einer ladungsfähigen Anschrift wird dies allerdings seither in Abrede gestellt. Zwar sei nach der Rechtsprechung zu § 355 Abs. 2 BGB früher auch die Postfachanschrift zu verstehen gewesen, aus dem erst danach in Kraft getretenen § 14 Abs. 4 BGB-InfoV[3132] ergebe sich aber eine Modifizierung dieser Rechtslage, sodass die bisherige Rechtsprechung heute jedenfalls überholt sei.[3133]

1488 Für das Erfordernis der **Unterschrift des Kunden** unter die Widerrufsbelehrung ist nicht erforderlich, dass diese auf dem ihm (zum dauerhaften Verbleib) ausgehändigten Exemplar der Belehrung erfolgt, sondern die Unterschrift kann auch auf ein anderes Exemplar gesetzt werden, das der Kreditgeber behält.[3134] Unzureichend ist demgegenüber, wenn sich die Unterschrift des Kunden lediglich unter der Bestätigung befindet, eine Durchschrift der Belehrung erhalten zu haben.[3135] Zweifelhaft ist auch, ob eine ordnungsgemäße Belehrung vorliegt, wenn sich die für den Kunden vorgesehene Unterschriftszeile nicht »unter«, sondern »neben« der Widerrufsbelehrung befindet.[3136]

1489 Die Regelung, wonach die Widerrufsbelehrung **keine anderen Erklärungen oder Zusätze** enthalten darf, schließt nicht schlechthin jeglichen Zusatz zur Belehrung aus. Ihrem Zweck entsprechend sind Ergänzungen als zulässig anzusehen, die ihren Inhalt verdeutlichen.[3137] Nicht hierzu zählen jedoch Erklärungen, die einen eigenen Inhalt aufweisen und weder für das Verständnis noch für die Wirksamkeit der Widerrufsbelehrung von Bedeutung sind und die deshalb von ihr ablenken,[3138] wie z.B. »*Empfangsbestätigung*«[3139] oder »*Vertrauensgarantie*«. Als unzulässiger Zusatz für eine ordnungsgemäße Belehrung nach dem Haustürwiderrufsgesetz schädlich ist auch eine dem § 7 Abs. 2 VerbrKrG entsprechende Belehrung »*Wurde der Kredit ausgezahlt, so gilt der Widerruf als nicht erfolgt, wenn der Kreditnehmer den Kredit nicht innerhalb von 2 Wochen zurückzahlt*«.[3140] Anders als noch der II. Zivilsenat des BGH entschieden hat,[3141] stellt hingegen der nach § 9 Abs. 2 Satz 2 VerbrKrG erforderliche Hinweis, dass im Fall des Widerrufs auch das verbundene Geschäft nicht zustande kommt, keine unzulässige Erklärung i.S.d. § 2 Abs. 1 Satz 3 HausTWG dar, wenn der

3130 OLG Oldenburg, ZIP 2006, 1291.

3131 BGH, WM 2002, 1352 (1353); vgl. auch OLG Koblenz, NJW 2005, 3430 (3431).

3132 Verordnung über Informations- und Nachweispflichten nach bürgerlichem Recht i.d.F. der Bekanntmachung v. 05.08.2002, BGBl. I, S. 3002.

3133 OLG Koblenz, NJW 2006, 919 (920); OLG Saarbrücken, Urt. v. 12.08.2010 – 8 U 347/09, OLG Report Mitte 47/2010 Anm. 1.

3134 BGH, WM 1998, 126.

3135 BGH, WM 2004, 2491 (2492).

3136 BGH, NJW 1996, 1964 (1965).

3137 BGH, WM 2007, 1117 (1118); BGH, ZIP 2008, 871; BGH, ZIP 2009, 362 (363); BGH, ZIP 2009, 952 (954); Urt. v. 26.10.2010 – XI ZR 367/07, Rn. 20; OLG Stuttgart, WM 2005, 972 (978).

3138 Vgl. BGH, NJW 1987, 125; BGH, WM 2002, 1989 (1992); BGH, ZIP 2008, 871; BGH, ZIP 2011, 16, Rn. 20.

3139 Vgl. hierzu auch BGH, ZIP 2011, 16(17); zu einer optisch getrennten und gesondert zu unterschreibenden »*Empfangsbestätigung*« auch BGH, ZIP 2009, 362 (364) m.w.N.

3140 BGH, WM 2003, 61 (63); BGH, WM 2004, 1521 (1523); BGH, WM 2004, 1527 (1528); BGH, WM 2004, 1579 (1580); BGH, WM 2005, 547 (548); BGH, WM 2006, 220 (221); BGH, WM 2008, 828, Rn. 13; BGH, WM 2009, 350, Rn. 14; BGH, ZIP 2011, 16, Rn. 24; BGH, ZIP 2011, 1858, Rn. 29; OLG Frankfurt am Main, OLGR 2009, 293; a.A. OLG Schleswig, ZIP 2005, 1127 (1132); kritisch auch *Peters* WM 2005, 456.

3141 BGH, WM 2004, 1527 (1528); a.A. OLG Stuttgart, WM 2005, 972 (978/979); OLG Schleswig, ZIP 2005, 1127 (1132); OLG Bremen, ZIP 2006, 1527 (1528).

Fondsbeitritt mit dem seiner Finanzierung dienenden Darlehensvertrag ein verbundenes Geschäfts i.S.d. § 9 Abs. 1 VerbrKrG bildet.[3142] Denn ein Zusatz, dass im Fall des Widerrufs einer Darlehensvertragserklärung auch der »*Beitritt in eine Fondsgesellschaft*« bzw. der »*verbundene Kaufvertrag*« nicht wirksam zustande kommt, ist eine sinnvolle Ergänzung der Widerrufsbelehrung, weil er den rechtsunkundigen Verbraucher auf die Rechtsfolgen seines Widerrufs nach § 1 Abs. 1 HausTWG hinweist und die Neuregelung des § 358 Abs. 5 BGB deshalb einen entsprechenden Hinweis nunmehr sogar für alle Widerrufsbelehrungen ausdrücklich vorschreibt.[3143] Um einen unzulässigen Zusatz, dass im Fall des Widerrufs einer Darlehensvertragserklärung auch der »*verbundene Kaufvertrag*« nicht wirksam zustande kommt, handelt es sich allerdings selbst dann nicht, wenn damit nur der nach dem Anlagemodell vorgesehene Beitritt des Verbrauchers zu einer Fondsgesellschaft gemeint sein kann, weil es auf die genaue rechtliche Qualifikation des verbundenen Anlagegeschäfts nicht ankommt.[3144]

Für Widerrufsbelehrungen, die unter den Geltungsbereich von § 1 Abs. 1 HausTWG in der **bis 31.12.2001** geltenden Fassung i.V.m. § 361a Abs. 1 Satz 3 BGB a.F. bzw. **ab 01.01.2002** unter den Geltungsbereich des § 355 Abs. 2 BGB a.F. und aufgrund des Gesetzes zur Umsetzung der VerbrKr-RL 2008/48/EG v. 29.07.2009 mit Wirkung **ab 10.06.2010** unter die Neuregelung des § 360 BGB fallen, gilt hinsichtlich der inhaltlichen Gestaltung sowie der Einhaltung des Deutlichkeitsgebots grds. die bisherige Rechtsprechung fort. Diese Bestimmungen unterscheiden sich von der in § 2 Abs. 1 Satz 2 HausTWG enthaltenen Regelung allerdings insb. insofern, als dort nunmehr für die Widerrufsbelehrung nicht mehr eine drucktechnisch deutliche Gestaltung, sondern **allein** eine **deutliche Gestaltung** verlangt wird (§§ 355 Abs. 2 Satz 1, 360 Abs. 1 BGB a.F.). Zum anderen ist abweichend von der vormaligen Rechtslage und anders als noch bei § 361a Abs. 1 Satz 4 BGB a.F. **kein Unterschriftserfordernis** mehr vorgesehen. Dementsprechend sieht auch der Gestaltungshinweis 9 zu dem Muster für die Widerrufsbelehrung gem. § 14 i.V.m. Anlage 2 BGB-InfoV ausdrücklich vor, dass die Unterschriftsleiste entfallen kann. 1490

§ 355 Abs. 2 Satz 3 BGB enthält darüber hinaus eine Neuregelung dahin gehend, dass die **Belehrung** des Verbrauchers **nachgeholt** werden kann. Die Nachholung ohne eine Unterschrift ist nach Art. 229 § 9 Abs. 2 EGBGB auch bei Altverträgen zulässig, für die nach altem Recht die Unterschrift Wirksamkeitsvoraussetzung war.[3145] Eine solche Nachbelehrung muss den Anforderungen an eine Widerrufsbelehrung genügen und einen für den Darlehensnehmer erkennbaren Bezug zu der früheren Vertragserklärung aufweisen, deren Belehrungsmangel im Nachhinein ausgeglichen werden soll.[3146] 1491

Zweifelhaft ist, ob immer dann, wenn ein gesetzliches Widerrufsrecht tatsächlich nicht besteht, weil die tatbestandlichen Voraussetzungen dafür nicht vorliegen, aus der gleichwohl erfolgten Erteilung einer Widerrufsbelehrung auf die Einräumung eines **vertraglichen Widerrufsrechts** geschlossen werden kann.[3147] Ob die Erteilung einer – objektiv nicht erforderlichen – *nachträglichen* Widerrufsbelehrung als Einräumung eines voraussetzungslosen vertraglichen Widerrufsrechts verstanden werden kann, ist in Rechtsprechung und Literatur ebenfalls umstritten, und wurde vom BGH in 1492

3142 BGH, WM 2007, 1117 (1118); BGH, WM 2008, 828 (829); BGH, Urt. v. 11.03.2008 – XI ZR 68/07, XI ZR 215/07 und XI ZR 381/07 jew. Rn. 13 ff.; BGH, ZIP 2009, 64 (65); BGH, ZIP 2009, 362 (364); BGH, ZIP 2011, 319, Rn. 16; zweifelnd schon BGH, WM 2006, 1003 (1005).

3143 BGH, ZIP 2009, 64 (65); vgl. hierzu auch BGH, ZIP 2009, 1512, wonach bei verbundenen Geschäften die einem Verbraucher nach § 358 Abs. 5 BGB erteilte Belehrung kein Missverständnis dahin wecken darf, er könne sich ausschließlich von den Bindungen des finanzierten Geschäfts lösen, nicht aber von den Bindungen des Darlehensvertrages.

3144 BGH, ZIP 2008, 871 (872).

3145 Palandt/*Grüneberg*, 73. Aufl. 2014, § 355 Rn. 13.

3146 BGH, ZIP 2011, 16, Rn. 26; 704, Rn. 11; BGH, ZIP 2012, 262, Rn. 25; BGH, Urt. v. 06.12.2011 –XI ZR 442/10, Rn. 32.

3147 BGH, ZIP 2012, 262, Rn. 17; BGH, Urt. v. 06.12.2011 – XI ZR 442/10, Rn. 24.

zwei Urteilen unter objektiver Auslegung[3148] der jeweiligen nachträglichen Widerrufsbelehrungen und der jeweils dazugehörigen Begleitschreiben verneint.[3149] Die Frage, unter welchen Voraussetzungen ein vertragliches Widerrufsrecht gegebenenfalls auch nachträglich vereinbart werden kann, hat er dabei ausdrücklich offen gelassen.[3150] Für sein Auslegungsergebnis spricht, dass durch die Möglichkeit einer Nachbelehrung dem Unternehmen ein Instrument an die Hand gegeben werden sollte, der im Fall einer fehlerhaften Widerrufsbelehrung unbegrenzten Widerruflichkeit von Altverträgen zu begegnen und die Widerrufsfrist in Gang zu setzen. Hierdurch soll der Verbraucher nicht schlechter, aber auch nicht besser gestellt werden, als wenn er von Anfang an ordnungsgemäß belehrt worden wäre. Da das gesetzliche Widerrufsrecht des Verbrauchers jedoch an das Vorliegen einer Haustürsituation anknüpft, ist kein Grund ersichtlich, warum bei einer nachträglichen Belehrung dieses Erfordernis entfallen soll, indem man eine objektiv nicht erforderliche nachträglichen Widerrufsbelehrung als Einräumung eines voraussetzungslosen vertraglichen Widerrufsrechts qualifiziert.[3151]

1493 Nach neuem Recht muss die Belehrung gem. § 360 BGB einen Hinweis auf Dauer und Beginn der Widerrufsfrist[3152] sowie darauf enthalten, dass zur Fristwahrung die rechtzeitige Absendung der Widerrufserklärung oder der Sache genügt, der Widerruf keiner Begründung bedarf und in Textform oder durch Rücksendung der Sache erklärt werden kann. Darüber hinaus muss die Belehrung für Haustürgeschäfte nach § 312 Abs. 2 BGB a.F. auch einen **Hinweis auf die Rechtsfolgen** des § 357 Abs. 1 und 3 BGB enthalten. Beschränkt sich die Belehrung darauf, auf die aus einem Widerruf resultierenden Pflichten des Verbrauchers hinzuweisen, nicht aber auf seine Rechte, so ist die Widerrufsbelehrung unvollständig und setzt den Lauf der Widerrufsfrist nicht in Gang.[3153]

1494 Nach jüngerer Rechtsprechung gebietet der Schutz des Verbrauchers auch i.Ü. eine hinreichend umfassende, deutliche und für den Verbraucher eindeutige Belehrung. Nicht ausreichend ist demnach eine Belehrung, die den Verbraucher lediglich über dessen Pflichten im Fall des Widerrufs, nicht jedoch auch über seine wesentlichen Rechte informiert. Namentlich sei über das Recht zu informieren, im Fall des bereits erfolgten Leistungsaustausches durch den Verbraucher geleistete Zahlungen und Zinsen zu verlangen. Bei Fehlen dieser Information laufe die Frist des § 355 Abs. 1 BGB nicht an.[3154]

1495 Was das seinerzeitige **Muster der Widerrufsbelehrung gem. § 14 i.V.m. Anlage 2 BGB-InfoV** angeht, war schon rasch nach seiner Einführung bezweifelt worden, ob sich der Unternehmer gesetzeskonform verhält, wenn er dieses Muster verwendet.[3155] Die Frage war streitig[3156] und wurde vom BGH bislang ausdrücklich offen gelassen.[3157] Mit Wirkung zum 01.04.2008 (BGBl. I S. 292) wurden die Belehrungsmuster einer umfassenden Überarbeitung unterzogen und durch das Gesetz zur Umsetzung der VerbrKr-RL 2008/48/EG v. 29.07.2009 mit Wirkung v. 11.06.2010 als

3148 Der BGH wendet die objektive Auslegung an, weil es sich bei vorformulierten Widerrufsbelehrungen um Allgemeine Geschäftsbedingungen handelt, für die der Grundsatz der objektiven Auslegung gelte, vgl. BGH, ZIP 2012, 262, Rn. 22; BGH, Urt. v. 06.12.2011 – XI ZR 442/10, Rn. 29.

3149 BGH, ZIP 2012, 262, Rn. 19 f.; BGH, Urt. v. 06.12.2011 – XI ZR 442/10, Rn. 26 f., jew. m.w.N. zum Diskussionsstand; vgl. auch schon OLG Nürnberg, ZIP 2010, 2287, Rn. 33 f.; OLG München, WM 2003, 1324 (1326); *Ebnet*, NJW 2011, 1029 (1031).

3150 BGH, ZIP 2012, 262, Rn. 20; BGH, Urt. v. 06.12.2011 – XI ZR 442/10, Rn. 27.

3151 OLG Nürnberg, ZIP 2010, 2287, Rn. 36.

3152 § 355 Abs. 2 Satz 1 BGB: 14 Tage bei Belehrung vor Vertragsschluss; § 355 Abs. 2 Satz 3 BGB: 1 Monat bei Belehrung nach Vertragsschluss.

3153 BGH, WM 2012, 1623 (1625).

3154 BGH, Urt. v. 12.04.2007 – VII ZR 122/06.

3155 *Masuch* NJW 2002, 293.

3156 Dafür OLG Koblenz, NJW 2006, 919 (920); *Masuch* BB 2005, 344; zweifelnd *Dörrie* ZfIR 2002, 685; dagegen: OLG Schleswig, OLGR 2007, 929; OLG Hamm, CR 2007, 387; LG Halle, BB 2006, 1817 (1820); OLG Koblenz, NJW 2005, 3430 (3431).

3157 BGH, ZIP 2011, 178, Rn. 14 f.; BGH, ZIP 2011, 1858, Rn. 37.

Anlage 1 und 2 zum EGBGB aufgenommen.[3158] Unabhängig von der seinerzeit streitigen Frage der Gesetzeskonformität des früheren Belehrungsmusters ist aber geklärt, dass sich eine Bank jedenfalls nur dann auf die Schutzwirkung des früheren § 14 BGB-InfoV berufen kann, wenn sie ggü. dem Verbraucher ein Formular verwendet, das dem Belehrungsmuster in der jeweils maßgeblichen Fassung sowohl inhaltlich – abgesehen von unbedeutenden redaktionellen Abweichungen[3159] oder notwendiger Anpassungen an gesetzliche Regelungen[3160] – als auch in der äußeren Gestaltung entsprochen hat.[3161]

l) Rechtsfolgen des Widerrufs

aa) Grundsätzliche Rückabwicklung nach § 3 HausTWG/§§ 357, 346 BGB bei Widerruf des Darlehensvertrages

Die Rechtsfolgen des Widerrufs bestimmen sich grds. nach **§ 3 HausTWG** bzw. seit der Schuldrechtsmodernisierung nach den insoweit weitestgehend gleichlaufenden **§§ 357, 346 BGB**. Danach sind die Parteien jeweils verpflichtet, dem anderen Teil die empfangenen Leistungen zurückzugewähren. Für die Überlassung des Gebrauchs oder die Benutzung einer Sache sowie für sonstige Leistungen bis zu dem Zeitpunkt der Ausübung des Widerrufs ist gem. § 3 Abs. 3 HausTWG/§ 346 Abs. 1 BGB deren Wert zu vergüten. Gem. § 4 HausTWG/§ 348 BGB sind die Verpflichtungen Zug um Zug zu erfüllen.[3162] 1496

Die Bank hat daher grds. gegen den Darlehensnehmer einen Anspruch auf **Erstattung** des vom Darlehensnehmer empfangenen[3163] **Nettokreditbetrages** sowie auf dessen **marktübliche Verzinsung.**[3164] Dabei bleibt es ausdrücklich[3165] auch angesichts der Urteile des Gerichtshofs der Europäischen Gemeinschaften v. 25.10.2005 in Sachen »Schulte«[3166] und »Crailsheimer Volksbank«,[3167] weil Art. 7 der Haustürgeschäfterichtlinie[3168] die Rechtsfolgen des Widerrufs den Mitgliedsstaaten überlässt. Der Anspruch der Bank erstreckt sich hingegen nicht auf die Erstattung von Bearbeitungskosten[3169] oder eines Disagios.[3170] Dem Darlehensnehmer steht ggü. diesem Anspruch der Bank auch weder in direkter noch in analoger Anwendung der Entreicherungseinwand aus § 818 1497

3158 Vgl. zum Ganzen MüKo-BGB/*Masuch*, 6. Aufl. 2012, § 360 Rn. 4.

3159 OLG Frankfurt am Main, WM 2014, 1860.

3160 Kammergericht, WM 2015, 180.

3161 BGH, ZIP 2009, 1512, Rn. 15; BGH, ZIP 2010, 734, Rn. 20; BGH, ZIP 2011, 178, Rn. 14 f.; BGH, ZIP 2011, 572, Rn. 21; BGH, ZIP 2011, 1858, Rn. 37; BGH, WM 2014, 887 (888 f.).

3162 BGH, WM 2002, 2501.

3163 Vgl. zum »Empfang« des Darlehens oben Rdn. 1375–1378.

3164 BGH, WM 2002, 2501; BGH, WM 2003, 64 (66); BGH, ZIP 2003, 1741 (1744); BGH, WM 2003, 2410; BGH, WM 2004, 172 (176); BGH, ZIP 2006, 846 (847); BGH, WM 2006, 1194 (1196); BGH, WM 2006, 2347 (2348); vgl. auch BGH, Urt. v. 24.10.2006 – XI ZR 265/03, Umdruck S. 10; Urt. v. 12.06.2007 – XI ZR 112/05, Umdruck S. 6; BGH, WM 2008, 115 (116); BGH, ZIP 2008, 686 (687); umstritten ist, in welcher Höhe der Rückzahlungsanspruch der Bank zu verzinsen ist: für Vertragszins etwa *Pap/Sauer* ZfIR 2002, 523 (526); für marktübliche Verzinsung anhand der Monatsberichte der Deutschen Bundesbank für Hypothekarkredite sowie der Zinssätze der EWU-Zinsstatistik *Meinhardt/Klein* BKR 2003, 234 (236); *Knott* WM 2003, 49 (54); für vertraglichen Effektivzinssatz Häfner/*Münscher* Fehlgeschlagene Immobilienkapitalanlagen Rn. 349.

3165 BGH, WM 2006, 1194 (1197); Urt. v. 12.06.2007 – XI ZR 112/05, Umdruck S. 7.

3166 EuGH, WM 2005, 2079 ff. (»Schulte«).

3167 EuGH, WM 2005, 2086 ff. (»Crailsheimer Volksbank«).

3168 Richtlinie 85/577/EWG des Rates v. 20.12.1985 betreffend den Verbraucherschutz im Fall von außerhalb von Geschäftsräumen geschlossenen Verträgen, ABl. EG L 372/31 v. 31.12.1985.

3169 BGH, BKR 2006, 448 (450).

3170 BGH, WM 2002, 2501 (2503); *Martis* MDR 1998, 1260 (1265); Häfner/*Münscher* Fehlgeschlagene Immobilienkapitalanlagen Rn. 349.

Abs. 3 BGB zu.[3171] Zum einen sind die §§ 812 ff. BGB auf den Rückgewähranspruch nach § 3 Abs. 1 HausTWG/§ 346 Abs. 1 BGB schon nicht anwendbar.[3172] Zum anderen kann von einem Wegfall der Bereicherung nach § 818 Abs. 3 BGB bei Empfang eines Darlehens, das dem Darlehensnehmer, wie er weiß, nur für begrenzte Zeit zur Verfügung stehen soll, unter Berücksichtigung des § 819 Abs. 1 BGB nach ständiger Rechtsprechung des BGH keine Rede sein.[3173]

1498 Der Darlehensnehmer hat ggü. der Bank einen Anspruch auf **Rückgewähr der von ihm erbrachten Zins- und Tilgungsraten** sowie auf marktübliche Verzinsung der von ihm gezahlten und der Bank zur Nutzung zur Verfügung stehenden Raten.[3174]

1499 Die Ansprüche des Darlehensgebers und die Ansprüche des Darlehensnehmers können verrechnet, also gegeneinander aufgerechnet werden.[3175] Auch kann die eine Partei ggü. der anderen Partei, soweit noch Gegenansprüche bestehen, den dolo-agit-Einwand erheben.[3176]

1500 Der Widerruf des Darlehensvertrages berührt die Wirksamkeit des finanzierten Immobilien- bzw. Immobilienfondserwerbs grds. nicht. Denn das Widerrufsrecht soll die rechtsgeschäftliche Entscheidungsfreiheit des Darlehensnehmers gewährleisten, nicht jedoch das wirtschaftliche Risiko der Darlehensverwendung auf den Darlehensgeber abwälzen.[3177]

bb) Rückabwicklung nach § 3 HausTWG bei Widerruf des Darlehensvertrages und verbundenem Geschäft

1501 Eine andere Beurteilung hinsichtlich der Rückabwicklung des Darlehensvertrages ist nach der Rechtsprechung des BGH[3178] jedoch dann geboten, wenn der Darlehensnehmer den Kredit nicht empfangen hat[3179] oder der Darlehensvertrag und das finanzierte Geschäft ein **verbundenes Geschäft** bilden mit der Folge, dass der Widerruf des Darlehensvertrages zugleich auch der Wirksamkeit des finanzierten Geschäfts entgegensteht.[3180]

1502 Nach § 9 Abs. 1 Satz 1 VerbrKrG in der bis zum 31.12.2001 geltenden Fassung bildete ein Kaufvertrag ein mit dem Kreditvertrag verbundenes Geschäft, wenn der Kredit der Finanzierung des Kaufpreises dient und beide Verträge als wirtschaftliche Einheit anzusehen sind. Entscheidende Bedeutung kommt dabei der Frage zu, wann eine **wirtschaftliche Einheit** zwischen Immobilienkaufvertrag oder dem Fondsbeitritt auf der einen und dem finanzierenden Darlehensvertrag auf der anderen Seite zu bejahen ist. Dies ist dann anzunehmen, wenn über ein Zweck-Mittel-Verhältnis hinaus Darlehensvertrag und finanziertes Geschäft derart miteinander verbunden sind, dass ein Vertrag nicht ohne den anderen geschlossen worden wäre. Die Verträge müssen sich wechselseitig

---

3171 BGH, WM 2006, 1194 (1197 f.); BGH, WM 2006, 2347 (2349); a.A. *Tonner/Tonner* WM 2006, 505 (510 ff.).

3172 BGH, WM 1995, 2102; BGH, WM 2006, 2347 (2349).

3173 BGH, WM 1982, 707; BGH, WM 1991, 1983; BGH, WM 1995, 566 (567), BGH, WM 1999, 724 (725); BGH, WM 2004, 620 (623); BGH, WM 2006, 2347 (2349).

3174 BGH, WM 2002, 2501; BGH, ZIP 2003, 1741 (1744); BGH, WM 2006, 2303 (2304); die Höhe der Verzinsung ist wiederum streitig: für Zinssatz, zu dem die Bank die eingehenden Beträge angelegt bzw. genutzt hat, *Lindner* ZIP 2003, 67; für Zinssatz, den der Darlehensnehmer bei einer allgemein üblichen Geldanlage sonst erlangt hätte, *Edelmann* WuB IV D. § 3 HausTWG 1.03.; für denselben Zinssatz wie bei Rückgewähranspruch der Bank OLG Karlsruhe, WM 2006, 676 (681); *Knott* WM 2003, 49 (50).

3175 *Pap/Sauer* ZfIR 2002, 523 (526); *Edelmann* BKR 2002, 801 (802); Häfner/*Münscher* Fehlgeschlagene Immobilienkapitalanlagen Rn. 348.

3176 OLG Dresden, BKR 2003, 114 (121).

3177 BGH, WM 2006, 1003 (1005).

3178 BGH, WM 2006, 1003 (1005).

3179 Vgl. dazu oben Rdn. 1375–1378.

3180 BGH, WM 2006, 1003 (1005); BGM 2006, 1060 (1065); vgl. auch BGH, WM 1996, 2100; BGH, WM 2002, 2501; BGH, WM 2003, 64 (66); BGH, WM 2003, 2184 (2186); BGH, WM 2003, 2186 (2187).

bedingen bzw. der eine seinen Sinn erst durch den anderen erhalten. Dazu bedarf es der **Verknüpfung beider Verträge durch konkrete Umstände** (Verbindungselemente), die sich nicht wie objektive Tatbestandselemente abschließend umschreiben lassen, sondern im Einzelfall verschieden sein oder gar fehlen können, wenn sich die wirtschaftliche Einheit aus anderen Umständen ergibt.[3181] Zu diesen Indizien gehören die Zweckbindung des Darlehens zur Finanzierung eines bestimmten Geschäfts, durch die dem Darlehensnehmer die freie Verfügbarkeit über die Darlehensvaluta genommen wird, der zeitgleiche Abschluss beider Verträge, das Verwenden einheitlicher Formulare mit konkreten wechselseitigen Hinweisen auf den jeweils anderen Vertrag, die Einschaltung derselben Vertriebsorganisation durch Kreditgeber und Verkäufer und das Abhängigmachen des Wirksamwerdens des Erwerbsvertrages vom Zustandekommen des Finanzierungsvertrages mit einer vom Unternehmer vorgegebenen Bank. Indizwirkung hat auch der Fall, dass der Darlehensnehmer mit der Bank keine eigenen Verhandlungen geführt hat, sondern sämtliche Bonitäts- und Kreditunterlagen sowie die Kreditverträge unmittelbar von der Bank an das Vertriebsunternehmen und von dort wieder zurückgereicht wurden.[3182] Nach ständiger Rechtsprechung wird eine wirtschaftliche Einheit im Sinne von § 9 Abs. 1 VerbrKrG sogar **unwiderleglich vermutet**, wenn der Kreditvertrag nicht aufgrund eigener Initiative des Kreditnehmers zustande kommt, der von sich aus die Bank um Finanzierung seines Anlagegeschäfts ersucht, sondern deshalb, weil der Vertriebsbeauftragte des Anlagevertreibers dem Interessenten **zugleich mit den Anlageunterlagen einen Kreditantrag des Finanzierungsinstituts vorgelegt** hat,[3183] das dem Vertrieb **Darlehensvertragsformulare überlassen** hatte, das zuvor dem Anlagevertreiber ggü. eine **allgemeine Finanzierungszusage** abgegeben hatte, mit dem die **Darlehensbedingungen ausgehandelt** worden waren, das sein **Einverständnis mit dem Vertriebssystem** erklärt hatte und/oder das die **Anbahnung und Vorbereitung des Darlehensvertrages bis Unterschriftsreife** dem Vertrieb und dem Anlagevertreiber überlassen hatte, ohne selbst mit den Darlehensnehmern in Kontakt zu treten[3184] und **der kreditgebenden Bank das Zusammenwirken des für sie tätigen Vermittlers mit dem Verkäufer positiv bekannt** war. Ob nach den oben genannten Kriterien ein verbundenes Geschäft zu bejahen ist, hängt von den konkreten Umständen des Einzelfalles ab[3185] und dürfte sich danach beurteilen, ob ein – sei es auch nur faktisches – planmäßiges und arbeitsteiliges Zusammenwirken vorlag, ohne dass dieses von Dauer sein muss.[3186] Ohne positive Kenntnis der Bank von einem solchen Zusammenwirken des für sie tätigen Vermittlers mit dem Verkäufer und Billigung der Tätigkeit des Verkäufers durch den Kreditgeber kann nicht davon gesprochen werden, dass sich Letzterer der Mitwirkung des Verkäufers »bedient«, d.h., ihn willentlich einsetzt und das damit vorhandene Risiko übernimmt. Wer sich der Kenntnis einer Tatsache dabei unredlich verschließt, muss sich nach Treu und Glauben so behandeln lassen, als habe er die Tatsache positiv gekannt.[3187]

Zweck der gesetzlichen Widerrufsregelung ist es, dem Kunden innerhalb einer angemessenen Überlegungsfrist frei und ohne Furcht vor finanziellen Nachteilen die Entscheidung zu ermöglichen, ob er an seinen Verpflichtungserklärungen festhalten will oder nicht. Dieser Zweck muss bei einem **1503**

3181 BGH, ZIP 2008, 962 (964).

3182 BGH, ZIP 2008, 962 (964).

3183 Dies ist für die Annahme einer unwiderleglichen Vermutung der wirtschaftlichen Einheit nach § 9 Abs. 1 Satz 1 VerbrKrG unverzichtbar und kann nicht durch andere Indizien ersetzt werden, BGH, WM 2008, 962 (964).

3184 BGH, WM 2003, 1762; 2232 (2234); BGH, WM 2006, 1003 (1005); BGH, ZIP 2007, 1452 (1454); BGH, ZIP 2008, 304 (306); BGH, ZIP 2008, 962 (964).

3185 In der Vergangenheit ist das Vorliegen eines verbundenen Geschäfts etwa auch dann bejaht worden, wenn sich Bank und Fondsgesellschaft derselben Vertriebsorganisation bedienen, indem z.B. die Bank die Selbstauskunftsformulare oder die Bonitätsunterlagen des Vertriebs nutzt oder durch diese ausfüllen lässt, BGH, WM 2004, 1529 (1531); BGH, ZIP 2004, 1402 (1405); BGH, WM 2005, 547; zusätzlich hierzu fordert etwa OLG Bamberg, WM 2005, 593 (596) ein irgendwie geartetes strukturiertes Zusammenwirken von Vertriebsorganisation und Bank.

3186 BGH, WM 2005, 1675 (1676).

3187 BGH, ZIP 2007, 1452 (1454).

verbundenen Geschäft zu einer Auslegung des § 3 HausTWG dahingehend führen, dass der Bank nach dem Widerruf **kein Zahlungsanspruch gegen den Darlehensnehmer** i.H.d. Darlehenskapitals zusteht.[3188] Die Rückabwicklung der Darlehensvaluta hat in diesem Fall vielmehr unmittelbar zwischen dem Kreditgeber und dem Partner des finanzierten Geschäfts zu erfolgen. Der Darlehensnehmer hat der Bank dementsprechend nur den mit dem Darlehen **finanzierten Fondsanteil** bzw. die mit dem Darlehen **finanzierte Immobilie** zur Verfügung zu stellen.[3189] Eine Verpflichtung der Bank, die Gesellschafterstellung zu übernehmen, soll aber nicht bestehen.[3190]

1504 Ob der **Fondsbeitritt** oder der **Immobilienerwerb notariell beurkundet** und deshalb nach § 1 Abs. 2 Nr. 3 HausTWG isoliert nicht widerrufbar wäre, ist dabei **für die Rückabwicklung ohne Bedeutung**. Auch bei notarieller Beurkundung des finanzierten Geschäfts kann aufgrund der Verbundenheit der beiden Verträge eine Befreiung des Kreditnehmers von der Pflicht zur Darlehensrückzahlung nach § 3 HausTWG geboten sein.[3191] Der dem Ausschluss des Widerrufsrechts nach § 1 Abs. 2 Nr. 3 HausTWG zugrunde liegende Gedanke, dass bei notarieller Beurkundung ein Übereilungsschutz durch eine Widerrufsmöglichkeit nicht erforderlich ist, gilt nicht zwangsläufig auch für den nicht beurkundeten Darlehensvertrag. Liegen für diesen die Voraussetzungen eines Widerrufs vor, bedarf es weiterhin des Schutzes vor dem übereilten Vertragsabschluss, der aufgrund der Verbundenheit der beiden Geschäfte auch auf das beurkundete Geschäft zu erstrecken ist.[3192]

1505 Liegt ein wirksamer **Widerruf des Darlehensvertrages** vor, stehen auch die **Grundsätze der fehlerhaften Gesellschaft** der Freistellung des Darlehensnehmers von der Darlehensrückzahlung bei verbundenen Geschäften nicht entgegen. Nach diesen Grundsätzen ist ein fehlerhafter Gesellschaftsbeitritt, wenn er in Vollzug gesetzt worden ist, grds. zunächst wirksam. Der Gesellschafter hat aber das Recht, sich im Wege der außerordentlichen Kündigung von seiner Beteiligung für die Zukunft zu lösen. Anstelle des ihm nach allgemeinen Grundsätzen zustehenden Anspruchs auf Rückzahlung der geleisteten Einlage tritt alsdann das ihm nach den Grundsätzen gesellschaftsrechtlicher Abwicklung zustehende Abfindungsguthaben.[3193] Die Beschränkung auf das Abfindungsguthaben hat jedoch nicht zur Folge, dass der Gesellschafter/Darlehensnehmer auch der Bank im Fall des Widerrufs des Darlehensvertrages nur seinen Abfindungsanspruch entgegensetzen kann und eine eventuelle Differenz ggü. der noch offenen Darlehensvaluta zu zahlen hat.[3194] Denn wird durch den Darlehensnehmer nicht der Gesellschaftsbeitritt, sondern der zu seiner Finanzierung geschlossene Darlehensvertrag widerrufen, wird der Zweck des Grundsatzes der fehlerhaften Gesellschaft, der Gesellschaft im Interesse des Rechtsverkehrs an der Erhaltung einer Haftungsgrundlage und der Gesellschafter an der Bewahrung der geschaffenen Werte für die Vergangenheit Bestandsschutz zu gewähren, nicht tangiert. In einem solchen Fall findet die Lehre von der fehlerhaften Gesellschaft im Verhältnis des Gesellschafters zu der kreditgebenden Bank daher keine Anwendung, sodass der Gesellschafter/Darlehensnehmer der Bank lediglich zur Übertragung des finanzierten Gesellschaftsanteils bzw. seiner Rechte aus dem fehlerhaften Beitritt verpflichtet ist, nicht aber zur Rückzahlung der Darlehensvaluta.[3195] Das steht auch in Übereinstimmung mit der Rechtsprechung des XI. Zivilsenats, nach der der Kreditnehmer zum Schutz seiner Entscheidungsfreiheit, ob er den

3188 BGH, WM 2006, 1003 (1005); BGH, WM 2006, 1060 (1065); vgl. auch BGH, WM 1996, 2100; BGH, WM 2002, 2501; BGH, WM 2003, 64 (66); BGH, WM 2003, 2184 (2186); BGH, WM 2003, 2186 (2187).

3189 BGH, WM 2005, 124 (126).

3190 OLG Karlsruhe, ZIP 2007, 1049 (1052).

3191 BGH, WM 2006, 1003 (1006); vgl. auch BGH, WM 2003, 2184 (2186); BGH, WM 2003, 2186 (2187).

3192 BGH, WM 2006, 1003 (1006 m.w.N.).

3193 BGH, WM 2003, 1762; vgl. hierzu auch EuGH, ZIP 2010, 772 f.; EWiR 2010, 281 (Mock); *Langen/Möhle* BB 2010, 1301 ff.

3194 Dazu sogleich unter Rdn. 1508.

3195 BGH, WM 2006, 1003 (1006); vgl. auch BGH, WM 2004, 1521 (1523); BGH, WM 2004, 1527 (1529); OLG Stuttgart, WM 2005, 972 (980); OLG Stuttgart, WM 2005, 981 (986).

Kreditvertrag widerrufen will oder nicht, bei einem verbundenen Geschäft von Belastungen durch das finanzierte Geschäft freizustellen ist.[3196]

Liegt ein verbundenes Geschäft vor, hat die Bank darüber hinaus nicht nur etwaige ihr abgetretene Rechte aus Kapitallebensversicherungen und andere Sicherheiten an den Darlehensnehmer zurück abzutreten, sondern diesem auch sowohl die von ihm selbst an die Bank gezahlten **Zins- und Tilgungsraten**[3197] als auch eine Anzahlung, die der Anleger aus eigenen Mitteln an die Fondsgesellschaft gezahlt hat, zurückzugewähren. Ist also die Beteiligung an der Fondsgesellschaft nicht vollständig fremdfinanziert, hat der Darlehensgeber dem Darlehensnehmer auch dessen aus eigenen Mitteln an die Fondsgesellschaft gezahlten **Eigenkapitalanteil** zu erstatten.[3198] An den Darlehensnehmer selbst oder direkt an die kreditgebende Bank geflossene **Fondsausschüttungen** sind an sie nach den Regeln des Vorteilsausgleichs herauszugeben bzw. verbleiben der Bank, da der Darlehensnehmer andernfalls besser stünde, als er ohne die Beteiligung an dem Fonds gestanden hätte.[3199] Was **Steuervorteile** angeht, hat der XI. Zivilsenat entschieden, dass diese nach den schadensersatzrechtlichen Grundsätzen des Vorteilsausgleichs auf den Rückforderungsanspruch des Darlehensnehmers infolge Widerrufs, anspruchsmindernd anzurechnen sind.[3200] Wie bei einer Rückabwicklung aufgrund eines Schadensersatzanspruchs des Anlegers gegen die Bank wird eine Anrechnung von Steuervorteilen nach jüngerer Rechtsprechung[3201] aber nur in Betracht kommen, wenn die Rückabwicklung nicht zu einer Besteuerung führt, die dem Anleger die erzielten Steuervorteile wieder nimmt. 1506

Insgesamt führt die geschilderte Rückabwicklung dazu, dass das wirtschaftliche Risiko der Anlage bei verbundenen Geschäften i.S.v. § 9 VerbrKrG auf die Bank verlagert wird. 1507

cc) Rückabwicklung nach § 3 HausTWG bei Widerruf des finanzierten Geschäfts und verbundenem Geschäft

Wegen der notariellen Beurkundung eines **Grundstückserwerbs** oder des Erwerbs der **Immobilie** scheidet ein Widerruf solcher Verträge nach dem Haustürwiderrufsgesetz nach § 1 Abs. 2 Nr. 3 HausTWG aus. 1508

Etwas anderes gilt bei dem grds. formfreien Beitritt zu einer Immobilienfondsgesellschaft. Es ist zwischenzeitlich in der Rechtsprechung anerkannt, dass das Haustürwiderrufsgesetz bzw. § 312 BGB a.F. auf die unmittelbare und mittelbare Beteiligung eines Anlegers an einem geschlossenen Immobilienfonds Anwendung findet.[3202] Bei einem **Widerruf allein des Gesellschaftsbeitritts** durch den Darlehensnehmer/Gesellschafter ergeben sich **keine gleichartigen Rechtsfolgen** wie bei dem Widerruf des Darlehensvertrages.[3203] Denn ein Widerruf des Gesellschaftsbeitritts nach § 1 1509

3196 BGH, WM 1996, 2100.

3197 BGH, WM 2004, 1521 (1523); BGH, WM 2004, 1527 (1529); BGH, WM 2004, 1529 (1533); BGH, WM 2004, 1536 (1541); BGH, WM 2005, 124 (126); BGH, WM 2006, 1003 (1008).

3198 BGH, ZIP 2009, 952 (955).

3199 BGH, ZIP 2007, 1200 (1202); BGH, ZIP 2009, 952 (954).

3200 BGH, ZIP 2007, 1200 (1202); BGH, ZIP 2008, 304 (307); ob die Anrechnung von Steuervorteilen hingegen auch bei einem Rückforderungsdurchgriff gegen die Bank nach §§ 812, 813 BGB gelten soll, ist zweifelhaft, vgl. BGH, ZIP 2008, 304 (307).

3201 BGH, ZIP 2010, 1397, Rn. 25; BGH, ZIP 2010, 1646, Rn. 35 ff.; BGH, ZIP 2010, 1590, Rn. 22; BGH, ZIP 2011, 868, Rn. 8 m.w.N.

3202 BGH, WM 2001, 1464; BGH, WM 2004, 2491; BGH, ZIP 2005, 254 (255); BGH, ZIP 2005, 753 (756); BGH, ZIP 2005, 1124 (1126); vgl. auch BGH, ZIP 2008, 1018 (1019) sowie EuGH, ZIP 2010, 772 (773); BGH, ZIP 2011, 859 (860); offen gelassen in BGH, WM 2004, 372 (376); a.A. *Mörsdorf* ZIP 2012, 845 (847); *Schäfer* ZIP 2008, 1022 (1023); *Habersack* ZIP 2001, 327 (328); *ders.* ZIP 2001, 353 (355); *H.-P. Westermann* ZIP 2002, 189 (195, 199); vgl. auch OLG Karlsruhe, WM 2003, 1218 (1220) zu dem vergleichbaren Tatbestand des § 9 Abs. 1 und 3 VerbrKrG.

3203 BGH, WM 2005, 547 (548, 549).

Abs. 1 HausTWG führt nicht zu dessen Unwirksamkeit, sondern zur Anwendung der **Grundsätze der fehlerhaften Gesellschaft**, nach denen keine Wiederherstellung des ursprünglichen Zustandes durch Rückgewähr der Einlagen erfolgt, sondern dem Anleger gegen die Fondsgesellschaft lediglich ein Anspruch auf Auszahlung eines etwaigen Auseinandersetzungsguthabens zusteht.[3204] Dies kann für den nach § 3 HausTWG den Gesellschaftsbeitritt widerrufenden Gesellschafter zum einen dazu führen, dass sein Abfindungsguthaben wegen, während seiner Mitgliedschaft eingetretener, von ihm mitzutragender Verluste der Gesellschaft geringer ist als seine Einlageleistung, zum anderen aber sogar dazu, dass das Abfindungsguthaben wegen der von der Gesellschaft während der Dauer der Mitgliedschaft des widerrufenden Anlegers erwirtschafteten Verluste negativ ist, der Anleger also nicht nur seine Einlage nicht zurückerhält, sondern seinerseits zu Zahlungen an die Gesellschaft verpflichtet ist.[3205] Auch eine noch nicht erfüllte Einlageschuld entfällt nicht. Daraus folgt für den spiegelbildlich zu dem Verhältnis zwischen Anleger und Fondsgesellschaft geregelten Einwendungs- und Rückforderungsdurchgriff des Gesellschafters/Darlehensnehmers ggü. der Bank,[3206] dass der Gesellschafter/Darlehensnehmer, der allein seinen Gesellschaftsbeitritt nach § 1 Abs. 1 HausTWG widerruft, dem Kreditgeber keine weitergehenden als die in der Entscheidung des BGH v. 21.07.2003[3207] dargestellten Gegenrechte entgegenhalten kann.[3208] Im Einzelnen bedeutet dies, dass im Fall des Widerrufs nur des Gesellschaftsbeitritts bei einem verbundenen Geschäft die Bank zwar ihren Anspruch auf Rückzahlung der Darlehensvaluta mit ihrer aus der Einnahme der Stellung der Fondsgesellschaft resultierenden Verpflichtung zur Auszahlung des Abfindungsguthabens des Gesellschafters/Darlehensnehmers zu saldieren hat, der Gesellschafter/Darlehensnehmer jedoch – da ihm das Anlagerisiko nicht abgenommen und er auch ggü. dem die Beteiligung aus eigenen Mitteln finanzierenden Gesellschafter nicht privilegiert werden soll – verpflichtet bleibt, in dem Fall, dass sein **Abfindungsguthaben niedriger ist als die noch offene Darlehensvaluta**, die **Differenz an die Bank** zu zahlen. Die Bank trägt die Darlegungs- und Beweislast für das Bestehen und die Höhe des ihr gegen den Darlehensnehmer etwa noch zustehenden Anspruchs. Deshalb ist sie auch hinsichtlich der Höhe des zu berücksichtigenden Abfindungsguthabens des Gesellschafters/Darlehensnehmers darlegungs- und beweispflichtig. Der Gesellschafter/Darlehensnehmer muss der Bank seinen Anspruch auf das Abfindungsguthaben zur Verfügung stellen, um sie in die Lage zu versetzen, ein etwaiges Guthaben bei der Fondsgesellschaft einzufordern. Die Bank trägt das Risiko, das Abfindungsguthaben nicht realisieren zu können. Sie kann sich bei dessen Uneinbringlichkeit nicht entsprechend § 128 HGB an die übrigen Gesellschafter des Fonds halten, weil nach der Rechtsprechung des BGH bei Publikumsgesellschaften eine Haftung der Gesellschafter für auf Beitrittsmängeln oder arglistiger Täuschung durch Initiatoren und Gründer der Gesellschaft beruhende Abfindungsforderungen von Mitgesellschaftern nicht in Betracht kommt.

dd) Rückabwicklung nach § 3 HausTWG bei Widerruf des Darlehensvertrages und Realkreditvertrag; Ausschluss der Regeln des Verbundgeschäfts wegen § 3 Abs. 2 Nr. 2 VerbrKrG

1510 Nach **§ 3 Abs. 2 Nr. 2 VerbrKrG** findet die Vorschrift des § 9 VerbrKrG über verbundene Geschäfte allerdings auf sog. Realkreditverträge keine Anwendung, sodass eine Gesamtabwicklung von Darlehensvertrag und finanziertem Geschäft nach den soeben dargestellten Grundsätzen unterbleibt, wenn es sich bei dem den Immobilienerwerb oder den Erwerb der Fondsbeteiligung finanzierenden Darlehen um einen Realkredit handelt. Da eine grundpfandrechtliche Besicherung des Darlehens

3204 BGH, WM 2001, 1464; BGH, WM 2003, 1762; BGH, WM 2006, 1523; vgl. auch Häfner/*Münscher* Fehlgeschlagene Immobilienkapitalanlagen Rn. 342 sowie oben Rdn. 1504.

3205 Ob diese Rechtsfolge mit der Haustürgeschäfterichtlinie vereinbar ist, war Gegenstand des Vorlagebeschlusses des BGH v. 05.05.2008, vgl. BGH, ZIP 2008, 1018 (1020), und wurde vom EuGH, ZIP 2010, 772 ff., zwischenzeitlich bestätigt.

3206 Dazu unten Rdn. 1528.

3207 BGH, WM 2003, 1762.

3208 BGH, WM 2005, 547 (549).

in der Praxis vorrangig bei dem finanzierten Erwerb von Immobilien, nicht hingegen bei der Finanzierung eines Immobilienfondsanteils vorkam, spielte der gesetzliche Ausschlusstatbestand des § 3 Abs. 2 Nr. 2 VerbrKrG bei kreditfinanzierten Fondsbeteiligungen eine geringere Rolle.

Trotz des klaren Wortlauts von § 3 Abs. 2 Nr. 2 VerbrKrG gingen in der Vergangenheit auch in der höchstrichterlichen Rechtsprechung die Meinungen darüber auseinander, wann ein Realkreditvertrag i.S.v. § 3 Abs. 2 Nr. 2 VerbrKrG, der zum Ausschluss der Regeln über das Verbundgeschäft führt, vorliegt. Insb. in seiner Urteilsserie vom **14.06.2004** hat der **II. Zivilsenat** des BGH bezogen auf die in seine Zuständigkeit fallenden Darlehensverträge zur Finanzierung eines Immobilienfondsanteilserwerbs die Auffassung vertreten, dass § 3 Abs. 2 Nr. 2 VerbrKrG dann nicht eingreift, wenn das Darlehen durch ein Grundpfandrecht gesichert ist, welches nicht erst im Zusammenhang mit der Darlehensgewährung, sondern bereits vorher zur Sicherung einer Zwischenfinanzierung bestellt worden war, ohne dass der Darlehensnehmer auch an dem Zwischenfinanzierungskredit beteiligt war.[3209] Der XI. Zivilsenat hat demgegenüber bei den von ihm zu beurteilenden Darlehen, die dem Erwerb einer Immobilie dienten, stets geurteilt, dass § 9 VerbrKrG nach dem eindeutigen Wortlaut des Gesetzes aufgrund § 3 Abs. 2 Nr. 2 VerbrKrG bei Realkrediten im Sinne dieser Vorschrift ausnahmslos nicht anzuwenden sei.[3210] Der Gesetzgeber habe mit § 3 Abs. 2 Nr. 2 VerbrKrG eine abschließende Regelung geschaffen, die zum einen keinen Raum für eine teleologische Reduktion lasse und zum anderen eine analoge Anwendung von § 9 VerbrKrG verbiete. Hieran hat der **XI. Zivilsenat** auch nach den genannten Entscheidungen des II. Zivilsenats ausdrücklich festgehalten[3211] und schließlich am **25.04.2006** entschieden, dass die Bereichsausnahme des § 3 Abs. 2 Nr. 2 VerbrKrG ausnahmslos auch für die Kreditfinanzierung von Immobilienfondsanteilen gelte.[3212] Auch die Regelung des § 358 Abs. 3 Satz 3 BGB könne nicht über § 242 BGB auf Altkredite angewendet werden.[3213] Dass der Gesetzgeber mit der Neuregelung des § 358 Abs. 3 Satz 3 BGB für die Zukunft ein verbundenes Geschäft bei Krediten zum Erwerb einer Immobilie nicht mehr generell ausgeschlossen habe, sei nicht geeignet, das Verständnis der zuvor geltenden Vorschrift zu bestimmen.[3214] 1511

Sowohl für die Rückabwicklung eines Darlehensvertrages, der dem Erwerb einer Immobilie dient, als auch für die Rückabwicklung eines Darlehensvertrages, der den Erwerb einer Fondsbeteiligung finanzieren soll, kommt also der Beurteilung der Frage, ob ein Realkredit i.S.d. § 3 Abs. 2 Nr. 2 VerbrKrG vorliegt, entscheidende Bedeutung zu. Ist dies zu bejahen, verbleibt es – vorbehaltlich des Bestehens von Schadensersatzansprüchen – unabhängig vom Vorliegen eines verbundenen Geschäfts bei der **bilateralen Rückabwicklung** zwischen Bank und Darlehensnehmer mit der Folge, dass die Bank insb. die ausgezahlte Nettodarlehensvaluta von dem Darlehensnehmer zurückerhält. Ist die Frage zu verneinen und liegt ein verbundenes Geschäft vor, muss sich die Bank bei Widerruf des Darlehensvertrages stattdessen auf die finanzierte Immobilie oder den finanzierten Fondsanteil verweisen lassen. 1512

Voraussetzung für das Eingreifen der Bereichsausnahme des § 3 Abs. 2 Nr. 2 VerbrKrG ist, dass das Darlehen – erstens – von der Sicherung durch ein Grundpfandrecht abhängig gemacht wird 1513

3209 BGH, WM 2004, 1529 (1533); BGH, WM 2004, 1536 (1540); vgl. auch BGH, WM 2005, 843 (844 f.).

3210 BGH, WM 2002, 1181; 2501; BGH, ZIP 2003, 1741 (1743); BGH, WM 2003, 2410 (2411); BGH, WM 2004, 172 (175); BGH, WM 2004, 620 (622).

3211 BGH, WM 2005, 72 (74); BGH, WM 2005, 127 (130); BGH, WM 2005, 375 (376); BGH, BKR 2005, 501 (504); BGH, WM 2006, 1194 (1197); BGH, Urt. v. 24.10.2006 – XI ZR 265/03, Umdruck S. 11; BGH, Urt. v. 20.03.2007 – XI ZR 414/04, Umdruck S. 25; BGH, WM 2008, 115 (116); BGH, ZIP 2008, 686 (688).

3212 BGH, WM 2006, 1008 (1011); BGH, WM 2006, 1060 (1065); vgl. im Anschluss BGH, BKR 2006, 448 (450); BGH, BKR 2007, 70 (72).

3213 BGH, WM 2004, 620; BGH, WM 2008, 115 (117); BGH, ZIP 2008, 686 (688).

3214 BGH, WM 2008, 115 (117); BGH, ZIP 2008, 686 (688).

(oder von einer solchen Sicherung gem. § 7 Abs. 3 bis 5 Bausparkassengesetz abgesehen wird) und – zweitens – zu für grundpfandrechtlich abgesicherte Darlehensverträge und deren Zwischenfinanzierung üblichen Bedingungen gewährt wird.[3215] Für die Frage, ob der Kredit von der **Sicherung durch ein Grundpfandrecht abhängig** gemacht wurde, ist die **schuldrechtliche Verpflichtung zur Bestellung des Grundpfandrechts entscheidend**. Auf die tatsächliche Bestellung des Grundpfandrechts kommt es nicht an.[3216] Unerheblich ist auch, zu welchem Zweck der grundpfandrechtlich abgesicherte Kredit gegeben wurde, sodass die Grundsätze für kreditfinanzierte Immobilienfondsbeteiligungen ebenso wie für finanzierte Grundstücksgeschäfte gelten.[3217] Ohne Belang ist ferner, ob der Kreditnehmer selbst der Sicherungsgeber ist.[3218] Eine grundpfandrechtliche Absicherung des Kredits liegt auch dann vor, wenn der Kreditnehmer das Grundpfandrecht nicht selbst bestellt, sondern ein bereits bestehendes Grundpfandrecht (teilweise) als Sicherheit dienen soll.[3219] Für die Beantwortung der Frage, ob ein Kredit zu den für grundpfandrechtlich abgesicherte Kredite **üblichen Bedingungen** gewährt wird, kommt es entscheidend auf die Zinshöhe und die sonstigen Kreditkonditionen an, wobei für Darlehen bis Juni 2003 die in den Monatsberichten der Deutschen Bundesbank ausgewiesenen Zinssätze einen Anhaltspunkt für die Marktüblichkeit darstellen.[3220] Liegt der vereinbarte Zinssatz innerhalb der Streubreite oder nur geringfügig (bis zu 1 %) darüber, ist von der Marktüblichkeit auszugehen. Liegt er mehr als 1 % über der oberen Streubreitengrenze für vergleichbare Kredite, bedarf es einer genaueren Prüfung der Marktüblichkeit unter Berücksichtigung der vereinbarten Bedingungen im Einzelfall, ggf. unter Heranziehung geeigneter Beweismittel.[3221] Für nach Juni 2003 ausgereichte Darlehen kann der seit Januar 2003 eingeführte Durchschnittszinssatz für Wohnungsbaukredite der EWU-Zinsstatistik einen gewissen Anhaltspunkt für die Marktüblichkeit bieten; allerdings kommt diesem für die Frage der Marktüblichkeit von Bedingungen grundpfandrechtlich abgesicherter Kredite nur eine geringere Aussagekraft zu als den bis 2003 erhobenen Streubreitengrenzen der Deutschen Bundesbank.[3222]

ee) Rückabwicklung bei verbundenen Verträgen nach § 358 Abs. 3 BGB

1514 Während § 3 Abs. 2 Nr. 2 VerbrKrG grundpfandrechtlich abgesicherte Darlehen generell von den Regeln über das Verbundgeschäft ausnimmt, können diese gem. § 358 Abs. 3 Satz 3 BGB auch auf nach dem 01.08.2002 abgeschlossene Immobiliendarlehensverträge (Realkredite) Anwendung finden. **§ 358 Abs. 3 Satz 3 BGB** differenziert nicht nach der Art des Darlehensvertrages

3215 Zu den Voraussetzungen eines Realkredits vgl. bereits oben Rdn. 1086, 1088.

3216 BGH, WM 2006, 1008 (1010); BGH, WM 2006, 1060 (1065); in Abweichung von der Rechtsprechung des II. Zivilsenats in z.B. BGH, WM 2004, 1529 (1533) und WM 2004, 1536 (1540); Fortsetzung von BGH, WM 2005, 72 (74); BGH, WM 2005, 127 (130); BGH, WM 2005, 375 (376); vgl. auch OLG Schleswig, WM 2005, 607 (608).

3217 BGH, WM 2006, 1008 (1010); BGH, WM 2006, 1060 (1065); für Immobilienfondsbeteiligungen noch offen gelassen in BGH, WM 2005, 127 (130).

3218 BGH, WM 2006, 1060 (1065); BGH, WM 2006, 1008 (1010); *Bülow* Verbraucherkreditrecht § 491 Rn. 177.

3219 BGH, ZIP 2008, 357 (359); BGH, WM 2006, 1008 (1011); BGH, WM 2006, 1060 (1065); damit erteilt der XI. Zivilsenat der Auffassung des II. Zivilsenats, BGH, WM 2004, 1529 (1533); BGH, WM 2004, 1536 (1540), wonach § 3 Abs. 2 Nr. 2 VerbrKrG teleologisch reduzierbar sei, eine Absage; vgl. hierzu auch schon OLG München, WM 2005, 1986 (1987); *Wolf/Großerichter* ZIP 2005, 2091.

3220 BGH, WM 2000, 1245 (1247); BGH, WM 2003, 916 (917); BGH, WM 2006, 1060 (1066); BGH, ZIP 2008, 962 (964); vgl. zur Beurteilung der Frage der üblichen Bedingungen Häfner/*Fischbeck* Fehlgeschlagene Immobilienkapitalanlagen Rn. 668 bis 679; vgl. hierzu ferner oben Rdn. 1086, 1088.

3221 BGH, WM 2003, 916 (918); BGH, WM 2006, 1060 (1066); BGH, ZIP 2008, 962 (965).

3222 Im Einzelnen dazu Häfner/*Fischbeck* Fehlgeschlagene Immobilienkapitalanlagen Rn. 676 f.

(Personal- oder Realkredit), sondern nach dem Zweck des Darlehens,[3223] sodass diese Vorschrift in gleicher Weise für Personal- und für Realkredite gilt.[3224]

§ 358 Abs. 3 Satz 3 BGB spricht ausdrücklich von einem **finanzierten Erwerb eines Grundstücks** 1515 oder eines grundstücksgleichen Rechts. Der **Beitritt zu einer Immobilienfondsgesellschaft** fällt zwar an sich nicht hierunter, ist jedoch mit Rücksicht auf den mit der Beteiligung verfolgten wirtschaftlichen Zweck und die Schutzbedürftigkeit des Anlegers in den Fällen, in denen mit der Begründung der Mitgliedschaft in einer Personengesellschaft vorrangig Kapitalanlage- oder Steuerzwecke verfolgt werden, jedenfalls den in § 358 Abs. 3 Satz 1 BGB genannten Fällen gleichzustellen.[3225] Letzteres gilt auch für den **Beitritt zu einer Genossenschaft**,[3226] sodass hier die besonderen Voraussetzungen des § 358 Abs. 3 Satz 3 BGB nicht vorliegen müssen, sondern lediglich die Voraussetzungen des § 358 Abs. 3 Satz 1 und 2 BGB.[3227]

Voraussetzung dafür, dass bei einem finanzierten Erwerb eines **Grundstücks oder eines grundstücksgleichen Rechts** die für Verbundgeschäfte dargestellten Rückabwicklungsfolgen eingreifen, 1516 ist hingegen, dass die in **§ 358 Abs. 3 Satz 3 BGB** genannten Voraussetzungen für die Annahme einer wirtschaftlichen Einheit vorliegen.[3228] Dies ist dann der Fall, wenn der **Darlehensgeber** selbst das **Grundstück** oder das grundstücksgleiche Recht[3229] **verschafft** oder wenn er über die Zurverfügungstellung von Darlehen hinaus den **Erwerb des Grundstücks** oder grundstücksgleichen Rechts durch Zusammenwirken mit dem Unternehmer **fördert**, indem er sich (i) dessen Veräußerungsinteressen ganz oder teilweise zu Eigen macht, (ii) bei der Planung, Werbung oder Durchführung des Projekts Funktionen des Veräußerers übernimmt oder (iii) den Veräußerer einseitig begünstigt.

Von einem »**Verschaffen**« des Grundstücks durch die Bank kann sicher dann ausgegangen werden, 1517 wenn die Bank sowohl Darlehensgeber als auch Grundstücksveräußerer ist und der Verbraucher somit das Grundstück und den Kredit aus einer Hand erhält.[3230] Dementsprechend ist ein Verbundgeschäft etwa dann zu bejahen, wenn die Bank ein Objekt, das sie zuvor z.B. im Wege der Zwangsversteigerung selbst erworben hat, an einen von ihr finanzierten Erwerber veräußert. Ob ein »Verschaffen« und damit eine wirtschaftliche Einheit auch dann vorliegen kann, wenn die Bank nicht selbst Eigentümerin des Grundstücks ist, sondern lediglich aufgrund vorhandener rechtlicher oder tatsächlicher Verfügungsmöglichkeiten dafür sorgt, dass ein anderer Unternehmer (z.B. eine Tochtergesellschaft) das Grundstück an den Verbraucher überträgt oder die Bank den Veräußerer bei Vertragsabschluss vertritt, ist nicht abschließend geklärt.[3231]

Das Tatbestandsmerkmal des »**Förderns**« des Grundstückserwerbs durch die Bank durch Zusam- 1518 menwirken mit dem Unternehmer wird durch drei Alternativen (Zueigenmachen der Veräußererinteressen; Verlassen der Darlehensgeberrolle; einseitige Begünstigung des Veräußerers) näher beschrieben. Die Formulierungen gehen zurück auf Wendungen, wie sie in der Rechtsprechung zum Einwendungsdurchgriff beim finanzierten Kauf zwischen Bauträger und Erwerber oder in der Rechtsprechung zu Aufklärungspflichten wegen Überschreiten der Kreditgeberrolle verwendet

3223 BGH, WM 2006, 1008 (1011); MüKo-BGB/*Habersack* § 358 Rn. 51.

3224 Palandt/*Grüneberg* § 358 Rn. 14.

3225 BGH, ZIP 2011, 859 (860); BGH, ZIP 2005, 750 (752).

3226 BGH, ZIP 2011, 859 (860); a.A. noch OLG Naumburg, OLGR 2006, 490 (491).

3227 Hierzu kann auf die oben unter Rn. 1222 dargestellten Grundsätze verwiesen werden.

3228 Vgl. im Einzelnen hierzu Häfner/*Münscher* Fehlgeschlagene Immobilienkapitalanlagen Rn. 455 ff.

3229 Hierzu zählen insb. Erbbaurechte und das Teilzeit-Wohnrecht i.S.d. §§ 481 ff. BGB, nicht dagegen die Dienstbarkeiten i.S.d. §§ 1018 ff. BGB, MüKo-BGB/*Habersack* § 358 Rn. 51; zur Frage ob auch Fertighausverträge hierunter fallen *Becher* BKR 2002, 931 (933 f.).

3230 Häfner/*Münscher* Fehlgeschlagene Immobilienkapitalanlagen Rn. 460; *Becher* BKR 2002, 931 (933).

3231 Vgl. hierzu auch oben Rdn. 1212; Palandt/*Grüneberg* § 358 Rn. 15; Häfner/*Münscher* Fehlgeschlagene Immobilienkapitalanlagen Rn. 460–462; *Becher* BKR 2002, 931 (933); sowie MüKo-BGB/*Habersack* § 358 Rn. 52 m.w.N.

wurden.[3232] Allein die gleichzeitige Finanzierung von Veräußerer und Erwerber, die Abgabe von Finanzierungsbereitschaftserklärungen (d.h. die ggü. dem Veräußerer geäußerte grundsätzliche Bereitschaft, Erwerbern ein Finanzierungsdarlehen einzuräumen) oder die Abtretung von Kaufpreisansprüchen führt dementsprechend nicht zur Annahme eines verbundenen Geschäfts.[3233] Auch überschreitet der Darlehensgeber seine Kreditgeberrolle noch nicht dadurch, dass er sich im Prospekt als »Finanzierer« des Projekts bezeichnen lässt; insb. liegt hierin noch keine rollenwidrige Bewerbung der Immobilie.[3234] Als Beispiel für einen Fall, in welchem sich die Bank die **Veräußererinteressen zu eigen** macht, wird genannt, dass die Bank den Erwerbern – um einen schnellen Verkauf zu fördern – einen besonders günstigen Zinssatz anbietet.[3235] Hingegen soll diese Fallgruppe nicht schon zu bejahen sein, wenn die Bank die wirtschaftliche Konzeption des Bauträgers mit den zugrunde gelegten Mindestverkaufspreisen in ihrem eigenen Sicherungsinteresse kontrolliert.[3236] Die zweite Fallgruppe des »Förderns« betrifft Fälle, in denen die Bank »**bei der Planung, Werbung oder Durchführung des Projekts Funktionen des Veräußerers übernimmt**«. Mit dieser Formulierung war eine Kodifizierung der bis dahin ergangenen Rechtsprechung beabsichtigt, nach der eine hinreichende wirtschaftliche Verflechtung des Kauf- und Darlehensvertrages nur in Betracht kommt, wenn sich der Darlehensgeber nicht mit seiner Finanzierungsrolle begnügt, sondern Funktionen des Verkäufers (Werbung, Vertrieb, rechtliche Ausgestaltung der Geschäfte) im Zusammenwirken mit diesem in einer Art und einem Umfang wahrnimmt, dass die Berufung auf die rechtliche Selbstständigkeit des Darlehensvertrages gegen Treu und Glauben verstieße.[3237] Entscheidend ist nicht nur, wie sich die Zusammenarbeit zwischen Bank und Unternehmer aus der Sicht des Verbrauchers darstellt[3238] bzw. welchen Eindruck der Darlehensgeber in der Person des Verbrauchers hervorgerufen und in welchem Maße der Verbraucher dem Darlehensgeber Vertrauen geschenkt hat.[3239] Vielmehr bedarf es der Feststellung objektiver und dem Beweis zugänglicher Kriterien.[3240] Ob ein Hinweis darauf, dass das Darlehen unabhängig vom finanzierten Geschäft gewährt wird, ausreicht, um eine wirtschaftliche Einheit auszuschließen, ist streitig.[3241] Die dritte Fallgruppe ist die **einseitige Begünstigung des Veräußerers** durch den Darlehensgeber. Anhaltspunkte für die Auslegung gibt es in den Gesetzesmaterialien nicht.[3242] Sie soll z.B. gegeben sein, wenn die Bank dem Darlehensnehmer ein objektiv falsches Gutachten über den Grundstückswert vorlegt oder wenn die Bank trotz eines zur Aufklärung verpflichtenden konkreten Wissensvorsprungs Tatsachen verschweigt, die den Darlehensnehmer vom Vertragsschluss abgehalten hätten.[3243]

3232 Häfner/*Münscher* Fehlgeschlagene Immobilienkapitalanlagen Rn. 463; *Becher* BKR 2002, 931 (934); MüKo-BGB/*Habersack* § 358 Rn. 53.

3233 *Becher* BKR 2002, 931 (934); *Dörrie* ZfIR 2002, 685 (687); *Lang* ZBB 2002, 457.

3234 MüKo-BGB/*Habersack* § 358 Rn. 54.

3235 Häfner/*Münscher* Fehlgeschlagene Immobilienkapitalanlagen Rn. 465; *Becher* BKR 2002, 931 (935) fasst dies unter die Fallgruppe der einseitigen Begünstigung des Veräußerers; vgl. hierzu aber auch oben Rdn. 1213.

3236 *Becher* BKR 2002, 931 (934).

3237 *Becher* BKR 2002, 931 (935) m.w.N.; vgl. auch Häfner/*Münscher* Fehlgeschlagene Immobilienkapitalanlagen Rn. 466–468 zu Beispielen.

3238 So aber Palandt/*Grüneberg* § 358 Rn. 17.

3239 So aber MüKo-BGB/*Habersack* § 358 Rn. 55.

3240 Vgl. oben Rdn. 1213.

3241 Bejahend wohl Palandt/*Grüneberg* § 358 Rn. 17 unter Hinweis auf BGH, NJW 1992, 2560; ablehnend MüKo-BGB/*Habersack* § 358 Rn. 55.

3242 *Koch* NZM 2002, 801 (804).

3243 Palandt/*Grüneberg* § 358 Rn. 18.

m) *Verjährungsfragen*

Hinsichtlich der Verjährung von Ansprüchen des Darlehensnehmers kann auf die bereits unter Rdn. 1410–1414 und Rdn. 1457–1459 dargestellten Grundsätze verwiesen werden. 1519

n) *Prozessuales*

§ 7 Abs. 1 HausTWG eröffnete für Klagen aus Geschäften i.S.d. § 1 HausTWG einen ausschließlichen Gerichtsstand an dem Ort, in dessen Bezirk der Kunde z.Zt. der Klageerhebung seinen Wohnsitz hat. An die Stelle dieser Vorschrift ist mit Wirkung vom 01.01.2002 die Vorschrift des § 29c ZPO getreten, wobei die Zuständigkeit für Klagen des Kunden (Verbrauchers) keine ausschließliche mehr ist.[3244] **§ 29c Abs. 1 ZPO** nimmt nunmehr Bezug auf Haustürgeschäfte i.S.d. § 312 BGB a.F., ist jedoch, soweit das vor dem 01.01.2002 geltende materielle Recht anwendbar ist, auch auf bis zu diesem Zeitpunkt abgeschlossene Haustürgeschäfte anwendbar.[3245] Dabei ist der sachliche Anwendungsbereich des § 29c ZPO im Hinblick auf den Sinn und Zweck des Gesetzes weit auszulegen und erfasst mit der vom Gesetzgeber gewählten Formulierung »*Klagen aus Haustürgeschäften*« ohne Rücksicht auf die Anspruchsgrundlage alle Klagen, mit denen Ansprüche geltend gemacht werden, die sich auf ein Haustürgeschäft i.S.d. §§ 1 Abs. 1 HausTWG, 312 BGB a.F. gründen, also insb. auch solche, mit denen ein Verbraucher Schadensersatzansprüche wegen schuldhafter Verletzung vertraglicher Pflichten aus einem Haustürgeschäft, Verschuldens bei Vertragsschluss oder einer mit dem Haustürgeschäft begangenen unerlaubten Handlung geltend macht.[3246] 1520

Die **Darlegungs- und Beweislast** für das Vorliegen der Haustürsituation und deren Kausalität für den Vertragsabschluss trägt der Verbraucher.[3247] Wenn es im Anschluss an die Haustürsituation alsbald zur Abgabe der auf den Vertragsschluss gerichteten Willenserklärung des Kunden kommt, spricht allerdings angesichts der Lebenserfahrung der Beweis des ersten Anscheins für den Ursachenzusammenhang.[3248] Eine generelle Frist, nach deren Ablauf der Anscheinsbeweis ausscheidet, lässt sich zwar nicht aufstellen, allerdings nimmt die Indizwirkung mit zunehmenden zeitlichen Abstand ab.[3249] 1521

Nach erfolgtem Widerruf ist eine Feststellungsklage des Darlehensnehmers auf Unwirksamkeit des Darlehensvertrages unzulässig. Ansprüche, die sich aus einem Widerruf nach dem Haustürwiderrufsgesetz ergeben, müssen mit der **Leistungsklage** geltend gemacht werden, auch wenn Unsicherheiten über die Reichweite der Folgen eines Widerrufs bestehen.[3250] 1522

5. Rückgewähransprüche gegen die Bank aufgrund Widerrufs des Darlehensvertrages nach VerbrKrG bzw. §§ 495, 355 BGB

Dem Widerrufsrecht nach § 7 VerbrKrG kommt in den Fällen fehlgeschlagener Immobilienkapitalanlagen keine erkennbare Bedeutung zu. Dies liegt daran, dass regelmäßig schon eine ordnungsgemäße Widerrufsbelehrung vorlag, dass ein Widerrufsrecht nach § 7 Abs. 2 VerbrKrG spätestens ein Jahr nach Abgabe der auf den Vertragsabschluss gerichteten Willenserklärung erloschen ist und dass ein Widerrufsrecht überdies bei Realkreditverträgen nach § 3 Abs. 2 Nr. 2 VerbrKrG von vornherein nicht bestand. Diese zunächst auch in das BGB übernommene Situation änderte sich mit 1523

3244 Die ausschließliche Zuständigkeit für Klagen des Unternehmers gegen den Kunden hingegen blieb erhalten.

3245 So BGH, WM 2003, 605 (606).

3246 BGH, WM 2003, 605 (606).

3247 MüKo-BGB/*Masuch*, 6. Aufl. 2012, § 312 Rn. 40, 123.

3248 MüKo-BGB/*Masuch*, 6. Aufl. 2012, § 312 Rn. 40, 41; vgl. hierzu auch OLG Karlsruhe, WM 2006, 676.

3249 Vgl. im Einzelnen oben Rdn. 1469.

3250 LG Stuttgart, BKR 2002, 954; Häfner/*Münscher* Fehlgeschlagene Immobilienkapitalanlagen Rn. 327; BGH, NJW 2017, 1823.

dem OLGVertrÄndG. Seitdem gilt das Widerrufsrecht auch für Immobiliendarlehensverträge,[3251] sodass sich für diese hinsichtlich eines etwaigen Widerrufs nunmehr ebenfalls die vorstehend unter Ziffer 4. diskutierten Fragen stellen.

1524 Hinsichtlich eines vom Darlehensnehmer nach §§ 495, 355 BGB erklärten Widerrufs einer Prolongation hat der BGH jüngst entschieden, dass bei unechten Abschnittsfinanzierungen spätere Prolongationen keine neuen Verbraucherdarlehensverträge darstellen. Vereinbaren die Darlehensvertragsparteien – wie bei Immobiliendarlehensverträgen üblich – also bereits im Zuge des Darlehensvertragsschlusses ein langfristiges Kapitalnutzungsrecht, kann sich der Darlehensnehmer von späteren Konditionenneuvereinbarungen nicht im Wege des Widerrufs lösen.[3252] Fügt die Bank dem Prolongationsangebot dennoch eine Widerrufsbelehrung bei, so ist hierin kein Angebot der Bank zur Vereinbarung eines vertraglichen Widerrufsrechts in Bezug auf den Darlehensvertrag zu sehen.[3253]

6. Einwendungs- und Rückforderungsdurchgriff bei wirksamem Darlehensvertrag

1525 Ist der Darlehensvertrag wirksam zustande gekommen und nicht widerrufbar, bleibt die Frage, ob und inwieweit dem Darlehensrückzahlungsanspruch der Bank nach Kündigung oder Zeitablauf des Darlehensvertrages Einwendungen aus dem finanzierten Geschäft entgegengehalten werden können, und ob und inwieweit der Darlehensnehmer bei Einwendungen aus dem finanzierten Geschäft ggü. der Bank erbrachte Zins- und Tilgungsleistungen zurückfordern kann. Grundvoraussetzung für einen solchen Einwendungs- bzw. Rückforderungsdurchgriff ist ein verbundenes Geschäft i.S.d. § 9 Abs. 1 VerbrKrG bzw. § 358 Abs. 3 BGB. Die zwischen dem II. und XI. Zivilsenat des BGH heftig geführte Diskussion um das Verbundgeschäft hatte ihren Grund nicht nur in den unterschiedlichen Auffassungen zum Eingreifen der Bereichsausnahme des § 3 Abs. 2 Nr. 2 VerbrKrG, die eine Anwendung des Verbundgeschäfts von vornherein ausschließt, sondern beruhte auch auf divergierenden Meinungen dazu, welche Einwendungen aus dem verbundenen Geschäft der Darlehensnehmer dem Darlehensrückzahlungsanspruch der Bank bei einem wirksamen und nicht widerrufenen Darlehensvertrag nach Kündigung oder Ablauf des Darlehens entgegenhalten kann.

1526 Zu der Problematik hatte der BGH in einem Fall einer kreditfinanzierten Immobilienfondsbeteiligung zunächst am **21.07.2003**[3254] entschieden, dass sich die Bank im Rahmen ihres Anspruchs auf Rückzahlung des Darlehens das dem Gesellschafter/Darlehensnehmer infolge der Kündigung seiner Fondsbeteiligung[3255] zustehende Auseinandersetzungsguthaben entgegenhalten lassen müsse. Der Gesellschafter/Darlehensnehmer bleibe jedoch – da ihm das Anlagerisiko nicht abgenommen und er auch ggü. dem die Beteiligung aus eigenen Mitteln finanzierenden Gesellschafter nicht privilegiert werden sollte – verpflichtet, in dem Fall, dass sein Abfindungsguthaben niedriger ist als die noch offene Darlehensvaluta, die Differenz an die Bank zu zahlen. Im Gegenzug wurde dem Gesellschafter/Darlehensnehmer analog § 9 Abs. 2 Satz 4 VerbrKrG ein Anspruch auf Rückzahlung

3251 Siehe hierzu Rdn. 812–821.
3252 BGH, WM 2013, 1314 (1316).
3253 BGH, WM 2013, 262 (264).
3254 BGH, WM 2003, 1762.
3255 Die Kündigung kann nach der Entscheidung BGH, WM 2003, 1762 (1764) unmittelbar der Fondsgesellschaft ggü. ausgeübt werden, aber auch dadurch, dass der getäuschte Anleger (lediglich) dem Finanzierungsinstitut mitteilt, er sei durch Täuschung zum Erwerb der Beteiligung veranlasst worden, und ihm die Übernahme seines Gesellschaftsanteils anbietet. Diese Mitteilung an das Finanzierungsinstitut soll mit Rücksicht darauf genügen, dass Fondsbeitritt und Kreditvertrag ein verbundenes Geschäft bilden; vgl. auch BGH, WM 2005, 295 (298); BGH, Urt. v. 21.11.2006 – XI ZR 347/05, Umdruck S. 9; BGH, Urt. v. 13.02.2007 – XI ZR 145/06, Umdruck S. 11.

der geleisteten Zins- und Tilgungsraten gewährt.[3256] Dieser Lösungsansatz lief also zunächst darauf hinaus, dass der Gesellschafter/Darlehensnehmer das wirtschaftliche Risiko der Anlage nicht auf die Bank abwälzen konnte, weil er die Rückzahlung der Darlehensvaluta nur »*insoweit verweigern (kann), als ihm infolge der fristlosen Kündigung seiner Beteiligung an der Fondsgesellschaft gegen diese ein Abfindungsanspruch zusteht*«.[3257]

Der **II. Zivilsenat** des BGH hat dann – beginnend mit der Urteilsserie vom **14.06.2004**[3258] – den Weg zu einer noch anlegerfreundlicheren Lösung eingeschlagen, die darauf hinauslief, dass der Gesellschafter/Darlehensnehmer das wirtschaftliche Risiko der Anlage komplett auf die Bank übertragen konnte.[3259] Während der II. Zivilsenat im Urt. v. 21.07.2003 noch ausdrücklich ausgeführt hatte, dass einem durch die Initiatoren bzw. durch die von ihnen eingesetzte Vertriebsorganisation getäuschten Gesellschafter/Darlehensnehmer kein Anspruch auf Schadensersatz aus Verhandlungsverschulden gegen die Fondsgesellschaft zusteht, den er über § 9 Abs. 3 VerbrKrG dem Anspruch der Bank entgegenhalten kann,[3260] erweiterte der II. Zivilsenat in den Urteilen v. 14.06.2004 den Anwendungsbereich des Einwendungsdurchgriffs erheblich. Denn nunmehr sollten sich die Einwendungen des Gesellschafters/Darlehensnehmers gegen den Rückzahlungsanspruch der Bank nach § 9 VerbrKrG nicht in dem Anspruch auf Zahlung des Abfindungsguthabens gegen die Gesellschaft als Partner des finanzierten Geschäfts erschöpfen, sondern der Gesellschafter/Darlehensnehmer sollte der Bank auch die Ansprüche entgegenhalten können, die gegen »*Gründungsgesellschafter des Fonds und die Initiatoren, maßgeblichen Betreiber, Manager, Prospektherausgeber und sonst für den Anlageprospekt Verantwortlichen*« bestehen.[3261] Da derartige Schadensersatzansprüche darauf gerichtet sind, den Gesellschafter/Darlehensnehmer so zu stellen, als wäre er der Fondsgesellschaft nicht beigetreten und als habe er mit der Bank keinen Darlehensvertrag geschlossen,[3262] musste der Gesellschafter/Darlehensnehmer der Bank das Darlehen nicht zurückzahlen, sondern ihr nur die Fondsbeteiligung und in entsprechender Anwendung des § 255 BGB die ihm gegen die Prospektverantwortlichen und Gründungsgesellschafter des Fonds zustehenden Schadensersatzansprüche abtreten.[3263] Umgekehrt wurde dem Darlehensnehmer/Gesellschafter im Wege des sog. Rückforderungsdurchgriffs[3264] entsprechend § 9 Abs. 2 Satz 4 VerbrKrG ein Anspruch auf Rückgewähr der von ihm aufgrund des Darlehensvertrags erbrachten Leistungen zugestanden. Der Zahlungsanspruch gegen die Bank wurde dabei nach den Regeln des Vorteilsausgleichs um vom Darlehensnehmer/Gesellschafter vereinnahmte Mieteinnahmen[3265] und Steuervorteile,[3266] denen keine Nachzahlungsansprüche des Finanzamts gegenüberstehen, gekürzt. Diese Rechtsfolgen sollten schließlich auch dann gelten, wenn der Darlehensvertrag wegen Verstoßes der zugunsten **1527**

3256 BGH, WM 2003, 1762 (1764); vgl. hierzu im Einzelnen bereits oben Rdn. 1508.

3257 BGH, WM 2003, 1762 (1764).

3258 BGH, WM 2004, 1518–1521; BGH, WM 2004, 1521–1525; BGH, WM 2004, 1525–1527; BGH, WM 2004, 1527–1529; BGH, WM 2004, 1529–1536; BGH, WM 2004, 1536–1542.

3259 Vgl. nach dem 14.06.2004 auch BGH, WM 2004, 1675–1676; sowie Urt. v. 13.09.2004 – II ZR 393/01; II ZR 392/02; II ZR 372/02; II ZR 373/02; II ZR 383/02; II ZR 384/02; Urt. v. 27.09.2004 – II ZR 378/02; II ZR 380/02; II ZR 390/02; II ZR 391/02; II ZR 320/03; II ZR 321/03; Urt. v. 11.10.2004 – II ZR 322/03; Urt. v. 25.10.2004 – II ZR 373/01; II ZR 395/02; II ZR 397/02; Urt. v. 15.11.2004 – II ZR 282/01; II ZR 386/02; II ZR 410/02; II ZR 394/03; Urt. v. 06.12.2004 – II ZR 379/02; II ZR 401/02; Urt. v. 24.01.2005 – II ZR 408/02.

3260 BGH, WM 2003, 1762 (1764).

3261 BGH, WM 2004, 1518 (1520); BGH, WM 2004, 1521 (1525); BGH, WM 2004, 1525 (1527); vgl. auch BGH, WM 2004, 1675 (1676).

3262 Vgl. etwa BGH, WM 2004, 1518 (1520).

3263 BGH, WM 2004, 1518 (1520); BGH, WM 2004, 1521 (1525); BGH, WM 2004, 1525 (1527).

3264 Zweifel an der rechtlichen Begründetheit eines Rückforderungsdurchgriffs äußert BGH, Urt. v. 13.02.2007 – XI ZR 145/06, Umdruck S. 14; vgl. auch BGH, WM 2007, 1257 (1367).

3265 BGH, WM 2004, 1518 (1521).

3266 BGH, WM 2004, 1529 (1534); BGH, WM 2004, 1536 (1542).

des Treuhänders erteilten Vollmacht gegen das Rechtsberatungsgesetz nicht wirksam zustande gekommen oder nach § 6 Abs. 1 VerbrKrG nichtig ist. Denn die Anwendung dieser den Verbraucher schützenden Normen dürfe nach Auffassung des II. Zivilsenats nicht zu einer für den Verbraucher ungünstigeren Rechtslage führen.[3267]

1528 Diese Rechtsprechung des II. Zivilsenats stieß auf Zustimmung,[3268] aber auch auf z.T. heftige Kritik.[3269] Nach der Urteilsserie des XI. Zivilsenats v. **25.04.2006**,[3270] die nach einer Beilegung der Meinungsverschiedenheiten zwischen dem II. und dem XI. Zivilsenat erging, besteht nun zwischen den Senaten Einigkeit, dass – anders als vom II. Zivilsenat noch am 14.06.2004 entschieden – eine Anwendung des **§ 9 Abs. 3 VerbrKrG** bei Ansprüchen des arglistig getäuschten Gesellschafter/Darlehensnehmers gegen **Gründungsgesellschafter, Fondsinitiatoren, maßgebliche Betreiber, Manager und Prospektherausgeber ausscheidet**,[3271] weil ein Finanzierungszusammenhang, wie ihn die besonderen Regelungen über das verbundene Geschäft voraussetzen, in Bezug auf diese Personen nicht besteht.[3272]

1529 Aufgrund des Urteils des **XI. Zivilsenats** des BGH v. **04.12.2007**[3273] geklärt ist ebenfalls die Frage, ob und unter welchen Voraussetzungen im Fall der Nichtigkeit des finanzierten Kaufvertrags über eine Eigentumswohnung der Käufer/Darlehensnehmer unter Hinweis auf die Unwirksamkeit des Kaufvertrages nicht nur die Rückzahlung des Darlehens verweigern (Einwendungsdurchgriff), sondern wegen bereits an die Bank geleisteter Zahlungen auch einen Rückforderungsanspruch gegen die Bank geltend machen kann (Rückforderungsdurchgriff). So hatte der II. Zivilsenat einen Rückforderungsdurchgriff aus einer entsprechenden Anwendung von § 9 Abs. 2 Satz 4 VerbrKrG hergeleitet,[3274] während die herrschende Auffassung in der Instanzrechtsprechung und in der Literatur im Fall anfänglicher Nichtigkeit des finanzierten Geschäfts einen Rückforderungsanspruch auf § 813 BGB gründete.[3275] Der XI. Zivilsenat, der die Frage, ob und inwieweit ein **Rückforderungsdurchgriff** möglich ist, zunächst offen gelassen hatte,[3276] schloss sich schließlich der letztgenannten Meinung an. Zwar teilt auch der XI. Zivilsenat die Auffassung des II. Zivilsenats und auch der überwiegenden Meinung in der Instanzrechtsprechung und Literatur, dass § 9 Abs. 3 VerbrKrG keine abschließende Regelung durch den Gesetzgeber ist, durch den der Rückforderungsdurchgriff generell ausgeschlossen werden sollte, sondern dass die Frage der Rückforderung bei dem verbundgeschäftlichen Dreiecksverhältnis bewusst Rechtsprechung und Lehre überlassen worden ist. Er ist jedoch in Abweichung zu der Ansicht des II. Zivilsenats und in Übereinstimmung mit der überwiegenden Meinung in Rechtsprechung und Literatur der Auffassung, dass eine analoge Anwendung von § 9 Abs. 2 Satz 4 VerbrKrG mangels einer Regelungslücke ausscheidet, sondern dass insoweit auf die allgemeine zivilrechtliche Regelung des **§ 813 BGB** zurückgegriffen werden kann,

3267 Vgl. etwa BGH, WM 2004, 1529 (1534).

3268 Vgl. etwa *Nittel* NJW 2004, 2712; *Doehner/Hoffmann* ZIP 2004, 1884; *Fischer* DB 2004, 1651; *Schäfer* DStR 2004, 1611; *Kiethe* DStR 2005, 1904.

3269 Vgl. etwa *Edelmann* BB 2004, 1648; *ders.* BKR 2005, 394 f.; *Wolf/Großerichter* WM 2004, 1993; *dies.* ZIP 2005, 2091; *Jork/Engel* BKR 2005, 3 f.; *Kindler* ZGR 2006, 167.

3270 BGH, WM 2006, 1003–1008; BGH, WM 2006, 1008–1013; BGH, WM 2006, 1060–1066; BGH, WM 2006, 1066–1071.

3271 BGH, WM 2006, 1066 (1070); BGH, Urt. v. 13.02.2007 – XI ZR 145/06, Umdruck S. 14; BGH, WM 2007, 1367 (1368); BGH, ZIP 2008, 304 (306).

3272 BGH, ZIP 2008, 304 (306); auch das OLG Stuttgart, ZIP 2008, 1570 (1579), hat seinen Widerstand gegen diese Auffassung des BGH im Interesse einer bundesweit einheitlichen Rechtsprechung zwischenzeitlich aufgegeben.

3273 BGH, ZIP 2008, 304 (306).

3274 BGH, ZIP 2003, 1592 (1595); ZIP, WM 2004, 1529 (1534).

3275 OLG Dresden, WM 2001, 136 (139); OLG Stuttgart, WM 2001, 1667 (1675); OLG Koblenz, WM 2002, 2456 (2460); Palandt/*Grüneberg* (67. Auflage 2008), § 359 Rn. 7; MüKo-BGB/*Habersack*, § 359 Rn. 66; weitere Nachweise bei BGH, ZIP 2008, 304 (306).

3276 BGH, WM 2000, 1687 (1689); BGH, WM 2007, 1367 (1368).

der unmittelbar anwendbar ist.[3277] So kann nach § 813 Abs. 1 Satz 1 BGB das zum Zwecke der Erfüllung einer Verbindlichkeit Geleistete zurückgefordert werden, wenn dem Anspruch eine Einrede entgegenstand, durch welche die Geltendmachung des Anspruchs dauernd ausgeschlossen war. Für den Fall des **Kaufs einer Eigentumswohnung**, der mit dem diesen Kauf finanzierenden Darlehensvertrag ein Verbundgeschäft bildet, bedeutet dies Folgendes: Stand dem Käufer im Fall der Nichtigkeit des mit dem Darlehensvertrag verbundenen Kaufvertrages das Recht zu, seine Leistungen aus dem finanzierten Geschäft auf Dauer zu verweigern und konnte er dies nach § 9 Abs. 3 Satz 1 VerbrKrG von Anfang an dem Rückzahlungsanspruch der Bank aus dem finanzierenden Darlehensvertrag entgegenhalten, so kann der Darlehensnehmer wegen des Verbundgeschäfts etwaige auf das Darlehen geleistete Zins- und Tilgungsraten nach § 813 Abs. 1 Satz 1 BGB von der Bank zurückfordern. Ein Anspruch der Bank auf Abtretung des Anspruchs des Darlehensnehmers gegen den Verkäufer auf Rückzahlung des Kaufpreises oder auf Übertragung des finanzierten Gegenstandes ist im Wege der bereicherungsrechtlichen Saldierung nicht von Amts wegen zu berücksichtigen, sondern muss von der Bank jedenfalls aktiv eingefordert werden.[3278] Zudem ist anders als bei einer Rückabwicklung nach § 3 HausTWG[3279] nach der Rechtsprechung des XI. Zivilsenats zweifelhaft, ob auf den Bereicherungsanspruch aus § 813 BGB etwaige **Steuervorteile** des Darlehensnehmers anzurechnen sind.[3280] Entscheidend für den Rückforderungsdurchgriff nach § 813 Abs. 1 Satz 1 BGB ist allerdings, dass die dauernde Einrede aus dem finanzierten Geschäft schon zum Zeitpunkt der Erbringung der Leistungen aus dem Darlehensvertrag bestand. War dies nicht der Fall, etwa weil eine **Beteiligung an einem Immobilienfonds** zum Zeitpunkt der Rückzahlung des diese Beteiligung finanzierenden Darlehens noch nicht gekündigt war, scheidet ein Rückforderungsdurchgriff nach § 813 Abs. 1 Satz 1 BGB schon tatbestandlich aus.[3281] Auch für diesen Fall hat der **XI. Zivilsenat** des BGH in seinem Urt. v. **10.11.2009**[3282] eine analoge Anwendung des § 9 Abs. 2 Satz 4 VerbrKrG zwischenzeitlich abgelehnt. Zum einen fehle es an den Voraussetzungen einer Analogie, nämlich sowohl an einer planwidrigen Regelungslücke als auch an einer vergleichbaren Interessenlage. Zum anderen stehe auch in diesem Fall anderweitig ein angemessenes Sanktionensystem (Ansprüche gegen die Bank aus zugerechnetem Verschulden sowie aus eigenem Aufklärungsverschulden) zur Verfügung, mit welchem der Darlehensnehmer ggü. der Bank die Rückzahlung geleisteter Beträge erreichen könne. Eines auf einer über den eindeutigen Wortlaut hinausgehenden erweiternden Auslegung des § 9 Abs. 2 Satz 4 VerbrKrG gestützten Rückforderungsdurchgriffs bedürfe es deshalb auch in diesen Fällen nicht.[3283]

Nach Ansicht des XI. Zivilsenats erschöpfen sich die Rechte des Darlehensnehmers/Gesellschafters **1530**
bei dessen **arglistiger Täuschung durch einen Vermittler** über die Fondsbeteiligung oder die Eigentumswohnung und bei Vorliegen eines verbundenen Geschäfts nicht in den vorgenannten Einwendungen gegen die Fondsgesellschaft oder den Verkäufer, die gem. § 9 Abs. 3 Satz 1 VerbrKrG der kreditgebenden Bank im Wege des Einwendungsdurchgriffs entgegengehalten werden können. Der Darlehensnehmer/Gesellschafter kann in einem solchen Fall vielmehr ohne Weiteres auch den mit dem Fondsbeitritt/Kaufvertrag gem. § 9 Abs. 1 VerbrKrG verbundenen **Darlehensvertrag** als solchen nach § 123 BGB **anfechten**, wenn die Täuschung – wovon wegen der wirtschaftlichen Einheit von Fondsbeitritt/Kaufvertrag und Darlehensvertrag regelmäßig auszugehen sein wird – auch für den Abschluss des Darlehensvertrages kausal war. Denn der Vermittler sowohl der

3277 BGH, ZIP 2008, 304 (307); BGH, ZIP 2008, 962 (963); vgl. ferner BGH, Urt. v. 10.11.2009 – XI ZR 252/08; BGH, ZIP 2011, 319, Rn. 25.

3278 BGH, ZIP 2008, 304 (308); wie die Rückabwicklung des nichtigen finanzierten Geschäfts bei Eingreifen des § 813 BGB im Verhältnis zur Bank bei einem wirksamen Darlehensvertrag erfolgt, lässt der BGH in dieser Entscheidung unter Darstellung der hierzu vertretenen Auffassungen ausdrücklich offen.

3279 Vgl. hierzu Rdn. 1505.

3280 BGH, ZIP 2008, 304 (307).

3281 Vgl. Wortlaut des § 813 Abs. 1 Satz 1 BGB: »entgegenstand«.

3282 BGH, Urt. v. 10.11.2009 – XI ZR 252/08.

3283 BGH, Urt. v. 10.11.2009 – XI ZR 252/08, Umdruck S. 22 ff.

Fondsbeteiligung/des Kaufvertrages als auch des Darlehensvertrages ist für die kreditgebende Bank nicht Dritter i.S.v. § 123 Abs. 2 BGB,[3284] sodass sich die finanzierende Bank bei Vorliegen eines verbundenen Geschäfts eine arglistige **Täuschung des Vermittlers über das Anlageobjekt** zurechnen lassen muss.[3285]

1531 Eine solche arglistige Täuschung über das Anlageobjekt, die bei einem verbundenen Geschäft zu einem Anfechtungsrecht oder einem Schadensersatzanspruch[3286] ggü. der Bank führen kann, kommt dabei auch dann in Betracht, wenn der Darlehensnehmer zwar nicht durch den ihm ggü. unmittelbar tätigen Vermittler selbst arglistig getäuscht worden ist, jedoch ein **arglistiges Verhalten der Vertriebsgesellschaft** vorliegt, die über das geschäftsrelevante Wissen verfügte.[3287] Erforderlich ist dabei allerdings, dass die Vertriebsgesellschaft ihrerseits zumindest bedingt vorsätzlich bei der Weitergabe unwahrer Tatsachen an die Untervermittler oder bei dem Zurückhalten geschäftsrelevanten Wissens gehandelt hat. Der Inhaber oder das Organ muss sowohl die Pflicht zur Aufklärung des Kunden gekannt oder zumindest für möglich gehalten als auch es gleichwohl bewusst unterlassen haben, die unmittelbar tätigen Vermittler entsprechend zu instruieren.[3288]

1532 Was die **Verjährung** von Ansprüchen des Darlehensnehmers/Gesellschafters angeht, ist zwischenzeitlich vom BGH auch entschieden, dass in den Fällen, in denen sich die Verjährung nach der regelmäßigen Verjährungsfrist des § 195 BGB richtet, der Fristbeginn in Überleitungsfällen nach Art. 229 § 6 Abs. 4 Satz 1 EGBGB unter Einbeziehung der subjektiven Voraussetzungen des § 199 Abs. 1 BGB zu berechnen ist.[3289] Ob verjährte Ansprüche noch i.R.d. Einwendungsdurchgriffs einem Anspruch der Bank entgegengesetzt werden können, ist nach wie vor umstritten.[3290]

7. Schadensersatzansprüche des Darlehensnehmers gegen die Bank

a) Schadensersatzansprüche des Darlehensnehmers bei Täuschung über das Anlageobjekt und verbundenem Geschäft

1533 Anstelle der soeben dargestellten Anfechtung auch des Darlehensvertrages durch den Darlehensnehmer im Fall seiner Täuschung über das Objekt des mit dem Darlehensvertrag verbundenen Geschäfts kann der Darlehensnehmer/Gesellschafter, etwa wenn die Anfechtungsfrist des § 124 Abs. 1 BGB verstrichen ist,[3291] bei einem i.S.v. § 9 Abs. 1 VerbrKrG verbundenen Vertrag im Fall eines Vermögensschadens einen **Schadensersatzanspruch aus Verschulden bei Vertragsschluss** gegen die kreditgebende Bank geltend machen. Zur Vermeidung eines unvertretbaren Wertungswiderspruchs ist es nach Auffassung des BGH geboten, bei einem verbundenen Geschäft (§ 9 Abs. 1 VerbrKrG) der kreditgebenden Bank nicht nur die arglistige Täuschung des Fonds- und Kreditvermittlers über die Fondsbeteiligung, sondern auch ein darin liegendes vorsätzliches

3284 BGH, WM 2006, 1066 (1070) unter Hinweis auf BGH, WM 1978, 1154 (1155); BGH, WM 1979, 429 (431).

3285 BGH, WM 2007, 1367 (1368); BGH, ZIP 2007, 1452 (1455); BGH, ZIP 2008, 1673 (1674); BGH, Urt. v. 10.11.2009 – XI ZR 252/08, Umdruck S. 11.

3286 Dazu sogleich unter Rdn. 1532 f.

3287 ZIP 2009, 1054 (1058); BGH, Urt. v. 10.11.2009 – XI ZR 252/08, Umdruck S. 14; ZIP 2010, 70, Rn. 24.

3288 ZIP 2009, 1264 (1265); BGH, Urt. v. 10.11.2009 – XI ZR 252/08, Umdruck S. 14.

3289 BGH, ZIP 2007, 624; BGH, WM 2008, 40 (41); BGH, WM 2008, 89 (91); BGH, ZIP 2008, 1268 (1272).

3290 Bejahend KG Berlin, WM 2005, 2218 (2226 f.); verneinend OLG Schleswig, WM 2005, 1173 (1177 f.); die Frage wird bei BGH, Urt. v. 13.02.2007 – XI ZR 145/06, Umdruck S. 9, zwar angesprochen, aber nicht entschieden.

3291 BGH, WM 1997, 2309 (2311).

Verschulden bei Vertragsschluss zuzurechnen,[3292] nicht jedoch ein lediglich fahrlässiges Verhalten.[3293] Zu beachten ist dabei, dass es für die Frage des schuldhaften, der Bank zuzurechnenden Verhaltens in jüngeren Urteilen des BGH nicht nur auf die unmittelbar ggü. dem Anleger tätigen Vermittler ankommt, sondern ein Schadensersatzanspruch des Anlegers und Darlehensnehmers im Kontext eines verbundenen Geschäfts auch dann gegeben sein kann, wenn ein arglistiges Verhalten der eingeschalteten Vertriebsgesellschaft vorliegt, die über das geschäftsrelevante Wissen verfügte.[3294] Ob sich die Bank auch bei einem nicht verbundenen Geschäft unter besonderen Voraussetzungen entgegenhalten lassen muss, dass sie Kenntnis von der Unrichtigkeit von Angaben von Initiatoren oder Vermittlern bzw. des Fondsprospekts gehabt hat, hat der BGH offen gelassen.

Nach dem Grundsatz der Naturalrestitution (§ 249 Satz 1 BGB) ist der Darlehensnehmer/Gesellschafter hier so zu stellen, wie er ohne die Täuschung gestanden hätte. Nach der Lebenserfahrung, die im konkreten Fall zu widerlegen Sache der Bank ist, ist davon auszugehen, dass er dem Fonds dann nicht beigetreten wäre[3295] und deshalb auch den Kredit nicht aufgenommen hätte. Der Darlehensnehmer/Gesellschafter muss den Kredit deshalb nicht zurückzahlen, sondern nur seinen Fondsanteil, nach dessen Kündigung seinen Abfindungsanspruch, an die kreditgebende Bank abtreten, die ihrerseits die Rückerstattung von Zins- und Tilgungsleistungen an den Darlehensnehmer/Gesellschafter – abzüglich der nach dem Prinzip der Vorteilsausgleichung anzurechnenden Fondsausschüttungen und etwaiger Steuerersparnisse – schuldet.[3296] Eine Anrechnung von **Steuervorteilen** kommt aber nur in Betracht, wenn die Rückabwicklung des Erwerbs nicht zu einer Besteuerung führt, die dem Geschädigten die erzielten Steuervorteile wieder nimmt,[3297] sei es durch eine Nachforderung des Finanzamts, sei es durch eine Besteuerung der Schadensersatzleistung oder der Zug um Zug gegen die Schadensersatzleistung vorgesehenen Übertragung der Kapitalanlage. Etwas anderes gilt nur, wenn der Schädiger Umstände darlegt, auf deren Grundlage dem Geschädigten auch unter Berücksichtigung der Steuerbarkeit der Ersatzleistung außergewöhnlich hohe Steuervorteile verbleiben.[3298] **1534**

b) Haftung der Bank wegen der Verletzung eigener Aufklärungspflichten

Schadensersatzansprüche gegen die Bank können sich ferner in Form von Ansprüchen aus Verschulden bei Vertragsschluss, nunmehr kodifiziert in §§ 280 Abs. 1, 241 Abs. 2, 311 Abs. 2 BGB, wegen der Verletzung eigener Aufklärungspflichten ergeben, wenn die Bank schuldhaft ihre vertraglichen Aufklärungspflichten verletzt.[3299] **1535**

Nach allgemeinen Regeln sind Vertragsparteien grds. nicht zu einer gegenseitigen umfassenden Aufklärung über sämtliche etwa für den Vertragspartner relevanten Belange verpflichtet. Eine solche Aufklärungspflicht besteht vielmehr im Ausgangspunkt nur ausnahmsweise, (i) wenn und soweit der Vertragspartner ausdrücklich nachfragt, (ii) hinsichtlich erkennbar besonders wichtiger **1536**

3292 BGH, WM 2006, 1066 (1070 f.); vgl. auch BGH, Urt. v. 13.02.2007 – XI ZR 145/06, Umdruck S. 9/10; BGH, WM 2007, 1367, Rn. 14; BGH, WM 2008, 1596, Rn. 19; BGH, ZIP 2010, 70, Rn. 19.

3293 BGH, ZIP 2006, 1084, Rn. 27 ff.; BGH, WM 2007, 1367, Rn. 21; BGH, ZIP 2010, 2394, Rn. 10 f. m.w.N.

3294 BGH, ZIP 2009, 1054 (1058); BGH, Urt. v. 10.11.2009 – XI ZR 252/08, Umdruck S. 14; ZIP 2010, 70, Rn. 24.

3295 BGH, WM 1994, 149 m.w.N.

3296 Vgl. zum Ganzen BGH, WM 2006, 1066 (1070 f.).

3297 BGH, ZIP 2010, 1397, Rn. 25; BGH, ZIP 2010, 1646, Rn. 35 ff.; BGH, ZIP 2010, 1590, Rn. 22; BGH, ZIP 2011, 868, Rn. 8 m.w.N.

3298 BGH, ZIP 2011, 868, Rn. 9.

3299 Vgl. zu Schadensersatzansprüchen gegen die Bank auch oben Rdn. 1002–1025.

Umstände oder (iii) aufgrund eines bestehenden besonderen Vertrauensverhältnisses.[3300] Ein solches Vertrauensverhältnis wird dabei grds. nicht schon durch den Vertragsschluss als solchen begründet, sondern entsteht erst im Rahmen einer langjährigen Geschäftsverbindung, wobei sich jedoch aus der besonderen Stellung namentlich eines Bankiers Besonderheiten ergeben können.[3301]

1537 Nach ständiger Rechtsprechung des BGH ist eine kreditgebende Bank bei steuersparenden Bauherren-, Bauträger- und Erwerbermodellen zur **Risikoaufklärung nur unter ganz besonderen Voraussetzungen** verpflichtet.[3302] Sie darf regelmäßig davon ausgehen, dass die Kunden entweder über die notwendigen Kenntnisse verfügen oder sich jedenfalls der Hilfe von Fachleuten bedient haben. Aufklärungs- und Hinweispflichten bezüglich des finanzierten Geschäfts können sich daher nur aus den besonderen Umständen des konkreten Einzelfalls ergeben. Dies kann der Fall sein, (i) wenn die Bank im Zusammenhang mit der Planung, Durchführung oder dem Vertrieb des Projekts **über ihre Rolle als Kreditgeberin hinausgeht**, (ii) wenn sie einen zu den allgemeinen wirtschaftlichen Risiken hinzutretenden **besonderen Gefährdungstatbestand** für den Kunden schafft oder dessen Entstehung begünstigt, (iii) wenn sie sich im Zusammenhang mit Kreditgewährungen sowohl an den Bauträger als auch an einzelne Erwerber in **schwerwiegende Interessenkonflikte** verwickelt[3303] oder (iv) wenn sie in Bezug auf spezielle Risiken des Vorhabens einen **konkreten Wissensvorsprung** vor dem Darlehensnehmer hat und dies auch erkennen kann,[3304] insb., wenn die Bank positive Kenntnis davon hat, dass der Darlehensnehmer über das finanzierte Geschäft arglistig getäuscht wurde.[3305] Ein ggü. dem Darlehensnehmer aufklärungspflichtiger Wissensvorsprung der Bank wird auch nicht dadurch ausgeschlossen, dass auch ein für die Darlehensnehmer tätiger »Treuhänder« bzw. Vertreter Kenntnis von der arglistigen Täuschung hatte, wenn die Bank damit rechnen musste, dass dieser sein Wissen den vertretenen Darlehensnehmern vorenthalten würde.[3306]

1538 Über ihre **Rolle als Kreditgeberin** geht die Bank dabei nicht allein dadurch hinaus, dass sie in dem Kreditvertrag die Auszahlung der Darlehensvaluta von dem Beitritt zu einem **Mietpool** abhängig macht. Das darin zum Ausdruck kommende Bestreben der Bank nach einer genügenden Absicherung des Kreditengagements ist banküblich und typischerweise mit der Rolle eines Kreditgebers verknüpft.[3307] Auch schafft die Bank ohne Hinzutreten spezifischer Risiken des konkreten Mietpools durch ein solches Verlangen keinen besonderen Gefährdungstatbestand.[3308] Ein zur Aufklärung verpflichtender besonderer Gefährdungstatbestand ist vielmehr nur anzunehmen, wenn das Kreditinstitut das eigene wirtschaftliche Wagnis auf den Kunden verlagert und diesen bewusst mit einem Risiko belastet, das über die mit dem zu finanzierenden Vorhaben normalerweise

3300 Vgl. hierzu Palandt/*Ellenberger* § 123 Rn. 5 ff.

3301 Palandt/*Ellenberger* § 123 Rn. 5c m.w.N.

3302 Vgl. etwa BGH, ZIP 2010, 2140, Rn. 17; BGH, ZIP 2010, 1481, Rn. 16; 70, Rn. 30; BGH, Urt. v. 12.06.2007 – XI ZR 112/05, Umdruck S. 10/11; Urt. v. 20.03.2007 – XI ZR 414/04, Umdruck S. 7/8; die Entscheidung der Vorinstanz OLG Karlsruhe ist abgedruckt in ZIP 2005, 698 ff.; ferner etwa BGH, WM 2006, 2343 (2344); BGH, WM 2006, 1194 (1199); BGHZ 159, 294 (316); BGHZ 161, 15 (20); BGH, WM 2005, 72 (76); BGH, WM 2005, 828 (830).

3303 Zur Aufklärungspflicht der Bank wegen eines schwerwiegenden Interessenkonflikts durch Verlagerung des eigenen notleidenden Kreditengagements auf den Erwerber etwa BGH, ZIP 2011, 901 m.w.N.

3304 Zur insoweit ständigen Rechtsprechung vgl. etwa OLG München, WM 2012, 168 (170 ff.); BGH, ZIP 2011, 2001, Rn. 18 und Urt. v. 10.11.2009 – XI ZR 252/08, Umdruck S. 16, und zu diesen Fallgruppen ausführlich oben Rdn. 1002 ff.

3305 BGH, ZIP 2010, 70, Rn. 30; BGH, ZIP 2010, 1481, Rn. 20 f.; BGH, ZIP 2010, 2140, Rn. 17; BGH, ZIP 2011, 368, Rn. 9; BGH, ZIP 2011, 2001, Rn. 18.

3306 BGH, ZIP 2011, 2001, Rn. 24.

3307 Vgl. BGH, ZIP 2008, 112 (115) m.w.N.

3308 BGH, Urt. v. 20.03.2007 – XI ZR 414/04, Umdruck S. 8 f.; Urt. v. 12.06.2007 – XI ZR 112/05, Umdruck S. 13.

verbundenen Gefahren hinausgeht.[3309] Ein solches Risiko folgt aus dem bloßen Beitritt zu einem Mietpool schon deshalb nicht ohne Weiteres, weil hierdurch zugleich das Risiko des Darlehensnehmers, bei einem Leerstand der Wohnung keine Miete zu erzielen, auf alle Mietpoolteilnehmer verteilt wird. Der Beitritt zu einem Mietpool ist daher für den Darlehensnehmer nicht notwendigerweise nachteilig, sondern führt auch zu einer Risikoreduzierung.[3310] Zugleich trägt er dem banküblichen Bestreben des finanzierenden Kreditinstituts nach einer genügenden Absicherung des Kreditengagements Rechnung.[3311] Ein haftungsbegründender Gefährdungstatbestand kann sich also nur bei **Hinzutreten spezifischer Risiken des konkreten Mietpools** ergeben. Dies kann etwa dann der Fall sein, wenn die Bank den Beitritt verlangt

- in Kenntnis einer bereits bestehenden Überschuldung des betreffenden Mietpools,
- in Kenntnis der Tatsache, dass dem Mietpool Darlehen gewährt wurden, für die die Gesellschafter/Darlehensnehmer als Poolmitglieder haften müssen, oder
- in Kenntnis des Umstandes, dass an die Poolmitglieder konstant überhöhte Ausschüttungen ausbezahlt werden, die ihnen einen falschen Eindruck von der Rentabilität und Finanzierbarkeit der Anlage vermitteln.[3312]

Ein **konkreter Wissensvorsprung** liegt auch vor, wenn die Bank positive Kenntnis davon hat, dass 1539 der Darlehensnehmer von seinem Geschäftspartner oder durch den Fondsprospekt über das finanzierte Geschäft arglistig getäuscht wurde.[3313]

c) Insb.: Schadensersatzansprüche bei »institutionalisiertem Zusammenwirken«

Um einen Fall der Haftung für eine eigene Aufklärungspflicht der Bank aufgrund eines konkreten 1540 Wissensvorsprunges handelt es sich auch bei der durch die Urteilsserie vom 16.05.2006 begründeten Rechtsprechung des BGH[3314] zur **Haftung bei »institutionalisiertem Zusammenwirken«.**

Grds. muss die Bank im Rahmen ihrer Aufklärungspflicht aufgrund eines konkreten Wissensvor- 1541 sprungs nur das ihr präsente Wissen offenbaren. Sie hat insb. keine Nachforschungspflicht hinsichtlich etwaiger Risiken des zu finanzierenden Vorhabens.[3315] Den Darlehensnehmer trifft insoweit die Darlegungs- und Beweislast für die positive Kenntnis der Bank von den betreffenden Risiken. Nur ausnahmsweise steht die bloße Erkennbarkeit von aufklärungspflichtigen Tatsachen der positiven Kenntnis gleich, wenn sich diese einem zuständigen Bankmitarbeiter nach den Umständen des Einzelfalls aufdrängen mussten.[3316]

Nach der mit Urteilsserie vom 16.05.2006 begründeten Rechtsprechung des BGH[3317] greift 1542 demgegenüber im Fall einer arglistigen Täuschung des Darlehensnehmers durch den Vermittler

3309 BGH, Urt. v. 20.03.2007 – XI ZR 414/04, Umdruck S. 9; BGH, WM 2004, 172 (174); BGH, WM 1999, 678 (680 f.); BGH, WM 1992, 1310 (1311).

3310 BGH, Urt. v. 20.03.2007 – XI ZR 414/04, Umdruck S. 9; BGH, WM 2006, 1194 (1200); BGH, Urt. v. 19.12.2006 – XI ZR 192/04 Umdruck S. 14.

3311 BGH, Urt. v. 20.03.2007 – XI ZR 414/04, Umdruck S. 9; BGH, WM 2006, 1194 (1200); BGH, WM 1992, 901 (905).

3312 BGH, Urt. v. 20.03.2007 – XI ZR 414/04, Umdruck S. 14.; BGH, ZIP 2008, 1011 (1014).

3313 Zur insoweit ständige Rechtsprechung vgl. etwa BGH, ZIP 2010, 2140, Rn. 17 m.w.N.; BGH, ZIP 2009, 1054 (1057) m.w.N.; BGH, Urt. v. 10.11.2009 – XI ZR 252/08, Umdruck S. 16.

3314 BGH, WM 2006, 1194 (1200); BGH, WM 2006, 2343 (2345); BGH, WM 2007, 114 (115); BGH, ZIP 2007, 414 (418); vgl. auch BGH, Urt. v. 19.12.2006 – XI ZR 401/03, Umdruck S. 12; BGH, Urt. v. 20.03.2007 – XI ZR 414/04, Umdruck S. 27; BGH, ZIP 2008, 1268 (1270).

3315 Vgl. etwa BGH, ZIP 2008, 2405 (2406) sowie BGH, ZIP 2008, 1421 (1422).

3316 BGH, ZIP 2008, 1421 (1423) m.w.N.

3317 BGH, WM 2006, 1194 (1200); BGH, WM 2006, 2343 (2345); BGH, WM 2007, 114 (115); BGH, ZIP 2007, 414 (418); vgl. auch BGH, Urt. v. 19.12.2006 – XI ZR 401/03, Umdruck S. 12; BGH, ZIP 2007, 954 (961); BGH, ZIP 2008, 1268 (1270); BGH, ZIP 2010, 1481, Rn. 17; BGH, ZIP 2011, 368, Rn. 9.

zugunsten des Darlehensnehmers unter bestimmten Voraussetzungen eine **Beweiserleichterung** ein:

1543 Nach dieser Rechtsprechung können sich die Gesellschafter/Darlehensnehmer in Fällen des institutionalisierten Zusammenwirkens der kreditgebenden Bank mit dem Verkäufer oder Vertreiber des finanzierten Objekts unter erleichterten Voraussetzungen mit Erfolg auf einen die Aufklärungspflicht auslösenden konkreten Wissensvorsprung der finanzierenden Bank im Zusammenhang mit einer arglistigen Täuschung des Gesellschafter/Darlehensnehmers durch unrichtige Angaben der Vermittler, Verkäufer oder Fondsinitiatoren bzw. des Fondsprospekts über das Anlageobjekt berufen. Die Kenntnis der Bank von einer solchen arglistigen Täuschung wird **widerleglich vermutet**, wenn (i) Verkäufer oder Fondsinitiatoren, die von ihnen beauftragten Vermittler und die finanzierende Bank in institutionalisierter Art und Weise zusammenwirken, (ii) auch die Finanzierung der Kapitalanlage vom Verkäufer oder Vermittler, sei es auch nur über einen von ihm benannten Finanzierungsvermittler, angeboten wurde und (iii) die Unrichtigkeit der Angaben des Verkäufers, Fondsinitiators oder der für sie tätigen Vermittler bzw. des Verkaufs- oder Fondsprospekts nach den Umständen des Falles objektiv evident ist, sodass sich nach der allgemeinen Lebenserfahrung aufdrängt, die Bank habe sich der Kenntnis der arglistigen Täuschung geradezu verschlossen.[3318]

1544 Dabei ist nach der Rechtsprechung des BGH[3319] für die Annahme eines **institutionalisierten Zusammenwirkens** nicht ausreichend, dass die Bank den übrigen am Vertrieb des Kapitalanlagemodells Beteiligten bereits vorab eine allgemeine Finanzierungszusage gegeben hat. Vielmehr ist erforderlich, dass zwischen Verkäufer oder Fondsinitiator, den von ihnen beauftragten Vermittlern und der finanzierenden Bank ständige Geschäftsbeziehungen bestanden. Diese können etwa in Form einer Vertriebsvereinbarung, eines Rahmenvertrags oder konkreter Vertriebsabsprachen gegeben sein oder sich daraus ergeben, dass den vom Verkäufer oder Fondsinitiator eingeschalteten Vermittlern von der Bank Büroräume überlassen wurden oder von ihnen – von der Bank unbeanstandet – Formulare des Kreditgebers benutzt wurden. Für eine ständige Geschäftsbeziehung spricht auch, wenn der Verkäufer oder die Vermittler dem finanzierenden Institut wiederholt Finanzierungen von Eigentumswohnungen oder Fondsbeteiligungen desselben Objekts vermittelt haben. Ein institutionalisiertes Zusammenwirken kann ferner etwa dann vorliegen, wenn der Verkäufer, die Bank und die Vermittler aufgrund eines gemeinsamen Vertriebskonzepts planmäßig und arbeitsteilig zusammenarbeiten, die Vermittler ggü. den Kunden sowohl als Vermittler der Verkäufer als auch als Handelsvertreter der Bank auftreten, die Vermittler sämtliche Vertragsverhandlungen auch hinsichtlich der Finanzierung übernehmen und hierfür eine Finanzierungszusage der Bank haben und die Bank dann die Darlehensauszahlung von dem Beitritt zu einem Mietpool abhängig macht.[3320]

1545 Dass die **Finanzierung der Kapitalanlage vom Verkäufer oder Vermittler angeboten** wurde, ist nach der Rechtsprechung des BGH[3321] dann anzunehmen, wenn der Kreditvertrag nicht aufgrund eigener Initiative des Kreditnehmers zustande kommt, der von sich aus eine Bank zur Finanzierung seines Erwerbgeschäfts sucht, sondern deshalb, weil der Vertriebsbeauftragte des Verkäufers oder Fondsinitiators dem Interessenten im Zusammenhang mit den Anlage- oder Verkaufsunterlagen, sei es auch nur über einen von ihm benannten besonderen Finanzierungsvermittler, einen Kreditantrag

3318 BGH, WM 2006, 1194 (1200); BGH, ZIP 2006, 2262 (2264); BGH, WM 2007, 114 (115); BGH, ZIP 2007, 414 (418); BGH, ZIP 2007, 954 (961); BGH, ZIP 2008, 1714 (1716); BGH, ZIP 2008, 1268; BGH, ZIP 2010, 1481, Rn. 12; BGH, ZIP 2010, 2140, Rn. 18; vgl. zum Hintergrund, den Voraussetzungen und den Auswirkungen dieser Rechtsprechung ausführlich oben Rdn. 1019–1024.

3319 BGH, WM 2006, 1194 (1200).

3320 BGH, ZIP 2007, 954 (961).

3321 BGH, WM 2006, 1194 (1200).

des Finanzierungsinstituts vorgelegt hat, das sich zuvor dem Verkäufer oder dem Fondsinitiator ggü. zur Finanzierung bereit erklärt hatte.

Von einer **evidenten Unrichtigkeit** der Angaben des Verkäufers, Fondsinitiators oder der für sie tätigen Vermittler bzw. des Verkaufs- oder Fondsprospekts ist nach der Rechtsprechung des BGH[3322] schließlich dann auszugehen, wenn sie sich objektiv als grob falsch dargestellt haben, sodass sich aufdrängt, die kreditgebende Bank habe sich der Kenntnis der Unrichtigkeit und der arglistigen Täuschung geradezu verschlossen. Dabei ist die Frage der Evidenz **objektiv zu bestimmen**, sodass die Beweiserleichterung bereits dann eintritt, wenn rein objektiv eine evidente arglistige Täuschung vorliegt.[3323] Es kommt nicht darauf an, ob die Bank im konkreten Fall die Unrichtigkeit erkennen konnte. Die Frage nach der Kenntnis der Bank stellt sich erst im Zusammenhang mit der ihr obliegenden Widerlegung der Vermutung. **1546**

Problematisch ist, ob eine solche Beweiserleichterung nicht nur für schriftliche Angaben, insb. im Fondsprospekt oder im Besuchsbericht[3324] bzw. in Besuchsbericht und Darlehensantrag,[3325] sondern auch für nur **mündliche Angaben der Vermittler** gilt. Fraglich ist also, ob für das Eingreifen der widerleglichen Vermutung die Unrichtigkeit der Angaben des Verkäufers, Fondsinitiators oder der für sie tätigen Vermittler auch für die Bank evident im Sinne von offenkundig sein muss oder ob es bereits ausreicht, dass die Angaben des Vermittlers etc. evident unrichtig im Sinne von grob unrichtig sind, und dann bereits deshalb (auch) vermutet werden soll, dass sich dies der Bank hätte aufdrängen müssen und sie sich der arglistigen Täuschung geradezu verschlossen hat. Insoweit vertritt das OLG München in einem Urt. v. 11.01.2007[3326] die Auffassung, dass eine tatsächliche Vermutung im letztgenannten Sinne in dieser Allgemeinheit nicht gerechtfertigt sei. Denn einen Erfahrungssatz, dass eine finanzierende Bank von allen Angaben eines Verkäufers oder Vermittlers Kenntnis erlangt, gebe es nicht und könne es auch nicht geben. Während ein solcher Erfahrungssatz bei schriftlichen Prospektangaben im Allgemeinen ohne Weiteres zu bejahen sein dürfte, weil davon ausgegangen werden könne, dass einer Bank, die mit dem Verkäufer etc. »in einem Boot sitzt«, auch dessen Prospekte bekannt sind, erscheine dies bei rein mündlichen Angaben des Verkäufers oder Vermittlers im Rahmen von Verkaufsgesprächen eher fernliegend. Mitarbeiter der finanzierenden Banken seien bei derartigen Gesprächen in aller Regel nicht anwesend gewesen. Daher müsse der Anleger in diesen Fällen schon zusätzlich darlegen und ggf. auch nachweisen, wie die Bank von den entsprechenden Verkaufs- oder Vermittlungspraktiken erfahren haben soll oder zumindest erfahren hätte müssen. **1547**

d) Insb.: Schadensersatzansprüche wegen Nichtaufklärung über ein bestehendes Widerrufsrecht

Als Unterfall der Haftung für Aufklärungspflichtverletzungen ist auch die von der Rechtsprechung entwickelte Haftung der Bank wegen **Nichtaufklärung des Anlegers über sein Widerrufsrecht** einzuordnen. **1548**

Dieser Haftungstatbestand ist auf zwei **Entscheidungen des Gerichtshofs der Europäischen Gemeinschaften v. 25.10.2005**[3327] zurückzuführen, die auf Vorlage des OLG Bremen[3328] und des LG Bochum[3329] im Rahmen eines Vorabentscheidungsverfahrens ergingen. In diesen Entscheidun- **1549**

3322 BGH, WM 2006, 1194 (1200).
3323 BGH, ZIP 2010, 2140 m.w.N.
3324 Vgl. den der Entscheidung BGH, ZIP 2008, 1268 zugrunde liegenden Sachverhalt.
3325 Vgl. den der Entscheidung BGH, ZIP 2008, 112 zugrunde liegenden Sachverhalt.
3326 OLG München, NZM 2007, 181.
3327 EuGH, WM 2005, 2079 (»Schulte«) und EuGH, WM 2005, 2086 (»Crailsheimer Volksbank«).
3328 OLG Bremen, NJW 2004, 2238 ff.; vgl. auch das nachfolgende Urteil des OLG Bremen, WM 2006, 758 f.
3329 LG Bochum, NJW 2003, 2612 ff.

gen hat der EuGH zum einen betont, dass die Haustürgeschäfterichtlinie[3330] es nicht verbietet, den Verbraucher nach Widerruf des Darlehensvertrages zur sofortigen Rückzahlung der Darlehensvaluta zuzüglich marktüblicher Zinsen zu verpflichten, obwohl die Valuta nach dem für die Kapitalanlage entwickelten Konzept ausschließlich der Finanzierung des Erwerbs der Immobilie diente und unmittelbar an den Verkäufer ausgezahlt wurde. Damit hat er die Rechtsprechung des XI. Zivilsenats zur bilateralen Rückabwicklung zwischen Bank und Darlehensnehmer bei realkreditfinanzierten Immobiliengeschäften bestätigt.[3331] Ohne die hieraus zu ziehenden Rechtsfolgen im Einzelnen vorzugeben, führte der Gerichtshofs der Europäischen Gemeinschaften jedoch andererseits auch aus, dass *»in einem Fall, in dem der Verbraucher, wenn das Kreditinstitut seiner Verpflichtung, ihn über sein Widerrufsrecht zu belehren, nachgekommen wäre, es hätte vermeiden können, sich den Risiken auszusetzen, die mit Kapitalanlagen der im Ausgangsverfahren in Rede stehenden Art verbunden sind, Artikel 4 der Haustürgeschäfterichtlinie die Mitgliedstaaten verpflichtet, dafür zu sorgen, dass ihre Rechtsvorschriften die Verbraucher schützen, die es nicht vermeiden konnten, sich solchen Risiken auszusetzen, indem sie Maßnahmen treffen, die verhindern, dass die Verbraucher die Folgen der Verwirklichung dieser Risiken tragen.«*.

1550 Die soeben zitierte Urteilspassage und ihre Konsequenzen waren in der Folgezeit Gegenstand zahlreicher Beiträge[3332] und haben auch den BGH[3333] beschäftigt. So wurde etwa vertreten, der nicht mit einer Widerrufsbelehrung versehene Darlehensvertrag sei in »richtlinienkonformer« Auslegung oder analoger Anwendung der §§ 9 Abs. 2 Satz 4, 7 Abs. 4 VerbrKrG und § 3 HausTWG wie bei einem verbundenen Geschäft durch Rückzahlung der vom Verbraucher geleisteten Zins- und Tilgungsraten gegen Übertragung der Immobilie rückabzuwickeln[3334] oder der Darlehensnehmer sei im Fall einer unterbliebenen Widerrufsbelehrung nicht als Empfänger der Darlehensvaluta anzusehen.[3335] Andere vertraten die Auffassung, bei einer Investition der Darlehensvaluta in eine Immobilie durch einen über sein Widerrufsrecht nicht belehrten Darlehensnehmer sei von einem unverschuldeten Untergang der empfangenen Leistung i.S.d. § 3 Abs. 2 HausTWG auszugehen.[3336]

1551 Der BGH hat den vorgenannten Auffassungen in seiner Entscheidung vom **16.05.2006**[3337] eine Absage erteilt und stattdessen aus den Entscheidungen des Gerichtshofs der Europäischen Gemeinschaften v. 25.10.2005 auf die Möglichkeit eines **Schadensersatzanspruches** des Verbrauchers **wegen unterbliebener Widerrufsbelehrung** aus culpa in contrahendo geschlossen. In jener Entscheidung v. 16.05.2006 hatte der BGH allerdings die dabei auftretenden Fragen, ob ein Unterlassen der erforderlichen Widerrufsbelehrung nicht nur als Obliegenheitsverletzung, sondern als echte Pflichtverletzung anzusehen ist, und ob eine Haftung nicht ohnehin mangels Verschulden der Bank ausscheide, noch offen gelassen, weil der Verbraucher den notariell beurkundeten Immobilienkaufvertrag zeitlich vor dem Darlehensvertrag abgeschlossen hatte und es folglich ohnehin an einer Kausalität zwischen unterlassener Widerrufsbelehrung und dem Schaden in der Gestalt der Realisierung von Anlagerisiken fehlte. Erst in seinem anschließenden Urt. v. **19.09.2006**[3338]

3330 Richtlinie 85/577/EWG des Rates v. 20.12.1985 betreffend den Verbraucherschutz im Fall von außerhalb von Geschäftsräumen geschlossenen Verträgen, ABl. EG L 372/31 v. 31.12.1985.

3331 Vgl. zur Rechtsprechung des BGH oben Rdn. 1495–1512.

3332 Vgl. etwa *Fischer* DB 2005, 2507 f.; *ders.* VuR 2006, 53 f.; *Hoffmann* ZIP 2005, 1985 f.; *Freitag* WM 2006, 61 f.; *Jungmann* NJW 2007, 1562 f.; *Habersack* ZIP 2010, 775 f.; jüngst *Mörsdorf* ZIP 2012, 845 f.

3333 BGH, ZIP 2006, 1187 f.; 2262 f.

3334 *Fischer* DB 2005, 2507 (2510); *ders.* VuR 2006, 53 (57); *Hofmann* BKR 2005, 487 (492 f.); *Staudinger* NJW 2005, 3521 (3525).

3335 *Derleder* BKR 2005, 442 (448).

3336 *Knops* WM 2006, 70 (77); *Knops/Kulke* VuR 2006, 127 (135).

3337 BGH, WM 2006, 1194, Rn. 30–34.

3338 BGH, WM 2006, 2343 (2347); vgl. auch OLG Bremen, WM 2006, 758 (763); a.A. etwa *Lang/Rösler* WM 2006, 513 (516 f.) m.w.N.

hat der BGH ausdrücklich ausgeführt, dass nach den Entscheidungen des Gerichtshofs der Europäischen Gemeinschaften v. 25.10.2005 die Haustürgeschäfterichtlinie eine »echte« Rechtspflicht des Unternehmers zur Widerrufsbelehrung enthalte, und dass unter Beachtung dieser für die nationalen Gerichte bindenden Auslegung auch § 2 HausTWG, dessen Wortlaut die Annahme einer solchen Rechtspflicht nicht ausschließt, richtlinienkonform als Rechtspflicht des Unternehmers zu verstehen sei, deren Verletzung Ersatzansprüche zur Folge haben könne. Das Gesetz wolle mit der Belehrung über das Widerrufsrecht den Kunden vor allem über Existenz, Inhalt und Bedeutung seines Widerrufsrechts informieren, damit er überhaupt erst in die Lage versetzt wird, seine Rechte auszuüben und sich auf die schwebende Unwirksamkeit des Vertrages zu berufen. Dieses Ziel lasse sich nur erreichen, wenn eine Pflicht zur Belehrung besteht.[3339] Ein solcher Schadensersatzanspruch wegen unterbliebener Widerrufsbelehrung kommt dabei grds. auch dann in Betracht, wenn die Haustürsituation nicht beim Vertragsabschluss, sondern nur bei dessen Anbahnung vorlag.[3340]

Entgegen einer in Rechtsprechung[3341] und Literatur[3342] vertretenen Ansicht steht der BGH dabei auf dem Standpunkt, dass ein solcher Schadensersatzanspruch wegen Nichtbelehrung über ein bestehendes Widerrufsrecht **zwingend ein Verschulden der Bank voraussetzt.**[3343] Einer verschuldens*un*abhängigen Haftung stünden wesentliche Grundsätze des nationalen Haftungsrechts entgegen,[3344] namentlich der in § 276 Abs. 1 BGB a.F. verankerte allgemeine Grundsatz, dass eine Schadensersatzpflicht i.d.R. nur bei schuldhaftem Verhalten besteht. Zwar ermögliche die Vorschrift des § 276 Abs. 1 BGB a.F. auch eine verschuldensunabhängige Haftung, sofern »*ein anderes bestimmt war*«, dies gelte jedoch nur dann, wenn eine solche Bestimmung sich aus dem Gesetz, den vertraglichen Vereinbarungen oder dem Inhalt des Schuldverhältnisses ergebe, was jedoch nicht ersichtlich sei. Ebenso komme auch die Annahme einer Gefährdungshaftung nicht in Betracht, da dieses für einzelne, näher umschriebene Tatbestände normierte Rechtsinstitut eine spezielle Ausnahme darstelle, die der an das Gesetz gebundene Richter nach ständiger Rechtsprechung des BGH nicht von sich aus erweitern dürfe.[3345] Nach derzeitigem Stand der nationalen Rechtsprechung setzt eine Haftung der Bank für die Nichtaufklärung nach dem Haustürwiderrufsgesetz somit ein **zumindest fahrlässiges Verhalten der Bank** voraus. Dies dürfte für die Rechtspraxis insb. zur Folge haben, dass eine derartige Haftung bei solchen Darlehensverträgen, die **vor der »Heininger-Entscheidung« des Gerichtshofs der Europäischen Gemeinschaften v. 13.12.2001**[3346] geschlossen wurden, von **vornherein ausscheidet**. Denn bis zu diesem Zeitpunkt ging der weit überwiegende Teil der nationalen Rechtsprechung[3347] davon aus, dass das Haustürwiderrufsgesetz wegen § 5 Abs. 2 HausTWG auf Verbraucherkreditverträge keine Anwendung findet, sodass den Banken schon das Bestehen 1552

3339 BGH, WM 2006, 2343 (2347); BGH, ZIP 2008, 686 (688); vgl. auch OLG Stuttgart, NJW-RR 1988, 558 (559); OLG Stuttgart, NJW 1988, 1986 (1987).

3340 BGH, ZIP 2008, 686 (690) m.w.N.

3341 Insb. OLG Bremen, WM 2006, 758.

3342 Etwa *Hofmann* BKR 2005, 487 (492) m.w.N.

3343 BGH, WM 2006, 2343 (2347); BGH, Urt. v. 24.10.2006 – XI ZR 265/03, Umdruck S. 13 f.; BGH, Urt. v. 19.12.2006 – XI ZR 401/03, Umdruck S. 13; BGH, Urt. v. 14.07.2007 – XI ZR 130/05, NJOZ 2007, 2310 (2313); BGH, WM 2008, 115 (121); BGH, ZIP 2008, 686 (688/689).

3344 *Mörsdorf* ZIP 2012, 845 (849 f.) hingegen will die Tatsache, dass sich der EuGH in den Urteilen v. 25.10.2005 zum Verschuldenserfordernis nicht verhält, als »beredtes Schweigen« im Sinne einer verschuldensunabhängigen Haftung deuten.

3345 BGH, WM 2006, 2343 (2347); BGH, ZIP 2008, 686 (689).

3346 EuGH, WM 2001, 2434.

3347 Vgl. die Nachweise im betreffenden Vorlagebeschluss des BGH, WM 2000, 26 (27).

eines Widerrufsrecht nach dem Haustürwiderrufsgesetz nicht bekannt war und auch nicht bekannt sein musste und ihr daher eine Fahrlässigkeit hinsichtlich der Nichtbelehrung nach dem Haustürwiderrufsgesetz nicht vorzuwerfen ist.[3348] Eine haftungsbegründende verschuldete Pflichtverletzung wird man in der Nichtbelehrung vor diesem Hintergrund allenfalls zeitlich nach dem genannten Zeitpunkt annehmen können.[3349]

1553 Eine **weitere Einschränkung** der Haftung ergibt sich ferner aus der zu fordernden **Kausalität zwischen der Nichtbelehrung durch die Bank und der Bindung des Anlegers an das Anlagegeschäft.**[3350] Ausgehend vom Zweck der Haustürwiderrufsrichtlinie, den Verbraucher vor den Risiken des Anlagegeschäfts zu schützen, kann eine Haftung der Bank nur dort in Betracht kommen, wo sich der Verbraucher im Fall ordnungsgemäßer Belehrung diesen Risiken hätte entziehen können. Dementsprechend **kommt ein Schadensersatzanspruch wegen Nichterteilung einer Widerrufsbelehrung** nach der Rechtsprechung des BGH dann von vornherein **nicht in Betracht**, wenn der Anleger den betreffenden **Anlagevertrag zeitlich *vor* dem Darlehensvertrag abgeschlossen** hat, da es der Anleger in diesem Fall auch bei erfolgter Belehrung über sein Recht zum Widerruf des Darlehensvertrages gerade nicht hätte vermeiden können, sich dem Anlagerisiko auszusetzen, sodass dessen Realisierung nicht kausal auf der Nichterteilung einer Widerrufsbelehrung beruht und dementsprechend kein ersatzfähiger Schaden besteht.[3351] Selbst wenn der **Anlagevertrag erst *nach* dem Darlehensvertrag** geschlossen wurde und der Verbraucher demnach die Möglichkeit gehabt hätte, mit dem Widerruf des Darlehensvertrages auch Risiken des Anlagegeschäftes zu vermeiden, obliegt ihm nach aktueller Rechtsprechung darüber hinaus jedenfalls der **konkrete Nachweis, dass er den Darlehensvertrag bei ordnungsgemäßer Belehrung tatsächlich widerrufen und die Anlage nicht getätigt hätte.**[3352] Insb. greift insoweit zugunsten des Verbrauchers auch nicht die Vermutung aufklärungsrichtigen Verhaltens ein.[3353] Diese Vermutung setzt voraus, dass es für den Anleger bei Belehrung über sein Widerrufsrecht damals nur eine bestimmte Möglichkeit der Reaktion gab.[3354] Davon kann hier indes nicht ausgegangen werden, da nichts dafür ersichtlich ist, dass die Risiken des Vertragswerks vom Darlehensnehmer innerhalb der einwöchigen Widerrufsfrist erkannt worden wären, sodass er im Einzelnen nachzuweisen hat, dass er im Fall einer ordnungsgemäßen Belehrung tatsächlich die vorhandenen Risiken erkannt und von dem Anlagegeschäft Abstand genommen hätte.[3355]

3348 Zustimmend jedenfalls für vor der Entscheidung BGH, WM 1998, 2463 aus dem Jahr 1998 geschlossene Verträge auch OLG Bremen, WM 2006, 758 m.w.N.; wie hier *Freitag* WM 2006, 61 (69).

3349 Vgl. hierzu für einen Darlehensvertrag von Oktober 1992: BGH, ZIP 2008, 686 (689); für einen Darlehensvertrag aus dem Jahr 1994: OLG Karlsruhe, WM 2007, 16 (19); aus dem Jahr 1997: OLG Celle, NJW 2006, 1817 (1818), aus dem Jahr 1999: OLG München, NJW 2006, 1811 (1815).

3350 BGH, WM 2006, 2343 (2347); BGH, Urt. v. 24.10.2006 – XI ZR 265/03, Umdruck S. 14; BGH, Urt. v. 19.12.2006 – XI ZR 401/03, Umdruck S. 13 f.; BGH, Urt. v. 17.04.2007 – XI ZR 130/05, NJOZ 2007, 2310 (2313); BGH, WM 2008, 115 (121); BGH, ZIP 2008, 686 (688).

3351 BGH, WM 2006, 1194 (1199); BGH, WM 2006, 2343 (2347); BGH, BKR 2007, 152 (154); BGH, ZIP 2008, 686 (689); insoweit zustimmend *Mörsdorf* ZIP 2012, 845 (850); a.A. *Knops* WM 2006, 70 (73); *Kahl/Essig* ZIP 2009, 659 (666).

3352 BGH, WM 2006, 2343 (2347); BGH, Urt. v. 24.10.2006 – XI ZR 265/03, Umdruck S. 14; BGH, Urt. v. 19.12.2006 – XI ZR 401/03, Umdruck S. 13 f.; BGH, Urt. v. 17.04.2007 – XI ZR 130/05, NJOZ 2007, 2310 (2313); BGH, WM 2008, 115 (121); BGH, ZIP 2008, 686 (688); a.A. *Mörsdorf* ZIP 2012, 845 (850).

3353 BGH, WM 2006, 2343 (2347); a.A. OLG Bremen, WM 2006, 758 (766 f.); vgl. hierzu aber auch oben Rdn. 1018.

3354 BGH, WM 2004, 1774 m.w.N.

3355 BGH, WM 2006, 2343 (2347) m.w.N.

e) Inhalt und Umfang der Schadensersatzansprüche

1554 Rechtsfolge einer Aufklärungspflichtverletzung durch die Bank ist ein Anspruch des Anlegers auf **Naturalrestitution, § 249 Abs. 1 BGB**, d.h., der Anleger ist so zu stellen, als sei er ordnungsgemäß informiert und aufgeklärt worden. Auszugleichen sind mit anderen Worten nur die kausal durch die Pflichtverletzung entstanden Schäden.[3356]

1555 Dies führt insb. dazu, dass die Verletzung einer Aufklärungspflicht durch eine an dem Anlagegeschäft selbst nicht beteiligte Bank nach der Rechtsprechung des Bundesgerichtshofes[3357] lediglich zu einer **Haftung für diejenigen Risiken** führt, **für deren Einschätzung die erbetene Auskunft maßgebend war.** Selbst dann, wenn der Anleger das gesamte Geschäft bei fehlerfreier Aufklärung nicht abgeschlossen hätte, rechtfertigt dies im Allgemeinen gleichwohl nicht, der Bank den gesamten mit dem fehlgeschlagenen Vorhaben verbundenen Schaden aufzuerlegen. Jedenfalls dann, wenn bei wertender Betrachtung der aus der Aufklärungspflichtverletzung herrührende Schaden auch durch Ausgleich in Geld neutralisiert werden kann, sei es daher unangemessen, das nicht den Gegenstand der Auskunftspflicht bildende Anlagerisiko insgesamt auf die Bank überzuwälzen. In diesem Fall schuldete die Bank daher den **Ersatz des kausal entstandenen Differenzschadens in Geld, nicht jedoch die Rückabwicklung sämtlicher in diesem Zusammenhang geschlossener Verträge.**[3358] Namentlich führt daher insb. eine pflichtwidrig nicht erfolgte Aufklärung über etwaige Nachteile der gewählten Finanzierung allenfalls zum Ersatz der durch diese entstandenen Mehrkosten, nicht jedoch zur Rückabwicklung des Darlehens- oder gar des Kaufvertrages.[3359]

1556 Betreffen die **von der Auskunftspflicht berührten Risiken** dagegen nicht nur einen Teilaspekt des Anlagegeschäfts, sondern dessen **gesamte Rentabilität und Finanzierbarkeit**, so besteht ein **umfassender Rückabwicklungsanspruch.**[3360] Dies gilt unabhängig davon, ob die Aufklärungspflicht im Einzelfall auf der Schaffung eines besonderen Gefährdungstatbestandes, einem konkreten Wissensvorsprung[3361] oder etwa auf einem konkludent geschlossenen Beratungsvertrag[3362] beruht. Entscheidend ist allein, ob die geschuldete Auskunft einen abtrennbaren, in Geld ausgleichbaren Teilaspekt des Anlagegeschäfts – etwa die Folgen eines Mietpoolbeitritts – oder aber den Kern des Anlagegeschäfts – insb. dessen Rentabilität und Finanzierbarkeit im Ganzen – betrifft.[3363]

1557 Nicht abschließend geklärt ist die Frage, auf welche Schäden sich ein **Schadensersatzanspruch wegen unterbliebener Widerrufsbelehrung** erstreckt, sollte ein Verschulden der Bank unter Berücksichtigung der hieran vom BGH gestellten Anforderungen gegeben sein und dem Verbraucher auch der ihm obliegende Nachweis dafür gelingen, dass er bei ordnungsgemäßer Widerrufsbelehrung den Darlehensvertrag widerrufen und die Anlage nicht getätigt hätte. Nimmt man

3356 BGH, WM 2004, 417 (419); vgl. hierzu auch oben Rdn. 1025.

3357 BGH, Urt. v. 20.03.2007 – XI ZR 414/04, Umdruck S. 11; BGH, WM 2004, 417 (419); BGH, WM 2004, 521 (524); BGH, WM 2003, 1370 (1373); BGH, WM 2003, 1621 (1622).

3358 BGH, Urt. v. 20.03.2007 – XI ZR 414/04, Umdruck S. 11; BGH, WM 2004, 417 (419); BGH, WM 2004, 521 (524); BGH, WM 2003, 1370 (1373); BGH, WM 2003, 1621 (1622).

3359 BGH, Urt. v. 20.03.2007 – XI ZR 414/04, Umdruck S. 11 f.; BGH, WM 2006, 1194 (1200); BGH, WM 2004, 521 (524); BGH, WM 1989, 665 (667).

3360 BGH, Urt. v. 20.03.2007 – XI ZR 414/04, Umdruck S. 15; BGH, WM 2006, 1194 (1201); BGH, WM 2004, 422 (424).

3361 BGH, WM 2006, 1194 (1201).

3362 BGH, WM 2004, 422 (424).

3363 BGH, Urt. v. 20.03.2007 – XI ZR 414/04, Umdruck S. 15; vgl. auch BGH, Urt. v. 12.06.2007 – XI ZR 112/05, Umdruck S. 18.

insoweit den zugrunde liegenden Ausspruch des Gerichtshofs der Europäischen Gemeinschaften v. 13.12.2001[3364] beim Wort, so ist der Verbraucher von denjenigen Risiken freizustellen, die mit dem Anlagegeschäft verbunden sind. Nachdem sich die Pflichtverletzung hier nicht nur für einzelne Aspekte, sondern für das Anlagegeschäft im Ganzen ausschlaggebend war, läge es daher nahe, dem Verbraucher einen umfassenden Rückabwicklungsanspruch zu gewähren.[3365] Da sich das der Aufklärungspflicht zugrunde liegende Widerrufsrecht jedoch gerade nur auf den Darlehensvertrag bezieht, käme auch eine Verweisung des Verbrauchers auf Ersatz lediglich seines Differenzschadens in Betracht.[3366] Das OLG Bremen[3367] kommt über eine entsprechende Anwendung der Grundsätze der Rückabwicklung verbundener Geschäfte im Ergebnis zu einer vollständigen Rückabwicklung. Der BGH hat die Frage des Schadensumfangs bisher, soweit ersichtlich, nicht entschieden. Jedoch erscheint es angesichts der Tatsache, dass er bisher stark dazu neigt, die Haftung der Bank in diesen Fällen konsequent am Schadensersatzrecht zu orientieren, als wahrscheinlich, dass er auch die Rechtsfolgen nicht analog der Rückabwicklung infolge Widerrufs entwickelt, sondern dogmatisch auch insoweit auf die Rechtsprechung zu Schadensersatzansprüchen wegen Aufklärungspflichtverletzungen zurückgreift. Es bleibt abzuwarten, ob er sich dabei für eine Differenzhaftung oder eine vollständige Rückabwicklung entscheidet.

1558 Besteht nach diesen Kriterien ein Anspruch auf Rückabwicklung der geschlossenen Verträge, so kann der Anleger von der Bank eine **umfassende Schadlosstellung** verlangen. Dieser Anspruch, der im Ergebnis weitestgehend dem Anspruch auf Rückabwicklung infolge Widerrufs bei verbundenem Geschäft entspricht,[3368] umfasst dabei einen **Ersatz sämtlicher entstandener Kosten unter Anrechnung gezogener Vorteile**. Dementsprechend muss der Anleger den Kredit nicht zurückzahlen, sondern kann die Bank auf das Anlageobjekt bzw. ggf. nach Kündigung der Fondsgesellschaft auf seinen Abfindungsanspruch verweisen, die ihrerseits die **Rückerstattung** von **Zins- und Tilgungsleistungen** sowie auch etwa **aufgebrachten Eigenkapitals**[3369] an den Kreditnehmer und Anleger – **abzüglich** etwaiger nach dem Prinzip der Vorteilsausgleichung anzurechnender **Fondsausschüttungen bzw. vereinnahmter Gewinnanteile, Mieteinnahmen und ähnlicher Vorteile** – schuldet.[3370] Eine Anrechnung von **Steuervorteilen** kommt aber nur in Betracht, wenn die Rückabwicklung nicht zu einer Besteuerung führt, die dem Geschädigten die erzielten Steuervorteile wieder nimmt,[3371] sei es durch eine Nachforderung des Finanzamts, sei es durch eine Besteuerung der Schadensersatzleistung oder der Zug um Zug gegen die Schadensersatzleistung vorgesehenen Übertragung der Kapitalanlage. Etwas anderes gilt nur, wenn der Schädiger Umstände darlegt, auf deren Grundlage dem Geschädigten auch unter Berücksichtigung der Steuerbarkeit der Ersatzleistung außergewöhnlich hohe Steuervorteile verbleiben.[3372]

3364 EuGH, WM 2001, 2434.

3365 In diese Richtung etwa *Staudinger* NJW 2005, 3521 (3524 f.).

3366 Vgl. zu Inhalt und Umfang des Schadensersatzanspruches in diesen Fällen auch *Häublein* NJW 2006, 1553 (1555 ff.); den Ersatz nur des Differenzschadens hält *Jungmann* WM 2006, 2193 (2196) für mit den Vorgaben des EuGH unvereinbar.

3367 OLG Bremen WM 2006, 758.

3368 Vgl. zu den Details daher auch oben Rdn. 1500–1517.

3369 BGH, WM 2005, 843 (846).

3370 BGH, WM 2006, 1066 (1070); BGH, WM 2004, 1675 (1676); BGH, WM 2004, 1536 (1542).

3371 BGH, ZIP 2010, 1397, Rn. 25; BGH, ZIP 2010, 1646, Rn. 35 ff.; BGH, ZIP 2010, 1590, Rn. 22; BGH, ZIP 2011, 868, Rn. 8 m.w.N.

3372 BGH, ZIP 2011, 868, Rn. 9.

f) Verjährungsfragen

Schadensersatzansprüche aus **Verschulden bei Vertragsabschluss** unterliegen seit dem 01.01.2002 der 3-jährigen kenntnisabhängigen Regelverjährung des § 195 BGB. Dies gilt auch in den Fällen, in denen zunächst eine wirksame vertragliche Verpflichtung des getäuschten Darlehensnehmers zur Erbringung von Zahlungen bestanden und der Darlehensnehmer seine Zahlungen monatlich erbracht hat. Auch hier ist nicht von wiederkehrenden Leistungen i.S.d. § 197 BGB a.F. mit der Folge auszugehen, dass diese monatlichen Leistungen als Teile des Schadensersatzanspruchs gesondert verjähren würden. Vielmehr begründet bereits der durch die Täuschung oder Aufklärungspflichtverletzung bedingte Vertragsabschluss **unabhängig von etwaigen Ratenzahlungen** des Darlehensnehmers einen **einheitlichen Schadensersatzanspruch**, der darauf gerichtet ist, aus dem Vertrag nicht in Anspruch genommen und so gestellt zu werden, als ob er ihn nicht abgeschlossen hätte. Die von dem Darlehensnehmer auf den Vertrag erbrachten Ratenzahlungen begründen also nicht erst seinen Schaden, sondern wandeln einen bereits in voller Höhe bestehenden Schadensersatzanspruch nur inhaltlich von einem Freistellungs- in einen Rückzahlungsanspruch um.[3373] **1559**

Da die 3-jährige Verjährungsfrist des § 195 BGB kürzer ist als die bis zum 01.01.2002 geltende Regelverjährung von 30 Jahren, ist sie nach der Überleitungsvorschrift des Art. 229 § 6 Abs. 4 Satz 1 EGBGB vom 01.01.2002 an zu berechnen. Allerdings ist dieser Stichtag für den Verjährungsbeginn allein nicht maßgebend. Vielmehr müssen zu diesem Zeitpunkt zusätzlich die subjektiven Voraussetzungen des § 199 Abs. 1 Nr. 2 BGB vorliegen, der Gläubiger muss also von den den Anspruch begründenden Umständen und der Person des Schuldners **Kenntnis** erlangt oder dies nur infolge grober Fahrlässigkeit nicht haben. Dies entspricht der einhelligen Auffassung aller mit dieser Frage befassten Senate des BGH.[3374] Für die Frage, wann der Gläubiger die nach § 199 Abs. 1 Nr. 2 BGB erforderliche Kenntnis von den den Anspruch begründenden Umständen und der Person des Schuldners besitzt, kann weitgehend auf die Rechtsprechung des BGH zu § 852 Abs. 1 BGB a.F. zurückgegriffen werden.[3375] Danach liegt die erforderliche Kenntnis vom Schaden und der Person des Ersatzpflichtigen im Allgemeinen vor, wenn dem Geschädigten die Erhebung einer Schadensersatzklage, sei es auch nur in Form der Feststellungsklage, Erfolg versprechend, wenn auch nicht risikolos, möglich ist.[3376] Weder ist notwendig, dass der Geschädigte alle Einzelumstände kennt, die für die Beurteilung möglicherweise Bedeutung haben, noch muss er bereits hinreichend sichere Beweismittel in der Hand haben, um einen Rechtsstreit im Wesentlichen ohne Risiko führen zu können.[3377] Die erforderliche Kenntnis ist vielmehr bereits vorhanden, wenn die dem Geschädigten bekannten Tatsachen ausreichen, um den Schluss auf ein schuldhaftes Fehlverhalten des Anspruchsgegners als naheliegend erscheinen zu lassen.[3378] Es muss dem Geschädigten lediglich zumutbar sein, aufgrund dessen, was ihm hinsichtlich des tatsächlichen Geschehensablaufs bekannt ist, Klage zu erheben, wenn auch mit dem verbleibenden Prozessrisiko, insb. hinsichtlich **1560**

3373 BGH, Urt. v. 10.11.2009 – XI ZR 252/08, Umdruck S. 20.

3374 BGH, ZIP 2007, 624 (626); BGH, WM 2008, 40 (41); BGH, WM 2008, 89 (90); BGH, ZIP 2008, 1268 (1272); BGH, ZIP 2008, 1714 (1716); hat der Gläubiger *vor* dem Stichtag 01.01.2002 Kenntnis von der Anschrift des Schuldners, verliert er diese jedoch *vor* diesem Stichtag wieder, beginnt die nach § 199 Abs. 1 Nr. 2 BGB kenntnisabhängige dreijährige Verjährungsfrist des § 195 BGB erst, wenn der Gläubiger *nach* dem genannten Stichtag erstmals wieder Kenntnis von der Anschrift des Schuldners erlangt oder grob fahrlässig nicht erlangt, BGH, ZIP 2012, 763, Rn. 17.

3375 BGH, ZIP 2007, 624; BGH, WM 2008, 89 (91) m.w.N.; BGH, ZIP 2008, 1268 (1272); BGH, ZIP 2008, 1714 (1717).

3376 BGH, NJW 2004, 510; BGH, WM 2008, 89 (91); BGH, ZIP 2008, 1268 (1272); BGH, ZIP 2008, 1714 (1717).

3377 BGH, WM 1994, 750 (752); BGH, NJW 2001, 885 (886); BGH, ZIP 2008, 1268 (1272); BGH, ZIP 2008, 1714 (1717).

3378 BGH, WM 1994, 750 (752); BGH, ZIP 2008, 1268 (1273).

der Nachweisbarkeit von Schadensersatz auslösenden Umständen.[3379] Auch kommt es – abgesehen von Ausnahmefällen – nicht auf eine zutreffende rechtliche Würdigung an. Vielmehr genügt aus Gründen der Rechtssicherheit und Billigkeit im Grundsatz die Kenntnis der den Ersatzanspruch begründenden tatsächlichen Umstände.[3380] Hierzu gehört in Fällen unzureichender Aufklärung auch die Kenntnis der Umstände einschließlich der wirtschaftlichen Zusammenhänge, aus denen sich die Rechtspflicht zur Aufklärung ergibt.[3381] Zwar muss ein Geschädigter nicht im Sinne eines frühzeitigen Beginns der Verjährung Nachforschungen anstellen, er darf aber auch nicht sich Aufdrängendes außer Acht lassen. Wurde ein Anleger vor Zeichnung eines Immobilienfonds über den Umstand aufgeklärt, dass die Bank eine Rückvergütung erhält, so reicht dies, um die Verjährungsfrist in Gang zu setzen. Will er später Schadensersatz mit der Begründung geltend machen, er sei nicht über die exakte Höhe der Rückvergütung aufgeklärt worden, so muss er seinen Anspruch innerhalb der Regelverjährung nach § 195 BGB ab Zeichnung des Fonds geltend machen.[3382]

1561 Grds. müssen die subjektiven Voraussetzungen des § 199 Abs. 1 Nr. 2 BGB in der Person des Gläubigers vorliegen. Nach dem Rechtsgedanken des § 166 Abs. 1 BGB genügt allerdings auch die Kenntnis eines »**Wissensvertreters**«, weil derjenige, der einen anderen mit der Erledigung bestimmter Angelegenheiten in eigener Verantwortung betraut, sich das in diesem Rahmen erlangte Wissen des anderen auch für die Regelung des § 199 Abs. 1 Nr. 2 BGB zurechnen zu lassen hat.[3383] Jedoch scheidet eine Wissenszurechnung über § 166 Abs. 1 BGB dann aus, wenn die dem Vertreter erteilte Vollmacht wegen Verstoßes gegen das RBerG nichtig ist.[3384]

1562 Die **Beweislast** für Beginn und Ablauf der Verjährung und damit für die Kenntnis oder grob fahrlässige Unkenntnis des Anlegers gem. § 199 Abs. 1 Nr. 2 BGB am Stichtag trägt die Bank als Anspruchsgegner.[3385] Allerdings hat der Anleger, soweit es um Umstände aus seiner Sphäre geht, an der Sachaufklärung mitzuwirken und erforderlichenfalls darzulegen, was er zur Ermittlung der Voraussetzungen seiner Ansprüche und der Person des Schuldners getan hat.[3386]

1563 Im Fall von Schadensersatzansprüchen auf Grundlage einer vermuteten Kenntnis der Bank von einer arglistigen Täuschung des Darlehensnehmers bei »**institutionalisiertem Zusammenwirken**« ist von einer solchen Kenntnis oder grob fahrlässigen Unkenntnis des Darlehensnehmers, die die Verjährung der betreffenden Ansprüche in Gang setzt, nur auszugehen, wenn dieser die tatsächlichen Umstände gekannt oder infolge grober Fahrlässigkeit nicht gekannt hat, aus denen sich ergab, dass er im Zusammenhang mit dem Erwerb des Fondsanteils bzw. der Eigentumswohnung arglistig getäuscht worden ist, und die den Schluss auf einen insoweit bestehenden Wissensvorsprung der Bank zuließen.[3387] Notwendig ist also, dass der Darlehensnehmer Kenntnis von tatsächlichen Umständen hatte oder sich ohne nennenswerte Mühe hätte verschaffen können, aus denen er auf eine arglistige Täuschung schließen konnte. Zudem ist erforderlich, dass dem Darlehensnehmer auch bekannt oder aufgrund grober Fahrlässigkeit unbekannt war, dass die Bank von der arglistigen Täuschung durch den Vertrieb Kenntnis hatte. Auch insoweit trägt die Bank die Darlegungs- und Beweislast für diese Voraussetzungen des Beginns der Verjährung.[3388]

3379 BGH, NJW 2001, 885 (886); BGH, ZIP 2008, 1268 (1272).
3380 BGH, NJW 2007, 830 (833); BGH, WM 2005, 1328 (1330); BGH, ZIP 2008, 1268 (1272).
3381 BGH, WM 2002, 557, 8558); BGH, WM 2002, 1445 (1447); BGH, ZIP 2003, 1782 (1783); BGH, ZIP 2008, 1268 (1272).
3382 OLG Karlsruhe, WM 2012, 2245 (2246).
3383 BGH, ZIP 2011, 2001, Rn. 33.
3384 BGH, ZIP 2011, 2001, Rn. 37.
3385 BGH, ZIP 2008, 1714 (1717).
3386 BGHZ 91, 243 (260); BGH, ZIP 2008, 1714 (1717).
3387 BGH, ZIP 2008, 1268 (1273); BGH,ZIP 2008, 1714 (1718); BGH, BKR 2009, 372 (374).
3388 BGH, ZIP 2008, 1714 (1717); BGH, BKR 2009, 372 (374).

F. Besondere Kreditformen

I. Wechselkredit

1. Einleitung

Der Wechsel dient gewöhnlich der Finanzierung von **Warengeschäften**. Der Verkäufer stellt den Wechsel im Einvernehmen mit dem Käufer, dem Akzeptanten auf dessen Namen aus und gewährt damit einen meist kurzfristigen Kredit. Die gesetzlich verankerte besondere »Wechselstrenge« gibt die weitgehende Sicherheit, dass der Wechsel am Fälligkeitstag auch eingelöst wird. Entspricht ein Wechsel den Formvorschriften und Bedingungen der »Wechselstrenge«, kann er als Zahlungs- und Kreditmittel eingesetzt werden. Dabei wird der Wechsel mit **Indossament** versehen, d. h., der bisherige Besitzer unterzeichnet auf der Rückseite. Jeder, der auf einem Wechsel unterschrieben hat, gleichgültig ob als Aussteller, Akzeptant oder Indossant, haftet uneingeschränkt für die Einlösung des Wechsels. Der Ankauf von guten Wechseln, die spätestens nach 180 Tagen fällig werden, ist Bestandteil des Kreditgeschäfts der Banken in den meisten westeuropäischen Ländern. Die Banken gewähren solche Wechsel- oder »**Diskontkredite**« gern, soweit sie die Möglichkeit haben, die Titel im Rahmen von Refinanzierungsgeschäften an ihre Notenbank zu verpfänden. Die Kriterien für die Notenbankfähigkeit müssen dabei erfüllt sein. 1564

Der Wechsel kann in der Praxis des Kreditgeschäfts als Lombardwechsel, als Depotwechsel oder als Diskontwechsel Verwendung finden. Die Bedeutung des Wechsels als Kreditinstrument liegt indessen beim eigentlichen Wechselkredit, der in der Form des Diskontwechsels vergeben wird. Hierbei ist zu bedenken, dass die Diskontierung in erster Linie und fast ausschließlich die aus dem Waren- und Dienstleistungsgeschäft stammenden **Handelswechsel** erfasst. Daneben kann auch die Diskontierung von Wechseln in Betracht kommen, die entweder von dem Kreditinstitut ausgestellt und vom Kunden akzeptiert sind (Debitorenziehung) oder umgekehrt von dem Kreditinstitut ausgestellt und vom Kunden akzeptiert sind (Akzeptkredite). Da beim Wechselkredit i.d.R. nur gezogene Wechsel[3389] und keine Solawechsel[3390] infrage kommen, beschränken sich die folgenden Ausführungen auf gezogene Wechsel. 1565

Das Wesen der Diskontierung von Wechseln beruht darin, dass dem Kunden durch die Diskontierung bereits vor Fälligkeit des Wechsels Liquidität zur Verfügung gestellt wird. I.d.R. wird das Diskontgeschäft durch die Einreichung eines Wechsels durch den Kunden bei seiner Bank eingeleitet. Die Bank prüft, ob sie den Wechsel zum Diskont annimmt. Die Wechsel müssen gute Handelswechsel sein, damit sie zum Zweck des Weiterverkaufs bspw. an die Bundesbank rediskontiert werden können. Genügt der Wechsel den Anforderungen, schließt die Bank mit dem Kunden einen Diskontvertrag ab. Die Bank erstellt eine Diskontabrechnung und schreibt den Gegenwert dem Kunden gut, anderenfalls gibt sie den Wechsel an den Kunden zurück. 1566

Der an den Kunden ausgezahlte Barwert des Wechsels ergibt sich aus dem Nennwert des Wechsels am Tag des Verfalls abzüglich der beim Ankauf des Wechsels abgezogenen Zinsen (= Diskont). 1567

3389 Der gezogene Wechsel enthält die unbedingte Anweisung des Ausstellers, bei Fälligkeit an eine im Wechsel genannte Person oder deren Order eine bestimmte Summe zu zahlen.

3390 Der Solawechsel (Eigenwechsel) ist ein Zahlungsversprechen des Ausstellers auf die Zahlung einer bestimmten Summe bei Fälligkeit an eine im Wechsel bezeichnete Person oder deren Order.

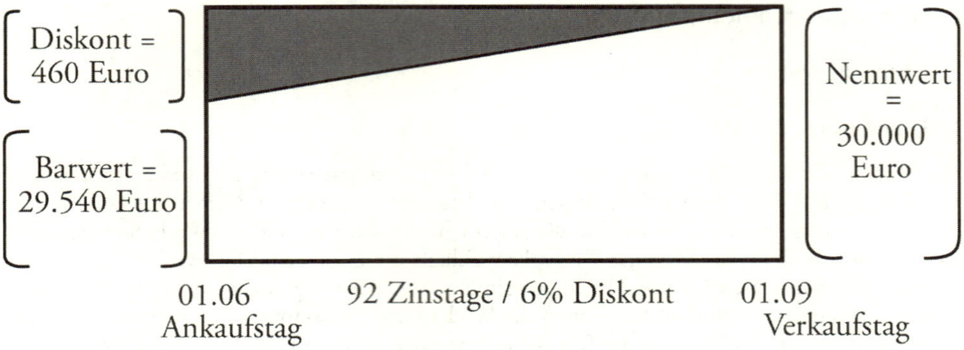

1568 Handelswechsel haben im Allgemeinen eine Laufzeit zwischen 3 und 6 Monaten. Daher handelt es sich um eine kurzfristige Kreditgewährung. In Wechselkreditzusagen wird der Kredit üblicherweise »bis auf weiteres« gewährt.

1569 Das Risiko des Kreditinstitutes liegt darin, dass der Wechsel bei Verfall vom Bezogenen nicht eingelöst wird und dass auf dem Konto des Einreichers nicht genügend Deckung für eine Rückbelastung des Wechsels zuzüglich der Rückwechselkosten vorhanden ist. Daher ist die Diskontierung eines Wechsels für das Kreditinstitut mit den gleichen Risiken wie jedes andere Kreditgeschäft verbunden.

2. Rechtsnatur

1570 Der BGH geht mit der herrschenden Lehre bei der rechtlichen Einordnung des Diskontgeschäfts von einem Kaufvertrag oder einem kaufähnlichen Geschäft aus. Dieses entspricht sowohl den Bedingungen zum Wechselverkehr, die zwischen der Bank und ihrem Kunden vereinbart werden, als auch den Regelungen in § 19 Abs. 1. Nr. 1 BBankG. Zudem geht es bei dem Diskontgeschäft um einen eher mit dem Factoring-Geschäft vergleichbaren Kauf und nicht um ein Darlehensgeschäft.[3391]

1571 Sofern es sich nicht um eine einmalige Diskontierung handelt, werden die Bedingungen für zukünftige Diskontierungen häufig in einem Diskonteröffnungsvertrag geregelt. Üblicherweise wird das Diskontlimit angegeben, bis zu dem der Kunden Wechsel einreichen kann. Weiterhin wird festgelegt, welcher Prozentsatz von der Wechselsumme der Bank aus dem Diskontgeschäft zustehen soll. Gibt die Bank allerdings zu erkennen, dass sie sich für jeden Einzelfall die Prüfung vorbehalten will, ob ein Wechsel diskontiert wird oder nicht, dann liegt (noch) keine die Bank verpflichtende Rahmenabrede vor.[3392] Wie jeder andere Vertrag auch, kommt das einzelne Diskontgeschäft durch Angebot und Annahme zustande. Nimmt die Bank den Wechsel zur Prüfung der Diskontfähigkeit an, so ist hiermit ebenso wenig eine Begebung des Wechsels verbunden, wie eine stillschweigende Annahme des Kaufangebotes durch den Kunden.

1572 Eine Bank, die einen Wechsel diskontiert, übernimmt damit das Risiko der Uneinbringlichkeit der Wechselforderungen. Daraus folgt, dass sie in aller Regel vor der Annahme des Vertragsangebots auf Diskontierung die Gültigkeit des Wechsels und die Bonität der Wechselschuldner prüft. Diese Prüfung wird nicht am Schalter, sondern in aller Regel in einer besonderen Abteilung vorgenommen. Bei diesem Geschäft steht die Übereignung der indossierten Wechselurkunde i.d.R. unter der aufschiebenden Bedingung, dass der Diskontvertrag zustande kommt, weil sich der Diskontnehmer die Möglichkeit erhalten will, bei Ablehnung der Diskontierung den Wechsel anderweitig unterzubringen und zu Geld zu machen. Mit dieser Einschränkung nimmt die Bank das Papier entgegen. Da der Diskontantrag schriftlich eingereicht und nicht sogleich angenommen wird, ist er als

3391 BGH, ZIP 1993, 1700.

3392 Schimansky/Bunte/Lwowski/*Peters* Bankrechts-Handbuch § 65 Rn. 4.

Offerte an einen Abwesenden im Sinn von § 147 Abs. 2 BGB zu behandeln. Die Bank kann daher das Diskontangebot nur bis zu dem Zeitpunkt annehmen, in welchem der Kunde den Eingang der Antwort unter regelmäßigen Umständen erwarten durfte. Bei einem Diskontierungsantrag kann der Kunde die Antwort innerhalb weniger Tage erwarten. Die Klärung der Frage, ob die Bank einen Wechsel zum Diskont nimmt, ist stets eilbedürftig, da der Wechseleinreicher so früh wie möglich den Diskonterlös zu seiner Verfügung haben möchte. Wenn die Bank nicht ausdrücklich erklärt, dass sie den Wechsel zum Diskont nimmt, kann etwa in der Gutschrift des Diskonterlöses die Annahmeerklärung liegen. Ein Vertragsschluss durch Annahme kommt daher regelmäßig erst in dem Zeitpunkt zustande, in dem der Diskonterlös dem Einreicher gutgeschrieben wird.[3393]

Reicht der Kunde ohne vorherige Ankündigung oder Vereinbarung einen Wechsel ein oder überschreitet er sein Diskontkreditlimit, so kann ein Diskontkredit auch stillschweigend zustande kommen. In der Praxis wird es sich hierbei um Einzelfälle handeln. 1573

3. Folgen der Diskontierung

Infolge des Ankaufs des Wechsels zum Diskont erwirbt die Bank im Ergebnis nicht nur die Wechselforderung, sondern auch die dem Wechselgeschäft zugrunde liegende Forderung.[3394] Die in Erfüllung des Kaufvertrages erforderliche Übereignung des indossierten Wechsels führt frühestens im Zeitpunkt der Besitzerlangung am Wechsel zum Eigentum durch die Bank. Allerdings wird der Wechselinhaber den Wechsel der Bank zunächst nur zum Zweck der Prüfung geben, ohne die Urkunde gleich übereignen zu wollen. In der Praxis ist daher davon auszugehen, dass der Kunde mit der Einreichung der Urkunde bei der Bank zwei Willenserklärungen abgibt. Eine Willenserklärung ist gerichtet auf das Angebot zum Abschluss auf den Kaufvertrag, die andere ist – bedingt vom Zustandekommen des Kaufvertrages – auf die Übereignung der Wechselurkunde gerichtet. Stellt die Bank den diskontierten Betrag zur Verfügung, liegt eine schlüssige Annahme der Verträge vor. 1574

Das deutsche Wechselrecht kennt keine automatische Verbindung von Wechselforderung und Grundforderung. Die Verpflichtung aus einem Wechsel ist daher abstrakt und vom zugrunde liegenden Kausalgeschäft losgelöst. Hintergrund ist, dass der Wechsel dem Wechselgläubiger eine gesicherte Stellung geben soll, die der Wechselschuldner nur durch bestimmte Einwendungen zu Fall bringen kann.[3395] Folge des Abstraktionsprinzips ist aber, dass mit Übertragung der Wechselforderungen auf die Bank nicht automatisch auch die Rechte aus dem Grundgeschäft übergehen. Um dies auszugleichen, haben die Kreditinstitute in ihren Allgemeinen Geschäftsbedingungen die Abtretung der entsprechenden Ansprüche an die Bank vereinbart.[3396] 1575

4. Rediskontierung

Bis Anfang 1999 lag die Bedeutung des Diskontkredites darin, dass die Kreditinstitute durch den Weiterverkauf des Wechsels (= Rediskontierung) an die Deutsche Bundesbank die Möglichkeit einer jederzeitigen Refinanzierung zu günstigen Konditionen besaßen. Um die Rediskontierung zu gewährleisten, wurden an die Wechsel hohe Anforderungen gestellt. Bundesbankfähige Wechsel mussten spezifische Bedingungen erfüllen, die es einer Geschäftsbank erlaubt haben, den Wechsel zur Refinanzierung an die Bundesbank weiterzugeben. In der BRD waren z.B. folgende Bedingungen zu erfüllen: 1576

- Auf dem Wechsel mussten drei »gute« Unterschriften stehen.
- Dem Wechsel musste ein Warengeschäft zugrunde liegen, kein Finanzgeschäft.
- Die Restlaufzeit durfte nicht mehr als 3 Monate betragen.

3393 BGH, WM 1984, 1391 (1392).
3394 Schimansky/Bunte/Lwowski/*Peters* Bankrechts-Handbuch § 65 Rn. 8.
3395 BGH, NJW-RR 1988, 1314 (1315).
3396 BGH, Nr. 15 Abs. 2 AGB-Banken, Nr. 25 Abs. 1 AGB-Sparkassen.

– Der Wechsel musste an einem Zentralbankplatz zahlbar sein, d.h. an einem Ort, an dem die Bundesbank eine Niederlassung hat.

1577 Die günstige Refinanzierung bei der Deutschen Bundesbank über die Rediskontierung von Wechseln ist mit der Übertragung der geldpolitischen Verantwortung von der Deutschen Bundesbank auf das Europäische System der Zentralbanken Anfang 1999 entfallen. Mit dem **Diskontsatz-Überleitungs-Gesetz** (DÜG, Art. 1 EuroEG),[3397] das Teil des Euro-Einführungsgesetzes (EuroEG) ist, hat die Bundesregierung eine gesetzliche Nachfolgeregelung geschaffen. Am 01.01.1999 trat der sog. »Basiszins« an die Stelle des Diskontsatzes. Der Basiszinssatz wird von der Bundesbank veröffentlicht. Dadurch wird sichergestellt, dass in Verträgen, in denen auf den Diskontsatz Bezug genommen wird, keine Lücke entsteht. Der Basiszins hat jedoch nicht die Funktion des vorherigen Diskontsatzes für die Rediskontierung von Wechseln, sondern dient als Bezugsgröße für Zinsen. Ab 1999 hat die Deutsche Bundesbank die Wechsel nicht mehr zum Zweck der Rediskontierung angekauft, sondern ausschließlich zum Pfand hereingenommen. Die Sicherheit wurde dem Pfandkonto des jeweiligen Kreditinstitutes bei der Deutschen Bundesbank zugeführt, sodass sich das Kreditinstitut günstig refinanzieren konnte. Neben Handelswechseln konnten nun auch Finanz- und Solawechsel in das Pfandkonto eingestellt werden, sofern die Wechsel »notenbankfähig« gewesen sind. Die Abzinsung des Nennwertes ist auf der Basis des jeweiligen EURIBOR-Satzes für Dreimonatsgeld vorgenommen worden. Mit der Änderung des bestehenden Sicherheiten-Rahmens zum Beginn des Jahres 2007 haben Handelswechsel ihre Notenbankfähigkeit verloren.[3398] Sie können nicht mehr bei der Bundesbank rediskontiert werden.

1578 Da Eigenwechsel (= Solawechsel) lediglich die Unterschrift des Ausstellers und ggf. der Diskontbank tragen, fehlte bis 1999 die für die Rediskontierung erforderliche dritte Unterschrift, ebenso fehlte es an einem Warenumsatz. Der Diskont eines Solawechsels stellte daher nichts anderes als die Vergabe eines Barkredites dar, wobei die Urkunde als Schuldschein in wechselrechtlicher Form diente.[3399] Ab 1999 wurde für die Beleihung von Wechseln weder auf die dritte Unterschrift noch auf ein Warenumsatzgeschäft abgestellt, der Solawechsel wurde zentralbankfähig. Da Solawechsel ebenfalls zu den Handelswechseln gehören, können auch sie nicht mehr bei der Bundesbank rediskontiert werden.

5. Rückbelastung

1579 Das Rückbelastungsrecht wird typischerweise in den Wechselbedingungen der Kreditinstitute geregelt oder ist Gegenstand einer Vereinbarung auf dem Wechseleinreicherformular. I.d.R. besteht ein Rückbelastungsrecht der Bank, wenn
- die Deutsche Bundesbank rediskontierte Wechsel zurückgibt, weil diese nicht zum Rediskont geeignet sind;
- die Bank bereits im Vorfeld Kenntnis davon erhält, dass die Einlösung des Wechsels gefährdet ist;
- der Wechsel bei Vorlage nicht bezahlt wird oder aus Gründen, die die Bank nicht zu vertreten hat, nicht oder nicht rechtzeitig vorgelegt worden ist.

1580 Die herrschende Meinung ordnet das Rückbelastungsrecht als vertraglich vereinbartes Rücktrittsrecht vom Kauf durch die Bank ein.[3400]

II. Akzeptkredit

1581 Eine Kreditgewährung kann auch in der Form erfolgen, dass die Bank ihrem Kunden gestattet, Wechsel auf sie zu ziehen. Hierdurch kann sich der Kunde die benötigte Liquidität verschaffen,

3397 Diskont-Überleitungsgesetz vom 09.07.1998 (BGBl. I S. 1242).
3398 Rundschreiben Nr. 12/2006 v. 05.04.2006 der Deutschen Bundesbank, s. www.bundesbank.de.
3399 Schimansky/Bunte/Lwowski/*Peters* Bankrechts-Handbuch § 65 Rn. 12.
3400 BGH, WM 1972, 582 (583).

indem er den Wechsel bei der akzeptleistenden Bank oder einer anderen Bank zum Diskont einreicht.

1. Rechtsnatur

Der BGH und die herrschende Lehre ordnen den Akzeptkredit als Geschäftsbesorgungsvertrag i.S.d. §§ 675, 631 ff. BGB ein.[3401] Hierbei ist zu berücksichtigen, dass der Akzeptkredit aus mehreren Komponenten besteht, nämlich aus dem Geschäftsbesorgungsvertrag und der möglicherweise nachfolgenden Diskontierung. Der von der Bank geschuldete Erfolg besteht in der Abgabe eines ordnungsgemäßen Akzeptes. Das Akzept führt dazu, dass die Bank den vom Kunden ausgestellten Wechsel akzeptieren muss, andererseits ist der Kunde verpflichtet, die Provision für die Bereitstellung des **Haftungskredites** zu zahlen und rechtzeitig vor dem Verfalltag für ausreichend Guthaben auf dem Konto zu sorgen. Durch die Regelung der Vorschusspflicht erhält die Bank die anstehenden Aufwendungen frühzeitig ersetzt, sodass i.d.R. die Bank bei Fälligkeit des Wechsels keine eigenen Mittel aufwenden muss. 1582

Sorgt die Bank gleichzeitig auch für die Diskontierung des Wechsels, so ist auf die jeweilige Situation abzustellen. Gibt die Bank das Akzept für Rechnung des Kunden an eine andere Bank, so ist lediglich von einer Geschäftsbesorgung auszugehen. Auch hier stellt die Bank selbst keine eigenen Mittel zur Verfügung. Anders ist die Situation zu werten, wenn die Bank eine Eigendiskontierung vornimmt. Neben dem Haftungskredit ist die Bank auch noch die Verpflichtung eingegangen, dem Kunden die gewünschte Liquidität zur Verfügung zu stellen. Der Bank steht es frei, sich durch Weitergabe des Akzeptes zu refinanzieren. 1583

2. Rechtsverhältnis zwischen den Beteiligten

Mit Abschluss des Akzeptkreditvertrages hat der Kunde als Kreditnehmer ein Recht zur Erteilung eines Akzeptes in der besprochenen Form durch die Bank. Sofern die Bank ihr eigenes Akzept nicht zum Diskont nehmen soll, hat der Kunde einen Anspruch auf Aushändigung des Wechsels gem. §§ 675, 631 BGB. Ein Anspruch des Kunden gegen die Bank gem. Art. 28 WG besteht nicht; hiernach ist der Bezogene verpflichtet, den Wechsel bei Verfall zu zahlen. Dem steht die Natur des Akzeptkreditgeschäftes entgegen, wonach der Wechsel dem Kunden (= Kreditnehmer) lediglich als Mittel dazu dient, sich den gewünschten Geldbetrag zu besorgen, nicht jedoch Ansprüche des Kunden gegen die akzeptierende Bank aus dem Papier selbst zu begründen. Macht der Kunde gleichwohl Ansprüche ggü. der Bank aus dem Wechsel geltend, so kann die Bank die Einwendung des Akzeptkreditgeschäftes entgegenhalten, die mit dem Gefälligkeitseinwand vergleichbar ist. 1584

Das Verhältnis zwischen der Akzeptbank und einem Wechselinhaber ist nicht anders zu beurteilen, wie die Rechtsbeziehung zwischen dem Wechselinhaber und einem anderen beliebigen Akzeptanten. Sinn des Bankakzeptes bzw. der Gefälligkeitsunterzeichnung ist es, den Wechsel aufzuwerten und dem Aussteller hierdurch Kredit zu verschaffen. Dies ist aber nur zu erreichen, wenn der Akzeptant sich ggü. Dritten wechselrechtlich wirksam verpflichtet.[3402] 1585

III. Betriebsmittelkredit

Der Betriebsmittelkredit dient im Allgemeinen bei Unternehmen und Selbstständigen zur kurzfristigen Finanzierung des Umlaufvermögens, z.B. der Finanzierung des Kaufs von Rohstoffen und Waren, aus deren Erlös er später getilgt wird (**Warenkredit**), bzw. der Finanzierung eines saisonal bedingt auftretenden Kapitalbedarfs (**Saisonkredit**). 1586

3401 BGHZ 19, 282 (288); KG WM 1956, 1553 (1554); OLG Hamburg WM 1959, 300 (301); Böving BB 1954, 790 ff. (1091 f.); von Caemmerer NJW 1955, 40 ff.

3402 Schimansky/Bunte/Lwowski/*Peters* Bankrechts-Handbuch § 65 Rn. 20.

1587 Er wird nach individuell festgelegten Bedingungen meist als Kontokorrentkredit zur Verfügung gestellt. I.d.R. ist die Einräumung der Kreditlinie nicht an einen bestimmten Zweck, sondern lediglich mit der (stillschweigenden) Absprache verbunden, dass der einzelne abgerufene Kredit der Finanzierung von Gütern mit einem kurzen Umsatzprozess und damit verbunden einer kurzen Kapitalüberlassungsdauer dient. Durch die Möglichkeit der revolvierenden Inanspruchnahme der vereinbarten Kreditlinie kann der Unternehmer damit flexibel seinen Zahlungsverpflichtungen nachkommen.[3403]

1588 Darüber hinaus werden als Betriebsmittelkredite auch Kredite bezeichnet, die kurz- bis mittelfristig über den oben beschriebenen Verwendungszweck hinausgehend zur Finanzierung eines mittelfristigen Kapitalbedarfs, z.B. für Investitionen in Maschinen, Bauzwischenfinanzierung etc. zur Verfügung gestellt werden. Im Gegensatz zu den der Umsatzfinanzierung dienenden Betriebsmittelkrediten werden die zu Investitionszwecken gewährten Kredite mit einer festen Zweckbindung gewährt. Ferner werden häufig keine revolvierenden Kreditlinien eingeräumt, sondern sog. **Terminkreditlinien**. Hiernach muss der Kreditnehmer den Kredit innerhalb einer bestimmten Frist in Anspruch nehmen. Nicht in dieser Zeit abgerufene Kreditbeträge stehen nach Ablauf dieser Frist nicht mehr zur Verfügung.[3404]

1589 Von Letzteren zu unterscheiden sind sog. **Festzinssatzkredite**. Hierbei refinanziert sich die Bank am Geldmarkt auf der Basis eines Refinanzierungszinssatzes, z.B. des EURIBOR oder LIBOR. Die Zinsperioden sind kurzfristig ausgerichtet, zwischen 1 und 12 Monaten. Der vom Kunden an die Bank zu entrichtende Zinssatz entspricht dem Refinanzierungszinssatz zuzüglich einer von der Bank festgesetzten Marge. Abhängig von der Regelung im Krediteröffnungsvertrag zwischen Bank und Kunde, ist bei Ablauf der Zinsperiode der Kredit entweder im Sinn einer Befristung zurückzuzahlen oder lediglich eine neue Zinsvereinbarung zu treffen. Kommt diese nicht zustande, kann die Bank den für diese Kreditart üblichen Zins verlangen kann.

IV. Investitionskredite

1. Investitionskredite aus eigenen Mitteln

1590 Investitionskredite dienen zur Finanzierung der Herstellung oder Beschaffung von Anlagegütern (z.B. Gebäuden, Produktionsanlagen, Maschinen, Transporteinrichtungen) und der Beschaffung von Vorräten (z.B. Vergrößerung von Warenlagern).

1591 Investitionskredite zur Anlagefinanzierung haben i.d.R. eine längere Laufzeit, wobei die Laufzeit dem Abschreibungszeitraum entspricht. Damit soll sichergestellt werden, dass die Tilgung aus den Abschreibungserlösen finanziert wird. Abgesichert werden Investitionskredite häufig durch Grundschulden und Bürgschaften.

1592 a) Häufig bieten Kreditinstitute der mittelständischen Wirtschaft standardisierte Investitionskredite zur Deckung des mittel- und langfristigen Kreditbedarfs an. Übliche Bezeichnungen hierfür sind gewerblicher Anschaffungskredit, Mittelstandkredit, Industriedarlehen usw.

1593 Die Laufzeit von standardisierten Investitionskrediten beträgt im Allgemeinen bis zu 12 Jahren; bei großen Investitionen wird die Laufzeit auf bis zu 20 Jahren ausgedehnt. Innerhalb der einzelnen Kreditprogramme legen die Kreditinstitute Kreditobergrenzen fest. Bei der Verzinsung können variable oder feste Zinssätze vereinbart werden. Die Kredite können als Annuitäten-, Abzahlungs- oder Festdarlehen gewährt werden. Als Sicherheiten werden häufig die zu finanzierenden Gegenstände selbst oder der gewerbliche Grundbesitz belastet.

3403 Falter/*Fütterer* Nr. 9.5, S. 437; Kümpel/*Rossbach* Rn. 11.166 ff.

3404 Kümpel/*Rossbach* Rn. 11.32.

b) Große Investitionskredite werden oft als **Schuldscheindarlehen** gewährt. Sie haben in den vergangenen Jahren verstärkt an Bedeutung gewonnen. Es handelt sich hierbei um anleiheähnlich ausgestaltete langfristige Großkredite von Banken oder sonstigen Kapitalsammelstellen, die an kapitalsuchende Unternehmen sowie die öffentliche Hand vergeben werden. Typischerweise kommen Schuldscheindarlehen durch Vermittlung eines sog. Arrangeurs (Kreditinstitut oder Finanzmakler) zustande und werden von diesen bei einer größeren Zahl institutioneller und anderer Großanleger platziert.[3405] Die Verbriefung des Darlehens in einem Schuldschein hat lediglich beweisrechtliche Bedeutung; der Schuldschein ist bloße Beweisurkunde i.S.d. § 371 BGB. Die Ausstellung eines Schuldscheins erfolgt nicht zwangsläufig.[3406] **1594**

Das Schuldscheindarlehen kann mit und ohne Sicherheiten begeben werden. Häufig erfolgt eine hypothekarische Absicherung, um auch Versicherungen als Investoren ansprechen zu können. Diese sind zur Vergabe von Schuldscheindarlehen regelmäßig nur bereit, wenn sich diese nach Maßgabe der versicherungsaufsichtsrechtlichen Bestimmungen (§ 54 Abs. 2 Nr. 1 VAG) zur Anlage als gebundenes Vermögen eignen. **1595**

Nach Rückzahlung des Darlehens ist der Schuldschein zurück zu geben.[3407] **1596**

Beschränkt sich das Kreditinstitut auf die Rolle des Arrangeurs, vermittelt dieses lediglich einen Darlehensbetrag zwischen den Darlehensgebern (z.B. Versicherungsgesellschaften) und dem Darlehensnehmer (z.B. Industrieunternehmen). Bei diesem in der Praxis selten vorkommenden **direkten System** tritt das Kreditinstitut daher lediglich als Makler gem. §§ 93 ff. BGB auf. Der Darlehensvertrag gem. §§ 488 ff. BGB wird direkt zwischen dem Darlehensnehmer und den Darlehensgebern geschlossen. **1597**

Beim **indirekten System** schließt das Kreditinstitut als Arrangeur den Darlehensvertrag selbst ab. Das Kreditinstitut wird rechtlich erste Darlehensgeberin, sodass die Bedingungen für das Gesamtdarlehen einheitlich sind und auch nur ein Schuldschein ausgestellt wird. In den meisten Fällen wird das Darlehen bereits vor Valutierung in Teilbeträgen gegen Vergütung an die Enddarlehensgeber weitergereicht. Die Durchführung der Übertragung an die Enddarlehensgeber erfolgt i.d.R. über das arrangierende Kreditinstitut, welches auch als Zahlstelle fungiert. Zudem ist es möglich, dass der Arrangeur zur Vereinfachung der kollektiven Abwicklung die Darlehensgeberrechte als Treuhändler für die Enddarlehensgeber wahrnimmt. Zwischen dem arrangierenden Kreditinstitut als erstem Darlehensgeber und dem Darlehensnehmer besteht ein Darlehensvertrag i.S.d. §§ 488 ff. BGB.[3408] **1598**

Die Weitergabe der Darlehensteilforderungen durch das als ersten Darlehensgeber und Arrangeur tätige Kreditinstitut an die Enddarlehensgeber kann durch eine Abtretung der Forderung erfolgen oder durch eine Vertragsübernahme. Hierdurch rückt der Enddarlehensgeber hinsichtlich seines Teilbetrags vollumfänglich in die Stellung des arrangierenden Kreditinstitutes als Erstdarlehensgeber ein. Das arrangierende Kreditinstitut scheidet vollständig aus dem Vertragsverhältnis aus, sofern es nicht selbst einen Teil des Darlehens im eigenen Bestand behält, was z.T. von den Enddarlehensgebern gefordert wird, um den Arrangeur nicht vollständig vom Risiko des Kreditengagements zu entlasten. **1599**

Beim **Abtretungsmodell** besteht die schuldrechtliche Grundlage der Forderungsabtretung gegen Entgelt in einem Rechtskauf (§ 443, 433 ff. BGB). Hierzu werden an die Enddarlehensgeber die in Teilbeträge zerlegten Darlehensansprüche (Teilrückzahlungsanspruch und anteilig gestückelte Zinsansprüche) von dem als ersten Darlehensgeber fungierenden Arrangeur abgetreten. Daneben tritt die arrangierende Bank typischerweise auch alle Nebenrechte, z.B. Kündigungsrechte ab und **1600**

3405 Kümpel/*Müller* Rn. 15.265.
3406 MüKo-BGB/*Berger* Vorbem. zu § 488 Rn. 51.
3407 MüKo-BGB/*Berger* § 488 Rn. 7.
3408 Staudinger/*Freitag/Mülbert* § 488 Rn. 556.

ermächtigt den Enddarlehensgeber erforderlichenfalls, die nicht abgetretenen Rechte im eigenen Namen geltend zu machen. Die abgetretenen Forderungen stehen i.d.R. selbstständig im gleichen Rang nebeneinander, da sie auf demselben rechtlichen Grund beruhen. Die Gläubiger bilden keine Gesamtgläubigerschaft i.S.d. § 428 BGB; vielmehr kann jeder Gläubiger die ihm abgetretenen Ansprüche und Nebenrechte unabhängig von den anderen Darlehensgläubigern geltend machen.

1601 Mit der Abtretung der Darlehensforderung geht das Eigentum am Schuldschein nach § 952 Abs. 1 Satz 1 BGB auf den neuen Gläubiger über; dieser kann die Aushändigung des Schuldscheins verlangen. Bei der Abtretung von mehreren Darlehensteilforderungen entsteht Miteigentum aller Gläubiger am Original-Schuldschein. Die Ausstellung mehrerer Teilschuldscheine für jeden Enddarlehensgeber ist möglich, jedoch nicht üblich.[3409]

1602 Wie bei der Übertragung im Wege der Abtretung rücken die Enddarlehensgeber im Weg des **Vertragsübernahmemodells** in die Stellung des arrangierenden Kreditinstitutes als ursprünglicher Vertragspartei ein. Die Vertragsübernahme kann durch einen dreiseitigen Übernahmevertrag erfolgen oder durch einen Vertrag zwischen dem ersten Darlehensgeber und dem jeweiligen Enddarlehensgeber unter Zustimmung des Schuldners.

1603 I.d.R. wird der Arrangeur auch die Tätigkeit als **Zahlstelle** für den Zeitraum nach Abtretung bzw. Vertragsübernahme übernehmen. Hierbei verpflichtet sich der Arrangeur, eingehende Zahlungen und Informationen unverzüglich an die Enddarlehensgeber weiterzuleiten. I.d.R. ist hiermit aber keine Pflicht zur Prüfung der eingehenden Information oder zur Überwachung von Kennzahlen/Covenants verbunden. Der Darlehensnehmer hat sämtliche Zahlungen bei Fälligkeit an die Zahlstelle zu erbringen, die diese an die Enddarlehensgeber weiterleiten.

1604 Um die Abwicklung des Darlehensvertrages zu erleichtern, kann mit der Abtretung der Darlehensteilforderung zwischen dem arrangierenden Kreditinstitut und dem jeweiligen Enddarlehensnehmer eine **Treuhandvereinbarung** abgeschlossen werden. Diese wird häufig vereinbart, wenn Sicherheiten wie z.B. Grundschulden durch den Treuhändler die Enddarlehensgeber als Treugeber gehalten werden.[3410]

1605 Sind die Endkapitalgeber nur zu einer kurzfristigen Refinanzierung ggü. dem Erstdarlehensgeber bereit, muss sich dieser verpflichten, die Teilforderungen gegen den Schuldner aus dem Schuldscheindarlehen wieder zurück zu erwerben. Nach Rückabtretung der Darlehensteilforderungen an den Erstdarlehensgeber kann dieser den Forderungsteil erneut an refinanzierende Gläubiger abtreten, sog. **revolvierendes Schuldscheindarlehen**.[3411]

1606 Eine Abwandlung des klassischen Schuldscheindarlehens ist die Vergabe von wesentlich geringeren Darlehenssummen (ca. 0,5 Mio. €) an mittelständische Unternehmen durch Privatbanken. Die ausgestellten Schuldscheine werden gesammelt und in ein Schuldscheinportfolio gestellt; beim Erreichen der notwendigen Volumina wird das Portfolio am Kapitalmarkt an Investoren veräußert.

1607 Aufgrund der wirtschaftlichen Struktur handelt es sich bei einem Schuldscheindarlehen um einen »anleiheähnlichen Kredit«.[3412]

1608 c) **Nachrangige Darlehen** sind mit einer Rangrücktrittserklärung ggü. den anderen Gläubigern des Unternehmens versehen. Die Erklärung bewirkt, dass die Ansprüche des nachrangigen Gläubigers im Fall einer Liquidation, einer Insolvenz oder eines Nachlassverfahrens während der Laufzeit des Darlehens hinter die Ansprüche einiger oder aller anderen Gläubiger zurücktreten.

3409 Staudinger/*Freitag/Mülbert* § 488 Rn. 564.
3410 Staudinger/*Freitag/Mülbert* § 488 Rn. 574.
3411 MüKo-BGB/*Berger* Vorbem. zu § 488 Rn. 51.
3412 Kümpel/*Müller* Rn. 15.266.

Wegen der fehlenden oder ungenügenden Besicherung fordern Gläubiger von Nachrangdarlehen häufig neben einer festen Verzinsung einen gewinnabhängigen Risikoaufschlag für die Kapitalüberlassung. 1609

2. Investitionskredite aus fremden Mitteln

a) Einleitung

In der Praxis des Kreditgeschäfts gewinnt die Aufnahme und Weiterleitung von Mitteln aus öffentlichen Förderprogrammen zunehmend an Bedeutung. Kredite, die von den Kreditinstituten aufgenommen werden, um sie an bestimmte Kreditnehmer weiter zu leiten, werden als **Weiterleitungskredite** bezeichnet. Als Kreditgeber kommen die EU, der Bund oder die Bundesländer in Betracht. Die Abwicklung erfolgt dabei sowohl über die Europäische Investitionsbank als auch über die sog. Hauptleihinstitute, z.B. der Kreditanstalt für Wiederaufbau oder die landeseigenen Förderinstitute. 1610

Als Kreditnehmer kommen Unternehmen aus allen Wirtschaftszweigen in Betracht, Kommunen und kommunale Einrichtungen, Unternehmen und Privatpersonen aus dem Bereich des Wohnungsbaus sowie Privatpersonen, die sich selbstständig machen wollen. 1611

Die Förderziele sind vielfältig und gehen von der Unterstützung des Mittelstandes und der Existenzgründer über die Bereiche Bauen, Wohnen, Energie sparen sowie Förderung kommunaler Infrastrukturen und Bildung bis zur Entwicklungszusammenarbeit und Unterstützung von Aufgaben im öffentlichen Auftrag, ohne dass die Aufzählung vollständig ist. 1612

Grds. besteht kein Rechtsanspruch auf die Bereitstellung der öffentlichen Mittel. Diese werden nur gewährt, solange die entsprechenden Mittel in den jeweiligen Haushalten vorhanden sind; sie stehen somit nur begrenzt zur Verfügung. Förderkredite dürfen nicht zur Umschuldung verwendet werden, Nachfinanzierungen sind nur in einem engen zeitlichen und sachlichen Zusammenhang möglich.[3413] 1613

b) Verfahren

Eine Besonderheit des Weiterleitungskredits liegt in dem formalen Verfahren, das zu durchlaufen ist, bis es zur Auszahlung der Valuta kommt. 1614

Grds. gilt das **Hausbankverfahren**. Der Kreditnehmer stellt bei seiner Hausbank den Antrag auf Gewährung von öffentlichen Mitteln. Wichtig ist, dass der Kreditnehmer vor Beantragung noch nicht mit dem zu unterstützenden Vorhaben begonnen hat. Die fachliche und kaufmännische Qualifikation des Antragstellers ist Bedingung und durch entsprechende Nachweise zu unterlegen. Dies wird insb. bei Existenzgründungen durch Gutachten der Industrie- und Handelskammern bzw. Handwerkskammern geprüft. Ebenso müssen die Voraussetzungen für eine erfolgreiche Durchführung der geplanten Maßnahme vorliegen. 1615

Sofern die Hausbank das Vorhaben positiv beurteilt und die Hausbankfunktion übernehmen will, wird sie den Antrag über das jeweilige Zentralinstitut an die kreditbewilligende Stelle weiterleiten. Während der gesamten Kreditlaufzeit obliegen der Hausbank Kontroll- und Überwachungsaufgaben für die Kreditgeber. Sie hat z.B. den Einsatz der Kreditmittel zu überwachen und dem Kreditgeber den bestimmungsgemäßen Einsatz der Mittel nachzuweisen (Mittelverwendungsnachweis). 1616

Der Kreditnehmer hat als Ansprechpartner lediglich die Hausbank. Gleiches gilt für den Kreditgeber, der nur über sein Zentralinstitut mit der Hausbank korrespondiert. Abhängig von den Förderprogrammen der verschiedenen Kreditgeber sind Abweichungen von diesem Ablauf möglich. So 1616

3413 Falter/*Heidel* Rn. 10.2.

werden einige Wohnungsbauförderprogramme nicht über die Hausbank abgewickelt, sondern über Kommunen und Landratsämter.[3414]

c) Konditionen

1617 Der Kreditgeber schreibt die Merkmale des Kredits hinsichtlich Kreditnehmer, Kreditsicherheit, Verwendungszweck, Laufzeit und Kreditform vor. Darüber hinaus bestimmt er auch die Kreditkosten. Dies betrifft sowohl die Kreditkosten des Endkreditnehmers als auch die Zinsspanne, die der weiterleitenden Hausbank verbleiben. Die Zinsspannen der Förderkredite sind für die jeweiligen Hausbanken im Vergleich zu den eigenen Kreditmitteln wesentlich geringer. Mittlerweile richtet sich auch bei vielen öffentlichen Mitteln die Höhe des Zinssatzes nach der Bonität des Kreditnehmers und dem Risiko des zu finanzierenden Geschäfts. Je schlechter das Bonitäts- oder Ratingergebnis, desto höher ist der Nominalzins.

1618 Die Möglichkeiten der Beteiligung der Hausbank am Kreditrisiko sind sehr vielfältig. I.d.R. trifft die Hausbank das volle Risiko für die Rückzahlung des Kredites, in diesen Fällen besteht kein Haftungsunterschied zu der Finanzierung aus eigenen Mitteln. Manche Förderprogramme stellen von vornherein die Hausbank haftungsfrei, z.B. bis 70 % der Ausfallforderung. Wenn bankübliche Sicherheiten nicht im erforderlichen Umfang zur Verfügung stehen, kann der Kreditnehmer die Bürgschaft einer Kreditgarantiegemeinschaft oder Bürgschaftsbank beantragen. Diese stellen Ausfallbürgschaften bis 80 % des Kreditbetrages einschließlich anteiliger Zinsen, Kosten und Avalprovisionen zur Verfügung.

1619 Bei einigen Programmen besteht die Möglichkeit, alternativ zu verbilligten Zinsen einen Zuschuss zur Finanzierung des Vorhabens zu bekommen. Diese können als nicht rückzahlbare Zuschüsse gewährt werden. Häufig sind die Förderdarlehen für einen bestimmten Zeitraum tilgungsfrei; üblicherweise die ersten 24 Monate nach Auszahlung der Darlehensvaluta.

3. Mischfinanzierungen

1620 Zur mittel- oder langfristigen Beschaffung von Finanzmitteln stehen Unternehmen neben der Zuführung von Eigenkapital oder der Finanzierung über Gesellschafterdarlehen oder Bankkrediten auch hybride Finanzierungsinstrumente (Mezzanine-Finanzierung) zur Verfügung. Hinter diesen Mischfinanzierungen verbergen sich bekannte Finanzierungsinstrumente wie z.B. kurz- oder langfristige Bankkredite, die mit anderen Geschäfts- und Kapitalstrukturen verbunden werden, wie z.B. stille Beteiligungen, Genussrechte, nachrangige Darlehen. Hierdurch stehen die Mezzanine-Finanzierungen zwischen dem voll haftenden, stimmberechtigten Eigenkapital und einem i.d.R. dinglich besicherten erstrangigen Darlehen eines Fremdkapitalgebers und weisen damit Charakteristika beider Finanzierungsformen auf.[3415]

1621 Infolge der vielfältigen Gestaltungsmöglichkeiten ist eine exakte Definition des Begriffs »Mezzanine« nicht möglich; vielmehr ist unter »Mezzanine« der Sammelbegriff für unterschiedlich ausgestaltete Formen von Nachrangkapital zu verstehen.[3416] Insb. handelt es sich bei mezzaninen Finanzierungsinstrumenten nicht um spezielle Rechtskonstrukte.[3417]

1622 Mezzanine-Kapital wird insb. bei der Finanzierung von Unternehmensübernahmen in Form des Leveraged Buy-out bzw. Management buy-out oder bei Wachstumsfinanzierungen, bei Sanierungen, Restrukturierungen sowie bei Börsenvorfinanzierungen oder Unternehmensnachfolgen

3414 Falter/*Heidel* Rn. 10.2.3.

3415 *Ganter* WM 2011, 1585 (1587); *Golland/Gehlhaar/Grossmann/Eickhoff-Kley/Jänisch* BB-Beilage Nr. 5/2005 zu Heft 13, 1 (2).

3416 *Kiethe* DStR 2006, 1763 (1764); *Schrell/Kirchner* BKR 2003, 13.

3417 *Schrell/Kirchner* BKR 2003, 13.

eingesetzt.[3418] Hintergrund dieser Finanzierungsform ist u.a., dass Banken im Hinblick auf die Eigenkapitalrichtlinie »Basel II« (ab 2013 »Basel III«) die Fremdkapitalquoten bei Finanzierungen der unternehmerisch tätigen Kunden deutlich kritischer sehen. Kreditnehmer, die Eigenkapitalrisiken repräsentieren, sind von den Banken risikoadäquat und damit teurer zu bepreisen; ggf. erfolgt sogar die Auflösung der Geschäftsbeziehung. Der Vorteil der Mezzanine-Finanzierung ist daher, dass das Mezzanine-Kapital zwar nicht bilanziell, aber wirtschaftlich und damit im Rating-Prozess wie Eigenkapital angesehen wird, während die Mitsprache- und Kontrollrechte der Mezzanine-Kapitalgeber regelmäßig denen eines Fremdkapitalgebers gleichzustellen sind.[3419] Die Erhöhung der wirtschaftlichen Eigenkapitalquote führt daher nicht dazu, dass der Unternehmer seine Entscheidungsbefugnis verliert.

Als Kapitalgeber der Mezzanine-Finanzierungen kommen u.a. in Betracht Unternehmensbeteiligungsgesellschaften, Banken, Versicherungen, private Investoren und Mezzanine-Fonds. **1623**

Bei einer Finanzierung mit Mezzanine-Kapital handelt es sich um eine verzinsliche Kapitalüberlassung auf Zeit mit einem Zeithorizont von i.d.R. 3 bis 10 Jahren. Die Kapitalüberlassung wird grds. durch Rückzahlung beendet.[3420] **1624**

Die Vergütung des Mezzanine-Kapitalgebers beruht i.d.R. auf drei unterschiedlichen Komponenten: **1625**
- einer laufenden Verzinsung, z.B. EURIBOR plus 3 %,
- einer auflaufenden, endfälligen Verzinsung, z.B. 4 % Jahreszins, die liquiditätsschonend kapitalisiert und am Ende der Laufzeit fällig und zahlbar ist,
- einem sog. (Equity-) Kicker am Ende der Laufzeit oder über die Laufzeit hinaus. Der (Equity-) Kicker ermöglicht es dem Mezzanine-Kapitalgeber, an der Wertsteigerung der zu finanzierenden Gesellschaft teilzuhaben, indem er zusätzlich oder für einen Teil des von ihm zur Verfügung gestellten Kapitals Eigenkapital erwirbt oder schuldrechtlich so gestellt wird.[3421]

Die Renditeerwartungen (Zinsen plus Risikovergütung) der Kapitalgeber variiert üblicherweise zwischen 10 und 20 %, abhängig von der Ausgestaltung der Konditionen und Risiken für den Kapitalgeber.[3422] **1626**

Das Mezzanine-Kapital zeichnet sich durch die Nachrangigkeit ggü. herkömmlichem Fremdkapital, z.B. erstrangig besicherten Darlehen, sowie der Vorrangigkeit ggü. dem Eigenkapital aus. Dies spiegelt sich in der Insolvenz des Unternehmens wider. Aufgrund von Nachrangvereinbarungen sind Mezzanine-Kapitalgeber ggü. sonstigen Gläubigern nachrangig zu bedienen, sie genießen aber gleichzeitig Vorrang ggü. dem haftenden Eigenkapital.[3423] **1627**

V. Kommunaldarlehen

1. Einleitung

Die kommunale Kreditaufnahme ist Bestandteil der gesamten öffentlichen Verschuldung, weist jedoch ggü. der staatlichen Kreditaufnahme einige wesentliche Unterschiede auf. Wie im gesamten kommunalen Haushaltsrecht steht bei der Verschuldung der Städte, Gemeinden und Kreise im Gegensatz zur staatlichen Verschuldung die einzelwirtschaftliche Betrachtung im Vordergrund. Das bislang geltende kamerale Rechnungssystem unterscheidet sich deutlich von der kaufmännischen **1628**

3418 *Golland/Gehlhaar/Grossmann/Eickhoff-Kley/Jänisch* BB-Beilage Nr. 5/2005 zu Heft 13, 1 (14).

3419 *Kiethe* DStR 2006, 1763; *Golland/Gehlhaar/Grossmann/Eickhoff-Kley/Jänisch* BB-Beilage Nr. 5/2005 zu Heft 13, 1 (6).

3420 *Schrell/Kirchner* BKR 2003, 13 (16); Falter/*Sickel* Rn. 10.3.1.3.

3421 *Ganter* WM 2011, 1585 (1587); *Golland/Gehlhaar/Grossmann/Eickhoff-Kley/Jänisch* BB-Beilage Nr. 5/2005 zu Heft 13, 1 (3, 15).

3422 Falter/*Sickel* Rn. 10.3.1.3.; *Golland/Gehlhaar/Grossmann/Eickhoff-Kley/Jänisch* Beilage zu BB 2005 zu Heft 13, S. 1 (15).

3423 *Kiethe* DStR 2006, 1763 (1765); *Schrell/Kirchner* BKR 2003, 13 (16).

doppelten Buchführung; Begriffe wie Eigen- und Fremdkapital waren dem kommunalen Haushalt fremd. Ein zweiter wichtiger Unterschied zur Kreditvergabe an private Unternehmen ist, dass dort die Einschätzung der Bonität des Kreditnehmers und die wirtschaftliche Perspektive der mit der Finanzierung zusammenhängenden Maßnahme entscheidend sind, während bei Kommunen rechtlich das Insolvenzrisiko ausgeschlossen ist.[3424]

1629 Der einzelwirtschaftliche Bezug kommunaler Kreditaufnahme schlägt sich insb. darin nieder, dass die Zulässigkeit der Kreditaufnahme einem **Finanzierungsvorbehalt** unterliegt. Ob und wie weit eine Kommune sich verschulden darf, richtet sich danach, ob sie die daraus resultierenden finanziellen Verpflichtungen auch tragen kann. Abgesehen von der parlamentarischen Kontrolle unterliegt die staatliche Kreditaufnahme lediglich der nachträglichen gerichtlichen Überprüfung. Die kommunale Kreditaufnahme unterliegt – im Gegensatz zur staatlichen Kreditaufnahme – der Prüfung und Genehmigung durch die Aufsichtsbehörde. Hierzu haben die Länder Vorschriften erlassen, die die Art und Weise der kommunalen Kreditaufnahme näher regeln.[3425]

2. Gläubigerstruktur

1630 Ursprünglich waren Kreditgeber der Kommunen vor allem die Sparkassen. Dies resultierte im Wesentlichen aus der besonderen Aufgabe der Sparkassen zur regionalen und örtlichen Kreditvergabe sowie der Stellung und Funktion zu ihren Trägergemeinden. Zu diesen Kreditgebern kamen noch die Landesbanken und Hypothekenbanken. Die Bedingungen an den Finanzmärkten haben sich zwischenzeitlich aber erheblich verändert, sodass Kommunalkredite mittlerweile auch von Geschäftsbanken zur Verfügung gestellt werden. Dies hängt u.a. damit zusammen, dass die in der Vergangenheit nicht unübliche Bindung an die Sparkasse als »Hausbank« einer klar konditionenorientierten Kreditaufnahme gewichen ist.

3. Kreditnehmer

1631 Neben der Gewährung eines Kommunalkredites an körperschaftsrechtlich organisierte Kreditnehmer wie Bund, Länder, Gemeinden, Gemeinde- und Zweckverbände usw. fallen Vorhaben, deren Risiken von Kommunen abgesichert werden, ebenfalls in den Anwendungsbereich der Kommunalkredite. Folglich sind Kredite, die an Dritte gegen Stellung einer Sicherheit durch die Kommune vergeben werden, ebenfalls Kommunalkredite. Diese Form findet häufig bei Projektfinanzierungen Anwendung; z.B. wenn Vereine ein Vereinsheim bauen wollen, die Bonität und/oder die finanziellen Mittel hierfür aber nicht ausreichend sind, sodass die Kommune, in deren Interesse die Errichtung des Vereinsheims liegt, eine Bürgschaft übernimmt.

1632 Soweit Kredite an Wirtschaftsunternehmen der Kommunen gewährt werden, gelten diese nur dann als Kommunalkredite, wenn es sich bei den Kreditnehmern um Wirtschaftsunternehmen ohne eigene Rechtspersönlichkeit handelt – sog. »Eigenbetriebe«.[3426]

4. Kredit- und Darlehensverträge

1633 Kommunaldarlehen dienen der Finanzierung von Investitionsvorhaben der öffentlichen Hand.

1634 Grds. gilt, dass die Kredite an die Körperschaftskreditnehmer gegeben werden können, ohne dass weitere Sicherheiten bestellt werden müssen. Die Hinterlegung einer Sicherheit ist nicht erforderlich, da der Staat mit dem Steueraufkommen bürgt und es somit kein Insolvenzrisiko der Gemeinden gibt. Zu bedenken ist aber, dass Kommunen zahlungsunfähig werden können, sodass eine rechtzeitige Rückzahlung des Kredites nicht immer sichergestellt ist.

3424 *Schwarting* Rn. 2.
3425 *Schwarting* Rn. 5.
3426 Falter/*Heidel* Rn. 9.2.1.

Einheitlich gilt als Kredit im Sinn eines Kommunalkredites entsprechend den verschiedenen Regelungen der Länder, das von Dritten unter der Verpflichtung zur Rückzahlung aufgenommene Kapital. Der haushaltsrechtliche Kreditbegriff der öffentlichen Hand ist daher enger gefasst, als der zivilrechtliche Darlehnsbegriff gem. § 488 BGB.[3427] 1635

a) Kommunalkredit

Die haushaltsrechtlichen Ausführungsbestimmungen der Länder sehen lediglich die langfristige Kreditaufnahme als Regelfall an, verweisen aber auch auf die finanziellen und wirtschaftlichen Interessen und Möglichkeiten der Gemeinden. Zu beachten ist hierbei allerdings, dass sich dies nur auf die Rückzahlungsmodalitäten bezieht. Der Nachteil langfristiger Kreditlaufzeiten ist, dass sich der Schuldenstand nur allmählich abbaut, weshalb Neuinvestitionen auch nur sehr schleppend vorgenommen werden können. 1636

Die vorherrschende Form der **Kommunalverschuldung** ist das Schuldscheindarlehen, das in Form eines Festbetragsdarlehens, Raten- und oder Annuitätendarlehens gewährt wird. Welche der vorgenannten Formen gewählt wird, ist abhängig von der gewünschten Verteilung von Zins- und Tilgungsaufwand. 1637

Der Kreditaufnahme sind bestimmte Rechtsgeschäfte wirtschaftlich gleichgestellt, wenn sie eine dem Kredit gleichgestellt Zahlungsverpflichtung begründen und einen Bezug zur kommunalen Investitionstätigkeit haben. Kreditähnliche Rechtsgeschäfte beschränken sich allein auf die kommunale Investitionstätigkeit. Diese Rechtsgeschäfte können damit als die nicht durch Kommunalkredite vorgenommene Fremdfinanzierung von Investitionsobjekten bezeichnet werden. Hierunter fallen bspw. der Abschluss von Leasingverträgen, teilweise oder vollständige Übernahme der Folgelasten von Einrichtungen usw.[3428] 1638

b) Kassenkredit

Eine besondere Stellung besitzt der Kassenkredit/Kredit zur Liquiditätssicherung. Für ihn kann aufgrund seiner Funktion und seiner haushaltsrechtlichen Stellung nur eine kurze Laufzeit von weniger als 12 Monaten in Betracht kommen. Eine längere Laufzeit würde den Kassenkredit haushaltsrechtlich unzulässig über das Haushaltsjahr hinaus ausdehnen. Der Kassenkredit ist damit die besondere Form des kurzfristigen Kredits. 1639

Im Rahmen ihrer Haushaltsführung muss die Kommune darauf achten, dass sie stets über ausreichende liquide Mittel verfügt, um notwendigen Ausgabeverpflichtungen nachkommen zu können. Um ein Mindestmaß an Liquidität zu sichern, ist die Kommune im kameralistischen Haushalt verpflichtet, eine Mindestrücklage i.H.v. 1 % – 2 % vor zu halten. Reichen die liquiden Mittel aber nicht aus, so bietet das kameralistische System die Möglichkeit der Aufnahme eines Kassenkredits zur Überbrückung von Liquiditätsengpässen, aber auch als Zwischenfinanzierung bis zur Aufnahme eines fundierten Kredites.[3429] 1640

5. Abschluss der Kredit-/Darlehensverträge

Die Zuständigkeit für die Kreditaufnahme ist im kommunalen Bereich – anders als in staatlichen Bereich – nicht abschließend geregelt. Die Kreditaufnahme wird allerdings nicht zu den Tätigkeiten gehören, die zu den Geschäften der laufenden Verwaltung gehören, die den Bürgermeistern durch Gesetz zugewiesen sind. Unterliegt die Kreditaufnahme daher der Einzelgenehmigungspflicht, kann der Kreditvertrag erst abgeschlossen werden, wenn die Aufsichtsbehörde ihre Zustimmung hierzu erteilt. 1641

3427 Falter/*Heidel* Rn. 9.2.1.
3428 *Schwarting* Rn. 56.
3429 *Schwarting* Rn. 210.

VI. Konsortialdarlehen

1642 Als Konsortialdarlehen wird ein großvolumiger Darlehensvertrag zwischen einer Mehrzahl von Darlehensgebern, auch Konsortium und einem Darlehensnehmer bzw. – etwa im Fall eines Konzerns – einer Mehrzahl an Darlehensnehmern, genannt. Häufig schließen sich die »Konsorten« zur gemeinschaftlichen Verwaltung und Verwertung der Sicherheiten für das Konsortialdarlehen zusammen, dem sog.»Sicherheitenpool«. Konsortialdarlehen werden abgeschlosssen, um Kreditvolumen zu bewältigen, die einzelne Kreditinstitute insbesondere aus Gründen der Risikosteuerung nicht gewähren wollen[3430]. Das Kreditkonsortium und der vertragliche Sicherheitenpool sind als Gesellschaft bürgerlichen Rechts zu qualifizieren[3431]. Tritt dem Darlehensnehmer gegenüber nur ein ausschließlich im eigenen Namen handelnder Darlehensgeber auf, handelt es sich um eine Innengesellschaft; treten sämtliche Darlehensgeber gegenüber dem Darlehensnehmer nach außen hin auf, was auch in Form einer Vertretung durch den Konsortialführer geschehen kann, liegt eine Außengesellschaft vor.[3432]

G. Avalkredite

I. Begriff und wirtschaftliche Bedeutung

1643 Unter Avalkrediten versteht man die Übernahme von Bürgschaften und Garantien (»Avalen«) durch Banken im Auftrag des Bankkunden ggü. einer dritten Person. Der weiter gehende Begriff des »Garantiegeschäfts« in § 1 Abs. 1 Satz 2 Nr. 8 KWG umfasst darüber hinaus die Übernahme sonstiger Gewährleistungen, insb. Akkreditiveröffnungen und -bestätigungen, wechselrechtliche Verpflichtungen sowie Schuldbeitritte, die aufgrund ihrer Zahlungsfunktion nicht zum Avalkredit zu rechnen sind. Im Gegensatz zum eigentlichen Kreditgeschäft stellt die Bank beim Avalkredit dem Kunden nicht Geldmittel, sondern ihre Bonität zur Verfügung. Aus Bankensicht ergibt sich daraus eine Eventualverbindlichkeit.

1644 Die wirtschaftliche Bedeutung des Avalkredits ist enorm. Die Bandbreite reicht von Mietbürgschaften im Privatkundengeschäft bis zu komplizierten Absicherungen im Aktienrecht. Insb. die Bauwirtschaft ist auf Avalkreditlinien zur Stellung von Gewährleistungs- und Vertragserfüllungssicherheiten angewiesen; so soll die Insolvenz einer großen Baufirma vor einigen Jahren durch den Rückzug einer Avalbank ausgelöst worden sein. In der Außenhandelsfinanzierung spielen Bankgarantien eine große Rolle (unten Rdn. 1813 ff.).[3433]

1645 Am Avalgeschäft sind mit der Bank, dem Bankkunden und dem Begünstigten der Bürgschaft bzw. Garantie drei Parteien beteiligt. Daraus ergeben sich die Rechtsbeziehungen im Dreiecksverhältnis, zwischen denen bei jeder Fragestellung unterschieden werden muss:
- Innenverhältnis zwischen der Bank und dem Kunden aufgrund eines Geschäftsbesorgungsvertrages (unten Rdn. 1646 ff.);
- Außenverhältnis zwischen der Bank und dem Begünstigten aufgrund der Bürgschaft oder Garantie (unten Rdn. 1676 ff.);
- Grundgeschäft zwischen dem Kunden und dem Begünstigten als seinem Vertragspartner, das die Bank verbürgt oder garantiert, z.B. Werkvertrag oder Mietvertrag (unten Rdn. 1713 ff.).

3430 Steffek in Langenbucher/Bliesener/Spindler, Bankrechts-Kommentar. 2. Auflage 2016, 12. Kapitel, Rn. 31.

3431 Zum Konsortialdarlehen: KG NJW 1957, 1880 (1881); MüKoBGB/Ulmer/Schäfer vor § 705 Rn. 58; Einsele, Bank- und Kapitalmarktrecht, S. 119; zum Sicherheitenpool: BGH WM 1993, 265 (266).

3432 Steffek in Langenbucher/Bliesener/Spindler, Bankrechts-Kommentar. 2. Auflage 2016, 12. Kapitel, Rn. 31.

3433 Zahn/*Ehrlich*/*Haas* Rn. 9/1.

II. Rechtsverhältnis zwischen Bank und Kunden (Innenverhältnis)

Obwohl man allg. vom »Avalkredit« spricht, liegt der Rechtsbeziehung zwischen der Bank und dem Kunden bezüglich des Avalgeschäfts kein Darlehensvertrag zugrunde, denn die Bank stellt nicht darlehensweise Geld zur Verfügung, sondern übernimmt im Auftrag des Kunden Bürgschaften oder Garantien. Dieser Vertrag ist als Geschäftsbesorgungsvertrag (§§ 631, 675 Abs. 1 BGB) zu qualifizieren,[3434] für den im Wesentlichen Auftragsrecht (§§ 662 ff. BGB) gilt. Daraus folgt, dass der Kunde keine Zinsen, sondern eine Avalprovision schuldet. Der Bank steht der Aufwendungsersatzanspruch aus §§ 675 Abs. 1, 670 BGB zu. 1646

Das gesetzliche Auftragsrecht gilt nur insoweit, als es nicht durch vertragliche Vereinbarungen abbedungen ist. Die vertraglichen Grundlagen des Rechtsverhältnisses zwischen Bank und Kunde sind der Avalauftrag (unten Rdn. 1648 ff.), die Avalbedingungen (unten Rdn. 1650 ff.) und ggf. der Avalrahmenvertrag (unten Rdn. 1652 ff.). 1647

1. Avalauftrag

Im Avalauftrag erteilt der Kunde der Bank den konkreten Auftrag, ein bestimmtes Aval zu übernehmen. Die Auftragserteilung erfolgt regelmäßig in einem Formular der Bank. Da es sich um keinen Darlehensvertrag handelt, finden die Vorschriften zum Verbraucherdarlehen (§§ 491 ff. BGB) keine Anwendung.[3435] Ungeachtet dessen muss die Bank dem Kunden seit 13.06.2014 die Verbraucherinformationen gemäß § 312d Abs. 2 BGB i.V.m. Art. 246b EGBGB erteilen, falls der Avalauftrag als ein im Fernabsatz oder außer Haus geschlossener Verbrauchervertrag einzuordnen ist. Erst mit vollständiger Erteilung der Verbraucherinformationen beginnt die Widerrufsfrist zu laufen.[3436] 1648

Im Avalauftrag sollten folgende Punkte geregelt sein: 1649
- Exakte Bezeichnung des Auftraggebers und des Begünstigten, ggü. dem die Bürgschaft oder Garantie übernommen werden soll;
- Art der zu übernehmenden Haftungszusage, also selbstschuldnerische Bürgschaft, Bürgschaft auf erstes Anfordern oder Garantie;
- Angaben zum zu verbürgenden Anspruch bzw. zum Inhalt der Garantie. Bereits an dieser Stelle muss die Bank auf die präzise Bezeichnung des Anspruchs achten. Oft finden sich im Auftrag unerfahrener Kunden sehr allgemeine Formulierungen, wie »Ansprüche aus Vertrag vom...«, die dann auftragsgemäß in die Bürgschaft übernommen werden und später zu Unklarheiten darüber führen, was konkret verbürgt ist;
- Höchstbetrag, soweit zulässig;
- Vereinbarung einer bestimmten Avalprovision oder Bezugnahme auf das Preis- und Leistungsverzeichnis der Bank;
- Einbeziehung der Avalbedingungen und der Allgemeinen Geschäftsbedingungen;
- ggf. Einbeziehung der »Einheitlichen Richtlinien für auf Anfordern zahlbare Garantien« der Internationalen Handelskammer (vgl. Rdn. 1816);[3437]
- Vereinbarung, ob die auszufertigende Urkunde von der Bank dem Kunden auszuhändigen oder direkt dem Begünstigten zu übermitteln ist;
- Vereinbarung von Offenlegungs- und Auskunftspflichten zur Erfüllung von § 18 KWG. Die Bank ist wegen des Kreditcharakters des Avalgeschäfts im KWG-rechtlichen Sinne verpflichtet,

---

3434 BGH, WM 2000, 1797, (1798); BGH, WM 1985, 1387 (1388); KG, Urt. v. 17.05.2013 – 9 U 110/12 – juris Rn. 10; *Lwowski/Tetzlaff* WM 2000, 761 (762).

3435 H.M., vgl. *Bülow/Artz* § 491 Rn. 112; Schimansky/Bunte/Lwowski/*Pamp* Bankrechts-Handbuch § 75 Rn. 39; Hellner/Steuer/*Früh/Müller-Arends* Rn. 3/276.

3436 Vgl. Palandt/*Grüneberg* § 312d Rn. 4.

3437 Zahn/*Ehrlich/Haas* Rn. 9/152.

§ 18 KWG einzuhalten. Im Verhältnis zum Kunden fehlt aber ohne Vereinbarung die Anspruchsgrundlage hinsichtlich der Übergabe der notwendigen Unterlagen;
- falls die Übernahme der Bürgschaft oder Garantie von der Stellung von Sicherheiten abhängt, müssen diese bezeichnet werden.

2. Avalbedingungen

1650 Die Avalbedingungen der Kreditinstitute beinhalten üblicherweise Regelungen zu folgenden Fragen:
- Einbuchung des Avals in das Avalkonto des Bankkunden mit Absendung bzw. Aushändigung der Urkunde bei gleichzeitigem Beginn der Verpflichtung des Kunden, Avalprovision zu zahlen;
- Ausbuchung bei Verfall, Rückgabe der Urkunde oder Enthaftungserklärung durch den Begünstigten;
- eingeschränkte Prüfungspflicht bei Vorlage von Unterlagen;
- Erstreckung des AGB-Pfandrechts auf noch nicht fällige Ansprüche aus Avalaufträgen;
- Nachsicherungsanspruch der Bank.

1651 Je nach verwendeten Formularen finden sich die oben aufgeführten Regelungen in den Avalbedingungen oder im Avalauftrag. Wichtig ist, dass überhaupt eine Vereinbarung zu den genannten Punkten getroffen wurde.

3. Rahmenvertrag

1652 Falls die Bank dem Kunden nicht nur für die Übernahme eines einzelnen Avals zur Verfügung stehen soll, kann ein Avalkreditrahmenvertrag abgeschlossen werden, der als Krediteröffnungsvertrag angesehen wird.[3438] Darin verpflichtet sich die Bank, bis zu einem Höchstbetrag (Avalkreditlinie) Avale zu übernehmen. Zur jederzeitigen zweifelsfreien Feststellbarkeit der noch freien Linie ist die eindeutige Regelung der Ein- und Ausbuchung der Einzelavale (vgl. Rdn. 1650) besonders wichtig. Des Weiteren wird im Rahmenvertrag ggf. die Sicherstellung vereinbart. Solange die Avalkreditlinie nicht ausgeschöpft ist, darf die Bank die Übernahme eines Avals grds. nicht ablehnen, es sei denn, sie hätte sich Ablehnungsgründe vorbehalten. Ein Vorbehalt, Einzelavalaufträge aufgrund von Embargovorschriften zurückzuweisen, erübrigt sich jedenfalls bei Geltung deutschen Rechts, wenn diese Vorschriften in unmittelbar geltenden EU-Normen enthalten sind.[3439] Andererseits ist die Ablehnung nicht sanktionierter Bürgschafts- oder Garantieübernahmen aus geschäftspolitischen Gründen ohne vertragliche Grundlage rechtlich nicht begründbar. Ein Ablehnungsgrund kann sich auch aus dem konkreten Bürgschafts- oder Garantietext ergeben, wenn dieser bspw. nicht prüfbare Effektivklauseln enthält (vgl. Rdn. 1785, 1824).

4. Mehrere Auftraggeber

1653 Erteilen mehrere Personen der Bank den Avalauftrag, liegen auf Kundenseite Gesamtschuldnerschaft (§§ 421 ff. BGB) und Gesamtgläubigerschaft (§§ 428 ff. BGB) vor. Bei Arbeitsgemeinschaften im Baugewerbe (ARGE) ist die gesamtschuldnerische Haftung für den Aufwendungsersatzanspruch der Bank häufig nicht gewollt. Vielmehr wird eine quotale Haftung für die herauszulegende Bürgschaft angestrebt. Dazu werden mehrere Konstruktionen vorgeschlagen:[3440]
- Avalaufträge aller Mitglieder der ARGE mit Haftungsbeschränkung auf die Quote;
- Avalauftrag der ARGE mit späterer befreiender Schuldübernahme i.H.d. Quoten durch die anderen Mitglieder;
- Avalauftrag durch ein voll haftendes Mitglied mit quotalem Schuldbeitritt der anderen Mitglieder;

3438 Vgl. Schimansky/Bunte/Lwowski/Pamp Bankrechts-Handbuch § 77 Rn. 12.

3439 Vgl. z.B. EU VO Nr. 267/2012 über restriktive Maßnahmen gegen Iran.

3440 Vgl. Hellner/Steuer/*Früh/Müller-Arends* Rn. 3/277b.

– falls die Mitglieder nur für die jeweils von ihnen erstellten Gewerke haften wollen, sind unter ihnen Ausgleichsansprüche zu vereinbaren, für die die Bank auf Wunsch Bürgschaften übernehmen kann.

5. Aufwendungsersatzanspruch der Bank

Der Bank steht aus §§ 675 Abs. 1, 670 BGB gegen den Kunden als Auftraggeber ein Anspruch **1654** auf Ersatz der Aufwendungen zu, die sie den Umständen nach für erforderlich halten durfte. Der Aufwendungsersatzanspruch entsteht bei Inanspruchnahme und Zahlung der Bank aus dem Aval, wenn und soweit die Bank zur Zahlung unter Berücksichtigung des Außenverhältnisses und des Auftragsverhältnisses verpflichtet war. Bestand (noch) keine Zahlungsverpflichtung im Außenverhältnis ggü. dem Begünstigten, z.B. wegen formeller Mängel der Inanspruchnahme, waren die durch die Zahlung entstandenen Aufwendungen nicht erforderlich; der Aufwendungsersatzanspruch ist nicht gegeben. Der Aufwendungsersatzanspruch ist auch durch Verletzung der Pflichten aus dem Avalauftrag gefährdet, z.B., wenn die Bank den Auftraggeber nicht über die erfolgte Inanspruchnahme informiert oder Einwendungen nicht pflichtgemäß prüft. Besondere Risiken ergeben sich aus der Möglichkeit, dass die Bank wegen Rechtsmissbräuchlichkeit der Inanspruchnahme einer Bürgschaft auf erstes Anfordern nicht zur Leistung verpflichtet sein könnte (vgl. Rdn. 1787–1811) oder ihr zustehende Einwendungen und Rechte nicht geltend macht (vgl. Rdn. 1693 ff.).

Die Avalbedingungen präzisieren den Umfang der Ansprüche dahin gehend, dass auch die Kosten **1655** einer gerichtlichen oder außergerichtlichen Rechtsverfolgung zu den erforderlichen Auslagen gehören. Die Bank ist berechtigt, den Betrag der Aufwendungen einem Girokonto des Kunden zu belasten und dafür bei Überschreiten eventueller Kreditlinien Überziehungsprovision zu berechnen. Der Aufwendungsersatzanspruch besteht auch für Aufwendungen, die erst nach Ausbuchung des Avals anfallen.[3441]

6. Provisionsanspruch der Bank

Die Bank hat gegen den Auftraggeber einen Anspruch auf Avalprovision für den Zeitraum der Ein- **1656** buchung. Der Anspruch ergibt sich, falls keine ausdrückliche Vereinbarung im Avalauftrag vorliegt, dem Grunde nach aus den Avalbedingungen;[3442] sind diese nicht Vertragsbestandteil geworden, lässt sich der Anspruch aus § 354 Abs. 1 HGB herleiten.[3443] Die Höhe des Anspruchs, meist zwischen 1 % und 3 % jährlich, folgt i.d.R. aus der Bezifferung im Avalauftrag oder Rahmenvertrag, ansonsten aus dem Verweis auf ein Preis- und Leistungsverzeichnis. Der Versuch, Provisionssätze bei länger laufenden Aufträgen anzupassen, wird häufig an einer fehlenden vertraglichen Regelung scheitern.[3444] Der Modus der Anpassung in einer Vereinbarung müsste ausreichend transparent sein und den Anforderungen der Rspr. an Zinsanpassungsklauseln genügen.[3445]

Zusätzlich zur Avalprovision wird oft ein Entgelt für die Erstellung der Urkunde oder eine Be- **1657** arbeitungsgebühr vereinbart. Im Anschluss an die Entscheidungen des BGH zur Unwirksamkeit der Vereinbarung von Bearbeitungsentgelten in Darlehensverträgen wird von der Rspr. teilweise auch die Vereinbarung dieser Entgelte für Avalkredite in AGB für unwirksam gehalten.[3446] Nach zutreffender Auffassung sind diese Klauseln als Preisabreden nach § 307 Abs. 3 Satz 1 BGB der Inhaltskontrolle entzogen.[3447]

3441 Z.B. Nr. 6 der »Bedingungen für das Avalgeschäft« der Sparkassen.

3442 Z.B. Nr. 2 der »Bedingungen für das Avalgeschäft« der Sparkassen.

3443 Hellner/Steuer/*Früh/Müller-Arends* Rn. 3/285.

3444 Vgl. *Blesch/Meyer/Steinwachs* Rn. 299 ff.

3445 Vgl. dazu BGH, NJW 2009, 2051 (2053).

3446 So für eine »Bearbeitungsgebühr« in einem Verbrauchervertrag OLG Rostock, Urt. v. 21.10.2015 – 2 U 19/15 – juris Rn. 8.

3447 OLG Frankfurt, Urt. v. 10.11.2015 – 3 U 173/14 – juris Rn. 70–75 zu einem »Einmaligen Entgelt für die Übernahme einer Bürgschaft«.

1658 Mit Eröffnung des Insolvenzverfahrens erlischt der Avalkreditvertrag als Geschäftsbesorgungsvertrag gem. §§ 116 Satz 1, 115 Abs. 1 InsO mit Wirkung für die Zukunft.[3448] Nach der Rspr. zu den Prämienansprüchen von Kautionsversicherern, die auf Avalkreditverträge der Banken zu übertragen ist, besteht kein Provisionsanspruch für die Zeit ab Insolvenzeröffnung.[3449] Auf eine eventuelle Sicherheit für den nicht bestehenden Provisionsanspruch kann für diesen Zeitraum nicht zurückgegriffen werden. Wenn der Kunde die Avalprovision jährlich im Voraus gezahlt hat, muss die Bank dem Insolvenzverwalter die Provision ab Insolvenzeröffnung zeitanteilig aufgrund ungerechtfertigter Bereicherung herausgeben.[3450] Dieses gilt nach der Rspr. für im Voraus gezahlte Avalprovisionen auf eingeräumte Avalkreditlinien; falls die Provision für die Herauslegung einzelner Avale entrichtet wurde, sei es als Einmalprämie oder für eine bestimmte Zeit im Voraus, entfällt der Rechtsgrund für die Zahlung nicht mit Insolvenzeröffnung. Der Insolvenzverwalter hat dann keinen Anspruch auf Rückzahlung der anteiligen Prämie.[3451]

1659 Zahlt die bürgende Bank nach Insolvenzeröffnung auf die Inanspruchnahme einer Bürgschaft, geht der verbürgte Anspruch gem. § 774 Abs. 1 Satz 1 BGB auf sie über (s.u. Rdn. 1660). Dieser Anspruch entsteht dem Grunde nach bereits mit Übernahme der Bürgschaft, aufschiebend bedingt durch die Zahlung auf die Bürgschaft. War der Bank für diesen Anspruch eine Sicherheit bestellt, hat sie daran in der Insolvenz ein insolvenzfestes Absonderungsrecht. Die gleichen Grundsätze gelten für den vertraglichen Aufwendungsersatzanspruch aus §§ 675 Abs. 1, 670 BGB.[3452] Im Ergebnis ist somit auch der Aufwendungsersatzanspruch der Bank insolvenzfest gesichert.[3453]

7. Anspruch der Bank aus § 774 BGB

1660 Nach § 774 Abs. 1 Satz 1 BGB geht der Anspruch des Gläubigers gegen den Hauptschuldner auf den Bürgen über, wenn dieser den Gläubiger befriedigt. Dieser Anspruch gewinnt im Avalkreditgeschäft eigenständige Bedeutung, wenn bei Zahlung durch die Bank kein Aufwendungsersatzanspruch gegen den Kunden entsteht (vgl. Rdn. 1654). So kann die Bank bei unberechtigter Zahlung auf eine Gewährleistungsbürgschaft auf erstes Anfordern versuchen, den auf sie übergegangenen Gewährleistungsanspruch des Gläubigers gegen ihren Kunden geltend zu machen.

8. Ansprüche des Bankkunden

1661 Aus dem Avalauftrag steht dem Kunden ein Anspruch gegen die Bank auf Übernahme der vereinbarten Bankbürgschaft oder Garantie zu. Art und Umfang der herauszulegenden Haftungsübernahme ergeben sich aus dem Auftrag. Bezüglich der Ausführung des Auftrags ist die Bank an die Weisungen des Kunden gebunden.

1662 Bei Inanspruchnahme ist die Bank zur ordnungsgemäßen Prüfung ihrer Zahlungspflicht verpflichtet (vgl. Rdn. 1669). Verstößt sie gegen diese Pflicht, drohen ihr Schadensersatzansprüche des Kunden und der Verlust des Aufwendungsersatzanspruchs. Ein Anspruch des Kunden auf Zahlung der Bank an den Begünstigten besteht dagegen so wenig[3454] wie ein Anspruch darauf, die Zahlung zu unterlassen.[3455]

3448 BGH, WM 2008, 803 (804); BGH, WM 2007, 514 (515); BGH, WM 2006, 1814 (1815).

3449 BGH, ZIP 2011, 282 (282); BGH, WM 2010, 1397 (1398); BGH, WM 2007, 515 (516); BGH, WM 2006, 1814 (1816); vgl. *G. Fischer* WM 2007, 813 (816).

3450 BGH, ZIP 2011, 282 (282); OLG München, ZIP 2009, 1240 (1241).

3451 BGH, ZIP 2011, 282 (283).

3452 BGH, WM 2008, 803 (804) zum vergleichbaren Kautionssicherungsvertrag; *Blesch/Meyer/Steinwachs* Rn. 334.

3453 *Blesch/Meyer/Steinwachs* Rn. 334.

3454 Hellner/Steuer/*Früh/Müller-Arends* Rn. 3/283.

3455 Str., so OLG Stuttgart, WM 2013, 883 (885) mit Darstellung des Streitstands; OLG Düsseldorf, ZIP 1999, 1518 (1520); OLG Köln, WM 1991, 1751 (1752); a.A MüKo-ZPO/*Drescher* § 935 Rn. 31 und Rn. 39 für den Fall der rechtsmissbräuchlichen Inanspruchnahme einer Bürgschaft auf erstes Anfordern oder Garantie.

9. Beratungs- und Aufklärungspflichten der Bank

1663 Infolge des Wissensvorsprungs der Bank als Spezialistin im Avalgeschäft treffen sie als Nebenpflichten aus dem Avalauftrag verschiedene Beratungs- und Aufklärungspflichten:[3456]

1664 Wünscht der Kunde die Übernahme einer Bürgschaft auf erstes Anfordern, hat die Bank ihn über die besonderen Risiken dieses Instruments aufzuklären. Sie kann grds. nicht davon ausgehen, dass dem Kunden diese Risiken bekannt sind.[3457] Die Aufklärung geschieht üblicherweise i.R.d. formularmäßigen Avalauftrags. Der Umfang der geschuldeten Aufklärung hängt vom für die Bank erkennbaren Wissenshorizont des Kunden ab. So erübrigt sich bei einer im Avalgeschäft erfahrenen Bauaktiengesellschaft als Kundin an sich jegliche Aufklärung. Im Verhältnis zum branchenfremden Handwerker oder Privatkunden kann dagegen ein über das Formular hinausgehender Hinweis geschuldet sein.

1665 Die Bank hat dem Kunden zu Bürgschaften auf erstes Anfordern auch ihr rechtliches Wissen zur Verfügung zu stellen. Wenn sie erkennen muss, dass der Kunde seinem Vertragspartner die Stellung einer Bürgschaft auf erstes Anfordern aufgrund der Rspr. oder gem. § 17 Abs. 4 VOB/B möglicherweise nicht schuldet, hat sie ihn darauf hinzuweisen. Dabei genügt der allg. gehaltene verständliche Hinweis auf die Rspr. und ihre möglichen Konsequenzen. Eine Pflicht zur Prüfung der Rechtslage im Einzelfall anhand des Vertrags zwischen dem Kunden und seinem Auftraggeber besteht auch dann nicht, wenn die Bank den Vertrag erhalten hat.

1666 Besondere Aufklärungspflichten hat die Bank, wenn sie wissentlich über die Sicherung hinausgeht, die zwischen dem Kunden und seinem Vertragspartner vereinbart war. In einem Fall des BGH hatte die Bank auf Bitte des Bürgschaftsnehmers ohne Veranlassung durch den Kunden eine Bürgschaft auf erstes Anfordern ausgefertigt, obwohl im Werkvertrag zwischen dem Kunden und dem Bürgschaftsnehmer nur die Stellung einer einfachen Bürgschaft vereinbart war. Die Bank hatte den Bürgschaftsentwurf sogar dem Kunden noch vor Ausfertigung zur Zustimmung übersandt und die Urkunde erst dann dem Gläubiger ausgehändigt. Trotzdem sah der BGH eine Pflichtverletzung der Bank, weil sie den Kunden ausdrücklich auf die Nachteile der Bürgschaft hätte hinweisen müssen. Einer der Kernsätze dieses Urteils lautet: »Die Bank trifft aus dem Geschäftsbesorgungsvertrag, der der Bürgschaft zugrunde liegt, die Pflicht, die Interessen ihres Kunden mit Sorgfalt zu wahren und zu schützen.«[3458]

1667 Auch im Garantiegeschäft wird die Bank schon im Eigeninteresse den Kunden auf Unstimmigkeiten im Avalauftrag oder Probleme der praktischen Durchführung hinweisen. Anders als bei Bürgschaften auf erstes Anfordern trifft die Bank bezüglich der Übernahme von Garantien keine Rechtspflicht zur Beratung, z.B. zu besonderen Länderrisiken[3459] oder zu Üblichkeiten im Land des Begünstigten; die Bank darf sich auf die Sachkenntnis des Kunden verlassen.[3460]

1668 Eine Hinweispflicht ist auch gegeben, wenn die Bank bei Prüfung des ihr vom Kunden übergebenen Musters erkennt, dass der beabsichtigte Zweck nicht erreicht werden kann. Dieses gilt bspw. bei der Vereinbarung von Effektivklauseln (vgl. Rdn. 1785, 1824).[3461]

10. Verhaltenspflichten der Bank bei Inanspruchnahme

1669 Die Inanspruchnahme ist hinsichtlich Form, Rechtzeitigkeit, Erklärungsinhalt und Dokumentenvorlage zu prüfen.[3462] Prüfungsmaßstab ist der Text der Bürgschaft bzw. Garantie. Ggf. erfolgt die Ablehnung der Zahlung unter Hinweis auf die nicht ordnungsgemäße Inanspruchnahme. Die

---

3456 *Blesch/Meyer/Steinwachs* Rn. 268 ff.

3457 BGH, NJW 2000, 1563 (1565).

3458 BGH, NJW 2000, 1563 (1565); *Nobbe* vor § 765 Rn. 26.

3459 Schimansky/Bunte/Lwowski/*T. Fischer* Bankrechts-Handbuch § 121 Rn. 86.

3460 Zahn/*Ehrlich/Haas* Rn. 9/81.

3461 *Blesch/Meyer/Steinwachs* Rn. 275.

3462 Vgl. *Blesch/Meyer/Steinwachs* Rn. 343.

Bank hat sich außerdem zu vergewissern, dass der in der Avalurkunde genannte Gläubiger oder sein nachgewiesener Rechtsnachfolger die Inanspruchnahme ausgesprochen hat und dass der Gläubiger ordnungsgemäß vertreten ist. Zu prüfen ist auch, ob der geltend gemachte Anspruch von der Bürgschaft oder Garantie umfasst ist.[3463]

1670 Der Kunde ist über die Inanspruchnahme zu informieren.[3464] Seine Einwendungen gegen die Zahlungspflicht sind auf Erheblichkeit anhand des Avalauftrags zu prüfen. Einwendungen bei einfachen selbstschuldnerischen Bürgschaften (zur Garantie unten Rdn. 1833 ff.).hat die Bank bspw. nach dem Musteravalauftrag der Sparkassen zu berücksichtigen, wenn ihre Voraussetzungen klar und unstr. sind. Einwendungen gegen die Zahlungspflicht bei Bürgschaften auf erstes Anfordern muss der Kunde durch liquide Beweismittel unterlegen (vgl. Rdn. 1787–1790 und zu Garantien Rdn. 1833–1843). Falls keine ausreichenden oder nur unschlüssige Einwendungen erhoben werden, kann die Bank ohne Verstoß gegen ihre Verpflichtungen aus dem Geschäftsbesorgungsvertrag mit dem Kunden an den Begünstigten zahlen.

1671 Macht der Kunde erhebliche Einwendungen i.S.d. Avalbedingungen geltend, ist die Zahlung zu verweigern. Aus Sicht der Bank sollten der Kunde und der Avalbegünstigte die streitige Sache untereinander klären; bei fehlender Bereitschaft dazu und im Insolvenzfall bleibt der Bank die Führung eines eigenen Prozesses über den ihr unbekannten Sachverhalt nicht erspart. Durch Streitverkündung oder Vereinbarung ist sicherzustellen, dass der Kunde das Ergebnis des Prozesses gegen sich gelten lassen muss.

1672 Die Bank kann nach Zahlung auf die Bürgschaft oder Garantie den Aufwendungsersatzanspruch gegen den Kunden selbst dann geltend machen, wenn die Aufwendungen i.S.d. § 670 BGB objektiv nicht erforderlich waren, weil der verbürgte oder garantierte Anspruch nicht bestand. Entscheidend ist, dass die Bank nach sorgfältiger, den Umständen des Falles angemessener Prüfung die Aufwendungen für erforderlich halten durfte.[3465] Dazu hat sie den Kunden bei der selbstschuldnerischen Bürgschaft über die Inanspruchnahme zu informieren und den ihr über die Hauptforderung bekannten Sachverhalt auf für sie offenkundige Einwendungen oder Einreden hin zu prüfen.[3466]

1673 Da die Bürgschaftsurkunde zwar kein Wertpapier, aber ein Schuldschein nach § 371 BGB ist,[3467] kann die Bank nach Erfüllung der Bürgschaftsschuld die Herausgabe der Urkunde verlangen. Dieser Anspruch begründet ein Zurückbehaltungsrecht nach § 273 BGB; daher kann die Bank auf Leistung Zug um Zug gegen Rückgabe der Urkunde (§ 274 BGB) auch dann bestehen, wenn der Text der Bürgschaft keine solche Absprache beinhaltet.

11. Kündigung des Avalauftrags

1674 Im Rahmen der Kündigung des Kreditengagements ist ggf. der Avalrahmenvertrag zu kündigen. Damit entfällt die Verpflichtung der Bank, weitere Einzelavale zur Verfügung zu stellen. Entgegen verbreiteter Praxis ist die Kündigung der einzelnen Avalaufträge nicht anzuraten. Die Bank hat nämlich ihre Hauptpflicht aus dem Avalauftrag mit der Übernahme des Avals erfüllt; durch die Kündigung verbessert sie ihre Position nicht. Sie läuft vielmehr Gefahr, mit Wegfall des Vertragsverhältnisses den weiteren Provisionsanspruch (vgl. zur Insolvenz Rdn. 1658) zu verlieren. Bezüglich der herausgelegten Bürgschaften steht der Bank wegen Verschlechterung der Vermögensverhältnisse der Befreiungsanspruch aus § 775 BGB gegen den Kunden zu; die Realisierungsaussichten sind freilich bei Schwäche des Kunden eingeschränkt.

3463 BGH, WM 2011, 2216 (2217) zur Garantie auf erstes Anfordern.

3464 BGH, WM 1985, 1387 (1390); OLG Stuttgart, WM 2013, 883 (886) zur Garantie; *Nobbe* vor § 765 Rn. 27.

3465 BGH, WM 1985, 1387 (1390); OLG Frankfurt, Urt. v. 29.09.2010 – 7 U 16/10, juris Rn. 6; Palandt/*Sprau* § 670 Rn. 4.

3466 BGH, WM 1985, 1387 (1390); OLG Frankfurt, Urt. v. 29.09.2010 – 7 U 16/10, juris Rn. 6; OLG Celle, BauR 2000, 1356.

3467 OLG München, Urt. v. 16.06.2009 – 13 U 5717/08, juris Rn. 15; Palandt/*Grüneberg* § 371 Rn. 1.

Von diesen Maßnahmen bleibt im Außenverhältnis die Haftung aus übernommenen Bürgschaften und Garantien unberührt (vgl. Rdn. 1705, 1844). Falls nicht ausnahmsweise Kündigungsmöglichkeiten bestehen, kann sich die Bank in der Insolvenz des Kunden nicht aus der Haftung befreien. 1675

III. Rechtsverhältnis zwischen Bank und Begünstigtem (Außenverhältnis)

Grundlage des Rechtsverhältnisses zwischen der Bank und dem Begünstigten ist ein Vertrag über eine selbstschuldnerische Bürgschaft (unten Rdn. 1677 ff.), eine Bürgschaft auf erstes Anfordern (unten Rdn. 1777 ff.) oder eine Garantie (unten Rdn. 1813 ff.). 1676

1. Selbstschuldnerische Bürgschaften

In Bankbürgschaften wird das gesetzliche Bürgschaftsrecht der §§ 765 ff. BGB in vielfältiger Weise modifiziert und ergänzt. Gebräuchlich sind sowohl bankeigene Formulare als auch solche, die vonseiten der Bürgschaftsnehmer gestellt und auf Wunsch des Kunden von der Bank übernommen werden. Während die Verwendung eigener Formulare aus Bankensicht unproblematisch ist, müssen die vielfach gewünschten Fremdformulare in jedem Einzelfall auf nachteilige Folgen für die Bank und auf Unklarheiten geprüft werden. Gleiches gilt aus umgekehrter Sicht für die anwaltlichen Berater des Bürgschaftsnehmers und des Bankkunden, die das manchmal schematisch übernommene Bankformular ggf. an den konkreten Fall und die vertraglichen Vereinbarungen im Grundgeschäft anzupassen haben. 1677

a) Übliche Klauseln

aa) Präambel

Soweit eine Präambel verwendet wird und darin auf den Vertrag zwischen dem Bankkunden und dem Bürgschaftsnehmer Bezug genommen wird, sollte die Bank deutlich machen, dass sie die Existenz des Vertrages nicht bestätigt. Es empfiehlt sich als Einleitung die Formulierung »Wir wurden davon unterrichtet, dass…«. Damit ist eindeutig zwischen den Erklärungen der Bank und dem lediglich vom Hörensagen bekannten Sachverhalt unterschieden.[3468] 1678

bb) Höchstbetrag

Die Vereinbarung eines Höchstbetrags dient der Bank zur exakten Definition des Risikos. Im Verhältnis zum Kunden ist damit die Grundlage für die Berechnung der Avalprovision geschaffen. Außerdem steht fest, in welcher Höhe der Avalkreditrahmen ausgeschöpft ist. Zur Klarstellung sollte geregelt werden, dass der Höchstbetrag Zinsen, Kosten und sämtliche anderen Nebenansprüche umfasst. 1679

cc) Inkrafttreten

Nach der gesetzlichen Regelung tritt die Bürgschaft mit Abschluss des Bürgschaftsvertrages, also dem Angebot der Bank und der i.d.R. konkludenten Annahme durch den Bürgschaftsnehmer, in Kraft. Ob die gesicherte Forderung bereits besteht, hat auf die Wirksamkeit des Vertrages keine Auswirkungen. 1680

Häufig wird vom Kunden und der Bank das Inkrafttreten der Bürgschaft zu einem späteren Zeitpunkt als dem Zugang der Bürgschaftsurkunde gewünscht. So sollen Anzahlungsbürgschaften (vgl. Rdn. 1727–1730) regelmäßig erst bei Leistung der Anzahlung auf ein bestimmtes Konto in Kraft treten. Dazu müssen im Interesse allseitiger Rechtssicherheit im Bürgschaftstext als Bedingungen des Inkrafttretens vereinbart werden: 1681
- Betrag der Zahlung;
- Konto, auf das gezahlt werden soll;

3468 *Blesch/Meyer/Steinwachs* Rn. 22.

- ggf. bestimmter Verwendungszweck der Überweisung;
- ggf. teilweises Inkrafttreten bei Teilzahlung.

1682 Aus der Formulierung »Diese Bürgschaft tritt in Kraft, wenn uns der volle Anzahlungsbetrag von €... auf Konto Nr. ... zur Verfügung steht« folgt, dass eine Teilzahlung nicht zum Inkrafttreten der Bürgschaft führt; andernfalls sollte die Klausel lauten: »..., soweit uns der Anzahlungsbetrag zur Verfügung steht«.[3469]

1683 Im Innenverhältnis zwischen der Bank und dem Kunden regeln die Avalbedingungen, dass die Aushändigung bzw. Absendung der Bürgschaftsurkunde der entscheidende Zeitpunkt für die Belastung des Avalrahmens des Kunden und für die Berechnung der Avalprovision ist.[3470] Soll ein anderer Zeitpunkt maßgeblich sein, muss eine entsprechende Vereinbarung in den Avalauftrag aufgenommen werden.

dd) Reduzierungsklausel

1684 Insbesondere bei Anzahlungsbürgschaften (vgl. Rdn. 1727–1730) haben alle Beteiligten oft ein Interesse daran, dass sich der Bürgschaftsbetrag nach und nach reduziert, weil der Anzahlungsbetrag sich mit fortschreitender Erbringung der Leistung vermindert. Zwar führt das Abschmelzen der gesicherten Hauptforderung aufgrund der Akzessorietät der Bürgschaft zur ihrer gleichzeitigen Reduzierung. Doch besteht das Bedürfnis, die Reduzierung eindeutig feststellen zu können. Dazu dienen Reduzierungsklauseln, die im Außenverhältnis zwischen der Bank und dem Bürgschaftsnehmer klarstellen, wann die Bank in welchem Umfang haftet. Dabei können der verbürgte Betrag und die gesicherte Forderung durchaus voneinander abweichen. Im Innenverhältnis schaffen Reduzierungsklauseln Sicherheit darüber, in welcher Höhe der Avalrahmen in Anspruch genommen ist und auf welcher Grundlage die Avalprovision ermittelt wird. Um diese Zwecke erfüllen zu können, muss die Reduzierungsklausel das Datum der Reduzierung nebst Reduzierungsbetrag oder die Vorlage bestimmter Dokumente festlegen. Geeignete Dokumente zur Reduzierung einer Anzahlungsbürgschaft nach Erbringung von Teilleistungen durch den Bankkunden können z.B. vom Bürgschaftsnehmer gegengezeichnete Rechnungskopien sein. Die präzise Beschreibung der Dokumente erleichtert die spätere streitfreie Abwicklung.

ee) Befristungsklausel

1685 Als akzessorische Sicherheit erlischt die Bürgschaft spätestens mit dem Erlöschen der gesicherten Forderung. Da dieser Zeitpunkt für den Bürgen nur selten genau zu ermitteln ist, beinhalten Bürgschaften in der Praxis Verfallklauseln. Hinsichtlich der Befristung ist zwischen gegenständlich beschränkten Bürgschaften und Zeitbürgschaften nach § 777 BGB zu unterscheiden:

1686 Sichert die Bürgschaft alle Ansprüche, die unabhängig von der Inanspruchnahme bis zum Ablauf der Befristung entstanden sind, spricht man von einer gegenständlich beschränkten Bürgschaft. Die Anzeige der Inanspruchnahme braucht nicht innerhalb der Frist zu erfolgen. Falls nichts Anderes vereinbart ist, ist die Haftung für die entstandenen Forderungen nur durch die Verjährung begrenzt.[3471] § 777 BGB ist nicht anwendbar. Die gesicherte Forderung muss bei Fristablauf noch nicht fällig sein.[3472] Oft sind Gewährleistungsbürgschaften gegenständlich beschränkte Bürgschaften;[3473] sie sind mangels abweichender Anhaltspunkte als solche auszulegen.[3474]

3469 OLG Stuttgart, WM 2001, 1335 (1336).

3470 Z.B. Nr. 2 der »Bedingungen für das Avalgeschäft« der Sparkassen.

3471 MüKo-BGB/*Habersack* § 777 Rn. 4.

3472 BGH, NJW 2004, 720 (722).

3473 *Nobbe* § 777 Rn. 9.

3474 OLG Hamm, NJW 2013, 392 (394); vgl. aber zu den unterschiedlichen Auslegungen im Einzelfall OLG Brandenburg, NJW 2014, 3793 (3794) und OLG Frankfurt, NJW 2012, 2736 (2737).

Demgegenüber erlischt eine Zeitbürgschaft nach § 777 BGB, wenn der Gläubiger nicht unverzüglich nach Fristablauf die in § 777 Abs. 1 BGB aufgeführten Maßnahmen ergreift (§§ 163, 158 Abs. 2 BGB). Die Rspr. hat die Klausel »Die Bürgschaft erlischt am…« als Zeitbürgschaft ausgelegt.[3475] Praxisstandard sind zugunsten des Bürgen modifizierte »qualifizierte« Zeitbürgschaften, die erlöschen, wenn die Anzeige der Inanspruchnahme nicht spätestens bis zum Ablauf der Befristung erfolgt ist (z.B. »wenn Ansprüche gegen uns nicht bis zum… geltend gemacht worden sind«). Eine Inanspruchnahme liegt auch in der Streitverkündung.[3476] Fällt der Tag der Befristung auf das Wochenende oder einen Feiertag, läuft die Frist mangels anderslautender Vereinbarung am nächsten Werktag ab (§ 193 BGB).[3477] Die Bürgschaft erlischt bei Fristablauf ohne Anzeige der Inanspruchnahme auch, wenn der Insolvenzverwalter Zahlungen des Hauptschuldners auf die verbürgte Forderung erst nach Fristablauf erfolgreich anficht. § 144 Abs. 1 InsO führt in diesen Fällen nicht zum Wiederaufleben der Bürgschaft.[3478] Die Haftung des Bürgen setzt außer der rechtzeitigen Anzeige der Inanspruchnahme voraus, dass die gesicherte Forderung spätestens mit Fristablauf entsteht und fällig wird.[3479] 1687

Die Formulierung »Die Bürgschaft ist befristet bis zum…« kann sowohl als gegenständlich begrenzte Bürgschaft als auch als Zeitbürgschaft ausgelegt werden. Sind in der Entwicklung befindliche künftige Forderungen, z.B. aus Kontokorrenten, gesichert, deutet dieser Umstand auf eine gegenständlich begrenzte Bürgschaft hin; ein bei Übernahme der Bürgschaft abgeschlossener Lebenssachverhalt lässt hingegen auf eine Zeitbürgschaft schließen.[3480] Gewährleistungsbürgschaften sind i.d.R. als gegenständlich beschränkte Bürgschaften auszulegen.[3481] Starren Auslegungsregeln erteilte der BGH eine Absage.[3482] 1688

Die im Avalgeschäft verwendeten Bürgschaftsformulare der Banken enthalten eindeutige Formulierungen modifizierter (bzw. »qualifizierter«) Zeitbürgschaften. Auslegungsprobleme entstehen, wenn auf Kundenwunsch vom Gläubiger vorgegebene unklare Texte unterschrieben werden sollen. Falls noch Verhandlungsspielraum besteht, sollte auf eindeutigen Regelungen bestanden werden. 1689

Verschiedene Bürgschaftsarten dürfen nicht befristet ausgestellt werden, z.B. Prozessbürgschaften, Bürgschaften nach der MaBV und der VOB sowie Sicherheiten nach § 648a BGB a.F./§ 650f BGB n.F., § 632a Abs. 4 BGB a.F./§ 650m BGB n.F.[3483] und im Rahmen eines Squeeze-out. 1690

Nach vielen Musterformularen erlischt die Bürgschaft auch bei Rückgabe der Bürgschaftsurkunde an die Bank (vgl. Rdn. 1829). Die an sich wünschenswerte zusätzliche Erklärung des Begünstigten, dass er die Bank aus der Haftung entlasse,[3484] wird nur selten als Bedingung des Erlöschens und der Ausbuchung vereinbart. 1691

3475 BGH, WM 1988, 210 (211).

3476 OLG Koblenz, ZIP 2005, 1822 (1823).

3477 BGH, NJW 1987, 1760 (1761).

3478 OLG Bamberg, BKR 2015, 286 (288), das den Begriff der »qualifizierten« Zeitbürgschaft einführte und durch Auslegung der unpräzise formulierten Bürgschaftsverlängerung im konkreten Fall dem Bürgschaftsnehmer die Möglichkeit eröffnet, die Inanspruchnahme vor Fristablauf »konditioniert« für den Fall der Anfechtung zu erklären; vgl. dazu Anmerkung *Cranshaw* jurisPR-InsR 12/2015 Anm. 2.

3479 BGH, NJW 1984, 2461 (2462); *Nobbe* § 777 Rn. 12; MüKo-BGB/*Habersack* § 777 Rn. 5.

3480 BGH, WM 1988, 210 (211).

3481 So OLG Brandenburg, NJW 2014, 3793 (3794) trotz des Wortlauts »erlischt spätestens, wenn die Bürgin nicht bis zum Ablauf der vertraglich vereinbarten Gewährleistungsfrist in Anspruch genommen wurde«; OLG Hamm, NJW 2013, 392 (394); vgl. aber zur gegenteiligen Auslegung OLG Frankfurt, NJW 2012, 2736 (2737); für eine ergebnisoffene genaue Auslegung des Bürgschaftstextes *Symosek* NJW 2014, 3752 (3753).

3482 BGH, WM 2004, 720 (722).

3483 Palandt/*Sprau* § 650f Rn. 11; § 650m Rn. 7.

3484 Vgl. *Blesch/Meyer/Steinwachs* Rn. 94.

ff) Voraussetzungen der Inanspruchnahme

1692 Besondere Klauseln zur Abgabe von Erklärungen oder Vorlage von Urkunden sind bei der selbstschuldnerischen Bürgschaft selten, aber nicht ausgeschlossen (vgl. zur Bürgschaft auf erstes Anfordern Rdn. 1785).

gg) Verzicht auf Einreden

1693 In Bankbürgschaften werden regelmäßig zur leichteren Durchsetzbarkeit der Bürgschaftsansprüche Verzichte des Bürgen auf Einreden erklärt. Zur Wirksamkeit solcher Verzichte bzw. der Vereinbarung über die Stellung einer Bürgschaft mit Einredeverzichten hat sich in den letzten Jahren eine umfangreiche Rspr. entwickelt.

1694 Der Verzicht auf die Einrede der Vorausklage nach § 771 BGB ist beim Bankbürgen überflüssig, da er gem. § 349 HGB als Kaufmann im Rahmen seiner Handelsgeschäfte selbstschuldnerisch haftet. Gängige Formulare enthalten den Ausschluss der Einrede und die Formulierung »selbstschuldnerische Bürgschaft« trotzdem, weil Bürgschaftsnehmer auf die Klarstellung Wert legen.

1695 Nach § 770 Abs. 1 BGB kann der Bürge die Zahlung verweigern, wenn der Hauptschuldner zur Anfechtung des Grundgeschäfts ggü. dem Gläubiger berechtigt ist. Der übliche Verzicht in der Bürgschaft auf die Einrede der Anfechtbarkeit bewirkt, dass die Bank die Leistung nicht mit der Begründung verweigern kann, der Kunde als Hauptschuldner sei ggü. dem Bürgschaftsnehmer zur Anfechtung des Grundgeschäfts berechtigt. Der Verzicht galt bisher als unproblematisch, doch mehren sich Hinweise in der Literatur, dass ein in AGB des Gläubigers enthaltener Verzicht auf die Einrede der Anfechtung wegen Drohung und arglistiger Täuschung unwirksam sei.[3485] Nur der Verzicht auf die Einrede der Anfechtung wegen Irrtums sei zulässig. Zur Vermeidung der Konsequenzen (s.u. Rdn. 1696 zur Einrede der Aufrechenbarkeit) sollte der Verzicht auf die Einrede der Anfechtung in den Formularen von Banken und Gläubigern insoweit eingeschränkt werden, als die Anfechtung wegen Drohung und arglistiger Täuschung vom Verzicht ausgenommen wird, falls man ihn nicht völlig streichen will. In der Insolvenz des Hauptschuldners erfasst der Verzicht auf die Einrede der Anfechtbarkeit durch den Bürgen nicht die Anfechtung der Bürgschaft durch den Insolvenzverwalter nach §§ 130 ff. InsO, weil dieses Anfechtungsrecht nur dem Insolvenzverwalter und nicht dem Hauptschuldner zusteht.[3486]

1696 Die Einrede der Aufrechenbarkeit gem. § 770 Abs. 2 BGB gewährt der Bank das Recht, den Bürgschaftsnehmer auf die mögliche Aufrechnung ggü. dem Kunden als Hauptschuldner zu verweisen. Ein Verzicht auf die Einrede ist in AGB des Gläubigers unwirksam, wenn der Ausschluss auch für den Fall gilt, dass die Gegenforderung des Kunden unbestritten oder rechtskräftig festgestellt ist;[3487] trotzdem bleibt die Bürgschaft wirksam.[3488] Obwohl diese Rspr. formal gesehen einen Ausschluss der Einrede nach § 770 Abs. 2 BGB in einem Formular der Bank nicht erfasst, weil die Bank als Bürgin selbst die AGB gestellt hat, hat sie doch Auswirkungen auf das Avalgeschäft: Bei Gewährleistungsbürgschaften ist die Verpflichtung des Kunden im Werkvertrag, zur einzig möglichen Ablösung eines Gewährleistungseinbehalts eine Bürgschaft unter vollständigem Verzicht auf die Einrede zu stellen, unwirksam.[3489] Die Bank kann und muss sich dann gegen eine Inanspruchnahme wehren.

1697 Aus Bankensicht unbedenklich ist folgende einschränkende Formulierung: »Auf die Einrede der Aufrechenbarkeit gem. § 770 Abs. 2 BGB verzichtet der Bürge, soweit die Gegenforderung des Hauptschuldners nicht unbestritten oder nicht rechtskräftig festgestellt ist.«

3485 MüKo-BGB/*Habersack* § 770 Rn. 3; ausführlich zur Zulässigkeit und zu den Rechtsfolgen des Verzichts auf die Einrede der Anfechtbarkeit *Windorfer*, NZBau 2017, 460 (462).

3486 OLG München, WM 2008, 442 (443).

3487 BGH, NJW 2003, 1521 (1522).

3488 BGH, WM 2017, 2382 (2383) zur Gewährleistungsbürgschaft; OLG Koblenz, Urt. v. 05.05.2014 – 12 U 231/13 – juris Rn. 19 zur Vertragserfüllungsbürgschaft.

3489 BGH, WM 2017, 2386 (2388).

Nach § 776 BGB wird der Bürge insoweit aus der Bürgschaft frei, wie der Gläubiger eine Sicherheit aufgibt, aus der der Bürge nach Zahlung und Forderungsübergang gemäß § 774 BGB Rückgriff nehmen könnte. Der vollständige Verzicht auf diese Einwendung des Bürgen ist in AGB des Gläubigers unwirksam.[3490] Der BGH ließ bisher ausdrücklich offen, ob eine Vereinbarung in einem Werkvertrag zur Stellung einer Gewährleistungsbürgschaft unter Verzicht auf die Rechte gemäß § 776 BGB unwirksam ist.[3491] 1698

§ 768 BGB gewährt dem Bürgen das Recht, sich auf alle Einreden des Hauptschuldners gegen den Gläubiger zu berufen, unabhängig davon, ob der Hauptschuldner diese geltend macht oder auf sie verzichtet hat. In älteren Bürgschaftsformularen der Banken und in Mustern der Gläubiger findet sich bisweilen noch ein vollständiger Ausschluss aller Einreden nach § 768 BGB. Ein solcher umfassender Ausschluss berührt den Kerngehalt der Bürgschaft als akzessorische Sicherheit und ist unwirksam nach § 307 Abs. 2 Nr. 1 BGB, wobei der Bestand des Bürgschaftsvertrags unberührt bleibt.[3492] Der Verzicht auf einzelne Einreden des Hauptschuldners soll dagegen wohl zulässig sein.[3493] Empfohlen wird auch die Formulierung des Einredeverzichts mit der Einschränkung: »... soweit sich diese Einreden nicht gegen den Bestand und die Fälligkeit der Hauptverbindlichkeit richten«.[3494] Zu beachten ist, dass der Bank als Bürgin auch bei wirksamem Verzicht auf die Einreden des Hauptschuldners nach § 768 BGB selbstverständlich ihre eigenen Einwendungen und Einreden aus dem Bürgschaftsvertrag zustehen.[3495] 1699

In zwei Entscheidungen aus dem Jahr 2009 prüfte der BGH, ob die Bank die Zahlung verweigern kann, wenn die Vereinbarung über die Stellung einer Bürgschaft mit Einredeverzicht in den AGB des Grundgeschäfts (Werkvertrag) unwirksam war. Wie bei der Verpflichtung zur Stellung einer Bürgschaft auf erstes Anfordern (vgl. Rdn. 1795) differenziert der BGH zwischen Vertragserfüllungsbürgschaften und Gewährleistungsbürgschaften. Die Sicherungsvereinbarung zur Stellung einer Vertragserfüllungsbürgschaft mit uneingeschränktem Einredeverzicht sei zwar möglicherweise unwirksam, doch lasse sich die Verpflichtung auf die Stellung einer selbstschuldnerischen Bürgschaft ohne Verzicht auf die Einreden nach § 768 BGB reduzieren.[3496] Damit bleibt dem Bürgschaftsnehmer in diesen Fällen zumindest eine selbstschuldnerische Bürgschaft erhalten, wenn auch ohne Einredeverzicht. Hingegen sei die werkvertragliche Vereinbarung eines Gewährleistungseinbehalts von 5 %, ablösbar nur durch selbstschuldnerische Bürgschaft mit vollständigem Verzicht auf die Einreden nach § 768 BGB, insgesamt in AGB unwirksam.[3497] Infolgedessen dürfe kein Einbehalt gemacht werden. Eine Bürgschaft zur Ablösung des unzulässigen Einbehalts sei nicht geschuldet. Der Bürgschaftsnehmer steht dann ohne jede Sicherheit da; die Bank kann und muss die Zahlung ggf. unter Verweis auf §§ 768, 821 BGB verweigern. 1700

Kann der Gewährleistungseinbehalt nur durch eine Bürgschaft mit Verzicht auf die Einrede gem. § 768 BGB abgelöst werden, ist diese Vereinbarung in AGB auch beim VOB-Vertrag unwirksam. Daran ändert auch das Wahlrecht des § 17 Abs. 3 VOB nichts, weil die anderen beiden Wahlmöglichkeiten außer der Stellung einer Bürgschaft (Einzahlung auf ein Sperrkonto, Hinterlegung) dem Auftragnehmer keine Liquidität verschaffen. Das Regelwerk benachteiligt den Auftragnehmer unangemessen (§ 307 Abs. 1 BGB); die Bank kann und muss die Zahlung verweigern.[3498] 1701

3490 BGH, NJW 2000, 1566 (1568).
3491 BGH, WM 2017, 2386 (2390).
3492 BGH, WM 2012, 930 (931); BGH, NJW 2009, 3422 (3422); BGH, WM 2001, 1060 (1062); BGH, WM 2001, 947 (948).
3493 Palandt/*Sprau* § 768 Rn. 8.
3494 *Blesch/Meyer/Steinwachs* Rn. 63.
3495 Palandt/*Sprau* § 768 Rn. 2.
3496 BGH, NJW 2009, 1664 (1666).
3497 BGH, NJW 2009, 3422 (3425).
3498 BGH, WM 2011, 1697 (1697).

hh) Hinterlegungsklausel

1702 Bei Inanspruchnahme gerät die Bank in eine unangenehme Lage, wenn der Kunde unter Berufung auf das Grundgeschäft von ihr verlangt, die Zahlung zu verweigern. Zur Vermeidung dieser Situation finden sich in älteren Bürgschaften mitunter noch die früher üblichen Hinterlegungsklauseln. Diese sind jedoch nur selten geeignet, die Bank durch Hinterlegung der Bürgschaftssumme beim Amtsgericht aus allen Verwicklungen des Grundgeschäfts herauszuhalten.

1703 Die Hinterlegung als Erfüllungssurrogat nach §§ 372 ff. BGB scheitert entgegen in der Vergangenheit teilweise anderer Praxis der Amtsgerichte daran, dass kein Hinterlegungsgrund im Sinne dieser Vorschriften gegeben ist. Insb. stellt das Zahlungsverlangen des Bürgschaftsnehmers verbunden mit der Aufforderung des Kunden, die Zahlung zu unterlassen, keine Ungewissheit über die Person des Gläubigers im Sinne von § 372 Satz 2 BGB dar.[3499] Zwar könnte vertraglich ein weiterer Hinterlegungsgrund vereinbart werden,[3500] doch enthalten die früher gängigen Klauseln keine solche Vereinbarung.[3501] Sie entspräche auch nicht dem vom Bürgschaftsnehmer und vom Kunden Gewollten.[3502] Auch eine Hinterlegung als Sicherheitsleistung entbindet die Bank nicht von der Verpflichtung, der Auszahlung durch die Hinterlegungsstelle an den Bürgschaftsnehmer zuzustimmen.[3503]

1704 Wenn Bürgschaftsnehmer zur Klarstellung darauf bestehen, dass die Bank die Hinterlegung im Bürgschaftstext ausdrücklich ausschließt, ist zu bedenken, dass damit auch die Hinterlegung wegen Ungewissheit über die Person des Gläubigers ausgeschlossen ist. Eine solche Unsicherheit bestünde z.B., wenn nach Abtretung der verbürgten Forderung nicht zu klären ist, wer Inhaber der Forderung ist.

b) Kündigung

1705 Bei Kündigung des Kreditverhältnisses ggü. dem Kunden (vgl. Rdn. 1674 f.) wird die Bank prüfen, ob sie sich auch aus dem Außenverhältnis befreien kann. Ein vertragliches Kündigungsrecht enthält die Bankbürgschaft – anders als die Bürgschaft als Kreditsicherheit – i.d.R. nicht. Im Bürgschaftsrecht ist anerkannt, dass eine unbefristete Bürgschaft durch den Bürgen nach angemessener Zeit mit angemessener Frist ordentlich gekündigt werden kann.[3504] In Betracht kommt auch die Kündigung der Bürgschaft als Dauerschuldverhältnis aus wichtigem Grund nach § 314 BGB.[3505] Als Rechtsfolge reduziert sich die Haftung auf den Betrag, der bei Wirksamwerden der Kündigung geschuldet ist. Diese für Bürgschaften als Kreditsicherheit entwickelten Grundsätze sind nur eingeschränkt auf Bankbürgschaften anwendbar. Da eine Bankbürgschaft gerade für den Fall der Verschlechterung der wirtschaftlichen Verhältnisse des Kunden als Hauptschuldner übernommen wird, liegt darin i.d.R. kein wichtiger Grund für eine Kündigung der Bürgschaft nach § 314 BGB;[3506] auch eine ordentliche Kündigung ist deshalb grundsätzlich ausgeschlossen. Eine Ausnahme gilt für Mietbürgschaften als langfristige Dauerschuldverhältnisse (vgl. Rdn. 1774). Besteht bei einer Bürgschaft für ein Dauerschuldverhältnis ein Kündigungsrecht, erlischt mit der Kündigung die Haftung nicht, sondern wird auf die bis dahin begründeten Forderungen begrenzt.[3507]

3499 Hellner/Steuer/*Früh/Müller-Arends* Rn. 3/311.

3500 BGH, NJW 1993, 55 (55).

3501 Ausführlich zu den früheren Sparkassenformularen OLG Frankfurt, Urt. v. 11.01.2006 – 20 VA 6/05 – juris Rn. 12.

3502 *Blesch/Meyer/Steinwachs* Rn. 106.

3503 Eingehend zu den verschiedenen Ansätzen BGH, WM 1985, 475 (476); Hellner/Steuer/*Früh/Müller-Arends* Rn. 3/312.

3504 OLG Düsseldorf, NJW 1999, 3128 (3128) zur Mietbürgschaft; MüKo-BGB/*Habersack* § 765 Rn. 55.

3505 Palandt/*Grüneberg* § 314 Rn. 5; MüKo-BGB/*Habersack* § 765 Rn. 56.

3506 Vgl. die Argumentation des BGH, WM 2011, 1731 (1732) zur Unwirksamkeit der Kündigung der von einem ausgeschiedenen Geschäftsführer gestellten Mietsicherheit für ein befristetes Mietverhältnis.

3507 Palandt/*Sprau* § 765 Rn. 16; MüKo-BGB/*Habersack* § 765 Rn. 57.

c) Verjährung

Seit der Schuldrechtsreform 2002 wurde die Frage der Verjährung von Bürgschaftsforderungen diskutiert. Durch die Verkürzung der Verjährungsfrist für Bürgschaftsforderungen von 30 Jahren auf drei Jahre ab Jahresende (§§ 195, 199 BGB) entstand das Problem, dass die Forderung aus der Bürgschaft vor der gesicherten Hauptforderung verjähren kann. Str. war, ob die Fälligkeit der Bürgschaftsforderung eine Inanspruchnahme durch den Bürgschaftsnehmer voraussetzt. 1706

Die Verjährungsfrist bezüglich der Bürgschaftsforderung beginnt am Ende des Jahres zu laufen, in dem die Bürgschaftsforderung fällig wird. Nach zwei Grundsatzentscheidungen des BGH tritt sowohl bei der einfachen selbstschuldnerischen Bürgschaft[3508] als auch bei der Bürgschaft auf erstes Anfordern[3509] die Fälligkeit aufgrund der Akzessorietät mit der Fälligkeit der Hauptforderung ein und setzt keine Inanspruchnahmeerklärung des Bürgschaftsnehmers voraus. Die Forderung aus einer Prozessbürgschaft zur Abwendung der Vollstreckung wird mit Rechtskraft des Urteils, dessen Vollstreckung abgewendet werden soll, fällig; eine Inanspruchnahme der Bürgschaft ist dazu gleichfalls nicht erforderlich.[3510] Der BGH weist aber darauf hin, dass die Parteien des Bürgschaftsvertrages eine abweichende Regelung zur Fälligkeit treffen können, die in den Urteilsfällen nicht vorlag. Damit ist das Verjährungsproblem weitgehend gelöst. Folgende Konstellationen sind zu unterscheiden: 1707

- Die Frage der Verjährung stellt sich bei befristeten Bürgschaften nicht, weil die Verjährungseinrede vor Ablauf der Befristung nach Sinn und Zweck des Vertragsinhalts ausgeschlossen ist.[3511]
- Zur Bürgschaft auf erstes Anfordern betont der BGH, diese nehme bezüglich der Fälligkeit keine Sonderstellung ein. Die in derartigen Bürgschaften vielfach vorgesehenen formellen Anforderungen hätten keine Auswirkungen auf die Fälligkeit.[3512] Es verbleibt daher auch bei der Bürgschaft auf erstes Anfordern beim Gleichlauf der Fälligkeit zwischen Hauptforderung und Bürgschaftsforderung.
- Aufgrund der Argumentation des BGH muss Gleiches auch gelten, wenn der Bürgschaftstext die Abgabe von Erklärungen oder die Vorlage von Dokumenten bei Inanspruchnahme vorsieht.[3513] Auch hierin liegen lediglich formelle Anforderungen zum Schutz des Bürgen, die den Beginn der Verjährungsfrist nicht von einer Handlung des Bürgschaftsnehmers abhängig machen sollen.
- Zum Beginn der Verjährungsfrist bei Gewährleistungsbürgschaften vgl. Rdn. 1726.[3514]

Eine von der Fälligkeit der Hauptforderung abweichende Fälligkeit der Bürgschaftsforderung kommt demnach bei nicht befristeten Bürgschaften nur aufgrund ausdrücklicher Vereinbarung zur Fälligkeit der Bürgschaft in Betracht. Die Vereinbarung über die Fälligkeit der Bürgschaftsforderung und damit über den Beginn der Verjährungsfrist kann auch in AGB erfolgen.[3515] Streitig ist, ob der Gläubiger in eigenen AGB die Fälligkeit der Bürgschaft an die Inanspruchnahme knüpfen kann. Durch eine solche Klausel, die in Kreditbürgschaften durch Banken in der Vergangenheit vielfach verwendet wurde, steht der Beginn der Verjährung im Belieben des Gläubigers. Darin wird teilweise eine unangemessene Benachteiligung des Bürgen i.S.d. § 307 Abs. 2 Nr. 1 BGB gesehen.[3516] Ob das im Avalgeschäft für eine Bank als Bürgin auch gilt, kann bezweifelt werden. Gewichtiger ist das Argument, dass durch die Klausel eine unzulässige Verlängerung der Verjährungsfrist der 1708

3508 BGH, WM 2008, 729 (732); seitdem ständige Rspr., vgl. BGH, NJW 2013, 1228 (1229).
3509 BGH, WM 2008, 1731 (1732).
3510 BGH, NJW 2015, 351 (353).
3511 *Blesch/Meyer/Steinwachs* Rn. 119.
3512 BGH, WM 2008, 1731 (1733).
3513 *Nobbe* § 765 Rn. 206.
3514 Ausführlich dazu BGH, NJW 2013, 1228.
3515 OLG Dresden WM 2011, 65 (68); *Nobbe* § 765 Rn. 207.
3516 So für die Kreditbürgschaft OLG München, WM 2012, 1768 (1769); Palandt/*Ellenberger* § 199 Rn. 3; a.A. für eine nach altem Schuldrecht übernommene Bürgschaft und deshalb ohne Erörterung der Problematik des § 202 Abs. 2 BGB BGH, WM 2013, 696 (698).

Bürgschaft auf mehr als 30 Jahre möglich ist (§ 202 Abs. 2 BGB).[3517] Falls ein Gläubiger eine entsprechende Vereinbarung in seine Bürgschaftsbedingungen aufnehmen möchte, sollte deshalb eine maximale Verjährungsfrist von 30 Jahren vereinbart werden.

1709 Als Konsequenz aus den Entscheidungen des BGH gehört eine Vereinbarung zur Verjährung inzwischen zum Standard dessen, was von Bürgschaftsnehmern verlangt wird. Unbedenklich sind Formulierungen wie z.B. »Die Ansprüche aus dieser Bürgschaft verjähren nicht vor den verbürgten Ansprüchen, spätestens jedoch 30 Jahre nach dem gesetzlichen Verjährungsbeginn«. Der Halbs. 2 trägt § 202 Abs. 2 BGB Rechnung. Soweit noch zu einer älteren herausgelegten Bürgschaft ein Verzicht auf die Einrede der Verjährung oder eine Verlängerung der Verjährungsfrist erbeten wird, ist zu beachten, dass jegliche Änderung der Bürgschaftsbedingungen der Zustimmung des Kunden bedarf, wenn die Bank der Bitte überhaupt entsprechen will.

d) Verzug des Bürgen

1710 Bei nicht auf erstes Anfordern zahlbaren Bürgschaften kann der Bürge verlangen, dass Bestehen und Höhe der gesicherten Forderung prüfbar nachgewiesen werden. Dieses Ansinnen der Bank überrascht bisweilen den Bürgschaftsnehmer, ist jedoch aufgrund der Akzessorietät der Bürgschaft selbstverständlich. Will der Bürgschaftsnehmer eine schnelle Realisierung der Forderung erreichen, muss er – soweit rechtlich noch zulässig – eine Bürgschaft auf erstes Anfordern verlangen.

1711 Der BGH befasste sich 2011 mit der bis dahin höchstrichterlich ungeklärten Frage, wann der Bürge einer einfachen selbstschuldnerischen Bürgschaft in Verzug kommt (zur Bürgschaft auf erstes Anfordern und zur Garantie vgl. Rdn. 1812 und Rdn. 1835). Ausgangspunkt war die Feststellung, dass die Bürgschaftsforderung mit der Fälligkeit der Hauptforderung fällig wird.[3518] In der Inanspruchnahme ist die Mahnung zu sehen. Damit befindet sich der Bürge nach Zugang der Inanspruchnahme in Verzug (§ 286 Abs. 1 Satz 1 BGB), es sei denn, er hat das Unterbleiben der Leistung nicht zu vertreten (§ 286 Abs. 4 BGB), z.B. wegen einer von ihm nicht zu vertretenden Ungewissheit über das Bestehen oder den Umfang der gesicherten Forderung. Der Bürge als am Hauptschuldverhältnis nicht beteiligter Dritter hat i.d.R. keine Kenntnis darüber, ob die Hauptschuld (noch) besteht und ggf. in welcher Höhe. So sind ihm bspw. eventuelle Mängel und die zur Beseitigung erforderlichen Kosten unbekannt. Der Bürge muss zur Vermeidung des Verzugs aktiv versuchen, diese Ungewissheit zu beseitigen. Dazu hat er den Gläubiger um konkrete Informationen oder Dokumente zu ersuchen; ein allgemein gehaltenes Formschreiben mit der Anforderung z.T. nicht auf den Fall passender Unterlagen reicht nicht aus.[3519] Der BGH lässt offen, ob der Bürge auch beim Kunden nachfragen muss, was aber als naheliegend anzusehen ist.

1712 Als vom Gläubiger zu setzende Frist, nach deren Ablauf der Bürge in einem nicht zu komplizierten Fall in Verzug gerät, wird ein Monat genannt.[3520] Auch bei einer Inanspruchnahme ohne Fristsetzung dürfte sich der einfache selbstschuldnerische Bürge nach einem Monat in Verzug befinden, wenn nicht besondere Gründe des Einzelfalls für eine kürzere oder längere Frist sprechen.

e) Bürgschaftsarten

aa) Vertragserfüllungsbürgschaft

1713 Vertragserfüllungsbürgschaften sichern den Anspruch des Bürgschaftsnehmers gegen den Bankkunden auf Erfüllung des zwischen ihnen geschlossenen Vertrages. Entsprechend der Standardformulierung im Bürgschaftstext haftet die Bank nicht für die tatsächliche Erfüllung, sondern kann nur auf Zahlung von Geld in Anspruch genommen werden. Fehlt eine entsprechende Regelung, ist

3517 OLG München, WM 2012, 1768 (1769).
3518 BGH, NJW 2011, 2120 (2121); vgl. auch Rdn. 1707.
3519 BGH, NJW 2011, 2120 (2122).
3520 *Vogel/Schmitz* WM 2011, 2096 (2097).

die Bürgschaft so auszulegen, dass die Bank trotzdem nicht die geschuldete vertragliche Leistung zu erbringen hat.[3521]

Beim Werkvertrag sichert die Erfüllungsbürgschaft, falls die Auslegung des Bürgschaftstextes nichts anderes ergibt: 1714
- Den Anspruch auf fristgerechte abnahmefähige Herstellung des Werks;[3522]
- den Anspruch auf Schadensersatz wegen Nichterfüllung einschl. der Mehrkosten für die Fertigstellung, die aufgrund der Nichterfüllung angefallen sind;[3523]
- Ansprüche auf Rückzahlung von Vorauszahlungen, Abschlagszahlungen und Überzahlungen,[3524] soweit sie auf Nichterfüllung beruhen;[3525]
- Ansprüche auf Schadensersatz wegen Verzugs sowie auf Vertragsstrafe;[3526]
- Mängelbeseitigungsansprüche, die bei Abnahme bereits entstanden waren; die Haftung für diese Ansprüche aufgrund der Vertragserfüllungsbürgschaft erlischt nicht durch die Abnahme.[3527]

Nicht gesichert sind dagegen grds. die Ansprüche auf Beseitigung der Mängel, die nach Abnahme auftreten; zu deren Absicherung dient die Gewährleistungsbürgschaft.[3528] Dieses gilt jedenfalls, wenn im Werkvertrag zwischen der Vertragserfüllungsbürgschaft und der Gewährleistungsbürgschaft unterschieden wurde.[3529] Auslegungsprobleme über den Umfang der verbürgten Ansprüche sollten durch exakte Formulierung des Bürgschaftstextes vermieden werden. So lässt sich auch die Streitfrage der Verbürgung von Mängelbeseitigungsansprüchen durch eindeutigen Ausschluss oder Einbeziehung dieser Ansprüche regeln. 1715

In zahlreichen Urteilen beschäftigt sich die Rspr. mit der Frage, ob in AGB zu Werkverträgen die Vereinbarung zur Stellung einer Vertragserfüllungsbürgschaft wirksam oder wegen unangemessener Benachteiligung nach § 307 Abs. 1 S. 1 BGB unwirksam ist, weil der Verwender missbräuchlich eigene Interessen auf Kosten des Vertragspartners durchzusetzen versucht, ohne die Interessen des Vertragspartners hinreichend zu berücksichtigen und ihm einen angemessenen Ausgleich zuzugestehen. 1716

In der Praxis üblich und zulässig sind Verpflichtungen in AGB des Auftraggebers, eine Vertragserfüllungsbürgschaft über 10 % der Auftragssumme zu stellen;[3530] die Grenze der Zulässigkeit ist aber überschritten, wenn zusätzlich zu einer Bürgschaft in dieser Höhe Einbehalte von den Abschlagszahlungen vereinbart sind.[3531] Unwirksam sind auch AGB-Klauseln, die durch die gleichzeitige Geltung von Vertragserfüllungs- und Gewährleistungsbürgschaften zu einer Sicherung von mehr als 10 % der Auftragssumme führen, weil beide Bürgschaften die nach Abnahme entstehenden Mängelansprüche sichern.[3532] Gleiches gilt, wenn die beiden Bürgschaften eine kumulierte Haftung für Gewährleistungsansprüche von 7 % oder mehr für einen nicht unerheblichen Zeitraum zur Folge haben, weil die Vertragserfüllungsbürgschaft erst nach vorbehaltsloser Annahme der Schlusszahlung und Erfüllung weiterer Voraussetzungen zurückzugeben ist.[3533] 1717

Soweit neben der Vertragserfüllungsbürgschaft ein Einbehalt als Mängelsicherheit vereinbart wurde, liegt keine unangemessene Benachteiligung des Auftragnehmers vor, wenn beide Sicherheiten 1718

3521 So zur Gewährleistungsbürgschaft BGH, NJW 2013, 1228 (1229).
3522 Palandt/*Sprau* vor § 765 Rn. 13.
3523 OLG München, BauR 2005, 1632 (1634).
3524 Schimansky/Bunte/Lwowski/*Nobbe* Bankrechts-Handbuch § 91 Rn. 708.
3525 BGH, NJW 1988, 907 (907).
3526 BGH, NJW 2003, 1805 (1807); BGH, WM 1990, 841 (841) zu einer kombinierten Vertragserfüllungs- und Gewährleistungsbürgschaft.
3527 BGH, WM 1998, 2363 (2365).
3528 OLG Karlsruhe, NJW-RR 1998, 533 (533).
3529 OLG Celle, BauR 2005, 1647 (1647).
3530 BGH, NJW 2016, 2802 (2803); BGH, WM 2016, 944 (951); BGH, WM 2014, 838 (839).
3531 BGH, NJW 2011, 2125 (2127).
3532 BGH, WM 2014, 838 (839); OLG Düsseldorf, Urt. v. 24.09.2013 – I-23 U 120/12, juris Rn. 96.
3533 BGH, WM 2015, 1076 (1078); BGH, NJW 2014, 3642 (3644).

nicht zeitgleich nebeneinander beansprucht werden können;[3534] die präzise Abgrenzung ist Voraussetzung einer nach der heutigen Rechtsprechung wirksamen Sicherungsabrede. Unabhängig von der formellen Überschreitung der 10 % – Grenze kann eine Gesamtschau der den Auftragnehmer belastenden Vertragsklauseln zur Unwirksamkeit der Verpflichtung zur Stellung der Bürgschaft führen.[3535] Wenn es sich bei einer solchen Vereinbarung tatsächlich um AGB handelt, kann die Unwirksamkeit der Klausel nicht dadurch vermieden werden, dass sich die Parteien individualvertraglich darauf einigen, bei dem Vertrag handle es sich um einen Individualvertrag.[3536]

1719 Die Unwirksamkeit der Verpflichtung im Werkvertrag zur Stellung einer Vertragserfüllungsbürgschaft lässt die Wirksamkeit einer trotzdem gewährten Bürgschaft unberührt.[3537] Die Bank ist aber nach §§ 768, 821 BGB berechtigt, bei Inanspruchnahme der Bürgschaft die dem Kunden zustehende Einrede der ungerechtfertigten Bereicherung zu erheben.[3538] Erhebt sie die Einrede nicht, droht ihr der Verlust des Aufwendungsersatzanspruchs gegen den Kunden. Für den Fall, dass die Bank trotz Bestehens der Einrede an den Begünstigten gezahlt hat, hat der BGH entschieden, dass die Einrede der Unwirksamkeit der Sicherungsabrede eine dauerhafte Einrede ist; die Bank als Bürgin kann die geleistete Zahlung nach § 813 Abs. 1 S. 1 BGB herausverlangen.[3539]

1720 Hinsichtlich des Erlöschens der Vertragserfüllungsbürgschaft ist zu unterscheiden: Die Ansprüche aus der Bürgschaft erlöschen bei Abnahme, falls eine solche Regelung in der Bürgschaft enthalten ist oder ihr im Wege der Auslegung zu entnehmen ist. Ansonsten erlischt die Bürgschaft erst dann, wenn feststeht, dass sie nicht mehr in Anspruch genommen werden kann.[3540] Das kann, soweit auch Mängelansprüche gesichert sind, durchaus erst nach Abnahme der Fall sein.[3541]

1721 Aus öffentlich-rechtlicher Sicht stellt sich zu Vertragserfüllungsbürgschaften bei städtebaulichen Verträgen die Frage, ob ihre Vereinbarung im Gesamtzusammenhang des Vertrages zwischen der öffentlichen Stelle und dem Vertragspartner angemessen ist.[3542]

bb) Gewährleistungsbürgschaft

1722 Durch Gewährleistungsbürgschaften sind beim Werkvertrag sämtliche Ansprüche gesichert, die infolge der Mangelhaftigkeit des Werks entstehen. Unerheblich ist, ob die Ansprüche schon vor der Abnahme bestanden.[3543] Derartige Ansprüche können also sowohl durch die Vertragserfüllungsbürgschaft (vgl. Rdn. 1714–1715) als auch durch die Gewährleistungsbürgschaft gedeckt sein. Aus der Auslegung des Werkvertrags im Einzelfall, insb. der darin vorgesehenen Sicherstellung durch Vertragserfüllungs- und Gewährleistungsbürgschaft, kann sich aber auch ergeben, dass die Gewährleistungsbürgschaft gerade nicht für Mängel haftet, die im Abnahmeprotokoll vermerkt waren.[3544] Bestehen beide Bürgschaften gleichzeitig, haften die Bürgen gem. § 769 BGB als Gesamtschuldner, falls verschiedene Banken die beiden Bürgschaften herausgelegt haben.

1723 Häufig wird aufgrund entsprechender Vereinbarung im Werkvertrag zunächst ein Teilbetrag der Vergütung zur Sicherung von Mängelhaftungsansprüchen einbehalten. Diese Vereinbarung ist

3534 BGH, NJW 2016, 2802 (2804).
3535 BGH, NJW 2016, 2802 (2803).
3536 BGH, NJW 2014, 1725 (1728).
3537 BGH, WM 2017, 2382 (2383).
3538 BGH, WM 2017, 2382 (2384).
3539 BGH, WM 2017, 2382 (2384).
3540 BGH, WM 2002, 1876 (1877).
3541 Vgl. *Nobbe* § 765 Rn. 404; a.A. OLG Karlsruhe, MDR 1998, 770 (771).
3542 Ausführlich dazu *Chatziathanasiou/Towfigh* DVBl, 2013, 84.
3543 BGH, NJW 1998, 1140 (1141); *Nobbe* § 765 Rn. 311; vgl. aber zur ausdrücklichen Beschränkung einer Bürgschaft auf fertiggestellte und ohne Beanstandung bzw. Vorbehalt abgenommene Arbeiten OLG Frankfurt, NJW 2017, 964 (965).
3544 OLG München, BauR 2009, 994 (995).

jedenfalls zulässig, wenn der Unternehmer berechtigt ist, den Einbehalt durch Stellung einer selbstschuldnerischen – nicht auf erstes Anfordern zahlbaren – Bürgschaft[3545] ohne vollständigen Verzicht auf die Einreden nach § 768 BGB oder andere unzulässige Einredeverzichte (s.o. Rdn. 1695 ff.) abzulösen. Nach Erhalt der Bürgschaft ist der Besteller verpflichtet, den Einbehalt alsbald auszuzahlen, wenn der Sicherungsfall noch nicht eingetreten ist. Die Gewährleistungsbürgschaft ist in diesen Fällen dahin gehend auszulegen, dass sie unter der auflösenden Bedingung steht, der Auftraggeber werde seiner Verpflichtung zur effektiven Auszahlung des Bareinbehalts alsbald nachkommen.[3546] Solange dieses nicht geschehen ist, darf die Bürgschaft nicht gezogen werden.[3547] Verweigert der Auftraggeber die Auszahlung des Einbehalts binnen angemessener Frist, tritt die auflösende Bedingung ein. Der Auftragnehmer kann die Bürgschaftsurkunde herausverlangen.[3548] Darauf kann sich auch der Bürge berufen (§ 768 BGB).[3549]

In mehreren Entscheidungen nahm der BGH zur Höhe von Gewährleistungsbürgschaften Stellung:[3550] In der privaten Bauwirtschaft seien Gewährleistungsbürgschaften von höchstens 5 % der Auftragssumme üblich; hingegen gehe § 9 Abs. 8 VOB/A für öffentliche Auftraggeber von nicht mehr als 3 % aus. Für eine kombinierte Vertragserfüllungs- und Gewährleistungsbürgschaft zur Absicherung von Gewährleistungs- und Überzahlungsansprüchen hat die Rspr.[3551] in der Vergangenheit 6 % akzeptiert. Inzwischen gelten werkvertragliche Vereinbarungen als unwirksam, die bei sich überlappender Geltung der Vertragserfüllungs- und der Gewährleistungsbürgschaft für Mängel zu einer kumulierten Haftung in Höhe von 7 % der Auftragssumme oder mehr gelangen (zu einzelnen Fallkonstellationen und den Rechtsfolgen für die bürgende Bank s.o. Rdn. 1716 bis Rdn. 1719).[3552] Solche Haftungskumulationen kommen nicht selten vor, wenn Vertragserfüllungsbürgschaften auch die Haftung für Mängel vorsehen und erst nach vorbehaltsloser Annahme der Schlusszahlung und Erfüllung weiterer Voraussetzungen zurückzugeben sind. Eine unangemessene Benachteiligung des Auftragnehmers liegt auch in der Vereinbarung, dass Bedingung der Auszahlung des Einbehalts neben der Stellung der Gewährleistungsbürgschaft die Gesamtabnahme des Objekts ist.[3553] 1724

Befristete Gewährleistungsbürgschaften sind mangels abweichender Anhaltspunkte als gegenständlich begrenzte Bürgschaften auszulegen (s.o. Rdn. 1686).[3554] 1725

Der Sicherungsfall tritt bei der Gewährleistungsbürgschaft ein, wenn der Gläubiger einen auf Geldzahlung gerichteten Gewährleistungsanspruch hat.[3555] Für den Anspruch des Auftraggebers auf Vorschuss für eine Ersatzvornahme oder auf Erstattung der Kosten der Mängelbeseitigung, sei es nach VOB oder nach Werkvertragsrecht des BGB, entschied der BGH:[3556] Der Geldanspruch des Auftraggebers entsteht nach fruchtlosem Ablauf der gesetzten Frist zur Mängelbeseitigung; es bedarf dazu keiner Zahlungsaufforderung des Auftraggebers gegenüber dem Auftragnehmer. Mit 1726

3545 BGH, NJW 2004, 443 (443).
3546 BGH, NJW 2011, 1282 (1283).
3547 BGH, WM 1998, 1036 (1037).
3548 BGH, NJW 2011, 1282 (1283.
3549 Palandt/*Sprau* vor § 765 Rn. 13.
3550 BGH, NJW 2011, 2195 (2197).
3551 BGH, WM 2004, 1079 (1080); das Festhalten an dieser Entscheidung lässt BGH, NJW 2014, 3642 (3644) ausdrücklich dahinstehen.
3552 BGH, WM 2015, 1076 (1078); BGH, NJW 2014, 3642 (3644).
3553 OLG Oldenburg, Urt. v. 27.08.2013 – 2 U 29/13 juris Rn. 19.
3554 So OLG Brandenburg, NJW 2014, 3793 (3794) trotz des Wortlauts »erlischt spätestens, wenn die Bürgin nicht bis zum Ablauf der vertraglich vereinbarten Gewährleistungsfrist in Anspruch genommen wurde«; OLG Hamm, NJW 2013, 392 (394); vgl. aber zur gegenteiligen Auslegung OLG Frankfurt, NJW 2012, 2736 (2737); für eine ergebnisoffene genaue Auslegung des Bürgschaftstextes *Symosek* NJW 2014, 3752 (3753).
3555 BGH, NJW 2013, 1228 (1229); Palandt/*Sprau* vor § 765 Rn. 13.
3556 BGH, NJW 2013, 1228 (1229).

dem Entstehen des Geldanspruchs entsteht auch der Bürgschaftsanspruch gegen den Gewährleistungsbürgen und beginnt dessen Verjährungsfrist.

cc) Anzahlungsbürgschaft

1727 Die gesetzliche Regelung zum Werkvertrag sieht die Zahlung der Vergütung grds. erst mit Abnahme vor (§ 641 Abs. 1 BGB), soweit nicht unter den Voraussetzungen des § 632a Abs. 1 BGB n.F. ein Anspruch auf Abschlagszahlungen besteht. Dem Unternehmer ist zum einen aus Liquiditätsgründen an früheren Zahlungen gelegen; zum anderen sichert er dadurch sein Risiko ab, ein speziell für den einzelnen Auftrag hergestelltes Werk nicht anderweit verwerten zu können, falls der Besteller insolvent oder vertragsbrüchig wird. Vertraglich vereinbarte Anzahlungen sind aus diesen Gründen weit verbreitet, bergen aber für den Besteller das Risiko, bei Nichterfüllung des Vertrags durch den Unternehmer gegen ihn die Rückforderungsansprüche durchsetzen zu müssen. Zu deren Absicherung dient die durch die Bank des Unternehmers gestellte Anzahlungsbürgschaft.

1728 Die Anzahlungsbürgschaft sichert die Ansprüche des Bestellers gegen den Bankkunden als Unternehmer auf Rückzahlung geleisteter Anzahlungen. Die Höhe des Anspruchs ist begrenzt durch den Rückforderungsanspruch, der sich bei ordnungsgemäßer Abrechnung ergibt, selbst wenn höhere Anzahlungen geleistet wurden.[3557] § 16 VOB/B unterscheidet zwischen Abschlagszahlungen für bereits geleistete Vertragsteile und vereinbarten Vorauszahlungen, die nicht an konkrete Baufortschritte anknüpfen. Z.T. werden für die jeweiligen Rückforderungen spezielle Bürgschaften gestellt.[3558]

1729 Ungeklärt ist, inwieweit Mängelansprüche als Wertminderung der Unternehmerleistung in die Berechnung des Rückforderungsanspruchs (s.o. Rdn. 1728) und damit in den Sicherungsumfang einer Anzahlungsbürgschaft einfließen. Der Umfang der Bürgschaft ist durch Auslegung zu ermitteln.[3559] Für Bürgschaften nach § 7 MaBV differenziert der BGH danach, ob die Bürgschaft Ansprüche des Erwerbers aufgrund von Zahlungen ohne entsprechenden Baufortschritt sichert. In diesem Fall ergibt die Auslegung, dass auch Mängelansprüche gesichert sind.[3560] Liegt der Fall hingegen so, dass die Zahlungen nach Baufortschritt zu leisten sind, soll die Bürgschaft keine Mängelansprüche sichern;[3561] im Sinne der VOB (vgl. § 16 VOB/B) könnte man von einer Bürgschaft für Abschlagszahlungen sprechen. In der Rspr. wird die Auslegung des BGH zu Bürgschaften nach § 7 MaBV teilweise allgemein auf Vorauszahlungsbürgschaften, denen keine konkreten Bauleistungen entsprechen, übertragen.[3562] Demgegenüber wird vertreten, die Mangelfreiheit der Leistung sei grds. nicht Gegenstand der Anzahlungsbürgschaft.[3563]

1730 Das Inkrafttreten der Anzahlungsbürgschaft und ihre Reduzierung werden häufig durch entsprechende Bürgschaftsklauseln geregelt (vgl. Rdn. 1680–1684).

dd) Bürgschaft nach § 7 MaBV

1731 Nach § 3 MaBV darf der Bauträger Vermögenswerte des Auftraggebers erst annehmen, wenn neben der Erfüllung formeller Voraussetzungen bestimmte Baufortschritte erreicht sind. Verglichen mit der gesetzlichen Fälligkeit der Vergütung nach Abnahme (§ 641 BGB) stellt schon die Möglichkeit der Vereinbarung von Zahlungen nach Baufortschritt eine Verschlechterung der Zahlungsmodalitäten für den Erwerber dar. Eine noch darüber hinausgehende Vorleistungspflicht des Auftraggebers

3557 BGH, NJW 2000, 511 (512); BGH, NJW 1999, 2113 (2113); BGH, NJW 1986, 1681 (1684).

3558 Vgl. zur Abgrenzung BGH, NJW 1986, 1681 (1682) mit der Feststellung (1683), dass der allgemeine Sprachgebrauch nicht so scharf differenziert.

3559 BGH, NJW 2011, 1347 (1350).

3560 BGH, NJW 1999, 1105 (1106); BGH, NJW 2011, 1347 (1350).

3561 BGH, NJW 2011, 1347 (1350).

3562 OLG Stuttgart, BauR 2015, 1531 (1536) zu einer Vorauszahlungsgarantie; Hellner/Steuer/*Früh/Müller-Arends* Rn. 3/293; Reinicke/*Tiedtke* Rn. 510–513.

3563 Hellner/Steuer/*Früh/Müller-Arends* Rn. 3/293; Reinicke/*Tiedtke* Rn. 510–513.

sieht die MaBV nur gegen Stellung einer Bürgschaft nach § 7 MaBV vor, in der die Bank die eventuellen Rückforderungsansprüche des Erwerbers ggü. dem Bauträger verbürgt. Bürgschaften nach § 7 MaBV sind Anzahlungsbürgschaften in der Form der Vorauszahlungsbürgschaft.[3564]

Der Bauträger kann Vorleistungen unter Stellung einer Bürgschaft nach § 7 MaBV nur verlangen, wenn dieses im Vertrag wirksam vereinbart ist. Die Haltung der Rspr. zu der Frage, ob die Vereinbarung einer Vorleistungspflicht gegen Stellung einer Bürgschaft in AGB als unangemessene Benachteiligung des Erwerbers unwirksam ist, ist seit einem »Hinweisbrief« des BGH[3565] an die Parteien eines Rechtsstreits im Jahr 2004 unklar.[3566] Aus einem späteren BGH-Urteil[3567] wird gefolgert, zulässig sei eine Vereinbarung, nach der der Erwerber schon vor Erfüllung der formellen Voraussetzungen des § 3 Abs. 1 Satz 1 Nr. 2–4 MaBV gegen Stellung einer Bürgschaft zu zahlen habe, allerdings unter Beachtung des Zahlungsplans nach Baufortschritt gem. § 3 Abs. 2 MaBV; hingegen sollen Vorauszahlungsvereinbarungen in Abweichung zur Zahlung nach Baufortschritt gegen Bürgschaft nach § 7 MaBV unwirksam sein.[3568] Aus dieser Auffassung ergeben sich folgende Konsequenzen für die Praxis des Avalgeschäfts: **1732**

- Selbst bei Unwirksamkeit der Vorleistungsklauseln im Bauvertrag bleiben bereits herausgelegte Bürgschaften wirksam; die Bank kann sich nicht darauf berufen, eine solche Bürgschaft sei mangels wirksamer Verpflichtung nicht geschuldet gewesen.[3569]
- Für vereinbarte Abweichungen vom Zahlungsplan nach Baufortschritt besteht die Gefahr, dass der Erwerber trotz Stellung einer Bürgschaft nach § 7 MaBV berechtigt ist, die Zahlung erst nach Abnahme (§ 641 BGB) oder – wenn wirksam vereinbart[3570] – nach Baufortschritt zu leisten und bereits gezahlte Vorleistungen zurückzuverlangen. Der Rückforderungsanspruch wäre dann durch die Bürgschaft gesichert.
- Bürgschaften nach § 7 MaBV zur Überwindung der formalen Hindernisse aus § 3 Abs. 1 Satz 1 Nr. 2–4 MaBV sind nicht zu beanstanden.[3571]

Der Bürge nach § 7 MaBV verbürgt sämtliche Rückzahlungsansprüche des Erwerbers bis zum Höchstbetrag. Anspruchsgrund kann z.B. Schadensersatz, Rücktritt oder ungerechtfertigte Bereicherung sein. Voraussetzung ist nach den gängigen Formularen, dass der Erwerber die zurückgeforderten Zahlungen auf ein bestimmtes Konto bei der bürgenden Bank gezahlt hat.[3572] **1733**

Die Bürgschaftsurkunde muss dem Auftraggeber vor Annahme von Vermögenswerten durch den Bauträger ausgehändigt worden sein. Die Hinterlegung der Urkunde beim Notar reicht nur dann aus, wenn eindeutig geregelt ist, dass der Notar die Urkunde allein als Treuhänder des Erwerbers verwahrt und die Urkunde auf Verlangen des Erwerbers jederzeit an ihn herauszugeben ist. Unzureichend ist die Formulierung: »Die Bürgschaftsurkunde für den Erwerber wird bei dem amtierenden Notar verwahrt«.[3573] Falls gegen die Pflicht zur Aushändigung oder ordnungsgemäßen Verwahrung verstoßen wird, ist trotz Ausfertigung der Bürgschaft keine Sicherheit nach § 7 MaBV gestellt; damit besteht keine Pflicht zur Zahlung durch den Erwerber nach Hinterlegung der Bürgschaft. Ungeachtet dessen ist die Bürgschaft wirksam und kann vom Erwerber gezogen werden, wenn er sie tatsächlich ausgehändigt erhält. **1734**

3564 BGH, NJW 2011, 1347 (1349); BGH, WM 2008, 729 (730); Schimansky/Bunte/Lwowski/*Nobbe* Bankrechts-Handbuch § 91 Rn. 636.

3565 BGH, ZfIR 2005, 266 (266); vgl. auch den Vorlagebeschluss an den EuGH in der gleichen Sache BGH, WM 2002, 1506 (1507).

3566 *Marcks* § 7 Rn. 3 am Ende; *Kniffka/Koeble*, 11. Teil, Rn. 525; *Vogel* NZM 2009, 71 (71).

3567 BGH, NJW 2011, 1347.

3568 *Basty*, NJW 2011, 1350 (1351).

3569 Insoweit vergleichbar BGH, WM 2004, 2386 (2388).

3570 Vgl. BGH, NJW 2007, 1947 (1948).

3571 OLG Düsseldorf, BauR 2016, 1936.

3572 OLG Frankfurt, Urt. v. 27.06.2012 – 17 U 174/12 – juris Rn. 85.

3573 BGH, NJW 2007, 1360 (1361).

1735 Eine Reduzierung der Bürgschaft ist nicht möglich; insb. ist ein Abschmelzen der Bürgschaftssumme je nach erreichtem Bautenstand nicht zulässig; der Höchstbetrag der Bürgschaft ist während der gesamten Laufzeit unveränderlich.[3574] Die Sicherungen nach §§ 2 bis 6 MaBV und die Bürgschaft nach § 7 MaBV dürfen nicht vermischt werden. Z.B. können nicht die letzten Raten nach § 7 MaBV verbürgt werden, während die ersten nach Bautenstand zu zahlen sind.[3575] Möglich ist jedoch der Austausch der Sicherungen in der Weise, dass die zunächst gegebene Bürgschaft zurückgegeben wird, wenn ein bestimmter Bautenstand erreicht ist und damit keine Vorleistung des Erwerbers mehr besteht. Voraussetzung ist eine Vereinbarung im Kaufvertrag, wie überhaupt das ganze Procedere nach der MaBV einer vertraglichen Grundlage bedarf.

1736 Ein Anspruch der Bank und des Bauträgers auf Rückgabe der Bürgschaft entsteht bei Fertigstellung, d.h., sämtliche Arbeiten sind erbracht, alle wesentlichen Mängel wurden beseitigt und der Besitz ist übergeben. Eine Befristung oder eine sonstige von § 7 Abs. 1 Satz 3 MaBV abweichende Regelung der Dauer der Bürgschaft ist nichtig.[3576] Eine Bürgschaftsklausel, nach der schon eine Fertigstellungsbescheinigung des Architekten zum Erlöschen der Bürgschaft führt, hält AGB-rechtlicher Überprüfung nicht stand.[3577]

1737 Hinsichtlich des Umfangs der Bürgschaft fragt der BGH nach deren Zweck. Er sieht diesen im Ausgleich der Nachteile, die mit der Vorleistungspflicht ggü. dem Zahlungsplan nach Baufortschritt bzw. nach § 641 BGB verbunden sind, nämlich dem Verlust des Zurückbehaltungsrechts nach § 320 BGB und der Aufrechnungsmöglichkeit mit Schadensersatzansprüchen wegen Mängeln und anderer Pflichtverletzungen.[3578] Soweit es zum Ausgleich dieser Nachteile erforderlich ist, fordert die Rspr. eine weite Bestimmung des Sicherungsumfangs.

1738 Vor Abnahme sind von der Bürgschaft nach § 7 MaBV umfasst:

- Aufwendungen zur Mängelbeseitigung nach §§ 634, 637 BGB einschl. des Vorschussanspruchs sowie der Minderungsanspruch nach §§ 634, 638 BGB; überhaupt sämtliche Aufwendungen zur Fertigstellung (Schadensersatz aus positiver Vertragsverletzung) und Mängelbeseitigung, soweit es sich um objektiv erforderliche Kosten handelt; dazu gehören auch die Architektenkosten.[3579]
- Mängelansprüche sind dann nicht verbürgt, wenn die Zahlung nach Baufortschritt vereinbart wurde und die Bürgschaft nur gestellt wurde, weil die Formalien des § 3 Abs. 1 Satz 1 Nr. 2 – 4 MaBV noch nicht erfüllt waren.[3580]
- Schadensersatzansprüche infolge von Leistungsstörungen, die den Wert der vom Bauträger geschuldeten Leistung beeinträchtigen, z.B. Ansprüche wegen teilweiser Nichterfüllung bei nicht vollendetem Bau.
- Macht der Erwerber den großen Schadensersatz nach §§ 281 ff. BGB geltend, weist er also das mangelhafte Bauwerk zurück und verlangt Rückzahlung sowie weiteren Schadensersatz, sind auch diese Ansprüche durch die Bürgschaft gesichert. Der Erwerber muss sich aber den Wert der Nutzungen anrechnen lassen. Diese berechnen sich bei einem vermieteten Objekt nach den Mieteinnahmen abzüglich Reparaturkosten.[3581] Bei einer selbst genutzten Immobilie ist der Wert zeitanteilig linear zu ermitteln.[3582] Im Rahmen der Schadensberechnung sind auch Finanzierungskosten zu berücksichtigen.[3583]

3574 BGH, WM 2003, 1259 (1260).
3575 *Marcks* § 7 Rn. 6.
3576 OLG Hamm BauR 2013, 796.
3577 BGH, NJW 2010, 1284 (1285).
3578 BGH, WM 2002, 1655 (1657).
3579 BGH, WM 2002, 1655 (1657).
3580 BGH, NJW 2011, 1347 (1350); OLG Düsseldorf, BauR 2016, 1936.
3581 BGH, NJW 2010, 1284 (1290); BGH, WM 2006, 1540 (1541).
3582 BGH, NJW 2006, 53 (53).
3583 BGH, BauR 2008, 1142 (1142).

- Kosten der Mängelbeseitigung am Gemeinschafseigentum einer WEG; allerdings ist nur der Anteil verbürgt, der dem jeweiligen Miteigentumsanteil des einzelnen Erwerbers als Bürgschaftsnehmer entspricht.[3584]
- Der Anspruch auf Verschaffung des Eigentums am verkauften Grundstück[3585] sowie der Schadensersatzanspruch aufgrund Unmöglichkeit der Übereignung, wenn die Bank des Bauträgers das Bauträgerobjekt versteigert und der Zuschlag erteilt wird.[3586]

Nicht von der Bürgschaft umfasst sind: 1739
- Pauschalierte oder nachgewiesene Entschädigungen wegen entgangener Nutzungen oder steuerlicher Nachteile;[3587]
- Vertragsstrafen;
- Nachteile wegen Verzugs,[3588] sei es Verzögerungsschaden, Verzugszinsen oder Mietausfall.[3589]

In älteren Bürgschaften finden sich mitunter Klauseln, nach denen der Bürge nicht für die Kosten 1740 der Mängelbeseitigung haftet, oder die die Haftung ansonsten im Widerspruch zur neueren Rspr. einschränken. Eine solche Klausel ist unwirksam nach §§ 305c, 307 BGB.[3590]

Bei Fertigstellung, also nach Erbringung aller Leistungen durch den Unternehmer und Beseitigung 1741 der wesentlichen Mängel,[3591] ist das Objekt abnahmereif; damit entfällt der Vorleistungscharakter der vom Erwerber geleisteten Zahlungen. Daraus folgt, dass die Bürgschaft zwar die Kosten im Abnahmeprotokoll vorbehaltener Mängel sichert,[3592] nicht aber die finanziellen Folgen der Mängel, die zwischen der Abnahme und der Beseitigung der Protokollmängel neu auftreten.[3593]

Eine Bürgschaft nach § 7 MaBV sichert auch die Rückzahlungsansprüche, die dem Erwerber bei 1742 einvernehmlicher Aufhebung des Bauträgervertrages gegen den Bauträger zustehen. Unerheblich ist nach der Rspr., ob die Gründe für die Rückabwicklung in der Sphäre des Bauträgers oder des Erwerbers liegen.[3594] Gleiches gilt für Rückforderungsansprüche aufgrund Formnichtigkeit des Bauträgervertrages.[3595] Eine Grenze sieht der BGH nur dort, wo Bauträger und Erwerber einvernehmlich und bewusst zum Nachteil des Bürgen handeln. Die Inanspruchnahme kann dann treuwidrig sein.[3596]

ee) Bürgschaften nach der VOB

Bei Teil B der VOB handelt es sich um AGB, die nur durch Vereinbarung in den Bauvertrag einbe- 1743 zogen werden können. Die Sicherheitsleistung ist in § 17 VOB/B geregelt. Danach kennt auch der VOB-Vertrag keine generelle Pflicht zur Sicherheitsleistung. Die verschiedenen Arten – Hinterlegung, Einbehalt von Vergütungszahlungen und Bürgschaften – müssen explizit vereinbart werden. Erst bezüglich ihrer Ausgestaltung gilt § 17 VOB/B. Die Verpflichtung in AGB, eine Bürgschaft auf erstes Anfordern als Sicherheit zu stellen, ist seit der Fassung 2002 ausdrücklich unzulässig (§ 17 Abs. 4 Satz 3 VOB/B). Des Gleichen ist die formularmäßige Verpflichtung zur Stellung einer

---

3584 BGH, WM 2007, 1089 (1094).
3585 BGH, WM 2009, 211 (213).
3586 OLG Frankfurt, Urt. v. 22.10.2014– 19 U 30/14 – juris Rn. 31.
3587 BGH, WM 2002, 1655 (1658).
3588 BGH, WM 2003, 485 (486).
3589 BGH, NJW 2003, 285 (286).
3590 *G. Fischer* WM 2003, 1 (5).
3591 Schimansky/Bunte/Lwowski/*Nobbe* Bankrechts-Handbuch § 91 Rn. 648.
3592 BGH, NJW 2003, 285 (286).
3593 A.A. *G. Fischer* WM 2003, 1 (4).
3594 BGH, WM 2005, 1024 (1026); BGH, WM 2004, 2387 (2387).
3595 BGH, WM 2008, 729 (731).
3596 BGH, WM 2004, 724 (726).

Bürgschaft unter Ausschluss aller Einwendungen aus § 768 BGB nach der Rspr. unwirksam (vgl. Rdn. 1701).[3597]

1744 Auch bei Zahlungsbürgschaften für Werkverträge, für die die Geltung der VOB/B vereinbart ist, haftet die Bank nicht für Auftragserweiterungen, die nach Bürgschaftsübernahme erfolgt sind.[3598] Solche Erweiterungen können zwar nach der VOB/B einseitig verlangt werden, wenn sie zur Ausführung der vertraglichen Leistung erforderlich sind (§ 1 Abs. 4 Satz 1 VOB/B). Außerdem können Leistungserweiterungen nachträglich vereinbart werden (§ 1 Abs. 4 Satz 2 VOB/B) oder sich aus Änderungen des Bauentwurfs durch den Auftraggeber ergeben (§ 1 Abs. 3 VOB/B). In keinem dieser Fälle kann dadurch der Haftungsumfang des Bürgen erweitert werden (§ 767 Abs. 1 Satz 3 BGB), selbst wenn der Bauvertrag für die Bank erkennbar der VOB/B unterliegt und sich der Gesamtbetrag i.R.d. Höchstbetrags der Bürgschaft bewegt.[3599]

1745 Die komplizierte Regelung des § 17 Abs. 6 VOB/B ist zu beachten, wenn zulässigerweise vereinbart wurde, dass ein Einbehalt von 5 % gegen eine selbstschuldnerische Bürgschaft ausgetauscht werden darf. Der Auftraggeber ist verpflichtet, den Einbehalt auf ein Sperrkonto einzuzahlen. Versäumt er dieses nach Fristsetzung, verliert er jeden Anspruch auf Sicherheit. In einem BGH-Fall dazu hatte der Auftraggeber zunächst 5 % einbehalten und dann eine Bürgschaft erhalten. Trotzdem zahlte er den Einbehalt nicht aus. Der Auftragnehmer setzte ihm eine Frist zur Einzahlung auf ein Sperrkonto, die der Auftraggeber verstreichen ließ. Obwohl der Einbehalt – deutlich nach Fristablauf – schließlich an den Auftraggeber ausgezahlt wurde, sprach der BGH unter Hinweis auf § 17 Nr. 6 Abs. 3 Satz 2 VOB/B a.F. (entspricht in der heutigen Fassung § 17 Abs. 6 Nr. 3 Satz 2) dem Auftraggeber das Recht auf jede Sicherheit ab. Die Bürgschaft war herauszugeben.[3600]

1746 Die Bank als Bürgin kann dem Bürgschaftsnehmer nach § 768 Abs. 1 BGB grds. die Einrede der Verjährung der Hauptschuld entgegenhalten, soweit sie darauf nicht verzichtet hat. Für die Verjährung von Mängelansprüchen bei Bauwerken sieht die VOB/B eine Verjährungsfrist von 4 Jahren ab Abnahme vor (§ 13 Abs. 4 Nr. 1 VOB/B). Werden innerhalb der Frist Mängel schriftlich gerügt, beginnt für deren Beseitigung eine neue zweijährige Frist (§ 13 Abs. 5 Nr. 1 VOB/B). Innerhalb dieser Frist ist auch ein eventueller Anspruch auf die Kosten der Ersatzvornahme geltend zu machen. Der BGH hatte 1993 aus § 17 Abs. 8 Nr. 2 VOB/B gefolgert, dass Bankbürgschaften im Geltungsbereich der VOB auch für verjährte Mängelansprüche haften, sofern die Mängel, aus denen die Ansprüche resultieren, in unverjährter Zeit gerügt wurden.[3601] Im Ergebnis konnte diese Rspr. zu sehr lang laufenden Mängelbürgschaften führen. 2015 stellte der BGH klar, dass die frühere Rechtsprechung aufgrund der seit 2002 geänderten Fassung der VOB nicht mehr relevant ist. Die Bürgschaft haftet danach ohne besondere Vereinbarung nicht für Ansprüche, die nach Erhebung der Einrede der Verjährung verjährt sind.[3602] Außerdem kann die Bank neben der Verjährung der gesicherten Hauptforderung die Verjährung der Bürgschaftsforderung einwenden (s.o. Rdn. 1726).[3603]

ff) Bauhandwerkersicherung nach § 650f BGB/§ 648a BGB a.F.

1747 Aufgrund der Fälligkeit des Vergütungsanspruchs bei Abnahme (§ 641 Abs. 1 BGB) hat der Werkunternehmer (Auftragnehmer) in vollem Umfang in Vorleistung zu treten. Als Ausgleich für das

3597 BGH, WM 2011, 1697 (1697).
3598 Str., so BGH, NJW 2010, 1668 (1670).
3599 BGH, NJW 2010, 1668 (1671).
3600 BGH, WM 2006, 542 (544); vgl. auch OLG München, NJW-Spezial 2009, 334 (334).
3601 BGH, NJW 1993, 1131 (1131); OLG Brandenburg, NJW 2014, 3793 (3794); KG Berlin, BauR 2007, 547 (548).
3602 BGH, NJW 2015, 2961 (2962).
3603 Vgl. *Symosek* NJW 2014, 3752 (3754) zu der Frage, ob ein Zurückbehaltungsrecht an der Bürgschaftsurkunde besteht, wenn sowohl die in unverjährter Zeit gerügten Mängelansprüche als auch die Bürgschaft verjährt sind.

damit verbundene Risiko gewährt § 650f BGB dem Unternehmer eines Bauwerks oder einer Außenanlage das Recht, vom Besteller (Auftraggeber) Sicherheit für den Vergütungsanspruch zu verlangen. Dieses Recht besteht als einklagbarer Anspruch für ab dem 01.01.2009 geschlossene Werkverträge; zuvor hatte der Unternehmer nur ein Leistungsverweigerungsrecht. Die Höhe der Sicherheit bestimmt sich nach dem vereinbarten Vergütungsanspruch einschl. Forderungen aus Zusatzaufträgen zuzüglich einer Nebenkostenpauschale für vereinbarte Nebenkosten[3604] in Höhe von 10 % der Ansprüche. Abzusetzen sind bereits geleistete Zahlungen. Ggü. juristischen Personen des öffentlichen Rechts, die nicht insolvenzfähig sind, besteht der Anspruch auf Sicherung nicht (§ 650f Abs. 6 Nr. 1 BGB); Gleiches gilt für natürliche Personen bezüglich des Baus oder der Instandsetzung eines Einfamilienhauses und – über den Wortlaut der Vorschrift hinaus – auch einer Eigentumswohnung[3605] (§ 650f Abs. 6 Nr. 2 BGB). Der Unternehmer kann auch nach Kündigung des Werkvertrags Sicherheit verlangen; er muss dann die Höhe der Vergütung i.d.R. durch Schlussrechnung schlüssig darlegen.[3606]

Anspruchsberechtigt aus § 650f BGB sind nicht nur Bauhandwerker, die materielle Bauleistungen erbringen, sondern auch die Auftragnehmer der in das Bauwerk einfließenden geistigen Leistungen, wie Architekten, Statiker und andere Sonderfachleute, auch wenn deren Planung letztlich nicht umgesetzt wird.[3607] Der Lieferant einer auf dem Dach zu montierenden Photovoltaikanlage hat hingegen keinen Anspruch auf Stellung der Sicherheit, weil es sich um einen Kaufvertrag mit Montageverpflichtung handelt, auf den die werkvertraglichen Vorschriften des § 650f BGB keine Anwendung finden.[3608] 1748

Obwohl § 650f Abs. 2 BGB vorrangig die Garantie als Sicherungsmittel erwähnt, ist die Stellung einer Bürgschaft üblich. Eine befristete Bürgschaft erfüllt den Sicherungsanspruch nicht.[3609] Die bürgende Bank kann sich den Widerruf der Bürgschaft für den Fall vorbehalten, dass sich die Vermögensverhältnisse des Bestellers nach Vertragsschluss wesentlich verschlechtern (§ 650f Abs. 1 Satz 3 BGB). Mit Widerruf beschränkt sich die Bürgschaft auf die Vergütung für die bereits erbrachten Bauleistungen. Entscheidend für den Inhalt der Verpflichtung des Bürgen ist grds. der Text der Bürgschaft; die Regelungen des § 650f BGB geben nur Aufschluss darüber, ob eine gestellte Bürgschaft den Sicherungsanspruch befriedigt. Jedoch darf die Bank auch ohne ausdrückliche Vereinbarung auf eine Bürgschaft nach § 650f BGB nur Zahlungen leisten, wenn der Kunde den Anspruch anerkennt oder ein vorläufig vollstreckbares Urteil nebst Nachweis der Erfüllung der Vollstreckungsvoraussetzungen vorlegt (§ 650f Abs. 2 Satz 2 BGB).[3610] 1749

Die bis 31.12.2017 geltende Vorschrift des § 648a BGB a.F. war fast identisch mit § 650f BGB. Es wurde lediglich der Kreis der Personen, von denen der Bauhandwerker die Sicherheit nicht verlangen kann, verändert: Einerseits galt § 648a Abs. 6 Nr. 2 BGB a.F. nur für den Bau oder die Instandsetzung eines Einfamilienhauses – auch bei teilweiser Nutzung für berufliche Zwecke[3611] – und einer Eigentumswohnung,[3612] nicht für Mehrfamilienhäuser. Insofern hat sich die Situation der Bauhandwerker verschlechtert. Andererseits galt die Ausnahme nicht nur für Verbraucher im Rahmen eines Verbraucherbauvertrages oder eines Bauträgervertrages, sondern für alle natürlichen Personen und auch bei Vergabe einzelner Gewerke ohne Abschluss eines Verbraucherbauvertrages bzw. Bauträgervertrages. Die Altfassung gilt für alle bis 31.12.2017 geschlossenen Verträge weiter. 1750

3604 Palandt/*Sprau* § 650f Rn. 16.
3605 Str., so OLG München BauR 2008, 1163 (1164).
3606 BGH WM 2014, 801 (804).
3607 OLG Naumburg, Urt. v. 29.01.2014 – 12 U 149/13 – juris Rn. 54.
3608 OLG Naumburg, Urt. v. 20.02.2014 – 1 U 86/13 – juris Rn. 19.
3609 OLG Frankfurt, BauR 2003, 412 (413).
3610 Str., so BGH, BauR 2001, 1426 (1428); a.A. *Schmitz* BauR 2006, 430 (430).
3611 BGH, WM 2016, 2087 (2088).
3612 Str., so OLG München BauR 2008, 1163 (1164).

gg) Bürgschaften nach § 650m BGB/§ 632a BGB a.F.

1751 § 632a Abs. 1 BGB in der ab 01.01.2018 geltenden neuen Fassung gewährt dem Werkunternehmer das Recht, für vertragsgemäß erbrachte Leistungen Abschlagszahlungen zu verlangen. Handelt es sich um einen Bauträgervertrag, dürfen Abschlagszahlungen nur in den Grenzen der Regelungen der MaBV gefordert werden (§ 632a Abs. 2 BGB a.F.). Außerdem muss der Unternehmer einem Verbraucher als Besteller nach § 650m Abs. 2 BGB (entspricht dem bis 31.12.2017 geltenden § 632a Abs. 3 BGB a.F.) bei der ersten Abschlagszahlung eine Sicherheit für die rechtzeitige und im Wesentlichen mangelfreie Herstellung des Werks stellen. Wie i.R.d. § 650f BGB kann die Sicherheit insb. durch Garantie oder sonstiges Zahlungsversprechen einer Bank geleistet werden (§ 650m Abs. 3 BGB). Üblich sind Bürgschaften zur Sicherung der Ansprüche »aus dem Kaufvertrag… auf rechtzeitige Herstellung des Werks ohne wesentliche Mängel (§ 650m BGB)«. Im Vergleich zu Bürgschaften nach § 7 MaBV ist die Absicherung des Erwerbers umfassender, weil auch die Folgen des Verzugs gedeckt sind (vgl. Rdn. 1739). Daher kann der Verbraucher als Erwerber, der schon eine Bürgschaft nach § 7 MaBV erhalten hat, daneben noch eine Sicherheit nach § 650m BGB fordern.[3613] Die Bürgschaft sichert keine Gewährleistungsansprüche[3614] wegen Mängeln, die nicht im Abnahmeprotokoll vorbehalten sind. Die Regelungen zu Bauträgerverträgen in § 632a Abs. 2 bis 4 BGB a.F. gelten für alle ab dem 01.01.2009 abgeschlossenen Verträge fort. Die Neufassung der §§ 632a, 650m BGB gilt für Verträge (§ 650m BGB nur für Verbraucherbauverträge), die ab 01.01.2018 geschlossen wurden.[3615]

hh) Prozessbürgschaften

1752 Bei der Prozessbürgschaft handelt es sich um einen »Zwangsvertrag«, d.h., der Bürgschaftsnehmer kann aufgrund der gerichtlichen Entscheidung über die Zulässigkeit der Sicherheitsleistung die Annahme des Bürgschaftsvertrages nicht ablehnen. Der Bürgschaftsvertrag kommt zustande, indem der Bankkunde, der die Sicherheit zu stellen hat, die ausgefertigte Bankbürgschaft dem Prozessgegner im Original durch den Gerichtsvollzieher zustellen lässt.[3616] Ausreichend – aber nicht notwendig – ist auch die Zustellung an den Prozessvertreter des Gegners. Neben dem »Zwangsvertrag« ist es natürlich auch möglich, dass sich der Kunde und sein Prozessgegner über die Stellung einer Prozessbürgschaft und ihre Annahme einigen.

1753 Prozessbürgschaften sind, soweit das Gericht keine anderen Anordnungen trifft, als selbstschuldnerische Bürgschaften unwiderruflich, unbedingt und unbefristet auszustellen. Str. ist, ob die Prozessbürgschaft eine Hinterlegungsklausel enthalten darf.[3617] Zulässig und sinnvoll ist die Vereinbarung, dass die Bürgschaft spätestens mit Rückgabe der Urkunde erlischt.

1754 Als häufigste prozessuale Sicherheitsleistungen unterscheidet man Bürgschaften zur Erlangung und zur Abwendung der Vollstreckbarkeit. Inhalt und Betrag der Bürgschaften richten sich nach der gerichtlichen Entscheidung.

1755 Die Bürgschaft zur Erlangung der Vollstreckbarkeit sichert den Anspruch des Prozessgegners auf Rückzahlung der Beträge, die in der Vollstreckung erlangt oder zu ihrer Abwendung geleistet wurden, und eventuelle Schadensersatzansprüche. Ist der Schadensersatzanspruch aus § 717 Abs. 2 Satz 1 ZPO verjährt, kann die Bürgschaft auch einen bereicherungsrechtlichen Rückforderungsanspruch sichern, selbst wenn sie sich ausdrücklich nur auf Schadensersatz bezog.[3618]

3613 *Pause* BauR 2009, 898 (905).
3614 Palandt/*Sprau* § 650m Rn. 3.
3615 Palandt/*Sprau* Einf. vor § 631 Rn. 2.
3616 BGH, NJW 2008, 3220 (3221).
3617 Vgl. *Nobbe* § 765 Rn. 371; Hellner/Steuer/*Wagenknecht/Piekenbrock* Rn. 4/1235a.
3618 BGH, WM 2007, 27 (30).

Wendet der Kunde die Vollstreckung durch Stellung einer Abwendungsbürgschaft ab, ist damit nicht der materielle Anspruch, der Gegenstand des Prozesses ist, verbürgt. Gesichert ist vielmehr nur die aufgeschobene Vollstreckungsmöglichkeit und damit die Realisierbarkeit des titulierten Anspruchs.[3619] Im wirtschaftlichen Ergebnis wird nach rechtskräftigem Abschluss des Prozesses auf die volle Bürgschaftssumme zurückgegriffen, nicht etwa nur i.H.d. Verzögerungsschadens. Die Verjährung der Abwendungsbürgschaft tritt drei Jahre nach Ablauf des Jahres ein, in dem das Urteil rechtskräftig wurde, dessen Vollstreckung durch die Stellung der Bürgschaft abgewendet werden sollte. Auf den Zeitpunkt einer eventuellen Inanspruchnahme kommt es für die Verjährung nicht an.[3620] 1756

Der Bürge erkennt den Ausgang des Prozesses als verbindlich an.[3621] Dieses bezieht sich auch auf einen eventuellen Vergleich in der höheren Instanz, auf dessen Zustandekommen er keinen Einfluss hat.[3622] 1757

Zur Akzessorietät der Prozessbürgschaft hatte der BGH einen Fall zu entscheiden, in dem sich eine Bank zur Abwendung der Vollstreckung laut Bürgschaftsurkunde »dem Kläger gegenüber« verbürgt hatte. Dieser hatte jedoch seinen Anspruch bereits vor Ausfertigung der Bürgschaftsurkunde an einen Dritten abgetreten. Der BGH prüfte, ob der Kläger aus der Bürgschaft vorgehen konnte, obwohl er zwar im Titel als Gläubiger aufgeführt war, materiell aber nicht Inhaber der verbürgten Forderung war, mithin Bürgschaftsforderung und verbürgte Forderung hier an sich auseinanderfielen. Der BGH stellte nicht auf die materielle Forderung, sondern auf den Vollstreckungstitel ab. Nach dem Sicherungszweck der Bürgschaft, der die Akzessorietät der Bürgschaft mitbestimme, solle die durch den Titel geschaffene Vollstreckungsmöglichkeit gesichert werden. Ausreichend sei die Identität des Bürgschaftsgläubigers mit dem Titelgläubiger.[3623] 1758

Die Avalprovision für die Prozessbürgschaft kann als Teil der Prozess- oder Vollstreckungskosten erstattungsfähig sein, jedenfalls soweit diese Kosten notwendig sind.[3624] Die Kosten für die Beschaffung einer Prozessbürgschaft, die für die Vollstreckung aus einem nur gegen Sicherheitsleistung vorläufig vollstreckbaren Titel erforderlich ist, gehören zu den Vollstreckungskosten.[3625] 1759

Angesichts der Dauer von Gerichtsverfahren stellt sich bei Prozessbürgschaften oft die Frage, wann die Bürgschaft ausgebucht werden kann. Sichere Ausbuchungsgründe sind: 1760
- Rückgabe der Urkunde bei entsprechender Bürgschaftsklausel;
- Erklärung des Prozessgegners, dass keine Ansprüche mehr aus der Bürgschaft geltend gemacht werden;
- Entscheidung des Gerichts über das Erlöschen der Bürgschaft, vgl. §§ 715 Abs. 1 Satz 2, 109 Abs. 2 ZPO.

ii) Ausfallbürgschaften

Bürgschaften lassen sich u.a. danach unterscheiden, was der Gläubiger gegen den Hauptschuldner unternommen haben muss, bevor er den Bürgen in Anspruch nehmen kann. So braucht der Gläubiger einer Bürgschaft auf erstes Anfordern gegen den Hauptschuldner vor Inanspruchnahme des Bürgen gar nicht vorgegangen zu sein. Das andere Ende der Bandbreite bildet die Ausfallbürgschaft, bei der der Gläubiger gegen den Hauptschuldner grds. alle erdenklichen Schritte eingeleitet haben muss. In der Avalpraxis kommen Ausfallbürgschaften vor allem als Bürgschaften der Förderinstitute vor. Die Ausfallbürgschaft ist gesetzlich nicht geregelt. Die Haftung des Ausfallbürgen ist 1761

3619 Ständige Rspr. vgl. BGH, NJW 2005, 2157 (2159); *Pecher* WM 1986, 1513 (1514).
3620 BGH, NJW 2015, 351 (353).
3621 Ständige Rspr. vgl. BGH, NJW 2005, 2157 (2159).
3622 OLG Köln, WM 1987, 421 (422).
3623 BGH, NJW 2005, 2157 (2159).
3624 BGH, NJW 2012, 3789 (3789).
3625 BGH, NJW 2016, 2579 (2580).

wesensmäßig subsidiär.[3626] Für die Standardausfallbürgschaft, die die notwendigen Maßnahmen des Gläubigers nicht einzeln beschreibt, gelten folgende Bedingungen der Inanspruchnahme:
- Der Gläubiger muss alle Sicherheiten verwertet haben;
- die Vollstreckung muss bis zur Vermögensauskunft einschl. sich daraus ergebender Folgevollstreckungen durchgeführt worden sein; unter Umständen reicht es aus, wenn sich der Hauptschuldner dauernd der Vollstreckung entzieht;[3627]
- ggf. Abschluss eines Insolvenzverfahrens,[3628] soweit nicht der Ausfall schon vorher durch Reduzierung der Forderung um die höchstmögliche Insolvenzquote nachweisbar ist;[3629]
- Darlegung und Nachweis des sorgfältigen Vorgehens gegen den Hauptschuldner[3630] sowie des Ausfalls.

1762 Präzisierungen der Ausfallvoraussetzungen dürfen in AGB des Bürgschaftsnehmers nicht überraschend sein (§ 305c BGB).[3631] Üblich und empfehlenswert sind:
- Zahlungseinstellung des Hauptschuldners;
- Insolvenzeröffnung bzw. Ablehnung der Eröffnung mangels Masse wegen der unabsehbaren Dauer von Insolvenzverfahren;
- Abschluss der Verwertung bestimmter Sicherheiten.

1763 Häufig ergeben sich aus der Befristung von Ausfallbürgschaften der Förderinstitute Unklarheiten. Dazu entschied der BGH, dass der Gleichlauf von Kreditbefristung und Bürgschaftsbefristung unschädlich sei. Außerdem sei bei einer befristeten Ausfallbürgschaft der rechtzeitige Nachweis des Ausfalls unmöglich. Die sachgerechte Auslegung der Befristungsklausel ergebe, dass die Information des Bürgen über die Krise des Unternehmens innerhalb der Frist ausreiche, wenn die unverzügliche Verfolgung der Forderung ggü. dem Hauptschuldner (§ 777 Abs. 1 Satz 1 BGB), die Verwertung der Sicherheiten und der Nachweis des Ausfalls nachfolgen.[3632] Die Entscheidung des BGH gilt nur für Ausfallbürgschaften; sie ist auf andere befristete Bürgschaften nicht übertragbar.

1764 Falls ein Bankdarlehen außer durch eine Ausfallbürgschaft auch durch eine normale Regelbürgschaft gesichert ist, stellt sich die Frage, wie das Verhältnis zwischen den Bürgen ist. Ausfallbürgen und Regelbürgen sind keine Mitbürgen im Sinne von § 769 BGB; sie haften daher untereinander nicht als Gesamtschuldner mit der Folge des Ausgleichsanspruchs nach § 426 Abs. 1 BGB und des Forderungsübergangs nach § 426 Abs. 2 BGB.[3633] Trotzdem besteht ein selbstständiger Ausgleichsanspruch des in Anspruch genommenen Ausfallbürgen gegen den Regelbürgen, dessen Verjährung von der Verjährung der Hauptforderung unabhängig ist.[3634] Aufgrund der Subsidiarität der Ausfallbürgschaft hat hingegen der Regelbürge keinen Ausgleichsanspruch gegen den Ausfallbürgen.[3635]

jj) Bürgschaften für Reiseveranstalter nach § 651k BGB a.F./§ 651r BGB

1765 Reiseveranstalter vereinbaren in ihren AGB mit dem Reisenden regelmäßig die Zahlung des Reisepreises vor Reiseantritt. Zahlungen des Reisenden dürfen Veranstalter und Vermittler nur annehmen, wenn sie dem Reisenden vorher eine Absicherung der Risiken der Zahlungsunfähigkeit und Insolvenz verschaffen und ihm darüber einen Sicherungsschein aushändigen (§ 651k Abs. 4 Satz 1 BGB a.F. / § 651r Abs. 4 Satz 1 BGB). Die Sicherung ist neben dem in der Praxis überwiegenden

3626 BGH, WM 2012, 930 (931).
3627 Offen gelassen von OLG München, WM 2007, 1786 (1787).
3628 Hellner/Steuer/*Wagenknecht/Piekenbrock* Rn. 4/1198a.
3629 RGZ 75, 186 (188).
3630 BGH, WM 1999, 173 (177); OLG München, WM 2007, 1786 (1787).
3631 BGH, WM 1998, 976 (979).
3632 BGH, NJW 2002, 2869 (2870).
3633 BGH, WM 2012, 930 (931).
3634 BGH, WM 2012, 930 (932).
3635 BGH, WM 2012, 930 (932).

Abschluss einer Versicherung auch durch Bankbürgschaft oder -garantie[3636] möglich. Zu sichern sind die Ansprüche des Reisenden:

- Auf Rückerstattung des Reisepreises, soweit Leistungen infolge einer Zahlungsunfähigkeit oder Insolvenz des Veranstalters ausfallen;
- auf Erstattung von Aufwendungen, die der Reisende wegen der Zahlungsunfähigkeit bzw. Insolvenz des Veranstalters hatte, z.B. für die Rückreise oder für erneut zu zahlende Hotelkosten zur Ermöglichung der Abreise.[3637]

Nach der Rspr. sind auch die Forderungen des Reisenden gesichert, wenn nach einer Absage der Reise durch den Reiseveranstalter mangels ausreichender Teilnehmerzahl der Anspruch auf Rückzahlung des vorausbezahlten Reisepreises aufgrund späterer Insolvenz des Reiseveranstalters nicht mehr realisiert werden kann.[3638] Unerheblich ist der Grund für den Reiseausfall; auch betrügerisches Verhalten des Veranstalters lässt die Sicherung unberührt.[3639] Demgegenüber umfasst eine Sicherheit nach § 651k BGB a.F. / § 651r BGB keine Gewährleistungsansprüche wegen Mängeln der Reise, die insolvenzbedingt nicht durchsetzbar sind.[3640] 1766

Die Bürgschaft darf auf einen Höchstbetrag von 110 Mio. € für alle Ansprüche gegen den Veranstalter beschränkt werden (§ 651k Abs. 2 Satz 1 BGB a.F./ § 651r Abs. 3 Satz 3 BGB). Der Reisende kann seine Gläubigerstellung ggü. dem Bürgen durch Vorlage des Sicherungsscheins nachweisen obwohl die Ansprüche nicht durch den Sicherungsschein verbrieft werden.[3641] Der Sicherungsschein braucht nicht auf seinen Namen ausgestellt zu sein; es genügt, wenn er durch Angabe der Buchungsnummer und des Reisedatums zuzuordnen ist.[3642] Der BGH ließ es in einem Urteil sogar dahingestellt, ob eine Bürgschaft oder ein Versicherungsverhältnis vorlag.[3643] 1767

Für seit dem 01.07.2018[3644] geschlossene Pauschalreiseverträge ist im Rahmen des neuen Reisevertragsrechts § 651r BGB anzuwenden. § 651k BGB a.F. gilt für vor diesem Datum geschlossene Reiseverträge fort. Da das neue Recht bezüglich der Insolvenzabsicherung im Wesentlichen dem bisherigen Recht entspricht, ist auf die auf die hierzu ergangene Rspr. zurückzugreifen. Nach § 651r Abs. 3 Satz 1 BGB kann die Bank als Kundengeldabsicherer jetzt dem Reisenden die Fortsetzung der Pauschalreise anbieten. Diese möglicherweise gegenüber der Befriedigung aller Ansprüche bei Abbruch der Reise kostengünstigere Variante bedarf der Zustimmung des Reisenden. 1768

kk) Mietbürgschaften

Bürgschaften als Mietsicherheit sind trotz des hohen Aufwands für die Kreditinstitute nach wie vor verbreitet. Str. ist, ob die Stellung einer Mietbürgschaft auf erstes Anfordern in AGB wirksam vereinbart werden kann (vgl. Rdn. 1811). Der Umfang der gesicherten Ansprüche ergibt sich aus dem Text der Bürgschaft. Sind »alle Ansprüche aus dem Mietvertrag« verbürgt, fallen darunter: 1769

- Mietzins einschl. Nebenkosten;
- Kosten der Renovierung;
- weitere Ansprüche, z.B. die Kosten eines Abrisses, wenn der Mieter am Ende der Vertragslaufzeit zur Beseitigung von Gebäuden verpflichtet ist;
- nicht verbürgt sind Ansprüche, die sich nicht aus dem Mietvertrag selbst, sondern aus einer anderen Vereinbarung ergeben, z.B. einer Aufhebungsvereinbarung mit zusätzlicher

3636 A.A. PWW/*Deppenkemper* § 651r Rn. 4, der von einem selbständigen Garantieversprechen ausgeht.
3637 *Führich* Rn. 581.
3638 BGH, NJW 2012, 997 (998).
3639 EuGH, NJW 2012, 1135 (1135).
3640 BGH, NJW-RR 2005, 782 (783).
3641 *Tonner* MDR 2018, 305 (309).
3642 BGH, NJW 2002, 2238 (2239).
3643 BGH, NJW 2002, 2238 (2239).
3644 Vgl. zum neuen Recht *Tonner* MDR 2018, 305 (309).

Renovierungspflicht; darin liegt eine nach § 767 Abs. 1 Satz 3 BGB unzulässige Ausweitung der Bürgenhaftung.[3645]

1770 Bei der Wohnraummiete besteht die Besonderheit, dass § 551 Abs. 1 BGB die Mietsicherheit auf die dreifache Nettomonatsmiete begrenzt. Eine eventuelle Barkaution und eine Mietbürgschaft sind zusammenzurechnen. Falls die Gesamthöhe die zulässige Grenze überschreitet, ist die Abrede nur insoweit unwirksam, als sie den überhöhten Betrag betrifft.[3646] Der BGH hält Klauseln, die sowohl eine Barkaution i.H.v. drei Monatsmieten als auch zusätzlich eine Bürgschaft vorsehen, für teilbar. Das Verbot geltungserhaltender Reduktion steht somit der Auslegung nicht entgegen. Der Bürge kann sich auf § 768 BGB berufen und ist nur bis zur zulässigen Höhe zur Leistung verpflichtet; darüber hinaus steht ihm der Einwand zu, die Bürgschaft sei rechtsgrundlos geleistet.[3647] Eine Ausnahme von der Begrenzung auf drei Monatsmieten sieht der BGH bei einer Bürgschaft zur Abwendung der Kündigung des Vermieters wegen Zahlungsverzugs.[3648] Eine Vollstreckungsunterwerfung ist keine Mietsicherheit i.S.d. § 551 BGB[3649] und berührt daher neben einer Mietbürgschaft in Höhe von drei Monatsmieten deren Wirksamkeit nicht. Für gewerbliche Mietverhältnisse ist die Höhe der Bürgschaft nicht gesetzlich begrenzt.

1771 Wechselt der Vermieter durch Verkauf der Immobilie, gehen Rechte und Pflichten aus der Mietsicherheit auf den neuen Vermieter über. Dieses gilt für Wohnraum (§ 566a BGB) und für sonstige Räume und Grundstücke (§ 578 i.V.m. § 566a BGB). § 566a BGB gilt auch bei Eigentumswechsel im Wege der Zwangsversteigerung[3650] und des Erwerbs vom Insolvenzverwalter,[3651] nicht aber, wenn bei Eigentumswechsel das Mietverhältnis beendet und der Mieter ausgezogen war.[3652] Die Bank sieht sich kraft Gesetzes einem neuen Bürgschaftsgläubiger ggü., ohne dass es einer Umschreibung der Bürgschaft bedarf. Beim Wechsel des Mieters kraft Gesetzes gem. § 563 BGB gilt demgegenüber die Mietbürgschaft nicht fort,[3653] da das Bonitätsrisiko der zum Eintritt in den Mietvertrag berechtigten Mitbewohner von der Bank nicht übernommen wurde und mangels Prüfbarkeit auch nicht übernommen werden kann.

1772 Ein Anspruch auf Freigabe einer Mietsicherheit steht dem Mieter frühestens nach Beendigung des Mietverhältnisses und Ablauf einer angemessenen Prüfungs- und Abrechnungsfrist des Vermieters zu; der Anspruch wird erst fällig, wenn keine Ansprüche mehr aus dem Mietverhältnis bestehen.[3654] Darüber hinaus hat der BGH zur Rückgabe einer durch Verpfändung eines Sparbuchs geleisteten Kaution entschieden, dass der Vermieter einen angemessenen Teil der Kaution so lange für künftige Ansprüche zurückhalten darf, bis die Nebenkosten abgerechnet sind.[3655] Die Entscheidung des BGH kann auf die Bürgschaft als Mietsicherheit übertragen werden. Sie ist daher erst nach Abrechnung der Nebenkosten, die in angemessener Frist geschehen muss, zurückzugeben.

1773 Der Vermieter ist nicht berechtigt, die Mietbürgschaft während des laufenden Mietverhältnisses wegen streitiger Ansprüche zu verwerten.[3656] Eine entsprechende Klausel im Mietvertrag ist jedenfalls in einem Wohnraummietvertrag unwirksam.[3657] Ob der Vermieter die Kaution nach Beendigung

3645 OLG Frankfurt, NZM 2006, 900 (900).
3646 BGH, NJW 2004, 3045, (3046).
3647 BGH, NJW 1989, 1853 (1853); Palandt/*Sprau* § 768 Rn. 6.
3648 BGH, NJW 2013, 1876 (1876).
3649 BGH, NJW 2018, 551 (552).
3650 BGH, NJW 2007, 1818 (1818).
3651 BGH, NJW 2012, 1353 (1354).
3652 BGH, NJW 2007, 1818 (1819).
3653 Str. so LG Münster, Urt. v. 23.04.2008 – 14 S 7/07 – juris Rn. 10; a.A. Schimansky/Bunte/ Lwowski/*Nobbe* Bankrechts-Handbuch § 91 Rn. 659.
3654 BGH, NJW 2016, 3231 (3231); BGH, NJW 1999, 1857 (1858).
3655 BGH, NJW 2006, 1422 (1423).
3656 Palandt/*Weidenkaff* vor § 535 Rn. 123.
3657 Str., so BGH, NJW 2014, 2496 (2496).

des Mietverhältnisses wegen streitiger Forderungen verwerten darf, ist höchstrichterlich ungeklärt.[3658] Generell darf der Vermieter die Mietbürgschaft erst nach Beendigung des Mietverhältnisses und Erteilung einer Abrechnung über seine noch offenen Forderungen in Anspruch nehmen; dieses gilt für den Vermieter von Geschäftsraum ebenso wie für den Vermieter von Wohnraum.[3659]

Der Bürge ist auch ohne Vereinbarung im Bürgschaftstext zur ordentlichen Kündigung der Mietbürgschaft berechtigt, soweit diese unbefristet ist.[3660] Die Kündigung ist mit angemessener Frist zu dem Zeitpunkt möglich, zu dem auch der Vermieter das Mietverhältnis kündigen kann.[3661] Dem Vermieter muss durch Einräumung einer Überlegungsfrist ausreichend Gelegenheit gegeben sein, auf die veränderte Sicherheitensituation zu reagieren. Als Folge der Kündigung erlischt die Haftung nicht, sondern wird auf die bis zur Wirksamkeit der Kündigung begründeten Forderungen begrenzt.[3662] Ein Recht zur außerordentlichen Kündigung wegen Verschlechterung der wirtschaftlichen Verhältnisse des Hauptschuldners steht dem Bankbürgen hingegen generell (s.o. Rdn. 1705) nicht zu; dies gilt auch für die Mietbürgschaft, die gerade für den Fall wirtschaftlicher Schwierigkeiten des Mieters übernommen wird. 1774

ll) Squeeze-out

Das AktG ermöglicht dem Hauptaktionär einer Aktiengesellschaft, der mindestens 95 % der Aktien hält, die Übertragung der übrigen Aktien gegen Barabfindung auf sich zu erzwingen (§§ 327a ff. AktG). Voraussetzung eines solchen »Squeeze-out« ist die »Gewährleistung« der Barabfindung durch ein Kreditinstitut (§ 327b Abs. 3 AktG), weil die Aktien bereits vor Zahlung mit der Eintragung des Beschlusses der Hauptversammlung in das Handelsregister auf den Hauptaktionär übergehen (§ 327e Abs. 3 Satz 1 AktG). Dabei kann es sich um eine Bürgschaft oder um eine Garantie handeln; eine über eine selbstschuldnerische Bürgschaft hinausgehende Bürgschaft auf erstes Anfordern oder eine abstrakte Bankgarantie sind nicht erforderlich.[3663] Jedoch darf dem Bürgen nicht die Einrede der Vorausklage zustehen; eine Einschränkung auf nicht verjährte Ansprüche ist hingegen zulässig.[3664] Eine Befristung genügt den Anforderungen an die Sicherstellung nicht;[3665] die Angabe eines Höchstbetrages soll dagegen ebenso unschädlich sein[3666] wie die Nichtverbürgung evtl. geschuldeter Zinsen.[3667] 1775

mm) Steuerbürgschaften

Nach § 241 Abs. 1 Nr. 7 i.V.m. § 244 AO kann eine Sicherheit, die nach Steuergesetzen zu leisten ist, u.a. durch eine Bürgschaft erbracht werden. § 244 AO bestimmt, wer als Steuerbürge tauglich ist. Für Kreditinstitute, die in Deutschland zum Geschäftsbetrieb befugt sind, ist auf Antrag gem. § 244 Abs. 2 AO eine allgemeine Zulassung als Steuerbürge zu erteilen. Der Antrag ist bei der Generalzolldirektion zu stellen (§ 244 Abs. 2 Satz 1 AO). Die Zulassung wird für einen Höchstbetrag erteilt, den alle Bürgschaften, Schuldversprechen und Wechselverpflichtungen der Bank ggü. den Finanzbehörden zusammengerechnet nicht überschreiten dürfen (§ 244 Abs. 2 Satz 3AO). Das 1776

3658 Für Zulässigkeit Palandt/*Weidenkaff* vor § 535 Rn. 123; a.A. LG Berlin, Urt. v. 20.07.2017 – 67 S 111/17 juris Rn. 3; offen gelassen von BGH, NJW 2014, 2496 (2496).
3659 KG, Urt. v. 09.09.2013 – 8 U 254/12 – juris Rn. 78.
3660 BGH, WM 2011, 1731 (1732) lässt ausdrücklich offen, ob ein befristetes Mietverhältnis die Kündigung der Bürgschaft ausschließt.
3661 Str., so OLG Düsseldorf, NJW 1999, 3128 (3129); *Nobbe* § 765 Rn. 362.
3662 Palandt/*Sprau* § 765 Rn. 16; MüKo-BGB/*Habersack* § 765 Rn. 57.
3663 BGH, WM 2011, 1032 (1034).
3664 BGH, WM 2011, 1032 (1034).
3665 MüKo-AktG/*Grunewald* § 327b Rn. 18; a.A. *Fuhrmann/Simon* WM 2002, 1211 (1216).
3666 Hüffer/*Koch* § 327b Rn. 12; a.A. LG Frankfurt am Main, NZG 2004, 672 (674).
3667 OLG Hamburg, ZIP 2003, 2076 (2078); MüKo-AktG/*Grunewald* § 327b Rn. 22; a.A. *Singhof/Weber* WM 2002, 1158 (1168).

Zulassungsverfahren ist öffentlich-rechtlicher Natur; die Rechtsverhältnisse aus den zu übernehmenden Bürgschaften sind zivilrechtlich.[3668] Steuerbürgschaften müssen den Verzicht auf die Einrede der Vorausklage enthalten (§ 244 Abs. 1 Satz 2 AO).

2. Bürgschaften auf erstes Anfordern

a) Rechtsnatur

1777 Die Bürgschaft auf erstes Anfordern ist eine den Gläubiger besonders privilegierende und damit für den Bürgen – und im Avalkreditgeschäft für den Auftraggeber – besonders risikoreiche Art der Bürgschaft.[3669] Nachdem ihre Rechtsnatur lange umstritten war, erkannte der BGH sie 1979 als rechtlich zulässige Bürgschaftsform an.[3670] In der Folgezeit waren Klagen aus Bürgschaften auf erstes Anfordern praktisch immer erfolgreich. Erst Mitte der 90er Jahre begann der BGH, Fragen der Unzulässigkeit der Vereinbarung einer solchen Sicherung und des Missbrauchs der Inanspruchnahme stärker in den Blickpunkt zu rücken.[3671]

b) Besonderheiten

1778 Die Besonderheit der Bürgschaft auf erstes Anfordern liegt in der Vereinbarung dazu, mit welchen Mitteln sich der Bürge gegen die Zahlungsaufforderung verteidigen kann.[3672] Bei der selbstschuldnerischen Bürgschaft hat der Bürge alle Einwendungen und Einreden des Hauptschuldners. Diese Verteidigungsmittel stehen dem Bürgen bei der Bürgschaft auf erstes Anfordern nur ausnahmsweise zu. Grds. hat er auf die Inanspruchnahme zunächst zu zahlen (»Erst zahlen, dann prozessieren.«). Verweigert der Bürge die Leistung und wird verklagt, kann er sich in diesem »Erstprozess« nicht auf die Einwendungen und Einreden des Hauptschuldners berufen. Nach Zahlung muss er seine Ansprüche im »Rückforderungsprozess« verfolgen. Darin stehen ihm allerdings – anders als dem Garanten – alle Verteidigungsmittel des Hauptschuldners zu, soweit er nicht darauf wirksam verzichtet hat.[3673] Deshalb spricht man bei der Bürgschaft auf erstes Anfordern auch von »aufgeschobener Akzessorietät«.

1779 Einwendungen aus dem Bürgschaftsverhältnis kann der Bürge hingegen uneingeschränkt auch im Erstprozess erheben, z.B. das Erlöschen der Bürgschaft durch Rückgabe der Urkunde oder den Ablauf der Befristung.

1780 Die Vereinbarung über die Beschränkung der Verteidigungsmittel gegen die Zahlungsaufforderung und im Erstprozess liegt in der Klausel »Auf erstes Anfordern«. Dabei ist der ausdrückliche Wortlaut »Auf erstes Anfordern« zwar absoluter Standard, aber nicht unbedingt notwendig. Die Rspr. hat auch die Formulierung »Wir verpflichten uns, bei Inanspruchnahme der Bürgschaft an den Auftraggeber Zahlung zu leisten.« ohne weitere Erörterung als Bürgschaft auf erstes Anfordern angesehen.[3674]

1781 Hinterlegungsklauseln – soweit sie überhaupt noch Verwendung finden – widersprächen dem Sinn und Zweck der Bürgschaft auf erstes Anfordern, dem Gläubiger schnelle Liquidität zu verschaffen.

3668 Klein/*Werth* § 244 Rn. 4.

3669 Palandt/*Sprau* vor § 765 Rn. 14.

3670 BGH, WM 1979, 691 (692); a.A. *Kopp* WM 2010, 640 (642), der von einem Vertrag sui generis ausgeht; *Hadding/Welter* WM 2015, 1545 (1549) »atypischer Sicherungsvertrag«.

3671 Vgl. zur Entwicklung der Rspr. *G. Fischer* WM 2005, 529 (529).

3672 BGH, WM 2003, 969 (971).

3673 Zusammenfassend zum Rückforderungsprozess BGH, WM 2007, 1609 (1610).

3674 BGH, WM 2014, 718 (720), vgl. auch OLG Düsseldorf, Urt. v. 19.11.2013 – 23 U 15/13 – juris Rn. 30 zur Formulierung: »Wir verpflichten uns, den verbürgten Betrag dem Begünstigten auszuzahlen, wenn uns versichert wird, dass der Auftragnehmer seinen Verpflichtungen aus der Gewährleistung nicht nachgekommen ist.«.

Eine Bürgschaft auf erstes Anfordern ist grds. so auszulegen, dass sie zugleich eine einfache selbstschuldnerische Bürgschaft enthält.[3675] 1782

c) Tauglicher Bürge

Wegen des besonderen Risikos kann eine Bürgschaft auf erstes Anfordern in AGB des Gläubigers nur von Banken, Versicherungen und Unternehmen, in deren Geschäftsbereich solche Bürgschaften üblich sind, übernommen werden.[3676] Individualvertraglich oder in eigenen AGB können auch andere Personen eine Bürgschaft auf erstes Anfordern vereinbaren.[3677] Der Gläubiger muss aber davon ausgehen können, dem Bürgen sei bekannt, worauf er sich mit dieser Bürgschaft einlässt. Andernfalls hat der Gläubiger den Bürgen über die Rechtsfolgen zu belehren. Unterlässt der Gläubiger die Belehrung, haftet der Bürge nur aus einer gewöhnlichen selbstschuldnerischen Bürgschaft. 1783

d) Inanspruchnahme und Zahlungsvoraussetzungen

Zu verlangen ist eine formell dem Bürgschaftstext entsprechende Zahlungsaufforderung des Gläubigers. Diese braucht nicht mit dem Bürgschaftstext wörtlich übereinzustimmen, es sei denn, die wörtliche Übereinstimmung ist ausdrücklich vereinbart.[3678] Ausreichend ist die eindeutig erkennbare Erklärung dessen, was als Inhalt der Inanspruchnahme vereinbart ist. Enthält die Bürgschaft keine Präzisierungen zum Inhalt der Inanspruchnahme, reicht die bloße Zahlungsaufforderung unter Bezugnahme auf die Bürgschaft aus. 1784

Zum Schutz des Bürgen und des ihn beauftragenden Bankkunden werden oft weitere Zahlungsvoraussetzungen vereinbart. Diese knüpfen an Sachverhalte aus dem Grundgeschäft zwischen dem Bankkunden und dem Bürgen an, bspw. an die Fälligkeit der Hauptschuld, eine erfolgte Mahnung oder die Mangelfreiheit der Leistung. Teilweise versuchen die Parteien des Grundgeschäfts dadurch, an sich unvereinbare Vorstellungen in den Vertrag einzubringen,[3679] nämlich den Wunsch des Auftraggebers, bei Bedarf sofort Liquidität zu erhalten, und den Willen des Auftragnehmers, es dem Geschäftspartner doch nicht so leicht zu machen. Solche Klauseln sollten nur dann von der bürgenden Bank akzeptiert werden, wenn sie darin keine nicht erfüllbare eigene Prüfungspflicht übernimmt. So erfordert die Formulierung »Zahlbar auf erstes Anfordern unter gleichzeitiger schriftlicher Erklärung, dass Verzug eingetreten ist« lediglich die Prüfung, ob die schriftliche Erklärung vorliegt, und nicht, ob Verzug gegeben ist. Auch die Klausel »Zahlbar auf erstes Anfordern unter gleichzeitiger Vorlage folgender Dokumente…« verpflichtet nur zur Feststellung der eingereichten Dokumente. Demgegenüber sollte die Bank sog. Effektivklauseln ablehnen, die ihr bei entsprechender Auslegung die Pflicht zu materieller Prüfung auferlegen können, z.B. »zahlbar, falls der Bürgschaftsnehmer seinen Verpflichtungen aus dem Vertrag nicht nachkommt«; das OLG München kam bei einer vergleichbaren Klausel zu dem Auslegungsergebnis, dass der Bürgschaftsnehmer die Nichterfüllung mit wenigen Worten lediglich beschreiben muss, um der bürgenden Bank die Prüfung zu ermöglichen, ob ein Fall der Nichterfüllung überhaupt möglich sein kann.[3680] 1785

Wenn die Zahlungsaufforderung dem formellen Standard nicht genügt, muss die Bank die Zahlung mit der Begründung ablehnen, dass die Zahlungsvoraussetzungen nicht dargelegt sind.[3681] Zu diesem Hinweis ist sie aus dem Bürgschaftsvertrag verpflichtet; sie darf die nicht formgerechte 1786

3675 BGH, WM 2003, 969 (972).

3676 Vgl. zur Kreditsicherungsgarantie auf erstes Anfordern *Schulz/Mettke* WM 2014, 54 (64), die darüber hinaus im Rahmen der Konzernfinanzierung auch sonstige Kaufleute für taugliche Garanten eine Kreditsicherungsgarantie auf erstes Anfordern halten.

3677 BGH, NJW 1998, 2280 (2281); OLG Stuttgart, WM 2011, 691 (691) zur Garantie auf erstes Anfordern.

3678 BGH, WM 1997, 656 (660).

3679 *Schmidt* WM 1999, 308 (311).

3680 OLG München, WM 1998, 342 (344) zur Klausel »sofern der Auftragnehmer seine vertraglichen Verpflichtungen nicht erfüllt«.

3681 Palandt/*Sprau* vor § 765 Rn. 25 zur Garantie.

Inanspruchnahme nicht einfach ignorieren. Weitergehende Formulierungshilfen für den Bürgen kollidieren dagegen mit den Treuepflichten ggü. dem Kunden aus dem Auftragsverhältnis.

e) Einwendungen des Bürgen gegen missbräuchliche Inanspruchnahme

1787 Der Bürge auf erstes Anfordern kann der Inanspruchnahme »Einwendungen aus dem Verhältnis des Gläubigers zum Hauptschuldner nur entgegen setzen, wenn der Gläubiger seine formale Rechtsstellung offensichtlich missbraucht. Das ist nur dann der Fall, wenn es offen auf der Hand liegt oder zumindest liquide beweisbar ist, dass der materielle Bürgschaftsfall nicht eingetreten ist.«[3682]

1788 Offensichtlich ist, was sich bereits aus der Inanspruchnahme ergibt und was unstreitig oder allgemein bekannt ist. Liquide Beweismittel sind solche, die Ermittlungen oder eine weitere Beweisaufnahme überflüssig machen.[3683] Damit bleibt als taugliches Beweismittel praktisch nur die Vorlage eindeutiger Urkunden. Alle anderen Beweismittel sind in den Rückforderungsprozess verwiesen. Missbräuchlich und liquide beweisbar ist die Inanspruchnahme z.B. in folgenden Fällen:
- Der Bürge beweist durch Quittung die Begleichung der Schuld;
- fehlende Identität zwischen der Forderung, aus der Zahlung verlangt wird, und der verbürgten Forderung, die sich aus der Bürgschaftsurkunde und der Inanspruchnahme zweifelsfrei ergibt;[3684]
- fehlende Identität zwischen Forderungsinhaber und dem Anspruchsteller aus der Bürgschaft, ebenfalls nachgewiesen durch eindeutige Urkunden;
- ein Vertragsstrafeversprechen ist nach § 11 Abs. 4 VOB/B erloschen, weil der Auftraggeber sich die Vertragsstrafe unstr. nicht bei Abnahme vorbehalten hat.[3685]

1789 Dagegen entschied der BGH zu einer Zahlungsbürgschaft auf erstes Anfordern, die Prüfbarkeit oder Nichtprüfbarkeit einer Rechnung über den verbürgten Werklohn sei in aller Regel nicht offensichtlich oder mit liquiden Beweismitteln nachweisbar. Die Klärung der Prüfbarkeit sei daher in den Rückforderungsprozess verwiesen.[3686]

1790 Die Rspr. geht über diese »klassischen« Missbrauchsfälle hinaus. Ausgangspunkt war die Feststellung, dass der Bürge die Zahlung auf eine Bürgschaft auf erstes Anfordern verweigern kann, wenn der Hauptschuldner zur Stellung einer solchen Sicherheit nicht verpflichtet war.[3687] Damit wird der Bürge im Erstprozess gehört, wenn der Einwand offensichtlich oder liquide beweisbar ist. Zu Bürgschaften auf erstes Anfordern, die aufgrund einer Verpflichtung in einem Werkvertrag gestellt wurden, hat sich die Rspr. verfestigt.

aa) Gewährleistungsbürgschaften auf erstes Anfordern beim Werkvertrag

1791 Wirksam und nicht zu beanstanden sind Vereinbarungen, die den Austausch eines Sicherheitseinbehalts von 5 % durch Stellung einer selbstschuldnerischen – nicht auf erstes Anfordern zahlbaren – Bürgschaft vorsehen,[3688] soweit nicht andere den Auftragnehmer belastende Klauseln hinzutreten (s.o. Rdn. 1700 und Rdn. 1724). Dagegen stellte der BGH in ständiger Rspr. fest, ein in AGB vereinbarter Gewährleistungseinbehalt von 5 % sei unwirksam, wenn dem Auftragnehmer kein fairer Ausgleich gewährt werde. Dieser sei in dem eingeräumten Recht zur Stellung einer Bürgschaft auf erstes Anfordern nicht zu sehen.[3689] Das Klauselwerk benachteilige den Auftragnehmer

3682 Ständige Rspr., z.B. BGH, NJW 2002, 1493 (1493).
3683 Zur Offensichtlichkeit und liquiden Beweisbarkeit vgl. *Kopp* WM 2010, 640 (643).
3684 BGH, WM 2011, 2216 (2217) zur Garantie auf erstes Anfordern.
3685 BGH, Urt. v. 18.09.2001 – IX ZR 150/99: Entscheidend war für den BGH die Unstreitigkeit des Vortrags.
3686 BGH, WM 2007, 1609 (1611).
3687 Z.B. BGH, NJW 2000, 1563 (1564).
3688 BGH, NJW 2009, 3422 (3423); BGH, NJW 2004, 443 (443).
3689 BGH, NJW 2009, 3422 (3424); BGH, WM 1997, 1675 (1677).

unangemessen (§ 307 BGB bzw. § 9 AGBG), weil ihm das Bonitäts- und Liquiditätsrisiko aufgebürdet werde. Der BGH sprach dem Auftragnehmer einen Anspruch gegen den Auftraggeber auf Herausgabe der Bürgschaftsurkunde zu. Damit war zunächst nur die Unzulässigkeit der Klausel im Verhältnis zwischen Auftraggeber und Auftragnehmer geklärt.

2001 wurde entschieden, die Inanspruchnahme der – nicht geschuldeten – Gewährleistungsbürgschaft auf erstes Anfordern sei offenkundig rechtsmissbräuchlich, wenn liquide Einwendungen gegen die Verpflichtung zur Stellung der Bürgschaft vorgebracht werden.[3690] Es stellte sich dann die weitere Frage, ob die Bürgschaft auf erstes Anfordern im Wege der Auslegung auf eine selbstschuldnerische Bürgschaft reduziert werden konnte. Im Gegensatz zu anderen Fallkonstellationen sah der BGH hierzu keine Möglichkeit. Es sei nicht feststellbar, welche Regelung die Parteien anstelle der unwirksamen Vereinbarung getroffen hätten. Die gesamte Sicherungsklausel sei untrennbar verbunden. Infolge ihrer Nichtigkeit sei überhaupt kein Gewährleistungseinbehalt wirksam vereinbart. Somit brauche dieser auch nicht durch eine einfache Bürgschaft abgelöst zu werden; es sei überhaupt keine Bürgschaft geschuldet. Auch eine Übergangsfrist lehnte der BGH ab.[3691] 1792

In der Folgezeit wurde der BGH mehrfach mit der Fragestellung befasst, ob bestimmte Vereinbarungen einen fairen Ausgleich für den Einbehalt der Sicherheit bieten. Nach der Rspr. besteht kein fairer Ausgleich und damit Unwirksamkeit der Klausel über die Stellung einer Gewährleistungsbürgschaft auf erstes Anfordern in folgenden Vereinbarungen: 1793
- Einzahlung des Sicherheitseinbehalts auf ein Verwahrgeldkonto des öffentlichen Auftraggebers, ablösbar durch Bürgschaft auf erstes Anfordern;[3692]
- Recht des Auftragnehmers, den Einbehalt durch eine Bürgschaft auf erstes Anfordern abzulösen oder die Hinterlegung zu verlangen.[3693]

Folge für die Bank ist, dass sie die Zahlung auf die Bürgschaft verweigern kann und im Verhältnis zum Kunden verweigern muss, wenn der AGB-Charakter der Verpflichtung offensichtlich oder liquide beweisbar ist. Zahlt sie dennoch, kann sie den Betrag zurückfordern. Ungeachtet der eventuellen Missbräuchlichkeit der Inanspruchnahme ist die Bürgschaft selbst wirksam;[3694] die Verteidigungsmöglichkeiten des Bürgen unter Bezugnahme auf unwirksame Vereinbarungen im Grundgeschäft sind Einwendungen i.S.d. § 768 BGB. 1794

bb) Vertragserfüllungsbürgschaften auf erstes Anfordern beim Werkvertrag

Auch bei in AGB vereinbarter Stellung einer Vertragserfüllungsbürgschaft auf erstes Anfordern sehen die Gerichte eine unangemessene Benachteiligung des Auftragnehmers nach § 307 BGB bzw. § 9 AGBG. Die Vereinbarung einer solchen Sicherheit in AGB ist unwirksam.[3695] Allerdings macht der BGH eine beachtliche Konzession an die frühere Rechtspraxis: Anders als bei Gewährleistungsbürgschaften sieht er in der unwirksamen Verpflichtung zur Stellung der Vertragserfüllungsbürgschaft auf erstes Anfordern den auslegbaren Willen der Parteien, diese durch eine einfache selbstschuldnerische Bürgschaft zu ersetzen. Das Bedürfnis zur Auslegung erkennt der BGH aber nur für bis zum 31.12.2002 abgeschlossene Verträge an, weil danach kein schützenswertes Vertrauen in die alte Rechtslage mehr gegeben sei.[3696] Daher ist zu unterscheiden: 1795

Datiert der Werkvertrag mit der unwirksamen Klausel zur Stellung einer Bürgschaft auf erstes Anfordern bis 31.12.2002, ist die Sicherungsvereinbarung so auszulegen, dass nur eine selbstschuldnerische Bürgschaft geschuldet ist. Der Auftragnehmer kann verlangen, dass der Auftraggeber schriftlich 1796

3690 BGH, NJW 2001, 1857 (1857).
3691 BGH, WM 2005, 268 (270).
3692 BGH, WM 2006, 122 (122).
3693 BGH, WM 2007, 1625 (1625).
3694 BGH, WM 2001, 947 (947).
3695 BGH, WM 2002, 1415 (1416); BGH, WM 2002, 1876 (1878).
3696 BGH, WM 2004, 1079 (1080).

erklärt, die Bürgschaft nur als selbstschuldnerische Bürgschaft in Anspruch zu nehmen.[3697] Die Bank kann sich somit bei Inanspruchnahme mit allen Mitteln und Einwendungen wehren, die zur Verfügung stehen. Sie ist nicht auf liquide Beweismittel beschränkt. Zahlt sie trotzdem, kann sie die Zahlung nicht allein mit der Begründung zurückfordern, sie sei zur Zahlung auf erstes Anfordern nicht verpflichtet gewesen.[3698] Entscheidend ist, ob der Sicherungsfall bereits eingetreten war und ob die Bank auch auf eine selbstschuldnerische Bürgschaft hätte zahlen müssen.

1797 Datiert der Werkvertrag ab 01.01.2003, ist die Rechtslage die gleiche wie bei der Gewährleistungsbürgschaft. Die Zahlung muss verweigert werden, weil die Inanspruchnahme offensichtlich missbräuchlich ist, wenn der AGB-Charakter der Verpflichtung offensichtlich oder liquide beweisbar ist. Entscheidend ist das Datum des Werkvertrages, nicht das der Bürgschaft. Eine geleistete Zahlung kann die Bank zurückfordern.

cc) Verpflichtung zur Stellung der Bürgschaft auf erstes Anfordern in AGB?

1798 Die Rspr. stellt die Verpflichtung zur Stellung einer Bürgschaft auf erstes Anfordern nur dann infrage, wenn sie sich aus den AGB des Auftraggebers ergibt. Individualvertragliche Verpflichtungen sind wirksam. Als Reaktion auf die Rspr. nehmen Auftraggeber die Verpflichtung zur Stellung der Bürgschaft auf erstes Anfordern nicht mehr in die eigentlichen AGB auf. Stattdessen wird ein Verhandlungsprotokoll erstellt, in das handschriftlich das »Verhandlungsergebnis« aufgenommen wird. Dazu beklagt der Kunde als Auftragnehmer vielmals später, eine echte Verhandlung über den Inhalt habe nicht stattgefunden; der Auftraggeber habe die Absicherung durch Bürgschaft auf erstes Anfordern einfach eingetragen und zur Unterschrift aufgefordert. Der AGB-Charakter der Vereinbarung ist in diesen Fällen somit str.

1799 Im Rahmen des Erstprozesses wird jedoch die Bank nur mit Einwendungen gehört, die unstr., offenkundig oder liquide beweisbar sind. Trägt der Bürgschaftsnehmer zum individuellen Aushandeln der Klausel detailliert vor, sind solche tatsächlichen Probleme zur AGB-Qualität mangels liquider Beweisbarkeit im Rückforderungsprozess zu klären.[3699] Andererseits kann die unstreitige Tatsache mehrerer identischer Verhandlungsprotokolle einen liquiden Beweis für das Vorliegen von AGB darstellen.[3700]

1800 Ein Aushandeln der Stellung einer Bürgschaft auf erstes Anfordern scheidet aus, wenn vor Bekanntwerden der Rspr. zu Bürgschaften auf erstes Anfordern über das Thema gar nicht gesprochen worden ist, selbst wenn die Bereitschaft zu Verhandlungen über alle Klauseln bestanden hat.[3701] Die Qualifizierung einer Vereinbarung als AGB und damit die Unwirksamkeit der Klausel können nicht dadurch vermieden werden, dass sich die Parteien individualvertraglich darauf einigen, bei dem Vertrag handle es sich um einen Individualvertrag,[3702] oder dass der Auftraggeber in der Verhandlung die Klauseln an die Wand projiziert sowie erläutert hat und diese dann in unveränderter Form zum Vertragsinhalt werden.[3703] Fehlt es hingegen an Anhaltspunkten für die Mehrverwendungsabsicht, liegen keine AGB vor.[3704]

3697 BGH, WM 2003, 1561 (1563); vgl. zur nach wie vor bestehenden Aktualität der Differenzierung aufgrund der Langlebigkeit von Vertragserfüllungsbürgschaften zuletzt BGH, NJW 2014, 3642 (3643).
3698 BGH, WM 2003, 870 (871); BGH, WM 2004, 718 (720).
3699 BGH, NJW 2002, 1493 (1493).
3700 BGH, WM 2002, 1415 (1416).
3701 BGH, WM 2005, 1188 (1189).
3702 BGH NJW 2014, 1725 (1728) zu einer Verpflichtung zur Sicherung von Mängelansprüchen durch Vertragserfüllungs- und Gewährleistungsbürgschaft.
3703 OLG Celle, Urt. v. 05.03.2014 – 7 U 114/13 – juris Rn. 32.
3704 OLG Hamm, NJW 2013, 392 (392).

dd) Auswirkungen auf Werkverträge öffentlicher Auftraggeber

Die Rspr. zur Unwirksamkeit der Verpflichtung zur Stellung von Gewährleistungsbürgschaften[3705] und Vertragserfüllungsbürgschaften[3706] in AGB gilt uneingeschränkt auch für Verträge mit öffentlichen Auftraggebern. Zwar besteht für den Auftragnehmer nach Zahlung kein Insolvenzrisiko; das Liquiditätsrisiko soll aber so gravierend sein, dass entsprechende AGB-Klauseln wie bei privaten Auftraggebern unwirksam sind. An dem Ergebnis ändert sich nichts, wenn der nur durch Bürgschaft auf erstes Anfordern abzulösende Sicherungseinbehalt von 5 % auf ein Verwahrgeldkonto des Auftraggebers zu zahlen ist.[3707] 1801

ee) Bedeutung des vom Auftraggeber gestellten Bürgschaftsmusters

In einem BGH-Fall war im Werkvertrag für die Dauer der Gewährleistungszeit die Stellung einer »selbstschuldnerischen Bürgschaft einer deutschen Bank – gem. Muster des Auftraggebers« vereinbart. Das dem Vertrag nicht beigefügte erst später übergebene Muster enthielt dann keine selbstschuldnerische Bürgschaft, sondern eine Bürgschaft auf erstes Anfordern, die so ausgefertigt wurde. Der BGH stellt zunächst klar, dass die Vereinbarung einer selbstschuldnerischen Bürgschaft zur Ablösung eines Sicherheitseinbehalts zulässig ist. Er hebt dann darauf ab, dass nach dem Vertrag nur eine selbstschuldnerische Bürgschaft geschuldet ist, unabhängig davon, wie das später übergebene Muster aussieht.[3708] Damit grenzt der BGH den Sachverhalt zu den Fällen ab, in denen sich die Art der geschuldeten Bürgschaft laut Werkvertrag allein nach dem Muster bestimmt (z.B. »Bürgschaft gem. beigefügtem Muster«). Im entschiedenen Fall dagegen war die Vereinbarung wirksam, auch wenn im Nachhinein eine schärfere Bürgschaft gestellt wurde. Eventuelle Rückzahlungsansprüche hängen davon ab, ob der materielle Bürgschaftsfall eingetreten ist.[3709] 1802

ff) Ausnahme

Die Bank kann die Zahlung wegen Missbrauchs nicht verweigern, wenn sie wissentlich eine Bürgschaft auf erstes Anfordern herausgelegt hat, obwohl ausdrücklich nur eine selbstschuldnerische Bürgschaft vereinbart war.[3710] 1803

gg) Anspruch auf Herausgabe der Bürgschaftsurkunde

Der Hauptschuldner kann, wenn er durch seine Bank eine nicht geschuldete Bürgschaft auf erstes Anfordern gestellt hat, schon vor Inanspruchnahme die Herausgabe der Urkunde vom Gläubiger verlangen. Dieses gilt uneingeschränkt, wenn die Verpflichtung zur Stellung einer Bürgschaft insgesamt unwirksam ist, also z.B. bei der Gewährleistungsbürgschaft (vgl. Rdn. 1791 f.). 1804

Lässt sich aber die unwirksame Sicherungsvereinbarung auf die Pflicht zur Stellung einer einfachen selbstschuldnerischen Bürgschaft reduzieren, kann der Hauptschuldner die auf erstes Anfordern ausgestellte Bürgschaftsurkunde nicht herausverlangen. Der Gläubiger schuldet lediglich eine schriftliche Verpflichtungserklärung ggü. dem Hauptschuldner und dem Bürgen, dass er die Bürgschaft nicht auf erstes Anfordern, sondern nur als selbstschuldnerische Bürgschaft geltend machen wird.[3711] Diese Konstellation ist bei älteren Vertragserfüllungsbürgschaften gegeben (vgl. Rdn. 1796), aber auch dann, wenn eine »höherwertigere« Bürgschaft gestellt wurde als zwischen den Parteien des Werkvertrags wirksam vereinbart war. 1805

3705 BGH, WM 2005, 268 (269).
3706 BGH, WM 2004, 1079 (1080).
3707 BGH, WM 2006, 122 (122).
3708 BGH, WM 2004, 718 (719).
3709 BGH, WM 2004, 718 (720); BGH, WM 2003, 870 (871).
3710 BGH, NJW 2000, 1563 (1565).
3711 BGH, WM 2003, 1561 (1563) und zuletzt NJW 2011, 2125 (2127).

1806 Zur einfachen Bürgschaft und zur Bürgschaft auf erstes Anfordern ist str., ob der Hauptschuldner die Herausgabe an sich selbst[3712] oder an die bürgende Bank[3713] verlangen kann. Vorrangig ist eine eventuelle Vereinbarung über die Pflicht zur Rückgabe unter Einbeziehung des Bürgen. Bei der Verpflichtung zur Herausgabe der Bürgschaftsurkunde handelt es sich um eine Holschuld, falls eine Schickschuld nicht vereinbart ist; eine verzugsbegründende Aufforderung zur Herausgabe der Urkunde setzt daher die Bekundung des Abholwillens voraus.[3714]

hh) Missbrauch bei Insolvenz

1807 Im Fall von Zahlungsschwierigkeiten oder gar Insolvenz des Gläubigers befindet sich der Hauptschuldner bzw. seine Bank in einer besonders unangenehmen Situation, wenn eine Bürgschaft auf erstes Anfordern gestellt wurde. Nach Inanspruchnahme und Zahlung sind Rückforderungsansprüche oft nicht realisierbar.

1808 Die Rspr. sieht in der Inanspruchnahme trotz Vermögensverfalls oder Insolvenz des Bürgschaftsgläubigers keinen Missbrauch. Erst bei Anzeige der Masseunzulänglichkeit durch den Insolvenzverwalter oder Nichteröffnung mangels Masse könne der Bürge den Missbrauchseinwand erheben.[3715] Die Auslegung ergebe dann eine einfache selbstschuldnerische Bürgschaft.[3716] Dem Bürgen stehen somit alle Verteidigungsmittel zur Verfügung.

ii) VOB

1809 Nach § 17 Abs. 2 Nr. 4 der VOB/B kann der Auftraggeber als Sicherheit keine Bürgschaft auf erstes Anfordern verlangen. Ein Verstoß gegen die Vorschrift führt zur Unwirksamkeit der gesamten Sicherheitenvereinbarung; es ist dann gar keine Bürgschaft geschuldet.[3717] Durch individuell ausgehandelte zusätzliche Vertragsbedingungen können Bürgschaften auf erstes Anfordern vereinbart werden.[3718] Problematisch ist der Nachweis des Aushandelns (vgl. Rdn. 1798 f.).

jj) Auswirkungen auf weitere Vertragstypen

1810 Im Werkvertragsrecht konzentrieren sich Diskussion und Rspr. auf Gewährleistungs- und Vertragserfüllungsbürgschaften auf erstes Anfordern. Bei Anzahlungsbürgschaften greift die Argumentation des BGH, die Vereinbarung einer Bürgschaft auf erstes Anfordern benachteilige den Vertragspartner wegen des Liquiditäts- und Insolvenzrisikos unangemessen, nicht. Vielmehr ist in diesem Fall der Auftraggeber, der die Bürgschaft erhält, mit der Anzahlung in Vorleistung getreten und sichert seinen eventuellen Rückforderungsanspruch ab.[3719]

1811 Zum Mietvertrag wird vertreten, eine formularmäßige Verpflichtung zur Übergabe einer Bürgschaft auf erstes Anfordern durch den Mieter sei jedenfalls bei Wohnraummiete unwirksam.[3720] Der Mieter schulde dann aber eine gewöhnliche Bürgschaft. Bisher hat die Rspr. diese Argumentation nicht aufgegriffen.[3721]

3712 BGH, WM 2015, 1523 (1524); BGH, WM 2008, 2246 (2247) für den Geltungsbereich der VOB; OLG Düsseldorf, WM 2017, 811 (814); OLG Hamm, NJW 2013, 392 (395) zur Gewährleistungsbürgschaft; Schimansky/Bunte/Lwowski/*Nobbe* Bankrechts-Handbuch § 91 Rn. 616.

3713 BGH, NJW 2004, 3553 (3555) zur Pachtbürgschaft.

3714 OLG Celle, MDR 2010, 398 (398).

3715 BGH, WM 2002, 1794 (1796); weiter gehend bei Betriebseinstellung *G. Fischer* WM 2005, 529 (536).

3716 BGH, WM 2002, 1794 (1797).

3717 *Kuß* § 17 Rn. 132.

3718 *Kuß* § 17 Rn. 133.

3719 *Oepen* NJW 2009, 1110 (1112).

3720 *G. Fischer* WM 2005, 529, (535); Hellner/Steuer/*Wagenknecht/Piekenbrock* Rn. 4/1213d; a.A. *Oepen* NJW 2009, 1110 (1112).

3721 Vgl. OLG Karlsruhe, NZM 2004, 742; *Leo/Schmitz* NZM 2007, 387 (388) zur Geschäftsraummiete.

f) Zahlungsfrist bei Inanspruchnahme

Die Zahlungsfrist ab Inanspruchnahme der Bürgschaft auf erstes Anfordern bestimmt den Zeitraum, der der Bank und dem Kunden zur Verfügung steht, um liquide Beweismittel zu beschaffen bzw. zu prüfen und Verzug zu vermeiden. Unter Bezug auf die Praxis bei Garantien soll die Prüfungsfrist max. 5 Arbeitstage betragen; dieses entspricht Art. 20 Buchst. a) der »Einheitlichen Richtlinien für auf Anfordern zahlbare Garantien« in der seit 2010 geltenden Fassung.[3722] Im Hinblick auf die Arbeitsabläufe bei kleineren Banken, ihren mittelständischen Kunden und deren nicht spezialisierten Beratern kann je nach Einzelfall eine Frist von zwei Wochen verstreichen, ohne dass die Bank sich in Verzug befindet.[3723] Immerhin ist dem Bürgschaftsnehmer als Vertragspartner bekannt, in welchem Umfeld er seine Geschäfte tätigt. 1812

3. Garantien

a) Bedeutung und Rechtsnatur

Während Bürgschaften das gängige Sicherungsmittel im nationalen Rechtsverkehr sind, kennt die Rechtspraxis im Auslandsgeschäft fast ausschließlich Garantien. Ursächlich dafür sind die internationalen Standards, die sich seit dem Zweiten Weltkrieg in der Praxis entwickelten. 1813

Die Garantie ist ein aufgrund der Vertragsfreiheit entstandenes Sicherungsmittel »sui generis«.[3724] I.S.d. Unterscheidung des deutschen Rechts zwischen akzessorischen und abstrakten Sicherheiten ist die Garantie abstrakt; der Streit über die Feinheiten der dogmatischen Einordnung[3725] hat keine praktischen Auswirkungen. Wie Bürgschaften können Garantien als »einfache« und als »auf erstes Anfordern« zahlbare Garantien gestellt werden.[3726] In der Praxis kommen im Außenhandel fast ausschließlich Garantien auf erstes Anfordern vor,[3727] auf die sich die folgenden Ausführungen beschränken. 1814

Eine Garantie auf erstes Anfordern kann individualvertraglich von jedermann übernommen werden.[3728] Der Begünstigte muss aber den Garanten auf die besonderen Rechtsfolgen der Garantie auf erstes Anfordern hinweisen, wenn erkennbar ist, dass der Garant damit nicht hinreichend vertraut ist.[3729] Die Vereinbarung einer Garantie auf erstes Anfordern in AGB des Begünstigten ist hingegen außer Kreditinstituten Kaufleuten vorbehalten, soweit es sich um international tätige Unternehmen handelt, die die Auswirkungen einer Garantie auf erstes Anfordern erkennen können.[3730] 1815

b) Einheitliche Richtlinien für auf Anfordern zahlbare Garantien (URDG 758)

Die in Paris ansässige Internationale Handelskammer (ICC) veröffentlichte 1991 »Einheitliche Richtlinien für auf Anfordern zahlbare Garantien«.[3731] Diese setzten sich in der Praxis nicht als 1816

3722 Uniform Rules for Demand Guarantees (URDG 758), ICC Publikation Nr. 758; *Blesch/Meyer/Steinwachs* Rn. 510.

3723 Zum Verzug bei einfacher selbstschuldnerischer Bürgschaft vgl. Rdn. 1711–1712 und BGH, NJW 2011, 2120 (2122).

3724 *Canaris* Rn. 1106; Hellner/Steuer/*Nielsen/Joos* Rn. 5/246.

3725 Z.T. wird die Garantie auch als »nicht akzessorisch« bezeichnet, vgl. Schimansky/Bunte/Lwowski/*T. Fischer* Bankrechts-Handbuch § 121 Rn. 6; *Canaris* Rn. 1125; Hellner/Steuer/*Nielsen/Joos* Rn. 5/247.

3726 Zu den Unterschieden vgl. die ausführliche Tabelle bei *Schulz/Mettke* WM 2014, 54 (55).

3727 Schimansky/Bunte/Lwowski/*T. Fischer* Bankrechts-Handbuch § 121 Rn. 13; *Canaris* Rn. 1130.

3728 BGH, WM 1997, 656 (658) zur Bürgschaft auf erstes Anfordern; OLG Stuttgart, WM 2011, 691 (691).

3729 BGH, NJW 1998, 2280 (2280) zur Bürgschaft auf erstes Anfordern; OLG Stuttgart, WM 2011, 691 (691).

3730 OLG Stuttgart, WM 2011, 691 (692); *Schulz/Mettke* WM 2014, 54 (64) halten darüber hinaus im Rahmen der Konzernfinanzierung auch sonstige Kaufleute für taugliche Garanten eine Kreditsicherungsgarantie auf erstes Anfordern.

3731 Uniform Rules for Demand Guarantees (URDG), ICC Publikation Nr. 458.

Standard durch. Die zum 01.07.2010 in Kraft getretene überarbeitete Fassung URDG 758,[3732] deren Akzeptanz abzuwarten bleibt, enthält einige wesentliche Änderungen.[3733] Die »Einheitlichen Richtlinien« gelten nicht allgemein; sie werden nur dann Inhalt einer Garantie, wenn sie ausdrücklich im Garantietext in den Garantievertrag einbezogen werden.[3734] Die garantierende Bank ist dazu nur berechtigt, soweit die Einbeziehung vom Avalauftrag gedeckt ist. Es bleibt festzustellen, dass eine einheitliche internationale Praxis im Garantiegeschäft – anders als bei Akkreditiven – nicht besteht.[3735]

c) Direkte und indirekte Garantien

1817 Wenn ein deutscher Exporteur aufgrund des Liefervertrages seinem ausländischen Geschäftspartner eine Sicherheit zu stellen hat, ist es für ihn naheliegend, eine deutsche Bank mit der Übernahme einer Garantie zu beauftragen. Aus Sicht des Vertragspartners wenden sich die Vorteile dieser Lösung zu Nachteilen:

- Die Garantie der deutschen Bank unterliegt i.d.R. deutschem Recht (vgl. Rdn. 1831);
- im Streitfall müsste der Garantienehmer mangels anderer Vereinbarung in Deutschland klagen;
- deutsche Gerichte können die Auszahlung im Wege einstweiligen Rechtsschutzes unterbinden.

1818 Aus diesen Gründen verlangen ausländische Vertragspartner oft eine Garantie einer in ihrem Land ansässigen Bank. Z.T. sind Staatsunternehmen dazu gesetzlich angehalten. Da der deutsche Unternehmer im Regelfall keine Geschäftsverbindung zu Banken im Heimatland seines Vertragspartners hat, erfolgt die Stellung der Garantie als »indirekte Garantie« in mehreren Schritten:

- Der Bankkunde beauftragt seine deutsche Bank (Erstbank), für ihn unter Einschaltung einer Zweitbank im Heimatland des Geschäftspartners eine Garantie zu stellen.
- Die Erstbank beauftragt die Zweitbank i.d.R. unter Übermittlung der Kernpunkte der Garantie, ggü. dem Geschäftspartner die Garantie zu übernehmen. Falls die Erstbank den vollständigen Garantietext vorgibt, was bei vertraglich vereinbarten ausformulierten Garantietexten erforderlich sein kann, nimmt sie der Zweitbank die Möglichkeit, den Text i.R.d. Eckdaten an die örtliche Rechtslage anzupassen.[3736] Auf das Auftragsverhältnis zwischen den Banken findet, wenn ausnahmsweise keine Rechtswahlvereinbarung getroffen ist, das am Sitz der Zweitbank geltende Recht Anwendung, weil die Zweitbank als Beauftragte die charakteristische Leistung im Sinne von Art. 4 Abs. 2 Rom I VO erbringt.[3737]
- Die Zweitbank schließt mit dem Garantienehmer auftragsgemäß einen Garantievertrag, der sich nach dem Recht am Sitz der Zweitbank richtet, wenn nichts Anderes vereinbart ist.
- Falls die Zweitbank es verlangt, garantiert die deutsche Erstbank ihr die Erfüllung des Aufwendungsersatzanspruchs gegen sich selbst (Rück- oder Gegengarantie). Für die Rückgarantie wird häufig die Geltung des Rechts am Sitz der Zweitbank vereinbart; fehlt eine Vereinbarung, gilt deutsches Recht als das am Sitz der Garantin geltende Recht.[3738] Die Rückgarantie hat für die Erstbank den Vorteil, dass sie grds. von einer Begrenzung der Rückgriffsansprüche auf den eindeutig bestimmten Garantiebetrag ausgehen kann.[3739]

1819 Durch die Stellung einer indirekten Garantie wird also aus dem Dreipersonenverhältnis des Avalkredits (s.o. Rdn. 1645) ein Vierpersonenverhältnis. Für die Frage, ob eine direkte oder indirekte Garantie zu stellen ist und welche Zweitbank auszuwählen ist, kommt es auf die Weisung des

---

3732 ICC Publikation Nr. 758.

3733 Vgl. im Einzelnen Schimansky/Bunte/Lwowski/*T. Fischer* Bankrechts-Handbuch § 121 Rn. 290 ff.

3734 Zahn/*Ehrlich*/*Haas* Rn. 9/152.

3735 Schimansky/Bunte/Lwowski/*T. Fischer* Bankrechts-Handbuch § 121 Rn. 293.

3736 Zahn/*Ehrlich*/*Haas* Rn. 9/97.

3737 Schimansky/Bunte/Lwowski/*T. Fischer* Bankrechts-Handbuch § 121 Rn. 176.

3738 Str., so Schimansky/Bunte/Lwowski/*T. Fischer* Bankrechts-Handbuch § 121 Rn. 177 m.w.N.; Palandt/*Thorn* Art. 4 Rom I Rn. 13.

3739 Zu verbleibenden Unsicherheiten Zahn/*Ehrlich*/*Haas* Rn. 9/105.

Kunden an. Nur wenn dieser keine Weisung erteilt oder der Bank die Auswahl des geeigneten Instruments oder der Zweitbank überlässt, kann die Bank eine eigene sachgerechte Entscheidung treffen.[3740]

d) Übliche Klauseln

aa) Präambel

Die Präambel soll dem Garantienehmer die Zuordnung der abstrakten Garantie zum Grundgeschäft ermöglichen. Wie bei der Bürgschaft ist darauf zu achten, dass die Präambel nicht Teil der Garantieerklärung der Bank wird, sondern dieser nur vorausgeschickt ist. 1820

bb) Höchstbetrag

Der Höchstbetrag einschl. Zinsen und anderer Nebenforderungen sowie die Währung sind anzugeben und zur Sicherheit in Worten zu wiederholen. Falls die Einbeziehung der Zinsen in den Höchstbetrag nicht gewollt oder durchsetzbar ist, ist für diese eine eindeutige Berechnungsgrundlage zu vereinbaren. 1821

cc) Zahlbarkeit auf erstes Anfordern

Aus der Zahlungsklausel muss zweifelsfrei zu entnehmen sein, unter welchen Bedingungen der Garant Zahlung zu leisten hat. Im internationalen Geschäftsverkehr ist die Klausel »auf erstes Anfordern« bzw. »auf erstes schriftliches Anfordern« oder »auf einfache Anforderung« weltweiter Standard.[3741] Soweit abweichende Formulierungen verwandt werden, wie »ohne jedweden Widerspruch« oder »unter allen Umständen«, werden diese zwar als gleichwertig angesehen.[3742] Trotzdem birgt jede Abweichung von den Standardformulierungen die Gefahr einer anderen Auslegung aus dem Zusammenhang des Garantietextes. Dieses gilt vor allem für verstärkende Zusätze, wie »unter Ausschluss jeglicher Einreden« oder »ohne Prüfung des zugrunde liegenden Rechtsverhältnisses«.[3743] 1822

dd) Weitere Zahlungsbedingungen

Wie bei der Bürgschaft auf erstes Anfordern ist zum Schutz vor missbräuchlicher Inanspruchnahme die Vereinbarung zusätzlicher Zahlungsbedingungen neben der bloßen Zahlungsaufforderung gebräuchlich. Dabei kann es sich um die Abgabe bestimmter Erklärungen oder um die Vorlage von Dokumenten handeln. Im Fall von Zusatzerklärungen prüft die Garantiebank bei der Inanspruchnahme die Erklärung auf ihre formelle Übereinstimmung mit der Garantie; eine materielle Prüfung der Richtigkeit übernimmt sie nicht. Die vorzulegenden Dokumente müssen in der Garantie exakt definiert werden. Infrage kommen u.a. Abnahmeprotokolle, Versandnachweise durch Transportdokumente oder Zertifikate im Voraus bestimmter Sachverständiger.[3744] Der Prüfungsmaßstab der Bank nach den Avalbedingungen orientiert sich an Art. 14a der »Einheitlichen Richtlinien für Dokumentenakkreditive«[3745] und beschränkt sich darauf, ob die in der Garantie aufgezählten Dokumente vorliegen, ihrer äußeren Aufmachung nach den Bedingungen des Avals entsprechen und einander nicht widersprechen.[3746] 1823

3740 Schimansky/Bunte/Lwowski/*T. Fischer* Bankrechts-Handbuch § 121 Rn. 163, 166.

3741 Zahn/*Ehrlich/Haas* Rn. 9/19.

3742 Vgl. Hellner/Steuer/*Nielsen/Joos* Rn. 5/253.

3743 Hellner/Steuer/*Nielsen/Joos* Rn. 5/267.

3744 Zahn/*Ehrlich/Haas* Rn. 9/23.

3745 ERA 600, ICC-Publikation Nr. 600 vom November 2006, Text s. Zahn/*Ehrlich/Haas* Rn. 10/1.

3746 Art. 19 der »Einheitlichen Richtlinien für auf Anfordern zahlbare Garantien« (URDG 758, ICC Publikation Nr. 758) enthält für Garantien, soweit die Geltung der URDG 758 vereinbart ist, abweichende Prüfungsmaßstäbe.

ee) Effektivklauseln

1824 Effektivklauseln sind Zahlungsklauseln, die das Grundgeschäft zwischen dem Bankkunden und dem Garantiebegünstigten in das Garantieverhältnis einbeziehen[3747] und damit die Garantiebank zur materiellen Prüfung verpflichten. Wenn z.B. Zahlbarkeit vereinbart ist, »falls der Garantienehmer seine Verpflichtungen aus dem Vertrag nicht erfüllt«, darf die Bank nur zahlen, wenn diese Bedingung tatsächlich erfüllt ist. Zur Prüfung der Nichterfüllung des Vertrags als Zahlungsvoraussetzung ist die Bank nicht in der Lage. Bei Übernahme der Garantie müssen deshalb Formulierungen abgelehnt werden, die über die Prüfung formeller Erklärungen oder vorgelegter Dokumente (vgl. Rdn. 1823) hinausgehen. Sind trotzdem Effektivklauseln vereinbart, ist umstritten, ob der Begünstigte die Erfüllung der Zahlungsvoraussetzungen beweisen muss oder ob die Glaubhaftmachung des Garantiefalls ausreicht.[3748]

ff) Reduzierungsklausel

1825 Als abstrakte Sicherheit bleibt die Garantie – unabhängig von einer eventuellen Reduzierung der gesicherten Forderung durch Teilzahlungen oder teilweise Lieferungen – grds. für die gesamte Laufzeit in voller Höhe bestehen. Die Garantiebank berechnet aus der vollen Garantiesumme die Avalprovision; die Avalkreditlinie ist entsprechend beansprucht. Zur Vermeidung dieser Folgen können Reduzierungsklauseln, durch die die Garantie an die verminderte Forderung aus dem Grundgeschäft angepasst wird, in die Garantie aufgenommen werden. Dazu ist die Garantie so auszugestalten, dass der Nachweis der Reduzierung durch Vorlage von Dokumenten erfolgt. Geeignete Dokumente können Transportdokumente, Abnahmeprotokolle oder Bestätigungen darauf spezialisierter Institutionen sein.[3749] Statt des Nachweises durch Dokumente kommt auch eine Regelung in Betracht, nach der sich die Garantie zu vereinbarten Zeitpunkten um bestimmte Beträge reduziert.

gg) Verfallklausel und Rückgabe der Urkunde

1826 Wird die Garantie – wie üblich – befristet, sollte die Klausel klarstellen, bis zu welchem Datum, an welchem Ort und in welcher Form (schriftlich) die Inanspruchnahme erfolgen kann. Außerdem ist zu regeln, dass nach Ablauf der Befristung keine Inanspruchnahme mehr möglich ist. Die Formulierung kann z.B. lauten:

1827 »Die Garantie erlischt mit der Rückgabe dieser Urkunde an uns, spätestens jedoch am…, wenn und soweit uns Ihre schriftliche Zahlungsaufforderung nach Maßgabe der in dieser Garantie festgelegten Bedingungen nicht spätestens an diesem Tage innerhalb der banküblichen Geschäftszeiten an unseren Schaltern in… zugegangen ist.«[3750]

1828 Einige ausländische Rechtsordnungen erkennen die Befristung der Garantie nicht an. So werden von Garantienehmern aus Nordafrika sowie dem Nahen und Fernen Osten befristete Garantien nicht akzeptiert.[3751] In anderen Fällen wurde trotz der Geltung deutschen Rechts die Rückgabe der Urkunde unter Verweis auf das nationale Recht im Staat des Garantienehmers verweigert.[3752] Das fortdauernde Risiko der Inanspruchnahme verbunden mit den rechtlichen Unsicherheiten steht einer Ausbuchung der Garantie dann entgegen.

1829 Häufig wird das Erlöschen der Garantie bei Rückgabe der Urkunde vereinbart. Die Rspr. des OLG Hamburg schränkt die Erlöschenswirkung auf die Fälle ein, in denen die Rückgabe mit dem

---

3747 Zahn/*Ehrlich*/*Haas* Rn. 9/26.

3748 Vgl. Schimansky/Bunte/Lwowski/*T. Fischer* Bankrechts-Handbuch § 121 Rn. 51.

3749 Hellner/Steuer/*Nielsen*/*Joos* Rn. 5/277.

3750 Zahn/*Ehrlich*/*Haas* Rn. 9/33.

3751 Zahn/*Ehrlich*/*Haas* Rn. 9/34.

3752 Hellner/Steuer/*Nielsen*/*Joos* Rn. 5/299.

Angebot auf Abschluss eines Erlassvertrages verbunden ist.[3753] Eine versehentliche oder erschlichene Rückgabe führt danach nicht zum Erlöschen der Garantie. Die Rückgabe dient aber der Bank zumindest zur Beweiserleichterung.[3754]

hh) Hinterlegungsklausel

Hinterlegungsklauseln widersprechen dem Sinn der Garantie und sind ggü. ausländischen Garantienehmern kaum durchsetzbar. **1830**

ii) Rechtswahl- und Gerichtsstandsklausel

Nach Art. 4 Abs. 2 Rom I VO ist auf Bankgarantien das Recht des Staates anwendbar, in dem die Garantiebank ihren Sitz hat, weil sie die für den Vertrag charakteristische Leistung erbringt.[3755] Dieses gilt bei indirekten Garantien auch für die Rückgarantie der inländischen Erstbank ggü. der Zweitbank.[3756] Unerheblich ist, nach welchem Recht sich das gesicherte Geschäft zwischen dem Kunden und dem Garantienehmer richtet.[3757] Eine Rechtswahlklausel zur Vereinbarung deutschen Rechts ist danach nicht erforderlich, aber gleichwohl zur Vermeidung von späteren Streitigkeiten sinnvoll. Die Vereinbarung eines Gerichtsstands ist im Anwendungsbereich der EuGVVO wegen des Schriftformerfordernisses nach Art. 23 Abs. 1 Satz 3 Buchst. a) EuGVVO problematisch, weil der Garantiebegünstigte die Annahme des Garantievertrages nur konkludent erklärt,[3758] i.Ü. aber Standard. **1831**

e) Übertragbarkeit

Der aufgrund ordnungsgemäßer Inanspruchnahme entstandene Zahlungsanspruch aus der Garantie ist übertragbar.[3759] Zweifelhaft ist, ob der Zessionar auch zur Inanspruchnahme und Abgabe der damit ggf. verbundenen Erklärungen berechtigt wird. Die herrschende Meinung sieht die Abgabe der Erklärungen als nicht übertragbare Aufgabe des Garantienehmers an.[3760] Bezüglich der Inanspruchnahme »auf erstes Anfordern« ohne Abgabe weiterer Erklärungen wird z.T. zwischen Inanspruchnahmen mit stillschweigendem Erklärungscharakter, z.B. bei Gewährleistungsgarantien, und anderen Garantien, wie z.B. Kreditgarantien, unterschieden.[3761] Angesichts dieser Ungewissheiten sollte die Frage der Übertragbarkeit der Inanspruchnahme in der Garantie geregelt werden. **1832**

f) Verhalten der Bank bei Inanspruchnahme

aa) Inanspruchnahme von Direktgarantien

Ausgehend vom Grundsatz der Auftrags- und Dokumentenstrenge prüft die Bank, ob die Inanspruchnahme form- und fristgerecht erfolgte. Ist die schriftliche Inanspruchnahme vereinbart, genügt nach § 127 Abs. 2 Satz 1 BGB die telekommunikative Übermittlung, also auch per Telefax oder E-Mail, nicht jedoch die telefonische Inanspruchnahme.[3762] **1833**

3753 Zur Bürgschaft OLG Hamburg, WM 1986, 62 (63); OLG Hamburg, WM 1996, 523 (524).

3754 OLG Hamburg, WM 1986, 62 (63); OLG Hamburg, WM 1996, 523 (524).

3755 BGH, NJW 1996, 2569 (2570).

3756 Str., so Schimansky/Bunte/Lwowski/*T. Fischer* Bankrechts-Handbuch § 121 Rn. 177 m.w.N.; Palandt/*Thorn* Art. 4 Rom I Rn. 13.

3757 OLG Düsseldorf, Urt. v. 04.10.2012 – 6 U 268/11 juris Rn. 39.

3758 Vgl. Schimansky/Bunte/Lwowski/*T. Fischer* Bankrechts-Handbuch § 121 Rn. 66.

3759 BGH, WM 1984, 689 (690).

3760 Zahn/*Ehrlich*/*Haas* Rn. 9/137; anders für die ausdrücklich vereinbarte Übertragbarkeit der Ausübung BGH, WM 1999, 72, (73).

3761 Hellner/Steuer/*Nielsen*/*Joos* Rn. 5/295.

3762 Palandt/*Ellenberger* § 127 Rn. 2.

1834 Prüfungsmaßstab für den Inhalt der Inanspruchnahme ist der Garantietext. Verlangt dieser nur die schriftliche Anforderung, reicht eine solche ohne Zusätze und insb. ohne Angabe von Gründen aus.[3763] Prüfungspunkte für die Bank sind:

- Die Ordnungsgemäßheit der Erklärungen und Dokumente, die der äußeren Aufmachung nach den Bedingungen zu entsprechen haben.[3764]
- Die Vollständigkeit der vereinbarten Erklärungen und Dokumente. Schreibt die Garantieurkunde einen bestimmten Erklärungstext vor, so muss dieser in der Inanspruchnahme exakt wiedergegeben werden. Das OLG Frankfurt wies wegen des Grundsatzes der Garantiestrenge bei der Garantie auf erstes Anfordern einen geringfügig abweichenden Erklärungstext (»secured by you« statt »secured by us«) als unwirksame Inanspruchnahme zurück.[3765]
- Die Rechtzeitigkeit des Eingangs der Inanspruchnahme einschl. sämtlicher Dokumente und Erklärungen bei befristeten Garantien. Ein Nachschieben von Dokumenten und Erklärungen ist zulässig, wenn diese bis zum Fristablauf der Bank vereinbarungsgemäß zugehen. Der Zugang nach Ablauf der Befristung heilt eine mangelhafte Inanspruchnahme nicht;[3766] sie ist damit unwirksam.[3767] Dieses ist auch bei Aufforderungen, die Garantie zu verlängern oder zu zahlen (»extend or pay«), zu beachten. Die Garantie verfällt, wenn sie entgegen der Aufforderung nicht verlängert wird und nicht sämtliche Zahlungsvoraussetzungen fristgerecht erfüllt sind.[3768]
- Die Dokumente und Erklärungen dürfen nicht widersprüchlich sein.[3769]

1835 Wenn die Zahlungsaufforderung dem formellen Standard nicht genügt, muss die Bank dem Garantienehmer ihre Beanstandungen unverzüglich mitteilen.[3770] Als Prüfungszeitraum bis zur Zahlung werden der Bank entsprechend den Gepflogenheiten europäischer Garantiebanken ein bis drei Arbeitstage zugestanden,[3771] wenn nicht Besonderheiten wie Probleme ausländischer Rechtsordnungen oder ein behaupteter Rechtsmissbrauch vorliegen. Demgegenüber sieht Art. 20 Buchst. a) der »Einheitlichen Richtlinien für auf Anfordern zahlbare Garantien« eine Prüfungsfrist von 5 Geschäftstagen vor.[3772] Vor Zahlung ist nach den Avalbedingungen auch der Auftraggeber zu informieren.[3773] Innerhalb der Prüfungsfrist ist die Zahlung abzulehnen oder zu leisten.

1836 Staatliche Ein- oder Ausfuhrverbote können dazu führen, dass der Garantiefall eintritt, wenn z.B. eine Liefergarantie gezogen wird, weil der Exporteur in das betreffende Land nicht liefern darf. Derartige Ereignisse, wie allgemein Naturkatastrophen oder sonstige Fälle höherer Gewalt, liegen im Risikobereich des Garanten und lassen seine Zahlungspflicht unberührt. Anderes gilt nur, falls eine Embargovorschrift ein Zahlungsverbot ggü. der garantierenden Bank beinhaltet[3774] oder Devisenkontrollbestimmungen in Übereinstimmung mit dem IWF-Übereinkommen von Bretton Wood die Zahlung untersagen.[3775]

3763 Schimansky/Bunte/Lwowski/*T. Fischer* Bankrechts-Handbuch § 121 Rn. 121; anders Art. 15 Buchst. a) der »Einheitlichen Richtlinien für auf Anfordern zahlbare Garantien« (URDG 758, ICC Publikation Nr. 758), wonach eine zusätzliche »begleitende Erklärung« dazu erforderlich ist, welche Pflichten aus dem Grundgeschäft verletzt wurden.

3764 Hellner/Steuer/*Nielsen/Joos* Rn. 5/326.

3765 OLG Frankfurt, Urt. v. 06.11.2015 – 23 U 67/15 – juris Rn. 28.

3766 BGH, WM 1996, 770 (771).

3767 BGH, WM 1996, 393 (394).

3768 BGH, WM 1996, 393 (394); *Canaris* Rn. 1128.

3769 Hellner/Steuer/*Nielsen/Joos* Rn. 5/328.

3770 Palandt/*Sprau* vor § 765 Rn. 25.

3771 In diesem Rahmen bewegen sich Hellner/Steuer/*Nielsen/Joos* Rn. 5/337; Zahn/*Ehrlich/Haas* Rn. 9/122; Schimansky/Bunte/Lwowski/*T. Fischer* Bankrechts-Handbuch § 121 Rn. 140.

3772 Uniform Rules for Demand Guarantees (URDG 758), ICC Publikation Nr. 758.

3773 So unabhängig von den Avalbedingungen OLG Stuttgart, WM 2013, 883 (886).

3774 Zahn/*Ehrlich/Haas* Rn. 9/128.

3775 Schimansky/Bunte/Lwowski/*T. Fischer* Bankrechts-Handbuch § 121 Rn. 152.

bb) Inanspruchnahme von indirekten Garantien

Die Inanspruchnahme indirekter Garantien erfolgt im jeweiligen Rechtsverhältnis: 1837

- Der Garantienehmer nimmt die Zweitbank aus der Garantie in Anspruch. Diese prüft die Form- und Fristgerechtheit anhand des Garantietextes und des Landesrechts (vgl. Rdn. 1831). Das Ergebnis dieser pflichtgemäßen Prüfung hat »Tatbestandswirkung« für die Beteiligten.[3776] Dagegen ist nur in engem Rahmen der Einwand des Rechtsmissbrauchs möglich (vgl. Rdn. 1842 f.).
- Die Zweitbank fordert in der Praxis regelmäßig vor Zahlung an den Garantienehmer die Garantiesumme bei der Erstbank an.[3777] Diese geht bis zum Beweis des Gegenteils davon aus, dass die Anforderung ordnungsgemäß ist.
- Die Erstbank informiert den Bankkunden als ihren Auftraggeber über die Anforderung der Zweitbank. Ggf. übermittelt sie der Zweitbank Einwendungen des Auftraggebers zur Prüfung.[3778] Besteht die Zweitbank auf Zahlung und ist kein Rechtsmissbrauch erwiesen, zahlt die Erstbank pflichtgemäß sowohl in Erfüllung der Rückgarantie – soweit eine solche gegenüber der Zweitbank übernommen wurde – als auch in Erfüllung des Aufwendungsersatzanspruchs der Zweitbank aus dem Auftrag der Erstbank zur Übernahme der Garantie.
- Bei Zahlung belastet die Erstbank das Konto des Kunden.

cc) Inanspruchnahme bei Rechtsmissbrauch

Wesentlich für Garantien auf erstes Anfordern ist die Verpflichtung des Garanten zur Zahlung ohne die Möglichkeit, sich auf Einwendungen aus dem Grundgeschäft berufen zu können. Der Einwendungsausschluss unterliegt jedoch dem Maßstab von Treu und Glauben. Deshalb kann und muss die Garantiebank dem Zahlungsanspruch den Einwand des Rechtsmissbrauchs entgegenhalten, wenn offensichtlich oder liquide beweisbar ist, dass trotz Vorliegens des formellen Garantiefalls der materielle Garantiefall nicht eingetreten ist,[3779] der gesicherte Anspruch also nicht besteht. Solange der Rechtsmissbrauch nicht eindeutig und zwingend nachgewiesen ist, bleibt die Garantiebank zur Zahlung verpflichtet.[3780] Zur Offensichtlichkeit und liquiden Beweisbarkeit ist auf die Ausführungen zur Bürgschaft auf erstes Anfordern zu verweisen (Rdn. 1788). 1838

In einem grundlegenden BGH-Fall[3781] hatte die Bank dem Vermieter eine Nutzungsentschädigung bei Nichträumung eines gemieteten Grundstücks in Teheran garantiert. Sie konnte die Räumung des Grundstücks und damit das Nichtbestehen des garantierten Anspruchs mithilfe von Schriftstücken über die Beschlagnahme der Liegenschaft durch iranische Revolutionsbehörden liquide beweisen. In einem anderen Fall hatte das OLG Celle zu entscheiden, ob eine Bank auf eine Garantie zahlen musste und im Verhältnis zum Kunden zahlen durfte, obwohl die Garantienehmerin zunächst einen deutlich überhöhten Betrag angefordert hatte, den sie auf Monierung nicht mit den notwendigen Dokumenten unterlegen konnte. Außerdem hatte der Bankkunde durch Gutachten nachgewiesen, dass die zu bezahlende Stahllieferung qualitativ nicht vertragskonform war. Das Gericht forderte eine Gesamtschau der Umstände und sah die Inanspruchnahme als rechtsmissbräuchlich an.[3782] 1839

Im Anschluss an die Rspr. zur missbräuchlichen Inanspruchnahme von Bürgschaften auf erstes Anfordern (vgl. Rdn. 1787 ff.) ist zu erwägen, ob auch die Verpflichtung zur Stellung einer Garantie in AGB zu Werkverträgen unwirksam sein kann. Dann müsste auch die Garantiebank in diesen Fällen 1840

3776 Hellner/Steuer/*Nielsen/Joos* Rn. 5/367.

3777 Hellner/Steuer/*Nielsen/Joos* Rn. 5/369.

3778 Hellner/Steuer/*Nielsen/Joos* Rn. 5/371.

3779 BGH, WM 2011, 2216 (2217); BGH, NJW 1984, 2030 (2031); OLG Celle, WM 2009, 1408 (1410).

3780 Zahn/*Ehrlich/Haas* Rn. 9/127; vgl. BGH, WM 1986, 1429 (1430); OLG Stuttgart, BauR 2015, 1531 (1533).

3781 BGH, NJW 1984, 2030.

3782 OLG Celle, WM 2009, 1408 (1410).

den Einwand des Rechtsmissbrauchs erheben. Demgegenüber entschied das OLG Frankfurt, die Rspr. des BGH zu Bauverträgen sei jedenfalls im internationalen Handel nicht auf Bankgarantien auf erstes Anfordern übertragbar. Der internationale Handel sei auf ein derartiges Rechtsinstitut angewiesen; es stünden sich regelmäßig gleiche Partner ggü., die ihre Rechtsbeziehungen frei regelten. Eine unangemessene Benachteiligung sei ohne besondere Umstände nicht ersichtlich.[3783] Dem ist für den Bereich der internationalen Rechtsbeziehungen zuzustimmen.[3784] Ergänzend zur AGB-rechtlich nicht völlig überzeugenden Argumentation des OLG Frankfurt ist auf § 310 Abs. 1 Satz 2 BGB hinzuweisen.[3785] Danach ist bei der Inhaltskontrolle von AGB-Klauseln, die ggü. Unternehmern verwendet werden, auf die im Handelsverkehr geltenden Gewohnheiten und Gebräuche angemessen Rücksicht zu nehmen. Zu den Üblichkeiten im internationalen Handelsverkehr zählt die Stellung von Garantien auf erstes Anfordern.

1841 Soweit es nicht um Garantien im Außenhandelsgeschäft geht, sind für Rechtsbeziehungen zwischen deutschen Unternehmen keine Argumente erkennbar, die gegen die Übertragung der Rspr. zu Bürgschaften auf erstes Anfordern auf Garantien auf erstes Anfordern sprechen.[3786] Eine Umgehung der Rspr. des BGH durch Einsatz von Garantien verspricht keinen rechtlichen Erfolg.

1842 Der Einwand des Rechtsmissbrauchs ist auch bei indirekten Garantien zulässig. Allerdings setzt er einen doppelten Missbrauch voraus:[3787]

- Zum einen muss die Inanspruchnahme der Garantie der Zweitbank durch den Begünstigten rechtsmissbräuchlich gewesen sein. Maßstab ist das für diese Garantie geltende Recht.
- Zum anderen greift der Einwand durch die Erstbank nur, wenn sich die Zweitbank ihr ggü. ebenfalls rechtsmissbräuchlich verhält. Dieses ist anzunehmen, wenn die Zweitbank die Rechtsmissbräuchlichkeit der Inanspruchnahme – gemessen am Sitzrecht der Zweitbank – erkennen muss, keine Abwehrmaßnahmen ergreift und Zahlung leistet oder gar mit dem Begünstigten kollusiv zusammenwirkt.[3788]

1843 Beide Stufen des Missbrauchs bedürfen der Offensichtlichkeit oder des liquiden Beweises, der praktisch unmöglich ist. Als iranische Geschäftspartner nach der Revolution von 1979 indirekte Garantien ohne Vorliegen des materiellen Garantiefalls in Anspruch nahmen, haben deutsche Instanzgerichte unter Verweis auf den ordre public einfachere Lösungen zugunsten des Bankkunden gesucht, indem sie allein auf die Missbräuchlichkeit der Inanspruchnahme durch den Begünstigten abstellten und statt des liquiden Beweises Glaubhaftmachung ausreichen ließen.[3789]

g) Kündigung

1844 Die Kündbarkeit der unbefristeten Garantie aus wichtigem Grund wird erwogen, doch ist davon auszugehen, dass die Bank mit Herauslegung der Garantie auf ein eventuelles Kündigungsrecht verzichtet.[3790]

h) Verjährung

1845 Die Verjährungsfrist beträgt nach deutschem Recht drei Jahre ab Jahresende (§§ 195, 199 BGB). Die Rspr. zum Beginn der Verjährungsfrist bei der Bürgschaft (vgl. Rdn. 1707) ist für die Garantie

---

3783 OLG Frankfurt, WM 2004, 2389 (2389).

3784 Schimansky/Bunte/Lwowski/*T. Fischer* Bankrechts-Handbuch § 121 Rn. 75; im Ergebnis ebenso *Oepen* NJW 2009, 1110 (1114).

3785 Schimansky/Bunte/Lwowski/*T. Fischer* Bankrechts-Handbuch § 121 Rn. 75; a.A. *Oepen* NJW 2009, 1110 (1114), der einen Handelsbrauch i.S.d. § 346 HGB verneint.

3786 Vgl. *Oepen* NJW 2009, 1110 (1113).

3787 Zahn/*Ehrlich*/*Haas* Rn. 9/131.

3788 Hellner/Steuer/*Nielsen*/*Joos* Rn. 5/423.

3789 LG Frankfurt am Main, WM 1981, 284 (287); LG Dortmund, WM 1981, 280 (282).

3790 Vgl. zum Streitstand Hellner/Steuer/*Nielsen*/*Joos* Rn. 5/284 m.w.N.

nicht relevant. Aufgrund der Abstraktheit der Garantie ist die formell ordnungsgemäße Inanspruchnahme der Garantie der maßgebliche Zeitpunkt;[3791] die Fälligkeit der Hauptforderung hat keine Bedeutung.

i) Garantiearten

Im internationalen Rechtsverkehr haben sich – ungeachtet der Möglichkeit, jedes Risiko durch eine Garantie abzusichern – bestimmte Garantietypen entwickelt. 1846

aa) Bietungsgarantie

In Ausschreibungen wird i.d.R. verlangt, dass der Bieter eine Bietungsgarantie stellt. Dadurch sichert die ausschreibende Stelle oder Firma das Risiko ab, dass der Bieter nach Erteilung des Zuschlags keinen den Ausschreibungsbedingungen entsprechenden Vertrag abschließt. Z.T. ist auch die Stellung einer Erfüllungsgarantie Gegenstand der Bietungsgarantie. Die Garantiesumme kann bis zu 10 % der Auftragssumme betragen und orientiert sich am möglichen Schaden durch vergebliche Aufwendungen für die Prüfung des Angebots und den eventuellen Rückzug anderer Bieter in der Zwischenzeit.[3792] 1847

bb) Anzahlungsgarantie

Anzahlungsgarantien sichern eventuelle Ansprüche des Bestellers auf Rückzahlung geleisteter Anzahlungen. Ansprüche auf Schadensersatz sind nicht umfasst.[3793] Die Vereinbarung einer Valutierungsklausel,[3794] nach der die Garantie erst bei Eingang der Anzahlung wirksam wird, ist sinnvoll. Häufig finden sich in Anzahlungsgarantien Reduzierungsklauseln (oben Rdn. 1825), weil der angezahlte Betrag durch Teillieferungen nach und nach verbraucht wird. 1848

cc) Erfüllungsgarantie

Bei Erfüllungsgarantien ist darauf zu achten, dass der Garant nur auf Geldzahlung in Anspruch genommen werden kann. Man unterscheidet zwischen: 1849

- Vertragserfüllungsgarantien, die sämtliche vertraglichen Ansprüche einschl. Gewährleistungspflichten sichern;
- Liefergarantien, die das Risiko der Nichtlieferung abdecken, nicht hingegen Gewährleistungsansprüche;
- Leistungsgarantien, unter die die vertragsgemäße Erbringung anderer Leistungen als die Lieferung fällt, bspw. von Bau- und Montageleistungen; Gewährleistungsansprüche müssen gesondert abgesichert werden;[3795]
- Gewährleistungsgarantien bezüglich der Mangelfreiheit der Leistung, soweit man darin einen Unterfall der Erfüllungsgarantie sehen will.

Da der Zeitpunkt der Vertragserfüllung in vielen Fällen im Voraus kaum bestimmbar ist, sind Vertragserfüllungsgarantien häufig unbefristet. Als Erlöschensgrund wird dann die Rückgabe der Urkunde oder eine Abnahme- oder Haftentlassungserklärung des Garantienehmers vereinbart. Zu Diskussionen zwischen der Bank und dem Kunden kommt es, wenn der Kunde die Ausbuchung der Garantie verlangt ohne die notwendige Erklärung des Garantienehmers beibringen zu können.[3796] 1850

3791 Schimansky/Bunte/Lwowski/*T. Fischer* Bankrechts-Handbuch § 121 Rn. 159.
3792 Zahn/*Ehrlich/Haas* Rn. 9/46.
3793 Zahn/*Ehrlich/Haas* Rn. 9/48.
3794 Hellner/Steuer/*Nielsen/Joos* Rn. 5/287.
3795 Zahn/*Ehrlich/Haas* Rn. 9/54.
3796 Schimansky/Bunte/Lwowski/*T. Fischer* Bankrechts-Handbuch § 121 Rn. 37.

dd) Zahlungsgarantie

1851 Durch Vereinbarung einer Zahlungsgarantie sichert der Exporteur seinen Kaufpreisanspruch. Bei der Auswahl der Bank sind eventuelle Devisenbeschränkungen im Land des Importeurs zu bedenken; ggf. sollte versucht werden, auf eine Garantiebank in einem Drittstaat auszuweichen.[3797]

ee) Konossementsgarantie

1852 Konossementsgarantien sichern den Verfrachter einer Ware, wenn er diese herausgibt, ohne das Konnossement zu erhalten. Eine solche Absicherung wird übernommen, wenn die Nichtvorlage des Konnossements auf Verzögerungen bei der Übermittlung zurückzuführen ist.[3798] Als Konossementsgarantien bezeichnet man auch Garantien zur Überwindung von Unzulänglichkeiten der Dokumente bei Akkreditiven.[3799]

j) Rückforderung der Garantiezahlung

1853 Normalerweise belastet die Garantiebank bei Zahlung das Konto ihres Kunden i.H.d. Aufwendungsersatzanspruchs; damit ist das Geschäft für sie abgeschlossen. Wenn jedoch der Kunde insolvent geworden ist, ist für die Bank entscheidend, ob sie einen eigenen Rückforderungsanspruch aus ungerechtfertigter Bereicherung gegen den Begünstigten hat oder ob dieser nur dem Auftraggeber bzw. seinem Insolvenzverwalter zusteht. Nach der Rspr. kann sich der Garant auf erstes Anfordern bei der Rückforderung der geleisteten Zahlung so wenig wie bei der Inanspruchnahme auf Einwendungen stützen, die dem Grundgeschäft entspringen. Die Bank kann sich also nicht darauf berufen, der materielle Garantiefall habe nicht vorgelegen.[3800] Dagegen soll der Bank nach herrschender Meinung bei Zahlung trotz Fehlens des formellen Garantiefalls, z.B. bei unvollständigen Dokumenten, und bei Zahlung aufgrund missbräuchlicher Inanspruchnahme, ein eigener Rückforderungsanspruch zustehen.[3801] Einer Rückforderung steht aber § 814 BGB entgegen, wenn wissentlich ohne Rechtsgrund gezahlt wurde. Zur Absicherung sollte sich die Bank schon bei Herauslegung der Garantie die Rückforderungsansprüche vom Auftraggeber abtreten lassen und auf die Zession im Garantietext hinweisen.[3802]

IV. Einstweiliger Rechtsschutz

1854 Droht die aus Sicht des Bankkunden ungerechtfertigte Inanspruchnahme des Avals oder ist sie bereits erfolgt, hat dieser ein Interesse daran, nicht allein von der Entscheidung seiner Bank über die Zahlung abzuhängen. Letztlich entscheidet die Bank aus ihrer Interessenlage. Sie wird bei einwandfreier Bonität des Kunden eher zahlen, als sich in einen unübersichtlichen Prozess verwickeln zu lassen, in dem sie mangels eigener Kenntnis der Fakten vollkommen auf den Kunden angewiesen ist. Der Kunde wird in einer solchen Situation die Möglichkeit einstweiligen Rechtsschutzes gegen den Gläubiger oder die Bank prüfen.

1. Gerichtliche Maßnahmen des Kunden gegen den Gläubiger

1855 Der Kunde als Hauptschuldner kann gegen seinen Vertragspartner als Gläubiger eine gerichtliche e.V. nach §§ 935, 940 ZPO mit dem Inhalt beantragen, dem Gläubiger die Inanspruchnahme der Bürgschaft oder Garantie zu untersagen. Voraussetzungen sind Verfügungsanspruch und

3797 Zahn/*Ehrlich/Haas* Rn. 9/58.

3798 Zahn/*Ehrlich/Haas* Rn. 9/59.

3799 Hellner/Steuer/*Nielsen/Joos* Rn. 5/243.

3800 BGH, WM 1998, 2522 (2523).

3801 Zu den im Einzelnen umstrittenen Fallgruppen Schimansky/Bunte/Lwowski/*T. Fischer* Bankrechts-Handbuch § 121 Rn. 238–249; Hellner/Steuer/*Nielsen/Joos* Rn. 5/445–447; Zahn/*Ehrlich/Haas* Rn. 9/132; vgl. BGH, WM 1998, 2522 (2523) a.E.

3802 Zahn/*Ehrlich/Haas* Rn. 9/134.

Verfügungsgrund.[3803] Diese brauchen an sich nicht voll bewiesen zu werden; ausreichend ist im Allgemeinen die Glaubhaftmachung (§§ 936, 920 Abs. 2 ZPO), die auch durch eine eidesstattliche Versicherung erfolgen kann (§ 294 Abs. 1 ZPO). Für einstweilige Verfügungen im Zusammenhang mit der Verhinderung von Zahlungen der Bank auf eine Garantie oder Bürgschaft auf erstes Anfordern sind jedoch höhere Anforderungen an den Nachweis zu stellen: Der Kunde als Antragsteller muss den Rechtsmissbrauch durch liquide Beweismittel (vgl. Rdn. 1788) nachweisen,[3804] um die Durchbrechung des Abstraktheitsgrundsatzes bei der Garantie auf offensichtliche Rechtsmissbräuchlichkeit zu beschränken.[3805] Das gilt trotz Akzessorietät auch für die Bürgschaft auf erstes Anfordern.[3806]

Wenn sich die e.V. gegen die Inanspruchnahme einer befristeten Bürgschaft oder Garantie richtet, **1856** besteht für den Begünstigten die Gefahr, dass bis zur eventuellen Aufhebung der e.V. im Hauptsacheprozess die Befristung abläuft und danach keine Inanspruchnahme mehr zulässig ist. Die einstweilige Regelung würde faktisch zur endgültigen Regelung. Deshalb darf die e.V. bei befristeten Bürgschaften oder Garantien nicht die Inanspruchnahme untersagen, sondern nur die Einziehung der Bürgschafts- oder Garantiesumme.[3807]

Fraglich ist, ob eine erlassene e.V. gegen den Begünstigten, nach der dieser die Sicherheit nicht in **1857** Anspruch nehmen darf, Folgen für das Verhalten der Bank hat. Falls die Inanspruchnahme der Bank schon vor Erlass der e.V. zugegangen ist, kann die Verfügung die Inanspruchnahme nicht mehr verhindern und geht ins Leere. Der Gläubiger ist aufgrund einer solchen Verfügung nicht verpflichtet, die Zahlungsaufforderung zurückzunehmen.[3808] Eine nach Inanspruchnahme ergangene e.V. hat, da sie schon den Gläubiger zu nichts verpflichtet,[3809] keine Auswirkungen auf die Pflicht der Bank zur Zahlung. Die Möglichkeit, den Gläubiger mit e.V. zu verpflichten, die schon erfolgte Inanspruchnahme zu widerrufen, wird empfohlen,[3810] aber von der herrschenden Meinung abgelehnt.[3811]

Selbst wenn die e.V. rechtzeitig vor Zugang der Inanspruchnahme ergeht, bindet sie die Bank for- **1858** mell nicht, weil sie an dem Verfahren nicht beteiligt ist. Die Bank steht vor dem Problem, ob sie im Interesse des Kunden die Zahlung verweigert, wobei sie zumindest moralisch auf eine Gerichtsentscheidung verweisen kann. Nimmt der Gläubiger die Bank aus der Bürgschaft auf erstes Anfordern bzw. der Garantie in Anspruch, ist eine e.V. gegen den Gläubiger kein liquides Beweismittel für die Rechtsmissbräuchlichkeit der Inanspruchnahme. Nach der Rspr. ist jedenfalls eine ohne Anhörung des Gegners im Beschlusswege ergangene e.V. kein liquides Beweismittel.[3812] Ob eine durch Urteil erwirkte Verfügung geeignet wäre, ist höchstrichterlich noch ungeklärt.[3813]

3803 Zum Verfügungsgrund vgl. OLG Köln, Beschl. v. 12.12.2011 – 16 W 35/11 – juris Rn. 12, wonach allein die Möglichkeit der unberechtigten Inanspruchnahme nicht genügt, erforderlich seien drohende nicht tragbare finanzielle Nachteile.

3804 H.M. OLG Stuttgart, BauR 2015, 1531 (1533); OLG Frankfurt, WM 1983, 575 (576); OLG Hamm, MDR 1991, 636 (636); OLG Köln, WM 1988, 21 (22); OLG Stuttgart, MDR 1998, 435 (436) zum Arrest; Zöller/*Vollkommer*, ZPO § 940 Rn. 8 Bankrecht; Zahn/*Ehrlich*/*Haas* Rn. 9/143; Schimansky/Bunte/Lwowski/*T. Fischer* Bankrechts-Handbuch § 121 Rn. 221; MüKo-BGB/*Habersack* vor § 765 Rn. 35; MüKo-ZPO/Drescher § 935 Rn. 32 nur zur Garantie auf erstes Anfordern; a.A. *Schmidt* BauR 1998, 1159 (1162); MüKo-ZPO/*Drescher* § 935 Rn. 31.

3805 OLG Frankfurt, WM 1983, 575 (576).

3806 OLG Hamm, MDR 1991, 636 (636).

3807 Schimansky/Bunte/Lwowski/*T. Fischer* Bankrechts-Handbuch § 121 Rn. 219; Canaris Rn. 1152.

3808 BGH, NJW 2001, 282 (284).

3809 Vgl. OLG Stuttgart, BauR 2015, 1531 (1533).

3810 *Schuschke*/Walker Rn. 90 vor § 935; Zahn/*Ehrlich*/*Haas* Rn. 9/142.

3811 Zöller/*Vollkommer* § 940 Rn. 8 Bankrecht.

3812 BGH, NJW 2001, 282 (284).

3813 Eher bejahend Hellner/Steuer/*Nielsen*/*Joos* Rn. 5/411; *Schuschke*/Walker Rn. 92 vor § 935.

1859 Im Ergebnis sollte die Bank die eventuelle Zahlungsverweigerung nicht vom Vorliegen einer e.V. gegen den Gläubiger abhängig machen.[3814] Entscheidend sollte vielmehr sein, ob der Kunde der Bank die notwendigen liquiden Beweismittel liefert, damit diese sich erfolgreich auf Rechtsmissbrauch berufen kann. Gelingt dem Kunden das nicht, ist der Regressanspruch der Bank bei Zahlung nicht gefährdet.

2. Gerichtliche Maßnahmen des Kunden gegen die Bank

1860 Oftmals hat der Hauptschuldner Schwierigkeiten, gegen den Gläubiger einstweiligen Rechtsschutz durchzusetzen, weil dieser im Ausland sitzt. Er wird dann versuchen, seiner Bank im Inland per e.V. die Zahlung zu untersagen. Die Zulässigkeit einer e.V. gegen die Bank auf Unterlassung der Zahlung ist umstritten. Während der Irankrise im Anschluss an die islamische Revolution 1979 erließen einige Landgerichte einstweilige Verfügungen gegen Garantiebanken.[3815] Dem stehen Entscheidungen verschiedener Oberlandesgerichte entgegen.[3816] In der Literatur wird überwiegend für die Zulässigkeit argumentiert.[3817] Es bestehe sogar bei indirekten Garantien ein Verfügungsanspruch gegen die Zweitbank.[3818] Nach zutreffender Auffassung ist ein Verfügungsanspruch gegen die Bank allgemein abzulehnen. Dieser könnte sich nur aus dem Avalauftrag ergeben; die Verpflichtungen der Bank daraus erschöpfen sich jedoch in der Stellung der Bürgschaft bzw. Garantie und der pflichtgemäßen Prüfung der Inanspruchnahme.[3819] Ein darüber hinausgehender Anspruch auf Nichtzahlung trotz anderslautenden Ergebnisses der pflichtgemäßen Prüfung existiert nicht. Selbst wenn die Bank fehlerhaft prüft oder aus eigennützigen Motiven zur Erhaltung ihres internationalen »standings« im Garantiegeschäft zu zahlen beabsichtigt, ergibt sich daraus kein Unterlassungsanspruch, sondern es droht nur der Verlust des Aufwendungsersatzanspruchs.[3820]

1861 Ergeht trotzdem eine e.V. des Kunden gegen die Bank, muss sie zur Vermeidung der angedrohten Sanktion beachtet werden. Ggü. dem Avalnehmer kann die Bank verpflichtet sein, Rechtsmittel gegen die Verfügung einzulegen. Es ist es nicht ausgeschlossen, dass der Bürgschafts- oder Garantienehmer bei Zahlungsverweigerung die Bank auf Zahlung der Garantie- oder Bürgschaftssumme verklagt. Die gegen die Bank bestehende e.V. begründet dann keine subjektive rechtliche Unmöglichkeit (§ 275 BGB)[3821] und ist im Prozess mit dem Garantienehmer auch kein liquides Beweismittel zum Nachweis des Rechtsmissbrauchs.[3822]

3814 Vgl. MüKo-BGB/*Habersack* vor § 765 Rn. 34; a.A. MüKo-ZPO/*Drescher* § 935 Rn. 32.

3815 LG Frankfurt am Main, WM 1981, 284 (287); LG Dortmund, WM 1981, 280 (282).

3816 Zur Bürgschaft auf erstes Anfordern OLG Düsseldorf, ZIP 1999, 1518 (1520); zur Garantie OLG Stuttgart, WM 2013, 883 (885); OLG Frankfurt, WM 1988, 1480 (1482); OLG Köln, WM 1991, 1751 (1752).

3817 *Schmidt* BauR 1998, 1159 (1161) für Bürgschaft auf erstes Anfordern; Hellner/Steuer/*Nielsen*/*Joos* Rn. 5/416; MüKo-ZPO/*Drescher* § 935 Rn. 31; *Schuschke*/Walker Rn. 92 vor § 935; a.A. Zöller/*Vollkommer*, ZPO § 940 Rn. 8 Bankrecht; Zahn/*Ehrlich*/*Haas* Rn. 9/145.

3818 *Schuschke*/Walker Rn. 92 vor § 935; MüKo-ZPO/*Drescher* § 935 Rn. 32.

3819 Str., so OLG Stuttgart, WM 2013, 883 (885) mit Darstellung des Streitstands.

3820 OLG Stuttgart, WM 2013, 883 (886); OLG Düsseldorf, Urt. v. 04.10.2012 – 6 U 268/11 juris Rn. 48; OLG Düsseldorf, ZIP 1999, 1518 (1520); OLG Frankfurt, WM 1988, 1480 (1482); OLG Köln, WM 1991, 1751 (1752); Schimansky/Bunte/Lwowski/*T. Fischer* Bankrechts-Handbuch § 121 Rn. 197; a.A. OLG Celle, WM 2009, 1408 (1410), das eine Pflicht zur Nichtzahlung bei liquidem Beweis des Rechtsmissbrauchs annimmt, dann aber hinreichende Anhaltspunkte für den Missbrauch im entschiedenen Fall ausreichen lässt; MüKo-BGB/*Habersack* vor § 765 Rn. 35; MüKo-ZPO/*Drescher* § 935 Rn. 32 und Rn. 39 zu Garantie und Rechtsmissbrauch bei der Bürgschaft auf erstes Anfordern.

3821 OLG Düsseldorf, Urt. v. 04.10.2012 – 6 U 268/11 juris Rn. 45.

3822 BGH, NJW 2001, 282 (284) zur gegen den Begünstigten ergangenen e.V.; OLG Düsseldorf, Urt. v. 04.10.2012 – 6 U 268/11 juris Rn. 55 zur gegen die Bank durch Beschluss ergangenen e.V.

3. Dinglicher Arrest des Kunden gegen den Gläubiger

Als weitere Möglichkeit des Kunden, die Zahlung zu verhindern, wird die Beantragung des dinglichen Arrestes nach § 916 ZPO in der Literatur teilweise befürwortet.[3823] Damit pfändet der Kunde den Anspruch des Gläubigers gegen die Bank aus der Garantie bzw. Bürgschaft. Voraussetzungen eines Arrestes sind Arrestanspruch und Arrestgrund. Als Arrestanspruch kommen der Schadensersatzanspruch des Kunden wegen unberechtigter Inanspruchnahme der Sicherheit sowie der Rückforderungsanspruch infrage. Die herrschende Meinung lehnt einen Arrestanspruch mit der Begründung ab, der angestrebte Arrest verhindere gerade die Auszahlung und somit das Entstehen eines Schadens aus missbräuchlicher Inanspruchnahme. Damit könne der durch Arrest zu sichernde Anspruch nicht entstehen.[3824] 1862

H. Leasing/Factoring

I. Leasing

1. Einführung

a) Wirtschaftliche Bedeutung

Auch die Leasingbranche wurde von den zurückliegenden weltwirtschaftlichen Problemen nicht verschont. Während das Investitionsvolumen im Jahr 2006 mehr als 54 Mrd. € mit damals steigender Tendenz betragen hatte, fiel es im Jahr 2009 auf den Wert des Jahres 1999 zurück (42 Mrd. €). Zwischenzeitlich ist allerdings mehr als eine Erholung eingetreten. Im Jahr 2015 betrug das Investitionsvolumen bereits wieder 52,2 Mrd. €, im Jahr 2017 lag es nach Branchenangaben bei sogar 67 Mrd. €. Leasingunternehmen sind damit Deutschlands größter Investor. An den gesamtwirtschaftlichen Ausrüstungsinvestitionen hatte das Mobilien-Leasing 2017 einen Anteil von mehr als 24 %. Im Jahr werden rund 1.800.000 Neuverträge abgeschlossen. Beim Mobilien-Leasing stehen klassische Teil- und Vollamortisationsverträge mit 48 % an erster Stelle, Leasingverträge mit offenen Restwerten schlagen mit 39 % zu Buche, Mietkaufverträge mit 13 %.[3825] 1863

b) Rechtsquellen

Trotz dieser erheblichen wirtschaftlichen Bedeutung ist das Leasing auch nach der Schuldrechtsmodernisierung Sonderrecht geblieben und nicht in das BGB integriert worden. Über § 506 Abs. 2 BGB greifen allerdings die Verbraucherschutzvorschriften verstärkt in Leasingverträge als sonstige Finanzierungshilfen ein. Das Leasingrecht richtet sich im Kern weiterhin nach den von der Rechtsprechung entwickelten Grundsätzen. Dies legt die Vermutung nahe, dass der Gesetzgeber keine Änderung des Leasings durch die Schuldrechtsmodernisierung beabsichtigt hat.[3826] Es ist jedoch nicht zu verkennen, dass das Finanzierungsleasing nicht unwesentlich durch das Schuldrechtsmodernisierungsgesetz betroffen wurde. Auch wenn die gesetzlichen Änderungen die Zulässigkeit der Grundstruktur des Finanzierungsleasings letztlich unberührt lassen, gehen insb. die Ausweitung des kaufrechtlichen Sachmangelbegriffs und die Verlängerung der Gewährleistungsfristen mit deutlichen Änderungen ggü. der alten Rechtslage einher.[3827] 1864

3823 MüKo-ZPO/*Drescher* § 935 Rn. 32; *Canaris* Rn. 1152 und zum Akkreditiv Rn. 1065–1070.

3824 Hellner/Steuer/*Nielsen/Joos* Rn. 5/416; Zahn/*Ehrlich/Haas* Rn. 9/148; Schimansky/Bunte/Lwowski/*T. Fischer* Bankrechts-Handbuch § 121 Rn. 218; im Ergebnis so *Blau* WM 1988, 1474 (1477); Zöller/*Vollkommer* § 940 Rn. 8 Bankrecht; Bedenken gegen die Zulässigkeit eines Arrestantrags äußert auch OLG Stuttgart, MDR 1998, 435 (436).

3825 Quelle: Bundesverband Deutscher Leasing-Unternehmen (www.bdl-leasing-verband.de – Zahlen & Fakten) in Zusammenarbeit mit dem ifo Institut für Wirtschaftsforschung;.

3826 *Löbbe* BB-Beilage 6/2003, 7; *Assies* BKR 2002, 317; *Beckmann* Finanzierungsleasing § 1 Rn. 41.

3827 MüKo-BGB/*Koch*, Finanzierungsleasing, Rn. 16.

1865 In der Praxis kommt den sog. Leasingerlassen[3828] des Bundesfinanzministeriums erhebliche Bedeutung zu. Erlasskonforme Leasingverträge zielen auf eine volle Amortisation des Leasinggeberaufwandes durch den ersten Leasingnehmer ab.[3829]

1866 Mit Inkrafttreten des Jahressteuergesetzes 2009 (JStG 2009)[3830] am 24.12.2008 sind auch das Finanzierungsleasing und das Factoring als Finanzdienstleistungen i.S.v. § 1 Abs. 1a KWG unter die Aufsicht durch die Bundesanstalt für Finanzdienstleistungsaufsicht (BaFin) gestellt worden. Hierzu wurde § 1 Abs. 1a Satz 2 KWG um die Tätigkeiten Factoring (Nr. 9)[3831] und Finanzierungsleasing (Nr. 10) ergänzt. Ein Unternehmen, das eine der beiden Dienstleistungen anbietet, ist jetzt materiell Finanzdienstleistungsinstitut, wenn es das Geschäft gewerbsmäßig oder in einem Umfang betreibt, der einen in kaufmännischer Weise eingerichteten Geschäftsbetrieb erfordert. In beiden Fällen steht die Tätigkeit nach Maßgabe von § 32 KWG unter Erlaubnisvorbehalt. Sie darf also erst dann aufgenommen werden, wenn die Erlaubnis der Leasinggesellschaft schriftlich vorliegt.

1867 Erlaubnispflichtig sind Leasinggesellschaften jedoch nur beim Finanzierungsleasing, also bei Abschluss von Leasingverträgen als Leasinggeber, bei denen die Finanzierungsfunktion sowie die Gebrauchsüberlassung des Leasingobjekts im Vordergrund stehen. Eine weite Bereichsausnahme hat der Gesetzgeber in § 2 Abs. 6 Satz 1 Nr. 17 KWG für Leasing-Objektgesellschaften geschaffen. Hier besteht keine Erlaubnispflicht. Berührungspunkte und damit Konkurrenzverhältnisse zu anderen Bankgeschäfts- oder Finanzdienstleistungstatbeständen bestehen für das Finanzierungsleasing nicht. I.Ü. ist für Unternehmen, die bereits eine Erlaubnis für Bankgeschäfte oder Finanzdienstleistungsgeschäfte besitzen, eine Anzeige der leasingvertraglichen Tätigkeit nicht erforderlich.

1868 Hintergrund der Änderung ist die zum Abbau einseitiger Vergünstigungen für die bankseitige Kreditfinanzierung vorgenommene Erweiterung des Gewerbesteuerprivilegs von Banken (s. § 19 GewStDV) auf Finanzierungsleasing- und Factoringgesellschaften.[3832] Zu den neuen Erlaubnistatbeständen hat die BaFin bereits drei umfangreiche Merkblätter verfasst,[3833] die Auslegungszwecken dienen.

c) Leasingtypisches Dreieckverhältnis

1869 Im Mittelpunkt eines jeden Leasingvertrages steht das leasingtypische Dreiecksverhältnis, bestehend aus Leasinggeber, Leasingnehmer und Lieferanten. Zur Absicherung kommen oft Vierte, nämlich Bürgen oder Mitverpflichtete, hinzu. Aus dieser besonderen Konstellation heraus ergeben sich vielfältige Problemkreise.

2. Rechtsnatur und Erscheinungsformen

a) Rechtsnatur

1870 Der Leasingvertrag ist nach ständiger Rechtsprechung und herrschender Meinung im Schrifttum als atypischer Mietvertrag zu klassifizieren,[3834] der neben dem mietrechtlichen Charakter auch

---

3828 Dazu unter Rdn. 1879.

3829 BGH, NJW 1985, 2253.

3830 S. BGBl. I 2008, S. 2794.

3831 Zur Aufsicht über Factoringgesellschaften s.u. Rdn. 2189.

3832 S. *Lüdicke/Kind* DStR 2009, 709 ff.; *Heinz/Schäfer-Elmayer* BB 2009, 365 ff.

3833 S. www.bafin.de.

3834 St. Rspr. seit BGH, WM 1975, 1203 (1204); Palandt/*Weidenkaff* Einf vor § 535 Rn. 38; a.A. *Canaris* ZIP 1993, 401, 404 (Vertrag sui generis – gemischt-typischer Vertrag insb. mit starken Elementen von Geschäftsbesorgungsvertrag und Darlehensvertrag beim Finanzierungsleasing). Ausführlich zur vertragstypologischen Einordnung: MüKo-BGB/Koch, Finanzierungsleasing, Rn. 26 ff.; Graf von Westphalen/*Graf von Westphalen* Leasingvertrag Kap. B Rn. 1 ff.

Elemente des Darlehens und der Geschäftsbesorgung enthält.[3835] Daneben weist der Leasingvertrag aufgrund der vertragstypischen Abtretungskonstruktion enge Bezüge zum Kaufrecht auf. Wesentliche rechtliche Grundsätze, genannt sei der leasingtypische Schadensersatzanspruch, hat die Rechtsprechung insb. in den 90er Jahren entwickelt.

b) Erscheinungsformen

aa) Finanzierungsleasing

In der Praxis am häufigsten anzutreffen ist das Finanzierungsleasing, bei dem der Leasingnehmer für die volle Amortisation der vom Leasinggeber für die Anschaffung des Leasinggutes getätigten Aufwendungen und Kosten aufzukommen hat. Bei Vollamortisationsverträgen geschieht dies insgesamt über die zu zahlenden Leasingraten, bei Teilamortisationsverträgen durch Zahlung der Leasingraten und die Realisierung des vom Leasingnehmer abzusichernden Restwertes. Teilamortisationsverträge können in der Vertragspraxis mit und ohne Andienungsrecht ausgestaltet sein. Weitere Vertragsformen sind der kündbare Vertrag sowie der Kilometerabrechnungsvertrag im Bereich des Fahrzeugleasings. Der BGH hat auch diesen Vertragstyp, der einer Miete näher steht als übliche Voll- und Teilamortisationsverträge, ausdrücklich als Finanzierungsleasingvertrag i.S.d. Verbraucher schützenden Normen eingeordnet.[3836] Maßgeblich sei, dass der Leasinggeber die für das Finanzierungsleasing wesentliche Vollamortisation typischerweise durch Verwertung des zurückgegebenen Fahrzeugs erlange, für dessen ordnungsgemäßen Zustand der Leasingnehmer hafte. Auch Immobilienleasingverträge stellen eine besondere Form des Finanzierungsleasings dar,[3837] auf die vorliegend aber nicht näher eingegangen werden soll. **1871**

bb) Hersteller- und Händlerleasing

Beim Hersteller- und Händlerleasing fehlt das typische Dreiecksverhältnis bzw. ist dieses modifiziert. Der Lieferant schließt in diesen Fällen selbst einen Leasingvertrag mit dem Leasingnehmer ab, um sein Produkt i.V.m. einer Finanzierung besser absetzen zu können. Obwohl es insoweit an dem leasingtypischen Dreiecksverhältnis fehlt und auch keine Ersetzung der mietvertraglichen Gewährleistung durch die kaufrechtlichen mangelbedingten Rechte erfolgen kann,[3838] zählt der BGH auch solche Verträge wegen der beabsichtigten vollen Amortisation zu den Finanzierungsleasingverträgen.[3839] Freilich kommen die leasingtypischen Aspekte wie Abtretungskonstruktion und Gefahrverlagerung mangels Dreiecksverhältnisses nicht zur Anwendung. **1872**

cc) Operating-Leasing

Relevant ist auch das Operating-Leasing. Hier wird eine feste Laufzeit nicht vereinbart, es gibt nur eine kurze Grundlaufzeit und ein danach jederzeitiges Kündigungsrecht.[3840] Diese Vertragsart will die Flexibilität des Leasingnehmers (hier regelmäßig ein Unternehmer) erhöhen. Die auch bei dieser Vertragsart vom Leasinggeber erstrebte Vollamortisation wird durch mehrfaches Überlassen einer Leasingsache an verschiedene Leasingnehmer erreicht.[3841] Anders als bei klassischen Voll- und Teilamortisationsverträgen übernimmt die objektbezogenen Risiken regelmäßig der Leasinggeber. Beim Operating-Leasing handelt es sich um einen Gebrauchsüberlassungsvertrag, der von der ganz herrschenden Meinung als gewöhnlicher Mietvertrag qualifiziert wird, wenn er nicht auf kurze Zeit **1873**

3835 Palandt/*Weidenkaff* Einf. vor § 535 Rn. 38; ausführlich *Knebel* WM 1993, 1026 ff.
3836 BGH, WM 1998, 928, 930.
3837 BGH, NJW 1989, 1279; *Seibel* MZM 1999, 197; MüKo-BGB/Koch, Finanzierungsleasing, Rn. 26 f.
3838 Erman/*Jendrek* Anh. § 535 Rn. 15.
3839 BGH, NJW 1998, 1637.
3840 BGH, NJW 1990, 1785 (1788); BGH, NJW 1998, 1637 (1639).
3841 BGH, NJW 2003, 505 (507); BGH, 1998, 1637 (1639).

geschlossen oder vom Leasingnehmer nicht kurzfristig gekündigt werden kann.[3842] Eine Freizeichnung von der mietrechtlichen Haftung ist – anders beim klassischen Finanzierungsleasing – bei dieser Vertragsart in Allgemeinen Geschäftsbedingungen nicht zulässig. Es läge ein Verstoß gegen § 307 BGB vor.[3843]

dd) Sale-and-lease-back-Verfahren

1874 Gerade in wirtschaftlich problematischen Zeiten gewinnt regelmäßig auch das sog. Sale-and-lease-back-Verfahren Bedeutung. Hier erwirbt der Leasinggeber zunächst ein zuvor im Eigentum des späteren Leasingnehmers stehendes Objekt, um es dann an den Leasingnehmer zurück zu verleasen.[3844] Beim Sale-and-lease-back-Verfahren handelt es sich nicht um ein klassisches Leasinggeschäft. Die Besonderheit besteht darin, dass sich der Leasinggeber das Leasingobjekt nicht bei einem Dritten, sondern vom Leasingnehmer verschafft, und zwar i.d.R. durch Kauf mit Eigentumsübertragung.[3845] Demzufolge fehlt es beim Sale-and-lease-back-Verfahren an dem für das Finanzierungsleasing typischen Dreiecksverhältnis; der Leasingnehmer tritt vielmehr in Doppelfunktion als Verkäufer einerseits und Leasingnehmer andererseits auf.[3846] Trotz Fehlens des typischen Dreiecksverhältnisses handelt es sich zivil- und aufsichtsrechtlich um Leasing.[3847]

ee) Cross-Border-Leasing

1875 Von sog. Cross-Border-Leasing spricht man, wenn Leasinggeber und Leasingnehmer ihren Sitz nicht im selben Staat haben.[3848]

3. Abgrenzung zum Teilzahlungsgeschäft und zum Mietkauf

a) Teilzahlungsgeschäft

1876 Zielt die Vertragsgestaltung darauf ab, die Leasingsache dauerhaft auf den Leasingnehmer zu übertragen, handelt es sich nicht um Finanzierungsleasing, sondern um ein verdecktes Teilzahlungsgeschäft.[3849] Zu denken ist insb. an Fälle, in denen dem Leasingnehmer ein Erwerbs- oder Behaltensrecht eingeräumt wird.[3850] Nach der Rechtsprechung des BGH liegt auch dann ein verdecktes Teilzahlungsgeschäft vor, wenn nach den bei Vertragsschluss erkennbaren Umständen die Leasingsache für den Leasingnehmer während der festen Vertragslaufzeit jeden Gebrauchswert verliert.[3851] Es ist eine Vertragsauslegung vorzunehmen, wobei den gewählten Begrifflichkeiten (z.B. »Leasingsonderzahlung«) erhebliches Gewicht zukommt und nicht lediglich auf die »wirtschaftliche Vernunft« des Vertragspartners abzustellen ist.[3852]

3842 MüKo-BGB/*Koch*, Finanzierungsleasing, Rn. 5.

3843 *Beckmann* Finanzierungsleasing § 1 Rn. 10 m.w.N.

3844 BGH, NJW 1988, 1774; BGH, NJW 1990, 829 (830).

3845 BGH, NJW 1990, 829 (831).

3846 Erman/*Jendrek* Anh. § 535 Rn. 7.

3847 BGH NJW 1990, 829; MüKo-BGB/*Koch*, Finanzierungsleasing, Rn. 13; a.A. Schimansky/Bute/Lwowski/*Martinek*/*Oechsler* Bankrechts-Handbuch § 101 Rn. 19.

3848 Vgl. zu den Rahmenbedingungen *Wotschofsky*/*Reisinger* NWB 2003, 2959 ff.

3849 BGH, NJW 1989, 2132; BGH, NJW 1995, 519 = WiB 1995, 257 (m. Anm. *Assies*).

3850 Die Darlegungs- und Beweislast für die Vereinbarung eines Erwerbsrechts, das untypisch für den Leasingvertrag ist, trägt der Leasingnehmer: OLG Düsseldorf, Urt. v. 18.01.2010 – I-24 U 116/09, veröffentlicht bei juris.

3851 BGH, WM 1995, 628.

3852 BGH, Urt. v. 30.04.2008 – VIII ZR 233/07, veröffentlicht bei juris; vgl. zur Auslegung auch OLG Koblenz, NJW 2009, 151 m. Anm. *Reinking*.

b) Mietkauf

In jüngster Zeit gewinnt der Mietkauf zunehmend an Bedeutung. Mietkäufe sind sonstige Finanzierungshilfen i.S.d. § 506 Abs. 2 BGB.[3853] Es handelt sich um Mietverträge ohne steuerliche Vergünstigungen mit dem von vornherein festgelegten Ziel des späteren Eigentumserwerbs durch den Mieter.[3854] Ein wesentlicher Unterschied zum Teilzahlungsgeschäft besteht für den Mieter darin, dass er nicht zwingend die Kaufoption ausüben muss, er mithin bei veränderten wirtschaftlichen Bedingungen eine Wahlmöglichkeit behält. **1877**

4. Steuer- und Bilanzrecht

a) Grundlagen

Interessant ist das Leasing für Unternehmen vor allem wegen der erstrebten steuerlichen Zuordnung des Leasinggegenstandes zum Leasinggeber.[3855] Diese Zuordnung hängt davon ab, wer wirtschaftlicher Eigentümer der Sache ist.[3856] Nur dann, wenn das wirtschaftliche Eigentum bei dem Leasinggeber verbleibt, kann es auch steuerlich dort zugerechnet werden. Im anderen Fall erfolgt die Aktivierung beim Leasingnehmer. Unter anderem das »Unternehmenssteuerreformgesetz 2008«[3857] und das »Gesetz zur Schaffung einer Nachfolgeregelung und Änderung des Investitionszulagengesetzes 2007«[3858] haben im Detail einige Änderungen gebracht.[3859] **1878**

b) Leasingerlasse

Maßgebliche steuerrechtliche Vorgaben enthalten die verschiedenen Leasingerlasse des Bundesfinanzministeriums. Nach der Rechtsprechung handelt sich hierbei um norminterpretierende Verwaltungsvorschriften, denen die Vermutung der Richtigkeit zukommt, die aber mangels Rechtsnormqualität die Gerichte nicht binden.[3860] Die konkreten Vorgaben sind in folgenden Erlassen geregelt: **1879**
- Mobilienerlass/Vollamortisation,[3861]
- Mobilienerlass/Teilamortisation,[3862]
- Immobilienerlass/Vollamortisation,[3863]
- Immobilienerlass/Teilamortisation,[3864]
- Forfaitierung/Behandlung in der Bilanz und bei der Gewerbesteuer.[3865]

Um eine erlasskonforme Gestaltung sicherzustellen, muss der Leasingvertrag grds. eine feste Grundlaufzeit von mindestens 40 % der betriebsgewöhnlichen Nutzungsdauer des Leasingobjektes vorsehen und das zu zahlende Entgelt bei Ausübung einer Kauf- oder Mietverlängerungsoption dem Buchwert des Leasingobjektes entsprechen. Mit den Teilamortisationserlassen hat die Finanzverwaltung im Folgenden auch Kriterien zur Entscheidung über die Zurechnung bei **1880**

3853 BGH, NJW 2002, 133 (134).
3854 Ausführlich: MüKo-BGB/Koch, Finanzierungsleasing, Rn. 14.
3855 Zu den steuerrechtlichen Vorteilen vgl. den Überblick bei Schimansky/Bute/Lwowski/*Martinek/Oechsler* Bankrechts-Handbuch § 101 Rn. 4; MüKo-BGB/Koch, Finanzierungsleasing, Rn. 16 f.
3856 BFH, BB 1970, 291 = BStBl. II 1970, S. 264; FG Hamburg, DStRE 2010, 687 (ausführlich auch zur Abgrenzung von Spezial- und Finanzierungsleasing).
3857 BStBl. I 2007, S. 630.
3858 BGBl. I 2008, S. 2350.
3859 Vgl. wegen der Einzelheiten *Weber* NJW 2009, 2927, 2928.
3860 BFH, DB 2000, 753, 754 f.
3861 BMF, Schreiben v. 19.04.1971 – IV B/2-S 2170-31/1, BStBl. I 1971, S. 264 = BB 1971, 506.
3862 BMF, Schreiben v. 22.12.1975 – IV B/2-S 2170-161/75, EStH 1994, Anhang 21 III = BB 1976, 72.
3863 BMF, Schreiben v. 21.03.1972 – F/IV B/2-S 2170-11/72, BStBl. I 1972, S. 188 = BB 1972, 433.
3864 BMF, Schreiben v. 23.12.1991 – IV B/2-S 2170-115/91, BStBl. I 1992, S. 13 = DB 1992, 112.
3865 BMF, Schreiben v. 09.01.1996 – IV B/2-S 2170-135/95, BStBl. I 1996, S. 9.

Teilamortisationsverträgen aufgestellt. Für eine Zuordnung zum Leasinggeber ist es danach unabdingbar, dass dieser an einer möglichen Wertsteigerung jedenfalls auch beteiligt ist.

c) Vorteile

1881 Vorteile für den Leasingnehmer sind vor allem die Schonung des Eigenkapitals (Zahlung laufender Raten aus den Erträgen statt Vorabinvestition mit nachfolgender Abschreibung für Abnutzung [AfA]; besonders relevant im Rahmen von Basel II) und die bei ihm gegebene Bilanzneutralität.

1882 Die Vertragsparteien können allerdings nur in den Genuss der steuerrechtlichen Vorteile gelangen, wenn neben den Runderlassen des Bundesfinanzministeriums keine Konflikte mit sonstigen steuerrechtlichen Normen vorliegen. Insoweit birgt insb. die Vereinbarung einer Kaufoption, also das Recht des Leasingnehmers, das Leasingobjekt zum Ende der Vertragslaufzeit zu erwerben, eine erhebliche Gefahr. Während ein sog. Andienungsrecht des Leasinggebers, d.h. das Recht des Leasinggebers, vom Leasingnehmer den Erwerb des Leasinggegenstandes zu verlangen, steuerrechtlich keine negativen Konsequenzen hervorruft, gerät eine Kaufoption in Konflikt mit § 39 Abs. 2 Nr. 1 AO.[3866] Daneben ist auch zu beachten, dass die Vereinbarung einer Kaufoption dem Leasingvertrag den Charakter des Finanzierungsleasings nimmt.[3867]

II. Vertragsschluss

1. Grundlagen

a) Leasingtypisches Dreiecksverhältnis

1883 Beim Abschluss eines Leasingvertrages sind der eigentliche Leasingvertrag zwischen dem Leasinggeber und dem Leasingnehmer und der zur Erfüllung der Gebrauchsüberlassung erforderliche Beschaffungsvertrag, der Kaufvertrag (neben dem Kaufvertrag kommt auch ein Werkvertrag in Betracht), zu unterscheiden. Beide Verträge sind rechtlich selbstständig, wirtschaftlich aber miteinander verknüpft.[3868] Das sog. leasingtypische Dreiecksverhältnis besteht grds. aus dem Leasingvertrag zwischen Leasinggeber und Leasingnehmer, dem Kaufvertrag zwischen Lieferanten und Leasinggeber sowie der sog. leasingtypischen Abtretungskonstruktion.

b) Vertragspflichten

1884 Nach der Definition des BGH überlässt der Leasinggeber dem Leasingnehmer eine Sache oder Sachgesamtheit gegen ein in Raten gezahltes Entgelt zum Gebrauch, wobei die Gefahr der Haftung für Instandhaltung, Sachmängel, Untergang und Beschädigung der Sache allein den Leasingnehmer trifft.[3869] Der Leasinggeber überträgt dafür seine Ansprüche aus dem mit dem Lieferanten geschlossenen Kaufvertrag an den Leasingnehmer (sog. Abtretungskonstruktion).[3870] Im Unterschied zu einem reinen Mietverhältnis sind sich die Parteien des Leasingvertrages darüber einig, dass die vereinbarten Leasingraten nicht nur Entgelt für die Gebrauchsüberlassung, sondern auch dazu bestimmt sind, den Kapitaleinsatz des Leasinggebers einschließlich des kalkulierten Gewinns zu tilgen.[3871] Kraft des Leasingvertrages wird der Leasinggeber zur Überlassung des Leasinggegenstandes verpflichtet. Dies schließt die Pflicht zur Beschaffung und zur Vorfinanzierung des Leasinggegenstandes ein. Der Leasingnehmer schuldet die Zahlung der vereinbarten Leasingraten. Die

3866 Vgl. OLG Düsseldorf, OLGR Düsseldorf 2003, 214.
3867 BGH, NJW 2002, 133.
3868 *Beckmann* Finanzierungsleasing § 1 Rn. 64.
3869 BGH, WM 1975, 1203 (1204); BGH, WM 1977, 473; BGH, NJW 1986, 1335.
3870 MüKo-BGB/*Koch* Finanzierungsleasing, Rn. 36, 100 ff. mit umfangreichen Nachweisen.
3871 NJW 1998, 3270; NJW 1995, 1019; Prütting/Wegen/Weinreich/*Elzer* BGB § 535 Rn. 9.

Finanzierungs- und Überlassungsverpflichtung auf der einen und die Zahlungsverpflichtung auf der anderen Seite stehen in einem Gegenseitigkeitsverhältnis.[3872]

2. Vertragsschlussmechanismus

In der Praxis unterscheidet man i.d.R. zwei mögliche Modelle, die im Zusammenhang mit dem Abschluss eines Leasingvertrages praktiziert werden. 1885

a) Standardmodell

aa) Vertragsverhandlungen

Typischerweise wird der Abschluss eines Leasingvertrages dadurch vorbereitet, dass ein potenzieller Leasingnehmer sich mit einem geeigneten Lieferanten für das zu finanzierende Objekt in Verbindung setzt und beide Parteien Vertragsverhandlungen aufnehmen, wobei insb. ein Einvernehmen über den Leasinggegenstand, den Preis und sonstige Vertragsmodalitäten hergestellt wird. Es erfolgt jedoch kein Vertragsschluss zwischen potenziellem Leasingnehmer und Lieferant, vielmehr wird der Vertrag über den Erwerb des Leasingobjektes bis zur Unterschriftsreife vorbereitet und dem Leasinggeber zum Zwecke der Übernahme der Finanzierung übermittelt. 1886

Zumeist erfolgt die Auswahl und Einbeziehung eines adäquaten Leasinggebers durch den Lieferanten, der häufig mit bestimmten Leasinggesellschaften dauerhaft und in ständiger Geschäftsverbindung zusammenarbeitet. In der Praxis verfügt der Lieferant entsprechend auch häufig über Leasingvertragsformulare des Leasinggebers oder kann diese jedenfalls beschaffen. Das Leasingvertragsformular füllt der Lieferant nach den Vorgaben des Leasinggebers gemeinsam mit dem potenziellen Leasingnehmer unter Berücksichtigung der ausgehandelten Konditionen für den zwischen dem Leasinggeber und dem Lieferanten abzuschließenden Beschaffungsvertrag aus. Der Antrag auf Abschluss des Leasingvertrages wird dann zusammen mit dem vorbereiteten Kauf- bzw. Werkvertrag zur Annahme durch den Leasinggeber an diesen übermittelt. Der Leasingvertrag hat seinen Ausgangspunkt also in einem – vom Lieferanten und dem Leasingnehmer gemeinsam ausgefüllten und verhandelten – Antrag des späteren Leasingnehmers auf den Vertragsmustern des Leasinggebers. 1887

bb) Vertragserklärungen

Das Zustandekommen des Leasingvertrages hängt nach Zusendung des Antragsformulars nur noch von der Annahme durch den Leasinggeber hat. Regelmäßig sehen die Antragsformulare längere Annahmefristen vor. Eine Annahmefrist von bis zu einem Monat ist nach herrschender Meinung nicht zu beanstanden.[3873] Eine längere Frist ist AGB-rechtlich unwirksam.[3874] Eine Frist von ca. 14 Tagen entspricht der BGH Judikatur bei Kreditverträgen, die wegen einer vergleichbaren Vertragsgestaltung auf Leasingverträge übertragen werden kann.[3875] 1888

cc) Bonitätsprüfung und Sicherheiten

Bevor der Leasinggeber seine Annahme erklärt, erfolgt eine Bonitätsprüfung, die ggf. zu »Sicherheitenauflagen« führt. Üblich sind insb. eine Bürgschaft, ein Schuldbeitritt oder eine Kaution.[3876] Nimmt der Leasinggeber den Vertrag mit Änderungen oder Erweiterungen (z.B. Sicherheitenauflage) an, handelt es sich um ein neues Angebot (§ 150 Abs. 2 BGB), das der Leasingnehmer wiederum annehmen muss, was auch stillschweigend (etwa durch Entgegennahme der Leasingsache und 1889

3872 BGH, NJW 1978, 1432 (1434); vgl. auch MüKo-BGB/*Koch*, Finanzierungsleasing, Rn. 33 m.w.N.
3873 *Beckmann* Finanzierungsleasing § 13 Rn. 10 m.w.N.; a.A. *Graf von Westphalen* ZGS 2002, 214; OLG Frankfurt am Main, NJW-RR 1998, 566.
3874 OLG Hamm, NJW-RR 1986, 927 (929 f.).
3875 BGH NJW 1988, 2109.
3876 Vgl. Rdn. 1904–1912.

Zahlung der Leasingraten) geschehen kann.[3877] Im unternehmerischen Verkehr ist der Leasinggeber bei einem Finanzierungsvolumen von mehr als 750.000,00 € gem. § 18 KWG verpflichtet, vom Leasingnehmer die Vorlage der Steuerbescheide, Steuererklärungen, Bilanzen, Gewinn- und Verlustrechnungen, Geschäftsberichte etc. zu verlangen, damit der Leasinggeber in der Lage ist, auf Basis dieser Unterlagen die Bonität des Leasingnehmers zu prüfen. Aus dieser gesetzlichen Vorgabe ergeben sich aber keine längeren Bindungsfristen.

dd) Scheitern des Leasingvertrages

1890 Der Leasingvertrag sollte auch Regelungen für den Fall treffen, dass der Liefervertrag nicht zustande kommt. Insoweit sollte sich der Leasinggeber für den Fall des Scheiterns des Liefervertrages aus von ihm nicht zu vertretenden Gründen vorsorglich von allen Ansprüchen des Leasingnehmers unter Abtretung der Ansprüche gegen den Lieferanten freizeichnen.[3878] Die Wirksamkeit eines derartigen Ausschlusses i.R.d. leasingtypischen Abtretungskonstruktion ist allerdings bislang ungeklärt. Alternativ könnte im Leasingvertrag auch eine auflösende Bedingung des Inhalts aufgenommen werden, dass der Leasingvertrag aus vom Leasinggeber nicht zu vertretenden Gründen nicht zustande kommt. Schließlich kommt auch eine Regelung in Betracht, kraft welcher beiden Vertragsparteien im Fall des Nichtzustandekommens des Liefervertrages ein Rücktrittsrecht eingeräumt wird.

b) Eintrittsmodell

aa) Liefervertrag

1891 Beim sog. Eintrittsmodell schließt zunächst der Leasingnehmer im eigenen Namen mit dem Lieferanten einen Kaufvertrag über das Leasingobjekt. Tritt der Leasinggeber sodann in den Kaufvertrag ein, handelt es sich nach herrschender Meinung um eine Vertrags- bzw. Schuldübernahme i.S.d. §§ 414 ff. BGB.[3879] Vorsicht ist geboten, wenn der Lieferant zunächst einen Kaufvertrag mit dem Leasingnehmer und danach einen gesonderten Kaufvertrag mit dem Leasinggeber schließt. In derartigen Fällen ist davon auszugehen, dass durch ein solches Vorgehen der erste Vertrag einvernehmlich aufgehoben wird. Es gelten damit ausschließlich die Bedingungen des zweiten Vertrages.

bb) Scheitern des Leasingvertrages

1892 Im Rahmen des Eintrittsmodells können sich insb. für den Fall Probleme ergeben, dass der Leasingnehmer den Kaufvertrag zwar bereits geschlossen hat, der erhoffte Leasingvertrag allerdings nicht (etwa aus Bonitätsgründen) geschlossen wird und damit der Eintritt des Leasinggebers in den Leasingvertrag nicht erfolgt. Soweit in dem betreffenden Kaufvertrag keine Leasingfinanzierungsklausel (z.B. »Finanzierung über Leasing«, »Zahlung auf Leasingbasis«) im Sinne einer auflösenden Bedingung für den Fall des Nichtzustandekommens des Leasingvertrags enthalten ist, bleibt der Käufer grds. an den von ihm geschlossenen Kaufvertrag gebunden.[3880] Ggf. ist eine Vertragsauslegung vorzunehmen.[3881] Auch der BGH hat bestätigt, dass das Risiko des Käufers bei nicht zu Stande kommender Leasingfinanzierung und einer in diesem Fall drohenden Inanspruchnahme aus dem Kaufvertrag dadurch zu begrenzen sei, dass der Bestand des Beschaffungsvertrags ausdrücklich oder auch konkludent unter der Bedingung des Leasingvertragsschlusses steht. Insbesondere naheliegend ist dies z.B., wenn zeitgleich mit Abschluss des Kaufvertrages ein vom Verkäufer vermittelter Leasingantrag gestellt wird. Für den Fall, dass eine Auslegung nicht zu einer auflösenden

---

3877 So auch: *Beckmann* Finanzierungsleasing § 1 Rn. 71.

3878 *Beckmann* Finanzierungsleasing § 1 Rn. 85.

3879 BGH, NJW 1990, 1290 (1292); BGH, NJW-RR 1993, 307 (308); *Beckmann* Finanzierungsleasing § 1 Rn. 78; a.A. OLG Dresden, NJW-RR 1996, 625, das von einer Erfüllungsübernahme i.S.d. § 329 BGB ausgeht; zum Streitstand: Büschgen/*Beckmann* Praxishandbuch Leasing § 6 Rn. 5.

3880 BGH, NJW-RR 1990, 1011.

3881 LG Bonn, Urt. v. 15.12.2008 – 10 O 277/08, veröffentlicht bei juris.

Bedingung führen sollte, zieht der BGH wertende Gesichtspunkte heran und führt aus, dass regelmäßig davon auszugehen sei, dass das Zustandekommen des in Aussicht gestellten Leasingvertrages Geschäftsgrundlage des Beschaffungsvertrages sei.[3882] Ein Schutzbedürfnis entfalle jedoch dann, wenn der Käufer deutlich gemacht habe, auch für den Fall des Nichtzustandekommens des Leasingvertrages das Finanzierungsrisiko uneingeschränkt übernehmen und sich dann eigenständig eine alternative Finanzierung besorgen zu wollen[3883] Eine Absage wurde der Anwendbarkeit der §§ 358, 359 BGB a.F. (Stichwort Einwendungsdurchgriff) bei leasingvertraglichen Eintrittsmodellen erteilt.[3884] Der BGH geht hier – zu Recht – davon aus, dass die strengen Voraussetzungen des § 358 Abs. 3 BGB a.F. nicht gegeben seien. Auch bestünde für eine analoge Anwendung kein Raum.[3885] Soweit eine Leasingfinanzierungsklausel vorgesehen ist, wird das auflösend bedingte Geschäft mit Eintritt der Bedingung wirkungslos. Der Kaufvertrag »steht und fällt« also mit dem Abschluss auch des Leasingvertrages. Eine Ausnahme gilt gem. § 162 Abs. 2 BGB allerdings für den Fall, dass der Leasingnehmer das Scheitern der Leasingfinanzierung wider Treu und Glauben herbeigeführt hat. Eine Ausübung gesetzlicher oder vertraglicher Widerrufsrechte stellt jedoch kein treuwidriges Verhalten dar.[3886]

c) Einbeziehung von Allgemeinen Geschäftsbedingungen

aa) Leasingvertrag

(1) Leasingvertragsbedingungen

In Bezug auf den Leasingvertrag sind grds. keine Besonderheiten zu beachten. Die allgemeinen Einbeziehungsvoraussetzungen der §§ 305, 310 BGB sind freilich einzuhalten. Zum Zwecke des Nachweises einer wirksamen Einbeziehung sollten die Allgemeinen Geschäftsbedingungen unmittelbar in den Vertragstext integriert werden bzw. mit diesem in untrennbaren Zusammenhang gebracht werden. Insoweit bietet sich insb. der Abdruck auf der Rückseite des Leasingvertrages unter gleichzeitigem deutlichem Hinweis auf der Vorderseite des Vertrages an. Die Leasingbedingungen müssen – wie alle Allgemeinen Geschäftsbedingungen – lesbar sein.[3887] **1893**

(2) Liefervertragsbedingungen

Der Leasinggeber hat dafür Sorge zu tragen, dass auch die Lieferbedingungen des Lieferanten wegen der leasingtypischen Abtretungskonstruktion zum wirksamen Inhalt des Leasingvertrages selbst gemacht werden.[3888] Sofern die Lieferbedingungen bereits Gegenstand der Verhandlungen zwischen Leasingnehmer und Lieferant waren, werden diese ohne Weiteres auch Gegenstand des Leasingvertrages.[3889] Sofern etwaige Liefer- oder Bestellbedingungen erst nachfolgend vereinbart werden, ist der Leasingnehmer vor Abschluss des Leasingvertrages über die entsprechenden **1894**

3882 BGH, Urt. v. 22.01.2014 – VIII ZR 178/13, NJW 2014, 1519; OLG Düsseldorf, Urt. v. 27.06.2014 – I-17 U 187/11.

3883 BGH, Urt. v. 22.01.2014 – VIII ZR 178/13, NJW 2014, 1519; OLG Düsseldorf, Urt. v. 27.06.2014 – I-17 U 187/11; Schimansky/Bute/Lwowski/*Martinek*/*Oechsler* Bankrechts-Handbuch § 101 Rn. 94.

3884 BGH, Urt. v. 22.01.2014 – VIII ZR 178/13, NJW 2014, 1519.

3885 BGH, Urt. v. 22.01.2014 – VIII ZR 178/13, NJW 2014, 1519; a.A. Staudinger/*Kessel-Wulf*, BGB, Neubearb. 2012, § 358 Rn. 43 mwN; MüKoBGB/*Habersack*, 6. Aufl., § 358 Rn. 17, § 359 Rn. 10 ff.; Zur neuen Rechtslage seit Umsetzung der Verbraucherrechte-Richtlinie: *Harriehausen* NJW 2014, 1519 (1521).

3886 *Beckmann* Finanzierungsleasing § 1 Rn. 92; BGH v. 22.01.2014 – VIII ZR 178/13, NJW 2014, 1519; OLG Düsseldorf, Urt. v. 27.06.2014 – I-17 U 187/11 m.w.N.

3887 OLG Saarbrücken, NJW-RR 2009, 989; vgl. auch BGH, NJW 1983, 2772, 2773.

3888 *Beckmann* Finanzierungsleasing § 3 Rn. 12.

3889 Büschgen/*Beckmann* Praxishandbuch Leasing § 6 Rn. 69.

Modalitäten in Kenntnis zu setzen. Hierfür erscheint ein Hinweis in den Allgemeinen Geschäftsbedingungen des Leasinggebers im Zusammenhang mit der leasingtypischen Abtretungskonstruktion ausreichend.[3890]

bb) Liefervertrag

1895 Hinsichtlich des Liefervertrages ist zu bedenken, dass die Vertragsverhandlungen zunächst zwischen dem Lieferanten und dem Leasingnehmer erfolgen. Der Leasinggeber tritt i.d.R. erst hinzu, wenn die Vertragskonditionen bereits ausgehandelt sind. Da der Liefervertrag aber grds. – wenn also kein Vertragsschluss i.R.d. Eintrittsmodells erfolgt – zwischen dem Leasinggeber und dem Lieferanten geschlossen wird, können sich etwaige Bestellbedingungen des Leasinggebers und Allgemeine Verkaufsbedingungen des Lieferanten widersprechen. Soweit der Leasinggeber das Angebot des Lieferanten nur zu den Konditionen seiner Bestellbedingungen annehmen möchte, greift der Mechanismus des § 150 Abs. 2 BGB.

3. Stellung des Lieferanten

a) Stellvertreter

1896 Der Lieferant ist bei Abschluss des Leasingvertrages grds. kein Vertreter des Leasinggebers.[3891] Die Tatsachen, dass der Lieferant etwa den Kontakt zum Leasinggeber herstellt, mit der Vorbereitung des Leasingvertrages befasst ist und bei der Übergabe des Leasinggegenstandes vom Leasinggeber als Erfüllungsgehilfe eingeschaltet wird, reichen ohne Hinzutreten besonderer Umstände als Grundlage für eine Bevollmächtigung nicht aus.[3892] Der Lieferant ist daher i.d.R. weder vom Leasinggeber zum Abschluss des Leasingvertrages noch zur Entgegennahme rechtsgeschäftlicher Erklärungen oder zur Vertragsänderung oder vorzeitigen Vertragsaufhebung berechtigt.[3893] Ist auf dem Leasingvertrag unter der Überschrift »Ihr Ansprechpartner« der Lieferant mit Namen und Anschrift eingetragen, soll sich hieraus allerdings eine umfassende Bevollmächtigung ergeben. Eine solche kann allerdings auch aus Rechtsscheingesichtspunkten resultieren.[3894]

b) Erfüllungsgehilfe

aa) Voraussetzungen

1897 Der Lieferant kann im Hinblick auf den Abschluss des Leasingvertrages Erfüllungsgehilfe des Leasinggebers (§ 278 BGB) sein. Dies gilt dann, wenn er bei der Vertragsanbahnung typische Aufgaben des Leasinggebers wahrnimmt und sein Verhalten in einem inneren und sachlichen Zusammenhang zu den übertragenen Aufgaben steht.[3895] Dies ist etwa der Fall, wenn der Lieferant i.R.d. Leasingvertragsanbahnung tätig wird oder ihm die Leasingverträge von der Leasinggesellschaft zur Verfügung gestellt worden sind, die er sodann gemeinsam mit dem späteren Leasingnehmer ausfüllt; eine ständige, besonders enge Verbindung zwischen Leasinggeber und Lieferant ist nicht erforderlich.[3896] Der pauschale Vortrag des Leasingnehmers, der Leasinggeber sei ständiger Finanzierungspartner des

3890 Vgl. Graf von Westphalen/*Graf von Westphalen* Leasingvertrag Kap. C Rn. 37, der einen Hinweis »auf der Vorderseite des Vertrages« empfiehlt.

3891 BGH, NJW 1988, 204; BGH, NJW 1985, 2258.

3892 Erman/*Jendrek* Anh. § 535 Rn. 19.

3893 BGH, NJW 1985, 2258; OLG Frankfurt am Main, NJW 1987, 2447 (2448).

3894 OLG Dresden, NJW-RR 2003, 269.

3895 BGH, Urt. v. 18.09.2013 – VIII ZR 281/12.

3896 BGH, NJW 1985, 2258 (2260); OLG Frankfurt am Main, Urt. v. 28.01.2009 – 17 U 241/08, veröffentlicht bei juris; vgl. auch OLG Düsseldorf, OLGR Düsseldorf 2009, 685 und *Wolf/Eckert/Ball* Rn. 1736.

Lieferanten, reicht zur Annahme einer Erfüllungsgehilfeneigenschaft nicht aus.[3897] Bei Lieferung des Leasingobjektes ist der Lieferant Erfüllungsgehilfe des Leasinggebers bezogen auf die Sachverschaffungspflicht.[3898] Nach der Rechtsprechung des BGH reicht es zur Annahme der Erfüllungsgehilfeneigenschaft nicht aus, wenn der Kontakt zum Leasinggeber durch den Lieferanten erst nach Abschluss des Kaufvertrags zum potenziellen Leasingnehmer hergestellt wird.[3899]

bb) Haftung

Eine Erfüllungsgehilfeneigenschaft kann unter den vorgenannten Voraussetzungen nach der Rechtsprechung des BGH i.R.d. im Verhandlungsstadium entstehenden Sorgfalts- und Aufklärungspflichten anzunehmen sein.[3900] Der Leasinggeber kann ggü. dem Leasingnehmer nach § 278 BGB haftbar sein, wenn der Lieferant diese Pflichten schuldhaft verletzt,[3901] wobei nicht jedwedes pflichtwidrige Verhalten dem Leasinggeber zugerechnet werden kann.[3902] Die Voraussetzungen, die an eine derartige Erfüllungsgehilfenstellung und die Verantwortlichkeit des Vertragspartners für eine Haftung aus Verschulden bei Vertragsschluss gestellt werden, entsprechen denen, die nach § 123 Abs. 2 BGB für die Annahme einer »Vertrauensperson« oder eines »Repräsentanten« erforderlich sind.[3903] Die Schadensersatzpflicht des Leasinggebers wegen der Verletzung vorvertraglicher (Aufklärungs-) Pflichten kann sogar darauf hinauslaufen, dass dieser den Leasingnehmer von den Verpflichtungen aus dem Leasingvertrag freistellen muss.[3904] Diese Haftung des Leasinggebers kann nicht durch eine formularmäßige Regelung ausgeschlossen werden.[3905] Dies gilt auch im Verhältnis zwischen Unternehmern.[3906] 1898

cc) Zeitraum

Die Erfüllungsgehilfeneigenschaft des Lieferanten – soweit diese im konkreten Einzelfall anzunehmen ist – endet grds. mit dem Abschluss des Leasingvertrages.[3907] Wenn der Leasinggeber den Lieferanten hingegen mit der Lieferung des Leasingobjekts beauftragt, endet die Erfüllungsgehilfeneigenschaft allerdings erst mit der Auslieferung des Leasingobjekts beim Leasingnehmer.[3908] 1899

c) Wissensvertreter

Soweit dem Lieferanten die Eigenschaft eines Erfüllungsgehilfen zugesprochen wird, kommt auch eine Wissenszurechnung gem. § 166 BGB in Betracht.[3909] Diese Regelung gilt nicht nur im Bereich von Vertretergeschäften, sondern für alle Personen, die vom Geschäftsherrn dazu berufen sind, im Rechtsverkehr als dessen Repräsentant bestimmte Aufgaben in eigener Verantwortung zu erledigen und die dabei anfallenden Informationen zur Kenntnis zu nehmen und auch weiterzugeben.[3910] Daneben kommt die Vorschrift auch zur Anwendung, soweit der Geschäftsherr dem Verhandlungsgehilfen die Vorbereitung eines Vertragsabschlusses überlässt.[3911] Handelt der Lieferant mit Wissen 1900

3897 BGH, NJW 1995, 1146 (1147).
3898 OLG Düsseldorf, NJW-RR 2005, 700.
3899 BGH v. 30.03.2011 – VIII ZR 94/10, NJW 2011, 2877.
3900 BGH, NJW 1989, 287.
3901 BGH, NJW 1985, 2258.
3902 Dazu nachfolgend unter dem Gesichtspunkt von Nebenabreden bzw. Sondervereinbarungen.
3903 BGH, NJW 1989, 287 unter Hinweis auf BGH, NJW-RR 1987, 59.
3904 BGH, NJW 1985, 2258 (2261).
3905 Erman/*Jendrek* Anh. § 535 Rn. 20.
3906 BGH, NJW 1985, 2258.
3907 BGH, NJW-RR 1989, 1140.
3908 BGH, NJW 1988, 198 (204).
3909 Kritisch: *Wolf/Eckert/Ball* Rn. 1691.
3910 BGH, NJW 2005, 365.
3911 BGH, NJW 1992, 899.

und Wollen des Leasinggebers, ist der Lieferant regelmäßig nicht Dritter im Sinne von § 123 Abs. 2 BGB.[3912]

d) Nebenabreden und Sondervereinbarungen

1901 Zwar fehlt dem Lieferanten regelmäßig eine Vollmacht, um mit dem Leasingnehmer Nebenabreden wirksam zu vereinbaren, insb. solche, die im schriftlichen Leasingvertrag nicht ihren Niederschlag finden. In der Rechtsprechung wird jedoch z.T. angenommen, dass der Lieferant einen Hinweis darauf schulde, dass seine mündlichen Zusagen nicht Vertragsbestandteil werden, und dem Leasinggeber eine hierauf bezogene Pflichtverletzung über § 278 BGB zuzurechnen sei.[3913] Diese Ansicht dürfte allerdings zu weit gehen,[3914] da eine Zurechnung des Verhaltens des Lieferanten jedenfalls nur dann angenommen werden sollte, wenn sich der Lieferant i.R.d. üblichen Vertragsmodalitäten bewegt, also insb. nicht im Fall von atypischen Nebenabreden, die nicht zum Gegenstand des Leasingvertrages gemacht werden.[3915] Sondervereinbarungen zwischen dem Leasingnehmer und dem Lieferanten sind dem Leasinggeber nur zuzurechnen, wenn sich der Lieferant i.R.d. ihm vom Leasinggeber erteilten Auftrages bewegt. Keine Zurechnung erfolgt indes dann, wenn der Lieferant nur bei Gelegenheit des Auftrages tätig wird und einen atypischen Fall regelt,[3916] der auch keinen Eingang in den Leasingvertrag findet.[3917] So löst insb. eine Umtauschvereinbarung zwischen Lieferanten und Leasingnehmer keine Verpflichtungen des Leasinggebers aus.[3918]

1902 Häufig sollen Werbeeinnahmen zu einer »Kostenneutralität« des Leasingvertrages führen. Auch dies ist – wenn der Leasinggeber nicht eingebunden wird – grds. eine atypische Nebenabrede, welche die Leasinggesellschaft nicht bindet.[3919]

1903 In Bezug auf mündliche Nebenabreden zwischen Leasingnehmer und Lieferanten sollte klargestellt werden, dass solche nicht in Betracht kommen. Insoweit kommt zunächst eine entsprechende Zusicherung des Leasingnehmers in Betracht, die um eine Klausel ergänzt werden sollte, wonach für den Fall mündlicher Nebenabreden zwischen Leasingnehmer und Lieferanten eine Bindungswirkung für den Leasinggeber nur eintritt, wenn die Abrede dem Leasinggeber mitgeteilt und von diesem gebilligt wurde.[3920]

4. Sicherheiten

1904 In Fällen einer unzureichenden Bonitätsprüfung wird sich der Leasinggeber aufgrund des erheblichen Finanzierungsrisikos nur für den Fall einer Sicherheit auf einen Vertragsschluss mit dem Leasingnehmer einlassen. Insoweit kommen insb. eine Mithaftung bzw. Bürgschaft, eine Kaution[3921] oder Sondervereinbarungen mit dem Lieferanten, zumeist in Gestalt einer Ausfallhaftung oder Rückkaufvereinbarung, in Betracht.

3912 BGH, NJW 1988, 198.

3913 LG Neubrandenburg, VuR 2004, 443 m. Anm. *Gaedtke* VuR 2004, 446.

3914 Vgl. Schimansky/Bunte/Lwowski/*Martinek/Oechsler* Bankrechts-Handbuch § 101 Rn. 35.

3915 Vgl. OLG Frankfurt am Main, NJW 1986, 2509.

3916 Vgl. BGH, CR 1995, 527; OLG Düsseldorf, OLGR Düsseldorf 1992, 154; OLG München, DB 2002, 2373.

3917 OLG München, DB 2002, 2373 (2374); a.A. LG Neubrandenburg, VuR 2004, 443, das zulasten des Leasinggebers eine Schadensersatzpflicht annimmt.

3918 OLG Frankfurt am Main, NJW 1986, 2509.

3919 BGH v. 18.09.2013 – VIII ZR 281/12, BeckRS 2013, 18173; BGH, WM 2011, 1760; vgl. aber auch BGH, WM 2009, 1813, wo der Senat eine wirtschaftliche Einheit zwischen Leasing- und Dienstleistungsvertrag angenommen hat.

3920 Vgl. *Beckmann* Finanzierungsleasing § 1 Rn. 130.

3921 Zu verzinsen ist eine Kaution nur, wenn dies ausdrücklich vereinbart ist, BGH, NJW-RR 2010, 633.

a) Mithaftung/Bürgschaft

aa) Vertragliche Einbeziehung

Insb. Bürgschaften kommt im Leasingbereich eine hohe Bedeutung zu. Häufig enthalten die Vertragsformulare der Leasinggesellschaften einen bereits vorbereiteten Bereich, in welchem eine selbstschuldnerische Bürgschaft durch einen Dritten abgegeben werden kann. In der Praxis werden Bürgschaften häufig von den gesetzlichen Vertretern juristischer Personen übernommen, vor allem im Fall der klassischen Ein-Mann GmbH. **1905**

bb) Anforderungen

Besondere, vom allgemeinen Schriftformerfordernis gem. § 766 Satz 1 BGB abweichende Erfordernisse für eine wirksame Vereinbarung der Bürgschaft bestehen nicht. Insb. ist nicht die Abgabe der Bürgschaftserklärung auf einem vom Leasingvertrag getrennten Formular erforderlich, vielmehr ist die Kombination von Leasingvertrag und Bürgschaftserklärung in einem Formular zulässig und wird entsprechend häufig praktiziert. **1906**

Zu beachten ist allerdings die Regelung des § 309 Nr. 11 Buchst. a) BGB, wonach eine Bestimmung unwirksam ist, durch die der Verwender einem Vertreter, der den Vertrag für den anderen Vertragsteil abschließt, ohne hierauf gerichtete ausdrückliche und gesonderte Erklärung eine eigene Haftung oder Einstandspflicht auferlegt. Auch wenn § 309 Nr. 11 Buchst. a) BGB nur den speziellen Fall der Mithaftung eines Vertreters erfasst, ist im Ergebnis bei der Einholung von Bürgschaftserklärungen dafür Sorge zu tragen, dass der Bürge hinreichend deutlich erkennt, dass er eine Bürgschaft abgibt. Dafür sollte die Bürgschaftserklärung vom übrigen Text des Leasingvertrages optisch deutlich abgegrenzt werden[3922] und eine klare Beschreibung von Art und Umfang der Bürgschaft vorsehen. Ein gesondertes Unterschriftenfeld sollte nicht nur bei der Übernahme einer Bürgschaft durch Dritte, sondern auch in den Fällen der Mithaftung des gesetzlichen Vertreters des Leasingnehmers erfolgen. Andernfalls, d.h. im Fall einer schlichten Integration der Bestimmung über die Bürgschaft in den Hauptvertrag, besteht die Gefahr, dass es an der im Rahmen von § 309 Nr. 11 Buchst. a) BGB erforderlichen »gesonderten Erklärung« mangelt.[3923] **1907**

cc) Grenzen, Einwendungen

Sofern eine Bürgschaft von einer dem Leasingnehmer bzw. dessen Inhaber nahestehenden Person übernommen werden soll, sind die von der Rechtsprechung entwickelten Kriterien zur Sittenwidrigkeit wegen finanzieller Überforderung zu berücksichtigen.[3924] Die Einschränkungen im Bereich sog. Angehörigenbürgschaften gelten allerdings – von Ausnahmefällen abgesehen[3925] – nicht für den Inhaber einer Gesellschaft, der für diese eine Bürgschaft abgibt.[3926] Für den Geschäftsführer einer Leasingnehmerin gelten zudem nicht die Schutzvorschriften für Verbraucherdarlehen.[3927] **1908**

Der Bürge des Leasingnehmers kann seiner Inanspruchnahme aus der Bürgschaft nicht mit Erfolg entgegenhalten, der Leasinggeber habe nicht überwacht, ob der Leasingnehmer – wie nach dem Leasingvertrag vorgesehen – eine Versicherung abschließt.[3928] Werden sämtliche wesentlichen Bedingungen (Leasingrate, Laufzeit, kalkulierter Restwert) neu ausgehandelt und fehlt eine Bezugnahme auf den vorherigen Leasingvertrag, handelt es sich um einen neuen Leasingvertrag.[3929] Eine **1909**

3922 MüKo-BGB/*Koch*, Finanzierungsleasing, Rn. 54.
3923 BGH, NJW 2001, 3186 (3187).
3924 BGH, NJW 1997, 3372 (3373 f.).
3925 BGH, NJW 1997, 1980 (1981) für den Fall einer »Überrumpelung«.
3926 BGH, NJW 1998, 894.
3927 OLG Düsseldorf, WM 2009, 847.
3928 LG Berlin, WM 2005, 932.
3929 OLG Düsseldorf, *GuT* 2003, 84.

für den vorangegangenen Vertrag hingegebene Bürgschaft würde sich auf diesen neuen Vertrag nicht beziehen.

b) Rückkaufvereinbarungen/Restwertgarantien

aa) Modalitäten

1910 Neben der Mithaftung und der Übernahme von Bürgschaften kommt sog. Rückkaufvereinbarungen bzw. Restwertgarantien eine hohe Bedeutung für die Absicherung von Leasingverträgen zu. Dogmatisch handelt sich bei einer solchen Vereinbarung um einen aufschiebend bedingten Kaufvertrag.[3930] Die Bedingungen, d.h. die Modalitäten, unter welchen die Rückkaufverpflichtung des Lieferanten ausgelöst wird, sind i.R.d. Rückkaufvereinbarung klar zu regeln. I.d.R. wird als maßgeblicher Bezugspunkt darauf abgestellt, dass der Leasingnehmer seinen Zahlungsverpflichtungen nicht mehr nachkommt. In diesem Fall hat der Leasinggeber den Leasingvertrag zu kündigen,[3931] da dieser andernfalls weiterhin zur Gebrauchsüberlassung verpflichtet ist, was einer Veräußerung des Leasinggegenstandes entgegenstünde. Wird eine Rückkaufvereinbarung ohne nähere Begründung für den Fall getroffen, dass der Leasingvertrag »notleidend« wird, ist die Klausel dahingehend auszulegen, dass der Leasingvertrag wirksam gekündigt sein muss.[3932]

1911 Die Bestimmung des vom Lieferanten zu zahlenden Kaufpreises erfolgt regelmäßig unter Bezugnahme auf die zum Zeitpunkt des Rückkaufs bestehende Restschuld des Leasingnehmers,[3933] also unter Vereinbarung eines dynamischen Kaufpreises i.H.d. abgezinsten Gesamtsumme der jeweils ausstehenden Leasingraten bzw. (wenn der Leasingvertrag nach Laufzeit endet) zum kalkulierten Restwert.[3934] Soweit durch die Rückkaufvereinbarung neben den ausstehenden Restraten auch rückständige Raten oder vom Insolvenzverwalter angefochtene Zahlungen ausgeglichen werden sollen, erscheint es ratsam, die Rückkaufvereinbarung mit einem Garantievertrag zu kombinieren.[3935] Andernfalls besteht die Gefahr, dass eine entsprechende Vereinbarung jedenfalls formularmäßig wegen einer unangemessenen Benachteiligung unwirksam ist, da der vereinbarte »Kaufpreis« im Fall der Absicherung auch rückständiger Raten nicht mehr als tatsächliche Gegenleistung für die Eigentumsübertragung, sondern als reines Sicherungsmittel des Leasinggebers angesehen werden könnte.

bb) Grenzen

1912 Die Zulässigkeit von Rückkaufvereinbarungen durch formularmäßige Abrede wird in jüngerer Zeit infrage gestellt. Insoweit wird die Auffassung vertreten, dass hier eine unangemessene Benachteiligung des Lieferanten vorliegen könnte.[3936] Dieser Einwand dürfte für die Praxis eher eine geringe Rolle spielen, da entsprechende Rückkaufvereinbarungen bzw. Garantien regelmäßig individualvertraglich ausgehandelt werden.

3930 Vgl. *Wolf/Eckert/Ball* Rn. 1709 mit der Annahme eines Wiederkaufrechts.

3931 MüKo-BGB/*Koch*, Finanzierungsleasing, Rn. 56.

3932 BGH NJW 1990, 1902.

3933 MüKo-BGB/*Koch*, Finanzierungsleasing Rn. 56; vgl. auch BGH, NJW 1990, 1902 (1903) zur Bestimmung des Kaufpreises durch den »jeweils valutierenden Finanzierungsstand«.

3934 BGH, NJW 1990, 2546; *Beckmann* Finanzierungsleasing § 1 Rn. 134, § 3 Rn. 192; MüKo-BGB/*Koch*, Finanzierungsleasing Rn. 56.

3935 Vgl. Graf von Westphalen/*Graf von Westphalen* Leasingvertrag Kap. D Rn. 25 ff. und Kap. J Rn. 109 ff., der in Bezug auf Rückkaufvereinbarungen bzw. Restwertgarantien bereits in vertragstypologischer Hinsicht von einer »garantiemäßigen Absicherung« ausgeht.

3936 Vgl. *Leyens* MDR 2003, 312.

5. Zinsanpassung

a) Hintergrund

Zwischen Vertragsschluss und Lieferung der Leasingsache liegen i.d.R. nur wenige Wochen. Es können sich allerdings Lieferverzögerungen ergeben, die möglicherweise zu einer Verteuerung der Finanzierung führen. Vor diesem Hintergrund besteht auf Seiten des Leasinggebers ein Interesse an einer Vertragsklausel, die ggf. eine Anpassung möglich bzw. erforderlich macht. **1913**

b) Anpassungssymmetrie

aa) Gleichlauf

Zinsanpassungsklauseln sind im Bankenbereich üblich und wurden vom BGH als AGB-rechtlich zulässig angesehen.[3937] Es gilt allerdings das Prinzip der Anpassungssymmetrie, d.h. sowohl Verbesserungen als auch Verschlechterungen der Refinanzierungskonditionen müssen gleichermaßen behandelt werden. Bereits in einer Entscheidung vom 19.10.1999 hat der BGH, ausgeführt, dass einseitige Leistungsbestimmungsrechte nur dann hingenommen werden müssen, wenn sie als Instrument der Anpassung notwendig sind und Anlass sowie Ausübung des Bestimmungsrechts konkret angegeben werden.[3938] Die gesetzliche Regelung einseitiger Leistungsbestimmungsrechte in den §§ 315 ff. BGB entzieht die formularmäßige Einräumung solcher Rechte nicht der AGB-rechtlichen Kontrolle. In einem Urt. v. 17.02.2004 hat der BGH noch einmal betont, dass diese Vorschriften nichts daran ändern, dass die Vertragsparteien sich im vom Gesetz vorausgesetzten Regelfall über Art und Umfang der Leistung sowie der Gegenleistung einigen und dies im Vertrag festlegen.[3939] Ein einseitiges Leistungsbestimmungsrecht nach § 315 BGB besteht daher nur, wenn es vertraglich vereinbart wurde.[3940] Beim (Immobilien-)Leasing soll dessen Vereinbarung üblich sein.[3941] **1914**

bb) Unwirksamkeit

Gem. § 308 Nr. 4 BGB ist eine in Allgemeinen Geschäftsbedingungen enthaltene Vereinbarung eines Rechts des Verwenders, die versprochene Leistung zu ändern oder von ihr abzuweichen, unwirksam, wenn diese Vereinbarung nicht unter Berücksichtigung der Interessen des Verwenders für den anderen Vertragsteil zumutbar ist. Einseitige Leistungsbestimmungsrechte i.S.d. §§ 315 ff. BGB fallen zwar nicht in den Anwendungsbereich des § 308 Nr. 4 BGB, wenn sie darauf beschränkt sind, dem Verwender die erstmalige Festlegung seiner Leistung zu ermöglichen.[3942] Auf eine Folgeänderung ist § 308 Nr. 4 BGB hingegen anwendbar.[3943] **1915**

Aus der Fassung des § 308 Nr. 4 BGB sowie aus dem das Vertragsrecht beherrschenden Rechtsgrundsatz der Bindung beider Vertragspartner an eine von ihnen getroffene Vereinbarung[3944] ergibt sich nach Auffassung des BGH, dass gegen Klauseln in Allgemeinen Geschäftsbedingungen, die zugunsten des Verwenders ein Recht zur Änderung seiner Leistung vorsehen, die Vermutung der Unwirksamkeit spricht. Es sei Sache des Verwenders, diese Vermutung durch die Darlegung und ggf. den Nachweis der Zumutbarkeit des Änderungsvorbehaltes für den anderen Vertragsteil zu entkräften.[3945] Die Zumutbarkeit einer Leistungsänderung ist dann zu bejahen, wenn die Interessen des **1916**

3937 BGH, NJW 1986, 1803; BGH, WM 1992, 940; BGH, WM 2000, 1141.
3938 BGH, WM 1999, 2545 (2547).
3939 BGH, NJW 2004, 1588.
3940 BGHZ 90, 69 (72).
3941 OLG Jena, OLGR Jena 2006, 336.
3942 BGH NJW 2004, 1588 m.w.N.
3943 BGH NJW 2004, 1588.
3944 BGHZ 89, 206 (211).
3945 BGH NJW 2004, 1588, mit umfangreichen weiteren Nachweisen.

Verwenders die für das jeweilige Geschäft üblichen Interessen des anderen Vertragsteils überwiegen oder ihnen zumindest gleichwertig sind. Bei Bankdarlehen hat der BGH inhaltlich unbeschränkte Zinsänderungsklauseln bisher einschränkend dahin ausgelegt, dass diese den darlehensgebenden Kreditinstituten Änderungen des Zinssatzes nur nach Maßgabe der kapitalmarktbedingten Veränderungen ihrer Refinanzierungskonditionen gestatten.[3946]

1917 Die Rechtsprechung des BGH hat erhebliche Kritik erfahren.[3947] In einem Urt. v. 17.02.2004 hat der BGH ausdrücklich offen gelassen, ob er im Lichte dieser Kritik an seiner Rechtsprechung festhalten wird.[3948] Gleichwohl hat der BGH das berechtigte Interesse der Kreditinstitute, ihre Zinssätze den veränderlichen Gegebenheiten des Kapitalmarktes nicht nur bei Neuabschlüssen, sondern auch bei bestehenden Verträgen anzupassen, ausdrücklich bekräftigt. Gleiches gilt für das Leasinggeschäft. Zwischenzeitlich hat der BGH klargestellt, dass auch eine unwirksame Zinsänderungsklausel nicht dazu führt, dass der Anfangszins über die gesamte Vertragslaufzeit hinweg unveränderlich ist. Es kommt zu einer ergänzenden Vertragsauslegung.[3949]

cc) Referenzzins

1918 Es obliegt allerdings dem Leasinggeber, unter den geeigneten Referenzzinsen denjenigen herauszusuchen und in einer entsprechenden Zinsanpassungsklausel anzuführen, der seinen Refinanzierungsverhältnissen am nächsten kommt. Die Zinsanpassungsklausel muss sodann einen Automatismus sowohl bei Erhöhungen als auch bei Reduzierungen des Referenzzinses vorsehen. Weil nicht jede geringfügige Änderung der Refinanzierungskosten zu einer Anpassung der Leasingraten führen soll, die Anpassungsschwelle für den Leasingnehmer aber erkennbar sein muss, ist es möglich, einen Schwellenwert für die Anpassung in die entsprechende Vertragsklausel aufzunehmen. Üblicherweise liegt eine solche Anpassungsschwelle zwischen 0,25 und 0,50 %.

6. Sittenwidrigkeit

1919 In der Praxis kommt es zuweilen vor, dass Lieferanten potenzielle Leasingnehmer bei den Konditionen des Leasinggeschäfts übervorteilen. Dies betrifft insb. exotische Produkte, vor allem Elektronikartikel von weithin unbekannten Herstellern, für welche auf dem Markt kaum oder keine Vergleichsangebote eingeholt werden können. Oftmals vertreibt der betreffende Lieferant die Produkte exklusiv.

a) Sittenwidrigkeit des Leasingvertrags

aa) Grundlagen

(1) Objektive Voraussetzungen

1920 Wie auch Darlehensverträge können Leasingverträge wegen Sittenwidrigkeit nichtig sein. Ein Vergleich mit marktüblichen Leasingraten (mietrechtliches Prüfungsmodell)[3950] ist oftmals nicht möglich.[3951] Bei einem Vollamortisationsleasingvertrag ist deshalb – auch im gewerblichen Bereich – grds. dann in Anlehnung an die Rechtsprechung des BGH zur Sittenwidrigkeit von Ratenkrediten von

3946 BGHZ 97, 212 (217); BGH, WM 1991, 179 (181); BGH, WM 1993, 2003 (2005); BGH, WM 2000, 1141 (1142 f.).

3947 Soergel/*Stein* BGB AGBG § 9 Rn. 68; Bruchner/Metz/*Metz* Variable Zinsklauseln Rn. 305 ff.; *ders.* BKR 2001, 21 (22 ff.); *Habersack* WM 2001, 753 (755 ff.); *Schimansky* WM 2001, 1169 (1172); *ders.* WM 2003, 1449 (1450); *Derleder* WM 2001, 2029 (2031).

3948 BGH NJW 2004, 1598 (1599).

3949 BGH WM 2008, 1493; BGH BKR 2009, 345; BGH NJW-RR 2011, 625; vgl. auch BGH Beschlüsse vom 26.09.2017 XI ZR 78/16 und XI ZR 79/16, beide veröffentlicht bei juris.

3950 OLG Hamm, NJW-RR 1994, 1467.

3951 MüKo-BGB/*Koch*, Finanzierungsleasing, Rn. 45.

einem sittenwidrigen Rechtsgeschäft auszugehen, wenn der effektive Vertragszins den effektiven Vergleichszins (Schwerpunktzins der Deutschen Bundesbank) relativ um rund 100 % oder absolut um 12 % übersteigt.[3952] Bei der Beurteilung, ob es sich um ein objektiv sittenwidriges Geschäft handelt, muss nach Auffassung des OLG München neben der Bearbeitungsgebühr auch der sicher zu erwartende Restwert des bei dem Leasinggeber nach Ablauf des Leasingvertrages verbleibenden Leasingobjektes berücksichtigt werden.[3953] Im Bereich des Finanzierungsleasings findet danach die Rechtsprechung zur Sittenwidrigkeit von Darlehensverträgen[3954] analoge Anwendung.

(2) Subjektive Voraussetzungen

Im Bereich des Sittenwidrigkeitseinwandes kommt den subjektiven Voraussetzungen, welche für die Nichtigkeitsfolge des § 138 BGB grds. erforderlich sind, erhebliches Gewicht zu. Zum Tatbestand des Wuchers gehört, dass der Wucherer die beim anderen Teil bestehende Schwächesituation in Form einer Zwangslage, Unerfahrenheit, mangelnden Urteilsvermögens oder einer erheblichen Willensschwäche ausgebeutet hat.[3955] Hierfür muss sich der Wucherer die vorgenannten Umstände bewusst zunutze machen und dabei Kenntnis von dem Missverhältnis der beiderseitigen Leistungen haben, wobei eine bestimmte Ausbeutungsabsicht nicht erforderlich ist.[3956] Zwar kann der objektive Umstand, dass einem Leasingvertrag ein weit überhöhter Anschaffungspreis zugrunde gelegt worden ist, ein Zeichen dafür sein bzw. den Anschein begründen, dass auch die subjektiven Voraussetzungen des § 138 Abs. 1 BGB vorlagen. Diese – widerlegliche – Vermutung der verwerflichen Gesinnung hat aber nur dort ihre Berechtigung, wo private Vertragspartner betroffen sind. In diesen Fällen kann mangels anderer Umstände vermutet werden, dass durch private Vertragspartner übermäßig belastende Bedingungen deren wirtschaftliche Schwäche, Rechtsunkundigkeit und Geschäftsungewandtheit ausgenutzt werden konnten.[3957] Beim Kaufmann, auch beim Minderkaufmann früheren Rechts, gilt diese Vermutung aber nicht.[3958] Hier verbleibt es bei der allgemeinen Darlegungs- und Beweisregel, wonach derjenige, der sich auf die Nichtigkeit eines Vertrages beruft, die subjektiven Voraussetzungen darlegen und ggf. beweisen muss. Dies erscheint auch sachgerecht, da im geschäftlichen Verkehr eine höhere Resistenz gegen Übervorteilung anzunehmen ist. Daher dürfte der Sittenwidrigkeitseinwand außerhalb des Verbraucherbereichs nur in engen Ausnahmefällen durchgreifen. 1921

Die Zurechnung eines verwerflichen Handelns des Lieferanten zum Leasinggeber setzt ein kollusives Zusammenwirken beider voraus.[3959] Es kommt aber auch eine Zurechnung der Kenntnis des Lieferanten über § 166 BGB in Betracht, wenn dieser – was regelmäßig der Fall ist – als Verhandlungsgehilfe aufgetreten ist.[3960] 1922

3952 OLG Dresden, BB 2000, 480; *Beckmann* Finanzierungsleasing § 2 Rn. 423; Eingehend zu den Berechnungsmodalitäten BGH, NJW 1995, 1019.

3953 OLG München, Urt. v. 18.04.2005 – 21 U 5821/04, veröffentlicht bei juris.

3954 Vgl. statt aller: BGH, WM 1990, 1322; BGH, WM 1994, 455; OLG München, Beschl. v. 16.08.2011 – 7 U 5289/09, veröffentlicht bei juris; weitere umfangreiche Nachweise bei MüKo-BGB/*Mayer-Maly/Armbrüster* Bd. 1 § 138 Rn. 119.

3955 Palandt/*Ellenberger* § 138 Rn. 69.

3956 BGH, NJW 1982, 2767 (2768); BGH, NJW 1985, 3006 (3007); BGH, BB 1990, 1510.

3957 BGH, NJW 1988, 818 (819); BGH, NJW 1995, 1019 (1022); OLG Bamberg, NJW-RR 2002, 264.

3958 BGH, NJW 1991, 1810; BGH, NJW 1995, 1019 (1022); OLG Nürnberg, BB 1996, 659 m.w.N.; AG Köln, Urt. v. 30.04.2007 – 119 C 224/06 (bislang n.v.); Palandt/*Heinrichs* § 138 Rn. 30; Erman/*Jendrek* Anh. § 535 Rn. 17.

3959 OLG Köln, NJW-RR 1997, 1549; AG Köln, Urt. v. 30.04.2007 – 119 C 224/06 (bislang n.v.).

3960 *Beckmann* Finanzierungsleasing § 2 Rn. 426.

(3) Rechtsfolgen

1923 Stellt sich die Sittenwidrigkeit des Vertrages heraus und möchte der Leasingnehmer nicht an diesem festhalten, sind die wechselseitig empfangenen Leistungen bereicherungsrechtlich rückabzuwickeln (§§ 812 ff. BGB).

bb) Sonderproblem: »Huckepackfinanzierungen«

(1) Hintergrund

1924 Im Zusammenhang mit der Sittenwidrigkeit eines Leasingvertrages ist auf das Problemfeld sog. Huckepackverträge hinzuweisen. Hierunter werden Konstellationen gefasst, in welchen beim Abschluss eines neuen Leasingvertrages Restforderungen des Leasinggebers aus einem alten Leasingvertrag in den neuen Vertrag mit einbezogen und somit zur Grundlage für die Finanzierungssumme gemacht werden. Derartige Fälle können insb. bei Teilamortisationsverträgen auftreten, wenn der vereinbarte Restwert nicht nach Vertragsschluss an den Leasinggeber ausgezahlt wird, sondern in die Finanzierung eines neu abgeschlossenen Vertrages einbezogen wird. Die gleiche Situation kann sich bei einer einvernehmlichen Vertragsauflösung ergeben, etwa wenn das Leasingobjekt des Altvertrages durch einen neuen Gegenstand ersetzt und etwaige Ausgleichsforderungen des Leasingnehmers nicht unmittelbar ausgeglichen, sondern in die Finanzierung des neuen Gegenstandes einbezogen werden. Im Ergebnis wird damit eine vom konkreten Leasinggegenstand des Neuvertrages losgelöste Forderung in die Kalkulation des neuen Leasingvertrages einbezogen. Die Gefahr eines solchen Vorgehens liegt darin begründet, dass der kalkulierte Finanzierungsbetrag nicht am Wert des durch den neuen Leasingvertrag finanzierten Objekts ausgerichtet ist, sondern Altforderungen mit berücksichtigt.

(2) Rechtsfolgen

1925 In einer solchen Konstellation hat das OLG Koblenz die Sittenwidrigkeit des Leasingvertrages mit der Begründung angenommen, dass die vereinbarten Leasingraten in einem auffälligen Missverhältnis zur Leistung des Leasinggebers, also der Überlassung und Finanzierung des konkreten Leasinggegenstandes, stünden.[3961] Der Umstand, dass die vereinbarten monatlichen Leasingraten auch die Ablösesumme eines alten Leasingvertrages enthielten, ließ das OLG Koblenz nicht gelten, da dieser Umstand nicht aus dem Leasingvertrag selbst ersichtlich war. Die Vereinbarung, dass nicht nur der Kaufpreis eines Leasingobjektes nebst einem angemessenen Gewinn des Leasinggebers in die Berechnung der Leasingraten einbezogen wird, gehört nach Ansicht des OLG Koblenz zu den wesentlichen Vertragsvereinbarungen, die schriftlich festgehalten werden müssen.

1926 Die Entscheidung des OLG Koblenz dürfte allerdings nicht pauschal zu einem unbedingten Schriftformerfordernis über die Einbeziehung von Restforderungen in die Finanzierungssumme führen. Im konkret entschiedenen Fall bestand nämlich die Besonderheit, dass der Leasinggeber auf seinen Formularen ein Feld vorgesehen hatte, in welchem die Einbeziehung von außerhalb des konkreten Leasingvertrages liegenden Forderungen einzutragen gewesen wäre, was jedoch unterblieb. Dennoch sollte im Leasingvertrag selbst deutlich offengelegt werden, dass die vereinbarten Leasingraten nicht lediglich auf dem Kaufpreis des Leasingobjektes beruhen, sondern darüber hinaus sonstige Forderungen des Leasinggebers gegen den Leasingnehmer berücksichtigen. In diesem Fall wird deutlich, dass die vereinbarten Leasingraten nicht ausschließlich am Kaufpreis des Leasingobjekts orientiert sind, sodass eine für die Annahme einer Sittenwidrigkeit isolierte Betrachtung von Leasingraten und Kaufpreis nicht in Betracht kommt.

3961 OLG Koblenz, OLGR Koblenz 2001, 441 (442).

b) Sittenwidrigkeit des Liefervertrages

aa) Objektive Voraussetzungen

Häufig steht die Frage der Sittenwidrigkeit im Zusammenhang mit einem überhöhten Kaufpreis, 1927
den der Leasinggeber an den Lieferanten gezahlt hat. Insoweit gilt der Merksatz, dass im Fall eines wucherischen Preises für den Leasinggegenstand auch die danach berechnete Finanzierung – diese geht vom Preis des Leasinggegenstandes als Ausgangsbasis aus – wucherisch und damit sittenwidrig ist. Im Ergebnis führt die Sittenwidrigkeit des Kaufvertrages zum Wegfall der Geschäftsgrundlage des Leasingvertrages.[3962]

bb) Subjektive Voraussetzungen

Das subjektive Erfordernis der Ausbeutung einer Zwangslage muss beim zwischen Leasinggeber 1928
und Lieferanten bestehenden Liefervertrag in der Person des Lieferanten gegeben sein. Insoweit gelten die gleichen Maßstäbe wie bei der Sittenwidrigkeit des Leasingvertrages. In diesem Zusammenhang ist allerdings zu beachten, dass die Merkmale Zwangslage, Unerfahrenheit, mangelndes Urteilsvermögen oder erhebliche Willensschwäche grds. beim Vertragspartner des Lieferanten, also beim Leasinggeber vorliegen müssen. Dieser ist jedoch in die Verhandlungen über die Vertragskonditionen grds. gar nicht erst involviert, vielmehr verhandelt der Lieferant unmittelbar mit dem Leasingnehmer über die vertraglichen Konditionen. Vor diesem Hintergrund ist im typischen Leasingdreieck unter Berücksichtigung der für den Lieferanten ersichtlichen besonderen Umstände bei der Beurteilung der subjektiven Voraussetzungen über § 166 BGB auf den Leasingnehmer als den für den Leasinggeber handelnden Verhandlungsgehilfen und »Quasi-Käufer« abzustellen.[3963]

cc) Rechtsfolgen

Stellt sich die Sittenwidrigkeit des Vertrages heraus, sind die wechselseitig empfangenen Leistungen 1929
bereicherungsrechtlich rückabzuwickeln (§§ 812 ff. BGB).

7. Anfechtung

a) Grundlagen

Soweit die Willensbildung des Leasingnehmers beim Abschluss des Leasingvertrags bzw. bei den 1930
Verhandlungen über den Kaufvertrag mit einem Irrtum behaftet war, kann der Leasingnehmer die Verträge nach allgemeinen Regeln anfechten. Soweit eine Anfechtung des Liefervertrags erfolgen soll, ist wegen eines Inhalts- oder Erklärungsirrtums auf die Person des Leasingnehmers abzustellen, der für den Leasinggeber den Liefervertrag ausgehandelt hat.[3964] Obwohl der Leasinggeber alleiniger Vertragspartner des Lieferanten ist, ergibt sich die Anknüpfung an die Vorstellung des Leasingnehmers aus § 166 BGB, der i.R.d. Verhandlungen über den Inhalt des Kaufvertrags als Verhandlungsgehilfe des Leasinggebers tätig wird.

b) Arglistige Täuschung

Möchte der Leasingnehmer den Leasingvertrag wegen arglistiger Täuschung durch den Lieferanten 1931
ggü. dem Leasinggeber anfechten, kommt dies nur in Betracht, wenn der Lieferant nicht Dritter im Sinne von § 123 Abs. 2 BGB ist. Solange der Lieferant mit Wissen und Wollen des Leasinggebers als

3962 OLG Nürnberg, WM 1996, 497; a.A. Erman/*Jendrek* Anh. § 535 Rn. 17; kritisch auch *Wolf/Ball/Eckert* Rn. 1770.

3963 *Beckmann* Finanzierungsleasing § 2 Rn. 433.

3964 *Beckmann* Finanzierungsleasing § 2 Rn. 407.

dessen Erfüllungsgehilfe den Leasingvertrag verhandelt, ist der Lieferant nicht Dritter,[3965] sodass die Möglichkeit der Anfechtung eröffnet ist. Soweit der Lieferant allerdings erkennbar außerhalb seiner Befugnisse handelt, insb. atypische Nebenabreden trifft, die nicht in den Leasingvertrag einfließen, ist der Lieferant insoweit als Dritter einzustufen, sodass weder die betreffenden Nebenabreden dem Leasinggeber zugerechnet werden können noch der Leasingnehmer den Leasingvertrag anfechten kann.[3966] Eine Anfechtung soll auch noch nach vorangegangener Vertragskündigung durch den Leasinggeber möglich sein.[3967]

c) Besonderheiten beim Eintrittsmodell

1932 Für die Anfechtung durch den Leasinggeber ist im Fall des sog. Eintrittsmodells, also bei Eintritt in einen zwischen Leasingnehmer und Lieferanten geschlossenen Beschaffungsvertrag, eine Besonderheit zu berücksichtigen. Beabsichtigt der Leasinggeber den Übernahmevertrag anzufechten, so hat die Anfechtung sowohl ggü. dem Leasingnehmer als auch ggü. dem Lieferanten zu erfolgen.[3968]

III. Lieferung

1. Grundlagen

1933 Der Leasinggegenstand wird regelmäßig unmittelbar vom Lieferanten an den Leasingnehmer ausgeliefert. In diesem Rahmen erwirbt der Leasinggeber kraft Geheißerwerbs gem. § 929 Satz 1 BGB i.V.m. § 868 BGB das Eigentum am Leasinggegenstand.[3969] Durch die Auslieferung des Leasinggegenstandes erfüllt der Lieferant seine Lieferverpflichtung aus dem Kaufvertrag, während der Leasinggeber unter Zuhilfenahme des Leasingnehmers als Erfüllungsgehilfen seiner Abnahmeverpflichtung gem. § 433 Abs. 2 BGB nachkommt. Gleichzeitig erfüllt der Leasinggeber dem Leasingnehmer ggü. durch die Übergabe des Leasinggegenstandes mittels des insoweit als Erfüllungsgehilfen tätigen Lieferanten seine Verpflichtung zur Gebrauchsüberlassung. Der Leasingnehmer ist vom Zeitpunkt der Lieferung an zur Zahlung der Leasingraten verpflichtet.[3970] Für eine unberechtigte Verzögerung der Annahme des Leasinggegenstandes durch den Leasingnehmer haftet der Leasinggeber gem. §§ 280, 286 ff. BGB i.V.m. § 278 BGB. Zudem hat sich der Leasinggeber ein etwaiges Verschulden des Lieferanten i.R.d. Gebrauchsüberlassung gem. § 278 BGB zurechnen zu lassen.

2. Übernahmebestätigung

1934 In der Praxis kommt den bei der Lieferung eines Leasinggegenstandes verwendeten sog. Übernahmebestätigungen eine besonders hohe Bedeutung zu. Mittels einer Übernahmebestätigung quittiert der Leasingnehmer dem Leasinggeber die Lieferung des Leasinggegenstandes. Auf die Erteilung einer solchen Bestätigung hat der Leasinggeber gem. § 368 Satz 1 BGB einen Anspruch. Zwischen Leasinggeber und Lieferant besteht i.d.R. die Abrede, dass der Preis für den Leasinggegenstand erst nach Zugang der vom Leasingnehmer unterzeichneten Übernahmebestätigung erfolgt. Der Leasingnehmer muss aber nicht das Formular des Leasinggebers verwenden.[3971] Es reicht aus, wenn der Leasingnehmer in der vertraglich vorgesehenen Form eine Bestätigung abgibt, welche die Identifizierung der Waren ermöglicht und das Datum der Auslieferung enthält.[3972]

3965 BGH, NJW 1989, 287; OLG Frankfurt am Main, Urt. v. 28.01.2009 – 17 U 241/08, veröffentlicht bei juris.

3966 Vgl. OLG Frankfurt am Main, NJW 1986, 2509.

3967 OLG Düsseldorf, Urt. v. 27.11.2008 – I-24 U 73/08, veröffentlicht bei juris.

3968 BGH, NJW 1986, 918.

3969 Ausführlich zum Eigentumserwerb *Martinek* § 6 II.

3970 BGH, NJW 1993, 1381 (1383).

3971 BGH, NJW 1993, 1381 (1383); a.A. und mit Hinweis auf § 368 Satz 2 BGB MüKo-BGB/*Habersack* Bd. 4 (bis Aufl. 4) Leasing Rn. 62.

3972 BGH, NJW 1995, 187.

a) Inhalte

aa) Empfangsbestätigung

Regelmäßig beschränkt sich der Inhalt der Übernahmebestätigung nicht auf die bloße Empfangsbestätigung hinsichtlich des Leasingobjekts. **1935**

bb) Zusätzliche Erklärungen

Vielfach werden die Formulare mit einer ganzen Reihe weiterer Erklärungen angereichert, insb. werden dem Leasingnehmer häufig die Bestätigung der Gebrauchs- und Funktionstauglichkeit sowie der Mangelfreiheit der Sache abverlangt. Zudem sind Klauseln gebräuchlich, kraft derer der Leasingnehmer zu bestätigen hat, dass keine über den im Leasingvertrag schriftlich fixierten Vertragsinhalt hinausgehenden Vereinbarungen, insb. nicht mit dem Lieferanten, getroffen wurden. **1936**

(1) Grundsätzliche Zulässigkeit

Nach herrschender Meinung kann im Rahmen einer Übernahmebestätigung nicht mehr als der bloße Empfang verlangt werden.[3973] Diese Wertung ist § 309 Nr. 12b BGB zu entnehmen, der in Satz 1 grds. die Unwirksamkeit von Tatsachenbestätigungen vorsieht und gemäß Satz 2 lediglich für gesondert unterzeichnete Empfangsbekenntnisse eine Ausnahme von diesem Grundsatz zulässt. Dennoch sehen die in der Praxis üblichen Übernahmebestätigungen vor, dass neben dem Empfang des Leasinggegenstandes insb. auch die Mängelfreiheit, die Ordnungs- und Vertragsgemäßheit sowie die Funktionsfähigkeit des Leasinggegenstandes bestätigt werden. Auch wenn diese Praxis bedenklich erscheint, stellt sich die Verpflichtung des Leasingnehmers zur Bestätigung der Vertragsgemäßheit des Leasinggegenstandes vor dem Hintergrund der besonderen Konstruktion beim Finanzierungsleasing nicht als unangemessen dar.[3974] Da der Leasinggeber zu keinem Zeitpunkt selbst den Leasinggegenstand begutachten oder untersuchen kann, erscheint es vielmehr gerechtfertigt, dem Leasingnehmer eine Pflicht zur Prüfung des Leasinggegenstandes auf Vertragsgemäßheit aufzuerlegen.[3975] Auch der BGH hat eine Klausel, welche die Bestätigung der Übernahme des Leasinggegenstandes in einem ordnungsgemäßen, mangelfreien, funktionsfähigen und fabrikneuen Zustand vorsah, unbeanstandet gelassen.[3976] Für die Praxis empfiehlt es sich, die reine Empfangsbestätigung und die darüber hinausgehende Bestätigung in Bezug auf die Vertragsgemäßheit des Leasinggegenstandes in grammatikalisch getrennten Regelungen unterzubringen, um im Fall einer Unwirksamkeit eines Teils der Klausel eine Gesamtunwirksamkeit der Regelung zu vermeiden.[3977] **1937**

(2) Sonderfall: Nebenabreden

Besonders problematisch erscheinen Klauseln, die eine Bestätigung dahin gehend vorsehen, dass zusätzlich zum schriftlich fixierten Leasingvertrag keine sonstigen Abreden zwischen dem Leasingnehmer und dem Leasinggeber sowie dem Lieferanten getroffen wurden. Allerdings stellt es sich aus Sicht des Leasinggebers als angebracht dar, dem Leasingnehmer zu verdeutlichen, dass grds. keine außerhalb des schriftlichen Leasingvertrages mit Dritten getroffenen Vereinbarungen auf die Beziehung zwischen Leasinggeber und Leasingnehmer durchschlagen. Insoweit sollte zumindest in den Allgemeinen Leasingbedingungen eine Klausel vorgesehen werden, wonach Zusicherungen Dritter und Vereinbarungen mit Dritten, insb. Lieferanten, den Leasinggeber nur binden, wenn er diesen Zusicherungen und Vereinbarungen schriftlich zustimmt.[3978] **1938**

3973 *Beckmann* Finanzierungsleasingverträge § 3 Rn. 51.
3974 *Beckmann* Finanzierungsleasingverträge § 3 Rn. 55.
3975 Vgl. *Marly* Softwareüberlassungsverträge Rn. 1400.
3976 BGH, NJW 2005, 365 (367).
3977 *Beckmann* Finanzierungsleasing § 3 Rn. 57.
3978 Zur Wirksamkeit einer solchen Klausel OLG München, DB 2002, 2373 (2374).

b) Funktion

1939 Die Hauptfunktion der Übernahmebestätigung liegt in der Dokumentation der Gebrauchsüberlassung und der sich hieraus ergebenden Fälligkeit der Leasingraten.[3979] Rechtsdogmatisch handelt es sich bei einer Übernahmebestätigung um eine Quittung gem. § 368 BGB, durch welche der Leasingnehmer dem Leasinggeber ggü. die Auslieferung und Gebrauchstauglichkeit, mithin die Erfüllung der Gebrauchsüberlassungspflicht aus dem Leasingvertrag, bestätigt.[3980] Ob in der Übernahmebestätigung zugleich eine Quittung zugunsten des Lieferanten im Verhältnis zum Leasinggeber gesehen werden kann, ist bislang höchstrichterlich nicht geklärt.[3981] Obwohl die besondere Interessenlage der Beteiligten beim Finanzierungsleasing für die Annahme einer Quittungsfunktion auch im Lieferverhältnis sprechen dürfte, lassen sich die Lieferanten vor dem Hintergrund der ungeklärten Rechtslage den Empfang des Leasinggegenstandes durch den Leasingnehmer als Erfüllungsgehilfen des Leasinggebers regelmäßig zusätzlich auf einem gesonderten Formular bestätigen.[3982]

c) Rechtsfolgen

aa) Beweislast

1940 Die Abgabe der Übernahmebestätigung und die Annahme des Leasingobjekts berühren in erster Linie die Darlegungs- und Beweislast. Gem. § 363 BGB trifft den Leasingnehmer nach Annahme der als Erfüllung angebotenen Leistung – dies wird durch Abgabe der Übernahmebestätigung dokumentiert – die Beweislast, wenn der Leasingnehmer die Leistung deshalb nicht als Erfüllung gelten lassen will, weil sie eine andere als die geschuldete Leistung oder weil sie unvollständig gewesen sei.[3983] Insofern tritt eine Umkehr der Beweislast ein.[3984] Diese Umkehr der Beweislast erstreckt sich auch auf Mängel der Leistung.[3985]

bb) Anerkenntnischarakter

1941 Einer Übernahmebestätigung kommt allerdings nicht die Wirkung eines Schuldanerkenntnisses im Sinne von § 781 BGB zu.[3986]

cc) Mängelansprüche

1942 Die Abgabe einer Übernahmebestätigung unter Bestätigung der Gebrauchstauglichkeit des Leasinggegenstandes schließt etwaig später erfolgende Mängelrügen des Leasingnehmers nicht aus. Demzufolge sind insb. leasingvertragliche Klauseln, kraft derer dem Leasinggeber mit Abgabe der Übernahmebestätigung ein unbedingter Anspruch auf Zahlung der Leasingraten zustehen soll, wegen Abweichung von der gesetzlichen Risikoverteilung gem. § 307 Abs. 2 Nr. 2 BGB unwirksam.[3987] Dem Leasingnehmer obliegt allerdings der Nachweis, dass der betreffende Mangel bereits zum Zeitpunkt der Lieferung vorgelegen hat.

3979 BGH, NJW 1993, 1381 (1383).
3980 BGH, NJW 1993, 1381 (1383); vgl. MüKo-BGB/*Koch*, Finanzierungsleasing, Rn. 75 mit zahlreichen Nachweisen.
3981 Dafür OLG Köln, VersR 2000, 501 (502).
3982 Dies empfiehlt auch *Beckmann* Finanzierungsleasing § 3 Rn. 64.
3983 Zur Wirkung des § 363 BGB bei Gebrauchsüberlassung: BGH, WM 2007, 467 (469).
3984 *Marly* Softwareüberlassungsverträge Rn. 228.
3985 BGH, WM 2007, 467; BGH, NJW 1985, 2328.
3986 BGH, NJW 1988, 204 (206).
3987 BGH, NJW 1988, 204 (206).

d) Fehlerhafte Übernahmebestätigung

aa) Voraussetzungen

1943 Der Leasingnehmer ist zur rechtzeitigen und ordnungsgemäßen Erteilung der Übernahmebestätigung verpflichtet. Allerdings hat der Leasinggeber keinen Anspruch darauf, dass der Leasingnehmer die Bestätigung der Übernahme des Leasingobjektes gerade mit dem vom Leasinggeber vorformulierten Text abgibt.[3988]

bb) Schadensersatz

1944 Bei schuldhafter Verletzung dieser Verpflichtung, z.B. bei vorbehaltloser Unterzeichnung der Übernahmebestätigung trotz Unvollständigkeit, Mangelhaftigkeit oder sonstiger Fehlerhaftigkeit der Lieferung, ist der Leasingnehmer dem Leasinggeber gem. § 280 Abs. 1 BGB zum Schadensersatz verpflichtet.[3989] Schadensersatzansprüche des Leasinggebers kommen insb. in Betracht, wenn der Leasinggeber auf Grundlage einer fehlerhaften Übernahmebestätigung den Kaufpreis an den Lieferanten auszahlt und der Leasinggeber aufgrund einer Insolvenz des Lieferanten oder der Verletzung von Rügeobliegenheiten einen Ausfall erleidet.[3990] Im Fall kollusiven Zusammenwirkens haften sowohl der Leasingnehmer als auch der Lieferant dem Leasinggeber als Gesamtschuldner aus § 280 Abs. 1 BGB und aus unerlaubter Handlung. Jedenfalls im kaufmännischen Verkehr muss auf die Haftungsfolge nicht ausdrücklich hingewiesen werden.[3991]

cc) Fehlverhalten des Lieferanten

1945 In der Praxis spielt vielfach ein gleichzeitiges Fehlverhalten des Lieferanten bei der Ablieferung des Leasinggegenstandes eine bedeutsame Rolle. Insoweit kommt vor allem die Lieferung anderer oder minderwertiger Gegenstände in Betracht.

(1) Zurechnung

1946 Während der BGH nach früherer Rechtsprechung ein etwaiges Fehlverhalten des Lieferanten dem Leasinggeber gem. § 166 BGB zurechnete,[3992] hat der BGH mit einer Entscheidung vom 20.10.2004[3993] diese Rechtsprechung aufgegeben und klargestellt, dass der Lieferant bei der Einholung der Übernahmebestätigung weder Erfüllungsgehilfe noch Wissensvertreter des Leasinggebers ist. Etwaiges Fehlverhalten des Lieferanten hat sich der Leasinggeber damit grds. nicht zurechnen zu lassen.

(a) § 278 BGB

1947 Der Lieferant ist lediglich Erfüllungsgehilfe des Leasinggebers, soweit er durch Auslieferung des Leasinggegenstandes an den Leasingnehmer im Auftrag des Leasinggebers zur Erfüllung der diesem obliegenden Gebrauchsüberlassungspflicht tätig wird.[3994] Die davon zu unterscheidende Abgabe einer Übernahmebestätigung durch den Leasingnehmer ist dagegen keine Verbindlichkeit des Leasinggebers, sondern eine solche des Leasingnehmers ggü. dem Leasinggeber. Dementsprechend trifft den Leasingnehmer die vorvertragliche Nebenpflicht, die Vollständigkeit und Mängelfreiheit des Leasingobjektes zu prüfen und das Ergebnis dieser Überprüfung dem Leasinggeber zu bestätigen.

3988 BGH, NJW 1995, 187; BGH, NJW 1993, 1381 (1383).
3989 BGH, NJW 1988, 204 (206); BGH, NJW 2005, 365; vgl. auch OLG Karlsruhe, OLGB Karlsruhe 2007, 427 hinsichtlich eines außerordentlichen Kündigungsrechts.
3990 MüKo-BGB/*Koch*, Finanzierungsleasing, Rn. 77.
3991 BGH, NJW-RR 2010, 1436.
3992 BGH, NJW 1988, 204 (207).
3993 BGH, NJW 2005, 365.
3994 BGH, NJW 2005, 365 (367).

Daraus folgt, dass die Mitwirkung des Lieferanten bei der Abgabe einer unrichtigen Übernahmebestätigung als solche dem Leasinggeber nicht nach § 278 BGB zugerechnet werden kann.[3995] Andernfalls liefe die Kontrollfunktion, die der Übernahmebestätigung des Leasingnehmers im Hinblick auf die Erfüllung der Verkäuferpflicht des Lieferanten ggü. dem Leasinggeber zukommt, ins Leere. Dies wäre mit der typischen Interessenlage beim Finanzierungsleasing nicht zu vereinbaren, die dadurch gekennzeichnet ist, dass der Leasingnehmer in aller Regel den Leasinggegenstand nicht aus der Hand des Leasinggebers entgegennimmt, sondern dass dieser direkt vom Lieferanten an den Leasingnehmer ausgeliefert wird.

(b) § 166 BGB

1948 Der Leasinggeber muss sich das Wissen des Lieferanten auch nicht entsprechend § 166 BGB zurechnen lassen. Der Lieferant des Leasinggegenstandes ist in Bezug auf die Information über die vollständige und mangelfreie Auslieferung des Leasingguts an den Leasingnehmer nicht Wissensvertreter des Leasinggebers. Zur Einholung dieser Information bedient sich der Leasinggeber vielmehr – auch für den Leasingnehmer erkennbar – nicht des zu kontrollierenden Lieferanten selbst, sondern des Leasingnehmers, dem er zu diesem Zweck die Verpflichtung auferlegt, die Tatsache, den Umfang und die Qualität der erfolgten Lieferung des Leasingobjekts schriftlich zu bestätigen.[3996] Die Schadensersatzpflicht des Leasingnehmers kann daher auch nicht über eine Wissenszurechnung entsprechend § 166 BGB mit der Begründung verneint werden, die Unrichtigkeit der Übernahmebestätigung des Leasingnehmers sei dem Leasinggeber bekannt gewesen und daher für den eingetretenen Schaden nicht kausal.[3997]

(2) Mitverschulden

1949 Den Entscheidungsgründen der BGH-Entscheidung vom 20.10.2004 ist zu entnehmen, dass dem Leasinggeber jedoch in bestimmten Konstellationen ein Mitverschuldenseinwand entgegengehalten werden kann. Dieser Einwand soll allerdings ausgeschlossen sein, wenn der Leasinggegenstand nicht oder nicht vollständig übergeben worden ist.[3998] Die vom BGH angenommene Möglichkeit des Mitverschuldenseinwands dürfte sich damit auf Fälle beschränken, in denen der Lieferant bewusst unvollständig liefert und die Unvollständigkeit für den Leasingnehmer nicht erkennbar ist. Zum einen ist allerdings fraglich, ob sich der Leasinggeber in den genannten Fällen das Fehlverhalten des Lieferanten überhaupt zurechnen lassen muss,[3999] zum anderen dürfte die mangelnde Erkennbarkeit einer unvollständigen Lieferung nur in Ausnahmefällen anzunehmen sein, da der Leasingnehmer zur sorgfältigen Prüfung angehalten ist.

e) Unberechtigte Verweigerung der Übernahmebestätigung

1950 Wenn der Leasingnehmer die Unterzeichnung einer Übernahmebestätigung trotz ordnungsgemäßen Leistungsangebots des Lieferanten verweigert, kann der Lieferant seinen Verzugsschaden – ein solcher liegt regelmäßig vor, da die Zahlung des Kaufpreises zumeist von der Unterzeichnung der Übernahmebestätigung abhängig gemacht wird – vom Leasinggeber ersetzt verlangen.

3995 BGH, NJW 2005, 365 (367); vgl. auch Schimansky/Bunte/Lwowski/*Martinek/Oechsler* Bankrechts-Handbuch § 101 Rn. 50, die dem Leasinggeber nur in Ausnahmefällen ein Verschulden des Lieferanten zurechnen wollen.

3996 BGH, NJW 2005, 365 (367).

3997 BGH, NJW 2005, 365 (367).

3998 BGH, NJW 2005, 365 (367).

3999 Vgl. *Beckmann* Finanzierungsleasing § 3 Rn. 76a.

aa) Handelsrechtliche Rügeobliegenheit

(1) Bestehen

Im Rahmen der Lieferung des Leasinggegenstandes stellt sich – unabhängig von der Übernahme- 1951
bestätigung – die Frage, in welchem Umfang die handelsrechtliche Rügeobliegenheit gem. § 377 HGB zum Tragen kommt. Nach Ansicht des BGH ist § 377 HGB stets auf den zwischen Leasinggeber und dem Lieferanten geschlossenen Kaufvertrag anwendbar. Dies soll selbst dann gelten, wenn der Leasingnehmer – dieser nimmt den Leasinggegenstand i.d.R. entgegen – Nichtkaufmann ist.[4000]

(2) Verpflichtung des Leasingnehmers

Für den Leasinggeber stellt sich das Problem, dass dieser Gefahr läuft, infolge nicht rechtzeitiger 1952
Rüge durch den Leasingnehmer seine Gewährleistungs- und Erfüllungsansprüche gegen den Lieferanten zu verlieren. Aus diesem Grunde sehen die meisten Leasingverträge die Verpflichtung des Leasingnehmers zur Untersuchung des Leasinggegenstandes bei Lieferung desselben vor.[4001] Im Verhältnis zu nichtkaufmännischen Leasingnehmern dürfte die Untersuchungspflicht allerdings auf offensichtliche und damit auch von § 536b BGB erfasste Mängel zu beschränken sein, um einem Verstoß gegen die §§ 305 ff. BGB zu entgehen.[4002] Zudem sollte eine entsprechende Regelung zur Vermeidung einer überraschenden Klausel in einer deutlich hervorgehobenen Art und Weise erfolgen.[4003]

bb) Lieferverzug

(1) Grundsatz

Wenn sich die Auslieferung des Leasinggegenstandes an den Leasingnehmer vertragswidrig ver- 1953
zögert, kann sich der Leasingnehmer im Verhältnis zum Leasinggeber grds. auf ein Zurückbehaltungsrecht gem. § 320 BGB berufen. In Betracht kommen daneben ein Anspruch auf Ersatz des Verzögerungsschadens gem. §§ 280 Abs. 1 und 2, 286 BGB sowie unter den Voraussetzungen der §§ 323, 543 Abs. 2 Satz 1 Nr. 1 BGB ein Recht zum Rücktritt vom Leasingvertrag bzw. ein Recht zur fristlosen Kündigung.[4004]

(2) Einfluss der leasingtypischen Abtretungskonstruktion

Fraglich ist, ob die leasingtypische Abtretungskonstruktion an diesem Ergebnis etwas ändert. Die 1954
Erstreckung der leasingtypischen Abtretungskonstruktion auf die Fälle der Nichterfüllung, in denen die Lieferung aus vom Lieferanten nicht zu vertretenden Gründen verspätet erfolgt oder ganz unterbleibt, wird überwiegend kategorisch abgelehnt.[4005] Demgegenüber vertritt *Beckmann* die These von der Gleichbehandlung der Haftung wegen Nicht- und Schlechterfüllung.[4006] Im Hinblick auf die durch die Schuldrechtsreform weitgehend angeglichen Rechtsfolgen eines Pflichtverstoßes und auch mit Blick auf die Ausdehnung der Sachmängelhaftung gem. § 434 Abs. 3 BGB auf die Aliud- und die Zuweniglieferung erscheint die strikte Ablehnung der Erstreckung der leasingtypischen Abtretungskonstruktion auf die Fälle der Nichterfüllung kaum mehr überzeugend. Auch wenn

4000 BGH, NJW 1990, 1290.
4001 Dies schlägt *Beckmann* Finanzierungsleasing § 4 Rn. 74 nachdrücklich vor.
4002 Vgl. MüKo-BGB/*Koch*, Finanzierungsleasing Rn. 72 m.w.N.
4003 *Beckmann* Finanzierungsleasing § 4 Rn. 78.
4004 Vgl. auch AG Bremen, Urt. v. 20.05.2008 – 12 C 55/08, veröffentlicht bei juris.
4005 Eingehend zu dieser Frage und gegen die gängige Sicht: *Beckmann* Finanzierungsleasing § 2 Rn. 175 ff.
4006 *Beckmann* Finanzierungsleasing § 2 Rn. 185 ff.

es sich bei der Lieferung bzw. Gebrauchsüberlassung um eine Hauptleistungspflicht handelt,[4007] steht dies einer Einbeziehung in die leasingtypische Abtretungskonstruktion nicht entgegen, da seit Inkrafttreten der Schuldrechtsreform auch die Verschaffung frei von Sach- und Rechtsmängeln zu den Erfüllungspflichten des Lieferanten zählt. Insgesamt sprechen daher gute Gründe dafür, dass auch die Erfüllungspflicht von der leasingtypischen Abtretungskonstruktion erfasst wird, was im Vertrag ausdrücklich klarzustellen ist. Unzulässig ist allerdings eine Vereinbarung, wonach der Leasingnehmer dem Leasinggeber bei Nichtlieferung des Liefergegenstandes die entstandenen Kosten bzw. Aufwendungen zu erstatten hat, gleichgültig, ob es um Vertriebs-, Verwaltungs- oder Refinanzierungsaufwendungen – z.B. Nichtabnahmeentschädigung, Bereitstellungsprovision – geht.[4008]

cc) Teillieferung

(1) Rechtsfolgen

1955 Eine Berechtigung zu Teillieferungen besteht gem. § 266 BGB nicht. Für den Fall einer nur teilweisen Lieferung finden nicht die Regelung über die Gewährleistung, sondern die Bestimmungen über die Nichterfüllung Anwendung, sodass die Ausführungen zum Lieferverzug entsprechend gelten.[4009] Unabhängig von der Frage, ob eine Drittverweisung möglich ist, steht dem Leasingnehmer weder ein Schadensersatzanspruch statt der Leistung noch ein den Wert der noch zu erbringenden Teilleistungen übersteigendes Zurückbehaltungsrecht zu, wenn die nicht erbrachte Leistung im Verhältnis zur Gesamtleistung von geringfügiger Bedeutung ist (§§ 281 Abs. 1 Satz 2, 320 Abs. 2 BGB).[4010]

(2) Abgrenzung zur mangelhaften Leistung

1956 In der Praxis ergeben sich häufig Abgrenzungsschwierigkeiten zwischen einer mangelhaften und einer nicht vollständigen Lieferung. Handelt es sich um selbstständige Leistungen und werden nicht alle zugleich erbracht, liegen keine Teilleistungen vor, sondern einzelne vollständig erbrachte Leistungen; nur wenn die verschiedenen Leistungen aufgrund einer Parteivereinbarung oder infolge ihres Zwecks zu einer einheitlichen Leistung zusammengefasst sind, liegt eine Teilleistung vor, wenn nicht alle Teile erbracht werden.[4011] Für den insoweit häufig betroffenen Bereich des Leasings im EDV-Bereich[4012] handelt es sich um Fälle der Nichterfüllung, wenn Teile der Hard- und Software nicht geliefert werden.[4013] Dies gilt auch bei Fehlen eines Handbuchs.[4014]

(3) Übernahmebestätigung

1957 Eine vom Leasingnehmer dennoch unterzeichnete Übernahmebestätigung über den Erhalt des vollständigen Leasingguts kann der Leasingnehmer widerlegen.[4015] Eine Formularklausel, die ihm trotz Teilleistung an seine unrichtige Übernahmebestätigung binden und seine Verpflichtung zur Zahlung der Leasingraten begründen würde, ist mit § 307 BGB nicht vereinbar und damit unwirksam.[4016]

4007 Hierauf stellen maßgeblich ab: *Martinek*, S. 133 f.; Graf von Westphalen/*Graf von Westphalen* Leasingvertrag, 6. Aufl. Kap. E Rn. 1; *Reinking/Eggert* Rn. 818.
4008 BuB/*Peters* Rn. 13/83; BGH v. 29.10.2008, WM 2009, 35 ff.
4009 Dazu Rdn. 1953–1954.
4010 MüKo-BGB/*Koch*, Finanzierungsleasing, Rn. 85.
4011 MüKo-BGB/*Krüger* Bd. 2a § 266 Rn. 5.
4012 Dazu Rdn. 2086–2162.
4013 BGH, NJW 1988, 2465 (2468); BGH, NJW 1988, 204.
4014 BGH, NJW 1993, 461 (462 f.); BGH, NJW 1993, 1063.
4015 Erman/*Jendrek* Anh. § 535 Rn. 27.
4016 BGH, NJW 1988, 204.

IV. Gefahrtragung

1. Preisgefahr

Nach den gesetzlichen Bestimmungen der §§ 536 Abs. 1, 326 Abs. 1 Satz 1 BGB hat der Vermieter die Preis- bzw. Gegenleistungsgefahr zu tragen und verliert dementsprechend seinen Anspruch auf Zahlung des Mietzinses, wenn die Mietsache durch Zufall untergeht oder aus sonstigen – weder vom Verkäufer noch vom Käufer zu vertretenden – Umständen nicht mehr zu gebrauchen ist. 1958

a) Verlagerung

Dieser das Mietrecht bestimmende Grundsatz wird der leasingvertraglichen Sonderkonstellation allerdings nicht gerecht, da neben der reinen Gebrauchsüberlassungspflicht auch die Finanzierungsfunktion des Leasinggebers und der leasingtypische Beschaffungsvorgang zu beachten sind. Der Interessenlage beim Leasing wird vielmehr die Regelung des § 446 BGB gerecht, welche die Gegenleistungsgefahr mit Übergabe der Sache dem Empfänger der Sache zuordnet. Dementsprechend ist die Zuweisung der Gegenleistungsgefahr an den Leasingnehmer nach ganz herrschender Ansicht angemessen im Sinne von § 307 Abs. 2 Nr. 2 BGB.[4017] Ob die Verlagerung der Preisgefahr auch ohne ausdrückliche Regelung in einem Leasingvertrag als leasingtypisch angenommen werden kann,[4018] erscheint zweifelhaft. Erst die Vereinbarung der leasingtypischen Abtretungskonstruktion und die Modifikationen der Gefahrtragung geben einem Vertrag das Gepräge eines Leasingvertrages, sodass nicht umgekehrt vom Vorliegen eines Leasingvertrages auf immanente Gefahrtragungsmodifikationen geschlossen werden kann. Leasingverträge sehen dementsprechend regelmäßig gesonderte Klauseln zur Gefahrtragung vor. Dies hat insb. zur Folge, dass die §§ 320 ff. BGB, § 535 Abs. 2 Satz 1 BGB nicht anwendbar sind,[4019] vor allem das Zurückbehaltungsrecht des Leasingnehmers erheblich eingeschränkt ist. 1959

b) Grenzen

aa) Risikosphären

Preisgefahrklauseln müssen eine angemessene Risikoverteilung sicherstellen. Dies ist nur der Fall, wenn sich diese auf Risiken beschränken, die dem Einflussbereich des Leasingnehmers zuzurechnen sind.[4020] Problematisch sind daher Klauseln, die dem Leasingnehmer die Gefahrtragung in Anlehnung an § 447 BGB bereits vor Ablieferung des Leasinggegenstandes zumuten.[4021] Bedenklich sind zudem Klauseln, welche die Preisgefahr dem Leasingnehmer auch in den Fällen des Untergangs des Leasinggegenstandes zuweisen, wenn der Untergang der Sache im Zusammenhang mit der Lieferung und Montage des Leasinggegenstandes oder bei vertragsgemäßer Durchführung von Nachbesserungsarbeiten in den Räumen des Lieferanten eintritt.[4022] 1960

bb) Ersatzansprüche

Insbesondere früher wurde teilweise die Ansicht vertreten, dass eine wirksame leasingtypische Gefahrtragungsklausel zum Ausgleich der Zuweisung der Preisgefahr voraussetze, dass etwaige Ersatzansprüche gegen Dritte an den Leasingnehmer abgetreten werden müssen.[4023] Eine derartige 1961

4017 BGH, NJW 1975, 1203 (1204); BGH, NJW 1988, 198 (199 f.); BGH, NJW 2004, 1041; vgl. MüKo-BGB/*Koch*, Finanzierungsleasing Rn. 88.
4018 In dieser Richtung MüKo-BGB/*Koch*, Finanzierungsleasing, Rn. 89.
4019 Erman/*Jendrek* Anh. § 535 Rn. 23.
4020 BGH, NJW 1985, 1535 (1536 f.); *Wolf/Ball/Eckert* Rn. 1790; a.A. *Canaris* AcP 1990, 437.
4021 Schimansky/Bunte/Lwowski/*Martinek/Oechsler* Bankrechts-Handbuch § 101 Rn. 74.
4022 OLG Düsseldorf, ZIP 1983, 1092 (1093 f.); MüKo-BGB/*Koch*, Finanzierungsleasing Rn. 88.
4023 So z.B. noch MüKo-BGB/*Habersack* (Aufl. 4) Bd. 4 Leasing Rn. 71.

Regelung bzw. Einschränkung ist nach der Rechtsprechung jedoch nicht erforderlich, da sich ein Anspruch des Leasingnehmers auf Abtretung der Ersatzansprüche des Leasingnehmers bereits unmittelbar aus § 255 BGB ergibt.[4024]

cc) Kündigungsrecht

1962 Für den Fall des Untergangs oder einer erheblichen Beschädigung des Leasinggegenstandes (dies gilt insbesondere für den Fall des Kfz-Leasings[4025]) ist dem Leasingnehmer i.R.d. Preisgefahrklausel ein außerordentliches Kündigungsrecht einzuräumen.[4026] Probleme bereitet insoweit häufig die Frage, in welchen Fällen eine Beschädigung so erheblich ist, dass eine Kündigung des Vertrages erfolgen können muss. In Leasingverträgen erfolgt regelmäßig eine Beschränkung des Kündigungsrechts unter Bezugnahme auf den erforderlichen Reparaturaufwand, wobei jedenfalls ein Kündigungsausschluss bis zu einem Reparaturaufwand von 80 % des Zeitwerts unangemessen ist.[4027] In Anlehnung an die Rechtsprechung des BGH könnte der relevante Schwellenwert bei ca. 2/3 angesetzt werden.[4028] Die dem Leasingnehmer vertraglich eingeräumte Befugnis, sich vom Leasingvertrag durch Zahlung aller – jeweils abgezinsten – geschuldeten Leasingraten und des kalkulierten Restwertes Zug um Zug gegen Übereignung des Leasingobjektes zu lösen, steht nach der Rechtsprechung i.d.R. einem kurzfristigen und mit einer Ausgleichszahlung verbundenen Kündigungsrecht gleich.[4029]

dd) Verstöße

1963 Die Rechtsfolgen eines Verstoßes gegen die vorstehenden Einschränkungen einer Preisgefahrklausel werden unterschiedlich beurteilt. Nach einer Ansicht bewendet es sich in diesen Fällen bei der grundsätzlichen Verlagerung der Preisgefahr auf den Leasingnehmer.[4030] Dieser Ansicht ist nicht zuzustimmen, da eine unzulässige Klauselverwendung ansonsten sanktionslos bliebe. Zwar hat auch der BGH in einer früheren Entscheidung die Ansicht vertreten, dass im Fall einer rechtswidrigen Preisgefahrklausel die Grundregelung des § 536 BGB eingreife,[4031] jedoch versucht er nunmehr einen Ausgleich durch teilweise Risikoverlagerung zu schaffen, jedenfalls in den Fällen, in denen die zur Kündigung berechtigende Schwelle zu hoch angesetzt ist.[4032] Dies erscheint hinsichtlich des Verbots der geltungserhaltenden Reduktion von AGB zwar bedenklich, trägt der leasingtypischen Interessenlage aber angemessen Rechnung. Der BGH hat sich zur Vermeidung eines Verstoßes gegen das vorgenannte Verbot im Wesentlichen auf die Teilbarkeit der konkreten Klausel gestützt. In der Praxis sollte zur Vermeidung einer vollständigen Unwirksamkeit einer Gesamtregelung darauf geachtet werden, die grundsätzliche Regelung über die Preisgefahr und die erforderlichen Ergänzungen bzw. Einschränkungen grammatikalisch deutlich voneinander zu trennen. In jedem Fall unzulässig ist eine Klausel in einem Formularvertrag, wonach der Leasingnehmer bei Verlust der Sache zur sofortigen Zahlung aller ausstehenden Leasingraten verpflichtet sein soll, wobei die

---

4024 BGH, NJW 2004, 1041 (1042); KG, BB 1994, 818 (819); nunmehr so auch MüKo-BGB/*Koch*, Finanzierungsleasing, Rn. 89.

4025 MüKo-BGB/*Koch*, Finanzierungsleasing, Rn. 90.

4026 BGH, NJW 1987, 377 (378); BGH, NJW 1998, 2284 (2285); vgl. auch *Dötsch* WM 2009, 1349.

4027 BGH, NJW 1998, 2284 (2285).

4028 BGH, NJW 1987, 377 (378) und BGH, NJW 1998, 2284 (2285) haben die Grenze von 2/3 weder beanstandet noch ausdrücklich für zulässig erachtet.

4029 BGH, NJW 1998, 3270.

4030 So noch MüKo-BGB/*Habersack* (Aufl. 4) Bd. 4 Leasing Rn. 73; Bamberger/Roth/C. Möller (BeckOK Stand 5/2010) § 500 Rn. 26; a.A.: seit der 5. Auflage Müko-BGB/*Koch*, Finanzierungsleasing, Rn. 91: Übertragung der Preisgefahr auf den Leasinggeber.

4031 BGH, NJW 1987, 377 (378).

4032 BGH, NJW 1998, 2284 (2285).

Unwirksamkeit einer entsprechenden Teilklausel die Wirksamkeit der Zuweisung der Preis- und Gegenleistungsgefahr unberührt lassen soll.[4033]

2. Sachgefahr

a) Verlagerung

1964 Dem Leasingnehmer wird regelmäßig auch die Sachgefahr auferlegt. Eine Verpflichtung des Leasingnehmers zur Durchführung der Instandhaltung, Instandsetzung und Ersatzbeschaffung ist grds. nicht zu beanstanden.[4034] Der Leasingnehmer hat insofern sämtliche Betriebs- und Unterhaltskosten zu tragen.[4035] Trotz Abweichung vom gesetzlichen Leitbild des Mietvertrages stellen entsprechende Verpflichtungen keine unangemessene Benachteiligung des Leasingnehmers dar, da dieser insoweit einem Käufer gleichgestellt werden kann.[4036] Eine Grenze findet die Pflicht zur Instandhaltung, Instandsetzung und Ersatzbeschaffung allerdings im Kündigungsrecht des Leasingnehmers. Insoweit gelten die zur Preisgefahr erfolgten Ausführungen entsprechend. Damit ist insb. die Verpflichtung zur Ersatzbeschaffung unter den Vorbehalt einer Nichtausübung des Kündigungsrechts zu stellen.[4037] Bei sog. Koppelungsgeschäften (beispielsweise Abschluss zusätzlicher Wartungsverträgen) ist das Transparenzgebot zu beachten.[4038]

b) Zeitpunkt

1965 Eine Klausel, wonach die Anlieferung, Aufstellung und Montage der Leasingsache bereits auf Gefahr des Leasingnehmers durchgeführt wird, verstößt gegen § 307 BGB, da die vorgenannten Leistungen mit der Hauptleistungspflicht des Leasinggebers zur Besitzverschaffung in untrennbarem Zusammenhang stehen.[4039] Die Zuweisung der Sachgefahr ist dementsprechend grds. erst ab dem Zeitpunkt der Besitzverschaffung möglich.

c) Versicherungspflicht

aa) Inhalt

1966 Der Leasingnehmer wird ganz überwiegend dazu verpflichtet, den Leasinggegenstand auf eigene Kosten gegen das Risiko des Untergangs oder einer Beschädigung zu versichern. Diese Verpflichtung ist auch unter Berücksichtigung der Regelungen der §§ 305 ff. BGB nicht zu beanstanden.[4040] In der Praxis werden in Bezug auf die Berechtigung des Leasinggebers aus dem vom Leasingnehmer abzuschließenden Versicherungsverhältnis zwei Modalitäten praktiziert. Auf der einen Seite besteht die Möglichkeit, dass der Versicherungsvertrag vom Leasingnehmer im eigenen Namen, aber zugunsten des Leasinggebers abgeschlossen wird. Auf der anderen Seite sehen die Verträge teilweise vor, dass der Leasingnehmer seine Versicherungsansprüche gegen die Versicherungsgesellschaft an den Leasinggeber abzutreten hat. In der Praxis sehen die Vertragsbedingungen zudem regelmäßig vor, dass der Leasingnehmer zum Nachweis des Versicherungsabschlusses einen Versicherungsschein vorzulegen hat.[4041]

4033 BGH, NJW 1988, 198.
4034 Vgl. MüKo-BGB/*Koch*, Finanzierungsleasing, Rn. 95.
4035 *Beckmann* Finanzierungsleasing § 2 Rn. 477.
4036 BGH, NJW 1987, 377; *Beckmann* Finanzierungsleasing § 2 Rn. 476.
4037 Siehe auchMüKo-BGB/*Koch*, Finanzierungsleasing, Rn. 95.
4038 MüKo-BGB/*Koch*, Finanzierungsleasing, Rn. 95.
4039 *Beckmann* Finanzierungsleasing § 2 Rn. 299.
4040 BGH, NJW 1992, 683 (685); MüKo-BGB/*Koch*, Finanzierungsleasing Rn. 92.
4041 Vgl. BuB/*Peters* Rn. 13/133 zur Notwendigkeit eines Versicherungsnachweises.

bb) Zweckbindung

1967 Etwaige Versicherungsleistungen sind zweckgebunden einzusetzen. Kommt es zum Eintritt eines Versicherungsfalls, sind Versicherungsleistungen zum Zwecke der Reparatur oder zur Ersatzbeschaffung des Leasinggegenstandes zu verwenden.[4042] Im Ergebnis verfügt der Leasingnehmer über einen Anspruch gegen den Leasinggeber auf Auszahlung der vom Leasinggeber empfangenen Entschädigungsleistung an den mit der Reparatur oder Ersatzlieferung beauftragten Dritten. Dieser Anspruch auf Abtretung kann formularmäßig nicht ausgeschlossen werden.[4043] Andererseits ist es nicht erforderlich, eine ausdrückliche Regelung über die Abtretung zu treffen,[4044] da der Leasingnehmer mit Blick auf §§ 43 ff. VVG ohnehin über die Versicherungsleistungen verfügen kann.[4045]

cc) Aufrechnung

1968 Ob eine Regelung über eine Aufrechnung mit Ansprüchen des Leasinggebers auf Zahlung von rückständigen oder künftigen Leasingraten in AGB vorgesehen werden kann, ist fraglich. Z.T. wird davon ausgegangen, dass eine entsprechende Aufrechnungsklausel wegen der Zweckbindung von Versicherungsleistungen nicht in AGB vereinbart werden kann.[4046] Dieser pauschale Ausschluss erscheint jedoch zu weitgehend. Eine unangemessene Benachteiligung des Leasingnehmers drängt sich jedenfalls nicht auf. Entsprechend hat der BGH bislang lediglich den Standpunkt vertreten, dass eine Befugnis zur Aufrechnung ggü. dem Anspruch auf Verwendung der Versicherungsleistung für die Begleichung der Reparaturkosten mit Mietzinsforderungen im Fall mangelnder entgegenstehender Abreden nicht besteht.[4047] Im Umkehrschluss hieraus ergibt sich jedoch, dass der BGH eine »entgegenstehende Abrede«, d.h. eine Aufrechnungsklausel in den AGB, in Betracht zieht.

V. Gewährleistung

1. Grundlagen

1969 Aufgrund der Rechtsnatur des Leasingvertrages als mietähnliches Verhältnis würde den Leasinggeber grds. die mietvertragliche Haftung, insb. eine dauerhafte Instandhaltungspflicht, treffen. Vor allem aufgrund des Umstandes, dass der Leasingnehmer den Leasinggegenstand sowie den Lieferanten selbst aussucht, der Leasinggeber hingegen nur wenig bis keinen Einfluss auf das finanzierte Objekt hat, ist allgemein anerkannt, dass der Leasinggeber seine Gewährleistungsverpflichtungen in erheblichem Umfang ausschließen kann, was allerdings nicht dazu führen darf, dass dem Leasingnehmer sämtliche Rechte entzogen werden und dieser damit rechtlos gestellt wäre.[4048] Für die Erforderlichkeit einer vertraglichen Modifikation der gesetzlichen Gewährleistungssituation spricht weiterhin, dass der Leasingnehmer das Vorliegen eines Mangels besser als der Leasinggeber beurteilen kann und der Lieferant regelmäßig sowohl über höhere Fachkenntnisse als auch über bessere Abhilfemöglichkeiten verfügt als der Leasinggeber.[4049]

1970 Im Ergebnis wird die Geltendmachung von Sachmängeln damit dem Leasingnehmer übertragen, während der Leasinggeber als Betroffener das Ergebnis einer rechtlichen Auseinandersetzung zwischen Leasingnehmer und Lieferanten grds. – abgesehen von Fällen kollusiven Zusammenwirkens

4042 BGH, NJW 1985, 1537; BGH, NJW 1992, 683 (685); BGH, NJW 2004, 1041; vgl. auch MüKo-BGB/*Koch*, Finanzierungsleasing Rn. 93 m.w.N.
4043 BGH, NJW 1985, 1537.
4044 BGH, NJW 2004, 1041; a.A. OLG Düsseldorf, ZIP 1983, 1092; OLG Hamburg, MDR 1999, 420; *Graf von Westphalen* NJW 2004, 1998; *Beckmann* Finanzierungsleasing § 2 Rn. 480 f.
4045 BGH, NJW 2004, 1041 (1042).
4046 BGH, NJW 1985, 1537 (1537 f.); MüKo-BGB/*Koch*, Finanzierungsleasing, Rn. 93; Erman/*Jendrek* Anh. § 535 Rn. 24.
4047 BGH, NJW 1985, 1537.
4048 BGH, NJW 1977, 848 (850).
4049 *Beckmann* Finanzierungsleasing § 2 Rn. 101.

zwischen Leasingnehmer und Lieferanten – gegen sich gelten lassen muss.[4050] Freilich ist auch der Leasingnehmer im Gegenzug bei negativem Ausgang der Auseinandersetzung über die abgetretenen kaufvertraglichen Rechte an dieses Ergebnis gebunden.[4051]

Nach der Übergabe des Leasinggegenstandes an den Leasingnehmer ist der Leasinggeber damit nur 1971
noch verpflichtet, den Leasingnehmer nicht im Besitz zu stören und ihn bei Störungen durch Dritte zu unterstützen.[4052]

2. Leasingtypische Abtretungskonstruktion

a) Herleitung

Die Beschränkung der Haftung des Leasinggebers wird in der Praxis durch die allgemein aner- 1972
kannte leasingtypische Abtretungskonstruktion[4053] sichergestellt. Insofern erfolgt ein Ausschluss der Mängelhaftung aus dem Mietvertrag gegen Abtretung sämtlicher Gewährleistungsrechte aus dem Kaufvertrag zwischen dem Leasinggeber und dem Lieferanten. Der Leasingnehmer wird insoweit nicht lediglich ermächtigt, sondern unter gleichzeitiger Abtretung aller Rechte und Ansprüche aus dem Liefervertrag gegen den Lieferanten verpflichtet, die abgetretenen Rechte und Ansprüche gegen den Lieferanten unverzüglich geltend zu machen.[4054]

aa) Zulässigkeit

Während im Allgemeinen der gewährleistungsrechtliche Verweis auf Dritte gegen § 309 Nr. 8 1973
Buchst. b) Buchst. aa) BGB verstößt, ist die Wirksamkeit der Abtretungskonstruktion aufgrund der Besonderheiten des Finanzierungsleasings unbestritten.[4055] Hieran haben auch die mit der Schuldrechtsreform einhergegangenen erheblichen Änderungen des allgemeinen und besonderen Schuldrechts nichts geändert.[4056]

bb) Auswirkungen der Schuldrechtsreform

Entgegen teilweise vertretener Ansicht[4057] hat die durch die Schuldrechtsreform vorgenommene 1974
Einführung eines generellen Nacherfüllungsanspruchs gem. §§ 437 Nr. 1, 439 BGB keine einschneidenden Auswirkungen auf den Leasingvertrag.[4058] Dies gilt nicht nur für die Nachbesserung, sondern auch im Fall der Neulieferung einer mangelfreien Sache. Diese ist gerade nicht als Rücktritt vom Vertrag mit der Folge des Wegfalls der Geschäftsgrundlage bezüglich des Leasingvertrages zu werten, sondern stellt – wie auch die rechtssystematische Stellung der §§ 437, 439 BGB i.R.d. Gewährleistungsvorschriften und die Bezeichnung »Nacherfüllung« belegen – eine Gewährleistungshandlung auf der Grundlage des bestehenden Kaufvertrages dar, die den Bestand des Leasingvertrages unberührt lässt.

Dennoch haben sich die erheblichen Änderungen des Kaufgewährleistungsrechts i.R.d. Schuld- 1975
rechtsmodernisierung auf das Leasingrecht ausgewirkt. Der Leasingnehmer profitiert von der Erweiterung der Gewährleistungsansprüche des Käufers, insb. dem Schadensersatzanspruch für jede

4050 BGH, NJW 1991, 1746.
4051 BGH, NJW 1993, 122 (124).
4052 BGH, NJW 1988, 198; Palandt/*Weidenkaff* vor § 535 Rn. 50.
4053 Grundlegend BGH, NJW 1977, 848.
4054 Vgl. *Beckmann* Finanzierungsleasing § 2 Rn. 98.
4055 MüKo-BGB/*Basedow* Bd. 2a § 309 Nr. 8 Rn. 25.
4056 Ausführlich hierzu MüKo-BGB/*Koch*, Finanzierungsleasing Rn. 101 ff.; vgl. auch Palandt/*Weidenkaff* vor § 535 Rn. 56; Erman/*Jendrek* Anh. § 535 Rn. 29; a.A. *Graf von Westphalen* ZIP 2001, 2258.
4057 *Graf von Westphalen* GB 2001, 129; *ders.* ZIP 2001, 2258.
4058 Lang/Assies/Werner/*Assies* Leasing Schuldrechtsmodernisierung in der Bankpraxis, S. 220; *ders.* BKR 2002, 317.

schuldhafte Schlechtlieferung, sowie von den verlängerten Gewährleistungsfristen, die für bewegliche Sachen nunmehr zwei Jahre, für Bauwerke fünf Jahre betragen. Insb. die Verlängerung der Gewährleistungsfristen erhöht das Risiko einer Rückabwicklung des Leasingvertrages wegen Wegfalls der Geschäftsgrundlage, wenn der Leasingnehmer aus den abgetretenen Gewährleistungsrechten ggü. dem Lieferanten den Rücktritt vom Kaufvertrag erklärt.

b) Zulässige Ausgestaltung

1976 Die leasingtypische Abtretungskonstruktion darf nicht dazu führen, dass der Leasingnehmer rechtlos gestellt wird. Aus diesem Grunde muss die Übertragung der kaufrechtlichen Gewährleistungsrechte bzw. die Ermächtigung zur Ausübung derselben nach ständiger Rechtsprechung, der sich die Literatur angeschlossen hat, unbedingt und vorbehaltlos erfolgen.[4059] Dem Leasingnehmer muss im Ergebnis die alleinige Rechtsmacht zur Ausübung der Gewährleistungsrechte zustehen.[4060] Unwirksam ist daher vor allem eine Regelung, wonach sich der Leasinggeber den jederzeitigen Widerruf der Abtretung bzw. Ermächtigung sowie die Geltendmachung der Gewährleistungsrechte im eigenen Namen vorbehält.[4061] Wirksam ist hingegen eine Klausel, in der sich der Leasinggeber den Widerruf der Übertragung für den Fall der Nichtgeltendmachung durch den Leasingnehmer vorbehält.[4062] Unwirksam ist auch eine Regelung, wonach dem Leasingnehmer die Gewährleistungsrechte nur für den Fall abgetreten werden, dass keine Leasingraten offen und keine sonstigen Verbindlichkeiten des Leasingnehmers ggü. dem Leasinggeber bestehen.[4063] Unzulässig sind auch Regelungen, die den Leasingnehmer verpflichten, die Rückabwicklung in jedem Fall in einem Rechtsstreit mit dem Lieferanten durchzuführen.[4064] Bedenklich ist auch eine Klagepflicht hinsichtlich einer Nachlieferung.[4065] Soweit zwischen dem Leasingnehmer und dem Lieferanten über die Erfüllung von Gewährleistungsansprüchen ein Einvernehmen hergestellt wird, würde eine dennoch bestehende Klagepflicht den Leasingnehmer unangemessen benachteiligen.

c) Leasingtypische Abtretungskonstruktion und Gebrauchtwaren

aa) Problem

1977 Fraglich ist, ob der Leasingnehmer auch im Bereich gebrauchter Waren eine wirksame Drittverweisung vornehmen kann. Da im kaufmännischen Geschäftsverkehr die kaufrechtliche Gewährleistung für Gebrauchtwaren ausgeschlossen werden kann – lediglich beim Verbrauchsgüterkauf sieht § 475 Abs. 2 BGB eine Gewährleistungsfrist von mindestens einem Jahr vor – läuft die kaufrechtliche Gewährleistung ins Leere. Wenn der Leasinggeber seine mietvertragliche Gewährleistung durch Abtretung der kaufrechtlichen Gewährleistungsansprüche ggü. dem Lieferanten beschränkt, führt dies im Ergebnis dazu, dass dem Leasingnehmer überhaupt keine Gewährleistungsansprüche zustehen.

bb) Wirksamkeit

1978 Dennoch dürfte die leasingtypische Abtretungskonstruktion in derartigen Konstellationen wirksam sein. Dass dem Leasingnehmer keine Gewährleistungsansprüche zustehen, erscheint interessengerecht. In diesem Zusammenhang ist der leasingtypische Beschaffungsvorgang in den Vordergrund zu stellen. Wenn der Leasingnehmer die Auswahl des Leasinggegenstandes vornimmt und sich insofern auf einen Gebrauchtgegenstand einlässt, muss sich der Leasingnehmer einen für

4059 BGH, NJW 1987, 1072; BGH, NJW-RR 2003, 51; vgl. Palandt/*Weidenkaff* vor § 535 Rn. 53.
4060 MüKo-BGB/*Koch*, Finanzierungsleasing, Rn. 104.
4061 BGH, NJW 1987, 1072 (1073); BGH, WM 1992, 1609 (1611); BGH, NJW-RR 2003, 51.
4062 OLG Rostock, NJW-RR 2002, 1712.
4063 BGH, NJW 1984, 2678 (2688).
4064 *Tiedtke/Möllmann* DB 2004, 583.
4065 *Reinking* DAR 2002, 498.

Gebrauchtwaren typischen Gewährleistungsausschluss auch im Verhältnis zum lediglich finanzierenden Leasinggeber entgegenhalten lassen.

(1) Verbrauchergeschäfte

Die Rechtsprechung hat sich mit Leasingverträgen über Gebrauchtwaren im kaufmännischen Geschäftsverkehr – soweit ersichtlich – noch nicht befasst. Der BGH[4066] hat allerdings in einer Konstellation, in welcher auf Leasingnehmerseite ein Verbraucher betroffen war, festgestellt, dass ein Finanzierungsleasingvertrag zwischen einem Leasinggeber und einem Leasingnehmer mit Verbrauchereigenschaft, der i.R.d. leasingtypischen Abtretungskonstruktion die Abtretung der kaufrechtlichen Gewährleistungsansprüche des Leasinggebers gegen den Lieferanten der Leasingsache an den Leasingnehmer vorsieht, kein Umgehungsgeschäft i.S.d. § 475 Abs. 1 Satz 2 BGB darstellt. Dem Lieferanten der Leasingsache sei es aus diesem Grund nicht verwehrt, sich dem Leasingnehmer mit Verbrauchereigenschaft ggü. auf den mit dem Leasinggeber als Käufer der Leasingsache vereinbarten Gewährleistungsausschluss zu berufen. In diesem Fall stünden dem Leasingnehmer mit Verbrauchereigenschaft mietrechtliche Gewährleistungsansprüche gegen den Leasinggeber zu. **1979**

(2) Kaufmännischer Geschäftsverkehr

Während dieses Ergebnis im Bereich von Verbraucherverträgen wegen der Regelung des § 475 Abs. 2 BGB angemessen erscheint, dürfte dies im kaufmännischen Geschäftsverkehr abweichend zu beurteilen sein. Auch wenn der Leasinggeber durch die Abtretungskonstruktion grds. nicht rechtlos gestellt werden darf, ist insoweit zu beachten, dass der Leasingnehmer nicht erst durch die Drittverweisungsklausel, sondern wegen der von ihm initiierten Auswahl eines gebrauchten Leasinggegenstandes keine Gewährleistungsansprüche geltend machen kann. **1980**

cc) Vertragliche Ausgestaltung

Sofern Leasingverträge über gebrauchte Gegenstände geschlossen werden, sollte die übliche Abtretungskonstruktion verwendet werden, allerdings unter gleichzeitigem und deutlichem Hinweis darauf, dass dem Leasingnehmer im Fall des Vertragsschlusses über gebrauchte Gegenstände Gewährleistungsansprüche nur in dem Umfang abgetreten werden können, wie sie im Verhältnis zum Lieferanten bestehen. Auf einen Gewährleistungsausschluss ist in diesem Zusammenhang aufmerksam zu machen. **1981**

d) Leasingtypische Abtretungskonstruktion und Garantien

aa) Garantien des Lieferanten

Soweit zwischen Leasinggeber und Lieferanten Ansprüche aus Garantien gem. § 443 BGB in Betracht kommen, sollten auch diese zum Gegenstand der leasingtypischen Abtretung gemacht und der Leasingnehmer dazu verpflichtet werden, solche Ansprüche vorrangig ggü. dem Lieferanten geltend zu machen.[4067] Insoweit ergeben sich keine Besonderheiten im Vergleich zu den normalen Gewährleistungsansprüchen. **1982**

bb) Garantien Dritter

Fraglich ist jedoch, ob der Leasinggeber den Leasingnehmer darüber hinaus auch dahin gehend verpflichten kann, Garantien von dritter Seite, z.B. vom Hersteller eines Liefergegenstandes (Herstellergarantie), ggü. den betreffenden Dritten – neben dem Lieferanten oder ggf. bei dessen Insolvenz anstelle des Lieferanten – vorrangig geltend zu machen. Sofern man entsprechende **1983**

4066 BGH, NJW 2006, 1066.

4067 *Graf von Westphalen* ZIP 2001, 2263.

Garantieansprüche i.R.d. leasingtypischen Abtretungskonstruktion auf den Leasingnehmer überträgt, sind keine Gründe ersichtlich, die gegen die Zulässigkeit einer entsprechenden Regelung in den Allgemeinen Geschäftsbedingungen des Leasinggebers sprechen könnten.[4068] Soweit entsprechende Garantieansprüche nicht durchsetzbar sein sollten, kann der Leasingnehmer immer noch auf die Gewährleistungsansprüche gegen den Lieferanten und – subsidiär – den Leasinggeber selbst zurückgreifen.[4069]

e) Unwirksamkeit der leasingtypischen Abtretungskonstruktion

aa) Mietvertragliche Gewährleistung

1984 Soweit die leasingtypische Abtretungskonstruktion unwirksam ist, was insb. bei einer unangemessenen Benachteiligung des Leasingnehmers nach den §§ 305 ff. BGB in Betracht kommt, haftet der Leasingnehmer nach allgemeinen Grundsätzen. Eine Berufung auf die vorrangige Haftung des Lieferanten ist dem Leasinggeber dann nicht möglich. Der Leasinggeber haftet in diesen Fällen nach ständiger Rechtsprechung unmittelbar nach den mietrechtlichen Gewährleistungsvorschriften der §§ 536 ff. BGB.[4070]

bb) Teilunwirksamkeit

1985 Es ist allerdings zu beachten, dass nicht jede unzulässige Regelung im Zusammenhang mit der leasingtypischen Abtretungskonstruktion zu einer Gesamtunwirksamkeit der Drittverweisungsklausel führt.

(1) Grundsatz

1986 Die Unwirksamkeit kann sich vielmehr auf einen aus sich heraus verständlichen Teil der Gewährleistungsklausel beschränken,[4071] sodass die Wirksamkeit der Abtretungskonstruktion i.Ü. nicht infrage gestellt wird. Die Möglichkeit einer bloßen Teilunwirksamkeit ist nicht nur für den Kernbereich der Abtretungskonstruktion von Bedeutung, vielmehr kommt eine Teilunwirksamkeit auch in anderen leasingtypischen Regelungsbereichen in Betracht. So hat die Rechtsprechung etwa im Bereich der Verlagerung der Preis- und Gegenleistungsgefahr eine Klausel, die keine adäquate Kündigungsmöglichkeit des Leasingnehmers vorsah, als unwirksam erachtet, gleichwohl allerdings die grundsätzliche Gefahrverlagerung als wirksam anerkannt.[4072]

(2) Einzelfälle

1987 Die grundsätzliche Wirksamkeit der Drittverweisungsklausel bleibt nach der Rechtsprechung des BGH insb. unberührt, wenn i.R.d. Abtretungsklausel das Insolvenzrisiko des Lieferanten unzulässigerweise auf den Leasingnehmer verlagert wird.[4073] Auch eine unwirksame Klausel, wonach die Abtretung des Rücktrittsrechtsrechts nur Zug um Zug gegen Ausgleich offener Ratenrückstände erfolgen soll, lässt die grundsätzliche Wirksamkeit der Drittverweisung unberührt.[4074] Auf

4068 So auch *Beckmann* Finanzierungsleasing § 2 Rn. 364.
4069 Dazu Rdn. 1992–2022.
4070 BGH, NJW 1987, 1072 (1073); BGH, NJW 1982, 105; a.A. MüKo-BGB/*Koch*, Finanzierungsleasing, Rn. 123, der den Leasinggeber wegen des »Eigengepräges« des Finanzierungsleasings wie einen Verkäufer haften lassen möchte und entsprechend eine Anwendbarkeit der §§ 437 ff. BGB vorschlägt; in diese Richtung auch *Beckmann* Finanzierungsleasing § 2 Rn. 131 ff.
4071 Vgl. MüKo-BGB/*Koch*, Finanzierungsleasing, Rn. 123 m.w.N.
4072 BGH, NJW 1998, 2284 (2285).
4073 BGH, NJW 1991, 1746.
4074 BGH, NJW 1984, 2687 (2688).

der anderen Seite führen Klauseln, die nicht zu der erforderlichen unbedingten Einräumung der Rechte gegen den Lieferanten führen, insb. Widerrufsklauseln, regelmäßig zur Unwirksamkeit der Gesamtregelung.[4075]

cc) Umdeutung

Z.T. wird allerdings die Umdeutung einer unwirksamen Abtretungsklausel in eine rechtmäßige Ermächtigungsklausel befürwortet.[4076] So kann nach der Rechtsprechung des BGH eine unwirksame Abtretung in eine rechtswirksame Ermächtigung des Leasingnehmers umgedeutet werden, die betreffenden Ansprüche des Leasinggebers im eigenen Namen geltend zu machen, wenn eine in Allgemeinen Geschäftsbedingungen enthaltene Abtretung vertraglicher Gewährleistungsansprüche nicht unbedingt und vorbehaltlos erfolgt.[4077] 1988

f) Subsidiäre Eigenhaftung des Leasinggebers

aa) Gewährleistungspflichten

Auch eine wirksame Drittverweisung führt nicht in jedem Fall zu einem völligen Ausschluss der Eigenhaftung des Leasinggebers. Die leasingtypische Abtretungskonstruktion bewirkt vielmehr lediglich, dass der Leasingnehmer verpflichtet ist, vorrangig gegen den Lieferanten vorzugehen. Soweit den Leasinggeber die subsidiäre Haftung trifft, richten sich etwaige Ansprüche des Leasingnehmers dementsprechend nicht nach mietvertraglichen Ansprüchen. Die subsidiäre Haftung des Leasinggebers unterscheidet sich also von dem Fall, in dem die leasingtypische Abtretungskonstruktion unwirksam ist und sich die Gewährleistungsrechte des Leasingnehmers allein aus mietvertraglichen Vorschriften ergeben. Im Fall der subsidiären Haftung ist der Leasinggeber so zu stellen, wie er stünde, wenn die Rückabwicklung des Liefervertrages durchgeführt worden wäre.[4078] 1989

bb) Anwendungsfälle

Insb. in solchen Fällen, in denen der vom Leasingnehmer beabsichtigte und berechtigte Rücktritt wegen Vermögenslosigkeit des Lieferanten nicht realisiert werden kann, wird der Leasingnehmer im Verhältnis zum Leasinggeber so gestellt, als wäre der Kaufvertrag rückgängig gemacht worden, sodass der Leasinggeber den entstehenden Ausfall zu tragen hat.[4079] Fällt der Leasingnehmer im Fall eines mangelbedingten Rücktritts vom Kaufvertrag bei einer erfolgreichen Klage auf Rückzahlung des Kaufpreises an den Leasinggeber mit Kostenerstattungsansprüchen aus, kann er vom Leasinggeber eine Erstattung dieser Kosten beanspruchen.[4080] 1990

Im Ergebnis trägt der Leasinggeber in den geschilderten Konstellationen in jedem Fall das Insolvenzrisiko des Lieferanten. Dieses Risiko kann selbst im kaufmännischen Verkehr durch Formularvertrag nicht wirksam dem Leasingnehmer zugewiesen werden.[4081] 1991

4075 BGH, NJW 1987, 1072 (1073).
4076 Palandt/*Weidenkaff* vor § 535 Rn. 58.
4077 BGH, NJW-RR 2003, 51.
4078 BGH, NJW 1985, 129.
4079 BGH, NJW 1990, 314 m.w.N.
4080 BGH NZI 2014, 177.
4081 BGH, NJW 1991, 1746 m.w.N, bestätigt durch BGH NZI 2014, 177.

3. Geltendmachung von Gewährleistungsansprüchen

a) Auswirkungen der leasingtypischen Abtretungskonstruktion

aa) Pflicht zur Geltendmachung von Gewährleistungsansprüchen

1992 Kraft wirksamer Drittverweisungsklausel wird der Leasingnehmer dazu verpflichtet, etwaige Mängelrechte des Leasinggebers ggü. dem Lieferanten – wenn nötig klageweise[4082] – geltend zu machen. In diesem Zusammenhang ist zu beachten, dass unter Geltung des alten Schuldrechts die Auffassung vertreten wurde, dass sich eine die Abwicklung von Sachmängeln regelnde Klausel nicht auf Rechtsmängel erstrecke.[4083] Soweit die Abtretungsklausel ausdrücklich nur auf Sachmängel Bezug nimmt, erfasst die Drittverweisungsklausel auch unter Geltung des neuen Schuldrechts und der Gleichbehandlung von Sach- und Rechtsmängeln nicht den Bereich der Rechtsmängelhaftung. Vor diesem Hintergrund finden sich in den neueren Leasingverträgen regelmäßig Abtretungsklauseln, die allgemein auf Mängel Bezug nehmen. Derartige Klauseln gelten dann sowohl für Sach- als auch für Rechtsmängel.[4084]

bb) Fortbestand der Zahlungsverpflichtung

1993 Die wirksame Drittverweisung hat zunächst zur Folge, dass sich der Leasingnehmer dem Leasinggeber ggü. nicht auf einen Mangel des Leasingobjekts berufen kann, also insb. nicht zur Einstellung der Leasingzahlungen berechtigt ist.[4085] Der Leasingnehmer hat sich somit ausschließlich an den Lieferanten zu halten. Der Leasingnehmer ist selbst dann zu einem Vorgehen gegen den Lieferanten verpflichtet, wenn die Nacherfüllung fehlgeschlagen ist oder diese vom Lieferanten verweigert wird.[4086] Darüber hinaus ist der Leasingnehmer selbst im Fall der Insolvenzverfahrenseröffnung über das Vermögen des Lieferanten erst dann berechtigt, seine Zahlungen gegenüber dem Leasinggeber einzustellen, wenn er seine Gewährleistungsansprüche durch Anmeldung zur Insolvenztabelle und bei einem Bestreiten des Insolvenzverwalters durch Klage auf Feststellung zur Tabelle geltend gemacht hat.[4087] Eine etwaige Unzumutbarkeit für den Leasingnehmer hat der BGH in der benannten Entscheidung ausdrücklich abgelehnt und nur für Fälle angenommen, in denen etwa eine vermögenslose GmbH aus dem Handelsregister gelöscht wurde und demgemäß nicht mehr Partei eines Rechtsstreits sein kann.[4088]

b) Mögliche Gewährleistungsrechte

1994 Aufgrund der leasingtypischen Abtretungskonstruktion stehen dem Leasingnehmer sämtliche Gewährleistungsansprüche gegen den Lieferanten zu. In Betracht kommen insb. die Rechte auf Nacherfüllung und Minderung, der Rücktritt sowie Schadensersatzansprüche.

aa) Nacherfüllung

1995 Wenn der gelieferte Leasinggegenstand mit einem Mangel behaftet ist, kommen zunächst Nacherfüllungsansprüche in Betracht.

4082 BGH NZI 2014, 177; BGH, NJW 2010, 2798; BGH, NJW 1986, 1744.

4083 BGH, NJW-RR 1990, 1462 (1463).

4084 A.A. *Beckmann* Finanzierungsleasing § 2 Rn. 153, der eine ausdrückliche Einbeziehung von Rechtsmängeln für erforderlich hält.

4085 BGH NZI 2014, 177; BGH, NJW 2010, 2798; BGH, NJW 1986, 1744.

4086 MüKo-BGB/*Habersack* Bd. 4 Leasing Rn. 88.

4087 BGH NZI 2014, 177.

4088 BGH NZI 2014, 177.

(1) Wahlrecht

Gem. § 439 BGB besteht grds. ein Wahlrecht des Käufers zwischen den beiden Arten der Nacherfüllung in Gestalt einer Nachlieferung und einer Nachbesserung. Lediglich in Fällen, in welchen die gewählte Art der Nacherfüllung unmöglich oder nur mit unverhältnismäßigem Aufwand möglich ist, kann der Verkäufer, hier der Lieferant, die gewählte Art der Nacherfüllung gem. § 439 Abs. 3 BGB verweigern. Zu beachten ist eine jüngere Entscheidung des BGH, nach der der Lieferant, der vorprozessual nur das Vorhandensein von Mängeln bestreitet und aus diesem Grund die Nacherfüllung insgesamt verweigert, nicht daran gehindert ist, sich erst im Rechtsstreit über den Nacherfüllungsanspruch auf die Unverhältnismäßigkeit der vom Käufer gewählten Art der Nacherfüllung zu berufen.[4089] 1996

Fraglich ist, ob das Wahlrecht des Lieferanten nach § 439 Abs. 1 BGB hinsichtlich der beiden Arten der Nacherfüllung abbedungen werden kann. Soweit der Leasinggeber versucht, sich das Wahlrecht vorzubehalten oder den Nacherfüllungsanspruch einzuschränken, könnten derartige Regelungen auch im kaufmännischen Verkehr unzulässig sein,[4090] da der Leasinggeber dem Leasingnehmer als Ausgleich für die eigene Freizeichnung seine kaufrechtlichen Ansprüche vollständig und vorbehaltlos übertragen muss.[4091] Gegen diese Annahme spricht jedoch, dass der Leasinggeber vor dem Hintergrund der leasingtypischen Abtretungskonstruktion nur abtreten kann, was ihm an Ansprüchen aus dem Liefervertrag ggü. dem Lieferanten tatsächlich zusteht. Wenn die Gewährleistungsrechte des Leasinggebers gegen den Lieferanten bereits im Kaufvertrag beschränkt werden, können die Rechte folglich auch nur eingeschränkt abgetreten werden.[4092] *Beckmann* sieht eine Beschränkung der kaufrechtlichen Gewährleistungsrechte aus dem Kaufvertrag im Verhältnis zum Leasingnehmer nur dann als erheblich an, wenn der Nachlieferungsanspruch des Leasinggebers als Käufer in den Allgemeinen Geschäftsbedingungen von vornherein ohne Einwirken des Leasinggebers vom Lieferanten ausgeschlossen wird.[4093] Diese Einschränkung überzeugt nicht. Wenn der Nacherfüllungsanspruch im Liefervertrag wirksam auf eine Art der Nacherfüllung begrenzt wird, muss diese Einschränkung auf den Leasingvertrag durchschlagen, unabhängig davon, ob die Begrenzung des Nacherfüllungsanspruchs in den Allgemeinen Geschäftsbedingungen des Lieferanten oder individuell vereinbart wird. Einen vollständigen Ausschluss des Nacherfüllungsanspruchs muss sich der Leasingnehmer – unabhängig von der Frage, ob ein solcher umfassender Ausschluss überhaupt mit den Grundprinzipien des Kaufrechts vereinbar ist – freilich nicht entgegenhalten lassen.[4094] 1997

(2) Neulieferung

Die Erfüllung des Nacherfüllungsanspruchs lässt den Bestand des ursprünglich geschlossenen Kaufvertrags entgegen vereinzelt vertretener Ansicht[4095] unberührt und führt insb. nicht zum Wegfall der Geschäftsgrundlage des Leasingvertrages. Der Liefervertrag als Geschäftsgrundlage des Leasingvertrages bleibt im Fall der Nacherfüllung bestehen; es ist lediglich die mangelhafte Sache gegen eine mangelfreie einzutauschen, wobei sämtliche sonstigen vertraglichen Vereinbarungen bestehen bleiben.[4096] 1998

4089 BGH SVR 2014, 338.

4090 In diesem Sinne *Graf von Westphalen* ZIP 2001, 2258.

4091 *Wolf/Eckert/Ball* Rn. 1814.

4092 *Habersack* BB-Beilage 6/2003, 6; *Löbbe* BB-Beilage 6/2003, 10; *Zahn* DB 2002, 990.

4093 *Beckmann* Finanzierungsleasing § 2 Rn. 323 unter Hinweis auf *Habersack* BB-Beilage 6/2003, 6; *Reiner/Kaune* WM 2002, 2314.

4094 *Beckmann* Finanzierungsleasing § 2 Rn. 323.

4095 *Graf von Westphalen* ZIP 2001, 2260.

4096 *Beckmann* Finanzierungsleasing § 2 Rn. 331.

(a) Nutzungsentschädigung

1999 Im Fall der Nacherfüllung durch Lieferung einer neuen, i.d.R. wegen der Neuheit höherwertigen Sache stellt sich die Frage, wie man der Verpflichtung zur Zahlung einer Nutzungsentschädigung im Innenverhältnis zwischen den Leasingvertragsparteien angemessen Rechnung tragen kann. Insoweit bestehen zahlreiche Regelungsmöglichkeiten, die im Ergebnis darauf abzielen müssen, eine ungerechtfertigte Bereicherung der Vertragsparteien zu vermeiden. Insoweit kommen z.B. Regelungen über die Aufteilung des Veräußerungserlöses am Vertragsende oder auch eine Verlängerung der Vertragslaufzeit in Betracht.[4097]

(b) Eigentum

2000 Bei der Nacherfüllung in Form der Lieferung einer neuen Sache ist im Leasingvertrag klarzustellen, dass der Leasinggeber auch Eigentümer der nachgelieferten neuen Sache wird.[4098] Ergänzend sollte auch eine Klarstellung im Liefervertrag erfolgen.[4099]

(3) Nachbesserung

2001 Alternativ zur Neulieferung kommt eine Nachbesserung in Betracht. Der Leasingnehmer genügt seiner Beweislast für das Fehlschlagen der Nachbesserung durch den Nachweis, dass das von ihm gerügte Mangelsymptom weiterhin auftritt.[4100]

(a) Vorteilsausgleich

2002 Im Fall einer Nachbesserung können sich Werterhöhungen des Leasingobjekts ergeben. Obwohl die Nacherfüllung unentgeltlich zu erfolgen hat,[4101] ist eine Kostenbeteiligung des Kunden an wertsteigernden Nachbesserungsmaßnahmen anerkannt.[4102] *Beckmann* erachtet im Ergebnis einen Wert- bzw. Vorteilsausgleich unter dem Gesichtspunkt »neu für alt« als gerechtfertigt,[4103] wobei sich die Ansprüche des Lieferanten gegen den Leasinggeber als Vertragspartner richten, der Leasingnehmer jedoch im Innenverhältnis letztendlich die Kosten zu tragen hat.

(b) Verhältnis zum Rücktritt

2003 Der Leasingnehmer muss dem Lieferanten vor Durchsetzung einer etwaigen Rückabwicklung die Möglichkeit zur Nachbesserung einräumen, da seine Klage im Lieferprozess ansonsten als zurzeit nicht begründet abgewiesen wird.[4104]

bb) Minderung

2004 Im Fall einer Mangelhaftigkeit des Leasingobjekts kommt auch eine Minderung in Betracht. Aufgrund der leasingtypischen Abtretungskonstruktion kann der Leasingnehmer nicht unmittelbar im Verhältnis zum Leasinggeber die Leasingraten kürzen, vielmehr muss der Leasingnehmer dem Lieferanten ggü. die Minderung erklären und ihn zugleich auf Rückzahlung des Minderungsbetrages an den Leasinggeber in Anspruch nehmen.

2005 Die Höhe des Minderungsbetrages bestimmt sich insoweit gem. § 441 Abs. 3 BGB.

4097 Zu den verschiedenen Möglichkeiten vgl. *Beckmann* Finanzierungsleasing § 2 Rn. 336; *Wolf/Eckert/Ball* Rn. 1821; *Godefroid* BB-Beilage 5/2002, 7; *Reinking* ZGS 2002, 233; *Tiedtke/Möllmann* DB 2004, 587.
4098 *Reiner/Kaune* WM 2002, 2317.
4099 *Beckmann* Finanzierungsleasing § 2 Rn. 346.
4100 BGH v. 09.03.2011 – VIII ZR 266/09.
4101 Palandt/*Weidenkaff* § 439 Rn. 9.
4102 Vgl. *Reinking/Eggert* Rn. 253.
4103 *Beckmann* Finanzierungsleasing § 2 Rn. 347b.
4104 BGH, NJW 1996, 1465; BGH, NJW-RR 1998, 680.

(1) Künftige Raten

Entsprechend dieser Minderungshöhe sind auch die zukünftigen Leasingraten im Verhältnis zum Leasinggeber zu kürzen.[4105] 2006

(2) Zurückliegende Raten

Fraglich ist, ob der Leasingnehmer auch für die Vergangenheit eine Kürzung der Leasingraten vornehmen kann. Aus mietrechtlicher Sicht könnte eine rückwirkende Minderung der Leasingraten gem. § 536c Abs. 2 Nr. 1 BGB grds. erst ab dem Zeitpunkt in Betracht kommen, ab dem der betreffende Mangel angezeigt worden ist, sodass nach der gesetzlichen Lage in vielen Fällen eine rückwirkende Minderung ausscheiden müsste. Insoweit ist allerdings den Besonderheiten der leasingtypischen Abtretungskonstruktion Rechnung zu tragen. Da die Leasingraten am ursprünglichen Kaufpreis orientiert sind und der Leasinggeber durch die Geltendmachung von Minderungsansprüchen dem Lieferanten ggü. einen Teil des Kaufpreises zurückerlangt, würde der Leasinggeber durch die Minderung des Kaufpreises unter Aufrechterhaltung der ursprünglich vereinbarten Leasingraten ungerechtfertigt bereichert. Um diese ungerechtfertigten Vermögensverschiebungen auszugleichen, ist dem Leasingnehmer daher auch für die Vergangenheit ein Anspruch auf anteilige Rückerstattung zuzubilligen.[4106] 2007

(3) Rücktritt

(a) Rückabwicklung des Kaufvertrags

Im Fall eines wirksamen Rücktritts ist der Kaufvertrag zwischen Leasinggeber und Lieferanten rückabzuwickeln. Der Leasingnehmer kann im Fall einer Geltendmachung des Rücktrittsrechts nicht Rückzahlung des Kaufpreises an sich selbst verlangen, vielmehr ist der Leasingnehmer auch ohne ausdrückliche Weisung des Leasinggebers verpflichtet, vom Lieferanten Rückzahlung an den Leasinggeber zu verlangen.[4107] 2008

(b) Wegfall der Geschäftsgrundlage des Leasingvertrages

Nach vor der Schuldrechtsmodernisierung ganz herrschender Meinung und ständiger Rechtsprechung des BGH bewirkt eine Rückabwicklung des Kaufvertrages den rückwirkenden Wegfall der Geschäftsgrundlage des Leasingvertrages.[4108] Die Rechtsfolge der ex-tunc-Nichtigkeit ist allerdings seit der Einführung von § 313 Abs. 3 Satz 2 BGB fraglich.[4109] Dies resultiert daraus, dass das vor Inkrafttreten der Schuldrechtsreform im Fall der Unmöglichkeit einer Vertragsanpassung bestehende Rücktrittsrecht im Bereich von Dauerschuldverhältnissen durch ein Recht zur Kündigung ersetzt wurde. Eine Kündigung führt jedoch immer nur zu einem Wegfall des Rechtsverhältnisses für die Zukunft, lässt die Vergangenheit hingegen unberührt. Auch wenn die Gesetzesbegründung zum Schuldrechtsmodernisierungsgesetz davon ausgeht, dass mit der Ersetzung des Rücktritts- durch ein Kündigungsrecht lediglich die bereits bestehende allgemeine Auffassung in das Gesetz übernommen werde und damit eine Aufrechterhaltung der Rechtsprechung zum Wegfall der Geschäftsgrundlage 2009

4105 *Emmerich* JuS 1990, 7.

4106 MüKo-BGB/*Koch* Finanzierungsleasing Rn. 115.

4107 *Beckmann* Finanzierungsleasing § 2 Rn. 124; vgl. auch BGH, WM 1992, 1609.

4108 BGH, NJW 1977, 848; BGH, NJW 1991, 1746; Müko-BGB/*Koch*, Finanzierungsleasing, Rn. 109 f. m.w.N.

4109 Am Prinzip des Wegfalls der Geschäftsgrundlage halten fest: *Gebler/Müller* ZBB 2002, 107 (113 f.); *Habersack* Bankrechtstag 2002, 985 (987); Palandt/*Weidenkaff* vor § 535 Rn. 58; *Zahn* DB 2002, 985 (987). Für eine Kündigungslösung sprechen sich aus: *Arnold* DStR 2002, 1049 (1053 f.); *Löbbe* BB 2003 Beil. 6, 13 f.; ausführlich zum Streitstand siehe auch MüKo-BGB/*Koch*, Finanzierungsleasing, Rn. 109 f.

indiziert wird, spricht der Wortlaut von § 313 Abs. 3 Satz 2 BGB für eine reine, auf die Zukunft bezogene Kündigungslösung.[4110]

(aa) Künftige Raten

2010 Dem Leasinggeber wird die Erfüllung der Gebrauchsüberlassungspflicht im Fall der Rückabwicklung des Kaufvertrages unmöglich, sodass der Leasinggeber gem. § 346 Abs. 1 BGB seinen Anspruch auf künftige Leasingraten verliert.[4111]

(bb) Zurückliegende Raten

2011 Fraglich ist hingegen das Schicksal der bereits geleisteten Leasingraten.

2012 Sofern man der Rückabwicklung des Kaufvertrages in Bezug auf den Leasingvertrag lediglich ex-tunc-Nichtigkeit beimisst, bleibt die Rechtmäßigkeit der bereits geleisteten Leasingraten zunächst grds. unberührt. Es ist allerdings zu bedenken, dass der Leasinggeber aufgrund der Rückabwicklung des Kaufvertrages einen Anspruch gegen den Lieferanten auf Rückzahlung des Kaufpreises erlangt, sodass der Leasinggeber für den Fall, dass er – neben dem erstatteten Kaufpreis – auch die Leasingraten behalten dürfte, ungerechtfertigt bereichert wäre. Insoweit ist allerdings zu beachten, dass der Lieferant ggü. dem Leasinggeber seinerseits zur Geltendmachung von Nutzungen gem. § 346 Abs. 1 BGB berechtigt ist, sodass im Ergebnis eine Bereicherung fraglich ist. Diese könnte sich allenfalls aus dem Differenzbetrag von vertraglich vereinbarten Leasingraten und dem an objektiven Kriterien zu bestimmenden Nutzungsersatz ergeben, wobei zu bedenken ist, dass sich eine entsprechende Differenz regelmäßig ergeben dürfte, da die Rückabwicklung des Kaufvertrages ihre Ursache i.d.R. in der Mangelhaftigkeit des Leasingobjekts findet, sodass ein objektiv zu bestimmender Nutzungsersatz – ungeachtet der in den Leasingraten kalkulierten Finanzierungsleistung des Leasinggebers – bereits aus diesem Grunde regelmäßig vorliegen dürfte.

2013 Insoweit stellt sich eine bereicherungsrechtliche Rückabwicklung auch für die Vergangenheit als angemessen dar, um ungerechtfertigte Bereicherungen der Beteiligten auszugleichen. Zudem ist zu beachten, dass ein zur Rückabwicklung berechtigender Mangel bereits bei Übergabe des Leasingobjekts vorhanden sein muss, ein späterer – auf den Rücktritt bezogener – Zeitpunkt daher insoweit nicht in Betracht kommt.[4112] Daher sollte der herrschenden Ansicht und ständigen Rechtsprechung folgend von einem Wegfall der Geschäftsgrundlage und einem sich insoweit ergebenden Rückabwicklungsverhältnis ausgegangen werden. In den Bereicherungsausgleich sind die vom Leasinggeber bereits empfangenen Brutto-Leasingraten und die vom Leasingnehmer gezogenen Nutzungen einzubeziehen.[4113] Der Leasinggeber ist nicht berechtigt, vom Leasingnehmer eine Erstattung des Kaufpreises, einen Ausgleich für die mit dem Abschluss des Leasingvertrages verbunden Kosten, entgangenen Gewinn oder eine Kapitalverzinsung zu verlangen.[4114]

(4) Schadensersatz

(a) Schäden des Leasingnehmers

2014 Regelmäßig enthält die leasingtypische Drittverweisungsklausel die Abtretung von Schadensersatzansprüchen aus § 437 Nr. 3 BGB i.V.m. §§ 440, 280, 281, 283, 311a BGB.

4110 Streitig, vgl. statt aller: OLG Düsseldorf, NJOZ 2008, 3407, 3408; OLG Frankfurt am Main, MDR 2009, 497.

4111 *Emmerich* JuS 1990, 1; MüKo-BGB/*Habersack* bis zur 4. Auflage Leasing Rn. 99.

4112 Vgl. *Wolf/Eckert/Ball* Rn. 1844.

4113 BGH, NJW 1994, 576 (578); BGH, NJW 1990, 314; BGH, NJW 1985, 796.

4114 BGH, NJW 1990, 314; BGH, NJW 1982, 105.

Auf dieser Grundlage kann der Leasingnehmer eigene Schadensersatzansprüche gegen den Lieferanten geltend machen.[4115] In Betracht kommen vor allem ein Verzögerungsschaden, Mangelfolgeschäden und vergebliche Aufwendungen. Der Leasingnehmer hat insb. bei Verletzung des ihm abgetretenen Anspruchs auf Nacherfüllung die Möglichkeit, seinen Eigenschaden gegen den Lieferanten geltend zu machen.[4116] Insoweit kann insb. ein Anspruch auf entgangenen Gewinn entstehen.[4117] Daneben stehen dem Leasingnehmer freilich gem. § 823 Abs. 2 BGB Ansprüche wegen einer etwaigen Eigentumsverletzung zu, wenn durch die mangelhafte Lieferung des Lieferanten ein Schaden an sonstigen Rechtsgütern des Leasingnehmers auftritt. 2015

Der Schaden des Leasingnehmers bezieht sich auf den Entzug der Sachnutzung, nicht hingegen auf die an den Leasinggeber gezahlten Leasingraten. Aus diesem Grunde dürfte dem Leasingnehmer gegen den Lieferanten kein Anspruch auf Freistellung von den Pflichten aus dem Leasingvertrag zustehen.[4118] 2016

(b) Schäden des Leasinggebers

Die Frage, ob auch Schäden des Leasinggebers vom Lieferanten zu erstatten sind, wird unterschiedlich beurteilt. Nach einer Ansicht soll der Eigenschaden des Leasinggebers »als zwingende Folge der leasingtypischen Abtretungskonstruktion« nicht von einer Schadensersatzpflicht des Lieferanten erfasst sein.[4119] Dem kann nicht gefolgt werden. Vor erfolgter Abtretung der Gewährleistungsrechte stehen dem Leasinggeber eigene Schadensersatzansprüche ohne Frage zu. Aber auch nach erfolgter Abtretung sind Schäden des Leasinggebers, z.B. entgangener Gewinn oder der trotz Nachbesserung verbleibende Minderwert der Sache, zu erstatten.[4120] 2017

(c) Umfang der leasingtypischen Haftungsfreizeichnung

Fraglich ist, ob im Wege der leasingtypischen Abtretungskonstruktion eine umfassende Freizeichnung von Schadensersatzansprüchen des Leasingnehmers erfolgen kann. Dies erscheint jedenfalls bei Verletzungen von Leben, Körper und Gesundheit sowie bei grobem Verschulden mit Blick auf § 309 Nr. 7 Buchst. a) und b) BGB fraglich.[4121] Insoweit ist allerdings in Parallele zur Beurteilung der Zulässigkeit der leasingtypischen Abtretungskonstruktion trotz des grundsätzlichen Verbots der Drittverweisung gem. § 309 Nr. 8 Buchst. b) Buchst. aa) BGB auch die Beschränkung der Haftung als leasingimmanent anzuerkennen. Mit Überlassung des Leasinggegenstandes und der Abtretung der Mängelrechte gegen den Lieferanten hat der Leasinggeber seine Verpflichtungen aus dem Leasingvertrag erfüllt.[4122] 2018

c) Rügeobliegenheit

Der Leasingnehmer ist grds. zur Rüge ggü. dem Lieferanten verpflichtet. Zeigt der Leasingnehmer Mängel nicht an oder nimmt er das Leasingobjekt vorbehaltlos an, droht ihm der Verlust seiner Rechte. Nach der Rechtsprechung des BGH soll den nichtkaufmännischen Leasingnehmer allerdings ohne gesonderte vertragliche Vereinbarung keine Rügepflicht treffen.[4123] Die vertragliche 2019

4115 A.A. *Arnold* DStR 2002, 1051, der lediglich den Eigenschaden des Leasinggebers für erstattungsfähig hält.

4116 *Canaris* NJW 1982, 307; MüKo-BGB/*Koch*, Finanzierungsleasing, Rn. 115; vgl. Büschgen/*Apel* Praxishandbuch Leasing § 9 Rn. 118.

4117 Vgl. BGH, NJW-RR 2003, 51.

4118 So auch *Beckmann* Finanzierungsleasing § 2 Rn. 267; a.A. OLG Köln, CR 1988, 723; *Martinek*, S. 122.

4119 Vgl. *Löbbe* BB-Beilage 6/2003, 14; *Graf von Westphalen* Leasingvertrag Rn. 440.

4120 *Beckmann* Finanzierungsleasing § 2 Rn. 271.

4121 Daher ablehnend: *Godefroid* BB 2002 Beil. 5, 2 ff.

4122 Im Ergebnis auch MüKo-BGB/*Koch*, Finanzierungsleasing Rn. 104.

4123 BGH, NJW 1990, 1290; a.A. *Tiedtke* JZ 1991, 907.

Auferlegung von Rügepflichten dürfte im Verbraucherbereich allerdings ihre Grenze finden, soweit auch nicht offensichtliche Mängel erfasst werden sollen.[4124]

d) Verjährung von Gewährleistungsrechten

aa) Liefervertrag

2020 Die dem Leasingnehmer abgetretenen Gewährleistungsrechte verjähren nach allgemeinen Regeln. Grds. gilt insoweit die für bewegliche Sachen maßgebliche zweijährige Gewährleistungsfrist gem. § 438 Abs. 1 Nr. 3 BGB. Im Bereich des Immobilienleasings kommt demgegenüber eine fünfjährige Gewährleistungsfrist zur Anwendung (§ 438 Abs. 1 Nr. 2 BGB).

2021 Das Risiko, dass sich der Lieferant nicht auf Verjährung beruft, trägt der Leasinggeber.[4125] Dieses Risiko kann der Leasinggeber allerdings im Rechtsstreit durch Beitritt nach § 66 ZPO und Erhebung der Verjährungseinrede vermeiden.[4126]

bb) Leasingvertrag

2022 Der Leasingnehmer ist auf die kraft wirksamer Abtretungskonstruktion übertragenen kaufrechtlichen Gewährleistungsansprüche beschränkt. Dies bedeutet für den Fall der Verjährung von Gewährleistungsansprüchen aus dem zwischen Leasinggeber und Lieferanten geschlossenen Kaufvertrag, dass dem Leasingnehmer im Fall der Erhebung der Verjährungseinrede durch den Lieferanten dem Leasinggeber ggü. weder Mängelrechte noch das Kündigungsrecht gem. § 543 BGB zustehen.[4127] Die mietvertragliche Haftung des Leasinggebers lebt also nicht wieder auf.[4128] Im Ergebnis hat der Leasingnehmer damit auch in dem Fall die Leasingraten zu zahlen, dass der Leasingnehmer aufgrund der Verjährung der kaufrechtlichen Gewährleistungsansprüche etwaig vorhandene Mängel am Leasingobjekt nicht auf Kosten des Lieferanten beseitigen lassen kann. Auf einen Wegfall der Geschäftsgrundlage kann sich der Leasingnehmer in diesen Fällen nicht berufen.[4129] Damit trägt der Leasingnehmer das Risiko für sog. Spätschäden.[4130]

4. Wirkung der Geltendmachung von Gewährleistungsrechten

a) Leistungsverweigerungsrecht

2023 Wenn der Leasingnehmer gegen den Lieferanten eine Klage auf Rückzahlung des Kaufpreises erhoben hat, ist der Leasingnehmer nicht länger zur Zahlung rückständiger oder laufender Leasingraten verpflichtet.[4131] Entgegen anderslautenden Stimmen[4132] ist der Leasingnehmer hingegen nicht schon bei Erklärung des Rücktritts zur Leistungsverweigerung berechtigt.[4133] Dem Leasingvertrag wird lediglich durch die gerichtliche Feststellung des Scheiterns der Nacherfüllung und der Wirksamkeit des Rücktritts die Grundlage entzogen, sodass der Leasingnehmer zumindest Klage erhoben haben muss, weil erst dann nicht mehr ausgeschlossen werden kann, dass mit stattgebendem Urteil

4124 Vgl. Palandt/*Weidenkaff* vor § 535 Rn. 57.
4125 BGH, NJW 1971, 1746; *Reinking/Eggert* Rn. 1214.
4126 Büschgen/*Beckmann* § 10 Rn. 132.
4127 BGH, NJW 1989, 1279 (1280); BGH, NJW 1993, 122 (123 f.).
4128 Staudinger/*Stoffels* Leasing Rn. 260.
4129 BGH, NJW 1989, 1279 (1280); MüKo-BGB/*Koch* Finanzierungsleasing Rn. 116; a.A. *Blomeyer* NJW 1978, 973 (976).
4130 Vgl. BuB/*Peters* Rn. 13/90.
4131 BGH, NJW 1986, 1744 (1745); BGH, NJW 2010, 2798; vgl. auch MüKo-BGB/*Koch* Finanzierungsleasing Rn. 114 m.w.N.; Erman/*Jendrek* Anh. § 535 Rn. 30.
4132 *Löbbe* BB 2003 Beil. 6, 7 (11 f.); *Reinking* ZGS 2002, 229 (334); *Graf von Westphalen* ZIP 2001, 2258 (2260 f.).
4133 BGH, NJW 2010, 2798; Palandt/*Weidenkaff* vor § 535 Rn. 58; vgl. auch BGH NZI 2014, 177.

auch der Leasingvertrag rückabzuwickeln und damit ggf. gleichzeitig der Leasinggeber zur Rückzahlung aller bereits erhaltenen Leasingraten verpflichtet ist.[4134] Das Leistungsverweigerungsrecht des Leasingnehmers im Fall gerichtlicher Geltendmachung kann auch nicht durch abweichende Regelungen in AGB ausgeschlossen werden.[4135] Ein Leistungsverweigerungsrecht kann sich auch aus der wirtschaftlichen Einheit eines Leasingvertrages mit einem Dienstleistungsvertrag ergeben.[4136]

Die vorstehenden Ausführungen gelten für die Geltendmachung einer Nacherfüllung oder Minderung dem Lieferanten ggü. entsprechend. 2024

b) *Sicherheitsleistung, Hinterlegung*

Es steht dem Leasinggeber frei, in seinen Leasingbedingungen eine Regelung vorzusehen, wonach der Leasinggeber den Leasingnehmer zur Hinterlegung oder Sicherung der bis zur Rechtskraft des Urteils anfallenden Raten verpflichten kann.[4137] 2025

c) *Verfahrensaussetzung*

Ein parallel zum Rechtsstreit zwischen Leasingnehmer und Lieferant anhängiges Verfahren zwischen Leasinggeber und Leasingnehmer, etwa eine Zahlungsklage wegen Ratenrückstandes, ist gem. § 148 ZPO auszusetzen.[4138] 2026

5. Wirkung rechtskräftiger Gewährleistungsstreitigkeiten

Auf Grundlage der leasingtypischen Abtretungskonstruktion erklärt der Leasinggeber gleichzeitig, dass er das Ergebnis eines Verfahrens über Gewährleistungsrechte als für sich verbindlich anerkennt.[4139] Der Leasinggeber kann diese Bindungswirkung in AGB grds. nicht infrage stellen, insb. nicht vom tatsächlichen Vorliegen eines Sachmangels abhängig machen.[4140] 2027

a) *Rechtskräftige Entscheidungen*

Eine Bindungswirkung tritt vor allem im Fall einer streitigen Entscheidung ein, durch welche ein Rücktritt ausdrücklich für wirksam erklärt oder der Lieferant zur Rückzahlung des Kaufpreises verurteilt wird. Dies gilt auch im Fall eines Versäumnisurteils gegen den Lieferanten.[4141] Soweit der Lieferant während eines laufenden Rechtsstreits mit dem Leasingnehmer insolvent wird und ein Antrag auf Eröffnung des Insolvenzverfahrens gestellt wurde, hat der Leasingnehmer den auf Feststellung des Rücktritts bzw. Rückzahlung des Kaufpreises gerichteten Klageantrag auf einen Feststellungsantrag des Inhalts umzustellen, dass der Anspruch auf Rückzahlung des Kaufpreises zur Tabelle festgestellt wird.[4142] Sofern ein solcher Anspruch zur Tabelle festgestellt wird, steht dies einem rechtskräftigen Rücktrittsurteil gleich.[4143] 2028

b) *Außergerichtliches Einvernehmen*

Fraglich ist, ob sich der Leasinggeber auch ein außergerichtliches Einvernehmen zwischen dem Leasingnehmer und dem Lieferanten als verbindlich entgegenhalten lassen muss. Ein solches 2029

4134 Vgl. MüKo-BGB/*Koch* Finanzierungsleasing Rn. 114 f. m.w.N.
4135 BGH, NJW 1986, 1744 (1745).
4136 BGH, WM 2009, 1813.
4137 *Assies* BKR 2002, 317 (318); *Habersack* Bankrechtstag 2002, 3 (44); *Beckmann* Finanzierungsleasing § 5 Rn. 33.
4138 BGH, NJW 1986, 1744 (1745).
4139 Vgl. nur MüKo-BGB/*Koch* Finanzierungsleasing, Rn. 117.
4140 BGH, NJW 1991, 1746; *Tiedtke* JZ 1991, 907 f.
4141 BGH, NJW 1991, 1746; MüKo-BGB/*Koch* Finanzierungsleasing Rn. 117; *Tiedtke* JZ 1991, 907 f.
4142 BGH, NJW-RR 1994, 1251; Zöller/*Greger* § 240 Rn. 14.
4143 BGH, NJW 1990, 314 (315); BGH, NJW 1994, 576 (577).

Einvernehmen spielt insb. in solchen Konstellationen eine Rolle, in welchen der Lieferanten dem Leasingnehmer ggü. die Wirksamkeit eines Rücktritts anerkennt.

aa) Grundsatz

2030 Grds. muss sich der Leasinggeber auch eine außergerichtlich hergestellte Übereinkunft zwischen Leasingnehmer und Lieferant als verbindlich entgegenhalten lassen.[4144] Dies gilt allerdings nicht in Fällen kollusiven Zusammenwirkens zwischen Leasingnehmer und Lieferant,[4145] was vor allem in Betracht kommt, wenn ein Rücktritt in der bewussten Kenntnis akzeptiert wird, dass ein Mangel nicht oder nicht mehr vorliegt.[4146]

bb) Vertragliche Gestaltungsmöglichkeiten

2031 Ob der Leasinggeber durch seine Leasingbedingungen insoweit beschränkende Regelungen vorsehen kann, ist umstritten. Dies gilt im Wesentlichen für die Frage, ob der Leasinggeber seine Bindung an eine nach Verjährung der Mängelrechte getroffene Vereinbarung ausschließen kann. *Habersack* spricht sich mit überzeugenden Argumenten entgegen der herrschenden Meinung und Rechtsprechung des BGH[4147] für die Zulässigkeit einer solchen Regelung aus, da diese den Leasingnehmer nicht rechtlos stellt, sondern lediglich die Grenzen der von ihm beanspruchten Rechtsmacht wiedergibt.[4148] Da der Leasingnehmer nach Ablauf der Gewährleistungsfristen dem Leasinggeber keine Gewährleistungsansprüche entgegensetzen kann und weiterhin zur Zahlung der Leasingraten verpflichtet ist, erscheint es konsequent, zumindest aber zulässig, dass der Leasinggeber die Bindungswirkung einer nach Ablauf der Gewährleitungsfristen herbeigeführten Einigung zwischen dem Leasingnehmer und dem Lieferanten über eine Rückabwicklung des Kaufvertrages ausschließt.

VI. Zahlungsverzug

1. Fälligkeit

2032 Regelmäßig wird im Leasingvertrag die Regelung getroffen, dass die Leasingraten monatlich im Voraus zum Ersten des betreffenden Monats zu zahlen sind. Eine derartige Fälligkeitsregelung kann in Allgemeinen Geschäftsbedingungen unproblematisch getroffen werden. Folge dieser kalendermäßigen Bestimmung des Leitungszeitpunkts ist, dass der Leasingnehmer im Fall der Überschreitung eines Zahlungstermins auch ohne eine Mahnung des Leasinggebers gem. § 286 Abs. 1, Abs. 2 Nr. 1 BGB in Verzug gerät. In diesem Zusammenhang ist allerdings zu beachten, dass das verschuldensabhängige Erfordernis des Verzugs nicht durch das verschuldensunabhängige Merkmal des bloßen Zahlungsrückstandes formularmäßig ersetzt werden kann.[4149]

2. Verzug, Schadensersatz

2033 Der Leasinggeber ist im Verzugsfalle gem. § 286 Abs. 1 BGB zur Geltendmachung von Verzögerungsschäden berechtigt. Als Schäden kommen vor allem ein Zinsschaden sowie Kosten für etwaige Zahlungsaufforderungen in Betracht. Soweit im Leasingvertrag eine Verzugspauschale vorgesehen wird, ist diese nur wirksam, wenn dem Leasingnehmer der Nachweis eines geringeren Schadens

4144 BGH, NJW 1985, 1535; BGH, WM 1992, 1609 (1611).
4145 BGH, NJW 1985, 1535; BGH, NJW 1991, 1746.
4146 BGH, NJW 1991, 1746 (1748).
4147 BGH, NJW 1991, 1746.
4148 Ausführlich hierzu MüKo-BGB/*Habersack* bis zur 4. Auflage Bd. 4 Leasing Rn. 92 mit zahlreichen Nachweisen; *Habersack* Vertragsfreiheit und Drittinteressen 1992, insb. S. 55; a.A.: Müko-BGB/*Koch* (ab 5. Auflage) Finanzierungsleasing, Rn. 118.
4149 Erman/*Jendrek* Anh. § 535 Rn. 35.

gestattet wird. Umgekehrt sollte die Klausel auch eine Öffnung für den Leasinggeber dahingehend vorsehen, dass ein über die Pauschale hinausgehender Schaden geltend gemacht werden kann.

3. Außerordentliche Kündigung

2034 Sofern der Leasingnehmer wiederholt, insb. an mehreren Zahlungsterminen hintereinander, seinen Zahlungsverpflichtungen nicht nachkommt, kann der Leasinggeber den Leasingvertrag gem. § 543 Abs. 2 Nr. 3 BGB außerordentlich kündigen.[4150]

4. Rücknahmerecht

2035 Z.T. wird in Leasingverträgen eine Regelung vorgesehen, die dem Leasinggeber für den Fall des Zahlungsverzugs ein Recht auf sofortige Rücknahme des Leasingobjekts einräumt. Mangels bestehender spezieller gesetzlicher Vorschriften sind derartige Klauseln an §§ 305 ff. BGB zu messen.[4151] Grds. sind solche Regelungen nicht zu beanstanden. Dies gilt jedenfalls für Klauseln, wonach der Leasinggeber im Verzugsfall den Leasinggegenstand herausverlangen und bis zum Ausgleich der rückständigen Raten behalten kann.[4152] Eine Regelung, die ein Wegnahmerecht des Leasinggebers vorsieht, ist allerdings wegen Unvereinbarkeit mit den §§ 229, 858 BGB gem. § 307 BGB unwirksam.[4153] Wegen eines Verstoßes gegen § 307 BGB ist auch eine Klausel unwirksam, wonach die Rückgabe des Leasinggegenstandes davon abhängig gemacht wird, dass der Leasingnehmer neben den rückständigen Leasingraten auch alle künftigen Raten zahlen soll.[4154]

VII. Kündigung

2036 In Bezug auf die Kündigung eines Leasingvertrages gelten grds. keine Besonderheiten.

1. Ordentliche Kündigung

2037 Bei unbestimmter Vertragsdauer ist eine ordentliche Kündigung möglich. Das Kündigungsrecht des Leasingnehmers gilt auch mangels entgegenstehender Vereinbarung vor Amortisation des Leasinggeschäfts, sodass ein auf unbestimmte Dauer geschlossener Leasingvertrag nicht erst mit Erreichen der Vollamortisation gekündigt werden kann.[4155] Da der Leasinggeber durch Vereinbarung eines einseitig nur dem Leasingnehmer zustehenden Kündigungsrechts nicht schlechter, allerdings auch nicht besser gestellt werden darf als bei Abwicklung des Vertrages innerhalb der kalkulierten Amortisationszeit, billigt die Rechtsprechung dem Leasinggeber in diesen Fällen auch ohne ausdrückliche Vereinbarung einen Ausgleichsanspruch zu.[4156]

2. Außerordentliche Kündigung

2038 Während der Dauer eines befristeten Leasingvertrages kann dieser nur bei Vorliegen eines wichtigen Grundes gekündigt werden.[4157] I.d.R. werden exemplarische Kündigungsgründe in den Leasingvertrag aufgenommen. Einer Wiederholung der in § 543 BGB geregelten Fälle einer außerordentlichen Kündigung, insb. für den Fall eines Zahlungsverzuges, bedarf es freilich nicht. Wenn dennoch zur Klarstellung eine Aufnahme der Kündigungsgründe des § 543 BGB erfolgt, sollte darauf geachtet werden, dass die gem. § 543 Abs. 3 Satz 1 BGB erforderliche Nachfristsetzung nach der Regelung des § 543 Abs. 3 Satz 2 Nr. 3 BGB im Fall des Zahlungsverzuges gem. § 543 Abs. 2 Nr. 3 BGB

4150 Vgl. dazu Rdn. 2038–2041.
4151 Erman/*Jendrek* Anh. § 535 Rn. 35.
4152 Vgl. *Beckmann* Finanzierungsleasing § 5 Rn. 57 ff. m.w.N.
4153 Erman/*Jendrek* Anh. § 535 Rn. 35.
4154 Vgl. OLG Hamm, DB 1981, 885 zu § 9 AGBG.
4155 BGH, NJW 1990, 247.
4156 BGH, NJW 1990, 2377 (2379); BGH, NJW 1985, 2253.
4157 OLG Düsseldorf, Beschl. v. 17.03.2011 – I-24 U 177/10, veröffentlicht bei juris.

nicht erforderlich ist. Soweit das Nachfristerfordernis undifferenziert und in allgemeiner Form in eine vertragliche Kündigungsregelung aufgenommen wird, hat der Leasinggeber das Nachfristerfordernis auch im Fall des Zahlungsverzuges zu beachten. Klauseln, wonach als wichtige Kündigungsgründe die Zwangsvollstreckung in das Vermögen des Leasingnehmers oder die Einstellung der Leasingzahlungen benannt werden, verstoßen nicht gegen § 307 BGB.[4158] Problematisch sind allerdings sog. Insolvenzlösungsklauseln. Insoweit liegt regelmäßig ein Verstoß gegen die insolvenzrechtliche Kündigungssperre gem. § 119 InsO vor. In der Praxis wird diese Problematik vielfach dadurch umgangen, dass bereits an eine wesentliche Vermögensverschlechterung angeknüpft wird.[4159]

2039 Eine Kündigung kann nicht auf § 626 BGB gestützt werden, insb. nicht in den Fällen von allgemeinen Zahlungsschwierigkeiten oder der Aufgabe, Verlegung oder Änderung des Betriebs des Leasingnehmers.[4160]

3. Persönliche Verhinderung

2040 Gem. § 537 BGB bleibt der Leasingnehmer im Fall persönlicher Verhinderung in jedem Fall zur Zahlung der vereinbarten Leasingraten verpflichtet. Eine Kündigung ist in diesen Fällen folglich ausgeschlossen. Dies gilt insb. für die Fälle einer Geschäftsaufgabe durch den Leasingnehmer oder für Fälle, in denen der Leasinggegenstand nicht mehr für die Geschäftstätigkeit des Leasingnehmers erforderlich ist. Das Verwendungsrisiko trägt allein der Leasingnehmer.

4. Mehrere Leasingnehmer

2041 Es ist zu beachten, dass der Leasinggeber einen Leasingvertrag mit mehreren Leasingnehmern nur einheitlich ggü. allen Leasingnehmern kündigen kann.[4161] Eine ggü. einer Mehrheit von Leasingnehmern ausgesprochene Kündigung beendet den Leasingvertrag daher nur dann, wenn sie jedem einzelnen Leasingnehmer ggü. wirksam ist.

VIII. Abwicklung beendeter Leasingverträge, leasingtypischer Schadensersatz, Nutzungsentschädigung, Pflichten des Leasinggebers

1. Grundlagen

a) Laufzeit

2042 Vollamortisationsverträge sehen eine feste (nicht ordentlich kündbare) Grundlaufzeit vor. Läuft diese aus, wird der Leasingvertrag beendet, ohne dass es einer Kündigung bedarf. Etwas anderes gilt bei Verträgen mit Nutzungsoption, die eine automatische Vertragsverlängerung vorsehen, wenn der Leasingnehmer nicht zum Ende der Grundlaufzeit kündigt. Hier ist allerdings im Einzelfall zu prüfen, ob die Verlängerungsklausel Wirkung entfaltet, was nach Auffassung des OLG Saarbrücken nicht der Fall sein soll, wenn auf der ersten Seite des Vertrages ohne einschränkenden Hinweis eine Laufzeit in Monaten angegeben ist.[4162]

2043 Auch bei Teilamortisationsverträgen wird regelmäßig eine feste Grundlaufzeit vereinbart, die bis zu 90 % der betriebsgewöhnlichen Nutzungsdauer der Leasingsache beträgt. In diesen Fällen sehen die Leasingbedingungen wie beim Vollamortisationsvertrag meist eine automatische Beendigung ohne Kündigungserfordernis vor. Ist keine Festlaufzeit vereinbart, läuft der Vertrag bis zu seiner

4158 BGH, NJW 1984, 871 (872); OLG Dresden, ZMR 2000, 375.

4159 Vgl. Büschgen/*Berningshaus* § 12 Rn. 91.

4160 Palandt/*Weidenkaff* vor § 535 Rn. 61.

4161 BGH, NJW 2000, 3133.

4162 NJW-RR 2009, 989 m. Anm. *Weber*.

Kündigung, die frühestens nach Ablauf von 40 % der gewöhnlichen Nutzungsdauer der Leasingsache erfolgen darf, wenn die Kündigung sich nicht steuerschädlich auswirken soll.[4163]

Der Anspruch des Leasinggebers auf Vollamortisation seiner Aufwendungen sowie auf seinen Gewinn bleibt auch im Fall einer vorzeitigen Vertragskündigung bestehen.[4164] 2044

b) Aufhebungsvertrag

Den Vertragsparteien ist es unbenommen, auch eine vorzeitige Vertragsbeendigung einvernehmlich zu vereinbaren (Aufhebungsvertrag). Im Einzelfall kann dem Leasingnehmer sogar ein Anspruch auf vorzeitige Vertragsbeendigung zustehen, wenn einerseits feststeht, dass er das Leasingobjekt nicht mehr nutzen kann, und andererseits der Leasingnehmer mit dem Lieferanten eine Vereinbarung getroffen hat, wonach dieser bereit ist, das Leasingobjekt jederzeit zum jeweiligen AfA-Zeitwert zurückzunehmen.[4165] Auch bei einvernehmlicher Vertragsaufhebung steht dem Leasinggeber der Vollamortisationsanspruch zu.[4166] Grds. gilt dies sogar ohne ausdrückliche Vereinbarung.[4167] Im Einzelfall ist allerdings durch Auslegung zu ermitteln, was die Parteien vereinbart haben. 2045

2. Wegfall des Besitzrechts und Nutzungsentschädigung

a) Rückgabepflicht

aa) Bestand

Mit der Beendigung des Leasingvertrages erlischt das Besitzrecht des Leasingnehmers. Er muss das Leasingobjekt an den Leasinggeber in ordnungsgemäßem Zustand zurückgeben,[4168] es sei denn, dieser macht von einem Andienungsrecht Gebrauch. Nach Auffassung des OLG Hamm soll eine Rückgabepflicht auch entfallen, wenn eine Leasing-Mietzinstabelle einen »Restwert 0« ausdrücklich ausweist.[4169] Die Auffassung vermag nicht zu überzeugen, weil die Rückgabeverpflichtung gerade leasingtypisch ist.[4170] Sie ist in Leasingverträgen regelmäßig ausdrücklich geregelt und ergibt sich darüber hinaus aus § 546 Abs. 1 BGB (analog) und § 985 BGB. 2046

bb) Erfüllungsort

Nach herrschender Meinung handelt es sich bei der Rückgabepflicht um eine Bringschuld. Geschuldet ist deshalb die Rückgabe an den Sitz des Leasinggebers.[4171] Ohne Bestimmung in den Leasingbedingungen sind bewegliche Sachen im Zweifel dort zurückzugeben, wo sie überlassen worden sind.[4172] Üblich in Leasingbedingungen ist die Regelung, dass die Leasingsache nach Vertragsbeendigung an den Leasinggeber oder einen von ihm benannten Dritten, i.d.R. den Lieferanten, zu verbringen ist. Derartige Klauseln werden teilweise als überraschend i.S.d. § 305c Abs. 1 BGB und unangemessen i.S.d. § 307 BGB angesehen, wenn ausschließlich eine Rückgabe an den 2047

4163 Vgl. die Vorgaben des Teilamortisationserlasses; dazu Rdn. 1879.
4164 BGH, NJW 1991, 221; BGH, NJW 1995, 1541; *Assies* WiB 1995, 497 (499) m.w.N.
4165 OLG Köln, BB 1994, 1958.
4166 OLG Düsseldorf, OLG-Report 2001, 401.
4167 OLG Düsseldorf, OLG-Report 2001, 401.
4168 *Beckmann* Finanzierungsleasing § 8 Rn. 185.
4169 OLG Hamm, OLGE 1994, 25.
4170 *Assies* WiB 1995, 497.
4171 BGH, NJW 1982, 1747 (1748); BGH, NJW 1987, 2367 (2369); vgl. BGH, NJW 1988, 2665 (2666); weitere Nachweise bei *Beckmann* Finanzierungsleasing § 8 Rn. 171; a.A. *Beckmann* Finanzierungsleasing § 8 Rn. 178 ff.
4172 BGH, NJW 1988, 1914; *Beckmann* Finanzierungsleasing § 8 Rn. 177.

Lieferanten vorgesehen ist.[4173] Hiergegen spricht, dass die Rückgabe als Bringschuld leasingtypisch ist. Etwas anderes kann sich allerdings dann ergeben, wenn der Leasingnehmer aufgrund der Handhabung bei Vertragsbeginn mit einem anderen Ort für die Erfüllung seiner Rückgabeverpflichtung rechnen durfte.

cc) Ordnungsgemäßheit, Schadensersatz

2048 Die Leasingsache ist in einem Zustand zurückzugeben, der dem vertragsgemäßen Gebrauch entspricht (§ 538 BGB). Ansonsten macht sich der Leasingnehmer schadenersatzpflichtig gem. §§ 280 Abs. 1, 546a Abs. 2 BGB, wobei streitig ist, ob der Leasinggeber Anspruch auf die Reparaturkosten oder nur auf Erstattung eines Minderwerts hat.[4174] Jedenfalls sind notwendige Reparaturkosten vom Leasingnehmer zu tragen, wenn eine sinnvolle Verwertung nur nach Instandsetzung möglich ist.[4175] I.d.R. beinhalten insb. Kfz – Leasingbedingungen Zustandsklauseln, wonach das Fahrzeug bei Rückgabe einen unveränderten, dem Alter und der vertragsgemäßen Fahrleistung entsprechenden Zustand aufweisen muss. Rechtliche Bedenken gegen diese Klauseln bestehen nicht.[4176]

b) Nutzungsentschädigung

aa) Voraussetzungen

2049 Gibt der Leasingnehmer nach Beendigung des Vertrages das Leasingobjekt nicht zurück, kann der Leasinggeber unter Umständen eine Nutzungsentschädigung verlangen.[4177] Gesetzlich geregelt ist dies in § 546a Abs. 1 BGB, der analog auf Finanzierungsleasingverträge anwendbar ist.[4178] Voraussetzung für den Anfall einer Nutzungsentschädigung ist die Vorenthaltung des Leasingobjekts gegen den Willen des Leasinggebers. Entsprechend sind Klauseln in Allgemeinen Geschäftsbedingungen wegen unangemessener Benachteiligung unwirksam, die für den Anfall einer Nutzungsentschädigung auf die bloße Nichtrückgabe des Leasingobjekts abstellen.[4179] Verhandelt der Leasinggeber deshalb mit dem Leasingnehmer über eine Vertragsverlängerung oder den Ankauf des Leasingobjektes, kann dies dazu führen, dass eine stillschweigende Duldung der »Nicht-Rückgabe« angenommen wird. Eine Nutzungsentschädigung ist nur bei tatsächlicher Nutzungsmöglichkeit durch den Leasingnehmer geschuldet. Ein Anspruch auf Nutzungsentschädigung besteht sowohl bei Voll- als auch bei Teilamortisationsverträgen, bei Vollamortisationsverträgen auch dann, wenn die Vollamortisation vollständig erreicht ist.[4180]

4173 *Eckert* EWiR § 557 BGB 1/01, 220; Derleder/Knops/Bamberger/*Mankowski/Knöfel* Handbuch zum deutschen und europäischen Bankrecht, § 14 Rn. 108; *Beckmann* Finanzierungsleasing § 8 Rn. 183; a.A. *Graf von Westphalen* Leasingvertrag Rn. 969.

4174 OLG Celle, NJW-RR 1994, 743 (744) (Reparaturkosten) – insoweit bestätigt durch BGH, NJW 1995, 954; so auch *Beckmann* Finanzierungsleasing § 8 Rn. 186, 254; LG Frankfurt am Main, NJW-RR 1998, 349 (Minderwert).

4175 BGH, NJW-RR 1992, 378.

4176 BGH, NJW-RR 2000, 1303 (1304); LG München, DAR 1999, 268 (269) (die konkrete Klausel wurde aber wegen Widersprüchlichkeit als AGB-rechtlich unwirksam angesehen); *Beckmann* Finanzierungsleasing § 8 Rn. 188.

4177 BGHZ 107, 123; BGH, WM 2005, 1332; BGH, NJW-RR 2004, 558; *Assies* WiB 1995, 497 f.; *ders.*, WiB 1996, 564, 566 jeweils m.w.N.

4178 BGHZ 71, 196 (205 f.); BGHZ 107, 123; OLG Hamm, NJW-RR 1999, 1729; a.A. *Tiedtke* ZIP 1989, 1437.

4179 BGH, NJW-RR 2004, 558.

4180 BGH, NJW-RR 1990, 182; OLG Hamm, NJW-RR 1999, 1729 (1730 f.); *Beckmann* Finanzierungsleasing § 8 Rn. 196.

bb) Höhe

Der Höhe nach bestimmt sich die Nutzungsentschädigung nach dem objektiven Wert der Nutzung. 2050
Regelmäßig entspricht sie der Leasingrate.[4181] Die Nutzungsentschädigung unterliegt der USt.[4182] Üblich und angemessen ist die Vereinbarung einer Nutzungsentschädigung in den Leasingbedingungen i.H.d. vereinbarten Leasingraten. Das Verlangen des Leasinggebers nach Zahlung einer Nutzungsentschädigung in dieser Höhe ist erst dann als unzulässige Rechtsausübung anzusehen, wenn der Zeitwert des Leasingobjekts alters- und gebrauchsbedingt so weit abgesunken ist, dass eine Nutzungsentschädigung i.H.d. vereinbarten monatlichen Leasingrate zu dem verbliebenen Verkehrs- oder Gebrauchswert der Leasingsache völlig außer Verhältnis steht (Fall der unzulässigen Rechtsausübung).[4183] In diesem Zusammenhang ist zu berücksichtigen, dass § 546a Abs. 1 BGB auch Strafcharakter zukommt.[4184]

cc) Zeitraum

Geschuldet wird die Nutzungsentschädigung grds. bis zur Rückgabe. Aus dem bereits zitierten 2051
Urteil des BGH vom 13.04.2005[4185] können sich allerdings Einschränkungen bezogen auf das Leasinggeschäft ergeben.

3. Vorzeitige Vertragsbeendigung, leasingtypischer Schadensersatz

a) Allgemeines

aa) Bestand

Bei Finanzierungsleasingverträgen steht dem Leasinggeber die volle Amortisation seiner Aufwen- 2052
dungen zu.[4186] Im Fall der vorzeitigen Vertragsbeendigung wird deshalb eine Abschlusszahlung vom Leasingnehmer geschuldet, die der BGH in ständiger Rechtsprechung als leasingtypisch ansieht.[4187]

bb) Berechnungsansatz

Dieser leasingtypische Schadensersatzanspruch ist – Abrechnungsklauseln in Allgemeinen Ge- 2053
schäftsbedingungen, die grds. zulässig sind,[4188] hat der BGH bislang alle als unwirksam angesehen[4189] – konkret zu berechnen.[4190] Gängige Grundlagen hierzu hat das OLG Celle aufgestellt,[4191] die auch vom BGH und anderen Gerichten angewandt werden.[4192] Zu ersetzen ist der Betrag, der bei normalem Vertragsverlauf dem Leasinggeber zugestanden hätte (§ 252 Abs. 2 BGB). Der Anspruch ist in der Höhe durch das Erfüllungsinteresse des Leasinggebers begrenzt.[4193]

4181 BGH, NJW-RR 2005, 1081 mit Hinweis auf mögliche Einschränkungen.
4182 BGH, NJW 1988, 2665; BGH, NJW 1989, 1730 (1732).
4183 BGH, WM 2005, 1332; Hanseatisches OLG Bremen v. 22.07.2009 – 1 U 11/09.
4184 BGHZ 107, 123 (128 f.); *Assies* WiB 1995, 497 (498).
4185 BGH, NJW-RR 2005, 1081.
4186 BGH, NJW 1985, 2253; zu den Besonderheiten bei Kilometerabrechnungsverträgen: BGH, NJW 2004, 2823; NZM 2014, 86.
4187 BGH, NJW 1982, 870 (872); BGH, NJW 1985, 2253; BGH, NJW 1990, 2377; BGH, NJW 1997, 3166 (3167); MüKo-BGB/*Koch* Finanzierungsleasing Rn. 141 m.w.N.; *Assies* WiB 1995, 497 (499 f.).
4188 BGH, NJW 1985, 2253 (2255).
4189 Statt aller: BGH, NJW 1982, 870, (871); BGH, NJW 1986, 1335 (1336); BGH, NJW 1996, 455 (456).
4190 BGH, NJW 1984, 2687 (2688); BGH, NJW 1985, 796 (797); BGH, NJW 1985, 1539 (1541); BGH, NJW 1985, 2253 (2255).
4191 OLG Celle, NJW-RR 1994, 743; vgl. auch OLG Dresden, NJW-RR 1999, 703 (704).
4192 BGH, NJW 1995, 954 (955); OLG Oldenburg, DAR 2003, 460 (461).
4193 BGH, NJW 1985, 2253 (2255).

b) Einzelheiten der Berechnung

aa) Grundlagen

2054 Der leasingtypische Schadensersatz besteht zunächst aus den ausstehenden Netto-Leasingraten vom Zeitpunkt der Kündigung bis zum Ablauf der vereinbarten Grundlaufzeit. Bei Teilamortisationsverträgen kommt der kalkulierte Netto-Restwert hinzu. Beide Beträge sind auf den Barwert abzuzinsen. Die Berechnung erfolgt anhand der Barwertformel für vorschüssige oder nachschüssige Renten.[4194] Die Abzinsung muss mit dem Refinanzierungszins des konkreten Leasingvertrages erfolgen.[4195] Es genügt allerdings, dass der Leasinggeber darlegt, dass er zum Zeitpunkt des Vertragsschlusses eine Vielzahl von Leasingverträgen mit einem bestimmten Großkredit refinanziert hat und dessen Zinssatz belegt.[4196] Der Leasinggeber muss mithin seine Vertragskalkulation offenlegen.[4197] Bei Paketrefinanzierungen, insb. im Konzern, fällt dies den Leasinggebern nicht immer leicht, da aus steuerlichen Gründen häufig verschachtelte Konstrukte gewählt werden.

bb) Vorfälligkeitsentschädigung, Nachverwertungsschaden

2055 Muss der Leasinggeber als Folge der vorzeitigen Vertragsbeendigung eine Vorfälligkeitsentschädigung an die refinanzierende Bank entrichten, ist auch diese in die Schadensberechnung mit einzubeziehen.[4198] In Betracht kommt auch die Geltendmachung eines Nachverwertungsschadens, dessen Höhe im Einzelfall aber schwer darzulegen ist. Dieser entsteht vor allem dann, wenn bei Vollamortisationsverträgen das Leasingobjekt noch einen gewissen Wert aufgewiesen hätte, der bei dem Leasinggeber zu einem Nacherlös geführt hätte. Diese Möglichkeit entfällt bei vorzeitiger Vertragsbeendigung, weil der Verwertungserlös vollständig auf den leasingtypischen Schadensersatzanspruch anzurechnen ist.

cc) Anrechnungspflicht

2056 Bei der erforderlichen konkreten Schadensberechnung sind auch die Vorteile anzurechnen, die durch die vorzeitige Beendigung entstanden sind. Hierbei handelt es sich insb. um ersparte Refinanzierungs- und Verwaltungskosten sowie ersparte Risikoaufwendungen.[4199] Anzurechnen ist darüber hinaus der für das Leasinggut erzielte Verwertungserlös.[4200] Einen Anspruch auf den sog. »Übererlös« hat der Leasingnehmer ohne gesonderte vertragliche Regelung aber nicht.[4201] Sehen die Allgemeinen Leasingbedingungen vor, dass im Fall vorzeitiger Vertragsbeendigung nur 90 % des Verwertungserlöses auf den Schadensersatzanspruch angerechnet werden, verstößt die entsprechende Klausel gegen § 307 Abs. 1 BGB (unangemessene Benachteiligung).[4202]

dd) Maßgeblicher Zeitpunkt

2057 Grds. ist für die Schadensberechnung auf den Zeitpunkt der Kündigung abzustellen. Gibt der Leasingnehmer die Leasingsache allerdings verspätet zurück und schuldet er deshalb eine

---

4194 BGH, NJW 1985, 1539; BGH, NJW 1986, 1746 (1748); BGH, NJW 1991, 221 (223); OLG Stuttgart, NJW-RR 1988, 501; OLG Celle, NJW-RR 1994, 1334.

4195 BGH, NJW 1986, 1746 (1748); BGH, NJW 1991, 221 (223).

4196 OLG Celle, NJW-RR 1998, 704.

4197 OLG Celle, NJW-RR 1994, 1334 (1335).

4198 BGH, NJW 1990, 1785; BGH, NJW-RR 1990, 1335; OLG Celle, NJW-RR 1994, 1334.

4199 *Assies* WIB 1995, 497 (499); *ders.* DStR 1997, 1976 (1978); vgl. ausführlich zu den Verwaltungskosten: *Beckmann* Finanzierungsleasing § 8 Rn. 45 ff., der zutreffend ausführt, dass bei »kranken« Verträgen der Aufwand größer ist als bei »gesunden« Verträgen (vgl. hierzu auch: *Assies* WiB 1995, 497, [499 f.]).

4200 BGH, NJW 1985, 2253; BGH, NJW 1995, 1541 (1543).

4201 BGH NJW 2008, 989.

4202 BGH, NJW 2002, 2713.

Nutzungsentschädigung, kann der Leasinggeber den leasingtypischen Schadensersatz bezogen auf den Zeitpunkt der Rückgabe berechnen.[4203]

c) Pflicht zur bestmöglichen Verwertung in angemessener Zeit

aa) Grundlagen

Der Leasinggeber ist im Fall vorzeitiger Vertragsbeendigung zur bestmöglichen Verwertung des Leasinggutes verpflichtet.[4204] Dieser Verpflichtung genügt er bei einem Verkauf an einen Händler nur dann, wenn er dem Leasingnehmer eine ausreichende Frist zum Erwerb oder zur Benennung eines Käufers, der dann häufig ein Verbraucher ist, einräumt.[4205] Viele Leasinggesellschaften führen – gerade im Kfz-Bereich – ein Bietungsverfahren durch. Hierbei wird zunächst das zurückgegebene Fahrzeug von einem Gutachter bewertet. Das bezogen auf die Geldbeträge geschwärzte Gutachten wird sodann an potenzielle Kaufinteressenten zur Abgabe eines Gebots versandt. Auf diese Weise kristallisiert sich regelmäßig ein realistischer Marktwert heraus. Hat der Leasinggeber ein Sachverständigengutachten zum Fahrzeugwert eingeholt und gelingt es ihm nicht, den darin festgestellten Wert zu realisieren, muss er seine Verkaufsbemühungen näher darlegen.[4206] Die Verwertung muss »in angemessener Zeit« erfolgen.[4207] Besteht zwischen Leasinggeber und Lieferant eine Rückkaufvereinbarung, stellt es einen Verstoß gegen die Pflicht zur bestmöglichen Verwertung dar, wenn der Leasinggeber nicht prüft, ob die Ausübung der Rechte aus der Rückkaufvereinbarung für den Leasingnehmer günstig ist.[4208] **2058**

Der Verpflichtung zur bestmöglichen Verwertung genügt der Leasinggeber nicht in jedem Fall durch eine Veräußerung zum Händlereinkaufspreis.[4209] Problematisch sind daher Klauseln, durch welche sich der Leasinggeber für den Fall, dass sich beide Parteien über die Angemessenheit der Verwertung nicht einig sind, an die Schätzung des Händlereinkaufswerts durch einen Sachverständigen bindet.[4210] Werden die am Markt erzielbaren Preise nicht unterschritten, kann dem Leasinggeber nicht vorgeworfen werden, unberechtigt an einen Händler veräußert zu haben.[4211] **2059**

bb) Abschluss eines Folgeleasingvertrages

Schließt der Leasinggeber über das Leasingobjekt – anstatt es zu verwerten – einen Folgeleasingvertrag mit einem Dritten ab, ist der Netto-Einstandspreis aus dem neuen Vertrag dem alten Leasingnehmer gutzubringen.[4212] Ist dieser Wert allerdings geringer als der Marktwert, ist auf einen fiktiven, höheren Verwertungserlös, wie er bei einem Verkauf angefallen wäre, abzustellen. **2060**

4203 OLG Hamm, BB 1997, 67.

4204 BGH, NJW 1997, 3166; BGH, NJW 1985, 2258; OLG Oldenburg, Urt. v. 06.03.2012 – 13 U 4/11, veröffentlicht bei juris; OLG Rostock, Urt. v. 03.12.2009 – 3 U 186/08, veröffentlicht bei juris; OLG Koblenz, NJW 1995, 1227; OLG Köln, CR 1995, 340; OLG Oldenburg, DAR 1997, 203; zu den Grenzen: *Assies* WiB 1995, 497 (498); *ders.* DStR 1997, 1976 (1978).

4205 BGH, NJW 1997, 3166 (3167); OLG Düsseldorf, NJW-RR 1999, 1661 (1662); beachte aber auch: OLG Düsseldorf OLGR 2009, 529.

4206 OLG Düsseldorf, NJW-RR 1998, 701 (703).

4207 BGH, NJW 1985, 1539 (1544).

4208 OLG Oldenburg, Urt. v. 06.03.2012 – 13 U 4/11, veröffentlicht bei juris.

4209 *Wolf/Eckert/Ball* Rn. 1988.

4210 Schimansky/Bunte/Lwowski/*Martinek/Oechsler* Bankrechts-Handbuch § 101 Rn. 115.

4211 OLG Düsseldorf, MDR 2009, 1267 = OLGReport Düsseldorf 2009, 529.

4212 OLG Celle, NJW-RR 1994, 1334.

cc) Abzugsposten

2061 Kosten eines Sachverständigen können als notwendige Verwertungskosten vom Veräußerungserlös abgezogen werden.[4213] Dies dürfte jedenfalls bei entsprechender vertraglicher Vereinbarung auch für die Kosten einer Sicherstellung des Leasingobjekts gelten.

dd) Veräußerung an Verbraucher

2062 Wird die Leasingsache an einen Verbraucher veräußert, besteht die Gefahr, dass im Gewährleistungsfall die zunächst erreichte Vollamortisation rückwirkend in Wegfall gelangt. Es bietet sich an, dem mit geeigneten Vertragsklauseln entgegenzuwirken und eine Verwertung nur an einen Unternehmer zu vereinbaren, alternativ eine Besicherung möglicher Gewährleistungsfolgen durch den früheren Leasingnehmer.[4214]

d) Benennung eines Drittkäufers

aa) Grundlagen

2063 Regelmäßig sehen Leasingbedingungen vor, dass dem Leasingnehmer bei gekündigten Verträgen das Recht zusteht, einen Käufer für das Leasingobjekt zu benennen, um den gegen ihn gerichteten leasingtypischen Schadensersatzanspruch möglichst gering zu halten.

bb) Frist

2064 Eine in AGB enthaltene Klausel, die eine Frist zur Benennung eines Drittkäufers bestimmt, kann unwirksam sein, wenn der Leasingnehmer lediglich zwei Wochen Zeit hat, einen Kaufinteressenten zu benennen, der auch innerhalb dieser Frist den Kaufpreis bar bezahlt und das Leasingobjekt abnimmt.[4215] Zur Begründung wird ausgeführt, dass eine Frist im beschriebenen Umfang zu kurz sei, um eine effektive Ausübung eines eingeräumten Drittkäuferbenennungsrechts zu gewährleisten. Wie lange eine Frist im Einzelnen bemessen sein muss, hängt von den Umständen des Einzelfalls ab.[4216] Bedeutsam ist nach Auffassung des OLG Düsseldorf aber auch, welches Käufersegment der Leasinggeber zu akzeptieren bereit ist und welche sonstigen Hindernisse dem Leasingnehmer bei der Auswahl eines geeigneten Drittkäufers bereitet werden.

cc) Verstöße

2065 Veräußert die Leasinggesellschaft gleichwohl das Leasingobjekt innerhalb der zu kurz bemessenen Frist, soll nach Auffassung des OLG Düsseldorf im Fall des Fahrzeugleasings der Betrag maßgeblich sein, der 10 % unter dem Händlerverkaufspreis liege, womit der Aufwand des Leasinggebers zur Veräußerung des Kfz gem. § 287 ZPO ausreichend berücksichtigt sei.[4217]

e) Mehrerlös

2066 Übersteigt der Verwertungserlös den leasingtypischen Schadensersatz und sieht der Vertrag keine Mehrerlösbeteiligung vor, steht dieser Mehrerlös dem Leasinggeber zu.[4218]

4213 BGH, NJW 1997, 3166 (3167); BGH, NJW 1991, 221 (223); OLG Dresden, NJW-RR 1999, 703 (704); *Beckmann* Finanzierungsleasing § 8 Rn. 252 m.w.N.; a.A. OLG Düsseldorf, OLGReport Düsseldorf 2008, 764.

4214 Lang/Assies/Werner/*Assies* Schuldrechtsmodernisierung in der Bankpraxis, S. 229 f.: *Beckmann* Finanzierungsleasing § 8 Rn. 257 f. m.w.N.

4215 OLG Düsseldorf, NJW-RR 2004, 1208; OLG Bremen, DAR 2001, 161; OLG Dresden, NJW-RR 1999, 703 (704); OLG Celle, NJW-RR 1997, 1008 (1010).

4216 OLG Düsseldorf, NJW-RR 2004, 1208 (1209); OLG Düsseldorf, OLGR Düsseldorf 1999, 333 m.w.N.

4217 OLG Düsseldorf, DB 2005, 1851 unter Bezugnahme auf BGH, NJW 1991, 221.

4218 BGH, WM 2008, 368; OLG Düsseldorf, OLGR Düsseldorf 2009, 309.

f) Kilometerabrechnungsvertrag

aa) Kalkulierter Restwert, Verwertungserlös

Im Fall der außerordentlichen Kündigung eines Kilometerabrechnungsvertrages[4219] findet der vom Leasinggeber kalkulierte Restwert des Leasingobjektes bei der Berechnung des Kündigungsschadens als Rechnungsposten auch dann keine Berücksichtigung, wenn für den Fall der ordnungsgemäßen Beendigung eine Rückkaufvereinbarung i.H.d. Restwertes besteht.[4220] Dem kalkulierten Restwert kommt ebenso wenig wie dem Verwertungserlös eine Bedeutung zu, weil das Verwertungsrisiko und die Verwertungschancen allein beim Leasinggeber liegen.[4221] 2067

bb) Rückkaufverpflichtung

Aus der Rückkaufverpflichtung des Kfz-Händlers ggü. dem Leasinggeber ergibt sich nach Auffassung des BGH nichts anderes. Der Leasinggeber könne zwar nach der vom Leasingnehmer schuldhaft veranlassten außerordentlichen Kündigung des Leasingvertrages wie jeder andere Schadensersatzberechtigte gem. § 249 BGB verlangen, so gestellt zu werden, wie er bei ordnungsgemäßer Durchführung des Vertrages gestanden hätte. Der Berechtigte dürfe aber nicht besser gestellt werden, als er bei ordnungsgemäßer Vertragsdurchführung gestanden hätte. In diesem Fall wäre der Leasingnehmer aber nur zur Rückgabe des Leasingfahrzeugs verpflichtet gewesen. Entsprechend könne der Leasinggeber im Fall der vorzeitigen Vertragsbeendigung in seine Abrechnung als Rechnungsposten nur den Geldbetrag einstellen, der dem hypothetischen Fahrzeugwert im Zeitpunkt der ordnungsgemäßen Vertragsbeendigung entspreche. Auch evtl. vorhandene Fahrzeugschäden rechtfertigen nach dieser Rechtsprechung keine andere Beurteilung, denn diese finden bereits bei der Ermittlung des realen Fahrzeugwertes im Zeitpunkt der vorzeitigen Rückgabe wertmindernde Berücksichtigung.[4222] 2068

cc) Mehrkilometerausgleich

Nach Auffassung des OLG Dresden kann der Leasinggeber allerdings den vereinbarten Mehrkilometerausgleich verlangen, wenn und soweit die festgelegte Gesamtlaufleistung zum Zeitpunkt der vorzeitigen Vertragsbeendigung bereits überschritten ist.[4223] Ist dieser Wert nicht überschritten, scheidet eine Mehrkilometerberechnung indes auch dann aus, wenn »zeitanteilig« eine höhere Laufleistung vorliegt.[4224] 2069

g) Anrechnung Verwertungserlös im Fall der vorzeitigen Vertragsbeendigung

Bei Teilamortisationsverträgen wird die Vollamortisation durch die Summe aus Leasingraten und Restwert erreicht. Leasingverträge sahen – und sehen teilweise immer noch – Klauseln vor, wonach bei vorzeitiger Beendigung eine Anrechnung der Verwertungserlöse nur zu 90 % erfolgt. Während der BGH dies früher für zulässig hielt,[4225] hat er diese Vertragspraxis zwischenzeitlich beanstandet und fordert eine vollständige Anrechnung.[4226] Zur Begründung führt er zutreffend an, dass der Leasinggeber bei vorzeitiger Beendigung eines Leasingvertrages nicht besser gestellt werden darf als bei normalem Vertragsverlauf. Sofern der Leasinggeber behauptet, es sei ein sog. 2070

4219 Ausführlich zur Berechnung bei Kilometerabrechnungsverträgen: *Nitsch* NZV 2007, 62.
4220 BGH, NJW 2001, 2165; BGH, NJW 2004, 2823; OLG Düsseldorf, ZMR 2006, 363.
4221 BGH NZM 2014, 86; *Wolf/Eckert/Ball* Handbuch des gewerblichen Miet-, Pacht- und Leasingrechts Rn. 2019; *Zahn/Bahmann* Kfz-Leasingvertrag Rn. 354.
4222 BGH, NJW 2004, 2823 (2824); OLG Düsseldorf, ZMR 2006, 363 (364).
4223 OLG Dresden, OLGR Dresden 2007, 344 (345).
4224 OLG Celle, NJW-RR 1994, 743 (744); *Assies* WiB 1996, 564 (567).
4225 BGH, NJW 1986, 1335.
4226 BGH, NJW 2002, 2713.

Nachverwertungsschaden, wie er bei Vollamortisationsverträgen häufig entsteht, durch die vorzeitige Vertragsbeendigung eingetreten, ist er für diesen darlegungs- und beweispflichtig.

h) Leasingtypischer Schadensersatz und Umsatzsteuerpflicht

2071 Unabhängig vom jeweiligen Beendigungsgrund (vom Leasingnehmer schuldhaft oder nicht schuldhaft veranlasste außerordentliche Kündigung, ordentliche Kündigung, einvernehmliche Vertragsbeendigung) ist der leasingtypische Schadensersatzanspruch nach der Rechtsprechung des BGH ohne USt zu berechnen.[4227] In allen Fällen fehle es an einer steuerbaren Leistung i.S.d. § 1 Abs. 1 Nr. 1 UStG.

4. Abwicklung bei vertragsgemäßer Vertragsbeendigung

a) Vollamortisationsvertrag

2072 Mit dem Ende der Grundlaufzeit hat der Leasinggeber die volle Amortisation seiner Aufwendungen erreicht. Der Leasingnehmer schuldet nur noch die Rückgabe der Leasingsache in vertragsgemäßem Zustand.[4228] Da die Verwertung des Leasingobjekts nur noch der Erzielung eines möglichen Mehrerlöses (Nachverwertungserlös) für den Leasinggeber dient, sind Belange des Leasingnehmers hierbei nicht zu berücksichtigen.

b) Teilamortisationsvertrag, Andienungsrecht, Optionsrecht

aa) Abrechnung

2073 Bei TA-Verträgen wird die volle Amortisation erst durch die Verwertung der Leasingsache erreicht. Der kalkulierte Restwert wird in den Leasingbedingungen vom Leasingnehmer regelmäßig garantiert.[4229] Entsteht eine Unterdeckung, ist der Leasingnehmer zu einer Differenzzahlung verpflichtet. Wird ein Mehrerlös erzielt und sieht der Leasingvertrag eine Mehrerlösbeteiligung vor, wird dieser zwischen den Vertragsparteien entsprechend aufgeteilt. In Anlehnung an den Teilamortisationserlass sehen die Verträge regelmäßig eine Verteilung des Mehrerlöses im Verhältnis 75 % zu 25 % zugunsten des Leasingnehmers vor. Der BGH hat jüngst bestätigt, dass sog. »Restwertgarantieklauseln« weder überraschend sind noch das Transparentgebot des § 307 Abs. 1 Satz 2 BGB verletzen, solange sie deutlich sichtbar eingesetzt wurden.[4230]

bb) Andienungsrecht

2074 Teilamortisationsverträge beinhalten regelmäßig ein Andienungsrecht des Leasinggebers am Ende der vereinbarten Vertragslaufzeit. Es handelt sich nur um ein Recht; die Chance der Wertsteigerung verbleibt beim Leasinggeber.[4231] Gegen die Wirksamkeit einer solchen Klausel bestehen keine Bedenken, zumal hier nur der dem Vertrag immanente Vollamortisationsanspruch des Leasinggebers konkretisiert wird.[4232] Statt die Leasingsache zu veräußern und einen Mehr- oder Mindererlös abzurechnen, kann der Leasinggeber den Leasingnehmer so zwingen, das Leasingobjekt zu einem

4227 BGH, DB 2007, 1023 mit umfangreichen Nachweisen zum Meinungsstand; a.A. u.a. *Beckmann* Finanzierungsleasing § 8 Rn. 39 bezogen auf die ordentliche Kündigung; vgl. zum Thema auch das BMF-Rundschreiben vom 26.02.2006, das nunmehr überholt sein dürfte; jüngst auch für den Fall sogar ordentlicher Vertragsbeendigung OLG Stuttgart, Urt. v. 08.12.2009 – 6 U 99/09, JurBüro 2010, 209; vgl. auch BGH NJW 2014, 2940.

4228 Dazu Rdn. 2046–2048.

4229 Ohne vertragliche Regelung besteht eine Verpflichtung zum Restwertausgleich nicht: BGH, NJW 2001, 2165 (2166 f.); OLG Dresden, ZMR 2000, 601.

4230 BGH NJW 2014, 2940.

4231 OLG Düsseldorf, ZMR 2009, 116; *Assies* DStR 1997, 1976 (1978).

4232 MüKo-BGB/*Koch* Finanzierungsleasing Rn. 126; a.A. *Kurstedt* DB 1981, 2525 (2529 f.).

vertraglich festgelegten Preis zu erwerben. Er wird hiervon nur dann Gebrauch machen, wenn sich ein Mehrerlös durch anderweitige Verwertung nicht erreichen lässt. Will der Leasinggeber sein Andienungsrecht ausüben, setzt dies ein tatsächliches Angebot voraus; nur in Ausnahmefällen genügt ein wörtliches Angebot.[4233]

cc) Optionsrecht

Teilweise wird auch ein Optionsrecht des Leasingnehmers vereinbart. Dies kann allerdings dazu führen, dass faktisch ein verdecktes und damit leasingschädliches Abzahlungsgeschäft vorliegt.[4234] 2075

c) Besonderheiten bei Ausübung eines ordentlichen Kündigungsrechts (Teilamortisationsvertrag)

aa) Grundlagen

Auch bei Ausübung eines vorzeitigen Kündigungsrechts bleibt der Vollamortisationsanspruch des Leasinggebers bestehen. Bis zur Höhe des Vollamortisationsanspruchs verbleiben die gezahlten Leasingraten und eine etwaige Sonderzahlung deshalb beim Leasinggeber.[4235] 2076

bb) Abschlusszahlung

Der Leasingnehmer schuldet zusätzlich eine Abschlusszahlung, wenn allein durch die geleisteten Zahlungen die volle Amortisation der Aufwendungen des Leasinggebers nicht erreicht wird.[4236] Die Abschlusszahlung ist konkret zu berechnen und begrenzt durch das Erfüllungsinteresse des Leasinggebers.[4237] 2077

Die Berechnung der Abschlusszahlung folgt den bereits zur außerordentlichen Kündigung und der Berechnung des leasingtypischen Schadensersatzes dargestellten Grundsätzen. Einen Unterschied gibt es aber insb. bei der Anrechnung des Verwertungserlöses. Hier verstößt eine Klausel, nach der 90 % des Verwertungserlöses angerechnet werden, anders als bei der außerordentlichen Kündigung, nicht gegen § 307 BGB.[4238] Auch bei Teilamortisationsverträgen besteht wegen der Verpflichtung zu einer möglichen Abschlusszahlung die Verpflichtung des Leasinggebers zur bestmöglichen Verwertung.[4239] 2078

IX. Besonderheiten beim Verbraucherleasing

1. Anwendbare Vorschriften

Mit Inkrafttreten des »Gesetzes zur Umsetzung der Verbraucherkreditrichtlinie, des zivilrechtlichen Teils der Zahlungsdiensterichtlinie sowie zur Neuordnung der Vorschriften über das Widerrufs- und Rückgaberecht« (VerbrKredRLUG) am 11.06.2010 sind in den §§ 506 bis 509 BGB »Finanzierungshilfen zwischen einem Unternehmer und einem Verbraucher« erfasst. Wichtigster Anwendungsfall dieser Finanzierungshilfen ist das Finanzierungsleasing. Gem. § 506 Abs. 2 BGB finden die Verbraucherschutzbestimmungen weitgehend auf Leasingverträge Anwendung. Durch 2079

4233 BGH, NJW 1996, 923; *Assies* DStR 1997, 1976 (1978).

4234 BGH, NJW 1988, 2463; BGH, NJW 1989, 2132; BGH, NJW 1995, 519 zu § 6 AbzG; *Assies* WiB 1996, 564 (568).

4235 BGH, NJW 1995, 954.

4236 BGH, NJW 1985, 2253; *Beckmann* Finanzierungsleasing § 8 Rn. 35.

4237 BGH, NJW 1982, 870; BGH, NJW 1991, 221 (222); BGH, NJW 1984, 2687 (2689); *Beckmann* Finanzierungsleasing § 8 Rn. 38.

4238 *Beckmann* Finanzierungsleasing § 8 Rn. 55; a.A. *Weber* NJW 2002, 2352.

4239 OLG Oldenburg, Urt. v. 06.03.2012 – 13 U 4/11, veröffentlicht bei juris.

die Umsetzung der Verbraucherrechte-Richtlinie (in Kraft seit dem 13.06.2014) hat sich an den Vorschriften der §§ 506 bis 509 BGB nichts Wesentliches geändert.

2080 Über § 506 Abs. 2 BGB finden damit auch die Heilungsvorschriften innerhalb der Verbraucherschutzbestimmungen auf Leasingverträge Anwendung, somit insb. auch § 494 BGB, der die Rechtsfolgen von Formmängeln regelt. Wegen der Anwendbarkeit der § 494 Abs. 2 und 3 BGB führt ein Verstoß gegen die Schriftform bei Finanzierungsleasingverträgen nicht zur unheilbaren Nichtigkeit des Vertrages gem. § 125 Satz 1 BGB.

2081 Die hoch umstrittene Frage, ob die Vorschriften der §§ 358, 359 BGB, welche die »verbundenen Geschäfte« regeln, auf Finanzierungsleasingverträge – insbesondere auf sog. Eintrittsmodelle – anwendbar sind, hat der BGH beantwortet und einer Anwendbarkeit eine Absage erteilt.[4240]

2. Widerrufsrecht

2082 Das Widerrufsrecht des Leasingnehmers, der Verbraucher ist, regeln die § 506 Abs. 1 i.V.m. § 495 Abs. 1 BGB n.F. i.V.m. § 491a BGB n.F. i.V.m. Art. 247 EGBGB. Die Möglichkeit, dem Verbraucher gem. § 508 BGB a.F. anstelle des Widerrufsrechts ein Rückgaberecht nach § 356 BGB a.F. einzuräumen, besteht seit Umsetzung der Verbraucherrechte-Richtlinie nicht mehr.

2083 Zu beachten ist, dass in erheblichem Umfang vorvertragliche Informationspflichten bestehen, wenn der Leasingvertrag mit einem Verbraucher abgeschlossen werden soll. § 506 Abs. 1 BGB verweist hierzu auf § 491a BGB. Der potenzielle Leasingnehmer ist über die sich aus Art. 247 EGBGB ergebenden Einzelheiten in der dort vorgesehenen Form zu unterrichten. Die Unterrichtung muss rechtzeitig vor dem Abschluss des Verbraucherleasingvertrages in Textform (§ 126b BGB[4241]) erfolgen und die sich aus den Art. 247 EGBGB §§ 3 bis 5 und 8 bis 13 ergebenden Einzelheiten enthalten. Ein Informations-Muster hat der Gesetzgeber zur Verfügung gestellt (Anlage 4 zu Art. 247 § 2 EGBGB »Europäische Standardinformationen für Verbraucherkredite«). Das Formular ist dann ordnungsmäßig ausgefüllt, wenn es die tatsächlichen Vertragsbedingungen und – soweit bekannt – die Wünsche des potenziellen Leasingnehmers wiedergibt. Inhaltlich deckt sich das Muster mit einigen Informationspflichten für den Vertrag selbst (Art. 247 EGBGB § 3 Abs. 1 Nr. 1 bis 14).

2084 Die Wahrung der Informationsfunktion erfolgt durch den Formzwang und die Vorgabe der Pflichtangaben gem. § 492, Art. 247 § 6 Abs. 1 EGBGB n.F. Demgemäß kommt ein Vertrag ohne Informationen nicht wirksam zustande. Der Vertrag muss Angaben zur Frist und zu anderen Umständen für die Erklärung des Widerrufs sowie einen Hinweis auf die Verpflichtung des Darlehensnehmers enthalten, ein bereits ausbezahltes Darlehen zurückzuzahlen und Zinsen zu vergüten. Der pro Tag zu zahlende Zinsbetrag ist anzugeben (Art. 247 § 6 Abs. 2 BGB). Die Vorschrift verweist auf die Musterwiderrufsbelehrung in der Anlage 7 zu Art. 247 EGBGB n.F.

2085 Der Beginn der Widerrufsfrist richtet sich nach § 355 Abs. 2 Satz 2 i.V.m. § 356b Abs. 1 BGB n.F. Bei nachgeholten Pflichtangaben ist der Fristbeginn in § 356b Abs. 2 Satz 2 BGB n.F. normiert. Das Muster in der Anlage 7 zu Art. 247 EGBGB wird durch eine Gesetzlichkeitsfiktion flankiert.[4242] Erfolgt die Widerrufsbelehrung unvollständig, beginnt die Widerrufsfrist nicht zu laufen. Zu beachten ist, dass der neu geschaffene Erlöschenstatbestand gem. § 356 Abs. 3 Satz 2 BGB n.F. (z.B. bei Fernabsatzverträgen) auf das verbraucherkreditrechtliche Widerrufsrecht gerade nicht anwendbar ist (vgl. § 356 Abs. 3 Satz 3). Damit droht auch nach Umsetzung der Verbraucherrechte-Richtlinie im Verbraucher-Leasing weiterhin ein »unendliches Widerrufsrecht«.

4240 Dazu Rdn. 1820. vgl. BGH, Urt. v. 22.01.2014 – VIII ZR 178/13, NJW 2014, 1519.
4241 Beachte die neue Fassung des § 126b BGB seit dem 13.06.2014: »dauerhafter Datenträger«.
4242 Vgl. hierzu auch Bülow/Artz Verbraucherprivatrecht (4. Auflage) Rn. 329.

X. Besonderheiten beim EDV-Leasing

Leasingverträge im EDV-Bereich werfen aufgrund der Besonderheiten des Leasinggegenstandes spezifische Rechtsfragen auf. Während das Leasing reiner Hardware, sprich der Computer-Anlagen einschließlich zentraler Server, Clients und Peripherie, weitgehend den üblichen Voraussetzungen des leasingtypischen Vertragsrechts unterliegt, bestehen insb. beim isolierten Software-Leasing sowie beim Leasing vollständiger EDV-Systeme mit Hard- und Software tatsächliche wie rechtliche Besonderheiten, die bei der Ausgestaltung von Leasingverträgen im EDV-Bereich sowie den einem Leasingvertrag zugrunde liegenden Beschaffungsverträgen sorgfältig zu beachten sind. 2086

Es ist vorwegzunehmen, dass das Leasinggeschäft und der EDV-Bereich dem Grunde nach nicht ideal harmonieren.[4243] Kurzlebigkeit und vor allem der Preisverfall von Hard- und Software lassen längere Leasinglaufzeiten als ungünstig erscheinen und lösen regelmäßig Schwierigkeiten bei der Verwertung des Leasinggegenstandes während der Vertragslaufzeit und auch bei ordnungsgemäßer Beendigung eines Vertrages aus.[4244] Diesen Schwierigkeiten ist durch eine passgenaue und individuelle Vertragsgestaltung zu begegnen. 2087

1. Wirtschaftliche Bedeutung und Rahmenbedingungen

a) Wirtschaftliche Bedeutung

Das EDV-Leasing nimmt in der wirtschaftlichen Bedeutung einen beachtlichen Stellenwert ein. Bereits seit 1975 hat sich in Europa mit einem Schwerpunkt in der BRD eine besondere Branche für das Computer-Leasing und den Computerhandel entwickelt, die bis heute eine erhebliche wirtschaftliche Kraft darstellt.[4245] Hauptursachen für den hohen Bedarf an leasingfinanzierten Erwerbsgeschäften bilden dabei die regelmäßig hohen Anschaffungskosten insb. von integrierten EDV-Komplettsystemen, der Wunsch des Nutzers nach einer fortlaufenden Instandhaltung und Pflege von System und Software sowie die im Leasinggeschäft grds. verfolgten steuerrechtlichen Vorteile. 2088

Der Bundesverband Deutscher Leasing-Unternehmen (BDL) bezifferte die Investitionen der Leasingwirtschaft im Jahre 2015 auf etwa 52,2 Milliarden Euro,[4246] womit sich die Leasingbranche erstmals wieder auf dem Niveau vor der Finanzkrise zum Ende des Jahres 2008 bewegte. Der Anteil am Leasing-Neugeschäft für »Büromaschinen und IT« beliefern sich 2015 auf ca. 7%. Prognosen des ifo-Instituts, wonach infolge technischer und organisatorischer Anforderungen aus und im Zusammenhang mit strukturellen Änderungen durch »Digitalisierung und Industrie 4.0« Leasings-Investitionen erheblich zunehmen würden,[4247] haben sich jedenfalls bis zum Jahr 2017 noch nicht bestätigt. Im Gegenteil waren in den Jahren 2016 und 2017 Leasinginvestitionen im IT-Umfeld leicht rückläufig,[4248] was wohl auch darauf zurückzuführen sein dürfte, dass moderne IT-Services aufgrund ihrer Dezentralisierung vielfach nicht die unmittelbare Anschaffung von Hard- und Software erfordern, sondern vielmehr als reine IT-Services via Cloud bzw. Webzugriff zur Verfügung gestellt werden. 2089

4243 Schneider/von Westphalen/*Schneider*, Softwareerstellungsverträge, Kap. F, Rn. 296; Schneider/ *Schneider/Kahlert*, Handbuch EDV-Recht, Rn. 402.

4244 Siehe Schneider/*Schneider/Kahlert*, Handbuch EDV-Recht, Kap. O, Rn. 402.

4245 Vgl. zur Entwicklung der Leasing-Branche im EDV-Bereich: *Melcher* CR 1989, 216; zur wirtschaftlichen Bedeutung siehe Martinek/Stoffels/Wimmer-Leonhardt/*Beckmann*, Handbuch des Leasingrechts, § 62, Rn. 1 ff.

4246 Wirtschaftliche Kennziffern stellt der Bundesverband der Leasing-Unternehmen fortlaufend und differenziert unter https://bdl.leasingverband.de/zahlen-fakten/leasing-in-deutschland-jahres-und-strukturzahlen zur Verfügung.

4247 ifo Schnelldienst 23/2015, 68. Jahrgang, 10.12.2015.

4248 https://bdl.leasingverband.de/zahlen-fakten/leasing-in-deutschland-jahres-und-strukturzahlen.

b) Umfassende Finanzierungsfunktion

2090 Im Rahmen des EDV-Leasings werden neben der reinen Beschaffung von Hard- und Software häufig auch Dienstleistungen mitfinanziert, die insb. der Aufrechterhaltung der Funktionsfähigkeit des EDV-Objekts dienen, wie z.B. die Wartung mit laufender Systemadministration bei auftretenden Störungen, Updates für die Software oder ein laufender Virenschutz. Auch solche Leistungen können – wie in den Fällen des sog. »Full-Service-Leasings« beim Kfz-Leasing – in den Leasingvertrag mit einbezogen werden, obwohl sie nicht Gegenstand des rechtlichen und wirtschaftlichen Eigentums im Sinne von § 39 Abs. 2 Nr. 1 AO bzw. der Leasingerlasse sein können.[4249]

c) Steuerrechtliche Aspekte

2091 Handelt es sich im Fall des Software-Leasings um eine auf die speziellen Bedürfnisse des Leasingnehmers zugeschnittene Software, stellt sich aus steuerrechtlicher Sicht die Frage, ob die betreffende Software überhaupt Gegenstand eines Leasingvertrages sein kann und sollte.

2092 Dies hängt im Wesentlichen davon ab, ob die Software nach Beendigung des Leasingvertrages von einem Dritten verwendet werden kann, sodass der Leasinggeber nach Ende des Leasingvertrages die Software durch Weiterveräußerung oder durch erneute »Vermietung« verwerten kann. In Fällen, in denen dies nicht der Fall ist, erhält der Leasinggeber nach Beendigung des Leasingvertrages eine – wegen der oftmals erfolgenden speziellen Anpassungen der Software an die individuellen Bedürfnisse des Leasingnehmers – für ihn wertlose Sache zurück,[4250] womit die Gefahr begründet wird, dass das wirtschaftliche Eigentum im Sinne von § 39 AO damit nicht dem Zwecke eines Leasingvertrages entsprechend beim Leasinggeber, sondern beim Leasingnehmer liegt.[4251] Ein offenes Feld bilden Fälle, in welchen Standardsoftware beschafft wird, diese jedoch in erheblichem Umfang an die Bedürfnisse des Leasingnehmers angepasst werden muss, z.B. bei der Beschaffung und Einführung komplexer ERP-Systeme. Sofern hier der Erwerb von Nutzungsrechten an den Standardkomponenten den wesentlichen Teil der Finanzierung bildet, dürfte noch von wirtschaftlichem Eigentum des Leasinggebers ausgegangen werden. Die Grenzen in diesem Bereich sind allerdings fließend,[4252] insbesondere wenn im Rahmen des Projektleasings neben der reinen Softwarebeschaffung weitere Leistungen, z.B. Schulung, ergänzende Individualprogrammierungen oder sonstige Dienst- und Beratungsleistungen »mitfinanziert« werden.

2093 Selbst wenn sich der Leasinggeber ein Andienungsrecht vorbehalten sollte und damit eine Verwertung der leasingfinanzierten Software zum Ende des Leasingvertrages jedenfalls wirtschaftlich sichergestellt ist, setzt wirtschaftliches Eigentum des Leasinggebers stets voraus, dass die nach Vertragsablauf zurückzugebende Software auch von einem Dritten genutzt werden können muss, was bei Individualsoftware sowie dienstleistungsintensivem Projektleasing oftmals ausscheiden dürfte. Steht – was bei einem Andienungsrecht des Leasinggebers in Bezug auf eine auf die Bedürfnisse des Leasingnehmers zugeschnittenen Software naheliegt – bei Vertragsschluss fest, dass die vertragsgegenständliche Software auf Dauer in das Vermögen des Leasingnehmers übergehen wird, ist der Leasingnehmer als wirtschaftlicher Eigentümer im Sinne von § 39 Abs. 2 Nr. 1 AO zu bewerten und eine betreffende Konstellation wird unter steuerrechtlichen Gesichtspunkten als Mietkauf zu

4249 Redeker/*Zahn/Steinmetz*, IT-Verträge, Kap. 1.14, Rn. 80; so wohl auch Beckmann/Scharff/*Beckmann*, Leasingrecht, § 23, Rn. 86.

4250 Marly, Praxishandbuch Softwarerecht, Rn. 670; etwas großzügiger offenbar Martinek/Stoffels/Wimmer-Leonhardt/ *Beckmann*, Handbuch des Leasingrechts, § 62, Rn. 24.

4251 Redeker/*Zahn/Steinmetz*, IT-Verträge, Kap. 1.15, Rn. 6 mit weiterführenden Hinweisen; ausführlich zur steuerrechtlichen Behandlung des Software-Leasings: *Engel* DStZ 1992, 721.

4252 Zu Abgrenzungsproblemen vgl. Schneider/v. Westphalen/*Gennen*, Softwareerstellungsverträge, Kap. R, Rn. 28 ff.

bewerten sein.[4253] Als Konsequenz hieraus ist dem Leasingnehmer der Ansatz von Leasingraten als Betriebsausgaben verwehrt, vielmehr hat eine Abschreibung des Leasingobjekts nach Maßgabe der AfA-Tabellen zu erfolgen.

Im Übrigen ist als Leitlinie zu beachten, dass eine Realisierbarkeit der im Leasingbereich verfolgten steuerrechtlichen Vorteile den Eigentumserwerb des Leasinggebers im Hinblick auf das leasingfinanzierte Produkt voraussetzt. Um eine leasingvertragliche Überlassung und nicht zuletzt auch Verwertung abzusichern, ist es geboten, dass dem Leasinggeber ein zeitlich unbegrenztes und übertragbares Nutzungsrecht an der Software eingeräumt wird. Nach teilweise vertretener Ansicht soll sich die steuerrechtlich motivierte Wirkung eines Leasingvertrages auch in dem Fall realisieren lassen, dass dem Leasinggeber vom Softwarelieferanten bzw. Hersteller der Software jedenfalls für die Dauer der betriebsgewöhnlichen Nutzung[4254] befristete Nutzungsrechte eingeräumt werden.[4255] Diese Ansicht bewegt sich jedoch mindestens in einer Grauzone.[4256] 2094

2. Überlassung des Leasinggegenstandes

Bei der Überlassung des Leasinggegenstandes sind einige softwarespezifische Aspekte zu berücksichtigen, die in der Praxis oftmals Probleme bereiten. 2095

a) Vollständige Lieferung

Es ist zunächst zu beachten, dass eine vollständige Überlassung des Leasinggegenstandes im Software-Bereich nur dann angenommen werden kann, wenn dem Leasingnehmer neben der Software als solcher auch ein verständliches Handbuch bzw. eine Bedienungsanleitung übergeben wird. Der BGH hat bereits mehrfach entschieden, dass das Fehlen einer schriftlichen Bedienungsanleitung (eine sog. Online-Hilfe der Software soll nicht ausreichen) nicht etwa nur als Sachmangel gilt, sondern vielmehr als Fall der teilweisen Nichterfüllung einzustufen ist.[4257] 2096

Beim IT-Leasing ist die konkrete und hinreichende Bezeichnung des eigentlichen Leasinggegenstandes von ganz erheblicher Bedeutung. Während beim Leasing von Hard- und Standardsoftware eine schlichte Benennung des Leasinggegenstandes sicherlich hinreichend ist, ist eine möglichst detaillierte Konkretisierung beim Leasing über komplexe EDV-Anlagen und insbesondere beim IT-Projektleasing mit softwarebezogenen Anpassungsleistungen unabdingbar. [4258] Insoweit bietet es sich etwa an, den Leasinggegenstand im Vertrag selbst per Verweis auf einen entsprechenden Leistungsschein bzw. eine Vertragsanlage zu konkretisieren; in Betracht kommt ggf. auch die Beifügung einer detaillierten Rechnung. [4259] 2097

b) Übernahmebestätigung

Die im Zusammenhang mit der Überlassung des Leasinggegenstandes regelmäßig vom Leasingnehmer abzugebende Übernahmebestätigung kann erhebliche rechtliche Folgen auslösen.[4260] 2098

4253 Redeker/*Zahn/Steinmetz*, IT-Verträge, Kap. 1.15, Rn. 9; Beckmann/Scharff/*Beckmann*, Leasing, § 1 Rn. 38 ff; vgl. auch FG Köln, Beschl. v. 20.09.2011 – 12 V 1524/11, BB 2012, 3196 (Entscheidung auf Hardware bezogen, für Software ausdrücklich offengelassen).

4254 Diese wird auf einen Zeitraum zwischen drei und – etwa bei ERP-Systemen – bis zu fünf Jahre zu taxieren sein. Vgl. Westphalen/*Gennen*, Leasingvertrag, Kap. P Rn. 66 f.; Redeker/*Zahn*, IT-Verträge, Kap. 1.15 Rn. 16i (dort mit weiterführenden Hinweisen in Fn. 4).

4255 Redeker/*Zahn*, IT-Verträge, Kap. 1.15 Rn. 14 sowie Rn. 17 zur erforderlichen Weiterübertragungsbefugnis.

4256 Berechtigte Zweifel an dieser Konstruktion äußert Beckmann/Scharff/*Beckmann*, Leasingrecht, § 23 Rn. 131.

4257 Vgl. nur BGH, Urt. v. 04.11.1992 – VIII ZR 165/91, CR 1993, 203.

4258 Siehe Redeker/*Zahn*, IT-Verträge, Kap. 1.15 Rn. 5 zum Unterschied des Konkretisierungsbedarfs bei Standardsoftware und Anpassungsprojekten.

4259 Redeker/*Zahn*, IT-Verträge, Kap. 1.14 Rn. 59.

4260 Dazu Rdn. 1934–1957. Speziell zum IT-Leasing: *Marly*, Praxishandbuch Softwarerecht, Rn. 781.

2099 Bei der Abgabe einer Übernahmebestätigung im EDV-Bereich stellt sich die generelle Problematik der Ablieferung bzw. Überprüfung der Abnahmefähigkeit von EDV-Systemen, insb. wenn man die z.T. extensive Rechtsprechung zur Abnahme von EDV-Systemen bis hin zur Erprobung berücksichtigt.[4261] Die Übernahmebestätigung wird vom BGH zwar nicht als Schuldanerkenntnis, jedoch als eine Quittung des Leasingnehmers ggü. dem Leasinggeber (vgl. § 368 BGB) mit der Folge einer Beweislastumkehr verstanden.[4262] Trotz der erheblichen Bedeutung einer Übernahmebestätigung, die – unabhängig von Fragen der eintretenden Beweislastumkehr – im Verhältnis zwischen Leasinggeber und Lieferanten bei hierdurch veranlasster Zahlung des Leasinggebers abnahmerelevant sein kann,[4263] geben Leasingnehmer faktisch immer noch häufig – regelmäßig vorformulierte und weitreichende – Übernahmebestätigungen ab, obwohl sie den Leasinggegenstand noch nicht untersucht haben.[4264]

2100 Vor diesem Hintergrund sollte im Leasingvertrag im Interesse von Leasinggeber und Leasingnehmer deutlich auf die Folgen der Abgabe einer Übernahmebestätigung hingewiesen und der Leasingnehmer zu einer sorgfältigen und gewissenhaften Prüfung eines gelieferten EDV-Systems angehalten werden. Zu einer entsprechenden Prüfung im Software-Bereich bzw. bei der Lieferung eines gesamten EDV-Systems zählen insb. Testdurchläufe, welche im Bereich der Softwareerstellung regelmäßig auch zum Gegenstand von Abnahmeverfahren gemacht werden.

2101 Dem Leasingnehmer kann im Ergebnis und im eigenen Interesse nur empfohlen werden, nicht voreilig umfassende Übernahmebestätigungen zu unterzeichnen, sondern sich auf Formulierungen zu beschränken, denen zufolge nur die grundsätzliche Entgegennahme des Leasinggegenstandes bestätigt wird, während die Funktionstauglichkeit erst nach gehörigem Testen zumindest der wichtigsten Programmfunktionen im realitätsnahen Tagesgeschäft bestätigt werden sollte.[4265]

c) Softwarenentwicklung und Softwareanpassung

2102 Hinzuweisen ist schließlich auf Konstellationen, bei denen keine bereits feststehende Software-Standardlösung geliefert wird, sondern vielmehr zunächst eine individuelle bzw. individualisierte Softwarelösung für den Kunden bzw. Leasingnehmer erstellt werden soll.[4266]

2103 Insb. im unternehmerischen Umfeld und beim Bezug von Software im Segment Enterprise Ressource Planning (ERP) finden oftmals keine reinen Standardlösungen Anwendung, sondern es sind regelmäßig individuelle Anpassungen von Standardkomponenten im Wege des sog. Customizings bzw. der sog. Parametrisierung erforderlich, wenn nicht sogar darüber hinaus vollständige Individualprogrammierungen (z.B. Schnittstellen, besondere Funktionalitäten, etc.) vorgenommen werden. Dabei ist mittlerweile unstreitig, dass auch Software, die noch erstellt werden muss, zumindest leasingfähig ist.[4267]

2104 In entsprechenden Konstellationen kommt es entscheidend darauf an, eine hinreichend deutliche Leistungsbeschreibung des Liefergegenstandes bzw. der vorzunehmenden (Anpassungs-)

4261 Schneider/von Westphalen/*Schneider*, Softwareerstellungsverträge, Kap. F, Rn. 352.

4262 Vgl. BGH, NJW 1989, 3222 (Leitsatz 2).

4263 OLG Düsseldorf, Urt. v. 19.11.1998 – 5 U 51/98, CR 1999, 689.

4264 Schneider/von Westphalen/*Schneider*, Softwareerstellungsverträge, Kap. F, Rn. 352; zu den Konsequenzen vgl. LG Wuppertal, Urt. v. 12.01.2017 – 7 O 189/15.

4265 *Marly*, Praxishandbuch Softwarerecht, Rn. 781, 1962. Zur Abgrenzung zwischen reiner Übernahmebestätigung und Abnahme im EDV-Kontext vgl. BGH, Urt. v. 05.06.2014 – VII ZR 276/13, CR 2014, 568 (569).

4266 Zur Rechtsnatur von Softwarelieferverträgen über individuelle bzw. individualisierte Software und zum umstrittenen Anwendungsbereich von § 651 BGB (Anwendbarkeit des Kauf- oder Werkvertragsrechts) vgl. eingehend Schneider/*Schneider*, Handbuch EDV-Recht, Kap. M, Rn. 677 ff.; s.a. zur Abgrenzung BGH, NJW 2009, 2877.

4267 Vgl. Schneider/von Westphalen/*Schneider*, Softwareerstellungsverträge, Kap. F, Rn. 329 mit zahlreichen Rechtsprechungsnachweisen.

Programmierleistungen und ein transparentes Abnahmeverfahren im Softwareerstellungsvertrag als dem Leasingvertrag zugrunde liegenden Beschaffungsvertrag sicherzustellen.[4268] Im Softwarebereich wird insoweit regelmäßig mit sog. Pflichtenheften gearbeitet, welche eine detaillierte Leistungsbeschreibung der zu liefernden Software bzw. der erwarteten Funktionalitäten enthalten. Ohne Durchführung eines spezifizierten Abnahmeverfahrens in Fällen der Beschaffung von auf die Bedürfnisse des Leasingnehmers zugeschnittener Software stellt sich die vorbehaltlose Abgabe einer Übernahmebestätigung als reine Bestätigung »ins Blaue hinein« dar und birgt insb. für den Leasingnehmer erhebliche Risiken.

3. Urheberrecht

In rechtlicher Hinsicht stellen im Segment des EDV-Leasings vor allem urheberrechtliche Implikationen ein zentrales Problemfeld dar.[4269] Während die Beschaffung bzw. Vermittlung von Hardware als Gegenstand des Materialgüterrechts durch Eigentumserwerb und Besitzverschaffung vergleichsweise unproblematisch in einem Leasing- bzw. einem diesem zugrunde liegenden Beschaffungsvertrag geregelt werden kann, gestaltet sich die Beschaffung und Überlassung von Software deutlich komplizierter. **2105**

a) Eigentum und Nutzungsrechte

Ein Eigentumserwerb an Software als solcher findet regelmäßig nicht statt, selbst wenn die Software – was mit Blick auf den Online-Vertrieb von Software sowie moderne Bezugsmöglichkeiten wie das Application Service Providing (ASP) oder Software as a Service (SaaS)[4270] zunehmend an Bedeutung verliert – auf einem Datenträger ausgeliefert wird, an welchem Eigentum im Rechtssinne erworben werden kann.[4271] **2106**

Die Verwendungsmöglichkeiten und -befugnisse des Leasinggebers sowie des Leasingnehmers richten sich vielmehr nach der Ausgestaltung der (urheberrechtlichen) Nutzungsrechte an der vertragsgegenständlichen Software. Beim Erwerb von Software werden grds. – parallel zu einem etwaigen Eigentumserwerb an einem Datenträger – Lizenzvereinbarungen getroffen, kraft derer der Softwarelieferant bzw. der Softwarehersteller als Lizenzgeber die Nutzungsbefugnisse an der Software im Verhältnis zum Nutzer festlegt. **2107**

b) Lizenzierungsmodelle und Nutzungsrechte

Bei der Ausgestaltung von Software-Nutzungsrechten ist der Softwareanbieter in den Grenzen der §§ 69c bis 69e UrhG und abgesehen von etwaigen AGB-rechtlichen Restriktionen grds. nicht beschränkt.[4272] Softwareanbieter sind daher im Wesentlichen frei, die Art und Weise der Nutzungsberechtigung des Erwerbers auszugestalten und entsprechende Lizenzmodelle zu entwickeln. In der Praxis haben sich zahlreiche und im Detail ausdifferenzierte Lizenzmodelle bzw. Lizenztypen etabliert (z.B. einfache und ausschließliche Lizenzen, Volumenlizenzen, Unternehmenslizenzen, Netzwerklizenzen, übertragbare Lizenzen, etc.), die für das Leasinggeschäft, welches auf eine zeitweise Überlassung von Vermögenswerten gerichtet ist, oftmals nicht geeignet sind. **2108**

4268 Zur Anwendbarkeit des Werkvertragsrechts in entsprechenden Konstellationen vgl. LG Karlsruhe, Urt. v. 13.05.1991 – 10 O 458/89, CR 1991, 544.

4269 Eingehend: *Vander*, CR 2011, 77; siehe auch Redeker/*Zahn*, IT-Verträge, Kap. 1.15 Rn. 16b ff.; *Redeker*, ITRB 2014, 289.

4270 ASP und SaaS basieren auf einem dezentralen Konzept, bei welchem dem Nutzer die Software als solche nicht auf Datenträger bzw. zur Installation auf eigenen Systemen überlassen wird, die Software vielmehr im Wege des Fernzugriffs (z.B. als Internet-Applikation) zur Verfügung gestellt wird.

4271 Vgl. bereits *Brzuska* CR 1989, 223 (225); *Vander*, CR 2011, 77; Westphalen/*Gennen*, Der Leasingvertrag, Kap. P, Rn. 73.

4272 Zu den urheberrechtlichen und AGB-rechtlichen Grenzen im Einzelnen vgl. Wandtke/Bullinger/*Grützmacher*, UrhG, 4. Auflage, 2014, §§ 69c bis 69e mit zahlreichen Nachweisen und Beispielen.

2109 Vielfach sehen Nutzungsbedingungen von Softwareherstellern sog. Weitergabeverbote vor,[4273] kraft derer eine Überleitung von Nutzungsrechten auf dritte Parteien untersagt wird. Unabhängig von der Frage, ob entsprechende Regelungen im Bereich Allgemeiner Geschäftsbedingungen überhaupt wirksam vereinbart werden können, dürften entsprechende Vorbehalte jedenfalls eine etwaige Verwertung der Software deutlich erschweren.[4274] Daneben ist – vor allem im Bereich von Standardsoftware – regelmäßig die Überlassung und Unterlizenzierung von Software an Dritte ausdrücklich untersagt.[4275] In kaufrechtlich geprägten Konstellationen eines Erwerbs von Standardsoftware geraten entsprechende Beschränkungen, insbesondere pauschale Weitergabe- bzw. Übertragungsverbote, in Konflikt mit urheberrechtlichen wie AGB-rechtlichen Bestimmungen. So hat das OLG Hamm insbesondere eine Beschränkung beim Softwarekauf auf nicht übertragbare Nutzungsrechte sowohl als überraschende Klauseln gemäß §§ 305 Abs. 1, 306 Abs. 1 BGB als auch als Abweichung vom gesetzlichen Leitbild der §§ 17 Abs. 2, 69c Nr. 3 UrhG eingestuft.[4276] Insoweit hat sich das OLG Hamm im Wesentlichen an der urheberrechtlichen Erschöpfung orientiert und insbesondere die jüngere EuGH-Rechtsprechung in Bezug genommen.[4277] Auch wenn der Ansatz des OLG Hamm im Kern sicherlich einen zentralen Aspekt betrifft, ist festzuhalten, dass sich das OLG Hamm allerdings nicht allgemein mit etwaigen Leasingverboten in Softwarenutzungsbedingungen auseinandergesetzt und diese allgemein für unwirksam erklärt hat;[4278] dies wird bei der stark eigentumsrechtlich geprägten Argumentation des OLG Hamm vor allem vor dem Hintergrund deutlich, dass sich das OLG Hamm mit den insoweit naheliegenden Fragen einer Vermietungsberechtigung des Erwerbers und den diesbezüglichen Einschränkungen in Bezug auf die urheberrechtliche Erschöpfung (vgl. § 17 Abs. 2 UrhG a.E.; § 69c Nr. 3 UrhG a.E.) gar nicht erst auseinandergesetzt hat.[4279]

2110 Besondere Brisanz entfaltet die Nutzungsrechtsfrage nicht zuletzt vor dem Hintergrund von Lizenzstrategien einzelner Softwarehersteller, welche unter dem Schlagwort »Rental Rights« den gesamten Bereich des Softwareleasings einer gesonderten Lizenzierungspflicht unterwerfen möchten.[4280]

aa) Leasing als Fall urheberrechtlicher Vermietung

2111 Für den Bereich des EDV-Leasings stellt sich die grundsätzliche Frage, ob die auf Zeit angelegte Überlassung von Software an den Leasingnehmer als »Vermietung« im Sinne von § 69c Nr. 3 Satz 2 UrhG anzusehen ist. Dies hätte zur Folge, dass eine Erschöpfung des Verbreitungsrechts des Softwareherstellers (vgl. § 69c Nr. 3 Satz 1 UrhG) anlässlich des Erwerbs von Software durch den Leasinggeber nicht in Betracht käme und der Leasinggeber seinerseits über urheberrechtliche Vermietrechte verfügen müsste, um dem Leasingnehmer den Leasinggegenstand rechtmäßig und ohne Eingriff in das Verbreitungsrecht des Urhebers zur Verfügung stellen zu können.

(1) Wortlaut

2112 Der Wortlaut von § 69c Nr. 3 Satz 2 UrhG trägt nur wenig zur Klärung der Anwendbarkeit der Norm auf Leasingverträge bei. Die Vorschrift nimmt allgemein auf die »Vermietung« Bezug, woraus

4273 Mit Beispielen: Beckmann/Scharff/*Beckmann*, Leasingrecht, § 23, Rn. 130.

4274 Schneider/von Westphalen/*Schneider*, Softwareerstellungsverträge, Kap. F, Rn. 300.

4275 Redeker/*Zahn/Steinmetz*, IT-Verträge, Kap. 1.15, Rn. 15.

4276 OLG Hamm, Urt. v. 28.11.2012 – 12 U 115/12, CR 2013, 214, 217.

4277 OLG Hamm, Urt. v. 28.11.2012 – 12 U 115/12, CR 2013, 214, 217 mit Hinweis auf EuGH, NJW 2012, 2565 ff.; BGH, Urt. v. 06.07.2000 – IZR 244/97, CR 2000, 651.

4278 Das in den Hersteller-Nutzungsbedingungen vorgesehene »Leasingverbot« konnte das OLG Hamm aufgrund abweichender und unstreitiger Leasingberechtigung des Lieferanten offen lassen.

4279 Ausführlich zum »Vermietungsrecht« beim Finanzierungsleasing nachfolgend. Siehe zur Abgrenzung von Weiterveräußerungsbefugnis und Nutzungsüberlassung auch Redeker/*Zahn/Steinmetz*, IT-Verträge, Kap. 1.15, Rn. 15.

4280 Eingehend hierzu: *Vander* CR 2011, 77; siehe auch Redeker/*Zahn*, IT-Verträge, Kap. 1.15, Rn. 16b ff.

auf Grundlage des allgemeinen Sprachverständnisses lediglich geschlossen werden kann, dass die mietweise Überlassung i.S.d. §§ 535 ff. BGB auf Grundlage eines »echten« Mietvertrages grds. nicht der urheberrechtlichen Erschöpfung unterliegen kann.[4281]

(2) Systematik

Nähert man sich dem Begriff der Vermietung in gesetzessystematischer Hinsicht, liegt ein Rückgriff auf § 17 Abs. 3 UrhG nahe, welcher eine für das gesamte Urheberrecht maßgebliche Definition des Vermietungsbegriffs enthält.[4282] Hiernach ist Vermietung im Sinne des Urheberrechts die zeitlich begrenzte, unmittelbar oder mittelbar Erwerbszwecken dienende Gebrauchsüberlassung. Da sich Leasingverträge durch die zeitliche Begrenzung der Überlassung des Leasinggegenstandes gegen Zahlung des auf zeitlicher Basis bemessenen Leasingentgeltes auszeichnen, indiziert eine systematische Auslegung des Begriffs der Vermietung, dass auch Leasingverträge grds. als »Vermietung« im Sinne von § 69 Nr. 3 Satz 2 UrhG einzuordnen sind. 2113

(3) Teleologische Betrachtung

Fraglich ist allerdings, ob die Überlassung von Software im Rahmen von Leasingverträgen auch unter teleologischen Gesichtspunkten als Vermietung im Sinne von § 69c Nr. 3 Satz 2 UrhG zu bewerten ist. Das Problem entzündet sich dabei im Wesentlichen an der Frage, ob im Rahmen von Leasingverträgen in wirtschaftlicher Hinsicht eine lediglich – den Charakter der mietweisen Überlassung prägende – zeitliche Überlassung in Rede steht oder ob bei Leasingverhältnissen die Überlassung unter urheberrechtlichen Gesichtspunkten einer Veräußerung gleichzusetzen ist.[4283] 2114

Ausgehend von der Schutzfunktion des urheberrechtlichen Vermietrechts sowie von Sinn und Zweck des Erschöpfungsgrundsatzes gem. § 69c Nr. 3 Satz 2 UrhG ist zu hinterfragen, ob der Urheber nach Erstverbreitung eines Werkstücks betreffender Software durch nachfolgende Überlassungen bei Leasinggeschäften in schutzwürdiger Weise in seinen Interessen betroffen ist. Wird insoweit die Prämisse zugrunde gelegt, dass das Verbreitungsrecht des Urhebers kraft urheberrechtlicher Erschöpfung beschränkt werden darf, da der Urheber anlässlich der Erstverbreitung hinreichend Gelegenheit hatte, eine antizipierende Vergütung für die Einräumung des Verbreitungsrechts auch für spätere Veräußerungsvorgänge auszuhandeln,[4284] liefe es dieser Prämisse zuwider, wenn der Erwerber eines Vervielfältigungsstücks dieses nicht lediglich weiterveräußert, sondern wiederholt Dritten gegen Entgelt und zeitlich begrenzt überlassen dürfte. Der Urheber erhielte nur ein einmaliges Entgelt für den Verkauf des Vervielfältigungsstücks, wohingegen der Erwerber in unbegrenztem Umfang weiteren Gewinn generieren könnte, ohne dass der Urheber an diesem Gewinn partizipieren könnte. 2115

Während diese Gefahr bei herkömmlichen Mietverhältnissen über EDV nicht in Abrede gestellt werden kann,[4285] besteht vor dem Hintergrund struktureller Abweichungen zwischen üblichen Miet- und Leasingverträgen die Frage nach der Vergleichbarkeit der Interessenlage. Insb. für den Bereich des Finanzierungsleasings, welches durch die zentrale und dem Mietrecht fremde Finanzierungsfunktion geprägt wird, erscheint eine Differenzierung geboten. Es ist zu hinterfragen, ob die vertragliche Konstruktion im konkreten Fall der unmittelbaren Anwendung mietvertraglicher Regelungen unterliegt, was selbst in zentralen Bereichen von (Finanzierungs-) Leasingverträgen gerade 2116

4281 *Vander*, CR 2011, 77, 81.

4282 Schricker/Loewenheim/*Loewenheim*, Urheberrecht, 5. Aufl., 2017, § 17 Rn. 61.

4283 Dazu: *Vander* CR 2011, 77 (81 ff.); vgl. bereits *Lehmann* BB 1985, 1209 (1210), der sich bei längeren – insb. das Finanzierungsleasing prägenden – Vertragslaufzeiten für die Einräumung von Kaufoptionen oder eine unmittelbare Anwendung des Erschöpfungsgrundsatzes ausspricht; siehe auch *Redeker* ITRB 2014, 285 ff.

4284 Schricker/Loewenheim/*Loewenheim*, Urheberrecht, 5. Aufl., 2017, § 17 Rn. 41.

4285 Man denke etwa an die mietweise Überlassung von Notebooks samt aufgespielter Software.

nicht der Fall ist. So legt insb. der BGH bei der Bewertung der wechselseitigen Rechte und Pflichten aus Finanzierungsleasingverträgen einen Schwerpunkt auf die wirtschaftliche Funktion des Finanzierungsleasings. In diesem Zusammenhang hat der BGH festgestellt, dass die typischen Merkmale des Finanzierungsleasings in erheblichem Umfang mit einem drittfinanzierten Kauf vergleichbar seien.[4286] Das Finanzierungsleasing erfülle weitgehend die Funktionen des drittfinanzierten Kaufs und werde als alternative Finanzierungsform angeboten.[4287]

2117 Ob beim Finanzierungsleasing im Ergebnis unzulässige Eingriffe in das Vermietrecht des Urhebers in Rede stehen können, hängt nach vorstehenden Überlegungen maßgeblich davon ab, ob die Gebrauchsüberlassung dem Leasinggeber eine uneingeschränkte und wiederholbare Werknutzung durch beliebig wiederholbare »Vermietvorgänge« ermöglicht. Während herkömmliche Mietverträge im Segment Software darauf basieren, mittels langzeitiger bzw. häufiger Vermietung von Vervielfältigungsstücken ein insgesamt hohes und vom reinen Erwerbspreis losgelöstes Mietentgelt zu erzielen, gestaltet sich die Situation bei Finanzierungsleasingverträgen abweichend. Sowohl aus Sicht des Leasinggebers als auch aus Sicht des Leasingnehmers steht die Finanzierung einer Investition, hier einer EDV-Lösung, im Vordergrund, die aus steuerrechtlichen Gründen über einen Finanzierungsleasingvertrag abgebildet wird. Es geht also gerade nicht um die miettypische Konstellation einer zeitlich befristeten Überlassung eines Mietobjekts, welches über das erste Überlassungsverhältnis hinaus den Gegenstand weiterer Mietverhältnisse bilden soll. Wirtschaftliche Interessen des Softwareherstellers könnten betreffend allenfalls durch die der Beendigung des Leasingvertrages nachfolgende Verwertung des Leasinggegenstandes durch den Leasinggeber berührt werden. Sofern der ursprüngliche Leasingnehmer den Leasinggegenstand selbst erwirbt, sind wirtschaftliche Benachteiligungen des Softwareherstellers nicht ersichtlich. Gerade im Segment des EDV-Leasings scheidet eine sich anschließende erneute zeitweise Überlassung im Sinne einer sukzessiven Mehrfachüberlassung zudem oftmals aus, da die EDV-Lösung mit Ablauf bzw. gegen Ende der betriebsgewöhnlichen Nutzungszeit häufig veraltet ist und nur noch die Verwertung über einschlägige »Restwertbörsen« in Betracht kommt.

2118 Die Verwertungssituation beim Leasing entspricht insoweit eher der Konstellation des Weiterverkaufs und greift entsprechend nicht miettypisch und zusätzlich in Verwertungsinteressen des Urhebers ein. Dies gilt in besonderem Maße für Leasingverträge über Hard- und Softwarebundle, insb. beim OEM-Vertrieb von Hardware mit installiertem Betriebssystem. Aufgrund der in diesen Fällen an die Hardware gekoppelten und nur mit dieser nutzbaren Software dürfte die Gefahr einer unkontrollierbaren Vervielfältigung und Mehrfachverwertung weitgehend ausgeschlossen sein, sodass auch insoweit berechtigte Interessen des Urhebers nicht in Rede stehen.

bb) Immanente Beschränkungen des urheberrechtlichen Vermietrechts

2119 Ungeachtet der grundsätzlichen Frage erforderlicher Vermietrechte i.R.d. EDV-Leasings ist zu beachten, dass das urheberrechtliche Vermietrecht nicht schrankenlos gilt. Es besteht auf internationaler Ebene weitgehend Einigkeit, dass die Verkehrsfähigkeit von Gegenständen zu erhalten ist, bei denen Computerprogramme zwangsläufig »mitvermietet« werden.

2120 Relevante Regelungen zur Reichweite von Urheberrechten sind vor allem dem TRIPs-Abkommen[4288] sowie dem WIPO-Urheberrechtsvertrag[4289] zu entnehmen. Gem. Art. 11 Satz 1 TRIPs haben die Mitgliedstaaten in Bezug auf Computerprogramme und Filmwerke den Urhebern und ihren Rechtsnachfolgern das Recht zu gewähren, die gewerbliche Vermietung von Originalen

4286 BGH, NJW 1995, 1019, Tz. 24 mit Bezugnahme auf BGHZ 68, 118.

4287 BGH, NJW 1995, 1019, Tz. 24.

4288 Agreement on Trade-Related Aspects of Intellectual Property Rights (»TRIPs«), ABl. EG Nr. L 336 v. 23.12.1994, S. 214.

4289 WIPO Copyright Treaty (»WCT«), Beschl. des Rates v. 16.03.2000, ABl. EG Nr. L 89 v. 11.04.2000, S. 6.

oder Vervielfältigungsstücken ihrer urheberrechtlich geschützten Werke an die Öffentlichkeit zu gestatten oder zu verbieten. In Bezug auf Computerprogramme findet diese Verpflichtung gem. Art. 11 Satz 3 TRIPs keine Anwendung auf Vermietungen, bei denen das Programm selbst nicht der wesentliche Gegenstand der Vermietung ist. Im WCT finden sich ähnliche Regelungen. Gem. Art. 7 Abs. 1 WCT haben die Urheber von Computerprogrammen das ausschließliche Recht, die gewerbsmäßige Vermietung von Originalen oder Vervielfältigungsstücken ihrer Werke an die Öffentlichkeit zu erlauben. Nach der Regelung des Art. 7 Abs. 2 WCT findet Art. 7 Abs. 1 WCT für Computerprogramme allerdings keine Anwendung, wenn das Programm selbst nicht den wesentlichen Gegenstand der Vermietung bildet. Diese Ausnahmebestimmungen sind dazu bestimmt, die Verkehrsfähigkeit von Gegenständen zu erhalten, bei denen Computerprogramme zwangsläufig mitvermietet werden.[4290]

Die Frage, unter welchen Voraussetzungen ein Computerprogramm den »wesentlichen Gegenstand einer Vermietung« bildet, ist nicht abschließend geklärt. Einigkeit besteht nur insoweit, dass etwa Embedded Software und Firmware[4291] nicht als wesentliche Gegenstände einer Vermietung zu verstehen sein sollen.[4292] Hierzu zählen vor allem Steuerungseinheiten in technischen Geräten (z.B. Geräte der Medizintechnik, EDV-gestützte Komponenten in Kfz sowie moderne Geräte der Kommunikations- und Unterhaltungselektronik).[4293] Problematischer sind Fälle, in welchen Computer-Hardware mit implementierter bzw. aufgespielter Software vermietet wird. Regelmäßig wird auf die Erforderlichkeit einer Einzelfallbetrachtung für die vorzunehmende Wesentlichkeitsbewertung verwiesen.[4294] Auch wenn mit Blick auf die Vielschichtigkeit betreffender Konstellationen keine allgemeingültige Aussage getroffen werden kann, ist bei der Überlassung von Hardware mit bereits implementierten Computerprogrammen zumindest davon auszugehen, dass tendenziell eher keine Vermietung im Sinne von Art. 11 Satz 3 TRIPs vorliegt.[4295] Soweit Software im Ergebnis lediglich die bestimmungsgemäße Nutzung des Mietobjekts in seiner Grundfunktion überhaupt erst ermöglicht (z.B. Steuerungssoftware von Maschinen), bildet die Software keinen wesentlichen Gegenstand der Vermietung als solcher.[4296] 2121

Als Folge der Wertungen gem. Art. 11 Satz 3 TRIPs bzw. dem dieser Vorschrift zugrunde liegenden Grundgedanken wird die Ansicht vertreten, dass über Art. 11 Satz 3 TRIPs eine Beschränkung von § 69c Nr. 3 Satz 2 UrhG anzunehmen ist, wenn das betroffene Computerprogramm selbst nicht den wesentlichen Gegenstand der Vermietung bildet.[4297] Auf diese Weise soll es nach Stimmen in der Literatur etwa möglich sein, bei Hardwarevermietung oder Hardwareleasing die darin enthaltene Mitlieferung von Betriebssystemsoftware zu legitimieren und nicht von zusätzlichen Zustimmungserfordernissen bzw. Vermietrechten abhängig zu machen.[4298] 2122

4290 *Gervais*, The TRIPS Agreement, Art. 11 Rn. 2.65.

4291 Zu diesem Sonderthema: Westphalen/*Gennen*, Der Leasingvertrag, Kap. P, Rn. 65.

4292 *Gervais*, The TRIPS Agreement, Art. 11 Rn. 2.65; Busche/Stoll/*Klopmeier*, TRIPs, 2. Aufl., 2013, Art. 11 Rn. 11; Wandtke/Bullinger/*Grützmacher*, UrhR, 4. Aufl., 2014, § 69c Rn. 48.

4293 Online Enzyklopädie Wikipedia (http://de.wikipedia.org), Stichwort: »*Eingebettetes System*« (31.12.2017).

4294 Busche/Stoll/*Klopmeier*, TRIPs, 2. Aufl., 2013, Art. 11 Rn. 11; Wandtke/Bullinger/*Grützmacher*, UrhR, 4. Aufl., 2014, § 69c Rn. 48.

4295 Vgl. Wandtke/Bullinger/*Grützmacher*, UrhR, 4. Aufl., 2014, § 69c Rn. 48.

4296 Vgl. Dreier/Hugenholtz/*Senftleben*, Concise European Copyright Law, 2006, Art. 7 WCT, S. 101 f.; Beier/Schricker/*Katzenberger*, From GATT to TRIPS, 1996, S. 59, 88 stellt maßgeblich auf die Zubehörfunktion der Software ab (»*just an accessory, not the main component*«).

4297 *Vander* CR 2011, 77 (80); Wandtke/Bullinger/*Grützmacher*, UrhR, 4. Aufl., 2014, § 69c Rn. 48 spricht sich für eine teleologische Reduktion aus. Alternativ käme auch eine Zustimmungspflicht nach Treu und Glauben gem. § 34 Abs. 1 Satz 2 UrhG in Betracht.

4298 *Vander* CR 2011, 77 (80); insgesamt ablehnend wohl *Redeker* ITRB 2014, 285 ff.

cc) Leitlinien

2123 Auch wenn die urheberrechtliche Bewertung von Sachverhalten des EDV-Leasings im Ergebnis am konkreten Einzelfall zu orientieren ist, lassen sich einige Leitlinien herausstellen.

2124 Für die rechtskonforme Durchführung des EDV-Leasings, insb. des isolierten Software-Leasings, benötigt der Leasinggeber grds. urheberrechtliche Vermietrechte.

2125 Vermietrechte sind nicht erforderlich, wenn die zeitweise Überlassung von Gegenständen betroffen ist, bei denen die Software selbst nicht den wesentlichen Gegenstand der Vermietung bildet. Dies betrifft insb. die Überlassung technischer Gerätschaften mit integrierten Softwarekomponenten im Sinne von Embedded Systems. Ob darüber hinaus etwa auch die Überlassung von Hardware mit vorinstalliertem und auf die Hardware angepasstem Betriebssystem (sog. Bundling, z.B. im Sinne eines OEM-Vertriebs) ohne gesonderte Vermietrechte zulässig ist, muss als ungeklärt eingestuft werden. Auch wenn sich eine derartige Beschränkung mit guten Argumenten begründen lässt, sollte aus Gründen rechtlicher Vorsorge die Erforderlichkeit betreffender Vermietrechte unterstellt werden.

2126 Aufgrund der beim Finanzierungsleasing im Vordergrund stehenden Finanzierungsfunktion ist das Finanzierungsleasing nicht auf eine sukzessive Mehrfachüberlassung gerichtet und eröffnet keine der üblichen Vermietung vergleichbare Gefährdungslage der Interessen des Urhebers. Mit Blick auf Sinn und Zweck der urheberrechtlichen Erschöpfung sprechen gute Argumente dafür, dass die Durchführung des reinen Finanzierungsleasings grds. keinen Eingriff in das Vermietrecht des Urhebers darstellt. Dies gilt jedenfalls für das Bundling von Hard- und Software im Sinne eines OEM-Vertriebs, bei welchem aufgrund der Produktbündelung insb. eine Gefährdung der wirtschaftlichen Interessen des Urhebers mit Blick auf die vertriebsbedingt beschränkten Möglichkeiten einer Vervielfältigung und Verbreitungsmöglichkeit der Software als solcher zusätzlich eingeschränkt ist. Da die Frage nach erforderlichen Vermietrechten beim Finanzierungsleasing ebenfalls nicht abschließend geklärt ist und die wohl herrschende Ansicht zur Notwendigkeit von Vermietrechten beim Leasing von Software zu tendieren scheint,[4299] sollte aus Gründen rechtlicher Vorsorge auch insoweit die Erforderlichkeit betreffender Vermietrechte unterstellt werden.

c) Synchronisation von Beschaffungs- und Leasingvertrag

2127 Die erfolgreiche Gestaltung von Leasingverträgen im EDV-Bereich bedarf für das Segment Software einer sorgfältigen Abstimmung und Synchronisation von Beschaffungs- und Leasingvertrag.

2128 Der Leasinggeber muss vom Softwarelieferanten im Ergebnis das Recht erwerben, die Nutzungsüberlassung an den Leasingnehmer »durchzureichen«. Der Leasinggeber hat entsprechend bereits im Verhältnis zum Softwarelieferanten i.R.d. Software-Beschaffung dringend darauf zu achten, dass er hinreichende Nutzungsrechte erwirbt, um die erforderlichen Rechte für die beabsichtigte Nutzung der Software durch den Leasingnehmer vermitteln zu können. Erwirbt ein Leasinggeber allerdings Software zu dem offenkundigen Zweck, sie einem Leasingnehmer zur Nutzung zu überlassen, führt die Auslegung des Beschaffungsvertrages auch ohne ausdrückliche Regelung schon nach § 31 Abs. 5 UrhG grds. dazu, dass der Vertragszweck auch die Nutzungsüberlassung an den Leasingnehmer umfasst.[4300] So hat das OLG Hamm maßgeblich darauf abgestellt, dass die Einräumung eines Vermietungsrechts zumindest stillschweigend aus dem vom Lieferanten gebilligten Zweck eines

4299 Wandtke/Bullinger/*Grützmacher*, UrhG, 4. Aufl., 2014, § 69c, Rn. 43; Marly, Praxishandbuch Softwarerecht, Rn. 186, 768; Martinek/Stoffels/Wimmer-Leonhardt/*Beckmann*, Handbuch des Leasingrechts, § 62, Rn. 33; *Redeker*, ITRB 2014, 289; Redeker/*Brisch*, IT-Verträge, Kap. 1.13, Rn. 152; anderer Ansicht: *Vander*, CR 2011, 77, 81 ff.; Redeker/*Zahn*, IT-Verträge, Kap. 1.15, Rn. 16b ff. Offen gelassen von Schneider/*Schneider/Kahlert*, Handbuch EDV-Recht, Kap. O, Rn. 443 mit Verweis auf den Lösungsansatz von *Vander*, CR 2011, 77.

4300 Redeker/*Zahn/Steinmetz*, IT-Verträge, Kap. 1.15, Rn. 16.

Finanzierungsleasinggeschäfts, die Software »leasingfähig« zu machen, also die Möglichkeit zur Vermietung an den Leasingnehmer zu eröffnen, abgleitet werden könne.[4301] Beim sog. Eintrittsmodell könnte die stillschweigende Einräumung des Vermietungsrechts in der Übernahmebestätigung zu sehen sein.[4302] Von einer stillschweigenden Nutzungsrechtseinräumung kann hingegen nicht ohne weiteres ausgegangen werden, wenn im Beschaffungsvertrag einzelne Nutzungsrechte konkret benannt sind, d.h. die Nutzungsrechte bereits vertraglich ausdrücklich fixiert sind, und das Recht zur Überlassung gerade nicht in den Katalog der Nutzungsrechte aufgenommen worden ist.[4303] Im Ergebnis sollte sich der Leasinggeber vor diesem Hintergrund vorsorglich stets ausdrücklich das Recht einräumen lassen, konkret bezeichnete Nutzungsrechte auf den Leasingnehmer zu übertragen und die Software bei Beendigung des Leasingvertrages i.R.d. Verwertung ein weiteres Mal (zeitlich befristet) einem Dritten zu überlassen.[4304] Sofern der Leasingnehmer bereits einen Vertrag über die Beschaffung von Software geschlossen hat, sollten die betreffenden Besonderheiten bei einer etwaigen Vertragsübernahme im Rahmen des Eintrittsmodells dringend berücksichtigt werden. Hierzu sollte vom Softwarelieferanten eine ausdrückliche Einwilligung dahin gehend eingeholt werden, dass der Leasinggeber in den Softwarelieferungs- bzw. Softwareerstellungsvertrag eintritt und zur Vermittlung der Nutzung der Software durch den Leasingnehmer ermächtigt wird. Entsprechende Regelungen sind regelmäßig vor Eintritt in einen bestehenden Softwarelieferungs- bzw. Softwareerstellungsvertrag zu treffen; gleichwohl kann auf ergänzende Umstände zurückgegriffen werden, wie z.B. Bedingungen bzw. Vorgaben bei Vornahme von Zahlungen durch die eintretende Leasinggesellschaft.[4305] Die Eröffnung der erforderlichen Leasingberechtigung kann und sollte beim Eintrittsmodell auch vom künftigen Leasingnehmer im Rahmen des Erwerbs berücksichtigt werden. Hierfür bieten sich eindeutige Vorgaben im Vorfeld des Erwerbs an, wonach der Erwerber den Wunsch nach einer anschließenden Leasingfinanzierung zum Ausdruck bringt. Denkbar wäre etwa der Hinweis: »Vertrag wird durch Leasing übernommen.«[4306]

Aus Sicht des Leasingnehmers sollte zudem mit Blick auf die zunehmende Vernetzung von Systemen grds. darauf geachtet werden, dass insb. der Netzwerkbetrieb von Software möglich ist[4307] 2129
und der vorgesehene Nutzungsumfang (etwa bei Lizenzen im Sinne einer zahlenmäßigen Bestimmung der Nutzungsberechtigten, sog. Volumenlizenzen) den Bedürfnissen des Leasingnehmers entspricht. Ohne ausdrückliche Nutzungsberechtigung für den Netzwerkbetrieb ist eine Nutzung von Software im Netzwerk grds. nicht zulässig, da jede Netzwerknutzung einer Vervielfältigung im Sinne von § 69c Nr. 1 UrhG darstellt. Entsprechendes gilt wohl auch für den Rechenzentrumsbetrieb bei der Auslagerung von IT-Leistungen (sog. IT-Outsourcing), welche zunehmend auch von mittelständischen Unternehmen praktiziert wird.

4. Stellung des Lieferanten

Im EDV- und Softwarebereich nimmt der Lieferant im Unterschied zum herkömmlichen Leasing- 2130
geschäft oftmals eine besondere Stellung und Funktion ein. Vielfach zeichnet der Lieferant aufgrund seiner Spezialkenntnisse und Fachkompetenz nicht nur für die reine Lieferung oder Erstellung von Hard- bzw. Software verantwortlich, sondern erbringt weitergehende Leistungen, die von der Auswahlberatung des Leasingnehmers bis hin zur komplexen Projektbetreuung reichen. Ungeachtet dieser besonderen Stellung wendet die Rechtsprechung grundsätzlich die gleichen Maßstäbe für die Bewertung des Lieferanten als Stellvertreter bzw. Erfüllungsgehilfe und Wissensvertreter an.

4301 OLG Hamm, Urt. v. 28.11.2012 – 12 U 115/12, CR 2013, 214, 216.

4302 OLG Hamm, Urt. v. 28.11.2012 – 12 U 115/12, CR 2013, 214, 216.

4303 Zur Auslegung von § 31 Abs. 5 UrhG vgl. BGH, NJW 2002, 896 (898 f.).

4304 Redeker/*Zahn/Steinmetz*, IT-Verträge, Kap. 1.15, Rn. 17.

4305 Das OLG Hamm, Urt. v. 28.11.2012 – 12 U 115/12, CR 2013, 214, 216 hat etwa darauf abgestellt, dass der Leasinggeber im Rahmen der Übersendung eines Zahlungsschecks eine »Eigentumsübertragung« verlangt und die Zahlung von dieser abhängig gemacht hatte.

4306 Vgl. hierzu: OLG Hamm, Urt. v. 28.11.2012 – 12 U 115/12, CR 2013, 214.

4307 Redeker/*Brisch*, IT-Verträge, Kap. 1.13, Rn. 151.

a) Beratungsleistungen

2131 Wie bereits allgemein ausgeführt, kann der Lieferant im Hinblick auf den Abschluss des Leasingvertrages Erfüllungsgehilfe des Leasinggebers (§ 278 BGB) sein. Eine Erfüllungsgehilfeneigenschaft kann nach der Rechtsprechung des BGH i.R.d. im Verhandlungsstadium entstehenden Sorgfalts- und Aufklärungspflichten anzunehmen sein.[4308] Der Leasinggeber kann ggü. dem Leasingnehmer nach § 278 BGB haftbar sein, wenn der Lieferant diese Pflichten schuldhaft verletzt,[4309] Die Schadensersatzpflicht des Leasinggebers wegen der Verletzung vorvertraglicher (Aufklärungs-) Pflichten kann sogar darauf hinauslaufen, dass dieser den Leasingnehmer von den Verpflichtungen aus dem Leasingvertrag freistellen muss.[4310]

2132 Speziell im Bereich des IT- und Softwareleasings stellt sich die Frage, ob der Leasingnehmer dem Leasinggeber etwaige Beratungsfehler entgegenhalten kann. Dies hängt im Wesentlichen davon ab, ob der Lieferant im Rahmen der Beratung eine Aufgabe des Leasinggebers wahrnimmt.[4311] Vor dem Hintergrund, dass sich die Beratungsleistungen des Lieferanten – außerhalb der Konditionen des Leasingvertrages – insoweit vor allem auf EDV-bezogene Spezifikationen und die Beschaffenheit des Leasinggegenstandes als solchen beziehen, erscheint eine Zurechnung eher fraglich.[4312] Dies gilt vor allem mit Blick darauf, dass (i) der Leasinggeber betreffende Beratungsleistungen mangels Sachverstandes nicht selbst wahrnehmen könnte, (ii) der Leasinggeber insoweit auch nicht das Vertrauen des Leasingnehmers in Anspruch nimmt und (iii) der Leasingnehmer derartige Leistungen auch nicht vom Leasinggeber erwartet.[4313]

2133 Im Falle von Beratungsfehlern des IT-Anbieters sind unmittelbare Ansprüche des Leasingnehmers gegen den IT-Anbieter, insbesondere bei Abschluss eines gesonderten Beratungsvertrages, selbstverständlich denkbar.[4314] Insoweit kommt auch unabhängig von einem eigenständigen Beratungsvertrag eine Verantwortlichkeit des IT-Anbieters wegen vor- bzw. nebenvertraglicher Pflichtverletzung in Betracht. Das OLG Köln etwa hat einen direkten Anspruch des Leasingnehmers gegen den IT-Anbieter wegen fehlerhafter Beratung bejaht, die auf Freistellung des Leasingnehmers von seinen Verpflichtungen aus dem Leasingvertrag gerichtet war.[4315] Auch der BGH hat bereits einen Anspruch des Leasingnehmers gegen einen IT-Anbieter wegen einer dem Vertragsschluss vorausgegangenen Fehlberatung im Zusammenhang mit der Auswahl von Hardware zugesprochen.[4316]

b) Nebenabreden und Sondervereinbarungen

2134 Im technischen Umfeld bzw. beim Leasing technischer Gerätschaften werden von Lieferantenseite nicht selten Sondervereinbarungen mit dem Leasingnehmer getroffen, die zum Teil ohne Kenntnis des Leasinggebers erfolgen.[4317] Betreffende Sondervereinbarungen zwischen dem Leasingnehmer und dem Lieferanten sind dem Leasinggeber nur zuzurechnen, wenn sich der Lieferant i.R.d. ihm vom Leasinggeber erteilten Auftrages bewegt. Keine Zurechnung erfolgt indes dann, wenn der

4308 BGH, NJW 1989, 287.
4309 BGH, NJW 1985, 2258.
4310 BGH, NJW 1985, 2258 (2261).
4311 Redeker/*Zahn/Steinmetz*, IT-Verträge, Kap. 1.14, Rn. 33.
4312 Redeker/*Zahn/Steinmetz*, IT-Verträge, Kap. 1.14, Rn. 36; a.A. allerdings OLG Koblenz, CR 1990, 45.
4313 Redeker/*Zahn/Steinmetz*, IT-Verträge, Kap. 1.14, Rn. 35.
4314 Siehe Beck´sches Mandatshandbuch IT-Recht/Stadler/*Kast*, § 13, Rn. 97.
4315 OLG Köln, Urt. v. 13.11.1987 – 19 U 140/84, CR 1988, 723.
4316 BGH, Urt. v. 6.6.1984 – VIII ZR 83/83, CR 1986, 79. Die Frage, ob im Einzelfall Beratungspflichten des IT-Anbieters anzunehmen sind, bewegt sich nicht selten im Grenzbereich; vgl. hierzu etwa LG Hamburg, Urt. v. 31.8.2015 – 19 HKO 48/11 sowie Schleswig-Holsteinisches Oberlandesgericht, Urt. v. 3.6.2016 – 17 U 49/15, CR 2017, 83.
4317 Siehe hierzu Redeker/*Zahn*, IT-Verträge, Kap. 1.14, Rn. 23 ff.

Lieferant nur bei Gelegenheit des Auftrages tätig wird und einen atypischen Fall regelt,[4318] der auch keinen Eingang in den Leasingvertrag findet.[4319]

So hatte der BGH im EDV-Umfeld über einen Fall zu entscheiden, in welchem mittels Werbeeinnahmen eine »Kostenneutralität« des Leasingvertrages herbeigeführt werden sollte.[4320] Der Lieferant hatte mit dem Leasingnehmer anlässlich eines Leasingvertrages über eine Telekommunikationsanlage eine gesonderte und dem Leasinggeber nicht bekannte Kooperationsvereinbarung abgeschlossen, kraft derer sich der Leasingnehmer gegen Entgelt für Beratungsleistungen in gewissem Umfang für telefonische Beratungsleistungen zur Verfügung stellen sollte. Auf diese Weise sollten die monatlichen Leasingraten rechnerisch kompensiert werden. Der BGH hat insoweit klargestellt, dass ein Lieferant regelmäßig nicht in Ausübung, sondern nur bei Gelegenheit der ihm vom Leasinggeber übertragenen Aufgaben tätig wird, wenn einem Leasingnehmer vom Lieferanten oder dessen Gehilfen vorgespiegelt wird, dass die Belastungen aus dem Leasingvertrag in wirtschaftlicher Hinsicht durch ein mit einem anderen Vertragspartner abzuschließenden Nebengeschäft kompensiert würden.[4321] Der für die Zurechnung des Verhaltens eines Erfüllungsgehilfen erforderliche innere und sachliche Zusammenhang mit dem übertragenen Aufgabenkreis werde nicht schon dadurch hergestellt, dass der Lieferant beim Leasingnehmer den Eindruck erwecke, durch den zusätzlichen Abschluss eines Koppelungsvertrages sei der Leasingvertrag wirtschaftlich betrachtet für den Leasingnehmer mit keinen Kosten verbunden.[4322] 2135

5. Instandhaltungspflichten des Leasingnehmers und Änderungen des Vertragsgegenstandes

a) Instandhaltungsmaßnahmen

Der im Rahmen von Leasingverträgen regelmäßig erfolgenden Überleitung der Instandhaltungspflichten auf den Leasingnehmer kommt im Bereich des EDV-Leasings wesentliche Bedeutung zu. 2136

aa) Interessenlage

Insoweit sind zunächst die unterschiedlichen Interessenlagen zu unterscheiden: Da die Beschaffung eines EDV-Systems aus Sicht des Leasingnehmers oftmals betriebskritische Bereiche seiner Unternehmensführung betrifft, z.B. die Steuerung der Produktion bzw. der Unternehmensabläufe, besteht regelmäßig das Bedürfnis, einen möglichst unterbrechungsfreien Betrieb auf Basis einer den aktuellen Erfordernissen entsprechenden Softwarelösung sicherzustellen. In Fällen eines etwaigen Hard- oder Software bedingten Systemausfalls ist ein rascher Support ebenso entscheidend wie eine kompetente und zeitnahe Lösungsbearbeitung. Aus Sicht des Leasinggebers ist mit Blick auf den durch Verschleiß und Veraltung von EDV-Systemen bedingten rapiden Preisverfall sicherzustellen, dass der Wert des Leasinggegenstandes möglichst langfristig gesichert wird und insb. erforderliche Wartungsmaßnahmen einschließlich etwaiger Aktualisierungen regelmäßig durchgeführt werden. 2137

Sowohl aus Sicht des Leasingnehmers als auch aus Sicht des Leasinggebers – von den im EDV-Bereich weniger verbreiteten Fällen des Herstellerleasings einmal abgesehen – besteht allerdings das Problem, dass für die Wartung und Pflege eines EDV-Systems grds. auf die Expertise von Dritten, 2138

4318 Vgl. BGH, CR 1995, 527; OLG Düsseldorf, OLGR Düsseldorf 1992, 154; OLG München, DB 2002, 2373.

4319 OLG München, DB 2002, 2373 (2374); a.A. LG Neubrandenburg, VuR 2004, 443, das zulasten des Leasinggebers eine Schadensersatzpflicht annimmt.

4320 BGH, CR 2014, 35.

4321 BGH, CR 2014, 35.

4322 BGH, CR 2014, 35.

insb. den Hersteller der betreffenden Hard- und Software oder einen spezialisierten Dritten zurückgegriffen werden muss.[4323]

bb) Wartungs- und Pflegeverträge

2139 Vor dem vorstehend skizzierten Hintergrund sehen Leasingverträge im EDV-Bereich grds. eine Verpflichtung des Leasingnehmers zum Abschluss von Wartungs- und Pflegeverträgen vor. Eine entsprechende Klausel, die vom Leasingnehmer eine sorgfältige Behandlung des Leasinggegenstandes, also insb. die Beachtung von Wartungs-, Pflege- und Gebrauchsanweisungen fordert, realisiert dabei nur die grds. ohnehin bestehenden Schutzpflichten des Leasingnehmers ist damit auch unbedenklich im Hinblick auf § 307 Abs. 2 Nr. 1 BGB.[4324]

2140 Die betreffenden Verträge stellen bei fachgerechter Ausgestaltung eine fortwährende Betreuung des betreffenden EDV-Systems sicher und enthalten regelmäßig konkrete zeitliche Vorgaben für Fehlerbeseitigungsmaßnahmen. Im Bereich der Hardwarewartung erfolgen insb. der Austausch defekter Komponenten (z.B. Speicherbausteine, Laufwerke, etc.) sowie entsprechende Präventivmaßnahmen (z.B. Kontrolle von Lüftern, etc.). Durch Pflegeverträge im Softwarebereich wird vielfach neben der reinen Fehlerbehebung, die während der Gewährleistungsfrist auch über die Mängelbeseitigung abgewickelt werden kann, die Verpflichtung des Softwarelieferanten bzw. Softwareherstellers normiert, die Aktualität der Software sicherzustellen und etwaige Produktaktualisierungen sowie Produktverbesserungen (Bugfixes, Updates, Upgrades, etc.) kostenfrei zu überlassen. Insb. vor dem Hintergrund etwaiger rechtlicher Änderungen, die von der betreffenden Software abgebildet werden müssen (z.B. steuerrechtliche Implikationen bei Abrechnungssoftware, etc.), sind entsprechende Pflegeverträge oftmals von erheblicher Relevanz.

2141 Bei der Ausgestaltung von Wartungs- und Pflegeverträgen im Leasingumfeld ist vor allem auf eine Synchronisation der betroffenen Vertragsverhältnisse zu achten. Die Laufzeiten von Leasing- sowie Wartungs- und Pflegeverträgen sollten aufeinander abgestimmt werden. Insb. ist zu vermeiden, dass der Wartungs- und Pflegevertrag eine kürzere Laufzeit als der Leasingvertrag aufweist, da der Leasingnehmer seinen vertraglichen Instandhaltungspflichten andernfalls und mit Blick auf die oftmals im Softwarebereich bestehende Monopolstellung des Softwareherstellers (Dritten ggü. wird ein für die Pflege von Software erforderlicher Zugriff auf den sog. Quellcode der Software regelmäßig nicht gewährt) nicht nachkommen kann und eine Aufrechterhaltung der Betriebsbereitschaft nicht sichergestellt ist. Dieser Aspekt ist aus Sicht des Leasinggebers maßgeblich zu berücksichtigen, da der Leasinggeber in der Lage sein muss, die Software nach Vertragsschluss angemessen zu verwerten, was voraussetzt, dass auch ein etwaiger Erwerber der Software erforderliche Anpassungen der Software vornehmen kann. Vor diesem Hintergrund sollte bereits i.R.d. Softwarebeschaffung sichergestellt werden, dass erforderliche Pflegeleistungen den Anforderungen eines typischen Leasinggeschäfts entsprechend im Verhältnis zum Softwarelieferanten abgesichert werden. Sofern der Leasingnehmer bereits einen Vertrag über die Beschaffung von Software getroffen hat, sollten die betreffenden Besonderheiten bei einer etwaigen Vertragsübernahme im sog. Eintrittsmodell dringend berücksichtigt werden.

2142 Wartungs- und Pflegeverträge stehen dabei selbstverständlich neben einer leasingtypisch im Regelfall vorgesehenen Versicherungspflicht des Leasingnehmers. Im IT-Segment ist dabei vor allem an die Sachversicherung im Rahmen der »Allgemeinen Bedingungen für die Elektronikversicherung (ABE 2001)« zu denken; auch eine erweiterte »Datenversicherung für Software« gemäß TK 1928 zu den ABE 2001 kommt in Betracht.[4325]

4323 Vgl. Redeker/*Zahn/Steinmetz*, IT-Verträge, Kap. 1.15, Rn. 110 ff.

4324 Redeker/*Brisch*, IT-Verträge, Kap. 1.13, Rn. 110.

4325 Redeker/*Zahn*, IT-Verträge, Kap. 1.14, Rn. 190 und Kap. 1.15, Rn. 74.

b) Änderungen des Vertragsgegenstandes

Art und Gegenstand der »Instandhaltungsmaßnahmen« insb. im Bereich der Software machen deutlich, dass die erforderlichen Maßnahmen deutlich über die üblichen leasingvertraglichen Instandhaltungsmaßnahmen hinausgehen und sich gerade nicht auf die Instandhaltung im engeren Sinne beschränken. Es erfolgt regelmäßig vielmehr eine Modifikation des Leasinggegenstandes, sei es durch Lieferung und Installation neuer Hardwarekomponenten oder das Einspielen von Bugfixes, Updates oder Upgrades für die geleaste Software.[4326] **2143**

Insbesondere im Bereich der Softwarepflege können Probleme entstehen, wenn im Verlaufe von Pflegeverträgen geleaste Software ergänzt bzw. verändert wird und dem Leasingnehmer – als Vertragspartner des IT-Dienstleisters – unmittelbar eigene Nutzungsrechte eingeräumt werden. Ähnliche Probleme können sich ergeben, wenn beim Leasing von Hardware einzelne Komponenten ausgetauscht und – oftmals versehentlich – dem Leasingverhältnis widersprechende Eigentumsverhältnisse in Bezug auf Austausch- bzw. Ersatzteile geschaffen werden. **2144**

Insoweit ist sicherzustellen, dass der Leasinggeber als Eigentümer bzw. originär Nutzungsberechtigter auch im Fall des Austauschs von Hardwarekomponenten bzw. bei Aktualisierungen und insoweit erfolgenden Modifikationen der Software Eigentümer der Hardware und originär Nutzungsberechtigter der Software bleibt bzw. wird. Da i.d.R. vereinbart wird, dass Wartungs- und Pflegevereinbarungen unmittelbar im Verhältnis zwischen Leasingnehmer und dem Softwarelieferanten bzw. dem Softwarehersteller geschlossen werden, ist in den betreffenden Verträgen die leasingtypische Rolle des Leasinggebers als Eigentümer bzw. originär Nutzungsberechtigter hinreichend abzubilden. **2145**

6. Leistungsstörungen

a) Rechtsmängel

Im Software-Bereich stellen sich Fragen nach etwaigen Rechtsmängeln ungleich häufiger als beim sonstigen Leasinggeschäft. Der Erwerber einer Software kann regelmäßig nicht abschätzen, ob die betreffende Software frei von Rechten Dritter ist und ohne die Verletzung von Rechten Dritter genutzt werden kann. Insb. die zunehmende Nutzung von Open Source Software[4327] bzw. deren Einbindung in kommerzielle Softwareentwicklungsprojekte stellt hierbei ein Risiko dar.[4328] **2146**

Um Missverständnisse über die Reichweite der zu vereinbarenden leasingtypischen Abtretungskonstruktion zu vermeiden, sollte im Leasingvertrag vor dem Hintergrund der Bedeutung der Rechtsmängelhaftung im Softwarebereich keine Beschränkung auf Sachmängel erfolgen oder eine undifferenzierte Abtretung der »Gewährleistungsrechte« erfolgen, vielmehr sollten Rechtsmängel ausdrücklich Eingang in die leasingtypische Abtretungskonstruktion finden. Unabhängig davon ist für das Softwareleasing die ausdrückliche Einbeziehung der Rechtsmängel unabdingbar, weil dort die Nutzungsrechte des Leasinggebers und des Leasingnehmers an der Software ggü. dem Urheberrecht des Softwareherstellers abzugrenzen sind.[4329] **2147**

4326 Insgesamt zum Themenkreis Änderungen während der Vertragslaufzeit: Schneider/*Schneider/Kahlert*, Handbuch EDV-Recht, Kap. O, Rn. 469 ff.

4327 Open Source Software zeichnet sich dadurch aus, dass der Quellcode der (regelmäßig kostenfreien) Software auf Basis besonderer Lizenzbedingungen (oftmals die sog. General Public License – »GPL«) offengelegt wird, um Weiterentwicklungen und Verbesserungen der Software durch Dritte zu ermöglichen.

4328 Vgl. etwa LG München, Urt. v. 12.07.2007 – 7 O 5245/07, CR 2008, 57; LG Frankfurt am Main, Urt. v. 06.09.2006 – 2-06 O 224/06, 2/6 O 224/06, CR 2006, 729; LG Berlin, Urt. v. 21.02.2006 – 16 O 134/06, CR 2006, 735.

4329 Vgl. Redeker/*Zahn/Steinmetz*, IT-Verträge, Kap. 1.14, Rn. 150.

b) Sachmängel

2148 In Bezug auf Sachmängel stellt sich für den Leasingnehmer nicht selten das Problem, vermeintliche Fehler einer erworbenen Software im gebotenen Umfang darlegen und beweisen zu müssen. Gerade für den technischen Laien stellt die konkrete Beschreibung und Substantiierung vermeintlicher Softwaremängel in einem EDV-Prozess eine erhebliche Herausforderung dar. Oftmals besteht Streit über die Frage, ob Mängel hinreichend dargelegt und dem Softwarehersteller bzw. dem Leasinggeber zuzurechnen sind.

2149 Der BGH hat in einer jüngeren Entscheidung die Anforderungen an die Darlegungslast bei Softwaremängeln konkretisiert und im Ergebnis erwerberfreundliche Erwägungen angestellt.[4330] So soll der Besteller einer Software seiner Darlegungslast genügen, wenn der Besteller Mangelerscheinungen, die er der fehlerhaften Leistungen des liefernden Unternehmers zuordnet, genau bezeichnet. Ob die Ursachen der Mangelerscheinung tatsächlich in einer vertragswidrigen Beschaffenheit der Leistung des liefernden Unternehmens zu suchen seien, ist nach klarer Position des BGH Gegenstand des Beweises und nicht des Sachvortrages. Im Ergebnis ist damit festzuhalten, dass ein hinreichend substantiierter Sachvortrag im Ergebnis zunächst lediglich eine genaue Fehlerbeschreibung erfordert, wobei es zentral auf die Beschreibung der Auswirkungen des vermeintlichen Fehlers ankommen dürfte.

c) Verlust und Zerstörung des Leasinggegenstandes

2150 Der völlige Verlust des Leasinggegenstandes sowie eine nicht unerhebliche Beschädigung können den Leasingnehmer unter Berücksichtigung der leasingtypischen Verlagerung der Sach- und Preisgefahr auf den Leasingnehmer erheblich belasten.

2151 Ob die beim Kfz-Leasing nach der Rechtsprechung des BGH für entsprechende Fälle erforderliche Einräumung eines kurzfristigen Kündigungsrechts auch für den Bereich des EDV-Leasings erforderlich ist, wird nicht einheitlich beantwortet. Nach Ansicht von *Marly* soll es eines entsprechendes Kündigungsrechts im EDV-Bereich nicht bedürfen, da es insoweit an dem für den Kfz-Leasingnehmer typischen Interesse fehle; dieses liege daran, während einer kurzen Vertragslaufzeit ein weitgehend risikofreies, weil zunächst fabrikneues Kfz zu fahren und vor der Gefahr versteckter Schäden und Reparaturausfallzeiten geschützt zu sein.[4331] Dem halten *Zahn/Steinmetz* mit treffender Begründung entgegen, dass der Leasingnehmer auch bei EDV-Produkten ein schützenswürdiges Interesse daran hat, dass die Nutzung des Leasingobjekts nicht durch nicht erkannte oder nicht völlig zu beseitigende Folgen des Schadensfalls beeinträchtigt wird.[4332] Im Ergebnis empfehlen *Zahn/Steinmetz* ein Kündigungsrecht vorzusehen, wenn der Wiederherstellungsaufwand 50 % des Zeitwertes erreicht.[4333]

d) Vertragliche Rücktrittsrechte

2152 Insb. in Fällen von Leasingverträgen über Software, welche noch an die Bedürfnisse des Leasingnehmers anzupassen ist, sehen Leasingverträge oftmals weitgehende vertragliche Rücktrittsrechte vor, welche einer Verlagerung von Risiken auf den Leasingnehmer dienen.

2153 Der BGH hatte sich in diesem Zusammenhang mit einem Fall im Bereich des EDV-Leasings zu befassen, in welchem in den Vertragsbedingungen zugunsten des Leasinggebers ein Rücktrittsrecht unter der Voraussetzung vorgesehen war, dass die zu erstellende Softwarelösung bis zum vertraglich vorgesehenen verbindlichen Liefertermin nicht ordnungsgemäß erstellt und vom Leasingnehmer

---

4330 BGH, Urt. v. 05.06.2014 – VII ZR 276/13, CR 2014, 568.
4331 *Marly*, Softwareüberlassungsverträge, Teil B, Rn. 225.
4332 Vgl. Redeker/*Zahn/Steinmetz*, IT-Verträge, Kap. 1.14, Rn. 177.
4333 Redeker/*Zahn/Steinmetz*, IT-Verträge, Kap. 1.14, Rn. 178.

abgenommen wird oder die Projektdurchführung gleich aus welchen Gründen scheitert.[4334] Parallel hierzu sahen die betreffenden Vertragsklauseln vor, dass der Leasinggeber berechtigt sein sollte, den Wiedereintritt des Leasingnehmers in den mit dem Lieferanten geschlossenen Beschaffungsvertrag herbeizuführen und vom Leasingnehmer Ersatz aller vom Leasinggeber an den Lieferanten geleisteten Zahlungen zu verlangen. Der BGH hat entschieden, dass das nicht weiter eingeschränkte Rücktrittsrecht als unangemessene Benachteiligung im Sinne von § 307 BGB anzusehen sei, da die Regelung auch die Fälle erfasse, in denen der Leasinggeber selbst oder der i.R.d. Erfüllung der im obliegenden Gebrauchsüberlassungspflicht als sein Erfüllungsgehilfe tätige Lieferant die verzögerte Erstellung und Abnahme der Leasingsache bzw. das Scheitern des Projekts zu vertreten habe. Der BGH hat in diesem Zusammenhang unter ausdrücklicher Ablehnung gegenläufiger Positionen aus der Literatur[4335] klargestellt, dass im EDV-Bereich auch bei komplexeren Softwareerstellungsprojekten für eine Systemlösung, deren erfolgreiche Umsetzung und Implementierung auch von Mitwirkungspflichten des Leasingnehmers abhängig sein kann, keine Besonderheiten vorlägen, die eine – von üblichen Leasingverträgen abweichende – weiter gehende Risikoverlagerung auf den Leasingnehmer rechtfertigen könnten.

Ob der BGH – wie auch das OLG Hamm als Vorinstanz – die rein tatsächlich auf der Hand liegenden Besonderheiten des Projektleasings angemessen berücksichtigt und die Erstellungsrisiken bei leasingfinanzierten Softwareerstellungsprojekten zutreffend dem alleinigen Rechtskreis des Leasinggebers zugeordnet hat, erscheint jedenfalls fraglich.[4336] Insoweit ist zunächst bei der grundlegenden Frage anzusetzen, ob das Leistungsversprechen des Leasinggebers in Fällen des sog. Projektleasings neben dem primären Leistungsversprechen, das Leasingobjekt zu übergeben, d.h. dem Leasingnehmer das Leasingobjekt in abnahmefähigen Zustand zu übergeben und es während der Laufzeit des Leasingvertrages zur Nutzung zu überlassen,[4337] auch die Herbeiführung der vorgenannten Voraussetzungen umfasst. Der BGH ging ebenso wie die Vorinstanz[4338] davon aus, dass die dem Lieferanten obliegende Aufgabe, die gemäß Projektvertrag geschuldete Lösung herzustellen und diese fristgerecht herzustellen, zugleich eine Verbindlichkeit des Leasinggebers gegenüber dem Leasingnehmer sei.[4339] Ob einem Leasinggeber im Rahmen eines Projektleasingvertrages nach dem Verständnis und Willen der Vertragsparteien allerdings tatsächlich und im Ergebnis das vollständige Beschaffungsrisiko für eine noch zu erstellenden Lösung zuzuweisen ist, erscheint hingegen keineswegs zwingend. Insoweit ist nicht zuletzt zu beachten, dass der Leasinggeber in dem vom BGH entschiedenen Sachverhalt auf Veranlassung des Leasingnehmers nicht nur die leasingtypische Verpflichtung hatte, das Leasingobjekt bei einem bestimmten Lieferanten zu beziehen, sondern vielmehr vorab den vom Leasingnehmer benannten Lieferanten mit der Herstellung des Leasingobjekts zu beauftragen und bereits während der Herstellung – im Sinne einer Vorfinanzierung – vorab Zahlungen auf den Werklohn zu leisten; abweichende Gestaltungen sind für den Leasinggeber insbesondere beim Eintrittsmodell, also bei Eintritt in einen bereits geschlossenen Projektvertrag, praktisch kaum durchsetzbar.[4340] Die besondere Konstellationen eines Vertrages über eine EDV-Lösung, welche der herstellende Lieferant unter Mitwirkung des Leasingnehmers 2154

4334 BGH, NJW 2009, 575; vgl. hierzu die Anmerkungen von *von Westphalen* BB 2009, 239 und *Söbbing* K&R 2009, 170.

4335 Vgl. *Habersack* WM 2008, 809.

4336 Ausführlich zur Haftung des Leasinggebers bei vom Lieferanten verschuldeten Scheitern der Herstellung oder der fristgerechten Fertigstellung eines EDV-Projekts: *Zahn*, in: Festschrift für Friedrich Graf von Westphalen, 2010, S. 773 ff.

4337 Vgl. zu diesen Primärpflichten des Leasinggebers nur BGH, NJW 1982, 105, 106 f.; BGH, NJW 1995, 1019, 1021.

4338 OLG Hamm, Urt. v. 03.08.2007 – 12 U 158/06, CR 2008, 8 mit kritischer Anmerkung *Habersack*, WM 2008, 809 ff.

4339 Vgl. die Darstellung von *Zahn*, in: Festschrift für Friedrich Graf von Westphalen, 2010, S. 773, 789, der im Ergebnis eine differenziertere Betrachtungsweise verfolgt; vgl. auch die ablehnende Position von *Habersack*, WM 2008, 809 (810).

4340 *Habersack*, WM 2008, 809.

erst noch zu erarbeiten und die der Leasinggeber vorzufinanzieren hat, begründet im Ergebnis besondere Risiken, namentlich das Projekt- und Finanzierungsrisiko sowie zusätzliche Leistungsstörungspotentiale, welche signifikant vom Standardleasing abweichen.[4341] Dabei ist insbesondere das enge Verhältnis von Leasingnehmer und Lieferant in den Blick zu nehmen: Der Leasingnehmer wirkt regelmäßig an der Konzeption, deren Umsetzung und der Erstellung eines beauftragten Systems mit; der Leasingnehmer hat fortlaufend Projektentscheidungen herbeizuführen; zudem ist der Lieferant auf vollständige und sachgerechte Informationen des Leasingnehmers angewiesen.[4342] Ob vor diesem Hintergrund tatsächlich von einer uneingeschränkten Beschaffungspflicht des Leasinggebers ausgegangen werden kann, erscheint – ungeachtet der BGH-Rechtsprechung in Sachen Projektleasing – jedenfalls fraglich. Dies gilt nicht zuletzt, wenn man einen durchaus naheliegenden Vergleich zwischen vertraglich vorgesehenen Rücktrittsrechten des Leasinggebers für den Fall des Scheiterns eines Projekts und einem klassischen (zulässigen) Selbstbelieferungsvorbehalt anstellt.[4343]

2155 Im Rahmen allgemeiner Vertragsbedingungen sollten Rücktrittsregelungen unter Berücksichtigung der vorstehend referenzierten BGH-Rechtsprechung dergestalt formuliert werden, dass Rücktrittsrechte des Leasinggebers jedenfalls ausgeschlossen sind, wenn die betreffenden Verzögerungen bzw. das Scheitern eines Projekts auf Pflichtverletzungen des Leasinggebers selbst oder des Lieferanten beruhen, soweit Letzterer im Pflichtenkreis des Leasinggebers tätig wird. Alternativ sind individualvertragliche Regelungen in Betracht zu ziehen, um insb. das (Fehl-) Verhalten des Lieferanten in den Risikobereich des Leasingnehmers zu verlagern.[4344] Um die typischen Projekt-Risiken im Leasingkontext bereits präventiv zu minimieren, ist zudem zu erwägen, die regelmäßig besonders risikobehaftete Erstellungsphase eines IT-Projekts aus dem unmittelbaren Kontext des eigentlichen Leasingvertrages herauszulösen und eine reine Finanzierungsphase vorzuschalten, an welche sich sodann – nach erfolgreichem Abschluss der Erstellungsphase – der eigentliche Leasingvertrag anschließen kann.

e) Insolvenz des Softwarelieferanten

2156 Die Insolvenz des Softwarelieferanten[4345] bildet zwar zunächst keinen echten Fall einer Leistungsstörung im Verhältnis zwischen Leasinggeber und Leasingnehmer. Aufgrund des Umstandes, dass der Softwarelieferant unter Berücksichtigung relevanter Pflege- bzw. Wartungsleistungen regelmäßig deutlich enger in die Vertragsabwicklung und Fehlerbeseitigung einbezogen ist als beim Leasing sonstiger Wirtschaftsgüter, sollte die Insolvenz des Softwarelieferanten bei der Beurteilung von Leistungsstörungsszenarien berücksichtigt werden und den Gegenstand besonderer vertraglicher Vorkehrungen bilden.

2157 Der Bestandsgefährdung eines Leasingvertrages aufgrund einer Insolvenz des Softwarelieferanten lässt sich insb. durch eine im Softwarebereich geläufige sog. Hinterlegungsvereinbarung begegnen.[4346] Im Rahmen einer solchen Vereinbarung wird der sog. Quellcode der vertragsgegenständlichen Software, welche zumeist lediglich im maschinenlesbaren sog. Objektcode übergeben wird, bei einem Treuhänder hinterlegt, der dem Berechtigten der Hinterlegungsvereinbarung unter bestimmten Voraussetzungen (z.B. Insolvenz des Softwarelieferanten, Nichterfüllung von Pflegeleistungen, mangelnde Fehlerbehebung, etc.) den Zugriff auf den Quellcode der Software gewährt, um eine selbsttätige bzw. unter Einsatz dritter Dienstleister vorzunehmende Pflege der Software bzw. Fehlerbehebung zu ermöglichen.

4341 *Zahn*, in: Festschrift für Friedrich Graf von Westphalen, 2010, S. 773, 791; *Habersack*, WM 2008, 809 ff.; zu den erhöhten Risiken beim Projektleasing vgl. auch Schneider/v. Westphalen/*Gennen*, Softwareerstellungsverträge, Kap. R, Rn. 9.

4342 Vgl. *Habersack*, WM 2008, 809.

4343 Mit diesem Ansatz: *Habersack*, WM 2008, 809, 812.

4344 Vgl. *von Westphalen*, Anmerkung zu BGH, Urt. v. 29.10.2008 – VIII ZR 258/07, BB 2009, 239 (240).

4345 Dazu Rdn. 2183–2185.

4346 Redeker/*Zahn/Steinmetz*, IT-Verträge, Kap. 1.15, Rn. 65.

7. Koppelung von Hard- und Software

Die Frage nach der Einheit eines Hard- und Softwaregeschäfts im Rahmen eines Leasingvertrages 2158 hat die Rechtsprechung schon mehrfach beschäftigt. Grds. kommt es maßgeblich darauf an, ob insb. im Fall der vertraglichen Trennung von Hard- und Softwareleasing der für eine Verbindung der Verträge erforderliche »Einheitlichkeitswille« in den Verträgen zum Ausdruck kommt. Dies ist bei einer Vielzahl von Leasingverträgen im EDV-Bereich der Fall. In diesem Segment bilden besonders häufig »Komplettsysteme«, »Problemlösungen« oder ähnlich umfassende Objekte den Vertragsgegenstand, sodass der für die rechtsgeschäftliche Einheit entscheidende Einheitlichkeitswille der Vertragsparteien vielfach vorliegt.[4347]

Sofern eine rechtsgeschäftliche Einheit von Hard- und Software im Rahmen eines einheitlichen 2159 Leasinggeschäfts vorliegt und die Hard- und Software in ihrer jeweiligen technischen Funktionsfähigkeit nicht vom Vorhandensein des anderen Teils abhängt, liegt für den Fall, dass der Leasingnehmer nur einen der beiden Teile überlassen erhält, eine Teilleistung und kein Mangel des Gesamtsystems vor.[4348] Der Leasingnehmer muss sich in einem solchen Fall nicht auf das Gewährleistungsrecht verweisen lassen, sondern kann den Leasingvertrag beim Ausbleiben des geschuldeten Teils kündigen.[4349] Entsprechende Implikationen gelten im Fall von Gewährleistungsansprüchen, die sich bei vorliegendem Einheitswillen auf den gesamten Vertrag auswirken können.

8. Beendigung des Leasingvertrages

In Bezug auf die Rückgabe des Leasinggegenstandes ist zu beachten, dass sich die Rückgabever- 2160 pflichtungen des Leasingnehmers regelmäßig nicht in der schlichten Rückgabe etwaig bei Auslieferung von EDV-Systemen übergebener Hardware und Datenträgern erschöpfen.

Soweit auch Software zum Gegenstand eines Leasingvertrages zählt, sollte ausdrücklich geregelt 2161 werden, dass der Leasingnehmer auch sämtliche Kopien der Software herauszugeben und i.Ü. eine vollständige Löschung der Software von eigenen Systemen vorzunehmen hat.[4350] Die vollständige Löschung sollte sich der Leasinggeber schriftlich bestätigen lassen, da sich die Frage, ob eine Löschung tatsächlich erfolgt, regelmäßig seiner Einfluss- und Kontrollmöglichkeit entzieht. Bei dem Ansatz, die softwarebezogene Rückgabeverpflichtung vertraglich und insgesamt durch eine Löschungspflicht zu ersetzen,[4351] erscheint Zurückhaltung angezeigt. Eine derartige Pflicht zur Löschung von Software kann darauf hindeuten, dass der wirtschaftliche Wert der Software zum Ende des Leasingvertrages bereits ausgeschöpft wurde und offenbar keine Möglichkeit einer Verwertung verbleibt.[4352] Die möglichen steuerrechtliche Auswirkungen liegen auf der Hand.

Zudem ist zu beachten, dass die grds. in Leasingverträgen vorgesehene Regelung, wonach der Lea- 2162 singgegenstand nach Vertragsbeendigung in dem ursprünglich übergebenen Zustand zurückzugeben ist, mit den regelmäßig auf Grundlange von Wartungs- und Pflegevereinbarungen erfolgenden Modifikationen des Leasinggegenstandes nicht harmoniert.[4353] Es entspricht insoweit sowohl dem Interesse des Leasinggebers als auch des Leasingnehmers, die Rückgabeverpflichtung derart auszugestalten, dass die Rückgabe sich auf die ordnungsgemäß gewartete Hardware bzw. vertragsgemäß gepflegte Software bezieht.

4347 *Marly*, Praxishandbuch Softwarerecht, Rn. 810.
4348 *Marly*, Praxishandbuch Softwarerecht, Rn. 811.
4349 BGH, NJW 1988, 204 (205).
4350 Vgl. *Marly*, Praxishandbuch Softwarerecht, Rn. 808.
4351 So der Vorschlag von Redeker/Brisch, IT-Verträge, Kap. 1.13 Rz. 183, der ausdrücklich auf den Hintergrund der Regelung dahingehend verweist, dass eine »weitere Vermarktung kaum noch möglich« sei.
4352 Kritsch wegen eines vollständigen Ersatzes von Rückgabe- durch Löschungspflichten auch Redeker/ *Zahn*, Kap. 1.15, Rn. 79.
4353 Vgl. *Marly*, Praxishandbuch Softwarerecht, Rn. 808.

2163 In Bezug auf die Verwertungsberechtigung des Leasinggebers, namentlich die Weiterveräußerung der Software, bestehen bei kaufrechtlich geprägten Erstbeschaffungsvorgängen regelmäßig keine besonderen rechtlichen Probleme. Auch wenn zahlreiche Nutzungsbedingungen herstellerseitig Veräußerungsverbote vorsehen, ist der Leasinggeber in der Regel mit Blick auf den urheberrechtlichen Erschöpfungsgrundsatz gemäß § 69c Nr. 3 Satz 2 UrhG an einer Verwertung in Gestaltung einer Weiterveräußerung nicht gehindert. Erst unlängst hat das OLG Hamm im Leasingkontext gegenteilige Bestimmungen in Hersteller-Bedingungen für unwirksam erklärt. Nach Ansicht des OLG Hamm, welches an die EuGH- und BGH-Rechtsprechung zur Erschöpfung in »Gebrauchtsoftware«-Konstellationen[4354] anknüpft, werden die in Lizenzbestimmungen eines Herstellers vorgesehenen Beschränkungen der »Eigentumsrechte« des Käufers sowohl als überraschende Klausel als auch als Abweichung vom urheberrechtlichen Leitbild der §§ 17 Abs. 2, 69c Nr. 3 UrhG und den wesentlichen Rechten und Pflichten eines kaufrechtlich ausgestalteten Softwareüberlassungsvertrages nicht Vertragsbestandteil bzw. sind unwirksam.[4355] Dem ist im Ergebnis zuzustimmen, auch wenn mit Blick auf die weite Verbreitung von Veräußerungsverboten in Nutzungsbedingungen der Softwarehersteller von einer »überraschenden Klausel« nicht auszugehen sein dürfte.

XI. Leasing in der Insolvenz

2164 Das leasingtypische Dreiecksverhältnis bedingt, dass insolvenzrechtliche Fragestellungen beim Leasing häufiger eine Rolle spielen. In den weit überwiegenden Fällen steht die Insolvenz des Leasingnehmers in Rede. Insb. aber auch die Insolvenz des Lieferanten hat auf den Leasingvertrag nicht nur vor, sondern auch nach Lieferung des Leasingobjekts erhebliche Auswirkungen.

1. Insolvenz des Leasingnehmers

a) Kündigungssperre, § 112 InsO

aa) Anwendungsbereich

2165 Hat der Leasingnehmer einen Insolvenzantrag gestellt, sieht § 112 InsO zunächst eine Kündigungssperre für den Leasinggeber vor, die auch dann dauerhafte Wirkung entfaltet, wenn das Verfahren später nicht eröffnet wird.[4356] Die Kündigungssperre erstreckt sich allerdings nur auf Zahlungsrückstände aus der Zeit vor Insolvenzantragstellung. Bleiben nach Insolvenzantragstellung Zahlungen aus, die nach den Leasingbedingungen eine Kündigung rechtfertigen, ist der Leasinggeber zur Kündigung berechtigt.[4357]

bb) Insolvenzforderung, Masseverbindlichkeit, Aussonderungsrecht

2166 Entrichtet der vorläufige Insolvenzverwalter die Leasingraten nicht und kündigt deshalb der Leasinggeber, sind die nach Insolvenzantragstellung entstandenen Raten einfache Insolvenzforderungen. Dies gilt grds. auch für Ansprüche auf Nutzungsentschädigung wegen verspäteter Herausgabe. Der Insolvenzverwalter macht sich allerdings schadensersatzpflichtig, wenn er schuldhaft die verspätete Herausgabe verursacht hat (§§ 60, 21 Abs. 2 Nr. 1 InsO).[4358] In der Praxis versuchen vorläufige Insolvenzverwalter häufig, Leasingobjekte weiter zu nutzen, ohne Masseverbindlichkeiten zu begründen. Auch mit dem vorläufigen Insolvenzverwalter können Nutzungsvereinbarungen

4354 EuGH, NJW 2012, 2565; BGH, CR 2000, 651; vgl. auch BGH, GRUR 2011, 418; BGH, GRUR 2014, 264.
4355 OLG Hamm, CR 2013, 214 (Leitsatz 1).
4356 OLG Düsseldorf, OLGReport Düsseldorf 2009, 265.
4357 BGH, NJW 2002, 3326; BGH, WM 2002, 1888; OLG Köln, ZIP 2003, 543.
4358 Vgl. im Einzelnen: *Breitfeld* FLF 2004, 168.

geschlossen werden, die als Bargeschäfte nach § 142 InsO nicht der Anfechtung unterliegen.[4359] Lehnt der vorläufige Insolvenzverwalter dies ab, empfiehlt es sich, den Vertrag nach Vorliegen der Voraussetzungen schnellstmöglich zu kündigen und die Leasingsache herauszuverlangen.

Es ist zu beachten, dass eine Nutzung vertraglich überlassener Gegenstände über einen längeren Zeitraum hinaus ohne jegliche Vergütungspflicht nach Ansicht des BGH grds. nicht in Betracht kommt.[4360] § 112 InsO schränke die Rechte von Vermietern oder Verpächtern in der Weise ein, dass eine Kündigung wegen Zahlungsverzugs oder Verschlechterung der Vermögensverhältnisse »nach dem Antrag auf Eröffnung des Insolvenzverfahrens« ausgeschlossen wird. § 112 InsO mute dem Vermieter oder Verpächter äußerstenfalls einen (weiteren) Ausfall der Nutzungsentschädigung für zwei Monate zu. Denn die nach dem Eröffnungsantrag fällig werdenden Raten müssten aus dem Schuldnervermögen wieder vertragsgerecht gezahlt werden, wenn die Nutzungsmöglichkeit für die Insolvenzmasse erhalten bleiben soll. 2167

Versicherungsleistungen der Vollkaskoversicherung sind an den Leasinggeber auszusondern.[4361] Es handelt sich um eine Fremdversicherung, die das Sacherhaltungsinteresse des Leasinggebers absichert. 2168

Seit dem 01.07.2007 eröffnet der durch das Gesetz zur Vereinfachung des Insolvenzverfahrens eingeführte § 21 Abs. 2 Nr. 5 InsO die Möglichkeit, einen Verwertungsstopp und die Nutzungsbefugnis für künftige Aus- und Absonderungsgüter sowie die Einziehungsbefugnis für zur Sicherheit abgetretene Forderungen durch den vorläufigen Insolvenzverwalter anzuordnen. Auf diese Weise werden die Wirkungen der §§ 166 ff. InsO in das Eröffnungsverfahren vorverlagert. Das Ziel ist dabei die Verbesserung der Sanierungschancen und der Verwertungsmöglichkeit. Die Betriebsfortführung im Eröffnungsverfahren soll erleichtert werden.[4362] Die Insolvenzmasse erhält einen Kostenbeitrag gem. § 171 InsO.[4363] Auch dann, wenn die Leasinggesellschaft nach Insolvenzantragstellung das Vertragsverhältnis wirksam gekündigt hat, kann sie deshalb unter Umständen nicht auf ihr Eigentum zugreifen. 2169

Voraussetzung für eine Anordnung durch das Insolvenzgericht ist, dass der vorläufige Insolvenzverwalter die Gegenstände oder Forderungen konkret benennt. Weiter muss er ausführen, dass der laufende Geschäftsbetrieb fortgesetzt werden soll, wobei ein nachvollziehbares Konzept für eine Betriebsfortführung nicht nötig sein soll.[4364] Die Gegenstände müssen zur Fortführung des schuldnerischen Unternehmens schließlich von erheblicher Bedeutung sein. Überspannte Anforderungen sind an diese Voraussetzung allerdings nicht zu stellen. Sie ist gegeben, wenn bei Herausgabe der Gegenstände der Betriebsablauf gestört würde.[4365] 2170

Betroffen sind bewegliche Gegenstände, an denen im Fall der Eröffnung des Insolvenzverfahrens ein Absonderungsrecht (§ 166 InsO – Pfandrechte, Sicherungseigentum, erweiterter und verlängerter Eigentumsvorbehalt) oder ein Aussonderungsrecht (vgl. § 47 InsO – Eigentum [Vermieter, Leasinggeber] und einfacher Eigentumsvorbehalt) bestünde sowie vom Schuldner an Gläubiger 2171

4359 FK-InsO/*Wegener* § 112 Rn. 6a m.w.N.; a.A. *Obermüller/Livonius* DB 1995, 27; werden Sondervereinbarungen nicht sofort erfüllt, muss darauf geachtet werden, dass der vorläufige schwache Insolvenzverwalter nicht berechtigt ist, Masseverbindlichkeiten zu begründen – grundlegend BGH, ZIP 2002, 1625.

4360 BGH, NJW 2002, 3326.

4361 OLG Frankfurt am Main, NZV 2002, 44.

4362 BR-Drucks. 549/06 ZVI 2006, S. 413 (414).

4363 Vgl. ausführlich: *Kirchhof* ZInsO 2007, 227; *Ganter* NZI 2007, 549.

4364 So *Kübler/Prütting-Pape* InsO § 21 Rn. 40j (Anmerkung: Der vorläufige Insolvenzverwalter führt ein noch laufendes Unternehmen im Eröffnungsverfahren regelmäßig schon im Hinblick auf § 157 InsO fort; er ist damit gem. § 22 Abs. 1 Satz 2 Nr. 2 InsO beauftragt.).

4365 *Schmerbach* Insbüro 2007, 202 (207).

abgetretene Forderungen. Die Einbeziehung von Aussonderungsrechten führt dabei zu einer Fülle von Streitigkeiten.[4366]

2172 Ergeht ein entsprechender Beschluss des Insolvenzgerichts, kann der Leasinggeber die Leasingsache nicht herausverlangen. Er erhält einen Ausgleichsanspruch, wobei auf § 169 Sätze 2 und 3 InsO verwiesen wird, wonach ein Anspruch auf Zinszahlung vorgesehen ist. Streitig ist, ob der Leasinggeber das vereinbarte Nutzungsentgelt oder nur ein übliches Nutzungsentgelt erhält.[4367] Die Neuregelung sieht eine Ersatzpflicht erst drei Monate nach Anordnung vor. In der Rechtsprechung wird aber z.T. ein sofortiger Anspruch auf Nutzungsentgelt anerkannt.[4368]

2173 Grds. besteht auch ein Anspruch auf Ausgleich des durch die Nutzung eingetretenen Wertverlustes in Anlehnung an § 172 Abs. 1 InsO. Die praktische Bedeutung dürfte aber gering sein, da ein Wertverlust durch die Nutzung regelmäßig im Nutzungsentgelt einkalkuliert ist.[4369] Der Anspruch besteht deshalb im Zweifel nur bei ungewöhnlicher Abnutzung wie Beschädigung oder Zerstörung.[4370]

b) Wahlrecht des Insolvenzverwalters, § 103 InsO

aa) Bestand

2174 Ist ein gegenseitiger Vertrag z.Zt. der Eröffnung des Insolvenzverfahrens nicht vollständig erfüllt, kann der Insolvenzverwalter wählen, ob er Erfüllung verlangt oder nicht (§ 103 Abs. 1 InsO). Die Regelung ist auf Finanzierungsleasingverträge auch dann anwendbar, wenn dem Leasingnehmer eine Kaufoption eingeräumt wurde.[4371]

bb) Ausübung

2175 Die Ausübung des Wahlrechts ist an keine Fristen gebunden. Gem. § 103 Abs. 2 Satz 2 InsO kann – und sollte – der Leasinggeber den Insolvenzverwalter aber zur Ausübung des Wahlrechts auffordern, das dieser dann unverzüglich, d.h. ohne schuldhaftes Zögern, auszuüben hat. Dem Insolvenzverwalter ist eine angemessene Überlegensfrist zuzubilligen.[4372]

2176 Da es sich bei der Ausübung des Wahlrechts um ein Gestaltungsrecht handelt, kann der Insolvenzverwalter seine einmal abgegebene Erklärung nicht widerrufen. Die Regelungen zur Irrtumsanfechtung (§§ 119 ff. BGB) bleiben aber unberührt.

(1) Erfüllungswahl

2177 Wählt der Insolvenzverwalter Erfüllung, sind die nach Eröffnung des Insolvenzverfahrens fälligen Leasingraten Masseschulden (§ 55 Abs. 1 Nr. 2 InsO).[4373] Die vor dem Insolvenzantrag fällig gewordenen Leasingraten bleiben einfache Insolvenzforderung.

4366 *Kirchhof* ZInsO 2007, 227; *Schmerbach/Wegener* ZInsO 2006, 400.
4367 Zum Meinungsstand: *Ganter* NZI 2007, 549 (554 f).
4368 LG Berlin, ZInsO 2008, 629.
4369 *Kübler/Prütting-Pape* InsO § 21 Rn. 40 w.
4370 *Ganter* NZI 2007, 549 (554).
4371 FK-InsO/*Wegener* § 103 Rn. 12, § 108 Rn. 8 ff.
4372 FK-InsO/*Wegener* § 103 Rn. 62.
4373 Vgl. BGH, NJW 1978, 1383 (1384); BGH, NJW 1994, 516; *Beckmann* Finanzierungsleasing § 8 Rn. 33 mit umfangreichen weiteren Nachweisen; a.A. *Eckert* ZIP 1997, 2077 (2078); Graf von Westphalen/*Koch* Leasingvertrag Kap. P Rn. 58 ff.

(2) Wahl der Nichterfüllung

Lehnt der Insolvenzverwalter die Erfüllung ab, kann der Leasinggeber die Herausgabe des Leasingobjekts verlangen (§ 546 BGB, § 47 InsO). Auch in diesem Fall steht dem Leasinggeber der leasingtypische Schadensersatzanspruch zu, der eine einfache Insolvenzforderung ist (§ 103 Abs. 2 Satz 1 InsO). Der Anspruch auf Nutzungsentschädigung für die Zeit ab Eröffnung des Insolvenzverfahrens bis zur Rückgabe der Leasingsache ist grds. ebenfalls nur eine einfache Insolvenzforderung (§ 38 InsO).[4374] Etwas anderes gilt aber dann, wenn der Insolvenzverwalter die Leasingsache nach Eröffnung des Insolvenzverfahrens genutzt hat, ohne Erfüllung zu verlangen. Der Anspruch des Leasinggebers auf Nutzungsentschädigung stellt in diesem Fall eine Masseforderung (§ 55 Abs. 1 Nr. 1 InsO) dar.[4375] 2178

c) Insolvenzanfechtung und Bargeschäft

Ficht der Insolvenzverwalter von der Leasinggesellschaft im Lastschriftverfahren eingezogene Leasingraten an, kommt es für die Beurteilung der Frage, ob ein Bargeschäft nach § 142 InsO in Rede steht, auf den Zeitpunkt des Rateneinzugs und nicht einer späteren Genehmigung an.[4376] 2179

2. Insolvenz des Leasinggebers

a) Grundlagen

Auch im Fall der Insolvenz des Leasinggebers besteht das Recht des Insolvenzverwalters zu wählen, ob er den Vertrag erfüllen will oder nicht (§ 103 InsO). Etwas anderes gilt gem. § 108 Abs. 1 Satz 2 InsO, wenn der Leasinggeber seine Forderungen – etwa an sein Refinanzierungsinstitut – wirksam abgetreten hat. Liegen keine anfängliche Übersicherung des Instituts und kein anderer Unwirksamkeitsgrund vor, ist die Abtretung insolvenzfest.[4377] 2180

b) Erfüllungswahl

Wählt der Insolvenzverwalter Erfüllung, ist die Masse für die gesamte Laufzeit des Leasingvertrages an diese Erklärung gebunden. Streitig ist, ob ein Schadensersatzanspruch gegen den Insolvenzverwalter besteht, wenn dieser hätte erkennen können, dass er den Leasingvertrag nur für begrenzte Zeit erfüllen kann.[4378] 2181

c) Wahl der Nichterfüllung

Lehnt der Insolvenzverwalter die Erfüllung ab, wird der Leasingvertrag beendet. Der Leasingnehmer ist nicht länger zur Entrichtung der Leasingraten verpflichtet. Soweit vertreten wird, der Vertrag sei nach allgemeinen Grundsätzen abzurechnen, vermag dies nicht zu überzeugen. In jedem Fall dürfte dem Leasingnehmer ein aufrechenbarer Schadensersatzanspruch zustehen (§ 95 InsO). 2182

3. Insolvenz des Lieferanten

Ein Wahlrecht des Insolvenzverwalters besteht bei Insolvenz des Lieferanten nur dann, wenn die Sache dem Leasingnehmer noch nicht überlassen wurde (§§ 103, 107 InsO). 2183

4374 BGH, ZIP 1993, 1874 (1875); BGH, NJW 2007, 1591.

4375 BGH, NJW 2007, 1594.

4376 BGH, NJW-RR 2008, 1500.

4377 *Beckmann* Finanzierungsleasing § 8 Rn. 47 m.w.N.; vgl. auch *Breitfeld* FLF 2004, 172 zum Eintritt des Sicherungsfalls.

4378 Für Schadensersatzpflicht: *Beckmann* Finanzierungsleasing § 8 Rn. 50; dagegen: *Eckert* ZIP 1996, 901; *Seifert* BB-Beilage 6/1995, 13.

2184 Besondere praktische Relevanz hat die Insolvenz des Lieferanten, wenn von dem Leasingnehmer Nacherfüllungsansprüche geltend gemacht werden oder er die Rückabwicklung des Liefervertrages betreibt. Allein der Leasinggeber trägt hier das Insolvenzrisiko.[4379] Ihn trifft deshalb eine subsidiäre Haftung.[4380] Durch die vom Leasingnehmer erwirkte Feststellung des Rückzahlungsanspruchs zur Insolvenztabelle ist auch der Leasinggeber gebunden.[4381] Der Rückzahlungsanspruch ist eine einfache Insolvenzforderung.

2185 Hohe Bedeutung kommt der Insolvenz des Lieferanten auch mit Blick auf die insoweit auflebende subsidiäre Haftung des Leasinggebers zu.[4382]

XII. Factoring

1. Einführung

2186 Factoring beschreibt den Kauf bzw. eine besondere Form eines Geschäfts über die Abtretung[4383] von Geldforderungen aus Waren- und Dienstleistungsgeschäften. Im Wege einer Global- oder Mantelzession übertragen Unternehmen (Factorkunden) ihre Forderungen aus dem Geschäftsbetrieb auf ein Factoringunternehmen (Factor). Die Liquidität des Factorkunden wird dadurch erhöht, dass der Factor für die offenen Forderungen i.d.R. sofort Zahlungen leistet. Je nach Ausgestaltung des Vertrages übernimmt der Factor mit dem Forderungsankauf das Ausfallrisiko.

2187 Factoring wird nach Angaben des Deutschen Factoring-Verbandes e.V. vor allem von mittelständischen Unternehmen aus Industrie, Großhandel und Dienstleistungssektor genutzt.[4384] Das Factoring Volumen betrug im Jahr 2016 insgesamt 216,8 Mrd. Euro, das nationale Factoring Volumen 148,9 Mrd. Euro[4385].

2188 Die Kosten des Factorings setzen sich aus den Zinsen für die Finanzierung der Forderungen und einem Factoringentgelt zusammen. Die Höhe des Entgelts hängt maßgeblich vom Ausfallrisiko (regelmäßig werden Limits vereinbart) und damit der Bonität des Debitors ab. In Deutschland werden im Regelfall zwischen 0,8 % und 2,5 % vom angekauften Forderungsbestand berechnet.[4386]

2189 Factoringgesellschaften sind wie Finanzierungsleasinggesellschaften inzwischen aufsichtsrechtlich erfasst, ihre Tätigkeiten also erlaubnispflichtig.[4387] Erlaubnisanträge sind direkt an die BaFin zu richten. Factoring im Sinne von § 1 Abs. 1a Satz 2 Nr. 9 KWG umfasst sowohl das offene als auch das stille Factoring sowie alle möglichen Mischformen. Der neue Tatbestand bildet im Wesentlichen die in der geschäftlichen Praxis gängigen Formen des Factorings ab. Ausgenommen sind aber Varianten wie das Fälligkeitsfactoring, weil diesem die für eine Beaufsichtigung erforderliche Finanzierungsfunktion fehlt. In Konkurrenz zu dem unter Umständen ebenfalls einschlägigen und grds. vorrangigen Kreditgeschäft im Sinne von § 1 Abs. 1 Satz 2 Nr. 2 KWG soll das Factoring nach dem Willen des Gesetzgebers in § 1 Abs. 1a Satz 2 Nr. 9 KWG als Finanzdienstleistungstatbestand abschließend geregelt sein.[4388]

4379 BGH, NJW 1991, 1746; BGH, NJW 1990, 314; BGH, NJW 1985, 129.

4380 *Beckmann* Finanzierungsleasing § 2 Rn. 365 ff., § 8 Rn. 59.

4381 BGH, NJW 1994, 576.

4382 Dazu Rdn. 1990.

4383 MüKo-BGB/*Roth* § 398 Rn. 164.

4384 Quelle: Deutscher Factoring-Verband e.V., www.factoring.de.

4385 Quelle: Deutscher Factoring-Verband e.V., www.factoring.de (www.factoring.de/sites/default/files/JB%202016%2017.pdf).

4386 Quelle: Deutscher Factoring-Verband e.V., www.factoring.de (vgl. auch: www.factoring.de/sites/default/files/20180326%20-%20Wer%20factort%20was_0.pdf).

4387 S. bereits oben Rdn. 1866.

4388 S. BT-Drucks. 16/11108 v. 27.11.2008, S. 67.

2. Rechtsnatur, Erscheinungsformen und Rechtsberatungs-/ Rechtsdienstleistungsgesetz

a) Rechtsnatur

Die Rechtsnatur des Factorings ist umstritten.[4389] Nach überzeugender Auffassung hängt sie davon ab, ob ein echtes Factoring in Rede steht, bei dem der Factor das Delkredererisiko trägt, oder ein unechtes Factoring, bei dem das Bonitätsrisiko bei dem Factorkunden verbleibt. Nur beim echten Factoring liegt ein Forderungskauf vor, der sich dann auch nach den kaufrechtlichen Bestimmungen vollzieht.[4390] Das unechte Factoring ist demgegenüber dem Darlehensrecht angeglichen.[4391] 2190

b) Erscheinungsformen

Beim echten Factoring (in Deutschland ganz überwiegend praktiziert) übernimmt der Factor die Kundenforderung endgültig, hat keine Rückgriffsmöglichkeit auf seinen Kunden und trägt damit bei Zahlungsunfähigkeit des Debitors das Ausfallrisiko. Demgegenüber hat bei dem unechten Factoring der Factor die Möglichkeit, bei Zahlungsunfähigkeit des Debitors auf den Faktorkunden zurückzugreifen. Nach dem Umfang der von dem Factor zu erbringenden Leistungen unterscheidet man das Full-Service-Factoring (auch Standardfactoring), das neben der Finanzierung auch eine vollständige Risikoabsicherung und eine Entlastung beim Debitorenmanagement umfasst, vom Bulk-Factoring (Inhouse-Factoring/Eigenservice-Factoring), das nur die Finanzierung und Risikoabsicherung durch den Factor zum Gegenstand hat, während der Factorkunde die Debitorenbuchhaltung selbst durchführt. Beim Fälligkeits-Factoring verzichtet der Factorkunde auf die sofortige Regulierung des Kaufpreises. Von offenem Factoring wird gesprochen, wenn der Debitor über den Forderungsverkauf informiert wird (offene Zession mit den Wirkungen des § 409 BGB). Demgegenüber kommt es beim stillen Factoring nicht zur Offenlegung der Abtretung. 2191

c) Rechtsberatungs-/Rechtsdienstleistungsgesetz[4392]

Ein Verstoß gegen das Rechtsberatungsgesetz war weder beim echten noch beim unechten Factoring anzunehmen.[4393] In beiden Fällen besorgt der Factor eigene Rechtsangelegenheiten. Nichts anderes gilt i.R.d. seit dem 01.07.2008 an die Stelle des Rechtsberatungsgesetzes getretenen Gesetzes über außergerichtliche Rechtsdienstleistungen (Rechtsdienstleistungsgesetz – RDG). 2192

3. Factoring und Sicherungsrechte Dritter

a) Verlängerter Eigentumsvorbehalt

Nach der Rechtsprechung des BGH ist die globale Vorausabtretung aller künftigen Forderungen des Factorkunden gegen seine Abnehmer und Auftraggeber an den Factor unter der aufschiebenden Bedingung, dass dieser die jeweilige Forderung ankauft, bei echtem Factoring nicht sittenwidrig.[4394] Hintergrund ist, dass sich bei einem Ankauf der Forderung durch den Factor der Lieferant, der unter verlängertem Eigentumsvorbehalt geliefert hat, regelmäßig nicht schlechter steht als bei 2193

4389 Nachweise bei Palandt/Grüneberg § 398 Rn. 38.

4390 BGH, NJW 1977, 2207 (2208); BGH, NJW 1978, 1972; BGH, NJW 2001, 756 (757); BGH NJW 2014, 2358; MüKo-BGB/*Roth* § 398 Rn. 164 m.w.N.; Palandt/*Grüneberg* § 398 Rn. 39 m.w.N.; a.A. *Canaris* Bankvertragsrecht Rn. 25; Erman/*Westermann* § 398 Rn. 23 m.w.N., der echtes und unechtes Factoring als typengemischte Verträge ansieht.

4391 BGH, NJW 1982, 164; BGH, NJW 2001, 756 (757); MüKo-BGB/*Roth* § 398 Rn. 164 m.w.N.; Palandt/*Grüneberg* § 398 Rn. 40 m.w.N.

4392 RBerG (RGBl. I 1935, 1478) gültig bis 30.06.2008; RDG (BGBl. I 2007, S. 2840) gültig seit 01.07.2008.

4393 BGH, NJW 1991, 2955 (2956); BGH, NJW 2001, 756 jeweils m.w.N.

4394 BGH, NJW 1977, 2207.

einem eigenen Einzug durch den Vorbehaltskäufer. Die Forderungsabtretung an den Factor ist entsprechend durch die Ermächtigung zur Weiterveräußerung bei eigenständigem Forderungseinzug gedeckt.[4395] Nicht nachteilig wirken sich hier auch das übliche Factoringentgelt sowie weitere Kostenpositionen aus, soweit der Auszahlungsbetrag die Forderung des Vorbehaltslieferanten noch merklich übersteigt.[4396] Etwas anderes gilt aber dann, wenn die Zahlung des Factors nicht an den Factorkunden, sondern an einen Dritten fließen soll. In diesem Fall kann sich der Factor nicht auf seinen Vorrang ggü. dem Vorbehaltslieferanten berufen.[4397]

2194 Die dem Vorbehaltskäufer in AGB erteilte Ermächtigung, den Kaufpreis für die unter verlängertem Eigentumsvorbehalt gelieferte und weiterveräußerte Ware einzuziehen, berechtigt ihn demgegenüber nicht, die Forderungen aus dem Weiterverkauf – nochmals – im Rahmen unechten Factorings an einen Factor zu verkaufen und abzutreten.[4398] Hier gelten vielmehr die gleichen Grundsätze wie in Kollisionsfällen zwischen der globalen Vorausabtretung zugunsten einer Geschäftsbank (Geldkreditgeberin) und Zessionen zugunsten von Warenkreditgebern.[4399] Die Abtretung der Kundenforderung dient hier nur der Absicherung eines Kredits; sie erfolgt erfüllungshalber.[4400] Gegen diese Auffassung wird angeführt, dass auch beim unechten Factoring der Factor gerade zu dem Zweck handele, dass die Lieferanten aus den Zahlungen des Factors befriedigt und dadurch laufende Lieferungen gewährleistet werden. Das Risiko des Vorbehaltslieferanten werde nicht erhöht.[4401] In der Praxis lassen sich Schwierigkeiten dadurch umgehen, dass der Factor den Factorkunden anhält, eine Zustimmung des Vorbehaltslieferanten auch zum unechten Factoring einzuholen. Da es sich beim Factoring regelmäßig um ein Dauerschuldverhältnis handelt, entsteht hierdurch kein unangemessener Aufwand.

2195 Die danach nur für den echten Factoringvertrag anerkannte Ausnahme vom Grundsatz der Sittenwidrigkeit einer Globalzession an den Factor, die mit dem verlängerten Eigentumsvorbehalt des Warenlieferanten konkurriert, ist allerdings nur dann anzunehmen, wenn sichergestellt ist, dass der Factorkunde den Gegenwert der angekauften Forderung endgültig erhält (also bar oder in Form eines vom Factor nicht rückbelastbaren Guthabens) und dieser Betrag auch der Höhe nach die gesicherte Kaufpreisforderung des Warenlieferanten zumindest erreicht. Die Ausnahme von der Sittenwidrigkeit gilt hingegen nicht, wenn nach dem Factoringvertrag die Delkrederehaftung des Factors in einer Weise durchlöchert und ausgehöhlt wird, die es verbietet, dieses Factoring dem Forderungseinzug des Factorkunden gleichzusetzen.[4402]

2196 Der von einem Lieferanten abgeleitete Eigentumsvorbehalt des Factors im Rahmen eines echten Factoringvertrags berechtigt in der Insolvenz des Forderungsschuldners zur Aussonderung des Vorbehaltseigentums gem. § 47 InsO. Dies entspricht jüngster Judikatur des BGH.[4403] Da Verlängerungs- und Erweiterungsformen des Eigentumsvorbehalts grundsätzlich nur zur abgesonderten Befriedigung berechtigen, kommt es zur Einordnung als Aussonderungsrecht allerdings maßgeblich darauf an, dass das Vorbehaltseigentum seine ursprüngliche Funktion beibehält und keinen Bedeutungswandel erfährt. Dies soll nach vorbenannter Entscheidung jedenfalls dann der Fall sein, wenn die Abtretung im Rahmen des Factoringvertrags das gesetzliche Rücktrittsrecht mit einschloss und

4395 BGH, NJW 1978, 1972; BGH, NJW 1982, 571; Palandt/*Grüneberg* § 398 Rn. 39.

4396 BGH, NJW 1982, 571 (572); BGH, NJW 1978, 1972, 1974; Hanseatisches OLG Bremen NJW-RR 2016, 1331.

4397 BGH, NJW 1987, 1878; OLG Frankfurt am Main, BB 1988, 232 (233); Palandt/*Grüneberg* § 398 Rn. 39; kritisch: Erman/*Westermann* § 398 Rn. 24.

4398 BGH, NJW 1982, 164 in Abgrenzung zu BGH, NJW 1978, 1972.

4399 BGH, NJW 1977, 2207 (2208).

4400 BGH, WM 1972, 683 (684); BGH, NJW 1978, 1520 (1521).

4401 MüKo-BGB/*Roth* § 398 Rn. 174 ff. mit ausführlicher Darstellung des Meinungsstreits und umfangreichen Nachweisen.

4402 OLG Koblenz, NJW-RR 1988, 568; Palandt/*Grüneberg* § 398 Rn. 39.

4403 BGH NJW 2014, 2358.

demgemäß der Zweck des Sicherungsmittels weiterhin darin besteht, den Herausgabeanspruch an der Ware zu sichern.

b) Globalzession

Anders als beim verlängerten Eigentumsvorbehalt berechtigt die Einwilligung des Globalzessionars zur Einziehung der Forderung den Sicherungsgeber nicht, die Forderung ein weiteres Mal an einen Factor abzutreten. Hier gilt vielmehr, dass nur die erste Abtretung Wirksamkeit entfaltet.[4404] 2197

4. Abtretung von Bankforderungen, Bankgeheimnis, Datenschutz

§ 398 BGB sieht die Verkehrsfähigkeit von Forderungen vor. Gleichwohl können insb. durch gesetzliche Verbote Einschränkungen bestehen. So ist die ohne Zustimmung erfolgte Abtretung von Honorarforderungen von Ärzten und Steuerberatern gem. § 134 BGB, § 203 Abs. 1 StGB nichtig.[4405] Gleiches gilt für die so erfolgte Abtretung von Vergütungsforderungen für Pflegeleistungen, die zugunsten gesetzlich versicherter Patienten oder Leistungsempfänger von Sozialleistungen erbracht worden sind, an einen Factor.[4406] Auch bezogen auf die Abtretung von Bankforderungen ist eine Nichtigkeit von der Rechtsprechung unter Verweis auf diese Normen teilweise angenommen worden.[4407] Der BGH hat dem aber eine Absage erteilt.[4408] Ein Abtretungsausschluss setzt einen entsprechenden Vertrag zwischen Gläubiger und Schuldner voraus, der auch stillschweigend geschlossen werden kann.[4409] Für den Kunden erkennbar ist die Bank aber an einer freien Abtretbarkeit der Kreditforderungen zum Zwecke der Refinanzierung oder der Risiko- und Eigenkapitalentlastung interessiert.[4410] Auch aus dem Bankgeheimnis ergibt sich kein konkludenter Abtretungsausschluss.[4411] Zur Begründung führt der BGH an, dass eine schuldrechtliche Verschwiegenheitspflicht nicht zu einem dinglichen Abtretungsverbot führen kann. Ein gesetzliches Verbot liegt nach zutreffender Auffassung des BGH schon deshalb nicht vor, weil § 203 Abs. 1 StGB auf private Kreditinstitute keine Anwendung findet und sich eine Analogie gem. Art. 103 Abs. 2 GG verbietet. Auch § 134 BGB ist bei einer gegen die Vorgaben des Bundesdatenschutzgesetzes verstoßenden Abtretung nicht anwendbar.[4412] Im Bereich der Sparkasse gilt dies entsprechend.[4413] 2198

Unabhängig von der danach bestehenden Möglichkeit der Abtretung von Bankforderungen kann sich das abtretende Institut wegen eines Verstoßes gegen das Bankgeheimnis und/oder das Bundesdatenschutzgesetz schadenersatzpflichtig machen (§ 280 Abs. 1 BGB i.V.m. § 241 Abs. 2 BGB). Die Abtretung allein führt aber noch nicht zu einem Schaden, sodass die praktische Relevanz gering ist.[4414] 2199

4404 BGH, NJW 1980, 772 in Abgrenzung zu BGH, NJW 1978, 1972; BGH, NJW 1982, 571 (572).

4405 BGHZ 115, 123 (124 ff.); NJW 1993, 2371 (2372); BGH, WM 1996, 1815 (1816); nach früherer Rechtsprechung des BGH galt dies auch für Honoraranforderungen von Rechtsanwälten (BGHZ 122, 115 [117]), mit Urt. v. 01.03.2007 (BGH, NJW 2007, 1196 [1197]) sieht der IX. Zivilsenat eine solche Abtretung aber auch ohne Zustimmung des Mandanten als wirksam an. Begründet wird dies mit der Einführung des § 49b Abs. 4 BRAO; BGH, Urt. v. 10.02.2010 – VIII ZR 53/09; OLG Braunschweig v. 13.09.2012 – 1 U 31/11.

4406 OLG Hamm, NJW 2007, 849 (850).

4407 OLG Frankfurt am Main, NJW 2004, 3266.

4408 BGH, BKR 2007, 194 ff. = ZIP 2007, 619 ff., bestätigt durch BGH, WM 2009, 2307.

4409 BGH, BKR 2007, 194 (195); BGH, WM 2002, 1845 (1846); MüKo-BGB/*Roth* § 399 Rn. 30.

4410 BGH, BKR 2007, 194 (195); OLG Köln, WM 2005, 2385 (2386); LG Frankfurt am Main, WM 2, 1120 (1123); *Nobbe* WM 2005, 1537 (1541); *Schantz* VuR 2006, 464 (465) jeweils m.w.N.

4411 BGH, BKR 2007, 194 (195) mit umfassenden Nachw.

4412 BGH, BKR 2007, 194 (196) mit umfassenden Nachw.; *Nobbe* WM 2005, 1537 (1544).

4413 BGH, WM 2009, 2307.

4414 Vgl. ausführlich: *Lieth* BKR 2007, 198 (199).

5. Dingliches Rechtsgeschäft

2200 Der Factorkunde überträgt seine Forderungen gegen Debitoren im Wege der Global- oder Mantelzession an den Factor. Teilweise kommt es auch zu Einzelabtretungen. Beim unechten Factoring hat die Abtretung lediglich Sicherungscharakter. Der Rückgriff beim Fehlschlagen der Forderungseinziehung erfolgt hier über § 488 Abs. 1 BGB.[4415] Beim echten Factoring erfolgt die Abtretung zur Erfüllung einer kaufrechtlichen Verpflichtung gem. § 453 Abs. 1 BGB. Unterschieden wird die Bedingungsvariante, bei der die dem schuldrechtlichen Ankauf der Forderung vorausgehende Abtretung (Globalzession) der einzelnen Forderung aufschiebend bedingt durch deren schuldrechtlichen Ankauf durch den Factor ist, von der Rücktrittsvariante, bei der schuldrechtliches und dingliches Rechtsgeschäft gleichzeitig geschlossen werden und eine Rückabwicklung sich deshalb nach den kaufrechtlichen Bestimmungen vollzieht.[4416] Wird nur eine Mantelzession vereinbart, geht also das dingliche Rechtsgeschäft dem schuldrechtlichen nach, ist der Factor nicht durch § 161 BGB vor Zwischenverfügungen des Factorkunden geschützt.[4417]

6. Veritätshaftung

2201 Der Forderungskauf (echtes Factoring) ist ein Rechtskauf und damit nach §§ 453, 433 BGB abzuwickeln. Die Forderung muss frei von Rechtsmängeln sein (§ 435 BGB). Dies ist dann der Fall, wenn der Debitor gegen den Factorkunden keine oder nur die im Vertrag übernommenen Rechte geltend machen kann. Zu den Rechtsmängeln gehört beim echten Factoring nicht die mangelnde Einbringlichkeit der Forderung wegen Zahlungsunfähigkeit oder Zahlungsunwilligkeit des Debitors. Die Forderung wird hier gerade regressfrei übernommen. Der Factorkunde muss aber für den rechtlichen Bestand der Forderung einstehen.[4418] Ein als Rechtsmangel anzusehendes Recht eines Dritten sind der Abtretung an den Factor vorausgegangene Verpfändungen, Nießbrauchbestellungen oder Eigentumsrechte Dritter.[4419] Auch der Debitor ist Dritter i.S.d. § 435 BGB.[4420] Die Haftung für den rechtlichen Bestand der Forderung (Veritätshaftung) unterliegt dem Haftungsmaßstab des § 276 BGB.[4421] Wollen die Parteien deshalb eine verschuldensunabhängige Haftung vereinbaren, wie sie vor der Schuldrechtsmodernisierung gesetzlich geregelt war, muss dies ausdrücklich zwischen Factor und Factorkunde vereinbart werden.

7. Bereicherungsrecht

2202 Leistet der Debitor an den Factor auf eine abgetretene – in Wahrheit aber nicht bestehende – Forderung eine Zahlung, bestimmt sich der Bereicherungsausgleich nach allgemeinen Regeln. Danach muss sich der Debitor bei einem grds. intakten Rechtsverhältnis zum Factorkunden an diesen als seinen Vertragspartner halten und nicht an den Zessionar (Factor).[4422] Durch den Factoringvertrag, der ein Finanzierungsmittel ist, tritt der Factor nicht in das laufende Vertragsverhältnis zwischen Factorkunde und Debitor ein.[4423]

4415 Staudinger/*Busche* Einl. zu den §§ 398 ff. Rn. 160, 161.

4416 Staudinger/*Busche* Einl. zu den §§ 398 ff. Rn. 156, 158.

4417 Staudinger/*Busche* Einl. zu den §§ 398 ff. Rn. 159.

4418 *Brink* WM 2003, 1355 (1357).

4419 *Brink* WM 2003, 1355 (1357) m.w.N.; *Graf von Westphalen* WM 2001, 1837 (1838).

4420 *Brink* WM 2003, 1355 (1357 f.).

4421 *Brink* WM 2003, 1355 (1358 f.); *Graf von Westphalen* WM 2001, 1837 (1842); *Canaris* DB 2001, 1815 (1815); *Dauner-Lieb/Dötsch* DB 2001, 2535 (2536).

4422 BGH, WM 2005, 759 (760 f.).

4423 BGH, WM 2005, 759 (761).

J. Konsortialdarlehensverträge

I. Einleitung

In diesem Abschnitt sollen, ein kurzer Überblick über Konsortialdarlehensverträge (bei kleineren Konsortien auch »Club Deal« genannt) gegeben, wesentliche Klauseln eines Konsortialdarlehensvertrages, deren Bedeutung, die unterschiedlichen Arten von Bankenkonsortien sowie deren Gestaltung in Konsortialdarlehensverträgen dargestellt werden. Die Loan Market Association (LMA)[4424] hat ein Vertragsmuster für den angloamerikanischen Markt entwickelt nach englischem Recht, welches für internationale und europäische Konsortialdarlehen verwendet wird. Bei deutschen Kreditnehmern wird je nach Zusammensetzung des Konsortiums eine an das deutsche Recht angepasste und mehr oder weniger verkürzte Version genutzt, die an das englische Vorbild angelehnt ist. 2203

II. Arten von Bankkonsortien

1. Grundlagen

Darlehensverträge können entweder mit einer Bank (d.h. bilateral) oder mit einer Gruppe von Banken (d.h. konsortial) abgeschlossen werden. Von »Konsortialgeschäften der Banken« wird im Allgemeinen gesprochen, wenn Bankgeschäfte wie z.B. Darlehen oder Schuldverschreibungen von mehreren Kreditinstituten für gemeinsame Rechnung abgeschlossen und durchgeführt werden.[4425] Der Sinn und Zweck für Banken ein **Konsortium** zu bilden, besteht hauptsächlich darin, die Risiken der Darlehensvergabe und die (Eigen-)Kapitalkosten des Gesamtdarlehensbetrages nicht allein tragen zu müssen. Für den Darlehensnehmer ist der Sinn und Zweck seine bestehenden Bankverbindungen zu nutzen und zu festigen sowie ggf. neue Banken für die Darlehensgewährung zu gewinnen.[4426] Ferner kann auch ein Ziel sein, dass durch ein Konsortium ein höherer Darlehensbetrag als durch eine einzelne Bank gewährt werden könnte. Für die Gestaltung eines Konsortialdarlehensvertrages müssen zusätzlich zu den Vertragsklauseln eines bilateralen Darlehensvertrags, durch den die Rechtsbeziehung des Darlehensnehmers mit einer kreditgebenden Bank vereinbart wird, auch Vereinbarungen vorgesehen werden, die das Verhalten, die Pflichten und Rechte der Banken untereinander regeln sowie etwaige Besonderheiten der Konsortiums gegenüber dem Darlehensnehmer. Auch wird vereinbart, dass eine der Banken aus dem Konsortium direkter Ansprechpartner für den Darlehensnehmer wird, damit der Verwaltungsaufwand für den Darlehensnehmer gering bleibt. Diese Bank wird meistens Verwaltungsstelle oder bei internationalen Konsortialdarlehensverträge »Agent« genannt. 2204

Die rechtlichen Grundlagen für die Gestaltung eines Konsortialdarlehensvertrages ergeben sich aus den zivilrechtlichen Vorschriften, Steuerrecht und spezialgesetzlichen Regelungen wie Bankenaufsichtsrecht, Außenwirtschaftsgesetz, Geldwäschegesetz, EU Richtlinien und deren Umsetzungsgesetzen. Einfluss auf die Vertragsgestaltung haben ferner Organisationen, die Empfehlungen für die Gestaltung von Verträgen aussprechen, unter anderem der BdB (Bundesverband der Banken) in Deutschland, die LMA in England für nationale und internationale Vertragsgestaltungen in der EU, die LSTA (Loan Syndications & Trading Association) in den USA sowie die APLMA (Asian Pacific Loan Market Association) für Vertragsgestaltungen mit asiatischen Schwerpunkten. In diesen Mustern finden sich auch besondere Klauseln bei einem Rechtsbezug zur den Vereinigten Staaten von Amerika in Bezug auf Steuern (FATCA Rules), Sanktionen (OFAC Rules) oder pensions-rechtliche Regeln (ERISA Rules), die in Konsortialdarlehensverträgen ohne US Bezug nicht aufgenommen werden müssen[4427]. 2205

4424 Siehe http://www.lma.eu.com/.
4425 Schimansky/Bunte/Lwowski/*Pamp* Bankrechts-Handbuch § 76 Rn. 146f.
4426 BuB/*Früh* Rn. 3/334.
4427 Guidelines LMA.

2. Arten von Bankenkonsortien

2206 Es gibt unterschiedliche Arten von Konsortien, die im Wesentlichen in »echte« und »unechte« Konsortien sowie Innen- und Außenkonsortien unterschieden werden können.[4428] Abzugrenzen sind diese Konsortien von anderen bei der Kreditgewährung üblichen Formen, wie z.B. der Unterbeteiligung.[4429]

a) Echte und unechte Konsortien

2207 Wesentliches Merkmal eines **echten Konsortiums** ist, dass der Darlehensbetrag durch einen bestimmten Konsorten (Konsortialführer/Verwaltungsstelle/Agent genannt, im Folgenden »Verwaltungsstelle«) an den Darlehensnehmer ausgezahlt wird, wobei die einzelnen Banken des Konsortiums jeweils ihren Anteil am Darlehensbetrag an die Verwaltungsstelle zur Weiterleitung des Gesamtdarlehensbetrages an den Darlehensnehmer zahlen. **Unechte Konsortien** sind daran zu erkennen, dass die einzelnen Konsortialbanken jeweils ihre Anteile an dem beanspruchten Darlehensbetrag unmittelbar dem Darlehensnehmer zur Verfügung stellen. Echte Konsortien können sich weiterhin durch ihr Auftreten auch in »Innen- oder Außenkonsortien« unterscheiden (s. Rdn. 2208).

b) Innen-/Außenkonsortium

2208 **Außenkonsortien** – die heute am häufigsten vorkommende Art von Konsortien – sind daran erkennbar, dass das Konsortium nach außen hin durch den Vertragsschluss des Darlehensnehmers mit allen Konsorten sichtbar wird. Der Konsortialdarlehensvertrag wird von allen Konsortialbanken und dem Darlehensnehmer unterschrieben und legt ausdrücklich fest, dass die Verwaltungsstelle oder die das Konsortium führende Bank im Namen und in Vertretung aller Konsortialbanken z.B. bei der technischen Abwicklung der Zahlungen, Berechnungen oder auch der Weiterleitung von Informationen auftritt. Sie kommen insbesondere als Konsortien von Banken bei syndizierten Krediten vor.

2209 Im Fall eines **Innenkonsortiums**, tritt die Bank, die das Konsortium führt (Konsortialführer, Arrangeur oder Mandated Lead Manager/Arranger genannt), ggü. dem Darlehensnehmer im eigenen Namen für alle anderen Banken auf. Der Darlehensvertrag wird nur zwischen dem Darlehensnehmer und dem Konsortialführer geschlossen. Der Konsortialführer handelt auch hier im Namen der Konsorten. Das Verhältnis der Konsorten untereinander wird ausschließlich in einem Vertrag außerhalb des Darlehensvertrages zwischen den Konsortialbanken, im sog. Konsortialvertrag geregelt. Dieser beinhaltet Regelungen wie z.B. der Rechte und Pflichten der Konsorten und auch des Konsortialführers untereinander. Der Darlehensnehmer ist keine Partei dieses Vertrages, der Konsortialvertrag wird dem Darlehensnehmer üblicherweise weder gezeigt, mit ihm verhandelt noch von ihm unterschrieben.

c) Exkurs: Unterbeteiligung

2210 Neben dem **Innenkonsortium** ist die Unterbeteiligung die häufiger verwendete Art, das Risiko einer Darlehensgewährung einer Bank auf mehrere Banken zu verteilen. In den meisten Fällen ändert sich im Verhältnis zwischen Darlehensgeber und Darlehensnehmer nichts. Der Darlehensvertrag bleibt unverändert. Der Darlehensgeber beteiligt in einem zusätzlichen Vertrag, dem **Unterbeteiligungsvertrag**, eine oder mehrere andere Banken an dem Risiko aus dem von ihm geschlossenen Darlehensvertrag.[4430] Dies kann einerseits durch eine sog. **Risikounterbeteiligung** (»**Risk Participation**«) oder durch eine »**Unterlegte**« **Unterbeteiligung** (»**Funded Participation**«) vereinbart werden. Bei einer Risikounterbeteiligung erfolgt eine Zahlung der unterbeteiligten Bank an die darlehensgewährende Bank zu dem Zeitpunkt, indem der Darlehensnehmer das Darlehen nicht oder nicht

---

4428 BuB/*Früh* Rn. 3/336 – 338.

4429 *Sittmann* WM 96, 469.

4430 Schimansky/Bunte/Lwowski/*Pamp* Bankrechts-Handbuch § 76 Rn. 149.

vollständig zurückzahlt oder eine Zahlung des Darlehensnehmers ausbleibt. Bei der Unterlegten Unterbeteiligung zahlt die unterbeteiligte Bank an die darlehensgewährende Bank direkt bei Abschuss des Unterbeteiligungsvertrages einen Betrag in Höhe ihrer Unterbeteiligung.

III. Vertragliche Gestaltungsmöglichkeiten

1. Einleitung

Aufgrund der Vertragsfreiheit gibt es viele Gestaltungsmöglichkeiten und Variationen bei Konsortialdarlehen. Eine Form der Gestaltung ist die Trennung zwischen Darlehensvertrag und Konsortialvertrag (zwei Verträge), wie dies bei Innenkonsortien vorkommt und eher selten bei Außenkonsortien. Der internationale und auch deutsche Standard ist der des Konsortialdarlehensvertrages (ein Vertrag). Dieser regelt das Darlehensverhältnis zwischen den Konsortialbanken und dem Darlehensnehmer sowie das Verhältnis der Konsortialbanken untereinander in einem Vertragsdokument. 2211

Es kann unterschiedliche Gründe geben, warum die Vertragsparteien bei der Gestaltung die Variante mit zwei getrennten Verträge wählen, z.B., wenn ein Darlehen anfangs nur von einer Bank vergeben werden sollte und die Parteien sich später aus unterschiedlichen Gründen darauf einigen, dass ein Konsortium von Banken das Darlehen vergeben soll. Es kann auch sein, dass die Bank, die das Konsortialdarlehen arrangiert, diese Art der Gestaltung bevorzugt oder es sich um ein Innenkonsortium handelt. 2212

Sollte nachträglich entschieden werden einen bilateralen Darlehensvertrages in einen Konsortialdarlehensvertrag zu ändern, ist dies möglich, wenn auch mühsam. Es bietet sich einerseits an, sofern der Darlehensvertrag mit einer Bank bereits abschließend verhandelt ist und weitere Banken als Konsortialbanken zur Bildung eines Außenkonsortiums hinzukommen, nur bestimmte Klauseln zum Konsortialverhältnis der Banken in den bereits bestehenden Darlehensvertrag einzufügen bzw. bestehende Klauseln zu ändern und zu ergänzen, um auf den Konsortialvertrag und das Konsortialverhältnis der Banken untereinander hinzuweisen. Der Konsortialvertrag kann dann als separater Vertrag zwischen den darlehensgewährenden Banken geschlossen werden. Andererseits besteht die Möglichkeit, dass in den bilateralen Darlehensvertrag alle notwendigen Klauseln aufgenommen oder abgeändert werden, die aus dem bilateralen Darlehensvertrag einen Konsortialdarlehensvertrag machen. Bei Letzterem ist der Aufwand ungleich größer. 2213

2. Konsortialdarlehensvertrag

a) Einleitung

Der Konsortialdarlehensvertrag ist heute die übliche Form eines Vertrages über den ein Konsortium von Banken ein Darlehen an einen oder mehrere Schuldner vergibt. Es werden alle Konsortialbanken, die sich an dem Darlehen direkt beteiligen in einem sehr frühen Stadium in die Vertragsgestaltung eingebunden. Das Konsortium wird von einer oder mehreren Banken geführt. Diese Führungsbank/Banken werden als Arrangeur(e), **Konsortialführer**, Führungsbanken oder »Mandated Lead Arranger(s)« bezeichnet (im Folgenden »**Arrangeure**«). Die Arrangeure und der Darlehensnehmer verhandeln zunächst die Bedingungen des Mandats, welches in einem **Mandatsschreiben** zwischen Arrangeuren und Darlehensnehmer abgeschlossen wird. In diesem wird auch bestimmt, welche der arrangierenden Banken für die Dokumentation (Erstellung der Verträge und Vereinbarungen), welche als **Verwaltungsstelle** (zuständig für die technische Abwicklung des Konsortialdarlehensvertrages) bzw. als **Sicherheitenverwalter** (zuständig für die Sicherheitenverwaltung) und welche für das sog. »**Bookrunning**[4431]« zuständig ist. Ferner werden Regelungen über 2214

4431 Beim Bookrunning werden von den Führungsbanken potenzielle Konsortialbanken angesprochen/eingeladen an dem Konsortialdarlehensvertrag teilzunehmen. Diese geben dann ihre Zusage an die Führungsbank ab, die diese Zusagen in einem Orderbuch sammelt.

Provisionen der Arrangeure und der anderen Konsortialbanken getroffen und die wesentlichen Bedingungen des Konsortialdarlehensvertrages anhand eines Konditionenschreibens (»Term Sheet«) verhandelt und vereinbart. Das Konditionenschreiben erfasst die wesentlichen (überwiegend wirtschaftlichen) Bedingungen unter dem das Konsortialdarlehen von den zu mandatierenden Banken gewährt werden soll. Dies kann durch Zusage der Übernahme des gesamten oder eines Teils des Darlehensbetrages durch die Arrangeure geschehen und/oder auf der Grundlage »**Best Effort**«, d.h., es wird keine ausdrückliche Übernahme des oder eines Teils des Darlehensbetrages durch die Arrangeure zugesagt, sondern nur die Zusage der Arrangeure ggü. dem Darlehensnehmer abgegeben, »alles« zu versuchen, um im Markt Banken/Finanzinstitute zu finden, die bereit sind, sich zu den ausgehandelten Bedingungen und Provisionen des Konditionenschreibens an der Finanzierung des Darlehensbetrages zu beteiligen. Diese weiteren Banken/Finanzinstitute werden auf der Grundlage des Konditionenschreibens dann von den Arrangeuren zur Teilnahme am Darlehen eingeladen.

2215 Nachdem die Vertragsdokumentation auf der Grundlage des Konditionenschreibens erstellt ist, erhalten zunächst die Arrangeure und dann der Darlehensnehmer den Vertrag zur Abstimmung. Sobald eine Einigung des Darlehensnehmers und der Arrangeure über den Inhalt des Konsortialdarlehensvertrags vorliegt, wird dieser an die weiteren eingeladenen Konsortialbanken zur Kommentierung geschickt, sofern sie ihre Teilnahme am Konsortialdarlehen zugesagt haben. Damit haben alle Konsortialbanken ein Mitspracherecht bei der Vertragsgestaltung, wobei die wesentlichen Bedingungen und die Grenzen der Gestaltung des jeweiligen Konsortialdarlehensvertrages auch für die anderen Konsortialbanken durch das Konditionenschreiben vorgegeben sind.

b) Gliederung und Vertragsklauseln eines Konsortialdarlehensvertrages

2216 Die Gliederung eines solchen Vertrages ist durch angloamerikanische Vertragsgestaltung beeinflusst. Dies spiegelt sich unter anderem bei der Verwendung von definierten Begriffen wieder, die generell dem Vertragstext vorangestellt werden. Nach der Auflistung der am Konsortialdarlehensvertrag beteiligten Parteien ist somit die erste Klausel eines Konsortialdarlehensvertrages die Klausel mit den »Definitionen«, dann die Klauseln mit den weiteren vertraglichen Regelungen und als dritter Teil Anhänge zu den vertraglichen Regelungen.[4432]

2217 In den folgenden Absätzen wird auf die üblichen Definitionen und Klauseln eines Konsortialdarlehensvertrages in Deutschland[4433] und ihre Bedeutung für die Vertragsparteien eingegangen, die der Auflistung der Parteien folgen.

aa) Definitionen

2218 Die Klausel »Definitionen« ist üblicherweise in zwei Abschnitte aufgeteilt. Der erste Abschnitt enthält die Definition von bestimmten Begriffen, wie z.B. »Finanzierungsparteien«, »Fazilität«, »Laufzeit« oder »Mehrheitsbanken«, »Marge«, »Verwaltungsstelle« oder »Sicherheiten«, »Verbindlichkeiten« oder »Finanzverbindlichkeiten«. Der zweite Abschnitt beinhaltet Bestimmungen zur Auslegung, Interpretation und Klarstellung von Begriffen und Tatbeständen oder enthält allgemeine Verweise, z.B. dass eine Uhrzeit im Vertrag eine Uhrzeit nach »Frankfurter Zeit« bedeutet, wenn nichts anderes im Vertrag steht, oder dass Überschriften nicht zur Interpretation der entsprechenden Klausel herangezogen werden sollen. Abgesehen von den Definitionen in der ersten Klausel eines solchen Vertrages können auch noch im weiteren Vertragstext Begriffe definiert werden, insb., wenn sie nur in einer Klausel vorkommen und für diese Bedeutung haben. So z.B., wenn in einer bestimmten Klausel einem sonst allgemein verwendeten Begriff besondere Bedeutung zukommt oder wenn in einem anderen Rechtssystem ein Wort eine andere Bedeutung hat als im deutschen

4432 *Kristen/Tauber* BankPraktiker 2009, 520 ff.

4433 Häufig wird heute auch eine angepasste Version des deutschen Musters der LMA (Loan Market Association) genutzt, da vergleichbare Muster der LMA mit entsprechenden Definitionen und Klauseln nach englischem Recht in vielen anderen Ländern verwendet werden.

Recht und diese andere Bedeutung gemeint sein soll. Die vorangestellten Definitionen dienen dem schnellen Finden der definierten Begriffe, damit nicht irgendwo im Text nach einer Definition gesucht werden muss.

bb) Darlehen und Darlehenszweck

Dem Abschnitt »Definitionen« folgt die Klausel mit der Beschreibung des Darlehens und des Darlehenszwecks. Der Gesamtdarlehensbetrag wird in dieser Klausel festgelegt sowie seine Aufteilung in unterschiedliche Teilbeträge und Darlehensarten, die einen oder mehrere Zwecke für die Verwendung bestimmt. Häufig verwendete wird der Zweck der »allgemeinen Unternehmens- oder Betriebsmittelfinanzierung«. Hinzukommen können noch einzeln bestimmte Verwendungszwecke, die von den Konsortialbanken und dem Darlehensnehmer ausdrücklich für das Gesamtdarlehen oder nur für einzelne Teilbeträge des Darlehens (im Folgenden »Tranchen«) vorgesehen sind, wie z.B. zur Rückzahlung eines ausstehenden Darlehens oder für die Anschaffung von bestimmten Maschinen oder Materialien. Bei den Darlehensarten kann es sich um revolvierende Darlehen[4434] oder Tilgungsdarlehen[4435] oder endfällige Darlehen[4436] handeln. Bei revolvierenden Darlehen können Unterteilungen in einzelne Tranchen, die für unterschiedliche Arten der Darlehensgewährungen, u.a. für Avale, Bürgschaften, Garantien oder Kontokorrentdarlehen verwandt werden, vorgesehen werden. Grundsätzlich können vorzeitige Rückzahlungen vorgesehen werden, mit und ohne Vorfälligkeitsentschädigung. Statt einer Tilgung wird bei einem revolvierenden Darlehen eine vorzeitige Verringerung des Darlehensbetrages vorgesehen, soweit der Darlehensrahmen nicht vollständig ausgeschöpft ist oder entsprechend vorher zurückgezahlt wird. Auch Vereinbarungen über die Bedingungen für vorzeitige Rückzahlungen sind am Beginn des Vertrages zu finden, häufig jedoch unter der Überschrift der Rückzahlung (siehe Rdn. 2234). Die Gestaltungsmöglichkeiten sind so vielfältig, wie es Arten von Darlehen gibt. Bei der Gestaltung ist immer der Einzelfall zu betrachten, die Umstände, Bedürfnisse und Wünsche des Darlehensnehmers sind entscheidend, wie auch der bestimmte Verwendungszweck des Darlehens. Die Bestimmung des Darlehenszwecks und der Verwendung des Darlehens dient der Klarheit der Darlehensverwendung für alle Vertragsparteien. **2219**

cc) Rechte und Pflichten des Bankenkonsortiums

In dieser Klausel werden die rechtlichen Verhältnisse der Konsortialbanken untereinander festgeschrieben, insb. wird bestimmt, dass eine Finanzierungspartei (Konsortialbank, Arrangeur oder Verwaltungsstelle) unter dem Konsortialdarlehensvertrag nicht für die Erfüllung der Verpflichtungen einer anderen Finanzierungspartei aus dem Konsortialdarlehensvertrag haftet. Auch wird klargestellt, dass wenn eine der Finanzierungsparteien ihre Verpflichtungen aus dem Konsortialdarlehensvertrag nicht erfüllt, weder die anderen Finanzierungsparteien noch der Darlehensnehmer, etwaige Bürgen oder Garanten von ihren jeweiligen Verpflichtungen aus dem Vertrag frei werden. Ein Gesamthandvermögen wird unter den Konsortialbanken nicht gebildet. Soweit in dem Konsortialdarlehensvertrag nicht anderweitig geregelt, erwirbt jede Finanzierungspartei Forderungen und Rechte, die sie separat durchsetzen kann. **2220**

Die in dieser Klausel ausdrücklich festgelegten Grundsätze, (i) keine gesamtschuldnerische Haftung der Finanzierungsparteien und (ii) keine Bildung eines Gesamthandvermögen, sind für das Verständnis der Verpflichtungen der Vertragsparteien untereinander wesentlich. Es handelt sich bei einem Konsortium von Banken in einem Konsortialdarlehensvertrag i.d.R. nicht um eine Gesellschaft. Durch die individuelle Beteiligung einer jeden Bank, unabhängig von den anderen Banken, ist der Grundsatz der Beteiligung zu gleichen Teilen gem. § 706 Abs. 1 BGB aufgrund **2221**

4434 Es wird der jeweilige Darlehensbetrag am Ende jeder Zinsperiode zurückgezahlt.

4435 Der Darlehensbetrag wird entsprechend der vereinbarten Terminen zur Tilgung und den vereinbarten Tilgungsraten zurückgezahlt.

4436 Der Darlehensbetrag wird am Endfälligkeitstag zurückgezahlt.

anderer Vereinbarung nicht erfüllt.[4437] Auch soll durch diese Klausel festgelegt werden, dass die Finanzierungsparteien ausschließlich für eigene Rechnung und nicht gemeinschaftlich handeln.[4438] Die Banken sollen durch einen Abschluss eines Konsortialdarlehensvertrages nicht anders gestellt oder behandelt werden, als wenn sie einzeln einen Darlehensvertrag mit dem Darlehensnehmer geschlossen hätten mit Ausnahmen, insb. der Pro-Rata-Sharing Klausel, der Auszahlungs- und insb. der Kündigungsklausel.

dd) Inanspruchnahmevoraussetzungen

2222 Nach den Regelungen über das Darlehen und das Bankenkonsortium folgen die Ausführungen, wann und wie der Darlehensnehmer das Darlehen in Anspruch nehmen kann. Zeitlich wird bestimmt, dass der Darlehensnehmer zur Einreichung einer Mitteilung einer Inanspruchnahme des Darlehens erst berechtigt ist, nachdem die Verwaltungsstelle dem Darlehensnehmer und den Banken bestätigt hat, dass sie bestimmte Unterlagen (»Auszahlungs- bzw. Inanspruchnahmevoraussetzungen«) erhalten hat und diese jeweils in Form und Inhalt zufriedenstellend sind. Die Unterlagen werden in einer Anlage zum Konsortialdarlehensvertrag aufgelistet und umfassen im Wesentlichen:[4439]

2223 aa) Gesellschaftsrechtliche Unterlagen, u.a. derzeit gültige Satzungen, beglaubigte Handelsregisterauszüge, Kopie der Beschlüsse der Geschäftsführung des Darlehensnehmers, der Bürgen und/oder Garanten (nachfolgend in dieser Klausel »Gesellschaften«) betreffend der Aufnahme des Darlehens bzw. der Abgabe der Bürgschaft/Garantie.

bb) Testierte Einzeljahresabschlüsse des Darlehensnehmers, der wesentlichen Tochtergesellschaften und der Bürgen oder Garanten (soweit diese Vertragsparteien sind) sowie der testierte konsolidierte Konzernabschluss der Gruppe mit den dazugehörigen Berichten der Wirtschaftsprüfer, Nachweis der Einhaltung der Finanzkennzahlen (sofern im Darlehensvertrag vorgesehen), Wertgutachten für Sicherheiten.

cc) Sicherheiten, rechtsverbindlich unterzeichnete und wirksame Sicherheitenverträge in Form und Inhalt zur Zufriedenheit der Banken, ggf. Notarbestätigungen hinsichtlich der Sicherstellung der Eintragung zu bestellender Grundschulden, aktuelle Grundbuchauszüge, rechtsverbindlich unterzeichneter Sicherheitentreuhandvertrag.

dd) Rechtsgutachten, insb. Rechtsgutachten der externen Kanzlei, die die Banken beraten hat, über die Rechtswirksamkeit und Durchsetzbarkeit des Konsortialdarlehensvertrages und die ordnungsgemäße Unterzeichnung durch die Gesellschaften. Dies kann auch Aussagen über die Rechtswirksamkeit der Bestellung von Sicherheiten enthalten. Ferner kann ein Rechtsgutachten der internen Rechtsabteilung der Gesellschaften über den Bestand der jeweiligen Gesellschaft und die Rechtsverbindlichkeit und Durchsetzbarkeit des Vertrages ggü. den Gesellschaften vorgesehen sein.

ee) Unter Verschiedenes werden u.a. die Provisionsvereinbarung aufgeführt und Unterlagen benannt, die jede Finanzierungspartei benötigt um gem. §§ 154 AO und (alt 8 GWG) neu § 3 Abs. 1 Nr. 3 GwG die Legitimationsprüfung vornehmen bzw. den wirtschaftlich Berechtigten und die Feststellung der Eigentums- und Kontrollverhältnisse des Vertragspartners feststellen zu können.

2224 Weitere Voraussetzungen einer Inanspruchnahme sind üblicherweise, dass kein Kündigungsgrund unter dem Konsortialdarlehensvertrag vorliegt bzw. droht oder durch die Inanspruchnahme ausgelöst würde/wird und dass die abgegebenen Zusicherungen und Gewährleistungen zum Zeitpunkt der Abgabe der Inanspruchnahmemitteilung und der Auszahlung des Inanspruchnahmebetrages zutreffend sind. Ferner kann es noch weitere Inanspruchnahmevoraussetzungen geben, die sich aus dem Darlehenszweck u.a. ergeben können.

4437 Hk-BGB/*Saenger* § 706 Rn. 2; *Brandt/Sonnenhol* WM 2001, 2330 f.

4438 BuB/*Früh* Rn. 3/344.

4439 Soweit diese vorhanden sind/sein müssen.

Durch die Vorlage der Unterlagen unter aa)–ee), Rdn. 2222, soll durch (aa) sichergestellt werden, dass die Gesellschaften ordnungsgemäß errichtete, bestehende Gesellschaften sind, der Konsortialdarlehensvertrag und die Darlehensaufnahme von den Gesellschaften genehmigt ist und ordnungsgemäß durch die Gesellschaft bevollmächtigten Personen den Konsortialdarlehensvertrag von Seiten der Gesellschaften unterzeichnet haben. Die Berichte in (bb) dienen dazu, dass sich die Konsortialbanken über die wirtschaftliche Situation immer ein aktuelles Bild machen können. Die Rechtsgutachten aus (dd) dienen der Bestätigung der Rechtswirksamkeit des Konsortialdarlehensvertrages ggü. den Konsortialbanken und der Information über wirtschaftliche und rechtliche Einzelheiten. Die Sicherheiten in (cc) und weiteren Unterlagen sind Einzelfallabhängig und häufig mit dem Darlehenszweck und mit der wirtschaftlichen Beurteilung des Darlehensnehmers eng verbunden. Sie sind Bestandteil der Darlehensgewährung und müssen vor der ersten Inanspruchnahmemitteilung vorliegen. **2225**

ee) Auszahlung

Das Darlehen kann nach Maßgabe der Bestimmungen des Konsortialdarlehensvertrages während des Inanspruchnahmezeitraums in einem Betrag oder mehreren Teilbeträgen in Anspruch genommen werden. Jede Konsortialbank beteiligt sich an den Inanspruchnahmen entsprechend ihrer Konsortialquote[4440], bis der Betrag ihrer Darlehenszusage für das Darlehen oder einer einzelne Tranche erreicht ist. Inanspruchnahmen sind bei der Verwaltungsstelle bis zu einem bestimmten Zeitpunkt vor dem entsprechenden Auszahlungstag durch eine unwiderrufliche Inanspruchnahmemitteilung vom Darlehensnehmer anzufordern. Diese muss ein Minimum von Angaben enthalten und umfassen meist folgende Angaben (abhängig von der Darlehensart oder Darlehensgewährung): Auszahlungstag, Darlehenstranche, Währung, Betrag, Inanspruchnahmezeitraum, Konto. Es können auch bilaterale »ergänzenden Darlehensverträge« als Inanspruchnahmemöglichkeit unter einem Darlehen vorgesehen sein, z.B. wenn der Darlehensnehmer Avale, Akkreditive oder kurzfristige Geldmarktdarlehen bilateral in Anspruch nehmen möchte oder eine Kontokorrentlinie. Der jeweilige ergänzende Darlehensvertrag wird unter dem Konsortialdarlehensvertrag zwischen dem jeweiligen Konsortialbank und Darlehensnehmer bilateral abgeschlossen und auf die Konsortialquote der Konsortialbank vollständig angerechnet. Gründe für eine solche Struktur ergeben sich z.B. durch die Einbeziehung von ausländischen Tochtergesellschaften als Darlehensnehmer. Auch kann es vorkommen, dass nicht alle Konsortialbanken die jeweiligen Produkte anbieten oder der Darlehensnehmer bei Produkten bestimmte Präferenzen hat. Wichtig ist in dem Fall von ergänzenden Darlehensverträgen, dass diese soweit wie möglich gleichmäßig auf die Konsortialbanken verteilt werden. Dies wird häufig durch eine entsprechende Absichtserklärung des Darlehensnehmers im Konsortialdarlehensvertrag festgeschrieben. **2226**

Den Auszahlungstag der Inanspruchnahme, (dieser muss ein Bankarbeitstag innerhalb des Inanspruchnahmezeitraums sein); wenn es mehrere Tranchen gibt auch die Angabe, unter welcher Darlehenstranche die Inanspruchnahme erfolgt; ferner den Betrag und ggf. die Währung der Inanspruchnahme; der Inanspruchnahmezeitraum – die Zinsperiode; das Konto, auf das der Betrag der Inanspruchnahme zu überweisen ist. Bei ergänzenden Darlehensverträgen ist der Abschluss eines solchen Vertrages der Verwaltungsstelle von der jeweiligen Konsortialbank und dem Darlehensnehmer anzuzeigen, damit die Verwaltungsstelle weiterhin den Überblick über die ausgenutzten und nicht ausgenutzten Konsortialquoten hat. Dies ist notwendig um zu vermeiden, dass eine Bank bei weiteren konsortialen Inanspruchnahmen über ihre zugesagte Konsortialquote kommen könnte. Die Auszahlungen/Inanspruchnahmen unter dem ergänzenden Darlehensvertrag finden entsprechend der Bestimmungen eines zwischen dem Darlehensnehmer und der entsprechenden Konsortialbank abzuschließenden bilateralen Darlehensvertrags statt. **2227**

4440 Dies ist der Prozentsatz der Darlehenszusage einer Konsortialbank für eine Darlehenstranche geteilt durch den Gesamtbetrag der jeweiligen Darlehenstranche.

2228 Die Konsortialbanken sind von der Inanspruchnahmemitteilung und den auf jede einzelne Bank entfallenden Betrag von der Verwaltungsstelle unverzüglich zu informieren. Die Konsortialbanken werden an jedem Auszahlungstag der Verwaltungsstelle ihren anteiligen Betrag an der betreffenden Inanspruchnahme bereitstellen. Die Verwaltungsstelle wird am Auszahlungstag den von den Konsortialbanken bereitgestellten Betrag dem Darlehensnehmer auf das in der Inanspruchnahmemitteilung angegebene Konto überweisen.[4441]

2229 Es kann vorkommen, dass entsprechend der Auszahlungsklausel die Verwaltungsstelle den vom Darlehensnehmer angeforderten Betrag am Auszahlungstag an ihn auszahlt, auch wenn noch nicht alle Banken das Geld der Verwaltungsstelle zur Verfügung gestellt haben, bzw. auf dem Konto der Verwaltungsstelle verbucht wurde. Dies soll Gewährleisten, dass der Darlehensnehmer den angeforderten Betrag zeitgerecht und in voller Höhe bekommt.[4442]

2230 Bei einem Konsortialdarlehen, das auch in **Fremdwährungen** ausgezahlt werden kann, gibt es mehrere Gestaltungsvarianten für die Anschaffung der Fremdwährung durch die Konsortialbanken; einerseits die Möglichkeit, dass die Konsortialbanken die Fremdwährung an die Verwaltungsstelle direkt auf ein entsprechendes Fremdwährungskonto überweisen oder andererseits, dass die Konsortialbanken der Verwaltungsstelle die Beträge in Euro anschaffen und die Verwaltungsstelle den Gesamtbetrag in die Fremdwährung konvertiert und dann dem Darlehensnehmer zur Verfügung stellt oder eine Mischung beider Varianten für den Fall, dass eine oder mehrere Konsortialbanken die Fremdwährung nicht anschaffen können.

2231 In dieser Klausel wird ferner die Weiterleitung von Zinszahlungen oder Rückzahlungsbeträgen an die Konsortialbanken geregelt sowie die Rechtsfolgen genannt, wenn Zahlungen verspätet bei der Verwaltungsstelle eintreffen.

2232 Diese Klausel dient auch der genauen Festlegung der Anforderung und Auszahlung von Beträgen an den Darlehensnehmer und die Konsortialbanken sowie der Übersichtlichkeit der technischen Abläufe und Voraussetzungen für Zahlungen unter dem Konsortialdarlehensvertrag.

2233 Vor allem die Information über den von der Verwaltungsstelle auszuzahlenden Betrag ist hier wichtig für den Darlehensnehmer. Falls eine oder mehrere der Banken ihren Anteil an einer Auszahlung nicht oder nicht rechtzeitig auf ein von der Verwaltungsstelle benanntes Konto überweisen, wird die Verwaltungsstelle (s. Rdn. 2228) nur den auf dem Konto eingegangenen Betrag, d.h. einen geringeren als den angeforderten Betrag, an den Darlehensnehmer weiterleiten. Alternativ kann auch vorgesehen sein, dass die Verwaltungsstelle den angeforderten Betrag an den Darlehensnehmer vollständig auszahlt, aber für den Fall der Nicht-Zahlung einer oder mehrerer Banken besteht ein Rückzahlungsanspruch der Verwaltungsstelle gegen den Darlehensnehmer i.H.d. »überzahlten« bzw. nicht an die Verwaltungsstelle überwiesenen Betrages. Diese haftet somit nur für die technische Weiterleitung des empfangenen Geldes an den Darlehensnehmer. Jede Konsortialbank haftet nur für ihren jeweiligen Anteil an einer Auszahlung an den Darlehensnehmer, nicht jedoch für den Anteil einer anderen Bank im Konsortium.[4443]

ff) Rückzahlung, Tilgung, vorzeitige Rückzahlung und Pflichtzahlungen

2234 In diesem Abschnitt eines Konsortialdarlehensvertrages wird bestimmt, wann der Darlehensnehmer zur Rückzahlung des Konsortialdarlehensbetrages insgesamt oder in Teilbeträgen verpflichtet ist bzw. ob er vorzeitig freiwillig Rückzahlungen leisten kann. Es werden die Besonderheiten der Darlehensart berücksichtigt, d.h. ob **Tilgungszahlungen** oder der gesamte Betrag am Ende der Laufzeit (endfälliges Darlehen) zurückzuzahlen sind/ist oder beim revolvierenden Darlehen jeweils am Ende einer jeden Zinsperiode zurückzuzahlen ist. Bei revolvierenden Darlehen, kann der zurückgezahlte

4441 S. Rdn. 2222.
4442 S. Rdn. 2231, 2233.
4443 S. Rdn. 2220–2221.

Betrag bis zum Ende des Inanspruchnahmezeitraums erneut in Anspruch genommen werden. Zusätzlich können **Pflichtrückzahlungen** vereinbart sein, etwa für den Fall der Veränderung der Vermögenslage des Darlehensnehmers oder Nichterreichen einer **Finanzkennzahl**, Erlös aus einer Versicherung, aus einer Veräußerung von Vermögenswerten oder Änderung der Beteiligungsverhältnisse am Darlehensnehmer (Change of Control[4444]), sodass vorzeitig ein Betrag zurückgeführt werden muss und dies zur Verringerung des Gesamtdarlehensbetrages führt. Auch freiwillige vorzeitige Rückzahlungen des Konsortialdarlehens durch den Darlehensnehmer sind möglich, diese sind im Einklang mit den gesetzlichen Bestimmungen, insb. § 490 Abs. 2 BGB (Vorfälligkeitsentschädigung) vorzunehmen. Sinn und Zweck ist die Bestimmung des Fälligkeitstages des Konsortialdarlehens bzw. von Tilgungszahlungen bei Ratenzahlungsdarlehen und der Bedingungen zur vorzeitigen Rückzahlung nach Wahl des Darlehensnehmers einerseits (vorzeitige Rückzahlung) und gemäß vertraglicher Verpflichtung (Pflichtrückzahlung) andererseits. Es wird den Vertragsparteien die Möglichkeit gegeben, die Gestaltung des Vertrages den individuellen Gegebenheiten und Möglichkeiten, den absehbaren Entwicklungen insb. des Darlehensnehmers während der Laufzeit des Konsortialdarlehens zu berücksichtigen und damit eine flexible Gestaltung der Rückzahlungen des Konsortialdarlehens möglich zu machen.

gg) Zinsklausel

Jede Inanspruchnahme einer Darlehenstranche wird üblicherweise auf der Grundlage von Zinsperioden verzinst. Diese werden durch eine Zinsnotiz/Inanspruchnahmemitteilung, die der Darlehensnehmer vor Ablauf der jeweiligen Zinsperiode an die Verwaltungsstelle schickt, bestimmt. Die Verzinsung beginnt am ersten Tag der Zinsperiode und endet am letzten Tag vor Ende der Zinsperiode. Der Zinssatz für jede Zinsperiode wird als Jahreszinssatz ausgedrückt und durch die Verwaltungsstelle ermittelt. Die Summe unterschiedlicher Bestandteile des Zinssatzes – wie EURIBOR,[4445] LIBOR[4446] und Marge – ergeben den individuellen Zinssatz der jeweiligen Zinsperiode, es sei denn, es ist ein fester Zinssatz vereinbart.[4447] Zinsen sind am Ende der Zinsperiode bzw. bei Zinsperioden, die länger als 6 Monate dauern, nach jeweils 6 Monaten und am Ende der Zinsperiode fällig und zahlbar. Sofern bestimmte nach dem Konsortialdarlehensvertrag zahlbare Beträge bei Fälligkeit nicht gezahlt werden, tritt unabhängig von einer Mahnung Verzug ein.[4448] Jede Finanzierungspartei ist berechtigt, sich wegen der nicht gezahlten Beträge täglich oder für einen anderen ihr angemessen erscheinenden Zeitraum zu refinanzieren und die Zahlung erhöhter Beträge zu verlangen. Die Berechnung der Verzugszinsen ergibt sich entweder aus der gesetzlichen Vorschrift § 288 BGB oder individueller Vereinbarung. 2235

Auch diese Klausel dient der Bestimmbarkeit und Klarheit der Vereinbarung der Vertragsparteien untereinander und der Vereinfachung der technischen Abwicklung durch die Verwaltungsstelle. Insb. da letztere den Gesamtbetrag der zu zahlenden Zinsen oder die Rückzahlungsbeträge für den 2236

4444 S. Längsfeld NZI 2014, 734ff (Un-)Wirksamkeit von Change-of-Control-Klauseln insbesondere mit Ausführungen zur Beurteilung der Wirksamkeit nach InsO.

4445 European Interbank Offered Rate. Es handelt sich dabei um den Zinssatz, den europäische Banken voneinander beim Handel von Einlagen in Euro mit einer festgelegten Laufzeit von einer Woche sowie zwischen 1 und 12 Monaten verlangen.

4446 LIBOR, London Interbank Offered Rate, kurz Libor, ist der Referenzzinssatz im Londoner Interbanken Handel für Einlagen in 10 verschiedene Währungen: Australischer Dollar, Kanadischer Dollar, Schweizer Franken, Dänische Krone, Euro, Pfund Sterling, Yen, Neuseeland Dollar, Schwedische Krone und den US-Dollar.

4447 Aufgrund der negativen Zinsentwicklung und der Tatsache, dass Banken bei Zentralbanken für ihre Einlagen mit einem negativen Zins belastet werden, wird ausdrücklich für Referenzzinssätze wie EURIBOR und LIBOR vereinbart, dass bei der Berechnung des Referenzzinssätze ein Referenzzinssatz von »Null« in die Berechnung aufgenommen wird, sollte der Referenzzinssatz geringer als Null zum Feststellungszeitpunkt sein.

4448 §§ 286 Abs. 2, 288 BGB.

Darlehensnehmer, und für jede der Konsortialbanken, den jeweiligen Anteil an diesen Beträgen, berechnet und mitteilt.

hh) Zusätzliche Kosten

2237 Es findet sich in fast jedem Konsortialdarlehensvertrag eine Klausel über zusätzliche bzw. erhöhte Kosten. Diese Klausel gibt einer Konsortialbank in bestimmten Fällen das Recht, zusätzliche Beträge vom Darlehensnehmer, Bürgen oder Garanten zu fordern. Die erste Voraussetzung ist, dass eine Einführung oder Änderung gesetzlicher oder behördlicher Bestimmungen oder deren Änderung durch behördliche Auslegung oder Anwendung oder deren Beachtung durch eine Finanzierungspartei vorliegt. Dies kann auch durch die Änderungen von Vorschriften oder Regelungen über Mindestreserven, Liquiditäts- und Kapitalrelationen oder jede andere Auflage einer Banken- oder Währungsaufsichtsbehörde ggü. einer Konsortialbanken vorliegen. Als zweite Voraussetzung muss einer der folgenden Gründe für die zusätzlichen Kosten vorliegen: (i) die Kosten der Konsortialbank oder ihrer Muttergesellschaft für die Bereitstellung oder die Refinanzierung des Anteiles dieser Konsortialbank an einer Inanspruchnahme oder die Aufrechterhaltung der Darlehensbelassung oder -gewährung ihrer Verpflichtungen unter dem Konsortialdarlehensvertrag, haben sich dadurch erhöht, oder (ii) irgendein Betrag, der einer Konsortialbank unter dem Konsortialdarlehensvertrag zu zahlen ist, oder der tatsächliche Nutzen der Konsortialbank oder Finanzierungspartei aus dem Konsortialdarlehensvertrag hat sich durch Vorliegen der vorstehend genannte Voraussetzungen verringert. Nach Information des Darlehensnehmers über diesen Umstand hat der Darlehensnehmer der Konsortialbank die zusätzlichen Beträge zu zahlen, die diesen Kostensteigerungen, Verringerungen der Zahlungen oder des Nutzens entsprechen.

2238 Es soll durch diese Klausel gewährleistet werden, dass jede der Konsortialbanken wirtschaftlich mit den zum Zeitpunkt des Abschlusses des Vertrages kalkulierbaren Erträgen über die Laufzeit des Vertrages rechnen kann. Das Risiko einer Rechtsänderung etc. trägt damit der Darlehensnehmer. Damit dieser jedoch nicht unverhältnismäßige Beträge für das Darlehen an die Konsortialbanken entrichten muss, wird dem Darlehensnehmer ein Kündigungsrecht den Konsortialbanken ggü. eingeräumt, die einen solchen Anspruch geltend machen.

ii) Steuerklausel (»Tax gross-up«)[4449]

2239 Sämtliche Zahlungen, die der Darlehensnehmer, die Bürgen oder Garanten unter dem Konsortialdarlehensvertrag zu leisten haben, haben ohne jegliche Abzüge von Steuern von einer Zahlung zu erfolgen. Für den Fall, dass der Darlehensnehmer oder einer der Bürgen bzw. Garanten verpflichtet ist, Steuern einzubehalten oder abzuziehen, erhöht sich der zu zahlende Zins- oder Rückzahlungsbetrag um die Summe, die erforderlich ist, damit den Finanzierungsparteien/Konsortialbanken nach Abzug oder Einbehalt einer solchen Steuer, derjenige Betrag zur Verfügung steht, der ihnen ohne Abzug oder Einbehalt der Steuer zur Verfügung gestanden hätte (»Steuerausgleich/erhöhter Betrag«). Ferner ist ein erhöhter Betrag zu zahlen, wenn eine Finanzierungspartei zu irgendwelchen Zahlungen von Steuern auf oder im Zusammenhang mit Zahlungsansprüchen unter einem Konsortialdarlehensvertrag oder etwaigen Sicherheiten verpflichtet ist (Freistellungspflicht). Eine solche Freistellungspflicht besteht nicht hinsichtlich der von der Konsortialbank (Zahlungsempfänger) zu zahlenden Einkommens- und Körperschaftssteuer oder sonstigen Steuern in Bezug auf deren Ertrag. Der Darlehensnehmer hat auf Anfordern der Verwaltungsstelle der betreffenden Konsortialbank sämtliche derartig abgezogene Beträge zu ersetzen. Die Konsortialbanken sind zum Nachweis der Zahlungen und/oder Steuererstattungen ggf. verpflichtet. Der Aufwand der Feststellung des Erstattungsbetrages durch die Konsortialbank und der »Steuerausgleich/erhöhte Betrag« müssen verhältnismäßig sein und es darf keinesfalls in die Autonomie der Konsortialbank bei ihrer Steuergestaltung eingegriffen werden.

4449 Bucheit How to negotiate Eurocurrency Loan Agreements, S. 76.

Mit einer solchen Klausel zur Erstattung von Steuern soll gewährleistet werden, dass die Konsortialbanken den jeweiligen Geldbetrag unter dem Konsortialdarlehensvertrag gezahlt bekommen, der bei Abschluss des Vertrages Grundlage ihrer wirtschaftlichen Berechnungen war. Damit soll die Wirtschaftlichkeit der Darlehensgewährung in diesem Punkt über die Laufzeit des Darlehensvertrages hinweg für die Konsortialbanken gewährleistet werden. Für den Darlehensnehmer ist in diesem Zusammenhang wichtig, dass er nicht aufgrund von hoheitlichen Änderungen Beträge zusätzlich zahlen muss, die das Festhalten am Konsortialdarlehen mit einer oder mehreren Konsortialbank(en) unwirtschaftlich machen würde. Daher gibt es für den Darlehensnehmer eine Kündigungsmöglichkeit, wenn eine der Konsortialbanken einen »Steuerausgleich« verlangt. Ferner kann auch eine Möglichkeit eines Darlehensnehmers vorgesehen sein, Nachweise über die Höhe von Steuern oder Steuererstattungen von der Konsortialbank diesbezüglich zu erhalten, damit dem Darlehensnehmer die Möglichkeit geben ist, entsprechende Zahlungen zu vermeiden oder zu vermindern. Die Konsortialbank ist nur eingeschränkt zur Offenlegung verpflichtet. Einzelnen Konsortialbanken kann somit vom Darlehensnehmer gekündigt werden, ohne dass der gesamte Konsortialdarlehensvertrag gekündigt werden muss. Dies stellt eine Ausnahme vom Konsortialverhältnis der Konsortialbanken untereinander dar. 2240

jj) Rechtswidrigkeit

Falls aufgrund der Änderung oder Einführung gesetzlicher oder sonstiger Bestimmungen oder Änderung ihrer Auslegung oder Anwendung eine Bank daran gehindert wird oder es einer offiziellen (gerichtlich oder behördlich) Anordnung widerspricht, ihren Anteil an einer Inanspruchnahme auszuzahlen, zu refinanzieren oder sonstige Verpflichtungen unter dem Konsortialdarlehensvertrag aufrechtzuerhalten oder zu erfüllen, kann die Bank dem Darlehensnehmer durch die Verwaltungsstelle dies schriftlich mitteilen und ihre Darlehenszusage kündigen. Der Darlehensnehmer muss den Anteil dieser Bank an etwaigen Inanspruchnahmen zuzüglich aller dieser Bank dem Konsortialdarlehensvertrag geschuldeten Beträgen unverzüglich zurückzahlen. 2241

Durch diese Klausel wird klargestellt, dass einzelne Konsortialbanken aus dem Konsortialdarlehensvertrag ausscheiden können, ohne dass der gesamte Konsortialdarlehensvertrag beendet wird, sollte die Darlehensgewährung durch einen hoheitlichen Akt für einzelne Konsortialbanken rechtswidrig werden. 2242

kk) Zusicherungen und Gewährleistungen

Die Abgabe von Zusicherungen und Gewährleistungen erfolgt durch den Darlehensnehmer und jeden der Bürgen oder Garanten durch eine selbstständige Garantieerklärung gem. §§ 241, 311 BGB. Der Darlehensnehmer und die Bürgen, Garanten erkennen damit an, dass die Darlehensgeber den Konsortialdarlehensvertrag im Vertrauen auf die Richtigkeit und Wirksamkeit der Zusicherungen und Gewährleistungen sowie der Bürgschafts- oder Garantieerklärung abgeschlossen haben. Die einzelnen Zusicherungen und Gewährleistungen, die so vertraglich vereinbart werden können, beziehen sich u.a. auf: Bestand und ordnungsgemäßen Abschluss des Konsortialdarlehensvertrages, die Solvenz des Darlehensnehmers, Bürgen und/oder Garanten sowie eventueller Tochtergesellschaften, die Richtigkeit der den Konsortialbanken überlassenen Bilanzen und weiteren Informationen, keine Verletzungen von Pflichten des Darlehensnehmers, Bürgen oder Garanten unter dem Konsortialdarlehensvertrag oder unter anderen Verträgen, keine Anhängigkeit von Gerichts- oder Schiedsverfahren, die den Darlehensnehmer, Bürgen oder Garanten oder deren Gruppe wesentlich beeinträchtigen kann und auch dass solche nicht angedroht sind. Zum Abschluss der Klausel wird zusätzlich bestimmt, dass die Zusicherungen und Gewährleistungen bei jeder Inanspruchnahme/Zinsnotiz und zu Beginn einer Zinsperiode wiederholt werden müssen. Die vorstehende Auflistung von Zusicherungen und Gewährleistungen ist nicht abschließend. Der Umfang der aufzuführenden Zusicherungen und Gewährleistungen richtet sich nach der Art des Darlehens, etwaiger vertraglicher Gestaltungsbesonderheiten und der wirtschaftlichen Beurteilung des Darlehensnehmer, Bürgen, Garanten und deren Gruppe. Insbesondere in internationalen Konsortialdarlehensverträge 2243 finden sich zusätzlich Klauseln zum Thema Sanktionen, die Anforderungen internationaler Organisationen und auch der USA widerspiegeln und im Lichte des Deutschen Außenwirtschaftsrechts formuliert werden müssen. Diese finden sich in den Definitionen, Zusicherungen und Gewährleistungen und wiederholen sich in den Verpflichtungserklärungen, wo bei hier für Deutsche Banken die notwendige Vorgaben gemäß der Außenwirtschaftsverordnung (»AWV«) zu beachten sind. [4450] Ferner werden Wortlaute zu Geldwäsche und Korruption umfangreicher, um die geänderte Gesetzeslage und Anforderungen detaillierter darzustellen.

2244 Die Konsortialbanken sollen durch die Aussagen in den Zusicherungen und Gewährleistungen die Bestätigung des Darlehensnehmers, Bürgen oder Garanten erhalten, dass die tatsächlichen rechtlichen und wirtschaftlichen Gegebenheiten der Darlehensvergabe immer zum Zeitpunkt der Abgabe, d.h. dem Tag des Abschlusses des Darlehensvertrages und auch bei jeder Inanspruchnahme (s. Rdn. 2222) oder Zinsnotiz (s. Rdn. 2235) richtig sind. Der Darlehensnehmer, Bürge oder Garant ist zur Überprüfung der relevanten Tatsachen gehalten und hat somit eine zusätzliche Kontrolle über seine eigene Situation.

ll) Verpflichtungserklärungen auch Informationsverpflichtungen

2245 Der Darlehensnehmer, der Bürge und/oder Garant verpflichten sich den Konsortialbanken Informationen, insb. Unterlagen zur Verfügung zu stellen, wie geprüfte Bilanzen, Zwischenberichte, und andere Informationen sowie eine Informationsverpflichtung über das Vorliegen oder Drohen von Kündigungsgründen unter dem Konsortialdarlehensvertrag, ein Zertifikat über die Einhaltung von Finanzkennzahlen (falls vorgesehen) sowie eine Bestätigung der Richtigkeit dieser Unterlagen und Informationen. Ferner verpflichten sich Darlehensnehmer, Bürge und/oder Garant ggfls. auch für die Gruppe oder Tochtergesellschaften folgende Beschränkungen einzuhalten: Beschränkung der Aufnahme von Finanzverbindlichkeiten mit entsprechenden Ausnahmeregelungen, Beschränkung der Einräumung von Sicherheiten (Negativerklärung),[4451] Beschränkung der Verfügungsmöglichkeiten über Vermögenswerte, Beschränkung der Verschmelzung bzw. Umwandlung des Darlehensnehmers, Bürgen oder Garanten nach UmwG und eine Verpflichtung alle Genehmigungen einzuholen und zu erhalten, die für den Geschäftsbetrieb notwendig sind, Gesetze und Verträge einzuhalten, branchenübliche Versicherungen abzuschließen und aufrechtzuerhalten, die Geschäftstätigkeit nicht wesentlich zu ändern und weitere Verpflichtungen einzuhalten, die sich entsprechend des Einzelfalles bestimmen.

2246 Die vorstehende Aufzählung ist keine abschließende Liste, sie stellt eine Aufzählung von möglichen, häufig verwendeten Verpflichtungserklärungen dar. Der tatsächliche Wortlaut der Verpflichtungserklärungen bestimmt sich immer nach den Umständen des Einzelfalls bezogen auf den Darlehensnehmer, Bürgen, Garanten und deren Gruppe sowie der Art und Struktur des Darlehens.

2247 In dieser Klausel soll neben den gesetzlichen Verpflichtungen aus den §§ 488 ff. BGB durch zusätzliche Verpflichtungserklärungen sichergestellt werden, dass sich die Vermögensverhältnisse des Darlehensnehmers, Bürgen, Garanten und deren Gruppe nicht verschlechtern und die Rückzahlung des Konsortialdarlehensbetrages gewährleistet ist. Auch soll die Rechtsperson des Darlehensnehmers so erhalten bleiben, dass durch Umwandlung, Verschmelzung und Übernahme die Rechte der Konsortialbanken insbesondere ihr Rückzahlungsanspruch nicht beeinträchtigt werden kann. Der Darlehensnehmer, Bürge und Garant ist jeweils zur Überprüfung der relevanten Tatsachen gehalten und hat somit eine zusätzliche Kontrolle über seine jeweilige Situation.

4450 Arlt, Roland, ZIP 2015, 2202ff,.

4451 Verpflichtung des Darlehensnehmers, Bestand und Werthaltigkeit seines Vermögens zu erhalten, insb. durch die Verpflichtung, Dritten nicht durch dingliche Belastungen einen bevorzugten Zugriff auf Vermögensgegenstände des Darlehensnehmers einzuräumen; s. ausführlich *Mucke* WM 2006, 1804; *Bucheit* How to negotiate Eurocurrency Loan Agreements, S. 82 ff.

mm) Kündigungsklausel

Neben den gesetzlichen Kündigungsgründen, ggfls. aufgrund von Allgemeinen Geschäftsbedingungen und Allgemeinen Bedingungen für Gewerbliche Darlehen (sofern vereinbart), werden weitere Kündigungsgründe vereinbart, wie z.B. Nichtzahlung des Darlehensnehmers, Garanten oder Bürgen unter dem Konsortialdarlehensvertrag, Verstoß gegen Klauseln des Konsortialdarlehensvertrages durch den Darlehensnehmer, Insolvenz oder drohende Insolvenz des Darlehensnehmers, Bürgen, Garanten oder Tochtergesellschaften, Wegfall oder Unwirksamkeit der Bürgschaft, Garantie oder von Sicherheiten, Kündigungsgründe oder Vertragsverletzung oder Nichtzahlung unter anderen Verträgen (**Cross Default Klausel**), Änderung der Beteiligungsverhältnisse am Darlehensnehmer, oder eine wesentlich nachteilige Beeinträchtigung der Vermögensverhältnisse des Darlehensnehmers, Bürgen, Garanten oder von Tochtergesellschaften (**Mac Clause**[4452]) liegt vor. Bei dieser Aufzählung handelt es sich nicht um eine abschließende Liste von Kündigungsgründen. Es können weitere Kündigungsgründe hinzukommen, die durch die Art des Darlehens oder der Person oder den wirtschaftlichen Verhältnissen des Darlehensnehmer, Bürgen oder Garanten begründet sind. 2248

Sinn und Zweck dieser Klausel ist, den Konsortialbanken neben den gesetzlichen Kündigungsmöglichkeiten, insb. gemäß § 490 BGB[4453] und § 314 BGB, weitere besondere Tatbestände festzulegen, die einen Kündigungsgrund darstellen. Letztere orientieren sich an den Besonderheiten des Einzelfalls. Die Verwaltungsstelle ist bei Vorliegen eines Kündigungsgrundes berechtigt zu kündigen, jedoch zu einer Kündigung verpflichtet ist sie nur, sofern die Mehrheitsbanken sie entsprechend anweisen. Eine Konsortialbank allein kann wegen eines Verstoßes gegen die Kündigungsgründe nicht kündigen. 2249

nn) Bürgschaft/Garantie

Falls eine Bürgschaft oder Garantie als Sicherheit im Darlehensverhältnis vorgesehen ist, ist dies i.d.R. in den meisten Konsortialdarlehensverträgen nicht in einem gesonderten **Bürgschaft- oder Garantie**vertrag enthalten. Die Gestaltung einer Bürgschaft oder Garantie entspricht zumeist den gesetzlichen, üblichen Vorgaben. Eine Besonderheit ist, dass nur im Ausnahmefall eine Bürgschaft oder Garantie auf erstes Anfordern verwendet wird. Dies wird damit begründet, dass die Wirksamkeit der Bürgschaft auf erstes Anfordern nach der herrschenden Rechtsprechung[4454] nicht für jede Gesellschaft rechtswirksam vereinbart werden kann. Gleiches kann für die Garantie gelten.[4455] Bürgschaften oder Garantien in einem gesonderten Dokument außerhalb des Konsortialdarlehensvertrages werden häufig bei ausländischen Bürgen oder Garanten verwendet, u.a. wenn die Texte in der englischen Sprache verfasst werden. 2250

oo) Verwaltungsstelle, Sicherheitenverwalter

Die Aufgaben der **Verwaltungsstelle** und des **Sicherheitenverwalters** sind ausschließlich auf die, im Konsortialdarlehensvertrag oder auch zusätzlich in einem Sicherheitentreuhandvertrag, aufgeführten Rechte und Pflichten begrenzt. 2251

Die wesentlichen Aufgaben der Verwaltungsstelle sind die Zahlungsabwicklung mit dem Errechnen der von den Banken jeweils ihrer Quote entsprechend anzufordernden Beträge, Weiterleitung der Beträge an den Darlehensnehmer, Zinszahlungen und Berechnungen, Weiterleitung von Unterlagen des Darlehensnehmers an die Konsortialbanken oder der Konsortialbanken an den Darlehensnehmer (z.B. Steuerbestätigungen u.a.). 2252

4452 Ausführlich zur Mac Clause *Thaeter/Schulz* IFLR 2011, S. 44–45.

4453 S. ausführlich Rdn. 2504 ff.

4454 BGH, NJW 2001, 1858; BGH, NJW 1997, 1437.

4455 Hk-BGB/*Staudinger* § 765 Rn. 25.

2253 Die wesentlichen Aufgaben des Sicherheitenverwalters sind die Bestellung und Verwaltung der für einen Konsortialdarlehensvertrag bestellten Sicherheiten, ihre Freigabe und bei Verwertung, die Erlösauskehr an die Verwaltungsstelle zur Verteilung unter den Konsortialbanken. Es kann auch vorgesehen sein, dass die Erlösauskehr direkt vom Sicherheitenverwalter an die Konsortialbanken erfolgt, jedoch immer unter Berücksichtigung der »Pro Rata Sharing«-Klausel (s. hierzu ausführlich Rdn. 2266).

2254 Damit die Verwaltungsstelle und auch der Sicherheitenverwalter die ihnen unter einem Konsortialdarlehensvertrag übertragenen Aufgaben wahrnehmen können, muss jede Konsortialbank die Verwaltungsstelle und den Sicherheitenverwalter entsprechend **bevollmächtigen.** Die Verwaltungsstelle und der Sicherheitenverwalter werden von den Konsortialbanken zur Durchführung ihrer Aufgaben unter dem Konsortialdarlehensvertrag beauftragt. Sie können somit im Namen der Konsortialbanken Zahlungen vornehmen oder vom Darlehensnehmer für die Konsortialbanken anfordern. Der Sicherheitenverwalter kann Sicherheiten für die Konsortialbanken rechtswirksam bestellen oder verwerten. Die Haftung der Verwaltungsstelle und des Sicherheitenverwalters erstreckt sich weder auf Vertragsverstöße des Darlehensnehmers, etwaiger Bürgen oder Garanten noch der Konsortialbanken für etwaige Vertragsverstöße der jeweils anderen Partei. Es existieren keine Verpflichtungen der Verwaltungsstelle oder des Sicherheitenverwalters, die Beachtung der Pflichten des Darlehensnehmers oder der Bürgen aus dem Konsortialdarlehensvertrag zu überwachen. Die Kenntnis vom Vorliegen eines Kündigungsgrundes wird der Verwaltungsstelle oder dem Sicherheitenverwalter nur zugerechnet, wenn ihnen eine entsprechende schriftliche Mitteilung zugeht oder die Verwaltungsstelle eine Zahlung des Darlehensnehmers am Fälligkeitstag nicht erhält. In diesen Fällen wird die Verwaltungsstelle die Banken entsprechend benachrichtigen und ggf. Weisung (s. Rdn. 2255) der Banken abwarten/nachfragen.

2255 Die Aufgaben der Verwaltungsstelle und des Sicherheitenverwalters sind rein technischer Natur und soweit es in einem Konsortialdarlehensvertrag nicht anders vorgesehen ist, wird sich die Verwaltungsstelle entsprechend der Weisungen der Mehrheitsbanken verhalten. Nur für die Fälle, dass solche Weisungen fehlen oder wenn in eiligen Fällen Weisungen nicht eingeholt werden können, ist die Verwaltungsstelle berechtigt, nach eigenem Ermessen mit Wirkung für und gegen alle Konsortialbanken zu handeln.

2256 I.Ü. haftet die Verwaltungsstelle oder der Sicherheitenverwalter weder für die Rechtsgültigkeit, Wirksamkeit oder Freiheit der Sicherheiten von Rechten Dritter oder deren Durchsetzbarkeit oder für die Durchsetzbarkeit des Konsortialdarlehensvertrages oder dafür, dass der Bestand der Sicherheiten für die Besicherung der Forderungen der Finanzierungsparteien ausreicht. Auch haften sie nicht für die Richtigkeit irgendwelcher Angaben oder Informationen im Zusammenhang mit der jeweiligen Finanzierung. Die Konsortialbanken müssen in diesem Zusammenhang bestätigen, dass ihre Darlehenszusage auf ihrer jeweils eigenen Darlehensbeurteilung und nicht nur auf Informationen beruht, die sie von dem Konsortialführer oder der Verwaltungsstelle erhalten hat. Ebenso wird verlangt, dass sich jede Bank über die Kreditwürdigkeit des Darlehensnehmers, der Bürgen, der Garanten oder die Werthaltigkeit der Sicherheiten und Durchsetzbarkeit ein eigenes Urteil bildet, solange ihre Darlehenszusage besteht.

2257 Die Verwaltungsstelle und der Sicherheitenverwalter haften im Zusammenhang mit ihren Aufgaben unter dem Darlehens- oder den Sicherheitenverträgen für Vorsatz und grobe Fahrlässigkeit. Auch dürfen die Verwaltungsstelle und der Sicherheitenverwalter auf Mitteilungen oder Dokumente, die sie in ihrer Eigenschaft als solche erhalten, insoweit vertrauen, als sie annehmen dürfen (unter Anwendung der entsprechenden Sorgfalt), dass sie von dem bezeichneten Urheber herrühren und der Verwaltungsstelle oder dem Sicherheitenverwalter nicht als offensichtlich falsch erscheinen müssen.

2258 Die Banken werden der Verwaltungsstelle und dem Sicherheitenverwalter die Kosten (mit Ausnahme der üblichen administrativen Kosten), die ihnen durch die Ausübung ihrer Rechte und die Erfüllung ihrer Pflichten unter dem Darlehens- oder dem Sicherheitenvertrag entstehen, im

Verhältnis ihrer Konsortialquote ersetzen bzw. von Schadensforderungen freistellen, soweit diese nicht von dem Darlehensnehmer ersetzt werden.

Ferner wird geregelt, dass die Verwaltungsstelle soweit sie Aufgaben für die Finanzierungsparteien wahrnimmt, als eigenständige Einheit in dem jeweiligen Konzern handelt. Falls eine andere Einheit oder Abteilung oder die Verwaltungsstelle selbst in einer anderen Eigenschaft als der einer Verwaltungsstelle unter dem Darlehensvertrag Informationen erhält, kann die Verwaltungsstelle diese Informationen vertraulich behandeln und ist zu einer Weitergabe nicht verpflichtet. Dies gewährleistet, dass nur diese Stelle/Abteilung, in ihrer Eigenschaft als Verwaltungsstelle, in einem Konzern ihre Informationen weitergeben muss, nicht aber eine andere Filiale, Konzerngesellschaft oder Abteilung, die den Darlehensvertrag nicht kennen muss. 2259

Die Regelungen, die in vorstehenden Absätzen beschrieben sind, dienen auch zur Abgrenzung der Rechte und Pflichten der Verwaltungsstelle und des Sicherheitenverwalters ggü. den Konsortialbanken und der Auflistung, der von der Verwaltungsstelle und dem Sicherheitenverwalter wahrzunehmenden Aufgaben. Es soll der reibungslosen technischen Abwicklung des Konsortialdarlehensvertrages mit dem Darlehensnehmer, Bürgen und Garanten dienen. Die Verwaltungsstelle leitet Zahlungen und Unterlagen an die anderen Vertragsparteien weiter, hat aber keine Prüfungsverpflichtung für deren Inhalt. 2260

pp) Parallelschuld

Zur Sicherung der Ansprüche der Banken aus dem Vertrag sowie zur besseren Absicherung in Bezug auf den Bestand und die Fortdauer des Bestandes der Sicherheiten verpflichtet sich der Darlehensnehmer durch ein abstraktes Schuldanerkenntnis, an den Sicherheitenverwalter auf erstes Anfordern alle vom Darlehensnehmer aus den Finanzierungsverträgen geschuldeten Beträge (Darlehensbetrag, Zinsen und Kosten »Primärpflichten«), die unter den Finanzierungsverträgen fällig sind, zu zahlen (»**Parallelpflichten**«). Der Sicherheitenverwalter ist dadurch berechtigt, vom Darlehensnehmer zu jeder Zeit Leistung i.R.d. Parallelpflichten zu verlangen, und zwar unabhängig von den eigenen Rechten der Banken aus den Finanzierungsverträgen. Unbeschadet der vorstehenden Regelung wird ausschließlich zwischen dem Sicherheitenverwalter und den Banken vereinbart, dass der Sicherheitenverwalter Zahlungen des Darlehensnehmers erst nach Rücksprache mit den Banken einfordert. Die Vertragsparteien vereinbaren mit der Klausel der Parallelpflichten zusammen, dass die Parallelpflichten nicht zu einer Dopplung oder Vervielfachung von Pflichten des Darlehensnehmers aus den Finanzierungsverträgen führen dürfen.[4456] 2261

Damit die Besicherung der Rechte der Konsortialbanken unter einem Konsortialdarlehensvertrag rechtsgültig und über die Laufzeit des Konsortialdarlehensvertrages erhalten bleibt, ist in der Praxis die sog. »**Parallel Schuld**« oder auch »**Parallelpflichten**« entwickelt worden (s. Rdn. 2261). Hierdurch hat der Sicherheitenverwalter einen eigenen Anspruch auf Zahlung und die Rechte aus dem Konsortialdarlehensvertrag gegen den Darlehensnehmer und kann somit aus eigenem Recht in die unter dem Konsortialdarlehensvertrag gestellten Sicherheiten vollstrecken. Dieses Recht wird dadurch eingeschränkt, dass der Sicherheitenverwalter nur in Abstimmung mit den Banken eine entsprechende Zahlung vom Darlehensnehmer verlangen kann. Wichtig ist in diesem Zusammenhang für den Darlehensnehmer, dass die »Parallel Schuld« nicht zu einer Duplizierung der Verpflichtungen des Darlehensnehmers führen darf. Die Erfüllung von Parallelpflichten ggü. dem Sicherheitenverwalter oder den Banken soll gleichermaßen als Entlassung des Darlehensnehmers aus der entsprechenden Primärpflicht der jeweiligen anderen Partei ggü. gelten. 2262

Die Sicherheiten werden zugunsten der Konsortialbanken als Gesamtgläubiger bestellt. Treten neue Banken nach der Ausreichung des Kredites in den Vertrag ein, dann werden sie »ipso jure« Inhaber 2263

4456 Ausführlich zur rechtlichen Konstruktion der Parallel Schuld *Hoffmann* WM 2009, 1452 ff., C. Weber zu § 488Rn. 360ff, BeckOGK, Danzmann, Josenhans WM 2017 Heft 33, 1588ff.

der Sicherheit, da auch sie am bereits ausgereichten Betrag beteiligt sind.[4457] Diese Struktur dient auch dazu, dass Sicherheiten bei einer etwaigen Forderungsübertragung nicht untergehen oder neu bestellt werden müssen.

qq) Mehrheitsbankenentscheidungen/Entscheidungen aller Banken

2264 Grds. bedürfen Änderungen und Ergänzungen des Konsortialdarlehensvertrages der Zustimmung der Mehrheitsbanken.[4458] Entscheidungen über eine Änderung oder Ergänzung des Konsortialdarlehensvertrages, die kreditmaterielle Klauseln betreffen, bedürfen generell der Zustimmung aller Konsortialbanken. Diese kreditmateriellen Klauseln sind üblicherweise die Rückabwicklung des Konsortialdarlehensvertrages, Änderungen oder Ergänzungen des Zinssatzes, des Darlehensbetrages, des Darlehenszwecks, der Laufzeit des Darlehens, eine Verschiebung der Rückzahlungstage, oder Änderungen oder Ergänzungen der Vereinbarungen von oder zu Sicherheiten. Auch ist es möglich, dass bereits im Text einer Vertragsklausel vorgesehen ist, dass diese durch Mehrheitsbankenentscheidung geändert werden kann oder nur mit Zustimmung aller Banken.

2265 Diese Klausel ist von grundsätzlicher Bedeutung, damit die Entscheidungsfindung unter den Konsortialbanken, Änderungen oder Ergänzungen des Konsortialdarlehensvertrages nicht in jedem Fall blockieren können, wenn eine der Konsortialbanken einer angefragte Änderung oder Ergänzung nicht zustimmt. Auch wird verhindert, dass durch eine Entscheidung der Mehrheitsbanken eine Konsortialbank zu kreditmateriellen Entscheidungen gezwungen wird. Es soll die Flexibilität bei späteren Änderungen und Ergänzungen des Vertrages gewährleistet werden, damit auf geänderte Umstände schnell und ohne viel Aufwand eingegangen werden kann. Zu dieser Klausel gibt es weitere Variationsmöglichkeiten, z.B. kann vorgesehen werden, dass eine Konsortialbank, die einer Änderung/Ergänzung nicht zustimmt durch den Darlehensnehmer gekündigt werden kann. Dies ist meist dann vorgesehen, wenn ein bestimmtes Mindestquorum bei der Zustimmung zur Änderung/Ergänzung ohne die Zustimmung dieser Konsortialbank erreicht wird oder der Darlehensnehmer das Recht zur Kündigung einer ablehnenden Bank hat, insbesondere, wenn alle Banken zustimmen müssten (»Yank the Bank«). Diese Klausel hilft einerseits bei der Erhaltung des Darlehens, führt andererseits dazu, dass Konsortialbanken vorzeitig aus ihren Verpflichtungen und dem Konsortialdarlehensvertrag entlassen werden.

rr) Aufteilung unter den Banken »Pro Rata Sharing«

2266 In dieser Klausel wird geregelt, wie ein Ausgleich unter den Banken stattfindet, wenn eine Bank (die »Ausgleichsbank«) durch Aufrechnung, Gerichtsurteil oder in sonstiger Weise Befriedigung ihrer Forderungen aus dem Konsortialdarlehensvertrag erlangt hat und ihr diese Befriedigung, wenn sie im Rahmen einer normalen Rückzahlung erfolgt wäre, nach den Bestimmungen des Konsortialdarlehensvertrages nicht oder nicht in dieser Höhe zugestanden hätte. Die Ausgleichsbank ist dann Verpflichtet einen Betrag i.H. des ihr nicht zustehenden Anteils an die Verwaltungsstelle zur Weiterleitung an die anderen Konsortialbanken zu zahlen. Die Verwaltungsstelle wird diesen Betrag entsprechend der Konsortialquoten an die übrigen Konsortialbanken weiterleiten. Darauf wird jede Bank einen Teil ihrer Forderungen aus dem Konsortialdarlehensvertrag in Höhe der an sie von der Verwaltungsstelle weitergeleiteten Zahlungen an die Ausgleichsbank abtreten, damit die Ausgleichsbank so gestellt wird, als wenn sie nur eine Befriedigung ihrer Forderungen nach den Bestimmungen des Konsortialdarlehensvertrages erhalten hätte. Wenn die Ausgleichsbank verpflichtet wird einen gemäß der Ausgleichsklausel erhaltenen Betrag zurückzuzahlen, hat jede Bank, welche gemäß der Ausgleichsklausel befriedigt wurde, solche Zahlungen (und sofern Zinsen zu zahlen sind, einen entsprechenden Anteil daran) an die Ausgleichsbank zurückzuerstatten. Für die entsprechend zurückgezahlten Beträge werden die abgetretenen Forderungen zurückabgetreten. Weiter wird

4457 *Hoffmann* WM 2009, 1453 ff.

4458 Mehrheitsbanken werden im Darlehensvertrag als ein Prozentsatz, meist 66 2/3 %, aller Konsortialbanken üblicherweise definiert.

üblicherweise vereinbart, dass falls ein solcher Betrag im Rahmen eines gerichtlichen Verfahrens einer Bank zugesprochen wurde, die anderen Konsortialbanken diesem Verfahren nicht beigetreten sind, obwohl sie die Möglichkeit hatten oder die Möglichkeit eines eigenen Verfahren einzuleiten nicht wahrgenommen haben, diese Konsortialbanken keine Anspruch auf einen etwaigen Ausgleich haben.

Sinn und Zweck dieser Regelungen ist, dass keine der Konsortialbanken besser gestellt sein soll und Rechtsbeziehungen des Darlehensnehmers und der Konsortialbanken außerhalb des Konsortialdarlehensvertrages keine negativen Auswirkungen auf die Ansprüche der Konsortialbanken untereinander haben sollten. **2267**

ss) Informationen

Die Finanzierungsparteien dürfen sich gegenseitig über ihnen bekannt gewordene Ereignisse und Informationen unterrichten, die für diese Finanzierung von Bedeutung sind. Sie dürfen Kopien des Konsortialdarlehensvertrages und diejenigen Informationen, die sie unter dem Konsortialdarlehensvertrag erhalten haben, an ihre Wirtschaftsprüfer und Rating-Agenturen weitergeben, an Aufsichtsbehörden oder aufgrund rechtlicher oder gesetzlicher Anordnung und an potentielle neue Konsortialbanken. Die Datenerfassung und Zergliederung sämtlicher Positionen der vom Darlehensnehmer, Bürgen oder Garanten zur Verfügung gestellten Unterlagen dürfen auf externe Unternehmen übertragen werden, sofern mit diesen eine Vertraulichkeitsvereinbarung geschlossen wurde. Der Darlehensnehmer und ggf. die Bürgen oder Garanten, befreien die Finanzierungsparteien insoweit vom Bankgeheimnis. **2268**

Im Rahmen der Diskussion über das Bankgeheimnis[4459] und der damit verbundenen Weitergabe von Informationen wird auf die Informationsklausel und ihre Ausgestaltung geachtet. Einerseits soll sichergestellt werden, dass keine der Finanzierungsparteien (Konsortialbanken, Arrangeur, Verwaltungsstelle) einen Wissensvorsprung ggü. den anderen Finanzierungsparteien hat und ggf. ausnutzt. Dies würde im Widerspruch zur Intention der Gleichstellung der Finanzierungsparteien untereinander stehen. Andererseits soll gewährleistet werden, dass eine Weitergabe der Informationen nur an einen beschränkten Personenkreis möglich ist. Dies gewährleistet, dass die Informationen weiterhin der Verschwiegenheitsverpflichtung der Parteien unterliegen und geben den Finanzierungsparteien die notwendige Flexibilität, ihre Geschäftstätigkeit zu gestalten, z.B. durch Abtretung ihrer Rechte und Pflichten unter dem Konsortialdarlehensvertrag an andere Banken oder Auslagerung bestimmter Tätigkeiten in andere Unternehmen. **2269**

tt) Provisionen, Kosten und Gebühren

Der Darlehensnehmer verpflichtet sich, an die Verwaltungsstelle für Rechnung der Finanzierungsparteien, die separat ausgehandelten[4460] und vereinbarten **Provisionen** zu zahlen. Der Darlehensnehmer verpflichtet sich, den Banken ab einem bestimmten Zeitpunkt, z.B. einen Monat und zwei Bankarbeitstage nach der Erteilung der Zusage oder Unterzeichnung des Konsortialdarlehensvertrages bis zum Ende des Inanspruchnahmezeitraums eine **Bereitstellungsprovision** auf den nicht in Anspruch genommenen und nicht gekündigten Teil des Konsortialdarlehens zu zahlen. Die Bereitstellungsprovision ist üblicherweise jeweils am Ende eines Kalendervierteljahres nachträglich zu zahlen. Auch wird vereinbart, dass der Darlehensnehmer auf Anforderung des Arrangeurs, der Verwaltungsstelle oder dem Sicherheitenverwalter alle angemessenen und **erforderlichen Aufwendungen** (einschließlich Gebühren und Auslagen für etwaige Rechts- und Steuerberater) ersetzt, die ihnen im Zusammenhang mit der Vorbereitung, Verhandlung, Dokumentation, Unterzeichnung und Durchführung des Konsortialdarlehensvertrages und der Sicherheitenverträge bzw. der **2270**

4459 BGHZ 171, 180 ff. = NJW 2007, 2106 ff.; s. neuestens auch LG Hamburg, NJW 2008, 2784 (2785); LG Nürnberg-Fürth, WM 2008, 2015 (2018); a.A. *Schwintowski/Schantz* NJW 2008, 472, 474.

4460 BGH II ZR 93/16 vom 21. März 2017, Koch, WM 2016, 717ff.

Verwaltungsstelle und den Banken im Zusammenhang mit etwaigen **Vertragsänderungen** und der Wahrung oder Verfolgung ihrer Rechte gegen den Darlehensnehmer entstehen. Provisionen, Zinsen und sonstige Gebühren, die zeitanteilig anfallen, werden meist auf der Basis der tatsächlichen Anzahl von Tagen in dem betreffenden Zeitraum, geteilt durch 360(Act/360) berechnet.

2271 Damit wird klargestellt, welche Provisionen, Gebühren und Kosten vom Darlehensnehmer, Bürgen und/oder Garanten an die Verwaltungsstelle für diese und die anderen Finanzierungsparteien gezahlt werden müssen. Damit sollen spätere Streitigkeiten, wer welche Kosten z.B. für Vertragsänderungen zu tragen hat oder wie die Bereitstellungsprovision berechnet wird, vermieden werden.

uu) Abtretungsklausel

2272 Der Darlehensnehmer, Bürge oder Garant darf seine Rechte und Pflichten aus dem Konsortialdarlehensvertrag nicht ohne schriftliche Zustimmung aller Konsortialbanken abtreten, übertragen oder verpfänden.

2273 Jede Konsortialbank ist berechtigt, zumeist mit Zustimmung des Darlehensnehmers (die nicht rechtsgrundlos verweigert werden darf und vom Darlehensnehmer auch für die Bürgen/Garanten erklärt werden sollte, sofern es solche gibt) ihre Rechte und/oder Pflichten aus diesem Vertrag nebst diesbezüglichen Sicherheiten ganz oder in Mindestbeträgen und einem ganzzahligen Vielfachen von Mindestbeträgen durch Vertragsübernahme zu übertragen. Die Vertragsübernahme des Darlehens sowie der Darlehenszusagen und der ausstehenden Inanspruchnahmen hat anteilig zu erfolgen.

2274 Die Vertragsübernahme durch eine andere Bank des Konsortiums, innerhalb des Konzerns einer Konsortialbank oder bei Vorliegen eines Kündigungsgrundes ist ausdrücklich ohne Zustimmung des Darlehensnehmers im Konsortialdarlehensvertrag enthalten. Jede Bank ist ferner berechtigt, ihre Rechte aus dem Konsortialdarlehensvertrag i.R.d. eigenen Refinanzierung an eine Zentralbank oder eine supranationale Bank oder an ein anderes Finanzinstitut (im Folgenden »Refinanzierer«) zu übertragen, zu verpfänden oder unter Verwendung eines anderen Rechtsinstruments zur Refinanzierung einzusetzen, solange die jeweilige Konsortialbank hierdurch nicht von ihren Verpflichtungen aus dem Konsortialdarlehensvertrag frei wird. Der Darlehnsnehmer und die Bürgen/Garanten willigen für diese Fälle ein, dass die jeweilige Bank dem Refinanzierer neben den sonstigen erforderlichen Informationen (z.B. Darlehensbetrag, Fälligkeit, [Teil-] Tilgungen und Prolongationen) auch ihren Namen und ihre Adresse mitteilt.

2275 Die Abtretung von Teilen am Darlehen ist für die Banken innerhalb des Konsortiums und bei Vorliegen eines Kündigungsgrundes notwendig. Sie gibt im Fall der Kündigung den Konsortialbanken die notwendige Flexibilität über Behalt oder Verkauf ihres Darlehensanteils frei zu entscheiden. Die Zustimmung des Darlehensnehmers bei anderen Vertragsübernahmen oder Abtretungen, ohne dass ein Kündigungsgrund vorliegt, ist wichtig, da der Darlehensnehmer bei der Auswahl seiner Konsortialbanken mitwirken und diese kontrollieren will/kann.

vv) Mitteilungen, Allgemeine Geschäftsbedingungen, Rechtswahlklausel

2276 Es sollen die Adressdaten der Verwaltungsstelle und des Darlehensnehmers aufgeführt werden und wann Informationen über Änderungen dieser Informationen Wirkung entfalten. So kann die Verwaltungsstelle die Informationen oder Gelder an die richtige Stelle schicken/überweisen.

2277 Die Einbeziehung von Allgemeinen Geschäftsbedingungen (»AGB«) und/oder Allgemeinen Bedingungen für gewerbliche Darlehen können den Konsortialdarlehensvertrag verkürzen, da z.B. bestimmte Kündigungsgründe nicht in den Vertragstext aufgenommen werden müssen. Überwiegend sind die einzelnen Punkte der AGB im Konsortialdarlehensvertrag bereits enthalten und verhandelt, so dass häufig die AGB nicht mehr mit einbezogen werden.

2278 Die **Rechtswahl** spezifiziert meist den Ort des Konsortialführers als **Erfüllungsort** und als Ort des zuständigen Gerichts. Dies dient dazu, dass nicht jede Bank an ihrem Sitz verklagt werden und/

oder vor einer Klage ein langwieriges Verfahren über die **Zuständigkeit** der Gerichte geführt werden muss.

3. Sicherheitenverträge

Besonderheiten gibt es, wenn für einen Konsortialdarlehensvertrag Sicherheiten bestellt werden. 2279
Es sind drei Ausgangssituationen zu unterscheiden: (i) Sicherheiten werden für ein Konsortialdarlehensvertrag neu bestellt, (ii) Konsortialbanken, die sich an dem Konsortialdarlehensvertrag beteiligen, bringen für sie bereits bestellte Sicherheiten als solche in den Konsortialdarlehensvertrag ein, und (iii) es bestehen bereits Sicherheiten bei Konsortialbanken, die als Sicherheiten für den Konsortialkreditvertrag dienen sollen, und es werden noch weitere für den Konsortialdarlehensvertrag bestellt oder Banken treten dem Konsortium bei und bringen Sicherheiten zu einem späteren Zeitpunkt ein.

a) Sicherheitenvereinbarung im Konsortialdarlehensvertrag

Diese entspricht den vorstehend unter Rdn. 2261 ff. gemachten Ausführungen zu den Rechten und 2280
Pflichten des Sicherheitenverwalters i.R.d. Klausel über das Verhältnis der Verwaltungsstelle, des Sicherheitenverwalters, der Konsortialführer und die Beschreibung der zu bestellenden Sicherheiten, meist in einer Anlage zum Konsortialdarlehensvertrag und Ausführungen zur Parallel Schuld falls notwendig.

b) Sicherheiten(treuhand/pool)vereinbarung als gesonderter Vertrag

Ein Sicherheitentreuhand/poolvertrag wird häufig bei Konsortialdarlehen verwendet, bei dem Kon- 2281
sortialbanken bestehende besicherte Darlehen in den Konsortialdarlehensvertrag mit den dazugehörigen Sicherheiten einbringen. Da diese Sicherheiten vorwiegend nur zugunsten der jeweiligen Konsortialbank bestellt sind, ist zu regeln, wie diese Konsortialbank sich bei der Verwaltung und Verwertung der Sicherheit für alle Konsortialbanken entsprechend dem Konsortialdarlehensvertrag verhalten muss. Dies dient dazu, dass ein etwaiger Rangverlust durch Neubestellung und zusätzlichen Kosten der Neubestellung der Sicherheit vermieden werden kann. Dies muss jedoch im Einzelfall für jede Sicherheit geprüft werden.

4. Exkurs Konsortialdarlehen mit Bundes- und Landesbürgschaften

Bei Finanzierungen mit Bundes- und/oder Landesbürgschaften sind immer die jeweiligen All- 2282
gemeinen Bedingungen des Bundes/Landes, die für die Finanzierung Geltung haben, zu beachten.[4461] Diese können zu Ergänzungen und Änderungen von Vertragsklauseln führen, da die meisten der Vorschriften des Bundes und der Länder nicht abdingbar/verhandelbar sind. Auch sind in diesem Zusammenhang die europarechtlichen Vorschriften insb. bei »Beihilfemaßnahmen« zu berücksichtigen.[4462]

5. Darlehensvertrag und Konsortialvertrag

Diese Art der Vertragsgestaltung bei Konsortien ist in den letzten Jahren immer mehr durch den 2283
Konsortialdarlehensvertrag verdrängt worden. Die Darstellung beschränkt sich daher auf einen Überblick der Klauseln und Regelungen, die Änderungen und Ergänzungen eines bilateralen Darlehensvertrages sowie die Gestaltung eines Konsortialvertrages.

4461 Allgemeine Bestimmungen für Bürgschaftsübernahmen durch die BRD (Bund) und parallel bürgende Bundesländer.

4462 Ausführlich *Schmidt-Räntsch* NJW 2005, S. 106 ff.

a) *Klauseländerungen und -ergänzungen im Darlehensvertrag*

2284 In einen entsprechenden bilateralen Darlehensvertrag sind einige Vertragsklauseln anzupassen. Dies resultiert daraus, dass sämtliche Regelungen des Verhältnisses der Banken untereinander im Konsortialvertrag geregelt werden. Die Anpassungen von Vertragsklauseln im Darlehensvertrag beschränken sich z.B. auf die Präambel, die Haftung der Finanzparteien, die Auszahlungs- und Informationsklauseln.

b) *Konsortialvertrag*

2285 Der Konsortialvertrag regelt das Innenverhältnis zwischen den Konsortialbanken, stellt jedoch keinen Gesellschaftsvertrag dar.[4463] Im Einzelnen werden geregelt: die Vereinbarung über die Bildung eines Außenkonsortiums, die Konsortialbeteiligung und die Konsortialquoten, Regelung der Mehrheitsverhältnisse, der technische Ablauf der Anforderung von Auszahlungsbeträgen unter dem Darlehensvertrag, die Geschäftsführung und Vertretung, Leitung des Konsortiums, Beschlussfassung, Konsortialversammlung, Innenverhältnis und Haftung, Vertragsdauer und Kündigung, weitere Syndizierung und Abtretung, Weiterleitung von Mitteilungen, Aufteilung unter den Banken (»pro rata sharing Klausel«) und Informationsweitergabe unter den Banken.

K. Beendigung des Darlehensverhältnisses

I. Übersicht

2286 Das Recht der Darlehenskündigung wurde durch das Schuldrechtsmodernisierungsgesetz vom 23.11.2001[4464] grundlegend neu gestaltet und angepasst. Weitere bedeutende Neuregelungen sind knapp eine Dekade später durch das Gesetz zur Umsetzung der Verbraucherkreditrichtlinie, des zivilrechtlichen Teils der Zahlungsdiensterichtlinie sowie zur Neuordnung der Vorschriften über das Widerrufs- und Rückgaberecht vom 29.07.2009[4465], das nach der EU-Verbraucherrichtlinie[4466] vom 23.04.2008 bis zum 12.05.2010 in bundesdeutsches Recht umgesetzt werden musste, erfolgt.[4467] Zuletzt haben grundlegende Veränderungen durch das Gesetz zur Umsetzung der Wohnimmobilienkreditrichtlinie und zur Änderungen handelsrechtlicher Vorschriften vom 11.03.2016[4468], das am 21.03.2016 in Kraft getreten ist, stattgefunden. Hierdurch erfolgte eine Normangleichung der gesamten Verbraucherdarlehensverträge. Der Gesetzgeber unterscheidet in der Normstruktur des Verbraucherdarlehensrechts nunmehr zwischen Allgemeinen- und Immobiliar-Verbraucherdarlehensverträgen.

2287 Trotz der mannigfachen Gesetzesänderungen finden die Vorgängervorschriften auf sog. Altfälle noch für eine geraume Zeit Anwendung (Art. 229 §§ 22 und 38 EGBGB). Aus diesem Grunde sollen die ursprünglichen Regelungen im Rahmen der nachfolgenden Darstellung auch in dieser Auflage jedenfalls dann aufgezeigt werden, wenn sich wesentliche Abweichungen zur vorherigen Rechtslage ergeben. Zum Zwecke des besseren Verständnisses werden ursprüngliche Regelungen mit dem Zusatz a.F. (alte Fassung) gekennzeichnet.

2288 Das »allgemeine« Kündigungsrecht ist in den §§ 488 bis 490 BGB geregelt. Die Kündigung von Allgemein-Verbraucherdarlehen findet ihre spezielle Regelung seit dem 11.06.2010 in § 500 BGB. Bei Verbraucherdarlehen wird nicht mehr danach unterschieden, ob ein fester oder variabler Zinssatz

4463 BuB/*Früh* Rn. 3/344; Schimansky/Bunte/Lwowski/*Pamp* Bankrechts-Handbuch § 76 Rn. 147.
4464 BGBl. I 2001, 3138.
4465 BGBl. I 2009, 2355.
4466 Richtlinie 2008/48/EG des Europäischen Parlaments und des Rates vom 23.04.2008 über Verbraucherkreditverträge (Verbraucherkreditrichtlinie II) vom 23.04.2008, ABl. EU Nr. L 133, S. 6.
4467 *Krepold/Fischbeck*, Bankrecht, S. 112.
4468 BGBl I 2016, 396.

vereinbart ist, sondern, ob es eine feste Laufzeit gibt.[4469] Eine geringfügige Änderung gegenüber der bisher geltenden Rechtslage ergibt sich für Immobiliar-Verbraucherdarlehensverträge. Der durch die Wohnimmobilienkreditrichtlinie neu eingefügte § 500 Abs. 2 S. 2 BGB weicht nunmehr vom bisherigen Grundsatz des § 490 Abs. 2 BGB ab. Dem Verbraucher wird mit § 500 Abs. 2 S. 2 BGB jetzt das Recht eingeräumt, einen Wohnimmobilienkredit mir vertraglicher Sollzinsbindung vorzeitig zurückzuzahlen, wenn ein berechtigtes Interesse vorliegt. Bisher musste der Vertrag hierfür gemäß § 490 Abs. 2 BGB gekündigt werden, was voraussetzte, dass nicht nur ein berechtigtes Interesse vorlag, sondern dieses Interesse eine Kündigung aus Sicht eines objektiven Dritten auch nachvollziehbar erscheinen ließ.

II. Ordentliche Kündigung

1. »Konventionelle« Darlehen

Darlehen ohne bestimmten Rückzahlungstermin, bei denen es sich nicht um Verbraucherdarlehen 2289
handelt, können sowohl vom Darlehensgeber als auch vom Darlehensnehmer nach dem Gesetz ordentlich mit einer Frist von drei Monaten gekündigt werden (§ 488 Abs. 3 BGB). Da die Kündigungsfrist des § 488 Abs. 3 Satz 2 BGB dispositiver Natur ist,[4470] kann die Frist für eine ordentliche Kündigung von Krediten ohne Laufzeitvereinbarung abbedungen werden. Nr. 18 Abs. 1 AGB-Banken verkürzt dann auch die gesetzlich vorgesehene Kündigungsfrist zu Gunsten des Darlehensnehmers dergestalt, dass der Darlehensnehmer unbefristet gewährte Darlehen jederzeit ohne Einhaltung einer Kündigungsfrist kündigen kann. Für den Darlehensgeber sieht Nr. 19 Abs. 2 AGB-Banken im Prinzip das gleiche Recht vor.[4471] Hiernach kann die Bank Kredit- und Kreditzusage, für die weder eine Laufzeit noch eine abweichende Kündigungsregelung vereinbart ist, »jederzeit ohne Einhaltung einer Kündigungsfrist kündigen«. Allerdings wird in Nr. 19 Abs. 2 Satz 2 AGB-Banken ausdrücklich die Verpflichtung der Bank klargestellt, bei Ausübung dieses Kündigungsrechts »auf die **berechtigten Belange des Kunden Rücksicht** zu nehmen«.[4472] Die Kündigung darf daher insbesondere nicht gegen das Verbot der »Kündigung zur Unzeit« und der Rechtsmissbräuchlichkeit verstoßen.[4473] Darüber hinaus ist das Kündigungsrecht in Nr. 19 Abs. 2 AGB-Banken im Zusammenhang mit der Regelung in Nr. 19 Abs. 5 AGB-Banken zu sehen, wonach die Bank dem Kreditnehmer im Fall einer Kündigung ohne Kündigungsfrist für die Abwicklung, insbesondere für die Rückzahlung eines Kredits eine angemessene Frist einzuräumen gehalten ist.[4474] Insoweit kann aber auf das gesetzliche Leitbild des § 489 Abs. 3 BGB zurückgegriffen werden. In dieser Vorschrift hat der Gesetzgeber selbst eine Interessenabwägung zur zeitlichen Angemessenheit der Rückzahlung eines Kredits vorgenommen. An dieser Vorgabe können sich die Banken orientieren. Faktisch stellt sich das Recht der Bank zur »ordentlichen Kündigung« bei Krediten ohne Laufzeitvereinbarung als Recht zur »außerordentlichen Kündigung« dar.

4469 *Krepold/Fischbeck*, Bankrecht, S. 151.

4470 RGZ 104, 86; *Bruchner/Krepold*, in: Schimansky/Bunte/Lwowski, Bankrechts-Handbuch,§ 79 RdNr. 157.

4471 *Bruchner/Krepold*, in: Schimansky/Bunte/Lwowski; Bankrechts-Handbuch, § 79 RdNr. 157; siehe auch OLG Nürnberg WM 1960, 890; OLG München WM 1984, 128; OLG Köln WM 1999, 1004, 1005. Nach Ansicht von *Vuia*, Die Verantwortlichkeit von Banken in der Krise von Unternehmen, S.353 verstößt Nr. 19 Abs. 2 AGB-Banken gegen § 307 Abs. 2 BGB.

4472 Siehe hierzu *Bunte*, AGB-Banken, 3. Aufl. 2011, Nr. 19 RdNr. AGB-Banken RdNr. 436 ff.

4473 *Bruchner/Krepold*, in: Schimansky/Bunte/Lwowski, Bankrechts-Handbuch, § 79 RdNr. 157; *Bunte*, AGB-Banken, Nr. 19 AGB-Banken RdNr. 437 f.

4474 Vgl. BGH WM 1978, 234; BGH WM 1979, 457; BGH WM 1981, 150; BGH WM 1983, 1038; BGH WM 1985, 1136; BGH WM 1985, 769; BGH WM 1991, 317; *Canaris*, Bankvertragsrecht, 3. Auflage 1981 RdNr. 1239; *Halstenberg*, Die neue Rechtsprechung des BGH zum Darlehensrecht, WM 1988, Sonderbeilage 4, S. 7 f.; s. auch OLG Köln WM 1999, 1004, 1005.

2290 Nr. 19 Abs. 2 AGB-Banken räumt der Bank auch das Recht ein, eine »Kreditzusage« zu »kündigen«. Allerdings bezieht sich dieses Recht zur »Kündigung einer Kreditzusage« gleichfalls nur auf Kredite **ohne Laufzeitvereinbarung**. Nur bei unbefristeten Krediten darf die Bank die Zusage bereits vor deren Valutierung durch eine einseitige Erklärung wieder aufheben; die Bank kann daher insbesondere auch einen ganz oder teilweise noch nicht ausgenutzten unbefristeten Rahmenkredit, der zur revolvierenden Inanspruchnahme des zugesagten Kredits berechtigt, ordentlich kündigen.[4475] Auch hierbei hat die Bank auf die berechtigten Belange des Kunden Rücksicht zu nehmen. Sie muss den Kunden insbesondere über die beabsichtigte »Kündigung« der Kreditzusage rechtzeitig vorher informieren, damit dieser sich auf die neue Situation einstellen kann. Auf diese Weise soll vermieden werden, dass der Kunde im Vertrauen auf die Kreditzusage Disposition trifft.

2291 Das Recht zur ordentlichen Kündigung steht – wie dargelegt – unter dem **Gebot der Rücksichtnahme** auf die berechtigten Belange des Kreditnehmers.[4476] Eine Kündigung kann daher unzulässig sein, wenn ein daraus resultierender Schaden des Kreditnehmers **unverhältnismäßig** groß wäre; jedoch die Unterlassung der Kündigung den Darlehensgeber lediglich geringfügig belastet.[4477] Eine ordentliche Kündigung ist auch bei einem Kredit ohne Laufzeitvereinbarung des Weiteren ausgeschlossen, wenn die Bank mit dem Kreditnehmer eine bestimmt Zwecksetzung abgesprochen hat, aus der sich eine Einschränkung der Kündigungsmöglichkeit ergibt.[4478] Wird z.B. mit einem Kredit ein bestimmter Zweck verfolgt, kann das **ordentliche Kündigungsrecht abbedungen** sein, wenn aufgrund der Kreditkündigung auch andere Darlehen fällig würden.[4479] Entsprechendes ist auch bei Sanierungskrediten anzunehmen.[4480] Im Hinblick auf den Sanierungszweck ist die ordentliche Kündigung nach Nr. 19 Abs. 2 AGB-Banken in der Regel mindestens so lange ausgeschlossen, als sich die wirtschaftliche Lage des Unternehmens nicht verschlechtert und die Sanierungsauflagen erfüllt werden.[4481]

2. Verbraucherdarlehen

2292 Für Allgemein-Verbraucherdarlehen gelten seit dem 11.6.2010 die Sonderregelungen der §§ 498 bis 502 BGB. Mit Umsetzung der Wohnimmobilienkreditrichtlinie wurde der bisher für sämtliche Immobiliardarlehensverträge geltende § 503 BGB a.F. gestrichen. Die Kündigungsvorschriften für Immobiliar-Verbraucherdarlehensverträge finden sich nun auch – soweit sie sich nicht ausdrücklich nur auf Allgemein-Verbraucherdarlehensverträge beziehen – in den §§ 498–502 BGB. Das ordentliche Kündigungsrecht des Darlehensnehmers bei Allgemein-Verbraucherdarlehen, bei denen eine Zeit für die Rückzahlung nicht bestimmt ist, ist in § 500 Abs. 1 Satz 1 BGB festgeschrieben. In diesen Fällen kann der Darlehensnehmer den Darlehensvertrag ganz oder teilweise kündigen, **ohne eine Frist** einzuhalten.[4482] Auch dieses Recht ist in engen Grenzen dispositiv; § 500 Abs. 1 Satz 2 BGB schreibt nur fest, dass eine Vereinbarung über eine Kündigungsfrist von mehr als einem Monat unwirksam ist. Des Weiteren kann der Darlehensnehmer seine Verbindlichkeiten aus einem Verbraucherdarlehensvertrag nach Maßgabe des § 500 Abs. 2 BGB jederzeit ganz oder teilweise erfüllen. Dies gilt durch die Umsetzung der Wohnimmobilienkreditrichtlinie seit dem 21.03.2016 nunmehr auch für Immobiliar-Verbraucherdarlehensverträge. Dies bewirkt, dass Immobiliar-Verbraucherdarlehensverträge auch ohne entsprechende vertragliche Vereinbarung oder Kündigung

4475 *Bruchner/Krepold*, in: Schimansky/Bunte/Lwowski, Bankrechts-Handbuch, § 79 RdNr. 158; *Gößmann/Wagner-Wieduwilt-Gößmann*, AGB-Banken, RdNr. 1/559.

4476 BGH WM 1977, 834; BGH WM 1977, 1281, 1284.

4477 *Hopt/Mülbert*, Kreditrecht, § 609 RdNr. 18; *Bruchner/Krepold*, in: Schimansky/Bunte/Lwowski, Bankrechts-Handbuch, § 79 RdNr. 159.

4478 *Bruchner/Krepold*, in: Schimansky/Bunte/Lwowski, Bankrechts-Handbuch, § 79 RdNr. 161.

4479 *Bruchner/Krepold*, in: Schimansky/Bunte/Lwowski, Bankrechts-Handbuch, § 79 RdNr. 161.

4480 Vgl. OLG Hamm WM 1985, 1411.

4481 *Bruchner/Krepold*, in: Schimansky/Bunte/Lwowski, Bankrechts-Handbuch § 79 RdNr. 161; *Bunte*, AGB-Banken, Nr. 19 AGB-Banken RdNr. 445.

4482 *Weidenkaff*, in: Palandt, BGB, 77. Aufl. 2018, § 500 RdNr. 2.

gemäß § 489 Absatz 2 BGB oder § 490 Absatz 2 BGB vom Verbraucher jederzeit zurückgezahlt werden können. Für Immobiliar-Verbraucherdarlehensverträge sieht § 500 Abs. 2 S. 2 BGB indes eine Ausnahme vor. Inhaltlich anknüpfend an die bisher in § 503 BGB getroffene Regelung schränkt § 500 Abs. 2 S. 2 BGB das Recht zur vorzeitigen Rückzahlung insoweit ein, als für Verträge, für die ein fester Sollzinssatz vereinbart wurde, die vorzeitige Rückzahlung in dem Zeitraum der Sollzinsbindung an ein berechtigtes Interesse des Darlehensnehmers gekoppelt ist. Zur Frage, wann ein berechtigtes Interesse vorliegt, sind die identischen Maßstäbe anzusetzen wie bei § 490 Abs. 2 BGB[4483]. Eine bedingungslose vorzeitige Rückzahlung eines Immobiliar-Verbraucherdarlehens ist damit nur möglich, wenn sie in einen Zeitraum fällt, für den ein variabler Zinssatz vereinbart wurde. Bei der vorzeitigen Rückzahlung ergeben sich die Rechtsfolgen aus den §§ 501, 502 BGB.

III. Außerordentliche Kündigung durch die Bank

Die Möglichkeiten der außerordentlichen Kündigung durch die Bank sind in § 490 Abs. 1 BGB geregelt, der im Rahmen des Gesetzes zur Umsetzung der Verbraucherkreditrichtlinie, des zivilrechtlichen Teils der Zahlungsdiensterichtlinie sowie zur Neuordnung der Vorschriften über das Widerrufs- und Rückgaberecht lediglich redaktionelle Anpassungen erfahren hat. Dieses außerordentliche Kündigungsrecht soll in der Praxis allerdings erst dann zum Zuge kommen, wenn alle anderen Mittel, insbesondere Sanierungsversuche versagt haben. Bei noch nicht valutierten Darlehen kann die Bank allerdings auf § 321 BGB zurückgreifen. Diese Vorschrift gewährt ein Leistungsverweigerungsrecht in den Fällen, in denen die mangelnde Leistungsfähigkeit des Darlehensnehmers den Rückzahlungsanspruch der Bank gefährdet (Unsicherheitseinrede). 2293

1. Kündigungsrecht wegen Vermögensverschlechterung

a) Die Aufgabe der Differenzierung zwischen Widerruf und Kündigung

Vor der Schuldrechtsreform im Jahr 2002[4484] wurde im Darlehensrecht zwischen dem Widerruf eines (noch) nicht valutierten Darlehens und der Kündigung eines bereits valutierten Darlehens unterschieden. Diese Differenzierung wurde bereits im Rahmen des Schuldrechtsmodernisierungsgesetzes aufgegeben.[4485] Bei der Beendigung eines Darlehensvertrages durch die Bank wird also nicht mehr zwischen der nach Valutierung möglichen Kündigung (§§ 609, 609a BGB a.F.) und dem vor Valutierung möglichen Widerruf (§ 610 BGB a.F.) unterschieden.[4486] 2294

§ 490 Abs. 1 BGB erfasst sowohl valutierte als auch nicht valutierte Darlehen (arg. § 490 Abs. 1 Hs. 2 BGB). Die Kündigung nach § 490 Abs. 1 BGB bewirkt eine einseitige Lösung von einer bestehenden vertraglichen Verpflichtung. Sie beseitigt den Darlehensvertrag für die Zukunft.[4487] 2295

4483 BT-Drs. 18/5922, 90.

4484 Siehe hierzu eingehend *Lang/Assies/Werner* (Hrsg.), Schuldrechtsmodernisierung in der Bankpraxis, 2002, passim.

4485 Vgl. *Köndgen*, WM 2001,1637, 1642; *Reiff*, in: Dauner-Lieb/Heidel/Lepa/Ring, Schuldrecht, § 490 RdNr. 1; *Rösler/Wimmer/Lang*, Vorzeitige Beendigung von Darlehensverträgen, RdNr. B 27.

4486 Vgl. *Freitag*, WM 2001, 2370, 2373; *Rösler/Wimmer/Lang*, Vorzeitige Beendigung von Darlehensverträgen, RdNr. B 27; siehe auch *Köndgen*, in: Ernst/Zimmermann, Zivilrechtswissenschaft und Schuldrechtsreform, S. 471.

4487 Vgl. BGH NJW 1996, 2367, 2368 = WM 1996, 1688, dazu WuB I E 2. § 1 VerbrKrG 3.96 (*Jendrek*); BGH NJW 1995, 2290, 2291 = WM 1995, 1231, dazu WuB I E 2. § 7 VerbrKrG 1.96 (*Hess*); BGH NJW 1993, 57, 63, 68 = WM 1992, 1902, dazu WuB II A. § 229 AktG 1.93 (*Werner*); *Boemke*, AcP 197 (1997), 161, 175; *Bülow*, ZIP 1999, 1293, 1294; *Heinrichs*, in: Festschrift Medicus, S. 177, 186 ff.; *Lorenz*, NJW 1995, 2258, 2261.

b) Vermögensverhältnisse des Darlehensnehmers

aa) Konkrete Gefährdung der Vermögenssituation

2296 Die Bank kann den Darlehensvertrag nicht nur kündigen, wenn beim Darlehensnehmer eine wesentliche Verschlechterung der Vermögenslage, durch welche die Rückzahlung des Kredits gefährdet wäre, bereits eingetreten ist, sondern schon dann, wenn eine wesentliche Verschlechterung der Vermögensverhältnisse des Darlehensnehmers einzutreten droht.[4488] Die Verschlechterung der Vermögenslage muss also objektiv noch nicht vorliegen; es reicht aus, wenn eines solche »nahe bevorsteht«, soweit dies zu einer Gefährdung des Darlehensrückzahlungsanspruchs führt.[4489] Die Verschlechterung der Vermögenslage muss sich nach objektiv zu bestimmenden Maßstäben sichtbar abzeichnen, wobei es auf den Kenntnisstand im Zeitpunkt der Kündigungserklärung ankommt[4490]. Daher ist eine Kündigung aufgrund der Verschlechterung der Vermögenslage auch dann wirksam, wenn verlässliche Anhaltspunkte eine Gefährdung des Darlehensrückzahlungsanspruchs begründen; sich aus einer ex-post Perspektive aber nicht verwirklichten[4491]. Mit dieser Regelung hat der Gesetzgeber die in den AGB-Banken und AGB-Sparkassen schon vor Inkrafttreten der Schuldrechtsmodernisierung verwendeten Klauseln teilweise übernommen.[4492]

2297 Der Vorschrift liegt der Gedanke zugrunde, dass der Bank bei einer solchen Gefährdungslage für die Realisierung ihres Rückerstattungsanspruchs eine Auszahlung bzw. weitere Belassung der Darlehensvaluta nicht mehr zugemutet werden soll. Sie stellt also einen Fall der *clausula rebus sic stantibus* dar, wonach kein Vertragspartner eine Eigengefährdung herbeiführen muss.[4493]

bb) Kündigung vor und nach Valutierung

2298 Vor der Valutierung kann der Darlehensgeber das Darlehen *im Zweifel stets* fristlos kündigen. In diesem Falle ist der Bank eine Auszahlung des Darlehens nicht zuzumuten, wenn eine Rückführung nahezu ausgeschlossen ist.[4494] Die Formulierung *»im Zweifel«* impliziert, dass das Kündigungsrecht trotz Vermögensverschlechterung entfallen kann, etwa, wenn die Parteien dieses Recht vertraglich ausgeschlossen haben.[4495]

2299 Nach der Valutierung soll eine Kündigung gem. § 490 Abs. 1 BGB nur noch *in der Regel* möglich sein. Diese Formulierung will klarstellen, dass bei der Abwägung auch die Belange des Darlehensnehmers zu berücksichtigen sind.[4496] Insoweit bestehen durchaus Parallelen zur Anwendung der Regeln über den Wegfall der Geschäftsgrundlage.[4497]

2300 Die Kriterien in § 490 Abs. 1 BGB sind – trotz geringfügiger Abweichung in der Formulierung – weitgehend inhaltsgleich mit den Tatbestandsmerkmalen in Nr. 19 AGB-Banken bzw. Nr. 26 Abs. 2 AGB-Sparkassen. Die Bedeutung des § 490 Abs. 1 BGB liegt nunmehr darin, dass der Gesetzgeber eine gegenüber der alten Rechtslage weitreichendere AGB-rechtliche Leitbildfunktion

4488 *Bruchner/Krepold*, in: Schimansky/Bunte/Lwowski, Bankrechts-Handbuch, § 79 RdNr. 170 ff.; *K. P. Berger*, in: MünchKomm-BGB, § 490 RdNr. 7.

4489 *Freitag*, WM 2001, 2370, 2373 f.; *K. P. Berger*, in: MünchKomm-BGB, § 490 RdNr. 7.

4490 BGH WM 1985, 1437; BGH WM 1986, 605, 606.

4491 BGH WM 1985, 1437.

4492 *Rösler/Wimmer/Lang*, Vorzeitige Beendigung von Darlehensverträgen, RdNr. B29 ff.

4493 MOT II 314; *Grundmann*, BKR 2001, 66, 69.

4494 BT-Drs. 14/6040, 254; *Reiff*, in: Dauner-Lieb/Heidel/Lepa/Ring, Schuldrecht, § 490 RdNr. 7.

4495 *Reiff*, in: Dauner-Lieb/Heidel/Lepa/Ring, Schuldrecht, § 490 RdNr. 7; *derselbe*, in: Dauner-Lieb/Heidel/Lepa/Ring, Das neue Schuldrecht, § 10 RdNr. 19; *K. P. Berger*, in: MünchKomm-BGB, 6. Aufl. 2012, § 490 RdNr. 15 f; *Mülbert*, in: Staudinger, BGB, Neubearbeitung 2015, § 490 RdNr. 22.

4496 *K. P. Berger*, in: MünchKomm-BGB, § 490 RdNr. 17; *Reiff*, in: Dauner-Lieb/Heidel/Lepa/Ring, Das neue Schuldrecht, § 10 RdNr. 19.

4497 So *Reiff*, in: Dauner-Lieb/Heidel/Lepa/Ring, Schuldrecht, § 490 RdNr. 8.

festgelegt hat.[4498] Eine solche Klauselpraxis ist somit zulässig, und zwar auch, wenn ein Grundpfandrecht besteht, aber die Vollstreckung in Grundstücke beschwerlich ist und der Bank somit nicht zugemutet werden kann.[4499]

cc) Berücksichtigung der gesamten Vermögenslage

Zur Beurteilung, ob eine Verschlechterung der Vermögenssituation vorliegt, ist die gesamte Vermögenslage des Darlehensnehmers, auf die tatsächlich zugegriffen werden kann, maßgebend[4500]. Jede Vermögensminderung, auch der Ausfall von Absatz- und Gewinnchancen, weitere nicht nur unerhebliche Verbindlichkeiten sowie der Wegfall anderweitiger Finanzierungsmöglichkeiten müssen in die Betrachtung einbezogen werden.[4501] Unerheblich ist, ob der Bank werthaltige Sicherheiten zur Verfügung stehen, denn die Bank soll nicht bereits vor Auszahlung des Darlehens gezwungen werden, auf die – oft beschwerliche – Verwertung von Kreditsicherheiten angewiesen zu sein, um die Darlehensvaluta nebst Zinsen zurückzuerhalten. Der Wortlaut bezieht sich also direkt auf die Gefährdung des Darlehensrückzahlungsanspruchs. Besteht ein Darlehensvertrag aus Gesamtschuldnern reicht es aus, dass einer von mehreren Darlehensnehmern in Vermögensverfall gerät[4502]. **2301**

dd) Zeitpunkt der Vermögensverschlechterung

Die Verschlechterung der Vermögensverhältnisse bzw. der Werthaltigkeit der Kreditsicherheiten muss **nach Abschluss des Darlehensvertrages** eingetreten sein.[4503] Soweit die (schlechte) Vermögenssituation des Kunden bereits bei Vertragsschluss bekannt war, ist das Kündigungsrecht ausgeschlossen.[4504] Die Frage, ob es auf die Kenntnis der Bank von der Verschlechterung zum Zeitpunkt der Darlehensausreichung ankommt, ist daher eher akademischer Natur. Hat die Bank zum Zeitpunkt des Vertragsabschlusses Kenntnis von der schlechten Vermögenslage und schließt sie den Vertrag dennoch ab, so wird sie sich nicht auf ein Kündigungsrecht nach § 490 Abs. 1 BGB berufen können, wenn sich die Vermögenssituation nach Vertragsabschluss nicht verändert. Nur eine weitere Gefährdung oder Verschlechterung berechtigt die Bank hier zur Kündigung. Hat der Kunde hingegen die Bank bei Abschluss des Darlehensvertrages über seine tatsächliche (schlechte) Vermögenssituation getäuscht oder unvollständige Angaben hierüber gemacht, ist ein Kündigungsrecht ohne weiteres neben den allgemeinen Anfechtungsregeln anzunehmen. **2302**

c) Werthaltigkeit von Sicherheiten

Das Recht zur Kündigung besteht nicht nur dann, wenn in den Vermögensverhältnissen des Darlehensnehmers eine wesentliche Verschlechterung eintritt oder einzutreten droht,[4505] sondern auch dann, wenn die Werthaltigkeit einer für das Darlehen gestellten Sicherheit sinkt. **2303**

4498 *Köndgen*, WM 2001, 1637, 1643.

4499 Vgl. BGHZ 95, 362, 372 f.; BGH NJW 1991, 2559, 2562; *Grundmann*, BKR 2001, 66, 69; siehe auch die Bedenken von *Freitag*, WM 2001, 2370, 2374.

4500 BGH, WM 2003, 1416, 1417; a.A. *Knops*, WM 2012, 1649.

4501 BGH WM 1957, 949; *Rösler/Wimmer/Lang*, Vorzeitige Beendigung von Darlehensverträgen, RdNr. B 32; *Bruchner/Krepold*, in: Schimansky/Bunte/Lwowski, Bankrechts-Handbuch, § 79 RdNr. 172; *K. P. Berger*, in: MünchKomm-BGB, § 490 RdNr. 4.

4502 OLG München, WM 1996, 1623, 1624 mit Anm. *Gößmann*, WuB I A 2 Nr 19 AGB-Banken 1993 1.98.

4503 Siehe hierzu eingehend auch die Begründung des Regierungsentwurfes zum SchRModG vom 14.05.2001, BT-Drucks. 14/6040, S. 598; *Reiff*, in: Dauner-Lieb/Heidel/Lepa/Ring, Schuldrecht, § 490 RdNr. 5.

4504 BGH WM 1960, 576; *Bruchner/Krepold*, in: Schimansky/Bunte/Lwowski, Bankrechts-Handbuch, § 79 RdNr. 175.

4505 *K. P. Berger*, in: MünchKomm-BGB, § 490 RdNr. 9 f.

2304 § 490 Abs. 1 BGB stellt im Hinblick auf die Besicherung auf die **Werthaltigkeit einer für das Darlehen gestellten Sicherheit** ab. In die Beurteilung einzubeziehen sind also sowohl die Bonität eines Bürgen, Mitverpflichteten usw. als auch die Werthaltigkeit der Sicherheit als solche.[4506]

2305 Ein Kündigungsrecht besteht allerdings nur, wenn durch die Vermögensverschlechterung die Rückerstattung des Darlehens – auch unter Verwertung von Kreditsicherheiten – gefährdet wird. So wird auch vielfach vertreten, dass wenn für das Darlehen eine Sicherheit bestellt worden ist, bei der Gefährdung des Rückzahlungsanspruchs die Vermögensverhältnisse des Darlehensnehmers und die Werthaltigkeit der vom Darlehensnehmer oder Dritten gestellten Sicherheit(en) entgegen dem Wortlaut des § 490 Abs 1 BGB (»oder«) kumulativ zu berücksichtigen sind. Denn auch bei einer wesentlichen Verschlechterung in den Vermögensverhältnissen des Darlehensnehmers ist bei Vorliegen hinreichender Sicherheiten eine Gefährdung des Rückzahlungsanspruchs zu verneinen und eine Kündigung gemäß § 490 Abs 1 BGB ausgeschlossen.[4507] Die Bank wird sich bei ihren Überlegungen, dass Darlehen nach Maßgabe des 490 Abs. 1 BGB zu kündigen, im Rahmen einer Gesamtbetrachtung des Darlehensvertrages mit allen dafür haftenden Kreditsicherheiten die Frage stellen müssen, ob durch die eingetretene oder drohende Vermögensverschlechterung die Ausfallwahrscheinlichkeit für die Bank steigt. In diesem Zusammenhang kommt der Bewertung von Sicherheiten eine erhebliche Bedeutung zu.[4508] So ist es denkbar, dass der Kreditnehmer bzw. der zwischenzeitlich amtierende Insolvenzverwalter die Bank auf Schadensersatz wegen rechtswidriger Kündigung mit der Begründung verklagt, dass nach Verwertung der Kreditsicherheiten ein Ausfall für die Bank von vornherein höchst unwahrscheinlich war.

2306 Schlussendlich wird sich die Bank im konkreten Einzelfall sehr genau überlegen, ob sie, insbesondere im Falle eines bereits valutierten Darlehens, bei einer Verschlechterung der Vermögenssituation des Darlehensnehmers unverzüglich eine Kündigung aussprechen wird. Dabei wird sie zu berücksichtigen haben, ob durch eine eingetretene Verschlechterung bei den persönlichen Vermögensverhältnissen des Darlehensnehmers oder bei der Werthaltigkeit der Kreditsicherheiten ihr Darlehensrückzahlungsanspruch gefährdet wird.

2307 In der Praxis wird hier regelmäßig auf die wirtschaftliche Gesamtsituation des Darlehensnehmers abgestellt. Wie bereits bisher, wird die Kündigung nach § 490 Abs. 1 BGB regelmäßig das letzte Mittel der Bank bleiben.[4509] Üblicherweise wird die darlehensgewährende Bank zunächst von ihrem in Nr. 13 Abs. 2 AGB-Banken (Nr. 22 Abs. 1 AGB-Sparkassen) enthaltenen Recht auf Nachbesicherung innerhalb angemessener Frist Gebrauch machen. Dieser Nachbesicherungsanspruch setzt (noch) keine Gefährdung des Rückzahlungsanspruchs voraus, sondern besteht im Vorfeld. Erst wenn der Darlehensnehmer dieser Nachbesicherungspflicht nicht nachkommt, wird die Bank ggf. wegen der Beeinträchtigung der Werthaltigkeit entsprechender Sicherungen außerordentlich kündigen.[4510]

2. Außerordentliche Kündigung aus sonstigen Gründen

2308 Für die Fälle der Vermögensverschlechterung auf Seiten des Darlehensnehmers bzw. dem sinkenden Wert von Kreditsicherheiten stellt § 490 Abs. 1 BGB eine **Sonderregelung (lex specialis)** dar und ist ausschließlich anzuwenden. Nach § 490 Abs. 3 BGB bleiben die Vorschriften der §§ 313 und 314

4506 Vgl. *Köndgen*, WM 2001, 1637, 1643; *K. P. Berger*, in: MünchKomm-BGB, § 490 RdNr. 11.

4507 Vgl. OLG Brandenburg WM 2010, 605, 607; *Knops* WM 2012, 1649, 1651; *Mülbert* WM 2002, 465, 474; a.A. *Bruchner/Krepold*, in: Bankrechts-Handbuch § 79 RdNr 176: mit der Begründung, dass »ausreichende« Sicherheiten in der Regel keine Kündigungsschranke darstellen, zumal die Zahlungsverpflichtungen des Darlehensnehmers sich in Folge auflaufender Zinsen erhöhen können.

4508 Vgl. *Bruchner/Krepold*, in: Schimansky/Bunte/Lwowski, Bankrechts-Handbuch, § 79 RdNr. 176.

4509 Vgl. auch *Freitag*, WM 2001, 2370, 2374 a.E.

4510 *K. P. Berger*, in: MünchKomm-BGB, § 490 RdNr. 12; vgl. auch zur Zulässigkeit einer Kündigung bei fehlender Nachbesicherung BGH WM 1991, 150 ff.

BGB von den Regelungen des § 490 BGB allerdings unberührt.[4511] Es ist also denkbar, dass eine außerordentliche Kündigung eines Darlehensvertrages nicht aus § 490 Abs. 1 BGB, wohl aber aus § 313 oder aus § 314 BGB hergeleitet werden kann.[4512] Beide Vorschriften sind von ihrem Anwendungsbereich weiter als § 490 Abs. 1 BGB, denn sie erfassen alle Formen von (Darlehens)Verträgen und sind hinsichtlich der Feststellung des »wichtigen Grundes« nicht auf das »Bedürfnis nach einer anderweitigen Verwertung der zur Sicherung des Darlehens beliehenen Sache« beschränkt.[4513]

Für die Kündigungsmöglichkeit des § 314 BGB bleiben regelmäßig (nur) **Fälle der sonstigen Vertragsverletzungen durch den Kreditnehmer** wie z.B. das Nichtbeibringen vertraglich vereinbarter Unterlagen zur Bonitätsprüfung (§ 18 KWG) oder anderer Nachweise wie Baugenehmigung, Bautenstandsbescheinigung etc. In diesen Fällen wird die Bank regelmäßig eine Frist zur Abhilfe mit der Androhung der Kündigung setzen müssen, bevor sie das letzte Mittel der fristlosen Kündigung ausschöpft. Fraudulöse Fälle wie vorsätzlich unwahre Angaben des Darlehensnehmers zu seinen Vermögensverhältnissen oder über die als Sicherheit dienenden Gegenstände (für Verbraucherdarlehensverträge ist hierzu nunmehr § 499 Abs. 3 S. 2 BGB zu beachten) bzw. Tätlichkeiten gegen Mitarbeiter der Bank können auch über das Kündigungsrecht nach § 314 BGB gelöst werden. Bei derartig extremen Verfehlungen bedarf es allerdings keiner vorherigen Warnung des Darlehensnehmers. 2309

3. Kündigung von Verbraucherdarlehen

Die Kündigung von befristeten, d.h. mit einer festen Laufzeit versehenen Verbraucherdarlehen durch den Darlehensgeber ist nunmehr in den §§ 498 und 499 BGB geregelt. Grundsätzlich können befristete Kredite nur aus wichtigem Grund gekündigt werden. Der gravierendste Fall der Kündigung aus wichtigem Grund ist der **Zahlungsverzug des Kunden** bei nicht endfälligen Darlehen.[4514] § 498 BGB stellt allerdings gewisse Einschränkungen auf: So ist eine Kündigung wegen Verzugs bei Verbraucherdarlehen nur dann zulässig, wenn der Darlehensnehmer mit **mindesten zwei aufeinander folgenden Teilzahlungen** ganz oder teilweise und mit **mindestens 10 Prozent**, bei einer Laufzeit des Verbraucherdarlehens von mehr als drei Jahren mit **mindestens 5 Prozent des Nennbetrages** des Darlehens in Verzug ist (sog. qualifizierter Verzug)[4515] und der Darlehensgeber dem Darlehensnehmer erfolglos eine **zweiwöchige Frist** zur Zahlung des rückständigen Betrages mit der Erklärung gesetzt hat, dass er bei Nichtzahlung innerhalb der Frist die gesamte Restschuld verlange. Darüber hinaus soll der Darlehensgeber dem Darlehensnehmer spätestens mit der Fristsetzung ein Gespräch über die Möglichkeiten einer einverständlichen Regelung anbieten. Aus der Formulierung »soll« ist zu entnehmen, dass ein solches Angebot entbehrlich ist, wenn ausreichende Anhaltspunkte bestehen, dass der Darlehensnehmer sich seinen Zahlungsverpflichtungen entziehen will.[4516] Der mit Wirkung 21.03.2016 in § 498 BGB eingefügte Absatz 2 enthält nun die früher in § 503 Abs. 3 BGB a.F. enthaltenen Sonderregelungen, die festlegten, wann ein Immobiliar-Verbraucherdarlehensvertrag wegen Zahlungsverzugs gekündigt werden kann. Inhaltlich bleibt die Regelung unverändert. Nach § 498 Abs. 2 BGB gilt in Abweichung zu § 498 Abs. 1 Nr. 1b BGB weiterhin, dass der Verbraucher mit mindestens 2,5% des Nennbetrags in Verzug sein muss. Nach der Begründung des Finanzausschusses entspricht dies in der Regel einem Zahlungsrückstand von einem halben Jahr[4517]. 2310

Der qualifizierte Verzug muss im **Zeitpunkt der Kündigungsandrohung** vorliegen. Leistet der Darlehensnehmer nach der Kündigungsandrohung eine Teilzahlung, so dass die Voraussetzungen des 2311

4511 *Bruchner/Krepold*, in: Schimansky/Bunte/Lwowski, Bankrechts-Handbuch, § 79 RdNr. 185 ff, 203 ff.
4512 *Bruchner/Krepold*, in: Schimansky/Bunte/Lwowski, Bankrechts-Handbuch, § 79 RdNr. 186.
4513 Vgl. auch *Reiff*, in: Dauner-Lieb/Heidel/Lepa/Ring, Schuldrecht, § 490 RdNr. 17 ff.
4514 Vgl. *Schürnbrand*, in: MünchKomm-BGB, 6. Aufl. 2012, § 498 RdNr. 4 f.
4515 *Krepold/Fischbeck*, Bankrecht, S. 151; *Schürnbrand*, in: MünchKomm-BGB, § 498 RdNr. 11 ff.
4516 *Krepold/Fischbeck*, Bankrecht, S. 151; *Schürnbrand*, in: MünchKomm-BGB, § 498 RdNr. 20.
4517 BT-Drs. 16/9821, 21.

§ 498 Abs. Nr. 1 BGB nicht mehr vorliegen, ist der Darlehensgeber gleichwohl zur Kündigung berechtigt. Nur ein vollständiger Ausgleich der rückständigen Raten verhindert die Kündigung.[4518] Andernfalls könnte der Darlehensnehmer nämlich stets die Kündigung des Darlehens verhindern, ohne seinen Ratenverpflichtungen vollständig nachzukommen.

2312 Bei Allgemein-Verbraucherdarlehen ist gemäß § 499 Abs. 1 BGB eine Vereinbarung über ein Kündigungsrecht des Darlehensgebers unwirksam, wenn eine bestimmte Vertragslaufzeit vereinbart wurde oder die Kündigungsfrist zwei Monate unterschreitet. Die erste Alternative bezieht sich somit auf befristete Verbraucherdarlehen, während die zweite Alternative unbefristete Verbraucherdarlehen erfassen will. Nr. 19 Abs. 2 AGB-Banken, wonach die Kündigungsfrist des § 488 Abs. 3 Satz 2 BGB für die Bank abbedungen wurde, stellt zusätzlich klar, dass die Bank bei der Ausübung des Kündigungsrechtes auf die berechtigten Belange des Kunden Rücksicht nehmen wird.[4519]

2313 § 499 Abs. 2 BGB ermöglicht es dem Darlehensgeber bei Allgemein-Verbraucherdarlehen, die Auszahlung des Darlehens ganz oder teilweise zu verweigern, ohne dass dies die Kündigungsmöglichkeiten beeinflusst. Voraussetzung ist, dass das Leistungsverweigerungsrecht in einem Verbraucherdarlehensvertrag ohne fest vereinbarte Laufzeit vertraglich vereinbart, also auch Vertragsinhalt nach § 492 BGB geworden ist.[4520] Die Vereinbarung muss sicherstellen, dass die Ausübung des Leistungsverweigerungsrechts nur aus sachlich gerechtfertigtem Grund erfolgen kann. Damit ist zugleich klargestellt, dass die Vereinbarung von Leistungsverweigerungsrechten des Darlehensgebers, die nicht auf einem sachlichen Grund beruhen, unzulässig ist [4521].Die Ausübung des Leistungsverweigerungsrechts ist in Textform (§ 492 Abs. 5 BGB) vor oder unverzüglich nach seiner Ausübung mitzuteilen und zu begründen, damit der Darlehensnehmer weiß, weshalb das Darlehen nicht ausgezahlt wird[4522].Die Unterrichtung über die Gründe unterbleibt, soweit hierdurch die öffentliche Sicherheit oder Ordnung gefährdet würde. Die Formulierung umfasst die Unverletzlichkeit der gesamten Rechtsordnung, insbesondere auch die subjektiven Rechte und Rechtsgüter des Einzelnen[4523].

2314 Der Darlehensgeber darf gemäß § 499 Abs. 3 BGB weder einen Allgemein- noch einen Immobiliardarlehensvertrag allein deshalb kündigen oder auf andere Weise beenden oder seine Änderung verlangen, weil die vom Darlehensnehmer vor Vertragsschluss gemachten Angaben unvollständig waren oder weil die Prüfung der Kreditwürdigkeit nicht ordnungsgemäß durchgeführt wurde. Die Vorschrift schließt eine allein auf eine fehlerhafte Kreditwürdigkeitsprüfung oder auf unvollständige Angaben des Verbrauchers gestützte Kündigung ebenso aus, wie auf diese Umstände gestützte Rücktritte, Anfechtungen oder Berufungen auf den Wegfall der Geschäftsgrundlage. Dagegen steht die Vorschrift einem Beendigungsverlangen, das zumindest auch auf andere Gründe gestützt wird, nicht entgegen[4524]. Die in § 499 Abs. 3 S. 3 BGB vorgesehene Ausnahme greift nur ein, soweit sich der Mangel der Kreditwürdigkeitsprüfung auf Informationen bezieht, die der Darlehensnehmer dem Darlehensgeber wissentlich vorenthalten oder die er gefälscht hat. Erfasst ist der Fall, dass der Verbraucher bereits dem Darlehensvermittler die Informationen vorenthalten hat, sodass dieser die Informationen nicht dem Darlehensgeber übermitteln konnte. Sind daneben weitere Umstände betroffen, die im Rahmen

4518 Vgl. BGH, Urt. v. 26.1.2005 – VIII ZR 90/04, WM 2005, 459.

4519 *Bruchner/Krepold*, in: Schimansky/Bunte/Lwowski, Bankrechts-Handbuch, § 79 RdNr. 157; *Krepold/Fischbeck*, Bankrecht, S. 151.

4520 BT-Drs. 16/11643, 85.

4521 BT-Drs. 16/11643, 85.

4522 BT-Drs. 16/11643, 85.

4523 BT-Drs. 16/11643, 85.

4524 BT-Drs. 18/5922, 89.

einer ordnungsgemäßen Kreditwürdigkeitsprüfung zu berücksichtigen gewesen wären, verbleibt es bei der Anwendbarkeit des § 499 Abs. 3 S. 1 BGB[4525]

IV. Kündigung durch den Darlehensnehmer

1. Gesetzliche Ausgangsregel

Die vor dem Jahr 2002 in § 609a BGB[4526] festgeschriebenen Kündigungsrechte für den Darlehensnehmer sind bereits seit der Schuldrechtsreform in § 489 BGB geregelt.[4527] Im Rahmen des Gesetz zur Umsetzung der Verbraucherkreditrichtlinie, des zivilrechtlichen Teils der Zahlungsdiensterichtlinie sowie zur Neuordnung der Vorschriften über das Widerrufs- und Rückgaberecht vom 29.7.2009[4528], wurde diese Bestimmung allerdings modifiziert und angepasst.[4529] 2315

Für die Bankpraxis bedeuten die Regelungen in § 489 BGB, dass im Bereich der Verbraucherdarlehen nur für typische Baufinanzierungen mit einer Zinsfestschreibung ein Kündigungsrecht längerfristig ausgeschlossen werden kann. Für alle Darlehensnehmer kann das Kündigungsrecht durch Vereinbarung einer Festzinsvereinbarung – das Gesetz spricht nunmehr von einem »gebundenen Sollzinssatz«[4530] – für maximal 10 Jahre ausgeschlossen werden. Für Verbraucherdarlehen sind aber gleichwohl die Sonderregelungen in § 500 BGB zu beachten, wonach der Darlehensnehmer seine Verbindlichkeiten jederzeit ganz oder teilweise vorzeitig erfüllen kann. § 500 Abs. 2 BGB stellt klar, dass auch ein Wohnimmobilienkredit mit vertraglicher Sollzinsbindung vorzeitig zurückgezahlt werden kann, wenn ein berechtigtes Interesse vorliegt. Im Falle der vorzeitigen Rückzahlung hat der Darlehensgeber Anspruch auf die Vorfälligkeitsentschädigung nach § 502 BGB. 2316

§ 489 BGB enthält in seinen Abs. 1 Nr. 1 und 2 und Abs. 2 **drei Kündigungstatbestände** mit unterschiedlichen Kündigungsfristen.[4531] Die Norm unterscheidet zwischen **Darlehen mit variablem und solchen mit festem Zinssatz** (nunmehr, wie dargelegt: **»gebundener Sollzinssatz«**). Dies spiegelt die Grundidee der Norm und die Gesetzgebungsgeschichte wieder, wonach Darlehen mit festem Zinssatz im Hinblick auf die laufzeitkongruente Refinanzierung am Kapitalmarkt im Vergleich zu variablen Darlehen privilegiert werden sollten. Allen Kündigungsrechten ist gemeinsam, dass sie nach § 489 Abs. 3 BGB nur dann Wirkung entfalten, wenn der Darlehensnehmer zwei Wochen nach Wirksamwerden der Kündigung das Darlehen vollständig zurückgezahlt hat. 2317

§ 489 BGB gilt nur für **verzinsliche** Darlehen, die Höhe des Zinses spielt dabei keine Rolle. Ist kein Zins vereinbart, findet § 489 Abs. 1 BGB keine Anwendung.[4532] Festzuhalten ist, dass der bankaufsichtsrechtliche Kreditbegriff über den zivilrechtlich determinierten Begriff des Gelddarlehensvertrages hinausgeht. Reine Haftungskredite unterfallen daher nicht dem Anwendungsbereich des § 489 BGB.[4533] Die Verzinslichkeit bestimmt sich nach den allgemeinen Grundsätzen des BGB.[4534] Bei der Vereinbarung eines Disagios wird darauf abzustellen sein, ob das Disagio als Zinsersatz oder als einmalige Vergütung wie z.B. Bearbeitungskosten anzusehen ist. In aller Regel ist das Disagio Zinsbestandteil. Nur in Fällen, in denen sich das Disagio in Höhe der üblichen Bearbeitungskosten 2318

4525 BT-Drs. 18/5922, 90.

4526 Dazu ausführlich *Hopt/Mülbert*, WM 1990, Beilage Nr. 3; *von Rottenburg*, WM 1987, 1; *Häuser/Welter*, NJW 1987, 17; *von Heymann*, BB 1987, 455.

4527 Begründung des Regierungsentwurfs vom 14.05.2001, BT-Drucks. 14/6040, S. 598; *Reiff*, in: Dauner-Lieb/Heidel/Lepa/Ring, Schuldrecht, § 489 RdNr. 1; siehe auch *Rösler/Wimmer/Lang*, Vorzeitige Beendigung von Darlehensverträgen, RdNr. B 41 f.

4528 BGBl. I 2009, S. 2355.

4529 Eingehend *Bruchner/Krepold*, in: Schimansky/Bunte/Lwowski, Bankrechts-Handbuch, § 79 RdNr. 15 ff.

4530 Hierzu *Bruchner/Krepold*, in: Schimansky/Bunte/Lwowski, Bankrechts-Handbuch, § 79 RdNr. 19.

4531 *Rösler/Wimmer/Lang*, Vorzeitige Beendigung von Darlehensverträgen, RdNr. B 49.

4532 *K. P. Berger*, in: MünchKomm-BGB, § 489 RdNr. 4.

4533 *K. P. Berger*, in: MünchKomm-BGB, § 489 RdNr. 4.

4534 Hierzu ausführlich *K. P. Berger*, in: MünchKomm-BGB, § 489 RdNr. 6 ff.

von 1 bis 2% des Kreditbetrages bewegt, kann das Disagio als laufzeitunabhängiger Preisbestandteil qualifiziert werden. Ist hingegen kein Zins, sondern lediglich ein Disagio vereinbart, wird dies regelmäßig als Zinsersatz anzusehen sein,[4535] so dass ein verzinslicher Kredit im Sinne des § 489 BGB anzunehmen ist.

2. Kündigung von Krediten mit veränderlichem Sollzinssatz

2319 Nach § 489 Abs. 2 BGB beträgt die Kündigungsfrist für variabel verzinsliche Kredite – nunmehr als Kredite mit veränderlichem Sollzinssatz – **drei Monate**, beginnend mit der **Valutierung des Kredits**. Die Kündigung kann jederzeit nach Empfang des Darlehens ausgesprochen werden, eine Mindestlaufzeit muss nicht abgewartet werden.[4536] Bei Teilvalutierungen besteht das Kündigungsrecht für den valutierten Teilbetrag.[4537]

2320 Darlehen mit veränderlichem Sollzinssatz sind solche, bei denen jederzeit eine Änderung des Sollzinssatzes eintreten kann.[4538] Hier wird zwischen sog. **Zinsgleitklauseln** und sog. **Zinsanpassungsklauseln** unterschieden. Eine Zinsgleitklausel liegt vor, wenn im Darlehensvertrag geregelt ist, dass der Zinssatz an bestimmte veränderliche Bezugsgrößen gekoppelt ist, so dass sich der Zinssatz automatisch bei Veränderung der Bezugsgröße anpasst.[4539] Sog. Zinsanpassungsklauseln, die auch als Zinsänderungsklauseln bezeichnet werden, sind durch eine Veränderung der Refinanzierungsbedingungen des darlehensgewährenden Instituts gekennzeichnet. Üblicherweise behalten sich die darlehensgewährenden Banken vor, bei »Änderungen der Refinanzierungsbedingungen am Geld- und Kapitalmarkt« den Zinssatz nach billigem Ermessen (§ 315 BGB) anzupassen.

2321 Ob die Änderung auf einer Zinsgleitklausel und damit auf einem Referenzzinssatz wie Basiszinssatz beruht oder ob die Bank ein einseitiges Zinsfestsetzungsrecht nach § 315 BGB hat,[4540] spielt hinsichtlich der Einordnung als variables Darlehen keine Rolle (wobei die jüngere Rechtsprechung – in Abkehr von der grundsätzlichen Entscheidung des BGH vom 6.3.1986[4541] – inzwischen strengere Anforderungen an die Parameter, die eine Zinsanpassung rechtfertigen, stellt[4542]). Der Bundesgerichtshof und ihm folgend die Instanzrechtsprechung haben den darlehensgebenden Banken auferlegt, Änderungen des Zinssatzes nicht willkürlich, sondern nur nach Maßgabe der kapitalmarktbedingten Veränderungen ihrer Refinanzierungskonditionen vorzunehmen und überdies

4535 BGH WM 1996, 2047, 2048; vgl. auch *W. Weber*, NJW 1995, 2951, 2955; *Wenzel*, WM 1997, 2340, 2343; *Lang*, Sparkasse 1997, 46, 47.

4536 *Rösler*, in: Hadding/Nobbe, Bankrecht 2000, S. 165, 167; *Rösler/Wimmer/Lang*, Vorzeitige Beendigung von Darlehensverträgen, RdNr. B 50.

4537 *Hopt/Mülbert*, Kreditrecht, § 609a BGB RdNr. 42; *Rösler/Wimmer/Lang*, Vorzeitige Beendigung von Darlehensverträgen, RdNr. B 50.

4538 *Bruchner/Krepold*, in: Schimansky/Bunte/Lwowski, Bankrechts-Handbuch, § 79 RdNr. 54.

4539 *Hopt/Mülbert*, Kreditrecht, § 608 RdNr. 24; *Bruchner/Krepold*, in: Schimansky/Bunte/Lwowksi, Bankrechts-Handbuch, § 78 RdNr. 68.

4540 Die Frage nach den Möglichkeiten der Zinsanpassung wird nach wie vor kontrovers diskutiert; vgl. hierzu siehe *Bruchner*, BKR 2001, 16, *Metz*, BKR 2001, 21 und *Grundmann*, BKR 2001, 66, 71.

4541 BGH NJW 1986, 1803 = ZIP 1986, 698, dazu EWiR 1986, 653 *Köndgen*; ähnlich BGH NJW 1991, 832; BGH NJW 1993, 3257.

4542 Vgl. einerseits *Bruchner*, in: Bruchner/Metz, Variable Zinsklauseln, Rdnrn. 35 ff., 187 ff.; *derselbe*, BKR 2001, 16; *Habersack*, WM 2001, 753; *Rolfes*, WM 2001, 762; *Gössmann*, in: *Schimansky/Bunte/Lwowski*, Bankrechts-Handbuch, § 7a Rdnrn. 25 ff.; und andererseits *Metz*, in: Bruchner/Metz, Variable Zinsklauseln, Rdnrn. 235 ff.; *derselbe*, BKR 2001, 21, 26; *Schimansky*, WM 2001, 1169; *Derleder*, WM 2001, 2029; siehe bereits *Reifner*, JZ 1995, 866. Aus der Rechtsprechung siehe BGH ZIP 2000, 16; LG Dortmund ZIP 2001, 66, dazu EWiR 2001, 201 (*Derleder*); LG Köln ZIP 2001, 65, dazu EWiR 2001, 199 (*Lang*); AG Bonn VuR 1998, 237; AG Ibbenbühren NJW-RR 1997, 239.

Anpassungen nicht nur bei Steigerungen der Refinanzierungskonditionen, sondern auch bei einem Absinken zeitnah an den Darlehenskunden weiterzugeben.[4543]

Auch Darlehen mit Zinsbegrenzungen, die von der Kreditwirtschaft als Cap-Kredit und Collar-Kredit angeboten werden,[4544] sind variabel verzinsliche Darlehen im Sinne des § 489 Abs. 2 BGB. Beim Cap-Kredit wird ein maximaler Zinssatz (Strike-Price) für den variablen Referenzzinssatz während einer bestimmten Laufzeit vereinbart. Mit dieser Variante nutzt der Darlehensnehmer den Vorteil einer variablen Verzinsung im Hinblick auf die Chancen einer Zinsverbilligung sowie einer Kündbarkeit des Darlehens. Gleichzeitig sichert er sich gegen den Anstieg des Zinssatzes über die vereinbarte Cap-Grenze ab. Um die Absicherungskosten beim Cap-Kredit zu reduzieren, wird häufig die Kombination von Cap und Floor, der Collar-Kredit, angeboten. Dabei vereinbaren Darlehensgeber und Darlehensnehmer einen Zinskorridor, innerhalb dessen der Darlehenszins schwanken kann, typischerweise sichert dabei die eine Partei die Obergrenze, die andere die Untergrenze. 2322

3. Kündigung von Krediten mit gebundenem Sollzinssatz

Die Kündigungsrechte des Darlehensnehmers bei festverzinslichen Krediten – Krediten mit gebundenem Sollzinssatz – sind in § 489 Abs. 1 BGB geregelt. Ausreichend für die Festzinsvereinbarung ist jede vertragliche Abrede über einen gebundenen Sollzinssatz (§ 489 Abs. 5 BGB), womit bereits bei Darlehensabschluss zumindest für einen Teil der Laufzeit ein **fester Zinssatz** als Prozentsatz der Darlehensvaluta vereinbart wird. Die Vereinbarung von festen Bereitstellungszinsen genügt nicht,[4545] ebenso wenig die Vereinbarung von Zinsober- oder/und Zinsuntergrenzen (z.B. Cap-Darlehen).[4546] 2323

Synthetische Festsatzkredite,[4547] bei denen ein variabler Darlehenszins nur deshalb im wirtschaftlichen Ergebnis zu einem Festzins wird, weil der Kunde zusätzlich zum Darlehensvertrag und rechtlich unabhängig von diesem eine Vereinbarung über einen Zinsswap abschließt und damit seinen variablen Zins aus dem Darlehensvertrag gegen einen festen Zins »tauscht«, sind aus Sicht des § 489 BGB variable Kredite. 2324

a) Überblick über die Regelung in § 489 Abs. 1 BGB

Der Darlehensnehmer kann das Darlehen nach § 489 Abs. 1 Nr. 1 BGB einen Monat zum Ende der Zinsbindungsfrist kündigen, sofern bei Ende der Zinsbindungsfrist – nunmehr spricht das Gesetz von der Sollzinsbindung – keine neue Vereinbarung über den Sollzinssatz getroffen wurde.[4548] 2325

Gemäß § 489 Abs. 1 Nr. 2 BGB sind Festzinsdarlehen grundsätzlich kündbar, wenn seit der Auszahlung der Darlehensvaluta zehn Jahre verstrichen sind, ungeachtet, um welche Darlehensform 2326

4543 BGH, Urt. v. 21.4.2009 – XI ZR 78/08, BKR 2009, 345; BGH WM 2010, 933, 936; OLG Düsseldorf, Urt. 05.05.2014 – 9 U 64/13; *Bruchner/Krepold*, in: Schimansky/Bunte/Lwowksi, Bankrechts-Handbuch, § 78 RdNr. 70.

4544 Dazu *Rösler*, WM 2000, 1930.

4545 *Hopt/Mülbert*, Kreditrecht, § 609a BGB RdNr. 9; *Rösler/Wimmer/Lang*, Vorzeitige Beendigung von Darlehensverträgen, RdNr. B 54.

4546 Dazu *Rösler*, WM 2000, 1930; *Rösler/Wimmer/Lang*, Vorzeitige Beendigung von Darlehensverträgen, RdNr. B 54.

4547 Dazu *Rösler*, WM 2000, 1930; *Rösler/Wimmer/Lang*, Vorzeitige Beendigung von Darlehensverträgen, RdNr. B 57.

4548 *Rösler*, in: Hadding/Nobbe, Bankrecht 2000, S. 165, 168; *Rösler/Wimmer/Lang*, Vorzeitige Beendigung von Darlehensverträgen, RdNr. B 41 ff.

es sich handelt,[4549] und ob es sich bei dem Darlehensnehmer um einen Verbraucher oder einen Unternehmer handelt.[4550]

b) Kündigung bei Ende der Zinsbindung

2327 Endet die Zinsbindung vor der für die Rückzahlung bestimmten Zeit und ist keine neue Vereinbarung über den Zinssatz getroffen, so beträgt die Kündigungsfrist nach § 489 Abs. 1 Nr. 1 BGB **einen Monat zum Ende der Zinsbindungsfrist**. Der Darlehensnehmer kann also einen Monat vor Ablauf der Zinsbindungsfrist durch formlose, einseitige und empfangsbedürftige Willenserklärung den Darlehensvertrag zum Ablauf der Festschreibungsfrist beenden.[4551] Für Roll-Over-Kredite regelt § 489 Abs. 1 Nr. 1 2. Halbsatz BGB, dass die Kündigung nur jeweils zum Zinsanpassungstermin wirksam werden kann. In der Kreditpraxis erfolgen die Zinsanpassungstermine in Intervallen von drei bis sechs Monaten.

2328 Entscheidendes Tatbestandsmerkmal dieses Kündigungsrechts ist damit das Fehlen einer neuen Vereinbarung über den Sollzinssatz.[4552] Jede mit oder nach Vertragsabschluss getroffene Vereinbarung stellt eine Vereinbarung im Sinne des § 489 Abs. 1 Nr. 1 BGB dar. Liegt eine solche vor, steht dem Darlehensnehmer am Ende der Zinsbindung kein Kündigungsrecht zu.[4553] Endet die Festschreibungsphase des neuen Zinssatzes vor der Gesamtlaufzeit des Darlehens, steht dem Darlehensnehmer das Kündigungsrecht am Ende der zweiten Festschreibungsphase erneut zu.[4554]

2329 Auch formularmäßige Abreden – auch im ursprünglichen Darlehensvertrag – genügen dem Erfordernis einer Vereinbarung über den weiteren Zinssatz.[4555] Vereinbarungen über den Zinssatz zu Beginn des Darlehens können für den Zeitraum getroffen werden, bis das Kündigungsrecht nach § 489 Abs. 1 Nr. 2 BGB nach 10 Jahren eingreift. Im Darlehensvertrag festgelegte Zinsänderungsklauseln nach § 315 BGB stellen allerdings keine Vereinbarung in diesem Sinne dar, da sie der Bank erlauben, den Zinssatz nach billigem Ermessen einseitig neu festzusetzen. Die Einräumung eines Widerspruchs- oder Kündigungsrechts für den Darlehensnehmer, wenn er mit der neuen Kondition nicht einverstanden ist, ändert daran nichts.[4556] Anderes wird jedoch für Klauseln des Inhalts vertreten, mit denen die Bank dem Darlehensnehmer die geänderten Konditionen mitteilt und eine entsprechende neue Zinsvereinbarung zustande kommt, wenn der Darlehensnehmer nicht innerhalb angemessener Frist von vier Wochen widerspricht. Eine solche Klausel genüge dem Paritätsgedanken, der der Vorschrift zugrunde liegt[4557].

4549 *Rösler*, in: Hadding/Nobbe, Bankrecht 2000, S. 165, 168; *Rösler/Wimmer/Lang*, Vorzeitige Beendigung von Darlehensverträgen, RdNr. B 55. Nach Ansicht von *Köndgen*, in: Ernst/Zimmermann, Zivilrechtswissenschaft und Schuldrechtsreform, S. 457, 473 erweist sich die 10-Jahres-Frist, jedenfalls für Kaufleute und die öffentliche Hand als »sinnlose Überregulierung«.

4550 Kritisch zu dieser Begrenzung auf 10 Jahre *Köndgen*, in: Ernst Zimmermann, Zivilrechtswissenschaft und Schuldrechtsreform, S. 457, 458; *derselbe*, WM 2001, 1037.

4551 So auch *Hopt/Mülbert*, Kreditrecht, § 609a BGB RdNr. 14; *Rösler/Wimmer/Lang*, Vorzeitige Beendigung von Darlehensverträgen, RdNr. B 60; wohl auch *Bruchner/Krepold*, in: Schimansky/Bunte/Lwowksi, Bankrechts-Handbuch, § 78 RdNr. 21.

4552 *Bruchner/Krepold*, in: Schimansky/Bunte/Lwowksi, Bankrechts-Handbuch, § 79 RdNr. 22.

4553 *Bruchner/Krepold*, in: Schimansky/Bunte/Lwowksi, Bankrechts-Handbuch, § 79 RdNr. 22.

4554 *Hopt/Mülbert*, Kreditrecht, § 609a BGB RdNr. 11.

4555 *Rösler/Wimmer/Lang*, Vorzeitige Beendigung von Darlehensverträgen, RdNr. B 63; a.A. *Hopt/Mülbert*, Kreditrecht, § 609a BGB RdNr. 11, 12.

4556 So auch *Hopt/Mülbert*, Kreditrecht, § 609a BGB RdNr. 12; a.A. *von Heymann*, BB 1987, 415; *Döll*, Die Bank 1987, 39.

4557 *Bruchner/Krepold*, in: Bankrechts-Handbuch § 79 RdNr. 8 mit Bezugnahme auf BGH WM 1989, 740.

c) Kündigung von Verbraucherdarlehen nach altem Recht

aa) Baudarlehen als Verbraucherdarlehen

2330 Bis zum 11.6.2010 galt noch die Regelung des § 489 Abs. 1 Nr. 2 BGB a.F., wonach festkonditionierte Darlehen, die einem Verbraucher gewährt und nicht durch ein Grund- oder Schiffspfandrecht abgesichert sind, mit einer Kündigungsfrist von 3 Monaten gekündigt werden können, wenn seit dem vollständigen Empfang der Darlehensvaluta zumindest 6 Monate verstrichen sind.[4558] Die Mindestlaufzeit derartiger Darlehen beträgt also mindestens neun Monate.[4559] § 489 Abs. 1 Nr. 2 BGB a.F. betraf in erster Linie Verbraucherdarlehen und fand keine Anwendung auf typische Immobilienfinanzierungen, die regelmäßig eine grundpfandrechtliche Besicherung beinhalten, um langfristige Zinsbindungen mit entsprechenden Konditionen zu ermöglichen.[4560] § 489 Abs. 1 Nr. 2 BGB a.F. galt – wie dargelegt – bis zum Ablauf des 10.6.2010; seit dem 11.6.2009 gilt für Verbraucherdarlehen die Neuregelung des § 500 BGB.

2331 Allerdings können auch Darlehen in Zusammenhang mit einer **Baufinanzierung als Verbraucherdarlehen** zu qualifizieren sein. In seiner Entscheidung vom 23.9.2003[4561] hat der Bundesgerichtshof klargestellt, dass auch ein finanziertes Immobiliengeschäft den Bestimmungen des Verbraucherkreditrechts unterfallen kann. Dies ist dann der Fall, wenn das Darlehen zwar zum Erwerb einer Immobilie gewährt wurde, nicht aber grundpfandrechtlich abgesichert wurde, etwa, weil ausreichende Personalsicherheiten zur Verfügung stehen. In diesen Fällen handelt es sich um ein Darlehen, welches nicht als Realkredit i.S.d. § 3 Abs. 2 Nr. 2 VerbrKrG a.F. (siehe nunmehr § 503 Abs. 1 BGB) qualifiziert werden kann,[4562] so dass die Bestimmungen des Verbraucherdarlehensrechtes in vollem Umfang greifen.

bb) Verbraucher als Darlehensnehmer

2332 Auch in einer derartigen Konstellation ist es erforderlich, dass das Darlehen einem **Verbraucher** gewährt wurde.[4563] Ob das Darlehen einer oder mehreren natürlichen Personen gewährt wird, ist hingegen unerheblich, da auch Personenmehrheiten wie z.B. Gesamthandsgemeinschaften als Darlehensnehmer erfasst werden. Der Gesetzgeber hat § 489 Abs. 1 Nr. 2 BGB a.F. damit an die Regelungen des Verbraucherdarlehensrechts und § 13 BGB angepasst. § 489 Abs. 1 Nr. 2 BGB a.F. erfasste insbesondere Konsumentendarlehen für Gegenstände des täglichen Lebens und des privaten Konsums, Baufinanzierungsdarlehen für den privaten Wohnungsbau, Darlehen zur Kapitalanlagezwecken und zum Erwerb von Geschäftsanteilen an Gesellschaften[4564] sowie Darlehen an Gesellschafter für Gesellschafterdarlehen.

2333 Die Frage der Verbrauchereigenschaft ist allerdings nicht immer völlig eindeutig. Als Verbraucher gilt gemäß § 13 BGB eine natürliche Person, die ein Rechtsgeschäft zu einem Zweck abschließt, der weder ihrer gewerblichen noch ihrer selbständigen beruflichen Tätigkeit zugerechnet werden kann. Die Verbrauchereigenschaft kann subjektiv oder objektiv bestimmt werden, also nach dem Parteiwillen oder nach objektiven Gesichtspunkten wie dem Zweck der Nutzung oder Verwendung.[4565]

4558 *Rösler/Wimmer/Lang*, Vorzeitige Beendigung von Darlehensverträgen, RdNr. B 62, 64.

4559 Vgl. *Köndgen*, in: Ernst/Zimmermann, Zivilrechtswissenschaft und Schuldrechtsreform, S. 457, 475 f.; *Rösler/Wimmer/Lang*, Vorzeitige Beendigung von Darlehensverträgen, RdNr. B 55.

4560 *Rösler*, in: Hadding/Nobbe, Bankrecht 2000, S. 165, 168; *Rösler/Wimmer/Lang*, Vorzeitige Beendigung von Darlehensverträgen, RdNr. B 55; vgl. auch *Häuser/Welter*, NJW 1987, 17, 20.

4561 BGH ZfIR 2003, 1029.

4562 Siehe hierzu BGH BKR 2006, 323; BGH BKR 2006, 329.

4563 *Rösler/Wimmer/Lang*, Vorzeitige Beendigung von Darlehensverträgen, RdNr. B 63.

4564 *Rösler/Wimmer/Lang*, Vorzeitige Beendigung von Darlehensverträgen, RdNr. B 563; a.A. *Hopt/Mülbert*, Kreditrecht, § 609a BGB RdNr. 20.

4565 *Micklitz*, in: MünchKomm-BGB, § 13 RdNr. 33; zum europarechtlichen Verbraucherbegriff siehe EuGH, Urt. v. 20.1.2005 – C-464/01 (Gruber/BayWa AG), Slg. 2005, I-439 = NJW 2005, 653; ebenso

Die Rechtsprechung des BGH geht regelmäßig davon aus, dass rechtsgeschäftliches Handeln einer natürlichen Person zunächst und grundsätzlich als Verbraucherhandeln einzustufen ist und bestimmt damit den Zweck des Rechtsgeschäfts eher objektiv.[4566]

2334 Eine gewisse Bedeutung kann die Aufnahme eines Immobiliardarlehens im Zusammenhang mit der Verwaltung eigenen Vermögens erlangen. Insbesondere im Zusammenhang mit Grundstücktransaktionen ist hier die Aufnahme von Fremdmitteln u.U. geboten. Hier stellt sich die Frage, wann die Grenze zu einer »Gewerbsmäßigkeit« überschritten wird. Nach der Rechtsprechung des Bundesgerichtshofs ist Verwaltung eigenen Vermögens unabhängig von dessen Höhe zunächst einmal keine gewerbliche Tätigkeit.[4567] In seiner Entscheidung vom 23.10.2001[4568] hat der BGH sogar die Verbrauchereigenschaft einer Gesellschaft bürgerlichen Rechts angenommen, da es unerheblich sei, ob eine oder mehrere natürliche Personen ein Darlehen aufnehmen. Im Rahmen seiner Entscheidung vom 23.10.2001[4569] hat der BGH indessen festgestellt, dass die Abgrenzung zwischen einer privaten von einer berufsmäßig betriebenen Vermögensverwaltung anhand des Umfangs der mit ihr verbundenen Geschäfte vorzunehmen ist. Erfordern diese – so der BGH – »einen planmäßigen Geschäftsbetrieb, wie etwa die Unterhaltung eines Büros oder einer Organisation, so liegt eine gewerbliche Betätigung vor.« In derartigen Fällen ist also eine Prüfung am Einzelfall vorzunehmen, ob es sich bei dem Darlehensnehmer um einen Verbraucher handelt oder nicht.

cc) Keine Privilegierung von Existenzgründern

2335 Nicht erfasst von den Regelungen des Verbraucherdarlehens sind Darlehen an Freiberufler und Einzelkaufleute für deren berufliche/gewerbliche Betätigung, Darlehen an gewerbliche GbRs wie Rechtsanwaltssozietäten und Ärztegemeinschaften und Darlehen an OHG, KG, GmbH, AG, etc. Auch Existenzgründer werden bei diesem Kündigungsrecht nicht privilegiert, da § 507 BGB a.F. die Anwendung des § 489 Abs. 1 Nr. 2 BGB a.F. für Existenzgründer nicht ausspricht. Existenzgründern steht also kein Kündigungsrecht nach § 489 Abs. 1 Nr. 2 BGB a.F. zu.[4570]

2336 Fraglich ist allerdings, auf welche Weise die sog. **Mischfälle** gelöst werden sollen. Ein solcher kann vorliegen, wenn ein selbstständiger Gewerbetreibender mit einem Darlehen den Kauf eines PKW finanziert, den er teils beruflich, teils privat nutzt. Dann ist unklar, ob er als Verbraucher oder als Gewerbetreibender der Bank gegenüber auftritt. Zum Teil wird hier die Ansicht vertreten, dass auch hier ein privates Handeln vorliegt;[4571] die wohl überwiegende Ansicht stellt darauf ab, welcher Zweck überwiegt.[4572] Zum Teil wird aber auch die Ansicht vertreten, dass jede gewerbliche Nutzung, gleich welchen Umfangs, eine Kündigung nach § 609a Abs. 1 Nr. 2 BGB a.F. ausschloss.[4573] Beide Sichtweisen haben ihre Berechtigung. Vom Schutzgedanken her wäre der letztgenannten Ansicht zu folgen, wonach jedwede, auch noch so geringe gewerbliche Mitnutzung die Anwendung

---

EuGH, Urt. v. 20.01.2005 – C-J002/02 (Petra Engler gegen Janus Versand GmbH), Slg 2005, I-481, BeckEuRS 2005, 393926; EuGH, Urteil vom 3.7.1997 – C-J026/95, Slg. 1997, I-03767 (Benincasa) = BeckEuRS 1997, 221860 EuGH, Urt. v. 14.3.2013 – C-J041/11 (Česká spořitelna, a.s. gegen Gerald Feichter), BeckEuRS 2013, 723208.

4566 BGH, Urt. v. 15.11.2007 – III ZR 295/06, NJW 2008, 435; BGH, Urt. v. 30.9.2009 – VIII ZR 7/09, NJW 2009, 3780.

4567 BGHZ 63, 32, 33; 74, 273, 276 f.; BGH NJW 2002, 368; *Micklitz*, in: MünchKomm-BGB, § 13 RdNr. 33.

4568 BGH, *Urt.* v. 23.10. 2001 – XI ZR 63/01, NJW 2002, 368.

4569 So ausdrücklich BGH, *Urt-* v. 23.10. 2001 – XI ZR 63/01, NJW 2002, 368; ebenso BGH, *Urt.* v. 23.9.1992 – IV ZR 196/91, NJW 1992, 3242.

4570 *Reiff*, in: Dauner-Lieb/Heidel/Lepa/Ring, Schuldrecht, § 488 RdNr. 11.

4571 *Von Westphalen*, BB 1996, 2101.

4572 *Lorenz*, in: MünchKomm-BGB, § 474 RdNr.. 25; *Weick*, in: Staudinger, BGB, (2004), § 13 RdNr. 47, 65.

4573 *Reiff*, in: Dauner-Lieb/Heidel/Lepa/Ring, Schuldrecht, § 488 RdNr. 13; weitere Nachweise bei *Micklitz*, in: MünchKomm-BGB, § 13 RdNr. 43.

der verbraucherdarlehensrechtlichen Vorschriften ausschließt. Immerhin zeigt der (wenn auch nur geringe) Anteil einer gewerblichen Nutzung, dass der Darlehensnehmer unternehmerisch tätig ist und somit des Schutzes der verbraucherdarlehensrechtlichen Vorschriften nicht bedarf. Auf der anderen Seite – und dies spräche für die erstgenannte Sichtweise – wäre der Darlehensnehmer sofort jedes Schutzes, den die verbraucherdarlehensrechtlichen Vorschriften gewähren sollen, beraubt, wenn er das Darlehen – und sei es auch unbewusst – in minimalem Umfang gewerblich nutzt. Da eine Rechtsprechung zu dieser Frage, soweit ersichtlich, noch aussteht, sollte die darlehensgebende Bank in der Praxis aus Sicherheitsgründen von einer Anwendbarkeit der verbraucherdarlehensrechtlichen Vorschriften ausgehen.

Der Vollständigkeit halber sei erwähnt, dass der deutsche Gesetzgeber im Rahmen des Gesetzes zur Umsetzung der Verbraucherrechterichtlinie und zur Änderung des Gesetzes zur Regelung der Wohnungsvermittlung vom 20.09.2013[4574] die Vorschrift des § 13 BGB mit Wirkung zum 13.06.2014 geändert hat. Verbraucher ist nunmehr »jede natürliche Person, die ein Rechtsgeschäft zu Zwecken abschließt, die überwiegend weder ihrer gewerblichen noch ihrer selbständigen beruflichen Tätigkeit zugerechnet werden können.« **2337**

dd) Beweislast

Nach altem Recht war der Darlehensgeber gehalten, die berufliche oder gewerbliche Verwendung des Darlehens nachzuweisen.[4575] Inzwischen ist der Darlehensnehmer dafür beweispflichtig, dass er Verbraucher i.S.d. § 13 BGB ist, mithin dass Darlehen weder einer gewerblichen noch einer selbstständigen beruflichen Tätigkeit zugerechnet werden kann.[4576] **2338**

ee) Ablauf der Mindestlaufzeit

Das Kündigungsrecht des Verbrauchers nach § 489 Abs. 1 Nr. 2 BGB a.F. besteht außerdem nur, wenn die **Darlehensmindestlaufzeit von sechs Monaten** abgelaufen ist. Diese Frist beginnt wie die Frist in § 489 Abs. 1 Nr. 3 BGB a.F. mit dem vollständigen Empfang der Darlehensvaluta. Nach Ablauf dieser Mindestlaufzeit hat der Darlehensnehmer die Möglichkeit, das Darlehen mit einer Frist von drei Monaten zu kündigen. Damit läuft der Darlehensvertrag bei unterstellter Vollauszahlung am Tage des Vertragsschlusses mindestens neun Monate, bei der typischen Auszahlung in mehreren Raten (§ 3 MaBV)[4577] beginnt die Frist mit Vollauszahlung nach Auszahlung der letzten Rate, womit sich die Mindestlaufzeit entsprechend verlängert. **2339**

d) Kündigung von unbefristeten Allgemein-Verbraucherdarlehen nach neuem Recht

Nunmehr sind die Kündigungsrechte des Darlehensnehmers eines unbefristeten Allgemein-Verbraucherdarlehens abschließend in § 500 BGB geregelt. Der Darlehensnehmer kann danach den unbefristeten Verbraucherdarlehensvertrag – etwa einen Dispositionskredit – ganz oder teilweise kündigen, ohne eine Frist einzuhalten. Die Vertragsparteien können aber zulässig eine Kündigungsfrist von einem Monat vereinbaren (§ 500 Abs. 1 S. 2 BGB). Nach Maßgabe des § 500 Abs. 2 BGB kann der Darlehensnehmer auch jederzeit seine Verbindlichkeiten aus einem befristeten Allgemein-Verbraucherdarlehensvertrag gegen Zahlung einer Vorfälligkeitsentschädigung ganz oder teilweise erfüllen.[4578] **2340**

4574 BGBl. I S. 3642.

4575 *Reiff*, in: Dauner-Lieb/Heidel/Lepa/Ring, Schuldrecht, § 488 RdNr. 14.

4576 *Reiff*, in: Dauner-Lieb/Heidel/Lepa/Ring, Schuldrecht, § 488 RdNr. 14.

4577 Dazu *von Heymann/Rösler*, WM 1998, 2456 und *Rösler*, in: *von Heymann/Wagner/Rösler*, MaBV für Notare und Kreditinstitute, S. 30 sowie BGH ZIP 2001, 245 (mit Anm. *Grziwotz*) = ZfIR 2001, 111 (mit Bespr. *Blank*), dazu EWiR 2001, 181 (*Vogel*) und *Rösler*, ZfIR 2001, 259.

4578 *Bruchner/Krepold*, in: Schimansky/Bunte/Lwowksi, Bankrechts-Handbuch, § 79 RdNr. 34.

e) Kündigung von grundpfandrechtlich gesicherten Verbraucherdarlehen nach altem Recht

aa) Die grundpfandrechtliche Sicherung

2341 Für grundpfandrechtlich gesicherte Darlehensverträge, die vor dem 21.03.2016 geschlossen wurden, ist gemäß Art. 229 § 38 Abs. 1 Nr. 1 EGBGB das Darlehensrecht in der bis zum 20.03.2016 geltenden Fassung anzuwenden. Bei typischen Baufinanzierungsdarlehen, die durch ein **Grundpfandrecht auf dem finanzierten Objekt** abgesichert sind, besteht daher, auch wenn der Darlehensnehmer ein Verbraucher ist, nur ein eingeschränktes Kündigungsrecht. Dies sollte den Parteien langfristige Zinsbindungen mit entsprechenden Konditionen ermöglichen.[4579] Nach § 503 Abs. 1 BGB a.F. sind die Verzugs- und Kündigungsregelungen der §§ 497 Abs. 2 und 3 Satz 1, 2, 4 und 5 sowie die §§ 499, 500 und 502 BGB a.F. nicht anzuwenden, wenn es sich um ein grundpfandrechtlich gesichertes Darlehen handelt.

2342 Vor diesem Hintergrund ist für Altverträge eine grundpfandrechtliche bzw. schiffspfandrechtliche Sicherung des Darlehens zwingende Tatbestandsvoraussetzung.[4580] In der heutigen Praxis dominieren die Grundschulden; allerdings sind nach wie vor auch Hypothek und Rentenschuld erfasst. Auf das Stadium der Eintragung des Grundpfandrechts oder die Person des Sicherungsgebers bzw. Eigentümers kommt es nicht an. Es ist allein darauf abzustellen, ob die Stellung eines Grundpfandrechts im Darlehensvertrag vereinbart war. Auch die Einhaltung einer bestimmten Beleihungsgrenze beim zu stellenden Grundpfandrecht als Kreditsicherheit spielt keine Rolle. Unerheblich ist weiter, ob es sich um ein erstrangig oder ein nachrangig durch Grundschulden gesichertes Darlehen handelt.[4581] Entscheidend ist, dass die Bank das Darlehen ohne die grundpfandrechtliche Sicherung nicht ausgereicht bzw. bei nachträglicher Grundschuldbestellung nicht aufrecht erhalten hätte.

bb) Weite Zweckerklärung

2343 Häufig werden in der Bankpraxis **Grundpfandrechte mit weitem Sicherungszweck** zur Sicherung von Baufinanzierungsdarlehen herangezogen, wenn Sicherungsgeber und Darlehensnehmer identisch sind.[4582] Werden diesem Darlehensnehmer später weitere Darlehen z.B. zur Finanzierung eines Fahrzeuges oder zur Finanzierung von Wertpapieren ausgereicht, haftet die Grundschuld und damit das belastete Objekt auch für diese Darlehen. In diesen Fällen wird im Einzelfall zu prüfen sein, ob die Bank das Darlehen nur ausgereicht hat, weil die Grundschuld als Sicherheit zur Verfügung stand.[4583] Bei »zufälliger« Mithaftung über den weiten Sicherungszweck für ein Darlehen, das z.B. vollwertig mit Wertpapieren besichert ist, wird man dies kaum annehmen können.[4584] An dieser Beurteilung ändert sich nichts, auch wenn im Darlehensvertrag die Grundschuld aus Gründen des § 492 Abs. 2 BGB i.V.m. Art. 247 §§ 6 bis 13 EGBGB explizit aufgeführt ist, damit sie zweifelsfrei als Sicherheit herangezogen werden kann. Es kommt somit immer darauf an, ob das Darlehen im konkreten Einzelfall nicht ohne die Grundschuld ausgereicht worden wäre. Ansonsten liegt kein grundpfandrechtlich gesichertes Darlehen im Sinne des § 503 Abs. 1 BGB a.F.vor, so dass der Darlehensnehmer für sein Wertpapierdarlehen ein Kündigungsrecht nach dieser Norm hätte.

4579 *Krepold*, in: Schimansky/Bunte/Lwowksi, Bankrechts-Handbuch, § 79 RdNr. 61.
4580 *Rösler/Wimmer/Lang*, Vorzeitige Beendigung von Darlehensverträgen, RdNr. B 64 f.
4581 OLG Thüringen, WM 1999, 2315 = WuB I G 5. – 2.00 *Rösler*; *Bruchner*, in: *Horn/Lwowski/Nobbe*, Festschrift für Schimansky, 263.
4582 *Rösler/Wimmer/Lang*, Vorzeitige Beendigung von Darlehensverträgen, RdNr. B 64. Zur AGB-rechtlichen Problematik von Grundschulden als Drittsicherheiten z.B. *Rösler*, WM 1998, 1377.
4583 *Bruchner/Krepold*, in: Schimansky/Bunte/Lwowksi, Bankrechts-Handbuch, § 79 RdNr. 41 f.
4584 *Rösler/Wimmer/Lang*, Vorzeitige Beendigung von Darlehensverträgen, RdNr. B 64.

cc) Die »üblichen Bedingungen«

Der Begriff der »üblichen Bedingungen« in § 503 Abs. 1 BGB a.F. ist unscharf. Unter »übliche Bedingungen« fallen regelmäßig die bei Immobiliarkrediten **regelmäßig niedrigeren Zinsen** im Vergleich zu nicht grundpfandrechtlich besicherten Konsumentenkrediten.[4585] Hierbei kommt es nicht in erster Linie darauf an, ob die Zinshöhe dem Durchschnitt der grundpfandrechtlich gesicherten Kredite entspricht, denn ein gut verhandelnder Kunde kann hier für ihn günstige Bedingungen schaffen. Entscheidend ist, dass der Zinssatz im Bereich der ansonsten von der jeweiligen Bank ausgereichten Darlehen angesiedelt ist, die grundpfandrechtlich besichert sind und unterhalb sonstiger, nicht grundpfandrechtlich gesicherter Verbraucherkredite liegt.[4586] 2344

Aus Vorsichtsgründen sollte in der Bankpraxis davon ausgegangen werden, dass nur bei solchen typischen Immobiliarkrediten das Kündigungsrecht des Verbrauchers eingeschränkt werden konnte. Damit sind aber die typischerweise auftretenden Fallkonstellationen der Finanzierung der eigen genutzten oder vermieteten Immobilie, auf der zu Finanzierungszwecken ein Grundpfandrecht lastet, von der Möglichkeit des Kündigungsausschlusses und damit letztlich der Gewährung von längerfristigen Festzinskrediten mit relativ günstigen Konditionen erfasst.[4587] 2345

f) Beendigung von Immobiliar-Verbraucherdarlehen nach neuem Recht

Durch das Gesetz zur Umsetzung der Wohnimmobilienkreditrichtlinie vom 11.03.2016 wurde in § 500 BGB mit Wirkung 21.03.2016 ein neuer Absatz 2 eingefügt, der nunmehr Regelungen zur vorzeitigen Rückzahlung für alle Verbraucherdarlehensverträge enthält. Die bisher in § 503 BGB a.F. enthaltene Sonderregelung, die eine vorzeitige Rückzahlung für Immobiliar-Darlehensverträge ausschloss, wurde nicht beibehalten. Die Regelung in § 500 Abs. 2 Satz 1 BGB wurde, trotz der Neuregelungen mit Wirkung ab 21.03.2016 in Satz 2, unverändert übernommen. Satz 1 findet folglich auch auf Immobiliar-Verbraucherdarlehensverträge Anwendung[4588] Auch Immobiliar-Verbraucherdarlehensverträge können künftig ohne vertragliche Vereinbarung oder Kündigung vom Verbraucher jederzeit zurückgezahlt werden. 2346

In § 500 Abs.2 Satz 2 BGB wird das Recht zur vorzeitigen Rückzahlung für Immobiliar-Verbraucherdarlehensverträge, für die ein fester Sollzinssatz gilt, aber an ein berechtigtes Interesse des Darlehensnehmers gekoppelt. Eine bedingungslose vorzeitige Rückzahlung eines Immobiliar-Verbraucherdarlehens ist damit nur möglich, wenn sie in einen Zeitraum fällt, für den ein variabler Zinssatz vereinbart wurde[4589]. Indem vom Verbraucher ein berechtigtes Interesse gefordert wird, werden die schutzwürdigen Interessen des Verbrauchers und die des Darlehensgebers ausgewogen in Einklang gebracht. Die Kopplung an ein berechtigtes Interesse des Verbrauchers führt zu nahezu denselben Voraussetzungen wie für das außerordentliche Kündigungsrecht nach § 490 Abs. 2 BGB. Für die Frage, wann ein berechtigtes Interesse vorliegt, kann deshalb an die Rechtsprechung und Literatur zur parallelen Frage bei § 490 Abs. 2 BGB angeknüpft werden[4590]. 2347

4585 Ausführlich dazu *Bruchner*, WM 1999, 825 mit weiteren Nachweisen; *ders.* in: Festschrift Schimansky, 1999, S. 263; *Bruchner/Krepold*, in: Schimansky/Bunte/Lwowksi, Bankrechts-Handbuch, § 79 RdNr. 50 ff.

4586 *Bruchner/Krepold*, in: Schimansky/Bunte/Lwowksi, Bankrechts-Handbuch, § 79 RdNr. 50 ff.

4587 *Rösler/Wimmer/Lang*, Vorzeitige Beendigung von Darlehensverträgen, RdNr. B 66.

4588 BT-Drs. 18/5922, 90.

4589 BT-Drs. 18/5922, 90.

4590 BT-Drs. 18/5922, 90.

4. Kündigung nach 10 Jahren

a) Allgemeine Voraussetzungen

aa) Ausgestaltung als Maximalfrist

2348 Alle Darlehensverträge sind mit einer Frist von sechs Monaten nach § 489 Abs. 1 Nr. 2 BGB ohne Ausnahme kündbar, wenn seit der Auszahlung des Darlehens 10 Jahre verstrichen sind.[4591] Damit soll ein Kernbestand wirtschaftlicher Bewegungsfreiheit der Darlehensnehmer geschützt werden. Der Darlehensnehmer muss nach **Ablauf von 10 Jahren eine Kündigungsfrist von 6 Monaten** einhalten. Er kann damit die Kündigung nach 10 Jahren erklären, muss aber die Kündigungsfrist von 6 Monaten abwarten. Darlehensverträge aller Art können also spätestens nach 10 Jahren und 6 Monaten nach Vollauszahlung vollständig beendet werden.[4592]

2349 Trotz dieser gesetzlichen »Maximalfrist« werden in der Bankpraxis inzwischen auch Zinsbindungsfristen von 15 und 20 Jahren angeboten.[4593] Sie werden bei der Konditionsgestaltung die Möglichkeit der Kündigung durch den Darlehensnehmer berücksichtigen und entsprechende Vorsorge bezüglich der Refinanzierung mit modernen Kapitalmarktinstrumenten wie z.B. speziell ausgestalteten Zinsswaps treffen.

bb) Vollständiger Erhalt der Darlehensvaluta

2350 Die Frist von 10 Jahren beginnt mit **Vollauszahlung des Darlehens**, d.h. der Darlehensnehmer muss den Darlehensnettobetrag vollständig erhalten haben.[4594] Durchschnittliche, typische Baufinanzierungen werden regelmäßig nach Baufortschritt (§ 3 MaBV)[4595] sukzessive über einen längeren Zeitraum, der mehrere Monate bis zu zwei Jahren betragen kann, ausgezahlt, je nach Umfang der Maßnahme, Leistungsfähigkeit des Bauträgers, äußeren Einflüssen und den vertraglichen Vereinbarungen. Der Lauf der Frist des § 489 Abs. 1 Nr. 2 BGB beginnt erst nach Empfang der letzten Auszahlungstranche.[4596] Die Kündigungswirkung des § 488 Abs. 3 Satz 1 BGB kann damit frühestens nach Ablauf von zehneinhalb Jahren nach vollständiger Valutierung eintreten.[4597]

b) Forward-Darlehen

2351 Bei Forward-Darlehen[4598] schließt die Bank mit dem Kunden einen Darlehensvertrag ab, der regelmäßig erst in etwa ein bis drei Jahren (Forward-Zeit) zur Auszahlung kommen soll. Bereitstellungszinsen fallen für diese Darlehen während der Forward-Zeit zwar regelmäßig nicht an; allerdings zahlt der Kunde eine Prämie. Durch diese Konstruktion will sich der Darlehensnehmer das zum Zeitpunkt des Vertragsschlusses bestehende (niedrige) Zinsniveau sichern.

2352 Wie dargelegt, beginnt die 10-Jahresfrist für die Kündigungsmöglichkeit des Darlehensnehmers nach dem Wortlaut des § 489 Abs. 1 Nr. 2 BGB erst dann, wenn der Kunde das Darlehen

4591 Vgl. *Reiff*, in: Dauner-Lieb/Heidel/Lepa/Ring, Schuldrecht, § 488 RdNr. 16; *Rösler/Wimmer/Lang*, Vorzeitige Beendigung von Darlehensverträgen, RdNr. B 67.

4592 *Bruchner/Krepold*, in: Schimansky/Bunte/Lwowksi, Bankrechts-Handbuch, § 79 RdNr. 25.

4593 *Rösler/Wimmer/Lang*, Vorzeitige Beendigung von Darlehensverträgen, RdNr. B 67.

4594 *Bruchner/Krepold*, in: Schimansky/Bunte/Lwowksi, Bankrechts-Handbuch, § 79 RdNr. 25; *K.P. Berger*, in: MünchKomm-BGB, § 489 RdNr. 11.

4595 Dazu *von Heymann/Rösler*, WM 1998, 2456 und *Rösler*, in: *von Heymann/Wagner/Rösler*, MaBV für Notare und Kreditinstitute, S. 30; *Rösler/Wimmer/Lang*, Vorzeitige Beendigung von Darlehensverträgen, RdNr. B 68 sowie BGH ZIP 2001, 245 (mit Anm. *Grziwotz*) = ZfIR 2001, 111 (mit Bespr. *Blank*), dazu EWiR 2001, 181 (*Vogel*) und *Rösler*, ZfIR 2001, 259.

4596 Vgl. *Rösler/Wimmer/Lang*, Vorzeitige Beendigung von Darlehensverträgen, RdNr. B 69; *Hopt/Mülbert*, Kreditrecht, § 609a BGB RdNr. 39; *von Heymann*, BB 1987, 415.

4597 BGH NJW 2001, 509.

4598 Dazu ausführlich *Rösler*, WM 2000, 1930.

vollständig erhalten hat. Hier kann die Forward-Zeit also beliebig lang sein, theoretisch kommen 5, 10 und auch 15 Jahre Forward-Zeit in Betracht. Dies könnte bedeuten, dass der Darlehensnehmer heute einen Darlehensvertrag zur sofortigen Auszahlung mit einer 10-jährigen Zinsfestschreibungszeit abschließt und einen zweiten Darlehensvertrag wiederum mit 10-jähriger Zinsfestschreibung und Auszahlung in 10 Jahren, wenn die Zinsfestschreibung des ersten Darlehens abgelaufen ist. Damit hätte er sich die heutige Zinskondition für wirtschaftlich ein- und dasselbe Darlehen für 20 Jahre gesichert.

Der Zweck des § 489 BGB liegt darin, dem Darlehensnehmer seine wirtschaftliche Bewegungsfreiheit zu erhalten und ihn nicht übermäßig lange an Darlehensverträge zu binden, um unter dem Druck des Kündigungsrechts marktgerechte Zinsen zu vereinbaren und Umschuldungen zu erleichtern.[4599] Die Kündigungsrechte des Darlehensnehmers dürfen demzufolge nach § 489 Abs. 4 BGB durch Vertrag weder ausgeschlossen noch erschwert werden.[4600] Aus diesem Grund dürfte die durch obige Konstruktion des Doppeldarlehens erzielte faktisch 20-jährige Zinsbindung mit § 489 BGB nicht in Einklang stehen. Der Darlehensnehmer wäre 20 Jahre an eine wirtschaftlich identische Finanzierung gebunden.[4601] **2353**

Daher dürfte die Konstruktion des Forward-Darlehens insbesondere bei Doppel-Darlehen als Umgehung des § 489 BGB zu werten und somit nicht möglich sein. Unter Abwägung des erheblichen Kundeninteresses am Produkt Forward-Darlehen, der Auszahlungsfristen über Monate oder Jahre bei Baufinanzierungen und des eindeutigen Gesetzeswortlauts erscheint es allerdings zulässig, eine Forward-Zeit bis zur Hälfte der gesetzlich zulässigen Bindung, also 5 Jahre, zu vereinbaren. Mit dieser Begrenzung dürften auch Anschlussdarlehen, die nach Ablauf der ersten 5 Jahre des bestehenden Darlehensvertrages bei Zinsfestschreibung von 10 Jahren geschlossen werden oder Doppeldarlehen mit gleichzeitigem Abschluss und einer Beschränkung auf 5 Jahre Zinsfestschreibung und 5 Jahre Forward-Zeit, zulässig sein[4602]. **2354**

c) Neue Vereinbarung

Wird nach Auszahlung des Darlehens eine neue Vereinbarung über die Zeit der Rückzahlung oder den Sollzinssatz getroffen, beginnt die Frist **von diesem Zeitpunkt an** erneut[4603]. In der Praxis wird eine solche Vereinbarung regelmäßig einige Zeit vor Ablauf der vereinbarten Zinsbindung getroffen. Als Vereinbarung über den Zinssatz gilt – ebenso wie bei § 489 Abs. 1 Nr. 1 BGB – jede Abrede zwischen Darlehensnehmer und Darlehensgeber. Einseitige Zinsfestsetzungsrechte nach § 315 BGB hingegen können nicht als »Vereinbarung über den Zinssatz« angesehen werden.[4604] **2355**

Treffen die Parteien kurz vor Ablauf der ursprünglichen Zinsbindung eine neue Zinsvereinbarung, handelt es sich um eine sog. unechte Abschnittsfinanzierung. Anders als bei einer echten Abschnittsfinanzierung, einer Novation oder einer Prolongation nach Ablauf der Gesamtlaufzeit wird dem Verbraucher bei einer unechten Abschnittsfinanzierung kein neues Kapitalnutzungsrecht gewährt, da nach Ablauf der Zinsbindungsfrist lediglich neue Konditionen für die Zukunft vereinbart werden und die Konditionenvereinbarung entsprechend dem ursprünglichen Darlehensvertrag vollzogen wird.[4605] **2356**

4599 Sehr kritisch *Köndgen*, WM 2001, 1637, 1642.

4600 Zu § 609a BGB ausführlich *Hopt/Mülbert*, WM 1990, Beilage Nr. 3.

4601 Vgl. *Rösler/Wimmer/Lang*, Vorzeitige Beendigung von Darlehensverträgen, RdNr. B 70; BGH WM 1991, 760 = WuB I E 4. – 7.91 *Beckers*; *Rösler/Wimmer*, WM 2000, 164; anders wohl *Bruchner/Krepold*, in: Schimansky/Bunte/Lwowksi, Bankrechts-Handbuch, § 79 RdNr. 29.

4602 Vgl. zu diesem Problemkreis auch ausführlich *Herresthal*, ZIP 2017, 1541, 1547.

4603 *Vgl. LG Bochum, Urt. v. 14.09.2015 – 1 O 68/15.*

4604 *Rösler/Wimmer/Lang*, Vorzeitige Beendigung von Darlehensverträgen, RdNr. B 72 f.

4605 BGH, Urt. v. 28.5.2013 – XI ZR 6/12 = BKR 2013, 326 RdNr. 21 unter Hinweis auf BGH, Urt. v. 06.12.1994 – XI ZR 99/94 = WM 1995, 103; BGH, Urt. v. 07.10.1997 – XI ZR 233/96 = WM 1997, 2353, 2354; BGH, Urt. v. 15.11.2004 – II ZR 375/02 = WM 2005, 124. Die unechte

2357 Wenn neben der Vereinbarung eines neuen gebundenen Sollzinssatzes allerdings weitere Vertragsbestandteile modifiziert werden (z. B. Kündigungsregeln oder Vertragslaufzeit), ist es mitunter problematisch, ob in dieser Modifizierung die Änderung des bestehenden Vertrages oder aber der Abschluss eines neuen Darlehensvertrages (Novation) zu sehen ist. Abzustellen ist in diesen Fällen auf den mutmaßlichen Parteiwillen im konkreten Einzelfall, so dass im Zweifel nur eine Änderung des alten Vertrages anzunehmen ist.[4606] Der Abschluss eines neuen Vertrags wird aber im Falle einer umfassenden Prolongationsvereinbarung eines an sich fälligen Darlehensvertrages angenommen.[4607]

2358 Die Frage, ob die Parteien im konkreten Fall eine Novation oder nur eine Abänderung der bisherigen Vertragsmodalitäten beabsichtigt haben, ist grundsätzlich durch Auslegung der getroffenen Vereinbarungen zu beantworten.[4608] Aufgrund des mit einer Novation verbundenen Verlustes von Einwendungen und Sicherheiten ist nach ständiger Rechtsprechung im Zweifel davon auszugehen, dass nur eine Vertragsänderung, nicht aber ein eigenständiges neues Schuldverhältnis gewollt ist.[4609] Wegen des nicht unerheblichen Streitpotentials sollte im konkreten Fall idealer Weise klar und eindeutig vereinbart werden, ob es sich um eine Novation oder um eine bloße Abänderung des ursprünglichen Darlehensvertrages handeln soll.

d) Bausparverträge

2359 Streitig und kontrovers diskutiert wurde bislang die Frage, ob § 489 Abs. 1 Nr. 2 BGB auch auf den Fall der Kündigung eines Bausparvertrages durch die Bausparkasse anwendbar ist[4610]. Zentrales Problem in diesem Zusammenhang ist, ob die Zuteilungsreife einen vollständigen Empfang des Darlehens im Sinne von § 489 Abs. 1 Nr. 2 BGB darstellt. Die Instanzrechtsprechung ging bisher weitgehend davon aus, dass von einem vollständigen Empfang des Darlehens bereits ab Eintritt der Zuteilungsreife auszugehen ist[4611]. Ein vollständiger Empfang im Sinne von § 489 Abs. 1 Nr. 2 BGB sei bei einem Bausparvertrag mit Eintritt der erstmaligen Zuteilungsreife und nicht erst mit Ansparung der vollen Bausparsumme anzunehmen[4612]. Der BGH hat am 21.02.2017 (XI ZR

Abschnittsfinanzierung hat im Übrigen auch Auswirkungen auf das Widerrufsrecht des Darlehensnehmers. Durch Urteil vom 28.05.2013 (XI ZR 6/12) hat der BGH entschieden, dass einem Verbraucher bei einer unechten Abschnittsfinanzierung kein Widerrufsrecht nach den Vorschriften über Verbraucherdarlehensverträge gemäß § 495 Abs. 1, § 355 BGB zusteht, wenn nach Auslaufen der Zinsbindungsfrist mit der darlehensgebenden Bank lediglich neue Konditionen für die Zukunft vereinbart werden und die Konditionenanpassung entsprechend dem ursprünglich geschlossenen Darlehensvertrag vollzogen wird.

4606 OLG Hamm WM 1996, 569, 571; *Engau*, Sparkasse 1987, 18, 20; *Hopt/Mülbert*, Kreditrecht, § 609a RdNr. 53; *Stelling*, Die vorzeitige Ablösung festverzinslicher Realkredite, S. 48; *ders*, Gewährung und Abwicklung grundpfandrechtlich gesicherter Kredite, S. 153 f.

4607 *Hopt/Mülbert*, Kreditrecht, § 609a RdNr. 53; *Knops*, Verbraucherschutz bei Immobiliarkreditverhältnissen, S. 94; vgl. auch OLG Hamm WM 1996, 569, 571; *Harbeke*, in: Hadding/Hopt/Schimansky, Bankrechtstag 1996, S. 85, 88; *Lang/Beyer*, WM 1998, 897, 898; *Metz*, in: Metz/Wenzel, Vorfälligkeitsentschädigung, RdNr. 16; a.A. *Stelling*, Die vorzeitige Ablösung festverzinslicher Realkredite, S. 48.

4608 Vgl. BGH, Urt. v. 30.09.1999 – IX ZR 287/98; BGH NJW 1992, 2283; OLG Hamm WM 1985, 1223; OLG Hamm NJW-RR 1992, 815.

4609 BGH WM 2000, 1141; BGH WM 1999, 2251; OLG Hamm NJW-RR 1992, 815, 816.

4610 Vgl. zum Streitstand *Herresthal*, ZIP 2016, 1257 ff.; *Buhl/ Münder*, NJW 2016, 1991.

4611 OLG Celle, Beschl. v. 15.02.2016 – 3 U 163/15; OLG Celle, Urt. v. 14.09.2016 – 3 U 37/16 – Ls. 2; OLG Celle Urt. v. 14.09.2016 – 3 U 230/15; OLG Celle, Urt. v. 14.09.2016 – 3 U 86/16; OLG Köln, Beschl. v. 15.02.2016 – 13 U 151/15; OLG Hamm, Verf. v. 22.02.2016 – 31 U 234/15; OLG Hamm, a.A. OLG Stuttgart, Urt. v. 30.03.2016 – 9 U 171/15; zustimmend OLG Bamberg, Urt. v. 10.08.2016 – 8 U 24/16; ähnlich LG Kleve, Urt. v. 22.03.2016 – 4 O 74/15; AG Ludwigsburg, Urt. v. 07.08.2015 – 10 C 1154/15; LG Mainz, Urt. v. 28.07.2014 – 5 O 1/14.

4612 Vgl. auch OLG Düsseldorf, Urt. v. 01.12.2016 – 6 U 124/16; a.A. LG Karlsruhe Urt. v. 09.10.2015 – 7 O 126/15; ebenso LG Stuttgart Urt. v. 12.11.2015 – 12 O 100/15, die darauf hinweisen, dass der Bausparkasse das Recht zur Kündigung aus § 489 Abs. 1 Nr. 2 BGB nicht zustehe, solange das Bauspardarlehen nicht zugeteilt und die vereinbarte Bausparsumme nicht vollständig angespart wurde.

185/16, XI ZR 272/16) diese Rechtsprechung nunmehr bestätigt, Auf Bausparverträge sei Darlehensrecht anzuwenden, denn während der Ansparphase sei die Bausparkasse Darlehensnehmerin und der Bausparer Darlehensgeber. Deshalb sei vor der Inanspruchnahme des Bauspardarlehens § 489 Abs. 1 Nr. 3 BGB (a.F.) anwendbar. Die Bausparkassen haben mit Eintritt der erstmaligen Zuteilungsreife unter Berücksichtigung des Zwecks des Bausparvertrages das Darlehen des Bausparers vollständig empfangen. Somit seien Bausparverträge im Regelfall zehn Jahre nach Zuteilungsreife kündbar.

Allerdings hat der BGH in den oben zitierten Urteilen eine Abgrenzung zu solchen Bausparverträgen vorgenommen, in denen der Bausparer nach Ablauf einer Treuezeit einen Zinsbonus erhält. Es wird daher künftig weiteres Streitpotential über die Voraussetzungen der Kündigung von Bausparverträgen mit Bonuszinsen geben, mit dem sich die Instanzrechtsprechung auseinanderzusetzen hat[4613]. **2360**

Offen bleibt damit, ob und welche (Anpassungs- und) Kündigungsrechte Bausparkassen bei all jenen (Alt-)Verträgen haben, die nicht vollbespart und nicht seit zehn Jahren zuteilungsreif sind. In Betracht kommt allenfalls das (Anpassungs- oder) Kündigungsrecht wegen Störung der Geschäftsgrundlage (§ 313 BGB) und die Kündigung aus wichtigem Grund (§ 314 BGB)[4614]. **2361**

5. Fiktion der unterbliebenen Kündigung

Nach § 489 Abs. 3 BGB gilt eine Kündigung nach § 489 Abs. 1 und Abs. 2 BGB als nicht erfolgt, wenn der Darlehensnehmer den geschuldeten Betrag nicht **innerhalb von zwei Wochen nach Zugang seiner Kündigungserklärung** dem Darlehensgeber vollständig zurückzahlt.[4615] Der Zweck der Vorschrift liegt in der Verhinderung einer missbräuchlichen Ausübung des Kündigungsrechts. Ohne die Pflicht zur Rückzahlung könnte der Darlehensnehmer bei einem hohem Darlehenszins kündigen und würde dann lediglich dem Verzugszins unterliegen, der bei einem dem Verbraucherdarlehensrecht unterfallenden grundpfandrechtlich gesicherten Kredit zu üblichen Bedingungen B + 2,5 % (vgl. § 497 Abs. 4 Satz 1 BGB, § 503 Abs. 2 BGB a.F. bzw. § 497 Abs. 1 Satz 2 BGB a.F.), bei einem sonstigen Verbraucherdarlehen hingegen B + 5 % (§ 288 Abs. 1 BGB) betragen würde.[4616] Wird die Valuta nicht fristgerecht zurückgezahlt, gilt kraft Gesetzes der Anspruch auf Zahlung des Vertragszinses. **2362**

6. Unabdingbarkeit der Kündigungsrechte

Nach § 489 Abs. 4 BGB sind die Regelungen über Voraussetzungen und Folgen des Kündigungsrechts zugunsten des Darlehensnehmers grundsätzlich unabdingbar.[4617] Das gilt nicht nur für die Ausschließung des Kündigungsrechts, sondern auch für Beschränkungen durch Aufstellung zusätzlicher Voraussetzungen sowie für Kündigungsfolgen, die dem Darlehensnehmer die Kündigung erschweren könnten. Solche Vereinbarungen verstoßen gegen zwingendes Recht und sind nach § 134 BGB nichtig.[4618] **2363**

4613 Vgl. hierzu ausführlich *Vels*, WM 2018, 551 ff.

4614 Vgl. *Haertlein*, BB 2018, 259 ff.

4615 *Reiff*, in: Dauner-Lieb/Heidel/Lepa/Ring, Das neue Schuldrecht, § 10 RdNr. 16; *Bruchner/Krepold*, in: Schimansky/Bunte/Lwowksi, Bankrechts-Handbuch, § 79 RdNr. 55.

4616 *Reiff*, in: Dauner-Lieb/Heidel/Lepa/Ring, Schuldrecht, § 489 RdNr. 22; *Bruchner/Krepold*, in: Schimansky/Bunte/Lwowksi, Bankrechts-Handbuch, § 79 RdNr. 56; *K.P. Berger*, in: MünchKomm-BGB, § 489 RdNr. 16.

4617 *Reiff*, in: Dauner-Lieb/Heidel/Lepa/Ring, Schuldrecht, § 488 RdNr. 23; *Bruchner/Krepold*, in: Schimansky/Bunte/Lwowksi, Bankrechts-Handbuch, § 79 RdNr. 56; *K.P. Berger*, in: MünchKomm-BGB, § 489 RdNr. 19.

4618 *Hopt/Mülbert*, Kreditrecht, § 609a BGB RdNr. 47.

2364 Allerdings bleibt der Darlehensvertrag im Übrigen von der Nichtigkeit der Einschränkungs-Klauseln unberührt. Vertragsstrafenvereinbarungen, Vereinbarungen über Vorfälligkeitsentschädigungen oder der Nichtrückerstattung eines anteilig unverbrauchten Disagios,[4619] soweit es nicht zu den einmalig mit Vertragsschluss abgegoltenen Kosten zählt, sind deshalb stets unzulässig, wenn dem Darlehensnehmer ein Kündigungsrecht nach § 489 BGB zusteht.[4620]

2365 Bei Darlehen an den Bund, ein Sondervermögen des Bundes, ein Land, eine Gemeinde oder einen Gemeindeverband sowie – seit dem SchRModG – bei solche an die Europäischen Gemeinschaften und ausländische Gebietskörperschaften sind die Kündigungsrechte in § 489 Abs. 1 und 2 BGB nicht zwingend, können durch Vertrag also abbedungen werden.[4621] Eine Analogie auf vergleichbare ausländische Gebietskörperschaften ist mit dem Schutzzweck des § 489 BGB vereinbar.[4622] Durch § 489 Abs. 4 BGB wird den betroffenen Institutionen die Teilnahme am langfristigen Kapitalmarkt erleichtert, auf die Schuldnerschutzvorschriften des § 489 Abs. 1 und 2 BGB sind sie nicht angewiesen.

V. Kündigung mit Vorfälligkeitsentschädigung bei Immobiliardarlehen

1. Problemstelllung

2366 Üblicherweise erfolgt die Finanzierung von Immobilien, jedenfalls im privaten Bereich, in der Weise, dass der (oder die) Darlehensnehmer – häufig Eheleute – zum Zwecke der (teilweisen[4623]) Immobilienfinanzierung[4624] mit ihrer Bank einen Darlehensvertrag in zumeist sechsstelliger Höhe abschließen, der durch das zu erwerbende Objekt grundpfandrechtlich abgesichert wird. Die Laufzeit des Darlehens beträgt üblicherweise 20 bis 30 Jahre,[4625] längere oder auch kürzere Laufzeiten sind möglich. Der Zinssatz wird für die Dauer von zwei, fünf, zehn Jahre oder sogar einen längeren Zeitraum, der aber unter der Gesamtlaufzeit liegt, festgeschrieben, d.h. er ist in dem vereinbarten Zeitraum nicht einseitig änderbar. Für den Kunden wie für die Bank hat diese Ausgestaltung den Vorteil, dass jedenfalls für den Zeitraum der Zinsbindung für beide Parteien eine sichere Kalkulationsgrundlage besteht.[4626] Da beide Parteien während der Zinsbindungsfrist an den vereinbarten Zinssatz gebunden sind, sind Phasen sinkender Kreditzinssätze für den Kunden, Phasen steigender Kreditzinssätze hingegen für die Bank nachteilig, was diese allerdings bereits in ihrer Kalkulation berücksichtigt hat.

2367 Allerdings kommt es auch zu Konstellationen, in denen ein Darlehensnehmer sein Darlehen vorzeitig zurückführen (oder nach Abschluss des Vertrages von vorneherein nicht abnehmen) möchte. Die Gründe hierfür sind mannigfaltig. So ist es beispielsweise möglich, dass der Kunde an dem Immobilienobjekt einfach nicht mehr interessiert ist, etwa, weil es seinen Erwartungen nicht mehr entspricht. Persönliche und wirtschaftliche Hintergründe, die den Kunden von einer Abstandnahme bzw. Beendigung des Vertrages bewegen, sind häufig Ehescheidung, Arbeitslosigkeit, Krankheit, örtliche berufliche Veränderungen oder sonstige, in der persönlichen Sphäre des Kunden liegende Ursachen.

4619 *Bruchner/Krepold*, in: Schimansky/Bunte/Lwowksi, Bankrechts-Handbuch, § 79 RdNr. 57.
4620 *Bruchner/Krepold*, in: Schimansky/Bunte/Lwowksi, Bankrechts-Handbuch, § 79 RdNr. 56.
4621 Vgl. hierzu *Köndgen*, WM 2001, 1637, 1642, der die 10-Jahres-Frist jedenfalls gegenüber Kaufleuten als »sinnlose Überregulierung« qualifiziert; dem folgend *Reiff*, in: Dauner-Lieb/Heidel/Lepa/Ring, Schuldrecht, § 489 RdNr. 24.
4622 *K.P. Berger*, in: MünchKomm-BGB, § 489 RdNr. 21.
4623 In der Praxis erfolgt (nicht nur) die private Immobilienfinanzierung häufig über kombinierte Modelle, z. B. über Bausparverträge, Darlehen mit Tilgung am Ende der Laufzeit über eine Kapitallebensversicherung und über »konventionelle« Hypothekendarlehen.
4624 Zum sog. Immobiliarkredit siehe auch *Bruchner*, in: Festschrift Schimansky, S. 263 ff.
4625 *Rösler*, in: Hadding/Nobbe, Bankrecht 2000, S. 165, 175.
4626 Siehe hierzu *Kohte*, in: Hadding/Nobbe, Bankrecht 2000, S. 213.

In der Praxis kommt diesen Fällen von »personal hardship« eine besondere Bedeutung zu. Aus diesem Grunde haben sich Rechtsprechung, Schrifttum und Gesetzgebung bemüht, gerade bei derartigen Konstellationen eine für Darlehensgeber wie Darlehensnehmer angemessene und interessengerechte Lösung zu entwickeln. 2368

2. Die Rechtslage vor Inkrafttreten des SchRModG

Die Rechtsprechung zur vorzeitigen Beendigung von Darlehensverträgen und die damit verbundene Frage der Entschädigung der Bank nahm ihren Anfang in der grundlegenden, die Nichtabnahmeentschädigung betreffende Entscheidung des BGH vom 12.03.1991.[4627] Seit diesem Zeitpunkt ist eine Vielzahl von Entscheidungen vor allem der Instanzenrechtsprechung ergangen, die von Kreditwirtschaft[4628] und Schrifttum[4629] – je nach Interessenlage – unterschiedlich gewertet wurden.[4630] Eine grundlegende Klärung erfolgte durch zwei lang erwartete Urteile des BGH vom 1.7.1997.[4631] 2369

Im Rahmen dieser neuen Rechtsprechung hat der BGH die – dogmatisch durchaus kontrovers diskutierte – **Theorie der Vertragsmodifizierung** entwickelt, die letztendlich zu dem Ergebnis führte, dass dem Darlehensnehmer unter bestimmten Voraussetzungen ein Anspruch auf Auflösung des Darlehensvertrages gegen Zahlung einer unter Schadensersatzgesichtspunkten zu bemessenden Vorfälligkeitsentschädigung zusteht.[4632] Der BGH war der Auffassung, dass ein Anspruch des Darlehensnehmers auf vorzeitige Ablösung des Darlehens jedenfalls für den Fall einer anderweitigen Verwertung des beliehenen Objektes gegeben sein kann. Begründet wurde dieser »innovative«[4633] Anspruch mit dem Argument, er ziele nicht auf Vertragsauflösung oder Vertragsaufhebung ab, 2370

4627 BGH WM 1991, 760; *Derleder*, JZ 1989, 165, 173; siehe bereits BGH WM 1989, 1011, dazu WuB I E 4.-6.89 (*W. Weber*); BGH WM 1985, 686; BGH WM 1986, 156; BGH WM 1989, 1011; BGH WM 1990, 174; BGH WM 1990, 751; aus der Instanzenrechtsprechung vgl. OLG Koblenz WM 1983, 802; OLG Hamm WM 1985, 1493; OLG Stuttgart WM 1986, 998; OLG Hamm WM 1987, 105; OLG Düsseldorf WM 1991, 218.

4628 Vgl. etwa *Hadding/Hopt/Schimansky*, Vorzeitige Beendigung von Finanzierungen, Rating von Unternehmen, Bankrechtstag 1996, Band 8 der Schriftenreihe der Bankrechtlichen Vereinigung, Berlin 1997; siehe auch *A. Weber*, Rückwirkung von Rechtsprechung, Bericht über das Bankrechtssymposium vom 26.06.1995, WM 1996, 49.

4629 Vgl. nur *Metz/Wenzel*, Vorfälligkeitsentschädigung, Köln 1995; *Werth*, in: *Ott/Schäfer*, Effiziente Verhaltenssteuerung und Kooperation im Zivilrecht, S. 108; *derselbe*, ZBB 1997, 48; *Köndgen*, in: *Ott/Schäfer*, Effiziente Verhaltenssteuerung und Kooperation im Zivilrecht, S. 135; *Reifner*, NJW 1995, 86; *derselbe*, NJW 1985, 2945; *W. Weber*, NJW 1995, 2951; *Wenzel*, WM 1995, 1433; *derselbe*, Die Bank 1997, 43; *derselbe*, Die Bank 1995, 368; *Metz*, ZBB 1994, 205; *Stark*, Die Bank 1996, 522; *Stelling*, Die vorzeitige Ablösung festverzinslicher Realkredite, S. 67.

4630 Grundlegend hierzu *Rösler/Wimmer/Lang*, Vorzeitige Beendigung von Darlehensverträgen, RdNr. B 77 ff.

4631 BGH, Urt. v. 01.07.1997 – XI ZR 267/96 = WM 1997, 1747 = ZIP 1997, 1641 = NJW 1997, 2875 = DB 1997, 1966 f. (Vorinstanz: OLG Schleswig WM 1997, 522); BGH, Urt. v. 01.07.1997 – XI ZR 197/96 = WM 1997, 1799 = ZIP 1997, 1646 = NJW 1997, 2878 f. = DB 1997, 1968 (Vorinstanz OLG Bremen OLG Report Bremen/Hamburg/Schleswig 1996, 289; siehe hierzu *Köndgen*, ZIP 1997, 1645; *Medicus*, EWiR § 242 BGB 7/97, 921 f.; *Guttenberg*, JuS 1999, 1058, 1060; *Wenzel*, WM 1997, 2340; *Metz*, EWiR § 242 BGB 8/97, 923 f.; *Grönwoldt/Bleuel*, DB 1997, 2062; *Marburger*, ZBB 1998, 30, 31; *Lang/Beyer*, WM 1998, 897; *Früh*, NJW 1999, 2623; *Knops*, Verbraucherschutz bei Immobiliarkreditverhältnissen, S. 144; *Rösler/Wimmer/Lang*, Vorzeitige Beendigung von Darlehensverträgen, RdNr. B 97 ff.

4632 BGH, Urt. v. 01.07.1997 – XI ZR 267/96- = WM 1997, 1747, 1748 = ZIP 1997, 1641, 1642; BGH WM 1998, 70, 71.

4633 *Lang/Beyer*, WM 1998, 897, 899; zustimmend *Rösler*, in: Hadding/Nobbe, Bankrecht 2000, S. 165, 168 (siehe dort Fn. 6); eher ironisch *Köndgen*, in: Ernst/Zimmermann, Zivilrechtswissenschaft und Schuldrechtsreform, S. 457, 467 (»neuartiges Vertragslösungsrecht«).

sondern nur auf eine Modifizierung des Vertragsinhaltes ohne Reduzierung des Leistungsumfangs.[4634] Das Begehren des Darlehensnehmers auf vorzeitige Rückführung des Darlehensbetrages gegen Zahlung einer angemessenen Vorfälligkeitsentschädigung solle also nicht auf eine Beseitigung der vertraglichen Bindung gerichtet sein, sondern letztlich nur eine vorzeitige Erbringung der geschuldeten Leistung zum Ziel haben. Der Bank sollte nach wie vor der Primäranspruch aus dem Darlehensvertrag zustehen,[4635] der allerdings um die Vorteile der vorzeitigen Zahlung zu reduzieren ist.[4636]

2371 Nach Ansicht des BGH soll der – ansonsten ohne weiteres anerkannte – Grundsatz der Vertragstreue bei Dauerschuldverhältnissen dann Ausnahmen erfahren, wenn **berechtigte Interessen eines Vertragsteils** dies gebieten. Der BGH sah in bestimmten Fällen einen **Eingriff in die wirtschaftliche Handlungsfreiheit** des Darlehensnehmers, die das Gesetz – wie § 1136 BGB zeigt – gerade auch bei der grundpfandrechtlichen Belastung von Grundstücken gewahrt wissen will.[4637] Da der Anspruch auf eine vorzeitige Kreditabwicklung seine Rechtfertigung in der Erhaltung der wirtschaftlichen Handlungsfreiheit findet, sollte es auf den Beweggrund für den Verkauf des beliehenen Objektes nicht ankommen. Die wirtschaftliche Handlungsfähigkeit beinhaltet nicht nur die Möglichkeit der Veräußerbarkeit[4638] des sichernden Grundstückes, sondern auch dessen Belastbarkeit.[4639] Der Anspruch besteht daher bei einem Verkauf aus privaten Gründen (z.B. Ehescheidung,[4640] Krankheit, Arbeitslosigkeit, Überschuldung,[4641] Umzug[4642]) ebenso wie in Fällen, in denen der Grundstückseigentümer eine Nachfinanzierung benötigt, zu der die finanzierende Bank nicht bereit ist[4643] sowie bei der Wahrnehmung einer günstigen Verkaufsgelegenheit und für den Fall einer anderweitigen

4634 BGH, Urt. v. 01.07.1997 – XI ZR 267/96 = WM 1997, 1747, 1749 = ZIP 1997, 1641, 1643; OLG Schleswig WM 1997, 522, 524.

4635 *Rösler*, in: Hadding/Nobbe, Bankrecht 2000, S. 165, 169; nochmals bekräftigend *ebenda* Diskussionsbericht, S. 209; ausdrücklich vom seinerzeitigen Vorsitzenden Richter des XI. Senates, *Gerd Nobbe*, *ebenda*, bestätigt. Ebenso *Rösler/Wimmer/Lang*, Vorzeitige Beendigung von Darlehensverträgen, RdNr. B 99.

4636 Vgl. BGH, Urt. v. 01.07.1997 – XI ZR 267/96- = WM 1997, 1747, 1749 = ZIP 1997, 1641, 1643; *Rösler*, in: Hadding/Nobbe, Bankrecht 2000, S. 165, 169.

4637 BGH, Urt. vom 01.07.1997 – XI ZR 267/96- = WM 1997, 1747, 1749 = ZIP 1997, 1641, 1643 unter Hinweis auf BGHZ 76, 371, 373; vgl. bereits *Metz*, ZBB 1994, 205, 211; a.A. *Wenzel*, WM 1995, 1433, 1435 f.

4638 BGH, Urt. v. 01.07.1997 – XI ZR 267/96- = WM 1997, 1747, 1749 = ZIP 1997, 1641, 1642.

4639 BGH, Urt. v. 01.07.1997 – XI ZR 197/96- = WM 1997, 1799, 1800 = ZIP 1997, 1646.

4640 BGHZ 136, 161, 162; OLG Schleswig WM 1997, 522; OLG Schleswig WM 1998, 861; *Canaris*, in: Hadding/Hopt/Schimansky, Bankrechtstag 1996, S. 3, 7; *derselbe*, in: Festschrift Zöllner, S. 1055, 1056; *Dietrich*, DStR 1997, 1087, 1088; *Guttenberg*, JuS 1999, 1058, 1059; *Harbeke*, in: Hadding/Hopt/Schimansky, Bankrechtstag 1996, S. 85, 90; *Lang/Beyer*, WM 1998, 897, 901; *Marburger*, ZBB 1998, 30, 31; *Nobbe*, Neue höchstrichterliche Rechtsprechung, RdNr. 839; *Reich*, in: Hadding/Hopt/Schimansky, Bankrechtstag 1996, S. 43, 47; *Rösler*, BB 1997, 1369; *Weber* NJW 1995, 2951, 2952.

4641 Vgl. LG Hannover WM 1995, 192; LG Lübeck WM 1996, 577; AG Hamburg-Harburg WM 1996, 1140; AG Delmenhorst WM 1996, 580; AG Köln WM 1999, 1460; *Harbeke*, in: Hadding/Hopt/Schimansky, Bankrechtstag 1996, S. 85, 90; *Lang/Beyer*, WM 1998, 897, 901; *Stelling*, Die vorzeitige Ablösung festverzinslicher Realkredite, S. 45 f.

4642 Vgl. LG München I WM 1996, 579; *Canaris*, in: Hadding/Hopt/Schimansky, Bankrechtstag 1996, S. 3, 7; *derselbe*, in: Festschrift Zöllner, S. 1055, 1056; *Dietrich*, DStR 1997, 1087, 1088; *Guttenberg*, JuS 1999, 1058, 1059; *Harbeke*, in: Hadding/Hopt/Schimansky, Bankrechtstag 1996, S. 85, 90; *Lang/Beyer*, WM 1998, 897, 901; *Marburger*, ZBB 1998, 30, 31; *Nobbe*, Neue höchstrichterliche Rechtsprechung, RdNr. 839; *Reich*, in: Hadding/Hopt/Schimansky, Bankrechtstag 1996, S. 43, 47; *Rösler*, BB 1997, 1369; *Wehrt*, ZBB 1997, 48, 49; *Stelling*, Die vorzeitige Ablösung festverzinslicher Realkredite, S. 45, 148 f.

4643 BGH, Urt. v. 01.07.1997 – XI ZR 197/96- = WM 1997, 1799, 1800 = ZIP 1997, 1646.

Verwertung des beliehenen Objektes.[4644] Definitiv ausgeschlossen ist ein Anspruch auf vorzeitige Rückführung, um sich ein gesunkenes Zinsniveau zunutze zu machen. Anders jedoch im Falle eines Widerrufes bei Fehlern im Widerrufsmuster.[4645]

Allerdings ist dem Darlehensgeber eine vorzeitige Darlehensabwicklung nur zumutbar, wenn ihm keine finanziellen Nachteile entstehen. Da die Bank eine unter Schadensersatzgesichtspunkten zu bemessende Vorfälligkeitsentschädigung[4646] beanspruchen kann, ist die Zumutbarkeit im Falle einer vorzeitigen Rückführung regelmäßig anzunehmen. Der Verweis auf die Grundsätze des Schadensersatzrechtes hatte zur Folge, dass die Bank für ihre Zustimmung nicht jeden beliebigen Preis bis zur Grenze zur Sittenwidrigkeit (§ 138 BGB) verlangen darf.[4647] Sie konnte vielmehr nur den Ausgleich der Nachteile beanspruchen, die ihr durch die vorzeitige Kreditablösung entstanden sind. Gelingt es dem Kunden hierbei, ein kündigungsunabhängiges Sondertilgungsrecht mit der Bank zu vereinbaren, so besteht – soweit vertraglich nichts anderes vereinbart ist – keine Verpflichtung zur Zahlung einer Vorfälligkeitsentschädigung.[4648] 2372

In einem weiteren grundlegenden Urteil vom 7.11.2000[4649] hat der XI. Senat seine Rechtsprechung zur Nichtabnahme- bzw. Vorfälligkeitsentschädigung dann auch weiter konkretisiert und entsprechende Ausführungen zu einer möglichen Berechnungsmethodik getätigt. 2373

3. Die Neuregelungen durch das SchRModG und der Umsetzung der Wohnimmobilienkredit-RiLi

Durch das Schuldrechtsmodernisierungsgesetz wurde die Vorfälligkeitsproblematik erstmals einer gesetzlichen Lösung zugeführt, die auf alle ab dem 1.1.2002 abgeschlossenen Darlehensverträge mit Festzinsvereinbarung und grundpfandrechtlicher Sicherung Anwendung findet.[4650] Die entsprechende Regelung findet sich nach wie vor in § 490 Abs. 2 BGB.[4651] Mit der Umsetzung der Wohnimmobilienkreditrichtlinie wurde § 502 BGB erweitert. Mit Wirkung 21.03.2016 wurde Absatz 1 novelliert. Die Regelung erfasst nunmehr auch Immobiliar-Verbraucherdarlehen mit der weiteren Besonderheit, dass der gebundene Sollzinssatz – anders als bei Allgemein-Verbraucherdarlehensverträgen – nicht bereits bei Vertragsschluss vereinbart worden sein musste.[4652] Dies sei ausweislich der Gesetzesbegründung auch sachgerecht, denn bei den üblicherweise lang laufenden Immobiliar-Verbraucherdarlehen erscheint es sinnvoll, auch während der Vertragslaufzeit die Vereinbarung neuer Festzinsperioden zu ermöglichen (unechte Abschnittsfinanzierung) und deshalb hier nicht auf einen bereits bei Vertragsschluss vereinbarten gebundenen Sollzinssatz abzustellen.[4653] Voraussetzung für den Anspruch ist eine vorzeitige Rückzahlung des Darlehensnehmers (§ 500 Abs. 2 BGB). 2374

4644 BGH, Urt. v. 01.07.1997 – XI ZR 267/96-, WM 1997, 1747, 1749 = ZIP 1997, 1641, 1643 unter Hinweis auf *Nobbe*, Aktuelle höchst- und obergerichtliche Rechtsprechung, RdNr. 839; a.A. *Wenzel*, in: *Metz/Wenzel*, Vorfälligkeitsentschädigung, RdNr. 230: krit. *Köndgen*, ZIP 1996, 1645; *derselbe*, in: Ernst/Zimmermann, Zivilrechtswissenschaft und Schuldrechtsreform, S. 457, 467, 468. Vgl. auch OLG München WM 1998, 1484, dazu WuB I E 3.-7.98 (*Marburger*); OLG Köln WM 1999, 1167, 1168; AG Köln WM 1999, 1460.

4645 BGH, Urt. v. 12.07.2016 – XI ZR 564/15.

4646 Vgl. BGH, Urt. v. 01.07.1997 – XI ZR 267/96- = WM 1997, 1747, 1748 f. Eingehend zur Berechnung *Rösler/Wimmer/Lang*, Vorzeitige Beendigung von Darlehensverträgen, RdNr. C 10, D 1 ff.

4647 *Rösler/Wimmer/Lang*, Vorzeitige Beendigung von Darlehensverträgen, RdNr. C 10 m.w.N.; a.A. OLG Schleswig, WM 1997, 522.

4648 BGH Urt. v. 08.11.2011 – XI ZR 341/10 = BeckRS 2011, 28300.

4649 BGH ZIP 2001, 20 mit Anm. *Metz* und Besprechung *Wenzel*, dazu EWiR 2001, 107 (*Rösler*) und *von Heymann/Rösler*, ZIP 2001, 441.

4650 Eingehend *Rösler/Wimmer/Lang*, Vorzeitige Beendigung von Darlehensverträgen, RdNr. B 147 ff.

4651 Vgl. *Krepold/Fischbeck*, Bankrecht, S. 115.

4652 BT-Drs. 18/5922, S. 91 unter Hinweis auf Art. 4 Nr. 16 Wohnimmobilienkredit-RiLi und Art. 3j Verbraucherkredit-RiLi.

4653 BT-Drs. 18/5922, S. 91.

Nicht erfasst ist die Rückzahlung aus anderen Gründen, etwa wegen Verzuges (§§ 497, 498 BGB). § 502 BGB ist im Wesentlichen dem in § 490 Abs. 2 BGB geregelten Anspruch der Vorfälligkeitsentschädigung nachempfunden, so dass für die Frage, wann ein Recht auf vorzeitige Rückzahlung unter Zahlung einer Vorfälligkeitsentschädigung besteht an die Rechtsprechung und Literatur zur parallelen Frage bei § 490 Abs. 2 BGB angeknüpft werden kann.[4654]

a) Das Recht auf vorzeitige Rückzahlung

2375 In ihrer wirtschaftlichen Auswirkung stellt die Vorschrift des § 490 Abs. 2 BGB nichts anderes als die Kodifizierung der BGH-Rechtsprechung[4655] zum Thema Vorfälligkeit dar.[4656] In der Regierungsbegründung zum SchRModG[4657] hieß es ausdrücklich, dass sich die Gesetzesfassung eng an den vom BGH entwickelten Grundsätzen orientieren sollte, so dass sich aus der Kodifikation keine Änderung der geltenden Rechtslage, sondern nur eine größere Rechtsklarheit und Rechtssicherheit für den Rechtsanwender ergeben sollte.

2376 Allerdings wurde mit der in § 490 Abs. 2 BGB fixierten **Kündigungsmöglichkeit** gerade nicht die BGH-Rechtsprechung zum vorzeitigen Tilgungsrecht,[4658] sondern eine unter dem bisherigen Recht ganz überwiegend abgelehnte Mindermeinung kodifiziert.[4659] Nach der Rechtsprechung bedeutet der »Anspruch auf Vertragsmodifizierung durch Vorverlegung des Erfüllungszeitpunktes« nämlich gerade **kein Recht auf Kündigung**. Vielmehr hatte die Bank nach wie vor einen – wenn auch gekürzten – Anspruch auf Zahlung der ausstehenden Raten. Beim nunmehr normierten Kündigungsrecht entsteht hingegen ein Schadensersatzanspruch, bei dem es sich um einen Sekundäranspruch handelt.[4660]

2377 Allerdings setzt § 490 Abs. 2 BGB ein besonderes Bedürfnis nach einer anderweitigen Verwertung des Objektes, mithin einen **Kündigungsgrund** voraus, der als wichtiger Grund i.S.d. allgemeinen Zivilrechtsdogmatik anerkannt ist.[4661] Dieser wichtige Grund soll allerdings mit der bisherigen Rechtsprechung des BGH zu den Voraussetzungen eines vorzeitigen Tilgungsrechts übereinstimmen.[4662] Bei der Möglichkeit anderweitiger Verwertung oder weiterer Belastung des belasteten Objekts sollen dem Darlehensnehmer durch den Festsatzkredit keine Hindernisse zur Ausschöpfung dieser Optionen entgegenstehen. In einer Parallelwertung zur bisherigen BGH-Rechtsprechung wird man jedoch aufgrund des Beispiels der anderweitigen Verwertung immer ein Interesse fordern können, das an die belastete Immobilie geknüpft ist. Sonstige Interessen wie Zinsersparnis durch Umschuldung, persönliche Härtefälle ohne Veräußerung des belasteten Objekts oder plötzlicher

4654 BT-Drs. 18/5922, S. 90.

4655 BGH, Urt. vom 1.7.1997 – XI ZR 267/96, WM 1997, 1747; BGH, Urt. vom 1.7.1997 – XI ZR 197/96, WM 1997, 1799.

4656 *Krepold*, in: Schimansky/Bunte/Lwowksi, Bankrechts-Handbuch, § 79 RdNr. 65; krit. zu dieser Kodifizierung *Reiff*, in: Dauner-Lieb/Heidel/Lepa/Ring, Schuldrecht, § 490 RdNr. 9, nach dessen Ansicht (a.a.O., RdNr. 11) der Gesetzgeber diese Rechtsprechung missverstanden hat.

4657 Begründung RegE SchRModG, BR-Drucks. 338/01, S. 600; vgl. auch *Hertel*, in: Amann/Brambring/Hertel, Schuldrechtsreform, S. 277.

4658 BGH, Urt. v. 01.07.1997 – XI ZR 267/96 = NJW 1997, 2875; BGH, Urt. v. 01.07.1997 – XI ZR 197/96 = NJW 1997, 2878.

4659 *Rösler/Wimmer/Lang*, Vorzeitige Beendigung von Darlehensverträgen, RdNr. B 189; *Mankowski/Knöfel*, ZBB 2001, 335, 336; kritisch *Reiff*, in: Dauner-Lieb/Heidel/Lepa/Ring, Schuldrecht, § 490 RdNr. 10.

4660 *Krepold*, in: Schimansky/Bunte/Lwowksi, Bankrechts-Handbuch, § 79 RdNr. 65; *Rösler/Wimmer/Lang*, Vorzeitige Beendigung von Darlehensverträgen, RdNr. B 188 f.; a.A. wohl *Reiff*, in: Dauner-Lieb/Heidel/Lepa/Ring, Schuldrecht, § 490 RdNr. 9 f. der von einer völlig ungesicherten dogmatischen Grundlage spricht.

4661 *Reiff*, in: Dauner-Lieb/Heidel/Lepa/Ring, Schuldrecht, § 490 RdNr. 12.

4662 *K.P. Berger*, in: MünchKomm-BGB, § 490 RdNr. 26.

Geldsegen aus Lottogewinn oder Erbschaft werden auch im Sinne des § 490 Abs. 2 BGB als Kündigungsgründe nicht ausreichen.[4663]

Die Regelung des § 490 Abs. 2 BGB kann daher nicht als Freibrief für eine jederzeitige Lösung eines unliebsam gewordenen Vertrages verstanden werden. Eine vorzeitige Vertragsbeendigung kommt nur in Betracht, wenn der Darlehensnehmer ein Bedürfnis für eine anderweitige Verwertung der Immobilie artikuliert.[4664] 2378

Die Regelung in § 490 Abs. 2 BGB gilt unabhängig davon, ob es sich um ein Verbraucherdarlehen oder einen gewerblichen oder beruflich veranlasstes Darlehen handelt. Voraussetzung ist in allen Fällen die **grundpfandrechtliche Sicherung**. Auf Festsatzkredite an Unternehmen, die durch Sicherungsübereignung von Maschinen oder Forderungszessionen gesichert sind, finden die §§ 490 Abs. 2, 500 Abs. 2 Satz 2 und 502 BGB keine Anwendung. In Fällen, in denen ein Verbraucherdarlehen vorliegt, dass nicht durch ein Grund- oder Schiffspfandrecht gesichert ist, findet § 490 Abs. 2 BGB ebenso wenig Anwendung; in diesen Fällen gelten nur die Vorschriften der §§ 500, 502 BGB zu den Allgemein-Verbraucherdarlehensverträgen 2379

b) Kündigung und Vorfälligkeitsentschädigung

Die **Wirksamkeit der Kündigung** des Darlehensvertrags ist nicht von der Zahlung der Vorfälligkeitsentschädigung abhängig.[4665] Dem Darlehensgeber steht im Fall einer berechtigten Kündigung allerdings ein gesetzlicher Anspruch auf Zahlung der Vorfälligkeitsentschädigung zu.[4666] Die Zahlung der Vorfälligkeitsentschädigung ist nicht Voraussetzung für die Wirksamkeit der Kündigung, sondern begründet einen gesetzlichen Anspruch des Darlehensgebers auf Zahlung einer Vorfälligkeitsentschädigung.[4667] 2380

Das Risiko der Einbringlichkeit der Vorfälligkeitsentschädigung liegt somit beim Darlehensgeber. In der Praxis kann dies dann zu Schwierigkeiten führen, wenn der Darlehensnehmer den Darlehensvertrag zwar kündigt und die Darlehenssumme zurückführt, nicht aber die Vorfälligkeitsentschädigung leistet.[4668] Da die darlehensgebende Bank gehalten ist, dem Darlehensnehmer nach wirksamer Kündigung eine für ihn transparente und nachvollziehbare Abrechnung hinsichtlich der Höhe der Vorfälligkeitsentschädigung zu erteilen,[4669] konstruieren einige Autoren erhöhte Missbrauchsgefahren zu Lasten des Darlehensgebers.[4670] In der Praxis werden diese Bedenken allerdings kaum zum Tragen kommen, da der Bank bei Immobiliarkrediten regelmäßig eine Grundschuld als Sicherheit zur Verfügung steht.[4671] 2381

4663 Vgl. *Rösler/Wimmer/Lang*, Vorzeitige Beendigung von Darlehensverträgen, RdNr. B 195 f.; *Becher/Lauterbach*, WM 2004, 1163; *Palandt/Weidenkaff*, BGB, § 490 RdNr. 12.

4664 *Rösler/Wimmer/Lang*, Vorzeitige Beendigung von Darlehensverträgen, RdNr. B 196; *Krepold*, in: Schimansky/Bunte/Lwowksi, Bankrechts-Handbuch, § 79 RdNr. 65.

4665 Beschlussempfehlung und Bericht des Rechtsausschusses, BT-Drucks. 14/7052, S. 240 f.; *K.P. Berger*, in: MünchKomm-BGB, § 490 RdNr. 27.

4666 Siehe hierzu auch *Habersack*, BKR 2001, 72; *Rösler/Wimmer/Lang*, Vorzeitige Beendigung von Darlehensverträgen, RdNr. B 189 ff.

4667 *Reiff*, in: Dauner-Lieb/Heidel/Lepa/Ring, Schuldrecht, § 490 RdNr. 16; *Rösler/Wimmer/Lang*, Vorzeitige Beendigung von Darlehensverträgen, RdNr. B 10; *K.P. Berger*, in: MünchKomm-BGB, § 490 RdNr. 27.

4668 *Mankowski/Knöfel*, ZBB 2001, 335, 337.

4669 Vgl. hierzu *Mankowski/Knöfel*, ZBB 2001, 335, 341, die dem Darlehensnehmer insoweit einen echten und selbstständig einklagbaren Anspruch auf Auskunftserteilung zuerkennen wollen.

4670 Vgl. *Mankowski/Knöfel*, ZBB 2001, 335, 342 f.; anders aber *Rösler/Wimmer/Lang*, Vorzeitige Beendigung von Darlehensverträgen, RdNr. B 192; *Rösler/Lang*, in: Lang/Assies/Werner, Schuldrechtsmodernisierung in der Bankpraxis, S. 171.

4671 *Rösler/Wimmer/Lang*, Vorzeitige Beendigung von Darlehensverträgen, RdNr. B 192.

c) Grundschuldhaftung für Vorfälligkeitsentschädigung

2382 Der Darlehensgeber bzw. Sicherungsnehmer kann eine **Freigabe der Grundschuld** im Übrigen so lange aufschieben, bis der Darlehensnehmer die von der Bank geforderte Vorfälligkeitsentschädigung vollständig bezahlt hat.[4672] In der Regel darf die Bank davon ausgehen, dass die das Darlehen sichernde Grundschuld nach erfolgter Kündigung auch als Sicherheit für die Vorfälligkeitsentschädigung haftet.[4673] Das ist insbesondere dann der Fall, wenn die Bank mit dem Darlehensnehmer einen weiten Sicherungszweck für die Grundschuld vereinbart hat. Dies geschieht in der Praxis regelmäßig über vertragliche Zweckerklärungen für Grundschulden. Die Vorfälligkeitsentschädigung ist im wirtschaftlichen Ergebnis nichts anderes als die Kompensation entgangener Cash-Flows in der Zukunft, die sich aus Zinsen und Tilgung für das Darlehen zusammensetzen. Rechtlich handelt es sich einen Sekundäranspruch, der aufgrund des durch Kündigung beendeten Darlehensvertrages entstanden ist.

2383 Bei der Grundschuld handelt es sich um ein nicht akzessorisches, abstraktes dingliches Sicherungsrecht, das dem Inhaber weitgehende Rechte zuerkennt. Sicherungsgeber und Sicherungsnehmer vereinbaren deshalb zur Vermeidung einer missbräuchlichen Verwendung des Sicherungsmittels, welche Forderungen im Hinblick auf Inhalt und Umfang durch die Grundschuld gesichert werden sollen. Eine solche schuldrechtliche – regelmäßig formularmäßige[4674] – Vereinbarung wird als Zweckerklärung, Zweckbestimmungserklärung oder Sicherungszweckvereinbarung bezeichnet,[4675] bei der es sich um eine treuhänderische Sicherungsabrede zum Schutz des Sicherungsgebers handelt.[4676] Die Bank erlangt weder ein Pfandrecht an der Grundschuld noch hat sie eine Aufrechnungsmöglichkeit wegen anderer Forderungen, die nicht ausdrücklich unter die Zweckerklärung fallen.[4677]

2384 Inzwischen existiert eine schon fast unüberschaubare Judikatur zur Reichweite einer solchen Zweckerklärung,[4678] vor allem zu der Frage, ob und in welchem Umfang der Sicherungsnehmer die Grundschuld heranziehen darf. Die Formularpraxis kennt die weite und die enge Zweckerklärung.

2385 Bei der Erstgenannten, die üblicherweise zum Tragen kommt, wenn Darlehensnehmer und Sicherungsgeber personenidentisch sind, erfasst der Sicherheitszweck der Grundschuld regelmäßig alle Ansprüche aus der bankmäßigen Geschäftsverbindung.[4679] Zur bankmäßigen Geschäftsbeziehung gehören alle Ansprüche aus Darlehen, Zinsen, Kosten und alle weiteren Ansprüche, die sich aus der laufenden Geschäftsbeziehung ergeben.[4680] Erfasst werden ferner Ansprüche aus ungerechtfertigter Bereicherung sowie Schadensersatzansprüche, soweit sich diese Ansprüche aus der bankmäßigen Geschäftsverbindung ergeben.[4681] Der BGH hat ausdrücklich den Schadensersatzanspruch der Bank wegen Nichtabnahme eines Darlehens als von der Zweckerklärung mitumfassten Anspruch

4672 OLG Hamm BKR 2005, 410; eingehend *Rösler/Wimmer/Lang*, Vorzeitige Beendigung von Darlehensverträgen, RdNr. C 68 f.

4673 Im Ergebnis ähnlich *Reiff*, in: Dauner-Lieb/Heidel/Lepa/Ring, Schuldrecht, § 490 RdNr. 16 unter Verweis auf ein Zurückbehaltungsrecht der Bank nach §§ 273, 274 BGB; *Rösler/Wimmer/Lang*, Vorzeitige Beendigung von Darlehensverträgen, RdNr. C 71.

4674 Vgl. *Epp*, in: Schimansky/Bunte/Lwowski, Bankrechts-Handbuch, § 94 RdNr. 297.

4675 Vgl. BGH WM 1991, 86 f.; *Epp*, in: Schimansky/Bunte/Lwowski, Bankrechts-Handbuch, § 94 RdNr. 296.

4676 BGH WM 1989, 210; BGH WM 1991, 668.

4677 BGH WM 1989, 1862; BGH WM 1989, 995 (Pfandrecht); BGH WM 1988, 859; BGH WM 1992, 1016 (Aufrechnung).

4678 Zahlreiche Nachweise bei *Epp*, in: *Schimansky/Bunte/Lwowski*, Bankrechts-Handbuch, § 94 RdNr. 296 ff.

4679 Vgl. hierzu *Epp*, in: Schimansky/Bunte/Lwowski, Bankrechts-Handbuch, § 94 RdNr. 313; *Rösler/Wimmer/Lang*, Vorzeitige Beendigung von Darlehensverträgen, RdNr. C 71.

4680 BGH WM 1987, 584; BGH WM 1981, 519; BGH WM 1979, 884.

4681 Vgl. BGH WM 1990, 8; BGH WM 1991, 954.

aus der bankmäßigen Geschäftsverbindung angesehen.[4682] Nichtabnahmeentschädigung und Vorfälligkeitsentschädigung umfassen wirtschaftlich die gleichen Positionen und sind durch die Schuldrechtsmodernisierung jetzt auch beide rechtsdogmatisch als Schadensersatz einzustufen. Der Unterschied liegt nur daran, dass der Darlehensnehmer das Darlehen im ersten Fall von vorneherein, also vor Valutierung, nicht abnimmt, während er es im zweiten Fall nach Valutierung wieder (vorzeitig) zurückführen möchte. Dabei sind bei teilvalutierten Darlehen regelmäßig auch Mischfälle gegeben. Der Anspruch auf Vorfälligkeitsentschädigung als solcher fällt also unter die bankmäßige Geschäftsverbindung, was zur Folge hat, dass er von der weiten Zweckerklärung mit umfasst ist.[4683]

Die **enge Zweckerklärung** kommt zum Tragen, wenn Sicherungsgeber und Darlehensnehmer personenverschieden sind. In derartigen Fällen hat die Rechtsprechung hinsichtlich des Umfangs der Zweckerklärung verschiedentlich Einschränkungen zugunsten des Sicherungsgebers festgestellt. Derjenige, der zur Sicherung eines fremden Darlehens an seinem eigenen Grundstück eine Grundschuld zugunsten des Darlehensgebers bestellt, muss nach Ansicht des BGH billigerweise nicht damit rechnen, dass ohne besondere und mit ihm ausgehandelte Vereinbarung die Grundschuld für alle zukünftigen Forderungen aus laufender Geschäftsverbindung zwischen dem Darlehensschuldner und dem Darlehensgläubiger dient.[4684] **2386**

Auch in diesen Fällen der engen Zweckerklärung ist jedoch die Vorfälligkeitsentschädigung nach Maßgabe des § 490 Abs. 2 Satz 3 BGB vom Umfang der Zweckerklärung gedeckt. Bei der Vorfälligkeitsentschädigung handelt es sich nicht um einen zum Zeitpunkt der Abgabe der Zweckerklärung ungewisse, also um eine *zukünftige* Forderung des Darlehensgebers. Vielmehr ist die Vorfälligkeitsentschädigung nichts anderes als die Kompensation des ausfallenden Cash-Flows, bestehend aus Zins und Tilgung, welche bei der Bank bei vorzeitiger Rückführung zu einem Schaden führen können. Dieser Zins- und Tilgungsanspruch bestand jedoch bereits zum Zeitpunkt der Erklärungsabgabe; er manifestiert sich nur in modifizierter Form, nämlich als Vorfälligkeitsentschädigung.[4685] **2387**

Da der allgemeine Anspruch des Sicherungsgebers auf Freigabe des belasteten Grundstücks nur fällig wird, wenn sich der Sicherungszweck erledigt hat,[4686] wird man für den Fall der Vorfälligkeitsentschädigung eine Pflicht der Bank, die sichernde Immobile freizugeben, nur dann annehmen müssen, wenn die Vorfälligkeitsentschädigung geleistet worden ist.[4687] Da die Vorfälligkeitsentschädigung in aller Regel nur einen Bruchteil der gesicherten Gesamtforderung (Darlehenssumme nebst Zinsen und etwaiger sonstiger Kosten) ausmacht, dürfte allerdings eine **Teilfreigabe** in Betracht kommen, um eine Übersicherung zu vermeiden, auch wenn der Sicherungszweck noch nicht vollständig erledigt ist.[4688] Des weiteren besteht die Pflicht zur Freigabe auch dann, wenn der Darlehensnehmer die Vorfälligkeitsentschädigung gezahlt hat, die Zahlung jedoch mit einem Vorbehalt versehen hat, um deren Höhe noch gerichtlich überprüfen zu lassen und überzahlte **2388**

4682 BGH WM 1990, 8.

4683 OLG Hamm BKR 2005, 410.

4684 Grundlegend BGH WM 1982, 290, siehe ferner BGH WM 1988, 12; BGH WM 1988, 446; BGH WM 1989, 88; BGH WM 1989, 1926 f.; BGH WM 1991, 60; BGH WM 1992, 563; BGH WM 1992, 1648; BGH WM 1994, 1242; BGH WM 1995, 790; BGH WM 1995, 1397; BGH WM 1995, 1663; *Rösler/Wimmer/Lang*, Vorzeitige Beendigung von Darlehensverträgen, RdNr. B 71.

4685 *Rösler/Wimmer/Lang*, Vorzeitige Beendigung von Darlehensverträgen, RdNr. B 71.

4686 *Merkel*, in: *Schimansky/Bunte/Lwowski*, Bankrechts-Handbuch, § 94 RdNr. 386. Zum Rechtsverhältnis zwischen Sicherungsgeber und Darlehensnehmer bei Personenverschiedenheit siehe BGH WM 1998, 858; BGH WM 1999, 35.

4687 *Rösler/Wimmer/Lang*, Vorzeitige Beendigung von Darlehensverträgen, RdNr. B 71 f.; im Erg. wohl auch *Hertel*, in: Amann/Brambring/Hertel, Schuldrechtsreform, S. 279.

4688 BGH WM 1993, 849, 854; BGH WM 1984, 160; siehe auch BGH WM 1994, 1161; *Rösler/Wimmer/Lang*, Vorzeitige Beendigung von Darlehensverträgen, RdNr. B 73.

Beträge zurückzufordern.[4689] Immerhin hat die Bank die Vorfälligkeitsentschädigung – wenngleich unter Vorbehalt – bereits erhalten, so dass eine Bedürfnis für eine dingliche Sicherung nicht mehr besteht.[4690]

4. Keine Vorfälligkeitsentschädigung bei Kündigung durch die Bank

2389 War es in der obergerichtlichen Rechtsprechung und der Literatur zeitweise höchststreitig[4691], ob der Schadenersatzanspruch einer Bank nach Kündigung eines Immobiliardarlehens durch die Bank auf die Verzugsverzinsung in Höhe von 2,5 Prozentpunkten über dem Basiszinssatz beschränkt sein soll oder die Bank daneben eine Vorfälligkeitsentschädigung als sog. Kündigungsschaden verlangen kann, hat der BGH diese Kontreverse mit Urteil vom 19.01.2016 – XI ZR 103/15 geklärt. Danach enthalte die auf den dort streitigen Fall anwendbare Vorschrift des § 497 Abs. 1 BGB a.F. eine spezielle Regelung zur Schadensberechnung bei notleidenden Krediten. Sie schließe die Geltendmachung der von der Bank als Ersatz ihres Erfüllungsinteresses verlangten Vorfälligkeitsentschädigung aus. Einen Anspruch auf eine Vorfälligkeitsentschädigung billige der Gesetzgeber dem Darlehensgeber nur in Fällen zu, in denen der Darlehensnehmer den Darlehensvertrag vorzeitig kündigt (vgl. § 490 Abs. 2, § 502 BGB). Dies sei im Wege des Umkehrschlusses als Hinweis zu verstehen, dass ein solcher Anspruch im Anwendungsbereich des § 497 Abs. 1 BGB ausgeschlossen sein soll.

5. Berechnung der Vorfälligkeitsentschädigung

2390 Die Fragen und Probleme der Berechnung der Vorfälligkeitsentschädigung bei der Kündigung von Immobiliar-Darlehen sind weder mit der Schuldrechtsmodernisierung noch durch das Gesetz zur Umsetzung der Verbraucherkreditrichtlinie, des zivilrechtlichen Teils der Zahlungsdiensterichtlinie sowie zur Neuordnung der Vorschriften über das Widerrufs- und Rückgaberecht vom 29.7.2009 ausdrücklich beantwortet worden.[4692] Trotz intensiver Diskussionen im Zuge des Gesetzgebungsverfahrens zur Umsetzung der Wohnimmobilienkredit-RiLi ist letztlich auch hier eine Regelung der gesetzlichen Vorgaben zur Berechnung der Vorfälligkeitsentschädigung unterblieben[4693]. Die Verästelungen und Details bei diesen Darlehensformen sind nach Ansicht des Gesetzgebers einer gesetzlichen Regelung nicht zugänglich. Insoweit gelten die von Rechtsprechung[4694] und Literatur[4695] entwickelten Grundsätze weiterhin, wonach die Bank ihren Schaden nach der Aktiv-Aktiv-

4689 *Hertel*, in: Amann/Brambring/Hertel, Schuldrechtsreform, S. 279 f.

4690 Vgl. *Hertel*, in: Amann/Brambring/Hertel, Schuldrechtsreform, S. 280.

4691 Vgl. OLG Zweibrücken WM 2001, 24, 25; LG Berlin, Urt. v. 18.02.2011 – 4 O 476/09; OLG Hamburg, Urt. v. 07.11.2007 – 10 U 5/07, OLG Frankfurt a.M., Urt. v. 13.04.2011, – 23 U 386/09; LG Hannover, Urt. v. 19.12.2012 – 22 O 52/12 = BKR 2013, 419, 421; LG Flensburg, Urt. v. 02.11.2012 – 2 O 295; *Edelmann/Hölldampf*, BB 2014, 202, 205 f.; *Welter*, Anm. zu OLG Frankfurt, WM 2012, 2280 in: WuB I E 3.-1.23; *Freckmann/Rösler/Wimmer*, BankPraktiker 2013, 308 ff; *Merz*, BankPraktiker, 2013, 344; *Krepold*, in: Langenbucher/Bliesener/Spindler, Bankrechts-Kommentar, § 490 BGB RdNr. 71 f.; *derselbe*, BKR 2009, 28 ff; *Stelling*, Die vorzeitige Ablösung festverzinslicher Realkredite, S. 203; *Rösler/Wimmer/Lang*, Vorzeitige Beendigung von Darlehensverträgen, RdNr. C 26 ff.; *Bruchner/Krepold*, in: Schimansky/Bunte/Lwowski, Bankrechts-Handbuch, § 79 RdNr. 96 ff.; *Lang/Bayer*, WM 1998, 897, 913; von *Heymann/Rösler*, ZIP 2001, 441, 442.

4692 Siehe zu diesem Themenkomplex eingehend *Rösler/Wimmer/Lang*, Vorzeitige Beendigung von Darlehensverträgen, RdNr. E 1 ff. sowie *Krepold*, in: Schimansky/Bunte/Lwowski, Bankrechts-Handbuch, § 79 RdNr. 74 ff.; ebenso OLG Stuttgart BKR 2006, 495.

4693 Vgl. *Omlor*, NJW 2017, 1633, 1638.

4694 Grundlegend BGH, Urt. v. 07.11.2000 – XI ZR 27/00 = ZIP 2001, 20, 23 = NJW 2001, 509, 510; hierzu eingehend *Krepold*, BKR 2009, 28, 30 f.; siehe nunmehr auch OLG Frankfurt a.M., Urteil vom 23.11.2011 – 9 U 76/10 = BKR 2012, 18; AG Augsburg, Urt. v. 20.12.2011 – 13 C 2794/10 = BeckRS 2012, 02570.

4695 Statt vieler *Rösler/Wimmer/Lang*, Vorzeitige Beendigung von Darlehensverträgen, RdNr. E 1 ff.; *Krepold*, in: Langenbucher/Bliesener/Spindler, Bankrechts-Kommentar, § 490 BGB RdNr. 74 ff.

Methode oder der Aktiv-Passiv-Methode[4696] unter Zugrundelegung des Cash-Flow-Ansatzes und unter Berücksichtigung eines etwa zu erstattenden Disagios zu berechnen hat.[4697]

6. Vorzeitige Rückführung von Verbraucherdarlehen

Anders als bei Immobiliar-Verbraucherdarlehen, findet sich für Allgemein-Verbraucherdarlehen in § 502 Abs. 3 BGB eine konkrete Formel für die Berechnung einer Vorfälligkeitsentschädigung. **2391**

Handelt es sich um ein befristetes Darlehen mit »vereinbartem, gebundenen Sollzinssatz«, hat der Darlehensgeber das Recht, eine **Vorfälligkeitsentschädigung** nach Maßgabe des § 502 Abs. 1 und 3 BGB zu verlangen. **2392**

Zunächst gelten auch hier die von der Rechtsprechung entwickelten Grundsätze zur Berechnung einer Vorfälligkeitsentschädigung.[4698] Allerdings sieht das Gesetz in § 502 Abs. 3 BGB zwei »Einschränkungen« vor:[4699] **2393**
- nach § 502 Abs. 3Nr. 1 BGB darf die Vorfälligkeitsentschädigung bei Restlaufzeiten von einem Jahr oder länger maximal 1 % des vorzeitig zurückgezahlten Betrages; bei Restlaufzeiten von weniger als einem Jahr maximal 0,5 % des vorzeitig zurückgezahlten Betrages betragen;
- nach § 502 Abs. 3 Nr. 2 BGB darf die Vorfälligkeitsentschädigung den Betrag der Sollzinsen, die der Darlehensnehmer in der Restlaufzeit, also dem Zeitraum zwischen der tatsächlichen (vorzeitigen) Rückzahlung und der vereinbarten Rückzahlung zu leisten hätte, nicht überschreiten.

Für den Darlehensnehmer gilt hiernach die für ihn **günstigere Lösung**. Liegt der nach § 502 Abs. 3 Nr. 1 BGB zu berechnende Betrag unter den gemäß § 502 Abs. 3 Nr. 2 BGB zu leistenden Sollzinsen, darf der Darlehensgeber nur den gemäß § 502 Abs. 3Nr. 1 BGB ermittelten Betrag in Rechnung stellen. Sind die nach § 502 Abs. 3 Nr. 2 BGB zu leistenden Sollzinsen geringer als die in § 502 Abs. 3 Nr. 1 BGB genannten Prozentpunkte, können nur die Sollzinsen gemäß § 502 Abs. 3 Nr. 2 BGB beansprucht werden.[4700] **2394**

Nach § 502 Abs. 2 BGB ist – entgegen der Regelung in § 502 Abs. 1 BGB – der Anspruch auf Vorfälligkeit trotz vorzeitiger Rückzahlung **ausgeschlossen**, wenn **2395**
- die Rückzahlung aus den Mitteln einer Versicherung bewirkt wird, die auf Grund einer entsprechenden Verpflichtung im Darlehensvertrag abgeschlossen wurde, um die Rückzahlung zu sichern (§ 502 Abs. 2 Nr. 1 BGB) oder
- im Vertrag die Angaben über die Laufzeit des Vertrags, das Kündigungsrecht des Darlehensnehmers oder die Berechnung der Vorfälligkeit unzureichend sind (§ 502 Abs. 2 Nr. 2 BGB).

Während § 502 Abs. 2 Nr. 1 BGB sicherstellen soll, dass die Ansprüche des Darlehensgeber mit der Auszahlung einer entsprechenden Versicherungssumme vollständig abgegolten sind, enthält § 502 Abs. 2 Nr. 2 BGB eine Transparenzklausel, wonach unverständliche Angaben im Darlehensvertrag nicht zu Lasten des Darlehensnehmers gehen sollen. **2396**

4696 Diese streng zu trennenden Methoden vermischt *Reiff*, in: Dauner-Lieb/Heidel/Lepa/Ring, Schuldrecht, § 490 RdNr. 15, da bei der Aktiv-Passiv-Methode im Gegensatz zur Aktiv-Aktiv-Methode gerade kein zusätzlicher Zinsverschlechterungsschaden geltend gemacht werden kann.

4697 Dazu *von Heymman/Rösler*, ZIP 2001, 441; *Krepold*, in: Schimansky/Bunte/Lwowski, Bankrechts-Handbuch, § 79 RdNr. 74 ff.; ausführlich *Rösler/Wimmer/Lang*, Vorzeitige Beendigung von Darlehensverträgen, 2002, passim (mit Berechnungsprogramm auf CD-ROM); *Wimmer*, BKR 2002, 479;Rösler, DStR 1998, 1193; ferner *Krepold/Fischedick*, Bankrecht, S. 116 ff.; *Krepold*, BKR 2009, 28; vgl. auch OLG Stuttgart BKR 2006, 495 und LG Heilbronn BKR 2006, 254 zur Nichtabnahmeentschädigung. Zur Verjährung eines Anspruchs auf Nichtabnahmeentschädigung siehe BGH BKR 2006, 206.

4698 *Krepold/Fischbeck*, Bankrecht, S. 150.

4699 *Krepold*, in: Schimansky/Bunte/Lwowski, Bankrechts-Handbuch, § 79 RdNr. 37.

4700 *Krepold*, in: Schimansky/Bunte/Lwowski, Bankrechts-Handbuch, § 79 RdNr. 38.

VI. Aufhebungsvertrag

2397 Besteht weder ein Kündigungsrecht der Bank, noch ein Kündigungsrecht des Kunden und hat er auch nicht die Möglichkeit, das Darlehen durch Ausübung eines vorzeitigen Tilgungsrechts vorzeitig zurückzuführen, können Bank und Kunde, losgelöst von jedweder gesetzlichen oder richterrechtlich begründeten Beendigungsmöglichkeit – wie bei jedem Vertragsverhältnis – eine **einvernehmliche Vertragsauflösung** im Rahmen eines Aufhebungsvertrages herbeiführen.[4701] Diese nach den Grundsätzen der Vertragsfreiheit bestehende Möglichkeit des Abschlusses einer Aufhebungsvereinbarung wird der Kunde insbesondere dann anstreben, wenn er entweder zur Erreichung eines günstigeren Zinssatzes bei einer anderen Bank das Darlehen umschulden möchte oder aus sonstigen Gründen eine Kündigung des Darlehens für unangemessen erachtet.

2398 Im Aufhebungsvertrag wird die einvernehmliche Vertragsaufhebung zu einem bestimmten Termin gegen ein bestimmtes Entgelt vereinbart. Ein derartiger Vertrag kann auch bei Verbraucherkreditverträgen **formfrei** abgeschlossen werden; gleichwohl sollte die Bank diese Vereinbarung aus Beweisgründen schriftlich fixieren. Haben sich Bank und Kunde ohne schriftliche Vereinbarung verständigt, wird der Aufhebungsvertrag spätestens bei Ausbuchung des Kredits durch die Bank gegen Vereinnahmung der Darlehensrestforderung einschließlich eines Aufhebungsentgelts durch konkludentes Handeln zustande kommen. Ist die Bank mit der Zahlung durch den Kunden z.B. aufgrund eines zu niedrigen Aufhebungsentgelts nicht einverstanden, muss sie die gesamte Summe abzüglich etwa fälliger Raten an den Kreditnehmer zurückzahlen.

2399 Die Offenlegung der Berechnung ist in diesen Fällen zwar rechtlich nicht zwingend, kann sich aber aus geschäftspolitischen Erwägungen und um Diskussionen mit dem Kunden vorzubeugen, durchaus empfehlen.[4702] Darüber hinaus können Regelungen in den Aufhebungsvertrag aufgenommen werden, dass die Berechnung des Entgelts auf dem derzeitigen Zinsniveau beruht und sich das Aufhebungsentgelt bei Änderung desselben erhöhen oder ermäßigen kann. Dann ist die Bank zum Zeitpunkt der Abwicklung des Kredits zu einer Neuberechnung verpflichtet, geht allerdings auch nicht das Risiko ein, dass sich der Refinanzierungsschaden aufgrund sinkender Zinsen erhöht und sie diesen beim Kreditnehmer nicht durchholen kann. Außerdem kann sich der Hinweis im Vertrag empfehlen, dass sich bei einem von der getroffenen Vereinbarung abweichenden Rückzahlungstermin das Aufhebungsentgelt ändern kann. Die Höhe des insoweit von der Bank geforderten »Vorfälligkeitsentgeltes« sollte seine Grenze lediglich am Maßstab der Sittenwidrigkeit finden.[4703]

2400 Sittenwidrig und damit wegen Verstoßes gegen § 138 Abs. 1 BGB unwirksam wäre eine Aufhebungsentgeltvereinbarung, die von Gesamtcharakter, Inhalt oder Beweggrund und Zweck die »sittliche Durchschnittsauffassung der Rechtsgemeinschaft grob verletzen« würde, wobei auf die

4701 *Rösler/Wimmer/Lang*, Vorzeitige Beendigung von Darlehensverträgen, RdNr. B 198.

4702 *Rösler/Wimmer/Lang*, Vorzeitige Beendigung von Darlehensverträgen, RdNr. B 202.

4703 So noch OLG Schleswig WM 1997, 522, 524; siehe auch OLG Karlsruhe WM 1997, 1049, dazu WuB I E 3.-8.97 (*Harbeke*); OLG Karlsruhe WM 1997, 520; OLG Karlsruhe WM 1996, 572, dazu WuB I E 3.-3.96 (*Hammen/Dischinger*); OLG München WM 1997, 1700; OLG München WM 1996, 1132, dazu WuB I E 3.-9.96 (*Zoller/von Aulock*); OLG Hamm WM 1996, 569, dazu WuB I E 3.-3.96 (*Hammen/Dischinger*); OLG Köln WM 1997, 1328; LG München I WM 1996, 579, dazu WuB I E 3.-3.96 (*Hammen/Dischinger*); LG Karlsruhe WM 1996, 574, dazu WuB I E 3.-3.96 (*Hammen/Dischinger*); LG Braunschweig WM 1996, 1134 mit Anm. *Zoller/von Aulock* in WuB I E 3.-9.90; AG Delmenhorst WM 1996, 580, dazu WuB I E 3.-3.96 (*Hammen/Dischinger*); AG Hamburg-Harburg, WM 1996, 1140, dazu WuB I E 3.-9.96 (*Zoller/von Aulock*); *Bellinger/Kerl/Fleischmann*, HypBankG, Vorbem. vor §§ 14–21a RdNr. 26; *Bruchner*, in: Schimansky/Bunte/Lwowski, Bankrechts-Handbuch, § 78 RdNr. 101; *v. Rottenburg*, in: v. Westphalen/Emmerich/v. Rottenburg, VerbrKrG, 2. Auflage, § 4 RdNr. 96; *W. Weber*, NJW 1995, 2951; *Köndgen*, Gewährung und Abwicklung grundpfandrechtlich gesicherter Kredite, S. 147 f.; *Wenzel*, WM 1995, 1433, 1437 weitere Nachweise bei BGH, Urt. v. 01.07.1997 – XI ZR 267/96-= WM 1997, 1747, 1748 = ZIP 1997, 1641, 1642.

Umstände bei Vertragsschluss abzustellen ist.[4704] Dies bedeutet, dass als Grundlage zur objektiven Beurteilung der Rechtmäßigkeit einer Aufhebungsentgeltvereinbarung die Grundsätze zur Berechnung einer Vorfälligkeitsentschädigung herangezogen werden können. Die notwendigen subjektiven Kriterien können beispielsweise darin liegen, dass die Bank eine Notlage des Kreditnehmers in der Hinsicht ausgenutzt hat, ein nicht mehr nachvollziehbar überhöhtes Aufhebungsentgelt zu verlangen. Ausnahmsweise können auch allein objektive Kriterien genügen, um die Sittenwidrigkeit zu bejahen.

Dabei kann sich an die Rechtsprechung zur Beurteilung von Ratenkreditverträgen und Finanzierungsleasingverträgen angelehnt werden,[4705] nach der ein Vertrag dann sittenwidrig ist, wenn zwischen Leistung und Gegenleistung ein auffälliges Missverhältnis besteht und der Kreditgeber sich leichtfertig der Erkenntnis verschließt, dass der Kreditnehmer nur wegen seiner schwächeren Lage auf die schlechten Bedingungen eingeht. Überschreitet das von der Bank verlangte Aufhebungsentgelt die korrekt berechnete Aufhebungsentschädigung um mehr als 90–100%, wird man ohne hinzutreten weiterer subjektiver Merkmale von der Sittenwidrigkeit der Aufhebungsvereinbarung ausgehen müssen. Liegen subjektive Merkmale vor, kann bereits bei 20–30 oder 50% die Sittenwidrigkeit zu bejahen sein.[4706] **2401**

Ist der Aufhebungsvertrag sittenwidrig und damit nach § 138 Abs. 1 BGB insgesamt nichtig, entfaltet er keine Rechtswirkungen.[4707] Das bedeutet, dass der Zweck des Aufhebungsvertrages, den ursprünglichen Darlehensvertrag zu überwinden, fehlgeschlagen ist. Der Darlehensvertrag besteht nach wie vor fort. **2402**

Stellt die Bank dem Darlehensnehmer bei den Preisverhandlungen zum Aufhebungsvertrag den Preis (Aufhebungsentgelt) so dar, als würde sie diesen nach den Vorgaben des BGH zur Berechnung der Vorfälligkeitsentschädigung berechnen, verlangt aber gemessen an den Vorgaben des BGH zur Berechnung einer Vorfälligkeitsentschädigung ein zu hohes – wenn auch nicht zwingend sittenwidriges – Vorfälligkeitsentgelt, kann im Einzelfall ein Verschulden bei Vertragsverhandlungen vorliegen und die Bank sich nach den Rechtsgrundsätzen der c.i.c. (culpa in contrahendo) des Aufhebungsvertrages gegenüber dem Darlehensnehmer schadensersatzpflichtig machen.[4708] Der Darlehensnehmer ist dann so zu stellen, wie er stünde, wenn die Bank ihrer Aufklärungspflicht nachgekommen wäre. Dies wird die Rückzahlung der überhöhten Aufhebungsentgelts auf Grundlage der Vorfälligkeitsentschädigungsbetrachtung bedeuten. Die Bank sollte darum auch in den Fällen des Aufhebungsvertrages den vom BGH für die Vorfälligkeitsentschädigung vorgegebenen Rahmen beachten, zumal die entstehenden Refinanzierungsnachteile dadurch in aller Regel vollständig ausgeglichen werden. Ansonsten muss sie zur Berechnung schweigen bzw. deutlich machen, dass ein frei verhandelbarer Vertrag notwendig ist, um den bestehenden Darlehensvertrag zu überwinden, wenn sie sich nicht Schadensersatzansprüchen aussetzen will, die dann auf Kompensation der überzahlten Vorfälligkeitsentschädigung zielen würden.[4709] **2403**

VII. Abwicklung

Kommt der Darlehensnehmer mit der Rückführung seiner Darlehensraten in Verzug, so gelten zunächst die allgemeinen Regelungen des BGB. Grundsätzlich ist der Schuldner **nach Fälligkeit zu** **2404**

4704 *Palandt/Ellenberger*, BGB, § 138 RdNr. 9.
4705 So auch *Hammen/Dischinger*, in: WuB I E 3.-3.96; AG Dortmund, WM 1996, 1136.
4706 Vgl. dazu *Rösler*, BB 1997, 1369; *Pamp*, in: Schimansky/Bunte/Lwowski, Bankrechts-Handbuch, § 82 RdNr. 12 ff.
4707 BGHZ 68, 207.
4708 Vgl. *Rösler/Wimmer/Lang*, Vorzeitige Beendigung von Darlehensverträgen, RdNr. B 204.
4709 BGH NJW, 2001, 509, dazu *von Heymann/Rösler*, ZIP 2001, 441.

mahnen,[4710] es sei denn,[4711] dass die Leistung (Fälligkeit) nach dem Kalender bestimmt ist (§ 286 Abs. 2 Nr. 1 BGB),[4712] was im Darlehensbereich üblich ist, oder jedenfalls kalendermäßig bestimmbar ist (§ 286 Abs. 2 Nr. 2 BGB), etwa aufgrund des Eintritts einer bestimmten Bedingung.[4713]

2405 Eine Mahnung ist des Weiteren entbehrlich, wenn der Schuldner im Vorfeld die Leistung »ernsthaft und endgültig verweigert« (§ 286 Abs. 2 Nr. 3 BGB)[4714] oder »aus besonderen Gründen unter Abwägung der beiderseitigen Interessen der sofortige Eintritt des Verzugs gerechtfertigt ist« (§ 286 Abs. 2 Nr. 4 BGB).[4715] Als Beispiele für derartige »besondere Gründe unter Abwägung der beiderseitigen Interessen« können beispielsweise ein die Mahnung verhinderndes Verhalten des Schuldners (etwa bei »koordiniertem« regelmäßigem Umzug), Leistungen, die ihrer Natur nach besonders eilig sind, ein (zulässiger) vertraglicher Verzicht auf die Mahnung oder der bösgläubige Schuldner aufgeführt werden.[4716]

2406 Nach § 286 Abs. 3 BGB gerät der Schuldner einer Entgeltforderung spätestens **30 Tage nach Fälligkeit** in Verzug.[4717] Durch die Formulierung »spätestens« wird jedoch indiziert, dass der Verzug früher herbeigeführt werden kann, etwa durch Mahnung. Ein Verzug kommt nicht in Betracht, wenn der Schuldner diesen nicht zu vertreten hat, also »nichts dafür« kann.

2407 Bei Verbraucherdarlehen gelten allerdings gewisse Einschränkungen. Die Kündigung eines Verbraucherdarlehens wegen Verzugs ist gemäß nach § 498 BGB nur dann zulässig, wenn der Darlehensnehmer mit mindesten zwei aufeinander folgenden Teilzahlungen ganz oder teilweise und mit mindestens 10 Prozent, bei einer Laufzeit des Verbraucherdarlehens von mehr als drei Jahren mit mindestens 5 Prozent des Nennbetrages des Darlehens in Verzug ist (sog. qualifizierter Verzug)[4718] und der Darlehensgeber dem Darlehensnehmer erfolglos eine zweiwöchige Frist zur Zahlung des rückständigen Betrages mit der Erklärung gesetzt hat, dass er bei Nichtzahlung innerhalb der Frist die gesamte Restschuld verlange. Darüber hinaus soll der Darlehensgeber dem Darlehensnehmer spätestens mit der Fristsetzung ein Gespräch über die Möglichkeiten einer einverständlichen Regelung anbieten.[4719]

2408 Der »allgemeine« Verzugszinssatz beträgt 5 % über dem Basiszinssatz, wenn es sich beim Schuldner um einen Verbraucher i.S.d. § 13 BGB,[4720] also um einen Privatkunden handelt. Zu beachten ist,

4710 *Hertel*, in: Amann/Brambring/Hertel, Schuldrechtsreform, S. 29 f.; *Schulte-Nölke*, in: Dauner-Lieb/Heidel/Lepa/Ring, Schuldrecht, § 286 RdNr. 21 ff.; *Schulte-Nölke*, in: Dauner-Lieb/Heidel/Lepa/Ring, Das neue Schuldrecht, § 4 RdNr. 11.

4711 *Hertel*, in: Amann/Brambring/Hertel, Schuldrechtsreform, S. 14 ff.; *Schulte-Nölke*, in: Dauner-Lieb/Heidel/Lepa/Ring, Das neue Schuldrecht, § 4 RdNrn.. 13 ff.; *Bruchner/Krepold*, in: Schimansky/Bunte/Lwowski, Bankrechts-Handbuch, § 80 RdNr. 17.

4712 *Schulte-Nölke*, in: Dauner-Lieb/Heidel/Lepa/Ring, Schuldrecht, § 286 RdNrn.. 25 f.; *Bruchner/Krepold*, in: Schimansky/Bunte/Lwowski, Bankrechts-Handbuch, § 80 RdNr. 21 ff.

4713 *Bruchner/Krepold*, in: Schimansky/Bunte/Lwowski, Bankrechts-Handbuch, § 80 RdNr. 22; *Schulte-Nölke*, in: Dauner-Lieb/Heidel/Lepa/Ring, Schuldrecht, § 286 RdNrn.. 27 ff.; *derselbe*, in: Dauner-Lieb/Heidel/Lepa/Ring, Das neue Schuldrecht, § 4 RdNrn.. 15 ff.

4714 *Schulte-Nölke*, in: Dauner-Lieb/Heidel/Lepa/Ring, Schuldrecht, § 286 RdNr. 37; *derselbe*, in: Dauner-Lieb/Heidel/Lepa/Ring, Das neue Schuldrecht, § 4 RdNrn.. 19 f.

4715 *Schulte-Nölke*, in: Dauner-Lieb/Heidel/Lepa/Ring, Schuldrecht, § 286 RdNr. 38.

4716 Vgl. *Schulte-Nölke*, in: Dauner-Lieb/Heidel/Lepa/Ring, Schuldrecht, § 286 RdNr. 38.

4717 *Bruchner/Krepold*, in: Schimansky/Bunte/Lwowski, Bankrechts-Handbuch, § 80 RdNr. 25; *Schulte-Nölke*, in: Dauner-Lieb/Heidel/Lepa/Ring, Schuldrecht, § 286 RdNr. 39 ff., 57 ff.; *derselbe*, in: Dauner-Lieb/Heidel/Lepa/Ring, Das neue Schuldrecht, § 4 Rdnrn. 21 ff.

4718 *Krepold/Fischbeck*, Bankrecht, S. 151.

4719 *Krepold/Fischbeck*, Bankrecht, S. 151.

4720 Vgl. *Ring*, in: Dauner-Lieb/Heidel/Lepa/Ring, Schuldrecht, § 14 RdNr. 9.

dass der niedrigere Verzugszins auch dann gilt, wenn der Verbraucher *Gläubiger* der Geldforderung ist.[4721]

Handelt es sich um eine Rechtsgeschäft, an denen ein Verbraucher (vgl. § 13 BGB) nicht beteiligt ist, also wenn ein Unternehmer mit einem anderen Unternehmer kontrahiert, so können als Verzugszinsen sogar 8 % über dem Basiszinssatz geltend gemacht werden (§ 288 Abs. 2 BGB), wenn es sich um sog. Entgeltforderungen handelt.[4722] § 288 Abs. 2 BGB ist somit für alle Rechtsgeschäfte zwischen Unternehmern, Kaufleuten und juristischen Personen des öffentlichen Rechts einschlägig. Ein Verbraucher darf an keiner »Stelle« des Vertrages beteiligt sein. Anders als die im alten Recht geltende Unterscheidung zwischen dem gesetzlichen Zinssatz nach BGB und dem für Handelsgeschäfte nach HGB gilt der höhere Verzugszins allerdings nicht nur dann, wenn der Vertrag zwischen Kaufleuten abgeschlossen wurde. Einbezogen in diese Regelung sind darüber hinaus auch freie Berufe (§ 14 BGB).[4723] **2409**

Eine Sonderregelung für Verbraucherdarlehen findet sich in § 497 Abs. 4 BGB, indem ein Regelverzugsschaden bei *Realkrediten* festgelegt[4724] ist. Dieser wird auf zweieinhalb Prozentpunkte über dem Basiszinssatz beziffert. **2410**

Es ist demnach zwischen drei verschiedenen Verzugszinssätzen,[4725] nämlich **2411**
- B + 2, 5 % bei Realkrediten
- B + 5 %, wenn es sich beim Schuldner um einen Verbraucher i.S.d. § 13 BGB und einen Allgemein-Verbraucherdarlehensvertrag handelt sowie
- B + 8 %, wenn auf »beiden Seiten« des Vertrages ein Unternehmer i.S.d. § 14 BGB auftritt,

zu unterscheiden.

Bei der Verzugszinsregelung des § 288 BGB handelt es sich zwar um eine vertragliche Entgeltforderungen, so dass eine Vertragsstrafe oder eine deliktische Schadensersatzforderung auch zwischen Unternehmern nur dem niedrigeren Zinssatz unterliegt. **2412**

Nach § 288 BGB hat der Schuldner *nicht* die Möglichkeit des Nachweises, dass dem Gläubiger nur ein geringerer Schaden (oder gar kein Schaden) entstanden ist. Insoweit ist der Vorschrift ohne weiteres eine Art Strafcharakter beizumessen.[4726] **2413**

Der Basiszinssatz ist in § 247 BGB geregelt. Der Basiszinssatz verändert sich automatisch jeweils zum 1. Januar und 1. Juli, und zwar um dieselben (absoluten) Prozentpunkte, um die der Hauptrefinanzierungssatz der EZB (Europäischen Zentralbank) gestiegen oder gefallen ist. Der aktuelle Basiszinssatz lässt sich daher nicht unmittelbar dem Gesetz entnehmen. **2414**

4721 *Schulte-Nölke*, in: Dauner-Lieb/Heidel/Lepa/Ring, Schuldrecht, § 288 RdNr. 2; krit. *U. Huber*, JZ 2000, 957, 965.

4722 *Palandt/Grüneberg*, BGB, § 288 RdNr. 8.

4723 Vgl. RegBegr. BT–Drucks. 14/6040, S. 149; *Ring*, in: Dauner-Lieb/Heidel/Lepa/Ring, Schuldrecht, § 14 RdNrn. 22 f.; *Schulte-Nölke*, in: Dauner-Lieb/Heidel/Lepa/Ring, Schuldrecht, § 288 RdNr. 7.

4724 Zum alten Recht siehe *Bruchner*, in: Schimansky/Bunte/Lwowski, Bankrechts-Handbuch, 2. Aufl., 2001, § 80 RdNr. 26 ff.; ferner *Bülow*, VerbrKrG, § 3 RdNr. 101; *Staudinger/Kessal-Wulf* BGB, § 11 VerbrKrG RdNr. 15.

4725 *Schulte-Nölke*, in: Dauner-Lieb/Heidel/Lepa/Ring, Das neue Schuldrecht, § 4 RdNr. 39.

4726 *Schimmel/Buhlmann*, MDR 2000, 737, 738; *Reifner*, ZBB 2001, 193, 199; *Schulte-Nölke*, in: Dauner-Lieb/Heidel/Lepa/Ring, Schuldrecht, § 288 RdNr. 2; krit. *Kieninger*, WM 1998, 2213, 2216 f.; *Hertel*, in: Amann/Brambring/Hertel, Schuldrechtsreform, S. 26; *Reiff*, in: Dauner-Lieb/Heidel/Lepa/Ring, Schuldrecht, § 247 RdNr. 6.

L. Umgang mit notleidenden/offenen Kreditforderungen

I. Forderungsrealisierung vor und in der Insolvenz

1. Einführung

2415 Die Möglichkeiten der Kündigung von Konto- und Kreditverhältnissen ist im vorangehenden Kapitel ausführlich dargestellt worden. Insoweit kann hierauf verwiesen werden, auch soweit es um die Möglichkeit der Beendigung wegen einer Krise des Bankkunden geht.

2416 Wichtig ist, dass die Kündigung erforderlich ist. Durch den Insolvenzantrag und das nachfolgende Insolvenzantragsverfahren werden die Konto- und Kreditverhältnisse nicht automatisch beendet. Erforderlich ist stets eine Kündigungserklärung.

2417 Die unberechtigte Kündigung eines Kreditverhältnisses stellt eine Vertragsverletzung dar, die den Kündigenden zum Schadenersatz verpflichtet. Passivlegitimiert sind insoweit der Schuldner bzw. dessen Insolvenzverwalter.[4727] Das Vorliegen eines Kündungsgrundes sollte deshalb immer sorgfältig geprüft werden, um Schadenersatzansprüche zu vermeiden. Ein wichtiger Grund zur fristlosen Kündigung kann regelmäßig in der unmittelbar drohenden Gefahr der Zahlungsunfähigkeit des Darlehensnehmers liegen.[4728] Ein Grund zu einer außerordentlichen Kündigung des Kreditverhältnisses liegt hingegen nicht vor, wenn die Umstände, die zur Kündigung herangezogen werden, dem Kreditgeber bereits zum Zeitpunkt der Kreditgewährung bekannt waren.[4729]

2418 Bei der Frage, ob die Bank zur Kündigung aus wichtigem Grund wegen der Verschlechterung der Vermögensverhältnisse ihres Kunden berechtigt ist, wird leider regelmäßig nicht beachtet, dass eine Kündigung, die hierauf oder gar auf die Zahlungseinstellung gestützt wird, zugleich die Kenntnis der Bank von der (drohenden) Zahlungsunfähigkeit des Kunden dokumentieren kann. Kennt hingegen die Bank die Zahlungsunfähigkeit des Kunden, kann der Insolvenzverwalter das Kündigungsschreiben u.U. heranziehen, um bei der Anfechtung nach § 130 Abs. 1 Nr. 1 InsO die Kenntnis der Bank zu belegen. Die Anfechtung reicht dann drei Monate vor Stellung des Insolvenzantrages zurück.[4730] Noch gefährlicher ist die Begründung der Kündigung im Hinblick auf den »in Mode« gekommenen Anfechtungstatbestand der Vorsatzanfechtung nach § 133 Abs. 1 InsO, der bis zu 10 Jahre zurückreicht. Der Tatbestand scheint hier vor allem in subjektiver Hinsicht hohe Hürden für die Anfechtung durch den Insolvenzverwalter aufzubauen. Tatsächlich ist aber nach der Rechtsprechung des BGH entscheidende Voraussetzung »in der Praxis« die Kenntnis der drohenden Zahlungsunfähigkeit.[4731] Diese wird durch die Kündigungsgründe belegt. Hinzuweisen ist allerdings bereits an dieser Stelle darauf, dass mit Wirkung zum 05.04.2017 die Absätze 2 und 3 neu implantiert worden sind und insoweit eine deutliche »Entschärfung« stattgefunden hat, deren tatsächliche Reichweite sich allerdings noch in der Praxis erweisen muss.

2419 Nachfolgend wird zunächst die Rückwirkung des Insolvenzverfahrens auf die Forderungsrealisierung behandelt, bevor dann auf den »Verlust« einer etwa erzielten Sicherung oder Befriedigung aufgrund der Anfechtung durch den Insolvenzverwalter eingegangen wird.

4727 Obermüller Rn. 5.275 m.w.N.

4728 BGH WM 2003, 1416.

4729 BGH WM 2002, 1345.

4730 Obermüller Rn. 5.508.

4731 BGH NZI 2009, 168 (169); NZI 2009, 847 (848); WM 2010, 1756; Schleswig-Holsteinisches Oberlandesgericht Urt. v. 08.08.2012 – 9 U 112/11.

2. Auswirkungen des Insolvenzverfahrens auf die Forderungsrealisierung vor Insolvenzeröffnung

Bis zum Antragsverfahren sind die Auswirkungen auf die Forderungsrealisierung ausschließlich anfechtungsrechtlicher Natur. Liegen die Voraussetzungen eines der Anfechtungstatbestände vor, droht ein Zahlungsanspruch des Insolvenzverwalters für die Masse. 2420

Wird im Rahmen des Insolvenzantragsverfahrens ein allgemeines Verfügungsverbot ausgesprochen, so sind die vom Schuldner entgegen dem Verfügungsverbot geleisteten Rückzahlungen nach §§ 24 Abs. 1, 81 Abs. 1 InsO unwirksam. Der Insolvenzverwalter kann im eröffneten Verfahren die Rückzahlung der Tilgungsleistungen verlangen. Allerdings muss der Insolvenzverwalter in diesem Fall etwa von der Bank erbrachte Gegenleistungen erstatten, soweit die Masse durch sie (noch) bereichert ist, §§ 24 Abs. 1, 81 Abs. 1 S. 3 InsO. Dies ist für die Bank insbesondere dann relevant, wenn sie Zug um Zug gegen Zahlung die Sicherheiten, die aus dem Vermögen des Kreditnehmers bestellt waren, freigegeben hat. Diese müssten neu bestellt bzw. eingeräumt werden. Stattdessen kann sich die Bank aber mit dem Insolvenzverwalter auch dahingehend einigen, dass dieser die Sicherheit verwertet, die Kostenbeiträge einbehält, jedoch einen Differenzbetrag aus der Masse ausgleicht.[4732] 2421

3. Auswirkungen des Insolvenzverfahrens auf die Forderungsrealisierung nach Insolvenzeröffnung

Ist das Verfahren eröffnet, so erlischt der allgemeine Kontokorrentvertrag nach § 116 InsO. Hierdurch werden die vom Insolvenzschuldner in Anspruch genommenen Kredite, gleich ob innerhalb der vereinbarten Linie oder außerhalb, ipso iure fällig. Andere Formen der Kreditgewährung, namentlich Ratenkredite, Schuldscheindarlehen o.ä. werden mit Insolvenzeröffnung fällig, § 41 Abs. 1 InsO. Einer Kündigung bedarf es auch insoweit grundsätzlich nicht.[4733] Dies gilt schließlich auch für gesicherte Kredite. Hier ist jedoch zu beachten, dass eine Kündigung gegenüber Drittsicherungsgebern erforderlich ist, weil ihnen gegenüber die Regelung des § 41 Abs. 1 InsO nicht eingreift.[4734] 2422

Eine Forderungsrealisierung erfolgt im eröffneten Verfahren nur noch über die Verwertung von Sicherheiten. Die Kreditforderung der Bank ist eine einfache Insolvenzforderung, auf die eine zumeist geringe Quote entfällt. 2423

4. Anfechtung

Die weitaus bedeutendste Auswirkung auf die Forderungsrealisierung vor Insolvenzeröffnung ergibt sich aus den Anfechtungstatbeständen der Insolvenzordnung in den §§ 129 bis 147 InsO. Durch das besondere Anfechtungsrecht des Insolvenzverwalters sollen Vermögensverschiebungen, die vor Insolvenzeröffnung vorgenommen worden sind und die Insolvenzmasse zum Nachteil der Insolvenzgläubiger geschmälert haben, rückgängig gemacht werden. 2424

Grundsätzlich gehört nach § 35 InsO zwar nur das zur Insolvenzmasse, was dem Schuldner zur Zeit der Eröffnung des Insolvenzverfahrens gehört, und das, was er während des Insolvenzverfahrens erlangt. Gerade im Vorfeld eines Insolvenzantrages nimmt der Schuldner jedoch häufig Vermögensverschiebungen vor, etwa Zahlungen an einzelne Gläubiger, die besonders »lästig« waren. Auch solche Handlungen können dem Interesse der Gesamtheit der Gläubiger zuwider laufen. Folgerichtig meint das Gesetz, wenn es von der Benachteiligung der Gläubiger spricht, immer die Benachteiligung der Gesamtheit der Gläubiger, nicht diejenige einzelner Gläubiger. 2425

Außerhalb des Insolvenzverfahrens regelt ausschließlich das Anfechtungsgesetz die Anfechtungsmöglichkeiten. Dabei wird zugunsten eines einzelnen Gläubigers das herausgegeben, was durch die 2426

4732 Obermüller Rn. 5.611.
4733 Obermüller Rn. 5.762.
4734 Rieder/Hofmann, S. 207; Obermüller Rn. 5.765.

anfechtbare Handlung aus dem Vermögen des Schuldners weggegeben wurde, soweit es zu Befriedigung erforderlich ist. Im Gegensatz dazu muss bei der Insolvenzanfechtung der Anfechtungsgegner das Erlangte der Insolvenzmasse zum Zwecke der Gesamtvollstreckung zur Verfügung stellen.[4735]

a) Allgemeine Voraussetzungen der Insolvenzanfechtung

2427 Nach § 129 Abs. 1 InsO kann der Insolvenzverwalter Handlungen anfechten, die vor Eröffnung des Insolvenzverfahrens vorgenommen worden sind und die Insolvenzgläubiger, d.h. die Gesamtheit der Insolvenzgläubiger, benachteiligen. Das Gesetz differenziert nicht zwischen Handlungen des Schuldners und Handlungen einzelner Gläubiger (anders bei § 133 InsO). Auch Handlungen einzelner Gläubiger sind dementsprechend unter bestimmten Voraussetzungen anfechtbar. Über § 129 Abs. 2 InsO wird das Unterlassen einer Rechtshandlung gleich gestellt. Allerdings gilt dies nach h.M. nur, wenn das Unterlassen wissentlich und willentlich geschieht.[4736]

2428 Jeder Anfechtungstatbestand setzt mithin nach § 129 Abs. 1 InsO voraus, dass durch eine Rechtshandlung die Insolvenzmasse zum Nachteil der Insolvenzgläubiger geschmälert worden ist. Erforderlich ist eine kausale Verknüpfung zwischen Rechtshandlung einerseits und Gläubigerbenachteiligung andererseits.[4737]

aa) Rechtshandlung

2429 Der Begriff der Rechtshandlung ist weit zu verstehen. Er umfasst jegliche Willensbetätigungen, an die das Gesetz rechtliche Wirkungen knüpft, ohne dass diese gewollt sein müssen. Dazu gehören nicht nur Verfügungen, Willenserklärungen, rechtsgeschäftsähnliche Handlungen und Realakte, sondern auch Prozesshandlungen und Vollstreckungsakte, die sich gegen den (künftigen) Insolvenzschuldner richten.[4738] Auch einseitige Rechtsgeschäfte wie z.B. die Kündigung sind erfasst. Selbst eine Zahlung vom Bankkonto des Schuldners im Wege des Abbuchungsauftrags- oder des Einzugsermächtigungsverfahrens sind Rechtshandlungen (auch) des Schuldners.[4739] Schließlich werden vom Begriff der Rechtshandlung auch mittelbare Zuwendungen erfasst, durch die der Schuldner Vermögen mittels Einschaltung einer Mittelsperson an einen Dritten verschiebt, etwa wenn der Käufer einen Teil des Kaufpreises an einen vom Schuldner benannten Dritten zahlt.

2430 Auch Maßnahmen des schwachen vorläufigen Insolvenzverwalters sind anfechtbar. Selbst bei Personenidentität von vorläufigem und endgültigem Insolvenzverwalter ist eine Anfechtung der im vorläufigen Insolvenzverfahren vorgenommenen Rechtshandlungen möglich. Mit anderen Worten: Der Insolvenzverwalter kann seine eigenen Maßnahmen anfechten, die er als vorläufiger Insolvenzverwalter ergriffen hat.[4740] Etwas anderes gilt ausnahmsweise dann, wenn der spätere Insolvenzverwalter einen schutzwürdigen Vertrauenstatbestand beim Empfänger begründet hat, und dieser nach Treu und Glauben damit rechnen durfte, eine dauerhafte Rechtsposition erworben zu haben.[4741]

2431 Ist die Rechtshandlung unwirksam kann eine Anfechtung ausscheiden, wenn sie keine rechtlichen Wirkungen auslöst, namentlich eine Gläubigerbenachteiligung, die mit Hilfe des Rückgewähranspruchs nach § 143 InsO rückgängig gemacht werden müssten. Doch auch bei einem nichtigen

4735 Assies/Ristelhuber/Weis Rn. 291.

4736 BGH ZIP 1996, 2080; BGH v. 15.03.2012 IX ZA 107/11 Rn. 8, zit. n. juris.; FK-InsO/*Dauernheim* § 129 Rn. 34; Uhlenbruck/*Hirte/Ede* § 129 Rn. 18 ff. jew. m.w.N.

4737 BGH ZIP 1998, 248 (249); BFH ZIP 2011, 181.

4738 BGH WM 1995, 450; WM 2012, 276; FK-InsO/*Dauernheim* § 129 Rn. 21 ff.; Assies/Ristelhuber/Weis Rn. 295.

4739 BGH, ZIP 2003, 488; WM 2012, 85.

4740 BGH ZIP 1992, 1005; ZIP 2003, 855; FK-InsO/*Dauernheim*, § 129 Rn. 37 m.w.N.

4741 BGH ZIP 1992, 1005 (1008); OLG Köln ZIP 1996, 1049; OLG Stuttgart ZIP 2009, 2102, 2104; Braun/de Bra § 129 Rn. 21; differenzierend: FK-InsO/*Dauernheim* § 129 Rn. 37 f.; Uhlenbruck/*Hirte/Ede* § 129 Rn. 137 ff.

Rechtsgeschäft ist eine Anfechtung möglich, wenn die Rechtshandlung geeignet ist, den Zugriff auf das Schuldnervermögen zu erschweren, was z.B. bei nichtigen Kreditverträgen oder Scheingeschäften der Fall sein kann. Die Rechtswirksamkeit der Rechtshandlung ist damit nicht begriffsnotwendige Voraussetzung für eine anfechtbare Rechtshandlung.[4742]

Bei mehraktigen Rechtshandlungen ist darauf abzustellen, welcher Teilakt die Schmälerung der **2432** Masse endgültig bewirkt hat, so dass nur der letzte, das Rechtsgeschäft vollendende Akt anzufechten ist, z.B. die Einräumung eines Anwartschaftsrechts oder bei der Übereignung eines Grundstücks die Eintragung des Eigentumswechsels im Grundbuch, sofern diese der Auflassung nachfolgt.[4743] Nach § 140 InsO gilt eine Rechtshandlung als in dem Zeitpunkt vorgenommen, in dem ihre rechtlichen Wirkungen eintreten. Wenn für das Wirksamwerden des Rechtsgeschäfts eine Eintragung im Grundbuch oder einem ähnlichen Register erforderlich ist, gilt die Rechtshandlung als in dem Zeitpunkt vorgenommen, in welchem sie für den Schuldner bindend geworden ist und der andere Teil den Antrag auf Eintragung der Rechtsänderung gestellt hat, § 140 Abs. 2 InsO.

Grund- und Erfüllungsgeschäft sind hinsichtlich ihrer Anfechtbarkeit gesondert zu betrachten. **2433** Beim Grundgeschäft geht es um die Zuwendung des Anspruchs, beim Erfüllungsgeschäft um die Zuwendung des Vermögensgegenstandes in Erfüllung des Grundgeschäfts. Die isolierte Anfechtung des Grundgeschäfts macht die Erfüllungshandlung inkongruent im Sinne des § 131 InsO, führt jedoch nicht zum Rückforderungsanspruch im Sinne des § 143 InsO, sondern (nur) nach §§ 812 ff. BGB. Im Ergebnis empfiehlt sich daher die Anfechtung von Grund- und Erfüllungsgeschäft. Im Zweifel ist eine Anfechtungserklärung oder Klage auch entsprechend als Anfechtung von Grund- und Erfüllungsgeschäft auszulegen.[4744]

Bei einer gläubigerbenachteiligenden Rechtshandlung ist es grundsätzlich unbeachtlich, ob sie vom **2434** Schuldner selbst oder unabhängig von seiner Mitwirkung von einem Dritten, etwa als Zwangsvollstreckungsakt vorgenommen worden ist (anders bei der Vorsatzanfechtung nach § 133 Abs. 1 InsO). Allerdings ist eine Anfechtung nicht erforderlich, soweit § 88 InsO greift. Danach sind Zwangsvollstreckungsmaßnahmen eines Gläubigers, die innerhalb des letzten Monats vor Antrag auf Eröffnung des Insolvenzverfahrens liegen, unwirksam.

bb) Gläubigerbenachteiligung

Eine Anfechtung kommt nach § 129 InsO nur in Betracht, wenn die Insolvenzgläubiger in ihrer **2435** Gesamtheit durch die Rechtshandlung objektiv benachteiligt worden sind. Die Insolvenzmasse ist gemindert und die Gläubiger sind objektiv benachteiligt, wenn sich die Befriedigungsmöglichkeit der Gläubiger ohne die Rechtshandlung günstiger gestaltet hätte. Ob eine Benachteiligung vorliegt, ist nach wirtschaftlichen Gesichtspunkten zu beurteilen.[4745] Die Benachteiligung kann dabei in der Verminderung der Aktivmasse, einer Vermehrung der Passivmasse, in einer Erschwerung der Zugriffsmöglichkeiten oder in einer Verzögerung oder Erschwerung der Verwertbarkeit liegen.[4746]

Problematisch ist die Auswechselung von Sicherheiten. Auch hierin liegt eine Rechtshandlung im **2436** Sinne von § 129 Abs. 1 InsO. Sind die Sicherheiten aber gleichwertig, fehlt es an einer Benachteiligung der Gläubiger. Nach höchstrichterlicher Rechtsprechung liegt jedenfalls keine Benachteiligung darin, wenn ein Absonderungsrecht an der Ware lediglich vereinbarungsgemäß durch dasjenige an der Kaufpreisforderung ersetzt wurde.[4747] So verhält es sich auch bei einer Globalzession zugunsten

---

4742 BGH NJW 1996, 3147; ausführlich: MK-InsO/Kayser, § 129 Rn. 30 ff. m.w.N.

4743 BGH WM 1995, 450 m.w.N. in Rn. 26.

4744 MüKO-InsO/*Kayser*, § 129 Rn. 64; Uhlenbruck/*Hirte/Ede*, § 129 Rn. 103, jew. m.w.N.

4745 BGH NJW 1960, 1011; BGH NJW 1996, 3341; BGH ZinsO 2003, 764 (765); BGH WM 2011, 803; Andres/Leithaus/*Leithaus*, § 129 Rn. 8 m.w.N.

4746 FK-InsO/*Dauernheim* § 129 Rn. 45; m.w.N. auch zur Rechtsprechung.

4747 BGH ZIP 1986, 452; ZIP 2001, 885 in der letztgenannten Entscheidung hat der BGH zugleich die Begründung einer Aufrechnungslage als mögliche Gläubigerbenachteiligung angesehen.

einer Bank, wenn die Drittschuldner der abgetretenen Forderungen auf ein Konto des Zedenten bei der Bank zahlen und die Bank ein Pfandrecht an dem Anspruch auf Gutschrift erwirbt.[4748]

2437 Zwischen der Rechtshandlung und der objektiven Gläubigerbenachteiligung muss ein kausaler Zusammenhang bestehen. Hypothetische Kausalverläufe sind dabei unbeachtlich. Dass bei Wegfall der anfechtbaren Handlung hypothetisch ebenfalls die Benachteiligung eingetreten wäre, lässt die Anfechtbarkeit nicht entfallen.[4749]

2438 Zu unterscheiden ist die unmittelbare von der mittelbaren Benachteiligung. Bei einer Anfechtung wegen einer unmittelbar nachteiligen Rechtshandlung (§ 132 Abs. 1 InsO) und bei der Anfechtung entgeltlicher Verträge mit nahestehenden Personen (§ 133 Abs. 2 InsO) ist ausnahmsweise erforderlich, dass die Rechtshandlung unmittelbar zu einer Gläubigerbenachteiligung führt. Von diesen Ausnahmefällen abgesehen ist eine mittelbare Gläubigerbenachteiligung ausreichend. Für eine mittelbare Benachteiligung genügt es, wenn zwar die Rechtshandlung allein noch keinen Nachteil verursacht hat, jedoch die Grundlage für die Schlechterstellung der Gläubiger schuf. Nicht erforderlich ist es hingegen, dass diese weiteren Umstände ihrerseits wieder durch die angefochtene Rechtshandlung verursacht wurden.[4750] Maßgebender Zeitpunkt für die Beurteilung der mittelbaren Gläubigerbenachteiligung ist der Zeitpunkt der letzten mündlichen Verhandlung, auf die in der letzten Tatsacheninstanz das Urteil ergeht.[4751] Nach Auffassung des BGH ist deshalb auch die Kündigung eines unverzinslichen Darlehens wegen des Wegfalls der Abzinsung nach § 41 Abs. 2 InsO gläubigerbenachteiligend.[4752]

2439 Grundsätzlich darf nur der Insolvenzverwalter (nicht der vorläufige) eine Rechtshandlung anfechten. Die Ausnahme bildet das vereinfachte Insolvenzverfahren. Hier darf jeder Insolvenzgläubiger nach § 313 Abs. 2 InsO anfechten. Bleibt der Insolvenzverwalter im Regelinsolvenzverfahren untätig, können die Gläubiger eine Anfechtung über das Insolvenzgericht nach §§ 58, 59 InsO erzwingen.

2440 Hinsichtlich des Anfechtungsgegners ist zu differenzieren. Bei der Anfechtung nach §§ 130, 131 InsO ist Anfechtungsgegner der begünstigte Insolvenzgläubiger. [4753] Auch nachrangige Gläubiger sind potenzielle Anfechtungsgegner.[4754] Der Begriff des Insolvenzgläubigers dient dabei auch der Abgrenzung von der Anfechtung nach § 132 InsO. Wird einer Person, die nicht Insolvenzgläubiger ist, etwas zugewandt, greift die Anfechtung nach §§ 133, 134 InsO.[4755] Für die Rechtsnachfolge gilt § 145 InsO.

b) Kongruente Deckung, § 130 InsO

2441 Die Vorschrift des § 130 InsO regelt die Anfechtung kongruenter Deckungsgeschäfte. Eine Sicherung oder Befriedigung ist kongruent, wenn die konkrete Art ihrer Erfüllung mit der ursprünglichen Parteivereinbarung im Einklang steht.[4756] Unter Befriedigung ist die Erfüllung zu verstehen. Eine Sicherung liegt vor, wenn der Schuldner dem Gläubiger eine Rechtsposition eingeräumt hat, die die Durchsetzung seiner Forderung vereinfacht.

2442 In § 130 Abs. 1 Nr. 1 InsO ist die Anfechtung von kongruenten Rechtshandlungen geregelt, die in den letzten drei Monaten vor dem Insolvenzantrag vorgenommen worden sind. Zur Zeit der

4748 So ausdrücklich: BGH WM 2017, 446; ebenso schon: BGH WM 2012, 1200.
4749 BGH WM 2000, 324; FK-InsO/*Dauernheim* § 129 Rn. 70 m.w.N.
4750 Assies/Ristelhuber/Weis Rn. 304.
4751 BGH WM 1993, 265; Thüringer OLG Urt. v. 28.05.2009 – 1 U 958/07.
4752 BGH WM 2017, 439.
4753 vgl. zur Begrifflichkeit: MK-InsO/*Kayser*, § 130 Rn. 16 ff., § 131 Rn. 6 f.
4754 FK-InsO/*Dauernheim*, § 130 Rn. 64.
4755 Vgl. MüKo-InsO/*Kayser*, § 132 Rn. 5.
4756 BGH ZIP 2003, 488 (493); ZIP 2002, 812, 813; ZIP 1999, 665; Andres/Leithaus/*Leithaus*, § 130 Rn. 4 m.w.N.; zur Rückführung von Krediten vgl. Obermüller, Rn. 5.505 ff.

Handlung muss der Schuldner zahlungsunfähig sein und der Gläubiger die Zahlungsunfähigkeit zu dieser Zeit gekannt haben. Voraussetzung ist also die Zahlungsunfähigkeit des Schuldners im Zeitpunkt der Rechtshandlung. Bei den anderen Insolvenzgründen, wie drohende Zahlungsunfähigkeit und Überschuldung, ist keine Anfechtbarkeit nach § 130 InsO gegeben.

Rechtshandlungen, die **nach dem Eröffnungsantrag** vorgenommen wurden, sind anfechtbar, wenn **2443** der Gläubiger die Zahlungsunfähigkeit oder den Eröffnungsantrag kannte (§ 130 Abs. 1 Nr. 2 InsO).

Der Kenntnis der Zahlungsunfähigkeit oder des Eröffnungsantrags steht die Kenntnis von Umständen gleich, die zwingend auf diese schließen lassen (§ 130 Abs. 2 InsO). Wann derartige Umstände **2444** zwingend auf die Zahlungsunfähigkeit des Schuldners schließen lassen, ist abstrakt schwierig zu fassen. Grundsätzlich ist die Kenntnis von Tatsachen zu fordern, an welche die Berufs- und Geschäftskreise des Anfechtungsgegners mit ihrer Verkehrserfahrung verständlicherweise die Erwartung knüpfen, dass der Schuldner seine fälligen Zahlungsverpflichtungen nicht erbringen kann.[4757] Nach Auffassung des BGH liegen derartige Umstände für die Finanzverwaltung vor, wenn der Schuldner mit laufenden Steuerschulden seit mehreren Monaten in Rückstand geraten ist und lediglich eine Teilzahlung leistet.[4758] Zusätzlich verlangt der BGH allerdings noch, dass keine konkreten Anhaltspunkte dafür vorliegen, dass der Schuldner die fälligen Forderungen alsbald erfüllt. Ähnliche Voraussetzungen hat das OLG Frankfurt/M. aufgestellt:[4759] Wie der BGH verlangt auch das OLG Frankfurt/M positive Kenntnis der Umstände. Grob fahrlässige Unkenntnis der Umstände genügt nicht. Da eine Kenntnis der gesamten Vermögenslage beim Gläubiger aber regelmäßig nicht vorhanden sei, genüge es auch, wenn der Gläubiger bei Empfang der angefochtenen Leistung des Schuldners seine unstreitigen Ansprüche vergeblich eingefordert hat, diese verhältnismäßig hoch sind und er keine greifbare Grundlage sieht, dass der Schuldner genügend flüssige Mittel erhalten wird, um die Forderung(en) fristgerecht zu erfüllen. Die Kenntnis der Umstände wie diese selbst muss der Insolvenzverwalter als Anfechtender darlegen und beweisen.

Es wird regelmäßig keinen Gläubiger geben, der eine bessere Kenntnis der Vermögenslage hat, als **2445** die (kontoführende) Bank. Dementsprechend sind die zuvor genannten Kriterien für die Banken nicht unproblematisch.

Der wirtschaftlich bedeutendste Fall der Anwendung von § 130 InsO ist die Verrechnung der Bank **2446** auf debitorischen Konten in der Krise des Bankkunden.[4760]

Dabei ist es unerheblich, ob die Gutschrift auf einer Einzahlung des Insolvenzschuldners, der Ein- **2447** ziehung durch die Bank, der Einreichung eines Schecks oder der Überweisung eines Dritten beruht. Mangels Gläubigerbenachteiligung scheidet eine Anfechtung nach § 130 Abs. 1 InsO aber aus, wenn die der Leistung (des Dritten) zugrunde liegende Forderung des Schuldners der Bank zuvor anfechtungsfest abgetreten worden ist oder aber der Bank anfechtungsfest verpfändet war. Hier ist darauf hinzuweisen, dass das Pfandrecht des Kreditinstituts, das aufgrund Nr. 14 AGB-Banken an Zahlungseingängen für einen Kunden in den letzten drei Monaten vor dem Eröffnungsantrag gegen diesen entsteht, als inkongruente Sicherung nach § 131 InsO anfechtbar ist.

Stellt eine Bank Zahlungen ins Kontokorrent ein, kann in dem Umfang ein unanfechtbares Bar- **2448** geschäft vorliegen (§ 142 InsO), in dem die Bank ihren Kunden (Schuldner) zeitnah wieder über den Gegenwert verfügen lässt. Ob der Schuldner den vereinbarten Kreditrahmen voll ausnutzt, ist grundsätzlich unerheblich; dies gilt auch, soweit das Kreditinstitut zwar nicht alle, aber einzelne Verfügungen des Schuldners (Kunden) über das im Soll geführte Konto im Ausgleich gegen

4757 FK-InsO/Dauernheim § 130 Rn. 39.

4758 BGH ZIP 2003, 410.

4759 OLG Frankfurt/M. ZIP 2003, 1055.

4760 Vgl. hierzu: BGH ZIP 2002, 812; ZIP 2002, 2182; ZIP 2003, 675; ZIP 2004, 1464; Assies/Ristelhuber/Weis Rn. 326; FK-InsO/Dauernheim § 130 Rn. 28.

verrechnete Eingänge ausführt. Eine anfechtbare Rechtshandlung liegt erst dann wieder vor, wenn die Rückführung des Kredits und nicht die vertraglich vereinbarte Abwicklung des Zahlungsverkehrs erfolgt oder aber eine Verrechnung mit Forderungen außerhalb des Kontokorrents erfolgt. In den Fällen, in denen eine Anfechtung wegen der Verrechnung im Kontokorrent ausscheidet, greift auch das Aufrechnungsverbot nicht ein.

2449 Die Rückführung eines von der Bank bewilligten Kredits in der Zeit der wirtschaftlichen Krise des Schuldners (Kunden) ist hingegen auch dann inkongruent, wenn sie durch Saldierung im Kontokorrent erfolgt. Setzt ein Kreditinstitut eine Frist zur Rückführung eines ausgereichten Kontokorrent-Kredits, so stellt die Rückführung des Kredits vor Fristablauf ebenfalls eine inkongruente Befriedigung dar. Die Anfechtung erfolgt dann nach § 131 InsO.

2450 Zu beachten ist schließlich noch, dass die Vorschrift des § 137 InsO für Wechselzahlungen Sonderbestimmungen enthält: Wechsel- und Scheckzahlungen des Schuldners können nicht nach § 130 InsO angefochten werden, wenn der Empfänger im Falle der Weigerung der Annahme der Zahlung den Wechselanspruch gegen andere Wechselverpflichtete verloren hätte. Die Vorschrift des § 137 InsO gilt entsprechend für Scheckzahlungen.

c) Inkongruente Deckung, § 131 InsO

2451 Inkongruent ist eine Deckung, die der Gläubiger in der Art oder zu der Zeit nicht zu beanspruchen hat. »Nicht in der Art« ist eine Befriedigung oder Sicherung, wenn sie von dem Inhalt des Schuldverhältnisses, also der vertraglichen Abrede, abweicht. »Nicht zu der Zeit« hat ein Gläubiger eine Befriedigung oder Sicherung erlangt, wenn eine Forderung zum Zeitpunkt ihrer Befriedigung oder Sicherung noch nicht fällig, betagt oder aufschiebend bedingt ist. Anders ausgedrückt: Inkongruenz liegt vor, wenn die tatsächlich bewirkte Leistung von dem auf eine bestimmte Leistung hinreichend spezifizierten Inhalt des mit dem Schuldner vereinbarten Schuldverhältnisses zum Leistungszeitpunkt abweicht. Auch die Leistung zur Abwendung eines Insolvenzantrages gehört hierzu.[4761]

2452 Folgende Tatbestände erfasst § 131 InsO: Binnen eines Zeitraumes von bis zu einem Monat vor dem Eröffnungsantrag ist die Anfechtung einer inkongruenten Deckung ohne weitere objektive (insbesondere Zahlungsunfähigkeit und Überschuldung) und subjektive Voraussetzungen möglich (§ 131 Abs. 1 Nr. 1 InsO). Bei Rechtshandlungen innerhalb einer 3-Monatsfrist vor dem Eröffnungsantrag wird entweder objektiv die Zahlungsunfähigkeit des Schuldners (Nr. 2) oder subjektiv die Kenntnis des Gläubigers von der Benachteiligung der Insolvenzgläubiger bzw. von den Umständen, die zwingend auf sie schließen lassen, verlangt (Nr. 3).

2453 Bei zum Zeitpunkt der Handlung dem Schuldner nahestehenden Personen (§ 138 InsO) wird vermutet, dass sie die Benachteiligung der Insolvenzgläubiger kannten (§ 131 Abs. 2 S. 2 InsO).

2454 Hinsichtlich der Bedeutung der Vorschrift für die Anfechtung von Verrechnungen im Kontokorrent, kann auf die vorstehenden Ausführungen zu § 130 InsO verwiesen werden. Kritisch ist die Vorschrift des § 131 Abs. 1 Nr. 1 InsO bei der **Nachbesicherung**. Soweit eine konkrete Sicherheit nicht benannt ist, hat die Bank keinen Anspruch auf eine bestimmte Sicherheit. Dementsprechend ist die Bestellung einer solchen (konkreten) Sicherheit inkongruent. Sie entspricht nicht dem (konkreten) Inhalt der vertraglichen Abrede. Streitig ist, ob dies auch für das Nachbesicherungsrecht nach Nr. 13 AGB-Banken gilt. Die Wirksamkeit der Klausel an sich steht wohl nicht im Streit. Danach kann die Bank bankmäßige Sicherheiten verlangen. Der Anspruch ist aber nicht von vornherein auf eine bestimmte Sicherheit gerichtet, sondern konkretisiert sich erst durch die Bestellung. Nach den vorstehenden Grundsätzen ist sie deshalb inkongruent.[4762]

4761 BGH WM 2004, 299; WM 2004, 1250; OLG Köln Urt. v. 20.07.2011 – I-2 U 159/10 Rn. 39, zit. n. juris.

4762 H.M., vgl. die Nachweise zum Meinungsstand bei Obermüller Rn. 6.133.

d) Unmittelbar nachteilige Rechtshandlungen, § 132 InsO

Die Vorschrift des § 132 Abs. 1 und 2 InsO enthält Auffangtatbestände. Sie erfasst diejenigen Fälle, die nicht unter §§ 130, 131 InsO subsumiert werden können. Gegenstand der Regelung in § 132 Abs. 1 InsO sind nicht nur mehrseitige Rechtsgeschäfte wie Kauf-, Bürgschafts- oder Darlehensverträge. Erfasst werden vom Tatbestand vielmehr auch einseitige Rechtsgeschäfte wie die Kündigung oder ein ohne Annahmeerklärung wirksamer Verzicht. Eine unmittelbare Benachteiligung liegt dabei vor, wenn die Benachteiligung schon und allein durch das Rechtsgeschäft und nicht erst durch spätere Ereignisse bewirkt wird. Unmittelbar nachteilig kann etwa die Besicherung eines Sanierungskredits sein, der von vornherein ungeeignet ist, das Ziel der Sanierung zu erreichen. **2455**

Die Regelung in § 132 Abs. 2 stellt den unmittelbar benachteiligenden Rechtsgeschäften bestimmte Rechtshandlungen des Schuldners gleich. Hierunter fallen insbesondere Unterlassungen, z.B. eines Protests nach Wechselrecht, der Einlegung von Rechtsmitteln oder einer Irrtumsanfechtung. Wichtig ist, dass bei den gleichgestellten Rechtshandlungen nach § 132 Abs. 2 InsO eine mittelbare Benachteiligung genügt. **2456**

Die subjektiven Anfechtungsvoraussetzungen entsprechen denjenigen der kongruenten Deckung nach § 130 InsO. Auch hier hat die Kenntnis der Verwalter zu beweisen. **2457**

e) Vorsätzliche Benachteiligung, § 133 InsO

Der Tatbestand des § 133 InsO in seiner Auslegung durch die Rechtsprechung, namentlich zu den Beweiszeichen für die Kenntnis vom Vorsatz der Gläubigerbenachteiligung, hat vielfach Kritik gefunden. Zu Recht. Der Gesetzgeber hat reagiert und u.a. eine Änderung des § 133 InsO vorgenommen. Der neue Tatbestand sieht nun eine Trennung zwischen Deckungshandlungen einerseits und sonstigen Vermögensverschiebungen andererseits vor. Damit soll vor allem der Situation entgegen gewirkt werden, im Rahmen von Austauschverträgen nach langer Zeit zur Herausgabe der Leistung verpflichtet zu werden. Dabei ist die Regelung in § 133 Abs. 1 InsO unangetastet geblieben. Nach § 133 Abs. 1 InsO ist eine Rechtshandlung des Schuldners anfechtbar, die er entweder nach Stellung des Insolvenzantrags oder in den letzten 10 Jahren zuvor mit dem für den Anfechtungsgegner bekannten Vorsatz vorgenommen hat, die späteren Insolvenzgläubiger zu benachteiligen. Dabei muss die Benachteiligung der Gläubiger nicht einziges oder primäres Ziel des Schuldners gewesen sein, er muss aber diese als Folge seiner Handlung erkannt und gebilligt haben und dies muss dem anderen Teil bekannt gewesen sein.[4763] Der Gläubiger muss nicht in der Absicht gehandelt haben, andere Gläubiger zu benachteiligen. Der sog. »bedingte« Vorsatz genügt.[4764] Die Kenntnis des Gläubigers vom Benachteiligungsvorsatz des Schuldners wird gesetzlich vermutet, wenn der Anfechtungsgegner wusste, dass die Zahlungsunfähigkeit des Schuldners drohte und das Rechtsgeschäft die Gläubiger benachteiligt, § 133 Abs. 1 S. 3 InsO. Die Gewährung einer inkongruenten Deckung ist ein starkes Beweiszeichen dafür, dass der Schuldner Benachteiligungsvorsatz hatte.[4765] **2458**

Objektiv muss der Schuldner an der Rechtshandlung zumindest mitgewirkt haben. Vollstreckungsmaßnahmen sind deshalb nach § 133 InsO nicht anfechtbar.[4766] Erbringt hingegen der Schuldner selbst eine Leistung, sei es auch nur unter dem Druck und zur Abwendung der Zwangsvollstreckung, liegt grundsätzlich eine Rechtshandlung des Schuldners vor. Nur wenn jede Möglichkeit des Schuldners zum selbstbestimmten Handeln ausgeschlossen ist, weil er nur noch die Wahl hat, die geforderte Zahlung sofort zu leisten oder die Vollstreckung durch den bereits anwesenden **2459**

4763 BGH ZIP 1981, 1229; ZInsO 2003, 850 (851).
4764 OLG Dresden ZIP 2003, 1052;BGH ZIP 2008, 420, 421.
4765 BGH ZIP 2004, 319 (322); FK-InsO/Dauernheim § 133 Rn. 43.
4766 BGH ZIP 2005, 494.

Gerichtsvollzieher zu dulden, liegt trotz des aktiven Tuns keine Rechtshandlung des Schuldners im Sinne von § 133 Abs. 1 InsO vor.[4767]

2460 Der Hauptanwendungsfall dieser Vorschrift waren ursprünglich eigennützige Sanierungskredite. Räumt der Kunde der Bank zusätzliche Sicherungen ein, etwa für die Prolongation eines bestehenden Darlehens, so ist dies eine vorsätzliche Gläubigerbenachteiligung, wenn der Schuldner schon bei Abschluss des Vertrages weiß, dass sein Vermögen nicht reichen wird, um die Gläubiger zu befriedigen. Von der vorsätzlichen Benachteiligung kann auch auszugehen sein, wenn ein Sanierungskonzept nicht alle Gläubiger gleichbehandelt und dies den Gläubigern nicht eröffnet worden ist.[4768] Hier dürfte eine Anfechtung aber deshalb entbehrlich sein, weil der so geschlossene Sanierungsvergleich wegen des Verstoßes gegen den Grundsatz der Gläubigergleichbehandlung unwirksam ist.[4769]

2461 Die neuen Regelungen in § 133 Abs. 2 und 3 InsO haben gegenüber dem Tatbestand des § 133 Abs. 1 InsO Ausnahmecharakter. Auch wenn sich dies aus dem Wortlaut des § 133 Abs. 2 InsO vielleicht nicht schon erschließt, mit dieser Regelung wird der Anwendungsbereich des § 133 Abs. 1 InsO faktisch auf Vermögensverschiebungen beschränkt, die keine Deckungshandlungen sind.[4770] Die Anfechtung von Deckungshandlungen richtet sich nach § 133 Abs. 2 InsO. Dabei differenziert die Regelung in § 133 Abs. 2 InsO nicht zwischen kongruenten und inkongruenten Deckungen.[4771] Es stellt sich die Frage, ob auch eine »konstruierte« Deckungshandlung nach § 133 Abs. 2 InsO »privilegiert« werden soll. So könnte sich der Schuldner vertraglich zur Verschiebung des Vermögens, etwa schenkungsweise, verpflichten. Die Verfügung wäre dann Deckungshandlung und jedenfalls was die Verkürzung des Anfechtungszeitraumes angeht, nach § 133 Abs. 2 InsO privilegiert. Dies lag sicher nicht in der Intention des Gesetzgebers.[4772]

2462 Von § 133 Abs. 3 InsO werden dann nur noch die kongruenten Deckungshandlungen erfasst.[4773] Hier wird zunächst die Einschränkung vorgenommen, dass der Schuldner zum maßgeblichen Zeitpunkt der anfechtbaren Handlung zahlungsunfähig gewesen sein muss; drohende Zahlungsunfähigkeit genügt nicht. Schließlich stellt § 133 Abs. 3 InsO im Falle der Vereinbarung von Zahlungserleichterungen, etwa in form einer Ratenzahlungsvereinbarung, die gesetzliche Vermutung auf, dass der Gläubiger die Zahlungsunfähigkeit des Schuldners nicht kannte. Dies ist vor dem Hintergrund zu sehen, dass die Rechtsprechung jedenfalls zunächst den Eindruck machte, in dem Abschluss einer Ratenzahlungsvereinbarung oder die Entgegennahme von Ratenzahlungen ein Beweiszeichen für die Kenntnis des Benachteiligungsvorsatzes zu erblicken.[4774] Dies hat der Gesetzgeber durch die Neufassung ins Gegenteil verkehrt.

2463 Die neue Regelung in § 133 Abs. 4 InsO stellt schließlich für entgeltliche Verträge mit nahestehenden Personen im Sinne des § 138 InsO eine verkürzte Anfechtungsfrist von 2 Jahren vor Antragstellung auf. Die Anfechtung ist ausgeschlossen, wenn der entgeltliche Vertrag mehr als zwei Jahre vor dem Eröffnungsantrag abgeschlossen worden ist oder (nicht und) dem Anfechtungsgegner der Benachteiligungsvorsatz des Schuldners nicht bekannt war.

2464 Von einer entgeltlichen Leistung ist in Abgrenzung von § 134 InsO auszugehen, wenn der Leistung des Schuldners eine eben solche des Gläubigers gegenüber steht und beide voneinander rechtlich abhängen.[4775]

4767 BGH NZI 2009, 312.
4768 FK-InsO/Dauernheim § 133 Rn. 46.
4769 K. Schmidt/Uhlenbruck Rn. 437 m.w.N.
4770 Thole, ZIP 2017, 401 (403 f). weist zu Recht darauf hin, dass eine solche Differenzierung bis dato dem Anfechtungsrecht fremd war.
4771 FK-InsO/Dauernheim, § 133 Rn. 29.
4772 Thole ZIP 2017, 401 (403); FK-InsO/Dauernheim, § 133 Rn. 28.
4773 FK-InsO/Dauernheim, § 133 Rn. 31.
4774 BGH ZIP 2008, 420; 2015, 1549.
4775 FK-InsO/Dauernheim, § 133 Rn. 90.

Für beide Ausschlusstatbestände ist der Anfechtungsgegner darlegungs- und beweisbelastet.[4776] 2465

f) Unentgeltliche Leistung, § 134 InsO

Nach § 134 Abs. 1 InsO ist eine unentgeltliche Leistung des Schuldners anfechtbar, es sei denn der Anfechtungsgegner weist nach, dass sie früher als vier Jahre vor dem Insolvenzantrag vorgenommen worden ist. Leistung ist dabei jede Rechtshandlung, durch die das Schuldnervermögen vermindert wird. Es muss keine Schenkung vorliegen. Auch Rechtshandlungen, die lediglich Vermögensentäußerungen darstellen, oder aber das Unterlassen eines Rechtsbehelfs sowie der Verzicht auf die Unterbrechung einer Verjährungs-, Ersetzungs- oder Ausschlussfrist sind anfechtbar. Die Leistung muss auch nicht vom Schuldner vorgenommen werden. Sie kann auch in der mittelbaren Zuwendung liegen, etwa in der Zahlung einer fremden Schuld.[4777] Wird ein Dritter in den Zuwendungsvorgang eingeschaltet ist für die Frage der Unentgeltlichkeit der Leistung des Schuldners nicht entscheidend, ob der Schuldner selbst einen Ausgleich erlangt hat. Vielmehr ist maßgeblich, ob der Zuwendungsempfänger ein Vermögensopfer erbracht hat. Dies ist beispielsweise beim Stehenlassen einer ungekündigten, aber kündbaren Darlehensforderung nicht der Fall.[4778] 2466

Ebenso ist ein Rechtgeschäft anfechtbar, wenn Leistung und Gegenleistung in einem krassen Missverhältnis stehen. Den Parteien steht zwar ein Bewertungsspielraum zu, eine fehlerhafte Bewertung kann aber eine tatsächlich unentgeltliche Leistung nicht zu einer entgeltlichen machen.[4779] Bei der Besicherung einer eigenen oder fremden Schuld muss zumindest ein anerkennenswerter wirtschaftlicher Vorteil erkennbar sein, will man Entgeltlichkeit annehmen. Hat der Sicherungsgeber ein eigenes wirtschaftliches Interesse an der Darlehensgewährung an den (späteren) Insolvenzschuldner, ist die Sicherheitengewährung durch den Sicherungsgeber entgeltlich. Im Verhältnis zwischen Mutter- zur Tochtergesellschaft ist von einem solchen Eigeninteresse regelmäßig auszugehen.[4780] 2467

Handelt es sich bei der Leistung um ein gebräuchliches Gelegenheitsgeschenk geringen Werts, z.B. Geburtstags- oder Hochzeitsgeschenke scheidet ein Anfechtungsrecht aus. Gebräuchlich ist, was ein verständiger Schuldner in der konkreten wirtschaftlichen Lage zum Zeitpunkt der Schenkung zu dem gegebenen Anlass aufwenden würde. 2468

g) Gesellschafterdarlehen, § 135 InsO

Hat der Schuldner eine Rechtshandlung vorgenommen, die für die Forderung eines Gesellschafters auf Rückgewähr eines Gesellschafterdarlehens oder eine gleichgestellte Forderung eine Sicherheit oder Befriedigung gewährt hat, ist diese anfechtbar. Voraussetzung ist, dass die Handlung zur Sicherung der Forderung innerhalb der letzten 10 Jahre vor dem Eröffnungsantrag oder danach vorgenommen wurde. Die Handlung zur Befriedigung der Forderung muss im letzten Jahr vor dem Eröffnungsantrag oder danach vorgenommen worden sein. 2469

h) Stille Gesellschaft, § 136 InsO

Die auch teilweise Rückgewähr der Einlage eines stillen Gesellschafters oder der Erlass seines Anteils am Verlust ist nach § 136 InsO anfechtbar, wenn die Verpflichtung hierzu nach dem Eröffnungsantrag oder im Jahr davor getroffen worden ist. Die Anfechtung ist ausgeschlossen, wenn der Eröffnungsgrund erst nach der Vereinbarung eingetreten ist, § 136 Abs. 2 InsO. Die Vorschrift findet auf den echten und unechten stillen Gesellschafter Anwendung.[4781] Zu beachten ist, dass der stille Gesellschafter nicht nachrangiger Gläubiger ist. Die Anfechtungsbefugnis nach § 136 InsO mag 2470

4776 FK-InsO/Dauernheim, § 133 Rn. 93.
4777 FK-InsO/Dauernheim § 134 Rn. 10 m.w.N.; a.A Nerlich/Römermann § 134 Rn. 36 m.w.N.
4778 BGH NZI 2009, 435 (436).
4779 BGHZ 57, 123; FK-InsO/Dauernheim § 134 Rn. 13.
4780 BGH ZIP 1998, 793.
4781 Braun/Riggert InsO § 136 Rn. 2.

deshalb im Einzelfall durchaus eigenständige Bedeutung gewinnen. Immerhin ist der stille Gesellschafter regelmäßig besser informiert als die »externen« Gläubiger. Diesen Informationsvorsprung soll er nach dem Willen des Gesetzgebers nicht zum Nachteil der übrigen Gläubiger nutzen können.

2471 Die Vorschrift des § 136 InsO verlangt eine besondere Vereinbarung über die Einlagenrückgewähr. Ohne eine solche, etwa aufgrund einer Kündigung aus gesetzlichem oder vertraglichem Recht, findet § 136 InsO keine Anwendung. Wird die Vereinbarung in Prozessvergleichen oder Aufhebungsvereinbarungen zur Streitbeilegung getroffen, ist die Rückgewähr nicht anfechtbar, wenn der stille Gesellschafter die Leistung aufgrund Anfechtung oder Kündigung ohnehin hätte fordern können.[4782]

2472 Erfüllungssurrogate wie die Aufrechnung schließen die Anfechtung nach § 136 InsO nicht aus; auch die Bestellung von Sicherheiten kann relevant sein, wenn sie nicht bereits im ursprünglichen Vertrag über die stille Einlage vereinbart worden ist (inkongruente Deckung).[4783]

2473 Der Tatbestand des § 136 InsO konkurriert mit den übrigen Anfechtungstatbeständen, auf die folglich die Anfechtung der Rückgewähr oder des Erlasses ebenfalls gestützt werden können.

i) Nahestehende Personen, § 138 InsO

2474 Einige der Anfechtungsvorschriften stellen in ihrem Tatbestand auf »nahestehende Personen« ab. Bloße geschäftliche Beziehungen reichen hierfür grundsätzlich nicht. Das Gesetz führt die nahestehenden Personen von natürlichen und juristischen Personen auf. Auf die Wiedergabe des Gesetzestextes wird verzichtet.

j) Fristen, § 139 InsO

2475 Die in §§ 130 bis 136 InsO bestimmten Fristen beginnen mit dem Tag, an dem der Insolvenzantrag beim Insolvenzgericht eingeht. Fehlt ein solcher Tag, so ist auf den Anfang des folgenden Tages abzustellen, § 139 Abs. 1 InsO. Dies bedeutet: geht der Insolvenzantrag am 31.07. beim Insolvenzgericht ein, endet die rücklaufende Monatsfrist am 30.06.

2476 Die Regelungen in § 139 InsO gelten auch außerhalb des Kapitels über die Insolvenzanfechtung, so für § 88 InsO.

k) Bargeschäfte, § 142 InsO

2477 Eine Deckungsanfechtung ist ausgeschlossen, wenn für die Leistung des Schuldners unmittelbar eine gleichwertige Gegenleistung in sein Vermögen gelangt ist. Das Geschäft darf nicht auf die Sicherung und Befriedigung einer bereits entstandenen Forderung abzielen.[4784] Grund für die Privilegierung von Bargeschäften ist der Umstand, dass die Masse keinen Schaden nimmt. Es kommt lediglich zu einem Tausch der Aktiva. Ohne die Begünstigung würde der Schuldner in der wirtschaftlichen Krise praktisch von allen – auch von den verkehrsüblichen – Umsatzgeschäften ausgeschlossen.[4785]

2478 Leistung und Gegenleistung müssen sich zum Zeitpunkt ihres Austausches in ihrem Wert entsprechen. Maßgeblich ist der objektive Wertvergleich. Die »Flüchtigkeit« der Gegenleistung spielt dabei keine Rolle, auch wenn der Kaufpreis bei einem Grundstücksverkauf sicher leichter »beiseite zu schaffen« ist, als das Grundstück. Bei Sicherheiten ist die Gleichwertigkeit gegeben, wenn der Wert der hingegebenen Sicherheit den ausgereichten Kredit nicht wesentlich übersteigt. Eine enge Zweckerklärung ist deshalb angezeigt. Bei beweglichen Sicherungsgegenständen ist ein Risikozuschlag von

4782 OLG München NZI 2000, 180; FK-InsO/Dauernheim § 136 Rn. 8.
4783 Assies/Ristelhuber/Weis Rn. 350.
4784 BGH ZIP 2001, 524; ZIP 1999, 665.
4785 BGH ZIP 1993, 1653.

50 % auf den Nennwert des Darlehens als angemessen anzusehen.[4786] Maßgeblicher Zeitpunkt zur Bestimmung der Gleichwertigkeit ist derjenige, zu dem die erste Vertragsleistung erbracht wird, es sei denn es sind Tagespreise vereinbart oder sie entsprechen der Verkehrssitte.

Dieser Leistungsaustausch muss auf einer Vereinbarung beruhen.[4787] Wesentliche Abweichungen von dieser Parteivereinbarung, sei es auch nur in Teilen des Leistungsaustauschs, führen zur Unanwendbarkeit des § 142 InsO. Diese Leistung ist nämlich inkongruent. Es besteht aber kein Grund dafür, Umsatzgeschäfte des Schuldners in der Krise zu begünstigen, wenn sie anders als vereinbart abgewickelt werden. Als Grundlage der Kontokorrentverrechnung genügt der Kontokorrentvertrag.[4788] 2479

Der Leistungsaustausch aufgrund der Parteivereinbarung muss unmittelbar, d.h. in einem engen zeitlichen Zusammenhang erfolgen. Dies ist bei Bankgeschäften nicht unproblematisch. Als **grobe** Richtlinie kann ein Zeitraum von zwei Wochen ins Auge gefasst werden. Jegliche verzögerte Abwicklung eines Kreditvertrages, also auch die dem Schuldner gewährte Stundung, schließt ein Bargeschäft aus. Unschädlich ist es hingegen, wenn die beiderseitigen Leistungen erst erhebliche Zeit nach dem Vertragsschluss ausgetauscht werden und der Kunde zwischenzeitlich in der Krise ist. Gleichfalls unproblematisch ist der Fall, wenn der Schuldner nach Empfang der Gegenleistung in die Krise kommt, aber dennoch zeitnah die geschuldete Leistung erbringt. In beiden Fällen ist die Unmittelbarkeit des Leistungsaustausches maßgeblich. 2480

Bei **Verrechnungen im Kontokorrent** kommt es auf die genaue Reihenfolge der Ein- und Auszahlungen nicht an, und zwar unabhängig davon, ob die Kreditlinie ausgeschöpft ist. Ein Zeitraum von 2 Wochen zwischen den einzelnen Ein- und Auszahlungen lässt nach Auffassung des BGH die Unmittelbarkeit nicht entfallen.[4789] 2481

Wird eine Sicherheit zugleich für bestehende Kredite und die Gewährung eines neuen Kredits gestellt, so liegt jedenfalls dann kein Bargeschäft vor, wenn sich nicht feststellen lässt, ob und in welchem Umfang sich die Sicherungen auf bestimmte Ansprüche beziehen. Die Folge ist, dass die Bestellung insgesamt anfechtbar ist. Ein Bargeschäft scheidet aus.[4790] Ein unanfechtbares Bargeschäft scheidet ebenfalls aus, wenn der Tatbestand des § 133 Abs. 1 InsO, also eine vorsätzliche Benachteiligung, erfüllt ist. 2482

l) Rechtsfolgen der Anfechtung, § 143 InsO

Nach § 143 Abs. 1 S. 1 InsO muss der Anfechtungsgegner all das, was dem Vermögen des Schuldners durch die anfechtbare Rechtshandlung entzogen worden ist, zurückgewähren. Die Rückgewähr hat grundsätzlich in Natur zu erfolgen (z.B. Rückgabe einer Sache, Rückübertragung einer Forderung). Bei Bestellung eines Rechts ist auf dieses zu verzichten oder das Recht zu übertragen. Im Falle der Bestellung einer Grundschuld kann dementsprechend der rangwahrende Verzicht, die Löschung oder die Abtretung verlangt werden.[4791] Kann die Leistung nicht in Natur zurückgewährt werden, so muss der Anfechtungsgegner Wertersatz leisten. Dabei kann er sich nicht auf eine eventuelle Entreicherung nach § 818 Abs. 3 BGB berufen, § 143 Abs. 1, S. 2 InsO. Ist die Sache bereits vor Insolvenzeröffnung untergegangen, muss der Anfechtungsgegner nur dann Wertersatz leisten, wenn er diesen Untergang verschuldet hat. 2483

Hat der Empfänger der angefochtenen Leistung das Erlangte zurückgewährt, lebt seine Forderung wieder auf, § 144 Abs. 1 InsO. Weil bei der isolierten Anfechtung nur des Erfüllungsgeschäfts aufgrund des Abstraktionsprinzips das Verpflichtungsgeschäft (also etwa der Kaufvertrag oder der 2484

4786 Assies/Ristelhuber/Weis Rn. 356.
4787 BGH ZIP 2002, 812.
4788 BGH ZIP 2002, 812.
4789 BGH ZIP 2002, 812; FK-InsO/Dauernheim/Blank, § 142 Rn. 17 m.w.N.
4790 BGH ZIP 1993, 276.
4791 Assies/Ristelhuber/Weis Rn. 312.

Darlehensvertrag) unberührt bleibt, sieht § 144 Abs. 1 InsO vor, dass in solchen Fällen der Gegenleistungsanspruch des Gläubigers in der Form, in der er zur Zeit der anfechtbaren Handlung bestand, wieder auflebt. Die Einordnung der Forderung im Insolvenzverfahren als nicht nachrangige oder nachrangige Insolvenzforderung oder als Masseverbindlichkeit wird dann so vorgenommen als hätte die Forderung bei Verfahrenseröffnung bestanden. Gleiches gilt für unanfechtbar bestellte Sicherheiten, die aus dem Vermögen des Schuldners stammen, und akzessorische Sicherheiten, die ein Dritter gewährt und wieder zurückerhalten hatte, wie z.B. eine Bürgschaft.[4792] Die Sicherungsrechte treten wieder in Kraft. Nicht akzessorische Sicherheiten, die ein Dritter gewährt hatte, leben allerdings nicht wieder auf.[4793] Der Anspruch auf die Gegenleistung ist nur eine einfache Insolvenzforderung.

2485 Wird das Verpflichtungsgeschäft selbst angefochten, entfällt der Rechtsgrund für das Behaltendürfen und die Masse ist ungerechtfertigt bereichert. Ist die Gegenleistung als solche aber noch unterscheidbar in der Insolvenzmasse vorhanden oder die Masse noch um ihren Wert bereichert, ist der Rückforderungsanspruch des Gläubigers eine Masseverbindlichkeit, § 144 Abs. 2 S. 2 InsO. Dieser Masseanspruch und der Rückgewähranspruch aus der Anfechtung sind Zug um Zug zu erfüllen, § 273 BGB.

2486 Gegenüber dem Rückgewähranspruch des Insolvenzverwalters hat der Anfechtungsgegner kein Zurückbehaltungsrecht, z.B. wegen eines Anspruchs auf Auskunft über den Verbleib von Gegenständen, an denen ihm ein Aus- oder Absonderungsrecht zusteht.[4794] Auch eine Aufrechnung gegenüber dem Rückgewährsanspruch scheidet aus. Hingegen lebt eine im Zeitpunkt der anfechtbaren Erfüllung der Forderung bestehende Aufrechnungslage wieder auf, wenn § 96 InsO nicht entgegensteht.

II. Verkauf von notleidenden Forderungen

1. Einführung

a) Entwicklung

2487 Aus den unterschiedlichsten Gründen veräußern Banken und andere Unternehmen Forderungen aus Krediten bzw. aus Lieferungen und Leistungen. Auch in Deutschland hat sich in der Wirtschaftspraxis der Handel mit notleidenden Kreditforderungen zu einem großen Markt mit immensen Volumina etabliert. In Folge der Savings & Loans-Krise in den USA in den späten 80er und während der Bankenkrise in Asien in den 90er Jahren entwickelte sich zur Abwicklung der Aktiva der in der Krise zusammengebrochenen Banken und Sparkassen ein Sekundärmarkt für Bankkredite. Mittlerweile werden notleidende Kredite, sog. Non-Performing-Loans (NPLs), in den USA standardisiert, analysiert und gehandelt. Deutsche Kreditportfolios auf dem Sekundärmarkt werden erst seit 2003 gehandelt. Im Gegensatz zu anderen NPL-Märkten sind die Veräußerer in Deutschland aber selbst in der Regel nicht notleidend.[4795]

b) Begriff der notleidenden Forderung

2488 Von »Bankern« werden notleidende Bankkredite auch »Non-Performing Loans (NPL)«, »Distressed Dept« oder umgangssprachlich auch »Faule Kredite« genannt. Eine Legaldefinition des Begriffs »notleidend« existiert nicht.[4796] Unter dem Begriff »Non-Performing Loans« werden in der Praxis unterschiedliche Arten von Darlehensforderungen verstanden. **Im engeren Sinne** sind NPLs

4792 FK-InsO/*Dauernheim* § 144 Rn. 3.
4793 A.A. OLG Frankfurt/M. ZIP 2004, 271; zum Meinungsstand: *Heidbrink*, NZI 2005, 363, 364.
4794 BGH NJW 2000, 3777.
4795 Vgl. ausführlich zur Entwicklung Reifner BKR 2008, 142; Bredow/Liebscher/*Staps*, NZI2017, 89.
4796 Bomhard/Kessler/Dettmeier BB 2004, 2085.

Kreditforderungen, mit deren Bedienung sich der Schuldner in Verzug befindet, die angemahnt sind oder bei denen das Darlehensverhältnis gekündigt wurde. **Im weiten Sinne** werden in der Bankpraxis auch die Darlehensforderungen zu den notleidenden gezählt, bei denen das zugrundeliegende Darlehensverhältnis noch nicht gekündigt, aber stark gefährdet ist. Dies ist dann anzunehmen, wenn das Darlehensverhältnis bspw. nach § 490 Abs. 1 BGB wegen Verschlechterung der Vermögensverhältnisse gekündigt werden könnte.[4797] Letztlich können drei Varianten unterschieden werden: Der gekündigte Kredit, der trotz Fälligkeit nicht bediente Kredit und der ohne weiteres kündbare Kredit.[4798]

c) Gründe für Non-Performing-Loans-Transaktionen

In der Vergangenheit galten Kreditausfälle als ein Risiko, welches dem Bankgeschäft immanent ist. 2489
Dieses Risiko wurde aus den Erträgen gesunder Kredite abgefedert. Aufgrund der **wirtschaftlichen Entwicklungen** in Deutschland hat sich der Druck auf die Banken erhöht und wegen der wirtschaftlich ungünstigen Lage hat sich die Anzahl notleidender Kredite erhöht. Damit ging ein **Verfall des Wertes der Kreditsicherheiten** einher. Auch bei den Sparkassen und Landesbanken wurde ein verstärktes Management notleidender Kredite erforderlich, insbesondere da sie sich wegen der Beschränkung der Gewährträgerhaftung und der Anstaltslast nicht mehr günstig refinanzieren konnten.

Die Gründe für den Verkauf eines NPL-Portfolios sind daher vielfältig. Ein Verkauf kann u.a. 2490
begründet sein in einem Abbau von Kreditrisiken, um dadurch einen positiven Einfluss auf die Beurteilung von Rating-Agenturen zu erzielen. Erreicht wird damit unter Umständen eine Verbesserung der Refinanzierungskonditionen. Motivation kann auch eine Bilanzbereinigung sowie die Gerierung eines kurzfristigen Liquiditätsplus sein. Zusätzlich bietet auch Basel II Anreize für Non-Performing-Loans-Tranaktionen, da ausfallgefährdete Kredite nach dem Regelwerk eine verhältnismäßig hohe Eigenkapitalunterlegung erfordern.[4799]

2. NPL-Transaktionen durch Forderungsverkauf und Abtretung

Beabsichtigt eine Bank oder ein anderes Kreditinstitut, eine notleidende Forderung zu übertragen, 2491
so ist Grundlage für die Veräußerung immer ein **schuldrechtlicher Vertrag** (Forderungskauf § 433 BGB), mit dem sich die Bank verpflichtet, die Forderung auf den Erwerber zu übertragen. Mit dem Verfügungsgeschäft erfolgt nach § 398 BGB die **dingliche Übertragung** der Forderung vom Zedent (z.B. der Bank) auf den Zessionar (Erwerber).[4800] Mit der Abtretung gehen nach § 401 BGB sämtliche **akzessorische Sicherheiten** (z.B. Hypotheken, Bürgschaften oder Pfandrechte) auf den Zessionar über.

Dagegen gehen nicht akzessorische, **selbstständige Sicherungsrechte,** wie insbesondere die Grund- 2492
schuld, nicht automatisch mit über. Zur Übertragung dieser Sicherheiten bedarf es einer **gesonderten Vereinbarung.** Gerade Immobilienkredite werden häufig durch Buchgrundschulden besichert. Für den Erwerber ist von großem Interesse, auch die nicht akzessorischen Sicherungsrechte zu erwerben, da er anstrebt, durch Verwertung der Sicherheiten die übertragene Darlehensforderung zu realisieren. Bei der Übertragung der Grundschuld ist darauf zu achten, dass die Grundschuld nur zum Zwecke der Sicherung der übergegangenen Forderung übertragen wird und nicht als Recht, über welches der Erwerber ohne jede Bindung unabhängig von der Forderung verfügen kann. Bei einer Übertragung ohne eine solche Zweckbindung besteht die Gefahr einer Verletzung des Sicherungsvertrages zwischen der Bank und dem Kreditnehmer. Sie würde der durch die Sicherungsabrede begründeten

---

4797 Rinze/Heda WM 2004, 1557; Toth-Feher/Schick ZIP 2004, 491; Hofmann/Walter WM 2004, 1566 (1568).

4798 Hofmann/Walter WM 2004, 1566 (1568); Reifner BKR 2008, 142 (143 ff.).

4799 Hofmann/Walter WM 2004, 1566 (1567 f.); *Obermüller* Rn. 6.1383 f.

4800 Schilmar/Breiteneicher/Wiedenhofer DB 2005, 1367 (1368); *Obermüller* Rn. 6.1385 ff.

Zweckbindung widersprechen und den Schuldner der Gefahr der doppelten Inanspruchnahme aussetzen.[4801] Die abstrakten Sicherheiten sind im Rahmen der Vertragsgestaltung, insbesondere bei der Beschreibung des Kaufgegenstandes, zu berücksichtigen. Ob sie insbesondere auch vor Fälligkeit übertragbar sind, richtet sich im Wesentlichen nach dem Sicherungsvertrag.

2493 Gänzlich anders liegt der Sachverhalt, wenn es sich um **nicht notleidende Kredite** handelt. In diesen Fällen müsste ein gesundes Vertragsverhältnis als ganzes mit all seinen gegenseitigen Rechten und Pflichten übertragen werden. Diese Gesamtheit an Rechten und Pflichten kann nicht nur mittels Abtretung auf den Erwerber übertragen werden. Das gesamte Schuldverhältnis muss vom Erwerber übernommen werden.[4802] Eine **Vertragsübernahme** in diesem Sinne bedarf der Zustimmung aller Beteiligten und damit auch des Kreditnehmers.[4803] Zudem ist hier nur eine Veräußerung an Kreditinstitute möglich, da es sich um erlaubnispflichtige Bankgeschäfte nach § 1 Abs. 1 S. 2 Nr. 2 KWG handeln wird, die nur von Kreditinstituten durchgeführt werden dürfen.

2494 Neben der Variante der Vertragsübernahme bestehen noch weitere Möglichkeiten als Alternative zur Zession. Es kommen vor allem eine Unterbeteiligung, ein Joint Venture oder die Ausgliederung in Betracht. Im Folgenden wird sich jedoch auf die Zession und ihre Wirksamkeit beschränkt.

3. Wirksamkeit der Abtretung notleidender Forderungen

2495 In der deutschen Rechtspraxis war bisher höchstrichterlich ungeklärt, ob der Verkauf der Forderungen im Wege der Abtretung ohne Zustimmung des Kreditnehmers wirksam ist. Während die Literatur und die Instanzgerichte weitgehend die Wirksamkeit bejahten, hat ein Urteil des OLG Frankfurt/M vom 25.04.2004[4804] für Unruhe gesorgt und zu einer Flut von juristischen Beiträgen geführt, die fast einvernehmlich das Urteil des OLG Frankfurt/M kritisieren und ablehnen.[4805] Auch die nach dem Urteil des OLG Frankfurt/M ergangene Instanzrechtsprechung teilte seine Auffassung nicht.[4806] Das OLG Frankfurt/M steht mit seiner Rechtsauffassung weitgehend allein. Nach Ansicht des Senats ist die Bank nicht zur Verwertung der Sicherheiten durch Verkauf und Abtretung berechtigt, da die Abtretung der den Sicherheiten zugrundeliegenden Darlehensforderungen wegen eines aus dem **Bankgeheimnis**, dem **Bundesdatenschutzgesetz** und einer vertraglich vereinbarten **Verschwiegenheitspflicht** folgenden Abtretungsverbots unwirksam sei.[4807] Die Resonanz ist verständlich, da, würde sich die Rechtsauffassung des OLG Frankfurt/M durchsetzen, deutsche Kreditinstitute im Wesentlichen gehindert wären, sich ihrer notleidenden Kredite zu entledigen und damit im Wettbewerb einen erheblichen Nachteil hätten.

2496 Der BGH hat sich in seinem Urteil vom 27.02.2007 dem Schrifttum und der überwiegenden Instanzrechtsprechung angeschlossen.[4808] Der **wirksamen Abtretung von Darlehensforderungen** eines Kreditinstituts stünde weder das Bankgeheimnis noch das Bundesdatenschutzgesetz (BDSG) entgegen. Auch sei regelmäßig nicht davon auszugehen, dass ein Abtretungsverbot stillschweigend vereinbart worden sei.

2497 Nicht höchstrichterlich entschieden war nach dem Urteil vom 27.02.2007 weiterhin die Frage der Abtretbarkeit von Darlehensfoderungen für den Bereich der **öffentlich-rechtlich organisierten**

4801 BGH WM, 1986, 1386; Hofmann/Walter WM 2004, 1566 (1569).
4802 MüKo BGB/Roth, § 398, Rn. 4; Palandt/Grüneberg § 398 Rn. 41 ff.
4803 Palandt/Grüneberg § 398 Rn. 42; Hofmann/Walter WM 2004, 1566 (1568).
4804 OLG Frankfurt/M ZIP 2004, 1449.
4805 Böhm BB 2004, 1641; Bütter/Aiger BB 2005, 119; Cahn WM 2004, 2041; Freitag EWiR 2004, 741; Hofmann/Walter WM 2004, 1566 (1571); Jobe ZIP 2004, 2415; Nobbe WM 2005, 1537; Rinze/Heda WM 2004, 1557; Rögner NJW 2004, 3230; Schilmar/Breiteneicher/Wiedenhofer DB 2005, 1367.
4806 OLG Celle, WM 2004, 1384; OLG Köln, WM 2005, 2385; LG Koblenz, WM 2005, 30.
4807 Im Einzelnen zur Urteilsbegründung vgl. OLG Frankfurt/M ZIP 2004, 1449.
4808 BGH BKR 2007, 194.

Sparkassen. Mit Urteil vom 27.10.2009 hat der XI. Senat auch diese Frage geklärt.[4809] Die Abtretung von Darlehensforderungen durch eine als Anstalt des öffentichen Rechts organisierte Sparkasse verstößt nicht gegen § 203 Abs. 2 Satz 1 Nr. 1 StGB. Der BGH hat damit – unter Fortführung seiner Rechtsprechung aus dem Urteil vom 27.02.2007 – öffentlich-rechtlich organisierten Sparkassen und Landesbanken den privaten Kreditinstituten **gleichgestellt**.[4810]

Auf der anderen Seite hat der Gesetzgeber im Zuge der rechtspolitischen Diskussion mit dem **Risikobegrenzungsgesetz** vom 12.08.2008 die Rechte des Kreditnehmers erheblich gestärkt.[4811] Dies geschah u.a. durch die gesetzliche Verankerung **gesteigerter Informations- und Offenlegungspflichten**. So muss gem. § 496 Abs. 1a Satz 3 BGB bei Immobiliardarlehensverträgen die vom Darlehensnehmer zu unterzeichnende Vertragserklärung einen deutlich gestalteten Hinweis darauf enthalten, dass der Darlehensgeber Forderungen aus dem Darlehensvertrag ohne Zustimmung des Darlehensnehmers abtreten und das Vertragsverhältnis auf einen Dritten übertragen darf. Darüberhinaus wurden höhere Anforderungen an die Kündigung von Immobiliardarlehensverträgen (§ 498 Abs. 3 BGB) und an die Verwertung von Sicherungsgrundschulden (§ 1193 Abs. 2 BGB) geknüpft sowie der gutgläubige einredefreie Erwerb von Sicherungsgrundschulden ausgeschlossen (§ 1192 Abs. 1a BGB).[4812] **2498**

4. Bankgeheimnis als Abtretungsverbot

a) Definition und Rechtsgrundlage

Im Gegensatz zu einigen ausländischen Rechtsordnungen ist das **Bankgeheimnis** in Deutschland **gesetzlich nicht geregelt**. Der Gesetzgeber und die Rechtsprechung setzen es jedoch als bestehend voraus.[4813] Nach der Rechtsprechung des BGH besteht das Bankgeheimnis in der Pflicht des Kreditinstituts zur Verschwiegenheit über kundenbezogene Tatsachen und Wertungen, die ihm aufgrund, aus Anlass oder im Rahmen der Geschäftsverbindungen zum Kunden bekannt geworden sind.[4814] Eine Definition findet sich seit 01.01.1993 auch in Nr. 2 Abs. 1 S. 1 AGB-Banken. Danach ist die Bank über alle kundenbezogenen Tatsachen und Wertungen zur Verschwiegenheit verpflichtet, von denen sie Kenntnis erlangt. Informationen über den Kunden darf die Bank nur weitergeben, wenn gesetzliche Bestimmungen dies gebieten oder der Kunde eingewilligt hat oder die Bank zur Erteilung einer Bankauskunft befugt ist.[4815] Nach allgemeiner Meinung ist die Definition in den AGB-Banken rein deklaratorischer Natur.[4816] **2499**

Grundsätzlich fällt bereits das Bestehen einer Geschäftsbeziehung unter das Bankgeheimnis und ist von einem Vertragsabschluss unabhängig. Dies entsprach auch bisher der allgemein üblichen Begriffsbestimmung.[4817] **2500**

Das Bankgeheimnis findet seine Rechtsgrundlage im Verfassungs- sowie im Zivilrecht, je nach Schutzfunktion und -richtung. Der Schutz vor Zugriffen staatlicher Stellen und das Recht der Bank, auch Auskünfte gegenüber staatlichen Stellen zu verweigern, wird in der Regel aus Art. 2 Abs. 1 GG, dem Recht auf freie Entfaltung der Persönlichkeit und informationelle Selbstbestimmung, sowie auf Seiten der Bank aus der Berufsausübungsfreiheit des Art. 12 Abs. 1 GG abgeleitet. **2501**

4809 BGH BKR 2009, 508.

4810 S. unten Rdn. 2507.

4811 Gesetz zur Begrenzung der mit Finanzinvestitionen verbundenen Risiken (Risikobegrenzungsgesetz) vom 12.08.2008, BGBl. I, 1666.

4812 Jaeger/Heinz BKR 2009, 273; Langenbucher NJW 2008, 3169.

4813 Bomhard/Kessler/Dettmeier BB 2004, 2085 (2086).

4814 BGH BKR 2007, 194 (195); BGH WM 2006, 380 (384); BGHZ 27, 241 (246).

4815 Vgl. Kümpel/Wittig/*Merz* Bank-u. Kapitalmarktrecht Rn. 6.118.

4816 Vgl. Kümpel/Wittig/*Merz* Bank-u. Kapitalmarktrecht Rn. 6.122; Cahn WM 2004, 2041 (2042); Jobe ZIP 2004, 2415.

4817 Derleder/Knops/Bamberger/Beckhusen § 5 II Rn. 3.

Diese Schutzfunktion spielt für die Abtretung von notleidenden Forderungen jedoch grundsätzlich keine Rolle.

2502 Der für den Verkauf erhebliche Bereich des Bankgeheimnisses ist der **zwischen Kunden und Kreditinstitut**. Seine Grundlage liegt im **Zivilrecht**. Die genaue Herleitung ist innerhalb der Rechtsprechung und Literatur streitig. Seine Grundlage wird zum einen in dem den Geschäftsbeziehungen zugrundeliegenden Bank-[4818], Konto- oder Kreditvertrag[4819] gesehen, zum anderen wird simpel auf Nr. 2 Abs. 1 AGB-Banken verwiesen.[4820] Richtigerweise ist das Bankgeheimnis aber als ein **gesetzliches Schuldverhältnis** im Sinne des § 311 Abs. 2 BGB aufzufassen[4821], wenn es nicht sogar schon als Gewohnheitsrecht zu qualifizieren ist.[4822] Damit führen auch nicht zum Vertragsschluss gelangte Vertragsverhandlungen zu einem Vertrauensverhältnis, für die das Bankgeheimnis gilt. Im Ergebnis ist daher das Bankgeheimnis eine rein **schuldrechtliche Verpflichtung** der Banken und Kreditinstitute zur Verschwiegenheit.[4823] Diese schuldrechtliche Verpflichtung ist nach dem im deutschen Zivilrecht geltenden Abstraktionsprinzip streng von dem **dinglichen Verfügungsgeschäft** der Abtretung zu unterscheiden. Ein Verstoß gegen die schuldrechtliche Verpflichtung schlägt nicht grundsätzlich auf das Verfügungsgeschäft durch. In Betracht kommen lediglich **Schadensersatzansprüche** nach § 280 Abs. 1 BGB.[4824]

2503 Zwar besteht ein Spannungsfeld zwischen der **Auskunftspflicht** des Zedenten nach § 402 BGB einerseits und seiner **Verschwiegenheitspflicht** aus dem Bankgeheimnis andererseits, doch berührt diese schuldrechtliche Ebene nicht das Verfügungsgeschäft. Insbesondere kann nicht gefolgert werden, dass wegen der mit jeder Zession verbundenen Informationspflicht des Zedenten immer eine Verletzung des Bankgeheimnisses vorliege. Denn § 402 BGB ist dispositiv und kann beschränkt oder sogar abbedungen werden. Zu einer Datenübertragung kommt es bspw. dann nicht, wenn die Forderung zwar abgetreten wird, der Zedent aber weiterhin zur Einziehung der Forderung berechtigt und verpflichtet ist. Hier erfolgt keine Weitergabe von Informationen und damit besteht auch **keine Verletzung des Bankgeheimnisses**.[4825]

b) Stillschweigend vereinbartes Abtretungsverbot

2504 Nach herrschender Meinung bedarf es für die **Vereinbarung eines Abtretungsverbotes** eines Vertrages.[4826] In diesem Vertrag müssen sich die Parteien zumindest stillschweigend über den Ausschluss der Abtretung geeinigt haben. Dies folgt bereits aus dem Regel-Ausnahme-Prinzip der §§ 398 f. BGB. § 398 BGB erklärt den Grundsatz der Abtretbarkeit von Forderungen und § 399 Art. 2 BGB macht den Ausschluss von einer Vereinbarung mit dem Schuldner abhängig.[4827] Geldforderungen einer Bank gegenüber dem Kunden sind **grundsätzlich verkehrsfähig** und damit **abtretbar**. Fehlt es an einer ausdrücklichen Regelung eines Abtretungsverbotes, so besteht nur die Möglichkeit, ein solches stillschweigend zu vereinbaren. Davon kann aber regelmäßig nicht ausgegangen werden.

2505 Sieht man das Bankgeheimnis als ein gesetzliches Schuldverhältnis an, welches ohne den Willen der Parteien zustande kommt, so kann in dem Bankgeheimnis **kein stillschweigender Ausschluss der Abtretung** enthalten sein. Eine stillschweigende Vereinbarung scheidet auch bereits deshalb aus, da

---

4818 BGH DB 1953, 1031; Kusserow/Dittrich WM 1997, 1786 (1792).
4819 BGHZ 27, 241 (246); Bütter/Tonner ZBB 2005, 165 (168).
4820 Giovannopoulos, S. 33.
4821 Canaris Rn. 37 f.; Jobe ZIP 2004, 2415 (2416).
4822 Rinze/Heda WM 2004, 1557 (1561); Schilmar/Breiteneicher/Wiedenhofer DB 2005, 1367 (1369 f.); Toth-Feher/Schick ZIP 2004, 491 (493); offen gelassen von Nobbe WM 2005, 1537 (1539) und vom BGH BKR 2007, 194 (196).
4823 BGH BKR 2007, 194 (195); Jobe ZIP 2004, 2415 (2416); Nobbe WM 2005, 1537 (1539).
4824 S. unten Rdn. 2520 ff.
4825 BGH BKR 2007, 194 (195); Bütter/Tonner ZBB 2005, 165 (170); Stiller ZIP 2004, 2027 (2029).
4826 BGH WM, 2002, 1845 (1846); MüKo BGB/Roth § 399 Rn. 30; Palandt/Grüneberg § 399 Rn. 8.
4827 BGH BKR 2007, 194 (195).

es an einem übereinstimmenden Willen fehlen wird. Denn ein entsprechender Ausschluss widerspricht erkennbar für den Kunden den berechtigten Interessen der Bank. Die Bank ist gerade daran interessiert, Abtretungen vornehmen zu können. Sie benötigt dieses Instrument zur Risiko- und Eigenkapitalentlastung sowie zum Zwecke der Refinanzierung. Auch fehlt es für den Kunden ersichtlich an dem übereinstimmenden Willen der Parteien, z.B. bei Abschluss eines Darlehensvertrages abweichend vom Vertragstext ein Abtretungsverbot zu vereinbaren. Zudem ist es unwahrscheinlich, dass der Bankkunde sich beim Abschluss des Darlehensvertrages ernsthafte Gedanken über ein dinglich wirkendes Abtretungsverbot gemacht hat.[4828] Liegen keine besonderen Anhaltspunkte vor, kann ein stillschweigendes Abtretungsverbot grundsätzlich nicht angenommen werden.

c) Gesetzliches Abtretungsverbot nach § 134 BGB

aa) § 134 BGB i.V.m. § 203 Abs. 1 StGB

Es folgt **kein gesetzliches Abtretungsverbot** aus § 134 BGB i.V.m. § 203 StGB, weder für priva- **2506**
te Kreditinstitute noch für öffentlich-rechtlich organisierte Sparkassen und Landesbanken, denn § 203 StGB ist nicht anwendbar.[4829]

Das Verbotsgesetz ist nur auf die in § 203 Abs. 1 Nr. 1 bis 6 StGB aufgeführten Berufsgruppen anwendbar, zu denen Vorstandmitglieder oder Angestellte eines **privaten Kreditinstituts** wie auch einer **öffentlich-rechtlich organisierten Sparkasse und Landesbank** nicht gehören. [4830] Auch eine analoge Anwendung ist im Hinblick auf das Analogieverbot des Art. 103 Abs. 2 StGB ausgeschlossen.[4831]

Die Frage war im Hinblick auf die Abtretung von Darlehensforderungen durch öffentlich-recht- **2507**
lich organisierte Sparkassen und Landesbanken streitig, da höchstrichterlich nicht entschieden war, ob die Abtretung von Darlehensforderungen durch öffentlich-rechtlich organisierte Kreditinstitute nicht gegen § 203 Abs. 2 Satz 1 Nr. 1 StGB verstößt[4832]. Dies hat der BGH nunmehr verneinet.[4833]

Der Senat konnte in seiner Entscheidung die im Schrifttum viel diskutierte Frage, ob Vorstands-, **2508**
Verwaltungsratsmitglieder oder Angestellte einer Sparkasse oder Landesbank nach Wegfall der Gewährträgerhaftung und der Ersetzung bzw. Modifinzierung der Anstaltslast überhaupt noch als **Amtsträger** i.S.d. § 203 Abs. 2 Satz 1 Nr. 1 i.V.m. § 11 Abs. 1 Nr. 2 lit. c StGB angesehen werden können, offen lassen. Die herrschende Meinung in der strafrechtlichen Rechtsprechung[4834] und Literatur[4835] vertritt den Standpunkt, dass die Tätigkeit von **öffentlichen Sparkassen und Landesbanken** grundsätzlich öffentliche Verwaltung im Sinne des § 11 Nr. 2 lit. c StGB darstellt. Dies bedeutet in der Konsequenz, dass Bedienstete und Vorstände dieser Banken und Sparkassen Amtsträger gem. § 11 Nr. 2 StGB wären und damit in den persönlichen Anwendungsbereich des § 203 Abs. 2 Nr. 1 StGB fielen.[4836]

4828 Jobe ZIP 2004, 2415 (2417); Bütter/Aigner BB 2005, 119 (122); Stiller ZIP 2004, 2027 (2031).

4829 BGH BKR 2007 194 (für private Kreditinstitute); BGH BKR 2009, 508 (für Sparkassen).

4830 BGH BKR 2007, 194 (195), BGH BKR 2009, 508 (510).

4831 BGH BKR 2007, 194 (195).

4832 Zur Frage der Stafbarkeit von Sparkassenvorständen beim Verkauf notleidender Kredite, vgl. Schalast/Safran/Sassenberg NJW 2008, 1486.

4833 BGH BKR 2009, 508 (509 f.).

4834 BGHSt 31, 264 (271 f.), allerdings offen gelassen für den Geschäftsbankenbereich.

4835 Schönke/Schröder/Eser § 11 Rn. 21 ff; Fischer § 11 Rn. 22 u. § 203 Rn. 24 m.w.N.

4836 Für eine funktionsbezogene Unterscheidung vgl. Jaeger/Heinz BKR 2009, 273 (274); Nobbe ZIP 2008, 97 (101); Schalast/Safran/Sassenberg NJW 2008, 1486 (1488 f.).

2509 Ebenfalls musste vom BGH nicht die Frage entschieden werden, ob die Abtretung von Darlehensforderungen durch Mitarbeiter von öffentlich-rechtlich organisierten Sparkassen und Landesbanken **(nicht) unbefugt** im Sinne des § 203 Abs. 2 StGB erfolgt.[4837]

2510 Denn nach Auffassung des BGH wird durch die Abtretung einer Darlehensforderung **kein fremdes Geheimnis** im Sinne des § 203 Abs. 2 StGB berührt. Der Gesetzgeber habe das Bankgeheimnis generell nicht unter strafrechtlichen Schutz gestellt. Denn weder Vorstandsmitglieder und Angestellte der privaten Kreditinstitute noch der öffentlich-rechtlich organisierten Sparkassen oder Landesbanken fallen unter die Nummern 1 bis 6 des § 203 Abs. 1 StGB. Mangels erkennbarer Sachgründe, wie etwa einer besonderen Schutzbedürftigkeit der Kunden einer öffentlich-rechtlich organisierten Sparkasse oder Landesbank, habe die gesetzgeberische Grundentscheidung gegen einen strafrechtlichen Schutz des Bankgeheimnisses in § 203 Abs. 1 StGB auch für dessen Absatz 2 zu gelten. Denn der Begriff des Geheimnisses werde in § 203 Abs. 1 und Abs. 2 StGB in identischer Weise verstanden.[4838] Eine analoge Anwendung des § 203 Abs. 1 StGB auf die Mitarbeiter privater Kreditiinstitute sei zwar theoretisch denkbar, um den auch in der strafrechtlichen Literatur[4839] beklagten Widerspruch aufzulösen, so der BGH, scheitere aber am Analogieverbot des Art. 103 Abs. 2 GG. Insofern kann die Rechtsprechung des BGH zur Unwirksamkeit der Abtretung von Honorarforderungen von Rechtsanwälten, Ärzten, Steuerberatern und Vertretern ähnlicher Berufe[4840] hier nicht herangezogen werden.[4841]

2511 Der BGH folgt damit einer gewichtigen Meinung in der Literatur[4842] und führt aus, dass andernfalls zwei an sich gleich liegende Sachverhalte – die Abtretung von Kreditforderungen durch private Kreditinstitute, einerseits und durch öffentlich-rechtlich organisierte Kreditinstitute andererseits, ohne rechtfertigenden Grund ungleich behandelt würden. Im Übrigen vermochte der Senat keine Gründe für eine besondere Schutzbedüftigkeit gerade der Kunden eines öffentlich-rechtlich organisierten Kreditinstituts erkennen[4843].

2512 Demnach sind Non-Performing-Loans-Transaktionen von Kreditinstituten unabhängig von ihrer Rechtsform nicht aufgrund eines Abtretungsverbotes aus § 134 BGB i.V.m. § 203 StGB unwirksam.

bb) § 134 BGB i.V.m. Bankgeheimnis als Gewohnheitsrecht

2513 Ein gesetzliches Abtretungsverbot kann auch dann nicht angenommen werden, wenn man – wie Teile in der Literatur[4844] – das Bankgeheimnis als Gewohnheitsrecht begreift. Aus dem Bankgeheimnis müsste ein gesetzliches Verbot gem. § 134 BGB folgen. Ein Gewohnheitsrecht stellt aber nur dann ein solches gesetzliches Verbot dar, wenn es ein Rechtsgeschäft unmissverständlich verwirft, in dem es sich gegen ein bestimmtes Rechtsgeschäft richtet.[4845] Aus dem Bankgeheimnis kann aber gerade kein Abtretungsverbot hergeleitet werden. Zudem fehlt es bereits an der erforderlichen

4837 Domke/Sperlich BB 2008, 342 (346 f.); Jaeger/Heinz BKR 2009, 273 (274 f.); Nobbe ZIP 2008, 97 (101); Schalast/Safran/Sassenberg NJW 2008, 1486 (1489 f.).

4838 BGH BKR 2009, 508 (509 f.).

4839 Lackner/Kühl § 203 Rn. 7; MüKo StGB/Cierniak § 203 Rn. 92; Schönke/Schröder/Lenckner § 203 Rn. 44.

4840 BGHZ 115, 123 (124 ff.); BGHZ 122, 115 (117); BGH WM 1996, 1815 (1816).

4841 BGH BKR 2007, 194 (195), BKR 2009, 508 (510); so aber OLG Frankfurt/M ZIP 2004, 1449.

4842 Bomhard/Kessler/Dettmeier BB 2004, 2085 (2086); Jaeger/Heinz BKR 2009, 273 (275); Kristen/Kreppel BKR 2005, 123 (131); Nobbe ZIP 2008, 97 (101); WM 2005, 1537 (1543); Sester/Glos DB 2005, 375 (379).

4843 BGH BKR 2009, 508 (510).

4844 Hofmann/Walter WM 2004, 1566 (1570); Klüwer/Meister WM 2004, 1157; Rinze/Heda WM 2004, 1557 (1561); Schilmar/Breiteneicher/Wiedenhofer DB 2005, 1367 (1369 f.); Toth-Feher/Schick ZIP 2004, 491 (493); offen gelassen von Nobbe WM 2005, 1537 (1540) m.w.N.

4845 BGH BKR 2007, 194 (196); MüKo BGB/Armbrüster § 134 Rn. 32; Jobe ZIP 2004, 2415 (2418).

Übung, die durch die Rechtsüberzeugung der beteiligten Verkehrskreise getragen werden muss, dass ein Verstoß gegen das Bankgeheimnis auch die Unwirksamkeit der Abtretung nach sich zieht.[4846]

5. Datenschutz als gesetzliches Abtretungsverbot

Das BDSG steht einer wirksamen Abtretung von Darlehensforderungen ebenfalls nicht entgegen. 2514
Aus einem ggf. bestehenden Verstoß gegen das BDSG kann **kein gesetzliches Abtretungsverbot** hergeleitet werden.

Übermittelt der Zedent gem. § 402 BGB dem Zessionar kreditbezogene Daten, die dieser zur 2515
Geltendmachung der Forderungen benötigt, so handelt es sich um die Übertragung von Daten an einen Dritten nach § 3 Abs. 4 S. 2 Nr. 3 lit. a BDSG und damit um Datenverarbeitung im Sinne von § 3 Abs. 4 S. 1 BDSG. Die Datenverarbeitung ist gem. § 4 Abs. 1 BDSG nur zulässig, wenn das BDSG oder eine andere Rechtsvorschrift dies erlaubt oder anordnet oder der Betroffenen in die Übertragung und Verarbeitung der Daten einwilligt.

Ob ein Verstoß gegen das BDSG auch zu einer Unwirksamkeit der Abtretung einer Darlehens- 2516
forderung führen kann, war bisher höchstrichterlich nicht geklärt.

Ein Teil der Literatur sieht in § 28 BDSG ein Verbotsgesetz im Sinne des § 134 BGB mit der 2517
Folge, dass im Falle eines Verstoßes auch eine Abtretung unwirksam wäre.[4847] Die herrschende Meinung und die Instanzrechtsprechung vertreten hingegen die Auffassung, dass § 134 BGB bei einem Verstoß gegen das BDSG nicht anwendbar sei. § 4 Abs. 1 und § 28 BDSG seien **keine Verbotsgesetze**.[4848] Dieser Meinung hat sich der BGH angeschlossen.[4849]

Der BGH begründet seine Rechtsauffassung hauptsächlich mit dem Verhältnis des Bankgeheimnis- 2518
ses zum BDSG. Der XI. Senat ist mit der herrschenden Meinung der Auffassung, dass zum einen das Bankgeheimnis und das BDSG nebeneinander gelten und dass zum anderen das BDSG gegenüber dem Bankgeheimnis eine **Auffangfunktion** habe.[4850] Im Ergebnis findet das BDSG nur Anwendung, wenn das Bankgeheimnis keine abschließende Regelung bildet. Das folgt auch aus dem Wortlaut des § 1 Abs. 3 S. 2 BDSG. Dort heißt es, dass die Verpflichtungen zur Wahrung gesetzlicher Geheimhaltungspflichten oder von Berufs- oder besonderen Amtsgeheimnissen, die nicht auf gesetzlichen Vorschriften, wie das Bankgeheimnis, »unberührt« bleiben. Unberührt ist nur etwas, in das nicht eingegriffen wird. Diese Ansicht wird von der amtlichen Begründung zum Regierungsentwurf des Art. 1 des Gesetzes zur Fortentwicklung der Datenverarbeitung und des Datenschutzes unterstützt, auf die sich der BGH auch ausdrücklich bezieht.[4851] Danach gehen sowohl gesetzliche Regelungen wie auch von der Rechtsprechung entwickelte Grundsätze den Regelungen des BDSG vor.

Abschließend weist der BGH noch daraufhin, dass eine andere Beurteilung zu einem **Wertungs-** 2519
widerspruch führe. Dieser resultiere daraus, dass das BDSG nur die Daten natürlicher Personen schützt und folglich auch nur eine Abtretung von Forderungen einer Bank gegen eine natürliche Person unwirksam wäre, die gegen eine juristische aber wirksam. Ein solches Ergebnis wäre sachwidrig und führt zu Rechtsunsicherheit und -unklarheit.[4852] Die Argumente des BGH lassen sich

4846 BGH BKR 2007, 194 (196); Jobe ZIP 2004, 2415 (2418).

4847 Küppers/Brause AG 1998, 413 (418); Kusserow/Dittrich WM 1997, 1786 (1791); Schantz VuR 2006, 464 (467).

4848 OLG Celle WM 2004, 1384 (1385); Cahn WM 2004, 2041 (2051); Theewen WM 2004, 105 (113); Rinze/Heda WM 2004, 1557 (1563); Bütter/Tonner ZBB 2005, 165 (170); Bütter/Aigner BB 2005, 119 (122); Nobbe WM 2005, 1537 (1543 ff.).

4849 BGH BKR 2007, 194 (196 f.).

4850 BGH BKR 2007, 194 (196); Gola/Schomerus § 1 Rn. 25; Nobbe WM 2005, 1537 (1544); Rinze/Heda WM 2004, 1557 (1563); im Ergebnis wohl auch Simitis/Walz § 182 und § 28 Rn. 134; a.A. ohne Begründung Schaffland/Wiltfang § 1 Rn. 35.

4851 BGH BKR 2007, 194 (196).

4852 BGH BKR 2007, 194 (196 f.).

in ihrer Logik auch auf die Datenschutzgrundverordnung übertragen. Es bleibt aber abzuwarten, ob die Diskussion erneut entsteht.

6. Schadensersatzanspruch wegen Verletzung des Bankgeheimnisses

2520 Von der Frage des Bestehens eines **dinglich wirkenden Abtretungsverbots** ist ein möglicher **Schadensersatzanspruch gem. 280 Abs. 1 BGB** wegen Verstoßes gegen das Bankgeheimnis zu unterscheiden. Es ist aber darauf hinzuweisen, dass Schadensersatzansprüche von Kreditnehmern in der Regel nicht geltend gemacht werden, da es an einem ersatzfähigen Schaden fehlen wird.[4853] Dennoch kann es für Bankjuristen von Interessen sein, ob eine Non-Performing-Loans-Transaktion rechtswidrig ist, weil sie ggf. gegen das Bankgeheimnis verstößt.

2521 Die Frage, ob und wenn ja unter welchen Voraussetzungen die Übermittlung von Daten gem. § 402 BGB an den Zessionar ohne Zustimmung des Kunden einen **Verstoß gegen das Bankgeheimnis** darstellt, ist **umstritten**. Nach einem Teil der Literatur hat § 402 BGB grundsätzlich gegenüber dem Bankgeheimnis Vorrang, sodass die Bank **grundsätzlich nicht rechtwidrig** handelt, wenn sie im Zuge der Abtretung dem Zessionar die zur Einziehung der Forderung erforderlichen Informationen übermittelt.[4854]

2522 Andere wenden **§ 193 StGB analog** auf die Fälle an, in denen sich die Kunden nicht vertragtreu verhalten haben. Dann sei die Bank zur Abtretung und der damit verbundenen Informationsübermittlung berechtigt. Insofern liege ein Rechtfertigungsgrund vor, so dass dann ebenfalls kein Schadensersatz bestünde.[4855]

2523 Die bisher herrschende Meinung in Literatur und Rechsprechung wendet **§ 28 Abs. 1 S. 1 Nr. 2 BDSG analog** an und macht die Rechtswidrigkeit einer Weitergabe kundenbezogener Daten von dem Ergebnis einer Interessenabwägung abhängig. Überwiegt das Interesse der Bank z.B. wegen eines berechtigten Interesses an einer Verwertung der Forderung, so soll keine Rechtswidrigkeit gegeben sein.[4856]

2524 Eine weitere Meinung löst das Spannungsfeld unter **Anwendung des § 242 BGB** dadurch, dass einem Kunden ein Berufen auf das Bankgeheimnis verwährt ist, wenn er kein berechtigtes Interesse an der Geheimhaltung seiner Daten hat.

2525 Schließlich stellte sich eine letzte Meinung auf den Standpunkt, dass dem **Bankgeheimnis grundsätzlich der Vorrang** vor der Pflicht aus § 402 BGB gebührt.[4857] Dies gelte nach dieser Auffassung jedenfalls solange, wie sich der Kunde vertragstreu verhält. Bei notleidenden Kreditforderungen, bei denen der Kunde mit der Bedienung des Kredites in Verzug ist, sei dessen Berufen auf das Bankgeheimnis rechtsmissbräuchlich. In diesen Fällen habe das Interesse der Bank an der Veräußerung der Forderung Vorrang, da das Bankgeheimnis den Kreditnehmer nicht vor einem Gläubigerwechsel schütze.[4858] Auch nach den Urteilen des BGH bleibt diese Frage höchstrichterlich ungeklärt. Der Senat hat es jeweils offen gelassen und lediglich auf die Möglichkeit eines Schadenersatzes hingewiesen, ohne auf die Voraussetzungen einzugehen.[4859]

4853 Nobbe WM 2005, 1537 (1545), Kusserow/Dietrich WM 1997, 1786 (1794); Klüwer/Meister WM 2004, 1157 (1159).

4854 Rinze/Heda WM 2004, 1557 (1565).

4855 Schilmar/Breiteneicher/Wiedenhofen DB 2005, 1367 (1370);.

4856 LG Frankfurt/M ZIP 2005, 115 (116); Küppers/Brause AG 1998, 413 (418); Kusserow/Dittrich WM 1997, 1786 (1792); Toth-Feher/Schick ZIP 2004, 491 (494); Hofmann/Walter WM 2004, 1566 (1574); Bomhard/Kessler/Dettmeier BB 2004, 285 (286); Jobe ZIP 2004, 2415 (2418 f.).

4857 Schimansky/Bunte/Lwowski/Bruchner/Krepold § 39 Rn. 58a; Rögner NJW 2004, 3230 (3232); Nobbe WM 2005, 1537 (1546 f.); Nobbe, ZIP 2008, 97, 102; Kümpel/Wittig/*Rossbach* Rn. 11.223.

4858 Schimansky/Bunte/Lwowski/Bruchner/Krepold § 39 Rn. 60 f.

4859 BGH BKR 2007, 194 (195); BKR 2009, 508 (510).

Kapitel 5 Kreditsicherungsrecht

Übersicht

A. Bürgschaft/Mitverpflichtung

I. Allgemeines zur Bürgschaft in der Bankpraxis

Die Bürgschaft ist die am meisten verbreitete und bedeutendste Form der persönlichen Sicherung einer Schuld. Nach den Grundpfandrechten ist sie in der Bankpraxis das zweitwichtigste Sicherungsmittel überhaupt. Der Bürge verpflichtet sich ggü. dem Gläubiger eines Dritten, für die Erfüllung der Verbindlichkeiten des Dritten einzustehen. Es wird eine eigene Verbindlichkeit des Bürgen begründet. Mit der Bürgschaft wird demnach die Erfüllung einer Verbindlichkeit des Hauptschuldners in der Weise gesichert, dass für den Gläubiger ein zusätzlicher schuldrechtlicher Anspruch gegen eine bestimmte Person begründet wird. Die vertragliche Beziehung zwischen Gläubiger und Bürge wird durch den sog. Bürgschaftsvertrag geregelt. Die durch den abgeschlossenen Bürgschaftsvertrag übernommene eigene Verpflichtung des Bürgen tritt neben die vertragliche Beziehung zwischen Gläubiger und Hauptschuldner. Die Bürgschaft dient der Sicherung der Forderung des Gläubigers gegen den Hauptschuldner, sodass Bürge und Hauptschuldner gerade keine Gesamtschuldner sind. 1

Dieser Sicherungscharakter kommt unter anderem in ihrer unabdingbaren Abhängigkeit vom Bestand der gesicherten Hauptforderung zum Ausdruck (sog. Akzessorietätsgrundsatz).

2 Im Unterschied zu den dinglichen Sicherheiten, wie z.B. dem Pfandrecht, der Sicherungsübereignung und der Sicherungszession, erhält der Bürgschaftsgläubiger lediglich einen schuldrechtlichen Anspruch gegen den Bürgen als Sicherungsgeber und damit keine Rechtsposition, aus der er bei Eintritt des Sicherungsfalles unmittelbar aus bestimmten Vermögenswerten des Bürgen Befriedigung erlangen könnte.

3 Bei den dinglichen Sicherheiten hat der Gläubiger die Verwertungsbefugnis hinsichtlich der als Sicherheit dienenden Sachen oder Rechte. Im Sicherungsfall ist der Gläubiger aufgrund dieser absoluten Zuordnung berechtigt, Zugriff auf diese Vermögenswerte unter Ausschluss anderer Gläubiger zu nehmen.

4 Die Personalsicherheit gibt dem Gläubiger demgegenüber lediglich das Recht, vom Bürgen die Zahlung eines Geldbetrages zu verlangen. Kommt der Sicherungsgeber der Zahlungsaufforderung nicht freiwillig nach, muss der Gläubiger den Anspruch aus dem Bürgschaftsvertrag zunächst gerichtlich durchsetzen. Liegt ein titulierter Anspruch gegen den Bürgen vor, stehen dem Gläubiger jedoch weitreichendere Befriedigungsmöglichkeiten zur Verfügung als bei einer dinglichen Sicherheit. Der Bürge haftet nämlich für die übernommene Verpflichtung i.d.R. mit seinem gesamten persönlichen Vermögen. Demgegenüber ist der Gläubiger bei Realsicherheiten auf die Verwertung eines genau bestimmten Teils des Vermögens der Sicherungsgeber beschränkt. Der Gläubiger kann bei Vorliegen eines Titels gegen den Bürgen auf dessen gesamtes persönliches Vermögen zugreifen und ist nicht auf die Verwertung und Werthaltigkeit einer bestimmten Sache oder eines bestimmten Rechts bzw. einer bestimmten Sach- oder Rechtsgesamtheit angewiesen.

5 Andererseits muss sich der Gläubiger des Bürgen beim Zugriff auf dessen Vermögen an die vollstreckungsrechtlichen Bestimmungen halten. Insoweit besteht für ihn bei nicht ausreichendem Vermögen des Bürgen das Risiko, leer auszugehen, wenn andere Gläubiger des Bürgen i.R.d. Zwangsvollstreckung dessen Vermögen in Beschlag nehmen.

6 Dem Gläubiger ist es nicht gestattet, sich vor Fälligkeit des Zahlungsanspruches aus der Bürgschaft eine Sicherheit durch den Bürgen bestellen zu lassen. Die von Banken verwendeten Formulare enthielten die Klausel, dass der Bürge auf ihr Verlangen verpflichtet sei, für die Bürgschaftsforderung eine Sicherheit zu leisten, auch wenn ihre Ansprüche bedingt oder noch nicht fällig seien. Durch eine solche Sicherheit könnte der Gläubiger ein Zuvorkommen anderer Gläubiger im Hinblick auf den Zugriff auf das Vermögen des Bürgen verhindern. Diese Bestimmung widerspricht nach Ansicht des BGH[1] jedoch grob dem Leitbild der Bürgschaft und stellt eine sachfremde Regelung dar, die die Interessen des Bürgen unangemessen benachteiligt (§ 307 Abs. 2 Nr. 1 BGB). Der BGH begründet den Verstoß gegen § 307 BGB damit, dass der Bürge für die Geldschuld des Hauptschuldners einzustehen habe. Der Bürge sichere die verbürgte Forderung persönlich, weswegen er vor Fälligkeit seiner Bürgschaftsverpflichtung keine konkreten Vermögenswerte dem Gläubiger zur Verfügung stellen müsse. Die Bestellung einer Sicherheit aufgrund dieser unwirksamen Klausel ist damit vom Bürgen nach allgemeinen bereicherungsrechtlichen Grundsätzen kondizierbar.

7 Um dieses Ergebnis zu vermeiden, kann sich der Gläubiger aber vom Bürgen zur Besicherung der Hauptforderung Realsicherheiten als Drittsicherheiten bestellen lassen. Besichert wird insoweit nicht in unzulässiger Weise die Bürgen-, sondern vielmehr in zulässiger Weise die Hauptschuld. Damit erlangt der Gläubiger aus dem Vermögen des Bürgen ein vollstreckungsrechtlich gesichertes und insb. ggü. anderen Gläubigern vorrangiges Sicherungsrecht.

1 BGHZ 92, 295; BGH, NJW 1986, 928.

II. Sicherungswert der Bürgschaft

8 Im Wirtschaftsleben werden Sicherheiten vorwiegend nach ihrer Bonität und Liquidität bewertet. Die Bonität bemisst sich danach, ob die Verwertung der Sicherheit einen ausreichenden Erlös erwarten lässt. Für die Liquidität ist ausschlaggebend, wie schnell die Sicherheit verwertet werden kann.

9 Der Sicherungswert der Bürgschaft richtet sich nach der allgemeinen Vermögenslage des Bürgen (vgl. § 239 Abs. 1 BGB).

10 Die Bonität der Sicherheit ist zunächst durch Gegenüberstellung der Aktiva und der Passiva zu ermitteln, wobei die Bonität umso besser ist, je liquider das Vermögen des Sicherungsgebers ist. Bei der Bewertung der Bonität des Bürgen ist maßgeblich, ob und in welchem Umfang Vermögen vorhanden und ob dieses lastenfrei ist sowie ob der Bürge über dieses Vermögen wirksam und ohne Pfändungsbeschränkungen verfügen kann.

11 In der Praxis ist damit die Feststellung der Bonität des Bürgen sehr schwierig; zumal der ermittelte Wert bei Abschluss des Bürgschaftsvertrages in wesentlich höherem Maße unvorhersehbaren Entwicklungen ausgesetzt ist als der Wert einer Realsicherheit. Während bei einer Realsicherheit die Wertentwicklung für die Laufzeit der besicherten Forderung zumindest kalkulierbar erscheint, kann für die Wertentwicklung privaten Vermögens kaum eine Prognose abgegeben werden. Erschwerend kommt für den Gläubiger hinzu, dass der Bürge i.d.R. frei über sein Vermögen verfügen kann und Verfügungsbeschränkungen nur unter engen Voraussetzungen anzunehmen sind.

12 Trotz dieser praktischen Unwägbarkeiten ist die Bürgschaft weiterhin die wichtigste Personalsicherheit. Denn trotz mangelnder Bewertbarkeit ist der Umstand nicht zu vernachlässigen, dass sich Privatpersonen oft für einen Hauptschuldner in Form einer juristischen Person verbürgen, an deren Geschäftserfolg und Geschäften sie selbst beteiligt sind. Die Bürgen haben aufgrund der persönlichen Haftung und der dadurch drohenden finanziellen Belastung vermehrtes Interesse am geschäftlichen Erfolg des Unternehmens und damit am Erhalt der Zahlungsfähigkeit und -willigkeit.

III. Abgrenzung zu anderen Personalsicherheiten

1. Schuldbeitritt

13 Der kreditsichernde Schuldbeitritt ist gesetzlich nicht geregelt.[2] Die §§ 414 ff. BGB betreffen nur die befreiende Schuldübernahme, also einen Wechsel auf Schuldnerseite. Die befreiende Schuldübernahme ist lediglich in Form eines dreiseitigen Vertrages möglich, in dem der Gläubiger dem Wechsel auf der Schuldnerseite zustimmt. Hat der Gläubiger (noch) nicht zugestimmt, ist im Zweifel lediglich von einer Erfüllungsübernahme gem. §§ 328 ff. BGB auszugehen, auch wenn im Innenverhältnis zwischen dem Hauptschuldner und dem Sicherungsgeber eine befreiende Schuldübernahme nach §§ 415, 416 BGB vereinbart war.

14 Der Schuldbeitritt ist eine kumulative Schuldübernahme; der Gläubiger erhält einen zusätzlichen Schuldner. Der Schuldbeitritt ist als reine Schuldverpflichtung gem. §§ 311 Abs. 1, 241 BGB zulässig. Der Beitretende tritt – im Gegensatz zur Bürgschaft – als Gesamtschuldner gem. §§ 421 ff.

2 Internationales Privatrecht: auf einen Vertrag mit Verbindung zu einem ausländischen Staat, durch den eine Vertragspartei der Schuld eines Dritten ggü. der anderen Vertragspartei beitritt, ist gem. Art. 28 Abs. 2 EGBGB grds. das Recht des Niederlassungsortes des Beitretenden anzuwenden. Alleine der dem Schuldbeitritt immanente Zusammenhang mit dem Recht der ursprünglichen Schuld hat regelmäßig keine ausreichend starke Indizwirkung, um eine engere Verbindung i.S. von Art. 28 Abs. 5 EGBGB zu begründen; vgl. BGH, WM 2011, 282 (283). Bei einem dem UN-Kaufrechtsübereinkommen (CISG) unterliegenden internationalen Warenkauf beurteilt sich ein gesetzlicher Schuldbeitritt aufgrund Firmenfortführung nach dem am Ort der gewerblichen Niederlassung des fortgeführten Unternehmens geltenden Recht vgl. BGH, WM 2014, 74 (76).

BGB mit in das Schuldverhältnis ein. Seine Schuld richtet sich nach Inhalt und Beschaffenheit der Hauptschuld im Zeitpunkt des Beitritts.[3]

15 Der Schuldbeitritt kann auf zwei verschiedene Arten zustande kommen:

a) Vertrag zwischen Beitretendem und Gläubiger

16 Der Dritte kann durch Vertrag mit dem Gläubiger der Schuld beitreten. In diesem Fall tritt der Beitretende als Gesamtschuldner i.S.d. §§ 401 ff. BGB neben den bisherigen Alleinschuldner.

17 Häufig ergeben sich hier Abgrenzungsprobleme zur Bürgschaft und zum Garantieversprechen, wenn der Beitretende erklärt, er wolle für die Schuld des Anderen einstehen.

18 Die Abgrenzung der Bürgschaft vom Schuldbeitritt kann im Einzelfall Schwierigkeiten bereiten.[4] Wichtiges Indiz für das Vorliegen eines Schuldbeitritts ist das eigene wirtschaftliche Interesse des Beitretenden an der Leistung des Hauptschuldners.[5] Im Zweifel ist von einer Bürgschaft auszugehen, da diese die klassische und gesetzlich geregelte Form der Personalsicherheit ist.[6]

19 Eine Abgrenzung der beiden Personalsicherheiten ist aus folgenden Gründen von Relevanz:

20 Der Schuldbeitritt ist im Gegensatz zur Bürgschaft grds. formfrei. Etwas anderes gilt nur dann, wenn die durch den Schuldbeitritt gesicherte Hauptschuld selbst formbedürftig ist, wie z.B. bei §§ 311b Abs. 1 Satz 1, 518 BGB. Die für die Begründung einer Verpflichtung bestehenden Formvorschriften gelten damit auch für den Schuldbeitritt.

21 Der Schuldbeitritt eines Verbrauchers zu einem Kreditvertrag bedarf der Form des § 492 BGB, ungeachtet dessen, ob es sich um einen Verbraucherdarlehensvertrag oder um einen gewerblichen Kredit handelt.[7] Die Verbrauchereigenschaft des Hauptschuldners ist dabei unerheblich. Im Gegensatz zur Bürgschaft müssen somit insb. die Formvorschriften und die Anforderungen an den Vertragsinhalt nach § 492 BGB beachtet und über die Widerrufsrechte nach § 495 BGB belehrt werden.[8]

22 Der Schuldbeitritt ist ein nicht akzessorisches Sicherungsmittel. Die Wirksamkeit des Schuldbeitritts ist nur bei der Entstehung der Schuld vom Bestand der gesicherten Forderung abhängig. Besteht die mitübernommene Forderung von Anfang an nicht, geht der Schuldbeitritt ins Leere.[9] Ansonsten begründet er eine eigene Verbindlichkeit des Beitretenden, die – im Gegensatz zur Bürgschaft – eigene Wege gehen kann und zur Hauptschuld nicht akzessorisch ist.

23 Dies wird besonders deutlich bei der Übertragung von gesicherter und sichernder Forderung durch den Gläubiger auf Dritte und bei der Geltendmachung von Einreden durch den Beitretenden. Die Verpflichtung des Beitretenden entspricht zwar inhaltlich der Verpflichtung des Hauptschuldners bei Begründung des Schuldbeitritts. In Zukunft kann sich die eigene Schuld des Beitretenden aber selbstständig weiter entwickeln, z.B. im Hinblick auf Unmöglichkeit, Verzug oder prozessuale Durchsetzbarkeit (§§ 422 bis 425 BGB). Verjährt also z.B. die Forderung des Gläubigers gegen den Hauptschuldner nach dem Schuldbeitritt, kann sich der Beitretende nicht darauf berufen, dass der Hauptschuldner die Leistung wegen der Verjährungseinrede nach § 214 Abs. 1 BGB verweigern kann. Weil er neben dem Hauptschuldner als Gesamtschuldner haftet, wirkt die Verjährung mangels besonderer Abrede nicht gegen ihn (§ 425 Abs. 1, Abs. 2 BGB).

---

3 BGH, NJW 1996, 249.

4 Zu den Problemen eines privatrechtlichen Schuldbeitritts zu einer öffentlich-rechtlichen Rückzahlungsforderung wegen Nichterreichen des Subventionszwecks vgl. insgesamt BGH, NJW 2008, 1070 (1071).

5 BGH, WM 1976, 1109 (1110); Palandt/*Heinrichs* Überblick vor § 414 Rn. 4.

6 BGH, WM 1968, 1200 (1201); zur Umdeutung eines unwirksamen Schuldbeitritts in eine Bürgschaft vgl. BGH, NJW 2008, 1070 (1072).

7 BGH, NJW 1996, 2156; NJW 2000, 3133.

8 FCH/*Fischer* Sicherheitenkompendium, S. 147 (148).

9 Palandt/*Heinrichs* Überblick vor § 414 Rn. 6.

Im Ergebnis ist damit der Schuldbeitritt entsprechend § 417 Abs. 1 BGB in seiner Entstehung vom Bestand der zu sichernden Forderung abhängig, der Beitretende soll sonstige Einwendungen sowie sämtliche Einreden allerdings nur geltend machen können, soweit diese z.Zt. des Beitritts begründet waren.[10] I.Ü., d.h. vom Zeitpunkt der wirksamen Begründung des Schuldbeitritts an, soll der Grundsatz der Einzelwirkung des § 425 BGB Anwendung finden.[11] 24

b) Vertrag zwischen Beitretendem und Schuldner

Bei einem Vertrag zwischen dem Beitretendem und dem Schuldner kann nicht ohne Weiteres davon ausgegangen werden, dass mit Vertragsschluss der Dritte Gesamtschuldner neben dem Hauptschuldner wird. Ein solcher Vertrag ist atypisch für den Sicherungsvertrag, da gerade der Gläubiger als Sicherungsnehmer nicht als Partei beteiligt ist. Der Beitretende und der Schuldner schließen vielmehr einen Vertrag zugunsten Dritter gem. §§ 328 ff. BGB, wobei zwischen einem echten und einem unechten Vertrag zugunsten Dritter zu differenzieren ist. Sowohl beim echten als auch beim unechten Vertrag zugunsten Dritter bleibt der ursprüngliche Schuldner erhalten. Die Stellung des Gläubigers wird hierdurch ausschließlich verbessert. 25

Jedoch muss sich der Gläubiger eine ihn begünstigende Rechtsposition nicht aufdrängen lassen, weswegen er gem. § 333 BGB das Befriedigungsrecht gegen den Dritten zurückweisen kann.[12] 26

Ein echter Vertrag zugunsten Dritter liegt dann vor, wenn dem Gläubiger ein selbstständiges Forderungsrecht gegen den Beitretenden gewährt werden soll. 27

Hierbei ist die Auslegungsregel des § 329 BGB zu beachten, wonach im Zweifel der Beitretende dem Hauptschuldner nur im Innenverhältnis zur Befriedigung des Gläubigers verpflichtet ist. Der Gläubiger hat insoweit keinen eigenen Anspruch gegen den Beitretenden auf Zahlung (unechter Vertrag zugunsten Dritter). In diesem Fall liegt eine sog. Erfüllungsübernahme vor. Lediglich der Hauptschuldner kann vom Beitretenden Zahlung an den Gläubiger verlangen, der Gläubiger selbst ist hierzu nicht berechtigt. 28

Anders als bei der Schuldübernahme muss der Gläubiger den Vertrag zwischen dem Beitretenden und dem Schuldner nicht gem. § 415 BGB genehmigen. Die Genehmigung ist lediglich bei der befreienden Schuldübernahme nötig, weil hierdurch dem Gläubiger möglicherweise gegen seinen Willen ein anderer Schuldner aufgezwungen werden könnte. Die Person des Schuldners ist aber für den Gläubiger im Hinblick auf dessen Bonität besonders maßgeblich. 29

Liegt ein Schuldbeitritt in Form eines echten Vertrags zugunsten des Gläubigers vor, finden die Regelungen der §§ 328 ff. BGB Anwendung, nicht die der Schuldübernahme. Der Gläubiger selbst kann vom Beitretenden ebenso wie vom Hauptschuldner Zahlung verlangen. 30

Nachdem der Schuldbeitritt in diesem Fall durch Vertrag zwischen Beitretendem und Schuldner zustande kommt, kann der Beitretende gem. § 334 BGB auch Einwendungen aus seinem Rechtsverhältnis zum Schuldner ggü. dem Gläubiger geltend machen. 31

Etwas Anderes ergibt sich bei einem Schuldbeitritt durch Vertrag zwischen Beitretendem und Gläubiger. 32

Ist zweifelhaft, ob die Parteien eine befreiende Schuldübernahme gem. §§ 414 ff. BGB oder einen kumulativen Schuldbeitritt gem. §§ 311 Abs. 1, 241 BGB vereinbart haben, so ist ein Schuldbeitritt anzunehmen, da hierdurch der Gläubiger nicht belastet wird. Eine befreiende Schuldübernahme kommt jedoch ohnehin nur bei Zustimmung des Gläubigers in Betracht. 33

10 Vgl. BGH, NJW 1987, 1698 (1699); MüKo-BGB/*Habersack* vor § 765 Rn. 11.
11 BGH, NJW 1998, 1939 (1940).
12 Palandt/*Heinrichs* Überblick vor § 414 Rn. 2.

c) Sittenwidrigkeit des Schuldbeitritts, § 138 BGB

34 Die Rechtsprechung zur Sittenwidrigkeit finanziell überforderter Bürgen wurde vom BGH auch auf den Schuldbeitritt übertragen.[13]

35 Es ist juristisch dogmatisch folgerichtig, für die Sittenwidrigkeit des Schuldbeitrittes (ebenso wie bei allen bürgschaftsähnlichen Mithaftungen und bei notariellen Schuldanerkenntnissen) die gleichen Maßstäbe anzuwenden wie bei einer Bürgschaft, da es für die Frage der Überforderung keinen Unterschied macht, ob der Angehörige der Hauptschuld beitritt oder dafür bürgt. In beiden Fällen der Mithaftung wird es dem Gläubiger ermöglicht, nach Erlangung eines Titels auf das gesamte persönliche Vermögen des Mithaftenden Zugriff zu nehmen. Der Forderungsgläubiger erhält in dem Mitübernehmer einen zusätzlichen, gleichrangigen und selbstständigen Schuldner. Hauptschuldner und Beitretender werden Gesamtschuldner i.S.d. §§ 421 ff. BGB.[14] Die Bürgschaftsschuld ist dagegen subsidiär ggü. der Hauptschuld. Der Bürge haftet erst nach dem Hauptschuldner (Grundsatz der Subsidiarität der Bürgenhaftung). Zudem ist die Haftung des Schuldbeitretenden wegen fehlender Akzessorietät noch einschneidender als bei Übernahme einer Bürgschaft.

36 Schon mit dem argumentum a maiore ad minus muss damit die Sittenwidrigkeitsrechtsprechung auf den Schuldbeitritt Anwendung finden.

d) Abgrenzung Mitdarlehensübernahme zur bloßen Mithaftung

37 In der Praxis wird eine Mithaftung oft dadurch begründet, dass der entsprechende Darlehens-/Kreditvertrag vom Dritten mit unterzeichnet wird. Unterzeichnet der Dritte denjenigen Vertrag, der die Hauptschuld begründet, stellt sich die Frage, ob er als echter (Mit-)Darlehensnehmer oder lediglich als Schuldbeitretender zu qualifizieren ist. Diese Abgrenzung ist vor allem deshalb von Belang, da die Grundsätze über die Sittenwidrigkeit von vornherein nicht anwendbar sind, wenn der Angehörige selbst echter Mitdarlehensnehmer ist. Die Annahme einer Mitdarlehensnehmerschaft ist für die Bank also günstig.

38 Zunächst ist die Bezeichnung des Mitverpflichteten nicht entscheidend, ebenso wenig wie die bloße Mitunterzeichnung des Darlehensvertrages. Die für die Bank günstige Stellung des Angehörigen als Mitdarlehensnehmer kann nicht allein durch die Vertragsgestaltung und Formulierung seitens der Bank, wie bspw. »Mitdarlehensnehmer«, »Mitantragssteller« oder Ähnliches, begründet werden. Würde es alleine auf eine solche Vertragsgestaltung ankommen, hätte es ausschließlich die Bank in der Hand, sich den Nichtigkeitsfolgen der Sittenwidrigkeit zu entziehen. Der Wortlaut von vorformulierten Darlehensverträgen spricht zwar oft dafür, dass eine echte Mitdarlehensnehmerschaft vorliegt; dem Wortlaut ist aber angesichts der Stärke der Verhandlungsposition der kreditgewährenden Bank und der allgemein üblichen Verwendung von Vertragsformularen grds. weniger Bedeutung beizumessen als sonst.[15] Der Wortlaut ist aber Ausgangspunkt einer Auslegung.[16]

39 Maßgeblich ist der wirkliche Parteiwille bei Vertragsabschluss, der durch Auslegung der Gesamtumstände zu ermitteln ist.[17]

40 Mitdarlehensnehmer ist nach der Rechtsprechung des BGH nur, wer ein eigenes – sachliches und/oder persönliches – Interesse an der Kreditaufnahme hat und als im Wesentlichen gleichberechtigter Partner über die Auszahlung sowie die Verwendung der Darlehensvaluta mit entscheiden darf.[18]

---

13 Lesenswert BGH, NJW 2001, 815; FCH/*Fischer*, S. 141; vgl. Rn. 249–321.
14 BGH, WM 1976, 1109 (1110).
15 BGH, NJW 2009, 1494 (1495); WM 2005, 418 (419); *Schimansky* WM 2002, 2437 (2438 f.).
16 BGH, WM 2004, 1083 (1084); WM 2000, 2371 (2372).
17 BGH, NJW 2009, 1494 (1495); BKR 2004, 317.
18 BGH, NJW 2009, 1494 (1495); *Assies* Anwalts-Taschenbuch Bankrecht, S. 207.

Eine bloße Mithaftungserklärung liegt dann vor, wenn die betreffende Person zur Absicherung eines Kredites, der von einer anderen Person aufgenommen und verwendet wird, von Anfang an oder im späteren Verlauf durch einen Schuldbeitritt bzw. eine Bürgschaft die Mitverpflichtung übernimmt.[19] **41**

Maßgeblich für die Abgrenzung der echten Mitdarlehensübernahme und der bürgschaftsähnlichen Mithaftung sind damit das Eigeninteresse und die Mitbestimmungsmöglichkeit des Mithaftenden.[20] **42**

Jedenfalls reicht ein lediglich mittelbarer Vorteil für den Mithaftenden nicht aus, um ihn als echten Mitdarlehensnehmer zu qualifizieren. Andererseits muss das eine echte Mitdarlehensnehmerschaft begründende Eigeninteresse an der Darlehensgewährung nicht vorrangig ein geldwertes Interesse des Mithaftenden sein.[21] **43**

Ob die Voraussetzungen einer echten Mitdarlehensnehmerschaft im Einzelfall vorliegen, beurteilt sich ausschließlich nach den Verhältnissen aufseiten des Mithaftenden. **44**

Eigeninteresse und Mitbestimmungsmöglichkeit können weder einseitig durch die Bank im Kreditvertrag, z.B. durch entsprechende Formulierung, festgelegt, noch durch eine mit dem Mithaftenden getroffene und von ihm unterzeichnete Vereinbarung bestimmt werden. **45**

Die für die Abgrenzung maßgeblichen Verhältnisse aufseiten des Mithaftenden müssen für die Bank erkennbar sein.[22] **46**

Auch insoweit haben es die Banken nicht in der Hand, durch fehlende Kenntnis der Verhältnisse einen bloß bürgschaftsähnlich Mithaftenden zu einem echten Mitdarlehensnehmer zu machen. Denn den Banken obliegt eine Erkundigungspflicht, wonach sie sich ein Bild von den tatsächlichen Gegebenheiten machen und diese bei der Gestaltung der Mithaftung berücksichtigen müssen. Es entspricht den banküblichen Gepflogenheiten, sich vor einer Kreditgewährung nach den persönlichen und wirtschaftlichen Verhältnissen des Antragstellers und eines möglichen Mithaftenden zu erkundigen, sowie sich diese durch Vorlage entsprechender Unterlagen nachweisen zu lassen. Verletzt die Bank diese Erkundigungspflichten, kann sie sich nachträglich bei der Frage nach dem Vorliegen von Eigeninteresse und von Mitbestimmungsmöglichkeiten des Mithaftenden nicht auf die mangelnde Kenntnis der tatsächlichen Verhältnisse berufen. Hätte die Bank also bei entsprechender Einholung von Informationen erkennen können, dass es bei dem Mithaftenden am Eigeninteresse und/oder an der Mitbestimmungsmöglichkeit hinsichtlich der Darlehensmittel fehlt, ist eine bloße bürgschaftsähnliche Mithaftung gegeben, welche den Grundsätzen über die Sittenwidrigkeit von Bürgschaften unterliegt. **47**

Die kreditgewährende Bank muss grds. darlegen und beweisen, dass die Voraussetzungen für eine echte Mitdarlehensnehmerschaft vorliegen. Zwar sind die objektiven und subjektiven Voraussetzungen der Sittenwidrigkeit gem. § 138 Abs. 1 BGB von demjenigen darzulegen und zu beweisen, der sich auf die Nichtigkeit des konkreten Rechtsgeschäfts beruft.[23] Das Eigeninteresse an der Kreditaufnahme ist aber Voraussetzung dafür, dass der Mithaftende aufgrund der Vereinbarung der Parteien die Rückzahlung des Kredits als Mitdarlehensnehmer schuldet. Es gilt daher der allgemeine Grundsatz, dass diejenige Partei, die aus einer rechtsgeschäftlichen Vereinbarung einen Anspruch für sich herleitet, die tatsächlichen Umstände einer für sie günstigen Auslegung darzulegen und zu beweisen hat.[24] Der Bank obliegt deshalb grds. der Beweis, dass der Mithaftende bei Abschluss des **48**

---

19 BGH, NJW 2009, 1494 (1495); *Schimansky* WM 2002, 2437; *Kümpel* Bank- und Kapitalmarktrecht Rn. 6.108. Zu den Anforderungen an eine formwirksame Mithaftungsübernahme durch einen Kommanditisten vgl. BGH, WM 2011, 2355 (2356).

20 BGH, WM 2009, 1460 (1462); NJW 2009, 1494 (1495).

21 BGH, NJW 2002, 2705; BKR 2004, 317.

22 BGH, BKR 2002, 165.

23 Palandt/*Ellenberger* § 138 Rn. 23.

24 BGH, WM 2009, 1460 (1462); WM 1999, 965.

Darlehensvertrages das für eine echte Mitdarlehensnehmerschaft notwendige Eigeninteresse an der Kreditaufnahme besaß.[25]

49 Deutet der Wortlaut des Darlehensvertrages eindeutig auf eine echte Vertragspartnerschaft hin, kommt der Vertragsurkunde aus den dargelegten Gründen[26] zwar nur eine eingeschränkte Aussagekraft zu, sodass für eine echte Beweislastumkehr die Grundlage fehlt. Es kommt auf den Wortlaut aber insoweit an, als er Ausgangspunkt der Auslegung ist.[27]

50 Nach den Grundsätzen der sekundären Beweislast[28] muss der Mithaftende dann darlegen, dass er nicht das für eine Mitdarlehensnehmerschaft notwendige Eigeninteresse an der Kreditaufnahme besaß.[29] Dem Mithaftenden ist es zuzumuten, konkrete und nachvollziehbare Angaben dazu zu machen, dass der eindeutige Vertragswortlaut nicht der Rechtswirklichkeit entspricht.

51 Trotz der seit 1999 einheitlichen Rechtsprechung zur Frage der Abgrenzung bestehen in der Praxis weiterhin Probleme. Es verbietet sich jede schematische Lösung; vielmehr ist in jedem Einzelfall zu entscheiden, ob es sich um eine bürgschaftsähnliche Mithaftung handelt und damit die Rechtsprechungsgrundsätze zur Sittenwidrigkeit von Bürgschaften Anwendung finden oder es sich um eine echte Mitdarlehensnehmerschaft handelt.[30]

e) Anwendung des § 401 BGB auf den Schuldbeitritt

52 Der Schuldbeitritt begründet im Unterschied zur Bürgschaft keine nachrangige akzessorische, sondern eine gesamtschuldnerische Verpflichtung. Der Beitretende soll nicht für eine fremde Schuld in ihrem jeweiligen Bestand haften, sondern gleichrangig neben dem Kreditnehmer Schuldner der Forderung aus dem Kreditvertrag werden.

53 Damit sind die Bürgen schützenden Vorschriften nicht anwendbar. Vielmehr gelten die Vorschriften der §§ 421 BGB betreffend die Gesamtschuld und insb. der Grundsatz der Einzelwirkung.

54 Mangels Akzessorietät des Schuldbeitrittes ist es dem Gläubiger möglich, die gesicherte Forderung getrennt von der Forderung gegen den Schuldbeitretenden an einen Dritten gem. § 398 BGB zu übertragen. Mit Übertragung der gesicherten Forderung geht die Forderung gegen den Schuldbeitretenden nicht kraft Gesetzes über.

55 Dem Gläubiger ist es also im Gegensatz zur Bürgschaft möglich, die Forderungen gegen den Hauptschuldner und den Schuldbeitretenden einzeln abzutreten, er kann eine der Forderungen behalten oder beide an verschiedene Abtretungsempfänger übertragen.

56 Dies stellt sich insoweit als problematisch dar, als die Ansprüche gegen die Gesamtschuldner auch nach einer Übertragung durch die Wirkung des § 422 Abs. 1 Satz 1 BGB verbunden bleiben. Erwirbt der Dritte nur die Forderung gegen einen der Gesamtschuldner und zahlt der andere danach an den Gläubiger, so erlischt auch der Anspruch des Dritten. Zudem kann derjenige Gesamtschuldner, dessen Schuld abgetreten wurde, das Erlöschen seiner Verpflichtung gem. § 404 BGB auch nach der Übertragung geltend machen. Im Ergebnis erhält der Abtretungsempfänger ein sehr unsicheres Recht, wenn er nur einen Anspruch aus der Gesamtschuld erlangt.

57 Deshalb befürworten der BGH und die herrschende Lehre die analoge Anwendung des § 401 BGB bei einem Schuldbeitritt, der nur der Sicherung einer Forderung dient. Die vertragliche Übertragung der Forderung des Gläubigers gegen den Hauptschuldner beinhaltet daher i.d.R. auch die

25 BGH, WM 2009, 1460 (1462); OLG Celle, WM 2004, 1957 (1959).
26 Vgl. Rdn. 38.
27 BGH, WM 2004, 1083 (1084); WM 2000, 2371 (2372).
28 BGHZ 86, 23 (29); 140, 156 (158).
29 BGH, WM 2009, 1460 (1463).
30 Zum Ganzen lesenswert: FCH/*Fischer*, S. 141.

Übertragung der Forderung des Gläubigers gegen den Schuldbeitretenden, wenn dies nicht ausdrücklich ausgeschlossen ist.[31]

Im Ergebnis wird hier vom BGH und der herrschenden Lehre trotz des gesamtschuldnerischen Charakters und der daraus folgenden Selbstständigkeit des Schuldbeitrittes bei der Forderungszession der Übergang einer nicht akzessorischen Sicherheit befürwortet und damit eine Akzessorietät qua Rechtsgeschäft begründet. Aufgrund dessen wird teilweise in der Literatur die Anwendung der Bürgschaftsregelungen auf den Schuldbeitritt mit dogmatisch tragfähiger Argumentation vertreten.[32] 58

f) Sicherung einer Forderung durch Bürgschaft und Schuldbeitritt

Ein Sonderproblem liegt beim Zusammentreffen von Bürgschaft und Schuldbeitritt vor, sprich wenn diese ungleichartigen Sicherheiten dieselbe Forderung besichern. Hierbei wird die Gesamtschuld dadurch begründet, dass ein Dritter einer Verbindlichkeit des Hauptschuldners beitritt, die bereits durch eine Bürgschaft gesichert ist. 59

Grds. ist von einer Ausgleichsberechtigung des Schuldbeitretenden im Innenverhältnis zum Hauptschuldner auszugehen. 60

Zunächst könnte man meinen, die oben dargelegten Regeln seien auf diesen Fall anzuwenden. Insoweit würde der Bürge, der den Gläubiger befriedigt, zwar die Forderung gegen den Hauptschuldner gem. § 774 BGB erhalten, die Forderung gegen den Schuldbeitretenden würde aber erlöschen, da der Hauptschuldner ggü. dem Schuldbeitretenden nicht ausgleichsberechtigt ist. 61

Demgegenüber würde die Forderung des Gläubigers gegen den Hauptschuldner bei Leistung des Schuldbeitretenden nach § 426 Abs. 2 BGB auf diesen übergehen. Da die Bürgschaft eine akzessorische Sicherheit ist, würde die Bürgschaftsforderung gleichzeitig über die cessio legis gem. §§ 412, 401 BGB als Sicherungsmittel übergehen. 62

Im Ergebnis stünde also der Bürge schlechter als der Schuldbeitretende, was einen Wertungswiderspruch darstellt.[33] Der Schuldbeitretende könnte bei eigener Leistung den Bürgen voll in Anspruch nehmen, während dem Bürgen kein Regressanspruch gegen den Schuldbeitretenden zustünde. Dies widerspricht der gesetzlichen Wertung, nach der die Bürgschaft das weniger einschneidende Sicherungsmittel sein soll, weshalb der Bürge durch die Bürgeneinreden, die strenge Akzessorietät sowie die Formvorschrift besonderen Schutz genießt. Es wäre auch nicht mehr vertretbar, bei Abgrenzungsschwierigkeiten zwischen Bürgschaft und Schuldbeitritt im Zweifel eine Bürgschaft anzunehmen. Um diese Wertungswidersprüche zu vermeiden, wendet die herrschende Meinung zwischen Bürgen und Schuldbeitretenden den Gesamtschuldnerausgleich gem. §§ 774 Abs. 2, 426 Abs. 1 BGB analog an.[34] 63

g) Anwendung der Verbraucherschutzvorschriften

Anders als bei der Bürgschaft[35] sind die §§ 491 ff. BGB auf den Schuldbeitritt zu einem Kreditvertrag anwendbar.[36] 64

Begründet wird die unterschiedliche Behandlung von Bürgschaft und Schuldbeitritt mit der dogmatischen Verschiedenheit der beiden Personalsicherheiten. Zudem wird der Schuldbeitretende als schutzwürdiger angesehen, da der Schuldbeitritt grds. formlos möglich ist. 65

31 BGH, NJW 1972, 437; MüKo-BGB/*Habersack* vor § 765 Rn. 14.
32 Ausführlich hierzu vgl. MüKo-BGB/*Habersack* vor § 765 Rn. 11, 12, 15.
33 *Medicus* Bürgerliches Recht Rn. 942.
34 BGHZ 46, 14; MüKo-BGB/*Habersack* § 774 Rn. 28, § 765 Rn. 108; vgl. Rn. 569–576.
35 Ausführlich zur Anwendbarkeit auf die Bürgschaft vgl. Rdn. 242–251.
36 BGH, WM 2011, 2355 (2356); NJW 1997, 3169.

66 Die Regelungen des Verbraucherdarlehensrechts finden Anwendung, wenn der Schuldbeitretende Verbraucher i.S.d. § 13 BGB ist. Der Hauptschuldner der gesicherten Forderung muss nicht Verbraucher sein.[37] Die persönlichen Voraussetzungen der Anwendbarkeit der §§ 491 BGB müssen also nur beim Beitretenden vorliegen.

67 Ferner muss im Hinblick auf die sachliche Voraussetzung der gesicherte Vertrag ein Kreditvertrag i.S.d. §§ 488, 491 BGB sein. Der Schuldbeitritt selbst ist anerkanntermaßen seinem Wesen nach kein Kreditvertrag; er ist aber nach der ständigen Rechtsprechung des BGH einem Kreditvertrag bei wertender Betrachtung gleich zu stellen, wenn es sich bei dem Vertrag, zu dem der Beitritt erklärt wird, um einen Kreditvertrag handelt.[38] Die Vorschriften über das Verbraucherdarlehensrecht finden analoge Anwendung.

68 Somit sind beim Schuldbeitritt im Gegensatz zur Bürgschaft insb. folgende Vorschriften zu beachten:

69 Dem Schuldbeitretenden steht ein Widerrufsrecht gem. §§ 495 Abs. 1, 355 BGB zu.

70 Der Schuldbeitritt ist formbedürftig gem. § 491 BGB. Bei Verletzung der vorgenannten Formvorschrift ist der Vertrag nichtig nach § 494 Abs. 1 BGB.[39]

71 Es stellt sich sodann die Frage der Anwendbarkeit der Heilungsvorschriften nach § 494 Abs. 2, Abs. 3 BGB auf den Schuldbeitritt.

72 Es können sowohl der Kreditvertrag als auch der Schuldbeitritt nach § 494 Abs. 1 BGB nichtig sein. Würde dann lediglich der Kreditvertrag später geheilt werden, so ist fraglich, ob sich die Heilung des Kreditvertrages auch auf den Schuldbeitritt erstreckt.

73 Ist lediglich der Schuldbeitritt formbedürftig und nichtig, bleibt zu klären, was bei einer späteren Auszahlung des Kredits oder der Übergabe der Kaufsache gilt.

74 Zunächst ist eindeutig, dass beide Konstellationen gleichbehandelt werden müssen, da entweder eine analoge Anwendung des § 494 Abs. 2 BGB auf den Schuldbeitritt in Betracht kommt oder eben nicht.

75 Mit dem Hinweis auf Sinn und Zweck der Heilungsvorschrift hat der BGH eine analoge Anwendung auf den Schuldbeitritt abgelehnt.[40] Sinn und Zweck der Heilungsvorschrift sei der Schutz des Verbrauchers vor einem Rückzahlungs- bzw. Rückgabeanspruch. Bei einer analogen Anwendung auf den Schuldbeitritt würde aber der Gläubiger als Sicherungsnehmer begünstigt werden. Aufgrund dessen sei die Ablehnung der Analogie juristisch dogmatisch folgerichtig.

76 Für den Schuldbeitritt gelten auch die Regelungen des Haustürgeschäfts, wobei weiterhin eine Entscheidung des BGH zu der Frage, ob die persönlichen und sachlichen Voraussetzungen des Haustürgeschäfts lediglich beim Beitretenden oder auch beim Hauptschuldner vorliegen müssen, fehlt.

77 Der EuGH und sich daran anschließend der BGH haben die Anwendbarkeit auf den Bürgschaftsvertrag dann bejaht, wenn die Voraussetzungen sowohl für den Hauptschuldner als auch für den Bürgen vorliegen.[41]

78 Die Vorschriften zum Haustürgeschäft und insb. das Widerrufsrecht sind also jedenfalls zumindest unter den gleichen Voraussetzungen wie bei der Bürgschaft anwendbar.

---

37 BGH, NJW 1996, 2156.

38 BGH, WM 2007, 1833; WM 2011, 2355.

39 Zu den Anforderungen an eine formwirksame Mithaftungsübernahme durch einen Kommanditisten in einem Altfall vgl. BGH, WM 2011, 2355.

40 BGH, NJW 1997, 654.

41 Ausführlich hierzu vgl. Rdn. 227–241.

In der Literatur wird mit tragfähiger Argumentation jedoch vertreten, dass für eine interessensgerechte Anwendung des § 312 BGB lediglich die Person des Bürgen[42] bzw. die Person des Beitretenden maßgeblich sein kann.[43] 79

h) Abgrenzung Schuldbeitritt und Bürgschaft

Bürgschaft und Schuldbeitritt stimmen darin überein, dass sie dem Gläubiger als zusätzliche Sicherheit einen Anspruch gegen einen Dritten verschaffen, der bei entsprechender Titulierung den Zugriff auf das gesamte persönliche Vermögen des Sicherungsgebers ermöglicht. Bei wirtschaftlicher Betrachtungsweise ist es für den Gläubiger dem Grundsatz nach unerheblich, welche Personalsicherheit ihm bestellt wird. 80

Dogmatisch bestehen allerdings grundlegende Unterschiede: 81

- Der Schuldbeitritt begründet eine eigene gleichrangige Verbindlichkeit des Beitretenden, die nach Entstehung vom Bestand der Hauptschuld eigene Wege gehen kann. Demgegenüber haftet der Bürge lediglich akzessorisch und nachrangig für fremde Schuld.
- Der Schuldbeitritt ist im Gegensatz zur Bürgschaft grds. formfrei, es sei denn, besondere Formvorschriften, wie bspw. § 311b BGB oder § 492 BGB, gelten für die Hauptschuld.
- Dem Beitretenden stehen keine Bürgenrechte oder -einreden zu.

Ob ein Schuldbeitritt oder eine Bürgschaft vorliegt, ist im Zweifeln durch Auslegung zu ermitteln, wobei entscheidend auf den Willen der Vertragsparteien abgestellt werden muss. Ist die abgegebene Erklärung eindeutig und lässt sie den Willen zum Schuldbeitritt unzweifelhaft erkennen, ist ungeachtet eines eigenen wirtschaftlichen Interesses des Beitretenden an der Erfüllung der Verbindlichkeit von einem Schuldbeitritt auszugehen. 82

Ist die Erklärungen mehrdeutig, kann das eigene sachliche und wirtschaftliche Interesse des Sicherungsgebers ein wichtiges Indiz für das Vorliegen eines Schuldbeitrittes sein. Verbleiben trotzdem weiterhin Zweifel, ist von einer Bürgschaft als gesetzlich geregelter Personalsicherheit auszugehen. In jedem Fall ist eine Umdeutung einer formunwirksamen Bürgschaft in einen Schuldbeitritt wegen Verstoßes gegen den Schutzzweck der Schriftform gem. § 766 BGB unzulässig. 83

2. Notarielles Schuldanerkenntnis

Gibt ein Dritter zur Absicherung von Darlehensforderungen ein notarielles Schuldanerkenntnis ab, ist dieses nach den gleichen Grundsätzen wie eine Bürgschaft auf Sittenwidrigkeit zu überprüfen. Hier gelten ebenso die zum Schuldbeitritt dargelegten Maßstäbe. 84

Übernimmt ein Drittsicherungsgeber die persönliche Haftung in Form eines notariellen Schuldanerkenntnisses – ungeachtet dessen, ob er dies in einer Grundschuldbestellungsurkunde oder unabhängig von einer Grundschuld tut – wird neben dem – möglicherweise zweifelhaften – Primäranspruch eine neue, selbstständige Verpflichtung mit konstitutiver Wirkung gem. § 781 BGB begründet. Das konstitutive Schuldanerkenntnis i.S.d. § 781 BGB soll unabhängig von dem bestehenden Schuldgrund eine neue, selbstständige Verpflichtung schaffen, auch wenn der ursprüngliche Anspruch nicht (mehr) besteht oder sich gegen einen Dritten richtet.[44] 85

Bei einem in notarieller Form gegebenen Schuldanerkenntnis wurde der Drittsicherungsgeber durch den Notar über die entsprechenden Folgen belehrt. Insoweit stellt sich die Frage, ob es dem Drittsicherungsgeber überhaupt gestattet sein soll, sich auf das fehlende persönliche und/oder sachliche Interesse am zugrunde liegenden Schuldverhältnis oder das Fehlen einer Mitbestimmungsmöglichkeit im Hinblick auf die Verwendung der Darlehensvaluta zu berufen. 86

42 *Lorenz* NJW 1998, 2937.
43 FCH/*Fischer*, S. 147 f.; MüKo-BGB/*Ulmer* § 312 Rn. 22.
44 Palandt/*Sprau* § 781 Rn. 1, 2.

87 Trotz der notariellen Belehrung werden die Rechtsprechungsgrundsätze zur Sittenwidrigkeit einer Bürgschaft auf ein notarielles Schuldanerkenntnis angewendet.[45] Dient das von einem Dritten abgegebene notarielle Schuldanerkenntnis ausschließlich der Sicherung des zugrunde liegenden Primäranspruches, ist eine Anwendung der Sittenwidrigkeitsrechtsprechung folgerichtig und sachgerecht, da anderenfalls der Gläubiger durch Vertragsgestaltung die Sittenwidrigkeit umgehen könnte. Ferner wird der Anerkennende i.R.d. Belehrung zwar über die Folgen und das Risiko aufgeklärt, es sind aber keine Gründe ersichtlich, warum das Eigeninteresse und das Mitbestimmungsrecht lediglich aufgrund der notariellen Belehrung entbehrlich sein sollen. Bei wirtschaftlicher Betrachtung ist das notarielle Schuldanerkenntnis mit einer Bürgschaft sowie mit dem Schuldbeitritt vergleichbar, weswegen auch hier zum Schutz des Drittsicherungsgebers die Sittenwidrigkeitsrechtsprechung Anwendung finden muss.

88 Ein notarielles Schuldanerkenntnis als persönliche Haftungsübernahme mit persönlicher Unterwerfungserklärung wird in der Praxis häufig in einer Urkunde mit der Grundschuldbestellung abgegeben.[46] Die formularmäßige Unterwerfung unter die sofortige Zwangsvollstreckung in einem Vordruck für die notarielle Beurkundung einer Sicherungsgrundschuld stellt auch dann keine unangemessene Benachteiligung des Darlehnsnehmers i.S.d. § 307 Abs. 1 BGB dar, wenn die Bank die Darlehensforderung nebst Grundschuld frei an beliebige Dritte abtreten kann.[47] Eine Formularklausel ist nach ständiger Rechtsprechung[48] nur dann unangemessen, wenn der Verwender missbräuchlich eigene Interessen auf Kosten des Vertragspartners durchzusetzen versucht, ohne von vornherein die Interessen seines Partners hinreichend zu berücksichtigen und ihm einen angemessenen Ausgleich zuzugestehen. Dies trifft nach ständiger Rechtsprechung aller damit befassten Senate des BGH auf eine formularmäßig ggü. der Bank erklärten Vollstreckungsunterwerfung des mit dem persönlichen Kreditschuldner identischen Grundschuldbestellers nicht zu.[49]

89 Neuere Gerichtsentscheidungen[50] fragen nach einem entsprechenden Rechtsgrund des Kreditgebers für die Bestellung und Verwertung der Haftungsübernahme. Der BGH[51] hatte einen Fall zu entscheiden, in dem die Bank aus einer ihr bestellten Haftungsübernahme nebst Zwangsvollstreckungsunterwerfungserklärung gegen den Kreditnehmer vorgehen wollte. In den Kreditverträgen war unter der Rubrik Sicherheiten nur die Bestellung einer Grundschuld, nicht jedoch die persönliche Haftungsübernahme vereinbart. Der BGH hat die Zulässigkeit der Zwangsvollstreckung aus der Haftungsübernahme verneint. Es stellte sich insoweit die Frage, aufgrund welcher Vereinbarung der Kreditgeber berechtigt ist, die ihm bestellte Haftungsübernahme zu behalten und zu verwerten. Der BGH hat festgestellt, dass die Bank nicht aus einer ihr bestellten Haftungsübernahme nebst Zwangsvollstreckungsunterwerfungserklärung gegen den Kreditnehmer vorgehen darf, wenn die Kreditverträge als Sicherheit nur die Bestellung einer Grundschuld, nicht jedoch die Haftungsübernahme vorsehen. Nach Ansicht des BGH liegt nicht in jeder abstrakten Vollstreckungsunterwerfung grds. zugleich auch eine Kausalvereinbarung (sog. Sicherungsabrede), nach der sich der Kreditnehmer der sofortigen Zwangsvollstreckung zu unterwerfen hat. Befinden sich in den Darlehensverträgen keinerlei Hinweise darauf, dass die Darlehen durch vollstreckbare Schuldanerkenntnisse i.H.d. Grundschuldbetrages zu besichern sind, ist es dem Kreditgeber untersagt,

45 OLG Koblenz, WM 2004, 179.

46 Ausführlich hierzu vgl. Kap. 5, Rdn. 1144 ff. Zur Frage der Kondizierbarkeit eines abstrakten Schuldversprechens mit Vollstreckungsunterwerfung bei Verjährung des gesicherten Darlehensrückzahlungsanspruchs vgl. BGH, WM 2010, 28. Auf ein abstraktes Schuldversprechen mit Vollstreckungsunterwerfung ist bei Verjährung des gesicherten Darlehensrückzahlungsanspruchs § 216 Abs. 2 Satz 1 BGB analog anzuwenden, BGH, WM 2010, 326 (328).

47 BGH, WM 2010, 1022 (1025); Bestätigung von BGHZ 99, 274 und BGHZ 177, 345.

48 BGH, NJW 2009, 3714 m.w.N.

49 BGHZ 99, 274 (283 f.); 177, 345; BGH, WM 2003, 64 (65 f.); WM 2003, 2372 (2374); WM 2003, 2410 (2411); WM 2005, 828 (830); WM 2006, 87 (88); WM 2010, 1022 (1025).

50 BGH, ZIP 2005, 846; OLG Saarbrücken, ZfIR 2003, 153; OLG Stuttgart, ZfIR 2003, 480.

51 BGH, ZIP 2005, 846.

aus der Haftungsübernahme vorzugehen. Die Haftungsübernahme und die Grundschuld werden zwar regelmäßig zusammen in einer Urkunde bestellt, sie sind jedoch strikt auseinanderzuhalten. Es handelt sich nicht um Nebenrechte der Grundschuld.[52]

Fehlt eine Vereinbarung zur Übernahme der persönlichen Haftung im Darlehensvertrag, kann i.d.R. nicht auf eine konkludente Sicherungsabrede geschlossen werden, da der Durchschnittskunde als juristischer Laie die Bedeutung der Haftungsübernahme nicht erschließen kann. Vollstreckt die Bank aus der persönlichen Haftungsübernahme, kann sich der in Anspruch genommene Kreditnehmer erfolgreich mit der Vollstreckungsgegenklage und dem Einwand der fehlenden Sicherungsabrede zur Wehr setzen. 90

Die Bank kann dieser Problematik durch richtige Formulargestaltung entgegenwirken. In den Darlehensverträgen sollte unter der Rubrik Sicherheitenvereinbarung neben der Verpflichtung zur Bestellung der Grundschuld der Kreditnehmer auch verpflichtet werden, für die Zahlung eines Geldbetrages i.H.d. Grundschuld die persönliche Haftung zu übernehmen und sich der sofortigen Zwangsvollstreckung in sein gesamtes Vermögen zu unterwerfen.[53] 91

I.Ü. kann der Zessionar einer Sicherungsgrundschuld aus der Unterwerfungserklärung nur vorgehen, wenn er in den Sicherungsvertrag eintritt. Die Prüfung, ob der Zessionar einer Sicherungsgrundschuld in den Sicherungsvertrag eingetreten und damit neuer Titelgläubiger geworden ist, ist dem Klauselerteilungsverfahren vorbehalten.[54] 92

3. Garantie

Der selbstständige Garantievertrag ist wie der Schuldbeitritt gesetzlich nicht geregelt und stellt einen einseitig verpflichtenden Vertrag eigener Art dar.[55] Der Garant haftet strenger als der Bürge oder der Schuldbeitretende. Der Garantievertrag ist dadurch gekennzeichnet, dass sich durch ihn der Garant verpflichtet, den Gläubiger im Garantiefall so zu stellen, als ob der ins Auge gefasste Erfolg eingetreten oder der Schaden nicht entstanden wäre.[56] Die Primärleistungspflicht des Garanten besteht also in der Schadloshaltung, sofern der Garantieerfolg nicht eintritt.[57] 93

Der Garant haftet auch für alle nicht typischen Zufälle. Es handelt sich also um eine verschuldensunabhängige Erfüllungshaftung.[58] 94

Unproblematisch kann dem Garanten neben der garantievertraglichen Verpflichtung zur Schadloshaltung auch die Erfüllung des Rechtsverhältnisses obliegen (sog. Eigengarantie). Jedenfalls muss auch bei Identität von Garant und Hauptschuldner der garantierte Erfolg stets über die bloße Vertragsleistung hinausgehen. 95

52 BGHZ 104, 26.

53 Zur Frage der Wirksamkeit einer formularmäßigen Vollstreckungsunterwerfung in einem Schuldanerkenntnis vgl. OLG Schleswig, ZIP 2009, 1802; *Schimansky* WM 2008, 1049.

54 Ausführlich hierzu vgl. Kap. 5. Rdn. 1144 ff.; BGH, WM 2010, 1022 (1026).

55 Zur Garantieerklärung, die den in § 477 Abs.1 Satz 1 und 2 BGB bestimmten Erfordernissen entspricht vgl. BGH ZIP 2013, 851 (852) – Herstellergarantie II.

56 MüKo-BGB/*Habersack* vor § 765 Rn. 16.; zur rechtlichen Qualifizierung einer Krankenhaus-Card zur Direktabrechnung zwischen Krankenhaus und Krankenversicherung als selbständiges Garantieversprechen vgl. OLG München, Urt. v. 20.08.2013 – 25 U 1842/13.

57 Zur Garantie auf erstes Anfordern und zum Anspruch des Auftraggebers gegen die Bank auf Unterlassung der Garantiezahlung vgl. OLG Stuttgart, WM 2013, 883 (884); *Barnert* EWiR 2013, 43; zur Frage, ob eine einstweilige Verfügung, mit welcher der Bank untersagt worden ist, die Garantiezahlung an den Begünstigten zu erbringen, ein rechtliches Leistungshindernis i.S.v. § 275 BGB darstellt vgl. OLG Düsseldorf, Urt. v. 04.10.2012 – I-6 U 268/11, 6 U 268/11.

58 *Kümpel* Rn. 6.101.

96 Der Inhalt und der Umfang des Anspruchs aus der Garantie bestimmt sich nach den Grundsätzen des Schadensersatzrechts und damit nach den §§ 249 ff. BGB.[59]

97 Die Garantie ist der Bürgschaft insoweit verwandt, als sie ebenso der Sicherung einer Forderung gegen einen Dritten durch Übernahme einer persönlichen Schuld dient. Im Gegensatz zur Bürgschaft ist die Garantie jedoch nicht vom Bestehen einer fremden Schuld abhängig und somit nicht akzessorisch.[60] Die Garantie begründet jedoch ebenso wie die Bürgschaft keine abstrakte Verbindlichkeit. Der Garant schuldet nicht Zahlung schlechthin, sondern nur für den Fall, dass sich ein im Vertrag näher bezeichnetes Risiko verwirklicht.

98 Weder die Vorschriften betreffend die Akzessorietät gem. §§ 767, 768, 770 BGB noch das Formerfordernis gem. § 766 Satz 1 BGB sind auf die Garantie anwendbar. Wie auch beim Schuldbeitritt kann sich die Formbedürftigkeit der Garantie dennoch aus Spezialvorschriften, wie z.B. § 311b BGB, ergeben. Unanwendbar ist auch die cessio legis gem. § 774 BGB, wobei jedoch i.d.R. eine vertragliche Pflicht des Garantienehmers zur Abtretung der Forderung aus dem Valutaverhältnis besteht.

99 Im Gegensatz zur Bürgschaft, bei der dem Bürgen die Einwendungen und Einreden des Hauptschuldners zustehen, kann der Garant keine Einwendungen und Einreden aus dem zwischen dem Garantienehmer und dem Hauptschuldner bestehenden Valutaverhältnis herleiten. Ebenso ausgeschlossen sind Einwendungen und Einreden aus dem Deckungsverhältnis des Garanten zum Hauptschuldner der gesicherten Forderung. Der Garant ist somit lediglich zur Geltendmachung von Einwendungen und Einreden berechtigt, die sich unmittelbar aus dem Garantieverhältnis ergeben.[61]

100 Wird die Garantie für einen Anspruch übernommen, kann die Abgrenzung zur Bürgschaft zweifelhaft sein. Wie beim Schuldbeitritt ist dann durch Auslegung zu ermitteln, ob eine selbstständige oder eine abhängige Schuld begründet werden sollte. Aufgrund der weitgehenden Haftung des Garanten müssen im Hinblick auf die Auslegung des Vertrages besondere Umstände hinzukommen, die einen so weitgehenden Verpflichtungs- bzw. Rechtsbindungswillen beim Garanten rechtfertigen. Im Zweifel ist auch hier eine Bürgschaft anzunehmen.[62]

4. Patronatserklärung

101 Bei dem Begriff der Patronatserklärung handelt es sich um einen Sammelbegriff für unterschiedlich ausgestaltete Erklärungen einer Muttergesellschaft (Patronin) ggü. der kreditgebenden Bank zugunsten ihrer Tochtergesellschaft (»externe« Patronatserklärung). Sinn und Zweck ist die Gewährung eines Kredites für die Tochtergesellschaft, indem die Muttergesellschaft ein bestimmtes Verhalten in Aussicht stellt oder zusagt, das die Aussichten auf Rückzahlung des Kredites verbessert.[63]

102 Eine Patronatserklärung ist jedoch nicht nur bei Gesellschaften möglich, sondern jeder sonstige Dritte, andere Gesellschafter sowie Lieferanten oder Abnehmer können derartige Erklärungen abgeben, wobei diese unter Kreditsicherungsaspekten wenig praktische Relevanz haben.[64]

---

59 BGH, ZIP 2001, 1496 (1497).

60 Palandt/*Sprau* Einführung vor § 765 Rn. 16.

61 Ausführlich MüKo-BGB/*Habersack* vor § 765 Rn. 16–44.

62 Palandt/*Sprau* Einführung vor § 765 Rn. 17.

63 Schimansky/Bunte/Lwowski/*Merkel/Tetzlaff* Bankrechts-Handbuch § 98 Rn. 8; *Kümpel* Rn. 6.616. Zu Fragen einer für Banken als Sicherheit irrelevanten »internen« Patronatserklärung der Patronin ggü. einer Tochtergesellschaft, deren Qualifizierung als eigenkapitalersetzende Gesellschafterhilfe und Möglichkeit der Kündigung in der Krise vgl. BGHZ 179, 249; BGH, NJW 2010, 3442 (3443); *Guski* EWiR 2010, 757; *Hirte* EWiR 2011, 575.

64 Zur Wirksamkeit einer harten Patronatserklärung einer Gemeinde für eine Kreditgewährung an eine Tochtergesellschaft bei Vorliegen eines Negativattests vgl. BGH, ZIP 2009, 2343.

Grds. gilt für Patronatserklärungen kein Schriftformerfordernis. Aus Gründen der Beweisbarkeit und insb. der häufigen Auslegungsbedürftigkeit solcher Erklärungen empfiehlt sich jedoch die schriftliche Fixierung der Vereinbarung. 103

Es handelt sich um eine Vereinbarung zwischen dem Patron und dem Kreditinstitut und nicht um eine einseitige Erklärung. Die Erklärung des Patrons wird i.d.R. nach § 151 Satz 1 BGB angenommen. 104

In der Praxis wird i.d.R. der Wortlaut der Patronatserklärung auf den Einzelfall abgestimmt, weswegen das AGB-Gesetz selten zur Anwendung kommt. 105

a) »Harte« Patronatserklärung

Praktische Relevanz für Banken hat lediglich die sog. »harte externe« Patronatserklärung, da diese echte Rechtspflichten der Patronin begründet und damit eine voll bewertbare Sicherheit darstellt. Es handelt sich um eine bürgschaftsähnliche Kapitalausstattungspflicht, die sich von der Verpflichtung des Bürgen oder Garanten dadurch unterscheidet, dass die Patronin außerhalb der Insolvenz des Hauptschuldners nicht zur Zahlung unmittelbar an den Gläubiger verpflichtet wird.[65] Die Patronin verpflichtet sich i.d.R. verbindlich, dafür Sorge zu tragen, dass die Tochtergesellschaft während der Laufzeit des Kredites in der Weise geleitet und finanziell ausgestattet wird, dass diese ihren Verbindlichkeiten stets fristgemäß nachkommen kann.[66] Der hierdurch begründete verbindliche Sicherungsanspruch der Bank wird – wie bei Sicherheiten üblich – durch die Zweckerklärung begrenzt. Die Muttergesellschaft kann die Verpflichtung zur Sicherung sämtlicher Ansprüche der Bank aus einer konkreten Kreditgewährung eingehen. Dann liegt ein »enger« Sicherungszweck vor. Es liegt ein weiter Sicherungszweck vor, wenn die Muttergesellschaft auch künftige sowie bestehende und bedingte Verpflichtungen der Tochter absichert. 106

Gibt die Patronin eine derartige verbindliche Erklärung ab, hat die Patronatserklärung vollen Sicherungswert und ist damit in der Bilanz der Patronin ausweispflichtig. 107

Die Patronatserklärung ist insoweit für die Patronin vorteilhaft, als es in ihrem freien Ermessen steht, wie sie die Pflicht zur Liquiditätsausstattung erfüllt. Sie trägt allerdings auch das Risiko, dass die der Tochter zugeführten Mittel nicht zur Befriedigung des durch die Patronatserklärung gesicherten Gläubigers verwendet werden und damit die Patronin weiterhin in Anspruch genommen werden kann.[67] Der Patronin ist es allerdings durchaus unbenommen, direkt an den Gläubiger zu leisten. 108

Sinn der harten Patronatserklärung ist die Sicherstellung der Liquidität bzw. Bonität der Tochtergesellschaft im Zeitpunkt der Fälligkeit der Kreditverpflichtungen. Die Patronin übernimmt also das verschuldensunabhängige Risiko für die Zahlungsunfähigkeit der Tochtergesellschaft.[68] 109

Eine an den Gläubiger gerichtete harte Patronatserklärung der Muttergesellschaft beseitigt aber weder die objektive Zahlungsunfähigkeit der Tochtergesellschaft noch die darauf bezogene Kenntnis des Gläubigers.[69] Insolvenzrechtlich kommt es für die Zahlungsfähigkeit bzw. -unfähigkeit eines Unternehmens darauf an, ob dieses innerhalb eines Zeitraums von 3 Wochen in der Lage ist, wenigstens 90 % seiner in diesem Zeitraum fälligen Verbindlichkeiten zu erfüllen.[70] Entsprechendes gilt für die insolvenzanfechtungsrechtliche bedeutsame Kenntnis der Zahlungsunfähigkeit aufseiten des Gläubigers. Für eine solche Kenntnis reicht es aus, wenn der aus den ihm bekannten Tatsachen und dem Verhalten des Schuldners bei natürlicher Betrachtungsweise den Schluss zieht, dass jener 110

65 MüKo-BGB/*Habersack* vor § 765 Rn. 50.
66 BGH, WM 1992, 501 (502).
67 *Habersack* ZIP 1996, 257 (258).
68 *Kümpel* Rn. 6.622.
69 BGH, WM 2010, 711 (716); 2011, 1085 (1086).
70 BGH, WM 2005, 1468 (1470, 1472).

wesentlichen Teile – also 10 % oder mehr – seiner ernsthaft eingeforderten Verbindlichkeiten im Zeitraum der nächsten 3 Wochen nicht werde tilgen können.[71] Diese erlangte Kenntnis entfällt erst dann, wenn er aufgrund neuer, objektiv geeigneter Tatsachen zu der Ansicht gelangt, nun sei der Schuldner möglicherweise wieder zahlungsfähig; der Fortfall der die Kenntnis der Zahlungsunfähigkeit begründenden Umstände alleine bewirkt nicht zwingend den Verlust der Kenntnis.[72] Insoweit genügt, wenn der Anfechtungsgegner die tatsächlichen Umstände kennt, aus denen bei zutreffender rechtlicher Beurteilung die Zahlungsunfähigkeit zweifelsfrei folgt. Unerheblich ist eine rechtliche Fehlbeurteilung der maßgebenden Umstände.[73] Eine harte externe Patronatserklärung ist nicht geeignet, eine solche Zahlungsunfähigkeit und Kenntnis hiervon zu beseitigen, da die Tochtergesellschaft keinen eigenen Anspruch gegen die Muttergesellschaft hat und der Tochter erst dann Liquidität zur Verfügung gestellt werden muss, wenn es der Gläubiger fordert. Lediglich eine harte interne Patronatserklärung der Patronin ggü. der Tochtergesellschaft ist grds. geeignet, den Eintritt der Zahlungsunfähigkeit zu verhindern oder die bereits eingetretene Zahlungsunfähigkeit zu beseitigen, da eine solche konzerninterne Erklärung der Tochter einen eigenen Zahlungsanspruch gegen die Patronin verschafft.[74] Dieser Grundsatz wird aber wohl nur dann gelten, wenn die Patronin auch tatsächlich willens und vor allem wirtschaftlich in der Lage ist, die sich aus der internen harten Patronatserklärung ergebenden Zahlungsverpflichtungen zeitnah zu erfüllen.

aa) Insolvenz der Tochtergesellschaft

111 Zwischen der Bank und der Patronin besteht ein Vertragsverhältnis sui generis in Form eines unechten Vertrages zugunsten der Tochter. Als Rechtsfolge hieraus ergibt sich, dass die Tochter keinen eigenen Anspruch gegen die Patronin hat, der dem Zugriff von Gläubigern unterliegen könnte. Lediglich die Bank kann von der Patronin Zahlung verlangen, wenn die Tochter ihren Verpflichtungen nicht nachkommt. Zahlt die Tochter den Kredit nicht ordnungsgemäß zurück, kann die Bank zunächst lediglich Zahlung an die Tochter und nicht an sich selbst verlangen.

112 Einen unmittelbaren Zahlungsanspruch gegen die Patronin an sich selbst erwirbt die Bank jedoch spätestens mit Eröffnung des Insolvenzverfahrens über das Vermögen der Tochter.[75] Hierbei handelt es sich nicht um einen Zahlungsanspruch im engeren Sinne, sondern vielmehr um einen Schadensersatzanspruch. Denn bei Zahlungsunfähigkeit der Tochter hat die Patronin in jedem Fall ihre Pflicht verletzt, die Liquidität bzw. Bonität der Tochter zu erhalten. Dann haftet die Patronin auf Schadensersatz statt der Leistung.[76]

113 Eine unmittelbare Inanspruchnahme ist nicht alleine aufgrund der Antragstellung eines Gläubigers auf Eröffnung eines Insolvenzverfahrens der Tochter möglich, sondern es müssen zumindest die Kredite gekündigt sein.

114 In der Insolvenz der Tochtergesellschaft besteht die Schadensersatzpflicht der Patronin nicht nur i.H.d. Ausfalls, vielmehr haftet sie neben der insolventen Tochter in voller Höhe auf Schadensersatz.[77] Diese weitgehende Schadensersatzpflicht der Patronin ist für die Bank insoweit vorteilhaft, da diese nicht abwarten muss, ob und welche Quote sich in dem Insolvenzverfahren ergibt. Die

71 BGH, WM 2010, 711 (716).
72 BGH, WM 2008, 840 (841).
73 BGHZ 180, 63 (67).
74 Zu Fragen »interner« Patronatserklärungen der Patronin ggü. einer Tochtergesellschaft, deren Qualifizierung als eigenkapitalersetzende Gesellschafterhilfe und Möglichkeit der Kündigung in der Krise vgl. BGHZ 179, 249; BGH, NJW 2010, 3442 (3443); *Guski* EWiR 2010, 757; *Hirte* EWiR 2011, 575; zur Frage, ob tatsächlich ein Darlehensrückzahlungsanspruch der Patronin gegen die Tochter besteht vgl. OLG Frankfurt, GmbHR 2013, 139 (nachgehend BGH, 29.05.2013 – AZ: IV ZR 362/12 – Nichtzulassungsbeschwerde wurde zurückgewiesen.
75 *Schneider* ZIP 1989, 619 (622); *Kümpel* Rn. 6.624.
76 BGH, WM 1992, 501 (503).
77 *Obermüller* Insolvenzrecht in der Bankpraxis Rn. 6.593.

Bank kann die Patronin unmittelbar dann in Anspruch nehmen, wenn der Nachweis der Zahlungsunfähigkeit der kreditnehmenden Tochter geführt ist. Spätestens mit Eröffnung des Insolvenzverfahrens über das Vermögen der Tochter ist dieser Nachweis geführt, denn hierdurch ist bezeugt, dass die Patronin ihrer Verpflichtung zur Kapitalausstattung nicht nachgekommen ist.[78]

Mit Zahlung der Patronin an die Bank geht deren Forderung gegen die Tochter auf die Patronin über. Nachdem die Patronatserklärung der Rechtsnatur nach weder Bürgschaft noch Garantie oder Schuldübernahme ist, erfolgt der Forderungsübergang nicht kraft Gesetzes. Vielmehr erwirbt die Patronin einen schuldrechtlichen Anspruch auf Abtretung. Dieser schuldrechtliche Anspruch ergibt sich aus dem Rechtsgedanken des § 255 BGB, nach dem der Geschädigte durch den Schadensfall nicht bereichert werden soll, indem er nach Empfang der Ersatzleistung auch noch den Anspruch gegen den Dritten behält.[79] 115

Bis die Bank vollständige Befriedigung durch Zahlungen aus der Patronatserklärung erlangt hat, kann sie ihre Forderungen im Insolvenzverfahren über das Vermögen der Tochter zur Tabelle anmelden. Eine nicht bereits zu Beginn des Insolvenzverfahrens erfolgte vollständige Befriedigung durch die Patronin hat den Vorteil, dass die Bank ihr Stimmrecht in der Gläubigerversammlung geltend machen und auch einem Insolvenzplan zustimmen kann, der eine Herabsetzung der Forderung vorsieht.[80] 116

Den Banken empfiehlt es sich auch, die Patronatserklärung als Drittsicherheit erst dann zurückzugeben, wenn eine insolvenzrechtliche Anfechtung der noch von der Tochter vorgenommenen Zahlungen an die Bank zur Erfüllung der Forderung endgültig ausscheidet. Erweist sich die Befriedigung des aus einer harten Patronatserklärung gesicherten Gläubigers durch die Tochter als anfechtbar, kann der Gläubiger gegenüber der Patronin die ihm aus der Patronatserklärung zustehenden Rechte geltend machen. Die Patronin ist dem Gläubiger also zur Schadensersatzleistung verpflichtet, wenn ihn die Tochter befriedigt hat, er diese Zahlung jedoch im Wege der Insolvenzanfechtung erstatten muss[81]. 117

Die Patronatserklärung selbst stellt eine Drittsicherheit dar und ist damit in der Insolvenz der Tochtergesellschaft mangels objektiver Gläubigerbenachteiligung nicht anfechtbar. 118

Der Bank ist es grds. unbenommen, die Tochtergesellschaft wegen ihrer Forderung aus dem Kredit oder die Muttergesellschaft aus der Patronatserklärung in Anspruch zu nehmen. 119

Etwas Anderes gilt aber in der Krise der Tochter. Gewährt die Bank der Tochter zu einem Zeitpunkt, in dem ihr die Gesellschafter als ordentliche Kaufleute Kapital zugeführt hätten, ein Darlehen und wird dieses Darlehen durch die Gesellschafter besichert, ist die Bank zunächst in der Insolvenz der GmbH verpflichtet, die Gesellschafter aus der Sicherheit in Anspruch zu nehmen. Sie kann nur für den Betrag verhältnismäßige Befriedigung verlangen, mit dem sie bei der Inanspruchnahme der Sicherheiten ausgefallen ist (§ 32a Satz 2 GmbHG).[82] 120

bb) Insolvenz der Muttergesellschaft

Kommt die Tochtergesellschaft ordnungsgemäß ihren Verpflichtungen aus dem Kreditvertrag mit der Bank nach, kann die Bank im Insolvenzverfahren über das Vermögen der Patronin ihre Ansprüche nur als Eventualforderungen anmelden. Alleine die Eröffnung des Insolvenzverfahrens über das Vermögen der Patronin stellt naturgemäß die Forderungen der Bank aus der Patronatserklärung 121

78 *Kümpel* Rn. 6.624, S. 1155; *Obermüller* Rn. 6.593.

79 BGH, NJW 1993, 593 (594).

80 OLG Nürnberg, Urt. v. 09.12.1998 – 12 U 2626/98.

81 BGH, NZI 2017, 157.

82 Schimansky/Bunte/Lwowski/*Merkel/Tetzlaff* Bankrechts-Handbuch § 98 Rn. 28, 29; vgl. im Einzelnen *Obermüller* Rn. 5.300, 6.598.

nicht fällig.[83] Die Insolvenz der Patronin ist für die Bank jedoch insoweit von Relevanz, als ihre Sicherheit in Form der Patronatserklärung ihre Werthaltigkeit verloren hat. Die Bank ist berechtigt, ggü. der Tochter ihren Nachbesicherungsanspruch aus Nr. 13 AGB Banken (bzw. Nr. 22 AGB Sparkassen) geltend zu machen.

122 Kann dieser Nachbesicherungsanspruch durch die Tochter nicht erfüllt werden, ist die Bank zur Kündigung der Kredite berechtigt. Hierdurch wird die ursprüngliche Eventualforderung gegen die Patronin fällig und kann im Insolvenzverfahren zur Tabelle unbedingt angemeldet werden.

123 Bei der Geltendmachung des Nachbesicherungsanspruches gegen die Tochter muss der Bank aber das Risiko der Insolvenzanfechtung für den Fall der Insolvenz der Tochtergesellschaft bewusst sein. Nicht selten werden nämlich nach Eintritt der Zahlungsunfähigkeit bzw. Überschuldung bei der Muttergesellschaft mehrere oder sämtliche Konzernunternehmen insolvent. Im Insolvenzverfahren über das Vermögen der Tochter besteht damit ein erhöhtes Risiko der Insolvenzanfechtung, da der Nachbesicherungsanspruch aus den AGB-Banken nach ständiger Rechtsprechung eine inkongruente Deckung darstellt und somit einer erleichterten Anfechtung im Dreimonatszeitraum gem. § 131 InsO unterliegt. Wegen des starken Beweisanzeichens der Inkongruenz für das Vorliegen von Vorsatz und Kenntnis kommt zudem eine über den Dreimonatszeitraum hinausreichende Anfechtung nach § 133 InsO in Betracht.

cc) Insolvenz der Mutter- und der Tochtergesellschaft

124 Wie bereits oben ausgeführt, werden nicht selten mehrere oder sämtliche Konzernunternehmen gleichzeitig insolvent. Unter Anwendung des § 43 InsO kann die Bank ihre Kreditforderungen gegen die Tochter sowie ihre Ansprüche aus der Patronatserklärung gegen die Mutter in voller Höhe in den Insolvenzverfahren anmelden, da die Mutter neben der Tochter haftet.[84] Eine Kürzung der Quote kommt nur dann in Betracht, wenn die Leistungen der Tochter, die Erlöse aus der Verwertung der Sicherheiten sowie die Zahlungen auf die Insolvenzquote im Verfahren der Muttergesellschaft die gesicherte Forderung der Bank übersteigen.[85]

b) »Weiche« Patronatserklärung

125 Handelt es sich bei der Patronatserklärung lediglich um eine Absichtserklärung ohne rechtliche Verpflichtung, besteht kein Sicherheitenwert. Bei einer weichen Patronatserklärung wird oft durch die Muttergesellschaft lediglich das Vertrauen in die Kompetenz der Geschäftsleitung der Tochter sowie das Einverständnis mit einer Kreditaufnahme erklärt oder lediglich Maßnahmen oder Unterlassungen in Aussicht gestellt.

126 Im Einzelfall ist dann zu entscheiden, ob es sich rechtlich um verbindliche Erklärungen mit Haftungsfolgen, z.B. in Form eines rechtsverbindlichen Auskunftsvertrages, handelt, sodass bei unrichtigen Angaben eine Schadensersatzhaftung der Mutter in Betracht kommt.

127 I.d.R. sind diese Erklärungen in besonderem Maße auslegungsbedürftig, weil sie lediglich im Hinblick auf den konkreten Einzelfall erklärbar sind.[86]

IV. Der Bürgschaftsvertrag

1. Rechtsverhältnis zwischen Gläubiger und Bürge

128 Der Bürgschaftsvertrag kommt zwischen dem Bürgen und dem Gläubiger der zu sichernden Forderung zustande, der dadurch zugleich Gläubiger des Hauptschuldners ist und Gläubiger des Bürgen

83 Für die Behandlung dieser Ansprüche im Insolvenzverfahren: vgl. *Obermüller* Rn. 6.553.
84 *Obermüller* Rn. 6.597; Schimansky/Bunte/Lwowski/*Merkel/Tetzlaff* Bankrechts-Handbuch § 98 Rn. 27.
85 BGH, WM 1992, 501 (504).
86 Vgl. im Einzelnen: Schimansky/Bunte/Lwowski/*Merkel/Tetzlaff* Bankrechts-Handbuch § 98 Rn. 36.

wird (Gläubigeridentität).[87] Der Bürge verpflichtet sich ggü. dem Gläubiger eines Dritten, für die Erfüllung der Verbindlichkeiten des Dritten (Hauptschuldner) einzustehen.[88] Beim Bürgschaftsvertrag handelt es sich somit um einen einseitig verpflichtenden Vertrag.[89]

Die Bürgenschuld stellt eine von der Verbindlichkeit des Hauptschuldners verschiedene selbstständige Verpflichtung des Bürgen dar. Die Bürgschaft ist als kausales Verpflichtungsgeschäft zu qualifizieren, das seinen Geschäftszweck und seinen Rechtsgrund i.S.v. § 812 Abs. 1 BGB in sich trägt.[90] Hieraus begründet sich die Kondiktionsfestigkeit der Forderung des Gläubigers gegen den Bürgen mit Abschluss des Bürgschaftsvertrages. 129

Der Bürge hat auch dann keinen eigenen Kondiktionsanspruch, wenn die zwischen dem Gläubiger und dem Hauptschuldner bestehende Abrede, in der sich der Schuldner verpflichtet, eine Bürgschaft als Sicherheit zu beschaffen (Bürgschaftsverschaffungsabrede),[91] unwirksam ist. Diese Abrede ist i.d.R. Voraussetzung für die Gewährung des Kredites.[92] Der Schuldner, nicht der Bürge selbst, kann vom Gläubiger Befreiung des Bürgen und Herausgabe der Bürgschaftsurkunde an den Bürgen verlangen.[93] Dasselbe gilt bei Wegfall des Sicherungszwecks. 130

Die Verbindlichkeit des Bürgen ggü. dem Gläubiger besteht grds. unabhängig vom Rechtsverhältnis des Bürgen mit dem Hauptschuldner. Dies gilt auch dann, wenn Anlass zur Übernahme der Bürgschaft i.d.R. gerade dieses zuletzt genannte Rechtsverhältnis sein wird. Der Bürgschaftsvertrag ist als abstraktes Rechtsgeschäft zu qualifizieren, da seine Wirksamkeit weder durch die Fehlerhaftigkeit noch durch das Fehlen des Rechtsverhältnisses zwischen dem Bürgen und dem Schuldner berührt wird. Vielmehr kann dem Gläubiger eine Sicherheit in Form der Bürgschaft auch ohne Wissen und gegen den Willen des Schuldners gewährt werden.[94] 131

Auch wenn es sich bei der Bürgschaft um einen einseitig verpflichtenden Vertrag handelt und damit grds. keine Leistungspflichten des Gläubigers begründet werden, stellt sie kein unentgeltliches Rechtsgeschäft dar. Dies ergibt sich bereits aus der Regressmöglichkeit des Bürgen gegen den Schuldner gem. § 774 Abs. 1 BGB. Die Bürgschaft ist weder Schenkung im Verhältnis zum Gläubiger noch im Verhältnis zum Schuldner. Dies gilt auch dann, wenn das Rechtsverhältnis zwischen dem Bürgen und dem Hauptschuldner fehlerhaft ist oder fehlt. In Einzelfällen kann allerdings eine Schenkung im Verhältnis zwischen dem Bürgen und dem Hauptschuldner vorliegen.[95] 132

2. Rechtsverhältnis zwischen Hauptschuldner und Bürge

Bei Übernahme der Bürgschaft liegt i.d.R. zwischen Bürge und Schuldner ein Auftrag i.S.d. §§ 662 ff. BGB vor. In Betracht kommt aber auch ein sog. Avalkreditvertrag,[96] der einen Geschäftsbesorgungsvertrag gem. § 675 BGB darstellt. In Ausnahmefällen handelt der Bürge ohne Kenntnis des Schuldners, sodass es an einem Auftragsverhältnis zwischen ihm und dem Schuldner fehlt. Hier können die Grundsätze der Geschäftsführung ohne Auftrag gem. §§ 677 ff. BGB eingreifen und dem Bürgen ein Aufwendungsersatzanspruch gem. §§ 683, 670 BGB zustehen, sofern und soweit er seine Leistungen für erforderlich halten durfte.[97] Die Grundsätze der Geschäfts- 133

87 *Bülow* Recht der Kreditsicherheiten Rn. 852.
88 MüKo-BGB/*Habersack* § 765 Rn. 1.
89 Zur Abgrenzung zum Kreditauftrag vgl. *Kümpel* Rn. 6.124.
90 Palandt/*Sprau* Einf v. § 765 Rn. 4.
91 *Bülow* Rn. 57, 858.
92 Palandt/*Sprau* Einf v. § 765 Rn. 4a.
93 BGH, NJW 1989, 1482; WM 1992, 1016.
94 Palandt/*Sprau* § 765 Rn. 3.
95 Vgl. Rdn. 135–137.
96 *Reinicke/Tiedke* Rn. 114.
97 *Reinicke/Tiedke* Rn. 114.

führung ohne Auftrag sind auch bei Unwirksamkeit des Auftragsverhältnisses zwischen Bürge und Hauptschuldner anwendbar.[98]

134 Nach wohl herrschender Meinung findet die Formvorschrift des § 766 BGB auf das Auftrags- bzw. Geschäftsbesorgungsverhältnis keine Anwendung.[99]

135 Im Verhältnis zwischen Bürge und Schuldner kann eine Schenkung vorliegen, wenn z.B. der Rückgriff des Bürgen gegen den Schuldner ausgeschlossen, erheblich erschwert oder nach den Vorstellungen der Beteiligten von vornherein illusorisch ist.[100]

136 Bei Vorliegen einer Schenkung ist die Formvorschrift des § 518 Abs. 1 BGB zu beachten. Die Heilung der Formunwirksamkeit des Schenkungsversprechens nach § 518 Abs. 2 BGB wird durch Abgabe der Bürgschaftserklärung nach Maßgabe des § 766 Satz 1 BGB bewirkt.

137 Besteht ein Schenkungsversprechen, ist dem Bürgen ein Rückgriff auf den Schuldner verwehrt. Der Schuldner kann den Einwand der Unentgeltlichkeit auch dem auf die cessio legis gestützten Rückgriffsanspruch entgegenhalten.

138 Dem Bürgen steht bei Leistung an den Gläubiger aus diesem Rechtsverhältnis ein Aufwendungsersatzanspruch gem. § 670 BGB (i.V.m. § 675 BGB) zu, der originär neben den Rückgriffsanspruch aus der cessio legis gem. § 774 Abs. 1 Satz 1 BGB tritt.[101]

3. Rechtsverhältnis zwischen Gläubiger und Hauptschuldner

139 Grds. ergibt sich aus der zu sichernden Forderung keine Verpflichtung des Schuldners zur Stellung einer Bürgschaft. I.d.R. geht der Kreditgewährung jedoch eine Abrede voraus, in der sich der Hauptschuldner dem Gläubiger ggü. zur Beschaffung einer Bürgschaft verpflichtet.[102] Diese Sicherungsabrede – oder auch Sicherheitenbeschaffungsabrede – ist der Rechtsgrund der Bürgschaft im Verhältnis zwischen dem Gläubiger und dem Hauptschuldner.[103]

140 Die Relevanz der Abgrenzung der Rechtsverhältnisse zwischen den Beteiligten wird besonders deutlich, wenn diese Sicherungsabrede unwirksam ist oder wenn der Gläubiger vom Bürgen Zahlung verlangt, obwohl hierfür die Voraussetzungen aus der Sicherungsabrede nicht vorliegen. Wird die Bürgschaft wirksam gestellt und die Hauptschuld wirksam begründet, so kann der Bürge wegen Unwirksamkeit der Sicherungsabrede bzw. Fehlens der Voraussetzungen gegen den Gläubiger zunächst keine Rechte herleiten.

141 Ist eine Inanspruchnahme des Bürgen aus der Sicherungsabrede zwischen Gläubiger und Schuldner nicht gerechtfertigt, kommt lediglich ein Anspruch des Hauptschuldners auf Unterlassen der Inanspruchnahme in Betracht, der durch eine einstweilige Verfügung sicherbar ist.[104] Ist die Sicherungsabrede unwirksam oder fällt der Sicherungszweck weg, ist lediglich der Hauptschuldner berechtigt, die Rückgewähr der Bürgschaft sowie den Erlass der Bürgenschuld und die Herausgabe der Bürgschaftsurkunde zu verlangen. Der Hauptschuldner kann also aus eigenem Recht die Herausgabe der Bürgschaftsurkunde an den Bürgen beanspruchen und der Gläubiger kann die Herausgabe nicht unter Hinweis auf die ungesicherte Forderung gegen den Schuldner verweigern.[105]

---

98 BGH, NJW-RR 1994, 876; a.A. *Reinicke/Tiedke* Rn. 382.
99 OLG Köln, WM 1995, 1224; Staudinger/*Horn* § 766 Rn. 3; a.A. MüKo-BGB/*Habersack* § 765 Rn. 7 m.w.N.
100 MüKo-BGB/*Habersack* § 765 Rn. 5.
101 MüKo-BGB/*Habersack* § 765 Rn. 7.
102 Vgl. auch Rdn. 130.
103 *Reinicke/Tiedtke* Rn. 116; MüKo-BGB/*Habersack* § 765 Rn. 8.
104 BGH, NJW 2003, 352 (353).
105 BGHZ 147, 99 (106); BGH, NJW 2001, 3329 (3330).

Bei Unwirksamkeit der Sicherungsabrede hat der Hauptschuldner gegen den Gläubiger einen bereicherungsrechtlichen Rückgewähranspruch gem. § 812 Abs. 1 Satz 1, 1. Alt. BGB, da die Bürgschaft rechtsgrundlos erlangt wurde. Die Rückgewähr erfolgt durch Verzicht des Gläubigers auf die Bürgschaft bzw. auf die Inanspruchnahme des Bürgen.[106] **142**

Hat der Bürge trotz Unwirksamkeit der Sicherungsabrede an den Gläubiger Leistungen erbracht und sodann den Hauptschuldner aus § 774 Abs. 1 BGB oder § 670 BGB in Regress genommen, steht dem Schuldner gegen den Gläubiger aus § 812 Abs. 1 Satz 1, 1. Alt. i.V.m. § 818 Abs. 2 BGB ein Ersatzanspruch für die von ihm rechtsgrundlos gestellter Bürgschaft zu.[107] Im Ergebnis steht damit dem Gläubiger weiterhin der Anspruch gegen den Hauptschuldner und dem Hauptschuldner aus Bereicherungsrecht der Ersatzanspruch zu. **143**

Dem Gläubiger ist es aber nicht gestattet, die Forderung mit der Hauptforderung aufzurechnen. Dies würde dem Inhalt der Sicherungsabrede widersprechen.[108] **144**

Hat der Bürge an den Gläubiger noch keine Leistung erbracht, steht diesem zunächst kein eigener Bereicherungsanspruch zu. Die Sicherungsabrede zwischen dem Hauptschuldner und dem Gläubiger hat zunächst keinen Einfluss auf das Rechtsverhältnis des Gläubigers zum Bürgen. Der Bürge kann sich jedoch nach § 768 Abs. 1 Satz 1 BGB auf den dem Schuldner ggü. dem Gläubiger zustehenden Rückgewähranspruch berufen. Dem Bürgen steht die Einrede der unberechtigten Bereicherung zu, auch wenn zu den Einreden i.S.d. § 768 Abs. 1 Satz 1 BGB primär diejenigen Gegenrechte zählen, die dem Hauptschuldner gegen die gesicherte Forderung selbst zustehen. **145**

Anders verhält es sich jedoch mit den Ansprüchen des Hauptschuldners aus der Sicherungsabrede oder aus § 812 Abs. 1 Satz 1, 1. Alt. BGB, da sich diese nicht gegen die gesicherte Forderung an sich, sondern vielmehr gegen die Inanspruchnahme des Bürgen richten. Nach Ansicht des BGH[109] ist § 768 Abs. 1 Satz 1 BGB nach dessen Sinn und Zweck weit auszulegen. Sinn und Zweck der Vorschrift ist es, dem Bürgen das Recht einzuräumen, sämtliche Einreden des Hauptschuldners geltend zu machen. Im Ergebnis ist es dem Bürgen also gestattet, die aus der Sicherungsabrede resultierende Einrede des Hauptschuldners, die Inanspruchnahme aus der Bürgschaft sei unzulässig, gem. § 768 Abs. 1 Satz 1 BGB geltend zu machen. **146**

In jedem Fall hat der Bürge gegen den Gläubiger keinen selbstständigen bereicherungsrechtlichen Anspruch. Es besteht insoweit durch den Bürgschaftsvertrag ein selbstständiger Rechtsgrund für seine Inanspruchnahme. Die Unwirksamkeit der Sicherungsabrede zwischen dem Hauptschuldner und dem Gläubiger ist hierfür belanglos. Der Bürge kann jedoch aufgrund der oben dargestellten Bereicherungseinrede des Hauptschuldners gem. § 768 Abs. 1 Satz 1 BGB seine Leistung ggü. dem Gläubiger dauernd verweigern. Im Ergebnis ist damit ein eigener Bereicherungsanspruch des Bürgen nicht notwendig, zumal diesem in Form der Regressmöglichkeit beim Hauptschuldner sowie der Kondiktionsmöglichkeit beim Gläubiger im Fall der Leistung Vorteile entstehen würden, die nicht gerechtfertigt wären.[110] **147**

4. Schriftformerfordernis

a) Anwendungsbereich

Zur Gültigkeit des Bürgschaftsvertrages ist nach § 766 Satz 1 BGB die schriftliche Erteilung der Bürgschaftserklärung erforderlich. Eine ohne Beachtung der Schriftform abgegebene Bürgschaftserklärung ist grds. nichtig gem. § 125 Satz 1 BGB. **148**

106 *Lorenz* JuS 1999, 1145 (1148).
107 MüKo-BGB/*Habersack* § 765 Rn. 8.
108 *Lorenz* JuS 1999, 1145 (1148).
109 BGHZ 107, 210 (214).
110 *Reinicke/Tiedtke* Rn. 118, 119; MüKo-BGB/*Habersack* § 765 Rn. 8.

149 Das Schriftformerfordernis dient dem Schutz des Bürgen vor Übereilung und soll den Bürgen vor der mit der Bürgschaft verbundenen strengen Haftung warnen.

150 Daher bedarf nur die Erklärung des Bürgen der Schriftform, nicht aber die Annahme durch den Gläubiger. Da der Gläubiger aus der Bürgschaft als einseitig verpflichtendes Rechtsgeschäft lediglich Vorteile zieht, ist er nicht schutzbedürftig.

151 Aufgrund des Schutzzwecks des Schriftformerfordernisses bedarf auch der (Vor-)Vertrag, durch den sich der potenzielle Bürge dem Gläubiger ggü. zum Abschluss des Bürgschaftsvertrages verpflichtet, ebenso der Schriftform.[111]

152 Gem. § 350 HGB ist die Bürgschaft eines Kaufmanns formlos wirksam, wenn sie für ihn ein Handelsgeschäft ist. Eine juristische Person ist Kaufmann; nicht jedoch deren Organe oder Gesellschafter.[112]

153 Die Bürgschaftsurkunde ist ein Schuldschein i.S.d. § 344 Abs. 2 HGB.[113] Danach gelten die von einem Kaufmann gezeichneten Schuldscheine als im Betrieb seines Handelsgewerbes gezeichnet, sofern sich aus der Urkunde nicht das Gegenteil ergibt.

154 Vereinbaren der Gläubiger und der Kaufmann trotz formloser Wirksamkeit der Bürgschaftserklärung, die Bürgschaft müsse schriftlich erteilt werden, steht dies dem Schriftformerfordernis des § 766 Satz 1 i.V.m. § 126 Abs. 1 BGB nicht gleich. Insoweit dient das Schriftformerfordernis nicht dem Schutz des Bürgen, sondern vielmehr der Beweissicherung und der Rechtsklarheit. Aufgrund dessen gelten im Hinblick auf den zwingenden Inhalt der Bürgschaftserklärung wesentlich weniger strenge Voraussetzungen als bei einer Bürgschaft, die dem Schriftformerfordernis gem. § 766 Satz 1 BGB entsprechen muss. Das bedeutet, dass eine solche Bürgschaft auch dann wirksam ist, wenn der Inhalt der Hauptschuld sich ausschließlich aus Umständen ergibt, die außerhalb der Bürgschaftsurkunde liegen.[114]

155 Aus dem Schutzzweck des Schriftformerfordernisses ergibt sich, dass für den Bürgen günstige Bestimmungen sowie Nebenabreden nicht der Schriftform bedürfen. Nebenabreden unterliegen also dann dem Schriftformerfordernis, wenn sie die Verpflichtung des Bürgen über den im Gesetz vorgesehenen Umfang erweitern. Formfrei dagegen sind Abreden, die die Haftung des Bürgen entweder ggü. dem Inhalt der Bürgschaftsurkunde oder ggü. den gesetzlich geregelten Rechtsfolgen einschränken.[115]

b) Schriftform

156 Das Schriftformerfordernis gem. § 766 Satz 1 i.V.m. § 126 Abs. 1 BGB ist erst dann gewahrt, wenn der Bürge die Bürgschaftserklärung auch eigenhändig unterzeichnet hat. Ersetzt wird die Schriftform durch notarielle Beurkundung gem. § 126 Abs. 3 BGB und durch Protokollierung in einem gerichtlichen Vergleich gem. § 127a BGB.

157 Wie sich bereits zweifelsfrei aus dem Begriff der Unterzeichnung ergibt, ist das Formerfordernis nicht erfüllt, wenn der Bürge zwar seinen Namen eigenhändig, aber nicht unter die von ihm abgegebene Erklärung, sondern über sie gesetzt hat. Eine solche Oberschrift wird nicht als Unterschrift i.S.d. § 126 Abs. 1 BGB anerkannt, da deren Funktion als räumlicher Abschluss der Erklärung nicht gewahrt ist.[116] Grund hierfür ist die Warnfunktion der Schriftform, die nur dann gewähr-

111 MüKo-BGB/*Habersack* § 766 Rn. 2; *Reinicke/Tiedtke* Rn. 141, 142.
112 Schimansky/Bunte/Lwowski/*Schmitz* Bankrechts-Handbuch § 91 Rn. 15, Derleder/Knops/Bamberger/*Knops* Handbuch zum deutschen und europäischen Bankrecht § 20 Rn. 5.
113 Schimansky/Bunte/Lwowski/*Schmitz* Bankrechts-Handbuch Rn. 15.
114 BGH, WM 1993, 239 (240); näher hierzu vgl. Rdn. 189.
115 Schimansky/Bunte/Lwowski/*Schmitz* Bankrechts-Handbuch § 91 Rn. 17.
116 BGB, NJW 1995, 43 (45).

leistet ist, wenn der Erklärende seine Erklärung unterschreibt. Nur bei einer Unterzeichnung des Erklärungsinhaltes ist zu vermuten, dass der Erklärende den Inhalt wahrgenommen hat und weiß, wozu er sich verpflichtet. Insoweit hat der BGH richtig festgestellt, dass die Unterschrift als Abschluss der Urkunde sowohl räumlich als auch zeitlich zu werten ist, da i.d.R. die Unterschrift unter den fertigen Text gesetzt wird.[117]

Das Gleiche gilt bei einer sog. Nebenschrift, wenn sich der Namenszug des Bürgen am Rand der **158**
Bürgschaftserklärung befindet.[118]

Gem. § 766 Abs. 1 BGB ist die schriftliche Erteilung der Bürgschaft erforderlich. Diesem Schrift- **159**
formerfordernis gem. § 126 Abs. 1 BGB ist bei Erteilung durch Telefax,[119] Telegramm,[120] E-Mail oder in anderer elektronischer Form nicht Genüge getan.

c) Erteilung der Bürgschaftserklärung

Wie sich aus dem Wortlaut des § 766 Satz 1 BGB ergibt, ist zur Gültigkeit des Bürgschaftsvertrages **160**
die schriftliche Erteilung der Bürgschaftserklärung erforderlich. Der Begriff des Erteilens verlangt eine Entäußerung ggü. dem Gläubiger, indem die schriftliche Erklärung diesem zur Verfügung gestellt wird.[121]

An dieser Voraussetzung fehlt es, wenn der Bürge die unterzeichnete Erklärung in Urschrift nicht **161**
dem Gläubiger übergeben hat. Verbleibt also die Urschrift beim Bürgen und wird dem Gläubiger lediglich eine Abschrift übermittelt, ist der Bürgschaftsvertrag nicht gültig.

Diese Rechtslage gilt auch, wenn der Bürge die Bürgschaftsurkunde bei sich behält, ihren Inhalt **162**
dem Gläubiger aber durch Telefax übermittelt.

Auch in diesem Fall fehlt es am Erteilen der Bürgschaftserklärung, weil die Telekopie keine ei- **163**
genhändige Unterschrift enthält.[122]

Maßgeblich für die Entäußerung der Bürgschaftserklärung zugunsten des Gläubigers ist der Verlust **164**
der Verfügungsmacht des Bürgen über die Urkunde. Zudem muss die Urkunde in den Verfügungsbereich des Gläubigers gelangt sein, wobei die Begründung des unmittelbaren Besitzes nicht erforderlich ist. Die Bürgschaftserklärung ist vom Bürgen auch dann erteilt, wenn die Urkunde einem Empfangsvertreter oder Empfangsboten des Gläubigers übergeben wird. Auch dann befindet sich die Urschrift in der Verfügungsmacht des Gläubigers.

Ist die schriftliche Bürgschaftserklärung in oben genanntem Sinne erteilt, kommt der Bürgschafts- **165**
vertrag zustande, wenn der Gläubiger das Angebot des Bürgen auf Abschluss des Vertrages annimmt. Die Annahmeerklärung des Gläubigers ist formfrei und kann auch stillschweigend erfolgen. Die Annahmeerklärung liegt i.d.R. in der Entgegennahme der Bürgschaftsurkunde, wobei auf die Empfangsbedürftigkeit der Annahmeerklärung nach § 151 Satz 1 BGB verzichtet wird.

Ist der Bürgschaftsvertrag durch schriftliche Erteilung wirksam zustande gekommen, ist es unbe- **166**
achtlich, wenn sich der Gläubiger später nicht mehr im Besitz der Urkunde befindet. Die Inhaberschaft der Bürgschaftsurkunde ist zwar für die Gültigkeit der Bürgschaftsübernahme Voraussetzung, nicht jedoch für deren Fortbestand.

Grds. ist der Gläubiger nur dann zur Rückgabe der Bürgschaftsurkunde verpflichtet, wenn er be- **167**
friedigt wurde. Gibt er die Urkunde bereits zuvor an den Bürgen zurück, kann dies ein Angebot

117 BGHZ 113, 48 (51).
118 BGHZ 113, 48.
119 BGH, WM 1997, 625 (627).
120 BGHZ 24, 297.
121 Schimansky/Bunte/Lwowski/*Schmitz* Bankrechts-Handbuch § 91 Rn. 23; *Reinicke/Tiedtke* Rn. 155, 156.
122 BGHZ 121, 224 (229).

auf Abschluss eines Erlassvertrages darstellen, das der Bürge stillschweigend annehmen kann. Auch insoweit wird auf die Empfangsbedürftigkeit der Annahmeerklärung im Allgemeinen nach § 151 Satz 1 BGB verzichtet.[123]

d) Wirksamkeit trotz Formnichtigkeit

168 Hat der Gläubiger in der Praxis von der Formnichtigkeit des Bürgschaftsvertrages Kenntnis erlangt, sollte er sich natürlich darum bemühen, einen neuen, formwirksamen Bürgschaftsvertrag abzuschließen. Ist der Bürge jedoch bereit, den Gläubiger zu befriedigen, bedarf es eines neuen Vertrages gerade nicht. Denn der Mangel der Form wird nach § 766 Satz 3 BGB geheilt, soweit der Bürge seine Verpflichtungen aus der Bürgschaft erfüllt.

169 Im Allgemeinen ist die Bürgschaftserklärung bei Formnichtigkeit und fehlender Heilung des Mangels unwirksam. Etwas Anderes gilt aber in Ausnahmefällen nach dem Grundsatz von Treu und Glauben gem. § 242 BGB, wonach die Bürgschaftserklärung so behandelt wird, als wenn sie formgerecht erteilt worden wäre.

170 Der BGH[124] hatte einen Fall zu entscheiden, in dem der geschäftsführende Gesellschafter einer GmbH dem zögernden Kreditgeber mündlich zusagte, »er komme für den Verlust auf und stehe für ihn persönlich ein«, wenn die GmbH als Hauptschuldnerin ihre Verpflichtungen nicht erfüllen werde. Da der geschäftsführende Gesellschafter kein Kaufmann ist, findet § 350 HGB keine Anwendung. Damit ist durch die bloß mündliche Zusage die Schriftform nicht gewahrt, der Bürgschaftsvertrag nach § 125 BGB nichtig. Insoweit hatte der BGH über die Fragen zu entscheiden, ob die Nichtigkeit ausnahmsweise wegen des Grundsatzes von Treu und Glauben einzuschränken sei, weil dem – vermeintlichen – Bürgen als Gesellschafter die Vorteile des Geschäftes mittelbar zugutekommen und ob der Gesellschafter nicht gegen Treu und Glauben verstoße, wenn er sich der Inanspruchnahme aus der Bürgschaft unter Berufung auf den Formmangel entzieht. Der BGH hat richtig festgestellt, ein Verstoß gegen den Grundsatz von Treu und Glauben durch widersprüchliches Verhalten des Bürgen sei dann gegeben, wenn er die Vorteile des durch die Übernahme der Bürgschaft ermöglichten Geschäftes der Gesellschaft erhalten hat, demgegenüber aber die damit verbundenen Nachteile nicht tragen will. Insoweit muss sich der Bürge so behandeln lassen, als wenn eine formwirksame Erklärung vorliegen würde.

171 Im Ergebnis stimmt der BGH mit der Meinung im Schrifttum überein. In der Rechtslehre wird aber nicht der Weg über die Treuwidrigkeit gewählt, sondern vielmehr angenommen, dass § 350 HGB analog auf geschäftsführende Gesellschafter anzuwenden sei, jedenfalls bei einer Bürgschaft des geschäftsführenden Allein- oder Mehrheitsgesellschafters.[125]

172 Klarzustellen ist aber, dass § 242 BGB nur im Ausnahmefall und nur bei Vorliegen ganz besonderer Umstände den Anwendungsbereich des § 125 BGB einschränken darf. Anderenfalls könnte das Schriftformerfordernis gem. § 766 BGB und dessen Schutzfunktionen zugunsten des Bürgen nicht gewahrt werden.

173 Bisher hat es der BGH leider versäumt, im Hinblick auf die Einschränkung des § 125 BGB praktikable Formeln zu verfassen.

174 Nach bisherigem Stand in der Rechtsprechung[126] stellt die Erfüllungsverweigerung des Bürgen allenfalls dann einen Verstoß gegen Treu und Glauben dar, wenn der Bürge den Gläubiger über die Formbedürftigkeit arglistig getäuscht hat, wobei Fahrlässigkeit nicht genügt[127] oder er aus dem

123 *Reinicke/Tiedtke* Rn. 158.
124 BGH, WM 1989, 939.
125 MüKo-BGB/*Habersack* § 766 Rn. 3 m.w.N.
126 BGH, WM 1991, 536; NJW 1996, 2503.
127 BGH, WM 1957, 883 (885).

als gültig behandelten Geschäft erhebliche Vorteile gezogen hat und diese auch endgültig behalten darf.[128]

Letzteres setzt eine enge wirtschaftliche oder rechtliche Beziehung zwischen dem Schuldner und dem Bürgen voraus, sodass der Bürge im Ergebnis an den Vorteilen des Hauptschuldverhältnisses Teil hat. Dies gilt insb. für die Bürgschaft eines Gesellschafters, der aus dem der Gesellschaft gewährten und von ihm verbürgten Kredit über seine Mitgliedschaft Vorteile erhält. **175**

Um jedoch das Formgebot des § 766 BGB und dessen Schutzfunktion nicht ins Leere laufen zu lassen, reicht selbstverständlich das bloße allgemeine Vertrauen des Gläubigers auf die Wirksamkeit der Bürgschaft im Zusammenhang mit der Kreditgewährung nicht aus.[129] Vielmehr ist zwingende Voraussetzung, dass der Gläubiger den Kredit nur deswegen gewährt, weil er auf die Wirksamkeit des Bürgschaftsvertrages vertraut und sich dieses Vertrauen gerade in einem Verhalten des Bürgen begründet. Nur dann ist die Anwendung des § 242 BGB gerechtfertigt und mit dem Schutzzweck der Formvorschrift vereinbar. **176**

Aber auch dem Gläubiger kann es verwehrt sein, sich auf die Formnichtigkeit zu berufen. Verspricht der Gläubiger dem Bürgen für die Übernahme der Bürgschaft eine Gegenleistung und verhält sich der Bürge vertragstreu und gibt eine Bürgschaftserklärung ab, auch wenn diese nicht § 766 BGB entspricht, kann sich der Gläubiger nicht auf die Nichtigkeit berufen.[130] Das Schriftformerfordernis gem. § 766 Satz 1 BGB dient nämlich dem Schutz des Bürgen vor Übereilung und nicht dem Schutz des Gläubigers. **177**

5. Erklärungsinhalt

Die Schriftform macht nicht nur die eigenhändige Unterschrift des Bürgen notwendig, sondern betrifft alle wesentlichen Bestandteile der Bürgschaftsverpflichtung. Dies ergibt sich aus der Warnfunktion des Formerfordernisses, aufgrund derer das Risiko der Bürgschaftsübernahme in der Urkunde hinreichend deutlich dargestellt sein muss.[131] Der Bestimmbarkeitsgrundsatz[132] gebietet es, dass die Bürgschaftserklärung den Verbürgungswillen, die Person des Gläubigers und des Hauptschuldners sowie die fremde Schuld, für die gebürgt werden soll, in einer bestimmbaren Weise bezeichnet.[133] **178**

a) Auslegungsgrundsätze

In der Praxis sind die notwendigen Bestandteile der Bürgschaftserklärung oft nicht eindeutig und zweifelsfrei allein aus dem Wortlaut der Urkunde zu erkennen. Dies macht die Bürgschaftserklärung jedoch nicht unwirksam, wenn sich die aus dem Bürgschaftstext ergebenden Zweifel im Wege der Auslegung behoben werden können.[134] **179**

Für die Auslegung ist zunächst der Wortlaut der Bürgschaftserklärung maßgebend. **180**

Entsprechend den Auslegungsgrundsätzen ist auf den objektiven Empfängerhorizont abzustellen, d.h., es kommt darauf an, wie die Erklärung vom Gläubiger als deren Adressat nach Treu und Glauben sowie nach der Verkehrsauffassung verstanden werden durfte.[135] Im Rahmen der Auslegung **181**

---

128 MüKo-BGB/*Habersack* § 766 Rn. 30.
129 BGH, NJW 1996, 1467 (1469).
130 MüKo-BGB/*Einsele* § 125 Rn. 59, 60.
131 Schimansky/Bunte/Lwowski/*Schmitz* Bankrechts-Handbuch § 91 Rn. 18.
132 OLG Hamm, ZIP 1999, 745 (747).
133 MüKo-BGB/*Habersack* § 766 Rn. 8.
134 *Kümpel* Rn. 6.130; *Reinicke/Tiedtke* Rn. 146; Schimansky/Bunte/Lwowski/*Schmitz* Bankrechts-Handbuch § 91 Rn. 18.
135 BGH, WM 1993, 1141.

sind sämtliche auch außerhalb der Urkunde liegenden Umstände, einschließlich des nachträglichen Verhaltens der Vertragspartner, zu berücksichtigen.[136]

182 Die außerhalb der Bürgschaftserklärung liegenden Umstände dürfen nach der Rechtsprechung[137] aber nur dann zur Auslegung herangezogen werden, wenn sie in der schriftlichen Erklärung zumindest einen unvollkommenen Ausdruck gefunden haben (sog. Andeutungstheorie). Lässt sich jedoch auch nur ein wesentliches Merkmal der Bürgschaftserklärung ausschließlich durch Umstände außerhalb der Urkunde ermitteln, so ist das Schriftformerfordernis nicht gewahrt.[138]

183 Bei Anwendung der Andeutungstheorie ergibt sich ein zweistufiges Vorgehen: Zunächst ist die Willenserklärung unter Berücksichtigung aller Umstände auszulegen. Ist der Parteiwille festgestellt, ist zu prüfen, wie weit er in der Urkunde verkörpert ist.

184 In der Rechtslehre hat diese Andeutungstheorie Kritik erfahren, insb. mit dem Argument, dass es gerade in den strittigen Grenzfällen keine objektiven Kriterien gäbe, um zu entscheiden, wann nun ein Umstand keinen oder einen nur unvollkommenen Ausdruck in der schriftlichen Erklärung gefunden habe. Insoweit bestehe eine erhebliche Rechtsunsicherheit, da die Gerichte gleich oder ähnlich gelagerte Fälle verschieden behandeln könnten.[139]

185 In der Praxis empfiehlt es sich – trotz der Kritik der Rechtslehre – die Andeutungstheorie anzuwenden und den auch nur unvollkommenen Ausdruck aller wesentlichen Bestandteile in der Bürgschaftsurkunde zu fordern.

186 Zu beachten ist hierbei die wichtige Ausnahme vom Erfordernis der Andeutung des im Wege der Auslegung ermittelten Erklärungsinhaltes bei versehentlicher Falschbezeichnung eines wesentlichen Merkmales nach dem Grundsatz falsa demonstratio non nocet.[140]

187 Waren sich die Parteien über das in Wahrheit Gewollte einig, wurde aber unbewusst und irrtümlich eines der wesentlichen Bürgschaftsmerkmale falsch beurkundet, schadet die unrichtige Erklärung nicht. Insoweit gilt das von den Parteien einverständlich Gewollte, sofern das objektiv Erklärte dem Formerfordernis genügt.[141] Für die Wirksamkeit der Bürgschaftserklärung kommt es zudem nicht darauf an, ob der Irrtum aus der Urkunde ersichtlich ist. Der Irrtum braucht keinen, auch keinen unvollkommenen Ausdruck in der Urkunde gefunden zu haben. Bisher wurde der Grundsatz falsa demonstratio non nocet von der Rechtsprechung[142] bei versehentlicher Falschbezeichnung des Grundstücks i.R.d. Formerfordernisses gem. § 311b Abs. 1 Satz 1 BGB anerkannt.[143]

188 Etwas Anderes gilt, wenn die Parteien bewusst Unrichtiges haben beurkunden lassen. Dann ist der tatsächlich beurkundete Vertrag als Scheingeschäft gem. § 117 BGB und der wirklich gewollte Vertrag wegen Formmangels gem. § 125 BGB nichtig.[144]

189 Die strengen Voraussetzungen der Andeutungstheorie gelten nicht, wenn der Bürge Kaufmann ist (§ 350 HGB) und die Parteien gem. § 127 Abs. 1 BGB Schriftform vereinbart haben. Es bedarf keiner Andeutung der wesentlichen Bürgschaftsmerkmale in der Urkunde. Ergibt sich insoweit der Inhalt der verbürgten Hauptschuld ausschließlich aus Umständen, die außerhalb der Bürgschaftsurkunde liegen, ist die Bürgschaftserklärung gleichwohl wirksam.[145]

136 MüKo-BGB/*Habersack* § 766 Rn. 6.
137 BGH, WM 1957, 1222; WM 1972, 313; NJW 1993, 724 (725); WM 1993, 1141 (1142).
138 BGH, WM 1992, 177 (179).
139 *Reinicke/Tiedtke* Rn. 146 mit Darstellung von Fällen aus der Rechtsprechung.
140 BGH, NJW 1989, 1484 (1485); NJW 1995, 1886 (1887); BGHZ 74, 116 (119).
141 MüKo-BGB/*Habersack* § 766 Rn. 7.
142 BGHZ 87, 152.
143 *Palandt/Heinrichs* § 311b Rn. 37 m.w.N.
144 *Reinicke/Tiedtke* Rn. 152, S. 46, 47; Palandt/*Heinrichs* § 311b BGB Rn. 36, 37 mit Beispielsfällen.
145 BGH, WM 1993, 239 (240); NJW 1993, 724 (725); *Kümpel* Rn. 6.131.

Gem. § 127 Abs. 2 Satz 1 BGB kann die Bürgschaftserklärung auch durch Telegramm, Telefax oder Telebrief erteilt werden. Ferner genügt die Übermittlung einer Abschrift oder Kopie an den Gläubiger.[146] **190**

b) Bestimmbarkeit des Gläubigers und des Hauptschuldners

Die Grundsätze der Andeutungstheorie sind auch für die Bestimmung der nicht in der Bürgschaftserklärung benannten Parteien des Hauptschuldverhältnisses anzuwenden. Es ist zulässig, aus der Bezeichnung der Hauptschuld im Einzelfall die Person des Gläubigers und Schuldners herzuleiten.[147] **191**

Aus § 765 Abs. 2 BGB ergibt sich, dass die Person des Gläubigers bzw. Schuldners nicht schon im Zeitpunkt der Unterzeichnung der Bürgschaftserklärung feststehen muss.[148] Beinhaltet die Bürgschaftsurkunde konkrete Umstände, durch deren Eintritt die gesicherte Forderung entstehen soll und erklärt der Bürge, dass die Bürgschaftsverpflichtung ggü. derjenigen Person abgegeben wird, die durch den Eintritt dieser Umstände Gläubiger wird, ist das Schriftformerfordernis gewahrt.[149] Ebenso ist es zulässig, von der Person des Gläubigers oder des Hauptschuldners auf den Inhalt der Hauptschuld zu schließen.[150] In jedem Fall muss aber entsprechend der Andeutungstheorie ein hinreichender Anhaltspunkt für die Ermittlung dieser wesentlichen Bürgschaftsmerkmale in der Erklärung gegeben sein.[151] **192**

c) Bestimmbarkeit der gesicherten Forderung

Zur Wirksamkeit des Bürgschaftsvertrages muss die fremde Schuld, für die gebürgt werden soll, in einer bestimmbaren Weise bezeichnet sein. Aus dem Formerfordernis ergibt sich, dass die gesicherte Forderung einschließlich etwaiger Nebenansprüche der Bürgschaftsurkunde zu entnehmen sein muss. Auch hier gilt die Andeutungstheorie, mithin dürfen zur Bestimmung der Hauptschuld auch außerhalb der Urkunde liegende Umstände berücksichtigt werden. Der Bestimmbarkeitsgrundsatz ist nicht gewahrt, wenn der für die Bezeichnung der Hauptschuld vorgesehene Raum in der Urkunde frei geblieben ist und sich auch aus ihr i.Ü. keine hinreichenden Anhaltspunkte für die zu sichernde Forderung ergeben.[152] Nicht selten wird in der Praxis die Bürgschaftserklärung unmittelbar unter einem ausformulierten Hauptschuldverhältnis abgegeben. Damit ergibt sich dann aus der Gesamturkunde auch ohne Bezeichnung der Hauptforderung, dass für die Ansprüche aus diesem Vertrag gebürgt werden soll.[153] **193**

Die Bürgschaft kann auch für eine künftige oder bedingte Verbindlichkeit übernommen werden (§ 765 Abs. 2 BGB). Hauptschuld kann somit sowohl eine Verbindlichkeit sein, die aus einem schon bestehenden Rechtsverhältnis mit dem Gläubiger in der Zukunft resultieren wird, als auch eine Verbindlichkeit aus erst künftig abzuschließenden und nur der Art nach zum Zeitpunkt der Bürgschaftserklärung bestimmten Geschäften.[154] **194**

Es versteht sich von selbst, dass aufgrund des Akzessorietätsgrundsatzes vor Eintritt der Bedingung bzw. vor der Entstehung der künftigen Forderung die Bürgschaft gegenstandslos ist. Der Bürge ist aber bereits mit Unterzeichnung der Bürgschaftserklärung gebunden.[155] **195**

146 MüKo-BGB/*Habersack* § 766 Rn. 20.
147 BGH, NJW 1993, 724 (725); mit Beispielen MüKo-BGB/*Habersack* § 766 Rn. 11.
148 BGH, NJW 1992, 1448 (1449).
149 BGH, NJW 1992, 1448 (1449).
150 BGH, NJW 1993, 724 (725).
151 BGH, NJW 1995, 43 (45); Schimansky/Bunte/Lwowski/*Schmitz* Bankrechts-Handbuch § 91 Rn. 20.
152 BGH, NJW 1993, 1261 (1262).
153 BGH, NJW 1995, 43 (45).
154 Schimansky/Bunte/Lwowski/*Schmitz* Bankrechts-Handbuch § 91 Rn. 10.
155 *Reinicke/Tiedtke* Rn. 98.

196 Die auf der strengen Haftung basierende Schutzbedürftigkeit des Bürgen verlangt für die Wirksamkeit der Bürgschaft zwingend die hinreichende Bestimmbarkeit der zu sichernden Hauptforderung. Dem Bürgen muss es möglich sein, seine Verpflichtung zu überschauen. Nach der früheren Rechtsprechung des BGH[156] verlangte das Erfordernis der Bestimmtheit die Überschaubarkeit der verbürgten Forderungen und damit eine Begrenzung der Bürgschaft auf Forderungen aus einer bestimmten Geschäftsverbindung.

197 Diese Rechtsprechung ist heute jedoch überholt. Das Bestimmbarkeitserfordernis ist weiterhin bei einer Verbürgung für alle künftigen Ansprüche einer Bank aus der bankmäßigen Geschäftsverbindung mit dem Hauptschuldner gewahrt.[157] Ebenso ist aber auch die Übernahme der Bürgschaft für alle nur irgendwie denkbaren künftigen Verbindlichkeiten des Hauptschuldners ohne sachliche Begrenzung möglich.[158]

198 In der Rechtslehre[159] ist diese Ansicht des BGH mit dem Argument kritisiert worden, dass jede sachliche Begrenzung der Haftung fehle und damit der Bürge den Schutz vor einer uferlosen Ausweitung seiner Verpflichtungen verliere. Die bloße Begrenzung auf die Geschäftsverbindung mit dem Hauptschuldner mache nicht den Umfang seiner Verpflichtung überschaubar. Zudem sei der Bürge nicht hinreichend geschützt, da die künftigen Forderungen des Gläubigers sehr hoch sein könnten und der Bürge auf diese Höhe keinen Einfluss habe. Daran ändere auch die Kündigungsmöglichkeit des Bürgen nichts, da eine solche Kündigung nur für die Zukunft wirke. In der Rechtslehre wird deswegen eine Überschaubarkeit und damit Wirksamkeit nur dann bejaht, wenn die Bürgschaft durch einen Höchstbetrag begrenzt wird.[160]

199 Der BGH[161] ist dieser teilweise im Schrifttum vertretenen Ansicht ausdrücklich entgegengetreten. Er stellt klar, dass es für die Frage der Bestimmtheit bzw. Bestimmbarkeit der Bürgschaftsverpflichtung nicht auf die Überschaubarkeit der durch die Bürgschaft übernommenen Risiken ankomme. Der BGH gewährt den Schutz des Bürgen vor einer uferlosen Ausweitung seiner Verpflichtung nicht über den Bestimmbarkeitsgrundsatz, sondern über die Anwendung der §§ 305c Abs. 1, 307 Abs. 1 und Abs. 2 BGB sowie bei Individualvereinbarungen i.R.d. § 138 Abs. 1 BGB.[162]

200 Bei den früher von Kreditinstituten verwendeten Bürgschaftsformularen muss im Hinblick auf die Einhaltung des Bestimmbarkeitsgrundsatzes differenziert werden:

201 »Die Bürgschaft wird zur Sicherung aller bestehenden und künftigen, auch bedingten, oder befristeten Forderungen der Bank gegen den Hauptschuldner aus ihrer Geschäftsverbindung (insbesondere aus laufender Rechnung, Krediten, Darlehen jeder Art und Wechseln) sowie aus Wechseln, die von Dritten herein gegeben werden, Bürgschaften, Abtretungen oder gesetzlichem Forderungsübergang übernommen.«

202 Der erste Teil der Klausel, der die Bürgschaft auf die bankmäßige Geschäftsverbindung mit dem Hauptschuldner beschränkt, ist wirksam.[163] Der zweite Teil der Klausel, in dem die Bürgenhaftung auf Verbindlichkeiten des Schuldners außerhalb der Geschäftsverbindung ausgedehnt wird, ist wegen inhaltlicher Unbestimmtheit unwirksam. Die Wirksamkeit des ersten Teils mit der Beschränkung auf die bankmäßige Geschäftsverbindung bleibt jedoch bestehen.[164]

---

156 BGHZ 25, 318 (321); 125, 206 (208); BGH, NJW 1990, 1909 (1910).

157 BGHZ 25, 318 (321); BGH, WM 1994, 1064 (1068); NJW 1992, 896 (897); NJW 1994, 1656.

158 BGHZ 130, 19 (21).

159 *Reinicke/Tiedtke* JZ 1985, 485; *dies.* JZ 1986, 426 (427); *Tiedtke* ZIP 1994, 1237 (1238).

160 *Derleder* NJW 1986, 97; *Reinicke/Tiedtke* JZ 1985, 485; *dies.* JZ 1986, 426 (427); *Tiedtke* ZIP 1994, 1237 (1238).

161 BGHZ 130, 19; BGH, WM 1995, 1397.

162 Dazu s. Rdn. 383–400.

163 BGHZ 25, 318 (321); 125, 206 (208); BGH, NJW 1990, 1909; NJW 1994, 1656; WM 1994, 1064 (1068).

164 Schimansky/Bunte/Lwowski/*Schmitz* Bankrechts-Handbuch § 91 Rn. 11.

Bestehen Zweifel hinsichtlich der verbürgten Forderung und können diese im Wege der Auslegung unter Berücksichtigung der Andeutungstheorie nicht behoben werden, so geht dies zulasten des Gläubigers.[165] 203

d) Verbürgungswille

Auch der Verbürgungswille muss in der Bürgschaftsurkunde verkörpert sein. Die Bürgschaftserklärung muss den Willen, für die Verbindlichkeit eines Dritten einzustehen, unzweideutig erkennen lassen. Werden nicht ausdrücklich die Worte »Bürgschaft« oder »sich verbürgen« verwendet, ist der Erklärungsinhalt durch Auslegung unter Berücksichtigung der Andeutungstheorie zu ermitteln. Hierbei entstehen insb. Probleme bei der Abgrenzung der Bürgschaft zur Garantieübernahme bzw. zum Schuldbeitritt.[166] 204

Unterzeichnet der Bürge die über die Hauptschuld errichtete Urkunde ohne näheren Zusatz, ist hierdurch der Verbürgungswille nicht hinreichend deutlich zum Ausdruck gebracht. Etwas Anderes gilt, wenn er die Urkunde über die Hauptschuld unterzeichnet und sich unterhalb der für die Unterschrift vorgesehenen punktierten Linie der Vermerk »selbstschuldnerische Bürgschaft« oder »Bürgschaft« befindet.[167] Es genügt nicht, dass der Verbürgungswille erst aus einer anderen Urkunde zu entnehmen ist, auf die Bezug genommen wird.[168] 205

Handelt der Bürge ohne Erklärungsbewusstsein, durfte der Gläubiger das Verhalten aber als Übernahme einer Bürgschaft verstehen, kann der Bürge entsprechend eines Inhaltsirrtums gem. § 119 Abs. 1 BGB analog anfechten.[169] Dagegen liegt ein unbeachtlicher Motivirrtum vor, wenn der Bürge sowohl Erklärungsbewusstsein sowie den Willen hat, eine Bürgschaftserklärung abzugeben, sich jedoch über Art und Umfang seiner übernommenen Verpflichtung nicht hinreichend Klarheit verschafft hat. Das Gleiche gilt, wenn der Bürge gewollt eine Willenserklärung abgibt, in dem Bewusstsein, über deren Inhalt keine Kenntnis zu haben.[170] 206

6. Blankobürgschaft

Unter Blankobürgschaft wird der in der Praxis häufig vorkommende Fall verstanden, dass der Bürge dem Hauptschuldner eine von ihm unterzeichnete, aber noch unvollständige Urkunde mitgibt, weil die Person des Gläubigers und/oder die Forderungshöhe noch nicht feststehen. Der Hauptschuldner wird vom Bürgen ermächtigt, wenn die noch fehlenden wesentlichen Bürgschaftsmerkmale feststehen, die bis dahin unvollständige Urkunde entsprechend dem Willen des Bürgen zu vervollständigen. 207

Eine solche Ausfüllungsbefugnis/-ermächtigung ist gesetzlich nicht geregelt, jedoch in der Rechtsprechung[171] und in der Rechtslehre[172] anerkannt und wird in Art. 10 Wechselgesetz vorausgesetzt. 208

Bei der Beurteilung der Wirksamkeit einer solchen Bürgschaft stellt sich die Frage, ob die Ermächtigung zur Vervollständigung der bis dahin blanko ausgestellten Bürgschaftserklärung ihrerseits der Form des § 766 Satz 1 BGB bedarf. 209

Diese Frage ist bisher von der ständigen Rechtsprechung[173] und der herrschenden Meinung in der Rechtslehre verneint worden. Schon die Unterschrift auf dem Blankett sollte ausreichen, um den 210

165 BGH, NJW 1995, 1886 (1887).
166 Vgl. hierzu Rdn. 17–24, 80–83, 100.
167 BGH, NJW 1995, 43 (44).
168 Schimansky/Bunte/Lwowski/*Schmitz* Bankrechts-Handbuch § 91 Rn. 19.
169 MüKo-BGB/*Habersack* § 765 Rn. 36.
170 BGH, NJW 2002, 956 (957).
171 BGHZ 40, 65; 40, 297 (304).
172 MüKo-BGB/*Habersack* § 766 Rn. 22 m.w.N.
173 BGH, WM 1962, 575; BGH, NJW 1992, 1448.

Bürgen von einer übereilten Bürgschaftserklärung abzuhalten. Zudem könne für die Ermächtigung nichts Anderes gelten als für die Vollmacht[174] und diese bedürfe nach § 167 Abs. 2 BGB nicht der Form, welche für das Rechtsgeschäft bestimmt ist, auf das sich die Vollmacht bezieht. Demnach wurde bisher die Frage nach der Formbedürftigkeit der Ermächtigung selbst verneint.

211 Der BGH[175] hat sich mittlerweile von dieser Rechtsprechung abgewandt und nunmehr für die Ausfüllungsermächtigung das Formerfordernis des § 766 Satz 1 BGB bejaht. Die Schutzfunktion des Schriftformerfordernisses könne nicht erfüllt werden, wenn die Bürgschaftserklärung unvollständig sei und die Ermächtigung zur Vervollständigung mündlich erteilt werden könne. Enthält also die Bürgschaftserklärung nicht die wesentlichen Merkmale durch Benennung des Gläubigers, des Hauptschuldners und der verbürgten Forderung, so müssen diese erforderlichen Tatsachen in der Ausfüllungsermächtigung enthalten sein, die schriftlich erteilt werden muss. Damit der unterschriebene Text, der nachträglich vervollständigt wurde, als Erklärung des Bürgen gelten kann, hat dieser in der Ermächtigungsurkunde die in der Bürgschaftsurkunde noch nicht ersichtlichen Mindestinhalte einer jeden Bürgschaftserklärung anzugeben.[176] Eine mündlich erteile Ermächtigung und die aufgrund dieser Ermächtigung vervollständigte Bürgschaftserklärung ist unwirksam, begründet also keine Verpflichtung des Bürgen.[177]

212 Der notwendige Gläubigerschutz wird durch eine Rechtsscheinshaftung analog § 172 Abs. 2 BGB gewahrt.[178] Ist der Gläubiger bei Entgegennahme der vervollständigten Bürgschaftsurkunde und der Annahme dieser Erklärung gutgläubig, d.h., geht er davon aus, der Bürge habe die Bürgschaftsurkunde unterzeichnet, als sie bereits vollständig war, gebietet der Gläubigerschutz die Möglichkeit der Inanspruchnahme des Bürgen. In diesem Fall haftet der Bürge aufgrund des von ihm veranlassten Rechtsscheins, obwohl keine wirksame Bürgschaft vorliegt.[179]

213 In der Praxis ergeben sich dann keine Probleme bei der Inanspruchnahme des Bürgen, wenn der schriftlich und damit wirksam ermächtigte Hauptschuldner die Blankobürgschaft abredegemäß ausfüllt. Der Bürgschaftsvertrag kommt dann nach den allgemeinen Grundsätzen, d.h., nach Übergabe der ausgefüllten Urkunde an den Gläubiger und einer entsprechenden Annahmeerklärung zustande.

214 Es fragt sich jedoch, wer das Risiko eines Blankettmissbrauches trägt, wenn der Ermächtigte die Bürgschaftserklärung abredewidrig ausfüllt, er also die ihm erteilte Vollmacht überschreitet, indem er z.B. eine höhere Haftungssumme in die Blankourkunde einsetzt, als vom Bürgen gestattet. Auch hier ist § 172 Abs. 2 BGB bei einem gutgläubigen Dritten anwendbar, sodass der Bürge den durch abredewidriges Ausfüllen der Blankobürgschaft geschaffenen Rechtsschein als seine Erklärung gegen sich gelten lassen muss.[180] Dies gebietet der Gläubigerschutz, wenn der Gläubiger auf die Urkunde vertraut hat und auf sie vertrauen durfte. Die Grundsätze zum Missbrauch der Vertretungsmacht gelten ebenso beim Missbrauch der Ausfüllungsermächtigung, da in beiden Fällen das rechtliche Können des Ermächtigten im Außenverhältnis weiter geht als das rechtliche Dürfen im Innenverhältnis. Das Risiko des Missbrauchs trägt der Ermächtigende, hier der Bürge. Der Gläubiger ist nur dann nicht schutzwürdig, wenn er mit dem zur Ausfüllung ermächtigten Hauptschuldner zulasten des Bürgen zusammenwirkt (sog. Kollusion) oder ein Fall der Evidenz des Missbrauches vorliegt.

215 Die analoge Anwendung des § 172 Abs. 2 BGB wird sowohl von der heute herrschenden Rechtslehre als auch von der Rechtsprechung[181] vertreten, da derjenige, der ein Blankett mit seiner Un-

174 Vgl. zur Formbedürftigkeit der Vollmacht Rdn. 219.
175 BGHZ 132, 119; BGH, WM 1997, 909 (910); *Keim* NJW 1996, 2774; *Bülow* ZIP 1996, 1694.
176 *Reinicke/Tiedtke* Rn. 170; MüKo-BGB/*Habersack* § 766 Rn. 22.
177 BGHZ 132, 119 (128).
178 BGHZ 132, 119 (127) MüKo-BGB/*Habersack* § 766 Rn. 23.
179 Schimansky/Bunte/Lwowski/*Schmitz* Bankrechts-Handbuch § 91 Rn. 26.
180 BGH, NJW 1991, 487.
181 BGHZ 40, 65; 40, 297 (304).

terschrift aus der Hand gibt, auch bei einer seinem Willen nicht entsprechenden Ausfüllung des Blanketts den dadurch geschaffenen Inhalt der Urkunde einem redlichen Dritten ggü. als seine Willenserklärung gegen sich gelten lassen muss. Insoweit wird der früheren Literaturmeinung,[182] die dem Bürgen im Fall des Blankettmissbrauchs ein Anfechtungsrecht gem. § 119 Abs. 1 BGB zugestanden hat, weil der Wille und die Erklärung des Bürgen auseinanderfielen, eine klare Absage erteilt.

Zu klären bleibt die Frage der Bürgenhaftung, wenn der Gläubiger bösgläubig ist, d.h., er das ab- 216
redewidrige Ausfüllen der Blanketturkunde erkennt. Es kommen zwei Lösungsansätze in Betracht: Entweder haftet der Bürge in Höhe desjenigen Betrages, den der Ermächtigte einsetzen durfte oder die Bürgschaftsverpflichtung ist insgesamt unwirksam und der Bürge haftet gar nicht.

Der BGH[183] hat sich für die Unwirksamkeit der Bürgschaftserklärung ausgesprochen mit der Argu- 217
mentation, die Schriftform sei nicht gewahrt und der Gläubiger sei nicht schutzwürdig.

Die Rechtslehre[184] ist dem entgegengetreten und vertritt die Ansicht, der Bürge müsse jedenfalls in 218
derjenigen Höhe haften, die von seiner Ermächtigung gedeckt sei. Der Bürge verstoße gegen den Grundsatz von Treu und Glauben, wenn er sich auf den Formmangel berufe, soweit er i.H.d. gestatteten Haftungssumme in Anspruch genommen wird. Der Bürge sei nur insoweit schutzbedürftig, als die Inanspruchnahme über das von ihm ohnehin Gestattete hinausgeht. Der Bürge mache sich eines widersprüchlichen Verhaltens schuldig, wenn er die Anerkennung der Bürgschaftsverpflichtung i.H.d. von ihm tatsächlich gewollten Haftungssumme ablehnt, weil der Ermächtigte das Blankett nicht mit dieser, sondern mit einer höheren Summe ausgefüllt habe.

7. Vertretung

Bei Abgabe der Bürgschaftserklärung kann der Bürge wirksam durch einen Dritten vertreten wer- 219
den. Der Stellvertreter gibt dann eine eigene Bürgschaftserklärung in fremdem Namen mit entsprechender Vollmacht ab. Nach § 167 Abs. 2 BGB bedarf die Vollmacht grds. nicht der für das Vertretergeschäft bestimmten Form. Mit Rücksicht auf den Schutzzweck der Formvorschrift des § 766 Satz 1 BGB findet die Vorschrift des § 167 Abs. 2 BGB dennoch auf die Erteilung einer Vollmacht zur Abgabe einer Bürgschaftserklärung Anwendung. Der BGH[185] verlangt die schriftliche Erteilung der Vollmacht, es sei denn, der Vollmachtgeber ist Kaufmann gem. § 350 HGB. Fehlt eine schriftliche Vollmachtserteilung, handelt der vermeintliche Stellvertreter als falsus procurator; Rechtsfolge ist die schwebende Unwirksamkeit der Bürgschaftserklärung gem. § 177 ff. BGB. Der Bürge kann das schwebend unwirksame Rechtsgeschäft nachträglich genehmigen, wobei jedoch auch für diese Genehmigung die Schriftform des § 766 Satz 1 BGB gilt, unabhängig davon, ob er bei Erteilung der Genehmigung die in seinem Namen abgegebene Willenserklärung kennt.[186] Im Hinblick auf den Mindestinhalt der Vollmachtsurkunde gilt das zur Ausfüllungsermächtigung Gesagte, d.h., der Inhalt muss dem Mindestinhalt der Bürgschaftsurkunde entsprechen.

8. Nebenpflichten

Die Bürgschaft ist ein streng einseitiger Vertrag, weswegen sich hieraus für den Gläubiger grds. 220
keine Sorgfaltspflichten ableiten lassen. Insb. ist der Gläubiger nicht verpflichtet, den Bürgen über den Umfang seines Risikos aufzuklären. Nach Ansicht des BGH[187] ist jede unbeschränkt geschäftsfähige Person in der Lage, das mit der Bürgschaft verbundene erhebliche persönliche Risiko zu

182 Ausführlich hierzu vgl. *Reinicke/Tiedtke* Rn. 173 m.w.N.
183 BGH, NJW 1984, 798.
184 MüKo-BGB/*Habersack* § 766 Rn. 23; *Reinicke/Tiedtke* Rn. 174.
185 BGHZ 132, 119 (124).
186 MüKo-BGB/*Habersack* § 766 Rn. 21; Schimansky/Bunte/Lwowski/*Schmitz* Bankrechts-Handbuch § 91 Rn. 24.
187 BGH, WM 1994, 676 (677).

erkennen. Dem Bürgen muss ohne besondere Aufklärung durch das Kreditinstitut bewusst sein, dass er persönlich ohne Gegenleistung des Gläubigers in Anspruch genommen werden kann. Zudem wird der Bürge durch das Schriftformerfordernis vor Übereilung geschützt. Dem Kreditinstitut obliegen deswegen auch nach Abschluss des Bürgschaftsvertrages ggü. dem Bürgen grds. keine Aufklärungs- und Warnpflichten.[188]

221 Dennoch gilt auch bei dem streng einseitigen Bürgschaftsvertrag der das Schuldrecht beherrschende Grundsatz von Treu und Glauben gem. § 242 BGB. So muss ein Kreditinstitut einen ausländischen Bürgen zwar grds. weiterhin nicht über das verbürgte Risiko aufklären. Etwas anderes gilt aber dann, wenn das Kreditinstitut aufgrund besonderer Umstände erkennt, dass der ausländische Bürge das Risiko und die Tragweite seiner Verpflichtung nicht zu überblicken vermag.[189]

222 I.Ü. ergeben sich aus dem Grundsatz von Treu und Glauben für den Gläubiger die üblichen Sorgfaltspflichten, die bei deren gröblicher Verletzung und arglistigem Handeln zu einer Verwirkung der Bürgschaftsforderung führen.[190] Der Gläubiger ist zwar nicht verpflichtet, den Bürgen über das Risiko aufzuklären; er darf aber selbstverständlich auch das zu übernehmende Risiko nicht herunterspielen. Ebenso ist der Gläubiger nicht verpflichtet, die wirtschaftlichen Verhältnisse des Hauptschuldners offenzulegen. Entsprechende Fragen des Bürgen müssen aber wahrheitsgemäß beantwortet werden. War eine dem Bürgen gegebene Bonitätsauskunft des Gläubigers jedoch zutreffend und verschlechtern sich danach die persönlichen und wirtschaftlichen Verhältnisse des Hauptschuldners, kann der Bürge hieraus naturgemäß aus der Auskunft des Gläubigers kein Verschulden bei Vertragsschluss herleiten.[191]

223 Die Rechtsprechung zu aus dem Grundsatz von Treu und Glauben resultierenden Sorgfaltspflichten enthält eine Vielzahl von Einzelfallentscheidungen, die sich mit dem Vorliegen von Willkür, Arglist und kollusivem Verhalten sowie einem strukturellen Ungleichgewicht zwischen Gläubiger und Bürge befassen. Rechtsfolge einer fahrlässigen Pflichtverletzung des Gläubigers ist ein Schadensersatzanspruch des Bürgen wegen Verschuldens bei Vertragsschluss (§§ 311, Abs. 1, 241 Abs. 2 BGB), wonach der Bürge verlangen kann, von seiner Bürgschaftsverpflichtung freigestellt zu werden. Ein typischer Fall eines solchen Freistellungsanspruches liegt dann vor, wenn der Gläubiger durch sein Verhalten erkennbar einen Irrtum des Bürgen veranlasst. Der Gläubiger muss auf diesen Irrtum hinweisen.[192]

224 Der Grundsatz von Treu und Glauben gilt nicht nur bei der Anbahnung des Bürgschaftsvertrages, sondern vielmehr auch nach dessen Abschluss. Kommt der Hauptschuldner der Tilgung seiner Schuld nur aufgrund der Veranlassung durch den Gläubiger nicht nach, so kann der Bürge dem Gläubiger die Arglisteinrede entgegenhalten.[193] Verursacht der Gläubiger ohne sachlichen Grund den wirtschaftlichen Zusammenbruch des Hauptschuldners, gilt dasselbe.[194] Demgegenüber ist die Bank nur im Einzelfall bei Neukreditierung verpflichtet, in gewissem Maße auf die Interessen des Bürgen Rücksicht zu nehmen.[195]

225 Ist das Kreditinstitut, wie häufig im Avalgeschäft, selbst Bürgin, so darf sie grds. nicht ohne vorherige Rücksprache mit dem Hauptschuldner anstelle einer gewöhnlichen Bürgschaft eine Bürgschaft auf erstes Anfordern leisten, da diese für den Hauptschuldner ein erheblich höheres Risiko birgt.[196]

---

188 BGH, WM 1997, 1045.
189 BGH, NJW 1997, 3230.
190 *Kümpel* Rn. 6.145.
191 Schimansky/Bunte/Lwowski/*Schmitz* Bankrechts-Handbuch § 91 Rn. 42.
192 BGH, WM 1990, 1956; WM 1999, 1614 (1615).
193 BGH, WM 66, 317.
194 Vgl. zur Verwirkung der Bürgschaftsforderung Rdn. 458.
195 Schimansky/Bunte/Lwowski/*Schmitz* Bankrechts-Handbuch § 91 Rn. 44.
196 *Kümpel* Rn. 6.145.

Auch dem Bürgen obliegen grds. keine Warnpflichten ggü. dem Gläubiger. Hat der Bürge seine Bürgschaftserklärung unter einer aufschiebenden Bedingung abgegeben, deren Eintritt vom Belieben des Gläubigers abhängt, so besteht keine Aufklärungspflicht dahin gehend, dass die Bedingung noch nicht erfüllt ist.[197] Der Bürge ist lediglich verpflichtet, sich nach § 162 Abs. 1 BGB einer unzulässigen Einwirkung auf die Bedingung zu enthalten. **226**

9. Anwendbarkeit des Haustürwiderrufsrechts

Zwischen dem IX. und XI. Senat des BGH herrschte Uneinigkeit, ob das Haustürwiderrufsgesetz (jetzt § 312, 312a BGB) auch Bürgschaften erfasst, wenn der Bürge Verbraucher ist. **227**

Der IX. Senat[198] hat diese Frage mit dem Argument verneint, das Widerrufsrecht nach dem Haustürwiderrufsgesetz (§§ 312 Abs. 1, 355 BGB) bestehe nur dann, wenn die Willenserklärung des Verbrauchers auf den Abschluss eines Vertrages über eine entgeltliche Leistung gerichtet sei. Die Bürgschaft sei aber kein derartiger Vertrag, da sie lediglich eine einseitige Verpflichtung des Bürgen begründe. **228**

Der XI. Senat[199] vertritt eine andere Rechtsansicht und begründet diese mit der Schutzbedürftigkeit des Bürgen. Nach seiner Ansicht fehlt es an einer entgeltlichen Leistung nur dann, wenn der Verbraucher durch seine Willenserklärung keine Verpflichtung eingeht, sondern ausschließlich Rechte erwirbt. Nur dann sei der Verbraucher nicht schutzbedürftig. Anders stelle sich die Interessenlage aber gerade bei der Bürgschaft dar, da der Bürge ohne Gegenleistung eine Verpflichtung eingehe. In diesem Fall sei der Bürge als Verbraucher in erheblich größerem Umfang schutzbedürftig, als bei Abschluss eines gegenseitigen Vertrages. Deswegen wendet der XI. Senat das Haustürwiderrufsgesetz auch auf Bürgschaftsverträge an. **229**

Dieser Rechtsauffassung hat sich die Rechtslehre beinahe einheitlich angeschlossen.[200] Der XI. Senat sowie die Rechtslehre haben insb. eingewandt, die vom IX. Senat angewandte Auslegung des Gesetzes stehe im Widerspruch zu der sog. Verbraucherrichtlinie 85/577/EWG des Rates der Europäischen Gemeinschaft vom 31.12.1985. Die Verbraucherrichtlinie betrifft den Verbraucherschutz im Fall von außerhalb von Geschäftsräumen geschlossenen Verträgen und ist durch das Haustürwiderrufsgesetz vom 16.01.1986 in deutsches Recht umgesetzt worden. Der XI. Senat und die Rechtslehre gehen davon aus, dass das Haustürwiderrufsgesetz nur dann richtlinienkonform ausgelegt ist, wenn es auch für Bürgschaftsverträge gilt. **230**

Der IX. Senat hat sich der Rechtsansicht des XI. Senates nicht angeschlossen, sondern vielmehr dem EuGH durch Beschl. v. 11.01.1996[201] gem. Art. 177 Abs. 3 EGV (jetzt Art. 236 Abs. 3 EGV) folgende Frage vorgelegt: **231**

> »Gehört der Bürgschaftsvertrag deutschen Rechts, der zwischen einem Kreditinstitut und einer hierbei nicht im Rahmen einer selbstständigen Erwerbstätigkeit handelnden natürlichen Person geschlossen wurde und durch den eine Kreditforderung des Kreditinstituts gegen einen Dritten abgesichert wird, zu den Verträgen, die zwischen einem Gewerbetreibenden, der Waren liefert oder Dienstleistungen erbringt und einem Verbraucher geschlossen werden (Art. 1 Abs. 1 der Richtlinie des Rates der Europäischen Gemeinschaften vom 20.12.1985 betreffend den Verbraucherschutz im Falle von außerhalb von Geschäftsräumen geschlossenen Verträgen, 85/577 EWG, Abl. EG Nr. L372/31 vom 31.12.1985)?« **232**

197 BGH, NJW 1987, 1631.
198 BGHZ 113, 287; NJW 1991, 975.
199 ZIP 1995, 1813.
200 *Bülow* NJW 1996, 2889 (2890); *Pfeiffer* ZIP 1998, 1129; vgl. die Zusammenstellung bei *Klingsporn* WM 1993, 829.
201 BGH, NJW 1996, 930.

233 Der EuGH hat über den Vorlagebeschluss durch Urt. v. 17.03.1998[202] entschieden und festgestellt, dass Bürgschaften grds. unter die Richtlinie fallen. Dies gelte jedoch nur bei denjenigen Bürgschaften, die Verbindlichkeiten absichern, die ein Verbraucher im Rahmen eines Haustürgeschäfts ggü. einem Gewerbetreibenden als Gegenleistung für Waren oder Dienstleistungen eingegangen sei. Ein Bürgschaftsvertrag, der von einer nicht im Rahmen einer Erwerbstätigkeit handelnden natürlichen Person geschlossen wird, falle damit nicht in den Geltungsbereich der Richtlinie, wenn er die Rückzahlung einer Schuld absichere, die der Hauptschuldner im Rahmen seiner Erwerbstätigkeit eingegangen sei bzw. wenn dies zwar durch einen Verbraucher, aber nicht im Rahmen eines Haustürgeschäfts erfolgt sei.

234 Im Ergebnis hat der EuGH also entschieden, dass ein Bürgschaftsvertrag, der von einer nicht im Rahmen einer Erwerbstätigkeit handelnden natürlichen Person in einer Haustürsituation geschlossen wird, nur dann in den Schutzbereich der Verbraucherrichtlinie fällt, wenn auch der Hauptschuldner selbst Verbraucher und im Rahmen eines Haustürgeschäfts tätig gewesen ist.

235 Der IX. Senat[203] hat auf diese Vorabentscheidung des EuGH am 14.05.1998 ein Endurteil mit folgenden Leitsätzen erlassen:

236 »Ein Bürgschaftsvertrag, der zur Absicherung einer Verbindlichkeit geschlossen wird, die der Hauptschuldner im Rahmen seiner Erwerbstätigkeit eingegangen ist, ist kein Geschäft im Sinne des § 1 Satz 1 HausTWG (jetzt § 312 Abs. 1 BGB). Das Selbe gilt, wenn der Hauptschuldner die durch die Bürgschaft gesicherte Verbindlichkeit zwar als Verbraucher, jedoch nicht im Rahmen eines Haustürgeschäftes eingegangen ist.«

237 Nach der Rechtsprechung des EuGH[204] wie auch des BGH[205] ist für die Anwendung des Haustürwiderrufsrechts auf Bürgschaften sowohl eine doppelte Verbrauchereigenschaft als auch eine doppelte Haustürsituation notwendig. Nicht nur der Bürge, sondern auch der Kreditnehmer müssen Verbraucher sein. Zudem muss sowohl die Hauptschuld als auch die Bürgschaft im Rahmen einer Haustürsituation eingegangen worden sein.

238 Diese Rechtsprechung ist in großen Teilen der Rechtslehre auf Kritik gestoßen, da es nicht einzusehen sei, warum der Verbraucherschutz zugunsten des Bürgen davon abhängig gemacht werden solle, dass auch der Hauptschuldner den Schutz des § 312 BGB verdiene. Die Rechtslehre hält es für nicht nachvollziehbar, warum der Bürge als Verbraucher, der beim Abschluss des Bürgschaftsvertrages in einer Haustürsituation überrumpelt worden ist, nur geschützt werden soll, wenn auch der Hauptschuldner, Verbraucher und dessen Geschäft in einer Haustürsituation abgeschlossen worden sind. Denn im Ergebnis habe der Widerruf des Bürgen nur zur Folge, dass der Bürgschaftsvertrag nicht wirksam werde. Der Vertrag zwischen dem Gewerbetreibenden und dem Hauptschuldner werde durch den Widerruf des Bürgschaftsvertrages grds. nicht berührt, es sei denn, im Einzelfall sei § 139 BGB anwendbar. Auch und insb. deswegen können die Schutzwürdigkeit und die Schutzbedürftigkeit des Bürgen nicht davon abhängen, ob auf den Hauptschuldner selbst das Haustürwiderrufsrecht anwendbar sei. Aufgrund dessen wird die Auffassung des IX. Senates in der Rechtslehre mit Entschiedenheit abgelehnt[206] und die Ansicht vertreten, dass das Haustürwiderrufsrecht auf den Bürgen schon dann anwendbar ist, wenn dieser Verbraucher ist und in einer Haustürsituation überrumpelt wurde. Dies soll auch dann gelten, wenn die Bürgschaft eine Forderung sichert, die der Hauptschuldner im Rahmen seiner gewerblichen Tätigkeit oder zwar als Verbraucher, aber nicht im Rahmen eines Haustürgeschäftes, eingegangen ist. Nach Ansicht der Rechtslehre kommt es also ausschließlich auf die Verbrauchereigenschaft und die Haustürsituation beim Bürgen an.

202 EuGH, NJW 1985, 1295.
203 BGH, NJW 1998, 2356.
204 EuGH, NJW 1998, 1295.
205 BGH, NJW 1998, 2356.
206 *Drexel* JZ 1998, 1046 (1052); *Lorenz* NJW 1998, 2937 (2939); *Pfeiffer* ZIP 1998, 1129 (1135); FCH/*Fischer*, S. 93, 94.

Es versteht sich von selbst, dass der Bürge in jedem Fall nur dann in den Schutzbereich des Haustürwiderrufsrechts fällt, wenn er seinerseits überrumpelt und nicht gewerblich tätig geworden ist. Es genügt natürlich nicht, wenn diese Voraussetzungen ausschließlich beim Hauptschuldner, nicht aber beim Bürgen gegeben sind. 239

Der Auffassung der Rechtslehre hat sich nunmehr der mittlerweile ausschließlich für das Bankrecht zuständige XI. Senat[207] angeschlossen und in einem Fall festgestellt, dass das Widerrufsrecht eines Verpfänders gem. § 312 Abs. 1 Satz 1 BGB nicht von der Verbrauchereigenschaft des Hauptschuldners oder einer auf diesen bezogenen Haustürsituation abhängt. Das Gleiche muss für das Widerrufsrecht des Bürgen gelten. Es ist kein Grund ersichtlich, warum der akzessorisch mit seinem gesamten Vermögen haftende Bürge schlechtergestellt sein sollte als der Verpfänder, der zudem lediglich mit der verpfändeten Sache oder dem verpfändeten Recht haftet. 240

In der Praxis ist den Kreditinstituten zu empfehlen, die Vorschriften des Haustürwiderrufsrechts auch bei Bürgschaften zu beachten, bei denen lediglich die Bürgschaft, nicht aber die Hauptschuld von einem Verbraucher in einer Haustürsituation eingegangen wurde. Vorsichtshalber sollte jede bürgende Privatperson, mit der die Bürgschaft in einer Haustürsituation verhandelt wird, über das Recht zum Widerruf belehrt werden. Ist die Bürgschaft Voraussetzung für die Auszahlung der Kreditvaluta, sollte ggf. der Ablauf der Widerrufsfrist vor Auszahlung abgewartet werden. 241

10. Anwendbarkeit des Verbraucherdarlehensrechts

Auch i.R.d. Verbraucherdarlehensrechts stellt sich die Frage, ob die §§ 491 ff. BGB nicht nur auf die Verpflichtung des Darlehensnehmers als Hauptschuldner, sondern darüber hinaus auf den Bürgschaftsvertrag als solchen anwendbar ist. 242

Nach § 491 Abs. 1 BGB gilt das Verbraucherdarlehensrecht ausschließlich für entgeltliche Darlehensverträge. Der Bürgschaftsvertrag ist kein Darlehensvertrag. Denn ein Darlehensvertrag ist ein Vertrag, durch den ein Kreditgeber einem Kreditnehmer einen entgeltlichen Kredit in Form eines Darlehens, eines Zahlungsaufschubs oder einer sonstigen Finanzierungshilfe gewährt. Der Bürge sichert lediglich ein Darlehen, das einem Anderen, eben dem Hauptschuldner, gewährt worden ist. Ein eigenes Darlehen erhält der Bürge nicht. Damit ist § 491 BGB auf die Bürgschaft unmittelbar nicht anwendbar. 243

Es stellt sich die Frage, ob insoweit eine planwidrige Regelungslücke des Gesetzes vorliegt, welche die analoge Anwendung der §§ 491 ff. BGB auf die Bürgschaft rechtfertigt. Der BGH[208] hat dies verneint. Einer analogen Anwendung stünden sowohl der ausdrückliche Wille des Gesetzgebers als auch das Fehlen einer Regelungslücke entgegen. Der Gesetzgeber habe bewusst davon abgesehen, mittels des Verbraucherkreditgesetzes neue Schutzbestimmungen für den Bürgen aufzustellen. Der Entwurf des Verbraucherkreditgesetzes sei im Rechtsausschuss eingehend beraten worden. Von diesem Gesetzesentwurf sei die Bürgschaft nicht erfasst. Trotz der Beschlussempfehlung der SPD-Bundestagsfraktion, in der der Entwurf des Verbraucherkreditgesetzes als unzureichend bezeichnet und unter anderem gefordert wurde, andere Regelungen zum Schutze des Bürgen einzuführen, erfolgte in diesem Punkt keine Änderung des Gesetzesentwurfes. Damit fehle es an einer planwidrigen Regelungslücke, vielmehr sei es ausdrücklicher Wille des Gesetzgebers gewesen, das Verbraucherdarlehensrecht nicht auf Bürgschaften anzuwenden. 244

Angesichts dieser eindeutigen gesetzlichen Regelung war der BGH[209] nicht bereit, im Wege richterlicher Rechtsfortbildung unter Berufung auf allgemeine Gerechtigkeitserwägungen Bürgschaften von Verbrauchern generell den Bestimmungen des Verbraucherkreditgesetzes zu unterstellen. Der 245

207 BGH, NJW 2006, 845.
208 BGH, NJW 1998, 1939.
209 BGH, NJW 1998, 1939 (1941).

BGH führt aus, dass ein Richter bei Vorliegen einer eindeutigen gesetzgeberischen Entscheidung diese nicht aufgrund eigener Vorstellungen durch eine judikative Lösung ersetzen darf.

246 Nach Auffassung des BGH finden damit die Vorschriften der §§ 491 ff. BGB weder unmittelbar noch analog auf die Bürgschaft Anwendung. Dies entspricht auch der bisherigen Rechtsprechung der Instanzengerichte und der herrschenden Meinung in der Rechtslehre.

247 Allerdings hat der BGH[210] bisher lediglich entschieden, dass das Verbraucherkreditgesetz jedenfalls nicht für Bürgschaften gilt, die Darlehen sichern, welche für eine bereits ausgeübte gewerbliche oder selbstständige berufliche Tätigkeit des Hauptschuldners bestimmt oder gem. § 3 Abs. 1 Verbraucherkreditgesetz (vgl. § 491 Abs. und 3 BGB) vom Anwendungsbereich des Gesetzes ausgenommen sind. Im Ergebnis hat der BGH also die Anwendbarkeit des Verbraucherkreditrechts auf Fälle abgelehnt, in denen bereits der Hauptschuldner dessen Schutz nicht genießt. Die im Streitfall nicht entscheidungserhebliche Frage, ob die Bestimmungen des Verbraucherkreditrechts dann auf eine Bürgschaft anzuwenden sind, wenn der Bürge Verbraucher ist und seine Verpflichtung einen Verbraucherkredit im Sinne dieses Gesetzes sichern soll, hat er offen gelassen. Grund hierfür ist die Entscheidung des EuGH zum Haustürwiderrufsgesetz.[211]

248 Mittlerweile hat der EuGH[212] festgestellt, dass ein Bürgschaftsvertrag, der zur Sicherung der Rückzahlung eines Kredites geschlossen wird, auch dann nicht in den Geltungsbereich der Richtlinie über den Verbraucherkredit fällt, wenn weder der Bürge noch der Kreditnehmer im Rahmen ihrer Gewerbstätigkeit gehandelt haben, sprich sich ein Verbraucher für einen Verbraucherkredit verbürgt.

249 Anders stellt sich die Rechtslage für den Schuldbeitritt dar. Zwar ist auch der Schuldbeitritt kein Kreditvertrag i.S.d. Verbraucherdarlehensvorschriften, gleichwohl wendet der BGH[213] diese Vorschriften auf den Schuldbeitritt zu einem Verbraucherkreditvertrag entsprechend an, weil der Beitretende die volle vertragliche Mitverpflichtung eingeht und deshalb ebenso schutzwürdig erscheint wie der Kreditnehmer selbst.[214] Im Gegensatz zur Bürgschaft liegt beim Schuldbeitritt eine planwidrige Regelungslücke des Gesetzes vor, die durch die analoge Anwendung geschlossen werden muss.[215]

250 Der Schuldbeitretende genießt also i.R.d. Verbraucherdarlehensrechtes den gleichen Schutz wie der Darlehensnehmer selbst. Insoweit wird alleine auf die Person des Schuldbeitretenden abgestellt, d.h., er wird rechtlich so behandelt, wie wenn er selbst einen Darlehensvertrag geschlossen hätte.

251 Eine unterschiedliche Behandlung von Bürgschaft und Schuldbeitritt rechtfertigt sich aus folgenden Erwägungen: Im Gegensatz zur Bürgschaft hat der Gesetzgeber das Problem der möglichen Anwendung des Verbraucherdarlehensrechtes auf den Schuldbeitritt nicht gesehen, i.R.d. Gesetzgebungsverfahrens nicht diskutiert und deshalb auch nicht geregelt. Damit liegt eine planwidrige Regelungslücke vor, die eine analoge Anwendung der §§ 491 ff. BGB auf den Schuldbeitritt rechtfertigt. Ferner ist der Beitretende im Gegensatz zum Bürgen auf den Schutz der Vorschriften aus dem Verbraucherdarlehensrecht angewiesen, weil der Bürge bereits durch das Schriftformgebot des § 766 BGB und den Grundsatz der Akzessorietät hinreichend geschützt ist.[216] Ein entsprechender Schutz fehlt beim gesetzlich nicht geregelten Schuldbeitritt.

---

210 BGH, NJW 1998, 1939.

211 Vgl. hierzu Rdn. 233.

212 EuGH, WM 2000, 713.

213 BGHZ 133, 71; 133, 220; 134, 94.

214 Anders bei einem privatrechtlichen Schuldbeitritt zu einem verlorenen Investitionszuschuss der öffentlichen Hand vgl. BGH, NJW 2008, 1070 (1071).

215 BGH, NJW 2006, 431.

216 MüKo-BGB/*Habersack* vor § 765 Rn. 8.

V. Unwirksamkeitsgründe

1. Sittenwidrigkeit

a) Entwicklungen in der Rechtsprechung

Zunächst hat der seinerzeit für das Bürgschaftsrecht zuständige IX. Senat des BGH[217] die Ansicht vertreten, dass die Bürgschaft als einseitig verpflichtendes Schuldverhältnis nicht von den Maßstäben eines Interessenausgleichs geprägt und damit nur selten sittenwidrig sei. Der IX. Senat hatte angenommen, dass auch die Übernahme von Bürgschaften durch Angehörige des Hauptschuldners grds. von der Vertragsfreiheit gedeckt sei und auch bei einem Übersteigen der Leistungsfähigkeit des Bürgen sowie bei geschäftlicher Unerfahrenheit der Bürgschaftsvertrag keiner Inhaltskontrolle unterliege. 252

Diese Rechtsprechung des IX. Senates ist in der Rechtslehre vermehrt kritisiert worden. Auch der XI. Senat[218] hatte sich im Laufe der Zeit mehr und mehr von dieser Rechtsansicht distanziert. 253

Durch Beschluss des BVerfG vom 19.10.1993[219] wurde diese Rechtsprechung als Verletzung der durch Art. 2 Abs. 1 GG gewährleisteten Privatautonomie qualifiziert. Durch diesen Beschluss des BVerfG wurden die Zivilgerichte verpflichtet, mit den von der Zivilrechtsordnung bereitgestellten Mitteln, darunter insb. den Generalklauseln der §§ 138 BGB und 242 BGB, auf »strukturelle Störungen der Vertragsparität angemessen zu reagieren« und darauf zu achten, »dass Verträge nicht als Mittel der Fremdbestimmung dienen«.[220] Das BVerfG hat aber ausdrücklich festgestellt, dass diese Verpflichtung nur unter der doppelten Voraussetzung besteht, dass es sich um eine typisierbare Fallgestaltung handelt, die eine strukturelle Unterlegenheit des einen Vertragsteils erkennen lässt und dass die Folgen des Vertrages für den unterlegenen Vertragsteil ungewöhnlich belastend sein müssen.[221] 254

In der neueren Rechtsprechung des BGH[222] wurden diese verfassungsrechtlichen Vorgaben unter Rückgriff auf die Generalklausel des § 138 Abs. 1 BGB umgesetzt, wonach die eine krasse finanzielle Überforderung begründende Bürgschaft einer dem Schuldner emotional verbundenen Person sowie ein entsprechender Schuldbeitritt sittenwidrig sind. Unter den genannten Voraussetzungen wird die Sittenwidrigkeit und damit Nichtigkeit der Bürgschaft sogar vermutet. Sittenwidrigkeit kann auch bei der Übernahme einer Bürgschaft vorliegen, wenn es an einem Näheverhältnis zwischen Bürgen und Hauptschuldner oder an der finanziellen Überforderung fehlt, sofern sonstige, dem Kreditgeber zurechenbare Umstände hinzutreten. 255

In der Zeit nach Erlass der Entscheidung des BVerfG hat der BGH unter Beachtung der vorgegebenen Leitlinien seine Rechtsprechung zu Bürgschaften von einkommens- und vermögenslosen Familienangehörigen grundlegend geändert und war bestrebt, die bürgenden nahen Angehörigen wesentlich besser zu stellen. Mittlerweile ist die Rechtsprechung des BGH- nach Kontroversen unter den Zivilsenaten- zur Sittenwidrigkeit von Bürgschaften und Schuldbeitritten weitestgehend gefestigt. Zudem sind die weiterhin bestehenden geringfügigen Divergenzen zwischen dem IX. und XI. Senat aufgehoben, nachdem die Zuständigkeit für das Bürgschaftsrecht seit dem 01.01.2001 ausschließlich beim XI. Senat liegt.[223] 256

217 BGH, NJW 1989, 1605; NJW 1991, 2015; NJW 1992, 896.
218 BGH, NJW 1991, 923; NJW 1993, 322.
219 BVerfGE 89, 214; BGH, NJW 1994, 36.
220 BVerfGE 89, 214 (233).
221 BVerfGE 89, 214 (232); BVerfG, NJW 1994, 2749 (2750).
222 BGHZ 146, 37; *Nobbe/Kirchhof* BKR 2001, 5.
223 MüKo-BGB/*Habersack* § 765 Rn. 15-17, 22; Schimansky/Bunte/Lwowski/*Schmitz* Bankrechts-Handbuch § 91 Rn. 32.

257 In der Grundsatzentscheidung vom 24.02.1994[224] hat der BGH noch heute gültige Grundsätze für die Bewertung der strukturellen Unterlegenheit des Bürgen erarbeitet:

- Ein Rechtsgeschäft ist nach § 138 Abs. 1 BGB nur dann nichtig, wenn es in seinem aus der Zusammenfassung von Inhalt, Beweggrund und Zweck zu entnehmenden Gesamtcharakter den guten Sitten widerspricht, wobei allein auf die Umstände bei Vertragsschluss abzustellen ist. Die Tatsache, dass der Inhalt des Bürgschaftsvertrages nur den Bürgen in erheblichem Umfang belastet, stellt für sich die Wirksamkeit der Bürgschaft noch nicht infrage. Diese hat vielmehr schon kraft Gesetzes in aller Regel eine einseitige Verpflichtung zugunsten des Gläubigers zum Gegenstand. Die Bürgschaft ist daher strukturell nicht von einer angemessenen und im Grundsatz gleichwertigen Berücksichtigung gegenseitiger Interessen geprägt, sondern in ihrem rechtlichen Kern darauf angelegt, nur einer Seite Vorteile zu verschaffen.[225]
- Die eingegangene Bürgschaftsverpflichtung ist auch nicht bereits deshalb rechtlich zu missbilligen, weil der Bürge im Zeitpunkt seiner Willenserklärung nicht die Einkünfte oder das Vermögen zur Erfüllung der Verbindlichkeiten hatte, für die er haften soll. Aus der Vertragsfreiheit folgt, dass es grds. jedem unbenommen sein muss, in eigener Verantwortung auch risikoreiche Geschäfte abzuschließen und sich zu Leistungen zu verpflichten, die nur unter besonders günstigen Bedingungen, ggf. unter dauernder Inanspruchnahme des pfändungsfreien Einkommens, erbracht werden können.[226]
- I.d.R. vermag jede unbeschränkt geschäftsfähige Person zu erkennen, dass sie mit einer Bürgschaft ein erhebliches persönliches Risiko eingeht, die Tragweite ihres Handelns entsprechend einzuschätzen und danach ihre Entscheidung zu treffen. Davon ist im Ansatz auch dann auszugehen, wenn der Bürge dem Hauptschuldner verwandtschaftlich verbunden ist.[227]
- Verpflichtet sich der Bürge in einem Umfang, der seine gegenwärtigen und zukünftig zu erwartenden Einkommens- und Vermögensverhältnisse weit übersteigt (finanziell überforderter Bürge), kann ein solcher Vertrag jedoch dann gem. § 138 Abs. 1 BGB nichtig sein, wenn der Bürge durch weitere, dem Gläubiger zurechenbare Umstände in seinen berechtigten Interessen erheblich beeinträchtigt wird, die zu einem unerträglichen Ungleichgewicht der Vertragspartner führen.[228] Solche Belastungen können sich insb. daraus ergeben, dass der Gläubiger die geschäftliche Unerfahrenheit oder eine seelische Zwangslage des Bürgen ausnutzt oder auf andere Weise ihn in seiner Entscheidungsfreiheit unzulässig beeinträchtigt.
- Die grundrechtlich geschützte Privatautonomie vermag den Abschluss risikoreicher und zugleich einseitig belastender Geschäfte nur zu rechtfertigen, sofern beide Partner in der Lage sind, sich frei für oder gegen eine vertragliche Bindung zu entscheiden. Wurde der Bürge in seiner Freiheit, sich für oder gegen eine vertragliche Bindung zu entscheiden, sowie in der Erkenntnismöglichkeit, mit welchen Rechtsfolgen die in Rede stehende Verpflichtung verbunden sein kann, wesentlich beeinträchtigt, ist das rechtlich nicht hinnehmbar und der Bürge insoweit schutzwürdig, als er an der im Grundsatz eigenverantwortlich getroffenen Entscheidung nicht festzuhalten ist.[229]
- Besteht ein krasses Missverhältnis zwischen dem Verpflichtungsumfang und der Leistungsfähigkeit des Bürgen und hat der Gläubiger unter keinem Gesichtspunkt ein berechtigtes Interesse an der Bürgschaft in dem erteilten Umfang, dann kann die Bürgschaft schon wegen des besonders groben Missverhältnisses zwischen Verpflichtungsumfang und Leistungsfähigkeit des Bürgen i.V.m. dessen geschäftlicher Unerfahrenheit sittenwidrig sein.[230]

---

224 BGHZ 125, 206; BGH, NJW 1994, 1278.
225 BGHZ 125, 206 (209).
226 BGHZ 125, 206 (209); 106, 269 (272); 107, 92 (98).
227 BGHZ 125, 206 (210); 106, 269 (272); 107, 92 (103).
228 BGHZ 125, 206 (210).
229 BGHZ 125, 206 (213–215).
230 BGHZ 125, 206 (210).

Im Ergebnis haben sich zwei Fallgruppen der Sittenwidrigkeit aufgrund unzulässiger finanzieller Überforderung herausgebildet: 258

Einerseits die krasse finanzielle Überforderung naher Angehöriger, die aufgrund emotionaler Verbundenheit zum Hauptschuldner und nicht aufgrund von Eigeninteressen die Bürgschaftserklärung abgeben. 259

Andererseits die bloß einfache finanzielle Überforderung, bei der die Sittenwidrigkeit aufgrund weiterer, dem Gläubiger zurechenbarer Umstände angenommen wird, die den Bürgen in seinen berechtigten Interessen erheblich beeinträchtigen und somit zu einem Ungleichgewicht zwischen den Parteien führen. 260

Bei der zweiten Fallgruppe ist noch danach zu differenzieren, ob der Gläubiger selbst in verwerflicher Weise auf die Entschließung des Bürgen eingewirkt und ihn damit unzumutbar belastet hat oder ob der Hauptschuldner in missbilligenswerter Weise auf den Bürgen eingewirkt und der Gläubiger dieses für ihn ohne Weiteres erkennbare Handeln für eigene Zwecke ausgenutzt hat. 261

Anhand dieser Fallgruppen ist es möglich, einen Bürgschaftsvertrag auf Sittenwidrigkeit wegen finanzieller Überforderung des Bürgen zu überprüfen, wobei jedoch die Umstände des Einzelfalls sowohl aufseiten des Bürgen als auch aufseiten des Gläubigers berücksichtigt werden müssen.[231] 262

b) Krasse finanzielle Überforderung naher Angehöriger

Bei der Bürgschaft einer dem Hauptschuldner nahestehenden Person wird die Sittenwidrigkeit unter folgenden Voraussetzungen angenommen: 263

(1) Der Bürge ist voraussichtlich nicht einmal in der Lage, die laufenden Zinsen mit eigenen Mitteln auf Dauer aufzubringen,
(2) der Bürge handelt aus emotionaler Verbundenheit zum Hauptschuldner und
(3) der Bürge hat kein die finanzielle Überforderung ausgleichendes eigenes Interesse an der Kreditgewährung.

Nach dieser nunmehr ständigen Rechtsprechung des BGH[232] hängt die Sittenwidrigkeit der Bürgschaft naher Angehöriger entscheidend von dem Grad des Missverhältnisses zwischen dem Verpflichtungsumfang und der finanziellen Leistungsfähigkeit des Bürgen ab. Ist der Bürge voraussichtlich nicht in der Lage, die im Darlehensvertrag festgelegte Zinslast aus dem pfändbaren Teil seines laufenden Einkommens und aus seinem Vermögen bei Eintritt des Sicherungsfalles dauerhaft zu zahlen, d.h., liegt eine sog. krasse finanzielle Überforderung vor,[233] wird nach der allgemeinen Lebenserfahrung ohne Hinzutreten weiterer Umstände widerlegbar vermutet, dass der nahe Angehörige die Bürgschaft alleine aus emotionaler Verbundenheit mit dem Hauptschuldner übernommen und der Kreditgeber dies in sittlich anstößiger Weise ausgenutzt hat.[234] An der Vermutung der Sittenwidrigkeit ändert sich auch nichts, wenn die zu leistenden Zinsen bei Eingehung der Mithaftung noch nicht endgültig feststehen [235]: 264

Zur Beurteilung der Sittenwidrigkeit muss zunächst das Missverhältnis zwischen dem Verpflichtungsumfang des Bürgen und seiner Leistungsfähigkeit ermittelt werden. 265

231 *Fischer* WM 98, 1749 (1750).
232 BGH, WM 2009, 1460 (1462); NJW 2005, 971; NJW 2002, 2228; WM 2000, 410.
233 BGHZ 135, 66 (70); BGH, NJW 2000, 1182; NJW 2001, 815.
234 BGH, NJW 1994, 1278; NJW 1997, 3372; NJW 2001, 815.
235 BGH, NJW-RR 2017, 241.

aa) Leistungsfähigkeit des Bürgen

266 Für die Feststellung der finanziellen Leistungsfähigkeit des Bürgen ist ausschließlich das eigene pfändbare Einkommen und das Vermögen des Bürgen zu berücksichtigen.[236]

267 Nach der Rechtsprechung des BGH[237] sind anderweitige Sicherheitsleistungen des Kreditnehmers – vor allem dingliche Sicherheiten – i.R.d. Wirksamkeitsprüfung finanziell übermäßig belastender Bürgschaften oder Schuldbeitritte nur dann zu berücksichtigen, wenn sie das Haftungsrisiko des Betroffenen in rechtlich gesicherter Weise auf ein vertretbares Maß beschränken. Es muss also gewährleistet sein, dass dem Betroffenen mit Rücksicht auf die anderweitige Sicherheit allenfalls eine seine Finanzkraft nicht übersteigende »Ausfallhaftung« trifft, d.h., der Kreditgeber ihn erst nach einer ordnungsgemäßen Verwertung der anderen Sicherheiten in Anspruch nimmt.[238]. Die finanzielle Überforderung wird durch anderweitige Sicherheitsleistung nicht beseitigt, wenn diese auch zur Sicherung anderer Ansprüche dienen[239].

268 Zu berücksichtigen ist auch ein voraussichtlich durch Verwertung des vom Bürgen bewohnten Eigenheims erzielbarer Erlös. Kann die gesamte Bürgenschuld durch einen solchen voraussichtlichen Verwertungserlös getilgt werden, fehlt es auch dann an einer finanziellen Überforderung des Bürgen, wenn der pfändbare Teil seines Einkommens für die Tilgung der laufenden Zinszahlungen der Hauptschuld nicht ausreicht.[240] Eine krasse finanzielle Überforderung scheidet also aus, wenn die Bürgenschuld durch den Wert eines dem Bürgen gehörenden Grundstücks abgedeckt ist.[241] Bei der Bewertung des unbeweglichen Vermögens des Bürgen sind bei der Frage seiner wirtschaftlichen Leistungsfähigkeit zum Zeitpunkt des Vertragsschlusses auf seinem Grundbesitz ruhende valutierende, dingliche Belastungen grds. wertmindernd zu berücksichtigen. Es ist also nur der im Einzelfall effektiv verfügbare Sicherungswert dinglichen Vermögens in Ansatz zu bringen.[242]

269 Forderungen, die sowohl durch die dingliche Belastung als auch durch die Bürgschaft gesichert werden, sind nur zu berücksichtigen, soweit sie aufgrund der dinglichen Belastung nicht getilgt werden können.[243]

270 Die früher vom IX. Senat vertretende Ansicht,[244] wonach sogar bis zum Verkehrswert belastete Grundstücke des Bürgen grds. einen »potentiell erheblichen Vermögenswert« darstellen, vermochte nicht zu überzeugen. Die lediglich potenzielle Werthaltigkeit von Vermögen, das z.Zt. der Bürgschaftsübernahme wegen anderweitiger Belastungen keinen realen Sicherungswert hat, ist kein hinreichender Grund, die Sittenwidrigkeit einer gegenständlich unbeschränkten Bürgschaft des i.Ü. leistungsunfähigen Eigentümers ohne Rücksicht auf den tatsächlichen Sicherungswert zu verneinen.

271 Die aktuelle Rechtsprechung[245] nimmt somit die tatsächliche wirtschaftliche Leistungsfähigkeit als Maßstab und stellt auf effektiv verfügbare Sicherungswerte ab. Bei der Prüfung der Leistungsfähigkeit ist also der Verkehrswert abzüglich der valutierenden Belastungen in Ansatz zu bringen. Ist das Grundstück wertausschöpfend belastet, muss es als Vermögensgegenstand bei der Ermittlung der Leistungsfähigkeit außer Betracht bleiben.

---

236 BGH, NJW 2000, 1182; NJW 2001, 815.
237 BGH, WM 2009, 1460 (1463); BGHZ 136, 347 (352 f.); 146, 37 (44); BGH, WM 2002, 1649 (1651).
238 Letztmalig BGH, WM 2009, 1460 (1463).
239 BGH, NJW-RR 2017 241.
240 BGH, Urt. v. 24.11.2009 – XI ZR 332/08; NJW 2001, 2466 (2467).
241 BGH, WM 2014, 1016 (1019).
242 BGH, Urt. v. 24.11.2009 – XI ZR 332/08; NJW 2002, 2228 (2229).
243 BGH, Urt. v. 24.11.2009 – XI ZR 332/08.
244 BGH, NJW 1996, 1470; NJW 1998, 450.
245 BGH, Urt. v. 24.11.2009 – XI ZR 332/08; BGHZ 151, 34 (38); BGH, WM 2002, 1647 (1648).

Eine finanzielle Überforderung scheidet nach der Rechtsprechung des BGH[246] selbst dann aus, wenn der nahe Angehörige das letzte vorhandene Vermögensgut zur Sicherung der Verbindlichkeit einsetzen muss, denn ein solcher Einsatz ist nicht ohne Weiteres sittlich verwerflich. § 138 Abs. 1 BGB hat i.d.R. nicht den Zweck, das Eigenheim eines Bürgen auf Dauer zu erhalten, wenn dessen Einkommen die Pfändungsfreibeträge nur in begrenztem Umfang übersteigt. Ebenso wenig schützt die Norm die Möglichkeit eines dauerhaften mietfreien Wohnens. 272

Bei der Beurteilung der wirtschaftlichen Leistungsfähigkeit des Bürgen ist lediglich das eigene, nicht aber auch das laufende Einkommen des Ehepartners zu berücksichtigen.[247] Die Ehe ist zwar im Verhältnis der Ehegatten untereinander eine Schicksals- und Risikogemeinschaft, sie ist jedoch keine Solidargemeinschaft, die im Außenverhältnis ein Einstehen für die Verbindlichkeiten des Partners erwarten lässt.[248] Auch der Umstand, dass die Zins- und Tilgungsraten von den Eheleuten jahrelang aus den gemeinsamen Einnahmen und dem gemeinsamen Vermögen geleistet worden sind, schließt eine krasse finanzielle Überforderung des bürgenden Ehepartners nicht aus.[249] 273

bb) Verpflichtungsumfang des Bürgen

Der Verpflichtungsumfang wird bestimmt nach dem Höchstbetrag der Bürgschaft.[250] Bei der Beurteilung der Sittenwidrigkeit von Bürgschaften ist nicht zu berücksichtigen, ob die tatsächliche Bürgenschuld bei Inanspruchnahme des Bürgen durch Verringerung der verbürgten Hauptforderung gem. § 767 BGB niedriger ist als der Bürgschaftshöchstbetrag. Denn zum Zeitpunkt der Bürgschaftserklärung ist nicht absehbar, wie sich die Hauptforderung in der Zukunft entwickeln wird. 274

Der Sittenwidrigkeit von Bürgschaften naher Angehöriger steht auch nicht entgegen, dass die verbürgte Hauptforderung relativ gering ist (nicht mehr als 10.000,00 €).[251] 275

Ebenso unerheblich ist die Laufzeit der verbürgten Hauptschuld. Dies gilt selbst dann, wenn die Laufzeit sehr kurz ist und dem Hauptschuldner ausreichende Liquidität zur Verfügung steht, um die Hauptschuld zu bezahlen.[252] Die Rechtsprechung stellt auch hier ausschließlich auf die Leistungsfähigkeit des Bürgen und nicht auf diejenige des Hauptschuldners ab, auch wenn aufgrund der kurzen Laufzeit der verbürgten Hauptschuld eine geringe Ausfallwahrscheinlichkeit besteht. 276

Grds. sind bei der Feststellung der finanziellen Überforderung des Bürgen neben der Bürgschaft bestehende Sicherheiten, die vom Kreditnehmer oder von einem Dritten gestellt wurden, zu berücksichtigen. 277

Der Umfang der Bürgschaftsverpflichtung wird durch diese Zusatzsicherheiten dann reduziert, wenn das Risiko des Bürgen in rechtlich gesicherter Weise hierdurch beschränkt wird.[253] 278

Grds. ist vom vollen Nennwert der Bürgschaft auszugehen, wenn der Gläubiger zwar weitere Sicherheiten erhalten hat, jedoch die Rechte des Bürgen aus § 776 BGB abbedungen sind, d.h. der Gläubiger berechtigt ist, die Zusatzsicherheiten ohne Zutun des Bürgen freizugeben und damit die Haftungsbeschränkung zugunsten des Bürgen ohne dessen Zutun wieder aufzuheben. Wurde die 279

246 BGH, NJW 2001, 2466 (2467).
247 BGH, NJW 1999, 2584; NJW 2005, 973 (975).
248 BGH, NJW 1999, 2584 (2587); NJW 1997, 1773.
249 BGH, NJW 2005, 973 (975).
250 Zur Frage der Sittenwidrigkeit bei zeitlich hintereinander geschaltenen Bürgschaftsverträgen zwischen der Bank und der Lebensgefährtin des Hauptschuldners bei Bürgschaftsübernahme für einen Kontokorrentkredit vgl. BGH, WM 2014, 989 (990); ZIP 2014, 1016 (1017).
251 OLG Celle, ZIP 2005, 1911.
252 BGH, NJW 2002, 2705 (2706).
253 BGH, NJW 1997, 3372; BGHZ 136, 347 (352).

gesetzliche Regelung des § 776 BGB abbedungen, sind die Zusatzsicherheiten nicht geeignet, die Bürgschaftsverpflichtung zu reduzieren.[254]

280 Eine Zusatzsicherheit beschränkt das Risiko des Bürgen in rechtlich gesicherter Weise aber dann, wenn sie im Rahmen einer engen Zweckerklärung ausschließlich der verbürgten Forderung zu dienen bestimmt ist. Insoweit ist es dem Gläubiger nicht gestattet, Verwertungserlöse aus der Zusatzsicherheit für andere als die verbürgte Forderung zu verwenden. Durch solche Sicherheiten ist der Bürge davor geschützt, aus der Bürgschaft in einem Maß in Anspruch genommen zu werden, das völlig außer Verhältnis zu seiner wirtschaftlichen Leistungsfähigkeit steht. Eine krasse finanzielle Überforderung und somit Sittenwidrigkeit wird damit zu verneinen sein.[255]

cc) Maßgeblicher Zeitpunkt

281 Für die Feststellung der Leistungsfähigkeit des Bürgen und damit für die Beurteilung der Frage, ob Sittenwidrigkeit aufgrund krasser finanzieller Überforderung vorliegt, ist grds. der Zeitpunkt des Vertragsschlusses maßgebend. Zudem ist im Rahmen einer Zukunftsprognose zu fragen, wie sich die Vermögensverhältnisse des Bürgen im Zeitpunkt seiner möglichen Inanspruchnahme voraussichtlich darstellen werden.

282 Entgegen der Ansicht des IX. Senates[256] ist eine tatsächliche Vermutung, bei Vorliegen der Leistungsfähigkeit bei Fälligkeit der Bürgschaft sei dies im Zweifel bereits bei Bestellung der Bürgschaft vorhersehbar gewesen, abzulehnen.[257]

283 Richtigerweise geht daher der XI. Senat davon aus, dass die Annahme einer tatsächlichen Vermutung für die Vorhersehbarkeit der finanziellen Verhältnisse des Bürgen im Zeitpunkt seiner tatsächlichen Inanspruchnahme im Endeffekt die Prüfung der wirtschaftlichen Leistungsfähigkeit von dem eigentlich maßgebenden Vertragsschluss auf die allein vom Gläubiger bestimmte Geltendmachung seiner Rechte verlagern würde.[258] Die Frage der finanziellen Überforderung ist also nach den Verhältnissen bei Vertragsschluss zu beurteilen, wobei der XI. Senat darauf abstellt, ob insb. aufgrund des Alters, der Schul- und Berufsausbildung sowie anderer erwerbsrelevanter Fähigkeiten des Bürgen eine begründete Aussicht auf eine alsbaldige wesentliche Verbesserung der finanziellen Leistungsfähigkeit bestand.[259]

284 Nicht zu berücksichtigen sind nach Bürgschaftsübernahme erhaltene Zuwendungen, auf die der Bürge z.Zt. des Bürgschaftsvertrages keinen rechtlich gesicherten Anspruch hatte.

285 Dies gilt auch und insb. für eine finanzielle Unterstützung naher Angehöriger zur Begleichung der Bürgschaftsverbindlichkeit.[260]

286 Ebenso unbeachtlich ist eine spätere selbstständige Tätigkeit des Bürgen, selbst dann, wenn der Bürge den Gewerbebetrieb des Hauptschuldners übernimmt, für den der verbürgte Geschäftskredit gewährt wurde.[261]

287 Unbeachtlich ist auch die mögliche Steigerung der Erbaussichten des Bürgen, wenn sie aufgrund der Bürgschaft das Vermögen des Hauptschuldners erhöht. Auch insoweit besteht kein rechtlich gesicherter Anspruch des Bürgen, der seine finanzielle Situation verbessern könnte.[262] Ausnahmsweise verstößt ein Bürgschaftsvertrag, durch den ein Bürge finanziell überfordert wird, im Hinblick

254 BGH, NJW 1997, 3372; BGHZ 136, 347 (352).
255 BGHZ 136, 347 (352); BGH, NJW 1997, 3372.
256 BGHZ 132, 328 (335); BGH, NJW 1996, 2088.
257 BGH, NJW 1999, 2584 (2587).
258 BGH, NJW 1999, 2584 (2588).
259 BGHZ 120, 272 (276); BGH, NJW 1999, 135; NJW 2005, 971; NJW 2002, 746.
260 FCH/*Fischer*, S. 100.
261 BGH, BKR 2003, 288 (290).
262 FCH/*Fischer*, S. 100; *Reinicke/Tiedtke* Rn. 246.

auf eine erwartete Erbschaft des Bürgen nicht gegen die guten Sitten, soweit der Bürge lediglich mit der Erbschaft selbst oder in deren Höhe haftet.[263] Dafür muss die Bürgschaft aber gerade im Hinblick auf die erwartete Erbschaft des ansonsten einkommens- und vermögenslosen Bürgen übernommen worden sein.[264]

dd) Kenntnis des Gläubigers

In subjektiver Hinsicht ist Kenntnis des Gläubigers von den Umständen, die die Sittenwidrigkeit begründen, Voraussetzung der Nichtigkeit.[265] Die finanzielle Leistungsunfähigkeit des Bürgen muss das Kreditinstitut als Gläubiger in aller Regel als bekannt gegen sich gelten lassen. Es entspricht den banküblichen Gepflogenheiten, dass ein Kreditinstitut vor Hereinnahme von Sicherheiten diese mit kaufmännischer Sorgfalt auf ihre Werthaltigkeit überprüft. Im Rahmen dieser Überprüfung und der Zukunftsprognose über die tatsächliche Leistungsfähigkeit des Bürgen erhält das Kreditinstitut Kenntnis über die finanziellen Möglichkeiten. Sieht der Gläubiger von der Überprüfung der Werthaltigkeit ab, kann er sich auf die fehlende Kenntnis der finanziellen Leistungsunfähigkeit nicht berufen. **288**

Im Zweifel ist davon auszugehen, dass der Gläubiger die die krasse finanzielle Überforderung begründenden objektiven Tatsachen und Verhältnisse schon bei Vertragsabschluss kannte oder sich ihnen bewusst verschlossen hat.[266] **289**

Etwas Anderes gilt nur dann, wenn der Gläubiger die Werthaltigkeit überprüft, indem der Bürge sich im Rahmen einer Selbstauskunft über seine persönlichen und wirtschaftlichen Verhältnisse erklären muss und der Bürge hierbei unrichtige Angaben macht, auf die der Gläubiger vertrauen durfte und aufgrund derer von der finanziellen Leistungsfähigkeit des Bürgen auszugehen ist.[267] Insoweit ist es dem Gläubiger auch möglich, die widerlegbare Vermutung der Kenntnis bzw. grob fahrlässigen Unkenntnis zu entkräften. Wertangaben des Hauptschuldners über die finanziellen Verhältnisse des Mithaftenden räumen den Vorwurf der Sittenwidrigkeit nur aus, sofern sie einer sorgfältigen Überprüfung des Gläubigers stand halten[268]. **290**

ee) Widerlegbare Vermutung und Eigeninteresse des Bürgen

Die krasse finanzielle Überforderung des Bürgen alleine reicht zur Anwendung des § 138 Abs. 1 BGB nach der Rechtsprechung des BGH[269] nicht aus. Vielmehr müssen weitere besondere Umstände hinzutreten, die das Ungleichgewicht zwischen den Vertragsparteien zur Folge haben. Ist jedoch die krasse finanzielle Überforderung des Bürgen festgestellt, so besteht nach übereinstimmender Rechtsprechung des IX. und des XI. Senates[270] eine widerlegbare Vermutung, dass sich die nahestehende Person bei der Übernahme der Bürgschaft nicht von seinen Interessen und von einer rationalen Einschätzung des wirtschaftlichen Risikos, sondern vielmehr von der emotionalen Verbundenheit zum Hauptschuldner hat leiten lassen und das Kreditinstitut diesen Umstand in sittlich anstößiger Weise ausgenutzt hat. **291**

Die auf der krassen finanziellen Überforderung des Bürgen basierende Vermutung der Sittenwidrigkeit kann vom Gläubiger widerlegt werden. Ihm obliegt die Darlegungs- und Beweislast, dass sich der Bürge bei Abgabe der Bürgschaftserklärung nicht von der emotionalen Beziehung zum **292**

263 BGH, NJW 1999, 58 (59).
264 BGH, NJW 1999, 58.
265 *Bülow* Rn. 887.
266 MüKo-BGB/*Habersack* § 765 Rn. 25; BGH, NJW 2001, 815.
267 BGH, NJW 1995, 1668; BGHZ 20, 43 (50).
268 BGH; NJW-RR 2017, 241.
269 BGH, NJW 1998, 894; NJW 1999, 58; NJW 2001, 815.
270 BGH, NJW 2005, 971; NJW 2003, 967; NJW-RR 2002, 1130.

Hauptschuldner, sondern vielmehr von einer realistischen Einschätzung des wirtschaftlichen Risikos hat leiten lassen und damit eine autonome Entscheidung vorliegt.

293 Der Gläubiger kann insoweit einwenden, dass er bei Abschluss des Bürgschaftsvertrages keine Kenntnis von der Überforderung des Bürgen gehabt habe. Auf fehlende Kenntnis kann er sich aber nur dann berufen, wenn er die Werthaltigkeit der Sicherheit überprüft und die fehlende Kenntnis auf falschen Angaben des Bürgen zu seinen persönlichen und wirtschaftlichen Verhältnissen basiert.[271]

294 Die Vermutung ist ferner widerlegt, wenn der Gläubiger den Nachweis erbringt, dass seitens des Bürgen ein persönliches oder wirtschaftliches Eigeninteresse an der Kreditaufnahme besteht. Da das Eigeninteresse des Bürgen an der Kreditaufnahme einen angemessenen Ausgleich zur krassen finanziellen Überforderung darstellen soll, sind nach Auffassung des XI. Senates allerdings nur nennens- und geldwerte unmittelbare Vorteile des Bürgen aus der Kreditaufnahme zu berücksichtigen.[272] Nach übereinstimmender Auffassung des IX. und XI. Senates verbietet es der Grundsatz der Vertragsfreiheit, an die krasse finanzielle Überforderung des Bürgen das Unwerturteil der Sittenwidrigkeit zu knüpfen, wenn der Mitverpflichtete aus dem Kredit ins Gewicht fallende eigene Vorteile zieht.[273]

295 Ein angemessener Ausgleich zur krassen finanziellen Überforderung liegt nicht vor, wenn der Bürge lediglich mittelbare Vorteile erwirbt. So reicht die – ohnehin nur schwer feststellbare und i.d.R. flüchtige – Verbesserung des allgemeinen Lebensstandards oder die Aussicht auf einen Arbeitsplatz sowie eine Mitarbeit des Bürgen in dem künftigen Gewerbebetrieb an verantwortlicher Stelle nicht aus.[274]

296 Nach Ansicht des XI. Senates ist eine übermäßig belastende Bürgschaft für wirksam zu erachten, wenn sich der Bürge aufgrund der Kreditmittelverwendung in ähnlicher Lage wie bei einer gemeinsamen Darlehensaufnahme befindet.[275] Für den Bürgen muss also bei Abgabe seiner Bürgschaftserklärung eine realistische Aussicht bestehen, mittelbar von der Kreditgewährung zu profitieren. Dies ist der Fall, wenn der Bürge über Auszahlung und Verwendung des Darlehens gleichberechtigt mitentscheiden kann, ferner, wenn die Mittel der Deckung des Lebensbedarfs des Bürgen dienen sowie wenn der Bürge hälftiges Miteigentum an einem finanzierten Grundstück erhalten soll.[276] Bei wirtschaftlicher Betrachtung besteht insoweit kein wesentlicher Unterschied zu den Fällen, in denen die Eheleute den Kredit als gleichberechtigte Vertragspartner aufgenommen und verwandt haben. In solchen Fällen muss sich der nur aus Sicherungsgründen in die Haftung einbezogene Mitverpflichtete bei der Beurteilung der Sittenwidrigkeit wie ein echter Mitdarlehensnehmer behandeln lassen.[277]

297 Ein die emotionale Verbundenheit ausgleichendes Eigeninteresse liegt i.d.R. bei Bürgschaften von Gesellschaftern vor. Dies gilt in jedem Fall bei Allein- oder Mehrheitsgesellschaftern sowie Geschäftsführern,[278] da das Kreditinstitut i.d.R. davon ausgehen darf, dass derjenige, der sich an einer Gesellschaft beteiligt, dies aus eigenem finanziellen Interesse tut und ihm schon deshalb durch die Haftung kein unzumutbares Risiko aufgebürdet wird. Insoweit trifft den Bürgen die Darlegungs- und Beweislast für das Vorbringen, die Übernahme der Haftung für die Gesellschaftsschulden sei

271 Vgl. hierzu Rdn. 288.
272 BGH, NJW 2005, 971 (973); NJW-RR 2004, 337.
273 BGH, NJW 1999, 2584 (2588).
274 BGH, NJW 2005, 971; NJW 1993, 322; NJW 2000, 1182 (1184); NJW 2001, 815.
275 BGH, NJW 1999, 135; NJW 1991, 923; BGHZ 134, 42 (49).
276 BGH, WM 2003, 1563; MüKo-BGB/*Habersack* § 765 Rn. 26.
277 BGH, NJW 2001, 815 (817).
278 Zur Sittenwidrigkeit der Bürgschaft eines Kommanditisten vgl. BGH, NJW 2002, 2634; zum überwiegenden wirtschaftlichen Eigeninteresse bei Mitunternehmer ähnlicher Stellung vgl. OLG Dresden, WM 2003, 277 (279).

ohne eigenes wirtschaftliches Interesse allein aus enger persönlicher Verbundenheit geschehen. Ferner muss der Bürge die Kenntnis des Gläubigers darlegen und beweisen.[279] Damit ist weder aus der krassen finanziellen Überforderung noch aus der emotionalen Verbundenheit des Bürgen mit der die Gesellschaft wirtschaftlich beherrschenden Person aufgrund einer tatsächlichen Vermutung die Sittenwidrigkeit abzuleiten.

Nach der Rechtsansicht des XI. Senates[280] gelten diese Grundsätze nicht nur für Allein- bzw. Mehr- 298
heitsgesellschafter oder Geschäftsführer-Gesellschafter, sondern es reicht vielmehr eine maßgebliche Beteiligung von 10 % oder 25 % aus. Mit dem Begriff der »maßgeblichen Beteiligung« des Bürgen an der Gesellschaft sollen lediglich Bagatell- oder Splitterbeteiligungen ausgenommen werden.[281]

Zudem wird dem Kreditinstitut, das einer GmbH oder einer KG ein Darlehen gewährt, ein grund- 299
sätzliches berechtigtes Interesse an der persönlichen Haftung maßgeblich beteiligter Gesellschafter sowie der Geschäftsführer für Geschäftskredite zugebilligt. Es ist durchaus legitim, die Gesellschafter und Geschäftsführer auch finanziell an das Schicksal ihrer Gesellschaft binden zu wollen.

Etwas Anderes gilt bei der Beurteilung der Frage nach der Sittenwidrigkeit für Gesellschafter-Bürg- 300
schaften, wenn der GmbH-Gesellschafter[282] oder der Kommanditist[283] die Gesellschaftsanteile als Strohmann hält, er die Bürgschaft nur aus emotionaler Verbundenheit mit der hinter ihm stehenden Person übernimmt und beide Umstände für die kreditgebende Bank klar ersichtlich sind. In diesem Fall kann sich auch der bürgende Strohmann auf die Grundsätze zur Sittenwidrigkeit von Bürgschaften naher Angehöriger berufen. Zunächst obliegt aber dem Bürgen die Darlegungs- und Beweislast im Hinblick auf seine finanzielle Überforderung und der Kenntnis des Kreditgebers von seiner Strohmannfunktion. Denn der Strohmann tritt jedenfalls nach außen wie ein echter Gesellschafter auf und muss sich grds. auch wie ein solcher behandeln lassen.

Dient das Darlehen sowohl der Umschuldung von Geschäftsschulden des Hauptschuldners als 301
auch der Ablösung gemeinsamer Restschulden von Hauptschuldner und Bürge, kommt in analoger Anwendung des § 139 BGB Teilnichtigkeit des Bürgschaftsvertrages in Betracht. In dem vom XI. Senat[284] entschiedenen Fall sollten die Kreditmittel nach dem Willen der Vertragsparteien nicht nur zur Umschuldung der Geschäftsverbindlichkeiten des damaligen Ehemannes der Bürgin, sondern auch zur Ablösung der gemeinsamen Restschulden aus einem Allzweckdarlehen und einem Girovertrag verwandt werden. Nach Ansicht des XI. Senates ist eine gegen die guten Sitten verstoßende Mithaftungsabrede nach § 139 BGB teilweise aufrechtzuerhalten, wenn die Vertragsschließenden bei Kenntnis des Nichtigkeitsgrundes anstelle der unwirksamen Regelung eine andere, auf das zulässige Maß beschränkte vereinbart hätten und sich der Vertragsinhalt in eindeutig abgrenzbarer Weise in den nichtigen Teil und den von der Nichtigkeit nicht berührten Rest aufteilen lässt.[285]

ff) Schutz des Gläubigers vor Vermögensverlagerung

Ist der Bürge finanziell krass überfordert und fehlt es an einem Eigeninteresse, hat der IX. Senat[286] 302
bisher dennoch die Wirksamkeit der Bürgschaft angenommen, wenn sich die Bank durch diese weitgehende Haftung vor Vermögensverlagerungen vom Hauptschuldner auf den Bürgen schützen will. Dieses berechtigte Interesse des Gläubigers wurde insb. bei Ehegattenbürgschaften anerkannt, da Ehegatten häufig Teile des Vermögens auf den Partner übertragen. Eine solche Vermögensverlagerung auf den am Betrieb nicht beteiligten Ehepartner kann aus steuerlichen und haftungsrechtlichen

279 BGH, NJW 2002, 1337; WM 2002, 923; NJW-RR 2002, 1130.
280 BGH, WM 2003, 275.
281 BGH, WM 2003, 275; FCH/*Fischer*, S. 109.
282 BGH, DB 2002, 630.
283 BGH, NJW 2002, 2634.
284 BGH, ZIP 2001, 189.
285 BGH, ZIP 2001, 189 (192); *Kulke* ZIP 2001, 985 (990).
286 BGHZ 128, 230 (234); 134, 325 (327); BGH, WM 2000, 2325.

Gesichtspunkten günstig sein.[287] Die Verschiebung von erheblichen Vermögenswerten des Hauptschuldners auf den Ehegatten ist geeignet, die Durchsetzung der Darlehensforderung gegen den Hauptschuldner zu erschweren oder gar zu vereiteln, weswegen vom IX. Senat ein berechtigtes Interesse des Gläubigers auch ohne besondere vertragliche Vereinbarung anerkannt wurde.

303 Diese Rechtsansicht konnte den XI. Senat nicht überzeugen.[288] Der bloße Wille des Kreditgebers, sich vor Vermögensverlagerungen auf den Ehegatten des Hauptschuldners zu schützen, reicht nicht aus, um den Makel der Sittenwidrigkeit zu vermeiden. Der Bürge haftet mit seinem gesamten Vermögen, nicht nur mit demjenigen, das auf ihn durch den Hauptschuldner verlagert wird bzw. verlagert werden könnte. Verlangt der Kreditgeber die Bürgschaft im Hinblick auf künftige Vermögenserwerbe des Bürgen – sei es durch rechtsgeschäftliche Vermögensverlagerungen vom Hauptschuldner, durch Erbschaften oder in sonstiger Weise – muss die Bürgschaft ausdrücklich durch vertragliche Vereinbarung auf diesen Zweck beschränkt werden. Außerhalb der Vertragsurkunde liegende Umstände dürfen bei der Auslegung der Bürgschaft zur Feststellung einer solchen Zweckbeschränkung nicht herangezogen werden. Denn eine solche einschränkende Auslegung der Bürgschaft würde sich über allgemein anerkannte Auslegungsgrundsätze hinwegsetzen und zudem gegen das Verbot einer geltungserhaltenden Reduktion formularmäßiger Bürgschaftsverträge verstoßen.

304 Will sich der Kreditgeber allein gegen die Gefahr einer Vermögensverschiebung sichern oder aufgrund erwarteter Vermögenszuwächse den Zugriff auf im Zeitpunkt der Fälligkeit vorhandenes Vermögen beschränken, muss die Haftung des Bürgen durch eine ausdrückliche Vereinbarung an die Bedingung des nachträglichen Erwerbs von Vermögen anknüpfen oder mittels pactum de non petendo auf das dem Bürgen vom Hauptschuldner übertragene Vermögen beschränkt werden. Nur dann hat der Bürge Gewissheit über den Umfang seiner Haftung und der Makel der Sittenwidrigkeit ist trotz krasser finanzieller Überforderung sowie fehlendem Eigeninteresse beseitigt.[289]

305 Diese Auffassung des XI. Senates wird inzwischen im Grundsatz auch vom IX. Senat geteilt.

306 Bei rechtlicher Betrachtung steht eine solche Bürgschaft mit Zweckbeschränkung unter der aufschiebenden Bedingung der Vermögensverlagerung bzw. des Vermögenszuwachses. Die Bürgschaft wird also erst dann wirksam, wenn die Bedingung eintritt, weswegen in den Bürgschaftsformularen die Zweckbeschränkung ganz konkret zu bezeichnen ist.

307 Es stellt sich aber nun die Frage, ob Bürgschaftsverträge, die vor dem 01.01.1999 abgeschlossen wurden, rechtlich anders zu behandelt sind, als solche, die danach geschlossen wurden, da der IX. Senat[290] vor dem 01.01.1999 die Sittenwidrigkeit der Bürgschaft zum Schutz des Gläubigers vor Vermögensverschiebung auch ohne ausdrücklich vertragliche Vereinbarung verneint hatte.

308 Der IX. Senat[291] sieht sich daran gehindert, die von ihm mittlerweile für die Zukunft anerkannten Grundsätze auf Bürgschaftsverträge aus der Zeit vor dem 01.01.1999 anzuwenden, weil für die Kreditinstitute nicht hinreichend klar gewesen sei, inwieweit sie ihr Interesse an einem möglichst wirksamen Schutz vor Vermögensverschiebungen über die bloße Hereinnahme einer Bürgschaft hinaus durch geeignete vertragliche Regelungen absichern mussten. Der IX. Zivilsenat billigt damit den Kreditinstituten aufgrund der unklaren Rechtslage Vertrauensschutz zu.

309 Einen solchen Vertrauensschutz hat der XI. Senat[292] abgelehnt, da ein hinreichend schützenswertes Vertrauen der Kreditinstitute in den Stand der früheren Rechtsprechung des IX. Senats nicht entstehen konnte, weil ihr der XI. Zivilsenat[293] unter Zustimmung der Rechtslehre von Anfang an

287 BGHZ 128, 230 (234); 132, 328 (333); 136, 347 (353).
288 BGH, NJW 2002, 2228 (2230).
289 BGH, NJW 2002, 2228 (2230); *Reinicke/Tiedtke* Rn. 244, 245.
290 BGHZ 128, 230 (234); 134, 325 (327).
291 BGH, NJW 1999, 58.
292 BGH, NJW 2002, 2228 (2230).
293 WM 1991, 313 (315); BGHZ 120, 272 (278).

widersprochen hatte. Es kommt also nicht darauf an, ob die Bürgschaftsverträge vor oder nach dem 01.01.1999 geschlossen worden sind. Ohne ausdrückliche Vereinbarung einer Zweckbeschränkung zum Schutz vor Vermögensverlagerung bleibt die Bürgschaft sittenwidrig.[294]

gg) Zwangsvollstreckung aus rechtskräftigen Titeln

Vor dem Hintergrund der Änderung der Sittenwidrigkeitsrechtsprechung stellt sich weiter die Frage, ob sich der Bürge trotz Vorliegen eines rechtskräftigen Vollstreckungstitels auf die geänderte, ihm günstigere Rechtsprechung im Rahmen einer Vollstreckungsabwehrklage gem. § 767 ZPO berufen kann. Der Bürge kann sich unter Zugrundelegung der Maßstäbe der heutigen Rechtsprechung nur dann gegen die Vollstreckung aus einem Titel zur Wehr setzen, wenn der Anwendungsbereich des § 79 Abs. 2 Satz 1 BVerfGG eröffnet ist. Nach § 79 Abs. 2 Satz 1 BVerfGG ist die Vollstreckung aus einer Entscheidung unter anderem dann unzulässig, wenn diese Entscheidung auf einer Rechtsnorm oder auf deren Auslegung beruht, die vom BVerfG als unvereinbar mit dem Grundgesetz, also für verfassungswidrig erklärt worden ist. In der insoweit maßgeblichen Entscheidung des BVerfG[295] wurde lediglich eine bestimmte Normanwendung zu § 765 BGB bzw. zu §§ 138, 242 BGB für verfassungswidrig erklärt, nicht aber die Verfassungswidrigkeit einer Rechtsnorm oder deren Auslegung festgestellt. Nach Ansicht des BGH[296] ist diese Entscheidung des BVerfG auf die Änderung der Sittenwidrigkeitsrechtsprechung nicht anwendbar. Eine Vollstreckungsabwehrklage des Bürgen gegen frühere Titel hat damit keine Aussicht auf Erfolg. 310

hh) Von der Sittenwidrigkeitsrechtsprechung erfasster Personenkreis

Die besonderen Grundsätze zur Sittenwidrigkeit der Bürgschaft einer dem Hauptschuldner nahestehenden Person hat bei festgestellter krasser finanzieller Überforderung ohne Hinzutreten weiterer Umstände die widerlegliche Vermutung zur Folge, dass der Bürge die Bürgschaft allein aus emotionaler Verbundenheit mit dem Hauptschuldner übernommen hat, sich also von fremdbestimmten Motiven und nicht von einer realistischen Einschätzung des wirtschaftlichen Risikos hat leiten lassen und der Kreditgeber dies in sittlich anstößiger Weise ausgenutzt hat.[297] Die Sittenwidrigkeitsrechtsprechung ist zunächst auf sämtliche Bürgen anzuwenden, die dem Hauptschuldner aufgrund einer Ehe oder einer eheähnlichen Partnerschaftsbeziehung verbunden sind.[298] Eine gleichgeartete persönliche Beziehung wird bei dessen Kindern und Verlobten angenommen; bei sonstigen Verwandten, insb. Geschwistern und Eltern,[299] jedenfalls dann, wenn der Bürge die Voraussetzungen einer engen persönlichen Beziehung darlegen kann. 311

Ein emotional geprägtes Näheverhältnis ist auch dann zu bejahen, wenn die Bürgschaft für Verbindlichkeiten einer Gesellschaft übernommen wird, an der eine dem Bürgen emotional verbundene Person maßgeblich beteiligt ist. Dies gilt auch dann, wenn der Bürge selbst Gesellschafter ist.[300] In solchen Fällen[301] obliegt die Darlegungs- und Beweislast für das Fehlen eines wirtschaftlichen Eigeninteresses und das Vorliegen der persönlichen Verbundenheit sowie der Evidenz dieser Umstände für den Gläubiger dem Bürgen. 312

Demgegenüber besteht keine widerlegliche Vermutung einer emotionalen Verbundenheit bei Bürgschaften eines Arbeitnehmers zugunsten seines Arbeitgebers. Denn nach allgemeiner Lebenserfahrung steht bei einem Arbeitnehmer nicht ein emotional geprägtes Näheverhältnis, sondern 313

294 *Nobbe*/*Kirchhoff* BKR 2001, 5 (12).
295 BVerfGE 89, 214.
296 BGH, BKR 202, 816 (819).
297 BGH, NJW 2002, 2228; WM 2005, 421; MüKo-BGB/*Habersack* § 765 Rn. 23.
298 BGHZ 125, 206 (209); 136, 347 (350); 137, 329 (332); 146, 37 (42).
299 BGH, NJW 1998, 597; NJW 1997, 3230.
300 BGH, WM 2001, 2156; BGHZ 137, 329 (336); BGH, NJW 2002, 2634.
301 Vgl. Rdn. 297–301.

seine Interessen als Arbeitsvertragspartei im Vordergrund. Zwischen einem Arbeitgeber und einem Arbeitnehmer besteht in aller Regel kein von Emotionen geprägtes, einer Ehe, einer eheähnlichen Partnerschaft oder einer engen Verwandtschaft oder Freundschaft vergleichbares, persönliches Näheverhältnis.

314 Dennoch hat der XI. Senat[302] die Sittenwidrigkeit einer Bürgschaft bejaht, die ein Arbeitnehmer mit mäßigem Einkommen aus Sorge um den Erhalt seines Arbeitsplatzes für einen Bankkredit des Arbeitgebers übernommen hatte. Eine solche Bürgschaft ist also dann sittenwidrig, wenn sie den Arbeitnehmer finanziell krass überfordert und sich der Arbeitgeber in einer wirtschaftlichen Notlage befindet. Insoweit sind die gleichen Grundsätze maßgebend, die die Rechtsprechung zur Sittenwidrigkeit von Bürgschaften vermögensloser Angehöriger entwickelt hat. Wegen des zwischen dem Arbeitgeber und Arbeitnehmer fehlenden vergleichbaren Näheverhältnisses wird jedoch nicht widerleglich vermutet, dass ein krass finanziell überforderter und emotional verbundener Bürge die Bürgschaft nur aus einer unterlegenen Position heraus übernommen und der Gläubiger dies in verwerflicher Weise ausgenutzt habe. Vielmehr gibt bei einer Bürgschaft des Arbeitnehmers für Verbindlichkeiten des Arbeitgebers in Zeiten hoher Arbeitslosigkeit die Ausnutzung einer wirtschaftlichen Notlage der Bürgschaft den Makel der Sittenwidrigkeit. Deshalb besteht eine widerlegliche Vermutung dafür, dass der Arbeitnehmer die Bürgschaft aus Angst um seinen Arbeitsplatz und nicht aufgrund einer rationalen Einschätzung des wirtschaftlichen Risikos übernommen hat, ohne sich zu vergegenwärtigen, dass die Haftung aus der Bürgschaft nicht mit der möglichen Auflösung des Arbeitsverhältnisses endet.

c) Sittenwidrigkeit ohne krasse finanzielle Überforderung

315 Eine Bürgschaft kann auch dann gem. § 138 Abs. 1 BGB gegen die guten Sitten verstoßen, wenn der Bürge dem Hauptschuldner nicht emotional verbunden ist, ungeachtet dessen, ob bei ihm eine krasse finanzielle Überforderung vorliegt; ebenso, wenn der Bürge dem Hauptschuldner zwar emotional verbunden ist, es aber an einer krassen finanziellen Überforderung fehlt. Solche Bürgschaften sind nur bei Vorliegen erschwerender, dem Gläubiger zurechenbarer Umstände sittenwidrig.[303] In diesen Fällen besteht allerdings keine widerlegliche Vermutung hinsichtlich der genannten Voraussetzungen. Vielmehr sind die die Sittenwidrigkeit begründenden Umstände vom Bürgen darzulegen und zu beweisen. Entscheidend ist die gerichtliche Würdigung der Gesamtumstände, die im Ergebnis ein unerträgliches Ungleichgewicht zwischen den Vertragsparteien zulasten des Bürgen darstellen müssen. Sittenwidrigkeit wird dann anzunehmen sein, wenn der Gläubiger selbst in verwerflicher Weise auf die Entschließungsfreiheit des Bürgen einwirkt und ihn damit unzumutbar belastet.

316 Eine solche Beeinträchtigung des Bürgen durch den Gläubiger ist trotz berechtigter Interessen des Bürgen dann unzulässig, wenn der Gläubiger die geschäftliche Unerfahrenheit des Bürgen ausnutzt,[304] ferner, wenn er eine seelische Zwangslage des Bürgen schafft bzw. eine bestehende ausnutzt[305] oder wenn der Gläubiger die Willensbildung und Entschließungsfreiheit des Bürgen etwa durch Verharmlosung von Tragweite und Risiko der übernommenen Bürgschaft sowie durch Überrumpelung[306] beeinträchtigt.

317 Neben dem Gläubiger kann auch der Hauptschuldner in missbilligenswerter Weise auf den Bürgen einwirken, etwa durch Täuschung oder Drohung und insb. in den Fällen, in denen Eltern ihre geschäftsunerfahrenen materiell oder emotional von ihnen abhängigen Kinder veranlassen, zu ihren Gunsten Bürgschaften zu übernehmen, die außer Verhältnis zu ihren voraussichtlichen finanziellen

302 BGHZ 156, 302; BGH, NJW 2004, 161.
303 BGHZ 120, 272 (276); 134, 325 (327); 136, 347 (350); BGH, ZIP 2002, 167 (169); NJW 2002, 956.
304 BGHZ 125, 206 (210); BGH, NJW 1994, 1341.
305 BGH, WM 2002, 919 (921); BGHZ 128, 230 (232); 135, 66 (69).
306 BGH, NJW 1997, 1980.

Möglichkeiten stehen.[307] Durch eine solche Einwirkung verstoßen die Eltern gegen die Pflicht zur Rücksichtnahme auf die Belange der Kinder nach § 1618a BGB jedenfalls dann, wenn das Eigeninteresse des Kindes an dem Projekt, dem die Begründung der Hauptverbindlichkeit dient, gering oder gar nicht vorhanden ist. Zu beachten ist insoweit, dass die Eltern keinen Druck auf das Kind ausgeübt haben müssen. Es genügt vielmehr der ernsthaft geäußerte Wunsch nach einer entsprechenden Übernahme der Bürgschaft. Bei einem jungen, geschäftsunerfahrenen Erwachsenen reicht dies i.d.R. aufgrund des Vertrauens zu den Eltern bereits aus, ihm eine sachgerechte Abwägung der rechtlichen und wirtschaftlichen Folgen einer Bürgschaftsübernahme erheblich zu erschweren.[308]

Allein die unzulässige Beeinträchtigung des Bürgen durch den Hauptschuldner reicht jedoch nicht **318** aus, da es um die Frage der Sittenwidrigkeit des Vertragsverhältnisses zwischen dem Gläubiger und dem Bürgen geht. Deswegen muss die unzulässige Beeinträchtigung dem Gläubiger zurechenbar sein. Dies ist nur dann der Fall, wenn sie ihm bekannt war oder wenn er sich dieser Kenntnis grob fahrlässig verschlossen hat. Von grob fahrlässiger Unkenntnis ist bereits dann auszugehen, wenn bei Bürgschaften dem Gläubiger die unzureichenden finanziellen Möglichkeiten nicht bekannt sind. Es entspricht banküblicher Gepflogenheit, die Werthaltigkeit einer Sicherung zu überprüfen. Ist die Bank bei Kindern des Hauptschuldners dieser Überprüfung nicht nachgekommen, ist zu vermuten, dass der Bank entweder die finanziellen Verhältnisse des Bürgen ohnehin bekannt waren oder sie sich der Erkenntnis bewusst verschlossen hat.[309]

d) Sonstige Bürgschaften

Neben den oben genannten Fällen struktureller Unterlegenheit wird ein Bürgschaftsvertrag nur **319** selten sittenwidrig sein, da der Grundsatz der Privatautonomie sowie der Grundsatz, dass es jedem unbenommen ist, risikoreiche und sogar überfordernde Geschäfte abzuschließen, überwiegt.

e) Bedeutung der Restschuldbefreiung auf die Sittenwidrigkeitsrechtsprechung

Am 01.01.1999 hat die InsO die bis dahin geltende KO sowie die Vergleichsordnung abgelöst. In **320** den §§ 286 ff. InsO ist das Restschuldbefreiungsverfahren geregelt, das zahlungsunfähigen natürlichen Personen die Möglichkeit eröffnet, sich von einer lebenslangen Verschuldung zu befreien.

Im Schrifttum[310] wird deswegen teilweise vertreten, dass aufgrund dieser Möglichkeit der gesetz- **321** lichen Entschuldung für die Zukunft die Sittenwidrigkeit eines Bürgschaftsvertrages zu verneinen sei, der einkommens- und vermögenslose Bürge den zusätzlichen Schutz des § 138 BGB nicht mehr benötige. Die existenzielle Beeinträchtigung durch eine langfristig wirkende schuldrechtliche Verpflichtung sei damit beseitigt. Eine Verdrängung der Sittenwidrigkeitsrechtsprechung durch das Restschuldbefreiungsverfahren rechtfertige sich auch dadurch, weil die Befreiung einer an sich gültigen Rechtspflicht wegen Vermögenslosigkeit kein Selbstläufer sei, sondern vielmehr der Insolvenzschuldner unter anderem sein pfändbares Einkommen zur Begleichung seiner Verbindlichkeiten über 6 Jahre hinweg abgeben müsse und das Gesetz sogar verlangt, dass die Hälfte einer Erbschaft herauszugeben ist. Der Schuldner müsse sich durch Wohlverhalten und Einsatz zumutbarer Mittel den Erlass der nicht zurückgezahlten Restforderungen verdienen.[311]

Das OLG Frankfurt am Main[312] hatte entschieden, die Rechtsprechung zur Nichtigkeit von Bürg- **322** schaftsverträgen finanziell überforderter Bürgen sei auch im Hinblick auf die mittlerweile in Kraft getretene InsO aufrechtzuerhalten. Die Sittenwidrigkeit betreffe den Vertragsschluss, während die Restschuldbefreiung als Norm des sozialen Schutzes strukturell einem ganz anderen Ziel diene als

307 BGH, NJW 1994, 1341; NJW 1997, 52.
308 BGH, NJW 1997, 52.
309 BGHZ 125, 206 (212).
310 *Medicus* JuS 1999, 833; *Zöllner* WM 2000, 1 (5); *Kapitza* NZI 2004, 14.
311 *Aden* NJW 1999, 3763.
312 OLG Frankfurt am Main, NJW 2004, 2392.

die rechtliche Sanktion des § 138 BGB und dem redlichen Schuldner einen wirtschaftlichen Neuanfang ermöglichen solle. Bei der Frage nach der Sittenwidrigkeit eines Bürgschaftsvertrages gehe es vielmehr um die Begrenzung der Vertragsfreiheit, weil dem Gläubiger regelmäßig der Vorwurf eines objektiven Sittenverstoßes gemacht wird. Unter diesen Umständen sei es gerechtfertigt, trotz der Möglichkeit der Restschuldbefreiung an der Sittenwidrigkeitsrechtsprechung festzuhalten. Dieser Ansicht ist im Ergebnis zuzustimmen.[313] Es ist kein Grund ersichtlich, weswegen die Möglichkeit der Restschuldbefreiung die Grenzen der Sittenwidrigkeit beim Abschluss eines Bürgschaftsvertrages erweitern oder eine Sittenwidrigkeit gänzlich ausschließen soll. Ein sittenwidrig handelnder Gläubiger hat weiterhin kein schutzwürdiges Interesse an einer Bürgschaft, die den Bürgen krass finanziell überfordert und die er aus emotionaler Verbundenheit eingeht. An der Sittenwidrigkeit des Verhaltens des Gläubigers ändert sich auch dann nichts, wenn die verwerfliche Einschränkung der Entscheidungsfreiheit aufgrund der Restschuldbefreiung nicht zur lebenslangen Haftung führt.[314]

323 Der BGH hatte die Frage nach dem Einfluss der Restschuldbefreiung auf die Sittenwidrigkeitsrechtsprechung bisher ausdrücklich offen gelassen.[315] In den bisher vom BGH zu beurteilenden Fällen datierten die Bürgschaftsverträge vor Inkrafttreten der InsO. Da für die Beurteilung der Sittenwidrigkeit aber grds. auf den Zeitpunkt der Bürgschaftsvereinbarung abzustellen ist, konnte die Möglichkeit der Restschuldbefreiung nicht berücksichtigt werden.

324 Nunmehr hat der BGH[316] erstmalig hierzu entscheiden und die Rechtsprechung des OLG Frankfurt am Main[317] bestätigt. Der BGH hat festgestellt, dass die Möglichkeit einer Restschuldbefreiung gem. §§ 286 ff. InsO eine Anwendung des § 138 Abs. 1 BGB auf ruinöse Bürgschaften oder Schuldbeitritte finanzschwacher Ehepartner bzw. Lebenspartner nicht ausschließt.[318]

2. Anfechtung

a) Irrtumsanfechtung

325 Eine Bürgschaftserklärung ist grds. nach § 119 BGB wegen Irrtums anfechtbar. Ein Inhaltsirrtum gem. § 119 Abs. 1 BGB kann dann vorliegen, wenn sich der Bürge bei Vornahme der Unterschrift zwar durchaus bewusst ist, eine rechtsgeschäftliche Erklärung abzugeben, ihm aber das Bewusstsein einer Haftungsübernahme fehlt, er also über den Bürgschaftscharakter irrt. Eine Irrtumsanfechtung scheidet aber aus, wenn sich der Bürge durchaus bewusst ist, eine Bürgschaft zu übernehmen, er sich dennoch über Art und Umfang seiner Haftung keine Klarheit verschafft hat.[319]

326 Die Anfechtung wegen Eigenschaftsirrtums gem. § 119 Abs. 2 BGB, mit der Begründung, der Bürge habe sich bei Abschluss des Bürgschaftsvertrages über die Kreditwürdigkeit des Hauptschuldners geirrt, scheidet aus. Die Bürgschaft dient gerade zur Absicherung des Gläubigers für den Fall der Zahlungsunfähigkeit des Hauptschuldners. Nach Inhalt und Zweck des Bürgschaftsvertrages gehört damit die Vermögenslage des Hauptschuldners zum Risikobereich des Bürgen. Könnte der Bürge bei ursprünglicher Annahme, der Schuldner sei solvent und der Bürgschaftsfall werde nicht eintreten, die Anfechtung erklären, würde der Sicherungszweck der Bürgschaft infrage gestellt.[320]

---

313 *Gernhuber* JZ 1995, 1086 (1094); *Riehm* JuS 2000, 241 (243); MüKo-BGB/*Habersack* § 765 Rn. 20.

314 *Riem* JuS 2000, 241 (243); ebenso OLG Celle, WM 2008, 296 (298); OLG Düsseldorf, FamRZ 2007, 818 (820).

315 BGHZ 156, 302; BGH, NJW 2002, 744; BKR 2003, 976.

316 BGH, WM 2009, 1460 (1462).

317 OLG Frankfurt am Main, NJW 2004, 2392.

318 Vgl. *Strohmeyer* EWiR 2009, 527 (528).

319 BGH, NJW 1995, 190; mit weiteren Beispielen MüKo-BGB/*Habersack* § 765 Rn. 36.

320 Ganz h.M. MüKo-BGB/*Habersack* § 765 Rn. 37, Schimansky/Bunte/Lwowski/*Schmitz* Bankrechts-Handbuch § 91 Rn. 38.

Demgegenüber kann aber der Gläubiger wegen Fehlvorstellungen über die Vermögensverhältnisse des Bürgen gem. § 119 Abs. 2 BGB anfechten.[321]

Auf einen Irrtum über Zweck und Verwendung des verbürgten Kredites kann sich der Bürge ebenso wenig berufen, wie auf einen Irrtum über den Wert einer anderen für die Hauptschuld bestellten Sicherheit.[322] **327**

b) Anfechtung wegen widerrechtlicher Drohung

Der Bürgschaftsvertrag kann nach § 123 Abs. 1 BGB angefochten werden, wenn der Bürge zur Abgabe der Erklärung durch widerrechtliche Drohung seitens des Gläubigers oder eines Dritten bestimmt worden ist. Im Einzelfall ist unter Würdigung der Gesamtumstände die Widerrechtlichkeit der Drohung festzustellen. Sie kann sich aus dem erstrebten Zweck, dem angewandten Mittel oder der Relation von Mittel und Zweck ergeben.[323] Die Drohung mit einem empfindlichen Übel zulasten des Hauptschuldners genügt für eine Anfechtung gem. § 123 Abs. 1 BGB, wenn sie zur Beeinflussung des Bürgen geeignet ist, weil dieser mit dem Schuldner verwandtschaftlich oder auf sonstige Weise verbunden ist und gerade deshalb auf das Wohl und Wehe des Schuldners Rücksicht nimmt. **328**

Gibt eine Ehefrau nur deswegen ein Bürgschaftsversprechen ab, weil der Gläubiger mit Straf- oder Insolvenzantrag gegen den Hauptschuldner droht, begründet dies nicht ohne Weiteres ein Anfechtungsrecht. **329**

Das Verhalten des Gläubigers kann im Einzelfall zulässig sein, die Widerrechtlichkeit hängt entscheidend von einer Abwägung aller Umstände ab.[324] **330**

Droht der Gläubiger, einen zur Rückzahlung fälligen Kredit nicht zu prolongieren oder ein Kündigungsrecht auszuüben, sofern der Ehegatte keine Bürgschaft übernimmt, fehlt es an der Widerrechtlichkeit der Drohung.[325] **331**

Grds. darf der Gläubiger den potenziellen Bürgen nicht mit gleicher Härte unter Druck setzen wie den Hauptschuldner. Etwas Anderes gilt aber bei berechtigter Annahme, dass der bürgende Dritte von den Geschäften des Hauptschuldners profitiert.[326] **332**

c) Anfechtung wegen arglistiger Täuschung

Eigenständige Bedeutung erlangt die Anfechtung wegen arglistiger Täuschung nur dann, wenn die Täuschung nicht vom Gläubiger, sondern von einem Dritten – etwa vom Schuldner – verübt wurde und der Gläubiger die Täuschung kannte oder kennen musste. Hauptanwendungsfall ist die Anfechtung des Bürgen, weil der Hauptschuldner ihn über seine Vermögensverhältnisse arglistig getäuscht hat. Der Hauptschuldner ist »Dritter« i.S.d. § 123 Abs. 2 Satz 1 BGB und nicht Partei des Bürgschaftsvertrages.[327] Dies gilt selbst dann, wenn er sich auf Druck des Gläubigers um die Beibringung einer Bürgschaft zur Sicherung des Kredites bemüht.[328] Denn der Hauptschuldner handelt grds. zunächst im eigenen Interesse und ist damit erkennbar nicht Vertrauensperson des Gläubigers. Vertritt der Hauptschuldner den Gläubiger jedoch beim Abschluss des Bürgschaftsvertrages oder hat er die Verhandlungen für den Gläubiger geführt, ist er kein Dritter i.S.d. § 123 **333**

---

321 MüKo-BGB/*Habersack* § 765 Rn. 37.

322 BGH, WM 1956, 885 (889); WM 1966, 92.

323 Palandt/*Heinrichs* § 123 Rn. 19–21.

324 BGH, NJW 1957, 1796; NJW 1983, 2494.

325 BGH, NJW 1996, 1274; Drohung gegen Minderheitsgesellschafter einer GmbH vgl. BGH, NJW 1997, 1980.

326 BGH, NJW 1957, 1796; NJW 1983, 2494.

327 MüKo-BGB/*Habersack* § 765 Rn. 41 m.w.N.

328 BGH, NJW 2002, 956; NJW 2001, 2466 (2469).

Abs. 2 BGB, da der Bürge dann davon ausgehen darf, der Gläubiger wolle die Erklärungen des Hauptschuldners gegen sich gelten lassen.[329] Die durch Vertreter und Verhandlungsgehilfen des Gläubigers verübte Täuschung berechtigt den Bürgen auch dann, den Bürgschaftsvertrag anzufechten, wenn der Gläubiger die Täuschung nicht kannte und auch nicht zu kennen brauchte.[330]

3. Störung der Geschäftsgrundlage

334 § 313 BGB ermöglicht unter bestimmten, im Zweifel eng auszulegenden Voraussetzungen bei Störungen der Geschäftsgrundlage eine Anpassung des Vertragsinhaltes an veränderte Verhältnisse. Die Geschäftsgrundlage wird nach § 313 BGB durch die Umstände gebildet, die zur Grundlage des Vertrages geworden sind. Geschäftsgrundlage sind nach ständiger Rechtsprechung entweder die bei Abschluss des Vertrages zutage getretenen, dem anderen Teil erkennbar gewordenen und von ihm nicht beanstandeten Vorstellungen der einen Partei oder die gemeinsamen Vorstellungen beider Parteien von dem Vorhandensein oder dem künftigen Eintritt bestimmter Umstände, sofern der Geschäftswille der Partei auf diesen Vorstellungen aufbaut.[331] Die zur Grundlage des Vertrages gewordenen Umstände müssen sich nach Abschluss des Vertrages geändert (sog. Wegfall der Geschäftsgrundlage) oder bereits bei Abschluss des Vertrages gefehlt haben (sog. Fehlen der Geschäftsgrundlage).[332]

335 Aufgrund der normativen Risikozuweisung ist § 313 BGB jedenfalls dann nicht anwendbar, wenn sich durch die Störung ein Risiko verwirklicht, das eine Partei zu tragen hat. Deswegen kann sich der Bürge wie i.R.d. § 119 Abs. 2 BGB nicht darauf berufen, dem Bürgschaftsvertrag fehle die Geschäftsgrundlage, weil er erwartet habe, der Hauptschuldner sei leistungswillig und -fähig und würde dies in der Zukunft auch bleiben.[333] Gleiches gilt für die Erwartung des Bürgen, andere Sicherheiten, die für die Verbindlichkeiten des Hauptschuldners bestellt worden sind, würden zur Befriedigung des Gläubigers führen oder fortbestehen, sodass er die anderen Sicherungsgeber in Regress nehmen könnte.[334] Ferner kann der Bürge nicht geltend machen, er habe die Bürgschaft nur übernommen, um eine geplante Umschuldung zu ermöglichen. Die Geschäftsgrundlage fällt auch nicht weg, wenn der Bürge nach Übernahme der Bürgschaft persönlich haftender Gesellschafter der Hauptschuldnerin wird.[335] Das Gleiche gilt für die Bürgschaft des Geschäftsführers einer GmbH, wenn er seine gesellschaftsrechtliche Stellung aufgibt.[336] All diese Umstände sind der Risikosphäre des Bürgen zuzuordnen, weswegen eine Vertragsanpassung gem. § 313 BGB ausscheidet.

336 Dennoch können grds. außerhalb des Bürgschaftsrisikos liegende Umstände Geschäftsgrundlage sein. So z.B. die Erwartung des Bürgen, eine geplante Sanierung werde in Angriff genommen,[337] eine Geschäftsübernahme werde durchgeführt oder das Arbeitsverhältnis zwischen Bürge und Hauptschuldner werde weiter bestehen. Der Bürge kann sich in diesen Fällen aber nur dann auf eine Störung der Geschäftsgrundlage berufen, wenn die Erwartungen Grundlage des gemeinschaftlichen Geschäftswillens geworden sind.[338]

---

329 BGHZ 20, 36 (39); BGH, NJW 2001, 3331.

330 Weitere Beispiele zur Täuschung: MüKo-BGB/*Habersack* § 765 Rn. 40.

331 Palandt/*Heinrichs* § 313 Rn. 3, 4.

332 Palandt/*Heinrichs* § 313 Rn. 14 20.

333 BGH, WM 1987, 1481; Palandt/*Heinrichs* § 313 Rn. 53.

334 BGH, NJW 1994, 2146.

335 BGH, ZIP 1986, 1240.

336 BGH, ZIP 1999, 877, weitere Beispiele in *Reinicke/Tiedtke* Rn. 270 bis 274 zur Bürgschaft eines Ehegatten zur Sicherung betrieblicher Ruhegehaltsansprüche; zur Entwicklung in der Rechtsprechung: MüKo-BGB/*Habersack* § 765 Rn. 44.

337 BGH, WM 1973, 752.

338 BGH, NJW-RR 1989, 753.

VI. Die zu sichernde Hauptforderung

1. Grundsatz der Akzessorietät

Durch die Bürgschaft verpflichtet sich der Bürge nach § 765 Abs. 1 BGB ggü. dem Gläubiger eines 337
Dritten, für die Erfüllung der Verbindlichkeit des Dritten einzustehen. Die Bürgschaft ist also eine Verpflichtung zum Einstehen für eine fremde Schuld. Dem Gläubiger stehen damit zwei Forderungen zu, wobei die Forderung gegen den Bürgen die Forderung gegen den Hauptschuldner sichert. Die Bürgschaft ist somit vom jeweiligen Bestand der zu sichernden Hauptschuld abhängig. Für die Bürgschaftsverbindlichkeit gilt, wie für das Mobiliarpfandrecht und die Hypothek, der Grundsatz der Akzessorietät, der rechtsgeschäftlich unabdingbares Recht darstellt.[339]

Dieser Grundsatz besagt, dass die Bürgschaft in ihrer Entstehung, ihrem Fortbestand und in der 338
Zuständigkeit sowie im Untergang und der Durchsetzbarkeit von der Entstehung, Existenz und Zuständigkeit der gesicherten Forderung abhängig ist.[340]

Die Akzessorietät dient zunächst dem Schutz des Bürgen.[341] Der Gläubiger ist bei der Inanspruch- 339
nahme des Bürgen an die Berechtigung aus der Hauptschuld gebunden und kann entsprechend der Sicherungszweckerklärung vom Bürgen allenfalls »das bekommen, was er vom Hauptschuldner nach dem jeweiligen Bestand der Hauptschuld zu bekommen hat«.[342]

Ferner hat die Akzessorietät Ordnungsfunktion, da Verfügungen über die Bürgschaftsforderung als 340
solche nicht möglich sind, sondern vielmehr die Verfügungen über die Hauptforderung die Bürgschaftsforderung mit umfassen.[343]

Wegen des Grundsatzes der strengen Akzessorietät ist notwendiges Merkmal der Bürgschaft die 341
Gläubigeridentität. Der Gläubiger des Hauptschuldners und der Gläubiger des Bürgen muss sowohl bei Begründung der Bürgschaft als auch bei Leistung des Bürgen identisch sein.[344] Dieses Erfordernis der Gläubigeridentität ist auch dann gewahrt, wenn der Bürgschaftsvertrag mit einer anderen Person als dem Gläubiger der Hauptschuld in Form eines echten Vertrags zugunsten Dritter gem. § 328 BGB abgeschlossen wird, da auch hier sowohl die Hauptforderung als auch die Rechte aus der Bürgschaft der selben Person zustehen.[345]

2. Bestand der Hauptforderung

a) Nichtigkeit der Hauptforderung

Wegen der Akzessorietät der Bürgschaft ist das Bestehen der Hauptschuld zwingende Voraussetzung 342
für die Bürgenschuld. Ist die gesicherte Forderung nicht entstanden, bleibt die Bürgschaft gegenstandslos, aber nicht unwirksam.

Es stellt sich die Frage, ob eine Bürgschaft, die zur Sicherung eines etwa wegen Sittenwidrigkeit 343
nichtigen Darlehens übernommen worden ist, sich nunmehr auf den Bereicherungsanspruch der darlehensgebenden Bank gegen den Hauptschuldner auf Rückzahlung bezieht. Diese Frage ist im Wege der Auslegung der Bürgschaftsvereinbarung im Einzelfall zu klären. Die Sittenwidrigkeit des

339 BGH, NJW 1986, 43; *Kümpel* Rn. 6.109.
340 Palandt/*Sprau* Einführung vor § 365 Rn. 1.
341 *Habersack* JZ 1997, 857 (865).
342 BGH, NJW 1998, 2972.
343 MüKo-BGB/*Habersack* § 765 Rn. 61.
344 BGH, WM 2003, 969 (971).
345 BGH, WM 1991, 1869; zum Problem der getrennten Abtretung von Haupt- und Bürgschaftsforderung vgl. *Kümpel* Rn. 6.210, 6.121.

zu sichernden Darlehens steht der Haftung des Bürgen für Bereicherungsansprüche des Gläubigers nicht per se entgegen.[346]

344 Die Bürgschaft umfasst jedenfalls dann den Bereicherungsanspruch, wenn der Bürge ein eigenes wirtschaftliches Interesse an der Haftungsübernahme bzw. an der Durchführung des Hauptvertrages hat.[347]

345 Das Selbe gilt, wenn die Umstände, die zur Unwirksamkeit der Hauptforderung führen, dem Bereich des Schuldners zuzuordnen sind.[348]

346 Haben Gläubiger und Bürge zumindest mit der Möglichkeit der Nichtigkeit des Darlehensvertrages gerechnet, liegt eine Auslegung des Bürgschaftsvertrages dahin gehend nahe, der Bürge habe sich auch verpflichtet, für die Verbindlichkeiten des Schuldners aus Bereicherungsrecht einzustehen.[349]

347 In einem Formularvertrag kann auch geregelt sein, dass die Haftung des Bürgen auf »Ansprüche aus dem Darlehensvertrag oder im Zusammenhang mit diesem Vertrag entstehende Ansprüche, etwa aus Rücktritt, Anfechtung, Bereicherung oder aus sonstigen Gründen« erstreckt ist. Ungeachtet eines eigenen wirtschaftlichen Interesses des Bürgen verstößt eine solche formularmäßige Klausel weder gegen § 305c Abs. 1 BGB noch gegen § 307 BGB.[350]

348 Hat sich der Bürge für eine Kaufpreisschuld aus einem wegen § 311b Abs. 1 Satz 1 BGB nicht formgerecht beurkundeten und damit unwirksamen Grundstückskaufvertrag verbürgt, so entsteht zunächst auch keine Bürgschaftsverpflichtung. Wird der Kaufvertrag aber gem. § 311b Abs. 1 Satz 2 BGB durch Auflassung und Eintragung in das Grundbuch geheilt, wird auch die Bürgschaft ex nunc wirksam. Insoweit ist unerheblich, ob der Bürge die ursprüngliche Unwirksamkeit des Kaufvertrages kannte oder nicht, weil er nunmehr genau diejenige Schuld sichert, die er von Anfang an sichern wollte.[351]

b) Bedingte und künftige Forderungen

349 Gem. § 765 Abs. 2 BGB kann durch die Bürgschaft auch eine bedingte oder künftige Verpflichtung des Hauptschuldners gesichert werden. Vor Eintritt der Bedingung und vor der Entstehung der künftigen Schuld ist die Bürgschaft allerdings gegenstandslos. Jedoch ist der Bürge schon vor Eintritt dieses Ereignisses an seine Erklärung gebunden. Die künftige Forderung muss inhaltlich bestimmt oder jedenfalls bestimmbar sein. Fehlt es hieran, so ist die Bürgschaft unwirksam.[352]

350 Im Fall einer aufschiebend bedingten Forderung entsteht die Haftung des Bürgen mit dem Eintritt der Bedingung. Aufgrund des Akzessorietätsgrundsatzes entfällt die Haftung des Bürgen, wenn die Bedingung nicht eintritt, da eine zu sichernde Forderung fehlt.

351 Im Fall einer auflösend bedingten Forderung ist die Haftung des Bürgen unbedingt, wenn die Bedingung nicht eintritt. Mit Eintritt der Bedingung wird die Bürgschaft infolge ihrer Akzessorietät mit ex nunc-Wirkung gegenstandslos.[353]

---

346 BGH, NJW 1987, 2076; NJW 1992, 1234 (1236).

347 BGH, NJW 1987, 2076.

348 MüKo-BGB/*Habersack* § 365 Rn. 62 mit weiteren Beispielen.

349 BGH, NJW 1968, 1134.

350 BGH, NJW 1992, 1234; bei Nichtigkeit des Darlehensvertrages wegen Wucher gem. § 138 Abs. 2 BGB vgl. *Reinicke/Tiedtke* Rn. 91 bis 94.

351 *Reinicke/Tiedtke* Rn. 97.

352 Zum Bestimmheitsgrundsatz und zur Bürgschaft für bedingte und künftige Forderungen vgl. Rdn. 193–203.

353 MüKo-BGB/*Habersack* § 765 Rn. 66.

c) Erlöschen der Hauptschuld

Aufgrund der Akzessorietät der Bürgschaft hängt diese nicht nur von der Entstehung, sondern vielmehr auch vom Fortbestand der Hauptforderung ab. Erlischt diese, so erlischt auch die Bürgschaft. **352**

Wurde die Bürgschaft zur Sicherung eines Darlehens übernommen, endet sie mit der Rückführung dieses Darlehens. Anders bei der Sicherung eines Kontokorrentkredits durch eine Bürgschaft; hier endet die Bürgschaft (auch nicht teilweise) durch eine vorübergehende Rückführung des Kredits, sondern gilt für die gesamte Dauer des Kontokorrentverhältnisses.[354] **353**

Wird die Verbindlichkeit des Schuldners endgültig teilweise erfüllt, so hat dies auch den teilweisen Untergang der Bürgschaftsverpflichtung zur Folge, da die Haftung des Bürgen gem. § 767 Abs. 1 Satz 1 BGB vom jeweiligen Bestand der Hauptverbindlichkeit abhängt. **354**

Wird die Geschäftsverbindung zwischen dem Gläubiger und dem Hauptschuldner endgültig beendet, haftet der Bürge nur für die bis dahin entstandenen Verbindlichkeiten. **355**

Bei einer Umschuldung ist danach zu differenzieren, ob es sich um eine Schuldumschaffung (Novation) handelt oder um eine bloße Abänderung des bestehenden Schuldverhältnisses. Da es sich bei der Novation um die Begründung einer neuen Forderung handelt, erlischt die Bürgschaft. Bei einer Schuldänderung dagegen bleibt die Bürgschaft bestehen. Im Rahmen einer bankinternen Umschuldung durch Umwandlung eines Kontokorrentkredits in ein Darlehen ist im Zweifel von einer Schuldänderung und damit von einem Fortbestand der Bürgschaft auszugehen, auch dann, wenn ein neues Konto für das Darlehen verwandt wird.[355] Um Unklarheiten zu vermeiden, ist zu empfehlen, dass bei einer Umschuldung mit dem Bürgen klare Absprachen getroffen werden, notfalls eine neue Bürgschaftserklärung abgegeben wird. **356**

d) Wechsel in der Person des Hauptschuldners

Bei einer befreienden Schuldübernahme erlischt gem. § 418 Abs. 1 BGB die Bürgschaft, sofern der Bürge nicht einwilligt. Dieses Erlöschen von Sicherungsrechten dient dem Schutz des Sicherungsgebers, ohne dessen Zustimmung der Hauptschuldner der Hauptverbindlichkeit nicht ausgewechselt werden soll. Grundlage der Bestellung der Sicherheit, auch und insb. bei Bürgschaften, sind regelmäßig die persönlichen und wirtschaftlichen Verhältnisse des Hauptschuldners und dessen persönliche Beziehung zum Sicherungsgeber. Da die Zustimmung des Bürgen den Fortbestand der Bürgschaft begründet, bedarf diese in analoger Anwendung des § 766 BGB der Schriftform.[356] Der Bürge ist bei einer Vertragsübernahme ebenso schutzwürdig wie bei einer befreienden Schuldübernahme, weswegen die Vorschrift des § 418 Abs. 1 BGB entsprechend anzuwenden ist.[357] **357**

Demgegenüber bleibt die Bürgschaft für Verbindlichkeiten einer KG bestehen, wenn alle Gesellschafter bis auf einen ausscheiden und diesem letzten Gesellschafter die Verbindlichkeiten der KG zuwachsen.[358] Dabei haftet der Bürge jedoch nur für diejenigen Gesellschaftsverbindlichkeiten, die zum Zeitpunkt des Ausscheidens der Gesellschafter bestanden. Gleiches gilt, wenn in der Klausel eines Formularvertrages geregelt ist, dass die Bürgschaft für Verbindlichkeiten eines Unternehmens auch bei Änderung der Rechtsform seines Inhabers oder bei einem Wechsel in dessen Person bestehen bleiben soll.[359] **358**

354 BGH, NJW 1994, 1656.
355 BGH, NJW 1999, 3708.
356 MüKo-BGB/*Möschel* § 418 Rn. 6 m.w.N.
357 Schimansky/Bunte/Lwowski/*Schmitz* Bankrechts-Handbuch § 91 Rn. 50.
358 BGH, NJW 1993, 1917.
359 BGH, NJW 1993, 1917.

e) Wechsel in der Person des Gläubigers

359 Mit Abtretung der Forderung des Gläubigers gehen nach § 401 Abs. 1 BGB die Rechte aus der für sie bestellten Bürgschaft über. Die Vorschrift ist dispositiv, d.h., die Parteien des Abtretungsvertrages können den Übergang der Nebenrechte ausschließen oder erweitern. Die Bürgschaft, die in direkter Anwendung des § 401 Abs. 1 BGB mit der Forderung übergeht, kann nicht selbstständig abgetreten werden.[360] Wird § 401 Abs. 1 BGB von den Beteiligten abbedungen und erfolgt eine Abtretung der Hauptforderung ohne die Rechte aus der Bürgschaft, erlischt diese analog § 1250 Abs. 2 BGB.[361]

360 Erwirbt der ursprüngliche Gläubiger die zunächst isoliert abgetretene Hauptforderung wieder, lebt die Bürgschaftsverpflichtung nicht erneut auf. Etwas Anderes gilt nur dann, wenn der Gläubiger mit dem Bürgen die Gültigkeit der Bürgschaft für den Fall vereinbart, dass die Hauptforderung nach der isolierten Abtretung an einen Dritten wieder an den Gläubiger zurück abgetreten wird.[362] Eine isolierte Abtretung der Rechte aus der Bürgschaft ohne die Hauptforderung ist unwirksam.[363] Sie scheitert an der Akzessorietät der Bürgschaftsforderung.[364]

361 Besteht die Bürgschaft zur Sicherung eines Kontokorrentkredites und werden die Ansprüche aus diesem bestehenden Kreditverhältnis an eine andere Bank abgetreten, stellt sich die Frage, ob die Bürgschaft weiterhin gilt. Das ist nicht ohne Weiteres der Fall, vielmehr kann der Bürge von der neuen Bank nur dann in Anspruch genommen werden, wenn sich aus der Bürgschaftserklärung im Wege der Auslegung ergibt, dass die Bürgschaft auch zugunsten des Einzelrechtsnachfolgers, der das Kreditverhältnis fortsetzt, gelten soll.[365]

362 Im Rahmen einer Gesamtrechtsnachfolge – z.B. durch Vereinigung mehrerer juristischer Personen[366] oder durch Tod des Gläubigers nach § 1922 BGB[367] – geht die Hauptforderung und mit ihr die Bürgschaftsforderung auf den Gesamtrechtsnachfolger über. Der neue Gläubiger ist damit Partei des Kreditvertrages mit dem Hauptschuldner und des Bürgschaftsvertrages mit dem Bürgen geworden. Anderes gilt i.R.d. Gesamtrechtsnachfolge gem. § 1922 BGB dann, wenn der Gläubiger vom Bürgen oder vom Schuldner beerbt wird. Verstirbt der Bürge, erlischt die Bürgschaftsforderung durch Konfusion. Verstirbt der Hauptschuldner, erlischt die Hauptschuld aufgrund Konfusion und wegen der Akzessorietät damit auch die Bürgschaftsforderung. Im Fall einer sog. unechten Konfusion, wenn der Schuldner den Bürgen beerbt, bleiben die Verbindlichkeiten sowie die Bürgschaft bestehen.[368]

363 Wird die Bürgschaft für Mietschulden des Hauptschuldners übernommen und tritt ein neuer Mieter im Wege der Vertragsübernahme wegen Veräußerung des Grundstücks nach § 566 BGB in den bestehenden Mietvertrag und nach § 566a BGB in den Bürgschaftsvertrag ein, ist nach der Rechtsprechung des BGH[369] § 401 BGB analog anzuwenden. Das Gleiche gilt, wenn das Grundstück nicht veräußert wird, sondern ein Dritter aufgrund einer Vereinbarung mit dem alten Vermieter und dem Mieter in den Mietvertrag eintritt. Der BGH[370] hat festgestellt, dass der Bürge bei einem Wechsel des Vermieters keine Nachteile erleidet und der Wechsel keinen Einfluss auf die vereinbarten Vertragspflichten des Mieters hat. Der bloße Wechsel der Person des Gläubigers macht es

360 BGH, NJW 1991, 3025; Palandt/*Heinrichs* § 399 Rn. 7, § 401 Rn. 1; a.A. *Reinicke/Tiedtke* Rn. 182, 183.
361 Palandt/*Heinrichs* § 401 Rn. 3; a.A. *Reinicke/Tiedtke* Rn. 178–181.
362 BGHZ 115, 177 (186).
363 BGHZ 115, 177 (183).
364 A.A. *Reinicke/Tiedtke* Rn. 182, 183.
365 BGHZ 26, 142.
366 BGHZ 77, 167.
367 MüKo-BGB/*Habersack* § 765 Rn. 54.
368 MüKo-BGB/*Habersack* § 765 Rn. 49.
369 BGHZ 95, 88 (97, 98).
370 BGH, WM 1985, 1172 (1175).

weder unter dem Gesichtspunkt der Akzessorietät noch des Bürgenschutzes erforderlich, den Mietbürgen aus seiner Haftung zu entlassen.

3. Umfang der Hauptforderung

a) Reduzierung der Hauptschuld

Gem. § 767 BGB ist für die Verpflichtung des Bürgen der jeweilige Umfang der Hauptschuld maßgebend. 364

Wird die Hauptforderung durch den Schuldner endgültig teilweise getilgt, reduziert sich insoweit auch die Haftung des Bürgen. Ist die Forderung des Gläubigers nur teilweise durch eine Bürgschaft gesichert, so ist eine Teilleistung des Schuldners bei fehlender Tilgungsbestimmung gem. § 366 Abs. 2 BGB zunächst auf den nicht gesicherten Teil der Hauptforderung anzurechnen. Das Selbe gilt für den Verwertungserlös einer anderen Sicherheit. Dem Gläubiger ist es insoweit gestattet, diesen Erlös auf den nicht durch die Bürgschaft gesicherten Teil der Forderung zu verrechnen.[371] In der Bankpraxis enthalten die Bürgschaftsformulare i.d.R. eine entsprechende Klausel, in der diese Befugnis des Gläubigers ausdrücklich geregelt ist. Gegen eine solche formularmäßige Klausel bestehen keine rechtlichen Bedenken.[372] 365

b) Erweiterung und Veränderung der Hauptschuld

Die Verpflichtung des Bürgen kann durch ein Rechtsgeschäft zwischen Hauptschuldner und Gläubiger nach Übernahme der Bürgschaft nicht erweitert werden.[373] Dies ergibt sich ausdrücklich aus § 767 Abs. 1 Satz 3 BGB. Demgegenüber ist eine die Hauptschuld verringernde oder erleichternde Vereinbarung zwischen Gläubiger und Hauptschuldner grds. möglich, da der Bürge hierdurch nicht weiter belastet wird. Die Haftung des Bürgen erfasst jedenfalls nicht die nachträgliche Erhöhung eines Darlehens oder eine Forderung aus einem Schuldanerkenntnis des Hauptschuldners.[374] Die Auslegung einer Bürgschaft für einen Kontokorrentkredit mit festem Kreditlimit kann jedoch ergeben, dass eine in der Bankpraxis übliche Überschreitung der Kreditlinie von der Bürgenhaftung mit umfasst wird.[375] 366

Gem. § 767 Abs. 1 Satz 2 BGB erstreckt sich die Bürgenhaftung insb. auch auf Veränderungen der Hauptverbindlichkeit durch Verschulden oder Verzug des Hauptschuldners. Ferner erstreckt sie sich auf die in der gesicherten Forderung typischerweise angelegten Erweiterungen und Veränderungen. Wird ein ursprünglich bestehender Erfüllungsanspruch wegen Nichterfüllung in einen Schadensersatzanspruch umgewandelt, stellt dieser Schadensersatzanspruch die durch die Bürgschaft gesicherte Hauptforderung dar.[376] 367

Nach dem ab dem 01.01.2002 geltenden § 202 BGB n.F. kann ein Hauptschuldner auf die Einrede der Verjährung durch einseitige Erklärung und schon vor deren Eintritt verzichten.[377] Der Einredeverzicht des Hauptschuldners ist demnach im Hautschuldverhältnis zur Klägerin wirksam, nicht 368

371 BGH, WM 1989, 484 (489).

372 BGH, WM 1989, 484 (489).

373 Auch keine Erweiterung auf Entgeltforderungen aus einer Auftragserweiterung gem. § 1 Nr. 3, § 1 Nr. 4 Satz 1 oder Satz 2 VOB/B, wenn für den Bürgen erkennbar war, dass der Bauvertrag der VOB/B unterliegt vgl. BGH, Urt. v. 15.12.2009 – XI ZR 107/08.

374 OLG Düsseldorf MDR 1975, 1019.

375 BGH, WM 1987, 1430.

376 BGH, NJW 1989, 1856; zur Frage, wann eine Bürgschaft gem. § 7 Abs. 1 MaBV den Anspruch des Gläubigers gegen den Hauptschuldner aus § 812 Abs. 1 Satz 1, 1. Alt. BGB mit umfasst vgl. BGH, WM 2008, 729 (731); BGHZ 162, 378 (383); zur Frage der Erweiterung der Bürgenhaftung bei Widerruf eines Zuwendungsbescheides vgl. BGH, BKR 2017, 328.

377 BGH, WM 2007, 2230 (2231); NJW 1973, 1690; MüKo-BGB/*Grothe* § 202 Rn. 13.

aber im Bürgschaftsverhältnis. Nach Ansicht des BGH[378] fällt auch der Verzicht des Hauptschuldners auf künftige Einreden unter § 768 Abs. 2 BGB. Ob im Zeitpunkt eines rechtsgeschäftlichen Verjährungsverzichts des Hauptschuldners die Hauptschuld bereits verjährt ist oder nicht, ist nach Sinn und Zweck der gesetzlichen Regelung unerheblich. Nach § 768 Abs. 2 BGB kann der Hauptschuldner die Haftung des Bürgen nicht durch den Verzicht auf Einreden verschärfen.

c) Prolongation

369 Es stellt sich die Frage, ob sich eine Verlängerung der Laufzeit der Hauptforderung auf die Bürgenhaftung auswirken kann. Bleiben die anderen Bestandteile der Kreditvereinbarung unverändert bestehen, fehlt es jedenfalls an einer nachteiligen Vereinbarung zulasten des Bürgen und an einem Austausch oder einer identitätsändernden Maßnahme hinsichtlich der Hauptforderung. Der Haftungsumfang der Bürgschaft bleibt der Höhe nachunverändert. Zudem wäre der Kredit zum Ablauf der ursprünglichen Laufzeit fällig geworden, sodass dem Bürgen die Inanspruchnahme gedroht hätte. Aufgrund dessen ist ein Nachteil des Bürgen durch die Prolongation und damit eine Auswirkung auf die Bürgenhaftung zu verneinen.[379]

370 Anders ist dies zu beurteilen, wenn die Stellung des Bürgen durch die Prolongation verschlechtert wird. Eine solche Verschlechterung liegt insb. vor, wenn der ihm zustehende Regressanspruch gegen den Hauptschuldner gem. §§ 774 Abs. 1, 670 BGB an Wert verliert.[380] In der Praxis ist zur Vermeidung von Unsicherheiten bei Prolongationen zu empfehlen, eine neue Bürgschaft hereinzunehmen oder die Verlängerung der bestehenden Bürgschaft zu vereinbaren. Ferner besteht die Möglichkeit, bereits in dem ursprünglichen Bürgschaftsvertrag eine sog. Prolongationsklausel für den Fall einer etwaigen Laufzeitverlängerung des verbürgten Kredites zu vereinbaren. Ob eine solche Vereinbarung jedoch formularmäßig wirksam geschlossen werden kann, bleibt fraglich, weswegen die Formularpraxis uneinheitlich ist. Nach Ansicht von Nobbe[381] führt eine formularmäßige Laufzeitverlängerung zu einer Krediterweiterung, die für den Bürgen eine nicht unerhebliche Ausweitung seines Risikos bedeutet und daher die Unwirksamkeit einer derartigen Klausel zur Folge hat (§ 307 BGB).

371 Einer Prolongationsklausel bedarf es aber jedenfalls dann nicht, wenn der Bürge zum Zeitpunkt der Bürgschaftserklärung bereits mit einer Kreditverlängerung rechnen musste; denn dann ist die Laufzeitverlängerung von der engen Zweckerklärung umfasst. Ergibt sich bereits aus dem Verwendungszweck des Kredites oder den sonstigen dem Bürgen bekannten Umständen, dass die Ursprungslaufzeit des Kredits den Zeitraum der tatsächlichen Finanzierung nicht abdeckt, muss der Bürge wohl mit einer Prolongation rechnen.[382]

372 Das Gleiche gilt für eine Stundung oder Tilgungsaussetzung. Auch insoweit ist die Identität der ursprünglichen Forderung gewahrt und die Maßnahme ohne Nachteile für den Bürgen.

d) Haftung für Zinsen

373 Ob der Bürge auch für Nebenforderungen,[383] insb. für Zinsen haftet, richtet sich nach dem jeweiligen Inhalt des Bürgschaftsvertrages. Fehlt eine ausdrückliche Regelung, ist diese Frage im Wege der Auslegung zu beantworten. Ist dem Bürgen die Verzinslichkeit der Hauptschuld bekannt und hat er sich vorbehaltlos für diese verbürgt, so wird sich die Bürgschaft im Zweifel auch auf die

378 BGH, WM 2007, 2230 (2231).
379 FCH/*Fischer* S. 85, 86.
380 BGH, WM 1999, 1761.
381 *Nobbe* BKR 2002, 747 (756).
382 BGH, WM 1999, 1761 (1763).
383 Zur Frage der Haftung des Bürgen auf Erstattung von Kosten der Rechtsverfolgung, die dem Gläubiger in einem Anfechtungsprozess entstanden sind vgl. BGH, NJW 2009, 1879.

Zinsansprüche erstrecken.[384] Der Bürge haftet auch für die Zinseszinsen, soweit er sich für eine Kontokorrentschuld verbürgt und der Hauptschuldner Zinseszinsen i.R.d. § 355 HGB zu zahlen hat.[385]

Ein Bürge kann auch für Verzugszinsen aus der Hauptforderung haften, die erst nach Eröffnung des Insolvenzverfahrens über das Vermögen des Hauptschuldners anfallen.[386] 374

Bei einer Höchstbetragsbürgschaft stellt sich die Frage, ob der Bürge über den Höchstbetrag hinaus für die Zinsen und Zinseszinsen haftet, sprich, ob dieser nur für die Schuldsumme als solche gilt. Auch in diesem Fall ist im Wege der Auslegung der Umfang der Haftung des Bürgen zu ermitteln. In der Formularpraxis gibt es hierfür vielfach folgende Klausel: »Der Betrag, der von mir übernommenen Bürgschaft erhöht sich um die Beträge, die als Zinsen, Provisionen, Spesen und Kosten jeder Art auf den verbürgten Höchstbetrag anfallen oder durch deren Geltendmachung entstehen; dies gilt auch dann, wenn die Beträge durch Saldofeststellung im Kontokorrent jeweils zum Kapital geschlagen werden und dadurch der verbürgte Höchstbetrag überschritten wird«. 375

In Anbetracht der Bezeichnung der Bürgschaft als Höchstbetragsbürgschaft bleibt zu klären, ob eine derartige formularmäßige Klausel den Anforderungen des § 305c Abs. 1 BGB standhält. Jedenfalls dann, wenn es an einer drucktechnisch hervorgehobenen Gestaltung eines Hinweises fehlt, dass der Höchstbetrag durch Zinsen und Nebenkosten überschritten werden könne, liegt eine überraschende Klausel gem. § 305c Abs. 1 BGB vor.[387] 376

Es stellt sich dennoch die Frage, ob auch bei Vorliegen einer derartigen drucktechnisch hervorgehobenen Gestaltung eine Haftungserweiterungsklausel nach § 305c Abs. 1 BGB unwirksam ist. Überraschung nach § 305c Abs. 1 BGB kann insb. durch das äußere Erscheinungsbild des Vertrages hervorgerufen werden. Zudem kommt es darauf an, ob der Vertragspartner des Klauselverwenders mit einer solchen vertraglichen Regelung rechnen muss. Der durchschnittliche Bürge, der auch von der Üblichkeit in der Bankenpraxis keine Kenntnis hat, wird annehmen, der Höchstbetrag sei derjenige Betrag, zu dem er höchstens in Anspruch genommen werden kann. Hiervon darf er aufgrund der Bezeichnung der Bürgschaft als Höchstbetragsbürgschaft auch ausgehen. Demgegenüber ist der Gläubiger gerade nicht schutzwürdig, weil er damit rechnen muss, dass der Bürge ein wie oben dargestelltes Verständnis von einer Höchstbetragsbürgschaft hat. Ferner ist es dem Gläubiger unbenommen, einen Individualvertrag mit einer entsprechenden Haftungserweiterungsklausel zu schließen oder eben einen anderen (höheren) Höchstbetrag zu vereinbaren, in dem eine Pauschale über Zinsen und Nebenkosten enthalten ist. 377

Aus diesen Gründen hat der IX. Senat[388] zu Recht entschieden, eine solche formularmäßige Haftungserweiterungsklausel sei nach § 9 Abs. 1, Abs. 2 Nr. 2 AGBGB (§ 307 Abs. 1, Abs. 2 Nr. 2 BGB) unwirksam, soweit sie eine Haftung des Bürgen über den vereinbarten Höchstbetrag hinaus begründet.[389] 378

4. Grenzen der Akzessorietät

Mit Rücksicht auf den Sicherungszweck und im Interesse des Gläubigers wird in Sonderfällen die Akzessorietät der Bürgschaft durchbrochen. 379

Der Bürge kann gem. § 768 Abs. 1 Satz 2 BGB bei Tod des Hauptschuldners nicht einwenden, der Erbe hafte nur beschränkt. Reduziert sich die Forderung gegen den Hauptschuldner durch einen Insolvenzplan im Insolvenzverfahren gem. § 254 Abs. 2 InsO, bleibt die Bürgenverpflichtung in 380

384 Schimansky/Bunte/Lwowski/*Schmitz* Bankrechts-Handbuch § 91 Rn. 53.
385 BGHZ 77, 256.
386 OLG Nürnberg, WM 1991, 1794.
387 OLG Nürnberg, WM 1991, 985; OLG Stuttgart, ZIP 1996, 1508.
388 BGH, WM 2002, 1836 (1838).
389 Anders noch BGH, WM 1984, 198 (199).

voller Höhe bestehen. Dies gilt auch bei Wegfall des Hauptschuldners z.B. durch Liquidation einer juristischen Person, wenn dieser Wegfall auf Gründen basiert, die von dem Sicherungszweck der Bürgschaft gedeckt sind.[390]

5. Zweckerklärung

381 Durch die Zweckerklärung wird bestimmt, für welche Forderungen des Gläubigers die Sicherheit bestellt wird und haften soll.[391] Die Zweckerklärung ist die schuldrechtliche Vereinbarung zwischen Gläubiger und Sicherungsgeber, durch welche die Sicherheit mit den zu besichernden Forderungen verknüpft wird. Als schuldrechtliche Vereinbarung ist sie grds. von der dinglichen Sicherheitenbestellung zu unterscheiden. In der Formularpraxis befinden sich die Zweckerklärung und der Sicherungsvertrag oft in einer gemeinsamen Urkunde. Die Zweckerklärung unterliegt keiner Formvorschrift, aus Beweiszwecken wird sie in der Praxis jedoch oft schriftlich niedergelegt.

382 Es sind zwei Arten von Zweckerklärungen zu unterscheiden: die weite und die enge Zweckerklärung.

a) Weite Zweckerklärung

383 Mit der weiten Zweckerklärung verpflichtet sich der Bürge, für alle bestehenden und künftigen Forderungen des Hauptschuldners aus einer bestimmten Geschäftsverbindung haften zu wollen.[392] Durch die weite Zweckerklärung dient die Bürgschaft also nicht nur als Sicherheit für eine gerade entstehende oder bereits bestehende Forderung, sondern auch als Sicherheit für alle weiteren Verbindlichkeiten, die der Schuldner erst nach Übernahme der Bürgschaft eingehen wird. Eine solche Sicherungszweckerklärung ist rechtlich dann unbedenklich, wenn Kreditnehmer und Sicherungsgeber identisch sind. An einer solchen Identität fehlt es aber naturgemäß bei einer Bürgschaft als typischer Drittsicherheit. Übernimmt der Bürge eine solche Globalbürgschaft für alle bestehenden und künftigen Verbindlichkeiten des Hauptschuldners, ist der Bestimmtheitsgrundsatz gewahrt.[393]

384 Die Frage der Wahrung des Bestimmtheitsgrundsatzes ist von der Frage zu unterscheiden, ob Globalbürgschaften mit dem Recht der allgemeinen Geschäftsbedingungen zu vereinbaren sind.[394] Eine weite Zweckerklärung ist in jedem Fall dann zulässig, wenn sie individuell zwischen Kreditinstitut und Sicherungsgeber vereinbart wird. Bedenken bestehen aber dann, wenn es sich um einen formularmäßigen Vertrag handelt und daher dem Recht der allgemeinen Geschäftsbedingungen unterliegt.[395]

385 Nach der neuesten Rechtsprechung des BGH, unterliegen die in der Bankpraxis verwendeten formularmäßigen Globalbürgschaften erheblichen Einschränkungen.

aa) Vereinbarkeit mit § 305c Abs. 1 BGB

386 Eine Klausel ist i.S.d. § 305c Abs. 1 BGB dann überraschend, wenn sie ungewöhnlich ist und von den Erwartungen des Vertragspartners deutlich abweicht, sodass er mit der Klausel vernünftigerweise

390 Schimansky/Bunte/Lwowski/*Schmitz* Bankrechts-Handbuch § 91 Rn. 57.

391 Zum Bestimmtheitsgrundsatz der gesicherten Forderung vgl. Rdn. 193–203; zur Frage, wann die Bürgschaft Ausgleichsansprüche aus einer Cash-Clearing-Vereinbarung umfasst vgl. BGH, WM 2008, 1350 (1352); zur Frage der Reichweite des Sicherungszwecks einer Bürgschaft für eine durch Verwaltungsakt festzusetzende Rückforderung einer staatlichen Subvention vgl. BGH, WM 2009, 1180 (1182).

392 Zur Frage, wann eine Bürgschaft gem. § 7 Abs. 1 MaBV den Anspruch des Gläubigers gegen den Hauptschuldner aus § 812 Abs. 1 Satz 1, 1. Alt. BGB mit umfasst vgl. BGH, WM 2008, 729 (731); BGHZ 162, 378 (383).

393 Vgl. Rdn. 193–203.

394 Zur Grundschuld als Sicherheit auch für zukünftige Forderungen vgl. BGHZ 83, 56 (59).

395 Lesenswert zum Thema problematische Bürgschaftsverpflichtungen in Allgemeinen Geschäftsbedingungen *Förster* WM 2010, 1677 ff.

nicht zu rechnen braucht.[396] Das ist dann der Fall, wenn die Bürgschaft aus Anlass der Gewährung oder Prolongierung eines bestimmten, betragsmäßig limitierten Kontokorrentkredits oder der Erhöhung des Limits um einen bestimmten Betrag geleistet wird.[397]

Früher[398] wurde die wirksame Einbeziehung von globalen Haftungsklauseln bejaht, weil eine Bürgschaft für künftige Forderungen gem. § 765 Abs. 2 BGB als ein gesetzlicher Regelfall nicht überraschend sei. 387

Seit 1995 wird die Rechtslage der Bürgenhaftung für Hauptforderungen, die über den Anlass der Bürgschaft hinaus gehen, anders gesehen.[399] Derjenige, der aus Anlass eines bestimmten Kredites eine Bürgschaft übernimmt, rechnet i.d.R. nicht damit, über diesen Betrag hinaus zu haften. Er braucht mit einer entsprechenden formularmäßigen Bestimmung in der Bürgschaftserklärung nicht zu rechnen.[400] Diese Rechtsprechung wurde auch auf Höchstbetragsbürgschaften ausgedehnt, weil der Bürge im Rahmen einer solchen Bürgschaft gleichermaßen schutzwürdig ist.[401] Voraussetzung für die Unwirksamkeit gem. § 305c Abs. 1 BGB ist allerdings, dass der Bürge sich tatsächlich konkrete Gedanken über den Umfang seiner Bürgschaftsverpflichtung gemacht hat und gerade deswegen von einer weiten Sicherungsklausel überrascht werden kann. 388

Nach § 305c Abs. 1 BGB ist derjenige Teil der weiten Sicherungsabrede unwirksam, durch die der Bürge überrascht worden ist. Die anderen Teile der Bürgschaftserklärung haben Bestand. 389

Die Anwendung des § 305c Abs. 1 BGB scheidet jedoch nach Ansicht des BGH[402] aus, wenn der Bürge auf die weiter gehende Sicherungsabrede hingewiesen und über die damit verbundenen konkreten Gefahren für ihn belehrt worden ist. Denn dann kennt der Bürge das Risiko, das er mit Übernahme der Bürgschaft eingeht. Eine hinreichende Aufklärung des Bürgen liegt aber nicht vor, wenn ihm die Sicherungsabrede lediglich vorgelesen wird. Das bloße Vorlesen eines abstrakten Vertragstextes bietet nämlich keine Gewähr dafür, dass ein juristischer Laie Tragweite und Auswirkung der für ihn überraschenden Klausel voll erfasst.[403] 390

bb) Vereinbarkeit mit § 307 BGB

Eine formularmäßige Zweckerklärung, die die Bürgenhaftung über die Verbindlichkeit des Hauptschuldners, die objektiver Anlass der Verbürgung war, auf alle zukünftigen Ansprüche aus der Geschäftsverbindung der Bank mit dem Hauptschuldner ausdehnt, verstößt darüber hinaus gegen § 307 Abs. 2 Nr. 2 BGB.[404] Eine solche Haftung für alle zukünftigen Ansprüche widerspricht dem gesetzlichen Leitbild des § 767 Abs. 1 Satz 3 BGB. Danach wird die Verpflichtung des Bürgen durch ein Rechtsgeschäft, das der Hauptschuldner nach der Übernahme der Bürgschaft vornimmt, nicht erweitert. Eine solche weite Zweckerklärung stellt nach der sog. »Anlass-Rechtsprechung« des BGH[405] eine unangemessene Benachteiligung des Bürgen dar, da gegen das Verbot der Fremddisposition sowie gegen den Grundsatz von Treu und Glauben verstoßen wird.[406] 391

Rechtsfolge dieser Unvereinbarkeit mit § 307 Abs. 2 BGB ist jedoch nach Ansicht des BGH nicht die Nichtigkeit des gesamten Bürgschaftsvertrages. Vielmehr ist danach zu differenzieren, ob der Bürge für eine Verbindlichkeit des Hauptschuldners in Anspruch genommen wird, die vor oder 392

396 *Förster* WM 2010, 1677 f.
397 Schimansky/Bunte/Lwowski/*Schmitz* Bankrechts-Handbuch § 91 Rn. 12; BGH, NJW 2000, 658.
398 BGH, NJW 1994, 1656.
399 BGHZ 130, 19 (26); BGH, NJW 1995, 2553 (2555).
400 Förster WM 2010, 1677 (1679 f.).
401 BGHZ 126, 174 (177) m.w.N.; BGH, NJW 1996, 1470 (1472).
402 BGHZ 83, 56 (60).
403 BGHZ 83, 56.
404 BGHZ 130, 19 (30); 132, 6 (9); *Förster* WM 2010, 1677 (1679 f.).
405 BGHZ 130, 19 (30); 132, 6 (9).
406 Umfassend *Nobbe* BKR 2002, 747.

nach der Bürgschaftsübernahme entstanden ist. Gem. § 306 Abs. 1 BGB und im Rahmen einer ergänzenden Vertragsauslegung i.V.m. § 306 Abs. 2 BGB kann die weite Zweckerklärung i.d.R. inhaltlich und gegenständlich in einen zulässigen und einen unzulässigen Teil aufgespalten werden.[407]

393 Die Bürgschaft ist also nicht insgesamt unwirksam, sonder vielmehr beschränkt sich die Haftung des Bürgen auf die Verbindlichkeiten, die den Anlass für die Übernahme gebildet haben.[408] Ist Anlass der Bürgschaft ein unlimitierter Kontokorrentkredit, ist nach den oben genannten Grundsätzen die Haftung auf den Kreditsaldo am Tage der Bürgschaftserklärung beschränkt.[409]

394 Eine formularmäßige weite Zweckerklärung ist auch dann nach den oben genannten Grundsätzen unwirksam, wenn Kaufleute die Bürgschaft übernommen haben. Das unabsehbare und nicht steuerbare Risiko besteht bei ihnen in gleicher Weise, ebenso wie bei einer juristischen Person als Formkaufmann.[410]

395 Wird aufgrund dieser neueren Rechtsprechung eine Bestimmung in allgemeinen Geschäftsbedingungen für unwirksam gehalten, ist die sog. Anlassrechtsprechung auch auf die in der Vergangenheit liegenden Verträge anwendbar, auch wenn die Klausel in bis dahin ständiger höchstrichterlicher Rechtsprechung als gültig angesehen wurde.[411]

cc) Haftung für alle bestehenden Forderungen

396 Die formularmäßige Klausel, die die Haftung des Bürgen auf alle bestehenden Ansprüche gegen den Hauptschuldner erstreckt, ohne die verbürgten Forderungen näher zu bezeichnen, verstößt gegen § 307 Abs. 1 BGB und ist damit unwirksam.[412] Aus einer solchen Klausel geht zwar klar hervor, welche Forderungen gegen den Hauptschuldner erfasst sind, nämlich alle gegenwärtig vorhandenen. Das Interesse des Bürgen, den Gegenstand und die Trag- sowie Reichweite seines Risikos zu erkennen, ist ohne Bezeichnung der gesicherten Forderungen jedoch nicht hinreichend gewahrt. Der Bürge kann aus einer solchen Formularklausel regelmäßig nicht erkennen, ob und ggf. welche Ansprüche des Gläubigers gegen den Hauptschuldner bestehen. Diese Rechtsprechung findet auch Anwendung, wenn die gesicherten Forderungen mit der Bezeichnung »Geschäftskredite« umschrieben werden.

dd) Ausnahmen von der Unwirksamkeit gem. § 307 BGB

397 Die dargestellte Rechtsprechung zur Unwirksamkeit von formularmäßigen Zweckerklärungen basiert auf der unangemessenen Benachteiligung des Bürgen, da er den Umfang seiner Haftung nicht erkennen kann.

398 Ausnahmen von der AGB-rechtlichen Unwirksamkeit sind also dann zu machen, wenn der Bürge maßgeblich über die Kreditgeschäfte des Hauptschuldners und damit über die Reichweite seines Risikos bestimmen kann. Insoweit ist der Bürge nicht schutzwürdig,[413] da nicht über »seinen Kopf hinweg« disponiert werden kann.[414]

399 Die Anlassrechtsprechung des BGH findet also keine Anwendung, wenn der Bürge Geschäftsführer einer GmbH oder Alleingesellschafter ist, da die Entstehung der künftigen Forderungen, für die der Bürge aufgrund der weiten Zweckerklärung die Haftung übernommen hat, von seinem Willen

407 BGHZ 130, 19 (34).
408 BGHZ 137, 153.
409 BGHZ 137, 153.
410 BGH, NJW-RR 2002, 343 (344); WM 2002, 1836; WM 1998, 2186.
411 BGHZ 132, 6.
412 BGH, ZIP 2000, 65; NJW 2000, 658.
413 BGHZ 130, 19; 137, 153; 142, 213; vgl. hierzu *Koch* NJW 2000, 1996.
414 *Förster* WM 2010, 1677 (1680).

abhängt.[415] Entscheidend ist darauf abzustellen, ob der Bürge aufgrund seiner gesellschaftsrechtlichen Stellung tatsächlich in der Lage ist, eine Erweiterung der Verbindlichkeiten durch den Hauptschuldner durch entsprechendes Abstimmungsverhalten bei Beschlussfassungen der Gesellschafter zu verhindern. Eine unangemessene Benachteiligung und damit Unwirksamkeit einer weiten Sicherungszweckerklärung scheidet damit in jedem Fall bei einem Allein- und Mehrheitsgesellschafter sowie beim Geschäftsführer der Hauptschuldnerin aus.[416] Etwas anderes gilt bei einem »einfachen« Gesellschafter, es sei denn, der Gesellschaftsvertrag verlangt ausdrücklich seine Zustimmung, wenn für ihn als Bürgen neue Verbindlichkeiten begründet werden.[417]

400 Bei einem Kommanditisten der Hauptschuldnerin kommt die Ausnahme der Anlassrechtsprechung nicht zur Anwendung, weil ihm die Möglichkeit zur Begrenzung der Verbindlichkeiten grds. fehlt.[418]

b) Enge Zweckerklärung

401 Bei einer engen Zweckerklärung ist die zu sichernde Forderung gegen den Hauptschuldner ganz konkret bezeichnet.[419] Dies ist selbstverständlich sowohl in einer Individualvereinbarung als auch in einer Formularbürgschaft unproblematisch möglich. Nachdem der Bürge bei einer engen Zweckerklärung sein Risiko erkennen kann, scheidet insoweit eine unangemessene Benachteiligung und damit die Unwirksamkeit gem. § 307 BGB aus.[420]

VII. Einreden des Bürgen

1. Schuldnerbezogene Einreden

402 Der Hauptschuldner kann Einwendungen und Einreden geltend machen, die ihm aus der Hauptforderung ggü. dem Gläubiger zustehen. Demgegenüber kann er sich aber auf Einwendungen und Einreden des Bürgen ggü. dem Gläubiger nicht berufen. Dies ergibt sich aus dem Akzessorietätsgrundsatz. Die Bürgschaft ist zur Hauptschuld akzessorisch und nicht die Hauptschuld zur Bürgschaft.

403 Dem Bürgen kommen die Einreden und Einwendungen, die dem Hauptschuldner ggü. dem Gläubiger zustehen, mittelbar zugute. Rechtshindernde oder rechtsvernichtende Einwendungen des Hauptschuldners führen dazu, dass die Hauptschuld erst gar nicht zur Entstehung gelangt oder untergeht. Mangels Hauptschuld gelangt damit auch die akzessorische Bürgschaft nicht zur Entstehung oder geht unter, da der Bürge nur in dem Umfang haftet, in dem die Hauptforderung begründet ist.[421]

404 Wird eine zunächst unwirksame Hauptschuld durch den Hauptschuldner bestätigt oder verzichtet der Hauptschuldner auf Einwendungen, wirkt dies nicht gegen den Bürgen (§ 768 Abs. 2 BGB). Denn der Verzicht oder die Bestätigung führen erst zur Entstehung einer bis dahin unwirksamen Hauptschuld und damit zur vertraglichen Neubegründung einer Verbindlichkeit. Hierfür haftet der Bürge nicht.[422]

405 Eine Vereinbarung zwischen Gläubiger und Hauptschuldner, wonach der Gläubiger die Hauptschuld zwar (teilweise) erlässt, aber nur unter der Maßgabe, dass die Bürgenschuld bestehen bleibt,

415 BGHZ 130, 19 (30); BGH, ZIP 1999, 1480.

416 BGH, NJW 1996, 3205; NJW 1999, 3195; WM 2000, 514.

417 BGH, WM 1999, 1480.

418 FCH/*Fischer*, S. 89.

419 Zur Frage, wann eine Bürgschaft gem. § 7 MaBV auch den Anspruch auf Verschaffung des Eigentums an dem verkauften Grundstück sichert vgl. BGH, NJW 2009, 673.

420 Zu nachträglichen Änderungen der verbürgen Hauptforderung vgl. Rdn. 356, 364–372.

421 Schimansky/Bunte/Lwowski/*Schmitz* Bankrechts-Handbuch § 91 Rn. 61.

422 *Reinicke/Tiedtke* Rn. 217.

ist wegen § 767 BGB unzulässig. Gem. § 767 BGB richtet sich der Umfang der Bürgenschuld nach dem jeweiligen Bestand der Hauptschuld. Auch die Zustimmung des Bürgen zu einer solchen Vereinbarung ändert an deren Unzulässigkeit nichts. Denn bei der Bürgschaft handelt es sich um eine streng akzessorische Sicherheit, sodass der Bürge entsprechend dem Leitbild der Bürgschaft nicht für Verbindlichkeiten haften kann, die nicht (mehr) bestehen. Die Vorschrift des § 767 BGB ist zwingender Natur, sodass die Akzessorietät nicht eingeschränkt werden kann.[423]

406 Stimmt der Bürge einer solchen Vereinbarung zu, stellt sich jedoch die Frage, ob hierdurch die Rechtsnatur des Vertragsverhältnisses in ein selbstständiges Schuldversprechen verändert wird. Ob die Vereinbarung ein selbstständiges Schuldversprechen oder einen Garantievertrag zum Inhalt hat, ist durch Auslegung zu ermitteln.[424]

407 Ob sich ein Bürge gemäß § 768 Abs. 1 Satz 1 BGB auch dann auf ein zwischen dem Gläubiger und dem Hauptschuldner vereinbartes Stillhalteabkommen berufen kann, wenn sich der Gläubiger eine Inanspruchnahme des Bürgen ausdrücklich vorbehalten hatte, war umstritten. Die überwiegende Meinung[425] gesteht dem Bürgen im Falle eines Stillhalteabkommens stets eine Einrede nach § 768 Abs. 1 Satz 1 BGB zu. Dieser Ansicht hat sich nunmehr der BGH angeschlossen, wonach der Bürge auch ein – vorübergehendes oder dauerhaftes – Leistungsverweigerungsrecht des Hauptschuldners aus einem Stillhalteabkommen mit dem Gläubiger geltend machen kann. Dies gilt auch dann, wenn sich der Gläubiger in der Stillhaltevereinbarung die Inanspruchnahme des Bürgen vorbehalten hat[426]

408 Ebenso kann der Bürge gem. § 768 BGB einwenden, dass die Klage des Gläubigers gegen den Hauptschuldner rechtskräftig abgewiesen wurde, da sich die Rechtskraft auch auf die Bürgenschuld erstreckt.[427] Etwas Anderes gilt jedoch im Fall einer erfolgreichen Klage des Gläubigers gegen den Hauptschuldner. Die Rechtskraft des insoweit zugunsten des Gläubigers ergangenen Urteils wirkt nicht gegen den Bürgen.[428] Die Rechtskrafterstreckung bei einem klagabweisenden Urteil beruht auf der materiell-rechtlichen Vorschrift des § 768 BGB, sodass zugunsten des Bürgen eine Einrede besteht. Für eine Rechtskrafterstreckung zulasten des Bürgen fehlt es jedoch an einer entsprechenden materiell-rechtlichen oder prozessualen Regel.[429]

409 Gestaltungsrechte, wie die rechtsvernichtende Anfechtung oder Aufrechnung, kann der Bürge nicht selbst ausüben. Ihm steht nur die besondere Einrede der Anfechtbarkeit oder der Aufrechenbarkeit nach § 770 BGB zu.[430] Wenn der Schuldner von dem Gestaltungsrecht Gebrauch macht, kann der Bürge sich aufgrund der Akzessorietät auf die dadurch begründete Einwendung berufen. Bei einer Anfechtung oder Aufrechnung geht die Hauptschuld und damit auch die Bürgenschuld unter.

410 Der Bürge kann sich auf die Verjährung der Hauptforderung berufen.[431] Dies gilt auch dann, wenn die Verjährung der Hauptschuld erst nach Erhebung der Bürgschaftsklage[432] oder nach rechtskräftiger Verurteilung des Bürgen[433] eintritt. Dies folgt aus dem Akzessorietätsgrundsatz, wonach die Bürgenschuld zur Hauptschuld akzessorisch ist und nicht die Hauptschuld zur Bürgenschuld. Aufgrund dessen wird durch die Klageerhebung gegen den Bürgen nicht die Forderung des

423 MüKo-BGB/*Habersack* § 767 Rn. 2.
424 Ausführlich hierzu vgl. *Reinicke/Tiedtke* Rn. 329; MüKo-BGB/*Habersack* § 767 Rn. 2.
425 Schimansky/Bunte/Lwowski/*Nobbe Bankrechts-Handbuch § 91* Rn. 320; MüKo-BGB/*Habersack* § 767 Rn. 7.
426 BGH, Urteil vom 28.11.2016 – XI ZR 211/16.
427 BGH, NJW 1970, 279.
428 BGHZ 107, 92 (96) m.w.N.
429 Schimansky/Bunte/Lwowski/*Schmitz* Bankrechts-Handbuch § 91 Rn. 63.
430 Vgl. Rdn. 427–437.
431 BGHZ 76, 222; 139, 214 (216); MüKo-BGB/*Habersack* § 768 Rn. 5.
432 BGHZ 76, 222 (225).
433 BGH, NJW 1999, 278.

Gläubigers gegen den Hauptschuldner gehemmt. Dem Gläubiger ist also zur Hemmung der Verjährung dringend zu empfehlen, (auch) Klage gegen den Hauptschuldner zu erheben. Nur diese Klage hemmt die Verjährung der Hauptforderung.

Ist der Bürge rechtskräftig verurteilt und tritt danach Verjährung der Hauptschuld ein, kann er die 411
Verjährungseinrede im Wege der Vollstreckungsgegenklage nach § 767 ZPO geltend machen.[434] Die Vollstreckungsgegenklage ist selbst dann zulässig und begründet, wenn die Verjährung der Hauptforderung nach der letzten mündlichen Verhandlung vor dem Berufungsgericht eintritt.[435]

Anders ist dies nach der Rechtsprechung des BGH,[436] wenn der persönlich haftende Gesellschafter 412
aus § 128 HGB verklagt wird. Der Gesellschafter kann sich nicht auf die Verjährung der Forderung gegen die Gesellschaft berufen, wenn die Verjährung der gegen ihn gerichteten Forderung rechtzeitig unterbrochen worden ist. Der BGH[437] führt zutreffend aus, dass zwischen dem Verhältnis von Hauptschuldner und Bürge einerseits und demjenigen von handelsrechtlicher Personengesellschaft und persönlich haftendem Gesellschafter andererseits Unterschiede bestehen, die eine unterschiedliche Behandlung der Verjährungsfrage rechtfertigen.

Der Bürge kann sich nach Ansicht des BGH[438] auch dann auf die Verjährung der Hauptschuld 413
berufen, wenn die Hauptschuldnerin nach der Übernahme der Bürgschaft wegen Vermögenslosigkeit oder Löschung im Handelsregister als Rechtsperson untergegangen ist und aufgrund dessen die Hauptschuld wegfällt. Der XI. Senat widerspricht damit der Rechtslehre[439] und der Rechtsprechung der Instanzengerichte. Eine gegen den Bürgen erhobene Klage hemmt aber bei einem späteren Untergang des Hauptschuldners als Rechtsperson gem. § 204 Abs. 1 Nr. 1 BGB die Verjährung der Hauptschuld.[440]

Der Bürge kann sich nicht auf die Verjährung der Hauptschuld berufen, wenn die Bürgschaft erst 414
nach Verjährung der Hauptschuld und gerade zur Sicherung des Gläubigers vor fehlender Durchsetzbarkeit der Hauptforderung wegen eingetretener Verjährung übernommen wurde.[441]

Ist der Hauptschuldner trotz Verjährung der Hauptforderung durch Versäumnisurteil zur Zahlung 415
verurteilt worden, so beginnt zunächst eine neue, 30-jährige Verjährungsfrist gem. § 197 Abs. 1 Nr. 3 BGB. Dennoch kann sich der Bürge weiterhin auf die Verjährung berufen, da die Rechtslage bei einem Verlust der Einrede der Verjährung mangels Geltendmachung durch den Hauptschuldner im Prozess nicht anders sein kann, als wenn der Hauptschuldner auf die Einrede verzichtet hätte.[442] Anerkennt der Hauptschuldner vor Eintritt der Verjährung die Hauptschuld, beginnt die Verjährung nach § 212 Abs. 1 Nr. 1 BGB von neuem. Durch dieses Schuldanerkenntnis wird die Verpflichtung des Bürgen gem. § 767 Abs. 1 Satz 3 BGB zu seinen Lasten erweitert, sodass er weiterhin nach § 768 Abs. 1 BGB die Einrede der Verjährung geltend machen kann.[443]

Der Bürge verliert das Recht, sich gegenüber dem Gläubiger auf den Ablauf der ursprünglichen 416
Regelverjährung der Hauptforderung zu berufen, wenn aufgrund eines gegen den Hauptschuldner

---

434 BGH, NJW 1999, 278.
435 § 767 ZPO ist auch dann anwendbar, wenn die Verjährungseinrede in der Revisionsinstanz hätte vorgetragen werden können: vgl. BGH, NJW 1998, 2972.
436 BGHZ 104, 76.
437 BGH, NJW 1998, 2972.
438 BGH, NJW 2003, 1250.
439 *Reinicke/Tiedtke* Rn. 303 m.w.N.
440 BGHZ 153, 337 (342); BGH, WM 2009, 1597 (1599).
441 MüKo-BGB/*Habersack* § 768 Rn. 5.
442 BGHZ 76, 222 (229); a.A. MüKo-BGB/*Habersack* § 768 Rn. 9.
443 Schimansky/Bunte/Lwowski/*Schmitz* Bankrechts-Handbuch § 91 Rn. 65; MüKo-BGB/*Habersack* § 767 Rn. 12; a.A. OLG München, WM 2006, 684 (687).

ergangenen rechtskräftigen Urteils gegen diesen eine neue 30-jährige Verjährungsfrist in Lauf gesetzt wird, und sich der Hauptschuldner erfolglos auf die Einrede der Verjährung berufen hatte[444]

417 Der Bürge kann bei Verjährung der Hauptschuld die Leistung verweigern (§ 214 Abs. 1 BGB). Hat der Bürge auf seine Bürgenschuld jedoch ohne Erhebung der Einrede der Verjährung gezahlt, kann er das Geleistete nach § 813 Abs. 1 BGB nicht mehr zurückfordern (§§ 813 Abs. 1 Satz 2, 214 Abs. 2 BGB).

418 I.Ü. kann sich der Bürge auf die fehlende Fälligkeit der Hauptforderung,[445] ihre nachträgliche Stundung[446] und auf die Einreden aus §§ 273, 320 BGB, § 369 HGB[447] berufen. Macht der Bürge in der Bürgschaftsklage diese Zurückbehaltungsrechte geltend, führt dies nicht zu einer Abweisung der Klage, sondern vielmehr zu einer Verurteilung des Bürgen zur Zahlung Zug um Zug gegen Leistung des Gläubigers.[448]

419 Ferner kann der Bürge den Einwand der unzulässigen Rechtsausübung,[449] der ungerechtfertigten Bereicherung und der unerlaubten Handlung[450] geltend machen. Auch der Einwendungsdurchgriff des § 359 BGB stellt bei Vorliegen eines Finanzierungsdarlehens i.S.v. § 358 Abs. 3 BGB eine Einrede gem. § 768 Abs. 1 Satz 1 BGB dar. Der Bürge kann sich damit wie der Darlehensnehmer selbst auf die Einwendungen und Einreden aus dem finanzierten Geschäft berufen.[451] Der Bürge kann auch eine Aufklärungspflichtverletzung des Gläubigers ggü. dem Hauptschuldner geltend machen und die Anpassung des Darlehensvertrages an die tatsächliche Kredithöhe verlangen.[452]

420 Einreden i.S.d. § 768 Abs. 1 Satz 1 BGB sind auch solche, die sich aus der Sicherungsabrede zwischen Gläubiger und Hauptschuldner ergeben.[453]

421 Ein Bürge, dem wegen der Unwirksamkeit der Sicherungsabrede nach § 768 Abs. 1 Satz 1 BGB eine dauerhafte Einrede gegen den Gläubiger zusteht, kann das von ihm dennoch Geleistete nach § 813 Abs. 1 Satz 1 BGB vom Gläubiger zurückverlangen[454]

422 Ein Bürge kann sich aber dann nicht auf Einreden des Schuldners berufen, wenn sich durch seine Inanspruchnahme gerade das Bürgenrisiko verwirklicht. In diesen Fällen hat der Hauptschuldner nur beschränkt für die gesicherte Verbindlichkeit einzustehen, der Bürge haftet aber vollumfänglich.

423 Verstirbt der Hauptschuldner und hat dessen Erbe die Haftung auf den Nachlass beschränkt, so kann sich der Bürge gem. § 768 Abs. 1 Satz 2 BGB nicht auf die beschränkte Haftung des Erben berufen.

424 Wird über das Vermögen des Hauptschuldners das Insolvenzverfahren eröffnet und ein Insolvenzplan aufgestellt, in welchem dem Hauptschuldner ein Teil seiner Schuld erlassen wird, wirkt dies gem. §§ 221, 254 Abs. 2 Satz 1 InsO nicht zugunsten des Bürgen.[455]

---

444 BGH, BKR 2016, 414.
445 BGH, ZIP 1998, 2145.
446 BGH, NJW 2001, 2327 (2329); NJW 1979, 159.
447 BGHZ 24, 97 (99); BGH, ZIP 2003, 621 (624).
448 BGH, ZIP 2003, 621 (624).
449 OLG Köln, ZIP 1998, 150.
450 BGH, NJW 1979, 1983.
451 Ausführlich hierzu vgl. MüKo-BGB § 359 Rn. 24, 37.
452 BGH, NJW 2001, 3331; NJW 1999, 2032.
453 Ausführlich hierzu vgl. MüKo-BGB/*Habersack* § 768 Rn. 6 m.w.N.; ausführlich zu den Einreden bei der Bürgschaft für eine Kaufpreisschuld bei mangelhafter Lieferung vgl. *Reinicke/Tiedtke* Rn. 307–313.
454 BGH, WM 2017, 2382.
455 *Reinicke/Tiedtke* Rn. 315.

Erfasst der Sicherungszweck einer Bürgschaft für ein Gesellschafterdarlehen auch den Fall, dass die schuldende GmbH in eine Krise gerät, so kann sich der haftende Bürge nicht auf eine das Eigenkapital der Gesellschaft sichernde Rückzahlungssperre berufen.[456] **425**

Die fehlende Kenntnis von der Stellung des Darlehensgebers als Gesellschafter der darlehensnehmenden Gesellschaft kann den Bürgen nur von dem spezifischen Risiko entlasten, das mit der Einordnung der Hauptschuld als eigenkapitalersetzendes Gesellschafterdarlehen verbunden ist, steht jedoch nicht der Bürgenhaftung entgegen, wenn die Gesellschaft als Hauptschuldnerin vermögenslos wird und deswegen allgemein ihre Verbindlichkeiten nicht erfüllt.[457] **426**

2. Bürgenbezogene Einreden

a) Einrede der Anfechtbarkeit und der Aufrechenbarkeit

Zunächst ist festzuhalten, dass der Bürge Gestaltungsrechte wie Anfechtung oder Aufrechnung nicht für den Hauptschuldner ausüben kann. Die Erklärung der Anfechtung oder Aufrechnung ist dem Hauptschuldner vorbehalten. Solange dem Hauptschuldner jedoch das Recht zusteht, das seiner Verbindlichkeit zugrunde liegende Rechtsgeschäft anzufechten, steht dem Bürgen gem. § 770 Abs. 1 BGB ein Leistungsverweigerungsrecht zu. Dieses Leistungsverweigerungsrecht dient dem Schutz des Bürgen, da er bei Nichtausübung des Gestaltungsrechtes durch den Hauptschuldner und Inanspruchnahme durch den Gläubiger bei späterer Anfechtungs- oder Aufrechnungserklärung auf einen Rückgewähranspruch aus ungerechtfertigter Bereicherung angewiesen wäre und das Risiko der Undurchsetzbarkeit dieses Anspruches tragen würde. **427**

Das Leistungsverweigerungsrecht ist vom Bestand des Gestaltungsrechtes abhängig. Bei einem Verzicht des Hauptschuldners auf das Gestaltungsrecht verliert auch der Bürge sein Leistungsverweigerungsrecht. § 768 Abs. 2 BGB gilt in diesen Fällen nicht, da der Schuldner selbst gerade keine Einrede hat. Der Bürge verliert seine Einrede auch bei Ausübung des Gestaltungsrechts. Erklärt der Hauptschuldner die Anfechtung, erlischt mit ex tunc-Wirkung die Hauptschuld und aufgrund der Akzessorietät auch die Bürgschaft. Insoweit kann sich der Bürge dann auf diese Einwendung berufen.[458] **428**

§ 770 Abs. 1 BGB ist analog auf ein gesetzliches oder vertragliches Rücktrittsrecht sowie auf ein Minderungsrecht des Hauptschuldners anzuwenden.[459] **429**

Nach § 770 Abs. 2 BGB kann der Bürge die Leistung an den Gläubigern auch dann verweigern, solange sich der Gläubiger durch Aufrechnung gegen eine fällige Forderung des Hauptschuldners befriedigen kann. Entsprechend dem Wortlaut des Gesetzes besteht das Leistungsverweigerungsrecht des Bürgen nur, wenn der Gläubiger zur Aufrechnung befugt ist. Der Bürge kann die Leistung also nicht verweigern, wenn die Aufrechnungsbefugnis wegen §§ 390, 393, 394 BGB beim Hauptschuldner liegt. **430**

Dennoch wird es in der Rechtslehre[460] als sachgerecht empfunden, dem Bürgen ein Leistungsverweigerungsrecht auch dann zuzubilligen, wenn nur der Hauptschuldner aufrechnen kann. Begründen lässt sich diese Auffassung mit dem Sinn und Zweck des § 770 BGB, wonach der Bürge nicht in Anspruch genommen werden soll, solange nicht sichergestellt ist, dass die Hauptverbindlichkeit nicht nachträglich erlischt. Ferner ist auch in § 770 Abs. 1 BGB das Leistungsverweigerungsrecht unabhängig davon geregelt, ob der Gläubiger oder Schuldner anfechten kann. Dieser Gedanke **431**

---

456 BGH, WM 2008, 1350 (1352); ausführlich hierzu vgl. Rdn. 614; zur eigenkapitalersetzenden Bürgschaft vgl. Rdn. 608–615.

457 BGH, WM 2008, 1350 (1352).

458 Schimansky/Bunte/Lwowski/*Schmitz* Bankrechts-Handbuch § 91 Rn. 67; *Reinicke/Tiedtke* Rn. 318.

459 MüKo- BGB § 770 Rn. 6 m.w.N.

460 *Medicus* JuS 1971, 497 (501); *Zimmermann* JR 1979, 495 (498); *Reinicke/Tiedtke* Rn. 323 m.w.N.

muss nach Ansicht der Rechtslehre auch i.R.d. Aufrechenbarkeit gelten, da der Bürge insoweit ebenso schutzwürdig ist.

432 Ist nur der Gläubiger zur Aufrechnung befugt, kann der Bürge entsprechend dem Gesetzeswortlaut die Einrede der Aufrechenbarkeit erheben.

433 In der Rechtslehre[461] wird demgegenüber die Auffassung vertreten, dass das Leistungsverweigerungsrecht des Bürgen nicht nur von der Aufrechnungsbefugnis des Gläubigers, sondern auch von einer solchen des Hauptschuldners abhängt. Begründet wird diese Ansicht mit der Akzessorietät der Bürgschaft, wonach der Bürge wie der Schuldner haften soll. Stehe dem Schuldner die Aufrechnungsbefugnis zu, solle auch der Bürge die Einrede der Aufrechenbarkeit erheben können. Fehle es an einer solchen Aufrechnungsbefugnis des Hauptschuldners, könne aufgrund des akzessorischen Charakters der Bürgschaft dem Bürgen auch keine Einrede der Aufrechenbarkeit zustehen, ungeachtet einer Aufrechnungsbefugnis des Gläubigers.

434 Der BGH[462] hat diese Frage für den gleichlautenden § 129 Abs. 3 HGB ebenso entschieden. In dieser Entscheidung wurde dem Gesellschafter einer offenen Handelsgesellschaft die Einrede der Aufrechenbarkeit versagt, wenn zwar der Gläubiger der Gesellschaft aufrechnen kann, die Gesellschaft hierzu aber nicht befugt ist.

435 Eine unterschiedliche Behandlung des § 770 Abs. 2 BGB und des § 129 Abs. 3 HGB rechtfertigt sich jedoch durch die unterschiedliche Interessenlage der Haftenden. I.d.R. verfolgt der Bürge im Gegensatz zum Gesellschafter keine eigenen Interessen, sondern übernimmt seine Verpflichtung aus altruistischen Gründen. Darauf soll Rücksicht genommen werden, weswegen der IX. Senat[463] nunmehr festgestellt hat, dass entsprechend dem Wortlaut des § 770 Abs. 2 BGB dem Bürgen die Einrede der Aufrechenbarkeit unabhängig von der Aufrechnungsbefugnis des Hauptschuldners zustehen soll.

436 Im Ergebnis ist also festzuhalten, dass dem Bürgen die Einrede der Aufrechenbarkeit zusteht, wenn die Aufrechnungsbefugnis sowohl beim Gläubiger als auch beim Schuldner, sowie wenn sie ausschließlich beim Gläubiger oder ausschließlich beim Schuldner liegt.

437 Fällt die Aufrechnungsmöglichkeit weg, etwa, weil der Gläubiger die Gegenforderung des Schuldners erfüllt oder weil dieser auf seine Gegenforderung verzichtet, entfällt auch die Einrede der Aufrechenbarkeit. Dem Gläubiger ist es auch gestattet, nicht mit der verbürgten Hauptforderung, sondern mit einer nicht verbürgten Forderung gegen den Anspruch des Hauptschuldners aufzurechen.[464]

b) Einrede der Vorausklage

438 Nach § 771 BGB steht dem Bürgen die Einrede der Vorausklage zu. Entgegen dem missverständlichen Wortlaut ist zu beachten, dass für eine Inanspruchnahme des Bürgen eine Klage gegen den Hauptschuldner weder erforderlich noch ausreichend ist, sondern vielmehr ein erfolgloser Vollstreckungsversuch gegen den Hauptschuldner notwendig ist.

439 Erhebt der Bürge die Einrede der Vorausklage, ist die Verjährung des Anspruchs gegen den Bürgen gehemmt, bis der Gläubiger eine Zwangsvollstreckung gegen den Hauptschuldner ohne Erfolg versucht hat (§ 771 Satz 2 BGB).

440 Nach § 773 Abs. 1 Nr. 1 BGB ist die Einrede der Vorausklage ausgeschlossen, wenn der Bürge hierauf verzichtet, insb. wenn er sich als Selbstschuldner verbürgt hat. Dieser Verzicht auf die

461 Schimansky/Bunte/Lwowski/*Schmitz* Bankrechts-Handbuch § 91 Rn. 70; *Reinicke/Tiedtke* Rn. 322 m.w.N.
462 BGHZ 42, 396.
463 BGH, NJW 2003, 1521.
464 BGH, NJW 1984, 2455.

Einrede der Vorausklage bzw. die Vereinbarung einer selbstschuldnerischen Bürgschaft bedarf als wesentlicher Bestandteil der Bürgschaftserklärung der Schriftform und ist nach dem Recht der allgemeinen Geschäftsbedingungen zulässig. Ist der Bürge Kaufmann und die Bürgschaft für ihn ein Handelsgeschäft, ist diese nach § 349 HGB stets selbstschuldnerisch, sodass ihm die Einrede der Vorausklage nicht zusteht.

Die Einrede der Vorausklage ist gem. § 773 Abs. 1 Nr. 2 BGB auch ausgeschlossen, wenn die Rechtsverfolgung gegen den Hauptschuldner infolge einer Änderung des Wohnsitzes, der gewerblichen Niederlassung oder des Aufenthaltsortes des Hauptschuldners wesentlich erschwert ist, gemäß Nr. 3 BGB, wenn über das Vermögen des Hauptschuldners das Insolvenzverfahren eröffnet ist und Nr. 4 BGB, wenn die Zwangsvollstreckung gegen den Hauptschuldner aussichtslos ist. 441

c) Aufgabe von Sicherheiten gem. § 776 BGB

Der Bürge kann einwenden, der Gläubiger habe andere Sicherheiten aufgegeben. Nach § 776 BGB wird der Bürge insoweit von seiner Verpflichtung frei,[465] als der Gläubiger eine der dort genannten Sicherheiten aufgibt und der Bürge aus dem aufgegebenen Recht nach § 774 BGB hätte Ersatz verlangen können. Durch die Aufgabe einer weiteren für dieselbe Hauptforderung bestehenden Sicherheit erlischt die Bürgschaft. § 776 BGB begründet in einem solchen Fall nicht nur ein Leistungsverweigerungsrecht des Bürgen.[466] Bereits der Wortlaut des § 776 BGB beschränkt den Bürgen nicht auf eine bis zur Wiedererlangung der aufgegebenen Sicherheit bestehenden Einrede, sondern spricht vom Freiwerden des Bürgen, d.h. von einer Beendigung seiner Haftung. 442

Die Rechtsfolge des § 776 BGB entfällt nicht dadurch, dass der Gläubiger die zunächst aufgegebene Sicherheit später zurück erwirbt oder neu begründet. Dies widerspräche dem Gebot der Rechtssicherheit, die Haftung des Bürgen nach Aufgabe einer weiteren Sicherheit durch den Gläubiger in der Schwebe zu halten. Der Bürge soll zur Wahrung seiner wirtschaftlichen Bewegungsfreiheit alsbald wissen, ob und in welchem Umfang er von der Haftung aus der Bürgschaft aufgrund der ihn privilegierenden Vorschrift gem. § 776 BGB frei geworden ist.[467] Dem wäre nicht Genüge getan, ließe man diese Frage bis zu einem endgültigen Untergang der Sicherheit unbeantwortet bzw. gestattete man dem Gläubiger die spätere Stellung einer gleichwertigen Sicherheit. Aus diesem Grund sieht das Gesetz nach Sicherheitenaufgabe durch den Gläubiger keine Möglichkeit zur Rückgängigmachung der eingetretenen Enthaftung des Bürgen vor. Das auf § 776 BGB beruhende Erlöschen einer Verpflichtung kann grundsätzlich nicht durch einen nachträglichen Verzicht des ursprünglich verpflichteten Bürgen rückgängig gemacht werden. Vielmehr bedarf es nach einem solchen Rechtsverlust nach § 766 BGB formbedürftigen Neubegründung des Schuldverhältnisses.[468] Unbeachtlich ist zudem, ob das aufgegebene Recht erst nach der Übernahme der Bürgschaft entstanden ist (§ 776 Satz 2 BGB). 443

Die im Gesetz genannten Sicherungsrechte sind durchweg akzessorischer Natur und gehen bei Leistung an den Gläubiger im Wege der cessio legis auf den Bürgen über. Die Vorschrift gilt aber nicht nur für die im Gesetzestext ausdrücklich genannten Sicherheiten, sondern ist analog auf andere Sicherungsrechte wie das Sicherungseigentum,[469] das Vorbehaltseigentum[470] und die Sicherungszession sowie die Grundschuld[471] anwendbar. Diese Analogie bei nicht akzessorischen Sicherungsrechten rechtfertigt sich dadurch, dass der Gläubiger dem Bürgen trotz fehlender cessio legis zu deren rechtsgeschäftlicher Übertragung verpflichtet ist. 444

465 BGHZ 144, 52 (57); BGHZ 165, 28 (35).
466 BGH, WM, 1318 (1319); ZIP 2013, 1601 (1602); NJW 2013, 2508 (2509).
467 Vgl. zu diesem Auslegungskriterium BGH, NJW 2011, 1867; BGH, WM 2013, 1318 (1329).
468 BGH, WM 2013, 1318 (1321).
469 BGH, NJW 1966, 2009.
470 BGH, NJW 2000, 2580 (2583).
471 OLG Köln 1990, 3214.

445 Ein »Aufgeben« des Sicherungs- oder Vorzugsrechts liegt nach herrschender Meinung nur bei einem vorsätzlichen Handeln des Gläubigers zugunsten des Sicherungsgebers vor.[472] Ein bloßes Hinauszögern der Verwertung von Sicherungsgut mit dem Ergebnis, dass das Sicherungsgut seine Werthaltigkeit verliert, ist keine Aufgabe i.S.d. § 776 BGB. Handelt der Gläubiger hierbei jedoch pflichtwidrig, macht er sich schadensersatzpflichtig, was ihm der Bürge gem. § 768 Abs. 1 Satz 1 BGB oder § 770 Abs. 2 BGB als Einrede entgegenhalten kann.[473] Eine Aufgabe des Rechtes aber ist dann gegeben, wenn der Gläubiger den Verwertungserlös einer anderen Sicherheit entgegen der ursprünglichen Zweckabrede auf eine von der Bürgschaft nicht erfassten Verpflichtung des Hauptschuldners verrechnet.[474] Etwas Anderes gilt natürlich dann, wenn die aufgegebene Sicherheit (auch) zur Sicherung anderer Ansprüche diente. Insoweit hat der Gläubiger das Recht, zu entscheiden, auf welche Forderung er den Verwertungserlös verrechnen will.[475]

d) Verjährung der Bürgenschuld

446 Die Bürgenschuld verjährt unabhängig von der Verjährung der Hauptschuld. Die Verjährungsfrist ist seit Inkrafttreten des Schuldrechtsmodernisierungsgesetzes am 01.01.2002 von 30 Jahren auf jetzt 3 Jahren verkürzt worden. Gem. § 199 BGB beginnt die Verjährungsfrist am Ende desjenigen Jahres, in dem der Bürgschaftsanspruch entstanden ist[476].

447 Die Frage, wann der Anspruch aus einer Bürgschaft entsteht und fällig wird, ist in Rechtsprechung und Literatur umstritten. Der BGH hat in Entscheidungen, die zur Rechtslage vor dem 01.01.2002 ergangen sind, beiläufig und ohne Begründung teilweise auf die Inanspruchnahme des Bürgen durch den Gläubiger,[477] teilweise auf die Fälligkeit der Hauptschuld[478] abgestellt. Auch in der instanzgerichtlichen Rechtsprechung und der Literatur wird die Fälligkeit der Bürgschaftsforderung einerseits von einer Leistungsaufforderung des Gläubigers abhängig gemacht,[479] andererseits die bloße Fälligkeit der Hauptschuld als ausreichend erachtet.[480]

448 Der nunmehr für das Bürgschaftsrecht zuständige XI. Zivilsenat des BGH[481] hat sich jedenfalls für den Fall der selbstschuldnerischen Bürgschaft der Auffassung angeschlossen, dass die Fälligkeit der Bürgschaftsforderung mit der Fälligkeit der Hauptschuld eintritt und nicht von einer Leistungsaufforderung durch den Gläubiger und der Vorlage von der Hauptschuld belegenden Unterlagen abhängig ist, sofern die Parteien nichts anderes vereinbart haben. Ansonsten hätte es der Gläubiger in der Hand, wann die Verjährungsfrist beginnt. Die Entstehung des Anspruchs des Gläubigers gegen den Bürgen gleichzeitig mit der Hauptforderung entspricht auch den gesetzgeberischen Vorgaben.[482] Auch der Grundsatz der Akzessorietät spricht für die Gleichzeitigkeit der Fälligkeit von Hauptschuld und Bürgschaftsforderung.

---

472 BGH, WM 1960, 371; OLG Köln, NJW 1990, 3214; OLG Schleswig, WM 1997, 413 (416).

473 BGH, NJW 1966, 2009.

474 BGH, NJW 2000, 1566 (1569); NJW 2000, 2580 (2583).

475 BGH, NJW 2000, 1566 (1569); NJW 2000, 2580 (2583); NJW 1998, 601.

476 Zur wirksamen Verlängerung der Verjährung für Ansprüche aus einer Bürgschaft in AGB vgl. BGH, NJW 2015, 2571.

477 BGHZ 92, 295 (300); BGH, WM 1989, 129 (131); WM 1990, 1910 (1911).

478 BGH, WM 2004, 371; dazu *Höpfner* EWiR 2004, 867.

479 OLG Hamm, WM 1983, 772; *Gay* NJW 2005, 2585 (2587); *Bülow* Rn. 855; *Schlößer* NJW 2006, 645 (647).

480 OLG Frankfurt am Main, WM 2007, 1369 (1379); OLG Karlsruhe, ZIP 2008, 170 (171); Schimansky/Bunte/Lwowski/*Schmitz/Wassermann/Nobbe* Bankrechts-Handbuch § 91 Rn. 100; Palandt/*Sprau* § 765 Rn. 26.

481 BGH, ZIP 2008, 733 (735); WM 2011, 541 (542).

482 Beschlussempfehlung und Bericht des Rechtsausschusses des Deutschen Bundestages v. 09.10.2001, BT-Drucks. 14/7052, S. 206.

Der BGH[483] stellt aber ausdrücklich fest, dass es den Parteien frei stehe, die Geltendmachung der Forderung ggü. dem Bürgen als vertragliche Fälligkeitsvoraussetzung zu vereinbaren. 449

Eine Aufforderung des Bürgen zur Zahlung bedarf es jedoch, um diesen in Verzug zu setzen. Gem. § 286 Abs. 1 BGB kommt der Bürge grds. in Verzug, wenn er auf eine Mahnung des Gläubigers nicht leistet. Etwas anderes gilt gem. § 286 Abs. 4 BGB nur dann, wenn die Leistung aufgrund von Umständen unterbleibt, die der Bürge nicht zu vertreten hat. Dass solche den Verzugseintritt ausschließende Umstände vorlagen, hat der Bürge darzulegen und ggf. zu beweisen.[484] Der Bürge kommt nicht in Verzug, wenn er an der Leistung durch eine nicht zu vertretende Ungewissheit über das Bestehen und den Umfang der gesicherten Forderung gehindert ist.[485] Denn der Bürge ist nicht Partei des Vertrages, aus dem der Gläubiger einen vom Bürgen abgesicherten Anspruch gegen den Schuldner geltend macht. Er ist häufig nicht über die Umstände informiert, die diesen Anspruch begründen können. Fehlen dem Bürgen die Informationen, die ihm eine zuverlässige Prüfung ermöglichen, ob die die Hauptforderung begründenden Tatsachen vorliegen, so ist es am Gläubiger, ihm diese Informationen zu erteilen sowie ihm ggf. dazu erforderliche Unterlagen zugänglich zu machen. Werden die Informationen nicht erteilt, gerät der Bürge nicht in Verzug, wenn ihn kein eigenes Verschulden daran trifft, dass er sie nicht erhalten hat. Gem. § 276 BGB hat der Bürge Vorsatz und Fahrlässigkeit zu vertreten, wenn eine mildere oder strengere Haftung weder bestimmt noch aus dem sonstigen Inhalt des Schuldverhältnisses zu entnehmen ist. Ein eigenes Verschulden trifft den Bürgen, wenn er nicht selbst ausreichende, ihm zumutbare Anstrengungen unternimmt, die ihm fehlenden Informationen zu erlangen. Reichen dem Bürgen die ihm mit der Mahnung zur Verfügung gestellten Unterlagen zur Prüfung der Berechtigung der geltend gemachten Forderung nicht aus, darf er nicht untätig bleiben. Er muss vielmehr zur Vermeidung des Verzugseintritts dem Gläubiger von dem Leistungshindernis Mitteilung machen und die aus seiner Sicht zur Prüfung erforderlichen Unterlagen anfordern.[486] Diese Anforderung muss ausreichend deutlich machen, welche fallbezogenen Unterlagen fehlen, sodass der Gläubiger ohne Weiteres in die Lage versetzt wird, darauf zu reagieren. Eine standardisierte Anforderung mit einem Standardschreiben, das (z.T.) in keinem Zusammenhang mit der geltend gemachten Forderung steht, reicht hierfür nicht aus.[487] 450

Der Gläubiger hat die üblichen Möglichkeiten, den Verjährungseintritt der Bürgenschuld zu verhindern. 451

Gem. § 203 BGB wird die Verjährung durch die Verhandlung mit dem Bürgen gehemmt. Eine durch ernsthafte Verhandlungen des Hauptschuldners mit dem Gläubiger gem. § 203 Satz 1 BGB bewirkte Hemmung der Verjährung ist auch ggü. dem Bürgen wirksam,[488] da dies vom Gesetzgeber erkennbar so gewollt ist und solche Verhandlungen einem Verjährungsverzicht durch den Hauptschuldner nicht vergleichbar sind.[489] 452

Ferner besteht die Möglichkeit der Verjährungshemmung durch Rechtsverfolgung gem. § 204 BGB. Der BGH[490] hatte sich insoweit mit der bedeutsamen Frage zu befassen, ob eine Bank als Bürgschaftsgläubigerin nach Fälligkeit der Bürgschaftsforderung die Obliegenheit trifft, die ihr bei Abschluss des Bürgschaftsvertrages angegebene Anschrift des Bürgen zeitnah auf ihre Richtigkeit 453

483 BGH, ZIP 2008, 733 (735); BGH, Urt. v. 11.03.2008 – XI ZR 81/07 – Rn. 10 f. (n.v.); BGH, WM 2008, 2165.

484 BGH, WM 2011, 541 (542) m.w.N.

485 BGH, NJW 2006, 3271 (3272); WM 2011, 541 (542).

486 Dieser Pflicht steht nicht entgegen, dass der Bürge im Prozess ihm nicht bekannte Tatsachen mit Nichtwissen bestreiten kann, vgl. BGH, NJW 2002, 1946 (1947); WM 2011, 541 (542): die prozessuale Möglichkeit, mit Nichtwissen zu bestreiten, sagt nichts über die materiell-rechtlichen Anforderungen an den Schuldner zur Vermeidung des Verzugs.

487 BGH, WM 2011, 541 (543).

488 BGH, WM 2009, 1597 (1599).

489 BGH, Urt. v. 26.01.2010 – XI ZR 12/09 (Fortführung WM 2009, 1597); IBR 2010, 207.

490 BGH, WM 2008, 2165.

hin zu überprüfen. Maßgeblich war diese Frage bei der Prüfung der subjektiven Voraussetzungen des § 199 Abs. 1 Nr. 2 BGB, nachdem der Bank mangels Kenntnis der richtigen Anschrift des Bürgen lediglich eine verzögerte Zustellung des Mahnbescheides möglich war. Die erforderliche Kenntnis von der Person des Schuldners gem. § 199 Abs. 1 Nr. 2 BGB liegt unter anderem bei Kenntnis von Name und Anschrift vor.[491] Ändert sich die Anschrift des Bürgen, hat dieser ggü. der Bank keine Benachrichtigungspflicht. Vielmehr trifft die Bank im eigenen Interesse die Obliegenheit, sich im engen zeitlichen Zusammenhang mit der Entstehung des Bürgschaftsanspruchs zu vergewissern, ob die ihr bekannte Wohnanschrift des Bürgen noch aktuell ist, und sich ggf. nach der neuen Adresse zu erkundigen.

454 Die Verjährung der Hauptforderung ist nicht bereits durch die Erhebung der Bürgschaftsklage gehemmt.[492] Nur ausnahmsweise hemmt eine gegen den Bürgen erhobene Klage bei einem späteren Untergang des Hauptschuldners als Rechtsperson gem. § 204 Abs. 1 Nr. 1 BGB die Verjährung der Hauptschuld, da der Gläubiger keine Möglichkeit mehr hat, die Verjährung der Hauptforderung durch Erhebung der Klage gegen den Schuldner selbst zu verhindern.[493]

455 Nach § 205 BGB wird die Verjährung bei Bestehen eines Leistungsverweigerungsrechts des Bürgen gehemmt, wie z.B. Stundungs- oder Rückzahlungsvereinbarungen zwischen dem Gläubiger und dem Bürgen.

456 I.d.R. ist dem Bürgschaftsvertrag jedoch keine konkludente Abrede zu entnehmen, dass die Verjährung so lange gehemmt sein soll, wie es zur Erreichung des dem Bürgen bekannten Sicherungszweckes erforderlich ist.[494]

457 Durch Anerkenntnis der Bürgenschuld nach § 212 Abs. 1 Nr. 1 BGB beginnt die Verjährungsfrist neu zu laufen. Auch eine Abschlags- oder Zinszahlung, eine Sicherheitsleistung sowie eine Stundungs- oder Rückzahlungsvereinbarung können ein solches Anerkenntnis darstellen.[495]

e) Verwirkung

458 Dem Bürgen steht gegen die Inanspruchnahme durch den Gläubiger die Einrede nach Treu und Glauben gem. § 242 BGB nach Ansicht des BGH[496] zu, wenn der Gläubiger unter Verletzung seiner Vertragspflichten ggü. dem Hauptschuldner dessen wirtschaftlichen Zusammenbruch schuldhaft verursacht, also den Bürgschaftsfall selbst herbeiführt und jeden Rückgriff des Bürgen nach §§ 774, 670 BGB gegen den Hauptschuldner vereitelt.[497] Insoweit hat der Gläubiger seinen Bürgschaftsanspruch verwirkt.

459 In dem vom BGH entschiedenen Fall handelte es sich bei der dem Hauptschuldner eingeräumten Kreditlinie um einen Sanierungskredit. Aufgrund des vereinbarten Sanierungszwecks war eine ordentliche Kündigung ausgeschlossen. Dennoch hatte die Bank einen vom Hauptschuldner ausgestellten Scheck nicht eingelöst, obwohl sie hierzu aufgrund der bestehenden, nicht kündbaren Kreditlinie verpflichtet war. Nachdem der Scheck nicht eingelöst wurde, stellte der Sozialversicherungsträger, zu dessen Gunsten der Scheck eingereicht worden war, Antrag auf Durchführung des Gesamtvollstreckungsverfahrens. Der BGH hat festgestellt, dass die Bank die Scheckeinlösung pflichtwidrig verweigert und damit den Antrag auf Eröffnung des Gesamtvollstreckungsverfahrens durch den Scheckeinreicher in Kauf genommen und letztlich den Bürgschaftsfall selbst ausgelöst

---

491 BGH, WM 2008, 1346 (1349); NJW 1998, 988 (989); NJW 2001, 1721 (1722); NJW 2003, 288 (289).

492 Zur Frage, wann die erstmals im Berufungsrechtszug erhobene Verjährungseinrede zuzulassen ist vgl. BGH, BauR 2008, 666.

493 BGH, WM 2003, 487 (489); WM 2009, 1597 (1598).

494 BGH, ZIP 2008, 733 (736); BGH, Urt. v. 11.03.2008 – XI ZR 81/07 – Rn. 10 f. (n.v.); BGH, WM 2008, 2165.

495 Ausführlich hierzu vgl. FCH/*Fischer*, S. 134–137.

496 BGH, NJW 2004, 3779.

497 BGH, WM 1968, 874; WM 1984, 586.

habe. Im Ergebnis war damit der Bürgschaftsanspruch verwirkt und konnte nicht mehr geltend gemacht werden.

VIII. Verzicht auf Einreden und Einwendungen

1. Verzicht auf bürgenbezogene Einwendungen

Der Bürge kann grds. auf rechtsvernichtende und rechtshindernde Einwendungen verzichten, die in seiner Person entstanden und gegen die Bürgenforderung gerichtet sind. Bei solchen Einwendungen besteht die Bürgenschuld von Anfang an nicht oder fällt nachträglich weg. Der Verzicht auf solche Einwendungen führt zur Neubegründung der Bürgschaft. Aufgrund dessen bedarf der Verzicht der Schriftform, die für eine Neuvornahme vorgeschrieben ist. Die Verzichtserklärung kann erst nach Entstehen der Einwendung abgegeben werden. Ein Verzicht beim Abschluss des Bürgschaftsvertrages hinsichtlich später entstehender Einwendungen verstößt gegen die guten Sitten und ist unwirksam.[498] 460

2. Verzicht auf Einreden

a) Verzicht auf die Einrede der Aufrechenbarkeit und Anfechtbarkeit

Ein Verzicht auf die Einreden des § 770 BGB ist in einer Individualvereinbarung grds. möglich, in der Bankenpraxis aber eher unüblich. 461

In den Bürgschaftsformularen der Banken ist i.d.R. vereinbart, dass der Bürge bereits bei Übernahme der Bürgschaft auf die Einreden aus § 770 BGB verzichtet. 462

Der formularmäßige Verzicht auf die Einrede der Anfechtbarkeit ist nach Ansicht des BGH[499] zulässig und verstößt nicht gegen den Grundsatz von Treu und Glauben. Demgegenüber ist aber der formularmäßige Verzicht des Bürgen, sich auf eine vom Hauptschuldner erklärte Anfechtung zu berufen, unzulässig.[500] Nach erklärter Anfechtung ist die Hauptschuld mit ex tunc-Wirkung weggefallen. Ein solcher Verzicht würde eine Durchbrechung des Akzessorietätsgrundsatzes und damit einen Verstoß gegen das Leitbild der Bürgschaft bedeuten, da die Bürgenschuld ohne Hauptschuld weiter bestehen würde. 463

Entgegen der herrschenden Meinung in der Rechtslehre[501] hatte der BGH[502] den Verzicht auf die Einrede der Aufrechenbarkeit zunächst für wirksam gehalten. Bedenken an der Wirksamkeit hatte der BGH nur dann geäußert, wenn die Forderung des Hauptschuldners gegen den Gläubiger unbestritten, entscheidungsreif oder gar rechtskräftig festgestellt war.[503] 464

Mittlerweile hat sich der BGH[504] unter Aufgabe dieser Rechtsprechung der Rechtslehre angeschlossen und den formularmäßigen Verzicht für unzulässig erklärt.[505] Der formularmäßige Verzicht auf die Einrede der Aufrechenbarkeit verstoße gegen § 307 Abs. 1, Abs. 2 Nr. 1 BGB,[506] weil er den Bürgen unangemessen benachteilige und mit wesentlichen Grundgedanken der §§ 765 ff. BGB nicht zu vereinbaren sei. Der uneigennützig handelnde Bürge solle erst in Anspruch genommen werden können, wenn sich der Gläubiger nicht auf andere Weise, wie z.B. durch Aufrechnung, befriedigen könne. Die Einrede ist wie diejenige der Vorausklage (§ 771 BGB) eine Ausprägung 465

498 *Reinicke/Tiedtke* Rn. 325.
499 BGHZ 95, 350 (358).
500 BGHZ 95, 350 (356); a.A. *Reinicke/Tiedtke* Rn. 567.
501 MüKo-BGB/*Habersack* § 770 Rn. 3; *Tiedtke* ZIP 1986, 150 (153).
502 BGH, NJW 1986, 928; NJW 1984, 2455; NJW 1981, 761.
503 BGH, NJW 1981, 761.
504 BGH, NJW 2003, 1521.
505 BGH, NJW 1986, 928 (930).
506 BGH, NJW 2003, 1521.

der Subsidiarität der Bürgschaft, die besagt, dass der Bürge ggü. dem Gläubiger im Verhältnis zum Hauptschuldner eben nur ein »Hilfsschuldner« ist.[507]

466 Wird in der formularmäßigen Klausel der Verzicht jedoch unter den Vorbehalt gestellt, dass die Gegenforderung des Hauptschuldners bestritten oder n.rk. festgestellt ist, ist die Klausel wirksam.[508]

b) Verzicht auf die Einrede der Vorausklage

467 Der Bürge kann auf die Einrede der Vorausklage, mit der der Bürge den Gläubiger vor seiner eigenen Inanspruchnahme zunächst an den Hauptschuldner verweisen kann, verzichten. Ein solcher Verzicht ist in § 773 Abs. 1 Nr. 1 BGB gesetzlich ausdrücklich geregelt (Vereinbarung einer selbstschuldnerischen Bürgschaft) und auch in AGB problemlos zulässig.[509] Der Verzicht kann bereits im Bürgschaftsformular des Gläubigers oder aber später erklärt werden, wobei er jedoch der Schriftform nach § 766 BGB bedarf. Der Grundsatz der Akzessorietät ist bei einem Verzicht auf die Einrede der Vorausklage weiterhin gewahrt, weswegen der Bürge nicht unangemessen benachteiligt ist.[510]

468 Durch den Verzicht auf die Einrede der Vorausklage wird aber das Erfordernis einer die Verjährung hemmenden Klage gegen den Hauptschuldner nicht konkludent abbedungen.[511] I.d.R. lässt sich weder aus den Vertragsurkunden noch den Bürgschaftsbedingungen ein solcher Verzicht entnehmen. Er ergibt sich auch nicht aus einer beiderseits interessengerechten Auslegung.[512]

c) Verzicht auf die Rechte aus § 776 BGB

469 Normalerweise wird der Bürge in dem Umfang von seiner Verpflichtung aus der Bürgschaft befreit, wie der Gläubiger eine andere Sicherheit aufgibt, aus der sich der Bürge hätte befriedigen können (§ 776 Satz 1 BGB). In einem Individualvertrag ist es grds. möglich, die Vorschrift des § 776 BGB abzubedingen. Etwas Anderes gilt jedoch bei einem Verzicht des Bürgen auf seine Rechte aus § 776 BGB in einem Bürgschaftsformular. In Abänderung seiner bisherigen Rechtsprechung vertritt der BGH[513] nun die Ansicht, der Bürge werde durch einen solchen Verzicht unangemessen benachteiligt, ohne dass diese Benachteiligung durch schutzwürdige Interessen der Bank gerechtfertigt wäre. Damit liegt ein Verstoß gegen § 307 BGB mit der Folge vor, dass die Klausel nichtig ist.[514]

470 Etwas Anderes gilt jedoch, wenn die Bank Sicherheiten nach Nr. 14 AGB-Banken erworben hat. Könnte die Bank diese Sicherheiten wegen des damit verbundenen Verlustes der Bürgschaft gem. § 776 BGB nicht freigeben, wäre sie gezwungen, das Sicherungsgut und damit die wirtschaftliche Handlungsfreiheit des Hauptschuldners zu blockieren. Enthält die formularmäßige Verzichtserklärung eine Einschränkung dahin gehend, dass der Verzicht lediglich die nach Nr. 14 AGB-Banken erworbenen Sicherheiten umfasst, liegt keine unangemessene Benachteiligung des Bürgen vor.[515]

d) Verzicht auf Übertragung von Sicherheiten

471 Teilweise ist in Bürgschaftsformularen mit Banken eine Klausel zu finden, in der sich die Bank zur Übertragung anderweitig bestellter Sicherheiten nur dann verpflichtet, wenn der Sicherungsgeber

507 Ausführlich hierzu vgl. *Förster* WM 2010, 1677 (1680 f.).
508 *Reinicke/Tiedtke* Rn. 168.
509 BGH, WM 2004, 96; *Förster* WM 2010, 1677 (1681).
510 BGHZ 95, 350 (361).
511 BGH, WM 2007, 2230.
512 BGH, WM 2007, 2230; WM 2002, 1645 (1646).
513 BGH, WM 2000, 764; NJW 2002, 295.
514 Ausführlich hierzu FCH/*Fischer*, S. 129; zu Entlassung eines Mitbürgen vgl. BGH, NJW 1992, 2286.
515 Schimansky/Bunte/Lwowski/*Schmitz* Bankrechts-Handbuch § 91 Rn. 79; *Reinicke/Tiedtke* Rn. 569.

seinen Rückübertragungsanspruch an den Bürgen abgetreten hat oder ausdrücklich mit der Übertragung an den Bürgen einverstanden ist. Der BGH hat diese Klausel für wirksam erachtet.[516]

e) Verzicht auf Einwendungen und Einreden des Hauptschuldners

Eine unangemessene Benachteiligung des Bürgen liegt vor, wenn er formularmäßig auf Einwendungen oder Einreden des Hauptschuldners verzichtet. Durch einen solchen Verzicht wird die Akzessorietät der Bürgschaft eingeschränkt. Nach Ansicht des BGH[517] sind Vereinbarungen, die den Akzessorietätsgrundsatz antasten, unwirksam, da sie die Rechtsnatur des Vertragsverhältnisses verändern würden. Durch eine AGB-Klausel im Bürgschaftsvertrag könne der Gläubiger dem Bürgen keine vom Bestehen der Hauptschuld unabhängige Garantieverpflichtung auferlegen. Ein Verzicht auf die Rechte des § 768 BGB durchbricht nach Ansicht des BGH[518] den Grundsatz, dass die Bürgschaft vom jeweiligen Bestand der Hauptverbindlichkeit abhängt und schränkt den damit verbundenen Bürgenschutz nachhaltig ein. Eine derartige Klausel ist nach § 307 BGB unwirksam ist. **472**

f) Verzicht auf Einrede der Verjährung

Als Individualvereinbarung ist ein Verzicht auf die Einrede der Verjährung der Hauptschuld grds. gem. § 202 BGB zulässig. Hierdurch wird jedoch der Grundsatz der Akzessorietät durchbrochen und steht damit im Widerspruch zum Leitbild der Bürgschaft. Ein formularmäßiger Verzicht auf die Einrede der Verjährung benachteiligt den Bürgen unangemessen. Es liegt ein Verstoß gegen § 307 BGB vor, der zur Unwirksamkeit der Klausel führt.[519] **473**

IX. Beendigung der Bürgschaft

1. Kündigung

Es ist zu differenzieren, ob der Kreditvertrag durch den Gläubiger oder der Bürgschaftsvertrag durch den Bürgen gekündigt wird. **474**

Kündigt die Bank die Geschäftsverbindung rechtmäßig, z.B. weil der Hauptschuldner das Konto erheblich überzogen hat, haftet der Bürge auf Zahlung des Betrages, den der Hauptschuldner im Zeitpunkt der Aufhebung der Geschäftsverbindung schuldet. Der Haftungsumfang des Bürgen kann sich aber auch nach Beendigung der Geschäftsverbindung vergrößern, da er für die Verzugszinsen als Nebenforderungen gem. § 767 BGB grds. einzustehen hat.[520] **475**

Hat die Bank zunächst die Geschäftsverbindung gekündigt, gewährt dem Hauptschuldner aber später einen weiteren Kredit, haftet der Bürge hierfür nicht.[521] Der Bürge haftet ausschließlich für die Verbindlichkeiten aus der alten Geschäftsverbindung. Diese wurde aber gerade durch die Kündigung beendet. Die formularmäßige Klausel, wonach der Bürge auch für alle künftigen Ansprüche gegen den Hauptschuldner einstehen soll, ist unwirksam.[522] Auch wenn die Bank die Kündigung zurücknimmt, ändert dies nichts an dem Vertragsverhältnis mit dem Bürgen, da ihm ggü. die alte Geschäftsverbindung endgültig erloschen ist.[523] **476**

Hat der Bürge eine unbefristete Bürgschaftserklärung abgegeben, so steht ihm ein Recht zur ordentlichen Kündigung dieses Dauerschuldverhältnisses nach angemessener Zeit zu. Das ordentliche **477**

516 A.A. *Reinicke/Tiedtke* Rn. 572.
517 BGHZ 95, 350 (357).
518 WM 2001, 1060.
519 FCH/*Fischer*, S. 139.
520 BGH, ZIP 1988, 1167; vgl. zur Haftung für Nebenforderungen Rdn. 373–378.
521 BGH, ZIP 1988, 1167; vgl. hierzu Rdn. 356.
522 Vgl. hierzu Rdn. 383–395.
523 BGH, ZIP 1988, 1167.

Kündigungsrecht ergibt sich bei Dauerschuldverhältnissen aus dem Grundsatz von Treu und Glauben gem. § 242 BGB.[524] Kündigt der Bürge rechtmäßig, ist seine Haftung auf die Höhe der Verbindlichkeiten des Hauptschuldners im Zeitpunkt des Wirksamwerdens der Kündigung beschränkt.[525]

478 Ferner kann dem Bürgen ein Kündigungsrecht aus wichtigem Grund zustehen. Ein solcher wichtiger Grund kann vorliegen, wenn der Bürge als Komplementär in die KG eintritt, die Hauptschuldnerin ist[526] oder wenn die Bank keiner Sicherheiten mehr bedarf, da das Kontokorrentkonto der Hauptschuldnerin bei der Bank über einen längeren Zeitraum im Guthaben geführt wird,[527] ferner, wenn der Bürge Gesellschafter der Hauptschuldnerin ist und aus dieser ausscheidet, da die Haftung aus der Bürgschaft unabhängig von seiner Gesellschafterstellung ist, sodass die Bürgschaftsverpflichtung nicht automatisch mit Beendigung der Gesellschafterstellung endet, sondern gekündigt werden muss.[528] Ein wichtiger Grund kann auch die Ehescheidung bei Bürgschaften für Verbindlichkeiten des früheren Ehegatten sein.[529]

479 Die Frage der Fristlosigkeit oder Fristgebundenheit der Kündigung richtet sich nach der Zumutbarkeit im Einzelfall.[530]

2. Bedingung

480 Die Bürgschaft kann unproblematisch aufschiebend oder auflösend bedingt vereinbart werden. Durch eine solche Bedingung wird die Bürgenverpflichtung weder begründet noch erweitert, sondern vielmehr eingeschränkt. Deswegen bedarf die Vereinbarung der Bedingung nicht der Form des § 766 BGB.[531]

3. Befristung

481 Eine Bürgschaft kann zeitlich begrenzt werden. In den Bürgschaftsformularen der Banken finden sich oft Formulierungen wie »Die Bürgschaft ist befristet bis zum…«. Eine solche zeitliche Begrenzung kann in zweifacher Hinsicht verstanden werden: Es kann eine sog. Zeitbürgschaft gem. § 777 BGB vorliegen, bei der nach Ablauf der Befristung die Verpflichtung des Bürgen erlischt. Die zeitliche Begrenzung kann sich aber auch auf den Haftungsumfang der Bürgschaftsschuld beziehen, wonach der Bürge nur für die innerhalb einer bestimmten Zeit begründeten Verbindlichkeiten unbefristet einstehen soll.[532] Im letztgenannten Fall ist die Bürgschaft nicht zeitlich, sondern gegenständlich beschränkt.

482 Welche rechtliche Bedeutung die Vereinbarung einer Befristung hat, ist im Wege der Auslegung zu ermitteln. I.d.R. wird eine Zeitbürgschaft anzunehmen sein, wenn die Bürgschaft für bereits bestehende und nicht mehr in der Entwicklung befindliche Verbindlichkeiten übernommen wird. Eine gegenständlich beschränkte Bürgschaft ist anzunehmen, wenn für eine künftige oder noch in der Entwicklung befindliche Verbindlichkeit gebürgt wird.[533]

524 *Bülow* Rn. 951.
525 BGH, ZIP 1986, 1240.
526 BGH, ZIP 1986, 1240.
527 BGH, ZIP 1986, 1240.
528 BGH, WM 1995, 1397.
529 BGH, NJW 2003, 61.
530 BGH, WM 1985, 1059.
531 Schimansky/Bunte/Lwowski/*Schmitz* Bankrechts-Handbuch § 91 Rn. 109.
532 BGH, NJW 1988, 908 m.w.N.
533 BGH, NJW 1988, 908 m.w.N.

4. Wegfall des Hauptschuldners

Wird die Hauptschuldnerin, eine Gesellschaft, aufgelöst und begründet sich diese Auflösung nicht in ihrer Vermögenslosigkeit, erlischt die Bürgschaftsverpflichtung.[534] Anders, wenn sich die Auflösung in deren Vermögenslosigkeit begründet, da insoweit gerade der Sicherungszweck der Bürgschaft eintritt und sich das Bürgenrisiko verwirklicht. 483

Ist die Hauptschuldnerin eine KG und scheiden alle Gesellschafter mit Ausnahme von einem aus, wachsen diesem die Gesellschaftsverbindlichkeiten zu. Für die Verbindlichkeiten der KG, die bis zum Zeitpunkt des Ausscheidens der Gesellschafter begründet wurden, haftet der Bürge weiter. Die Haftung erstreckt sich aber nicht auf die durch den Einzelkaufmann neu begründeten Verbindlichkeiten.[535] 484

Wird die verbürgte Hauptschuld von einem Dritten mit befreiender Wirkung für den Hauptschuldner übernommen, führt diese Schuldübernahme gem. § 418 Abs. 1 Satz 1 BGB zum Erlöschen der Bürgschaft. Willigt der Bürge in die befreiende Schuldübernahme gem. § 418 Abs. 1 Satz 3 BGB ein, bleibt die Bürgschaftsschuld bestehen. Das Gleiche gilt für eine Vertragsübernahme.[536] 485

Der Tod des Hauptschuldners hat auf die Bürgschaftsschuld auch dann keinen Einfluss, wenn der Erbe des Hauptschuldners die Haftung beschränkt (§ 768 Abs. 1 Satz 2 BGB). 486

Auch wenn der Bürge den Hauptschuldner beerbt, bleibt die Bürgenhaftung trotz Vereinigung der Bürgschaftsschuld und der Hauptschuld unverändert bestehen. 487

Anders ist es gerade, wenn der Gläubiger den Hauptschuldner beerbt. Insoweit erlöschen sowohl die Hauptschuld als auch die Bürgenschuld durch Konfusion. 488

5. Tod des Bürgen

Beim Tod des Bürgen bleibt die Bürgenschuld grds. bestehen. Die Verbindlichkeit geht aufgrund der Universalsukzession gem. § 1922 BGB auf den Erben über. Etwas Anderes gilt nur dann, wenn die Hauptschuld erst nach dem Tod des Bürgen begründet wurde und der Erbe bereits vorher die Bürgschaft hätte kündigen können, dies aber mangels Kenntnis von der Bürgschaft nicht getan hat. Insoweit besteht eine Informationspflicht des Gläubigers dahin gehend, den Erben auf das Bestehen der Bürgschaft hinzuweisen. 489

Beerbt der Gläubiger den Bürgen, erlischt die Bürgschaft durch Konfusion. 490

6. Erlöschen der Hauptschuld

Das Erlöschen der Hauptschuld führt aufgrund der Akzessorietät der Bürgschaft auch zum Erlöschen der Bürgschaft.[537] 491

Werden die Zahlungen des Hauptschuldners in dessen Insolvenz vom Insolvenzverwalter erfolgreich gem. § 129 ff. InsO angefochten, lebt gem. § 144 InsO die zunächst getilgte Forderung mit der Rückgewähr der Zahlung an den Insolvenzverwalter wieder auf. Das Selbe gilt für den Anspruch aus der sichernden Bürgschaft.[538] 492

---

534 BGHZ 82, 323 (326); 153, 337 (340).
535 BGH, WM 1993, 1080.
536 OLG Hamm, WM 1990, 1152.
537 Vgl. hierzu Rdn. 352–356.
538 OLG München, ZIP 2009, 1310 (rechtshängig beim BGH unter dem AZ: IX ZR 70/09).

X. Inanspruchnahme des Bürgen

1. Rechtsverhältnis des Bürgen zum Gläubiger

493 Der Bürge verpflichtet sich ggü. dem Gläubiger eines Dritten, für die Erfüllung der Verbindlichkeiten des Dritten einzustehen. Durch den Bürgschaftsvertrag wird also eine eigene Verbindlichkeit des Bürgen begründet, die als Sicherheit für die Erfüllung der Verbindlichkeiten des Hauptschuldners dient. Die durch den abgeschlossenen Bürgschaftsvertrag übernommene eigene Verpflichtung des Bürgen tritt neben die vertragliche Beziehung zwischen Gläubiger und Hauptschuldner. Bürge und Hauptschuldner sind auch bei einer selbstschuldnerischen Bürgschaft keine Gesamtschuldner.[539]

494 Durch die Zahlung des Bürgen an den Gläubiger erfüllt er seine eigene Schuld. Da die Bürgschaft dem Gläubiger nur als Sicherheit für fremde Schuld dient, entspricht es der Interessenlage und dem mutmaßlichen Parteiwillen, dass der Bürge nach Befriedigung des Gläubigers in dessen Rechtsstellung einschließlich etwaiger Nebenrechte eintritt. Hieraus rechtfertigen sich auch die Rechte des Bürgen nach § 776 Satz 1 BGB, wonach er von seiner Bürgenverpflichtung frei wird, wenn der Gläubiger ein Sicherungsrecht aufgibt, aus dem der Bürge nach § 774 BGB hätte Ersatz verlangen können.[540]

495 Der Gläubiger kann den Bürgen aus dem Bürgschaftsvertrag in Anspruch nehmen, wenn eine fällige und einredefreie Hauptforderung sowie ein wirksamer Bürgschaftsvertrag bestehen. Die Voraussetzungen der Inanspruchnahme muss der Gläubiger darlegen und ggf. beweisen.[541]

496 Die Darlegungs- und Beweislast für das Vorliegen rechtsvernichtender oder rechtshindernder Einwendungen sowie für Einreden obliegt dem Bürgen. Dies gilt auch dann, wenn der Bürge den Wegfall der Bürgschaft durch das Erlöschen der Hauptschuld einwendet.[542]

497 Der Gläubiger muss also die anspruchsbegründenden und der Schuldner diejenigen Tatsachen darlegen und nachweisen, die eine Einwendung oder Einrede begründen.

498 Die ursprünglich umstrittene Frage, ob die Beweislast nicht nur für die Entstehung, sondern auch für den Fortbestand der Hauptforderung beim Gläubiger liegt, hat der BGH[543] entgegen seiner ursprünglichen Auffassung[544] dahin gehend entschieden, dass der Gläubiger den Fortbestand der zur Entstehung gelangten Hauptforderung nicht darlegen und beweisen muss. Dies ergebe sich aus der strengen Akzessorietät der Bürgschaft, wonach der Bürge so haftet, wie der Hauptschuldner selbst. Die Darlegungs- und Beweislast für das Erlöschen der Hauptschuld liegt bei einer Inanspruchnahme des Hauptschuldners jedoch bei diesem selbst. Nichts Anderes kann dann für den Bürgen gelten. Der Sicherungszweck der Bürgschaft und auch die schutzwürdigen Belange des Gläubigers werden nicht gewahrt, wenn eine Klage gegen den Hauptschuldner erfolgreich sein könnte, weil dieser das Erlöschen seiner Schuld nicht nachweisen kann, die Klage gegen den Bürgen aber abgewiesen würde, weil der Gläubiger den Fortbestand, d.h., das fehlende Erlöschen der Hauptforderung, nicht nachweisen kann.

499 Eine Ausnahme hat der BGH[545] für den Fall gemacht, wenn sich der Bürge für eine Verbindlichkeit des Hauptschuldners aus einem Kontokorrentverhältnis verpflichtet hat und der Saldo nicht anerkannt wurde. Würde der Gläubiger den Kontokorrentschuldner in Anspruch nehmen, bliebe es bei der oben genannten Beweislastregelung, sodass der Kontokorrentschuldner darlegen und beweisen muss, dass die zur Entstehung gelangte Forderung des Gläubigers erloschen ist. Etwas

539 BGH, WM 1968, 916 (918).
540 Vgl. Rdn. 442–445, 640–643.
541 BGH, NJW 1988, 906.
542 MüKo-BGB/*Habersack* § 765 Rn. 60.
543 BGH, ZIP 1988, 224; WM 1995, 1229.
544 BGH, ZIP 1985, 984.
545 BGH, ZIP 1985, 984.

Anderes gilt aber, wenn der Gläubiger den Bürgen in Anspruch nimmt. Hier muss der Gläubiger nicht nur die Entstehung der Hauptschuld darlegen und nachweisen, sondern vielmehr auch, dass die Hauptschuld nicht durch Verrechnung mit Gegenforderungen des Hauptschuldners oder auf andere Weise getilgt worden ist.[546]

Für den Gläubiger sind bei der Inanspruchnahme des Bürgen zudem die Fragen der Hemmung 500
der Verjährung bei einer Bürgenklage[547] und die Fragen zur Rechtskrafterstreckung beachtlich.[548]

Hat der Bürge seine Bürgenschuld ggü. dem Gläubiger getilgt, ist der Gläubiger zur Herausgabe 501
der Bürgschaftsurkunde an den Bürgen verpflichtet.[549] Hat der Hauptschuldner die Hauptschuld getilgt und hat er sich ggü. dem Gläubiger zur Stellung einer Bürgschaft verpflichtet, so kann er aus eigenem Recht die Herausgabe der Bürgschaftsurkunde an den Bürgen verlangen.[550]

2. Cessio legis gem. § 774 BGB

Gem. § 774 Abs. 1 Satz 1 BGB geht die Forderung des Gläubigers gegen den Hauptschuldner auf 502
den Bürgen über, soweit der Bürge den Gläubiger befriedigt. Der Bürge erfüllt seine eigene Schuld ggü. dem Gläubiger und nicht etwa als Dritter die Hauptschuld i.S.d. § 267 BGB.

Unbeachtlich ist insoweit, in welcher Weise die Befriedigung des Gläubigers durch den Bürgen 503
erfolgt. Eine Befriedigung kann durch Aufrechnung, Schuld befreiende Hinterlegung oder auch durch die Annahme von Erfüllungssurrogaten geschehen.[551]

Ist die Bürgschaft unwirksam oder wegen Fehlens der zu sichernden Forderung gegenstandslos, 504
leistet der Bürge trotzdem nicht als Dritter i.S.d. § 267 BGB, eine cessio legis kommt in beiden Fällen aber nicht in Betracht. Dem Bürgen steht vielmehr ein bereicherungsrechtlicher Rückgewähranspruch gegen den Gläubiger zu.[552]

Erlischt die Bürgenschuld jedoch durch einen Erlass, erbringt der Bürge kein Vermögensopfer. 505
Insoweit erfolgt auch kein Forderungsübergang gem. § 774 Abs. 1 Satz 1 BGB. Durch die cessio legis soll der Erstattungsanspruch des Bürgen aus § 670 BGB gesichert und verstärkt werden. Wird dem Bürgen seine Bürgenschuld aber erlassen, entsteht auch kein Erstattungsanspruch ggü. dem Hauptschuldner, der durch einen Forderungsübergang gesichert werden könnte.[553]

Eine Befriedigung des Gläubigers liegt dann nicht vor, wenn der Bürge zur Abwendung der 506
Zwangsvollstreckung bei Vorliegen eines nur vorläufig vollstreckbaren Urteils oder aufgrund eines rechtskräftigen Vorbehaltsurteils vor Abschluss des Nachverfahrens an den Gläubiger zahlt.[554] Der gesetzliche Forderungsübergang gem. § 774 Abs. 1 Satz 1 BGB tritt nur dann ein, wenn die geschuldete Leistung endgültig an den Gläubiger erbracht wurde. In den beiden oben genannten Fällen ist dies nicht der Fall.

Durch den gesetzlichen Forderungsübergang erwirbt der Bürge die Forderung des Gläubigers gegen 507
den Hauptschuldner und zwar in der Art, wie sie in der Person des Gläubigers bestand.

---

546 Ausführlich zur Frage der Beweislast bei Inanspruchnahme aus einem Kontokorrentverhältnis vgl. *Reinicke/Tiedtke* Rn. 546-552.

547 Vgl. hierzu Rdn. 410–417.

548 Vgl. Rdn. 408.

549 Zum Anspruch auf Herausgabe der Bürgschaftsurkunde gem. § 17 Nr. 8 Satz 1 VOB/B vgl. BGH, NJW 2009, 218.

550 BGH, NJW 2001, 1857; NJW 1989, 1482; zum Wiederaufleben der Bürgschaft bei Insolvenzanfechtung vgl. Rdn. 492.

551 Schimansky/Bunte/Lwowski/*Schmitz* Bankrechts-Handbuch § 91 Rn. 84.

552 MüKo-BGB/*Habersack* § 774 Rn. 6.

553 BGH, NJW 1990, 1301.

554 BGHZ 86, 267.

508 Es stellt sich die Frage, ob mit der Forderung des Gläubigers auf Zahlung auch der Anspruch auf künftig fällig werdende Zinsen auf den Bürgen übergeht. Nachdem in jedem Fall die Hauptforderung aufgrund der Befriedigung durch den Bürgen nicht beim Gläubiger verbleibt, können dies die Zinsen auch nicht. Nach Ansicht des BGH[555] bleiben nur zwei Möglichkeiten: Entweder die Zinsen gehen als Nebenforderung zur Hauptschuld auf den Bürgen über oder der Zinsanspruch erlischt. Der BGH[556] hat sich für die erstgenannte Alternative entschieden. Der Bürge erwirbt also mit der Hauptforderung auch den Zinsanspruch des Gläubigers. Dieser Erwerb des Zinsanspruches erfolgt ungeachtet dessen, ob und ggf. in welcher Höhe sein Rückgriffsanspruch gegen den Hauptschuldner im Innenverhältnis verzinslich ist. Der Bürge kann vom Hauptschuldner grds. diejenigen Zinsen verlangen, die dieser mit dem Gläubiger vereinbart hat.[557]

509 Ein Forderungsübergang findet nicht nur dann statt, wenn der Bürge den Gläubiger vollständig befriedigt. Wie sich aus dem Wortlaut des § 774 Abs. 1 Satz 1 BGB ergibt, bewirken auch Teilleistungen einen teilweisen Übergang der Hauptforderung.

510 Gem. §§ 774, 412, 401 BGB gehen zusammen mit der Hauptforderung auch die akzessorischen Nebenrechte auf den Bürgen über. Dies gilt unabhängig davon, ob die Nebenrechte vor oder nach Übernahme der Bürgschaft bestellt wurden. In § 401 BGB sind ausdrücklich als akzessorische Nebenrechte die Hypothek, die Schiffshypothek und das Pfandrecht sowie Rechte aus einer Bürgschaft genannt. In analoger Anwendung des § 401 Abs. 1 BGB gehen auch andere unselbstständige Sicherungsrechte auf den Bürgen über. Hierzu gehört der Anspruch auf Bestellung von akzessorischen Sicherungsrechten, der Anspruch aus § 648 BGB, der Anspruch aus einer Vormerkung im Grundbuch und der aus der Hypothek entstandene Anspruch auf Befriedigung aus dem Versteigerungserlös sowie der Anspruch auf Erfüllungsübernahme oder einer sichernden Schuldübernahme.[558]

511 Sowohl die vom Hauptschuldner selbst als auch von dritter Seite gestellten akzessorischen Sicherheiten gehen kraft Gesetzes auf den zahlenden Bürgen über. Der Bürge erhält also das ganze Sicherungsrecht, was aber nicht bedeutet, dass er sich uneingeschränkt aus ihr befriedigen kann. Bei gleichstufigen Sicherungsgebern vollzieht sich der Ausgleich vielmehr in entsprechender Anwendung des § 426 BGB.[559] Hat der Bürge bei nicht akzessorischen Sicherheiten lediglich einen schuldrechtlichen Anspruch auf Übertragung der von dritter Seite gestellten Sicherheit, wird in der Rechtslehre[560] vertreten, dass dieser Anspruch nur insoweit besteht, als der Bürge von dem Dritten auch tatsächlich Ausgleich verlangen kann.

512 Nicht akzessorische Sicherungsrechte, wie die Sicherungsgrundschuld, das Sicherungseigentum, die Sicherungszession oder der Eigentumsvorbehalt gehen aufgrund ihrer Selbstständigkeit nicht kraft Gesetzes auf den Bürgen über. Zur Übertragung dieser nicht akzessorischen Sicherungsrechte bedarf es einer rechtsgeschäftlichen Vereinbarung zwischen dem Gläubiger und dem Bürgen. Nach Auffassung der Rechtsprechung[561] hat der Bürge einen Anspruch auf rechtsgeschäftliche Übertragung dieser Sicherungsrechte, soweit die Beteiligten nicht eine andere Regelung getroffen haben.

3. Vorrang des Gläubigers

513 Gem. § 774 Abs. 1 Satz 2 BGB kann der Übergang der Forderung sowie der Nebenrechte nicht zum Nachteil des Gläubigers geltend gemacht werden. Sinn und Zweck dieser Vorschrift ist es, den Gläubiger vor einer Beeinträchtigung seiner Rechtsstellung aufgrund der cessio legis zu schützen. Bedeutsam wird § 774 Abs. 1 Satz 2 BGB, wenn der Bürge den Gläubiger nur teilweise befriedigt.

555 BGHZ 35, 172 (174).
556 BGHZ 35, 172 (174); *Reinicke* DB 1967, 847.
557 BGHZ 35, 172.
558 Palandt/*Heinrichs* § 401 Rn. 4 m.w.N.
559 Vgl. hierzu ausführlich Rdn. 578–585.
560 Schimansky/Bunte/Lwowski/*Schmitz* Bankrechts-Handbuch § 91 Rn. 89.
561 BGH, NJW 2001, 2327 (2330); 1995, 2635; 1990, 903; 1985, 614.

In diesen Fällen gehen die Hauptforderung sowie die akzessorischen Rechte nur teilweise auf den Bügen über. Bei nicht akzessorischen Sicherungsrechten kann der Bürge nur eine teilweise Übertragung durch Rechtsgeschäft verlangen.[562] Die beim Gläubiger verbleibenden Rechte haben ggü. den auf den Bürgen übertragenen Rechten den Vorrang, wenn die Forderung und die Nebenrechte geteilt werden. Dies gilt sowohl, wenn der Bürge sich für die ganze Hauptforderung verbürgt und nur einen Teil bezahlt hat, als auch, wenn er sich nur für einen Teilbetrag verbürgt und diesen ganz oder teilweise bezahlt hat.[563] An den akzessorischen sowie nicht akzessorischen Sicherungsrechten erwirbt der Bürge damit entweder kraft Gesetz oder i.R.d. rechtsgeschäftlichen Übertragung lediglich eine nachrangige Mitberechtigung.

Auch wenn sich die Bürgschaft lediglich auf einen Teilbetrag einer bestimmten Forderung bezieht, 514
gilt der Vorrang des Gläubigers auch für den nicht verbürgten Anteil.[564] Dem Gläubiger ist es also gestattet, auch wegen des durch die Bürgschaft nicht gedeckten Teils seiner Forderung sich aus den Sicherheiten und dem Vermögen des Hauptschuldners vor dem Bürgen zu befriedigen.[565]

Der Vorrang des Gläubigers gilt hingegen nicht für sonstige selbstständige Forderungen, die jeweils 515
durch eigenständige Sicherungsrechte besichert sind. Ist nur eine dieser Forderungen durch eine Bürgschaft gesichert, so erwirbt der zahlende Bürge mit der Forderung das für diese bestehende Sicherungsrecht ohne Vorrang des Gläubigers.[566]

Im Insolvenzverfahren des Schuldners tritt § 43 InsO an die Stelle des § 774 Abs. 1 Satz 2 BGB. 516
Zahlt der Bürge nach Eröffnung des Insolvenzverfahrens über das Vermögen des Hauptschuldners nur teilweise auf seine Bürgenschuld, kann der Gläubiger bis zu seiner vollen Befriedigung den ganzen Betrag der verbürgten Forderung geltend machen. Demgegenüber kann der Bürge gem. § 44 InsO seinen Anspruch gegen den Hauptschuldner gar nicht zur Insolvenztabelle anmelden.

Bei Teilleistungen des Bürgen vor Eröffnung des Insolvenzverfahrens steht er dem Gläubiger im In- 517
solvenzverfahren gleich. Der Gläubiger kann aber vom Bürgen denjenigen Betrag herausverlangen, um den seine Quote durch Teilnahme des Bürgen am Insolvenzverfahren herabgesetzt wurde.[567]

4. Abweichende Vereinbarung

Die Vorschrift des § 774 BGB ist dispositiv.[568] Der gesetzliche Forderungsübergang kann vertrag- 518
lich abgeändert oder ausgeschlossen werden.[569] In den Bürgschaftsformularen der Banken ist i.d.R. eine Klausel enthalten, die den gesetzlichen Forderungsübergang nicht ausschließt, sondern lediglich bis zur vollständigen Befriedigung des Gläubigers aufschiebt. Nach dieser Klausel gehen bei Zahlung des Bürgen die Rechte der Bank erst dann auf ihn über, wenn die Bank wegen aller ihrer Ansprüche gegen den Hauptschuldner volle Befriedigung erlangt hat; bis dahin gilt die Zahlung des Bürgen lediglich als Sicherheit.

Es stellt sich die Frage, ob diese Bestimmung in den Formularverträgen den Anforderungen der 519
§§ 305 ff. BGB standhält oder ob sie unwirksam ist. Nach Ansicht des BGH[570] ist die Klausel jedenfalls bei Vorliegen einer Globalbürgschaft wirksam, d.h., wenn die Bürgschaft sämtliche Forderungen der Bank aus der Geschäftsverbindung mit dem Hauptschuldner sichert.[571] Wegen

562 BGHZ 110, 41 (43).
563 BGHZ 92, 374 (979).
564 BGHZ 92, 374 (379); BGH, WM 2003, 450 (452); *Kümpel* Rn. 6.188.
565 BGHZ 110, 41 (44); 92, 374.
566 BGH, NJW 2003, 1036.
567 Palandt/*Sprau* § 774 Rn. 12; MüKo-BGB/*Habersack* § 774 Rn. 13.
568 BGH, NJW 2001, 2327 (2330); MüKo-BGB/*Habersack* § 774 Rn. 14; Schimansky/Bunte/Lwowski/*Schmitz* Bankrechts-Handbuch § 91 Rn. 92.
569 BGHZ 92, 374 (382).
570 BGHZ 92, 374; BGH, NJW 1986, 928; WM 1987, 924.
571 A.A. *Reinicke/Tiedtke* Rn. 576, 577.

der Klausel gelten die Zahlungen des Bürgen, die nicht zur vollen Befriedung des Gläubigers ausreichen, nicht als Erfüllung, sondern nur als Sicherheitsleistung. Nachdem der Gläubiger damit nicht befriedigt wurde, erfolgt auch kein gesetzlicher Forderungsübergang auf den Bürgen. Trotz des fehlenden Forderungsübergangs hat der BGH[572] entschieden, dass der leistende Bürge von einem anderen Bürgen Zahlung verlangen kann, wie wenn der Gläubiger befriedigt und die cessio legis eingetreten wäre. Erstattet der Gläubiger den geleisteten Betrag jedoch zurück, muss auch der Bürge den an ihn vom anderen Bürgen empfangenen Betrag zurückzahlen.[573]

520 Nach einer Entscheidung des OLG Köln[574] soll der Bürge auch den Hauptschuldner in Regress nehmen können. Insoweit wäre der Hauptschuldner aber sowohl dem Rückgriffanspruch des Bürgen als auch dem Anspruch des Gläubigers aus der Hauptforderung ausgesetzt, weswegen die Ansicht des OLG Köln fraglich erscheint.[575]

521 Gilt die Zahlung des Bürgen lediglich als Sicherheitsleistung und wird der Gläubiger nachträglich vom Hauptschuldner voll befriedigt, hat der Gläubiger dem Bürgen dessen Sicherheitsleistung zurückzugewähren.[576]

XI. Rückgriff des Bürgen

1. Rückgriff beim Hauptschuldner

522 Nachdem der Bürge den Gläubiger befriedigt hat, gehen aufgrund der cessio legis des § 774 Abs. 1 Satz 1 BGB die Forderungen und Nebenrechte auf den Bürgen über. Der Bürge kann den Hauptschuldner aus dieser übergegangenen Hautforderung nebst Zinsen[577] in Anspruch nehmen.

523 Neben dieser übergegangenen Hauptforderung kann der Bürge auch den Anspruch aus dem Rechtsverhältnis geltend machen, das zwischen ihm und dem Hauptschuldner besteht, i.d.R. ein Auftrag, ein Geschäftsbesorgungsvertrag, eine Geschäftsführung ohne Auftrag oder auch eine Schenkung.[578] Mit Ausnahme der Schenkung hat der Bürge aufgrund des Auftragsverhältnisses einen Anspruch auf Ersatz seiner Aufwendungen gem. § 670 BGB oder auf Herausgabe der Bereicherung gem. §§ 670, 683, 684 BGB. Der Bürge als Beauftragter kann Ersatz der Aufwendungen verlangen, wenn er diese zur Ausführung des Auftrages für erforderlich halten durfte. Die Aufwendung besteht in der Befriedigung des Gläubigers in der Höhe, die der Gläubiger vom Hauptschuldner verlangen kann und wofür der Bürge einstehen muss.

524 Die aufgrund der cessio legis übergegangene Hauptforderung und der Anspruch aus dem Innenverhältnis zum Hauptschuldner stehen selbstständig nebeneinander. Durch die Vorschrift des § 774 Abs. 1 Satz 3 BGB wurde jedoch dafür Sorge getragen, dass trotz dieser Selbstständigkeit ein weitgehend einheitliches Rückgriffsverhältnis geschaffen wird. Der Schuldner kann also Einwendungen, die dem Rechtsverhältnis zwischen ihm und dem Bürgen entstammen, auch gegen die übergegangene Forderung geltend machen. Demgegenüber ist es dem Hauptschuldner verwehrt, Einwendungen aus dem Hauptschuldverhältnis zum Gläubiger dem Rechtsverhältnis zum Bürgen entgegenzuhalten.[579]

525 Der Schuldner kann der übergegangenen Forderung nach §§ 412, 404 BGB sämtliche Einwendungen und Einreden aus seinem Rechtsverhältnis zum Gläubiger entgegenhalten. Er kann nach

572 BGH, WM 1986, 1550.
573 A.A. *Reinicke/Tiedtke* Rn. 578.
574 OLG Köln, WM 1989, 1883.
575 *Tiedtke* JZ 1987, 491; *Fischer* WM 1998, 1705 (1713).
576 BGHZ 92, 374 (384); vgl. Rdn. 567, 633.
577 Vgl. hierzu Rdn. 373–378, 475, 507.
578 Vgl. hierzu Rdn. 133–138.
579 MüKo-BGB/*Habersack* § 774 Rn. 15; *Reinicke/Tiedtke* Rn. 401, 402.

§§ 412, 406 ff. BGB mit einer gegen den Gläubiger gerichteten Forderung aufrechnen.[580] Dem Aufwendungsersatzanspruch des Bürgen aus Auftrag oder Geschäftsführung ohne Auftrag kann der Schuldner jedoch keine Einwendungen aus dem Verhältnis zum Gläubiger entgegenhalten. Gegen diesen Anspruch kann er auch nicht mit einer gegen den Gläubiger gerichteten Forderung aufrechnen.[581]

Der Bürge hat die Wahl, welchen der beiden Ansprüche er geltend machen will.[582] Der unterschiedliche Inhalt der beiden Forderungen sowie die Einwendungsmöglichkeiten des Schuldners sind jedoch im Hinblick auf die Frage, welcher Anspruch geltend gemacht wird, relevant. 526

Will der Bürge den Aufwendungsersatzanspruch aus dem Innenverhältnis geltend machen, muss er darlegen und nachweisen, dass ein entsprechendes Rechtsverhältnis zwischen ihm und dem Hauptschuldner besteht. Das Vorliegen eines Auftrages oder eines Geschäftsbesorgungsvertrages ist eine anspruchsbegründende Tatsache, die vom klagenden Bürgen zu beweisen ist. Wendet der verklagte Hauptschuldner ein, dass sich der Bürge ihm ggü. zur Befriedigung des Gläubigers verpflichtet habe und deswegen kein Aufwendungsersatzanspruch bestehe, muss der Bürge dieses Vorbringen widerlegen.[583] 527

Der Aufwendungsersatzanspruch aus dem Innenverhältnis zeichnet sich jedoch dadurch aus, dass er eigenständig nach § 195 BGB verjährt und vom Bürgen auch dann noch erfolgreich geltend gemacht werden kann, wenn der Schuldner ggü. der Hauptforderung die Einrede der Verjährung erheben kann.[584] 528

Wählt der Bürge die Geltendmachung der auf ihn übergegangenen Forderung des Gläubigers gegen den Hauptschuldner, obliegt die Darlegungs- und Beweislast für das Vorliegen von Einwendungen aus dem Innenverhältnis gem. § 774 Abs. 1 Satz 3 BGB dem Hauptschuldner. Behauptet dieser, der Bürge sei aufgrund der Vereinbarungen im Innenverhältnis verpflichtet, den Gläubiger ohne Regressanspruch zu befriedigen, so trifft hier den Hauptschuldner die Beweislast für diesen Vortrag.[585] 529

Im Hinblick auf die Darlegungs- und Beweislast gelten die allgemeinen Grundsätze,[586] die je nachdem, ob der Bürge aus der übergegangenen Hauptforderung oder aus dem Aufwendungsersatzanspruch aus dem Innenverhältnis vorgeht, unterschiedlich zu beurteilen sind. Insoweit hat es auch unter dem Gesichtspunkt der Prozesstaktik große Relevanz, welcher Anspruch geltend gemacht wird. 530

Bei einer Gesamtschuldbürgschaft wird die Forderung gegen mehrere Gesamtschuldner i.S.v. §§ 421, 427 BGB gesichert. 531

Bei der Frage nach dem Regressanspruch des Bürgen ist danach zu differenzieren, ob der Bürge sich für sämtliche Gesamtschuldner oder nur für einen Gesamtschuldner verbürgt hat. 532

Bei Übernahme der Bürgschaft für die Verbindlichkeiten aller Gesamtschuldner gehen mit Befriedigung des Gläubigers durch den Bürgen die Forderungen des Gläubigers gegen sämtliche Gesamtschuldner auf ihn über.[587] 533

580 Palandt/*Sprau* § 774 Rn. 10.

581 MüKo-BGB/*Habersack* § 774 Rn. 21 mit Ausführungen zu den Beschränkungen des Aufwendungsersatzanspruches des Bürgen in der Insolvenz des Hauptschuldners.

582 Staudinger/*Horn* § 774 Rn. 5.

583 *Reinicke/Tiedtke* Rn. 403.

584 BGH, ZIP 2000, 1576.

585 OLG Hamm, NJW-RR 1989, 624.

586 MüKo-BGB/*Habersack* § 774 Rn. 16.

587 BGHZ 46, 14 (16).

534 Gilt die Bürgschaft lediglich für einen der Gesamtschuldner,[588] geht die Forderung des Gläubigers gegen denjenigen Gesamtschuldner, für den gebürgt wurde, nach § 774 Abs. 1 Satz 1 BGB über. Dies ist unstrittig.

535 Zu klären ist aber die Frage, was mit der Forderung des Gläubigers gegen die anderen Gesamtschuldner geschieht. Nach Ansicht des BGH[589] muss bei der Beantwortung dieser Frage danach differenziert werden, ob der Gesamtschuldner, für den der Bürge sich verbürgt hat, im Innenverhältnis in vollem Umfang ausgleichsberechtigt ist oder im Verhältnis zu den anderen Gesamtschuldnern verpflichtet war, den Gläubiger zu befriedigen.

536 Im erstgenannten Fall erwirbt der Bürge nach Ansicht des BGH mit der Befriedigung des Gläubigers neben der Forderung gegen den verbürgten Schuldner auch die Forderung des Gläubigers gegen die anderen Gesamtschuldner.[590] Der Übergang auch derjenigen Forderungen des Gläubigers gegen die anderen Schuldner hat seine Rechtsgrundlage in § 774 Abs. 1 Satz 1 BGB i.V.m. §§ 412, 401 BGB. Hätte der ausgleichsberechtigte Gesamtschuldner den Gläubiger befriedigt, wäre nach § 426 Abs. 2 BGB die Forderung gegen den ausgleichspflichtigen Gesamtschuldner auf ihn übergegangen. Sie sichert dann die Forderung des ausgleichsberechtigten Gesamtschuldners aus dem Innenverhältnis. Sinn und Zweck der §§ 774 Abs. 1 Satz 1, 412, 401 BGB ist es aber, dem Bürgen durch die cessio legis eine Sicherheit für die verbürgte Schuld zukommen zu lassen. Die Forderung des Gläubigers gegen den ausgleichspflichtigen Gesamtschuldner stellt daher ein Nebenrecht seines Anspruches gegen den ausgleichsberechtigten Gesamtschuldner i.S.d. § 401 BGB dar.[591]

537 Hat sich der Bürge für denjenigen Gesamtschuldner verbürgt, der im Innenverhältnis zu dem anderen Gesamtschuldner verpflichtet ist, den Gläubiger zu befriedigen, kann sich der Bürge nach Ansicht des BGH[592] ausschließlich an den Gesamtschuldner halten, für den er sich verbürgt hat. Insoweit muss das Gleiche gelten, als wenn der Gesamtschuldner gezahlt hätte, der dazu im Innenverhältnis verpflichtet ist. Die Verbindlichkeit des anderen Gesamtschuldners erlischt damit.

538 Dieser Auffassung des BGH ist zuzustimmen. Denn die Forderung des Gläubigers gegen den anderen Gesamtschuldner kommt dem ausgleichsverpflichteten Schuldner, für den sich der Bürge verbürgt hat, nicht zugute. Hätte der ausgleichsverpflichtete Schuldner den Gläubiger befriedigt, so stünde ihm kein Ausgleichsanspruch gegen den anderen Gesamtschuldner zu. Aufgrund dessen stellt die Forderung des Gläubigers gegen den anderen Gesamtschuldner kein Nebenrecht der Forderung gegen den ausgleichsverpflichteten Schuldner dar. Mangels Ausgleichsanspruch erlischt damit die Forderung gegen den anderen Gesamtschuldner und geht nicht auf den Bürgen über.[593]

539 Der Bürge steht also bei einer Bürgschaft für beide Gesamtschuldner besser, da er bei Leistung an den Gläubiger beide Forderungen erwirbt.[594]

2. Anspruch des Bürgen auf Befreiung

540 Hat sich der Bürge im Auftrag des Hauptschuldners verbürgt oder stehen ihm nach den Vorschriften über die Geschäftsführung ohne Auftrag wegen der Übernahme der Bürgschaft die Rechte eines Beauftragten zu, so kann er bei Vorliegen der Voraussetzungen nach § 775 Abs. 1 Nr. 1 bis Nr. 4 BGB Befreiung von der Bürgschaft verlangen.

---

588 BGHZ 46, 14.
589 BGHZ 46, 14.
590 BGHZ 46, 14 (16); *Reinicke* NJW 1966, 2141 (2143) m.w.N.; a.A. *Medicus* Bürgerliches Recht Rn. 944.
591 *Reinicke/Tiedtke* Rn. 431.
592 BGHZ 46, 14 (16).
593 *Reinicke/Tiedtke* Rn. 432.
594 Zur Frage der Gesamtschuld durch Schuldbeitritt und durch Bürgschaft vgl. *Reinicke/Tiedtke* Rn. 434; zur Frage von Rückgriffsansprüchen des Bürgen bei Vorliegen einer Wechselverbindlichkeit vgl. *Reinicke/Tiedtke* Rn. 435 m.w.N.

Sinn und Zweck dieser Vorschrift ist der Schutz des Bürgen in den Fällen, in denen sich das Risiko des Bürgen nach der Übernahme der Bürgschaft erheblich erhöht hat. 541

Zahlt der Bürge an den Gläubiger, hat er den Rückgriffsanspruch aus § 774 Abs. 1 Satz 1 BGB. 542 Liegt im Innenverhältnis zwischen Bürgen und Hauptschuldner ein Auftrag, Geschäftsführung ohne Auftrag oder ein Geschäftsbesorgungsvertrag vor, d.h. Rechtsverhältnisse, die dem Bürgen einen Rückgriffsanspruch gegen den Hauptschuldner gewähren, hat er einen Befreiungsanspruch gegen den Hauptschuldner. Die Darlegungs- und Beweislast obliegt insoweit dem Bürgen.[595]

Nachdem die Vorschrift des § 775 BGB den Bürgen dann schützen soll, wenn dessen Rückgriffs- 543 anspruch gegen den Hauptschuldner gefährdet ist, ist stillschweigende Voraussetzung der Norm, dass dem Bürgen ein derartiger Rückgriffsanspruch zusteht.

Hat der Bürge die Bürgschaft schenkungsweise übernommen oder sich im Verhältnis zum Haupt- 544 schuldner verpflichtet, den Gläubiger zu befriedigen, fehlt es an einem Rückgriffs- und damit auch an einem Befreiungsanspruch.

Wird über das Vermögen des Hauptschuldners das Insolvenzverfahren eröffnet und dem Haupt- 545 schuldner in einem Insolvenzplan ein Teil seiner Schulden erlassen, kommt dieser Erlass dem Bürgen gem. § 254 Abs. 2 Satz 1 InsO nicht zugute. Auch dann fehlt es an einem Rückgriffsanspruch. Der Bürge muss also den Gläubiger wegen desjenigen Betrages befriedigen, mit dem dieser aufgrund des insolvenzplanmäßigen Erlasses ausgefallen ist. Nach § 254 Abs. 2 Satz 2 InsO wird der Schuldner durch den Insolvenzplan ggü. dem Bürgen in gleicher Weise befreit wie ggü. dem Gläubiger, sodass der Bürge keinen Rückgriffsanspruch gegen den Hauptschuldner hat.[596]

Voraussetzung eines Befreiungsanspruchs ist die Gefährdung des Rückgriffsanspruchs gegen den 546 Hauptschuldner. Das Gesetz nennt vier Tatbestände: Nr. 1 die Verschlechterung der Vermögensverhältnisse des Hauptschuldners, Nr. 2 BGB die Erschwerung der Rechtsverfolgung gegen den Hauptschuldner, Nr. 3 BGB Verzug des Hauptschuldners sowie Nr. 4 BGB die Erwirkung eines vollstreckbaren Urteils gegen den Bürgen.

Der Befreiungsanspruch ist darauf gerichtet, dass der Hauptschuldner den Gläubiger befriedigt 547 oder ihm andere Sicherheiten stellt, woraufhin der Bürge aus seiner Verpflichtung zu entlassen ist. Der Hauptschuldner hat die Wahl, auf welche Weise er den Befreiungsanspruch des Bürgen erfüllen will.[597]

In einem Rechtsstreit des Bürgen gegen den Hauptschuldner ist zu beantragen, den verklagten 548 Hauptschuldner zu verurteilen, den Bürgen von seinen Verpflichtungen aus der Bürgschaft zu befreien. Ein entsprechendes Urteil ist nach § 887 ZPO zu vollstrecken.[598]

Ist die Hauptverbindlichkeit noch nicht fällig, so kann der Hauptschuldner dem Bürgen gem. 549 § 775 Abs. 2 BGB, statt ihn zu befreien, Sicherheit leisten. Insoweit steht dem Hauptschuldner ein Wahlrecht zu. Der Bürge kann eine Sicherheitsleistung nicht beanspruchen.

Besteht ein Befreiungsanspruch des Bürgen gem. § 775 Abs. 1 BGB, kann er mit diesem Anspruch 550 nicht gegen eine fällige Forderung des Hauptschuldners aufrechnen.[599] Erst wenn der Bürge an den Gläubiger zahlt und sich damit der Befreiungsanspruch in einen Zahlungsanspruch wandelt, ist eine Aufrechnung möglich.

595 BGH, NJW 2000, 1643.

596 BGHZ 55, 117; *Reinicke/Tiedtke* Rn. 438.

597 Zur Frage des Freistellungsanspruchs des Bürgen wegen Verletzung vorvertraglicher Aufklärungspflichten des Gläubigers unter dem Gesichtspunkt der culpa in contrahendo vgl. OLGR Saarbrücken 2009, 63 (65).

598 BGHZ 25, 1 (7).

599 BGH, NJW 1999, 1182.

3. Rückgriff bei anderen Sicherungsgebern

551 Der Ausgleich unter mehreren Sicherungsgebern, die gleichartige Sicherungsmittel zur Verfügung gestellt haben, ist im Gesetz nur unvollständig geregelt. Für Mitbürgen gibt es eine eindeutige Regelung der §§ 769, 774 Abs. 2, 426 BGB. Für ungleichartige Sicherheiten existieren keine Vorschriften, die den Regress im Innenverhältnis regeln.

552 In der Praxis der Kreditsicherung kommt es häufig vor, dass dieselbe Forderung durch eine Bürgschaft und andere Sicherheiten, wie z.B. durch Grundpfandrechte oder durch eine Sicherungsübereignung gesichert wird. In Rechtsprechung und Literatur wird dieser Problemkreis mangels gesetzlicher Vorgaben teilweise unterschiedlich bewertet.

a) Mitbürge

553 Eine Mitbürgschaft liegt dann vor, wenn sich mehrere für dieselbe Verbindlichkeit verbürgen. Nach § 769 BGB haften die Mitbürgen dem Gläubiger gesamtschuldnerisch auch dann, wenn sie die Bürgschaft nicht gemeinschaftlich übernehmen. In § 774 Abs. 2 BGB ist ausdrücklich geregelt, dass der Ausgleich zwischen den Mitbürgen nach § 426 BGB erfolgt. Im Verhältnis zueinander sind die Mitbürgen grds. zu gleichen Anteilen verpflichtet, soweit gem. § 426 Abs. 1 Satz 1 BGB nicht etwas Anderes bestimmt ist. Übernehmen Gesellschafter einer GmbH für eine Verbindlichkeit der Gesellschaft Bürgschaften bis zu unterschiedlichen Höchstbeträgen, richtet sich die Höhe des Innenausgleichs grundsätzlich nach dem Verhältnis der mit den Bürgschaften jeweils übernommenen Höchstbeträge[600]In Abweichung zur cessio legis des § 774 Abs. 1 Satz 1 BGB geht die Bürgschaftsforderung gegen den Mitbürgen als Nebenrecht zur Hauptforderung nur entsprechend dem zwischen den Mitbürgen bestehenden Ausgleichsverhältnis auf den zahlenden Bürgen über.[601]

554 Wird einer der Mitbürgen vom Gläubiger auf Zahlung in Anspruch genommen, kann der leistende Mitbürge infolge der cessio legis zwar den Hauptschuldner, nicht aber die anderen Mitbürgen vollumfänglich in Anspruch nehmen (§ 426 Abs. 2 Satz 1 BGB). Der leistende Mitbürge kann seine Rechtstellung im Ausgleichsverhältnis zu den übrigen Mitbürgen nicht durch eine Abtretung der Rechte des Gläubigers nach §§ 398, 401 BGB verbessern.[602]

555 Ein gewöhnlicher Gesamtschuldner kann gegen seinen Mitschuldner erst dann Rückgriff nehmen, wenn er einen höheren Betrag an den Gläubiger geleistet hat, als er im Innenverhältnis der Gesamtschuldner zu übernehmen verpflichtet war.

556 Hingegen kann der Mitbürge, der den Gläubiger teilweise befriedigt hat, von den anderen Mitbürgen auch dann Ausgleich verlangen, wenn die Zahlung den Betrag nicht übersteigt, der auf ihn im Verhältnis der Mitbürgen untereinander bei voller Inanspruchnahme der Bürgschaft entfiele.[603]

557 Hiervon macht der BGH[604] zwei Ausnahmen. Die ggü. sonstigen Gesamtschuldnern privilegierte Stellung des Mitbürgen entfällt, wenn feststeht, dass der Hauptschuldner zahlungsunfähig ist.[605] Das Gleiche gilt, wenn im Zeitpunkt des Ausgleichsverlangens durch den leistenden Bürgen feststeht, dass dieser selbst zahlungsunfähig ist.[606]

558 Bei Höchstbetragsbürgschaften der Mitbürgen in unterschiedlicher Höhe sind die Mitbürgen nur insoweit Gesamtschuldner, als sich die Bürgschaftsbeträge decken.[607] Der Ausgleich erfolgt nach

600 BGH, NJW 2017, 557.
601 BGH, NJW 2009, 437 (438); *Glöckner* ZIP 1999, 821 (827); MüKo-BGB/*Habersack* § 774 Rn. 22; Schimansky/Bunte/Lwowski/*Schmitz* Bankrechts-Handbuch § 91 Rn. 97.
602 BGH, NJW 1963, 2067.
603 BGHZ 23, 361 (364).
604 BGHZ 23, 361; BGHZ 83, 206.
605 BGHZ 23, 361 (365).
606 BGHZ 83, 206 (210).
607 Staudinger/*Horn* § 774 BGB Rn. 55; *Bülow* Rn. 1030.

dem Verhältnis der übernommenen Haftung, nicht dagegen nur i.H.d. sich deckenden Höchstbeträge (sog. Quotenmodell).[608] Für jeden Bürgen ergibt sich also eine Quote, nach der die von den Mitbürgen an den Gläubiger geleisteten Beträge aufzuteilen sind.[609]

Entlässt der Gläubiger einen Mitbürgen aus seiner Bürgschaftsverpflichtung, berührt dies nicht 559
das Ausgleichsverhältnis unter den Mitbürgen.[610] Der Erlass der Bürgenschuld wirkt grds. nur zwischen dem Gläubiger und dem betreffenden Bürgen, nicht aber im Innenverhältnis der Mitbürgen untereinander.[611]

Die Mitbürgen haften nach gleichen Anteilen, soweit nichts Anderes gem. § 426 Abs. 1 Satz 1 560
BGB bestimmt ist. Von den Mitbürgen kann aber eine von der anteiligen Haftung abweichende Bestimmung getroffen werden. Ein solches von § 774 Abs. 2 i.V.m. § 426 Abs. 1 Satz 1 BGB abweichendes Ausgleichsverhältnis kann auch nachträglich[612] oder stillschweigend vereinbart werden. Eine andere Bestimmung kann sich auch aus der Natur der Sache ergeben.[613]

Übernehmen die Gesellschafter einer GmbH für Verbindlichkeiten der Gesellschaft die Bürgschaft, 561
so haften sie im Innenverhältnis nicht nach Kopfteilen, sondern nach Maßgabe ihrer Beteiligung an der Gesellschaft.[614] In diesem Fall liegt in dem gesellschaftlichen Vertragsverhältnis zwischen den Gesellschaftern die anderweitige Bestimmung i.S.d. § 426 Abs. 1 Satz 1 BGB.[615]

Im Zweifel ist bei Ausscheiden eines Gesellschafters aus der Gesellschaft nach Übernahme der Bürg- 562
schaft eine stillschweigende Vereinbarung dahin gehend anzunehmen, dass die verbleibenden Gesellschafter den Ausgeschiedenen von der Bürgschaftsverpflichtung freistellen.[616] Die Bürgenschuld ggü. dem Gläubiger bleibt vom Ausscheiden des Gesellschafters jedoch unberührt. Wird der ausgeschiedene Gesellschafter vom Gläubiger in Anspruch genommen, sind die anderen bürgenden Gesellschafter zum vollen Ausgleich verpflichtet.[617]

Tritt der Gesellschafter nicht aus der Gesellschaft aus, sondern ändern sich lediglich die Betei- 563
ligungsverhältnisse nach Übernahme der Bürgschaft, gilt das Obengenannte entsprechend.[618]

Der Ausgleichsanspruch des leistenden Bürgen gegen die Mitbürgen entsteht bereits vor der Zah- 564
lung, nämlich mit der Entstehung des Gesamtschuldverhältnisses.[619] Vor der Inanspruchnahme durch den Gläubiger kann jeder Mitbürge von den anderen Mitbürgen Freistellung verlangen.[620]

In den Bürgschaftsformularen der Banken findet sich häufig eine Klausel, wonach bei einer Haftung 565
mehrerer Bürgen für die Ansprüche der Bank jeder Einzelne unter Ausschluss eines Gesamtschuldverhältnisses unabhängig von den anderen für jeden Teil der verbürgten Ansprüche haftet. Durch diese Klausel wird die Gesamtschuldnerschaft unter mehreren Bürgen ausgeschlossen, hat aber nur

608 BGH, NJW 2009, 437 (438); NJW 2000, 1034; *K. Schmidt* JuS 1998, 555.
609 *Bülow* Rn. 1030.
610 BGH, NJW 1992, 2286.
611 Zur Frage der Freistellung eines Mitbürgen aufgrund eines Treuhandverhältnisses vgl. Schimansky/Bunte/Lwowski/*Schmitz* Bankrechts-Handbuch § 91 Rn. 101.
612 BGH, NJW 1987, 3126 (3129).
613 BGHZ 77, 55 (58); 120, 50 (59); zur Frage der Haftung von Mitbürgen bei der Bestellung zusätzlicher Sicherheiten vgl. BGH, NJW 2009, 437 (438).
614 BGH, NJW 2009, 437 (438); NJW-RR 1989, 685; WM 1986, 363; OLG Köln, NJW 1995, 1685.
615 RGZ 88, 122 (125).
616 BGH, NJW-RR 1989, 685.
617 BGH, NJW-RR 1989, 685; OLG Köln, NJW 1995, 1685; LG Stuttgart, NJW-RR 2000, 623.
618 *Reinicke/Tiedtke* Rn. 415.
619 BGH, NJW 2000, 1034; *Bülow* Rn. 1026.
620 BGH, NJW 1986, 3131; Schimansky/Bunte/Lwowski/*Schmitz* Bankrechts-Handbuch § 91 Rn. 98.

Regelungswirkung im Außenverhältnis zwischen Gläubiger und Bürge.[621] Infolge dieser Klausel haben Zahlungen eines Mitbürgen keine Schuld befreiende Wirkung für die übrigen Bürgen.[622]

566 Der BGH[623] hatte über die Auswirkungen der Klausel im Innenverhältnis der Bürgen untereinander zu entscheiden. Er hat festgestellt, dass durch die Klausel lediglich die gesamtschuldnerische Haftung der Bürgen im Außenverhältnis ausgeschlossen wird und das Innenverhältnis unberührt lässt. Ein Ausschluss im Innenverhältnis würde einen Ausgleich unter den Bürgen verhindern und dadurch den zahlenden Bürgen unangemessen benachteiligen. Nach Ansicht des BGH bleibt es damit trotz der Klausel im Innenverhältnis bei der Anwendung des § 426 BGB.

567 Die Klausel, wonach Zahlungen eines Bürgen nur als Sicherheit gelten,[624] bis alle Ansprüche der Bank gegen den Hauptschuldner befriedigt sind, schließt den Ausgleich unter Mitbürgen nicht aus.[625] Sofern die Leistung des Bürgen nur als Sicherheitsleistung gilt, geht auch der Ausgleichsanspruch des leistenden Bürgen gegen den Mitbürgen nur auf Sicherheitsleistung, solange die Bank die erfolgte Zahlung des ausgleichsberechtigten Bürgen nicht als Erfüllung angenommen hat. Benötigt die Bank die Sicherheitsleistung nicht mehr, weil der Hauptschuldner zahlt, ist die Bank verpflichtet, die Sicherheit dem Bürgen zurückzuerstatten. Dann muss aber auch der leistende Mitbürge die vom anderen Mitbürgen erhaltene Sicherheit wieder zurückgewähren.[626]

b) Ausfallbürge

568 Keine Mitbürgschaft liegt in den Fällen der Ausfallbürgschaft vor. Der Ausfallbürge haftet lediglich subsidiär. Im Verhältnis zu einem gewöhnlichen Bürgen (Hauptbürge) ist er deshalb als Nachbürge anzusehen. Zahlt der Hauptbürge und befriedigt er den Gläubiger vollständig, erlischt die Ausfallbürgschaft. Die §§ 769, 774 Abs. 2 BGB gelangen also nicht zur Anwendung.[627] Nachdem der Hauptbürge insoweit beim Ausfallbürgen keinen Regress nehmen kann, ist es dem Gläubiger auch gestattet, den Nachbürgen aus der Haftung zu entlassen, ohne dass der Hauptbürge von der Bürgschaftsverpflichtung frei würde. Im Fall einer Nachbürgschaft ist § 776 BGB nicht anwendbar, weil der Nachbürge nicht gleichzeitig mit dem Hauptbürgen haftet. Wird der Ausfall- bzw. Nachbürge vom Gläubiger in Anspruch genommen, erwirbt er in voller Höhe Rückgriffsansprüche gegen den Hauptbürgen.

c) Nachbürge

569 Die gewöhnliche Bürgschaft sichert die Hauptforderung des Gläubigers gegen einen Dritten. Der Sinn und Zweck der Bürgschaft als Kreditsicherung läuft jedoch ins Leere, wenn der Bürge selbst nicht (mehr) solvent ist. Aufgrund dessen kann der Gläubiger die Bürgschaftsforderung durch einen anderen Bürgen sichern. Dieser sog. Nachbürge verpflichtet sich, für die Verbindlichkeit des Vorbürgen einzustehen.[628]

570 Leistet der Vorbürge an den Gläubiger, so erlischt die Bürgenschuld des Vorbürgen. Insoweit fällt also die durch die Nachbürgschaft gesicherte Forderung weg, was zum Erlöschen der Nachbürgschaft führt.

---

621 BGHZ 88, 185 (188).
622 *Reinicke/Tiedtke* Rn. 574.
623 BGHZ 88, 185; BGH, NJW 1986, 928 (930).
624 Vgl. hierzu Rdn. 518, 519, 633.
625 BGH, NJW 1987, 374.
626 BGH, NJW 1987, 374; *Bülow* Rn. 1026.
627 MüKo-BGB/*Habersack* § 769 Rn. 3; *Bülow* Rn. 1032.
628 *Reinicke/Tiedtke* Rn. 425; *Bülow* Rn. 1031.

Leistet der Nachbürge an den Gläubiger, so erwirbt er nach § 774 Abs. 1 Satz 1 BGB die Forderung, für die er sich verbürgt hat, also die Bürgschaftsforderung des Gläubigers gegen den Vorbürgen. Mit dieser Bürgschaftsforderung geht auch die Forderung gegen den Hauptschuldner über.[629] **571**

Nimmt der Nachbürge den Hauptschuldner in Anspruch, erlöschen alle Forderungen. Nimmt er den Vorbürgen in Anspruch, so geht die Forderung gegen den Hauptschuldner, die zunächst vom Gläubiger auf den Nachbürgen übergegangen ist, von diesem auf den Vorbürgen über. **572**

Dies gilt nicht, wenn der Vorbürge dem Hauptschuldner ggü. im Innenverhältnis verpflichtet ist, den Gläubiger zu befriedigen. Leistet in diesem Fall der Vorbürge, erlöschen alle Forderungen. Dies gilt auch für die Hauptforderung des Gläubigers gegen den Hauptschuldner, da der Vorbürge im Innenverhältnis keinen Regressanspruch hat. **573**

Es stellt sich aber die umstrittene Frage, was in diesem Fall mit der Hauptforderung geschieht, wenn der Nachbürge an den Gläubiger leistet. Entgegen der herrschenden Meinung wird einerseits vertreten,[630] der Nachbürge erwerbe sowohl die Bürgschaftsforderung gegen den Vorbürgen als auch die Hauptforderung gegen den Hauptschuldner. Begründet wird diese Ansicht damit, dass ausschließlich der Vorbürge dem Hauptschuldner ggü. zur Befriedigung des Gläubigers verpflichtet sei, nicht aber der Nachbürge. Anders die herrschende Meinung,[631] nach der die Hauptschuld erlischt, da der Hauptschuldner durch die Zahlung des Nachbürgen die gleiche Rechtsstellung erlangen muss, die er erlangt haben würde, wenn der Vorbürge den Gläubiger befriedigt hätte. Hätte der Vorbürge den Gläubiger befriedigt, wäre die Hauptschuld erloschen. **574**

d) Rückbürge

Der Rückbürge verpflichtet sich, für die Erfüllung der Verbindlichkeit des Hauptschuldners ggü. dem Bürgen einzustehen. Der Rückbürge sichert also die Rückgriffsforderung des Hauptbürgen gegen den Hauptschuldner, weswegen er erst dann in Anspruch genommen werden kann, wenn dem Hauptbürgen ein solcher Anspruch nach Befriedigung des Gläubigers zusteht. **575**

Leistet der Hauptbürge, erwirbt er die Hauptforderung des Gläubigers gegen den Hauptschuldner sowie den Aufwendungsersatzanspruch. Der Aufwendungsersatzanspruch als Innenforderung ist durch den Rückbürgen gesichert. Leistet nun der Rückbürge an den Hauptbürgen, so geht die Forderung, die er gesichert hat, also die Innenforderung, auf ihn über. **576**

Umstritten ist, was mit der Hauptforderung des Gläubigers gegen den Hauptschuldner geschieht. Einerseits wird angenommen, dass diese Forderung im Wege der cessio legis auf den Rückbürgen übergeht.[632] Andererseits wird vertreten, dass für den Übergang der Hauptforderung eine gesonderte Abtretung des Hauptbürgen an den Rückbürgen zu erfolgen hat, da sich dessen Bürgschaft nicht auf die Hauptforderung bezieht.[633] **577**

e) Ausgleich bei ungleichartigen Sicherheiten

Beim Ausgleich ungleichartiger Sicherheiten fehlt jegliche gesetzliche Regelung. Der Ausgleich zwischen Bürge und dinglichem Sicherungsgeber ist im Gesetz nur lückenhaft geregelt. Wendet man das Gesetz im Hinblick auf die cessio legis unmittelbar an, würde dies zu Zufallsergebnissen führen. Denn treffen verschiedene akzessorische Sicherheiten zusammen, bleibt der in Anspruch genommene und leistende Sicherungsgeber letztlich leistungsfrei. Wird einer der Sicherungsgeber vom Gläubiger in Anspruch genommen und befriedigt er diesen, gehen die Hauptforderung und **578**

629 OLG Köln, WM 1995, 1224; *Tiedtke* WM 1976, 174.
630 OLG Köln, WM 1976, 23; MüKo-BGB/*Habersack* § 765 Rn. 117.
631 OLG Hamm, MDR 1961, 503; *Tiedtke* WM 1976, 174 (176).
632 OLG Oldenburg, NJW 1965, 253; MüKo-BGB/*Habersack* § 765 Rn. 122 m.w.N.
633 Palandt/*Heinrichs* vor § 765 Rn. 10.

alle anderen Sicherheiten auf ihn über. Er kann sodann sowohl beim Hauptschuldner als auch bei den anderen Sicherungsgebern Regress in voller Höhe nehmen.

579 Das Gleiche gilt bei nicht akzessorischen Sicherheiten wie der Grundschuld, der Sicherungszession oder der Sicherungsübereignung, da der Sicherungsgeber im Fall der Leistung die Abtretung der Hauptforderung verlangen könnte. Im Ergebnis würde also derjenige Sicherungsgeber am besten stehen, der den Gläubiger am schnellsten befriedigt, da er in den Genuss des Übergangs der Nebenrechte kommen würde. Es käme zu einem Wettlauf der Sicherungsgeber, da für den letzten Sicherungsgeber nur noch ein ungesichert Regress gegen den Hauptschuldner möglich wäre. Die Forderung gegen den Hauptschuldner wird aber in aller Regel wertlos sein.

580 Nach einhelliger Meinung in der Rechtslehre[634] wird dieses Ergebnis für untragbar erachtet. Auch der BGH[635] vertritt in ständiger Rechtsprechung die Ansicht, dass das Gesetz grds. alle Sicherungsmittel als auf gleicher Stufe stehend betrachtet und demnach ein Ausgleich nach § 426 BGB analog zu erfolgen habe. Die Entscheidungen ergingen zu Fällen, in denen eine Bürgschaft und eine Grundschuld zusammentrafen. Die Gesamtschuldregelung gem. § 426 BGB analog ist jedoch auf alle akzessorischen und nicht akzessorischen Sicherheiten anzuwenden, sofern zwischen den Sicherungsgebern nicht eine andere Vereinbarung getroffen wurde.

581 Die Ausgleichspflicht zwischen mehreren Sicherungsgebern analog § 426 BGB setzt aber voraus, dass die Sicherheiten auf gleicher Stufe stehen.

582 Teilweise wird in der Rechtslehre[636] eine Privilegierung des Bürgen unter mehreren ungleichartigen Sicherungsgeber vertreten. Diese Literaturmeinung argumentiert zunächst mit der Vorschrift des § 776 BGB, durch die das Gesetz eine Besserstellung des Bürgen ggü. anderen Sicherungsgebern zum Ausdruck bringen wolle. Die Bestimmung zeige, dass der Gläubiger ggü. dem Bürgen zu größerer Fürsorge verpflichtet sei als ggü. anderen Sicherungsgebern. Ferner argumentiert diese Literaturmeinung mit den Vorschriften der §§ 768 Abs. 2, 770, 771 BGB. Auch diese Regelungen zeigten, dass das Gesetz den Bürgen als besonders schutzwürdig anerkenne. Beachtlich sei auch die persönliche Haftung des Bürgen, wogegen die Haftung bei dinglichen Sicherheiten auf den Wert des Sicherungsgutes begrenzt sei. Daher verdiene der Bürge besonderen Schutz, zumal er oft in uneigennütziger Weise handeln würde.

583 Der BGH[637] und Teile der Rechtslehre lehnen diese Argumentation ab und sehen alle Kreditsicherungsmittel von Gesetzes wegen als auf gleicher Stufe stehend an. Im Innenverhältnis hafte jeder Sicherungsgeber in gleichem Umfang, es sei denn, zwischen dem jeweiligen Sicherungsgeber und dem Gläubiger wurde eine anderweitige Vereinbarung getroffen.[638] Nach Ansicht des BGH regelt § 776 BGB ausschließlich das Verhältnis zwischen Bürge und Gläubiger. Bei der Frage des Ausgleichs mehrerer Sicherungsgeber untereinander stehe aber das Innenverhältnis derselben infrage. Die §§ 768 Abs. 2, 770 BGB vermögen eine Privilegierung des Bürgen schon deshalb nicht zu begründen, weil deren Anwendung nicht auf das Bürgschaftsrecht beschränkt sei. Zudem sei auch die Einrede der Vorausklage gem. § 771 BGB ein schwaches Argument, weil dieses Recht regelmäßig nach§ 773 Abs. 1 Nr. 1 BGB abbedungen sei. Auch das Argument der persönlichen Haftung des Bürgen könne eine Privilegierung nicht begründen, da auch das Sicherungsgut der anderen Sicherungsgeber das gesamte oder wesentliche Vermögen ausmachen könne. Im Ergebnis ist damit vom Grundsatz der Gleichstufigkeit der Sicherungsmittel und einem Ausgleich entsprechend § 426 BGB auszugehen.

634 *Medicus* Bürgerliches Recht Rn. 939; Schimansky/Bunte/Lwowski/*Schmitz* Bankrechts-Handbuch § 91 Rn. 104; *Bülow* Rn. 238.

635 BGHZ 108, 179; *Bülow* WM 1989, 1877; zum Verhältnis zwischen Bürge und Grundschuldbesteller: BGH, NJW 2009, 437 (438); WM 1992, 1893 (1894).

636 Staudinger/*Horn* § 774 Rn. 68 m.w.N.

637 BGHZ 108, 179; BGH, NJW 1992, 3228.

638 BGH, WM 1990, 1956.

Derselbe Grundsatz gilt für den Ausgleich zwischen Bürge und Schuldbeitretendem.[639] 584

Das Ausgleichsverhältnis zwischen den verschiedenen Sicherungsgebern entsteht mit Begründung 585 der Sicherheiten für dieselbe Forderung. Eine Kenntnis der Sicherungsgeber voneinander ist dabei unbeachtlich. Das entstandene Ausgleichsverhältnis kann durch eine Aufgabe der Sicherheit seitens des Gläubigers nicht verändert werden.[640]

XII. Besondere Erscheinungsformen

1. Bürgschaft auf erstes Anfordern[641]

Die Bürgschaft auf erstes Anfordern ist gesetzlich nicht geregelt. Sie ist eine Konstruktion, die der 586 Rechtsverkehr herausgebildet hat, um praktischen Bedürfnissen gerecht zu werden.[642] Sie stellt den Versuch dar, eine im Rechtsverkehr für den selbstständigen Garantievertrag entwickelte Klausel, bei der sich der Sicherungsgeber ggü. dem Sicherungsnehmer verpflichtet, auf dessen bloßes Anfordern an diesen Zahlungen zu leisten, in Bürgschaftsverträge gem. §§ 765 ff. BGB zu integrieren. Bei der Bürgschaft auf erstes Anfordern muss der Bürge auf die bloße Aufforderung des Gläubigers hin zahlen, ohne dass er Einwendungen gegen die verbürgte Hauptschuld geltend machen kann, ungeachtet dessen ob diese besteht oder ob sie durchsetzbar ist. Dementsprechend wird der Bürgschaft auf erstes Anfordern der über eine herkömmliche Bürgschaft hinausgehende Zweck beigemessen, dem Gläubiger nicht nur Sicherheit zu bieten, sondern ihm zugleich »liquide Mittel« auf Anforderung zuzuführen.[643]

Der Bürge, der auf erstes Anfordern eine Zahlung leistet, kann diese zurückfordern, wenn und so- 587 weit der Gläubiger keinen Anspruch auf die erhaltene Leistung hat. Erst im Rückforderungsprozess, in dem der Bürge vom Gläubiger die Rückzahlung aus ungerechtfertigter Bereicherung verlangt, kann er sich auf Einwendungen berufen.[644] Der Gläubiger kann also Erfüllung der Bürgenschuld verlangen, ohne dass er Entstehung und Fälligkeit der Hauptschuld darlegen muss. Hierin liegt eine erhebliche Einschränkung des Akzessorietätsgrundsatzes, der erst im Rückforderungsprozess des Bürgen gegen den Gläubiger zu tragen kommt, in dem unter anderem geklärt wird, ob dem Gläubiger ein von der Bürgschaft gesicherter Anspruch zusteht.[645] Der Sinn einer Bürgschaft auf erstes Anfordern liegt darin, dem Gläubiger sofort liquide Mittel zu verschaffen.

Wegen der unbedingten vorläufigen Zahlungspflicht des Bürgen und der vorläufigen Durchbre- 588 chung der Akzessorietät kann eine solche Bürgschaft nicht wirksam durch allgemeine Geschäftsbedingungen übernommen werden. Eine solche formularmäßige Klausel hält einer Inhaltskontrolle nach § 307 BGB nicht stand.[646]

Eine Individualvereinbarung ist aber grds. möglich.[647] Den Gläubiger treffen aber auch bei ei- 589 nem Individualvertrag umfassende Aufklärungspflichten, bei deren Nichterfüllung lediglich eine gewöhnliche Bürgschaft anzunehmen ist.[648]

Zu beachten ist auch das erhöhte Risiko des Hauptschuldners, vom Bürgen bei einer Bürgschaft 590 auf erstes Anfordern in Regress genommen zu werden. Deshalb muss auch die Bürgschaftsbank, die ihrem Bankkunden als Hauptschuldner eine Bürgschaft auf erstes Anfordern anrät, über das Risiko

639 Schimansky/Bunte/Lwowski/*Schmitz* Bankrechts-Handbuch § 91 Rn. 106.
640 BGH, WM 1991, 399.
641 Sehr lesenswert *Fridtjof* WM 2010, 640 ff.
642 *Fridtjof* WM 2010, 640.
643 BGH, WM 2002, 1415 (1416); *Fridtjof* WM 2010, 640 m.w.N.
644 BGH, NJW 2007, 1392.
645 BGH, NJW 2007, 1392; BGHZ 152, 246 (259).
646 BGH, WM 1990, 1410; zu den Ausnahmen vgl. Rdn. 598.
647 BGH, NJW 1997, 1435; NJW 1998, 2280.
648 BGH, NJW 1998, 2280; WM 1999, 895.

aufklären.[649] Zudem muss die Bank die Zustimmung des Hauptschuldners zu einer solchen risikobehafteten Bürgschaft einholen.

591 Bei Vorliegen einer Bürgschaft auf erstes Anfordern kann es zu zwei Prozessen kommen: Dem Erstprozess, in dem der Gläubiger den Bürgen in Anspruch nimmt und den Rückforderungsprozess, in dem der Bürge Kläger und der Gläubiger Beklagter ist.

592 Im Erstprozess ist die Möglichkeit des Bürgen, Einwendungen geltend zu machen, zwar erheblich eingeschränkt, aber nicht ausgeschlossen. Zunächst kann der Bürge das Vorliegen der Voraussetzungen zur Geltendmachung aus dem Bürgschaftsvertrag bestreiten.[650] Der Bürge kann auch einwenden, dass nach der Sicherungszweckerklärung die Bürgschaft erkennbar eine andere Forderung sichert.[651] Besteht die vermeintlich gesicherte Forderung offenkundig nicht,[652] d.h., ist erkennbar und offensichtlich oder liquide beweisbar, dass es an einer materiellen Berechtigung des Gläubigers fehlt und dieser infolgedessen seine formale Rechtstellung als Bürgschaftsnehmer missbraucht,[653] oder würde der Bürge im Rückforderungsprozess infolge Insolvenz oder Masselosigkeit des Gläubigers ausfallen,[654] steht dem Bürgen der Einwand der unzulässigen Rechtsausübung zu;[655] insoweit entfällt die Zahlungspflicht des Bürgen. Streitfragen tatsächlicher oder rechtlicher Art, deren Beantwortung sich nicht von selbst ergibt, sind dagegen im Rückforderungsprozess zu klären.[656] Ferner sind im Erstprozess auch Einwendungen aus dem Rechtsverhältnis zwischen Gläubiger und Bürge zulässig, sofern sich die Rechtmäßigkeit dieses Einwandes aus dem unstreitigen Sachverhalt oder dem Inhalt der Vertragsurkunden ohne Weiteres ergibt.[657]

593 Demgegenüber dürfen Fragen die Hauptverbindlichkeit betreffend ebenso wie die Einwendung des Bürgen, seine Verpflichtung sei zeitlich begrenzt, erst im Rückforderungsprozess geklärt werden.[658]

594 Im Rückforderungsprozess gilt trotz der vertauschten Parteirollen die gleiche Darlegungs- und Beweislast für das Entstehen und die Fälligkeit der Hauptorderung,[659] die dem Gläubiger obliegt. Der Bürge kann seine Einreden und Einwendungen grds. erst im Rückforderungsprozess geltend machen. Auch hierin zeigt sich die besondere Gefährlichkeit der Bürgschaft auf erstes Anfordern, da der Bürge nicht nur das Insolvenzrisiko für den Hauptschuldner, sondern auch noch für den Gläubiger trägt. Nachdem sich der Bürge beim Rückforderungsprozess in der Parteirolle des Klägers befindet, muss er zudem noch erhebliche Mittel aufwenden, um den Prozess überhaupt in Gang zu bringen. Demgegenüber kann der Gläubiger die Bürgschaftsforderung in einem Urkundenprozess leicht durchsetzen.[660]

595 Dass die formellen Voraussetzungen der Anforderung nicht vorgelegen haben und daher die Zahlung nicht hätte geleistet werden müssen oder die materiellen Voraussetzungen des Bürgschaftsfalls nicht eingetreten seien, darf der Bürge auch im Rückforderungsprozess gegen den Gläubiger nicht anführen.[661] Im Rückforderungsprozess kann der Bürge die geleisteten Zahlungen lediglich zurück-

---

649 BGH, NJW 2000, 1563.

650 Zu den Voraussetzungen des ersten Anforderns vgl. Schimansky/Bunte/Lwowski/*Schmitz* Bankrechts-Handbuch § 91 Rn. 129.

651 BGH, WM 1999, 895; *Hahn* MDR 1999, 817; BGH, NJW 1997, 1435.

652 BGH, NJW 2002, 1493; zur Frage, wann sich der Bürge auf die fehlende Prüfbarkeit einer Rechnung bereits im Erstprozess berufen darf vgl. BGH, NJW 2007, 1392.

653 BGH, WM 2011, 2216 (2217).

654 NJW 2002, 3170.

655 Zur Offensichtlichkeit des Rechtsmissbrauchs und liquiden Beweisbarkeit bei der Bürgschaft auf erstes Anfordern vgl. *Fridtjof* WM 2010, 640 ff.

656 BGH, WM 2011, 2216 (2217).

657 Schimansky/Bunte/Lwowski/*Schmitz* Bankrechts-Handbuch § 91 Rn. 129.

658 BGH, NJW 1994, 380, OLG München, NJW-RR 1995, 498; OLG Düsseldorf, ZIP 1994, 203.

659 BGH, NJW 2007, 1392; NJW 1989, 1606.

660 Derleder/Knops/Bamberger/*Knops* § 20 Rn. 95.

661 BGH, WM 2003, 870; WM 2002, 2498.

fordern, wenn und soweit dem Gläubiger nach materiellem Bürgschaftsrecht kein Anspruch auf die erhaltene Leistung zusteht.[662] Zudem hat der Bürge das Risiko, dass er seinen Aufwendungsersatzanspruch gegen den Hauptschuldner wegen Verletzung von vertraglichen Schutzpflichten aus dem Avalvertrag verliert, wenn er es schuldhaft versäumt, die aus der Bürgschaft auf erstes Anfordern erhobenen Ansprüche mit zulässigen Einwendungen abzuwehren und die Leistung nach materiellem Bürgschaftsrecht zu Unrecht erbracht worden sind.[663]

Hat sich der Hauptschuldner in der Sicherungsabrede mit dem Gläubiger lediglich dazu ver- **596**
pflichtet, eine gewöhnliche Bürgschaft als Sicherheit zu stellen und hat der Bürge daraufhin eine Bürgschaft auf erstes Anfordern übernommen, erfolgt diese weiter gehende Verpflichtung ohne Rechtsgrund. Infolgedessen hat der Hauptschuldner gegen den Gläubiger einen Unterlassungsanspruch, den der Bürge wiederum dem Gläubiger nach § 768 Abs. 1 Satz 1 BGB entgegenhalten kann. Diese Einrede kann der Bürge aber i.d.R. erst im Rückforderungsprozess geltend machen, es sei denn, die Abweichung vom Sicherungsversprechen ist offenkundig.[664]

Nimmt der Gläubiger den Bürgen in Anspruch, kann es sein, dass der Hauptschuldner dem Bürgen **597**
tatsächlich Aufwendungsersatz gem. § 670 BGB leistet. Stellt sich dann im Rückforderungsprozess heraus, dass der Gläubiger den Bürgen zu Unrecht in Anspruch genommen hat, steht dem Hauptschuldner gegen den Gläubiger ein eigener Rückforderungsanspruch aus dem Sicherungsversprechen zu.[665]

Trotz der besonderen Risiken hat sich das Institut der Bürgschaft auf erstes Anfordern in der Praxis **598**
zur schnellen Forderungsrealisierung etabliert. Anfänglich wurde zunächst angenommen, dass diese Bürgschaft nur individualvertraglich oder lediglich von einem Kreditinstitut formularmäßig wirksam übernommen werden könne.[666] Mittlerweile ist eine wirksame Übernahme in Formularverträgen durch Kreditversicherungsunternehmen,[667] Großunternehmen,[668] AGB-Verwender oder gar Privatpersonen zulässig, wenn sie mit der verschärften Haftung vertraut sind.[669] Einigkeit herrscht darüber, dass eine formularmäßige Übernahme jedenfalls durch Verbraucher ausgeschlossen ist.

2. Mitbürgschaft

Eine Mitbürgschaft liegt dann vor, wenn sich mehrere für dieselbe Verbindlichkeit verbürgen. Sie **599**
setzt voraus, dass sich die Bürgschaften auf dieselbe Verbindlichkeit beziehen. Mitbürgen haften gem. § 769 BGB als Gesamtschuldner.

Hiervon zu unterscheiden ist die Übernahme mehrerer Bürgschaften für verschiedene Teile der **600**
gleichen Hauptforderung. Dann liegen nämlich Teilbürgschaften vor.[670] Bei mehreren Höchstbetragsbürgschaften liegen Mitbürgschaften vor, wenn jede Höchstbetragsbürgschaft die gesamte Forderung sichert. Demgegenüber liegen Teilbürgschaften vor, wenn die Hauptforderung die Summe der Höchstbeträge übersteigt. Insoweit kann der Gläubiger die Bürgen kumulativ in Anspruch nehmen, jeder haftet für einen anderen Teil der Hauptforderung.[671]

662 BGH, WM 2000, 2373.
663 BGH, WM 2002, 2498 (2500); BGHZ 147, 99 (102).
664 Bülow Rn. 978; Derleder/Knops/Bamberger/*Knops* § 20 Rn. 95.
665 BGHZ 139, 325 (328).
666 BGH, ZIP 1997, 582 (584); OLG Köln, ZIP 1996, 631; BGH, WM 1990, 1410.
667 BGH, WM 1992, 773 (776).
668 BGH, ZIP 1996, 172.
669 Derleder/Knops/Bamberger/*Knops* § 20 Rn. 96.
670 Staudinger/*Horn* § 769 Rn. 2.
671 Schimansky/Bunte/Lwowski/*Schmitz* Bankrechts-Handbuch § 91 Rn. 142; zu den Ausgleichsansprüchen der Bürgen vgl. Rdn. 551–567.

3. Teilbürgschaft

601 Eine Teilbürgschaft liegt vor, wenn sich mehrere Bürgen nicht für dieselbe Forderung verbürgen, sondern für jeweils selbstständige Forderungsteile. Das Vorliegen einer Teilbürgschaft setzt aber voraus, dass die Forderungsteile individuell bestimmt sind und sich keinesfalls decken können. Wird einer der Forderungsteile erfüllt, so erlischt die diesbezügliche Teilbürgschaft. Für die anderen Teile der Hauptforderung haftet der Teilbürge weder ggü. dem Gläubiger noch im Innenverhältnis gesamtschuldnerisch. Ein Ausgleich unter Teilbürgen findet also nicht statt.

4. Nachbürgschaft

602 Eine Nachbürgschaft liegt dann vor, wenn der Nachbürge zur Sicherung der Bürgschaftsforderung des Gläubigers gegen den Hauptbürgen die Bürgschaft übernimmt. Hierdurch wird das Risiko des Gläubigers, dass der Hauptbürge selbst insolvent ist, gemindert. Die Bürgschaftsforderung gegen den Hauptbürgen stellt für den Nachbürgen die Hauptschuld dar. Erfüllt also der Hauptbürge seine Bürgschaftsverpflichtung dem Gläubiger ggü., erlischt die Nachbürgschaft, weil die gesicherte Forderung entfällt. Sicherungsfall bei der Nachbürgschaft ist die Nichtleistung des Hauptbürgen. Seine Haftung ist subsidiär und nicht gesamtschuldnerisch.[672]

5. Rückbürgschaft

603 Bei der Rückbürgschaft verpflichtet sich der Rückbürge ggü. dem Bürgen, für die Erfüllung der Rückgriffsansprüche des Bürgen gegen den Hauptschuldner einzustehen.[673] Der Rückbürge sichert also den Anspruch des Hauptbürgen aus § 774 BGB gegen den Hauptschuldner, also die nach Leistung des Hauptbürgen eintretende Gläubigerstellung. Gläubiger des Rückbürgen ist also der Hauptbürge. Der Sicherungsfall tritt ein, wenn der Hauptbürge an den Gläubiger geleistet hat und damit der Rückgriffsanspruch entstanden ist. Leistet der Rückbürge an den Hauptbürgen, geht die Forderung gegen den Hauptschuldner gem. § 774 BGB auf ihn über.[674]

6. Mietbürgschaft

604 Zur Sicherung der Ansprüche des Vermieters auf Mietzins wird häufig anstelle einer Kaution eine Bürgschaft gestellt. Die gesetzlich nicht geregelte Mietbürgschaft ist eine Mietsicherheit, bei der § 551 Abs. 1 BGB gilt. Danach ist die Bürgschaftsverpflichtung auf höchstens drei Monatsmieten beschränkt.[675] Bei Veräußerung der vermieteten Räumlichkeiten geht das Mietverhältnis auf den Erwerber über. Das Gleiche gilt für die Bürgschaftsforderung nach § 566a BGB, da die Bürgschaft zu den in dieser Bestimmung erwähnten Sicherheiten gehört.[676] Demgegenüber haftet der Vermieter bei Veräußerung dem Mieter gem. § 566 Abs. 2 BGB wie ein selbstschuldnerischer Bürge für die Erfüllung der Pflichten aus dem Mietvertrag durch den Erwerber.[677]

7. Zeitbürgschaft

605 Eine Zeitbürgschaft gem. § 777 BGB liegt vor, wenn der Bürge von seiner Bürgschaftsverpflichtung für den Fall frei werden soll, dass der Gläubiger ihn nicht innerhalb einer bestimmten Frist in

672 *Bülow* Rn. 1032.

673 BGHZ 95, 375 (379).

674 BGHZ 73, 94 (96); BGH, NJW 1989, 1484; Palandt/*Sprau* vor § 765 Rn. 10; Staudinger/*Horn* vor § 765 ff. Rn. 61.

675 OLG Düsseldorf, NJW-RR 1998, 81; LG Kassel, NJW-RR 1998, 661; zur Frage des Umfangs der Mietbürgschaft bei Verlängerung des Mietvertrages vgl. Derleder/Knops/Bamberger/*Knops* § 20 Rn. 102.

676 BGHZ 82, 323; ausführlich zur Mietbürgschaft vgl. *Durst* NZM 1999, 64.

677 *Kandelhard* NZM, 2001, 696.

Anspruch genommen hat.[678] Bei einer solchen echten Zeitbürgschaft hat die zeitliche Begrenzung den Sinn eines Endtermins.

Hat der Gläubiger den Bürgen innerhalb der bestimmten Zeit nicht in Anspruch genommen, erlischt die Bürgenverpflichtung. Gem. § 777 Abs. 1 Satz 1 BGB wird der Bürge nach dem Ablauf der bestimmten Zeit frei, wenn nicht der Gläubiger die Einziehung der Hauptforderung unverzüglich betreibt, das Verfahren ohne wesentliche Verzögerung fortsetzt und unverzüglich nach Beendigung des Verfahrens dem Bürgen anzeigt, dass er ihn in Anspruch nehme. Das gilt aber nur, wenn keine selbstschuldnerische Bürgschaft vorliegt, d.h. dem Bürgen die Einrede der Vorausklage zusteht. Hat sich der Bürge selbstschuldnerisch verbürgt, so wird er gem. § 777 Abs. 1 Satz 2 BGB nach dem Ablauf der bestimmten Zeit frei, wenn nicht der Gläubiger ihm unverzüglich die Inanspruchnahme anzeigt. Zeigt der Gläubiger die Inanspruchnahme rechtzeitig an, ist die Bürgschaftsverpflichtung gem. § 777 Abs. 2 BGB auf den Umfang beschränkt, den die Hauptforderung z.Zt. der Beendigung des Vollstreckungsversuchs hat bzw. bei einer selbstschuldnerischen Bürgschaft im Zeitpunkt des Endtermins hatte. Dieser Umfang der Bürgenhaftung besteht dann aber unbefristet. Eine unbezifferte Anzeige der Inanspruchnahme an den Bürgen reicht.[679] Ein formularmäßiger Verzicht auf die Anzeige ist unwirksam.[680] 606

Die vereinbarte Zeit muss nicht notwendigerweise nach dem Kalender bestimmt sein. Bestimmbarkeit reicht aus. Für die Fristbestimmung gelten die allgemeinen Regeln.[681] 607

8. Eigenkapitalersetzende Bürgschaft

Große praktische Bedeutung haben Bürgschaften eines Gesellschafters für die Verbindlichkeiten seiner Gesellschaft. 608

Das Jahr 2008 hat erhebliche Einschnitte in das GmbH- und Insolvenzrecht mit sich gebracht. Am 01.11.2008 ist das Gesetz zur Modernisierung des GmbH-Rechts und zur Bekämpfung von Missbräuchen (MoMiG) in Kraft getreten. Teile des bisherigen GmbH-Gesetzes wurden in die InsO verlagert und zuweilen auch erheblich modifiziert – so etwa der Bereich des früheren »Eigenkapitalersatzrechts«. Die bisherigen Eigenkapitalersatzregeln (§ 32a Abs. 2, § 32b GmbHG, § 129a, § 172a HGB) lässt das MoMiG entfallen. An ihre Stelle treten verstreute Bestimmungen in §§ 44a, 135 Abs. 2, 143 Abs. 3 InsO.[682] 609

Nach altem Recht (§ 32a, 32b GmbHG) erlangt die Bürgschaft den Charakter von Eigenkapital, wenn ein Gesellschafter einer GmbH oder einer GmbH & Co KG für deren Verbindlichkeiten eine Bürgschaft in der Krise der Gesellschaft übernimmt, bzw. eine Bürgschaft, die vor der Krise übernommen wurde, während der Krise aufrechterhält (sog. Stehenlassen in der Krise). 610

Nach der Rechtsprechung des BGH[683] findet das Eigenkapitalersatzrecht in Gestalt der Novellenregeln (§§ 32 a, 32 b GmbHG a.F.) und der Rechtsprechungsregeln (§§ 30, 31 GmbHG a.F. analog) gem. der Überleitungsnorm des Art. 103 d EGInsO wie nach allgemeinen Grundsätzen des intertemporalen Rechts auf »Altfälle«, in denen das Insolvenzverfahren vor Inkrafttreten des MoMiG vom 23.10.2008[684] eröffnet worden ist, weiterhin Anwendung. Ungeklärt ist allerdings noch die praxisrelevante Frage, ob bisheriges Eigenkapitalersatzrecht auch Anwendung findet, wenn das Insolvenzverfahren erst nach Inkrafttreten des MoMiG eröffnet worden ist.[685] 611

678 Abgrenzung zur gegenständlich beschränkten Bürgschaft vgl. Rdn. 481.

679 OLG Karlsruhe, WM 85, 770.

680 Schimansky/Bunte/Lwowski/*Schmitz* Bankrechts-Handbuch § 91 Rn. 160.

681 Derleder/Knops/Bamberger/*Knops* § 20 Rn. 93; Schimansky/Bunte/Lwowski/*Schmitz* Bankrechts-Handbuch § 91 Rn. 158.

682 Kritisch zur gesetzgeberischen Lösung vgl. *K. Schmidt* BB 2008, 1966.

683 BGH, WM 2009, 609 (609); ZIP 2009, 241 (Parallelentscheidung).

684 BGBl. I, S. 2026.

685 *Habighort* EWiR 2009, 303 (304).

612 Für Altfälle ist damit noch der Krisenbegriff von Relevanz. Eine Krise der Gesellschaft liegt dann vor, wenn die Gesellschaft in Ermangelung einer ausreichenden Vermögensgrundlage von dritter Seite keinen Kredit zu marktüblichen Bedingungen erhalten kann und deshalb ohne die Finanzierungsleistung des Gesellschafters aufgelöst werden müsste.[686] Nach Ansicht des BGH[687] kommt es bei der Frage nach der Krise darauf an, ob ein anderer, wirtschaftlich vernünftig handelnder Kreditgeber, der nicht an der Gesellschaft beteiligt ist und sich an ihr auch nicht beteiligen will, unter den selben Verhältnissen und zu den selben Bedingungen wie der Gesellschafter entweder selbst der Gesellschaft ein Darlehen gewährt oder für das Darlehen eines Dritten gebürgt hätte.

613 Hat die Gesellschafterbürgschaft eigenkapitalersetzenden Charakter gem. § 32a Abs. 2 GmbHG, muss sich der Gläubiger bei Insolvenz der Gesellschaft zunächst an den bürgenden Gesellschafter halten; die Gesellschaft haftet dem Gläubiger in diesem Fall nur auf den Ausfallbetrag.[688] Ein Gesellschafter, der für ein Bankdarlehen eine eigenkapitalersetzende Bürgschaft gestellt hat, ist verpflichtet, die Gesellschaft von der Rückzahlungsverbindlichkeit freizustellen. Soweit stattdessen eine von der Gesellschaft gestellte Sicherheit verwertet und der Gesellschafter durch die Anrechnung des Verwertungserlöses von seiner Bürgschaftsverpflichtung frei wird, steht dies einer Auszahlung an den Gesellschafter gleich, so das der Gesellschafterbürge gem. § 31 GmbHG a.F. analog zur Rückzahlung verpflichtet ist.[689] Die Höhe des Erstattungsanspruchs richtet sich alleine nach der durch die Verwertung der Gesellschaftssicherheit erlangten Befreiung von der Bürgschaftsschuld und nicht nach dem Wert des Sicherungsguts.[690] Hat die Gesellschaft das Darlehen im letzten Jahr vor dem Antrag auf Eröffnung des Insolvenzverfahrens oder nach diesem Antrag zurückgezahlt, so hat der bürgende Gesellschafter der Gesellschaft den zurückgezahlten Betrag zu erstatten (§ 32b GmbHG).[691]

614 Hat der Gesellschafter seiner GmbH ein Darlehen gewährt und zahlt diese das Darlehen wegen der Rückzahlungssperre aus §§ 30, 31 GmbHG nicht zurück, sprich, kann der Gesellschafter seinen Rückzahlungsanspruch gegen seine Gesellschaft nicht durchsetzen, stellt sich die Frage, ob der Bürge, der das Gesellschafterdarlehen sichert, die Einrede der fehlenden Durchsetzbarkeit des Rückzahlungsanspruchs dem Gesellschafter als Gläubiger entgegenhalten kann. Entscheidend kommt es bei der Beurteilung dieser Frage darauf an, ob der Bürge die Leistung gem. § 767 Abs. 1 Satz 1 BGB mit Recht verweigern kann, weil der Gesellschaft aufgrund der Rückzahlungssperre ein Leistungsverweigerungsrecht zusteht. Maßgeblich für die Bewertung einer Bürgschaft für ein Eigenkapital ersetzendes Darlehen ist der Inhalt des Sicherungszwecks des Bürgschaftsvertrages. Soll der Bürge nach dem Parteiwillen auch das Kapitalersatzrisiko absichern, liegt der Sicherungszweck gerade in der Einstandspflicht für den Fall, dass die Gesellschaft in der Krise von der Rückzahlungssperre ggü. dem Gläubiger Gebrauch macht. Ob das Kapitalersatzrisiko mit abgedeckt sein soll, ist durch Auslegung des Bürgschaftsvertrages gem. §§ 133, 157 BGB zu ermitteln, sofern das Kapitalersatzrisiko nicht ausdrücklich zum Sicherungszweck erklärt wurde. Ist der Bürge ein außenstehender Dritter, wird er kaum Kenntnis von der finanziellen Krise der Gesellschaft und damit von einem Kapitalersatzrisiko haben. Ein dahin gehender Vertragswille des Bürgen dürfte wohl zu verneinen sein, weswegen ihm die Einrede der Rückzahlungssperre zusteht.[692] Die fehlende Kenntnis von der Stellung des Darlehensgebers als Gesellschafter der darlehensnehmenden Gesellschaft kann den Bürgen nur von dem spezifischen Risiko entlasten, das mit der Einordnung der Hauptschuld als eigenkapitalersetzendes Gesellschafterdarlehen verbunden ist; das Fehlen steht jedoch nicht der Bürgenhaftung entgegen, wenn die Gesellschaft als Hauptschuldnerin vermögenslos wird und deswegen allgemein

686 BGH, WM 1996, 588; WM 1997, 116.
687 BGH, ZIP 1987, 1541.
688 MüKo-BGB/*Habersack* § 765 Rn. 109.
689 BGH, NJW 2009, 2883 (2885); ZIP 2005, 659 (660).
690 BGH, NJW 2009, 2883 (2885).
691 BGH, NJW 1996, 1341.
692 BGH, NJW 1996, 1341, Bülow Rn. 1055.

ihre Verbindlichkeiten nicht erfüllen kann.[693] Ist der Bürge Gesellschafter der Hauptschuldnerin und hatte er Kenntnis von der finanziellen Krise seiner Gesellschaft, liegt der Schluss auf die Kapitalersatzfunktion des Darlehens und damit die Einbeziehung des Kapitalersatzrisikos in den Sicherungszweck nahe, sodass er unter Durchbrechung des Akzessoritätsgrundsatzes in Anspruch genommen werden kann, obwohl das gesicherte Gesellschafterdarlehen nicht durchsetzbar ist.[694]

Durch das MoMiG wurde das Eigenkapitalersatzrecht in die InsO verlagert und ist unter anderem nunmehr in § 135 Abs. 2 und Abs. 3 InsO geregelt. Für die eigenkapitalersetzende Bürgschaft gilt § 135 Abs. 2, § 44a InsO. Auf das Vorliegen der Krise kommt es nicht mehr an. Vielmehr ist § 135 Abs. 2 InsO dann anzuwenden, wenn ein Gesellschaftsdarlehen, das durch eine Bürgschaft eines Gesellschafters gesichert ist, im letzten Jahr vor der Insolvenzantragstellung oder danach zurückbezahlt wird. **615**

§ 135 Abs. 2 InsO ist das anfechtungsrechtliche Pendant zu § 44a InsO. Besichert ein unternehmerisch beteiligter Gesellschafter einen Drittkredit, so wird der Gläubiger in der Insolvenz der Gesellschaft von § 44a InsO vorrangig auf die Gesellschaftersicherheit verwiesen und kann im Insolvenzfall nur seinen Ausfall verfolgen.[695] Das wirtschaftliche Resultat soll sich nicht ändern, wenn der Gläubiger bereits im letzten Jahr vor dem Insolvenzantrag oder danach Befriedigung von der Gesellschaft erlangt hat. Insoweit kann der Insolvenzverwalter gem. § 135 Abs. 2 InsO ggü. dem Gesellschafter das Freiwerden der Sicherheit anfechten und nach näherer Maßgabe des § 143 Abs. 3 InsO von ihm die Rückzahlung oder zumindest die Sicherheit oder deren damaligen Wert zur Masse ziehen.[696] Gegenstand der Anfechtung ist wie sich unter anderem aus § 143 Abs. 3 InsO ergibt, nicht die Zahlung an den Drittdarlehensgeber, sondern das damit einhergehende Freiwerden der Sicherheit des Gesellschafters.[697] Ferner bedarf es keiner Rechtshandlung der Schuldnerin, d.h., es ist nicht erforderlich, dass die Gesellschaft Befriedigung gewährt hat. Maßgeblich ist ausschließlich, dass der Gläubiger unter Befreiung der Sicherheit Befriedigung erlangt hat und die Masse hierdurch z.B. durch einen nicht nachrangigen Regressanspruch belastet wird. Etwas anderes wird wohl gelten, wenn der bürgende Gesellschafter selbst bezahlt, da es dann i.d.R. an der Gläubigerbenachteiligung fehlen wird.[698] **616**

Der BGH hat nunmehr die streitige Frage entschieden, ob und auf welcher Rechtsgrundlage vom sichernden Gesellschafter Erstattung verlangt werden kann, wenn der Insolvenzverwalter im Fall der Doppelsicherheit nach Eröffnung des Insolvenzverfahrens den sowohl durch das Gesellschaftsvermögen als auch durch das Vermögen des Gesellschafters gesicherten Gläubiger durch Verwertung der Gesellschaftssicherheit befriedigt.[699] § 135 Abs. 2 InsO ist nur anwendbar, wenn die Befriedigung vor Verfahrenseröffnung erfolgt ist, § 129 Abs. 1 InsO.[700] Die Vorschrift des § 135 Abs. 2 InsO kann nicht dahin gehend ausgelegt werden, dass sie Rechtshandlungen nach der Eröffnung des Insolvenzverfahrens erfasst. Gemeinsame Voraussetzung der Anfechtungstatbestände **617**

---

693 BGH, WM 2008, 1350 (1352).

694 MüKo-BGB/*Habersack* § 765 Rn. 109 m.w.N.; *Bülow* Rn. 1055.

695 Cranshaw/Paulus/Michel/*Cranshaw*, Bankenkommentar zum Insolvenzrecht, 1. Aufl. 2011, zu § 44a.

696 Cranshaw/Paulus/Michel/*Zenker*, Bankenkommentar zum Insolvenzrecht, § 135 Rn. 26; ausführlich hierzu vgl. *K. Schmidt* BB 2008, 1966 (1968 ff.).

697 Zur Frage der objektiven Gläubigerbenachteiligung gem. § 129 InsO, wenn die Sicherheit des Gesellschafters durch die Befriedigung nicht frei wird, weil sie etwa anderweitig vorrangig und wertausschöpfend belastet ist: die Gläubigerbenachteiligung in diesem Fall verneinend: Cranshaw/Paulus/Michel/*Zenker*, Bankenkommentar zum Insolvenzrecht, § 135 Rn. 28; Gottwald/*Haas/Hoßfeld*, Insolvenzrechts-Handbuch, 4. Aufl. 2010, § 92 Rn. 454. Die Gläubigerbenachteiligung in diesem Fall bejahend: wohl *Bork*, FS Ganter, 2010, S. 135 (146); Hamburger Kommentar/*Schröder*, InsO, § 135 Rn. 46; keine Rückgewähr durch Werkvertragserfüllung bei Anzahlungsbürgschaft durch Dritten vgl. BGH, NJW-RR 2017, 681.

698 Cranshaw/Paulus/Michel/*Zenker*, Bankenkommentar zum Insolvenzrecht, § 135 Rn. 28 m.w.N.

699 BGH, BB 2012, 279 ff.

700 So bereits Cranshaw/Paulus/Michel/Zenker, Bankenkommentar zum Insolvenzrecht, § 135 Rn. 30 m.w.N. zum Meinungsstreit.

und damit auch des § 135 Abs. 2 InsO ist gem. § 129 Abs. 1 InsO – vorbehaltlich der in § 147 InsO geregelten Ausnahme – eine Rechtshandlung vor Verfahrenseröffnung. Die Vorschrift des § 135 Abs. 3 InsO, die für die Zeit von einem Jahr nach Verfahrenseröffnung gilt, enthält keinen Anfechtungstatbestand.

618 Nach der durch das MoMiG neu gefassten Vorschrift des § 39 Abs. Nr. 5 InsO werden Gesellschafterdarlehen unabhängig von ihrem eigenkapitalersetzenden Charakter nach der Eröffnung des Insolvenzverfahrens über das Vermögen der Gesellschaft grds. im Rang nach den übrigen Insolvenzforderungen befriedigt. Gleiches gilt für Forderungen aus Rechtshandlungen, die einem solchen Darlehen wirtschaftlich entsprechen. Dabei handelt es sich insb. um Regressansprüche eines Gesellschafters nach der Befriedigung eines Gesellschaftsgläubigers. Hat ein Gesellschafter für die Forderung eines Drittgläubigers auf Rückgewähr eines Darlehens oder eine gleichgestellte Forderung gebürgt oder eine Sicherheit gestellt, kann der Gläubiger nur anteilsmäßige Befriedigung aus der Insolvenzmasse verlangen, soweit er bei der Inanspruchnahme der Gesellschaftersicherheit ausgefallen ist, § 44 a InsO. Schließlich ordnet § 135 InsO die Anfechtbarkeit der Sicherung oder Befriedigung von Gesellschafterdarlehen an die Gesellschaft (Abs. 1) sowie der Befriedigung eines von einem Gesellschafter besicherten Drittdarlehens an die Gesellschaft (Abs. 2) an.

619 Der BGH hat bezogen auf Gesellschaftersicherheiten die Regelungen wie folgt zusammengefasst: Ist die Sicherheit vor der Eröffnung des Insolvenzverfahrens verwertet worden, steht die Regressforderung des Gesellschafters im Rang nach den Insolvenzforderungen (§ 39 Abs. 1 Nr. 5 InsO). Hat der Gesellschafter im letzten Jahr vor der Eröffnung nach Verwertung seiner Sicherheit Regress genommen, ist die Leistung der Gesellschaft nach § 135 Abs. 1 Nr. 2 InsO anfechtbar. Ist die gesicherte Forderung noch offen, kann der Drittgläubiger quotale Befriedigung nur i.H.d. Ausfalls nach Verwertung der Gesellschaftersicherheit verlangen (§ 44 a InsO). All dies gilt unabhängig davon, ob nur der Gesellschafter eine Sicherheit gestellt hatte oder zusätzlich eine Sicherheit der Gesellschaft bestand.

620 Der Fall, dass die doppelte Sicherung nach der Eröffnung des Insolvenzverfahrens noch besteht, stellt nach Ansicht des BGH und der nahezu einhelligen Kommentar- und Aufsatzliteratur eine Regelungslücke dar.[701] Unzweifelhaft ist, dass die Gesellschaftersicherheit im wirtschaftlichen Ergebnis vorrangig verwertet werden muss. Diese vorrangige Haftung der Gesellschaftersicherheit kann auf zwei Wegen erreicht werden. Entweder ist der Drittgläubiger verpflichtet, zunächst die Gesellschaftersicherheit und dann erst die Gesellschaftssicherheit zu verwerten (§ 44 a InsO analog).[702] Oder der Gläubiger bleibt – wie im früheren Recht – berechtigt zu wählen, welche Sicherheit er zuerst zieht; dem Insolvenzverwalter steht jedoch ein Ausgleichsanspruch gegen den Gesellschafter zu, sei es in entsprechender Anwendung von § 135 Abs. 2 InsO,[703] § 143 Abs. 3 InsO,[704] § 147 InsO,[705] § 135 Abs. 1 Nr. 1 InsO,[706] § 426 BGB,[707] sei es als »Regressanspruch wegen Krisenfinanzierung«,[708] sei es aus § 812 BGB.[709]

701 Vgl. *Bork*, FS Ganter, 2010, 135, (147): »Grober handwerklicher Schnitzer des Gesetzgebers«; *Löser* ZInsO 2010, 28 (29).

702 *K. Schmidt* BB 2008, 1966 (1970); *Gundlach/Frenzel/Strandmann* DZWIR 2010, 232; *Schmidt* ZInsO 2010, 70; *Lenger* NZI 2011, 253.

703 OLG Hamm, ZIP 2011, 1226; *Spliedt* ZIP 2009, 149 (155); *Schmidt/Schreiber* GWR 2011, 96.

704 Graf-Schlicker/*Neußner*, InsO, § 44 a Rn. 10.

705 Heidelberger Kommentar/*Kreft*, InsO, § 147 Rn. 9.

706 *Mitlehner* EWiR 2011, 195 (196).

707 Cranshaw/Paulus/Michel/*Zenker*, Bankenkommentar zum Insolvenzrecht, § 135 Rn. 30; *Bork*, FS Ganter, 2010, 135 (147 ff.).

708 *Altmeppen* ZIP 2011, 741 (747 f.).

709 *Löser* ZInsO 2010, 28 (29); *Mikolajczak* ZIP 2011, 2285 (2291).

Der BGH[710] hat sich dafür entschieden, die aufgezeigte Regelungslücke durch eine entsprechende Anwendung des § 143 Abs. 3 InsO zu füllen. Nach Ansicht des BGH kommt eine Einschränkung des Wahlrechts des doppelt gesicherten Gläubigers entsprechend § 44 a InsO nach geltendem Recht nicht in Betracht. Auch nach gefestigter Rechtsprechung des BGH zu § 32 a Abs. 2 GmbHG a.F., der Vorgängervorschrift des § 44 a InsO, unterlag es der freien Entscheidung des Drittgläubigers, die Gesellschafts- oder die Gesellschaftersicherheit in Anspruch zu nehmen.[711] Die damaligen Gründe haben nach dem Inkrafttreten der InsO am 01.01.1999 und des MoMiG am 01.11.2008 weiterhin Bestand.[712] Im Ausgangspunkt schafft die Entscheidung des BGH Rechtssicherheit in einer für die Praxis der Insolvenzverwaltung durchaus relevanten Frage. Mit seiner Lösung »Wahlrecht nebst Regress« hält der BGH letztlich an seiner Rechtsprechung aus der Zeit vor dem Inkrafttreten des MoMiG fest und »übersetzt« die Begründung in die funktional entsprechenden Tatbestände der InsO.[713] **621**

9. Steuerbürgschaft

Der Steueranspruch der Finanzbehörden gegen den Steuerschuldner oder auch andere Ansprüche der Finanz- oder Zollbehörden kann gestundet werden. Gem. § 222 AO soll eine solche Stundung jedoch nur gegen Sicherheitsleistung gewährt werden. Auch Dritte können sich nach § 48 Abs. 2 AO verpflichten, für Leistungen aus dem Steuerschuldverhältnis einzustehen. Der Steuerschuldner kann eine Sicherheit gem. §§ 241 Abs. 1 Nr. 7, 244 AO durch Schuldversprechen, Bürgschaft oder Wechselverpflichtungen erbringen. § 244 Abs. 1 AO regelt die Tauglichkeit eines Bürgen für eine Steuerschuld. Die Bürgschaft ist danach nur dann als Sicherheit geeignet, wenn der Bürge ein der Höhe der zu leistenden Sicherheit angemessenes Vermögen besitzt und seinen allgemeinen oder vereinbarten Gerichtsstand im Geltungsbereich der Abgabenordnung hat. Zudem muss es sich um eine selbstschuldnerische Bürgschaft handeln. Das Schriftformerfordernis nach § 244 Abs. 1 Satz 3 AO hat Vorrang vor § 350 HGB, sodass die Übernahme der Bürgschaft auch dann der Schriftform bedarf, wenn der Bürge ein Kaufmann ist. Liegt die Tauglichkeit des Steuerbürgen und auch die übrigen Voraussetzungen vor, muss die Finanzverwaltung die Bürgschaft als Sicherheit annehmen. Für die Haftung des Bürgen gelten dann die zivilrechtlichen Grundsätze gem. § 192 AO.[714] **622**

10. Staatsbürgschaft

Als Bürgen kommen auch juristische Personen des öffentlichen Rechts, also der Bund, die Länder und die Gemeinden in Betracht. Insoweit übernimmt also der Staat für privatrechtliche Verbindlichkeiten eine Bürgschaft gemäß der §§ 765 ff. BGB. Eine solche Staatsbürgschaft wird dann übernommen, wenn die Kreditgewährung im öffentlichen Interesse liegt, z.B. der Schaffung oder Erhaltung von Arbeitsplätzen dient. **623**

Die Bürgschaften von Gemeinden müssen i.d.R. der Erfüllung ihrer Aufgaben dienen und bedürfen zu ihrer Wirksamkeit der Genehmigung der Aufsichtsbehörden. Fehlt die erforderliche Genehmigung, ist die Bürgschaft schwebend unwirksam und bei ausdrücklicher Versagung endgültig nichtig.[715] Zudem kommt eine Haftung der Gemeinden gem. §§ 311 Abs. 2, 280 Abs. 1 BGB in Betracht, wenn sie nicht darauf hinweisen, dass ein von ihnen abgeschlossener Vertrag der aufsichtsbehördlichen Genehmigung bedarf oder sich nicht um deren Erteilung bemühen.[716] **624**

710 BGH, BB 2012, 279 (280 ff.).

711 Grundlegend BGH, ZIP 1985, 158; ZIP 1986, 30 (31); ZIP 1992, 108; ZIP 2009, 1806.

712 Ausführlich hierzu s. die Begründung BGH, BB 2012, 279 ff.

713 *Undritz* BB 2012, 283.

714 *Bülow* Rn. 1044; *Reinicke/Tiedtke* Rn. 521–523.

715 BGHZ 142, 51 (53); BGH, NJW 1993, 648 (650).

716 BGHZ 142, 51.

625 Ferner ist bei der Übernahme von Staatsbürgschaften Art. 88 EGV zu beachten, der staatliche oder aus staatlichen Mitteln gewährte Beihilfen verbietet, die sich wettbewerbsverzerrend durch Begünstigung bestimmter Unternehmen oder Produktionszweige auf den Handel zwischen den Mitgliedstaaten auswirken.[717] Liegt ein Verstoß gegen Art. 88 EGV vor, führt dies zur Nichtigkeit des Bürgschaftsvertrages nach § 134 BGB.[718] Wurde die Staatsbürgschaft wirksam übernommen, richtet sich die staatliche Haftung nach den zivilrechtlichen Grundsätzen gem. §§ 765 ff. BGB.[719]

11. Prozessbürgschaft

626 Eine Prozessbürgschaft wird dann gestellt, wenn von einer Partei eine prozessuale Sicherheit zu leisten ist. Dies ist dann der Fall, wenn eine Partei im Prozess einen Vollstreckungstitel erwirkt hat, der im Verfahren des einstweiligen Rechtsschutzes ergangen und deswegen nur vorläufiger Natur ist oder der noch n.rk. ist, weil dem Gegner noch die Möglichkeit von Rechtsmitteln zusteht. Aus solchen Titeln kann die Zwangsvollstreckung oft nur gegen Sicherheitsleistung nach Maßgabe der §§ 709 ff. ZPO betrieben werden[720]. Nur gegen Sicherheitsleistung kann auch gem. §§ 719, 707 ZPO die Zwangsvollstreckung eingestellt werden oder der Gegner die Zwangsvollstreckung durch Sicherheitsleistung abwenden.[721] Gem. § 108 Abs. 1 Satz 2 ZPO kann die Sicherheit durch schriftliche, unwiderrufliche, unbedingte und unbefristete Bürgschaft eines im Inland zum Geschäftsbetrieb befugten Kreditinstituts erbracht werden. Gem. § 751 Abs. 2 ZPO ist diese Prozessbürgschaft dem Sicherungsberechtigten zuzustellen.[722] Die Annahme der Bürgschaftserklärung wird i.d.R. stillschweigend und nach § 151 BGB unter Verzicht auf den Zugang der Annahmeerklärung erfolgen.[723] Nach § 108 Abs. 1 Satz 1 ZPO setzt das Gericht die Höhe der Sicherheit fest, bis zu deren Betrag der Bürge haftet. Die durch die Bürgschaft zu sichernde Hauptforderung richtet sich danach, welchen Zweck die Sicherheitsleistung hat. Dient die Prozessbürgschaft als Sicherheit für die Zwangsvollstreckung eines vorläufigen Titels, haftet der Bürge für die Forderungen des Vollstreckungsschuldners, die aus der Vollstreckung entstehen, falls sich diese nachträglich als ungerechtfertigt herausstellt. Führt die Übernahme der Prozessbürgschaft zur Einstellung oder Abwendung der Zwangsvollstreckung, sichert sie den Schadensersatzanspruch des Vollstreckungsberechtigten, der als Folge der Aufhebung einer Vollstreckungsmaßnahme entsteht.[724]

627 Fällt der Anlass zur Sicherheitsleistung weg, kann die Rückgabe der Sicherheit verlangt werden.[725] Verweigert der Gläubiger die Rückgabe der Bürgschaftsurschrift, ordnet das Gericht nach § 109 Abs. 2 ZPO auf Antrag durch rechtsgestaltenden Beschluss das Erlöschen der Bürgschaft an.[726] Die Prozessbürgschaft erlischt gem. § 715 Abs. 1 Satz 2 ZPO mit Eintritt der Rechtskraft.[727]

---

717 *Tollmann* WM 2000, 2030; *R. Fischer* WM 2001, 277.
718 BGH, WM 2004, 468.
719 Ausführlich zu den Staatsbürgschaften vgl. *Reinicke/Tiedtke* Rn. 527–539.
720 Die Kosten für eine Prozessbürgschaft zur Vollstreckung aus einer nur gegen Stellung einer Sicherheitsleistung für vorläufig vollstreckbar erklärten Entscheidung gem. § 709 S. 1 ZPO sind Kosten der Zwangsvollstreckung i.S.d. § 788 Abs. 1 ZPO vgl. BGH, WM 2016, 464.
721 MüKo-BGB/*Habersack* § 765 Rn. 118.
722 OLG Koblenz, WM 1993, 1431; MüKo-BGB/*Habersack* § 765 Rn. 119.
723 *Thomas/Putzo* ZPO § 108 Rn. 11.
724 BGH, NJW 2005, 2157.
725 Zur Pflicht des Anwalts zur Rückforderung der Urkunde nach Wegfall des Sicherungszwecks vgl. BGH, NJW 1990, 2128.
726 MüKo-BGB/*Habersack* § 765 Rn. 121.
727 *Bülow* Rn. 1042.

XIII. Die Bürgschaft in der Insolvenz

1. Insolvenz des Hauptschuldners

In der Insolvenz des Hauptschuldners kann die Bank den Bürgen frühestens dann in Anspruch **628** nehmen, wenn sowohl die verbürgte Haupt- als auch die Bürgschaftsforderung fällig sind.

Hat der Bürge Zahlungen an den Gläubiger auf die Bürgenschuld erbracht, ist bei der Frage nach **629** den Wirkungen dieser Zahlungen danach zu differenzieren, ob sie vor oder nach der Eröffnung des Insolvenzverfahrens über das Vermögen des Hauptschuldners erbracht wurden.

Hat der Bürge vor der Verfahrenseröffnung den Gläubiger in voller Höhe befriedigt, gehen ent- **630** sprechend der cessio legis die verbürgte Forderung und die für sie bestellten akzessorischen Sicherheiten kraft Gesetzes auf ihn über. Für die nicht akzessorischen Sicherheiten besteht die Pflicht des Gläubigers zur rechtsgeschäftlichen Übertragung an den Bürgen. Am Insolvenzverfahren des Hauptschuldners nimmt lediglich der Bürge teil, weil der Gläubiger keine Forderungen mehr gegen den Insolvenzschuldner hat. Der Bürge kann also die auf ihn übergegangenen Forderungen des Gläubigers zur Insolvenztabelle anmelden. Das Verbot der Doppelanmeldung durch Gläubiger und Bürgen gem. § 44 InsO steht dieser Forderungsanmeldung nicht entgegen, da der Gläubiger wegen Befriedigung in voller Höhe keine Forderungen mehr hat.[728]

Hat der Bürge vor Verfahrenseröffnung nur teilweise an den Gläubiger geleistet, nehmen beide **631** am Verfahren teil. Der Gläubiger kann die verbleibende Restforderung im Verfahren anmelden, der Bürge den auf ihn gem. § 774 Abs. 1 BGB übergegangenen Teil bzw. seinen Aufwendungsersatzanspruch gem. § 670 BGB. Gem. § 774 Abs. 1 Satz 2 BGB kann der Forderungsübergang auf den Bürgen aber nicht zum Nachteil des Gläubigers geltend gemacht werden.[729] Der Bürge kann zwar die ihm zustehende Quote aus dem Insolvenzverfahren vereinnahmen, muss hiervon an den Gläubiger jedoch so viel abgeben, dass der Gläubiger quotenmäßig so gestellt ist, als wenn der Bürge am Verfahren nicht teilgenommen hätte.[730] Ferner kann der Gläubiger außerhalb des Insolvenzverfahrens den Bürgen auf Leistung des Ausfalls in Anspruch nehmen.[731]

Der Bürge ist aber nicht verpflichtet, am Insolvenzverfahren teilzunehmen und insoweit zur Er- **632** höhung der Quote des Gläubigers beizutragen. Jedoch besteht ein Eigeninteresse des Bürgen an der Teilnahme in der Insolvenz des Hauptschuldners, da er durch die verbesserte Quote des Gläubigers seine persönliche Haftung mindern kann.

Die Teilnahme des Bürgen am Insolvenzverfahren wird vermieden, wenn der Gläubiger Teilzahlun- **633** gen des Bürgen bis zur vollständigen Befriedigung nur als Sicherheitsleistung behandelt.[732] Gelten die Teilzahlungen des Bürgen lediglich als Sicherheitsleistung, erfolgt kein Übergang der verbürgten Forderungen auf den Bürgen. Der Gläubiger kann seine Hauptforderung im Insolvenzverfahren des Hauptschuldners damit in voller Höhe zur Tabelle anmelden.[733]

Leistet der Bürge nach Verfahrenseröffnung teilweise an den Gläubiger, kann er am Insolvenzver- **634** fahren wegen § 43 InsO nicht teilnehmen. Solange der Gläubiger vom Bürgen nicht vollständig befriedigt wurde, nimmt allein der Gläubiger mit dem ganzen Betrag seiner Hauptforderung am Insolvenzverfahren teil. Dem Gläubiger steht also die Insolvenzquote für die gesamte Hauptverbindlichkeit zu und er kann den Bürgen in Anspruch nehmen. Erst wenn der Gesamtbetrag der Hauptverbindlichkeit durch die Quote und die Zahlungen des Bürgen überschritten ist, wird die

---

728 BGHZ 39, 319; BGH, WM 1991, 873 m.w.N.
729 Vgl. hierzu ausführlich Rdn. 513–517.
730 *Obermüller* Rn. 6.553.
731 *Bülow* Rn. 1061.
732 Vgl. hierzu ausführlich Rdn. 518, 519.
733 BGH, WM 1984, 1630.

Quote gekürzt.[734] Gem. § 44 InsO nimmt der Bürge am Insolvenzverfahren nicht teil.[735] Er kann trotz Teilzahlungen solange nicht am Insolvenzverfahren teilnehmen, wie die Bank nicht voll befriedigt ist.[736]

635 Werden durch einen Insolvenzplan die Verbindlichkeiten des Hauptschuldners vermindert, so kann sich der Bürge hierauf nicht berufen. Der Akzessorietätsgrundsatz wird insoweit durchbrochen, als die Verbindlichkeiten des Bürgen gem. § 254 Abs. 2 InsO unberührt bleiben.

636 Bei einer eigenkapitalersetzenden Bürgschaft kann der Gläubiger der Gesellschaft am Insolvenzverfahren nicht teilnehmen, solange er den Gesellschafter-Bürgen nicht in Anspruch genommen hat. Erst wenn der Gläubiger beim Bürgen ausfällt, kann er in Höhe dieses Ausfalls Befriedigung nach Maßgabe der Insolvenzquote verlangen (§ 32a Abs. 2 GmbHG a.F. bzw. § 44 a InsO n.F.).[737]

637 Hat der Gesellschafter-Bürge an den Gläubiger geleistet und ist die Forderung gem. § 774 Abs. 1 BGB auf ihn übergegangen, kann er nicht gegen eine Forderung der insolventen Gesellschaft aufrechnen (§ 32a Abs. 3 Satz 1 GmbHG a.F.). § 32a GmbHG a.F. stellt einen Aufrechnungsausschluss dar.[738]

638 Hat der Gesellschafter der Gesellschaft ein eigenkapitalersetzendes Darlehen gewährt und wurde dieses im letzten Jahr vor Verfahrenseröffnung zurückgezahlt, ist der Gesellschafter-Bürge gem. § 32b GmbHG a.F. bzw. § 135 Abs. 1 Nr. 2 InsO n.F. verpflichtet, diesen Betrag bis zur Höhe seiner Bürgenverpflichtung zur Insolvenzmasse zu leisten.[739]

639 Verwertungsvereinbarungen des Gläubigers mit dem Insolvenzverwalter des Hauptschuldners können zu einer Haftungsminderung des Bürgen führen.

640 Oftmals ist es im Insolvenzverfahren über das Vermögen eines Bankkunden aus wirtschaftlichen Gründen erforderlich, zur bestmöglichen Verwertung von Sicherheiten eine sog. Verwertungsvereinbarung mit dem Insolvenzverwalter zu treffen. Solche Verwertungsvereinbarungen können sich jedoch im zweiten Schritt, d.h. bei Inanspruchnahme von Drittsicherheitengebern, insb. Bürgen, ggf. haftungsmindernd auswirken. Beinhaltet die Verwertungsvereinbarung zwischen Insolvenzverwalter und besichertem Kreditinstitut einen über die gesetzlichen Vorgaben nach §§ 170 ff. InsO hinausgehenden zusätzlichen Betrag für die Insolvenzmasse, so kann sich der Bürge hinterher ggü. dem Kreditinstitut auf die Einrede des § 776 BGB berufen.[740] Hiernach wird der Bürge von seiner Bürgschaftsverpflichtung in dem Umfang frei, in welchem der Sicherungsnehmer auf Forderungen oder Sicherheiten ggü. dem Hauptschuldner verzichtet hat. Die zusätzlichen Beträge, die der Insolvenzmasse durch eine Verwertungsvereinbarung zukommen, sind damit für das besicherte Kreditinstitut auch ggü. dem Bürgen verloren.

641 In dem Fall, den das OLG Dresden[741] zu entscheiden hatte, hat das besicherte Kreditinstitut der Insolvenzmasse nicht die gesetzlichen 9 %, sondern vertraglich 15 % Massekostenbeitrag aus den eingezogenen Forderungen überlassen. Das OLG Dresden hat dem Bürgen zugestanden, sich bei der Inanspruchnahme durch das besicherte Kreditinstitut auf die Einrede gem. § 776 Satz 1 BGB i.V.m. § 774 Abs. 1 Satz 1 BGB analog zu berufen.

---

734 *Obermüller* Rn. 6.549.

735 BGH, WM 2005, 2400.

736 BGH, WM 1984, 1575.

737 Zum Wahlrecht des Gläubigers bei einer sog. Doppelsicherheit vgl. Rdn. 615 ff.; ausführlich vgl. Cranshaw/Paulus/Michel/*Cranshaw*, Bankenkommentar zum Insolvenzrecht, § 44a.

738 OLG Hamm, NJW-RR 1995, 489.

739 Zur Anwendbarkeit der §§ 32a und 32b GmbHG auf die GmbH & Co KG und die OHG vgl. BGH, WM 1987, 468; OLG Stuttgart, ZIP 1984, 992.

740 OLG Dresden, WM 2003, 2137.

741 OLG Dresden, WM 2003, 2137.

In einem vom BGH[742] entschiedenen Fall hat das besicherte Kreditinstitut einen sicherungsübereigneten Gegenstand gem. § 168 Abs. 3 Satz 1 InsO vom Insolvenzverwalter übernommen und selbst verwertet. Der spätere Verwertungserlös lag über demjenigen, der bei der Übernahme des Sicherungsgutes gem. § 168 Abs. 3 Satz 1 InsO festgelegt wurde. Der BGH hat festgestellt, dass das besicherte Kreditinstitut sich den Übererlös zwar im Insolvenzverfahren nicht auf die darauf angemeldete Insolvenzforderung anrechnen lassen muss, aber im Verhältnis zum Bürgen den Übererlös voll auf die Bürgenschuld. Die Verpflichtung des Bürgen könne nicht durch ein nachträgliches Rechtsgeschäft zwischen dem Gläubiger und Hauptschuldner zu seinem Nachteil erweitert werden. Die Übernahme eines Sicherungsgegenstandes gem. § 168 Abs. 3 Satz 1 InsO setze ebenfalls eine Vereinbarung zwischen dem Insolvenzverwalter und dem besicherten Kreditinstitut voraus, sodass der Anwendungsbereich des § 767 BGB eröffnet sei. Der BGH vergleicht die Vereinbarung gem. § 168 Abs. 3 Satz 1 InsO insb. mit der Möglichkeit der Direktverwertung der Sicherheit durch den Gläubiger gem. § 170 Abs. 2 InsO. In diesem Fall wäre der volle endgültige Verwertungserlös (abzüglich der Feststellungskosten) auf die Bürgenschuld angerechnet worden. Durch eine anderweitige – rechtlich ebenso zulässige – Verwertungsvereinbarung nach § 168 InsO dürfe dem Bürgen kein Nachteil erwachsen. 642

In der Praxis sollte beim Abschluss einer Verwertungsvereinbarung mit dem Insolvenzverwalter oder dem Hauptschuldner darauf geachtet werden, dass diejenige Person, welche als Drittsicherungsgeber involviert ist, auch in die Verhandlungen und den Abschluss einer solchen Vereinbarung mit einbezogen wird. 643

Bankavalverträge sind in der Insolvenz des Avalkreditnehmers nicht anders zu behandeln als Kautionsversicherungsverträge. Insoweit findet die Rechtsprechung des BGH zu den Kautionsversicherungsverträgen Anwendung.[743] Der Kautionsversicherungsvertrag ist ein Geschäftsbesorgungsvertrag gem. § 675 BGB, der gem. §§ 116 Satz 1, 115 Abs. 1 InsO mit der Eröffnung des Insolvenzverfahrens für die Zukunft erlischt; dem Insolvenzverwalter steht kein Wahlrecht nach § 103 InsO zu.[744] Mangels Rechtsgrundes können daher Prämien, die für die Zurverfügungstellung eines konkreten Bürgschaftsrahmens gezahlt worden sind, für die Zeit ab Eröffnung des Insolvenzverfahrens zurückverlangt werden.[745] Denn bei der jährlichen Prämienzahlung handelt es sich nicht um die Erfüllung einer bereits bestehenden und fälligen Schuld, sondern um einen bloßen Vorschuss auf die erst im Laufe des Jahres entstehenden Provisionsforderungen.[746] 644

2. Insolvenz des Bürgen und des Hauptschuldners

Sind sowohl der Hauptschuldner als auch der Bürge insolvent, kann die Bank in beiden Verfahren gem. § 43 InsO ihre volle Forderung anmelden und darauf die Quote beanspruchen.[747] Es bedarf weder der Kündigung des Kredits noch der Mahnung und Fristsetzung ggü. dem Hauptschuldner oder dem Bürgen. 645

3. Insolvenz des Bürgen

Im Insolvenzverfahren über das Vermögen des Bürgen ist die Bürgschaftsforderung solange nicht zur Zahlung fällig, wie der Hauptschuldner seinen Verpflichtungen fristgerecht nachkommt. Alleine die Eröffnung des Insolvenzverfahrens führt nicht zur Fälligkeit der Bürgschaftsforderung. Der Gläubiger kann im Insolvenzverfahren über das Vermögen des Bürgen seine Ansprüche nur als Eventualforderungen anmelden. 646

742 BGHZ 165, 28.
743 BGH, NZI 2012, 82.
744 BGH, WM 2006, 1814 (1816); WM 2007, 514; bestätigend DZWIR 2011, 34.
745 BGH, DZWIR 2011, 34.
746 BGH, NZI 2012, 82.
747 Ausführlich hierzu *K. Schmidt/Bitter* ZIP 2000, 1077.

647 Ist die Bürgschaftsforderung fällig, kann der Gläubiger sie als Insolvenzforderung gem. § 174 InsO zur Tabelle anmelden. Dies gilt auch dann, wenn auf die Einrede der Vorausklage gem. § 771 BGB nicht verzichtet wurde, da gem. § 41 Abs. 1 InsO analog die Forderung als einredefrei gilt.[748]

648 Hat sich der Gläubiger zur Absicherung des Bürgschaftsanspruchs vom Bürgen Sicherheiten bestellen lassen, stellt sich die Frage nach der Verwertungsbefugnis des Gläubigers. Mit der Verwertung von Sicherheiten kann der Gläubiger grds. beginnen, wenn die Forderungen gegen den Hauptschuldner fällig geworden sind, dieser der Erfüllung der Hauptforderung nicht nachkommt und der Bürge eine ihm vom Gläubiger nach Fälligkeit der Hauptschuld zur Zahlung gesetzte Frist ungenutzt verstreichen lässt. Nach Eröffnung des Insolvenzverfahrens über das Vermögen des Bürgen ist der Gläubiger nur dann zur Verwertung von Sicherheiten berechtigt, wenn die Verwertungsbefugnis nicht dem Insolvenzverwalter zusteht. Bei der Beurteilung dieser Frage ist danach zu differenzieren, um welche Sicherheiten es sich handelt.[749]

649 Besonderheiten gelten insoweit für Vermögensgegenstände, die einer Bank aufgrund ihres Pfandrechts aus Nr. 14 Abs. 2 AGB-Banken oder aufgrund sonstiger formularmäßiger Vereinbarungen haften. Das AGB-Pfandrecht sichert die Ansprüche der Bank gegen den Bürgen erst ab Fälligkeit der Bürgenschuld. Für die Verwertungsbefugnis kommt es also entscheidend darauf an, wann der Anspruch gegen den Bürgen fällig geworden ist.

650 Tritt die Fälligkeit nach Eröffnung eines Insolvenzverfahrens ein, kann die Bank ihre Pfandrechte wegen § 91 InsO nicht mehr geltend machen.

651 Tritt die Fälligkeit im Antragsverfahren nach Anordnung eines allgemeinen Verfügungsverbotes ein, kann die Bank ihr Pfandrecht verwerten. Das allgemeine Verfügungsverbot verbietet lediglich Verfügungen des Schuldners, hindert aber nicht den Erwerb von Rechten an Gegenständen der Insolvenzmasse, sofern der Schuldner hierzu nichts mehr beitragen muss.

652 Zu beachten ist aber die Möglichkeit der insolvenzrechtlichen Anfechtbarkeit der Besicherung durch ein Pfandrecht gem. §§ 129 ff. InsO, wenn sich der Rechtserwerb im Antragsverfahren vollzieht.

653 In der Praxis hat es für die Bank mithin besonderer Relevanz, dass die Fälligkeit der Bürgschaftsforderung möglichst früh erreicht wird, um das Verwertungsrecht zu behalten und die insolvenzrechtliche Anfechtbarkeit zu erschweren.[750]

654 Ferner beachtlich ist die Möglichkeit der insolvenzrechtlichen Anfechtbarkeit der vom Bürgen erbrachten Zahlungen.[751] Insb. die Deckungsanfechtung gem. §§ 130, 131 InsO birgt für die Bank erhöhte Risiken; die Bank ist auch im Insolvenzverfahren des Bürgen Insolvenzgläubigerin gem. § 38 InsO, ungeachtet dessen, ob auf die Hauptschuld oder die Bürgenschuld gezahlt wurde. In beiden Fällen hat sie eine Leistung auf eine Insolvenzforderung erhalten.

4. Insolvenz des Gläubigers

655 In der Insolvenz des Gläubigers kann der Insolvenzverwalter sowohl die Bürgschaftsforderung gegen den Bürgen als auch die Hauptforderung gegen den Schuldner geltend machen. Zahlt der Hauptschuldner an den Insolvenzverwalter, erlischt die Bürgschaft. Nimmt der Insolvenzverwalter den Bürgen in Anspruch und hat der Bürge seinerseits eine Forderung gegen den Gläubiger, kann er gem. § 94 InsO aufrechnen. Durch die Aufrechnung befriedigt der Bürge den Gläubiger, sodass die gesicherte Forderung gem. § 774 Abs. 1 BGB auf ihn übergeht. Der Bürge kann dann

748 Staudinger/*Horn* Vorbemerkung zu §§ 765 ff. Rn. 181; ausführlich zur Abschlagsverteilung und Schlussverteilung bei Anmeldung als Eventualforderung vgl. *Obermüller* Rn. 6.563.

749 Zur Abgrenzung vgl. *Obermüller* Rn. 6.316–6.389.

750 Ausführlich hierzu vgl. *Obermüller* Rn. 6.566-6.568 m.w.N.

751 BGH, WM 2008, 2178.

den Hauptschuldner in Anspruch nehmen. Durch die cessio legis wird die Hauptverbindlichkeit der Masse entzogen. Ohne die Aufrechnung würde sie voll in die Masse fallen. Der Bürge hätte demgegenüber wegen seiner Gegenforderung nur Anspruch auf Befriedigung nach Maßgabe der Insolvenzquote.[752]

B. Sicherungsübereignung

I. Grundsätze

1. Definition und systematische Einordnung

Sicherungsübereignung ist die zu vorübergehendem Zweck gedachte Übereignung einer Sache 656
durch den Sicherungsgeber (Veräußerer) an den Sicherungsnehmer (Erwerber) zur Sicherung von Forderungen.[753]

Das Sicherungseigentum ist dabei als **eigennütziges Treuhandeigentum** ausgestaltet, das dem Er- 657
werber oder einem Dritten wegen einer Forderung gegen den Veräußerer oder einen Dritten sichert, in dem es bei Nichterfüllung zu deren Befriedigung verwertet werden darf. Es besteht keine Akzessorietät zwischen Forderung und Sicherungseigentum.[754] Der Erwerber erlangt Eigenbesitz.[755]

Die Sicherungsübereignung ist gesetzlich nicht gesondert geregelt, sondern folgt den allgemeinen 658
Vorschriften im BGB über die Übereignung. Verschiedene Gesetze (z.B. § 216 BGB, § 39 Abs. 2 Nr. 1 AO, § 51 Nr. 1 InsO) nehmen aber Bezug auf die Sicherungsübereignung, sodass deren Zulässigkeit nicht mehr infrage gestellt wird.[756]

Die Sicherungsübereignung dient der Sicherung einer oder mehrerer Forderungen aus Kreditge- 659
währung. Der der Forderung zugrunde liegende Vertrag ist das Hauptgeschäft (Kreditgewährung). Das Grundgeschäft der Sicherungsübereignung ist der Sicherungsvertrag mit der sogenannten Zweckvereinbarung.

Streitig ist, ob die Sicherungsübereignung von dem Grundgeschäft unabhängig ist. Hiervon geht 660
die herrschende Meinung aus.[757] Die Sicherungsübereignung kann von der Entstehung der Darlehensforderung abhängig gemacht werden, indem die Auszahlung des zu sichernden Darlehens als aufschiebende Bedingung vereinbart wird oder, indem die Einigung über die Bestellung des Sicherungseigentums unter der auflösenden Bedingung des Wegfalls der gesicherten Forderung erfolgt.[758] Ohne entsprechende Vereinbarung ist die Übereignung stillschweigend als unbedingte vereinbart.

Der Sicherungsnehmer erwirbt das Volleigentum am Sicherungsgut, obwohl ihm wirtschaftlich 661
nur ein Verwertungsrecht zustehen soll. Die dem wirtschaftlichen Zweck durch die Eigentümerstellung überschießende Rechtsmacht wird durch schuldrechtliche Vereinbarung (Zweckvereinbarung, Sicherungsabrede) begrenzt. Verstöße hiergegen begründen eine Schadensersatzpflicht. Aus der Sicherungsabrede ergibt sich die Einordnung als eigennützige Treuhand: Der Sicherungsgeber überträgt das Sicherungsgut an den Sicherungsnehmer zu »treuen Händen«, dieser hat entsprechend der Zweckvereinbarung bzw. Sicherungsabrede entsprechend damit umzugehen.

752 *Bülow* Rn. 1068.

753 MüKo-BGB/*Oechsler* Anh. zu §§ 929 bis 936 Rn. 1; Sörgel BGB/*Mühl* § 930 BGB Rn. 21; vgl. zur dogmatischen Einordnung: *Sibylle Kessal-Wulf* in: Staudinger – Eckpfeiler des Zivilrechts, Neubearbeitung 2008, III., 2. a).

754 Palandt/*Bassenge* § 930 Rn. 13.

755 Palandt/*Bassenge* IMR 2011, 325.

756 *Reinicke/Tiedke* Rn. 622, 623.

757 Vgl. Schimansky/Bunte/Lwowski/*Ganter* Bankrechts-Handbuch § 95 Rn. 4 m.w.N.; MüKo-BGB/*Oechsler* Anh. zu §§ 929 bis 936 Rn. 14.

758 Schimansky/Bunte/Lwowski/*Ganter* Bankrechts-Handbuch § 95 Rn. 5.

2. Gegenstand

662 Als Gegenstand einer Sicherungsübereignung kommen alle Gegenstände in Betracht, die Gegenstand selbstständiger Rechte sein können. Gegenstand von Sicherungseigentum sind damit bewegliche Sachen einschließlich Inhaberpapiere, Grundstücke sowie Anwartschaftsrechte auf bewegliche Sachen. Der Sicherungsübereignung an Grundstücken kommt nahezu keine Praxisrelevanz zu wegen der Formvorschriften (notarielle Beurkundung, § 313 BGB), der hierdurch ausgelösten Kosten sowie der Grunderwerbsteuerpflichtigkeit.

663 Auch an unpfändbaren beweglichen Sachen kann Sicherungseigentum bestellt werden,[759] da durch den Pfändungsschutz (§ 811 ZPO) grds. nicht die Verfügungsbefugnis des Sicherungsgebers eingeschränkt wird. Allerdings sind die Grenzen des § 138 BGB zu beachten.[760]

664 Bewegliche Sachen, die wesentlicher Bestandteil an einer anderen Sache i.S.d. § 93 BGB sind, können nicht sicherungsübereignet werden, da sie nicht Gegenstand besonderer Rechte sein können. Scheinbestandteile (§ 95 BGB) von Grundstücken sowie Zubehör (§ 97 BGB) können hingegen sicherungsübereignet werden. Die Abgrenzung zwischen wesentlichen und unwesentlichen Bestandteilen kann u.U. schwierig sein, dies gilt insb. bei Bauten auf fremdem Grund.[761] Zubehör kann dem Haftungsverband eines Grundpfandrechts (§§ 1120 ff. BGB) unterliegen, in diesem Fall erwirbt der Sicherungsnehmer nur belastetes Sicherungseigentum.[762] Scheinbestandteile unterliegen hingegen nicht der Grundpfandhaftung.

3. Bedeutung als Sicherungsmittel

665 Im Wirtschaftsverkehr besteht ein konkretes Bedürfnis, einem Gläubiger – insb. Kreditgeber – eine rechtlich abgesicherte Möglichkeit einer anderweitigen Befriedigung für den Fall zu verschaffen, dass der Kreditnehmer/Schuldner zur Erfüllung seiner Rückzahlungspflichten nicht in der Lage (oder nicht bereit) ist. Hinsichtlich beweglicher Sachen kann dies durch die Bestellung eines Pfandrechts erfolgen. Dies ist jedoch im Wirtschaftsverkehr nicht praktikabel, da die Verpfändung beweglicher Sachen gem. § 1205 BGB die Verschaffung des unmittelbaren Besitzes voraussetzt. Die – gesetzlich nicht geregelte – Sicherungsübereignung hat sich damit in der Wirtschaft als Sicherungsrecht durchgesetzt, da der Kreditnehmer/Schuldner nicht auf den unmittelbaren Besitz an werthaltigen Vermögensgegenständen verzichten muss.[763] Umgekehrt brächte die Übergabe des Sicherungsgutes an den Sicherungsnehmer für diesen auch Lager- und Verwaltungspflichten, deren Erfüllung insb. für Banken nicht praktikabel ist. Die Sicherungsübereignung wird daher als »besitzloses Pfandrecht« bezeichnet und hat sich in der Bankpraxis als Sicherungsrecht durchgesetzt.

666 Nachteile der Sicherungsübereignung bestehen für den Sicherungsgeber darin, dass der Sicherungsnehmer Eigentum erhält und ihm durch die überschießende Rechtsmacht Möglichkeiten zu einer vertragswidrigen Verfügung eingeräumt werden. Umgekehrt besteht für den Sicherungsnehmer das Risiko, dass der Sicherungsgeber als unmittelbarer Besitzer vertragswidrig über den Gegenstand verfügt bzw. nicht sorgsam damit umgeht.

667 Vermögensgegenstände, die als Sicherheit übertragen worden sind, sind in der Bilanz des Sicherungsgebers aufzunehmen, § 246 Abs. 1 Satz 2 HGB. Auch das wirtschaftliche Eigentum wird nach § 39 Abs. 2 Nr. 1 Satz 2 AO steuerlich dem Sicherungsgeber zugerechnet.

---

759 BGH, WM 1961, 241; *Erman/Westermann* Rn. 2.

760 *Baur/Stürner* SachenR § 57 Rn. 17.

761 Vgl. *Reinicke/Tiedke* Rn. 628, 629; *Lauer* MDR 1986, 889; zu Windkraftanlagen als Scheinbestandteilen: *Ganter* WM 2002, 105; *Peters* WM 2002, 110.

762 S.u. Rdn. 739.

763 Vgl. *Kümpel* Rn. 6.339–6.343; *Kirchhof* FS Kümpel 2003, S. 289; Schimansky/Bunte/Lwowski/*Ganter* Bankrechts-Handbuch § 95 Rn. 7–10a.

Bei der Berechnung von erbrechtlichen Pflichtteilsansprüchen bleiben dingliche Belastungen von Nachlassgegenständen als zweifelhafte Verbindlichkeiten gem. § 2313 Abs. 2 BGB bei der Nachlassbewertung außer Ansatz, wenn und solange ihre tatsächliche Verwirklichung unsicher ist.[764] Dies soll auch bei sicherungsübereigneten Gegenständen anzunehmen sein.[765] 668

4. Internationaler Rechtsverkehr

Im Ausland ist das Rechtsinstitut der Sicherungsübereignung wegen der mangelnden Publizität nahezu unbekannt. In Fällen mit Auslandsberührung entscheidet über die dinglichen Rechtsverhältnisse das Recht des Staates, an dem sich die Sache im Zeitpunkt der Rechtsänderung befindet (lex rei sitae), Art. 43 EGBGB.[766] Sicherungseigentum kann nur an einer Sache entstehen, die in Deutschland belegen ist, eine Rechtswahl im Sicherungsvertrag ist nicht möglich.[767] Bei einer Besitzkette sind die konkreten Besitzmittelungsverhältnisse auch dann internationalprivatrechtlich gesondert anzuknüpfen, wenn sich das Sachstatut für die Übereignung nach dem Recht des Lagerortes richtet.[768] 669

Befindet sich der sicherungsübereignete Gegenstand im Ausland oder wird dorthin verbracht, ist eine Anerkennung im Ausland nicht wahrscheinlich. Eine UNIDROIT Konvention von 2001 sieht ein internationales Eintragungssystem für Gegenstände vor, die zur geschäftlichen Verwendung im gewöhnlichen Geschäftsbetrieb von einem Staat in einen anderen bewegt werden (z.B. Flugzeuge, Baukräne auf Baustellen, etc.). Eine entsprechende Konvention wurde am 16.11.2001 in Kapstadt verabschiedet. Deutschland hat sie am 17.09.2002 unterzeichnet, sie ist noch nicht in Kraft getreten. 670

II. Zustandekommen der Sicherungsübereignung, Vertragsverhältnisse

1. Allgemeines

Zur Begründung von Sicherungseigentum sind drei rechtlich selbstständige Rechtsgeschäfte voneinander zu unterscheiden: Kreditvertrag, Sicherungsvertrag, Sicherungsübereignung (Verfügung). 671

Der Kreditvertrag begründet die zu sichernde Forderung, verpflichtet aber i.d.R. nicht zur Stellung einer bestimmten Sicherheit, insb. nicht zu einer Sicherungsübereignung. Der Sicherungsvertrag verpflichtet den Sicherungsgeber zur Sicherungsübereignung und enthält Vereinbarungen über die Rechte und Pflichten der Vertragsparteien. – er bewirkt jedoch noch nicht die tatsächliche Übertragung der Sicherheit. Die dingliche Übertragung des Sicherungseigentums enthält daher die Einigung zur Eigentumsübertragung i.S.v. § 929 Satz 1 BGB und stellt das Verfügungsgeschäft dar.[769] Zuletzt wird noch ein Rechtsakt benötigt, der die Verfügung publiziert und vollendet: die Erlangung des – i.d.R. mittelbaren – Besitzes. 672

Trotz rechtlicher Selbstständigkeit dieser drei Rechtsgeschäfte bestehen gegenseitige Beziehungen zueinander, die je nach Unwirksamkeit eines (oder mehrerer) der Rechtsgeschäfte aufeinander Auswirkungen haben können. Eine Unwirksamkeit des Kreditvertrages soll grds. die 673

---

764 BGH, NJW 2011.606, für Grundpfandrechte.

765 So: *Litzenburger* FD-ErbR 2010, 312439.

766 BGHZ 39, 173 (174); 45, 95 (97, 99); so auch OLG Saarbrücken, ZInsO 2014, 1393.

767 BGH, ZIP 1997, 275; MüKo-BGB/*Oechsler* Anh. §§ 929 bis 936 Rn. 58; a.A. (Rechtswahl ist möglich) *Stoll* IPRax 1997, 411; Staudinger/*Stoll* Internationales Sachenrecht Rn. 262; *Drobnig* RabelsZ 32 (1968), 450 (459).

768 BGH, NJW-RR 2010, 983.

769 Vgl. Palandt/*Bassenge* § 930 Rn. 14–22; zur Formularpraxis der Kreditinstitute: *Kümpel* Bank- und Kapitalmarktrecht Rn. 6.367.

Wirksamkeit des Sicherungsvertrages nicht betreffen.[770] Bei Unwirksamkeit des Kreditvertrages sind fiduziarische Sicherheiten aber nach dem Grundsatz der ungerechtfertigten Bereicherung zurückzugewähren.[771]

674 Ein fehlender oder nichtiger Sicherungsvertrag kann auch Auswirkungen auf die Wirksamkeit der Sicherungsübereignung haben. Wurde diese nach § 930 BGB vollzogen und fehlt es zugleich an der wirksamen Begründung eines Besitzmittelungsverhältnisses, ist die Sicherungsübereignung ebenfalls nichtig.[772] Im anderen Fall ist die Sicherungsübereignung als abstraktes Verfügungsgeschäft grds. auch bei Fehlen bzw. Unwirksamkeit des Sicherungsvertrages dinglich wirksam.[773]

675 Eine Nichtigkeit der Sicherungsübereignung erstreckt sich umgekehrt im Zweifel weder auf das Darlehensgeschäft noch auf den Sicherungsvertrag. Aus dem Sicherungsvertrag kann sich hingegen die Verpflichtung ergeben, die Übereignung wirksam zu wiederholen.[774]

2. Sicherungsvertrag

676 Der Sicherungsvertrag (auch: Sicherungsabrede, Zweckerklärung) ist ein schuldrechtlicher Vertrag zwischen Sicherungsgeber (Kreditschuldner) und Sicherungsnehmer (Kreditgläubiger), der im Gesetz nicht gesondert geregelt ist. Er ist grds. formfrei. Schriftform wird aus Beweisgründen empfohlen, auch wenn er mündlich und unter Umständen stillschweigend[775] geschlossen werden kann.[776]

677 **Parteien** des Sicherungsvertrages sind der Erwerber als Sicherungsnehmer, der i.d.R. auch Forderungsgläubiger bzw. Kreditgeber ist, sowie der Veräußerer als Sicherungsgeber. Für und gegen einen Einzelnachfolger bei der Forderung oder dem Sicherungsgut gilt der Sicherungsvertrag nur bei Vertragseintritt bzw. soweit einzelne Verpflichtungen übernommen oder einzelne Ansprüche abgetreten werden.[777] Der Sicherungsgeber muss nicht mit dem Forderungsschuldner identisch sein. Fallen Schuldner und Sicherungsgeber auseinander (Drittsicherheit), ist Partei der Sicherungsabrede ebenfalls der Sicherungsgeber (nicht der Schuldner). Das Rechtsverhältnis zwischen dem Forderungsschuldner und dem Sicherungsgeber ist nicht Grundgeschäft der Sicherungsübereignung, seine Unwirksamkeit berührt die Sicherungsübereignung daher nicht. Rechtsgründe können z.B. Auftrag, Geschäftsführung ohne Auftrag, Schenkung, etc. sein.[778]

678 Der Sicherungsvertrag ist kein gegenseitiger Vertrag i.S.v. § 320 BGB. Er begründet ein eigennütziges Treuhandverhältnis[779] – er bindet den Sicherungsnehmer, der aufgrund seiner Eigentümerstellung mehr Rechte erhalten hat, als er benötigt, im Verhältnis zum Sicherungsgeber. Setzt er sich über die Abreden hinweg, macht er sich schadensersatzpflichtig, die Wirksamkeit der mit Dritten abgeschlossenen Verträge berührt dies jedoch nicht.[780]

770 So: BGH, NJW 1994, 2885; *Lwowski* Rn. 209; Schimansky/Bunte/Lwowski/*Ganter* Bankrechts-Handbuch § 90 Rn. 123; a.A. *Serick* I § 4 II 3.
771 S. umfassend: Schimansky/Bunte/Lwowski/*Ganter* Bankrechts-Handbuch § 90 Rn. 123–139.
772 Palandt/*Bassenge* § 930 Rn. 20 m.w.N.
773 Vgl. Palandt/*Bassenge* § 930 Rn. 15, 20.
774 Schimansky/Bunte/Lwowski/*Ganter* Bankrechts-Handbuch § 95 Rn. 25.
775 BGH, NJW-RR 1991, 305.
776 Vgl. Schimansky/Bunte/Lwowski/*Ganter* Bankrechts-Handbuch § 90 Rn. 173–188; Palandt/*Bassenge* § 930 Rn. 15; MüKo-BGB/*Oechsler* Anh. §§ 929 bis 936 Rn. 25.
777 Palandt/*Bassenge* § 930 Rn. 16.
778 Palandt/*Bassenge* § 930 Rn. 18; vgl. zum Auseinanderfallen von Schuldner und Sicherungsgeber: *Reinicke/Tiedtke* Rn. 696–702.
779 Palandt/*Bassenge* § 930 Rn. 15, § 903 Rn. 35.
780 *Reinicke/Tiedtke* Rn. 684.

In der Bankpraxis werden üblicherweise Formulare verwendet, die den AGB Banken/Sparkassen entsprechen.[781] Der Sicherungsvertrag bestimmt, welche Forderung des Sicherungsnehmers gesichert werden soll. I.d.R. erfolgt die Sicherungsübereignung: 679

- zur Sicherung aller bestehenden, künftigen und bedingten Ansprüche, die der Bank mit ihren sämtlichen in- und ausländischen Geschäftsstellen aus der bankmäßigen Geschäftsverbindung gegen den Sicherungsgeber zusteht.

Der BGH hat die Vereinbarung eines weiten Sicherungszweckes für den Regelfall, bei dem die Sicherheit vom Kreditnehmer gegeben wird – Sicherungsgeber und Kreditnehmer also identisch sind – gebilligt.[782] Problematisch ist sie bei Stellung von Drittsicherheiten.[783] 680

Die zu übereignenden Sachen müssen bestimmt bezeichnet sein. Die Bestimmtheit muss spätestens bei der dinglichen Einigung feststehen, damit die Übereignung den sachenrechtlichen Grundsätzen entspricht.[784] 681

Neben der Pflicht zur Sicherheitenbestellung bestimmt der Sicherungsvertrag auch deren Zeitpunkt. I.d.R. ist der Sicherungsgeber zur Sicherstellung vor Einräumung des Kredites (nicht Zug um Zug) verpflichtet.[785] Weiterer Inhalt des Sicherungsvertrages sind i.d.R. Bestimmungen über das Besitz- und Nutzungsrecht des Sicherungsgebers und seine Verhaltenspflichten. Weiterhin sollte geregelt sein, ob dem Sicherungsgeber die Entnahme, der Austausch oder die Verarbeitung von Sicherungsgut erlaubt sind. 682

Wird die gesicherte Forderung getilgt, kommt es darauf an, ob die dingliche Einigung unter auflösender Bedingung vereinbart wurde, was ebenfalls im Sicherungsvertrag erfolgt. Für diesen Fall fällt das Sicherungsgut automatisch an den Sicherungsgeber zurück. Andernfalls besteht ein Anspruch auf Rückübertragung. 683

Weitere Regelungen des Sicherungsvertrages betreffen den Umfang des Verwertungsrechtes, die Rechtsfolgen bei Scheitern des Sicherungszwecks sowie die Rechtsfolgen, wenn der Kreditschuldner seinen Verpflichtungen aus dem Kreditvertrag nicht nachkommt.[786] 684

Bei Sicherungsübereignungen, die in einem Dreiecksverhältnis der Absicherung einer gewährten Finanzierung dienen, kann unter Umständen der Sicherungsnehmer dem Dritten dessen Zahlungsanspruch auch die Einwendungen entgegenhalten, die der Sicherungsgeber gegen den Dritten hat.[787] Zu diesem Ergebnis kommt der BGH im Wege der ergänzenden Vertragsauslegung in einem Fall, in dem eine Brauerei Umbaumaßnahmen ihres Pächters finanziert und sich zu diesem Zweck die Einbauten sicherungsübereignen lässt gegen Übernahme der Zahlung an den Werkunternehmer. 685

3. Dingliche Einigung

Sicherungsnehmer und Sicherungsgeber müssen sich über die Bestellung von Sicherungseigentum einig sein. Die dingliche Einigung stellt das Verfügungsgeschäft dar, in dem der Wille zur unmittelbaren Eigentumsübertragung enthalten ist.[788] Eine besondere Formvorschrift besteht nicht.[789] Bei 686

781 Zum Pfandrecht nach AGB Banken/Sparkassen vgl. Rdn. 1324–1345.

782 BGH, WM 1984, 357 (358).

783 Vgl. zum formularmäßigen Raumsicherungsübereignungsvertrag: Schimansky/Bunte/Lwowski/*Ganter* Bankrechts-Handbuch Anh. zu § 95, 4. m.w.N.

784 Zum Bestimmtheitsgrundsatz s. Rdn. 699–706.

785 *Bülow* Kreditsicherheiten Rn. 985.

786 Vgl. zum Inhalt: Palandt/*Bassenge* § 930 Rn. 15–17; MüKo-BGB/*Oechsler* Anh. § 929 bis 936 Rn. 25–52; Schimansky/Bunte/Lwowski/*Ganter* Bankrechts-Handbuch § 95 Rn. 27–35 sowie Anh. zu § 95; *Kümpel* Rn. 6.367–6.372; *Reinicke/Tiedtke* Rn. 685–695.

787 BGH NJW 2013, 678.

788 Derleder/Knops/Bamberger/*Derleder* § 24 Rn. 11.

789 MüKo-BGB/*Oechsler* Anh. §§ 929 bis 936 Rn. 4.

rechtlicher Einheit mit einem Grundstückskauf bedarf die dingliche Einigung der Form des § 313 BGB.

687 I.Ü. gelten die §§ 929 ff. BGB. Die dingliche Einigung ist als abstraktes Verfügungsgeschäft in ihrem Bestand unabhängig vom Sicherungsvertrag als ihrem Grundgeschäft. Die Sicherungsübereignung ist damit grds. nicht akzessorisch zur Forderung. Die Parteien können auch die Nichtakzessorietät nicht ausschließen und umgekehrt auch nicht vereinbaren, dass das Sicherungseigentum akzessorisch sein soll. Eine Verbindung von dinglicher Einigung mit Sicherungszweck ist nicht möglich. Allerdings kann die Verbindung durch eine Einigung unter Bedingung hergestellt werden. Denkbar ist einerseits eine **aufschiebende Bedingung** durch das Entstehen der Forderung oder des Sicherungsvertrages – der Sicherungsgeber überträgt das Eigentum am Sicherungsgut auf den Sicherungsnehmer nur unter der aufschiebenden Bedingung, dass die gesicherte Forderung besteht. Denkbar ist auch der Fall der **auflösenden Bedingung**, dass die Forderung nicht mehr besteht.[790] Das Vorliegen einer solchen Bedingung ist nicht allgemein anzunehmen, vielmehr ist das Verfügungsgeschäft unter Berücksichtigung der Parteiinteressen auszulegen.[791]

688 Die Verknüpfung mit einer solchen Bedingung führt dann zu einer Art »Ersatzakzessorietät«. Das Sicherungseigentum wird jedoch nicht akzessorisch. Tritt der Sicherungsnehmer die gesicherte Forderung an einen Dritten ab, so geht das Sicherungseigentum nicht nach § 401 BGB auf diesen über.

689 Ist die Einigung auflösend bedingt für den Fall des Nichtentstehens oder (wesentlich praxisrelevanter) der Tilgung der Forderung geschlossen, fällt das Eigentum mit Bedingungseintritt ohne Weiteres Zutun des Sicherungsnehmers an den Sicherungsgeber zurück, § 158 Abs. 2 BGB. Ohne Bedingung hat der Sicherungsgeber im Fall der Tilgung der Forderung nur einen schuldrechtlichen Anspruch auf Rückübertragung des Sicherungsguts.[792] Die auflösend bedingte Sicherungsübereignung führt dazu, dass der Sicherungsgeber ein Anwartschaftsrecht auf den Rückerwerb des Eigentums hat.[793] Das Anwartschaftsrecht ist als sonstiges Recht gem. § 823 Abs. 1 BGB geschützt, gibt dem Sicherungsgeber ein ggü. jedermann bestehendes Besitzrecht und schützt ihn gegen treuwidrige Verfügungen des Sicherungsnehmers nach § 161 Abs. 2 BGB.[794] Der Sicherungsgeber kann das Anwartschaftsrecht als weitere Sicherheit für Anschlusskredite nutzen.[795]

690 Wird keine Bedingung vereinbart, stehen dem Sicherungsgeber die oben genannten Möglichkeiten nicht zur Verfügung.

691 Hinsichtlich der dinglichen Einigung gilt der sachenrechtliche Bestimmtheitsgrundsatz.[796]

692 Die Übereignungserklärung kann auch im Voraus über solche Sachen abgegeben werden, die der Sicherungsgeber erst in Zukunft erwerben wird. Eine solche antizipierte Einigung ist z.B. bei der Sicherungsübereignung eines Warenlagers mit wechselndem Bestand erforderlich.[797]

4. Besitzerlangung

693 Die Übereignung kann in allen Formen der §§ 929 ff. BGB erfolgen.

694 Einigung und Übergabe gem. **§ 929 BGB** treten in der Praxis eher selten und nur dann auf, wenn der Sicherungsgeber nicht auf den unmittelbaren Besitz des Sicherungsgutes angewiesen ist und der Sicherungsnehmer bereit und in der Lage ist, das Sicherungsgut zu verwahren und zu verwalten.

790 Palandt/*Bassenge* § 930 Rn. 21.
791 BGH, NJW 1984, 1184; BGH, NJW 1991, 353; BGH, NJW-RR 2005, 280; *K. Schmidt* FS für Serick, 1992, 329 (335).
792 Vgl. Schimansky/Bunte/Lwowski/*Ganter* Bankrechts-Handbuch § 95 Rn. 39; *Reinicke/Tiedtke* Rn. 657.
793 BGH, NJW 1984, 1184 (1185).
794 *Serick* III § 37 I 3b, S. 389; *Bülow* Kreditsicherheiten Rn. 1003; umfassend: *Reinicke/Tiedtke* Rn. 654–674.
795 Soergel/*Mühl* § 930 Rn. 47, 78.
796 S. nachfolgend Rdn. 699–706.
797 Derleder/Knops/Bamberger/*Derleder* § 24 Rn. 11; *Lwowski* Rn. 539.

I.d.R. wird dies bei Wertpapieren sein. Die AGB-Banken/Sparkassen sehen dies für den Erwerb von zum Einzug eingereichten Wechseln und Schecks vor.[798]

Die Übereignung unter Vereinbarung eines Besitzmittelungsverhältnisses gem. **§ 930 BGB** dürfte in der Bankpraxis die Regel sein. Voraussetzung ist, dass der Sicherungsgeber Besitzer der Sache ist und der Besitz bei ihm belassen wird. Ihm steht damit auch ein weiteres Nutzungsrecht zu. Soweit er hierzu ermächtigt wird, kann er den Gegenstand auch verarbeiten oder veräußern. Der Sicherungsnehmer muss die Gegenstände dafür weder verwahren noch verwalten. Die Parteien vereinbaren i.d.R. Obhuts- und Informationspflichten.[799] **695**

Es gilt der Bestimmtheitsgrundsatz. Es muss eines der konkreten Besitzmittelungsverhältnisse vereinbart werden, wie sie in § 868 BGB aufgeführt sind. Eine Ausführungshandlung ist nicht erforderlich.[800] Bei der Sicherungsübereignung von Warenlagern mit wechselndem Bestand ist ein antizipiertes Besitzkonstitut möglich.[801] **696**

Ist ein konkretes Besitzmittelungsverhältnis nicht ohne Weiteres feststellbar, soll auf den Sicherungsvertrag zurückgegriffen werden können. Die Tatsache, dass ein solcher abgeschlossen wurde, reicht für die Annahme eines konkreten Besitzkonstitutes nicht aus. Es kann sich aber aus den Umständen ergeben, dass ein solches stillschweigend vereinbart ist.[802] **697**

Hat ein Dritter den unmittelbaren Besitz am Sicherungsgut, erfolgt die Übereignung nach **§ 931 BGB** im Wege der Einigung und Abtretung des Herausgabeanspruches. Voraussetzung ist, dass der Herausgabeanspruch abtretbar ist. Dies ist dann nicht der Fall, wenn der Sicherungsgeber mit seinem Schuldner ein Abtretungsverbot vereinbart hat, § 399 BGB. Ist der Sicherungsgeber selbst Sicherungsnehmer im Verhältnis zu einem Dritten und will er die Sache durch Abtretung seines gegen den Dritten gesicherten Herausgabeanspruches übertragen, wird dies dem Zweck des mit dem Dritten abgeschlossenen Sicherungsvertrages zuwiderlaufen.[803] Die Abtretung des Herausgabeanspruches muss dem unmittelbaren Besitzer nicht angezeigt werden. Er kann dem Sicherungseigentümer die Einwendungen entgegenhalten, die ihm gegen den abgetretenen Herausgabeanspruch zustehen, § 986 Abs. 2 BGB i.V.m. § 404 BGB. **698**

III. Bestimmtheitsgrundsatz

Die dingliche Einigung muss sich gemäß dem sachenrechtlichen Bestimmtheitsgrundsatz auf bestimmte Sachen erstrecken. Es genügt nicht, dass diese bestimmbar sind. Im Sicherungsübereignungsvertrag ist es daher zwingend erforderlich, das Sicherungsgut so präzise zu beschreiben, dass auch ein außenstehender Dritter allein auch anhand des Vertrages feststellen kann, welche Gegenstände Sicherungsgut sind.[804] Der Bestimmtheitsgrundsatz soll eine klare Rechtszuordnung sowie das in § 929 Satz 1 BGB angelegte Konsensprinzip sichern.[805] **699**

Bei einer Übereignung durch Einigung und Übergabe gem. § 929 BGB bezieht sich die Einigung auf die Sachen, die übergeben werden. Der Bestimmtheitsgrundsatz ist damit ohne Weiteres gewahrt. **700**

---

798 BGHZ 118, 171 (178).
799 S. hierzu Rdn. 708–719.
800 BGH, NJW 1979, 976; *Serick* II § 20 2 b, S. 129.
801 S. Rdn. 766–768.
802 BGH, WM 1961, 1046; BGH, NJW 1979, 2308 (2309); *Bülow* Rn. 1125.
803 Vgl. Schimansky/Bunte/Lwowski/*Ganter* Bankrechts-Handbuch § 95 Rn. 55.
804 Vgl. umfassend: Schimansky/Bunte/Lwowski/*Ganter* Bankrechts-Handbuch § 95 Rn. 40–44; *Reinicke/Tiedtke* Rn. 636–649; *Kümpel* Rn. 6.388–6.391; *Steinberger/Wälter* FCH-Sicherheitenkompendium, S. 331–348; MüKo-BGB/*Oechsler* Anh. §§ 929 bis 936 Rn. 5–7.
805 Vgl. die rechtspolitischen Ausführungen in: MüKo-BGB/*Oechsler* Anh. §§ 929 bis 936 Rn. 5.

701 Schwierigkeiten bereitet der Bestimmtheitsgrundsatz bei Übergabe durch Vereinbarung eines Besitzkonstituts gem. § 930 BGB. Nach der Formel des BGH wird dem Bestimmtheitsgrundsatz genüge getan

– »wenn es aufgrund einfacher äußerer Abgrenzungskriterien für jeden, der die Parteiabreden erkennt, ohne Weiteres ersichtlich ist, welche individuell bestimmten Sachen übereignet worden sind.«[806]

702 Wert- oder mengenmäßige Umschreibungen reichen ebenso wenig aus wie Formeln, für die zur Unterscheidung, welche Gegenstände sicherungsübereignet sind, auf außervertragliche Umstände oder Erkenntnisquellen zurückgegriffen werden muss. Auf Warenlisten, die zum Zeitpunkt der Sicherungsübereignung bestehen, darf Bezug genommen werden, eine körperliche Verbindung mit der Vertragsurkunde ist nicht erforderlich. Eine Bezugnahme auf ein außerhalb der Vertragsurkunde vorhandenes Inventarverzeichnis, das seinerseits den sachenrechtlichen Bestimmtheitserfordernissen genügt, reicht aus – es handelt sich dann nicht um eine unzulässige außervertragliche Erkenntnisquelle.[807] Dass in der in Bezug genommenen Inventarliste zur Konkretisierung des Sicherungsgutes lediglich Gewicht, Gattung und Order-Nummer bezeichnet werden, ist hingegen nicht ausreichend.[808]

703 Bei der Sicherungsübereignung des Teilbestandes eines größeren Bestandes muss eine Spezifizierung erfolgen, z.B. nach bestimmten Merkmalen[809] oder Gattungen. Hierbei bieten sich Markierungs- oder Raumsicherungsverträge an. Beim **Markierungsvertrag** wird jeder einzelne sicherungsübereignete Gegenstand mit einer Markierung versehen, eine räumliche Trennung ist nicht erforderlich.[810] Als Unterfall existiert der **Listenvertrag**, bei dem das Sicherungsgut in eine Liste eingetragen wird, die einen Bestandteil mit dem Vertrag bildet.[811]

704 Beim **Raumsicherungsvertrag** erfolgt die Individualisierung durch eine räumliche Trennung und Absonderung des Sicherungsgutes und deren Übereignung.[812] Der Lagerort ist genau zu bezeichnen, sinnvoll ist die Beifügung einer Lagerskizze. Grds. hat die nachträgliche Entfernung von Sicherungsgut aus dem Sicherungsraum oder die Vermischung von Waren aus verschiedenen Sicherungsräumen keine Auswirkungen auf die Wirksamkeit – der Sicherungsnehmer muss aber die entfernten Stücke identifizieren und sein Sicherungseigentum hieran beweisen können.

705 Bei der Sicherungsübereignung eines **Warenlagers mit wechselndem Bestand**, werden i.R.d. laufenden Geschäftsbetriebes laufend Waren aus dem Lager entfernt und neue Waren kommen hinzu. Für die entfernten Waren erhält der Sicherungsnehmer Ersatz durch die Vereinbarung einer Ersatzklausel, die den Sicherungsgeber verpflichtet, eingetretene Reduzierungen im Bestand auszugleichen und diese neue Ware antizipiert sicherungszuübereignen. Zur Erfüllung des Bestimmtheitsgrundsatzes muss klar erkennbar sein, auf welche neu angeschaffte Ware sich das Sicherungseigentum erstrecken soll. Es gilt auch hier der vom BGH aufgestellte Grundsatz (s.o. Rdn. 701). Beim Raumsicherungsvertrag müssen die Neuzugänge in den Sicherungsraum verbracht, beim Markierungsvertrag entsprechend markiert werden. Es reicht aus, dass die zu übereignenden Sachen im Zeitpunkt der Einigung bestimmbar sind.

706 Die Klausel »sämtliche Vorräte inklusive Abtretung der Forderungen« ist bei einem Sicherungsübereignungsvertrag eines Maschinenbauunternehmens nicht hinreichend bestimmt hinsichtlich der übereigneten Gegenstände. Die sog. »All-Formel« (Übereignung aller Waren) ist hingegen für die Sicherungsübereignung eines Warenlagers unproblematisch, da daraus folgt, dass sich die

806 So: BGHZ 73, 253 (254); auch BGH, NJW 2000, 2898.
807 BGH, NJW 2008, 3142 = BB 2008, 2149.
808 Vgl. auch *Riggert* NZI 2009, 137.
809 BGH, NJW 1994, 133 (134); *Lwowski* Rn. 555; *Pottschmidt/Rohr* Rn. 523.
810 *Bülow* Kreditsicherheiten Rn. 1111.
811 BGH, NJW 1991, 2144 (2146).
812 BGHZ 28, 16 (20); *Serick* II § 21 III 2 a, S. 164.

Übereignung auf sämtliche in einem Lager vorhandene Ware erstreckt.[813] Die Unterscheidung ergibt sich aus der Bezugnahme auf die bilanziellen Vorschriften des § 266 Abs. 2 B I Nr. 1–4 HGB bzw. aus der korrekten Bezeichnung.[814]

IV. Rechtsfolgen/Rechte und Pflichten

Die Rechte und Pflichten zwischen Sicherungsgeber und Sicherungsnehmer ergeben sich i.d.R. aus dem Sicherungsvertrag oder sind durch dessen Auslegung zu ermitteln. Sie können sich auch aus den Allgemeinen Geschäftsbedingungen oder individualvertraglichen Vereinbarungen ergeben.[815] **707**

1. Rechte und Pflichten des Sicherungsnehmers

a) Eigentum

Der Sicherungsnehmer wird Eigentümer, ist aber hinsichtlich der Ausübung der ihm nach § 903 Satz 1 BGB zugewiesenen Befugnisse ggü. dem Sicherungsgeber treuhänderisch gebunden. Das Sicherungseigentum hat die Stellung einer eigennützigen Sicherungstreuhand.[816] Der Sicherungsnehmer wird damit ggü. Dritten und ggü. dem Sicherungsgeber voller Eigentümer.[817] **708**

Dies hat Konsequenzen sowohl für die Zwangsvollstreckung als auch für den Insolvenzfall des Sicherungsgebers (vgl. Rdn. 791–807). Schadensersatzansprüche bei Beschädigung des Sicherungsgutes stehen dem Sicherungsnehmer zu. **709**

Auch wenn das Sicherungseigentum als besitzloses Pfandrecht beschrieben wird, sind die Pfandrechtsvorschriften nicht generell, sondern nur dann anwendbar, wenn Pfandrecht und Sicherungseigentum im Hinblick auf die berührte Rechtsfrage vergleichbar sind. **710**

Anwendbar sind: **711**
- § 1276 BGB,
- § 1228 Abs. 2 Satz 1 BGB.

Unanwendbar sind: **712**
- § 401 BGB,
- Vorschriften über die dingliche Surrogation § 1219 Abs. 2 BGB, § 1247 Satz 2 BGB, § 1287 BGB,
- §§ 1233 ff. BGB (Pfandverkauf) und
- § 1229 BGB.[818]

Die herrschende Meinung lehnt eine dingliche Surrogation ab.[819] **713**

b) Besitz

Bei einer Einigung gem. § 929 BGB wird der Sicherungsnehmer unmittelbarer Besitzer. Dies wird die Ausnahme sein. **714**

---

813 BGH, NZI 2008, 551.
814 Vgl. *Riggert* NZI 2009, 137.
815 Derleder/Knops/Bamberger/*Derleder* § 24 Rn. 33.
816 Vgl. MüKo-BGB/*Oechsler* Anh. §§ 929 bis 936 Rn. 14.
817 MüKo-BGB/*Oechsler* Anh. §§ 929 bis 936 Rn. 14; Schimansky/Bunte/Lwowski/*Ganter* Bankrechts-Handbuch Rn. 58.
818 Vgl. MüKo-BGB/*Oechsler* Anh. §§ 929 bis 936 Rn. 41.
819 Zu den Rechtsfolgen: Schimansky/Bunte/Lwowski/*Ganter* Bankrechts-Handbuch § 95 Rn. 60, § 90 Rn. 93.

715 I.d.R. wird bei einer Sicherungsübereignung gem. § 930 BGB der Sicherungsnehmer nur mittelbarer Besitzer. Streitig ist, ob der Sicherungsnehmer auch Eigenbesitzer wird und ob dann für diesen die Eigentumsvermutung gem. § 1006 BGB gilt. Die herrschende Meinung bejaht dies.[820]

716 Der Sicherungsnehmer hat das Recht von dem Sicherungsgeber als Besitzmittler eine sorgfältige Behandlung des Sicherungsgutes und Schutz vor Beeinträchtigungen durch Dritte zu fordern. Verstößt der Sicherungsgeber gegen seine Obhutspflichten und ist im Sicherungsvertrag Entsprechendes vereinbart, kann der Sicherungsnehmer das Sicherungsgut in seinen unmittelbaren Besitz nehmen (Selbsthilfeklausel).[821]

c) Nutzungen

717 Die vom Sicherungsgeber gezogenen Nutzungen stehen diesem zu, es sei denn, es wurde etwas anderes vereinbart. Aufgrund der treuhänderischen Bindung darf der Sicherungsnehmer für den Fall, dass die Übereignung gem. § 929 BGB stattgefunden hat und er unmittelbarer Besitzer ist, ohne besondere Abrede das Sicherungsgut weder vermieten noch es in unmittelbaren Eigengebrauch nehmen.[822]

d) Kontrollrecht

718 Der Sicherungsnehmer hat einen Auskunftsanspruch ggü. dem Sicherungsgeber über die Umstände, die das Sicherungsgut wesentlich betreffen. Hierzu zählen z.B. Informationen über Beschädigungen durch Dritte, Pfändungen durch Gläubiger des Sicherungsgebers, Wertverluste am Sicherungsgut. Dem Informationsrecht steht ein Kontrollrecht zur Seite. Dieses spielt insb. bei der Sicherungsübereignung eines Warenlagers mit wechselndem Bestand eine Rolle. Der Sicherungsnehmer hat Anspruch auf Auskunftserteilung und Einsicht in schriftliche Unterlagen (z.B. Bestandslisten). Außerdem kann er das Lager in Augenschein nehmen.[823]

e) Recht zur Offenlegung der Sicherungsübereignung

719 I.d.R. wird die Offenlegung den Beginn der Verwertung kennzeichnen. Es kommt dann darauf an, ob die Verwertungsvoraussetzungen gegeben sind (s. hierzu Rdn. 772–776). Der Sicherungsnehmer kann jedoch ein berechtigtes Interesse daran haben, sachlich begründete Anfragen anderer Gläubiger wahrheitsgemäß zu beantworten.[824]

2. Rechte und Pflichten des Sicherungsgebers

a) Besitzrecht

720 Die Rechte und Pflichten des Sicherungsgebers richten sich nach dem Sicherungsvertrag. Dem Sicherungsgeber steht bis zum Sicherungsfall ein Recht zum Besitz ggü. dem Sicherungsnehmer zu. Dies gilt insb. bei einer Übereignung gem. § 930 BGB. Das Besitzrecht endet im Zeitpunkt des Sicherungsfalles, da es durch das Sicherungsinteresse des Sicherungsnehmers eingeschränkt ist. Auch bei einer Gefährdung des Sicherungsinteresses durch einen pflichtwidrigen Umgang des Sicherungsgebers mit dem Sicherungsgut endet i.d.R. das Besitzrecht. Dem Sicherungsnehmer steht

820 BGH, WM 1960, 1223 (1225); BGH, NJW 1961, 777 (778); *Serick* II § 20 III 2, S. 138.

821 Schimansky/Bunte/Lwowski/*Ganter* Bankrechts-Handbuch § 95 Rn. 62.

822 *Lwowski* Rn. 278.

823 Schimansky/Bunte/Lwowski/*Ganter* Bankrechts-Handbuch § 95 Rn. 102.

824 Schimansky/Bunte/Lwowski/*Ganter* Bankrechts-Handbuch § 95 Rn. 66; a.A. Ulmer/Brandner/Hensen Anh. §§ 9 bis 11 AGBG Rn. 62.

dann der Anspruch auf Herausgabe aus § 985 BGB zu, die Einrede nach § 986 Abs. 1 Satz 1 BGB steht dem Sicherungsgeber nicht mehr zu.[825]

b) Gebrauchsrecht und Versicherungspflicht

Aus dem Sicherungsvertrag ergibt sich im Zweifel durch Auslegung gem. § 157 BGB auch das unentgeltliche Gebrauchs- und Nutzungsrecht des Sicherungsgebers am Sicherungsgut. Oft stellt die Nutzziehung des Sicherungsgutes die Grundlage für die Rückführung des Kredites dar. Umgekehrt darf der Gebrauch nicht den Sicherungszweck gefährden. Dem Gebrauchsrecht stehen daher Erhaltungspflichten und Sorgfaltspflichten ggü.[826] Der Sicherungsgeber haftet nicht nur für die Sorgfalt in eigenen Angelegenheiten gem. § 277 BGB, sondern für die verkehrsübliche Sorgfalt gem. § 276 BGB.[827] 721

Aus dem Gebrauchsrecht folgt i.d.R. auch eine Verpflichtung, das Sicherungsgut gegen Schäden zu versichern.[828] Der Sicherungsgeber verpflichtet sich in dem Sicherungsvertrag regelmäßig, das Sicherungsgut für die Dauer der Übereignung auf eigene Kosten in voller Höhe gegen die üblichen Gefahren und Risiken zu versichern. Die aus einem eventuellen Versicherungsfall entstehenden gegenwärtigen und künftigen Ansprüche gegen die Versicherungsgesellschaft tritt der Sicherungsgeber an die Bank ab. Unter Ausschluss von § 69 VVG bleibt der Sicherungsgeber Versicherungsnehmer und Prämienschuldner. Der Sicherungsnehmer wird abweichend von § 76 Abs. 1 VVG allein verfügungsbefugt über die Rechte aus dem Versicherungsvertrag und zur Annahme der Entschädigung berechtigt. Wenn der Sicherungsgeber nicht für einen ausreichenden Schutz sorgt, darf der Sicherungsnehmer dies auf dessen Kosten herbeiführen.[829] 722

Der Sicherungsgeber kann auch Beeinträchtigungen durch Dritte abwehren, da sein Recht zum Besitz aus dem Sicherungsvertrag durch § 823 Abs. 1 BGB geschützt ist. Auch das Gebrauchs- und Nutzungsrecht endet mit Eintritt des Sicherungsfalls. 723

Im Sicherungsvertrag wird grds. die Ermächtigung zur Weiterveräußerung sicherungsübereigneten Umlaufvermögens nach § 185 Abs. 1 BGB erteilt.[830] Bei der Sicherungsübereignung eines Warenlagers mit wechselndem Bestand muss der Sicherungsgeber die eingehenden Waren so in den Bestand eingliedern, dass sie der Sicherungsübereignung im vereinbarten Umfang unterliegen.[831] 724

c) Freigabeanspruch

Soweit der Gesamtwert der Sicherheit die Deckungsgrenze nicht unerheblich und nicht nur vorübergehend übersteigt, hat der Sicherungsgeber einen Anspruch auf Freigabe von Sicherheiten.[832] 725

d) Rückübertragungsanspruch

Bei Bestellung einer unbedingten Sicherung steht dem Sicherungsgeber beim Ausbleiben der zu sichernden Verbindlichkeit ein schuldrechtlicher Rückübertragungsanspruch zu. Das Gleiche gilt bei Unwirksamkeit des Kreditvertrages.[833] Bei Erfüllung der gesicherten Forderung besteht ebenfalls ein Anspruch auf Rückübertragung. Die Verjährung der gesicherten Forderung löst keinen 726

825 Zur Durchsetzung im Wege der einstweiligen Verfügung: MüKo-BGB/*Oechsler* Anh. §§ 929 bis 936 Rn. 43.
826 Derleder/Knops/Bamberger/*Derleder* § 24 Rn. 34.
827 Schimansky/Bunte/Lwowski/*Ganter* Bankrechts-Handbuch § 95 Rn. 69.
828 *Lwowski* Rn. 613.
829 *Kümpel* Rn. 6.399–6.402.
830 MüKo-BGB/*Oechsler* Anh. §§ 929 bis 936 Rn. 37.
831 Derleder/Knops/Bamberger/*Derleder* § 24 Rn. 34.
832 Schimansky/Bunte/Lwowski/*Ganter* Bankrechts-Handbuch § 90 Rn. 350, 360 (362).
833 Schimansky/Bunte/Lwowski/*Ganter* Bankrechts-Handbuch § 90 Rn. 121, 125 (128).

Rückübertragsanspruch aus, § 216 Abs. 2 Satz 1 BGB.[834] Wurde nur ein Teil der Forderung getilgt oder hat sich der Sicherungszweck nur für einen Teil der Sicherheit anderweitig erledigt, kann der Sicherungsgeber die Rückübertragung einer entsprechenden Teilsicherheit verlangen. Dem Sicherungsnehmer steht aber grds. das Wahlrecht nach § 262 BGB zu, welche Sicherheit er zurückgeben will.[835]

727 Dem Rückübertragungsanspruch kann nicht die Einrede des Zurückbehaltungsrechtes aus § 273 BGB entgegengehalten werden, bis der Gläubiger wegen einer anderen, nicht vom Sicherungsvertrag erfassten Forderung befriedigt ist.[836]

3. Rechte Dritter

728 Dritte, die Gegenstände und Waren unter Eigentumsvorbehalt an den Sicherungsgeber geliefert haben, bleiben bis zur vollständigen Bezahlung der Waren Eigentümer. Eine Sicherungsübereignung dieser Gegenstände kann daher nicht erfolgen. Allerdings wird i.d.R. das Anwartschaftsrecht des Sicherungsgebers auf den Eigentumserwerber an den Sicherungsnehmer abgetreten.[837] Eine nachrangige Übereignung ist nicht möglich, da das Eigentum nur ein Mal vom jeweiligen Eigentümer auf einen Dritten übertragen werden kann.

729 Als Rechte Dritter können auch Vermieterpfandrecht oder die Zubehörhaftung des Grundpfandrechtsgläubigers einer Sicherungsübereignung entgegenstehen. Dies kann vermieden werden durch eine Sicherungsübereignung direkt vom Lieferanten an den Kreditgeber vor Auslieferung – was i.d.R. in der Praxis nicht durchführbar ist.[838]

V. Sicherungsübereignung fremder und belasteter Gegenstände

1. Fremde Gegenstände

730 Bei einer Sicherungsübereignung von Gegenständen, die nicht im Eigentum des Sicherungsgebers stehen, kann der Sicherungsnehmer allenfalls gutgläubig gem. §§ 931 bis 934 BGB erwerben. Die Vorschriften gelten in gleicher Weise wie für den Erwerb von Eigentum, das keiner treuhänderischen Bindung unterliegt.[839]

731 Die Sicherungsübereignung fremder Sachen kommt häufig vor bei Gegenständen, die der Käufer und Sicherungsgeber von Dritten unter Eigentumsvorbehalt erworben hat. Dabei kommt es darauf an, ob die Übereignung nach § 929, § 930 oder § 931 BGB erfolgt ist. Befinden sich die Waren, die zur Sicherheit übereignet wurden, bei einem Dritten (Lagerhalter) und sollen sie auch dort verbleiben, ergeben sich folgende Möglichkeiten:

– Bei Übereignung gem. § 929 BGB ist gutgläubiger Erwerb des Sicherungsnehmers nach § 932 BGB möglich, wenn die Sicherungsübereignung durch Einigung und Übergabe erfolgt. Der gute Glaube muss zum Zeitpunkt, in dem der Erwerber (oder sein Besitzmittler) den unmittelbaren Besitz am Sicherungsgut erlangt, vorliegen. Weist der nicht berechtigte Sicherungsgeber seinen Lagerhalter an, die Sache an den Sicherungsnehmer herauszugeben oder künftig nur noch für diesen zu besitzen, erfolgt ein gutgläubiger Erwerb nach § 932 BGB. Dies gilt nicht, wenn die Sache abhandengekommen ist, § 935 Abs. 1 BGB.[840] oder wenn dem Erwerber be-

834 Derleder/Knops/Bamberger/*Derleder* § 24 Rn. 36.

835 NJW-RR 2003, 45.

836 BGH, NJW 2000, 2499; Derleder/Knops/Bamberger/*Derleder* § 24 Rn. 36.

837 Vgl. zum Erfordernis des Eigentumsnachweises: *Steinberger/Wälter* FCH-Sicherheitenkompendium, S. 348, 353.

838 S. hierzu *Steinberger/Wälter* FCH-Sicherheitenkompendium, S. 357–359.

839 *Reinicke/Tiedtke* Rn. 681.

840 Vgl. Beispiele bei: Schimansky/Bunte/Lwowski/*Ganter* Bankrechts-Handbuch § 95 Rn. 139, 140; *Reinicke/Tiedtke* Rn. 681; MüKo-BGB/*Oechsler* Anh. §§ 929 bis 936 Rn. 20, 21.

kannt ist oder infolge grober Fahrlässigkeit unbekannt ist, dass die Sache nicht dem Veräußerer gehört, § 932 Abs. 2 BGB.[841]

- Liegt eine Übereignung gem. § 930 BGB vor, ist für den gutgläubigen Erwerber vom nicht berechtigten Sicherungsgeber gem. § 933 BGB die Übergabe der Sache vom Sicherungsgeber auf den Sicherungsnehmer sowie dessen Gutgläubigkeit zu diesem Zeitpunkt erforderlich. Für die Übergabe ist erforderlich, dass der Veräußerer den unmittelbaren Besitz und damit jede eigene Einwirkungsmöglichkeit restlos aufgibt.[842] Hieran wird ein gutgläubiger Erwerb i.d.R. scheitern, da bei einer Sicherungsübereignung gem. § 930 BGB eben gerade keine Übergabe stattfindet, sondern erst dann, wenn der Sicherungsfall eintritt. Zu diesem Zeitpunkt wird i.d.R. der gute Glaube des Erwerbers nicht mehr vorhanden sein.[843]
- Findet die Übereignung gem. § 931 BGB statt und ist der Sicherungsgeber mittelbarer Besitzer der bei dem Lagerhalter befindlichen fremden Sache, findet gutgläubiger Erwerb mit Abtretung des Herausgabeanspruches statt, § 934, 1. Alt. BGB. Tritt der Sicherungsgeber nur einen vermeintlichen Anspruch ab und ist nicht mittelbarer Besitzer, so findet gutgläubiger Erwerb erst statt, wenn der Sicherungsnehmer von dem Dritten den Besitz der Sache erhält, § 934, 2. Alt. BGB. Mittelbarer Besitz reicht aus.[844]

Der Sicherungsnehmer kann das gutgläubig nach § 932 BGB und § 934 BGB erworbene Eigentum 732
jedoch auch wieder verlieren. Behauptet der Sicherungsgeber ggü. dem Lagerhalter, der Sicherungsnehmer habe das Eigentum an der Ware wieder zurückübertragen und weist er den Lagerhalter an, die Ware nunmehr für einen neuen Sicherungsnehmer zu besitzen, findet ein gutgläubiger Erwerb des zweiten Sicherungsnehmers nach § 932 BGB statt, wenn der Lagerhalter mit diesem einen Lagervertrag abschließt. Das Gleiche gilt, wenn der Sicherungsgeber seinen angeblichen Herausgabeanspruch gegen den Lagerhalter an einen zweiten Sicherungsnehmer abtritt und dieser den Besitz erlangt. Der zweite Sicherungsnehmer kann dann gutgläubig nach § 934, 2. Alt. BGB das Eigentum erwerben.[845]

2. Belastete Gegenstände

a) Pfandrecht

Soweit der Sicherungsnehmer gutgläubig ist, kann er Sachen des Sicherungsnehmers, an denen 733
Dritten ein Pfandrecht zusteht, lastenfrei erwerben.

Bei einer Sicherungsübereignung gem. § 930 BGB von Sachen, die sich in gemieteten Räumen 734
befinden, ist das Sicherungsgut mit einem gesetzlichen Pfandrecht belastet, §§ 559, 580, 581 Abs. 2, 585 BGB. Dem Sicherungsnehmer ist nur ein Erwerb mit dieser Belastung möglich. Ein gutgläubiger lastenfreier Erwerb scheidet i.d.R. aus, § 936 BGB.[846]

Bei einem Raumsicherungsübereignungsvertrag bewirkt das Einbringen von Sachen in den gemie- 735
teten/gepachteten Sicherungsraum gleichzeitig das Entstehen des Vermieterpfandrechtes und des Sicherungseigentums. Nach der Rechtsprechung hat das Vermieterpfandrecht den Vorrang.[847] Der Vorrang des Vermieterpfandrechtes gilt auch hinsichtlich des Anwartschaftsrechtes bei Einbringung

841 Vgl. z.B. OLG Saarbrücken, NJW-RR 2011, 638 – keine Nachforschungspflicht bei Sicherungsübereignung eines eher geringwertigen Arbeitsgerätes.
842 BGH, NJW 1996, 2654 (2655).
843 Vgl. *Pottschmidt/Rohr* Rn. 540.
844 BGH, WM 1969, 242 (244); NJW 1978, 696 (697).
845 Vgl. Beispiele bei *Reinicke/Tiedtke* Rn. 683; *Tiedtke* WM 1978, 446.
846 BGH, NJW 1972, 43.
847 BGH, NJW 1992, 1156; BGH, ZIP 1992, 842; OLG Düsseldorf, ZMR 1999, 474; OLG Düsseldorf, NJW-RR 1998, 559; *Muth* EwiR 1999, 593.

von unter Eigentumsvorbehalt stehender Ware.[848] Bei einer Veräußerung der Mietsache und einem damit einhergehenden Vermieterwechsel kommt es bei der Beurteilung, ob eine in die Mieträume eingebrachte Sache dem Vermieterpfandrecht des Erwerbers unterfällt, auf den Zeitpunkt der Einbringung der Sache in die Mieträume an. Einer Sicherungsübereignung, die nach Einbringung der Sache in die Mieträume und vor veräußerungsbedingtem Vermieterwechsel erfolgt, geht das Vermieterpfandrecht vor.[849]

736 Das Sicherungseigentum geht dann vor, wenn die Sache – ausnahmsweise – an den Sicherungsnehmer übereignet wurde, bevor sie in den Sicherungsraum eingebracht wurde.[850] Andererseits lässt eine vorweggenommene Sicherungsübereignung das Vermieterpfandrecht nicht ins Leere laufen, da das Eigentum im Wege des Durchgangserwerbs für eine logische Sekunde dem Sicherungsgeber zufällt. Ist die Sache bereits eingebracht, entsteht zu diesem Zeitpunkt das vorrangige Vermieterpfandrecht.[851]

737 Überträgt der Sicherungsgeber als Mieter nur das Anwartschaftsrecht, ist auch dieses mit einem vorrangigen Vermieterpfandrecht belastet. Für den gutgläubigen Erwerb des Anwartschaftsrechtes auf Eigentumserwerb gilt dann das oben gesagte.[852]

738 Die Zustimmung des Sicherungseigentümers zu einer Veräußerung der dem vorherigen Vermieterpfandrecht unterliegenden Sache kann eine Schadensersatzpflicht ggü. dem Vermieter begründen.[853]

b) Hypothek

739 Eine Hypothek oder Grundschuld bezieht sich auch auf Erzeugnisse und Zubehör des Grundstücks, § 1120 BGB. Bei einer Sicherungsübereignung von Zubehör, das für ein Grundpfandrecht mithaftet, erwirbt der Sicherungsnehmer nur belastetes Eigentum.[854] Eine Enthaftung findet nur unter den Voraussetzungen des § 1121 Abs. 1 BGB statt, vor allem durch Entfernung vom Grundstück.[855]

740 Überträgt der Sicherungsgeber nur die Anwartschaft, unterfällt auch diese der Zubehörhaftung. Die Zubehörhaftung setzt sich nach Bedingungseintritt (volle Bezahlung des Kaufpreises) dann am Volleigentum fort. Der Vorbehaltskäufer (Sicherungsgeber) soll mit dem Verkäufer vereinbaren können, dass das Anwartschaftsrecht nachträglich aufgehoben und die Zubehörhaftung dann gegenstandslos wird.[856] Durch Vereinbarung zwischen Vorbehaltslieferanten, Sicherungsgeber und Sicherungsnehmer könnte damit die Zubehörhaftung für den Grundpfandgläubiger ausgeschlossen werden. Diese Rechtsprechung ist unter analoger Anwendung von § 1276 Abs. 1 BGB auf Kritik gestoßen.[857]

3. Verfügungen des Sicherungsnehmers vor Verwertungsreife

741 Der Sicherungsgeber ist gegen pflichtwidrige Verfügungen – vor Eintritt der Verwertungsreife – des Sicherungsnehmers geschützt, solange er unmittelbarer Besitzer ist – er hat ein Recht zum Besitz

848 MüKo-BGB/*Oechsler* Anh. §§ 929 bis 936 Rn. 23.
849 BGH, NJW 2014, 3775 = NJW-Spezial 2015, 65.
850 MüKo-BGB/*Oechsler* Anh. §§ 929 bis 936 Rn. 23.
851 Schimansky/Bunte/Lwowski/*Ganter* Bankrechts-Handbuch § 95 Rn. 144; *Reinicke/Tiedtke* Rn. 677.
852 Schimansky/Bunte/Lwowski/*Ganter* Bankrechts-Handbuch § 95 Rn. 142.
853 OLG Stuttgart, NZM 2012, 26 = IMR 2011, 325.
854 *Reinicke/Tiedtke* Rn. 679, Schimansky/Bunte/Lwowski/*Ganter* Bankrechts-Handbuch § 95 Rn. 149; MüKo-BGB/*Oechsler* Anh. §§ 929 bis 936 Rn. 24.
855 BGHZ 35, 85; BGH, WM 1996, 293.
856 BGHZ 92, 280 (288, 290).
857 Staudinger BGB/*Wiegand* Anh. zu §§ 929 bis 936 Rn. 302; Soergel/*Henssler* Rn. 120; *Kohlhosser* JA 1984, 196 (200); *Tiedtke* NJW 1985, 1305; *Wilhelm* NJW 1987, 1785, der die Ansicht des BGH teilt; *Marotzke* AcP 186 (1986), 490.

gem. § 986 Abs. 1 BGB und er kann die Herausgabe verweigern. Hat der Sicherungsnehmer die Sache einem Dritten nach § 931 BGB übereignet, stehen dem Sicherungsgeber die Einwendungen nach § 986 Abs. 2 BGB zu. Dieser wird entsprechend angewendet, wenn eine Übertragung nach § 930 BGB vom Sicherungsnehmer auf den Dritten stattfand (Sicherungsnehmer ist erststufiger Fremdbesitzer und Dritter ist zweitstufiger Eigenbesitzer).[858]

Soweit die Sicherungsübereignung unter der auflösenden Bedingung der Rückzahlung der gesicherten Forderung vereinbart wurde, ist dem Sicherungsnehmer dann nur eine Verfügung gem. § 931 BGB möglich. Der Erwerber muss das Anwartschaftsrecht des Sicherungsgebers gem. § 936 Abs. 3 BGB gegen sich gelten lassen.[859] Erfolgte die Übereignung nach § 931 BGB, da der Sicherungsgeber selbst nur mittelbaren Besitz am Sicherungsgut hatte, kann ein Dritter das Anwartschaftsrecht gutgläubig vom Sicherungsnehmer erwerben, § 934, 1. Alt. i.V.m. § 936 Abs. 1 Satz 1 BGB.[860] 742

Stand die Sicherungsübereignung nicht unter der auflösenden Bedingung, sondern war nur ein schuldrechtlicher Rückübertragungsanspruch vereinbart, kann sich der Sicherungsgeber ggü. dem Herausgabeverlangen des Erwerbers – wie oben ausgeführt – auf § 986 Abs. 2 BGB berufen. 743

VI. Mehrfache Sicherungsübereignung

1. Grundsatz

Die vertraglich eingeräumte Verfügungsbefugnis des Sicherungsgebers zum Besitz und zur Nutzung des sicherungsübereigneten Gegenstandes erstreckt sich nicht darauf, eine weitere Sicherungsübereignung derselben Sache an einen Dritten vorzunehmen. Übereignet der Sicherungsgeber die Sache nacheinander an zwei verschiedene Sicherungsnehmer, verfügt er als Nichtberechtigter. Der Sicherungsgeber kann dem zweiten Sicherungsnehmer seinen schuldrechtlichen Anspruch auf Rückübereignung gegen den ersten Sicherungsnehmer abtreten. Die Abtretung sollte angezeigt werden, um zu vermeiden, dass der erste Sicherungsnehmer bei Beendigung des Sicherungsverhältnisses den sicherungsübereigneten Gegenstand an den Sicherungsgeber zurückgibt.[861] 744

2. Gem. § 930 BGB

Bei mehrfacher Sicherungsübereignung desselben Gegenstandes nacheinander an verschiedene Sicherungsnehmer jeweils nach § 930 BGB scheitert ein gutgläubiger Erwerb des nachfolgenden Sicherungsnehmers i.d.R. an den Voraussetzungen des § 933 BGB – eine Übergabe wird i.d.R. nicht erfolgen. Es gilt insofern der Prioritätsgrundsatz zugunsten des ersten Sicherungsnehmers. Bei Übergabe des Sicherungsgutes durch den ersten Sicherungsnehmer an den Nachfolgenden, kann dieser das Sicherungseigentum erwerben, wenn er zu diesem Zeitpunkt noch in gutem Glauben ist.[862] 745

Maßgeblich stellt sich die Frage der mehrfachen Sicherungsübereignung beim **Warenlager mit wechselndem Bestand**. Bei einer mehrfachen Sicherungsübereignung gem. § 930 BGB eines Warenlagers mit wechselndem Bestand kann es zu einer Aufspaltung des Sicherungseigentums kommen: Der Altbestand – Waren, die sich im Zeitpunkt der zweiten Sicherungsübereignung noch im Lager befanden – stehen im Sicherungseigentum des ersten Sicherungsnehmers. Ein gutgläubiger Erwerb wäre hieran nur unter den Voraussetzungen des § 933 BGB möglich. Der Neubestand – Waren, 746

858 *Reinicke/Tiedke* Rn. 704.
859 *Pottschmidt/Rohr* Rn. 572.
860 *Pottschmidt/Rohr* Rn. 574.
861 *Lwowski* Rn. 227.
862 *Menke* WM 1997, 405 (407).

die nach Abschluss des zweiten Sicherungsübereignungsvertrages in den Bestand gelangen – fallen in das Sicherungseigentum des zweiten Sicherungsnehmers. Ein gutgläubiger Erwerb ist hier nicht erforderlich, da der Sicherungsgeber mit einer neuen Sicherungsübereignung i.d.R. seinen Willen kundtut, nicht mehr für den ersten Sicherungsnehmer besitzen zu wollen.[863]

747 Die nachfolgende Sicherungsübereignung soll nach herrschender Meinung auch dem Bestimmtheitsgrundsatz entsprechen, da der Sicherungsgeber den gesamten Bestand dem zweiten Sicherungsnehmer zur Sicherung übereignen will. Für die Bestimmtheit des Verfügungsobjektes macht es keinen Unterschied, wie weit die tatsächliche Verfügungsmacht des Sicherungsgebers in diesem Fall reicht.[864]

748 Im Sicherungsfall können sich allerdings Beweisschwierigkeiten für beide Sicherungsnehmer ergeben. Dies kann sinnvoll nur durch den Abschluss eines Sicherheitenpoolvertrages zwischen den beiden Sicherungsnehmern vermieden werden.[865] Will der Sicherungsgeber ausdrücklich dem zweiten Sicherungsnehmer nur den Neubestand übereignen, fehlt es am Bestimmtheitsgrundsatz, soweit die eingehenden Waren nicht gesondert gelagert oder markiert werden.[866]

3. Gem. § 931 BGB

749 Es gilt das Prioritätsprinzip bei mehrfacher Sicherungsübereignung gem. § 931 BGB. Der gutgläubige Erwerb einer Forderung – hier Anspruch des Sicherungsgebers auf Herausgabe der Sache ggü. dem Besitzer – ist nicht möglich. Allerdings kann der erste Sicherungsnehmer den Vorrang verlieren, wenn der Sicherungsgeber sich von dem unmittelbaren Besitzer des Sicherungsgutes den unmittelbaren Besitz wieder einräumen lässt und mit dem zweiten Sicherungsnehmer ein neues Besitzmittelungsverhältnis vereinbart.[867] Zeigt der Sicherungsgeber dem unmittelbaren Besitzer nur die zweite Abtretung an, wird der unmittelbare Besitzer dem zweiten Sicherungsnehmer den Besitz mitteln.[868]

4. Gemischte Fälle

750 Folgende Mischfälle sind denkbar und praxisrelevant:

- Erste Sicherungsübereignung gem. § 930 BGB, zweite gem. § 929 BGB: Der erste Sicherungsnehmer verliert sein Sicherungseigentum an den zweiten, falls dieser gutgläubig gem. § 932 BGB ist.
- Erste Sicherungsübereignung gem. § 930 BGB, dann Begründung eines Besitzmittelungsverhältnisses zwischen Sicherungsgeber und Drittem: Der tatsächlich bestehende Herausgabeanspruch gegen den Dritten kann an einen zweiten Sicherungsnehmer gem. § 931 BGB abgetreten werden. Der zweite Sicherungseigentümer kann gutgläubig gem. § 934, 1. Alt. BGB erwerben.
- Erste Sicherungsübereignung gem. § 929 BGB, zweite Sicherungsübereignung gem. § 931 BGB unter Abtretung des (angeblichen) Herausgabeanspruches: Kein gutgläubiger Erwerb durch den zweiten gem. § 934 BGB, soweit er nicht von dem ersten Sicherungsnehmer Besitz erlangt.

---

863 BGH, WM 1960, 1223 (1227); BGH, WM 1965, 1248 (1249); *Menke* WM 1997, 405 (406); MüKo-BGB/*Oechsler* Anh. §§ 929 bis 936 Rn. 19; kritisch: *Giesen* AcP 203 (2003), 210, 223.

864 So: *Menke* WM 1997, 405 (407); ebenso: MüKo-BGB/*Oechsler* Anh. §§ 929 bis 936 Rn. 19; Schimansky/Bunte/Lwowski/*Ganter* Bankrechts-Handbuch § 95 Rn. 157.

865 S. hierzu: MüKo-BGB/*Oechsler* Anh. §§ 929 bis 936 Rn. 19 m.w.N.

866 Vgl. Schimansky/Bunte/Lwowski/*Ganter* Bankrechts-Handbuch § 95 Rn. 158 m.w.N.

867 *Bülow* Rn. 1151.

868 *Bülow* Rn. 1172.

VII. Besondere Formen der Sicherungsübereignung

1. Sicherungsübereignung spezieller Gegenstände

Je nachdem, welche beweglichen Gegenstände sicherungsübereignet sind, können Sondervorschriften eingreifen, die der Sicherungsnehmer zu beachten hat.[869] 751

Bspw. sind bei der Sicherungsübereignung von **Lebensmitteln** die strengen Auflagen des Lebensmittelgesetzes hinsichtlich Auszeichnung und Lagerung zu erfüllen. Eine Unterbrechung der Kühlketten kann zum Verderb der Ware und damit zur Wertlosigkeit des Sicherungsgutes führen. Bei der Sicherungsübereignung von **Arzneimitteln** ist zu beachten, dass ein Vertrieb i.d.R. nur über Apotheken oder pharmazeutische Großhändler erfolgen kann, §§ 43, 47 AMG. 752

In diesem Zusammenhang stellt sich auch die Frage der Haftung des Sicherungsnehmers für die entsprechenden Sicherungsgüter und die von ihnen ausgehenden Gefahren. Verursacht der Sicherungsgeber als tatsächlicher Besitzer einen Schaden, scheidet eine Haftung gegen den Sicherungsnehmer als Verursacher aus. Nach den landesrechtlichen Polizeigesetzen können sich Haftungstatbestände als Zustandsstörer, aber auch aus seiner Stellung als Eigentümer ergeben. Die Haftung ist i.d.R. verursachungs- und verschuldensunabhängig. Auch eine Haftung für Umweltrisiken kann nicht ausgeschlossen werden.[870] Hier ist daher der Abschluss entsprechender Versicherungen durch den Sicherungsgeber zu fordern und zu überprüfen. 753

Bei **verbrauchbaren Gegenständen** kann dem Sicherungsgeber mit einer Austausch- oder Ersatzklausel gestattet werden, unbrauchbar gewordene Gegenstände auszutauschen. Die Ersatzstücke werden mittels antizipiertem Besitzkonstitut sicherungsübereignet. Austauschklauseln können mit Entnahmeklauseln verbunden werden. 754

Bei Gegenständen, die zur **Verarbeitung bestimmt** sind, kann sich der Sicherungsgeber vor dem Verlust des Eigentums gem. § 950 BGB durch eine Verarbeitungsklausel schützen. Danach wird vereinbart, dass eine Verarbeitung für den Sicherungseigentümer erfolgen muss. Dieser wird damit zum Hersteller i.S.d. § 950 BGB und erwirbt das Sicherungseigentum an der neuen Sache unmittelbar und ohne Durchgangserwerb des Sicherungsgebers.[871] Eine andere Möglichkeit besteht darin, dass der Sicherungsgeber das Ergebnis der Verarbeitung antizipiert an den Sicherungsnehmer übereignet, in diesem Fall tritt ein Durchgangserwerb des Sicherungsgebers ein. Beim Zusammentreffen mehrerer Verarbeitungsklauseln verschiedener Lieferanten entsteht jeweils Miteigentum am Verarbeitungsergebnis und zwar in der Höhe des jeweiligen Wertverhältnisses der einzelnen Rohstoffe. Die Verarbeitungsbefugnis erlischt mit Insolvenzeröffnung über das Vermögen des Sicherungsgebers.[872] 755

Bei der Sicherungsübereignung von zur **Verbindung oder Vermischung** bestimmter Sachen geht das Sicherungseigentum an Gegenständen, die mit einem Grundstück verbunden und zu einem wesentlichen Bestandteil werden, durch die Verbindung unter, § 946 BGB. Dies gilt nicht bei einer Verbindung, Vermischung oder Vermengung mit anderen beweglichen Sachen. Der Sicherungsnehmer erlangt dann Miteigentum an der einheitlichen Sache, § 947 Abs. 1 BGB. Er muss seinen Miteigentumsanteil ggü. anderen Miteigentümern nachweisen können. Ist eine Sache als Hauptsache anzusehen, erlangt deren Eigentümer das Alleineigentum, § 947 Abs. 2 BGB. 756

---

869 Vgl. zur Sicherungsübereignung einzelner Gegenstände umfassend: *Steinberger/Wälter* FCH-Sicherheitenkompendium, S. 360–403.

870 *Schneider/Eichholz* ZIP 1990, 8; BuB/*Cartano* 4/542.

871 *Serick* II § 19 III 1a, S. 89.

872 *Serick* V § 63 III 7, S. 441.

2. Sicherungsübereignung von Kfz

757 Für Fahrzeuge besteht ein Kfz-Brief, in dem das Fahrzeug und die Person des Halters vermerkt sind, §§ 20, 25 StVZO. Der Fahrzeugbrief ist kein Wertpapier, die selbstständige Sicherungsübereignung eines Fahrzeugbriefes ist damit unmöglich. Er ist auch kein Traditionspapier, die Übergabe des Fahrzeugbriefes kann daher weder die Vereinbarung der Sicherungsübereignung noch die Übergabe des Fahrzeugs ersetzen.[873] Bei der Sicherungsübereignung sollte aber in jedem Fall der Fahrzeugbrief an den Sicherungsnehmer übergeben werden, um einen gutgläubigen Erwerb des Fahrzeuges vom Sicherungsgeber durch einen Dritten zu verhindern. Die Sicherungsübereignung sollte der Zulassungsstelle angezeigt werden, um die Erstellung eines Ersatzbriefes auszuschließen. Grds. stellt die Sicherungsübereignung eine Veräußerung i.S.d. § 69 Abs. 1 VVG dar. Der Sicherungsnehmer kann sich vom Sicherungsgeber jedoch einen Sicherungsschein vorlegen lassen. Versicherungsnehmer bleibt dann der Sicherungsgeber, dem Sicherungsnehmer steht aber im Schadensfall die Versicherungssumme zu.[874] Wird kein Sicherungsschein eingeholt, bleibt der Versicherungsvertrag mit dem Sicherungsgeber i.d.R. fortbestehen.

758 Bleibt der Sicherungsgeber wie i.d.R. Besitzer des Fahrzeuges, hat er Reparaturen auf eigene Kosten auszuführen, bei einer Nichtzahlung hat der Werkunternehmer kein gesetzliches Pfandrecht.[875] Wird ein Austauschmotor eingebaut, bleibt ein etwaiger Eigentumsvorbehalt bestehen.[876]

759 Ist der Sicherungsnehmer – wie wohl regelmäßig – der Halter des Fahrzeuges, so haftet er bei Unfällen ggü. dem Sicherungsgeber nicht gem. § 7 StVG.[877]

760 An Fahrzeugen, die als Tatwerkzeug zur Begehung einer Straftat verwendet wurden und die (z.B. zur Finanzierung) an Dritte (z.B. die finanzierende Bank) sicherungsübereignet wurden, kann die Einziehung der Anwartschaft des Angeklagten (gegen die Bank) angeordnet werden.[878]

3. Sicherungsübereignung von Vorbehaltsware

761 Ist Sicherungsgeber der Verkäufer, kann der Sicherungsnehmer Eigentum vom Berechtigten erwerben. Nach Bezahlung durch den Käufer geht das Eigentum jedoch auf diesen über, sodass der Sicherung nur wenig Wert beizumessen ist. Ist Sicherungsgeber der Käufer, kommt nur ein gutgläubiger Erwerb durch den Sicherungsnehmer vom Nichtberechtigten infrage.

4. Sicherungsübereignung von Anwartschaften

762 Die Sicherungsübereignung von Anwartschaften spielt insb. bei der Sicherungsübereignung von unter Eigentumsvorbehalt stehenden Gegenständen eine Rolle. Der Käufer erwirbt unter der aufschiebenden Bedingung vollständiger Bezahlung Eigentum, bis zum Bedingungseintritt steht ihm ein Anwartschaftsrecht zu. Dieses kann zur Sicherheit übertragen werden. Die Übertragung muss nicht ausdrücklich vereinbart werden, sondern kann sich auch im Wege der Auslegung ergeben. Dies gilt für die Sicherungsübereignung eines Warenlagers, das auch Vorbehaltware enthält.[879] Steht dem Sicherungsgeber hingegen bereits das Vollrecht zu, kann die Übertragung eines Anwartschaftsrechtes als Übereignung der Sache ausgelegt werden.[880] Die Übertragung des Anwartschaftsrechtes

---

873 Auf den Kfz-Brief selbst ist § 952 BGB anzuwenden, das Eigentum am Kfz-Brief folgt damit dem Eigentum am Fahrzeug; vgl. LG Frankfurt am Main, NJW-RR 1986, 986.

874 *Lwowski* Rn. 614; *Pottschmidt/Rohr* Rn. 576.

875 BGHZ 34, 153, 154.

876 BGH, WM 1973, 862; vgl. umfassend: Schimansky/Bunte/Lwowski/*Ganter* Bankrechts-Handbuch § 95 Rn. 103–113; *Steinberger/Wälter* FCH-Sicherheitenkompendium, S. 371–375.

877 BGH, NJW 2011, 996 (für Leasingverhältnisse). Für die Anwendung auch bei Fällen der Sicherungsübereignung, *Faust* JuS 2011, 643.

878 BGH, BeckRS 2011, 02631.

879 BGH, NJW 1991, 353; Soergel/*Mühl* § 930 Rn. 46.

880 *Serick* I § 11, III 1, 257.

richtet sich nach denselben Regeln, die für die Übertragung des Eigentums an der Sache gelten, also den §§ 929 ff. BGB[881]

Besteht das Anwartschaftsrecht, erwirbt der Empfänger vom Berechtigten und bedarf weder der Zustimmung des Vorbehaltsverkäufers noch kommt es auf den guten Glauben des Erwerbers an. Da das Anwartschaftsrecht jedoch vom Bestand des Kaufvertrages abhängt, bestehen für den Sicherungsnehmer erhebliche Risiken – er muss die Einwirkungen auf sein Anwartschaftsrecht hinnehmen, die sich zum Zeitpunkt der Übertragung aus dem Kaufvertrag ergeben (z.B. Rücktritt vom Vertrag, Wandelung, etc.). **763**

Besteht das Anwartschaftsrecht tatsächlich nicht, ist ein gutgläubiger Erwerb möglich, es gelten die Vorschriften über den gutgläubigen Erwerb von Eigentum gem. §§ 932 ff. BGB. **764**

Nach herrschender Meinung findet kein Durchgangserwerb beim Anwartschaftsberechtigten statt, sondern es erfolgt ein Direkterwerb auf den Sicherungsnehmer.[882] **765**

5. Sicherungsübereignung von Warenlagern mit wechselndem Bestand

Oftmals dient der vorhandene Warenbestand als werthaltige Grundlage zur Sicherung eines Darlehens. Der Kreditnehmer hat das Interesse, den Warenbestand im laufenden Geschäftsbetrieb abzuverkaufen, der Kreditgeber hat das Interesse, einen gleichmäßigen Wert seiner Sicherheit zu erhalten. Bei der Sicherungsübereignung von Warenlagern mit wechselndem Bestand ermächtigt daher der Sicherungsnehmer gem. § 185 BGB im Wege einer **Entnahmeklausel** den Sicherungsgeber dazu, über das Sicherungsgut zu verfügen. Eine solche Klausel wird vermutet, wenn das Warenlager Gegenstände enthält, die zur Veräußerung oder zur Verarbeitung bestimmt sind.[883] Die Ermächtigung erhält die Einschränkung, dass durch die Verfügung keine Unterdeckung eintreten darf und dass sie sich i.R.d. ordnungsgemäßen Geschäftsganges halten muss. Die Befugnis erlischt zudem mit der Eröffnung des Insolvenzverfahrens über das Vermögen des Sicherungsgebers. **766**

Der Abgang bereits sicherungsübereigneter Gegenstände soll durch die Übereignung der hinzukommenden Gegenstände aufgefangen werden. Dies wird mithilfe der **Nachschubklausel** durch eine vorweggenommene Sicherungsübereignung der zugehenden Waren erreicht. Im Wege des antizipierten Besitzkonstitutes einigen sich die Parteien des Sicherungsvertrages darüber, dass das Eigentum oder das Anwartschaftsrecht an Sachen, die der Sicherungsgeber in Zukunft in sein Lager einbringen wird, auf den Sicherungsnehmer übergehen. Als Ersatz für die Übergabe wird ein Besitzmittelungsverhältnis antizipiert. Besitzmittelungs- und Eigentumsverschaffungswille der Parteien müssen fortbestehen. Für die Voraussetzung des Bestimmtheitsgrundsatzes gelten die Ausführungen oben, Rdn. 699–706. Der Sicherungsgeber ist zur Auskunftserteilung über den Bestand verpflichtet und muss entsprechende Bestandslisten vorlegen. Dem Sicherungsnehmer steht umgekehrt das Recht zu, das Lager in Augenschein zu nehmen und den Bestand zu überprüfen. **767**

Alternativ zur Sicherungsübereignung des Warenlagers kann sich der Sicherungsnehmer auch die Forderungen aus der Weiterveräußerung im Voraus abtreten lassen. Das Sicherungseigentum wird durch eine Anschlusszession »verlängert«, weshalb diese auch verlängerte Sicherungsübereignung genannt wird.[884] Es ist ratsam, die Anschlusszession im Wege der Globalzession vorzunehmen. **768**

Die Wahrnehmung eigener Sicherungsinteressen ist auch im Fall einer Nachbesicherung grundsätzlich legitim und begründet für sich genommen keinen Vorwurf der Sittenwidrigkeit. Für die **769**

881 BGH, NJW 1958, 1163.
882 BGH, NJW 1956, 665; BGH, NJW 1958, 1163; BGH, NJW 1992, 1156.
883 BGH, NJW 1988, 1774; Soergel/*Mühl* § 930 Rn. 44.
884 Schimansky/Bunte/Lwowski/*Ganter* Bankrechts-Handbuch § 95 Rn. 127.

Beurteilung der Sittenwidrigkeit von Sicherungsübereignungen von Warenlagern im Rahmen ernstgemeinter Sanierungsversuche gelten besondere Maßstäbe.[885]

VIII. Beendigung des Sicherungsverhältnisses und Verwertung des Sicherungsguts

1. Beendigung des Sicherungsverhältnisses

770 Der Sicherungszweck kann sich mit der einvernehmlichen Aufhebung des Sicherungsvertrages durch die Parteien erledigen oder – i.d.R. – durch vollständige Erfüllung der gesicherten Forderung. Die eigennützige Sicherungstreuhand verwandelt sich dann in eine uneigennützige Verwaltungstreuhand.[886] Der Sicherungsnehmer muss auch ohne ausdrückliche Vereinbarung im Sicherungsvertrag das Eigentum zurückübertragen. Hat die Sicherungsübereignung gem. § 930 BGB stattgefunden, erfolgt die Rückübertragung i.d.R. stillschweigend nach § 929 Satz 2 BGB. In den Allgemeinen Geschäftsbedingungen kann Schriftform für die Rückübereignung vereinbart werden zum Schutze beider Parteien.[887]

771 Veräußert der Sicherungsgeber im Rahmen seiner vertraglich eingeräumten Verfügungsbefugnis das Sicherungseigentum, erlischt dieses. Das Gleiche gilt, wenn der Sicherungsnehmer das Sicherungsgut (vertragswidrig) veräußert und ein gutgläubiger Erwerb beim Dritten eintritt.[888] Durch Verbindung, Vermischung und Verarbeitung geht das Sicherungseigentum unter, wenn es wesentlicher Bestandteil einer einheitlichen Sache wird, §§ 947 Abs. 2, 948 BGB. Das Gleiche gilt, wenn es wesentlicher Bestandteil eines Grundstückes durch Verbindung wird, § 946 BGB.

2. Verwertung des Sicherungsgutes

a) Grundlagen

772 Grundlage für die Verwertung des Sicherungsgutes ist der Sicherungsvertrag.[889] Der Sicherungsnehmer kann das Sicherungsgut verwerten, wenn der **Sicherungsfall** eingetreten ist. Dieser tritt nach Fälligkeit der gesicherten Forderung entsprechend § 1228 Abs. 2 BGB ein. Ein Verzug soll nicht notwendig sein, wenn nichts anderes im Sicherungsvertrag vereinbart ist.[890] Der Sicherungsfall tritt auch mit Eröffnung des Insolvenzverfahrens über das Vermögen des Sicherungsgebers ein.[891] Eine Vorverlagerung des Sicherungsfalles auf einen früheren Zeitpunkt als den der Fälligkeit der gesicherten Forderung durch AGB ist unzulässig.[892] Hat der Sicherungsgeber wesentlich gegen die Pflichten des Sicherungsvertrages verstoßen (z.B. durch Gefährdung der Sicherheit, Nichterfüllung der Nachschusspflicht, etc.), muss der Sicherungsnehmer durch Kündigung die sofortige Fälligkeit – und damit den Sicherungsfall – selbst herbeiführen.[893]

773 Aus der Treuepflicht gebietet sich i.d.R. eine vorherige Androhung der Verwertung durch den Sicherungsnehmer entsprechend § 1234 Abs. 1 BGB mit angemessener Fristsetzung.[894]

885 Zur Sittenwidrigkeit der Sicherungsübereignung von Warenlagern: BGH, NZI 2016 659 m. Anm. *Runge* = NJW 2016, 2662; vgl. dazu Anm. *Clemente* EWiR 2016,453.
886 *Serick* III § 37 I 1a; MüKo-BGB/*Oechsler* Anh. §§ 929 bis 936 Rn. 48.
887 BGH, NJW 1984, 1184 (1186).
888 Schimansky/Bunte/Lwowski/*Ganter* Bankrechts-Handbuch § 95 Rn. 196.
889 BGH, WM 1987, 853(855).
890 So: Palandt/*Bassenge* § 930 Rn. 30; MüKo-BGB/*Oechsler* Anh. §§ 929 bis 936 Rn. 48; für einen Verzug als Voraussetzung: *Reinicke/Tiedtke* Rn. 703; so wohl auch: Derleder/Knops/Bamberger/*Derleder* § 24 Rn. 38.
891 BGH, NJW 1960, 675 (zu § 65 KO).
892 *Serick* III § 38 I 2a.
893 So: MüKo-BGB/*Oechsler* Anh. §§ 929 bis 936 Rn. 48.
894 So: Palandt/*Bassenge* § 930 Rn. 31; a.A. Schimansky/Bunte/Lwowski/*Ganter* Bankrechts-Handbuch § 95 Rn. 167 unter Verweis auf BGH, NJW 1994, 864.

Der Sicherungsnehmer erhält einen Anspruch auf Herausgabe des Sicherungsguts, soweit dieses im Besitz des Sicherungsgebers steht.[895] Der Sicherungsnehmer darf sich den Besitz nicht eigenmächtig verschaffen, dies stellt eine verbotene Eigenmacht dar. Verweigert der Sicherungsgeber die Herausgabe, wird er unberechtigter Besitzer und haftet nach den §§ 987 ff. BGB.[896] Der Sicherungsnehmer muss notfalls einen Herausgabetitel erwirken, der dann nach § 883 ZPO durch Abholung durch den Gerichtsvollzieher vollstreckt wird. Bei Gefahr im Verzug ist ein Vorgehen im Wege der einstweiligen Verfügung für den Sicherungsnehmer möglich.[897] **774**

Einer Herausgabeklage bedarf es nicht, wenn der Sicherungsvertrag eine **Selbsthilfeklausel** vorsieht, wonach dem Sicherungsnehmer das Recht eingeräumt wird, im Sicherungsfall das Sicherungsgut in unmittelbaren Besitz zu nehmen. Gegen den Herausgabeanspruch stehen dem Sicherungsgeber alle Einwendungen zu, die sich aus der gesicherten Forderung oder aus dem Sicherungsvertrag ergeben. Dies gilt nicht für die Einrede der Verjährung, § 223 Abs. 2 BGB. **775**

Besonderheiten bei Anwendbarkeit des VerbrKrG gelten, wenn die gesicherte Forderung aus einem **verbundenen Geschäft** herrührt, das als Teilzahlungskauf zu qualifizieren ist. Verschafft sich die Bank den unmittelbaren Besitz am Sicherungsgut, nachdem der Sicherungsgeber mit den Raten in Verzug geraten ist, so wird nach §§ 13 Abs. 3 Satz 2, 18 Satz 1 VerbrKrG der Rücktritt vom Vertrag fingiert. Der Anspruch auf die gesicherte Forderung entfällt, eine Verwertung des Sicherungseigentums ist damit ausgeschlossen.[898] **776**

b) Durchführung der Verwertung

Der Sicherungsnehmer hat grds. keine Verwertungspflicht.[899] Der Sicherungsnehmer kann den Sicherungsgeber auch auf Zahlung verklagen, andere Sicherheiten verwerten oder aufgrund eines Zahlungstitels andere – nicht sicherungsübereignete – Gegenstände des Sicherungsgebers pfänden. Ist in der Sicherungsabrede keine entsprechende Reglung enthalten, kann der Sicherungsgeber im Wege der Erinnerung gem. §§ 777, 766 ZPO vorgehen, soweit die Voraussetzungen des § 777 ZPO erfüllt sind (Sicherungsnehmer hat die Sache in Besitz, die Forderung ist durch den Wert der Sache gedeckt). Vollstreckt der Sicherungsnehmer aufgrund eines Zahlungsurteils, kann der Sicherungsgeber gem. § 811 ZPO Erinnerung dagegen einlegen, dass der Gerichtsvollzieher unpfändbare Sachen pfändet.[900] **777**

Die Art und Weise der Verwertung richtet sich nach den Vereinbarungen im Sicherungsvertrag.[901] **778**
Sieht der Sicherungsvertrag keine Regelung über die Art und Weise der Verwertung vor, sollen nach herrschender Meinung die Vorschriften über den Pfandverkauf nicht analog angewandt werden.[902] Die Verwertung hat daher nicht zwingend gem. § 1235 BGB im Wege der öffentlichen Versteigerung zu erfolgen. Es kommen vielmehr die freihändige Veräußerung, der Pfandverkauf gem. § 1233 BGB oder die Zwangsvollstreckung aufgrund eines Zahlungstitels in Betracht.

Der Sicherungsnehmer ist verpflichtet, die berechtigten Belange des Sicherungsgebers in angemessener und zumutbarerweise zu berücksichtigen. Dies beinhaltet auch, dass bei einer Verwertung das Interesse des Sicherungsgebers an der bestmöglichen Verwertung zu beachten ist.[903] **779**

---

895 BGH, NJW 1980, 226 (227).
896 BGH, NJW 1980, 226.
897 *Bauer/Stürner* Sachenrecht § 57 B VI 2, S. 729.
898 Vgl. Schimansky/Bunte/Lwowski/*Ganter* Bankrechts-Handbuch § 95 Rn. 169.
899 BGH, NJW 1980, 226.
900 Vgl. hierzu *Tiedtke* Rn. 708.
901 BGH, NJW 1953, 1665; BGH, NJW 1980, 226; *Schmidt* Rücksichtnahmepflicht bei Sicherungsübereignungen, Dissertation Tübingen 1961; Palandt/*Bassenge* § 930 Rn. 29.
902 Schimansky/Bunte/Lwowski/*Ganter* Bankrechts-Handbuch § 95 Rn. 176; MüKo-BGB/*Oechsler* Anh. §§ 929 bis 936 Rn. 49; *Reinicke/Tiedtke* Rn. 709, 710 je m.w.N.
903 BGH, NJW 1997, 1063; BGH, NJW 2000, 352.

Eine Verschleuderung scheidet daher – auch als Sittenpflicht ggü. den anderen Gläubigern des Sicherungsgebers – aus. Eine gegenläufige Vereinbarung im Sicherungsvertrag ist sittenwidrig.[904]

780 Die Verwertung des Sicherungsgutes erfolgt in vier Schritten. Zunächst verlangt der Sicherungsnehmer vom Sicherungsgeber die Herausgabe der Sache und droht die Verwertung ausdrücklich an. Anschließend nimmt er die Verwertungshandlung vor und verteilt den Erlös.

781 I.d.R. wird der Sicherungsvertrag das Recht des Sicherungsnehmers zum freihändigen Verkauf vorsehen. Dies entspricht regelmäßig auch dem Interesse des Sicherungsgebers, da bei einer Verwertung im Wege der Zwangsvollstreckung oder der öffentlichen Versteigerung schlechtere Erlöse zu erzielen sind. Zur Absicherung des Sicherungsnehmers gegen den Vorwurf der Verschleuderung kann ein entsprechendes Wertgutachten durch einen Sachverständigen eingeholt werden. Die Kosten eines Wertgutachtens soll nach entsprechender Anwendung der Rechtsprechung auf das Leasinggut der Sicherungsgeber zu tragen haben.[905] Der Sicherungsnehmer kann dem Sicherungsgeber auch die Möglichkeit zur Mitwirkung beim Verkauf oder zur Ablösung geben.[906]

782 Werden bestimmte Werte, Wertermittlungsarten oder Bemessungsgrundlagen im Sicherungsvertrag vorgenommen, unterliegen diese der Inhaltskontrolle nach § 307 BGB, soweit die Regelungen in den Allgemeinen Geschäftsbedingungen enthalten sind.[907]

783 Eine Nutzziehung durch den Sicherungsnehmer ist grds. ausgeschlossen und nur bei entsprechender Vereinbarung möglich.[908] Sieht der Sicherungsvertrag eine bestimmte Art der Verwertung vor, so ist nur diese zulässig. Eine unzulässige Verwertung ist im Außenverhältnis wirksam.[909]

784 Eine **Verfallsklausel**, wonach das Sicherungseigentum sofort (also ohne Veräußerungsversuch) im Vermögen des Sicherungsnehmers verbleibt und die gesicherte Forderung erlischt, soll in analoger Anwendung von § 1229 BGB unzulässig sein.[910]

785 Nach der Rechtsprechung ist eine Klausel im Sicherungsvertrag zulässig, wonach einer Bank als Sicherungsnehmerin die Befugnis eingeräumt wird, das Sicherungsgut entweder für Rechnung des Schuldners zu verwerten oder zu einem angemessenen Preis selbst zu übernehmen.[911]

c) Erlös

786 Der Sicherungsnehmer muss über die Ergebnisse der Verwertung in entsprechender Anwendung der §§ 675 Abs. 1, 666 BGB Rechnung legen.[912] § 1247 Satz 2 BGB ist bei der Verteilung des Erlöses nicht anwendbar. Es entsteht ein Anspruch aus dem Sicherungsvertrag auf Auskehrung des die gesicherte Forderung übersteigenden Erlöses an den Sicherungsgeber.[913]

787 Der Sicherungsnehmer soll die Möglichkeit haben, gegen den Rückzahlungsanspruch des Sicherungsgebers auf den überschießenden Erlös mit einer weiteren, nicht gesicherten Forderung

904 MüKo-BGB/*Oechsler* Anh. §§ 929 bis 936 Rn. 49.
905 BGH, NJW 1997, 3166.
906 Vgl. Schimansky/Bunte/Lwowski/*Ganter* Bankrechts-Handbuch § 95 Rn. 174.
907 Vgl. MüKo-BGB/*Oechsler* Anh. §§ 929 bis 936 Rn. 51 unter Verweis auf die parallele Problematik bei der Abschlussverwertung von Leasingsachen.
908 BGH, NJW 1980, 223.
909 BGH, NJW 1980, 226; Palandt/*Bassenge* § 930 Rn. 31.
910 So: *Reinicke/Tiedtke* Rn. 711; *Gaul* AcP 168 (1968), 351, 374; *Rimmelspacher* Kreditsicherungsrecht Rn. 352; *Westermann* Sachenrecht § 44 V 2c; einschränkend: MüKo-BGB/*Oechsler* Anh. §§ 929 bis 936 Rn. 51; für eine Zulässigkeit in den Grenzen der §§ 138, 307 BGB: BGH, NJW 1980, 226; so auch: Palandt/*Bassenge* § 930 Rn. 33.
911 BGH, WM 1960, 171; vgl. zu Sonderfällen der Verfallsklausel: *Reinicke/Tiedtke* Rn. 712 m.w.N.
912 Palandt/*Bassenge* § 930 Rn. 32.
913 BGH, ZIP 1994, 1347; MüKo-BGB/*Oechsler* Anh. §§ 929 bis 936 Rn. 52 m.w.N.; zum Innenausgleich mehrerer Sicherungsgeber vgl. BGH, NJW 2009, 437.

aufzurechnen, andernfalls würden die Wirkungen einer dinglichen Surrogation nach § 1247 Satz 2 BGB herbeigeführt.[914]

Die durch die Verwertung entstehenden Kosten können i.d.R. gemäß Sicherungsvertrag von dem Erlös abgezogen und mit diesem verrechnet werden. In Höhe des Restes tritt eine Tilgung der gesicherten Forderung ein. 788

Der Sicherungsnehmer unterliegt der Umsatzsteuerpflicht für den Verwertungsverkauf.[915] Nach § 13b Abs. 1 Satz 1 Nr. 2 und Abs. 2 UStG ist Steuerschuldner der ersten Lieferung der Sicherungsnehmer (jedoch nur bis zur Eröffnung des Insolvenzverfahrens über das Vermögen des Sicherungsgebers).[916] 789

Der Sicherungsgeber führt nach einem Urteil des BFH aus 2009 (BFH, Urt. v. 23.07.2009 – V R 27/07) mit der Übereignung beweglicher Gegenstände zu Sicherungszwecken unter Begründung eines Besitzmittelungsverhältnisses (§ 930 BGB) noch keine Lieferung an den Sicherungsnehmer gem. § 1 Abs. 1 Nr. 1 UStG, § 3 Abs. 1 UStG aus. Zur Lieferung wird der Übereignungsvorgang erst mit der Verwertung des Sicherungsgutes, gleichgültig ob der Sicherungsnehmer das Sicherungsgut dadurch verwertet, dass er es selbst veräußert, oder dadurch, dass der Sicherungsgeber es im Auftrag und für Rechnung des Sicherungsnehmers veräußert. Veräußert der Sicherungsgeber das Sicherungsgut an einen Dritten, liegt ein Dreifachumsatz (Veräußerung für Rechnung des Sicherungsnehmers) erst vor, wenn aufgrund der konkreten Sicherungsabrede oder aufgrund einer hiervon abweichenden Vereinbarung die Verwertungsreife eingetreten ist.[917] 790

IX. Sicherungseigentum in der Zwangsvollstreckung und Insolvenz

1. Zwangsvollstreckung

a) Durch Gläubiger des Sicherungsnehmers

Vielfach wird erörtert, wie sich eine Vollstreckung der Gläubiger des Sicherungsnehmers in die Sicherheit nach §§ 808 ff. ZPO auswirkt. Dieser Fall dürfte in der Praxis jedenfalls dann selten vorkommen, wenn – was hier unterstellt wird – die Bank Sicherungsnehmer ist. Grds. ist eine Zwangsvollstreckung in die Sicherheit gegen den Sicherungsnehmer nur dann möglich, wenn dieser Gewahrsam/Besitz an der Sache hat, § 808 Abs. 1 ZPO. Dem Sicherungsgeber steht dann ein Drittwiderspruchsrecht nach § 771 ZPO zu.[918] Nach Eintritt der Verwertungsreife kann der Sicherungsnehmer das Sicherungsgut zur Befriedigung seiner Forderung gegen den Sicherungsgeber verwerten. Damit soll es auch der Zwangsvollstreckung durch seine Gläubiger unterliegen.[919] 791

Ein etwaiger Übererlös, der über den Betrag der gesicherten Forderung hinausgeht, soll nach herrschender Meinung aufgrund der treuhänderischen Bindung des Sicherungsgutes dem Sicherungsgeber zustehen.[920] 792

914 BGH, ZIP 1994, 1347; *Bülow* EWiR 1994, 959.

915 BFH, WM 1987, 1181 (1182); vgl. umfassend zur USt bei der Verwertung der sicherungsübereigneten Ware: Schimansky/Bunte/Lwowski/*Ganter* Bankrechts-Handbuch § 95 Rn. 178–194; *Sölch/Ringleb* UStG § 3 Rn. 102–106.

916 MüKo-BGB/*Oechsler* Anh. §§ 929 bis 936 Rn. 60.

917 BFH, WM 2009, 2268.

918 BGHZ 11, 37 (41); 72, 141 (144); BGH, NJW 1993, 2622.

919 BGHZ 72, 141 (146); umfassend zur Zwangsvollstreckung gegen den Sicherungsnehmer: MüKo-BGB/*Oechsler*, Anh. §§ 929 bis 936 Rn. 53; *Reinicke/Tiedtke* Rn. 761–764; Derleder/Knops/Bamberger/*Derleder* § 24 Rn. 48.

920 So: *Reinicke/Tiedtke* Rn. 764; *Bülow* Kreditsicherheiten Rn. 1271; a.A. *Rosenberg/Gaul/Schilken* Zwangsvollstreckungsrecht § 41 VI 4b bb (3).

793 Von dem Fall der Vollstreckung gegen den Sicherungsnehmer ist die Möglichkeit der Zwangsvollstreckung durch den Sicherungsnehmer zu unterscheiden. Hierauf wurde bereits bei der Darstellung der Verwertungsmöglichkeiten durch den Sicherungsnehmer eingegangen.[921]

b) Durch Gläubiger des Sicherungsgebers

794 Befindet sich das Sicherungsgut ausnahmsweise beim Sicherungsnehmer, scheitert eine Zwangsvollstreckung gegen den Sicherungsgeber bereits an den §§ 808, 809 ZPO.

795 Ist der Sicherungsgeber – wie i.d.R. – Besitzer, kann der Sicherungsnehmer gegen die Zwangsvollstreckung eines Gläubigers des Sicherungsgebers nach der Rechtsprechung und herrschenden Meinung die Drittwiderspruchsklage nach § 771 ZPO erheben – der Sicherungsnehmer ist Eigentümer der Sache, dies stellt ein die Veräußerung hinderndes Recht dar.[922]

796 Gegen die Drittwiderspruchsklage des Sicherungsnehmers kann der die Zwangsvollstreckung betreibende Gläubiger des Sicherungsgebers allerdings Einwendungen vorbringen: Neben der Unwirksamkeit der Sicherungsübereignung aus allgemeinen Gründen (z.B. fehlende Einigung) kann er die Nichtigkeit wegen Sittenwidrigkeit gem. § 138 Abs. 1 BGB geltend machen. Dabei schlägt die Sittenwidrigkeit der Sicherungsabrede auf die Sittenwidrigkeit der – aufgrund des Abstraktionsprinzips grds. unabhängigen – Sicherungsübereignung durch.[923] Gründe für die Nichtigkeit wegen Sittenwidrigkeit können sein: anfängliche Übersicherung, Sittenwidrigkeit wegen Knebelung des Sicherungsgebers,[924] wegen Kredittäuschung,[925] wegen Insolvenzverschleppung oder wegen Gläubigergefährdung.[926]

797 Der die Zwangsvollstreckung betreibende Gläubiger kann gegen die Drittwiderspruchsklage auch Einwendungen nach dem AnfG gegen die Sicherungsübereignung erheben. Die Sicherungsübereignung ist gem. § 3 Abs. 1 AnfG anfechtbar, wenn sie mit dem Vorsatz, die Gläubiger zu benachteiligen, vorgenommen wurde und der andere Teil (Sicherungsnehmer) z.Zt. der Übereignung diesen Vorsatz kannte. Die Anfechtung kann gem. § 9 AnfG im Wege der Einrede erfolgen, hier also im Weg der Einwendung gegen die Drittwiderspruchsklage.

798 Ein Gläubiger des Sicherungsgebers kann auch in den ihm ggü. dem Sicherungsnehmer zustehenden Rückübertragungsanspruch oder in den Freigabeanspruch bei Übersicherung nach §§ 846 ff. ZPO vollstrecken. Auch der Anspruch auf Herausgabe des Mehrerlöses nach Verwertung des Sicherungsgutes kann gem. §§ 929 ff. ZPO gepfändet werden. In das dem Sicherungsgeber im Fall einer auflösend bedingten Sicherungsübereignung zustehende Anwartschaftsrecht kann von seinem Gläubiger nach §§ 808, 857 ZPO vollstreckt werden. Voraussetzung dafür ist, dass der Sicherungsgeber über die Rechte nicht zuvor anderweitig verfügt hat und diese nicht an Dritte abgetreten oder übertragen hat.

2. Insolvenz

a) Insolvenz des Sicherungsnehmers

799 Ist der Sicherungsnehmer eine Bank, dürften diese Fälle wenig Praxisrelevanz haben. Der Sicherungsgeber kann die Aussonderung gem. § 47 InsO verlangen, wenn er die gesicherte Forderung

921 Vgl. zusammenfassende Darstellung bei: Derleder/Knops/Bamberger/*Derleder* § 24 Rn. 44.

922 BGHZ 80, 296 (299); BGH, WM 1987, 539 (541); BGH, NJW 1992, 2014; *Reinicke/Tiedtke* DB 1994, 2601 (2603); MüKo-BGB/*Oechsler* Anh. §§ 929 bis 936 Rn. 54; Palandt/*Bassenge* § 930 Rn. 35; die a.A. gewährt nur eine Klage auf vorzugsweise Befriedigung nach § 805 ZPO: MüKo-ZPO/*K. Schmidt* § 771 Rn. 29; *Baumbach/Hartmann* ZPO § 771 Rn. 26; zum Meinungsstand: *Reinicke/Tiedtke* Rn. 725, 726.

923 Vgl. *Reinicke/Tiedtke* Rn. 727 m.w.N.

924 BGHZ 26, 185; BGH, NJW 1970, 617.

925 BGHZ 10, 228 (234); einschränkend BGH, NJW 1984, 728.

926 Überblick bei: *Koller* JZ 1985, 1013; BGH, NJW 1970, 637; ausführlich: *Reinicke/Tiedtke* Rn. 730–756.

erfüllt oder deren Erfüllung Zug um Zug gegen Aussonderung anbietet.[927] Begehrt der Sicherungsgeber nicht die Aussonderung, hat der Insolvenzverwalter ein Verwertungsrecht. Er ist dabei an die Verwertungsvereinbarung aus der Sicherungsabrede gebunden. Ein Mehrerlös ist dem Sicherungsgeber als Masseverbindlichkeit nach § 55 Abs. 1 Nr. 3 InsO herauszugeben.[928]

b) Insolvenz des Sicherungsgebers

800 Im Insolvenzverfahren über das Vermögen des Sicherungsgebers steht dem Sicherungsnehmer kein Aussonderungs-, sondern lediglich das Recht auf abgesonderte Befriedigung gem. § 51 Nr. 1 InsO zu.[929]

801 Das Recht zur Verwertung steht gem. § 166 Abs. 1 InsO dem Insolvenzverwalter zu, soweit er nach Eröffnung des Insolvenzverfahrens das Sicherungsgut gem. § 148 Abs. 1 InsO in seinen (unmittelbaren) Besitz genommen hat. Der Insolvenzverwalter kann die Verwertung jedoch auch dem Sicherungsnehmer überlassen, § 170 Abs. 2 InsO.

802 Die Kosten der Feststellung und der Verwertung hat der Sicherungsnehmer zu tragen, sie werden vom Verwertungserlös abgezogen, §§ 170, 171 InsO.[930]

803 Fallen Sicherungsgeber und Schuldner der besicherten Forderung auseinander liegt also eine Drittsicherheit vor, ist wie folgt zu unterscheiden: In der Insolvenz des Schuldners, der nicht Sicherungsgeber ist, steht das Sicherungsgut nicht dem Schuldner zu und fällt damit nicht in die Masse. In der Insolvenz des Sicherungsgebers, der nicht persönlicher Schuldner ist, gelten die obigen Ausführungen – der Insolvenzverwalter hat bei Besitz die Verwaltungs- und Verfügungsbefugnis und kann nach §§ 166 ff. InsO verwerten.[931]

804 Dem Insolvenzverwalter über das Vermögen des Sicherungsgebers kann grds. ein **Anfechtungsrecht** gem. §§ 129, 130, 131 InsO zustehen. Soweit es sich um Vermögensgegenstände handelt, die gegenwärtig mit der Raumsicherungsübereignung übertragen wurden (erlangt per Vertragsschluss), sind die Grundsätze des anfechtungsrechtlichen Bargeschäftes nach § 142 InsO anzuwenden,[932] d.h., eine Anfechtung ist nur bei einer vorsätzlichen Benachteiligung i.S.d. § 133 Abs. 1 InsO möglich. Bei künftigen Sicherheiten, die durch die Revolvierung nachträglich in die Sicherheitsräume gelangt sind, kommt eine Anfechtung wegen kongruenter Deckung nach § 130 InsO in Betracht.[933] Wird zugleich mit der Gewährung eines Kredites die Stellung einer bestimmten Sicherheit vereinbart, so ist deren Stellung kongruent,[934] die Anfechtung richtet sich dann nach § 130 InsO. Für die Beurteilung der Anfechtbarkeit kommt es stets nur auf die Betrachtung der unmittelbaren Leistungsbeziehungen an.[935]

805 In den Fällen revolvierender Sicherungsrechte, also z.B. der Sicherungsübereignung eines Warenlagers mit wechselndem Bestand[936], ergibt sich die Kongruenz einer Rechtshandlung nicht allein daraus, dass die künftige Leistung des Insolvenzschuldners einer allgemeinen Erwartung im Geschäftsverkehr entspricht. Die Abgrenzung der kongruenten von der inkongruenten Rechtshandlung ist

927 Vgl. *Bauer/Stürner* Sachenrecht § 57 Rn. 39; MüKo-BGB/*Oechsler* Anh. §§ 929 bis 936 Rn. 57; Palandt/*Bassenge* § 930 Rn. 36; *Reinicke/Tiedtke* Rn. 769; Derleder/Knops/Bamberger/*Derleder* § 24 Rn. 61.

928 *Müller* Sachenrecht Rn. 2507; MüKo-InsO/*Ganter* § 47 Rn. 375.

929 Zur Begründung vgl.: MüKo-BGB/*Oechsler* Anh. §§ 929 bis 936 Rn. 55; *Reinicke/Tiedtke* Rn. 765, 766.

930 Vgl. zur umstatzsteuerlichen Problematik: Derleder/Knops/Bamberger/*Derleder* § 24 Rn. 52, 53.

931 Vgl. Derleder/Knops/Bamberger/*Derleder* § 24 Rn. 59, 60.

932 *Riggert* NZI 2009, 137 (139).

933 BGH, NJW 2008, 430 = NZI 2008, 89 zur Globalzession als revolvierende Sicherheit; zur Anwendbarkeit auf die Raumsicherungsübereignung vgl. *Kuder* ZIP 2008, 289 (294).

934 BGH, NZI 2009, 171.

935 Vgl. zur Gläubigerbenachteiligung bei Sicherungsübereignung und Bestimmbarkeit, BGH, NZI 2009, 379 = NJW Spezial 2009, 342.

936 Gilt auch für Globalsicherungszession.

vielmehr danach vorzunehmen, ob dem späteren Insolvenzgläubiger ein durchsetzbarer Anspruch auf Schaffung der Aufrechnungslage zustand.[937] Trifft das nicht zu, hat der Insolvenzgläubiger die Möglichkeit zur Aufreechnung inkongruent erlangt.[938]

806 Veräußert ein Schuldner mit Zustimmung seiner Bank ein in deren Sicherungseigentum stehendes Warenlager mit der treuhänderischen Vereinbarung, dass der Kaufpreis auf das bei dieser Bank im Soll geführte Kontokorrentkonto des Schuldners zu zahlen ist, so benachteiligt die Verrechnung der Gutschrift aus den Kaufpreisen mit Gegenforderungen der Bank die Gläubiger nicht.[939]

807 Bei grenzüberschreitenden Insolvenzen gelten die §§ 335 ff. InsO sowie die Regelungen der EUInsVO.[940]

C. Einzel-/Globalzession

I. Grundsätze

1. Definition und systematische Einordnung

808 Die Abtretung/Zession ist gem. § 398 BGB die Übertragung einer Forderung durch Vertrag von dem Gläubiger (Zedent) auf einen anderen (Zessionar). Mit Abschluss des Vertrages tritt der neue Gläubiger an die Stelle des bisherigen. Es können grds. alle Forderungen unter Wahrung ihrer Identität ohne Mitwirkung des Schuldners übertragen werden.

809 Forderungen sind damit umlauffähige Vermögensbestandteile, sie können in den Güteraustausch einbezogen werden und fallen unter den Begriff des Eigentums.[941] Die Abtretung führt in einem bestehenden Schuldverhältnis zum rechtsgeschäftlichen Auswechseln der Partei des Gläubigers. Gegenteil der Abtretung ist die Schuldübernahme gem. § 414 BGB, die zu einer Auswechslung des Schuldners führt.

810 Rechtsdogmatisch ist die Abtretung ein Verfügungsgeschäft.[942] Das Verfügungsgeschäft bezieht sich nicht auf absolute Rechte, sondern auf Forderungen, d.h., dem Schuldrecht angehörige subjektive Rechte zwischen zwei Personen. Sie ist daher von dem schuldrechtlichen Grundgeschäft zu unterscheiden. Rechtsgründe der Abtretung können Kauf, Schenkung, Geschäftsbesorgung und – bei der Sicherungszession – insb. der Sicherungsvertrag sein.

811 Die **Sicherungsabtretung** als hier zu behandelndes Sicherungsmittel ist dadurch gekennzeichnet, dass sie nur einem vorübergehenden Sicherungszweck dienen soll. Der Sicherungsgeber ist der ursprüngliche Gläubiger (Zedent), der Sicherungsnehmer wird zum neuen Gläubiger (Zessionar). Sie dient der Sicherung von Forderungen, die in erster Linie durch den Schuldner der Forderung (= Sicherungsgeber, Zedenten) getilgt werden sollen. Der Zessionar darf nur in zweiter Linie auf die Forderungen bzw. deren Erlös zur Deckung seiner Ansprüche zurückgreifen. Im Unterschied zu der Abtretung an Erfüllung statt erlischt mit der Annahme der Sicherungsabtretung die ursprüngliche Forderung nicht. Die Erfüllungswirkung tritt zu einem späteren Zeitpunkt ein. Bei einer Abtretung erfüllungshalber soll sich der Zessionar in erster Linie aus der abgetretenen Forderung befriedigen;

937 *Kreft*, InsO § 131 Rn. 8; *Mitlehner* NZI 2013, 344.
938 Mitlehner ZIP 2008, 189; Fischer ZIP 2004, 1675; Mitlehner Anm. zu BGH Urt. v. 14.02.2013, NZI 2013, 344.
939 BGH NZI 2012, 667 = NJW 2012, 2517.
940 Vgl. umfassend hierzu: Derleder/Knops/Bamberger/*Derleder* § 24 Rn. 62 ff.; MüKo-InsO/*Reinhart* EUInsVO.
941 BGH, NJW 1980, 2705.
942 Palandt/*Grüneberg* § 398 Rn. 3; MüKo-BGB/*Roth* § 398 Rn. 2, 3; Staudinger/*Busche* Einl. zu den §§ 398 Rn. 14.

die Zahlungen des Schuldners werden zur Tilgung seiner Forderung gegen den Zedenten unmittelbar angerechnet.[943]

Die Sicherungszession ist – wie die Sicherungsübereignung auch – als treuhänderische (fiduziarische) Sicherheit konstruiert: der Sicherungsnehmer (Zessionar) erhält zwar die volle Gläubigerstellung, ist jedoch im Innenverhältnis durch den Sicherungsvertrag mit dem Sicherungsgeber (Zedent) im Innenverhältnis gebunden.[944] **812**

Die Sicherungsabtretung wirkt ebenso wie die Sicherungsübereignung (vgl. oben Rdn. 687) abstrakt und ist grds. nicht akzessorisch. Durch den Sicherungsvertrag kann eine »Ersatzakzessorietät«[945] vereinbart werden, in dem die Abtretung unter der aufschiebenden Bedingung erklärt wird, dass die zu sichernde Forderung entstanden ist oder unter der auflösenden Bedingung, dass sie erlischt. Ohne ausdrückliche Regelung soll diese stillschweigend getroffen sein.[946] **813**

2. Gegenstand

Gegenstand der Sicherungszession können Forderungen und sonstige Rechte sein, §§ 398, 413 BGB. **814**

a) Forderungen

I.d.R. hat die Sicherungszession die Abtretung von Forderungen, die auf Zahlung von Geld oder andere Leistungen gerichtet sind, zum Gegenstand. Die Forderungen können gegenwärtig oder künftig, bedingt oder befristet sein. Die Forderung muss bestimmt oder wenigstens hinreichend bestimmbar sein (zum Bestimmtheitsgrundsatz vgl. unten Rdn. 887–892). **815**

Auch Forderungen des öffentlichen Rechts sind grds. abtretbar. Für Gehaltsabtretungen von Beamten u.a. ergibt sich dies bereits aus § 411 BGB. I.Ü. gelten in erster Linie die Vorschriften des öffentlichen Rechts, z.B. § 46 AO, § 53 SGB I. Bei Forderungen landesrechtlichen Ursprungs ist das jeweilige Landesrecht zu berücksichtigen.[947] Die Abtretung und cessio legis von öffentlich-rechtlichen Ansprüchen an Privatpersonen ist möglich, sofern dem nicht gesetzliche Vorschriften entgegenstehen.[948] **816**

b) Rechte

Abtretbare Rechte können insb. seine Grundpfandrechte und Gesellschaftsanteile (vgl. hierzu unten Rdn. 972–977). Da eine stille Zession (vgl. hierzu unten Rdn. 834–837) oft nicht möglich ist, ist die Bedeutung als Sicherungsmittel weitaus geringer. **817**

Bewegliche Sachen sind grds. nicht abtretbar, sie müssen als Sicherheit sicherungsübereignet werden. **818**

3. Bedeutung als Sicherungsmittel

a) Wirtschaftliche Bedeutung

Der Sicherungszession kommt im allgemeinen Wirtschaftsverkehr eine starke Bedeutung zu. Die Sicherungsabtretung hat das Pfandrecht an Forderungen als Sicherungsmittel nahezu verdrängt. Die Verpfändung einer Forderung (§ 1273 BGB) hat als Wirksamkeitsvoraussetzung die Anzeige **819**

---

943 BGHZ 19, 12 (15); BGH, WM 1992, 159 (160).

944 Schimansky/Bunte/Lwowski/*Ganter* Bankrechts-Handbuch § 95 Rn. 127, § 96 Rn. 16.

945 Vgl. zum Begriff: *Reinicke/Tiedke* Rn. 774.

946 Str., so: *Reinicke/Tiedke* Rn. 774 unter Verweis auf BGH, NJW 1982, 275 (277); a.A. Schimansky/Bunte/Lwowski/*Ganter* Bankrechts-Handbuch § 90 Rn. 120, § 96 Rn. 12.

947 BVerwG, NJW 1993, 1610.

948 BGHZ 75, 23 (24).

an den Schuldner der zu verpfändenden Forderung, § 1280 BGB. Diese Offenlegung liegt jedoch i.d.R. nicht im Sinne des Verpfänders (als Sicherungsgeber), da er um den Ruf seiner Bonität fürchten muss. Da die Abtretung dagegen »still« – also ohne Offenlegung ggü. dem Schuldner – wirksam ist, hat die nicht offengelegte Sicherungsabtretung die Verpfändung von Forderungen als Sicherungsmittel weitgehend abgelöst.[949]

820 Die Abtretung spielt auch beim verlängerten Eigentumsvorbehalt und bei der verlängerten Sicherungsübereignung eine wesentliche Rolle. Beim verlängerten Eigentumsvorbehalt räumt der Lieferant seinem Abnehmer das Recht ein, die Vorbehaltsware weiterzuveräußern unter Abtretung der Forderungen aus den Weiterverkäufen. Ähnliches gilt bei der verlängerten Sicherungsübereignung, bei der der Sicherungsgeber die Erlöse, die er bei der Veräußerung der dem Sicherungsnehmer gehörenden Waren erzielt, im Voraus an diesen abtritt.[950] Die Sicherungsabtretung stellt dabei ein unselbstständiges Sicherungsgeschäft dar.

b) In der Bankpraxis

821 Die Sicherungszession dient sowohl der Sicherung von Warenkrediten als auch von Geldkrediten. Banken sichern dabei ihre Kredite i.d.R. durch Globalzessionen (s.u. Rdn. 826–828) gegenwärtiger und künftiger Forderungen aus Warenlieferungen und Leistungen. Diese Sicherheit hat im Bankenverkehr inzwischen eine erhebliche Bedeutung erfahren, da der Zessionar als Sicherungsnehmer bei der Verwertung der Sicherheit weniger Einschränkungen unterliegt als bspw. bei der Sicherungsübereignung.

822 Beim Konsumentenkredit tritt an die Stelle der Globalzession i.d.R. die Abtretung von Lohn- und Gehaltsansprüchen.

823 Eine Sicherungsabtretung von den bei der sicherungsgebenden Bank unterhaltenen Kontoguthaben ist hingegen nicht erforderlich, da die Bank daran regelmäßig ein AGB-Pfandrecht erwirbt (Nr. 14 Abs. 1 Satz 2 AGB-Banken).

4. Internationaler Rechtsverkehr

824 Im internationalen Rechtsverkehr setzt die Anwendung des deutschen Zessionsrechts der §§ 398 ff. BGB voraus, dass die abzutretende Forderung deutschem Recht unterliegt. Das Zessionsstatut richtet sich gem. Art. 33 Abs. 2 EGBGB nach dem Forderungsstatut.[951] Dies ist z.B. maßgeblich für die Beurteilung der Rechtswirkungen der Abtretung ggü. dem Schuldner und dem Erwerber. Führt das Forderungsstatut zur Anwendung ausländischen Rechts, sind dessen Besonderheiten zu berücksichtigen (z.B. Publizitätsanforderung, Schriftform, Registrierung, etc.).

825 Im Rahmen der internationalen Rechtsvereinheitlichung ist auf das UNIDROIT-Abkommen vom 28.05.1988 zum internationalen Factoring zu verweisen, das u.a. die Abtretung von Exportforderungen regelt und das für die Bundesrepublik am 01.12.1998 in Kraft getreten ist.[952]

II. Formen der Sicherungszession

1. Globalzession

826 Neben der Abtretung einer einzelnen Forderung (z.B. Anspruch auf Zahlung des Kaufpreises aus Kaufvertrag über Mobilie oder Immobilie, Werklohnforderung, Darlehensrückzahlungsanspruch, etc.) ist die Globalzession das gängigste Sicherungsmittel und dient insb. der Sicherung von Geldkrediten. Wirtschaftlich entspricht die Globalzession der Sicherungsübereignung eines Warenlagers

949 Kümpel Rn. 6.449–6.451.
950 Schimansky/Bunte/Lwowski/*Ganter* Bankrechts-Handbuch § 96 Rn. 14.
951 BGHZ 111, 376, 379; BGH, WM 1999, 126; *Kropholler* IPR § 52 VIII 1., S. 493.
952 BGBl. II 1998, 172; vgl. *Bruns* WM 2000, 1057.

mit wechselndem Stand (vgl. Rdn. 766–768). Sie ist eine besondere Form der Vorausabtretung. Die gegenwärtigen und künftigen Forderungen des Sicherungsgebers werden durch ein umfassendes Verfügungsgeschäft auf den Sicherungsnehmer »global« übertragen.[953] Entstehen also aus den laufenden Geschäften des Zedenten mit seinen Kunden (Drittschuldnern) immer wieder neue Forderungen, z.B. aus Warenlieferungen und Leistungen, so können diese – gegenwärtigen und künftigen – Forderungen insgesamt abgetreten werden. Der Rechtsübergang erfolgt mit Abschluss des Vertrages. Bei künftigen Forderungen gehen diese in dem Zeitpunkt auf den Zessionar über, in dem sie entstehen.[954]

Die Globalzession ist gängiges Sicherungsmittel von Bankkrediten, um eine Mehrheit von Forderungen oder Forderungen in wechselnder Höhe zu sichern.[955] Die Globalzession übt eine Art »Sperrwirkung« aus, da der Zessionar weder anderweitig über die Forderungen verfügen kann, noch dessen Gläubiger in die Forderungen vollstrecken können – der Zedent erwirbt als Sicherungsnehmer die zukünftigen Forderungen mit deren Entstehung ohne weitere Übertragungsakte. Andererseits besteht die Gefahr der Übersicherung.[956] Dem trägt die stille Globalzession Rechnung, bei der i.d.R. der Zessionar (Sicherungsnehmer) den Zedenten (Sicherungsgeber) (konkludent) ermächtigt, die Forderung einzuziehen. 827

Die Globalzession kann nur dann in Allgemeinen Geschäftsbedingungen vereinbart werden, wenn die Voraussetzungen bestimmt werden, unter denen von der Zession Gebrauch gemacht werden darf. Die Unwirksamkeit der Verwertungsregelung führt jedoch nicht automatisch zur Unwirksamkeit der Abtretung.[957] Zu den Problemen der Kollision mit anderen Sicherheiten s.u., Rdn. 948–960. 828

2. Mantelzession

Bei der Mantelzession verpflichtet sich der Sicherungsgeber in einem Mantelvertrag an den Sicherungsnehmer zur (Kredit-) Sicherung laufend Forderungen abzutreten. Deren Gesamtwert soll zu jeder Zeit einen vereinbarten Mindestbetrag – die sogenannte Deckungsgrenze – erreichen. Anders als bei der Globalzession erfolgt die Abtretung künftiger Forderungen nicht bereits mit Vertragsschluss. Der Mantelvertrag verpflichtet vielmehr den Sicherungsgeber in schuldrechtlicher Art, dem Gläubiger unter Bezugnahme auf den Mantelzessionsvertrag entsprechende Zessionslisten und/ oder Rechnungslisten und -kopien einzureichen. Der Verfügungsvertrag – die Abtretung – wird daher erst nach Entstehen der Forderung geschlossen und wird mit Übergabe und Annahme der entsprechenden Listen wirksam.[958] Damit unterscheidet sich die Mantelabtretung wesentlich von der Globalzession, bei der der Übertragungstatbestand bereits mit Abschluss des Abtretungsvertrages abgeschlossen ist, sodass die im Voraus abgetretene Forderung sofort mit ihrer Entstehung auf die Bank übergeht.[959] 829

Aus diesem Grund hat die Mantelzession nur eine eingeschränkte Bedeutung als Sicherungsmittel, da der Zedent bis zur Übersendung der jeweiligen Zessionsliste nicht daran gehindert ist, über die abzutretenden Forderungen anderweitig zu verfügen. Zudem sind die abzutretenden Forderungen bis dahin dem Vollstreckungszugriff anderer Gläubiger ausgesetzt. 830

953 BuB/*Herget* 4/692.
954 Schimansky/Bunte/Lwowski/*Ganter* Bankrechts-Handbuch § 96 Rn. 93.
955 JurisPK-BGB/*Knerr* § 398 Rn. 92.
956 Vgl. unten: Rdn. 1525–1544.
957 BGH, WM 1995, 1264.
958 Schimansky/Bunte/Lwowski/*Ganter* Bankrechts-Handbuch § 96 Rn. 90.
959 BGH, WM 1975, 534 (535); 1983, 1235 (1236).

3. Offene und stille Zession

a) Offene Zession

831 Eine offene Zession liegt vor, wenn die Sicherungsabtretung von Beginn an dem Drittschuldner angezeigt wird. Die Anzeige kann formfrei erfolgen, sinnvoll ist eine schriftliche Anzeige. Tritt ein Beamter oder eine sonstige in § 411 BGB genannte Dienstperson ihr Diensteinkommen ab, ist die Abtretungsanzeige in öffentlicher oder amtlich beglaubigter Urkunde erforderlich.[960]

832 Mit der Anzeige soll verhindert werden, dass der Drittschuldner an den Zedenten mit befreiender Wirkung leisten kann, § 407 Abs. 1 BGB.[961] Soweit der Zedent die Forderung bereits still an einen anderen abgetreten hat, ist der nachfolgende Zessionar, der die Forderung aufgrund der Offenlegung eingezogen hat, dem Bereicherungsanspruch des ersten Zessionars ausgesetzt.[962]

833 Die offene Zession ist immer dann sinnvoll, wenn die Zustimmung des Drittschuldners zur Abtretung erforderlich ist. Dies gilt insb. bei der Abtretung von Lebensversicherungsansprüchen, bei der die Anzeige an den Vorstand der Versicherungsgesellschaft Wirksamkeitsvoraussetzung ist (vgl. unten Rdn. 990–1000).

b) Stille Zession

834 Wird die Abtretung dem Drittschuldner nicht angezeigt, handelt es sich um eine stille Zession. Diese verschafft dem Zessionar zwar die volle Gläubigerstellung, zwischen den Parteien ist aber schuldrechtlich vereinbart, dass der Zessionar von der Zession erst im Sicherungsfall Gebrauch machen darf.[963] Der Zedent bleibt damit bis zur Offenlegung der Abtretung weiterhin zur Einziehung der Forderung ggü. dem Schuldner befugt. Der Zedent hat jedoch den Erlös an den Zessionar auszukehren.[964]

835 In der Praxis herrscht die stille Zession vor, da die Offenlegung oftmals als Vorbereitung der Einziehung gesehen wird und sich auf den Ruf des Sicherungsgebers wirtschaftlich schädigend auswirken kann.

836 Das Einziehungsrecht des Zessionars kann nicht auf Dauer ausgeschlossen werden. Der Zessionar kann nicht verpflichtet werden, die Offenlegung der Zession dauerhaft zu unterlassen. Der Zessionar muss sich daher das Recht zur Anzeige an den Drittschuldner vorbehalten und die Voraussetzungen zur Anzeige der Abtretung vereinbaren.[965] Das Recht zur Anzeige soll i.d.R. dann bestehen, wenn der Zedent mit fälligen Zahlungen auf die gesicherten Forderungen in Rückstand gerät, seine Zahlungen einstellt oder in Vermögensverfall gerät. Der Zessionar hat sich jedoch daran zu halten, dass eine Zession als stille vereinbart ist, solange der Schuldner der gesicherten Forderung seinen Verpflichtungen nachkommt.[966] Nach der noch zu § 9 Abs. 1 AGBG ergangenen Rechtsprechung des BGH ist eine formularmäßige Abtretung unwirksam, bei der die Bank dem Drittschuldner jederzeit die Abtretung anzeigen darf.[967] Die Offenlegung einer unwirksamen Abtretung kann Schadensersatzpflichten auslösen.[968]

837 Die Risiken einer stillen Zession sind für den Zessionar nicht unerheblich. Insb. erfährt der Zessionar nicht, ob die Forderung bereits anderweitig abgetreten ist, Abtretungsverbote vereinbart

960 Zur Kritik an der Vorschrift vgl. Palandt/*Grüneberg* § 411 Rn. 1 und 2.
961 Vgl. Rdn. 942–946.
962 Schimansky/Bunte/Lwowski/*Ganter* Bankrechts-Handbuch § 96 Rn. 81.
963 Palandt/*Grüneberg* § 398 Rn. 6, Rn. 22.
964 JurisPK-BGB/*Knerr* § 398 BGB Rn. 36.
965 FCH-Sicherheitenkompendium/*Steinberger/Wälter*, S. 265, 266.
966 BGHZ 26, 185 (192); BGH, NJW 1978, 194 (195).
967 BGH, WM 1994, 1613 (1614).
968 BGH, WM 1994, 1613 (1614).

wurden, der Drittschuldner Einwendungen gegen die Forderung geltend macht oder dem Drittschuldner Aufrechnungsmöglichkeiten zustehen.[969]

4. Vorausabtretung

Die Abtretung künftiger Forderungen – sog. Vorausabtretung – ist grds. anerkannt[970] und häufig anzutreffen beim verlängerten Eigentumsvorbehalt, der verlängerten Sicherungsübereignung und der Globalzession. **838**

Die Vorausabtretung ist tatbestandlich vollendet mit Abgabe der Abtretungserklärung und deren Annahme. Die dingliche Zuordnung des erst in der Zukunft entstehenden Rechtes wird damit vorweggenommen (antizipiert). Die durch den Abtretungsvertrag gewollte Rechtsänderung wird erst mit Entstehung der abgetretenen Forderung wirksam, nicht schon mit Vertragsschluss.[971] Die Willensübereinstimmung der beiden Parteien braucht im Zeitpunkt des Rechtserwerbs – also beim Entstehen der Forderung – nicht mehr fortzubestehen.[972] **839**

Die Abtretung wird gegenstandslos, wenn die Forderung überhaupt nicht[973] oder nicht in der Person des Zedenten entsteht.[974] **840**

Bei der Vorausabtretung einer Forderung soll nach herrschender Meinung ein Direkterwerb des Zessionars stattfinden.[975] Der Zessionar erwirbt die abgetretene Forderung unmittelbar in dem Augenblick, in dem sie entsteht. Die Frage, ob ein Durchgangserwerb oder ein Direkterwerb stattfindet, hat in der Praxis kaum Bedeutung.[976] Die durch die Vorausabtretung geschaffene Rechtsposition ist vererblich und gem. §§ 413, 398 BGB auch übertragbar.[977] Für die Wirksamkeit der Vorausabtretung ist die Bestimmtheit oder Bestimmbarkeit der abgetretenen Forderung Voraussetzung[978] (vgl. hierzu Rdn. 887–892). **841**

Auch die Abtretung einer zwar bestehenden, aber vom Zedenten erst zu erwerbenden Forderung ist möglich, § 185 BGB.[979] **842**

Die Anschlusszession als Vorausabtretung kann nach Auffassung des BGH[980] ihre Bestimmtheit bei einem Gesamtverkauf der sicherungsübereigneten Gegenstände verlieren, wenn lediglich ein einheitlicher Unternehmenskauf bereits vereinbart wurde. Tritt der Schuldner im Zusammenhang mit der Sicherungsübereignung einzelner Gegenstände die aus einem Verkauf des Sicherungsgutes entstehenden Forderungen ab und veräußert er sodann den gesamten Geschäftsbetrieb einschließlich des Sicherungsgutes für einen Einheitspreis an einen Dritten, geht die Vorausabtretung ins Leere.[981] **843**

969 FCH-Sicherheitenkompendium/*Steinberger/Wälter*, S. 266.
970 BGHZ 7, 365 (367); 88, 205 (209); 108, 98 (109); Palandt/*Grüneberg* § 398 Rn. 11.
971 BGHZ 30, 238 (240); NJW 1984, 492; NJW 1995, 1671.
972 Staudinger/*Busche* § 398 Rn. 71.
973 BGH, WM 1973, 489.
974 BGH, NJW 1984, 492; NJW 1997, 3370 (wenn der abgetretene Auseinandersetzungsanspruch wegen Übertragung des Gesellschaftsanteiles in der Person des neuen Gesellschafters entsteht; a.A. *Marotzke* ZIP 1988, 1509, 1514).
975 BGH, WM 1960, 395 (396); Palandt/*Grüneberg* § 398 Rn. 12 m.w.N.; *Bülow* Kreditsicherheiten Rn. 1223.
976 Vgl. hierzu ausführlich: Schimansky/Bunte/Lwowski/*Ganter* Bankrechts-Handbuch § 96 Rn. 66; sowie Palandt/*Grüneberg* § 398 Rn. 12; MüKo-BGB/*Roth* § 398 Rn. 80.
977 Palandt/*Grüneberg* § 398 Rn. 12.
978 BGH, NJW 1953, 21 (auch wenn hier von Individualisierbarkeit die Rede ist); 1995, 1668 (1669); 2000, 276.
979 Staudinger/*Busche* § 398 Rn. 58; Palandt/*Grüneberg* § 398 Rn. 11.
980 BGH, Urt. v. 19.03.2009 – IX ZR 39/08, NZI 2009, 379.
981 BGH, NZI 2009, 379.

5. Teilabtretung

844 Soweit der Leistungsgegenstand teilbar und die einzelnen Teile bestimmbar sind, ist eine Teilabtretung wirksam möglich. In der Praxis gängig ist z.B. die Abtretung der »pfändbaren Teile des Arbeitslohnes«.[982] Für den Drittschuldner vergrößert sich hierdurch die Zahl seiner Gläubiger, da sich die Forderung in mehrere Teile aufspaltet. Er kann dies durch ein Abtretungsverbot, das auch eine Teilabtretung beinhaltet, verhindern. Grds. haben die durch eine Teilabtretung entstehenden Forderungsteile untereinander den gleichen Rang, den Teilgläubigern stehen Zahlungen des Drittschuldners daher im Verhältnis ihrer Forderungsteile zu.[983] Zedent und Zessionar können aber eine andere Rangfolge durch Verrechnungsvereinbarung treffen.[984] Der Drittschuldner kann durch Tilgungsbestimmung gem. § 366 Abs. 1 BGB angeben, welche Teilforderung er – abweichend von jeder Rangvereinbarung zwischen Zedent und Zessionar – befriedigen will.

6. Blankozession

845 Bei der Blankozession wird der Empfänger der blanko ausgestellten Abtretungsurkunde ermächtigt, sich selbst oder einen Dritten als Zessionar zu bestimmen. Die Blankozession ist rechtlich zulässig.[985] Allerdings ist die Zuordnung der Forderung bis zum Ausstellen des Blanketts zweifelhaft. Der Blankozessionar wird frühestens mit Ausfüllung des Blanketts Forderungsinhaber mit Wirkung ex nunc.[986]

7. Inkassozession

846 Auch die Inkassozession ist zwar ein fiduziarisches Rechtsverhältnis. Anders als bei der Sicherungsabtretung handelt es sich bei der Inkassozession jedoch um eine uneigennützige Treuhand: Der Zessionar zieht die Forderung aus eigenem Recht und im eigenen Namen für Rechnung des Zedenten ein und kehrt den erhaltenen Betrag an diesen aus. Sie dient nur ausnahmsweise Sicherungszwecken.[987]

8. Sicherungsabtretung mit vorbehaltener Einziehungsbefugnis

847 Der Sicherungsgeber (Zedent) kann vom Sicherungsnehmer (Zessionar) vertraglich befugt werden, die von ihm abgetretene Forderung im eigenen Namen einzuziehen und auch klageweise durchzusetzen, § 185 BGB. Dies ist sowohl bei einer offenen als auch stillen Zession möglich. Das Einziehungsrecht des Zessionars kann jedoch, wie bereits oben ausgeführt, nicht auf Dauer ausgeschlossen werden. Mit der Erteilung der Einziehungsermächtigung wird der Zedent nur zur Entgegennahme von Barzahlungen oder ähnlichen Verfügungen (Entgegennahme von Schecks, Bankeinzug) berechtigt. Eine weitere Abtretung, z.B. zur Absicherung eines weiteren Kredits, würde eine Untreue darstellen. Der Zedent wird daher häufig verpflichtet, den eingezogenen Betrag an den Zessionar abzuführen.[988] Weiterhin ist er verpflichtet, den Bestand der abgetretenen Forderung ordnungsgemäß zu erhalten und zu verwalten.

---

982 BGH, WM 1976, 151.

983 Schimansky/Bunte/Lwowski/*Ganter* Bankrechts-Handbuch § 96 Rn. 72.

984 BGHZ 46, 242 (244); BGH, NJW 1991, 2629 (2630); Derleder/Knops/Bamberger/*Derleder* § 22 Rn. 28.

985 Palandt/*Grüneberg* § 398 Rn. 4 mit weiteren Ausführungen zur Zulässigkeit; MüKo-BGB/*Roth* § 398 Rn. 32.

986 So Palandt/*Grüneberg* § 398 Rn. 4 m.w.N.

987 BGH, WM 1956, 946 (947); vgl. zu der Konstruktion und der Rechtstellung Palandt/*Grüneberg* § 398 Rn. 26, 27; JurisPK-BGB/*Knerr* § 398 Rn. 62, 63.

988 BGH, WM 1963, 1054 (1055).

Eine Einzugsermächtigung kann dann nicht erteilt werden, wenn die Forderung wegen ihres höchstpersönlichen Charakters oder wegen § 400 BGB nicht abtretbar ist.[989] **848**

Bei Offenlegung der Abtretung kann der Zedent auch ohne ausdrückliche Einwilligung des Zessionars die abgetretene Forderung zu dessen Gunsten geltend machen.[990] Er kann sie dann als gewillkürter Prozessstandschafter einklagen. Solange die Einziehungsermächtigung besteht, kann der Zedent als Titelgläubiger auch die Zwangsvollstreckung gegen den Drittschuldner betreiben.[991] **849**

Während die Einziehungsermächtigung bei offenen Zessionen die Ausnahme bildet, stellt sie bei der stillen Zession die Regel dar. Bei nicht offengelegter Zession wird jedoch auch eine offene Prozessstandschaft des Zedenten nicht gewollt sein. Eine »verdeckte Prozeßstandschaft«, bei der der Zedent ein eigenes Recht geltend macht, wird in diesen Fällen von der Rechtsprechung grds. zugelassen.[992] **850**

Für die kreditgebende Bank als Zessionar bietet sich eine sogenannte Zahlstellenklausel an, die den Zedenten verpflichtet, die abgetretene Forderung nur über ein Konto bei der kreditgebenden Bank (Zessionar) einzuziehen. **851**

Die Ermächtigung zur Prozessführung erlischt in jedem Fall mit der Eröffnung des Insolvenzverfahrens über das Vermögen des ermächtigten Zedenten, nicht aber bereits bei dessen wirtschaftlicher Krise.[993] Dies gilt auch, wenn der ermächtigte Zedent eine juristische Person ist.[994] Die Einziehungsbefugnis erlischt i.Ü. auch bei Widerruf durch den Zessionar. **852**

Eine isolierte Einziehungsermächtigung, die der Forderungsinhaber einem Dritten ohne Abtretung der Forderung erteilt, stellt lediglich die Übertragung eines Forderungsausschnitts dar, die Forderung selbst bleibt beim Gläubiger.[995] **853**

III. Zustandekommen der Abtretung (Abtretungsvereinbarung) und Bestellung als Sicherheit (Sicherungsvertrag)

Als Rechtsgeschäfte sind bei der Sicherungszession der Kreditvertrag zum einen von der Abtretungsvereinbarung und dem Sicherungsvertrag zum anderen zu unterscheiden. **854**

Der Kreditvertrag stellt den Anlass des Sicherungsgeschäftes dar. Der Sicherungsvertrag verpflichtet den Kreditnehmer (und Sicherungsgeber) zur Bestellung einer bestimmten Sicherheit, mit der Abtretungsvereinbarung als dinglichem Verfügungsgeschäft erhält der Kreditgeber (und Sicherungsnehmer) die Sicherheit an einer oder mehreren Forderungen. **855**

Diese Rechtsverhältnisse sind zwar rechtlich selbstständig, bilden jedoch eine wirtschaftliche Einheit und Sicherungsvertrag und Abtretungsvereinbarung werden oft auch in einer gemeinsamen Urkunde erfasst. **856**

1. Abtretungsvereinbarung

a) Allgemeines

Die Übertragung einer Forderung, die gesetzlich als Abtretung bezeichnet wird (§ 398 Satz 1 BGB), hat ihre gesetzliche Grundlage in den §§ 398 bis 413 BGB. Das am 01.01.2002 in Kraft getretene **857**

---

989 BGH, NJW 1969, 1110; LM § 847 Nr. 3; zu vertraglichen Abtretungsverboten: BGH, NJW 1971, 1750; 1999, 3707.
990 BGHZ 113, 169 (172); BGH, ZIP 1995, 469 (471).
991 So: BGHZ 92, 347 (349); anders: BGH, NJW-RR 1992, 61.
992 BGHZ 120, 387 (392, 395); zur dogmatischen Einordnung *Brehm* KTS 46 (1985), 1, 5.
993 BGH, NJW 2000, 1950.
994 Für die GmbH: OLG Brandenburg, NJW-RR 2002, 1703.
995 Hierzu ausführlich: Palandt/*Grüneberg* § 398 Rn. 29.

Gesetz zur Modernisierung des Schuldrechts[996] hat die Regelungen völlig unberührt gelassen. Es waren auch keine redaktionellen Änderungen erforderlich.

858 Die Abtretung ist ein Vertrag, der unmittelbar darauf gerichtet ist, dass eine Forderung oder ein sonstiges Recht von ihrem bisherigen Gläubiger (Zedent) bzw. seinem bisherigen Inhaber auf einen anderen, neuen Gläubiger (Zessionar) übertragen wird. Sie ist ein Verfügungsvertrag. Mit dem Abschluss des Vertrages tritt der Zessionar an die Stelle des Zedenten. Die Abtretung bewirkt damit eine unmittelbare Rechtsänderung.

859 Davon zu unterscheiden ist das zugrunde liegende Kausalgeschäft, das unter Umständen uno actu abgeschlossen werden kann. Die Wirksamkeit des Abtretungsvertrages hängt aufgrund des Abstraktionsprinzipes nicht von der Wirksamkeit des Verpflichtungsgeschäftes (Kausalgeschäftes) ab.[997] Kausalgeschäft und Abtretung können aber von den Parteien zu einer Einheit im Sinne des § 139 BGB zusammengefasst werden, mit der Folge, dass sich die Unwirksamkeit des Grundgeschäftes auch auf die Abtretung erstreckt.[998]

860 Die Haftung des Zedenten ggü. dem Zessionar richtet sich nach dem Kausalgeschäft. Rechtsgrund der Abtretung können Kauf, Schenkung, Geschäftsbesorgung, Sicherungsvertrag oder sonstige Vereinbarungen sein.[999] Ist das Kausalgeschäft ein Kaufvertrag, haftet der Zedent nur für das Bestehen der Forderung, nicht für ihre Güte, insb. nicht für die Bonität des Schuldners, § 453 BGB.

b) Form

861 Der Abtretungsvertrag ist grds. formfrei. Er kommt durch Abgabe eines Vertragsangebotes und dessen Annahme zustande. Es gelten die allgemeinen Regeln über Rechtsgeschäfte, z.B. hinsichtlich der Stellvertretung §§ 164 bis 181 BGB. Der Abtretungsvertrag unterliegt der Auslegung nach den allgemeinen Regeln der §§ 133, 157 BGB. Daraus bestimmt sich der Umfang der Abtretung, d.h., welche Forderungen im Einzelnen übergehen sollen.[1000]

862 Die Abtretung kann auch **stillschweigend** erfolgen und im Kausalgeschäft enthalten sein.[1001]

863 Auch wenn die Abtretung grds. formfrei ist, ist die Einhaltung der Schriftform aus Beweisgründen sehr zu empfehlen. Für **Briefhypothek und Grundschuld** gilt für die Abtretungserklärung die Schriftform, die Annahmeerklärung ist formfrei. Besondere Formvorschriften gelten für die Übertragung von **Namensaktien** (§ 68 AktG und GmbH-Anteilen § 15 GmbHG).

864 Grds. reicht bei der Sicherungsabtretung die Einigung der Parteien aus, um den Sicherungsnehmer zum Inhaber des abgetretenen Rechts zu machen. Beim **Inhaber- und Orderpapier** erfolgt eine Übertragung nach den §§ 929 ff. BGB. Die in Namenspapieren verkörperten Rechte werden gem. § 398 BGB abgetreten. Die Übergabe der Urkunde ist zur Wirksamkeit der Abtretung nicht erforderlich. Da die Geltendmachung des Rechts aber an den Besitz der Urkunde gebunden ist, muss die Einigung der Parteien dadurch ergänzt werden, dass dem Sicherungsnehmer der unmittelbare Besitz verschafft wird. Dies gilt auch für hinkende Inhaberpapiere, z.B. Sparbuch sowie für Schuldscheine.[1002]

996 BGBl. I 2001, S. 3138.
997 RGZ 102, 386.
998 BAG, NJW 1967, 751; Palandt/*Heinrichs* § 139 Rn. 8.
999 Palandt/*Grüneberg* § 398 Rn. 3.
1000 JurisPK-BGB/*Knerr* § 398 Rn. 32.
1001 BGH, NJW 1969, 40; NJW 1986, 977 zur stillschweigenden Rückabtretung der Forderung bei Tilgung; NJW 1997, 729 zur stillschweigenden Abtretung des Schadensersatzanspruches an den Versicherer durch Überlassung der Unterlagen für den Schadensfall.
1002 Vgl. umfassend Schimansky/Bunte/Lwowski/*Ganter* Bankrechts-Handbuch § 96 Rn. 51, 52 m.w.N.

Die Abtretung setzt bei den **Buchrechten** die Eintragung der Abtretung in das betreffende Buch voraus.[1003] 865

Die Abtretung eines **Erbteils** bedarf der notariellen Beurkundung, § 2033 Abs. 1 Satz 2 BGB. 866

c) Bedingungen

Der Abtretungsvertrag kann mit einer aufschiebenden oder auflösenden Bedingung oder Befristung geschlossen werden.[1004] Hiervon zu unterscheiden ist die Abtretung einer bedingten oder befristeten Forderung. 867

Der befristete oder bedingte Abtretungsvertrag muss jedoch für die Zukunft vorsehen, dass der Zessionar zur Einziehung der Forderung berechtigt ist. Wird ihm diese Befugnis auf Dauer und bedingungslos versagt, ist die Abtretung unwirksam.[1005] Das Gleiche gilt, wenn der Zessionar nur für den Fall ein Einziehungsrecht haben soll, dass Dritte gegen den Zedenten Vollstreckungsmaßnahmen ergreifen.[1006] Bei der Sicherungsabtretung stellt sich die Frage, ob sie als auflösend bedingt vereinbart ist, für den Fall des Erlöschens des Sicherungsinteresses. Dies wird verneint. Die Formularpraxis der Banken sieht i.d.R. keine auflösende Bedingung, sondern einen schuldrechtlichen Rückübertragungsanspruch bei Beendigung des Sicherungsinteresses vor. Dies ist nicht zu beanstanden. Eine stillschweigende Einigung über die Rückabtretung reicht aus.[1007] 868

d) Abzutretende Forderung

Gegenstand der Abtretung – das Verfügungsobjekt – ist eine Forderung. Eine nicht bestehende Forderung kann nicht abgetreten werden, ein gutgläubiger Erwerb hieran ist nicht möglich. Die Forderung muss verkehrsfähig sein. Dies ist dann nicht der Fall, wenn sich der Inhalt der Leistung durch die Abtretung ändern würde; § 399, 1. Alt. BGB, wenn die Forderung der Pfändung nicht unterworfen ist, § 400 BGB, oder wenn ein rechtsgeschäftliches Abtretungsverbot vorliegt, § 399, 2. Alt. BGB. 869

aa) Unabtretbarkeit kraft Leistungsinhalt

Eine Forderung kann nicht abgetreten werden, wenn die Leistung an einen anderen als den ursprünglichen Gläubiger nicht ohne Veränderung ihres Inhalts erfolgen kann, § 399, 1. Alt. BGB. Damit wird der Grundsatz der freien Abtretbarkeit von Forderungen eingeschränkt. § 399, 1. Alt. BGB betrifft Fälle, in denen sich der Inhalt der Leistung ändert, höchstpersönliche Ansprüche sowie bestimmte Nebenrechte.[1008] 870

Zu den Fällen der Unabtretbarkeit wegen Leistungsänderung zählen z.B. Ansprüche auf Unterhalt in Natur, Altenteils- bzw. Leibgedinganspruche, Ansprüche aus Vorvertrag auf Vertragsabschluss, Ansprüche auf Bestellung einer persönlichen Dienstbarkeit.[1009] 871

Zu den nicht abtretbaren höchstpersönlichen Ansprüche zählen z.B. Ansprüche des Mieters und Pächters auf Gebrauch einer gemieteten bzw. gepachteten Sache, Ansprüche der Gesellschafter untereinander aus dem Gesellschaftsverhältnis, § 717 BGB, Schmerzensgeldansprüche gem. den §§ 823, 253 Abs. 2 BGB wegen der Verletzung des Persönlichkeitsrechtes.[1010] 872

1003 Vgl. umfassend Schimansky/Bunte/Lwowski/*Ganter* Bankrechts-Handbuch § 96 Rn. 53–56.

1004 BGH, NJW 1952, 337; 1956, 790; Staudinger/*Busche* Einl. §§ 398 Rn. 19.

1005 RG, JW 38, 1330; Staudinger/*Busche* Einl. §§ 398 Rn. 11, 19; Palandt/*Grüneberg* § 398 Rn. 6.

1006 Palandt/*Grüneberg* § 398 Rn. 6; *Denck* JuS 1981, 9 (12).

1007 S. hierzu Schimansky/Bunte/Lwowski/*Ganter* Bankrechts-Handbuch § 96 Rn. 34.

1008 Einzelfälle vgl. Palandt/*Grüneberg* § 399 Rn. 4, 5.

1009 Vgl. weitere Fälle bei Palandt/*Grüneberg* § 399 Rn. 6; JurisPK-BGB/*Knerr* § 399 Rn. 10; MüKo-BGB/*Roth* § 399 Rn. 9–12.

1010 Vgl. Palandt/*Grüneberg* § 399 Rn. 6; JurisPK-BGB/*Knerr* § 399 Rn. 10.

873 Auch akzessorische oder rechtlich unselbstständige Nebenrechte sind nicht selbstständig abtretbar. Hierzu zählen u.a. die Ansprüche gegen den Verpflichteten aus einer Bürgschaft, Hypothek und einem Pfandrecht. Diese streng akzessorischen Rechte können nur i.R.d. Abtretung der Hauptforderung gem. § 401 BGB erworben werden.[1011]

bb) Vertragliches Abtretungsverbot

874 Gläubiger und Schuldner können vertraglich ein Abtretungsverbot vereinbaren (pactum de non cedendo), § 399, 2. Alt. BGB. Die Vereinbarung kann bei Begründung der Forderung oder zu einem späteren Zeitpunkt geschlossen werden. Möglich ist auch ein stillschweigender Ausschluss.[1012] Das Verbot kann auch in Allgemeinen Geschäftsbedingungen wirksam vereinbart werden.[1013]

875 Eine Abtretung, die gegen ein vertragliches Abtretungsverbot verstößt, ist absolut und damit ggü. jedermann unwirksam.[1014] Die Forderung gehört damit weiterhin zum Vermögen des Zedenten und kann bei diesem gepfändet werden.[1015]

876 Genehmigt der Schuldner die Abtretung, liegt darin das Angebot zum Abschluss eines Änderungsvertrages. Die Abtretung wird erst wirksam, wenn der Gläubiger der Aufhebung des Abtretungsausschlusses zugestimmt hat.[1016]

877 Streitig war, ob und unter welchen Voraussetzungen das **Bankgeheimnis** bei einer Abtretung von Bankforderungen entgegensteht. Insb. bei dem Verkauf von notleidenden Krediten (so genannte NPL, non performing loans) durch Banken an Investoren und hedge fonds ist diese Frage wesentlich. Der BGH hat mit seiner Entscheidung vom 27.02.2007[1017] die Frage zugunsten der Banken entschieden. Nach diesem Urteil stehen weder das Bankgeheimnis noch das Bundesdatenschutzgesetz der Wirksamkeit der Abtretung entgegen. Aus dem Bankgeheimnis lässt sich keine stillschweigende Vereinbarung eines Abtretungsverbotes herleiten. Auch das Datenschutzgesetz soll kein Abtretungsverbot enthalten.[1018]

878 Umstritten ist auch, ob ein vertraglicher Ausschluss der Abtretbarkeit in einer **Kontokorrentabrede** i.S.d. § 355 HGB enthalten ist. Der BGH bejaht dies.[1019]

879 Beim Girokonto können nicht die einzelnen in das Kontokorrent eingestellten Forderungen und der Anspruch auf Berichtigung des Kontostandes abgetreten werden, der Anspruch auf Auszahlung des Tagessaldos ist jedoch abtretbar.[1020]

880 Abtretungsverbote können über die wirksame Einbeziehung **Allgemeiner Geschäftsbedingungen** vertraglich vereinbart werden. Entsprechende Klauseln unterliegen der Inhaltskontrolle des § 307

1011 Staudinger/*Busche* § 399 Rn. 23; Palandt/*Grüneberg* § 399 Rn. 7.

1012 Palandt/*Grüneberg* § 399 Rn. 8.

1013 BGH, NJW 1997, 3434 (3435).

1014 BGHZ 40, 156 (160); 70, 299 (303); 108, 172 (176); BGH, NJW 1997, 3434 (3435); Palandt/*Grüneberg* § 399 Rn. 11; MüKo-BGB/*Roth* § 399 Rn. 45; Schimansky/Bunte/Lwowski/*Ganter* Bankrechts-Handbuch § 96 Rn. 36; a.A. *Denck* Jus 1981, 9 (12); *Wagner* JZ 1988, 698 (704); *Canaris* Festschrift für Serrick, S. 9, 13.

1015 BGH, NJW 1988, 1210 (1211); BGHZ 90, 109 (110).

1016 Palandt/*Grüneberg* § 399 Rn. 11 m.w.N.; Schimansky/Bunte/Lwowski/*Ganter* Bankrechts-Handbuch § 96 Rn. 37–39.

1017 BGH, ZIP 2007, 619 (624); dazu: *Möhlenkamp* BB 2007, 1126–1128; BGHZ 171, 180 (183).

1018 Umfassend zu der Problematik *Nobbe* WM 2005, 1537–1548; vgl. auch zur Rechtsprechung vor dem 27.02.2007 Palandt/*Grüneberg* § 399 Rn. 8.

1019 BGHZ 70, 86; BGH, NJW 2002, 2865 (2866); MüKo-BGB/*Roth* § 399 Rn. 31; vgl. zum Streitstand JurisPK/*Knerr* § 399 Rn. 26 m.w.N.

1020 BGHZ 84, 371 (379); BGH, ZIP 2001, 1507 (1510); Staudinger/*Busche* § 399 Rn. 38.

Abs. 1 BGB. Die herrschende Rechtsprechung geht davon aus, dass formularmäßige Abtretungsverbote i.d.R. weder gegen § 307 Abs. 1 noch gegen § 138 BGB verstoßen.[1021]

cc) Zustimmungsvorbehalt

Die Abtretbarkeit einer Forderung kann durch Parteivereinbarung auch von der Zustimmung des Schuldners abhängig gemacht werden, ohne dass sie grds. ausgeschlossen wird. Die Vereinbarung eines Zustimmungsvorbehaltes ist ebenso wie ein Ausschluss nach § 399, 2. Alt. BGB zu beurteilen.[1022] Ein solcher Zustimmungsvorbehalt kann auch in Allgemeinen Geschäftsbedingungen enthalten sein und ist zulässig.[1023] Die Forderung entsteht als unveräußerliches Recht und ist nur mit Zustimmung des Schuldners abtretbar. Wird die Zustimmung nicht erteilt, ist die Abtretung absolut ggü. jedem Dritten unwirksam.[1024] **881**

Die Zustimmung gilt grds. nur für die konkrete Abtretung. Weitere Abtretungen bleiben verboten. **882**
Eine nachträglich Genehmigung lässt die Wirkung nur ex nunc, nicht ex tunc wirksam werden.[1025]

dd) Handelsgeschäft § 354a HGB

Die Abtretung von Geldforderungen aus einem beiderseitigen Handelsgeschäft ist trotz eines Abtretungsverbotes wirksam, § 354a Satz 1 HGB. Der Schuldner kann jedoch mit befreiender Wirkung an den bisherigen Gläubiger leisten, § 354a Satz 2 HGB. Dies gilt auch bei Kenntnis der Abtretung.[1026] Leistungsersetzende Erfüllungshandlungen (z.B. Aufrechnung) stehen dem gleich.[1027] Ist eine trotz (vertraglichem) Abtretungsverbot erfolgte Abtretung nach § 354a Satz 1 HGB wirksam, kann der Schuldner in Kenntnis der Abtretung mit dem Zedenten keinen Vergleich schließen, nach dem die Forderung ganz oder teilweise nicht mehr geltend gemacht werden kann.[1028] **883**

Die Vorschrift wurde mit Wirkung zum 01.08.1994 in das HGB übernommen und dient der Verbesserung des Refinanzierungsspielraums kleiner und mittlerer Unternehmen, indem Abtretungsverbote in den Einkaufsbedingungen von Großunternehmen ausgeschaltet werden.[1029] **884**

Ist der Abtretungsausschluss vor Inkrafttreten des § 354a HGB vereinbart worden, hindert dies nicht die Abtretbarkeit von Forderungen, die erst nach Inkrafttreten der Vorschrift entstanden sind.[1030] Dass die Forderung erst danach fällig geworden ist, reicht nicht aus.[1031] **885**

Auf Forderungen aus **Verbraucherkrediten** findet dagegen § 354a HGB keine Anwendung, da kein beiderseitiges Handelsgeschäft vorliegt.[1032] **886**

e) Bestimmtheitsgrundsatz

Die abzutretende Forderung muss bestimmt und bestimmbar sein. Die Abtretung ist hinreichend bestimmt, wenn sich die abgetretene Forderung von allen anderen gleichartigen Forderungen des **887**

1021 BGHZ 51, 113 (119); 56, 173 (180); 77, 274 (279); 102, 293; 108, 52; vgl. *Münch* Abtretungsverbote im deutschen und französischen Recht, S. 99.

1022 BGHZ 40, 156 (161); 110, 241 (242); BGH, ZIP 1997, 1072 (1073).

1023 BGHZ 102, 293 (300); 110, 241 (242).

1024 BGHZ 40, 156 (160, 161); BGH, NJW 1988, 1210 (1211); ZIP 1997, 1072 (1073).

1025 BGHZ 108, 172 (176).

1026 BGH, NJW-RR 2005, 624 (626).

1027 MüKo-HGB/*K. Schmidt* § 354a Rn. 20.

1028 BGH, NJW 2009, 438.

1029 Vgl. zur Gesetzesbegründung: *Grub* ZIP 1994, 1649; *Wagner* WM 1994, 2093, 2097; *Münch* Abtretungsverbote im deutschen und französischen Recht, S. 77, 78.

1030 Schimansky/Bunte/Lwowski/*Ganter* Bankrechts-Handbuch § 96 Rn. 41; *K. Schmidt* NJW 1999, 400; umfassend zu § 354a HGB: *Reinicke/Tiedtke* Rn. 801 bis 823.

1031 Schimansky/Bunte/Lwowski/*Ganter* Bankrechts-Handbuch § 96 Rn. 41.

1032 OLG Frankfurt am Main, NJW 2004, 3266 (3267).

Verfügenden unterscheiden lässt. Hierzu sind Angaben und Bezeichnung von Zedent, Kreditschuldner, Gegenstand (Rechtsgrund) und Umfang/Höhe der Forderung erforderlich.[1033]

888 Bei der Abtretung **zukünftiger Forderungen** bestehen widerstreitende Risiken: Eine zu weite Fassung kann zur Übersicherung führen, die gegen §§ 138, 307 BGB verstoßen kann. Eine zu enge Fassung ist unter Umständen nicht bestimmt genug. Bei Abtretung zukünftiger Forderungen reicht daher eine Bestimmbarkeit zum Zeitpunkt der Abtretung aus.[1034] Zur Auslegung der Abtretungsvereinbarung darf bei der Ermittlung der abgetretenen Forderung auch auf Umstände außerhalb der Abtretungsurkunde zurückgegriffen werden.[1035] Zur Bestimmbarkeit künftiger Forderungen reicht es laut BGH aus, »*dass es nur noch ihrer Entstehung bedarf, um die Übertragung mit der Entstehung der Forderung ohne weiteres und zweifelsfrei wirksam werden zu lassen*«.[1036]

889 Hinreichend bestimmt sind z.B. die Abtretung
- aller künftigen, in einem bestimmten Geschäftsbetrieb entstehenden Forderungen,
- der Mietforderungen aus der künftigen Vermietung einer bestimmten Wohnung,
- künftige Lohnforderungen aus noch nicht bestehenden Arbeitsverhältnissen.[1037]

890 Die Abtretung von **Forderungsmehrheiten** ist unproblematisch, wenn sie alle Forderungen gegen einen oder mehrere Drittschuldner oder alle Forderungen aus bestimmten Geschäftsvorfällen betrifft.[1038]

891 Eine Teilabtretung ist grds. möglich. Der Umfang der Abtretung muss jedoch bestimmt oder bestimmbar sein. Dies ist dann nicht der Fall, wenn nicht erkennbar ist, auf welche Forderungen oder Teilforderungen sich die Abtretung bezieht.[1039] Beispiel für einen bestimmbaren Abtretungsumfang ist die Abtretung des »pfändbaren Teil des Lohnes«.[1040] Die Abtretung von Forderungen bis zu einem bestimmten Höchstbetrag oder bis zur Höhe des in Anspruch genommenen Kredites ist hingegen nicht bestimmbar.[1041]

892 Die Vorausabtretung von Teilforderungen z.B. von Gütern, auf die sich ein verlängerter Eigentumsvorbehalt erstreckt, ist wirksam, wenn die einzelne Forderung spätestens im Zeitpunkt ihrer Entstehung nach Gegenstand und Umfang genügend bestimmbar ist.[1042] Dies gilt z.B. für eine Teilabtretung
- i.H.d. Wertes der Vorbehaltsware,
- entsprechend dem Wert der Lieferung,
- bis zur Höhe der Kaufpreisansprüche für das verwendete Material.[1043]

893 Nicht hinreichend bestimmt ist z.B. die Abtretung eines Geschädigten nach einem Fahrzeugschaden von »Ansprüchen aus dem Verkehrsunfall in Höhe der Gutachterkosten«.[1044]

1033 BGH, NJW 1953, 21; 1995, 1668; 2000, 276; *Hadding/Schneider* Untersuchung über das Spar-, Giro- und Kreditwesen Bd. 47, 58 Abs. 2a; *Kümpel* Bank- und Kapitalmarktrecht Rn. 6.466; Staudinger/*Busche* § 398 Rn. 7, 350; Schimansky/Bunte/Lwowski/*Ganter* Bankrechts-Handbuch § 96 Rn. 45; *Reinicke/Tiedtke* Rn. 791.

1034 BGHZ 26, 185 (189).

1035 BGH, ZIP 1999, 2058 (2059).

1036 BGH, NJW 1978, 1050.

1037 Vgl. Schimansky/Bunte/Lwowski/*Ganter* Bankrechts-Handbuch § 96 Rn. 46.

1038 Vgl. zu anderen Fällen: Palandt/*Grüneberg* § 398 Rn. 15 m.w.N.

1039 Palandt/*Grüneberg* § 398 Rn. 15.

1040 BGH, WM 1976, 151.

1041 *Reinicke/Tiedtke* Rn. 793; BGH, NJW 1978, 1050; BB 1968, 810 (811).

1042 BGH, NJW 1995, 1668 (1669); ZIP 1999, 2058 (2059).

1043 Vgl. umfassend Schimansky/Bunte/Lwowski/*Ganter* Bankrechts-Handbuch § 96 Rn. 48; zur Vorausabtretung nachrangiger Teile unter namentlicher Benennung der vorrangigen Gläubiger: BGH, NJW 2000, 276 (277); vgl. auch Palandt/*Grüneberg* § 398 Rn. 17.

1044 BGH, NJW 2011, 2713.

2. Sicherungsvertrag

a) Allgemeines

Der Sicherungsvertrag begründet die Pflicht zur Sicherheitenbestellung und enthält den Rechtsgrund für die Sicherungszession.[1045] Er stellt damit das Kausalverhältnis zwischen Sicherungsgeber (Zedent) und Sicherungsnehmer (Zessionar) dar. Der Sicherungsvertrag bestimmt den Zeitpunkt der Sicherheitenbestellung. Darüber hinaus enthält er die sogenannte Zweckvereinbarung – diese bestimmt die gesicherte Forderung und das Sicherungsmittel sowie die Rechte und Pflichten der Vertragsparteien. Der Sicherungszession wird durch die Zweckvereinbarung eine (bestimmte oder bestimmbare) Kreditforderung zugeordnet, die durch die Zession gesichert werden soll. **894**

Der Sicherungsvertrag ist ein schuldrechtlicher Vertrag, der im BGB nicht geregelt ist. Er ist grds. formfrei, kann also mündlich oder stillschweigend abgeschlossen werden.[1046] Schriftform ist aus Beweisgründen empfehlenswert.[1047] Das Zustandekommen richtet sich nach § 151 BGB. **895**

Ob der Sicherungsvertrag ein entgeltlicher Vertrag ist richtet sich danach, ob es sich um die Sicherstellung einer eigenen, durch eine entgeltliche Gegenleistung begründeten Verbindlichkeit handelt.[1048] Ist der Sicherungsvertrag nichtig, kann der Sicherungsgeber die Sicherheit nach den Kondiktionsregeln herausverlangen. Dies gilt auch dann, wenn die zu sichernde Forderung besteht. Ist umgekehrt der Darlehensvertrag nichtig, führt dies nicht ohne Weiteres zur Nichtigkeit des Sicherungsvertrages.[1049] **896**

Der Sicherungsvertrag kann durch die Parteien jederzeit geändert werden. Bei einer Änderung des Sicherungszwecks ist jedoch die Zustimmung des Sicherungsgebers erforderlich. **897**

Ein gutgläubiger Erwerb von Forderungen ist grds. ausgeschlossen. Deshalb sollte sich der Sicherungsnehmer vom Sicherungsgeber ausdrücklich versichern lassen, dass er über die abgetretene Forderung unbeschränkt verfügen kann und dass die Abtretbarkeit weder ausgeschlossen noch eingeschränkt ist und die Forderung lastenfrei ist. **898**

b) Parteien des Sicherungsvertrages

Der Sicherungsvertrag besteht zwischen dem Sicherungsnehmer (Zessionar) und dem Sicherungsgeber (Zedent). Der Sicherungsgeber muss nicht notwendig Partei des Kreditvertrages und Schuldner der Kreditforderung sein. Es kann auch jeder Dritte als Sicherungsgeber Sicherheit für eine fremde Schuld leisten. Der Sicherungsgeber wird dann Interzedent genannt. In diesem Fall kann Partei des Sicherungsvertrages sowohl der Kreditnehmer sein – er verspricht dem Kreditgeber, die Sicherheit beizubringen – als auch der Sicherungsgeber als Dritter, der sich unmittelbar ggü. dem Kreditgläubiger (Sicherungsnehmer, Zessionar) verpflichtet.[1050] **899**

c) Gesicherte Forderung/Zweckbestimmungserklärung

Die gesicherte Forderung muss von den nicht unter die Sicherheit fallenden Forderungen abgegrenzt werden. Die zweckbestimmte Verknüpfung des Sicherungsrechts mit der gesicherten Forderung erfolgt in der sogenannten **Zweckbestimmungserklärung**. Der Sicherungszweck begründet **900**

1045 Derleder/Knops/Bamberger/*Derleder* § 22 Rn. 2; einschränkend *Richrath* WM 1999, 1698 (1708), wonach sich dies auch aus dem Kreditvertrag ergeben soll – Lehre von der Doppelcausa.

1046 BGH, NJW 1991, 353.

1047 Zur Formbedürftigkeit bei Sicherungsverträgen hinsichtlich anderer Sicherheiten, vgl. oben Rdn. 156, 676.

1048 Derleder/Knops/Bamberger/*Derleder* § 22 Rn. 2; vgl. zur Differenzierung kritisch: Schimansky/Bunte/Lwowski/*Ganter* Bankrechts-Handbuch § 90 Rn. 180.

1049 BGH, NJW 1994, 2885.

1050 Schimansky/Bunte/Lwowski/*Ganter* Bankrechts-Handbuch § 90 Rn. 259.

eine treuhänderische Bindung des Sicherungsnehmers. Dieser soll zwar Forderungsinhaber werden, jedoch auf den Sicherungszweck verpflichtet sein.[1051]

901 Es ist eine Abgrenzung erforderlich, ob nur die aus dem Kreditverhältnis bereits entstandenen Forderungen gesichert sein sollen oder ob dies auch für alle zukünftig entstehenden Forderungen, für Zinsen, Kosten, Vertragsstrafen etc. der Fall sein soll.

902 In der Bankpraxis häufig verwendet wird eine formularmäßig weite Zweckbestimmungserklärung. Sie umfasst dann:

– alle bestehenden und künftigen – auch bedingten und befristeten – Ansprüche, die der Bank aus der Geschäftsverbindung (insb. aus laufender Rechnung und aus der Gewährung von Krediten jeder Art), aus Bürgschaften und aus abgetretenen oder kraft Gesetzes übergegangenen Forderungen sowie aus Wechseln (auch soweit diese von Dritten hereingenommen worden sind), zustehen.

903 Daneben gibt es in der Praxis auch andere Klauseln, die eine Ausdehnung der Haftung zum Ziel haben. Hierzu zählt die **Kontokorrentklausel**, bei der die Sicherheit auf einen laufenden Kredit erstreckt wird, sodass Zwischenzahlungen die Sicherheit unberührt lassen. Bei der **Filialklausel** werden nicht nur die Forderungen einer einzigen Geschäftsstelle, sondern auch die aller anderen Geschäftsstellen einer anderen Bank mit von der Sicherheit erfasst.

904 Üblich ist daher in Bankformularen die Sicherung:

– aller bestehenden, künftigen und bedingten Ansprüche, die der Bank mit ihren sämtlichen in- und ausländischen Geschäftsstellen aus der bankmäßigen Geschäftsverbindung gegen den Sicherungsgeber oder den vom Sicherungsgeber verschiedenen Kreditnehmer (Name, Anschrift) zustehen.

905 **Konzernklauseln** sichern Forderungen aller Gläubiger des Schuldners, die demselben Konzern wie der Sicherungsnehmer angehören. Wird ein Darlehen von mehreren Geldkreditgebern (Konsorten) gemeinsam gegeben, die Sicherheit aber nur einem der Kreditgeber übertragen und hält diese treuhänderisch für alle, spricht man von einer **Konsortialklausel**.[1052]

906 Einer weiten Sicherungszweckerklärung steht eine Limitierung der Sicherung ggü. Diese kann z.B. durch die Festlegung einer Höchstgrenze der Haftung (Höchstbetragssicherheit) erfolgen. Auch eine Ausfallsicherheit – für den Betrag, der nach Geltendmachung der Kreditforderung und Verwertung anderweitiger Sicherheit ungetilgt bleibt – ist möglich. Eine Sicherheit kann auch auf eine bestimmte Zeit dauernd begrenzt werden.[1053]

907 Der Sicherungsgeber kann sich ggü. dem Sicherungsnehmer nicht auf die Verjährung der gesicherten Forderung berufen, § 223 Abs. 1 und 2 BGB. Für Zinsen gilt § 223 Abs. 3 BGB.

d) Abgetretene Forderung

908 Die zu übertragenden Forderungen müssen bestimmbar sein. Für die Parteien muss klar erkennbar sein, welche Forderungen von der Abtretung erfasst sein sollen.[1054] Ist die Bestimmbarkeit in dem Sicherungsvertrag nicht gegeben, ist die Abtretung dennoch wirksam, soweit sie sich selbst auf bestimmte Forderungen bezieht. Allerdings fehlt der Rechtsgrund.[1055]

1051 BGHZ 137, 212 (218); Derleder/Knops/Bamberger/*Derleder* § 22 Rn. 5.
1052 Vgl. zu diesen Begriffen: Schimansky/Bunte/Lwowski/*Ganter* Bankrechts-Handbuch § 90 Rn. 107.
1053 S. zu allem: Schimansky/Bunte/Lwowski/*Ganter* Bankrechts-Handbuch § 90 Rn. 108–111 m.w.N.
1054 Vgl. zum Bestimmtheitsgrundsatz: Rdn. 887–892.
1055 *Bülow* Kreditsicherheiten Rn. 1192.

3. Gutgläubige Abtretung/Bereicherungsrecht

Nicht bestehende Forderungen kann der Sicherungsnehmer nicht wirksam erwerben. Guter Glaube nützt ihm nichts. Dementsprechend ist er einem Bereicherungsanspruch ausgesetzt, soweit der vermeintliche Schuldner nicht bestehende Forderungen aufgrund der Abtretung an den Zessionar bezahlt.[1056] **909**

Bei der Sicherungsabtretung soll nach Auffassung des BGH der Schuldner nicht auf seine, dem neuen Gläubiger ggü. zu erbringende Schuld zahlen. Er zahlt vielmehr – den Beteiligten erkennbar – auf die bestehende Kreditschuld des alten Gläubigers ggü. dem neuen Gläubiger. Die Leistungserbringung findet daher an den alten Gläubiger statt. Eine Rückabwicklung muss daher »über das Dreieck« erfolgen. Wenn der Schuldner nach Abtretung des Anspruches an den Abtretungsempfänger bezahlt hat, muss eine Rückabwicklung zwischen Abtretungsempfänger und den Abtretenden einerseits und zwischen dem Abtretenden und dem Schuldner andererseits erfolgen.[1057] Der sachliche Grund liegt darin, dass in dem zwischen dem Schuldner und dem Zedenten bestehenden Vertrag der angenommene Rechtsgrund für die vermeintlich geschuldete Zahlung zu sehen ist. Zudem steht die sachgerechte Verteilung der Insolvenzrisiken dahinter, die nur gewährleistet ist, wenn die Rückabwicklung im jeweiligen Kausalverhältnis erfolgt.[1058] **910**

Hat sich allerdings der Schuldner einer tatsächlich bestehenden Forderung in der Person des Gläubigers geirrt und irrtümlich angenommen, dieser habe die Forderung an einen Dritten abgetreten, kann er das, was er an den Dritten als den vermeintlich neuen Gläubiger geleistet hat, unmittelbar von diesem kondizieren.[1059] Etwas anderes gilt für öffentlich-rechtliche Bereicherungsansprüche gem. § 37a AO – der Schuldner (das Finanzamt) kann den zu Unrecht gezahlten Betrag vom Zahlungsempfänger, also dem Zessionar – zurückfordern. Dieser und nicht der alte Gläubiger sei der Bereicherungsschuldner.[1060] **911**

IV. Rechtsfolge

1. Grundsatz

Gem. § 398 Satz 2 BGB tritt der neue Gläubiger mit dem Abschluss des Vertrages an die Stelle des bisherigen Gläubigers. Damit tritt ein vollständiger Wechsel der Person des Gläubigers ein.[1061] Der Zessionar erwirbt das Vollrecht an der Forderung und ist nicht nur zur Einziehung, sondern zu jeder anderen Verfügung hierüber legitimiert. **912**

Die Forderung geht grds. in ihrer Gesamtheit auf den Zessionar über, wobei der Inhalt des übertragenen Rechts gleich bleibt. Der Rechtsübergang wirkt ggü. Dritten. **913**

Im Fall von Leistungsstörungen stehen dem Zessionar auch die Ansprüche aus den §§ 280 bis 292 BGB zu.[1062] Auch die Mängelansprüche und Schadensersatzansprüche sollen im Zweifel statt der Leistung mit abgetreten sein. Der Schadensersatzanspruch bemisst sich bei Pflichtverletzungen nach der Abtretung nach der Person des Zessionars.[1063] Der Inkassozessionar kann aber im Wege der Drittschadensliquidation den Schaden des Zedenten geltend machen. Soweit nur **914**

1056 RGZ 83, 184 (188); BGHZ 113, 62 (70); *Flume* NJW 1991, 2521 (2524); *Kohler* WM 1989, 1629 (1634); *Mankowski* ZIP 1993, 1214 (1214).

1057 BGHZ 105, 365 (368); BGHZ 122, 46 (50); BGH, NJW 2005, 1369 m.w.N. in der Lit.; kritisch hierzu: *Reinicke/Tiedtke* Rn. 826; BGH NJW 2012, 3373.

1058 Vgl. BGH NJW 2005, 1369; BGH NJW 2012, 3373.

1059 BGH, NJW 2006, 1731.

1060 BStBl. II 1998, S. 499; *Reinicke/Tiedtke* Rn. 929 m.w.N.

1061 MüKo-BGB/*Roth* § 398 Rn. 93; Staudinger/*Busche* § 398 Rn. 27; Palandt/*Grüneberg* § 398 Rn. 18.

1062 Vgl. Palandt/*Grüneberg* § 398 Rn. 18a.

1063 BGH, NJW 1995, 1282.

beim Sicherungsgeber ein Schaden entstanden ist, soll dies auch im Fall der Sicherungsabtretung gelten.[1064]

2. Übergang akzessorischer Sicherheiten und unselbstständiger Sicherungsrechte, § 401 BGB

915 Mit der abgetretenen Forderung gehen die bestehenden **akzessorischen** Sicherheiten kraft Gesetzes auf den Zessionar über, § 401 BGB. Das gilt auch für Neben- und Vorzugsrechte. § 401 BGB ist dispositiv, die Parteien des Abtretungsvertrages können den Übergang der Nebenrechte ausschließen[1065] oder erweitern. Kraft Akzessorietät gehen über:
- Hypothek, § 1153 BGB, und Schiffshypothek,
- Pfandrecht, §§ 1250, 1273 und Registerpfandrecht an Luftfahrzeugen, § 98 Abs. 2 LuftfzRG,
- Bürgschaft.[1066]

916 § 401 BGB wird entsprechend angewendet auf **unselbstständige** Sicherungsrechte
- Anspruch auf Bestellung von akzessorischen Sicherheiten,
- Anspruch aus § 648 BGB,
- aus einer Hypothek entstandener Anspruch auf Befriedigung aus dem Versteigerungserlös,
- Anspruch auf Erfüllungsübernahme oder einer sichernden Schuldmitübernahme

917 und **Hilfsrechte**
- Anspruch auf Auskunft und Rechnungslegung,
- Recht zur Fristsetzung gem. §§ 281, 323 BGB,
- Wahlrecht und Ersetzungsbefugnis des Gläubigers.

918 Diese Rechte gehen analog § 401 Abs. 1 BGB ebenfalls über.[1067]

919 Die **selbstständigen Gestaltungsrechte**
- Kündigungs-, Rücktritts-, Anfechtungs- und Widerrufsrecht,
- Sicherungs- und Vorbehaltseigentum,
- Sicherungsgrundschuld

verbleiben bei dem Zedenten, sofern sie nicht ausdrücklich oder stillschweigend mit übertragen wurden.[1068] Unter Umständen ist der Zedent schuldrechtlich verpflichtet, die bestehenden selbstständigen Rechte und Sicherheiten zu übertragen, sofern nicht die Abrede mit dem Sicherungsgeber entgegensteht.[1069]

920 Wird eine Forderung aus einem gegenseitigen Vertrag abgetreten, bleibt die synallagmatische Verbindung der beiderseitigen Ansprüche bestehen. Die Einrede des nicht erfüllten Vertrages gem. § 320 BGB verbleibt daher bei dem Zedenten. Er kann dieses Recht sowie die selbstständigen Gestaltungsrechte jedoch nur mit Zustimmung des Zessionars ausüben.[1070] Im Fall einer Sicherungsabtretung bleibt der Zedent zur Fristsetzung und zur Geltendmachung des Schadensersatzanspruches statt der Leistung befugt.[1071]

1064 BGH, NJW 1995, 1282; Schimansky/Bunte/Lwowski/*Ganter* Bankrechts-Handbuch § 96 Rn. 58; kritisch hierzu: Palandt/*Grüneberg* § 398 Rn. 18a.

1065 BGH, NJW 1991, 3025.

1066 Vgl. zur Bürgschaft: Palandt/*Grüneberg* § 401 Rn. 3.

1067 Schimansky/Bunte/Lwowski/*Ganter* Bankrechts-Handbuch § 96 Rn. 59; Palandt/*Grüneberg* § 401 Rn. 3.

1068 BGH, NJW 1985, 2641; Staudinger/*Busche* § 398 Rn. 81; unklar insoweit: Schimansky/Bunte/Lwowski/*Ganter* Bankrechts-Handbuch § 96 Rn. 59. So auch BGH, Urt. v. 27.11.2009, LwZR 12/08 zum Kündigungsrecht des Eigentümers, der nach der Beendigung des Nießbrauchs in einem vom Nießbraucher abgeschlossenen Pachtvertrag als Pächter eingetreten ist, BeckRS 2009, 89009.

1069 BGH, NJW 1981, 1554; 1985, 614; 1990, 903.

1070 JurisPK-BGB/*Knerr* § 398 Rn. 46, 47; Palandt/*Grüneberg* § 398 Rn. 18a.

1071 BGH, NJW 2002, 1568.

Sonstige Verfügungen über den Schuldgrund, die einer bereits entstandenen Forderung die Grundlage entziehen, sind nur mit Zustimmung des Zessionars zulässig.[1072] **921**

V. Schutz des Drittschuldners

Der Schuldner der Forderung (nachfolgend Drittschuldner genannt in Abgrenzung zu dem Darlehensschuldner/Sicherungsgeber) ist an dem Abtretungsvertrag nicht beteiligt und hat im Fall der stillen Zession hiervon auch keine Kenntnis. Er bedarf daher auch bei der Sicherungszession eines gewissen Schutzes. **922**

1. Einwendungen des Drittschuldners, § 404 BGB

Der Drittschuldner kann dem neuen Gläubiger die Einwendungen entgegensetzen, die z.Zt. der Abtretung der Forderung gegen den bisherigen Gläubiger begründet waren, § 404 BGB. Der Gläubigerwechsel darf den Inhalt der Forderung nicht verändern, § 404 BGB gewährt damit einen **Bestandsschutz.**[1073] **923**

Der Begriff der Einwendungen ist weit zu verstehen und umfasst alle rechtshindernden und rechtsvernichtenden Einwendungen sowie alle Einreden (z.B. Verjährung).[1074] **924**

Einwendungen gegen die Wirksamkeit der Abtretung kann der Drittschuldner ebenfalls geltend machen – in diesem Fall ist der Zessionar der Abtretung nicht der wahre Gläubiger. Einwendungen aus dem der Abtretung zugrunde liegenden Kausalverhältnis sind i.d.R. ausgeschlossen.[1075] **925**

Die Einwendung muss zum Zeitpunkt der Abtretung begründet gewesen sein. Es genügt, dass die Einwendung ihrem Rechtsgrund nach im Schuldverhältnis angelegt war, es ist daher nicht erforderlich, dass alle Tatbestandsvoraussetzungen der Einwendung im Zeitpunkt der Abtretung bereits vorlagen.[1076] **926**

Prozessuale Einreden werden ebenfalls erfasst. Diese wirken nicht nur über § 401 BGB zugunsten des Zessionars, sondern über § 404 BGB auch zu dessen Lasten. So kann der Drittschuldner z.B. auch eine ausschließliche Gerichtsstandsvereinbarung, eine Vereinbarung, wonach aus der Forderung die Zwangsvollstreckung nicht zu betreiben ist, oder die Einrede des Schiedsvertrages ggü. dem Zessionar einwenden.[1077] **927**

Der Zessionar kann sich den Einwendungen nicht dadurch entziehen, dass er sich lediglich eine Teilforderung abtreten lässt. Diese wird von der weiteren Entwicklung des Vertragsverhältnisses ebenfalls betroffen, weil sie in einem einheitlichen Vertrag ihre Grundlage hat.[1078] **928**

Im Fall der Abtretung des Anspruches aus einem Girovertrag kann die Bank dem Zessionar Lastschriften aus der Rückbelastung von Wechseln entgegenhalten.[1079] **929**

Der Ablauf der Verjährungsfrist wird von der Abtretung nicht berührt, z.B. gehemmt.[1080] Der Drittschuldner kann sich auf die Verjährung nicht nur dann berufen, wenn die Forderung bei der Abtretung bereits verjährt war, sondern auch, wenn die vor und nach der Abtretung abgelaufene Zeit zusammen den Ablauf der Verjährungsfrist begründet.[1081] **930**

1072 BGH, NJW 1990, 1785; MüKo-BGB/*Roth* § 98 Rn. 99.
1073 Schimansky/Bunte/Lwowski/*Ganter* Bankrechts-Handbuch § 96 Rn. 167.
1074 Palandt/*Grüneberg* § 404 Rn. 2 m.w.N.
1075 Palandt/*Grüneberg* § 404 Rn. 2.
1076 BGH, NJW-RR 1994, 880.
1077 JurisPK-BGB/*Knerr* § 404 Rn. 7 m.w.N.
1078 BGH, NJW 1983, 1903 (1905).
1079 OLG München, NJW-RR 1992, 1136 (1138).
1080 RGZ 124, 111 (114).
1081 Staudinger/*Busche* § 404 Rn. 27.

931 Ein Gutglaubensschutz zugunsten des Zessionars besteht nicht. Er kann die Forderung nicht gutgläubig »lastenfrei« erwerben. Eine Ausnahme stellt der Fall des § 405 BGB bei Abtretung unter Urkundenvorlegung dar.[1082]

932 Die Vorschrift des § 404 BGB ist dispositiv. Gem. § 496 Abs. 1 BGB ist eine Abbedingung zum Nachteil des Verbrauchers im Fall eines **Verbraucherkredites** jedoch unwirksam (vgl. § 10 Abs. 1 VKG bis zum 31.12.2001).

933 Der Drittschuldner kann durch eine sogenannte **bestätigte Zession** oder Abtretungsbestätigung auf die ihm zustehenden Einwendungen verzichten. Der Drittschuldner anerkennt (und bestätigt), dass die abgetretene Forderung besteht. Ob eine solche Drittschuldnererklärung ein Anerkenntnis bzw. einen Verzicht auf Einwendungen darstellt, ist durch Auslegung zu ermitteln. Bei der Annahme eines solchen Anerkenntnisses ist die Rechtsprechung sehr zurückhaltend. Insb. dann, wenn der Sicherungsnehmer die Erklärung vorbereitet hat (»der Schuldner anerkennt die Forderung und nimmt die Abtretung an«), ist regelmäßig davon auszugehen, dass er nur auf solche Einwendungen verzichten will, die ihm bei Abgabe der Erklärung bekannt sind oder mit denen er zumindest rechnet.[1083]

2. Aufrechnung ggü. dem neuen Gläubiger, § 406 BGB

934 Der Drittschuldner kann mit einer ihm gegen den Zedenten (Sicherungsgeber) zustehenden Forderung gegen den Zessionar (Sicherungsnehmer) grds. aufrechnen, § 406 Halbs. 1 BGB.

935 Die Aufrechnung ist ausgeschlossen, wenn der Drittschuldner bei dem Erwerb der Forderung von der Abtretung Kenntnis hatte und wenn die Forderung erst nach der Erlangung der Kenntnis und später als die abgetretene Forderung fällig geworden ist, § 406 Halbs. 2 BGB.

936 Damit schützt auch § 406 BGB den Drittschuldner vor einer Verschlechterung seiner Rechtsstellung infolge der Abtretung. Die Vorteile einer bei Abtretung bereits bestehenden Aufrechnungslage werden aufrechterhalten ebenso das Vertrauen des gutgläubigen Drittschuldners auf den bis zur Fälligkeit der Forderung möglicherweise erfolgenden Eintritt einer Aufrechnungslage.[1084] § 406 BGB erhält dem Drittschuldner die Aufrechnungsbefugnis, wenn die Aufrechnungslage (§ 389 BGB) bereits bestand, als er von der Abtretung Kenntnis erlangte. Sie schützt den Drittschuldner auch dann, wenn sich aus der bei Kenntniserlangung bestehenden Rechtslage ohne die Abtretung bis zur Fälligkeit der abgetretenen Forderung eine Aufrechnungslage entwickelt hätte.[1085] Maßgeblich ist daher die Kenntnis der Abtretung.

937 Hat der Drittschuldner eine Forderung vor Kenntniserlangung erworben, so kann er mit ihr aufrechnen. Bei einem Erwerb erst nach Kenntniserlangung, ist die Aufrechnung ausgeschlossen.[1086] § 406 BGB gilt nur für die in Kenntnis der Abtretung erklärte Aufrechnung.

938 War die Gegenforderung zum Zeitpunkt der Kenntniserlangung fällig, ist die Reihenfolge des Fälligwerdens ohne Bedeutung. I.Ü. kann der Drittschuldner nur aufrechnen, wenn die Gegenforderung spätestens mit der Hauptforderung fällig wird.[1087] Eine Forderung, der ein Zurückbehaltungsrecht entgegensteht, gilt i.S.d. § 406 BGB als nicht fällig.[1088]

1082 Staudinger/*Busche* § 404 Rn. 3.
1083 BGH, NJW 1971, 2220; 1983, 1903 (1904).
1084 BGH, NJW 2002, 2865 (2866); *Larenz* Schuldrecht Bd. I AT, S. 591; Staudinger/*Busche* § 406 Rn. 1.
1085 BGHZ 58, 327 (329).
1086 Palandt/*Grüneberg* § 406 Rn. 5.
1087 BGH, NJW 1961, 1966.
1088 BGH, NJW 1972, 1193; NJW-RR 1994, 880; OLG Düsseldorf, ZIP 1998, 1790.

Die Aufrechnungserklärung ist – anders als bei den übrigen Gestaltungsrechten – nicht ggü. dem Zedenten, sondern ggü. dem Zessionar abzugeben.[1089] 939

§ 406 BGB ist grds. abdingbar. Für den Verbraucherkreditvertrag gilt gem. § 496 Abs. 1 BGB, dass sie nicht zum Nachteil des Verbrauchers abgeändert werden kann.[1090] 940

Aufgrund des Wortlautes von § 406 Halbs. 2 BGB – wonach die beiden Voraussetzungen der Aufrechnung (Erwerb vor Kenntnis, rechtzeitige Fälligkeit) negativ als Ausnahmetatbestände formuliert werden, trägt der Zessionar insoweit die Beweislast.[1091] 941

3. Rechtshandlungen ggü. dem bisherigen Gläubiger, § 407 BGB

Grds. sind gem. § 407 BGB alle Rechtshandlungen, die der Drittschuldner in Unkenntnis der Abtretung ggü. dem Zedenten vornimmt, im Verhältnis zum Zessionar wirksam. Damit ist auch § 407 BGB Schutzvorschrift zugunsten des Drittschuldners und schützt dessen Vertrauen in seine scheinbar fortbestehende Gläubigerstellung bei Unkenntnis von der Abtretung.[1092] 942

Der Drittschuldner hat grds. die Wahlmöglichkeit – er kann dem Zessionar die Wirksamkeit der Leistung oder Handlung entgegenhalten, muss dies aber nicht.[1093] Der Drittschuldner ist berechtigt, die (in Unkenntnis erbrachte) Leistung beim Zedenten zu kondizieren. Tut er dies nicht, steht dem Zessionar ggü. dem Leistungsempfänger (Zedent) ein Herausgabeanspruch gem. § 816 Abs. 2 BGB zu. Hat der Drittschuldner auf ein Bankkonto des Zedenten gezahlt und die Bank die Zahlung mit einem Debetsaldo des Zedenten verrechnet, ist nicht die Bank bereichert, da sie lediglich Zahlstelle des Zedenten gewesen ist.[1094] 943

Entscheidend für die Kenntnis ist der Zeitpunkt der Leistungshandlung, nicht der des Eintritts des Leistungserfolgs. Ausreichend ist die Kenntnis der Tatsachen, die den Forderungsübergang bewirken. Die Beweislast für die Kenntnis hat der Zessionar.[1095] 944

§ 407 Abs. 2 BGB regelt die Erstreckung der Wirkung eines rechtskräftigen Urteils in einem Rechtsstreit des Zedenten und des Drittschuldners auf den Zessionar, wenn der Schuldner die Abtretung beim Eintritt der Rechtshängigkeit nicht gekannt hat. Auf eine Abtretung nach Rechtshängigkeit ist § 407 Abs. 2 BGB nicht anwendbar, es gelten ausschließlich die prozessualen Vorschriften der §§ 265, 325 ZPO. Sind die Tatbestandsvoraussetzungen von § 407 Abs. 2 erfüllt, muss der Zessionar das zwischen dem Drittschuldner und dem Gläubiger ergangene rechtskräftige Urteil gegen sich gelten lassen, d.h., es findet eine Rechtskrafterstreckung zugunsten des Drittschuldners statt.[1096] 945

Die Vorschrift ist abdingbar. Die Ausgleichsansprüche des Zessionars gegen den Zedenten richten sich nach den der Abtretung zugrunde liegenden Kausalverhältnissen, wobei ggf. § 280 Abs. 1 BGB zur Anwendung gelangt. 946

4. Vertragliches Abtretungsverbot

Der Drittschuldner wird auch durch die mit dem Gläubiger (Zedenten) vereinbarten Abtretungsverbote (s.o. Rdn. 874–880) geschützt. Bei stiller Zession bleibt dem Kreditgeber (Zessionar) nur die Möglichkeit, sich beim Kreditnehmer (Zedenten) gewissenhaft zu informieren und die Geschäftsbedingungen des Drittschuldners einzusehen. Bei offener Zession kann er verlangen, dass der 947

1089 OLG Düsseldorf, NJW-RR 2001, 1025.
1090 Staudinger/*Busche* § 406 Rn. 12, Palandt/*Grüneberg* § 406 Rn. 2.
1091 Palandt/*Grüneberg* § 406 Rn. 5, JurisPK-BGB/*Knerr* § 406 Rn. 21.
1092 Vgl. Schimansky/Bunte/Lwowski/*Ganter* Bankrechts-Handbuch § 96 Rn. 170.
1093 Palandt/*Grüneberg* § 407 Rn. 5 m.w.N.; a.A. Staudinger/*Busche* § 407 Rn. 8.
1094 BGHZ 128, 135, 137; Palandt/*Grüneberg* § 407 Rn. 3.
1095 Vgl. insgesamt: Palandt/*Grüneberg* § 407 Rn. 6, 7, 10.
1096 Staudinger/*Busche* § 407 Rn. 7, 17.

Sicherungsgeber die Zustimmung des Drittschuldners zur Abtretung vorlegt.[1097] Abtretungsverbote stellen daher für den Zessionar ein erhebliches Risiko dar.

VI. Kollisionen

948 Die Sicherungsabtretung kann mit anderen Sicherungsrechten kollidieren. Dabei ist nach der jeweiligen Art der kollidierenden Sicherheit zu unterscheiden.

1. Mehrere Einzelabtretungen

949 Soweit ein Gläubiger/Zedent seine Forderung nacheinander auf verschiedene Zessionare überträgt, gilt das **Prioritätsprinzip** zugunsten der ersten Abtretung und des ersten Zessionars. Da der Zedent seine Gläubigereigenschaft bereits durch die erste Abtretung verloren hat, verfügt er bei der zweiten Abtretung als Nichtberechtigter. Die zweite und alle nachfolgenden Abtretungen gehen daher – zunächst – ins Leere.[1098]

950 Der erste Zessionar kann die nachfolgende Abtretung aber gem. § 185 Abs. 2 BGB genehmigen, sodass sie wirksam wird.[1099]

951 Die zweite Sicherungsabtretung wird auch infolge Konvaleszenz gem. § 185 Abs. 2 Satz 1, 2. Alt. BGB wirksam, wenn die erste Forderung wieder an den Zedenten zurückfällt – z.B. durch Rückübertragung.[1100] I.d.R. ist aber nicht von einer aufschiebend bedingten Zession des Rückübertragungsanspruches ggü. dem ersten Zessionar an den zweiten Zessionar auszugehen.[1101]

952 Das Prioritätsprinzip gilt auch bei der Vorausabtretung, wenn die im Voraus abgetretene Forderung vor der zweiten Abtretung entsteht.[1102] Bei mehrfachen Vorausabtretungen soll nach der herrschenden Meinung ebenfalls das Prioritätsprinzip gelten. Nur die zuerst vereinbarte Abtretung wird wirksam.[1103]

953 Da für die Abtretungsvereinbarung kein besonderes Formerfordernis besteht, kann der Nachweis der zeitlichen Priorität für einen Zessionar schwierig sein. Hat ein nachfolgender Zessionar entgegen dem Prioritätsprinzip die Forderung eingezogen, kann der erstrangige Zessionar den Betrag von ihm gem. § 816 Abs. 2 BGB herausfordern. Soweit der nachrangige Zessionar die Bank ist und der Drittschuldner weisungsgemäß auf ein dort für den Zedenten geführtes Konto leistet, wird der Drittschuldner gem. § 407 BGB frei, falls er keine der Abtretungen kennt. In diesem Fall scheidet ein Anspruch des ersten Zessionars gegen die Bank gem. § 816 Abs. 2 BGB aus, weil der Drittschuldner die Leistung nicht an die Bank als Gläubigerin, sondern als Zahlstelle des Bankkunden als vermeintlichen Gläubigers bewirkt hat.[1104]

2. Einzel- und Globalzession

954 Das Prioritätsprinzip ist auch anwendbar, wenn der Kreditschuldner eine Forderung zuerst einzeln abgetreten hat und diese dann auch von einer späteren Globalzession umfasst wird (oder umgekehrt). Auch bei mehreren Globalzessionen gilt das Prioritätsprinzip uneingeschränkt.[1105]

1097 Vgl. Schimansky/Bunte/Lwowski/*Ganter* Bankrechts-Handbuch § 96 Rn. 175.
1098 BGHZ 30, 149 (151); OLG Nürnberg, ZInsO 2003, 571 (572); Palandt/*Grüneberg* § 398 Rn. 13.
1099 Staudinger/*Busche* § 398 Rn. 32.
1100 *Bülow* WM 1998, 845.
1101 Vgl. *Bülow* WM 1998, 845.
1102 *Serick* IV § 47 II 3a, S. 281.
1103 So: BGHZ 30, 149 (151); *Serick* IV § 49 I 2, S. 387; MüKo-BGB/*Roth* § 398 Rn. 75; vgl. zum Meinungsstand: Schimansky/Bunte/Lwowski/*Ganter* Bankrechts-Handbuch § 96 Rn. 179 m.w.N.
1104 Vgl. Schimansky/Bunte/Lwowski/*Ganter* Bankrechts-Handbuch § 96 Rn. 82.
1105 *Serick* IV § 50 IV 3, S. 466.

3. Globalzession und verlängerter Eigentumsvorbehalt

Häufig erfolgen Lieferungen an den Kreditschuldner von Waren unter Eigentumsvorbehalt. Beim verlängerten Eigentumsvorbehalt werden den Vorbehaltsverkäufern die Forderungen aus den Geschäften des Vorbehaltskäufers (und Kreditnehmers) im Voraus abgetreten. Hat der Vorbehaltskäufer zur Absicherung seiner Kredite an eine Bank sämtliche Forderungen gegen seine Kunden im Wege der Globalzession zur Sicherung eines Geldkredites abgetreten, kollidieren diese beiden Abtretungen. Eine Behandlung nach dem Prioritätsprinzip würde hier i.d.R. zum Vorrang der Globalzession führen, da im Wirtschaftsleben häufig ein schneller Warenumsatz erfolgen wird und damit der verlängerte Eigentumsvorbehalt i.d.R. kurzfristig abgewickelt wird. Da die Vorbehaltsverkäufer in diesem Fall i.d.R. mit ihrem Sicherungsrecht leer ausgehen würden, hält der BGH nach feststehender Rechtsprechung eine zur Kreditsicherung vereinbarte Globalzession i.d.R. für sittenwidrig und damit nichtig, wenn sie nach dem Willen des Vertragspartners auch solche Forderungen umfassen soll, die der Schuldner seinen Lieferanten aufgrund verlängerten Eigentumsvorbehalts künftig abtreten muss.[1106] 955

In der (Bank-) Praxis werden daher häufig **dingliche Verzichtsklauseln** vereinbart. Üblich ist z.B. ein eingeschränkter Verzicht, mit dem die Globalzession auch die Forderung aus dem Weiterverkauf erfasst, jedoch aufschiebend bedingt durch das Erlöschen des Eigentumsvorbehalts. Dadurch wird eine Freigabe der Forderung durch die Bank für den Lieferanten, nicht aber für andere Kreditgläubiger herbeigeführt.[1107] 956

Nimmt der Globalzessionar den Schuldner in Anspruch und wendet dieser ein, die Forderung stehe nicht dem Anspruchsteller, sondern aufgrund eines verlängerten Eigentumsvorbehaltes einem Lieferanten zu, ist der Globalzessionar beweispflichtig – das Erlöschen des Eigentumsvorbehaltes ist hier anspruchsbegründete Tatsache.[1108] Die pauschale Behauptung eines noch bestehenden verlängerten Eigentumsvorbehaltsrechtes reicht jedoch nicht aus. 957

Eine bestehende Kollision kann nachträglich dadurch beseitigt werden, dass der Geldkreditgeber mit dem Warenkreditgeber eine Einigung über den Abkauf der durch Eigentumsvorbehalt gesicherten Kaufpreisforderungen erzielt. 958

4. Sicherungsglobalzession und Factoringglobalzession

Bei der Kollision einer Sicherungsglobalzession und einer Factoringglobalzession gilt beim unechten Factoring das Prioritätsprinzip.[1109] 959

Beim echten Factoring[1110] berechtigt nach Meinung des BGH die Einziehungsbefugnis den Kreditnehmer nicht dazu, die Forderung im Rahmen echten Factorings zu verkaufen, da er hierfür nicht den ungeschmälerten Gegenwert der Forderung erhält. Nach herrschender Meinung soll auch in diesen Fällen grds. das Prioritätsprinzip gelten.[1111] 960

VII. Abtretung spezieller Forderungen

Bei der Sicherungsabtretung sind diverse Besonderheiten hinsichtlich der abzutretenden Forderung zu berücksichtigen. 961

1106 BGHZ 55, 34 (35); BGH, NJW 1991, 2144 (2147); 1999, 2588 (2589).

1107 Zur Wirksamkeit solcher Klauseln: BGH, NJW 1974, 942 (943); 1991, 2144 (2147).

1108 Vgl. Schimansky/Bunte/Lwowski/*Ganter* Bankrechts-Handbuch § 96 Rn. 188 m.w.N.

1109 Schimansky/Bunte/Lwowski/*Ganter* Bankrechts-Handbuch § 96 Rn. 192.

1110 Vgl. Kap. 4 Rdn. 2187 ff.

1111 *Serick* IV § 52 V 4, S. 591.

1. Anwartschaften

962 Bei einer Sicherungsabtretung unter auflösender Bedingung hat der Sicherungsgeber ein Anwartschaftsrecht. Über dieses kann er im Wege der Anschlusssicherungsabtretung verfügen.

2. Kontokorrentforderung/Bankdarlehen

963 Abtretbar beim Periodenkontokorrent gem. § 355 HGB ist der für das Ende der Rechnungsperiode ermittelte Überschuss, auch als künftiger Anspruch.[1112] Hingegen sind die kontokorrentgebundenen Einzelforderungen, die lediglich unselbstständige Rechnungsposten darstellen, nicht selbstständig abtretbar.[1113] Wenn vereinbarungsgemäß die periodisch sich ergebenden Salden jeweils als erste Posten der neuen Rechnungsperiode vorgetragen werden, werden sie zu unabtretbaren Einzelforderungen und es ist nur der bei Beendigung der Geschäftsbeziehung sich ergebende Schlusssaldo abtretbar.[1114]

964 Das Bankkontokorrent entspricht diesem gesetzlich vorgesehenen Periodenkontokorrent.[1115]

965 Der Kunde aus dem Girovertrag hat einen Anspruch auf Auszahlung der sich zwischen den Rechnungsabschlüssen ergebenden Tagesguthaben; dieser Anspruch ist nicht kontokorrentgebunden und damit frei abtretbar.[1116]

966 Die Abtretung von Darlehensforderungen an eine Nichtbank ist nicht wegen Verstoßes gegen § 32 Abs. 1 Satz 1 KWG gem. § 134 BGB nichtig.[1117]

3. Grundpfandrechte

967 Der Grundpfandgläubiger kann das Grundpfandrecht als Sicherungsmittel für einen ihm gewährten Kredit einsetzen. Er ist dann Sicherungsnehmer im Verhältnis zum Grundstückseigentümer und Sicherungsgeber im Verhältnis zu seinem Kreditgeber. Die Übertragung richtet sich nach der Art des Grundpfandrechtes. Hypotheken werden mit der gesicherten Forderung übertragen, § 1153 BGB. Für die Abtretung einer durch Briefhypothek gesicherten Forderung bedarf es einer schriftlichen Abtretungserklärung des bisherigen Gläubigers und der formlosen Annahmeerklärung des neuen Gläubigers. Zusätzlich ist die Briefübergabe erforderlich, §§ 1154 Abs. 1, 1117 BGB. Auch wenn die Grundbucheintragung nicht erforderlich ist, erscheint sie zweckmäßig, damit der neue Gläubiger über die Einleitung von Zwangsversteigerungs- oder Zwangsverwaltungsverfahren informiert wird. Wird der Abtretungsvertrag formlos abgeschlossen, muss die Abtretung in das Grundbuch eingetragen werden, § 1154 Abs. 2 BGB. Für eine durch Buchhypothek gesicherte Forderung sind ein formloser Abtretungsvertrag und die Eintragung im Grundbuch erforderlich, §§ 1154 Abs. 3, 873, 878 BGB.

968 Eine (Sicherungs-) Grundschuld kann ohne die Forderung übertragen werden. Obwohl die §§ 401, 1153 BGB nicht gelten, kann sich aus dem Sicherungsvertrag ergeben, dass der Grundschuldgläubiger verpflichtet ist, Grundschuld und Forderung zusammen zu übertragen, solange die Forderung noch nicht fällig ist.[1118] Tritt der Grundschuldgläubiger die Forderung isoliert ab, braucht der Schuldner gem. § 404 BGB die Forderung nur Zug um Zug gegen Rückgewähr der Grundschuld

1112 BGHZ 70, 86 (93); *Serick* II § 26 IV 1, S. 364.
1113 BGHZ 50, 277 (279); *Serick* BB 1978, 873 (875).
1114 BGHZ 70, 86 (93); *Serick* BB 1978, 873 (875).
1115 BGHZ 50, 277, 280.
1116 BGHZ 84, 325, 329; zu den insolvenzrechtlichen Besonderheiten der Vorausabtretung im Kontokorrent vgl. Rdn. 1046.
1117 BGH, NJW 2011, 3024; vgl. hierzu auch EuGH, NJW 2017, 2980 zur Forderungsabtretung von Ansprüchen aus Verbraucherkreditverträgen an eine Inkassogesellschaft.
1118 BGH, NJW-RR 1991, 305; Palandt/*Bassenge* § 1191 Rn. 19.

zu erfüllen.[1119] Tritt der Grundschuldgläubiger die Grundschuld isoliert ab, kann der Sicherungsgeber seine gegen den Sicherungsnehmer bestehenden Einreden nunmehr gem. § 1157 BGB ggü. dem Erwerber geltend machen.

Für die Abtretung einer Briefgrundschuld gelten die §§ 1154 Abs. 1 und 2, 1192 BGB. Bei der Abtretung einer Buchgrundschuld gelten §§ 1154 Abs. 3, 1192 BGB. 969

Nach Abtretung einer Grundschuld können Einwendungen aus dem Darlehensvertrag dem neuen Gläubiger grds. nicht entgegengehalten werden. Der Zessionar einer Sicherungsgrundschuld kann aus der Unterwerfungserklärung nur dann vorgehen, wenn er in den Sicherungsvertrag eingetreten ist.[1120] 970

Nicht mehr bestehende Einreden gegen eine Sicherungsgrundschuld leben bei deren Abtretung nicht auf.[1121] 971

4. Gesellschaftsanteile

Die Übertragung der Geschäfts- und Gesellschaftsanteile eines Gesellschafters führt dazu, dass der Zessionar in alle Rechte und Pflichten des Gesellschafters eintritt, da mit den Anteilen auch die Mitgliedschaft in der Gesellschaft verbunden ist. Damit trägt der Zessionar das gleiche Haftungsrisiko wie die übrigen Gesellschafter. Der Sicherungsnehmer haftet auch für rückständige Leistungen, Fehlbeträge und unzulässige Auszahlungen, §§ 16 Abs. 3, 23, 24, 26, 30, 31 GmbHG. In der Praxis wird daher häufig anstelle der Abtretung von Gesellschaftsanteilen die Verpfändung der Anteile empfohlen.[1122] 972

Wird dennoch die Abtretung gewählt, bedarf die Sicherungsabtretung eines Geschäftsanteiles an einer GmbH-Gesellschaft der notariellen Beurkundung, § 15 Abs. 3 GmbHG.[1123] Sieht der Gesellschaftsvertrag nichts anderes vor, bedarf die Abtretung grds. nicht der Zustimmung der Gesellschaft, § 15 Abs. 5 GmbHG. Die Abtretung muss ggü. der Gesellschaft angezeigt werden, § 16 GmbHG. 973

Der Sicherungsnehmer tritt mit allen Rechten und Pflichten in die Gesellschaft ein. Er kann das Stimmrecht ausüben und hat dabei die Belange des bisherigen Gesellschafters und den Sicherungszweck zu wahren. Wegen des Grundsatzes der Einheitlichkeit der Mitgliedschaft geht der BGH davon aus, dass der Sicherungsnehmer dem Sicherungsgeber nicht das Stimmrecht überlassen darf.[1124] 974

Die Abtretung von Anteilen an Personengesellschaften (OHG, KG, GbR) ist zulässig[1125] und formlos möglich.[1126] Die Übertragung kann nur mit Zustimmung aller anderen Gesellschafter wirksam werden. Sie kann schon vorab im Gesellschaftsvertrag erteilt werden. Wegen des Publizitätsgrundsatzes, §§ 107, 143 Abs. 2, 161, 162 HGB, und den Schwierigkeiten bei der Verwertung ist die Abtretung in der Praxis eher die Ausnahme. Das Gleiche gilt für Anteile an geschlossenen Immobilienfonds, die i.d.R. als KG geführt werden. Hier besteht für den Zessionar das Risiko der Grunderwerbsteuerbelastung. 975

1119 BGH, NJW 1991, 1821.
1120 BGH, BKR 2011, 291.
1121 BGH, NJW 2014 550 = ZIP 2013, 2352.
1122 FCH-Sicherheitenkompendium/*Steinberger/Wälter*, S. 287.
1123 BGH, BB 2008, 1251 zur Formbedürftigkeit der Übertragung eines Geschäftsanteils an einer einen GmbH-Anteil haltenden GbR.
1124 BGHZ 43, 261 (267); *Lwowski* Rn. 701.
1125 BGHZ 44, 229 (231); 81, 82 (84); a.A. *Baur/Stürner* Sachenrecht § 58 I 2d dd, S. 637.
1126 BGHZ, NJW 1983, 1110.

976 Sowohl bei der GmbH als auch bei den Personengesellschaften können vermögensrechtliche Einzelansprüche, über die ein Gesellschafter gesondert verfügen kann, sicherungshalber abgetreten werden.[1127]

977 Bei verbrieften Gesellschaftsanteilen (Aktien, Investmentszertifikaten) kann die Sicherungsübertragung der in der Urkunde verbrieften Rechte durch Abtretung erfolgen.[1128]

978 Ist der veräußernde Gesellschafter einer GmbH bei der Abtretung eines Teilgeschäftsanteils Inhaber mehrer Geschäftsanteile, deren Wert jeweils den Wert des abgetretenen Teils übersteigt, muss der Abtretungsvertrag, zur Wahrung des Bestimmtheitsgrundsatzes, den Geschäftsanteil benennen, aus dem der neue Geschäftsanteil gebildet werden soll.[1129]

979 Ein aufschiebend bedingt abgetretener Geschäftsanteil kann nicht nach § 161 Abs. 3 BGB i.V.m. § 16 Abs. 3 GmbHG vor Bedingungseintritt von einem Zweiterwerber gutgläubig erworben werden.[1130]

5. Lohn und Gehalt

980 Die Abtretung des pfändbaren Teils von Lohn-, Gehalts-, Provisions- und Sozialleistungsansprüchen ist zulässig und erfolgt i.d.R. im Wege der Vorausabtretung. Die Vereinbarung in Allgemeinen Geschäftsbedingungen für Ratenkreditverträge ist wirksam und in der Praxis üblich. Aufgrund des Transparenzgebotes müssen Lohnabtretungsklauseln den Zweck und den Umfang der Abtretung sowie die Voraussetzungen der Verwertungsbefugnis eindeutig bezeichnen.[1131] Die Vorausabtretung muss zu einem angemessenen Interessenausgleich führen. Das Sicherungsinteresse der Bank ist gegen das Interesse des Kunden an der Erhaltung seiner wirtschaftlichen Bewegungsfreiheit abzuwägen. Die Anforderungen sind unterschiedlich, je nachdem ob ein einziger Ratenkredit, nach dessen Abwicklung die Geschäftsverbindung beendet ist, oder ein umfassender Kontokorrent-Ratenkredit besichert werden soll. Zur Vermeidung einer Übersicherung bietet sich eine betragsmäßige Begrenzung auf den Gesamtumfang (Nettokredit plus Kreditkosten) an. Rechtsverfolgungskosten und Zuschläge für den Fall des Zahlungsverzuges können berücksichtigt werden.[1132] Bei Sicherung einer umfassend angelegten Geschäftsverbindung kann i.d.R. kein Höchstbetrag definiert werden.

981 I.d.R. erfolgt die Abtretung still. Der Zessionar ist dann verpflichtet, dem Zedenten eine Offenlegung der Zession und eine Verwertung der abgetretenen Forderung so rechtzeitig vorher anzukündigen, dass dieser noch Einwendungen gegen die Verwertungsbefugnis vorbringen oder den Sicherungsfall abwenden kann.

982 Soweit die Ansprüche pfändbar sind, können auch Ansprüche von Beamten, Berufs- und Zeitsoldaten abgetreten werden, § 51 BRRG (zu Beihilfeansprüchen vgl. § 51 Abs. 3 BeamtenVG).

983 Die Abtretung von Gehaltsansprüchen erfasst auch Abfindungen. Die anlässlich der Beendigung eines Arbeitsverhältnisses gezahlten Abfindungen sind »Bezüge aus einem Dienstverhältnis« i.S.d. § 114 InsO, die somit für 2 Jahre nach Insolvenzeröffnung insolvenzfest sind.[1133]

984 Auch Versorgungsbezüge und Ruhegelder von Notaren außer Dienst oder anderen Selbständigen im Ruhestand werden von § 114 InsO erfasst. Die Abtretung künftiger Ruhegeldansprüche kann die Gläubiger unmittelbar benachteiligen.[1134]

1127 Vgl. hierzu: Schimansky/Bunte/Lwowski/*Ganter* Bankrechts-Handbuch § 96 Rn. 121, 128 m.w.N.
1128 Vgl. hierzu: Schimansky/Bunte/Lwowski/*Ganter* Bankrechts-Handbuch § 96 Rn. 112 bis 118.
1129 BGH, BB 2010, 2976.
1130 BGH, DStR 2011, 2206 = BB 2011, 2832.
1131 BGH, NJW 1989, 2383.
1132 BGH, NJW 1989, 2383.
1133 BGH, NZI 2010, 564.
1134 BGH ZIP 2013, 374.

6. Honorar- und Vergütungsansprüche

985 Die Abtretung von Honorarforderungen von Angehörigen einer Berufsgruppe, die einer Verschwiegenheitsverpflichtung unterliegen, § 203 Abs. 1 StGB, ist gem. § 134 BGB nichtig, wenn der Drittschuldner der Abtretung nicht zugestimmt hat. Das in den Zessionsverträgen regelmäßig vereinbarte Recht zur Einziehung der Forderung verletzt die Schweigepflicht des Zedenten. Zudem ist mit der Abtretung eine umfassende Informationspflicht gem. § 402 BGB verbunden. Insb. die offene Abtretung von Forderungen von Ärzten, Rechtsanwälten, Wirtschaftsprüfern und Steuerberatern ist daher vom Grundsatz her nichtig. Aber auch selbstständige Versicherungsvertreter, die Personenversicherungen vermitteln, fallen unter § 203 Abs. 1 Nr. StGB (s. Rdn. 990).[1135] Dabei sind nicht nur die die vom Betroffenen preiszugebenden gesundheitlichen Daten geschützt, sondern auch der Umstand, dass ein Betroffener zur Absicherung bestehender oder künftiger gesundheitlicher Risiken finanzielle Vorsorgemaßnahmen getroffen hat.[1136]

986 Bei Forderungen von Ärzten und Zahnärzten gegen Privatpatienten ist daher eine schriftliche Zustimmung des Patienten erforderlich, auch wenn der Arzt oder Zahnarzt die Abrechnung selbst vornimmt und nicht durch eine Verrechnungsstelle ausführen lässt.[1137] (Gesetzliche) Vergütungsansprüche gegen die kassenärztliche/zahnkassenärztliche Vereinigung können sicherungshalber abgetreten werden. Sie unterliegen den Pfändungsschutzbestimmungen der §§ 850 ff. ZPO.[1138] Bei Steuerberatern, Wirtschaftsprüfern und Rechtsanwälten ist eine Abtretung an Mitglieder der gleichen Berufsgruppe möglich.[1139] Tritt ein Rechtsanwalt mit wirksamer Zustimmung des Mandanten Vergütungsansprüche an einen Dritten ab, so kann er an diesen jedenfalls nicht ohne Einverständnis des Mandanten das Billigkeitsermessen zur Bestimmung der Rahmengebühr delegieren.[1140]

987 Apotheker können Forderungen aus eingelösten Rezepten ggü. den Krankenkassen oder den als Inkassostellen fungierenden Zentralen Abrechnungsstellen grds. abtreten, benötigen jedoch ebenfalls die schriftliche Zustimmung der Patienten.

988 Eine stille Abtretung mit Einziehungsbefugnis für den Zedenten soll möglich bleiben.[1141] Allerdings kann das Recht zum Widerruf der Einziehungsbefugnis und zur Offenlegung der Zession nicht ausgeschlossen werden, sodass auch hier eine Verletzung der Verschwiegenheitsverpflichtung denkbar ist.[1142]

989 Die Abtretung von Provisionsansprüchen eines Versicherungsvertreters, der Personenversicherungen vermittelt (z.B. Krankenversicherung, Unfallversicherung), ist wegen der mit der Abtretung verbundenen Pflicht, dem Zessionar nach § 402 BGB die zur Geltendmachung der abgetretenen Forderung nötigen, jedoch der Geheimhaltung unterworfenen (§ 203 Abs. 1 Nr. 6 StGB) Auskünfte zu erteilen, nach § 134 BGB nichtig, wenn keine Zustimmung des Versicherungsnehmers vorliegt.[1143]

7. Lebensversicherung

990 Ansprüche aus Lebensversicherungsverträgen sind grds. abtretbar und dienen insb. bei Freiberuflern häufig als wichtige Kreditsicherheit. Eine Abtretung ist gem. § 400 BGB ausgeschlossen für Versicherungen, die gem. § 850b Abs. 1 Nr. 4 ZPO unpfändbar sind (Todesfallversicherung mit einer Versicherungssumme bis 3.579,00 €). Dies gilt vorbehaltlich § 850b Abs. 2 ZPO.

1135 BGH, NJW 2010, 2509.
1136 BGH, NJW 2010, 2509; Anm. *Möller*, LMK 2010, 308401.
1137 BGH, WM 1993, 1560; zur Teilbarkeit entsprechender Klauseln, BGH NJW 2014, 141.
1138 FCH-Sicherheitenkompendium/*Steinberger/Wälter*, S. 288.
1139 BGH, ZIP 2007, 683 (686).
1140 BGH, DStR 2009, 1283 = NJW-Spezial 2009, 189.
1141 BGH, WM 1993, 1912.
1142 Schimansky/Bunte/Lwowski/*Ganter* Bankrechts-Handbuch § 96 Rn. 140.
1143 BGH, NJW 2010, 2509.

991 Sinnvoll ist es, dass sich der Zessionar vom Versicherungsnehmer den Versicherungsschein aushändigen lässt, weil sich die Versicherung i.d.R. gemäß ihren AGB das Recht vorbehält, gegen Rückgabe des Versicherungsscheins ohne weitere Legitimationsprüfung zu zahlen (vgl. § 4 Abs. 1 VVG i.V.m. § 808 Abs. 1 Satz 1 BGB). Bei dynamischen Lebensversicherungen sollten auch die Nachträge zum Versicherungsschein herausverlangt werden.

992 Hat der Versicherungsnehmer einen Dritten als Bezugsberechtigten bezeichnet, muss der Versicherungsnehmer diese Erklärung bei Abtretung der Ansprüche aus der Lebensversicherung widerrufen. Dies ist ihm bis zum Eintritt des Versicherungsfalles ohne Weiteres möglich.[1144] In der Abtretung selbst kann kein konkludenter Widerruf gesehen werden.[1145] Soweit die Bezugsberechtigung vollständig widerrufen wird, hat der Versicherer die Versicherungsleistung dann auch in voller Höhe an den Zessionar auszukehren. Einen etwaigen Übererlös muss der Zessionar nach den allgemeinen Bereicherungsregeln an den Zedenten (bzw. dessen Erben) auskehren. Der Versicherungsnehmer wird jedoch i.d.R. bei einer Sicherungsabtretung etwaige Bezugsrechte nur insoweit widerrufen wollen, als es zur Abdeckung der gesicherten Forderung erforderlich ist. Die Rechte des Bezugsberechtigten sollen im Range hinter dem Zessionar zurücktreten.[1146]

993 Bei einem unwiderruflichen Bezugsrecht zugunsten eines Dritten hängt es davon ab, welches Verhältnis die Vereinbarung des unwiderruflichen Bezugsrechtes betrifft. Ist die Vereinbarung nur auf das Verhältnis zwischen dem Versicherungsnehmer und dem Bezugsberechtigten (Valutaverhältnis) gerichtet, ist das Bezugsrecht schuldrechtlicher Natur. Ist auch das Verhältnis zwischen dem Versicherungsnehmer und dem Versicherer (Deckungsverhältnis) betroffen, ist dies dinglicher Natur. In diesem Fall ist allein der Bezugsberechtigte verfügungsbefugt. Eine Abtretung ohne dessen Zustimmung kann dem Sicherungsnehmer die Sicherheit nicht verschaffen. Das Gleiche gilt für eine Beleihung der Lebensversicherung durch den Versicherer.[1147]

994 Werden aus einer kapitalbildenden Lebensversicherung nur die Ansprüche auf den Todesfall abgetreten, wird damit nicht automatisch auch zugleich der Anspruch auf den Rückkaufswert (nach Kündigung) abgetreten.[1148]

995 Wird zusammen mit einer Kapitallebensversicherung eine Berufsunfähigkeits-Zusatzversicherung abgeschlossen, steht die Einheitlichkeit des Vertrages i.d.R. weder der Abtretung von Ansprüchen allein aus der Lebensversicherung noch einer Übertragung des Kündigungsrechts der für die Lebensversicherung entgegen.[1149]

996 Die schriftliche Anzeige der Abtretung durch den Versicherungsnehmer an den Vorstand der Versicherungsgesellschaft ist Wirksamkeitsvoraussetzung für die Abtretung. Diese Abtretungsanzeige ist in den Abtretungsverträgen der Kreditinstitute i.d.R. bereits enthalten.

997 Die Abtretung von Lebensversicherungsansprüchen kann unter Umständen für den Kunden steuernachteilig sein. Die Bank darf jedoch grds. davon ausgehen, dass der Kunde über die nachteiligen Steuerfolgen von seinem Versicherer aufgeklärt worden ist und braucht daher das Angebot zur Abtretung nicht im Kundeninteresse zu überprüfen.[1150]

998 In der Vergangenheit hatten sich Unternehmen (teilweise mit Sitz in der Schweiz) darauf spezialisiert für Kunden meist fondsgebundene Lebensversicherungen aufgrund Kauf- und Abtretungsvereinbarung (»Geld-zurück-Auftrag«) für den Kunden zu kündigen und rückabzuwickeln. Gemäß § 2

1144 *Bayer* VersR 1989, 17.
1145 BGH, NJW 1990, 256.
1146 BGH, NJW 1990, 256; NJW 1996, 2230 (2231).
1147 Vgl. Schimansky/Bunte/Lwowski/*Ganter* Bankrechts-Handbuch § 96 Rn. 359.
1148 BGH, WM 2007, 1510 (Fortführung von BGH, NJW 2003, 2679).
1149 BGH, NJW 2010, 374; Anm. *Armbrüster*, LMK 2010, 297030.
1150 Vgl. zur Steuerschädlichkeit: FCH-Sicherheitenkompendium/*Steinberger*/*Wälter*, S 295–303; Schimansky/Bunte/Lwowski/*Ganter* Bankrechts-Handbuch § 96 Rn. 161, 162.

Abs. 2 RDG[1151] fällt unter den Begriff der Rechtsdienstleistung die Einziehung fremder oder zum Zwecke der Einziehung auf fremde Rechnung abgetretener Forderungen, wenn die Forderungseinziehung als eigenständiges Geschäft betrieben wird (Inkassodienstleistung) mit der Folge, dass dies dann erlaubnispflichtig ist.[1152] Ob es sich bei der Abtretung von Rechten aus einer Kapitallebensversicherung an ein Unternehmen, das sich geschäftsmäßig mit der Kündigung und Rückabwicklung solcher Versicherungsverträge befasst, um eine erlaubnispflichtige Inkassodienstleistung handelt, richtet sich danach, ob eine einzuziehende Forderung endgültig auf den Erwerber übertagen wird und dieser das volle wirtschaftliche Risiko der Beitreibung der Forderung übernimmt.[1153]

Soweit eine Abtretung nichtig ist, muss der Versicherungsnehmer (Zedent) die Kündigung durch **999**
und Auszahlung an den Zessionar gemäß §§ 409, 808 BGB gegen sich gelten lassen.[1154]

Im Insolvenzfall des Versicherungsnehmers hat der Insolvenzverwalter ein Wahlrecht gem. § 103 **1000**
Abs. 1 InsO. Wählt der Verwalter die Nichterfüllung, bleiben die Erfüllungsansprüche erloschen. Der Versicherer schuldet die Zahlung des Rückkaufswertes an den Zessionar. Hiervon sind die gesetzlichen Feststellungskosten gem. § 171 InsO abzuziehen. Für den Fall, dass der Insolvenzverwalter die Erfüllung des Versicherungsvertrages wählt, ist streitig, ob der mit Ende des Versicherungsverhältnisses entstehende Anspruch auf Auszahlung der Versicherungssumme in die Insolvenzmasse fällt oder – jedenfalls mit dem Wert, der zum Zeitpunkt der Insolvenzeröffnung bestand – an den Zessionar auszukehren ist.[1155]

Die Abtretung der Ansprüche aus einer Lebensversicherung für den Erlebens- und den Todesfall **1001**
kann im Insolvenzfall (bzw. im Falle der Nachlassinsolvenz) anfechtbar sein.[1156]

8. Bausparverträge

Die Ansprüche auf Rückzahlung von Bausparguthaben nach Zuteilung bzw. Kündigung des **1002**
Vertrages sind grds. abtretbar. Der Anspruch auf Gewährung eines Bauspardarlehens ist zweckgebunden, und daher gem. § 399, 1. Alt. BGB nicht abtretbar. Eine Abtretung kann durch die Bausparkasse jedoch zugelassen werden. Dies erfolgt i.d.R. durch Allgemeine Geschäftsbedingungen, steht jedoch häufig unter einem Genehmigungsvorbehalt. Etwaige Sicherheiten der Bausparkasse können im Fall der Zwischenfinanzierung auf den Zwischenkreditgeber übertragen werden; aus Kostengründen wird hiervon meist abgesehen. Es wird i.d.R. vereinbart, dass die Bausparkassen die Sicherheiten für die Dauer der Zwischenfinanzierung treuhänderisch für den Zwischenkreditgeber halten.[1157]

1151 Gesetz über außergerichtliche Rechtsdienstleistungen (Rechtsdienstleistungsgesetz – RDG), vom 12.12.2007 (BGBl. I S. 2840), zuletzt geändert durch Artikel 1 des Gesetzes vom 01.10. 2013 (BGBl. I S. 3714); vgl. hierzu Rn. 1011.1.

1152 Klarstellend zur Unzulässigkeit eines »Geld-zurück-Auftrages«: BGH, BeckRS 2017,100549 – Auftrag künftige Erstattungen aus einer Lebensversicherung zu realisieren ist unzulässige Rechtsdienstleistung. RDG dient nicht nur dem Schutz des Zedenten sondern auch dem Rechtsverkehr vor unqualifizierten Rechtsdienstleistungen.

1153 Davon ging der BGH im Falle des »Geld-zurück-Auftrages« aus und hielt die Abtretung gem. § 134 BGB für nichtig, BGH NJW 2014, 847 = ZIP 2014, 130; BGH NJW-RR 2017, 410 zur Abgrenzung zwischen Inkassozession und Forderungskauf bei Rückabwicklung von Lebensversicherungen; Fortführung dessen: BGH, VersR 2017, 605; BGH, NJW 201, 1388 zur Rückabwicklung einer fondsgebundenen Lebensversicherung nach Widerspruch.

1154 OLG Karlsruhe, VersR 2017, 1067 = VuR 2018, 36; vgl. auch OLG Stuttgart, WM 2017, 1797.

1155 Vgl. Schimansky/Bunte/Lwowski/*Ganter* Bankrechts-Handbuch § 96 Rn. 164; *Obermüller* Insolvenzrecht in der Bankpraxis Rn. 6.200, 6.204–6.207.

1156 Vgl. BGH NJW-RR 2006, 1281; BGH NJW-RR2013, 990.

1157 Schimansky/Bunte/Lwowski/*Ganter* Bankrechts-Handbuch § 196 Rn. 149, 150; ebenso zur Steuerschädlichkeit; hierzu auch: FCH-Sicherheitenkompendium/*Steinberger*/*Wälter*, S. 273, 274.

9. Miet- und Pachtzinsforderungen

1003 Forderungen aus Miet- und Pachtverhältnissen sind grds. abtretbar. Die für die Abtretung erforderliche Bestimmtheit wird i.d.R. durch die Bezugnahme auf einen Miet- oder Pachtvertrag, der durch Datum und Bezeichnung des Mietobjektes bestimmbar ist, gewährleistet. Wirtschaftlich ist eine Sicherheitsabtretung von Mietzinsforderungen dann sinnvoll, wenn anfallende Mieteinnahmen bis auf Weiteres zur Rückführung eines bestimmten Darlehens verwendet werden sollen. Hierzu ist die sofortige Offenlegung ggü. den Mietern i.d.R. sinnvoll.

1004 Abgetreten sind i.d.R. auch die Rechte, die in der Abwicklungsphase zwischen Kündigung und Räumung aus § 557 Abs. 1 Satz 1 BGB resultieren und an die Stelle des vertraglich vereinbarten Mietzinses treten.[1158]

1005 Als Sicherheit bietet eine Abtretung von Miet- und Pachtforderungen nur eine bedingte Bestandskraft – im Fall der Veräußerung des Grundstückes durch den Zedenten muss sich der Erwerber, der die Abtretung nicht kennt, diese nur sehr eingeschränkt entgegenhalten lassen, §§ 573, 580 BGB. Im Verhältnis zum Hypothekengläubiger gelten die Beschränkungen des § 1124 Abs. 2 BGB, im Fall der Zwangsversteigerung oder -verwaltung gelten die §§ 57, 57b, 148 ZVG und bei der Insolvenz des Vermieters gilt § 110 InsO. Danach sind Vorauszessionen nur wirksam, soweit sie sich auf Miet- oder Pachtzins für max. 2 Monate beziehen.

1006 Bei einer Belastung mit einem Grundpfandrecht des vermieteten oder verpachteten Gegenstandes, unterliegt auch die Miet-/Pachtzinsforderung der Pfandhaftung, §§ 1123 Abs. 1, 1192 BGB. Eine Abtretung der Miet- und Pachtzinsforderung an einen Dritten ist dann unwirksam.

10. Leasingforderungen

1007 Die Abtretung von Leasingforderungen erfolgt i.d.R. im Zusammenhang mit einer Refinanzierung des Leasinggebers durch die Sicherungsabtretung seiner Ansprüche gegen seinen Leasingnehmer an den Kreditgeber.

1008 Bei Eröffnung des Insolvenzverfahrens über das Vermögen des Leasinggebers bleibt bei Immobilienleasing die Sicherungsabtretung wirksam, wenn die Anschaffung oder Herstellung des Leasinggutes von einem Dritten finanziert und das Leasinggut diesem Dritten rechtswirksam zur Sicherung übereignet worden ist, § 108 Abs. 1 Satz 2 InsO. Das Leasinggut muss im Zuge der Finanzierung zur Sicherung übereignet worden sein, eine nachträgliche Sicherungsübereignung reicht nicht aus. Stehen den abgetretenen Ansprüchen noch Nebenleistungen ggü., die aus der Masse zu erbringen sind (z.B. Wartung beim Kfz-Leasing, Einweisung und Aktualisierung beim EDV-Leasing) fallen diese Ansprüche unter das Wahlrecht des Insolvenzverwalters gem. § 103 InsO.

1009 Bei Immobilien-Leasingverträgen ist eine insolvenzfeste Abtretung nicht möglich.

11. Steuererstattungsansprüche

1010 Steuererstattungsansprüche sind grds. abtretbar. Dies gilt für Zahlungsansprüche auf Erstattung von Steuern, Haftungsbeträgen, steuerlichen Nebenleistungen und Steuervergütungen, § 46 Abs. 1 AO. Eine bestimmte Form ist nicht vorgeschrieben. Die Abtretung kann rechtswirksam erst nach Entstehung des Steuererstattungsanspruches vorgenommen werden.[1159] Eine Vorausabtretung zur Vorfinanzierung von Steuererstattungsansprüchen ist nicht erlaubt.[1160]

1011 Die Abtretung muss dem Finanzamt nach Entstehung des Anspruches angezeigt werden und wird auch nur und erst dann wirksam, § 46 Abs. 2 AO. Eine stille Zession ist nicht möglich. Ist die Abtretungsanzeige wirksam, braucht das Finanzamt nicht prüfen, ob ihr eine wirksame Abtretung

---

1158 BGH, WM 1999, 219.
1159 BFH, BStBl. II 1996, S. 557.
1160 BFH, BStBl. II 1984, S. 411; 1986, 124; BFH/NV 1989, 555.

zugrunde liegt, § 46 Abs. 5 AO – Zedent und Zessionar müssen sie gegen sich gelten lassen, auch wenn die Abtretung nicht erfolgt oder nicht wirksam oder wenn sie wegen Verstoßes gegen § 46 Abs. 4 AO nichtig ist. Für die Anzeige muss der amtliche vorgeschriebene Vordruck verwendet werden, § 46 Abs. 3 AO. Sie muss vom Zedenten und dem Zessionar eigenhändig unterschrieben werden, § 46 Abs. 3 Satz 2 AO.

Für die Ermittlung und Festsetzung eines Steuererstattungsanspruches ist die Durchführung eines Steuerverfahrens erforderlich. Um dies zu gewährleisten, sollte sich der Zessionar von dem Zedenten ermächtigen lassen, bei der Steuerbehörde Auskünfte zum Stand des Verfahrens einzuholen und notwendige Anträge selbst stellen zu dürfen. 1012

Eine zu Unrecht geleistete Zahlung soll das Finanzamt auch unabhängig vom Bestand und Inhalt der Sicherungsabrede vom Leistungsempfänger zurückfordern können.[1161] Ob Leistungsempfänger der Zedent oder der Zessionar ist, ist umstritten.[1162] 1013

Der geschäftsmäßige Erwerb von Steuererstattungsansprüchen ist nur im Wege der Sicherungsabtretung zulässig, § 46 Abs. 4 Satz 2 AO. Lohnsteuererstattungsansprüche können damit nicht vorfinanziert werden.[1163] 1014

Der Zessionar haftet für zu Unrecht ausgezahlte Ausfuhrerstattungsbeträge nur dann, wenn sie ihm, nicht aber, wenn sie dem Zedenten ausgezahlt worden sind. Dabei kommt es jedoch nicht auf den Zahlungsweg, sondern darauf an, wer Leistungsempfänger ist.[1164] 1015

12. Forderungen gegen Zentralregulierer

Zur Durchsetzung günstigerer Konditionen ggü. den Lieferanten bilden sich in der Praxis häufig sogenannte Einkaufsgemeinschaften, zu denen sich einzelne Unternehmen zusammenschließen. Ggü. den Lieferanten erfolgt eine zentrale Regulierung der Forderungen aus den Warenlieferungen ggü. einzelnen Mitgliedsunternehmen, wodurch sich für den Lieferanten der Verwaltungsaufwand reduziert. Einer Zentralregulierung fehlt im Allgemeinen die mit dem Factoring meist verbundene Finanzierungsfunktion, da die Zahlung i.d.R. zum jeweiligen Fälligkeitstermin erfolgt. Es kann dann zu einer Kollision mit dem Sicherungsrecht des Zentralregulierers und dem Recht einer Bank kommen, wenn vom Lieferanten die Forderungen gegen das jeweilige Mitgliedsunternehmen (Drittschuldner) an den Zentralregulierer abgetreten werden sollen, diese Rechte jedoch bereits im Rahmen einer Globalzession oder Mantelzession an eine Bank abgetreten sind. Aufgrund des bestehenden Prioritätsgrundsatzes (s.o. Rdn. 954) geht i.d.R. das Sicherungsrecht der Bank vor. Bei Regulierung der Forderung durch den Zentralregulierer muss dann eine Weiterregulierung an die Bank erfolgen. Hierzu können zusätzlich die Auszahlungsansprüche des jeweiligen Lieferanten (Zedent) gegen den Zentralregulierer abgetreten werden.[1165] 1016

13. Auslandsforderungen

Bei der Abtretung von Forderungen ggü. im Ausland ansässigen Drittschuldnern ist im Geltungsbereich des EGBGB Art. 33 Abs. 2 EGBGB zu beachten. Es ist das sogenannte **Schuldstatut** zu ermitteln, nach dem die Forderungen dem für sie maßgeblichem Recht unterliegen. Neben einer ausdrücklichen oder stillschweigenden Rechtswahl gilt als Schuldstatut das Recht des Staates, mit dem das Rechtsverhältnis, dem die abgetretene Forderung entstammt, die engsten Verbindungen aufweist, Art. 28 EGBGB. 1017

1161 BFH, BStBl. II 1995, S. 846.

1162 Vgl. Schimansky/Bunte/Lwowski/*Ganter* Bankrechts-Handbuch § 96 Rn. 155 m.w.N.

1163 *Pump* DSTZ 1987, 277.

1164 BFH, DStRE 2009, 1270.

1165 Vgl. hierzu insgesamt FCH-Sicherheitenkompendium/*Steinberger/Wälter*, S 278–282.

1018 Es gilt das deutsche Recht als Schuldstatut, wenn z.B. ein in Deutschland ansässiger Exporteur seine Ansprüche gegen seine ausländischen Kunden abtritt. Eine wirksam vereinbarte Abtretung ist auch im Fall der Insolvenz des Zedenten rechtskräftig.

14. Bauforderungen

1019 Bei der Abtretung von Forderungen von Bauhandwerken und Baulieferanten gegen Generalunternehmer oder Bauträger sind die Vorschriften zum Baugeld zu beachten, § 1 BauFG. Zahlungen von Baugeldern dürfen nur zur Begleichung der Ansprüche der Bauhandwerker und Baulieferanten verwendet werden. Bei der Abtretung muss daher darauf geachtet, dass keine Zweckentfremdung des Baugeldes erfolgt, § 1 Abs. 3 BauFG.[1166] Die Berücksichtigung vorrangiger Ansprüche erfolgt durch dingliche Teilverzichtsklauseln. Die Bank erlangt nur Sicherungsrechte an den Forderungen, die nicht den Bauhandwerkern oder Baulieferanten zustehen. Enthält der Zessionsvertrag diese Berücksichtigung nicht, kann er sittenwidrig oder nichtig sein, § 138 BGB.[1167]

1020 Darüber hinaus ist die Einholung einer Freistellungsbescheinigung des Finanzamtes erforderlich, um den gesetzlich vorgesehenen Steuereinbehalt zu vermeiden.[1168]

Tritt der Auftragnehmer seinen Anspruch auf Auszahlung des Gewährleistungseinbehaltes an einen Dritten ab, so geht das Recht zur Ablösung des Gewährleistungseinbehaltes durch eine Gewährleistungsbürgschaft mit der Abtretung auf den Dritten über.[1169]

15. Marken-, Patent- und Lizenzrechte

1021 Die Rechte an Patenten und Marken sowie Forderungen aus Lizenzverträgen können formlos abgetreten werden, §§ 9 ff., 30 Abs. 3 PatG, § 27 MarkG. Aus Publizitätsgründen sollte die Abtretung dem Patentamt angezeigt werden. Dies bewirkt, dass die Abtretung in der Grundakte zum Patent eingetragen und somit für Dritte sichtbar wird.[1170]

1022 Mit den Rechten an dem Patent und an den Marken gehen auch die sich hieraus ergebenen Pflichten – z.B. Zahlung von Jahresgebühren, Nutzungsverpflichtungen etc. – über. Soll dies vermieden werden, müssen diese Pflichten auf den Sicherungsgeber übertragen werden. Insgesamt ist die Pfändung der Rechte an einem Patent oder einer Marke praktikabler als deren Abtretung.

16. Speditions- und Frachtführerforderungen

1023 Die Abtretung von Forderungen zwischen dem beauftragten Spediteur und dem Auftraggeber (Versender) ist ohne Weiteres möglich, soweit alle Leistungen durch den Spediteur selbst erbracht werden.[1171]

1024 Der Versender kann Forderungen aus einem Vertrag, den der Spediteur für Rechnung des Versenders im eigenen Namen abgeschlossen hat, erst nach der Abtretung geltend machen, § 457 Satz 1 HGB. Solche Forderungen sowie das in Erfüllung solcher Forderungen Erlangte gelten jedoch im Verhältnis zu den Gläubigern des Spediteurs als auf den Versender übertragen, § 457 Satz 2 HGB.

1166 BuB/*Herget* 4/862a.
1167 BuB/*Herget* 4/862b, 4/862.
1168 Vgl. hierzu FCH-Sicherheitenkompendium/*Steinberger/Wälter*, S 284, 285.
1169 BGH, NJW-Spezial 2011, 78.
1170 BuB/*Herget* 4/923a; FCH-Sicherheitenkompendium/*Steinberger/Wälter*, S. 292.
1171 BuB/*Herget* 4/856b.

17. Schadensersatzforderungen, Erstattung von Mietwagenkosten

Die Einziehung einer an ein Mietwagenunternehmen abgetretenen Schadensersatzforderung des Geschädigten auf Erstattung von Mietwagenkosten ist gemäß § 5 Abs. 1 Satz 1 RDG[1172] grundsätzlich erlaubt, wenn allein die Höhe der Mietwagenkosten streitig ist. Etwas anderes gilt, wenn die Haftung dem Grunde nach oder die Haftungsquote streitig ist oder Schäden geltend gemacht werden, die in keinem Zusammenhang mit der Haupttätigkeit stehen.[1173] 1025

Ein Sachverständiger ist hinsichtlich abgetretener Gutachterkosten nicht gegenüber der Versicherung des Schädigers aktivlegitimiert, wenn die Abtretung auf Schadensersatzansprüche gegen den Schädiger in Höhe der Gutachterkosten erfolgt ist, da ein Verstoß gegen §134 BGB i.V.m. §§ 2 Abs. 2, 3 RDG vorliegt.[1174] 1026

VIII. Verwertung, Vollstreckung und Insolvenz

1. Verwertung

Die Verwertung der abgetretenen Forderung erfolgt durch deren Einziehung.[1175] Den vom Drittschuldner empfangenen Betrag hat die Bank zur Abdeckung ihrer Forderung zu verwenden, dieser tritt an die Stelle der Sicherheit in Gestalt der abgetretenen Forderung. Die Verwertungsart entspricht der vergleichbaren gesetzlichen Regelung für die Bestellung eines Pfandrechtes an einer Forderung, § 1228 BGB. Der Pfandgläubiger (Zessionar) kann bei Fälligkeit der gesicherten Forderung diese einziehen, ohne dass er hierfür – anders als bei § 1272 Satz 1 BGB – eines Titels bedürfte.[1176] 1027

Dem Schuldner steht nach der Rechtsprechung des BGH in Fällen der Verwertung einer sicherungshalber abgetretenen Forderung ein Tilgungsbestimmungsrecht nach § 366 Abs. 1 BGB nicht zu.[1177] 1028

a) Voraussetzungen

Bei einer stillen Zession muss diese zunächst ggü. dem Drittschuldner offengelegt werden. Da die Offenlegung weitreichende Folgen für den Zedenten hat, steht die Einziehung der Forderung nicht im freien Ermessen der Bank. Es besteht die Pflicht, auf die berechtigten Belange des Sicherungsgebers (Bankkunde oder Dritter) Rücksicht zu nehmen, die sich aus Nr. 17 Abs. 1 Satz 2 AGB-Banken ergibt. 1029

Andererseits kann der Sicherungsnehmer die abgetretene Forderung auch schon vor Verwertungsreife einziehen, wenn dies zur Erhaltung der Sicherheit erforderlich ist. Dies ist z.B. dann der Fall, wenn die Forderung zu verjähren droht. Die Einziehung stellt sich dann jedoch nicht als Akt der Verwertung dar und der Erlös dient dem Sicherungsnehmer ebenfalls nur als Sicherheit. 1030

Ob die Verwertung vorher durch den Sicherungsnehmer rechtzeitig anzukündigen ist – wie das bei einer Verpfändung nach §§ 1234, 1273 Abs. 2 BGB der Fall ist – wird je nach Art der Abtretung bzw. der abgetretenen Forderung unterschiedlich gesehen. Bei der Abtretung von Forderungen aus Arbeitsverhältnissen hat der Sicherungsnehmer die Verwertung vorher anzukündigen,[1178] bei der typischen Globalzession, mit der Forderungen gegen eine Vielzahl von Drittschuldnern (still) 1031

1172 Vgl. Rdn. 998 Fn. 210.

1173 BGH NJW 2012, 1005 = BGHZ 192, 270; so auch: BGH NJW 2013, 64; vgl. zur Rechtslage, wenn die Abtretung vor und die Rechtsdienstleistung nach Inkrafttreten des RDG erfolgt BGH NJW 2013, 62; BGH DAR 2013, 325.

1174 AG Frankfurt a.M., NVZ 2017, 190.

1175 Vgl. umfassend *Obermüller* Insolvenzrecht in der Bankpraxis Rn. 6.230–6.311.

1176 Vgl. *Kümpel* Rn. 6.532.

1177 BGH, WM 2008, 1298.

1178 BGH, WM 1989, 1086 (1088); WM 1992, 1359 (1360); 1994, 1613 (1614).

abgetreten werden, soll dies nicht der Fall sein.[1179] Bei fristloser Kündigung des Kreditverhältnisses darf die Sicherungsnehmerin (Bank) die Offenlegung der Zession ohne vorherige Ankündigung vornehmen.[1180] Dasselbe soll auch gelten, wenn der Kredit zwar noch nicht gekündigt wurde, die Voraussetzungen hierfür jedoch gegeben sind.[1181]

1032 Die Einziehung erfolgt einschließlich der dem Kunden des Zedenten in Rechnung gestellten USt.

1033 Anstelle der Einziehung kann sich der Zessionar (Sicherungsnehmer) auch für einen Verkauf der Forderung entscheiden, falls dadurch kein geringerer Erlös als bei einer Einziehung erzielt wird. Bei Forderungen dürfte dies selten der Fall sein, da der Forderungskäufer (Factor) i.d.R. nicht den Nennwert als Kaufpreis bietet. Die Verwertung kann auch in Form der Weiterzession erfolgen.

b) Abtretungsanzeige, Aushändigung von Blankobenachrichtigungsschreiben

1034 Die Bankformulare sehen häufig vor, dass sich der Bankkunde (Sicherungsgeber) zur Vorbereitung der Offenlegung zu verpflichten hat, auf Anfordern der Bank (Sicherungsnehmer) von ihm zu unterzeichnende Blankobenachrichtigungsschreiben zur Unterrichtung der Drittschuldner über die Abtretung auszuhändigen. Die Benachrichtigung kann mit einer Bestätigung des Drittschuldners, dass die Forderung besteht, verbunden werden.

1035 Da der Drittschuldner bis zur Kenntnis von der Abtretung mit schuldbefreiender Wirkung an den Zedenten zahlen kann (§ 407 BGB), ist eine entsprechende Abtretungsanzeige erforderlich (§ 409 BGB). Die Abtretungsanzeige ist eine rechtsgeschäftliche Erklärung, die vom wahren Gläubiger abgegeben sein muss.[1182] Sie ist nicht formbedürftig und kann mündlich erfolgen. Eine telefonische Benachrichtigung durch die Bank reicht ggf. aus.[1183] Ausreichend ist in jedem Fall eine Zessionsanzeige i.S.d. § 409 BGB, auch vervielfältigte Blankobenachrichtigungsschreiben reichen aus.[1184] Eine Abtretungsanzeige muss der Drittschuldner auch gegen sich gelten lassen, wenn die Abtretung tatsächlich nicht erfolgt oder nicht wirksam erfolgt ist, § 409 Abs. 1 Satz 1 BGB.

1036 Der Schuldner ist dem neuen Gläubiger ggü. zur Leistung nur gegen Aushändigung einer von dem bisherigen Gläubiger über die Abtretung ausgestellten Urkunde verpflichtet, § 410 Abs. 1 Satz 1 BGB. Dieses gesetzliche Leistungsverweigerungsrecht kann durch Übergabe einer fotokopierten Zessionsurkunde ausgeräumt werden. Einer öffentlichen Beglaubigung bedarf es nicht.[1185]

c) Ermessensspielraum

1037 Die in der Formularpraxis üblichen Sicherungsverträge sehen i.d.R. vor, dass die Bank bei Einzug der Forderung alle Maßnahmen und Vereinbarungen mit den Drittschuldnern treffen darf, die zur Realisierung der Forderungen erforderlich sind, insb. dass sie Stundungen und Nachlässe gewähren und Vergleiche abschließen kann. Die Bank kann auch vom Sicherungsgeber verlangen, für sie die Forderungen einzuziehen.

2. Einzelzwangsvollstreckung

1038 Bei der Pfändung einer bereits abgetretenen Forderung durch einen Gläubiger des Sicherungsgebers kann der Zessionar die Pfändung mit der Drittwiderspruchsklage gem. § 771 ZPO abwehren. Der Zedent ist aufgrund der Vereinbarungen im Zessionsvertrag verpflichtet, den Zessionar von der Pfändung der Forderungen zu unterrichten. Nur so kann dieser seine Rechte geltend machen.

1179 Schimansky/Bunte/Lwowski/*Ganter* Bankrechts-Handbuch § 96 Rn. 195; *Kümpel* Rn. 6.535, 6.536.
1180 BGH, WM 1963, 507 (508); 962, 963.
1181 Schimansky/Bunte/Lwowski/*Ganter* Bankrechts-Handbuch § 96 Rn. 196.
1182 BGH, NJW 1987, 1703.
1183 *Kümpel* Rn. 6.540.
1184 *Scholz/Lwowski* Das Recht der Kreditsicherung Rn. 690.
1185 Palandt/*Grüneberg* § 410 Rn. 2.

Bei einer Pfändung durch Gläubiger des Sicherungsnehmers (dürfte bei einer Bank als Sicherungsnehmer wohl die Ausnahme darstellen) kann der Sicherungsgeber – obwohl ihm die Forderung nicht mehr zusteht – dann die Drittwiderspruchsklage erheben, wenn die Verwertungsreife noch nicht eingetreten ist. Ist die Verwertungsreife eingetreten, kann der Gläubiger des Sicherungsnehmers bis zu der Höhe seiner Forderung in die abgetretene Forderung vollstrecken. 1039

3. Insolvenz

Im Fall der Eröffnung des Insolvenzverfahrens über das Vermögen des Zedenten/Sicherungsgebers, steht dem Zessionar/Sicherungsnehmer ein Absonderungsrecht nach § 51 Nr. 1 InsO zu. Dieses setzt sich ggf. in einem Ersatzabsonderungsrecht gem. § 48 InsO fort. Nach Insolvenzeröffnung fällig werdende Ansprüche auf Kosten und Zinsen werden von dem Recht auf abgesonderte Befriedigung ebenfalls erfasst.[1186] Das Verwertungsrecht – also das Recht zur Einziehung der Forderung – steht dem Insolvenzverwalter zu, § 166 Abs. 2 InsO.[1187] Dieser kann von den Erlösen die Feststellungskosten (nach § 171 Abs. 1 InsO 4 % vom Verwertungserlös) und die Verwertungskosten (nach § 171 Abs. 2 InsO max. 5 % vom Verwertungserlös) einbehalten, den Rest hat er an den Sicherungsnehmer herauszugeben. Der Übergang des Verwertungsrechtes wirkt ex nunc bezogen auf den Zeitpunkt der Insolvenzeröffnung – bis zu diesem Zeitpunkt durch die Bank (Sicherungsnehmer/Zessionar) eingezogene Forderungen darf sie in vollem Umfang behalten.[1188] Der Drittschuldner kann nicht mehr mit schuldbefreiender Wirkung an den Sicherungszessionar leisten, wenn ihm die Eröffnung des Insolvenzverfahrens über das Vermögen seines ursprünglichen Gläubigers bekannt ist und er weiß, dass die Abtretung lediglich zu Sicherungszwecken erfolgt ist.[1189] 1040

Der Insolvenzverwalter ist ggü. dem Sicherungsnehmer auskunfts- und rechenschaftspflichtig, § 167 InsO.[1190] 1041

Die Anordnung von Verfügungsbeschränkungen im Eröffnungsverfahren (z.B. ein Zustimmungsvorbehalt gem. § 21 Abs. 2 Nr. 2 InsO) hindert den Erwerb einer zuvor abgetretenen, erst nach Anordnung entstandenen Forderung des Insolvenzschuldners nicht.[1191] 1042

Nach mehreren obergerichtlichen Entscheidungen zum **Anfechtungsrecht** eines Insolvenzverwalters[1192] sollte es sich bei der Forderungsabtretung ebenso wie bei der Bestellung eines AGB-Pfandrechts um eine inkongruente Deckung handeln, mit der Folge, dass eine (ggü. der kongruenten Deckung i.S.d. § 130 InsO) erleichterte Anfechtbarkeit (nach § 131 InsO) gegeben ist. Sämtliche Forderungen, die innerhalb der letzten 3 Monate vor Insolvenzantragstellung entstanden sind (maßgeblich ist der Zeitpunkt der Entstehung der Forderung!), hätten nach dieser Rechtsprechung damit der Anfechtung unterlegen und hätten vom Insolvenzverwalter zur Masse gezogen werden können. Dem ist der für das Insolvenzrecht zuständige IX. Zivilsenat des BGH mit seiner Entscheidung vom 29.11.2007 nicht gefolgt.[1193] Danach sind Globalzessionsverträge auch hinsichtlich der zukünftig entstehenden Forderungen i.d.R. nur als kongruente Deckung nach § 130 InsO anfechtbar. Die Entstehung künftiger, anhand des Inhalts der getroffenen Vereinbarung nicht von Anfang an identifizierbarer Rechte begründet nach der Entscheidung des BGH nicht generell eine inkongruente Deckung. Vielmehr ist die Sicherung kongruent, wenn bereits bei Abschluss des Globalabtretungsvertrages das dingliche Geschäft vollzogen und zugleich die schuldrechtliche Seite in dem 1043

1186 BGH, NJW 2008, 3064; WM 2008, 1660.
1187 BGH, NJW 2009, 2304.
1188 *Obermüller* Insolvenzrecht in der Bankpraxis Rn. 6.323.
1189 BGH, NJW 2009, 2304.
1190 *Obermüller* Insolvenzrecht in der Bankpraxis Rn. 6.325.
1191 BGH, WM 2009, 2391 (Anschluss an: BGH, NJW 1997, 1857).
1192 OLG Karlsruhe, ZInsO 2005, 552; OLG München, ZIP 2006, 2277; OLG Dresden, WM 2006, 2095.
1193 BGH, Urt. v. 29.11.2007 – IX ZR 30/07, WM 2008, 204 = BB 2008, 348.

vertragsrechtlich möglichen Maße derart konkretisiert wird, dass die abgetretenen Forderungen zumindest bestimmbar sind.

1044 Aufgrund der dargestellten umsatzsteuerlichen Haftung und insb. der obergerichtlichen Rechtsprechung zu der Anfechtbarkeit der Globalzession in der Insolvenz wurde die tatsächliche Zukunft der Globalzession infrage gestellt. Durch das Urteil des BGH vom 29.11.2007 wurde die Bedeutung der Globalzession als werthaltiges Sicherungsmittel aber bestätigt.

1045 Ein Werthaltigmachen dieser Forderungen, das dem Vertragsschluss nachfolgt, ist als selbstständige Rechtshandlung ebenfalls nur als kongruente Deckung anfechtbar.[1194] Macht der Schuldner durch eine Leistung an seinen Kunden eine der Bank zur Sicherheit abgetretene Forderung werthaltig, kommt ein Anfechtungsanspruch sowohl ggü. der Bank als auch ggü. dem Kunden in Betracht – beide haften als Gesamtschuldner.[1195]

1046 Auch hinsichtlich der Vorausabtretung von Forderungen aus dem **Kontokorrent** ergeben sich insolvenzrechtliche Besonderheiten. Die Eröffnung des Insolvenzverfahrens führt grds. zum Erlöschen der Kontokorrentabrede nach §§ 115, 116 InsO, sodass unmittelbar mit der Verfahrenseröffnung der Anspruch auf Auszahlung des eventuellen Überschusssaldos (ohne vorherige Feststellung und Anerkennung) entsteht. Die (Voraus)abtretung dieser – eben erst mit Verfahrenseröffnung entstehenden – Forderung auf Zahlung des Schlusssaldos war nach der Rechtsprechung des BGH zu § 15 KO insolvenzfest, d.h., dem Zessionar stand der Auszahlungsanspruch zu.[1196] Mit Urt. v. 25.06.2009 hat der BGH diese Rechtsprechung aufgegeben.[1197] Die Vorausabtretung kontokorrentgebundener Forderungen und des kausalen Schlusssaldos aus dem Kontokorrent führt nicht zum Rechtserwerb des Abtretungsempfängers, wenn die Kontokorrentabrede erst mit Insolvenzeröffnung erlischt. Die Begründung erfolgt über § 91 InsO, wonach Rechte an den Gegenständen der Insolvenzmasse nach der Eröffnung nicht wirksam erworben werden können.[1198]

1047 Wurden der Bank anfechtungsfest Forderungen zur Sicherheit abgetreten, benachteiligt deren Einzug und Verrechnung im Kontokorrent die Gläubiger nicht, wenn der Bank eine anfechtungsfeste Sicherheit am Anspruch des Schuldners auf Gutschrift (z.B. durch AGB-Pfandrecht) zusteht.[1199]

1048 Geht einer Vollabtretung eine Sicherungsabtretung voraus, liegt die objektive Gläubigerbenachteiligung in dem Entzug des zunächst in der künftigen Insolvenzmasse verbleibenden Vermögenskerns.[1200]

1049 Der Insolvenzverwalter kann den auf einer insolvenzrechtlichen Anfechtung beruhenden schuldrechtlichen Rückgewähranspruch an einen Dritten abtreten. Die Rückgewähr des Vermögensgegenstandes an einen Dritten widerspricht nicht dem Zweck des Anfechtungsrechts.[1201]

IX. Prozessuales, Beweislast, Streitwert, steuerliche Haftung

1. Prozessuales

1050 Besteht zugunsten des Sicherungsgebers eine Einziehungsbefugnis, ist er nach den Regeln der gewillkürten Prozesstandschaft aufgrund eines eigenen schutzwürdigen Interesses an der Einziehung

1194 In diesem Sinne auch: BGH, WM 2008, 1512 = ZIP 2008, 1435.

1195 BGH, WM 2008, 363; vgl. Schimansky/Bunte/Lwowski/*Ganter* Bankrechts-Handbuch § 90 Rn. 495 a, 495 b.

1196 BGHZ 70, 86 = NJW 1978, 538 (540).

1197 BGH, Urt. v. 25.06.2009 – IX ZR 98/08, NZI 2009, 599.

1198 Vgl. kritisch zu den möglichen Auswirkungen dieser Rechtsprechung: *de Bra, Ganninger*, NZI 2009, 601.

1199 BGH ZIP 2017, 533 = NJW-RR 2017, 366.

1200 BGH ZIP 2013, 374, in Fortführung von BGH ZIP 2007, 1126.

1201 BGH, NJW-Spezial 2011, 437 = NZI 2011, 486; BGH NJW-RR 2013, 610.

prozessführungsbefugt. Dies gilt auch dann, wenn er vermögenslos ist.[1202] Die vom (einziehungsermächtigten) Sicherungsgeber erhobene Klage hemmt die Verjährung.

Der Sicherungsgeber macht grds. die abgetretene Forderung geltend, auch wenn er Zahlung an sich **1051**
selbst verlangt. Stellt der Sicherungsgeber dann nach Offenlegung der Sicherungszession den Klageantrag auf Zahlung an den Sicherungsnehmer um, ist darin keine Änderung des Streitgegenstandes (Klageänderung) zu sehen. Die Rechtskraft des Urteils erstreckt sich auf den Sicherungsnehmer.[1203]

Der Rechtsweg richtet sich nach der abgetretenen Forderung, bei arbeitsrechtlichen Forderungen **1052**
bleibt es bei der Zuständigkeit der Arbeitsgerichte.[1204] Schiedsgerichtsklauseln und Gerichtsstandsvereinbarungen bleiben ebenfalls bestehen.[1205]

Der Verbrauchergerichtsstand des Art. 15 EuGVVO entfällt, wenn der Zessionar nicht selbst die **1053**
Verbrauchereigenschaft hat.[1206]

Mit der einzuklagenden Forderung nicht übertragbar ist der Anspruch auf PKH gem. § 114 ZPO, **1054**
da dieser an die persönlichen Verhältnisse der Partei anknüpft.

Ein weiteres selbstständiges Beweisverfahren gem. § 485 ZPO ist nicht mehr zulässig, wenn der **1055**
Hauptunternehmer gegen seinen Subunternehmer ein solches durchführt und die Mängelansprüche im laufenden Verfahren an den Bauherrn abtritt. Der Bauherr kann dann gegen den Subunternehmer kein weiteres selbstständiges Beweisverfahren gem. § 485 Abs. 3 ZPO wegen derselben Mängel beantragen, da das Ergebnis des ersten Beweisverfahrens auch für und gegen den Bauherren gilt, §§ 265, 325 ZPO analog.[1207]

2. Beweislast

Die Beweislast für die Sicherungszession als solche trägt i.d.R. der Sicherungsnehmer. Gründe für **1056**
deren Unwirksamkeit – z.B. ein vertragliches Abtretungsverbot – hat der Schuldner zu beweisen. Steht fest, dass zu einem bestimmten Zeitpunkt Unabtretbarkeit der Forderung eingetreten ist, so muss der Zessionar beweisen, dass die Abtretung vor diesem Zeitpunkt erfolgt ist.[1208] Der Zessionar braucht nicht nachzuweisen, dass keine Gründe vorliegen, aus denen sich die Unwirksamkeit der Abtretung ergibt.

Der Zessionar darf Tatumstände des Schuldverhältnisses, die Gegenstand von Handlungen und **1057**
Wahrnehmungen des Zedenten waren, regelmäßig nicht mit Nichtwissen bestreiten.[1209] Bestreitet der Schuldner die Aktivlegitimation wegen wirksamer Forderungsabtretung, trägt er hierfür die Beweislast. Als Grundsatz gilt, dass die Beweislastverteilung zwischen Zessionar und Schuldner dieselbe ist, wie diejenige zwischen Zedent und Schuldner.

Bei der Vorausabtretung einer Forderung aus einer Forderungsmehrheit hat der Zessionar darzule- **1058**
gen und zu beweisen, welche Forderung ihm konkret abgetreten wurde. Insb. in Fällen des verlängerten Eigentumsvorbehaltes kann der Zessionar daher nicht beliebige Forderungen des Zedenten gegen den Drittschuldner als abgetretene Forderung in Anspruch nehmen und dem Zedenten den Nachweis überlassen, dass diese Forderung nicht vom verlängerten Eigentumsvorbehalt umfasst

---

1202 BGH, DB 1999, 1317; OLG Brandenburg, ZIP 2002, 1444.

1203 *Schellhammer* Schuldrecht Rn. 1778.

1204 BAG, ZIP 1993, 848 (850); BAG, DB 2009, 2605 zur Klage des (ehemaligen) Arbeitnehmers auf Arbeitsvergütung i.H.d. geleisteten Arbeitslosengeldes in Prozesstandschaft für die BA.

1205 Zur Schiedsgerichtsklausel: BGH, NJW 1978, 1585; 1998, 371; Palandt/*Grüneberg* § 398 Rn. 18.

1206 EuGH, ZIP 1993, 826.

1207 BGH, NJW-Spezial 2011, 750 = NZBau 2012, 36.

1208 BGHZ 109, 240, 244.

1209 OLG Düsseldorf, MDR 2002, 1148 (1149).

ist.[1210] Bei einer Teilabtretung muss der Zessionar sein behauptetes Vorrecht seiner Teilforderung ggü. der des Zedenten beweisen.

3. Streitwert

1059 Der Streitwert bemisst sich im Fall einer Klage des Sicherungsnehmers gem. § 6 ZPO grds. nach dem Betrag der Kreditforderung bzw. der geltend gemachten Forderung.[1211]

4. Steuerliche Haftung bei Zessionen

1060 Gem. § 37 Abs. 2 Satz 3 AO besteht ein Rückzahlungsanspruch des Fiskus aus ungerechtfertigter Bereicherung auch ggü. dem Abtretenden.

1061 Durch das Steueränderungsgesetz 2003 wurde § 13c UStG eingeführt. Dieser begründet eine Haftung des Zessionars für die USt, die der Zedent und eigentliche Steuerschuldner nicht bzw. nicht vollständig für eine abgetretene Forderung abgeführt hat. Erfasst werden alle Formen der Abtretung, auch die Sicherungsabtretung zugunsten eines Kreditgebers. Er gilt für alle Abtretungen, die nach dem 07.11.2003 vorgenommen worden sind, wobei es auf das Datum der Entstehung der abgetretenen Forderung maßgeblich ankommt. Der Tatbestand des § 13c UStG und damit eine Haftung des Abtretungsempfängers ist gegeben, wenn:
- der Abtretung eine Forderung aus einem umsatzsteuerpflichtigen Umsatz zugrunde liegt,
- der abtretende Unternehmer (Zedent) leistender Unternehmer ist,
- der Abtretungsempfänger (Zessionar) ebenfalls Unternehmer ist,
- der abtretende Unternehmer die maßgeblich festgesetzte USt bei Fälligkeit nicht oder nicht vollständig entrichtet hat,
- der Abtretungsempfänger die abgetretene Forderung i.S.d. § 13c UStG vereinnahmt hat.

1062 Sind die Tatbestandsvoraussetzungen gegeben, hat das Finanzamt den Abtretungsempfänger in Anspruch zu nehmen, ein Ermessensspielraum besteht nicht.[1212]

1063 Nach der Rechtsprechung des BFH haftet eine Bank nicht als Abtretungsempfängerin nach § 13c Abs. 1 Satz 1 UStG 2005 i.V.m. § 27 Abs. 7 Satz 1 UStG 2005 für die in der Forderung enthaltene USt, wenn ihr die Forderung vor dem 08.11.2003 abgetreten worden ist.[1213]

D. (Sicherungs-) Grundschuld

I. Einleitung

1064 Die Grundschuld hat die Hypothek als Kreditsicherungsmittel völlig verdrängt. Die fehlende Abhängigkeit der Grundschuld von einer zu sichernden Schuld hat daran entscheidenden Anteil. Die als Kreditsicherungsmittel eingesetzte Grundschuld wird als Sicherungsgrundschuld bezeichnet. Der Begriff fand nunmehr Eingang in das Bürgerliche Gesetzbuch (vgl. § 1192 Abs. 1a BGB[1214]) Der Gläubiger als Sicherungsnehmer erhält ein abstraktes Verwertungsrecht und wird uneingeschränkter Rechtsinhaber. Aufgrund des Sicherungsvertrages darf er seine Rechtsstellung nur in den durch den Sicherungszweck gesetzten Grenzen nutzen. Der **Sicherungsvertrag** (Rdn. 1121)

1210 BGH, LM Nr. 35 zu § 398 BGB.

1211 Vgl. ausführlich Derleder/Knops/Bamberger/*Derleder* Handbuch zum deutschen und europäischen Bankrecht Rn. 47.

1212 Vgl. zu den weiteren Voraussetzungen und den einzelnen Regelungen des Erlasses: FCH-Sicherheitenkompendium/*Steinberger/Wälter*, S. 305–308; BMF-Schreiben v. 24.05.2004, IVB7-S7279a-17/04 und IVB7-S7279B-2/04.

1213 BFH, DStR 2009, 2144.

1214 § 1192 Abs. 1a BGB, wurde mit Wirkung v. 19.08.2008 durch Risiko-BegrG v. 12.08.2008 (BGBl. I S. 1666) eingefügt.

beschränkt die dem Sicherungsnehmer eingeräumte Rechtsmacht, jedoch nur schuldrechtlich und damit nur ggü. dem Sicherungsgeber.

Zur Rechtswirklichkeit gehört nicht nur die Verdrängung der Hypothek durch die Grundschuld, **1065**
sondern auch der Umstand, dass die Grundschuld meist nicht alleiniges Sicherungsmittel ist. Vielfach werden weitere abstrakte Rechte eingesetzt, nämlich
- eine vollstreckbare Haftungsübernahme (Rdn. 1110 und Beispiel bei Nr. 6 der Grundschuldbestellungsurkunde des Ausgangsfalles bei Rdn. 1066) sowie
- Abtretung des Anspruchs auf Rückgewähr vor- und gleichrangiger Grundschulden (Rdn. 1119 und Beispiel bei Nr. 2 der Zweckerklärung des Ausgangsfalles bei Rdn. 1066).

Typische Probleme werden anhand des nachfolgenden tagtäglichen Falles vertieft, der in der Folge **1066**
abgeändert und fortgeführt wird:

▶ **Ausgangsfall:**

Die Ehegatten M. und F erwarben ein Grundstück zu Eigentum zu je 1/2. Sie bestellten auf- **1067**
grund einer im Kaufvertrag enthaltenen Finanzierungsvollmacht des Verkäufers der A-Bank, die den Kaufpreis finanzierte, eine Grundschuld. In der am 06.03.2001 bei einem Notar beurkundeten Grundschuldbestellung heißt es u.a.[1215]

»1. M und F – nachstehend als »Eigentümer« bezeichnet – bestellen für die A-Bank – nachstehend als »Gläubiger« bezeichnet – an dem vorstehend beschriebenen Grundbesitz eine Grundschuld von 50.000,00 EUR (in Worten: fünfzigtausend EURO).
2. Die Grundschuld ist fällig.[1216]
3. Die Grundschuld ist von heute ab mit jährlich 16 vom Hundert zu verzinsen. Die Zinsen sind jeweils nachträglich am ersten Werktag des folgenden Kalenderjahres fällig.
4. Wegen der Grundschuld einschließlich der Zinsen unterwirft sich der Eigentümer der sofortigen Zwangsvollstreckung aus dieser Urkunde in der Weise, dass die Zwangsvollstreckung gegen den jeweiligen Eigentümer des Grundbesitzes zulässig sein soll.
5. Der Eigentümer bewilligt und beantragt die Eintragung der Grundschuld und der Zwangsvollstreckungsunterwerfung in das Grundbuch.
6. M und F – nachstehend als »Schuldner« bezeichnet – versprechen dem Gläubiger ferner die Zahlung eines Betrages in Höhe der Grundschuldsumme samt Nebenleistungen in der Weise, dass das Versprechen die Verpflichtung selbständig begründen soll. Mehrere Personen haften als Gesamtschuldner.

Wegen der vorstehenden Schuld unterwirft sich der Schuldner der sofortigen Zwangsvollstreckung aus dieser Urkunde.«

Des Weiteren unterschreiben die Ehegatten ein mit Zweckerklärung überschriebenes Formular der A-Bank, in dem es u.a. heißt:

»1. Die Grundschuld, die Übernahme der persönlichen Haftung sowie die Abtretung der Rückgewähransprüche dienen der Sicherung aller bestehenden, künftigen und bedingten Ansprüche, die der A-Bank aus der bankmäßigen Geschäftsverbindung gegen M und/oder F zustehen. Hat der Sicherungsgeber die Haftung für die Verbindlichkeiten eines anderen Kunden der Bank übernommen (zum Beispiel als Bürge), so sichert die Grundschuld die aus der Haftungsübernahme folgende Schuld erst ab ihrer Fälligkeit.
2. M und F treten alle gegenwärtigen und künftigen Ansprüche auf Rückgewähr der Grundschulden (einschließlich aller Zinsen und sonstiger Nebenleistungen), die der vorstehend bestellten Grundschuld gegenwärtig oder künftig im Rang vorgehen oder gleichstehen, an den Gläubiger ab. Sie treten ferner sämtliche Ansprüche ab, die kraft Gesetzes oder aufgrund

1215 Vgl. Vorschlag des Ausschusses für Schuld- und Liegenschaftsrecht der BNotK für ein Grundschuldformular DNotZ 2002, 84, unter A II.

1216 Bei den nach dem 18.08.2008 bestellten Grundschulden fehlt der Passus; vgl. hierzu Rdn. 1074.

eines Sicherungsvertrages im Zusammenhang mit vor- oder gleichrangigen Grundschulden entstehen und der Durchsetzung eines Rückgewähranspruchs dienen oder an seine Stelle treten. Sollten diese Ansprüche bereits abgetreten sein, so tritt der Eigentümer die gegenwärtigen und künftigen Ansprüche auf Rückübertragung dieser Ansprüche ab.

3. Zahlungen an die A-Bank werden auf die gesicherten persönlichen Forderungen und nicht auf die Grundschuld verrechnet.
4. Die A-Bank darf die Grundschuld durch Zwangsversteigerung verwerten, wenn der Kreditnehmer fällige Zahlungen auf die durch die Grundschuld gesicherten Forderungen trotz Nachfristsetzung nicht erbracht hat und die A-Bank aufgrund der getroffenen vertraglichen Vereinbarungen oder aufgrund gesetzlicher Bestimmungen zur Kündigung der gesicherten Forderung berechtigt ist. Entsprechendes gilt, wenn ein Kredit zum vereinbarten Rückzahlungstermin nicht getilgt wird.
5. Die A-Bank ist berechtigt, den Antrag auf Zwangsverwaltung zu stellen, wenn der Kreditnehmer mit einem Betrag, der einem Prozent des Grundschuldnennbetrages entspricht, im Verzug ist.
6. Aus der Übernahme einer persönlichen Haftung darf die A-Bank die Zwangsvollstreckung betreiben, wenn der Kreditnehmer fällige Zahlungen trotz Nachfristsetzung nicht erbracht hat.
7. Zwangsvollstreckungsmaßnahmen wird die Bank mit einer Frist von einem Monat schriftlich androhen.
8. Die A-Bank ist nicht verpflichtet, in einem etwaigen Zwangsversteigerungsverfahren aus ihrer Grundschuld einen Betrag geltend zu machen, der über den persönlichen Anspruch hinausgeht. Sie ist berechtigt, auf den ihren persönlichen Anspruch übersteigenden Teil der Grundschuld(en) zu verzichten. Die A-Bank wird ermächtigt, jederzeit den Antrag auf Eintragung des Verzichts im Grundbuch zu stellen. Sie ist ferner nicht verpflichtet, in einem etwaigen Zwangsversteigerungsverfahren mehr als ihre eigenen Zinsen aus der Grundschuld geltend zu machen.«

Am 10.05.2001 bestellten die Ehegatten M und F der B-Bank, die ihnen einen Baukredit gewährte, eine zweitrangige Grundschuld über 100.000 € nebst 18 % Zinsen jährlich.

Ende 2001 schließlich bestellen M und F auf Bitte des X zugunsten der C-Bank eine mit 18 % verzinsliche Grundschuld über 150.000,00 €. Zu dem Sicherungszweck heißt es in der von der C-Bank vorbereiteten Zweckerklärung:

»Die Grundschuld(en) nebst Zinsen und Nebenleistung dient/dienen zur Sicherheit für alle Forderungen (Hauptsumme, Zinsen und Kosten) aus dem Herrn X gewährten Kredit über 150.000 €.«

I.Ü. entsprechen die Grundschuldbestellungserklärungen und Zweckerklärungen zugunsten der B- und C-Bank denjenigen, die M und F ggü. der A-Bank abgegeben haben.

II. Bestellung der Sicherheiten

1. Grundschuld

a) Einzel- oder Gesamtgrundschuld

1068 Jedes Grundstück und Erbbaurecht kann mit einer Grundschuld belastet werden, ebenso Wohnungs-/Teileigentum und Gebäudeeigentum. Lastet die Grundschuld an einem Grundstück bzw. einem Miteigentumsanteil, handelt es sich um eine Einzelgrundschuld, lastet sie an mehreren, ist sie Gesamtgrundschuld. Zu einer Gesamtgrundschuld ist i.d.R. nur zu raten, wenn rechtlich selbstständige Beleihungsobjekte eine **wirtschaftliche Einheit** bilden.

1069 Ansonsten ist von einer Gesamtgrundschuld abzusehen. Jedes belastete Grundstück haftet für die gesamte Grundschuldforderung (§§ 1192 Abs. 1, 1132 Abs. 1 BGB). Es steht im Belieben des

Gläubigers, aus welchem der Grundstücke er Befriedigung sucht. Die Gesamtgrundschuld erschwert die spätere Beleihung. Ein Grundstückseigentümer hat dies zu berücksichtigen, ebenso aber ein Gläubiger. Denn mit der Bestellung einer Gesamtgrundschuld kann eine **anfängliche Übersicherung** mit der Folge der Sittenwidrigkeit und Nichtigkeit der Sicherheitenbestellung einhergehen.[1217] Zwar wird die Gesamtgrundschuld regelmäßig in ihrer Höhe bei einem Vergleich mit der gesicherten Forderung angemessen sein. Vielfach werden jedoch Grundstücke mit einem weit höherem Gesamtwert belastet als es zur Sicherung der Forderung erforderlich wäre (vgl. auch den Normzweck des § 867 Abs. 2 ZPO).

b) Fremd- oder Eigentümergrundschuld?

Wird die Grundschuld zugunsten des Kreditgebers bestellt, wird die Grundschuld als **Fremdgrundschuld** bezeichnet. Der Eigentümer kann aber auch für sich eine **Eigentümergrundschuld** bestellen (§ 1196 BGB). Die Eigentümergrundschuld gibt dem Eigentümer **alle Rechte eines Grundschuldgläubigers**. Die Zwangsvollstreckung zum Zwecke seiner Befriedigung kann er aber nicht betreiben (§ 1197 Abs. 1 BGB). Zinsen kann er in der Zwangsverwaltung erhalten (§ 1197 Abs. 2 BGB). Eigentümergrundschulden werden regelmäßig als **Briefrechte** (Rdn. 1071) bestellt, da solche außerhalb des Grundbuchs abgetreten werden können. 1070

c) Brief- oder Buchgrundschuld?

Regelform aus der Sicht des Gesetzgebers ist die Briefgrundschuld (§ 1192 Abs. 1, 1116 Abs. 1 BGB). In der Praxis überwiegt die Buchgrundschuld bei Weitem. Sie wird im Grundbuch mit dem Vermerk »ohne Brief« gekennzeichnet, während die Briefgrundschuld nur als Grundschuld bezeichnet wird (§§ 1192 Abs. 1, 1116 Abs. 2 Satz 3 BGB). 1071

Vorteil der Briefgrundschuld ist es, dass sie außerhalb des Grundbuchs durch schriftliche Abtretungserklärung und Briefübergabe (§§ 1192 Abs. 1, 1154 Abs. 1 Satz 1 BGB), also schnell, für Dritte nicht erkennbar, und ohne Grundbuchkosten abgetreten werden kann. Dem Vorteil stehen nicht unerhebliche **Nachteile** ggü.[1218] Zu nennen sind: 1072
- Höhere Kosten beim Grundbuchamt (1,3-Gebühr Nr. 14120 KV-GNotKG statt 1,0-Gebühr Nr. 14121 KV-GNotKG).
- Höherer Aufwand durch Verwaltung des Briefes.
- Vorlage des Briefes bei Geltendmachung der Grundschuld auf Verlangen des Eigentümers (§§ 1192 Abs. 1, 1160[1219] BGB); ebenso bei jeder Grundbucheintragung (§§ 42, 41 GBO) und bei der Empfangnahme des Erlösanteils im Fall der Zwangsversteigerung (§ 126 ZVG).
- Aufgebotsverfahren im Fall des Briefverlusts (§§ 1192 Abs. 1, 1162 BGB, §§ 946 ff., 1003 ff. ZPO).[1220]

Zudem unterliegt auch die Briefgrundschuld dem **gesetzlichen Löschungsanspruch** (§ 1179a BGB; vgl. Rdn. 1083) gleich- und nachrangiger Gläubiger, falls er bei diesen Grundpfandrechten nicht ausgeschlossen wird. 1073

1217 *Nobbe* Festschrift Schimansky, Konsequenzen aus dem Beschluss des Großen Zilsachen des BGH zur Sicherheitenfreigabe, S. 433 ff., 444 (unter III 1 c aa) für den Fall einer Gesamthypothek; vgl. auch Staudinger/*Wolfsteiner* § 1132 Rn. 56 und Vorbem. zu §§ 1191 ff. Rn. 83 und BGH, Urt. v. 30.03.2000 – VII ZR 299/96 –, BGHZ 144, 138 (unter II 1 e) für den Fall einer Gesamt-Bauhandwerkersicherungshypothek.

1218 Becksches Notar-Handbuch/*Everts* A VI Rn. 14 ff; vgl. auch den Fall BayObLG, Beschl. v. 25.09.1987 – BReg. 2 Z 109/87, NJW-RR 1988, 84.

1219 Üblicherweise wird die Geltung des § 1160 BGB formularmäßig ausgeschlossen; vgl. z.B. Vorschlag des Ausschusses für Schuld- und Liegenschaftsrecht der BNotK für ein Grundschuldformular DNotZ 2002, 84, 88 (unter A II 10)), was jedoch nicht unproblematisch ist (vgl. Staudinger/*Wolfsteiner* § 1160 Rn. 24).

1220 Vgl. hierzu den instruktiven Fall BayObLG, Beschl. v. 25.09.1987 – BReg. 2 Z 109/87, NJW-RR 1988, 84.

d) Grundschuldkapital

1074 Zulässige Währungen sind **Euro, Schweizer Franken, US-Dollar** und die Währungen der nicht an der Währungsunion teilnehmenden EU-Staaten (§ 28 Satz 2 GBO i.V.m. der Verordnung über Grundpfandrechte in ausländischer Währung und in Euro v. 30.10.1997).[1221] Bestehende Grundschulden in Deutscher Mark werden von Amts wegen und auf Antrag auf Euro umgestellt (vgl. hierzu im Einzelnen § 26a GBMaßnG). Bei den bis zum 18.08.2008 bestellten Grundschulden war das Grundschuldkapital üblicherweise sofort fällig (s. Ausgangsfall bei Rdn. 1066 unter Nr. 2). Bei den danach bestellten Sicherungsgrundschulden muss das Kapital der Grundschuld aufgrund des durch das RisikoBegrG vom 12.08.2008 (BGBl. I Seite 1666) eingefügten § 1193 Abs. 2 Satz 2 BGB unter Einhaltung einer Kündigungsfrist von 6 Monaten (§ 1193 Abs. 1 Satz 3 BGB) fällig gestellt werden. Sachenrechtlich bedarf es hierfür keines Kündigungsgrundes. Umstritten ist, ob aufgrund des Sicherungsvertrages ein Kündigungsgrund erforderlich ist.[1222] Enthält der Sicherungsvertrag dazu keine Regelung, liegt die Auslegung nahe, dass erst nach Fälligkeit der gesicherten Forderung die Grundschuld gekündigt werden darf,[1223] wobei das Auflaufen von Rückständen ausreichend sein dürfte.

e) Grundschuldzinsen

1075 Grundschulden werden üblicherweise verzinslich bestellt (§ 1192 Abs. 2 BGB). Grundschuldzinsen genießen den Rang der Grundschuld und damit das Vorrecht der Rangklasse 4 des § 10 Abs. 1 ZVG wegen der laufenden (vgl. hierzu Rdn. 1611) und der aus den letzten 2 Jahren rückständigen Beträge. Meist wird als Grundschuldzins ein fester Zins vereinbart. Zinssätze zwischen 14 und 18 % jährlich haben sich eingebürgert.[1224] Solche Zinssätze sind nicht unproblematisch (Rdn. 1081). Variable Zinssätze sind möglich und dürften künftig an Bedeutung gewinnen, nachdem der BGH mit dem Dogma brach, dass bei der Eintragung eines variablen Zinssatzes zugleich die Angabe eines Höchstzinssatzes erforderlich ist.[1225] Als **Zinsbeginn** wird meist der Tag der Grundschuldbestellung bestimmt (s. Ausgangsfall bei Rdn. 1066 unter Nr. 3).[1226] Die **Fälligkeit** wird regelmäßig dahin gehend geregelt, dass die Zinsen jeweils am ersten Tag des folgenden Kalenderjahres nachträglich zu entrichten sind (s. Ausgangsfall bei Rdn. 1066 unter Nr. 3).

1076 Bei den nach dem 19.08.2008 bestellten Sicherungsgrundschulden ist auch für die isolierte Vollstreckung der Grundschuldzinsen eine Versteigerungsandrohung und das Verstreichen einer Wartefrist von sechs Monaten Voraussetzung, wenn das Kapital der Grundschuld noch nicht fällig ist. Es liegt nämlich eine Gesetzeslücke vor. Sie wird vom Bundesgerichtshof durch eine entsprechende Anwendung der Vorschrift des § 1234 BGB über die Androhung des Pfandverkaufs und die Einführung einer Wartefrist geschlossen, deren Länge mit sechs Monaten der Kündigungsfrist für das Grundschuldkapital in § 1193 Abs. 1 Satz 3 BGB entspricht.

1077 Die Pflicht zur Androhung und Einhaltung der Wartefrist dürfte für die Zwangsverwaltung nicht gelten. Zwar begründete der BGH die modifizierte entsprechende Anwendung der Vorschrift des

---

1221 BGBl. I 1997, S. 2683; 1998, S. 4023.

1222 Verneinend: *Bachner* DNotZ 2008, 647, (unter II auf S. 644); *Dörrie* ZBB 2008, 2992 (unter II 6.2 auf S. 302); bejahend: *Hinrichs/Jaeger* ZfIR 2008, 745; *Nobbe* Vortrag auf dem 5. Tag des Bank- und Kapitalmarktrechts am 21.11.2008 in Karlsruhe, Manuskript, S. 26; *Kalkbrenner* ZNotP 2008, 401 (unter II 1).

1223 Staudinger/*Wolfsteiner* Vorbem. zu §§ 1191 ff. Rn. 110.

1224 Lt. *Sostmann* MittRhNotK 1999, 274, werden seitens einiger Gläubiger auch höhere Grundschuldzinsen – bis zu 20 % – gewünscht.

1225 BGH, Beschl. v. 26.01.2006 – V ZB 143/05, ZIP 2006, 699 = ZfIR 2006, 372 = NJW 2006, 1341 = WM 2006, 672.

1226 Vorschlag des Ausschusses für Schuld- und Liegenschaftsrecht der BNotK für ein Grundschuldformular DNotZ 2002, 84, unter A II 1 (S. 86).

§ 1234 BGB auch mit dem im Grundbuch zur Eintragung kommenden Zwangsversteigerungsvermerk, der die Handlungsmöglichkeiten des Eigentümers einschränkt.[1227]

Die Zwangsverwaltung führt ebenfalls zu einem entsprechenden Vermerk. Er kann daher die 1078
Handlungsmöglichkeiten ebenfalls einschränken. Jedoch führt die Zwangsverwaltung zu keinem Eigentumsverlust. Sie führt zu einer Realisierung der Haftung der Miet- und Pachtzinsansprüche, die ansonsten dem Gläubiger endgültig entzogen würden. Dies spricht gegen die Einhaltung der Wartefrist bei der Zwangsverwaltung.

f) Sonstige Nebenleistungen

Die Formulare mancher Kreditinstitute[1228] sehen neben Zinsen der Grundschuld eine weitere »**einmalige Nebenleistung**« vor, die meist mit einem Prozentsatz des Kapitals angegeben wird. 1079

Ob eine solche unbenannte Nebenleistung zulässig ist, ist umstritten.[1229] Sie wird jedoch regelmäßig eingetragen.[1230] Genauso gut wäre es möglich, die Grundschuldsumme entsprechend zu erhöhen, was transparenter wäre. Nicht zu Unrecht wird daher der Vorwurf der Verschleierung erhoben.[1231] 1080

g) Problematik der Nebenleistungen

Der Anspruch auf Grundschuldzinsen und andere Nebenleistungen ist **ebenso wenig akzessorisch** wie der Anspruch auf die Grundschuldsumme. Grundschuldzinsen und sonstige Nebenleistungen können also nicht nur für die Zinsen der gesicherten Forderung oder sonstiger gesicherter Nebenleistungen herangezogen werden.[1232] Die Grundschuldzinsen und etwaige sonstige Nebenleistungen sichern regelmäßig die gleichen Forderungen wie die Hauptforderung (Rdn. 1170). Sie führen daher zu einer erheblichen Ausweitung des Haftungsrahmens. In einem Zwangsversteigerungsverfahren können Grundschuldzinsen für einen Zeitraum von vier, 5 und mehr Jahren mit dem Rang der Grundschuld geltend gemacht werden (Rdn. 1656). Dieser Umstand kann zum einen zu einer faktischen Belastungssperre führen, da nachrangige Gläubiger die Nebenleistungen als vorrangige Belastungen einplanen müssen, zum anderen aber auch in Drittsicherungsfällen problematisch sein (vgl. Rdn. 1173).[1233] 1081

Die **Verjährung** der Grundschuldzinsen bietet nur eingeschränkten Schutz. Für die Grundschuldzinsen gilt zwar die 3-jährige Verjährungsfrist der §§ 195, 197 Abs. 2, 216 Abs. 3, 902 Abs. 1 BGB.[1234] Die Verjährung der Grundschuldzinsen beginnt jedoch mit Stellung des Antrags auf Zwangsvollstreckung neu zu laufen (§ 212 Abs. 1 Nr. 2 BGB). Die gleiche Wirkung hat jede weitere gerichtliche Vollstreckungshandlung wie die Bestimmung des Versteigerungstermins, Feststellung des geringsten Gebots, Entscheidung über den Zuschlag und Aufstellung des Teilungsplans. 1082

1227 Vgl. BGH, Beschluss vom 30. März 2017 – V ZB 84/16 –, Rd. 21.

1228 So üblicherweise die Formulare der Genossenschaftsbanken, vgl. z.B. Formular des DG Verlages 220 410 (11.03) unter 1.1., das eine einmalige Nebenleistung von 5 % des Grundschuldbetrags vorsieht.

1229 Vgl. Staudinger/*Wolfsteiner* § 1192 Rn. 30 m.w.N.

1230 Vgl. z.B. OLG Stuttgart, Beschl. v. 30.07.1986 – 8 W 147/86, NJW-RR 1986, 1397.

1231 Kritisch mit Recht: Staudinger/*Wolfsteiner* § 1192 Rn. 30; OLG Schleswig, Beschl. v. 27.03.1968 – 2 W 27/68 (a.E. der Gründe), SchlHA 1968, 260.

1232 BGH, Urt. v. 13.05.1982 – III ZR 164/80 (unter II 2 der Gründe), ZIP 1982, 1051 = NJW 1982, 2768 = WM 1982, 839; BGH, Urt. v. 04.06.1992 – IX ZR 58/91 (unter III der Gründe), NJW-RR 1992, 1176 = WM 1992, 1497; BGH, Urt. v. 09.11.1995 – IX ZR 179/94 (unter 4 c der Gründe), ZIP 1995, 1973 = NJW 1996, 253 = WM 1995, 2173.

1233 *Clemente/Lenk* ZfIR 2002, 337 (unter IV 2 (S. 341); ; vgl. Staudinger/*Wolfsteiner* Vorbem. zu §§ 1191 ff., Rn. 85 und 103 ff.

1234 BGH, Urt. v. 28.09.1999 – XI ZR 90/98 (Leitsatz und unter II der Gründe), BGHZ 142, 332 = ZIP 1999, 1883 = NJW 1999, 3705 = WM 1999, 2253 zur fehlenden Hemmung nach § 202 BGB a.F. (jetzt: § 205 BGB).

h) Gesetzlicher Löschungsanspruch, §§ 1179a und b BGB

1083 Mit Gesetz vom 20.06.1977[1235] wurden alle nach dem 31.12.1977 beantragten und eingetragenen Grundschulden mit einem gesetzlichen Löschungsanspruch ggü. gleich- und vorrangigen Grundpfandrechten ausgestattet, soweit sich diese mit dem Eigentum in einer Person vereinigt haben (§ 1192 Abs. 1, § 1179a Abs. 1 Satz 1 BGB i.V.m. Art. 8 § 1 Abs. 1 und 2 des Gesetzes vom 22.06.1977). Der Löschungsanspruch wurde dinglicher Inhalt der nach dem 31.12.1977 beantragten und eingetragenen Grundschulden. Seine Bedeutung gewinnt der Löschungsanspruch regelmäßig in der **Zwangsversteigerung**, wenn es um die Verteilung des Erlöses geht (vgl. Rdn. 1672). Der Anspruch ist insolvenzfest. An der gegenteiligen Auffassung[1236] hält der BGH nicht mehr fest.[1237]

1084 Der Löschungsanspruch gibt **keinen Anspruch auf Abtretung** einer nicht mehr valutierten Grundschuld an den Grundstückseigentümer. Er kann auch nicht verhindern, dass einer ganz oder teilweise nicht valutierten Fremdgrundschuld andere Forderungen unterlegt werden.[1238] Will ein Gläubiger dies verhindern, muss er sich den Anspruch auf Rückgewähr der Grundschuld abtreten lassen (vgl. Rdn. 1119).

i) Erwerb der Grundschuld

1085 Die (Fremd-) Grundschuld entsteht, unabhängig davon, ob eine gesicherte Forderung besteht, durch **Einigung und Eintragung** im Grundbuch (§ 873 Abs. 1 BGB). Handelt es sich um eine Briefgrundschuld, bedarf es ferner der Briefübergabe (§§ 1192 Abs. 1, 1117 BGB). Einigung und Eintragung müssen nicht nur inhaltlich übereinstimmen, sondern auch wirksam sein, und zwar bei Vollendung des Rechtserwerbs.

aa) Einigung

1086 Die Einigung bedarf keiner **Form**. Sie erfolgt regelmäßig nur konkludent durch Übersendung der Grundbestellungsurkunde an den Gläubiger, der sie entgegennimmt und behält. Dies ist i.d.R. ausreichend für die materiell-rechtliche Einigung (§ 151 Satz 1 BGB).[1239]

bb) Eintragung

1087 Die Eintragung der Grundschuld erfolgt, wenn dem Grundbuchamt eine Eintragungsbewilligung vorgelegt wird (§ 19 GBO, s. Ausgangsfall bei Rdn. 1066 unter Nr. 5) und die Eintragung der Grundschuld beantragt wird (§ 13 GBO, s. Ausgangsfall bei Rdn. 1066 unter Nr. 5). Die Eintragungsbewilligung sowie sonstige zur Eintragung erforderliche Erklärungen (mit Ausnahme des Antrags) müssen durch öffentliche oder öffentlich beglaubigte Urkunden nachgewiesen werden (§ 29 Abs. S. 1 GBO).

1088 Die Eintragungsbewilligung wird unwiderruflich, wenn sie dem Grundbuchamt in Urschrift oder Ausfertigung vorliegt oder dem Begünstigten, einem Dritten oder einem Vertreter ausgehändigt wird (vgl. § 873 Abs. 2 BGB).

1235 Gesetz zur Änderung sachen- und grundbuchrechtlicher Vorschriften sowie von Vorschriften der Zivilprozessordnung, des Gesetzes über die Zwangsversteigerung und die Zwangsverwaltung und der Kostenordnung v. 22.06.1977, BGBl. I, 998.

1236 BGH, Urt. v. 22.07.2004 – IX ZR 131/03 – BGHZ 160, 168, 171 f.; BGH, Urt. v. 09.03.2006 – IX ZR 11/05 – BGHZ 166, 319, 324.

1237 BGH, Urt. v. 27.04.2012 – V ZR 270/10.

1238 BGH, Urt. v. 06.07.1989 – IX ZR 277/88 (unter 2 a bb der Gründe), BGHZ 108, 237 = ZIP 1989, 1174 = NJW 1989, 2536 = WM 1989, 1412, vgl. dazu *Clemente* EWiR 1989, 881.

1239 Vgl. BGH, Urt. v. 06.05.1997 – IX ZR 136/96, ZIP 1997, 1151 = NJW 1997, 2233 = WM 1997, 1242 (unter II 1 b der Gründe) für den Fall der Annahme einer Bürgschaftserklärung.

Der Eigentümer kann den nur von ihm bzw. für ihn (§ 15 GBO) gestellten Antrag bis zur Eintragung der Grundschuld jederzeit widerrufen, selbst wenn er den Antrag »unwiderruflich« gestellt hat und eine Bindung nach § 873 BGB besteht. 1089

Um die Rücknahme des Antrags zu verhindern, ist der Antrag durch bzw. für den Gläubiger unter Vorlage der für ihn bestimmten Ausfertigung bzw. Urschrift zu stellen, wenn eine Valutierung der Grundschuld vor Grundbucheintragung beabsichtigt ist. Zwar haftet der Gläubiger in diesen Fällen für die Eintagungskosten. Jedoch werden dadurch die Antragsrücknahme und der Widerruf der Eintragungsbewilligung verhindert.[1240] 1090

Die Grundbucheintragung hat Art und Umfang der Belastung wiederzugeben (§ 1192 Abs. 1, 1115 BGB; s. üblichen Eintragungsvermerk bei Rdn. 1582). Der Gläubiger, der Hauptsachebetrag, Zinsen und weitere Nebenleistungen, die dingliche Vollstreckungsunterwerfung gem. § 800 ZPO und ein Briefausschluss sind einzutragen. Der Sicherungszweck der Grundschuld ist nicht eintragungsfähig, wohl aber bereits entstandene, konkrete Einreden.[1241] 1091

cc) Briefübergabe

Der Gläubiger erwirbt eine Briefgrundschuld erst, wenn ihm der Brief von dem **Eigentümer** des Grundstücks übergeben wird (§§ 1192 Abs. 1, 1117 Abs. 1 BGB). Die Übergabe wird üblicherweise durch die formlos wirksame **materiell-rechtliche Vereinbarung** (§§ 1192 Abs. 1, 1117 Abs. 1 BGB) ersetzt, dass der Gläubiger berechtigt ist, sich den Brief vom Grundbuchamt aushändigen zu lassen. Die Vereinbarung wirkt selbst in den Fällen, in denen die Briefbildung beim Grundbuchamt noch nicht erfolgte. Voraussetzung ist lediglich, dass eine Briefbildung rechtlich möglich ist.[1242] Mit **Briefbildung** erwirbt der Gläubiger aufgrund der getroffenen Vereinbarung gem. § 1117 Abs. 2 BGB automatisch das Eigentum an diesem.[1243] Unerheblich ist es, an wen der Brief tatsächlich übergeben wird. Der Gläubiger erwirbt die Grundschuld daher auch dann, wenn das Grundbuchamt den Brief an den Insolvenzverwalter übersendet.[1244] Er kann den Brief von dem Insolvenzverwalter herausverlangen, da ihm das Eigentum am Brief zusteht (§§ 985, 952 BGB). 1092

Von der Übergabeersatzvereinbarung ist die einseitige Weisung des Grundstückseigentümers gem. § 60 Abs. 2 GBO an das Grundbuchamt zu unterscheiden, dem Gläubiger den Grundschuldbrief auszuhändigen. Die Weisung, die der Form des § 29 GBO bedarf, ersetzt nicht die Übergabeersatzvereinbarung; sie setzt sie vielmehr voraus und stellt deren formell-rechtliche Ergänzung dar. 1093

Allein die Übergabe des Grundschuldbriefs führt nicht zur Abtretung der Grundschuld. Die Übergabe sicherungshalber ist aber zulässig und führt dazu, dass der Brief solange zu belassen ist, bis der Briefbesitzer wegen seiner Forderung befriedigt ist.[1245] 1094

dd) Zustimmung Dritter

Die Bestellung der Grundschuld kann der Zustimmung Dritter bedürften. Besonders bedeutsam ist die Einwilligung des Ehegatten im **Güterstand der Zugewinngemeinschaft** (§§ 1363 ff BGB), wenn der andere Ehegatte mit der Grundschuldbestellung über sein **Vermögen im Ganzen verfügt** (§ 1365 BGB). § 1365 BGB greift auch, wenn die Verpflichtung **im Wesentlichen das ganze** 1095

1240 *Schöner/Stöber* Grundbuchrecht Rn. 2291.

1241 Staudinger/*Wolfsteiner* § 1191 ff. Rn. 9 ff.

1242 RG, Urt. v. 24.03.1914 – VII 2/14, RGZ 84, 314; vgl. BayObLG, Beschl. v. 12.03.1987 – 2 Z 25/87, Rpfleger 1987, 363 (364).

1243 BGH, Beschl. v. 05.10.2006 – V ZB 2/06 (unter III 2 a bb [2] = Rdn. 21), NJW-RR 2007, 165 = WM 2006, 2316 (Abtretung einer Eigentümergrundschuld).

1244 *Eickmann* Aktuelle Praxis des Grundstücks- und Grundbuchrechts, S. 10.

1245 BGH, Beschl. v. 23.4.2025 – V ZR 200/14, Rd. 10.

Vermögen des Ehegatten betrifft.[1246] Bei der Bestellung einer Grundschuld greift § 1365 BGB nur ein, wenn der Vertragspartner **positiv weiß**, dass die Grundschuld das ganze oder nahezu ganze Vermögen des Ehegatten erschöpft, oder wenn der Erwerber zumindest die Verhältnisse kennt, aus denen sich dies ergibt.[1247] Bei kreditgebenden Banken ist regelmäßig Kenntnis der wirtschaftlichen Verhältnisse zu vermuten. Im Rahmen der Prüfung, ob ein Ehegatte mit einer Grundschuldbestellung über sein (nahezu) gesamtes Vermögen verfügt, sind neben dem Nominalbetrag der Grundschuld auch die bei einer künftigen Vollstreckung in die Rangklasse 4 des § 10 Abs. 1 ZVG fallenden Grundschuldzinsen einzubeziehen (vgl. Rdn. 1075). Sie sind regelmäßig mit dem zweieinhalbfachen Jahresbetrag zu berücksichtigen.[1248]

j) Vollstreckbare Grundschuld

aa) Dingliche Unterwerfungserklärung (§ 800 ZPO)

1096 Üblicherweise werden Grundschulden vollstreckbar ausgestaltet.[1249] Die Grundschuld allein gibt nur den Anspruch auf Duldung der Zwangsvollstreckung (§§ 1192 Abs. 1, 1147 BGB). Das Vollstreckungsverfahren setzt einen Vollstreckungstitel voraus. Vollstreckungstitel sind nicht nur Urteile, sondern **vollstreckbare Urkunden** i.S.d. § 794 Abs. 1 Nr. 5 ZPO. Die notariell beurkundete Unterwerfungserklärung schafft einen solchen Vollstreckungstitel. Ihm geht kein gerichtliches Erkenntnisverfahren voran. Einen Anspruch auf Erteilung einer vollstreckbaren Ausfertigung hat nach § 52 BeurkG i.V.m. §§ 795, 724 ff ZPO nur der Gläubiger, der Anspruch auf Erteilung einer Ausfertigung hat oder der eine an ihn adressierte Ausfertigung vorlegen kann.[1250] Die Möglichkeit zur Vollstreckung aus der Unterwerfungserklärung geht unter den Voraussetzungen des § 727 I ZPO kraft gesetzlicher Anordnung auf den Rechtsnachfolger hinsichtlich des titulierten Anspruchs über.[1251] Sie bleibt auch dann bestehen, wenn der Sicherungsgeber die Grundschuld nach Eintritt der Rückgewährreife »stehen lässt« und mit dem Grundschuldgläubiger vereinbart, dass die Grundschuld wiederum eine Darlehensverbindlichkeit sichern soll.[1252]

1097 Die Zwangsvollstreckungsunterwerfung (§ 800 ZPO) geht kraft Gesetzes mit der Abtretung über. Einer gesonderten Abtretung oder eines anderen Übertragungsakts bedarf es nicht.[1253] Bei Sicherungsgrundschulden soll es anders sein. Sicherungsgrundschulden sind nach der Rechtsprechung frei abtretbar.[1254] Die Zwangsvollstreckungsunterwerfungserklärung soll der Abtretung nur folgen, wenn ein **Eintritt in den Sicherungsvertrag** durch den Zessionar der Sicherungsgrundschuld erfolgt. Rechtstechnisch handelt es sich um eine (Vollstreckungs-)bedingung.[1255] Die Unterwerfungsklausel wird im Sinne einer verwenderfeindlichen Auslegung (§ 305c Abs. 2 BGB) so ausgelegt, dass

---

1246 BGH, Urt. v. 07.10.2011 – V ZR 78/11 (Rdn. 6), ZfIR 2012, 92 = NJW 2011, 3783 = WM 2012, 73; AG Nordenham, Urt. v. 03.07.2002 – 4 F 143/02, FamRZ 2003, 680.

1247 BGH, Urt. v. 25.06.1993 – V ZR 7/92 (Leitsatz und unter II 1 der Gründe), BGHZ 123, 93 = ZIP 1993, 1398 = NJW 1993, 2441 = WM 1993, 1556 (Wohnrecht); BGH, Urt. v. 07.10.2011 – V ZR 78/11 (Rdn. 13), ZfIR 2012, 92 = NJW 2011, 3783 = WM 2012, 73 (Grundschuld).

1248 BGH, Urt. v. 07.10.2011 – V ZR 78/11 (Rdn. 10), ZfIR 2012, 92 = NJW 2011, 3783 = WM 2012, 73.

1249 Vgl. auch den Vorschlag des Ausschusses für Schuld- und Liegenschaftsrecht der BNotK für ein Grundschuldformular DNotZ 2002, 84, 86 (unter II 1).

1250 OLG Hamm, Beschl. v. 24.06.1987 – 15 W 97/87 (unter 2 g der Gründe), OLGZ 1987, 429 = NJW-RR 1987, 1404; BayObLG, Beschl. v. 06.08.2003 – 3Z BR 137/03 (unter II 3 b der Gründe), DNotZ 2003, 847 (Fall der Erteilung einer weiteren vollstreckbaren Ausfertigung nach Unauffindbarkeit der ursprünglich erteilten Ausfertigung); *Wolfsteiner*, Die vollstreckbare Urkunde, Rn. 11.55 ff.

1251 BGH, Beschl. v. 29.06.2011 – VII ZB 89/10 (Rdn. 16), ZfIR 2011, 720 = ZIP 2011, 1438 = NJW 2011, 2803 = WM 2011, 1460.

1252 BGH, VU v. 27.03.2015 – V ZR 296/13.

1253 BGH, Urt. v. 30.03.2010 – XI ZR 200/09, BGHZ 185, 133, 141 Rn. 22; *Volmer*, ZfIR 2008, 634, 635.

1254 BGH, Urt. v. 03.12.2010 – V ZR 200/09, BKR 2011, 291, 292 f. Rn. 11 ff.

1255 BGH, Beschl. v. 29.06.2011 – VII ZB 89/10, BGHZ 190, 172, 178 Rn. 17.

sie nur dann auf den Erwerber der Grundschuld übergeht, wenn dieser in den Sicherungsvertrag eintritt.[1256] Folgt man Schmidt-Räntsch[1257] erfolgt diese Interpretation der Unterwerfungserklärung um das Fehlen einer dem § 1192a Abs. 1a BGB vergleichbaren Norm für die vor dem Inkrafttreten des § 1192 Abs. la BGB vorgenommenen Abtretungen zu kompensieren. Seines Erachtens gilt die verwenderfeindliche Auslegung nicht nur für die vor Inkrafttreten des RisikoBegrG vom 12.08.2008 (BGBl. I Seite 1666) erfolgten Abtretungen, sondern auch für Neufälle.[1258]

Der Eintritt in den Sicherungsvertrag bedarf keiner **Form**. Der Zessionar hat die Wahl, wie er 1098
den Eintritt in den Sicherungsvertrag vollzieht.[1259] Rechtstechnisch stehen für den Eintritt in den Sicherungsvertrag mehrere Gestaltungsmöglichkeiten zur Verfügung. Möglich ist eine **Vertragsübernahme**. Sie erfordert die Mitwirkung aller Beteiligten, also des Sicherungsgebers, des Sicherungsnehmers und des Zessionars der Grundschuld. Möglich ist auch ein **Schuldbeitritt**.[1260] Der Bundesgerichtshof hält auch einen **Vertrag zugunsten Dritter** als zulässig, wenn er alle Verpflichtungen des Zedenten aus Sicherungsverträgen gegenüber dem Sicherungsgeber umfasst.[1261] Der Zessionar kann den Eintritt der Vollstreckungsbedingung »Eintritt in den Sicherungsvertrag« durch die Verweigerung seiner Mitwirkung am Eintritt nicht verhindern. Verweigert der Sicherungsgeber seine Mitwirkung oder weist er sein Recht zurück (vgl. § 333 BGB), soll dies treuwidrig sein und analog § 162 Abs. 1 BGB dazu führen, dass die Vollstreckungsbedingung, nämlich der Eintritt des Zessionars in den Sicherungsvertrag, als eingetreten gilt.[1262] Begründet wird dies mit der Behauptung, dass sich der Sicherungsgeber jedem Grundschuldgläubiger der Zwangsvollstreckung unterworfen habe, der die Bedingungen des Sicherungsvertrags übernehme, so dass er widersprüchlich handele, wenn er dem dazu bereiten Gläubiger den Weg versperre.[1263] Kommt materiell-rechtlich ein Eintritt in den Sicherungsvertrag aufgrund verweigerter Mitwirkung des Sicherungsgebers nicht zu Stande, muss sich der Zessionar der Grundschuld gleichwohl an den Sicherungsvertrag halten. Er muss sich so behandeln lassen, als sei er in den Sicherungsvertrag eingetreten, anderenfalls er sich seinerseits treuwidrig verhalten würde.[1264]

Der Einwand gegen die Vollstreckbarkeit der Grundschuld aufgrund eines fehlenden Eintritts in 1099
den Sicherungsvertrag kann nicht mit der prozessualen Gestaltungsklage analog § 767 ZPO geltend gemacht werden. Nach Auffassung des XI. Zivilsenats des Bundesgerichtshofs[1265] und des V. Zivilsenats[1266] kann der Einwand nur mit den Klauselrechtsbehelfen nach §§ 732, 768 ZPO geltend gemacht werden. Der für die Klauselerinnerung zuständige Fachsenat[1267] folgt dem jedoch nicht. Nach seiner Auffassung ist der Einwand mit der Klauselgegenklage nach § 768 ZPO geltend zu machen.[1268]

1256 BGH, Urt. v. 30.03.2010 – XIZR 200/09, Rn. 34 ff., BGHZ 185, 133, 148 f., BGH, Urt. v. 14.06.2013 – V ZR 148/12, Rn. 13.

1257 *Schmidt-Räntsch, Jürgen*, Mitglied des V. Zivilsenats des Bundesgerichtshofs, Aktuelle Probleme im Bereich der Grundpfandrechte, ZNotP 2013, 282, 283.

1258 *Schmidt-Räntsch, Jürgen*, Mitglied des V. Zivilsenats des Bundesgerichtshofs, Aktuelle Probleme im Bereich der Grundpfandrechte, ZNotP 2013, 282, 283.

1259 BGH, Urt. v. 11.05. 2012 – V ZR 237/11, Rn. 11.

1260 BGH, Urt. v. 11.05.2012 – V ZR 237/l 1, Rn. 12 f.; BGH, Urt. v. 14.06.2013 – V ZR 148/12, Rn. 14.

1261 BGH, Urt. v. 11.05.2012 – V ZR 237/l 1, NJW 2012, 2354, 2355 f. Rn. 12 f.

1262 BGH, Urt. v. 14.06.2013 – V ZR 148/12, Rn. 22.

1263 BGH, Urt. v. 14.06.2013 – V ZR 148/12, Rn. 19 f; *Schmidt-Räntsch*, ZNotP 2013, 282, 284.

1264 *Schmidt-Räntsch*, ZNotP 2013, 282, 284.

1265 BGH, Urt. v. 30.03.2010 – XI ZR 200/09, BGHZ 185, 133, 138 f. = ZNotP 2010, 270 Rn. 18 und 149 f. Rn. 39.

1266 BGH, Urt v. 03.12.2010 – V ZR 200/09, BKR 2011, 291, 293 Rn. 17.

1267 VII. ZS des BGH (vgl. Nr. 4 b der Zuweisung im Geschäftsverteilungsplan 2015 – Zivilsenate –).

1268 BGH, Beschl. v. 29.06.2011 – VII ZB 89/10, BGHZ 190, 172, 183 Rn. 26 f.

bb) Unterwerfung wegen eines Teilbetrages

1100 Aus Kostengründen erfolgt die Unterwerfung manchmal in der Weise, dass sie nur hinsichtlich eines Teilbetrages der Grundschuld erfolgt. Häufig findet sich die Formulierung »wegen eines zuletzt zu zahlenden Teilbetrags«. Eine solche Bestimmung führt zu keinem Rangverhältnis zwischen vollstreckbarem und nicht vollstreckbarem Teil. Sie stellt eine Verrechnungsvereinbarung dar und besagt, dass Teilzahlungen auf die Grundschuld zuerst auf den nicht titulierten Teil der Grundschuld angerechnet werden. Die Abrede ist eintragungsfähig.[1269]

1101 Die Verrechnungsabrede zeigt ihre Wirkung nur bei freiwilligen **Zahlungen außerhalb des Zwangsvollstreckungsverfahrens**. Außerhalb des Zwangsvollstreckungsverfahrens kann die fällige Grundschuld nur in voller Höhe abgelöst werden, sofern nicht der Gläubiger eine Teilleistung annimmt (vgl. § 266 BGB).[1270]

1102 Bei **Zahlungen in der Zwangsvollstreckung** zeigt die Abrede indes keine Wirkung.[1271] Eine Zahlung in der Zwangsvollstreckung erfolgt immer nur auf den vollstreckbaren Teil der Grundschuld. Dies folgt nicht nur aus dem Umstand, dass der Gläubiger die Zwangsvollstreckung betreibt und daher Zahlung auf den titulierten Betrag fordert, sondern auch aus § 75 ZVG und § 775 Nr. 5 ZPO: Wenn die aus dem Anordnungsbeschluss ersichtlichen Beträge nebst weiter laufenden Zinsen und den Kosten bezahlt sind, ist das Verfahren einstweilen einzustellen. Die Zahlung ist auf den sich aus dem Anordnungsbeschluss ersichtlichen Teil der Grundschuld anzurechnen. Der titulierte Grundschuldteil geht auf den Ablösenden über.[1272]

1103 Der abgelöste Teil hat Rang nach dem nicht abgelösten Betrag (§§ 1192 Abs. 1, 1150, 268 Abs. 3 Satz 2 BGB), selbst wenn die Unterwerfung hinsichtlich eines rangersten Teils erfolgte und die Zwangsversteigerung daraus betrieben wird.[1273] Wird die Zwangsvollstreckung betrieben, fällt die gesamte Grundschuld nicht in das geringste Gebot (Rdn. 1609)[1274] und erlischt mit dem Zuschlag (Rdn. 1650).

cc) Vollstreckbare Ausfertigung

1104 Für eine Zwangsvollstreckung ist eine vollstreckbare Ausfertigung der Grundschuldbestellungsurkunde erforderlich, d.h. eine mit der Vollstreckungsklausel versehene Ausfertigung (§ 725 ZPO). Die vollstreckbare Ausfertigung wird von dem Notar erteilt, der die Urschrift der Urkunde verwahrt (§ 797 Abs. 2 Satz 1 ZPO, § 48 BeurkG). Dies ist der Notar, der die Unterwerfung unter die sofortige Zwangsvollstreckung beurkundet hat (§ 25 Abs. 1 BNotO). Die Erteilung richtet sich nach § 52 BeurkG i.V.m. §§ 795, 725 ff. ZPO. Einen Anspruch auf Erteilung einer vollstreckbaren Ausfertigung hat nach § 52 BeurkG i.V.m. §§ 795, 724 ff. ZPO nur derjenige, der Anspruch auf Erteilung einer Ausfertigung hat oder der eine an ihn adressierte Ausfertigung vorlegen kann.[1275] Einen **eigenen Ausfertigungsanspruch** nach § 51 Abs. 1 Nr. 1 BeurkG hat der Gläubiger daher nur, wenn er als Beteiligter zu der betreffenden Urkunde Erklärungen abgegeben hat, was bei der

1269 BGH, Beschl. v. 28.09.1989 – V ZB 17/88, BGHZ 108, 372 = WM 1989, 1760 = ZIP 1989, 1449 = NJW 1990, 258; vgl. auch LG Lübeck, Beschl. v. 04.08.1986 – 7 T 582/86, MDR 1986, 1037.

1270 BGH, Beschl. v. 28.09.1989 – V ZB 17/88, BGHZ 108, 372 = ZIP 1989, 1449 = WM 1989, 1760 = NJW 1990, 258.

1271 BGH, Beschl. v. 29.03.2007 – V ZB 160/06 (unter III 3 der Gründe) ZfIR 2007, 499 = WM 2007, 1127.

1272 *Gaberdiel/Gladenbeck* Kreditsicherung durch Grundschulden Rn. 323.

1273 BGH, Beschl. v. 13.03.1990 – XI ZR 206/89, WM 1990, 860 = Rpfleger 1990, 378.

1274 *Stöber* ZVG § 44 Rn. 4.3 und 11.1; *Böttcher* ZfIR 2002, 693, 708.

1275 OLG Hamm, Beschl. v. 24.06.1987 – 15 W 97/87 (unter 2 g der Gründe), OLGZ 1987, 429 = NJW-RR 1987, 1404; BayObLG, v. 06.08.2003 – 3Z BR 137/03 (unter II 3 b der Gründe), DNotZ 2003, 847 (Fall der Erteilung einer weiteren vollstreckbaren Ausfertigung nach Unauffindbarkeit der ursprünglich erteilten Ausfertigung); *Wolfsteiner* Die vollstreckbare Urkunde 11.55 ff.

Grundschuldbestellung üblicherweise nicht der Fall ist. Der Gläubiger sollte daher darauf achten, dass er jedenfalls eine für ihn bestimmte einfache Ausfertigung der Grundschuldbestellungsurkunde besitzt.

Üblicherweise lässt sich der Grundschuldgläubiger unmittelbar nach der Grundschuldbestellung 1105
eine vollstreckbare Ausfertigung der Grundschuldbestellungsurkunde übersenden. Zu diesem Zeitpunkt ist der von der Grundschuld gesicherte Anspruch meist noch nicht fällig. Die Erteilung erfolgt aufgrund eines sogen. Nachweisdispenses. Ein solcher ist zulässig, wenn man mit dem BGH[1276] zu dem Ergebnis gelangt, dass es entgegen der herrschenden Auffassung dem Vollstreckungsgericht obliegt, die Voraussetzungen zu überprüfen.

Spätestens seit der Entscheidung des BGH vom 21.10.2016 [1277] muss diese Übung überdacht 1106
werden. Die Erteilung der uneingeschränkten vollstreckbaren Ausfertigung der Grundschuldbestellungsurkunde bereits bei der Grundschuldbestellung führt zu einer überschießende Rechtsmacht. Eine solche jedenfalls duldet der Bundesgerichtshof nach Eintritt des Sicherungsfalles nicht. Dies hat zur Folge, dass eine gegen die überschießende Rechtsmacht gerichtliche Vollstreckungsabwehrklage begründet ist.[1278]

In dem Ausgangsfall (Rdn. 1067) wurde eine Grundschuld über 50.000 € nebst Grundschuldzin- 1107
sen in Höhe von jährlich 16 % bestellt. Valutiert das Darlehen nur noch mit 40.000 €, so besteht überschießende Rechtsmacht in Höhe von 10.000 € zuzüglich der Grundschuldzinsen. Allein in dem Fall, in dem das Darlehen noch ungekündigt ist, kann damit gerechnet werden, dass der BGH die überschießende Rechtsmacht toleriert. Ist das Darlehen demgegenüber gekündigt, besteht ein Rechtsschutzbedürfnis für die Vollstreckungsabwehrklage. Ihr wird in Bezug auf den nicht valutierten Teil der Grundschuld stattgegeben, falls der Gläubiger den Schuldner nicht klaglos stellt. Einen Weg zeigt der BGH auf: »Benötigt der Gläubiger den Titel weiter, um den offenen Teil seiner Forderung zu vollstrecken, kann er eine weitere – beschränkte – vollstreckbare Ausfertigung nach § 733 ZPO erwirken und den ursprüngliche Titel dem Schuldner aushändigen«.[1279]

Das Rechtsschutzbedürfnis für eine Klage dürfte auch entfallen, wenn die uneingeschränkte Ausfer- 1108
tigung der Grundschuldbestellungsurkunde an den Notar mit dem Antrag zurückgegeben wird, auf der Urkunde zu vermerken, dass sich die Vollstreckungsklausel nicht mehr auf den nicht valutierten Teil der Grundschuld erstreckt und demgemäß nur noch wegen des verbleibenden Rests erteilt ist.[1280] Nach Anbringung des Vermerks und Rückgabe der Urkunde hält der Gläubiger nur noch eine entsprechend eingeschränkte vollstreckbare Ausfertigung in Händen, die keine überschießende prozessuale Rechtsmacht ausweist. All das kann sich der Gläubiger ersparen, wenn er sich eine eingeschränkte vollstreckbare Ausfertigung erst nach Eintritt des Sicherungsfalls geben lässt.[1281]

k) Rechtsgrund

Die Grundschuld trägt ihren Rechtsgrund in sich.[1282] Aus der wirksamen Vereinbarung, dass die 1109
Grundschuld eine Forderung sichern soll (Sicherungsvereinbarung, vgl. Rdn. 1121), folgt die **Verpflichtung zur Bestellung der Grundschuld,**[1283] ebenso die Verpflichtung, für eine schon bestellte, aber mangels Wirksamkeit der dinglichen Einigung nicht eingetragene Grundschuld an der

1276 BGH, Beschl. v. 30.03.2017 – V ZB 84/16. Vgl. hierzu die Erläuterung von Schmidt-Räntsch, die an dem Beschluss mitwirkte, in ZNotP 2017, 314, 319.

1277 BGH, Urt. v. 21.10.2016 – V ZR 230/15.

1278 Vgl. hierzu Clemente, Anm. zu BGH, Urt. v. 21.10.2016 – V ZR 230/15, ZfIR 2017, 283, 287.

1279 BGH, Urt. v. 21.10.2016 – V ZR 230/15, Rz. 8.

1280 Vgl. hierzu Clemente, Anm. zu BGH, Urt. v. 21.10.2016 – V ZR 230/15, ZfIR 2017, 283, 287 m.w.N.

1281 Vgl. hierzu Clemente, Anm. zu BGH, Urt. v. 21.10.2016 – V ZR 230/15, ZfIR 2017, 283, 287 m.w.N.

1282 Motive zu dem Entwurfe eines Bürgerlichen Gesetzbuches, Bd. 3, 2. Ausgabe (18906), S. 779.

1283 BGH, Urt. v. 12.05.1989 – V ZR 128/88 (Leitsatz), NJW 1989, 3151 = WM 1989, 995, für den Fall einer misslungenen Grundschuldabtretung, vgl. auch *Häsemeyer* EWiR 1989, 879.

nachholbaren Bestellung einer eintragungsfähigen Grundschuld mitzuwirken.[1284] Zugleich folgt aus der Sicherungsabrede das Recht des Sicherungsnehmers die Grundschuld bis zur Erledigung des Sicherungszweckes behalten zu dürfen. Der Sicherungsvertrag bildet den **Rechtsgrund** hierfür.[1285]

2. Haftungsübernahme nebst persönlicher Zwangsvollstreckungsunterwerfung

a) Vollstreckbares Schuldanerkenntnis bzw. Schuldversprechen

1110 Die üblichen Grundschuldbestellungsformulare enthalten regelmäßig einen Passus, der die Übernahme der persönlichen Haftung für die »Zahlung« bzw. »Zahlung eines Geldbetrages in Höhe des Grundschuldbetrages« oder ein entsprechendes Anerkenntnis vorsieht (s. Ausgangsfall bei Rdn. 1066 Nr. 6). Die Haftungsübernahme ist eine auf das Zustandekommen einer abstrakten Schuldverpflichtung gerichtete materielle Willenserklärung i.S.d. §§ 780, 781 BGB. Ob sie als Schuldversprechen (§ 780 BGB) oder Anerkenntnis (§ 781 BGB) einzuordnen ist, hängt vom verwendeten Ausdruck ab.[1286] Praktische Auswirkungen ergeben sich durch die Einordnung als Schuldversprechen oder Anerkenntnis nicht.[1287]

1111 Mit der Haftungsübernahme geht regelmäßig eine Zwangsvollstreckungsunterwerfungserklärung einher (s. Ausgangsfall bei Rdn. 1066 unter Nr. 6). Sie ist eine auf das Zustandekommen eines Vollstreckungstitels gerichtete prozessuale Willenserklärung, § 794 Abs. 1 Nr. 5 ZPO (vgl. auch Rdn. 1096).[1288]

1112 Die vollstreckbare Haftungsübernahme gibt dem Gläubiger die Möglichkeit, in das gesamte Vermögen des Schuldners zu vollstrecken: Die Vollstreckung kann nach Zustellung der vollstreckbaren Ausfertigung der Urkunde (Rdn. 1104) und Ablauf der in § 798 ZPO bestimmten Wartefrist beginnen. Ihr geht kein Erkenntnisverfahren voran.

b) Erwerb der Haftungsübernahme

1113 Schuldanerkenntnis bzw. -sprechen i.S.d. §§ 780, 781 BGB sind ein einseitig verpflichtender abstrakter Vertrag. Sie bedürfen neben einem Angebot der Annahme (§§ 130, 145 ff. BGB).

1284 BGH, Urt. v. 29.09.1989 – V ZR 326/87 (Leitsatz 1), ZIP 1990, 31 = NJW 1990, 392 = WM 1989, 1862.

1285 BGH, Urt. v. 08.12.1988 – III ZR 107/87 (unter II 2 der Gründe), ZIP 1989, 157 = NJW 1989, 1732 = WM 1989, 210.

1286 Beispiel für Schuldversprechen (*... übernehmen für die Höhe des Geldbetrages der Grundschuld...*): BGH, Urt. v. 21.01.1976 – VIII ZR 148, 74, NJW 1976, 567 (unter I 2 a der Gründe); BGH, Urt. v. 21.02.1985 – III ZR 207/83, ZIP 1985, 673 = NJW 1985, 1831 = WM 1985, 686 (unter II 4 der Gründe); BGH, Urt. v. 10.07.1986 – III ZR 77/85, ZIP 1986, 1171 = NJW-RR 1986, 1495 = WM 1986, 1355 (unter II der Gründe); BGH, Urt. v. 19.09.1986 – V ZR 72/85, BGHZ 1998, 256 = ZIP 1986, 1540 = NJW 1987, 319 = WM 1986, 1467 (unter Ziff. I 2 der Gründe); BGH, Urt. v. 02.10.1990 – XI ZR 306/89, ZIP 1990, 1390 = NJW 1991, 286 = WM 1990, 1927 (unter 2 b der Gründe); BGH, Urt. v. 05.03.1991 – XI ZR 75/90, BGHZ 114, 9 = ZIP 1991, 503 = NJW 1991, 1677 = WM 1991, 758 (unter Ziff. II 3 der Gründe); BGH, Urt. v. 10.12.1991 – XI ZR 48/91, ZIP 1992, 104 = NJW 1992, 971 = WM 1992, 132 (unter Ziff. II 1 der Gründe); BGH, Urt. v. 22.06.1999 – XI ZR 256/98, ZIP 1999, 1591 = WM 1999, 1616 (unter Ziff. II der Gründe). Beispiel für Schuldanerkenntnis (*... erkenne an, einen Betrag i.H.d. Grundschuld zuschulden...*): BGH, Urt. v. 03.12.1987 – III ZR 261/86, ZIP 1988, 80 = NJW 1988, 707 = WM 1988, 109 (Ziff. II 2 der Gründe); BGH, Urt. v. 02.11.1989 – III ZR 143/88, ZIP 1990, 29 = NJW 1990, 981 = WM 1990, 8 (Ziff. II 3 der Gründe). Offen gelassen: BGH, Urt. v. 18.12.1986 – IX ZR 11/86, BGHZ 99, 274 = ZIP 1987, 439 = NJW 1987, 904 = WM 1987, 228 (unter II 2 der Gründe).

1287 *Clemente* ZfIR 2004, 497, 500 l. Sp.

1288 RG, Beschl. v. 22.02.1935 – V B 2/35, RGZ 146, 308, 312; BGH, Urt. v. 03.04.2001 – XI ZR 120/00, BGHZ 147, 203 = ZIP 2001, 873 = NJW 2001, 2096 = WM 2001, 1035 (unter II 1 c bb der Gründe).

aa) Angebot

Das Angebot bedarf der Schriftform (§§ 780, 781 BGB). Es wird regelmäßig notariell beurkundet. Die Beurkundung ersetzt die Schriftform (§ 126 Abs. 4 BGB). Das Angebot auf Abschluss des Vertrages geht dem Gläubiger spätestens mit der Aushändigung der Grundschuldbestellungsurkunde oder deren vollstreckbarer Ausfertigung zu. 1114

Die persönliche Haftungsübernahme kann auch bei der Bestellung einer Eigentümergrundschuld (Rdn. 1070) abgegeben werden.[1289] Übernimmt ein Schuldner bei der Bestellung einer Eigentümergrundschuld die persönliche Haftung und tritt er die Eigentümergrundschuld alsbald an den Gläubiger der durch die Grundschuld gesicherten Forderung ab, so liegt darin regelmäßig das Angebot zur Begründung der Verpflichtung des Schuldners ggü. dem Gläubiger.[1290] 1115

bb) Annahme

Eine ausdrückliche Annahme des Angebots fehlt meist. Sie ist nicht notwendig, wenn sie nach der Verkehrssitte nicht zu erwarten ist (§ 151 Satz 1 BGB). Bei für den Antragsempfänger lediglich vorteilhaften Rechtsgeschäften ist von einer solchen Verkehrssitte auszugehen. Allerdings bedarf es auch in den Fällen des § 151 Satz 1 BGB eines als Willensbetätigung zu wertenden, nach außen hervortretenden Verhaltens, aus dem sich der Annahmewille unzweideutig ergibt. Eine ausreichende Betätigung des Annahmewillens ist jedenfalls in den Fällen gegeben, in denen dem Gläubiger die Grundschuldbestellungsurkunde, in der die Haftungsübernahme enthalten ist, zugeschickt wird und er sie behält, nachdem er sie zuvor gefordert hat (vgl. auch Rdn. 1117).[1291] 1116

c) Rechtsgrund

Die Haftungsübernahme trägt ihren Rechtsgrund, wie die Grundschuld (vgl. Rdn. 1109), in sich.[1292] Rechtsgrund für das Recht des Gläubigers, die sicherungshalber bestellte Haftungsübernahme zu behalten und zu verwerten, bildet der Sicherungsvertrag. Dies soll nach Ansicht des BGH nicht für die sicherungshalber bestellte Haftungsübernahme gelten.[1293] Aber auch hier kann nichts anderes gelten als für die sicherungshalber bestellte Grundschuld. Es gelten die Ausführungen bei Rdn. 1109 entsprechend. Ob der Schuldner zur Bestellung einer vollstreckbaren Haftungsübernahme verpflichtet ist, hängt von den mit dem Gläubiger getroffenen Vereinbarungen ab. Rechtsgrund der vollstreckbaren Haftungsübernahme ist der Sicherungsvertrag. Dies wurde in der Entscheidung 1117

1289 Kritisch *Wolfsteiner* Die vollstreckbare Urkunde Rn. 28.80.

1290 BGH, Urt. v. 19.05.1957 – VII ZR 114/57, WM 1958, 1194 = DNotZ 1958, 579 (unter Nr. 1 der Gründe); BGH, Urt. v. 21.01.1976 – VIII ZR 148/74, NJW 1976, 567 (unter Ziff. I 2 b der Gründe), in dem eine Eigentümergrundschuld am 18.01.1967 bestellt und am 21.01.1967 abgetreten wurde; BGH, Urt. v. 18.10.1990 – IX ZR 258/89, NJW 1991, 228 = WM 1991, 20 (unter Ziff. III 1 der Gründe); vgl. auch die Entscheidung BGH, Urt. v. 22.06.1999 – XI ZR 256/98, ZIP 1999, 1591 = WM 1999, 1616, der ein Fall zugrunde lag, in der die Haftungsübernahme ggü. »jedem künftigen Fremdgläubiger der Grundschuld« erklärt wurde.

1291 Vgl. BGH, Urt. v. 06.05.1997 – IX ZR 136/96, ZIP 1997, 1151 = NJW 1997, 2233 = WM 1997, 1242 (unter II 1 b der Gründe) für den Fall der Annahme einer Bürgschaftserklärung.

1292 *Wolfsteiner* Die vollstreckbare Urkunde vgl. Rn. 28.74 ff.; BGH, Urt. v. 20.07.2008 – XI ZR 389/07, BGHZ 177, 345 = ZfIR 2009, 88 = ZIP 2008, 1669 = NJW 2008, 3208 = WM 2008, 1679; krit.: *Wolters* ZfIR 2009, 92, sowie *Zimmer* NJW 2008, 3185.

1293 BGH, Urt. v. 22.07.2008 – XI ZR 389/07 (Rdn. 21), BGHZ 177, 345; BGH, Urt. v. 17.03.2009 – XI ZR 124/08 (Rdn. 14); Beschl. v. 29.09.2009 – XI ZR 44/09 (Rdn. 7), WM 2009, 2212 Rn. 7; BGH, Urt. v. 20.09.2011 – XI ZR 202/08 (Rdn. 8); BGH, Urt. v. 20.09.2011 – XI ZR 202/08, Rd. 8.

des BGH vom 15.03.2005[1294] und der des OLG Saarbrücken vom 19.11.2002[1295] richtig gesehen. In der zuerst genannten Entscheidung untersagte der BGH dem Gläubiger ein Vorgehen aus der vollstreckbaren Haftungsübernahme wegen seiner Forderungen gegen den Besteller der Haftungsübernahme in einem Fall, in dem der Kreditvertrag nur die Bestellung einer Grundschuld, nicht jedoch die Bestellung einer vollstreckbaren Haftungsübernahme forderte. Nichts spreche dafür – so der Senat –, dass eine Vereinbarung getroffen worden sei, mit der sich der Besteller verpflichtet hätte, sich der sofortigen Zwangsvollstreckung zu unterwerfen.[1296] Das *OLG Saarbrücken*[1297] hat daher einer Vollstreckungsabwehrklage gem. § 767 ZPO stattgegeben und darauf hingewiesen, dass der Kreditgeber die Haftungsübernahme rechtsgrundlos erlangte. Auch in dem jener Entscheidung zugrunde liegendem Fall war vom Kreditgeber lediglich eine Grundschuld und keine vollstreckbare Haftungsübernahme gefordert worden.

d) Kein Nebenrecht der Grundschuld

1118 Die Haftungsübernahme ist kein Annex der Grundschuld, sondern ein selbstständiger Anspruch, der gesondert abgetreten werden muss.[1298] Die Ansprüche aus der Haftungsübernahme gehen bei einer Abtretung der Grundschuld nicht automatisch auf den neuen Gläubiger über. Die Erklärung, dass die Grundschuld »mit allen Nebenrechten« abgetreten werde, reicht daher für eine Abtretung der Ansprüche aus der Haftungsübernahme nicht aus.[1299]

3. Anspruch auf Rückgewähr vor- und gleichrangiger Grundschulden

a) Abtretung

1119 Der Sicherungsgeber hat gegen den Sicherungsnehmer einer Grundschuld einen Anspruch auf Rückgewähr nach Wegfall des Sicherungszwecks (vgl. Rdn. 1190). Üblicherweise lässt sich der

---

1294 BGH, Urt. v. 15.03.2005 – XI ZR 135/04, ZIP 2005, 846 = NJW 2005, 1576 = WM 2005, 828; vgl. auch BGH, Urt. v. 28.03.2006 – XI ZR 239/04 (unter II 2 c aa [23]), ZIP 2006, 843 = NJW 2006, 2118 = WM 2006, 853.

1295 OLG Saarbrücken, Urt. v. 19.11.2002 – 7 U 59/02-16, ZfIR 2003, 153; vgl. die zustimmenden Anmerkungen zu der Entscheidung von *Clemente* ZfIR 2003, 156; und *Wochner* DNotZ 2004, 714; kritisch demgegenüber *Joswig* EWiR 2003, 163. Die gegen die Entscheidung eingelegte Nichtzulassungsbeschwerde wurde vom BGH mit Beschl. v. 10.09.2003 – IV ZR 414/02 – (unveröff.), mit der Begründung zurückgewiesen, dass das OLG festgestellt habe, »dass es an einer auf das Sicherungsmittel >persönliche Haftungsübernahme< bezogenen Sicherungsabrede« fehle und »der Annahme einer konkludenten Ergänzung der ursprünglichen Sicherungsabrede bei Übernahme der persönlichen Haftung... die Individualvereinbarung im Darlehensvertrag entgegen(stehe), dass die Sicherung »nur durch Grundschulden erfolgen sollte«. Eine gegen den Beschluss eingelegte Gegenvorstellung wurde mit Beschl. v. 22.10.2003 – IV ZR 414/02 (ebenfalls unveröff.), zurückgewiesen.

1296 BGH, Urt. v. 15.03.2005 – XI ZR 135/04 (Amtlicher Leitsatz 3 und unter B II 3 b bb (3) (b)), ZIP 2005, 846 = NJW 2005, 1576 = WM 2005.

1297 OLG Saarbrücken, Urt. v. 19.11.2002 – 7 U 59/02-16, ZfIR 2003, 153; vgl. die zustimmenden Anmerkungen zu der Entscheidung von *Clemente* ZfIR 2003, 156; und *Wochner* DNotZ 2004, 714; kritisch demgegenüber *Joswig* EWiR 2003, 163. Die gegen die Entscheidung eingelegte Nichtzulassungsbeschwerde wurde vom BGH mit Beschl. v. 10.09.2003 – IV ZR 414/02 – (unveröff.), mit der Begründung zurückgewiesen, dass das OLG festgestellt habe, »dass es an einer auf das Sicherungsmittel >persönliche Haftungsübernahme< bezogenen Sicherungsabrede« fehle und »der Annahme einer konkludenten Ergänzung der ursprünglichen Sicherungsabrede bei Übernahme der persönlichen Haftung... die Individualvereinbarung im Darlehensvertrag entgegen(stehe), dass die Sicherung »nur durch Grundschulden erfolgen sollte«. Eine gegen den Beschluss eingelegte Gegenvorstellung wurde mit Beschl. v. 22.10.2003 – IV ZR 414/02 (ebenfalls unveröff.), zurückgewiesen.

1298 *Clemente* Recht der Sicherungsgrundschuld Rn. 246; vgl. auch BGH, Urt. v. 17.03.1988 – IX ZR 79/87, BGHZ 104, 26 = ZIP 1988, 633 für den Fall der Abtretung der Rückgewähransprüche.

1299 LG München II, Urt. v. 12.04.1979 – 8 T 460/79, MittBayNot 1979, 126; *Zawar* NJW 1976, 1823.

Gläubiger einer gleich- oder nachrangigen Grundschuld den Anspruch auf Rückgewähr vor- und gleichrangiger Grundschulden formularmäßig abtreten (s. Ausgangsfall bei Rdn. 1066 unter Nr. 2 der Zweckerklärung). Denn ein nach- oder gleichrangiger Grundpfandrechtsgläubiger hat weder gegen den vor- oder gleichrangigen Gläubiger noch gegen den Eigentümer einen Anspruch, sich so zu verhalten, dass ein Rückgewähranspruch entsteht oder dass nach seiner Entstehung die Grundschuld auf den Eigentümer übergeht und so den gesetzlichen Löschungsanspruch nach § 1179a BGB (vgl. Rdn. 1084) auslöst; er hat auch keinen Anspruch darauf, dass der Gläubiger eines vor- oder gleichrangigen Rechts im Zwangsversteigerungsverfahren auf nicht benötigte Teile der Grundschuld verzichtet oder die Anmeldung rückständiger Zinsen unterlässt (vgl. Rdn. 1218 f.).[1300] Die Abtretung des Anspruchs auf Rückgewähr führt bei angezeigtem Rückgewähranspruch zu einem Schuldverhältnis zwischen dem Zessionar des Anspruchs und dem Sicherungsnehmer mit der Folge, dass der Sicherungsnehmer dem Zessionar gegenüber zur Rückgewähr der Grundschuld verpflichtet ist. Der Sicherungsnehmer haftet nach §§ 280 Abs. 1 und 3, 283 BGB auf Schadensersatz statt der Leistung, wenn er sich außerstande setzt, den Anspruch auf Rückübertragung der Sicherheiten aus dem Sicherungsvertrag zu erfüllen.[1301] Eine insolvenzfeste Rechtsposition hat der Zessionar des sicherungshalber abgetretenen Anspruchs auf Rückgewähr nur, wenn die dem Anspruch zugrunde liegende Grundschuld eine bestimmte Verbindlichkeit sichert und soweit vor Insolvenzeröffnung der Sicherungszweck endgültig vollständig oder teilweise weggefallen ist.[1302]

b) Rechtsgrund

Für die Abtretung der Ansprüche auf Rückgewähr vor- und gleichrangiger Grundschulden an den Gläubiger einer nachrangigen Grundschuld gelten die Ausführungen zur persönlichen Haftungsübernahme entsprechend (Vgl. Rdn. 1117). **1120**

III. Sicherungsvertrag

1. Bedeutung

Ob und wann der Gläubiger aus der ihm bestellten Grundschuld und den anderen Sicherheiten vorgehen darf, bestimmt sich nach dem Sicherungsvertrag. Der Sicherungsvertrag begründet ein Treuhandverhältnis zwischen dem Gläubiger als Sicherungsnehmer (Rdn. 1123) und dem Sicherungsgeber (Rdn. 1125).[1303] Der Gläubiger als Sicherungsnehmer der abstrakten Rechte darf seine Rechtsstellung im Verhältnis zum Sicherungsgeber nur in den durch den Sicherungszweck gesetzten Grenzen nutzen. Er schafft eine **schuldrechtliche Abhängigkeit** der Grundschuld und den übrigen abstrakten Rechte von der gesicherten Forderung. **1121**

1300 BGH, Urt. v. 27.02.1981 – V ZR 9/80 (Leitsatz und unter II 1 a der Gründe), ZIP 1981, 487 = NJW 1981, 1505 = WM 1981, 581; BGH, Urt. v. 06.07.1989 – IX ZR 277/88 (unter 2 a bb der Gründe) BGHZ 108, 237 = ZIP 1989, 1174 = NJW 1989, 2536 = WM 1989, 1412; BGH, Urt. v. 22.07.2004 – IX ZR 131/03 (unter II 1 c der Gründe), BGHZ 160, 168 = ZIP 2004, 1724 = NJW-RR 2004, 1458 = WM 2004, 1786 = ZfIR 2004, 1028 m. Anm. *Dümig*.

1301 BGH, Urt. v. 19.04.2013 – V ZR 47/12, Rd. 8, BGHZ 197, 155 ff.

1302 BGH, Urt. v. 10.11.2011 – IX ZR 142/10, ZIP 2011, 2364 = NJW 2012, 229.

1303 BGH, Beschl. v. 27.11.1997 – GSZ 1/97 u. GSZ 2/97, BGHZ 137, 212 = NJW 1998, 671 = WM 1998, 227 für sicherungshalber abgetretene Forderungen und Sicherungseigentum; speziell für Grundschuld vgl. bspw. BGH, Urt. v. 07.05.1987 – IX ZR 198/85 (unter 2 b bb der Gründe), ZIP 1987, 774 = NJW-RR 1987, 1291 = WM 1987, 853 und BGH, Urt. v. 08.12.1988 – III ZR 107/87 (unter II 2 der Gründe), ZIP 1989, 157 = NJW 1989, 1732 = WM 1989, 210; BGH, Urt. v. 14.05.1996 – XI ZR 257/94 (unter II 3 a der Gründe), BGHZ 133, 25 = ZIP 1996, 1164 = NJW 1996, 2092 = WM 1996, 1128.

2. Parteien des Sicherungsvertrages

1122 Parteien des Sicherungsvertrages sind **Sicherungsgeber und Sicherungsnehmer**. Sicherungsgeber ist derjenige, der die Grundschuld und die anderen Sicherheiten als Sicherheit zur Verfügung stellt. Sicherungsnehmer ist derjenige, der die Sicherheiten erhält. Nur die Parteien des Sicherungsvertrages können aus ihm Rechte und Pflichten herleiten,[1304] es sei denn, es liegt eine Abrede i.S.d. § 328 BGB – Vertrag zugunsten Dritter – vor.

a) Sicherungsnehmer

1123 Sicherungsnehmer ist der **Gläubiger der Grundschuld** und der anderen Rechte. Ansprüche des Sicherungsgebers aus dem Sicherungsvertrag richten sich allein gegen ihn. Mit ihm wurde der Sicherungsvertrag geschlossen. Ein **Zessionar** wird nicht von selbst Partei des Sicherungsvertrages, auch wenn er die gesicherte Forderung erwirbt (Rdn. 1232).

b) Sicherungsgeber

1124 Der Eigentümer des Grundstücks braucht nicht notwendigerweise Partei des Sicherungsvertrages sein.[1305] Wiederholt hat der BGH darauf hingewiesen, dass in aller Regel der Darlehensnehmer auch dann Sicherungsgeber der Grundschuld ist, wenn die Grundschuld auf einem Grundstück lastet, das einem Dritten gehört.[1306] Diese Rechtsprechung hat **zu Unrecht Kritik** erfahren.[1307] Zwar ist der Kreditnehmer nicht Partei des dinglichen Bestellungsvertrages gem. §§ 929, 873 BGB. Rechtsgrund der Grundschuldbestellung ist jedoch nicht der dingliche Einigungsvertrag, sondern die Sicherungsabrede (vgl. Rdn. 1109).

3. Sicherheitsleistung für fremde Verbindlichkeiten

1125 Wird zur Sicherung von Verbindlichkeiten eines Dritten eine Grundschuld bestellt, abgetreten oder deren Abtretung veranlasst, so kann dem ein **Auftrag**,[1308] eine **Geschäftsführung ohne Auftrag**,[1309] eine **Schenkung**,[1310] ein **familienrechtlich begründetes besonderes Schuldverhältnis**,[1311]

1304 BGH, Urt. v. 25.10.1984 – IX ZR 142/83 (Leitsatz 2 und unter II 1 der Gründe), ZIP 1985, 89 = NJW 1985, 800 = WM 1985, 12.

1305 *Bülow* Recht der Kreditsicherheiten Rn. 55.

1306 BGH, Urt. v. 25.11.1968 – III ZR 134/66, WM 1969, 209; BGH, Urt. v. 27.03.1981 – V ZR 202/79 (unter II 1 der Gründe), BGHZ 80, 228 = ZIP 1981, 588 = NJW 1981, 1554 = WM 1981, 691; BGH, Urt. v. 08.12.1988 – III ZR 107/87 (unter II 2 der Gründe), ZIP 1989, 157 = NJW 1989, 1732 = WM 1989, 210; BGH, Urt. v. 28.10.1988 – V ZR 14/87, BGHZ 106, 1 = ZIP 1989, 12 = NJW 1989, 521 = WM 1988, 1849; BGH, Urt. v. 09.02.1990 – V ZR 200/88 (unter II der Gründe), BGHZ 110, 241 = ZIP 1990, 439 = NJW 1990, 1601 = WM 1990, 464; BGH, Urt. v. 05.02.1991 – XI ZR 45/90 (unter 2 a der Gründe), ZIP 1991, 434 = NJW 1991, 1821 = WM 1991, 723; BGH, Urt. v. 11.10.1995 – XII ZR 62/94 (unter 1 der Gründe), NJW-RR 1996, 234 = WM 1996, 133; zuletzt BGH, Urt. v. 20.11.2009 – V ZR 68/09 (bei Rdn. 14).

1307 Zu nennen sind vor allem: *Reinicke/Tiedke* WM 1991, Beilage 5, S. 3; *dies.* Kreditsicherung Rn. 1176; vgl. aber auch MüKo-BGB/*Lieder* § 1191 Rn. 31 ff.; *Gaberdiel/Gladenbeck* Kreditsicherung durch Grundschulden Rn. 645.

1308 BGH, Urt. v. 17.12.1954 – V ZR 77/53 (Leitsatz 1 und unter II 1), WM 1955, 377 (Fall einer Hypothek).

1309 BGH, Urt. v. 25.11.1985 – II ZR 80/85, ZIP 1986, 226 = NJW 1986, 1690, vgl. dazu *H. Schmidt* EWiR 1986, 173; BGH, Urt. v. 02.11.2006 – III ZR 274/05, NJW 2007, 63 = WM 2007, 131 für Bestellung einer Grundschuld durch den Verkäufer zur Besicherung eines Darlehens, durch das der Kaufpreis aufgebracht werden soll.

1310 BGH, Urt. v. 17.12.1954 – V ZR 77/53 (Leitsatz 2 und unter III 1 der Gründe), WM 1955, 377 (Fall einer Hypothek).

1311 BGH, Urt. v. 28.02.1972 – II ZR 147/69, WM 1972, 661.

ein **kapitalersetzendes Darlehen**[1312] oder ein anderes Rechtsgeschäft zugrunde liegen. Bei einem Auftrag oder einer berechtigten Geschäftsführung ohne Auftrag erwirbt der Geschäftsführer gegen den Geschäftsherrn einen Anspruch auf Befreiung und einen Anspruch auf Ersatz erforderlicher Aufwendungen (§§ 683, 670 BGB). Hat ein Ehegatte während intakter **Ehe** dem anderen die Aufnahme von Bankkrediten durch Stellung einer Grundschuld ermöglicht, kann er nach Scheitern der Ehe Befreiung von solchen Verbindlichkeiten nach den Regeln des Auftragsrechts verlangen, wenn nicht vertraglich ein anderes bestimmt ist. Die Geltendmachung des Befreiungsanspruchs unterliegt jedoch Einschränkungen, die sich als Nachwirkung der Ehe sowie nach Treu und Glauben aus den Umständen ergeben, die zur Begründung der Verbindlichkeiten geführt haben.[1313]

4. Form

Für den Sicherungsvertrag gibt es **keine Formvorschrift**, er kann auch mündlich oder konkludent geschlossen werden.[1314] Wird die Darlehenshingabe bspw. von der Bestellung einer Grundschuld abhängig gemacht, anschließend die Grundschuld bestellt und das Darlehen ausgereicht, so kann regelmäßig auf eine Sicherungsabrede mit dem Inhalt geschlossen werden, dass die Grundschuld das Darlehen sichert.[1315] **1126**

Üblicherweise werden die Erklärungen des Sicherungsgebers schriftlich niedergelegt. Meist werden die verschiedenen Rechtsgeschäfte (Darlehensvertrag, Grundschuldbestellung und Sicherungsvertrag) unter Verwendung eigener Vertragsurkunden bzw. Formulare geschlossen (s. Zweckerklärung bei Ausgangsfall Rdn. 1066). Der Sicherungsvertrag wird in einem mit **Sicherungsvereinbarung**,[1316] **Zweckerklärung**[1317] oder ähnlich überschriebenem Formular niedergelegt, das nur vom Sicherungsgeber unterfertigt wird. Die Annahme durch den Gläubiger als Sicherungsnehmer erfolgt stillschweigend (§ 151 BGB). Die erforderliche Bestätigung des Annahmewillens liegt in der Entgegennahme der Urkunde bzw. in ihrem Behalten (vgl. auch Rdn. 1086 und Rdn. 1116). Darlehensvertrag und Sicherungsvertrag werden auch in einer Urkunde zusammengefasst.[1318] Anzutreffen ist auch die von der BNotK befürwortete Aufnahme wesentlicher Teile des Sicherungsvertrages in die Grundschuldbestellungsurkunde.[1319] **1127**

5. Allgemeine Geschäftsbedingung

Regelmäßig handelt es sich bei dem Sicherungsvertrag um eine vom Kreditgeber gestellte **Allgemeine Geschäftsbedingung** auf die die Vorschriften der §§ 305 ff. BGB Anwendung finden, die das Recht der Allgemeinen Geschäftsbedingungen regeln. Das bloße Verlesen und die allgemeine **1128**

1312 BGH, Urt. v. 27.11.2000 – II ZR 179/99, ZIP 2001, 115 = NJW 2001, 1490 = WM 2001, 202.

1313 BGH, Urt. v. 05.04.1989 – IVb ZR 35/88 (Leitsatz 2 und unter 3 d der Gründe), ZIP 1989, 975 = NJW 1989, 1920 = WM 1989, 861, vgl. auch *Henrich* EWiR 1989, 539; vgl. auch OLG Bremen, Beschl. v. 26.04.2005 – 4 U 9/05 NJW 2005, 3502.

1314 BGH, Urt. v. 10.11.1989 – V ZR 201/88 (unter II 2 a der Gründe), BGHZ 109, 197 = ZIP 1990, 299 = NJW 1990, 576 = WM 1989, 1926; BGH, Urt. v. 12.11.1992 – IX ZR 237/91 (unter II 4 b der Gründe), ZIP 1993, 271 = NJW-RR 1993, 235 = WM 1993, 265, wonach für Sicherungsabreden mit Banken eine widerlegliche Beurkundungsvermutung i.S.d. § 154 Abs. 2 BGB gilt.

1315 BGH, Urt. v. 02.10.1990 – XI 205/89, ZIP 1991, 19 = NJW-RR 1991, 305 = WM 1991, 86 (unter II 1); OLG Frankfurt am Main, Beschl. v. 29.09.2004 – 1 W 64/04, NJW-RR 2005, 18.

1316 Formular des Bank Verlags Köln, Formular 42.105 (05/07), abgedruckt bei *Clemente* Recht der Sicherungsgrundschuld Anh. I. 3 (S. 453).

1317 Formular des Deutschen Sparkassen Verlag 192 240 000 (März 2003), abgedruckt bei *Clemente* Recht der Sicherungsgrundschuld Anh. II. 2 (S. 461); Formular des DG Verlages 220 060 (06.03), abgedruckt bei *Clemente* Recht der Sicherungsgrundschuld Anh. III. 2 (S. 469).

1318 Standard-Darlehensvertrag des Verbandes *Deutscher Hypothekenbanken e.V.*, abgedruckt in BuB (08.2014), Rn. 3/802.

1319 Die BNotK im Jahr 1997, DNotZ 1998, 514, 526 (unter A II 3); vgl. auch Vorschlag des Ausschusses für Schuld- und Liegenschaftsrecht der BNotK für ein Grundschuldformular DNotZ 2002, 84.

Belehrung durch den Notar anlässlich der **Beurkundung** reichen nicht aus, um aus einer Allgemeinen Geschäftsbedingung eine Individualabrede zu machen,[1320] ebenso eine Formularbelehrung, mag sie noch so eingehend sein (vgl. hierzu Rdn. 1151).

6. Kündigung

1129 Nach der Rechtsprechung des BGH hat ein Drittsicherungsgeber, der den Kredit eines Dritten auf unbestimmte Zeit besichert, nach Treu und Glauben das Recht, den Sicherungsvertrag nach Ablauf eines gewissen Zeitraums oder bei Eintritt besonders wichtiger Umstände mit Wirkung für die Zukunft zu kündigen.[1321] Die Kündigung hat die Wirkung, dass sich die Besicherung auf die bei Wirksamwerden der Kündigung begründeten Verbindlichkeiten des Schuldners – im Fall eines Kontokorrentkredits auf den entsprechenden Tagessaldo – beschränkt.[1322] Als wichtiger Grund, der zur Kündigung berechtigt, ist das Ausscheiden eines Sicherungsgebers aus der Gesellschaft angesehen worden[1323] und die Scheidung eines Ehegatten, der den Kredit des anderen aus Anlass der mit ihm bestehenden Ehe besichert hat.[1324] Die Rechtsprechung versagt daher dem Drittsicherungsgeber die Berufung auf den **Wegfall der Geschäftsgrundlage**.

IV. Sicherungszweck

1130 Der Sicherungszweck der Sicherheiten wird durch die Sicherungsabrede bestimmt. In der Praxis sind zwei Grundtypen von Sicherungsabreden anzutreffen, nämlich solche mit einem **weiten** (Rdn. 1131) und solche mit einem **engen** (Rdn. 1170) **Sicherungszweck**.

1. Weite Sicherungsabrede (bankmäßige Geschäftsverbindung)

1131 Die **weite Sicherungsabrede** besagt im Wesentlichen, dass von den Sicherheiten »alle bestehenden, künftigen und bedingten Ansprüche« des Gläubigers »aus der bankmäßigen Geschäftsverbindung« gesichert sind (s. Zweckerklärung unter Nr. 1 bei Rdn. 1066).

1132 Formulare mit weitem Sicherungszweck kommen regelmäßig zum Einsatz, wenn der Grundstückseigentümer mit dem Kreditnehmer identisch ist.

1133 Als Geschäftsverbindung wird die tatsächliche Beziehung zwischen dem Kunden und dem Kreditinstitut angesehen, die auf eine unbestimmte Vielzahl von Geschäftsvorfällen angelegt ist.[1325] Unerheblich soll sein, ob sie der gleichen Geschäftsverbindung entspringen. Demgemäß fallen nach der Rechtsprechung unter den Deckungsbereich der weiten Sicherungsabrede Verbindlichkeiten aus einer **Gesamtschuld**, die ein Bankkunde zusammen mit einem anderen Gesamtschuldner eingegangen ist[1326] und aus **Oder-Konten**[1327] insoweit, als sie aus Verfügungen des Sicherungsgebers

---

1320 BGH, Urt. v. 29.01.1982 – V ZR 82/81 (unter II 1 der Gründe), BGHZ 83, 56 = ZIP 1982, 290 = NJW 1982, 1035 = WM 1982, 290.

1321 BGH, Urt. v. 21.01.1993 – III ZR 15/92 (unter 1 b der Gründe), NJW-RR 1993, 944 = WM 1993, 897; BGH, Urt. v. 07.10.2002 – II ZR 74/00 (unter 1 a der Gründe), ZIP 2002, 2123 = NJW 2003, 61 = WM 2002, 2367 (Kündigung einer unbefristeten Pfandrechtsbestellung).

1322 BGH, Urt. v. 04.07.1985 – IX ZR 135/84 (unter I 3 der Gründe), NJW 1985, 3007 (Fall einer Bürgschaft).

1323 BGH, Urt. v. 04.07.1985 – IX ZR 135/84 (unter I 2 der Gründe), NJW 1985, 3007 (Fall einer Bürgschaft); BGH, Beschl, v. 17.12.1998 – IX ZR 20/98 (Fall einer Bürgschaft).

1324 BGH, Urt. v. 07.10.2002 – II ZR 74/00 (unter 1 a der Gründe), ZIP 2002, 2123 = NJW 2003, 61 = WM 2002, 2367 (Kündigung einer unbefristeten Pfandrechtsbestellung).

1325 Vgl. BGH, Urt. v. 13.03.2007 – XI ZR 383/06 (Rdn. 16), ZIP 2007, 905 = WM 2007, 874 zu Nr. 21 III S. 1 AGB-Sparkassen.

1326 Nach BGH, Urt. v. 08.05.1987 – V ZR 89/86, BGHZ 101, 29 = ZIP 1987, 829 = NJW 1987, 2228 = WM 1987, 802.

1327 BGH, Urt. v. 03.06.1997 – XI ZR 133/96 (Leitsatz 3 und unter II 2 der Gründe), ZIP 1997, 1229 = NJW 1997, 2320 = WM 1997, 1280.

resultieren. Auch Ansprüche gegen eine Komplementär-GmbH aufgrund ihrer Haftung nach §§ 128 Satz 1, 161 Abs. 2 HGB wegen Darlehensverbindlichkeiten der GmbH & Co. KG können darunter fallen.[1328]

Auch der **Erwerb** einer gegen den Kunden gerichteten **Forderung**, der im Zusammenhang mit der Geschäftsverbindung steht, soll nach der Rechtsprechung von der weiten Sicherungsabrede erfasst werden. Ein solcher Zusammenhang soll bereits vorliegen, wenn eine Bank Ansprüche gegen einen Kunden durch Abtretung erwirbt,[1329] nicht aber, wenn die Abtretung rechtsmissbräuchlich erfolgt und nur dem Zweck dient, dem Zedenten Deckung aus den von der Bank nicht voll benötigten Sicherheiten zu verschaffen.[1330] **1134**

Von der weiten Sicherungsabrede erfasst werden alle Ansprüche, die während der Geschäftsverbindung begründet werden. **Sekundäransprüche** werden von der Grundschuld gesichert, wenn sie in engem Zusammenhang mit der Geschäftsverbindung stehen. Dazu zählen **Verzugszinsen** sowie eine **Vorfälligkeitsentschädigung.**[1331] **Bereicherungsansprüche** einer Bank gehören ebenfalls dazu, wenn sie ihre Grundlage in einer vertragstypischen Bankleistung haben. Der Anspruch auf Kapitalrückzahlung eines wegen Wuchers nichtigen Darlehens fällt hierunter,[1332] ebenso der Anspruch auf **Schadensersatz** wegen **Nichtabnahme eines Darlehens.**[1333] **1135**

Ansprüche auf Erstattung von **Prozesskosten**, die in Rechtsstreitigkeiten zwischen einer Bank und ihrem Kunden entstehen, sollen nicht im Zusammenhang mit dem allgemeinen Geschäfts- und Rechtsverkehr zwischen der Bank und ihrem Kunden stehen. **1136**

Daher zählen sie auch nicht zu Ansprüchen aus der Geschäftsverbindung zwischen der Bank und ihrem Kunden.[1334] **1137**

2. Weite Sicherungsabrede als Allgemeine Geschäftsbedingung

a) Weite Sicherungsabrede regelmäßig keine Individualabrede

Die Festlegung des Sicherungszwecks auf alle künftigen und bedingten Ansprüche durch **Individualvereinbarung** ist wirksam, unabhängig, ob von der Grundschuld eigene Verbindlichkeiten des Sicherungsgebers oder fremde gesichert werden. Eine Individualabrede wird indes regelmäßig nicht gegeben sein. Sie liegt nur vor, wenn die Parteien des Sicherungsvertrags den Inhalt der Sicherungsabrede in einer im Einzelnen ausgehandelten Urkunde festlegen. **1138**

1328 BGH, Urt. v. 13.03.2007 – XI ZR 383/06 (Leitsatz und bei Rdn. 17), ZIP 2007, 905 = NJW-RR 2007, 982 = WM 2007, 874 zu Nr. 21 III S. 1 AGB-Sparkassen.

1329 BGH, Urt. v. 17.12.1980 – VIII ZR 307/79 (unter I 2 c der Gründe), NJW 1981, 756 = WM 1981, 162; BGH, Urt. v. 05.04.2005 – XI ZR 167/04 (Leitsatz und II 2 a und b der Gründe), ZIP 2005, 1024 = NJW-RR 2005, 985 = WM 2005, 1076.

1330 BGH, Urt. v. 30.10.1974 – VIII ZR 81/73 (unter I 2 b der Gründe), NJW 1975, 122; BGH, Urt. v. 27.02.1981 – V ZR 48/80 (unter II 1 und 2 der Gründe), ZIP 1981, 486 = NJW 1981, 1600 = WM 1981, 518; BGH, Urt. v. 31.01.1983 – II ZR 24/82 (Amtlicher Leitsatz), ZIP 1983, 667 = NJW 1983, 1735 = WM 1983, 537; BGH, Urt. v. 28.04.1987 – VI ZR 1/86 und 43/86 (Leitsätze 1 und 2), NJW 1987, 2997 = WM 1987, 834.

1331 Vgl. BGH, Urt. v. 18.02.1992 – XI ZR 134/91 (unter 4 der Gründe), ZIP 1992, 389 = NJW 1992, 1620 = WM 1992, 566.

1332 BGH, Urt. v. 08.07.1982 – III ZR 1/81 (unter II 2 der Gründe), ZIP 1982, 1181 = NJW 1982, 2767 = WM 1982, 1050, für den Fall, dass Ansprüche »aus allen Schuldgründen« gesichert werden.

1333 BGH, Urt. v. 02.11.1989 – III ZR 143/88 (unter II 3 der Gründe), ZIP 1990, 29 = NJW 1990, 981 = WM 1990, 8: Die Nichtigkeit eines wucherischen Darlehens kann aber auch die Sicherungsabrede und gem. § 138 Abs. 2 BGB die zu deren Erfüllung bestellte Grundschuld ergreifen.

1334 BGH, Urt. v. 29.10.1997 – XI ZR 26/97 (unter II 2 der Gründe), ZIP 1997, 2194 = NJW-RR 1998, 190 = WM 1997, 2355.

1139 Üblicherweise werden Formulare eingesetzt, die lediglich ergänzt werden. Die **Ergänzung eines ausfüllungsbedürftigen Formulars** führt nicht zu einer Individualabrede,[1335] ebenso die Eintragung der Beträge sowie der Namen der Beteiligten in ein ausfüllungsbedürftiges Formular[1336] und Verbindung der Namen der Schuldner mit den Worten »und/oder«[1337] (s. Zweckerklärung unter Nr. 1 bei Rdn. 1066; vgl. auch Rdn. 1128, 1147 und Rdn. 1151). Solche Einfügungen bilden eine notwendige, unselbstständige, nicht individuell ausgehandelte Ergänzung.

1140 Auch das bloße Verlesen und die allgemeine Belehrung durch den Notar anlässlich der **Beurkundung** reichen i.d.R. nicht aus, um aus einer Allgemeinen Geschäftsbedingung eine Individualabrede zu machen,[1338] ebenso eine Formularbelehrung, mag sie noch so eingehend sein (Rdn. 1152).

b) Anlass regelmäßig keine vorrangige Individualvereinbarung (§ 305b BGB)

1141 Der Anlass der Sicherungsabrede führt nicht zu einer Individualvereinbarung, der die formularmäßig vereinbarte weite Sicherungsabrede gem. § 305b BGB verdrängt.[1339] Für eine **stillschweigende Vereinbarung** reicht es nicht aus, dass Anlass der Grundschuldbestellung die Sicherung eines bestimmten Kredits ist. Der Anlass mag eine einseitige Zweckvorstellung beim Sicherungsgeber hervorrufen. Eine solche führt indes nicht zu einer Individualabrede, insb. wenn nach der formularmäßigen Sicherungsabrede alle Ansprüche aus der Geschäftsverbindung gesichert sind.[1340] Äußere Umstände können zwar die Erwartungen des Sicherungsgebers beeinflussen und zur Anwendung des § 305c BGB (vgl. Rdn. 1142 und Rdn. 1144) führen; sie können aber nicht die weite Sicherungsabrede unterlaufen, in der ausdrücklich etwas anderes geregelt wird.[1341]

c) Verstoß gegen § 305c Abs. 1 BGB?

aa) Sicherung eigener Verbindlichkeiten

(1) Grundsatz: Kein Verstoß

1142 Die Ausdehnung der Sicherungsabrede auf »alle bestehenden, künftigen und bedingten Ansprüche« des Sicherungsnehmers »aus der bankmäßigen Geschäftsverbindung« hat die **Billigung der Rechtsprechung**[1342] erfahren, wenn der Schuldner der gesicherten Forderungen mit dem Sicherungsgeber identisch ist. Es ist nicht überraschend, wenn ein Kreditgeber anlässlich der Vereinbarung des

---

1335 Vgl. BGH, Urt. v. 19.05.1991 – VIII ZR 244/90 (unter II 1 der Gründe), ZIP 1991, 997 = NJW 1991, 2768 WM 1991, 1499, zur Einfügung des Mindestbetrags abgetretener Forderungen sowie der Dauer von Unterschreitungen.

1336 BGH, Urt. v. 05.03.1991 – XI ZR 75/90 (unter II 2 der Gründe), BGHZ 114, 9 = ZIP 1991, 503 = NJW 1991, 1677 = WM 1991, 758.

1337 BGH, Urt. v. 18.02.1992 – XI ZR 126/91 (unter II 2 b aa der Gründe), ZIP 1992, 386 = NJW 1992, 1822 = WM 1992, 563; BGH, Urt. v. 30.10.1987 – V ZR 174/86 (unter II 2 b [1] der Gründe), BGHZ 102, 152 = ZIP 1988, 12 = NJW 1988, 558 = WM 1988, 12.

1338 BGH, Urt. v. 29.01.1982 – V ZR 82/81 (unter II 1 der Gründe), BGHZ 83, 56 = ZIP 1982, 290 = NJW 1982, 1035 = WM 1982, 290.

1339 A.A. *Knops* ZIP 2006, 1965 (unter II); *Wilhelm* 50 Jahre BGH, Festgabe aus der Wissenschaft, Bd. I, S. 897 (unter IV 2).

1340 BGH, Urt. v. 18.11.1988 – V ZR 75/87 (unter I 1 der Gründe), BGHZ 106, 19 = ZIP 1989, 85 = NJW 1989, 831 = WM 1989, 88.

1341 BGH, Urt. v. 18.05.1995 – IX ZR 108/94 (unter II 1 der Gründe), BGHZ 130, 19 = ZIP 1995, 1244 = NJW 1995, 2553 = WM 1995, 1397 (Bürgschaft); BGH, Urt. v. 17.03.1994 – IX ZR 102/93 (unter II 3 a–c der Gründe), ZIP 1994, 697 = NJW 1994, 1656 = WM 1994, 784 (Bürgschaft).

1342 BGH, Urt. v. 08.05.1987 – V ZR 89/86 (unter 2 der Gründe), BGHZ 101, 29 = ZIP 1987, 829 = NJW 1987, 2228 = WM 1987, 802; BGH, Urt. v. 18.11.1988 – V ZR 75/87 (unter I 2 b der Gründe), BGHZ 106, 20 = ZIP 1989, 85 = NJW 1989, 831 = WM 1989, 88; BGH, Urt. v. 03.06.1997 – XI ZR 133/96, ZIP 1997, 1229 = NJW 1997, 2320 = WM 1997, 1280; BGH, Urt. v. 23.05.2000 – XI ZR 214/99, ZIP

Sicherungszwecks der Grundschuld fordert, dass die ihm vom Kreditnehmer bestellte Grundschuld alle seine Ansprüche gegen den Kreditnehmer sichert.[1343]

(2) Ausnahme: Verstoß

1143 In Ausnahmefällen kann etwas anderes gelten, wenn aufgrund der besonderen Umstände des Einzelfalls mit der weiten Klausel nicht gerechnet werden musste.[1344] In keinem der bislang durch den BGH zur weiten Sicherungsabrede entschiedenen Fälle wurde die Ausweitung der Sicherungsabrede auf alle eigenen Verbindlichkeiten des Sicherungsgebers aus der Geschäftsverbindung als überraschend angesehen.

bb) Sicherung fremder Verbindlichkeiten

(1) Grundsatz: Verstoß

1144 Ist Anlass der Sicherungsabrede die Absicherung einer bestimmten Forderung des Sicherungsnehmers gegen einen Dritten, so ist die Erweiterung des Sicherungszwecks der Grundschuld auf alle bestehenden, künftigen und bedingten Schulden des Dritten grds. unwirksam (§ 305c Abs. 1 BGB). Der Sicherungsgeber, der aus Anlass der Sicherung einer bestimmten fremden Schuld eine Grundschuld bestellt, erwartet eine solche Ausweitung des Sicherungszwecks nicht und braucht auch vernünftigerweise nicht mit ihr zu rechnen, da die Ausweitung außerhalb des durch den **Anlass des Geschäfts** bestimmten Rahmens liegt.[1345]

2000, 1202 = NJW 2000, 2675 = WM 2000, 1328 = ZfIR 2000, 608; BGH, Urt. v. 20.03.2002 – IV ZR 93/01, ZIP 2002, 932 = NJW 2002, 2710 = WM 2002, 1117 = ZfIR 2002, 440.

1343 A.A. soweit ersichtlich nur *Knops* ZIP 2006, 1965 (unter III 3).

1344 *Volmer* WM 1998, 914, 915 (unter II 1).

1345 BGH, Urt. v. 29.01.1982 – V ZR 82/81, BGHZ 83, 56 = NJW 1982, 1035 (Sicherung eines zinsbegünstigten Kredits des Bruders); BGH, Urt. v. 19.09.1986 – V ZR 72/85, BGHZ 98, 256 = ZIP 1986, 1540 = NJW 1987, 319 (Anspruch aus einer persönlichen Haftungsübernahme); BGH, Urt. v. 12.12.1986 – V ZR 282/85, BGHZ 99, 203 = ZIP 1987, 565 = NJW 1987, 1636 = WM 1987, 498 (nachträgliche formularmäßige Abänderung einer mündlichen Sicherungsabrede); BGH, Urt. v. 20.02.1987 – V ZR 249/85, BGHZ 100, 82 = ZIP 1987, 695 = NJW 1987, 1885 = WM 1987, 586 (Sicherung von Drittverbindlichkeiten, wenn Sicherungsgeber ein mit Kreditgeschäften vertrautes Unternehmen ist); BGH, Urt. v. 08.05.1987 – V ZR 89/86, BGHZ 101, 29 = ZIP 1987, 829 = NJW 1987, 2228 = WM 1987, 802 (Sicherung von Ansprüchen aus einem Darlehensvertrag, den ein Sicherungsgeber als Gesamtschuldner mit einem Dritten geschlossen hat); BGH, Urt. v. 30.10.1987 – V ZR 174/85, BGHZ 102, 152 = ZIP 1988, 12 = NJW 1988, 558 = WM 1988, 12 (Sicherung von Einzelverbindlichkeiten, wenn Sicherungsgeber eine Personenmehrheit ist); BGH, Urt. v. 15.01.1988 – V ZR 183/86, BGHZ 103, 72 = ZIP 1988, 899 = NJW 1988, 1375 = WM 1988, 446 (Ausdehnung des Sicherungszwecks aufgrund formularmäßiger Vollmacht); BGH, Urt. v. 18.11.1988 – V ZR 75/87, BGHZ 106, 19 = ZIP 1989, 85 = NJW 1989, 831 = WM 1989, 88 (Einbeziehung künftiger Verbindlichkeiten eines Ehegatten in den Sicherungsbereich der den Miteigentumsanteil des anderen Ehegatten belastenden Grundschuld); BGH, Urt. v. 10.11.1989 – V ZR 201/88, BGHZ 109, 197 = ZIP 1990, 299 = NJW 1990, 576 = WM 1989, 1926 (Ausdehnung des Sicherungszwecks auf Wechselverbindlichkeiten, deren Sicherung nicht Anlass der Grundschuldbestellung waren); BGH, Urt. v. 13.11.1990 – XI ZR 217/89, ZIP 1991, 155 = NJW 1991, 1286 = WM 1991, 60 (keine Haftung der Grundschuld für Saldoerhöhungen, die sich nach Konkurseröffnung durch Fortführung des Kontokorrents durch den Konkursverwalter ergeben); BGH, Urt. v. 18.02.1992 – XI ZR 126/91, ZIP 1992, 386 = NJW 1992, 1822 = WM 1992, 563 (keine Ausweitung des Sicherungszwecks auf Einzelverbindlichkeiten durch maschinenschriftliche Einfügung); BGH, Urt. v. 01.06.1994 – XI ZR 133/93, BGHZ 126, 174 = ZIP 1994, 1096 = NJW 1994, 2145 = WM 1994, 1242 (Ausdehnung der Grundsätze zur Sicherungsabrede bei Grundschulden auf formularmäßige Bürgschaftserklärungen); BGH, Urt. v. 28.03.1995 – XI ZR 151/94, ZIP 1995, 727 = NJW 1995, 1674 = WM 1995, 790 (Maßgeblichkeit der jüngsten Sicherungsabrede bei Prüfung unter dem Gesichtspunkt des § 3 AGBG); BGH, Urt. v. 27.06.1995 – XI ZR 213/94, ZIP 1995, 1404 = NJW-RR 1995, 1257 = WM 1995, 1663 (Ausweitung des Sicherungszwecks auf künftige Verbindlichkeiten eines

1145 Der Widerspruch zwischen dem Anlass der Grundschuldbestellung und der weiten Sicherungsabrede beschränkt sich nicht nur auf die Einbeziehung künftiger Verbindlichkeiten. Auch die formularmäßige Erweiterung der Sicherungsabrede auf alle **bestehenden Verbindlichkeiten** des mit dem Sicherungsgeber nicht identischen Kreditnehmers ist so ungewöhnlich, dass der Sicherungsgeber mit ihr nicht zu rechnen braucht.

1146 Zu den für die berechtigten Erwartungen des Vertragspartners maßgebenden Umständen und Verhältnissen kann auch eine frühere Darlehensgewährung gehören, wenn zwischen ihr und der formularmäßigen Sicherungsabrede ein **unmittelbarer zeitlicher und sachlicher Zusammenhang** besteht (vgl. auch Rdn. 1154 und Rdn. 1168). Ein solcher besteht regelmäßig nicht mehr in Fällen, in denen zwischen Darlehensgewährung und Sicherungsabrede 2 Jahre,[1346] 2 Jahre und 8 Monate,[1347] rund 7 Jahre[1348] oder mehr als 8 Jahre und zudem mehrere haftungserweiternde Erklärungen[1349] liegen. Ein Zusammenhang wurde auch bei einer nur 9 bis 10 Monate nach Darlehensgewährung zusammen mit der Grundschuldbestellung getroffenen Sicherungsvereinbarung verneint.[1350]

1147 Der überraschende Charakter der weiten Sicherungsabrede geht nicht durch eine besondere **drucktechnische Gestaltung**, wie Hervorhebung durch Fettdruck[1351] verloren (vgl. auch Rdn. 1151). Er kann auch nicht mit dem Hinweis auf die Möglichkeit der **Kündigung** (vgl. Rdn. 1129) verneint werden.[1352] Ob eine **notarielle Belehrung** den überraschenden Charakter ausschließt, hängt von ihrem Umfang ab. Die lediglich abstrakte Belehrung des Notars ist nicht ausreichend (Vgl. Rdn. 1152).[1353]

1148 Der Grundsatz der Unwirksamkeit gilt auch, wenn der Sicherungsgeber die Grundschuld zur Besicherung einer Verbindlichkeit des **Ehegatten** bestellt.[1354] Denn die Ehe ist keine Solidargemeinschaft in dem Sinne, dass einem Ehegatten die Erwartung unterstellt werden könnte, mit seinem Vermögen über den Sicherungsanlass hinaus notfalls für alle späteren Schulden des anderen Ehegatten einstehen zu müssen. Der Schutzzweck des Verbots überraschender Klauseln kommt deshalb hier zum Zuge.[1355]

Ehegatten); BGH, Urt. v. 04.10.1995 – XI ZR 215/94, BGHZ 131, 55 = ZIP 1995, 1979 = NJW 1996, 191 = WM 1995, 2133 (kein Wegfall des Überraschungseffekts durch zusätzliche Formularerklärung, die auf die weite Sicherungsabrede hinweist); BGH, Urt. v. 18.01.1996 – IX ZR 69/95, BGHZ 132, 6 = ZIP 1996, 456 = NJW 1996, 924 = WM 1996, 436 (Fall einer Bürgschaft); BGH, Urt. v. 03.06.1997 – XI ZR 133/96, ZIP 1997, 1229 = NJW 1997, 2320 = WM 1997, 1280 = ZfIR 1997, 401 (Verbindlichkeiten aus Oder-Konto); BGH, Urt. v. 24.06.1997 – XI ZR 288/96, ZIP 1997, 1538 = NJW 1997, 2677 = WM 1997, 1615 (Individueller Hinweis).

1346 BGH, Urt. v. 24.11.2016 – IX ZR 278/14 – Rn. 7.

1347 BGH, Urt. v. 28.03.1995 – XI ZR 151/94 (unter II 2 der Gründe), ZIP 1995, 727 = NJW 1995, 1674 = WM 1995, 790.

1348 BGH, Urt. v. 16.01.2001 – XI ZR 84/00 (unter II 2 b der Gründe), ZIP 2001, 408 = WM 2001, 455 = NJW 2001, 1416.

1349 BGH, Urt. v. 30.01.2001 – XI ZR 118/00 (unter II 1 b bb [2] der Gründe), ZIP 2001, 507 = WM 2001, 623 = NJW 2001, 1417.

1350 BGH, Urt. v. 06.02.1996 – XI ZR 121/95 (unter II 2 c), NJW-RR 1996, 673 = WM 1996, 2233.

1351 BGH, Urt. v. 12.12.1986 – V ZR 282/85 (unter II 2 a der Gründe), BGHZ 99, 203 = ZIP 1987, 565 = NJW 1987, 1636 = WM 1987, 498.

1352 BGH, Urt. v. 01.06.1994 – XI ZR 133/92 (unter II 2 der Gründe), BGHZ 126, 174 = ZIP 1994, 1096 = NJW 1994, 2145 = WM 1994, 1242 (Bürgschaft).

1353 Vgl. Becksches Notar-Handbuch/*Everts* A VI Rd. 63 und *ders.* MittBayNot 1997, 341.

1354 BGH, Urt. v. 18.11.1988 – V ZR 75/87 (unter II 2 a der Gründe), BGHZ 106, 19 = ZIP 1989, 85 = NJW 1989, 831 = WM 1989, 88; BGH, Urt. v. 18.02.1992 – XI ZR 126/91 (unter II 2 b cc der Gründe); BGH, ZIP 1992, 386; = NJW 1992, 1822 = WM 1992, 563; BGH, Urt. v. 27.06.1995 – XI ZR 213/94 (unter II 2 der Gründe), ZIP 1995, 1404 = NJW-RR 1995, 1257 = WM 1995, 1663.

1355 BGH, Urt. v. 18.11.1988 – V ZR 75/87 (unter I 2 a der Gründe), BGHZ 106, 19 = ZIP 1989, 85 = NJW 1989, 831 = WM 1989, 88.

Für **juristische Personen und Kaufleute** ist die Rechtslage grds. nicht anders zu beurteilen. Auch sie können sich auf die Unwirksamkeit einer formularmäßig weiten Sicherungsabrede berufen. § 305c Abs. 1 BGB gilt uneingeschränkt für Rechtsgeschäfte, die aufseiten des Sicherungsgebers Handelsgeschäfte sind (§ 310 Abs. 1 BGB).[1356] Für sie ist eine anlässlich einer bestimmten Kreditaufnahme abgegebene weite Sicherungsabrede überraschend. Dies gilt selbst für die formularmäßige weite Sicherungsabrede einer GmbH für Forderungen gegen den Alleingesellschafter.[1357] Nichts anderes gilt auch für **Nichtmehrheitsgesellschafter und Kommanditisten.**[1358] **1149**

In einer frühen Entscheidung hat der BGH noch ausgeführt, für ein **mit Kreditgeschäften vertrautes Unternehmen** sei »die seit langem bankübliche Ausdehnung des Grundschuldsicherungszwecks auf künftige Kreditforderungen auch dann nicht ungewöhnlich, wenn das Grundpfandrecht zur Sicherung fremder Schulden bestellt« werde.[1359] Von dieser Auffassung rückte der BGH kurze Zeit später ab. In seinem Urt. v. 10.11.1989[1360] wies er mit Recht darauf hin, dass es nicht darum gehe, ob die einschlägige Klausel im Verkehr mit Banken allgemein üblich sei und sie deshalb für ein geschäftserfahrenes kaufmännisches Unternehmen nach einem generellen Maßstab nicht ungewöhnlich sein könne, sondern darum, ob der konkrete individuelle Begleitumstand bei Vertragsabschluss diesen generellen Maßstab modifiziert und damit die Ausdehnung des Haftungsumfangs über den Anlass des Vertrages hinaus als überraschend erscheinen lasse.[1361] **1150**

(2) Ausnahme: Kein Verstoß

(a) Individueller Hinweis

Der überraschende Charakter der weiten Sicherungsabrede entfällt, wenn der Sicherungsgeber auf die Erweiterung des Sicherungszwecks vor Unterschriftsleistung **in geeigneter Weise** hingewiesen wurde. Notwendig ist ein individueller Hinweis, der die Gewähr dafür bietet, dass dem Sicherungsgeber bewusst wird, in welch unbeschränktem Maße er sich verpflichtet. Liegt ein ausreichender Hinweis vor, so ist die weite Sicherungsabrede nicht mehr überraschend, soweit der Hinweis reicht.[1362] Der überraschende Charakter soll nach einer Entscheidung des XI. Zivilsenats des BGH[1363] selbst dann nicht entfallen, wenn vom Sicherungsgeber eine formularmäßige Zusatzerklärung, bestehend aus einem sich über mehrere Zeilen erstreckenden, maschinenschriftlichen Hinweis,[1364] unterschrieben wird, die auf die Gefahren der weiten Sicherungsabrede mit aller Deutlichkeit hinweist. **1151**

1356 BGH, Urt. v. 10.11.1989 – V ZR 201/88 (unter II 2 c der Gründe), BGHZ 109, 197 = ZIP 1990, 299 = NJW 1990, 576 = WM 1989, 1926.

1357 BGH, Urt. v. 18.07.2002 – IX ZR 294/00 (unter I 1 und 2 der Gründe), BGHZ 151, 374 = ZIP 2002, 1611 = NJW 2002, 3167 = WM 2002, 1836 (Fall einer Bürgschaft).

1358 BGH, Urt. v. 15.07.1999 – IX ZR 243/98 (unter I 2 der Gründe), BGHZ 142, 213 = ZIP 1999, 1480 = NJW 1999, 3195 = WM 1999, 1761 (Fall einer Bürgschaft), der allerdings seine Entscheidung auf § 9 AGBG stützte.

1359 BGH, Urt. v. 20.02.1987 – V ZR 249/85 (unter 3 b der Gründe), BGHZ 100, 82 = NJW 1987, 1885 = WM 1987, 586.

1360 BGH, Urt. v. 10.11.1989 – V ZR 201/88, BGHZ 109, 197 = ZIP 1990, 299 = NJW 1990, 576 = WM 1989, 1926; vgl. hierzu auch *Tiedtke* Zur weiten Sicherungsabrede bei Bestellung der Grundschuld durch eine Personengesellschaft oder den persönlich haftenden Gesellschafter, NJW 1991, 3241 (unter II 1, S. 3243).

1361 BGH, Urt. v. 10.11.1989 – V ZR 201/88 (unter II 2 d der Gründe), BGHZ 109, 197 = ZIP 1990, 299 = NJW 1990, 576 = WM 1989, 1926.

1362 BGH, Urt. v. 10.11.1989 – V ZR 201/88 (Amtlicher Leitsatz 1 und unter II 2 d der Gründe), BGHZ 109, 197 = ZIP 1990, 299 = NJW 1990, 576 = WM 1989, 1926.

1363 BGH, Urt. v. 04.10.1995 – XI ZR 215/94 (unter II 3 a und c der Gründe), BGHZ 131, 55 = ZIP 1995, 1979 = NJW 1996, 191 = WM 1995, 2133.

1364 Die der Entscheidung des BGH, v. 04.10.1995 – XI ZR 215/94, BGHZ 131, 55 = ZIP 1995, 1979 = NJW 1996, 191 = WM 1995, 2133, zugrunde liegende Zusatzerklärung lautete: »Ich habe Ihnen

1152 Ob eine **notarielle Belehrung** den überraschenden Charakter ausschließt, hängt von ihrem Inhalt ab.[1365] Eine abstrakte Belehrung, wonach aus irgendwelchen möglichen, konkret aber nicht absehbaren Anlässen Forderungen entstehen können, die von der Grundschuld gesichert werden, ist nicht ausreichend, ebenso ein allgemein gehaltener Hinweis des Notars auf die mit der Grundschuld einhergehenden Gefahren anlässlich der Grundschuldbestellung.[1366]

1153 Die Beweislast für einen individuellen Hinweis, der der weiten Sicherungsabrede in Drittsicherungsfällen ihren Überraschungseffekt nimmt, obliegt dem Sicherungsnehmer.[1367]

(b) Keine Zweckvorstellung

1154 Der für die Anwendung des § 305c Abs. 1 BGB erforderliche Widerspruch zwischen der Zweckvorstellung des Sicherungsgebers und der formularmäßigen Ausweitung der Sicherungsabrede liegt nicht vor, wenn sich der Sicherungsgeber **keine Vorstellung** über den Sicherungszweck der Grundschuld macht. Zu nennen ist der Fall, dass der Sicherungsgeber die Sicherungsabrede blindlings unterschreibt,[1368] aber auch der Fall, in dem ein großer zeitlicher Abstand zwischen einer Darlehensgewährung und der für die Grundschuld abgegebenen Sicherungsabrede liegt (vgl. Rdn. 1146).[1369]

(c) Berechen- und Vermeidbarkeit

1155 Eine Ausnahme von dem Grundsatz, dass eine formularmäßige, weite Sicherungsabrede unwirksam ist, die die Grundschuld auf alle bestehenden und künftigen Verbindlichkeiten in Drittsicherungsfällen ausweitet, macht die Rechtsprechung in Fällen, in denen das Risiko der von der Grundschuldhaftung erfassten Kreditaufnahmen durch den Dritten für den mit ihm persönlich

---

gegenüber am 22.09.1986 die Zweckerklärung sowie Abtretungs- und Verpfändungserklärung unterschrieben und bin von Ihnen gleichzeitig darauf hingewiesen worden, dass die von mir zugunsten a) Frau M H, b) Dr. R H, c) I H als Hauptschuldner gestellte Sicherheit nicht nur für die gegenwärtigen Forderungen Ihrer Bank gegen den Hauptschuldner, sondern für sämtliche gegenwärtigen und künftigen Ansprüche aus der bankmäßigen Geschäftsverbindung mit Ihrer Bank in dem in der Zweck- sowie Abtretungs- und Verpfändungserklärung näher bezeichneten Umfang herangezogen werden kann. Ich bin weiter darüber belehrt worden, dass mir daraus unter Umständen die Gefahr des ganzen oder teilweisen Verlusts des Eigentums am Grundstück erwachsen kann, wenn Ihre Bank gezwungen ist, bei Verzug des Hauptschuldners die Sicherheit zu verwerten.«.

1365 Vgl. zur Problematik bsw. *Keim* MittBayNot 1994, 406 (unter 3, S. 409); Becksches Notar-Handbuch/*Everts* A VI Rn. 63; *ders.* MittBayNot 1997, 341 (unter 2, S. 341 f.); *Schmitz-Valckenberg* DNotZ 1998, 581 (unter II 582); *Volmer* WM 1998, 914 (unter II 2, S. 917).

1366 BGH, Urt. v. 24.10.2000 – XI ZR 273/99, ZIP 2001, 120 = NJW-RR 2001, 1420 = WM 2000, 2423 (unter II 2 a bb der Gründe); vgl. auch die Rechtsprechung des BGH zum Gewährleistungsausschluss, nach welcher die Rechtfolgen »Gegenstand ausführlicher Belehrung und besonderer Vereinbarung« gewesen sein müssen und die »formelhaft und ohne eingehende Erörterung« Beurkundung nicht ausreichend ist (vgl. bspw. BGH, Urt. v. 06.05.1982 – VII ZR 74/81 [unter 3 b der Gründe], NJW 1982, 2243); *Amann* MittBayNot 1997, 341, 343; a.A. *Volmer* WM 1998, 914, 916 f.

1367 BGH, Urt. v. 10.11.1989 – V ZR 201/88 (amtlicher Leitsatz 2 und unter II 2 d der Gründe), BGHZ 109, 197 = ZIP 1990, 299 = NJW 1990, 576 = WM 1989, 1926; BGH, Urt. v. 01.06.1994 – XI ZR 133/93 (unter II 1 a der Gründe), BGHZ 126, 174 = ZIP 1994, 1096 = NJW 1994, 2145 = WM 1994, 1242 (Fall einer Bürgschaft).

1368 BGH, Urt. v. 18.01.1996 – IX ZR 69/95 (unter II der Gründe) BGHZ 132, 6 = ZIP 1996, 456 = WM 1996, 436 = NJW 1996, 924 (Fall der Bürgschaft).

1369 BGH, Urt. v. 14.07.1992 – XI ZR 256/91 (unter 2 b aa der Gründe), NJW-RR 1992, 1521 = WM 1992, 1648, 1649 (Ausweitung einer Sicherungsabrede 10 Jahre nach der ersten); BGH, Urt. v. 28.03.1995 – XI ZR 151/94, ZIP 1995, 727 = NJW 1995, 1674 = WM 1995, 790 (zwischen der Grundschuldbestellung und dem Sicherungsvertrag lagen 2 Jahre und 8 Monate, in denen bereits zwei Zweckerklärungen abgegeben worden waren); BGH, Urt. v. 16.01.2001 – XI ZR 84/00, ZIP 2001, 408 = NJW 2001, 1416 = WM 2001, 455 (Darlehensgewährung lag 7 Jahre zurück); BGH, Urt. v. 30.01.2001 – XI ZR 118/00, ZIP 2001, 507 = WM 2001, 623 = NJW 2001, 1417 (Darlehensgewährung lag 8 Jahre zurück).

und wirtschaftlich eng verbundenen Sicherungsgeber **berechenbar und vermeidbar** ist.[1370] Neuere, höchstrichterliche Rechtsprechung zur Sicherungsabrede der Grundschuld existiert nicht. Es kann jedoch davon ausgegangen werden, dass die Rechtsprechung zur weiten Sicherungsabrede der Bürgschaft auf die Grundschuld übertragen wird, auch wenn die Rechtsprechung zur Bürgschaft auf § 307 Abs. 1 Satz 1 und 2 BGB (vgl. Rdn. 1161) beruht.[1371]

Berechnen- und Vermeidbarkeit nimmt die Rechtsprechung bei der Besicherung von Krediten **1156** durch **Geschäftsführer** sowie **Allein-** und **Mehrheitsgesellschafter** des Schuldners an, auch wenn sie an der konkreten Hauptschuld nicht beteiligt sind,[1372] nicht aber bei den Rdn. 1148 und Rdn. 1149 genannten Personen.

cc) Ansprüche gegen jeden einzelnen Kreditnehmer

Der vom BGH aufgestellte Grundsatz der Unwirksamkeit der weiten formularmäßigen Sicherungs- **1157** abrede gilt auch für die formularmäßige Ausdehnung der Haftung auf Ansprüche gegen jede Einzelperson, wenn Kreditnehmer eine Personenmehrheit ist.[1373] Überraschend und gem. § 305c Abs. 1 BGB unwirksam ist daher eine formularmäßige Sicherungsabrede, derzufolge die von einer GbR bestellte Grundschuld auch sonstige von einem Gesellschafter persönlich aufgenommene Darlehen sichern soll.[1374]

Eine Ausnahme macht der BGH in Fällen, in denen Einzelverbindlichkeiten eines **Bruchteils-** **1158** **eigentümer** in den Deckungsbereich der Grundschuld einbezogen werden. Nach seiner Auffassung ist die Ausweitung nur teilweise unwirksam. Er beschränkt die Unwirksamkeit der weiten Sicherungsabrede auf die Einbeziehung der Einzelverbindlichkeiten des einen Miteigentümers in den Deckungsbereich der auf dem Miteigentumsanteil des anderen Miteigentümers lastenden Grundschuld. Wirksam abgesichert sind nach seiner Auffassung jedoch alle eigenen Verbindlichkeiten des Miteigentümers durch die an seinem Miteigentumsanteil lastende Grundschuld.[1375]

1370 BGH, Urt. v. 20.02.1987 – V ZR 249/85 (unter 3 b der Gründe), BGHZ 100, 82 = ZIP 1987, 695 = NJW 1987, 1885 = 1987, 586; BGH, Urt. v. 18.02.1992 – XI ZR 126/91 (unter II 2 a und b der Gründe), ZIP 1992, 386 = NJW 1992, 1822 = WM 1992, 563.

1371 BGH, Urt. v. 20.02.1987 – V ZR 249/85 (unter 3 b der Gründe), BGHZ 100, 82 = ZIP 1987, 695 = NJW 1987, 1885 = 1987, 586; BGH, Urt. v. 18.02.1992 – XI ZR 126/91 (unter II 2 b cc der Gründe), ZIP 1992, 386 = NJW 1992, 1822 = WM 1992, 563.

1372 BGH, Urt. v. 28.10.1999 – IX ZR 364/97 m.w.N. (unter III 2 c aa), BGHZ 143, 95 = ZIP 2000, 65 = NJW 2000, 658 = WM 2000, 64 (Bürgschaft).

1373 Der Zusatz ist gängig; vgl. bspw. die Sachverhalte, die den nachfolgenden Entscheidungen zugrunde lagen: BGH, Urt. v. 20.03.2002 – IV ZR 93/01, ZIP 2002, 932 = NJW 2002, 2710 = WM 2002, 1117 = ZfIR 2002, 440; BGH, Urt. v. 23.02.1999 – XI ZR 129/98, NJW-RR 1999, 1275; BGH, Urt. v. 18.11.1988 – V ZR 75/87, ZIP 1989, 85 = NJW 1989, 831; BGH, Urt. v. 06.02.1996 – XI ZR 121/95, NJW-RR 1996, 673 = WM 1996, 2233; BGH, Urt. v. 30.10.1987 – V ZR 174/85, BGHZ 102, 152 = ZIP 1988, 12 = NJW 1988, 558 = WM 1988, 12; LG München I, Urt. v. 12.01.1984 – 6 O 10850/83, ZIP 1985, 27, vgl. dazu *Clemente* EWiR 1985, 47; LG Kaiserslautern Beschl. v. 19.04.1982 – 4 O 50/82, ZIP 1982, 676.

1374 BGH, Urt. v. 30.10.1987 – V ZR 174/85 (unter II 2 b aa der Gründe), BGHZ 102, 152 = ZIP 1988, 12 = NJW 1988, 558 = WM 1988, 12.

1375 BGH, Urt. v. 18.11.1988 – V ZR 75/87 (unter I 2 b der Gründe), BGHZ 106, 19 = ZIP 1989, 85 = NJW 1989, 831 = WM 1989, 88; BGH, Urt. v. 23.02.1999 – XI ZR 129/98 (unter II 2 der Gründe), ZIP 1999, 876 = NJW-RR 1999, 1275 = WM 99, 685 = ZfIR 1999, 745; BGH, Urt. v. 20.03.2002 – IV ZR 93/01 (unter II 1 b), ZIP 2002, 932 = NJW 2002, 2710 = WM 2002, 1117 = ZfIR 2002, 440; kritisch *Gaberdiel/Gladenbeck* Kreditsicherung durch Grundschulden Rn. 697; *Gaberdiel* EWiR 1989, 155; *Clemente* EWiR 1999, 693; *ders.* EWiR 2002, 809; Staudinger/*Wolfsteiner* Vorbem. zu §§ 1191 ff. Rn. 72; vgl. zur »Abgrenzung« BGH, Urt. v. 20.11.2009 – V ZR 68/09 und die Anm. hierzu von *Clemente* ZfIR 2010, 95.

1159 In dem Ausgangsfall (Rdn. 1067) haftet die Grundschuld nach dem Wortlaut der Sicherungsabrede der A-Bank (Zweckerklärung unter Nr. 1 bei Rdn. 1066) sowohl für den gemeinschaftlich aufgenommenen Grundstücksankaufkredit als auch für etwaige Verbindlichkeiten, die nur gegen M oder F bestehen. Die Ausweitung erfolgte formularmäßig. Die Absicherung von Einzelverbindlichkeiten war nicht Anlass der Grundschuldbestellung. Konsequenterweise müsste die »Oder-Klausel« unwirksam sein (vgl. Rdn. 1144 und 1157), ebenso eine auf das gleiche Ergebnis zielende Klausel, die besagt, dass auch Ansprüche »gegen jeden einzelnen« Ehegatten gesichert sind (§ 305c Abs. 1 BGB). Demgegenüber kommt der BGH zu einem anderen Ergebnis. Nach seiner Ansicht werden von dem auf dem Miteigentumsanteil des M zu 1/2 lastenden Grundschuldteil auch dessen Einzelverbindlichkeiten gesichert, umgekehrt auch die Verbindlichkeiten der F durch den auf ihrem Miteigentumsanteil lastenden Grundschuldteil (vgl. ferner Rdn. 1165).

d) Verstoß gegen § 307 Abs. 1 Satz 1 und Abs. 2 BGB (Unangemessenheit)?

1160 Im Gegensatz zu § 305c Abs. 1 BGB ist bei § 307 Abs. 1 Satz 1 BGB die **subjektive Zweckvorstellung** des Sicherungsgebers nicht entscheidend. § 307 Abs. 1 BGB fordert anders als § 305c Abs. 1 BGB (vgl. Rdn. 1154) nicht, dass sich der Sicherungsgeber nähere Vorstellungen über den Sicherungszweck gemacht hat. Selbst ein konkreter individueller Hinweis auf die Reichweite der Sicherungsabrede (vgl. Rdn. 1151) könnte die Unwirksamkeit nach § 307 Abs. 1 Satz 1 BGB nicht hindern.[1376]

1161 Der BGH[1377] lehnt eine Anwendung des 307 Abs. 1 Satz 1 und Satz 2 BGB auf die weite Sicherungsabrede der Grundschuld ab, obwohl er die Einbeziehung künftiger Forderungen in den Sicherungsbereich einer **Bürgschaft** an § 307 Abs. 1 Satz 1 BGB misst und scheitern lässt. Zur Begründung verweist er darauf, dass Inhalt und Umfang der Sicherungsabrede der Grundschuld gesetzlich nicht geregelt seien, sondern – in den Grenzen der §§ 134, 138 BGB – freier Vereinbarung unterlägen. Dem BGH kann mit den wohl überwiegenden Stimmen in der Lit.[1378] nicht gefolgt werden. Die Auffassung des BGH dürfte seit der Entscheidung des EuGH vom 14.03.2013[1379] nicht mehr haltbar sein.[1380] Denn in seinem Urteil konkretisiert der EuGH die allgemeinen Voraussetzungen der Inhaltskontrolle dahin, dass bei der Prüfung der Frage, ob eine Klausel gegen das Gebot von Treu und Glauben verstößt, geprüft werden müsse, »ob der Gewerbetreibende bei loyalem und billigem Verhalten gegenüber dem Verbraucher vernünftigerweise erwarten durfte, dass der Verbraucher sich nach individuellen Verhandlungen auf eine solche Klausel einlässt«.[1381]

1376 *Nobbe* BKR 2002, 747, 750.

1377 BGH, Urt. v. 20.02.1987 – V ZR 249/85 (unter II 3 a der Gründe), BGHZ 100, 82 = ZIP 1987, 695 = NJW 1987, 1885 = WM 1987, 586; BGH, Urt. v. 09.07.1991 – XI ZR 218/90, NJW 1991, 31 3141 (unter 2 b der Gründe); BGH, Urt. v. 28.03.1995 – XI ZR 151/94 (unter II 2 c der Gründe), ZIP 1995, 727 = NJW 1995, 1674 = WM 1995, 790; BGH, Urt. v. 04.10.1995 – XI ZR 215/94, BGHZ 131, 55 = NJW 1996, 191 (unter II 3 b der Gründe); BGH, Urt. v. 24.06.1997 – XI ZR 288/96, NJW 1997, 2677 (Leitsatz und unter II 2 der Gründe); BGH, Urt. v. 30.01.2001 – XI ZR 118/00, NJW 2001, 1417 (unter II 1 b [3] der Gründe).

1378 Staudinger/*Wolfsteiner* Vorbem. zu §§ 1191 ff. Rn. 67.; *Weber* ZfIR 1999, 2, 7 f.; Ulmer/*Brandner*/Hensen AGBG Anh. §§ 9 bis 11 Rn. 663; Reinicke/*Tiedke* Kreditsicherungrecht Rn. 991 ff.; *Tiedke* ZIP 1997, 1949, 1950 ff.; *Tiedke* Anm. zu BGH, Urt. v. 30.01.2001 – XI ZR 118/00 DNotZ 2001, 679 (unter II und III 3); *Joswig* ZfIR 1998, 185.

1379 EuGH, Urt. v. 14.03.2013 – C-415/11.

1380 Vgl. *Ebers, Martin,* Anmerkung zu EuGH, Urt. v. 14.03.2013 – C-415/11 in LMK 2013, 45483.

1381 EuGH, Urt. v. 14.03.2013 – C-415/11, Rd. 69.

e) Verstoß gegen § 307 Abs. 1 Satz 2 BGB (Transparenzgebot)?

Die Einbeziehung aller **gegenwärtigen Ansprüche** in den Deckungsbereich der Grundschuld kann gegen das nunmehr in § 307 Abs. 1 Satz 2 BGB enthaltene Transparenzgebot verstoßen. In Fällen der Bürgschaft hat der BGH wiederholt darauf hingewiesen, dass die weite Sicherungsabrede, die die Haftung auf alle bestehenden Ansprüche gegen den Hauptschuldner erstreckt, ohne die Forderung näher zu bezeichnen, eine gegen die Gebote von Treu und Glauben widersprechende, unangemessene Benachteiligung darstellt und daher unwirksam ist.[1382] Ein schützenswertes Interesse des Gläubigers, den Sicherungszweck auf alle bestehenden Ansprüche gegen den Hauptschuldner zu erstrecken, ohne nicht die Forderungen in einer Weise zu bestimmen, die es erlaubt, das Risiko abzuschätzen, besteht nicht.[1383] Für den Fall der **Grundschuld** kann nichts anderes gelten. Die weitere Entwicklung der Rechtsprechung bleibt abzuwarten. 1162

f) Rechtsfolge eines Verstoßes gegen das Recht der Allgemeinen Geschäftsbedingungen

Sind Allgemeine Geschäftsbedingungen ganz oder teilweise nicht Vertragsbestandteil geworden oder unwirksam, so bleibt der Vertrag i.Ü. wirksam (§ 306 Abs. 1 BGB). Anstelle der ganz oder teilweise nicht Vertragsbestandteil gewordenen oder unwirksamen Regelungen treten die gesetzlichen Vorschriften (§ 306 Abs. 2 BGB). Bei der weiten Sicherungsabrede führt dies zu Schwierigkeiten. Eine Aufteilung in einen nicht einbezogenen und einen einbezogenen, wirksamen Bestandteil ist nur dann zulässig, wenn die einzelnen Bestandteile der Sicherungsabrede sinnvoll voneinander trennbar und aus sich heraus verständlich sind.[1384] Zwischen »bestehenden« und »künftigen« Verbindlichkeiten kann getrennt werden. Verstößt sowohl die Einbeziehung aller »gegenwärtigen« als auch aller »künftigen Ansprüche« gegen das Recht der Allgemeinen Geschäftsbedingungen, ist die Einbeziehung dieser Ansprüche in den Deckungsbereich der Sicherheiten unwirksam. Es verbleibt kein Regelungsgehalt. Dispositives Recht steht nicht zur Verfügung, da Art und Umfang des Sicherungszwecks einer Grundschuld gesetzlich nicht geregelt sind. 1163

Die ersatzlose Streichung der Sicherungsabrede bietet keine angemessene Lösung. Der BGH bedient sich daher des Instituts der **ergänzenden Vertragsauslegung**. Im Wege der ergänzenden Vertragsauslegung tritt diejenige Gestaltungsmöglichkeit ein, die die Parteien bei sachgerechter Abwägung ihrer beiderseitigen Interessen nach Treu und Glauben redlicherweise vereinbart hätten, wenn ihnen die Unwirksamkeit der Sicherungsabrede bekannt gewesen wäre.[1385] Auszugehen ist davon, dass sich die Parteien auf die Absicherung des Kredits beschränkt hätten, der Anlass der Grundschuldbestellung war (sog. **Anlasskredit**).[1386] 1164

Die Rechtsprechung ist nicht konsequent. In Fällen, in denen **Miteigentümer** am gemeinschaftlichen Grundstück aus Anlass der Sicherung einer bestimmten gemeinsamen Verbindlichkeit eine Grundschuld bestellen, beschränkt der BGH die Unwirksamkeit der weiten Sicherungsabrede auf 1165

1382 BGH, Urt. v. 28.10.1999 – IX ZR 364/97 (unter III 2 der Gründe), BGHZ 143, 95 = ZIP 2000, 65 = NJW 2000, 658 = WM 2000, 64 und BGH, Urt. v. 18.07.2002 – IX ZR 294/00 (unter III 2 a der Gründe), BGHZ 151, 374 = ZIP 2002, 1611 = NJW 2002, 3167 = WM 2002, 1836 jeweils für den Fall der Bürgschaft betreffend bestehende Forderungen.

1383 BGH, Urt. v. 18.07.2002 – IX ZR 294/00 (unter III 2 a der Gründe), BGHZ 151, 374 = ZIP 2002, 1611 = NJW 2002, 3167 = WM 2002, 1836 (Fall einer Höchstbetragsbürgschaft).

1384 BGH, Urt. v. 18.11.1988 – V ZR 75/87 (unter I 2 b der Gründe); BGHZ 106, 20 = ZIP 1989, 85 = NJW 1989, 831 = WM 1989, 88.

1385 Grundlegend BGH, Urt. v. 01.02.1984 – VIII ZR 54/83 (unter II 3 der Gründe), BGHZ 90, 69 (75) = ZIP 1984, 330 = NJW 1984, 1177 (zur Tagespreisklausel beim Kfz-Kauf).

1386 BGH, Nichtannahmebeschl. v. 24.03.1992 – XI ZR 205/91, BGHR AGBG § 6 Abs. 1 – Ergänzende Auslegung 3; BGH, Urt. v. 04.10.1995 – XI ZR 215/94 (unter III der Gründe), BGHZ 131, 55 = ZIP 1995, 1979 = NJW 1996, 191 = WM 1995, 2133; BGH, Urt. v. 18.05.1995 – IX ZR 108/94 (unter B II 4 der Gründe), BGHZ 130, 19 = ZIP 1995, 1244 = NJW 1995, 2553 = WM 1995, 1397 (Bürgschaft).

die Einbeziehung der durch den einen Miteigentümer allein begründeten Verbindlichkeiten in den Sicherungszweck der den Miteigentumsanteil des anderen Miteigentümers belastenden Grundschuld (Rdn. 1158).[1387]

1166 Ist in dem Ausgangsfall (Rdn. 1067) die »Oder-Klausel« (s. Zweckerklärung der A-Bank) bzw. eine auf das gleiche Ergebnis zielende Klausel, nach welcher auch die Ansprüche gegen »jeden einzelnen« Ehegatten gesichert sind, unwirksam, werden nach dem Wortlaut der Sicherungsabrede nur noch gemeinsame Verbindlichkeiten gesichert, nämlich alle Ansprüche gegen die Ehegatten M und F.

g) Einzelheiten zum Anlasskredit

1167 Beschränkt sich die Haftung der Grundschuld auf den **Anlasskredit** mit dem Inhalt, der Anlass der Grundschuldbestellung war. War Anlasskredit ein **limitierter Kontokorrentkredit**, so wird das vereinbarte Kreditlimit besichert. Gesichert ist daher nicht nur der im Zeitpunkt der Grundschuldbestellung bestehende Schuldsaldo, sondern das vereinbarte Kreditlimit, auch wenn dieses erst später erreicht wird. Nicht gesichert ist eine spätere Erhöhung der Kreditlinie.[1388] **Später aufgenommene Kredite**, werden – auch wenn sie nach ihrer Höhe mit dem ursprünglichen Anlasskredit übereinstimmen – nicht durch die Grundschuld gesichert, sofern es sich dabei um neue, selbstständige Verträge handelt, die zugleich die Forderungen aus dem Anlasskredit zum Erlöschen brachten.[1389] Die sogen. »bankinterne Umschuldung« begründet nicht notwendig ein **neues Schuldverhältnis**. Die Umwandlung einer schon bestehenden Schuld in ein Darlehen kann auch eine bloße Vertragsänderung darstellen, die das ursprüngliche Schuldverhältnis als solches bestehen lässt. Durch Auslegung ist zu ermitteln, was im Einzelfall gewollt ist.[1390]

h) Mehrere Sicherungsabreden

1168 Sind im Laufe der Zeit für eine Grundschuld mehrere Sicherungsabreden geschlossen worden, ist jede Sicherungsabrede gesondert hinsichtlich ihrer Wirksamkeit zu beurteilen. Je größer der zeitliche Abstand zwischen der Darlehensgewährung und den für eine Grundschuld abgegebenen neuen formularmäßigen Zweckerklärungen ist, desto weniger wahrscheinlich ist es, dass die ursprüngliche Zweckvorstellung prägend ist (vgl. Rdn. 1146).[1391] Werden mehrere Sicherungsabreden zeitgleich

---

1387 BGH, Urt. v. 10.11.1989 – V ZR 201/88 (Leitsatz und unter I 2 b der Gründe), BGHZ 106, 19 = ZIP 1989, 85 = NJW 1989, 831 = WM 1989, 88, in einem Fall in dem vereinbart wurde, dass die Grundschuld »alle bestehenden und künftigen... Forderungen der Gläubigerin gegen (die Bekl. und ihren Ehemann) – einzeln und/oder gemeinsam« sicherte; BGH, Urt. v. 23.02.1999 – XI ZR 129/98 (unter II 3 der Gründe), ZIP 1999, 876 = NJW-RR 1999, 1275 = WM 1999, 685 (In dem Fall diente die Grundschuld als Sicherheit für »alle bestehenden und künftigen... Forderungen« der Beklagten gegen die Kl. »und/oder« ihren Ehemann.); BGH, Urt. v. 20.03.2002 – IV ZR 93/01 (unter II 1 d der Gründe), ZIP 2002, 932 = WM 2002, 1117 = NJW 2002, 2710 (Die Grundschuld sicherte die Verbindlichkeiten gegen die Klägerin »und/oder« W. und »gegen jeden einzelnen von ihnen«.).

1388 BGH, Urt. v. 18.05.1995 – IX ZR 108/94 (unter C der Gründe), BGHZ 130, 19 = NJW 1995, 2553 (Bürgschaft); BGH, Urt. v. 02.07.1998 – IX ZR 255/97 (unter IV 1 der Gründe), ZIP 1998, 1349 = NJW 1998, 2815 = WM 1998, 1675 (Bürgschaft).

1389 BGH, Urt. v. 15.07.1999 – IX ZR 243/98 (unter II 2 b der Gründe), ZIP 1999, 1480 = NJW 1999, 3195 = WM 1999, 1761 (Bürgschaft).

1390 BGH, Urt. v. 30.09.1999, – IX ZR 287/98 (unter I 1 der Gründe), ZIP 1999, 1881 = NJW 1999, 3708 = WM 1999, 2251.

1391 BGH, Urt. v. 14.07.1992 = XI ZR 256/91 (unter 2 b aa der Gründe), NJW-RR 1992, 1521 = WM 1992, 1648; BGH, Urt. v. 28.03.1995 – XI ZR 151/94 (unter II 2 b der Gründe), ZIP 1995, 727 = NJW 1995, 1674 = WM 1995, 790; BGH, Urt. v. 16.01.2001 – XI ZR 84/00 (unter II 2 b der Gründe), ZIP 2001, 408 = WM 2001, 455 = NJW 2001, 1416; BGH, Urt. v. 30.01.2001 – XI ZR 118/00 (unter II 1 b bb (2)), ZIP 2001, 507 = WM 2001, 623 = NJW 2001, 1417.

abgegeben, gilt die speziellere.[1392] Im Einzelfall ist der Sicherungsnehmer verpflichtet, auf eine beabsichtigte Ausdehnung des Sicherungszwecks hinzuweisen.[1393]

3. Enge Sicherungsabrede

Die **enge Sicherungsabrede** bestimmt im Gegensatz zur weiten Sicherungsabrede (Rdn. 1131), dass nicht alle, sondern nur bestimmte Ansprüche gesichert sind (s. Zweckerklärung der C-Bank im Ausgangsfall bei Rdn. 1066). Sie wird regelmäßig eingesetzt, wenn **keine Identität zwischen dem Grundstückseigentümer und dem Kreditnehmer** besteht. Die enge Sicherungsabrede bezeichnet im Gegensatz zur weiten Sicherungsabrede nur eine bestimmte Forderung als gesichert. Nur diese ist gesichert. 1169

4. Grundschuldzinsen sowie sonstige Nebenleistungen

a) Sicherung eigener Verbindlichkeiten

Nach dem Wortlaut der üblichen Sicherungsabreden sichern die **Grundschuldzinsen** und eine etwaige sonstige Nebenleistung die von der Sicherungsabrede näher umschriebene Forderung in gleichem Umfang wie die Grundschuldsumme (s. im Ausgangsfall die Zweckerklärung der C-Bank bei Rdn. 1066, anders aber die Zweckerklärung der A-Bank unter Nr. 1). Die Rechtsprechung nahm in der Vergangenheit auch ohne entsprechende Regelung eine Haftung der dinglichen Nebenleistungen für alle gesicherten Forderungen an.[1394] 1170

Üblicherweise orientiert sich die Höhe der Grundschuldsumme an der Höhe des ausgereichten Darlehens. Bei normalem Darlehensverlauf kommt es daher i.H.d. Zinsen zu einer stetig steigenden **Übersicherung** (vgl. Rdn. 1081). Selbst bei Zahlungseinstellung wächst die Übersicherung aufgrund des dinglichen Zinsüberhangs an. Gegen eine Übersicherung ist der Sicherungsgeber durch den Anspruch auf Rückgewähr des nicht mehr zur Erfüllung des Sicherungszwecks benötigten Teils der Grundschuld geschützt (vgl. Rdn. 1190). 1171

b) Sicherung fremder Verbindlichkeiten

In Drittsicherungsfällen haftet der Grundschuldbesteller nicht persönlich. Dingliche Nebenleistungen erweitern seine Haftung. Die Ausdehnung steht regelmäßig in Widerspruch zu der Vorstellung des Grundschuldbestellers, die meist dadurch geprägt ist, dass die Bestellung der Grundschuld mit dinglichen Nebenleistungen nicht ausdrücklich gefordert wurde und nicht Gegenstand der Vertragsverhandlungen waren. 1172

Die skizzierte Problemstellung war bislang nicht Gegenstand höchstrichterlicher Rechtsprechung. Gute Gründe sprechen für die Unwirksamkeit der Einbeziehung der Grundschuldzinsen in den Deckungsbereich der Grundschuld. Erklärt sich ein Grundschuldbesteller bereit, zwecks Sicherung einer Forderung gegen einen Dritten eine Grundschuld in einer bestimmten Höhe zu bestellen, so steht die Einbeziehung der dinglichen Nebenleistungen als weitere Sicherheit für die zu sichernden Forderung in einem Widerspruch zwischen der Vorstellung des Grundschuldbestellers und der davon in einem nicht zu erwartenden Ausmaß abweichenden Ausweitung des Haftungsumfangs, wenn die Grundschuldzinsen nicht zum Gegenstand der Vertragsverhandlungen gemacht wurden. Insoweit kann nichts anderes gelten als in den Drittsicherungsfällen, in welchen der Sicherungszweck 1173

1392 BGH, Urt. v. 20.11.2009 – V ZR 68/09 (bei Rdn. 9), ZfIR 2010, 93.

1393 BGH, Urt. v. 12.12.1986 – V ZR 282/85 (unter II 2 a der Gründe), BGHZ 99, 203 = ZIP 1987, 565 = NJW 1987, 1636 = WM 1987, 498.

1394 BGH, Urt. v. 13.05.1982 – III ZR 164/80 (unter II 2 der Gründe), ZIP 1982, 1051 = NJW 1982, 2768 = WM 1982, 839; BGH, Urt. v. 04.06.1992 – IX ZR 58/91 (unter III der Gründe), NJW-RR 1992, 1176 = WM 1992, 1497; BGH, Urt. v. 09.11.1995 – IX ZR 179/94 (unter 4 c der Gründe), ZIP 1995, 1973 = NJW 1996, 253 = WM 1995, 2173.

formularmäßig auf andere Forderungen als die ausgedehnt wird, die Anlass der Grundschuldbestellung sind (vgl. Rdn. 1145).[1395]

5. Vollstreckbare Haftungsübernahme

a) Sicherung eigener Verbindlichkeiten

1174 Die formularmäßige Haftungsübernahme und Unterwerfungserklärung (vgl. Rdn. 1110 und im Ausgangsfall Rdn. 1066 Nr. 6 der Grundschuldbestellungsurkunde und Nr. 1 der Zweckerklärung) haben die Billigung der Rechtsprechung erfahren, wenn sie zur Sicherung eigener Verbindlichkeiten abgegeben werden.[1396] Sie verstoßen weder gegen das in § 305c BGB enthaltene **Verbot von überraschenden Klauseln** noch gegen das in § 307 Abs. 1 Satz 1 und Abs. 2 BGB enthaltene Verbot von **unangemessenen Klauseln.**[1397] Auch ein Verstoß gegen das in § 309 Nr. 12 BGB enthaltene Verbot einer **formularmäßigen Beweislastumkehr** wird von der Rechtsprechung nicht angenommen.

1175 Der Rechtsprechung ist zuzustimmen, wenn eine vollstreckbare Haftungsübernahme gefordert wurde, mag dies auch nur formularmäßig geschehen sein (Rdn. 1117). Haftungsübernahme und Unterwerfungserklärung werden durch die berechtigten Interessen des Kreditgebers gerechtfertigt, der zur Kreditvergabe nur gegen Stellung einer vollstreckbaren Haftungsübernahme bereit ist, damit ihm im Fall der Leistungsstörung ein rascher Zugriff auf das Vermögen seines Schuldners möglich ist. Dem Kreditgeber muss es gestattet sein, seine Forderungen durch die Abgabe einer Haftungsübernahme mit Unterwerfungserklärung zu sichern, auch wenn dies nur formularmäßig erfolgt.[1398] Gerechnet werden muss auch damit, dass in einem solchen Fall bestehende und künftige Verbindlichkeiten des Kreditnehmers in den Deckungsbereich der vollstreckbaren Haftungsübernahme einbezogen werden.

1176 Eine nach § 309 Nr. 12 BGB unzulässige **Beweislastumkehr** findet ebenfalls nicht statt. Die Beweislast ist Folge einer rechtlich möglichen Vereinbarung und damit gesetzlichen Ursprungs.[1399]

1395 Vgl. auch BGH, Urt. v. 18.07.2002 – IX ZR 294/00, BGHZ 151, 374 = ZIP 2002, 1611 = NJW 2002, 3167 = WM 2002, 1836 zu einer Formularklausel, nach welcher sich die Höchstbetragsbürgschaft auch dann auf Zinsen, Provisionen und Kosten erstreckt, die im Zusammenhang mit den gesicherten Forderungen entstanden sind, wenn dadurch der vereinbarte Haftungshöchstbetrag überschritten wird.

1396 Grundlegend BGH, Urt. v. 18.12.1986 – IX ZR 11/86 (unter 2 a der Gründe), BGHZ 99, 274 = ZIP 87, 439 = NJW 87, 904 = WM 1987, 228; vgl. auch BGH, Urt. v. 02.10.1990 – XI ZR 306/89 (unter 1 der Gründe), ZIP 1990, 1390 = NJW 1991, 286 = WM 1990, 1927; BGH, Urt. v. 05.03.1991 – XI ZR 75/90 (unter II 3 der Gründe), BGHZ 114, 9 = ZIP 1991, 503 = NJW 1991, 1677 = WM 1991, 758; BGH, Urt. v. 10.12.1991 – XI ZR 48/91 (Ziff. II 1 der Gründe), ZIP 1990, 1390 = NJW 1991, 286 = WM 1990, 1927; BGH, Urt. v. 23.05.2000 – XI ZR 214/99 (Ziff. II 1 der Gründe), ZIP 2000, 1202 = NJW 2000, 2675 = WM 2000, 1328; BGH, Urt. v. 26.11.2002 – XI ZR 10/00 (Ziff. III 1 der Gründe), ZfIR 2003, 98 = ZIP 2003, 247 = NJW 2003, 885 = WM 2003, 64; BGH, Urt. v. 22.10.2003 – IV ZR 398/02 (Ziff. II 3 b der Gründe); BGH, Urt. v. 22.10.2003 – IV ZR 33/03 (Ziff. II 5 b der Gründe), ZfIR 2004, 65 = ZIP 2003, 2351 = NJW 2004, 62 = WM 2003, 2375; BGH, Urt. v. 02.12.2003 – XI ZR 421/02 (unter III 1 b der Gründe), ZIP 2004, 303 = ZfIR 2004, 527 = NJW 2004, 839 = WM 2004, 372, 375; BGH, Urt. v. 22.11.2005 – XI ZR 226/04 (unter II 2 a und b [Rdn. 10–12] der Gründe), ZIP 2006, 119.

1397 Krit. zur Unterwerfungserklärung im Zusammenhang mit dem Verkauf von Kreditforderungen nunmehr *Schimansky* WM 2008, 1049.

1398 BGH, Urt. v. 22.10.2003 – IV ZR 398/02 (unter II 3 b der Gründe), ZIP 2003, 2346 = NJW 2004, 59 = WM 2003, 2372; BGH, Urt. v. 02.12.2003 – XI ZR 421/02 (unter III 1 b der Gründe), ZIP 2004, 303 = ZfIR 2004, 527 = NJW 2004, 839 = WM 2004, 372, 375 betreffend Unterwerfungserklärung; BGH, Urt. v. 22.11.2005 – XI ZR 226/04 (unter II 2 a [11] der Gründe), ZIP 2006, 119 = NJW-RR 2006, 490 = WM 2006, 87.

1399 BGH, Urt. v. 18.12.1986 – IX ZR 11/86 (unter 3 a der Gründe), BGHZ 99, 274 = ZIP 1987, 439 = NJW 1987, 904 = WM 1987, 228; BGH, Urt. v. 05.03.1991 – XI ZR 75/90, BGHZ 114, 9 = ZIP 1991, 503 = NJW 1991, 1677 = WM 1991, 758 (unter II 4 b der Gründe sowie Leitsatz).

Der Schuldner kann alle materiell-rechtlichen Einwendungen gegen die Haftungsübernahme durch Zwangsvollstreckungsabwehrklage verfolgen, die mit einer prozessualen Gestaltungsklage entsprechend § 767 Abs. 1 ZPO verbunden werden kann, in der auch Angriffe gegen die Wirksamkeit des Vollstreckungstitels geltend gemacht werden können.[1400]

Die Haftungsübernahme nebst Unterwerfungserklärung führen zudem zu einer **Kostenersparnis**, 1177
anderenfalls bei jeder Kreditaufnahme eine Unterwerfungserklärung erforderlich wäre. Die im Rahmen einer Grundschuldbestellung abgegebene Haftungsübernahme geht kostenmäßig in der Grundschuldbestellung auf.

b) Sicherung fremder Verbindlichkeiten

aa) Grundsatz: Unwirksamkeit

Der XI. Zivilsenat des BGH entschied, dass die persönliche Haftungsübernahme unwirksam ist, 1178
wenn sie durch einen Grundstückseigentümer erfolgt, der eine Grundschuld zur Sicherung von Verbindlichkeiten eines Dritten bestellt.[1401] Er sieht in der Haftungsübernahme eine dem Grundgedanken der Grundschuldbestellung zuwiderlaufende **unangemessene Haftungserweiterung**, die ihre Unwirksamkeit gem. § 9 Abs. 2 Nr. 1 AGBG (jetzt § 307 Abs. 2 Nr. 1 BGB) zur Folge hat. Tragender Grund der Entscheidung war der Vergleich der Haftungssituation mit und ohne Haftungsübernahme. Bestellt ein Grundstückseigentümer für seine Schuld eine Grundschuld und eine vollstreckbare Haftungsübernahme wird sein Haftungsrahmen nicht geändert. Übernimmt er hingegen bei der Grundschuldbestellung zur Sicherung der Verbindlichkeiten eines Dritten die persönliche Haftung, wird der Haftungsrahmen erweitert. Er haftet nicht mehr nur dinglich, sondern auch persönlich. Erst durch die Haftungsübernahme wird die Haftung des Grundschuldbestellers mit seinem ganzen Vermögen begründet.

Die Entscheidung fand allgemein Zustimmung.[1402] Das Ergebnis ist in der Tat zu begrüßen. Die 1179
Begründung der Entscheidung überzeugt indes nicht. Folgt man nämlich der Begründung, hätte die dem Grundgedanken der Grundschuldbestellung zuwiderlaufende unangemessene Haftungserweiterung i.S.d. § 307 Abs. 2 Nr. 1 BGB die Folge, dass die Haftungsübernahme als solche unwirksam wäre. Die Einbeziehung von eigenen Verbindlichkeiten würde daher scheitern. Richtigerweise wird man das Ergebnis an der Sicherungsabrede festmachen müssen (vgl. Rdn. 1130). Nicht die Haftungsübernahme als solche ist unwirksam, sondern die Einbeziehung fremder Verbindlichkeiten in den Deckungsbereich der Haftungsübernahme. Sie ist nach § 305c Abs. 1 BGB unwirksam.[1403]

1400 Vgl. BGH, Urt. v. 14.05.1992 – VII ZR 204/90 (Leitsatz 1 und unter II 2 a der Gründe, BGHZ 118, 229 = NJW 1992, 2160 = WM 1992, 1989; BGH, Urt. v. 18.11.1993 – IX ZR 244/92 (Leitsatz a und unter B II 1 der Gründe), BGHZ 124, 164 = ZIP 1994, 67 = NJW 1994, 460 = WM 1994, 439; BGH, Urt. v. 22.10.2003 – IV ZR 398/02 (unter II 1 der Gründe), ZIP 2003, 2346 = NJW 2004, 59 = WM 2003, 2372.

1401 BGH, Urt. v. 05.03.1991 – XI ZR 75/90 (unter I 4 b bb der Gründe), ZIP 1991, 503 = NJW 1991, 1677 = WM 1991, 758; OLG Oldenburg, Urt. v. 18.06.1984–9 U 1/84, NJW 1985, 152; OLG Karlsruhe, Urt. v. 11.04.1985 – 9 U 261/83, WM 1986, 548; OLG Oldenburg, Urt. v. 26.07.1990 – 1 U 55/90, WM 1991, 221; vgl. auch BGH, Urt. v. 19.09.1986 – V ZR 72/85 (unter I 2 der Gründe sowie Leitsatz), BGHZ 98, 256 = ZIP 1986, 1540 = NJW 1987, 319.

1402 Vgl. z.B. Staudinger/*Wolfsteiner* Vorbem. zu §§ 1191 ff. Rn. 203; *C. Marburger* Grundschuldbestellung und Übernahme der persönlichen Haftung, S. 86; *Hahn* Grundschuld und abstraktes Schuldversprechen ZIP 1996, 1233 unter IV 2 (S. 1236).

1403 So wohl nunmehr auch BGH, Urt. v. 23.05.2000 – XI ZR 214/99, ZfIR 2000, 608 = ZIP 2000, 1202 = NJW 2000, 2675; = WM 2000, 1328.

bb) Ausnahme?

1180 Der Entscheidung des BGH[1404] (vgl. Rdn. 1178) lag ein Fall zugrunde, in dem der Eigentümer eines Grundstücks zur Sicherung von Verbindlichkeiten eines Dritten eine Grundschuld bestellte. Es stellt sich daher die Frage, was gilt, wenn die Erklärung nicht durch den Grundschuldbesteller erfolgte, sondern durch einen anderen, am **Kreditverhältnis nicht beteiligten Dritten**. In einem solchen Fall kann nach diesseitiger Auffassung nichts anderes gelten: Die formularmäßige Absicherung fremder Verbindlichkeiten durch einen Dritten, der am Kreditverhältnis nicht beteiligt ist und daher nicht persönlich schuldet, ist überraschend.[1405] Der Umstand, dass der Dritte nur zum Zwecke der Abgabe der Haftungsübernahme an der Grundschuldbestellung mitwirkte, ist nicht ausreichend, der formularmäßigen Absicherung ihren Überraschungseffekt zu nehmen. Die formularmäßige Haftungsübernahme für fremde Verbindlichkeiten ist selbst dann überraschend, wenn der Dritte die **Bürgschaft** für die dinglich gesicherte Forderung übernommen hat.[1406] Etwas anderes kann nur in Ausnahmefällen gelten.

1181 Die hier vertretene Auffassung ist nicht unbestritten. Unter Berufung auf die Entscheidung des XI. Zivilsenats vom 05.03.1991[1407] wird die Meinung vertreten, die formularmäßige Einbeziehung der Haftungsübernahme sei wirksam, wenn sie zur Sicherung von Krediten erfolge, die den geschäftlichen Zwecken des Bestellers diene.[1408] Demgemäß, so wird gefolgert, sei die persönliche Haftungsübernahme durch einen **GmbH-Geschäftsführer**, der zugleich **Alleingesellschafter** ist, und die von **Komplementären**, **OHG-Gesellschaftern** und **Gesellschafter einer GbR** als wirksam anzusehen.

1182 Dem kann nicht gefolgt werden.[1409] Ohne besondere und mit ihm ausgehandelte Vereinbarung hat ein am **Kreditverhältnis nicht unmittelbar beteiligter Dritte** das Kreditverhältnis nicht durch eine vollstreckbare Haftungsübernahme zu sichern. Zur Rechtfertigung kann nicht auf die Rechtsprechung des BGH zur weiten Sicherungsabrede verwiesen werden (Rdn. 1074). Diese beruht auf der Überlegung, dass bei der Besicherung von Gesellschaftsverbindlichkeiten durch Geschäftsführer und Gesellschafter nicht die Besicherung einer einzelnen Anlassforderung im Vordergrund steht, sondern die Sicherung des Gesamtengagements, sodass die »Erweiterung« in solchen Fällen nicht überraschend oder unangemessen ist.[1410] GmbH-Gesellschafter und Geschäftsführer haften jedoch nicht persönlich. Es geht also nicht um die Erweiterung ihrer Haftung, sondern um die Begründung einer Haftung. Komplementäre, OHG-Gesellschafter und Gesellschafter einer GbR haften zwar persönlich. Sie sind jedoch nicht verpflichtet, ihre Haftung durch eine vollstreckbare Haftungsübernahme zu sichern.[1411] Wünscht ein Kreditgeber von diesen Personen eine vollstreckbare Haftungsübernahme sicherungshalber, ist es ihm unbenommen, durch einen individuellen

---

1404 BGH, Urt. v. 05.03.1991 – XI ZR 75/90 (unter I 4 b bb und 5 der Gründe) ZIP 1991, 503 = NJW 1991, 1677 = WM 1991, 758.

1405 Staudinger/*Wolfsteiner* Vorbem. zu §§ 1191 Rn. 203.

1406 OLG Köln, Beschl. v. 20.02.2002 – 13 U 188/01, WM 2003, 1323.

1407 BGH, Urt. v. 05.03.1991 – XI ZR 75/90, BGHZ 114, 9 = ZIP 1991, 503 = NJW 1991, 1677 = WM 1991, 758.

1408 Schimansky/Bunte/Lwowski Bankrechts-Handbuch Bd. II § 94 Rn. 250; *Christoffel* WuB I F 3.-14.87; *Obermüller* WuB I F. 3.-6.87. Der XI. Zivilsenat nahm in der Entscheidung auf ein Urteil des IX. Senats vom 18.12.1986 Bezug und führte aus, dass dieser eine Haftungsübernahme nicht beanstandete, wenn sie der Sicherung von Krediten dienten, die für gemeinsame geschäftliche Zwecke aufgenommen wurden.

1409 *Marburger* Grundschuldbestellung und Übernahme der persönlichen Haftung, S. 83 f.

1410 BGH, Urt. v. 28.10.1999 – IX ZR 364/97, BGHZ 143, 95, 101 = ZIP 2000, 65 = NJW 2000, 658 = WM 2000, 64 (III 2 c aa der Gründe).

1411 Vgl. BGH, Urt. v. 26.06.2007 – XI ZR 287/05 (unter II 2 2 b bb der Gründe), ZIP 2007, 1650 = WM 2007, 1648.

Hinweis bzw. eine Individualvereinbarung die Wirksamkeit der vollstreckbaren Haftungsübernahme herbeizuführen (vgl. Rdn. 1151).

c) Haftungsübernahme für eigene und fremde Verbindlichkeiten

Sichert die persönliche Haftungsübernahme nach dem Wortlaut der formularmäßigen Sicherungsabrede sowohl eigene als auch fremde Verbindlichkeiten, so ist die Erweiterung der Sicherungsabrede auf fremde Verbindlichkeiten unwirksam.[1412] Die Sicherung eigener Verbindlichkeiten bleibt wirksam (vgl. hierzu auch Rdn. 1158). **1183**

d) Keine kumulative Ausnutzung von Grundschuld und Haftungsübernahme

Übersteigen die von Grundschuld und Haftungsübernahme gesicherten Ansprüche den Anspruch aus der Grundschuld bzw. Haftungsübernahme, stellt sich die Frage, ob eine kumulative Ausnutzung – das Vorhandensein gesicherter Forderungen vorausgesetzt – beider Sicherungsmittel möglich ist. Mit anderen Worten: Kann der Gläubiger aus der Grundschuld und der Haftungsübernahme den doppelten Betrag oder insgesamt nur einmal einen Betrag i.H.d. Grundschuld fordern. Die Rechtsprechung war uneinheitlich. Der IX. Zivilsenat des BGH ließ in seiner Entscheidung vom 18.12.1986 eine kumulative Ausnutzung zu.[1413] Der III. Zivilsenat des BGH vertrat demgegenüber die Auffassung, dass der Gläubiger aus der Grundschuld und der Haftungsübernahme insgesamt nur einmal einen Betrag verlangen könne, der der Höhe der bestellten Grundschuld entspräche und begründete dies ausführlich mit dem Umstand, dass ein Schuldner davon ausgehen könne, dass durch die Haftungsübernahme seine Haftung nur gegenständlich über den belasteten Grundbesitz hinaus auf sein gesamtes Vermögen erweitert, nicht aber betragsmäßig verdoppelt werde, zumal im Fall einer kumulativen Ausnutzung von Haftungsübernahme und Grundschuld dem Gläubiger die Möglichkeit der Zwangsvollstreckung in der doppelten Höhe des Grundschuldbetrages ohne Nachweis entsprechender Kausalverpflichtung eröffnet werde und es dem Schuldner aufgebürdet würde, im Verfahren nach § 767 ZPO eine geringere Höhe dieser Verpflichtung zu beweisen.[1414] Der XI. Zivilsenat des BGH[1415] folgte der Auffassung des III. Zivilsenats. Für den vergleichbaren Fall der zur Sicherheit abgetretenen Rückgewähransprüche (vgl. Rdn. 1188) vertrat der V. Zivilsenat des BGH[1416] ebenfalls die Auffassung, dass die zur Sicherheit abgetretenen Rückgewähransprüche den Grundschuldgläubiger nur berechtigen, den Vorrang auszunutzen, nicht aber ermöglichen, über die Höhe der Grundschuld hinaus Befriedigung zu suchen. Es entspricht nunmehr allgemeiner Auffassung, dass **keine kumulative Ausnutzung** von Grundschuld und Haftungsübernahme durch eine formularmäßige Vereinbarung möglich ist.[1417] Festzumachen ist dies an § 305c Abs. 2 BGB. Zweifel gehen danach bei der Auslegung Allgemeiner Geschäftsbedingungen zulasten des Verwenders. Aber auch bei eindeutiger Formulierung lässt sich nach diesseitiger Auffassung eine Verdoppelung der **1184**

1412 BGH, Urt. v. 23.05.2000 – XI ZR 214/99, ZfIR 2000, 608 = ZIP 2000, 1202 = NJW 2000, 2675; = WM 2000, 1328, in dem jedoch nur die Frage entschieden wurde, ob aus der Haftungsübernahme wegen eigener Verbindlichkeiten vorgegangen werden darf.

1413 BGH, Urt. v. 18.12.1986 – IX ZR 11/86 (unter Nr. 1 b der Gründe), BGHZ 99, 274 = ZIP 1987, 439 = NJW 1987, 904 = WM 1987, 228.

1414 BGH, Urt. v. 17.04.1986 – III ZR 246/84 (unter Ziff. I 5 der Gründe), NJW-RR 1987, 59 = WM 1986, 1032; vgl. auch BGH, Urt. v. 03.12.1987 – III ZR 261/86 (Ziff. II 2 der Gründe), ZIP 1988, 80 = NJW 1988, 707 = WM 1988, 109.

1415 BGH, Urt. v. 02.10.1990 – XI ZR 306/89 (unter Nr. 2 b der Gründe), ZIP 1990, 1390 = NJW 1991, 286 WM 1990, 1927; BGH, Urt. v. 28.03.2000 – XI ZR 184/99 (Ziff. II 1 der Gründe), ZfIR 2000, 579 = NJW-RR 2000, 1358 = WM 2000, 1058.

1416 BGH, Urt. v. 19.01.1990 – V ZR 249/88 (unter Nr. 2 der Gründe), BGHZ 110, 108 = ZIP 1990, 298 = NJW 1990, 1177 = WM 1990, 345.

1417 Vgl. bspw. *Gaberdiel/Gladenbeck*, Kreditsicherung durch Grundschulden Rn. 298; Schimansky/Bunte/Lwowski Bankrechts-Handbuch § 94 Rn. 243; vgl. auch BuB/*Wenzel* (08.17) Rn. 4/2146; Staudinger/*Wolfsteiner* Vorbem. zu §§ 1191 ff., Rn. 207.

Haftung durch Allgemeine Geschäftsbedingung nicht erreichen. Eine solche Haftungserweiterung wäre überraschend und unwirksam (§ 305c BGB).[1418] Ein Grundschuldbesteller braucht nicht damit zu rechnen, dass durch einen Bestellungsakt die daraus folgende Haftung auf das Doppelte ausgedehnt wird. Eine kumulative Ausnutzung lässt sich nur durch eine **Individualerklärung** erreichen.

1185 Aus dem Verbot der kumulativen Ausnutzung von Grundschuld und Haftungsübernahme folgt auch die Unzulässigkeit der Eintragung einer **Zwangshypothek** aufgrund der Haftungsübernahme auf dem bereits mit der Grundschuld belasteten Grundstück.[1419] Das Verbot der kumulativen Ausnutzung von Grundschuld und Haftungsübernahme führt auch dazu, dass keine von der Inhaberschaft der Grundschuld unabhängige Haftung geschaffen werden darf. Kommt es aufgrund einer **Abtretung** zu einem Auseinanderklaffen des Inhabers der Grundschuld und der Haftungsübernahme, ist dem Gläubiger der Haftungsübernahme regelmäßig ein Vorgehen aus dieser untersagt.[1420]

6. Abtretung des Anspruchs auf Rückgewähr vor- und gleichrangiger Grundschulden

a) Sicherung eigener Verbindlichkeiten

1186 Bei der Sicherung eigener Verbindlichkeiten hat die formularmäßige Abtretung des Anspruchs auf Rückgewähr vor- und gleichrangiger Grundschulden (vgl. Rdn. 1119) den Segen der Rechtsprechung erfahren.[1421] Viele in der Praxis übliche Formulare sehen eine offene Zession vor. Solche Klauseln sind nach diesseitiger Auffassung unter dem Gesichtspunkt des Überraschungseffekts (§ 305c Abs. 1 BGB) und der Unangemessenheit (§ 307 Abs. 1 Satz 1 und Abs. 2 BGB) bedenklich, soweit sie zur Offenlegung der Abtretung vor Eintritt des Verwertungsfalls ermächtigen.[1422] Die Frage war bislang nicht Gegenstand höchstrichterlicher Entscheidungen.

b) Sicherung fremder Verbindlichkeiten

1187 Höchstrichterlich ebenfalls noch nicht entschieden ist, ob die formularmäßige Abtretung des Anspruchs auf Rückgewähr vor- und gleichrangiger Grundschulden in **Drittsicherungsfällen** wirksam ist.[1423] Nach diesseitiger Auffassung ist sie überraschend und daher unwirksam (§ 305c Abs. 1 BGB).[1424] Derjenige, der zur Sicherung eines fremden Darlehens an seinem eigenen Grundstück

---

1418 Staudinger/*Wolfsteiner* Vorbem. zu §§ 1191 ff. Rn. 207.

1419 Vgl. OLG Köln, Beschl. v. 23.10.1995 – 2 Wx 30/95, NJW-RR 1996, 1106 = WM 1996, 151.

1420 BGH, Urt. v. 22.06.1999 – XI ZR 256/98 (unter Ziff. II der Gründe), ZIP 1999, 1591 = WM 1999, 1616.

1421 BGH, Urt. v. 19.01.1990 – V ZR 249/88 (unter 2 der Gründe), BGHZ 110, 108 = ZIP 1990, 298 = NJW 1990, 1177 = WM 1990, 345; a.A. PWW/*Waldner* § 1191 Rn. 14, der die Abtretung jedenfalls in einem Formular- und Verbrauchervertrag als unangemessene Benachteiligung i.S.v. § 307 BGB ansieht, da sie den Eigentümer in seiner wirtschaftlichen Bewegungsfreiheit entgegen § 1136 BGB schwerwiegend einschränkt.

1422 So (zu Unrecht) OLG München, Beschl. v. 16.12.1998 – 7 U 4095/98 (unter II 2 b der Gründe), ZfIR 1999, 193, das die Auffassung vertritt, dass die Erweiterung der Zweckerklärung trotz angezeigter Abtretung nicht der Zustimmung des Zessionars bedürfe; vgl. auch die Entscheidung BGH, Urt. v. 01.10.1991 – XI ZR 186/90, BGHZ 115, 241 = ZIP 1991, 1481 = NJW 1992, 110 = WM 91, 2019, nach welcher die Übernahme einer gesicherten Schuld nach Abtretung des Anspruchs auf Rückgewähr der Grundschuld auch ohne Zustimmung des Zessionars möglich sein soll.

1423 In der Entscheidung BGH, Urt. v. 19.01.1990 – V ZR 249/88, BGHZ 110, 108 = ZIP 1990, 298 = NJW 1990, 1177 = WM 1990, 345, musste zu dem Problem keine Stellung bezogen werden, da in jenem Verfahren das Klageziel lediglich die Feststellung war, dass aus den vorrangigen Rechten insgesamt nur in einem Umfang vollstreckt werden darf, der dem der nachrangigen Grundschuld entsprach. Anlass der Grundschuldbestellung war in dem Fall die Sicherung fremder Verbindlichkeiten. Nach dem Wortlaut der Sicherungsabrede sicherte die Grundschuld sowohl eigene als auch fremde Verbindlichkeiten.

1424 *Clemente* EWiR 1988, 989; PWW/*Waldner* § 1191 Rn. 14, der die Abtretung generell – also auch bei Sicherung eigener Schuld – im Formular- und Verbrauchervertrag als unangemessene Benachteiligung eine nach- oder gleichrangige Grundschuld zugunsten des Darlehensgebers bestellt, braucht billigerweise nicht damit zu rechnen, dass ohne besondere und mit ihm ausgehandelte Vereinbarung vor- oder gleichrangige Grundschulden ebenfalls als Sicherheit für die fremde Verbindlichkeit dienen. Der Überraschungseffekt der formularmäßigen Abtretung liegt regelmäßig in dem Widerspruch zwischen der durch den Anlass der Bestellung der gleich- oder nachrangigen Grundschuld zutage getretenen Zweckvorstellung des Drittsicherungsgebers und der davon in einem nicht zu erwartendem Ausmaß abweichenden Reichweite des Formulars, da dem Drittsicherungsgeber die weitere Ausnutzung des Rangs der vor- und gleichrangigen Grundschulden nicht mehr möglich ist. In einer Entscheidung vom 19.01.1990 stufte der seinerzeit für das Grundschuldrecht zuständige V. Zivilsenat des BGH die **gegenteilige Auffassung** des *OLG Koblenz* als fragwürdig ein, ohne über die Frage letztendlich entscheiden zu müssen.[1425]

c) Keine kumulative Ausnutzung

Ist der Anspruch auf Rückgewähr vor- und gleichrangiger Grundschulden wirksam abgetreten, **1188**
stellt sich wie bei der Haftungsübernahme (vgl. Rdn. 1184) die Frage, ob eine **kumulative Ausnutzung** von Grundschuld und abgetretenem Rückgewähranspruch möglich ist. Der V. Zivilsenat des BGH[1426] beantwortete die Frage in einem Fall, in dem die abgetretenen Rückgewähransprüche als »weitere Sicherheit« dienten, unter Hinweis auf die nunmehr in § 305c Abs. 2 BGB enthaltene Unklarheitenregelung dahin gehend, dass die Abtretung **keine kumulative Ausnutzung** ermögliche und nur der Verstärkung der gleich- oder nachrangigen Grundschuld des Sicherungsgebers diene. Zur Begründung verwies er darauf, dass maßgebend der Sinn ist, der sich einem durchschnittlichen, rechtlich nicht vorgebildeten Sicherungsgeber aus dem objektiven Inhalt der Formularregelung erschließe. Ein solcher Sicherungsgeber müsse die Klausel nicht dahin verstehen, dass er mit seinem Grundstück über den Haftungsumfang der bestellten Grundschuld hinaus haften soll. Ihm komme daher nach der Unklarheitenregel die ihm günstigere Auslegungsmöglichkeit zugute, also die einer bloßen Verstärkung der Grundschuldsicherheit. Selbst bei eindeutiger Formulierung lässt sich – wie bei der Haftungsübernahme (vgl. Rdn. 1184) – keine Verdoppelung des Haftungsumfangs durch Allgemeine Geschäftsbedingung erreichen. Eine solche Formularklausel wäre überraschend und unwirksam (§ 305c BGB).

Nach Eintritt des Sicherungsfalles kann der Sicherungsnehmer aus der nachrangigen Grundschuld **1189**
die Löschung der vorgehenden Rechte herbeiführen und so den Rang des eigenen Rechts verbessern, er kann aber auch aus der rangbesseren statt aus seiner nachrangigen Grundschuld bis zu deren Höhe vorgehen, um so eingetragene Zwischenrechte auszuschalten.[1427] Unmittelbarer Sicherungszweck ist somit trotz anderslautender Formulierung faktisch nicht der schuldrechtliche Anspruch, sondern der dingliche Anspruch des Zessionars aus seiner gleich- oder nachrangigen Grundschuld.

i.S.v. § 307 BGB ansieht; Erman/*Räfle* (8. Aufl.) § 1191 Rn. 30 (*Wenzel*, der die Bearbeitung ab der 9. Aufl. übernommen hat, geht auf die Problematik nicht mehr ein); a.A. OLG Koblenz, Urt. 15.04.1988 – 10 U 1743/86, ZIP 1988, 1109; BuB/*Wenzel* (08/2017), Rn. 4/2523 ff.; Staudinger/*Wolfsteiner* Vorbem. zu §§ 1191 Rn. 191.

1425 BGH, Urt. v. 19.01.1990 – V ZR 249/88 (unter 2 der Gründe), BGHZ 110, 108 = ZIP 1990, 298 = NJW 19 90, 1177 = WM 1990, 345: »Auf die fragwürdige Ansicht des BerGer., die Zweckerklärung verstoße bei dem hier gegebenen Anlass der Sicherung eines in bestimmter Höhe einem Dritten gewährten Kredits nicht gegen das Verbot überraschender Klauseln nach § 3 AGB-Gesetz (krit. *Clemente* EWiR 1988, 989; Erman/*Räfle* (8. Aufl.) § 1191 Rn. 30), kommt es demnach nicht an«.

1426 BGH, Urt. v. 19.01.1990 – V ZR 249/88, BGHZ 110, 108 = WM 1990, 345 = ZIP 1990, 298 = NJW 1990, 1177.

1427 BGH, Urt. v. 19.01.1990 – V ZR 249/88 (unter 2 der Gründe), BGHZ 110, 108 = ZIP 1990, 298 = NJW 1990, 1177 = WM 1990, 345.

V. Anspruch auf Rückgewähr der Grundschuld

1. Grundlage des Anspruchs

1190 Nach Wegfall des Sicherungszwecks ist die Grundschuld zurückzugeben. Grundlage des Anspruchs ist der Sicherungsvertrag.[1428] Der Anspruch ist dem Sicherungsvertrag immanent. Er besteht daher auch dann, wenn der Sicherungsvertrag ihn nicht ausdrücklich erwähnt. Der Anspruch beinhaltet auch den Anspruch auf Teilfreigabe bei nur teilweiser Erledigung des Sicherungszwecks (vgl. Rdn. 1204).[1429]

2. Gläubiger des Anspruchs

1191 Der Anspruch auf Rückgewähr einer Sicherungsgrundschuld steht dem **Sicherungsgeber** (vgl. Rdn. 1125) zu. Wird die Grundschuld statt an den Sicherungsgeber an den nicht berechtigten Eigentümer zurückgewährt, verletzt der Sicherungsnehmer seine Treuhänderpflichten ggü. dem Sicherungsgeber.[1430] Bei einem **Eigentumswechsel** am belasteten Grundstück geht der Rückgewähranspruch nicht ohne Weiteres auf den neuen Eigentümer über, sondern nur, wenn er abgetreten wird oder der neue Grundstückseigentümer anstelle des bisherigen Sicherungsgebers in den Sicherungsvertrag eintritt. Abtretung und Eintritt können auch konkludent erfolgen.

1192 Steht der Anspruch auf Rückgewähr mehreren Personen gemeinsam zu und fehlen besondere Vereinbarungen zwischen den Parteien hinsichtlich ihrer gemeinsamen Berechtigung an dem Rückgewähranspruch, so bestimmt sich das Rechtsverhältnis im **Innenverhältnis** grds. nach dem Recht der **Bruchteilsgemeinschaft** (§§ 741 ff. BGB).[1431] Eine Teilung der Grundschuld – nicht jedoch des Rückgewähranspruchs – in Natur (§ 752 BGB) ist möglich, ohne dass eine Minderung ihres Wertes eintritt. Die Grundschuld lässt sich in entsprechende Teile mit gleichem Rang zerlegen (vgl. §§ 877, 873 BGB).[1432]

1193 Für das **Außenverhältnis** ggü. dem Sicherungsnehmer ist § 432 BGB (**Mitgläubigerschaft**) maßgebend.[1433] Der auf Rückgewähr der Grundschuld gerichtete Anspruch ist nach außen hin, d.h. im Verhältnis zum Sicherungsgeber, unteilbar i.S.d. § 432 Abs. 1 Satz 1 BGB. Es handelt sich um keine teilbare Leistung, wie sie die Bestimmung des § 420 BGB im Auge hat, sondern um eine unteilbare Leistung, bei der der Schuldner die Leistung an alle Gläubiger gemeinschaftlich zu erbringen hat und jeder Gläubiger nur die Leistung an alle fordern kann (§ 432 BGB). Es bleibt den Rückgewährberechtigten überlassen, wie sie sich im Innenverhältnis hinsichtlich der

---

1428 Vgl. bspw. BGH, Urt. v. 25.03.1986 – IX ZR 104/85 (Leitsatz 3 und unter I 3 der Gründe), BGHZ 97, 280 = ZIP 1986, 900 = NJW 1986, 2108 = WM 1986, 763; BGH, Urt. v. 25.09.1986 – IX ZR 206/85 (unter II 1 der Gründe), ZIP 1986, 1452 = NJW 1986, 2108 = WM 1986, 763.

1429 BGH, Urt. v. 25.03.1986 – IX ZR 104/85 (vgl. Leitsatz 3 und unter I 3 der Gründe zum Wegfall nach Kündigung), BGHZ 1997, 280 = ZIP 1986, 900 = NJW 1986, 2108 = WM 1986, 763; BGH, Urt. v. 08.12.1989 – V ZR 53/88 (Leitsatz 2 und unter 2 a der Gründe), ZIP 1990, 857 = NJW-RR 1990, 455 = WM 1990, 423.

1430 Vgl. bspw. BGH, Urt. v. 17.05.1988 – IX ZR 5/87 (unter II 2 b), NJW-RR 1988, 1146 = WM 1988, 1137, BGH, Urt. v. 08.12.1988 – III ZR 107/87 (Leitsatz und II 2 der Gründe), ZIP 1989, 157 = NJW 1989, 1732 = WM 1989, 210; OLG Saarbrücken (unter B 1 der Gründe), Urt. v. 21.04.2005 – 8 U 222/04, IBRRS 51615; vgl. auch BGH, Urt. v. 17.03.1988 – IX ZR 79/87 (unter 4 b der Gründe), BGHZ 104, 26 = ZIP 1988, 633 = NJW 1988, 1665 = WM 1988, 564.

1431 BGH, Urt. v. 20.11.1981 – V ZR 245/80 (unter II 1 der Gründe), ZIP 1982, 154 = NJW 1982, 928 = WM 1982, 154 (Ehegatten); BGH, Urt. v. 25.03.1986 – IX ZR 104/85 (unter II 2 der Gründe), BGHZ 1997, 280 = ZIP 1986, 900 = NJW 1986, 2108 = WM 1986, 763.

1432 BGH, Urt. v. 31.10.1985 – IX ZR 95/85 (unter 2 c der Gründe), ZIP 1986, 89 = NJW-RR 1986, 233 = WM 1986, 106, dazu *Gaberdiel* EWiR 1986, 145.

1433 BGH, Urt. v. 25.03.1986 – IX ZR 104/85 (unter II 2 der Gründe), BGHZ 97, 280 = ZIP 1986, 900 = NJW 1986, 2108 = WM 1986, 763.

zurückübertragenen Grundschuld auseinandersetzen.[1434] Auch das Recht, die Art der Rückgewähr zu bestimmen, können die Sicherungsgeber grds. nur gemeinschaftlich ausüben. Lediglich die sich aus dem Rückgewähranspruch ergebende Einrede gegen die Geltendmachung der Grundschuld kann jeder Teilhaber als Notmaßnahme zur Abwendung der Zwangsvollstreckung durch Klage nach § 767 ZPO allein geltend machen (§ 744 Abs. 2 BGB).[1435]

3. Schuldner des Anspruchs

Der Rückgewähranspruch richtet sich gegen den Vertragspartner der Sicherungsabrede, d.h. gegen **1194** den **Sicherungsnehmer** (vgl. Rdn. 1123). Ein späterer **Gläubiger der Grundschuld** ist grds. nicht zur Rückgewähr verpflichtet. Abtretung der Grundschuld und der gesicherten Forderung allein führen zu keinem Eintritt in den Sicherungsvertrag und daher zu keiner Verpflichtung des Zessionars zur Rückgewähr (vgl. Rdn. 1232).

4. Inhalt des Anspruchs

Die Rückgewähr erfolgt durch **1195**
- **Aufhebung** (Löschung) der Grundschuld (§ 875 i.V.m. § 1192 Abs. 1, 1183 BGB),
- Abgabe einer **Verzicht**serklärung, wodurch eine Eigentümergrundschuld entsteht (§§ 1192 Abs. 1, 1168 Abs. 1 BGB) oder
- **Abtretung** (§§ 1192 Abs. 1, 1154 BGB) an den Sicherungsgeber oder auf seine Anweisung an einen Dritten.

Die Rückgewährarten werden nebeneinander geschuldet;[1436] es handelt sich um eine alternative **1196** Gläubigerberechtigung in Form einer **Wahlschuld** (§§ 262 ff. BGB). Entgegen § 262 BGB steht das Wahlrecht nicht dem Sicherungsnehmer als dem Schuldner des Anspruchs zu, sondern dem Sicherungsgeber.[1437]

5. Form und Wirkung der verschiedenen Rückgewährarten

a) Aufhebung der Grundschuld

Die Aufhebung erfolgt materiell-rechtlich durch **Aufhebungserklärung** und **Löschung der Grund-** **1197** **schuld im Grundbuch** (§ 875 Abs. 1 BGB). Die Zustimmung des Eigentümers ist erforderlich (§§ 1192 Abs. 1, 1183 BGB). Die **Löschung im Grundbuch** (§ 46 GBO) erfolgt auf Antrag (§ 13 GBO), wenn der Gläubiger als der eingetragene und – bei einer Briefgrundschuld – durch den Besitz des Grundschuldbriefes ausgewiesene Grundschuldgläubiger oder der durch öffentlich beglaubigte Abtretungserklärung legitimierte Briefbesitzer sie bewilligt (§ 19 GBO) und die Zustimmung des Eigentümers vorliegt (§ 27 GBO). Die Bewilligung und die Zustimmung bedürfen der Form des § 29 Abs. 1 Satz 1 GBO (Rdn. 1087).

1434 Vgl. hierzu jedoch die Entscheidung BGH, Urt. v. 18.11.1988 – V ZR 75/87 (unter I 2 b der Gründe), BGHZ 106, 20 = ZIP 1989, 85 = NJW 1989, 831 = WM 1989, 88, die faktisch den Anspruch aufteilt, und die kritische Besprechung der Entscheidung von *Gaberdiel* EWiR 1989, 155.

1435 BGH, Urt. v. 25.03.1986 – IX ZR 104/85, (unter I 3 der Gründe), BGHZ 1997, 280 = ZIP 1986, 900 = NJW 1986, 2108 = WM 1986, 763.

1436 Vgl. BGH, Urt. v. 25.09.1986 – IX ZR 206/85 (unter II 2 der Gründe), ZIP 1986, 1452 = NJW-RR 1987, 76 = WM 1986, 1441; BGH, Urt. v. 09.02.1989 – IX ZR 145/87 (unter I 2 der Gründe), BGHZ 106, 375 = ZIP 1989, 700 = NJW 1989, 1349 = WM 1989, 490; BGH, Urt. v. 06.07.1989 – IX ZR 277/88 (unter 2 a bb der Gründe), BGHZ 108, 237 = NJW 1989, 2536 = ZIP 1989, 1174 = WM 1989, 1412.

1437 BGH, Urt. v. 06.07.1989 – IX ZR 277/88 (unter 2 a bb der Gründe), BGHZ 108, 237 = NJW 1989, 2536 = ZIP 1989, 1174 = WM 1989, 1412; Staudinger/*Wolfsteiner* Vorbem. zu §§ 1991 ff. Rn. 164.

1198 Die Aufhebung kommt dem Grundstückseigentümer zugute. Etwaige nachrangige Gläubiger rücken auf und nehmen den Rang der gelöschten Grundschuld ein, der in einem solchen Fall nicht mehr zugunsten eines anderen Gläubigers genutzt werden kann.

b) Verzicht auf die Grundschuld

1199 Der Verzicht erfolgt materiell-rechtlich durch Abgabe einer **Verzichtserklärung** des Gläubigers der Grundschuld und **Eintragung im Grundbuch** (§§ 1192 Abs. 1 1168 BGB). Die Eintragung erfolgt auf Antrag (§ 13 GBO). Formell-rechtlich ist für die Eintragung des Verzichts die Bewilligung des Sicherungsnehmers in der Form des § 29 Abs. 1 Satz 1 GBO (Rdn. 1087) erforderlich (§ 19 GBO). Den Antrag auf Eintragung des Verzichts kann der Sicherungsnehmer als Grundschuldgläubiger stellen. Die Zustimmung des Eigentümers ist nicht notwendig.

1200 Der Verzicht bewirkt, dass die Grundschuld auf denjenigen übergeht, der Eigentümer des Grundstücks ist (§§ 1192 Abs. 1, 1168 Abs. 1 BGB). Die Fremdgrundschuld wird zur **Eigentümergrundschuld**. Rückständige Zinsen und sonstige Nebenleistungen erlöschen (§§ 1192 Abs. 2, 1178 Abs. 1 BGB). Beim Bestehen gleich- oder nachrangiger Grundpfandrechte ist die Eigentümergrundschuld dem gesetzlichen Löschungsanspruch (§ 1179a BGB, vgl. Rdn. 1071) ausgesetzt. Der Rang der Grundschuld kann ohne Ausschluss des Löschungsanspruchs nicht genutzt werden.

c) Abtretung der Grundschuld

1201 Die Abtretung einer **brieflosen Grundschuld** erfolgt durch Abtretungsvertrag (§ 398 BGB) und Grundbucheintragung (§§ 1192 Abs. 1, 1154, 873 BGB). Die Grundbucheintragung erfolgt auf Antrag (§ 13 GBO) und Bewilligung in der Form des § 29 Abs. 1 Satz 1 GBO (Rdn. 1087) des Sicherungsnehmers als bisherigem Gläubiger (§ 19 GBO). Bei einer **Briefgrundschuld** ist die Abtretung durch Abtretungsvertrag (§ 398 BGB) mit Ausstellung einer schriftlichen (§ 126 BGB) Abtretungserklärung und Übergabe des Grundschuldbriefes an den neuen Gläubiger (§ 1192 Abs. 1, § 1154 Abs. 1 BGB) erforderlich, nicht jedoch die Grundbucheintragung.

1202 Wird die Grundschuld an den Eigentümer abgetreten, führt die Abtretung zum gleichen Ergebnis wie der Verzicht (vgl. Rdn. 1199). Der gesetzliche Löschungsanspruch greift nicht, wenn der Sicherungsgeber die Grundschuld an einen Dritten abtritt.[1438] Gleich- und nachrangige Gläubiger können die Abtretung aus eigenem Recht nicht verhindern.[1439]

6. Fälligkeit

a) Wegfall des Sicherungszwecks

1203 Der Rückgewähranspruch entsteht mit Abschluss des Sicherungsvertrages und Eintragung der Grundschuld im Grundbuch.[1440] Er ist aufschiebend bedingt durch den **endgültigen Wegfall** des Sicherungszwecks.[1441] Der Sicherungszweck ist endgültig weggefallen, wenn keine Forderung

1438 BGH, Urt. v. 06.07.1989 – IX ZR 277/88 (unter 2 a bb der Gründe), BGHZ 108, 237 = NJW 1989, 2536 = ZIP 1989, 1174, 1177.

1439 BGH, Urt. v. 06.07.1989 – IX ZR 277/88 (unter 2 a bb der Gründe), BGHZ 108, 237 = NJW 1989, 2536 = ZIP 1989, 1174, 1177.

1440 BGH, Urt. v. 25.10.1984 – IX ZR 142/83 (unter II 2 c der Gründe), ZIP 1985, 89 = NJW 1985, 800 = WM 1985, 12.

1441 Ständige Rspr., vgl. RG, Urt. v. 05.01.1934 – VII 180/33, RGZ 143, 113 (unter I der Gründe); BGH, Urt. v. 05.11.1976 – V ZR 5/75 (unter II der Gründe), NJW 1977, 247; BGH, Urt. v. 20.11.1981 – V ZR 245/80 (unter II 2 der Gründe), ZIP 1982, 154 = NJW 1982, 928 = WM 1982, 154; BGH, Urt. v. 13.05.1982 – III ZR 164/80 (unter II 1 der Gründe), ZIP 1982, 1051 (1053) = NJW 1982, 2768 = WM 1982, 839; BGH, Urt. v. 25.09.1986 – IX ZR 206/85 (unter II 1 der Gründe), ZIP 1986, 1452 = NJW-RR 1987, 76 = WM 1986, 1441; vgl. *Clemente* EWiR 1986, 1197; BGH, Urt. v. 09.02.1989 – IX besteht, die aufgrund der Sicherungsabrede unter die Deckung der Grundschuld fällt, wenn der Rechtsgrund für solche Forderungen nicht gelegt ist und mit der baldigen Entstehung solcher Forderungen nicht gerechnet werden kann. Im Zweifel ist davon auszugehen, dass der Sicherungszweck entfallen ist.[1442]

b) Teilweiser Wegfall des Sicherungszwecks

Der Anspruch auf Freigabe nach Wegfall des Sicherungszwecks beinhaltet nach nunmehr gefestigter Rechtsprechung auch den Anspruch auf **Teilfreigabe** der Grundschuld, wenn sich der Sicherungszweck nur teilweise endgültig erledigt hat.[1443] Der Anspruch ist **ermessensunabhängig.**[1444] Einen **Ermessensspielraum** hat der Sicherungsnehmer entsprechend § 1230 Satz 1 BGB nur bei der Entscheidung, welche von **mehreren Sicherheiten** er freigeben will. Insoweit steht ihm ein Wahlrecht entsprechend § 262 BGB zu. Bei seiner Entscheidung hat er auf die berechtigten Interessen des Sicherungsgebers Rücksicht zu nehmen, sofern seine eigenen Interessen dadurch nicht tangiert werden (vgl. auch Nr. 16 I AGB-Banken und Nr. 22 II AGB-Sparkassen).[1445] 1204

aa) Grundschuld an einem Grundstück

Der **Sicherungswert** der Grundschuld entspricht der Grundschuldsumme zuzüglich Nebenleistungen. Auf den Wert des Grundstücks oder den realisierbaren Wert der Grundschuld kommt es nicht an.[1446] Ein Sicherungsnehmer benötigt nur so viel Grundschuld, dass deren Nennbetrag nebst Nebenleistungen die gesicherte Forderung deckt. Ist er höher, ist die gesicherte Forderung in vollem Umfang gedeckt. Ist er niedriger, würde der Gläubiger bei einer Zwangsversteigerung mit einem Teil seiner Forderung ausfallen. Dem Gläubiger würden weitere Grundschuldteile auf demselben Pfandobjekt nichts nützen. Kosten des Zwangsversteigerungsverfahrens, die aus dem Versteigerungserlös vorweg zu entnehmen sind (§ 109 ZVG), sowie Kosten für die Feststellung des mithaftenden Grundstückszubehörs, die der Grundschuld im Rang vorgehen (§ 10 Abs. 1 Nr. 1a ZVG), sind bei der gesicherten Forderung nicht zu berücksichtigen. Künftige Forderungen, Zinsen[1447] und andere Kosten, die in den Deckungsbereich der Grundschuld fallen, sind in die gesicherte Forderung einzuberechnen. 1205

Der Sicherungsnehmer übt sein Wahlrecht in Übereinstimmung mit dem Gebot von Treu und Glauben (§ 242 BGB) aus, wenn er einen **letztrangigen Teil** der Grundschuld entsprechend § 1176 1206

ZR 145/87 (unter I 2 der Gründe), BGHZ 106, 375 = ZIP 1989, 700 = NJW 1989, 134 = WM 1989, 490; vgl. auch *Köndgen* EWiR 1989, 417; BGH, Urt. v. 07.12.1989 – IX ZR 281/88 (unter II 2 a der Gründe), NJW-RR 1990, 588 = WM 1990, 305, 306; BGH, Urt. v. 11.10.1995 – XII ZR 62/94 (unter 1 der Gründe) NJW-RR 1996, 234 = WM 1996, 133.

1442 BGH, Urt. v. 08.12.1989 – V ZR 53/88 (unter 2 der Gründe), ZIP 1990, 857 = NJW-RR 1990, 455 = WM 1990, 423.

1443 BGH, Urt. v. 20.10.1980 – II ZR 190/79, ZIP 1980, 1076 = NJW 1981, 571 = WM 1980, 1306; BGH, Urt. v. 25.03.1986 – IX ZR 104/85 (unter I 2 der Gründe), ZIP 1986, 900 = NJW 1986, 2108 = WM 1986, 763; BGH, Urt. v. 17.05.1988 – IX ZR 5/87 (unter II 2 b der Gründe), NJW-RR 1988, 1146 = WM 1988, 1137; BGH, Urt. v. 08.12.1989 – V ZR 53/88 (amtlicher Leitsatz Nr. 2 und unter 2 der Gründe), ZIP 1990, 857 = NJW-RR 1990, 455 = WM 1990, 423; BGH, Urt. v. 03.07.2002 – IV ZR 227/01 (unter II 2 a der Gründe), ZIP 2002, 1390 = ZfIR 2002, 719 = NJW-RR 2003, 45 = WM 2002, 1643.

1444 BGH, Beschl. v. 27.11.1997 – GSZ 1/97 (unter B II 1 a der Gründe), ZIP 1998, 235 = NJW 1998, 671 = WM 1998, 227.

1445 Vgl. hierzu näher BGH, Urt. v. 18.12.1980 – III ZR 157/78 (unter II 2 der Gründe), ZIP 1981, 144 = NJW 1981, 1516 = WM 1981, 150 und *Nobbe* Festschrift Schimansky, S. 433 ff., 445 (unter III 1 a cc).

1446 BGH, Urt. v. 20.10.1980 – II ZR 190/79, ZIP 1980, 1076 = NJW 1981, 571 = WM 1980, 1306 für den Fall einer erstrangigen Grundschuld; die Aussage gilt aber auch für eine nachrangige Grundschuld.

1447 BGH, Beschl. v. 25.11.1997 – GSZ 1 und 2/97 (unter B II 3 b bb (2)), BGHZ 137, 212 = ZIP 1998, 235 = NJW 1998, 671 = WM 1998, 227.

BGB zurückgewährt,[1448] aber auch, wenn er statt einer nachrangigen, eine vorrangige Grundschuld zurückgibt, wenn nur die nachrangige Grundschuld gegen den jeweiligen Eigentümer gem. §§ 800 Abs. 1, 794 Abs. 1 Nr. 5 ZPO vollstreckbar ist.[1449]

bb) Gesamtgrundschuld

1207 Bei der Gesamtgrundschuld kann auch dann, wenn ihre Höhe bei einem Vergleich mit der gesicherten Forderung angemessen ist, ein Freigabeanspruch bestehen, wenn Grundstücke mit einem weit höherem Gesamtwert belastet sind, als es zur Sicherung des Gläubigers erforderlich ist (vgl. Rdn. 1069).[1450] Dem Sicherungsgeber muss man daher das Recht zugestehen müssen, Verteilung der Grundschuld verlangen zu können, wenn sie auf Grundstücken lasten, bei denen es sich um verschiedene selbstständige wirtschaftliche Einheiten handelt. Der Anspruch ergibt sich aus dem Sicherungsvertrag, der durch die Gebote von Treu und Glauben (§ 242 BGB) und der Rücksichtnahme auf berechtigte Belange des Sicherungsgebers ausgeformt wird.[1451] Der Anspruch ist aufgrund der Eigenart der Gesamtgrundschuld gerichtet auf **Verteilung** der Grundschuld (§§ 1192 Abs. 1, 1132 Abs. 2 BGB) auf die einzelnen Grundstücke.

cc) Grundschuld im Verbund mit anderen Sicherheiten

1208 Ungeklärt ist die Bewertung der Grundschuld im Verbund mit anderen Sicherheiten. *Lwowski*[1452] bewertet in einem solchen Fall erstrangige Grundschulden mit ihrem Nominalbetrag nur, wenn sie innerhalb der Beleihungsgrenze des § 14 PfandBG liegen.[1453] Eine nachrangige Grundschuld soll anders zu bewerten sein. *Lwowski* macht die Bewertung vom Ergebnis einer Prognose abhängig, die neben dem Wert des Grundstücks auf die Valutierung der vorgehenden Belastungen und darauf abstellt, ob dem Grundschuldgläubiger der Anspruch auf Rückgewähr des Vorrangs abgetreten ist. Seine Bewertungsansätze entsprechen den wirtschaftlichen Gegebenheiten. Zu bedenken ist auf der anderen Seite, dass solche Bewertungsansätze zu dem Ergebnis führen, dass Grundschuldteile keinen Sicherungswert haben, gleichwohl bei dem Sicherungsnehmer verbleiben und dem Sicherungsgeber zur weiteren Nutzung entzogen sind. Dem Sicherungsgeber wird man daher auch in einem solchen Fall einen Anspruch auf Teilfreigabe zugestehen müssen. Maßgeblich hierfür ist der Gesichtspunkt, dass der Gläubiger Grundschuldteilen keinen Sicherungswert beimisst, die der Sicherungsgeber möglicherweise anderweitig i.R.d. Kreditbeschaffung einsetzen kann. Eine Nichtfreigabe solcher Grundschuldteile beschränkt den Sicherungsgeber in seiner wirtschaftlichen Bewegungsfreiheit über Gebühr.[1454] Dem berechtigten Bedürfnis des Sicherungsnehmers ist dadurch

---

1448 BGH, Urt. v. 08.12.1989 – V ZR 53/88, ZIP 1990, 857 = NJW-RR 1990, 455 = WM 1990, 423.

1449 BGH, Urt. v. 03.07.2002 – IV ZR 227/01 (unter II 2 b der Gründe), ZIP 2002, 1390 = ZfIR 2002, 719 = NJW-RR 2003, 45 = WM 2002, 1643.

1450 Staudinger/*Wolfsteiner* Vorbem. zu §§ 1191 ff. Rn. 83, der nicht zu Unrecht auf § 1136 BGB verweist.

1451 Vgl. hierzu näher BGH, Urt. v. 18.12.1980 – III ZR 157/78 (unter II 2 der Gründe), ZIP 1981, 144 = NJW 1981, 1516 = WM 1981, 150; BGH, VII ZR 299/96 (unter II 1 e der Gründe), BGHZ 144, 138 = ZIP 2000, 1104 = ZfIR 2000, 366 = NJW 2000, 1861 = WM 2000, 1110; *Nobbe* Festschrift Schimansky, Konsequenzen aus dem Beschluss des Großen Zivilsachen des BGH zur Sicherheitenfreigabe, S. 433 ff., 445 (unter III 1 a cc); vgl. auch § 12 Abs. 3 des bei Staudinger/*Wolfsteiner* Vorbem. zu §§ 1191 ff. bei Rn. 320 abgedruckten Entwurfes für ein nicht akzessorisches Grundpfand für Mitteleuropa: »Hat der Sicherungsgeber ein Gesamtgrundpfand zu stellen, so hat der Sicherungsnehmer nach seinem Ermessen auszuwählende Grundstücke freizugeben, wenn die verbleibenden Grundstücke nach den Maßstäben, die dem Sicherungsvertrag zugrunde gelegt sind, als Sicherheit ausreichen; die Freigabe hat durch Verzicht (§ 10 Abs. 4) zu erfolgen.«.

1452 *Lwowski* Festschrift Schimansky, S. 389 (unter III 3 (S. 403)).

1453 Danach dürfen Grundpfandrechte nur bis zur Höhe der ersten 60 % des von der Pfandbriefbank des Beleihungswerts zur Deckung benutzt werden.

1454 Vgl. zu diesem Gesichtspunkt *Nobbe*, S. 444 f., unter III. c aa und bb; *Lwowski* Festschrift Schimansky, S. 389, 405.

Rechnung getragen, dass ihm entsprechend § 1230 Abs. 1 BGB die Wahl der zurückzugewährenden Sicherheiten zusteht.

7. Rückgewähranspruch in der Zwangsversteigerung

a) Grundschuld außerhalb des geringsten Gebots

Fällt die Grundschuld nicht in das geringste Gebot (Rdn. 1650), geht sie in der Zwangsversteigerung durch den Zuschlag unter (Rdn. 1653). An ihre Stelle tritt als **Surrogat** der Anspruch auf den Erlös, der auf die Grundschuld entfällt. Der Anspruch auf Rückgewähr des nicht valutierten Teils der Grundschuld wandelt sich in einen Anspruch auf einen entsprechenden Teil des auf die Grundschuld entfallenden Versteigerungserlöses.[1455] **1209**

b) Grundschuld innerhalb des geringsten Gebots

aa) Grundschuld

Fällt die Grundschuld in das geringste Gebot (vgl. Rdn. 1609), ist die Grundschuldsumme (§ 1191 Abs. 1 BGB) nicht durch Zahlung zu decken und bleibt bestehen (§§ 52 Abs. 1 Satz 1, 49 ZVG, vgl. Rdn. 1616). Die Übernahme der Grundschuld bildet einen Teil des vom Ersteher geschuldeten Versteigerungserlöses. Ob die Grundschuld valutiert ist oder nicht, ist für den Ersteher ohne Bedeutung. Gläubiger der bestehen bleibenden Grundschuld bleibt der Sicherungsnehmer. Der Anspruch auf Rückgewähr der Grundschuld steht weiterhin dem Sicherungsgeber zu. Zwangsversteigerung und Zuschlag haben keine Auswirkungen auf ihn.[1456] Bei Fälligkeit kann der Anspruch auf Rückgewähr nur noch durch Abtretung (Rdn. 1201) erfüllt werden.[1457] Die Rückgewähr durch Aufhebung (Rdn. 1197) oder Verzicht (Rdn. 1199) würde ausschließlich den Ersteher begünstigen (vgl. auch Rdn. 1214). Dies gilt auch in der Teilungsversteigerung und wenn der Ersteher Mitberechtigter am Anspruch auf Rückgewähr ist.[1458] **1210**

Valutiert in dem Ausgangsfall (Rdn. 1066) die zugunsten der B-Bank bestellte, mit 18 % verzinsliche Grundschuld zu 100.000 € nur noch mit 40.000 €, würde ein Verzicht der B-Bank gem. Nr. 8 der Zweckerklärung (Rdn. 1066) die C-Bank begünstigen, die nunmehr auf der Grundlage des bei Rdn. 1655 dargestellten Teilungsplans nicht mehr ausfallen würde, sondern eine Zuteilung i.H.v. 66.045,14 € auf ihre Grundschuld erhielte. Die Minderanmeldung und die Nichtanmeldung rückständiger Zinsen durch die B-Bank käme den Ehegatten M und F nicht zugute, da die Grundschuld der C-Bank fremde Verbindlichkeiten sichert, nämlich die des X (vgl. Ausgangsfall Rdn. 1066).

1455 Vgl. z.B. BGH, Urt. v. 29.03.1961 – V ZR 171/59 (Leitsatz 2), WM 1961, 691; BGH, Urt. v. 11.10.1984 – IX ZR 111/82 (unter II 2 b der Gründe), ZIP 1984, 1536 = WM 1984, 1577; BGH, Urt. v. 19.09.1986 – V ZR 72/85, (unter II 1 der Gründe), BGHZ 98, 256 = ZIP 1986, 1540 = WM 1986, 1467 = NJW 1987, 319.

1456 BGH, Urt. v. 25.09.1986 – IX ZR 206/85 (unter II 1 der Gründe), ZIP 1986, 1452 = NJW-RR 1987, 76 = WM 1986, 1441; BGH, Urt. v. 09.02.1989 – IX ZR 145/87 (unter I 2 und 3 der Gründe), BGHZ 106, 375 = ZIP 1989, 700 = NJW 1989, 1349 = WM 1989, 490; BGH, Urt. v. 02.05.1990 – XII ZR 20/89 (unter 1 b aa der Gründe), NJW-RR 1990, 1202 = WM 1990, 1253.

1457 BGH, Urt. v. 25.09.1986 – IX ZR 206/85 (unter II 1 der Gründe), ZIP 1986, 1452 = NJW-RR 1987, 76 = WM 1986, 1441; BGH, v. 09.02.1989 – IX ZR 145/87 (unter I 3 der Gründe), BGHZ 106, 375 = ZIP 1989, 700 = NJW 1989, 1349 = WM 1989, 490; BGH, Urt. v. 13.01.1993 – XII ZR 212/90 (unter B II 4 a der Gründe), NJW-RR 1993, 386 = WM 1993, 849; BGH, Urt. v. 02.05.1990 – XII ZR 20/89 (unter 1 b aa der Gründe), NJW-RR 1990, 1202 = WM 1990, 1253.

1458 BGH, Urt. v. 02.05.1990 – XII ZR 20/89 (unter 1 b aa der Gründe), NJW-RR 1990, 1202 = WM 1990, 1253.

1211 Löst der Ersteher, die bestehend gebliebene Grundschuld ab, so tritt an die Stelle des Anspruchs auf Abtretung des nicht valutierten Teils der Grundschuld der auf diesen Teil der Grundschuld entfallende Übererlös.[1459] Die Auskehrung des Übererlöses an den Sicherungsgeber gleicht aus, dass dieser bei der Versteigerung des Grundstücks nur einen Erlös erzielt hat, der um den vollen Betrag der Grundschuld einschließlich ihres nicht mehr valutierten Teils gemindert ist.

bb) Zinsen der Grundschuld

1212 Zinsen der Grundschuld sind für die Zeit bis zum Ablauf von 2 Wochen nach dem Versteigerungstermin durch Zahlung zu decken und erlöschen mit dem Zuschlag (§§ 91 Abs. 1, 52 Abs. 1 Satz 2, 49 Abs. 1, 12 Nr. 2, 47 Satz 1 ZVG). An die Stelle der Grundschuldzinsen tritt der Erlös, der auf sie entfällt. Der Erlös gebührt dem Sicherungsnehmer als Gläubiger der Grundschuld. Er ist auf die gesicherte Forderung zu verrechnen (vgl. Rdn. 1235) bzw. an den Rückgewährberechtigten auszukehren (Rdn. 1211). Zinsen ab Zuschlag übernimmt der Ersteher als Belastung des Grundstücks (Rdn. 1617). Sie sind nach Wegfall des Sicherungszwecks dem Sicherungsgeber zu übertragen.

8. Formularmäßige Verkürzung des Anspruchs auf Rückgewähr

a) Außerhalb der Zwangsversteigerung

1213 Häufig wird der Anspruch auf Rückgewähr formularmäßig eingeschränkt. Dem Sicherungsgeber wird nur ein Anspruch auf Erteilung einer Löschungsbewilligung oder auf Verzicht auf die Grundschuld zugestanden, dagegen **kein Rückübertragungsanspruch**. Die Einschränkung soll meist nur für den Fall nicht gelten, dass das Pfandobjekt durch Zuschlag in der Zwangsversteigerung auf den Ersteher übergeht und die Grundschuld bestehen bleibt (vgl. Rdn. 1214).

aa) Sicherungsgeber und Grundstückseigentümer sind nicht identisch

1214 Der BGH hat die formularmäßige Verkürzung des Rückgewähranspruchs auf Löschung oder Verzicht für unwirksam erachtet, wenn sie auch Fallgestaltungen erfasst, in denen der Sicherungsgeber im Zeitpunkt der Rückgewähr nicht mehr Grundstückseigentümer ist.[1460] Die überraschende und unangemessene Regelung (§§ 305c Abs. 1, 307 BGB) sieht der BGH mit Recht in dem Umstand begründet, dass Verzicht und Aufhebung allein den Ersteher begünstigen (Rdn. 1210). In anderen Fällen fehlender Identität von Sicherungsgeber und Grundstückseigentümer kann nichts anderes gelten.[1461]

bb) Sicherungsgeber und Grundstückseigentümer sind identisch

1215 Gleiches gilt nach diesseitiger Auffassung für den höchstrichterlich noch nicht entschiedenen Fall, dass der Sicherungsgeber und der Grundstückseigentümer identisch sind.[1462] Die formularmäßige Einschränkung des Anspruchs auf Aufhebung und Verzicht ist **überraschend** (§ 305c Abs. 1 BGB) und **unangemessen** (§ 307 Abs. 2 Nr. 2 BGB). Für den Grundschuldgläubiger ist es gleichgültig, in welcher Weise er den Anspruch auf Rückgewähr erfüllt. Für den Sicherungsgeber kann es dagegen einen erheblichen Unterschied machen. Der Anspruch auf Abtretung kann von existenzieller

1459 BGH, Urt. v. 19.10.1988 – IVb ZR 70/87 (unter III 2 a der Gründe), NJW-RR 1989, 173 = WM 1988, 1834 (1837); BGH, Urt. v. 11.10.1995 – XII ZR 62/94 (unter 1 der Gründe), NJW-RR 1996, 234 = WM 1996, 133.

1460 BGH, Urt. v. 18.07.2014 – V ZR 178/13, Rd. 18, in Fortführung des Urteils des BGH v. 09.02.1989 – IX ZR 145/87, BGHZ 106, 375 ff.

1461 Ebenso *Gaberdiel/Gladenbeck* Kreditsicherung durch Grundschulden Rn. 754; BuB/*Wenzel* (08.2017), 4/2472c.

1462 So nun auch OLG München, Urt. v. 21.05.2010 – 5 U 5090/09; BeckOK-BGB/*Rohe* (Stand: 01.11.2017) § 1192 Rn. 121 u. 122; Staudinger/*Wolfsteiner* Vorbem. zu §§ 1191 ff. Rn. 168; a.A. *Gaberdiel/Gladenbeck* Kreditsicherung durch Grundschulden Rn. 757 und BuB/*Wenzel* (08.2017) 4/2473.

Bedeutung sein. Komplikationen, die bspw. durch eine mehrfache Abtretung des Anspruchs auftreten können, rechtfertigen die Einschränkung nicht.[1463] Bei nicht angezeigter Abtretung des Anspruches besteht der Schutz des § 407 BGB. Zudem kann der Sicherungsnehmer die Abtretung von seiner Zustimmung abhängig machen (vgl. Rdn. 1220).

cc) Ausnahmen vom Grundsatz der Unwirksamkeit

Eine Ausnahme vom Grundsatz der Unwirksamkeit hat nur bei Fallgestaltungen zu gelten, bei **1216** welchen die Interessen und das Schutzbedürfnis typischerweise anders gelagert sind. Zu nennen ist die Fallgruppe, in welchen eine Grundschuld zur Sicherung von **Bauträgerkrediten** eingesetzt wird und der Sicherungsnehmer ggü. den Käufern ein Freigabeversprechen[1464] (§ 3 MaBV) abgibt, das ihn verpflichtet, die Grundschuld löschen zu lassen oder einzelne Objekte aus der Haftung freizugeben, wenn der Käufer seine Verpflichtungen aus dem Kaufvertrag erfüllt hat.

b) Innerhalb der Zwangsversteigerung

Vielfach wird der Rückgewähranspruch für den Fall der Zwangsversteigerung des Grundstücks ein- **1217** geschränkt. Meist wird formularmäßig bestimmt, dass der Gläubiger nicht verpflichtet ist, in einem etwaigen Zwangsversteigerungsverfahren aus der Grsundschuld einen Betrag geltend zu machen, der über den persönlichen Anspruch hinausgeht (s. Nr. 8 der Zweckerklärung im Ausgangsfall bei Rdn. 1066). Er soll auch berechtigt sein, auf den seinen persönlichen Anspruch übersteigenden Teil der Grundschuld zu verzichten (s. Nr. 8 der Zweckerklärung im Ausgangsfall bei Rdn. 1066).

Umstritten ist, ob der Gläubiger einer Sicherungsgrundschuld ggü. dem Sicherungsgeber verpflichtet **1218** ist, zur Absicherung seiner eigenen Forderungen nicht benötigte rückständige Zinsen (Rdn. 1611) anzumelden, sowie ob er berechtigt ist, auf nicht benötigte laufende Zinsen (Rdn. 1611) und nicht benötigtes Grundschuldkapital zu verzichten.[1465] Der Streit kreist um die Frage, ob der Gläubiger einen **Übererlös** zu erzielen hat, und, falls ja, in höchstmöglichem oder nur in einem geringen Umfang.

Der V. Zivilsenat des BGH hat die Frage ursprünglich offen gelassen.[1466] Nunmehr hat er eine **1219** solche Pflicht für Zinsen aus einer bestehen gebliebenen Grundschuld verneint, die in einem Teilungsversteigerungsverfahren gem. § 56 Satz 2 ZVG nach dem Zuschlag neu entstehen,[1467] ebenso für die Anmeldung der in einem Zwangsversteigerungsverfahren bis zum Zuschlag entstehenden Grundschuldzinsen durch einen vorrangigen Grundschuldgläubiger, der selbst das Verfahren nicht betreibt[1468] und in einem Fall, in dem der Grundschuldgläubiger die Zwangsversteigerung selbst betreibt, wenn schutzwürdige Sicherungsinteressen entgegenstehen.[1469] Folgt man Schmidt-

---

1463 MüKo-BGB/*Lieder* § 1191 Rn. 148.

1464 BGH, Urt. v. 30.01.1992 – IX ZR 64/91 (unter II der Gründe), ZIP 1992, 317 = NJW 1992, 1390 = WM 1992, 605; dazu *Gaberdiel* EWiR 1992, 351.

1465 Vollumfängliche Geltendmachung: *Clemente/Lenk* ZfIR 2002, 337 (unter II 3 (S. 339 f.); *Eckelt* WM 1980, 454; *Kolbenschlag* WM 1958, 1434; *Lwowski* Das Recht der Kreditsicherung Rn. 928 f.; *Serick* Eigentumsvorbehalt und Sicherungsübertragung Bd. III § 39 II, 2 e (S. 519); Staudinger/*Wolfsteiner* Vorbem. zu §§ 1191 ff. Rn. 127 ff. Nur Grundschuldkapital: MüKo-BGB/*Lieder* § 1191 Rn. 68; OLG München, Urt. v. 10.07.1979 – 27 U 220/79, NJW 1980, 1051 m. zust. Anm. *Vollkommer* OLG München, Urt. v. 17.09.1980 – 27 U 232/80 (unter I 1 b der Gründe), ZIP 1980, 974.

1466 BGH, Urt. v. 27.02.1981 – V ZR 9/80 (unter II 1 a der Gründe), ZIP 1981, 487 = NJW 1981, 1505 = WM 1981, 581.

1467 BGH, Urt. v. 04.02.2011 – V ZR 132/10, BGHZ 188, 186, 189 f. Rn. 11 ff.; kritisch hierzu mit Recht Anm. *Volmer* NJW 2011, 1502; Anm. *Kesseler* DNotZ 2011, 365.

1468 BGH, Urt. v. 16.12.2011 – V ZR 52/11, Rn. 13 ff., WM 2012, 301.

1469 BGH, Urt. v. 04.02.2011 – V ZR 132/10.

Räntsch,[1470] ist hierfür die in § 1178 BGB getroffene Wertung maßgebend, unabhängig davon, ob (bei einer Rückgewähr der Grundschuld) ein Fall des § 1178 BGB vorliegt.[1471] In einer Entscheidung zur freihändigen Verwertung weist der XI. Zivilsenat darauf hin, dass der Sicherungsnehmer auch für den Fall, dass die Verwertung der Sicherheit einen Erlös verspricht, der über dem Betrag der gesicherten Ansprüche liegt, bestrebt sein muss, das **bestmögliche Verwertungsergebnis** im Interesse seines Kunden zu erzielen.[1472]

9. Abtretungsverbot und Zustimmungsvorbehalt

1220 Die Abtretung des Rückgewähranspruchs kann durch Vereinbarung nach § 399 BGB zwischen Sicherungsnehmer und Sicherungsgeber ausgeschlossen werden. Ein **Ausschluss** ist unüblich. Häufig findet sich eine Vereinbarung, die die Abtretung des Rückgewähranspruchs von der Zustimmung des Sicherungsnehmers abhängig macht. Ein solcher **Zustimmungsvorbehalt** führt dazu, dass der Rückgewähranspruch von vornherein als ein unveräußerliches Recht mit der Folge entsteht, dass er nur mit Zustimmung des Sicherungsnehmers abgetreten werden kann. Die formularmäßige Vereinbarung wurde für wirksam angesehen, wenn der Sicherungsgeber nicht mit dem Grundstückseigentümer identisch ist.[1473] Für andere Fälle kann nichts anderes gelten,[1474] zumal nach der Rechtsprechung des BGH sowohl die Vereinbarung eines abgeschwächten als auch eines uneingeschränkten Abtretungsausschlusses in Allgemeinen Geschäftsbedingungen außerhalb des Anwendungsbereichs des § 354a HGB grds. unbedenklich ist.[1475] Den Gläubiger als Sicherungsnehmer wird man jedoch als verpflichtet ansehen müssen, der Abtretung auf Weisung des Sicherungsgebers zuzustimmen.[1476] Sein Interesse erschöpft sich am Interesse an klarer und übersichtlicher Vertragsabwicklung.

a) Zurückbehaltungsrecht und Aufrechnung

1221 Der Sicherungsgeber kann gegenüber dem Sicherungsnehmer die Einrede erheben, dass er nur Zug-um-Zug gegen Rückgabe der von ihm gestellten Grundschuld zur Zahlung verpflichtet ist, wenn der Sicherungsnehmer gegen ihn vorgeht.[1477] Umgekehrt kann der Sicherungsgeber lediglich die Abgabe eines Angebots auf Abtretung der Grundschuld nach Leistung eines bestimmt bezeichneten Betrages vom Sicherungsgeber verlangen. Denn der Anspruch auf Rückgewähr des Sicherungsmittels aus der Sicherungsabrede ist im Sinne einer beständigen Vorleistungspflicht durch den Wegfall des Sicherungszwecks aufschiebend bedingt.[1478]

1222 Ggü. dem Anspruch auf Rückgewähr oder Löschung einer Sicherungsgrundschuld kann grds. kein **Zurückbehaltungsrecht** gem. § 273 Abs. 1 BGB wegen einer nach der Sicherungsabrede durch die Grundschuld nicht gesicherten Forderung geltend gemacht werden (vgl. Rdn. 1130),[1479] ebenso ist

1470 *Schmidt-Räntsch, Jürgen*, Aktuelle Entwicklungen im Bereich der Grundpfandrechte in den Jahren 2010 und 2011, ZNotP 2011, 402, 403.

1471 *Schmidt-Räntsch, Jürgen*, Aktuelle Entwicklungen im Bereich der Grundpfandrechte in den Jahren 2010 und 2011, ZNotP 2011, 402, 404.

1472 BGH, Urt. v. 24.06.1997 – XI ZR 178/96 (unter II 1 der Gründe), ZIP 1997, 1448 = NJW 1997, 2672 = WM 1997, 1474 = ZfIR 1997, 455.

1473 BGH, Urt. v. 09.02.1990 – V ZR 200/88 (unter II 2 b der Gründe), BGHZ 110, 241 = ZIP 1990, 439 = NJW 1990, 1601 = WM 1990, 464.

1474 *Gaberdiel/Gladenbeck* Kreditsicherung durch Grundschulden Rn. 759; Erman/*Wenzel* § 1191 Rn. 81; kritisch Staudinger/*Wolfsteiner* Vorbem. zu §§ 11191 Rn. 173.

1475 BGH, Urt. v. 13.07.2006 – VII ZR 51/05 (amtlicher Leitsatz 1), NJW 2006; 3486 = WM 2006, 2142.

1476 Staudinger/*Wolfsteiner* Vorbem. zu §§ 1191 ff. Rn. 174 fordert ausdrücklich eingeräumten Zustimmungsanspruch.

1477 BGH, Urt. v. 18. Juli 2014 – V ZR 178/13, Rn. 28.

1478 BGH, Beschluss vom 17. Januar 2017 – XI ZR 170/16 –, Rn. 7.

1479 BGH, (Nichtannahme-) Beschl. v. 09.05.2000 – XI ZR 299/99, ZfIR 2000, 549 = NJW 2000, 2499 = WM 2000, 1443.

dem Sicherungsnehmer eine **Aufrechnung** mit ungesicherten Ansprüchen gegen einen Anspruch auf Auskehrung des Mehrerlöses grds. versagt (vgl. auch Rdn. 1236).[1480]

b) Rückgewähr der Haftungsübernahme

Der Anspruch aus der Haftungsübernahme erlischt aufgrund seiner Abstraktheit nicht mit Tilgung aller gesicherten Forderungen. Mit endgültigem Entfall des Sicherungszwecks ist die Haftungsübernahme zurückzugewähren. Rechtstechnisch erfolgt dies durch einen Erlassvertrag (§ 397 Abs. 1 BGB), durch ein negatives Schuldanerkenntnis (§ 397 Abs. 2 BGB) oder durch einen Aufhebungsvertrag (§ 305 BGB). Erfolgt eine Rückabtretung an den Schuldner, erlischt der Anspruch durch Vereinigung von Forderung und Schuldner in einer Person. In der Praxis erfolgt die Rückgewähr meist nur konkludent i.R.d. Rückgewähr der Grundschuld.[1481] **1223**

c) Rückgewähr der Ansprüche auf Rückgewähr vor- und gleichrangiger Grundschulden

Die abgetretenen Ansprüche auf Rückgewähr vor- und gleichrangiger Grundschulden sind ebenfalls zurückzugewähren. Die Rückgewähr erfolgt durch Abtretung. In der Praxis erfolgt die Rückgewähr regelmäßig nur konkludent i.R.d. Rückgewähr der Grundschuld.[1482] **1224**

VI. Zahlungen auf die Forderung oder auf die Grundschuld?

Eine Zahlung kann auf die Grundschuld, aber auch auf die gesicherte Forderung erfolgen. Eine Zahlung auf die Forderung hat zur Folge, dass die **Forderung** durch Erfüllung **erlischt** (§ 362 Abs. 1 BGB). Die Grundschuld bleibt bestehen. Soweit der Sicherungszweck endgültig weggefallen ist, ist die Grundschuld an den Sicherungsgeber zurückzugewähren (vgl. Rdn. 1190). Wird auf die Grundschuld gezahlt, so entsteht eine **Eigentümergrundschuld** entsprechend §§ 1142, 1143 BGB kraft Gesetzes.[1483] Die Tilgung der Grundschuldzinsen führt zu ihren Untergang (§§ 1192 Abs. 2, 1178 BGB).[1484] **1225**

Üblicherweise finden sich daher Klauseln, die bestimmen, dass Zahlungen auf die gesicherte persönliche Forderung und nicht auf die Grundschuld erfolgen (s. Zweckerklärung, Nr. 3 im Ausgangsfall bei Rdn. 1066). Die Vereinbarung hat keine dingliche Wirkung. Es handelt sich um eine vorweggenommene Tilgungsbestimmung. Eine **vereinbarungswidrige Leistungsbestimmung** gibt dem Gläubiger das Recht, die Leistung zurückzuweisen. Nimmt der Gläubiger allerdings eine solche Leistung an, so muss er die Zahlung auf die Grundschuld anrechnen. **1226**

1480 BGH, Urt. v. 14.07.1993 – IX ZR 110/93 (unter II 2 der Gründe), ZIP 1994, 1347 = NJW 1994, 2885 = WM 1994, 1711 (Sicherungsübereignung), dazu *Bülow* EWiR 1994, 959; BGH, Urt. v. 24.09.1998 – IX ZR 371/97 (amtlicher Leitsatz Nr. 4 und unter II 4 a der Gründe), BGHZ 139, 325 = ZIP 1998, 1907 = NJW 1999, 55 = WM 1998, 2363 (Sicherungsübereignung).

1481 Vgl. BGH, Urt. v. 17.03.1988 – IX ZR 79/87 (unter 5 der Gründe), BGHZ 104, 26 = ZIP 1988, 633 = NJW 1988, 1665 = WM 1988, 564 betreffend Rückgewähr des abgetretenen Anspruchs auf Rückgewähr vor- und gleichrangiger Grundschulden.

1482 Vgl. BGH, Urt. v. 17.03.1988 – IX ZR 79/87 (unter 5 der Gründe), BGHZ 104, 26 = ZIP 1988, 633 = NJW 1988, 1665 = WM 1988, 564.

1483 BGH, Urt. v. 28.05.1976 – V ZR 203/75 (unter II der Gründe), NJW 1976, 2340; BGH, Beschl. v. 29.03.1985 – V ZR 188/83 (unter 1 der Gründe), ZIP 1985, 732; BGH, Urt. v. 13.07.1983 – VIII ZR 134/82 (unter II 2 b der Gründe), NJW 1983, 2502 = WM 1983, 953; BGH, Urt. v. 25.03.1986 – IX ZR 104/85 (unter I 3 e der Gründe), BGHZ 97, 280 = ZIP 1986, 900 = WM 1986, 763 = NJW 1986, 2108.

1484 Vgl. BGH, Urt. v. 29.06.1965 – V ZR 83/63 (unter II 1 der Gründe), WM 1965, 1197.

1227 Auch ohne entsprechende Klausel werden die Umstände bei **ungestörtem Kreditverhältnis** regelmäßig ergeben, dass eine Zahlung auf die gesicherte Forderung und nicht auf die Grundschuld erfolgt.[1485]

1228 Bei **gestörtem Kreditverhältnis** ist regelmäßig anders zu entscheiden. Auf den Willen, die Grundschuld abzulösen, ist regelmäßig zu schließen, wenn gezahlt wird, um die vom Gläubiger angedrohte oder eingeleitete **Zwangsvollstreckung** aus der Grundschuld zu verhindern. Die Zahlung nach Androhung oder Einleitung der Zwangsvollstreckung aus der Grundschuld erfolgt in einem solchen Fall auf die Grundschuld.[1486] Die Zahlung wird erbracht, um die Zwangsvollstreckung aus der Grundschuld zu verhindern. In einem solchen Fall ist der Sicherungsgeber zur Zahlung auf die Grundschuld berechtigt, da der Sicherungsnehmer durch das Betreiben der Zwangsvollstreckung konkludent eine Zahlung auf die Grundschuld verlangt. Die Berufung des Gläubigers auf die Verrechnungsklausel ist in einem solchen Fall rechtsmissbräuchlich (§ 242 BGB).[1487]

VII. Verwertung der Grundschuld

1. Voraussetzung der Verwertung

1229 Die Sicherungsgrundschuld ist im Gesetz nicht geregelt. Die Verwertung bestimmt sich daher nach den getroffenen Vereinbarungen. Nr. 20 **AGB-Banken** sowie Nr. 22 **AGB-Sparkassen** in der bis 1992 geltenden Fassung sahen Verwertungsregelungen vor, nach welchen es einer Androhung der Verwertung und der Einhaltung einer Frist nicht bedurfte. Sie entfielen bei der Novellierung der Allgemeinen Geschäftsbedingungen im Jahr 1992, nachdem der XI. Zivilsenats solche Regelungen wegen unangemessener Benachteiligung des Sicherungsgebers (§ 307 Abs. 1 BGB) als unwirksam ansah.[1488] Verwertungsregelungen finden sich nunmehr regelmäßig in den Sicherungsvereinbarungen und sehen eine Androhung der Verwertung mit Fristsetzung vor (Zweckerklärung Nr. 4 im Ausgangsfall bei Rdn. 1066). Die Länge der einzuhaltenden Frist ist in Anlehnung an die in § 1193 Abs. 1 Satz 3 BGB enthaltene Frist mit sechs Monaten zu bemessen.[1489]

2. Verwertungsarten und ihre Zulässigkeit

1230 Die vom Gesetzgeber vorgesehene Verwertung der Grundschuld ist die der Zwangsvollstreckung (§§ 1191 Abs. 2, 1147 BGB) durch Zwangsversteigerung und Zwangsverwaltung (vgl. Rdn. 1582 und 1680). Die Grundschuld kann aber auch »freihändig« verwertet werden, d.h. **Verkauf** der

---

1485 BGH, Urt. v. 19.09.1969 – V ZR 59/66 (unter II a der Gründe), NJW 1969, 2237; vgl. auch BGH, Urt. v. 13.07.1983 – VIII ZR 134/82 (unter II 2 der Gründe), ZIP 1983, 1044 = NJW 1983, 2502 = WM 1983, 953.

1486 BGH, Urt. v. 25.03.1986 – IX ZR 104/85 (unter II 2 der Gründe), BGHZ 97, 280 = ZIP 1986, 900 = NJW 1986, 2108 = WM 1986, 763, vgl. auch *Gaberdiel* EWiR 1986, 573; BGH, Urt. v. 12.11.1986 – V ZR 266/85 (unter II 2 a der Gründe), ZIP 1987, 838 = NJW 1987, 838 = WM 1987, 202; BGH, Urt. v. 03.12.1987 – III ZR 261/86 (unter II 1 der Gründe), ZIP 1988, 80 = NJW 1988, 707 = WM 1988, 109; BGH, Urt. v. 02.10.1990 – XI ZR 306/89 (unter 3 b der Gründe), ZIP 1990, 1390 = NJW 1991, 286 = WM 1990, 1927; BGH, Urt. v. 25.06.1992 – IX ZR 4/91 (unter III 1 der Gründe), ZIP 1992, 1089 = NJW 1992, 2421 = WM 1992, 1502.

1487 BGH, Urt. v. 25.03.1986 – IX ZR 104/85 (Amtlicher Leitsatz Nr. 4 und unter II 2 der Gründe), BGHZ 97, 280 = ZIP 1986, 900 = NJW 1986, 2108 = WM 1986, 763 (Fall eines Mietvertrages), vgl. auch *Gaberdiel* EWiR 1986, 573; BGH, Urt. v. 30.01.2001 – XI ZR 118/00 (unter II 1 a), ZIP 2001, 507 = NJW 2001, 1417 = WM 2001, 623.

1488 BGH, Urt. v. 12.12.1995 – XI ZR 10/95 (unter I 2 a der Gründe), ZIP 1996, 323 = WM 1996, 251 = NJW 1996, 847; BGH, Urt. v. 05.05.1998 – XI ZR 234/95 (unter II 2 b der Gründe), BGHZ 138, 367 = ZIP 1998, 1066 = WM 1998, 1280 = NJW 1998, 2206.

1489 So Clemente, ZfIR 2017, 523, 528; a. A. Palandt/Herrler, BGB, 77. Aufl. (2018).

Grundschuld gegen Entgelt an einen Dritten. Ein freihändiger Verkauf liegt auch bei der gemeinsamen Veräußerung von Grundschuld und Forderung vor.[1490]

Der BGH spricht in einer Entscheidung davon, dass der Gläubiger zur gemeinsamen Veräußerung **1231**
von Grundschuld und Forderung berechtigt sei, wenn die Sicherungsabrede nichts anderes besage.[1491] Lediglich eine isolierte Abtretung widerspräche der durch die Sicherungsabrede schuldrechtlich begründeten Zweckbindung der Grundschuld.

Selbstverständlich ist dies nicht. Die Richtigkeit der geäußerten Auffassung muss bezweifelt wer- **1232**
den. Der Sicherungsvertrag begründet eine fiduziarische Zweckbindung zwischen Grundschuld und gesicherter Forderung. Diese Zweckbindung ist zu erhalten.[1492] Sie wird bei einer Abtretung aufgelöst. Selbst der gemeinsame Verkauf von Grundschuld und Forderung bewirkt keinen Übergang des Sicherungsvertrages auf den Erwerber von Grundschuld und Forderung. Aus der gemeinsamen Abtretung von Grundschuld und Forderung folgt auch keine stillschweigende Vereinbarung der Übernahme der Verbindlichkeit des Sicherungsnehmers aus dem Sicherungsvertrag.[1493]

In vielen Fällen stellt sich die Frage nicht. Denn meist wird festgelegt, dass die Grundschuld **1233**
durch Zwangsversteigerung zu verwerten ist (vgl. Nr. 4 der Zweckerklärung beim Ausgangsfall, Rdn. 1066). In solchen Fällen ist die freihändige Verwertung der Grundschuld durch vertragliche Vereinbarung ausgeschlossen,[1494] zumal Unklarheiten zulasten des Sicherungsnehmers als Verwender der Klausel gehen (§ 305c Abs. 2, § 307 Abs. 1 Satz 2 BGB).

Stets kann der Schuldner anderen Verwertungsformen durch Individualvereinbarung zustimmen. **1234**
Möglich ist auch eine Formularregelung, wenn sie die Interessen des Sicherungsgebers in ausreichender Weise berücksichtigt.

3. Erlösanrechnung

Der in der Zwangsvollstreckung der Grundschuld erzielte Erlös ist auf die gesicherte Forderung **1235**
anzurechnen. Die Anrechnung erfolgt **automatisch**, ohne dass es einer besonderen Handlung des Gläubigers bedarf, wie z.B. einer Aufrechnungserklärung oder einer Verbuchung (§§ 1247, 1288 Abs. 2 BGB analog).[1495] Eine Anrechnung des Verwertungserlöses auf **verjährte Zinsen** findet nicht statt (§ 223 BGB).[1496]

1490 Schimansky/Bunte/Lwowski/ Bankrechts-Handbuch § 94 Rn. 380; *Gaberdiel/Gladenbeck* Kreditsicherung durch Grundschulden Rn. 1282; a.A. Staudinger/*Wolfsteiner* für Altgrundschulden, Vorbem. zu §§ 1191 ff. Rn. 119.

1491 BGH, Urt. v. 04.07.1986 – V ZR 238/84 (unter II 2 b der Gründe), ZIP 1986, 1454 = WM 1986, 1386 = NJW-RR 1987, 139; vgl. auch BGH, Urt. v. 08.12.1978 – V ZR 221/77 (unter II 2 der Gründe), NJW 1979, 717 und BGH, Urt. v. 13.05.1982 – III ZR 164/80 (unter I 2 der Gründe), ZIP 1982, 1051 = NJW 1982, 2768 = WM 1982, 839.

1492 BGH, Urt. v. 02.10.1990 – XI ZR 205/89 (unter II 2 a der Gründe), ZIP 1991, 19 = NJW-RR 1991, 305 = WM 1991, 86.

1493 BGH, Urt. v. 25.10.1984 – IX ZR 142/83 (unter II 1 der Gründe), ZIP 1985, 89 = NJW 1985, 800 = WM 1985, 12, vgl. auch *Clemente* EWiR 1985, 67; BGH, Urt. v. 21.02.1967 – VI ZR 144/65 (unter II b der Gründe), WM 1967, 566; vgl. auch RG, Urt. v. 04.04.1919 – VII 350/18, RGZ 95, 245, 246 (Fall der Sicherungsabtretung).

1494 So auch *Gaberdiel* (7. Aufl.) Kreditsicherung durch Grundschulden Rn. 1282, nicht übernommen von *Gaberdiel/Gladenbeck*, 8. Aufl.

1495 BGH, Urt. v. 30.03.1992 – IX ZR 176/91 (unter II 2 der Gründe), BGHZ 118, 171 = ZIP 1992, 778 = NJW 1992, 1960 = WM 1992, 1083 für die Einziehung einer Forderung gem. § 1288 Abs. 2 BGB.

1496 BGH, Urt. v. 05.10.1993 – XI ZR 180/92 (unter III 2 und 3 der Gründe), ZIP 1993, 1703 = NJW 1993, 3318 = WM 1993, 2041.

a) Übererlös

1236 Ein die gesicherte Forderung übersteigender Verwertungserlös ist an den Sicherungsgeber zurückzugewähren.[1497] Eine Aufrechnung mit ungesicherten Ansprüchen ist grds. nicht möglich.[1498] Sie würde gegen die getroffene Sicherungsabrede verstoßen und die Sicherungsabrede durch eine einseitige Erklärung unzulässig erweitern. Die Sicherheit soll gerade nicht auch der Sicherung des zur Aufrechnung gestellten Anspruchs dienen. Lediglich in Einzelfällen, in welchen die ungesicherte Forderung aufgrund nach ihrer Begründung eingetretener Umstände uneinbringlich geworden ist, ist eine Aufrechnung zulässig, anderenfalls das Aufrechnungsverbot wirtschaftlich auf einen durch die Sicherungsabrede nicht beabsichtigten Forderungsverzicht hinaus liefe.[1499]

b) Nicht ausreichender Verwertungserlös

aa) Kein Bestimmungsrecht des Gläubigers

1237 Über die Reihenfolge der Anrechnung nicht ausreichenden Verwertungserlöses entscheiden grds. die §§ 366, 367 BGB. Der Gläubiger hat grds. kein Recht zu entscheiden, auf welche Forderungen der Verwertungserlös zu verrechnen ist.[1500] Behält sich der Gläubiger formularmäßig das Recht vor, zu bestimmen, auf welche Forderungen der Verwertungserlös verrechnet wird,[1501] ist eine solche Bestimmung unangemessen und unwirksam (§ 307 Abs. 1 Satz 1 BGB).[1502]

1497 BGH, Urt. v. 29.03.1961 – V ZR 171/59 (unter 2 der Gründe), WM 1961, 691; BGH, Urt. v. 11.05.2005 – IV ZR 279/04 (unter II 2 a der Gründe), ZIP 2005, 1268 = NJW 2005, 2398 = WM 2005, 1271 in einem Fall der Ablösung der Grundschuld.

1498 BGH, Urt. v. 14.07.1994 – IX ZR 110/93 (unter II 2 der Gründe), ZIP 1994, 1347 = NJW 1994, 2885 = WM 1994, 1711 (Sicherungseigentum).

1499 BGH, Urt. v. 14.07.1994 – IX ZR 110/93 (unter II 2 der Gründe), ZIP 1994, 1347 = NJW 1994, 2885 = WM 1994, 1711 (Sicherungseigentum).

1500 BGH, Nichtannahmebeschl. v. 23.10.1990 – XI ZR 16/90, BGH-DAT Zivilsachen, Stichworte: Grundschuld; Tilgung; Gesamtschuld; Kontokorrent. Der BGH führte in dem Beschluss aus: »Nicht zu folgen ist der Auffassung, der Grundschuldgläubiger könne, wenn eine entgegenstehende Vereinbarung fehle, darüber bestimmen, wie ein Verwertungserlös, der zur Tilgung aller gesicherten Forderungen nicht ausreicht, zu verrechnen sei. In entsprechender Anwendung des § 366 II BGB (RGZ 114, 206; RG HRR 1932 Nr. 1556) ist, wenn alle gesicherten Forderungen fällig sind, zunächst die Schuld zu tilgen, die dem Gläubiger geringere Sicherheit bietet. Das war hier die Bürgschaftsschuld, für die F. allein haftete. Dagegen handelte es sich bei der Kontokorrentschuld um eine gemeinsame Schuld aller Miteigentümer. Die Mithaftung von Gesamtschuldnern bietet i.S.d. § 366 II BGB größere Sicherheit.«; BGH, Urt. v. 06.04.2000 – IX ZR 2/98 (unter II 5 der Gründe), ZIP 2000, 962 = NJW 2000, 2580 = WM 2000, 1141.

1501 Vgl. Nr. 21 Abs. 5 Satz 3 AGB-Sparkasssen (n.F.) »Die Sparkasse hat das Recht, Verwertungserlöse, die nicht zur Befriedigung sämtlicher Forderungen ausreichen, nach ihrem billigen Ermessen zu verrechnen.« Ähnlich auch Nr. 1 Abs. 9 AGB-Sparkassen (a.F.); vgl. auch den Fall BGH, Urt. v. 08.04.1997 – XI ZR 196/96, ZIP 1997, 929 = WM 1997, 1012, dem folgende Vereinbarung zugrunde lag: »Reicht der Erlös aus der Verwertung der Grundschuld nicht zur Befriedigung sämtlicher dadurch gesicherten Forderungen aus, so wird er nach billigem Ermessen der Sparkasse verrechnet. Entsprechendes gilt für eine auf die Grundschuld geleistete Zahlung.« Häufig ist auch die Klausel, »Die Gläubigerin kann wählen, auf welche von mehreren Forderungen Zahlungseingänge verrechnet werden«, anzutreffen.

1502 BGH, Urt. v. 20.06.1984 – VIII ZR 337/82 (unter II 2 b cc), BGHZ 91, 375, 380 = ZIP 1984, 1236 = NJW 1984, 2404 = WM 1984, 1100 (Fall eines Mietvertrages); vgl. auch OLG Karlsruhe, Urt. v. 26.11.1987 – 9 U 228/86, WM 1988, 954 = NJW-RR 1988, 1337; BGH, Urt. v. 09.03.1999 – XI ZR 155/98 (Leitsatz und unter II 2 a der Gründe), ZIP 1999, 744 = NJW 1999, 2043 = WM 1999, 948 (Verrechnung nach billigen Ermessen des Grundschuldgläubigers); BGH, Beschl. v. 02.12.2004 – IX ZB 38/04 (unter II 3 a der Gründe), unveröffentl.

bb) Bestimmungsrecht gem. § 366 Abs. 1 BGB?

(1) Bestimmungsrecht bei freihändiger Verwertung des Grundstücks

1238 § 366 Abs. 1 BGB gewährt dem Schuldner ein Bestimmungsrecht. Der Schuldner kann durch seine einseitige, empfangsbedürftige Willenserklärung die Leistung seiner Schuld zuordnen. Trifft er keine Bestimmung, so wird die Schuld grds. nach der in § 366 Abs. 2 BGB beschriebenen Reihenfolgen getilgt. In Fällen des Verkaufs eines mit Sicherungsgrundschulden belasteten Grundstücks räumt der BGH dem Schuldner das Recht zur Tilgungsbestimmung ein.[1503] In den entschiedenen Fällen sicherten die Grundschulden sowohl eigene als auch fremde Verbindlichkeiten. In zwei Fällen[1504] erhielt der Gläubiger den bei dem Verkauf des Grundstücks erzielten Erlös mit der ausdrücklichen Bestimmung, dass der Erlös zur Tilgung der eigenen Verbindlichkeiten bestimmt ist; in zwei anderen Fällen[1505] wurde der Erlös ohne ausdrückliche Tilgungsbestimmung bezahlt. In allen Fällen wurde das Recht zur Tilgungsbestimmung anerkannt. In den Fällen, in denen ohne ausdrückliche Tilgungsbestimmung geleistet wurde, wurde hervorgehoben, dass auch ohne eine ausdrückliche Erklärung eine Tilgungsbestimmung vorliegen könne, die sich konkludent aus den Umständen des Einzelfalles ergeben könne, insb. aus der Interessenlage des Eigentümers.

(2) Kein Bestimmungsrecht in der Zwangsversteigerung

1239 Für den Fall der Zwangsversteigerung kann eigentlich nichts anderes gelten,[1506] zumal der Gläubiger verpflichtet ist, der freihändigen Verwertung zuzustimmen, wenn ihm eine günstige Verkaufsmöglichkeit des Grundstücks nachgewiesen ist.[1507] Gleichwohl soll im Fall der Zwangsversteigerung des Grundstücks keine Bestimmung gem. § 366 Abs. 1 BGB möglich sein,[1508] sodass in diesem Fall die Anrechnung in entsprechender Anwendung des § 366 Abs. 2 BGB zu erfolgen hat.[1509]

1503 BGH, Urt. v. 16.06.1989 – V ZR 85/88 (Leitsatz und unter II der Gründe), ZIP 1990, 34 = NJW-RR 1989, 1036 = WM 1989, 1208; BGH, Urt. v. 27.06.1995 – XI ZR 213/94 (unter II 1 c der Gründe), ZIP 1995, 1404 = NJW-RR 95, 1257 = WM 1995, 1663; BGH, Urt. v. 08.04.1997 – XI ZR 196/96 (Leitsatz und unter II 2 b der Gründe), ZIP 1997, 929 = NJW 1997, 2046 = WM 1997, 1012; BGH, Urt. v. 09.03.1999 – XI ZR 155/98 (unter II 2 b der Gründe), ZIP 1999, 744 = NJW 1999, 2043 = WM 1999, 948.

1504 BGH, Urt. v. 16.06.1989 – V ZR 85/88 (Leitsatz und unter II der Gründe), ZIP 1990, 34 = NJW-RR 1989, 1036 = WM 1989, 1208; BGH, Urt. v. 08.04.1997 – XI ZR 196/96 (Leitsatz und unter II 2 b der Gründe), ZIP 1997, 929 = NJW 1997, 2046 = WM 1997, 1012.

1505 BGH, Urt. v. 27.06.1995 – XI ZR 213/94 (unter II 1 c der Gründe), ZIP 1995, 1404 = NJW-RR 95, 1257 = WM 1995, 1663; BGH, Urt. v. 09.03.1999 – XI ZR 155/98 (unter II 2 b der Gründe), ZIP 1999, 744 = NJW 1999, 2043 = WM 1999, 948.

1506 BGH, Urt. v. 16.12.1996 – II ZR 242/95 (unter 1 c der Gründe), ZIP 1997, 682 = NJW 1997, 1580 = WM 1997, 767, hält ein Bestimmungsrecht in der Zwangsversteigerung für nicht ausgeschlossen.

1507 BGH, Urt. v. 24.06.1997 – XI ZR 178/96 (unter II 1 der Gründe), ZIP 1997, 1448 = NJW 1997, 2672 = WM 1997, 1474 = ZfIR 1997, 455.

1508 BGH, Urt. v. 23.02.1999 – XI ZR 49/98 (Leitsatz und unter 2 der Gründe), BGHZ 140, 391 = ZIP 1999, 550 = NJW 1999, 1704 = WM 1999, 684.

1509 BGH, Nichtannahmebeschl. v. 23.10.1990 – XI ZR 16/90, BGH-DAT Zivilsachen, Stichworte: Grundschuld; Tilgung; Gesamtschuld; Kontokorrent. In dem der Entscheidung zugrunde liegenden Fall sicherten Grundschulden sowohl gemeinsame Verbindlichkeiten der Grundstückseigentümer als auch die Bürgschaftsschuld eines Miteigentümers. Das OLG München (Urt. v. 23.10.1989 – 17 U 1757/89 – unveröffentlicht) ging von einem freien Anrechnungsrecht des Gläubigers aus. In dem Nichtannahmebeschluss hieß es hierzu: »... Nicht zu folgen ist zwar der Auffassung des Berufungsgerichts, der Grundschuldgläubiger könne, wenn eine entgegenstehende Vereinbarung fehle, darüber bestimmen, wie eine Verwertungserlös, der zur Tilgung aller gesicherten Forderungen nicht ausreiche, zu verrechnen sei. Trotzdem ist hier die Verrechnung auf die Bürgschaftsschuld im Ergebnis nicht zu beanstanden. Das ergibt sich aus einer entsprechenden Anwendung des § 366 Abs. 2 BGB (...). Danach war, da alle gesicherten Forderungen fällig waren, zunächst die Schuld zu tilgen, die dem Gläubiger geringere Sicherheit bot. Das war hier die Bürgschaftsschuld, für die Dr. F. allein haftete. Dagegen handelte es

E. Pfandrechte, AGB-Pfandrecht

I. Begriff und wirtschaftliche Bedeutung

1240 Das Pfandrecht gewährt dem Gläubiger einer Forderung ein dingliches Recht auf Befriedigung aus dem verpfändeten Vermögensgegenstand (vgl. § 1204 BGB). Dabei bleibt der Verpfänder Eigentümer der verpfändeten Sache bzw. Inhaber des verpfändeten Rechts oder der Forderung. Als Kreditsicherheit ist nur das vertraglich begründete Pfandrecht relevant. Es gehört im Gegensatz zur Sicherungsübereignung und Sicherungszession zu den akzessorischen Sicherheiten.

1241 Das Pfandrecht wurde in Standardfällen als Kreditsicherheit weitgehend durch die Sicherungsübereignung und die Sicherungszession verdrängt. Beide Sicherheiten sind unkomplizierter zu bestellen und zu verwerten. Die wirtschaftliche Bedeutung des Pfandrechts als bankmäßige Sicherheit besteht jedoch nach wie vor bei Konstellationen, in denen eine Übereignung oder Abtretung rechtlich nicht möglich ist oder aus anderen Gründen problematisch wäre, z.B. bei der Kreditsicherung durch Guthaben im eigenen Hause, Wertpapierdepots und Gesellschaftsanteile. Als latente Sicherheit dient Banken zudem das AGB-Pfandrecht. Außerhalb des Bankgeschäfts hat das Pfandrecht an beweglichen Sachen i.R.d. Pfandleihe durchaus noch wirtschaftliche Bedeutung. Die Regelungen des vertraglichen Pfandrechts gelten entsprechend für gesetzliche Pfandrechte (§ 1257 BGB), z.B. für das Vermieterpfandrecht und die Pfandrechte der Frachtführer, Spediteure und Lagerhalter, soweit Spezialvorschriften nicht entgegenstehen.

II. Entstehung des Pfandrechts

1. Beteiligte Personen

1242 Im Bereich der Kreditsicherung ist die Bank Gläubigerin der zu besichernden Forderung und gleichzeitig Pfandgläubigerin. Aufgrund der Akzessorietät des Pfandrechts können Pfandrecht und Forderung nicht auseinanderfallen; Pfandgläubiger und Gläubiger der gesicherten Forderung müssen identisch sein. Verpfänder ist entweder der Bankkunde als Schuldner der gesicherten Forderung selbst oder ein Dritter, der Eigentümer der verpfändeten Sache bzw. Inhaber des Rechts ist (Drittsicherungsgeber). Das Rechtsverhältnis zwischen dem Schuldner und dem Drittsicherungsgeber hat keine Auswirkungen auf das Pfandrecht; Einwendungen gegen das Pfandrecht können daraus nicht entstehen.[1510] Bei Verpfändung einer Forderung ist außerdem der Schuldner der verpfändeten Forderung beteiligt, der in Anlehnung an die Terminologie der Forderungspfändung auch als »Drittschuldner« bezeichnet wird.

2. Gesicherte Forderung

1243 Das Pfandrecht als akzessorische Sicherheit setzt für seine Entstehung und sein Fortbestehen die gesicherte Forderung des Pfandgläubigers als Hauptrecht voraus. Wenn das Pfandrecht für eine künftige oder bedingte Forderung bestellt wird (§ 1204 Abs. 2 BGB), muss diese bestimmbar sein. Das Pfandrecht entsteht dann schon mit Bestellung, nicht erst mit Entstehen der Forderung;[1511] für seinen Rang kommt es ebenfalls auf den Zeitpunkt der Bestellung an (§ 1209 BGB).

---

sich bei der Kontokorrentschuld um eine gemeinsame Schuld aller Miteigentümer. Die Mithaftung von Gesamtschuldnern bietet i.S.d. § 366 Abs. 2 BGB größere Sicherheit (…).«; BGH, Urt. v. 06.04.2000 – IX ZR 2/98 (unter II 5 der Gründe), ZIP 2000, 962 = NJW 2000, 2580 = WM 2000, 1141; vgl. auch BGH, Urt. v. 29.04.1997 – XI ZR 176/96 (unter II 2 c der Gründe), ZIP 1997, 1191 = NJW 1997, 2514 = WM 1997, 1247, wobei der mitgeteilte Sachverhalt offen lässt, ob das Grundstück im Wege der Zwangsversteigerung oder freihändig verwertet wurde.

1510 Palandt/*Wicke* § 1204 Rn. 4.

1511 BGH, NJW 1983, 1123 (1125).

3. Bestellung

a) Form

Die Bestellung des Pfandrechts ist formlos möglich, geschieht aber in der Praxis zu Beweiszwecken und zur Vereinbarung der aus Bankensicht sinnvollen Nebenabreden schriftlich; soweit vorhanden, werden Formulare genutzt. **1244**

Falls die Pfandrechtsbestellung als ein im Fernabsatz oder außer Haus geschlossener Verbrauchervertrag zu qualifizieren ist, muss die Bank dem Kunden die Verbraucherinformationen gemäß § 312d Abs. 2 BGB i.V.m. Art. 246b EGBGB erteilen. Zwar ist für Verträge über die Verpflichtung zur Stellung einer Sicherheit str., ob es sich um Verbraucherverträge über eine entgeltliche Leistung i.S.d. § 312 BGB handelt.[1512] Auch ist höchstrichterlich nicht geklärt ist, ob auch die dingliche Bestellung des Pfandrechts von der Informationspflicht umfasst ist.[1513] Ungeachtet dessen sollten zur Vermeidung von Rechtsrisiken die Informationspflichten sowohl bei der Vereinbarung über die Bestellung als auch im Falle einer separaten dinglichen Bestellung des Pfandrechts erfüllt werden. **1245**

b) Bestellung des Pfandrechts an beweglichen Sachen

Soweit bewegliche Sachen verpfändet werden sollen, sind als Pfandgegenstand auch unpfändbare Sachen, Zubehör und Scheinbestandteile geeignet, nicht jedoch wesentliche Bestandteile einer anderen Sache oder Namenspapiere und Beweisurkunden (z.B. Grundschuldbriefe, Zulassungsbescheinigungen Teil II/frühere Kfz-Briefe, Sparbücher). Eine unwirksame Verpfändung von Namenspapieren oder Beweisurkunden, die ein Recht verbriefen, kann unter Umständen als Verpfändung des Rechts ausgelegt werden.[1514] Die Bestellung des Pfandrechts erfolgt durch Einigung und Übergabe bzw. Übergabeersatz. Die Verpfändung einer künftigen Sache wird erst wirksam, wenn die Sache entstanden ist und die Übergabe bzw. der Übergabeersatz vollzogen sind. **1246**

aa) Einigung

Voraussetzung jeder Pfandrechtsbestellung ist die dingliche Einigung zwischen der Bank als Pfandgläubigerin und dem Verpfänder darüber, dass der Bank das Pfandrecht zustehen soll (§ 1205 Abs. 1 Satz 1 BGB). Die Einigung über die Verpfändung beweglicher Sachen ist formfrei. Die Sache muss aufgrund der Bezeichnung oder Beschreibung zweifelsfrei bestimmbar sein. Unklarheiten können in der Auseinandersetzung mit dem Schuldner oder seinem Insolvenzverwalter zum Verlust der Sicherheit führen. **1247**

Dem Verpfänder steht das Widerrufsrecht nach §§ 312g Abs. 1, 355 BGB zu, wenn er Verbraucher ist und die dingliche Einigung – oder die Sicherungsabrede – außerhalb der Geschäftsräume der Bank oder im Fernabsatz zustande kam.[1515] Gleichgültig ist, ob der gesicherte Kredit gewerblicher Natur ist.[1516] Erst mit vollständiger Erteilung der Verbraucherinformationen gemäß § 312d Abs. 2 BGB i.V.m. Art. 246b EGBGB beginnt die Widerrufsfrist zu laufen.[1517] Ein Drittsicherungsgeber ist zudem zur Kündigung der Sicherungsabrede berechtigt (vgl. Rdn. 1256).[1518] **1248**

1512 Bejahend Palandt/*Grüneberg* § 312 Rn. 6; BGH, WM 1995, 2027 (2028) zur Sicherungsgrundschuld und BGH, NJW 2006, 845 (845) zum Pfandrecht unter Anwendbarkeit des früheren HWiG; a.A. für Fernabsatz *Kropf* WM 2015, 1699 (1703).

1513 Vgl. Schimansky/Bunte/Lwowski/*Merkel* Bankrechts-Handbuch § 93 Rn. 27.

1514 PWW/*Nobbe* § 1204 Rn. 3.

1515 BGH, NJW 2006, 845 (845) zum früheren HWiG; a.A. für den Fernabsatz Schimansky/Bunte/Lwowski/*Merkel* Bankrechts-Handbuch § 93 Rn. 25; *Kropf* WM 2015, 1699 (1703) mit beachtlichen Argumenten.

1516 BGH, NJW 2006, 845 (845) unter Aufgabe der früheren Rspr. zu akzessorischen Sicherheiten.

1517 Vgl. Palandt/*Grüneberg* § 312d Rn. 4.

1518 BGH, NJW 2003, 61 (61).

bb) Übergabe

1249 Grds. ist die körperliche Übergabe der Sache an die Bank erforderlich (»Faustpfand«), ohne dass der Verpfänder Besitz an ihr behält.[1519] Die Übergabe ist entbehrlich, wenn sich die Sache bereits im Besitz der Bank befindet; dann genügt die Einigung (§ 1205 Abs. 1 Satz 2 BGB).

cc) Übergabeersatz

1250 Die Übertragung des mittelbaren Besitzes auf die Bank durch Abtretung des Herausgabeanspruchs (§ 870 BGB) reicht aus, wenn der Besitzmittler – z.B. ein Mieter oder Verwahrer – nicht der Eigentümer ist und ihm die Verpfändung vom Eigentümer angezeigt wird (§ 1205 Abs. 2 BGB). So genügt es, wenn der Eigentümer als Verpfänder der Bank die Herausgabeansprüche gegen den Mieter der verpfändeten Sache abtritt und diesem die Verpfändung anzeigt. Beim mehrstufigen mittelbaren Besitz genügt die Anzeige an den nächsten mittelbaren Besitzer.[1520] Die Übergabe kann zudem durch Einräumung des Mitbesitzes ersetzt werden (§ 1206 BGB). Dazu muss durch Mitverschluss tatsächlich gewährleistet sein, dass der Verpfänder nicht alleine Zugriff auf die Pfandsache hat. Umgekehrt schadet es nicht, wenn die Bank ohne Mitwirkung des Verpfänders Zutritt hat. Anders als bei der Übereignung kann die Verpfändung nicht durch Einigung und Vereinbarung eines Besitzmittlungsverhältnisses zwischen dem Eigentümer und der Bank erfolgen; z.B. darf eine verpfändete Maschine nicht beim Kunden zum Gebrauch in der Produktion verbleiben. Im Ergebnis sind somit sämtliche Konstruktionen ausgeschlossen, die dem Eigentümer als Verpfänder den alleinigen Besitz belassen. Darin liegt ein für die Praxis hinderlicher Unterschied zur Sicherungsübereignung.

dd) Gutgläubiger Erwerb

1251 § 1207 BGB verweist für den gutgläubigen Erwerb des Pfandrechts vom Nichtberechtigten auf §§ 932, 934, 935 BGB. Bei Gutgläubigkeit der Bank hinsichtlich des Eigentums des Verpfänders erwirbt sie mithin das Pfandrecht in folgenden Fällen:
- Durch Einigung und Übergabe der Sache, soweit die Verpfändung durch Übergabe (§§ 1205 Abs. 1, 1207, 932 BGB) oder Einräumung des Mitbesitzes (§§ 1206, 1207, 932 BGB) geschehen soll; die Übergabe muss durch den unmittelbaren Besitzer auf Weisung des Verpfänders erfolgen;
- durch Einigung ohne Übergabe, wenn die Bank sich bereits im vom Verpfänder erlangten Besitz der Sache befindet (§§ 1205 Abs. 1 Satz 2, 1207, 932 Abs. 1 Satz 2 BGB);
- durch Einigung und Abtretung des tatsächlich bestehenden Herausgabeanspruchs durch den Verpfänder (§§ 1205 Abs. 2, 1207, 934 BGB);
- durch Einigung, Abtretung des nicht bestehenden Herausgabeanspruchs durch den Verpfänder und Erlangung des unmittelbaren Besitzes vom Dritten (§§ 1205 Abs. 2, 1207, 934 BGB).

1252 Gutgläubiger Erwerb des Pfandrechts ist bei abhandengekommenen Sachen – außer Geld und Inhaberpapieren – ausgeschlossen. Soweit die Verpfändung für den Verpfänder ein Handelsgeschäft ist, schützt § 366 HGB auch den guten Glauben der Bank an die Verfügungsmacht des Verpfänders.

c) Bestellung des Pfandrechts an Rechten

1253 Für die Bestellung eines Pfandrechts an Rechten verweist § 1274 BGB auf die Vorschriften zur Übertragung des jeweiligen Rechts. Die Einigung bedarf der für die Übertragung vorgeschriebenen Form. Nicht übertragbare Rechte sind nicht verpfändbar (§ 1274 Abs. 2 BGB). Nur soweit das verpfändete Recht gutgläubig erworben werden kann, ist auch gutgläubiger Erwerb des Pfandrechts möglich, z.B. bei Eintragung des Rechts im Grundbuch (§ 892 BGB).

1519 Palandt/ *Wicke* § 1205 Rn. 3.
1520 BGH, WM 2013, 858 (861).

d) Bestellung des Pfandrechts an Forderungen

Die Verpfändung einer Forderung, zu deren Übertragung ein Abtretungsvertrag genügt, setzt neben der Einigung eine Anzeige über die Verpfändung an den Schuldner der verpfändeten Forderung voraus (§ 1280 BGB). Wirksam ist nur eine Anzeige durch den Verpfänder; die Anzeige allein durch die Bank begründet das Pfandrecht an der Forderung nicht. Die Bank sollte sich aus Kontrollgründen die Anzeige zum Zwecke der Weiterleitung an den Schuldner aushändigen lassen oder sich zur Anzeige ermächtigen lassen. Den Schuldner der verpfändeten Forderung trifft – anders als bei der Forderungspfändung – keine Pflicht zur Drittschuldnererklärung. Ein aufgrund gesetzlicher Vorschriften nicht übertragbares Recht ist auch nicht verpfändbar (§ 1274 Abs. 2 BGB). Hingegen bedürfen vertragliche Abtretungsverbote der Auslegung im Einzelfall, ob die Verpfändung zulässig sein soll.[1521] 1254

Die Verpfändung einer künftigen Forderung wird erst mit Entstehen der Forderung[1522] und Anzeige gemäß § 1280 BGB wirksam. Der Zeitpunkt der Verpfändung ist hingegen für den Rang des Pfandrechts entscheidend (§ 1209 BGB). 1255

4. Zweckerklärung/Sicherungsabrede

Schuldrechtliche Grundlage der Pfandrechtsbestellung ist die Sicherungsabrede zwischen dem Gläubiger und dem Schuldner oder dem Drittsicherungsgeber.[1523] Diese kann nach §§ 312g Abs. 1, 355 BGB widerrufen werden, wenn sie außerhalb der Geschäftsräume der Bank oder im Fernabsatz zustande kam und der Verpfänder Verbraucher ist (zur Anwendbarkeit der §§ 312 ff. BGB auf die Verpfändung s.o. Rdn. 1245).[1524] Ein Drittsicherungsgeber ist nach Ablauf eines gewissen Zeitraums oder aus wichtigem Grund zur Kündigung berechtigt mit der Folge, dass das Pfandrecht nur noch den Schuldsaldo bei Wirksamwerden der Kündigung sichert.[1525] Als wichtiger Umstand, der eine außerordentliche Kündigung rechtfertigen kann, gilt bspw. das Ausscheiden des die Sicherheit stellenden Gesellschafters aus der Gesellschaft, für die er Sicherheit geleistet hat. Dem Gesellschafter ist der ausgeschiedene Geschäftsführer gleichzustellen. Obwohl die Kündigung nach § 314 Abs. 1 BGB grundsätzlich ohne Einhaltung einer Kündigungsfrist erfolgen kann, ist der Bank bei Bedarf eine Frist einzuräumen, um auf die fristlose Kündigung reagieren zu können,[1526] z.B. durch Neustrukturierung der Sicherheiten oder Kündigung des Kredits. Die Kündigung hat innerhalb einer angemessenen Frist nach Kenntnis vom Kündigungsgrund zu erfolgen (§ 314 Abs. 3 BGB). 1256

Schon aus Gründen der Akzessorietät ist bei der Bestellung des Pfandrechts die Zuordnung zur gesicherten Forderung unerlässlich. Die üblichen Bankformulare enthalten diese Verknüpfung. Sind Muster in Spezialfällen nicht verfügbar, ist bei der Formulierung auf Bestimmbarkeit der Forderung zu achten. In jedem Fall stellt sich die Frage, ob das Pfandrecht nur für bestimmte Forderungen der Bank gegen einen Kunden (enge Zweckerklärung) oder für alle Forderungen aus der bankmäßigen Geschäftsverbindung (weite Zweckerklärung) wirksam vereinbart werden kann. Eine weite Zweckerklärung ist unstr. zulässig, wenn der Verpfänder gleichzeitig der persönliche Schuldner der Bank ist.[1527] Bei fehlender Identität (Drittsicherheit) wird unter Verweis auf die Rspr. zur Bürgschaft die Unwirksamkeit weiter Zweckerklärungen nach §§ 305c, 307 BGB 1257

1521 Schimansky/Bunte/Lwowski/*Merkel* Bankrechts-Handbuch § 93 Rn. 38.

1522 BGH, ZIP 2010, 1137 (1137); OLG Düsseldorf, ZIP 2015, 2490 (2491).

1523 Ausführlich Schimansky/Bunte/Lwowski/*Merkel* Bankrechts-Handbuch § 93 Rn. 217; PWW/*Nobbe* § 1205 Rn. 2.

1524 BGH, NJW 2006, 845 (845).

1525 BGH, NJW 2003, 61 (61).

1526 Ausführlich zur Kündigung nach § 314 BGB sowie den Rechtsfolgen und aufschlussreich zu den zeitlichen Anforderungen, die die Rspr. an die Bearbeitung eines komplizierten Falls durch die Rechtsabteilung und die Filiale einer Bank stellt: OLG Nürnberg, WM 2013, 979 (981).

1527 PWW/*Nobbe* § 1210 Rn. 3.

vertreten.[1528] Nach a.A. sind weite Zweckerklärungen nicht zu beanstanden.[1529] Im Hinblick auf die Tendenz der Rspr., weite Formularzweckerklärungen bei Drittsicherheiten als überraschend anzusehen, sollten in diesen Fällen enge Sicherungszwecke vereinbart werden. Das Risiko der Unwirksamkeit ist höher einzuschätzen als der mögliche Vorteil aus der weiten Vereinbarung, obwohl im Wege ergänzender Vertragsauslegung versucht werden kann, zumindest die Sicherung des Anlasskredits zu retten.[1530]

1258 Im Gegensatz zur Praxis bei abstrakten Sicherheiten ist der Sicherungszweck des akzessorischen Pfandrechts nicht durch einfache Änderung der Zweckerklärung änderbar; vielmehr bedarf es einer neuen Bestellung des Pfandrechts unter Beachtung etwaiger Formvorschriften. Dabei geht der bisherige Rang des Pfandrechts verloren.[1531]

III. Rang

1259 Entscheidend für den Rang eines Pfandrechts ist der Zeitpunkt der Bestellung (§ 1209 BGB); ältere Rechte gehen jüngeren Rechten vor. § 1208 BGB ermöglicht den gutgläubigen Erwerb des Vorrangs.

IV. Verwertung

1. Pfandreife

1260 Die Pfandreife und damit das Recht zur Verwertung tritt nach § 1228 Abs. 2 Satz 1 BGB ein, wenn die gesicherte Geldforderung ganz oder z.T. (z.B. Zinsrückstand) fällig ist. Verzug braucht nicht vorzuliegen. Vertragliche Vereinbarungen zur Herbeiführung der Pfandreife ohne Fälligkeit der Forderung sind unwirksam; Formularverträge sehen zusätzlich zur Fälligkeit grds. eine Mahnung mit Nachfristsetzung vor.

2. Verwertung verpfändeter beweglicher Sachen

1261 Die Verwertung verpfändeter beweglicher Sachen geschieht durch Pfandverkauf (§ 1228 Abs. 1 BGB), den die Bank anzudrohen hat, falls die Androhung nicht untunlich ist (§ 1234 Abs. 1). Der Verkauf darf frühestens einen Monat (§ 1234 Abs. 2 Satz 1 BGB) – bei Handelsgeschäften eine Woche (§ 368 HGB) – nach der Androhung erfolgen. Abweichende Vereinbarungen über die einzuhaltenden Fristen sind üblich und zulässig (vgl. § 1245 BGB).

1262 Für die Ausführung des Pfandverkaufs stehen mehrere Wege zur Verfügung:

- Wenn die Bank einen Titel gegen den Eigentümer auf Duldung des Verkaufs hat (dinglicher Titel), kann sie nach den Vorschriften der ZPO über den Verkauf gepfändeter Sachen verwerten (§ 1233 Abs. 2 BGB), also im Wege öffentlicher Versteigerung durch den Gerichtsvollzieher nach § 814 ZPO. Veräußerer ggü. dem Erwerber ist der Staat.[1532]
- Ohne einen solchen Titel muss nach §§ 1235 Abs. 1, 383 Abs. 3 BGB durch einen Gerichtsvollzieher oder eine andere befugte Person öffentlich versteigert werden. Veräußerer ist in diesem Fall die Bank.[1533]
- Hat die Pfandsache einen Börsen- oder Marktpreis, kann der Verkauf »aus freier Hand« bewirkt werden (§§ 1235 Abs. 2, 1221 BGB). Der Verkauf nach § 1221 BGB ist nicht mit dem freihändigen Verkauf von sicherungsübereigneten Gegenständen zu verwechseln; er hat über

1528 Reinicke/*Tiedtke* Rn. 95; PWW/*Nobbe* § 1210 Rn. 3 (Verstoß nur gegen § 305c BGB).
1529 BGH, WM 2002, 919 (919) ohne nähere Begründung; offen gelassen von BGH, NJW 2003, 61 (62).
1530 PWW/*Nobbe* § 1210 Rn. 3.
1531 Schimansky/Bunte/Lwowski/*Merkel* Bankrechts-Handbuch § 93 Rn. 218.
1532 Baumbach/*Hartmann* ZPO Einf. §§ 814 bis 825 Rn. 1.
1533 Reinicke/*Tiedtke* Rn. 1030.

einen Handelsmäkler[1534] oder eine zur öffentlichen Versteigerung befugte Person zu geschehen. Zur Versteigerung befugt sind neben den Gerichtsvollziehern öffentliche Versteigerer (§ 34b Abs. 5 GewO) und Notare (§ 20 Abs. 3 BNotO); die Notare sollen aber in der Regel keine beweglichen Sachen versteigern.

Eine von § 1235 BGB abweichende Verwertungsvereinbarung können Pfandgläubiger und Verpfänder grds. erst bei Pfandreife treffen (§ 1245 Abs. 2 BGB). Durch § 1259 BGB wurde darüber hinaus 2004 die Möglichkeit geschaffen, zur Verwertung des »gewerblichen Pfandes« auch vor Pfandreife den Verkauf von Sachen mit Börsen- oder Marktpreis durch den Pfandgläubiger selbst oder den Verfall zu vereinbaren. Ein gewerbliches Pfand ist gegeben, wenn Pfandgläubiger und Verpfänder Unternehmer, juristische Personen des öffentlichen Rechts oder öffentlich-rechtliche Sondervermögen sind (§ 1259 BGB). Der Verkauf erfolgt bei entsprechender Vereinbarung zum bei Verkauf geltenden laufenden Börsen- oder Marktpreis. Es bedarf keiner Androhung oder Wartefrist.[1535] 1263

Die Bank als Pfandgläubigerin ist zivilrechtlich nicht verpflichtet, das Sicherungsgut zu entsorgen oder die Kosten der Entsorgung zu tragen. Das gilt auch, wenn sich die Bank im Besitz der Sache befindet, weil das Pfandrecht nur ein beschränkt dingliches Sicherungsrecht darstellt.[1536] 1264

3. Verwertung verpfändeter Rechte

Die Verwertung eines verpfändeten Rechts hat nach § 1277 BGB aufgrund eines vollstreckbaren Titels im Wege der Vollstreckung zu geschehen. Sie ist höchst umständlich: Zunächst ist ein dinglicher Titel auf Duldung der Vollstreckung oder auf Zulässigkeit der Zwangsvollstreckung in das Recht zu erwirken.[1537] Ein Zahlungstitel gegen den Verpfänder ist nicht ausreichend.[1538] Dieser Schritt erübrigt sich, wenn sich der Verpfänder bei Bestellung des Pfandrechts notariell beurkundet der sofortigen Zwangsvollstreckung unterworfen hat (§ 794 Abs. 1 Nr. 5, Abs. 2 ZPO analog).[1539] Aufgrund des Titels wird dann das Recht gepfändet und der Bank zur Einziehung überwiesen (§ 835 ZPO), wenn das Gericht nicht eine andere Art der Verwertung anordnet (§ 844 Abs. 1 ZPO). Andere Verwertungsarten, die nach § 844 Abs. 1 ZPO auf Antrag des Gläubigers oder des Schuldners vom Gericht angeordnet werden können, sind z.B. der freihändige Verkauf und die Versteigerung; beide Verwertungsarten müssen durch den Gerichtsvollzieher oder eine andere vom Gericht bestimmte Person erfolgen.[1540] Im Ergebnis zieht die Bank entweder das ihr überwiesene Recht ein oder verfährt wie vom Gericht angeordnet. 1265

Zur Vereinfachung dieses Verfahrens und damit zur Verbesserung der Erlösaussichten sind nach Pfandreife jegliche Absprachen zwischen der Bank und dem Pfandgläubiger zulässig. Vor Pfandreife, also insb. bereits im Verpfändungsvertrag, bestehen für Vereinbarungen enge Grenzen. Wirksam und üblich ist der Verzicht auf das Erfordernis eines dinglichen Titels.[1541] Das verpfändete Recht wird dann im Wege der öffentlichen Versteigerung verkauft; Besonderheiten gelten für Rechte mit einem Börsen- oder Marktpreis. Vor Pfandreife getroffene abweichende Vereinbarungen bezüglich der Art des Verkaufs sind unwirksam (§§ 1277 Satz 2, 1245 Abs. 2, 1235 Abs. 1 BGB). 1266

1534 Entgegen dem Wortlaut des § 1221 BGB ist der Handelsmäkler inzwischen nach § 28 BörsG durch den Skontroführer bzw. den elektronischen Handel ersetzt, vgl. Schimansky/Bunte/Lwowski/*Merkel* Bankrechts-Handbuch § 93 Rn. 277.

1535 PWW/*Nobbe* § 1259 Rn. 3.

1536 Schimansky/Bunte/Lwowski/*Merkel* Bankrechts-Handbuch § 93 Rn. 3; vgl. zum besitzlosen Sicherungseigentum BGH WM 1964, 883 (884).

1537 RGZ 103, 137 (139).

1538 Palandt/*Wicke* § 1277 Rn. 2.

1539 Palandt/*Wicke* § 1277 Rn. 2.

1540 Baumbach/*Hartmann* ZPO § 844 Rn. 7.

1541 Palandt/*Wicke* § 1277 Rn. 3.

4. Verwertung verpfändeter Forderungen

1267 Verpfändete Forderungen können vor Pfandreife (s.o. Rdn. 1260) nur durch den Pfandgläubiger und den Verpfänder als Gläubiger der Forderung gemeinsam eingezogen werden (§ 1281 Satz 1 BGB);[1542] nach Pfandreife hingegen ausschließlich durch den Pfandgläubiger (§ 1282 BGB), der dazu – anders als bei sonstigen Rechten (vgl. Rdn. 1265) – keinen Titel benötigt. Im Rahmen des Forderungseinzugs ist der Pfandgläubiger neben dem Gläubiger zur Kündigung (§ 1283 Abs. 3 BGB) und zur Mahnung berechtigt. Ein gewerbliches Pfandrecht (s.o. Rdn. 1263) an einer Forderung, die einen Börsen- oder Marktpreis hat, kann der Pfandgläubiger außerdem dadurch verwerten, dass er die Forderung freihändig selbst verkauft, wenn dieses im Verpfändungsvertrag vorgesehen ist oder nachträglich vereinbart wurde (§§ 1279 Satz 2, 1259 BGB).

V. Erlöschen

1268 Das Pfandrecht erlischt insb. durch:
- Rückgabe der verpfändeten beweglichen Sache an den Verpfänder oder Eigentümer (§ 1253 Abs. 1 BGB); das Erlöschen kann vertraglich nicht ausgeschlossen werden, ggf. ist Neubestellung notwendig. Unerheblich ist das Rückgabemotiv. Auch die versehentliche Auszahlung des verpfändeten Sparguthabens durch den Bankmitarbeiter an den Kunden als Verpfänder oder an seinen Insolvenzverwalter führt zum Erlöschen des Pfandrechts, weil damit die Forderung als Pfand nicht mehr besteht;[1543]
- Erlöschen der Forderung (§ 1252 BGB);
- Zusammentreffen von Pfandrecht und Eigentum in einer Person (Konsolidation, § 1256 Abs. 1 BGB), wenn nicht der Eigentümer ein rechtliches Interesse am Fortbestehen hat (§ 1256 Abs. 2 BGB);
- einseitige formlose Aufgabeerklärung des Pfandgläubigers ggü. dem Verpfänder oder Eigentümer (§ 1255 Abs. 1 BGB);
- rechtmäßigen Pfandverkauf (§ 1242 Abs. 2 BGB), der zum Erlöschen sämtlicher Pfandrechte führt.

VI. Übertragung

1269 Die Übertragung des Pfandrechts ist aufgrund der Akzessorietät ausschließlich durch Übertragung der gesicherten Forderung möglich (§ 1250 Abs. 1 BGB). Der Übergang kann durch Vereinbarung abbedungen werden (§ 1250 Abs. 2 BGB), wodurch das Pfandrecht erlischt. Als Nebenrecht kann das Pfandrecht nicht selbstständig gepfändet werden.[1544]

VII. Pfandrecht an Kontoguthaben

1. Guthaben bei der Kredit gebenden Bank

1270 Erhebliche praktische Bedeutung kommt der Verpfändung von Einlagen bei der Kredit gebenden Bank selbst zu (»Pfandrecht an eigener Schuld«), weil in diesen Fällen die Sicherungsabtretung wegen der Vereinigung von Forderung und Schuld (Konfusion) in der Person der Bank ausscheidet. Ein Pfandrecht an der gegen sich selbst gerichteten Forderung ist hingegen wirksam,[1545] da die Verpfändung keinen Übergang der Forderung auf die Bank zur Folge hat. Die Verpfändung bedarf

1542 Zu Besonderheiten in der Insolvenz des Verpfänders vgl. Rdn. 1355.

1543 OLG Dresden, WM 2010, 212 (213).

1544 OLG Nürnberg, MDR 2001, 1133 (1134).

1545 RGZ 57, 358 (363); BGH, WM 1985, 78 (79); BGH, WM 2004, 666 (667); OLG Dresden, WM 2010, 212 (212).

keiner Anzeige[1546] und bei Sparkonten auch nicht der Übergabe des Sparbuchs.[1547] Gleichwohl kann die Übergabe des Sparbuchs zur Verhinderung von Verfügungen zweckmäßig sein.

Bei der Verpfändung von Gemeinschaftskonten ist zu beachten, dass die Inhaber eines Und-Kontos die Forderung nur gemeinsam verpfänden können. Dagegen sind die Gläubiger eines Oder-Kontos zwar einzeln zur Verpfändung ihrer Forderung berechtigt, doch ist dadurch das Verfügungsrecht der anderen Kontoinhaber nicht ausgeschlossen;[1548] das Guthaben ist mithin ohne Verpfändung durch alle Kontoinhaber für den Pfandgläubiger nicht gesichert. **1271**

Wenn für Sparbriefe, die bankmäßig Sparguthaben sind, entgegen der heutigen Üblichkeit eine Urkunde ausgefertigt wurde, empfiehlt sich bei der Verpfändung die Übergabe der Urkunde. Der BGH ist davon ausgegangen, dass bei einem dem Kunden ausgehändigten nicht im Depot verwahrten Sparbrief dieser nicht von einer »Verpfändung von Kontoguthaben und Wertpapierdepot« umfasst wird.[1549] **1272**

Probleme ergeben sich, wenn verpfändete Guthaben bei Fälligkeit oder auf Wunsch des Kunden auf andere Konten oder andere Anlageformen umgeschichtet werden. Das OLG Karlsruhe entschied in einem Fall, in dem ein Festgeldguthaben auf ein eigens eingerichtetes Verrechnungskonto gestellt wurde, das Pfandrecht bleibe durch diese Buchung und eine spätere Rückbuchung unberührt.[1550] Das Urteil stützt sich auf eine Klausel im Verpfändungsvertrag, nach der Gegenwerte der Pfandgegenstände ebenfalls verpfändet wurden, und zudem auf die Feststellung, die Umbuchung sei keine Rückzahlung der verpfändeten Einlage. Trotz dieser Argumentation ist bei Umbuchung verpfändeter Guthaben Vorsicht geboten. **1273**

Die Verwertung erfolgt nach Pfandreife durch Einziehung (§ 1282 Satz 1 BGB). Dazu gibt die Bank als Pfandgläubigerin eine »einfache Erklärung« ab[1551] und verrechnet das Guthaben, soweit es zur Befriedigung der gesicherten Forderung benötigt wird. Voraussetzung ist die Fälligkeit oder Erfüllbarkeit der verpfändeten Forderung, was bei Sparbriefen und vereinbartem beiderseitigen Ausschluss der Kündbarkeit zweifelhaft sein kann.[1552] Das Pfandrecht erlischt, wenn die Bank das Guthaben an den Kunden auszahlt, weil damit die verpfändete Forderung als »Pfand« durch Erfüllung erloschen ist. Das gilt auch bei versehentlicher oder irrtümlicher Auszahlung.[1553] **1274**

2. Guthaben bei anderer Bank

Die Verpfändung von Einlagen bei einer anderen Bank setzt als Wirksamkeitserfordernis die Anzeige des Verpfänders über die Verpfändung an die kontoführende Bank als Drittschuldnerin voraus (§ 1280 BGB). Erst durch den Zugang der Anzeige entsteht das Pfandrecht und wird sein Rang begründet; die »stille« Verpfändung ist schwebend unwirksam. Ob eine solche unwirksame Verpfändung in eine Abtretung umgedeutet werden kann oder ein sonstiges Verwertungsrecht begründet, wurde für Ansprüche aus Lebensversicherungsverträgen schon vom Reichsgericht erwogen;[1554] eine verlässliche Grundlage dafür besteht bis heute nicht. **1275**

Gleichzeitig mit der Anzeige des Verpfänders bittet die Pfandgläubigerin die Drittschuldnerin regelmäßig um Mitteilung, ob Rechte Dritter bestehen, und um Verzicht auf das AGB-Pfandrecht. Die Drittschuldnerin ist – anders als der Drittschuldner bei Zustellung eines Pfändungsbeschlusses **1276**

1546 BGH, NJW 2004, 1660 (1662); BGH, WM 1985, 78 (79); BGH, WM 2004, 666 (668).
1547 RGZ 124, 217 (220); Schimansky/Bunte/Lwowski/*Merkel* Bankrechts-Handbuch § 93 Rn. 70.
1548 Hellner/Steuer/*Benckendorff/Scheuing* Rn. 4/1529.
1549 BGH, WM 1989, 1640 (1641).
1550 OLG Karlsruhe, WM 2000, 521 (521).
1551 OLG Dresden, WM 2010, 212 (213); OLG Düsseldorf, WM 1992, 1937 (1939); Palandt/*Wicke* § 1282 Rn. 4.
1552 OLG Düsseldorf, WM 1992, 1937 (1939).
1553 OLG Dresden, WM 2010, 212 (213).
1554 RGZ 51, 83 (87); RGZ 79, 306 (308).

in der Zwangsvollstreckung – nicht zur Abgabe einer Erklärung verpflichtet.[1555] Zur Schaffung von Rechtssicherheit für beide Seiten sollte der Zugang der Anzeige bestätigt werden; die Abgabe weiter gehender Erklärungen bedarf aber der Abwägung. Die mit der Bestätigung über das Bestehen der Rechte Dritter verbundenen Haftungsfolgen wird die Drittschuldnerin nur in Kauf nehmen, wenn dieser Wunsch des gemeinsamen Kunden aus der Geschäftsbeziehung gerechtfertigt ist. Das Gleiche gilt für den Verzicht auf das AGB-Pfandrecht. In jedem Fall hat die Drittschuldnerin die Verpfändung in ihren Unterlagen zu vermerken und bei Verfügungswünschen des Kunden sowie bei Fälligkeit zu beachten.

1277 Bei der Verpfändung von bei einer anderen Bank geführten Sparguthaben ist die Übergabe des Sparbuchs, ggf. des Sparbriefs oder einer sonstigen ausgefertigten Urkunde zur Verwertung der Sicherheit unerlässlich, weil die Drittschuldnerin ohne Vorlage der Urkunde nicht zur Leistung verpflichtet ist.[1556]

1278 Die Verwertung geschieht durch Einzug der Forderung, ggf. unter Vorlage der Urkunde. Die Rechte der Bank als Pfandgläubigerin in der Insolvenz der kontoführenden Bank sind in der Rspr. ungeklärt. Zwar erstreckt sich das Pfandrecht an einem Sparguthaben nicht auf die Entschädigungsforderung des Kontoinhabers gem. §§ 3 Abs. 1, 4 Abs. 1 EAEG gegen den Einlagensicherungsfonds oder den Anspruch auf Auszahlung des Guthabens eines bei einer weiteren Bank zur Abwicklung des Entschädigungsanspruchs eröffneten Kontos.[1557] Ob aber die Bank als Pfandgläubigerin aufgrund der Ansprüche aus §§ 1281, 1282 BGB als Gläubigerin der insolventen Bank und damit als Inhaberin eines eigenen direkten Anspruch gegen den Einlagensicherungsfonds anzusehen ist, ließ der BGH ausdrücklich offen.[1558]

VIII. Pfandrecht an Wertpapieren

1. Geeignete Wertpapiere

1279 Grds. sind alle übertragbaren Wertpapiere auch verpfändbar. In der Praxis spielen vor allem in Depots einbuchbare Wertpapiere wie Aktien, Investmentzertifikate, Schuldverschreibungen, Optionsscheine und Zertifikate eine Rolle. Kreditinstitute in der Rechtsform der AG haben zu beachten, dass sie eigene Aktien max. i.H.v. 10 % ihres Grundkapitals selbst halten dürfen; darin einzubeziehen sind ihnen verpfändete eigene Aktien (§§ 71 Abs. 2, 71e Abs. 1 AktG). Um eine versehentliche Überschreitung des Grenzwertes zu vermeiden, sind eigene Aktien bei diesen Instituten von Depotverpfändungen und vom AGB-Pfandrecht formularmäßig ausgenommen; für Einzelverpfändungen besteht i.d.R. ein internes Meldewesen. Grenzwerte sind auch bei der Verpfändung von eigenen Genussscheinen und verbrieften nachrangigen Verbindlichkeiten der Bank als Pfandgläubigerin zu beachten.[1559]

2. Bestellung des Pfandrechts an Wertpapieren

1280 Bezüglich der Bestellung des Pfandrechts ist zwischen Inhaberpapieren und Orderpapieren zu differenzieren. Bei den meisten depotfähigen Wertpapieren handelt es sich um Inhaberpapiere, doch gewinnen Namensaktien als Orderpapiere bei börsennotierten Aktiengesellschaften an Bedeutung.

a) Inhaberpapiere

1281 Inhaberpapiere werden nach § 1293 BGB wie bewegliche Sachen verpfändet, also grds. durch Einigung und Übergabe. Befinden sich die Wertpapiere bereits in einem Depot bei der Pfandgläubigerin,

1555 Schimansky/Bunte/Lwowski/*Merkel* Bankrechts-Handbuch § 93 Rn. 74.
1556 Vgl. z.B. Nr. 2.2 der »Bedingungen für den Sparverkehr« der Sparkassen.
1557 BGH, NJW 2008, 1732 (1733).
1558 BGH, NJW 2008, 1732 (1734).
1559 Schimansky/Bunte/Lwowski/*Merkel* Bankrechts-Handbuch § 93 Rn. 113.

ist die Übergabe entbehrlich (§ 1205 Abs. 1 S. 2 BGB). Bei Wertpapieren im Depot bei einer anderen Bank ist die Abtretung des Herausgabeanspruchs sowie die Anzeige der Verpfändung notwendig (§§ 1205 Abs. 2, 870 BGB).

Falls effektive Stücke verpfändet und übergeben werden, die sich noch nicht im Depot befinden, müssen sie eingebucht werden (§ 17 DepotG). Infolge des FATCA-Abkommens sind seit 01.01.2017 effektive Anteilsstücke an Investmentfonds, die sich nicht in Sammelverwahrung befinden, kraftlos (§ 358 Abs. 3 S. 1 KAGB); eine Verpfändung noch in Umlauf befindlicher effektiver Stücke ist daher nicht mehr möglich. Bezüglich sonstiger effektiver Stücke, z.B. Aktien, existiert keine entsprechende Vorschrift. **1282**

Für die Mehrzahl der Wertpapiere werden heutzutage keine einzelnen Urkunden mehr ausgefertigt, die effektiv übergeben und in Sonderverwahrung (frühere Streifbandverwahrung) oder Sammelverwahrung der Bank genommen werden könnten. Stattdessen erstellt der Emittent eine Sammelurkunde (Globalurkunde) nach § 9a DepotG,[1560] die bei einer Wertpapiersammelbank verwahrt wird. Oft schließen die Satzung der AG oder die Bedingungen einer Anleihe den Anspruch der Miteigentümer der Sammelurkunde auf Auslieferung von Einzelstücken aus (§ 9a Abs. 3 Satz 2 DepotG);[1561] man spricht dann von einer Dauerglobalurkunde.[1562] Einzige Wertpapiersammelbank in Deutschland ist die zum Konzern der Deutschen Börse gehörende Clearstream Banking AG. Diese führt für die Kreditinstitute Depots, in denen die Wertpapiere der Bankkunden eingebucht sind. Sachenrechtlich hat die Bank mittelbaren Fremdbesitz erster Stufe und der Depotkunde mittelbaren Eigenbesitz zweiter Stufe.[1563] Der Depotkunde hat am Sammelbestand der Wertpapiere gleicher Art gem. § 6 Abs. 1 DepotG Miteigentum nach Bruchteilen. **1283**

Die Auswirkungen der Verwahrung durch die Wertpapiersammelbank auf die Verpfändung von in Sammel- und Dauerglobalurkunden verbrieften Aktien sind umstritten.[1564] Die Praxis und der BGH gehen davon aus, dass die Verpfändung von Wertpapieren im Depot bei der Pfandgläubigerin – wie bei effektiven Stücken – durch bloße Einigung kurzer Hand nach § 1205 Abs. 1 S. 2 BGB wirksam ist.[1565] Auch für Wertpapiere im Depot bei einem anderen Kreditinstitut soll sich ggü. der Verpfändung effektiver Stücke nichts ändern. Ausreichend sind die Abtretung des Herausgabeanspruchs (§§ 1293, 1205 Abs. 2 BGB) und die Anzeige des Verpfänders an die Depotbank; einer weiteren Anzeige an die Clearstream Banking AG bedarf es nicht.[1566] **1284**

b) Orderpapiere

Orderpapiere, insb. Namensaktien nach § 68 Abs. 1 AktG, werden gem. § 1292 BGB durch Einigung und – soweit sie nicht bereits im Besitz des Pfandgläubigers sind – Übergabe des indossierten Wertpapiers verpfändet. Die Formulare sehen statt des möglichen Pfandindossaments, das z.T. aus Sicht des Verpfänders empfohlen wird,[1567] Blankovollindossamente vor, die eine einfachere Verwertung erlauben. Die rechtlich ebenfalls mögliche Verpfändung des Orderpapiers ohne **1285**

1560 Vgl. Baumbach/*Kumpan* HGB § 9a DepotG Rn. 1; *Hirte/Knof* WM 2008, 7 (9).

1561 Baumbach/*Kumpan* HGB § 9a DepotG Rn. 4.

1562 BGH, WM 2015, 2273 (2275).

1563 Str., so BGH, WM 2015, 2273 (2275); BGH, WM 1997, 1136 (1136); *Berger* WM 2009, 577 (578); *Hirte/Knof* WM 2008, 7 (10).

1564 Ausführlich zum Meinungsstand *Berger* WM 2009, 577 (579); *Hirte/Knof* WM 2008, 7 (11); *Nodoushani* WM 2007, 289 (295).

1565 BGH, WM 2015, 2273 (2275) zu Inhaberpieren; BGH, WM 1997, 1136 (1136).

1566 BGH, WM 2013, 858 (861); OLG Karlsruhe, WM 1999, 2451 (2455); Schimansky/Bunte/Lwowski/*Merkel* Bankrechts-Handbuch § 93 Rn. 90.

1567 *Nodoushani* WM 2007, 289 (292).

Indossament[1568] hat in der Praxis keine Bedeutung. Vinkulierte Namensaktien, deren Übertragung nach § 68 Abs. 2 AktG der Zustimmung der Gesellschaft bedarf, können auch nur mit Zustimmung der AG verpfändet werden (§ 1274 Abs. 1 Satz 1 BGB). Anhand der Satzung ist zu klären, ob der Vorstand – so der Regelfall (§ 68 Abs. 2 Satz 2 AktG) – oder ein anderes Organ der AG zur Erteilung der Zustimmung zuständig ist.

1286 Wenn Namensaktien in Sammelverwahrung gegeben werden, müssen sie vorher blanko indossiert sein.[1569] I.Ü. verläuft die Verpfändung wie bei Inhaberpapieren in Sammelverwahrung (vgl. Rdn. 1284).

1287 Für Investmentzertifikate ist im Einzelfall zu klären, ob es sich um Orderpapiere oder Inhaberpapiere handelt; dem entsprechend ist die Verpfändung zu gestalten.

c) Einzelfragen

1288 Die im Ausland ruhenden Wertpapiere sind formularmäßig von der Verpfändung ausgenommen. Zur Heranziehung dieser – wenn überhaupt – nur nach ausländischem Recht verpfändbaren Wertpapiere als Sicherheit lässt sich die Bank sämtliche Lieferungs- und Herausgabeansprüche des Kunden gegen sich selbst verpfänden.

1289 Werden nicht nur einzelne Wertpapiere, sondern der gesamte jeweilige Bestand eines Depots verpfändet, genügt zur Bestimmbarkeit des Pfandgegenstandes die Angabe der Depotnummer.[1570] Regelmäßig wird dem Verpfänder das Recht eingeräumt, über Wertpapiere zu verfügen, solange ein Grenzwert des Depots nicht unterschritten wird.

1290 Bei der Verpfändung von aktienrechtlichen Bezugsrechten außerhalb einer Depotverpfändung sind Besonderheiten zu beachten: Separat verpfändbar sind nur die bestehenden oder künftigen konkreten Bezugsrechte aufgrund eines Kapitalerhöhungsbeschlusses oder eines Ausnutzungsbeschlusses bezüglich genehmigten Kapitals; nicht separat verpfändbar ist das allgemeine Bezugsrecht als Möglichkeit des Aktionärs zur Teilhabe an künftigen Kapitalerhöhungen.[1571] Da Bezugsrechte keine Wertpapiere, sondern Forderungen gegen die Gesellschaft sind, ist die Anzeige der Verpfändung gem. § 1280 BGB (vgl. Rdn. 1254) zumindest empfehlenswert.[1572] Die Praxis der Depotverpfändung behilft sich mit der Abtretung der Bezugsrechte.

1291 Schuldurkunden der BRD, z.B. Bundesanleihen, werden wie bewegliche Sachen verpfändet.[1573] Die Verpfändung bedarf der Anzeige an die Depotbank (§ 1205 Abs. 2 BGB), wenn diese nicht selbst Pfandgläubigerin ist.

d) Gutgläubiger Erwerb

1292 Weitergehend als bei sonstigen beweglichen Sachen ist gutgläubiger Erwerb des Pfandrechts an Inhaberpapieren auch möglich, wenn diese abhandengekommen sind (§§ 1293, 1207, 935 Abs. 2 BGB). Der gute Glaube einer Bank beim Pfandrechtserwerb wird allerdings nach § 367 Abs. 1 HGB durch Bekanntmachung des Verlusts im Bundesanzeiger ausgeschlossen, wenn der Erwerb innerhalb eines Jahres ab dem Ende des Veröffentlichungsjahres erfolgt.

1568 Palandt/*Wicke* § 1292 Rn. 2.
1569 Baumbach/*Kumpan* HGB § 5 DepotG Rn. 1.
1570 Vgl. zur Einhaltung des Bestimmtheitsgebots bei Sammelbezeichnungen OLG Karlsruhe, WM 1999, 2451 (2455).
1571 *Nodoushani*, WM 2011, 1 (1).
1572 *Nodoushani*, WM 2011, 1 (6).
1573 BGH, WM 1996, 518 (518).

3. Inhalt des Pfandrechts an Wertpapieren

Das aus Aktien resultierende Stimmrecht und sonstige Mitgliedschaftsrechte verbleiben beim Verpfänder.[1574] Die Bank hat die notwendigen Maßnahmen zu ergreifen, damit das Stimmrecht ausgeübt werden kann. 1293

Falls zum Wertpapier gehörende Zins-, Renten- und Gewinnanteilscheine dem Pfandgläubiger mit übergeben wurden, erstreckt sich das Pfandrecht auch auf diese (§ 1296 Satz 1 BGB). Andernfalls können sie auch separat verpfändet werden, wenn das Hauptrecht ein Inhaberpapier ist.[1575] Die Behandlung von Erträgnissen hängt von der getroffenen Vereinbarung ab. Kraft Gesetzes stehen die Erträgnisse als Rechtsfrüchte dem Verpfänder zu, wenn kein Nutzungspfand vereinbart wurde (§§ 1293, 1213 BGB). I.d.R. wird die Bank berechtigt, Erträgnisse einzuziehen und auf einem separaten Konto anzulegen, auf das das Pfandrecht erstreckt wird. Bezugsrechte sind nur bei ausdrücklicher Vereinbarung mitverpfändet.[1576] Aktien aus einer Kapitalerhöhung gelten nicht ohne weiteres als vom Pfandrecht umfasst.[1577] 1294

Während des Bestehens eines Pfandrechts an einem Depot ist die Bank grds. nicht verpflichtet, Depotaufträge auszuführen.[1578] Dieses gilt unabhängig davon, ob die gesicherte Forderung schon fällig ist,[1579] wird aber oft auf den Fall der Unterschreitung von Deckungsuntergrenzen beschränkt. Das Pfandrecht an Inhaberschuldverschreibungen setzt sich nach Einlösung bei Fälligkeit analog § 1287 BGB am Erlös fort.[1580] 1295

4. Verwertung des Pfandrechts an Wertpapieren

Freihändiger Verkauf i.S.d. § 1221 BGB, also durch Handelsmäkler[1581] oder Versteigerer, ist sowohl bei Inhaberpapieren (§§ 1293, 1235 Abs. 2 BGB) als auch bei Orderpapieren (§ 1295 BGB) zulässig, wenn die Wertpapiere einen Börsen- oder Marktpreis haben. Ist der Verpfänder Unternehmer, juristische Person des öffentlichen Rechts oder öffentlich-rechtliches Sondervermögen, kann für Inhaberpapiere schon bei Verpfändung die Veräußerung durch die Bank vereinbart werden (§§ 1293, 1259 BGB). Entsprechende Vereinbarungen enthalten die Verpfändungsformulare. 1296

Vinkulierte Namensaktien sind ohne erneute Zustimmung der Gesellschaft aufgrund eines Titels nach § 1277 BGB im Vollstreckungswege verwertbar. Zur freihändigen Veräußerung ist hingegen die Zustimmung zum konkreten Verkauf einzuholen.[1582] 1297

In Inhaber- oder Orderpapieren verbriefte Forderungen kann die Bank einziehen (§ 1294 BGB), wenn nichts anderes vereinbart ist. Das Recht zum Einzug steht ihr schon vor Pfandreife zu. Investmentzertifikate werden zur freihändigen Verwertung an den Anteilsausgeber zurückgegeben. 1298

IX. Pfandrecht an Gesellschaftsanteilen

Die Verpfändung von Gesellschaftsanteilen ist eine Möglichkeit, den Wert des Anteils als Kreditsicherheit heranzuziehen, ohne dass damit die Folgen des Erwerbs des Anteils verbunden sind. 1299

1574 BGH, WM 2015, 2273 (2277).
1575 Palandt/*Wicke* § 1296 Rn. 2.
1576 *Nodoushani*, WM 2011, 1 (2); Schimansky/Bunte/Lwowski/*Merkel* Bankrechts-Handbuch § 93 Rn. 105.
1577 Str., so Hüffer/*Koch* § 186 Rn. 11; MüKo-AktG/*Schürnbrand* § 186 Rn. 42.
1578 OLG München, WM 2008, 122 (122).
1579 BGH, WM 2004, 666 (667); OLG München, WM 2008, 122 (122).
1580 BGH, NJW 1997, 2110 (2111).
1581 Entgegen dem Wortlaut des § 1221 BGB ist der Handelsmäkler inzwischen nach § 28 BörsG durch den Skontroführer bzw. den elektronischen Handel ersetzt, vgl. Schimansky/Bunte/Lwowski/*Merkel* Bankrechts-Handbuch § 93 Rn. 277.
1582 Schimansky/Bunte/Lwowski/*Merkel* Bankrechts-Handbuch § 93 Rn. 281.

Jedenfalls im Stadium der Sicherheitenbestellung kann der Bank nicht daran gelegen sein, nach außen haftungsrechtlich und nach innen hinsichtlich der Pflichten ggü. der Gesellschaft selbst Gesellschafterin zu werden.

1300 Nach der Rechtslage vor Inkrafttreten des MoMiG am 01.11.2008 war insb. die Qualifizierung der gewährten Kredite als eigenkapitalersetzend nach § 32a GmbHG a.F. zu vermeiden. Dieser Erfolg konnte nur erreicht werden, indem bei der Verpfändung eine gewisse Zurückhaltung geübt wurde. Nach der Rspr. konnten den Pfandgläubiger eines GmbH-Anteils die Rechtsfolgen des § 32a GmbHG a.F. treffen, wenn er in der Gesamtschau der ihm eingeräumten Rechte und Einflussmöglichkeiten eine Position einnahm, die der des Gesellschafters zumindest nahe kam (»atypischer Pfandgläubiger«).[1583]

1301 Streitig ist, ob die durch das MoMiG geschaffenen Rangänderungen und Anfechtungsmöglichkeiten nach der InsO jetzt auch ggü. atypischen Pfandgläubigern gelten.[1584] Da die Anwendbarkeit zumindest nicht ausgeschlossen werden kann, sollte bei der Verpfändung auch künftig ausdrücklich klargestellt werden, dass die Stimmrechte beim Verpfänder verbleiben. Unschädlich ist die Vereinbarung einzelner Sicherungsmaßnahmen, z.B. Absprachen über die Stimmrechtsausübung und die Kündigung, wenn der Gesellschafter dadurch nicht entmachtet wird.

1302 Falls eine GmbH Sicherheiten für die Verbindlichkeiten eines Gesellschafters bestellt (Upstream-Besicherung), hat der Geschäftsführer die Risiken der Geschäftsführerhaftung gem. § 64 Satz 3 GmbHG zu bedenken. Solche Sicherheitenbestellungen und damit auch die Verpfändung von Vermögenswerten der Tochtergesellschaft gelten als Zahlungen an einen Gesellschafter im Sinne von § 64 Satz 3 GmbHG.[1585] Daher werden von Pfandgläubigern bei der Pfandbestellung durch Vereinbarung einer Limitation Language erhebliche wertmindernde Zugeständnisse bis hin zum vertraglichen Verzicht auf die Pfandverwertung erwartet, wenn ein Verstoß gegen die Kapitalerhaltungsvorschriften droht.[1586] Bei der Formulierung ist einerseits das berechtigte Interesse des Geschäftsführers an der Haftungsvermeidung zu berücksichtigen; andererseits darf aus Kreditgebersicht das Pfandrecht nicht über das notwendige Maß hinaus ausgehöhlt werden.

1303 Der Sicherungswert der verpfändeten Anteile kann nicht vorsichtig genug eingeschätzt werden. Da oft Anteile an Unternehmen verpfändet werden, die mit dem Kreditnehmer rechtlich oder wirtschaftlich verbunden sind, sinkt der Wert der Sicherheit gerade in der Krise des Schuldners. Außerdem ist die Verwertung von verpfändeten Gesellschaftsanteilen rechtlich kompliziert und gibt den Mitgesellschaftern Gelegenheit, den wirtschaftlichen Erfolg erheblich zu verzögern oder zu vereiteln. Hingewiesen sei nur darauf, dass die Verpfändung des Anteils die Gesellschaft auch in der Verwertungsphase nicht daran hindert, einzelne Gegenstände aus dem Gesellschaftsvermögen zu veräußern und damit den Wert der Sicherheit auszuhöhlen.[1587]

1. Bestellung des Pfandrechts an Gesellschaftsanteilen

1304 Die Verpfändung von nicht verbrieften Anteilen an Gesellschaften erfolgt nach den Regeln über die Verpfändung von Rechten (§§ 1273 ff. BGB) in der für die Übertragung des Anteils vorgeschriebenen Form (vgl. Rdn. 1253). Dabei sind gesetzliche (s.o. Rdn. 1245 zu Verbraucherverträgen) und im Gesellschaftsvertrag statuierte Form- und Zustimmungsvorschriften zu beachten.

1583 BGH, NJW 1992, 3035 (3036); a.A. Ulmer/*Habersack*/Löbbe § 30 Rn. 92.

1584 Generell für die Anwendbarkeit auf den atypischen Pfandgläubiger MüKo-InsO/*Gehrlein* § 135 Rn. 20; Baumbach/*Hueck*/*Fastrich* GmbHG § 30 Rn. 28; Hellner/Steuer/*Benckendorff*/*Scheuing* Rn. 4/1529; a.A. Ulmer/*Habersack*/Winter § 30 Rn. 74 und Anh. § 30 Rn. 92; differenzierend für die Anwendbarkeit in Ausnahmefällen HK-InsO/*Kleindiek* § 39 Rn. 50, der auf die besondere Machtposition der Bank als Pfandgläubigerin im Fall des BGH (NJW 1992, 3035) hinweist.

1585 BGH, WM 2017, 945 (946) zur Grundschuld.

1586 Vgl. Schimansky/Bunte/Lwowski/*Merkel* Bankrechts-Handbuch § 93 Rn. 144.

1587 H.M. MüKo-HGB/*K. Schmidt* § 135 Rn. 37; a.A. *Roth* ZGR 2000, 187 (202).

Anteile an einer **GbR** sind grds. nicht ohne weiteres übertragbar und daher auch nicht frei verpfändbar. Die Verpfändung ist nur zulässig, wenn entweder die übrigen Gesellschafter zustimmen oder die Übertragung oder Belastung im Gesellschaftsvertrag explizit gestattet ist.[1588] Gleiches gilt für **OHG**[1589] und **KG**. **1305**

Für die Übertragung und damit auch für die Verpfändung von Anteilen an Personengesellschaften existieren keine gesetzlichen Formvorschriften. Auch die Verpfändung von Anteilen an Gesellschaften, deren Zweck das Halten von Grundstücken ist, bedarf nicht der notariellen Beurkundung[1590] und kann nicht in das Grundbuch eingetragen werden. Das gilt seit Anerkennung der Rechtsfähigkeit auch für die GbR als Eigentümerin eines Grundstücks.[1591] Eine Anzeige nach § 1280 BGB ist nicht notwendig, weil es sich nicht um die Verpfändung einer Forderung handelt.[1592] **1306**

Im Gegensatz zu den Anteilen an Personengesellschaften sind **GmbH**-Anteile nach §§ 1274 Satz 1 BGB, 15 Abs. 1 GmbHG frei übertragbar und somit ohne Zustimmung der Gesellschaft oder der Mitgesellschafter verpfändbar, soweit der Gesellschaftsvertrag nichts entgegen Stehendes enthält. Im Gesellschaftsvertrag können die Übertragung und/oder die Verpfändung vollständig ausgeschlossen oder an Zustimmungserfordernisse durch die Gesellschaft oder die Gesellschafter geknüpft sein (§ 15 Abs. 5 GmbHG). **1307**

Die Verpfändung ist notariell zu beurkunden (§§ 1274 Satz 1 BGB, 15 Abs. 3 GmbHG), nicht aber die Verpflichtung zur Verpfändung.[1593] Das Beurkundungserfordernis bezieht sich nur auf die Verpfändung des GmbH-Anteils insgesamt, nicht auf die Verpfändung einzelner Rechte wie Gewinnanteile und Liquidationsguthaben.[1594] Eine Anzeige nach § 1280 BGB ist entbehrlich, weil keine Forderung, sondern ein Recht verpfändet wird. Die Pflicht des Übernehmers eines Anteils – und damit auch des Pfandgläubigers – zur Anmeldung des Anteilsübergangs bei der Gesellschaft nach § 16 GmbHG a.F. ist mit dem MoMiG 2008 entfallen. Trotzdem ist die Anzeige der Verpfändung an die Gesellschaft ratsam, weil die Gesellschaft Mitwirkungsrechte des Pfandgläubigers nur bei Kenntnis von der Verpfändung beachten muss.[1595] In die zum Handelsregister einzureichende Gesellschafterliste nach § 40 GmbHG ist die Verpfändung als Belastung des Anteils nicht aufzunehmen;[1596] eine Publizität des Pfandrechts kann somit nicht erreicht werden. Eine Gefahr des gutgläubigen lastenfreien Erwerbs nach § 16 Abs. 3 GmbHG und damit des Verlusts des Pfandrechts besteht nicht.[1597] **1308**

Der Geschäftsanteil und das Geschäftsguthaben des Mitglieds einer **Genossenschaft** sind insgesamt nicht verpfändbar, wohl aber das bestehende oder künftige Auseinandersetzungsguthaben.[1598] Eine Verpfändung des Anteils oder des Geschäftsguthabens kann möglicherweise in eine wirksame Verpfändung des Auseinandersetzungsguthabens umgedeutet werden.[1599] Der wirtschaftliche Wert der Verpfändung des Auseinandersetzungsguthabens ist gemindert, wenn dem Pfandrecht ein AGB-Pfandrecht der Genossenschaft im Rang vorgeht, wie es regelmäßig bei Genossenschaftsbanken der Fall ist.[1600] **1309**

1588 Palandt/*Wicke* § 1274 Rn. 6; a.A. MüKo-HGB/*K. Schmidt* § 135 Rn. 34: Selbst wenn die Übertragung gestattet ist, ist im Zweifel die zusätzliche Zustimmung zur Verpfändung erforderlich.

1589 Baumbach/*Hopt* HGB § 135 Rn. 15.

1590 BGH, NJW 1983, 1110 (1110) zur Übertragung solcher Anteile.

1591 BGH, WM 2016, 1973 (1973).

1592 BGH, WM 2010, 368 (369); Palandt/*Wicke* § 1279 Rn. 1.

1593 H.M. Ulmer/Habersack/*Löbbe* § 15 Rn. 164; a.A. *Leuering/Simon* NJW-Spezial 2005, 171 (171).

1594 Schimansky/Bunte/Lwowski/*Merkel* Bankrechts-Handbuch § 93 Rn. 150.

1595 Ulmer/Habersack/*Löbbe* § 16 Rn. 37.

1596 H.M. Baumbach/*Zöllner/Noack* GmbHG § 40 Rn. 6; Ulmer/Habersack/*Löbbe* § 16 Rn. 37.

1597 Baumbach/*Fastrich* GmbHG § 16 Rn. 26.

1598 OLG Braunschweig, WM 1997, 487 (488).

1599 Lang/Weidmüller/*Schulte* § 22 Rn. 12.

1600 Lang/Weidmüller/*Schulte* § 22 Rn. 11, 13.

2. Inhalt des Pfandrechts an Gesellschaftsanteilen

1310 Bei der **GmbH** gilt:
- Das Stimmrecht verbleibt beim Gesellschafter. Dieses soll auch für Entscheidungen gelten, die das Pfandrecht in seinem Kern berühren, z.B. die Auflösung der Gesellschaft.[1601]
- Dagegen bedürfen die Zustimmung des Gesellschafters zur Einziehung seines Anteils und die ordentliche Kündigung, soweit der Gesellschaftsvertrag sie zulässt, nach herrschender Meinung gem. § 1276 BGB der Zustimmung des Pfandgläubigers.[1602]
- Die Gewinnansprüche stehen dem Gesellschafter zu. Werden sie zusätzlich zum Anteil verpfändet, ist die Anzeige nach § 1280 BGB Wirksamkeitsvoraussetzung, weil es sich um die Verpfändung einer Forderung handelt.[1603]
- Am Liquidationsguthaben und an Abfindungsansprüchen nach Kündigung, Austritt und Ausschluss setzt sich das Pfandrecht fort.[1604]

1311 Bei **Personengesellschaften** ist die Rechtsstellung des Pfandgläubigers derjenigen bei der GmbH vergleichbar. Der Pfandgläubiger hat keine Stimmrechte und grds. auch keine anderen Verwaltungsrechte. Der Schutz vor ihn beeinträchtigenden Verfügungen, z.B. durch Kündigung des Gesellschafters, über § 1276 BGB ist im Einzelnen streitig.[1605] Auf Gewinnansprüche erstreckt sich die Verpfändung des Anteils zunächst nicht; erst mit der Vollstreckung hat der Pfandgläubiger Zugriff auf die danach entstehenden Gewinnansprüche (vgl. § 725 Abs. 2 BGB zum Pfändungspfandrecht).[1606] Zur Vermeidung einer Lücke in der Besicherung müssen die Gewinnansprüche ausdrücklich neben dem Gesellschaftsanteil verpfändet werden, und zwar unter Anzeige der Verpfändung an die Gesellschaft nach § 1280 BGB.[1607] Das Pfandrecht erstreckt sich auch auf Abfindungs- und Auseinandersetzungsguthaben.[1608]

3. Verwertung des Pfandrechts an Gesellschaftsanteilen

1312 Es gelten die Regeln über die Verwertung von Rechten nach § 1277 BGB (vgl. Rdn. 1265 f.). Bezüglich der Verwertung von Gesellschaftsanteilen wird i.d.R. vertraglich neben der Zwangsverwertung aufgrund eines Titels der Verkauf durch öffentliche Versteigerung eröffnet. Weiter gehende Erleichterungen für den Pfandgläubiger, wie der freihändige Verkauf der Beteiligung durch die Bank, können vor Eintritt der Pfandreife nicht wirksam vereinbart werden.

a) Verwertung von GmbH-Anteilen

aa) Gesetzliche Verwertungsart

1313 Soweit keine Vereinbarungen getroffen sind, ist der Anteil nach den für die Zwangsvollstreckung geltenden Vorschriften zu verwerten (§ 1277 BGB). Dazu muss der Pfandgläubiger:
- Einen Titel auf Duldung der Zwangsvollstreckung erwirken, falls die Verpfändungsurkunde oder eine nachträgliche Vereinbarung keine notarielle Vollstreckungsunterwerfung oder einen Verzicht auf die Titulierung enthalten; ein Zahlungstitel reicht nicht aus.[1609]

1601 H.M., so Ulmer/Habersack/*Löbbe* § 15 Rn. 168.
1602 Baumbach/*Hueck/Fastrich* GmbHG § 15 Rn. 50; Palandt/*Wicke* § 1276 Rn. 4; a.A. PWW/*Nobbe* § 1276 Rn. 5.
1603 Ulmer/Habersack/*Löbbe* § 15 Rn. 167, 177.
1604 Ulmer/Habersack/*Löbbe* § 15 Rn. 174.
1605 Vgl. *Roth* ZGR 2000, 187 (191); MüKo-HGB/*K. Schmidt* § 135 Rn. 36, der die Kündigung für zulässig hält.
1606 BGH, WM 2010, 368 (370); Schimansky/Bunte/Lwowski/*Merkel* Bankrechts-Handbuch § 93 Rn. 158.
1607 BGH, WM 2010, 368 (370).
1608 OLG Stuttgart, NZG 2004, 766 (769); MüKo-HGB/*K. Schmidt* § 135 Rn. 36; Palandt/*Wicke* § 1276 Rn. 6.
1609 PWW/*Nobbe* § 1277 Rn. 1.

- Den Anteil pfänden, obwohl er ein rechtsgeschäftliches Pfandrecht schon hat;[1610] der Rang bestimmt sich nach dem Zeitpunkt der Verpfändung.
- Eine Anordnung der Verwertungsart durch das Gericht nach §§ 844, 857 Abs. 5 ZPO beantragen, z.B. durch öffentliche Versteigerung oder freihändigen Verkauf.[1611] Die Überweisung zur Einziehung ist nicht statthaft.

Da ein Kündigungsrecht des Pfandgläubigers im Gegensatz zur Rechtslage bei Personengesellschaften (vgl. Rdn. 1319) nicht existiert, gibt es keine Möglichkeit für den Pfandgläubiger, die Auflösung der Gesellschaft oder das Ausscheiden des Gesellschafters zu erzwingen. Wirtschaftlich kann dieses Ergebnis nur durch eigenen Erwerb des Anteils in der Verwertung und anschließende Ausübung eventueller Gesellschafterrechte erreicht werden. **1314**

bb) Verwertung durch vereinbarte öffentliche Versteigerung

Die vor Eintritt der Pfandreife einzig zulässig zu vereinbarende Verwertungsart eines GmbH-Anteils ist – neben dem Verzicht auf den Vollstreckungstitel – die öffentliche Versteigerung nach § 383 BGB. Deren Durchführung zeitigt spezifische Probleme. **1315**

Soweit die Bestellung des Pfandrechts der Zustimmung der Gesellschaft oder der Gesellschafter bedarf (vgl. Rdn. 1307), ist fraglich, ob zur Übertragung des Anteils durch öffentliche Versteigerung erneut die Zustimmung zum konkreten Erwerb eingeholt werden muss. Dieses hält die h.M. für entbehrlich.[1612] Das Einverständnis mit der Verwertung sei in der Zustimmung zur Verpfändung enthalten. **1316**

Das Ergebnis der »privatrechtlichen« öffentlichen Versteigerung nach § 383 BGB ist – im Gegensatz zur öffentlich-rechtlichen Versteigerung – ein Kaufvertrag zwischen dem Pfandgläubiger und dem Ersteher (vgl. Rdn. 1262). Für den Kaufvertrag gilt bei Anteilen an einer GmbH die Formvorschrift des § 15 Abs. 3 und Abs. 4 GmbHG. Im Anschluss an die Versteigerung muss daher ein Notar den Vertrag und die Abtretung der Anteile beurkunden.[1613] Besteht die Gefahr, dass der Erwerb der Anteile der Fusionskontrolle unterliegt, ist auch diese Fragestellung zuvor abzuklären.[1614] **1317**

Wegen der aufgezeigten Schwierigkeiten muss die Bank die Versteigerung, wenn sie diesen Weg beschreiten will, gut vorbereiten. Aus der Praxis wird darauf hingewiesen, dass in den publik gewordenen größeren Fällen Versteigerungen von Gesellschaftsanteilen meist zum Rettungserwerb durch die Bank zwecks späteren Weiterverkaufs führten.[1615] Ein anderes Ergebnis dürfte wegen des Diskretionsbedürfnisses vieler Investoren und der Pflicht zu sofortiger Barzahlung die Ausnahme bleiben. In allen übrigen Fällen, in denen die Bank mangels Vereinbarung nicht privatrechtlich versteigern darf oder mangels eigenen Erwerbswillens die Versteigerung ergebnislos bleibt, ist sie auf die Verwertung durch Zwangsvollstreckung angewiesen. **1318**

b) Verwertung von Anteilen an Personengesellschaften

aa) Gesetzliche Verwertungsart

Wie bei der GmbH (vgl. Rdn. 1313), kann im Vollstreckungswege eine gerichtliche Anordnung nach §§ 844, 857 Abs. 5 ZPO erwirkt werden. Daneben eröffnet das Recht der Personengesellschaften einen zweiten Weg i.R.d. Vollstreckung:[1616] **1319**

1610 Palandt/*Wicke* § 1277 Rn. 2; PWW/*Nobbe* § 1277 Rn. 2.

1611 Baumbach/*Hartmann* ZPO § 844 Rn. 7.

1612 Ulmer/Habersack/*Löbbe* § 15 Rn. 176; Baumbach/*Hueck* GmbHG § 15 Rn. 51; a.A. Schimansky/Bunte/Lwowski/*Merkel* Bankrechts-Handbuch § 93 Rn. 290.

1613 RGZ 164, 170 (172).

1614 *Maier-Reimer/Webering* BB 2003, 1630 (1632).

1615 *Maier-Reimer/Webering* BB 2003, 1630 (1630).

1616 *Roth* ZGR 2000, 187 (211).

- Titulierung des dinglichen Anspruchs, falls keine notarielle Vollstreckungsunterwerfung oder ein Verzicht auf die Titulierung vorliegt;
- Pfändung der Mitgliedschaft und Überweisung zur Einziehung;
- Kündigung der Gesellschaft nach § 135 HGB für die OHG und die KG oder nach § 725 Abs. 1 BGB für die GbR;
- Folgen der Kündigung sind das Ausscheiden des Gesellschafters nach § 131 HGB (OHG, KG) oder Auseinandersetzung der GbR (§ 730 BGB), wenn der Gesellschaftsvertrag nicht das Ausscheiden des Gesellschafters vorsieht (§ 736 BGB);
- Befriedigung aus dem Abfindungs- oder Liquidationsguthaben.

1320 In der Praxis ist dieser Weg gegen den Widerstand der übrigen Gesellschafter sehr steinig; Auskunftsrechte und Ansprüche sind z.T. umstritten und müssen notfalls klageweise durchgesetzt werden.

bb) Verwertung durch vereinbarte öffentliche Versteigerung

1321 Für die Verwertung durch im Verpfändungsvertrag vereinbarte öffentliche Versteigerung gilt das zur GmbH Gesagte (vgl. Rdn. 1315–1318). Die Vereinbarung der Verwertung durch öffentliche Versteigerung bedarf der Zustimmung aller Gesellschafter.[1617]

4. Umwandlung

1322 Das UmwG ermöglicht u.a. Verschmelzung, Abspaltung und Formwandel von Gesellschaften. Dabei sind die Rechte des Pfandgläubigers im Wesentlichen gewahrt.[1618] Bei der Ausgliederung kann es jedoch zu einem verminderten Wert des verpfändeten Anteils kommen.

X. AGB-Pfandrecht

1323 Anders als die übrigen Kreditsicherheiten wird das Pfandrecht nach den AGB der Banken (Nr. 14) und Sparkassen (Nr. 21) nicht anlässlich einer Kreditgewährung oder als Nachsicherung konkret zur Besicherung bestimmter oder aller Kredite bestellt. Es begleitet vielmehr die gesamte Geschäftsbeziehung unabhängig davon, ob überhaupt schon Kredite gewährt sind.[1619] Doch ist für die Bank auf diese Sicherheit kein rechter Verlass, weil der Kunde sie ihr jedenfalls bis zur Kontensperre durch Verfügung der Werte entziehen kann. Seinen Wert gewinnt das AGB-Pfandrecht in der Krise des Kunden; dann kann die Bank die Guthaben sperren und ggf. verwerten (vgl. Rdn. 1342–1344). Vereinzelt werden Zweifel daran geäußert, ob das AGB Pfandrecht überhaupt noch einen wirtschaftlichen Wert für die Bank hat.[1620]

1324 Die Wirksamkeit des AGB-Pfandrechts steht weitgehend außer Streit.[1621] Diskutiert wird aber sowohl über das Konkurrenzverhältnis zu kreditvertraglichen Einzelabsprachen als auch über die Auswirkungen des § 492 Abs. 2 BGB i.V.m. Art. 247 §§ 6 bis 13 EGBGB. So wird z.T. aus einem ausdrücklich »blanko« gewährten Kredit der Verzicht der Bank auf das AGB-Pfandrecht geschlossen.[1622] An eine Erklärung des Verzichts auf das AGB-Pfandrecht sind hingegen strenge Anfor-

1617 Im Einzelnen str., MüKo-HGB/*K. Schmidt* § 135 Rn. 39.

1618 Vgl. Schimansky/Bunte/Lwowski/*Merkel* Bankrechts-Handbuch § 93 Rn. 164 bis 169.

1619 Kritisch dazu *Piekenbrock* WM 2009, 49 (53).

1620 *Nouvertné* BKR 2014, 496 (500).

1621 Z.B. BGH, WM 2004, 1576 (1579); OLG Dresden, WM 2010, 212 (213); *Bunte* Rn. 281; a.A. *Piekenbrock* WM 2009, 49 (52), der Nr. 14 ABG-Banken wegen des Fehlens einer Freigabeklausel für unwirksam nach § 307 Abs. 1 Satz 1 BGB hält; zweifelnd *Nouvertné* BKR 2014, 496 (501).

1622 A.A. *Bunte* Rn. 298; Schimansky/Bunte/Lwowski/*Bunte* Bankrechts-Handbuch § 19 Rn. 32; Hellner/Steuer/*Mackenthun* Rn. 1/388.

derungen zu stellen;[1623] die Vereinbarung anderer oder keiner Sicherheiten genügt als Verzicht grds. nicht.[1624] Ausnahmen können sich aus dem Einzelfall ergeben.[1625] Auch aus der Nichterwähnung des AGB-Pfandrechts als Sicherheit kann beim Verbraucherdarlehen unter Hinweis auf Art. 247 § 7 Nr. 2 EGBGB nicht gefolgert werden, das Pfandrecht solle abbedungen sein. Ein Verstoß gegen diese Vorschrift hat zur Rechtsfolge, dass eine nicht erwähnte Sicherheit von der Bank nicht verlangt werden kann (§ 494 Abs. 6 Satz 2 BGB); die Weitergeltung bereits bestellter Sicherheiten und die nachträgliche Sicherung sind keinesfalls ausgeschlossen.[1626] Dieses muss auch für das AGB-Pfandrecht gelten.

Zu unterscheiden ist jedoch zwischen der Sicherung eines neuen Verbraucherdarlehens durch ein schon bestehendes AGB-Pfandrecht im Rahmen einer laufenden Geschäftsbeziehung (s.o. Rdn. 1324) und der erstmaligen Bestellung eines AGB-Pfandrechts, z.B. aufgrund einer neuen Geschäftsbeziehung. Ist das Verbraucherdarlehen der Beginn der Geschäftsbeziehung, dann kann durch bloße Einbeziehung der AGB in den Verbraucherdarlehensvertrag ein vorher nicht bestehendes AGB-Pfandrecht nicht neu begründet werden.[1627] Dazu muss der Verbraucherdarlehensvertrag ausdrücklich das AGB-Pfandrecht als Sicherheit erwähnen, wie auch eine solche Erwähnung generell der Klarstellung dienen kann. 1325

1. Bestellung und Entstehen des AGB-Pfandrechts

Wie jedes vertragliche Pfandrecht setzt das AGB-Pfandrecht die Einigung über sein Entstehen zwischen dem Bankkunden als Verpfänder und der Bank als Pfandgläubigerin voraus. Nr. 14 Abs. 1 AGB-Banken und Nr. 21 Abs. 1 AGB-Sparkassen enthalten diese Einigung bei Einbeziehung der AGB. An den Sachen und Wertpapieren, die sich zu diesem Zeitpunkt im Besitz der Bank befinden, und an den bestehenden Forderungen des Kunden gegen die Bank entsteht das Pfandrecht sofort. Einer Anzeige nach § 1280 BGB bedarf es nicht.[1628] 1326

Bezüglich künftig in den Besitz der Bank gelangender Sachen und Wertpapiere und künftiger Guthabenforderungen des Kunden entsteht das Pfandrecht mit Besitzerlangung bzw. Entstehen des Guthabens. Die durch Einbeziehung der AGB erfolgte antizipierte Einigung ist bis dahin frei widerruflich.[1629] Hingegen entscheidet über den Rang des AGB-Pfandrechts der Zeitpunkt der Bestellung durch Vereinbarung unabhängig davon, ob die gesicherte Kreditforderung (§ 1209 BGB) oder die zu verpfändende Forderung schon entstanden sind. 1327

Das AGB-Pfandrecht an Guthaben auf Girokonten erstreckt sich sowohl auf die jeweiligen Tagessalden als auch auf die Saldoforderung des Rechnungsabschlusses. Der nach den AGB verpfändete Anspruch des Kunden auf Auszahlung des Tagessaldos wird allerdings täglich neu begründet; falls das Pfandrecht am Tagessaldo nicht durch Verrechnung verwertet wird, erlischt es und kann insbesondere nicht dazu dienen, den Beginn der Insolvenzanfechtungsfristen für eine spätere Verrechnung zu begründen.[1630] 1328

1623 BGH, WM 1974, 155 (157).

1624 BGH, NJW 1983, 2701 (2702); Hellner/Steuer/*Mackenthun* Rn. 1/388; a.A. *Bülow/Artz* § 492 Rn. 142.

1625 BGH, NJW 1983, 2701 (2702).

1626 So BGH, WM 2008, 1679 (1681) zu einem vollstreckbaren Schuldanerkenntnis; OLG München, WM 1982, 550 (551); Palandt/*Weidenkaff* § 494 Rn. 11; a.A. Palandt/*Grüneberg* § 305b Rn. 4; *Bülow/Artz* § 492 Rn. 142; differenzierend Hellner/Steuer/*Mackenthun* Rn. 1/389.

1627 *Bunte* Nr. 14 AGB-Banken Rn. 286.

1628 So schon RGZ 116, 198 (207).

1629 Baumbach/*Hopt* HGB AGB-Banken Nr. 14 Rn. 4.

1630 Ausführlich zum AGB-Pfandrecht nach Nr. 21 AGB-Sparkassen am Guthaben auf einem Girokonto und zur Anfechtbarkeit OLG Düsseldorf, ZIP 2015, 2490 (2491).

2. Inhalt des AGB-Pfandrechts

a) Gegenstand des AGB-Pfandrechts

1329 Nach Nr. 14 Abs. 1 AGB-Banken sind mit dem Pfandrecht zugunsten der Bank behaftet:
- Wertpapiere und Sachen, an denen die Bank Besitz erlangt hat oder erlangen wird;
- Ansprüche des Kunden gegen die Bank, z.B. aus Kontoguthaben.

1330 Die Formulierung in Nr. 21 Abs. 1 AGB-Sparkassen enthält daneben eine Abtretung der Ansprüche des Kunden gegen Dritte, wenn die Sparkasse eine darüber ausgestellte Urkunde in ihrer Verfügungsmacht hat (Nr. 21 Abs. 1 Satz 4 AGB-Sparkassen).

1331 Das Pfandrecht ist auf Sachen und Wertpapiere beschränkt, deren Besitz eine inländische Geschäftsstelle der Bank im bankmäßigen Geschäftsverkehr erworben hat. Somit unterfällt der anlässlich einer Veranstaltung in der Bank an der Garderobe abgegebene Pelzmantel der Kundin nicht dem AGB-Pfandrecht.

1332 Mangels Besitzes der Bank gelangt am Inhalt eines Schließfaches kein AGB-Pfandrecht zur Entstehung.[1631] Zwar hat die Bank ein Vermieterpfandrecht am Schließfachinhalt; dieses sichert jedoch nur Forderungen der Bank aus dem Mietverhältnis bezüglich des Schließfachs,[1632] nicht aber die übrigen Ansprüche der Bank gegen den Kunden.

b) Ausschluss des Pfandrechts

1333 Nr. 21 Abs. 2 Satz 1 AGB-Sparkassen nimmt Gelder vom Pfandrecht aus, die ausdrücklich zu einem bestimmten Zweck eingezahlt wurden, z.B. zur Ausführung einer Überweisung. Ähnlich – aber ohne das Erfordernis der Ausdrücklichkeit – ist Nr. 14 Abs. 2 AGB-Banken formuliert. Fehlt es an einer ausdrücklichen Zweckbestimmung, weil der Kunde den Betrag vor Einreichung des Überweisungsauftrags kommentarlos eingezahlt hat, ist die Bank trotzdem zur Ausführung der Überweisung verpflichtet.[1633] Das ergibt sich aus konkludentem Widerruf der Einigung über das Pfandrecht oder aus einvernehmlichem Ausschluss. Führt die Bank den Überweisungsauftrag nicht aus, hat sie den eingezahlten Betrag dem Kunden herauszugeben.[1634]

1334 Eigene Aktien der Bank, eigene Genussscheine und Genussrechte, Ansprüche aus nachrangigem Haftkapital und im Ausland verwahrte Wertpapiere unterliegen nicht dem AGB-Pfandrecht (Nr. 21 Abs. 2 ABG-Sparkassen bzw. Nr. 14 Abs. 3 AGB-Banken).

1335 Das Pfandrecht ist ausgeschlossen, wenn der Kontoinhaber der Bank bei Kontoeröffnung mitgeteilt hat, dass er die Gelder oder Wertpapiere als Treuhänder für einen Dritten hält (offenes Treuhandkonto). Der Ausschluss des Pfandrechts ist in den Sonderbedingungen für Anderkonten[1635] geregelt, gilt aber auch für andere offene Treuhandkonten. Ungeachtet der Regel, dass die Bank keine besondere Nachforschungspflicht bezüglich eines eventuellen Treuhandcharakters eines Kontos trifft,[1636] muss sie doch aus ihr bekannten Tatsachen die notwendigen Schlüsse ziehen. Beispielsweise ist aus der Tätigkeit eines Kontoinhabers als Wohnungsverwalter und der Anlage eines Kontos mit dem Zusatz »WEG XY-Straße« auf ein Treuhandkonto zu schließen; Gleiches gilt für das Konto eines professionellen Vermieters, das mit »Mietkaution« gekennzeichnet ist. Andererseits reicht die

---

1631 Hellner/Steuer/*Klüter* Rn. 12/54; Schimansky/Bunte/Lwowski/*Klanten* Bankrechts-Handbuch § 73 Rn. 18.

1632 Hellner/Steuer/*Klüter* Rn. 12/59; Schimansky/Bunte/Lwowski/*Klanten* Bankrechts-Handbuch § 73 Rn. 19.

1633 So zutreffend Hellner/Steuer/*Mackenthun* Rn. 1/408; vgl. auch Schimansky/Bunte/Lwowski/*Bunte* Bankrechts-Handbuch § 19 Rn. 47 und *Merkel* WM 1993, 725 (731).

1634 BGH, WM 1973, 167 (167).

1635 Z.B. Nr. 12 der »Bedingungen für Anderkonten und Anderdepots Rechtsanwälte« der Sparkassen.

1636 Hellner/Steuer/*Mackenthun* Rn. 1/411.

Bezeichnung »Mietkonto« bei einer Privatperson nicht aus; es kann sich dabei auch um ein kundenseitiges Unterscheidungsmerkmal für verschiedene Konten des Kunden handeln. Auch mit der Anbringung des Vermerks »gesperrt wegen Mietkaution« im Sparbuch des Mieters auf dessen Veranlassung verzichtet die Bank nicht auf ihr AGB-Pfandrecht, eine Berufung darauf gegenüber dem Vermieter wäre aber treuwidrig;[1637] ginge man hier von einem Verzicht der Bank auf das Pfandrecht aus,[1638] hätte sie nach Erlöschen der Forderungen des Vermieters kein Recht am Sparguthaben. Aus der Angabe bei der Kontoeröffnung, für fremde Rechnung zu handeln, ergibt sich der Fremdgeldcharakter;[1639] die Bank kann sich nicht auf den Standpunkt zurückziehen, die Zielrichtung der Frage aufgrund von § 10 Abs. 1 Nr. 2 GWG sei eine andere.

Bei Anlage einer Mietkaution auf den Mieter mit Verpfändung zugunsten des Vermieters besteht **1336** das AGB-Pfandrecht; die Verpfändungsformulare für Mietkautionen sehen aber den Vorrang des Pfandrechts des Vermieters vor. Wenn das Pfandrecht des Vermieters erlischt, weil die Kaution nicht oder nicht vollständig in Anspruch genommen wurde, erlangt das AGB-Pfandrecht den ersten Rang.

Kein AGB-Pfandrecht entsteht an Sicherheitenerlösen, auf die die Bank wegen der konkreten **1337** Zweckerklärung keinen Anspruch hat. Falls solche Erlöse, z.B. aus dem Verkauf eines belasteten Grundstücks, auf Konten des Kunden eingehen, kann über das AGB-Pfandrecht keine Erweiterung des Sicherungszwecks begründet werden.[1640]

Befinden sich in einem dem AGB-Pfandrecht unterliegenden Depot Orderpapiere oder vinkulierte **1338** Namensaktien, können die speziellen Voraussetzungen der Verpfändung (vgl. Rdn. 1285) nicht erfüllt werden; ein Pfandrecht besteht an diesen Papieren nicht.

c) Gesicherte Ansprüche

Die Klauseln (Nr. 21 Abs. 3 AGB-Sparkassen bzw. Nr. 14 Abs. 2 AGB-Banken) enthalten weite **1339** Zweckerklärungen für alle bestehenden und künftigen Ansprüche der Bank gegen den Kunden aus der bankmäßigen Geschäftsverbindung. Dabei handelt es sich um Ansprüche im Zusammenhang mit dem allgemeinen Geschäfts- und Rechtsverkehr zwischen der Bank und dem Kunden, die eine in diesem Verhältnis erbrachte vertragstypische Bankleistung zur Grundlage haben.[1641] Dazu gehören auch Forderungen gegen den Kunden, die die Bank aufgrund einer Zession eines anderen Kunden erworben hat.[1642] Ausgeschlossen sind nach der Rspr. Ansprüche auf Erstattung von Prozesskosten aus einem Rechtsstreit zwischen der Bank und dem Kunden[1643] und Schadensersatzansprüche aus Anwaltshaftung[1644] wie auch rein zufällig erworbene Ansprüche, z.B. aufgrund eines Verkehrsunfalls. Ansprüche gegen Mitarbeiter der Bank auf Schadensersatz sind ebenfalls nicht durch das AGB-Pfandrecht gesichert. Die AGB-Banken stellen klar, dass auch Ansprüche ausländischer Filialen gesichert sind, wogegen die Besitzerlangung durch ausländische Filialen aus Gründen des IPR kein Pfandrecht begründen kann.

Das AGB-Pfandrecht sichert auch Ansprüche der Bank gegen den Kunden aus von ihm übernom- **1340** menen Bürgschaften oder anderen Haftungsübernahmen. In Umsetzung der Rspr. des BGH[1645] ist geregelt, dass das Pfandrecht an den Werten des Bürgen nur fällige Bürgschaftsforderungen sichert.

1637 OLG Nürnberg, WM 1998, 1968 (1969).
1638 Hellner/Steuer/*Mackenthun* Rn. 1/408.
1639 Hellner/Steuer/*Mackenthun* Rn. 1/412.
1640 BGH, WM 1989, 484 (488).
1641 BGH, WM 1997, 2355 (2356); OLG Koblenz, WM 2010, 550 (551).
1642 So BGH, WM 2007, 874 (875); WM 1981, 162 (162); Schimansky/Bunte/Lwowski/*Bunte* Bankrechts-Handbuch § 19 Rn. 38.
1643 BGH, WM 1997, 2355 (2356).
1644 OLG Koblenz, WM 2010, 550 (552).
1645 BGH, WM 1990, 1910 (1911).

Obwohl die Bank am Schließfachinhalt kein AGB-Pfandrecht erwirbt (s.o. Rdn. 1332), ist ihre Forderung auf Zahlung der Schließfachmiete durch das Pfandrecht gesichert, weil der Schließfachmietvertrag zu den banktypischen Leistungen gehört.

1341 Das Pfandrecht nach Nr. 14 ABG-Banken sichert keine Ansprüche der Bank aus der gesetzlichen Haftung des Kunden als Gesellschafter einer GbR oder OHG.[1646] Eine entsprechende Klausel entfiel 1993. Hingegen legt der BGH Nr. 21 Abs. 3 Satz 1 AGB-Sparkassen so aus, dass das Pfandrecht am Guthaben einer Komplementär – GmbH die Forderung der Sparkasse gegen die GmbH aus §§ 128 Satz 1, 161 Abs. 2 HGB sichert.[1647] Die Sparkasse habe die gesicherte Forderung gegen die GmbH als Haftungsschuldnerin für die GmbH & Co. KG »im Zusammenhang« mit der Geschäftsverbindung zur GmbH erworben. Dabei betont der BGH die Konstellation des Einzelfalls mit identischem Gesellschafterkreis der beiden Gesellschaften und ausschließlicher Funktion der GmbH als Komplementärin ohne eigenes operatives Geschäft. Das Urteil ist daher nicht allgemein auf die Haftung des Kunden als Gesellschafter einer GbR, OHG oder KG übertragbar.[1648]

3. Verwertung des AGB-Pfandrechts

1342 Wie bei jedem anderen Pfandrecht setzt die Verwertung des AGB-Pfandrechts die Pfandreife voraus. Diese tritt nach Nr. 21 Abs. 5 AGB-Sparkassen bei Fälligkeit der gesicherten Forderung, Mahnung und Nachfristsetzung ein. Die Rechte der Bank zuvor sind weniger deutlich.

1343 Zu Nr. 14 AGB-Banken entschied der BGH unter Verweis auf § 1281 BGB, die Sperre eines dem AGB-Pfandrecht unterliegenden Kontos sei noch keine Verwertung. Sie sei daher vor Pfandreife zulässig, wobei der BGH das Sicherungsinteresse der Bank in den Vordergrund rückte und ihr einen weiten Handlungsspielraum zubilligte. Auch nach längerer störungsfreier Kontobeziehung könne die Bank jederzeit auf das Pfandrecht zurückgreifen und eine interne oder externe Sperrung vornehmen.[1649]

1344 Demgegenüber enthalten die AGB-Sparkassen eine Selbstbeschränkung: Nr. 21 Abs. 4 AGB-Sparkassen ermächtigt die Sparkasse nur bei einem berechtigten Sicherungsinteresse, Werte zurückzuhalten. Zur Ausfüllung dieser wenig präzisen Regelung verweist die Klausel auf die Voraussetzungen des Nachsicherungsrechts, das insb. bei Verschlechterung der wirtschaftlichen Verhältnisse oder des Werts der Sicherheiten gegeben ist (Nr. 22 Abs. 1 AGB-Sparkassen).

4. Rangverhältnis zwischen AGB-Pfandrecht und Pfändungspfandrecht

1345 Der Rang eines vertraglichen Pfandrechts bestimmt sich gem. § 1209 BGB nach dem Zeitpunkt der Bestellung durch die vertragliche Vereinbarung. Dieses gilt unabhängig davon, ob es sich um die Besicherung einer bestehenden oder künftigen Forderung handelt. Für den Rang des AGB-Pfandrechts ist also der Zeitpunkt maßgeblich, in dem die Geltung der AGB mit dem Kunden vereinbart wurde; regelmäßig wird das bei Begründung der Geschäftsbeziehung erfolgt sein. Unerheblich ist, wann das einzelne Konto eröffnet wurde und wann die gesicherte Forderung entstand.

1346 Der Rang des Pfändungspfandrechts bestimmt sich nach dem Zeitpunkt der Zustellung des Pfändungsbeschlusses oder einer gleichwertigen Anordnung (z.B. vorläufiges Zahlungsverbot nach § 845 ZPO, Arrestpfändung) an die Bank als Drittschuldnerin. Auf die Zustellung des Überweisungsbeschlusses – soweit dieser nicht mit dem Pfändungsbeschluss verbunden ist – kommt es nicht an.

1646 Hellner/Steuer/*Mackenthun* Rn. 1/403, 404; a.A. *Bunte* Nr. 14 AGB-Banken Rn. 302.

1647 BGH, WM 2007, 874 (875).

1648 Baumbach/*Hopt* HGB AGB-Banken Nr. 14 Rn. 8; a.A. PWW/*Nobbe* § 1205 Rn. 9, der Ansprüche aus §§ 128 Satz 1, 161 Abs. 2 HGB im Zusammenhang mit der Geschäftsbeziehung als gesichert ansieht.

1649 BGH, WM 2004, 666 (668).

In der Regel geht also das AGB-Pfandrecht dem Pfändungspfandrecht im Rang vor.[1650] Da das bereits bestellte AGB-Pfandrecht auch alle künftigen Forderungen der Bank gegen den Kunden sichert, sind auch nach Zustellung des Pfändungsbeschlusses entstehende Forderungen vorrangig gesichert. Die Bank könnte sich deshalb auch für Forderungen befriedigen, die nach Pfändung aufgrund völlig neuer Geschäfte entstanden sind, z.B. Forderungen aus einem später vereinbarten und ausgezahlten Darlehen. **1347**

Dem steht aber im Rahmen eines Kontokorrents der Grundgedanke des § 357 S. 1 HGB entgegen. Danach kann die Einstellung jüngerer Sollposten in das Kontokorrent den gepfändeten Saldo nur dann schmälern, wenn diese ihren Rechtsgrund in einer vor Zustellung des Pfändungsbeschlusses begründeten Verpflichtung der Bank haben. Soweit teilweise zusätzlich die Zustellung des Überweisungsbeschlusses verlangt wird,[1651] ist zu differenzieren: Maßgeblicher Zeitpunkt für die Frage, ob es sich um eine Sollbuchung aus einem Neu- oder Altgeschäft handelt, ist die Zustellung des Pfändungsbeschlusses;[1652] der Überweisungsbeschluss ist nur entscheidend dafür, ab wann der Pfändungsgläubiger sein Einwendungsrecht aus § 357 HGB ausüben darf.[1653] **1348**

Die Wertung des § 357 HGB als spezieller Norm darf nicht durch die Vereinbarung des AGB-Pfandrechts für künftige Forderungen ausgehebelt werden; das AGB-Pfandrecht der Bank ist insoweit nachrangig.[1654]Zu beachten ist, dass dieser Grundsatz des BGH nur für Girokonten und andere als Kontokorrent geführte Konten – z.B. häufig Tagesgeldkonten – gilt. Das AGB-Pfandrecht an Sparkonten und Wertpapierdepots sichert demnach auch Forderungen der Bank aufgrund neuer Geschäfte nach Zustellung des Pfändungsbeschlusses. **1349**

Die Bank darf den pfändenden Gläubiger nicht dadurch benachteiligen, dass sie durch einen selbständigen, freien Willensentschluss neue Schuldposten schafft.[1655] Das bedeutet in der Praxis: **1350**

Die Belastung des gepfändeten Kontoguthabens mit einem **Rückscheck**, die Ausführung eines bei Pfändung bereits angenommenen **Überweisungsauftrags** oder die **Einlösung garantierter Kartenzahlungen** fallen unter die Erfüllung von Verpflichtungen, die vor Pfändung von der Bank eingegangen wurden, und sind gemäß § 357 S. 2 HGB zulässig.[1656] **Kontoführungsgebühren** haben ihren Rechtsgrund in dem vor Eingang der Pfändung vereinbarten Girokontovertrag und dürfen dem Konto belastet werden. Forderungen aus bei Eingang der Pfändung bereits ausgezahlten oder vertraglich vereinbarten **Kreditgewährungen** jeglicher Art beruhen auf bereits getätigten Geschäften und sind durch das AGB-Pfandrecht gesichert. Für nach Eingang der Pfändung vereinbarte Kreditgewährungen besteht das AGB-Pfandrecht an Kontokorrentguthaben nicht, wohl aber an sonstigen Guthaben und Wertpapierdepots. Entscheidend ist das Datum der kreditvertraglichen Vereinbarung unabhängig vom Zeitpunkt der Auszahlung. Für **künftige Kontoführungsgebühren und Zinsansprüche** darf die Bank Guthaben zurückhalten, soweit sie das AGB-Pfandrecht auch gegenüber dem Kunden ausüben dürfte. Danach dürfte ein Betrag in Höhe der Gebühren und Zinsen für ein Jahr vertretbar sein. **1351**

1650 Vgl. ausführlich zum Rangverhältnis BGH WM 1985, 78 (79).

1651 MüKo-HGB/ *Langenbucher* § 357 Rn. 9; Schimansky/Bunte/Lwowski/*Bunte* Bankrechts-Handbuch § 19 Rdnr. 31.

1652 BGH NJW 1997, 2322 (2323), der unter II.2. ausdrücklich von »nach der Pfändung« spricht.

1653 Offen gelassen in BGH NJW 1997, 2322 (2323).

1654 BGH NJW 1997, 2322 (2323); 2323); Schimansky/Bunte/Lwowski/*Bunte* Bankrechts-Handbuch § 19 Rdnr. 31.

1655 BGH NJW 1997, 2322 (2323).

1656 *Bunte*, in: Schimansky/Bunte/Lwowski, Bankrechts-Handbuch, 5. Aufl., 2017, § 19 Rdnr. 31; vgl. zur früheren Garantie für EC-Schecks BGH NJW 1997, 2322 (2324).

XI. Pfandrecht in der Insolvenz

1. Anfechtbarkeit

1352 Bei Geltendmachung des AGB-Pfandrechts in der Insolvenz des Kunden ist regelmäßig streitig, ob die Bank das AGB-Pfandrecht an Kontoguthaben in anfechtbarer Weise erlangt hat. Der BGH hat dazu ausgeführt, dass zwar die Kontensperre eine Rechtshandlung i.S.d. § 129 InsO sei. Doch komme es für die Anfechtbarkeit nicht auf die Sperre, sondern auf das Entstehen des Pfandrechts an, mithin auf den Zeitpunkt der Kontogutschrift. Liege dieser innerhalb der Monatsfrist des § 131 Abs. 1 Nr. 1 InsO, sei das AGB-Pfandrecht als inkongruente Sicherung anfechtbar.[1657] Die Inkongruenz ergibt sich daraus, dass ein Anspruch der Bank auf Stellung der konkreten Sicherheit, nämlich der Verpfändung des Guthabens aus einem bestimmten Zahlungseingang, nicht besteht; das Nachsicherungsrecht gemäß Nr. 14 AGB Banken/Nr. 22 AGB-Sparkassen gewährt keinen Anspruch auf eine bestimmte Sicherheit und genügt nicht zur Begründung einer kongruenten Sicherung.[1658] Fällt das Entstehen des AGB-Pfandrechts in die 2- bzw. 3-Monatsfrist des § 131 Abs. 1 Nr. 2 oder 3 InsO, sind die weiteren Anfechtungsvoraussetzungen zu prüfen.

1353 Das Pfandrecht erlischt beim Kontokorrent durch jede Verfügung des Kunden in entsprechender Höhe; bei Zahlungseingängen entsteht es neu, womit auch eventuelle Anfechtungsfristen neu zu berechnen sind.[1659] Auch der Versuch, den Beginn der Anfechtungsfristen durch Verweis auf die Verpfändung der früheren Tagessalden zu verlagern, scheitert daran, dass das Pfandrecht am Tagessaldo wie bei einer revolvierenden Sicherheit täglich neu begründet wird.[1660]

2. Verwertungsrecht und Kostenpauschalen

1354 Das Pfandrecht gewährt der Bank als Pfandgläubigerin in der Insolvenz des Verpfänders ein Recht auf abgesonderte Befriedigung (§ 50 Abs. 1 InsO). Nach § 173 InsO darf die Bank als Absonderungsberechtigte eine Sache oder Forderung verwerten, soweit die Verwertung nicht dem Insolvenzverwalter zugewiesen ist. Die InsO ermächtigt den Verwalter, bewegliche Sachen in seinem Besitz (§ 166 Abs. 1 InsO)[1661] und sicherungsabgetretene Forderungen (§ 166 Abs. 2 InsO) zu verwerten. Im Umkehrschluss kann die Bank rechtsgeschäftlich – auch durch AGB – verpfändete Sachen in ihrem Besitz und verpfändete Forderungen verwerten.[1662] Die Kostenpauschalen fallen nicht an, weil der Insolvenzverwalter nicht verwertet (§ 170 Abs. 1 InsO).[1663]

1355 Grundsätzlich können der Verpfänder und der Pfandgläubiger einer verpfändeten Forderung vor Pfandreife, also vor Fälligkeit der gesicherten Forderung (§ 1228 Abs. 2 Satz 1 BGB), nur Leistung an beide gemeinsam verlangen (§ 1281 Satz 2 BGB). Daraus ergibt sich an sich in der Insolvenz des Verpfänders vor Pfandreife die gemeinsame Einziehungsbefugnis des Insolvenzverwalters mit dem Pfandgläubiger. Hier sieht der BGH aber ein Interesse der Insolvenzgläubiger an der zügigen Verwertung des zur Masse gehörigen Vermögens. Daher ist der Insolvenzverwalter abweichend von § 1281 BGB vor Pfandreife allein zum Einzug der Forderung berechtigt.[1664] Nach Eintritt der Pfandreife hat er den absonderungsberechtigten Pfandgläubiger aus dem erzielten Erlös zu befriedigen. Dabei fallen die Pauschalen für die Kosten der Feststellung und der Verwertung nach § 171 InsO

1657 BGH, WM 2004, 666 (668); BGH WM 2002, 951 (952); vgl. auch *Ganter* WM 2006, 1081 (1088).
1658 BGH WM 2002, 951 (952).
1659 BGH, WM 2004, 666 (668).
1660 OLG Düsseldorf, ZIP 2015, 2490 (2491).
1661 Zu verpfändeten Aktien mit mittelbarem Besitz des Verpfänders an der (Dauer-) Globalurkunde vgl. *Berger* WM 2009, 577 (582); *Hirte/Knof* WM 2008, 49 (50).
1662 BGH, WM 2013, 935 (936); NJW 2002, 3475 (3475); *Obermüller* Rn. 6.835; Schimansky/Bunte/Lwowski/*Merkel* Bankrechts-Handbuch § 93 Rdnr. 7.
1663 *Obermüller* Rn. 6.834.
1664 BGH, WM 2013, 935 (937); BGH, WM 2005, 937 (939).

an.[1665] Die zitierten Entscheidungen des BGH ergingen zu Ansprüchen aus Lebensversicherungsverträgen insolventer Gesellschaften, die diese zur Sicherung künftiger Pensionszusagen an ihre Geschäftsführer verpfändet hatten. Die Konstellation kann im Kreditsicherungsrecht nur auftreten, wenn die gesicherten Darlehensforderungen ausnahmsweise in der Insolvenz noch nicht fällig gestellt sind.

Ungeklärt ist die Rechtslage bei Verpfändung sonstiger Rechte außer Forderungen. Die §§ 166, 1356
170, 173 InsO erwähnen ausschließlich bewegliche Sachen und Forderungen. Soweit auf die Regelungslücke überhaupt eingegangen wird, soll nach herrschender Meinung das Verwertungsrecht beim Pfandgläubiger liegen.[1666]

Teilweise wird vertreten, die typischerweise zum Unternehmensbetrieb gehörenden Rechte, wie 1357
Beteiligungen in der Form von GmbH-Anteilen oder Aktien, unterlägen dem Verwertungsrecht des Verwalters. Der BGH[1667] entschied zur Verpfändung eines Aktienpakets, bei dem die Mitgliedschaftsrechte beim Verpfänder lagen, es sei entsprechend § 104 Abs. 2 S. 2 Nr. 2 InsO zwischen Finanzgeschäften und dem Erwerb eines Unternehmensanteils zu differenzieren. Soweit Aktien allein der Vermögensanlage dienen, liege das Verwertungsrecht beim Pfandgläubiger. Für die Qualifizierung als Unternehmensbeteiligung, die zum Verwertungsrecht des Insolvenzverwalters führe, sei zwar keine bestimmte Anteilsquote zu verlangen; ab einem Anteil von mehr als 20 % sei aber nach § 271 Abs. 1 S. 3 HGB von einer Beteiligung auszugehen. Bei geringeren Beteiligungen spiele beispielsweise eine Rolle, ob der Insolvenzschuldner über den Aktienbesitz hinaus eine Verbindung zu der Aktiengesellschaft habe.

Für die Praxis ist die Vermeidung der Kostenpauschalen, die sich immerhin auf 9 % des Erlöses 1358
summieren, als Vorteil der Verpfändung festzuhalten. Dem steht bei der Forderungsverpfändung der Aufwand der Anzeige nach § 1280 BGB ggü., der die Verpfändung als Ersatz für eine Globalzession unpraktikabel macht. Zur Zession der Ansprüche aus einem Lebensversicherungsvertrag, die auch der Offenlegung bedarf, oder zur Abtretung von hohen Einzelforderungen ist aber die Verpfändung als echte Alternative anzusehen.[1668]

F. Atypische Kreditsicherheiten

I. Einleitung

In der Kreditpraxis haben sich eine ganze Reihe von atypischen Kreditsicherheiten herausgebildet. 1359
Der Begriff atypische Sicherheiten wird verwendet, da ihre rechtlichen Formen anders als die typischen Banksicherheiten nicht durch gesetzliche Regelungen geprägt sind.

Die atypischen Kreditsicherheiten sind entstanden, um den Sicherungsbedürfnissen von Kreditge- 1360
bern, Kreditnehmern und Sicherungsgebern zu genügen. Die Entstehung von atypischen Kreditsicherheiten, z.B. die Stellung einer Patronatserklärung anstatt einer Bürgschaft, hat sich herausgebildet aufgrund von steuerlichen Gegebenheiten (hier zur Vermeidung von Kapitalverkehrsteuern).[1669]

Der Hauptgrund für die Herausbildung und mannigfache Verwendung der atypischen Kreditsi- 1361
cherheiten ist schlicht und ergreifend, dass der Kreditnehmer respektive der Drittsicherungsgeber sich weigern, typische bankmäßige Kreditsicherheiten zu stellen, sei es, dass der Kreditgeber/

1665 BGH, WM 2013, 935 (937).

1666 MüKo-InsO/*Tetzlaff* § 166 Rn. 97; *Obermüller* Rn. 6.835; FS Wellensiek/*Ganter* S. 399 (408); dahin tendierend HK-InsO/*Landfermann* § 166 Rn. 34.

1667 BGH, WM 2015, 2273 (2277), auch zum Verwertungsrecht bei Übertragung der verpfändeten Aktien und der verbliebenen Mitgliedschaftsrechte auf einen Treuhänder.

1668 Vgl. HK-InsO/*Landfermann* § 166 Rn. 30; kritisch Schimansky/Bunte/Lwowski/*Ganter* Bankrechts-Handbuch § 96 Rn. 164a.

1669 *Lwowski* Das Recht der Kreditsicherung Rn. 442; BuB/*Wittig* Rn. 4/2851.

Drittsicherheitengeber derartige Verhandlungsmacht hat, oder definitiv der Sicherungsgeber keine echte Haftung übernehmen kann. Ein weiterer Grund für die Herausbildung der atypischen Kreditsicherheiten war das Verlangen der Sicherungsgeber, die Bilanzvermerke nach § 251 HGB zu vermeiden.

1362 Für die Kreditinstitute ist insb. der Sicherheitenwert der atypischen Kreditsicherheiten interessant, da z.B. gem. § 18 KWG bei der Kreditgewährung von über 750.000 € die Kreditinstitute gehalten sind, sich während der gesamten Dauer des Kreditengagements die wirtschaftlichen Verhältnisse ihres Kreditnehmers offen legen zu lassen. Hiervon kann abgesehen werden, wenn das Verlangen nach Offenlegung der wirtschaftlichen Verhältnisse im Hinblick auf die gestellten Kreditsicherheiten unbegründet ist. Der Wert der einzelnen atypischen Kreditsicherheiten differiert immens; so wird man bei einer harten Patronatserklärung einen Sicherheitenwert ermitteln können, und bei anderen Kreditsicherheiten, wie z.B. der Negativerklärung, man demgegenüber der Kreditsicherheit überhaupt keinen Sicherheitenwert beimessen kann.

II. Die Patronatserklärung

1. Begrifflichkeit

1363 Mit den Patronatserklärungen umschreibt man i.d.R. Erklärungen, welche üblicherweise Muttergesellschaften ggü. dem Kreditinstitut abgeben, um Töchter- oder sonstige Konzerngesellschaften Kreditaufnahmen zu ermöglichen oder zumindest zu erleichtern. Als Mindestinhalt einer solchen Erklärung muss ein Hinweis auf die wirtschaftliche oder sonstige Unterstützung des Kreditnehmers durch den Patron enthalten sein.[1670]

1364 In der Rechtsprechung wird grundlegend zwischen so genannten weichen Patronatserklärungen, aus denen grds. keine rechtlichen Verpflichtungen abzuleiten sind und so genannten harten Patronatserklärungen, die für die Muttergesellschaften Verpflichtungen ähnlich wie bei einer Bürgschaft oder Garantie begründen, unterschieden.[1671]

2. Die weiche Patronatserklärung

1365 Bei einer weichen Patronatserklärung erklärt z.B. die Muttergesellschaft, dass sie von der Kreditaufnahme ihrer Tochtergesellschaft Kenntnis genommen hat, bzw. mit der Kreditaufnahme einverstanden ist. Ein rechtsgeschäftlicher Bindungswille, für die Verbindlichkeiten der Kreditnehmerin einzustehen, kann hieraus selbstverständlich nicht abgeleitet werden.[1672]

1366 Eine weitere Form einer weichen Patronatserklärung kann z.B. sein, dass sich die Muttergesellschaft verpflichtet, deren Beteiligung an der Kreditnehmerin während der Kreditlaufzeit beizubehalten oder Änderungen hinsichtlich der Beteiligung nur in Absprache mit dem Kreditinstitut vorzunehmen. Eine weitere Form ist die Erklärung, dass die Muttergesellschaft während der Kreditlaufzeit nicht beabsichtigt, ihre Beteiligung zu verringern oder gar aufzugeben.[1673] Aus den vorbeschriebenen Erklärungen lässt sich eine rechtsgeschäftliche Verpflichtung, für die Liquidität der Tochtergesellschaft einzustehen, nicht ableiten.[1674]

1367 Die teilweise vertretene Ansicht, dass mit derartigen Erklärungen ein Vertrauenstatbestand geschaffen wird,[1675] hat sich nicht durchgesetzt.

1670 BuB/*Wittig* Rn. 4/2855; eine hervorragende Übersicht bietet *Tetzlaff* ZInsO 2008, 337.

1671 OLG Karlsruhe, WM 1992, 2088, m. Anm. *Gerth* in WuB I F 1 c. – 2.93; LG Berlin, WM 2000, 1060.

1672 OLG Karlsruhe, WM 1992, 2088; *Obermüller* Ersatzsicherheiten im Kreditgeschäft Rn. 37 f.

1673 Vgl. OLG Düsseldorf, GmbHR 2003, 178.

1674 BuB/*Wittig* Rn. 4/2858.

1675 *Rümker* WM 1974, 990 (994).

Sollte die Muttergesellschaft entgegen ihren Erklärungen gehandelt haben, so kommt ein Anspruch auf Schadensersatz wegen Nichterfüllung der Verpflichtungen in Betracht. Zu beachten ist hierbei jedoch, dass die Veränderung in der Beteiligung kausal für die Insolvenz der Tochtergesellschaft gewesen war. Dieser Nachweis dürfte in aller Regel nicht zu führen sein. 1368

Wenn in der weichen Patronatserklärung lediglich von »beabsichtigen« gesprochen wird, lassen sich aus derartigen Erklärungen keinerlei Schadensersatzansprüche des Kreditinstitutes ableiten.[1676] Unter Umständen lässt sich allenfalls ein Anspruch aus culpa in contrahendo gem. §§ 311 Abs. 2, 241 Abs. 2, 280 Abs. 1 BGB herleiten.[1677] 1369

Ein Schadensersatzanspruch des Kreditgebers gem. §§ 280, 281 BGB kann angenommen werden, wenn neben oder in einer weichen Patronatserklärung der Patron aufgrund eines Auskunftsverlangen des Kreditgebers erklärt, dass er z.B. volles Vertrauen in die Geschäftsleitung der Kreditnehmer setzt oder zu einem bestimmten Prozentsatz an dem Kreditnehmer beteiligt ist. Hieraus lässt sich durchaus ein konkludent zustande gekommener Auskunftsvertrag herleiten.[1678] 1370

In der Kreditpraxis kommt vereinzelt die Erklärung vor, dass die Muttergesellschaft z.B. bei Änderung der Beteiligungsverhältnisse bei der Kreditnehmerin Verhandlungen über die Verbindlichkeiten ihrer Konzerntochter mit dem Kreditinstitut zu führen bereit ist, um eine für beide Seiten zufrieden stellende Lösung zu finden. Eine Haftung analog einer Bürgschaft oder gar einer Garantie ist hierin nicht zu sehen.[1679] 1371

Die weitestgehende Erklärung eines Patron bei einer weichen Patronatserklärung ist diejenige, dass der Patron dessen Einfluss geltend machen wird, dass das Konzernunternehmen deren Kreditverpflichtung nachkommen werde, bzw. dass sie ihre Konzerntochtergesellschaft nicht finanziell aushöhlen wird. Dies gibt dem Kreditgeber zumindest die Möglichkeit von dem Patron zu verlangen, über dessen Interessenvertreter im Aufsichtsrat auf die Geschäftsleitung der Kreditnehmerin einzuwirken. Diese Einflussnahme ist jedoch beschränkt durch die Gegebenheiten des Gesellschaftsrechts.[1680] 1372

Wenn sich die Erklärung des Patrons auf die Nichtaushöhlung bezieht, so kann der Kreditgeber zumindest verlangen, dass keine Gewinnausschüttung der Konzerntochter an den Patron vorgenommen wird, soweit hierdurch die Erfüllung der Kreditverbindlichkeiten gefährdet wird.[1681] Zur Liquiditätsausstattung der Tochtergesellschaft ist der Patron durch eine derartige Erklärung nicht verpflichtet.[1682] 1373

Schließlich kann man die weiche Patronatserklärung in der Kreditpraxis auch dergestalt antreffen, dass der Patron auf dessen Geschäftspolitik respektive auf das »standing« hinweist. So wird z.B. erklärt, dass es zu den Grundprinzipien der Muttergesellschaft gehört, die Konzerngesellschaften so auszustatten, dass diese ihren Verpflichtungen nachkommen können. Aus derartigen Erklärungen kann kein Rechtsbindungswille abgeleitet werden.[1683] 1374

Den weichen Patronatserklärungen ist somit kein Sicherheitenwert beizumessen, sie fallen als Kreditsicherheit im Hinblick auf § 18 KWG aus. Es kommen zwar grds. Schadensersatzansprüche gegen den Patron in Betracht, diese werden aber in aller Regel an dem Nachweis der Kausalität zwischen Erklärung und Schadenseintritt scheitern. Die Kreditinstitute lassen sich dennoch weiche Patronatserklärungen erstellen, um zumindest einen moralischen Druck auf den Patron ausüben 1375

1676 *Möser* DB 1979, 1469 (1470); BuB/*Wittig* Rn. 4/2858.
1677 OLG Düsseldorf, GmbHR 2003, 178.
1678 BuB/*Wittig* Rn. 4/2859; *Michalski* WM 1994, 1234.
1679 *Möser* ZGR 1975, 1 (7).
1680 OLG Karlsruhe, WM 1992, 2088; *Köhler* WM 1978, 1338 (1347 f.).
1681 *Michalski* WM 1994, 1229 (1234).
1682 OLG Karlsruhe, WM 1992, 2088.
1683 *Schaffland* BB 1977, 1021 (1023); *Obermüller* ZGR 1975, 1 (15).

zu können, falls die Konzerntochter in Schwierigkeiten oder gar in Insolvenz gerät. Weiche Patronatserklärungen begründen keine Vermerkpflicht gem. § 251 HGB und sind auch nicht gem. § 285 Nr. 3 HGB im Anhang aufzunehmen, da weiche Patronatserklärungen auch keine sonstigen finanziellen Verpflichtungen begründen.

1376 Hingewiesen werden muss für die rechtliche Beratung eines Kreditinstitutes hinsichtlich der Hereinnahme einer weichen Patronatserklärung, dass die Rechtsprechung die Auffassung vertritt, dass eine weiche Patronatserklärung eine Inanspruchnahme des Patrons wegen einer Haftung im faktischen Konzern ausschließt, da die Abgabe einer weichen Patronatserklärung als Ergebnis der Verhandlung um eine etwaige Mithaftung des Patrons zeigt, dass der Kreditgeber vertraglich das Risiko eines wirtschaftlichen Scheiterns der Konzerntochter auf sich genommen habe.[1684] Die Rechtsfigur der Haftung im faktischen Konzern ist durch die neuere Rechtsprechung des BGH nunmehr aufgegangen in dem Verbot des existenzvernichtenden Eingriffs.[1685] Die ältere Rechtsprechung des OLG[1686] wird aber von der Kreditwirtschaft weiter als bindend erachtet.[1687]

3. Die harte Patronatserklärung

1377 Bei der so genannten harten Patronatserklärung übernimmt der Patron ggü. dem Kreditgeber der Konzerntochter rechtsverbindlich die Verpflichtung, die Konzerntochter finanziell so auszustatten, dass diese ihre Kreditverpflichtungen aus dem Kreditverhältnis erfüllen kann. Es handelt sich hierbei also um einklagbare (»harte«) Ansprüche des Kreditinstitutes. Dabei Verpflichtungen aus der harten Patronatserklärung erst dann zu passivieren, wenn die Gefahr einer Inanspruchnahme ernsthaft droht.[1688]

1378 Harte Patronatserklärungen kommen durch einen einseitig verpflichtenden Vertrag zustande. Der Zugang der Annahmeerklärung wird gem. § 151 Satz 1 BGB für entbehrlich gehalten.[1689]

1379 Harte Patronatserklärungen begründen einen einseitig verpflichtenden Vertrag sui generis, und zwar dergestalt, dass die Ausstattungsverpflichtung des Patrons als unechter Vertrag zugunsten Dritter gem. § 328 BGB ausgestaltet ist. Als Ausprägung der Vertragsautonomie ist die harte Patronatserklärung allgemein anerkannt.[1690] Der BGH sieht dabei die Verpflichtung aus einer harten Patronatserklärung als ein der Bürgschaft oder Garantieerklärung vergleichbares Sicherungsmittel an.[1691] Es ist noch nicht abschließend entschieden, ob die Patronatserklärung als akzessorisches oder nicht akzessorisches Sicherungsrecht zu bewerten ist.[1692] Hier spricht sehr viel dafür, die harte Patronatserklärung als ein akzessorisches Recht sui generis einzustufen. In aller Regel werden jedoch der Haftungseintritt von dieser dogmatischen Streitfrage wenig berührt.[1693]

1380 Bei der Formulierung einer harten Patronatserklärung sollte vermieden werden, eine Vertragsklausel zu verwenden, wonach der Patron für einen Erfolg »sorgen« soll, da dieser Passus in der

1684 OLG Karlsruhe, WM 1992, 2088.
1685 BGH, WM 2001, 2062; BGH, WM 2002, 960; BGH, WM 2002, 1804; Der BGH stellt aktuell nunmehr auf § 826 BGH ab: BGH, WM 2007, 1572.
1686 OLG Karlsruhe, WM 1992, 2088.
1687 BuB/*Wittig* Rn. 4/2865.
1688 BFA, BB 2007, 598.
1689 *Michalski* WM 1994, 1229 (1233); *Lwowski* Das Recht der Kreditsicherung Rn. 444; Schimansky/Bunte/Lwowski/*Merkel* Bankrechts-Handbuch § 98 Rn. 16.
1690 OLG Karlsruhe, WM 1992, 2088.
1691 BGH, WM 2003, 1178/1179f; BGH, NZI 2017, 157.
1692 Nachweise zum Streitstand bei MünchKomm. BGB/Habersack, vor § 765, Rn. 51, mit Anmerkung Burmeister/Tassma, NZI 2017, 158.
1693 NZI 2017, 157.

Rechtsprechung unterschiedlich ausgelegt wird.[1694] Daher wird in der Kreditpraxis aufgrund der Entscheidung des BGH[1695] die Klausel »uneingeschränkte Verpflichtung« verwendet.

Harte Patronatserklärungen werden im Allgemeinen zwischen dem Kreditgeber und der Mutter- 1381
gesellschaft vereinbart. In der Praxis ist auch die harte Patronatserklärung zwischen der Muttergesellschaft und der kreditnehmenden Konzerntochter anzutreffen, in diesen Fällen sollte sich das Kreditinstitut jedoch die Ansprüche des Kreditnehmers ggü. seiner Muttergesellschaft abtreten lassen.

Die bei den Instanzgerichten z.T. geäußerten Bedenken, dass mit einer bloßen Vereinbarung einer 1382
Ausstattungsverpflichtung im Text der harten Patronatserklärung verborgen wird, dass der Patron für die Rückzahlung der Darlehenssumme haften soll und somit ein Verstoß gegen das Transparenzgebot nach § 9 AGBG (nunmehr § 307 Abs. 1 Satz 2 BGB) vorliegen soll,[1696] wird allgemein als rechtsirrig bezeichnet, da die Ausstattungsverpflichtung nach Art und Umfang hinreichend bestimmt werden kann.[1697]

Dies gilt insbesondere nach einer aktuellen Entscheidung des BGH auch dann, wenn die mit einer 1383
harten Patronatserklärung ausgestattete Tochtergesellschaft zwar zunächst den Gläubiger befriedigt, dieser jedoch im Wege der Insolvenzanfechtung das erhaltene wieder erstatten muss.[1698] Erweist sich die Befriedigung des aus einer harten Patronatserklärung gesicherten Gläubigers anfechtbar, kann daher der Gläubiger gegenüber dem Patron, die ihm aus der Patronatserklärung zustehenden Rechte geltend machen.[1699] Der Patron kann sich nicht durch eine Einmalzahlung an die Tochtergesellschaft von seinen Verpflichtungen aus der übernommenen Patronatserklärung befreien, da der Patron das Weiterleitungsrisiko hinsichtlich der zur Verfügung gestellten Mitteln trägt.[1700]

Wenig Aussicht auf Erfolg hat die Inanspruchnahme des Patrons aus der Patronatserklärung im 1384
Vorfeld der Insolvenz des kreditnehmenden Tochterunternehmens, wenn es z.B. zu Leistungsstörungen im Kreditverhältnis kommt. Dem Patron ist es überlassen, wie er seine Verpflichtung aus der Patronatserklärung erfüllt, sei es durch unentgeltliche Lieferungen, Kapitalerhöhung oder Kreditgewährung.[1701] Nur wenn man die Ansicht vertritt, dass sich die allgemeine Ausstattungsverpflichtung des Patron bei einem Liquiditätsmangel konkretisiert in eine Zahlungsverpflichtung an den Kreditgeber, würde ein entsprechender Leistungsantrag gem. § 253 Abs. 2 Nr. 2 ZPO bestimmt genug sein. Problematisch wäre jedoch, dass der Patron vortragen kann, der Kreditnehmer ist nicht zahlungsunfähig, sondern allein zahlungsunwillig. Für eine Zahlungsunwilligkeit haftet der Patron nicht.[1702]

Als nunmehr gesichert kann gelten, dass die harte Patronatserklärung in der Insolvenz des Kre- 1385
ditnehmers als vollwertige Kreditsicherheit anerkannt ist, da der Patron dem Kreditinstitut zum Schadensersatz wegen Nichterfüllung gem. §§ 280 Abs. 1, 281 BGB haftet, da der Patron seine

---

1694 Für nebenvertragliche Bemühensverpflichtung: OLG Celle, NJW 1967, 1425; für harte Patronatserklärung mit einklagbarer Verpflichtung: LG Berlin, WM 2000, 1060.

1695 BGH, WM 1992, 501 m. Anm. *Obermüller* in WuB I F 1 c. – 1.92.

1696 LG München I, WM 1998, 1285 m. Anm. *Schröter* in WuB I F 1 c. – 1.98; aufgehoben durch VU OLG München, WM 1999, 686.

1697 BuB/*Wittig* Rn. 4/2857 a; *Schäfer* WM 1999, 153 (158); *Fleischer* WM 1999, 666; *v. Bernuth* ZIP 1999, 1501 (1506).

1698 BGH, NZI 2017, 389 = WM 2017, 326 = ZinsO 2017, 318 = ZIP 2017, 337.

1699 BGH, aaO.

1700 *Obermüller* Ersatzsicherheiten im Kreditgeschäft Rn. 29; a.A. LG München I, WM 1998, 1285 m. Anm. *Schröter* in WuB I F 1 c. – 1.98; aufgehoben durch VU OLG München, WM 1999, 686.

1701 *Obermüller* Ersatzsicherheiten im Kreditgeschäft Rn. 26.

1702 Vgl. OLG Düsseldorf, WM 1989, 1642 m. Anm. *Schröter* in WuB IV A. § 276 BGB 2.90; *Köhler* WM 1978, 1338 (1346); *Obermüller* ZGR 75, 1; Schimansky/Bunte/Lwowski/*Merkel* Bankrechts-Handbuch § 98 Rn. 24.

Verpflichtungen aus der Patronatserklärung nicht erfüllt hat.[1703] Dem OLG München[1704] ist zuzustimmen, dass eine andere Auslegung einer harten Patronatserklärung »geradezu absurd« wäre. Dies lässt sich auch der Entscheidung des BGH vom 08.05.2006[1705] entnehmen und wird durch zwei neuere Entscheidungen bestätigt.[1706]

1386 Dass der Patron seine Verpflichtungen aus der Patronatserklärung nicht erfüllt hat steht spätestens mit der Anordnung des Insolvenzverfahrens über das Vermögen der Tochtergesellschaft fest. Das Kreditinstitut hat somit die Möglichkeit, über die Stellung eines Insolvenzantrages einen einklagbaren Zahlungsanspruch gegen den Patron herbeizuführen, wenn der Kredit notleidend wird. Der Patron haftet neben dem Kreditnehmer als Gesamtschuldner auf Schadensersatz in voller Höhe.[1707] Bei Fälligkeit der Kreditforderung und Anordnung des Insolvenzverfahrens kann der Patron sofort in Anspruch genommen werden; eine etwaige Wartezeit oder der Versuch von Zwangsvollstreckungsmaßnahmen[1708] sind nicht notwendig.[1709] Allerdings lässt der BGH[1710] eine Kündbarkeit der harten Patronatserklärung zu, auch wenn im Vertragstext keine Kündbarkeit vorgesehen ist. Diese Kündigung ist auch nicht anfechtbar nach § 135 InsO. Man muss jedoch konstatieren, dass im konkreten Fall die harte Patronatserklärung im Zeitpunkt der Sanierung der Tochtergesellschaft übernommen worden war und die Auslegung, dass der Patron keine »Überlebensgarantie« abgeben wollte, nicht als fernliegend erscheint. Die Kreditpraxis sollte daher die Kündigung für den Zeitraum der Kreditgewährung ausschließen. In einer weiteren neueren Entscheidung verneint überraschend der BGH die Möglichkeit, die Kenntnis der Bank (§ 130 Abs. 1 Nr. 1 InsO) von der Zahlungsunfähigkeit der Tochtergesellschaft mittels harter Patronatserklärung der Muttergesellschaft beseitigen zu können. Nach BGH[1711] wird die Zahlungsunfähigkeit nur dann beseitigt, wenn der Patron auch tatsächlich seiner Ausstattungsverpflichtung nachkommt. Der begünstigten Tochtergesellschaft müsste ein ungehinderter Zugriff auf die versprochenen Mittel eröffnet werden.

1387 Der Schadensersatzanspruch umfasst zunächst den Ausfall der Kreditforderung nebst Zinsen. Weiterhin kann der Patron auf den entgangenen Gewinn in Anspruch genommen werden gem. § 252 BGB, wenn die Kapitalmarktverhältnisse nur noch eine Ausreichung zu verschlechterten Konditionen als z.Zt. der Kreditausreichung ermöglichen. Im Ergebnis wird der Begünstigte sogar besser gestellt als bei einer Bürgschaft oder Garantie. Dies ist jedoch eine logische Folge des Schadensersatzes wegen Nichterfüllung.[1712]

1388 Sollte der Kreditnehmer den Kredit bereits vor Insolvenzantragstellung zurückgezahlt haben und ficht der Insolvenzverwalter diese Rückzahlung erfolgreich an, kann das Kreditinstitut den Patron aus seiner Patronatserklärung in Anspruch nehmen, da der Leistungserfolg bei einer Geldschuld nur dann eintritt, wenn der Gläubiger den empfangenen Geldbetrag auch behalten darf.[1713] Dies kann nunmehr als gesichert angesehen werden durch die aktuelle Entscheidung des BGH aus 2017.[1714] Um

1703 LG Frankfurt am Main, ZIP 1982, A 5 als VU; OLG Stuttgart, WM 1985, 455 m. Anm. *Schröter* in WuB I F 1 c. – 1.85; LG Berlin, WM 2000, 1060; BGH, WM 1992, 501 m. Anm. *Obermüller* in WuB I F 1 c. – 1.92.

1704 OLG München, Urt. v. 31.10.2007 – 19 U 1887/04 m. Anm. *Höpfner* EWiR 2008, 14;, a.A. OLG Celle, OLGR 2001, 39.

1705 BGH, ZIP 2006, 1199; *Höpfner* EWiR 2008, 147/148.

1706 BGH, ZIP 2010, 2092 m. Anm. *Guski* EWiR 2010, 757; BGH, Urt. v. 19.05.2011 – IX ZR 9/10.

1707 OLG Stuttgart, WM 1985, 455 m. Anm. *Schröter* in WuB I F 1 c. – 1.85; BGH, WM 1992, 501 m. Anm. *Obermüller* in WuB I F 1 c. – 1.92; BGH, WM 2003, 1178; Derleder/Knops/Bamberger/*Kulke* Handbuch für das deutsche und europäische Bankrecht § 25 Rn. 64.

1708 Gem. §§ 89, 90 InsO wären Zwangsvollstreckungsmaßnahmen eo ipso nicht rechtsbeständig.

1709 BGH, WM 1992, 501 m. Anm. *Obermüller* in WuB I F 1 c. – 1.92.

1710 BGH, ZIP 2010, 2092.

1711 BGH, Urt. v. 19.05.2011 – IX ZR 9/10 = BB 2011, 1778 = ZinsO 2011, 1115.

1712 *Rümker* WM 1974, 990 (991); BuB/*Wittig* Rn. 4/2881.

1713 Vgl. BGH, ZIP 1996, 418.

1714 BGH, NZI 2017, 157.

letzte Zweifel hieran auszuschließen, sollte in die Patronatserklärung eine sog. Revocatoria-Klausel aufgenommen werden, wonach der Patron auch für den Fall einzustehen hat, dass der Kreditgeber die erhaltenen Rückführungen aufgrund Insolvenzanfechtung wieder herauszugeben hat.[1715] Vermieden werden sollte auf jeden Fall eine Rückgabe bzw. Freigabe der Patronatserklärung an den Patron nach Rückführung der Kredite, solange die Insolvenzfestigkeit der Rückführung nicht feststeht, da ansonsten der Kreditgeber auf seine Kreditsicherheit verzichtet.

Beim BGH ist anerkannt, dass eine zeitlich unbefristete Patronatserklärung für die Zukunft ge- **1389**
kündigt werden kann, wenn die Vertragsparteien nach den Umständen des Einzelfalles ein entsprechendes Kündigungsrecht vereinbart haben.[1716] Eine derartige Kündigung wirkt allerdings nur ex nun. Daher hat der Patron für die bis zum Wirksamwerden der Kündigung begründeten Verbindlichkeiten weiter einzustehen und wird nur im Hinblick auf künftige Verbindlichkeiten von seiner Haftung befreit.[1717]

III. Der Organschaftsvertrag/Die Organschaftserklärung

Bei der Kreditvergabe an konzernangehörige Kreditnehmer spielt die Organschaftserklärung eine **1390**
große Rolle.

Ein zwischen dem Kreditnehmer (Untergesellschaft) und der Muttergesellschaft (Obergesell- **1391**
schaft) abgeschlossener Organschaftsvertrag führt im wirtschaftlichen Ergebnis zu einer Einstandsverpflichtung der Obergesellschaft für die Verbindlichkeiten der Untergesellschaft und dadurch zu einer Kreditbesicherung. Organschaftsverträge sind nach § 291 AktG Verträge, wonach eine AG oder eine KGaA sich verpflichtet, ihren ganzen Gewinn an eine Obergesellschaft abzuführen (Gewinnabführungsvertrag) oder die Leitung ihrer Gesellschaft einer Obergesellschaft unterstellt (Beherrschungsvertrag). Derartige Organschaftsverträge können auch mit einer GmbH als Untergesellschaft abgeschlossen werden.[1718]

Soweit ein Organschaftsvertrag besteht, führt dies grds. zu einer Einstandsverpflichtung der Ober- **1392**
gesellschaft für die Verbindlichkeiten der kreditnehmenden Untergesellschaft. Die bestehenden Lücken in einem derartigen Organschaftsvertrag können für den Kreditgeber durch eine Organschaftserklärung geschlossen werden. Als Kreditsicherheit dient somit der Organschaftsvertrag i.V.m. der Organschaftserklärung.

Aufgrund des Organschaftsvertrags hat die Obergesellschaft während der Dauer des Organschafts- **1393**
vertrags den Jahresfehlbetrag der Untergesellschaft gem. § 302 Abs. 1 AktG auszugleichen. Bei Beendigung des Organschaftsvertrags muss die Obergesellschaft den Gläubigern der Untergesellschaft Sicherheit leisten, § 303 Abs. 1 AktG. Der BGH erkennt diese Regelungen auch an, wenn die Untergesellschaft als GmbH firmiert.[1719] Daher sind die Bedenken gegen das Bestehen einer Kreditsicherheit[1720] nunmehr überholt.

1715 *Obermüller* Ersatzsicherheiten im Kreditgeschäft Rn. 79.

1716 BGHZ 187, 69, Rn. 17 ff., BGH, NZI 2017, 389.

1717 BGHZ 187, 69, Rn. 19, 41, BGH, aaO.

1718 BGH, WM 1988, 258 m. Anm. *Baums* in WuB II A. – § 291 AktG – 1.88; BGH, WM 1991, 2137 m. Anm. *Burgard* in WuB II C § 54 GmbHG – 1.93; OLG Karlsruhe, WM 1994, 1208 m. Anm. *Dilger* in WuB II C § 54 GmbHG – 3.94.

1719 BGH, WM 1988, 258 m. Anm. *Baums* in WuB II A. – § 291 AktG – 1.88; BGH, WM 1991, 2137 m. Anm. *Burgard* in WuB II C § 54 GmbHG – 1.93; OLG Karlsruhe, WM 1994, 1208 m. Anm. *Dilger* in WuB II C. – § 54 GmbHG – 3.94.

1720 *Obermüller* Ersatzsicherheiten im Kreditgeschäft Rn. 140 ff.; *Peltzer* AG 1975, 309 (313).

1394 Der Ausgleichsanspruch hat die Untergesellschaft gegen die Obergesellschaft inne und ist auf Zahlung eines Geldbetrages gerichtet.[1721] Dieser Verlustausgleichsanspruch entsteht am Bilanzstichtag der Untergesellschaft und ist sofort fällig.[1722]

1395 Während der Laufzeit eines Organschaftsvertrags wird allein durch die Verlustübernahmeverpflichtung der Obergesellschaft die Einstandsverpflichtung mit ihrem gesamten Vermögen für die Verbindlichkeiten der Untergesellschaft statuiert. Man kann anhand seiner Rechtswirkungen den Organschaftsvertrag mit einer Ausfallbürgschaft vergleichen.[1723]

1396 Die Beendigung des Organschaftsvertrags, z.B. durch Kündigung oder einvernehmliche Aufhebung,[1724] ist in das Handelsregister einzutragen. Die Eintragung der Beendigung in das Handelsregister hat, im Gegensatz zum Abschluss des Organschaftsvertrags (§ 294 Abs. 2 AktG), nur deklaratorische Bedeutung, sollte jedoch im Hinblick auf § 15 Abs. 1 HGB vollzogen werden.

1397 Die Obergesellschaft hat gem. § 303 Abs. 1 AktG den Gläubigern der Untergesellschaft, deren Forderungen begründet worden waren, bevor die Eintragung der Beendigung des Organschaftsvertrags in das Handelsregister als bekannt gemacht gilt, Sicherheit zu leisten. Die Gläubiger müssen sich binnen 6 Monaten nach der Bekanntmachung der Eintragung bei der Obergesellschaft »melden«. Der Anspruch auf Sicherheitsleistung gegen die Obergesellschaft richtet sich auf die Stellung einer (nicht selbstschuldnerischen) Bürgschaft gem. § 303 Abs. 3 AktG oder auf eine Sicherheit nach § 232 BGB. Die Obergesellschaft kann wählen, welche Art an Sicherheit sie stellt.[1725]

1398 Während das Bestehen eines Organschaftsvertrags den Insolvenzgrund der Überschuldung bei der Untergesellschaft ausschließt (Leistungsfähigkeit der Obergesellschaft unterstellt), ist die Insolvenz der Untergesellschaft aufgrund Zahlungsunfähigkeit möglich. Da jedes Insolvenzverfahren gem. § 262 Abs. 1 Nr. 3 AktG zur Auflösung der AG führt ist somit auch der Organschaftsvertrag beendet.[1726] Es fehlt für die Weitergeltung des Organschaftsvertrags eine auf Gewinnerzielung gerichtete Tätigkeit, da das Inso-Verfahren gem. § 1 InsO auf die gleichmäßige Befriedigung der Gläubiger gerichtet ist. Weiterhin wäre es mit der InsO nicht zu vereinbaren, wenn der Insolvenzverwalter an Weisungen der Obergesellschaft gebunden wäre.

1399 Der Verlustausgleichsanspruch gegen die Obergesellschaft steht ausschließlich dem Inso-Verwalter der Untergesellschaft zu, § 92 InsO. Der Schutz der Kreditgeber der Untergesellschaft wird durch den Anspruch auf Sicherheitsleistung gegen die Obergesellschaft erreicht. Dieser Anspruch auf Stellung einer Sicherheit wandelt sich in einen Zahlungsanspruch gegen die Obergesellschaft um, wenn feststeht, dass aufgrund der Vermögenslosigkeit der Untergesellschaft die Verbindlichkeiten nicht bedient werden können und somit die Sicherheit sofort in Anspruch genommen wird.[1727] Dies ist z.B. gegeben, wenn die Eröffnung des Insolvenzverfahrens mangels Masse abgelehnt wird.

1400 Voraussetzung für die Inanspruchnahme der Obergesellschaft ist ein wirksamer Organschaftsvertrag. Hierfür gibt es mannigfaltige Voraussetzungen wie z.B. die Zustimmung der Hauptversammlungen der Ober- und Untergesellschaft im AG-Konzern, § 293 Abs. 1 AktG. Soweit die Obergesellschaft in der Rechtsform einer GmbH firmiert, ist die Zustimmung der Gesellschafterversammlung mit qualifizierter Mehrheit erforderlich.[1728] Konstitutiv ist die Eintragung des Organschaftsvertrags in

1721 *Hüffer* AktG § 302 Rn. 15.

1722 BGH, WM 1988, 258; BGH, WM 1999, 2409; *Altmeppen* DB 2000, 261.

1723 BuB/*Wittig* Rn. 4/2935.

1724 §§ 297, 296 AktG.

1725 *Hüffer* AktG § 303 Rn. 6, 9; Schimansky/Bunte/Lwowski/*Merkel* Bankrechts-Handbuch § 98 Rn. 63.

1726 *Hüffer* AktG § 298 Rn. 22; *Altmeppen* DB 1999, 2453 (2455).

1727 BGH, WM 1991, 2137 m. Anm. *Burgard* in WuB II C. § 54 GmbHG – 1.93; *Obermüller* Ersatzsicherheiten im Kreditgeschäft Rn. 118.

1728 BGH, WM 1988, 1819.

das Handelsregister der Untergesellschaft, § 294 Abs. 2 AktG. Dies gilt auch für den Fall, dass die Untergesellschaft als GmbH firmiert.[1729]

Eine Unwirksamkeit des Organschaftsvertrags kommt in Betracht bei fehlerhaften Zustimmungsbeschlüssen bei einer der beiden Gesellschaften oder aufgrund erfolgter Anfechtung eines zunächst als rechtswirksam anzusehenden Beschlusses. Der BGH hat allerdings hierzu festgestellt, dass auch ein nichtiger Organschaftsvertrag nach den Grundsätzen der fehlerhaften Gesellschaft als wirksam anzusehen ist, wenn der Organschaftsvertrag tatsächlich durchgeführt worden ist und solange nicht eine Partei die Kündigung aus wichtigen Gründen erklärt.[1730] 1401

Um die Risiken einer Unwirksamkeit des Organschaftsvertrags auszuschließen sollte sich der Kreditgeber in der Organschaftserklärung bestätigen lassen, dass ein entsprechender Organschaftsvertrag wirksam abgeschlossen und seit Vertragsschluss auch tatsächlich durchgeführt worden ist. In dieser Erklärung kann eine Auskunft gesehen werden, sodass der Sicherheitengeber bei fehlerhafter Auskunft auf Schadensersatz haftet.[1731] Soweit die falsche Auskunft schuldlos erfolgte, etwa wegen der Änderung der Rechtsprechung, kommt eine Haftung nicht in Betracht.[1732] 1402

Weiterhin muss der Kreditgeber den Nachweis erbringen, dass er bei richtiger Auskunft über die Unwirksamkeit des Organschaftsvertrags von der Kreditvergabe abgesehen hätte, da es ansonsten an der notwendigen Kausalität fehlt.[1733] 1403

Diese Unwägbarkeiten kann der Kreditgeber umgehen, wenn er sich in der Organschaftserklärung von der Obergesellschaft die Bestätigung einholt, dass diese eine Unwirksamkeit des Organschaftsvertrags ggü. dem Kreditgeber nicht geltend machen wird.[1734] 1404

Eine Begrenzung der Haftung der Obergesellschaft auf die Anlasskredite analog der Rechtsprechung zum Bürgschafts- und Sicherungsgrundschuldrecht[1735] kommt nicht in Betracht, da der § 303 AktG einen weiten Sicherungszweck qua Gesetz vorgibt und eine Organschaftserklärung lediglich die gesetzlichen Verpflichtungen der Obergesellschaft aus §§ 302, 303 AktG klarstellt.[1736] 1405

Schließlich sollte der Kreditgeber in der Organschaftserklärung die Unterrichtungsverpflichtung der Obergesellschaft für den Fall der Beendigung der Organschaft vereinbaren und zwar so rechtzeitig, dass die Rechte aus § 303 AktG fristgerecht innerhalb der 6 Monatsfrist wahrgenommen werden können, da es sich bei dieser Frist um eine Ausschlussfrist handelt.[1737] Verletzt die Obergesellschaft diese Hinweispflicht wäre der Kreditgeber so zu stellen, als sei er rechtzeitig unterrichtet worden. Im Ergebnis kann sich somit die Obergesellschaft nicht auf den Fristablauf berufen.[1738] 1406

IV. Die Liquiditätsgarantie

Bei dieser Form der Kreditbesicherung handelt es sich um eine besondere Ausgestaltung einer Patronatserklärung. Es wird hierbei von einem Dritten vertraglich bindend erklärt, dem Kreditnehmer 1407

1729 BGH, WM 1991, 2137 m. Anm. *Burgard* in WuB II C. – § 54 GmbHG 1.93; OLG Zweibrücken, AG 1999, 328.

1730 BGH, WM 1988, 258 m. Anm. *Baums* in WuB II A. – § 291 AktG – 1.88; BGH, WM 1991, 2137 m. Anm. *Burgard* in WuB II C § 54 GmbHG – 1.93; Schimansky/Bunte/Lwowski/*Merkel* Bankrechts-Handbuch § 98 Rn. 68.

1731 *Obermüller* Ersatzsicherheiten im Kreditgeschäft Rn. 109.

1732 *Obermüller* Ersatzsicherheiten im Kreditgeschäft Rn. 109.

1733 BuB/*Wittig* Rn. 4/2952.

1734 BuB/*Wittig* Rn. 4/2952.

1735 Vgl. BGH, WM 1997, 1615 m. Anm. *Wenzel* in WuB I F 3. – 11.97; BGH, WM 1997, 1280 (1282); BGH, WM 2000, 1328 m. Anm. *Rimmelspacher* in WuB I F 3. – 8.00.

1736 BuB/*Wittig* Rn. 4/2964.

1737 *Lwowski/Groeschke* WM 1994, 613 (617); Schimansky/Bunte/Lwowski/*Merkel* Bankrechts-Handbuch § 98 Rn. 61.

1738 BuB/*Wittig* Rn. 4/2968.

ausreichende finanzielle Mittel zur Verfügung zu stellen, um somit seinen finanziellen Verpflichtungen nachkommen zu können.

1408 Zu unterscheiden sind zwei Formen der Liquiditätsgarantie. Die Liquiditätsgarantie mit weiter Ausstattungsverpflichtung entspricht der harten Patronatserklärung, da sich der Drittsicherungsgeber dem Kreditgeber ggü. verpflichtet, durch ausreichende finanzielle Ausstattung dafür zu sorgen, dass der Kreditnehmer jederzeit in der Lage ist, seine finanziellen Verpflichtungen zu genügen.

1409 Bei der Liquiditätsgarantie mit Kreditzusage verpflichtet sich der Drittsicherungsgeber ggü. dem Kreditgeber ebenfalls dazu, dem Kreditnehmer ausreichende finanzielle Mittel zur Verfügung zustellen. Im Gegensatz zur ersten Variante wird dabei jedoch vereinbart, dass der Kreditnehmer die Mittel ausschließlich als Darlehen zur Verfügung gestellt bekommt.[1739]

1410 Mit der Liquiditätsgarantie wird somit der Insolvenzgrund der Zahlungsunfähigkeit beseitigt, nicht jedoch eine mögliche Überschuldung. In der Kreditpraxis wird die Liquiditätsgarantie verwendet, wenn der Kreditnehmer zwar über ausreichendes Haftungsvermögen verfügt, dieses jedoch nicht kurzfristig liquidierbar ist.

1411 Da die Liquiditätsgarantie mit weiter Ausstattungsverpflichtung im Wesentlichen der harten Patronatserklärung entspricht, kann auf die Ausführungen zur harten Patronatserklärung verwiesen werden. Bei der Liquiditätsgarantie mit Kreditzusage handelt es sich um einen Darlehensvorvertrag, welcher auf den Abschluss eines Darlehensvertrages über die Gewährung eines Darlehens gerichtet ist.[1740] Eine derartige Liquiditätsgarantie begründet für den Kreditgeber keine unmittelbaren Ansprüche gegen den Drittsicherungsgeber. Die Erklärung wird ausschließlich dem Kreditnehmer ggü. abgegeben und nur ihm ggü. ist der Erklärende verpflichtet.[1741]

1412 Nach OLG Celle[1742] endet die Liquiditätsgarantie mit der Insolvenz des Kreditnehmers. Der InsO-Verwalter soll danach nicht berechtigt sein, von der Muttergesellschaft Zahlungen verlangen zu können, aus denen die Insolvenzgläubiger befriedigt werden könnten. Demnach scheidet auch eine mittelbare wirtschaftliche Begünstigung des Kreditgebers durch die Liquiditätsgarantie aus.

1413 Ebenfalls scheidet ein Vertrag zugunsten Dritter i.S.d. § 328 BGB aus, da sich der Drittsicherungsgeber ersichtlich nur zur Leistung an den Kreditnehmer verpflichten wollte.[1743] Voraussetzung für den Ansatz als Kreditsicherung ist somit die Abtretung der Forderungen des Kreditnehmers gegen den Drittsicherungsgeber aus der Liquiditätsgarantie.

1414 Handelt es sich um eine Liquiditätsgarantie mit weiter Ausstattungsverpflichtung bestehen an der Wirksamkeit der Abtretung der Ansprüche keine Zweifel, da keine Inhaltsänderung i.S.d. § 399, 1. Alt. BGB vorgenommen wird.[1744]

1415 Bei der Liquiditätsgarantie mit Kreditzusage handelt es sich um einen Darlehensvorvertrag.[1745] Ob Ansprüche aus einem Darlehensvorvertrag abtretbar sind, ist in der Rechtsprechung streitig.[1746]

1739 *Obermüller* Ersatzsicherheiten im Kreditgeschäft Rn. 351 ff.; *Gerth* Atypische Kreditsicherheiten, S. 270 ff.

1740 *Gerth* Atypische Kreditsicherheiten, S. 280.

1741 *Obermüller* Ersatzsicherheiten im Kreditgeschäft Rn. 355; *Gerth* Atypische Kreditsicherheiten, S. 284; *Butzke/Herget* Ersatzsicherheiten in der Kreditsicherungspraxis, S. 25.

1742 OLG Celle, DStZ 2001, 335.

1743 *Wiedemann/Hermann* ZIP 1994, 997; *Obermüller* Ersatzsicherheiten im Kreditgeschäft Rn. 355; *Gerth* Atypische Kreditsicherheiten, S. 285; BuB/*Wittig* Rn. 4/2915.

1744 *Gerth* Atypische Kreditsicherheiten, S. 292 f.; BuB/*Wittig* Rn. 4/2915; Schimansky/Bunte/Lwowski/*Merkel* Bankrechts-Handbuch § 98 Rn. 161.

1745 *Gerth* Atypische Kreditsicherheiten, S. 280; Schimansky/Bunte/Lwowski/*Merkel* Bankrechts-Handbuch § 98 Rn. 161; BuB/*Wittig* Rn. 4/2915.

1746 Dagegen: LG Hannover, WM 1986, 254; LG Hamburg, NJW 1986, 998; LG Dortmund EWiR § 607 BGB 5/85 (*Rümker*); *Lwowski/Weber* ZIP 1980, 609; dafür: OLG Köln, ZIP 1983, 810.

Man wird daher davon auszugehen haben, dass bei der Liquiditätsgarantie mit Kreditzusage lediglich der Auszahlungsanspruch abtretbar ist, nicht jedoch das Recht des Kreditnehmers, den Kreditvertrag zu schließen resp. den Kredit auch in Anspruch zu nehmen.[1747]

Um diesen misslichen Zustand zu beseitigen, muss sich der Kreditgeber vom Kreditnehmer eine unwiderrufliche Vollmacht erteilen lassen, im Namen des Kreditnehmers den Kreditvertrag abschließen zu können und anschließend das Darlehen zu ziehen.[1748] Bedingt durch die Abtretung kann der Kreditgeber Auszahlung des Kredits an sich verlangen. Dadurch entsteht eine Forderung des Drittsicherungsgebers gegen den Kreditnehmer.[1749] Bei Eröffnung der Insolvenz über das Vermögen des Kreditnehmers erlischt die Vollmacht gem. § 117 Abs. 1 InsO. Eine Inanspruchnahme des Drittsicherungsgebers ist somit nicht mehr möglich.[1750] 1416

Eine Bewertung als Kreditsicherheit gem. § 18 KWG kommt sonach nur bei der Liquiditätsgarantie mit weiter Ausstattungsverpflichtung in Betracht, da diese wie eine harte Patronatserklärung in Anspruch genommen werden kann.[1751] 1417

Die Liquiditätsgarantie wird als jederzeit kündbar angesehen,[1752] analog § 608 BGB. Bedingt durch die Kündigung ist es somit dem Verpflichteten möglich, sich der Zahllast zu entziehen. Eine Haftung des Verpflichteten aus Vertrauenstatbestand ist streitig.[1753] Daher sollte im Hinblick auf § 407 Abs. 1 BGB die Abtretung der Ansprüche aus der Liquiditätsgarantie dem Sicherungsgeber angezeigt werden. 1418

Zur weiteren Absicherung kann in der Liquiditätsgarantie aufgenommen werden, dass der Sicherungsgeber die Vereinbarung mit dem Kreditnehmer bis zur vollständigen Erfüllung der Verbindlichkeiten des Kreditnehmers nicht aufheben oder abändern darf.[1754] 1419

V. Die Rangrücktrittserklärung

Mit der Rangrücktrittserklärung verpflichtet sich der Gläubiger einer Gesellschaft die Erfüllung seiner Verbindlichkeiten erst nachrangig, nämlich nach der Befriedigung des Kreditgebers oder sämtlicher Gläubiger, zu verlangen. Es lassen sich hierbei zwei Grundformen der Rangrücktrittserklärung unterscheiden. 1420

Wenn die Rangrücktrittserklärung zwischen einer Kapitalgesellschaft und dem im Rang zurücktretenden Gläubiger vereinbart wird mit dem Inhalt, dass der Gläubiger seine Forderungen in einem Insolvenzverfahren über das Vermögen der Gesellschaft nicht geltend macht, sondern erst auf einen etwaigen Überschuss nach Befriedigung sämtlicher Insolvenzgläubiger Zugriff haben soll, so handelt es sich nicht um eine Kreditsicherheit im engeren Sinne, da Zweck dieser Erklärung ausschließlich die Beseitigung resp. Vermeidung der Überschuldung der Gesellschaft ist.[1755] 1421

1747 *Obermüller* Ersatzsicherheiten im Kreditgeschäft Rn. 358; *Gerth*, Atypische Kreditsicherheiten, S. 300; BuB/*Wittig* Rn. 4/2915.

1748 *Obermüller* Ersatzsicherheiten im Kreditgeschäft Rn. 358; *Butzke/Herget* Ersatzsicherheiten in der Kreditsicherungspraxis, S. 26.

1749 *Obermüller* Ersatzsicherheiten im Kreditgeschäft Rn. 359.

1750 *Obermüller* Ersatzsicherheiten im Kreditgeschäft Rn. 360; *Butzke/Herget* Ersatzsicherheiten in der Kreditsicherungspraxis, S. 25; BuB/*Wittig* Rn. 4/2922.

1751 *Obermüller* Ersatzsicherheiten im Kreditgeschäft Rn. 362; *Butzke/Herget* Ersatzsicherheiten in der Kreditsicherungspraxis, S. 26; BuB/*Wittig* Rn. 4/2923; Schimansky/Bunte/Lwowski/*Merkel* Bankrechts-Handbuch § 98 Rn. 164.

1752 *Wiedemann/Hermanns* ZIP 1994, 997 (1000).

1753 Dafür: *Wiedemann/Hermanns* ZIP 1994, 997 (999 f.); dagegen: *Gerth* Atypische Kreditsicherheiten, S. 287 ff.

1754 *Butzke/Herget* Ersatzsicherheiten in der Kreditsicherungspraxis, S. 26 f.; BuB/*Wittig* Rn. 4/2920.

1755 *Lwowski* Das Recht der Kreditsicherung Rn. 785; BuB/*Wittig* Rn. 4/2978.

1422 Die Einholung einer Rangrücktrittserklärung hat Sinn, falls der Kreditnehmer keine werthaltigen Kreditsicherheiten anbieten kann und auch von Dritter Seite keine Sicherheiten hereingeholt werden können. Dann kann mit einer Rangrücktrittserklärung die Liquidität des Kreditnehmers geschont werden, da zuvörderst der ausgereichte Kredit zu bedienen ist.

1423 Sollte ein Insolvenzverfahren über das Vermögen des Kreditnehmers eröffnet werden, so führt die Rangrücktrittserklärung zu einer Quotenverbesserung für den Kreditgeber. Daher wird in der Rangrücktrittserklärung vereinbart, dass der andere Gläubiger (zumeist der Gesellschafter) seine Forderung erst dann geltend machen kann, wenn der Kreditgeber vollumfänglich befriedigt ist.

1424 Da mit dieser Art der Rangrücktrittserklärung eine ausschließliche Begünstigung des Kreditgebers bezweckt ist, wird weiter vereinbart, dass der zurücktretende Gläubiger im Fall der Insolvenz des Kreditnehmers verpflichtet ist, seine Forderung einzuziehen und den Erlös bis zur vollumfänglichen Bedienung des Kreditgebers auszukehren, soweit dies überhaupt gem. § 135 InsO zulässig ist.

1425 Zur weiteren Absicherung der Verpflichtung aus einer derartigen Rangrücktrittserklärung sollte weiter vereinbart werden, dass der Gläubiger über seine Forderungen gegen den Kreditnehmer nicht verfügen darf. Allerdings verbleibt es bei der Möglichkeit, dass Forderungsinhaber gegen den Gläubiger sich die Forderungen, welche im Rang zurücktreten, pfänden lassen.

1426 Man sollte daher den weiteren Passus aufnehmen, dass der Gläubiger im Fall der Störung des Kreditverhältnisses verpflichtet ist, seine Forderungen gegen den Kreditnehmer an den Kreditgeber abzutreten.[1756]

1427 Diese Form der Rangrücktrittserklärung wird nicht als sittenwidrig i.S.d. § 138 Abs. 1 BGB eingestuft,[1757] da die Rangrücktrittserklärung einhergeht mit der Kreditgewährung und diese auch dem Gesellschafter, welcher in aller Regel die Rangrücktrittserklärung abgibt, zugutekommt. Des Weiteren wird es für zulässig erachtet zur Verringerung des Kreditrisikos, dass ein Kreditinstitut die Kreditvergabe abhängig davon macht, dass andere Gläubiger im Range zurücktreten.[1758]

1428 Die Rangrücktrittserklärung statuiert selbstverständlich keine dingliche Wirkung. Im ungestörten Kreditverhältnis erwirbt der Kreditgeber aufgrund der Rangrücktrittserklärung schuldrechtliche Unterlassungsansprüche gegen den anderen Gläubiger. Diese sind, mit einem entsprechenden Inhalt der Rangrücktrittserklärung, darauf gerichtet, dass der zurücktretende Gläubiger die Forderung nicht einzieht und nicht abtritt. Weiterhin ist sie darauf gerichtet, nicht mit der Forderung hinter anderen Gläubigern zurückzutreten.[1759]

1429 Das Verbot, die im Rang zurücktretende Forderung einzuziehen, umfasst auch das Verbot der Aufrechnung mit Gegenforderungen, da auch hierdurch die Einziehung wirtschaftlich erreicht werden könnte.[1760] Letztlich stellt dies allerdings keinen großen Schutz des Kreditgebers dar, da es Dritten unbenommen bleibt, aufgrund von eigenen Ansprüchen in die zurückgetretene Forderung zu vollstrecken.[1761]

1430 Soweit sich der Kreditgeber die Abtretung der zurückgetretenen Forderung vorbehalten hat, kann er im Fall der Insolvenz des Kreditnehmers nunmehr die Übertragung der Forderung verlangen und die Forderung selbstständig im Insolvenzverfahren anmelden und die Insolvenzquote vereinnahmen. Zu beachten ist hierbei jedoch, dass es sich in aller Regel um nachrangige Forderungen

1756 *Lwowski* Das Recht der Kreditsicherung Rn. 728.

1757 LG Dessau, WM 1999, 1711 m. Anm. *Mankowski* in WuB IV A – § 387 BGB – 1.99; Schimansky/Bunte/Lwowski/*Merkel* Bankrechts-Handbuch § 98 Rn. 141; BuB/*Wittig* Rn. 4/2980.

1758 LG Dessau, WM 1999, 1711 m. Anm. *Mankowski* in WuB IV A – § 387 BGB – 1.99; BuB/*Wittig* Rn. 4/2981.

1759 *Obermüller* Ersatzsicherheiten im Kreditgeschäft Rn. 246.

1760 Schimansky/Bunte/Lwowski/*Merkel* Bankrechts-Handbuch § 98 Rn. 141; BuB/*Wittig* Rn. 4/2986.

1761 *Obermüller* Ersatzsicherheiten im Kreditgeschäft Rn. 246, 249.

i.S.d. § 39 Abs. 1 Nr. 5 InsO handeln wird, sodass mit einer namhaften Quotenausschüttung nicht gerechnet werden kann.

Sofern der zurücktretende Gläubiger droht in Insolvenz zu fallen, muss der Kreditgeber versuchen, vor der Anordnung eines allgemeinen Verfügungsverbotes im vorläufigen Insolvenzverfahren gem. § 21 Abs. 2 Nr. 2, 1. Alt. InsO oder vor Eröffnung des Verfahrens wegen der Wirkung des Verfügungsverbots gem. § 80 Abs. 1 InsO die Abtretung zu erreichen. Weiterhin muss beachtet werden, dass die Abtretung nach § 130 InsO anfechtbar ist, soweit Kenntnis von der Zahlungsunfähigkeit oder Kenntnis über den Eröffnungsantrag vorlag. Eine Anfechtung gem. § 131 InsO scheidet aus, da der Kreditgeber einen jederzeit fälligen Anspruch auf Sicherung gerade in der Abtretung der Forderung innehat.[1762] 1431

Auch das MoMiG hat an der Erforderlichkeit einer Rangrücktrittserklärung des Darlehen gebenden Gesellschafters nichts geändert. Der ursprünglich vorgesehene automatische Rücktritt eines Gesellschafterdarlehens wurde doch nicht umgesetzt.[1763] Als eine Kreditsicherheit i.S.d. § 18 KWG kann somit die Rangrücktrittserklärung nicht angesehen werden.[1764] Sie trägt aber immerhin zu einer gewissen Begrenzung des Kreditausfallrisikos bei. 1432

VI. Der Kommanditrevers

Während der Komplementär einer KG persönlich und unbegrenzt für die Verbindlichkeiten der KG haftet, ist die Haftung der Kommanditisten auf deren im Handelsregister eingetragene Hafteinlage beschränkt, § 161 HGB. Soweit der Kommanditist seine Hafteinlage erbracht hat und diese nicht wieder an ihn zurückgezahlt worden ist, kann der Kommanditist von Gläubigern der KG nicht in Anspruch genommen werden, 172 HGB. 1433

Sind die Kommanditisten nicht bereit, Kreditsicherheiten (etwa in Form einer Bürgschaftsübernahme) zu stellen, so kann zumindest mittels des Kommanditrevers erreicht werden, dass das liquide Vermögen der KG, welches Grundlage für die Kreditvergabe ist, zumindest nicht ausgehöhlt wird und einhergehend die Gefahr einer Insolvenz erhöht. Der Kommanditrevers dient letztlich zur Vermeidung eines erhöhten Kreditausfallrisikos.[1765] 1434

Mittels des Kommanditrevers wird demnach vereinbart, dass der Kommanditist seine Kommanditeinlage nicht herabsetzt und sie so lange in der KG belässt, bis die Kredite an die KG des Kreditgebers vollumfänglich bedient sind. Diese Vereinbarung hat vor allem dann Sinn, wenn der Kommanditist über seine Pflichteinlage hinaus Kommanditeinlagen in die KG eingebracht hat. 1435

Neben der Vereinbarung, dass der Kommanditist seine Kommanditeinlage bis zur vollständigen Rückführung des Kredites an die KG nicht herabsetzt, wird in aller Regel weiter vereinbart, auch die angefallenen Gewinne in der Gesellschaft zu belassen. Der Kreditgeber zielt bei dieser Thesaurierung der Gewinne darauf ab, das Kreditausfallrisiko weiter zu vermindern. 1436

Rechtstechnisch wird dabei die Vereinbarung getroffen, dass der Kommanditist die Gewinne auf einem Sonderkonto umzubuchen hat und diese der KG als Darlehen zur Verfügung stellt.[1766] 1437

Um zu verhindern, dass der Kommanditist die Vereinbarungen aus dem Kommanditrevers nicht unterläuft sollte vereinbart werden, dass der Kommanditist seinen Kommanditanteil und die daran geknüpften Forderungen nicht auf Dritte überträgt, sei es im Wege der Abtretung, Verpfändung 1438

1762 *Obermüller* Ersatzsicherheiten im Kreditgeschäft Rn. 253; BuB/*Wittig* Rn. 4/2991.
1763 Vgl. hierzu: FCH-Sicherheitenkompendium/*Sickel/Steinwachs* Rn. 54, 82, 2445.
1764 *Obermüller* Ersatzsicherheiten im Kreditgeschäft Rn. 259; BuB/*Wittig* Rn. 4/2993.
1765 *Obermüller* Ersatzsicherheiten im Kreditgeschäft Rn. 202 ff.; *Obermüller* Die Bank 1978, 548 (550).
1766 *Butzke/Herget* Ersatzsicherheiten in der Kreditsicherungspraxis, S. 19.

o.Ä.[1767] Ohne dieses dingliche Abtretungsverbot gem. § 399 BGB wäre der Kommanditrevers vor Abtretungen und Verpfändungen nicht geschützt.[1768]

1439 Zulässig bleibt die Pfändung des Kommanditanteils, § 859 Abs. 1 Satz 1 ZPO; § 135 HGB sowie die Pfändung des Gewinnausschüttungsanspruchs.[1769] Eine Wirksamkeit der Abtretung trotz Abtretungsverbots kann sich aus § 354a HGB ergeben. Der § 354a HGB kann jedoch nur das Abtretungsverbot für den Gewinnausschüttungsanspruch aufheben, nicht jedoch das Abtretungsverbot bezüglich des Kommanditanteils, da der § 354a HGB lediglich für Geldforderungen anwendbar ist.[1770]

1440 Da der Kommanditrevers ausschließlich ein Rechtsverhältnis zwischen dem Kommanditisten und dem Kreditgeber begründet, bedarf der Kommanditrevers keiner Zustimmung der KG. Um die Stellung des Kreditgebers zu stärken, wird in der Kreditpraxis die KG in den Kommanditrevers vertraglich mit eingebunden, sodass die KG als Kreditnehmer die Verpflichtungen des Kommanditisten aus dem Kommanditrevers zu beachten hat.[1771]

1441 Bei einer Insolvenz über das Vermögen der KG stehen dem Kreditgeber aufgrund des Kommanditrevers keine Vorrechte im Insolvenzverfahren zu. Der Kreditgeber nimmt am Verfahren im Range des § 38 InsO teil. Sollte der Kommanditist gegen den Kommanditrevers verstoßen haben und bedingt durch seine vertragswidrige Einziehung die Zahlungsunfähigkeit der KG herbeigeführt haben, steht dem Kreditgeber ein Schadensersatzanspruch gegen den Kommanditisten zu. Die Darlegungs- und Beweislast trägt der Kreditgeber.[1772]

1442 Eine Vereinbarung über die Einziehung der Forderungen durch den Kommanditisten für Rechnung des Kreditgebers und Abtretung der Erlöse an den Kreditgeber im Fall der Insolvenz der KG hat im Hinblick auf § 172a HGB nur dann Sinn, wenn zu den Komplementären der KG zumindest eine natürliche Person zählt. Ansonsten finden die Regelungen der eigenkapitalersetzenden Darlehen Anwendung[1773] und der Kommanditist nimmt lediglich als nachrangiger Insolvenzgläubiger am Verfahren teil.

1443 Bei einer Insolvenz über das Vermögen des Kommanditisten stehen dem Kreditgeber aufgrund des Kommanditrevers keine Ansprüche gegen den Insolvenzverwalter zur Vermeidung des Zugriffs auf den Kommanditanteil zur Verfügung. Vertreten wird, dass der Kreditgeber im Fall der Zahlung der KG als Kreditnehmer an den Insolvenzverwalter einen Schadensersatzanspruch wegen Nichterfüllung als einfache Insolvenzforderung erwirbt.[1774]

1444 Der Kommanditrevers stellt keinen Sicherheitenwert dar und kann daher nicht als Kreditsicherheit i.S.d. § 18 KWG angesehen werden.[1775]

VII. Die Finanzierungsbestätigung

1. Einleitung

1445 In einer Finanzierungsbestätigung wird einem Dritten vom Kreditgeber zugesagt, einem Kunden des Kreditgebers mit Kredit zur Verfügung zu stehen. In der Praxis kommen derartige

1767 BuB/*Wittig* Rn. 4/3001.
1768 *Obermüller* Ersatzsicherheiten im Kreditgeschäft Rn. 209; *Obermüller* Die Bank 1978, 548 (551).
1769 *Obermüller* Ersatzsicherheiten im Kreditgeschäft Rn. 210.
1770 Koller/*Roth*/Morck HGB § 354a Rn. 2.
1771 Schimansky/Bunte/Lwowski/*Merkel* Bankrechts-Handbuch § 98 Rn. 75; BuB/*Wittig* Rn. 4/3003.
1772 BuB/*Wittig* Rn. 4/3007.
1773 Schimansky/Bunte/Lwowski/*Merkel* Bankrechts-Handbuch § 98 Rn. 78.
1774 BuB/*Wittig* Rn. 4/3009.
1775 *Obermüller* Ersatzsicherheiten im Kreditgeschäft Rn. 216; *Obermüller* Die Bank 1978, 548 (551); BuB/*Wittig* Rn. 4/3011.

Finanzierungsbestätigungen in der Bauwirtschaft vor, um sicherzustellen, dass der Kunde über die notwendigen finanziellen Mittel verfügt. Des Weiteren sind Finanzierungsbestätigungen anzutreffen im Zuliefergeschäft, wenn der Abnehmer finanziell angeschlagen ist. Für das Kreditinstitut stellt eine Finanzierungsbestätigung ein Avalgeschäft dar.

Für Kreditinstitute werden Finanzierungsbestätigungen als Ersatzkreditsicherheit bestellt insb. bei der Zwischenfinanzierung von Immobilienkrediten. Der Zwischenfinanzierer ist in aller Regel nicht damit zufrieden, dass die Ansprüche gegen den Endfinanzierer abgetreten werden, da ansonsten die Gefahr besteht, dass der Kredit nicht zur Auszahlung kommt und somit die Abtretung ins Leere geht. **1446**

Daher sollte sich der Zwischenfinanzierer neben der Abtretung von dem Endfinanzierer bestätigen lassen, dass dieser für die Ablösung der Zwischenfinanzierung Kredite zur Verfügung stellt.[1776] In der Praxis gibt es verschiedene Varianten einer Finanzierungsbestätigung. Im Wesentlichen lassen sich die Formen der Finanzierungsbestätigung in drei Kategorien einteilen. **1447**

2. Die Finanzierungsbestätigung als unbedingte Auszahlungszusage

Diese Form der Finanzierungsbestätigung enthält eine unwiderrufliche Bestätigung des Endfinanzierers, die Zwischenfinanzierung abzulösen. Weiterhin kann diese Form der Finanzierungsbestätigung auch die unwiderrufliche Weisung des Kreditnehmers beinhalten, das Darlehen an den Zwischenfinanzierer auszuzahlen. **1448**

Hintergrund dieser Form der Finanzierungsbestätigung ist die Begründung eines eigenständigen Anspruchs des Zwischenfinanzierers ggü. dem Endfinanzierer und der Ausschluss von Einreden und Einwendungen des Endfinanzierers im Darlehensverhältnis mit dem gemeinsamen Kunden. Diese Form der Finanzierungsbestätigung wird daher auch als ein abstraktes Zahlungsversprechen i.S.d. § 780 BGB mit akkreditivähnlichem Inhalt bezeichnet.[1777] Als Ergebnis kann der Zwischenfinanzierer vom Endfinanzierer den in der Finanzierungsbestätigung bezifferten Kreditbetrag verlangen.[1778] **1449**

Ob mit einer Finanzierungsbestätigung ein abstraktes Schuldversprechen begründet oder lediglich eine unverbindliche Absichtserklärung vorliegt, ist durch Auslegung der Finanzierungsbestätigung nach dem Empfängerhorizont vorzunehmen.[1779] Bei einem abstrakten Schuldversprechen kann der Endfinanzierer lediglich Einreden und Einwendungen erheben, welche sich direkt auf das Schuldversprechen beziehen. Sollte der Endfinanzierer seine Kreditzusage kündigen, hat dies keinen Einfluss auf seine Zahlungsverpflichtung.[1780] **1450**

Der gemeinsame Kunde hat dabei keinen Anspruch auf Unterlassung der Auszahlung gegen den Endfinanzierer.[1781] Auch der Insolvenzverwalter in der Insolvenz des gemeinsamen Kunden hat keinen Anspruch, die Auszahlung zu verhindern.[1782] **1451**

Als Formulierungsvariante hat sich hierbei folgender Wortlaut durchgesetzt: »*Wir bestätigen Ihnen hiermit, dass wir unserem gemeinsamen Kreditnehmer (genaue Bezeichnung) folgenden Kredit zugesagt haben: (genaue Bezeichnung). Unser gemeinsamer Kreditnehmer hat uns unwiderruflich beauftragt, den Kredit an Sie zur Rückführung Ihrer Zwischenfinanzierung auf erstes schriftliches Anfordern* **1452**

1776 *Butzke/Herget* Ersatzsicherheiten in der Kreditsicherungspraxis, S. 28 f.

1777 BuB/*Wittig* Rn. 4/3023a.

1778 OLG Schleswig, WM 1980, 48; *Lauer* WM 1985, 705 (707); *Obermüller* Ersatzsicherheiten im Kreditgeschäft Rn. 388.

1779 BuB/*Wittig* Rn. 4/3023a; *Lauer* WM 1985, 705.

1780 *Obermüller* Ersatzsicherheiten im Kreditgeschäft Rn. 388; *Lauer* WM 1985, 705 (708); *Butzke/Herget* Ersatzsicherheiten in der Kreditsicherungspraxis, S. 29.

1781 *Lauer* WM 1985, 705 (708); BuB/*Wittig* Rn. 4/3024.

1782 *Butzke/Herget* Ersatzsicherheiten in der Kreditsicherungspraxis, S. 29; BuB/*Wittig* Rn. 4/3026.

auszuzahlen. Hiermit bestätigen wir Ihnen, dass wir den Kredit auf Ihr erstes schriftliches Anfordern an Ihr Haus auszahlen werden.«.

3. Die Finanzierungsbestätigung mit bedingter Auszahlungszusage

1453 Hierbei ist die Zahlungsverpflichtung des Endfinanzierers an gewisse Voraussetzungen geknüpft. Diese Form der Finanzierungsbestätigung findet sich insb. beim Immobilienkredit. Auszahlungsvoraussetzungen sind insb. der Bautenstand sowie die Eintragung von Grundpfandrechten.

1454 Auch derartige Finanzierungsbestätigungen werden als abstraktes Schuldversprechen eingeordnet, jedoch unter einer aufschiebenden Bedingung i.S.d. § 158 Abs. 1 BGB. Dem Zwischenfinanzierer von Baumaßnahmen ist daher anzuraten, den Bautenstand nachzuprüfen, sodass die zwischenfinanzierten Gelder nicht zweckentfremdet verwendet werden und die vereinbarte Bedingung zur Zahlung des Endfinanzierers nicht eintritt.

1455 Die Insolvenz des gemeinsamen Kunden kann hier zur Vereitelung der Zahlungsbedingung führen, sei es, dass der Insolvenzverwalter den Bau nicht fortführt, die noch einzutragende Grundschuld an der Insolvenzeröffnung scheitert gem. § 91 InsO oder der Insolvenzverwalter die Eintragung der Grundschuld gem. §§ 129 ff. InsO anficht.[1783]

4. Die Finanzierungsbestätigung als bloße Unterrichtung

1456 Hierbei erklärt der Endfinanzier dem Zwischenfinanzierer, dass dem gemeinsamen Kunden ein Kredit zugesagt worden ist oder die Endfinanzierung sichergestellt wäre. Hierbei handelt es sich um eine bloße Auskunft. Einen Zahlungsanspruch des Zwischenfinanzierers begründet diese Form der Finanzierungsbestätigung nicht.[1784]

1457 Sollte der Endfinanzierer auf Gremienvorbehalte hingewiesen oder sich eine Bonitätsprüfung noch vorbehalten haben, ist der Endfinanzierer erst recht nicht an seine bloße Auskunft an den Zwischenfinanzierer gebunden.[1785]

1458 Falls sich die Vermögensverhältnisse des gemeinsamen Kunden nach Zusage der Endfinanzierer verschlechtert haben, kann der Endfinanzierer das Darlehen gem. § 490 Abs. 1 BGB/Nr. 19 AGB-Banken/Nr. 26 AGB-Sparkassen kündigen, ohne an seine Finanzierungsbestätigung gebunden zu sein.

1459 Anerkannt ist allerdings ein Schadensersatzanspruch wegen schuldhafter Verletzung einer Auskunftserteilung, falls die Finanzierungsbestätigung schuldhaft unrichtig oder unvollständig gewesen war.[1786] Dabei muss die Auskunftserteilung bereits zum Zeitpunkt der Erklärung objektiv unrichtig gewesen sein. Widerruft der Endfinanzierer wegen nachträglich eingetretener Verschlechterung der wirtschaftlichen Verhältnisse seine Kreditzusage, kommt ein Schadensersatzanspruch nicht in Betracht.[1787]

1460 Der Endfinanzierer sollte den Zwischenfinanzierer über negative Veränderungen im Kreditverhältnis mit dem gemeinsamen Kunden unterrichten, da er ansonsten Gefahr läuft, vom Zwischenfinanzierer in Anspruch genommen zu werden. Zwar ist im Auskunftsverfahren zwischen Kreditinstituten anerkannt, dass gerade keine Verpflichtung besteht, über nachträglich eingetretene

---

1783 Schimansky/Bunte/Lwowski/*Merkel* Bankrechts-Handbuch § 98 Rn. 158; *Obermüller* Ersatzsicherheiten im Kreditgeschäft Rn. 390.

1784 *Butzke/Herget* Ersatzsicherheiten in der Kreditsicherungspraxis, S. 29.

1785 *Obermüller* Ersatzsicherheiten im Kreditgeschäft Rn. 384 f.; *Lauer* WM 1985, 705 (706).

1786 *Obermüller* Ersatzsicherheiten im Kreditgeschäft Rn. 385; *Lauer* WM 1985, 705 (706).

1787 BuB/*Wittig* Rn. 4/3020; *Obermüller* Ersatzsicherheiten im Kreditgeschäft Rn. 385; *Lauer* WM 1985, 705 (706).

Veränderungen zu berichten.[1788] Etwas anderes wird allerdings bei der Finanzierungsbestätigung angenommen, insb. dann, wenn die Endfinanzierung gekündigt wird.[1789]

Unterbleibt ein derartiger Hinweis kommt ein Schadensersatzanspruch des Zwischenfinanzierers gegen den Endfinanzierer in Betracht, soweit der Zwischenfinanzierer bei rechtzeitiger Information die Auszahlung der Zwischenfinanzierung noch hätte stoppen können bzw. nach Kündigung die bereits valutierten Beträge erfolgreich hätte zurückfordern können.[1790] 1461

Lediglich die Finanzierungsbestätigung mit unbedingter Auszahlungszusage ist als Kreditsicherheit i.S.d. § 18 KWG anzusehen.[1791] Man kann diese Form der Finanzierungsbestätigung mit einer Bankgarantie gleichsetzen.[1792] 1462

VIII. Die Positiverklärung

Hierunter versteht man eine Erklärung des Kreditnehmers dem Kreditgeber ggü., für seine Kreditforderungen die Bestellung von (weiteren) Kreditsicherheiten verlangen zu können. Zumeist wird darüber hinaus vereinbart, dass der Kreditgeber die Einräumung der (weiteren) Kreditsicherheit auf erstes Anfordern verlangen kann. Die Kosten für eine nachträgliche Sicherheitenbestellung hat dabei derjenige zu tragen, der sich zur Stellung der Sicherheit verpflichtet hat.[1793] Eine explizite Kostenregelung erspart dabei nachträgliche Diskussionen. 1463

Die Positiverklärung begründet einen Vorvertrag auf Bestellung der Kreditsicherheit zwischen dem Darlehensgeber und dem Sicherungsgeber bzw. dem Drittsicherungsgeber. Der Kreditgeber hat lediglich einen schuldrechtlichen Anspruch inne auf Bestellung der Sicherheit. Vor Pfändungen oder einem Wertverlust der Sicherheit schützt die Positiverklärung daher nicht. Der Sicherungsnehmer kann im Klagewege die Bestellung der Sicherheit notfalls erzwingen.[1794] Ausreichend für einen bestimmten Klageantrag i.S.d. § 253 ZPO ist die Bezeichnung »bankmäßige Sicherheit«. Dem Sicherungsgeber steht dann das Wahlrecht zu, welche Sicherheit er stellen will, soweit die Sicherheit nicht konkret in der Positiverklärung vereinbart worden ist. In der nach § 887 Abs. 1 ZPO durchzuführenden Zwangsvollstreckung geht das Wahlrecht nach § 264 ZPO analog auf den Kreditgeber über.[1795] 1464

Im Kreditgeschäft ist in den AGB (Nr. 13 AGB-Banken; Nr. 22 Abs. 1 AGB-Sparkassen) vereinbart, dass der Kreditgeber bei Verschlechterung des Kreditrisikos, sei es durch eine negative Veränderung der wirtschaftlichen Lage oder durch eine Wertminderung der bereits gestellten Kreditsicherheit, einen Anspruch gegen den Kreditnehmer hat auf Bestellung von bankmäßigen Kreditsicherheiten. Charakteristisch für eine derartige bankmäßige Sicherheit ist deren leichte und rasche Verwertbarkeit.[1796] Eine Konkretisierung der zu bestellenden Kreditsicherheit wird dabei nicht vorgenommen. 1465

Es wird jedoch auch in einer Positiverklärung vereinbart, dass der Kreditgeber einen Anspruch auf Bestellung einer konkreten Kreditsicherheit hat. Insb. im Firmenkundengeschäft der Banken wird der Kreditnehmer aufgrund von Negativ- oder Pari-Passu Erklärungen an einer Stellung einer Kreditsicherheit sich gehindert sehen. Schließlich haben einige Unternehmen die Marktmacht, eine 1466

1788 BuB/*Weber* Rn. 1/60.
1789 *Obermüller* Ersatzsicherheiten im Kreditgeschäft Rn. 385; BuB/*Wittig* Rn. 4/3022.
1790 *Obermüller* Ersatzsicherheiten im Kreditgeschäft Rn. 385; BuB/*Wittig* Rn. 4/3022.
1791 Schimansky/Bunte/Lwowski/*Merkel* Bankrechts-Handbuch § 98 Rn. 154.
1792 *Obermüller* Ersatzsicherheiten im Kreditgeschäft Rn. 394; *Butzke/Herget* Ersatzsicherheiten in der Kreditsicherungspraxis, S. 29; BuB/*Wittig* Rn. 4/3032.
1793 LG Bremen, WM 1994, 1582 (1583) m. Anm. *Ringseisen* in WuB I E 5. – 1.95.
1794 *Lwowski* Das Recht der Kreditsicherung Rn. 28.
1795 BuB/*Gößmann* Rn. 1/363; BuB/*Wenzel* Rn. 4/43; BuB/*Wittig* Rn. 4/3105; a.A. *Lwowski* Das Recht der Kreditsicherung Rn. 27.
1796 BGH, WM 1990, 54 (57); BuB/*Wenzel* Rn. 4/41.

Sicherheitenbestellung zu vermeiden. Ein weiterer Beweggrund für die Ausbildung der Positiverklärung ist die Ersparnis von Kosten, z.B. für die Grundschuldbestellung.

1467 Gegen die Wirksamkeit einer Positiverklärung bestehen keine Bedenken. Eine unangemessene Benachteiligung i.S.d. § 307 BGB ist ausgeschlossen, da der Kreditgeber einen Anspruch hat, sein Kreditrisiko angemessen zu besichern. Weiterhin ist eine Positiverklärung auch im Interesse des Kreditnehmers, da sein Vermögen zunächst nicht belastet wird.[1797]

1468 Positiverklärungen werden in der Kreditpraxis auch von Drittsicherungsgebern abgegeben. Da die Bestellung von Drittsicherheiten generell zulässig ist und sogar gesetzlich vorgesehen ist (z.B. Bürgschaft), ist auch eine derartige Positiverklärung als wirksam anzusehen.[1798]

1469 In der Positiverklärung ist zu vereinbaren, für welchen Kredit die noch zu bestellende Sicherheit haften soll. Gibt der Kreditnehmer die Positiverklärung ab, so kann der weite Sicherungszweck vereinbart werden.[1799] Soweit ein Drittsicherungsgeber die Positiverklärung abgibt, muss im Hinblick auf die §§ 305 ff. BGB ein enger Sicherungszweck, also die genaue Bezeichnung für welchen Kredit die Sicherheit durch den Drittsicherungsgeber erteilt werden soll, vereinbart werden.

1470 Sollte der Drittsicherungseber auf die zu besichernde Forderung Einfluss nehmen können, sei es als Geschäftsführer oder Mehrheitsgesellschafter des Kreditnehmers, ist die weite Sicherungszweckerklärung unter Umsetzung der Rechtsprechung des BGH[1800] als zulässig anzusehen.

1471 Grds. können auch Bedingungen i.S.d. § 158 Abs. 1 BGB in der Positiverklärung vereinbart werden, wann der Sicherungsgeber die Sicherheit zu bestellen hat. Auch die Vereinbarung der Sicherheitenbestellung auf erstes Anfordern ist zulässig.[1801] Allerdings wird eine Vereinbarung, wonach die Sicherheit zu bestellen ist, wenn der Sicherungsgeber zahlungsunfähig ist, als sittenwidrig gem. § 138 Abs. 1 BGB eingestuft.[1802] Sollten die anderen Gläubiger aufgrund der Sicherheitenbestellung gemäß der Positiverklärung ausfallen, so verstößt dies allein nicht gegen die guten Sitten.[1803]

1472 Wird die Positiverklärung zur Bestellung einer Garantie oder Bürgschaft verbunden mit einer Negativerklärung und finden, wie im Kreditgeschäft grds. anzunehmen, die §§ 305 ff. BGB Anwendung, ist eine derartige Positiverklärung als Verstoß gegen die Leitbildentscheidungen des BGH[1804] als unwirksam gem. § 307 Abs. 2 Nr. 2 BGB anzusehen, da eine Unterlegung der Bürgschaft nach dem gesetzlichen Leitbild des § 767 BGB nicht vorgesehen ist.

1473 Ist in der Positiverklärung mit Negativerklärung die Stellung einer Sachsicherheit vereinbart, ist dies dagegen zulässig, da es bei den Sachsicherheiten kein dem Bürgschaftsrecht vergleichbares Leitbild gibt.[1805]

1474 Grds. kann eine Positiverklärung formfrei abgeben werden. Dies gilt auch dann, wenn eine Grundschuld bestellt werden soll, da der § 311b Abs. 1 BGB auf diesen Fall nicht anzuwenden ist.[1806] Sollte ein Nichtkaufmann eine Bürgschaft abgeben, ist selbstverständlich die Schriftform erforderlich. Weiterhin ist die Positiverklärung dann beurkundungspflichtig, wenn ein GmbH- oder Erbanteil abgetreten oder belastet werden soll, § 15 GmbHG, §§ 2033, 2371, 2385 BGB.

1797 BuB/*Wittig* Rn. 4/3086.
1798 BuB/*Wittig* Rn. 4/3087.
1799 BuB/*Wittig* Rn. 4/3089.
1800 BGH, WM 1995, 2180; BGH, WM 1995, 1397; BGH, WM 2000, 1328.
1801 BuB/*Wittig* Rn. 4/3093.
1802 BuB/*Wittig* Rn. 4/3093; *Lwowski* Das Recht der Kreditsicherung Rn. 27.
1803 BuB/*Wittig* Rn. 4/3093; *Lwowski* Das Recht der Kreditsicherung Rn. 27.
1804 BGH, WM 1984, 1465; BGH, WM 1989, 129; BGH, WM 1990, 1910; BuB/*Wittig* Rn. 4/3095; BuB/*Wagenknecht* Rn. 4/1130 ff.
1805 BuB/*Wittig* Rn. 4/3096, 3098.
1806 RGZ 120, 253 (254 f.); BuB/*Wittig* Rn. 4/3101; *Obermüller* Ersatzsicherheiten im Kreditgeschäft Rn. 486; *Lwowski* Das Recht der Kreditsicherung Rn. 27.

Eine notarielle Beurkundung der Positiverklärung gem. § 518 BGB kommt in Betracht, wenn dem Drittsicherungsgeber jedes eigene wirtschaftliche Interesse an der Bestellung der Sicherheit fehlt und die zu besichernde Forderung wertlos wäre. Dann kann dieses Rechtsgeschäft als unentgeltlich eingestuft werden, sodass das Formerfordernis zu beachten wäre.[1807] **1475**

Soweit die Positiverklärung mit dem Kreditnehmer vereinbart worden ist und dieser sich weigert, die Sicherheit zu bestellen, kann das Kreditinstitut gemäß Nr. 19 Abs. 3 AGB-Banken (Nr. 26 Abs. 2 AGB-Sparkassen) den Kredit fristlos kündigen. Das Kündigungsrecht der Kreditinstitute beschränkt sich dabei nicht nur auf den Nachbesicherungsanspruch gemäß Nr. 13 Abs. 2 AGB-Banken. Es reicht vielmehr eine sonstige Verpflichtung aus, Kreditsicherheiten zu bestellen.[1808] **1476**

Soweit in der Positiverklärung eine konkrete Sicherheitenbestellung vereinbart worden war und die Sicherheit vor Insolvenz des Sicherungsgebers bestellt wurde, kommt in der Insolvenz des Kreditnehmers und Sicherheitengebers eine Anfechtung nur gem. § 130 InsO in Betracht, da es sich um eine kongruente Deckung handelt. Ansonsten wäre eine Anfechtung gem. § 131 InsO möglich. Ist das Insolvenzverfahren eröffnet, scheitert eine Umsetzung der Positiverklärung an § 81 InsO, da die Verfügungsgewalt auf den Insolvenzverwalter übergeht. Eine Zusammenrechnung von Kreditforderung und Schadensersatz wegen Nichterfüllung der Positiverklärung zur Erhöhung der Insolvenzforderung ist nicht möglich.[1809] **1477**

Bei einer Positiverklärung eines Drittsicherungsgebers kommt eine Insolvenzanfechtung gem. § 134 InsO als Schenkungsanfechtung in Betracht, wenn die Positiverklärung nach Ausreichung des zu besichernden Darlehens abgegeben worden ist und die Sicherheitenbestellung noch vor Insolvenz erfolgte.[1810] Die bereits erfolgte Kreditgewährung ist gerade keine Gegenleistung mehr für die Sicherheitenbestellung.[1811] Eine Bejahung der Entgeltlichkeit im Rahmen von Konzernfinanzierungen aufgrund einer widerlegbaren Vermutung des eigenen wirtschaftlichen Interesses[1812] und einhergehend mit dem Ausschluss der Schenkungsanfechtung gem. § 134 InsO, wird vom BGH nicht mehr vertreten.[1813] **1478**

IX. Die Negativerklärung

1. Begriff

Als Negativerklärung wird die schuldrechtliche Verpflichtung des Kreditnehmers bezeichnet, den Bestand und die Werthaltigkeit seines Vermögens zu erhalten. Es wird dabei vereinbart, dass Dritte keinen bevorrechtigten Zugriff auf die Vermögenswerte des Kreditnehmers, insb. durch den Ausschluss dinglicher Belastungen, erhalten sollen. Negativerklärungen sind anzutreffen bei Kleinstkrediten in der Baufinanzierung. Die Bausparkassen können sich bei einer Kreditgewährung bis zu 15.000 € auf eine Negativerklärung beschränken, obwohl grds. Grundschulden zu bestellen sind.[1814] Weiterhin sind im Großkundengeschäft oftmals Sicherheiten aufgrund der unzweifelhaften Bonität des Kunden nicht zu erlangen oder nicht opportun. Ebenfalls im Emissionsgeschäft sind Negativerklärungen in Anleihebedingungen anzutreffen, um für die Gläubiger eine gewisse Sicherheit zu erzielen und um für die platzierte Anleihe das erhoffte Rating zu erreichen. **1479**

1807 *Lwowski* Das Recht der Kreditsicherung Rn. 29 ff.; BuB/*Wittig* Rn. 4/3102.
1808 BuB/*Gößmann* Rn. 1/594.
1809 *Obermüller* Insolvenzrecht in der Bankpraxis Rn. 5.234.
1810 Vgl. BGH, NZI 2006, 524; OLG Köln, ZInsO 2004, 871; *Kayser* WM 2007, 1 (3 ff.).
1811 BGH, NJW 1983, 1679; BGH, NZI 2006, 524.
1812 BGH, NJW 1998, 2592.
1813 BGH, NZI 2006, 524.
1814 Vgl. § 7 Abs. 4 Nr. 1 BauSpKG i.V.m. § 6 Abs. 1 BauSp-VO.

1480 In der Kreditsicherungspraxis haben sich zwei Arten von Negativerklärungen herausgebildet. Diese beziehen sich entweder auf Grundstücke (sog. Immobilienklausel) oder auf das gesamte Anlage- und Umlaufvermögen (sog. Generalklausel).[1815]

2. Die Immobilienklausel

1481 Mit dieser Negativerklärung verpflichtet sich der Kreditnehmer, seinen gesamten Grundbesitz einschließlich grundstücksgleicher Rechte (z.B. Erbbaurechte) nicht zu veräußern oder zu belasten. Ein Formerfordernis für die Wirksamkeit einer derartigen Negativerklärung besteht nicht.[1816]

1482 Eine Verpflichtung, Grundbesitz nicht zu veräußern oder zu belasten, kann gem. § 137 Satz 2 BGB grds. rechtswirksam vereinbart werden.[1817] Soweit der von der Verpflichtung erfasste Grundbesitz zugunsten des Kreditgebers bereits mit Grundpfandrechten belastet worden ist, kann eine Negativerklärung an den §§ 1136, 1192 BGB scheitern. Anerkannt ist jedoch, dass eine einschränkende Auslegung des § 1136 BGB vorzunehmen ist. Der § 1136 BGB greift nur ein, wenn das Verbot der Veräußerung und Belastung gerade mit Rücksicht auf die Stellung des Kreditgebers als dinglichem Gläubiger und somit zur Stärkung des dinglichen Rechts vereinbart worden ist.[1818]

1483 Eine Negativerklärung ist daher wirksam, falls der Kreditgeber erst nach der Vereinbarung einer Negativerklärung dinglich besichert wird.[1819] Die Negativerklärung ist ebenfalls wirksam, falls als Kreditsicherheit für einen anderen Kredit ein Grundpfandrecht eingetragen ist.[1820] Unwirksam ist eine Negativerklärung aber gem. § 1136 BGB dann, wenn der Kreditgeber dinglich an dem Grundbesitz gesichert ist, welcher auch Gegenstand der Negativerklärung ist. Die gesamte Negativerklärung ist als unwirksam anzusehen, § 139 BGB.[1821] Daher sind derartige Grundstücke von der Negativerklärung auszunehmen.

1484 Nicht erfasst von dieser Negativerklärung wird die bloße Besitzüberlassung an Dritte. Weiterhin kann die Negativerklärung umgangen werden beim Erwerb von neuem Grundbesitz durch Konzerngesellschaften, welche sich nicht mittels Negativerklärung verpflichtet haben. Sollen diese Möglichkeiten der Umgehung ausgeschlossen werden, muss dies in der Negativerklärung entsprechend vereinbart werden.

1485 Problematisch ist die Zulassung von Belastungen in Abteilung II. des Grundbuchs. Hierbei wird einerseits von der generellen Zulässigkeit ausgegangen[1822] und andererseits werden Belastungen mit wertmindernden Nutzungsrechten ausgeschlossen.[1823] Eine klarstellende Regelung in der Negativerklärung bietet sich daher an.

1486 Dem Kreditnehmer ist es gestattet, trotz Negativerklärung, belasteten Grundbesitz zu erwerben.[1824] Sollte der Kreditnehmer seinen Grundbesitz entgegen der Verpflichtung aus der Negativerklärung rechtsgeschäftlich belasten, stellt dies eine Vertragsverletzung dar. Der Schadensersatzanspruch des Kreditgebers besteht in der Beseitigung der Belastung. Hierbei darf aber nicht verkannt werden, dass dieser Anspruch auf Naturalrestitution häufig am Unvermögen des Kreditnehmers scheitern wird.[1825] Sollte die Belastung aufgrund einer Zwangsvollstreckung erfolgt sein, kann die Beseitigung

1815 *Harries* WM 1978, 1146; *Obermüller* Ersatzsicherheiten im Kreditgeschäft Rn. 411.
1816 *Merkel* Die Negativklausel, S. 191 f.; BuB/*Wittig* Rn. 4/3043.
1817 BGH, MDR 1966, 756.
1818 BGH, MDR 1966, 756; Schimansky/Bunte/Lwowski/*Merkel* Bankrechts-Handbuch § 98 Rn. 85.
1819 BuB/*Wittig* Rn. 4/3049.
1820 RGZ 55, 80; *Obermüller* Ersatzsicherheiten im Kreditgeschäft Rn. 419.
1821 BuB/*Wittig* Rn. 4/3049.
1822 *Obermüller* Ersatzsicherheiten im Kreditgeschäft Rn. 417.
1823 BuB/*Wittig* Rn. 4/3045.
1824 *Obermüller* Ersatzsicherheiten im Kreditgeschäft Rn. 418.
1825 *Merkel* Die Negativklausel, S. 142, 199.

nicht aufgrund der Negativerklärung verlangt werden.[1826] Dem Kreditgeber verbleibt hier jedoch das Recht, wegen drohender Verschlechterung der Vermögenslage gemäß Nr. 19 Abs. 3 AGB-Banken den Kredit zu kündigen.[1827]

Die Vereinbarung einer Negativerklärung wird auch in AGB als wirksam erachtet.[1828] Sie begründet 1487
lediglich eine schuldrechtliche Verpflichtung des Kreditnehmers. Vormerkungsfähig sind die Ansprüche aus der Negativerklärung nicht, da der § 883 Abs. 1 BGB nur positive Ansprüche auf eine Rechtsänderung sichern kann.[1829] Hat der Kreditgeber Kenntnis von der in Kürze beabsichtigten Belastung des Grundstücks, kann er seinen Unterlassungsanspruch im Wege der einstweiligen Verfügung geltend machen und mit Eintragung des erwirkten Veräußerungsverbotes gem. §§ 135, 136 BGB im Grundbuch die Vereinbarungen in der Negativerklärung auch Dritten ggü. durchsetzen.[1830]

In extrem gelagerten Fällen kann der Kreditgeber auch vom begünstigten Dritten gem. § 826 BGB 1488
die Aufhebung der Grundstücksverfügung verlangen.[1831] Allein die Kenntnis der Negativerklärung durch den Dritten reicht hierfür nicht aus.[1832] Ein derartiger Fall kann z.B. angenommen werden, falls der Dritte mit dem Sicherungsgeber kollusiv zusammenwirkt, um gerade die Rechte des Kreditgebers aus der Negativerklärung zu vereiteln.[1833]

3. Die Generalklausel

Mit einer derartigen Generalklausel als Negativerklärung wird das gesamte Vermögen des Kredit- 1489
nehmers erfasst. Hinsichtlich des Umlaufvermögens wird dabei die Bestellung von Kreditsicherheiten untersagt, wie z.B. Sicherungsübereignung und Sicherungszession. I.Ü. bleibt die Veräußerung des Umlaufvermögens zulässig. Zulässig ist der Erwerb von bereits belasteten Gegenständen, wie z.B. der Einkauf unter Eigentumsvorbehalt. Auch die Begründung von gesetzlichen Pfandrechten bleibt trotz Negativerklärung zulässig.[1834] Zur Klarstellung sollte die Anschlusszession der Vorbehaltslieferanten explizit von der Negativerklärung ausgenommen werden, da diese Art der Sicherung der Lieferanten unter dem besonderen Schutz der Rechtsprechung steht.[1835] Schließlich sollte auch die Vereinbarung des branchenüblichen AGB-Pfandrechtes der Kreditinstitute von der Negativerklärung ausgenommen werden.[1836]

Beim Anlagevermögen muss sich der Kreditgeber darauf beschränken, in der Negativerklärung ein 1490
Veräußerungsverbot für den Grundbesitz sowie für die Beteiligungen zu vereinbaren. Ansonsten wäre eine Negativerklärung als sittenwidrige Knebelung gem. § 138 Abs. 1 BGB unwirksam.[1837]

1826 BuB/*Wittig* Rn. 4/3048.
1827 BuB/*Wittig* Rn. 4/3048.
1828 *Obermüller* Ersatzsicherheiten im Kreditgeschäft Rn. 428, BuB/*Wittig* Rn. 4/3050.
1829 BGH, WM 1967, 643; OLG Hamm, DNotZ 1956, 151; *Harries* WM 1978, 1146 (1149); BuB/*Wittig* Rn. 4/3051.
1830 *Furtner* NJW 1966, 182; BuB/*Wittig* Rn. 4/3052.
1831 *Harries* WM 1978, 1146 (1148); *Merkel* Die Negativklausel, S. 149 ff.
1832 BuB/*Wittig* Rn. 4/3055.
1833 BuB/*Wittig* Rn. 4/3055.
1834 *Harries* WM 1978, 1146 (1148); *Obermüller* Ersatzsicherheiten im Kreditgeschäft Rn. 426; BuB/*Wittig* Rn. 4/3059.
1835 BGH, WM 1959, 964; BGH, WM 1960, 838; BGH, WM 1971, 70; BGH, WM 1974, 368; BGH, WM 1974, 389; BGH, WM 1979, 11.
1836 BuB/*Wittig* Rn. 4/3062.
1837 *Harries* WM 1978, 1146 (1147); BuB/*Wittig* Rn. 4/3060.

1491 Wenn diese Vorgaben beachtet werden, kommt eine Unwirksamkeit gem. § 307 Abs. 1 BGB nicht in Betracht.[1838] Die Abtretbarkeit von Ansprüchen aus einer Negativerklärung i.R.d. Kreditforderungsverkaufs wird für zulässig erachtet.[1839]

4. Die Negativerklärung eines Dritten

1492 Im Fall der Konzernfinanzierung hat es Sinn, nicht nur der Konzernmutter die Verpflichtungen aus einer Negativerklärung aufzuerlegen, sondern darüber hinaus auch die Konzerntöchter zu verpflichten. Dies kann z.B. dergestalt geschehen, dass in der Negativerklärung der Konzernmutter diese dem Kreditgeber ggü. sich verpflichtet, die Wahrung der Verfügungsverbote durch entsprechende Konzernweisungen durchzusetzen. Legt der Kreditgeber darauf wert, eigene Ansprüche gegen die Konzerntöchter zu erwerben, müssen diese eigenständige Negativerklärungen abgeben.

X. Die Pari-Passu Erklärung

1493 Als Pari-Passu Erklärung wird eine Gleichstellungsvereinbarung zwischen Kreditnehmer und Kreditgeber bezeichnet, die den Kreditnehmer verpflichtet für den Fall, dass dieser einem seiner Gläubiger Kreditsicherheiten bestellt, auch den Kreditgeber in gleicher Weise zu besichern hat. Die Pari-Passu Erklärung steht inhaltlich zwischen der Positiv- und der Negativerklärung. Sie verbietet nicht wie eine Negativerklärung die Bestellung von Sicherheiten. Die Vereinbarung zur Bestellung von Kreditsicherheiten besteht nur für den Fall, dass anderen Gläubigern Sicherheiten bestellt werden. Dies unterscheidet die Pari-Passu Erklärung von der Positiverklärung.[1840] Die Pari-Passu Erklärung stellt keine Sicherheit i.S.d. § 18 KWG dar.

1494 Ziel einer Pari-Passu Erklärung ist die Gleichstellung aller Kreditgeber des Kreditnehmers hinsichtlich des Umfangs, des Rangs sowie des Zeitpunkts der Bestellung der Kreditsicherheit.[1841] Eingesetzt werden die Pari-Passu Erklärungen bei der Gewährung von revolvierenden und kurzfristig ausnutzbaren Betriebsmittelkrediten sowie bei der Vereinbarung von Eurokrediten. Dabei wird in der Kreditpraxis bei kurzfristigen Betriebsmittelkrediten häufig die Pari-Passu Erklärung beschränkt auf vergleichbare Kredite, sodass es dem Kreditnehmer unbenommen bleibt, Sicherheiten für Langfristkredite zu bestellen.

1495 Abzuraten ist von einer Pari-Passu Erklärung mit dem Inhalt, dass eine Verpflichtung zur Sicherheitenbestellung besteht, sofern der Kreditnehmer Sicherheiten für andere Gläubiger bestellt, da der Anspruch auf Sicherheitenbestellung erst dann entsteht, wenn bereits der andere Gläubiger besichert ist. Damit würde der Kreditgeber das Risiko einer Insolvenz des Kreditnehmers zwischen der Bestellung der Kreditsicherheit für den anderen Gläubiger und der Umsetzung des eigenen Besicherungsanspruchs tragen.[1842]

1496 Zu empfehlen ist eine Pari-Passu Erklärung so auszugestalten, dass dem Kreditnehmer die Sicherheitenbestellung für Dritte gänzlich untersagt wird, solange nicht dem Kreditgeber zuvor oder zumindest gleichzeitig Sicherheiten bestellt werden.[1843] Daher wird eine derartige Pari-Passu Erklärung auch als Negativerklärung unter einer aufschiebenden Bedingung bezeichnet.[1844]

1838 BuB/*Wittig* Rn. 4/3064; *Obermüller* Ersatzsicherheiten im Kreditgeschäft Rn. 428.

1839 BuB/*Wittig* Rn. 4/3071.

1840 *Obermüller* Ersatzsicherheiten im Kreditgeschäft Rn. 510.

1841 *Merkel* Die Negativklausel, S. 109; *Obermüller* Ersatzsicherheiten im Kreditgeschäft Rn. 510; BuB/*Wittig* Rn. 4/3124.

1842 *Merkel* Die Negativklausel, S. 117 f.; *Obermüller* Ersatzsicherheiten im Kreditgeschäft Rn. 511; BuB/*Wittig* Rn. 4/3125.

1843 *Merkel* Die Negativklausel, S. 110; *Obermüller* Ersatzsicherheiten im Kreditgeschäft Rn. 511; *Butzke/Herget* Ersatzsicherheiten in der Kreditsicherungspraxis, S. 53.

1844 BuB/*Wittig* Rn. 4/3126.

Weiterhin sollte eine Klarstellung in der Pari-Passu Erklärung aufgenommen werden, ob diese Vereinbarung auch für den Fall gilt, dass Drittsicherungsgeber Sicherheiten bestellen. Es spricht zwar einiges dafür, dass auch in diesem Fall die Pari-Passu Erklärung greift, da eine Gleichbehandlung der Gläubiger beabsichtigt ist,[1845] letzte Klarheit hierüber sollte jedoch in der Pari-Passu Erklärung vertraglich fixiert werden. 1497

Analog zu den Negativerklärungen muss die Stellung von branchenüblichen Lieferantensicherheiten sowie die AGB-Pfandrechte der Kreditinstitute ausgenommen werden. Die Pari-Passu Erklärung begründet lediglich schuldrechtliche Ansprüche gegen den Kreditnehmer. In der Konzernfinanzierung wird zumeist die Pari-Passu Erklärung auch von Dritten hereingenommen. Hierbei sollte die Pari-Passu Erklärung beschränkt werden auf diejenigen Kredite, welche Anlass für die Vereinbarung der Pari-Passu Erklärung gewesen sind.[1846] 1498

XI. Financial Covenants

1. Begriff

Mit der Vereinbarung von Financial Covenants, üblicherweise als Bestandteil eines Kreditvertrags, werden dem Kreditnehmer bestimmte Verhaltensweisen im Hinblick auf die Führung des Unternehmens auferlegt. Waren Financial Covenants in der Vergangenheit nahezu ausschließlich im internationalen Kreditgeschäft anzutreffen, z.B. bei syndizierten Euromarktkrediten oder bei Projektfinanzierungen, werden derartige Vereinbarungen seit geraumer Zeit auch im inländischen Kreditgeschäft eingesetzt. 1499

Financial Covenants sind gut geeignet, als Krisenindikatoren zur Früherkennung einer Unternehmenskrise zu wirken, wenn nämlich der Kreditnehmer die Financial Covenants nicht einhält.[1847] Kennzeichnend für Financial Covenants sind im Vergleich zu den Positiv- und Negativerklärungen, dass sie sich auf die finanzielle Situation des Kreditnehmers bzw. auf die finanzielle Situation des Konzerns beziehen. Financial Covenants stellen Mindestanforderungen an die Vermögensverhältnisse (z.B. Eigenkapital), den Ertrag des Unternehmens oder die Liquidität. Die einzuhaltenden Grenzen werden durch Zahlen festgelegt, z.B. in Form von Verhältnisangaben. 1500

In den Financial Covenants werden dabei die Parameter für die wirtschaftliche Lage des Kreditnehmers so festgelegt, dass eine Bedienung des Kredits gewährleistet ist. Da mit den Financial Covenants bezweckt wird, das Risiko der Kreditforderung zu minimieren, können Financial Covenants als Kreditsicherheit im weiteren Sinne bezeichnet werden[1848] und sind somit als atypische Kreditsicherheit anzusehen.[1849] Eine Kreditsicherheit i.S.d. § 18 KWG stellen sie nicht dar.[1850] 1501

Financial Covenants treten in mannigfacher Art und Weise auf. Sie können in vier Kategorien zusammengefasst werden und zwar Financial Covenants zur Verschuldung, zur Eigenkapitalausstattung, zum Ertrag und zur Liquidität. 1502

2. Financial Covenants zur Verschuldung

Die Financial Covenants zur Verschuldung (Verschuldensgrad Klausel/gearing ratio) legt dem Kreditnehmer auf, dass die Summe der Verbindlichkeiten im Verhältnis zum Eigenkapital eine 1503

1845 Vgl. *Merkel* Die Negativklausel, S. 110 f.; BuB/*Wittig* Rn. 4/3127; Schimansky/Bunte/Lwowski/*Merkel* Bankrechts-Handbuch § 98 Rn. 121.

1846 BuB/*Wittig* Rn. 4/3132.

1847 *Thießen* ZBB 1996, 19; K. Schmidt/Uhlenbruck/*Wittig* Die GmbH in Krise, Sanierung und Insolvenz Rn. 24 ff.

1848 *Thießen* ZBB 1996, 19 (29 f.); BuB/*Wittig* Rn. 4/3140.

1849 Schimansky/Bunte/Lwowski/*Merkel* Bankrechts-Handbuch § 98 Rn. 209.

1850 BuB/*Wittig* Rn. 4/3168.

vereinbarte Grenze nicht übersteigen darf. Bspw. kann der Verschuldensgrad wie folgt vereinbart werden:

– Das Eigenkapital darf 30 % der Bilanzsumme nicht unterschreiten.
– Das Verhältnis von Verschuldung zum Eigenkapital darf nicht größer sein als 3:2.
– Die Verschuldung darf den 1,7-fachen Betrag des Eigenkapitals nicht übersteigen.

1504 Die Obergrenze für die akzeptierte Verschuldung ist somit abhängig von der Ausstattung mit Eigenkapital. Zur Bestimmung des Eigenkapitals kann auf die Bilanzierungsvorschriften Bezug genommen werden. Grundlage ist dann der Betrag, welcher in einer Bilanz gem. § 266 HGB als Eigenkapital ausweisbar ist. Hiervon sollten auf jeden Fall in der Vereinbarung der Financial Covenants die Immateriellen Vermögenswerte gem. § 266 Abs. 2 Abs. 1 HGB (z.B. Patente; Firmenwerte) abgezogen werden, da diese Vermögenswerte in der Krise bzw. in der Insolvenz nur schwer verwertbar sind.

1505 Beteiligungen an Konzernunternehmen sollten herausgerechnet werden, da die Krise zumeist beim Kreditnehmer nicht haltmacht und die Regelungen über das Eigenkapitalersatzrecht die Werthaltigkeit der Beteiligungen nachhaltig beeinträchtigen können. Zu berücksichtigen sind diejenigen Verbindlichkeiten, welche gem. § 215 HGB lediglich unter der Bilanz auszuweisen sind (Bürgschaften, Gewährleistungsverhältnisse), da diese bei einer etwaigen Liquidation beglichen werden müssen.

3. Financial Covenants zum Eigenkapital

1506 Die Eigenkapitalklausel (net worth requirement) verlangt, dass das Eigenkapital des Kreditnehmers einen gewissen, in absoluten Zahlen vereinbarten Betrag, nicht unterschreiten darf. In der Kreditpraxis anzutreffen sind weiter Klauseln, wonach sich der vereinbarte Mindestbetrag während der Laufzeit in gewissen Zeitabständen erhöht.

1507 Je höher dabei in einer derartigen Financial Covenants Vereinbarung der Mindestbetrag des Eigenkapitals aufgrund der tatsächlich vorzufindenden Eigenkapitalausstattung des Kreditnehmers festgelegt werden kann, desto höhere Verluste kann der Kreditnehmer verkraften, ohne dass die Kreditrückführung aufgrund einer Überschuldung gefährdet ist.

4. Financial Covenants zur Ertragslage

1508 Diese Klausel, auch Zinsdeckungsklausel (interest cover ratio) genannt, stellt bestimmte Anforderungen an die Ertragslage des Kreditnehmers. Dabei wird eine bestimmte Mindestgröße vereinbart, in welchem Verhältnis der Gewinn des Kreditnehmers vor Steuer- und Zinsaufwand zum gesamten Zinsaufwand stehen darf. Damit soll gewährleistet werden, dass der Kreditnehmer während der Kreditlaufzeit seine Zinszahlungen erbringen kann.

1509 Das Verhältnis zwischen Gewinn vor Zinsaufwendungen und dem Zinsaufwand zeigt an, wie sensibel die Ertragslage des Kreditnehmers auf Steigerung des allgemeinen Zinsniveaus oder auch auf einen Gewinnrückgang reagiert. Kurz gefasst kann man sagen, je höher die erzielte Zinsdeckung ist, desto sicherer ist die wirtschaftliche Lage des Kreditnehmers und einhergehend hiermit desto geringer das Kreditausfallrisiko durch Insolvenz.

1510 In dieser Klausel sollten außerordentliche Erträge außer Betracht bleiben, um einen korrekten Überblick zu erlangen, ob der Kreditnehmer seine Zinslast tragen kann. Die Steuerlast bleibt gem. § 275 HGB per se für die Ermittlung der gewöhnlichen Geschäftstätigkeit außer Ansatz.

5. Financial Covenants zur Liquidität

1511 Mit der Liquiditätsklausel (current ratio) wird die Einhaltung bestimmter Liquiditätsanforderungen vereinbart. In der Financial Covenants Vereinbarung zur Liquidität wird geregelt, dass während der Kreditlaufzeit beim Kreditnehmer die kurzfristig realisierbaren Mittel um ein festgelegtes Maß die kurzfristigen Verbindlichkeiten übersteigen müssen.

Als kurzfristig realisierbar werden dabei angesehen: 1512
- flüssige Mittel gem. § 266 Abs. 2 B IV HGB (Schecks, Guthaben etc.),
- Vorräte gem. § 266 Abs. 2 B I HGB (Roh- Hilfs- und Betriebsstoffe),
- unfertige Erzeugnisse und Leistungen,
- fertige Erzeugnisse und Waren,
- geleistete Anzahlungen,
- börsengängige Wertpapiere des Anlagevermögens,
- Forderungen i.S.d. § 266 Abs. 2 B II Nr. 1 HGB, soweit die Restlaufzeit kürzer als ein Jahr ist.

Forderungen ggü. verbundenen Unternehmen dürfen nicht in Ansatz gebracht werden. Bei der Bestimmung der kurzfristigen Verbindlichkeiten sind alle Verbindlichkeiten i.S.d. § 266 Abs. 3 C HGB in Ansatz zu bringen, soweit deren Laufzeit nicht länger als ein Jahr beträgt. 1513

6. Vertragliche Ausgestaltung der Financial Covenants

Die einzuhaltenden Kennzahlen sollten nicht zu eng bemessen sein, sodass nicht mit jeder noch so geringen Verschlechterung der wirtschaftlichen Lage ein Bruch der Financial Covenants einhergeht. Notwendig ist eine klare Definition der verwendeten Begrifflichkeiten. Dabei müssen der jeweiligen Branche des Kreditnehmers Rechnung getragen und die Financial Covenants individuell angepasst werden.[1851] 1514

Wichtig ist eine turnusmäßige Berichtspflicht dem Kreditnehmer aufzuerlegen, da ansonsten die Financial Covenants als Früherkennungssystem für eine Krise nicht funktionieren. In größeren Engagements sollte die Einhaltung der vereinbarten Financial Covenants durch Wirtschaftsprüfer testiert werden. Dies ist zwar mit Kosten für den Kreditnehmer verbunden, erhöht jedoch die Belastbarkeit des gelieferten Zahlenmaterials. 1515

Die Kontinuität der Bilanzierungs- und Bewertungsmethoden ist Grundvoraussetzung für eine Überwachung der Financial Covenants. In Zeiten der Umstellung auf IFRS-Abschlüsse sollten die bisher vereinbarten Financial Covenants angepasst oder der Kreditnehmer verpflichtet werden, nach den bisherigen Bilanzierungs- und Bewertungsmethoden für die Financial Covenants zu berichten. 1516

7. Verletzung der Financial Covenants (breach of covenants) und Sanktionsmöglichkeiten

Sollte der Kreditnehmer die vereinbarten Financial Covenants verletzen, so werden in der Kreditpraxis Rechtsfolgen gewählt, welche die Kreditinstitute auch ansonsten wählen, um das Kreditausfallrisiko zu begrenzen. Vereinbart werden im Fall einer Verletzung der vereinbarten Financial Covenants daher ein Recht des Kreditgebers auf Nachbesicherung sowie ein außerordentlichen Kündigungsrecht, falls Sicherheiten nicht bestellt werden oder nicht bestellt werden können. 1517

Der Nachbesicherungsanspruch ist das typische Sanktionsmittel bei Verletzung der vereinbarten Financial Covenants.[1852] Gegen die Wirksamkeit der Vereinbarung eines Nachbesicherungsanspruchs bestehen keine Bedenken.[1853] Üblicherweise wird mittels einer Positiverklärung der Nachbesicherungsanspruch vereinbart. Dieser schuldrechtliche Anspruch auf Nachbesicherung ist im Insolvenzfall nicht mehr durchsetzbar. Er ermöglicht dem Kreditgeber keine vorrangige oder abgesonderte Befriedigung.[1854] Sollte der Nachbesicherungsanspruch vor Insolvenzeröffnung durchgesetzt worden sein, trägt der Kreditgeber das insolvenzrechtliche Anfechtungsrisiko gem. § 131 InsO. 1518

Hinzuweisen ist auf das Problem, dass eine Verletzung der vereinbarten Financial Covenants in aller Regel auch einen Nachbesicherungsanspruch aus Nr. 13 Abs. 2 AGB-Banken/Nr. 22 Abs. 1 1519

1851 *Thießen* ZBB 1996, 19 (22); BuB/*Wittig* Rn. 4/3152.
1852 *Thießen* ZBB 1996, 19 (22).
1853 BuB/*Wittig* Rn. 4/3158.
1854 *Obermüller* Ersatzsicherheiten im Kreditgeschäft Rn. 469 ff.; BuB/*Wittig* Rn. 4/3159.

AGB-Sparkassen auslösen wird. Da dieser Anspruch früher greift als ein Anspruch auf Nachbesicherung aufgrund der Verletzung der Financial Covenants läuft der Kreditgeber Gefahr, dass die kundenfreundlichere Variante der Financial Covenants dem allgemeinen Nachbesicherungsanspruch aufgrund der AGB vorgeht.[1855]

1520 Als weiteres Sanktionsmittel bei einer Verletzung der Financial Covenants kann die außerordentliche Kündigung vereinbart werden. Eine Festlegung von Kündigungsgründen im Kreditvertrag wird von der Rechtsprechung für zulässig erachtet.[1856] Sollten die vereinbarten Kennzahlen zu eng bemessen sein, dass bereits einen geringe Verschlechterung der wirtschaftlichen Lage des Kreditnehmers zu einer Verletzung der Financial Covenants führt, wäre eine derartige Vereinbarung als sittenwidrig gem. § 138 Abs. 1 BGB einzustufen.[1857]

1521 Weiterhin muss der Kreditgeber auf die berechtigten Belange des Kreditnehmers, wie bei jeder Kündigung des Kredits, Rücksicht nehmen. Ansonsten wäre eine Kündigung rechtsmissbräuchlich.[1858] Soweit der Kreditgeber über einen längeren Zeitraum die Verletzung der Financial Covenants sanktionslos hinnimmt, kann er sein Kündigungsrecht wegen widersprüchlichem Verhalten verwirken.[1859]

1522 Eine Kündigung ist weiter ausgeschlossen, wenn dem Kreditgeber ausreichend Sicherheiten bestellt worden sind, welche den Kredit nebst Zinsen abdecken.[1860] Daher muss in der Vereinbarung der Financial Covenants dem Kreditnehmer das Recht eingeräumt werden, vor Ausspruch einer Kündigung eine Nachbesicherung durchzuführen. Das Recht zur Kündigung nach Weigerung der Nachbesicherung des Kreditnehmers ist von der Rechtsprechung anerkannt.[1861]

1523 Die Vereinbarung spezieller Kündigungsgründe schließt das allgemeine AGB-Kündigungsrecht der Kreditinstitute nicht aus. Die vereinbarten Kündigungsgründe sind jedoch bei der Auslegung des AGB-Kündigungsrechts zu berücksichtigen,[1862] sodass eine nachteilige Veränderung der Vermögenslage des Kreditnehmers nur dann zu einem Kündigungsrecht führt, wenn dies auch in den Financial Covenants zum Ausdruck kommt.[1863]

1524 Die bloße Vereinbarung der Financial Covenants führt auf keinen Fall zu einer Haftung des Kreditinstitutes wegen vorsätzlicher sittenwidriger Schädigung gem. § 826 BGB durch Knebelung des Kreditnehmers. Allein durch die Vorgabe abstrakter Kennzahlen bleibt das Unternehmen in seinen Entscheidungen frei. Sollten allerdings darüber hinaus Vereinbarungen oder Absprachen getroffen worden sein, welche dem Kreditnehmer gewisse Handlungsweisen auferlegen oder von der Zustimmung des Kreditgebers abhängig sind, läuft das Kreditinstitut Gefahr, von ausfallenden Gläubigern gem. § 826 BGB in Haftung genommen zu werden.[1864]

1855 BuB/*Wittig* Rn. 4/3160.

1856 BGH, WM 1986, 605 m. Anm. *Schröter* in WuB I A. – Nr. 17 AGB-Banken – 5.86; BGH, WM 1988, 1223 m. Anm. *Sonnenhol* in WuB I A. – Nr. 17 AGB-Banken – 1.88.

1857 BuB/*Wittig* Rn. 4/3161.

1858 BGH, WM 1979, 1176; BGH, WM 1986, 605 m. Anm. *Schröter* in WuB I A Nr. 17 AGB-Banken – 5.86; BuB/*Gößmann* Rn. 1/576; *Obermüller* Insolvenzrecht in der Bankpraxis Rn. 5.61; *Thießen* ZBB 1996, 19 (26); zu den Auswirkungen des BilMoG auf die Financial Covenants ausführlich: *Käfferlein/Steinwachs/Breitenbach* BankPraktiker 2010, 210.

1859 BGH, WM 1978, 234; BGH, WM 1979, 1176; BGH, WM 1980, 380; BGH, WM 1984, 1273; OLG Hamm, DB 1990, 2315; BuB/*Gößmann* Rn. 1/579.

1860 *Obermüller* Ersatzsicherheiten im Kreditgeschäft Rn. 1025; *Thießen* ZBB 1996, 19 (26).

1861 BGH, WM 1990, 54 m. Anm. *Sonnenhol* in WuB I L 1. – § 46 KWG – 1.90; OLG Celle, WM 1989, 11 m. Anm. *Rehbein* in WuB I.A. – Nr. 19 AGB-Banken – 4.89.

1862 BGH, WM 1986, 605 m. Anm. *Schröter* in WuB I A. – Nr. 17 AGB-Banken – 5.86.

1863 BuB/*Wittig* Rn. 4/3164.

1864 BuB/*Wittig* Rn. 4/3166a, 3166b.

G. Übersicherung und Sicherheitenfreigabe

I. Die anfängliche dingliche Übersicherung

Sicherungsverträge können in besonderen Ausnahmefällen wegen anfänglicher Übersicherung gegen die guten Sitten verstoßen und deshalb gem. § 138 Abs. 1 BGB nichtig sein.[1865] Die Rechtsprechung zur Übersicherung ist auf das Bürgschaftsrecht nicht übertragbar. Aus einer Sittenwidrigkeit wegen Übersicherung kann die Unwirksamkeit der Bürgschaftsübernahme nicht hergeleitet werden.[1866] 1525

Eine derartige sittenwidrige, ursprüngliche und sonach unwirksame Übersicherung liegt vor, wenn bereits bei Vertragsschluss gewiss ist, dass im noch ungewissen Verwertungsfall ein auffälliges Missverhältnis zwischen dem realisierbaren Wert der Kreditsicherheit und der gesicherten Forderung besteht.[1867] Hierzu muss zunächst in subjektiver Hinsicht eine derartige sittenwidrige Übersicherung auf einer verwerflichen Gesinnung des Sicherungsnehmers beruhen.[1868] Dies wird angenommen, wenn der Sicherungsnehmer aus eigensüchtigen Gründen eine Rücksichtslosigkeit ggü. den berechtigten Belangen des Sicherungsgebers an den Tag legt, die nach sittlichen Maßstäben unerträglich ist.[1869] Dieses subjektive Tatbestandsmerkmal liegt nicht vor, wenn im Zeitpunkt der Sicherheitenbestellung der Sicherheitennehmer nicht weiß, dass der Wert der gestellten Kreditsicherheiten die zu sichernden Forderungen deutlich übersteigen. In diesem Fall hat der Sicherungsgeber einen Anspruch auf (teilweise) Freigabe der Sicherheiten.[1870] 1526

Eine anfängliche dingliche Übersicherung ist im objektiven Tatbestand grds. gegeben, wenn der Wert der vom Versicherungsgeber gestellten Kreditsicherheiten das besicherte Risiko weit übersteigt.[1871] Um eine Übersicherung feststellen zu können, muss das gesicherte Risiko bewertet werden. Dafür gibt die gesicherte Kreditforderung in ihrer jeweiligen Höhe den Maßstab. Zu prüfen ist zunächst, ob der weite oder der enge Sicherungszweck gewählt worden ist. Sollte ein weiter Sicherungszweck gewählt sein, welcher im Fall der Identität zwischen Kreditnehmer und Sicherungsgeber unproblematisch ist,[1872] sind sämtliche Kreditforderungen zu addieren. 1527

Mit dem gesicherten Risiko ist der realisierbare Wert des Sicherungsmittels im Zeitpunkt des hypothetischen Sicherungsfalles zu vergleichen.[1873] Eine Übersicherung ist eine anfängliche, und nur dann wäre sie auch unwirksam gem. § 138 Abs. 1 BGB, wenn der realisierbare Wert der Sicherheit bereits bei Abschluss des Kreditsicherungsvertrages das gesicherte Risiko bei Weitem übersteigt und feststeht, dass das auch im Sicherungsfall so sein wird.[1874] Eine ursprünglich sittenwidrige Übersicherung setzt voraus, dass ein krasses Missverhältnis vorliegt.[1875] 1528

Dies wird angenommen, wenn der realisierbare Wert der Kreditsicherheiten das gesicherte Risiko in einem Maße übersteigt, das dies selbst unter voller Berücksichtigung der berechtigten Sicherungsinteressen des Sicherungsnehmers als unerträglich erscheint und nur den Schluss darauf zulässt, 1529

1865 BGH, WM 1998, 856 (857); BGH, WM 1998, 227 (231); BGH, WM 1994, 1161 (1163); *Ganter* WM 1998, 2045 (2047); *Canaris* ZIP 1997, 813 (817).

1866 BGH, Beschl. v. 05.11.2007 – II ZR 298/06.

1867 BGH, WM 1998, 856 (857); BuB/*Wenzel* Rn. 4/173b, Siegfried, IP 2017, 124.

1868 BGH, WM 1998, 856 (857); BGH, WM 1966, 13 (15).

1869 BuB/*Wenzel* Rn. 4/173b.

1870 *Schröter* WM 1998, 2193 (2196); *Wiegand/Bohne* NJW 1995, 2513 (2520); BuB/*Wenzel* Rn. 4/173b.

1871 BGH, WM 1966, 13 (15); *Ganter* WM 2001, 1.

1872 BGH, NJW 1990, 981; BGH, NJW 1984, 1184 (1186); BuB/*Wenzel* Rn. 4/50.

1873 BGH, WM 1978, 234 (237); BGH, Beschl. des gemeinsamen Senates v. 27.11.1997, BGHZ 137, 212 (228 f.).

1874 *Ganter* WM 2001, 1.

1875 *Ganter* WM 2001, 1 (2); *Lwowski* FS Schimansky, S. 389 (390); *Nobbe* FS Schimansky, S. 433 (448, 450).

hier habe der Kreditgeber aus eigensüchtigen Gründen jede Rücksichtnahme auf die berechtigten Belange der Gegenseite vermissen lassen.[1876]

1530 Ist die Grenze des krassen Missverhältnisses zwar noch nicht überschritten, aber doch annähernd erreicht, kann der Sicherungsvertrag dann sittenwidrig sein, wenn er weitere für den Sicherungsgeber belastende Bestimmungen enthält, die bei einer Gesamtwürdigung dem Ganzen ein sittenwidriges Gepräge geben.[1877]

1531 Noch nicht geklärt ist, wann ein derartiges krasses Missverhältnis zwischen der zu besichernden Kreditforderung und dem Wert der Kreditsicherheit besteht. Der BGH hat in seinen Entscheidungen keine pauschalen Ansätze bisher entwickelt. Es finden sich in der Literatur Ansätze, welche zugunsten der Rechtssicherheit Pauschalierungen vornehmen. Dabei gibt es drei Ansätze. Zum einen soll ein krasses Missverhältnis vorliegen, wenn der Wert der Kreditsicherheiten und die zu besichernden Forderungen in einer Relation 3:1 stehen, es also zu einer 300 %igen Übersicherung kommt.[1878] Nach anderer Ansicht reicht bereits eine Relation 2:1 aus, um von einem krassen Missverhältnis zu sprechen.[1879]

1532 Schließlich wird eine pauschalisierende Lösung zwar zunächst abgelehnt, dann jedoch wiederum auf eine 200 %ige Übersicherung abgestellt, wenn es sich bei dem zu besichernden Kredit um einen gewerblichen Kredit handelt.[1880]

1533 Man wird somit davon ausgehen können, dass spätestens bei einer 300 %igen Übersicherung der BGH von einem krassen Missverhältnis ausgeht und den Kreditsicherungsvertrag für unwirksam erachtet gem. § 138 Abs. 1 BGB. Hierfür spricht der Umstand, dass die vorgenannten Pauschalansätze von ehemaligen Richtern des BGH (*Nobbe* und *Ganter*) vertreten werden. Weiterhin geht auch die Kreditwirtschaft davon aus, dass bei einer 300 %igen Übersicherung die Obergrenze der Übersicherung erreicht ist.[1881]

1534 Aus Vorsichtigkeitsgesichtspunkten sollte in der anwaltlichen Beratungspraxis von einer Übersicherung i.H.v. 200 % ausgegangen werden, da dies z.B. bei wucherähnlichen Geschäften angenommen wird.[1882] Besonderes Augenmerk ist auf die Besicherung von sogenannten Massekrediten an den Insolvenzverwalter zu richten, da hier eine Besicherung, z.B. stereotype Hereinnahme der Abtretung von Außenständen, sehr schnell zu einer anfänglich dinglichen Übersicherung und damit zur Unwirksamkeit der Kreditsicherheitenbestellung führen kann.

1535 Entscheidend ist, mit welchem Sicherungswert die bestellte Kreditsicherheit in Ansatz zu bringen ist. Abzustellen ist hierbei auf einen (hypothetischen) Sicherungsfall in der Zukunft.[1883] Der Nominalwert einer bestellten Grundschuld sagt noch relativ wenig aus über den Wert des verhafteten Grundstückes. Liegt ein Wertgutachten vor, kann der Verkehrswert mit einem Sicherheitenabschlag von 20 % in Ansatz gebracht werden. Bei der Sicherungsübereignung des Anlagevermögens wird man hohe Abschläge auf einen Anschaffungswert zulassen müssen, da eine Verwertung des Anlagevermögens im Sicherungsfall (in aller Regel die Insolvenz des Kreditnehmers) nur mit einem Bruchteil des Anschaffungswertes erfolgen kann.

1876 BGH, WM 1998, 1073.
1877 *Nobbe* FS Schimansky, S. 433 (448).
1878 *Nobbe* FS Schimansky, S. 433 (450 ff.); *Tetzlaff* ZIP 2003, 1826 (1831).
1879 *Lwowski* FS Schimansky, S. 389 (390 f.); Derleder/Knops/Bamberger/*Schanbacher* Handbuch für das deutsche und europäische Bankrecht § 22 Rn. 19; Schimansky/Bunte/Lwowski/*Lwowski* Bankrechts-Handbuch Anhang zu § 95, S. 2957 f.
1880 *Ganter* WM 2001, 1 (3 ff.).
1881 So *Lwowski*, Syndikus der Commerzbank AG, auf der WM-Tagung zum Kreditsicherungsrecht vom 29./30.10.2001 in Potsdam.
1882 Vgl. *Palandt/Heinrichs* § 138 Rn. 67; BGH, WM 2001, 637 (638 ff.).
1883 BGH, WM 1978, 234 (237); BGHZ 137, 212 (228 f.); *Ganter* WM 2001, 1.

Im Fall einer Globalzession sowie der Sicherungsübereignung des Umlaufvermögens (Warenlager) ist zurzeit aufgrund der divergierenden Rechtsprechung der Instanzgerichte eine in Ansatzbringung von Sicherungswerten nur eingeschränkt möglich. So wird man aus Gründen der Rechtsunsicherheit zurzeit davon auszugehen haben, dass sämtliche Forderungen, welche 3 Monate vor Sicherheitenhereinnahme entstanden sind sowie sämtliche Waren, welche 3 Monate vor Sicherheitenvertragsschluss in das Sicherungsgebiet eingebracht worden sind, als nicht insolvenzfest anzusehen sind.[1884] Forderungen, welche vor der vorgenannten Frist entstanden sind, sind als betagt nicht in Ansatz zu bringen, da nur schwer einbringlich. Idealerweise führt das Kreditinstitut vor Kreditvergabe und Sicherheitenhereinnahme eine Sicherheitenprüfung durch und legt den Wert des Sicherungsgutes in Übereinstimmung mit dem Sicherungsgeber fest. Insb. sollte dabei auf eine Vereinbarung über einen pauschalen Sicherungswertabschlag verhandelt und anschließend vereinbart werden. Sollte keine Sicherheitenprüfung durchgeführt worden sein, so sind bei den Sicherungsgütern Globalzession und Sicherungsübereignung als Umlaufvermögen zunächst die Bruttowerte heranzuziehen. Davon sind in Absatz zu bringen die USt, da die Kreditinstitute hierfür gem. § 13c UStG mithaften. Weiterhin sind 9 % abzuziehen aufgrund der gesetzlichen Massekostenbeiträge gem. § 171 InsO. Von diesem sich errechnenden Wert sollten pauschal max. 30 % abzuziehen sein, wobei es in gewissen Branchen (z.B. Fleischbranche) auch zu höheren Abschlägen kommen kann, da die Wareneinsatzquote in gewissen Branchen bis zu 70 % beträgt und über den Eigentumsvorbehalt, respektive dem verlängerten Eigentumsvorbehalt, den Lieferanten des Sicherungsgebers vorrangig haftet. **1536**

Noch nicht abschließend geklärt ist die in der Praxis wichtige Frage, ob eine Ablösung eine bestehenden Krediten durch eine andere Bank eine anfängliche Übersicherung vorliegen kann, wenn bestehende Kreditsicherheiten auf die ablösende Bank übertragen werden oder diese Sicherungsrechte gemäß § 401 BGB als akzessorische Rechte übergehen. Dabei wird man der Meinung zustimmen können, dass eine Übersicherung in dieser Konstellation als eine anfängliche Übersicherung zu bewerten ist, da die Regelung von § 138 Abs. 1 BGB, welche bei sittenwidrigen Geschäften die Nichtigkeit anordnet, ein mit der Werteordnung nicht zu vereinbarendes Rechtsgeschäft sanktionieren soll.[1885] **1537**

Bei einer Übersicherung von Massekrediten ist im Falle einer Besicherung großer Wert darauf zu legen, dass nicht einfach bestehende und eventuell bedingt durch die Insolvenz nicht mehr nutzbare Sicherheiten ohne weitere Prüfung als Kreditsicherungsmittel für den Massekredit im Insolvenzfall herangezogen werden. Sehr schnell kann es dabei zu einer Übersicherung kommen, die dann als anfängliche Übersicherung zur Sittenwidrigkeit der Sicherheitenbestellung führen kann. Daher solle auch bei der Valutierung eines Massekredites eine Sicherheitenprüfung durchgeführt werden. [Bitte neue Fußnote vergeben]

II. Die nachträgliche Übersicherung

1. Dingliche Kreditsicherheiten

Die Abwägung der wirtschaftlichen Interessen des Sicherungsgebers, in seiner wirtschaftlichen Bewegungsfreiheit nicht unverhältnismäßig beeinträchtigt zu werden, sowie der Interessen des Sicherungsnehmers, im Sicherungsfalle auch adäquat abgesichert zu sein, war jahrelang umstritten zwischen den einzelnen Zivilsenaten des BGH sowie im Schrifttum.[1886] Mit der Entscheidung **1538**

1884 OLG Karlsruhe, WM 2006, 2121; a.A. LG Berlin, NZI 2007, 247; LG Aachen, Urt. v. 12.07.2005 – 10 O 359/04 (n.v.).

1885 MünchKomm, BGB/Armbruster, § 138, Rz 1 ff.; Siegfried IP 2017,124/128.

1886 BGH, WM 1998, 1086; BGH, WM 1990, 51; BGH, ZIP 1992, 629; BGH, ZIP 1994, 305; BGH, ZIP 1994, 1010; *Nobbe* ZIP 1996, 657; *Ganter* ZIP 1994, 257; *Schröter* WM 1997, 2193; *Canaris* ZIP 1997, 813; *Serick* WM 1995, 2017.

des großen Senates vom 27.11.1997 wurde hierbei ein Schlussstrich gezogen.[1887] Danach verstößt bei revolvierenden, dinglichen Kreditsicherheiten eine Formulargestaltung, die zu einer Übersicherung des Sicherungsnehmers führt, gegen § 9 AGBG (nunmehr § 307 BGB).[1888] Hierbei ist allerdings nur die entsprechende Formularklausel, nicht aber jedoch die gesamte Kreditsicherheitenbestellung nichtig.[1889] An die Stelle der nichtigen Klausel tritt gem. § 6 Abs. 2 AGBG (nunmehr § 309 BGB), der aus der Treuhandnatur des Sicherungsvertrages folgende ermessensunabhängige Freigabeanspruch.[1890]

1539 Mit dieser Entscheidung hat der BGH einen angemessenen Ausgleich zwischen den verschiedenen Interessen des Sicherungsgebers sowie des Sicherungsnehmers getroffen. Dieser vom BGH judizierte ermessensunabhängige Freigabeanspruch besteht selbst dann, wenn der Kreditsicherungsvertrag keine oder eine wegen der formularmäßigen Beeinträchtigung des Freigabeanspruches unwirksame Freigabeklausel enthält.[1891] Dieser ermessensunabhängige Freigabeanspruch besteht, wenn der Wert der Kreditsicherheiten die zu besichernden Forderungen um einen bestimmten Grenzwert zulässiger Übersicherung nicht nur vorübergehend überschreitet. Dabei gibt der BGH dem Sicherungsnehmer nur bei der Entscheidung, welche von mehreren Kreditsicherheiten er freigeben will, einen Ermessensspielraum, nicht jedoch dergestalt, ob das Sicherungsgut überhaupt freizugeben ist.[1892]

1540 Entscheidend für den Sicherheitenfreigabeanspruch des Sicherungsgebers ist hierbei, ob der Grenzwert der zulässigen Übersicherung, bei dessen nicht nur vorübergehender Überschreitung der Anspruch des Sicherungsgebers aus Sicherheitenfreigabe ausgelöst wird, überschritten wird. Eine nachträgliche Übersicherung ist regelmäßig dann anzunehmen, wenn der im Verwertungsfall realisierbare Wert der Kreditsicherungsgegenstände die gesicherte Forderung um mehr als 10 % übersteigt.[1893] Etwaige Verzugszinsen sind in die zu besichernde Forderung mit einzurechnen.[1894] Als zulässig hat der BGH angesehen, dass bei dem realisierbaren Wert der Kreditsicherheiten vom Nettoerlös nach Abzug des Umsatzsteuerbetrages ausgegangen werden kann.[1895] Dies muss unter der Geltung des § 13c UStG im Fall einer Globalzession heutzutage erst recht Geltung beanspruchen.

1541 Der BGH führt weiter aus, dass ein Sicherheitenfreigabeanspruch in aller Regel besteht, wenn der anzusetzende Schätzwert der beweglichen Sachen oder der Nennwert der anzusetzenden abgetretenen Forderungen 150 % der gesicherten Forderung ausmacht.[1896] Den Wertansatz bei Globalzessionen nimmt der BGH wie folgt vor: Vom Nennwert der abgetretenen Forderungen im Zeitpunkt des Freigabeverlangens sind Forderungen abzuziehen, die der Sicherungsnehmer wegen eines Abtretungsverbotes oder eines verlängerten Eigentumsvorbehaltes nicht erworben hat. Weiterhin sind einredebehaftete Forderungen nicht zu berücksichtigen. Von diesem ermittelten Nennwert der zitierten Forderungen ist sodann ein Verwertungsabschlag i.H.v. einem Drittel vorzunehmen.[1897] Bei sicherungsübereigneten Waren wird der Marktpreis im Zeitpunkt des Freigabeverlangens in Ansatz gebracht, bei Waren, die keinen Marktpreis aufweisen, wird an den Einkaufspreis angeknüpft, wenn der Sicherungsgeber das Sicherungsgut gekauft hatte, bzw. an den Herstellungspreis, wenn

1887 BGH, WM 1998, 227.
1888 BGH, WM 1998, 227 (230).
1889 BGH, WM 1998, 1280 (1281); BGH, WM 1998, 227 (230).
1890 BGH, WM 1998, 227 (230).
1891 BGH, WM 1998, 227 (229).
1892 BGH, WM 1998, 227 (229).
1893 BGH, WM 1998, 227 (232).
1894 BGH, WM 1998, 227 (233).
1895 BGH, WM 1998, 227 (233).
1896 BGH, WM 1998, 227 (234).
1897 BGH, WM 1998, 227 (234).

er das Sicherungsgut selber hergestellt hat.[1898] Auch von dem so ermittelten Schätzwert ist ein Verwertungsabschlag von einem Drittel vorzunehmen.[1899]

Der vom BGH angesetzte pauschalisierende Verwertungsansatz von einem Drittel soll allerdings **1542** nur eine Orientierungshilfe darstellen.[1900] Wer, unabhängig ob Sicherungsgeber oder Sicherungsnehmer, behauptet, dass die vom BGH gefundene Freigabegrenze von 150 % unangemessen sei, hat dieses substanziiert darzulegen und zu beweisen.[1901] AGB-rechtlich wirksam ist es, formularmäßig eine angemessene Vorausbestimmung des Sicherungswertes mit Bezug auf die besonderen Verhältnisse konkret abzugrenzender Wirtschaftsbranchen festzulegen.[1902]

2. Akzessorische Sicherheiten

Hierzu kann zunächst festgestellt werden, dass bei akzessorischen Sicherheiten, wie etwa Hypo- **1543** theken oder Bürgschaften, eine unverhältnismäßige Übersicherung naturgemäß nicht in Betracht kommen kann.[1903] Eine Ausnahme hierzu lässt die Rechtsprechung bei der Besicherung einer Forderung durch mehrere Pfandobjekte zu.[1904] Hier schließt das Gesetz im § 1222 BGB zwar eine Übersicherung aus, da jede Pfandsache für die ganze Forderung haftet. Solange wie der Pfandgläubiger nicht vollständig befriedigt ist, kann der Pfandrechtsbesteller keine Pfandgegenstände zurückverlangen. Unter Umständen kann jedoch die Verweigerung der Pfandherausgabe treuwidrig im Sinne von § 242 BGB sein, wenn die Deckung der Schuld durch die verbleibenden Pfandsicherheiten ausreicht.[1905]

3. Besonderheiten bei der Gehaltszession

Noch nicht höchstrichterlich entschieden ist die Frage, ob die vom Großen Senat des BGH ent- **1544** wickelten Grundsätze zur Sicherheitenfreigabe auch für die Gehaltszession uneingeschränkt Geltung beansprucht. Der BGH steht auf dem Standpunkt, dass sich diese Kreditsicherheit grds. an strengeren Maßstäben messen lassen muss.[1906] Hierzu wird der Standpunkt vertreten, das zumindest vorsorglich eine ermessensunabhängige Freigaberegelung in den Formularabtretungsverträgen mit aufzunehmen sei, wobei eine höchste Deckungsgrenze von 100 %, bezogen auf den Nennwert der abgetretenen Gehaltsforderung, ausreichend ist, da Verwertungskosten, die in der allgemeinen Deckungsgrenze vom BGH berücksichtigt worden sind, bei der Offenlegung einer Lohn- und Gehaltszession nicht anfallen.[1907] Diese Ansicht wird zwar aufgrund der vorgenannten Entscheidung des Großes Senates in Zweifel gezogen,[1908] sollte jedoch zumindest bis zu einer ausdrücklichen BGH-Entscheidung Berücksichtigung finden, da auch vonseiten von BGH-Richtern auf eine Begrenzung ausdrücklich hingewiesen wird.[1909]

1898 BGH, WM 1998, 227 (234).
1899 BGH, WM 1998, 227 (234).
1900 BuB/*Wenzel* Rn. 4/166.
1901 BGH, WM 1998, 227 (235).
1902 BGH, WM 1998, 227 (235); BuB/*Wenzel* Rn. 4/166.
1903 BGH, WM 1994, 1161 (1162); *Ganter* ZIP 1994, 257; *Weber* WM 1994, 1549.
1904 BGH, WM 1995, 375 (377).
1905 BGH, WM 1995, 375 (377); BGH, WM 1956, 217 (218).
1906 BGH, WM 1995, 1264 (1265); BGH, WM 1995, 1219; BGH, 1995, 375; BGH, WM 1994, 1613.
1907 BuB/*Wenzel* Rn. 4/172b.
1908 Derleder/Knops/Bamberger/*Schanbacher* Handbuch für das deutsche und europäische Bankrecht § 22 Rn. 20.
1909 *Nobbe* FS Schimansky, S. 433 (440 f.).

H. Verwertung von Mobiliarsicherheiten vor/in der Insolvenz

I. Verwertung von Mobiliarsicherheiten vor der Insolvenz

1. Verwertung von Mobiliarsicherheiten vor der »kritischen« Zeit

a) Pfandrecht

1545 Das Recht zur Verwertung der gestellten Sicherheiten gehört zum Kern der Rechtsstellung des Sicherungsnehmers. In Nr. 21 Abs. 5 AGB Sparkassen (Nr. 17 Abs. 1 AGB Banken) werden die Voraussetzungen der Verwertung von gepfändeten Sachen aufgeführt:

- Nichtzahlung bei Fälligkeit der Verbindlichkeit trotz
- Mahnung mit angemessener Nachfrist und
- Androhung der Verwertung entsprechend § 1234 Abs. 1 BGB.

1546 Liegen die vorgenannten Voraussetzungen kumulativ vor, ist die Bank zur Verwertung berechtigt.[1910] Die Regelung in den AGB Banken/Sparkassen entspricht damit dem gesetzlichen Leitbild zur Pfandverwertung: Die Vorschrift des § 1228 Abs. 2 BGB statuiert die Fälligkeit der Schuld als Verwertungsvoraussetzung. Aus § 498 BGB dürfte folgen, dass beim Verbraucherkredit die Verwertung den Eintritt des Verzugs voraussetzt.[1911] Schließlich verlangt § 1234 Abs. 1 BGB die Androhung der Verwertung und legt die angemessene Frist auf einen Monat fest. Im Falle eines beiderseitigen Handelsgeschäfts verkürzt § 368 HGB die Frist auf eine Woche.

1547 Unter Beachtung der vorstehenden Voraussetzungen und sonstiger vertraglicher Vereinbarungen hat die Bank grundsätzlich verschiedene Möglichkeiten der Verwertung. Bei Mobiliarsicherheiten ist regelmäßig der freihändige Verkauf der geeignete Weg, weil hierbei der höchste Erlös zu erzielen ist. Ohnehin sieht die Vorschrift des § 1228 BGB vor, dass die Befriedigung des Pfandgläubigers aus dem Pfand durch Verkauf erfolgt. Ebenso kann aber auch die freihändige Versteigerung in Betracht kommen. Ist die Sicherheit von einem Dritten bestellt worden, kann es geboten sein, diesem die Sicherheit zum Erwerb anzubieten und ihm überhaupt die bevorstehende Verwertung bekannt zu machen. Immerhin ist denkbar, dass dem Dritten die bevorstehende Verwertung vom Schuldner nicht mitgeteilt wird.

b) Sicherungseigentum

1548 Zu Recht wird empfohlen, auch bei anderen Mobiliarsicherheiten eine Verwertungsregelung zu treffen, die den Anforderungen der Pfandverwertung nach §§ 1234 ff. BGB, § 368 HGB genügt.[1912] Ohnehin hat die Sicherungsübereignung das Pfandrecht bei Mobilien an Bedeutung längst überholt. Dies liegt nicht zuletzt daran, dass das Pfandrecht grundsätzlich die Übergabe des Pfandobjekts voraussetzt. Allein bei der Verpfändung von Wertpapieren an die depotführende Bank hat die Verpfändung noch die größere Bedeutung, nicht zuletzt weil die Verpfändung keine Börsenumsatzsteuer auslöst.[1913]

1549 Charakteristisch für die Sicherungsübereignung von Mobilien, etwa Kraftfahrzeugen, ist der Umstand, dass der Schuldner das Sicherungsgut in Besitz hat. Mit Eintritt des Verwertungsrechts erlischt die Berechtigung zum Besitz gegenüber dem Sicherungsnehmer, also der Bank. Der Sicherungsgeber bleibt aber verpflichtet, das Sicherungsgut zu verwahren, bis die Bank von ihrem Verwertungsrecht Gebrauch macht. Das schuldrechtlich vereinbarte Recht der Inbesitznahme des

1910 Unabhängig hiervon ist die Bank selbstverständlich auch vor Eintritt der Fälligkeit zur Verwertung der Sicherheit berechtigt, wenn der Sicherungsgeber zustimmt. Dies ist Ausfluss der Privatautonomie.

1911 Hellner/Steuer Rn. 4/264 hält aufgrund des dort geregelten Kündigungsrechts die Verwertung vor Eintritt des Verzuges für rechtsmissbräuchlich, bezieht sich allerdings noch auf § 23 VerbrKrG.

1912 Hellner/Steuer Rn. 4/273a; im Ergebnis wohl ebenso: Rieder/Hofmann, S. 150.

1913 Kümpel/Wittig/*Federlin*, Rn. 12.443 f.

Sicherungsgutes begründet allerdings kein einseitiges Wegnahmerecht der Bank, so dass die Bank bei Weigerung des Sicherungsgebers Herausgabeklage erheben muss; ist Gefahr im Verzug, kann die Klage mit dem Erlass einer einstweiligen Verfügung bzw. eines Arrests flankiert werden.[1914]

c) Durchführung der Verwertung

Nr. 21 Abs. 5 AGB Sparkassen (Nr. 17 Abs. 1 AGB Banken) konstituiert die Pflicht der Bank zur Rücksichtnahme auf die berechtigten Interessen des Kunden. Diese Pflicht zu Rücksichtnahme, die ohnehin schon aus dem Treuhandverhältnis zwischen Sicherungsgeber und -nehmer folgen dürfte, schränkt die dort ebenso geregelte Wahlfreiheit hinsichtlich der Auswahl der zu verwertenden Sicherheit und die Form der Sicherungsverwertung ein. Die gesamte Verwertung des Sicherungsgutes bzw. Pfandgutes ist so vorzunehmen, dass sie den Anforderungen von Treu und Glauben genügt und die berechtigen Interessen des Sicherungsgebers in angemessener und zumutbarer Weise berücksichtigt, soweit nicht eigene schutzwürdige Sicherungsinteressen der Bank entgegen stehen. Dies trifft auch zu, wenn der zu erwartende Sicherungserlös über die eigenen Ansprüche hinausgeht. Wird der Bank vom Kunden eine günstige Verkaufsmöglichkeit nachgewiesen, hat sie durch ihre Mitwirkung eine solche Verwertung zu fördern. Die Bank ist auch nicht berechtigt, einen Teil des Betrages, den der Erwerber insgesamt zu zahlen bereit ist, ohne Anrechnung auf die gesicherte Schuld als Entgelt für ihre eigenen Verwertungsbemühungen zu vereinnahmen.[1915] 1550

Aus den vorstehenden Grundsätzen folgt zugleich, dass die Bank den Sicherungsgeber in die Verwertung einbeziehen sollte.[1916] Allerdings geht dies nicht so weit, dass bloße Behauptungen des Schuldners die Verwertung verhindern können. Weder die Verpflichtung zur bestmöglichen Verwertung im Interesse des Sicherungsgebers noch das Gebot zur Rücksichtnahme zwingen eine Bank dazu, eine von ihr vorgesehene Verwertung von Sicherheiten auf die allgemeine Behauptung besserer Verwertungsmöglichkeiten hin zu unterlassen. Hat der Schuldner selbst mit Kaufinteressenten für das Sicherungsgut verhandelt, kann er einen Verwertungsaufschub nur verlangen, wenn er der Bank rechtzeitig Verhandlungsergebnisse vorlegt, die so konkret und sicher sind, dass aus ihnen realistische Aussichten auf eine bessere Verwertung zu ersehen sind. Dabei muss die Bank vom Kunden solcherart einbezogen werden, dass diese selbst in der Lage ist, zu beurteilen, ob es sich um eine ernsthafte bessere Verwertungsalternative handelt oder nur um einen nicht selten anzutreffenden Versuch, in »letzter Minute« mit leeren Versprechungen die Verwertung hinauszuschieben. Die Bank ist schließlich auch nicht verpflichtet, auf ein höheres Angebot eines Käufers einzugehen, wenn dieser im Gegensatz zu dem weniger bietenden Interessenten nur bei Stellung von Garantien durch die Bank zum Vertragsabschluss bereit ist.[1917] Weitergehende Pflichten treffen die Bank allerdings dann, wenn sie den Sicherungsgeber über den Eintritt eines Interessenten in die Sicherungsabrede und das Schuldverhältnis, aus dem die gesicherte Forderung resultiert, verhandeln lässt, und sie das Verhandlungsergebnis billigt oder seine Billigung in Aussicht stellt. Dann kann die Bank nicht ohne Begründung von Schadensersatzansprüchen des Sicherungsgebers die Zustimmung verweigern, die Herausgabe des Sicherungsgutes verlangen und dieses verwerten.[1918] 1551

Will man den Vorwurf der »Verschleuderung« von vornherein entkräften, bietet sich die Einschaltung eines Sachverständigen an. Hält sich die verwertende Bank an das Ergebnis seines Gutachtens, dürfte der Vorwurf der nicht ordnungsgemäßen Verwertung ausscheiden. Grobe Fehler des Sachverständigen muss sich die Bank allerdings zurechnen lassen.[1919] Sofern jedoch eine Ersatzpflicht 1552

1914 BGH WM 1976, 1192; Rieder/Hofmann, S. 149.

1915 BGH WM 1997, 432; WM 1997, 1474; Rieder/Hofmann, S. 150; Kümpel/Wittig/*Federlin* Rn. 12.507 m.w.N.

1916 So ausdrücklich *Obermüller*, Rn. 6.583.

1917 OLG Frankfurt/M. WM 1991, 930; Obermüller, Rn. 6.606.

1918 BGH WM 2000, 68.

1919 Rieder/Hofmann, S. 152.

gegenüber dem Sicherungsgeber aufgrund eines Fehlers des Sachverständigen entstehen sollte, kann die Bank den Schaden gegenüber dem Sachverständigen liquidieren.

1553 Bei der Verwertung eines sicherungsübereigneten Warenlagers ist zu beachten, dass nach der Rechtsprechung des BGH das Vermieterpfandrecht vorgeht: Verfügt der Mieter während der Mietzeit durch einen Raumsicherungsübereignungsvertrag zugunsten eines Kreditgebers über (gegenwärtiges oder künftiges) Eigentum an einer in einen bestimmten Mietraum eingebrachten Sachgesamtheit (Warenlager), bleibt der Vorrang des bestehenden Vermieterpfandrechts unberührt; dieses erstreckt sich daher auch auf solche Einzelteile des Warenlagers, die erst nach der Sicherungsübereignung dem Warenbestand zugeführt werden.[1920] Entweder muss deshalb die Sicherungsübereignung vor Einbringung in die gemieteten, gepachteten oder mit einem Grundpfandrecht belasteten Räume erfolgen, oder aber die Bank lässt sich eine Verzichts- bzw. Freigabeerklärung geben.

d) Auswahl zwischen mehreren Sicherheiten

1554 Die Bank ist frei in der Wahl, welche Sicherheit sie verwerten will. Sie ist nicht gehalten, vorrangig auf bestimmte Sicherheiten zuzugreifen.[1921] Ein Rangverhältnis der Sicherheiten bei der Verwertung existiert nicht. Nach Auffassung des BGH ist von einem Wahlrecht im Sinne des § 262 BGB auszugehen.[1922] Allerdings darf die Bank bei der Verwertung der Sicherheiten nur eigene Interessen verfolgen. Hingegen handelt eine Bank rechtsmissbräuchlich, wenn sie ohne eigenes wirtschaftliches Interesse eine Sicherheit verwertet, um einem anderen Gläubiger Deckung zu verschaffen.[1923] Dies ist etwa denkbar, wenn die Bank eine Forderung einzieht oder Mobiliarsicherheit verkauft, um dem Zedenten Deckung aus den von ihr nicht vollständig benötigten Sicherheiten zu verschaffen.[1924] Der Kunde muss es nicht hinnehmen, dass die verwertende Bank Sicherheiten benutzt, um Drittinteressen zu wahren, die mit dem Verhältnis des Kunden zur Bank nichts zu tun haben.[1925]

1555 Was für die Verwertung von Sicherheiten gilt, trifft in gleicher Form auch auf die Freigabe von Sicherheiten zu. Einen Anspruch auf Freigabe eines bestimmten Sicherungsgutes oder auf die Einhaltung einer bestimmten Reihenfolge gibt es nicht.[1926] Allerdings gilt auch hier der Grundsatz von Treu und Glauben, namentlich hinsichtlich eines etwaigen Bürgen: Befriedigt sich die Bank aus sicherungsübereigneten Gegenständen, wird der Schuldner von seinen Verbindlichkeiten frei. Nimmt die Bank dagegen den Bürgen in Anspruch, geht seine Forderung auf diesen über (§ 774): Der Schuldner muss nunmehr an diesen leisten, sofern sich nicht aus seinem Rechtsverhältnis zum Bürgen ausnahmsweise etwas anderes ergibt. So ist die Bank nach dem Rechtsgedanken des § 401 BGB grundsätzlich verpflichtet, auch die für die Forderung bestellten selbständigen Sicherungsrechte auf den Bürgen zu übertragen. Demzufolge darf die Bank dem Bürgen gegenüber nicht nach ihrem Belieben über die sonstigen Sicherungsrechte verfügen. Vielmehr wird dieser ihr gegenüber frei, sofern die Bank Sicherheiten aufgibt, aus denen der Bürge nach § 774 BGB Ersatz hätte erlangen können (§ 776 BGB).[1927]

1920 BGH WM 1992, 600.

1921 BGH WM 2002, 1643; *Obermüller* Rn. 6.640; Kümpel/Wittig/*Merz* Rn. 6.485.

1922 BGH NJW 1983, 2701; Kümpel/Wittig/*Merz* Rn. 6.485.

1923 BGH ZIP 1991, 573; WM 1983, 537.

1924 Dies entsprach dem Sachverhalt von BGH WM 1983, 537.

1925 BGH WM 1983, 537, 538; Hellner/Steuer Rn. 4/275.

1926 Nach Auffassung des OLG Stuttgart WM 1994, 626, 634, ist die Sicherheitenfreigabe Wahlschuld im Sinne des § 292 BGB, Revision zurückgewiesen BGH WM 1995, 1264; ebenso: Hellner/Steuer Rn. 4/275.

1927 BGH WM 1994, 1191.

e) *Einstellung der Verwertung, Kosten*

1556 Die Verwertung der Sicherheiten ist einzustellen, sobald der erzielte Erlös zur Deckung der Forderung ausreicht. Hat die Bank eine ihr zur Sicherheit übereignete Mobilie verwertet, kann sie gegen den Anspruch des Sicherungsgebers auf Auskehrung des Mehrerlöses grundsätzlich nicht mit anderen, ungesicherten Ansprüchen aufrechnen.[1928] Der Grund hierfür liegt im Treuhandverhältnis. Entscheidend ist, ob der Treuhänder die Zweckbindung des aus der Geschäftsführung Erlangten nach Sinn und Inhalt des Geschäftes als vorrangig hinzunehmen hat. Liegt eine »enge« Bestimmung des Sicherungszwecks vor, geht die treuhänderische Bindung der Bank dem Aufrechnungsinteresse vor.

1557 Nicht mehr benötigte Sicherheiten sind nach Befriedigung der gesicherten Forderung dem Sicherungsgeber herauszugeben.

1558 Kosten, etwa Rechtsverfolgungskosten, können grundsätzlich dem Schuldner auferlegt werden. Sofern die getroffenen Regelungen in den AGB (Nr. 12 Abs. 5 AGB Banken, Nr. 17 Abs. 3 AGB Sparkassen) so zu verstehen sind, dass der Kunde nur mit Kosten belastet wird, die er nach den gesetzlichen Vorschriften ebenfalls zu tragen hätte, bestehen keine Wirksamkeitsbedenken gegen die Regelungen.[1929]

2. Verwertung von Mobiliarsicherheiten in »kritischer« Zeit

1559 Droht die Krise (§ 32 Abs. 1 GmbHG a.F.) des Bankkunden, insbesondere in den letzten drei Monaten vor Stellung eines Insolvenzantrags oder ist ein solcher gar schon gestellt und das Antragsverfahren läuft, findet jede Verwertung unter dem »Damoklesschwert« der späteren Anfechtung durch den Insolvenzverwalter statt. Gerade aber die Verwertung von Mobiliarsicherheiten auch in unmittelbarem zeitlichen Zusammenhang mit der Eröffnung des Insolvenzverfahrens ist weitestgehend »anfechtungsresistent«.

1560 Der Grund hierfür liegt darin, dass die Bank als Sicherungsnehmer in der Insolvenz des Sicherungsgebers absonderungsberechtigter Gläubiger ist. Der Erlös aus der Verwertung des Sicherungsgutes kommt deshalb auch im Insolvenzverfahren der Bank zu. Dem Insolvenzverwalter bleiben nur die Kostenpauschalen nach § 171 InsO. Voraussetzung jeder Insolvenzanfechtung ist aber die Gläubigerbenachteiligung, § 129 InsO. Gemeint ist damit die Gesamtheit der Gläubiger im Verhältnis zu einem Einzelgläubiger. Der Gesamtheit der Gläubiger steht die verteilungsfähige Insolvenzmasse zur Verfügung. Wird diese ohnehin nicht gemindert, weil der Erlös aus dem Sicherungsgut dem absonderungsberechtigten Insolvenzgläubiger zugute kommt, scheidet eine Gläubigerbenachteiligung im Sinne des § 129 InsO von vornherein aus.[1930]

1561 Auf der Grundlage dieses Rechtsgedankens hat der BGH entschieden, dass die Inbesitznahme sicherungsübereigneter Gegenstände durch den absonderungsberechtigten Gläubiger vor Insolvenzeröffnung auch nicht mit der Begründung angefochten werden kann, der Masse sei die Feststellungskostenpauschale nach § 171 Abs. 1 InsO entgangen.[1931]

1562 Offen war hingegen lange die Frage der Umsatzsteuerschuld, wenn die Inbesitznahme durch den absonderungsberechtigten Gläubiger vor Eröffnung des Insolvenzverfahrens erfolgt, die Verwertung jedoch erst danach. In diesem Fall ist nämlich eine Gläubigerbenachteiligung durchaus anzunehmen: Erfolgt die Verwertung sicherungsübereigneter Gegenstände außerhalb des Insolvenzverfahrens, wird der Sicherungsnehmer zum Umsatzsteuerschuldner, § 13b Abs. 1 Nr. 2 UStG. Ist das Insolvenzverfahren allerdings eröffnet, liegt eine Verwertung außerhalb des Insolvenzverfahrens auch dann nicht vor, wenn der Sicherungsnehmer es verwertet. Das Verwertungsrecht des

1928 BGH WM 1994, 1711.
1929 BGH WM 1989, 129, 130 zum Aufwendungsersatz nach §§ 675, 670 BGB.
1930 *Obermüller*, Rn. 6.586 f. m.w.N.
1931 BGH WM 2005, 126.; OLG Düsseldorf ZInsO 2006, 154.

absonderungsberechtigten Gläubigers, der im Besitz der beweglichen Sache ist, beeinträchtigt die Massezugehörigkeit der Sache nicht. Verwertet der absonderungsberechtigte Sicherungsnehmer das Sicherungsgut, liegt deshalb im Verhältnis zur Insolvenzmasse eine Lieferung an den Sicherungsnehmer vor, die bei der Masse eine Umsatzsteuerschuld auslöst.

1563 Es war lange umstritten, ob der Insolvenzverwalter in einem solchen Fall in analoger Anwendung des § 170 Abs. 2 InsO vom Sicherungsnehmer die Erstattung der Umsatzsteuer verlangen kann. Dies ist durch die neuere Rechtsprechung des BGH aber nunmehr geklärt. Der BGH bejaht einen Anspruch des Insolvenzverwalters gegenüber dem Sicherungsnehmer.[1932]

1564 Die vorzitierte Entscheidung des BGH geht aber noch weiter. Es ist durchaus nicht selbstverständlich, dass eine Deckungsanfechtung auch gegenüber dem absonderungsberechtigten Insolvenzgläubiger stattfindet. Der BGH hat jedoch nunmehr das Anfechtungsrecht jedenfalls für diejenigen Fälle angenommen, in denen der absonderungsberechtigte Gläubiger auch persönlicher Gläubiger des Schuldners ist: Das Anfechtungsrecht des Insolvenzverwalters nach §§ 130, 131 InsO besteht gegenüber Insolvenzgläubigern. Ob der absonderungsberechtigte Gläubiger, dessen persönliche Forderung sich gegen einen Dritten richtet, Insolvenzgläubiger im Sinne der §§ 130, 131 InsO ist, lässt der BGH offen, scheint es allerdings zu bezweifeln; jedenfalls der absonderungsberechtigte Gläubiger, dem allein auf seine persönliche Forderung Sicherung oder Befriedigung gewährt oder ermöglicht wird, ist nach Auffassung des IX. Senats als betroffener Insolvenzgläubiger tauglicher Anfechtungsgegner.[1933]

1565 Wegen der Umsatzsteuerschuld der Insolvenzmasse fehlt es anders als hinsichtlich der Kostenpauschalen auch nicht an der Gläubigerbenachteiligung. Der Insolvenzverwalter hätte deshalb auch ohne analoge Anwendung von § 170 Abs. 2 InsO einen Schadenersatzanspruch nach §§ 129, 130, 143 Abs. 1 S. 2 InsO, §§ 819 Abs. 1, 818 Abs. 4, 292 Abs. 1, 989 BGB in Höhe der Umsatzsteuer.[1934]

1566 Wegen der übrigen Voraussetzungen der Verwertung kann auf die Ausführungen unter Rdn. 1545 verwiesen werden.

II. Verwertung von Mobiliarsicherheiten nach Eröffnung des Insolvenzverfahrens

1567 Eine bewegliche Sache, an der ein Absonderungsrecht besteht (insbesondere Pfandrecht und Sicherungseigentum), darf der Insolvenzverwalter freihändig verwerten, wenn er sie in seinem Besitz hat, § 166 Abs. 1 InsO. Hat der Scherungsnehmer seinen Herausgabeanspruch vorher durchgesetzt, kann er die Verwertung vornehmen, mit den unter 2. dargestellten Implikationen.

1. Verwertungsrecht des Insolvenzverwalters

1568 Für das Verwertungsrecht des Insolvenzverwalters ist es ausreichend, dass er den Besitz im Insolvenzantragsverfahren in seiner Eigenschaft als vorläufiger Verwalter erworben hat und ein Verfügungsverbot erlassen worden ist. Ab diesem Zeitpunkt können Herausgabeansprüche abgewehrt werden.[1935] Der Insolvenzverwalter muss den Besitz aber tatsächlich nach § 148 InsO übernommen haben. Die bloße Eröffnung des Insolvenzverfahrens genügt nicht.

1569 Aus einem vor dem Insolvenzverfahren erstrittenen Titel kann der Sicherungsgläubiger nach Eröffnung nicht mehr vollstrecken. Der Besitz des Insolvenzverwalters ist auch insoweit endgültig.

1570 Längere Zeit war umstritten, ob auch der mittelbare Besitz genügt, um das Verwertungsrecht des Insolvenzverwalters nach § 166 InsO zu begründen. Der BGH hat dies zunächst für diejenigen

---

1932 BGH WM 2007, 1129.
1933 BGH WM 2007, 1129.
1934 BGH WM 2007, 1129.
1935 FK-InsO/*Wegener*, § 166, Rn. 7; *Obermüller* Rn. 6.707; Schimansky/Bunte/Lwowski/*Ganter*, § 90 Rn. 581.

Fälle angenommen, in denen der Schuldner eine sicherungsübereignete Sache gewerblich vermietet oder verleast hat.[1936] Zur Begründung hat der Senat angeführt, dass der Insolvenzverwalter die sicherungsübereigneten Gegenstände, die der Schuldner gewerblich einem Dritten gegen Entgelt überlassen hat, regelmäßig sowohl für eine Unternehmensfortführung als auch für eine geordnete Abwicklung benötige.

Mit derselben Begründung hat der BGH das Verwertungsrecht des Insolvenzverwalters auch auf 1571
Betriebsgegenstände ausgeweitet, die der Schuldner einem Dritten überlassen hat, damit dieser die Gegenstände lagere und an Kunden für und im Namen des Schuldners weitervermiete, weil sie im Betrieb des Schuldners – möglicherweise wegen Rückgangs der Aufträge – zeitweise nicht benötigt werden. Hierbei handelt es sich nach Auffassung des BGH um eine Überlassung im Rahmen der unternehmerischen Tätigkeit. Dabei könne diese Vermietung nach Auffassung des Gerichts durchaus neben dem satzungsmäßigen Unternehmenszweck liegen, wenn es sich um eine nur vorübergehende Tätigkeit handele. So lag im konkreten Fall die Vermietung von für den Gartenbau bestimmten Nutzfahrzeugen wohl außerhalb des Unternehmensgegenstands der Schuldnerin. Die zeitweise Reduzierung des Fahrzeugparks lag aber nach Meinung des Senats im Bereich typischer unternehmerischer Disposition und habe damit unmittelbar einen betriebsbezogenen Charakter. Auch in diesen Fällen sei der Zugriff der Gläubiger auf das Sicherungsgut daher geeignet, sowohl eine Unternehmensfortführung als auch eine geordnete Abwicklung zu beeinträchtigen.[1937] Zuletzt hat der BGH diesen »funktionalen« Besitzbegriff dahingehend erweitert, dass es nur darauf ankomme, ob der Vermögensgegenstand zur wirtschaftlichen Einheit des schuldnerischen Vermögens zu zählen sei.[1938]

In der vorzitierten Entscheidung[1939] hat der BGH zudem klargestellt, dass zwar das Verwertungs- 1572
recht des Insolvenzverwalters, der (nur) mittelbarere Besitzer ist, erlischt, wenn der unmittelbare Besitzer den Besitzmittlungswillen aufgibt. Dies gilt jedoch dann nicht, wenn die Willensänderung des unmittelbaren Besitzers auf einer Einwirkung durch den absonderungsberechtigten Gläubiger beruht; denn dieser könne durch einen rechtswidrigen Eingriff in die Befugnisse des Insolvenzverwalters nicht eine Übertragung des Verwertungsrechts auf sich selbst bewirken. Deshalb hat der Sicherungsgläubiger auch die Feststellungskostenpauschale nach § 171 Abs. 1 InsO zu entrichten. Er soll keinen Vorteil daraus ziehen, dass er sich über das Verwertungsrecht des Insolvenzverwalters hinweggesetzt hat.[1940] Allerdings: Die Verwertungskostenpauschale nach § 171 Abs. 2 InsO spart sich der Sicherungsgläubiger mit einem solchen Vorgehen sehr wohl.

2. Hinweis- und Eintrittsrecht des Sicherungsgläubigers

Bevor der Insolvenzverwalter verwertet, hat er nach § 168 Abs. 1 InsO den Sicherungsgläubiger 1573
über die konkrete Art der Verwertung zu unterrichten. Die Konditionen des beabsichtigten Geschäfts müssen für den Sicherungsgläubiger aus der Mitteilung ersichtlich werden.[1941] Durch die Informationspflicht soll sichergestellt werden, dass der Gläubiger auf eine günstigere Form der Verwertung hinwirken kann. Erfolgt ein entsprechender Hinweis innerhalb der allerdings kurzen Frist von nur einer Woche, so hat der Insolvenzverwalter die bessere Verwertungsmöglichkeit wahrzunehmen oder aber den Gläubiger so zu stellen, als hätte er sie wahrgenommen, § 168 Abs. 2 InsO. Im Gegenzug muss selbstverständlich auch der Gläubiger eine konkrete Verwertungsmöglichkeit nachweisen sowie den Erwerbswilligen und die Konditionen benennen. Sinnvoll ist es, wenn sich

1936 BGH ZIP 2006, 814, 816 mit Nachweisen zum Meinungsstand; ebenso: FK-InsO/*Wegener* § 166 Rn. 8; *Obermüller* Rn. 6.711.
1937 BGH ZIP 2006, 814, (816); ZIP 2006, 2390 (2391);.
1938 BGH WM 2015, 2273; ebenso FK-InsO/*Wegener*, § 166 Rn. 9.
1939 BGH ZIP 2006, 2390 (2391).
1940 BGH ZIP 2006, 814, (816); ZIP 2006, 2390 (2391).
1941 Obermüller Rn. 6.723; FK-InsO/*Wegener*, § 168 Rn. 2.

die Bank vom erwerbswilligen Dritten ein schriftliches Angebot aushändigen lässt.[1942] Voraussetzung dürfte dies allerdings nicht sein.

1574 Die vorstehende Regelung greift auch dann ein, wenn der Insolvenzverwalter eine Sachgesamtheit insgesamt veräußern will. Es genügt durchaus, dass der Sicherungsgläubiger dem Insolvenzverwalter die bessere Verwertungsmöglichkeit für nur einen Gegenstand aufzeigt, um hinsichtlich dieses einen Gegenstandes die Verpflichtung des Insolvenzverwalters nach § 168 Abs. 2 InsO auszulösen Der Insolvenzverwalter muss zwar nicht von der Verwertung der Sachgesamtheit (z. B. einem Unternehmen) absehen, jedoch an den Sicherungsgläubiger einen dem Einzelverkaufsangebot entsprechenden (höheren) Teil des Gesamterlöses auszahlen.[1943]

1575 Dem Recht des absonderungsberechtigten Gläubigers, eine bessere Verwertungsmöglichkeit aufzuzeigen, dient auch sein Auskunftsanspruch hinsichtlich des Zustands der Sache nach § 167 Abs. 1 InsO. Nur wenn er eine Vorstellung vom Zustand der Sache hat, ist er in der Lage mit Aussicht auf Erfolg eine alternative Verwertungsmöglichkeit zu finden.

1576 Schließlich ist noch darauf hinzuweisen, dass die bessere Verwertungsmöglichkeit auch durch den Eintritt des Gläubigers gegeben sein kann, und sei es nur dadurch, dass Kosten gespart werden, § 168 Abs. 3 InsO.[1944]

3. Ausgleichsanspruch des Sicherungsgläubigers

1577 Dem geschuldeten Ziel der Insolvenzordnung, das Unternehmen zunächst fortzuführen, wird die schnelle Verwertung des Sicherungsgutes »geopfert«. Die Nachteile für den gesicherten Gläubiger hat der Gesetzgeber durch die Regelung in § 169 InsO aufgefangen. Nach dieser Vorschrift stehen dem absonderungsberechtigten Gläubiger ab dem ersten Berichtstermin bis zur Verwertung die laufend geschuldeten Zinsen aus der Insolvenzmasse zu. Zudem ist ein Wertverlust auszugleichen, der sich durch die Benutzung der Sache ergibt, § 172 Abs. 1 InsO. Dies gilt mit der Einschränkung, dass durch den Wertverlust die Sicherung des absonderungsberechtigten Gläubigers beeinträchtigt wird. Eine solche Beeinträchtigung scheidet aus, wenn der zu erwartende Verwertungserlös erheblich über der gesicherten Forderung liegt. Dann ist der Ausgleich erst zu zahlen, wenn der durch die Nutzung sinkende Wert der Sache die gesicherte Forderung unterschreitet.[1945]

1578 Umsatzsteuer ist auf die Ausgleichszahlung nicht zu entrichten, da es sich nicht um eine Leistungsbeziehung, sondern um echten Schadenersatz handelt, der nicht umsatzsteuerbar ist.[1946]

4. Kosten der Verwertung

1579 Bei Verwertung durch den Insolvenzverwalter hat der Gläubiger im Übrigen die Kosten der Feststellung und der Verwertung zu tragen. In § 171 InsO sind diese mit Pauschalen von 4 % für die Feststellung bzw. 5 % für die Verwertung festgelegt. Sind die tatsächlichen Kosten der Verwertung erheblich niedriger oder erheblich höher, so sind die Kosten mit ihrem tatsächlichen Wert anzusetzen. Beide Pauschalen sind nach überwiegender Meinung vom Bruttoerlös zu berechnen.[1947] Aus dem Verwertungserlös hat der Insolvenzverwalter die Kostenpauschalen (bzw. die tatsächlichen Verwertungskosten) und die Umsatzsteuer zu entnehmen, sofern diese zu Lasten der Masse ausgelöst wird. Dies gilt auch dann, wenn der Sicherungsgläubiger von seinem Eintrittsrecht nach § 168 Abs. 3 InsO Gebrauch macht.

1942 Obermüller Rn. 6.726; FK-InsO/*Wegener*, § 166 Rn. 6.

1943 BGH ZInsO 2013, 1690; Assies/Ristelhuber/Weis Rn. 527; Obermüller, Rn. 6.725.

1944 FK-InsO/*Wegener*, § 168 Rn. 8.

1945 FK-InsO/*Wegener* § 172 Rn. 7 ff.

1946 Obermüller Rn. 6.738, nicht zu verwechseln mit der anfallenden Umsatzsteuer durch die Verwertung, z. B. an einen Dritten; vgl. hierzu: Obermüller Rn. 6.781 ff..

1947 Vgl. FK-InsO Wegener, § 171 Rn. 9 m.w.N., a.A. Obermüller Rn. 6.763.

Verwertet der absonderungsberechtigte Gläubiger nach Überlassung durch den Verwalter, entfällt die Verwertungskostenpauschale. Es liegt aber ein umsatzsteuerlicher Doppelumsatz vor, nämlich Umsatz sowohl zwischen dem Verwalter und dem Sicherungsgläubiger als auch zwischen diesem und dem Erwerber. 1580

III. Zusammenfassung

Die Verwertung von Mobiliarsicherheiten ist für den Sicherungsnehmer lange und weitgehend möglich, auch in der Krise des Bankkunden. Aufgrund des Absonderungsrechts ist die Inbesitznahme des Sicherungsgutes als Voraussetzung des Verwertungsrechts und der Verwertungsmöglichkeit auch nach Insolvenzeröffnung anfechtungsfest. 1581

I. Zwangsversteigerung/(Instituts-) Zwangsverwaltung bei Immobilien

I. Zwangsversteigerung

Das Zwangsversteigerungsverfahren teilt sich in folgende Abschnitte auf: 1582
- Anordnung des Verfahrens
- Vorbereitung des Versteigerungstermins
- Versteigerungstermin
- Verteilungstermin.

Der Verlauf wird dargestellt anhand des Falles 4 bei Rdn. 1066. 1583

Abteilung III des Grundbuches enthält daher folgende Eintragungen:

1	50.000 €	Grundschuld ohne Brief zu 50.000 € für die A-Bank mit Sitz in..., mit 16 % Zinsen jährlich. Vollstreckbar nach § 800 ZPO. Gemäß Bewilligung vom 06.03.2001 (Notar... URNr...), eingetragen am 14.03.2001.
2	100.000 €	Grundschuld ohne Brief zu 100.000 € für die B-Bank mit Sitz in..., mit 18 % Zinsen jährlich. Vollstreckbar nach § 800 ZPO. Gemäß Bewilligung vom 10.05.2002 (Notar... URNr...), eingetragen am 22.05.2001.
3	150.000 €	Grundschuld ohne Brief zu 100.000 € für die C-Bank mit Sitz in..., mit 18 % Zinsen jährlich. Vollstreckbar nach § 800 ZPO. Gemäß Bewilligung vom 05.12.2001 (Notar... URNr...), eingetragen am 13.12.2001.

1. Anordnung der Zwangsversteigerung und Beschlagnahme

a) Zuständigkeit

Für die Zwangsversteigerung eines Grundstücks ist das Vollstreckungsgericht zuständig, in dessen Bezirk das Grundstück belegen ist (§ 1 Abs. 1 ZVG). Durch Landesrecht können die Verfahren jeweils einem Amtsgericht für mehrere Gerichtsbezirke übertragen werden (§ 1 Abs. 2 ZVG). Ist das Grundstück in den Bezirken mehrerer Amtsgerichte belegen oder bei der Zwangsversteigerung mehrerer in den Bezirken verschiedener Amtsgerichte belegener Grundstücke bestellt das gemeinsame höhere Gericht eines der Amtsgerichte zum Vollstreckungsgericht (§ 2 ZVG). 1584

b) Antrag

Die Zwangsversteigerung wird vom Vollstreckungsgericht auf **Antrag eines Gläubigers** angeordnet (§ 15 ZVG). Der Antrag wird üblicherweise schriftlich gestellt, kann aber auch zu Protokoll der Geschäftsstelle erklärt werden. Anwaltszwang besteht nicht (§ 78 Abs. 3 ZPO). 1585

Der **Inhalt des Antrags** ergibt sich aus § 16 Abs. 1 ZVG. Der Antrag hat das Grundstück, den Eigentümer, den Anspruch und den vollstreckbaren Titel zu bezeichnen (§ 16 Abs. 1 ZVG). Bei der Bezeichnung des Grundstücks empfiehlt sich die Bezeichnung in Übereinstimmung mit den 1586 grundbuchamtlichen Angaben. Der Eigentümer ist mit seiner zustellungsfähigen Anschrift anzugeben. Der Anspruch sollte nach Hauptsache, Zinsen und sonstigen Nebenleistungen sowie der Kosten und der Rechtsnatur des Anspruchs (dinglicher oder persönlicher Anspruch), der vollstreckt werden soll, bezeichnet werden.

1587 Die für den Beginn der Zwangsvollstreckung erforderlichen **Unterlagen** sind beizufügen (§ 16 Abs. 2 ZVG). Nachzuweisen ist die **Zustellung** des Vollstreckungs**titels** (§§ 750 Abs. 1, 795 ZPO), die nach §§ 727, 795 ZPO erteilte Vollstreckungs**klausel** gegen den Schuldner (§ 750 Abs. 2, 795 ZPO) sowie die zur Erteilung der Klausel nach § 726 Abs. 1 und § 727 ZPO erforderlichen Urkunden (§§ 750 Abs. 2, 795 ZPO). Die Vollstreckungsklausel hat den Schuldner und Gläubiger auszuweisen (§ 727 ZPO).[1948] Die Kündigung der Grundschuld und der Ablauf der Wartefrist von 6 Monaten ist bei nach dem 19.08.2008 bestellten Sicherungsgrundschulden vom Vollstreckungsgericht von Amts wegen zu überprüfen. [1949]

1588 Hat ein Vertreter die Unterwerfung unter die sofortige Zwangsvollstreckung erklärt, ist der Nachweis erforderlich, dass die **Vollmacht** des Vertreters und – bei vollmachtlosem Handeln – auch die Genehmigung von dessen Erklärungen seitens des Vertretenen durch öffentliche oder öffentlich beglaubigte Urkunden dem Schuldner zugestellt worden sind oder mit dem Beginn der Vollstreckung zugestellt werden (§ 750 Abs. 2 ZPO).[1950]

1589 Nachzuweisen ist auch das Eigentum des Schuldners (§§ 17, 16 Abs. 2 ZVG). Ausreichend ist die Bezugnahme auf das Grundbuch, wenn das Versteigerungsgericht und das Grundbuchamt demselben Amtsgericht angehören, anderenfalls ist ein **Zeugnis des Grundbuchamts** vorzulegen (§ 17 Abs. 2 ZVG).

1590 Benötigt der Grundschuldgläubiger zum Nachweis **Urkunden**, die eine Behörde, ein Beamter oder ein Notar dem Schuldner auf dessen Antrag erteilt, um die Voraussetzungen der Zwangsversteigerung nachweisen zu können, so kann der Gläubiger die Erteilung anstelle des Schuldners verlangen (§ 792 ZPO).

1591 Will die A-Bank in dem Ausgangsfall (Rdn. 1582) die Zwangsvollstreckung betreiben, benötigt sie eine vollstreckbare Ausfertigung der Grundschuldbestellungsurkunde (Rdn. 1104), die sie nach § 727 ZPO als Gläubiger ausweist. Die Grundschuldbestellungsurkunde enthält keine eigenen Erklärungen der A-Bank. Einen eigenen Ausfertigungsanspruch hat sie nicht (§ 51 Abs. 1 Nr. 1 BeurkG vgl. (Rdn. 1104). Sie hat aber einen Anspruch auf Erteilung einer vollstreckbaren Ausfertigung nach § 52 BeurkG i.V.m. §§ 795, 724 ff. ZPO, wenn sie eine an sie adressierte Ausfertigung vorlegen kann (Rdn. 1104). Die vollstreckbare Ausfertigung der Grundschuldbestellungsurkunde nebst des Nachweises der Finanzierungsvollmacht sind den Grundstückseigentümern M und F zuzustellen, wenn die A-Bank die Zwangsvollstreckung wegen ihres Anspruchs aus der Grundschuld betreiben will (§§ 750, 795 ZPO). Die Finanzierungsvollmacht ist in dem Kaufvertrag enthalten, den M und F mit dem Verkäufer des Grundstücks geschlossen haben. Die A-Bank war nicht Beteiligte des Kaufvertrags. Sie hat daher keinen eigenen Anspruch auf Erteilung einer Ausfertigung gem. § 51 BeurkG. Ihr hilft § 792 ZPO weiter. Sie hat Anspruch auf eine auszugsweise Abschrift des Teils des Kaufvertrages, der die Vollmacht enthält.[1951]

1948 BGH, Beschl. v. 25.01.2007 – V ZB 47/06 (unter III 2 der Gründe), WM 2007, 655.

1949 BGH, Beschl. v. 30.03.2017 – V ZB 84/16 –. Vgl. hierzu die Klarstellung von *Schmidt-Räntsch*, die an dem Beschluss mitwirkte in ZNotP 2017, 314, 319.

1950 BGH, Beschl. v. 21.09.2006 – V ZB 76/06 (Leitsatz und unter III der Gründe), NJW-RR 2007, 358 = WM 2006, 2266.

1951 DNotI DNotI-Report 15/2004, 125 ff.

Nach Zustellung und Ablauf der Wartefrist von 2 Wochen (§§ 798, 794 Abs. 1 Nr. 5 ZPO) kann bei dem zuständigen Amtsgericht die Zwangsversteigerung des Grundbesitzes beantragt werden.

c) Rechtsschutzinteresse

Das Verbot der **zwecklosen Pfändung** (§ 803 Abs. 2 ZPO) findet im Zwangsversteigerungsverfahren grds. keine Anwendung.[1952] § 77 Abs. 2 ZVG geht als spezielle Regelung dem § 803 Abs. 2 ZPO vor. Er sieht eine Aufhebung des Zwangsversteigerungsverfahrens erst vor, wenn in einem zweiten Versteigerungstermin keine Gebote abgegeben werden oder sämtliche Gebote erloschen sind. Vorrangige Rechte können im Lauf des Verfahrens wegfallen. Demgemäß kann auch ein aus aussichtsloser Rangstelle betreibender Gläubiger die Zwangsvollstreckung betreiben. 1592

Etwas anderes kann nur gelten, wenn die Vollstreckung Schikane ist. Bei der Vollstreckung wegen einer **Bagatellforderung** wird von manchen Gerichten[1953] verlangt, dass der Gläubiger zunächst erfolglos in das bewegliche Vermögen des Schuldners vollstreckt hat, obwohl auch der Gläubiger einer nur geringen Forderung einen Anspruch auf Befriedigung hat.[1954] 1593

d) Anordnungsbeschluss

Sind die Voraussetzungen der Zwangsversteigerung (§§ 704 ff. ZPO) erfüllt, ordnet das Versteigerungsgericht durch Beschluss, **ohne mündliche Verhandlung** (§ 764 Abs. 3 ZPO) **und ohne den Schuldner vorher zu hören**, die Versteigerung des Grundstücks an (§ 15 ZVG). 1594

Der Anordnungsbeschluss führt zur **Beschlagnahme** (vgl. auch Rdn. 1597) zugunsten des betreibenden Gläubigers (§§ 20 ff. ZVG, §§ 1120 ff., 136, 135 BGB). Der Beschluss ist dem Schuldner **zuzustellen** (§ 22 ZVG); dem Gläubiger nur, wenn seinem Antrag nicht oder nicht voll entsprochen wurde. Ansonsten genügt eine formlose Mitteilung (§ 329 Abs. 2 Satz 1 ZPO). Ohne rechtzeitig zugestellten Anordnungsbeschluss darf kein Versteigerungstermin stattfinden (§ 43 ZVG). Die Zustellung hat auch für die Feststellung des geringsten Gebots (§ 44 Abs. 2 ZVG; vgl. Rdn. 1609) Bedeutung. 1595

Mit dem Erlass des Anordnungsbeschlusses ersucht das Gericht das Grundbuchamt um Eintragung der Anordnung in das Grundbuch (§ 19 Abs. 1 ZVG). Das Grundbuchamt trägt den **Zwangsversteigerungsvermerk** ohne Prüfung der Vollstreckungsvoraussetzungen ein. Der Zwangsversteigerungsvermerk nimmt nicht am öffentlichen Glauben des Grundbuchs teil. 1596

Die Beschlagnahme hat die Wirkung eines **relativen Veräußerungsverbots** (§ 23 Abs. 1 Satz 1 ZVG, §§ 135, 136 BGB). Die Reichweite des Veräußerungsverbots bestimmt sich nach seinem Zweck, den Gläubiger nach der Beschlagnahme vor ihm nachteiligen Maßnahmen des Schuldners zu schützen. Die Aufteilung des Grundstücks nach dem WEG kann von dem Veräußerungsverbot umfasst sein, wenn dadurch eine Verzögerung des Zwangsversteigerungsverfahrens eintritt.[1955] Das Verbot betrifft nur Verfügungen über das Grundstück und mithaftende Gegenstände, nicht jedoch Verfügungen über die Grundschuld. 1597

Betreibt bereits ein anderer Gläubiger die Zwangsversteigerung, so wird statt eines Anordnungsbeschlusses der **Beitritt** des weiteren Gläubigers zugelassen, der dann dieselben Rechte hat, wie wenn auf seinen Antrag hin die Versteigerung angeordnet worden wäre (§ 27 ZVG). 1598

1952 BGH, Beschl. v. 30.01.2004 – IXa ZB 233/03 (unter II 3 a der Gründe), ZfIR 2004, 440 = WM 2004, 646.

1953 LG Frankenthal, Beschl. v. 04.09.1979 – 1 T 235/79, Rpfleger, 1979, 433 (wg. Anspruch von unter 500 DM); AG Mainz, Beschl. v. 14.03.1980 – 12 K 14/80, Rpfleger 1981, 26 (wg. 85, 92 DM); LG Oldenburg, Beschl. v. 31.08.1981 – 5 T 247/81, Rpfleger 1981, 492 (wg. 224,30 DM).

1954 *Stöber* ZVG Einleitung 48.4.

1955 BGH, Beschl. v. 29.03.2012 – V ZB 103/11, Rd. 8.

e) Rechtsmittel

1599 Wird der **Versteigerungsantrag** eines **Gläubigers** ganz oder teilweise **zurückgewiesen**, so ist die **sofortige Beschwerde** von 2 Wochen gegeben (§ 95 ZVG, § 793 ZPO). Vor einer Entscheidung wird dem Gläubiger regelmäßig die Gelegenheit zur Äußerung gegeben (§ 139 Abs. 2 ZPO). Bereits eine solche Zwischenverfügung ist mit sofortiger Beschwerde anfechtbar.[1956]

1600 Der **Schuldner** kann den Anordnungsbeschluss mit der unbefristeten **Erinnerung** gem. § 766 ZPO anfechten, da er ohne seine Anhörung ergeht und somit keine Entscheidung i.S.d. § 95 ZVG darstellt. Ist die Erinnerung begründet, so muss der Rechtspfleger ihr abhelfen. Anderenfalls legt er die Erinnerung dem Richter vor (§ 20 Nr. 17 a RpflG). Gegen die Entscheidung des Richters findet die **sofortige Beschwerde** statt (§ 793 ZPO).

1601 Materielle Einwendungen und Einreden gegen den titulierten Anspruch hat der Schuldner durch **Vollstreckungsabwehrklage** (§ 767 ZPO) zu verfolgen. Mit ihr kann eine prozessuale Gestaltungsklage in analoger Anwendung des § 767 Abs. 1 ZPO verbunden werden, in der auch die Wirksamkeit des Vollstreckungstitels angegriffen werden kann (vgl. auch Rdn. 1176).

2. Vorbereitung des Versteigerungstermins

a) Festsetzung des Grundstückswerts

1602 Im Rahmen der Zwangsversteigerung wird der Grundstückswert festgesetzt (§ 74a Abs. 5 ZVG). Die Festsetzung muss auch das der Versteigerung unterliegende **Zubehör** (vgl. §§ 1120 ff. BGB) erfassen. Vor der Festsetzung des Verkehrswerts hat das Versteigerungsgericht allen Beteiligten rechtliches Gehör zu gewähren. Der Beschluss ist mit der **sofortigen Beschwerde** anfechtbar (§ 74a Abs. 5 Satz 3 ZVG).

1603 Grundstückswert ist der **Verkehrswert**. Er ist für die Berechnung der Verfahrenskosten, für die Verteilung von Gesamtrechten (§§ 64, 112, 122 ZVG) sowie für die Errechnung der 5/10- (§ 85a ZVG; vgl. Rdn. 1642) und 7/10-Grenze (§ 74a ZVG; vgl. Rdn. 1645) von Bedeutung. Er gilt darüber hinaus allgemein, wenn dem Grundstückswert Bedeutung zukommt, bspw. bei § 114a ZVG (vgl. Rdn. 1660).

1604 Der Grundstückswert wird vom Gericht regelmäßig aufgrund eines **Sachverständigengutachtens** festgesetzt. Erleidet ein Beteiligter durch eine gerichtliche Entscheidung, die auf einem vorsätzlich oder grob fahrlässig **falschen Gutachten** beruht, einen Schaden, so steht ihm aufgrund des seit dem 01.08.2002 geltenden § 839a BGB ein Ersatzanspruch gegen den Gutachter zu. Vor Einführung bestand nur ein Anspruch bei besonders leichtfertigen und gewissenlosen nachlässigen Ermittlungen oder bei »ins Blaue« gemachten Angaben.[1957]

1605 Werden nach der Verkehrswertfestsetzung neue Tatsachen bekannt, die entweder eine Erhöhung oder eine Ermäßigung des Verkehrswertes rechtfertigen, so besteht auch nach Rechtskraft des Festsetzungsbeschlusses eine **Anpassungspflicht**.[1958] Die formelle Rechtskraft des Beschlusses über die Festsetzung des Verkehrswertes steht in einem solchen Fall einer Neubewertung nicht entgegen. Eine Anpassungspflicht wird i.d.R. ausgelöst, wenn eine Wertveränderung von mindestens 10 %

1956 *Stöber* ZVG § 15, Anm. 5.2.

1957 BGH, Urt. v. 20.05.2003 – VI ZR 312/02 (unter II 3 der Gründe), ZfIR 2004, 80 = NJW 2003, 2825 = WM 2003, 2249; vgl. auch BGH, Urt. v. 06.02.2003 – III ZR 44/02 (unter 2 der Gründe) ZfIR 2003, 260 = WM 2003, 2053 und BGH, Urt. v. 09.03.2006 – III ZR 143/05 (Rn. 8), NJW 2006, 1733 = WM 2006, 867 zur Amtspflicht ggü. dem Ersteher.

1958 BGH, Beschl. v. 10.10.2003 – IXa ZB 128/03 (unter II 4 a der Gründe), ZfIR 2004, 167 = NJW-RR 2004, 302 = WM 2004, 98.

eingetreten ist.[1959] Vor einer Änderung des Verkehrswertes durch das Gericht ist wiederum allen Beteiligten rechtliches Gehör zu gewähren. Unterlässt das Gericht eine gebotene Anpassung, so liegt darin ein Zuschlagsversagungsgrund i.S.d. § 100 Abs. 3 ZVG (vgl. Rdn. 1641). Eine sofortige Beschwerde gegen die Ablehnung des Antrags, den rechtskräftig festgesetzten Grundstückswert (Verkehrswert) abzuändern, wird mit der Zuschlagserteilung infolge prozessualer Überholung unzulässig.[1960]

Erreicht im ersten Versteigerungstermin das Meistgebot nicht 7/10 des rechtskräftig festgesetzten Grundstückswertes und wird deshalb der Zuschlag gem. § 74a Abs. 1 Satz 1 ZVG versagt, fehlt im weiteren Zwangsversteigerungsverfahren das **Rechtsschutzinteresse** für eine Anpassung des festgesetzten Grundstückswertes an veränderte Umstände.[1961] **1606**

b) Terminbestimmung

Der Versteigerungstermin ist 6 Wochen vorher gem. § 43 ZVG i.V.m. § 39 Abs. 1 ZVG bekannt zu machen. War das Verfahren einstweilen eingestellt, so genügt eine zweiwöchige **Frist** (§ 43 Abs. 1 ZVG). Den Verfahrensbeteiligten ist die Terminbestimmung zuzustellen. In der **Terminbestimmung** ist das Grundstück (§ 37 Nr. 1 ZVG) sowie Zeit und Ort der Versteigerung (§ 37 Nr. 2 ZVG) zu bezeichnen. Anzugeben ist, dass die Versteigerung im Wege der Zwangsvollstreckung erfolgt (§ 37 Nr. 3 ZVG). Die Terminbestimmung ist den Beteiligten mindestens 4 Wochen vor dem Versteigerungstermin durch Beschluss mitzuteilen (§ 43 Abs. 2 ZVG). **1607**

Mit der Terminbestimmung ergeht die **öffentliche Aufforderung**, Rechte, die z.Zt. der Eintragung des Versteigerungsvermerks aus dem Grundbuch nicht ersichtlich waren, spätestens im Versteigerungstermin anzumelden und ggf. glaubhaft zu machen. Damit soll ihre Berücksichtigung bei der Feststellung des geringsten Gebots (vgl. Rdn. 1609) und bei der Verteilung des Erlöses gesichert werden. Ferner ergeht die Aufforderung an diejenigen, die ein der Versteigerung entgegenstehendes Recht haben, vor der Erteilung des Zuschlags die Aufhebung oder einstweilige Einstellung des Verfahrens herbeizuführen, widrigenfalls sie sich mit dem Recht am Versteigerungserlös begnügen müssen. **1608**

c) Geringstes Gebot

Bei dem **geringsten Gebot** (§ 44 ZVG) handelt es sich um einen zentralen Begriff der Zwangsversteigerung. Die Zwangsversteigerung wird vom sog. »Deckungsgrundsatz« beherrscht. Die Versteigerung darf nur unter Wahrung (»Deckung«) der dem betreibenden Gläubiger **vorgehenden Rechte** durchgeführt werden. »Deckung« kann in zweifacher Weise erfolgen. Zum einen ist eine Bardeckung möglich. Es wird nur ein solches Gebot zugelassen, aus dem die dem betreibenden Gläubiger vorgehenden Ansprüche durch Barzahlung befriedigt werden können. Deckung kann auch durch Übernahme erfolgen. **1609**

Der Gesetzgeber hat sich in § 49 ZVG für einen Mittelweg entschieden. Verfahrenskosten nach § 109 ZVG, die Ansprüche aus den Rangklassen des § 10 Abs. 1 Nr. 1 bis 3 ZVG, die Rechtsverfolgungskosten, die Zinsen bis einen Tag vor dem Zuschlag und die einmaligen Nebenleistungen **1610**

1959 OLG Hamm, Beschl. v. 08.07.1977 – 15 W 133/77, Rpfleger 1977, 452 (wenn zwischen Verkehrswertfestsetzung und Versteigerung rd. 4 1/2 Jahre liegen, in denen es zu erheblichen allgemeinen Preissteigerungen kam); OLG Köln, Beschl. v. 01.06.1983 – 2 W 59/83, Rpfleger 1983, 362 (Wertsteigerung durch Bauvoranfrage); OLG Koblenz, Beschl. v. 15.05.1985 – 4 W 175/85, Rpfleger 1985, 410 (Fortführung von Bauarbeiten); OLG Köln, Beschl. v. 24.09.1992 – 2 W 151/92 (unter d der Gründe), Rpfleger 1993, 258 (allgemeine Wertsteigerung); *Stöber* ZVG § 74a, Anm. 7.20 a).

1960 BGH, Beschl. v. 10.10.2003 – IXa ZB 128/03 (Leitsatz 1 und unter 3 der Gründe), ZfIR 2004, 167 = NJW-RR 2004, 302 = WM 2004, 98.

1961 BGH, Beschl. v. 10.10.2003 – IXa ZB 128/03 (Leitsatz 2 und unter 4 a und b der Gründe), ZfIR 2004, 167 = NJW-RR 2004, 302 = WM 2004, 98.

(vgl. Rdn. 1075 f.) der bestehen bleibenden Grundpfandrechte sind bar zu decken. Die Summe dieser Beträge bildet das **geringste Bargebot**. Die dem betreibenden Gläubiger vorgehenden Rechte werden hinsichtlich des Kapitals und der dinglichen Zinsen ab Zuschlag durch Übernahme gedeckt (§ 52 ZVG). Die Summe aus geringstem Bargebot und den bestehen bleibenden Rechten bildet das **geringste Gebot**.

1611 **Laufende Beträge** wiederkehrender Leistungen, zu welchen auch die Grundschuldzinsen (vgl. Rdn. 1075) gehören, brauchen – damit sie Berücksichtigung finden – im Zwangsversteigerungsverfahren nicht angemeldet zu werden, sofern sie bei Eintragung des Versteigerungsvermerks aus dem Grundbuch ersichtlich sind (§ 114 Abs. 2 ZVG). Es sind dies der letzte vor der Beschlagnahme fällig gewordene Betrag sowie die später fällig werdenden Beträge; ältere Beträge sind Rückstände (§ 13 Abs. 1 ZVG). Die für 2 Jahre **rückständigen** Grundschuldzinsen können mit dem Rang der Grundschuld in der Zwangsversteigerung geltend gemacht werden, wenn sie vor der Bietstunde (§§ 110, 45 Abs. 2 ZVG, vgl. Rdn. 1622) angemeldet werden.

1612 Die Beschlagnahme (vgl. Rdn. 1595) erfolgte am 15.12.2006. Die Grundschuldzinsen des Jahres 2005 wurden am 01.01.2006 fällig, wenn sie – wie üblich (vgl. Rdn. 1075) – jeweils nachträglich am ersten Werktag des folgenden Kalenderjahres für das vorausgegangene Kalenderjahres fällig werden. Die laufenden Zinsen der Grundschuld betreffen daher den Zeitraum ab 01.01.2005. Die für 2 Jahre rückständigen Zinsen, die mit dem Rang der Grundschuld geltend gemacht werden können, betreffen den Zeitraum vom 01.01.2003 bis 31.12.2004 und werden nur berücksichtigt, wenn sie angemeldet werden.

aa) Rechte nicht im geringsten Gebot

1613 Rechte **erlöschen**, wenn sie nicht in das geringste Gebot fallen (§§ 52 Abs. 1 Satz 2, 91 I ZVG). Sie werden entsprechend ihrem Rang aus dem Versteigerungserlös befriedigt, soweit dieser reicht (vgl. Beispiel bei Rdn. 1655). I.Ü. gehen sie ersatzlos unter (vgl. Rdn. 1653):

1614 Betreibt in dem Ausgangsfall (Rdn. 1582) die A-Bank als erstrangiger Gläubiger die Zwangsversteigerung, fallen keine der Grundschulden in das geringste Gebot. Die Grundschulden sind nicht zu decken und gehen mit dem Zuschlag unter. Das geringste Gebot besteht aus den Verfahrenskosten und etwaigen anderen vorrangigen Ansprüchen (vgl. Rdn. 1616).

1615 Wird die Zwangsversteigerung nur wegen eines Teiles des Anspruchs betrieben, bspw. wegen eines »**zuletzt zu zahlenden Teilbetrages**« der Grundschuld (vgl. Rdn. 1100), fällt der gesamte Anspruch des Gläubigers nicht in das geringste Gebot.[1962]

bb) Rechte im geringsten Gebot

1616 Fallen Rechte in das geringste Gebot, bleiben sie **bestehen** (§ 52 ZVG). Durch Zahlung zu decken sind die Verfahrenskosten und die in § 10 Abs. 1 Nr. 1 bis 3 ZVG sowie die in § 12 Nr. 1 und 2 ZVG bezeichneten Ansprüche (§ 49 Abs. 1 ZVG). Zu letzteren gehören auch die Zinsen (vgl. Rdn. 1611), der dem betreibenden Gläubiger rangmäßig vorgehenden Rechte (§ 12 Nr. 2 ZVG). Der Ersteher übernimmt sie mit ihren Zinsen ab dem Zuschlag (§ 56 Satz 2 ZVG) Die Übernahme dieser Rechte stellt einen Teil der Gegenleistung des Erstehers dar, die er künftig den Gläubigern dieser Rechte zu erbringen hat.[1963]

1617 Der Ersteher eines Grundstücks in der Zwangsversteigerung, der aus einer **bestehen bleibenden** Grundschuld dinglich in Anspruch genommen wird, kann dem Grundschuldgläubiger grds. keine Einreden entgegensetzen, die sich aus dem zwischen dem früheren Eigentümer (Sicherungsgeber)

1962 *Stöber* ZVG § 44 Rd. 11 Anm. 11.1.

1963 BGH, Urt. v. 31.10.1985 – IX ZR 95/85 (unter 2 a der Gründe), ZIP 1986, 89 = NJW-RR 1986, 233 = WM 1986, 106, dazu *Gaberdiel* EWiR 1986, 145.

und dem Gläubiger (Sicherungsnehmer) abgeschlossenen Sicherungsvertrag ergeben.[1964] Will er die Grundschuld ablösen, hat er den vollen Betrag zu bezahlen.

> Betreibt in dem Ausgangsfall (Rdn. 1582) die C-Bank aus ihrer an dritter Rangstelle eingetragenen Grundschuld die Zwangsversteigerung, fallen die Grundschulden der A- und B-Bank mit ihren Zinsen in das Geringste Gebot (Rdn. 1609) und sind zu decken. Die Zinsen sind bis zum Ablauf von 2 Wochen nach dem Versteigerungstermin in bar zu decken (§ 47 ZVG). Das Kapital und die dinglichen Zinsen ab Zuschlag werden durch Übernahme gedeckt (§ 52 Abs. 1 ZVG; vgl. Rdn. 1616) und bleiben mit Zinsen ab Zuschlag (§ 56 Satz 2 ZVG) bestehen. Die Übernahme stellt einen Teil des Erwerbspreises für das Grundstück dar. Die Höhe der Valutierung der Grundschulden ist für den Ersteher ohne Belang. Der Ersteher hat den Nominalbetrag nebst den dinglichen Zinsen ab dem Zuschlag zu bezahlen, will er die Grundschulden ablösen. Löst er die Grundschulden nicht ab, sind sie nach Wegfall des Sicherungszwecks an die Sicherungsgeber M und F zurückzugewähren (vgl. Rdn. 1190, insb. Rdn. 1210). **1618**

3. Versteigerungstermin

Der Versteigerungstermin ist öffentlich (§ 169 GVG). Er gliedert sich in folgende drei Abschnitte: **1619**
- Aufruf bis zur Aufforderung zur Abgabe von Geboten (Rdn. 1620),
- Bieterstunde (Rdn. 1622) und die
- Verhandlung über den Zuschlag sowie die Zuschlagsentscheidung (Rdn. 1641).

a) Aufforderung zur Abgabe von Geboten

Der Versteigerungstermin beginnt mit dem Aufruf der Sache. Sodann erfolgt eine Reihe von Bekanntmachungen und Feststellungen, durch die die Anwesenden über die für die Versteigerung wichtigen Verhältnisse unterrichtet werden. **1620**

Es folgt die Feststellung des **geringsten Gebots** (vgl. Rdn. 1609) und der **Versteigerungsbedingungen**. Die Versteigerungsbedingungen sind in den §§ 44 ff. ZVG festgelegt; Abänderungen sind gem. § 59 ZVG möglich. Vor der Feststellung ist den anwesenden Beteiligten Gelegenheit zur Stellungnahme zu geben. Danach hat das Gericht auf die bevorstehende Ausschließung weiterer Anmeldungen hinzuweisen und anschließend zur Abgabe von Geboten aufzufordern (§ 66 Abs. 2 ZVG). Mit der **Aufforderung zur Abgabe von Geboten** tritt der Ausschluss weiterer Anmeldungen ein. **1621**

b) Bieterstunde

Die **Bieterstunde** dient der Abgabe und Entgegennahme von Geboten. Auch können Fragen geklärt werden. Gebote werden mündlich abgegeben. Der in der Versteigerung als Gebot genannte Betrag bezeichnet das **Bargebot**, d.h. den Betrag, den der Ersteher gem. § 49 Abs. 1 ZVG im Verteilungstermin nach Maßgabe des § 49 Abs. 3 ZVG zu entrichten hat. Das Bargebot enthält nicht die bestehen bleibenden Rechte, Rdn. 1616. Die bestehen bleibenden Rechte sind vom Ersteher außerhalb des Zwangsversteigerung abzulösen, wenn er lastenfreies Eigentum erwerben will. Sie gehören daher neben dem Bargebot zu seinen Gestehungskosten. **1622**

Ein Gebot ist **wirksam**, wenn es mindestens die Höhe des geringsten Gebotes erreicht und außerdem höher ist als bereits vorliegende wirksame Gebote. Ein abgegebenes Gebot ist, solange es nicht durch ein Übergebot erlischt (§ 72 Abs. 1 ZVG), bindend und kann nicht zurückgenommen werden. Unwirksame Gebote werden zurückgewiesen (§ 71 ZVG) und erlöschen, bei nicht sofortigen Widerspruch (§ 72 Abs. 2 ZVG). **1623**

1964 BGH, Urt. v. 21.05.2003 – IV ZR 452/02 (amtlicher Leitsatz), BGHZ 155, 63 = ZfIR 2003, 606 = NJW 2003, 2673 = WM 2003, 1365.

1624 Gebote in der Zwangsversteigerung, die unter der Hälfte des Grundstückswerts liegen (vgl. hierzu Rdn. 1642), sind nicht allein aus diesem Grund unwirksam und zurückzuweisen. Gibt ein an dem Erwerb des Grundstücks interessierter Bieter ein solches Gebot nur ab, um die Rechtsfolgen des § 85a Abs. 1 und Abs. 2 ZVG herbeizuführen, ist das weder rechtsmissbräuchlich noch ist das Gebot unwirksam oder ein Scheingebot. Das Eigengebot eines Gläubigervertreters ist aber unwirksam und zurückzuweisen, wenn er von vornherein nicht an dem Erwerb des Grundstücks interessiert ist und das Gebot nur abgibt, damit in einem weiteren Versteigerungstermin einem anderen der Zuschlag auf ein Gebot unter 7/10 oder unter der Hälfte des Grundstückswerts erteilt werden kann.[1965]

1625 Ein Beteiligter, dessen Recht durch die Nichterfüllung eines Gebotes beeinträchtigt wird, kann sofort nach Abgabe des Gebotes **Stellung einer Sicherheitsleistung** verlangen (§§ 67 ff. ZVG). Die Sicherheit ist i.d.R. für ein Zehntel des Verkehrswertes des Versteigerungsobjektes zu leisten (§ 68 ZVG). Sicherheit kann nicht mehr in bar geleistet werden (§ 67 Abs. 1 ZVG). Sicherheitsleistung erfolgt durch Bankscheck, Bankbürgschaft oder durch Überweisung auf ein Konto der Gerichtskasse (§ 69 ZVG).

1626 Zwischen der Aufforderung zur Abgabe von Geboten und dem Zeitpunkt, in welchem bezüglich sämtlicher zu versteigernder Grundstücke die Versteigerung geschlossen wird, müssen 30 Minuten (**Mindestmietzeit**) liegen (§ 73 Abs. 1 Satz 1 ZVG). Die Versteigerung muss so lange fortgesetzt werden, bis der Aufforderung des Gerichts ungeachtet ein Gebot nicht mehr abgegeben wird (§ 73 Abs. 1 Satz 2 ZVG).

1627 Das **letzte Gebot** und den Schluss der Versteigerung hat das Gericht zu verkünden (§ 73 Abs. 2 ZVG). Damit ist die Versteigerung abgeschlossen.

c) Einzel-, Gruppen- und Gesamtausgebot

1628 Werden mehrere Grundstücke in demselben Verfahren versteigert, muss jedes Grundstück einzeln ausgeboten werden (§ 63 Abs. 1 ZVG). Ein **Einzelausgebot** darf nur unterbleiben, wenn sämtliche im Termin anwesende Beteiligte, deren Rechte im geringsten Gebot nicht berücksichtigt worden sind, darauf verzichten (§ 63 Abs. 4 ZVG).

1629 Jeder Beteiligte kann verlangen, dass neben dem Einzelausgebot gem. § 63 Abs. 2 ZVG ein **Gesamtausgebot** aller Grundstücke vorgenommen wird (§ 63 Abs. 2 ZVG). Sofern einige Grundstücke mit einem und demselben Recht (z.B. Gesamtgrundschuld; Rdn. 1068) belastet sind, kann jeder Beteiligte auch verlangen, dass diese Grundstücke gemeinsam ausgeboten werden (§ 63 Abs. 2 Satz 2 ZVG). Gem. § 63 Abs. 2 Satz 3 ZVG kann auf Antrag das Gericht auch in anderen Fällen das Gesamtausgebot einiger der Grundstücke anordnen (**Gruppenausgebot**). Bei mit einem einheitlichen Bauwerk überbauten Grundstücken ermöglicht § 63 Abs. 1 Satz 2 ZVG ein Gruppen- bzw. Gesamtausgebot auch ohne Antrag. Die Anwendung des § 63 Abs. 1 Satz 2 ZVG kommt nur in Betracht, wenn die Grundstücke in **demselben Verfahren** versteigert werden. Verschiedene Verfahren müssen also vorher verbunden worden sein (§ 18 ZVG).

1630 Das ZVG trägt mit den Vorschriften dem Umstand Rechnung, dass rechtlich selbstständige Grundstücke häufig eine wirtschaftliche Einheit bilden und der Wert der einzelnen Grundstücke dadurch bestimmt wird, dass es sinnvoll nur mit anderen Grundstücken genutzt werden kann. Die Vorschriften berücksichtigen auch, dass Gesamtgrundpfandrechte die Grundstücke in der Weise belasten, dass der Gläubiger Befriedigung wegen seines Anspruchs aus jedem der belasteten Grundstücke verlangen kann (§§ 1132, 1192 Abs. 1 BGB). Dem trägt zudem § 64 Abs. 1 ZVG Rechnung, der

1965 BGH, Beschl. v. 24.11.2005 – V ZB 98/05, ZfIR 2006, 652 = NJW 2006, 1355 = WM 2006, 237; BGH, Beschl. v. 10.05.2007 – V ZB 83/06, WM 2007, 1522; BGH, Beschl. v. 17.07.2008 – V ZB 1/08, BGHZ 172, 218 = ZIP 2007, 2192 = ZfIR 2008, 684 = WM 2007, 1522.

nachrangigen Gläubigern die Möglichkeit gibt, eine Verteilung des Gesamtgrundpfandrechts auf die einzelnen Grundstücke durch das Vollstreckungsgericht zu erreichen.

Von dem Antragsrecht sollte Gebrauch gemacht werden, wenn wirtschaftlich zusammengehörende Einheiten versteigert werden. Der **Antrag** ist spätestens im Versteigerungstermin vor der Aufforderung zur Abgabe von Geboten zu stellen (§ 63 Abs. 2 ZVG). Dem Antrag auf ein Gesamtausgebot muss stets entsprochen werden (§ 63 Abs. 2 Satz 1 ZVG). Dem Antrag auf ein Gruppenausgebot muss stattgegeben werden, wenn Grundstücke mit dem gleichen dinglichen Recht belastet sind (§ 63 Abs. 2 Satz 1 ZVG). In diesen Fällen gibt es kein Ermessen des Gerichts. In anderen Fällen kann das Gericht auf Antrag ein Gruppenausgebot anordnen, wenn dies tunlich ist (§ 63 Abs. 2 Satz 3 ZVG). 1631

Das geringste Gebot (Rdn. 1609) für das Gesamtausgebot kann endgültig erst festgesetzt werden, nachdem die Versteigerung aufgrund der Einzelausgebote durchgeführt ist. Die gemeinsame Durchführung der Versteigerung für alle Ausgebote erfordert daher, dass das Gericht ständig mitrechnet. Die **Erhöhung des geringsten Gebots** ist stets bekannt zu geben (§ 139 ZPO).[1966] Die Versteigerung für das Gesamtausgebot darf nicht vor dem der Einzelausgebote geschlossen werden, andernfalls Bieter nicht auf das erhöhte geringste Gebot reagieren können.[1967] Die Wechselwirkung zwischen den verschiedenen Verfahren zeigt die 1632

Fortführung des Ausgangsfalles (Rdn. 1582): Versteigert werden zwei Grundstücke. Deren Belastung und die Verkehrswertfestsetzung spiegelt die nachfolgende Tabelle wieder: 1633

lfd. Nr.	Gläubiger	Grundstück 1 mit einem Verkehrswert von 200.000 €	Grundstück 2 mit einem Verkehrswert von 200.000 €
1	A-Bank	Grundschuld über 50.000 €	
2	B-Bank	Grundschuld über 100.000 €	
3	C-Bank	Gesamtgrundschuld über 150.000 €	

Das Zwangsversteigerungsverfahren wird nur von der C-Bank betrieben. Neben den Einzelausgeboten der Grundstücke 1 und 2 erfolgt auf Antrag der C-Bank auch ein Gesamtausgebot (§ 63 Abs. 2 Satz 1 ZVG). Das geringste Gebot stellt sich daher wie folgt dar:

		Einzelausgebot Grundstück 1	Einzelausgebot Grundstück 2	Gesamtausgebot
1	Geringstes Gebot			
	a) bar zu zahlender Teil Verfahrenskosten[1]	2.500,00 €	2.500,00 €	5.000,00 €
	b) bestehen bleibende Rechte			
	A-Bank	50.000,00 €	0,00 €	50.000,00 €
	B-Bank	150.000,00 €	0,00 €	150.000,00 €
Summe (= Geringstes Gebot gem. § 44 Abs. 1 ZVG)		202.500,00 €	2.500,00 €	205.000,00 €

1966 *Böttcher* Anm. zu BGH, Beschl. v. 28.09.2006 – V ZB 55/06, ZfIR 2007, 149 (150).
1967 BGH, Beschl. v. 09.05.2003 – IXa ZB 25/03, ZfIR 2003, 743 = NJW-RR 2003, 1077 = WM 2003, 1181.

1. Unterstellt wurde, dass nur die Kosten des Verfahrens nach § 109 ZVG anfallen. Hierbei handelt es sich um folgende Gebühren: 1/2 Verfahrensgebühr aus 400.000 € (= 1.253 €; vgl. § 54 Abs. 1 GKG, KVGKG 2211), 1/2 Termingebühr aus 400.000 € (= 1.253 €; vgl. § 54 Abs. 1 GKG, KVGKG 2213) und 1/2 Verteilungsgebühr aus vorläufig 400.000 € (= 1.253 €; vgl. § 54 Abs. 3 GKG, KVGKG 2215). Hinzu kommen Auslagen gem. KVGK 9000 ff., die mit 1.241 € angenommen wurden. Die Kosten des Verfahrens belaufen sich somit auf 5.000 € und sind bei der Berechnung des geringsten Gebots für die Einzelausgebote nach dem Wert der Grundstücke aufzuteilen.

In der Versteigerung werden folgende Gebote gelegt:

	Grundstück 1	Grundstück 2	Grundstück 1+2
Meistbargebot	0,00 €	100.000,00 €	101.000,00 €

Der Zuschlag wird aufgrund des Gesamtausgebots nur erteilt, wenn das Meistgebot höher ist als das Gesamtergebnis der Einzelausgebote (§ 63 Abs. 3 Satz 2 ZVG). Das Meistbargebot bei dem Gesamtausgebot liegt mit 101.000 € über der Summe der Meistbargebote von 100.000 €. Gleichwohl kann auf das Meistgebot bei dem Gesamtausgebot wegen § 63 Abs. 3 Satz 1 ZVG kein Zuschlag erteilt werden: Wird bei dem Einzelausgebot auf eines der Grundstücke ein Meistgebot abgegeben, das mehr beträgt als das geringste Gebot für dieses Grundstück, so erhöht sich bei dem Gesamtausgebot das geringste Gebot um den Mehrbetrag (§ 63 Abs. 3 Satz 1 ZVG). Die Erhöhung dient dem Schutz der Beteiligten, die nur an einzelnen Grundstücken berechtigt sind. Die Deckung, die sie durch das Einzelausgebot gefunden haben, soll ihnen auch für das Gesamtausgebot gesichert werden. Das geringste Gesamtbargebot erhöht sich daher wie folgt:

Ursprüngliches geringstes Bargebot für das Gesamtgebot	5.000,00 €
Erhöhung gem. § 63 Abs. 3 Satz 1 ZVG wg. Gebot auf Grundstück 2	
(100.000–2.500)	98.500,00 €
Geringstes Gesamtbargebot nach Erhöhung gem. § 63 Abs. 3 Satz 1 ZVG	103.500,00 €

4. Ablösung von Grundpfandrechten

1634 Gem. §§ 1192 Abs. 1, 1150, 268 Abs. 1 Satz 1 BGB kann das Recht eines die Zwangsversteigerung betreibenden Gläubigers von jedem abgelöst werden, der Gefahr läuft, durch die Zwangsversteigerung ein Recht an dem Grundstück zu verlieren. Ein **Grundpfandrechtsgläubiger** ist ablösungsberechtigt, wenn sein Recht nicht in das geringste Gebot fällt und daher gefährdet ist. Dies ist bereits der Fall, wenn am Rang des Rechts nicht teilnehmende Ansprüche auf Rückstände von Nebenleistungen gefährdet sind. Sein Ablösungsrecht setzt nicht voraus, dass er die Zwangsvollstreckung wenigstens vorübergehend verhindern will.[1968]

1635 Zu zahlen sind die **Vollstreckungsforderung** des betreibenden Gläubigers und die **Verfahrenskosten**. Die (dingliche) Vollstreckungsforderung ist auch dann in voller Höhe zu zahlen, wenn es sich bei dem abzulösenden Recht um eine Sicherungsgrundschuld handelt und eine entsprechende persönliche Forderung nicht besteht.[1969] Dies gilt auch, wenn der Gläubiger die Vollstreckung nur aus einem Teilbetrag betreibt, bspw. wegen eines »zuletzt zu zahlenden Teilbetrags« einer Grundschuld (vgl. Rdn. 1100).[1970] Dies folgt nicht nur aus dem Umstand, dass der Gläubiger die Zwangsvollstreckung wegen des Teilbetrags betreibt und daher Zahlung auf den titulierten Betrag fordert, sondern

1968 BGH, Beschl. v. 01.03.1994 – XI ZR 149/93, ZIP 1994, 633 = NJW 1994, 1475 = WM 1994, 909; a.A. RG, Urt. v. 18.01.1935 – V 347/34, RGZ 146, 317, 323.

1969 BGH, Urt. v. 11.05.2005 – IV ZR 279/04 (unter Leitsatz und unter II 1 der Gründe), ZIP 2005, 1268 = NJW 2005, 2398 = WM 2005, 1271.

1970 BGH, Beschl. v. 29.03.2007 – V ZB 160/06 (Rn. 15), ZfIR 2007, 499 = WM 2007, 1127.

auch aus § 75 ZVG und § 775 Nr. 5 ZPO: Das Verfahren ist einstweilen einzustellen, wenn die aus dem Anordnungsbeschluss ersichtlichen Beträge und die Verfahrenskosten bezahlt sind.[1971]

Betreibt der Gläubiger die Zwangsversteigerung aus Ansprüchen, die in verschiedene Rangklassen 1636 des § 10 Abs. 1 ZVG fallen, kann sich der Ablösende darauf beschränken, die einer Rangklasse zugeordneten Forderungen abzulösen. Dies gilt auch, wenn der Gläubiger aus seinem Recht auch noch wegen nicht gezahlter und älterer Zinsen in Rangklasse 8 vollstreckt, trotz der Vorschriften der § 266 BGB und der §§ 268 Abs. 3 Satz 2, 1150 BGB.[1972]

Die Ablösung kann noch im **Verkündungstermin** erfolgen.[1973] Die einstweilige Einstellung des 1637 Zwangsversteigerungsverfahrens gem. § 30 Abs. 1 ZVG aufgrund einer Bewilligung desjenigen, der den betreibenden Gläubiger abgelöst hat, setzt den Nachweis der Ablösung ggü. dem Vollstreckungsgericht voraus; er kann auch durch die Vorlage von per Telefax übermittelten Urkunden geführt werden, eine Umschreibung der Vollstreckungsklausel auf den Ablösenden ist nicht erforderlich.[1974]

Aufgrund der Ablösung geht das abgelöste Recht auf den Ablösenden über (§§ 1192 Abs. 1, 1150, 1638 268 Abs. 3 Satz 1 BGB). Ein **gutgläubiger Erwerb** frei von Einreden scheidet aus.[1975] Nach § 1157 Satz 2 BGB ist ein einredefreier gutgläubiger Erwerb nur unter den Voraussetzungen des § 892 BGB möglich. Dieser setzt einen Erwerb durch Rechtsgeschäft voraus. Der Übergang des abgelösten Rechts erfolgt kraft Gesetzes. Dem Eigentümer stehen daher gegen den Erwerber des abgelösten Rechts weiterhin alle Einreden zu, bspw. die Einrede der Verjährung der Grundschuldzinsen und bei der Sicherungsgrundschuld bspw. die Einrede der teilweisen Nichtvalutierung gem. §§ 1192, 1157 Satz 1 BGB. Es kann also vorkommen, dass der Ablösungsberechtigte nach Ablösung schlechter steht als vorher, obwohl das Institut geschaffen wurde, um die Position des Ablösungsberechtigten zu stärken.

Bei **teilweiser Ablösung** einer Grundschuld geht der abgelöste Teil dem nicht abgelösten Teil auf- 1639 grund des Benachteiligungsverbots (§§ 1192 Abs. 1, 1150, 268 Abs. 3 BGB) auch dann im Range nach, wenn die Zwangsversteigerung ausdrücklich aus dem rangersten Teil betrieben und dieser Teil abgelöst wird. Allein das Betreiben der Zwangsversteigerung aus einem rangersten Teil führt nicht zu einer rechtlichen Verselbstständigung dieses Teils.[1976]

Etwaige dem abgelösten Gläubiger zustehende Ansprüche auf Rückgewähr vor- oder gleichrangiger 1640 Grundschulden (Rdn. 1119) gehen auf den Ablösenden nicht über. Sie stellen keine **Nebenrechte** der abgelösten Grundschuld dar. Auch ein Übergang gem. §§ 412, 401 Abs. 1 BGB scheidet aus.[1977]

1971 BGH, Beschl. v. 29.03.2007 – V ZB 160/06 (Rn. 15 ff.), ZfIR 2007, 499 = WM 2007, 1127.

1972 BGH, Beschl. v. 06.10.2011 – V ZB 18/11, NJW-RR 2012, 87.

1973 Vgl. bspw. den den Entscheidungen BGH, Urt. v. 17.03.1988 – IX ZR 79/87, BGHZ 104, 26 = ZIP 1988, 633 = NJW 1988, 1665 = WM 1988, 564 (Ablösung im Verkündungstermin) und BGH, Beschl. v. 05.10.2006 – V ZB 2/06, ZfIR 2007, 201 = NJW-RR 2007, 165 = WM 2006, 2316 (Anzeige der Ablösung per Fax am Vorabend des Verkündungstermins) zugrunde liegenden Sachverhalt.

1974 BGH, Beschl. v. 05.10.2006 – V ZB 2/06 (Leitsatz 2 und Rn. 23), ZfIR 2007, 201 = NJW-RR 2007, 165 = WM 2006, 2316.

1975 BGH, Urt. v. 12.12.1985 – IX ZR 15/85 (Leitsatz und unter 3 der Gründe), ZIP 1986, 363 = NJW 1986, 1487 = WM 1986, 813, dazu auch *Clemente* EWiR 1986, 571; BGH, Urt. v. 24.09.1996 – XI ZR 227/95 (Leitsatz 1 und unter II 1 b der Gründe), ZIP 1996, 1981 = NJW 1997, 190 = WM 1996, 2197.

1976 BGH, (Nichtannahme-) Beschl. v. 13.03.1990 – XI ZR 206/89, WM 1990, 860.

1977 BGH, Urt. v. 17.03.1988 – IX ZR 79/87 (Leitsatz 1 und unter 2 der Gründe), BGHZ 104, 26 = ZIP 1988, 633 = NJW 1988, 1665 = WM 1988, 564, vgl. dazu *Gaberdiel* EWiR 1988, 583.

5. Verhandlung über den Zuschlag sowie die Zuschlagsentscheidung

a) Versagung von Amts wegen (§ 83 ZVG)

1641 Vor dem Zuschlag prüft das Gericht die Rechtmäßigkeit des gesamten Verfahrens. Von Amts wegen ist der Zuschlag aus Gründen des § 83 Nr. 1 bis 7 ZVG zu versagen. Die in § 83 Nr. 1 bis 5 ZVG genannten Gründe sind heilbar (§ 84 Abs. 1 ZVG).[1978] Ein Verfahrensfehler, der nach § 83 Nr. 6 ZVG zur Versagung des Zuschlags führt, kann durch Nachholung der unterbliebenen Förmlichkeit geheilt werden, wenn Rechte von Beteiligten nicht beeinträchtigt werden. Das trifft i.d.R. für Mängel bei der Titelzustellung zu.[1979]

b) Versagung bei Meistgebot unter 5/10 des Verkehrswerts (§ 85a ZVG)

1642 Ein weiterer von Amts wegen zu berücksichtigender Umstand, der zur Zuschlagsversagung von Amts wegen führt, ist es, wenn das abgegebene Meistgebot einschließlich des Kapitalwertes der nach den Versteigerungsbedingungen bestehen bleibenden Rechte im ersten Versteigerungstermin die Hälfte des Grundstückswertes nicht erreicht (§ 85a Abs. 1 ZVG). Die Vorschrift verhindert die **Verschleuderung des Grundstücks**. Die Berechnung orientiert sich am festgesetzten Grundstückswert nach § 74a Abs. 5 ZVG (vgl. hierzu Rdn. 1602). Bei den Grundpfandrechten ist hierbei der Kapitalbetrag einzusetzen, bei den Rechten der Abt. II des Grundbuchs der nach § 52 Abs. 2 ZVG festgesetzte Zuzahlungsbetrag.

1643 Wird das Meistgebot von einem Grundschuldgläubiger oder einem anderen zur Befriedigung aus dem Grundstück Berechtigten abgegeben, so ist bei der Anwendung des § 85a ZVG seinem Meistgebot der Betrag hinzuzurechnen, mit dem der Meistbietende bei der Erlösverteilung ausfallen würde (vgl. auch Rdn. 1660). Nur wenn sein Meistgebot zuzüglich seines **Ausfalls** die Hälfte des Grundstückswertes nicht erreicht (§ 85a Abs. 3 ZVG), ist ihm der Zuschlag zu versagen. Abzustellen ist auf die Grundschuld und nicht auf die valutierte Forderung.[1980]

1644 Nach der Zuschlagsversagung nach § 85a ZVG ist ein neuer Versteigerungstermin von Amts wegen zu bestimmen. In dem daraufhin neu anzuberaumenden, zweiten Versteigerungstermin findet § 85a ZVG keine Anwendung, wenn im ersten Termin der Zuschlag nach § 85a ZVG versagt wurde, ebenso, wenn die Versagung auf Antrag nach § 74a Abs. 1 ZVG (Rdn. 1645) erfolgte (§ 85a Abs. 2 ZVG).

c) Versagung auf Antrag bei Meistgebot unter 7/10 des Verkehrswerts (§ 74a ZVG)

1645 Nach § 74a Abs. 1 Satz 1 ZVG kann ein Berechtigter einen Antrag auf Versagung des Zuschlags stellen, dessen Anspruch ganz oder teilweise durch das Meistgebot nicht gedeckt ist, aber bei einem Gebot i.H.v. 7/10 des Grundstückswertes ganz oder teilweise gedeckt sein würde. Bei der danach zur Prüfung der Antragsberechtigung erforderlichen hypothetischen Berechnung der Höhe der aus dem Versteigerungserlös vorrangig zu befriedigenden Ansprüche ist bei einer Grundschuld der Grundschuldbetrag nebst Nebenleistungen auch dann maßgebend, wenn die persönliche Forderung hinter dem dinglichen Anspruch zurückbleibt. Bei diesem **fiktiven Verteilungsplan** kommt

---

1978 Z.B. mangelnde Zustellung der auf den Gesamtrechtsnachfolger umgeschriebenen Vollstreckungsklausel (BGH, Beschl. v. 25.01.2007 – V ZB 47/06 (unter III 2 der Gründe); nicht ordnungsgemäße Festsetzung des Grundstückswertes (vgl. Fn. 1618).

1979 BGH, Beschl. v. 10.04.2008 – V ZB 114/07, ZfIR 2008, 468 = NJW-RR 2008, 1018 = WM 2008, 1505 in einem Fall der unterbliebenen Zustellung der Vollmacht für eine Vollstreckungsunterwerfung.

1980 BGH, Beschl. v. 27.02.2004 – IXa ZB 135/03, BGHZ 158, 159 = ZIP 2004, 874 = NJW 2004, 1803 = WM 2004, 902 = ZfIR 2004, 558.

es auf die dingliche Rechtsstellung, also die formale Berechtigung des vollstreckenden Gläubigers an.[1981]

Zinsen der durch den Zuschlag erlöschenden Rechte sind bei dem hypothetischen Vergleich bis zum voraussichtlichen Verteilungstermin zu berechnen. Bei Ansprüchen, die nur auf Anmeldung berücksichtigt werden (§ 114 ZVG, vgl. auch oben Rdn. 1611), sind nur die schon erfolgten Anmeldungen maßgebend. **1646**

Liegt der Grundstückswert in dem Ausgangsfall (Rdn. 1582) bei 200.000 € und wird das Zwangsversteigerungsverfahren durch den Gläubiger der zweitrangigen Grundschuld über 100.000 € (B-Bank) betrieben, so kann nur die B-Bank einen Antrag gem. § 74a Abs. 1 ZVG stellen. Die A-Bank kann keinen Antrag gem. § 74a Abs. 1 ZVG stellen. Ihre Ansprüche sind gedeckt. Die C-Bank kann keinen Antrag stellen, da ihre Ansprüche auch bei einem Meistgebot von 7/10 nicht gedeckt wären. **1647**

Wird der Zuschlag gem. § 74a ZVG versagt, so ist von Amts wegen ein neuer Versteigerungstermin zu bestimmen (§ 74a Abs. 3 Satz 1 ZVG). In dem weiteren Versteigerungstermin darf der Zuschlag nicht mehr aus den Gründen des § 74a Abs. 3 u. 4 ZVG versagt werden. Dies gilt auch dann, wenn der Zuschlag in dem ersten Termin von Amts wegen bei Nichterreichen der 5/10-Grenze des § 85a ZVG (Rdn. 1642) versagt worden ist (§ 85a Abs. 2 Satz 2 ZVG). **1648**

d) Versagung bei Einstellungsantrag des bestrangig betreibenden Gläubigers

Die Einstellung des Verfahrens kann bis zur Erteilung des Zuschlags beantragt werden. Erfolgt sie nach dem Schluss der Versteigerung (§ 73 Abs. 2 ZVG) durch den bestrangig betreibenden Gläubiger, wird darüber durch Versagung des Zuschlags entschieden (§§ 33, 30 ZVG). Abgegebene Gebote bleiben bis zur Rechtskraft des Beschlusses bestehen (§§ 72 Abs. 3, 86 ZVG). **1649**

6. Zuschlag

Nach § 81 Abs. 1 ZVG ist dem Meistbietenden der Zuschlag zu erteilen. § 82 ZVG legt den wesentlichen Inhalt des Zuschlagsbeschlusse fest. Er ist zu verkünden (§ 87 ZVG). Mit der Verkündung des Beschlusses wird der Zuschlag wirksam (§ 89 ZVG) und das Eigentum geht auf den Ersteher über (§ 56 ZVG), sofern nicht der Zuschlagsbeschluss im Beschwerdewege rechtskräftig aufgehoben wird (§ 90 Abs. 1 ZVG). Ein Anspruch auf Gewährleistung besteht nicht (§ 56 Satz 3 ZVG). **1650**

Der Eigentumserwerb durch den Zuschlag erfolgt **ohne Grundbucheintragung** (§ 90 Abs. 1 ZVG). Die Eintragung als Eigentümer erfolgt auf Eintragungsersuchen des Vollstreckungsgerichts (§ 130 Abs. 1 ZVG, § 38 GBO), ist daher bloße Grundbuchberichtigung. Vor Vollzug des Eintragungsersuchens des Vollstreckungsgerichts können Verfügungen des Erstehers über das Grundstück, somit auch die Bestellung einer Grundschuld, nicht vollzogen werden (§ 130 Abs. 3 ZVG). Dadurch wird auch die Eintragung einer Sicherungshypothek für den Fall der Nichtzahlung des Bargebots gesichert (§§ 118, 128 ZVG). **1651**

Das Eigentum erstreckt sich nicht nur auf das Grundstück und dessen wesentliche Bestandteile, sondern auch auf diejenigen Gegenständen, auf die sich die Beschlagnahme erstreckt (§ 90 Abs. 2, § 55 ZVG). Das Eigentum erstreckt sich auch auf die mitversteigerten **Zubehörstücke**, soweit sie dem Grundstückseigentümer gehörten oder im Eigentum eines Dritten standen, der seine Rechte nicht rechtzeitig geltend gemacht hat (§§ 37 Nr. 5, 55 Abs. 2 ZVG).[1982] **1652**

1981 BGH, Beschl. v. 27.02.2004 – IXa ZB 135/03, BGHZ 158, 159 = ZIP 2004, 874 = WM 2004, 902 = NJW 2004, 1803.

1982 Lehrreich BGH, Urt. v. 30.11.1995 – IX ZR 181/94, ZIP 1996, 223 = NJW 1996, 835 = WM 1996, 293: In dem der Entscheidung zugrunde liegenden Fall wurde ein Mieter des versteigerten Grundstücks

1653 Alle **dinglichen Rechte** an dem Grundstück, die nach den Versteigerungsbedingungen nicht bestehen bleiben, erlöschen mit dem Zuschlag (§§ 91 Abs. 1, 52 ZVG, vgl. Rdn. 1613 und Rdn. 1655).

1654 Die **persönlichen Forderungen** der dinglich Berechtigten gegen den alten Eigentümer werden hiervon nicht berührt. Eine Ausnahme besteht nur insoweit, als die persönliche Forderung auf den Ersteher gem. § 53 ZVG übergeht oder die Befriedigungsfiktion des § 114a ZVG (Rdn. 1660) eintritt.

7. Verteilungstermin

1655 Das **Bargebot** des Erstehers ist spätestens im Verteilungstermin an das Vollstreckungsgericht zu zahlen (§§ 49 Abs. 1, 107 Abs. 2 ZVG). Es ist vom Tage des Zuschlags an bis zum Tag des Verteilungstermins mit 4 % (§ 246 BGB) zu verzinsen (§ 49 Abs. 2 ZVG). Der Anspruch auf Zahlung des Bargebots nebst Bargebotszinsen bildet das Surrogat des durch den Zuschlag verlorenen Eigentums am Grundstück und der untergegangenen Rechte (vgl. Rdn. 1653).

1656 Die Verteilung des Versteigerungserlöses ist vom Vollstreckungsgericht in einem nach Wirksamkeit des Zuschlags (§§ 89, 104 ZVG) von Amts wegen anzuberaumenden Verteilungstermin auszuführen (§ 105 Abs. 1 ZVG). In dem Termin wird der **Teilungsplan** aufgestellt (§ 113 ZVG), über ihn verhandelt und ausgeführt (§§ 109, 115 ff. ZVG).

1657 Betreibt die A-Bank in dem Ausgangsverfahren (Rdn. 1582) das Zwangsversteigerungsverfahren ergibt sich folgender Teilungsplan bei einem Bargebot von 200.000 €, Verfahrenskosten von 5.000 €, Anmeldung der für 2 Jahre (01.01.2003 – 31.12.2004) rückständigen Zinsen (vgl. Rdn. 1611), wenn die Beschlagnahme in 2006 stattfand, der Zuschlag am 14.11.2007 erfolgt und der Verteilungstermin am 19.12.2007[1983] stattfindet:

I.	Die Teilungsmasse setzt sich zusammen:	
1.	Bargebot	200.000,00 €
2.	4 % Zinsen hieraus vom 14.11. – einschl. 18.12.2007 (§ 49 Abs. 2 ZVG)	777,70 €
		200.777,70 €
II.	Als Teil des Meistgebots bleiben bestehen:	keine Rechte in Abt. III
III.	Schuldenmasse:	

Der festgestellten Teilungsmasse stehen die folgenden durch Barzahlung zu deckenden Ansprüche ggü., die angemeldet oder von Amts wegen zu berücksichtigen sind:

1.	Kosten des Verfahrens (§ 109 ZVG)	5.000,00 €

zur Herausgabe von Maschinen und Werkzeugen an den Ersteher verurteilt, die er mit Zustimmung des einzigen Grundpfandrechtsgläubigers vor dem Zuschlag von dem Insolvenzverwalter über das Vermögen des Grundstückseigentümers erworben hatte, da sich der Ersteher darauf verlassen muss können, dass auch das Zubehör erworben wird.

1983 Nach den Terminbekanntmachungen in der Süddeutschen Zeitung, die von Stöber im Sommer 1999 nachgeschlagen wurden, ist eine Zeit von 1 3/4 Jahren eine übliche Verfahrensdauer, vgl. *Stöber* MittBayNot 1999, 441 bei Fn. 48.

2.	Zinsen aus Grundschuld Abt. III Nr. 1	
	a) 16 % Zinsen aus 50.000 € v. 01.01.2003 – 18.12.2007 (vgl. Rdn. 1611)	39.732,56 €
	b) Grundschuldsumme	50.000,00 €
3.	Anspruch aus Grundschuld Abt. III Nr. 2	
	a) 18 % Zinsen aus 100.000,00 € v. 01.01.2003. – 18.12.2007 (vgl. Rdn. 1611)	89.400,00 €
	b) Grundschuldsumme	100.000,00 €
4.	Anspruch aus Grundschuld Abt. III Nr. 3	
	a) 18 % Zinsen aus 150.000,00 € v. 01.01.2003. – 18.12.2007 (vgl. Rdn. 1611)	134.100,00 €
	b) Grundschuldsumme	150.000,00 €
IV.	Aus der oben unter I festgestellten Teilungsmasse erfolgt in nach stehender, zugleich die Rangordnung angebender Reihenfolge folgende Zuteilung:	
1.	Gerichtskasse	5.000,00 €
2.	Gläubiger der Grundschuld III Nr. 1 gemäß III Nr. 2	89.732,56 €
3.	Gläubiger der Grundschuld III Nr. 2 gemäß III Nr. 3	106.045,14 €
		200.777,70 €

Betreibt nicht die A-Bank als erstrangiger Grundpfandrechtsgläubiger das Zwangsversteigerungsverfahren, sondern die C-Bank mit ihrer in Abt. III des Grundbuchs an dritter Rangstelle stehenden Grundschuld, fallen die Grundschulden der vorrangigen Gläubiger A- und B-Bank in das geringste Gebot und bleiben bestehen. Die Schuldenmasse verringert sich um die Pos. III 2 b und 3 b. Allerdings wird das Bargebot entsprechend niedriger ausfallen, da der Ersteher die Grundschulden mit ihren Zinsen ab Zuschlag übernimmt.

Gegen die Ausführung des Teilungsplans kann **Widerspruch** eingelegt werden (§ 115 Abs. 1 ZVG, § 876 ZPO). Der Widerspruch des Schuldners hält die Ausführung des Teilungsplans nach § 876 Satz 4 ZPO i.V.m. § 115 Abs. 1 ZVG jedoch nur dann auf, wenn er sich nicht gegen einen vollstreckbaren Anspruch richtet. Die Vollstreckbarkeit des Titels ist von dem Schicksal des titulierten Anspruchs unabhängig.[1984] Einwendungen gegen den titulierten Anspruch sind außerhalb des Zwangsvollstreckungsverfahrens im Prozesswege geltend zu machen. Keine Wirkung äußert der Widerspruch daher, wenn sich der Schuldner, wie dies bei Grundschulden regelmäßig der Fall ist, der Zwangsvollstreckung unterworfen hat (vgl. Rdn. 1096). In einem solchen Fall ist Vollstreckungsgegenklage nach § 767 ZPO zu erheben und ggf. eine einstweilige Anordnung gem. §§ 769, 770 ZPO zu beantragen (§ 115 Abs. 3 ZVG). 1658

Wird das Bargebot vom Ersteher nicht berichtigt, ist der Teilungsplan durch **Übertragung der Forderung** gegen den Ersteher auf die Berechtigten auszuführen (§ 118 Abs. 1 ZVG). 1659

8. Befriedigungsfiktion des § 114a ZVG

Wenn der Zuschlag einem zur Befriedigung aus dem Grundstück Berechtigten zu einem hinter 7/10 des Grundstückswertes zurückbleibenden Gebot erteilt wird, gilt nach § 114a Satz 1 ZVG der Ersteher auch insoweit als aus dem Grundstück befriedigt, als sein Anspruch durch das 1660

1984 BGH, Beschl. v. 27.02.2004 – IXa ZB 135/03 (unter II 2 c cc der Gründe), BGHZ 158, 159 = ZIP 2004, 874 = WM 2004, 902 = NJW 2004, 1803.

abgegebene Meistgebot nicht gedeckt ist, aber bei einem Gebot zum Betrag, der 7/10-Grenze gedeckt sein würde. Die Vorschrift des § 114a ZVG verhindert, dass ein innerhalb der 7/10-Grenze liegender Berechtigter das Grundstück in der Zwangsversteigerung günstig erwirbt und sodann den ungedeckten Restbetrag seiner persönlichen Forderung gegen den Schuldner in voller Höhe geltend macht.

1661 Der Berechtigte, der durch einen Strohmann, einen uneigennützigen Treuhänder oder eine von ihm abhängige Gesellschaft das Grundstück zu einem Betrag unter der 7/10-Grenze ersteigern lässt, muss sich nach § 114a ZVG so behandeln lassen, als hätte er selbst das Gebot abgegeben.[1985] Die Befriedigungsfiktion des § 114a ZVG findet auch dann Anwendung, wenn der meistbietende Berechtigte die Rechte aus dem Meistgebot auf einen Dritten überträgt und diesem der Zuschlag erteilt wird.[1986]

1662 Die Anrechnungspflicht des § 114a ZVG bezeichnet eine Rechtsfolge außerhalb des Zwangsversteigerungsverfahrens. Entsteht Streit über die eintretende Erfüllung der persönlichen Schuld, hat das Prozessgericht zu entscheiden.[1987]

1663 Auszugehen ist für die Anrechnungspflicht des § 114a ZVG von dem im Verfahren nach § 74a Abs. 5 ZVG festgesetzten Verkehrswert. Dieser bindet regelmäßig auch das Prozessgericht.[1988] Von dieser Regel sind jedoch Ausnahmen notwendig.[1989] Eine solche Ausnahme ist bspw. erforderlich, wenn eine Anpassung des festgesetzten Grundstückswertes an veränderte Umstände erforderlich wäre, aber wegen Zuschlagserteilung infolge prozessualer Überholung unzulässig ist (vgl. Rdn. 1605).[1990]

1664 Ein Anspruch auf Auszahlung eines Übererlöses wird durch die Vorschrift des § 114a ZVG, nicht fingiert, weil die Befriedigungswirkung nach § 114a ZVG nur i.H.d. gesicherten Forderung eintritt, soweit der ausgefallene dingliche Anspruch bei einem 7/10 des Grundstückswerts erreichenden Gebot gedeckt sein würde.[1991]

9. Liegenbelassungsvereinbarung

1665 Eine an sich nach den Versteigerungsbedingungen erlöschende **Grundschuld bleibt bestehen**, wenn dies zwischen dem Grundschuldgläubiger und dem Ersteher vereinbart ist und die Erklärungen entweder im Verteilungstermin abgegeben oder, bevor das Grundbuchamt um Berichtigung des Grundbuchs ersucht ist, durch eine öffentlich beglaubigte Urkunde nachgewiesen wird (§ 91 Abs. 2 ZVG). Allein die Erklärung des Erstehers ist ausreichend, wenn der Grundschuldgläubiger das Grundstück ersteht.[1992] Die Vereinbarung bewirkt, dass die Grundschuld

1985 BGH, Urt. v. 09.01.1992 – IX ZR 165/91 (Leitsatz 3 und II 3 c der Gründe), BGHZ 117, 8 = ZIP 1992, 274 = NJW 1992, 1702 = WM 1992, 541.

1986 BGH, Urt. v. 06.07.1989 – IX ZR 4/89 (Leitsatz und unter 2 der Gründe), BGHZ 108, 248 = ZIP 1989, 1088 = NJW 1989, 2396.

1987 Vgl. BGH, Urt. v. 13.11.1986 – IX ZR 26/86 (unter 2 der Gründe), BGHZ 99,110 = NJW 1987, 503 = ZIP 1987, 156 = WM 1987, 80.

1988 BGH, Urt. v. 13.11.1986 – IX ZR 26/86 (Leitsatz 4 und unter 2 der Gründe), BGHZ 99,110 = NJW 1987, 503 = ZIP 1987, 156 = WM 1987, 80.

1989 So schon BGH, Urt. v. 13.11.1986 – IX ZR 26/86 (unter 2 der Gründe), BGHZ 99,110 = NJW 1987, 503 = ZIP 1987, 156 = WM 1987, 80.

1990 BGH, Beschl. v. 27.02.2004 – IXa ZB 298/03 (Leitsatz und unter 1 der Gründe), ZfIR 2004, 699 = NJW-RR 2004 = WM 2004, 755.

1991 BGH, Urt. v. 13.11.1986 – IX ZR 26/86 (unter 1 b aa der Gründe), BGHZ 99,110 = NJW 1987, 503 = ZIP 1987, 156 = WM 1987, 80.

1992 BGH, Urt. v. 23.10.1980 – III ZR 100/79 (unter II 2 der Gründe), ZIP 1981, 161 = WM 1981, 186; BGH, Urt. v. 26.11.1980 – V ZR 153/79 (unter 2 a der Gründe), ZIP 1981, 151 = NJW 1981, 1601 = WM 1981, 165.

rückwirkend auf den Zeitpunkt des Zuschlages wieder auflebt. Ein teilweises Liegenbelassen ist möglich.

Durch die Liegenbelassungsvereinbarung dürfen der Ersteher und die anderen Beteiligten weder etwas gewinnen noch verlieren. Das Recht des Grundschuldgläubigers auf Befriedigung aus dem Versteigerungserlös erlischt. Der durch Zahlung zu berichtigende Teil des Meistgebots (**Bargebot**) vermindert sich deshalb um die Grundschuldzinsen vom Zuschlag bis zum Verteilungstermin und die Grundschuldsumme, soweit auf sie aus dem ungekürzten Bargebot Zuteilung möglich gewesen wäre. Die Bargebotszinsen sind aus dem ungekürzten Bargebot zu errechnen. Kosten und Grundschuldzinsen bis zum Zuschlag erhält der Gläubiger aus der Teilungsmasse.[1993] 1666

Der Fortbestand der Grundschuld hat gem. § 91 Abs. 3 Satz 2 ZVG zur Folge, dass die Liegenbelassungsvereinbarung wie die **Befriedigung des Berechtigten aus dem Grundstück** wirkt.[1994] Der Grundschuldgläubiger muss sich ggü. dem Sicherungsgeber so behandeln lassen, als hätte er den auf die Grundschuld gemäß Teilungsplan entfallenden Betrag erhalten. 1667

Bleibt eine Grundschuld aufgrund einer solchen Liegenbelassungsvereinbarung bestehen, setzt sich der **Rückgewähranspruch** (Rdn. 1190 und 1209) an der bestehen gebliebenen Grundschuld nicht fort. Der Sicherungsnehmer muss sich ggü. dem Sicherungsgeber so behandeln lassen, als hätte er den auf die Grundschuld gemäß Teilungsplan entfallenden Betrag erhalten. Soweit dieser Betrag die gesicherte persönliche Forderung übersteigt, verwandelt sich der Rückgewähranspruch in einen Zahlungsanspruch i.H.d. Differenzbetrages. Fällt die Grundschuld gemäß Teilungsplan voll oder teilweise aus, muss sich der Sicherungsnehmer nicht so behandeln lassen, wie wenn er im Umfang der fortbestehenden Grundschuld befriedigt worden wäre. Die Befriedigungsfiktion des § 91 Abs. 3 Satz 2 ZVG betrifft nur die dingliche Rechtslage. Ein Übererlös, der an den Sicherungsgeber zurückzugewähren wäre, wird durch die Vorschrift nicht fingiert.[1995] 1668

10. Empfang des Erlöses

Der im Zwangsversteigerungsverfahren auf eine Grundschuld entfallende Erlös ist an den Gläubiger auszuzahlen (§ 117 ZVG). Gläubiger ist der materiell Berechtigte. Rechtsänderungen nach Eintragung des Zwangsversteigerungsvermerks müssen berücksichtigt werden. Es empfiehlt sich, solche Rechtsänderungen vorsorglich geltend zu machen, da strittig ist, ob das Vollstreckungsgericht nach Eintragung des Versteigerungsvermerks eingetragene Änderungen von Amts wegen zu ermitteln hat.[1996] 1669

Der auf eine **Briefgrundschuld** entfallende Erlösanteil kann nur an denjenigen ausbezahlt werden, der den Brief vorlegt (§ 126 ZVG). Der Gläubiger muss im Grundbuch eingetragen sein oder sein Recht durch öffentliche oder öffentlich beglaubigte Urkunden nachweisen (§ 1155 BGB).[1997] 1670

Erklärt sich der Ersteher, der nach dem Teilungsplan selbst etwas aus dem Versteigerungserlös zu bekommen hat, wegen seines Anspruchs für befriedigt, so handelt es sich lediglich um eine vereinfachte Zahlung auf die Teilungsmasse. Die **Befriedigungserklärung** anderer Gläubiger im 1671

1993 BGH, Urt. v. 13.03.1970 – V ZR 89/67, BGHZ 53, 327 = NJW 1970, 1188.

1994 BGH, Urt. v. 11.10.1984 – IX ZR 111/82, ZIP 1984, 1536 = NJW 1985, 388 (nur LS).

1995 Im Fall der Hypothek wurde in BGH, Urt. v. 26.11.1980 – V ZR 153/79, ZIP 1981, 151 (152), diskutiert, ob nicht im Wege einer interessengerechten Auslegung der Vorschrift des § 91 Abs. 3 Satz 2 ZVG sich die persönliche Forderung jedenfalls insoweit aufrechterhalten ließe, als sie nicht durch die Verteilung auf das dingliche Recht gedeckt ist. Im Fall der Grundschuld wurde in der Entscheidung BGH, Urt. v. 23.10.1980 – III ZR 62/79, ZIP 1981, 158 (163), erörtert, ob die Befriedigungsfiktion Auswirkungen auf die in der Grundschuldbestellungsurkunde übernommene persönliche Haftung hat (was von dem Ergebnis der noch vorzunehmenden Auslegung der Haftungsübernahmeerklärung abhing; vgl. hierzu auch Rdn. 1184).

1996 Vgl. *Stöber* ZVG § 117 Anm. 2.4.

1997 *Stöber* ZVG § 126 Anm. 2.1.

Verteilungstermin hat zur Folge, dass an diesen Berechtigten bei der Erlösverteilung nichts mehr ausgezahlt wird; soweit er mit seinem Anspruch bei der Ausführung des Teilungsplans zum Zuge gekommen wäre, entfällt die Zahlungspflicht des Erstehers.[1998]

11. Gesetzlicher Löschungsanspruch in der Zwangsversteigerung

1672 Der gesetzliche Löschungsanspruch (vgl. hierzu Rdn. 1083) wird in der Zwangsversteigerung nicht von Amts wegen berücksichtigt. Er ist geltend zu machen.[1999]

1673 Bleiben in der Zwangsversteigerung sowohl das von dem Löschungsanspruch betroffene als auch das begünstigte Recht bestehen, wird der Löschungsanspruch durch die Zuschlagserteilung nicht berührt. Der durch den Löschungsanspruch begünstigte Gläubiger hat seinen Anspruch außerhalb des Zwangsversteigerungsverfahrens zu verfolgen.[2000]

1674 Bei Erlöschen der mit einem Löschungsanspruch belasteten Grundschuld aufgrund des Zuschlags, wandelt sich der Löschungsanspruch in einen **Überlassungsanspruch**. Er geht jetzt nicht mehr auf Zustimmung zur Löschung, sondern dahin, dass der bisherige Eigentümer den auf die Eigentümergrundschuld entfallenden Betrag dem löschungsberechtigten Gläubiger insoweit überlässt, als er diesem zustehen würde, wenn die Eigentümergrundschuld schon vor dem Zuschlag gelöscht worden wäre. Gleiches gilt, wenn sowohl das von dem Löschungsanspruch betroffene Recht als auch die begünstigte nachrangige Grundschuld erlöschen.[2001]

1675 Etwas anderes gilt, wenn der Gläubiger einer durch den Zuschlag erloschenen Grundschuld erst im **Verteilungsverfahren** auf den Erlös verzichtet. In diesem Fall kann ein gleichrangiger oder nachrangiger Grundpfandrechtsgläubiger den Erlös nicht verlangen und demgemäß der Zuteilung dieses Erlöses an den Eigentümer nicht widersprechen.[2002] Aufgrund des Verzichts entsteht in entsprechender Anwendung des § 1168 Abs. 1 BGB ein Eigentümererlöspfandrecht. Dieses ist nicht durch Surrogation einer Eigentümergrundschuld entstanden, sondern leitet sich aus der bis zum Zuschlag bestehenden Fremdgrundschuld ab.

1676 Der gesetzliche Löschungsanspruch ist nicht **insolvenzfest**, wenn die vorrangige Sicherungsgrundschuld zwar zum Zeitpunkt der Eröffnung des Insolvenzverfahrens nicht mehr valutiert ist, das Eigentum an dem Grundstück und die Grundschuld jedoch zu diesem Zeitpunkt noch nicht zusammengefallen sind.[2003]

1677 **Erlischt** durch den Zuschlag nur die **begünstigte Grundschuld** und ist in diesem Zeitpunkt bei dem in das geringste Gebot fallenden betroffenen Recht eine Vereinigungslage gegeben, so bleibt der Löschungsanspruch bestehen (§ 91 Abs. 4 Satz 1 ZVG). Wird der begünstigte Grundschuldgläubiger aus dem Erlös befriedigt, erlischt der Anspruch (§ 91 Abs. 4 Satz 2 ZVG). Erhält er keinerlei Befriedigung aus dem Erlös, kann er spätestens im Verteilungstermin die Eintragung einer Vormerkung bei dem betroffenen Recht zur Sicherung seines Löschungsanspruchs beantragen (§ 130a Abs. 4 Satz 1 ZVG), ansonsten die erfolgende Löschung der begünstigenden Grundschuld auch zum Wegfall der gesetzlichen Vormerkungswirkung führt (§ 130a Abs. 1 ZVG).

1998 BGH, Urt. v. 17.05.1988 – IX ZR 5/87, NJW-RR 1988, 1146.

1999 Vgl. *Stöber* ZVG § 114 Anm. 9.15.

2000 *Stöber* ZVG § 114 Anm. 9.8 a.

2001 BGH, Urt. v. 22.01.1987 – IX ZR 100/86, BGHZ 99, 363 = NJW 1987, 2078 = WM 1987, 356; BGH, Urt. v. 06.07.1989 – IX ZR 277/88, BGHZ 108, 237 = ZIP 1989, 1174 = NJW 1989, 2536 = WM 1989, 1412.

2002 BGH, Urt. v. 22.07.2004 – IX ZR 131/03 (unter II 1 a der Gründe), ZIP 2004, 1724 = NJW-RR 2004, 1458 = WM 2004, 1786.

2003 BGH, Urt. v. 09.03.2006 – IX ZR 11/05 (Leitsatz 2), BGHZ 166, 319 = ZIP 2006, 1141 = NJW 2006, 2408 = WM 2006, 869.

12. Besonderheiten in der Versteigerung auf Antrag des Insolvenzverwalters

Besonderheiten bestehen bei der Insolvenzverwalter-Zwangsversteigerung. Nach § 174a ZVG kann ein Grundstück auch in der Weise ausgeboten werden, dass im Wesentlichen nur noch die Kosten des Verfahrens (§ 109 ZVG) gedeckt sein müssen. Anderes gilt bei einer Teilungsversteigerung auf Antrag des Insolvenzverwalters. Denn der Insolvenzverwalter kann, wie auch der Miteigentümer, den Miteigentumsanteil nur unbeschadet der darauf haftenden Rechte veräußert.[2004] 1678

13. USt in der Zwangsversteigerung

Das Meistgebot in der Zwangsversteigerung von Grundstücken (nebst Zubehör) ist ein Netto- 1679
betrag.[2005] Dies gebietet das Zwangsversteigerungsgesetz. Es sieht nicht vor, diesen zur Verteilung an die berechtigten Gläubiger bestimmten Betrag aus steuerrechtlichen Gründen zu schmälern, indem an die Berechtigten nur ein um die USt geminderter Betrag des Meistgebots zur Verteilung kommt.

II. Zwangsverwaltung

Bei der Zwangsverwaltung erfolgt die Befriedigung des Gläubigers aus der **zwangsweisen Bewirt-** 1680
schaftung und Verwaltung des Grundstücks. Die Zwangsverwaltung wird auf Antrag eines Gläubigers angeordnet (§§ 146 Abs. 1, 15 ZVG). Auf die Anordnung der Zwangsverwaltung finden grds. die Vorschriften über die Anordnung der Zwangsversteigerung entsprechende Anwendung, soweit sich nicht aus den §§ 147 bis 151 ZVG etwas anderes ergibt (§ 146 Abs. 1 ZVG).

Die Anordnung der Zwangsverwaltung bewirkt die **Beschlagnahme** des Grundstücks. Dem Schuld- 1681
ner wird die Verwaltung und Benutzung des Grundstückes entzogen (§ 148 Abs. 2 ZVG). Die Beschlagnahme wird in dem Zeitpunkt wirksam, in dem der Anordnungsbeschluss dem Schuldner zugestellt wird, aber auch mit Eingang des Ersuchens um Eintragung des Zwangsverwaltungsvermerkes beim Grundbuchamt, sofern die Eintragung demnächst erfolgt (§ 22 Abs. 1 ZVG). Die Beschlagnahme wird auch dadurch wirksam, dass der Zwangsverwalter den Besitz des Grundstücks (§ 150 ZVG) erlangt (§ 151 Abs. 1 ZVG).

Mit der Verfahrensanordnung wird ein **Zwangsverwalter** bestellt. Er hat das Recht und die Pflicht, 1682
alle Handlungen vorzunehmen, die erforderlich sind, um das Grundstück in seinem wirtschaftlichen Bestand zu erhalten und ordnungsgemäß zu benutzen. Der Zwangsverwalter hat das Recht, neue Miet- oder Pachtverträge zu schließen. Näheres regelt § 6 ZwangsverwalterVO. Die Vollendung eines angefangenen Bauvorhabens kann dazugehören, allerdings nur mit Zustimmung des Gerichts (§ 10 Abs. 1 Nr. 1 ZwangsverwalterVO).[2006]

Der Zwangsverwalter ist ein besonderes Rechtspflegeorgan und übt seine Tätigkeit aufgrund ei- 1683
genen Rechts aus, das ihm mit der Ernennung übertragen wird.[2007] Er ist von Weisungen des Schuldners und des Gläubigers unabhängig und unterliegt bei der Wahrnehmung seiner Aufgaben nur den Vorgaben des Vollstreckungsgerichts (§ 153 ZVG). Er hat die berechtigten Interessen des Schuldners und des Gläubigers zu beachten. Das Vollstreckungsgericht überwacht seine Tätigkeit.

Die **Auswahl des Zwangsverwalters** erfolgt nach pflichtgemäßem Ermessen des Vollstreckungs- 1684
gerichts. Die Bestellung eines Verwalters, der sich in einer rechtlichen oder tatsächlichen Beziehung zu einem Beteiligten des Zwangsverwaltungsverfahrens befindet, scheidet grds. aus,[2008] es sei denn, ein sog. **Institutsverwalter** wird vorgeschlagen. Öffentliche Körperschaften, unter staatlicher Aufsicht stehende Institute, Hypothekenbanken und Siedlungsunternehmen i.S.d. Reichssiedlungsgesetzes

2004 *Stöber* NJW 2000, 3600 (unter II 2, S. 3601).
2005 BGH, Urt. v. 03.04.2003 – IX ZR 93/02 (Leitsatz), BGHZ 154, 327 = BGHZ 154, 327 = ZIP 2003, 1109 = NJW 2003, 2238 = WM 2003, 943.
2006 OLG Schleswig, Beschl. v. 09.08.1983 – 1 W 196/83, ZIP 1983, 1133.
2007 BGH, Beschl. v. 14.04.2005 – V ZB 15/05 (unter III 1 der Gründe), NJW-RR 2005, 1299.
2008 BGH, Beschl. v. 14.04.2005 – V ZB 15/05 (unter III 1 der Gründe), NJW-RR 2005, 1299.

sind berechtigt, eine in ihren Diensten stehende Person als Verwalter vorzuschlagen (§ 150a ZVG). An den Vorschlag ist das Vollstreckungsgericht nach Maßgabe von § 150a Abs. 2 Satz 1 ZVG gebunden. Ein Vertragsverhältnis zwischen dem Gläubiger und einem Rechtsanwalt, einem Hausverwalter oder einem gewerbsmäßigen Zwangsverwalter ist hierfür nicht ausreichend.[2009]

1685 Die **Beschlagnahme ist umfassender** als die in der Zwangsversteigerung (§ 148 Abs. 1 Satz 1 ZVG). Sie umfasst

- das Grundstück und die wesentlichen Bestandteile (§ 96 BGB);
- diejenigen Gegenstände, auf die sich bei einem Grundstück das Grundpfandrecht erstreckt (§ 20 Abs. 2 ZVG, §§ 1120 ff., 1192 Abs. 1 BGB);
- land- und forstwirtschaftliche Erzeugnisse des Grundstücks sowie die Forderungen aus einer Versicherung solcher Erzeugnisse, auch soweit diese nicht mehr mit dem Boden verbunden oder nicht Zubehör des Grundstückes sind (§§ 1148 Abs. 1, 1192 Abs. 1 BGB, 21 Abs. 1 ZVG);
- Miet- und Pachtforderungen sowie die Ansprüche aus einem mit dem Eigentum am Grundstück verbundenen Recht auf wiederkehrende Leistungen (§§ 148 Abs. 1, 21 Abs. 2 ZVG), nicht aber Mietansprüche gegen einen Untermieter;
- Zubehör des Grundstücks sowie das vor der Beschlagnahme veräußerte, aber nicht aus dem Haftungsverband ausgeschiedenen Zubehör (§§ 1121, 1122 Abs. 2 BGB), nicht aber Zubehör, das im Eigentum eines Dritten steht (§ 55 Abs. 2 ZVG).

1686 **Wohnt der Schuldner** z.Zt. der Beschlagnahme auf dem Grundstück, so sind ihm die für einen Hausstand unentbehrlichen Räume zu belassen (§ 149 Abs. 1 ZVG). Auf entbehrliche Wohnräume und auf gewerbliche Räume hat der Schuldner keinen Anspruch. Sie können dem Schuldner vom Verwalter gegen Entgelt vermietet werden.

1687 Ist das Grundstück vor der Beschlagnahme einem **Mieter oder Pächter** überlassen, so ist das Miet- oder Pachtverhältnis auch dem Zwangsverwalter ggü. wirksam (§ 152 Abs. 2 ZVG). Soweit die Verträge wirksam sind, muss der Zwangsverwalter sie erfüllen und die Miete bzw. Pacht einziehen.

1688 Bei **Vorauszahlungen** des Mieters oder Pächter erstreckt sich die Befreiung nicht auf die Ansprüche für eine spätere Zeit als den bei Beschlagnahme laufenden Kalendermonat; erfolgt die Beschlagnahme nach dem fünfzehnten Tage des Monats, so erstreckt sich die Befreiung auch auf die Ansprüche für den folgenden Kalendermonat (§§ 1192 Abs. 1, 1123 Abs. 2 Satz 2 BGB). Gleiches gilt für **Verfügungen**, bspw. Sicherungsabtretungen (§§ 1192 Abs. 1, 1124 Abs. 2 BGB).

1689 Eine Beschlagnahme i.S.d. §§ 1123, 1124 BGB kann nicht nur durch die Anordnung der Zwangsverwaltung erfolgen, sondern auch durch die Pfändung der Miet- und Pachtzinsen **aufgrund eines dinglichen Titels**. Der Gläubiger macht in diesem Fall seinen dinglichen Anspruch geltend und sucht Befriedigung »aus dem Grundstück« im Wege der Zwangsvollstreckung, in dem er auf die dem Grundpfandrechtsgläubiger haftenden Miet- und Pachtzinsforderungen zugreift. Die Möglichkeit der Pfändung besteht nicht nach Eröffnung des Insolvenzverfahrens über das Vermögen des Schuldners.[2010] Das Verhältnis der Abtretung zur Pfändung aufgrund des dinglichen Titels bestimmt sich nach § 1124 Abs. 2 BGB, auch wenn die Abtretung an einen vorrangigen Grundpfandrechtsgläubiger zeitlich früher erfolgte.[2011]

2009 BGH, Beschl. v. 14.04.2005 – V ZB 15/05 (unter III 1 der Gründe), NJW-RR 2005, 1299.

2010 BGH, Beschl. v. 13.07.2006 – IX ZB 301/04 (Leitsatz), ZIP 2006, 1554 = NJW 2006, 3356 = WM 2006, 1685.

2011 BGH, Urt. v. 09.06.2005 – IX ZR 160/04, BGHZ 163, 201 = ZIP 2005, 1452 = NJW-RR 2005, 1466 = WM 2005, 1371.

Aus den Nutzungen des Grundstückes sind zu bestreiten: 1690
- die Kosten des Verfahrens,
- die Ausgaben der Verwaltung,
- die laufenden Beträge öffentlicher Lasten (§ 156 Abs. 1 ZVG).

Erst wenn die Nutzungen höher sind als die Ausgaben, ist ein Teilungsplan aufzustellen. Auf der 1691
Grundlage dieses Planes werden nach Maßgabe des § 155 ZVG die laufenden Zinsen der Grundpfandrechtsgläubiger in der Reihenfolge ihres Ranges bezahlt. Rückständige Beträge oder Kapitalansprüche werden in der Zwangsverwaltung grds. nicht erfüllt.

Kapitel 6 Kapitalanlage in Sparformen

Übersicht

A. Einführung in das Einlagengeschäft

I. Einführung

1 Das Einlagengeschäft gehört nach § 1 Abs. 1 Satz 2 Nr. 1 KWG zu den Bankgeschäften. Es wird definiert als die Annahme fremder Gelder als Einlagen oder anderer unbedingt rückzahlbarer Gelder des Publikums, sofern der Rückzahlungsanspruch nicht in Inhaber- oder Orderschuldverschreibungen verbrieft wird, ohne Rücksicht darauf, ob Zinsen vergütet werden. Ein Unternehmen, das gewerbsmäßig oder in einem Umfang, der einen in kaufmännischer Weise eingerichteten Geschäftsbetrieb erfordert, das Einlagengeschäft betreibt, bedarf gem. § 32 Abs. 1 Satz 1 KWG der schriftlichen Erlaubnis der Bundesanstalt für Finanzdienstleistungsaufsicht (BaFin). Die Definition des Einlagengeschäftes ist in den letzten Jahrzehnten ständig erweitert worden und geht in seiner heutigen Form auf die 6. KWG-Novelle zurück.[1]

---

1 Gesetz zur Umsetzung von EG-Richtlinien zur Harmonisierung bank- und wertpapieraufsichtsrechtlicher Vorschriften vom 22.10.1997, Art. 1: Sechstes Gesetz zur Änderung des Gesetzes über das Kreditwesen (BGBl. I, S. 2518 f.).

1. Der Einlagenbegriff

Der Begriff der Einlage wird durch den Gesetzgeber nicht näher bestimmt.[2] Vielmehr handelt es sich um einen **unbestimmten Rechtsbegriff.** Eine Bestimmung des Begriffs der Einlagen, soweit sie von Nichtkreditinstituten stammten, traf § 11 der Verordnung über die Bedingungen, zu denen Kreditinstitute Kredite gewähren und Einlagen entgegennehmen dürfen (Zinsverordnung), die das ehemalige Bundesaufsichtsamt für das Kreditwesen (BAKred) aufgrund der Ermächtigung in § 23 Abs. 1 und 3 KWG am 05.02.1965 erlassen und durch Verordnung vom 21.03.1967 wieder aufgehoben hat.[3] Danach waren Einlagen i.S.d. ZinsVO diejenigen fremden Gelder, die Kreditinstitute von Nichtkreditinstituten entgegennehmen, mit Ausnahme von Geldern, die 1. zur Weiterleitung als durchlaufende Kredite angenommen wurden, 2. zur Durchführung öffentlicher Kreditprogramme zweckgebunden angenommen wurden und 3. als Kredit aufgenommen wurden, sofern für den Einzelfall ein schriftlicher Kreditvertrag geschlossen und der Kredit banküblich gesichert wurde. Auf dieser Grundlage hat das BAKred die Auffassung vertreten, Einlagen liegen dann vor, wenn jemand von einer Vielzahl von Geldgebern, die keine Kreditinstitute i.S.d. § 1 Abs. 1 KWG sind, fremde Gelder aufgrund typisierter Verträge zur unregelmäßigen Verwahrung (§ 700 BGB), als Darlehen (§ 488 BGB) oder in ähnlicher Weise ohne Bestellung der Art nach banküblicher Sicherheiten und ohne schriftliche Vereinbarung laufend annimmt.[4] 2

Diese »Faustregel« ist von der Rechtsprechung weiter präzisiert worden. Das BVerwG sieht in seiner grundlegenden Entscheidung vom 27.03.1984 im Begriff der Einlage ebenfalls einen unbestimmten Rechtsbegriff, den das KWG nicht näher bestimmt, sondern als bereits anderweitig gegeben voraussetzt.[5] Die spezifischen Merkmale des Einlagengeschäfts sind der geschäftlichen Praxis der Kreditinstitute zu entnehmen. Die Frage, ob ein Unternehmen fremde Gelder als Einlagen i.S.d. § 1 KWG annimmt und dadurch Bankgeschäfte betreibt, ist deshalb aufgrund einer Wertung aller Umstände des Einzelfalls unter Berücksichtigung der bankwirtschaftlichen Verkehrsauffassung zu entscheiden.[6] Danach dient das Einlagengeschäft als Geschäftszweig der Kreditinstitute der kontinuierlichen Ansammlung und Bereithaltung liquider Geldbeträge für die laufende Finanzierung des Aktivgeschäfts. Das BVerwG nimmt also eine funktionale Zuordnung des Einlagenbegriffs zum Aktivgeschäft vor. Einlagen sind Finanzierungsmittel und die für die Einlagen zu zahlenden Zinsen Finanzierungskosten des auf die Erzielung von Gewinn gerichteten Aktivgeschäfts der Banken. Das Einlagengeschäft setze nach der maßgeblichen bankwirtschaftlichen Verkehrsauffassung voraus, dass fremde Gelder zwecks Finanzierung des Aktivgeschäfts des annehmenden Unternehmens, also mit der Absicht entgegengenommen werden, durch eine positive Differenz zwischen den für die Einlage zu zahlenden Zinsen einerseits und den Zinseinnahmen aus dem Aktivgeschäft andererseits Gewinn zu erzielen.[7] Das VG Frankfurt hat in einer aktuellen Entscheidung beim Ankauf privater Lebensversicherungen unter gleichzeitiger Stundung des Kaufpreises das Vorliegen eines nach § 32 KWG erlaubnispflichtigen Einlagengeschäfts nach § 1 Abs. 1 Satz 2 Nr. 1, 2. Alt. KWG angenommen.[8] Es liegt damit auf einer Linie mit der BaFin, die ebenfalls die Rechtsauffassung vertritt, dass bei Geschäften, in denen Lebensversicherungen oder Bausparverträge unter teilweiser Stundung des Kaufpreises angekauft werden, die Voraussetzungen eines Einlagengeschäftes gegeben sind. 3

Das BVerwG hat aufgrund der o.g. Definition in dem zu entscheidenden Rechtsstreit den Einlagencharakter von Namens-Gewinnschuldverschreibungen einer Aktiengesellschaft verneint. Die Gelder der Betriebsangehörigen seien nicht mit der Absicht entgegengenommen worden, durch 4

2 BGH, WM 2001, 1204 (1205); Boos/Fischer/Schulte-Mattler/*Fülbier* § 1 Rn. 36.
3 BGBl. I, S. 33; BGBl. I, S. 352.
4 *Reischauer/Kleinhans* Kza. 115 § 1 Rn. 37.
5 BVerwG, WM 1984, 1364 (1367).
6 BVerwG, WM 1984, 1364 (1367); BGH, WM 2001, 1204 (1206); OVG Berlin-Brandenburg, WM 1984, 865 (866).
7 BVerwG, NJW 1985, 929 (930); BGH, WM 1995, 874 (875); *Reischauer/Kleinhans* Kza. 115 § 1 Rn. 42.
8 VG Frankfurt, BKR 2011, 427 m. Anm. *Decker.*

eine positive Differenz zwischen den Bedingungen der Annahme dieser Gelder und ihrer unternehmerischen Tätigkeit Gewinn zu erzielen. Vielmehr zeigten die Ausgabebedingungen der Namens-Gewinnschuldverschreibungen, dass die von den Betriebsangehörigen gezahlten Gelder nicht der Finanzierung der unternehmerischen Tätigkeit des Arbeitgebers, sondern zur Vermögensbildung in Arbeitnehmerhand sowie zur stärkeren Beteiligung der Mitarbeiter am Unternehmensgewinn dienten. Da bei Namens-Gewinnschuldverschreibungen die sozialpolitischen und kooperationsrechtlichen Elemente im Vordergrund stehen, schließen sie die Annahme einer Einlage und damit die Anwendbarkeit des KWG aus. Aus diesem Grund liegt auch kein Verstoß gegen das Verbot von Werkssparkassen im Sinne von § 3 Nr. 1 KWG vor.

5 Der BGH hat sich dieser Auslegung des Einlagenbegriffs angeschlossen, stellt aber bei der Einordnung des Einlagenbegriffs nach der bankwirtschaftlichen Verkehrsauffassung noch mehr als die verwaltungsgerichtliche Rechtsprechung auf die Zwecke ab, die der Empfänger der Gelder mit der Annahme verfolgt. Die Gelder müssten mit der Absicht entgegengenommen werden, das Kapital zur eigenen Verfügung zu haben, sodass mit ihm gewinnbringend gearbeitet werden kann. Werden die Gelder dagegen im Interesse des Einlegers bewirtschaftet, widerspreche dies dem Einlagencharakter. Eine angemessene Verzinsung der Einlage stelle vereinbarungsgemäß ein Entgelt für die zeitweilige Überlassung der Gelder dar. Dagegen seien übermäßige Vergütungen für die angenommenen Gelder ein Indiz gegen den Einlagencharakter des Geschäfts.[9] Darüber hinaus ist bei der Bestimmung des Einlagenbegriffs der Schutzzweck zu berücksichtigen, wonach das breite Publikum vor Verlusten bei der Anlage seiner Mittel bewahrt werden soll.

2. Die einzelnen Merkmale des Einlagengeschäfts

6 Das Einlagengeschäft wird gekennzeichnet durch die Annahme fremder Gelder als Einlage. Die Tatbestandsvoraussetzung der Annahme ist bei Bargeld durch die tatsächliche Geldübergabe, bei Buchgeld durch die entsprechende Kontogutschrift i.R.d. bargeldlosen Zahlungsverkehrs mittels Überweisung oder Umbuchung erfüllt.[10] Unter den Begriff Geld fällt jede Art von gesetzlichen, in- und ausländischen Zahlungsmitteln (Bargeld) sowie Giral- oder Buchgeld in Form von Gutschriften.[11]

7 Das Merkmal »fremd« soll zum Ausdruck bringen, dass die angenommenen Gelder nicht endgültig bei dem annehmenden Unternehmen verbleiben, sondern dieses verpflichtet ist, Geld gleicher Menge nach Maßgabe der hierüber getroffenen Vereinbarungen dem Berechtigten zurückzuerstatten. Auch die Annahme von Eigenkapital oder gesellschaftsrechtlichen Einlagen stellt kein Einlagengeschäft i.S.d. § 1 Abs. 1 Nr. 1 KWG dar. Der Einlagenbegriff des KWG ist vom Einlagenbegriff des Gesellschaftsrechts zu unterscheiden. Der gesellschaftsrechtliche Einlagenbegriff steht – wie auch der zivilrechtliche Darlehensbegriff – neben dem Begriff der Einlage i.S.d. KWG. Hierbei werden verschiedene rechtliche Bereiche erfasst, sodass sich die Begriffe nicht notwendig gegenseitig ausschließen und Überschneidungen denkbar sind.[12] Gesellschaftsrechtliche Einlagen wie die Vermögenseinlage eines stillen Gesellschafters fallen nicht unter die »Annahme fremder Gelder als Einlagen«, da dieser Personenkreis nicht zu den durch die staatliche Bankenaufsicht geschützten Einlagegläubigern zählt.[13]

3. Annahme von anderen rückzahlbaren Geldern des Publikums

8 Durch die 6. KWG-Novelle wurde der Begriff des Einlagengeschäfts in § 1 Abs. 1 Satz 2 Nr. 1, 2. Alt. KWG durch den neuen Tatbestand »Annahme anderer unbedingt rückzahlbarer Gelder des

9 BGH, WM 1995, 874 (875); *Demgensky/Erm* WM 2001, 1445 (1451).
10 *Reischauer/Kleinhans* Kza. 115 § 1 Rn. 47.
11 Boos/Fischer/Schulte-Mattler/*Fülbier* § 1 Rn. 34; *Demgensky/Erm* WM 2001, 1445 (1447).
12 VG Berlin, NJW-RR 2000, 642 (645); *Kümpel* Rn. 3.5.
13 BGH, NJW 1984, 2691; *Demgensky/Erm* WM 2001, 1445 (1448).

Publikums, sofern der Rückzahlungsanspruch nicht in Inhaber- oder Orderschuldverschreibungen verbrieft wird« erweitert. Ausweislich der Gesetzesbegründung soll die Neufassung als Auffangtatbestand dienen und der BaFin erweiterte Eingriffsmöglichkeiten, insb. zur Bekämpfung des grauen Kapitalmarkts, bieten. Auf eine subjektive Zwecksetzung der Geldeinlage, gleich ob nur aufseiten des Einlegers oder des Entgegennehmenden oder übereinstimmend, kommt es nicht mehr an. Es spielt auch keine Rolle mehr, ob die Gelder des Publikums in der Absicht hereingenommen werden, durch Ausnutzung der Zinsspanne Gewinne zu erzielen.[14] Auf dieses Kriterium hatte die Rechtsprechung in der Vergangenheit entscheidend abgestellt.

Die Erweiterung der Definition lässt sich auf drei Tatbestandsmerkmale zurückführen: Es müssen Gelder vom Publikum angenommen werden und diese müssen rückzahlbar sein. Es bedarf zunächst der Annahme von Geld. Die Aufnahme von Wertpapierdarlehen stellt auch weiterhin auf der Darlehensnehmerseite kein Einlagengeschäft dar, da hierbei kein »Geld« angenommen wird. Umgekehrt ist es auf Darlehensgeberseite nicht als Kreditgeschäft i.S.d. § 1 Abs. 1 Satz 2 Nr. 2 KWG zu qualifizieren.[15] 9

Weitere Voraussetzung ist die Rückzahlbarkeit der Gelder. Der Rückzahlungsanspruch muss unbedingt sein. Jede Vereinbarung einer Verlustteilnahme, eines Nachranges oder eines Rangrücktrittes steht der Qualifizierung als rückzahlbare Gelder entgegen. So sind Vermögenseinlagen stiller Gesellschafter oder Genussrechte, die am laufenden Verlust des kapitalnehmenden Unternehmens sowie nachrangige Forderungen, die vereinbarungsgemäß im Fall der Liquidation des kapitalnehmenden Unternehmens hinter die anderen Forderungen gegen das Unternehmen zurücktreten, nur bedingt rückzahlbar und daher keine rückzahlbaren Gelder i.S.d. § 1 Abs. 1 Satz 2 Nr. 1, 2. Alt. KWG. Allerdings soll es sich bei Vermögenseinlagen stiller Gesellschafter, bei denen die Verlustteilnahme abbedungen ist, um rückzahlbare Gelder handeln. Das gilt gleichermaßen für partiarische Darlehen im engeren Sinne, selbst wenn sie nicht als Einlage zu qualifizieren sind, sofern nur der Zins, nicht auch die Rückzahlung des Darlehens durch den Erfolg des Unternehmens bedingt ist.[16] 10

Schließlich muss es sich um Gelder des Publikums handeln. Bei der Hereinnahme von rückzahlbaren Geldern von verbundenen Unternehmen i.S.d. §§ 15 bis 19 AktG handelt es sich nicht um ein Einlagengeschäft. Ebenso wenig fallen hierunter die sog. aufgenommenen Gelder (»Nostroverpflichtungen«), d.h. Darlehen, die ein Kreditinstitut bei einem anderen Kreditinstitut aufgenommen hat.[17] Das Einlagengeschäft bezieht sich immer auf die Hereinnahme von Kundengeldern, die keine Kreditinstitute sind. 11

Der Gesetzgeber hat durch die Begriffserweiterung in § 1 Abs. 1 Satz 2 Nr. 1, 2. Alt. KWG ausdrücklich klargestellt, dass die Ausgabe von Inhaber- oder Orderschuldverschreibungen auch künftig nicht als Einlagengeschäft gilt. Industrieunternehmen sollen sich weiterhin durch Emissionen von Inhaber- oder Orderschuldverschreibungen direkt am Kapitalmarkt finanzieren können, ohne dadurch zu Kreditinstituten zu werden. Dem Kundenschutz werde durch das Wertpapierverkaufsprospekt ausreichend Rechnung getragen. Den EU-rechtlichen Anforderungen, die bei der Definition des Einlagenkreditinstitutes diese Einschränkung auf der Finanzierungsseite nicht vorsehen, wird dadurch Rechnung getragen, dass das gewerbsmäßige Betreiben des Kreditgeschäfts für sich genommen, vgl. § 1 Abs. 1 Satz 2 Nr. 2 KWG, bereits ein Unternehmen als Kreditinstitut qualifiziert.[18] 12

14 Regierungsbegründung zur 6. KWG-Novelle, BT-Drucks. 13/7142, S. 62; *Mielk* WM 1997, 2200 (2202).

15 *Kümpel* Rn. 3.19.

16 Regierungsbegründung, BT-Drucks. 13/7142, S. 63; *Reischauer/Kleinhans* Kza. 115 § 1 Rn. 53.

17 Regierungsbegründung zur 6. KWG-Novelle, BT-Drucks. 13/7142, S. 63; ausführlich zum Publikumsbegriff *Demgensky/Erm* WM 2001, 1445 (1452); *Liesecke* WM 1975, 214 (215).

18 Regierungsbegründung zur 6. KWG-Novelle, BT-Drucks. 13/7142, S. 63; *Kümpel* Rn. 3.16.

4. Verbotene Einlagengeschäfte

13 § 3 KWG zählt drei Arten von Einlagengeschäften auf, die wirtschaftlich bedenklich und geeignet sind, das Publikum, das von solchen Einrichtungen Gebrauch macht, zu schädigen. Verboten sind danach:

- Der Betrieb von Werkssparkassen, § 3 Nr. 1 KWG;
- der Betrieb von Zwecksparunternehmen, § 3 Nr. 2 KWG, außer Bausparkassen;
- Verbot von Klauseln, die Barabhebungen ausschließen, § 3 Nr. 3 KWG.[19]

II. Einlagearten

14 In der Bankpraxis wird zwischen Sichteinlagen, Termineinlagen und Spareinlagen (zu den Spareinlagen nachfolgend unter III.) unterschieden. Diese Terminologie geht auf § 13 Abs. 1 ZinsVO zurück.[20] Obwohl die Zinsverordnung bereits 1967 wieder aufgehoben wurde, hat sich diese Einlagenkategorisierung sowohl bankaufsichtsrechtlich als auch zivilrechtlich durchgesetzt. Auch der mittlerweile aufgehobene § 16 BBankG unterschied diese drei Einlagearten. Bei der Aufstellung einer Bankbilanz unterscheidet die Verordnung über die Rechnungslegung der Kreditinstitute und Finanzdienstleistungsinstitute (RechKredV) bei den auszuweisenden Verbindlichkeiten aus dem Einlagengeschäft, die sich aus dem Nichtbankengeschäft, vgl. § 21 Abs. 2 RechKredV, ergeben, zwischen den Sichteinlagen als »täglich fällige« Gelder, den Termineinlagen als Verbindlichkeiten »mit vereinbarter Laufzeit oder Kündigungsfrist« und den Spareinlagen.[21] Die unterschiedliche Qualifizierung der Einlagen spielt auch bei der von den Kreditinstituten zu beachtenden Mindestreservepflicht eine Rolle. Die Verordnung (EG) Nr. 1745/2003 der Europäischen Zentralbank vom 12.09.2003 über die Auferlegung einer Mindestreservepflicht (EZB/2003/9) legt für die Verbindlichkeiten aus dem Einlagengeschäft bestimmte Mindestreservesätze fest.[22] Nach Art. 4 Abs. 1 und 2 der Verordnung gilt für Einlagen mit einer vereinbarten Laufzeit oder Kündigungsfrist von über 2 Jahren ein Mindestreservesatz von 0 %, darunter von 2 %.

15 Für die zivilrechtliche Einordnung der Einlagearten ist das entscheidende Kriterium die **Fälligkeitsregelung** der jeweiligen Einlage.

1. Sichteinlagen

16 Bei den Sichteinlagen handelt es sich um »täglich fällige« Guthaben. § 13 Abs. 2 ZinsVO definierte Sichteinlagen »als Einlagen, für die eine Laufzeit oder Kündigungsfrist nicht vereinbart ist. Als Sichteinlagen gelten auch Einlagen, für die eine Kündigung von weniger als einem Monat oder eine Laufzeit von weniger als dreißig Zinstagen vereinbart ist«.[23] Da bei den Sichteinlagen der Kunde der Bank Geld überlässt, nicht jedoch die einzelnen Banknoten und Geldmünzen, sondern nur der betragsmäßige Wert zurückgezahlt werden muss, steht fest, dass das Eigentum an den eingezahlten Banknoten und Geldmünzen auf die Bank übergeht und es sich daher nicht um Verwahrungsverträge i.S.d. § 688 BGB handeln kann. Denn beim Verwahrungsvertrag verbleibt das Eigentum an der aufbewahrten Sache beim Hinterleger. Die zugrunde liegende Vertragsbeziehung kann deshalb nur ein Darlehensvertrag gem. § 488 BGB oder aber eine unregelmäßige Verwahrung i.S.d. § 700 BGB darstellen.[24] Für beide Vertragsarten ist es typisch, dass das Eigentum an den überlassenen Geldbeträgen auf den Annehmenden übergeht.

17 Auf die unregelmäßige Verwahrung finden im Wesentlichen die Vorschriften über den Darlehensvertrag Anwendung. Gem. § 700 Abs. 1 Satz 3 BGB richten sich Zeit und Ort der Rückgabe

19 Ausführlich zu den einzelnen Verboten: *Reischauer/Kleinhans* Kza. 115 § 3 Rn. 2.
20 S. Rdn. 2.
21 Formblatt 1, Anlage zur RechKredV.
22 ABl. Nr. L 250, 10.
23 S. Rdn. 2 bis 5.
24 *Einsele* § 3 Rn. 6.

nach den verwahrungsrechtlichen Regelungen. Bei der unregelmäßigen Verwahrung steht nicht das Interesse des Empfängers an der Kapitalnutzung im Vordergrund, sondern das Interesse des Hinterlegers an Hinterlegung, Aufbewahrung und jederzeitiger Verfügbarkeit.[25] Dem Hinterleger steht ein jederzeitiges Rückforderungsrecht zu, § 695 BGB. Dementsprechend liegt den Sichteinlagen eine **unregelmäßige Verwahrung** zugrunde, weil es sich um täglich fällige Gelder handelt. Bei einem Darlehensvertrag, der nicht auf eine bestimmte Zeit abgeschlossen wurde, hängt dagegen die Fälligkeit des Rückzahlungsanspruchs von einer vorherigen Kündigung ab (§ 488 Abs. 3 Satz 1 BGB).[26] Der BGH hat in seinem Urt. v. 08.07.1982 ausgeführt, es handle sich bei dem Anspruch auf das tägliche Guthaben eines laufenden Kontokorrentkontos um Zahlungsansprüche aus der mit dem Girovertrag verbundenen unregelmäßigen Verwahrung (depositum irregulare, § 700 Abs. 1 BGB).[27] Da der Hinterleger die Sache an dem Aufbewahrungsort abzuholen hat, § 697 BGB, stellt die Geldschuld in Abweichung von § 270 Abs. 1 BGB eine Holschuld dar.

Bei den Sichteinlagen handelt es sich vor allem um Guthaben auf Girokonten. Rechtsgrundlage **18** des Girokontos ist der mit der Bank abgeschlossene Girovertrag. Der Girovertrag, § 676f BGB, dient der Abwicklung des bargeldlosen Zahlungsverkehrs und verpflichtet das Kreditinstitut, für den Kunden ein Konto zu führen, über das alle den Kunden betreffenden Zahlungseingänge und -ausgänge verbucht werden. Er ist ein Geschäftsbesorgungsvertrag gem. § 675 Abs. 1 BGB, der durch dienstvertragliche Elemente geprägt wird.[28] Der Kunde kann über ein bestehendes Guthaben jederzeit verfügen. Ihm steht insoweit ein Auszahlungsanspruch zu. Dieser Auszahlungsanspruch resultiert allerdings nicht aus dem auftragsrechtlichen Herausgabeanspruch, §§ 675, 667 BGB, sondern ergibt sich vielmehr aus dem Rückforderungsrecht aus der unregelmäßigen Verwahrung (§§ 700 Abs. 1 Satz 3, 695 BGB).[29] Bei diesen Rückforderungsansprüchen handelt es sich demnach um auf Geld gerichtete Zahlungsansprüche aus der mit dem Girovertrag verbundenen unregelmäßigen Verwahrung und stellen somit eine Geldschuld dar.[30]

Mit dem Girovertrag wird i.d.R. ein Kontokorrentverhältnis begründet, da beim Girokonto die **19** aus der Geschäftsverbindung zwischen Kunde und Kreditinstitut resultierenden beiderseitigen Ansprüche und Leistungen in eine laufende Rechnung eingestellt werden. Von einem Kontokorrent i.S.d. §§ 355 ff. HGB ist dann auszugehen, wenn jemand mit einem Kaufmann derart in Geschäftsverbindung steht, dass die aus der Verbindung entspringenden beiderseitigen Ansprüche und Leistungen nebst Zinsen in Rechnung gestellt und in regelmäßigen Zeitabschnitten durch Verrechnung und Feststellung des für den einen oder anderen Geschäftspartner sich ergebenden Überschusses ausgeglichen werden.[31] Die einzelnen Buchungsposten werden in die »laufende Rechnung« gestellt und in regelmäßigen Zeitabständen saldiert. Die Saldierung erfolgt über Rechnungsabschlüsse, die beim Bankkontokorrent jeweils zum Ende eines Kalenderquartals erteilt werden (vgl. Nr. 7 Abs. 1 der AGB-Banken). Widerspricht der Kunde dem Rechnungsabschluss nicht innerhalb von 6 Wochen (vgl. Nr. 7 Abs. 2 der AGB-Banken), liegt darin die Genehmigung bzw. Anerkennung der sich aus der Verrechnung der Einzelposten ergebenden Saldoforderung (Saldoanerkenntnis).[32] Da die Verrechnung immer mit dem Rechnungsperiodenende erfolgt, geht die ganz herrschende Meinung beim Bankkontokorrent nicht von einem Staffelkontokorrent, sondern von einem **Periodenkontokorrent** aus.[33] Der Kunde kann über den im Tageskontoauszug ausgewiesenen Tagessaldo frei verfügen. Im Gegensatz zum Rechnungsabschluss kann einem Schweigen auf den Tageskontoauszug nicht die Genehmigung der im Auszug enthaltenen Posten entnommen werden.

---

25 Palandt/*Sprau* § 700 Rn. 1.
26 MüKo-BGB/*Berger* § 488 Rn. 225.
27 BGH, WM 1982, 816 (817); Schimansky/Bunte/Lwowski/*Gößmann* § 70 Rn. 3.
28 BGH, WM 1995, 2094 (2095); BGH, WM 1991, 317 (318); Palandt/*Sprau* § 676 f. Rn. 1.
29 BGH, WM 1993, 1585 (1586); BGH, WM 1995, 2094 (2095); Palandt/*Sprau* § 676 f. Rn. 8.
30 BGH, WM 1982, 816 (817); *Kümpel* Rn. 3.39.
31 BGH, ZIP 1999, 665 (666); Baumbach/*Hopt* § 355 Rn. 3/5.
32 Palandt/*Sprau* § 676 f. Rn. 7.
33 Schimansky/Bunte/Lwowski/*Gößmann* § 47 Rn. 20; Baumbach/*Hopt* § 355 Rn. 9.

20 Auch die sog. **Tagesgeldkonten** sind Sichteinlagen, die in aller Regel – im Gegensatz zu den meisten Girokontomodellen – meist attraktiv verzinst werden. Bei diesen Konten handelt es sich um Anlagekonten mit täglicher Fälligkeit, über die der Kunde jederzeit verfügen kann. Sie weisen insofern eine Besonderheit auf, als sie nicht oder nur eingeschränkt am Zahlungsverkehr teilnehmen. Über ein Tagesgeldkonto kann bspw. nicht mittels Lastschrift oder Scheckziehung verfügt werden. Üblicherweise wird das Tagesgeldkonto mit einem Verrechnungskonto, einem zweiten Kontokorrentkonto als Referenzkonto, verknüpft, über den der Zahlungsverkehr abgewickelt werden kann, d.h. es sind lediglich Überweisungen oder Umbuchungen von oder auf das Tagesgeldkonto zulässig.

2. Termineinlagen

21 Termineinlagen (befristete Einlagen) unterscheiden sich von den Sichteinlagen dadurch, dass sie entweder mit einer Laufzeit von mindestens 30 Tagen vereinbart werden (**Festgelder**) oder mit einer bestimmten Kündigungsfrist (mindestens 30 Tage) gekündigt werden können (**Kündigungsgelder**). Für die zivilrechtliche Einordnung ist entscheidend, dass diese Einlagen erst nach einer Kündigung oder nach Ablauf der im Vertrag vereinbarten Zeit fällig werden. Daher liegt den Termineinlagen ein Darlehensvertrag gem. § 488 BGB zugrunde, da nur hier – anders als bei der unregelmäßigen Verwahrung nach §§ 700, 695 BGB – Voraussetzung für die Fälligkeit eine vorherige Kündigung, vgl. § 488 Abs. 3 Satz 1 BGB, oder der Zeitablauf ist.[34] Bei diesen Einlagen steht nicht mehr das Aufbewahrungsinteresse, sondern das Geldanlageinteresse des Kunden im Vordergrund.[35] Der Leistungsort richtet sich, anders als bei den Sichteinlagen, bei denen § 697 BGB gilt, nach § 270 Abs. 1 BGB, wonach bei den befristeten Einlagen und den Spareinlagen eine Schickschuld anzunehmen ist.[36]

22 Bei den Kündigungsgeldern wird der Kontovertrag auf unbestimmte Zeit abgeschlossen. Die Fälligkeit der Einlage hängt von der Kündigung des Kunden unter Einhaltung der vertraglich vereinbarten Kündigungsfrist ab, die nach der üblichen Bankpraxis auch formlos ausgesprochen werden kann.

23 Festgelder werden mit einer fest vereinbarten Laufzeit hereingenommen, die je nach Produktgestaltung zwischen 30 Tagen und mehreren Jahren liegen kann. Nach Ablauf des Rückzahlungstermins werden die Festgelder automatisch fällig und dem im Kontovertrag festgelegten Gutschriftskonto, i.d.R. das Girokonto, gutgeschrieben. Da die Kreditinstitute ein Interesse an der langfristigen Anlage solcher befristeter Einlagen haben, sehen die banküblichen Kontoformulare eine Prolongationsmöglichkeit vor, soweit der Anlagezeitraum ein Jahr nicht übersteigt. Eine typische Prolongationsvereinbarung lautet üblicherweise: »Die Bank/Sparkasse wird den Gesamtbetrag jeweils mit der gleichen Anlagedauer und dem dann geltenden Zinssatz erneut festlegen, wenn bis spätestens zwei Geschäftstage vor der Verfügbarkeit keine Weisung von Ihnen vorliegt.«. Durch das Wort »jeweils« in der Prolongationsklausel wird zum Ausdruck gebracht, dass die Anlage auch durchaus mehrfach prolongiert werden kann. Eine automatische Prolongation findet erst dann nicht mehr statt, wenn der Kunde bis zum Fälligkeitstermin eine andere Weisung erteilt hat. Bei vereinbarten Laufzeiten von mehr als einem Jahr findet ebenfalls keine automatische Prolongation statt. Wird demnach in diesen Fällen eine Verlängerung nicht gesondert mit dem Kunden vereinbart, wird bei Fälligkeit der Anlagebetrag zuzüglich Zinsen dem Referenzkonto gutgeschrieben. Das vertraglich vereinbarte Schweigen des Kunden ist nicht nach § 308 Nr. 5 BGB unwirksam. Die Erklärungsfiktion in den Formularbedingungen der Kreditinstitute verstößt nicht gegen AGB-Recht, da § 308 Nr. 5 BGB Erklärungsfiktionen nur i.R.d. Vertragsdurchführung für unwirksam erklärt, nicht aber bei Abschluss des Vertrages.[37] Grund hierfür ist, dass durch die Prolongationsvereinbarung fortlaufend neue (Anschluss-) Darlehensverträge abgeschlossen werden. Festgelder werden weiterhin

34 BGH, WM 1975, 733 (735); *Einsele* § 3 Rn. 24; *Kümpel* Rn. 3.32; MüKo-BGB/*Berger* § 488 Rn. 225.
35 Schimansky/Bunte/Lwowski/*Gößmann* § 70 Rn. 7.
36 Palandt/*Heinrichs* § 270 Rn. 2.
37 Wolf/Horn/Lindacher/*Wolf* § 10 Nr. 5 Rn. 17; Palandt/*Grüneberg* § 308 Rn. 25.

dadurch gekennzeichnet, dass Verfügungen vertraglich ausgeschlossen sind. Es sind also weder Zuzahlungen noch Abhebungen während der Vertragslaufzeit möglich.

24 Die Fristberechnung richtet sich bei Termineinlagen nach den allgemeinen Bestimmungen der §§ 186 ff. BGB über die Berechnung von Fristen, da die §§ 488 ff. BGB keine Bestimmung über den Verzinsungszeitraum enthalten.[38] Die Einzahlung der Termineinlage ist ein Ereignis im Sinne von § 187 Abs. 1 BGB, das die Frist in Gang setzt. Aus § 187 Abs. 1 BGB folgt, dass der Tag der Einzahlung nicht mitgerechnet wird.[39] Die Berechnung des Fristendes richtet sich nach § 188 Abs. 1 oder 2 BGB, je nachdem ob die Laufzeit des Festgeldes nach Tagen, Monaten oder Jahren berechnet wird, und endet mit Ablauf des Tages der Auszahlung bzw. Umbuchung auf das Referenzkonto.[40] § 193 BGB ist insoweit nicht anwendbar. Das Kreditinstitut bucht nach Ablauf der Anlagefrist das Festgeld auf das Girokonto des Kunden um, und zwar mit rückwirkender Valuta, wenn der Beendigungszeitpunkt auf ein Wochenende oder einen gesetzlichen Feiertag fällt.[41] Für diese Tage steht der Anlagebetrag dem Kreditinstitut nicht zur Verfügung, sodass es an der die Verzinsungspflicht auslösenden Kapitalnutzung fehlt.

III. Spareinlagen

25 Die Bedeutung der Spareinlagen zeigt sich auch heute noch trotz vielfältiger anderweitiger Anlagemöglichkeiten, wie etwa das Investmentsparen, die Anlage in Aktien oder festverzinslichen Wertpapieren, durch einen Blick auf die Statistik. So betrugen die in Deutschland unterhaltenen Spareinlagen von Nichtbanken nach der Statistik der Deutschen Bundesbank im Januar 2007 über 590 Mrd. €.[42] Die Finanzmarktkrise hat mittelfristig zu einer Zunahme der Spareinlagen geführt: 2013 betrugen sie 620 Mrd. €. Mittlerweile hat das Gesamtvolumen wieder etwas abgenommen: Ende 2017 betrug es noch 588 Mrd. €. Spareinlagen gehören damit immer noch zu den beliebtesten Formen der Geldanlage.

1. Einführung

26 Das KWG sah in den §§ 21 bis 22a a.F. sehr ins einzelne gehende Vorschriften für das Spargeschäft vor. Durch die 4. KWG-Novelle vom 21.12.1992 sind die Sparverkehrsvorschriften zum 01.07.1993 aufgehoben worden.[43] Dadurch wurde ein nach dem gesetzgeberischen Willen nicht mehr gerechtfertigter Eingriff in die Vertragsfreiheit beendet.[44] An deren Stelle trat gem. Art. 1 Nr. 10 der 4. KWG-Novelle die Verordnung über die Rechnungslegung der Kreditinstitute und Finanzdienstleistungsinstitute (RechKredV), die der Umsetzung zweier EU-Richtlinien diente.[45] Die Einführung der RechKredV hat zu einer weitgehenden **Liberalisierung des Sparverkehrs** geführt. Nach Ansicht des Gesetzgebers waren die bisherigen gesetzlichen Regelungen aufgrund »der Entwicklung im modernen Spar- und Einlagengeschäft der Kreditinstitute nicht mehr erforderlich. Der Sparer ist heute in hohem Maße ertragsbewusst und mit einer ganzen Reihe von Sparformen, unter anderem mit Termineinlagen und variabel- oder festverzinslichen Wertpapieren, gut vertraut.« Die Förderung des Sparwillens sei deshalb »nicht mehr davon abhängig, dass durch gesetzlichen Eingriff in die Vertragsfreiheit ein standardisiertes Produkt Spareinlage geschaffen wird.«[46] § 21 Abs. 4 RechKredV enthält nunmehr nur noch Minimalregelungen zum Sparverkehr, ohne den Begriff

---

38 BGH, WM 1997, 1192 (1193); *Borges* WM 1998, 105 (106).
39 OLG Karlsruhe, NJW 1988, 74 (75); Palandt/*Heinrichs* § 187 Rn. 1.
40 BGH, WM 1997, 1192 (1193); *Borges* WM 1998, 105 (106).
41 OLG Frankfurt am Main, NJW 1975, 1971; Schimansky/Bunte/Lwowski/*Gößmann* § 70 Rn. 8.
42 www.bundesbank.de/statistik/statistik_zeitreihen.
43 BGBl. I 1992, S. 2211.
44 BT-Drucks. 12/4876, S. 6.
45 V. 10.02.1992, BGBl. I 1992, S. 203.
46 BR-Drucks. 504/92, S. 35.

der Spareinlage selbst zu definieren.[47] Der Kreditwirtschaft steht es nach der amtl. Begründung frei, Spareinlagen in unveränderter oder auch abgewandelter Form hereinzunehmen. Da durch die Neuregelung ein Schutz der Bezeichnung »Spareinlage« nicht mehr gegeben ist, kann jedes Kreditinstitut die Bedingungen für eine Spareinlage frei bestimmen.[48] Der Begriff Spareinlage wird durch § 21 Abs. 4 RechKredV nur noch formalisiert behandelt, weshalb es für die Auslegung nach wie vor maßgeblich auf die aufgehobenen Regelungen der §§ 21 bis 22a KWG ankommt.

2. Der Spareinlagenbegriff nach den §§ 21, 22 KWG a.F.

27 Die §§ 21, 22 KWG a.F. definierten die Spareinlage noch ausführlich.

28 § 21 KWG a.F. lautete:

»(1) Spareinlagen sind Einlagen, die durch Ausfertigung einer Urkunde, insbesondere eines Sparbuches, als solche gekennzeichnet sind.

(2) Als Spareinlagen dürfen nur Geldbeträge angenommen werden, die der Ansammlung oder Anlage von Vermögen dienen; Geldbeträge, die zur Verwendung im Geschäftsbetrieb oder für den Zahlungsverkehr bestimmt sind, erfüllen diese Voraussetzungen nicht. Geldbeträge, die von vornherein befristet angenommen werden, gelten nicht als Spareinlage.

(3) Geldbeträge von juristischen Personen und Personenhandelsgesellschaften dürfen nur dann als Spareinlage angenommen werden, wenn die Voraussetzungen des Absatzes 2 dargetan sind. Dies gilt nicht für Geldbeträge von Einrichtungen, die gemeinnützigen, mildtätigen oder kirchlichen Zwecken dienen.

(4) Urkunden über Sparkonten dürfen ohne Einlage nicht ausgegeben werden. Die Urkunde ist dem Einleger auszuhändigen; sie darf nur in Ausnahmefällen bei dem Kreditinstitut hinterlegt werden. Verfügungen über Spareinlagen dürfen nicht durch Überweisung oder Scheck und nur gegen Vorlage der Urkunde zugelassen werden. Bei voller Rückzahlung der Einlage ist die Urkunde zurückzufordern.«

29 Danach wird jede Einlage bei einem Kreditinstitut zur Spareinlage, wenn für sie eine Sparurkunde ausgefertigt wurde. Im Interesse der Rechtssicherheit ist von einer Spareinlage auch dann auszugehen, wenn das Kreditinstitut bei der Annahme der Beträge den Bestimmungen der Abs. 2 und 3 zuwidergehandelt hat, sofern es über sie eine Sparurkunde ausgestellt hat. Das **Wesen der Spareinlage** wurde nach § 21 Abs. 2 KWG a.F. dadurch gekennzeichnet, dass sie der **Ansammlung oder Anlage von Vermögen** dienen sollte. Es sollten keine Gelder zur Einzahlung kommen, die nach dem für das Kreditinstitut erkennbaren Willen des Anlegers für die Zwecke des Geschäftsbetriebs oder des Zahlungsverkehrs bestimmt waren oder dem Lebensunterhalt dienten.[49] Auch wenn dieser Zweck in § 21 Abs. 4 RechKredV nicht mehr ausdrücklich genannt wird, ist er angesichts der volkswirtschaftlichen Bedeutung des Sparverkehrs auch heute noch maßgeblich. Auf die Herkunft der Mittel kommt es nicht an. Eine Spareinlage kann auch dann angenommen werden, wenn die eingezahlten Gelder aus einer Kreditaufnahme des Kunden stammen. Dies soll jedenfalls für den Fall gelten, dass die aufgenommenen Gelder nicht von dem die Einlage annehmenden Kreditinstitut kommen. Das OLG Celle argumentierte, dem Wortlaut des § 21 Abs. 2 Satz 1 KWG a.F. lasse sich nicht entnehmen, geliehenes Geld dürfe nicht in Spareinlagen angelegt werden.[50] Allerdings kann nach der Ansicht des BAKred die Anerkennung als Spareinlage dann versagt werden, wenn die eingezahlten Gelder aus einer Kreditüberziehung desselben Kreditinstitutes stammen. Ein solches »Sparen auf Kredit« ist mit dem Zweck der Vermögensansammlung nicht mehr zu vereinbaren. In diesem Fall werde ein Sparvorgang lediglich vorgetäuscht.[51]

---

47 BT-Drucks. 12/4876, S. 6; Schimansky/Bunte/Lwowski/*Gößmann* § 70 Rn. 10.
48 BT-Drucks. 12/4876, S. 6; Schimansky/Bunte/Lwowski/*Gößmann* § 70 Rn. 10.
49 *Szagunn/Wohlschieß* § 21 Rn. 3.
50 OLG Celle, WM 1986, 820.
51 Schimansky/Bunte/Lwowski/*Gößmann* § 70 Rn. 14; *Liesecke* WM 1975, 214 (226); *Kümpel* 3.92.

§ 22 KWG a.F. lautete: 30

»(1) Die Kündigungsfrist für Spareinlagen beträgt drei Monate (gesetzliche Kündigungsfrist). Von Spareinlagen mit gesetzlicher Kündigungsfrist können ohne Kündigung bis zu zweitausend Deutsche Mark für jedes Sparkonto innerhalb von dreißig Zinstagen zurückgefordert werden.

(2) Für Spareinlagen kann eine längere Kündigungsfrist als die gesetzliche vereinbart werden; sie muss mindestens sechs Monate betragen. In diesem Fall ist die Kündigung frühestens sechs Monate nach der Einzahlung der Spareinlage zulässig.

(3) Werden Spareinlagen ausnahmsweise vorzeitig zurückgezahlt, so ist der zurückgezahlte Betrag als Vorschuss zu verzinsen. Die Sollzinsen müssen die zu vergütenden Habenzinsen um mindestens ein Viertel übersteigen. Die Berechnung von Vorschusszinsen kann im Falle einer wirtschaftlichen Notlage des Berechtigten unterbleiben.

(4) Der jeweils geltende Zinssatz für Spareinlagen ist durch Aushang im Kassenraum ersichtlich zu machen.«

Interessant ist auch heute noch die Regelung des Abs. 3 über die vorzeitige Rückzahlung der Einlage. Betroffen sind hiervon alle Auszahlungen, die über den Freibetrag gem. Abs. 1 Satz 2 hinausgehen und ohne Kündigung oder vor Ablauf der Kündigungsfrist erfolgen. Das Kreditinstitut war verpflichtet, für den Fall der vorzeitigen Rückzahlung des Guthabens Vorschusszinsen zu berechnen. Die Vorschusszinsen sollten sich der Höhe nach an den zu vergütenden Habenzinsen orientieren und hiervon mindestens ein Viertel betragen. Ein Verstoß gegen diese Pflicht war gem. § 56 KWG a.F. bußgeldbewehrt.[52] Das BAKred hat mit Schreiben v. 03.08.1964 einige Ausnahmen zugelassen, bei denen die Verrechnung von Vorschusszinsen unterbleiben kann, wenn bspw. Spareinlagen vor Fälligkeit zum Erwerb von Wertpapieren benutzt werden und diese nicht vor Ablauf der dreimonatigen Kündigungsfrist wieder veräußert werden.[53] Eine weitere Ausnahme lag vor, wenn Spareinlagen vor Fälligkeit auf andere Sparkonten oder Bausparkonten bei demselben Kreditinstitut übertragen wurden, sofern für diese Konten eine gleiche oder längere Kündigungsfrist vorgesehen war. Auch wenn es sich heute bei der Berechnung von Vorschusszinsen im Verhältnis zwischen Kreditinstitut und Sparer nicht mehr um zwingendes Recht handelt, werden sie in den Sparbedingungen üblicherweise vereinbart und entsprechen der gängigen Bankpraxis.[54] 31

3. Der Spareinlagenbegriff gem. § 21 Abs. 4 RechKredV

Die Aufhebung der Sparverkehrsvorschriften der §§ 21, 22 KWG a.F. durch die 4. KWG-Novelle hat es erforderlich gemacht, Spareinlagen auch künftig an geeigneter Stelle in einer Weise zu definieren, bei der ihr bisheriger besonderer Charakter gewahrt bleibt. Der Spareinlagenbegriff gem. § 21 Abs. 4 RechKredV ist maßgeblich für die bankaufsichtsrechtliche Behandlung von Spareinlagen und deren bevorzugte Behandlung bei der Mindestreserve und des Liquiditätsgrundsatzes. Die früheren Liquiditätsgrundsätze II und III gem. § 11 KWG wurden durch die »Bekanntmachung über die Änderung und Ergänzung der Grundsätze über die Eigenmittel und die Liquidität der Institute« vom 25.11.1998 des BAKred vollständig abgelöst und durch den **neuen Liquiditätsgrundsatzes II** ersetzt, der zum 01.07.2000 in Kraft getreten ist.[55] Während der frühere Grundsatz II über die Liquidität noch vorsah, dass Spareinlagen zu 60 % als langfristige Finanzierungsmittel angerechnet werden, hat der neue Grundsatz II die **sog. Liquiditätskennzahl** eingeführt, mit der der Nachweis über die ausreichende Liquidität eines Kreditinstitutes nach § 11 KWG überprüft 32

52 *Servatius* BKR 2005, 295; *Szagunn/Wohlschieß* § 22 Rn. 7.

53 BAKred-Schreiben Nr. 1/64 v. 03.08.1964, abgedruckt bei *Reischauer/Kleinhans* Kza. 220, Nr. 6.

54 *Servatius* BKR 2005, 295; *Kaiser* WM 1996, 141 (146).

55 »Erläuterungen zur Bekanntmachung über die Änderung und Ergänzung der Grundsätze über die Eigenmittel und die Liquidität der Institute« v. 25.11.1998, abrufbar unter www.bundesbank.de (Sachgebiete Bankenaufsicht/Liquidität).

werden kann. Die Liquiditätskennzahl wird im Rahmen eines in vier Fristenbändern untergliederten Schemas ermittelt, das die während der künftigen 12 Monate dem Institut zur Verfügung stehenden liquiden Aktiva und die tatsächlichen sowie potenziellen Liquiditätsabflüsse vergleicht. Sie errechnet sich als Quotient aus den Zahlungsmitteln und Zahlungsverpflichtungen und muss einen Wert gleich oder größer eins aufweisen.[56] Hinsichtlich der Liquiditätsanforderungen gem. § 11 KWG und des neuen Liquiditätsgrundsatzes II gelten Spareinlagen nur dann als privilegiert, wenn sie die Voraussetzungen nach § 21 Abs. 4 RechKredV erfüllen. Im neuen Grundsatz II über die Liquidität werden Spareinlagen gem. § 4 Abs. 1 Nr. 3 mit 10 % im ersten Laufzeitband berücksichtigt. Neu hinzugekommen ist die »Verordnung über die Liquidität der Institute (Liquiditätsverordnung – LiqV)« vom 14.12.2006, die am 01.01.2007 in Kraft getreten ist.[57] Sie ersetzt den bislang gültigen Grundsatz II über die Liquidität der Institute, wobei sich für die Praxis insoweit kaum etwas ändert, als die bisherigen Regeln des Grundsatzes II im Wesentlichen unverändert als »Standardansatz« in die Liquiditätsverordnung übernommen wurden.

33 Spareinlagen werden weiterhin im Formblatt 1, vgl. Anlage 1 zu § 2 RechKredV, als gesonderte Bilanzposition ausgewiesen.[58] Die Einhaltung der Anforderungen des § 21 Abs. 4 RechKredV wirkt sich somit nicht unerheblich auf die Refinanzierung der Kreditinstitute aus.

34 Nach der Definition des § 21 Abs. 4 RechKredV sind Spareinlagen nur **unbefristete Gelder**, die folgende vier Voraussetzungen erfüllen:
- sie sind durch Ausfertigung einer Urkunde, insb. eines Sparbuches, als Spareinlagen gekennzeichnet;
- sie sind nicht für den Zahlungsverkehr bestimmt;
- sie werden nicht von Kapitalgesellschaften, Genossenschaften, wirtschaftlichen Vereinen, Personengesellschaften oder von Unternehmen mit Sitz im Ausland mit vergleichbarer Rechtsform angenommen, es sei denn, diese Unternehmen dienen gemeinnützigen, mildtätigen oder kirchlichen Zwecken oder es handelt sich bei den von diesen Unternehmen angenommenen Geldern um Sicherheiten gem. § 551 BGB oder § 14 Abs. HeimG;
- sie weisen eine Kündigungsfrist von mindestens 3 Monaten auf.

a) Unbefristete Gelder, § 21 Abs. 4 Satz 1 RechKredV

35 Spareinlagen gelten nur dann als privilegiert, wenn sie unbefristet angenommen worden sind. Sie müssen dem Kreditinstitut auf unbestimmte Dauer zur Verfügung stehen. Spareinlagen sollen eine längerfristige Anlage sein und nicht jeder kurzfristigen Vermögensdisposition zugänglich sein.[59] Geldbeträge, die von vornherein befristet hereingenommen werden, gelten – wie dies § 21 Abs. 2 Satz 2 KWG a.F. noch ausdrücklich vorsah – nicht als Spareinlagen; ebenso Geldbeträge, die keiner Kündigungsfrist unterliegen. Spareinlagen müssen immer Kündigungsgelder sein.[60] Der Anerkennung als Spareinlage steht auch entgegen, wenn die Gelder bei der Einzahlung oder kurz danach gekündigt werden. In diesen Fällen ist nicht mehr von einem Sparwillen des Kunden auszugehen. Darüber hinaus kann nach der Begründung zur RechKredV ein Sparwille nicht mehr unterstellt werden, wenn die Gelder laufend – revolvierend – oder unter dem Vorbehalt, nur bei tatsächlichem Bedarf zu verfügen, gekündigt werden.[61] Diese Regelung dient der fristenmäßigen Abgrenzung zwischen Spareinlagen einerseits und Sicht- und Festgeldern andererseits.

---

56 Abrufbar unter www.bundesbank.de (Sachgebiete Bankenaufsicht/Liquidität); Boos/Fischer/Schulte-Mattler/*Boos* § 11 Rn. 10.

57 BGBl. I, S. 3117.

58 Formblatt 1 abgedruckt bei *Reischauer/Kleinhans* Kza. 418, 32.

59 BGH, WM 1975, 733 (735); *Kümpel* 3.92.

60 BT-Drucks. 12/4876, S. 7; Schimansky/Bunte/Lwowski/*Gößmann* § 70 Rn. 12.

61 *Reischauer/Kleinhans* Kza. 418 Rn. 4; BT-Drucks. 12/4876, S. 7.

b) Ausfertigung einer Urkunde, § 21 Abs. 4 Satz 1 Nr. 1 RechKredV

Nach § 21 Abs. 4 Satz 1 Nr. 1 RechKredV hat das Kreditinstitut wie nach bisherigem Recht über die Spareinlage eine Urkunde auszufertigen, die die Einlage als Spareinlage kennzeichnet.[62] Neben dem Sparbuch sind auch andere Sparurkunden zulässig, wie z.B. Sparzertifikate. Nach der amtl. Begründung wird die Kontinuität der Sparform nach Wegfall der Sparverkehrsvorschriften dadurch gewahrt, dass der Sparer nach wie vor eine Urkunde erhalten soll, der er die Höhe seiner Einlage und deren Veränderungen, insb. Zinsgutschriften, entnehmen kann.[63] Über die Form der Urkunde bestimmt § 21 Abs. 4 Satz 1 RechKredV nichts Näheres. Vor dem Hintergrund der »Kontinuität der Sparform« ist es gerechtfertigt, die bisher vom BAKred entwickelten Grundsätze zur Sparurkunde heranzuziehen. In seinem Schreiben v. 02.02.1982 hat das BAKred ausgeführt, die Voraussetzungen, die eine Sparurkunde i.S.v. § 21 Abs. 1 KWG – alt – in Bezug auf die Kennzeichnung erfüllen müsse, seien zwar nicht im KWG geregelt. Zur Vermeidung von Irreführungen sei es aber unbedingt notwendig, dass der Charakter als Sparurkunde unmissverständlich, z.B. durch namentliche Benennung als »Spareinlage« in der Überschrift, hervorgehoben wird.[64] Die Sparurkunde muss Aufschluss über die Identität des Ausstellers geben und den Gläubiger kenntlich machen.[65] Eine namentliche Benennung des Gläubigers oder die Angabe der Anschrift ist nicht erforderlich. Es genügt insoweit die Bestimmbarkeit bspw. aufgrund einer Kundennummer.[66] Die Unterschrift des Ausstellers auf der Sparurkunde ist zur Kennzeichnung nicht erforderlich.[67] 36

In der Bankpraxis kommen folgende **Formen von Sparurkunden** vor: 37
- Herkömmliche **Sparbücher**
- **Staffelurkunden**: Bei diesem Loseblatt-System werden einzelne Kontoauszüge erteilt, die für sich allein die Sparurkunde darstellen. Jeder Sparkontoauszug muss dabei alle Merkmale einer Sparurkunde erfüllen.[68]
- **Loseblatt-Sparbücher**: Bei diesen besteht das Sparbuch in Loseblattform aus einer Sparbuchhülle mit Stammblatt, in die die Kontoauszüge abgeheftet werden können, und dem zuletzt erteilten Kontoauszug. Bei Abhebungen müssen alle Bestandteile vorgelegt werden.[69]

Das BAKred hat in mehreren Schreiben die Anforderungen aufgezählt, die an einen Kontoauszug i.R.d. Loseblatt-Systeme zu stellen sind. Der Kontoauszug muss die wesentlichen Merkmale eines Sparbuches aufweisen. Er muss die Firmenbezeichnung des Kreditinstitutes enthalten, den Gläubiger kenntlich machen und Aufschluss darüber geben, dass er eine Spareinlage betrifft. Für die Urkundeneigenschaft ist weiterhin erforderlich, dass der Kontoauszug den Betrag des Sparguthabens ausweist und so gestaltet ist, dass Veränderungen der Höhe der Einlage durch Ein- und Auszahlungen sowie Zinsgutschriften auf ihm vermerkt werden können.[70] 38

Die Kreditinstitute sind verpflichtet, Kontoauszüge, die i.R.d. Loseblatt-Systeme als Sparurkunden dienen, dem Sparer in Abständen von höchstens 6 Monaten auszuhändigen. Der aktuelle Kontoauszug muss alle zwischenzeitlich erfolgten Buchungen enthalten. Beim prämienbegünstigten Sparen und bei sog. Bonus-, Prämien- oder Zuschlagssparverträgen oder ähnlich ausgestalteten 39

62 Vgl. oben Rdn. 27 bis 31 zu § 21 Abs. 1 KWG a.F.
63 BT-Drucks. 12/4876, S. 7.
64 BAKred-Schreiben v. 02.02.1982, I 3-242-1/77, abgedruckt bei *Reischauer/Kleinhans* Kza. 221 Nr. 6.
65 BAKred-Schreiben v. 20.03.1967 – III 19-321, abgedruckt bei *Reischauer/Kleinhans* Kza. 222 Nr. 2.
66 BAKred-Schreiben v. 20.03.1967, III 19-321 abgedruckt bei *Reischauer/Kleinhans* Kza. 222 Nr. 2; *Welter* WM 1987, 1117 (1118).
67 *Kaiser* WM 1996, 141 (142); *Reischauer/Kleinhans* Kza. 418 Rn. 6.
68 *Reischauer/Kleinhans* Kza 418 Rn. 6.
69 Schimansky/Bunte/Lwowski/*Gößmann* § 71 Rn. 26; *Kaiser* WM 1996, 141 (142).
70 BAKred-Schreiben v. 20.03.1967, III 19-321; v. 19.09.1973, I 3-241-5/73; v. 25.05.1982, I 3-241-4/82, abgedruckt bei *Reischauer/Kleinhans* Kza. 222, Nr. 2, 4 und 7.

Sparverträgen mit Bonuszahlung ist es nach der Verwaltungspraxis des BAKred ausreichend, wenn die Kontoauszüge im jährlichen Abstand versandt werden.[71]

c) Zahlungsverkehr, § 21 Abs. 4 Satz 1 Nr. 2 RechKredV

40 Für die Anerkennung einer Einlage als privilegierte Spareinlage stellt § 21 Abs. 4 Satz 1 Nr. 2 RechKredV klar, dass sie **nicht für den Zahlungsverkehr bestimmt** ist und dass daher über sie nicht durch Überweisung, Scheck, Lastschrift oder Kreditkarte verfügt werden darf. Der frühere § 21 Abs. 2 Satz 1 KWG enthielt noch die ausdrückliche Zweckbestimmung, wonach als Spareinlagen nur Gelder angenommen werden dürfen, die der Ansammlung oder Anlage von Vermögen dienen.[72] Dieses Ziel wird auch in der amtl. Begründung zu § 21 Abs. 4 Satz 1 Nr. 2 RechKredV erwähnt.[73] Dieser Sparzweck wird nur dann erreicht, wenn der Sparer im Zeitpunkt der Einzahlung die Absicht hat, dem Kreditinstitut die Gelder auf unbestimmte längere Zeit zu überlassen. Eine kurzfristige Verfügbarkeit der Spareinlage durch die Teilnahme am Zahlungsverkehr würde dieser Zweckbestimmung zuwiderlaufen.

41 Ein Sperrvermerk, durch den Barabhebungen über die Spareinlage ausgeschlossen werden sollen, führt dazu, dass diese Einlage nicht als Spareinlage i.S.d. § 21 Abs. 4 RechKredV qualifiziert werden kann. Der generelle Ausschluss von Barverfügungen führt dazu, dass nur bargeldlose Verfügungen möglich sind. Über die Einlage kann demnach durch Überweisung, Scheck oder Lastschrift verfügt werden und ist somit für den Zahlungsverkehr bestimmt. Das BAKred verneint daher beim Vorliegen eines Barabhebungen ausschließenden Sperrvermerkes eine Spareinlage i.S.d. RechKredV.[74]

d) Kreis der Einleger, § 21 Abs. 4 Satz 1 Nr. 3 RechKredV

42 Der Kreis der Einleger, von dem Spareinlagen hereingenommen werden dürfen, ergibt sich aus dem **Negativkatalog des § 21 Abs. 4 Satz 1 Nr. 3 RechKredV**, der diejenigen Unternehmen aufzählt, von denen keine Gelder als Spareinlagen hereingenommen werden dürfen. Grds. sind folgende juristische Personen und Unternehmen vom Einlegerkreis ausgeschlossen: Kapitalgesellschaften (AG, KGaA, GmbH einschließlich der Vorgesellschaften), Genossenschaften, wirtschaftliche Vereine i.S.d. § 22 BGB, Personenhandelsgesellschaften (OHG, KG) sowie Unternehmen mit Sitz im Ausland mit vergleichbarer Rechtsform. Diese Unternehmen sollen keine Spareinlagen begründen können, da sie ihre Geldmittel grds. im Geschäftsbetrieb oder im Zahlungsverkehr verwenden. Auch stehen ihnen regelmäßig sachgerechtere Geldanlagemöglichkeiten zur Verfügung.[75] Diese Unternehmen – gleich welcher Rechtsform – sind allerdings dann nicht vom Einlegerkreis ausgeschlossen, wenn sie gemeinnützigen, mildtätigen oder kirchlichen Zwecken dienen. Die in § 21 Abs. 4 Satz 1 Nr. 3 RechKredV verwandten Begriffe richten sich nach den Definitionen der §§ 52 bis 54 AO. Ob das Unternehmen zur Anlage einer privilegierten Spareinlage berechtigt ist, sollte sich das Kreditinstitut durch Vorlage der Satzung der Körperschaft oder der Bestätigung über die Anerkennung durch das Finanzamt nachweisen lassen.

43 Als Sparer kommen demnach in Betracht:

- **Natürliche Personen.** Auch von **Einzelfirmen,** § 17 HGB, können Gelder als Spareinlagen hereingenommen werden. Hier steht die natürliche Person, der Einzelhandelskaufmann, als Kontoinhaber im Vordergrund, auch wenn bei diesen Personen der Sparzweck – die Ansammlung und Anlage von Vermögen – zweifelhaft sein kann.[76] Die Einzelfirma wird auch nicht im Negativkatalog des § 21 Abs. 4 Satz 1 Nr. 3 RechKredV aufgeführt. Somit können auf

---

71 Vgl. BAKred-Schreiben v. 25.05.1982, I 3-241-4/82, Nr. 7; *Kaiser* WM 1996, 141 (142).
72 Vgl. oben Rdn. 27 bis 31.
73 BT-Drucks. 12/4876, S. 7.
74 BAKred-Schreiben v. 10.08.1995, I 3-241-1/92, abgedruckt bei *Reischauer/Kleinhans* Kza. 222 Nr. 13.
75 BT-Drucks. 12/4876, S. 7.
76 Hellner/Steuer/*Gößmann* 2/180; *Kaiser* WM 1996, 141 (144).

Firmenkonten, die auf den Namen einer Einzelfirma lauten, Spareinlagen hereingenommen werden, wobei immer darauf geachtet werden muss, dass das Sparkonto nicht für Zwecke des Zahlungsverkehrs verwendet wird.

- **Nicht rechtsfähige Personenvereinigungen**, wie z.B. Gesamthandsgemeinschaften (Erbengemeinschaften oder Mietergemeinschaften) oder GbR. Bei der **Partnerschaftsgesellschaft** handelt es sich wie bei der GbR zwar auch um einen Zusammenschluss von natürlichen Personen, sie setzt sich aber aus Freiberuflern und vergleichbaren Personen, die sich zur gemeinsamen Berufsausübung zusammengeschlossen haben, zusammen. Auch wenn die Partnerschaftsgesellschaft in § 21 Abs. 4 Satz 1 Nr. 3 RechKredV nicht explizit aufgeführt wird, dürfte sie vom Kreis der zulässigen Sparer ausgeschlossen sein.[77] Sie steht der offenen Handelsgesellschaft näher als der GbR. Die rechtliche Verselbstständigung kommt z.B. durch die Haftungsregelung des § 8 Abs. 1 PartGG mit der Anordnung der gesamthänderischen Haftung zum Ausdruck. Auch dürften die Gelder der Partnerschaftsgesellschaft regelmäßig nicht der Vermögensanlage dienen, sondern für den Zahlungsverkehr bestimmt sein.
- **Nicht wirtschaftliche Vereine**, wie z.B. der Idealverein i.S.d. §§ 21, 55 BGB. Da nur der nicht wirtschaftliche Verein im Vereinsregister eingetragen wird, kann das Kreditinstitut die Berechtigung zur Anlage von Spareinlagen durch einen Auszug aus dem Vereinsregister überprüfen. Auch politische Parteien und Gewerkschaften kommen als Gläubiger von Spareinlagen in Betracht, gleich ob sie als rechtsfähige oder nicht rechtsfähige Vereine geführt werden, ebenso wie Haus- und Grundbesitzervereine. Von wirtschaftlichen Vereinen hingegen dürfen keine Gelder als Spareinlagen angenommen werden. Dies gilt auch für den Verein auf Gegenseitigkeit (VaG) und den (kleinen) Versicherungsverein auf Gegenseitigkeit (VVaG), da hier der Zweck auf einen wirtschaftlichen Geschäftsbetrieb ausgerichtet ist.[78]
- **Juristische Personen des öffentlichen Rechts**, wie z.B. Kommunen, Gemeindeverbände und sonstige juristische Personen des öffentlichen Rechts (Körperschaften, Anstalten und Stiftungen). Diese müssen nicht mehr »dartun« – wie es noch in § 21 Abs. 3 KWG a.F. geregelt war –, dass die Gelder der Ansammlung oder Anlage von Vermögen dienen. I.Ü. erfasst der Negativkatalog des § 21 Abs. 4 Satz 1 Nr. 3 RechKredV nur noch juristische Personen des Privatrechts. Auch Genossenschaften des öffentlichen Rechts, wie z.B. Wald-, Jagd- und Fischereigenossenschaften dürften nicht vom Einlegerkreis ausgeschlossen sein.

Eine weitere Privilegierung ergibt sich für Unternehmen, die vom Kreis der Einleger ausgeschlossen 44
sind, wenn es sich bei den angenommenen Geldern um Sicherheiten gem. § 551 BGB oder § 14 Abs. 4 HeimG handelt. Nach der amtl. Begründung zur RechKredV sollen diese Gelder als Spareinlagen ausgewiesen werden können, weil es sich wirtschaftlich um Gelder von natürlichen Personen handelt.[79] Hierunter fallen zum einen Kautionen, die gem. § 551 BGB bei Wohnraummietverhältnissen zu leisten sind, und zum anderen Kautionen gem. § 14 Abs. 4 HeimG, der die Sicherheitsleistung zwischen Heimbewohnern und Heimträgern regelt. Aus der Verweisung auf den gesamten § 551 BGB ergibt sich, dass auch die nach dieser Vorschrift zulässigen Ersatzmöglichkeiten, wie z.B. die Hinterlegung der Sicherheit auf einem Sammelkonto i.V.m. einer Bankbürgschaft zugunsten des einzelnen Mieters, nicht eingeschränkt werden können.[80]

e) Kündigungsfrist, § 21 Abs. 4 Satz 1 Nr. 4 RechKredV

Spareinlagen müssen als **Kündigungsgelder** ausgestaltet sein, da es sich anders als bei den Sichtein- 45
lagen um Darlehensverträge handelt, bei denen die Rückzahlung der Einlage von einer vorherigen Kündigung des Kunden abhängt, § 488 Abs. 3 Satz 1 BGB.[81] § 21 Abs. 4 Satz 1 Nr. 4 RechKredV

77 Hellner/Steuer/*Gößmann* 2/180; *Kaiser* WM 1996, 141 (144).
78 *Reischauer/Kleinhans* Kza. 418 Rn. 21.
79 BT-Drucks. 12/4876, S. 7.
80 BT-Drucks. 12/4876, S. 7; *Reischauer/Kleinhans* Kza. 418 Rn. 22.
81 BGH, WM 1975, 733 (735); *Kümpel* Rn. 3.32; MüKo-BGB/*Berger* § 488 Rn. 225.

sieht vor, dass eine Einlage nur dann als Spareinlage anzusehen ist, wenn für sie eine Kündigungsfrist von mindestens 3 Monaten vereinbart wird. Die Vorgängerregelung in § 22 KWG a.F. sah in Abs. 1 noch eine »gesetzliche Kündigungsfrist« von 3 Monaten vor. Nach Abs. 2 war auch eine vereinbarte Kündigungsfrist zulässig, wobei diese mindestens 6 Monate betragen mussten. Spareinlagen mit einer vereinbarten Kündigungsfrist konnten erst nach einer Kündigungssperrfrist von 6 Monaten gekündigt werden. Diese Einschränkung hat der Gesetzgeber mit Einführung der RechKredV aufgehoben.[82] Der Kunde kann mit dem Kreditinstitut nach freiem Ermessen eine **längere Kündigungsfrist** vereinbaren, unter der Voraussetzung, sie ist länger als 3 Monate.[83] Wird hingegen eine kürzere Kündigungsfrist als 3 Monate vereinbart, wird die Spareinlage nicht mehr als privilegiert i.S.d. RechKredV angesehen.

46 Ebenso kann er je nach Produktgestaltung eine **Kündigungssperrfrist** vereinbaren, ohne an die frühere 6-Monatsfrist gebunden zu sein. Die Kündigungssperrfrist verstärkt den Spareinlagencharakter, wonach Gelder auf unbestimmte Zeit hereingenommen werden. Eine Kündigung, die innerhalb der Kündigungssperrfrist ausgesprochen wird, ist unwirksam. Das Kreditinstitut hat allerdings bei Einzahlungen zu beachten, dass für jede Einzahlung die Kündigungssperrfrist von Neuem zu laufen beginnt und über diese Einzahlungen erst nach Ablauf der jeweiligen Kündigungssperrfrist verfügt werden darf.[84]

47 Nach Auffassung des BAKred muss sich der Charakter der Spareinlage als Kündigungsgeld eindeutig aus den Vertragsbedingungen ergeben. So wurden bei Wachstumssparbüchern – Sparbüchern, bei denen die Verzinsung mit der Anlagedauer i.d.R. jährlich steigt – Formulierungen wie »Beginn der Laufzeit… Ende der Laufzeit…« oder »fällig am…« oder Klauseln wie »der Betrag wird bei Fälligkeit nach… Monaten ausgezahlt« beanstandet. Derartige Wendungen können wegen ihres eindeutigen Wortlautes aus der für die Beurteilung maßgeblichen Sicht des Sparers nur als vertragliche Vereinbarung einer Fälligkeit für die Rückzahlung der Einlagen gewürdigt werden, für die es danach einer Kündigung nicht mehr bedarf.[85] Damit ist die Einlage von vornherein mit einer Endbefristung angenommen worden und kann unabhängig davon, ob sie als »Spareinlage« gekennzeichnet oder eine Sparurkunde ausgefertigt wurde, nicht mehr als privilegierte Spareinlage gem. § 21 Abs. 4 RechKredV qualifiziert werden. Zu dem gleichen Ergebnis kommt das BAKred bei sog. »Zielsparverträgen« oder Bonussparverträgen, bei denen dem Sparer für seine regelmäßigen Sparleistungen ein in der Höhe nach der Sparzeitdauer gestaffelter Bonus gewährt wird. Solche Verträge sind zwar nach den Sparbedingungen als Spareinlagen mit dreimonatiger Kündigungsfrist zu führen. Zugleich wird aber bestimmt, dass der Zielsparvertrag mit Ablauf der vorgesehenen Sparzeit oder bei Eintritt besonderer Bedingungen endet und der Sparer dann über sein Guthaben ohne vorherige Kündigung verfügen kann. Da solche Abreden entgegen ihrer vertraglichen Kennzeichnung als Kündigungsgelder nicht ausnahmslos eine Kündigung voraussetzen, liegt ein Verstoß gegen § 21 Abs. 4 Satz 1 Nr. 3 RechKredV vor.[86]

48 Die Kündigung der Spareinlage hat zur Folge, dass auch die bereits gutgeschriebenen Zinsen von der Kündigung erfasst werden. Dies ergibt sich aus § 488 Abs. 2 BGB, wonach die Zinsen bei einem Darlehen, sofern nichts anderes bestimmt ist, nach dem Ablauf je eines Jahres und, wenn das Darlehen vor dem Ablauf eines Jahres zurückzuerstatten ist, bei der Rückzahlung des Darlehens zu entrichten sind. Zinsen, die dem Sparkonto gutgeschrieben werden, werden selbst zur Spareinlage und unterliegen insb. der für die Spareinlage maßgeblichen Kündigungsfrist, wenn sie nicht innerhalb von 2 Monaten nach Gutschrift – wie dies die meisten Sonderbedingungen ausdrücklich

82 BT-Drucks. 12/4876, S. 7.

83 *Kaiser* WM 1996, 141 (146).

84 Schimansky/Bunte/Lwowski/*Gößmann* § 71 Rn. 62.

85 BAKred-Schreiben v. 02.02.1982, I 3-242-1/77, abgedruckt bei *Reischauer/Kleinhans* Kza. 221 Nr. 2 Buchst. a).

86 BAKred-Schreiben v. 02.02.1982, I 3-242-1/77, abgedruckt bei *Reischauer/Kleinhans* Kza. 221 Nr. 2 Buchst. b).

vorsehen – vom Sparer verfügt werden.[87] Die Kündigung der Spareinlage muss aber auch die erst nach der Kündigung gutgeschriebenen Zinsen umfassen. Anderenfalls würde sich die Konsequenz ergeben, dass die Zinsen Jahr für Jahr selbstständig gekündigt werden müssten, dass sie demgemäß in mehreren Jahresraten ausgezahlt würden und dass letztlich durch die hierbei wieder anfallenden und gutgeschriebenen Zinseszinsen die Spareinlage mit immer kleiner werdenden Beträgen endlos fortbestehen würde, wenn sich der Sparer, wozu er nicht verpflichtet ist, entschließt, die vorzeitige Rückzahlung unter Inkaufnahme der Berechnung von Vorschusszinsen zu verlangen. Das BAKred vertritt die Meinung, dass eine derart unvernünftige Regelung vom Gesetzgeber nicht gewollt sein konnte.[88] Eine vorzeitige Rückzahlung liegt aus diesem Grund nicht vor, wenn die Spareinlage einschließlich der nach der Kündigung gutgeschriebenen Zinsen in einem Betrag zurückgezahlt wird.

Die Zinsen werden nur bei einer Kündigung der gesamten Spareinlage erfasst. In diesem Fall will 49
der Sparer das Konto auflösen und zum Fälligkeitstermin über die gesamte Einlage einschließlich der Zinsen verfügen. Bei einer **Teilkündigung der Spareinlage** beschränkt sich die Kündigung auf den gekündigten Betrag. Die auf diesen Teilbetrag entfallenden Zinsen werden von der Kündigung nicht erfasst.

Einzahlungen, die nach der Kündigung der Spareinlage noch erfolgen, können nicht von der Kün- 50
digung erfasst sein. Dies wäre mit dem Wesen der Spareinlage gem. § 21 Abs. 4 RechKredV nicht vereinbar, wonach es sich um unbefristete Gelder handeln muss. Bei der Hereinnahme der Gelder stünde fest, dass sie zu einem bestimmten Termin – dem Ablauf der Kündigungsfrist – fällig wären.[89] Gelder, die von vornherein befristet angenommen werden, gelten aber nicht als Spareinlagen. Für nachfolgende Einzahlungen beginnt daher die Kündigungsfrist jeweils neu.

Mit einer Kündigung darf die Zielsetzung des Sparens, die hereingenommenen Gelder dem Kredit- 51
institut für eine längere, unbestimmte Zeit zu überlassen, nicht umgangen werden. Mit dieser Argumentation hat das BAKred Gelder nicht als Spareinlagen anerkannt, wenn bei der Hereinnahme der Einlage oder im unmittelbaren zeitlichen Zusammenhang eine Kündigung ausgesprochen wird, oder wenn Kündigungen systematisch ausgesprochen werden, ohne dass zu den einzelnen Fälligkeitsterminen über das Guthaben verfügt wird. Solche Einlagen sind als Termingelder einzustufen, da es an der für eine Spareinlage erforderlichen Absicht des Anlegers, die Beträge dem Kreditinstitut länger und unbefristet zu überlassen, fehlt.[90]

Als Umgehung der Kündigungsvorschriften hat das BAKred auch **Beleihungszusagen** des Kredit- 52
institutes ggü. dem Einleger angesehen. Erteilt eine Bank Sparern bereits bei Abschluss des Sparvertrages die Zusage, auf deren Verlangen die Spareinlage zu beleihen, wirkt diese Verknüpfung von Einlagenannahme und Krediteinräumung im Ergebnis wie die Zusicherung der jederzeitigen Verfügbarkeit ohne Kündigung über die Spareinlage. Da hierdurch dem Ausnahmecharakter vorzeitiger Rückzahlung, wie er auch in § 21 Abs. 4 RechKredV zum Ausdruck kommt, in keiner Weise Rechnung getragen wird, betrachtet das BAKred derartige Beleihungszusagen als Umgehung einer ausdrücklichen gesetzlichen Entscheidung.[91] Dies gilt allerdings nur für Kreditzusagen, die im Zusammenhang mit dem Abschluss des Sparvertrages abgegeben werden. Nicht betroffen ist davon das Pfandrecht der Bank gemäß Nr. 14 der AGB-Banken, wonach Sparguthaben für Kredite haften.

87 BAKred-Schreiben v. 09.01.1975, I 3-242-17/74, abgedruckt bei *Reischauer/Kleinhans* Kza. 222 Nr. 6; Schimansky/Bunte/Lwowski/*Gößmann* § 71 Rn. 67.

88 BAKred-Schreiben v. 09.01.1975, I 3-242-17/74, abgedruckt bei *Reischauer/Kleinhans* Kza. 222 Nr. 6; Schimansky/Bunte/Lwowski/*Gößmann* § 71 Rn. 67.

89 *Reischauer/Kleinhans* Kza. 418 Rn. 26.

90 BAKred-Schreiben v. 20.10.1987, I 3-241-4/85; Rundschreiben der LZB Nordrhein-Westfalen v. 17.09.1986, 17/86, abgedruckt bei *Reischauer/Kleinhans* Kza. 222 Nr. 9 u. 10.

91 BAKred-Schreiben v. 02.02.1982, I 3-242-1/77, abgedruckt bei *Reischauer/Kleinhans* Kza. 221 Nr. 4 Buchst. e).

f) *Kündigungsfreibetrag, § 21 Abs. 4 Satz 2 RechKredV*

53 § 21 Abs. 4 Satz 2 RechKredV legt den Betrag fest, der ohne Kündigung vorschusszinsfrei abgehoben werden darf. »Sparbedingungen, die dem Kunden das Recht einräumen, über seine Einlagen mit einer Kündigungsfrist von drei Monaten bis zu einem bestimmten Betrag, der jedoch pro Sparkonto und Kalendermonat 2.000 € nicht überschreiten darf, ohne Kündigung zu verfügen, schließen deren Einordnung als Spareinlagen im Sinne dieser Vorschrift nicht aus«, § 21 Abs. 4 Satz 2 RechKredV.

54 Dieser Verfügungsfreibetrag ist im Laufe der Zeit ständig angehoben worden. Ursprünglich konnte nach § 22 Abs. 1 Satz 2 KWG a.F. lediglich ein Freibetrag von 1.000 DM in Anspruch genommen werden, der mit Wirkung vom 29.12.1971 auf 2.000 DM angehoben wurde.[92] Durch die 4. KWG-Novelle und die Einführung der RechKredV zum 01.07.1993 wurde der Freibetrag auf 3.000 DM erhöht. Damit sollte nach der Gesetzesbegründung den veränderten Lebensverhältnissen und der Preis- und Einkommensentwicklung seit 1971 Rechnung getragen werden.[93] Anders noch als die Vorgängerregelung des KWG stellt § 21 Abs. 4 Satz 2 RechKredV nicht mehr auf 30 Zinstage, sondern auf den Kalendermonat ab, sodass der Anleger ggf. innerhalb von 2 Bankarbeitstagen insgesamt 6.000 DM in zwei Tranchen abheben kann, sofern ein Monatswechsel dazwischen liegt.[94] Durch die Neuregelung wurden die Dispositionsmöglichkeiten der Sparer verbessert. Den Kreditinstituten bleibt es dabei unbenommen, Produktvarianten anzubieten, die bei voraussichtlich höherem Zins einen geringeren, aber keinen höheren ohne Kündigung verfügbaren Betrag vorsehen. Solche Einlagen verlieren dadurch nicht ihre Eigenschaft als privilegierte Spareinlagen im Sinne von § 21 Abs. 4 RechKredV. Mit dem Gesetz zur Anpassung bilanzrechtlicher Bestimmungen an die Einführung des Euro (Euro-Bilanzgesetz) wurde der Verfügungsfreibetrag über Spareinlagen mit einer Kündigungsfrist von 3 Monaten zum 01.01.2002 von 3.000 DM auf 2.000 € angehoben. Die Sonderbedingungen für den Sparverkehr haben die Veränderung der Freibetragsgrenzen jeweils nachvollzogen.

B. Arten von Sparkonten

I. Sonderbedingungen für den Sparverkehr

1. Einbeziehung der Sparbedingungen

55 Im Spareinlagengeschäft wird das rechtliche Verhältnis zwischen Kreditinstitut und Kunde durch die »Sonderbedingungen für den Sparverkehr« und die »Sonderbedingungen für den Sparverkehr (Loseblatt-Sparurkunden)« ausgestaltet.[95] Bei den Sonderbedingungen handelt es sich um Allgemeine Geschäftsbedingungen i.S.d. § 305 Abs. 1 BGB, da ebenfalls »für eine Vielzahl von Verträgen vorformulierte Vertragsbedingungen« vorliegen. Die Sonderbedingungen bedürfen daher nach § 305 Abs. 2 BGB der wirksamen Einbeziehung. In der Praxis werden die gesetzlich geforderten Einbeziehungsvoraussetzungen regelmäßig durch eine **Einbeziehungsklausel in den Kontoeröffnungsanträgen** erfüllt.

56 Zunächst enthält die Einbeziehungsklausel den ausdrücklichen Hinweis i.S.v. § 305 Abs. 2 Nr. 1 BGB, dass die Allgemeinen Geschäftsbedingungen, sofern sie nicht bereits im Rahmen einer schon bestehenden Geschäftsbeziehung vereinbart wurden, und die Sonderbedingungen für den Sparverkehr zur Grundlage der Sparkontoverträge gemacht werden. Dieser Hinweis muss so angeordnet

92 Vgl. Nachweis bei *Schebesta* BKR 2002, 564 (565).

93 BT-Drucks. 12/4876, S. 7.

94 *Schebesta* BKR 2002, 564 (565).

95 Die Sonderbedingungen sind in den Anlagen 1 und 2 abgedruckt und wurden dem »Handbuch der Volksbanken und Raiffeisenbanken«, DG Verlag, Wiesbaden, entnommen. Die Erläuterungen folgen der systematischen Darstellung.

und gestaltet sein, dass er von einem Durchschnittskunden auch bei flüchtiger Betrachtung nicht übersehen werden kann.[96] Ein Hinweis, der drucktechnisch hervorgehoben ist und sich unmittelbar über der Unterschriftszeile des Kunden befindet, genügt dieser Anforderung. Damit erfolgt der Hinweis auch »bei Vertragsschluss«, d.h. im Zusammenhang mit den Erklärungen, die zum Abschluss des konkreten Sparvertrages geführt haben.[97] Der Kunde muss weiterhin die **Möglichkeit** haben, **in zumutbarerweise von dem Inhalt der Sonderbedingungen Kenntnis zu nehmen**, vgl. § 305 Abs. 2 Nr. 2 BGB. Dies kann bspw. durch Auslage in den Geschäftsräumen der Bank erfolgen.[98] Der Kunde hat damit die Möglichkeit der Einsichtnahme; auf Wunsch erhält er sie auch ausgehändigt. Ob er vom Inhalt der Bedingungen auch tatsächlich Kenntnis genommen hat, ist unerheblich.[99] Es ist ausreichend, wenn ihm das Kreditinstitut die Möglichkeit zur Information eröffnet. Schließlich muss der Kunde mit der Geltung der Sonderbedingungen einverstanden sein, vgl. § 305 Abs. 2 letzter Halbs. BGB. Mit der Unterschrift auf dem Kontoeröffnungsantrag erklärt der Einleger sein **konkludentes Einverständnis** mit der Geltung der Sparbedingungen. Eine ausdrückliche Einverständniserklärung, die formularmäßig in die Einbeziehungsklausel eingebunden ist, wäre hingegen wegen § 309 Nr. 12 Buchst. b) BGB unwirksam.

Sofern die AGB-Banken bereits wirksam mit dem Kunden vereinbart wurden, sieht Nr. 1 Abs. 2 der AGB-Banken vor, dass Änderungen der Allgemeinen Geschäftsbedingungen und Sonderbedingungen dem Kunden schriftlich bekannt gegeben werden. Dass die Sparbedingungen in diesem Sinne »Sonderbedingungen« darstellen, wird in Nr. 1 Abs. 1 der AGB-Banken ausdrücklich festgelegt. Die Bekanntgabe kann durch Übersendung des Textes der geänderten Sonderbedingungen erfolgen, durch die Aushändigung am Schalter oder durch einen deutlich sichtbaren Aushang in den Geschäftsräumen der Bank.[100] Widerspricht der Kunde nicht innerhalb einer Frist von 6 Wochen nach Bekanntgabe der Änderungen, gelten diese als genehmigt. Auf diese Rechtsfolge ist er nach Nr. 1 Abs. 2 der AGB-Banken besonders hinzuweisen. Als AGB unterliegen die Sonderbedingungen der AGB-rechtlichen **Inhaltskontrolle** nach den §§ 307 ff. BGB.[101] 57

2. Sparurkunde

Die Sonderbedingungen für den Sparverkehr in ihren einzelnen, unterschiedlichen Fassungen sehen in Nr. 2 die Ausfertigung einer Sparurkunde bei der ersten Einlage vor. Dies kann das klassische Sparbuch oder aber die Loseblatt-Sparurkunde sein.[102] In beiden Fällen muss die Sparurkunde den Namen und die Anschrift des Sparers, die Nummer des Sparkontos sowie Angaben über eine ggf. vereinbarte Kündigungssperrfrist und die Kündigungsfrist enthalten. In der Sparurkunde sind alle Gutschriften und Belastungen zu vermerken, und – soweit es sich um Loseblatt-Urkunden handelt – im Sparkontoauszug auch der Kontostand auszuweisen. 58

a) Rechtsnatur des Sparbuches

Das Sparbuch ist ein Namenspapier (**Rektapapier**), weil es den Berechtigten namentlich benennt, und weil die Übertragung der Sparguthabenforderung nicht durch Übergabe des Sparbuches, sondern durch Abtretung des Rückzahlungsanspruches gem. § 398 BGB erfolgt.[103] Das Eigentum am Sparbuch folgt – wie bei allen Rektapapieren – gem. § 952 Abs. 1 BGB der Abtretung des Sparguthabens und nicht etwa nach den sachenrechtlichen Vorschriften der §§ 929 ff. BGB. Eigentümer 59

96 BGH, BB 1983, 2074.
97 Jauernig/*Stadler* § 305 Rn. 13.
98 BGH, WM 1988, 607 (610); LG Frankfurt am Main, WM 1992, 1103 (1105); Palandt/*Heinrichs* § 305 Rn. 34.
99 BGH, WM 1994, 2274 (2276).
100 Hellner/Steuer/*Gößmann* 2/217.
101 Schimansky/Bunte/Lwowski/*Gößmann* § 71 Rn. 4; *Rösler/Wimmer* BKR 2007, 8.
102 Zu den Begriffen s.o. Rdn. 36 bis 39.
103 BGH, WM 1992, 1522 (1523); BGH, WM 1987, 1038; Palandt/*Sprau* § 808 Rn. 2.

des Sparbuches ist der Inhaber des Sparkontos.[104] Kennzeichnend für Rektapapiere ist weiterhin, dass die Legitimation des Vorlegers als Gläubiger nicht ausschließlich durch das Sparbuch, sondern die materielle Berechtigung auch durch andere Umstände nachgewiesen werden kann.[105]

60 Da die gutgläubige Bank an jeden Vorleger des Sparbuches leisten kann, ist das Sparbuch als **qualifiziertes Legitimationspapier** einzuordnen.[106] Nach § 808 Abs. 1 Satz 1 BGB muss der Schuldner befugt sein, an jeden Inhaber mit befreiender Wirkung zu zahlen (sog. **Legitimations- oder Liberationswirkung**). Im Gegensatz zu den echten Inhaberpapieren, bei denen der Schuldner an den Inhaber der Urkunde leisten muss (§ 793 Abs. 1 BGB), kann die Bank an den Vorleger eines Sparbuches leisten, muss aber nicht.[107] Sie ist nicht verpflichtet, sondern nur berechtigt, die Verfügungsbefugnis des Vorlegers zu prüfen. Der Vorleger hat keinen Anspruch auf die Leistung, § 808 Abs. 1 Satz 2 BGB.

b) Vorlageverpflichtung

61 Die Sonderbedingungen für den Sparverkehr (Loseblatt-Sparurkunden) verzichten auf die Vorlageverpflichtung der Sparurkunde bei Rückzahlungen an den Kunden. Während § 21 Abs. 4 Satz 3 KWG a.F. noch forderte, dass Rückzahlungen nur gegen Vorlage des Sparbuches vorgenommen werden dürfen, enthält § 21 Abs. 4 RechKredV keinen Vorlegungszwang mehr. Gleichwohl finden sich in den Sonderbedingungen für den Sparverkehr noch Regelungen, nach denen »Spareinlagen nur gegen Vorlage der Sparurkunde zurückgezahlt werden«.[108] Interessant wird die jeweilige Fassung der Sonderbedingungen bei der Frage, ob sich die Bank bei einer Abtretung der Guthabenforderung mit Übergabe des Sparbuches auf § 407 Abs. 1 BGB berufen kann, wenn sie die Auszahlung der Einlage an den bisherigen Gläubiger geleistet hat. Unproblematisch ist dies dann, wenn die Sonderbedingungen keine Vorlageverpflichtung vorsehen. Hier wird die Bank auch durch eine Leistung an den an sich nicht mehr berechtigten, urkundenlosen Kontoinhaber befreit und genießt insoweit den Schutz des § 407 Abs. 1 BGB.[109] Für den Fall, dass die Sonderbedingungen allerdings eine Vorlageverpflichtung bestimmen, hat das OLG Hamm mit Urt. v. 04.11.1983 entschieden, die Bank könne sich nicht auf § 407 BGB berufen, wenn sie eine Spareinlage in Unkenntnis der Abtretung noch an den Altgläubiger auszahlt, ohne sich das Sparbuch vorlegen zu lassen.[110] Der Zessionar könne sich darauf verlassen, dass die Bank dem Vorlegungszwang genügen wird. Diese Entscheidung ist im Schrifttum auf Kritik gestoßen, da sie nicht das Wesen der Spareinlage als qualifiziertes Legitimationspapier berücksichtige. Das Sparbuch ist gerade kein Wertpapier, das die hierfür typische Umlauffähigkeit des verbrieften Forderungsrechtes erhöhen soll.[111] Eine solche Auslegung widerspreche auch dem Sparzweck, die Vermögensansammlung zu fördern, sodass § 407 BGB anwendbar bleiben müsse.[112]

c) Grenzen der Legitimationswirkung

62 Grds. hat das Sparbuch die in § 808 Abs. 1 Satz 1 BGB bezeichnete Legitimationswirkung, sodass das Kreditinstitut regelmäßig von seiner Leistungspflicht befreit wird, wenn es an den Inhaber des Sparbuches zahlt. Diese Legitimationswirkung gilt aber nicht uneingeschränkt. So ist in der Rechtsprechung und Literatur anerkannt, dass § 808 BGB nur den guten Glauben der Bank schützt und sich die Bank auf die Legitimationswirkung des § 808 BGB nicht berufen kann, wenn sie **positive**

---

104 BGH, WM 2005, 1216 (1217); OLG Koblenz, WM 1995, 1953 (1954); *Nobbe* Rn. 439.
105 Hellner/Steuer/*Gößmann* 2/196.
106 BGH, WM 1998, 1623 (1624); *Welter* WM 1987, 1117 (1118); *Reischauer/Kleinhans* Kza. 418 Rn. 8.
107 OLG Köln, WM 1995, 1956; Palandt/*Sprau* § 793 Rn. 1; *Welter* WM 1987, 1117 (1118).
108 So auch die als Anlage abgedruckten Sonderbedingungen für den Sparverkehr.
109 *Welter* WM 1987, 1117 (1119).
110 OLG Hamm, WM 1984, 801 (802); Palandt/*Sprau* § 808 Rn. 7.
111 *Kümpel* 3.103; *ders.*, WM 1984, 802 (804).
112 Schimansky/Bunte/Lwowski/*Gößmann* § 71 Rn. 44.

Kenntnis von der Nichtberechtigung des Vorlegers hat.[113] Die positive Kenntnis der Bank ist dann anzunehmen, wenn der Sparer den Verlust seines Sparbuches angezeigt hat oder der Vorleger des Sparbuches sich als Vertreter des Kontoinhabers ausgibt, obwohl die Bank weiß, dass die zugrunde liegende Vollmacht widerrufen wurde.

Eine Schuld befreiende Leistung kommt aber in analoger Anwendung des Art. 40 Abs. 3 Satz 1 WG auch dann nicht in Betracht, wenn sie die fehlende Berechtigung aufgrund **grober Fahrlässigkeit** nicht erkennt.[114] Z.T. wird die Einschränkung des Wortlautes des § 808 BGB auch mit dem Einwand unzulässiger Rechtsausübung gem. § 242 BGB begründet.[115] Grob fahrlässig handelt die Bank, wenn sie die im bankkaufmännischen Verkehr erforderliche Sorgfalt nach den gesamten Umständen des Einzelfalles in ungewöhnlich hohem Maße verletzt und dasjenige an Sorgfalt unbeachtet lässt, was jedem Bankangestellten hätte einleuchten müssen.[116] Die grobe Fahrlässigkeit kann sich auf Mängel der Verfügungs- und Vertretungsmacht beziehen. Es entspricht grds. dem Sinn und Zweck des § 808 Abs. 1 BGB, der die Funktionsfähigkeit, Unkompliziertheit und Schnelligkeit des Sparverkehrs sicherstellen soll, dass ein Sparguthaben auch durch einen vom Kontoinhaber beauftragten Dritten abgehoben werden kann. Eine Bank handelt grob fahrlässig, wenn sich ihr aus den Begleitumständen der Abhebung der Verdacht aufdrängen musste, dass der Vorleger des Sparbuches nicht der Kontoinhaber ist oder sonst nicht zur Abhebung berechtigt ist.[117] Die mangelnde Verfügungsbefugnis kann sich z.B. aus der Abhebung eines ungewöhnlich hohen Betrages ergeben.[118] In diesen Fällen kann sie sich nicht auf die Legitimationswirkung des Sparbuches berufen, sondern muss – bspw. anhand der Kontounterlagen – weitere Prüfungen vornehmen. 63

Die Bank ist in ihrem guten Glauben durch § 808 BGB jedoch dann geschützt, wenn sie an einen beschränkt geschäftsfähigen oder geschäftsunfähigen Kontoinhaber leistet. Wenn die Liberationswirkung schon bei der Leistung an einen Nichtberechtigten eintritt, muss dies erst recht bei einem Kunden gelten, der das Sparbuch vorlegt, aber geschäftsunfähig ist.[119] 64

Von der Legitimationswirkung des Sparbuches sind nur Willenserklärungen des Vorlegers umfasst, die zur **Entgegennahme der »versprochenen Leistung«** i.S.d. § 808 Abs. 1 Satz 1 BGB berechtigen. »Versprochen« ist diejenige Leistung, die den bei Begründung des Leistungsversprechens getroffenen vertraglichen Vereinbarungen entspricht.[120] Nur zur Abgabe solcher Erklärungen ist der Vorleger befugt. Änderungen des Sparvertrages selbst kann nicht er, sondern nur der Gläubiger der Spareinlage vornehmen. Dies gilt insb. für einen Sperrvermerk. Die Legitimationswirkung der Inhaberschaft des Sparbuches erstreckt sich nicht auf eine Erklärung, die die Aufhebung einer Sperre herbeiführen soll. Diese Vereinbarung kann nur mit dem wahren Gläubiger der Einlage getroffen werden.[121] 65

Weiterhin gilt dies für die Beachtung der vertraglich vereinbarten Kündigungs- und Kündigungssperrfrist. Der nicht berechtigte Inhaber des Sparbuches kann zunächst den vorschusszinsfreien Betrag von bis zu 2.000 € innerhalb eines Kalendermonats bei Sparkonten mit dreimonatiger Kündigungsfrist abheben. Er ist auch berechtigt, dass Sparguthaben unter Einhaltung der vertraglich vereinbarten Kündigungsfrist zu kündigen. Die Bank kann an ihn nach Ablauf der Kündigungsfrist die Spareinlage mit befreiender Wirkung auszahlen, wenn sie bis zur Auszahlung gutgläubig geblieben ist. Die Vereinbarung der Kündigungsfrist gehört zum **Inhalt des Leistungsversprechens**, 66

113 BGH, WM 1999, 1617 (1618); *Welter* WM 1987, 1117 (1123); Jauernig/*Stadler* § 808 Rn. 7.
114 OLG Düsseldorf, NJW 1987, 654 (655); OLG Düsseldorf, WM 1971, 231; Hellner/Steuer/*Gößmann* 2/201.
115 *Welter* WM 1987, 1117 (1123) m.w.N.
116 OLG Düsseldorf, WM 1984, 636.
117 LG Osnabrück, WM 1987, 1160 (1161); *Schraepler* NJW 1976, 21 (22).
118 Schimansky/Bunte/Lwowski/*Gößmann* § 71 Rn. 50 mit weiteren Beispielen.
119 Schimansky/Bunte/Lwowski/*Gößmann* § 71 Rn. 51.
120 BGH, NJW 1986, 2104 (2106); BGH, WM 1975, 733 (734).
121 BGH, NJW 1988, 2100 (2101); Jauernig/*Stadler* § 808 Rn. 9.

weshalb sich die Liberationswirkung auch nur hierauf beziehen kann.[122] Zahlt die Bank an den nicht berechtigten Vorleger mehr als 2.000 € innerhalb eines Kalendermonats ohne Kündigung aus und lässt sie ihn ohne Beachtung der dreimonatigen Kündigungsfrist über das Sparguthaben verfügen, kann sie sich nicht mehr auf die Legitimationswirkung berufen. Umstritten und nach wie vor nicht höchstrichterlich entschieden ist hierbei die Frage, ob die Bank bei einer Auszahlung an den nichtberechtigten Sparbuchinhaber über den Verfügungsfreibetrag gem. § 21 Abs. 4 Satz 2 RechKredV hinaus wenigstens i.H.d. Freibetrages von 2.000 € schuldbefreiend leisten kann. Ein Teil der Rechtsprechung lehnt eine Befreiung der Bank insgesamt ab. Die Bank sei zur Wiedergutschrift auch des Sockelbetrages verpflichtet und begründet dieses Ergebnis mit einer entsprechenden Anwendung der §§ 139, 266 BGB.[123] Die übrige Instanzenrechtsprechung kommt allerdings mit unterschiedlichen Begründungen zu dem Ergebnis einer Leistungsbefreiung i.H.d. Sockelbetrages.[124]

3. Gläubiger der Spareinlage

67 Im Einlagengeschäft kommt es nach ständiger Rechtsprechung für die Frage der Gläubigerstellung darauf an, wer nach dem erkennbaren Willen des die Kontoeröffnung beantragenden Kunden Gläubiger der Bank werden soll.[125] An ihn kann die Bank – abgesehen von den Fällen des § 808 BGB – mit befreiender Wirkung leisten. Da es sich bei der Spareinlage um einen Darlehensvertrag gem. § 488 Abs. 1 BGB handelt, ist Gläubiger der Spareinlage der Darlehensgeber und damit grds. der Einzahlende. Auf die Bezeichnung des Kontoinhabers bei der Eröffnung des Kontos kommt es im Gegensatz zu Girokonten nicht maßgeblich an.[126] Vielmehr kommt im Sparbereich dem **Besitz des Sparbuches** entscheidende Bedeutung zu. Nach herrschender Meinung in Rechtsprechung und Literatur hat dieses Indiz Vorrang ggü. der Bezeichnung des Kontoinhabers.[127] Legt jemand ein Sparkonto auf den Namen eines Dritten an, kommt es für die Frage, wer der Bank ggü. berechtigter Kontoinhaber geworden ist, nicht entscheidend darauf an, wer in der Kontobezeichnung aufgeführt ist oder aus wessen Mitteln die eingezahlten Gelder stammen. Maßgebend hierfür ist vielmehr, wer bei der Kontoerrichtung der Bank ggü. als Forderungsberechtigter oder Darlehensgeber aufgetreten ist. Unter Berücksichtigung der besonderen Umstände des Einzelfalles ist somit zu prüfen, wer nach dem erkennbaren Willen des die Einzahlung Bewirkenden Gläubiger der Bank werden sollte, wobei der Besitz am Sparbuch von indizieller Bedeutung sein kann.[128] Solange sich der Errichtende den Besitz am Sparbuch vorbehält, spricht dies für seine Gläubigerstellung, weil er sich die Verfügungsmöglichkeit über das Sparguthaben sichern will. Diese Interessenlage liegt häufig bei Schenkungen auf den Todesfall vor, bei denen die Beibehaltung des Buchbesitzes regelmäßig ein gewichtigeres Indiz für die Kontoinhaberschaft ist als die Benennung eines Dritten als Begünstigten.[129]

68 Andererseits können sich aus der Vereinbarung zwischen der Bank und dem Kontoerrichtenden Anhaltspunkte für das Gegenteil ergeben, insb. wenn das Kontoeröffnungsformular selbst eine Aussage zur Gläubigereigenschaft macht und den Kontoinhaber ausdrücklich als Gläubiger der Spareinlage bezeichnet.[130] Die Umstände der Kontoeröffnung können im Einzelfall so auszulegen sein, dass unabhängig von der Frage, wer im Besitz des Sparbuches ist, der Kontoinhaber als Gläubiger der Spareinlage anzusehen ist, wenn den Kontounterlagen ein Hinweis auf die Gläubigereigenschaft

122 BGH, WM 1975, 733 (736); BGH, WM 1965, 13; *Reischauer/Kleinhans* Kza. 418 Rn. 8.
123 LG Hamburg, WM 1983, 577; LG Essen, WM 1987, 1452 (1453).
124 OLG Hamm, WM 1989, 562 (565); LG München I, WM 1985, 599; LG Hamburg, WM 1987, 9; *Reischauer/Kleinhans* Kza. 418 Rn. 8.
125 BGH, WM 2005, 1216; BGH, NJW 1994, 931; BGH, WM 1990, 537 (538); *Nobbe* Rn. 429.
126 BGH, WM 1996, 249 (250); OLG Naumburg, WM 1998, 980.
127 BGH, WM 1972, 383; OLG Köln, WM 1995, 1956 (1957); *Kümpel* 3.135.
128 OLG Zweibrücken, WM 1990, 754 (755); OLG Köln, WM 1995, 1956 (1957); OLG Nürnberg, WM 1990, 928 (929); *Kümpel* 3.135.
129 LSG Rheinland-Pfalz, WM 1993, 837 (840); OLG Düsseldorf, WM 1993, 835 (836).
130 OLG Köln, WM 1995, 1956 (1957); OLG Nürnberg, WM 1990, 928 (929); *Reischauer/Kleinhans* Kza. 418 Rn. 10.

des Einzahlenden nicht entnommen werden kann.[131] So hat der II. Senat des BGH mit Urt. v. 25.04.2005 entschieden, wenn ein Dritter ohne jeden Vorbehalt auf ein Sparkonto, das ein anderer in seiner Gegenwart bei einem Geldinstitut eröffnet hat, eine Einzahlung vornimmt, sei der Kontoinhaber hinsichtlich der Spareinlage Gläubiger des Geldinstitutes und als solcher Eigentümer auch des für das Konto ausgestellten Sparbuches.[132] Dass der Einzahlende das Sparbuch an sich genommen hatte, gab dem BGH keine Veranlassung zu einer anderen rechtlichen Würdigung. Er sah hierin lediglich eine Verwahrung zugunsten des Kontoinhabers. Der X. Senat des BGH kam mit Urt. v. 18.01.2005 gerade zur gegenläufigen Schlussfolgerung.[133] Legt ein naher Angehöriger ein Sparbuch auf den Namen eines Kindes an, ohne das Sparbuch aus der Hand zu geben, so ist aus diesem Verhalten i.d.R. zu schließen, dass der Zuwendende sich die Verfügung über das Sparguthaben bis zu seinem Tode vorbehalten will und er damit alleiniger Inhaber der in dem Sparbuch verbrieften Forderung bleibt.

Anders als bei Spareinlagen kommt es bei Festgeldanlagen maßgeblich auf die Bezeichnung des Kontoinhabers an. Legen Eltern auf den Namen ihres minderjährigen Kindes Festgeld an, so können sie nicht mehr eigenmächtig über den Betrag verfügen, da allein das Kind Inhaber des Festgeldkontos und damit auch Eigentümer des angelegten Geldes wird. Das OLG Saarbrücken geht in seinem Urt. v. 28.12.2007 von einem Vertrag zugunsten Dritter aus.[134] Dem Inhalt der Kontoeröffnungsunterlagen kommt in solchen Fällen ein gesteigerter Indizwert zu. Ist dort ohne jeden Vorbehalt ein Kontoinhaber bezeichnet, wird dieser selbst dann Gläubiger der Bank, wenn die auf dem Konto gutgeschriebene Valuta vom Konto eines Dritten stammt. **69**

4. Minderjährige Kontoinhaber

Nach §§ 107, 108 BGB kann ein Minderjähriger einen Vertrag, der ihm nicht »lediglich einen rechtlichen Vorteil bringt«, wirksam nur mit Einwilligung seines gesetzlichen Vertreters abschließen. Da es sich bei Spareinlagen um Darlehensverträge handelt, bedarf die Eröffnung und Führung eines Sparkontos der Zustimmung der gesetzlichen Vertreter. Bei der Anlegung von Kindesvermögen sind die Eltern verpflichtet, das Geld mündelsicher anzulegen und die Grundsätze einer wirtschaftlichen Vermögensverwaltung zu beachten (vgl. § 1642 BGB). Das Gesetz geht in § 1629 Abs. 1 Satz 2 BGB von der **gemeinschaftlichen Vertretungsbefugnis** aus. Durch Rechtsgeschäft können sich die Eltern gegenseitig zur **Alleinvertretung** ermächtigen, wie dies die meisten Sparkontoeröffnungsanträge vorsehen. Auch ohne eine solche Vereinbarung ist es in der Bankpraxis aus geschäftspolitischen Überlegungen und unter Inkaufnahme der Rechtsrisiken üblich, ein Elternteil allein ein Sparkonto eröffnen zu lassen und Verfügungen zuzulassen, ohne die Zustimmung des anderen Elternteils einzuholen.[135] **70**

Wollen die Eltern über die Sparguthaben ihrer Kinder verfügen, stellt sich die Frage, in welchem Umfang sie über dieselben verfügen können. Der BGH hat sich in seinem Urt. v. 15.06.2004 mit den Pflichten eines Kreditinstitutes bei der Rückabwicklung von Eltern-Kind-Zuwendungen befasst.[136] Dem lag folgender Sachverhalt zugrunde: Die minderjährigen Kinder, vertreten durch ihre Eltern, verlangten von der beklagten Sparkasse die Überweisung gekündigter Spareinlagen auf ein Konto ihrer Eltern. Die Spareinlagen waren für beide Konten der Kläger befristet auf den 31.03.2000. Kurz vor Fälligkeit wiesen die Eltern die Beklagte an, von den Konten der Kläger ca. 60.000 DM und ca. 90.000 DM auf eines der Elternkonten zu überweisen, was die beklagte Sparkasse ablehnte. Die Kläger machten geltend, ihre Eltern hätten das Geld in der irrigen Annahme, Kapitalertragsteuer sparen zu können, auf ihre Konten überwiesen; diese hätten ihnen das **71**

131 BGH, NJW 1994, 931.
132 BGH, NJW 2005, 2222.
133 BGH, NJW 2005, 980; so auch VGH Baden-Württemberg, NJW 2011, 166.
134 OLG Saarbrücken NJW-Spezial 2008, 422; ähnlich LG Weiden – 12 O 222/09.
135 BAKred-Schreiben v. 22.03.1995, I 2-72-2/93, abgedruckt bei *Reischauer/Kleinhans* Kza. 281, Nr. 20.
136 BGH, NJW 2004, 2517.

Geld nicht schenken wollen, sondern sich vorbehalten, jederzeit darüber verfügen zu können. Die Sparkasse hingegen ging von einer Schenkung aus und hielt die Mitwirkung des Familiengerichtes gem. § 1693 BGB durch Bestellung eines Ergänzungspflegers, § 1909 BGB, für erforderlich. Die erste Instanz ist dieser Argumentation gefolgt. Gem. § 1629 Abs. 2 BGB können die Eltern ihr Kind nicht vertreten, wenn nach § 1795 BGB ein Vormund von der Vertretung des Kindes ausgeschlossen ist. § 1795 Abs. 2 i.V.m. § 181 BGB enthalte ein Verbot des Selbstkontrahierens. Dieses Verbot hätten die Eltern missachtet.

72 Der BGH stellte klar, dass bei einer Überweisung gem. § 676a BGB, bei der sich die Eltern als gesetzliche Vertreter einen Geldbetrag aus dem Sparkonto des Kindes auf ein eigenes Konto überweisen lassen, **kein In-sich-Geschäft gem. § 181 BGB** vorliegt. Die Vertretungsmacht der Eltern ist nicht durch §§ 1629 Abs. 2, 1795 Abs. 2, 181 BGB ausgeschlossen. Da der Überweisungsvertrag mit der Sparkasse als Überweisungsbank, nicht aber mit den Eltern als Überweisungsempfängern zu schließen ist, fällt er nicht in den Anwendungsbereich des § 181 BGB. Diese Vorschrift gilt für Überweisungen des Vertreters des Kontoinhabers auf ein Konto des Vertreters weder unmittelbar noch analog.[137] Weiterhin führte der BGH aus, dass die Eltern auch nicht durch § 1641 Satz 1 BGB in ihrer Vertretungsmacht eingeschränkt sind. Nach § 1641 BGB können Eltern in Vertretung ihres Kindes keine Schenkungen aus dessen Vermögen tätigen. Nach Auffassung des BGH erfasse § 1641 Satz 1 BGB nur Rechtsgeschäfte zwischen Kindern als Schenkern und den Beschenkten, schränke aber, anders als etwa §§ 1643 Abs. 1, 1822 Nr. 8 BGB, im Außenverhältnis zur Bank die Vertretungsmacht der Eltern zum Abschluss eines Überweisungsvertrages nicht ein.[138]

73 Schließlich ist auch **kein objektiv evidenter Missbrauch der elterlichen Vertretungsmacht** anzunehmen. Grds. hat der Vertretene das Risiko eines Vollmachtsmissbrauches zu tragen. Den Vertragspartner trifft keine Prüfungspflicht, ob und inwieweit der Vertreter im Innenverhältnis gebunden ist, von seiner nach außen unbeschränkten Vertretungsmacht nur begrenzten Gebrauch zu machen. Der Vertretene ist gegen einen erkennbaren Missbrauch der Vertretungsmacht im Verhältnis zum Vertragspartner nur dann geschützt, wenn der Vertreter von seiner Vertretungsmacht in ersichtlich verdächtiger Weise Gebrauch gemacht hat, sodass beim Vertragspartner begründete Zweifel bestehen müssen, ob nicht ein Treueverstoß des Vertreters ggü. dem Vertretenen vorliege. Notwendig ist dabei eine massive Verdachtsmomente voraussetzende **objektive Evidenz des Missbrauchs.**[139] Nur diese Fälle können dazu führen, dass das Kreditinstitut berechtigt und verpflichtet ist, einzugreifen. Aufgrund dieser Maßstäbe und Wertungen wird das Haftungsrisiko des Kreditinstitutes ggü. dem Kontoinhaber erheblich reduziert. Der BGH verneint die objektive Evidenz und kommt zu dem Ergebnis, eine Schenkung könne nicht allein deshalb angenommen werden, weil die Eltern durch die Einzahlung des Geldes auf Sparkonten ihrer Kinder ihre ESt vermindern wollten. Zwar spricht einiges dafür, dass die Kinder materiell-rechtlich Inhaber der Sparkonten und der Einlagenforderungen wurden. Aber auch unter Berücksichtigung des § 39 AO sowie der Angaben der Eltern zu § 8 GwG rechtfertige sich nicht mit Evidenz die Annahme, dass sich die Kinder und ihre Eltern über die Unentgeltlichkeit der Zuwendung einig waren (§ 516 Abs. 1 BGB).[140] Der BGH verpflichtete daher die Sparkasse zur Ausführung der Überweisungen.

74 Eine Einschränkung der elterlichen Vertretungsbefugnis kann sich aus § 1638 BGB ergeben. Nicht selten werden Verträge zugunsten Dritter (Großeltern-Enkel-Fälle) mit der Bestimmung abgeschlossen, dass die Vermögenssorge der Eltern ausgeschlossen sein soll, weil die Großeltern den Zugriff der gesetzlichen Vertreter auf das Sparguthaben – aus welchen Gründen auch immer – vermeiden

137 BGH, NJW 2004, 2517 (2518); BGH, WM 1958, 552 (553).
138 BGH, NJW 2004, 2517 (2518); a.A. *Madaus* BKR 2006, 58.
139 BGH, NJW 1994, 2082 (2083); BGH, WM 1992, 1362 (1363); BGH, WM 1999, 1617 (1618).
140 BGH, NJW 2004, 2517 (2518); a.A. mit guten Gründen *Klein/Meinhardt* BKR 2004, 180.

möchten. Der Ausschluss bezieht sich hierbei auch auf die gesetzliche Vertretung.[141] Dadurch entsteht verwaltungsfreies Vermögen. Für die weitere Verwaltung ist gem. § 1909 Abs. 1 Satz 2 BGB ein Pfleger zu bestellen.[142]

Eine Genehmigung des Vormundschaftsgerichtes nach § 1822 Nr. 1 BGB ist nicht erforderlich, 75
wenn die Eltern über das Sparguthaben, selbst wenn es das ganze Vermögen des Kindes darstellt, verfügen wollen. § 1822 Nr. 1 BGB ist nur anwendbar bei einer Verpflichtung zur Verfügung über das Vermögen im ganzen, nicht hingegen bei einem Rechtsgeschäft, das nur ein einzelnes Vermögensstück betrifft.[143]

Bei Kapitalanlagen mit der Verpflichtung zu wiederkehrenden Leistungen, z.B. bei Ratensparver- 76
trägen (Ansparverträge), Bausparverträgen oder Versicherungen, ist § 1822 Nr. 5 BGB zu beachten, wenn eine Sparverpflichtung begründet wird, die länger als ein Jahr nach Eintritt der Volljährigkeit fortdauern soll. Zur Wirksamkeit bedürfen solche Verträge der vormundschaftlichen Genehmigung, selbst wenn der gesetzliche Vertreter dem Abschluss des Vertrages zugestimmt haben sollte, und soweit eine Rechtspflicht zu regelmäßigen Einzahlungen begründet wird. Bis zur Genehmigung durch das Vormundschaftsgericht ist der Vertrag schwebend unwirksam, § 1829 Abs. 1 BGB. Der volljährig gewordene Sparer kann jedoch die fehlende Genehmigung ersetzen (§ 1829 Abs. 3 BGB). Da in der Praxis durch Sparpläne und Bausparverträge keine Rechtspflicht für den Minderjährigen begründet wird, regelmäßige Beträge einzuzahlen, ist für diese Verträge eine vormundschaftliche Genehmigung nicht erforderlich. Eine Zahlungseinstellung hat für den Minderjährigen allenfalls die Konsequenz, einen Prämienanspruch zu verlieren.[144]

Die Rückzahlung einer Spareinlage an den minderjährigen Kontoinhaber gegen Vorlage des Spar- 77
buches ist ohne Einwilligung des gesetzlichen Vertreters wirksam, sofern die Bank nicht unredlich handelt.[145] Zwar hat die Auszahlung des Barbetrages für den Minderjährigen zugleich den Verlust seiner Forderung aus dem Sparvertrag zur Folge. Die Bank ist allerdings aufgrund der Legitimationswirkung des § 808 BGB zur Auszahlung an den minderjährigen Kontoinhaber berechtigt. Der Schutz des § 808 BGB erfasst auch die mangelnde oder beschränkte Geschäftsfähigkeit, da allein an den Besitz der Urkunde geknüpft wird. Unredlich handelt die Bank erst, wenn sie weiß, dass die Eltern der Auszahlung widersprochen haben oder positive Kenntnis von der eigenmächtigen Entwendung des Sparbuches haben.[146] In der Bankpraxis sehen die Sparkontoeröffnungsformulare häufig eine Wahlmöglichkeit der gesetzlichen Vertreter darüber vor, ob der Minderjährige Kontoverfügungen (Bareinzahlungen und Auszahlungen) allein oder nur mit Zustimmung der Eltern vornehmen darf.

Eine Ausnahme gilt im Rahmen von § 110 BGB. **Taschengeld**, das dem Minderjährigen zur frei- 78
en Verfügung von dem gesetzlichen Vertreter oder mit dessen Zustimmung von einem Dritten überlassen wurde, kann er in einem Sparvertrag anlegen und verfügen, ohne dass er hierzu der Zustimmung seiner Eltern bedarf. Gleiches trifft auch für Vergütungen zu, die er aufgrund eines **Arbeitsverhältnisses** oder eines **Ausbildungsverhältnisses**, § 113 BGB, erhalten hat. Sind die gesetzlichen Vertreter mit der Eingehung eines solchen Vertrages einverstanden, bezieht sich die durch § 113 BGB verliehene Teilrechtsfähigkeit des Minderjährigen nicht nur auf die Entgegennahme der Vergütung, sondern auch auf die Möglichkeit, diese Gelder auf ein Sparkonto einzuzahlen und abzuheben.[147]

141 BGH, NJW 1989, 984.
142 Schimansky/Bunte/Lwowski/*Gößmann* § 71 Rn. 11.
143 Palandt/*Diederichsen* § 1822 Rn. 3.
144 BAKred-Schreiben v. 22.03.1995, I 2-72-2/93, abgedruckt bei *Reischauer/Kleinhans* Kza. 281 Nr. 20.
145 OLG Düsseldorf, WM 1971, 231 (233); *Vortmann* WM 1994, 965 (966).
146 *Vortmann* WM 1994, 965 (966); Schimansky/Bunte/Lwowski/*Gößmann* § 71 Rn. 13.
147 *Liesecke* WM 1975, 286 (298); *Reischauer/Kleinhans* Kza. 418 Rn. 12.

5. Pfändung, Abtretung und Verpfändung

a) Pfändung

79 Die Forderung aus der Spareinlage ist der Rückzahlungsanspruch aus dem Darlehensvertrag und damit eine Geldforderung, die nach § 829 ZPO pfändbar ist. Das Sparbuch selbst kann nicht Gegenstand eines Pfandrechts sein, weil es nicht selbstständig Träger eines Rechts aus der Spareinlage, sondern nur qualifiziertes Legitimationspapier ist. Das Sparbuch kann somit nicht als körperliche Sache gepfändet werden. Gem. § 836 Abs. 3 Satz 1 ZPO hat der Schuldner nach Überweisung der gepfändeten Forderung zu ihrer Geltendmachung das Sparbuch an den Gläubiger herauszugeben. Die Herausgabe des Sparbuchs kann durch den Gläubiger im Wege der Zwangsvollstreckung durchgesetzt werden (§§ 836 Abs. 3 Satz 3, 883 Abs. 1 ZPO). Der Gläubiger ist auf den Besitz des Sparbuchs angewiesen, da das Kreditinstitut z.B. nach Nr. 8 der Sonderbedingungen für den Sparverkehr erst gegen Vorlage der Sparurkunde das Guthaben ausbezahlt. Im Überweisungsbeschluss ist die herauszugebende Urkunde so genau wie möglich zu bezeichnen, wobei die Angabe der Sparbuchnummer nicht erforderlich ist.[148]

80 Eine Besonderheit ergibt sich für das **prämienbegünstigte Sparen**. Bei einem solchen Vertrag gibt die Pfändung dem Gläubiger ggü. der Bank als Drittschuldnerin nur das Recht, die Auszahlung des Sparguthabens nach Ablauf der vertraglich vereinbarten Festlegungsfrist zu verlangen. Der Gläubiger ist hier genauso wie der Sparer selbst an die vertraglich vereinbarte Festlegungsfrist gebunden. Vor deren Ablauf ist der Rückzahlungsanspruch mangels wirksamer Kündigung nicht fällig.[149]

81 Findet der Schuldner das Sparbuch nicht mehr, ist er verpflichtet, auf Antrag des Gläubigers zu Protokoll an Eides statt zu versichern, dass er die Urkunde nicht besitzt und auch nicht weiß, wo sie sich befindet, § 883 Abs. 2 ZPO. Der Gläubiger kann daraufhin die Kraftloserklärung des Sparbuchs entweder nach § 1023 ZPO oder bei Sparkassen als internes Aufgebotsverfahren einleiten. Bei einem gemeinschaftlichen Sparbuch mit Einzelverfügungsbefugnis (Oder-Sparkonto) kann der Gläubiger eines Kontoinhabers seinen Anspruch auf die gesamte Spareinlage pfänden. Bei einem in der Praxis eher seltenen Sparbuch mit gemeinsamer Verfügungsbefugnis (Und-Sparkonto) ist hingegen ein Vollstreckungstitel gegen alle Mitglieder der Gemeinschaft erforderlich, soweit es sich um eine Gesamthandsgemeinschaft handelt. Bei einer Bruchteilsgemeinschaft können die anteilige Einlagenforderung und die Ansprüche an die Gemeinschaft gepfändet werden.[150]

b) Abtretung

82 Die Übertragung der Einlagenforderung erfolgt formlos gem. § 398 BGB durch Abtretung. Dies gilt sowohl für das Sparbuch und die Loseblatt-Urkunde als auch für Sparbriefe und Sparkassenzertifikate.[151] Eine Aushändigung der Sparurkunde ist nicht erforderlich.[152] Aufgrund seiner Eigenschaft als qualifiziertes Legitimationspapier gilt für den Eigentumsübergang des Sparbuches § 952 BGB, d.h. »das Recht am Papier folgt dem Recht aus dem Papier«. Einer Übertragbarkeit durch Abtretung steht weder § 399 BGB noch der Sparzweck – Anlage und Ansammlung von Vermögen – entgegen.[153]

83 In der Übergabe des Sparbuches kann aber eine stillschweigende Zession liegen.[154] Dem Vorleger des Sparbuches kommt jedoch die Vermutung des § 1006 BGB nicht zugute, wenn die materielle

148 Ausführlich zur Pfändung und deren Voraussetzungen: *Stöber* Rn. 332.

149 Streitig, vgl. *Reischauer/Kleinhans* Kza. 418 Rn. 15.

150 *Stöber* Rn. 342.

151 OLG Oldenburg, WM 1998, 2239 (2241); *Nobbe* Rn. 456.

152 OLG Oldenburg, WM 1998, 2239 (2241); Palandt/*Grüneberg* § 398 Rn. 8.

153 Schimansky/Bunte/Lwowski/*Gößmann* § 71 Rn. 17.

154 BGH, WM 1965, 897 (900); OLG Köln, NJW-RR 1996, 236; OLG Düsseldorf, MDR 1999, 174; *Liesecke* WM 1975, 286 (299); Jauernig/*Stadler* § 398 Rn. 10.

Berechtigung angezweifelt wird. § 1006 BGB gilt nicht für Urkunden im Sinne von § 952 BGB, da hier gerade keine Übereignung durch Besitzübertragung nach § 929 BGB erfolgt. Die Vermutung des § 1006 BGB setzt zudem das Zusammentreffen von Besitz- und Eigentumserwerb voraus.[155]

c) Verpfändung

Die Verpfändung der Sparguthabenforderung erfordert gem. §§ 1273, 1274, 1205, 398 BGB die Abtretung der Forderung mit der Bestimmung, dass sie dem Abtretungsempfänger verpfändet wird. Dabei ist zu beachten, dass eine Verpfändung immer die Anzeige an die Bank voraussetzt (§ 1280 BGB), die insofern unabdingbare Wirksamkeitsvoraussetzung ist. Ohne die Verpfändungsanzeige muss die Bank auch nicht die Abtretung gegen sich gelten lassen.[156] 84

Durch die Einbeziehungsklausel der AGB in den Sparkontoverträgen erwirbt das Kreditinstitut nach Nr. 14 der AGB-Banken bzw. Nr. 21 AGB-Sparkassen ein Pfandrecht an der Sparguthabenforderung. Das **AGB-Pfandrecht** entsteht im Zeitpunkt der Kontoeröffnung und deckt auch die Sicherung künftiger und bedingter Ansprüche ab. Wegen § 1209 BGB geht das AGB-Pfandrecht einem später bestellten Pfandrecht vor.[157] Es steht dem Kreditinstitut offen, sein AGB-Pfandrecht zugunsten einer späteren Verpfändung freizugeben und diese gegen sich gelten zu lassen. Ein Verzicht auf das Pfandrecht ist bspw. dann anzunehmen, wenn die Bank bei einem Sparbuch des Kunden (Mieter) den Vermerk »gesperrt wegen Mietkaution« anbringt. Durch diesen Vermerk hat die Bank bei dem Vermieter den Anschein erweckt, die Forderung sei gewissermaßen für ihn reserviert. Er durfte aufgrund des Vermerks annehmen und darauf vertrauen, dass er nach Übergabe des Sparbuches wegen seiner Forderung aus dem Mietverhältnis i.H.d. eingezahlten Betrages und der aufgelaufenen Zinsen gesichert sei. An dem so geschaffenen Anschein muss sich die Bank nach Treu und Glauben festhalten lassen.[158] 85

6. Beweiswert der Sparurkunde

Die »vergessenen« oder ererbten Sparbücher oder die sog. »Altsparbuchfälle« beschäftigen immer wieder die Rechtsprechung. Vor diesem Hintergrund stellt sich die Frage nach der Beweiskraft der Sparurkunde und der Beweislastverteilung. Nach der allgemeinen zivilprozessualen Verteilung der Beweislast hat der Sparer das Bestehen sowie die Höhe des Guthabens, das Kreditinstitut hingegen die Auszahlung zu beweisen.[159] Durch die Vorlage des Sparbuchs kommt der Kunde seiner Darlegungsobliegenheit regelmäßig nach. Ein Sparbuch hat nach allgemeiner Meinung nämlich den Charakter einer für den Bankkunden sprechenden Beweisurkunde.[160] Das Sparbuch ist beweisrechtlich eine **Privaturkunde gem. § 416 ZPO**, sofern es unterschriebene Eintragungen enthält. Eine Urkunde nach § 416 ZPO enthält die Vermutung der Vollständigkeit und Richtigkeit der in ihr aufgenommenen Erklärungen (formelle Beweiskraft). Allein durch die Vorlage des Sparbuchs kann der Sparer also beweisen, dass das Sparguthaben der im Buch eingetragenen Höhe nach besteht. Ob die Erklärungen inhaltlich richtig sind (materielle Beweiskraft), unterliegt dagegen der freien Beweiswürdigung gem. § 286 ZPO.[161] Enthält die Sparurkunde nur maschinelle Eintragungen, unterliegen diese ebenfalls der freien Beweiswürdigung.[162] Es steht der Bank offen, bei einem Sparbuch – auch wenn es keinen Auszahlungs- oder Auflösungsvermerk enthält – einen niedrigeren Guthabenstand oder die Auflösung der Spareinlage nachzuweisen. Als Schuldnerin trägt sie die volle Beweislast für die Erfüllung der Spareinlagenforderung gem. § 362 BGB. Mit 86

155 Palandt/*Bassenge* § 1006 Rn. 4; Jauernig/*Stadler* § 398 Rn. 10.
156 RGZ 124, 217 (220); OLG Nürnberg, WM 1998, 1968 (1969); *Liesecke* WM 1975, 286 (299).
157 Palandt/*Bassenge* § 1209 Rn. 2.
158 BGH, WM 1985, 78 (80); OLG Nürnberg, WM 1998, 1968 (1969).
159 BGH, WM 2002, 1652; OLG Frankfurt am Main, WM 2001, 2298; ZIP 2011, 1095-1097.
160 KG, Berlin, WM 1992, 979 (980); OLG Köln, WM 1993, 1791 (1792).
161 BGH, WM 2002, 1652 (1653); B/L/A/H/*Hartmann* § 416 Rn. 7; *Welter* WM 1987, 1117 (1121).
162 OLG Hamm, WM 1987, 1097 (1098); Schimansky/Bunte/Lwowski/*Gößmann* § 71 Rn. 33.

der Vorlage **bankinterner Unterlagen** allein kann die Bank die Unrichtigkeit eines Sparbuchs noch nicht beweisen.[163] Nach der Rechtsprechung sind für die Widerlegung der Richtigkeit des im Sparbuch wiedergegebenen Guthabens ähnliche Grundsätze maßgeblich, wie sie für die Widerlegung einer **Bankquittung** entwickelt worden sind.[164] An die Erschütterung der Beweiskraft eines Sparbuchs werden demnach hohe Anforderungen gestellt. Es ist zu berücksichtigen, dass es Sache der Bank ist, die Abwicklung des Sparvertrages und die Verbuchungen im Sparbuch so vorzunehmen, dass Fehler vermieden werden. Zu diesem Zweck setzen die Kreditinstitute regelmäßig besonders geschultes Personal ein und stellen durch bankinterne organisatorische Maßnahmen die Zuverlässigkeit der Geschäftsabwicklung sicher. Daher dürfen der Sparer und der Rechtsverkehr insgesamt erwarten, dass die Eintragungen in einem Sparbuch zutreffen.[165] Nach der Rechtsprechung sollen weder die Eintragungen der Sparkontolöschung in ein Register oder die Vorlage eines EDV-Belegs über die Löschung noch die Nichterwähnung des Sparkontos in der Zinskapitalisierungsliste oder in anderen Belegen geeignet sein, die Auszahlung des Sparguthabens an den Sparer wenigstens zu indizieren.[166] Da bankinterne Vorgänge häufig weder durch Unterschrift noch durch Paraphe verifiziert werden, ist es für den Sparer deutlich erschwert, ihre Richtigkeit oder Unrichtigkeit zu belegen.[167] Die Rechtsprechung sieht in der Eintragung im Sparbuch sogar ein **außergerichtliches Geständnis**, dass der Kontoinhaber die ausgewiesene Spareinlage eingezahlt hat.[168] Damit wird die Beweisführung in Bezug auf einen niedrigeren Saldo oder die Auflösung anhand intern geführter Kontounterlagen erheblich erschwert, wenn nicht sogar unmöglich gemacht. Diese Rechtsprechung hat das OLG Celle mit Urt. v. 18.06.2008 fortgeführt und noch einmal klargestellt, dass bankinterne Unterlagen sowie der bloße Zeitablauf seit Ausgabe des Sparbuchs oder seit der letzten Eintragung darin für sich genommen keine Beweislastumkehr zugunsten der Bank rechtfertigen.[169]

87 Treten allerdings weitere Umstände hinzu, kann den bankinternen Unterlagen nach der Rechtsprechung ein größeres Gewicht beizumessen sein. Im Rahmen der Beweiswürdigung kann dem **Zeitablauf** eine besondere Bedeutung zukommen, wenn das Sparbuch bspw. erst Jahrzehnte nach der letzten Eintragung vorgelegt wird. Die Rechtsprechung hat in diesen Fällen die Beweiskraft eines Sparbuchs als erschüttert angesehen, ohne freilich eine **Umkehr der Beweislast** zugunsten der Kreditinstitute anzunehmen.[170] Aber auch hier ist die Rechtsprechung der Oberlandesgerichte nicht einheitlich. Das OLG Frankfurt hat in seinem Urteil vom 16.02.2011 entschieden, dass allein die außergewöhnliche Höhe des Sparguthabens und die **Dauer der Umsatzlosigkeit** des Sparbuches von etwa 50 Jahren den Beweiswert nicht erschüttern.[171] Eine Beweislastumkehr rechtfertigt sich auch nicht allein durch den **Ablauf der handelsrechtlichen Aufbewahrungsfristen**.[172] Nach der Rechtsprechung steht die Beweislastverteilung nicht im Widerspruch zur Regelung des § 257 Abs. 4 HGB, wonach für Handelsbücher eine Aufbewahrungspflicht von 10 Jahren besteht. Diese Vorschrift hat eine unmittelbare Bedeutung allein für die Frage, ob die Buchhaltung ordnungsgemäß ist. Für die prozessuale Beweislast ist maßgebend, dass den Eintragungen in einem Sparbuch deshalb besonderes Gewicht zukommt, weil Auszahlungen und Auflösungen grundsätzlich nicht ohne Buchvorlage vorgenommen werden. Schon wegen der für den Auszahlungsvorgang geltenden regelmäßigen Verjährungsfrist sind die Kreditinstitute gehalten, Belege über Buchungsvorgänge über die handelsrechtlichen Aufbewahrungsfristen hinaus bis zum Ablauf der Verjährungsfrist

163 OLG Köln, WM 2001, 2298; OLG Frankfurt am Main, WM 1990, 496.
164 BGH, WM 1988, 524 (525); OLG Köln, WM 2001, 2298.
165 OLG Köln, WM 1993, 1791 (1792); OLG Köln, WM 2001, 2298.
166 OLG Frankfurt am Main, WM 1990, 496; LG Kaiserslautern, WM 1984, 1604.
167 Schimansky/Bunte/Lwowski/*Gößmann* § 71 Rn. 34.
168 OLG Frankfurt am Main, WM 1990, 496; LG Köln, WM 2001, 1763.
169 OLG Celle, BKR 2008, 525.
170 BGH, WM 2002, 1652 (1653); OLG Köln, WM 2004, 1475 (1476); OLG Hamburg, WM 1989, 1681.
171 OLG Frankfurt am Main, ZIP 2011, 1095 (1096).
172 BGH, WM 2002, 1652 (1653); OLG Frankfurt am Main, NJW 1998, 997 (999); OLG Köln, WM 2004, 1475.

aufzubewahren, um nicht nochmals Auszahlungsansprüchen ausgesetzt zu sein.[173] Interessant sind die Ausführungen des OLG Frankfurt zur sekundären Darlegungslast: Bestreitet ein auf Auszahlung eines Sparguthabens in Anspruch genommene Bank, dass die im Sparbuch vorhandenen Unterschriften von zeichnungsberechtigten Mitarbeitern der Bank stammen, hat sie im Rahmen der sekundären Beweislast die seinerzeit zeichnungsberechtigten Mitarbeiter namhaft zu machen und die Unterschriftenliste vorzulegen. Das gilt auch dann, wenn die Bank nach Ablauf der gesetzlichen Aufbewahrungsfrist (hier nach über 50 Jahren) die entsprechenden Unterlagen nicht mehr auffinden kann.[174] Erst dann, wenn die Bank die zeichnungsberechtigten Mitarbeiter namhaft und die Unterschriftenliste vorgelegt hat, hat der Bankkunde die Unterschriften im Sparbuch einem vertretungsberechtigten Mitarbeiter der Bank zuzuordnen und die Echtheit zu beweisen. Solange das Kreditinstitut eine Kündigung der Spareinlage nicht nachweisen kann, ist als Konsequenz aus der zitierten Rechtsprechung im Prinzip von einer **zeitlich unbefristeten Aufbewahrung** der Unterlagen auszugehen.

7. Rückgabe und Verlust der Sparurkunde

In § 21 Abs. 4 Satz 4 KWG a.F. war noch die Rückgabeverpflichtung des Sparbuches bei voller 88
Rückzahlung geregelt. Hierdurch sollte eine missbräuchliche Verwendung der Urkunde verhindert werden.[175] Auch wenn der jetzige § 21 Abs. 4 RechKredV eine solche Pflicht nicht mehr ausdrücklich vorsieht, hat sich in der praktischen Handhabung kaum etwas geändert. Nr. 4 der jeweiligen Sonderbedingungen regelt nach wie vor, dass die Sparurkunde zurückzugeben ist, wenn die gesamte Spareinlage zurückgezahlt wird. Nach der heute noch gültigen Auffassung des BAKred lässt sich das Missbrauchsrisiko auch durch eine Entwertung des Sparbuchs, z.B. durch Lochen, Einreißen oder Einschneiden, verhindern.[176]

Nach Nr. 9 der Sonderbedingungen für den Sparverkehr ist die Vernichtung oder der Verlust der 89
Sparurkunde unverzüglich dem Kreditinstitut anzuzeigen. Bei Glaubhaftmachung der **Verlustanzeige** kann das Kreditinstitut ein neues Sparbuch ausstellen; das alte Sparbuch gilt nach den Sonderbedingungen als kraftlos. Oder es hat die Möglichkeit, den Sparer an das zuständige Amtsgericht zu verweisen, um das verlorene oder vernichtete Sparbuch im Wege des **Aufgebotsverfahrens** (vgl. §§ 946 bis 1024 ZPO) für kraftlos erklären zu lassen. Vom Ergebnis dieses Verfahrens hängt dann die Ausstellung eines neuen Sparbuchs ab. Durch das Ausschlussurteil wird das alte Sparbuch ungültig und verliert damit als qualifiziertes Legitimationspapier seine Liberationswirkung. Die Legitimationswirkung des Sparbuchs entfällt auch dann, wenn der Sparer den Verlust seines Sparbuchs der Bank angezeigt hat.[177]

II. Mietkautionskonten

1. Mietkautionskonto auf den Namen des Mieters

§ 551 BGB, der die Sicherheitsleistung im Wohnraummietrecht regelt, lässt alle Arten von Si- 90
cherheitsleistungen gem. § 232 BGB zu, sodass neben den häufig gebräuchlichen Barkautionen und Bürgschaften auch die Anlage eines Kautionskontos auf den Namen des Mieters in Betracht kommt.[178] Ebenso wie bei einem Mietkautionskonto auf den Namen des Vermieters muss die Anlage gem. § 551 Abs. 3 Satz 1 BGB mindestens dem für Spareinlagen mit dreimonatiger Kündigungsfrist üblichen Zinssatz entsprechen. Die üblichen Kontoeröffnungsformulare sehen die Anlage auf den Namen des Mieters vor. Der Mieter wird dadurch – auch steuerlich – alleiniger Gläubiger der

173 OLG München, WM 2001, 1761 (1763); OLG Frankfurt am Main, NJW 1998, 997 (999).
174 OLG Frankfurt am Main, ZIP 2011, 1095.
175 *Kaiser* WM 1996, 141 (144).
176 BAKred-Schreiben v. 03.08.1964, 1/64, abgedruckt bei *Reischauer/Kleinhans* Kza. 220 Nr. 3 d.
177 BGH, NJW 1988, 2100 (2101).
178 Palandt/*Weidenkaff* § 551 Rn. 3.

Sparguthabenforderung sowie der auf dem Konto erzielten Kapitalerträge. Die Bank muss daher die für solche Konten erteilten Freistellungsaufträge berücksichtigen. Zum Mietkautionskonto wird die Einlage durch die **Bestellung eines Pfandrechts** gem. §§ 1273, 1274, 1205 BGB für den Vermieter. Eine formularmäßige Formulierung lautet bspw.: »Dieses Mietkautionskonto ist nicht dafür bestimmt, eigenen Zwecken des Kontoinhabers zu dienen; es dient nur der Einzahlung der Mietkaution. Zur Besicherung der Ansprüche aus dem Mietverhältnis verpfändet der Mieter das gesamte Guthaben einschließlich der Zinsen an den Vermieter. Nur der Vermieter ist der Bank gegenüber allein und jederzeit verfügungsbefugt.« Die nach § 1280 BGB erforderliche Verpfändungsanzeige an den Schuldner erfolgt regelmäßig i.R.d. Kontoeröffnung. Es bedarf daneben keiner weiteren ausdrücklichen Anzeige an die Bank als Schuldnerin der verpfändeten Sparguthabenforderung. Die Verpfändung führt dazu, dass das Sparkonto zum **offenen Treuhandkonto** wird. Dem Treuhandcharakter des Mietkautionskontos tragen die Banken regelmäßig dadurch Rechnung, dass am Konto ein Vermerk »gesperrt wegen Mietkaution« angebracht wird. Nicht zuletzt durch einen eindeutigen Sperrvermerk kommt zum Ausdruck, dass das AGB-Pfandrecht hinter die Verpfändung zugunsten des Vermieters zurücktritt.[179] Ohnehin sehen die Formulare üblicherweise vor, dass die Bank bei einem Mietkautionskonto ausdrücklich auf ihr Aufrechnungsrecht, Pfandrecht und Zurückbehaltungsrecht verzichtet, soweit es sich nicht um Forderungen handelt, die in Bezug auf das Mietkautionskonto selbst entstanden sind, wie z.B. Entgelte und Auslagen.

91 Durch die Einräumung einer alleinigen und jederzeitigen Verfügungsbefugnis des Vermieters wird klargestellt, dass die Banken vor der Auszahlung des Sparguthabens nicht den Eintritt der Pfandreife zu prüfen haben. Ob der Vermieter tatsächlich zur Inanspruchnahme berechtigt war, müssen Mieter und Vermieter untereinander klären. Die Verpfändung der Sparguthabenforderung und die Einräumung eines alleinigen Verfügungsrechtes des Vermieters haben weiterhin zur Folge, dass der Vermieter auch in der Insolvenz des Mieters abgesichert ist.[180]

92 Das Vermieterpfandrecht sichert allerdings nur für den Fall der Insolvenz des Mieters ab, nicht hingegen die Insolvenz der Bank des Mieters. Nach einer Entscheidung des BGH vom 18.03.2008 geht das Vermieterpfandrecht an als Mietkaution verpfändetem Sparguthaben in der Insolvenz der Bank unter.[181] Danach soll die Verpfändung eines Sparguthabens weder entsprechend § 401 BGB noch kraft dinglicher Surrogation den bei Insolvenz des kontoführenden Kreditinstitutes entstehenden Entschädigungsanspruch gem. §§ 3, 4 des Einlagensicherungs- und Anlegerentschädigungsgesetzes (ESAEG) erfassen.

2. Mietkautionskonto auf den Namen des Vermieters

93 Auch bei einem Mietkautionskonto, das auf den Namen des Vermieters eröffnet wird, handelt es sich um ein **offenes Treuhandkonto**. Der Vermieter kommt damit seiner gesetzlichen Verpflichtung aus § 551 Abs. 3 Satz 3 BGB nach, die Spareinlage getrennt von seinem Vermögen zu halten. Dadurch wird die Kaution nicht von der Insolvenz des Vermieters erfasst; der Mieter ist zur Aussonderung nach § 47 InsO berechtigt. In der Einzelzwangsvollstreckung gegen den Vermieter wird der Mieter durch die Möglichkeit einer Drittwiderspruchsklage gem. § 771 ZPO geschützt.[182]

94 Kontoinhaber des Mietkautionskontos ist der Vermieter und damit Gläubiger der angelegten Mietkaution. Zwar ist der Mieter als wirtschaftlich Berechtigter über die Mietkaution anzusehen, verfügungsbefugt gegenüber dem Kreditinstitut ist aber allein der Vermieter. Die Zinsen stehen nach § 551 Abs. 3 Satz 3 BGB dem Mieter zu. Dies gilt nach herrschender Meinung auch für die gem. § 248 Abs. 2 BGB gutgeschriebenen Zinseszinsen und die Zinsen aus einem vom Vermieter

179 BGH, WM 1985, 78 (80); OLG Nürnberg, WM 1998, 1968 (1969); *Nobbe* Rn. 447.
180 BGH, WM 1986, 749 (750); BGH, WM 1984, 799 (800).
181 BGH, NJW 2008, 1732.
182 BayOLG, NJW 1988, 1796 (1797).

ausgehandelten höheren Zinssatz.[183] Sie erhöhen gemäß Satz 4 der Vorschrift die Sicherheit, auch wenn sie die zulässige Kautionshöhe von drei Nettokaltmieten übersteigen. Daraus folgt, dass ein Freistellungsauftrag des Vermieters nicht berücksichtigt werden kann, sondern vielmehr die Kapitalertragsteuer vom Kreditinstitut einzubehalten und dem Vermieter hierfür eine Steuerbescheinigung zu erteilen ist, die dieser an den Mieter weiterzuleiten hat. Wie bei einem Mietkautionskonto auf den Namen des Mieters sehen die Kontoeröffnungsformulare üblicherweise einen Verzicht der Bank auf ihr AGB-Pfandrecht, Aufrechnungs- und Zurückbehaltungsrechte für eigene Ansprüche gegen den Kontoinhaber vor. Nach der Rechtsprechung sind bei einem offenen Treuhandkonto schon ohne ausdrückliche Vereinbarung diese Rechte stillschweigend abbedungen.[184]

Zu den §§ 571, 572 BGB a.F. war die Behandlung der vom Mieter gezahlten Mietkaution bei 95
Übergang des Mietverhältnisses auf den neuen Erwerber umstritten. Der BGH hat mit seinem Urt. v. 24.03.1999 klargestellt, dass der Veräußerer eines Grundstücks nach Beendigung des Mietverhältnisses neben dem Erwerber zur Rückgewähr der Sicherheit verpflichtet bleibt. Die vom Vermieter vertraglich übernommene Verpflichtung zur Rückgabe der Sicherheit dürfe nicht zulasten des Mieters eingeschränkt werden. Die Vorschriften der §§ 571 ff. BGB seien als Mieterschutzvorschriften ausschließlich in diesem Licht zu interpretieren. Der Mieter sei vor der Gefahr zu schützen, seinen ursprünglichen Vertragspartner, dem er durch die Hingabe der Kaution persönliches Vertrauen geschenkt habe, zu verlieren und stattdessen an einen zahlungsunwilligen Schuldner zu geraten.[185] Nach **§ 566a BGB** ist nunmehr klar geregelt, dass der Erwerber unbeschränkt in die Rechte aus einer bereits geleisteten Sicherheit eintritt. Die Verpflichtung des bisherigen Vermieters zur Rückgewähr der Sicherheit nach Beendigung des Mietverhältnisses besteht gem. § 566a Satz 2 BGB neben der des Erwerbers fort, unter der Voraussetzung, dass der Mieter bei Beendigung des Mietverhältnisses die Sicherheit vom Erwerber nicht erlangen kann.[186]

III. Vermögenswirksames Sparen

Eine Sonderform des Sparens ist die staatlich geförderte Vermögensbildung nach dem 5. Gesetz zur 96
Förderung der Vermögensbildung der Arbeitnehmer (5. VermBG, zuletzt geändert am 18.7.2016). Nach diesem Gesetz wird die Vermögensbildung der Arbeitnehmer durch vereinbarte vermögenswirksame Leistungen der Arbeitgeber gefördert. Der persönliche Anwendungsbereich bezieht sich gem. § 1 Abs. 2 5. VermBG auf alle unbeschränkt und beschränkt einkommensteuerpflichtigen **Arbeitnehmer** (Arbeiter und Angestellte) einschließlich der zu ihrer Berufsausbildung Beschäftigten sowie die in Heimarbeit Beschäftigten. Anspruchsberechtigt ist auch ein ausländischer Arbeitnehmer, wenn sein Arbeitsverhältnis deutschem Arbeitsrecht unterliegt oder sein ständiger Wohnsitz im Inland liegt.[187] Nach § 1 Abs. 4 5. VermBG gilt das Gesetz entsprechend für **Beamte**, **Richter**, **Berufssoldaten** und **Soldaten auf Zeit**. Voraussetzung für eine Förderung ist immer das Bestehen eines Arbeits- oder Dienstverhältnisses. Aus diesem Grund kommen Arbeitslose, Rentner, Pensionäre und Personen im Vorruhestand nicht als Anspruchsberechtigte in Betracht. Ausgenommen werden auch die Mitglieder des zur gesetzlichen Vertretung berufenen Organs einer juristischen Person, § 1 Abs. 3 5. VermBG, sowie Selbstständige und Freiberufler.

Vermögenswirksame Leistungen sind arbeitsrechtlich Bestandteil des Lohns oder Gehalts und 97
als solche zu versteuern. Da sie das Bruttoentgelt erhöhen, sind sie bei den Beitragsbemessungsgrenzen für die Kranken- und Rentenversicherung zu berücksichtigen. Der Gesetzgeber gibt in § 2 5. VermBG einen **abschließenden Katalog von förderungsfähigen Anlagen** vor. Hierzu zählen insb. Sparverträge über Wertpapiere oder andere Vermögensbeteiligungen, Wertpapierkaufverträge, Beteiligungsverträge oder Beteiligungskaufverträge, die zwischen Arbeitnehmer und Arbeitgeber

183 Palandt/*Weidenkaff* § 551 Rn. 13.
184 BGH, WM 1990, 1954 (1955); BGH, WM 1987, 922 (923).
185 BGH, WM 1999, 1286 (1289).
186 Palandt/*Weidenkaff* § 566a Rn. 6.
187 Hellner/Steuer/*Gößmann* 2/222.

abgeschlossen werden, Sparverträge, Kapitalversicherungsverträge auf den Erlebens- und Todesfall sowie Bausparverträge. Vermögenswirksame Leistungen werden nur dann nach Maßgabe des 5. VermBG gefördert, wenn der Arbeitnehmer die Art der vermögenswirksamen Anlage und das Unternehmen oder Kreditinstitut, bei dem sie erfolgen soll, frei wählen kann (§ 12 5. VermBG). Der Förderung steht jedoch nicht entgegen, wenn durch Tarifvertrag die Anlage auf bestimmte Formen beschränkt wird. Vermögenswirksame Leistungen können als zusätzliche Arbeitgeberleistung in Verträgen mit Arbeitnehmern, in Betriebsvereinbarungen, Tarifverträgen oder in bindenden Festsetzungen für Heimarbeiter vereinbart, § 10 5. VermBG, oder aufgrund eines auf schriftlichen Antrag des Arbeitnehmers mit dem Arbeitgeber abgeschlossenen Vertrages über die vermögenswirksame Anlage von Teilen noch nicht zugeflossenen Arbeitslohnes erbracht werden, § 11 5. VermBG. Eine nachträgliche Umwandlung von bereits zugeflossenem Arbeitslohn in vermögenswirksame Leistungen ist nicht möglich.

98 Ein **Sparvertrag** zwischen dem Arbeitnehmer und einem Kreditinstitut eignet sich gem. § 8 5. VermBG zur Anlage von vermögenswirksamen Leistungen, wenn der Sparvertrag als Mindestvoraussetzung die Verpflichtung des Sparers enthält, einmalig oder für die Dauer von 6 Jahren seit Vertragsabschluss laufend, mindestens aber einmal im Kalenderjahr, vermögenswirksame Leistungen als Sparbeiträge einzahlen zu lassen oder andere Beträge einzuzahlen, und die eingezahlten vermögenswirksamen Leistungen bis zum Ablauf einer **Frist von 7 Jahren (Sperrfrist)** festzulegen. Die Sperrfrist beginnt am 1. Januar des Kalenderjahres, in dem der Vertrag abgeschlossen worden ist. Als Zeitpunkt des Vertragsabschlusses gilt dabei der Tag, an dem die vermögenswirksame Leistung, bei Verträgen über laufende Einzahlungen die erste vermögenswirksame Leistung, beim Kreditinstitut eingeht, vgl. § 8 Abs. 2 Satz 2 i.V.m. § 4 Abs. 2 Satz 2 u. 3 5. VermBG. Ein Wechsel der Anlageform ist vor Ablauf der Sperrfrist zulässig. So können mit den eingezahlten vermögenswirksamen Leistungen z.B. festverzinsliche Wertpapiere, Genussscheine sowie Investmentzertifikate von Rentenfonds und gemischten Fonds erworben werden oder ein Übertrag auf einen Bausparvertrag vorgenommen werden. Die Rückzahlungsansprüche aus dem Vertrag dürfen weder abgetreten noch beliehen werden. Das Gesetz räumt dem Sparer in einer Reihe von Fällen eine **vorzeitige Verfügungsmöglichkeit** ein, so z.B. bei Heirat, Tod oder Erwerbsunfähigkeit sowie Arbeitslosigkeit. Obwohl die Verträge nach dem Vermögensbildungsgesetz von vornherein zu einem bestimmten Termin fällig werden – Ablauf der 7-jährigen Sperrfrist – und i.S.d. RechKredV die Sparbeiträge insoweit nicht unbefristet angenommen werden und bestimmte vorzeitige Verfügungsmöglichkeiten vorsehen, sind sie als Spareinlagen zu qualifizieren. Diese Klarstellung ergibt sich ausdrücklich aus § 21 Abs. 4 Satz 3 RechKredV, wonach Geldbeträge, die aufgrund von Vermögensbildungsgesetzen geleistet werden, als Spareinlagen gelten.[188]

99 Da der **Anspruch auf die vermögenswirksame Leistung** nach § 2 Abs. 7 Satz 2 5. VermBG **nicht übertragbar** ist, kann er gem. § 851 ZPO nicht gepfändet werden.[189] Dies gilt auch für die Arbeitnehmersparzulage, die in § 13 Abs. 3 Satz 2 5. VermBG als nicht übertragbar bezeichnet wird.[190] Die **Arbeitnehmersparzulage** wird als staatliche Vergünstigung gewährt. Die Förderung beträgt bei Anlagen in Produktivkapital 20 % der nach § 2 Abs. 1 Nr. 1 bis 3, Abs. 2 bis 4 5. VermBG angelegten vermögenswirksamen Leistungen, soweit sie 400 € im Kalenderjahr nicht übersteigen, und bei Anlagen zu wohnwirtschaftlichen Zwecken 9 % der nach § 2 Abs. 1 Nr. 4 und 5 5. VermBG angelegten vermögenswirksamen Leistungen, soweit sie 470 € im Kalenderjahr nicht übersteigen. Auf Sparverträge und Kapitallebensversicherungen wird keine Arbeitnehmersparzulage mehr gewährt. In den Genuss der Arbeitnehmersparzulage kommen nur diejenigen Arbeitnehmer, deren Einkommen bei Anlagen zu wohnwirtschaftlichen Zwecken der nach § 2 Abs. 1 Nr. 4 und 5 5. VermBG

188 Vgl. *Reischauer/Kleinhans* Kza. 418 Rn. 31.

189 B/L/A/H/*Hartmann* Grundsatz vor § 704 Rn. 111.

190 A.A. B/L/A/H/*Hartmann* Grundsatz vor § 704 Rn. 111, der Satz 2 des § 13 Abs. 3 offensichtlich übersieht. Die Entscheidung des BAG, NJW 1977, 75 (76), bezog sich noch auf die alte Rechtslage nach dem 3. VermBG.

angelegten vermögenswirksamen Leistungen nicht die **Einkommensgrenzen** von 17.900 € für Alleinstehende und 35.800 € für zusammenveranlagte Ehegatten übersteigen und bei Anlagen der nach § 2 Abs. 1 Nr. 1 bis 3, Abs. 2 bis 4 5. VermBG angelegten vermögenswirksamen Leistungen die Einkommensgrenzen von 20.000 € für Alleinstehende und 40.000 € für zusammenveranlagte Ehegatten nicht übersteigen. Die Arbeitnehmersparzulage gilt gem. § 13 Abs. 3 5. VermBG weder als steuerpflichtige Einnahme i.S.d. Einkommensteuergesetzes noch arbeitsrechtlich als Lohnbestandteil. Die Festsetzung der Arbeitnehmersparzulage wird von den für die ESt zuständigen Finanzämtern vorgenommen und nach Ablauf der für die Anlageform vorgeschriebenen Sperrfrist ausgezahlt.[191]

IV. Verträge zugunsten Dritter auf den Todesfall

Häufig äußern Bankkunden den Wunsch, mit ihrem Ableben Vermögenswerte einem Dritten zu- **100** zuwenden. Dies kann zunächst durch erbrechtliche Verfügungen von Todes wegen erfolgen. Der Kunde kann durch Testament oder Erbvertrag ein Vermächtnis anordnen. Hierdurch kann dem Bedachten ein Kontoguthaben zugewendet werden, ohne ihn zugleich als Erben einzusetzen. Daneben kommt eine Schenkung auf den Todesfall gem. § 2301 BGB in Betracht. Für sie ist kennzeichnend, dass sie mit der Bedingung des Überlebens des Beschenkten und damit des Vorversterbens des Schenkers verknüpft ist. Das Schenkungsversprechen von Todes wegen steht damit unter einer qualifizierten Befristung. Es ist nicht nur das Ableben des Schenkers, sondern auch sein Vorversterben erforderlich.[192] Bei den Schenkungen auf den Todesfall sind allerdings gem. § 2301 Abs. 1 Satz 1 BGB die Vorschriften über Verfügungen von Todes wegen zu beachten.

Der Vertrag zugunsten Dritter auf den Todesfall i.S.d. §§ 328, 331 BGB bietet dem Kunden auf **101** einfache Art und Weise die Möglichkeit, ohne Beachtung besonderer erbrechtlicher oder schenkungsrechtlicher Formvorschriften dem Begünstigten außerhalb des Erbgangs eine Zuwendung zu machen. Diese Möglichkeit entspricht häufig dem praktischen Bedürfnis der Kunden, die – aus welchen Gründen auch immer – allein durch eine Vereinbarung mit der Bank eine drittbegünstigende Zuwendung vornehmen wollen. In der Bankpraxis sind diese Verträge weit verbreitet. Durch den Vertrag zugunsten Dritter auf den Todesfall kann sich der Kunde eine Leistung an den von ihm begünstigten Dritten derart versprechen lassen, dass der Begünstigte nach dem Tod des Kunden unmittelbar einen Anspruch gegen die versprechende Bank auf die Leistung erlangt.

1. Die einzelnen Rechtsbeziehungen

Durch den **echten** Vertrag zugunsten Dritter (**Deckungsverhältnis**) zwischen dem Kunden (Ver- **102** sprechensempfänger) und der Bank (Versprechende) erwirbt der Dritte (Begünstigter) zu dem vereinbarten Zeitpunkt ein eigenes Forderungsrecht gegen die Bank. Im Unterschied hierzu wird bei unechten Verträgen zugunsten Dritter lediglich dem Kunden das Recht eingeräumt, die Zahlung an den Dritten zu fordern, ohne dass dem Dritten ein eigenes Forderungsrecht zusteht. Der Rechtserwerb soll häufig mit dem Tod des Kunden eintreten, kann aber auch auf den Eintritt eines sonstigen Ereignisses (Heirat, Volljährigkeit) vereinbart werden. Der Rechtsgrund für die regelmäßig unentgeltliche Zuwendung ergibt sich aus dem Verhältnis zwischen Versprechensempfänger und Begünstigtem (**Valuta- oder Zuwendungsverhältnis**) und beruht meist auf einer Schenkung, wobei auch andere Rechtsgründe (wie z.B. eine Unterhaltsverpflichtung) denkbar sind.[193] Die Rechtsbeziehungen aus dem Deckungsverhältnis und dem Valutaverhältnis sind strikt voneinander zu trennen. Nach der Rechtsprechung des BGH unterliegen solche Verträge zugunsten Dritter, obwohl an sich die Voraussetzungen des § 2301 BGB erfüllt sind, nicht den erbrechtlichen Formvorschriften für Verfügungen von Todes wegen, sondern dem Schuldrecht. § 2301 Abs. 1 BGB

191 Vgl. § 14 Abs. 4 und 7 5. VermBG i.V.m. §§ 6, 7 der Verordnung zur Durchführung des 5. Vermögensbildungsgesetzes (VermBDV).

192 Palandt/*Edenhofer* § 2301 Rn. 3; *Kümpel* Rn. 3.295.

193 Hellner/Steuer/*Gößmann*, 2/402; Lange/Werkmüller/*Lang* § 22 Rn. 12.

gilt für sie auch dann nicht, wenn es sich im Valutaverhältnis um eine unentgeltliche Zuwendung handelt.[194]

103 Der Dritte erwirbt einen schuldrechtlichen Anspruch gegen die versprechende Bank mit dem Tod des Versprechensempfängers, § 331 BGB. Dieser Anspruch vollzieht sich im Wege des »Von-selbst-Erwerbs«, d.h. ohne eigenes Zutun, und steht dem Begünstigten originär, d.h. ohne Durchgangserwerb durch das Vermögen des Versprechensempfängers, zu. Demgemäß fallen weder die Forderung noch das zu ihrer Erfüllung Geleistete in den Nachlass des Versprechensempfängers.[195] Das alles besagt aber noch nicht, dass das, was der Dritte aufgrund eines solchen Anspruches erhält, ihm auch endgültig verbleiben muss. Vielmehr setzt der Rechtserwerb ein wirksames Valutaverhältnis voraus. Fehlt ein solches, dann hat der Dritte zwar den Anspruch gegen den Versprechenden wirksam erworben. Er muss aber damit rechnen, dass er das aufgrund dieses Anspruchs Erhaltene nach Bereicherungsrecht (§ 812 Abs. 1 Satz 1 BGB) den Erben des Versprechensempfängers herausgeben muss, die ihm die Einrede der unzulässigen Rechtsausübung gem. § 242 BGB entgegenhalten können.[196] Es stellt sich daher die Frage, wann von einem »kondiktionsfesten« Valutaverhältnis ausgegangen werden kann. Die Bereicherungsansprüche der Erben werden nur dann ausgeschlossen, wenn zwischen dem Kunden und dem Begünstigten eine Schenkungsabrede besteht, die als »Rechtsgrund« (causa) für die unentgeltliche Zuwendung der Spareinlage dient. Denn die Verfügung zugunsten Dritter allein schafft im Valutaverhältnis zu den Erben nicht den in diesem Verhältnis notwendigen Rechtsgrund für die Zuwendung der Forderungen.[197]

2. Valutaverhältnis und Widerrufsverzicht

104 Als Valutaverhältnis kommt, wenn eine unentgeltliche Zuwendung gewollt ist, im Regelfall eine Schenkung in Betracht. Hierzu bedarf es einer Einigung des Kunden (Schenker) mit dem Dritten über die Unentgeltlichkeit der Zuwendung gem. § 516 Abs. 1 BGB. Die in der Bankpraxis gebräuchlichen Formulare für Verträge zugunsten Dritter sehen die Möglichkeit vor, dass der Begünstigte durch seine Mitunterzeichnung das Schenkungsangebot bereits zum Zeitpunkt des Vertragsabschlusses annehmen kann. Da Zugang und Annahme des Schenkungsangebotes noch zu Lebzeiten des Kunden erfolgen, scheidet ein Widerruf des Angebotes durch die Erben aus.[198] Diese Variante entspricht häufig nicht dem Interesse des Kunden, der die Zuwendung ohne eine Beteiligung des Begünstigten vornehmen möchte, obwohl hierdurch die Problematik der Widerrufbarkeit des Schenkungsangebotes elegant umgangen werden kann. Soweit ein Schenkungsvertrag bis zum Todeszeitpunkt noch nicht abgeschlossen wurde, kann dieser noch nach dem Tod des Kunden zustande kommen. Der Kunde erteilt der Bank mit dem Vertrag zugunsten Dritter gleichzeitig den Auftrag, das Schenkungsangebot dem Begünstigten nach Kenntnis von seinem Ableben zu übermitteln (**postmortaler Übermittlungsauftrag**). Weder der Übermittlungsauftrag noch das Schenkungsangebot erlöschen durch den Tod des Versprechensempfängers, da es nach § 130 Abs. 2 BGB auf die Wirksamkeit einer Willenserklärung ohne Einfluss ist, wenn der Erklärende nach der Abgabe stirbt. Die Annahme des Schenkungsangebotes kann nach § 153 BGB auch noch nach dem Tod des Kunden erfolgen, wobei es gem. § 151 BGB keiner ausdrücklichen Annahmeerklärung bedarf, da davon auszugehen ist, dass der Kunde stillschweigend auf den Zugang der Annahmeerklärung verzichtet hat.[199] Dies gilt auch bei einem Schenkungsversprechen des Versprechensempfängers nach Maßgabe des § 518 Abs. 1 BGB. Die Nichteinhaltung der Form des § 518 Abs. 1 BGB

---

194 BGH, NJW 2004, 767 (768); BGH, NJW 1975, 382 (383), BGH, NJW 1975, 1360; BGH, NJW 1976, 749 (750); BGH, WM 1983, 1355 (1356).

195 BGH, WM 1964, 348; Lange/Werkmüller/*Lang* § 22 Rn. 5.

196 BGH, NJW 1975, 382 (383); BGH, NJW 2004, 767 (768); *Muscheler* WM 1994, 921 (922).

197 OLG Hamm, WM 1996, 1362; *Kümpel* Rn. 3.327.

198 OLG Köln, WM 1995, 1954 (1955); OLG Hamm, WM 1998, 2236 (2238); OLG Hamm, WM 1989, 562 (565).

199 BGH, NJW 1975, 382 (383); BGH, WM 1984, 1190 (1191); BGH, WM 1983, 1355 (1356); OLG Zweibrücken, WM 1998, 1776 (1777); *Harder/Welter* NJW 1977, 1139 (1140); *Kümpel* Rn. 3.327.

(notarielle Beurkundung) steht der Annahme einer rechtswirksamen schenkweisen Zuwendung nicht entgegen, da der Mangel der Form durch Bewirken der versprochenen Leistung geheilt wird (§ 518 Abs. 2 BGB).[200]

Solange das Schenkungsangebot vom Begünstigten noch nicht angenommen wurde, kann der Kunde sein Schenkungsangebot sowie seinen postmortalen Übermittlungsauftrag jederzeit widerrufen, § 130 Abs. 1 Satz 2 BGB. Dieses Widerrufsrecht fällt in den Nachlass und kann von den Erben als Gesamtrechtsnachfolger bis zur Annahme durch den Begünstigten ausgeübt werden.[201] Da es damit vom Zufall abhängt, ob die Erben oder der Dritte schneller sind, hat die Rechtsprechung den Begriff vom »Wettlauf« zwischen der das Schenkungsangebot des Erblassers übermittelnden Bank und dessen dieses Angebot zu widerrufen bestrebten Erben geprägt.[202] **105**

Die banküblichen Vertragsformulare sehen aus diesem Grund vor, dass der Versprechensempfänger bereits zu Lebzeiten auf das Widerrufsrecht des § 130 Abs. 1 Satz 2 BGB verzichtet. Der Kunde kann danach auf das Recht zum **Widerruf des Schenkungsangebotes verzichten** und der Bank **unwiderruflich** den Auftrag erteilen, dieses Angebot nach seinem Ableben dem Begünstigten zu übermitteln. An diesen Widerrufsverzicht sind die Erben wegen der Gesamtrechtsnachfolge gebunden, soweit sich der Verzicht nicht nur auf die Erben, sondern auch auf den Kunden bezieht. Der BGH hat in seiner einschlägigen Entscheidung vom 14.07.1976 hierzu ausgeführt: »Die Erben können eine Erklärung des Erblassers grundsätzlich unter denselben Voraussetzungen widerrufen wie der Erblasser. Dies ergibt sich aus dem Grundsatz der Gesamtrechtsnachfolge (§ 1922 BGB). Konnte der Erblasser, etwa infolge eines Widerrufsverzichts, nicht mehr widerrufen, so können es auch die Erben grundsätzlich nicht. Der Erbe kann jedoch nicht ohne weiteres anordnen, dass zwar er, nicht aber die Erben widerrufen dürfen.«[203] Da die Erben als Gesamtrechtsnachfolger des Kunden dessen Selbstbindung hinsichtlich des Widerrufsverzichts unterworfen sind, können sie das Wirksamwerden der Einigung über die Unentgeltlichkeit der Zuwendung nicht mehr verhindern. Die Bankformulare klären den Kunden üblicherweise in einer Anlage zum Vertrag über die Zweckmäßigkeit und die Rechtsfolgen eines solchen Widerrufsverzichts auf. Mit diesen »(Wichtigen) Hinweisen für Verträge zugunsten Dritter« kommt die Bank gleichzeitig ihren Beratungs- und Aufklärungspflichten nach.[204] **106**

In der Literatur sind immer wieder Alternativen diskutiert worden, um dem Begünstigten die unentgeltliche Zuwendung zu sichern. So kann die Unwiderruflichkeit des Schenkungsangebotes auch durch eine Verpflichtung des Kunden zur Nichtausübung seines Widerrufsrechtes erreicht werden. Gegenstand einer vertraglich begründeten Leistungspflicht kann gem. § 241 Abs. 1 Satz 2 BGB auch ein Unterlassen sein. Der Begünstigte erwirbt dadurch einen Anspruch gegen den Versprechenden auf Unterlassung des Widerrufs.[205] Eine andere Alternative konstruiert den Schenkungsvertrag im Valutaverhältnis schon zu Lebzeiten des Kunden durch ein **Insichgeschäft**: Der Kunde nehme als Schenker und zugleich als Vertreter ohne Vertretungsmacht des beschenkten Dritten, § 177 Abs. 1 BGB, (unter Vorbehalt eines Rücktrittsrechts bis zu seinem Ableben) sein eigenes Schenkungsangebot gem. § 181 BGB an, das – da lediglich rechtlich vorteilhaft – von vornherein erlaubt sei. Der Dritte könne das vollmachtlose Vertreterhandeln gem. §§ 177, 184 Abs. 1 BGB rückwirkend genehmigen. Ein Widerruf des Kunden bzw. der Erben scheide aus, weil der Schenker den Mangel der Vertretungsmacht gekannt habe, § 178 Satz 1 BGB.[206] In der Praxis haben sich diese Konstruktionen nicht durchgesetzt. **107**

---

200 BGH, NJW 1975, 1360 (1361); BGH, WM 1984, 1190 (1191); BGH, WM 1987, 139 (140).

201 BGH, NJW 1975, 382 (393); OLG Düsseldorf, WM 1997, 867 (868); *Muscheler* WM 1994, 921 (922).

202 BGH, WM 1975, 382 (383); BGH, WM 1976, 1130 (1131); OLG Hamm, WM 1998, 2236, 2238).

203 BGH, WM 1976, 1130 (1132); vgl. auch OLG Celle, WM 1996, 851 (854).

204 Hellner/Steuer/*Gößmann* 2/410.

205 *Muscheler* WM 1994, 921 (937); *Kümpel* Rn. 3.340.

206 *Bühler* NJW 1976, 1727 (1728); a.A. *Harder/Welter* NJW 1977, 1139 (1140); *Muscheler* WM 1994, 921 (933).

108 Der Kontoinhaber ist zu seinen Lebzeiten durch den Vertrag zugunsten Dritter nicht in seiner Verfügungsbefugnis beschränkt. Er bleibt wirtschaftlicher Inhaber des Guthabens und kann darüber frei verfügen. Bis zum Rechtsübergang hat der Begünstigte keinen Rechtsanspruch, sondern lediglich eine tatsächliche Erwerbsaussicht. Dies gilt selbst in den Fällen, in denen er den Vertrag zu seinen Gunsten mit unterzeichnet hat, da er weder ein Recht noch eine Anwartschaft, sondern nur die Hoffnung (Chance) auf einen künftigen Rechtserwerb erhält.[207]

3. Die Person des Begünstigten und die Zuwendung

109 In der Formularpraxis der Kreditinstitute kann der Gegenstand des Vertrages zugunsten Dritter durch Ankreuzen bestimmt werden. Der Begünstigte erwirbt ein Recht nur an dem Konto, das in der Vertragsurkunde genannt ist. Häufigster Anwendungsfall sind vor allem Konten über **Spar- und Termineinlagen**. Aber auch ein Girokonto kann Gegenstand eines Vertrages zugunsten Dritter sein, soweit es ein Guthaben aufweist. Anderenfalls würde es sich um einen Vertrag zulasten Dritter handeln, der ohne die Mitwirkung des Betroffenen nicht möglich ist.[208] Die Rechtsprechung geht davon aus, dass die **Folgeanlage** bei einer Umschichtung des Kontoguthabens nicht vom ursprünglichen Vertrag zugunsten Dritter umfasst ist. Die Erwerbschance des Begünstigten bezieht sich lediglich darauf, im Zeitpunkt des Todes des Kunden die Rechte aus dem im Vertrag benannten Konto zu erhalten. Nimmt der Kunde eine Übertragung des Guthabens auf ein anderes Konto vor, ist diese Erwerbschance automatisch weggefallen.[209] Das OLG Köln hingegen hat entschieden, dass der Begünstigte auch die Rechte aus einem Sparbrief erwirbt, den der Kontoinhaber nach Abschluss des Vertrages zugunsten Dritter mit Mitteln aus dem Sparkonto mit der Bestimmung erworben hat, Kapital und Zinsen sollten bei Fälligkeit dem Sparkonto gutgeschrieben werden.[210] I.Ü. steht dem Begünstigten nach dem Tod des Versprechensempfängers ein **Auskunftsanspruch** gegen die Bank über das zugewendete Kontoguthaben zu.[211] Es kommt nicht darauf an, ob der Begünstigte Kenntnis von dem Vertrag zugunsten Dritter hat. Der Rechtserwerb vollzieht sich von selbst und ohne eigenes Zutun. Allerdings ist der Begünstigte nicht zur Annahme verpflichtet; vielmehr steht ihm ein Zurückweisungsrecht nach § 333 BGB zu.[212]

110 Stirbt der Begünstigte vor der Annahme der Schenkung, wird der Vertrag zugunsten Dritter gegenstandslos und das Forderungsrecht fällt dem Versprechensempfänger zu oder bei dessen Ableben den Erben.[213] Die banküblichen Formulare weisen den Kunden auf diese Rechtsfolge hin und sehen daher die Möglichkeit vor, einen Ersatzbegünstigten zu benennen.

111 Häufig werden **Minderjährige** als Begünstigte eingesetzt, wie z.B. bei Zuwendungen der Großeltern an ihre Enkel. Der beschränkt geschäftsfähige Minderjährige kann das Schenkungsangebot des Versprechensempfängers sowohl bereits bei Vertragsabschluss als auch nach dem Tod des Kunden ohne Weiteres annehmen, weil ihm die Zuwendung einen lediglich rechtlichen Vorteil bringt.[214] Hiervon zu unterscheiden ist allerdings die Verfügungsbefugnis, die für Geschäftsunfähige und beschränkt Geschäftsfähige den gesetzlichen Vertretern zusteht. Im formularmäßigen Vertrag zugunsten Dritter kann die Verfügungsbefugnis der Eltern, vgl. § 1638 Abs. 1 BGB, ausgeschlossen werden, wenn dies der Versprechensempfänger wünscht. An deren Stelle kann vom Kunden ein vom FamG zu bestellender Pfleger (Zuwendungspflegschaft gem. § 1909 Abs. 1 Satz 2 BGB) bestimmt werden,

---

207 BGH, NJW 1982, 1807 (1808); OLG Celle, WM 1995, 1953; Palandt/*Grüneberg* § 331 Rn. 3; Lange/Werkmüller/*Lang* § 22 Rn. 9.
208 BGH, WM 1981, 37 (38); OLG Hamm, WM 1998, 2236 (2238); Lange/Werkmüller/*Lang* § 22 Rn. 6.
209 OLG Celle, WM 1995, 1953.
210 OLG Köln, WM 1996, 1365 (1366).
211 OLG Zweibrücken, WM 1998, 1776; *Kümpel* Rn. 3.317.
212 Palandt/*Grüneberg* § 333 Rn. 1; Hellner/Steuer/*Gößmann* 2/404.
213 BGH, WM 1993, 1276; *Kümpel* Rn. 3.320.
214 Lange/Werkmüller/*Lang* § 22 Rn. 28.

der die Verwaltung des zugewendeten Vermögens übernimmt. Die Benennung eines Pflegers ist für das FamG bindend, § 1917 Abs. 1 BGB.

In den Formularverträgen ist ferner geregelt, dass **Vollmachten** für die Konten, die Gegenstand eines Vertrages zugunsten Dritter sind, nur bis zum Rechtserwerb durch den Begünstigten oder Ersatzbegünstigten gelten, um die Durchführung des Vertrages nicht zu beeinträchtigen. Die Vollmacht erlischt also mit dem Tod des Kunden. Ab diesem Zeitpunkt steht das Guthaben dem Begünstigten und nicht mehr dem Kunden zu, sodass sich die Verfügungsbefugnis des Bevollmächtigten ohnehin nicht mehr auf dieses Guthaben erstrecken kann. 112

Weiterhin wird üblicherweise vereinbart, dass sich das **AGB-Pfandrecht** nach Nr. 14 der AGB-Banken bzw. Nr. 21 AGB-Sparkassen auf die Konten zugunsten Dritter bezieht und auch nach dem Rechtserwerb des Begünstigten fortsetzt. Eine solche Regelung ist zulässig, weil Versprechensempfänger und Versprechender grds. frei sind, Art und Umfang der dem Dritten eingeräumten Rechtsposition zu bestimmen. 113

C. Zinsen, Entgelte und Zinsklauseln

I. Zinsen

Den Termin- und Spareinlagen liegt ein Darlehensvertrag gem. § 488 BGB zugrunde. Bei den Sichteinlagen handelt es sich um eine unregelmäßige Verwahrung, für die nach § 700 Abs. 1 Satz 1 BGB ebenfalls die Vorschriften über Darlehensverträge Anwendung finden. Diese Einlagen werden von den Kreditinstituten regelmäßig gegen Verzinsung angenommen. Dabei stellen Zinsen i.S.d. bürgerlichen Rechts die nach der Laufzeit bemessene, gewinn- und umsatzunabhängige Vergütung für die Gebrauchsmöglichkeit eines auf Zeit überlassenen Kapitals dar.[215] Seit Aufhebung der Zinsverordnung zum 01.04.1967 sind die Kreditinstitute nach dem **Grundsatz der Vertragsfreiheit** in der Gestaltung ihrer Zinskonditionen frei.[216] Voraussetzung für die Verzinsung ist eine **individuelle Vereinbarung** zwischen Bank und Kunde.[217] Maßgeblich ist also immer die Vereinbarung im entsprechenden Einlagenvertrag, der üblicherweise die Sonderbedingungen für den Sparverkehr zur Vertragsgrundlage macht, ggf. ergänzt um Sonderzinsvereinbarungen. Während § 22 Abs. 4 KWG a.F. für Spareinlagen noch regelte, dass »der jeweils geltende Zinssatz durch Aushang im Kassenraum ersichtlich zu machen« war, enthält § 21 Abs. 4 RechKredV keine vergleichbare Vorschrift zur Zinssatzbekanntgabe mehr. Allerdings haben die Kreditinstitute die Regelungen der Preisangabenverordnung (PAngV) zu beachten. Nach § 5 Abs. 1 PAngV sind die Banken verpflichtet, die Preise für ihre »wesentlichen Leistungen« in Preisverzeichnisse aufzunehmen und durch Aushang bekannt zu geben.[218] Der **Preisaushang** ist nach § 5 Abs. 1 Satz 2 PAngV im Geschäftslokal oder am Ort des Leistungsangebotes und zusätzlich – sofern vorhanden – im Schaufenster oder Schaukasten auszuhängen. Der Zentrale Kreditausschuss hat sich für den Preisaushang auf einen hinsichtlich Inhalt und Textschema einheitlichen Katalog geeinigt, um den privaten Kunden einen Konditionenvergleich für alle wesentlichen Leistungen zu ermöglichen. Alle weiteren Preise werden im Preisverzeichnis aufgeführt. Den Inhalt des Musterpreisaushanges hat der ZKA im »Merkblatt zur einheitlichen Gestaltung des Aushangs von Regelsätzen im standardisierten Privatkundengeschäft« festgelegt. Dort werden an erster Stelle die Sparkonten aufgeführt, wobei u.a. die Konditionen für Spareinlagen mit dreimonatiger und längerer Kündigungsfrist sowie der Zinssatz für Spareinlagen mit Zuschlägen publiziert werden. Die Sonderbedingungen für den Sparverkehr und die Sonderbedingungen für den Sparverkehr (Loseblatt-Sparurkunden) verweisen in Nr. 3 auf den Preisaushang und regeln in Abs. 1: »Spareinlagen werden zu den von der Bank durch Preisaushang bekannt 114

215 BGH, NJW 1979, 805 (806); BGH, NJW 1979, 2089 (2090); Schimansky/Bunte/Lwowski/*Bruchner* § 78 Rn. 1.

216 BGBl. I S. 352.

217 Schimansky/Bunte/Lwowski/*Bruchner* § 78 Rn. 6.

218 Abgedruckt in *Reischauer/Kleinhans* Kza. 341b.

gegebenen Zinssätzen verzinst. Änderungen werden mit ihrer Bekanntgabe wirksam.« Diese Art der Zinssatzbekanntgabe ist auch mit den AGB-rechtlichen Vorschriften der §§ 305 Abs. 2 Nr. 1, 307 Abs. 2 Nr. 1 BGB vereinbar.[219]

115 **Beginn und Ende des Zinsanspruches** richten sich grds. nach den allgemeinen Bestimmungen der §§ 186 ff. BGB über die Berechnung von Fristen, da die §§ 488 ff. BGB keine Bestimmung über den Verzinsungszeitraum enthalten.[220] Die Einzahlung der Spareinlage ist ein Ereignis im Sinne von § 187 Abs. 1 BGB, das die Frist in Gang setzt. Aus § 187 Abs. 1 BGB folgt, dass der Tag der Einzahlung bei der Verzinsung nicht mitgerechnet wird.[221] Der Zinsanspruch endet mit Eintritt der Fälligkeit. Nach der Rechtsprechung des BGH können die Parteien den Zeitpunkt des Beginns der Zinspflicht frei vereinbaren.[222] Die einschlägigen Sonderbedingungen machen hiervon Gebrauch und vorverlegen den Zinsbeginn. Nr. 3 Abs. 2 bestimmt: »Die Verzinsung beginnt mit dem Tag der Einzahlung und endet mit dem der Rückzahlung vorhergehenden Kalendertag. Der Monat wird zu 30 Tagen, das Jahr zu 360 Tagen gerechnet.« Die Zinsen werden nach Nr. 3 Abs. 3 der Sonderbedingungen am Ende des Kalenderjahres gutgeschrieben. Diese Regelung entspricht dem gesetzlichen Leitbild des § 488 Abs. 2 BGB. Sofern über die Zinsen nicht innerhalb eines Zeitraumes von 2 Monaten nach Gutschrift verfügt worden ist, wandeln sich die Zinsen in eine Kapitalforderung um und unterliegen ab diesem Zeitpunkt nicht mehr der für Zinsen geltenden Verjährung der §§ 195, 199 BGB. Dies gilt auch dann, wenn der Nachtrag der Zinsen im Sparbuch unterlassen wurde, da dieser nur deklaratorische Bedeutung hat.[223]

116 Der jeweils geltende Sparzins für Spareinlagen mit dreimonatiger Kündigungsfrist wird als sog. **Spareckzins** bezeichnet.[224] Neben dem klassischen Sparkonto mit dreimonatiger Kündigungsfrist sind der Produktvielfalt keine Grenzen gesetzt. So werden bspw. Produkte angeboten, die zunächst als Spareinlage mit einer dreimonatigen Kündigungsfrist ausgestaltet sind, aber zusätzlich eine Sonderzinsvereinbarung beinhalten. Diese legt eine nach Betragsstufen gestaffelte Verzinsung fest. Die Betragsstufen müssen sich nicht aus dem Produktvertrag ergeben, sondern können durch einen Verweis auf die Bekanntgabe in den Geschäftsräumen vereinbart werden. Das Kreditinstitut behält sich auf diese Weise eine größere Flexibilität bei der Festlegung der Anzahl und der Höhe der Betragsstufen vor. Die Sonderzinsvereinbarung kann auch mit der Laufzeit des Vertrages steigende Zinssätze bestimmen, die im Vertrag für die gesamte Laufzeit festgelegt werden. Daneben kann die Verzinsung von einer längeren Kündigungsfrist, einer Kündigungssperrfrist oder einer Mindesteinlage, die nicht unterschritten werden darf, abhängig gemacht werden. Oder es gibt Spareinlagen, in denen sich der Sparer verpflichtet, regelmäßig Einzahlungen zu leisten. Sofern der Sparer die Ratensparvereinbarung einhält, wird ihm vom Kreditinstitut zusätzlich eine Prämie, ein Bonus oder Zuschlag gewährt. Selbstverständlich gibt es auch Produktvarianten, die eine Kombination aus Zins- und Ratensparvereinbarung vorsehen.

II. Zinsklauseln

117 Häufig wird in Sparverträgen, meist i.V.m. einer Bonus- oder Prämienzahlung, eine **variable Verzinsung** festgelegt. Je nach Ausgestaltung wird zwischen Zinsgleitklauseln und Zinsanpassungsklauseln unterschieden. Die Vereinbarung eines variablen statt eines festen Zinssatzes ist grds. auch im Passivgeschäft der Kreditinstitute zulässig. Bei Spareinlagen der Kunden ebenso wie bei Darlehen der Banken stellt die Wahl zwischen einer gleich bleibenden und einer variablen Verzinsung eine freie, durch gesetzliche Vorschriften nicht vorgegebene Entscheidung der Vertragspartner dar und

219 *Schebesta* BKR 2002, 564 (566); ferner *Reischauer/Kleinhans* Kza. 418 Rn. 29.
220 BGH, WM 1997, 1192 (1193); *Borges* WM 1998, 105 (106).
221 OLG Karlsruhe, NJW 1988, 74 (75); Palandt/*Heinrichs* § 187 Rn. 1.
222 BGH, WM 1985, 10 (12); Schimansky/Bunte/Lwowski/*Bruchner* § 78 Rn. 8.
223 OLG Frankfurt am Main, NJW 1998, 997 (999); *Nobbe* Rn. 448; Schimansky/Bunte/Lwowski/*Gößmann* § 71 Rn. 90.
224 *Kümpel* Rn. 3.93; *Schebesta* BKR 2002, 564 (568).

unterliegt keiner AGB-rechtlichen Inhaltskontrolle.[225] Dies gilt zunächst für **Zinsgleitklauseln**, die die Verzinsung an einen bestimmten Referenzzinssatz anbinden. Bei einer Zinsgleitklausel passt sich der Vertragszinssatz automatisch der Entwicklung des festgelegten Referenzzinssatzes an.[226] Eine Änderung des Referenzzinssatzes zieht im gleichen Umfang auch eine Vertragszinssatzanpassung nach sich.

Bei einer **Zinsanpassungs- oder Zinsänderungsklausel** wird dem Kreditinstitut ein einseitiges Leis- **118**
tungsbestimmungsrecht nach billigem Ermessen i.S.d. § 315 BGB eingeräumt. Die gesetzliche Regelung einseitiger Leistungsbestimmungsrechte in den §§ 315 ff. BGB entzieht die formularmäßige Einräumung solcher Rechte nicht der AGB-rechtlichen Kontrolle. Der BGH hat hierzu ausgeführt, dass diese Vorschriften nichts daran ändern, dass die Vertragsparteien sich im vom Gesetz vorausgesetzten Regelfall über Art und Umfang der Leistung sowie einer Gegenleistung einigen und dies im Vertrag festlegen. Ein einseitiges Leistungsbestimmungsrecht gem. § 315 BGB besteht daher nur, wenn es vertraglich vereinbart ist. Die formularmäßige Vereinbarung eines solchen Leistungsbestimmungsrechts unterliegt deshalb der Inhaltskontrolle. Dies gilt insb. für solche Klauseln, die in Abweichung von der gesetzlichen Regel des § 316 BGB dem Kreditinstitut das Recht zur Bestimmung der von ihm zu erbringenden Gegenleistung übertragen.[227]

Das OLG Düsseldorf hat mit Urt. v. 17.10.2003 entschieden, dass die von einer Sparkasse ver- **119**
wendete Klausel »Die Sparkasse zahlt neben dem jeweils gültigen Zinssatz für Spareinlagen dieser Art am Ende der Gesamtdauer des Vertrages eine unverzinsliche Prämie auf die Summe der vertragsgemäß eingezahlten Sparbeträge…« der AGB-rechtlichen Inhaltskontrolle standhält.[228] Eine Abwägung der beiderseitigen Interessen ergebe keine unangemessene Benachteiligung des Sparers im Sinne von § 307 Abs. 1 Satz 2 BGB.

Der **BGH** hingegen hat mit seinem vielbeachteten **Urt. v. 17.02.2004** entschieden, dass bei lang- **120**
fristig angelegten Sparverträgen eine formularmäßige Zinsänderungsklausel, die dem Kreditinstitut eine inhaltlich unbegrenzte Zinsänderungsbefugnis einräumt, gegen die Vorschrift des § 308 Nr. 4 BGB verstößt und deshalb unwirksam ist.[229] Die Vorinstanzen LG Dortmund und OLG Hamm hatten die Klage des Verbraucherschutzvereins noch abgewiesen.[230] Die beklagte Sparkasse hatte mit ihren Kunden sog. Combispar-Verträge abgeschlossen. Nach den Vertragsbedingungen hatte der Sparer gleich bleibende monatliche Sparbeiträge zu erbringen. Das angesammelte Sparguthaben wurde von der Sparkasse jährlich mit einem variablen Zinssatz verzinst. Die Klausel hatte folgenden Wortlaut: »Die Sparkasse zahlt am Ende eines Kalenderjahres den im Jahresverlauf durch Aushang bekannt gegebenen Zins für das Combispar-Guthaben.« Zusätzlich zu dieser Grundverzinsung erhielt der Sparer ab Erreichen der 3-fachen Jahressparleistung jährliche Prämien, die zunächst 5 % der Jahressparleistung betrugen und bis zum Erreichen der 10-fachen Jahressparleistung stufenweise auf 20 % der Sparleistung anstiegen.

Der BGH argumentierte, nicht zu beanstanden sei die Zinsanpassungsklausel insoweit, als sie eine **121**
variable Verzinsung anstelle eines festen Zinssatzes vorsehe. Die Entscheidung obliege allein den Vertragspartnern und sei keiner AGB-rechtlichen Inhaltskontrolle unterworfen. Das in der Zinsanpassungsklausel enthaltene uneingeschränkte Leistungsbestimmungsrecht der Sparkasse verstößt jedoch gegen **§ 308 Nr. 4 BGB**. Danach ist ein in AGB vereinbartes Recht des Verwenders, die versprochene Leistung zu ändern oder von ihr abzuweichen, unwirksam, wenn diese Vereinbarung unter Berücksichtigung der Interessen des Verwenders für den anderen Teil unzumutbar ist. Die

225 *Schimansky* WM 2001, 1169 (1175); *Schebesta* BKR 2002, 564 (567).
226 *Schebesta* BKR 2005, 217; *Kümpel* Rn. 3.87.
227 BGH, WM 1984, 309; BGH, NJW 2003, 507 (508); BGH, WM 1993, 940; BGH, WM 2004, 825 (826).
228 OLG Düsseldorf, BKR 2004, 79 (83) m. Anm. *von Metz.*
229 BGH, WM 2004, 825.
230 OLG Hamm, WM 2003, 1169; LG Dortmund, WM 2002, 2054.

Beweislast für die Zumutbarkeit liegt beim Verwender.[231] Die vorzunehmende Abwägung zwischen den Interessen der Sparkasse an einer Änderung ihrer Zinsleistung und den – jedenfalls bei einem fallenden Zinsniveau gegebenen – Interessen des Sparers an der Unveränderlichkeit der Zinshöhe falle zugunsten der Sparkasse aus. Grds. erkennt der BGH auch für Passivgeschäfte ein einseitiges Anpassungsrecht der Kreditinstitute an. Bei der Frage des Ausmaßes der formularmäßig vereinbarten Zinsänderungsbefugnis sind jedoch auch die typischen Interessen der Gegenseite zu ermitteln. Dabei stellt der BGH maßgeblich darauf ab, dass es sich bei den Combispar-Verträgen um **langfristig angelegte Vertragsverhältnisse** handelt. Angesichts dieser Vertragsgestaltung sei es für den Sparer unzumutbar, sich auf eine inhaltlich unbegrenzte Zinsänderungsbefugnis einzulassen. Der Sparkasse sei es zuzumuten, unter den Bezugsgrößen des Kapitalmarktes diejenigen auszuwählen, die der tatsächlichen Zinsanpassung bei Combispar-Verträgen möglichst nahe kommt und diese zum Maßstab für künftige Zinsänderungen zu machen.[232] Als Beispiel für eine insoweit zulässige Bezugsgröße führt der BGH die Zinsentwicklung desjenigen Teils des Aktivgeschäfts an, der durch die Combispar-Einlagen refinanziert wird.

122 Von diesem Urteil sind nicht nur die entsprechenden Produkte der Sparkassen betroffen, sondern alle langfristigen Einlagenprodukte, die eine variable Grund- oder Basisverzinsung nach billigem Ermessen der Bank mit Formulierungen wie »die Bank kann den Basiszins veränderten Marktverhältnissen anpassen« vorsehen. Das Kreditinstitut darf den Vertragszins bei langfristigen Spareinlagen nach Auffassung des BGH nicht ohne Rücksicht auf das bei Vertragsbeginn bestehende **Äquivalenzverhältnis** von Leistung und Gegenleistung ändern und die Sparer damit einem unkalkulierbaren Zinsänderungsrisiko aussetzen.[233] Die Banken haben danach bei variabel verzinsten Sparverträgen eine Zinsänderungsklausel zu verwenden, die das Zinsanpassungsverhalten der Bank durch die Angabe entsprechender Referenzgrößen des Geld- und Kapitalmarktes offen legt und den bei Vertragsbeginn bestehenden Abstand zwischen variabler Grundverzinsung und Referenzgröße wahrt.

123 Auch das LG Düsseldorf hat mit Urt. v. 23.11.2005 eine uneingeschränkte Zinsänderungsklausel in einem Sparda-Ansparplan mit variabler Grundverzinsung für unwirksam erklärt (§ 308 Nr. 4 BGB).[234] Die Klausel sei mehrdeutig: Unklar bleibe, ob der »jeweils« bei Vertragsschluss gültige Zinssatz zugrunde gelegt werden soll oder ob »jeweils« der nach Vertragsschluss veränderte Zinssatz gelten soll. Es sei nicht sichergestellt, dass nachträgliche Änderungen der Zinsbestimmungsparameter unterbleiben. Nach der kundenfeindlichsten Auslegung ergebe sich die Unwirksamkeit der Klausel.

124 In seiner Entscheidung vom **10.06.2008** hat der **BGH** seine Rechtsprechung weiter präzisiert und festgestellt, dass die Unwirksamkeit einer unbestimmten Zinsänderungsklausel bei auf eine längere Laufzeit angelegten Sparverträgen nicht dazu führt, dass der im Vertrag genannte Anfangszinssatz von der Bank für die gesamte Laufzeit geschuldet wird.[235] Dies deshalb, weil die Aufteilung einer AGB-Klausel in eine kontrollfreie, wirksame Vereinbarung von Zinsvariabilität und eine der Inhaltskontrolle unterliegende, unwirksame Bestimmung über die Art und Weise der Zinsanpassung ohne Weiteres möglich sind. Die infolge der Unwirksamkeit nur der Zinsänderungsklausel, nicht auch der Vereinbarung über die Zinsvariabilität, entstandene Lücke ist im Wege ergänzender Vertragsauslegung zu schließen. Entscheidend ist danach, welche Regelung von den Parteien in Kenntnis der Unwirksamkeit der vereinbarten Zinsänderungsklausel nach dem Vertragszweck und angemessener Abwägung ihrer beiderseitigen Interessen nach Treu und Glauben (§ 242 BGB) als redliche Vertragspartner gewählt worden wäre. Von wesentlicher Bedeutung ist insoweit die von den Parteien getroffene Grundsatzentscheidung für Zinsvariabilität und damit gegen Zinsstabilität.

231 BGH, WM 2004, 825 (826).
232 BGH, WM 2004, 825 (828).
233 BGH, WM 2004, 825 (828); ferner BGH, WM 1982, 9 (10); BGH, WM 1985, 1075 (1076).
234 LG Düsseldorf, Urt. v. 23.11.2005 – 12 O 45/05.
235 BGH, NJW 2008, 3422.

Bedauerlicherweise führt der BGH in dieser Entscheidung nicht aus, wie die entstandene Vertragslücke im Einzelnen zu schließen ist, insb. anhand welcher Parameter und in welcher Zeit nach deren Änderung eine Anpassung des Zinssatzes erfolgen kann. Einen Schritt weiter ging das AG Koblenz. Im Wege der ergänzenden Vertragsauslegung stellte es anstelle der unwirksamen Klausel auf den Spareckzins als sachgerechten Bezugszins ab.[236]

Die Kreditwirtschaft hatte auf das BGH-Urteil reagiert und daraufhin überwiegend BGH-konfor- **125**
me Zinsänderungsklauseln angeboten, die neben der Benennung der gewichteten Referenzzinssätze die Höhe des anfänglichen Vertragszinssatzes, den Überprüfungsrhythmus und den bei Vertragsabschluss maßgeblichen Wert des Referenzzinssatzes festlegen.[237] Darüber hinaus ist die Differenz zwischen anfänglichem Vertragszins und Referenzzins anzugeben. Wird dieser Differenzbetrag während der Vertragslaufzeit überschritten, ergibt sich daraus der Anpassungsbedarf der Bank.

Mit seinen Urt. v. **13.04.2010** und **21.12.2010** hat der **BGH** seine Rechtsprechung zur Wirksam- **126**
keit von Zinsänderungsklauseln weiterentwickelt. Zunächst hat der BGH nochmals festgehalten, dass die durch die Unwirksamkeit der Zinsänderungsklausel entstandene Lücke im Vertrag durch ergänzende Vertragsauslegung, §§ 133, 157 BGB, zu schließen ist. Diese Lücke kann weder durch ein einseitiges Leistungsbestimmungsrecht des Bankkunden nach § 316 BGB noch durch ein einseitiges Leistungsbestimmungsrecht der Bank nach § 315 Abs. 1 BGB geschlossen werden. Im Wege der ergänzenden Vertragsauslegung hat das Gericht selbst die maßgeblichen Änderungsparameter zu bestimmen, wobei in sachlicher Hinsicht (z.B. Umstände einer Zinsänderung, insb. Bindung an einen aussagekräftigen Referenzzins) und in zeitlicher Hinsicht (z.B. Dauer der Zinsperiode) präzise Parameter zu wählen sind, die dem Erfordernis der Vorhersehbarkeit und Kontrollierbarkeit von Zinsänderungen für den Kunden genügen.[238] Am problematischsten stellt sich die Auswahl eines sachgerechten Referenzzinssatzes dar. Der BGH geht davon aus, dass es sich um einen in öffentlich zugänglichen Medien abgebildeten Referenzzins handeln muss, der von unabhängigen Stellen nach einem genau festgelegten Verfahren ermittelt wird und die Bank nicht einseitig begünstigt. Die streitgegenständlich verwendete Kombination aus 2- und 10-jährigen Anlagen (die sich so oder ähnlich bei einer Vielzahl von Kreditinstituten finden) auf der Grundlage der in den Monatsberichten der Deutschen Bundesbank veröffentlichten Zinssätze sei nicht interessengerecht. Vielmehr sind die in den Monatsberichten der Deutschen Bundesbank veröffentlichten Zinssätze für Spareinlagen mit einer Laufzeit zugrunde zu legen, die der zwanzigjährigen Laufzeit des vorliegenden Sparvertrages unter Berücksichtigung des Ansparvorgangs nahe kommen.[239] Mit diesen Vorgaben wurden die beiden Verfahren an die Vorinstanzen zurückverwiesen. Beide Verfahren wurden verglichen, sodass keine nähere Aufklärung darüber zu erwarten ist, auf welchen konkreten Referenzzinssatz nunmehr abzustellen ist. Da es keinen geeigneten Referenzzins mit einer 20-jährigen Laufzeit gibt, ist eine Umsetzung der BGH-Rechtsprechung derzeit nicht möglich.[240]

Der BGH hat sich in seinen bisherigen Urteilen nur zu langfristigen Sparverträgen geäußert. Bei der **127**
Abwägung der beiderseitigen Interessen kommt in der Begründung des BGH dem Langfrist-Charakter der Spareinlage eine besondere Bedeutung zu.[241] Daher ist diese Rechtsprechung einstweilen nur auf langfristig angelegte Sparverträge anzuwenden. Noch nicht höchstrichterlich geklärt ist die Frage, ob diese Grundsätze auch auf alle anderen, kurzfristigen Sparprodukte übertragen werden können oder ob bei diesen Verträgen eine uneingeschränkte Zinsänderungsklausel weiterhin zulässig ist.[242] So sind uneingeschränkte Zinsanpassungsklauseln bspw. bei Sichteinlagen (Tagesgeldkonten) nach wie vor marktüblich.

---

236 AG Koblenz, WM 2007, 2057.
237 Vgl. *Schebesta* BKR 2005, 217 (224).
238 BGH, BKR 2010, 300 (302); ausführlich zum Thema *Wimmer/Rösler* WM 2011, 1788.
239 BGH, WM 2011, 306 (308); BGH, BKR 2010, 300 (302).
240 *Wimmer/Rösler* WM 2011, 1788 (1790).
241 BGH, WM 2004, 825 (827).
242 *Burkiczak* BKR 2007, 190 m.w.N.

III. Vorschusszinsen

128 Der frühere § 22 Abs. 3 KWG a.F. regelte für den Fall der nur ausnahmsweise zulässigen, **vorzeitigen Rückzahlung** von Spareinlagen, dass der zurückgezahlte Betrag als Vorschuss zu verzinsen war. Unter einer vorzeitigen Rückzahlung waren alle Auszahlungen zu verstehen, die über die Freibetragsgrenze hinausgingen und ohne Kündigung oder vor Ablauf der Kündigungsfrist erfolgten.[243] Die Vorschusszinsen sollten sich der Höhe nach an den zu vergütenden Habenzinsen orientieren und diese um mindestens ein Viertel übersteigen. Im Fall einer wirtschaftlichen Notlage des Sparers konnte die Berechnung von Vorschusszinsen unterbleiben. Die Berechnung von Vorschusszinsen war zwingend vorgeschrieben und stellte nach § 56 KWG a.F. eine bußgeldbewehrte Ordnungswidrigkeit dar.[244]

129 § 21 Abs. 4 RechKredV enthält keine Regelung mehr zur Berechnung von Vorschusszinsen. Es bleibt den Kreditinstituten überlassen, wie sie auf das Verlangen der Sparer nach einer vorzeitigen Rückzahlung der Einlage reagieren. Sie können auch weiterhin Vorschusszinsen berechnen. Aus der Begründung zu § 21 Abs. 4 RechKredV geht hervor, dass der Gesetzgeber die Fälle vorzeitiger Rückzahlung ohne Kündigung nicht grds. verbieten wollte, sofern sich die Regelungen i.R.d. vom BAKred gezogenen Grenzen halten.[245] Mit dem Charakter der Spareinlage als unbefristete Einlage wäre es unvereinbar, wenn dem Sparer ein Rechtsanspruch auf vorzeitige Verfügung eingeräumt werden würde. Die Sonderbedingungen für den Sparverkehr müssen daher so ausgestaltet sein, dass der Sparer über den Freibetrag hinaus keinen Anspruch auf vorfällige Erstattung hat und die Auszahlung der Ausnahmefall bleibt.[246] So sehen die Sonderbedingungen für den Sparverkehr (Loseblatt-Sparurkunden) in Nr. 6 folgende Regelung vor:[247] »Ein Anspruch auf vorzeitige Verfügung besteht nicht. Werden Spareinlagen ausnahmsweise vorzeitig zurückgezahlt, ist die Bank berechtigt, die zurückgezahlte Einlage mit Ausnahme des in Nr. 5 Abs. 2 genannten Betrages als Vorschuss zu verzinsen. Macht die Bank von diesem Recht Gebrauch, so wird sie den jeweiligen Vorschusszinssatz durch Preisaushang bekannt machen.«

130 Daneben kann das Kreditinstitut in bestimmten Fällen auf die Berechnung von Vorschusszinsen **verzichten**:

- Wenn sich der Sparer nach der Beurteilung der Bank in einer **wirtschaftlichen Notlage** befindet.[248]
- Wenn Spareinlagen vor Fälligkeit zum **Erwerb von Wertpapieren** benutzt werden. Bei Veräußerung der Wertpapiere vor Ablauf der für die Spareinlagen maßgeblichen Kündigungsfrist sind jedoch Vorschusszinsen vom Zeitpunkt der Veräußerung bis zum Ablauf der Kündigungsfrist zu berechnen.[249]
- Wenn Spareinlagen vor Fälligkeit auf **andere Sparkonten** oder Bausparkonten bei demselben Kreditinstitut übertragen werden, sofern für diese Konten eine gleiche oder längere Kündigungsfrist vorgesehen ist.[250]
- In Nr. 6c des BAKred-Schreibens vom 03.08.1964 wird der weitere Fall aufgeführt, dass der Sparer seinen **Wohnsitz wechselt** und das Kreditinstitut auf Antrag des Sparers Spareinlagen vor Fälligkeit auf Sparkonten desselben Sparers bei einem Kreditinstitut am neuen Wohnsitz des Sparers überträgt, sofern das empfangende Kreditinstitut dem abgebenden Kreditinstitut schriftlich bestätigt, dass durch die Übertragung keine Verkürzung der Kündigungsfrist eintritt.

---

243 *Szagunn/Wohlschieß* § 22 Rn. 6; *Kaiser* WM 1996, 141 (146).

244 *Reischauer/Kleinhans* Kza. 418 Rn. 28; *Szagunn/Wohlschieß* § 22 Rn. 7.

245 BT-Drucks. 12/4876, S. 7; Schimansky/Bunte/Lwowski/*Gößmann* § 71 Rn. 71.

246 BAKred-Schreiben v. 02.02.1982, I 3-242-1/77, abgedruckt bei *Reischauer/Kleinhans* Kza. 221, Nr. 4; Hellner/Steuer/*Gößmann* 2/211.

247 Die Sonderbedingungen sind in den Anlagen 1 und 2 abgedruckt.

248 *Reischauer/Kleinhans* Kza. 418 Rn. 28; Schimansky/Bunte/Lwowski/*Gößmann* § 71 Rn. 74.

249 BAKred-Schreiben v. 03.08.1964, Nr. 1/64, abgedruckt bei *Reischauer/Kleinhans* Kza. 220, Nr. 6 a.

250 BAKred-Schreiben v. 03.08.1964, Nr. 1/64, abgedruckt bei *Reischauer/Kleinhans* Kza. 220, Nr. 6 b.

Diese Regel dürfte auch anwendbar sein, wenn ein Kreditinstitut seinen Sitz verlegt. Mit dieser Ausnahmeregelung soll dem Kunden die Wahl einer Bank an seinem neuen Wohnsitz nicht durch Vorschusszinsen erschwert werden.

- Nach Nr. 6d kann auf die Berechnung von Vorschusszinsen verzichtet werden, wenn Spareinlagen nach dem **Tod des Kunden** im Wege der Berichtigung der Gläubigerbezeichnung auf einen oder mehrere Erben umgeschrieben werden oder wenn aufgrund einer letztwilligen Verfügung des Sparers oder zum Zwecke der Erbauseinandersetzung über eine zum Nachlass des Sparers gehörende Spareinlage vor Fälligkeit durch Barauszahlung, Umschreibung oder Übertragung verfügt wird. Hierdurch sollen die Erbauseinandersetzung und die Erfüllung letztwilliger Verfügungen durch die Belastung mit Vorschusszinsen nicht unbillig erschwert werden.[251]
- Schließlich führt Nr. 6 f. des BAKred-Schreibens noch die Fallgestaltung an, dass ein Sparvertrag vorzeitig aufgelöst wird, weil ein **Festhalten am Vertrag** für beide oder eine der Vertragsparteien **unzumutbar** ist (z.B. wegen Wegfalls der Geschäftsgrundlage).

Mit Schreiben v. 02.02.1982 hat das BAKred auch die Saldierung von Habenzinsen und Vorschusszinsen für unzulässig erklärt.[252] Die Berechnung und die Höhe der Vorschusszinsen müssen für den Sparer transparent und nachvollziehbar sein und aus diesem Grund getrennt ausgewiesen werden. 131

Da es sich bei den üblichen Vorschusszinsregelungen in den Sonderbedingungen für den Sparverkehr um Allgemeine Geschäftsbedingungen handelt, ist deren AGB-rechtliche Zulässigkeit zu untersuchen. Zunächst könnte fraglich sein, ob die Vorschusszinsklausel überhaupt Bestandteil des Vertrages wird. Nach § 305c BGB wird eine Klausel nicht Vertragsbestandteil, wenn sie nach den Umständen, insb. nach dem äußeren Erscheinungsbild des Vertrages, so ungewöhnlich ist, dass der Vertragspartner des Verwenders mit ihr nicht zu rechnen braucht. Es muss sich um eine objektiv ungewöhnliche Klausel handeln, wobei sich die Ungewöhnlichkeit aus der Unvereinbarkeit mit dem Leitbild des Vertrages, der Höhe des Entgelts oder einer erheblichen Abweichung vom dispositiven Recht ergeben kann.[253] Darüber hinaus muss die Klausel überraschend sein, d.h. der Vertragspartner musste mit der Klausel »nicht rechnen«. Beide Voraussetzungen sind bei Vorschusszinsklauseln nicht erfüllt. Jedem Kunden, der ohne Kündigung oberhalb des Freibetrages über seine Spareinlage verfügt, muss klar sein, dass die Bank für die entgangenen Zinsen eine Kompensationsleistung berechnet. Diese Praxis hat sich seit Jahrzehnten durchgesetzt und ist für den Kunden bei Vertragsabschluss absehbar.[254] Ein »Überraschungsmoment« liegt hierin nicht. 132

Im Rahmen der AGB-rechtlichen Inhaltskontrolle kommt es auf die rechtliche Qualifizierung der Vorschusszinsregelung an. Ordnet man die Vorschusszinsen als **pauschalierten Schadensersatz** für den aus der Anlage entgangenen Gewinn ein, so ergibt sich die Unwirksamkeit aus § 309 Nr. 5 BGB.[255] Nach § 309 Nr. 5 BGB ist die Pauschalierung von Schadensersatzansprüchen unwirksam, wenn die Pauschale den nach dem gewöhnlichen Lauf der Dinge zu erwartenden Schaden übersteigt oder dem anderen Vertragsteil nicht ausdrücklich der Nachweis gestattet wird, der Schaden sei nicht entstanden oder wesentlich niedriger. Die Anwendbarkeit des § 309 Nr. 5 BGB setzt aber voraus, dass überhaupt eine Schadensersatzpflicht dem Grunde nach besteht.[256] Da der Kunde keinen Anspruch auf die vorfällige Rückerstattung hat, kommt eine Rückzahlung nur aufgrund einer einvernehmlichen Einigung mit dem Kreditinstitut zustande, das im Einzelfall auf die Einhaltung der Kündigungsfristen verzichtet. Eine Pflichtverletzung des Sparers scheidet somit von vornherein 133

---

251 Hellner/Steuer/*Gößmann* 2/216.

252 BAKred-Schreiben v. 02.02.1982, I 3-242-1/77, abgedruckt bei *Reischauer/Kleinhans* Kza. 221, Nr. 6b.

253 BGH, NJW 1992, 1236; Palandt/*Heinrichs* § 305c Rn. 3.

254 *Rösler/Wimmer* BKR 2007, 8 (16); differenzierend *Servatius* BKR 2005, 295 (299), der das Ergebnis davon abhängig macht, dass die Vorschusszinsbelastung nicht größer ist als die im laufenden Jahr erzielte Guthabenverzinsung bzw. dass eine Vorschusszinsregelung, die zu einer Belastung des eingezahlten Kapitals führt, dies unmissverständlich in den AGB zum Ausdruck bringt.

255 Schimansky/Bunte/Lwowski/*Gößmann* § 71 Rn. 71.

256 BGH, NJW 2005, 1645 (1647); Palandt/*Grüneberg* § 309 Rn. 24.

aus.[257] Sieht man in der Vorschusszinsklausel eine **Vertragsstrafenregelung**, ergibt sich die AGB-rechtliche Unwirksamkeit aus § 309 Nr. 6 BGB.[258] Eine unwirksame Vertragsstrafe i.S.d. § 309 Nr. 6 BGB liegt insb. vor, wenn dem Verwender für den Fall, dass sich der andere Vertragsteil vom Vertrag löst, die Zahlung einer Vertragsstrafe versprochen wird. Die vorzeitige Rückzahlung der Spareinlage erfolgt aber nicht aufgrund eines einseitigen Lösungsrechtes des Kunden, sondern setzt eine Aufhebungsvereinbarung mit der Bank voraus. Der Sparer ist auf die Mitwirkung der Bank angewiesen. Aus diesem Grund kommt auch die Einordnung als Vertragsstrafenregelung nicht in Betracht.[259] Richtigerweise sind die Vorschusszinsen als **Entgelt** zu qualifizieren, die die Gegenleistung für die Einwilligung der Bank in den Aufhebungsvertrag darstellen.[260] Als Entgeltabrede sind die Vorschusszinsklauseln einer richterlichen Inhaltskontrolle entzogen. Nach der Rechtsprechung des BGH sind Klauseln nach § 307 Abs. 3 BGB kontrollfrei, soweit sie Art und Umfang der vertraglichen Hauptleistungspflicht und die dafür zu zahlende Vergütung unmittelbar bestimmen.[261] Steht somit fest, dass die Vorschusszinsregelungen einer AGB-rechtlichen Kontrolle nicht unterliegen, können als Prüfungsmaßstab für die Angemessenheit der Höhe der Vorschusszinsen nur die Grenzen der Sittenwidrigkeit (§ 138 BGB) herangezogen werden.[262]

IV. Entgelte

134 Aus der Rechtsprechung des BGH zur Unzulässigkeit von Bankentgelten sind für den Bereich der Spareinlagen vor allem zwei Entscheidungen interessant. Mit seinem **Kontopfändungsurt.** v. 18.05.1999 hat der BGH entschieden, dass Klauseln, in denen für die Bearbeitung und Überwachung von Pfändungsmaßnahmen gegen Kunden von diesen ein Entgelt gefordert wird, gegen § 9 AGBG (jetzt § 307 BGB) verstoßen.[263] Zur Zulässigkeit von Entgelten bei Preisnebenabreden, um die es sich vorliegend handelt, hat der BGH folgende Grundsätze aufgestellt: Es muss sich überhaupt um eine Leistung an oder zumindest für den Kunden handeln. Es darf sich weiterhin nicht um eine unselbstständige Nebenpflicht handeln, zu der das Kreditinstitut ohnehin gesetzlich oder vertraglich verpflichtet ist. Und schließlich kann die Erfüllung allgemeiner gesetzlicher Pflichten nicht als eigenständige Leistung bepreist werden. Durch die Bearbeitung von Pfändungs- und Überweisungsbeschlüssen erbringt das Kreditinstitut als Drittschuldnerin keine Dienstleistung für den Kunden, sondern handelt vorrangig im eigenen Interesse zur Erfüllung einer eigenen gesetzlichen Verpflichtung. Dies gilt zunächst für die Abgabe der Drittschuldnererklärung nach § 840 Abs. 1 ZPO, die keine Dienstleistung für den Vollstreckungsschuldner darstellt, sondern die Erfüllung einer vollstreckungsrechtlichen Auskunftspflicht ist. Aber auch die Sperrung und Überwachung eines Sparkontos ist keine Tätigkeit für den Kunden. Insoweit wird das Kreditinstitut im eigenen Interesse tätig, um nicht Gefahr zu laufen, bei unberechtigten Auskehrungen an den Sparkontoinhaber ggü. dem Pfandgläubiger nochmals zahlen zu müssen.[264]

135 Mit seinem Urt. v. 15.07.1997 hat der BGH die Unwirksamkeit einer Entgeltklausel für die Erteilung und Verwaltung von **Freistellungsaufträgen** festgestellt.[265] Mit der Bearbeitung und Verwaltung von Freistellungsaufträgen erfüllt die Bank eine ihr vom Staat im öffentlichen Interesse auferlegte Pflicht (Zinsabschlagsgesetz), die sie nicht als eigenständige Leistung bepreisen kann, auch wenn sie speziell im Interesse des Kunden liegt. Die Erfüllung dieser gesetzlich vorgesehenen

---

257 *Servatius* BKR 2005, 295 (300).
258 *Rösler/Wimmer* BKR 2007, 8 (17); *Servatius* BKR 2005, 295 (300) – jeweils m.w.N.
259 *Servatius* BKR 2005, 295 (301).
260 *Rösler/Wimmer* BKR 2007, 8 (17); *Servatius* BKR 2005, 295 (301).
261 BGH, NJW 1999, 864; BGH, NJW 2002, 2386; WM 1997, 1663 (1664); Palandt/*Heinrichs* § 307 Rn. 59.
262 So *Rösler/Wimmer* BKR 2007, 8 (17), mit einer umfassenden finanzmathematischen Analyse zur Berechnung der Höhe von Vorschusszinsen.
263 BGH, WM 1999, 1271.
264 BGH, WM 1999, 1271 (1273); vgl. auch Hellner/Steuer/*Wand* 18/69.
265 BGH, WM 1997, 1663.

allgemeinen Pflicht sei als Teil der allgemeinen Geschäftskosten einzukalkulieren und aus dem Gewinn der Geschäftstätigkeit zu decken.[266]

Als zulässig anerkannt hat der BGH in seinem Urt. v. 07.07.1998 ein Entgelt für die **Ausstellung eines Ersatzsparbuches.**[267] Die Klausel über die Berechnung einer gesonderten Vergütung für die Ausstellung eines Sparbuches ohne Kraftloserklärung entzieht sich der AGB-rechtlichen Inhaltskontrolle, weil es sich um eine echte Zusatzleistung der Bank handelt, für die sie als vom Kunden geschuldete Gegenleistung ein Entgelt vereinbaren kann.[268] 136

Im Einlagengeschäft sind darüber hinaus Entgelte üblich und zulässig für die Durchführung des gerichtlichen Aufgebotsverfahrens, für die Einrichtung eines Vertrages zugunsten Dritter, für die Verpfändung und Abtretung an Dritte, für die Einrichtung von Verfügungsbeschränkungen bei Mietkautionskonten, die auf den Namen des Mieters lauten, sowie für die Umschreibung von Sparverträgen auf Dritte. Ob für diese Fälle überhaupt ein Entgelt verlangt wird und die jeweilige Höhe, hängt von der Geschäftspolitik der Banken ab. Dagegen ist ein Entgelt für die Auflösung eines Sparkontos nach allgemeiner Meinung unzulässig. 137

D. Kapital-Lebensversicherungen und Bausparverträge

I. Bausparverträge als Kapitalanlage

Beim Bausparen handelt es sich um **zielgerichtetes Sparen**, um für wohnungswirtschaftliche Verwendungen Darlehen zu erlangen, deren Verzinsung niedrig, von Anfang an fest vereinbart und von Zinsschwankungen am Kapitalmarkt unabhängig ist. Die Grundidee des Bausparens ist der Kollektivgedanke: Die Sparer schließen sich zu einer Gemeinschaft – dem **Bausparkollektiv** – zusammen, um auf diesem Weg ihre Sparziele schneller erreichen zu können. Die Rechtsverhältnisse zwischen Bausparkassen und Sparern werden maßgeblich durch das Gesetz über Bausparkassen (BausparKG), die Verordnung zum Schutz der Gläubiger von Bausparkassen (BausparkV) und die Allgemeinen Bedingungen für Bausparverträge (ABB) bestimmt. § 1 Abs. 1 BausparKG definiert Bausparkassen als Kreditinstitute, deren Geschäftsbetrieb darauf gerichtet ist, Einlagen von Bausparern (**Bauspareinlagen**) entgegenzunehmen und aus den angesammelten Beträgen den Bausparern für wohnungswirtschaftliche Maßnahmen Gelddarlehen (**Bauspardarlehen**) zu gewähren (**Bauspargeschäft**). Das Bauspargeschäft darf nur von Bausparkassen betrieben werden. Als Kreditinstitute i.S.d. § 1 KWG unterliegen Bausparkassen nach den Vorschriften des BausparkG und des KWG der Aufsicht der Bundesanstalt für Finanzdienstleistungsaufsicht, § 3 Abs. 1 BausparKG. 138

Im Gegensatz zu den Spareinlagen sind Bauspareinlagen dem kollektiven Zwecksparen gewidmet, weshalb auf sie die Sparverkehrsvorschriften keine Anwendung finden.[269] Gem. § 21 Abs. 4 Satz 4 RechKredV gelten Bauspareinlagen nicht als Spareinlagen, wie dies auch schon unter der Vorgängerregelung des § 22a KWG a.F. der Fall war.[270] Bauspareinlagen weisen eine besondere Ausgestaltung auf. 139

Grundlage des Bausparens ist der **Bausparvertrag.** Durch den Abschluss eines Bausparvertrages wird der Sparer Mitglied einer Sparergemeinschaft. Am Beginn steht dabei die Sparphase, also eine Leistung des Bausparers zugunsten der Gemeinschaft. Damit erwirbt der Sparer einen Rechtsanspruch auf eine spätere Gegenleistung in Form eines zinsgünstigen Bauspardarlehens (§ 1 Abs. 2 BausparKG). Die Mittel hierfür stammen aus den von den Bausparern angesammelten Geldern, insb. den Spar- und Tilgungsleistungen. Der Bausparvertrag wird über eine bestimmte Bausparsumme abgeschlossen. Soweit der Bausparer das im Vertrag vereinbarte Mindestsparguthaben (i.d.R. 40 % 140

266 BGH, WM 1997, 1663 (1665); vgl. auch Hellner/Steuer/*Wand* 18/96.
267 BGH, WM 1998, 1623.
268 BGH, WM 1998, 1623 (1624); BGH, WM 1997, 2244 (2245).
269 Vgl. auch *Szagunn/Wohlschieß* § 22a Rn. 1; *Kaiser* WM 1996, 141 (143).
270 Vgl. Gesetzesbegründung zur RechKredV, BT-Drucks. 12/4876, S. 7.

oder 50 % der Bausparsumme) angespart hat und das Guthaben über eine ausreichende Zeitspanne bestand, wird der Vertrag nach der Zuteilungsannahme durch den Bausparer zugeteilt. Die Bausparkasse zahlt dann das angesparte Guthaben und – nach der erforderlichen Beleihungs- und Bonitätsprüfung – das Bauspardarlehen aus. Die Bausparsumme ist also der Betrag, über den der Bausparer für seine Finanzierung mit Beginn der Darlehensphase verfügen kann.

141 Für die Ausgestaltung der Bausparverträge haben sowohl die privaten als auch die öffentlich-rechtlichen Bausparkassen ihrem Geschäftsbetrieb die Allgemeinen Geschäftsgrundsätze und die Allgemeinen Bedingungen für Bausparverträge zugrunde zu legen. Gem. § 5 Abs. 2 BausparKG enthalten die Allgemeinen Geschäftsgrundsätze insb. Bestimmungen über das Zuteilungsverfahren, die Berechnungen für die Abwicklung der Bausparverträge unter Angabe der individuellen Sparer-Kassen-Leistungsverhältnisse und das Verfahren bei Rückzahlung der Einlagen gekündigter Bausparverträge. Die ABB enthalten nach § 5 Abs. 3 BausparKG insb. Bestimmungen über die Höhe und Fälligkeit der Leistungen des Bausparers und der Bausparkasse sowie über die Rechtsfolgen, die bei Leistungsverzug eintreten und die Verzinsung der Bauspareinlagen und der Bauspardarlehen.

142 Ein wesentlicher Unterschied zwischen Bauspareinlagen und Spareinlagen besteht darin, dass das Bausparkonto als **Kontokorrentkonto** geführt wird, § 15 ABB der öffentlich-rechtlichen Bausparkassen bzw. § 16 ABB der privaten Bausparkassen, auf dem sämtliche für den Bausparer bestimmten Geldeingänge gutgeschrieben werden. Das Kontokorrent wird jeweils zum Ende eines Kalenderjahres abgeschlossen, mit der Besonderheit, dass der Kontoauszug als anerkannt gilt, wenn der Bausparer nicht innerhalb von 2 Monaten nach Zugang schriftlich Widerspruch erhebt.

143 Der Bausparer erbringt seine Sparleistung nach § 2 ABB bis zur ersten Auszahlung aus der zugeteilten Bausparsumme durch **monatliche Bausparbeiträge (Regelsparbeitrag)**, die je nach Tarifvariante zwischen 4 ‰ und 5 ‰ bis hin zu 8 ‰ der Bausparsumme betragen. Das Bausparguthaben wurde in der Vergangenheit abhängig von der gewählten Tarifvariante mit 1 % oder 1,5 % jährlich verzinst (Basiszins), während der Basiszins im Jahr 2014 z.T. deutlich darunter liegt und sich zwischen 0,1 % und 0,5 % bewegt. Damit lag die Verzinsung zwar im Vergleich mit anderen Sparprodukten deutlich unter der Verzinsung von bspw. Tagesgeldkonten oder Termingeldern. Die Attraktivität des Bausparens kann sich aber nach wie vor dann erhöhen, wenn der Bausparer auf die Inanspruchnahme des zugeteilten Bauspardarlehens verzichtet. Die ABB gewähren dem Bausparer nach einer Vertragslaufzeit von mindestens 7 Jahren und einer weiteren Wartezeit von mindestens 12 Monaten eine Treueprämie oder Bonuszahlungen, die je nach Tarifvariante den gutgeschriebenen Guthabenzinsen oder 4/3 hieraus entsprechen. Gerade bei älteren Bausparverträgen, bei denen die Guthabenverzinsung noch höher lag, kann sich dies als gute Geldanlage erweisen und mehr Zinsen bringen als etwa ein normaler Banksparplan. Dies gilt vor allen Dingen dann, wenn der Bausparvertrag zusätzlich vorsieht, dass die anfängliche Abschlussgebühr i.H.v. 1 % erstattet wird. Darüber hinaus kommt für das Bausparen die staatliche Förderung mit der Arbeitnehmersparzulage und der Wohnungsbauprämie in Betracht, sofern die Einkommensgrenzen nicht überschritten werden. Das Bausparguthaben kann gem. § 14 ABB der öffentlich-rechtlichen Bausparkassen bzw. § 15 ABB der privaten Bausparkassen vom Bausparer jederzeit unter Einhaltung einer Kündigungsfrist von 3 bzw. 6 Monaten gekündigt werden. Damit ist die Bauspareinlage so flexibel wie ein Sparkonto mit entsprechender Kündigungsfrist.

II. Kapital-Lebensversicherungen

144 Die Bedeutung der Lebensversicherung als Instrument der Alters- und Hinterbliebenenvorsorge zeigt sich durch einen Blick auf die Statistik. Ende 2005 gab es in Deutschland nach Angaben des Gesamtverbandes der Deutschen Versicherungswirtschaft (GDV) 94,1 Mio. Lebensversicherungsverträge (2016 89,3 Mio. Lebensversicherungsverträge) mit einem Beitragsaufkommen von 72,6 Mrd. € (2016 90,8 Mrd. € Beitragsaufkommen).[271] Allerdings hat die Bedeutung der Kapital-

271 Vgl. Die Lebensversicherung in Zahlen 2017 www.gdv.de.

lebensversicherung als Kapitalanlage durch die Einführung des Alterseinkünftegesetzes (AltEinkG) zum 01.01.2005 stark abgenommen. Waren bei Verträgen, die bis zum 31.12.2004 abgeschlossen wurden, die Ablaufleistungen einkommensteuerfrei, sind Erträge aus Rentenversicherungen mit Kapitalwahlrecht (bei Ausübung des Kapitalwahlrechts), aus Kapitallebensversicherungen auf den Erlebens- und Todesfall mit Sparanteil sowie aus fondsgebundenen Lebensversicherungen seit 01.01.2005 einkommensteuerpflichtig. Eine Ausnahme besteht nur noch, wenn die Versicherungsleistung nach Vollendung des 60. Lebensjahres und nach Ablauf von 12 Jahren seit dem Vertragsabschluss ausgezahlt wird. In diesem Fall unterliegt die Hälfte der Kapitalzahlung der ESt.

Bei den Lebensversicherungen wird nach den Erscheinungsformen unterschieden: Entweder nach den Risiken (Todes- oder Erlebensfall), nach den Leistungen (Kapital oder Rente) oder nach den Eigenschaften des Kundenkreises (Individual- oder Kollektivvertrag).[272] In der Todesfallversicherung leistet der Versicherer nur, wenn die versicherte Person stirbt, in der Erlebensfallversicherung nur, wenn sie den vereinbarten Erlebenszeitpunkt erlebt. Etwa drei Viertel der Lebensversicherungen sind gemischte Versicherungen – Lebensversicherungen auf den Todes- und Erlebensfall –, bei denen der Versicherer in beiden Fällen leistet. Bei der Kapitallebensversicherung wird als Leistung ein bestimmtes Kapital, bei der Rentenversicherung eine meist lebenslange Rente vereinbart. Häufig sind Kombinationen anzutreffen, bei denen die Kapitallebensversicherung mit einem Rentenwahlrecht und die Rentenversicherung mit einem Kapitalwahlrecht verbunden sind. 145

Das Rechtsverhältnis wird bei der Kapitallebensversicherung maßgeblich durch die Regelungen der §§ 150 bis 171 VVG sowie die Allgemeinen Versicherungsbedingungen (AVB) für die kapitalbildende Lebensversicherung bestimmt.[273] Daneben enthält das VAG umfangreiche aufsichtsrechtliche Vorgaben für den Lebensversicherungsbereich. § 1 Abs. 1 AVB enthält das Garantieversprechen des Lebensversicherers für den Fall, dass »die versicherte Person den im Versicherungsschein genannten Ablauftermin erlebt oder vor diesem Termin stirbt«. Die Leistungspflicht des Versicherers umfasst bei der klassischen kapitalbildenden Lebensversicherung die vereinbarte **Versicherungssumme** als garantierte Leistung und die Überschussbeteiligung, §§ 1, 2 AVB. Der Versicherungsnehmer verpflichtet sich, den vereinbarten Beitrag zu entrichten, § 1 Abs. 2 Satz 1 VVG. Gem. § 7 Abs. 1 AVB können die Beiträge je nach Vereinbarung in einem einzigen Beitrag (Einmalbeitrag) oder gegen Aufschlag durch Monats-, Vierteljahres-, Halbjahres- oder Jahresbeiträge (laufende Beiträge) erbracht werden. Im Rahmen der Beitragskalkulation wird im Allgemeinen zwischen Risiko-, Kosten- und Sparbeitrag unterschieden.[274] Der Risikobeitrag wird von den Versicherern für das kalkulierte Todesfallrisiko bzw. das Erlebensfallrisiko in der Rentenversicherung erhoben. Daneben wird vom Tarifbeitrag der Kostenbeitrag abgezogen, der sich aus den allgemeinen Verwaltungskosten der Versicherer zusammensetzt. Der **Sparbeitrag** selbst wird verzinslich angesammelt und ergibt zum Ablauf des Vertrages zusammen mit der Verzinsung die Versicherungssumme. Dabei wird vom Lebensversicherer bis zum Ablauf des Vertrages nicht nur der Sparbeitrag, sondern auch eine Mindestverzinsung garantiert. Dieser **Garantiezins** (Rechnungszins) wird durch Verordnung des BMF auf Empfehlung der BaFin und der Deutschen Aktuarvereinigung festgesetzt und wurde in den letzten Jahren kontinuierlich abgesenkt: Betrug der Garantiezins 2006 noch 2,75 %, waren es 2009 nur noch 2,25 %. Schließlich seit 2012 1,75 % und seit dem 01.01.2017 beträgt er nur noch 0,9 %. Zu beachten ist, dass der Garantiezins nur auf den Teil des Tarifbeitrages gezahlt wird, der in den Sparanteil fließt. Dadurch kann sich je nach Kostenquote des Lebensversicherers eine Verzinsung des Gesamtbeitrages ergeben, die unter 1 % liegt. Bei der **Überschussbeteiligung** handelt es sich um die anhand komplexer mathematischer, aufsichts- und bilanzrechtlicher Regeln ermittelte Beteiligung der Versicherungsnehmer an dem Bilanzüberschuss des Lebensversicherers. Die Überschüsse entstehen dadurch, dass der Beitrag vorsichtiger kalkuliert wird als tatsächlich notwendig. Im Wesentlichen entstehen die Überschüsse, wenn der Sterblichkeitsverlauf bei den Versicherten 146

272 Ausführlich Beckmann/Matusche-Beckmann/*Brömmelmeyer* § 42 Rn. 3.

273 Die »Musterbedingungen« für die kapitalbildende Lebensversicherung sind abrufbar unter www.gdv.de.

274 Beckmann/Matusche-Beckmann/*Brömmelmeyer* § 42 Rn. 89.

günstiger ist als ursprünglich kalkuliert (Sterblichkeitsgewinn), die Zinserträge des Versicherers aus den im Deckungsstock zusammengefassten Vermögensanlagen höher ausfallen als im Garantiezins berücksichtigt (Zinsgewinn) oder aber die im Beitrag einkalkulierten Kosten geringer ausfallen als erwartet (Kostengewinn). Nach der Verordnung über die Mindestbeitragsrückerstattung in der Lebensversicherung sind die Lebensversicherer verpflichtet, mindestens 90 % der anzurechnenden Kapitalerträge an die Versicherungsnehmer zu verteilen.[275]

147 Die Flexibilität der Kapitallebensversicherung als Anlageform ist praktisch erheblich eingeschränkt. Zwar kann der Versicherungsnehmer bei laufender Beitragszahlung den Vertrag jederzeit für den Schluss der laufenden Versicherungsperiode **kündigen** (§ 168 Abs. 1 VVG, § 9 AVB). Er erhält aber nur den **Rückkaufswert** der Versicherung zurück, § 169 Abs. 1 VVG, § 9 Abs. 3 AVB. Der Rückkaufswert ist gem. § 169 Abs. 3 VVG nach den anerkannten Regeln der Versicherungsmathematik für den Schluss der laufenden Versicherungsperiode als Zeitwert der Versicherung zu berechnen. Die Kündigung der Versicherung ist mit Nachteilen verbunden. So weisen die Versicherer darauf hin, dass in der Anfangszeit der Versicherung wegen der Verrechnung von Abschlusskosten nach dem Zillmerverfahren (vgl. § 10 AVB) kein Rückkaufswert vorhanden zu sein braucht. Der Rückkaufswert muss auch in den Folgejahren nicht unbedingt die Summe der eingezahlten Beiträge erreichen.

275 Verordnung über die Mindestbeitragsrückerstattung in der Lebensversicherung (ZRQuotenV) v. 23.07.1996, BGBl. I S. 1190.

Kapitel 7 Kapitalanlage in Wertpapieren, außerbörsliche Finanztermingeschäfte, alternative Investments und Investmentfonds

Übersicht

A. Kapitalmarktaufsicht

I. Einleitung

1 Die Vielzahl kapitalmarktrechtlicher Vorschriften insb. des WpHG, des BörsG sowie europäischer Verordnungen macht es im Hinblick auf den beabsichtigten **Anleger- und Funktionenschutz** erforderlich,[1] dass die Einhaltung der rechtlichen Rahmenbedingungen durch staatliche Behörden überwacht und Verstöße sanktioniert werden.

2 Die Aufsichtsstrukturen im Bereich des Kapitalmarktrechts haben in den letzten Jahren tief greifende Änderungen erfahren, die einerseits auf der Umsetzung EU-rechtlicher Vorgaben, andererseits aber auch auf nationalen Rechtssetzungsakten beruhen.[2] Derzeit besteht in Deutschland ein **dreistufiges System der Kapitalmarktaufsicht**. Die Bundesanstalt für Finanzdienstleistungsaufsicht (**BaFin**) wird hierbei als oberste und bundesweite Aufsichtsbehörde über den börslichen und außerbörslichen Handel mit Kapitalmarktprodukten tätig. Die zuständigen obersten Landesbehörden werden als spezielle **Börsenaufsichtsbehörden** tätig und überwachen die Einhaltung der börsenrechtlichen Vorschriften sowie die ordnungsgemäße Durchführung und Abwicklung des börslichen Handels. Schließlich findet auf der dritten Stufe die Marktaufsicht durch die Börsen selbst mittels der **Handelsüberwachungsstellen** statt, die den Handel und die Geschäftsabwicklung an der Börse überwachen.

1 Vgl. zu diesen Regelungszielen des Kapitalmarktrechts *Lenenbach* Kapitalmarktrecht Rn. 1.67 ff.; *Buck-Heeb* Kapitalmarktrecht Rn. 7 ff.

2 Zur Entwicklung der Kapitalmarktaufsicht in Deutschland vgl. *Lenenbach* Kapitalmarktrecht Rn. 15.1 ff.

II. Aufsicht durch die BaFin

1. Grundlagen

3 Nachdem zuvor in Deutschland keine zentrale Aufsicht bestand, ist zum 01.05.2002 die bislang auf drei Bundesaufsichtsämter verteilte staatliche Einzelaufsicht über Banken, Versicherungen und den Wertpapiermarkt durch das Finanzdienstleistungsaufsichtsgesetz (FinDAG) zu einer **Allfinanzaufsicht** zusammengefasst worden. Die zu diesem Zweck neu errichtete BaFin vereint die Geschäftsbereiche des früheren Bundesaufsichtsamtes für das Kreditwesen (BAKred), des Bundesaufsichtsamtes für den Wertpapierhandel (BAWe) sowie des Bundesaufsichtsamtes für das Versicherungswesen (BAV) in einer Bundesbehörde (§ 1 Abs. 1 Satz 1 FinDAG). Bei der BaFin handelt es sich um eine rechtsfähige bundesunmittelbare Anstalt des öffentlichen Rechts i.S. von Art. 87 Abs. 3 Satz 1 GG. Nach § 1 Abs. 1 Satz 1 u. 2 FinDAG ist die BaFin dem Geschäftsbereich des Bundesfinanzministeriums zugeordnet und unterliegt dessen Rechts- und Fachaufsicht.[3] Die BaFin hat nach § 1 Abs. 1 FinDAG ihren Sitz in Frankfurt am Main und Bonn.

4 Um die erforderliche Abstimmung zwischen den verschiedenen Stufen der Kapitalmarktaufsicht zu gewährleisten, sieht § 16 Abs. 1 WpHG (§ 5 WpHG a.F.) die **Bildung eines Wertpapierrates** bei der BaFin vor, der als Verbindungsglied zwischen der Bundesaufsichtsbehörde und den Länderbehörden dient.[4] Die Aufgabe des Wertpapierrates besteht nach § 16 Abs. 2 Satz 1 WpHG in der Mitwirkung bei der Aufsicht. Diese Mitwirkung beschränkt sich indes, wie sich auch aus § 16 Abs. 2 Satz 2 WpHG ergibt, auf eine rein beratende Tätigkeit ohne Entscheidungsbefugnisse.[5] Der Wertpapierrat ist daher auch kein Aufsichtsorgan im eigentlichen Sinn,[6] sondern lediglich ein **Konsultativorgan**.[7]

5 Der **Zuständigkeitskatalog** in § 16 Abs. 2 Nr. 1–3 WpHG ist nicht abschließend,[8] ausdrücklich genannt wird u.a. die beratende Mitwirkung beim Erlass von Verordnungen und Richtlinien (§§ 45, 88 Abs. 4 WpHG), die Klärung der Auswirkungen der Aufsicht auf das Marktgeschehen sowie die Zuständigkeitsabgrenzung zwischen der BaFin und den Börsenaufsichtsbehörden der Länder. Im Wertpapierrat haben nicht nur Länder, die über eine Börse verfügen,[9] Sitz und Stimme, sondern alle Bundesländer. Dies ist auch deshalb geboten, weil die Aufsichtstätigkeit der BaFin sich auch auf den außerbörslichen Handel bezieht, der in allen Bundesländern stattfindet.[10]

2. Gegenstand der Aufsicht

6 Bei der Bestimmung des Gegenstands der Aufsicht ist zu unterscheiden zwischen den Aufgaben und Befugnissen, die der BaFin nach dem WpHG zukommen, und weiteren Aufgaben und Befugnissen, die sich aus anderen Vorschriften ergeben.

7 Die Rechtsgrundlage für das Tätigwerden der BaFin i.R.d. WpHG bildet § 6 WpHG (vormals § 4 WpHG a.F.), der nach zahlreichen Änderungen[11] mittlerweile als umfassende **Generalbefugnisnorm** ausgestaltet ist. Nach § 6 Abs. 1 Satz 1 WpHG übt die BaFin die Aufsicht nach den Vorschriften dieses Gesetzes aus. Durch diese Beschränkung der Aufsichtskompetenz wird zugleich klar

---

3 Vgl. hierzu *Hagemeister* WM 2002, 1773 f.

4 *Groß* Kapitalmarktrecht §§ 1 bis 2c BörsG Rn. 8; *Claussen* DB 1994, 969; vgl. zur Vorgängerregelung in § 5 WpHG a.F. Fuchs/*Schlette/Bouchon* WpHG § 5 Rn. 1.

5 Fuchs/*Schlette/Bouchon* WpHG § 5 Rn. 4; Assmann/Schneider/*Döhmel* WpHG § 5 Rn. 3.

6 So auch Schäfer/*Geibel* WpHG/BörsG § 4 WpHG Rn. 2.

7 Assmann/Schneider/*Döhmel* WpHG § 5 Rn. 4.

8 Fuchs/*Schlette/Bouchon* WpHG § 5 Rn. 5; Schäfer/*Geibel* WpHG/BörsG § 5 WpHG Rn. 4.

9 Börsen bestehen derzeit nur in 8 der 16 Bundesländer.

10 Vgl. Fuchs/*Schlette/Bouchon* WpHG § 5 Rn. 3.

11 Vgl. zur Entwicklung von § 4 WpHG a.F. Fuchs/*Schlette/Bouchon* WpHG § 4 Rn. 1; Assmann/Schneider/*Döhmel* WpHG Vorbem. § 4.

gestellt, dass die BaFin keine umfassende Kapitalmarktaufsicht ausübt.[12] Während ursprünglich nur der Wertpapierhandel i.e.S. Gegenstand der Aufsicht war, erstreckt sich die Aufsichtskompetenz der BaFin nunmehr auf den Handel mit sämtlichen Finanzinstrumenten (u.a. auch Geldmarktinstrumente, Derivate) sowie die Erbringung sämtlicher Wertpapierdienstleistungen und Wertpapiernebendienstleistungen. Die Aufsichtstätigkeit der BaFin bezieht sich daher auch auf das Depotgeschäft (§ 2 Abs. 9 Nr. 1 WpHG), soweit es nicht dem Depotgesetz unterliegt, und auf die Anlageberatung, die erst seit der Umsetzung von MiFID I zum 01.11.2007 eine (erlaubnispflichtige) Wertpapierdienstleistung darstellt.[13]

Die Aufsichtsnormen des WpHG schließen die allgemeinen Vorschriften der GewO aus. Maßgeblich ist insoweit, dass die BaFin eine spezielle Form der staatlichen Wirtschaftsaufsicht ausübt,[14] die u.a. im WpHG abschließend umschrieben ist und daher den Rückgriff auf die GewO sperrt. Wertpapierdienstleistungsunternehmen unterliegen daher nicht noch zusätzlich einer **Kontrolle nach der GewO** durch die Gewerbeaufsichtsbehörden.[15] Diese Einschränkung gilt indes nur, soweit das Wertpapierdienstleistungsunternehmen neben der Erbringung von Wertpapier(neben)dienstleistungen nicht auch noch Tätigkeiten ausübt, die – wie z.B. die Vermittlung von Darlehensverträgen nach §§ 34c, 34i GewO – nicht dem Anwendungsbereich des WpHG unterfallen. Da seit dem 01.06.2012 in Umsetzung des Gesetzes zur Novellierung des Finanzanlagenvermittler- und Vermögensanlagenrechts[16] auch Anteile an geschlossenen Fonds (Alternativen Investmentfonds – AIF) den Finanzinstrumenten i.S. von § 1 Abs. 11 Satz 1 KWG zugeordnet sind, hat sich eine deutliche Ausweitung der Überwachung ergeben. Die Folge der Neuregelung ist, dass Wertpapierdienstleistungsunternehmen nunmehr auch beim Vertrieb solcher Anlageprodukte, die vorher dem unregulierten grauen Kapitalmarkt zugerechnet wurden, der Aufsicht nach dem WpHG unterfallen und bei ihrer Tätigkeit insb. auch die Vorgaben der §§ 63 ff. WpHG zu beachten haben.[17] 8

§ 6 WpHG richtet sich nicht an einen festen, umgrenzten Kreis von **Normadressaten**. Auch wenn sich die Aufsichtstätigkeit der BaFin im Regelfall auf Wertpapierdienstleistungsunternehmen i.S. von § 2 Abs. 10 WpHG bezieht, können auch sonstige Personen und Unternehmen (z.B. Anleger und Aktionäre) Adressaten von Maßnahmen der Aufsicht sein. Das Spektrum der Beaufsichtigten erfasst insoweit auch Emittenten, sonstige Unternehmen, die zum Handel an einer inländischen Börse zugelassen sind, Stimmrechtsinhaber wie Aktionäre sowie alle Marktteilnehmer, die dem Verbot von Insidergeschäften und Marktmanipulation unterliegen.[18] 9

Nach § 4 Abs. 4 FinDAG nimmt die BaFin ihre Aufgaben und Befugnisse nur im öffentlichen Interesse wahr. Eine **Haftung wegen Amtspflichtverletzung** ist daher ausgeschlossen, da die BaFin keine drittschützenden Amtspflichten (weder ggü. privaten Anlegern noch ggü. den unmittelbar der Aufsicht unterliegenden Instituten und Dienstleistern wahrnimmt.[19] Die früher umstrittene Frage, ob die Beschränkung des Aufsichtszwecks auf das öffentliche Interesse verfassungs- oder europarechtswidrig ist,[20] ist überholt. Die Rechtsprechung hat die Beschränkung des Aufsichtszwecks inzwischen sowohl europarechtlich[21] als auch verfassungsrechtlich[22] für unbedenklich erklärt. 10

12 So auch Schäfer/*Geibel* WpHG/BörsG § 4 WpHG Rn. 10; Fuchs/*Schlette/Bouchon* WpHG § 4 Rn. 3.
13 Vgl. zum Tatbestand der Anlageberatung im Zuge der Umsetzung von MiFID I *Balzer* ZBB 2007, 333 ff.
14 So auch VG Frankfurt am Main, ZIP 2001, 605 (610).
15 Fuchs/*Schlette/Bouchon* WpHG § 4 Rn. 4.
16 Gesetz zur Novellierung des Finanzanlagenvermittler- und Vermögensanlagenrechts v. 06.12.2011, BGBl. I, 2481; vgl. zur Entwicklung des Gesetzes auch *Voß* BB 2011, 1226 ff.; *Wagner* NZG 2011, 609 ff.
17 Vgl. zu den Auswirkungen der Neuregelung für die Kredit- und Finanzdienstleistungsinstitute *Balzer*, in: Teuber (Hrsg.), Wertpapierrecht 2011, Rn. 632 ff.
18 Vgl. zum Kreis der Beaufsichtigten Assmann/Schneider/*Döhmel* WpHG § 4 Rn. 4.
19 Fuchs/*Schlette/Bouchon* WpHG § 4 Rn. 12; *Lenenbach* Kapitalmarktrecht Rn. 15.14.
20 Schäfer/*Geibel* WpHG/BörsG § 4 WpHG Rn. 25 ff.; vgl. zum Streitstand auch Fuchs/*Schlette/Bouchon* WpHG § 4 Rn. 14.
21 EuGH, NJW 2004, 3479; BGHZ 156, 49; OLG Köln, NJW 2001, 2725; LG Bonn, NJW 2000, 815 (820).
22 BGHZ 156, 49; OLG Köln, NJW 2001, 2725; LG Bonn, NJW 2000, 815 (820).

a) Insiderüberwachung

11 Zu den Aufgaben der BaFin gehört die **Überwachung des** bis zum 02.07.2016 in § 14 Abs. 1 WpHG a.F. normierten **Insiderhandelsverbotes** sowie die Ahndung von Verbotsverstößen. Mit Wirkung ab dem 03.07.2016 haben die Vorgaben der MAR (Market Abuse Regulation)[23] die auf der Marktmissbrauchsrichtlinie von 2003 beruhenden Regelungen des WpHG abgelöst (Art. 37 MAR). Das Verbot von Insidergeschäften ist weiterhin zweiteilig ausgestaltet. Art. 14 MAR enthält die verschiedenen Verbotstatbestände, während die straf- und ordnungswidrigkeitenrechtlichen Sanktionen in §§ 119, 120 WpHG n.F. geregelt sind. Art. 14 a) MAR regelt das Verbot des Tätigens von Insidergeschäften, Art. 14 b) MAR das Empfehlungs- und Verleitungsverbot sowie Art. 14 c) MAR das Verbot einer unrechtmäßigen Offenlegung von Insiderinformationen.

12 Alle Verbotstatbestände nach Art. 14 MAR knüpfen an das Vorliegen eines Insidergeschäfts an, das eine **Insiderinformation** voraussetzt. Die Definition der Insiderinformation findet sich in Art. 7 Abs. 1 MAR, sie entspricht im Wesentlichen der Vorgängerregelung in § 13 Abs. 1 Satz 1 WpHG a.F. Es muss sich daher um eine konkrete Information über nicht öffentlich bekannte Umstände handeln, die einen Emittenten- oder Insiderpapierbezug aufweisen und geeignet sind, den Börsen- oder Marktpreis der Insiderpapiere erheblich zu beeinflussen. Vom Begriff der Insiderinformation erfasst werden über **Tatsachen** hinaus auch **Werturteile, Meinungen** und **Prognosen**, sofern sie im Fall ihres öffentlichen Bekanntwerdens von den die Kursbildung beeinflussenden Marktteilnehmern als Tatsachen behandelt werden.[24] Bei **mehrstufigen Entscheidungsprozessen** ist auf jeder Stufe das Vorliegen einer Insiderinformation zu prüfen.[25] Beschließt der Aufsichtsrat die vorzeitige Abberufung des Vorstandsvorsitzenden, so soll erst mit der Beschlussfassung eine hinreichende Eintrittswahrscheinlichkeit und damit eine Insiderinformation anzunehmen sein, auch wenn zuvor bereits intern Gespräche über die Abberufung stattgefunden haben.[26] Eine Insiderinformation entsteht demgegenüber schon vor der Abstimmung im Aufsichtsrat, wenn der Vorstandsvorsitzende einseitig von seinem Amt zurücktritt.[27]

13 Eine Information kann nur dann Insiderinformation i.S. von Art. 7 Abs. 1 MAR sein, wenn sie nicht öffentlich bekannt ist. Mit der Veröffentlichung verliert daher eine Information ihre Eigenschaft als Insiderinformation. Dies ist der Fall, wenn die sog. **Bereichsöffentlichkeit** hergestellt ist, d.h. es einer unbestimmten Anzahl von Personen möglich ist, von der Information Kenntnis zu nehmen.[28] Ausreichend ist insoweit die Veröffentlichung der Information mittels allgemein zugänglicher elektronischer Informationssysteme.[29]

14 Das Insiderhandelsverbot gilt für Finanzinstrumente, auf die sich die (Insider-)Informationen beziehen (Art. 8 Abs. 1 Satz 1 MAR). Anders als in § 12 WpHG a.F. ist Anknüpfungspunkt der Verbotstatbestände nicht mehr, dass es sich um Insiderpapiere handelt, vielmehr werden vom Anwendungsbereich der Neuregelung alle Finanzinstrumente i.S. von MiFID II – und damit auch Emissionszertifikate und Warenkontrakte – erfasst.[30]

---

23 Verordnung (EU) Nr. 596/2014 des Europäischen Parlaments und des Rates v. 16.04.2014 über Marktmissbrauch und zur Aufhebung der Richtlinie 2003/6/EG des Europäischen Parlaments und des Rates und der Richtlinien 2003/124/EG, 2003/125/EG und 2004/72/EG der Kommission (Marktmissbrauchsverordnung), ABl. EU Nr. L 173 v. 12.06.2014, S. 1.

24 Fuchs/*Mennicke/Jakovou* WpHG § 13 Rn. 43.

25 Assmann/Schneider/*Assmann* WpHG § 13 Rn. 28; Fuchs/*Mennicke/Jakovou* WpHG § 13 Rn. 74; vgl. auch Emittentenleitfaden der BaFin v. 15.07.2005, S. 19.

26 BGH, ZIP 2008, 639 (641 ff.) (»DaimlerChrysler«); vgl. auch bereits die Vorinstanz OLG Stuttgart, AG 2007, 250.

27 Vgl. BGH, ZIP 2008, 639 (642 f.); s. auch *Möllers* WM 2005, 1393 (1394).

28 Assmann/Schneider/*Assmann* WpHG § 13 Rn. 34; Fuchs/*Mennicke/Jakovou* WpHG § 13 Rn. 82.

29 Vgl. Assmann/Schneider/*Assmann* WpHG § 13 Rn. 34; vgl. auch Emittentenleitfaden der BaFin v. 15.07.2005, S. 21.

30 Vgl. *Krause* CCZ 2014, 248 (250).

Die BaFin benötigt, damit sie den Wertpapierhandel auf mögliche Insidergeschäfte hin überwachen kann, konkrete Angaben zu den getätigten Geschäften. Hier setzt Art. 26 MiFIR, der § 9 WpHG a.F. ersetzt hat, an, indem er weitreichende **Meldepflichten** aufstellt. Diese Meldepflichten treffen sämtliche Wertpapierdienstleistungsunternehmen i.S. von § 2 Abs. 10 WpHG, die Geschäfte mit Finanzinstrumenten tätigen. Meldepflichtig sind nach Art. 26 Abs. 2 WpHG zunächst alle Geschäfte in Finanzinstrumenten, die zum Handel zugelassen sind oder die an einem Handelsplatz gehandelt werden oder für die ein Antrag auf Zulassung zum Handel gestellt wurde. Die Meldepflicht erstreckt sich weiterhin auf Finanzinstrumente, deren Basiswert ein an einem Handelsplatz gehandeltes Finanzinstrument ist, und Finanzinstrumente, deren Basiswert ein aus an einem Handelsplatz gehandelten Finanzinstrumenten zusammengesetzter Index oder Korb von Finanzinstrumenten ist. Die vorgenannten Geschäfte unterfallen der Meldepflicht unabhängig davon, ob sie börslich oder außerbörslich getätigt werden.[31] Von der Meldepflicht ausgenommen sind Geschäfte mit einer Rücknahmepflicht unterliegenden Fondsanteilen von Kapitalverwaltungsgesellschaften und ausländischen Investmentgesellschaften. Der Grund für diese Ausnahme liegt darin, dass bei wirtschaftlicher Betrachtungsweise die tägliche Festsetzung der Rücknahmepreise kaum ein insidergeeignetes Spekulationsmedium sein dürfte.[32] 15

Um eine effektive Verfolgung von Insiderverstößen zu gewährleisten, enthält Art. 16 Abs. 1 Unterabs. 2 MAR eine **Anzeigepflicht** von Verdachtsfällen ggü. der BaFin. Anzeigepflichtig sind – abweichend von der Vorgängerregelung in § 10 Abs. 1 WpHG a.F. – Betreiber von Märkten und Wertpapierdienstleistungsunternehmen i.S. von § 2 Abs. 10 WpHG, die einen Handelsplatz betreiben. Die Anzeigepflicht entsteht erst, wenn Tatsachen festgestellt werden, die den Verdacht begründen, dass mit einem Geschäft über Finanzinstrumente gegen ein Verbot oder Gebot nach Art. 14 MAR verstoßen wird. Erforderlich ist insoweit das Vorliegen eines **qualifizierten Verdachts** in dem Sinne, dass die konkrete Möglichkeit eines Insiderverstoßes nahe liegt.[33] Die Anforderungen an Form, Inhalt und Zeitpunkt der Anzeige werden gemäß Art. 16 Abs. 5 MAR durch die Delegierte VO 2016/957 geregelt. Nach Art. 5 Abs. 4 Delegierte VO 2016/957 unterliegt der Meldepflichtige einer umfassenden **Schweigepflicht**, durch die verhindert werden soll, dass die Beteiligten der anzeigepflichtigen Tat von bevorstehenden Ermittlungen vorzeitig erfahren und Verdunkelungshandlungen vornehmen können.[34] 16

Art. 19 MAR (vormals § 15a WpHG a.F.) enthält eine Pflicht zur Offenlegung der Geschäfte von Führungskräften in Bezug auf Geschäfte in Aktien oder Schuldtiteln eines Emittenten (sog. **Directors Dealings**).[35] Hintergrund der Regelung ist, dass die von der Meldepflicht erfassten Personen regelmäßig Zugang zu Insiderwissen haben, sodass durch die Offenlegung der Geschäfte eine **Erhöhung der Markttransparenz** geschaffen werden soll.[36] Directors Dealings sind nur dann meldepflichtig, wenn sie sich auf Emittenten beziehen, deren Finanzinstrumente entweder an einem geregelten Markt gehandelt werden oder in einem multilateralen oder organisierten Handelssystem zugelassen sind bzw. bei denen die Zulassung zum Handel zumindest beabsichtigt ist (Art. 19 Abs. 4 MAR). Abweichend zu § 15a WpHG a.F., der den Freiverkehr (Open Market) nicht erfasst hatte,[37] bezieht sich Art. 19 Abs. 4 MAR auch auf dieses Handelssegment. Mitteilungspflichtig sind nach Art. 19 Abs. 1 Unterabs. 1 MAR zum einen **Personen mit Führungsaufgaben** und diesen nahestehende Personen. Zu den Personen mit Führungsaufgaben gehören die Mitglieder eines Leitungs-, Verwaltungs- oder Aufsichtsorgans (Art. 3 Abs. 1 Nr. 25 MAR). Die Mitteilungspflicht ist an die 17

31 So jetzt ausdrücklich Art. 26 Abs. 2 S. 2 MiFIR, vgl. zur Vorgängerregelung in § 9 WpHG schon Fuchs/*Schlette/Bouchon* WpHG § 9 Rn. 23; Assmann/Schneider/*Döhmel* WpHG § 9 Rn. 17.

32 Vgl. Fuchs/*Schlette/Bouchon* WpHG § 9 Rn. 33.

33 Assmann/Schneider/*Vogel* WpHG § 10 Rn. 15.

34 Vgl. zur Vorgängerregelung in § 10 WpHG Fuchs/*Schlette/Bouchon* WpHG § 10 Rn. 10 m.w.N.

35 Vgl. zur Entstehungsgeschichte der Vorgängerregelung in § 15a WpHG Fuchs/*Pfüller* WpHG § 15a Rn. 2.

36 Assmann/Schneider/*Sethe* WpHG § 15a Rn. 10.

37 Fuchs/*Pfüller* WpHG § 15a Rn. 41; Assmann/Schneider/*Sethe* WpHG § 15a Rn. 30.

Organstellung geknüpft, sodass nach dem Ausscheiden Art. 19 MAR nicht mehr anwendbar ist.[38] Art. 19 Abs. 1 Unterabs. 1 MAR erstreckt die Mitteilungspflicht auch auf sonstige Personen, die regelmäßig Zugang zu Insiderinformationen haben und zu wesentlichen unternehmerischen Entscheidungen befugt sind. Als Führungspersonen sind z.B. Generalbevollmächtigte sowie Mitglieder eines erweiterten Geschäftsführungsgremiums anzusehen.[39] Die Meldepflicht besteht weiterhin für solche Personen, die in einer engen Beziehung zu einer meldepflichtigen Person stehen, um so Umgehungsgeschäften entgegenzuwirken. Der Mitteilungspflicht unterliegen daher nach Art. 3 Abs. 1 Nr. 26 MAR z.B. auch Ehepartner, nicht aber die Partner einer nichtehelichen Lebensgemeinschaft.[40] Die von den verpflichteten Personen getätigten Geschäfte sind dem Emittenten und der BaFin unverzüglich, spätestens innerhalb von drei Geschäftstagen mitzuteilen. Nach Art. 19 Abs. 8 MAR besteht die Mitteilungspflicht nicht, solange nicht die **Bagatellgrenze** von 5.000 € erreicht worden ist. Maßgeblich für die Berechnung der Grenze sind die von der Person bis zum Ende des Kalenderjahres getätigten Geschäfte, wobei nach Ansicht der BaFin keine Zusammenrechnung der Geschäfte von Führungspersonen und den zu ihr in enger Beziehung stehenden Personen erfolgt.[41]

18 Zur Prävention von Insiderhandel und zur Verbesserung der Verfolgung von Insiderverstößen dient die in Art. 18 MAR (vormals § 15b WpHG a.F.) normierte Pflicht zur **Führung von Insiderlisten.** Zweck der Regelung ist die erleichterte Überwachung von Insidergeschäften sowie die Verschaffung eines Überblicks der Staatsanwaltschaft über mögliche Verdächtige,[42] indem alle Personen aufzuführen sind, die bestimmungsgemäß Insiderkenntnisse haben können.[43]

19 Die Verpflichtung zur Führung von Insiderlisten trifft nach Art. 18 Abs. 7 MAR nicht nur Emittenten, deren Finanzinstrumente an einem geregelten Markt zugelassen sind oder die eine Zulassung dort beantragt haben, sondern auch Emittenten, deren Finanzinstrumente auf einem multilateralen oder organisierten Handelssystem gehandelt werden und dort zugelassen sind oder die eine Zulassung beantragt haben. Somit sind auch **Emittenten von Freiverkehrswerten** verpflichtet, Insiderlisten zu führen.[44] Zur Führung einer Insiderliste sind auch **Rechtsanwälte, Steuerberater, Notare und Wirtschaftsprüfer** verpflichtet, die im Auftrag und für Rechnung des Emittenten handeln.[45] Auch der **Insolvenzverwalter** hat eine eigenständige Verpflichtung zur Führung des Insiderverzeichnisses.[46] Eine Befreiung von der Verpflichtung zur Führung von Insiderlisten enthält Art. 18 Abs. 6 MAR für Emittenten, deren Finanzinstrumente zum Handel an KMU-Wachstumsmärkten zugelassen sind.

20 In die Insiderlisten sind nach Art. 18 MAR alle Personen aufzunehmen, die für sie tätig sind und die bestimmungsgemäß Zugang zu Insiderinformationen haben können. Erforderlich ist nicht, dass die Personen in einem Arbeitsverhältnis zu dem Verpflichteten stehen, es genügen auch anderweitige Vertragsgestaltungen (z.B. Tätigkeit als freier Mitarbeiter).[47] In die Listen aufzunehmen sind zum einen die Personen, die **regelmäßigen Zugang zu Insiderinformationen** haben (Vorstand, Aufsichtsrat, Mitarbeiter zentraler Geschäftsbereiche), zum anderen aber auch Personen, die nur **anlassbezogen Zugang** haben.[48] Ein anlassbezogener Zugang zu Insiderinformationen liegt z.B.

38 Vgl. KölnKomm WpHG/*Heinrich* § 15a Rn. 38; Fuchs/*Pfüller* WpHG § 15a Rn. 57.

39 *BaFin*, Emittentenleitfaden v. 28.04.2009, Ziff. V.1.2.1; Fuchs/*Pfüller* WpHG § 15a Rn. 72.

40 Fuchs/*Pfüller* WpHG § 15a Rn. 85; Assmann/Schneider/*Sethe* WpHG § 15a Rn. 49.

41 Vgl. *BaFin*, FAQ zu Eigengeschäften von Führungskräften nach Art. 19 MAR (Stand: 11.01.2017), Ziff. III.1; a.A. Fuchs/*Pfüller* WpHG § 15a Rn. 150; Assmann/Schneider/*Sethe* WpHG § 15a Rn. 93.

42 Begr. RegE AnSVG, BT-Drucks. 15/3174, S. 36.

43 Zu verfassungsrechtlichen Bedenken gegen die Vorschrift wegen Verstoßes gegen das Recht auf informationelle Selbstbestimmung vgl. *Steidle/Waldeck* WM 2005, 868 (872).

44 *Krause* CCZ 2014, 248 (256); *Graßl* DB 2015, 2066 (2067) mit Verweis auf Erwägungsgrund 8 MAR.

45 Assmann/Schneider/*Sethe* WpHG § 15b Rn. 19.

46 Fuchs/*Pfüller* WpHG § 15b Rn. 24; Assmann/Schneider/*Sethe* WpHG § 15b Rn. 19.

47 Vgl. Fuchs/*Pfüller* WpHG § 15b Rn. 52.

48 Fuchs/*Pfüller* WpHG § 15b Rn. 64 f.

vor bei Mitarbeitern, die an der Erstellung des Jahresabschlusses oder an einem Unternehmenskauf beteiligt sind.[49]

Die Anforderungen an Inhalt und Form von Insiderlisten ergeben sich aus Art. 2 Abs. 3 Unterabs. 1 DurchführungsVO (EU) 2016/347. Der Emittent bzw. die in seinem Auftrag oder für seine Rechnung handelnden Personen müssen nach Art. 18 Abs. 2 Unterabs. 2 MAR dafür sorgen, dass die auf der Insiderliste erfassten Personen die insiderrechtlichen Pflichten schriftlich anerkennen und sich der einschlägigen Sanktionen bewusst sind.[50] Die Insiderlisten sind nach Art. 18 Abs. 1 b) u. c) MAR rasch zu aktualisieren und der BaFin auf deren Ersuchen möglichst rasch zur Verfügung zu stellen. Die Anforderung der Insiderliste durch die BaFin setzt nicht voraus, dass ein konkreter Verdachtsfall besteht.[51] 21

b) Kontrolle der Ad-hoc-Publizität

Art. 17 MAR regelt – in Übereinstimmung mit § 15 WpHG a.F. – die Mitteilungs- und Veröffentlichungspflichten i.R.d. sog. **Ad-hoc-Publizität**,[52] deren Einhaltung von der BaFin überwacht wird. Die Regelung ist anwendbar, wenn Emittenten für ihre Finanzinstrumente entweder zum Handel an einem geregelten Markt, auf einem multilateralen oder organisierten Handelssystem zugelassen sind bzw. die Finanzinstrumente dort gehandelt werden oder wenn für diese eine Zulassung zum Handel beantragt worden ist (Art. 17 Abs. 1 Unterabs. 3 MAR). Abweichend zu § 15 WpHG a.F. erfasst Art. 17 MAR somit auch Emittenten im Freiverkehr. Voraussetzung ist insoweit allerdings, dass der Handel auf Initiative des Emittenten erfolgt.[53] Die bloße Einbeziehung der Finanzinstrumente durch Dritte genügt daher nur dann, wenn der Emittent dem zugestimmt hat.[54] 22

Aus Art. 17 Abs. 1 Unterabs. 1 MAR ergibt sich für den Emittenten die Verpflichtung, Insiderinformationen, die ihn unmittelbar betreffen, unverzüglich zu veröffentlichen. Zielsetzung der Ad-hoc-Publizität ist es, das zwischen Insidern und nicht informierten Anlegern bestehende Informationsgefälle auszugleichen, indem sie einen gleichen Informationsstand durch eine schnelle und gleichmäßige Unterrichtung der Marktteilnehmer erreicht.[55] Die Ad-hoc-Publizität stellt insoweit auch eine **insiderrechtliche Präventivmaßnahme** dar, da sie verhindern soll, dass die mit den publizitätspflichtigen Sachverhalten vertrauten Insider missbräuchliche Vorteile aus ihrem Wissensvorsprung ziehen können.[56] Die Zielsetzung der Ad-hoc-Publizität erschöpft sich indes nicht in der Vermeidung von Insiderverstößen. Die Regelungen dienen vielmehr auch der **Markttransparenz** und damit der **Funktionsfähigkeit des Kapitalmarktes**, da sie die Bildung unangemessener Börsen- und Marktpreise aufgrund fehlender oder unvollständiger Unterrichtung des Marktes verhindern und damit die Anleger in den Stand versetzen, informierte Anlageentscheidungen zu treffen.[57] 23

Die BaFin überwacht die Einhaltung der Ad-hoc-Publizität zunächst dadurch, dass ihr nach § 26 Abs. 1 WpHG im Rahmen einer **Vorabmitteilung** vom Emittenten vor der Veröffentlichung der Information diese mitzuteilen ist. Die Ad-hoc-Mitteilung ist nach § 26 Abs. 1 WpHG außerdem 24

49 *Schneider/v. Buttlar* ZIP 2004, 1621 (1625 f.).

50 Vgl. hierzu Simons CCZ 2016, 221 (229).

51 Fuchs/*Pfüller* WpHG § 15b Rn. 81; Assmann/Schneider/*Sethe* WpHG § 15b Rn. 64; a.A. *Steidle/Waldeck* WM 2005, 868 (872).

52 Zur Entstehungsgeschichte der Regelung und den zahlreichen Reformen vgl. Fuchs/*Pfüller* WpHG § 15 Rn. 3 ff.

53 *Graßl* DB 2015, 2066 (2067); *Kumpan* DB 2016, 2039 (2040); *Krause* CCZ 2014, 248, 254 f.; *Scholz* NZG 2016, 1287 (1287 f.).

54 *Seibt/Wollenschläger* AG 2014, 593 (595); *Buck-Heeb* Kapitalmarktrecht Rn. 410.

55 Vgl. *Buck-Heeb* Kapitalmarktrecht Rn. 404; *Langenbucher* Aktien- und Kapitalmarktrecht § 17 Rn. 18.

56 Vgl. Assmann/Schneider/*Assmann* WpHG § 15 Rn. 7; Fuchs/*Pfüller* WpHG § 15 Rn. 36; *Hopt* WM-Festgabe für Hellner, 1994, S. 31.

57 Fuchs/*Pfüller* WpHG § 15 Rn. 35; Assmann/Schneider/*Assmann* WpHG § 15 Rn. 2.

unverzüglich nach Veröffentlichung dem Unternehmensregister zur Speicherung zuzuleiten. Die Vorgaben an Art, Umfang und Form der Veröffentlichung ergeben sich (noch) aus §§ 4 ff. WpAIV. Die Durchführungs-VO 2016/1055 schreibt zudem vor, dass die Informationen (auch) an die Medien übermittelt werden. Eine bloße Veröffentlichung über soziale Medien genügt den Anforderungen allerdings nicht.[58]

25 Unter den Voraussetzungen nach Art. 17 Abs. 4–7 MAR kann der Emittent einen **Aufschub der Offenlegung** in Anspruch nehmen.[59] Dem Emittenten obliegt insoweit die eigenverantwortliche Prüfung der Voraussetzungen für eine Befreiung, liegen die Voraussetzungen vor, ist die Publizitätspflicht aufgeschoben.[60] Die Veröffentlichung der Ad-hoc-Mitteilung ist nach Art. 17 Abs. 7 Unterabs. 1 MAR unverzüglich nachzuholen, sobald die Voraussetzungen für die Befreiung weggefallen sind. Der Emittent ist zudem verpflichtet, die zuständige Behörde unmittelbar nach Offenlegung der Insiderinformation über den Aufschub zu informieren und schriftlich zu erläutern, inwieweit die Voraussetzungen für einen Aufschub erfüllt waren (Art. 17 Abs. 4 Unterabs. 3 MAR).[61] Die in § 15 Abs. 3 Satz 4 WpHG a.F. vorgesehene Verpflichtung zur vorherigen oder zeitgleichen Übermittlung an die BaFin besteht demnach nicht mehr.

c) Überwachung des Verbotes der Marktmanipulation

26 Das zuvor in § 20a WpHG a.F. geregelte Verbot der Marktmanipulation, das sich seit dem 03.07.2016 in Art. 12, 15 MAR findet, bildet zusammen mit dem Insiderhandelsverbot den wichtigsten Bestandteil für einen funktionsfähigen Wertpapierhandel. Das Verbot dient dem Schutz der **Zuverlässigkeit und Wahrheit der Preisbildung an Börsen und Märkten** und damit der Funktionsfähigkeit der Märkte.[62] Die BaFin überwacht das Handelsgeschehen; ihr obliegt die verwaltungsrechtliche Kontrolle[63] und die Durchführung von Bußgeldverfahren.

27 Art. 12 MAR knüpft in sachlicher Hinsicht vorrangig an **Finanzinstrumente** an, wobei die in Umsetzung von MiFID II zum 03.01.2018 erfolgten Erweiterungen in § 2 Abs. 4 WpHG zu berücksichtigen sind, die z.B. auch Emissionszertifikate umfassen. § 25 WpHG erweitert den Anwendungsbereich von Art. 12, 15 MAR auf bestimmte Waren, Emissionsberechtigungen und ausländische Zahlungsmittel.[64] die an einer inländischen Börse zum Handel zugelassen oder in den regulierten Markt oder den Freiverkehr einbezogen sind. Das Verbot der Marktmanipulation reicht damit weiter als die kapitalmarktrechtlichen Publizitätspflichten. Vom Verbot der Marktmanipulation nicht erfasst werden Anlageinstrumente, die nur auf dem sog. grauen Kapitalmarkt oder im Telefonverkehr gehandelt werden.[65] **Adressat** des Manipulationsverbots ist – wie auch bereits bei § 20a WpHG a.F. – jedermann, wobei es sich auch um eine juristische Person handeln kann. Als Verbotsadressaten kommen zudem Anleger, Wertpapierdienstleistungsunternehmen, Börsenhandelsteilnehmer, Analysten und – in den Grenzen von Art. 21 MAR – auch Journalisten in Betracht.[66]

---

58 *Klöhn/Bartmann* AG 2014 737 ff.; *Kumpan* DB 2016, 2039 (2043).

59 Vgl. zu den Voraussetzungen *Buck-Heeb* Kapitalmarktrecht Rn. 429 ff.

60 Fuchs/*Pfüller* WpHG § 15 Rn. 428; *Mülbert*, in: FS Stilz, 2014, S. 411 (413 f.); *Pattberg/Bredol* NZG 2013 87 f.

61 Vgl. zu den Anforderungen an die Unmittelbarkeit der Information der Aufsichtsbehörde *Buck-Heeb* Kapitalmarktrecht Rn. 507 m.w.N.

62 Vgl. Assmann/Schneider/*Vogel* WpHG § 20a Rn. 26; Fuchs/*Fleischer* WpHG § 20a Rn. 1.

63 KölnKomm WpHG/*Mock/Stoll/Eufinger* § 20a Rn. 416.

64 Vgl. zur Zulässigkeit dieser Erweiterung vor dem Hintergrund des vollharmonisierenden Charakters der MAR *Buck-Heeb* Kapitalmarktrecht Rn. 568; *Poelzig* NZG 2016, 528 (530).

65 Vgl. KölnKomm WpHG/*Mock/Stoll/Eufinger* § 20a Rn. 130; *Langenbucher* Aktien- und Kapitalmarktrecht § 16 Rn. 3.

66 *Buck-Heeb* Kapitalmarktrecht Rn. 566; vgl. zu den Normadressaten des § 20a WpHG a.F. auch Assmann/Schneider/*Vogel* WpHG § 20a Rn. 56.

Die Verbotstatbestände lassen sich – wie schon zuvor in § 20a WpHG a.F. – in **informationsbasierte und handelsbasierte Manipulationstechniken** einteilen.[67] Nach Art. 15 MAR, § 119 Abs. 4 WpHG ist nunmehr auch der Versuch einer Marktmanipulation verboten, der z.B. auch dann vorliegen kann, wenn eine Aktivität begonnen wird und aufgrund eines technischen Versagens oder der Nichtausführung eines Handelsauftrags unvollendet bleibt.[68] 28

Nach Art. 16 Abs. 1 Unterabs. 2 MAR besteht ggü. der BaFin eine **Mitteilungspflicht** bei begründeten Verdachtsfällen hinsichtlich Verstößen gegen das Verbot der Marktmanipulation. Bloße Vermutungen können eine Unterrichtungspflicht nicht auslösen, dies gilt auch im Rahmen von Art. 16 Abs. 1 Unterabs. 2 MAR, soweit dort die Rede davon ist, dass Geschäfte und Aufträge an die BaFin zu melden sind, die eine versuchte Marktmanipulation sein könnten.[69] 29

d) Überwachung der Mitteilungs- und Veröffentlichungspflichten

Die BaFin wird auch bei der Überwachung der **kapitalmarktrechtlichen Beteiligungstransparenz** nach §§ 33 ff. (vormals §§ 21 ff. WpHG a.F.) tätig.[70] So sieht § 33 Abs. 1 Satz 1 WpHG vor, dass derjenige, der durch Erwerb, Veräußerung oder auf sonstige Weise 3, 5, 10, 15, 20, 25, 30, 50 oder 75 % der Stimmrechte an einem (Inlands-) Emittenten erreicht, überschreitet oder unterschreitet (Meldepflichtiger), dies der Gesellschaft und der BaFin unverzüglich, spätestens innerhalb von vier Handelstagen, schriftlich mitzuteilen hat. Nach § 33 Abs. 4 WpHG werden nur Emittenten erfasst, deren Aktien an einem organisierten Markt i.S. von § 2 Abs. 11 WpHG zugelassen sind; der Freiverkehr/Open Market wird daher nicht erfasst.[71] Erfüllt der Mitteilungspflichtige seine Meldepflichten nicht, sieht § 44 Abs. 1 Satz 1 WpHG einen **Rechtsverlust** für sämtliche Aktien vor. Die Rechte aus den Aktien stehen dem Meldepflichtigen erst dann wieder zu, wenn die Mitteilung an die BaFin und die Gesellschaft nachgeholt wird.[72] Der Emittent, der eine Stimmrechtsmitteilung nach § 33 Abs. 1 Satz 1 WpHG erhält, ist seinerseits nach § 40 Abs. 1 WpHG verpflichtet, diese an das Unternehmensregister zu übermitteln und sie der BaFin mitzuteilen (§ 40 Abs. 2 WpHG). 30

Die BaFin kann nach § 45 Satz 1 WpHG **Richtlinien** aufstellen, nach denen sie beurteilt, ob die Voraussetzungen für einen mitteilungspflichtigen Vorgang oder eine Befreiung von den Mitteilungspflichten nach § 33 Abs. 1 Satz 1 WpHG gegeben sind. Die BaFin hat von dieser Ermächtigung bislang indes keinen Gebrauch gemacht. Nach § 46 Abs. 1 WpHG hat die BaFin ferner die Möglichkeit, Inlandsemittenten mit Sitz in einem Drittstaat von den in §§ 40 Abs. 1, 41 WpHG geregelten Pflichten zu befreien. Voraussetzung für eine solche Befreiung, die im **Ermessen** der BaFin steht,[73] ist, dass der Emittent gleichwertigen Regeln eines Drittstaates unterliegt oder sich solchen Regeln unterwirft. 31

e) Überwachung der Einhaltung der Verhaltensregeln

Aus § 88 WpHG (vormals § 35 WpHG) ergeben sich für die BaFin besondere **Eingriffsrechte** bei der Überwachung der Einhaltung der Verhaltenspflichten nach §§ 63 ff. WpHG sowie der diese Pflichten konkretisierenden Rechtsnormen.[74] Nach § 88 Abs. 1 WpHG ist die BaFin befugt, zur Überwachung der Einhaltung der Verhaltenspflichten **Prüfungen** vorzunehmen. Im Gegensatz zu § 6 Abs. 2 WpHG, der ebenfalls Prüfungen zulässt (vgl. dazu noch unten Rdn. 39), ermöglicht 32

---

67 Eingehend zu den verschiedenen Manipulationstatbeständen *Langenbucher* Aktien- und Kapitalmarktrecht § 16 Rn. 5 ff.

68 Vgl. Erwägungsgrund 41 MAR.

69 Vgl. *Buck-Heeb* Kapitalmarktrecht Rn. 621.

70 Vgl. zu diesen Pflichten *Buck-Heeb* Kapitalmarktrecht Rn. 631 ff.; *Langenbucher* Aktien- und Kapitalmarktrecht § 17 Rn. 18.

71 Fuchs/*Zimmermann* WpHG § 21 Rn. 22; *Buck-Heeb* Kapitalmarktrecht Rn. 633.

72 Assmann/Schneider/*Schneider* WpHG § 28 Rn. 68; Fuchs/*Zimmermann* WpHG § 28 Rn. 19.

73 Vgl. Assmann/Schneider/*Schneider* WpHG § 28 Rn. 11.

74 Zur Entwicklung der Ermächtigungsnorm vgl. Fuchs/*Schlette/Bouchon* WpHG § 35 Rn. 1.

§ 88 Abs. 1 WpHG solche Prüfungen auch dann, wenn keine Anhaltspunkte für Verstöße gegen die §§ 63 ff. WpHG vorliegen. Möglich sind daher auch **stichprobenartige Prüfungen**.[75] Zu den Normadressaten gehören auch Personen und Unternehmen, die das Wertpapierdienstleistungsunternehmen zur Durchführung der Wertpapier(neben)dienstleistungen eingeschaltet hat. Hierzu gehört z.B. das kontoführende Institut eines Vermögensverwalters.[76]

33 Nach § 88 Abs. 2 WpHG kann die BaFin **Auskünfte** und die **Vorlage von Unterlagen** auch von **Wertpapierdienstleistungsunternehmen mit Sitz in einem Drittstaat**, d.h. einem Staat, der nicht zur EU oder zum EWR gehört, verlangen. Da die BaFin wegen des Territorialitätsprinzips das Auskunfts- und Vorlageverlangen im Ausland nicht durchsetzen kann, können die Befugnisse nur im Wege eines **Amtshilfeersuchens** durchgesetzt werden.[77]

34 Die BaFin kann nach § 88 Abs. 4 WpHG schließlich auch **Richtlinien** aufstellen, mit denen sie für den Regelfall beurteilt, ob die Verhaltenspflichten eingehalten worden sind. Diese Richtlinien stellen keine Gesetze im materiellen Sinn dar,[78] sondern lediglich Verwaltungsrichtlinien,[79] die den Beurteilungsspielraum der BaFin begrenzen.[80] Auch wenn die Gerichte durch die Richtlinien nicht gebunden werden, ist davon auszugehen, dass die Richtlinien als Grundlage für die Aufstellung von **Mindeststandards** dienen.[81]

f) Überwachung von ausländischen Handelssystemen

35 § 102 WpHG (vormals § 37i WpHG) begründet eine **Erlaubnispflicht** für Märkte für Finanzinstrumente mit Sitz im Ausland oder deren Betreiber, die inländischen Handelsteilnehmern über ein elektronisches Handelssystem einen unmittelbaren Marktzugang gewähren. Von §102 WpHG erfasst werden ausländische Börsen, die Handelsteilnehmer als sog. **Remote Member** über einen Handelsbildschirm vom Inland aus am Börsenhandel teilnehmen lassen.[82]

36 Der Erlaubnisantrag muss die in § 102 Abs. 1 Satz 2 WpHG aufgeführten Angaben und Unterlagen enthalten, damit die BaFin die Prüfung vornehmen kann, ob einer der **Versagungsgründe** nach § 103 WpHG vorliegt.[83] Sofern der ausländische Markt bzw. der Betreiber nicht die erforderliche Erlaubnis einholt, kann die BaFin nach § 105 WpHG die Ausführung von Kundenaufträgen über ein elektronisches Handelssystem untersagen. Die **Untersagungsverfügung** richtet sich gegen Handelsteilnehmer mit einem unmittelbaren Zugang zum Markt, die dort Kundenaufträge für ihre nur mittelbar an die Handelssysteme angeschlossenen Kunden abwickeln. Damit sind Anbieter, die ihren Kunden über das Internet einen unmittelbaren Zugang zu diesen Marktplätzen verschaffen, ohne weiter in die Auftragsausführung eingeschaltet zu sein, nicht erfasst.[84]

g) Weitere Aufsichtskompetenzen der BaFin

37 Über die Aufsichtsbefugnisse nach dem WpHG nimmt die BaFin auch noch zahlreiche Aufgaben wahr, die sich aus anderen Vorschriften ergeben. So ist die BaFin z.B. nach § 4 Abs. 1 Satz 1 WpÜG

---

75 Fuchs/*Schlette/Bouchon* WpHG § 35 Rn. 4.

76 Schwark/*Schwark* Kapitalmarktrechts-Kommentar § 35 WpHG Rn. 3; Assmann/Schneider/*Koller* WpHG § 35 Rn. 2.

77 Es handelt sich insoweit um einen Fall extraterritorialer Anwendung des deutschen Wertpapieraufsichtsrechts, vgl. Fuchs/*Schlette/Bouchon* WpHG § 35 Rn. 11 m.N.

78 BGH, WM 2006, 567; *Lang* WM 2000, 450 (465).

79 Vgl. KölnKomm WpHG/*Haussner* § 35 Rn. 6 ff., 158 ff.; Assmann/Schneider/*Koller* WpHG § 35 Rn. 4.

80 Vgl. *Kümpel* Bank- und Kapitalmarktrecht Rn. 16.506; *Köndgen* ZBB 1996, 361; *Möllers/Ganten* ZGR 1998, 773 (800 f.).

81 Vgl. OLG Nürnberg, AG 2001, 427, 428; OLG München, WM 1998, 2188, 2189; *Kümpel* Bank- und Kapitalmarktrecht Rn. 16.508; Assmann/Schneider/*Koller* WpHG § 35 Rn. 4.

82 Vgl. zur Vorgängerregelung in § 37i WpHG Fuchs/*Zimmermann* WpHG § 37i Rn. 1.

83 Vgl. KölnKomm WpHG/*Baum* § 37i Rn. 24.

84 Vgl. *Spindler* WM 2002, 1325, 1341; Fuchs/*Zimmermann* WpHG § 37l Rn. 5.

für die **Aufsicht über öffentliche Erwerbsangebote** zuständig. Zu den Aufgaben, die der BaFin zugewiesen sind, gehören u.a. die Prüfung sowie die Gestattung oder Untersagung der Veröffentlichung der Angebotsunterlagen (§ 14 Abs. 2 Satz 1 WpÜG), die Entscheidung über Befreiungsanträge (§§ 20, 24, 36, 37 WpÜG) und die Überprüfung von Werbung im Zusammenhang mit Übernahmeangeboten (§ 28 WpÜG).

Die BaFin ist weiterhin zuständig für die **Billigung von Wertpapierprospekten** (§ 13 Abs. 1 38 WpPG). Verkaufsprospekte dürfen nach § 8 Abs. 1 Satz 1 VermAnlG erst nach Billigung durch die BaFin veröffentlicht werden, nach § 14 Abs. 1 VermAnlG ist die BaFin zudem **Hinterlegungsstelle** für die Verkaufsprospekte.

3. Maßnahmen und Befugnisse der BaFin

a) Allgemeine Missstandsaufsicht

Nach § 6 Abs. 1 Satz 1 WpHG (vormals § 4 Abs. 1 Satz 1 WpHG a.F.) hat die BaFin Missständen 39 entgegenzuwirken, die die ordnungsgemäße Durchführung des Handels mit Finanzinstrumenten oder von Wertpapier(neben)dienstleistungen beeinträchtigen oder erhebliche Nachteile für den Finanzmarkt bewirken können. Ein **Missstand** liegt in jedem nicht unerheblichen Verstoß gegen zwingende Vorschriften des WpHG, wobei bereits das einmalige Fehlverhalten eines einzelnen Instituts genügt.[85]

Die BaFin kann bei Vorliegen eines solchen Missstands nach § 6 Abs. 1 Satz 3 WpHG **Anordnungen** 40 treffen, die geeignet und erforderlich sind, um diese Missstände zu beseitigen oder zu verhindern. Als Anordnung i.S.d. Generalermächtigung kommen insb. **Verwaltungsakte** und **Allgemeinverfügungen** nach § 35 Satz 1 u. 2 VwVfG in Betracht, weiterhin auch **schlichtes Verwaltungshandeln** (Erlass von Richtlinien, Bekanntmachungen, Mitteilungen und Verlautbarungen). Der Erlass von **Rechtsverordnungen** kann nicht auf § 6 Abs. 1 Satz 3 WpHG gestützt werden, vielmehr ist hierfür wegen Art. 80 GG eine besondere gesetzliche Ermächtigungsgrundlage erforderlich.[86]

Über die Befugnisse der Missstandsaufsicht hinaus sieht § 6 Abs. 2 Satz 1 WpHG eine **Überwachungspflicht** der BaFin bezüglich der Einhaltung der Ge- und Verbote des WpHG und der 41 konkretisierenden Rechtsverordnungen vor. Die Überwachung erstreckt sich auf börsliche und außerbörsliche Geschäfte in Finanzinstrumenten,[87] im Hinblick auf das Insiderhandelsverbot erfolgt die Überwachung insb. auf der Grundlage der Meldungen nach Art. 16 Abs. 1 Unterabs. 2 MAR (vgl. dazu bereits oben Rdn. 15). Als mögliche Maßnahme kommt neben den auch im Rahmen von § 6 Abs. 1 Satz 3 WpHG vorgesehenen Anordnungen auch die **Untersagung oder die Aussetzung des Handels** mit Finanzinstrumenten in Betracht (§ 6 Abs. 2 Satz 3 WpHG). Die BaFin hat bei der Festlegung der konkreten Maßnahmen ein weites **Auswahlermessen**, das nur durch das Verhältnismäßigkeitsprinzip begrenzt ist.[88]

b) Einzelne Eingriffsbefugnisse der BaFin

Nach § 6 Abs. 3 WpHG hat die BaFin ein umfassendes **Auskunftsrecht**, das ggü. jedermann be- 42 steht. Voraussetzung ist lediglich, dass dies aufgrund von **Anhaltspunkten** für die Überwachung der Einhaltung eines Verbots oder Gebots nach dem WpHG erforderlich ist. Solche Anhaltspunkte liegen vor, wenn ein **Anfangsverdacht** i.S. von § 152 Abs. 2 StPO besteht, nicht ausreichend sind demgegenüber bloße Vermutungen.[89] Die von § 6 Abs. 3 WpHG vorausgesetzten tatsächlichen

85 Vgl. zur Vorgängerregelung in § 4 WpHG a.F. Fuchs/*Schlette/Bouchon* WpHG § 4 Rn. 19; Assmann/Schneider/*Döhmel* WpHG § 4 Rn. 16.
86 Fuchs/*Schlette/Bouchon* WpHG § 4 Rn. 26; Assmann/Schneider/*Döhmel* WpHG § 4 Rn. 9.
87 Vgl. Assmann/Schneider/*Döhmel* WpHG § 4 Rn. 20.
88 Fuchs/*Schlette/Bouchon* WpHG § 4 Rn. 35.
89 Vgl. Fuchs/*Schlette/Bouchon* WpHG § 4 Rn. 37; Assmann/Schneider/*Döhmel* WpHG § 4 Rn. 29.

Anhaltspunkte können sich insb. aus den Meldungen nach Art. 16 Abs. 1 Unterabs. 2 MAR (dazu oben Rdn. 29) und nach Art. 17 MAR (dazu oben Rdn. 22 f.) ergeben. Nach § 6 Abs. 3 Satz 2 WpHG ist die BaFin auch befugt, Angaben über **Bestandsveränderungen** in Finanzinstrumenten, d.h. Auskunft über Depotbestände, Käufe und Verkäufe zu verlangen.[90] Um der BaFin einen vertieften Einblick zu verschaffen und die Überprüfung einzelner Vorgänge zu ermöglichen, sieht § 6 Abs. 3 Satz 1 WpHG eine Berechtigung zur **Vorlage von Unterlagen** sowie zur (kostenfreien) **Überlassung von Kopien** vor. Zu den vorzulegenden Unterlagen gehören auch **Computerdateien**, die der BaFin zugänglich gemacht werden müssen.[91] Die BaFin ist auch befugt, in eigener Verantwortung Personen vorzuladen und zu vernehmen. Zwischen der Berechtigung, Auskünfte zu verlangen, und der Vorlage von Unterlagen und Kopien besteht kein Stufenverhältnis, vielmehr hat die BaFin im Rahmen ihres Auswahlermessens zu prüfen, welche der Möglichkeiten erforderlich, geeignet und das mildeste Mittel ist.[92]

43 § 6 Abs. 15 WpHG enthält ein **Auskunftsverweigerungsrecht**. Hiernach kann ein zur Auskunft Verpflichteter die Auskunft auf solche Fragen verweigern, deren Beantwortung ihn selbst oder einen Angehörigen der Gefahr strafgerichtlicher Verfolgung oder eines Ordnungswidrigkeitenverfahrens aussetzen würde. § 12 WpHG (vormals § 4 Abs. 8 WpHG a.F.) regelt eine **Schweigepflicht**, nach der Adressaten von aufsichtsbehördlichen Maßnahmen u.a. nach § 6 Abs. 2 bis 13 WpHG grds. keine anderen Personen als staatliche Stellen von diesen Maßnahmen oder einem eingeleiteten Ermittlungsverfahren in Kenntnis setzen dürfen. Durch diese Regelung soll vermieden werden, dass die Sachverhaltsaufklärung der BaFin erschwert wird und Betroffene Verdunkelungsmaßnahmen vornehmen oder sich untereinander abstimmen können.[93]

44 Die BaFin ist nach § 4 Abs. 11 WpHG ferner berechtigt, die Grundstücke und Geschäftsräume der auskunftspflichtigen Personen zu betreten. Das **Betretensrecht** beinhaltet indes nicht die Befugnis der BaFin zur Durchführung von Prüfungen und Besichtigungen.[94] Eine Befugnis, die Räumlichkeiten, die betreten worden sind, zu durchsuchen, lässt sich auch aus § 4 Abs. 11 Satz 1 WpHG nicht ableiten.[95]

45 Nach § 11 Satz 1 WpHG (vormals § 4 Abs. 5 WpHG a.F.) ist die BaFin verpflichtet, den **Verdacht einer Straftat** nach § 119 WpHG bei der zuständigen Staatsanwaltschaft unverzüglich **anzuzeigen**. In der Praxis gibt die BaFin Anhaltspunkte für einen Verdacht meist in einem recht frühen Stadium an die Staatsanwaltschaft weiter. Hintergrund ist, dass die BaFin im Rahmen ihrer Aufsichtstätigkeit nicht zu Maßnahmen nach der StPO befugt ist.[96] Ungeachtet der Anzeigepflicht der BaFin ist die Staatsanwaltschaft auch ohne eine entsprechende Anzeige berechtigt (und nach § 152 Abs. 2 StPO auch verpflichtet), z.B. bei Verdacht einer Insiderstraftat zu ermitteln.[97] Die BaFin kann personenbezogene Daten von Personen, gegen die sich ein Verdacht richtet oder die als Zeugen in Betracht kommen, an die Staatsanwaltschaft weitergeben (§ 11 Satz 2 WpHG), soweit dies für die Strafverfolgung erforderlich ist.

46 Die BaFin hat nach § 6 Abs. 12 WpHG ein **Veröffentlichungsrecht**, d.h. sie hat die Befugnis, auf Kosten von veröffentlichungs- oder mitteilungspflichtigen Personen selbst die für den Finanzmarkt erforderliche Transparenz herzustellen. § 6 Abs. 12 WpHG beinhaltet insoweit ein Recht der BaFin zur **Selbstvornahme**,[98] ohne dass eine vorherige Androhung des Zwangsmittels erforderlich ist.

---

90 Vgl. Assmann/Schneider/*Döhmel* WpHG § 4 Rn. 42.

91 Fuchs/*Schlette/Bouchon* WpHG § 4 Rn. 67; Assmann/Schneider/*Döhmel* WpHG § 4 Rn. 47.

92 So auch Assmann/Schneider/*Döhmel* WpHG § 4 Rn. 47.

93 Assmann/Schneider/*Döhmel* WpHG § 4 Rn. 59; Fuchs/*Schlette/Bouchon* WpHG § 4 Rn. 54.

94 Fuchs/*Schlette/Bouchon* WpHG § 4 Rn. 81 unter Verweis auf einen Umkehrschluss zu § 83 VAG und § 44 Abs. 1 u. 2 KWG.

95 KölnKomm WpHG/*Altenhain* § 4 Rn. 132; Fuchs/*Schlette/Bouchon* WpHG § 4 Rn. 81.

96 Fuchs/*Schlette/Bouchon* WpHG § 4 Rn. 88.

97 Vgl. Fuchs/*Schlette/Bouchon* WpHG § 4 Rn. 94.

98 Assmann/Schneider/*Döhmel* WpHG § 4 Rn. 57; Fuchs/*Schlette/Bouchon* WpHG § 4 Rn. 100.

Nach § 13 WpHG (vormals § 4 Abs. 7 WpHG a.F.) haben **Widerspruch und Anfechtungsklage** gegen Maßnahmen der BaFin nach § 6 Abs. 1 bis 14, §§ 7–10 WpHG **keine aufschiebende Wirkung.**[99] Hintergrund der Regelung ist, dass Verstöße gegen die Ge- und Verbote des WpHG, insb. gegen das Verbot von Insidergeschäften, erhebliche wirtschaftliche Bedeutung haben und Vertrauensschäden verursachen können, sodass Maßnahmen der BaFin eine sofortige Wirkung entfalten müssen.[100] 47

In § 6 Abs. 16 WpHG findet sich schließlich noch eine Regelung hinsichtlich der **Speicherung von Daten** durch die BaFin. Die BaFin darf danach ihr mitgeteilte personenbezogene Daten im Wesentlichen nur zur Erfüllung ihrer aufsichtsrechtlichen Aufgaben speichern, verändern und nutzen. Sofern hinsichtlich der Daten die Voraussetzungen nach § 6 Abs. 3 Satz 2 WpHG mangels Erforderlichkeit nicht mehr gegeben sind, sind diese zu löschen.[101] 48

4. Nationale und internationale Zusammenarbeit der Aufsichtsbehörden

Die Zusammenarbeit der BaFin mit weiteren Aufsichtsbehörden im Inland wird durch § 17 WpHG geregelt. § 17 Abs. 1 WpHG sieht eine **Organleihe** der zuständigen Börsenaufsichtsbehörden bei eilbedürftigen Maßnahmen für die Verbote nach Art. 14, 15 MAR an den ihrer Aufsicht unterliegenden Börsen vor. Die Regelung verfolgt den Zweck, der BaFin weit gehende **Zugriffsmöglichkeiten auf die Insiderüberwachung** zu geben.[102] 49

Um eine effektive Aufsicht zu gewährleisten, ist eine intensive Zusammenarbeit der verschiedenen für die Kapitalmarktaufsicht zuständigen Behörden erforderlich. § 6 Abs. 2 WpHG sah in seiner ursprünglichen Fassung nur einen Informationsaustausch zwischen dem BAKred, dem BAWe und dem BAV (als Vorgängerinstitutionen der BaFin, vgl. dazu oben Rdn. 3), den **Börsenaufsichtsbehörden** und der Deutschen Bundesbank vor. Nunmehr ordnet § 17 Abs. 2 WpHG – wie auch schon die Vorgängerregelung in § 6 Abs. 2 WpHG a.F. – eine Zusammenarbeit der BaFin auch mit dem **Bundeskartellamt**, den **Handelsüberwachungsstellen** sowie den für die Aufsicht über Versicherungsvermittler und den Vermittlern von Investmentfonds zuständigen Stellen an.[103] Die Einbeziehung des Bundeskartellamtes in den Informationsverbund beruht darauf, dass Ereignisse bei Emittenten, die eine kartellrechtliche Relevanz haben, vielfach auch insiderrechtlich von Bedeutung sind.[104] Die Mitwirkung der **Deutschen Bundesbank** ist auf solche Beobachtungen und Feststellungen beschränkt, die sie im Rahmen ihrer Tätigkeit nach Maßgabe des KWG macht, da sie nur insoweit als Aufsichtsbehörde tätig wird.[105] Da der Informationsaustausch zwischen der BaFin und der Deutschen Bundesbank bereits in § 7 Abs. 3 KWG festgeschrieben ist, kommt der inhaltsgleichen Regelung in § 17 Abs. 2 WpHG nur eine deklaratorische Bedeutung zu. 50

Die zunehmende Internationalisierung der Finanzmärkte macht es erforderlich, dass die BaFin nicht nur mit inländischen Behörden zusammenarbeitet, sondern dass auch ein Informationsaustausch mit den Aufsichtsbehörden im Ausland erfolgt. Die internationale Zusammenarbeit mit den zuständigen Stellen im Ausland wird in § 18 WpHG (vormals § 7 WpHG a.F.) geregelt. § 18 Abs. 1 Satz 1 WpHG statuiert hierbei das **Prinzip der zentralen Zuständigkeit der BaFin.**[106] Der BaFin obliegt die internationale Zusammenarbeit nicht nur in Fragen der Wertpapierhandelsaufsicht, 51

99 Zum Rechtsschutz gegen Maßnahmen der BaFin vgl. eingehend Assmann/Schneider/*Vogel* WpHG § 4 Rn. 65 ff.

100 Fuchs/*Schlette/Bouchon* WpHG § 4 Rn. 123; Assmann/Schneider/*Döhmel* WpHG § 4 Rn. 58.

101 Vgl. Fuchs/*Schlette/Bouchon* WpHG § 4 Rn. 131; Assmann/Schneider/*Döhmel* WpHG § 4 Rn. 63.

102 Vgl. zur Vorgängerregelung in § 6 Abs. 1 WpHG a.F. Fuchs/*Schlette/Bouchon* WpHG § 6 Rn. 9.

103 Bei diesen für Versicherungs- und Fondsvermittler zuständigen Aufsichtsbehörden handelt es sich insb. um die Gewerbeämter.

104 Fuchs/*Schlette/Bouchon* WpHG § 6 Rn. 14; Assmann/Schneider/*Döhmel* WpHG § 6 Rn. 5.

105 Assmann/Schneider/*Döhmel* WpHG § 6 Rn. 7; Fuchs/*Schlette/Bouchon* WpHG § 6 Rn. 19.

106 Vgl. zur Vorgängerregelung in § 7 Abs. 1 WpHG a.F. Schäfer/*Geibel* WpHG/BörsG § 7 WpHG Rn. 6; Fuchs/*Schlette/Bouchon* WpHG § 7 Rn. 6.

sondern auch in Angelegenheiten, die innerstaatlich in die Kompetenz der Börsenaufsicht der Länder fallen.[107] Innerhalb der EU ist die Zusammenarbeit durch europäische Richtlinien geregelt, da nach deren Umsetzung in nationales Recht weit gehend einheitliche Aufsichtsstandards gelten. Hinsichtlich der Zusammenarbeit mit den Aufsichtsbehörden aus Drittstaaten bilden sog. **Memoranda of Understanding** die Rechtsgrundlage, sie regeln insb. die informelle Verständigung über den Austausch von Informationen.[108] In den entsprechenden Abkommen erklären sich die Aufsichtsbehörden auch bereit, Auskunftsersuchen bei Untersuchungen von Insiderfällen, bei Marktmanipulationen oder sonstigen Gesetzesverstößen nachzukommen, die erhaltenen Informationen nur für den jeweils festgelegten Zweck zu verwenden und die Vertraulichkeit sicherzustellen.[109]

52 Die internationale Zusammenarbeit der Aufsichtsbehörden findet auch im Rahmen von internationalen Organisationen statt. Zu nennen sind hier insb. das European Securities Regulators Comittee (**CESR**) sowie die International Organisation of Securities Commissions (**IOSCO**). CESR ist im Jahr 2001 aus dem Forum of European Securities Commissions (FESCO) hervorgegangen. Während es sich bei der FESCO nur um einen inoffiziellen Zusammenschluss der europäischen Wertpapieraufsichtsbehörden gehandelt hat, kam CESR die Aufgabe zu, den europäischen Gesetzgeber als offizieller Ausschuss zu beraten. Aus CESR ist in Anbetracht der durch die Finanzkrise ab 2007 aufgezeigten Schwachstellen der Finanzmarktaufsicht mittlerweile die ESMA als europäische Aufsichtsbehörde hervorgegangen (vgl. dazu noch i.F. Rn. 53 f.).

53 In der 1974 gegründeten IOSCO mit Sitz in Madrid sind weltweit die Aufsichtsbehörden zu einem inoffiziellen Gremium zusammengeschlossen, dem allerdings weder eine beratende noch eine rechtsetzende Funktion zukommt. Die IOSCO dient daher vorrangig dem Erfahrungsaustausch; Ziel der IOSCO ist es weiterhin, weltweit akzeptierte **Standards für die Aufsicht** über die nationalen und internationalen Kapitalmärkte zu entwickeln und aufrechtzuerhalten. Ein wichtiges Projekt der IOSCO war in den letzten Jahren die Umsetzung der 1998 verabschiedeten Grundprinzipen für die Funktionsfähigkeit eines wirksamen Wertpapieraufsichtssystems.[110] Der IOSCO gehören derzeit über 180 Mitglieder aus mehr als 100 Ländern an.[111]

54 Am 01.01.2011 haben drei neue europäische Aufsichtsbehörden (European Supervisory Authorities) ihre Arbeit aufgenommen: die Europäische Bankenaufsichtsbehörde (European Banking Authority – **EBA**), die Europäische Aufsichtsbehörde für das Versicherungswesen und die betriebliche Altersvorsorge (European Insurance and Occupational Pensions Authority – **EIOPA**) sowie die Europäische Wertpapier- und Marktaufsichtsbehörde (European Securities and Markets Authority – **ESMA**). Außerdem wurde der Europäische Ausschuss für Systemrisiken (European Systemic Risk Board – **ESRB**) eingerichtet. Die Einrichtungen sollen gemeinsam mit den nationalen Aufsichtsbehörden für eine verbesserte und harmonisierte Finanzaufsicht im Europäischen Binnenmarkt sorgen. Die Aufsichtsbehörden sind Teil des 2010 gegründeten Europäischen Systems der Finanzaufseher (European System of Financial Supervision – **ESFS**).

55 Neben dem ESRB, der EBA, der EIOPA und der ESMA umfasst das ESFS den Gemeinsamen Ausschuss der Europäischen Aufsichtsbehörden (Gemeinsamer Ausschuss) sowie die nationalen Aufsichtsbehörden. Die drei neuen europäischen Aufsichtsbehörden sind im Wege der Rechtsnachfolge aus den bisherigen Level 3-Ausschüssen hervorgegangen. So wurde das Committee of European Banking Supervisors (CEBS) in London zur Europäischen Bankaufsichtsbehörde, das Committee of European Insurance and Occupational Pensions Supervisors (CEIOPS) in Frankfurt zur Europäischen Aufsichtsbehörde für das Versicherungswesen und die betriebliche Altersvorsorge und das

107 *Kümpel* Bank- und Kapitalmarktrecht Rn. 18.107; KölnKomm WpHG/*Carny* § 7 Rn. 13.

108 Vgl. hierzu auch die Zusammenstellung der bestehenden Memoranda of Understanding bei Assmann/Schneider/*Döhmel* WpHG § 7 Rn. 6.

109 Vgl. Fuchs/*Schlette/Bouchon* WpHG § 7 Rn. 10.

110 Vgl. Jahresbericht BAWe 2001, S. 48.

111 Vgl. im Einzelnen die Informationen unter www.iosco.org.

Committee of European Securities Regulators (CESR) in Paris zur Europäischen Wertpapier- und Marktaufsichtsbehörde. Das Hauptziel des ESFS besteht darin, die angemessene Anwendung der für den Finanzsektor geltenden Vorschriften zu gewährleisten. So soll das ESFS die Finanzstabilität erhalten, für Vertrauen in das Finanzsystem insgesamt und für einen ausreichenden Schutz der Verbraucher sorgen. Um eine bessere sektorübergreifende Abstimmung zu gewährleisten, sollen EBA, EIOPA und ESMA regelmäßig und eng in ihrem Gemeinsamen Ausschuss zusammenarbeiten.[112]

III. Börsenaufsichtsbehörden der Länder

Die Rechts- und Marktaufsicht über die Börsen erfolgt nicht durch eine zentrale Institution, vielmehr wird die Aufsicht durch die nach dem Landesrecht zuständige Stelle ausgeübt. Die **Börsenaufsicht** ist daher **föderal strukturiert**; es handelt sich insoweit um den Vollzug von Bundesrecht durch Landesbehörden.[113] Die Börsenaufsichtsbehörden sind im Regelfall bei den Wirtschaftsministerien der Länder angesiedelt.[114] 56

1. Umfang der Rechts- und Marktaufsicht

Die **Marktaufsicht** bezieht sich nach § 3 Abs. 1 Satz 3 BörsG insb. darauf, dass der Handel an der Börse und die Geschäftsabwicklung ordnungsgemäß erfolgen. Der Begriff der **Börsengeschäftsabwicklung** umfasst nach § 3 Abs. 1 Satz 3 BörsG auch die börslichen Systeme zur Erfüllung und Abrechnung des Börsengeschäfts wie z.B. Clearing-Einrichtungen, nicht dagegen die Systeme zur Abwicklung der Börsengeschäfte.[115] Zur Geschäftsabwicklung gehört nur das Verfahren bis zur **Schlussnote** eines Auftrags im Parketthandel bzw. der Geschäftsbestätigung im Xetra-Handel,[116] nicht aber die dingliche Abwicklung, für deren Überwachung allein die staatliche Depotprüfung zuständig ist.[117] 57

§ 3 Abs. 1 Satz 2 BörsG regelt nunmehr ausdrücklich, dass auch der (privatrechtliche) Börsenträger der Aufsicht durch die Börsenaufsichtsbehörde unterliegt.[118] Die zu § 1 Abs. 4 BörsG a.F. vertretene Ansicht, dass sich die Aufsicht unmittelbar nur auf die öffentlich-rechtlichen Börsen, nicht aber auf den privatrechtlichen Träger der jeweiligen Börse bezog,[119] ist daher überholt. 58

Die **Rechtsaufsicht** erstreckt sich nach § 3 Abs. 1 Satz 3 1. Halbs. BörsG auf die Kontrolle der Gesetzmäßigkeit und Rechtmäßigkeit der Börsenselbstverwaltung,[120] sie kommt insb. in den Erlaubnis- und Genehmigungsvorbehalten zugunsten der Börsenaufsicht zum Ausdruck. So sieht § 4 Abs. 1 BörsG vor, dass die Errichtung einer Börse der schriftlichen **Erlaubnis** der Börsenaufsichtsbehörde bedarf.[121] Die Börsenordnung bedarf nach § 16 Abs. 3 Satz 1 BörsG der **Genehmigung** durch die Börsenaufsichtsbehörde,[122] Gleiches gilt nach § 17 Abs. 2 BörsG für die Gebührenordnung. 59

---

112 Vgl. zur neuen europäischen Finanzmarktaufsicht auch *Baur/Boegl* BKR 2011, 177 ff.; *Möllers* NZG 2010, 285 ff.

113 Schwark/Zimmer/*Beck* Kapitalmarktrechts-Kommentar § 1 BörsG Rn. 32.

114 Eine Übersicht der einzelnen Börsenaufsichtsbehörden der Länder findet sich unter www.boersenaufsicht.de.

115 *Groß* Kapitalmarktrecht § 3 BörsG Rn. 11 m.w.N.

116 Vgl. *Groß* Kapitalmarktrecht § 3 BörsG Rn. 11.

117 *Kümpel* Bank- und Kapitalmarktrecht Rn. 18.122; kritisch Schwark/Zimmer/*Beck* Kapitalmarktrechts-Kommentar § 3 BörsG Rn. 10 ff.

118 Vgl. zur Unterscheidung zwischen der Börse als Marktplatz und dem Träger der Börse Claussen/*Bröcker* Bank- und Börsenrecht § 6 Rn. 21.

119 Assmann/Schütze/*Von Rosen* Handbuch des Kapitalanlagerechts (3. Aufl. 2007) § 2 Rn. 246.

120 *Kümpel* Bank- und Kapitalmarktrecht Rn. 18.117; *Groß* Kapitalmarktrecht § 3 BörsG Rn. 9.

121 Zu den Erlaubnisvoraussetzungen vgl. *Groß* Kapitalmarktrecht § 4 BörsG Rn. 5 f.

122 Die Genehmigung ist Wirksamkeitsvoraussetzung, vgl. *Kümpel* Bank- und Kapitalmarktrecht Rn. 17.384 u. 17.423.

2. Befugnisse der Börsenaufsicht

60 Die Eingriffsbefugnisse der Börsenaufsichtsbehörde, die denen der BaFin nach § 6 Abs. 3 WpHG vergleichbar sind (dazu bereits oben Rdn. 42), ergeben sich zum einen aus der **Generalklausel** des § 3 BörsG, sie finden sich daneben aber noch in zahlreichen Einzelvorschriften. § 3 Abs. 4 BörsG erlaubt es der Börsenaufsichtsbehörde, soweit dies zur Erfüllung ihrer Aufgaben erforderlich ist, auch ohne besonderen Anlass von der Börse und den zum Börsenhandel zugelassenen Unternehmen und Börsenhändlern **Auskünfte** und die **Vorlage von Unterlagen** zu verlangen, nach § 3 Abs. 4 Satz 6 BörsG dürfen die Bediensteten der Börsenaufsichtsbehörde während der üblichen Geschäftszeiten die **Geschäftsräume** der Börse und der Handelsteilnehmer **betreten.** Nach § 3 Abs. 5 BörsG kann die Börsenaufsicht auch **Anordnungen**[123] treffen, die geeignet und erforderlich sind, Verstöße gegen börsenrechtliche Vorschriften zu unterbinden oder sonstige Missstände zu beseitigen oder zu verhindern, die die ordnungsgemäße Durchführung des Handels an der Börse und der Geschäftsabwicklung sowie deren Überwachung beeinträchtigen können. Widerspruch und Anfechtungsklage gegen die von der Börsenaufsicht nach § 3 Abs. 4 u. 5 BörsG getroffenen Maßnahmen haben keine aufschiebende Wirkung.

61 § 3 Abs. 3 BörsG sieht vor, dass die Börsenaufsichtsbehörde die ihr zugewiesenen Aufgaben nur im öffentlichen Interesse wahrnimmt, sodass Schadensersatzansprüche von Anlegern aus **Amtspflichtverletzung** im Regelfall ausscheiden.[124]

IV. Aufsicht durch die Börsenselbstverwaltung

62 Im Rahmen ihrer börslichen Selbstverwaltung trägt die Börse grds. die Verantwortung für die **Marktaufsicht** über den Börsenhandel.[125] Diese Aufsicht beschränkt sich nicht allein auf die Schaffung der rechtlichen Rahmenbedingungen (z.B. Börsenordnung, Geschäftsordnung), vielmehr ist die Börse auch zur eigenen Überwachung und Beaufsichtigung ihrer Märkte befugt und verpflichtet. Besondere Bedeutung kommt hierbei der **Handelsüberwachungsstelle** zu. § 7 BörsG verpflichtet insoweit die Börse, unter Beachtung von Maßgaben der Börsenaufsichtsbehörde eine Handelsüberwachungsstelle einzurichten und zu betreiben, die den Handel an der Börse und die Börsengeschäftsabwicklung überwacht. Die Handelsüberwachungsstelle ist ein **Organ** der jeweiligen Börse u.a. mit der Folge, dass die Börse für die Kosten aufzukommen hat;[126] sie ist ferner **Behörde** im verwaltungsrechtlichen Sinn.[127] Ihre Aufgaben und Befugnisse nimmt die Handelsüberwachungsstelle nach § 7 Abs. 6 BörsG nur im öffentlichen Interesse wahr. Dies hat zur Folge, dass Individualansprüche z.B. von Anlegern ausscheiden.[128]

63 Die Aufgabe der Handelsüberwachungsstelle ist die kontinuierliche und umfassende **Überwachung aller Geschäftsvorgänge** an der Börse. Die Handelsüberwachungsstelle hat daher insb. alle Daten über den Börsenhandel und die Börsengeschäftsabwicklung systematisch und lückenlos zu erfassen und bei erkannten Unregelmäßigkeiten die notwendigen Ermittlungen selbst durchzuführen. Zu ihren Aufgaben gehören insb. die Überwachung der Preisfindung und der Handelsvolumina, die ständige Kontrolle der Einhaltung der Handelsusancen sowie die Beobachtung der Eigengeschäfte der Skontroführer, der Vergleich der Preise mit anderen Börsenplätzen und anderen Handelssystemen sowie die Aufrechterhaltung der Ordnung im Börsensaal.[129]

---

123 Hierbei handelt es sich um Verwaltungsakte, vgl. *Kümpel* Bank- und Kapitalmarktrecht Rn. 18.123; *Groß* Kapitalmarktrecht § 3 BörsG Rn. 14.

124 Schwark/Zimmer/*Beck* Kapitalmarktrechts-Kommentar § 1 BörsG Rn. 43; *Groß* Kapitalmarktrecht § 3 BörsG Rn. 24.

125 Vgl. hierzu Claussen/*Bröcker* Bank- und Börsenrecht § 6 Rn. 33.

126 *Claussen* DB 1994, 969 (971).

127 *Brockhausen* WM 1997, 1998 f.

128 *Buck-Heeb* Kapitalmarktrecht Rn. 1143.

129 Begr. RegE 2. FMFG, BT-Drucks. 12/6679, S. 59; vgl. auch *Groß* Kapitalmarktrecht § 7 BörsG Rn. 2.

Die Handelsüberwachungsstelle hat, soweit es um die Überwachung der Ordnungsmäßigkeit des Handels an der Börse und der Börsengeschäftsabwicklung geht, aufgrund des Verweises von § 7 Abs. 3 BörsG auf § 3 Abs. 4 BörsG dieselben Befugnisse wie die Börsenaufsichtsbehörde (vgl. dazu bereits oben Rdn. 60). Auch die Handelsüberwachungsstelle hat somit das Recht, **Auskünfte und Unterlagen** zu verlangen[130] und **Prüfungen** vorzunehmen. **64**

Die Börsenaufsichtsbehörde kann nach § 7 Abs. 1 Satz 3 BörsG der Handelsüberwachungsstelle Weisungen erteilen und die Ermittlungen übernehmen. I.Ü. hat der Leiter der Handelsüberwachungsstelle regelmäßig der Börsenaufsichtsbehörde zu berichten (§ 7 Abs. 2 Satz 1 BörsG). Börsenaufsichtsbehörde und Handelsüberwachungsstelle stehen aufgrund dieses **Weisungs- und Selbsteintrittsrechts** zueinander im Verhältnis einer über- und einer untergeordneten Behörde.[131] Die vorrangige Verantwortung für die Handelsüberwachung soll jedoch der Börsenselbstverwaltung und damit der Handelsüberwachungsstelle obliegen.[132] Insofern steht die Marktaufsicht durch die Handelsüberwachungsstelle nicht nur gleichwertig neben der Börsenaufsicht, vielmehr fällt ihr die **Primärverantwortung** und damit auch die primäre Zuständigkeit für die laufende Überwachung des Marktgeschehens zu.[133] **65**

B. Wertpapiere, Emission von Schuldverschreibungen

I. Wertpapiere

1. Einleitung

In diesem Abschnitt soll zunächst der Begriff des Wertpapiers definiert und erläutert werden. Es folgen die Beschreibungen der heute am Markt gängigen Wertpapiere; auf die Aktie und andere Dividendenwerte wird nur kurz eingegangen. In einem zweiten Teil wird ein Überblick über den Ablauf einer Emission von Schuldverschreibungen gegeben, die Beteiligten bei einer Emission, die Platzierung und die Dokumentation (Verträge) einer Emission. **66**

2. Das Wertpapier

Ein Wertpapier ist eine Urkunde, die ein Recht in der Weise verbrieft, dass es ohne diese Urkunde nicht geltend gemacht werden kann.[134] Wertpapiere unterscheidet man nach unterschiedlichen Kriterien, wie z.B. der **Art der Übertragungsmöglichkeit** des verbrieften Rechts, hier wird unterschieden zwischen Wertpapieren im engeren Sinne, sog. Orderpapiere (z.B. Wechsel) oder Inhaberpapiere (z.B. Inhaberschuldverschreibungen), Wertpapieren im weiteren Sinne, wie z.B. Namens- oder Rektapapiere (Hypotheken- oder Grundschuldbriefe) oder qualifizierte Legitimationspapiere wie z.B. das Sparbuch.[135] Bei Wertpapieren im engeren Sinne ist das verbriefte Recht eng mit der Urkunde verbunden, sodass mit der Übereignung der Urkunde/des Papiers das verbriefte Recht übergeht.[136] »Das Recht aus dem Papier folgt dem Recht am Papier«. Das jeweilige Recht wird nach sachenrechtlichen Regeln übertragen, ein gutgläubiger Erwerb ist möglich, vgl. Art. 16 Abs. 2 WG oder Art. 21 ScheckG.[137] Aus diesem Grunde besteht bei Wertpapieren im engeren Sinne eine **67**

---

130 Zum Umfang des Auskunftsanspruchs der Handelsüberwachungsstelle vgl. VGH Hessen, NJW-RR 1999, 122, 123 f.

131 *Buck-Heeb* Kapitalmarktrecht Rn. 1147; *Groß* Kapitalmarktrecht § 7 BörsG Rn. 9; offen gelassen von Claussen/*Bröcker* Bank- und Börsenrecht § 6 Rn. 32.

132 Begr. RegE 2. FMFG, BT-Drucks. 12/6679, S. 33, 59.

133 *Groß* Kapitalmarktrecht § 7 BörsG Rn. 9.

134 MüKo-BGB/*Habersack* zu § 793 Rn. 33; *Brox* Handels- und Wertpapierrecht Rn. 475; *Hueck/Canaris* § 1 I.

135 MüKo-BGB/*Habersack* Vorb. § 793 Rn. 8, 13 ff.

136 Kümpel/Wittig *Peterek*, Rn. 8.58.

137 *Raddatz* Wertpapierrecht, S. 148, MüKo-BGB/*Füller* zu § 952 Rn. 4, 5.

besondere Verkehrsfähigkeit/Handelbarkeit. Bei Wertpapieren im weiteren Sinne kann das Recht zwar nicht ohne die Urkunde geltend gemacht werden, eine Übertragung des verbrieften Rechts erfolgt jedoch nicht durch Übereignung der Urkunde, sondern nach den Regeln der Übertragung des jeweiligen Rechts (z.B. durch Abtretung der verbrieften Forderung gem. §§ 398 ff. BGB). Für diese Art der Übertragung wurde der Satz geprägt »Das Recht am Papier folgt dem Recht aus dem Papier«.[138] Ein gutgläubiger Erwerb der Urkunde und der damit verbrieften Forderung ist daher nicht möglich. Weitere Unterscheidungskriterien sind die **Art des verbrieften Vermögenswertes**, wobei unterschieden wird zwischen (i) **Geldwertpapiere**, sie verkörpern kurzfristige Forderungen, z.B. Sparbuch, Wechsel, Dividendenschein, (ii) **Kapitalwertpapiere**, sie verkörpern langfristige Forderungen oder Miteigentumsanteile oder nicht vertretbare Kapitalwertpapiere wie z.B. Sparbuch, Grundschuldbrief und andere vertretbare (fungible) Kapitalwertpapiere wie die Schuldverschreibung, Aktie, Zertifikat oder (iii) **Warenwertpapieren**, sie verkörpern Rechte an schwimmender oder lagernder Ware, wie z.B. das Konnossement, der Lade- oder, Lagerschein); nach **Art des verbrieften Rechts**: (i) **Forderungspapiere** wie z.B. der Scheck, Sparbrief, die Schuldverschreibung, (ii) **sachenrechtliche Wertpapiere** wie Investmentzertifikate, Grundschuldbrief, Hypothekenbrief, Konnossement und (iii) **Mitgliedschaftsrechte** wie z.B. die Aktie oder der Genussschein; nach **Art der Übertragung**, (i) **Inhaberpapiere** wie z.B. Inhaberaktie, Inhaberschuldverschreibung, (ii) **Orderpapiere** wie z.B. Wechsel, Orderschuldverschreibung, Orderscheck, Namensaktie und (iii) **Rektapapiere** (Namenspapiere) wie Grundschuldbrief, Hypothekenbrief.[139]

68 Wertpapiere haben eine **Legitimationsfunktion**, die Emittentin muss grds. an den Inhaber des Papiers den ausbedungenen Betrag zahlen, da an den Rechtsschein des Besitzes angeknüpft wird und daher gutgläubiger Erwerb möglich ist (§§ 1006, 935 BGB). Ausgenommen hiervon sind Wertpapiere im weiteren Sinne, z.B. Namenspapiere, es sei denn, sie werden durch Indossament übertragen und eine spezialgesetzliche Vorschrift, z.B. Art. 16 Abs. 2 WG, ermöglicht ihren gutgläubigen Erwerb.[140] Die **Liberationsfunktion** gewährleistet, dass die Emittentin gem. § 808 BGB mit befreiender Wirkung an den jeweiligen Inhaber des Papiers/der Urkunde leisten kann. In § 793 Abs. 1 BGB wird die **Präsentationsfunktion** eines Wertpapiers formuliert, d.h., die Berechtigung wird durch Vorlage des Wertpapiers nachgewiesen. Dies gilt natürlich nur dann, wenn ein einzelnes Wertpapier (effektives Stück) überhaupt vorhanden ist. Dies ist nur noch selten der Fall, da die meisten Wertpapiere heute durch Sammelurkunden »Global« verbrieft werden, der Anleihegläubiger erwirbt somit einen Miteigentumsanteil an der Globalurkunde und kein eigenes »effektives Stück«.

69 Eine allgemeingültige Definition von »**Wertpapier**« findet sich im deutschen Recht nicht, jedoch wird in unterschiedlichen gesetzlichen Bestimmungen der Begriff des Wertpapiers verwendet, z.B. §§ 232, 234, 372, 702 Abs. 3, 783, 1813 Abs. 1 Nr. 1, 1818 f. BGB; §§ 367, 369 Abs. 1 HGB; §§ 808 Abs. 2, 821 ZPO; § 1 Abs. 11 KWG, § 1 DepotG, § 2 WpHG, § 2 WpPG. In **§ 1 Abs. 1 DepotG** wird eine weitere Definition verwendet, die wie folgt lautet: »Aktien, Kuxe, Zwischenscheine, Zins-, Gewinnanteil- und Erneuerungsscheine, auf den Inhaber lautende oder durch Indossament übertragbare Schuldverschreibungen, ferner andere Wertpapiere, wenn diese vertretbar sind, mit Ausnahme von Banknoten und Papiergeld. Wertpapiere im Sinne dieses Gesetzes sind auch Namensschuldverschreibungen, soweit sie auf den Namen einer Wertpapiersammelbank ausgestellt wurden.« Diese Definition wird ergänzt durch weitere Vorschriften wie z.B. solche, die das äußere Erscheinungsbild von Wertpapieren beschreiben wie z.B. das HGB. Handelsrechtlich ist ein Wertpapier eine Urkunde, in der ein privates Recht in der Weise verbrieft ist, dass zur Geltendmachung des Rechts des Inhabers der Urkunde deren Vorlage erforderlich ist. Auch im Aktiengesetz finden sich Beschreibungen und Definitionen (z.B. in §§ 6, 8 bis 13 AktG Grundkapital, Form, §§ 139 bis 141 AktG Vorzugsaktien, Konsortialbanken, die bei Gründung §§ 23 bis 53 AktG und

138 *Baumbach/Hefermehl/Casper* WPR Rn. 10.
139 *Grill/Perczynski* S. 224.
140 Kümpel/Wittig/*Brandt* Rn. 12.661, 15.37–38.

Beteiligung an Kapitalmaßnahmen §§ 182 bis 206 AktG mitwirken). Aufgrund der Definitionen in § 2 Nr. 1–3 WpPG könnte wie folgt zusammengefasst werden: »Wertpapiere lassen sich in Dividendenwerte und Nicht-Dividendenwerte unterscheiden. Dividendenwerte werden definiert als Aktien und Wertpapiere, die ein Recht verbriefen, das bei Umwandlung oder Ausübung zum Erwerb von Aktien der Emittentin oder einer Konzerngesellschaft führt. Nicht-Dividendenwerte sind danach alle übrigen Wertpapiere.[141]«

Der Versuch einer Definition auf der Grundlage der vorstehend erwähnten Gesetze könnte demnach folgenden Tenor haben: 70

»Wertpapiere werden in Dividendenwerte und Nichtdividendenwerte eingeteilt, wobei ein Dividendenwertpapier dann vorliegt, wenn es sich um Aktien handelt oder andere Wertpapiere, die ein Recht verbriefen, das bei Ausübung oder Umwandlung des verbrieften Rechts zum Erwerb von Aktien der Emittentinnen oder einer Konzerngesellschaft führt. Nichtdividendenwerte sind alle übrigen Wertpapiere.« 71

3. Wertpapierarten

a) Schuldverschreibungen

Schuldverschreibungen verbriefen Ansprüche auf eine Geldleistung der Schuldnerin (der Emittentin) an den Gläubiger. Art und Umfang der Gläubigeransprüche und damit der vereinbarten Leistung ergeben sich grds. aus den Emissionsbedingungen (auch Anleihebedingungen oder Schuldverschreibungsbedingungen genannt). Auf die Emissionsbedingungen ist ggf. (siehe unten) das »Gesetz über Schuldverschreibungen aus Gesamtemissionen« – **SchVG** anwendbar.[142] 72

Das **SchVG** vom 31.07.2009 hat das alte Schuldverschreibungsgesetz von 1899 abgelöst, welches keine Bedeutung in der Praxis hatte. Nunmehr sind die Vorgaben der §§ 1 bis 4 SchVG verbindlich auf alle deutschrechtlichen Schuldverschreibungen anwendbar. Die Emittentin kann in den Anleihebedingungen frei bestimmen, ob die §§ 5 ff. SchVG in denen Regelungen über die Gläubigerversammlungen enthalten sind, auf die konkrete Anleihe anwendbar sein sollen oder nicht.[143] 73

Die Anleihebedingungen sind im Regelfall Bestandteil der Schuldverschreibungsurkunde und auf der Urkunde, zumeist auf der Rückseite, vermerkt. Es gibt auch unverbriefte **»Wertrechte«** wie Bundes- oder Landesschatzbriefe/-anleihen, bei diesen wird die Schuld des Landes/Bundes in das Schuldenbuch des Bundes- bzw. des Landes eingetragen. Es wird bei Schuldverschreibungen zwischen Inhaber-, Order- und Namensschuldverschreibungen unterschieden. 74

aa) Inhaberschuldverschreibungen

Inhaberschuldverschreibungen sind Wertpapiere, die die Ansprüche des Schuldverschreibungsgläubigers in einer auf den Inhaber ausgestellten Urkunde verbriefen. Das verbriefte Recht muss eine Forderung sein.[144] Rechtsgrundlage für Inhaberschuldverschreibungen sind die §§ 793 ff. BGB, in denen Form, Entstehung, Haftung, Einwendungsbeschränkungen, Erfüllungswirkungen, Vorlegungs- und Verjährungsfristen (§§ 801 f. BGB) sowie Verlust und Kraftloserklärung (§§ 798 ff. BGB) geregelt sind. Die gesetzlichen Vorgaben aus dem **SchVG**, insb. die §§ 1 bis 4 SchVG, finden grds. Anwendung. Ausgestaltung von Urkunde und Anleihebedingungen wird ferner durch das jeweils anwendbare Zivilrecht wie auch anerkannte nationale und internationale Handelsbräuche des Markts beeinflusst (ISMA,[145] ICMA u.a.). 75

---

141 Siehe § 2 Nr. 1 – Nr. 3 WpPG.
142 BGBl. I v. 04.08.2009, S. 2512.
143 Ausführlicher *Horn* BKR 2009, 446 ff.; *Schlitt/Schäfer* FS Maier-Reimer, 2009, S. 615–628.
144 *Raddatz* Wertpapierrecht, S. 151.
145 ISMA – International Derivatives Market Association; ICMA – International Capital Marktes Association.

bb) Orderpapiere[146]

76 Orderpapiere sind Wertpapiere, die eine namentlich bezeichnete Person als berechtigt ausweisen, das im Papier verbriefte Recht geltend zu machen. Berechtigt ist derjenige, der namentlich auf der Urkunde bezeichnet ist oder der durch die Order des namentlich Bezeichneten bestimmt wird. Es gibt Orderpapiere kraft Gesetz sog. »Geborene Orderpapiere«, wie Wechsel, Scheck und Namensaktie und »Gekorene Orderpapiere«, die eine Orderklausel enthalten müssen, z.B. die kaufmännische Anweisung (§ 783 BGB), der Ladeschein, das Konnossement, der Lagerschein oder die Orderschuldverschreibung. Fehlt die Orderklausel handelt es sich um ein reines Rektapapier (z.B. Namensschuldverschreibungen, -papiere, Rdn. 77). Die Übertragung eines Orderpapiers geschieht grds. durch Indossament und Übereignung des indossierten Papiers (§§ 929 ff. BGB). Eine ununterbrochene Kette von Indossamenten, die zum Inhaber führt, begründet eine Vermutung für die materielle Legitimation des Inhabers und kann einen gutgläubigen Erwerb begründen (vgl. Art. 16 Abs. 2 WG). Ausnahmsweise erfolgt die Übertragung durch Zession z.B. beim sog. Rektawechsel, Art. 11 Abs. 2 WG.

cc) Namensschuldverschreibungen

77 Namensschuldverschreibungen werden auch »Rektapapiere[147]« genannt, d.h., der Berechtigte aus dem Wertpapier ist die in dem Papier benannte Person. An sie ist direkt (lat. »rekta«) zu leisten. Die Rechte aus dem Papier gehen durch Übertragung des in der Urkunde verbrieften Rechts gem. § 398 oder § 413 BGB durch Abtretung über. Die Übergabe der Urkunde richtet sich nach § 952 BGB.

dd) Wandel- und Optionsanleihen, Optionsscheine[148]

78 Wandelanleihen räumen dem Gläubiger das Recht ein, seine Anleihe gegen Aktien einzutauschen. Bei der »umgekehrten Wandelanleihe« § 221 Abs. 1 AktG, eingeführt mit der Aktienrechtsnovelle 2016, wird der Gesellschaft das Recht eingeräumt, die Anleihe gegen Aktien einzutauschen. **Optionsanleihen** gewähren neben einer Zinszahlung ein Bezugsrecht auf Aktien, das in einem eigenen **Optionsschein (Warrant)** verbrieft ist. Der Optionsschein und damit die Option kann von der Schuldverschreibungsurkunde getrennt und innerhalb der Bezugsfrist als selbstständiges Wertpapier gehandelt werden. Rechtsgrundlage für die Begebung von Wandelanleihen ist § 221 AktG.

ee) Zertifikate

79 Einerseits ist zwischen der klassischen Definition der Zertifikats zu unterscheiden: Ein **Zertifikat** ist eine Urkunde für ausgegebene oder hinterlegte Wertpapiere. Es ist ein Wertpapier mit begrenzter oder unbegrenzter Laufzeit, das die Wertentwicklung anderer Vermögenswerte (z.B. Rohstoffe, Effekten, Indizes, Währungen) vermerkt. Zertifikate sind i.d.R. unverzinst, weisen jedoch einen variablen, an die Wertentwicklung von anderen Vermögenswerten anknüpfenden Rückzahlungskurs auf[149].

80 Andererseits der moderneren Definition, die den praktischen Entwicklungen dieses Produktes Rechnung trägt: Ein Zertifikat ist ein strukturiertes Anlageprodukt, das eine Kombination aus mehreren Basiswerte (Aktie, Anleihe, Termingeschäft, Rohstoffe, Währungen und Indizes) sein kann.[150] Es wird ein vorab definiertes Risiko- und Chancenprofil in einem solchen Produkt strukturiert. Hiervon sind **Einlagenzertifikate (Certificates of Deposit)** zu unterscheiden, die durch die Verbriefung von Termineinlagen bei Kreditinstituten entstehen, mit einer Laufzeit von bis zu 180 Tagen.[151]

146 Brox Handels- und Wertpapierrecht, S. 220; Raddatz Wertpapierrecht, S. 149 ff.
147 S. Rdn. 76.
148 Schanz BKR 2011, 410–416, Grill/Perczynski, S. 327ff.
149 Schwintowski, Köhler/Büscher, Kap. 22 Rn. 61.
150 *Grill/Perczynski*, S. 320 ff.
151 *Grill/Perczynski*, S. 343.

ff) Genussscheine

Der **Genussschein** ist ein Wertpapier, das mitgliedschaftstypische vermögensrechtliche Ansprüche (Genussrechte) ggü. einem Unternehmen/einer Bank verbrieft, z.B. Anspruch auf Anteil am Reingewinn und/oder Liquidationserlös und/oder auch Verlust des Unternehmens oder auf den Bezug neuer Genussscheine und ggf. ein Wandlungsrecht in Aktien, aber keine Stimmrechte. Genussscheine zählen bei Unternehmen regelmäßig zum Fremdkapital, sofern dem Genussscheininhaber ein Kündigungsrecht eingeräumt wird und er nicht am Verlust beteiligt ist, sonst auch zum Eigenkapital. Es handelt sich um ein gesetzlich nicht geregeltes Wertpapier, welches je nach individueller Ausgestaltung der verbrieften Rechte einer Aktie oder aber einer Anleihe ähnelt. Bei Genussscheinen ist eine Nachrangigkeit des Genussrechtskapitals ggü. Forderungen anderer Gläubiger gegeben. Wie eine Anleihe auch, gewähren die »Genüsse« i.d.R. die Rückzahlung des Anlagebetrages zum Nominalwert am Laufzeitende sowie einen jährlichen Zinsanspruch. Die Höhe dieser Verzinsung hängt – wie die Dividende einer Aktie – von der Gewinnentwicklung des jeweiligen Unternehmens ab, und kann somit auch »0« betragen. Kreditinstitute können die durch die Emission von Genussscheinen erzielten Erlöse unter bestimmten Voraussetzungen als zusätzliches Kernkapital (Art. 52 CRR) oder als Ergänzungskapital (Art. 63 CRR) anrechnen. Genussscheine kommen als Inhaber-, aber auch als Namenspapiere vor und haben i.d.R. eine begrenzte Laufzeit. Auch vorzeitige Kündigungsrechte können vereinbart werden. Für die Ausgabe von Genussscheinen durch eine Aktiengesellschaft ist in Deutschland ein Hauptversammlungsbeschluss mit mindestens einer Dreiviertelmehrheit der Hauptversammlung erforderlich, außerdem steht den Aktionären ein Bezugsrecht zu, falls dieses nicht ausdrücklich ausgeschlossen wird (§§ 221, 186 AktG). 81

gg) Pfandbriefe

Pfandbriefe sind durch Hypotheken (im Fall von Hypothekenpfandbriefen, §§ 12 bis 17 PfandBG) oder durch Darlehen an die Öffentliche Hand (im Fall von Öffentlichen Pfandbriefen, § 20 PfandBG), durch Darlehen, die mit Schiffshypotheken besichert sind (im Fall von Schiffspfandbriefen, § 21 PfandBG) oder durch Darlehen, die mit Registerpfandrechten an Flugzeugen oder ausländischen Flugzeughypotheken besichert sind (im Fall von Flugzeugpfandbriefen, § 26a PfandBG) gedeckte Schuldverschreibungen. In allen Fällen besteht eine Besicherung der Schuldverschreibung durch die in ein Deckungsregister eingebrachten Forderungen.[152] Die Ausgabe von Pfandbriefen richtet sich nach dem Pfandbriefgesetz und wird von einem unabhängigen Treuhänder überwacht, der von der BaFin für jedes Kreditinstitut, das als Pfandbriefbank zugelassen ist (§ 2 PfandBG),gesondert bestellt wird (§ 7 PfandBG). Der Treuhänder hat die Aufgabe den für den jeweiligen Pfandbrief bestückten Deckungsstock zu prüfen, d.h., die eingetragenen Deckungswerte müssen den Barwert der zu deckenden Verbindlichkeiten um 2 % übersteigen (§ 4 PfandBG). Nach der im Jahr 2005 in Kraft getretenen Neuordnung des Pfandbriefrechts können künftig nicht nur Hypothekenbanken, die bestimmten Anforderungen zum Schutz des Pfandbriefgeschäfts genügen, Pfandbriefe ausgeben, sondern auch andere Banken, die gemäß den Vorschriften des Pfandbriefgesetzes (§§ 1 und 2 PfandBG) die Voraussetzungen erfüllen und zum Emittieren von Pfandbriefen zertifiziert sind. 82

b) Aktien

Eine Aktie ist ein Wertpapier, das das wirtschaftliche Miteigentum eines Aktionärs am Grundkapital der Aktiengesellschaft verbrieft.[153] Aktien verbriefen Mitgliedschaftsrechte an einer Aktiengesellschaft. Bei der früher üblichen Erscheinungsform von Wertpapieren durch effektive Stücke bestand eine Aktie aus der Aktienurkunde (Mantel), einem Bogen mit Dividendenscheinen (Kupons) und einem Erneuerungsschein (Talon), der zum Bezug eines neuen Bogens berechtigte. Bei 83

152 § 5, § 20 PfandBG; *Grill/Perczynski* S. 235f.
153 MünchHdb-GesR IV/ *Sailer-Coceani* § 12 Rn. 1.

der mittlerweile vorherrschenden Form der Girosammelverwahrung werden nicht mehr effektive Stücke ausgegeben, sondern es wird nur eine Globalurkunde bei einer Wertpapiersammelbank, z.B. Clearstream Banking AG, Frankfurt am Main verwahrt. Die Inhaber von Aktien halten jeweils einen Miteigentumsanteil an der Globalurkunde. Zweck ist die Vereinfachung und Beschleunigung des Aktienhandels. Die Rechte und Pflichten der Inhaber ggü. dem Unternehmen unterscheiden sich nach Art der Aktien zwischen Stammaktien, Vorzugsaktien und Namensaktien. Es gibt Aktiengattungen, Aktienarten sowie Nennbetragsaktien und nennbetragslose Stückaktien. Die Übereignung folgt den allgemeinen Regeln von Inhaberpapier und Namenspapier.[154] Aktiengattungen werden nach den jeweiligen Rechten, die sie gewähren, namentlich bei der Verteilung des Gewinns und des Gesellschaftsvermögens, bestimmt.[155] Aktien mit gleichen Rechten bilden eine Gattung, § 11 Satz 2 AktG. Aktiengattungen sind Stammaktien und Vorzugsaktien. Je nachdem, welche Rechte eine Aktie gewährt, wird daher zwischen Stamm- und Vorzugsaktie unterschieden. Die Stammaktien geben dem Inhaber alle nach dem Aktienrecht zustehenden Rechte wie Dividenden-, Bezugsrecht, Stimmrecht in der Hauptversammlung u.a. Die Vorzugsaktien gewähren dem Inhaber gewisse Vorrechte, z.B. bei der Verteilung des Gewinns oder des Liquidationserlöses, sie werden häufig stimmrechtslos ausgegeben. Grds. gewährt jede Aktie ein Stimmrecht, vgl. § 12 Abs. 1 Satz 1 AktG. Gem. § 12 Abs. 2 AktG können Vorzugsaktien als Aktien ohne Stimmrecht ausgegeben werden. Daraus folgt, dass Vorzugsaktien sowohl mit als auch ohne Stimmrecht ausgegeben werden können. Der Begriff Vorzugsaktie bedeutet, dass ihr Inhaber ggü. Stammaktionären bevorzugt wird, z.B. bei der Ausschüttung des Bilanzgewinns.[156] Die Aktienart beschreibt die unterschiedliche wertpapiermäßige Verbriefung als Inhaber- oder Namensaktie. Gem. § 10 Abs. 1 AktG können Aktien auf den Inhaber oder auf den Namen lauten. Eine Aktiengesellschaft kann wählen, ob sie Inhaber- oder Namenaktien oder beide Formen ausgibt. Die Wahl der Aktienform muss in der Satzung der Aktiengesellschaft festgeschrieben werden, § 23 Abs. 3 Nr. 5 AktG.[157] Die Ausgabe von **Namensaktien** ist nach der Aktienrechtsnovelle 2016 die gesetzlich vorgesehene Art der Ausgabe bei nicht börsennotierten Gesellschaften (§ 10 Abs. 1 Ziffer 1 AktG), wobei das Recht der Aktionäre auf Einzelverbriefung in der Satzung ausgeschlossen sein kann (§ 10 Abs. 1 Ziffer 2 AktG, so dass dann Inhaberaktien in einer Sammelurkunde verbrieft werden[158]. Ferner ist die Ausgabe als Namensaktie vorgeschrieben, sofern der Nennbetrag der auszugebenden Aktien nicht voll eingezahlt ist (§ 10 Abs. 2 AktG).[159] Sie werden als Orderpapiere durch Indossament und Übergabe der Urkunde (§ 68 AktG) übertragen. Bei dieser Übertragung muss der Teilbetrag der gezahlten Einlage auf der Urkunde vermerkt werden, da der gutgläubige Erwerber nicht für die rückständige Einlage haftet.[160] Gem. § 67 Abs. 2 AktG ist die Eintragung in das Aktienbuch der Gesellschaft Voraussetzung der Ausübung der Aktienrechte bei den Namensaktien. Ferner gibt es sog. **vinkulierte Namensaktien,**[161] bei denen die Übertragung an die Zustimmung der Gesellschaft geknüpft ist (§ 68 Abs. 2 AktG). Dies hindert den Handel mit dieser Art von Aktien nicht, wenn durch den Veräußerer ein Blankoindossament auf der Urkunde vermerkt wird, ein Blankoantrag auf Umschreibung im Aktienbuch der Gesellschaft sowie auf Zustimmung der Gesellschaft gestellt wurde.[162] Die **Inhaberaktie** kann leichter übertragen werden und ist daher die vorherrschende Form der Verbriefung bei Aktien von börsennotierten Gesellschaften. Sie lautet auf den Inhaber. Die für Inhaberpapiere geltenden Regeln der §§ 793 ff. BGB finden analoge Anwendung.[163] Bei

154 MünchHdb-GesR IV/ *Sailer-Coceani* § 14 Rn. 1.
155 MünchHdb-GesR IV/ *Sailer-Coceani* § 14 Rn. 1.
156 BGHZ 7, 263 f. = NJW 1952, 1370; MünchHdb-AktG/*Pentz* § 23 Rn. 134.
157 Hüffer / Koch, *Koch* AktG § 10 Rn. 5; MünchHdb-GesR/ *Sailer-Coceani* § 14 Rn. 1.
158 Hüffer / Koch, *Koch* AktG § 10 Rn. 5.
159 Hüffer / Koch, *Koch* AktG § 10 Rn. 8.
160 RGZ 144, 138 (145); OLG Köln, AG 2002, 92 f.; Hüffer / Koch, *Koch* § 10 Rn. 8.
161 Ausführlich MüKo AktG/*Bayer* § 68 Rn. 34-40.
162 Hüffer / Koch, *Koch* AktG § 68 Rn. 10.
163 Hüffer / Koch, *Koch* AktG § 10 Rn. 4.

Inhaberaktien ist eine Vinkulierung wie bei Namensaktien, sprich Einschränkung der Verkehrsfähigkeit, unzulässig.[164] Die Aktionäre einer Gesellschaft haben kraft Gesetz (§ 186 Abs. 1 AktG) das Recht auf den Bezug neuer Aktien (auch »**Junge Aktien**« genannt) i.H.e. ihres jeweiligen Anteils an dem bisherigen Grundkapital entsprechenden Zuteilung.[165] Dieses Bezugsrecht ist ein selbstständiges Recht, das im Erneuerungsschein oder Gewinnanteilsschein verbrieft ist und kann bei börsennotierten Aktiengeselschaften während der Bezugsfrist an einer Börse gehandelt werden (s. Orderpapiere, Rdn. 76).

c) Exkurs – Derivate[166]

Derivate sind – per Definition – keine Wertpapiere, sondern Finanzinstrumente, die seit den 84
1980er-Jahren wachsende Bedeutung erlangt haben. Für die Definition von Derivaten ist der Begriff des **Termingeschäfts** in § 2 Abs. 3 Nr. 2 und 5 WpHG wesentlich. Unter diesem Begriff werden die im Anhang I Abschnitt C Nr. 4 bis 7 und 10 MiFID aufgeführten **Swaps, Optionen, Futures**, Future Rate Agreements und andere Derivatkontrakte bezeichnet.[167] Grds. kann zwischen Anlage- und Hebelprodukten unterschieden werden. Gemeinsam ist ihnen, dass sie von den traditionellen Finanzinstrumenten wie Krediten, Aktien, Anleihen oder von abstrakten Formen wie Aktienindizes abgeleitet sind[168] und der Steuerung von Preis-, Zins-, Währungs- und Kreditrisiken dienen. Derivate sind nicht Bestandteil des Geldflusses zwischen Kapitalgeber und -nehmer, sondern auf die traditionellen Finanzinstrumente ausgerichtete neue Vertragsbeziehungen. Bei Termingeschäften handelt es sich im Wesentlichen um Verträge über den zukünftigen Kauf oder Verkauf traditioneller Finanzinstrumente zu bereits am Tag des Vertragsschlusses vereinbartem Preis (Terminkontrakte) oder um Verträge über Rechte zu künftigem Kauf oder Verkauf (Optionen). Die vornehmlich an Terminbörsen gehandelten Derivate können jedoch auch zu hochspekulativen Zwecken eingesetzt werden und sind deshalb i.V.m. spektakulären Fehlentwicklungen in Verruf geraten.[169]

II. Emissionen von Schuldverschreibungen

1. Einleitung

Dieser Teil befasst sich mit Schuldverschreibungen als Mittel der Fremdfinanzierung. Vorausset- 85
zung für den Handel mit Wertpapieren ist, dass diese zunächst existieren. Dies geschieht durch die Emission (Ausgabe oder auch Begebung genannt) von Wertpapieren durch die Emittentin. Grds. sind bei der Emission von Wertpapieren Kreditinstitute im Rahmen ihrer Geschäftstätigkeit involviert.[170] Das Kreditinstitut bietet der Emittentin seine Dienste bei der Ausgabe und Platzierung der Wertpapiere am Kapitalmarkt an. Die Emittentin beschafft sich durch die Emission von Wertpapieren am Kapitalmarkt mittel- oder langfristiges Kapital. Welche Arten von Wertpapieren durch eine Emittentin begeben werden, richtet sich nach dem Bedarf von Eigen- oder Fremdkapital. Damit ist das Emissionsgeschäft Teil der Unternehmensfinanzierung. Die Eigenkapitalbasis einer Aktiengesellschaft wird üblicherweise durch die Ausgabe von Aktien erhöht. Durch die Aufnahme von Fremdkapital wird die Liquidität des Unternehmens verbessert. Es handelt sich meist um Schuldverschreibungen (im Folgenden auch »Anleihen« genannt), überwiegend mit einem Anspruch auf Verzinsung und Rückzahlung und einer befristeten Laufzeit.[171] Die Formen einer klassischen langfristigen oder mittelfristigen Fremdkapitalfinanzierung lassen sich in Schuldverschreibungen

164 Hüffer / Koch, *Koch* AktG § 68 Rn. 10; MüKo-AktG/*Bayer* § 68 Rn. 34.
165 Hüffer / Koch, *Koch* AktG § 186 Rn. 1, 5a f.
166 Derivat: lateinisch von derivare = ableiten, § 2 Abs. 2 WpHG.
167 Schwark/Zimmermann/*Kumpan* § 2 WpHG Rn. 34.
168 Braun/Lang/Joy in Ellenberger, Schäfer, Clouth, Lang, Rn. 334.
169 Ausführlich Schwark/Zimmermann/*Kumpan* § 2 WpHG Rn. 34 – 57; Assmann/Schmidt/*Assmann* § 2 WpHG Rn. 38 – 56.
170 S. Rdn. 89, 91.
171 S. Rdn. 72 ff.

oder Bankkredite einteilen. Kurzfristiger Finanzbedarf wird am Geldmarkt mit sog. »**Commercial Papers**« (regelmäßig abgezinste Schuldverschreibungen mit einer Laufzeit von wenigen Tagen bis zu 365 Tagen) gedeckt.

2. Rechtliche Grundlagen

86 Die rechtlichen Grundlagen des Emissionsgeschäftes haben bisher keine umfassende Kodifikation erfahren. Unterschiedliche Gesetze befassen sich mit einzelnen Teilbereichen. Generell lässt sich zwischen den **regulatorischen Rahmenbedingungen** sowie den **privatrechtlichen Grundlagen** unterscheiden. Zu den regulatorischen Vorschriften für Banken in Deutschland gehört insb. das KWG, welches in § 1 KWG die Tätigkeit einer Bank bei der Emission eines Unternehmens wie folgt definiert: »...die Übernahme von Finanzinstrumenten für eigenes Risiko zur Platzierung oder die Übernahme gleichwertiger Garantien (Emissions- oder Platzierungsgeschäft)«. Ferner finden sich in § 1 Abs. 1 Satz 2 Nr. 4 KWG die Vorschriften für die kommissionsweise Anschaffung und Veräußerung von Wertpapieren sowie in § 1 Abs. 1 Satz 2 Nr. 1 und 53b KWG Ausführungen zum Europäischen Pass[172] eines CRR-Instituts mit Sitz in einem anderen Mitgliedsstaat des Europäischen Wirtschaftsraums (EWR). Einen weiteren Einfluss auf Emissionen haben das Wertpapierprospektgesetz (und ergänzend dazu die Vorschriften der EU-Prospektverordnung hinsichtlich des Inhalts von Prospekten), das Wertpapierhandelsgesetz (das nunmehr auch die Vorschriften zur Umsetzung von MiFID II enthält), das Börsengesetz und die Börsenzulassungsverordnung, die eine Vielzahl aufsichtsrechtlicher Verhaltenspflichten zum Zweck des Anlegerschutzes enthalten: z.B. die Prospektpflichten nach dem Wertpapierprospektgesetz, die Zulassungsfolgepflichten auch nach dem WpHG sowie die Vorschriften zur Bestimmung eines Zielmarkts (Target Market) und weitere Verhaltenspflichten für die Emittenten und Vertreiber von Wertpapieren im WpHG. Auch sind Vorschriften des Investmentgesetz, Kapitalanlagegesetz und das Auslandsinvestmentgesetz zu berücksichtigen, sofern Anteile an Investmentgesellschaften emittiert werden. Ob und inwieweit einzelne Vorschriften/Gesetze zur Anwendung kommen, bestimmt sich nach der Art einer Emission, der Emittentin, dem Anleger und der Art des Wertpapiers sowie der Art und dem Ort des Vertriebs des Wertpapiers. Privatrechtliche Vorschriften für das Emissionsgeschäft finden sich u.a. in §§ 182 ff. AktG für Aktien, § 221 AktG in Bezug auf Wandelschuldverschreibungen, §§ 793 ff. BGB für die Schuldverschreibung[173] sowie im Schuldverschreibungsgesetz von 2009.[174] Weitere Einflüsse auf die Gestaltung und den Ablauf von Emissionen haben, insb. im internationalen Bereich, die **International Capital Markets Association** (ICMA), die Weisungen/»Recommendations« und Marktstandards formuliert. Diese Weisungen und Standards haben sich zunächst in der Marktpraxis bei internationalen Emissionen am Kapitalmarkt herausgebildet. Grds. ist eine Emission von Wertpapieren durch inländische Emittenten und der Vertrieb im Inland nicht von behördlichen Genehmigungen der einzelnen Emission abhängig. Etwaige Regelungen zur **Prospektpflicht** können ein Erfordernis zur Erstellung eines Prospektes und damit einer Prospektprüfung durch die zuständige Behörde notwendig machen. Falls eine Börsennotierung der Emission vorgesehen ist, kann auch eine Prüfung durch die zuständige Börse notwendig sein.[175] Die vorstehenden Vorgaben dienen dem **Anlegerschutz** und sind im Emissionsgeschäft für die Emission von Anleihen wesentlich. Sie basieren auf dem Prinzip der Offenlegung von Informationen und nicht auf der behördlichen Prüfung der Qualität des Angebotes, der Bonität der jeweiligen Emittentin oder den gesamtwirtschaftlichen Möglichkeiten der einzelnen Emission.[176] Ferner greifen hier auch die Vorschriften der

172 Der Europäische Pass ermöglicht einer europäischen Bank die Führung von Geldkonten in anderen europäischen Staaten. Die Führung von Geldkonten ist eine wesentliche Grundlage für eine Bank zur Betreibung des Emissionsgeschäftes, da durch sie die Verwaltung und Verwahrung von Wertpapieren bestimmt wird, welche näher im Depotgesetz geregelt ist.

173 Kümpel/Wittig/*Oulds* Rn. 14.31 ff.; *Ekkenga/Maas* Das Recht der Wertpapieremissionen § 1 IV Rn. 27.

174 S. Kap. 7 Rdn. 75.

175 S. Rdn. 441 f.

176 S. Rdn. 490 f.

§§ 305 ff. BGB. Seit dem Urt. des BGH v. 28.06.2005 ist klar, dass Anleihebedingungen AGB i.S.d. § 305 Abs. 1 BGB sind. Dies hatte sich bereits aus der »Klöckner Entscheidung« des BGH aus dem Jahr 1992 ergeben.[177] Der BGH hatte dort ohne nähere Begründung das AGB-Gesetz (heute §§ 305 ff. BGB) auf Emissionsbedingungen von Inhaber-Genussscheinen angewandt und diese Bedingungen der Inhaltskontrolle (§§ 307 ff. BGB) unterworfen.[178] In seiner Entscheidung v. 28.06.2005 führt der BGH aus, dass Schuldverschreibungsbedingungen AGB i.S.d. § 305 Abs. 1 BGB seien, die Einbeziehungskontrolle (§ 305 Abs. 2 BGB) aber keine Anwendung finde.[179] Offengelassen wurde in dieser Entscheidung, ob und in wieweit Anleihebedingungen der Inhaltskontrolle nach den §§ 305 BGB unterliegen. Ferner ist ungeklärt, ob die §§ 305 BGB auf Anleihebedingungen, die ausländischem Recht unterfallen, aber in Deutschland angeboten werden, anwendbar sind. In seinem Urt. v. 30.06.2009 hat der BGH ausdrücklich klargestellt, dass die Emissionsbedingungen AGB darstellen und gemäß den Voraussetzungen des § 308 BGB eine Klausel in einem Optionsschein für unwirksam erklärt.[180] **Sondervorschriften**, die insb. die Vermarktungsfähigkeit einer Schuldverschreibung beeinflussen, ergeben sich z.B. durch die Qualifikation als **Eurosystem-fähige Sicherheit**[181] der Schuldverschreibung. Diese ist u.a. Voraussetzung für Versicherungen, um die Wertpapiere ihrem Sicherungsvermögen i.S.v. § 125 VAG zurechnen zu können. Die EZB hat Ende 2017 bekannt gegeben, dass unbesicherte Bankschuldverschreibungen, die z.B. nach den deutschen Regeln des § 46f (5) – (7) KWG im Insolvenzfall nachrangig zu den sonstigen nicht nachrangigen Verbindlichkeiten einer Bank eingestuft werden, ab Januar 2019 nicht mehr als Eurosystem-fähige Sicherheiten anerkannt werden. Ferner kann für Anleger auch wesentlich sein, dass es sich bei der Emission um eine **mündelsichere** Anlage handelt. Die Voraussetzungen finden sich in § 1807 Abs. 1 Nr. 2 BGB und in der Verordnung über mündelsichere Anlagen von 1943. Die Marktgegebenheiten und der Wille der Emittentin sowie die Vermarktungsmöglichkeiten, die von den die Emission leitenden Banken analysiert und an die Emittentin weitergegeben werden, bestimmen den Umfang der Anwendung der regulatorisch Vorschriften und den Umfang der vertraglich/privatrechtlich Vereinbarungen.

3. Beteiligte bei Emissionen

a) Emittentin

Emittentin kann jeder sein, eine Beschränkung gibt es nicht. Tatsächlich werden in Deutschland die 87
meisten Anleihen von Banken oder der öffentlichen Hand ausgegeben. Die Emissionstätigkeit von anderen Unternehmen als Banken ist in Deutschland noch nicht so weit entwickelt wie z.B. in den USA, wo viele Unternehmen Anleihen emittieren.

Das entscheidende Kriterium zur Beurteilung, ob ein Unternehmen erfolgreich eine Anleihe emit- 88
tieren kann, ist seine **Kapitalmarktfähigkeit**. Dies bedeutet, dass das Unternehmen fähig sein muss während der Laufzeit der Anleihe problemlos die Zins- und Tilgungszahlungen der Emission leisten zu können. Ferner muss das Unternehmen dafür seine Jahres- und Zwischenabschlüsse in einer Form erstellen und veröffentlichen, die den Vorschriften des Prospektrechts entspricht. Die Wirtschafts- und Ertragslage der Emittentin ist daher für eine Emission von zentraler Bedeutung. In diesem Zusammenhang ist es für ein Unternehmen nützlich, ein öffentliches Rating zu haben. Es kann sich allerdings auch allein um ein Rating des jeweils zu begebenden Wertpapiers handeln. Ein Rating ist kein zwingendes Erfordernis, doch bietet ein Rating durch eine der international

---

177 BGHZ 119, 305 ff.

178 BGHZ 119, 305, 312 ff.

179 BGH, Urt. v. 28.06.2005 – XI ZR 363/04, BKR 2005, 323 ff.

180 BGH, Urt. v. 30.06.2009 – XI ZR 364/08, WM 2009, 1500 ff.

181 Europäische Zentralbank, Durchführung der Geldpolitik im Euro-Währungsgebiet Februar 2011, Allgemeine Regelungen für die Geldpolitischen Instrumente und Verfahren des Euro-Systems, Kap. 6, Notenbankfähige Sicherheiten.

anerkannten Ratingagenturen der Emittentin oder der Anleihe den Vorteil, dass die Emissionsrendite oder der Zinssatz geringer sein können, als ohne Rating. Die Platzierung der Papiere ist vereinfacht und die Veröffentlichungskosten und gesamten Werbungskosten für die Anleiheemission können geringer ausfallen. In Bezug auf Veröffentlichungen muss die Emittentin von Wertpapieren bereit sein, Informationen über ihre Geschäfte den Anlegern zugänglich zu machen. Insb. kommt hier der Informationspolitik der Emittentin eine große Bedeutung zu, wenn diese beabsichtigt zum ersten Mal am Kapitalmarkt Wertpapiere zu platzieren. Damit das Interesse von Investoren geweckt werden kann, sollte frühzeitig ein breiter Bekanntheitsgrad des Unternehmens angestrebt werden, damit Vertrauen im Markt für dieses Unternehmen gewonnen werden kann.

b) Konsortialbanken

89 Die Rolle der Konsortialbanken besteht in der **Festübernahme** der Emission oder der **Absatzvermittlung** (»**Best Effort Basis**«) oder in einer Verbindung von Übernahme, Absatzvermittlung und Absatzgarantie der Schuldverschreibung ggü. der Emittentin sowie der Beratung der Emittentin in Bezug auf die Emission. Die Beratungsleistung kann sich insbesondere auf die Preisfindung/-gestaltung, die Wahl der Platzierungsmethode (Privatplatzierung oder öffentliches Angebot), eine Börseneinführung und die Abwicklung der Emission sowie die Erstellung der Dokumentation beziehen. Neben der Rolle als Konsortialbank bei Einzelemissionen sind Banken ferner als Arrangeure/Plazeure für Emittentinnen bei **Emissionsprogrammen**[182] tätig. Für den Verkauf einer Schuldverschreibung wird häufig ein **Konsortium** von Banken eingeschaltet. Dieses ist nicht wie ein Bankkonsortium im Rahmen eines Konsortialkreditvertrages zu verstehen, weil bei einer Emission von Wertpapieren nach der Übernahme und Platzierung keine weiteren Verpflichtungen zwischen Konsortialbanken und Emittentin bestehen. Ausnahmen von der vorstehenden Betrachtung kann es bei bestimmten Strukturen von Schuldverschreibungen geben, z.B. wenn eine Schuldverschreibung ein Andienungsrecht eines weiteren Teilbetrages oder mehrerer Teilbeträge einer Emission beinhaltet. Durch die Art der Schuldverschreibung, als frei handelbares Wertpapier, geht auch die Emittentin davon aus, dass die Konsortialbanken, die bei einer Wertpapieremission mitgewirkt haben, diese Papiere nicht im eigenen Bestand halten, sondern am Markt weiterplatzieren. Die Konsortialbanken bilden üblicherweise ein Außenkonsortium. Diese Form ist in der Praxis dominierend;[183] d.h. alle Konsortialbanken sind nach außen hin sichtbar. Das Konsortium löst sich i.d.R. nach der Erreichung des vereinbarten Zwecks auf. Es handelt bei einem Emissionskonsortium nicht um eine GbR.[184] Sobald alle Teile der Emission und der damit verbundenen Transaktionen zwischen Emissionskonsortium, Anlegern und Emittentin abgewickelt sind, ist das Emissionskonsortium aufgelöst und beendet. Sofern Konsortialbanken weitergehende Aufgaben i.R.d. Emission übernommen haben, z.B. wegen Kurspflege und Aktivitäten der Banken, besteht das Konsortium der Banken nur diesbezüglich weiter.

c) Anleger

90 **Anleger** – Käufer – einer Schuldverschreibung kann jeder sein. Hinsichtlich der Prospektpflicht für ein öffentliches Angebot einer Anleihe unterscheidet das WpPG unter anderem zwischen Angeboten an sog. qualifizierte Anleger und andere Anleger. Welche Personen/Personengruppen unter den »qualifizierte Anlegerbegriff« fallen, wird in § 2 Nr. 6 WpPG aufgelistet. Dabei werden als qualifizierte Anleger solche Kunden von Banken angesehen, die nach den Vorschriften des WpHG als geeignete Gegenparteien oder professionelle Kunden eingestuft sind.

182 S. Rdn. 137.
183 *Scholze* Das Konsortialgeschäft der deutschen Banken 1. Halbbd., S. 23.
184 MüKo-BGB/*Schäfer* § 726 Rn. 8.

d) Zahlstelle/Berechnungsstelle/Verwaltungsstelle u.a.

Beteiligte einer Emission können ferner Zahlstellen, Berechnungsstellen, Verwaltungs- und Börseneinführungsstellen sein. 91

Die **Zahlstelle** ist generell für die Abwicklung der Zahlungen des Emissionserlöses von den Konsortialbanken an die Emittentin und den Zahlungen der Emittentin von Kapital und Zinsen an die Anleihegläubiger zuständig. Es kann vorgesehen sein, dass die Zahlstelle die in den Anleihebedingungen vorgesehenen Veröffentlichungen vornimmt. Eine weitere Aufgabe der Zahlstelle kann die Abwicklung der Emission, das sog. »Settlement« sein. Dies umfasst die Auslieferung der zugeteilten Stücke (Anteile an der Anleiheemission) an die Konsortialbanken oder Anleger an die von ihnen angegebenen Konten (meist **Depotkonten** bei ihrer jeweiligen Bank bzw. einem **Clearing System**). Diese Lieferung erfolgt in den überwiegenden Fällen gegen Zahlung des Emissionspreises für diese zugeteilten Stücke. Dieser wird dann von der Zahlstelle als Emissionserlös an die Emittentin weitergeleitet. Möglich ist auch die Lieferung, ohne dass eine Zahlung erfolgt, wenn dies im Übernahmevertrag festgelegt wird, wobei dann im Übernahmevertrag zusätzlich festgelegt werden muss, wann und wie die Zahlung des Emissionserlöses erfolgen soll. Im Rahmen der Abwicklung wird die von der Emittentin ausgestellte Globalurkunde regelmäßig an eine Wertpapiersammelbank (in Deutschland kommt hierfür zur Zeit einzig die Clearstream Banking AG in Betracht) geliefert und nach Erfüllung aller Begebungs- und Auszahlungsvoraussetzungen durch die Emittentin den jeweiligen Konten (Wertpapierdepots) der Konsortialbanken oder Anleger bei ihren entsprechenden Banken gegen Zahlung gutgeschrieben. Die Zahlung des Emissionspreises durch die Anleger erfolgt zumeist durch Inkasso durch die handelnde Konsortialbank und die Weiterleitung des nach Abzug der für die Konsortialbanken bestimmten Vergütung verbleibenden Emissionserlöses an die Emittentin.[185] 92

Eine **Berechnungsstelle** ist in Anleihebedingungen vorgesehen, sofern der Zinssatz oder der Rückzahlungsbetrag auf der Grundlage von variablen Vorgaben (z.B. variable Referenzzinssätze) zu bestimmten Zeitpunkten berechnet werden muss.[186] Die Berechnungsstelle nimmt dann auf der Grundlage der in den Anleihebedingungen festgelegten Berechnungsvorgaben die Berechnung des Zinssatzes oder Rückzahlungsbetrages vor. Diesen teilt sie entweder direkt durch Veröffentlichung allen Beteiligten mit oder es kann auch in den Anleihebedingungen vorgesehen sein, dass die Berechnungsstelle die Information an die Stelle weitergibt, die allgemein unter den Anleihebedingungen zur Veröffentlichung von Informationen und Berechnungen vorgesehen ist. 93

Verwaltungsstelle/Fiscal Agent – diese dient als Koordinator, der unterschiedliche Aufgaben für die Emittentin erfüllt, wie z.B. die Kommunikation mit den Wertpapierabwicklungssystemen (Clearing Systeme), den Zahl- und Berechnungs- und Börseneinführungsstellen und der Emittentin. Ein Fiscal Agent wird insb. bei Emissionsprogrammen vorgesehen, da eine Koordination der unterschiedlichen Aufgaben der Agenten aus einer Hand für die Emittentin, Zahl-, Berechnungs-, Börseneinführungsstellen etc. und auch für die Investoren die Ansprache der richtigen Partei erleichtert. 94

Die **Börseneinführungsstelle** ist für die Kommunikation und Weiterleitung der notwendigen Unterlagen zwischen der Emittentin und der Börse zuständig, falls eine Börsenzulassung für eine Anleihe vorgesehen ist. 95

Andere Beteiligte können Treuhänder sein, die Sicherheiten verwalten, die zu Gunsten der Anleihegläubiger bestellt wurden oder, wie beim Pfandbrief, durch Unterschrift auf der Globalurkunde bestätigen, dass der Deckungsstock für den jeweiligen Pfandbrief existiert. Ferner sind hier Ratingagenturen zu nennen, die die Bonität der einzelnen Anleihe, eines Emissionsprogramms oder der 96

185 *Ekkenga/Maas* Das Recht der Wertpapieremission, ausführlich dort Rn. 334 ff.
186 S. Ausführungen unter Rdn. 119, 120.

Emittentin bewerten und damit zur besseren Vermarktung der Anleihe beitragen. Hier ist auch der **Gemeinsame Vertreter** zu nennen, der nach § 7 **SchVG** bestellt werden kann.[187]

4. Emission von Schuldverschreibungen

97 Der Begriff Emission ist grds. ein Synonym für die Ausgabe, Begebung neuer Wertpapiere. Er kann auch die Gesamtheit der Wertpapiere bezeichnen, die ausgegeben wurden.

a) Art der Emission

98 Schuldverschreibungen können als **Selbstemission/Direktemission** oder **Fremdemission** begeben werden. Eine **Selbstemission/Direktemission** liegt dann vor, wenn die Emittentin die Schuldverschreibung ohne eine Bank oder anderen Händler selbst beim Anleger platziert. Diese Art der Platzierung bietet sich an, sofern die Emittentin über eigene Absatzmöglichkeiten verfügt, wie z.B. ein Kreditinstitut oder bei einer Privatplatzierung, wenn der Investorenkreis begrenzt und bekannt ist. Eine »**Fremdemission**« bedeutet, dass sich die Emittentin zur Übernahme und Platzierung der Schuldverschreibung einer oder mehrerer Konsortialbanken bedient. Dies ist heute die am häufigsten genutzte Art der Platzierung von Schuldverschreibungen. Es gibt unterschiedliche Gründe für die Bildung eines **Konsortiums** zur Übernahme und/oder dem Verkauf von Anleihen. Häufig liegt es an dem Umfang des Gesamtbetrages einer Emission, wenn eine Bank allein das Risiko nicht auf sich nehmen will allein den Gesamtbetrag zu übernehmen oder mehrere Banken eine Emission besser vermarkten können. Letzteres gilt insb. bei einer Vermarktung in unterschiedlichen Ländern. Üblicherweise wird das Mandat zur Emissionsbegleitung durch Banken von der Emittentin an eine Bank oder eine Gruppe von Banken (Führungsbanken) vergeben (im englischen »Joint-Lead Manager«). Innerhalb dieser Bankengruppe werden die Aufgaben zur technischen Abwicklung der Emission sowie das Risiko für die Übernahmen/Verkauf der Emission sowie die Beratung des Kunden aufgeteilt. Häufig ist es der Wunsch des Kunden, ein Konsortium zu bilden, weil die Anleihe in mehreren europäischen Staaten gleichzeitig angeboten werden soll. Für die Banken hat die Teilnahme in der Position eines »Lead Managers« und »Bookrunners«[188] oft einen erheblichen Stellenwert, da von verschiedenen Anbietern sog. Ranglisten veröffentlicht werden, in denen gezeigt wird, welche Bank über welchen Zeitraum wie viele Emissionen im Markt platzieren konnte.

b) Platzierung

99 Anleihen können sowohl durch eine **Privatplatzierung** bei einem Investor oder einer geringen Anzahl von bestimmten Investoren als auch durch ein **öffentliches Angebot** platziert werden. Bei der Wahl der Platzierungsart ist entscheidend, ob die Emittentin die Anleihe nur an wenige, speziell ausgesuchte Anleger verkaufen will, oder ob das Angebot der Anleihe an ein breites Publikum gewünscht ist.

100 Sollte die Emittentin sich für eine **Privatplatzierung** entscheiden, wird das Angebot nur an einen bestimmten Kreis von Investoren gerichtet (meist qualifizierte Anleger), die Interesse an einer entsprechenden Emission einer Emittentin haben. Investoren fragen bei Banken auch direkt nach Emissionen von bestimmten Emittenten. Privatplatzierungen werden überwiegend begeben, um speziellen Anfragen von Investoren, wie Fonds und Versicherungen oder der Emittentin nachzukommen. Sie können auch dazu genutzt werden, Anleihen an bestimmte Anleger, qualifizierte Anleger zu verkaufen, um neue Märkte zu erschließen und den Kreis potenzieller neuer Investoren zu erweitern. Privatplatzierungen werden ausschließlich für den Primärmarkt getätigt, ein weiterer Handel/Verkauf am Markt (d.h. Sekundärmarkthandel der Anleihe) ist üblicherweise nicht vorgesehen,[189] der Investor hält die Anleihe über ihre gesamte Laufzeit. Falls nicht aufgrund einer

---

187 *Horn* BKR 2009, 446 ff., (452).

188 S. Rdn. 102.

189 Kümpel/Wittig/*R. Müller* Bank- und Kapitalmarktrecht Rn. 15.97.

Anfrage eines Anlegers eine Emission erfolgt, ist es notwendig, die geeigneten Kapitalanleger für die Emittentin für eine Privatplatzierung zu suchen. Dabei spielt insb. für die Emittentin eine Rolle, dass die Platzierung bei Kapitalanlegern erfolgt, die nicht mit der Anleihe ausschließlich spekulieren wollen. Eine emissionsnahe Veräußerungswelle zur Mitnahme von Emissionsgewinnen kann Kursrückgänge, Vertrauensverlust und die Erschwerung späterer Emissionen für die Emittentin bedeuten. Bei einer Privatplatzierung haben die Emittentin und die Bank Einfluss auf die Wahl der Investoren, während dies bei einem öffentlichen Angebot, das sich an eine unbeschränkte Zahl von Personen richtet, nicht der Fall ist. Es kann vorkommen, dass ein Anleger/Investor nach seinen rechtlichen oder regulatorischen Vorgaben nur börsennotierte Wertpapiere erwerben darf, sodass eine Privatplatzierung auch an einer Börse notiert sein kann. Dies stellt gleichzeitig die Mark-to-market Bewertung der Emission sicher. Damit könnte eine Privatplatzierung als eine Emission definiert werden, die keiner gesetzlichen Prospekt-, Registrierungs- oder anderen Publizitätspflicht unterliegt, sofern das Angebot an einen begrenzten Personenkreis gemacht wird (§ 3 Abs. 2 WpPG Nr. 1 und Nr. 2 – Ausnahme von der Prospektpflicht für öffentliche Angebote). Sofern jedoch eine Börsennotierung der Anleihe vorgesehen ist, sind die entsprechenden Vorschriften für die Börseneinführung (einschließlich einer an der jeweiligen Börse bestehenden Prospektpflicht) zu beachten.

Als ein(e) **öffentliches Angebot**[190]/**öffentliche Platzierung** oder auch öffentlicher Vertrieb gilt ein Angebot zur Zeichnung oder zum Kauf einer Anleihe, das an die Allgemeinheit statt an einen ausgewählten individuell bestimmbaren Personenkreis gemacht wird.[191] In § 2 Ziffer 4 WpPG wird ein öffentliches Angebot von Wertpapieren definiert als »eine Mitteilung an das Publikum in jedweder Form und auf jedwede Art und Weise, die ausreichende Informationen über die Angebotsbedingungen und die anzubietenden Wertpapiere enthält, um einen Anleger in die Lage zu versetzen, über den Kauf oder die Zeichnung dieser Wertpapiere zu entscheiden«. Die Anleger werden bei einem öffentlichen Angebot aufgefordert, innerhalb einer bestimmten Frist ihre Offerte zur Zeichnung einer Emission bei den Konsortialbanken oder der Emittentin abzugeben. Sie werden durch den Kauf des Wertpapiers Gläubiger der Emittentin. Eine gleichzeitige Börseneinführung der Anleihe ist nicht notwendig.[192] Bei öffentlichen Angeboten für Aktien ist eine Börseneinführung die Regel, da der Platzierungserfolg auch davon abhängt, ob das Angebot attraktiv gestaltet ist und insofern nach der ersten Platzierung im sog. Primärmarkt sich ein Handel im sog. Sekundärmarkt aufbauen kann. 101

Bei der öffentlichen Platzierung eines Wertpapiers kann diese durch **Verkauf über die Börse, freihändigen Verkauf, öffentliche Zeichnung** oder das **Tender-** oder **Bookbuilding-Verfahren** geschehen. **Freihändiger Verkauf** bedeutet, dass jede Konsortialbank über die ihr nach festen Maßstäben zugeteilten Quoten einer Emission nach eigenem Ermessen verfügen kann. Diese Quote kann die Konsortialbank nach eigenem Ermessen entweder in den eigenen Büchern halten oder sofort oder später ganz oder z.T. verkaufen. Die Konsortialbanken treten hierbei im eigenen Namen für eigene oder fremde Rechnung oder im Namen der Emittentin auf.[193] Der »freihändige Verkauf« wird hauptsächlich bei der Ausgabe von Emissionen der öffentlichen Hand und Industrieobligationen verwendet.[194] Insb. bei Aktien gibt es das Verfahren der **öffentlichen Zeichnung** (Subskription), hierbei wird der Anleger dazu aufgefordert, bei den als Zeichnungsstellen benannten Konsortialbanken innerhalb einer bestimmten Frist ein Erwerbsangebot abzugeben (die Emission zu zeichnen).[195] Der Anleger erwirbt durch die Abgabe des Erwerbsangebots keinen Erwerbsanspruch, 102

190 S. Rdn. 443.

191 *Hopt* Die Verantwortlichkeit der Banken bei Emissionen Rn. 31, 127 ff.; Schimansky/Bunte/Lwowski/*Grundmann* Bankrechts-Handbuch § 112 Rn. 33, *Ekkenga/Maas* Das Recht der Wertpapieremissionen § 2 Rn. 98.

192 *Claussen* Bank- und Börsenrecht § 7 Rn. 200.

193 Schwintowski/Schäfer/*Schäfer* Bankrecht, 2. Aufl., § 23 Rn. 15.

194 Kümpel/Wittig/*R. Müller* Rn. 15.103.

195 Kümpel/Wittig/*R. Müller*, Rn. 15.100; *Bosch* Das Emissionsgeschäft Rn. 10/84.; *Schlitt/Ries* Preisbestimmungsverfahren bei Aktienemissionen, Festschrift Eberhard Schwark, S. 241 ff.

vielmehr erwirbt er einen Anspruch, am **Zuteilungsverfahren** teilzunehmen. Sollte es bei einer Emission zu einer Überzeichnung (Überhang an Erwerbsangeboten) kommen, wird von der Emittentin und/oder den Konsortialbanken auf der Grundlage von Zuteilungskriterien die entsprechende Zuteilungsquote ermittelt.[196] Im **Tenderverfahren** geben die Anleger an, welchen Betrag sie zu welchem Kurs bereit sind zu erwerben. Die Emittentin oder die Konsortialbanken bedienen dann alle Gebote, die einen Mindestkurs nicht unterschreiten. Dabei ist das Emissionsvolumen nicht von Anfang an festgelegt. Es wird nach dem Umfang der Gebote angepasst.[197] Beim **Bookbuildingverfahren** werden zunächst Informationen über die Emission an Anleger (meist qualifizierte Anleger) in einer »Marketing-Phase« gegeben. Die Anleger geben dann, nach Aufforderung durch die Konsortialbank oder die Führungsbanken an diese, ihre Kaufofferten in einem Zeitraum von bis zu 10 Arbeitstagen ab, die in einem Orderbuch gesammelt werden. Auf dieser Grundlage wird der entsprechende Endpreis der Emission ermittelt.[198] Das Bookbuilding-Verfahren ist somit in den meisten Fällen mit einem öffentlichen Angebot (§ 3 Abs. 1 Satz 1 WpPG) verbunden, sodass es nicht vor der Veröffentlichung eines Prospektes nach § 14 Abs. 1 Satz 1 WpPG beginnen darf, sofern es nicht ausschließlich an qualifizierte Anleger gerichtet ist (§ 3 Abs. 2 Nr. 1 WpPG).

c) Art der Übernahme

103 Zu den am häufigsten verwendeten Arten einer Übernahme gehören die **feste Übernahme** (Underwrting Basis) und die **Absatzvermittlung (»Best Effort Basis«)**.

Eine **feste Übernahme** (Underwriting Basis) liegt dann vor, wenn eine oder mehrere Banken im eigenen Namen und für eigene Rechnung von der Emittentin die gesamte Emission oder ein Teil davon übernehmen und eine Übernahmezusage ggü. der Emittentin abgeben. Die Wertpapiere werden i.d.R. weiter veräußert, können aber auch bei der jeweiligen Bank verbleiben. Die feste Übernahme eines Betrages einer Emission ist für eine Bank ein erlaubnispflichtiges Bankgeschäft gem. § 1 Abs. 1 Nr. 10 KWG, die eine vertragliche Übernahmevereinbarung zwischen dem übernehmenden Institut und der Emittentin voraussetzt.

104 Bei einer **Absatzvermittlung (»Best Effort Basis«)** gibt es keine Übernahmezusage der Konsortialbank(en). Es wird i.d.R. nur der Verkauf der Wertpapiere an Dritte vermittelt. Das Risiko der Platzierung wird nicht von der Konsortialbank oder den Konsortialbanken übernommen.

d) Preisfindung

105 Anleihen können zu ihrem Nennwert (= 100 %, par), »unter par« oder »über par« ausgegeben (emittiert) werden. Wenn die Anleihe unter par ausgegeben wird, bedeutet dies, dass der Preis der Anleihe mit einem Abschlag (Disagio) festgelegt wurde. Wird die Anleihe über par emittiert, wird sie mit einem Aufschlag (Agio) emittiert und so der Nennwert unter- bzw. überschritten. Ausschlaggebend für einen erfolgreichen Verkauf einer Emission ist die **Preisfindung**. Diese findet entweder durch ein **Bookbuilding-Verfahren** während einer Orderphase statt[199] oder gemäß dem **Festpreisverfahren**. Im Bookbuilding-Verfahren vereinbaren Emittentin und Banken eine Preisspanne, die zumeist zwischen 10 % und 20 % über/unter der zugrunde gelegten Preisschätzung liegt. Die Festlegung des Endpreises findet nach Ende der »Bookbuilding-Phase« statt, die bei öffentlichen Platzierungen bis zu 10 Arbeitstage betragen kann. Die andere Möglichkeit der Preisfindung ist das **Festpreisverfahren**. Das Bankenkonsortium sondiert vorab den Markt mit den potenziellen Anlegern und Investoren und legt aufgrund dieser Informationen einen Preis für die Emission vor dem öffentlichen Angebot für den Kauf der Anleihe fest.

---

196 *Ekkenga/Maas* Das Recht der Wertpapieremission § 2 Rn. 105.

197 S. Bedingungen der Deutschen Bundesbank für das Tenderverfahren (www.Bundesbank.de/kredit/kredit_tenderverfahren.php).

198 BuB/*Bosch* Rn. 10/85–86; BuB/*Groß* Rn. 10/262a ff., *Hein* WM 1996, 1 ff.

199 S. Rdn. 102.

e) Wesentliche Dokumente einer Emission

aa) Einleitung

Es ergeben sich in erster Linie unterschiedliche vertragliche Beziehungen zwischen den Konsortialbanken und der Emittentin. Diese werden in einer **Mandatsvereinbarung** festgelegt auf deren Grundlage dann ein sog. **Übernahmevertrag** (im englischen »Syndication[200] Agreement« oder »Subscription Agreement« genannt) abgeschlossen wird. Sollten neben den Konsortialbanken noch weitere Banken in das Konsortium aufgenommen werden, wird ein **Einladungsschreiben** oder **Confirmation to Managers** an diese Banken geschickt. Die Rechte und Pflichten der Konsortialbanken untereinander werden marktüblich durch einen Verweis auf das »**Agreement Among Managers**« der ICMA[201] im Mandatsschreiben, Einladungsschreiben, Konditionenschreiben und im Übernahmevertrag geregelt, in seltenen Fällen durch einen gesonderten Konsortialvertrag. Weitere Beziehungen können sich zu Dritten ergeben, wie z.B. durch den Prospekt, Verträge der Emittentin mit der Verwaltungsstelle, Zahlstelle, Berechnungsstelle, Börseneinführungsstelle, den Clearing Systemen, bei denen die Globalurkunde eingeliefert wird, dem Treuhänder, der den Deckungsstock prüft oder dem Anleger/Investor. 106

bb) Mandatsschreiben

Das Mandatsschreiben enthält die Beauftragung der Konsortialbank(en) durch die Emittentin, eine Emission vorzubereiten, zu bestimmten Bedingungen von der Emittentin zu kaufen und zu platzieren und Verpflichtung der Emittentin, das Wertpapier zu emittieren. Wesentliche Klauseln dieses Vertrages enthalten Regelungen zum Gesamtnennbetrag, Währung, Verzinsung sowie einzelne vertragliche Verpflichtungen der Emittentin, z.B. Auszahlungsvoraussetzungen, Verpflichtungserklärungen oder Zusicherungen und die Kündigungsmöglichkeiten der Konsortialbanken für das Mandat sowie die Vereinbarung über den Umfang der Aufgaben der Konsortialbanken bei der Emission. Ein wichtiger Kündigungsgrund für die Konsortialbanken ist die **Force Majeure**, die den Konsortialbanken die Möglichkeit gibt, die weitere Erfüllung des Vertrages zu verweigern, falls die erfolgreiche Platzierung der Anleihe wegen des Eintritts unvorhergesehener Ereignisse gefährdet erscheint.[202] Eine weitere wichtige Klausel im Mandatsschreiben ist die Vereinbarung über die Geltung des »**Agreement Among Managers**« der ICMA,[203] in dem das Verhältnis der Konsortialbanken untereinander geregelt wird, insb. auch die Haftung der Konsortialbanken untereinander. 107

cc) Einladungsschreiben/Confirmation to Managers

Bei einer Anleihe, bei der mehrere Konsortialbanken beteiligt sind, können diese unterschiedliche Funktionen haben. Die sog. Führungsbanken bestätigen heute im Namen der Emittentin und im eigenen Namen den anderen Konsortialbanken ihre Teilnahme an der Emission. Früher wurde dies durch ein Einladungsschreiben gemacht, heute ist der Standard die Confirmation to Managers/ das Bestätigungsschreiben die schriftliche Bestätigung der von den Führungsbanken mit den anderen Konsortialbanken getroffenen telefonischen Vereinbarungen. Die Bestätigung wird von den Führungsbanken im eigenen Namen und im Namen der Emittentin ausgesprochen und enthält die jeweilige Quote der Konsortialbanken, die Provisionen, die Zusammenfassung der wesentlichen Klauseln der Anleihebedingungen, insb. ob es eine Negativerklärung, eine Cross Default Klausel (Rdn. 130), Zusicherungen und Gewährleistungen, Kündigungsgründe, Rechtsgutachten und Comfort Letter gibt und welche der Weisungen/»Recommendations« der ICMA auf die Anleihe und ihre Emission Anwendung finden sowie welches der »**Agreement Among Managers**« 108

200 Bei öffentlichen Angeboten unter Emissionsprogrammen benutzter Begriff.
201 ICMA Primary Market Handbook Appendix A, A1, Stand Februar 2017.
202 S. Rdn. 110.
203 S. Rdn. 109–110.

zur Anwendung kommt, welche Force Majeure Klausel[204] und welches Recht für die Anleihe gilt. Ferner sind die Informationen enthalten, wie und wann die Zahlung und Übernahme der Wertpapiere zu erfolgen hat, sowie ein Vollmachtstext für die Bevollmächtigung einer der Führungsbanken die Dokumentation (Übernahmevertrag, Gebührenvereinbarung und alle anderen notwendigen Dokumente) für die anderen Konsortialbanken zu unterschreiben. Auf der Grundlage des Einladungsschreibens werden dann der Übernahmevertrag, die Anleihebedingungen und die anderen notwendigen Dokumente der Emission erstellt.

dd) Übernahmevertrag und Agreement Among Managers

109 Einhergehend mit der Internationalisierung der Anleiheplatzierungen haben sich in der Praxis bei der Durchführung und Gestaltung von Anleihedokumentationen internationale Standards durchgesetzt. An die Stelle der Offerte der Konsortialbanken an die Emittentin ist als Standard der **Übernahmevertrag** getreten. Dieser regelt das Rechtsverhältnis zwischen der Emittentin und den zum Konsortium gehörenden Banken, wie auch das Verhältnis der Konsortialbanken untereinander durch den Verweis auf den von der International Capital Markets Association entwickelten Mustervertrag »**Standard Form of Agreement Among Managers**«.[205] Es gibt unterschiedliche Ausgestaltungen, dieses Standard Form of Agreement Among Managers, die sich aus dem zugrunde liegenden Recht ergeben.[206]Der Übernahmevertrag enthält die Verpflichtungen der Emittentin, eine Anleihe mit einer bestimmten – durch die Anleihebedingungen im Einzelnen festgelegen – Ausstattung zu begeben und die Verpflichtung der Konsortialbanken, die Anleihe zu übernehmen/auf »best effort« Basis im Markt zu platzieren.

110 Die Hauptpflicht der Konsortialbanken unter dem **Übernahmevertrag** ist die Verpflichtung zur Übernahme der zu platzierenden Anleihe unter bestimmten Bedingungen zu einem bestimmten Preis (Festpreisübernahme) oder die Vereinbarung zur Veräußerung auf »Best Effort Basis«.[207] Die Hauptpflicht der Emittentin besteht darin, die Anleihe zu emittieren und dabei bestimmte Bedingungen zu erfüllen. Diese Bedingungen werden als **Zusicherungen und Gewährleistungen** der Emittentin ggü. den Konsortialbanken formuliert. Die wesentlichen **Zusicherungen und Gewährleistungen** sind: die Bestätigung des wirksamen Bestehens der Emittentin, die Rechtswirksamkeit der Ansprüche aus der Anleihe und den begleitenden Verträgen gegen die Emittentin, das Vorliegen aller Genehmigungen sowie die Richtigkeit für den Inhalt und die Aussagen im Prospekt, kein Vorliegen von wesentlich nachteiligen Veränderungen (z.B. des Geschäftsverlaufs oder der Vermögensverhältnisse) (»**material adverse change**«) und die Bestätigung der Emittentin, dass keine Rechtsstreitigkeiten vorliegen oder angedroht sind, die sich negativ auf die Vermögenssituation oder Geschäftstätigkeit der Emittentin auswirken könnten. Weitere Zusicherungen und Gewährleistungen können sich durch die Art oder Platzierung der Wertpapiere sowie durch die Emittentin oder auch eine **Börsennotierung** der Anleihe ergeben. Wenn eine Börsennotierung vorgesehen ist, wird im Übernahmevertrag die Verpflichtung der Emittentin festgelegt, die für eine Börseneinführung notwendigen Informationen, den Konsortialbanken zur Verfügung zu stellen. Ferner übernimmt die Emittentin die Haftung für die Richtigkeit und Vollständigkeit dieser Informationen und verpflichtet sich, dafür Sorge zu tragen, alle Bedingungen der Börse für die Notierung der Anleihe auch während deren Laufzeit zu erfüllen bzw. zu gewährleisten, dass eine Notierung der Anleihe an einer Börse während der Laufzeit der Anleihe immer gegeben ist. Die Emittentin verpflichtet sich auch, den Konsortialbanken zu Händen des Konsortialführers kurz vor dem Zahlungs-/Begebungstag sog. »**Closing Dokumente**« auszuhändigen. Hierbei handelt es sich um Handelsregisterauszüge der Emittentin, deren Satzung, Beschlüsse des Vorstandes, eine vom Vorstand persönlich unterschriebene Bestätigung über die Richtigkeit der Zusicherungen und Gewährleistungen (sog. »Officer's

204 ICMA Primary Market Handbook Appendix A9, Stand Februar 2017.
205 ICMA Primary Market Handbook Appendix A1-4, Stand Februar 2017.
206 ICMA Primary Market Handbook Appendix A1, Stand Februar 2017.
207 S. Rdn. 89, 104.

Certificate«), Rechtsgutachten externer Anwaltskanzleien und/oder der internen Rechtsabteilung der Emittentin, Comfort Letter der Wirtschaftsprüfer der Emittentin sowie andere Unterlagen, die die Konsortialbanken für notwendig halten. Diese Dokumente sollen es den Konsortialbanken ermöglichen, die Wirksamkeit der Emission im Zusammenhang mit den von der Emittentin abgegebenen Zusicherungen, Gewährleistungen und Verpflichtungserklärungen zu überprüfen. Liegen diese Closing Dokumente nicht (oder nicht in für die Konsortialbanken zufriedenstellender Form) vor oder werden die Zusicherungen, Gewährleistungen und Verpflichtungen (einzeln oder mehrere) nicht eingehalten, sind die Bedingungen für die Entstehung der Verpflichtung der Konsortialbanken, die Anleihe zum vereinbarten Kaufpreis zu übernehmen, nicht eingetreten. Die Konsortialbanken sind demgemäß berechtigt, die Übernahme der Anleihe zu verweigern. Zusätzlich zu diesen vorzeitigen Beendigungsmöglichkeiten des Übernahmevertrages ist auch eine Beendigung durch Kündigung wegen Eintritt eines **Force Majeure Ereignisses** (Rdn. 107) vorgesehen. Weitere Klauseln des Übernahmevertrages beinhalten die Vereinbarung über die Einbeziehung des »**Standard Form Agreement Among Managers**[208]« und Regelungen über die Zahlung der durch die Emission verursachten **Kosten** für die Börsenzulassung, Druck des Prospektes (heute eher selten), Veröffentlichungen, Erstellung der Dokumentation durch externe Anwaltskanzleien, Kosten des Comfort Letters u.a. Ferner ist eine Klausel über die Zahlung und Höhe der **Provisionen** enthalten. Diese Klausel verweist üblicherweise auf eine gesonderte Vereinbarung zwischen der Emittentin und den Konsortial-/Führungsbanken. Diese Klausel kann ferner die Vereinbarung enthalten, dass entsprechende Kosten und Provisionen von dem Konsortialführer oder der Zahl- oder Verwaltungsstelle vom Emissionserlös vor Weiterleitung an die Emittentin abgezogen werden können. Klauseln über die **Haftungsfreistellung** der Konsortialbanken durch die Emittentin können Bestandteil sein, wie auch Regelungen zu **Rechtswahl** und **Erfüllungsort**.

bb) »**Standard Form Agreement Among Managers**« regelt ähnlich wie der Konsortialvertrag bei Darlehen[209] das Innenverhältnis der Banken untereinander, insb. die Art des Angebots und der Übernahme der Schuldverschreibungen und die Rechtsfolge, wenn eine Bank ihre Quote nicht übernimmt sowie die Bevollmächtigung der Zahlstelle oder konsortialführenden Bank damit diese Zahlungen für alle Banken abwickeln kann. Ferner gehören Vereinbarungen zur Kursstabilisierung der Emission i.R.d. gesetzlichen Vorschriften dazu, sofern dies mit der Emittentin vereinbart ist und eine Klausel über die Erstattung von Gebühren und Kosten, eine Vereinbarung, wie eine Konsortialbank ihre Verpflichtungen aus dem Übernahmevertrag beenden kann und die Aussage, dass weder eine Gesellschaft durch das Agreement Among Managers errichtet werden soll, noch die Konsortialbanken gesamtschuldnerisch haften sowie eine Erklärung zur Geldwäsche.[210] 111

ee) Die Urkunde

Anleihen werden entweder als Einzelurkunden mit einem bestimmten Nennwert ausgegeben (**effektive Stücke**) oder in einer **Sammelurkunde** (Globalurkunde) verbrieft. Die **Globalurkunde** verbrieft mehrere Rechte, die jedes für sich in vertretbaren Wertpapieren ein und derselben Art verbrieft sein könnten Die Sammelurkunde ist heute die Standardform der Verbriefung. Der Globalurkunde und – bei effektiven Stücken – jeder Einzelurkunde sind die Bedingungen der jeweiligen Anleihe beigefügt. 112

Die Urkunde kann in der Form einer »Neuen Globalurkunde« (»**NGN**«) oder »Klassischen Globalurkunde« (»**CGN**«) ausgestellt werden. Bei Emissionen mit einer internationalen Wertpapierkennnummer (»ISIN – International Securities Identifikation Number«), die »eurosystemfähig«[211] sein sollen, muss die Form der NGN verwendet werden. Dabei muss sich aus den Daten des Common 113

208 S. Rdn. 111.

209 S. Kap. 4. Rdn. 2090–2100.

210 ICMA Primary Market Handbook Appendix A1, Februar 2017.

211 Eurosystemfähigkeit oder EZB Fähigkeit bedeutet die Möglichkeit des Gläubigers seinen Miteigentumsanteil an der Anleihe an die EZB als Sicherheit für eine günstige Refinanzierung abzutreten. Sie wird

Safekeepers (darunter sind die beiden internationalen Clearing Systeme, Clearstream Banking Luxembourg und Euroclear zu verstehen) das jeweilig ausstehende Volumen der Anleihe ergeben. Bei einer CGN ergibt sich das Volumen aus der Urkunde selber. Die Urkunde wird dabei von einer vom Clearing System dazu beauftragten Stelle verwahrt. Bei einer nationalen Emission in Deutschland und Verwahrung bei der Clearstream Banking AG, Frankfurt ist die Eurosystemfähigkeit auch gegeben, da Clearstream Banking AG sowohl als Verwahrstelle als auch als Clearing System agiert[212].

ff) Die Anleihebedingungen

114 Durch die Anleihebedingungen wird das Rechtsverhältnis zwischen der Emittentin und den Anleihegläubigern geregelt. Die Anleihebedingungen werden der Globalurkunde beigefügt bzw. bei effektiven Stücken und Globalurkunden auf ihrer Rückseite abgedruckt. Im Wesentlichen werden die nachfolgenden Punkte in Anleihebedingungen geregelt:

115 Es wird die **Form** (**Gesamtnennbetrag**, die **Währung**, die **Stückelung** und die **Art der Verbriefung** Globalverbriefung oder Einzelverbriefung [effektives Stück]) zumeist am Anfang der Anleihebedingungen geregelt. Hier werden ggf. auch entsprechende Regelungen zum US-amerikanischen Steuerrecht (»**TEFRA C**«, »**TEFRA D**« oder weder »TEFRA C noch TEFRA D«)[213] aufgenommen. Ferner werden der **Status**, die **Verzinsung** mit Zinshöhe und Zinslauf ggfls. Zinsberechnung geregelt, die **Rückzahlung** mit eventuellen Ausführungen zu möglichen, **vorzeitigen Rückzahlungen**, die Berechnung/**Berechnungsstelle** und die Abwicklung von Zahlungen mit Erwähnung der **Zahlstellen**, die **Steuerklausel**, Klauseln über **Zusicherungen und Gewährleistungen**, **Verpflichtungserklärungen**, Verjährung sowie **Kündigungsgründe**, **Schuldnerwechsel**, **Gläubigerversammlung** (**§§ 5 ff. SchVG**), **Veröffentlichungen** sowie die **Rechtswahl**, **Gerichtsstands- und Erfüllungsortsregelung**.[214] Nachfolgend wird auf einzelne Besonderheiten der vorstehenden Bedingungen eingegangen.

(1) Form

116 Der **Gesamtnennbetrag**, die **Währung** und die **Stückelung** einer Emission werden als Erstes aufgeführt. Insb. in Bezug auf etwaige Verpflichtungen zur Veröffentlichung eines Prospektes ist die Angabe über den Nennbetrag der Stücke wichtig, da in § 3 Abs. 2 WpPG in Bezug auf die Stückelung und den Gesamtbetrag einer Emission Ausnahmen von der Verpflichtung zur Erstellung eines Prospektes für ein öffentliches Angebot formuliert sind. In Bezug auf die **Währung** ist immer zu berücksichtigen, ob die Währung ggfls. Verkaufsbeschränkungen eines Landes unterliegt, die beim Verkauf Berücksichtigung finden müssen. Die Art der Verbriefung, **effektive Stücke** oder **Globalurkunde** als **NGN** oder **CGN**, ist in Bezug auf die Verwahrung der Urkunde und die Abwicklung der Zahlungen von Bedeutung, da durch die Automatisierung der Zahlungsabwicklung und Zinsberechnung bei den Wertpapiersammelstellen (auch »Clearing Systeme« genannt) gewisse Vorgaben an den Markt gemacht werden, die bei einer Emission aus technischen Gründen zu berücksichtigen sind. Ist die Anleihe durch eine Globalurkunde verbrieft, hat der Anleihegläubiger entsprechend seines Anteils am Gesamtnennbetrag **Miteigentumsanteile oder Rechte** an der Globalurkunde, die

häufig als Kriterium für die Anlagemöglichkeit von Versicherungen, Fonds oder Versorgungswerken verwendet.

212 http://www.clearstream.com/clearstream-en/products-and-services/issuance--1-/new-safekeeping-structure/62582.

213 Ausführlich *Wood* International Loans, Bonds and Security Regulations, S. 206, 212; Tax Lawyer/*Land*, vol. 58, No. 3 S. 667 ff. Aufgrund geplanter neuer US Steuergesetzgebung könnten diese Regeln geändert werden, ggfl. wegfallen, (Foreign Account Tax Compliance Act, »FATCA«, (H.R. 3933, S. 1934), Foreign Account Tax compliance Act (FATCA) und IRS Notice 2010-60.

214 *Kusserow* WM 2011, S. 1645–1651.

nach Maßgabe der Regeln der Wertpapiersammelstelle und dem Recht, dem die Anleihe unterliegt, übertragen werden können.[215]

(2) Status und Pari Passu

Die Emittentin kann »nicht nachrangige« Schuldverschreibungen (»**Nicht-Nachrangige Teil-** 117
schuldverschreibungen«) oder »nachrangige« Schuldverschreibungen (»**Nachrangige Teilschuldverschreibungen**«) begeben. Nicht-Nachrangige Schuldverschreibungen stellen direkte, unbedingte und nicht besicherte Verbindlichkeiten der Emittentin dar, die untereinander und mit allen sonstigen unbesicherten und nicht nachrangigen Verbindlichkeiten der Emittentin, die Schuldtitel i.S.v. § 46f (6) KWG sind, im gleichen Rang stehen. Die Verbindlichkeiten aus Nachrangigen Schuldverschreibungen stellen nicht besicherte und nachrangige Verbindlichkeiten der Emittentin dar, die untereinander im gleichen Rang stehen. Im Fall der Liquidation, Insolvenz, Auflösung oder eines anderen Verfahrens zum Abwenden der Insolvenz der, oder gegen die Emittentin, sind die nachrangigen Verbindlichkeiten der Emittentin nachrangig ggü. allen Ansprüchen nicht nachrangiger Anleihegläubiger der Emittentin.

(3) Verzinsung

Ein weites Feld der Gestaltung findet sich bei den Möglichkeiten die Verzinsung festzulegen. Bei 118
der Berechnung des Zinssatzes ist zu berücksichtigen, ob er auf den Gesamtnennbetrag oder das einzelne Stück berechnet wird, da sich hieraus Unterschiede im Zinsbetrag nach der jeweiligen Berechnungsmethode ergeben können. Nachfolgend ein kurzer Überblick über häufig verwendete Zinsstrukturen.

Ein **fester Zinssatz** einer Anleihe ist die Angabe eines festgelegten Prozentsatzes per annum, gemäß 119
der Vereinbarung zwischen der Emittentin und der/den betreffenden Konsortialbank/en.[216] Dies gilt auch bei Stufenzinsanleihen mit **festem Zinssatz**, bei denen der Zinssatz sich nach Ablauf einer Zinsperiode, wie in den Anleihebedingungen vorgegeben, erhöhen oder verringern kann.

Ein **variabler Zinssatz** einer Anleihe ergibt sich aus der Bezugnahme auf Referenzwerte/Referenz- 120
zinssätze wie z.B. EURIBOR[217] oder LIBOR[218] und ggf. zuzüglich oder abzüglich eines bestimmten festen Zinssatzes (»Marge«). Es kann auch ein Höchstzinssatz (»CAP«) und/oder ein Mindestzinssatz (»Floor«) bestimmt sein. Zinsperioden für variable verzinsliche Schuldverschreibungen werden ein, 2, 3, 6 oder 12 Monate oder solche Zeiträume sein, wie sie zwischen der Emittentin und dem/den betreffenden Konsortialbanken vereinbart werden.

Bei **umgekehrt verzinslichen** Anleihen (»**Reverse Floater**«) berechnet sich der Zinsertrag in zur 121
festgesetzten Obergrenze des Referenzzinssatzes in entgegengesetzter Richtung: Bei steigendem Referenzzinssatz sinkt der Zinsertrag, während er bei fallendem Referenzzinssatz steigt.

---

215 Kusserow, Bertold, Dr., Auswirkungen aktueller Regulierungsvorhaben auf Schuldverschreibungsemissionen von Kreditinstituten, WM 2013 S. 1581 f.

216 S. Kap. 7 Preisfindung, Rdn. 105.

217 Euro Interbank Offered Rate (EURIBOR) ist der Zinssatz für Termingelder in Euro im Interbankengeschäft. Bis zu 57 Kreditinstitute melden täglich, Angebotssätze für Ein- bis Zwölfmonatsgelder um 11:00 Uhr Brüsseler Zeit an einen Informationsanbieter, der Durchschnittssätze ermittelt und z.B. auf Reuters veröffentlicht.

218 London Interbank Offered Rate (auch Libor, LIBOR) ist der täglich festgelegte Referenzzinssatz im Interbankengeschäft, der an jedem Arbeitstag um 11:00 Uhr Londoner Zeit fixiert wird. Es handelt sich um Sätze, welche zwölf der wichtigsten international tätigen Banken der British Bankers< Association in London festlegen, zu denen sie am Markt Gelder von anderen Banken aufnehmen bzw. angeboten erhalten. LIBOR-Zinsen sind daher Angebotszinsen.

122 Bei **Doppelwährungsanleihen** erfolgen Zahlungen auf Kapital- als auch Zinszahlungen in den Währungen und ggfls. auf Grundlage der Wechselkurse, die in den Anleihebedingungen angegeben sind. Es gibt hier unterschiedliche Ausgestaltungsmöglichkeiten.

123 **Nullkupon Anleihen** werden vorwiegend mit einem Abschlag (Disagio) auf ihren Nennbetrag angeboten und verkauft. Es gibt keine periodischen Zinszahlungen, die Verzinsung ergibt sich durch den Rückzahlungsbetrag zu 100 % des Nennbetrages. Nullkupon Anleihen können auch zu 100 % des Nennbetrages ausgegeben werden und der Zinsbetrag ergibt sich dann aus einem Agio, d.h. einem Rückzahlungsbetrag über 100 % des Nennbetrages der Anleihe.

(4) Rückzahlung

124 In den betreffenden Bedingungen ist entweder angegeben, dass die Schuldverschreibungen nicht vor der angegebenen Fälligkeit/dem Fälligkeitstag zurückgezahlt werden können (ausgenommen aus steuerlichen Gründen), oder bei der Möglichkeit der **vorzeitigen Rückzahlung**[219] die Schuldverschreibungen nach Wahl der Emittentin und/oder der Anleihegläubiger durch Mitteilung innerhalb der in den betreffenden Anleihebedingungen angegebenen Frist an einem oder mehreren festgelegten Tagen vor der angegebenen Fälligkeit zu dem/den Kurs/en und zu den Bedingungen zurückgezahlt werden können, die in den betreffenden Anleihebedingungen angegeben sind.

(5) Vorzeitige Rückzahlung

125 **Vorzeitige Rückzahlungsmöglichkeiten** können nicht nur für die Emittentin i.R.d. Anleihebedingungen eingeräumt sein (»Call Options«), es können auch vorzeitige Rückzahlungsmöglichkeiten für den Anleihegläubiger vorgesehen werden, sog. »Put Options«. Die Ausgestaltung der einzelnen Bedingungen für eine **vorzeitige Rückzahlung** ergibt sich aus den jeweiligen Anleihebedingungen. Ein vorzeitiges Rückzahlungsrecht bei Anleihen ist häufig in Zeiten eines hohen Zinsniveaus vorgesehen. Mit einem sinkenden Marktzinsniveau steigt das Risiko der Anleihegläubiger, dass die Emittentin ein ihr eingeräumtes vorzeitiges Rückzahlungsrecht ausübt. Folglich kann die Rendite bei einer solchen Rückzahlung geringer sein als erwartet. Darüber hinaus können Anleihegläubiger, die Beträge wieder anlegen wollen, die ihnen bei einer vorzeitigen Rückzahlung erstattet wurden, diese unter Umständen nur mit einer niedrigeren Rendite als die der gekündigten Schuldverschreibungen anlegen. Als Ausgleich für einen solchen möglichen Verlust kann in den Anleihebedingungen ein Mindestrückzahlungsbetrag, der einen Aufschlag zum Nennbetrag darstellt (Make-Whole-Amount) vorgesehen sein.

(6) Steuerklausel

126 Soweit eine **Steuerklausel** vorgesehen ist,[220] ist üblicherweise die Verpflichtung der Emittentin enthalten, vorbehaltlich bestimmter Ausnahmen, Zahlungen auf Kapital und Zinsen unter den Schuldverschreibungen ohne Einbehalt oder Abzug gegenwärtiger oder künftiger Steuern oder Abgaben gleich welcher Art vorzunehmen, die von oder im Namen von Deutschland oder einer Gebietskörperschaft oder Behörde derselben oder einer zur Erhebung von Steuern berechtigten Behörde derselben auferlegt oder erhoben werden, vorzunehmen. Ausgenommen ist ein solcher Einbehalt oder Abzug, der zwingend durch ein Gesetz oder eine Verordnung vorgeschrieben/vorzunehmen ist. Dies bedeutet, dass die Emittentin verpflichtet ist, bei Einführung einer Quellensteuer oder sonstiger steuerlicher Abzüge, die jeweilige Kapital- oder/und Zinszahlung so zu erhöhen, dass nach einem solchen Steuerabzug der Anleihegläubiger die Beträge erhält, die er erhalten hätte, wenn der Abzug nicht erfolgt wäre. Im Gegenzug hat die Emittentin in einem solchen Fall das Recht die Anleihe meist insgesamt zu kündigen. Dieses Kündigungsrecht ist für die Emittentin wichtig, weil

219 S. Rdn. 125.

220 Bei Emissionen von Pfandbriefen und bei besonderen Emittenten wie dem Bund, den Ländern oder auch der KfW ist eine Steuerklausel nicht vorgesehen.

gewährleistet wird, dass sie entscheiden kann, ob sie durch Kündigung des wirtschaftlich belastenden Teils der Anleihe/gesamten Anleihe (entsprechend dem Anteil des geltend machenden Anleihegläubigers) diese beendet oder nicht.

(7) Negativerklärung

Die **Negativerklärung** stellt eine schuldrechtliche Verpflichtungserklärung der Emittentin dar. Die Verwendung[221] und Ausgestaltung dieser Verpflichtung hängt stark von der »Kapitalmarktfähigkeit« der Emittentin ab. Im Grundsatz verpflichtet sich die Emittentin (vorbehaltlich im Einzelfall festzulegende Ausnahmen), anderen Gläubigern keine Sicherheiten zu stellen und nur dann für deren Forderungen Sicherheiten zu gewähren, wenn die Anleihegläubiger in gleicher Weise besichert werden. Es soll hierdurch die Gleichstellung der Anleihegläubiger mit anderen neuen Gläubigern der Emittentin gewährleistet werden. Auch soll eine Gleichbehandlung der jeweiligen durch die Negativerklärung gesicherten Schuldverschreibungen mit anderen Finanzierungsinstrumenten der Emittentin erreicht werden. Dies dient dazu, dass die Emittentin die Schuldverschreibungen nicht während der Laufzeit der Schuldverschreibung durch eine geringer verzinsliche besicherte Schuldverschreibungen ablösen kann. Ein Verstoß gegen diese Klausel hat i.d.R. die Besicherung/Nachbesicherung der Schuldverschreibungen zur Folge. Wird diese nicht vorgenommen, besteht eine Kündigungsmöglichkeit eines jeweiligen Anleihegläubigers wegen Verstoß gegen die Anleihebedingungen. 127

(8) Verpflichtungserklärung

Weitere **Verpflichtungserklärungen** der Emittentin, die häufig in den Anleihebedingungen verwendeten werden, sind die Folgenden: 128

- Einhaltung von vereinbarten **Finanzkennzahlen.**
- »**Change of Control**« Klausel. Ein »Change of Control« ist die Veränderung der Eigentümerstruktur der Emittentin. Dies wird insb. bei Emittentinnen vorgesehen, bei denen bestimmte Eigentümer oder Eigentümerstruktur für die Kapitalmarktfähigkeit der Emittentin von Bedeutung ist. Die Ausgestaltung stellt auf den Einzelfall ab.
- Die **Beschränkung des Verkaufs von Vermögenswerten.** Durch diese Einschränkung soll gewährleistet werden, dass die Vermögenswerte der Emittentin erhalten bleiben und somit die Fähigkeit der Emittentin zur problemlosen Bedienung der Zins- und Kapitalzahlungen der Schuldverschreibungen.
- **Begrenzung der Aufnahme von Finanzverbindlichkeiten.** Durch diese Einschränkung soll gewährleistet werden, dass die Finanzverbindlichkeiten der Emittentin sich nicht erhöhen und somit die Fähigkeit der Emittentin zur problemlosen Bedienung der Zins- und Kapitalzahlungen der Anleihe erhalten bleibt.
- **Informationsverpflichtungen** über Jahresabschlüsse, Quartalsabschlüsse u.a.
- Gleichrangklausel (**pari passu**). Die Pari-passu-Klausel bedeutet, dass die Anleihe jeder anderen bestehenden und künftigen unbesicherten, nicht nachrangigen Anleihe der Emittentin gleichgestellt ist. Die Pari-passu-Klausel soll gewährleisten, dass die Anleihe im gleichen Rang mit anderen gegenwärtigen oder zukünftigen unbesicherten Anleihen der Emittentin steht. Bei der Pari-passu-Klausel handelt es sich um eine schuldrechtliche Verpflichtung der Emittentin.[222]

Weitere Verpflichtungserklärungen können in den Anleihebedingungen enthalten sein. Diese richten sich nach der Bonität und Kapitalmarktfähigkeit der Emittentin und können sich ggf. auch aus den Bedingungen bereits existierender Wertpapiere oder Kredite oder der Art der Anleihe (z.B. Genussschein) ergeben. Die Anleihegläubiger sollen grds. nicht schlechter gestellt werden in Bezug 129

221 Üblicherweise sind Negativerklärungen bei Anleihen von Banken nicht vorgesehen.

222 Z.B. »Die Anleihe steht, sofern nicht gesetzliche Vorschriften etwas anderes bestimmen, mindestens im gleichen Rang mit allen anderen nicht dinglich besicherten und nicht nachrangigen Verpflichtungen der Emittentin.«.

auf die Verpflichtungserklärungen als die bisherigen und zukünftigen Gläubiger der Emittentin in der gleichen Kategorie von Verbindlichkeiten. Ein Verstoß gegen eine dieser Klauseln hat die Kündigungsmöglichkeit eines jeweiligen Anleihegläubigers zur Folge. Es kann in den Anleihebedingungen auch eine Vorzeitige Rückzahlung für diesen Fall bestimmt sein.

(9) Kündigungsgründe

130 Auch bei den Kündigungsgründen ist deren Art und Umfang abhängig von der Bonität und Kapitalmarktfähigkeit der Emittentin. Zu den Kündigungsgründen zählen Nichtzahlung fälliger Beträge unter der Anleihe (z.B. Kapital oder Zinsen), wesentliche, falsche von der Emittentin gemachte Zusicherungen, falsche oder nicht eingehaltene Verpflichtungserklärungen oder auch Nichterfüllung sonstiger Vertragspflichten und gravierende Bonitätsverschlechterung der Emittentin. Ferner liegen Kündigungsgründe vor bei Insolvenzandrohung, Zahlungsverweigerung und Insolvenz der Emittentin. Hinzu kommen können Kündigungsgründe wegen »Cross Default« und Nichteinhaltung der Finanzkennzahlen (falls solche einzuhalten sind). Eine **Cross-Default** Klausel ist eine spezielle Form der Kündigungsklausel, bei der eine Kündigung möglich ist, falls die Emittentin Zahlungsverpflichtungen in einem Mindestbetrag ggü. einem oder mehreren Dritten bei Fälligkeit nicht erfüllt oder ein Kündigungsrecht vorliegt. Damit wird gewährleistet, dass der Anleger bei Vorliegen eines Kündigungsgrundes, insb. Zahlungsverzug bei anderen Verbindlichkeiten der Emittentin zum gleichen Zeitpunkt kündigen könnte.

(10) Zahlstellen/Verwaltungsstellen/Berechnungsstellen

131 Die Emittentin schreibt in den Anleihebedingungen fest, wer Zahl-, Verwaltungs- und/oder Berechnungsstelle ist. Besonderheiten sind zu berücksichtigen, falls die Schuldverschreibungen an einer Börse in einem Land notiert sind, dessen Rechtsvorschriften immer eine Zahlstelle im eigenen Land vorsehen, dann ist in den meisten Fällen eine zusätzliche Zahlstelle in diesem Land von der Emittentin zu bestimmen. Die Haftung der Zahlstelle oder Berechnungsstelle ist gegeben, wenn und soweit sie die Sorgfalt eines ordentlichen Kaufmanns verletzt haben. Die Zahlstellen, Berechnungsstellen etc. sind in ihrer Funktion ausschließlich Beauftragte der Emittentin. Zwischen den Zahlstellen u.a. und den Anleihegläubigern besteht kein Auftrags- oder Treuhandverhältnis. Damit wird klargestellt, dass die Forderungen der Anleihegläubiger ggü. der Emittentin erst mit Eingang der Zahlung beim Clearingsystem, bzw. dem Anleihegläubiger erlöschen und nicht bereits bei Zahlung an die Zahlstelle. Damit wird das Insolvenzrisiko der Zahlstelle durch die Emittentin getragen und nicht auf den Anleihegläubiger abgewälzt. Aus diesem Grunde wurde, die Gestaltung der NGN für internationale Anleihen geschaffen.

(11) Veröffentlichungen

132 Die Art und Weise der Veröffentlichung in Bezug auf die Anleihe richtet sich nach den Vorschriften der Transparenzrichtlinie, des WpPG, WpHG, EHUG und den Regeln des Clearing Systems sowie bei einer Börsennotierung der Anleihe nach den Vorschriften der jeweiligen Börse. Ziel dieser Vorschriften ist, dass die gleichzeitige Information aller Anleihegläubiger sichergestellt ist.

(12) Gläubigermehrheitsentscheidungen, Rechtswahl

133 Die Möglichkeit, dass Anleihebedingungen durch **Gläubigermehrheitsentscheidungen** geändert werden können und eine Änderung nicht der Zustimmung aller Anleihegläubiger bedarf, ergibt sich seit dem 05.08.2009 aus den SchVG, soweit die Anwendung der §§ 5 ff. SchVG vereinbart wird.[223]

223 Kusserow, Opt-in Beschlüsse nach dem neuen Gesetz über Schuldverschreibungen aus Gesamtemissionen, WM 2011, S. 1645-1651; im neuen Schuldverschreibungsgesetz gibt es die Möglichkeit die Anwendbarkeit der §§ 5 ff. SchVG, d.h. Vorschriften zu Gläubigermehrheitsentscheidungen und auf welche

Die Rechtswahl benennt meist den Gerichtsstand der Emittentin als Erfüllungsort und Ort der zuständigen Gerichte. Dies dient dazu, dass die Emittentin an ihrem Sitz verklagt werden sollte, damit vor einer Klage nicht ein langwieriges Verfahren über die Zuständigkeit der Gerichte geführt werden muss bei unterschiedlichen Wohnorten der Kläger. 134

gg) Verträge mit der Zahl-, Verwaltungs-, Berechnungsstelle, dem Sicherheitenverwalter und der Börseneinführungsstelle (»Agency Agreements«)

Diese Verträge werden zwischen der Emittentin und der Zahlstelle, Verwaltungsstelle, Berechnungsstelle sowie dem Sicherheitenverwahrer und der Börseneinführungsstelle (Listing Agent) abgeschlossen und verpflichten diese Stellen, nach Maßgabe dieser Verträge und den Anleihebedingungen tätig zu werden. Im Fall der Anwendung der §§ 5 ff. SchVG kann ein **Gläubigervertreter** von den Anleihegläubigern bestellt werden, § 7 SchVG. 135

hh) Prospekt[224]

Sinn und Zweck eines Prospektes ist die transparente Information über das Wertpapier und die Emittentin und dient dem Schutz des Anlegers, der anhand des Prospektes in die Lage versetzt werden soll, sich ein Urteil über die Emittentin und das Wertpapier bilden zu können. Die Personen, die für die Erstellung des Prospektes verantwortlich sind, haften im Außenverhältnis für den Prospektinhalt entsprechend den nationalen gesetzlichen Vorschriften. Diese Personen sind meistens die Emittentin sowie die Konsortialbanken. [225] Bei besonderen Gestaltungen, wie z.B. bei Verbriefungs-Transaktionen, machen neben der Emittentin und den Konsortialbanken auch andere Personen Angaben im Prospekt, z.B. der Treuhänder, Datentreuhänder oder die Verwaltungsstelle. Sie haften ausschließlich für die von ihnen gemachten Angaben.[226] Dies ist üblicherweise im vorderen Teil des Prospektes durch einen Warnhinweis ausdrücklich klargestellt. 136

ii) Emissionsprogramme

Emissionsprogramme dienen dazu, dass innerhalb eines kurzen Zeitraum d.h. eines kurzfristig vorhandenen günstigen Zeitfenster, schnell eine Emission begeben werden kann auf der Grundlage eines bereits gebilligten Prospektes durch Ergänzung des Prospektes und der darin enthaltenen endgültigen Bedingungen bzw. Anleihebedingungen (Basisprospekt).[227] Hierbei kann es sich um Emissionsprogramme für Inhaberschuldverschreibungen oder Pfandbriefe handeln. Ferner gibt es im Markt Programme für Commercial Papers. Weiterer Vorteil von Emissionsprogrammen ist, dass der Text des Übernahmevertrages kürzer ist, weil insb. das Verhältnis der Emittentin zu den Konsortialbanken im »Dealer Agreement« des Programms bereits geregelt ist. Das Verhältnis der Emittentin zu den Zahl-, Berechnungs-, Verwaltungsstellen ist in einem gesonderten Verwaltungsvertrag (»Agency Agreement«) auch bereits geregelt. Ferner sind in den Anleihebedingungen bei Emissionsprogrammen für Schuldverschreibungen mehrere Variationen der Gestaltung von Zinsklausel, Berechnungsklauseln, Rückzahlung, Vorzeitiger Rückzahlung sowie der Status der Schuldverschreibungen (nicht nachrangig und nachrangig) vorgesehen. Im Fall von Basisprospekten ist in § 6 WpPG vorgesehen, dass »**Endgültigen Bedingungen**« gefertigt werden. D.h., dass der Basisprospekt durch die Endgültigen Bedingungen vervollständigt wird und damit den (vollständigen) Prospekt für das jeweilige Angebot der entsprechenden Anleihe darstellt. Angaben im Basisprospekt, 137

Umstände sie anwendbar sind (§ 5 Abs. 3 SchVG) zu wählen. Paulus, Prof. Dr. Christoph, Schuldverschreibungen, Restrukturierungen, Gefährdungen, in WM 2012, S. 1109; Rsp zu SchVG: OLG Schleswig, Beschl. v. 10.12.2013 2 W 82/13, 2 W 87/13, Rubner, Leuering, Der gemeinsame Vertreter der Anleihegläubiger, NJW-Spezial, 2014 S. 15 f.

224 S. Rdn. 469.

225 S. § 5 Abs. 4 WpPG.

226 Kümpel/Wittig/ *Oulds*, Rn. 15.211.

227 S. Rdn. 469.

die zum Zeitpunkt der Erstellung des Basisprospektes noch nicht feststanden oder bekannt waren, werden üblicherweise in Endgültigen Bedingungen aufgenommen. Hier ergibt sich ein gewisser Interpretationsspielraum über die Tatsachen, die bekannt oder nicht bekannt oder durch Auswahl bereits vorgegebener Formulierungen beschrieben werden können.

jj) Due Diligence

138 Für den zu erstellenden Prospekt gilt der Grundsatz, dass er über die tatsächlichen und rechtlichen Verhältnisse, die für die Beurteilung der Anleihe wesentlich sind, Auskunft geben, sowie richtig und vollständig sein muss. Um die hierfür notwendigen Informationen zusammenzutragen und eine Haftung der Emittentin und der Konsortialbanken wegen einer Fehlerhaftigkeit des Prospekts zu vermeiden, wird durch die konsortialführenden Banken ein sog. »Due Diligence-Verfahren« durchgeführt. Beim Due Diligence-Verfahren ist zwischen einem wirtschaftlichen und gegebenenfalls einem rechtlichen Teil zu trennen. Die **wirtschaftliche Due Diligence** befasst sich i.d.R. mit folgenden Themenkreisen: Vermögensverhältnisse, Jahresabschlüsse, Gewinn- und Verlustrechnung, Steuer- und Bilanzangelegenheiten, Vermögenswerte, Forderungen, Verbindlichkeiten, Entwicklung der Geschäftsfelder, Strategie und Planung, Branche und Marktumfeld. Die **rechtliche Due Diligence** befasst sich i.d.R. mit folgenden Themenkreisen: Gesellschaftsrechtliche Verhältnisse, wesentliche Verträge und Vereinbarungen, z.B. Verträge mit Großkunden, Finanzierungsverträge, Musterverträge, Arbeits- und Dienstverträge, Rechtsstreitigkeiten. Der Umfang der Due Diligence ist im Einzelfall festzulegen. Der Sorgfaltsmaßstab ist abhängig von der Vereinbarung und der besonderen Pflichtenstellung bei der Due Diligence.[228] Die Durchführung der Due Diligence erfolgt zumeist im Wege eines Termins bei der Emittentin oder heute meist telefonisch, bei der die konsortialführende Bank dem Management der Emittentin Fragen zu den oben skizzierten Themenkreisen stellt (Due Diligence Questions) und verschiedene Unterlagen der Emittentin einsieht. Selbstverständlich dürfen die Ergebnisse der Due Diligence durch die konsortialführende Bank nicht ohne Zustimmung der Emittentin publiziert werden. Bei syndizierten Anleiheemissionen ist Bestandteil der **Due Diligence** auch die Ausstellung eines »**Comfort Letters**« durch die Wirtschaftsprüfer der Emittentin. In diesem **Comfort Letter** werden üblicherweise die letzten durch die Wirtschaftsprüfer geprüften Zahlen bestätigt, die im Prospekt aufgenommen sind, sowie einzelne Informationen, die aus der Buchhaltung und durch Befragung der zuständigen Personen bei der Emittentin eingeholt und/oder verifiziert werden.[229] Es wird auf der Grundlage dieser Zahlen von den Wirtschaftsprüfern eine sog. Negativerklärung abgegeben, die den Konsortialbanken bestätigt, dass seit den letzten geprüften/prüferisch durchgesehenen Zahlen sich keine negativen Änderungen ergeben haben, außer denen, die im Comfort Letter oder im Prospekt beschriebenen.[230]

5. Pflichten nach einer Emission

139 Es ergeben sich nach einer Emission unterschiedliche Verpflichtungen, die von dem Unternehmen oder der Verwaltungsstelle wahrzunehmen sind. Hierbei sind insb. die Pflichten der Emittentin ggü. den Anleihegläubigern nach § 48 WpHG und die Veröffentlichungsvorschriften gem. § 49 WpHG zu erwähnen. Neben den entsprechenden Veröffentlichungspflichten nach dem WpHG können sich auch aufsichtsrechtliche Meldepflichten ergeben, wie z.B. für Kredit- und Finanzdienstleistungsinstitute gem. § 24 Abs. 1 Nr. 10 KWG oder Versicherungsunternehmen gem. § 13 oder 43 VAG Berechnungen und die Vorschriften über die notwendige Meldung von Beteiligungen an Unternehmen.

140 Im Rahmen der Veröffentlichung eines Prospektes ist dieser gem. § 9 Abs. 1 WpPG 12 Monate lang für öffentliche Angebote oder die Zulassung zum Handel des Wertpapiers an einem organisierten

228 LG Berlin, Urt. v. 14.09.2012 – 2 O 540/11, WM 2013 948 ff.
229 S. IDW PS 910.
230 Jedoch nur, sofern die Prüfung oder prüferische Durchsicht der letzten Zahlen innerhalb von 135 Tage bis zur Ausstellung des Comfort Letters erfolgte (IDW PS910).

Markt gültig. Voraussetzung für diese Gültigkeit ist die Ergänzung des Prospektes durch die gem. § 16 WpPG erforderlichen Nachträge. Dies ist insb. bei Programmdokumentationen und deren Basisprospekt wichtig, unter dem mehrere Emissionen in einem Jahr begeben werden können. § 16 WpPG bedeutet jedoch keine Verpflichtung zu einer weiteren Aktualisierung des ausgegebenen Prospektes während der Laufzeit der Gültigkeit von 12 Monaten,[231] sondern stellt eine Aktualisierungs- als auch eine Berichtigungspflicht hinsichtlich jedes wichtigen neuen Umstands oder jeder wesentlichen Unrichtigkeit in Bezug auf die im Prospekt enthaltenen Angaben dar, die die Beurteilung der Wertpapiere beeinflussen könnten und die nach der Billigung des Prospektes und vor dem endgültigen Schluss des öffentlichen Angebots oder der Einbeziehung in den Handel, auftreten oder festgestellt werden. Insbesondere ist ein Prospekt gemäß § 16 WpPG zu ergänzen, sofern die Vorgaben der delegierten Verordnung 382/2014 dies vorsehen.

Durch das Anlegerschutzverbesserungsgesetz vom 22.09.2010 wird das Produktinformationsblatt (»PIB«) gesetzlich für den Verkauf von Wertpapieren in Deutschland vorgeschrieben.[232] Dies ist u.a. im WpHG umgesetzt. Das Produktinformationsblatt darf nicht mehr als zwei DIN A4 Seiten, in Ausnahmefällen darf es max. drei Seiten umfassen, etwa bei Derivaten und Termingeschäften. Es muss a) die Art des Anlageprodukts, b) seine Funktionsweise, c) die damit verbundenen Risiken, d) die Aussichten für die Kapitalrückzahlung und Erträge unter verschiedenen Marktbedingungen sowie, e) die mit der Anlage verbundenen Kosten enthalten. Das Produktinformationsblatt muss »klare Aussagen über die für eine Anlageentscheidung wesentlichen Beurteilungskriterien wie Rendite, Risiko und Kosten der Anlageempfehlung enthalten.[233] Zum 01.01.2018 ist die PRIIPS-Verordnung in Kraft getreten, die Basisinformationsblätter für verpackte Anlageprodukte für Kleinanleger und Versicherungsanlageprodukte (PRIIP) vorsieht. Damit wurde die Vorschrift im WpHG über die Erstellung eines PIB dahingehend geändert, dass nunmehr ein PIB nur dann erstellt werden soll, sofern kein Basisinformationsblatt zu erstellen ist. **141**

C. Aufklärungs- und Beratungspflichten im Filial- und Direktbankgeschäft

I. Einleitung

Anleger bedienen sich bei der Entscheidung über Kapitalanlagen in Wertpapieren und anderen Finanzinstrumenten in unterschiedlichem Umfang der Hilfe von Kreditinstituten. Umgekehrt bieten Kreditinstitute verschiedene Modelle an, wie sie ihre Kunden bei Wertpapieranlagen unterstützen. Der Umfang der Beteiligung von Kreditinstituten an der Entscheidung ihrer Kunden über Kapitalanlagen kann sehr unterschiedlich sein. Er reicht von eigenständigen Anlageentscheidungen durch das Kreditinstitut in den Grenzen von Anlagerichtlinien und auf Grundlage eines Vermögensverwaltungsvertrags[234] über die dauerhafte oder einzelfallbezogene Anlageberatung des Kunden bis zum Angebot einer Plattform für die kostengünstige Ausführung von Wertpapieraufträgen ohne jegliche Beratungsmöglichkeit bei sog. »Direktbanken«. Parallel zu dieser Abstufung nimmt der Umfang rechtlicher Pflichten der Kreditinstitute ggü. Anlageinteressenten und Kunden ab. Das gilt sowohl für aufsichtsrechtlich begründete als auch für zivilrechtliche Pflichten der Kreditinstitute. **142**

II. Aufklärungspflichten im Filial- und Direktbankgeschäft

Kreditinstitute sind grundsätzlich verpflichtet, ihre Kunden im Vorfeld einer Kapitalanlage in Wertpapieren aufzuklären. Dieser Grundsatz besteht unabhängig von dem Betreuungsmodell, das die Kreditinstitute anbieten, und von der Wertpapierdienstleistung, die der Kunde für den Erwerb der Kapitalanlage **143**

231 S. Rdn. 471, 505.

232 Gesetz zur Stärkung des Anlegerschutzes und Verbesserung der Funktionsfähigkeit des Kapitalmarkts, (Anlegerschutz- und Funktionsverbesserungsgesetz) v. 22.09.2010.

233 *Möllers/Wenninger* NJW 2011, 1697 f.; *Müchler* WM 2012, 974 ff.

234 Ausführlich Rdn. 740 ff.

in Anspruch nimmt. Im Unterschied zur weiter unten behandelten Beratung[235] und Vermögensverwaltung[236] beruht die Rechtspflicht zur Aufklärung in Zusammenhang mit einem Anlagegeschäft nicht auf einem Vertrag, sondern auf gesetzlichen Vorgaben. Daher ist es keineswegs dem freien Ermessen des Kreditinstituts überlassen, ob und in welchem Umfang es einen Anlageinteressenten aufklärt.

1. Grundlagen der Aufklärungspflichten

a) Zivilrechtliche Grundlage

144 Wie bereits angerissen, haben Kreditinstitute grundsätzlich die Pflicht, einen Anlageinteressenten aufzuklären. Sie müssen über die wesentlichen Eigenschaften des in Aussicht genommenen Anlageobjekts sowie über die mit der Anlage verbundenen Chancen und Risiken informieren. Diese Informationen über das Anlageobjekt können neutral sein. Sie müssen also weder eine eigene noch eine fremde Bewertung zu dem Anlageobjekt enthalten. Ausgehend von diesen Grundprinzipien hängen Inhalt und Umfang der zivilrechtlichen Aufklärungspflichten von den konkreten Umständen des jeweiligen Einzelfalls ab und werden im Einzelnen weiter unten behandelt.[237]

145 Die zivilrechtliche Verpflichtung zur Aufklärung ergibt sich aus dem gem. § 311 Abs. 2 BGB bestehenden gesetzlichen Schuldverhältnis, das durch die Aufnahme des geschäftlichen Kontakts zwischen Kreditinstitut und Anlageinteressent zustande kommt. Die Haftung für eine Verletzung von Aufklärungspflichten steht nicht im Gegensatz zu der Regel des § 675 Abs. 2 BGB, die eine Haftung für die Folgen einer Auskunft, eines Rates oder einer Empfehlung grundsätzlich ausschließt. Während § 675 Abs. 2 BGB für den Bereich des rechtlich Unverbindlichen klarstellt, dass ein unaufgeforderter oder auf Anfrage gegebener Rat lediglich eine Gefälligkeit ohne Haftungsfolgen darstellt,[238] geht es im vorliegenden Zusammenhang um eine aus einem gesetzlichen Schuldverhältnis folgende Pflicht. Allerdings ist eine Aufklärungspflicht im Vorfeld von Vertragsverhandlungen nicht selbstverständlich. Die Aufklärungspflicht darf nämlich nicht dazu führen, dass ein Verhandlungspartner das Vertragsrisiko der anderen Partei übernimmt. Vielmehr bleibt es – trotz der Anerkennung weitgehender Aufklärungspflichten im Bereich der Kapitalanlagen – grundsätzlich dabei, dass es zunächst einmal Sache jeder Partei selbst ist, sich über die allgemeinen Marktverhältnisse und die daraus folgenden Risiken und Chancen zu informieren.[239] Aufgrund dieses Prinzips sind Kreditinstitute bspw. im gewöhnlichen Kreditgeschäft auch dann nicht zu einer Aufklärung verpflichtet, wenn der Darlehensnehmer den Kreditbetrag für eine Vermögensanlage verwendet.[240] Anders ist es dagegen im Anlagebereich. Dort wird vielfach ein Ungleichgewicht zwischen dem Informationsstand des Kreditinstituts und dem des Anlageinteressenten angenommen. Der Informationsbedarf des Anlageinteressenten ist regelmäßig hoch und seine Informationsmöglichkeiten sind häufig beschränkt. Dieses Ungleichgewicht soll durch die Informationspflicht des Kreditinstituts behoben werden.[241]

b) Aufsichtsrechtliche Grundlagen

aa) Wertpapierhandelsgesetz (WpHG)

146 Für jedes Wertpapierdienstleistungsunternehmen ist die Pflicht zur Aufklärung auch aufsichtsrechtlich verankert. Diese Pflicht ist gemeinsam mit anderen Verhaltenspflichten[242], die den Umgang

235 S. Rdn. 316.
236 S. Rdn. 749.
237 BGH, WM 1999, 2300 (2302) m.w.N.; s. Rdn. 172–187.
238 MüKo-BGB/*Heermann* § 675 Rn. 110.
239 MüKo-BGB/*Emmerich* § 311 Rn. 72.
240 MüKo-BGB/*Emmerich* § 311 Rn. 123; *v. Heymann/Merz*, S. 165 ff.
241 MüKo-BGB/*Emmerich* § 311 Rn. 74.
242 Auf organisatorische Pflichten, wie beispielsweise die Pflicht, Maßnahmen zur Vermeidung von Interessenkonflikten zu ergreifen (§ 80 Abs. 1 S. 1 Nr. 2 WpHG), oder die Pflichten in Zusammenhang mit

des Wertpapierdienstleistungsunternehmens mit seinen Kunden gestalten, im 11. Abschnitt des WpHG (§§ 63 ff. WpHG) festgelegt. Konkretisierende Vorgaben sind der Delegierten Verordnung (EU) 2017/565 und der Wertpapierdienstleistungs-Verhaltens- und Organisationsverordnung (WpDVerOV)[243] zu entnehmen. Das WpHG wurde am 27.07.1994[244] erlassen und basierte ursprünglich auf der Wertpapierdienstleistungsrichtlinie (WpDRiL).[245] Bereits Ende April 2004 wurde Letztere abgelöst durch die »Richtlinie über Märkte in Finanzinstrumente« (Markets in Financial Instruments Directive; MiFID),[246] deren Umsetzung zum 01.11.2007 zu erheblichen Änderungen im WpHG geführt hat. Aufgrund der Weiterentwicklung der tatsächlichen Rahmenbedingungen sowie infolge der Finanzkrise 2008 hat der europäische Gesetzgeber im Mai 2014 eine neue »Richtlinie über Märkte für Finanzinstrumente« (MiFID II)[247] erlassen. Die Umsetzung der MiFID II-Vorgaben erfolgte zum 03.01.2018 durch das Zweite Finanzmarktnovellierungsgesetz (2. FiMaNoG)[248]. Zusätzlich hat der europäische Gesetzgeber eine unmittelbar anwendbare Verordnung (MiFIR; Markets in Financial Instruments Regulation; Verordnung (EU) Nr. 600/2014 des Europäischen Parlaments und des Rates v. 15.05.2014 über Märkte für Finanzinstrumente und zur Änderung der Verordnung (EU) Nr. 648/2012, ABl. EU Nr. L 173, S. 84) erlassen. Im Folgenden das Regelungswerk bestehend aus MiFID II, MiFIR und die zu ihrer Konkretisierung erlassenen weiteren europäischen Rechtsakte (z.B. Delegierte Richtlinie (EU) 2017/593 vom 07.04.2016) zusammenfassend als MiFID II bezeichnet, soweit Nichts Anderes mitgeteilt wird. Wie schon bei MiFID hat auch die Umsetzung von MiFID II in nationales Recht Änderungen in verschiedenen deutschen Gesetzen erforderlich gemacht, wie z.B. im WpHG, Börsengesetz und KWG. MiFID II hat zwar die bestehenden anlegerschützenden Grundprinzipien unverändert gelassen. Gleichwohl sind zahlreiche anlegerschützende Regelungen geändert worden. So erhält der Anleger umfangreichere und detailliertere Informationen, der Anlegerschutz gegenüber als sog. professionelle Kunden kategorisierte Kunden ist erheblich ausgeweitet worden und die bisher allein in Deutschland eingeführten Vorgaben über Beratungsprotokolle und die Honorar-Anlageberatung sind in abgewandelter Form von der europäischen Ebene übernommen worden. Die Aufwendungen für Wertpapierdienstleistungsunternehmen und Kunden zur Umsetzung der detaillierten Anforderungen sind weiter gestiegen.

Bevor die aufsichtsrechtlichen Anforderungen aufgrund der Umsetzung der MiFID II-Anforderungen in nationales Recht zum 03.01.2018 geändert wurden, hatte der deutsche Gesetzgeber Verhaltenspflichten von Wertpapierdienstleistungsunternehmen vor allem aufgrund der Auswirkungen, die die 2008 beginnende Finanzkrise für Kapitalanleger hatte, weiterentwickelt. Die Anlageberatung von Privatkunden musste mit Wirkung ab dem 05.08.2009 protokolliert werden. Die Pflicht zur Erstellung und Aushändigung des Protokolls ergab sich aus § 34 Abs. 2a und 2b **147**

dem Produktfreigabeverfahren (§ 80 Abs. 10 und 12 WpHG, § 12 WpDVerOV) wird im Folgenden grundsätzlich nicht eingegangen.

243 Verordnung zur Konkretisierung der Verhaltensregeln und Organisationsanforderungen für Wertpapierdienstleistungsunternehmen vom 17.10.2017, BGBl. I, S. 3566. Diese ist nach § 14 WpDVerOV an die Stelle der gleichlautenden Verordnung vom 20.07.2007 (BGBl. I, S. 1432) getreten.

244 BGBl. I, S. 1794.

245 Richtlinie 93/22/EWG des Rates v. 10.05.1993 über Wertpapierdienstleistungen, ABl. EG Nr. L 141, S. 2.

246 Richtlinie 2004/39/EG des Europäischen Parlaments und des Rates v. 21.04.2004 über Märkte für Finanzinstrumente (MiFID), ABl. EG Nr. L 145, S. 1, in der konsolidierten Fassung der Änderungsrichtlinie 2006/31/EG v. 05.04.2006, ABl. EG Nr. L 114, S. 60–63.

247 Richtlinie 2014/65/EU des Europäischen Parlaments und des Rates v. 15.05.2014 über Märkte für Finanzinstrumente sowie zur Änderung der Richtlinien 2002/92/EG und 2011/61/EU, Abl. EU Nr. L 173, S. 349.

248 Zweites Gesetz zur Novellierung von Finanzmarktvorschriften auf Grund europäischer Rechtsakte vom 23.06.2017, BGBl. I, S. 1693.

WpHG a.F. i.V.m. § 14 Abs. 6 WpDVerOV a.F.[249] Soweit einem Privatkunden ein Finanzinstrument zum Kauf empfohlen wird, muss ihm seit dem 01.07.2011 eine Kurzbeschreibung der wesentlichen Merkmale und Risiken der empfohlenen Anlage zur Verfügung gestellt werden. Soweit keine Spezialregelungen greifen (z.B. für das Basisinformationsblatt nach der PRIIP-VO[250] oder für wesentliche Anlegerinformationen nach §§ 164, 166, 268, 270, 318 Abs. 5 oder 298 Abs. 1 Satz 2 KAGB) enthielten § 31 Abs. 3a WpHG a.F. und § 5a WpDVerOV a.F. nähere Vorgaben zur Gestaltung dieses Produktinformationsblatts und zum Umgang mit ihm.[251] Seit dem 03.01.2018 finden sich diese Regelungen in § 64 Abs. 2 WpHG und § 4 WpDVerOV. Für öffentlich angebotene Vermögensanlagen ist seit dem 01.06.2012 das Vermögensanlagen-Informationsblatt nach § 13 Vermögensanlagengesetz (VermAnlG)[252] hinzugekommen und in Zusammenhang mit Kaufempfehlungen gegenüber Privatkunden an die Stelle des Produktinformationsblatts getreten. Vermögensanlagen sind seit dem 01.06.2012 grundsätzlich Finanzinstrumente i.S.d. WpHG (§ 2 Abs. 2b WpHG), sodass die Verhaltenspflichten einschließlich der Aufklärungspflichten auch bei Vermögensanlagen gelten.

148 Ob die Verhaltenspflichten in den §§ 63 ff. WpHG, also auch die Pflicht zur Aufklärung des Kunden, eine rein öffentlich-rechtliche Rechtsnatur haben oder auch unmittelbar zivilrechtlich gelten, ist umstritten.[253] Die überwiegende Meinung in der Literatur nimmt eine ausschließlich öffentlich-rechtliche Natur der Verhaltenspflichten an. Für diese Einordnung sprechen insbesondere die Überwachungs- und Durchsetzungsbefugnisse durch die Bundesanstalt für Finanzdienstleistungsaufsicht (BaFin), die sich bspw. aus §§ 88, 89 und 92 WpHG ergeben. Die Regeln dienen grundsätzlich ausschließlich dem Funktionenschutz und nicht dem Schutz des individuellen Anlegers. An dieser Einschätzung hat sich auch nach der Umsetzung der MiFID durch das FRUG Nichts geändert. Außerdem fehlt es europarechtlich an einer Kompetenz zur Regelung des zivilrechtlichen Geschäftsbesorgungs- und Kommissionsrechts. Die MiFID wurde vielmehr auf die Befugnis zur Regelung der Niederlassungsfreiheit nach Art. 49 AEUV[254] gestützt. Auch inhaltlich indiziert die MiFID keine zivilrechtliche Einordnung, da lediglich in Art. 53 MiFID unmittelbare Rechte des Kunden angesprochen werden, die auf die Einrichtung effizienter Beschwerde- und Schlichtungsverfahren gerichtet sind.[255] Der Bundesgerichtshof hat sich der Auffassung, dass die §§ 63 ff. WpHG eine ausschließlich öffentlich-rechtliche Rechtsnatur haben, angeschlossen.[256]

149 Auch wenn die Verhaltenspflichten der §§ 63 ff. WpHG den zivilrechtlichen Rahmen der Beziehung zwischen Kunde und Wertpapierdienstleistungsunternehmen nicht unmittelbar gestalten, ist jedoch von einer Ausstrahlungswirkung der aufsichtsrechtlichen Vorschriften auf die zivilrechtlichen Pflichten auszugehen. Der Kunde eines Wertpapierdienstleistungsunternehmens kann im Rahmen der zivilrechtlichen Sonderverbindung nach Treu und Glauben unter Berücksichtigung der Verkehrssitte erwarten, dass das Wertpapierdienstleistungsunternehmen die Verhaltenspflichten

---

249 Eingefügt durch das Gesetz zur Neuregelung der Rechtsverhältnisse bei Schuldverschreibungen aus Gesamtemissionen und zur verbesserten Durchsetzbarkeit von Ansprüchen von Anlegern aus Fehlberatung vom 31.07.2009, BGBl. I, S. 2512.

250 Verordnung (EU) 1286/2014 vom 26.11.2014 über Basisinformationsblätter für verpackte Anlageprodukte für Kleinanleger und Versicherungsanlageprodukte (PRIIP), ABl. v. 09.12.2014 L 352/1.

251 Eingefügt durch das Gesetz zur Stärkung des Anlegerschutzes und Verbesserung der Funktionsfähigkeit des Kapitalmarkts (Anlegerschutz- und Funktionsverbesserungsgesetz, AnsFUG) vom 05.04.2011, BGBl. I, S. 538.

252 Verkündet als Art. 1 des Gesetzes zur Novellierung des Finanzanlagenvermittler- und Vermögensanlagenrechts vom 06.12.2011, BGBl. I, S. 2481.

253 Zum Streitstand vgl. Schwark/Zimmer/*Rothenhöfer* Vor §§ 31 ff. WpHG Rn. 12 ff.

254 Vertrag über die Arbeitsweise der EU in der Fassung der Bekanntmachung v. 09.05.2008, ABl. Nr. C 115 S. 47, Celex-Nr. 1 1957 E, zuletzt geändert durch Art. 1 ÄndBeschl. 2011/199/EU vom 25.03.2011, ABl. Nr. L 91 S. 1.

255 Assmann/Schneider/*Koller* Vor § 31 Rn. 1.

256 BGH, BKR 2014, 32 (33) Rn. 16 f.

der §§ 63 ff. WpHG erfüllt. Diese stellen insoweit Mindeststandards dar, die bei der Ermittlung von Inhalt und Umfang der Aufklärungspflichten berücksichtigt werden müssen.[257] Das hat zur Folge, dass die aufsichtsrechtlichen Vorgaben bei der Konkretisierung der sich aus den zivilrechtlichen Normen für den Einzelfall ergebenden Pflichten heranzuziehen sind, wie z.B. die kommissionsrechtliche Interessewahrungspflicht (§ 384 HGB), das Gebot von Treu und Glauben (§ 242 BGB) oder die vorvertraglichen Pflichten (§ 311 Abs. 2 BGB).[258]

Die sich aus dem WpHG ergebende Pflicht zur Aufklärung gilt für Wertpapierdienstleistungs- 150 unternehmen. Das sind Kreditinstitute, Finanzdienstleistungsinstitute und Zweigstellen von Unternehmen mit Sitz im Ausland, die Wertpapierdienstleistungen allein oder zusammen mit Wertpapiernebendienstleistungen gewerbsmäßig oder in einem Umfang erbringen, der einen in kaufmännischer Weise eingerichteten Geschäftsbetrieb erfordert (§ 2 Abs. 10 WpHG). Wertpapierdienstleistungen sind nach der Legaldefinition in § 2 Abs. 8 WpHG das Finanzkommissionsgeschäft (§ 2 Abs. 8 Satz 1 Nr. 1 WpHG), das Market-Making (§ 2 Abs. 8 Satz 1 Nr. 2 a) WpHG), die systematische Internalisierung (§ 2 Abs. 8 Satz 1 Nr. 2 b) WpHG), der Eigenhandel (§ 2 Abs. 8 Satz 1 Nr. 2 c) WpHG), der Hochfrequenzhandel (§ 2 Abs. 8 Satz 1 Nr. 2 d) WpHG),die Abschlussvermittlung (§ 2 Abs. 8 Satz 1 Nr. 3 WpHG), die Anlagevermittlung (§ 2 Abs. 8 Satz 1 Nr. 4 WpHG), das Emissionsgeschäft (§ 2 Abs. 8 Satz 1 Nr. 5 WpHG), das Platzierungsgeschäft (§ 2 Abs. 8 Satz 1 Nr. 6 WpHG), die Finanzportfolioverwaltung (§ 2 Abs. 8 Satz 1 Nr. 7 WpHG), der Betrieb eines multilateralen Handelssystems (§ 2 Abs. 8 Satz 1 Nr. 8 WpHG), der Betrieb eines organisierten Handelssystems (§ 2 Abs. 8 Satz 1 Nr. 9 WpHG) und die Anlageberatung (§ 2 Abs. 8 Satz 1 Nr. 10 WpHG). Weiterhin gilt als Wertpapierdienstleistung das Eigengeschäft, also die Anschaffung und Veräußerung von Finanzinstrumenten für eigene Rechnung, soweit diese keine Dienstleistung für andere i.S.d. § 2 Abs. 8 Satz 1 Nr. 2 WpHG darstellt (§ 2 Abs. 8 Satz 6 WpHG).

Nach § 3 Abs. 1 WpHG gelten bestimmte Unternehmen nicht als Wertpapierdienstleistungsunter- 151 nehmen, obwohl sie eine Wertpapierdienstleistung erbringen, und sind deshalb von der Pflicht zur Aufklärung wie von allen anderen Verhaltensregeln der §§ 63 ff. WpHG ausgenommen. Dazu gehören Angehörige freier Berufe, die Wertpapierdienstleistungen nur gelegentlich im Rahmen eines Mandatsverhältnisses als Freiberufler erbringen (§ 3 Abs. 1 Nr. 6 WpHG). Auch Unternehmen, die als Wertpapierdienstleistung für andere ausschließlich die Anlageberatung und die Anlagevermittlung betreiben, gelten nicht als Wertpapierdienstleistungsunternehmen, wenn diese Dienstleistungen sich ausschließlich auf Anteile an inländischen oder EU-Investmentvermögen i.S.d. Kapitalanlagegesetzbuchs (KAGB) beziehen, die Unternehmen kein Eigentum und Besitz an dem Geld und den Anteilscheinen der Kunden erlangen sowie die Anlagevermittlung ausschließlich zwischen Kunden und Kreditinstituten oder Finanzdienstleistungsinstituten erfolgt (§ 3 Abs. 1 Nr. 7 WpHG).

Über die Erbringung von Wertpapierdienstleistungen hinaus sind die Verhaltensregeln der §§ 63 ff. 152 WpHG grundsätzlich auch von Wertpapierdienstleistungsunternehmen und Kreditinstituten zu beachten, wenn sie strukturierte Einlagen verkaufen oder über diese beraten. Aufgrund der Vorgaben in § 96 WpHG sind §§ 63 und 64 WpHG, mit Ausnahme von § 64 Abs. 2 WpHG, § 67 Abs. 4 WpHG, §§ 68 bis 71 WpHG, § 80 Abs. 1 S. 2 Nr. 2 und 3 und Abs. 7 bis 13 WpHG, § 81 Abs. 1 bis 4 WpHG, § 83 Abs. 1 und 2 WpHG, § 87 Abs. 1 S. 1, Abs. 2, 3, 4 S. 1 und Abs. 6 WpHG entsprechend anzuwenden.

Ein Wertpapierdienstleistungsunternehmen hat seine Kunden gem. § 63 Abs. 7 WpHG auf- 153 zuklären. Diese gesetzliche Aufklärungspflicht beinhaltet, dass das Unternehmen seinen Kunden rechtzeitig und in verständlicher Form angemessene Informationen zur Verfügung stellen muss. Die Informationen müssen daher so beschaffen sein, dass die Kunden nach vernünftigem Ermessen die Art und die Risiken der ihnen angebotenen oder von ihnen nachgefragten Arten von

257 MüKo-HGB/*Nobbe*/*Zahrte* Anlageberatung Rn. 62.

258 Assmann/Schneider/*Koller* Vor § 31 Rn. 3; Schwark/Zimmer/*Rothenhöfer* Vor §§ 31 ff. WpHG Rn. 16.

Finanzinstrumenten oder Wertpapierdienstleistungen verstehen und auf dieser Grundlage ihre Anlageentscheidungen treffen können. Vertreibt ein Wertpapierdienstleistungsunternehmen Anteile an Investmentvermögen i.S.d. Kapitalanlagegesetzbuchs (KAGB), gelten die wesentlichen Anlegerinformationen als angemessen i.S.d. vorigen Satzes, um die Informationspflicht zu diesen Finanzinstrumenten zu erfüllen. Abhängig von der Art des Investmentvermögens ist die Rechtsgrundlage für die wesentlichen Anlegerinformationen in §§ 164 und 166 KAGB (für Anteile an OGAW oder an offenen Publikums-AIF), in §§ 268 und 270 KAGB (für Anteile an geschlossenen Publikums-AIF), in § 318 Abs. 5 KAGB (für Anteile an EU-AIF und ausländische AIF) und in § 298 Abs. 1 Satz 2 KAGB (für Anteile an EU-OGAW).

154 Bis zum 31.10.2007 hatten die betroffenen Unternehmen nach § 31 Abs. 2 Satz 1 Nr. 2 WpHG a.F. die Pflicht, dem Kunden alle zweckdienlichen Informationen mitzuteilen, soweit dies zur Wahrung seiner Interessen und im Hinblick auf Art und Umfang der beabsichtigten Geschäfte erforderlich war. Seit dem 01.11.2007 bestehen für Wertpapierdienstleistungsunternehmen umfangreichere Vorgaben zu den Aufklärungsinhalten.[259] § 63 Abs. 7 WpHG enthält genauso wie die Vorgängervorschrift in § 31 Abs. 3 WpHG a.F. die Pflicht, über folgende vier Themengebiete zu informieren: das Wertpapierdienstleistungsunternehmen und seine Dienstleistungen, die Arten von Finanzinstrumenten und vorgeschlagene Anlagestrategien einschließlich damit verbundener Risiken, Ausführungsplätze sowie Kosten und Nebenkosten. Maßgebend für den Umfang der aufsichtsrechtlichen Aufklärungspflichten ist, zu welcher Kategorie der Kunde gehört (zu den Kategorien Privatkunde, professioneller Kunde und geeignete Gegenpartei vgl. Rdn. 258–265). Die umfangreichsten Aufklärungspflichten hat ein Wertpapierdienstleistungsunternehmen gegenüber einem Privatkunden. Die nach § 63 Abs. 7 WpHG zu erteilenden Informationen können auch in standardisierter Form zur Verfügung gestellt werden (§ 63 Abs. 7 S. 2 WpHG).

bb) Kapitalanlagegesetzbuch (KAGB)

155 Das Kapitalanlagegesetzbuch ist am 22.07.2013 in Kraft[260] und an die Stelle des Investmentgesetzes (InvG) getreten.[261] Es dient insbesondere der Umsetzung der Richtlinie 2009/65/EG vom 13.07.2009 zur Koordinierung der Rechts- und Verwaltungsvorschriften betreffend bestimmte Organismen für gemeinsame Anlagen in Wertpapieren (OGAW)[262] (sog. UCITS IV-Richtlinie) und der Richtlinie 2011/61/EU vom 08.06.2011 über die Verwalter alternativer Investmentfonds und zur Änderung der Richtlinien 2004/31/EG und 2009/65/EG und der Verordnungen (EG) Nr. 1060/2009 und (EU) Nr. 1095/2010.[263] Über den Regelungsgehalt des InvG a.F. hinausgehend werden mit dem Kapitalanlagegesetzbuch auch sog. geschlossene Fonds reguliert.[264] Im Unterschied zum Investmentgesetz, dessen Anwendungsbereich das Vorliegen eines Investmentfonds von formellen Kriterien abhängig machte, geht das KAGB von einem materiellen Verständnis des Investmentvermögens aus (vgl. die Begriffsbestimmung in § 1 Abs. 1 KAGB).[265]

156 Normadressaten des KAGB sind neben den Verwahrstellen (§§ 68 ff. KAGB) insbesondere die Kapitalverwaltungsgesellschaften (§ 17 ff. KAGB). Letztere haben nach §§ 26 ff. KAGB Verhaltenspflichten zu erfüllen, die vergleichbar mit den in §§ 63 ff. WpHG enthaltenen Verhaltenspflichten für

259 Zu den Einzelheiten vgl. Rdn. 188–226.

260 Art. 28 des Gesetzes zur Umsetzung der Richtlinie 2011/61/EU über die Verwalter alternativer Investmentfonds (AIFM-Umsetzungsgesetz), BGBl. I S. 1981.

261 Zu den Übergangsvorschriften vgl. §§ 345 ff. KAGB.

262 Amtsblatt L 302 vom 17.11.2009 S. 1.

263 Amtsblatt L 174 vom 01.07.2011 S. 1.

264 Als eine Konsequenz hat sich der Anwendungsbereich des Vermögensanlagengesetzes verringert. Vgl. auch die Änderungen im Vermögensanlagengesetz durch Art. 11 des AIFM-Umsetzungsgesetzes.

265 Zu Details des Anwendungsbereichs vgl. »Auslegungsschreiben zum Anwendungsbereich des KAGB und zum Begriff des »Investmentvermögen«« der BaFin vom 14.06.2013, geändert am 09.03.2015 Geschäftszeichen Q 31-Wp2137-2013/0006.

Wertpapierdienstleistungsunternehmen sind. Detaillierte Vorgaben an die Verhaltenspflichten ergeben sich aus der Verordnung zur Konkretisierung der Verhaltensregeln und Organisationsregeln nach dem Kapitalanlagegesetzbuch (Kapitalanlage-Verhaltens- und Organisationsverordnung – KAVerOV) vom 16.07.2013.[266] Diese Verhaltenspflichten gelten nicht für Wertpapierdienstleistungsunternehmen. Die Tätigkeit von Kapitalverwaltungsgesellschaften stellt keine Wertpapierdienstleistung i.S.d. § 2 Abs. 8 WpHG dar. Kapitalverwaltungsgesellschaften betreiben keine Finanzportfolioverwaltung nach § 2 Abs. 8 Satz 1 Nr. 7 WpHG.[267] Ungeachtet dessen vertritt die BaFin die Auffassung, dass die den Vertrieb von Anteilen an Investmentvermögen regelnde Vorschrift des § 297 KAGB auch von Wertpapierdienstleistungsunternehmen i.S.d. WpHG zu beachten sei. Ebenfalls verpflichtet, diese Vorschrift zu beachten, seien Finanzdienstleistungsinstitute i.S.d. Kreditwesengesetzes (KWG) und Versicherungsunternehmen i.S.d. Versicherungsaufsichtsgesetzes (VAG).[268] § 297 KAGB ist die Nachfolgevorschrift zu § 121 InvG a.F. § 297 KAGB sieht besondere Informationspflichten gegenüber Interessenten von Anteilen an OGAW (Abs. 1, 3, 4), AIF (Abs. 2, 3, 4), Feederfonds und Masterfonds (Abs. 5) sowie von Dach-Hedgefonds oder EU-AIF oder mit Dach-Hedgefonds vergleichbarer ausländischer AIF (Abs. 6) vor. Die nach § 297 KAGB zu erbringenden Pflichtinformationen betreffen neben einzelnen Wertangaben (z.B. jüngster Nettoinventarwert des Investmentvermögens bei AIF gem. § 297 Abs. 2 KAGB) sowie dem Verkaufsprospekt und dem letzten veröffentlichten Jahres- und Halbjahresbericht (§ 297 Abs. 2 KAGB) vor allem die wesentlichen Anlegerinformationen.

Dem am Erwerb eines Anteils an einem OGAW Interessierten sind rechtzeitig vor Vertragsschluss **157**
die wesentlichen Anlegerinformationen kostenlos zur Verfügung zu stellen (§ 297 Abs. 1 S. 1 KAGB; § 121 Abs. 1 Satz 1 InvG a.F.). Bei den wesentlichen Anlegerinformationen handelt es sich um eine Produktbeschreibung der Kapitalverwaltungsgesellschaft, mit der ein Anleger in die Lage versetzt werden soll, Art und Risiken des angebotenen Anlageprodukts zu verstehen und auf dieser Grundlage eine fundierte Anlageentscheidung zu treffen (§ 42 Abs. 2 Satz 1 InvG a.F.; §§ 164 und 166 KAGB für Anteile an OGAW oder an offenen Publikums-AIF, §§ 268 und 270 KAGB für Anteile an geschlossenen Publikums-AIF, § 318 Abs. 5 KAGB für Anteile an EU-AIF und ausländische AIF und § 298 Abs. 1 Satz 2 KAGB für Anteile an EU-OGAW). Diese Beschreibung soll folgende Angaben zu den wesentlichen Merkmalen des betreffenden Sondervermögens enthalten: Identität des Sondervermögens, eine kurze Beschreibung der Anlageziele und der Anlagepolitik, Risiko- und Ertragsprofil der Anlage, Kosten und Gebühren, bisherige Wertentwicklung und ggf. Performance-Szenarien und praktische Informationen und Querverweise. Diese wesentlichen Elemente muss der Anleger verstehen können, ohne dass hierfür zusätzliche Dokumente herangezogen werden müssen (§ 166 Abs. 1 KAGB; § 42 Abs. 2 Satz 2 InvG a.F.). Die wesentlichen Anlegerinformationen sind kurz zu halten und in allgemein verständlicher Sprache abzufassen (§ 166 Abs. 3 Satz 4 KAGB; § 42 Abs. 2 Satz 3 InvG a.F.). Sie sind in einem einheitlichen Format zu erstellen, um Vergleiche zu ermöglichen (§ 166 Abs. 3 Satz 5 KAGB). Die wesentlichen Anlegerinformationen müssen redlich und eindeutig und dürfen nicht irreführend sein (§ 166 Abs. 3 Satz 2 KAGB). Sie müssen mit den einschlägigen Teilen des Verkaufsprospekts übereinstimmen (§ 166 Abs. 3 Satz 3 KAGB). Für inländische OGAW bestimmen sich die näheren Inhalte, Form und Gestaltung der wesentlichen Anlegerinformationen nach der Verordnung (EU) Nr. 583/2010. Für offene AIF-Publikumsinvestmentvermögen ist die Verordnung (EU) Nr. 583/2010 hinsichtlich der näheren Inhalte, Form und Gestaltung der wesentlichen Anlegerinformationen entsprechend anzuwenden, soweit sich aus § 166 Abs. 5 bis 8 KAGB nichts anderes ergibt. Die Abs. 5 bis 8 von § 166 KAGB enthalten Sonderregelungen für die wesentlichen Anlegerinformationen über Immobilien-Sondervermögen und Dach-Hedgefonds. Die Inhalte der wesentlichen Anlegerinformationen für geschlossene Publikums-AIF richten sich ebenfalls nach § 166 Abs. 1 bis 3 und 5 KAGB (§ 270 Abs. 1 KAGB), wobei

266 BGBl. I S. 2460.

267 Schwark/Zimmer/*Kumpan* § 2 WpHG Rn. 83.

268 Abschnitt 3.1 des BaFin-Schreibens »Häufige Fragen zum Vertrieb und Erwerb von Investmentvermögen nach dem KAGB« vom 04.07.2013, geändert am 16.03.2018, Geschäftszeichen WA 41-Wp2137-2013/0293.

die Sonderregelungen in § 270 Abs. 2 KAGB zu beachten sind. Für wesentliche Anlegerinformationen zu offenen EU-AIF und offenen ausländischen AIF gilt § 166 Abs. 1 bis 5 KAGB und für wesentliche Anlegerinformationen zu geschlossenen AIF und zu geschlossenen ausländischen AIF gilt § 270 KAGB entsprechend (§ 318 Abs. 5 KAGB).

158 Zusätzlich zu den wesentlichen Anlegerinformationen können der am Erwerb Interessierte und der Anleger verlangen, dass ihnen der Verkaufsprospekt sowie der letzte veröffentlichte Jahres- und Halbjahresbericht kostenlos zur Verfügung gestellt wird (§ 297 Abs. 1 KAGB; § 121 Abs. 1 Satz 2 InvG a.F.). Dem ausführlichen Verkaufsprospekt sind die Vertragsbedingungen oder die Satzung beizufügen, es sei denn, der ausführliche Verkaufsprospekt enthält einen Hinweis, an welcher Stelle im Geltungsbereich des KAGB diese kostenlos erlangt werden können. Die in § 297 Abs. 1, Abs. 2 Satz 2 und Abs. 3 KAGB genannten Unterlagen werden als Verkaufsunterlagen definiert. Sie sind dem am Erwerb Interessierten und dem Anleger auf einem dauerhaften Datenträger oder einer Internetseite gem. Art. 38 der Verordnung (EU) Nr. 583/2010 zur Verfügung zu stellen (§ 297 Abs. 4 Satz 1 KAGB). Der am Erwerb Interessierte ist darauf hinzuweisen, wo im Geltungsbereich des Gesetzes und auf welche Weise er die Verkaufsunterlagen kostenlos erhalten kann (§ 297 Abs. 4 Satz 2 KAGB; § 121 Abs. 1 Satz 6 InvG a.F.).

159 Die wesentlichen Anlegerinformationen sind rechtzeitig vor Vertragsschluss zur Verfügung zu stellen (§ 297 Abs. 1 KAGB; § 121 Abs. 1 Satz 1 InvG a.F.). Dies bedeutet, dass die Bank diese Produktbeschreibung anbieten muss, bevor der Vertrag über den Erwerb der Fondsanteile zustande kommt. Es besteht keine Aushändigungspflicht. Der Kunde kann die Entgegennahme der angebotenen Informationsunterlage ablehnen.[269] Sofern die Anteile am Investmentvermögen aufgrund einer Vereinbarung über den regelmäßig wiederkehrenden Erwerb zu einem vereinbarten Gegenwert erworben werden sollen (sog. Fondssparpläne), sind die Unterlagen einmalig vor Abschluss dieser Vereinbarung anzubieten (§ 297 Abs. 7 Satz 2 KAGB). Das Angebot muss nicht vor jedem Erwerb wiederholt werden, da der Anleger die den Erwerbsvorgängen zugrunde liegende Anlageentscheidung einmal vor Abschluss der Vereinbarung getroffen hat. Das Anbieten der Verkaufsunterlagen soll es dem Kunden ermöglichen, sich eingehend zu informieren. Durch die Erfüllung der vorvertraglichen Angebotspflicht ist dem Aufklärungsbedürfnis des Kunden auch für den Zeitraum der Umsetzung der Vereinbarung Rechnung getragen. Soweit im Rahmen einer Finanzportfolioverwaltung Anteile an Investmentvermögen erworben werden, stellt § 297 Abs. 7 Satz 1 KAGB klarstellend fest, dass dem Kunden keine wesentlichen Anlegerinformationen zur Verfügung gestellt werden müssen.

160 Dem Erwerber an einem OGAW oder AIF ist außerdem eine Durchschrift des Antrags auf Vertragsabschluss auszuhändigen oder eine Kaufabrechnung zu übersenden, die einen Hinweis auf die Höhe des Ausgabeaufschlags und des Rücknahmeabschlags enthalten müssen. Ist der Käufer von Anteilen durch mündliche Verhandlungen außerhalb der ständigen Geschäftsräume des Verkäufers oder Vermittlers dazu bestimmt worden, eine auf den Kauf gerichtete Willenserklärung abzugeben, so ist er an diese Erklärung nur gebunden, wenn er sie nicht binnen einer Frist von 2 Wochen schriftlich widerruft (§ 305 KAGB; § 126 InvG a.F.). Die Durchschrift oder die Kaufabrechnung müssen eine Belehrung über dieses Recht des Käufers zum Widerruf enthalten (§ 297 Abs. 8 KAGB; § 121 Abs. 1 Satz 7 InvG a.F.).

161 Handelt es sich bei dem Anleger um einen Verbraucher i.S.d. § 13 BGB und erwirbt er die Anteile mittels eines Fernkommunikationsmittels i.S.d. § 312c Abs. 2 BGB, finden die Vorschriften über Fernabsatzverträge gem. § 312d Abs. 2 BGB mit der Maßgabe entsprechend Anwendung, dass zusätzlich zu der fernabsatzrechtlichen Informationspflicht nach Art. 246b EGBGB auch die Vorschriften über die Verkaufsprospekte und die wesentlichen Anlegerinformationen zu beachten

269 Abschnitt 3.2 in »Häufige Fragen zum Vertrieb und Erwerb von Investmentvermögen nach dem KAGB«, Schreiben der BaFin vom 04.07.2013, geändert am 16.03.2018, Geschäftszeichen WA 41-Wp 2137-2013/0293.

sind. Zu berücksichtigen ist, dass einem Verbraucher, der Anteile mittels eines Fernkommunikationsmittels erworben hat, kein Widerrufsrecht zusteht (§ 305 Abs. 1 Satz 2 KAGB; § 126 Abs. 1 Satz 2 InvG a.F.). Das Widerrufsrecht ist nach § 312g Abs. 2 Satz 1 Nr. 8 BGB ausgeschlossen bei Fernabsatzverträgen, die die Erbringung von Finanzdienstleistungen zum Gegenstand haben, deren Preis auf dem Finanzmarkt Schwankungen unterliegt, auf die der Unternehmer keinen Einfluss hat und die innerhalb der Widerrufsfrist auftreten können, insbesondere im Zusammenhang mit Anteilscheinen, die von einer Kapitalanlagegesellschaft oder einer ausländischen Investmentgesellschaft ausgegeben werden.

Abweichend von der Pflicht, den Verkaufsprospekt lediglich anzubieten, besteht eine Pflicht zur Aushändigung sämtlicher Verkaufsunterlagen vor Vertragsschluss, wenn es sich bei dem Anleger um einen Privatanleger i.S.d. § 1 Abs. 19 Nr. 31 KAGB handelt und er einen Anteil an einem Dach-Hedgefonds erwerben möchte (§ 297 Abs. 6 KAGB). Der Erwerb von Anteilen an einem Dach-Hedgefonds bedarf der schriftlichen Form (§ 297 Abs. 6 Satz 2 KAGB; § 121 Abs. 3 Satz 2 InvG a.F.). Der Anleger muss vor dem Erwerb der Anteile auf die Risiken des Investmentvermögens aufmerksam gemacht werden, und zwar durch folgenden, an auffälliger Stelle drucktechnisch hervorgehobenen Warnhinweis: »Der Bundesminister der Finanzen warnt: Dieser Investmentfonds investiert in Hedgefonds, die keinen gesetzlichen Leverage- oder Risikobeschränkungen unterliegen.« (§§ 297 Abs. 6 Satz 3 i.V.m. 228 Abs. 2 KAGB).[270] Ist streitig, ob der Verkäufer die Belehrung durchgeführt hat, trifft die Beweislast den Verkäufer (§ 297 Abs. 6 S. 4 KAGB). 162

Auf Wunsch des Anlegers muss die Kapitalverwaltungsgesellschaft zusätzlich über die Anlagegrenzen des Risikomanagements des Investmentvermögens, die Risikomanagementmethoden und die jüngsten Entwicklungen bei den Risiken und Renditen der wichtigsten Kategorien von Vermögensgegenständen des Investmentvermögens informieren (§ 297 Abs. 9 KAGB; § 121 Abs. 4 Satz 1 InvG a.F.). 163

Für die Praxis ebenfalls von Bedeutung sind die gesetzlichen Vorgaben zu den Informationen, die in einer Werbung enthalten sein müssen. Jede Werbung in Textform für den Erwerb von Anteilen eines Investmentvermögens muss auf den Verkaufsprospekt und die wesentlichen Anlegerinformationen hinweisen (§ 302 Abs. 2 KAGB). Außerdem muss jede Werbung in derartiger Form für den Erwerb von Anteilen eines inländischen Investmentvermögens, nach dessen Vertragsbedingungen oder Satzung die Anlage von mehr als 35 % des Wertes des Investmentvermögens in Schuldverschreibungen zulässig ist, die vom Bund, einem Land, den Europäischen Gemeinschaften, einem Mitgliedstaat der EU, einem anderen Vertragsstaat des Abkommens über den Europäischen Wirtschaftsraum oder einem anderen Staat, der Mitglied der Organisation für wirtschaftliche Zusammenarbeit und Entwicklung ist, ausgestellt sind, diese Aussteller benennen (§ 302 Abs. 3 KAGB). Die beiden vorgenannten Anforderungen gelten nur für Werbung in Textform. Dieser Begriff ist nach § 126b BGB zu bestimmen. Danach sind Erklärungen in Textform solche, die in einer Urkunde oder auf andere zur dauerhaften Wiedergabe in Schriftzeichen geeigneten Weise abgegeben werden. Eine Rundfunk- oder Fernsehwerbung muss diese Angaben deshalb nicht enthalten. Wohl aber gilt für sie, wie allgemein für jede Form der Werbung, die folgende Hinweispflicht: Jede Werbung für den Erwerb von Anteilen eines Investmentvermögens, nach dessen Vertragsbedingungen oder Satzung ein anerkannter Wertpapierindex nachgebildet oder hauptsächlich in Derivate nach Maßgabe des § 197 KAGB angelegt wird, muss auf die Anlagestrategie hinweisen (§ 302 Abs. 4 Satz 1 KAGB). Weist ein Investmentvermögen aufgrund seiner Zusammensetzung oder der für die Fondsverwaltung verwendeten Techniken eine erhöhte Volatilität[271] auf, muss in jeder Werbung in 164

270 Der laut §§ 121 Abs. 3 Satz 3 i.V.m. 117 Abs. 2 InvG a.F. zu erteilende Hinweis wies auf die möglichen Folgen hin und ließ die Ursachen unerwähnt: »Der Bundesminister der Finanzen warnt: Bei diesem Investmentfonds müssen Anleger bereit und in der Lage sein, Verluste des eingesetzten Kapitals bis hin zum Totalverlust hinzunehmen.« Der aktuelle Hinweis nennt lediglich ein Risiko und lässt die (möglichen) Konsequenzen unerwähnt.

271 Mit Volatilität ist die Schwankungsbreite und -häufigkeit der Preise eines Finanzinstruments gemeint.

Textform darauf hingewiesen werden (§ 302 Abs. 4 Satz 2 KAGB). Diese Anforderung ist eine Ergänzung zur Pflicht, dass Verkaufsprospekte von Sondervermögen mit derartigen Merkmalen einen entsprechenden Hinweis an hervorgehobener Stelle enthalten müssen (§ 165 Abs. 4 KAGB; § 42 Abs. 4 InvG a.F.). Die beiden letztgenannten Angabepflichten gelten nicht für die Werbung für ausländische AIF und für EU-AIF (§ 302 Abs. 4 Satz 3 KAGB). Jede Werbung für Dach-Hedgefonds muss auf die besonderen Risiken des Investmentvermögens an auffälliger Stelle drucktechnisch hervorgehoben durch folgenden Warnhinweis informieren: »Der Bundesminister der Finanzen warnt: Dieser Investmentfonds investiert in Hedgefonds, die keinen gesetzlichen Leverage- oder Risikobeschränkungen unterliegen.« (§§ 302 Abs. 6 i.V.m. 228 Abs. 2 KAGB).

cc) Vermögensanlagengesetz (VermAnlG)

165 Besondere Informationspflichten können sich auch aus dem Vermögensanlagengesetz[272] ergeben. Das Gesetz ist anwendbar, soweit Vermögensanlagen im Inland öffentlich angeboten werden (§ 1 Abs. 1 VermAnlG). Der Begriff »Vermögensanlagen« ist in § 1 Abs. 2 VermAnlG legaldefiniert. Als Vermögensanlagen gelten Anlagen, die weder als Wertpapiere i.S.d. Wertpapierprospektgesetzes verbrieft, noch als Investmentvermögen i.S.d. § 1 Abs. 1 KAGB ausgestaltet sind, und 1. die eine Beteiligung am Ergebnis eines Unternehmens gewähren, 2. die Anteile an einem Vermögen sind, das der Emittent oder ein Dritter in eigenem Namen für fremde Rechnung hält oder verwaltet (Treuhandvermögen), 3. die partiarische Darlehen sind, 4. die Nachrangdarlehen sind, 5. die Genussrechte sind, 6. die Namensschuldverschreibungen sind, und 7. die sonstige Anlagen sind, die eine Verzinsung und Rückzahlung oder einen vermögenswerten Barausgleich im Austausch für die zeitweise Überlassung von Geld gewähren oder in Aussicht stellen. Ausnahmen für die Anwendbarkeit des VermAnlG ergeben sich aus § 2 VermAnlG. Die Informationspflicht ist in § 15 VermAnlG geregelt. Jeder Anbieter ist verpflichtet, einem Anleger oder einem am Erwerb einer Vermögensanlage Interessierten auf dessen Verlangen während der Dauer des öffentlichen Angebots jederzeit den Verkaufsprospekt und eine aktuelle Fassung des Vermögensanlagen-Informationsblatts in Textform, auf Verlangen in Papierform zu übermitteln.

dd) § 53 BörsG a.F. und § 37d WpHG

166 Die in § 37d WpHG a.F. geregelte Informationspflicht bei Finanztermingeschäften ist mit Wirkung zum 01.11.2007 aufgehoben worden. Damit ist die sog. Termingeschäftsfähigkeit oder Finanztermingeschäftsfähigkeit entfallen. Dies hat zur Folge, dass über derartige Finanzinstrumente nach dem Maßstab des § 63 Abs. 7 WpHG aufzuklären ist.

ee) PRIIP-Verordnung

167 Seit dem 1. Januar 2018[273] gilt die PRIIP-Verordnung (PRIIP-VO)[274]. Konkretisierende Anforderungen enthält die DVO (EU) 2017/653[275]. Zusätzlich sind Leitlinien der EU-Kommission[276]

---

272 Gesetz über Vermögensanlagen vom 06.12.2011, BGBl. I S. 2481.

273 Verordnung (EU) 2016/2340 vom 14.12.2016 zur Änderung der Verordnung (EU) 1286/2014 über Basisinformationsblätter für verpackte Anlageprodukte für Kleinanleger und Versicherungsanlageprodukte im Hinblick auf den Geltungsbeginn; Abl. EU vom 23.12.2016, L 354/35.

274 Verordnung (EU) 1286/2014 vom 26.11.2014 über Basisinformationsblätter für verpackte Anlageprodukte für Kleinanleger und Versicherungsanlageprodukte (PRIIP); Abl. EU vom 09.12.2014, L 352/1.

275 Delegierte Verordnung (EU) 2017/653 vom 08.03.2017 zur Ergänzung der Verordnung (EU) 1286/2014 über Basisinformationsblätter für verpackte Anlageprodukte für Kleinanleger und Versicherungsanlageprodukte (PRIIP) durch technische Regulierungsstandards in Bezug auf die Darstellung, den Inhalt, die Überprüfung und die Überarbeitung dieser Basisinformationsblätter sowie die Bedingungen für die Erfüllung der Verpflichtung zu ihrer Bereitstellung; Abl. EU vom 12.04.2017, L 100/1; in der Fassung der Berichtigung der DVO (EU) 2017/653; Abl. EU vom 11.05.2017, L 120/31.

276 Leitlinien zur Anwendung der Verordnung (EU) 1286/2014 (2017/C 218/02) der EU-Kommission, Abl. EU vom 07.07.2017, C 218/11.

und Questions and Answers der European Supervisory Authorities (ESA)[277] von Bedeutung. Regelungsgegenstand der PRIIP-VO ist die Erstellung und Veröffentlichung von Basisinformationsblättern[278] durch PRIIP-Hersteller (Art. 5 ff. PRIIP-VO) sowie deren rechtzeitige Bereitstellung an Anleger durch Personen, die über ein PRIIP beraten oder es verkaufen (Art. 13 f. PRIIP-VO).

Die Anforderungen der PRIIP-VO gelten grundsätzlich für PRIIP-Hersteller und Personen, die über ein PRIIP beraten oder es verkaufen (Art. 2 Abs. 1 PRIIP-VO). Ein PRIIP oder »verpacktes Anlageprodukt für Kleinanleger und Versicherungsanlageprodukt« (packaged retail and insurance-based investment product) ist jedes Produkt, das unter eine oder beide der Begriffsbestimmungen für PRIP und Versicherungsanlageprodukt fällt (Art. 4 Nr. 4 PRIIP-VO). Ein PRIP oder »verpacktes Anlageprodukt für Kleinanleger« (packaged retail investment product) ist jede Anlage, bei der unabhängig von der Rechtsform der Anlage der dem Kleinanleger zurückzuzahlende Betrag Schwankungen aufgrund der Abhängigkeit von Referenzwerten oder von der Entwicklung eines oder mehrerer Vermögenswerte, die nicht direkt vom Kleinanleger erworben werden, unterliegt (Art. 4 Nr. 1 PRIIP-VO). Der Begriff Anlage ist weit auszulegen und nicht auf klassische Vermögensanlageformen beschränkt. Die PRIIP-VO ist unter anderem auch auf börsengehandelte Derivate (Futures & Options) sowie auf außerbörslich gehandelte Derivate (OTC-Derivate) anwendbar (vgl. Anhang II Teil 1 Nr. 4 b; Anhang IV Nr. 16 und 17 der DVO (EU) 2017/653). Auch wenn verpackte Anlageprodukte für Kleinanleger unabhängig von der Rechtsform der Anlage den Anforderungen der PRIIP-VO unterfallen und damit nicht auf Finanzinstrumente im Sinne des WpHG beschränkt sind, werden in diesem Abschnitt ausschließlich die Anforderungen in Zusammenhang mit Finanzinstrumenten dargestellt. In diesem Zusammenhang ist zu berücksichtigen, dass die PRIIP-VO bis zum 31.12.2019 nicht für die Beratung oder den Verkauf von Anteilen an OGAW-Fonds und AIF-Fonds gilt (Art. 32 PRIIP-VO). 168

Der persönliche Anwendungsbereich der PRIIP-VO umfasst PRIIP-Hersteller und Personen, die über ein PRIIP beraten oder es verkaufen. Für die Darstellungen in diesem Abschnitt sind die PRIIP-Hersteller nicht relevant. Als PRIIP-Verkäufer bestimmt Art. 4 Nr. 5 PRIIP-VO eine Person, die einem Kleinanleger einen PRIIP-Vertrag anbietet oder diesen mit ihm abschließt. Mit Kleinanleger wird ausdrücklich auf die MiFID II-Regelung Bezug genommen. Art. 4 Nr. 6 lit. a PRIIP-VO enthält einen Verweis auf die Definition des Kleinanlegers in Art. 4 Abs. 1 Nr. 11 Richtlinie 2014/65/EU, der laut Wertpapierhandelsgesetz als Privatkunde bezeichnet wird. Der Begriff »verkaufen« ist aus Anlegerschutzgesichtsgründen weit auszulegen. Auf die Rechtsform der Erwerbstransaktion kommt es nicht an. Entscheidend ist die Pflicht des Anlegers zum Erwerb der Anlage. Für die weite Auslegung sprechen auch Hinweise in Erwägungsgrund 26 der PRIIP-VO[279]. Der Begriff »beraten« ist in der PRIIP-VO nicht definiert. Aufgrund des Wortlauts dürfte jedenfalls eine Beratung im Sinne der PRIIP-VO vorliegen, wenn eine Anlageberatung i.S.v. § 2 Abs. 8 Nr. 10 WpHG erbracht wird. 169

Personen, die über ein PRIIP beraten oder es verkaufen, müssen das Basisinformationsblatt dem Kleinanleger (= Privatkunde i.S.d. WpHG) grundsätzlich vor der Transaktion bzw. dem Vertragsschluss zur Verfügung stellen[280]. Das Basisinformationsblatt ist kostenlos (Art. 14 Abs. 1 PRIIP-VO) und grundsätzlich in Papierform bereitzustellen (Art. 14 Abs. 2 PRIIP-VO). Dem Wortlaut der Regelungen und Sinn und Zweck der PRIIP-VO nach zu urteilen ist das Basisinformationsblatt ausschließlich vor dem Kauf eines Kunden bereitzustellen. Dies umfasst Zeichnungsaufträge für 170

277 Questions and Answers (Q&A) on the PRIIPs KID der ESA (JC 2017 49; Stand 19.07.2018).

278 *Gerold/Kohleick* Aktuelle europäische Vorgaben für das Basisinformationsblatt nach der PRIIP-VO, RdF 2107, 276 f.

279 EG 26 S. 2 PRIIP-VO: »Diese Anforderung sollte unabhängig davon gelten, ob oder wie die Transaktion erfolgt.« und EG 26 S. 4 PRIIP-VO: »Als Personen, die über PRIIP beraten oder sie verkaufen, gelten sowohl Vermittler als auch die PRIIP-Hersteller selbst, wenn die PRIIP-Hersteller über das PRIIP direkt beraten oder es direkt an Kleinanleger verkaufen.«.

280 Einzelheiten vgl. Rdn. 233–234.

Neuemissionen und Käufe im Sekundärmarkt. Auch der Beginn einer Long- oder Short-Position von Derivaten kann die Bereitstellungspflicht eines Basisinformationsblatts auslösen. Soweit der Kunde eine Anlage verkauft oder eine bestehende Derivateposition schließt, ist kein Basisinformationsblatt zur Verfügung zu stellen.

c) Abgrenzung der Aufklärung zu Auskunft und Warnung

171 Kreditinstitute leisten nicht nur Aufklärung, sondern erteilen auch Auskünfte und warnen ihre Kunden in Einzelfällen. Allerdings sind die Begriffe Auskunft und Warnung nicht gesetzlich definiert, auch besteht kein Einvernehmen über den Inhalt dieser Begriffe. Das hat zur Folge, dass »Auskunft« in vielen Fällen mit »Aufklärung« gleichgesetzt wird. Daher soll die Bedeutung der unterschiedlichen Begriffe für die vorliegende Darstellung voneinander abgegrenzt werden. Mit Auskunft ist eine Mitteilung von Tatsachen gemeint, um die der Anfragende gebeten hat.[281] Grundsätzlich besteht keine Rechtspflicht zur Erteilung einer Auskunft. Wird die Auskunft gegeben, ist es i.d.R. nicht von Bedeutung, ob die Auskunft für den Empfänger verständlich ist. Im Unterschied zur Auskunft kommt es dagegen bei der Aufklärung darauf an, dass die Mitteilung vom Empfänger verstanden werden kann. Die Verständlichkeit ist erforderlich, da die Aufklärung dem Zweck dient, ein Wissensdefizit beim Empfänger auszugleichen und es ihm zu ermöglichen, Eigenschaften, Chancen und Risiken beurteilen und einschätzen zu können.[282] Ebenso wie bei der Auskunft werden bei der Aufklärung neutrale Informationen mitgeteilt, die aber i.d.R. ausführlicher gefasst sind, um die Verständlichkeit zu verbessern. Eine Warnung ist ein Hinweis auf einen bestimmten Umstand, wie z.B. ein zukünftiges (wahrscheinliches) Ereignis, der sich nachteilig auswirken kann. Die Warnung wird als Unterfall der Aufklärung oder Beratung verstanden.[283]

2. Inhalt und Ziele der Aufklärung

a) Zivilrechtliche Anforderungen

172 Entstehen, Inhalt und Umfang der Aufklärungspflichten hängen von den konkreten Umständen des jeweiligen Einzelfalls ab.[284] Entscheidend sind die Aufklärungsbedürftigkeit des Kunden, die Art des in Rede stehenden Finanzinstruments, das Anbieter- und das Kundenverhalten sowie die Art der Geschäftsanbahnung. Ziel der Aufklärung ist es, dem Anleger die Informationen zu verschaffen, die er benötigt, um eine Anlageentscheidung auf sachkundiger Grundlage treffen zu können.

173 Maßgebend für Inhalt und Umfang der Aufklärungspflicht ist das Aufklärungsbedürfnis des Anlegers. Die Aufklärung über wesentliche Eigenschaften des in Aussicht genommenen Anlageobjekts und über die mit der Anlage verbundenen Chancen und Risiken soll ein Ungleichgewicht zwischen dem Informationsstand des Kreditinstituts und des Anlegers beseitigen. Verfügt der Anleger über ausreichende Kenntnisse und Erfahrungen bezüglich der beabsichtigten Geschäfte, entfällt die Aufklärungspflicht. Das Gleiche gilt bei Anlegern, die sich als erfahren gerieren oder eine Aufklärung ablehnen.

174 Als »Kenntnisse« wird das theoretische Wissen des Anlegers über die beabsichtigte Anlageform bezeichnet. Mit »Erfahrungen« sind die Erkenntnisse gemeint, die der Anleger aufgrund einer eigenen früheren Anlageentscheidung und dem Halten der Anlage hat sammeln können. Die dem Anleger zur Beseitigung seines Informationsdefizits zu vermittelnden Angaben sind verständlich zu formulieren. Sie müssen in ihrer Bedeutung von den jeweiligen Adressaten, die über unterschiedliche Auffassungsgaben und unterschiedliches Grundwissen verfügen, leicht erfasst werden können. Die Informationsbroschüren der Kreditwirtschaft enthalten eine allgemein verständliche Darstellung. Daher kann grundsätzlich davon ausgegangen werden, dass ein Anleger aufgeklärt ist, dem

281 Palandt/*Sprau* § 675 Rn. 32; Welter/Lang/*Lang* Rn. 2.6.
282 Welter/Lang/*Lang* Rn. 2.7.
283 Welter/Lang/*Lang* Rn. 2.9.
284 BGH, WM 1999, 2300 (2302) m.w.N.

diese Broschüren ausgehändigt wurden. Nur in Ausnahmefällen werden zusätzliche Informationen erforderlich sein, um eine ordnungsmäßige Aufklärung zu leisten. Durch eine Überinformation würde die Verständlichkeit für den Anleger eher beeinträchtigt.[285]

Maßgebend für das Aufklärungsbedürfnis des Anlegers ist grundsätzlich die Person, die mit dem Wertpapierdienstleistungsunternehmen in unmittelbarem Kontakt steht. In Fällen der Vertretung des Depotinhabers durch Organmitglieder oder gesetzliche Vertreter kommt es auf deren Erfahrungen und Kenntnisse an. Das Gleiche gilt für die Einschaltung eines Bevollmächtigten, sofern dieser die Anlageentscheidung trifft.[286] Anders ist der Fall zu beurteilen, in dem ein Anleger mit ausreichenden Erfahrungen und Kenntnissen die Anlageentscheidung bereits getroffen hat und lediglich für die Auftragserteilung zur Umsetzung der Entscheidung einen Bevollmächtigten nutzt. In diesem Fall ist der Bevollmächtigte, der anlässlich der Auftragserteilung das Wertpapierdienstleistungsunternehmen unmittelbar kontaktiert, nicht aufklärungsbedürftig, da die Anlageentscheidung bereits getroffen wurde. Ein Anleger, der in tatsächlicher Hinsicht nicht in einen unmittelbaren Kontakt mit dem Wertpapierdienstleistungsunternehmen tritt, weil er einen Boten zur Übermittlung des Wunsches nach Geschäftsabschluss einschaltet, ist selbst aufzuklären. Er persönlich trifft die Anlageentscheidung und ist abhängig von seinem Informationsbedürfnis aufzuklären. Allerdings kann das Wertpapierdienstleistungsunternehmen den Boten als Empfangsboten des Anlegers nutzen, um die der Aufklärung dienenden Informationen an den Anleger zu übermitteln. Dem Anleger muss in einem solchen Fall ausreichend Zeit gelassen werden, um reagieren zu können. 175

Es besteht allerdings keine Pflicht, einen ausreichend informierten und gewarnten Anleger durch Nichtausführung seiner Wertpapieraufträge daran zu hindern, riskante Geschäfte durchzuführen. Die Interessewahrungspflicht des Wertpapierdienstleistungsunternehmens hat nicht die Funktion, einen hinreichend aufgeklärten Kunden vor sich selbst zu schützen, indem das Wertpapierdienstleistungsunternehmen den Wertpapierauftrag nicht entgegennimmt oder nicht ausführt und damit die Entscheidungsfreiheit des Anlegers begrenzt.[287] Das Wertpapierdienstleistungsunternehmen handelt ordnungsmäßig, wenn es wirtschaftlich möglicherweise unvernünftige Wertpapieraufträge eines hinreichend aufgeklärten Anlegers ausführt. Ebenso wenig hat das Wertpapierdienstleistungsunternehmen unter dem Gesichtspunkt der Interessewahrung oder aus anderen Gründen die Pflicht, die Ausführung von Geschäften von ausreichenden Sicherheitsleistungen abhängig zu machen, bei denen der Kunde Stillhalter einer Option ist (Verkäufer einer Put- oder Call-Option). Der Forderung von Sicherheitsleistungen für Optionsgeschäfte kommt keine Kunden schützende Warnfunktion zu. Sie dient vielmehr allein dem Interesse des Sicherungsnehmers und der Funktionsfähigkeit des Bank- und Börsensystems.[288] Gleiches gilt in Bezug auf einen Kunden, der eine unlimitierte Kauforder erteilt, und dessen Auftrag zu einem deutlich höheren Kurs ausgeführt wird als der bei Ordererteilung angegebene Schätzwert.[289] 176

Der Umfang der Aufklärungspflichten richtet sich auch nach dem Kundenverhalten. Ein Kunde, der eine Informationsbroschüre erhalten hat und anschließend einen Wertpapierauftrag erteilt, ohne um individuelle Aufklärung zu bitten, erklärt damit, dass er keinen weiter gehenden Aufklärungsbedarf habe.[290] Erteilt ein Kunde einen Kaufauftrag, obwohl ihm das Wertpapierdienstleistungsunternehmen zuvor wahrheitsgemäß erklärt hat, es kenne sich mit dem vom Kunden gewünschten Wertpapier nicht aus, bringt der Kunde damit konkludent zum Ausdruck, dass er keine Aufklärung benötige.[291] Umgekehrt ist ein Kunde grundsätzlich aufzuklären, der Angaben 177

285 Assmann/Schneider/*Koller* § 31 Rn. 96; Schwark/Zimmer/*Rothenhöfer* § 31 WpHG Rn. 172.

286 Zu den besonderen Hinweispflichten wegen einer Vereinbarung zwischen dem bevollmächtigten Vermögensverwalter und dem abwickelnden Kreditinstitut vgl. unten Rdn. 770.

287 BGH, WM 2004, 24 (27).

288 BGH, WM 2001, 1758 (1760).

289 OLG Karlsruhe, WM 2016, 601 (602).

290 BGH, WM 1999, 2300 (2303).

291 BGH, WM 1998, 1391 (1392); BGH, WM 1999, 2300 (2302).

zu seinen Kenntnissen und Erfahrungen, Anlagezielen und finanziellen Verhältnissen verweigert hat. Wenn ein solcher Kunde Informationen akzeptiert, ist er als gänzlich unerfahrener Anleger zu behandeln. Lehnt er diese ab, bringt er damit zum Ausdruck, dass er keinen Aufklärungsbedarf hat.

178 Die Pflicht des Wertpapierdienstleistungsunternehmens, seinen Kunden alle zweckdienlichen Informationen mitzuteilen, bedeutet für das Unternehmen auch, dass es zur Beschaffung dieser Informationen verpflichtet ist. Grundsätzlich kann es sich die Informationen durch die Auswertung von allgemein zur Verfügung stehenden Quellen beschaffen. Allerdings ist das Ausmaß dieser Beschaffungspflicht nicht unbegrenzt. Es genügt die Beschaffung der Informationen, die mit zumutbarem Aufwand erhältlich sind. Welcher Aufwand dem Wertpapierdienstleistungsunternehmen zumutbar ist, hängt von der Art der Anlage ab und dem Schaden, der dem Kunden ohne diese Information droht. Je riskanter die Anlage oder je volatiler ihr Preis ist, desto höher ist der zumutbare Aufwand. Die Informationen müssen aus zuverlässiger Quelle stammen und zeitnah an den Kunden weitergegeben werden. Um dieses leisten zu können, ist durch eine entsprechende Organisation sicher zu stellen, dass die Informationsquellen regelmäßig ausgewertet und neue Informationen zeitnah an den Kunden weitergegeben werden. Können mit einem zumutbaren Aufwand keine Informationen zu einem Wertpapier beschafft werden, ist der Kunde darauf hinzuweisen.[292] Wünscht der Kunde dennoch, dass sein Auftrag ausgeführt wird, ist das Wertpapierdienstleitungsunternehmen nicht gezwungen, diesen Wunsch abzulehnen.

179 Die Aufklärung muss zutreffend, vollständig, unmissverständlich sowie gedanklich geordnet und in geeigneter Weise gestaltet sein. Dabei soll das Wertpapierdienstleistungsunternehmen bezüglich des Inhalts und der Form der Aufklärung die Kenntnisse bzw. Erfahrungen sowie das jeweilige Aufklärungsbedürfnis des Kunden hinsichtlich der betreffenden Anlageform berücksichtigen. In inhaltlicher Hinsicht hat das Wertpapierdienstleistungsunternehmen seine Kunden unter anderem über die beabsichtigten Geschäftsarten aufzuklären, insbesondere über Eigenschaften und Risiken der Anlageformen und über andere erhebliche Umstände. Zu diesen erheblichen Umständen der Geschäftsarten können Angaben über die Möglichkeit gehören, Aufträge zu limitieren. Dieser Hinweis ist insbesondere bei Märkten mit geringer Liquidität und Mindestordergrößen sinnvoll. Außerdem kann der Kunde über sein Recht aufzuklären sein, dass er Weisungen für die Ausführung erteilen kann, insbesondere zur Bestimmung des Börsenplatzes. Bis zum 31.10.2007 wurde es als erforderlich angesehen, dass der Kunde die Möglichkeit hat, sich danach zu erkundigen, an welchen Börsen oder Märkten sein Auftrag ausgeführt wird und welche Vermittler, Händler, Market Maker, Makler, Depotbanken oder Clearing-Organisationen an der Ausführung beteiligt sind. Diese spezielle Möglichkeit ist nach Einführung und Veröffentlichung von Grundsätzen zur bestmöglichen Ausführung von Kundenaufträgen durch Wertpapierdienstleistungsunternehmen (§ 82 WpHG) überflüssig geworden. Nach wie vor muss jedoch das Wertpapierdienstleistungsunternehmen den Kunden aufklären, soweit bei bestimmten Beteiligten oder im Hinblick auf bestimmte Märkte besondere Risiken, insbesondere Ausfall- und Abwicklungsrisiken, vorliegen. Diese Risiken werden insbesondere bei grenzüberschreitenden Wertpapierdienstleistungen relevant.

180 Die produktbezogene Informationsvermittlung erfolgt in vielen Fällen durch Aushändigung standardisierter Unterlagen. Für diese Fälle hat die deutsche Kreditwirtschaft mehrere Informationsbroschüren entwickelt. So erläutern die »Basisinformationen über Wertpapiere und weitere Kapitalanlagen« das gesamte Wertpapiergeschäft einschließlich der Optionsscheine.[293] Die Broschüre »Basisinformationen über Finanztermingeschäfte« informiert über börslich gehandelte Derivate. Außerbörsliche (OTC-) Derivate werden in der Informationsbroschüre »Basisinformationen über Finanzderivate« erklärt. Die Broschüren können unmittelbar von Kreditinstituten oder über den Bank-Verlag bezogen werden. Abhängig von den Umständen des Einzelfalls erfordert eine ordnungsmäßige Aufklärung die Vermittlung weiterer Angaben. Hierauf wird näher unter Rdn. 273 f. eingegangen.

---

292 Vgl. auch Rdn. 177.

293 Inhaltsverzeichnis abgedruckt bei Hopt/*Clouth* Form IV.U.3.

Inhalt und Form der Aufklärung werden auch von der Art der Geschäftsanbahnung bestimmt. Bei einem persönlichen Kontakt zwischen Kunde und Bankmitarbeiter kann mündlich und schriftlich aufgeklärt werden, bevor der Kunde die Anlageentscheidung trifft. Kommt der Kontakt per Internet zustande, wird die Aufklärung auf elektronischem Weg, schriftlich oder mittels eines anderen dauerhaften Datenträgers geleistet.[294] 181

Im Übrigen bestehen für die Aufklärung keine Formvorschriften. Daher können Kreditinstitute ihre Aufklärungspflichten in Zusammenhang mit Geschäften über Wertpapiere und anderen Finanzinstrumenten grundsätzlich mündlich erfüllen.[295] Ob von diesem Grundsatz eine Ausnahme gilt, soweit die aus § 64 Abs. 2 WpHG folgende aufsichtsrechtliche Pflicht anwendbar ist, einem Privatkunden ein Informationsdokument (Basisinformationsblatt, Produktinformationsblatt, wesentliche Anlegerinformationen oder Vermögensanlageninformationsblatt) über jedes Finanzinstrument zur Verfügung zu stellen, zu dem er eine Kaufempfehlung erhalten hat (vgl. Rdn. 356 ff.), ist soweit erkennbar noch nicht entschieden worden. Gleiches gilt für die seit dem 02.01.2018 geltende Pflicht, einem Privatkunden ein Basisinformationsblatt zur Verfügung zu stellen, bevor sich der Kunde vertraglich zum Erwerb des Produkts verpflichtet (Art. 13 und 14 PRIIP-VO). In Konstellationen, in denen der Anleger nicht aufklärungsbedürftig ist, dürfte die unterlassene Bereitstellung des jeweils relevanten Informationsdokuments ohne zivilrechtliche Folgen bleiben. Dem Schutzbedürfnis des Anlegers ist auch ohne die Erfüllung dieser formalen Informationspflichten ausreichend Rechnung getragen. Der Anwendungsbereich dieser aufsichtsrechtlichen Pflichten lässt das im Einzelfall bestehende Informationsbedürfnis des Anlegers außer Betracht und ist daher nicht geeignet, um der Interessenlage beider Parteien gerecht zu werden. 182

Die Pflicht zur schriftlichen Information bei Finanztermingeschäften mit Verbrauchern gem. § 37d Abs. 1 WpHG a.F. besteht nach Aufhebung der Vorschrift seit dem 01.11.2007 nicht mehr. Eine Ausnahme von dem fehlenden Formerfordernis der Aufklärung ist nach der Rechtsprechung gegeben, wenn Kreditinstitute ihre Geschäfte nicht in banküblicher Weise ausüben, sondern sich wie gewerbliche Anlagevermittler für Termingeschäfte verhalten. In solchen Fällen werden die von der Rechtsprechung aufgestellten Grundsätze zur schriftlichen Informationspflicht für gewerbliche Anlagevermittler von Termingeschäften auch auf Kreditinstitute angewendet.[296] 183

Die nach ständiger Rechtsprechung des BGH bestehenden gesteigerten Aufklärungspflichten für gewerbliche Vermittler von Terminoptionsgeschäften beinhalten Verschärfungen in formeller und materieller Hinsicht. Da die Vermittler i.d.R. weder gleichzeitig Einlagen der Anleger entgegennehmen noch Depots führen, sind sie keine Kreditinstitute und unterliegen nicht der Aufsicht der BaFin. Anders als bei Kreditinstituten genügt es bei ihnen nach den vom BGH entwickelten Grundsätzen nicht, wenn die Aufklärung lediglich in mündlicher Form durchgeführt wird. Sie müssen vielmehr Anlageinteressenten vor Vertragsschluss schriftlich informieren. Die Informationsschrift muss so gestaltet sein, dass auch flüchtige Leser die Kenntnisse erhalten, die sie in die Lage versetzen, den Umfang ihres Verlustrisikos richtig einzuschätzen. Es ist außerdem darzustellen, ob und in welcher Höhe ein Aufschlag auf die Optionsprämie erhoben wird und dass ein solcher Aufschlag die Gewinnerwartung verschlechtert, weil ein höherer Kursausschlag als der vom Börsenfachhandel als realistisch angesehene notwendig ist, um in die Gewinnzone zu kommen. In diesem Zusammenhang ist der Anlageinteressent unmissverständlich darauf hinzuweisen, dass höhere Aufschläge vor allem Anleger, die mehrere verschiedene Optionen erwerben, aller Wahrscheinlichkeit nach im Ergebnis praktisch chancenlos machen. Die Aussagekraft dieses Hinweises darf weder durch Beschönigungen noch auf andere Weise beeinträchtigt werden.[297] Jedenfalls ein Aufschlag von 11 % ist nicht mehr als geringfügig anzusehen, weil er das Gleichgewicht zwischen Chancen 184

---

294 Vgl. auch Rdn. 235–239.
295 BGH, WM 2002, 803 (804).
296 BGH, WM 2006, 84 (87); *Ellenberger* WM 1999 SBeil 2, S. 16.
297 BGH, NJW-RR 2004, 1420 (1421).

und Risiken bereits deutlich verschiebt.[298] Es ist davon auszugehen, dass die Rechtsprechung diesen Prozentsatz allerdings nicht als einen starren Schwellenwert ansieht und auch bei wesentlich geringeren prozentualen Aufschlägen die gesteigerten Aufklärungspflichten anwendet.

185 Die beschriebenen gesteigerten Aufklärungspflichten gelten auch für Wertpapierhandelsbanken, soweit sie ausschließlich in demselben Marktsegment und mit denselben Praktiken arbeiten wie gewerbliche Vermittler von Termin- und Optionsgeschäften.[299] Wertpapierhandelsbanken, die ihr Effektengeschäft nicht in banküblicher Weise gestalten, sondern die Gewinnchance für den Kunden durch hohe Aufschläge auf die Optionsprämie praktisch ausschließen, können sich nicht unter Verweis auf ihren Status als Kreditinstitut auf eine mündliche Aufklärung berufen. In dieser Konstellation ist es sogar unerheblich, welche Partei die Initiative für den ersten Geschäftskontakt ergriffen hat und auf welche Weise der Anlageinteressent geworben wurde. Wertpapierhandelsbanken sind Kreditinstitute, da sie Bankgeschäfte i.S.v. § 1 Abs. 1 Satz 2 Nr. 4 KWG betreiben und daher der Erlaubnis der BaFin gem. § 32 KWG bedürfen.

186 In derartigen Fällen bejaht der BGH zusätzlich zu dem Schadensersatzanspruch aufgrund der Verletzung der gesteigerten Aufklärungspflichten einen Anspruch aus § 826 BGB gegen die Wertpapierhandelsbank wegen vorsätzlicher sittenwidriger Schädigung. Das Geschäftsmodell der Bank verstoße gegen die guten Sitten, weil es so konstruiert sei, dass der Anleger chancenlose Geschäfte eingehe und es dem Anbieter ermögliche, hohe Gewinne zu erwirtschaften. Der Anbieter handele ausschließlich zum eigenen Vorteil. Dieses Geschäftsmodell würde von keinem wirtschaftlich denkenden und ausreichend informierten Anleger genutzt werden und ziele deshalb auf Interessenten ab, die uninformiert sind. Diese sollen unter sittenwidriger Ausnutzung ihres Gewinnstrebens und ihrer Leichtgläubigkeit als Kunden gewonnen werden, um sich auf ihre Kosten bereichern zu können. Darüber hinaus bejaht die Rechtsprechung auch eine vorsätzlich sittenwidrige Schädigung durch den Geschäftsführer der Wertpapierhandelsbank für die unterlassene Aufklärung des Anlageinteressenten. Nach ständiger Rechtsprechung des BGH missbraucht der Geschäftsführer seine geschäftliche Überlegenheit in sittenwidriger Weise, wenn er veranlasst oder bewusst nicht verhindert, dass Anleger Optionsgeschäfte ohne die gebotene Aufklärung abschließen.[300]

187 In Ausnahmesituationen kann eine Aufklärung auch nach Ausführung eines Geschäfts als ausreichend angesehen werden. Dies gilt insbesondere in Fällen, in denen aufgrund der Umstände bei der Geschäftsanbahnung eine vorherige Aufklärung nicht möglich ist. Besteht in diesen Fällen aus Sicht des Wertpapierdienstleistungsunternehmens zwar grundsätzlich ein Aufklärungsbedürfnis, so kann aber aus dem Verhalten des Kunden, der den persönlichen Kontakt vor Ausführung des Geschäfts gemieden hat, geschlossen werden, dass er auf eine Aufklärung verzichtet. Falls das Wertpapierdienstleistungsunternehmen seinen Kunden gleichwohl aufklären möchte, sollte es dies baldmöglichst nachholen. Diesem Vorgehen liegt bspw. eine Situation zugrunde, in der ein Kunde einen Wertpapierauftrag per Brief oder Telefax übermittelt hat und das Kreditinstitut ein Aufklärungsbedürfnis feststellt. Zwar besteht für das Wertpapierdienstleistungsunternehmen grundsätzlich kein Kontrahierungszwang. Allerdings kommt der Kommissionsvertrag oder ein anderer Geschäftsbesorgungsvertrag über die Ausführung des Wertpapiergeschäfts zustande, wenn das Unternehmen nicht unverzüglich widerspricht (§ 362 Abs. 1 HGB). Sofern das Wertpapierdienstleistungsunternehmen unverzüglich widerspricht oder sich bei anderen Vertragsformen auf die Vertragsabschlussfreiheit beruft, kommt möglicherweise ein Anspruch des Kunden auf Ersatz eines Vertrauensschadens in Betracht. Sofern der Wertpapierauftrag des Kunden ordnungsgemäß erteilt wurde (z.B. ist ausreichendes Kontoguthaben bei einem Kauf vorhanden) und in früheren vergleichbaren Fällen ausgeführt wurde, ohne dass dies vom Wertpapierdienstleistungsunternehmen kommentiert wurde, kann der Kunde grundsätzlich auf die Ausführung seines Auftrags vertrauen.

---

298 BGH, WM 1991, 127 (129).
299 BGH, WM 2006, 84 (87).
300 BGH, WM 1999, 540 (541); BGH, WM 2001, 2313 (2314); BGH, WM 2002, 1445 (1446); BGH, WM 2006, 84 (87).

In einer solchen Konstellation befindet sich das Kreditinstitut in einem Dilemma. Grundsätzlich sollte es den Auftrag ausführen, wenn möglich aber erst nachdem es den Aufklärungsbedarf des Kunden gedeckt hat. Für den Versuch, Kontakt mit dem Kunden aufzunehmen, um die Aufklärung zu erbringen, sollte es daher grundsätzlich nicht zu viel Zeit verwenden. Aufgrund der Volatilität der Wertpapierkurse ist eine schnelle Auftragsausführung im Interesse des Kunden. Ebenso muss das Kreditinstitut die kommissionsrechtliche Verpflichtung zur schnellstmöglichen Ausführung von Aufträgen beachten. In der Praxis ist davon auszugehen, dass mit Ausnahme von Extremfällen grundsätzlich eine schnellstmögliche Ausführung des Auftrags und eine nachträgliche Aufklärung im wohlverstandenen Interesse des Kunden liegen.[301]

b) Aufklärungsinhalte nach dem WpHG

Wertpapierdienstleistungsunternehmen sind nach § 63 Abs. 7 WpHG verpflichtet, eine standardisierte Basisaufklärung zu erbringen. Die Vorgaben in § 63 Abs. 7 WpHG werden durch Art. 47 ff. DVO (EU) 2017/565[302] konkretisiert[303]. Die Informationen müssen angemessen sein, damit die Kunden nach vernünftigem Ermessen die Art und die Risiken der ihnen angebotenen oder von ihnen nachgefragten Arten von Finanzinstrumenten oder Wertpapierdienstleistungen verstehen und auf dieser Grundlage ihre Anlageentscheidungen treffen können (§ 63 Abs. 7 Satz 1 WpHG). Die Basisaufklärung muss folgende Themengebiete umfassen: das Wertpapierdienstleistungsunternehmen und seine Dienstleistungen, die Finanzinstrumente und vorgeschlagenen Anlagestrategien, Ausführungsplätze sowie alle Kosten und Nebenkosten (§ 63 Abs. 7 Satz 1 WpHG). 188

Nach den konkretisierenden Anforderungen des Art. 48 DVO (EU) 2017/565 müssen die gem. § 63 Abs. 7 Satz 3 Nr. 1 WpHG zur Verfügung zu stellenden Informationen über die Arten von Finanzinstrumenten unter Berücksichtigung der Einstufung des Kunden[304] eine allgemeine Beschreibung der Art und der Risiken der Finanzinstrumente enthalten. Anhand dieser Beschreibung werden die Wesensmerkmale der betreffenden Art des Finanzinstruments, die Funktionsweise und Wertentwicklung des Finanzinstruments unter verschiedenen Marktbedingungen – was positive und negative Gegegebenheiten einschließt – sowie die damit verbundenen spezifischen Risiken ausreichend detailliert erläutert (Art. 44 Abs. 1 DVO (EU) 2017/565). 189

Laut Art. 48 Abs. 2 DVO (EU) 2017/565 muss die Beschreibung der Risiken der Finanzinstrumente – soweit nach Art des Finanzinstruments, Einstufung und Kenntnis des Kunden relevant – folgende Angaben enthalten: 190

1. die mit Finanzinstrumenten der betreffenden Art einhergehenden Risiken, einschließlich einer Erläuterung der Hebelwirkung und ihrer Effekte, sowie des Risikos des Verlustes der gesamten Kapitalanlage unter Berücksichtigung der Risiken im Zusammenhang mit einer Insolvenz des Emittenten und damit verbundener Ereignisse (z.B. »Bail-In«),
2. das Ausmaß der Schwankungen der Preise (Volatilität) der betreffenden Finanzinstrumente und etwaige Beschränkungen des für solche Finanzinstrumente verfügbaren Marktes,
3. Informationen über Hindernisse oder Beschränkungen für Veräußerungen[305], beispielsweise im Falle illiquider Finanzinstrumente oder von Finanzinstrumenten mit einer festen Anlagedauer, was auch eine Veranschaulichen der möglichen Ausstiegsverfahren und -folgen mit einschließt, mögliche Einschränkungen sowie der ungefähre Zeitrahmen für den Verkauf des Finanzinstruments, bevor die anfänglichen Transaktionskosten dieser Art von Finanzinstrumenten wiedererlangt werden,

301 Hopt/*Clouth* Form IV.U.1 Nr. 3.

302 Delegierte Verordnung (EU) 2017/565 der Kommission vom 25.04.2016, Abl. L 87/1.

303 Diese Regelung hat die inhaltlich weitgehend gleiche Regelung in § 5 WpDVerOV i.d.F. vom 20.07.2007 ersetzt.

304 Zu den Kundenkategorien Privatkunde, professioneller Kunde und geeignete Gegenpartei vgl. Rdn. 258 ff.

305 Basiert auf der englischen Sprachfassung von Art. 48 Abs. 2 DVO (EU) 2017/565: »information on impediments or restrictions for disinvestment, for example…«, da die deutsche Sprachfassung Schwächen aufweist.

4. den Umstand, dass jeder Anleger aufgrund von Geschäften mit den betreffenden Instrumenten möglicherweise finanzielle und sonstige Verpflichtungen einschließlich Eventualverbindlichkeiten übernehmen muss, die zu den Kosten für den Erwerb der Finanzinstrumente hinzukommen, und,
5. Einschusspflichten oder ähnliche Verpflichtungen, die für Instrumente der betreffenden Art gelten.

191 Die produktbezogene und nach dem WpHG zu erbringende Information erstreckt sich lediglich auf die betreffende Gattung des Finanzinstruments. Geschuldet ist eine Darstellung der wesentlichen Kennzeichen der jeweiligen Gattung und der jeweils für die Gattung relevanten Anlagerisiken.[306] Als Gattungen von Finanzinstrumenten sind entsprechend der Unterteilung in § 2 Abs. 1 und 4 WpHG bspw. Aktien, Schuldtitel (insbesondere Genussscheine und Inhaberschuldverschreibungen), Anteile an Investmentvermögen und Derivate anzusehen.[307] Die Anforderung wird ggü. Privatkunden durch Aushändigung der Informationsbroschüre »Basisinformationen über Wertpapiere und weitere Kapitalanlagen« und der übrigen Broschüren aus dieser Reihe erfüllt.

192 Bietet ein Wertpapierdienstleistungsunternehmen Wertpapierdienstleistungen verbunden mit anderen Dienstleistungen oder anderen Produkten als Gesamtpaket oder in der Form an, dass die Erbringung der Wertpapierdienstleistungen, der anderen Dienstleistungen oder der Geschäfte über die anderen Produkte Bedingung für die Durchführung der jeweils anderen Bestandteile oder des Abschlusses der anderen Vereinbarungen ist, muss es den Kunden darüber informieren, ob die einzelnen Bestandteile auch getrennt voneinander bezogen werden können und dem Kunden für jeden Bestandteil getrennt Kosten und Gebühren Nachweisen (§ 63 Abs. 9 S. 1 WpHG). Besteht die Wahrscheinlichkeit, dass die mit dem Gesamtpaket oder der Gesamtvereinbarung verknüpften Risiken von den mit den einzelnen Bestandteilen verknüpften Risiken abweichen, hat es Privatkunden in angemessener Weise über die einzelnen Bestandteile, die mit ihnen verknüpften Risiken und die Art und Weise, wie ihre Wechselwirkung das Risiko beeinflusst, zu informieren (§ 63 Abs. 9 S. 2 WpHG). Das Verständnis der BaFin an Wertpapierdienstleistungen, die als Bestandteil eines gekoppelten Pakets oder gebündelten Pakets angeboten werden, ist unter dem Stichwort »Querverkäufe« in BT 14 der MaComp dokumentiert.

193 Zu den angemessenen Informationen, die Kunden nach vernünftigem Ermessen zur Verfügung zu stellen sind (§ 63 Abs. 7 Satz 1 WpHG), gehören nach Art. 46 Abs. 1 DVO (EU) 2017/565 die Vertragsbedingungen. Daraus folgt für die Praxis des Wertpapiergeschäfts regelmäßig, dass die Sonderbedingungen für Wertpapiergeschäfte auszuhändigen sind. Die Übermittlung muss rechtzeitig erfolgen, d.h. bevor der Kunde durch einen Vertrag über die Erbringung von Wertpapierdienstleistungen oder Wertpapiernebendienstleistungen gebunden ist oder bevor die betreffenden Dienstleistungen erbracht werden.

194 Außerdem müssen Kunden über das Wertpapierdienstleistungsunternehmen und seine Dienstleistungen (§ 63 Abs. 7 Satz 1 WpHG), die Arten von Finanzinstrumenten und vorgeschlagene Anlagestrategien unter Berücksichtigung des Zielmarktes (§ 63 Abs. 7 Satz 3 Nr. 1 WpHG) und über alle Kosten und Nebenkosten (§ 63 Abs. 7 Satz 3 Nr. 2 WpHG) informiert werden.

195 Zu dem Wertpapierdienstleistungsunternehmen und seinen Dienstleistungen sind Privatkunden, soweit relevant, nach Art. 47 Abs. 1 DVO (EU) 2017/565[308] folgende Angaben mitzuteilen. Die Informationen werden rechtzeitig vor der Erbringung von Wertpapierdienstleistungen und Wertpapiernebendienstleistungen für Kunden und potenzielle Kunden bereitgestellt:

196 1. Name und Anschrift des Wertpapierdienstleistungsunternehmens sowie weitere Angaben, die dem Kunden eine effektive Kommunikation mit diesem ermöglichen,

---

306 Assmann/Schneider/*Koller* § 31 Rn. 103.

307 Fuchs/*Fuchs* § 31 Rn. 152; Schwark/Zimmer/*Rothenhöfer* § 31 WpHG Rn. 165.

308 Diese Regelung hat die inhaltlich weitgehend gleiche Regelung in § 5 Abs. 2 Satz 2 Nr. 1 WpDVerOV i.d.F. vom 20.07.2007 ersetzt.

2. die Sprachen, in denen der Kunde mit der Wertpapierfirma kommunizieren und Dokumente sowie andere Informationen von ihr erhalten kann,
3. die Kommunikationsmittel, die verwendet werden, einschließlich der Kommunikationsmittel zur Übermittlung und zum Empfang von Aufträgen,
4. Hinweis darauf, dass das Wertpapierdienstleistungsunternehmen zugelassen ist, einschließlich Name und Anschrift der zuständigen Behörde, die die Zulassung erteilt hat,
5. einen Hinweis, wenn das Wertpapierdienstleistungsunternehmen über einen vertraglich gebundenen Vermittler handelt, einschließlich der Angabe des Mitgliedstaats, in dem dieser Vermittler registriert ist,
6. Art, Häufigkeit und Zeitpunkt der Berichte über die erbrachten Dienstleistungen, die das Wertpapierdienstleistungsunternehmen dem Kunden über die Ausführung von Aufträgen und über die erbrachte Finanzportfolioverwaltung (§ 31 Abs. 8 WpHG i.V.m. §§ 8 und 9 WpDVerOV) zu übermitteln hat,
7. eine kurze Beschreibung der Maßnahmen, die das Wertpapierdienstleistungsunternehmen zum Schutz der bei ihm verwahrten Finanzinstrumente oder Gelder seiner Kunden trifft, einschließlich kurzer Angaben zu etwaigen Anlegerentschädigungs- oder Einlagensicherungssystemen, denen das Wertpapierdienstleistungsunternehmen aufgrund seiner Tätigkeit in einem Mitgliedstaat angeschlossen sein muss,
8. eine Beschreibung – gegebenenfalls als Zusammenfassung – der Grundsätze des Wertpapierdienstleistungsunternehmens für den Umgang mit Interessenkonflikten nach Art. 34 DVO (EU) 2017/565, und
9. auf Wunsch des Kunden weitere Einzelheiten zu diesen Interessenkonflikten auf einem dauerhaften Datenträger oder – sofern die in Art. 3 Abs. 2 DVO (EU) 2017/565 aufgeführten Voraussetzungen erfüllt sind – auf einer Website Art. 47 Abs. 1 DVO (EU) 2017/565.

Informationen über die Arten von Finanzinstrumenten, die einem Privatkunden übermittelt werden, müssen Angaben zu der Stelle enthalten, bei der ein Prospekt erhältlich ist, wenn ein Prospekt nach dem Wertpapierprospektgesetz veröffentlicht worden ist und das Finanzinstrument zu diesem Zeitpunkt öffentlich angeboten wird (Art. 48 Abs. 3 DVO (EU) 2017/565). Auch sind bei Finanzinstrumenten, die über eine Garantie oder einen Kapitalschutz verfügen, Informationen über den Umfang und die Art der Garantie bzw. des Kapitalschutzes zu erstellen. Wird die Garantie durch einen Dritten übernommen, beinhalten die Informationen ausreichende Details über die Garantie und über den Garantiegeber, damit der Kunde die Garantie angemessen bewerten kann (Art. 48 Abs. 5 DVO (EU) 2017/565). 197

Weiterhin müssen die Informationen, die Kunden zur Verfügung zu stellen sind, Angaben zu den Kosten und Nebenkosten enthalten (Art. 50 DVO (EU) 2017/565). Der Anwendungsbereich dieser Informationspflicht ist gegenüber der in § 5 Abs. 2 Satz 2 Nr. 5 WpDVerOV a.F. enthaltenen Vorgängerregelung auf Kunden erweitert worden, die als professionelle Kunden und geeignete Gegenparteien klassifiziert sind. Gleichzeitig besteht für Wertpapierdienstleistungsunternehmen die Möglichkeit, Vereinbarungen mit Kunden zu treffen, die als professionelle Kunden oder geeignete Gegenparteien eingestuft sind, über eine eingeschränkte Information (Art. 50 Abs. 1 Unterabs. 2 und 3 DVO (EU) 2017/565). Allerdings sehen die Vorgaben vor, dass bei professionellen Kunden keine Einschränkung möglich ist, soweit Anlageberatungs- und Finanzportfolioverwaltungsdienstleistungen erbracht werden. Ebensowenig darf eine Einschränkung vereinbart werden, soweit das betreffende Finanzinstrument ein Derivat enthält (Art. 50 Abs. 1 UA Abs. 2 DVO (EU) 2017/565). Vereinbarungen mit geeigneten Gegenparteien dürfen keine Einschränkungen vorsehen, soweit das betreffende Finanzinstrument ein Derivat enthält und es von der geeigneten Gegenpartei an eigene Kunden weiterverkauft werden soll (Art. 50 Abs. 1 UA Abs. 3 DVO (EU) 2017/565). Soweit ein Wertpapierdienstleistungsunternehmen Vereinbarungen über eingeschränkte Kosteninformationen 198 abschließt, ist zu berücksichtigen, dass diese Vereinbarung nach Auffassung der ESMA nicht zu einer Abbedingung der Informationen führen kann.[309]

199 Angaben über alle Kosten müssen seit dem 3. Januar 2018 aufgrund der sich aus Art. 50 Abs. 2 DVO (EU) 2017/565 ergebenden Anforderungen in Form von sog. ex-ante und ex-post-Kosteninformationen enthalten sein. Inhaltlich lassen sich die Informationen

1. Dienstleistungskosten (»alle Kosten und Nebenkosten, die durch das Wertpapierdienstleistungsunternehmen oder anderen Parteien – sofern der Kunde an diese anderen Parteien verwiesen wurde – für die Erbringung der Wertpapierdienstleistung(en) und/oder Nebenleistungen gegenüber dem Kunden berechnet werden«; Art. 50 Abs. 2 S. 1 lit. a DVO (EU) 2017/565) und
2. Produktkosten (»alle Kosten und Nebenkosten im Zusammenhang mit der Konzeption und Verwaltung der Finanzinstrumente«; Art. 50 Abs. 2 S. 1 lit. b DVO (EU) 2017/565) zuordnen.

200 Zu den Dienstleistungskosten gehören nach Art. 50 Abs. 2 S. 3 DVO (EU) 2017/565 auch Zuwendungen, die ein Wertpapierdienstleistungsunternehmen in Zusammenhang mit einer Wertpapierdienstleistung erhalten hat. Detailvorgaben zu den Kosteninformationen enthält Anlage II DVO (EU) 2017/565. So ist vorgeschrieben, dass einmalige und fortlaufende Kosten für Wertpapierdienstleistungen, Kosten für Wertpapiernebendienstleistungen sowie Nebenkosten anzugeben sind.

201 Auszuweisen ist ein Gesamtbetrag, sowohl als Betrag als auch als Prozentsatz (Art. 50 Abs. 2 S. 3 DVO (EU) 2017/565). Für den Teil der Kosten und Nebenkosten, der in einer Fremdwährung zu zahlen ist oder der zwar in Euro zu zahlen ist, dessen Höhe aber von einer anderen Währung als Euro abhängt, müssen Angaben über die betreffende Währung, den anzuwendenden Wechselkurs und die damit verbundenen Kosten gemacht werden. Zudem enthalten die Informationen Angaben über die Zahlung und die sonstigen Gegenleistungen (Art. 50 Abs. 3 DVO (EU) 2017/565).

202 Der Umfang der Kunden zu erteilenden Angaben zu Kosten und Nebenkosten hängt davon ab, ob Finanzinstrumente empfohlen oder angeboten werden oder ob dem Kunden nach EU-Recht eine Produktinformation zur Verfügung gestellt werden muss (Art. 50 Abs. 5 und 6 DVO (EU) 2017/565). Der Kunde ist über Dienstleistungs- und Produktkosten zu informieren, wenn Finanzinstrumente empfohlen oder angeboten werden. Das Gleiche gilt, wenn der Kunde wesentliche Anlegerinformationen für Fondsanteile (vgl. §§ §§ 164, 166, 268, 270, 318 Abs. 5 oder 298 Abs. 1 Satz 2 KAGB) oder ein Basisinformationsblatt für ein verpacktes Anlageprodukt (vgl. VO (EU) 1286/2014) erhalten muss. Liegt keine der vorgenannten Sachverhalte vor, ist die Information über die Dienstleistungskosten ausreichend[310].

203 Der Umfang der Kunden zu erteilenden Angaben zu Kosten und Nebenkosten nach Art. 50 DVO (EU) 2017/565 geht über die nach § 5 Preisangabenverordnung bestehende Pflicht hinaus, ein Preisverzeichnis mit den Preisen für die wesentlichen Leistungen aufzustellen. Dies gilt für Fälle, in denen Wertpapierdienstleistungen oder Wertpapiernebendienstleistungen keine wesentlichen Leistungen i.S.d. Preisangabenverordnung darstellen. Wesentliche Leistungen sind solche, die vom Publikum erfahrungsgemäß häufig in Anspruch genommen werden. Entscheidend für den Umfang der Inanspruchnahme einer Leistung sind die individuellen Gegebenheiten des einzelnen Betriebs.[311] Außerdem haben die Angaben zu den Produktkosten nach Art. 50 DVO (EU) 2017/565 keine Entsprechung in den Informationspflichten der Preisangabenverordnung. Ebenso kann die Pflicht zur Angabe des Gesamtpreises nach Art. 50 DVO (EU) 2017/565 über die nach § 1

309 Abschnitt 9, Frage 19 in: Questions and Answers on MiFID II and MiFIR investor protection and intermediaries topics der ESMA (12.07.2018; ESMA35-43-349).

310 In der deutschen Fassung von Art. 50 Abs. 5 und 6 DVO (EU) 2017/565 wird mißverständlich von »Kosten und Nebenkosten in Bezug auf [...] die Investition [bzw.]/[und/oder] erbrachte Nebendienstleistung« gesprochen. Wie der Vergleich mit der englischen Sprachfassung zeigt, sind die Kosten der Wertpapierdienstleistung und Wertpapiernebendienstleistung gemeint (»investment [service] or ancillary service«).

311 *Völker* § 5 PAngVO Rn. 6 f.

PAngVO bestehende Pflicht hinausgehen, einen Endpreis anzugeben. Preisangaberechtlich sind Preise nur für Leistungen und Nebenleistungen des Anbieters anzugeben, die auf jeden Fall und ohne Wahlmöglichkeiten des Kunden anfallen. Demgegenüber sind Entgelte für die Leistung Dritter, z.B. Versandkosten, nicht in den Endpreis einzubeziehen.[312] Gleichwohl kann auf eine Angabe zu Aufwendungen nicht völlig verzichtet werden. Um den Vorwurf einer Irreführung nach § 3 UWG auszuschließen, genügt ein ausreichend deutlicher Hinweis auf die Tatsache zusätzlich anfallender Kosten. Der Hinweis muss nicht in jedem Fall eine Angabe zu deren Höhe enthalten.[313]

Die Informationen müssen auf einem dauerhaften Datenträger dokumentiert sein (Art. 46 Abs. 3 **204** DVO (EU) 2017/565). Die deutsche Kreditwirtschaft erfüllt ihre Informationspflicht über die Arten der Finanzinstrumente regelmäßig durch die Aushändigung von standardisierten Unterlagen (§ 63 Abs. 7 S. 2 WpHG). Die geschuldeten Informationen über Finanzinstrumente einschließlich einer allgemeinen Beschreibung ihrer Arten und Risiken und über Wertpapierdienstleistungen können durch die Aushändigung der vom Bank-Verlag veröffentlichten Informationsbroschüren erbracht werden. Von diesen ist die Broschüre »Basisinformationen über Wertpapiere und weitere Kapitalanlagen« die mit dem größten Verbreitungsgrad. Daneben existieren weitere Broschüren, z.B. die »Basisinformationen über Termingeschäfte« und die »Basisinformationen über Finanzderivate«. Die übrigen Angaben, insbesondere die unternehmensbezogenen Angaben und die Vertragsbedingungen sind regelmäßig in einer vom jeweiligen Unternehmen erstellten Unterlage enthalten. Bei der Zusammenstellung dieser Unterlage wird das Wertpapierdienstleistungsunternehmen regelmäßig für die Vertragsbedingungen auf seine einschlägigen Geschäftsbedingungen zurückgreifen (z.B. Sonderbedingungen für Wertpapiergeschäfte).

Auch die Informationen über die Dienstleistungs- und Produktkosten können in standardisierter **205** Form erfolgen (§ 63 Abs. 7 S. 2 WpHG). Aufgrund des unterschiedlichen Umfangs der Informationsinhalte kann die Information einmalig zu Beginn der Geschäftsbeziehung erfolgen. Denkbar ist auch, die Information anlässlich der jeweils erbrachten Wertpapierdienstleistung zu erteilen. Diese Alternative kommt allerdings nur dann in Betracht, wenn die formalen Anforderungen an die Information (vgl. Art. 46 Abs. 3 DVO (EU) 2017/565) erfüllt werden können.

Der Umfang der Informationspflicht nach § 63 Abs. 7 WpHG wird beschränkt auf die angemes- **206** senen Informationen, damit ein Kunde nach vernünftigem Ermessen die Art und die Risiken der ihm angebotenen oder von ihm nachgefragten Arten von Finanzinstrumenten oder Wertpapierdienstleistungen verstehen und auf dieser Grundlage seine Anlageentscheidung treffen kann. Damit richtet sich die Informationspflicht nach dem Kenntnis- und Erfahrungsstand des Kunden (schlagwortartig bezeichnet als personenbezogene oder anlegergerechte Aufklärung) sowie nach der Komplexität des Anlageobjekts und dem Volumen des Anlagevorhabens (produktbezogene oder anlagegerechte Aufklärung). Kenntnisse und Erfahrungen des Kunden können sich insbesondere aus früher getätigten Geschäften und aus einer beruflichen Tätigkeit ergeben. Die Zahl der mit einer Anlage verbundenen Risiken kann höher oder niedriger einzuschätzen sein, wobei das Gesamtrisiko des Anlageobjekts nicht notwendigerweise mit der Zahl der enthaltenen Risiken steigt. Vielfach haben einzelne Komponenten einer Anlage, bspw. Währungs- oder Kreditderivate, sogar eine risikoreduzierende Wirkung. Allerdings kann die Wertentwicklung des Objekts umso schwieriger vorhersehbar sein, je mehr Komponenten in dem Anlageobjekt zusammengefasst sind. Die Zusammenfassung mehrerer Komponenten in einem Anlageobjekt führt grundsätzlich zu einem höheren Komplexitätsgrad.

Als weitere Information hat der Kunde nach § 63 Abs. 7 Satz 1 WpHG Angaben zu den Aus- **207** führungsplätzen zu erhalten. Diese Vorgabe nimmt Bezug auf die Organisationspflicht des Wertpapierdienstleistungsunternehmens, Vorkehrungen darüber einschließlich der Grundsätze für die bestmögliche Ausführung von Kundenaufträgen zu treffen (§ 82 Abs. 1 WpHG). Neben dieser

312 *Völker* § 1 PAngVO Rn. 57.
313 *Völker* § 3 UWG Rn. 42.

Organisationspflicht sieht § 82 Abs. 6 Satz 1 Nr. 1 WpHG eine eigenständige Informationspflicht über die Ausführungsgrundsätze sowie die Pflicht vor, die Zustimmung des Kunden zu den Ausführungsgrundsätzen einzuholen. Das Wertpapierdienstleistungsunternehmen muss:

208 1. seine Kunden über seine Ausführungsgrundsätze informieren und seine Zustimmung zu diesen Grundsätzen einholen, bevor es erstmals Wertpapierdienstleistungen erbringt;
2. seinen Kunden wesentliche Änderungen der Vorkehrungen nach § 82 Abs. 1 Nr. 1 WpHG unverzüglich mitteilen (§ 82 Abs. 6 WpHG).

209 Die Pflicht, Ausführungsgrundsätze aufzustellen und hierüber zu informieren, trifft ein Wertpapierdienstleistungsunternehmen, wenn es Aufträge seines Kunden für den Kauf oder Verkauf von Finanzinstrumenten ausführt. In diesem Fall muss es 1. alle angemessenen Vorkehrungen treffen, insbesondere Grundsätze zur Auftragsausführung festlegen und regelmäßig überprüfen, um das bestmögliche Ergebnis für seine Kunden zu erreichen, und 2. sicherstellen, dass die Ausführung jedes einzelnen Kundenauftrags nach Maßgabe dieser Grundsätze vorgenommen wird (§ 82 Abs. 1 WpHG). Führt das Wertpapierdienstleistungsunternehmen einen Auftrag gemäß einer ausdrücklichen Kundenweisung aus, gilt die Pflicht zur Erzielung des bestmöglichen Ergebnisses entsprechend dem Umfang der Weisung als erfüllt (§ 82 Abs. 4 WpHG). Zusätzlich zu der vorgeschriebenen regelmäßigen Überprüfung, die mindestens einmal jährlich zu erfolgen hat, ist eine weitere Prüfung dann vorzunehmen, wenn eine wesentliche Veränderung eintritt, die die Fähigkeit des Wertpapierdienstleistungsunternehmens beeinträchtigt, für ihre Kunden auch weitehrin das bestmögliche Ergebnis zu erzielen (Art. 65 Abs. 7 DVO (EU) 2017/565).

210 Das Wertpapierdienstleistungsunternehmen muss bei der Aufstellung der Ausführungsgrundsätze alle relevanten Kriterien zur Erzielung des bestmöglichen Ergebnisses, insbesondere die Preise der Finanzinstrumente, die mit der Auftragsausführung verbundenen Kosten, die Geschwindigkeit, die Wahrscheinlichkeit der Ausführung und die Abwicklung des Auftrags sowie den Umfang und die Art des Auftrags berücksichtigen und die Kriterien unter Berücksichtigung der Merkmale des Kunden, des Kundenauftrags, des Finanzinstrumentes und des Ausführungsplatzes gewichten (§ 82 Abs. 2 WpHG). Führt das Wertpapierdienstleistungsunternehmen Aufträge von Privatkunden aus, müssen die Ausführungsgrundsätze Vorkehrungen dafür enthalten, dass sich das bestmögliche Ergebnis am Gesamtentgelt orientiert (§ 82 Abs. 3 S. 1 WpHG). Das Gesamtentgelt ergibt sich aus dem Preis für das Finanzinstrument und sämtlichen mit der Auftragsausführung verbundenen Kosten (§ 82 Abs. 3 S. 2 WpHG). Kann ein Auftrag über ein Finanzinstrument nach Maßgabe der Ausführungsgrundsätze des Wertpapierdienstleistungsunternehmens an mehreren konkurrierenden Plätzen ausgeführt werden, zählen zu den Kosten auch die eigenen Provisionen und Gebühren, die das Wertpapierdienstleistungsunternehmen dem Kunden für eine Wertpapierdienstleistung in Rechnung stellt (§ 82 Abs. 3 S. 3 WpHG). Zu den bei der Berechnung des Gesamtentgelts zu berücksichtigenden Kosten gehören Gebühren und Entgelte des Ausführungsplatzes, an dem das Geschäft ausgeführt wird, Kosten für Clearing und Abwicklung und alle sonstigen Entgelte, die an der Auftragsausführung beteiligte Dritte gezahlt werden (§ 82 Abs. 3 S. 4 WpHG).

211 Die Grundsätze zur Auftragsausführung müssen enthalten:

212 1. Angaben zu den verschiedenen Ausführungsplätzen in Bezug auf jede Gattung von Finanzinstrumenten und die ausschlaggebenden Faktoren für die Auswahl eines Ausführungsplatzes,
2. mindestens die Ausführungsplätze, an denen das Wertpapierdienstleistungsunternehmen gleich bleibend die bestmöglichen Ergebnisse bei der Ausführung von Kundenaufträgen erzielen kann (§ 82 Abs. 5 Satz 1 WpHG).

Weitergehende Vorgaben für die Angaben zu jeder Klasse von Finanzinstrumenten und der Art der erbrachten Dienstleistung enthalten Art. 66 Abs. 3 bis 9 DVO (EU) 2017/565 (Art. 66 Abs. 2 DVO (EU) 2017/565).

213 Lassen die Ausführungsgrundsätze i.S.d. § 82 Abs. 5 Satz 1 Nr. 1 WpHG auch eine Auftragsausführung außerhalb von Handelsplätzen im Sinne von § 2 Abs. 22 WpHG (organisierter Markt oder multilaterales Handelssystem oder organisiertes Handelssystem) zu, muss das

Wertpapierdienstleistungsunternehmen seine Kunden auf diesen Umstand gesondert hinweisen und deren ausdrückliche Einwilligung generell oder in Bezug auf jedes Geschäft einholen, bevor die Kundenaufträge an diesen Ausführungsplätzen ausgeführt werden (§ 82 Abs. 5 Satz 2 WpHG).

Die Information des Wertpapierdienstleistungsunternehmens an seinen Kunden über die Ausführungsgrundsätze (§ 82 Abs. 5 Nr. 1 WpHG) muss nach Art. 66 Abs. 3 DVO (EU) 2017/565 folgende Angaben enthalten: 214

1. Beschreibung der vorgenommenen Gewichtung der relevanten Kriterien zur Erzielung des bestmöglichen Ergebnisses nach § 82 Abs. 2 WpHG oder eine Beschreibung der Methode, die für diese Gewichtung jeweils angewandt wird; 215
2. Verzeichnis der Ausführungsplätze, auf die sich das Wertpapierdienstleistungsunternehmen zur Erfüllung seiner Verpflichtung weitgehend verlässt, einschließlich der Angabe, welche Ausführungsplätze für jede Klasse von Finanzinstrumenten für Aufträge von Privatkunden, für Aufträge von professionellen Kunden sowie für Wertpapierfinanzierungsgeschäfte verwendet werden;
3. ein Verzeichnis aller Faktoren, die bei der Auswahl eines Ausführungsplatzes zur Anwendung kommen, einschließlich qualitativer Faktoren wie Clearingsysteme, Notfallsicherungen, geplante Maßnahmen, oder andere relevante Überlegungen, sowie die entsprechende Bedeutung der einzelnen Faktoren;
4. wie die Ausführungsfaktoren, wie Preis, Kosten, Schnelligkeit, Wahrscheinlichkeit der Ausführung und andere relevante Faktoren im Rahmen aller hinreichenden Schritte Berücksichtigung finden, die zur Erzielung des bestmöglichen Ergebnisses für den Kunden eingeleitet werden;
5. gegebenenfalls Angaben zur Ausführung von Aufträgen außerhalb eines Handelsplatzes, einschließlich Angaben zu Folgen wie dem Gegenparteirisiko aufgrund der Ausführung außerhalb eines Handelsplatzes, und auf Anfrage des Kunden zusätzliche Informationen über Folgen dieser Art der Ausführung;
6. eine klare und deutliche Warnung dahin gehend, dass ausdrückliche Weisungen eines Kunden das Wertpapierdienstleistungsunternehmen davon abhalten kann, die Maßnahmen zu treffen, die im Rahmen der Grundsätze zur Auftragsausführung festgelegt und umgesetzt wurden;
7. eine Zusammenfassung des Auswahlverfahrens für Ausführungsplätze, angewandte Ausführungsstrategien, die zur Analyse der erreichten Ausführungsqualität herangezogenen Verfahren und Methoden und wie die Wertpapierdienstleistungsunternehmen kontrollieren und überprüfen, dass für die Kunden die bestmöglichen Ergebnisse erzielt werden.

Die Informationen sind auf einem dauerhaften Datenträger zu übermitteln oder auf einer Website bereitzustellen, wenn die in Art. 3 Abs. 2 DVO (EU) 2017/565 genannten Voraussetzungen erfüllt sind.

Für Wertpapierdienstleistungsunternehmen, die bei der Erbringung der Finanzportfolioverwaltung Dritte mit der Ausführung von Aufträgen beauftragen oder die Aufträge ihrer Kunden an Dritte zur Ausführung weiterleiten, gelten die Anforderungen zur bestmöglichen Ausführung von Kundenaufträgen nach Art. 65 Abs. 1 und 2 DVO (EU) 2017/565. Einzelne Anforderungen für diese Konstellationen sind Art. 65 Abs. 4 – 7 DVO (EU) 2017/565 und Art. 64 Abs. 4 DVO (EU) 2017/565 zu entnehmen (Art. 65 Abs. 3 DVO (EU) 2017/565). 216

Vergleichbar mit dem Vorgehen bei der Durchführung von Geschäften und der Ausführung von Aufträgen im eigenen Unternehmen legt das Wertpapierdienstleistungsunternehmen Grundsätze fest, orientiert sich bei der Festlegung der Grundsätze am bestmöglichen Ergebnis für den Kunden, überprüft die Wirksamkeit dieser Grundsätze und informiert seine Kunden. Bei den Anforderungen handelt es sich im Einzelnen um Folgende: 217

1. Das Wertpapierdienstleistungsunternehmen orientiert sich bei der Bestimmung des Unternehmens, an das die Geschäfte weitergeleitet werden, an den Vorgaben, die bei der Auftragsausführung nach § 82 Abs. 2 und 3 WpHG zu beachten sind (Art. 65 Abs. 4 DVO (EU) 2017/565);
2. Das Wertpapierdienstleistungsunternehmen legt Grundsätze fest. In diesen Grundsätzen werden für jede Gruppe von Finanzinstrumenten die Einrichtungen genannt, die das

Wertpapierdienstleistungsunternehmen mit der Ausführung seiner Entscheidungen beauftragt oder an die es die Aufträge seiner Kunden zur Ausführung weiterleitet. Das Wertpapierdienstleistungsunternehmen muss sicherstellen, dass die von ihm ausgewählten Unternehmen Vorkehrungen treffen, die es dem Wertpapierdienstleistungsunternehmen ermöglichen, seinen Pflichten nach diesem Absatz nachzukommen (Art. 65 Abs. 5 DVO (EU) 2017/565);

3. Das Wertpapierdienstleistungsunternehmen überwacht die Wirksamkeit der Ausführungsgrundsätze, insbesondere die Qualität der Ausführung durch die beauftragten Einrichtungen, regelmäßig und behebt bei Bedarf etwaige Mängel. Die Grundsätze werden mindestens einmal jährlich überprüft. Zusätzlich ist eine Überprüfung vorzunehmen, wenn eine wesentliche Veränderung eintritt, die die Fähigkeit des Wertpapierdienstleistungsunternehmens beeinträchtigt, für seine Kunden weiterhin das bestmöglich Ergebnis zu erzielen (Art. 65 Abs. 7 DVO (EU) 2017/565).
4. Das Wertpapierdienstleistungsunternehmen informiert seine Kunden über die Ausführungsgrundsätze. Zu dieser Information gehören sachgerechte Informationen über die Unternehmen und ihre Dienstleistungen, an die die Aufträge weitergeleitet werden (Art. 65 Abs. 6 DVO (EU) 2017/565).

218 Zusätzlich werden die Kunden einmal jährlich für jede Klasse von Finanzinstrumenten über die fünf Handelsplätze informiert, die ausgehend vom Handelsvolumen am wichtigsten sind. Die Information beinhaltet eine Zusammenfassung über die erreichte Ausführungsqualität (Art. 65 Abs. 6 DVO (EU) 2017/565).

219 Die nach § 82 Abs. 6 Nr. 1 WpHG einzuholende Zustimmung des Kunden zu den Grundsätzen zur Auftragsausführung kann auch in Form Allgemeiner Geschäftsbedingungen erfolgen. Sofern die vereinbarten Grundsätze der Auftragsausführung geändert werden, kann sich das Wertpapierdienstleistungsunternehmen in diesem Fall grundsätzlich nicht darauf beschränken, die nach § 82 Abs. 6 Nr. 3 WpHG gegebene Möglichkeit zu nutzen, nur die wesentlichen Änderungen mitzuteilen. Werden nämlich Mitteilungen über nicht wesentliche Änderungen der Ausführungsgrundsätze unterlassen, hätte dies zur Folge, dass diese (unwesentliche) Änderung nicht mit dem Kunden vereinbart wäre, da er dieser mangels Kenntnis nicht zugestimmt hätte. Um eine Änderung der i.d.R. in Form Allgemeiner Geschäftsbedingen vereinbarten Vertragsbedingungen wirksam vornehmen zu können, ist nach Nr. 1 Abs. 2 der Allgemeinen Geschäftsbedingungen der privaten Banken und der Genossenschaftsbanken sowie Nr. 2 der Allgemeinen Geschäftsbedingungen der Sparkassen die schriftliche Bekanntgabe der Änderung an den Kunden erforderlich. In der Bekanntgabe ist der Kunde besonders darauf hinzuweisen, dass die Änderung als genehmigt gilt, wenn der Kunde nicht schriftlich Widerspruch erhebt. Eine Mitteilung aller Änderungen und nicht nur der unwesentlichen an den Kunden wird daher erfolgen, sobald das Wertpapierdienstleistungsunternehmen die Vertragsbedingungen ändern möchte.

220 Zusätzlich zu den sich aus § 63 Abs. 7 WpHG ergebenden Informationspflichten hat ein Wertpapierdienstleistungsunternehmen seine Kunden mit weiteren Informationen zu versorgen. Hierzu gehört die Unterrichtung des Kunden über Interessenkonflikte nach § 63 Abs. 2 WpHG. Eine Informationspflicht besteht, soweit die organisatorischen Vorkehrungen nach § 80 Abs. 1 Satz 2 Nr. 2 WpHG nicht ausreichen, um nach vernünftigem Ermessen das Risiko der Beeinträchtigung von Kundeninteressen zu vermeiden (§ 63 Abs. 2 S. 1 WpHG). Die Information des Kunden muss es ihm unter Berücksichtigung seiner Einstufung als Privatkunde, professioneller Kunde oder geeignete Gegenpartei ermöglichen, seine Entscheidung über die Wertpapierdienstleistung oder Wertpapiernebendienstleistung, in deren Zusammenhang der Interessenkonflikt auftritt, auf informierter Grundlage zu treffen (§ 63 Abs. 2 Satz 2 Nr. 2 WpHG). Die Information hat auf einem dauerhaften Datenträger zu erfolgen (§ 63 Abs. 2 Satz 2 Nr. 1 WpHG). Das Wertpapierdienstleistungsunternehmen hat sicherzustellen, dass diese Kundeninformation nur als Ultima Ratio angewandt wird, wenn die wirksamen organisatorischen und administrativen Vorkehrungen, die es zur Verhinderung oder Bewältigung seiner Interessenkonflikte getroffen hat, nicht ausreichen, um mit hinreichender Sicherheit zu gewährleisten, dass die Interessen des Kunden nicht geschädigt werden (Art. 34 Abs. 4 Unterabs. 1 DVO (EU) 2017/565). Bei der Information über die Interessenkonflikte

wird deutlich angegeben, dass die wirksamen organisatorischen und administrativen Vorkehrungen, die das Wertpapierdienstleistungsunternehmen zur Verhinderung oder Bewältigung des Interessenkonflikts getroffen hat, nicht ausreichen, um mit hinreichender Sicherheit zu gewährleisten, dass die Interessen des Kunden nicht geschädigt werden (Art. 34 Abs. 4 Unterabs. 2 DVO (EU) 2017/565). Die Information beinhaltet eine genaue Beschreibung der Interessenkonflikte, die bei der Erbringung von Wertpapierdienstleistungen und/oder Wertpapiernebendienstleistungen entstehen, unter Berücksichtigung der Art des Kunden, an den sich die Unterrichtung richtet. Die Beschreibung erklärt die allgemeine Art und die Ursachen von Interessenkonflikten sowie die Risiken, die dem Kunden infolge der Interessenkonflikte und der zur Minderung dieser Risiken getroffenen Maßnahmen entstehen, ausreichend detailliert, um es dem Kunden zu ermöglichen, in Bezug auf die Wertpapierdienstleistungen oder Wertpapiernebendienstleistungen, in deren Zusammenhang die Interessenkonflikte entstehen, eine fundierte Entscheidung zu treffen (Art. 34 Abs. 4 Unterabs. 2 DVO (EU) 2017/565).

Die Informationspflicht nimmt Bezug auf die für Wertpapierdienstleistungsunternehmen bestehende Organisationspflicht in § 80 Abs. 1 Satz 2 Nr. 2 WpHG, auf Dauer wirksame Vorkehrungen für angemessene Maßnahmen zu treffen, um Interessenkonflikte bei der Erbringung von Wertpapierdienstleistungen oder Wertpapiernebendienstleistungen zwischen ihm selbst einschließlich seiner Mitarbeiter und der mit ihm direkt oder indirekt durch Kontrolle i.S.d. Art. 4 Abs. 1 Nr. 37 VO (EU) 575/2015 verbundenen Personen und Unternehmen und seinen Kunden oder zwischen seinen Kunden festzustellen und eine Beeinträchtigung der Kundeninteressen zu vermeiden. Um die Arten von Interessenkonflikten zu erkennen, die bei Erbringung von Wertpapier- und Wertpapiernebendienstleistungen oder bei einer Kombination daraus auftreten und den Interessen des Kunden abträglich sein können, müssen Wertpapierdienstleistungsunternehmen die nachstehenden Punkte prüfen (Art. 33 DVO (EU) 2017/565). Sie müssen klären, inwieweit sie selbst, ihre Mitarbeiter oder Personen oder Unternehmen, die direkt oder indirekt durch Kontrolle im Sinne von Art. 4 Abs. 1 Nr. 37 VO (EU) 575/2015 mit ihnen verbunden sind, aufgrund der Erbringung von Wertpapierdienstleistungen oder Wertpapiernebendienstleistungen: 221

1. zulasten von Kunden einen finanziellen Vorteil erzielen oder Verlust vermeiden könnten, 222
2. am Ergebnis einer für den Kunden erbrachten Dienstleistung oder eines für diesen getätigten Geschäfts ein Interesse haben, das nicht mit dem Kundeninteresse an diesem Ergebnis übereinstimmt,
3. einen finanziellen oder sonstigen Anreiz haben, die Interessen eines Kunden oder einer Kundengruppe über die Interessen anderer Kunden zu stellen,
4. dem gleichen Geschäft nachgehen wie Kunden,
5. aktuell oder künftig von einer nicht mit dem Kunden identischen Person in Bezug auf eine für den Kunden erbrachte Dienstleistung einen Anreiz in Form von finanziellen oder nichtfinanziellen Vorteilen oder Dienstleistungen erhalten (Art. 33 lit. a – e DVO (EU) 2017/565).

Um eine Beeinträchtigung von Kundeninteressen zu verhindern, müssen Wertpapierdienstleistungsunternehmen ihrer Größe und Organisation sowie der Art, des Umfangs und der Komplexität ihrer Geschäftstätigkeit entsprechend angemessene Grundsätze für den Umgang mit Interessenkonflikten auf einem dauerhaften Datenträger festlegen oder dauerhaft anwenden (Art. 34 Abs. 1 Unterabs. 1 DVO (EU) 2017/565). Ist das Wertpapierdienstleistungsunternehmen Teil einer Gruppe, müssen diese Grundsätze darüber hinaus allen Umständen Rechnung tragen, von denen das Wertpapierdienstleistungsunternehmen weiß oder wissen müsste und die aufgrund der Struktur und der Geschäftstätigkeiten anderer Gruppenmitglieder einen Interessenkonflikt nach sich ziehen könnten (Art. 34 Abs. 2 Unterabs. 2 DVO (EU) 2017/565). 223

In den Grundsätzen für den Umgang mit Interessenkonflikten wird 224

1. im Hinblick auf die Wertpapierdienstleistungen, Anlagetätigkeiten und Wertpapiernebendienstleistungen, die von oder im Namen des Wertpapierdienstleistungsunternehmens erbracht werden, festgelegt, unter welchen Umständen ein Interessenkonflikt, der den Interessen eines oder mehrerer Kunden erheblich schaden könnte, vorliegt oder entstehen könnte (Art. 34 Abs. 2 lit. a DVO (EU) 2017/565);

2. festgelegt, welche Verfahren einzuleiten und welche Maßnahmen zu treffen sind, um diese Interessenkonflikte zu verhindern oder zu bewältigen (Art. 34 Abs. 2 lit. b DVO (EU) 2017/565).

225 Um Interessenkonflikte zu verhindern oder zu bewältigen (Art. 34 Abs. 2 lit. b DVO (EU) 2017/565), müssen die Verfahren und Maßnahmen so ausgestaltet sein, dass Mitarbeiter ihre Tätigkeiten, bei denen ein Interessenkonflikt im Sinne von Art. 34 Abs. 2 lit. a DVO (EU) 2017/565 besteht, mit einem Grad an Unabhängigkeit ausführen, der der Größe und dem Betätigungsfeld des Wertpapierdienstleistungsunternehmens und seiner Unternehmensgruppe sowie dem Risiko einer Beeinträchtigung von Kundeninteressen angemessen ist (Art. 34 Abs. 3 Unterabs. 1 DVO (EU) 2017/565). Soweit dieses zur Gewährleistung des erforderlichen Grades an Unabhängigkeit notwendig und angemessen ist, umfassen die Verfahren und Maßnahmen nach Art. 34 Abs. 3 Unterabs. 2 DVO (EU) 2017/565:

226 1. Vorkehrungen zur wirksamen Verhinderung oder Kontrolle eines Informationsaustausches zwischen Mitarbeitern, deren Tätigkeiten einen Interessenkonflikt nach sich ziehen könnten, wenn dieser Informationsaustausch den Interessen eines oder mehrerer Kunden abträglich sein könnte,
2. die Verhinderung oder Kontrolle einer Beteiligung eines Mitarbeiters an verschiedenen Wertpapierdienstleistungen oder Wertpapiernebendienstleistungen in engem zeitlichen Zusammenhang, sofern diese Beteiligung ein ordnungsgemäßes Interessenkonfliktmanagement beeinträchtigen könnte
3. die Beseitigung jeder direkten Verbindung zwischen der Vergütung von Mitarbeitern und der Vergütung anderer Mitarbeiter mit anderen Aufgabenbereichen sowie von den von diesen erwirtschafteten Unternehmenserlösen oder Prämien, sofern die beiden Tätigkeiten einen Interessenkonflikt auslösen könnten,
4. Maßnahmen, die jeden unsachgemäßen Einfluss auf die Art und Weise, in der ein Mitarbeiter Wertpapierdienstleistungen oder Wertpapiernebendienstleistungen erbringt oder Anlagetätigkeiten ausführt, verhindert oder einschränkt, und
5. Maßnahmen, die die gleichzeitige oder unmittelbar nachfolgende Einbeziehung von Mitarbeitern in verschiedene Wertpapierdienstleistungen oder -nebendienstleistungen bzw. Anlagetätigkeiten verhindern oder kontrollieren, wenn diese Einbeziehung ein ordnungsgemäßes Konfliktmanagement beeinträchtigen könnte (Art. 34 Abs. 3 Unterabs. 2 lit. a – e DVO (EU) 2017/565).

c) Zeitpunkt der Aufklärung

227 Mit der aufsichtsrechtlich geschuldeten Aufklärung wird regelmäßig das Ziel verfolgt, dass der Kunde des Wertpapierdienstleistungsunternehmens eine Entscheidung auf informierter Grundlage treffen kann. Um dieses Ziel zu erreichen wird eine Informationserteilung zu einem Zeitpunkt vorgeschrieben, in dem mit der Erbringung einer Dienstleistung noch nicht begonnen wurde oder sich der Kunde noch nicht zur Inanspruchnahme einer Dienstleistung verpflichtet hat. Abhängig von der Klassifizierung des Kunden und der Komplexität des Produkts genügt die vorherige Information allein nicht. Der Zeitpunkt der Information muss vielmehr so gewählt werden, dass der Kunde ausreichend Zeit hat, die Information zu verarbeiten. Es muss ausreichend Zeit bestehen, dass der Kunde die Information lesen und verstehen kann. Von diesem Grundsatz gibt es Ausnahmen, die aufgrund kollidierender Interessen des Kunden geboten sind. Neben dem Informationsbedürfnis kann der Kunde auch das Interesse an einer schnellen Auftragserteilung haben. Daher gibt es Sachverhalte, in denen die nachträgliche Bereitstellung von Informationen ausreichend ist. Im Folgenden werden die Anforderungen des WpHG, des KAGB und der PRIIP-VO an den Zeitpunkt der Aufklärung dargestellt.

228 Die Informationen über das Wertpapierdienstleistungsunternehmen und seine Dienstleistungen, die Arten von Finanzinstrumenten und vorgeschlagenen Anlagestrategien, Ausführungsplätze sowie Kosten und Nebenkosten sind nach § 63 Abs. 7 WpHG rechtzeitig zu erteilen. Kunden sind die Informationen über den Vertrag, die Vertragsbedingungen und die oben genannten Angaben zu der Wertpapierdienstleistung oder Nebendienstleistung zur Verfügung zu stellen, bevor

eine Wertpapierdienstleistung oder Wertpapiernebendienstleistung erbracht oder der Kunde durch einen Vertrag über die betreffende Dienstleistung gebunden ist – je nachdem, welcher Zeitpunkt früher liegt (Art. 46 Abs. 1 DVO (EU) 2017/565). Die Informationen über das Wertpapierdientleistungsunternehmen (Art. 47 DVO (EU) 2017/565), über Finanzinstrumente (Art. 48 DVO (EU) 2017/565), über den Schutz von Kundenfinanzinstrumenten und Kundengeldern (Art. 49 DVO (EU) 2017/565) und über Kosten und Nebenkosten (Art. 50 DVO (EU) 2017/565) sind den Kunden vor Erbringung der Wertpapierdienstleistung oder Nebendienstleistung zur Verfügung zu stellen (Art. 46 Abs. 2 DVO (EU) 2017/565). Die Vorschrift des § 312d Abs. 2 BGB über die Unterrichtung des Verbrauchers beim Fernabsatz von Finanzdienstleistungen bleibt unberührt; ist der Kunde Unternehmer i.S.d. § 14 BGB, ist § 312d Abs. 2 BGB i.V.m. Art. 246b § 1 EGBGB entsprechend anzuwenden, soweit dort die Offenlegung der Identität und des geschäftlichen Zwecks des Kontakts und die Zurverfügungstellung von Informationen bei Telefongesprächen geregelt ist.

In Art. 46 Abs. 1 DVO (EU) 2017/565 wird festgelegt, Kunden den Vertrag und die Vertragsbedin- **229**
gungen zu übermitteln, bevor mit der Dienstleistung begonnen oder ein Vertrag hierüber abgeschlossen wurde. Auch wenn das Wertpapierdienstleistungsunternehmen gegen diese Verpflichtung verstößt, kann der Vertrag mit dem Kunden unter Einbeziehung der Vertragsbedingungen wirksam geschlossen worden sein. I.d.R. handelt es sich nämlich bei den Vertragsbedingungen um Allgemeine Geschäftsbedingungen, für deren wirksame Einbeziehung bei Einverständnis die Möglichkeit ausreicht, in zumutbarer Weise von ihrem Inhalt Kenntnis zu nehmen (§ 305 Abs. 2 Nr. 2 BGB). Die öffentlich-rechtlichen Vorschriften des WpHG und die konkretisieren Vorgaben der DVO (EU) 2017/565 begründen keinen unmittelbaren Anspruch des Kunden gegen seinen Vertragspartner auf Übermittlung der Unterlagen und ändern insoweit nicht die Rechte und Pflichten aus dem privatrechtlichen Verhältnis zwischen Wertpapierdienstleistungsunternehmen und Kunden.

Sofern die Beschreibung der mit Finanzinstrumenten der betreffenden Art einhergehenden Risiken, **230**
die Angaben über die Vertragsbedingungen, die Angaben zu dem Wertpapierdienstleistungsunternehmen und seinen Wertpapierdienstleistungen oder die sonstigen Angaben nach Art. 47 bis 50 DVO (EU) 2017/565 wesentlich geändert werden, sind diese dem Kunden (erneut) rechtzeitig mitzuteilen, soweit sie für Dienstleistungen relevant sind, die das Wertpapierdienstleistungsunternehmen für den Kunden erbringt (Art. 46 Abs. 4 DVO (EU) 2017/565). Der Mitteilungspflicht ausschließlich im Falle von »wesentlichen« Änderungen nachzukommen wird bei Informationen über Vertragsbedingungen nicht in die Praxis umgesetzt werden können, ohne zivilrechtliche Probleme in Kauf zu nehmen. Änderungen der Vertragsbedingungen werden nur auf Grundlage einer (Änderungs-)Vereinbarung wirksam. In zivilrechtlicher Hinsicht kann bei dieser Vereinbarung nicht zwischen wesentlichen und unwesentlichen Änderungen unterschieden werden.[314]

Zum Zeitpunkt, zu dem eine Aufklärung zu leisten ist, enthält § 63 Abs. 7 WpHG lediglich die **231**
Vorgabe, dass die Information rechtzeitig gegeben werden muss. Dies bedeutet regelmäßig, dass eine Aufklärung vor dem Abschluss eines Wertpapiergeschäfts erfolgen muss. Zwischen der Information und der Anlageentscheidung ist dem Anleger ein ausreichender Zeitraum für eine informierte Anlageentscheidung ohne Zeitdruck zu gewähren. Die Länge des Zeitraums hängt von der Komplexität und den Risiken des Anlageobjekts sowie von den Kenntnissen und Erfahrungen des Anlegers ab.[315] Das Erfordernis einer Aufklärung vor der Auftragserteilung lässt mehrere Möglichkeiten der Umsetzung zu. Entscheidend ist, dass die Informationen zu dem Zeitpunkt vorliegen, in dem sie benötigt werden. Denkbar ist es daher, den Kunden vor jedem einzelnen Auftrag aufzuklären. Sinnvoller ist es allerdings, die Aufklärung bei Begründung der Geschäftsbeziehung, z.B. in Zusammenhang mit der Eröffnung eines Depots, zu leisten. Dem Wertpapierdienstleistungsunternehmen nach Vertragsschluss zugehende Informationen brauchen nicht an den Kunden weitergeleitet werden. Aus § 63 Abs. 7 WpHG folgt keine derartige Pflicht. Eine Pflicht zur Übermittlung solcher nachträglich

---

314 Vgl. Rdn. 219.
315 Schwark/Zimmer/*Rothenhöfer* § 31 WpHG Rn. 180.

bekannt gewordenen Informationen kann sich lediglich aus einer gesonderten Rechtsgrundlage ergeben. Eine solche gesonderte Rechtsgrundlage kann sich abhängig von der Art der Information und von einer zusätzlichen depotvertraglichen Beziehung zwischen Kunde und Wertpapierdienstleistungsunternehmen aus Nr. 16 der Sonderbedingungen für Wertpapiergeschäfte ergeben.

232 Soweit es sich bei dem in Rede stehenden Finanzinstrument um einen Anteil oder eine Aktie an einem offenen Publikumsfonds (OGAW) handelt, sind dem Interessierten die wesentlichen Anlegerinformationen über den Fonds rechtzeitig vor Vertragsschluss zur Verfügung zu stellen (§ 297 Abs. 1 S. 1 KAGB). Dies bedeutet, dass die Bank diese Produktbeschreibung anbieten muss, bevor der Vertrag über den Erwerb der Fondsanteile zustande kommt. Es besteht keine Aushändigungspflicht. Der Kunde kann auf die Entgegennahme der Informationsunterlage verzichten.[316] Sofern die Anteile am Investmentvermögen aufgrund einer Vereinbarung über den regelmäßig wiederkehrenden Erwerb zu einem vereinbarten Gegenwert erworben werden sollen (sog. Fondssparpläne), sind die Unterlagen einmalig vor Abschluss dieser Vereinbarung anzubieten (§ 297 Abs. 7 Satz 2 KAGB). Soweit im Rahmen einer Finanzportfolioverwaltung Anteile an Investmentvermögen erworben werden, stellt § 297 Abs. 7 Satz 1 KAGB klarstellend fest, dass dem Kunden keine wesentlichen Anlegerinformationen zur Verfügung gestellt werden müssen. Wenn es sich um einen Anteil oder eine Aktie an einem AIF handelt, sind Privatkunden rechtzeitig vor Vertragsschluss die wesentlichen Anlegerinformationen, der Verkaufsprospekt und der letzte veröffentlichte Jahres- und Halbjahresbericht in der geltenden Fassung kostenlos zur Verfügung zu stellen (§ 297 Abs. 2 S. 2 KAGB).

233 Soweit es sich bei dem in Rede stehenden Finanzinstrument um ein verpacktes Anlageprodukt (PRIP) im Sinne von Art. 4 Nr. 1 PRIIP-VO handelt und die informationsbedürftige Person als Privatkunde klassifiziert ist, muss das Wertpapierdienstleistungsunternehmen, dass das Produkt verkauft, seinem Kunden ein Basisinformationsblatt zur Verfügung stellen (Art. 13 Abs. 1 PRIIP-VO)[317]. Das Basisinformationsblatt muss rechtzeitig zur Verfügung gestellt werden, bevor der Kunde durch einen Vertrag oder ein Angebot im Zusammenhang mit diesem PRIIP gebunden ist (Art. 13 Abs. 1 PRIIP-VO; Art. 17 Abs. 1 S. 1 1. HS DVO (EU) 2017/653). Ausnahmsweise ist die Bereitstellung unverzüglich nach Abschluss der Transaktion zulässig. Das Basisinformationsblatt kann unter folgenden Bedingungen nachträglich bereitgestellt werden (Art. 13 Abs. 3 PRIIP-VO):

1. Der Privatkunde entscheidet von sich aus, Verbindung zu der Person, die ein PRIIP verkauft, aufzunehmen und die Transaktion mit Hilfe eines Fernkommunikationsmittels zu tätigen.
2. Die Bereitstellung des Basisinformationsblatts gemäß Art. 13 Abs. 1 PRIIP-VO ist nicht möglich.
3. Die Person, die über das PRIIP berät oder es verkauft, hat den Kleinanleger über den Umstand, dass das Basisinformationsblatt nicht bereitgestellt werden kann, in Kenntnis gesetzt und hat klar zum Ausdruck gebracht, dass der Kleinanleger die Transaktion verschieben kann, um das Basisinformationsblatt vor dem Abschluss der Transaktion zu erhalten und zu lesen.
4. Der Kleinanleger stimmt zu, das Basisinformationsblatt unverzüglich nach dem Abschluss der Transaktion zu erhalten, anstatt die Transaktion zu verschieben, um das Dokument vor dem Abschluss zu erhalten.

234 Hat der Kleinanleger eine Anweisung erteilt, aufgrund der mehrere aufeinander folgende Kauftransaktionen bezogen auf dasselbe verpackte Anlageprodukt durchgeführt werden, hat der Verkäufer das Basisinformationsblatt nur vor der ersten Transaktion und vor jeder ersten Transaktion nach einer Überarbeitung des Basisinformationsblatts zur Verfügung zu stellen (Art. 13 Abs. 4 PRIIP-VO).

316 Abschnitt 3.2 in »Häufige Fragen zum Vertrieb und Erwerb von Investmentvermögen nach dem KAGB«, Schreiben der BaFin vom 04.07.2013, geändert am 16.03.2018 (Geschäftszeichen WA 41-Wp 2137-2013/0293).

317 Vgl. Rdn. 167 ff. zum Anwendungsbereich der PRIIP-VO.

d) Form der Aufklärung

Die oben genannten Informationen nach Art. 47 bis 50 DVO (EU) 2017/565 sind auf einem dauerhaften Datenträger oder einer Website zur Verfügung zu stellen (Art. 46 Abs. 3 DVO 2017/565). Das Gleiche gilt für eine Information über die wesentlichen Änderungen nach Art. 46 Abs. 4 S. 2 DVO (EU) 2017/565, wenn für die Information, auf die sie sich bezieht, ebenfalls eine Übermittlung auf einem dauerhaften Datenträger vorgesehen ist. 235

Mit der Bereitstellung von Informationen unter Verwendung eines dauerhaften Datenträgers ist gemeint, dass die Informationen dem Kunden auf Papier (Art. 3 Abs. 1 DVO (EU) 2017/565) oder auf einem anderen Medium zur Verfügung gestellt wird, das es ihm gestattet, an ihn persönlich gerichtete Informationen derart zu speichern, dass er sie in der Folge für eine Dauer, die für die Zwecke der Informationen angemessen ist, einsehen kann, und die unveränderte Wiedergabe der Informationen ermöglicht (§ 2 Abs. 43 WpHG). Diese Definition lehnt sich an die Beschreibung der Textform gem. § 126b BGB an, ohne sämtliche Merkmale der Textform zu übernehmen. Die Textform nach § 126b BGB ist gegeben, wenn die Erklärung in einer Urkunde oder auf andere zur dauerhaften Wiedergabe in Schriftzeichen geeigneten Weise abgegeben wurde, die Person des Erklärenden genannt und der Abschluss der Erklärung durch Nachbildung der Namensunterschrift oder anders erkennbar gemacht werden. 236

Gemäß Art. 3 Abs. 1 DVO (EU) 2017/565 ist die Verwendung eines anderen dauerhaften Datenträgers als Papier nur zulässig, wenn dies aufgrund der Rahmenbedingungen, unter denen das Geschäft ausgeführt wird oder ausgeführt werden soll, angemessen ist, und der Empänger der Informationen die Wahl hat, diese auf Papier oder dem betreffenden anderen dauerhaften Datenträger zu erhalten, und sich ausdrücklich für diese andere Form der Bereitstellung von Informationen entscheidet. 237

Als alternatives Medium zum dauerhaften Datenträger steht unter bestimmten Bedingungen die Information über eine Website für bestimmte, nicht an den Kunden persönlich gerichtete Informationen zur Verfügung. Nach Art. 3 Abs. 2 DVO (EU) 2017/565 können Informationen über den Vertrag und die Vertragsbedingungen (Art. 46 DVO (EU) 2017/565; vgl. aber Rdn. 241), über das Wertpapierdientleistungsunternehmen (Art. 47 DVO (EU) 2017/565), über Finanzinstrumente (Art. 48 DVO (EU) 2017/565), über den Schutz von Kundenfinanzinstrumenten und Kundengeldern (Art. 49 DVO (EU) 2017/565) und über Kosten und Nebenkosten (Art. 50 DVO (EU) 2017/565) über eine Website zur Verfügung gestellt werden, wenn die folgenden Bedingungen erfüllt sind: 238

1. Die Bereitstellung der betreffenden Informationen über dieses Medium ist den Rahmenbedingungen, unter denen das Geschäft zwischen dem Wertpapierdienstleistungsunternehmen und dem Kunden ausgeführt wird oder ausgeführt werden soll, angemessen;
2. der Kunde hat der Bereitstellung der Information in dieser Form ausdrücklich zugestimmt hat;
3. die Adresse der Website und die Stelle, an der die Informationen auf dieser Website zu finden sind, sind dem Kunden auf elektronischen Wege mitgeteilt worden;
4. die Informationen bewegen sich auf dem neuesten Stand;
5. die Informationen können auf der Internetseite laufend abgefragt werden und bleiben so lange eingestellt, wie sie für den Kunden nach vernünftigem Ermessen einsehbar sein müssen.

Eine Bereitstellung von Informationen auf elektronischem Wege gilt für die Rahmenbedingungen, unter denen das Geschäft zwischen dem Wertpapierdienstleistungsunternehmen und dem Kunden ausgeführt wird oder werden soll, als angemessen, wenn der Kunde nachweislich über regelmäßigen Zugang zum Internet verfügt. Der Nachweis ist geführt, wenn der Kunde für die Ausführung dieses Geschäfts eine E-Mail-Adresse angegeben hat (Art. 3 Abs. 3 DVO (EU) 2017/565). 239

Die Informationen über die Ausführungsgrundsätze nach Art. 65 und 66 DVO (EU) 2017/565 sind auf einem dauerhaften Datenträger oder einer Website zu übermitteln (Art. 66 Abs. 3 Satz 2 DVO (EU) 2017/565). Die Veröffentlichung auf einer Website ist nur möglich, wenn die unter Rdn. 238 genannten und in Art. 3 Abs. 2 DVO (EU) 2017/565 geregelten Voraussetzungen vorliegen. 240

241 Als weiteres Formerfordernis neben den zuvor dargestellten reinen Informationsanforderungen müssen Wertpapierdienstleistungsunternehmen, die erstmals nach dem 3. Januar 2018 eine Wertpapierdienstleistung oder das Depotgeschäft (Wertpapiernebendienstleistung nach Anhang I Abschnitt B Absatz 1 der Richtlinie 2014/65/EU) für einen Kunden erbringen, eine schriftliche Rahmenvereinbarung auf Papier oder einem anderen dauerhaften Datenträger mit ihren Kunden abschließen (§ 83 Abs. 2 WpHG i.V.m. Art. 58 DVO (EU) 2017/565). In dieser Vereinbarung müssen die wesentlichen Rechte und Pflichten des Wertpapierdienstleistungsunternehmens und des Kunden enthalten sein. Soweit ein Wertpapierdienstleistungsunternehmen Anlageberatung erbringt, besteht die Pflicht zum Abschluss einer schriftlichen Rahmenvereinbarung nur dann, wenn dem Kunden regelmäßige Eigungsbeurteilungen erteilt werden (Art. 58 S. 2 DVO (EU) 2017/565). Für diese Rahmenvereinbarung lässt § 83 Abs. 2 Satz 2 WpHG zu, dass Rechte und Pflichten, die in anderen Dokumenten oder Rechtstexten normiert oder vereinbart sind, durch Verweis in die Rahmenvereinbarung einbezogen werden können. Die Rahmenvereinbarung muss dem Kunden in Papierform oder auf einem dauerhaften Datenträger zur Verfügung gestellt werden (Art. 58 S. 1 DVO (EU) 2017/565).

242 Soweit es sich bei dem in Rede stehenden Finanzinstrument um ein Anteil oder eine Aktie an einem OGAW oder einen AIF handelt, sind die wesentlichen Anlegerinformationen und soweit anwendbar die weiteren Unterlagen wie Verkaufsprospekt und der letzte veröffentlichte Jahres- und Halbjahresbericht auf einem dauerhaften Datenträger oder einer Internetseite zur Verfügung zu stellen (§ 297 Abs. 4 S. 1 KAGB). Diese formelle Anforderung bedeutet, dass die Unterlage grundsätzlich in Papierform zur Verfügung gestellt werden muss (§ 167 Abs. 1 KAGB). Ein anderer dauerhafter Datenträger als Papier ist nur zulässig, wenn dies auf Grund der Rahmenbedingungen, unter denen das Geschäft ausgeführt wird, angemessen ist und der Anleger sich ausdrücklich für diese andere Form der Übermittlung von Informationen entschieden hat (§ 167 Abs. 1 KAGB). Eine elektronische Übermittlung von Informationen gilt im Hinblick auf die Rahmenbedingungen als angemessen, wenn der Anleger nachweislich einen regelmäßigen Zugang zum Internet hat (§ 167 Abs. 2 S. 1 KAGB). Dies gilt als nachgewiesen, wenn der Anleger für die Ausführung dieser Geschäfte eine E-Mail-Adresse angegeben hat (§ 167 Abs. 2 S. 2 KAGB).

243 Soweit es sich bei dem in Rede stehenden Finanzinstrument um ein verpacktes Anlageprodukt (PRIP) im Sinne von Art. 4 Nr. 1 PRIIP-VO handelt und die informationsbedürftige Person als Privatkunde klassifiziert ist, muss das Wertpapierdienstleistungsunternehmen, dass das Produkt verkauft, seinem Kunden ein Basisinformationsblatt zur Verfügung stellen (Art. 13 Abs. 1 PRIIP-VO)[318]. Das Basisinformationsblatt muss grundsätzlich auf Papier zur Verfügung gestellt werden (Art. 14 Abs. 2 lit. a PRIIP-VO). Diese Form soll der Regelfall sein, wenn das Produkt im persönlichen Kontakt angeboten wird. Unter bestimmten Voraussetzungen ist auch der Einsatz anderer Medien zulässig.

244 Das Basisinformationsblatt kann auf einem anderen dauerhaften Datenträger als Papier zur Verfügung gestellt werden, wenn die folgenden Bedingungen erfüllt sind (Art. 14 Abs. 4 PRIIP-VO):

a) Die Verwendung des dauerhaften Datenträgers ist den Rahmenbedingungen, unter denen das Geschäft zwischen der Person, die das Produkt verkauft, und dem Kunden getätigt wird, angemessen und
b) der Kunde konnte nachweislich wählen, ob er die Information auf Papier oder auf dem dauerhaften Datenträger erhalten wollte, und hat sich nachweislich für diesen anderen Datenträger entschieden.

Die Bereitstellung von Informationen auf einem anderen dauerhaften Datenträger als Papier wird als angemessen betrachtet, wenn der Privatkunde nachweislich über einen regelmäßigen Zugang zum Internet verfügt (Art. 14 Abs. 6 S. 1 PRIIP-VO). Dies gilt als nachgewiesen, wenn der Privatkunde für dieses Geschäft eine E-Mail-Adresse angegeben hat (Art. 14 Abs. 6 S. 2 PRIIP-VO).

318 Vgl. Rdn. 167 ff. zum Anwendungsbereich der PRIIP-VO.

Das Basisinformationsblatt kann über eine Website zur Verfügung gestellt werden, wenn die folgenden Bedingungen erfüllt sind (Art. 14 Abs. 5 PRIIP-VO): 245

1. Die Bereitstellung des Basisinformationsblatts über eine Website ist den Rahmenbedingungen, unter denen das Geschäft zwischen der Person, die das Produkt verkauft, und dem Kunden getätigt wird, angemessen;
2. der Kunde konnte nachweislich wählen, ob er die Information auf Papier oder über eine Website erhalten wollte, und hat sich nachweislich für Letzteres entschieden;
3. dem Kunden sind die Adresse der Website und die Stelle, an der das Basisinformationsblatt auf dieser Website einzusehen ist, auf elektronischem Wege oder schriftlich mitgeteilt worden;
4. das Basisinformationsblatt kann über die Website laufend abgefragt, heruntergeladen und auf einem dauerhaften Datenträger gespeichert werden, und zwar so lange, wie es für den Kunden einsehbar sein muss.

Die Bereitstellung von Informationen über eine Website wird als angemessen betrachtet, wenn der Privatkunde nachweislich über einen regelmäßigen Zugang zum Internet verfügt (Art. 14 Abs. 6 S. 1 PRIIP-VO). Dies gilt als nachgewiesen, wenn der Privatkunde für dieses Geschäft eine E-Mail-Adresse angegeben hat (Art. 14 Abs. 6 S. 2 PRIIP-VO).

e) Verständlichkeit der Informationen, einschließlich Werbemitteilungen

Nach § 63 Abs. 6 WpHG haben Wertpapierdienstleistungsunternehmen alle Informationen einschließlich Werbemitteilungen, die sie Kunden zugänglich machen, redlich, eindeutig und nicht irreführend zu gestalten. Werbemitteilungen müssen eindeutig als solche erkennbar sein. Unberührt bleiben allerdings die Vorschriften zur Werbung für den Erwerb von Investmentanteilscheinen in § 302 KAGB und § 15 Wertpapierprospektgesetz. Entsprechend der Auslegung im Wettbewerbsrecht kommt es auch im Aufsichtsrecht für die Beurteilung der Irreführung darauf an, ob die Möglichkeit einer Irreführung aus Sicht des Empfängers der Information gegeben ist. Ob das Wertpapierdienstleistungsunternehmen die Information ebenfalls für irreführend erachtet oder die Irreführung gar beabsichtigt hat, ist unerheblich.[319] 246

Bei der Umsetzung dieser generellen Anforderungen sind zusätzlich die konkretisierenden Vorgaben in Art. 44 und 46 DVO (EU) 2017/565 zu beachten. Danach müssen Informationen einschließlich der Werbemitteilungen, die Wertpapierdienstleistungsunternehmen Privatkunden und professionellen Kunden sowie potenziellen Privat- oder professionellen Kunden (bei der Einschränkung auf potenzielle Privatkunden in der deutschen Fassung von Art. 44 Abs. 1 DVO (EU) 2017/565 liegt ein Übersetzungsfehler vor, wie u.a. der Vergleich mit der englischen Fassung zeigt) zugänglich machen, verschiedene Bedingungen erfüllen (Art. 44 Abs. 1 DVO (EU) 2018(565). Die Informationen müssen den Namen des Wertpapierdienstleistungsunternehmens umfassen (Art. 44 Abs. 2 lit. a DVO (EU) 2017/565). Wenn die Informationen Bezugnahmen auf mögliche Vorteile einer Wertpapierdienstleistung oder eines Finanzinstruments enthalten, ist redlich und deutlich auf etwaige Risiken hinzuweisen (Art. 44 Abs. 2 lit. b DVO (EU) 2017/565). Die Hinweise auf maßgebliche Risiken werden in einer Schriftgröße aufgeführt, die mindestens der auch für alle anderen angegebenen Informationen verwendeten, vorherrschenden Schriftgröße entspricht, während durch ihre graphische Gestaltung sichergestellt wird, dass diese Angaben leicht erkennbar sind (Art. 44 Abs. 2 lit. c DVO (EU) 2017/565). Die Informationen werden ausreichend und in einer Art und Weise dargestellt, dass sie für einen durchschnittlichen Angehörigen der Gruppe, an die sie gerichtet sind bzw. zu der sie wahrscheinlich gelangen, verständlich sein dürften (Art. 44 Abs. 2 lit. d DVO (EU) 2017/565). 247

Wichtige Punkte, Aussagen oder Warnungen dürfen nicht verschleiert, abgeschwächt oder unverständlich gemacht werden (Art. 44 Abs. 2 lit. e DVO (EU) 2017/565). Die Informationen werdem im gesamten Informations- und Werbematerial, das den Kunden zur Verfügung gestellt wird, 248

319 Erwägungsgrund 68 DVO (EU) 2017/565.

durchgängig in derselben Sprache geliefert, es sei denn, der Kunde hat sich bereit erklärt, Informationen in mehreren Sprachen zu akzeptieren (Art. 44 Abs. 2 lit. f DVO (EU) 2017/565). Die Informationen müssen aktuell und für die Art des genutzten Kommunikationsmittels relevant sein (Art. 44 Abs. 2 lit. g DVO (EU) 2017/565).

249 Vergleiche über Wertpapierdienstleistungen, Wertpapiernebendienstleistungen, Finanzinstrumente oder Personen, die Wertpapierdienstleistungen oder Nebendienstleistungen erbringen, müssen aussagekräftig sein und in einer redlichen und ausgewogenen Weise dargestellt werden (Art. 44 Abs. 3 lit. a DVO (EU) 2017/565). Die für den Vergleich herangezogenen Informationsquellen (Art. 44 Abs. 3 lit. b DVO (EU) 2017/565) sowie die wesentlichen Fakten und Hypothesen, die für den Vergleich herangezogen werden, müssen angegeben werden (Art. 44 Abs. 3 lit. c DVO (EU) 2017/565).

250 Aussagen zu der früheren Wertentwicklung eines Finanzinstruments, eines Finanzindexes oder einer Wertpapierdienstleistung sind unter folgenden Bedingungen zulässig:

1. Sie dürfen nicht im Vordergrund der Information stehen;
2. Die Informationen enthalten geeignete Angaben zur Wertentwicklung, die sich auf die vorausgegangenen 5 Jahre beziehen, in denen das Finanzinstrument angeboten, der Finanzindex festgestellt oder die Wertpapierdienstleistung erbracht worden sind; Angaben über einen längeren Zeitraum müssen in Zwölfmonatszeiträumen erfolgen; liegen Angaben nur über einen kürzeren Zeitraum als 5 Jahre vor, müssen Angaben zu dem gesamten Zeitraum gemacht werden; der bis zum 2. Januar 2018 geltende Mindestzeitraum von 12 Monaten (§ 4 Abs. 4 Nr. 1 WpDVerOV a.F.) ist nicht mehr zu beachten;
3. Der Referenzzeitraum und die Informationsquelle sind eindeutig angegeben;
4. Die Informationen enthalten eine eindeutige Warnung dahingehend, dass sich die Zahlenangaben auf die Vergangenheit beziehen und dass die frühere Wertentwicklung kein verlässlicher Indikator für künftige Ergebnisse ist;
5. Bei Angaben in einer anderen Währung als in der Währung des Staates, in dem der Privatkunde ansässig ist, wird die Währung eindeutig angegeben und eine Warnung dahin gehend abgegeben, dass die Rendite infolge von Währungsschwankungen steigen oder fallen kann;
6. Im Fall der Bezugnahme auf die Bruttowertentwicklung wird angegeben, wie sich Provisionen, Gebühren und andere Entgelte auswirken (Art. 44 Abs. 4 DVO (EU) 2017/565).

251 Simulationen einer früheren Wertentwicklung oder Verweise auf eine solche Simulation dürfen sich nur auf ein Finanzinstrument, den einem Finanzinstrument zugrunde liegenden Basiswert oder einen Finanzindex beziehen. Sie müssen auf der tatsächlichen früheren Wertentwicklung mindestens eines Finanzinstruments oder Finanzindexes beruhen, die mit dem betreffenden Finanzinstrument vollkommen oder wesentlich übereinstimmen oder diesem zugrunde liegen (Art. 44 Abs. 5 lit. a DVO (EU) 2017/565). Zusätzlich hat die tatsächliche frühere Wertentwicklung die vorgenannten Voraussetzungen des Art. 44 Abs. 4 lit. a-c, e und f DVO (EU) 2017/565 zu erfüllen (Art. 44 Abs. 5 lit. b WpDVerOV). Außerdem hat die Information eine deutliche Warnung zu enthalten, dass sich die Zahlenangaben auf eine simulierte frühere Wertentwicklung beziehen und dass die frühere Wertentwicklung kein verlässlicher Indikator für künftige Ergebnisse ist (Art. 44 Abs. 5 lit. c DVO (EU) 2017/565).

252 Soweit an Kunden gerichtete Informationen Angaben zur künftigen Wertentwicklung enthalten, gelten die sich aus Art. 44 Abs. 6 DVO (EU) 2017/565 ergebenden Bedingungen. Der Anwendungsbereich dieser Vorgaben ist nicht ausdrücklich vorgegeben und hat aus systematischen Gründen sowie aufgrund von Sinn und Zweck der Regelung den gleichen Anwendungsbereich, wie er ausdrücklich in den Vorgaben für Angaben über die frühere Wertentwicklung und über Simulationen festgelegt ist. Demzufolgen dürfen Angaben zur künftigen Wertentwicklung eines Finanzinstruments, des einem Finanzinstrument zugrunde liegenden Basiswerts oder eines Finanzindex nicht auf einer simulierten früheren Wertentwicklung beruhen oder auf eine solche Simulation Bezug nehmen (Art. 44 Abs. 6 lit. a DVO (EU) 2017/565). Die Informationen müssen auf angemessenen, durch objektive Daten gestützten Annahmen beruhen (Art. 44 Abs. 6 lit. b DVO

(EU) 2017/565). Für den Fall, dass die Informationen auf der Bruttowertentwicklung beruhen, ist anzugeben, wie sich Provisionen, Gebühren und andere Entgelte auswirken (Art. 44 Abs. 6 lit. c DVO (EU) 2017/565). Die Informationen müssen auf (sowohl positiven als auch negativen) Szenarien mit unterschiedlichen Marktbedingungen beruhen und müssen die Art und die Risiken der in die Analyse einbezogenen Arten von Instrumenten widerspiegeln (Art. 44 Abs. 6 lit. d DVO (EU) 2017/565). Die Informationen müssen eine deutliche Warnung dahin gehend enthalten, dass derartige Prognosen kein verlässlicher Indikator für die künftige Wertentwicklung sind (Art. 44 Abs. 6 lit. e DVO (EU) 2017/565).

Informationen, in denen auf eine bestimmte steuerliche Behandlung Bezug genommen wird, müssen einen deutlichen Hinweis enthalten, dass die steuerliche Behandlung von den persönlichen Verhältnissen des jeweiligen Kunden abhängt und künftig Änderungen unterworfen sein kann (Art. 44 Abs. 7 DVO (EU) 2017/565). 253

Der Name einer zuständigen Behörde darf nicht in einer Weise genannt werden, die so verstanden werden kann, dass die Produkte oder Dienstleistungen des Wertpapierdienstleistungsunternehmens von der betreffenden Behörde gebilligt oder genehmigt werden (Art. 44 Abs. 8 DVO (EU) 2017/565). 254

Informationen im Zusammenhang mit einer Werbemitteilung dürfen denjenigen Informationen nicht widersprechen, die das Wertpapierdienstleistungsunternehmen dem Kunden im Zuge der Erbringung von Wertpapierdienstleistungen und Wertpapiernebendienstleistungen zur Verfügung stellt (Art. 46 Abs. 5 DVO (EU) 2017/565). Enthält eine Werbemitteilung eine Willenserklärung, die unmittelbar auf die Herbeiführung eines Vertragsschlusses über ein Finanzinstrument, eine Wertpapierdienstleistung oder eine Wertpapiernebendienstleistung gerichtet ist, und ist die Art und Weise der Antwort oder ein Antwortformular vorgegeben, so sind bereits in der Werbemitteilung die in den Art. 47–50 DVO (EU) 2017/565 genannten Kundeninformationen (z.B. über die Art und Risiken des Finanzinstrumentes sowie über den Vertrag) anzugeben, soweit diese für den Vertragsschluss relevant sind. Das Gleiche gilt für eine Werbemitteilung, die eine Aufforderung an den Kunden enthält, ein Angebot für einen Vertragsschluss über ein Finanzinstrument, eine Wertpapierdienstleistung oder eine Wertpapiernebendienstleistung abzugeben (Art. 46 Abs. 6 UA 1 DVO (EU) 2017/565). Die vorgenannte Anforderung gilt nicht, wenn ein Privatkunde zur Annahme oder zur Abgabe eines Angebots im vorgenannten Sinne mehrere zur Verfügung gestellte Dokumente heranziehen muss, aus denen sich, einzeln oder zusammengenommen, die geforderten Informationen ergeben (Art. 46 Abs. 6 UA 2 DVO (EU) 2017/565). 255

Die Anforderungen an die Darstellung von Informationen, insbesondere von Werbung, die Wertpapierdienstleistungsunternehmen ihren Kunden zugänglich machen, sind trotz der zahlreichen Regelungen im WpHG und in der DVO (EU) 2017/565 nicht immer eindeutig. Zur Beseitigung von Auslegungsunsicherheiten der Marktteilnehmer und zur Herstellung möglichst einheitlicher Rahmenbedingungen hat die BaFin am 11.02.2010 das Rundschreiben 01/2010 (WA) zur Auslegung der Vorschriften des Wertpapierhandelsgesetzes über Informationen einschließlich Werbung von Wertpapierdienstleistungsunternehmen an Kunden (Geschäftszeichen: WA3G-Wp-2002–2008/0001) veröffentlicht. Der Inhalt dieses Rundschreibens ist weitgehend unverändert als Besonderer Teil 3 (BT 3) in das Rundschreiben 4/2010 (WA) – Mindestanforderungen an die Compliance-Funktion und die weiteren Verhaltens-, Organisations- und Transparenzpflichten nach §§ 31 ff. WpHG für Wertpapierdienstleistungsunternehmen (MaComp; Geschäftszeichen WA 31-Wp 2002–2009/0010 vom 07.06.2010) aufgenommen worden. Dieses wurde durch das am 19.04.2018 veröffentlichte Rundschreiben 05/2018 (WA) (Geschäftszeichen WA 31 – Wp 2002–2017/0011) abgelöst. Es enthält für die Aufsichtspraxis der BaFin relevante Konkretisierungen und Beispiele insbesondere für den Anwendungsbereich der Anforderungen (BT 3.1.1), für das Zugänglichmachen von Informationen (BT 3.2) und über Darstellungsvorschriften für an Privatkunden und professionelle Kunden gerichtete Informationen (BT 3.3). 256

257 Sofern Wertpapierdienstleistungsunternehmen Informationen über Finanzinstrumente oder deren Emittenten abgeben, die direkt oder indirekt eine allgemeine Empfehlung für eine bestimmte Anlageentscheidung enthalten, müssen diese Informationen den Anforderungen an die Erstellung von Finanzanalysen (rechtstechnisch werden dafür die Begriffe Anlagestrategieempfehlung und Anlageempfehlung entsprechend den Definitionen in der Marktmissbrauchsverordnung VO (EU) 596/2014 verwendet) nach § 85 WpHG bzw. Verordnung (EU) 596/2014 und Delegierte Verordnung (EU) 2016/958 entsprechen. Alternativ müssen Informationen über Finanzinstrumente oder deren Emittenten, die direkt oder indirekt eine allgemeine Empfehlung für eine bestimmte Anlageentscheidung enthalten, sofern sie ohne Einhaltung der vorgenannten Anforderungen an die Erstellung von Finanzanalysen als Finanzanalyse oder Ähnliches beschrieben oder als objektive oder unabhängige Erläuterung der in der Empfehlung enthaltenen Punkte dargestellt werden, eindeutig als Werbemitteilung gekennzeichnet und mit einem Hinweis versehen sein, dass sie nicht allen gesetzlichen Anforderungen zur Gewährleistung der Unvoreingenommenheit von Finanzanalysen genügen und dass sie einem Verbot des Handels vor der Veröffentlichung von Finanzanalysen nicht unterliegen (zu weiteren Einzelheiten vgl. Rdn. 287 ff.).

f) Aufklärungspflichten bei professionellen Anlegern und geeigneten Gegenparteien

258 Aufsichtsrechtlich hat ein Wertpapierdienstleistungsunternehmen seine Kundschaft seit dem 01.11.2007 in drei Kategorien einzuteilen. Die Einteilung hat unter anderem Folgen für den Umfang der zu erbringenden Aufklärung. Bevor näher auf den unterschiedlichen Aufklärungsumfang eingegangen wird und die drei Kategorien im Einzelnen vorgestellt werden, soll zunächst der Kundenbegriff näher untersucht werden. Das WpHG definiert den Begriff »Kunde« in § 67 Abs. 1 WpHG. Danach sind Kunden alle natürlichen oder juristischen Personen, für die Wertpapierdienstleistungsunternehmen Wertpapierdienstleistungen und/oder Wertpapiernebendienstleistungen erbringen oder anbahnen. Für die Anwendbarkeit der den Kunden betreffenden Vorschriften des WpHG kommt es daher nicht darauf an, ob jemand sich in einer vertraglichen oder vorvertraglichen Beziehung zum Wertpapierdienstleistungsunternehmen befindet. Auch Personen, die zunächst nur einen tatsächlichen Kontakt zum Wertpapierdienstleistungsunternehmen haben, können unter den gesetzlichen Kundenbegriff fallen. In diesem Sinne gelten auch Personen als Kunden, an die sich eine Werbung des Wertpapierdienstleistungsunternehmens richtet (vgl. § 63 Abs. 6 WpHG). Mit Kunden sind ebenfalls Interessenten gemeint, die bereits in Bezug auf Finanzinstrumente beraten werden, bevor sie ein Konto oder Depot eröffnet haben. Sie sind Kunden aufgrund des der Beratung zugrunde liegenden Vertragsverhältnisses. Schließlich sind Kunden i.S.d. WpHG auch Interessenten, mit denen über die Eröffnung eines Depots gesprochen wird, wegen der damit gegebenen Anbahnung einer Wertpapiernebendienstleistung.

259 In § 67 WpHG werden drei Kategorien von Kunden unterschieden, für die unterschiedliche Schutzstandards gelten. Das Gesetz unterscheidet zwischen Privatkunden, professionellen Kunden und geeigneten Gegenparteien. Nach Erwägungsgrund 86 der MiFID II sollen die Vorkehrungen zum Schutz der Anleger den Eigenheiten jeder Anlegerkategorie angepasst sein. Der Rechtsrahmen für die Erbringung von Dienstleistungen soll unabhängig von der Kategorie des betreffenden Kunden gestärkt werden.

260 Privatkunden genießen das höchste Schutzniveau. Sie werden in § 67 Abs. 3 WpHG durch eine Negativdefinition beschrieben. Es handelt sich um alle Kunden, die keine professionellen Kunden sind. Daraus folgt, dass die Einstufung als Privatkunde unabhängig von der Höhe des Vermögens des Privatkunden und grundsätzlich unabhängig von seiner Rechtsform (natürliche Person, juristische Person) erfolgt.[320] Wertpapierdienstleistungsunternehmen haben ggü. Privatkunden insbesondere die Pflicht zur Informationserteilung nach § 63 Abs. 7 WpHG und zur bestmöglichen

320 *Seyfried* WM 2006, 1375 (1376).

Ausführung ihrer Aufträge nach § 82 WpHG. Privatkunden sind entsprechend den oben dargestellten Anforderungen aufzuklären (vgl. Rdn. 188–220).

Professionelle Kunden werden nach § 67 Abs. 2 WpHG dadurch charakterisiert, dass sie über ausreichende Erfahrungen, Kenntnisse und Sachverstand verfügen, um ihre Anlageentscheidungen zu treffen und die damit verbundenen Risiken angemessen beurteilen zu können. Daraus folgt die Reduzierung der Verhaltenspflichten des Wertpapierdienstleistungsunternehmens ggü. den Kunden aus dieser Kategorie. Die genannten Kriterien Erfahrungen, Kenntnisse und Sachverstand sind allerdings nicht Voraussetzung für die Einstufung des Kunden, sodass es unerheblich ist, ob diese im Einzelfall tatsächlich vorliegen.[321] Die Einstufung als professioneller Kunde beruht entweder auf der Erfüllung gesetzlicher Voraussetzungen (»geborener« professioneller Kunde) oder auf einer individuellen Änderung der Einstufung im Wege der Herauf- oder Herabstufung aus einer anderen Kundenkategorie (»gekorener« professioneller Kunde). Im Fall des »geborenen« professionellen Kunden stellt § 67 Abs. 2 Satz 3 WpHG klar, dass die Einstufung für alle Finanzinstrumente, Wertpapierdienstleistungen und Wertpapiernebendienstleistungen gilt. 261

Professionelle Kunden in diesem Sinne sind nach § 67 Abs. 2 Satz 2 WpHG Unternehmen, die im Inland oder Ausland zulassungs- oder aufsichtspflichtig sind, um auf den Finanzmärkten tätig werden zu können als: Wertpapierdienstleistungsunternehmen, sonstige zugelassene oder beaufsichtigte Finanzinstitute, als Versicherungsunternehmen, Organismen für gemeinsame Anlagen und ihre Verwaltungsgesellschaften, Pensionsfonds und ihre Verwaltungsgesellschaften, Börsenhändler und Warenderivatehändler, oder sonstige institutionelle Anleger (§ 67 Abs. 2 Satz 2 Nr. 1 WpHG). Professionelle Kunden in diesem Sinne sind auch Unternehmen, die nicht im Inland oder Ausland zulassungs- oder aufsichtspflichtig sind, um auf den Finanzmärkten tätig werden zu können, wenn sie mindestens zwei der drei folgenden Kriterien überschreiten: 20 Mio. € Bilanzsumme, 40 Mio. € Umsatzerlöse und 2 Mio. € Eigenmittel (§ 67 Abs. 2 Satz 2 Nr. 2 WpHG). Weiterhin sind »geborene« professionelle Kunden auch nationale und regionale Regierungen sowie Stellen der öffentlichen Schuldenverwaltung auf nationaler oder regionaler Ebene (§ 67 Abs. 2 Satz 2 Nr. 3 WpHG). Auch Zentralbanken, internationale und überstaatliche Einrichtungen wie die Weltbank, der Internationale Währungsfonds, die Europäische Zentralbank, die Europäische Investmentbank und andere vergleichbare internationale Organisationen sind »geborene« professionelle Kunden (§ 67 Abs. 2 Satz 2 Nr. 4 WpHG). Ferner sind professionelle Kunden auch andere nicht im Sinne von § 67 Abs. 2 Satz 2 Nr. 1 WpHG zulassungs- oder aufsichtspflichtige institutionelle Anleger, deren Haupttätigkeit in der Investition in Finanzinstrumente besteht, und Einrichtungen, die die Verbriefung von Vermögenswerten und andere Finanzierungsgeschäfte betreiben (§ 67 Abs. 2 Satz 2 Nr. 5 WpHG). 262

Mit der Verwendung des Begriffs »Unternehmen« in § 67 Abs. 2 Satz 2 Nr. 1 WpHG weicht der deutsche Gesetzgeber von dem Wortlaut der entsprechenden Regelung in der MiFID ab, in der von »Rechtssubjekt« gesprochen wird.[322] Der Begriff »Unternehmen« wird im WpHG nicht definiert und ist daher richtlinienkonform i.S.d. § 14 BGB auszulegen.[323] § 67 Abs. 2 Satz 2 Nr. 1 lit. g WpHG enthält eine Auffangregelung für zulassungspflichtige institutionelle Anleger. In Abgrenzung dazu erfasst die Regelung des § 67 Abs. 2 Satz 2 Nr. 5 WpHG, die wörtlich der Anlage II Abs. 1 Nr. 4 MiFID II entnommen ist, die nicht zugelassenen oder zulassungspflichtigen institutionellen Anleger. Für die Anwendung beider Vorgaben ist das Verständnis des Begriffs »institutionelle Anleger« entscheidend. Dieser ist weder in der Richtlinie noch im Gesetz definiert. In der Praxis hat sich noch kein einheitliches Verständnis herausgebildet. Nach der Formulierung des § 67 Abs. 2 Satz 2 WpHG ist davon auszugehen, dass es sich um ein Unternehmen handeln muss. Teilweise werden darunter gewerblich tätige Kapitalmarktteilnehmer unabhängig von ihrer Rechtsform verstanden, die über ein hohes Investitionsvermögen verfügen. Andere ordnen alle am 263

321 Zur gleichlautenden Vorgängerregelung in § 31a Abs. 2 WpHG a.F.: Fuchs/*Fuchs* § 31a Rn. 18.
322 Anh. II Abs. 1 Nr. 1 MiFID II.
323 Zur gleichlautenden Vorgängerregelung in § 31a WpHG a.F.: Assmann/Schneider/*Koller* § 31a Rn. 6.

Kapitalmarkt auftretenden juristischen Personen als institutionelle Anleger ein, ohne die Höhe des zu investierenden Vermögens zu berücksichtigen.[324]

264 Auch professionelle Kunden sind nach § 63 Abs. 7 WpHG aufzuklären. Zwar kann das Wertpapierdienstleistungsunternehmen bei diesen nach § 67 Abs. 2 Satz 1 WpHG davon ausgehen, dass sie über ausreichende Erfahrungen, Kenntnisse und Sachverstand verfügen, um ihre Anlageentscheidungen zu treffen und die damit verbundenen Risiken angemessen beurteilen zu können. Allerdings muss im Umkehrschluss aus § 68 Abs. 1 WpHG gefolgert werden, dass gleichwohl nicht generell auf die Informationen nach § 63 Abs. 7 WpHG verzichtet werden kann.[325]

265 Geeignete Gegenparteien sind nach § 67 Abs. 4 WpHG Unternehmen, die als Wertpapierdienstleistungsunternehmen, sonstige zugelassene oder beaufsichtigte Finanzinstitute, Versicherungsunternehmen, Organismen für gemeinsame Anlagen und ihre Verwaltungsgesellschaften, oder als Pensionsfonds und ihre Verwaltungsgesellschaften tätig sind. Weiterhin sind folgende Einrichtungen geeignete Gegenparteien: nationale und regionale Regierungen sowie Stellen der öffentlichen Schuldenverwaltung auf nationaler oder regionaler Ebene; Zentralbanken, internationale und überstaatliche Einrichtungen wie die Weltbank, der Internationale Währungsfonds, die Europäische Zentralbank, die Europäische Investmentbank und andere vergleichbare internationale Organisationen. Den geeigneten Gegenparteien stehen Unternehmen gleich, die nicht im Inland oder Ausland zulassungs- oder aufsichtspflichtig sind, um auf den Finanzmärkten tätig werden zu können, wenn sie mindestens zwei der drei folgenden Kriterien überschreiten: 20 Mio. € Bilanzsumme, 40 Mio. € Umsatzerlöse, 2 Mio. € Eigenmittel, und wenn sie zugestimmt haben, für alle oder einzelne Geschäfte als geeignete Gegenpartei behandelt zu werden. Den geeigneten Gegenparteien stehen auch gleich Unternehmen mit Sitz in einem anderen Mitgliedstaat der EU oder einem anderen Vertragsstaat des EWR, die nach dem Recht des Herkunftsmitgliedstaates als geeignete Gegenpartei i.S.d. Art. 30 Abs. 3 Satz 1 der MiFID II anzusehen sind, wenn sie zugestimmt haben, für alle oder einzelne Geschäfte als geeignete Gegenpartei behandelt zu werden.

266 Gegenüber geeigneten Gegenparteien bestehen nach § 68 Abs. 1 Satz 1 WpHG unter anderem nicht die aufsichtsrechtlichen Pflichten zur Aufklärung nach § 63 Abs. 7 WpHG, zur bestmöglichen Ausführung ihres Auftrags nach § 82 WpHG und zum Umgang mit Zuwendungen nach § 70 WpHG, wenn es um ein Finanzkommissionsgeschäft, die Anlage- und Abschlussvermittlung und den Eigenhandel sowie damit im direkten Zusammenhang stehende Wertpapiernebendienstleistungen geht. Ungeachtet des bezogen auf bestimmte Wertpapierdienstleistungen geringeren Pflichtenumfangs nach WpHG haben Wertpapierdienstleistungsunternehmen ggü. geeigneten Gegenparteien abhängig von den Umständen des Einzelfalls im Ergebnis häufig nicht weniger Pflichten. Den aufsichtsrechtlichen Pflichten vergleichbare Pflichten können sich aus der zivilrechtlichen Verbindung zur geeigneten Gegenpartei ergeben. Bspw. folgen aus einem Kommissionsvertrag die Pflicht zur Herausgabe des in Zusammenhang mit der Geschäftsbesorgung Erlangten (§ 667 BGB) und i.R.d. Pflicht zur Wahrung der Interessen des Kommittenten die Pflicht, den Auftrag zu einem günstigen Kurs bei niedrigen Transaktionskosten auszuführen. Die zivilrechtlichen Pflichten werden durch § 68 Abs. 1 Satz 1 WpHG nicht eingeschränkt. Aus der ausdrücklichen Aufzählung der Wertpapierdienstleistungen, für die die Einschränkungen der Pflichten ggü. geeigneten Gegenparteien gelten, ist zu folgern, dass Wertpapierdienstleistungsunternehmen die Pflichten des WpHG auch ggü. geeigneten Gegenparteien erfüllen müssen, sobald diese eine andere Wertpapierdienstleistung, z.B. Anlageberatung, Vermögensverwaltung oder das Emissions- und Platzierungsgeschäft, in Anspruch nehmen.[326]

267 Ergänzend zu den Regelungen über die Einstufung der Kunden in die Kategorien Privatkunde, professioneller Kunde und geeignete Gegenpartei sieht das Gesetz Möglichkeiten vor, die Einstufung

324 Ellenberger/Schäfer/Clouth/Lang/*Clouth/Seyfried* Rn. 81.

325 Zur Vorgängerregelung in § 31 WpHG a.F.: Assmann/Schneider/*Koller* § 31 Rn. 94, 112.

326 Schwark/Zimmer/*Koch* § 31b WpHG Rn. 5.

zu ändern. Nach § 67 Abs. 5 WpHG und § 68 Abs. 1 S. 2 WpHG kann ein Wertpapierdienstleistungsunternehmen nach eigenem Ermessen geeignete Gegenparteien als professionelle Kunden oder Privatkunden und professionelle Kunden als Privatkunden einstufen. Es muss seine Kunden über die Änderung der Einstufung informieren. Da das Wertpapierdienstleistungsunternehmen die Einstufung von geeigneten Gegenparteien und professionellen Kunden einseitig ändern kann, soweit die Neueinstufung zu einem höheren Schutzniveau i.S.d. WpHG führt, ist es diesem erst recht gestattet, Kunden unmittelbar ab der Anbahnung bzw. ab Beginn der Geschäftsbeziehung auf dem höheren Schutzniveau, z.B. als Privatkunde, einzustufen. Der Kunde ist über die Einstufung entsprechend § 67 Abs. 5 Satz 2 WpHG zu informieren. In der Praxis kommt eine Einstufung aller Kunden eines Wertpapierdienstleistungsunternehmens als besonders schutzwürdig insbesondere dann infrage, wenn das Unternehmen zur Vereinfachung der betriebsinternen Organisation lediglich einen Arbeitsprozess einrichten möchte, der ausschließlich auf die Anforderungen der Privatkunden ausgelegt ist.

Die Kundenkategorisierung kann auch auf Grundlage einer Vereinbarung geändert werden. So 268
können ein professioneller Kunde und ein Wertpapierdienstleistungsunternehmen eine Einstufung als Privatkunde vereinbaren. Gem. § 67 Abs. 5 WpHG ist diese Vereinbarung schriftlich zu schließen. Sofern die Änderung der Einstufung nicht alle Wertpapierdienstleistungen, Wertpapiernebendienstleistungen und Finanzinstrumente betreffen soll, ist dies ausdrücklich festzulegen. Über die Einstufung als professioneller Kunde und die Möglichkeit, diese zu ändern, muss ein Wertpapierdienstleistungsunternehmen am Anfang einer Geschäftsbeziehung folgende »geborene« professionelle Kunden informieren: Unternehmen, die mindestens zwei der drei folgenden Kriterien überschreiten: 20 Mio. € Bilanzsumme, 40 Mio. € Umsatzerlöse, 2 Mio. € Eigenmittel (§ 67 Abs. 5 Satz 4, 1. Alt. WpHG). Die gleichen Informationen müssen solche professionellen Kunden am Anfang einer Geschäftsbeziehung erhalten, die zuvor Privatkunden waren und die aufgrund ihres Antrags oder durch Festlegung sowie einer darauf folgenden Bewertung des Wertpapierdienstleistungsunternehmens als professionelle Kunden eingestuft wurden (§ 67 Abs. 5 Satz 4, 2. Alt. WpHG). Hat ein Wertpapierdienstleistungsunternehmen vor dem 01.11.2007 mit Kunden ein Bewertungsverfahren durchgeführt, das auf deren Sachverstand, Erfahrungen und Kenntnisse abstellt, und auf dieser Grundlage die Kunden dahin eingestuft, dass sie über ausreichende Erfahrungen, Kenntnisse und Sachverstand verfügen, um ihre Anlageentscheidungen zu treffen und die damit verbundenen Risiken angemessen beurteilen zu können, gilt die Einstufung über den 01.11.2007 fort (§ 67 Abs. 5 Satz 5 WpHG; sog. »Grandfathering«). Diese Kunden sind über die oben genannten Voraussetzungen der Einstufung als professionelle Kunden, die Möglichkeit der Einstufung als Privatkunde durch das Wertpapierdienstleistungsunternehmen und durch eine Vereinbarung zwischen Wertpapierdienstleistungsunternehmen und professionellem Kunden zu informieren (§ 67 Abs. 5 Satz 6 WpHG).

Umgekehrt kann ein Privatkunde auf Antrag oder durch Festlegung des Wertpapierdienstleistungs- 269
unternehmens als professioneller Kunde eingestuft werden (§ 67 Abs. 6 WpHG). Die Änderung der Einstufung setzt eine Bewertung durch das Wertpapierdienstleistungsunternehmen voraus, ob der Kunde aufgrund seiner Erfahrungen, Kenntnisse und seines Sachverstandes in der Lage ist, generell oder für eine bestimmte Art von Geschäften eine Anlageentscheidung zu treffen und die damit verbundenen Risiken angemessen zu beurteilen (§ 67 Abs. 6 Satz 2 WpHG). Wird die Einstufung des Kunden für einzelne Arten von Geschäften geändert, z.B. für Aktiengeschäfte oder OTC-Derivate, spricht man in der Praxis auch vom sog. »Teilprofi«. Eine Änderung der Einstufung kommt nur in Betracht, wenn der Privatkunde mindestens zwei der drei folgenden Kriterien erfüllt: 1. der Kunde hat an dem Markt, an dem die Finanzinstrumente gehandelt werden, für die er als professioneller Kunde eingestuft werden soll, während des letzten Jahres durchschnittlich zehn Geschäfte von erheblichem Umfang im Quartal getätigt; 2. der Kunde verfügt über Bankguthaben und Finanzinstrumente im Wert von mehr als 500.000,– €; 3. der Kunde hat mindestens für ein Jahr einen Beruf am Kapitalmarkt ausgeübt, der Kenntnisse über die in Betracht kommenden Geschäfte, Wertpapierdienstleistungen und Wertpapiernebendienstleistungen voraussetzt (§ 67 Abs. 6 Satz 3 WpHG).

270 Wenn der Privatkunde die »Hochstufung« zum professionellen Kunden beantragt, darf eine Einstufung als professioneller Kunde nur erfolgen, wenn der Kunde ggü. dem Wertpapierdienstleistungsunternehmen 1. zumindest in Textform beantragt, generell oder für eine bestimmte Art von Geschäften, Finanzinstrumenten oder Wertpapierdienstleistungen oder für ein bestimmtes Geschäft oder für eine bestimmte Wertpapierdienstleistung als professioneller Kunde behandelt zu werden, 2. vom Wertpapierdienstleistungsunternehmen auf einem dauerhaften Datenträger eindeutig auf die rechtlichen Folgen der Einstufungsänderung hingewiesen wird und 3. seine Kenntnisnahme der nach Nr. 2 gegebenen Hinweise in einem gesonderten Dokument bestätigt (§ 2 Abs. 2 Satz 1 WpDVerOV). Wenn die Initiative zur »Hochstufung« zum professionellen Kunden vom Wertpapierdienstleistungsunternehmen ausgeht, gelten die vorgenannten Anforderungen mit der Maßgabe, dass der Kunde sein Einverständnis zumindest in Textform erklärt (§ 2 Abs. 2 Satz 2 WpDVerOV).

271 Bei Personengesellschaften und kleinen Kapitalgesellschaften i.S.d. § 267 HGB ist es für die Einstufung ausreichend, wenn eine von der Gesellschaft benannte Person die vorgenannten Kriterien erfüllt, welche befugt ist, die von der Änderung der Einstufung umfassten Geschäfte im Namen der Rechtspersönlichkeit zu tätigen (§ 2 Abs. 3 WpDVerOV). Über die Einstufung als professioneller Kunde und die Möglichkeit, diese zu ändern, muss ein Wertpapierdienstleistungsunternehmen seine professionellen Kunden informieren, die zuvor Privatkunden waren und aufgrund ihres Antrags sowie einer darauf folgenden Bewertung des Wertpapierdienstleistungsunternehmens als professionelle Kunden eingestuft wurden (§ 67 Abs. 5 Satz 4 WpHG). Informiert ein professioneller Kunde, der auf Antrag oder durch Festlegung als professioneller Kunde eingestuft wurde, das Wertpapierdienstleitungsunternehmen nicht über alle Änderungen, die seine Einstufung als professioneller Kunde beeinflussen können, begründet eine darauf beruhende fehlerhafte Einstufung keinen Pflichtverstoß des Wertpapierdienstleistungsunternehmens (§ 67 Abs. 6 Satz 6 WpHG). Ein Wertpapierdienstleistungsunternehmen hat allerdings die Möglichkeit, den Antrag des Privatkunden auf Einstufung als professioneller Kunde abzulehnen. Diese Möglichkeit besteht auch in den Fällen, in denen die Voraussetzungen für die Einstufung als professioneller Kunde erfüllt sind. Dies ergibt sich aus der Formulierung der Regelung, die dem Unternehmen ein Ermessen bezüglich der Einstufung einräumt (»Ein Privatkunde kann auf Antrag […] eingestuft werden«, § 67 Abs. 6 Satz 1 WpHG).[327]

272 Im Fall der Einstufung eines Privatkunden als professionellen Kunden auf Antrag oder durch Festlegung nach § 67 Abs. 6 WpHG muss das Wertpapierdienstleistungsunternehmen den Privatkunden schriftlich darauf hinweisen, dass mit der Änderung der Einstufung die Schutzvorschriften des Wertpapierhandelsgesetzes für Privatkunden nicht mehr gelten (§ 67 Abs. 6 Satz 3 WpHG). Der Kunde muss schriftlich bestätigen, dass er diesen Hinweis zur Kenntnis genommen hat (§ 67 Abs. 6 Satz 4 WpHG).

g) Einzelne Aufklärungsinhalte

273 Wie bereits einführend unter Rdn. 172 f. ausgeführt, hängen Inhalt und Umfang der zivilrechtlichen Aufklärungspflichten von den konkreten Umständen des Einzelfalls ab. Dem Anleger sind alle zweckdienlichen Informationen mitzuteilen, die er benötigt, um eine Anlageentscheidung auf sachkundiger Grundlage treffen zu können. Die zweckdienlichen Informationen im Rahmen einer Aufklärung bestehen im Wesentlichen aus den Merkmalen eines Finanzinstruments und seinen wesentlichen Eigenschaften sowie den mit der Anlage verbundenen Chancen und Risiken.

274 Über die wesentlichen Eigenschaften und Merkmale eines Finanzinstruments kann durch Informationen aus den folgenden Themengebieten aufgeklärt werden, deren Bedeutung vom Kenntnis- und Erfahrungsstand des Anlegers sowie von der Art des Finanzinstruments abhängt: Eine Information über mögliche Nutzungen des Finanzinstruments (z.B. Zinszahlung, Ausschüttung,

327 *Seyfried* WM 2006, 1375 (1376).

Dividende, Kurssteigerung), über mit der Anschaffung verbundene Kosten (z.B. Entgelte des Wertpapierdienstleistungsunternehmens, Ausgabeaufschläge, Maklercourtage, sonstige Fremdkosten) und über die Modalitäten der Auftragsabwicklung (z.B. Gültigkeitsdauer des Auftrags, Limitierung, Mindestordergrößen, Teilausführung). Ebenfalls relevant können Angaben zur Laufzeit des Finanzinstruments und über die für das Preisverhalten des Finanzinstruments während der Laufzeit und zum Laufzeitende relevanten Faktoren sein. Auf die vom BGH entwickelten weiter gehenden Informationspflichten in Beratungssituationen wird in Rdn. 366 eingegangen.

Bezüglich der mit der Anlage verbundenen Risiken kann auf markt- und bonitätsbezogene, auf geschäftsbezogene und auf andere Risiken, wie z.B. das allgemeine Insolvenzrisiko des Emittenten,[328] das Währungs- und Transferrisiko bei in Fremdwährung denominierten Wertpapieren und bei Devisengeschäften, eingegangen werden. Weitere Risiken können sich aus der Konstruktion des Anlageobjekts ergeben, wie das Kündigungsrecht des Emittenten oder das Recht zur Aussetzung der Rücknahme bei Anteilen an Investmentvermögen. Von wirtschaftlicher Bedeutung ist ebenfalls das Risiko der Änderung steuerlicher Rahmenbedingungen. Bei börsengehandelten Wertpapieren kommt das Risiko fehlender Marktliquidität in Betracht. **275**

Grundsätzlich ist der Anleger über die wesentlichen Eigenschaften des Anlageobjekts und die mit dem Objekt verbundenen Risiken aufzuklären. Für beide Aspekte kommt es auf das im Zeitpunkt der Aufklärung vorliegende Wissen an. So wurde bspw. bei der Beratung über eine Anlage in von Argentinien emittierten Anleihen die Beschreibung des Landes im November 2000 als anlagegerecht beurteilt, in der auf die instabile Regierung des Landes hingewiesen und ausgeführt wurde, »dass das Land eigentlich zahlungsunfähig wäre, wenn es nicht am Tropf der Weltbank hinge.«[329] Demgegenüber ist ein Hinweis in einem Beratungsgespräch im Februar 2001 für unzutreffend angesehen worden, dass ein Land noch nie pleitegegangen sei und dass durch die Verhandlungen zwischen Argentinien und dem Internationalen Währungsfonds davon auszugehen sei, dass das Land seine Rückzahlungsverpflichtungen nachkommen werde. Dies gilt auch, wenn im gleichen Gespräch das Risiko des Totalverlustes der Anlage angesprochen wurde.[330] **276**

Über das allgemeine mit einer Anlage in eine DM-Auslands-Industrieanleihe verbundene Risiko hinaus musste im Oktober 1993 keine besondere Aufklärung über eine Fokker-Anleihe geleistet werden, die im Rahmen eines Beratungsgesprächs empfohlen wurde.[331] Zu diesem Zeitpunkt notierte die Anleihe über pari und der am 22.01.1996 veröffentlichte Ausstieg der DASA, die zum Daimler-Benz-Konzern gehörte, und der anschließende Konkurs von Fokker waren im Zeitpunkt der Beratung nicht vorhersehbar. Es war daher vertretbar, das Risiko der Anlage ggü. einem renditeorientierten und damit begrenzt risikobereiten Anlageinteressenten als »tragbar« zu bezeichnen. Eine Beurteilung der Anleihe als »so gut wie mündelsicher« oder als eine Art »holländischer Bundesschatzbrief« wäre allerdings fehlerhaft gewesen.[332] Im April 1994 war es dagegen nicht ausreichend, mit einem Interessenten, der sein in Bundesschatz- und Sparbriefen angelegtes Kapital neu anlegen wollte, auf die Frage nach der wirtschaftlichen Situation von Fokker lediglich über die Beteiligung der DASA und einen Mittelzufluss von 900 Mio. hfl zu sprechen. Vielmehr hätte unter Klärung der Risikobereitschaft des Anlegers die wirtschaftliche Lage von Fokker eingehend erläutert werden müssen. Dabei hätte die Bank die in der einschlägigen Fachpresse (z.B. Börsen-Zeitung) veröffentlichten Bewertungen und Einschätzungen aufgrund der ihr obliegenden Pflicht zur Prüfung der Güte des Anlageobjektes aufnehmen und in die Beratung hierüber einfließen lassen müssen.[333] Deshalb erfolgte auch eine Anfang Januar 1995 durchgeführte Beratung über eine Wandelanleihe nicht anlagegerecht: In ihr wurde zwar ausreichend deutlich dargestellt, dass die Beteiligung von **277**

328 BGH, WM 2011, 2268 (2270); BGH, WM 2011, 2261 (2263).
329 OLG Koblenz, NJW-RR 2004, 1689 (1690).
330 LG Münster, BKR 2003, 764 (766).
331 BGH, WM 2000, 1441 (1442).
332 BGH, WM 2000, 1441 (1443).
333 OLG Braunschweig, WM 1998, 375 (376).

DASA/Daimler Benz zu keiner Mutter-Tochter-Beziehung mit Fokker geführt hat, sondern nur zu einer Beteiligung um kurzfristige Verbindlichkeits- und Liquiditätsengpässe zu beseitigen, aber nicht klar gemacht, dass der Kurs der Anleihe im Verhältnis zur Aktie so hoch lag, dass kaum ein Vorteil der Wandelanleihe bestand, dafür aber ein erhebliches Totalverlustrisiko. Allgemeine Erläuterungen über negative Kursentwicklungen bis hin zum Totalverlustrisiko waren nicht ausreichend.[334] Dagegen ist eine Beratung am 09.01.1996 über eine bis Ende Juni 1996 laufende Anleihe als anlagegerecht eingestuft worden, in der über die laufenden Finanzierungsverhandlungen zwischen DASA/Daimler und dem niederländischen Staat informiert wurde und es als unwahrscheinlich bewertet wurde, dass sich der niederländische Staat aus dem Traditionsunternehmen Fokker zurückziehen würde. Außerdem war über die schwierige Situation bei Fokker, die durch den niedrigen Dollar und die mangelnde Konkurrenzfähigkeit verursacht wurde, gesprochen worden. Die Bewertung, dass sich der Staat nicht zurückziehen werde, ist dem Berater nicht vorzuwerfen. Auch der Markt hat die Bonität des Emittenten positiv eingeschätzt, was sich an dem Kursanstieg von 93 % im November 1995 auf 98 % im Januar 1996 zeigte.[335]

278 Eine entsprechend differenzierte Aufklärungspflicht über das allgemeine und das konkrete Emittentenrisiko hat der Bundesgerichtshof für Zertifikate festgestellt, die von einer niederländischen Tochtergesellschaft der US-amerikanischen Bank Lehman Brothers emittiert wurden. Nach der Insolvenz der US-amerikanischen Muttergesellschaft im September 2008 wurde auch die Emittentin insolvent. In einer im September 2007 stattfindenden Beratung, in der Zertifikate zum Kauf empfohlen wurden, mussten Kunden lediglich darüber aufgeklärt werden, dass sie im Fall der Zahlungsunfähigkeit der Emittentin das angelegte Kapital vollständig verlieren werden.[336] Demgegenüber musste zu diesem Zeitpunkt nicht über ein konkret bestehendes Insolvenzrisiko der Emittentin aufgeklärt werden, da ein solches Risiko für die beratende Bank trotz Prüfung des Produkts mit banküblichem kritischem Sachverstand nicht erkennbar war.[337]

279 Bei der Beratung über den Kauf von Anteilen an einem offenen Immobilienfonds im Juli 2008 musste über die Möglichkeit der dauerhaften oder vorübergehenden Aussetzung der Anteilsrücknahme (seinerzeit nach § 81 InvG; aktuell nach § 257 KAGB) aufgeklärt werden. Dieses Merkmal führt zu einem Liquiditätsrisiko, das sich während der gesamten Anlagedauer verwirklichen kann.[338]

280 Kunden, die taggleich Wertpapiere, Geldmarktinstrumente oder Derivate kaufen und verkaufen möchten, sind spätestens vor der Auftragsannahme über die besonderen Risiken des »Day-Trading« aufzuklären. Insbesondere muss das Wertpapierdienstleistungsunternehmen darüber aufklären, dass »Day-Trading« zu sofortigen Verlusten beim Kunden führen kann und der Kunde unter Umständen sein gesamtes Kapital verliert. Die Aufklärung muss auch beinhalten, dass der Kunde weiteres Kapital beschaffen muss, falls er Termingeschäfte betreibt, die Verluste bewirken und diese über seine hinterlegte Sicherheitsleistung hinausgehen. Im Fall kreditfinanzierter »Day-Trading«-Geschäfte ist der Kunde über seine Verpflichtung aufzuklären, den Kredit unabhängig vom Erfolg der Geschäfte zurückzuzahlen. Ferner ist der Kunde darüber zu informieren, dass er beim Versuch, durch »Day-Trading« Gewinne zu erzielen, mit finanzstarken Marktteilnehmern, die diese Tätigkeit hauptberuflich ausüben, konkurriert, dass »Day-Trading« vertiefte Kenntnisse in Bezug auf Wertpapiermärkte, Wertpapierhandelstechniken, Wertpapierhandelsstrategien und derivative Finanzinstrumente voraussetzt und dass die räumliche Nähe zu anderen Anlegern in Handelsräumen das eigene Verhalten beeinflussen kann.

334 OLG Bamberg, BKR 2002, 185 (187).
335 OLG Hamburg, WM 1999, 1875 (1877).
336 BGH, ZIP 2011, 2237.
337 BGH, ZIP 2011, 2237 (2239).
338 BGH, WM 2014, 1221 (1222) Nr. 22.

h) Besonderheiten bei Termingeschäften

Aufgrund der abweichenden Merkmale von Termingeschäften im Vergleich zu Kassageschäften und der daraus folgenden unterschiedlichen Chance-/Risikostruktur derartiger Finanzinstrumente, weist die bei Termingeschäften zu leistende Aufklärung in einigen inhaltlichen Punkten Besonderheiten auf. In formaler Hinsicht gelten für die Aufklärung von Anlegern über Termingeschäfte allerdings keine besonderen Anforderungen mehr. Mit Wirkung ab dem 01.11.2007 wurde § 37d WpHG durch das Gesetz zur Umsetzung der Richtlinie über Märkte für Finanzinstrumente und der Durchführungsrichtlinie der Kommission (Finanzmarktrichtlinie-Umsetzungsgesetz; FRUG) aufgehoben. Das bedeutet für ab diesem Tag abgeschlossene Termingeschäfte, dass eine Unterzeichnung der Informationsschrift »Wichtige Informationen über Verlustrisiken bei Finanztermingeschäften« oder einer vergleichbaren Informationsschrift als Voraussetzung für ihre Wirksamkeit nicht mehr erforderlich ist. Zu den Anforderungen an die schriftliche Aufklärung über Arten von Finanzinstrumenten nach § 63 Abs. 7 WpHG vgl. Rdn. 235–240. 281

Die Einordnung von Geschäften mit Wertpapieren und anderen Finanzinstrumenten als Termingeschäfte wirft Abgrenzungsfragen auf. Als Ausgangspunkt der Überlegungen kann die seit November 2007 im WpHG enthaltene Definition dienen. Nach § 2 Abs. 3 Nr. 1 WpHG sind Termingeschäfte im aufsichtsrechtlichen Verständnis als Kauf, Tausch oder anderweitig ausgestaltete Festgeschäfte oder Optionsgeschäfte, die zeitlich verzögert zu erfüllen sind und deren Wert sich unmittelbar oder mittelbar vom Preis oder Maß eines Basiswertes ableitet. Als Basiswerte gelten nach § 2 Abs. 3 Nr. 1 lit. a–f WpHG a) Wertpapiere oder Geldmarktinstrumente, b) Devisen, soweit das Geschäft kein Devisenkassageschäft im Sinne von Art. 10 Abs. 2 DVO (EU) 2017/565 oder ein Zahlungsmittel unter den in Art. 10 Abs. 1 lit. b DVO (EU) 2017/565 genannten Bedingungen ist, oder Rechnungseinheiten c) Zinssätze oder andere Erträge, d) Indices auf Wertpapiere, Geldmarktinstrumente, Devisen, Zinssätze oder Emissionszertifikate, andere Finanzindices oder Finanzmessgrößen, e) derivative Geschäfte oder f) Berechtigungen, Emissionsreduktionseinheiten und zertifizierte Emissionsreduktionen im Sinne des § 3 Nr. 3, 6 und 16 des Treibhausgas-Emissionshandelsgesetzes, soweit sie im EU-Emissionshandelsregister gehalten werden dürfen (Emissionszertifikate). Die Rechtsprechung hatte Termingeschäfte zunächst beschrieben als Verträge über Wertpapiere, vertretbare Sachen oder Devisen nach gleichartigen Bedingungen, die von beiden Seiten erst zu einem bestimmten späteren Zeitpunkt zu erfüllen sind und die einen Bezug zu einem Terminmarkt haben, der es ermöglicht, jederzeit ein Gegengeschäft abzuschließen.[339] Entsprechend dieser Definition wurden unverbriefte börsengehandelte Optionen auf Aktien als Termingeschäfte eingeordnet.[340] Mittlerweile hat sich die Rechtsprechung von diesem engen Verständnis gelöst und stattdessen das Vorliegen der termingeschäftsspezifischen Risiken sowie den wirtschaftlichen Zweck des Finanzinstruments in den Mittelpunkt der Betrachtung gerückt.[341] Das termingeschäftsspezifische Risiko folgt aus dem aufgrund der Hebelwirkung gesteigerten Totalverlustrisiko sowie dem Anreiz, mit relativ niedrigem Kapitaleinsatz hohe Gewinne erzielen zu können. Kennzeichnender wirtschaftlicher Zweck von Termingeschäften sind die Kursspekulation und die Kurssicherung. Der Bezug zu einem Terminmarkt wird nicht mehr als zwingend angesehen. Mit Hebelwirkung (auch Leverage-Effekt genannt) wird die Tatsache beschrieben, dass eine Preisänderung des Basiswertes i.d.R. eine – bezogen auf den Kapitaleinsatz beim Termingeschäft – prozentual stärkere Veränderung des Terminpreises bewirkt. Die Ursache für dieses Verhalten liegt in dem geringeren Kapitaleinsatz, den Termingeschäfte im Vergleich zum Direkterwerb des Basiswertes erfordern. Die Schwierigkeiten bei der Bestimmung von Termingeschäften und die Entwicklung der bestimmenden Kriterien sollen an den nachfolgenden Beispielen aus der Rechtsprechung des BGH aufgezeigt werden. 282

---

339 BGH, WM 1984, 1598 (1599); BGH, WM 1991, 982; BGH, WM 1999, 2300 (2301); BGH, WM 2002, 283 (285).

340 BGH, WM 1984, 1598 (1599).

341 BGH, WM 1994, 2231 (2232); BGH, WM 1998, 274 (275); BGH, WM 1998, 1281 (1282); BGH, WM 2002, 803 (805).

283 Der BGH hat Geschäfte in selbstständigen Aktienoptionsscheinen als Termingeschäfte eingeordnet. Zur Begründung wies er auf die mit diesen Geschäften verbundenen termingeschäftsspezifischen Risiken hin, die einen gehandelten selbstständigen Aktienoptionsschein vergleichbar mit einer unverbrieften börsenmäßigen Option machen.[342] Demgegenüber sind Geschäfte in abgetrennten Aktien- und Währungsoptionsscheinen keine Termingeschäfte. In den entschiedenen Fällen wurden der Aktienoptionsschein von einer Wandelschuldverschreibung und der Währungsoptionsschein von einer DM-Auslandsanleihe abgetrennt.[343] Sie haben insbesondere keinen hinausgeschobenen Erfüllungszeitpunkt, sondern sind innerhalb der für Kassageschäfte geltenden Frist von 2 Börsentagen zu erfüllen. Die Tatsache, dass sowohl abgetrennte als auch selbstständige Aktienoptionsscheine Inhaberschuldverschreibungen darstellen, die beide das Recht verbriefen, Aktien zu einem festgelegten Preis innerhalb eines bestimmten Zeitraums oder zu einem bestimmten Zeitpunkt beziehen zu dürfen, ändert die unterschiedliche Antwort auf die Frage nach dem Termingeschäft nicht.[344] Geschäfte mit selbstständigen Aktienindexoptionsscheinen sind dagegen Termingeschäfte.[345] Das Gleiche gilt für Geschäfte mit selbstständigen Basket-Optionsscheinen und mit selbstständigen Bandbreiten-Optionsscheinen.[346] Die Anwendung der oben genannten Kriterien bei der Frage nach der Einordnung eines Kaufvertrags über eine Aktienanleihe als Termingeschäft führt dazu, dass dieser kein Termingeschäft darstellt.[347] Der Vertrag muss von beiden Parteien innerhalb der für Kassageschäfte üblichen Frist erfüllt werden. Es gibt keinen hinausgeschobenen Erfüllungszeitpunkt. Vertragsgegenstand war die Schuldverschreibung und waren nicht die ggf. später gelieferten Aktien. Diese wurden aufgrund der durch die Aktienanleihe begründeten Forderung und nicht aufgrund des Kaufvertrags geliefert. Die für Termingeschäfte typische Gefährlichkeit ist nicht gegeben, mit einem verhältnismäßig geringen Einsatz zu spekulieren. Es fehlt darüber hinaus an der Hebelwirkung bei der Kursentwicklung einer Aktienanleihe. Auch Geschäfte in Investmentfonds, die ausschließlich in selbstständige Optionsscheine investieren, sind keine Börsentermingeschäfte.[348] Es gibt keinen hinausgeschobenen Erfüllungszeitpunkt für den Erwerb der Anteile, das Verlustrisiko ist auf den Kaufpreis beschränkt und der Anteilspreis des Investmentfonds verändert sich ohne Hebelwirkung. Aus den gleichen Gründen sind Verträge über Indexzertifikate ebenfalls keine Termingeschäfte.[349]

284 Ob ein Wertpapierdienstleistungsunternehmen den Inhaber eines Optionsscheins vor Ablauf der Optionsfrist über die Handlungsmöglichkeiten und deren jeweilige Folgen informieren muss, hat der BGH in einer Entscheidung offen gelassen, in deren Sachverhalt der Inhaber ca. einen Monat vor Ablauf der Optionsfrist über die aktuelle Kurslage informiert wurde. Der BGH hat keine Pflichtverletzung darin gesehen, dass dem Kunden das einzig sinnvolle Verhalten empfohlen wurde, die Optionsrechte nicht auszuüben. In dem Schreiben, mit dem die Empfehlung gegeben wurde, wurden auch die übrigen Möglichkeiten, die Optionsrechte zu verkaufen oder aber auszuüben, erwähnt.[350]

i) Besonderheiten im Direktbankgeschäft

285 Nach Auffassung der BaFin, die dokumentiert war in der bis 31.10.2007 geltenden Verhaltensrichtlinie, muss ein Wertpapierdienstleistungsunternehmen den Kunden spätestens vor Auftragsannahme ausdrücklich darauf hinweisen, wenn und soweit es Aufträge lediglich vermittelt oder im Wege des Kommissionsgeschäftes oder des Eigenhandels für andere lediglich ausführt, sei es über

342 BGH, WM 1994, 2231 (2232).
343 BGH, WM 1991, 982; BGH, WM 1998, 274 (275).
344 BGH, WM 1994, 2231 (2232).
345 BGH, WM 1994, 834 (837); BGH, WM 1995, 2026.
346 BGH, WM 1998, 1281 (1282); BGH, WM 1999, 2300 (2301).
347 BGH, WM 2002, 803 (805).
348 BGH, WM 2004, 1772 (1773).
349 BGH, WM 2004, 1774 (1776).
350 BGH, WM 2001, 1718 (1719).

einen besonderen Vertriebsweg, im Einzelfall oder generell, d.h. auf die Aufklärung keine die persönlichen Verhältnisse des Kunden berücksichtigende Anlageempfehlung folgt. An dieser aufsichtsrechtlichen Beurteilung dürfte sich nach der Umsetzung der MiFID-Anforderungen in das WpHG nichts geändert haben.

Zivilrechtlich richtet sich der Umfang der Aufklärungspflichten ebenfalls nach dem Anbieterverhal- 286
ten. So ist in der Rechtsprechung anerkannt, dass diejenigen Anbieter reduzierte Aufklärungspflichten haben, die keine Beratung erbringen und sich ausschließlich an gut informierte und erfahrene Anleger wenden, sog. Direktbanken oder Discount-Broker. Von Bedeutung ist hier weniger, welche Leistungen der Anleger im Einzelfall tatsächlich in Anspruch nimmt, sondern welche Merkmale seines Dienstleistungsangebots der Anbieter erwähnt und inwieweit er unter Umständen auch auf das Fehlen bestimmter Angebote hinweist. Direktbanken können ihre Informationspflichten durch Übermittlung standardisierter Informationen erfüllen.[351] Standardisierte Informationen sind bspw. in den von der deutschen Kreditwirtschaft Säulen übergreifend eingesetzten Informationsbroschüre »Basisinformationen über Wertpapiere und weitere Kapitalanlagen«, »Basisinformationen über Finanztermingeschäfte« und »Basisinformationen über Finanzderivate« enthalten.[352] Die Möglichkeit einer lediglich standardisierten Aufklärung haben solche Anbieter auch ggü. Kunden, die kreditfinanzierte Wertpapierspekulationen durchführen möchten. Voraussetzung hierfür ist selbstverständlich, dass das Informationsmaterial die erforderlichen Auskünfte und Warnhinweise über die Risiken der Kreditspekulation beinhaltet. Dies ist bei den »Basisinformationen über Vermögensanlagen in Wertpapieren« der Fall gewesen[353], wie die Vorauflagen der »Basisinformationen über Wertpapiere und weitere Kapitalanlagen« bezeichnet wurden. Der Anbieter hat keine Pflicht, den Anleger individuell aufzuklären oder ihm die Möglichkeit einzuräumen, Verständnisfragen zu stellen. Dies gilt bspw. für einen im Juli 1995 erteilten Auftrag zum Kauf einer Fokker DM-Teilschuldverschreibung, deren Nominalbetrag nach der Eröffnung des Konkursverfahrens Anfang 1996 nicht oder nur teilweise zurückgezahlt werden konnte.[354] Allerdings können auch Discount-Broker zu Warnungen im Einzelfall verpflichtet sein. Dies gilt insbesondere dann, wenn die Aufträge des Anlegers erheblich von seinen ursprünglich erklärten Zielvorstellungen abweichen oder wenn für den Anbieter erkennbar wird, dass der Anleger die Tragweite und das Risiko seines Auftrags falsch einschätzt.[355] Bei kreditfinanzierten Wertpapiergeschäften kann eine Warnpflicht möglicherweise aus Anlass eines Wertpapiergeschäftes angenommen werden, wenn bestimmte Umstände die Erkenntnis aufdrängen, dass die Kreditinanspruchnahme im Zeitpunkt des Geschäftsabschlusses höher ist als der Beleihungswert des verpfändeten Wertpapierdepots. Deshalb hätte bspw. ein Anleger, der seine Risikobereitschaft bei den beabsichtigten Geschäften mit »risikobewusst – höhere Renditechancen bei überschaubaren Risiken«, aber nicht mit »spekulativ – offensive Nutzung der Marktchancen bei entsprechend hoher Risikotoleranz« angegeben hat, im Dezember 1998 gewarnt werden müssen, wenn er einen Auftrag zum Erwerb von Aktien des Neuen Marktes erteilen wollte.[356] Kooperiert die Direktbank mit einem Anlageberater und kommt es bei dem Anlageberater systematisch zu Fehlberatungen, so ist die Direktbank nicht zu einer Warnung verpflichtet, soweit diese Tatsache nicht allgemein bekannt oder aufgrund massiver Verdachtsmomente objektiv evident ist[357]. An diesem Ergebnis ändert auch der Umstand nichts, dass ein Mitarbeiter der Direktbank Mitglied des Aufsichtsrats des Anlageberaters ist und als solcher Kenntnis von vertraulichen Informationen über die Fehlberatung erhalten hat. Das Aufsichtsratsmitglied unterliegt

351 BGH, WM 1999, 2300 (2302); BGH, WM 2004, 24 (26).
352 Weitere Erläuterungen s.o. Rdn. 204.
353 BGH, WM 2004, 24 (26).
354 OLG München, WM 1998, 2188 (2189).
355 BGH, WM 2004, 24 (27); BGH, WM 2004, 1774 (1777); OLG Saarbrücken, ZIP 2007, 763 (764); Festschrift für Schimansky/*Siol*, S. 781, 789.
356 BGH, WM 2004, 1774 (1777).
357 BGH, BKR 2016, 341 (344), Rn. 38.

Verschwiegenheitspflichten (§ 116 S. 1 i.V.m. § 93 Abs. 1 S. 3 AktG) mit der Folge, dass eine Wissenszurechnung seines Wissens zu der Direktbank ausscheidet[358].

j) Besonderheiten bei der Finanzanalyse

287 Die Anforderungen an Finanzanalysen wurden grundlegend neu strukturiert, nachdem die Marktmissbrauchsrichtlinie (Richtlinie 2003/6/EG vom 23.01.2003 über Insider-Geschäfte und Marktmanipulation (Marktmissbrauch)) mit Wirkung zum 03.07.2016 aufgehoben und durch die Marktmissbrauchsverordnung (Verordnung (EU) Nr. 596/2014 vom 16.04.2014 über Marktmissbrauch) ersetzt wurde. Dies hat Änderungen im nationalen Recht nach sich gezogen, u.a. die Aufhebung der Finanzanalyseverordnung durch das Zweite Finanzmarktnovellierungsgesetz[359] und eine Aufhebung des Abschnitts BT 5 der MaComp[360]. Neben diesen Änderungen der für Finanzanalysen relevanten rechtlichen Rahmenbedingungen wurden auch inhaltliche Anforderungen und Begriffe geändert. So ist der Begriff »Finanzanalyse« ersetzt worden durch die Begriffe »Anlagestrategieempfehlung« und »Anlageempfehlung«. Erstellung oder Verbreitung von Empfehlungen oder Vorschlägen von Anlagestrategien oder von Anlageempfehlungen sind Wertpapiernebendienstleistungen nach § 2 Abs. 9 Nr. 5 WpHG. Die Definitionen der Begriffe »Empfehlung oder Vorschlag einer Anlagestrategie« und »Anlageempfehlung« sowie die Anforderungen an die Erstellung und Verbreitung von Anlagestrategie und Anlageempfehlungen sind in der Marktmissbrauchsverordnung (Verordnung (EU) 596/2014) enthalten. Zusätzlich sind die Anforderungen der DVO (EU) 2016/958[361] und die Auslegung der Vorschriften durch die ESMA in ihren Q&A[362] zu beachten. Die Auslegung der BaFin, die sie in BT 5 MaComp[363] kommuniziert hatte, ist formal am 19.04.2018 aufgehoben worden, da die zugrunde liegende Regelungsmaterie durch Regelungen der EU abgedeckt ist und für deren Auslegung primär die EU-Kommission und die ESMA zuständig sind.

288 Die Definitionen für »Empfehlung oder Vorschlag einer Anlagestrategie« und für »Anlageempfehlungen« sind in Art. 3 Nr. 34 und 35 VO (EU) 596/2014 geregelt. § 2 Abs. 9 Nr. 5 WpHG enthält entsprechende Verweise. Empfehlung oder Vorschlag einer Anlagestrategie »bezeichnet i) eine von einem unabhängigen Analysten, einer Wertpapierfirma, einem Kreditinstitut oder einer sonstigen Person, deren Haupttätigkeit in der Erstellung von Anlageempfehlungen besteht, oder einer bei den genannten Einrichtungen im Rahmen eines Arbeitsvertrags oder anderweitig tätigen natürlichen Person erstellte Information, die direkt oder indirekt einen bestimmten Anlagevorschlag zu einem Finanzinstrument oder einem Emittenten darstellt; ii) eine von anderen als den in Ziffer i genannten Personen erstellte Information, die direkt eine bestimmte Anlageentscheidung zu einem Finanzinstrument vorschlägt.« (Art. 3 Nr. 34 VO (EU) 596/2014). Anlageempfehlungen »bezeichnet Informationen mit expliziten oder impliziten Empfehlungen oder Vorschlägen zu Anlagestrategien in Bezug auf ein oder mehrere Finanzinstrumente oder Emittenten, die für Verbreitungskanäle oder die Öffentlichkeit vorgesehen sind, einschließlich einer Beurteilung des aktuellen oder künftigen Wertes oder Kurses solcher Instrumente.« (Art. 3 Nr. 35 VO (EU) 596/2014). Personen müssen in

---

358 BGH, BKR 2016, 341 (344), Rn. 31.

359 Art. 25 Abs. 2 Zweites Finanzmarktnovellierungsgesetz vom 23.06.2017, BGBl. I, 1693 (1820).

360 Rundschreiben 4/2010 (WA) – Mindestanforderungen Compliance v. 07.06.2010, geändert am 08.03.2017, aufgehoben am 19.04.2018.

361 Delegierte Verordnung (EU) 2016/958 vom 09.03.2016 zur Ergänzung der Verordnung (EU) Nr. 596/2014 im Hinblick auf die technischen Regulierungsstandards für die technischen Modalitäten für die objektive Darstellung von Anlageempfehlungen oder anderen Informationen mit Empfehlungen oder Vorschlägen zu Anlagestrategien sowie für die Offenlegung bestimmter Interessen oder Anzeichen für Interessenkonflikte, ABl. Vom 17.06.2016, L 160/15.

362 Abschnitt 8 der Questions and Answers on the Market Abuse Regulation (MAR), ESMA70-145-11 (Stand 23.03.2018).

363 Rundschreiben 4/2010 (WA) – Mindestanforderungen Compliance v. 07.06.2010, geändert am 08.03.2017.

allen von ihnen erstellten Anlageempfehlungen und Informationen, durch die eine Anlagestrategie empohlen oder vorgeschlagen wird, klar und unmissverständlich ihrer eigene Identität und folgende Angaben zur Identität etwaiger weiterer für die Erstellung verantwortlicher Personen angeben: a) Name und Berufsbezeichnung aller an der Erstellung der Empfehlung beteiligten natürlichen Personen; b) wenn eine an der Erstellung der Empfehlung beteiligte natürliche oder juristische Person auf Grundlage eines Vertrags, beispielsweise eines Arbeitsvertrags, oder anderweitig für eine juristische Person handelt, den Namen dieser juristischen Person (Art. 2 Abs. 1 DVO (EU) 2016/958). Handelt es sich bei der erstellenden Person um ein Wertpapierdienstleistungsunternehmen, ein Kreditinstitut oder eine natürliche Person, die für ein Wertpapierdienstleistungsunternehmen oder ein Kreditinstitut, z.B. aufgrund eines Arbeitsvertrags handelt, so muss zusätzlich die jeweils zuständige Behörde benannt werden (Art. 2 Abs. 2 DVO (EU) 2016/958).

Im Falle der Weitergabe von Empfehlungen (Anlageempfehlungen und Anlagestrategieempfehlungen) sind weitere Anforderungen zu beachten. Diese unterscheiden sich in Abhängigkeit davon, welche Person die Empfehlungen weitergibt. Wird eine Empfehlung durch die erstellende Person weitergegeben, muss in der Empfehlung das Datum und die Uhrzeit angegeben werden, zu dem die Empfehlung erstmalig weitergegeben wurde (Art. 7 DVO (EU) 2016/958). Geben Personen eine Empfehlung, die von einem Dritten erstellt wurde, weiter, übermitteln sie den Empfängern die folgenden Informationen: a) ihre Identität, klar und unmissverständlich; b) alle Beziehungen und Umstände, bei denen damit gerechnet werden kann, dass sie die objektive Darstellung der Empfehlung beeinträchtigen, einschließlich etwaiger Interessen oder Interessekonflikte im Hinblick auf alle Finanzinstrumente oder Emittenten, die direkt oder indirekt Gegenstand der Empfehlung sind; c) das Datum und den Zeitpunkt, zu dem die Empfehlung erstmalig weitergegeben wurde (Art. 8 Abs. 1 DVO (EU) 2016/958). Handelt es sich bei der Person, die die Empfehlung weitergibt, um ein Wertpapierdienstleistungsunternehmen, ein Kreditinstitut oder eine natürliche Person, die für ein Wertpapierdienstleistungsunternehmen oder ein Kreditinstitut, z.B. aufgrund eines Arbeitsvertrags handelt, so müssen zusätzlich Angaben über die jeweils zuständige Behörde und – sofern die weitergebende Person nicht als Weitergabekanal von innerhalb derselben Gruppe erstellten Empfehlungen handelt, ohne ein Ermessen in Bezug auf die Auswahl der weiterzugebenden Empfehlung auszuüben – über ihrer eigenen Interessen oder Anzeichen von Interessenkonflikten nach Art. 5 und 6 Abs. 1 und 2 DVO (EU) 2016/958 benannt werden (Art. 8 Abs. 2 DVO (EU) 2016/958). Wird eine Zusammenfassung von oder ein Auszug aus einer von einem Dritten erstellten Empfehlung weitergegeben, erteilen die weitergebenden Personen die nach Art. 8 DVO (EU) 2016/958 vorgeschriebenen Informationen und stellen zusätzlich sicher, dass die Zusammenfassung oder der Auszug a) klar und nicht irreführend ist; b) als Zusammenfassung oder Auszug gekennzeichnet ist; und c) einen unmissverständlichen Verweis auf die ursprüngliche Empfehlung enthält (Art. 9 Abs. 1 DVO (EU) 2016/958). Außerdem stellen die weitergebenden Personen sicher, dass die Informationen zum Ersteller der Empfehlung entweder unmittelbar in der Zusammenfassung oder dem Auszug selbst oder durch einen Hinweis auf den Ort, an dem die Informationen für die Empfänger der Zusammenfassung der oder des Auszugs aus der Empfehlung kostenfrei zugänglich sind, zur Verfügung gestellt werden (Art. 9 Abs. 2 DVO (EU) 2016/958). Wird eine von einem Dritten erstellte Empfehlung wesentlich verändert weitergegeben, erteilen die weitergebenden Personen die nach Art. 8 DVO (EU) 2016/958 vorgeschriebenen Informationen und stellen zusätzlich sicher, dass diese Informationen einen eindeutigen Hinweis auf die im Einzelnen vorgenommen Änderungen enthalten (Art. 10 Abs. 1 DVO (EU) 2016/958). Außerdem halten die Personen, die eine wesentlich veränderte Empfehlung weitergeben, die Vorgaben aus Art. 2 bis 5 DVO (EU) 2016/958 im Hinblick auf die wesentliche Änderung ein und nehmen in die wesentlich geänderte Empfehlung einen Hinweis auf den Ort auf, an dem die in Art. 2 bis 6 DVO (EU) 2016/958 genannten Informationen in Bezug auf den Ersteller der ursprünglichen Empfehlung für die Empfänger der wesentlich geänderten Empfehlung kostenfrei zugänglich sind (Art. 10 Abs. 2 DVO (EU) 2016/958). 289

Eine Anlageempfehlung oder Anlagestrategieempfehlung ist gekennzeichnet durch eine Information über ein Finanzinstrument oder dessen Emittent und durch eine Empfehlung bezogen auf ein 290

Finanzinstrument. Dabei muss nicht notwendigerweise eine Identität zwischen dem Finanzinstrument, über das informiert wird, und dem Finanzinstrument, auf das sich die Empfehlung bezieht, bestehen. Bspw. bei Aktienanleihen und Zertifikaten wird sich die Information regelmäßig auf den Basiswert dieser Wertpapiere beziehen, während die Empfehlung für die Aktienanleihe bzw. das Zertifikat ausgesprochen wird. Die Information über ein Finanzinstrument oder dessen Emittenten liegt vor, wenn neben der Empfehlung bei einer materiellen Gesamtbetrachtung aller Umstände der Eindruck hervorgerufen wird, dass eine inhaltliche Auseinandersetzung mit dem betreffenden Finanzinstrument oder dessen Emittent stattgefunden hat. Um diesen Eindruck zu wecken, ist es nicht erforderlich, die Bewertung von Unternehmens- oder Markthandelsdaten darzustellen. Es ist ausreichend, wenn durch die Art und Weise der Darstellung von Tatsachen, Einschätzungen und/ oder Kommentaren der Anschein einer entsprechenden inhaltlichen Auseinandersetzung erzeugt wird.

291 Keine Empfehlung liegt nach Einschätzung der ESMA im Falle der Darstellung von Fakten vor, soweit die Darstellung weder direkt noch indirekt den Eindruck einer Empfehlung erweckt.[364] Diese Einschätzung dürften in Zusammenhang mit der Abbildung eines reinen Kurscharts einschlägig sein, sofern der künftige Kursverlauf nicht prognostiziert wird. Eine Empfehlung liegt auch nicht vor, wenn ein Bericht, der das volkswirtschaftliche, politische oder das Marktumfeld analysiert, keine Finanzinstrumente genannt werden. Das gleiche gilt für eine Portfolioempfehlung, die sich auf Regionen oder Branchen bezieht und keine einzelnen Finanzinstrumente oder deren Emittenten anspricht. Entscheidend ist in den beiden Fallgestaltungen, dass die Aussagen nicht als indirekte Empfehlung gewertet werden können, weil sich hinter den Aussagen zu Region, Branche, etc. jeweils nur für eine überschaubere Zahl von Finanzinstrumenten oder Emittenten befindet.[365]

292 Die für die Finanzanalyse kennzeichnende Empfehlung liegt vor, wenn ausdrücklich zum Kauf, Verkauf oder Halten eines Finanzinstruments geraten wird. Sie liegt ebenfalls vor, wenn indirekt zu einer solchen Handlung aufgefordert wird, bspw. durch Nennung eines bestimmten Kursziels.[366]

293 Als weitere Voraussetzung für die Anlageempfehlung i.S.d. Art. 3 Abs. 1 Nr. 35 VO (EU) 596/2014 ist es erforderlich, dass die Anlageempfehlung für Verbreitungskanäle oder die Öffentlichkeit vorgesehen ist. Diese Voraussetzung wird nicht erfüllt bei Empfehlungen, die für die Anlageberatung erstellt werden und die individuellen Verhältnisse eines bestimmten Kunden berücksichtigen. Eine Empfehlung wird allerdings nicht allein dadurch zu einer Empfehlung im Rahmen einer Anlageberatung, weil sie nur ggü. einer kleinen Zahl von Kunden kommuniziert wird. Auch die Einbettung der Empfehlung in ein persönliches Anschreiben genügt allein nicht, um die Finanzanalyse auszuschließen. Erforderlich ist vielmehr, dass die konkreten Bedürfnisse der angesprochenen Kunden bereits bei der Erstellung der Empfehlung berücksichtigt wurden.

294 Auf die Form, in der die Anlageempfehlung oder Anlagestrategieempfehlung erteilt wird, kommt es nicht an. Daher können auch eine mündliche oder elektronische Kommunikation eine solche Empfehlung darstellen. Entscheidend ist insoweit der Inhalt der Kommunikation.[367]

295 Soweit sich die Anlageempfehlung oder Anlagestrategieempfehlung auf Finanzinstrumente bezieht, sind die Anforderungen von Art. 20 VO (EU) 596/2014 zu beachten, wenn die Finanzinstrumente a) zum Handel auf einem geregelten Markt zugelassen oder für die ein Antrag auf Zulassung zum Handel an einem geregelten Markt gestellt wurde; b) in einem multilateralen Handelssystem gehandelt werden, zum Handel in einem multilateralen Handelssystem zugelassen sind odre für die ein Antrag auf Zulassung zum Handel in einem multilateralen Handelssystem gestellt wurde; c) in einem organisierten Handelssystem gehandelt werden; d) nicht unter die Buchstaben a, b oder c fallen, ihr Kurs oder Wert jedoch von dem Kurs oder Wert eines unter diesen Buchstaben genannten

364 A8.5 ESMA Q&A on the Market Abuse Regulation (MAR), ESMA70-145-11 (Stand 23.12.2018).
365 A8.2 ESMA Q&A on the Market Abuse Regulation (MAR), ESMA70-145-11 (Stand 23.12.2018).
366 A8.4 ESMA Q&A on the Market Abuse Regulation (MAR), ESMA70-145-11 (Stand 23.12.2018).
367 A8.1 ESMA Q&A on the Market Abuse Regulation (MAR), ESMA70-145-11 (Stand 23.12.2018).

Finanzinstrumenten abhängt oder sich darauf auswirkt; sie umfassen Kreditausfall-Swaps oder Differenzkontrakte, sind jedoch nicht darauf beschränkt (Art. 2 Abs. 1 S. 1 VO (EU) 596/2014). Die VO (EU) 596/2014 gilt für alle Geschäfte, Aufträge und Handlungen, die eines der vorgenannten Finanzinstrumente betreffen, unabhängig davon, ob ein solches Geschäft, ein solcher Auftrag oder eine solche Handlung auf einem Handelsplatz getätigt wurde (Art. 2 Abs. 3 VO (EU) 596/2014).

Unternehmen, die Anlagestrategieempfehlungen oder Anlageempfehlungen erstellen oder verbreiten, tragen gemäß Art. 20 Abs. 1 VO (EU) 596/2014 in angemessener Weise dafür Sorge, dass Informationen objektiv dargestellt und ihre Interessen oder Interessenkonflikte offengelegt werden. Sie müssen so organisiert sein, dass Interessenkonflikte i.S.d. Art. 20 Abs. 1 VO (EU) 596/2014 möglichst gering sind (§ 85 Abs. 1 S. 1 WpHG). Sie müssen insbesondere über angemessene Kontrollverfahren verfügen, die geeignet sind, Verstößen gegen Verpflichtungen nach Art. 20 Abs. 1 VO (EU) 696/2014 entgegenzuwirken (§ 85 Abs. 1 S. 2 WpHG). 296

Werden Informationen für journalistische Zwecke oder andere Ausdrucksformen in den Medien offengelegt oder verbreitet oder Empfehlungen gegeben oder verbreitet, sind bei der Beurteilung dieser Offenlegung oder Verbreitung von Informationen für den Zweck von Art. 10, Art. 12 Abs.1 lit. c und Art. 20 VO (EU) 596/2014 grundsätzlich die Regeln der Pressefreiheit und der Freiheit der Meinungsäußerung in anderen Medien sowie der journalistischen Berufs- und Standesregeln zu berücksichtigen (Art. 21 VO (EU) 596/2014). Dies gilt nicht, wenn a) den betreffenden Personen oder mit diesen Personen in enger Beziehung stehenden Personen erwächst unmittelbar oder mittelbar ein Vorteil oder Gewinn aus der Offenlegung oder Verbreitung der betreffenden Information, oder b) die Weitergabe oder Verbreitung erfolgt in der Absicht, den Markt in Bezug auf das Angebot von Finanzinstrumenten, die Nachfrage danach oder ihren Kurs irrezuführen (Art. 21 VO (EU) 596/2014). Die in DVO (EU) 2016/958 geregelten technischen Modalitäten gelten nicht für Journalisten, die einer gleichwertigen angemessenen Regelung – einschließlich einer gleichwertigen angemessenen Selbstregulierung – in den Mitgliedstaaten unterliegen, sofern mit einer solchen Regelung eine ähnliche Wirkung erzielt wird wie mit den technischen Modalitäten (Art. 20 Abs. 3 letzter Unterabsatz VO (EU) 596/2014). 297

Eine Anlageempfehlung i.S.d. Art. 3 Abs. 1 Nr. 35 VO (EU) 596/2014, die nicht die in Art. 36 Abs. 1 DVO (EU) 2017/565 genannten Bedingungen erfüllt, wird als Marketingmitteilung i.S.d. WpHG behandelt (Art. 36 Abs. 2 S. 1 DVO (EU) 2017/565). Wertpapierdienstleistungsunternehmen, die diese Anlageempfehlung erstellen oder verbreiten, haben dafür zu sorgen, dass sie eindeutig als Marketingmitteilung gekennzeichnet wird (Art. 36 Abs. 2 S. 1 DVO (EU) 2017/565). Darüber hinaus haben die Wertpapierdienstleistungsunternehmen sicherzustellen, dass jede derartige Empfehlung (d.h. auch jede mündliche Empfehlung) einen klaren und deutlichen Hinweis darauf enthält, dass sie nicht in Einklang mit den Rechtsvorschriften zur Förderung der Unabhängigkeit von Finanzanalysen erstellt wurde und auch keinem Verbot des Handels im Anschluss an die Verbreitung von Finanzanalysen unterliegt (Art. 36 Abs. 2 S. 2 DVO (EU) 2017/565).[368] 298

3. Beratungsfreies Geschäft

Sofern ein Wertpapierdienstleistungsunternehmen lediglich Kundenaufträge über den Erwerb oder die Veräußerung von Finanzinstrumenten ausführt, z.B. als Finanzkommissionsgeschäft oder im Wege des Eigenhandels (§ 2 Abs. 8 S. 1 Nr. 1 und Nr. 2 lit. c WpHG), und keine Anlageberatung oder Vermögensverwaltung erbringt, wird es i.R.d. sog. beratungsfreien Geschäfts tätig. In diesem Rahmen ist es nach § 63 Abs. 10 Satz 1 WpHG grundsätzlich verpflichtet, von seinen Kunden Angaben über ihre Kenntnisse und Erfahrungen in Bezug auf Geschäfte mit bestimmten Arten von Finanzinstrumenten oder Wertpapierdienstleistungen zu verlangen, soweit diese Informationen erforderlich sind, um die Angemessenheit der Finanzinstrumente oder Wertpapierdienstleistungen 299

368 Zu der entsprechenden Vorgängervorschrift in § 31 Abs. 2 S. 4 Nr. 2 WpHG: BT 5.5 der Mindestanforderungen Compliance vom 07.06.2010, geändert am 08.03.2017.

für die Kunden beurteilen zu können.[369] Der Kunde ist nach § 63 Abs. 7 WpHG über die Art und die Risiken der von ihm nachgefragten Arten von Finanzinstrumenten aufzuklären. Er muss gewarnt werden, wenn er nicht über die erforderlichen Erfahrungen und Kenntnisse verfügt (§ 63 Abs. 10 Satz 3 WpHG; Einzelheiten vgl. Rdn. 311).

300 Für die Kundenbeziehungen, die am 01.11.2007 bereits bestanden, ist keine erneute Erforschung der Kenntnisse und Erfahrungen zu bestimmten Arten von Finanzinstrumenten notwendig. Einerseits kann sich das Wertpapierdienstleistungsunternehmen auf die Angaben stützen, die es bei einer früheren Befragung erhalten hat. Andererseits darf bei Kunden, die bereits in der Vergangenheit Geschäfte mit einer bestimmten Art von Finanzinstrumenten durchgeführt haben, unterstellt werden, dass sie über die dafür notwendigen Kenntnisse und Erfahrungen verfügen.[370]

301 Die Kundenangaben sind, insbesondere bei mehrstufigen Vermittlungsverhältnissen, grundsätzlich von dem Wertpapierdienstleistungsunternehmen einzuholen, das den unmittelbaren Kontakt zum Kunden hat. Dieses Prinzip ergibt sich aus § 71 WpHG. Wenn bspw. ein externer Vermögensverwalter und ein depotführendes Kreditinstitut kooperieren, ermöglicht diese Vorschrift, dass die vom Vermögensverwalter übermittelten Kundenangaben vom depotführenden Kreditinstitut verwendet werden und Letzteres keine Kundenbefragung durchführt.[371]

302 Keine Pflicht zur Befragung besteht bei Kunden, die als professionelle Kunden und als geeignete Gegenparteien eingestuft sind. Bei diesen darf das Wertpapierdienstleistungsunternehmen davon ausgehen, dass ausreichende Erfahrungen und Kenntnisse vorhanden sind (§ 67 Abs. 2 S. 1 WpHG, Art. 56 Abs. 1 Unterabs. 2 DVO (EU) 2017/565).[372] Bei professionellen Kunden besteht die Ausnahme von der Fragepflicht für alle Arten von Geschäften, für die sie als professionell eingestuft wurden.[373]

303 Soweit das Wertpapierdienstleistungsunternehmen einzelne Finanzinstrumente beispielsweise durch Werbemaßnahmen »anbietet« oder »empfiehlt«, greifen seit dem 03.01.2018 zusätzliche aufsichtsrechtliche Pflichten. § 63 Abs. 5 S. 2 WpHG sieht vor, dass es die Vereinbarkeit der angebotenen Finanzinstrumente mit den Bedürfnissen der Kunden, denen gegenüber es Wertpapierdienstleistungen erbringt, beurteilt. Bestandteil dieser Beurteilung ist die Berücksichtigung des Zielmarkts, den das Wertpapierdienstleistungsunternehmen aufgrund aufsichtsrechtlicher Organisationsanforderungen ermittelt hat (vgl. § 80 Abs. 9 WpHG). Außerdem muss das Wertpapierdienstleistungsunternehmen sicherstellen, dass es Finanzinstrumente nur anbietet, wenn dies im Interesse der Kunden liegt. Ferner schreibt § 63 Abs. 5 S. 1 WpHG vor, dass das Wertpapierdienstleistungsunternehmen die angebotenen Finanzinstrumente verstehen muss. Die Umsetzung dieser Anforderungen erfolgt durch eine abstrakt-generelle Betrachtung von Kundengruppen und Produktarten.[374] Diese Anforderung ergibt sich u.a. aus dem Zeitpunkt, zu dem die Entscheidung über das Produktangebot zu treffen ist. Als Ausfluss der organisatorischen Regelungen sind die Anforderungen zum frühest möglichen Zeitpunkt umzusetzen (»bevor das Produkt in den Vertrieb übernommen wird.«).[375] Grundlage der Anforderungen sind die dem Wertpapierdienstleistungsunternehmen zur Verfügung stehenden Informationen über den Kunden, d.h. im Rahmen des beratungsfreien Geschäfts im Wesentlichen die Kundenklassifizierung und die Erfahrungen und Kenntnisse des Kunden.[376]

---

369 Zu Erleichterungen für sog. reine Ausführungsgeschäfte vgl. Rdn. 312–315.

370 *Teuber* BKR 2006, 429 (434).

371 Zur gleichlautenden Vorgängervorschrift in § 31e WpHG a.F.: Fuchs/*Fuchs* § 31e Rn. 10.

372 Zur Vorgängervorschrift in § 31 WpHG a.F.: Assmann/Schneider/*Koller* § 31 Rn. 137 und § 31b Rn. 1; Fuchs/*Fuchs* § 31 Rn. 224.

373 Vgl. Rdn. 269 f.

374 ESMA, Leitlinien zu den Produktüberwachungsanforderungen der MiFID II (05/02/2018; ESMA35-43-620 DE), Kap. V.3. Nr. 28, 33.

375 Zu den Einzelheiten BT 5.3.1 BaFin MaComp.

376 Vgl. die insoweit vergleichbare Bestimmung zur organisatorischen Pflicht in § 12 Abs. 7 WpDVerOV.

a) Inhaltliche Anforderungen an die Kundenexploration

Die inhaltlichen Anforderungen an die Exploration hängen von der in Rede stehenden Wertpapierdienstleistung ab. Vor Erbringung einer Anlageberatung oder Vermögensverwaltung sind mehr Angaben zu erheben als vor der Erbringung anderer Wertpapierdienstleistungen (§ 63 Abs. 10 und § 64 Abs. 3 WpHG). In bestimmten Fallgestaltungen kann ganz auf eine Exploration verzichtet werden (§ 63 Abs. 11 WpHG). Im Folgenden werden zunächst die Anforderungen an die zu erhebenden Angaben bei einem sog. beratungsfreien Geschäft nach § 63 Abs. 10 WpHG dargestellt. Später wird auf die Voraussetzungen für einen Verzicht der Erhebung[377] und auf die für eine Anlageberatung[378] sowie eine Vermögensverwaltung[379] zu erhebenden Kundenangaben eingegangen. 304

Wenn keine Anlageberatung erbracht wird und lediglich Wertpapierkauf- und -verkaufsaufträge vom Kunden entgegengenommen werden sollen (sog. beratungsfreie Geschäfte), sind Kundenangaben nach § 63 Abs. 10 WpHG einzuholen. Die vom Wertpapierdienstleistungsunternehmen einzuholenden Kundenangaben erstrecken sich auf die Kenntnisse und Erfahrungen des Kunden in Bezug auf Geschäfte mit bestimmten Arten von Finanzinstrumenten oder Wertpapierdienstleistungen (§ 63 Abs. 10 S. 1 WpHG). Die gesetzlichen Anforderungen sind in Art. 55 DVO (EU) 2017/565 konkretisiert. Die Angaben über Kenntnisse und Erfahrung des Kunden sollen Angaben zu folgenden Details erhalten, soweit erforderlich (Art. 55 Abs. 1 DVO (EU) 2017/565): a) Arten von Wertpapierdienstleistungen, Geschäfte und Finanzinstrumenten, mit denen der Kunde vertraut ist; b) Art, Umfang und Häufigkeit der Geschäfte des Kunden mit Finanzinstrumenten sowie Zeitraum, in dem sie getätigt worden sind; c) Ausbildung sowie gegenwärtige und relevante frühere berufliche Tätigkeiten des Kunden. Diese Angaben sind einzuholen, soweit diese in Abhängigkeit von der Einstufung des Kunden, der Art und des Umfangs der Wertpapierdienstleistung, der Art der Finanzinstrumente und der jeweils damit verbundenen Komplexität und Risiken erforderlich sind. Die im Gesetz und in der Verordnung vorgenommene Differenzierung der Arten der Finanzinstrumente kann entsprechend der Definition der Begriffe Finanzinstrument (§ 2 Abs. 2b WpHG) und Wertpapiere (§ 2 Abs. 1 WpHG) in Aktien, Schuldtitel, Anteile an Investmentvermögen, Geldmarktinstrumente, Derivate und andere interpretiert werden. Erlangt das Wertpapierdienstleistungsunternehmen nicht die erforderlichen Informationen, hat es den Kunden darüber zu informieren, dass es die Angemesssenheit der Finanzinstrumente oder Wertpapierdienstleistungen nicht beurteilen kann (§ 63 Abs. 10 S. 4 WpHG). Dieser Hinweis kann in standardisierter Form erfolgen (§ 63 Abs. 10 S. 6 WpHG). 305

Das Wertpapierdienstleistungsunternehmen darf grundsätzlich auf die Richtigkeit der vom Anleger gemachten Angaben vertrauen, es sei denn, ihm ist bekannt oder müsste bekannt sein, dass die Angaben veraltet, unzutreffend oder unvollständigsind (Art. 55 Abs. 3 DVO (EU) 2017/565). 306

b) Formelle Anforderungen an die Kundenexploration

Die Erhebung der Kundenangaben wird in der Praxis regelmäßig auf der Grundlage einer internen Checkliste oder eines für das Kundengespräch geeigneten Fragebogens durchgeführt.[380] Die Unterlage wird papierhaft oder elektronisch eingesetzt. Die Angaben des Kunden zu seinen Erfahrungen und Kenntnissen behalten grundsätzlich ihre Gültigkeit. Daher besteht keine Pflicht, die Erhebung regelmäßig zu wiederholen. Wenn überhaupt, müssen Wertpapierdienstleistungsunternehmen erst nach einem längeren Zeitraum damit rechnen, dass der Kunde seine Erfahrungen und Kenntnisse verloren hat. Soweit sich die Anlageziele oder die finanzielle Risikotragfähigkeit des Kunden ändern, hat dieser das Wertpapierdienstleistungsunternehmen über die Änderung zu informieren.[381] Nach 307

377 Vgl. Rdn. 312–313.
378 Vgl. Rdn. 320.
379 Vgl. Rdn. 760.
380 Vgl. Mustervordruck in Hopt/*Kumpan* Form IV.U.1.
381 BT 7.6 MaComp.

dem Wortlaut des § 63 Abs. 10 WpHG hat die Erhebung der Kundenangaben vor der Erbringung der Dienstleistung zu erfolgen. Unter Berücksichtigung des Zwecks des § 63 Abs. 10 WpHG, den Kunden vor einer für ihn unangemessenen Anlage zu warnen, müssen die Kundenangaben zu einem Zeitpunkt erhoben werden, in dem der Kunde noch nicht vertraglich gebunden ist.[382]

308 Bei Wertpapiergeschäften, die nicht vom Depotinhaber selbst, sondern einem Bevollmächtigten eingegangen werden, ist der Vertreter nach seinen Erfahrungen und Kenntnissen nach § 63 Abs. 10 WpHG zu befragen. Dies folgt aus einer entsprechenden Anwendung von § 166 Abs. 1 BGB und der Regelungen in Art. 54 Abs. 6 DVO (EU) 2017/565. Die letztgenannte Vorschrift sieht für die Beratung von juristischen Personen und im Falle der Vertretung einer natürlichen Person vor, dass die Kenntnisse und Erfahrungen des Vertreters maßgebend sind. Bei mehreren Depotinhabern kommt es für die Angaben zu den Erfahrungen und Kenntnissen auf den jeweils handelnden Depotinhaber an.[383]

309 Um leichter und schneller einen ersten Überblick über die Vielzahl der Wertpapiere zu erhalten und damit den Umgang mit diesen für den Anleger und das Wertpapierdienstleistungsunternehmen zu erleichtern, teilen Kreditinstitute die Wertpapiere in sog. »Risikoklassen« ein. Teilweise werden die Wertpapiere auch entsprechend ihrer Art eingeteilt. So werden die Wertpapiere fünf bis sieben Gruppen zugeordnet. Im Fall der Einteilung nach Risikoklassen können innerhalb einer Risikoklasse verschiedene Wertpapierarten enthalten sein, die ein vergleichbares Chance-/Risiko-Profil aufweisen. Umgekehrt können Wertpapiere, die zur gleichen Art gehören, in unterschiedliche Risikoklassen einsortiert werden, wenn ihre Profile unterschiedlich sind. Vorstellbar ist die unterschiedliche Einstufung für Staatsanleihen eines Industrielandes mit bester Bonität und eines Landes, das seine Verbindlichkeiten nicht bedient. Andererseits ist das Chance-/Risiko-Profil einer deutschen Standardaktie, eines Aktienfonds, der in deutsche Standardaktien investiert und eines Zertifikats, dessen Wertentwicklung vom DAX abhängt, vergleichbar, sodass die Einstufung dieser drei Wertpapiere in einer Risikoklasse gerechtfertigt ist.

310 Die Kunden sind nicht verpflichtet, dem Verlangen nach Angaben gem. § 63 Abs. 10 Satz 1 WpHG zu entsprechen. Allerdings dürfen Wertpapierdienstleistungsunternehmen ihre Kunden nicht davon abhalten, die erforderlichen Angaben zu übermitteln (Art. 55 Abs. 2 DVO (EU) 2017/565). Wenn das Wertpapierdienstleistungsunternehmen nicht die für die Beurteilung der Angemessenheit von Finanzinstrumenten oder Wertpapierdienstleistung erforderlichen Angaben erhält, hat es den Kunden darüber zu informieren, dass es die Angemessenheit nicht beurteilen kann (§ 63 Abs. 10 Satz 4 WpHG). Dieser Hinweis kann in standardisierter Form erfolgen (§ 63 Abs. 10 Satz 6 WpHG).

c) Angemessenheitstest

311 Die Pflicht zur Durchführung eines sog. Angemessenheitstest ist in § 63 Abs. 10 S. 1, 3 und 5 WpHG i.V.m. Art. 56 Abs. 1 DVO (EU) 2017/565 geregelt. Ein Wertpapierdienstleistungsunternehmen hat die Angemessenheit der Finanzinstrumente oder Wertpapierdienstleistungen für die Kunden danach zu beurteilen, ob der Kunde über die erforderlichen Kenntnisse und Erfahrungen verfügt, um die Risiken im Zusammenhang mit der Art der Finanzinstrumente oder Wertpapierdienstleistungen angemessen beurteilen zu können. Diese Prüfung hat grundsätzlich vor der Erbringung von Wertpapierdienstleistungen zu erfolgen. Eine Ausnahme gilt für die Anlageberatung und Vermögensverwaltung, da vor der Erbringung dieser Dienstleistung die weitergehende Geeignetheitsprüfung durchgeführt wird.[384] Gelangt ein Wertpapierdienstleistungsunternehmen aufgrund der erhaltenen Informationen zu der Auffassung, dass das vom Kunden gewünschte Finanzinstrument oder die Wertpapierdienstleistung für den Kunden nicht angemessen ist, hat es den Kunden nach § 63 Abs. 10 Satz 3 WpHG darauf hinzuweisen. In der dieser Vorschrift zugrunde liegenden

382 Schwark/Zimmer/*Rothenhöfer* § 31 WpHG Rn. 299.
383 Hopt/*Kumpan* Form IV.U.1 Nr. 1.
384 Vgl. Rdn. 372 ff. und Rdn. 765.

Regelung in Art. 25 Abs. 3 Unterabs. 2 MiFID II wird anstelle des Begriffs »Hinweis« von »Warnung« gesprochen. Daher ist in richtlinienkonformer Auslegung von einer Warnpflicht auszugehen. Der Hinweis auf die fehlende Angemessenheit des gewünschten Finanzinstrumentes oder der Wertpapierdienstleistung kann in standardisierter Form erfolgen (§ 63 Abs. 10 Satz 6 WpHG). Hält der Kunde trotz der Warnung an dem Geschäft fest, ist das Wertpapierdienstleistungsunternehmen zu dessen Ausführung berechtigt.[385] Das Wertpapierdienstleistungsunternehmen hat aufzuzeichnen, dass der Kunde das Geschäft trotz des Hinweises durchführen wollte (Art. 56 Abs. 2 lit. c) DVO (EU) 2017/565).

4. Reines Ausführungsgeschäft

Nach § 63 Abs. 11 WpHG ist ein Wertpapierdienstleistungsunternehmen in bestimmten Fällen 312
von den vorstehend beschriebenen Pflichten befreit. Das Unternehmen muss keine Informationen über Kenntnisse und Erfahrungen der Kunden in Bezug auf Geschäfte mit bestimmten Arten von Finanzinstrumenten oder Wertpapierdienstleistungen oder Wertpapiernebendienstleistungen einholen, keinen Angemessenheitstest durchführen und hat auch nicht die Pflicht, auf die wegen fehlender Informationen über Kenntnisse und Erfahrungen nicht mögliche Durchführung eines Testes hinzuweisen. Diese in § 63 Abs. 10 WpHG geregelten Pflichten gelten nicht, wenn das Wertpapierdienstleistungsunternehmen folgende drei Bedingungen erfüllt: 1. Es erbringt auf Veranlassung des Kunden Finanzkommissionsgeschäft, Eigenhandel, Abschlussvermittlung oder Anlagevermittlung in Bezug auf a) Aktien, die zum Handel an einem organisierten Markt, an einem diesem gleichwertigen Markt eines Drittlandes oder an einem multilateralen Handelssystem zugelassen sind, mit Ausnahme von Aktien an AIF im Sinne von § 1 Abs. 3 KAGB, und von Aktien, in die ein Derivat eingebettet ist, b) Schuldverschreibungen und andere verbriefte Schuldtitel, die zum Handel an einem organisierten Markt, an einem diesem gleichwertigen Markt eines Drittlandes oder an einem multilateralen Handelssystem zugelassen sind, mit Ausnahme solcher, in die ein Derivat eingebettet ist, und solcher, die eine Struktur ausweisen, die es dem Kunden erschwert, die mit ihnen einhergehenden Risiken zu verstehen, c) Geldmarktinstrumente, mit Ausnahme solcher, in die ein Derivate eingebettet ist, und solcher, die eine Struktur aufweisen, die es dem Kunden erschwert, die mit ihnen einhergehenden Risiken zu verstehen, d) Anteile oder Aktien an OGAW im Sinne von § 1 Abs. 2 KAGB, mit Ausnahme der in Art. 36 Abs. 1 Unterabs. 2 VO (EU) 583/2010 genannten strukturierten OGAW, e) struktierte Einlagen, mit Ausnahme solcher, die eine Struktur aufweisen, die es dem Kunden erschwert, das Ertragsrisiko oder die Kosten des Verkaufs des Produkts vor Fälligkeit zu verstehen oder f) andere nichtkomplexe Finanzinstrumente, die die in Art. 57 DVO (EU) 2017/565 genannten Kriterien erfüllen (§ 63 Abs. 11 Nr. 1 WpHG). 2. Es erbringt diese Wertpapierdienstleistung nicht gemeinsam mit der Gewährung eines Darlehens als Wertpapiernebendienstleistung im Sinne des § 2 Abs. 7 WpHG, außer sie besteht in der Ausnutzung einer Kreditobergrenze eines bereits bestehenden Darlehens oder eines bereits bestehenden Darlehens, das in der Weise gewährt wurde, dassd der Darlehensgeber in einem Vertragsverhältnis über ein laufendes Konto dem Darlehensnehmer das Recht einräumt, sein Konto in bestimmter Höhe zu überziehen (Überziehungsmöglichkeit) oder darin, dass der Darlehensgeber im Rahmen eines Vertrages über ein laufendes Konto, ohne eingeräumte Überziehungsmöglichkeit die Überziehung des Kontos durch den Darlehensnehmer duldet und hierfür vereinbarungsgemäß ein Entgelt verlangt (§ 63 Abs. 11 Nr. 2 WpHG). 3. Es informiert den Kunden ausdrücklich darüber, dass keine Angemessenheitsprüfung im Sinne des § 63 Abs. 10 WpHG vorgenommen wird. Die Information des Kunden über das Unterbleiben eines Angemessenheitstests kann in standardisierter Form erfolgen (§ 63 Abs. 11 Nr. 3 WpHG).

Unter den genannten Voraussetzungen liegt ein sog. reines Ausführungsgeschäft (»execution- 313
only«) vor, bei dem keine Pflicht zur Befragung des Kunden besteht. Ein reines Ausführungsgeschäft kommt immer nur dann in Betracht, wenn das Wertpapierdienstleistungsunternehmen

385 Schwark/Zimmer/*Rothenhöfer* § 31 WpHG Rn. 305.

auf Veranlassung des Kunden tätig wird. Nach Erwägungsgrund 85 der MiFID II sollte eine Wertpapierdienstleistung als auf Veranlassung des Kunden erbracht angesehen werden, es sei denn, der Kunde reagiert lediglich auf eine an ihn persönlich gerichtete Mitteilung des Wertpapierdienstleistungsunternehmens, mit der er zum Kauf eines bestimmten Finanzinstruments oder zum Abschluss eines bestimmten Geschäfts aufgefordert wird oder bewogen werden soll. Nach dem genannten Erwägungsgrund kann eine Wertpapierdienstleistung auch dann als auf Veranlassung des Kunden erbracht betrachtet werden, wenn der Kunde diese Dienstleistung nachfragt auf der Grundlage einer beliebigen Mitteilung, die eine Werbung oder ein Kaufangebot für Finanzinstrumente enthält und sich an die Allgemeinheit oder eine größere Gruppe oder Gattung von Kunden oder potenziellen Kunden richtet.

314 Bei den in § 63 Abs. 11 Nr. 1 lit. f WpHG angesprochenen nicht komplexen Finanzinstrumenten, die die in Art. 57 DVO (EU) 2017/565 genannten Kriterien erfüllen, handelt es sich um Finanzinstrumente, die in § 63 Abs. 11 Nr. 1 lit. a – e WpHG nicht ausdrücklich genannt sind und die folgenden Kriterien erfüllen: a) Sie sind keine sonstigen Wertpapiere, die zum Kauf oder Verkauf solcher Wertpapiere berechtigen oder zu einer Barzahlung führen, die anhand von übertragbaren Wertpapieren, Währungen, Zinssätzen oder -erträgen, Waren oder anderen Indizes oder Messgrößen bestimmt wird (Art. 4 Abs. 1 Nr. 44 lit c MiFID II) und keine derivativen Geschäfte i.S.d. § 2 Abs. 3 WpHG (Art. 57 lit. a DVO (EU) 2017/565). Für solche Finanzinstrumente bestehen häufig Möglichkeiten zur Veräußerung, zum Rückkauf oder zur sonstigen Realisierung des betreffenden Finanzinstruments zu Preisen, die für die Marktteilnehmer öffentlich verfügbar sind und bei denen es sich entweder um Marktpreise oder um Preise handelt, die durch emittentenunabhängige Bewertungssysteme ermittelt oder bestätigt wurden (Art. 57 lit. b DVO (EU) 2017/565). Die Finanzinstrumente beinhalten keine bestehenden oder potentiellen Verpflichtungen für den Kunden, die über die Zahlung der Anschaffungskosten des Finanzinstruments hinausgehen (Art. 57 lit. c DVO (EU) 2017/565). Die Finanzinstrumente umfassen keine Klausel und keine Bedingung, durch die die Art oder das Risiko der Anlage oder des Auszahlungsprofils entscheidend verändert werden könnte, wie beispielsweise Anlagen, die ein Recht zur Umwandlung des Finanzinstruments in eine andere Anlage umfassen (Art. 57 lit. d DVO (EU) 2017/565). Die Finanzinstrumente enthalten keine ausdrücklichen oder impliziten Ausstiegsgebühren, die dazu führen, dass die Anlage auch dann illiquide wird, wenn technisch häufig Möglichkeiten zur Veräußerung, zum Rückkauf oder zur sonstigen Realisierung der betreffenden Finanzinstrumente bestehen (Art. 57 lit. e DVO (EU) 2017/565). Informationen über die Merkmale der betreffenende Finanzinstrumente sind in angemessenem Umfang öffentlich verfügbar, die so gut verständlich sein müssen, dass der durchschnittliche Privatkunde in die Lage versetzt wird, hinsichtlich eines Geschäfts mit einem der betreffenden Finanzintrumente eine informierte Entscheidung zu treffen (Art. 57 lit. f DVO (EU) 2017/565).

315 Das deutsche Aufsichtsrecht sieht die Möglichkeit seit November 2011 vor, dass ein Geschäft über ein nichtkomplexes Finanzinstrument, das die weiteren Voraussetzungen des § 63 Abs. 11 WpHG erfüllt, ohne eine vorhergehende Kundenexploration, jedoch mit einer Warnung über den unterbliebenen Angemessenheitstest, ausgeführt werden darf. Der betroffene Kunde genießt in diesem Fall nur einen sehr geringen Schutz.[386] Soweit erkennbar, machen Wertpapierdienstleistungsunternehmen vergleichsweise selten von dieser Möglichkeit Gebrauch. Es bleibt abzuwarten, unter welchen Umständen im Einzelfall die Zivilrechtsprechung bei Sachverhalten, in denen mangels Befragung keine anlegergerechte Aufklärung erfolgt ist, eine Reduzierung der vom Wertpapierdienstleistungsunternehmen zu erbringenden Aufklärungspflichten annehmen wird. Eine für die zivilrechtliche Verantwortung des Wertpapierdienstleistungsunternehmens entscheidende Frage wird sein, wie deutlich die Warnung war, deren ungeachtet der Kunde das Wertpapiergeschäft abgeschlossen hat. Insoweit erscheint die gesetzliche Wortwahl der »Information« als Bezeichnung der Warnung möglicherweise als zu wenig aussagekräftig. Daneben kann sicherlich die Einstufung von Finanzinstrumenten als nichtkomplex Anlass zu Diskussionen geben. Gleiches gilt für die Frage, ob

386 Fuchs/*Fuchs* § 31 Rn. 335.

das Finanzinstrument eine Struktur aufweist, die es dem Kunden erschwert, die mit dem Finanzinstrument einhergehenden Risiken zu verstehen. Es bleibt abzuwarten, ob sich diese Diskussionen ähnlich wie bei der Einstufung von Geschäften als Termingeschäfte entwickeln werden.

III. Anlageberatung

1. Begriff und Voraussetzungen

Beratung ist das fremdnützige Zurverfügungstellen eigener Sachkunde zur Vorbereitung einer vom 316
beratenen Dritten zu treffenden Entscheidung. Die Beratung mündet in eine konkrete situationsbezogene Handlungsempfehlung, die der Vorbereitung einer bestimmten Anlageentscheidung des Kunden dient und fordert eine wertende Tatsachenbeurteilung im Hinblick auf individuelle Verhältnisse des Ratsuchenden. Eine Pflicht zur Beratung aufgrund einer bloßen Kontaktaufnahme gibt es nicht. Beratung wird vielmehr aufgrund einer vertraglichen Vereinbarung geschuldet.

Die Anlageberatung ist seit dem 01.11.2007 grundsätzlich eine erlaubnispflichtige Wertpapier- 317
dienstleistung (§ 2 Abs. 8 S. 1 Nr. 10 WpHG), nachdem sie zuvor lediglich als Wertpapiernebendienstleistung eingestuft war. Eine Ausnahme gilt nach § 3 Abs. 1 Nr. 7 WpHG für Unternehmen, die ausschließlich Anlageberatung erbringen über Anteile oder Aktien von inländischen Investmentvermögen, die von einer Kapitalverwaltungsgesellschaft oder einer EU-Verwaltungsgesellschaft ausgegeben werden, oder über Anteile oder Aktien an EU-Investmentvermögen oder ausländischen AIF. Diese Unternehmen gelten nicht als Wertpapierdienstleistungsunternehmen. Gleichzeitig ist die Anlageberatung im Kreditwesengesetz als eine Finanzdienstleistung bestimmt (§ 1 Abs. 1a S. 2 Nr. 1a KWG). Dies hat zur Konsequenz, dass Anlageberater nunmehr grundsätzlich einer Erlaubnis nach § 32 Abs. 1 KWG bedürfen. Voraussetzung für die Erteilung einer Erlaubnis an Anlageberater ist nach § 33 Abs. 1 Satz 1 Nr. 1 Buchst. a) KWG ein Anfangskapital von 50.000 €, wenn sie nicht befugt sind, sich bei der Erbringung von Finanzdienstleistungen Eigentum oder Besitz an Geldern oder Wertpapieren von Kunden zu verschaffen, und sie nicht auf eigene Rechnung mit Finanzinstrumenten handeln. Das erforderliche Anfangskapital sinkt nach § 33 Abs. 1 Satz 1 Nr. 1 Buchst. f) KWG auf 25.000 € für Anlageberater, die nicht befugt sind, sich bei der Erbringung von Finanzdienstleistungen Eigentum oder Besitz an Geldern oder Wertpapieren von Kunden zu verschaffen, und die nicht auf eigene Rechnung mit Finanzinstrumenten handeln, wenn sie zusätzlich als Versicherungsvermittler nach der Richtlinie 2002/92/EG des Europäischen Parlaments und des Rates vom 09.12.2002 über Versicherungsvermittler (ABl. EU Nr. L 9 S. 3) in ein Register eingetragen sind und die Anforderungen des Art. 4 Abs. 3 der Richtlinie 2002/92/EG erfüllen. Alternativ kann ein Anlageberater, der nicht befugt ist, sich bei der Erbringung von Finanzdienstleistungen Eigentum oder Besitz an Geldern oder Wertpapieren von Kunden zu verschaffen, und der nicht auf eigene Rechnung mit Finanzinstrumenten handelt, anstelle des Anfangskapitals den Abschluss einer geeigneten Versicherung zum Schutz der Kunden nachweisen, die eine Versicherungssumme von mindestens 1 Mio. € für jeden Versicherungsfall und eine Versicherungssumme von mindestens 1,5 Mio. € für alle Versicherungsfälle eines Versicherungsjahres vorsieht (§ 33 Abs. 1 Satz 2 KWG). Für Anlageberater, die zusätzlich als Versicherungsvermittler nach der Richtlinie 2002/92/EG des Europäischen Parlaments und des Rates vom 09.12.2002 über Versicherungsvermittler (ABl. EU Nr. L 9 S. 3) in ein Register eingetragen sind und die Anforderungen des Art. 4 Abs. 3 der Richtlinie 2002/92/EG erfüllen, halbieren sich die genannten Versicherungssummen nach § 33 Abs. 1 Satz 3 KWG.

Anlageberatung ist in § 2 Abs. 8 S. 1 Nr. 10 WpHG definiert als die Abgabe von persönlichen 318
Empfehlungen im Sinne des Art. 9 DVO (EU) 2017/565 an Kunden oder deren Vertreter, die sich auf Geschäfte mit bestimmten Finanzinstrumenten beziehen, sofern die Empfehlung auf eine Prüfung der persönlichen Umstände des Anlegers gestützt oder als für ihn geeignet dargestellt wird und nicht ausschließlich über Informationsverbreitungskanäle oder für die Öffentlichkeit bekannt gegeben wird. Maßgebendes Merkmal der Anlageberatung ist zunächst die an einen Kunden und dessen Vertreter gerichtete persönliche Empfehlung (Art. 9 Unterabs. 1 DVO (EU) 2017/565).

Abzugrenzen ist die Anlageberatung von der allgemeinen Empfehlung, die sich nicht an eine bestimmte Person richtet und von der Information, die keine Empfehlung beinhaltet. Von einer Empfehlung ist immer dann auszugehen, wenn die Erklärung des Wertpapierdienstleistungsunternehmens aus Sicht des Kunden als eine Handlungsaufforderung verstanden werden kann. Als Handlungen kommen a) Kauf, Verkauf, Zeichnung, Tausch, Rückkauf, Halten oder Übernahme eines bestimmten Finanzinstruments, und b) Ausübung bzw. Nichtausübung eines mit einem bestimmten Finanzinstrument einhergehenden Rechts betreffend Kauf, Verkauf, Zeichnung oder Rückkauf eines Finanzinstruments in Betracht (Art. 9 Unterabs. 2 DVO (EU) 2017/565). Eine Empfehlung liegt nicht vor, wenn der Kunde lediglich mit (neutralen) Informationen oder einer (anpreisenden) Werbung versorgt wurde.[387] Weiterhin setzt die Anlageberatung voraus, dass die Empfehlung auf Geschäfte mit bestimmten Finanzinstrumenten gerichtet ist. Der Anwendungsbereich der für die Anlageberatung einschlägigen Vorschriften des WpHG ist daher nicht eröffnet, wenn in einem Kundengespräch keine konkreten Finanzinstrumente erörtert werden, sondern lediglich Anlageklassen (Asset Allocation) oder lediglich Arten von Finanzinstrumenten (z.B. Aktien oder Anleihen).[388] Ebenfalls keine Anlageberatung liegt vor, wenn Gesprächsgegenstand eine Vermögensverwaltung oder eine andere Wertpapierdienstleistung ist. Es mangelt ebenso an einer Anlageberatung, wenn eine Anlageempfehlung im Sinne des Art. 3 Abs. 1 Nr. 35 VO (EU) 596/2014 (Marktmissbrauchsverordnung) erstellt oder verbreitet wird. Definitionsgemäß sind Anlageempfehlungen für Verbreitungskanäle oder die Öffentlichkeit vorgesehen und können daher keine persönliche Empfehlung beinhalten.

319 Die aufsichtsrechtlichen Anforderungen an die Anlageberatung gelten auch, wenn eine strukturierte Einlage Gegenstand der Empfehlung ist. Dies ergibt sich aus dem Wortlaut des § 96 WpHG, nach dem bestimmte Vorschriften anzuwenden sind, wenn Wertpapierdienstleistungsunternehmen »über [strukturierte Einlagen] beraten«. Außerdem folgt dies aus dem Verweis auf §§ 63 und 64 WpHG, mit Ausnahme von § 64 Abs. 2 WpHG.

a) Kundenexploration für die Anlageberatung

320 Ähnlich der bisher in § 31 Abs. 4 WpHG a.F. geregelten Pflicht, bestimmte Angaben beim Kunden zu erheben, ist die aufsichtsrechtliche Pflicht, Informationen vom Kunden einzuholen, seit dem 03.01.2018 in § 64 Abs. 3 WpHG geregelt. Konkretisierende Anforderungen sind in Art. 54 Abs. 2 DVO (EU) 2017/565 enthalten. Nach § 64 Abs. 3 S. 1 WpHG hat ein Wertpapierdienstleistungsunternehmen, das Anlageberatung erbringt, von einem Kunden alle Informationen 1. über Kenntnisse und Erfahrungen des Kunden in Bezug auf Geschäfte mit bestimmten Arten von Finanzinstrumenten oder Wertpapierdienstleistungen, 2. über die finanziellen Verhältnisse des Kunden, einschließlich seiner Fähigkeit, Verluste zu tragen, und 3. über seine Anlageziele einschließlich seiner Risikotoleranz, einzuholen, die erforderlich sind, um dem Kunden ein Finanzinstrument empfehlen zu können, das für ihn geeignet ist und insbesondere seiner Risikotoleranz und seiner Fähigkeit, Verluste zu tragen, entspricht. Nach den Vorgaben über die zu erhebenden Angaben in Art. 54 und 55 DVO (EU) 2017/565 gehören zu den einzuholenden Informationen – soweit erforderlich – hinsichtlich der finanziellen Verhältnisse des Kunden Angaben über Herkunft und Höhe regelmäßigen Einkommens, seine Vermögenswerte einschließlich der liquiden Vermögenswerte, Kapitalanlagen und Immobilienvermögen sowie seine regelmäßigen finanziellen Verpflichtungen (Art. 54 Abs. 4 DVO (EU) 2017/565). Hinsichtlich der Anlageziele des Kunden sind Angaben über die Anlagedauer, die Risikobereitschaft des Kunden, sein Risikoprofil und den Zweck der Anlage zu erheben (Art. 54 Abs. 5 DVO (EU) 2017/565).

321 Zu den einzuholenden Informationen über Kenntnisse und Erfahrungen eines Kunden gehören nach Art. 55 Abs. 1 DVO (EU) 2017/565 Angaben zu: a) der Art der Wertpapierdienstleistungen,

387 Fuchs/*Fuchs* § 2 Rn. 117.
388 Fuchs/*Fuchs* § 2 Rn. 119.

Geschäfte oder Finanzinstrumenten, mit denen der Kunde vertraut ist; b) Art, Umfang und Häufigkeit der Geschäfte des Kunden mit Finanzinstrumenten und Zeitraum, in dem sie getätigt worden sind; und c) Ausbildung sowie die gegenwärtige oder relevante frühere berufliche Tätigkeit des Kunden. Diese Punkte sind zu erheben, soweit dies nach Art des Kunden, Art und Umfang der zu erbringenden Dienstleistung und Art des in Betracht gezogenen Finanzinstruments unter Berücksichtigung der damit jeweils verbundenen Komplexität und Risiken angemessen ist (Art. 55 Abs. 1 DVO (EU) 2017/565).

Wertpapierdienstleistungsunternehmen dürfen Kunden nicht davon abhalten, Angaben nach § 64 Abs. 3 WpHG zu übermitteln (Art. 55 Abs. 2 DVO (EU) 2017/565). **322**

Die Erhebung der Angaben wird in der Praxis regelmäßig in Form einer Befragung auf der Grundlage einer internen Checkliste oder eines für das Kundengespräch geeigneten Fragebogens durchgeführt.[389] Die Unterlage wird papierhaft oder elektronisch eingesetzt. Die Kundenangaben zu den finanziellen Verhältnissen stellen eine Momentaufnahme dar. Ähnliches kann für die Angaben hinsichtlich der Anlageziele, der Risikobereitschaft und dem Anlagezweck gelten. Diese Angaben können mit Zeitablauf an Gültigkeit verlieren, und es ist daher – eine erneute Erbringung von Wertpapierdienstleistungen unterstellt – sinnvoll, die Befragung für den Fall von Änderungen der persönlichen Verhältnisse des Kunden erneut durchzuführen. Die Pflicht, Änderungen seiner persönlichen Verhältnisse mitzuteilen, liegt allerdings beim Kunden.[390] Aufgrund der Möglichkeit von Änderungen in den persönlichen Verhältnissen enthält der Fragebogen regelmäßig auch eine Aufforderung an den Anlageinteressenten, dem Wertpapierdienstleistungsunternehmen wesentliche Änderungen in den seinen Angaben zugrunde liegenden Verhältnissen mitzuteilen. In der früher geltenden Verhaltensrichtlinie der BaFin wurde eine Wiederholung der Erhebung lediglich für Geschäfte in Derivaten und Optionsscheinen nach spätestens 3 Jahren vorgesehen. Für sonstige Anlagegeschäfte oder für reine Anlageberatungen enthielt sie dagegen keine Vorgabe, ob und in welchem Turnus die Befragung zu wiederholen sei. Die aktuellen Vorgaben der BaFin sehen lediglich vor, dass das Wertpapierdienstleistungsunternehmen über geeignete Verfahren verfügen muss, um über aktuelle Informationen zu dem Kunden zu verfügen. Im Falle von Dauerleistungen der Anlageberatungen oder der Finanzportfolioverwaltung soll das Wertpapierdienstleistungsunternehmen festlegen, wie häufig die Kundenangaben aktualisiert werden sollen und auf welchem Weg die Aktualisierung erfolgen soll.[391] **323**

Andere Informationsquellen für die Erhebung können das bisherige Anlageverhalten und die Selbstdarstellung des Kunden sein. In diesen Fällen trägt das Wertpapierdienstleistungsunternehmen allerdings das Risiko einer Fehleinschätzung.[392] Allein aus der beruflichen Qualifikation und den Vorkenntnissen aus anderen Geschäften dürfen allerdings keine Schlüsse auf die Risikobereitschaft des Kunden gezogen werden.[393] **324**

Wird die Anlageberatung gegenüber einer juristischen Person oder gegenüber einem Bevollmächtigten erbracht, muss das Wertpapierdienstleistungsunternehmen Grundsätze festlegen und umsetzen, welche Person der Eignungsbeurteilung unterzogen werden sollte und wie diese Beurteilung in der Praxis durchgeführt wird. Dies schließt eine Festlegung mit ein, von wem die Informationen über Kenntnisse und Erfahrungen, die finanzielle Lage sowie die Anlageziele zusammengetragen werden sollten (Art. 54 Abs. 6 Unterabs. 1 DVO (EU) 2017/565). Wird eine natürliche Person durch eine andere natürliche Person vertreten, oder ist eine juristische Person, die zum prof. Kunden hochgestuft wurde, bei der Eignungsbeurteilung zu berücksichtigen, bestimmen sich die finanziellen Verhältnisse und Anlageziele nach den Angaben der juristischen Person bzw. des Vollmachtgebers. **325**

---

389 Vgl. Mustervordruck in Hopt/*Kumpan* Form IV.U.1.
390 BT 7.6 MaComp.
391 BT 7.6 MaComp.
392 Assmann/Schneider/*Koller* § 31 Rn. 142; Schwark/Zimmer/*Rothenhöfer* § 31 WpHG Rn. 238.
393 BGH, WM 2011, 682 (685).

Die Kenntnisse und Erfahrungen bestimmen sich nach denen des Vertreters (Art. 54 Abs. 6 Unterabs. 2 DVO (EU) 2017/565).

326 Um leichter und schneller einen ersten Überblick über die Vielzahl der Wertpapiere zu erhalten und damit den Umgang mit diesen für den Anleger und das Wertpapierdienstleistungsunternehmen zu erleichtern, teilen Kreditinstitute die Wertpapiere in sog. »Risikoklassen« ein. Teilweise werden die Wertpapiere auch entsprechend ihrer Art eingeteilt. So werden die Wertpapiere fünf bis sieben Gruppen zugeordnet. Zu weiteren Einzelheiten vgl. Rdn. 309. Ein Wertpapierdienstleistungsunternehmen, das ein System von Wertpapier-Risikoklassen verwendet, hat dadurch die Möglichkeit, seinen Kunden in Zusammenhang mit der Frage nach dem Anlageziel neben der Grundeinstellung (z.B. konservativ, ausgewogen, spekulativ) die maximale Risikoklasse zur Verfolgung dieses Anlageziels zu erfragen. Dies ermöglicht es dem Anleger, sein gewünschtes Anlageziel genauer zu beschreiben.

b) Verbot der Beratung

327 Erlangt das Wertpapierdienstleistungsunternehmen nicht die erforderlichen Informationen, darf es im Zusammenhang mit einer Anlageberatung kein Finanzinstrument empfehlen (Art. 54 Abs. 8 DVO (EU) 2017/565). Entscheidend für das Verbot der Beratung ist, welche Angaben des Kunden als erforderlich angesehen werden. Die Angaben zu Erfahrungen und Kenntnissen sind für die Anlageberatung elementar. Eine Verweigerung dieser Angabe führt grundsätzlich dazu, dass keine Beratung geleistet werden kann. Eine Ausnahme gilt bei Kunden, die als professionelle Kunden eingestuft werden. Bei diesen darf das Wertpapierdienstleistungsunternehmen nach aufsichtsrechtlichen Maßstäben davon ausgehen, dass der Kunde in Bezug auf die Finanzinstrumente, für die er als professioneller Kunde eingestuft ist, über die erforderlichen Erfahrungen und Kenntnisse verfügt (Art. 54 Abs. 3 Unterabs. 1 DVO (EU) 2017/565). Wenn der Kunde weder ein allgemeines noch ein konkretes Anlageziel benennt, kann er nicht beraten werden. Es ist ausgeschlossen, eine persönliche Empfehlung auszusprechen, da jede Empfehlung unter Berücksichtigung eines Anlageziels erteilt wird. Die Verweigerung von Angaben zu den finanziellen Verhältnissen hat dagegen nicht notwendigerweise zur Folge, dass keine Beratung stattfinden kann. Der Kunde ist ausreichend geschützt, wenn in einem solchen Fall klargestellt wird, dass sich das Beratungsgespräch auf den konkreten Anlagebetrag und die bereits bei dem Wertpapierdienstleistungsunternehmen vorhandenen Vermögenswerte beschränkt. Sonstige Vermögenswerte, wie z.B. Immobilienvermögen oder Anlagen bei anderen Kreditinstituten, sind dem beratenden Institut nicht bekannt und bleiben unberücksichtigt. Um die Fähigkeit beurteilen zu können, die Anlagerisiken finanziell tragen zu können, ist es allerdings erforderlich zu klären, ob der Anlagebetrag kreditfinanziert ist. Die ausdrückliche Klärung dieses Umstands ist erforderlich, da die Kreditfinanzierung des Anlagebetrags grundsätzlich ein für die Geeignetheit der Empfehlung wichtiger Umstand ist und das Wertpapierdienstleistungsunternehmen nur in Ausnahmesituationen Kenntnis von Kreditverbindlichkeiten des Kunden bei anderen Kreditinstituten hat.

328 Maßgeblich für Kapitalanlageempfehlungen im gewöhnlichen Geschäftsverkehr einer Bank ist grundsätzlich das von ihr zusammengestellte Anlageprogramm. Es ist daher aus rechtlicher Sicht nicht zu beanstanden, wenn eine Bank eine Beratung lediglich zu haus- oder konzerneigenen Finanzinstrumenten leistet und diese Leistung nicht zu Produkten von einzelnen Wettbewerbern oder gar zu allen am Kapitalmarkt verfügbaren Finanzinstrumenten zur Verfügung stellt. Die Beratung über von konzernfremden Gesellschaften emittierte Produkte kann ein Anlageinteressent grundsätzlich nicht erwarten. Dies würde faktisch die Möglichkeiten von Wertpapierdienstleistungsunternehmen übersteigen, die Finanzinstrumente sachgerecht analysieren müssen, um darauf aufbauend fachgerecht beraten zu können, da die Zahl der am Markt angebotenen Produkte groß ist und die zur Analyse erforderlichen Informationen teilweise sehr schwierig bzw. kaum zu beschaffen sind. Erst wenn das Wertpapierdienstleistungsunternehmen ggü. seinen Kunden damit hervortritt, auch über die Produkte konzernfremder Anbieter zu beraten, oder aber wenn der Anlageinteressent von sich aus die Erwartung zum Ausdruck bringt, auch über solche, etwa von ihm angesprochene

Konkurrenzprodukte beraten zu werden, muss die Bank, wenn sie die Beratung insoweit nicht ablehnt, ihn auch darüber objektiv richtig und vollständig informieren und beraten und die Konkurrenzprodukte ggf. auch empfehlen.[394] Aufsichtsrechtlich ist die Bank nach Art. 52 Abs. 2 und 3 DVO (EU) 2017/565 verpflichtet, ihren Kunden das Spektrum der für eine Anlageberatung zur Verfügung stehenden Finanzinstrumente zu erläutern, einschließlich dem Verhältnis des Wertpapierdienstleistungsunternehmens zu den Emittenten bzw. Anbietern der Finanzinstrumente.

c) Zuwendungen

Zuwendungen im Sinne von § 70 WpHG sind Provisionen, Gebühren oder sonstige Geldleistungen sowie alle geldwerten Vorteile (§ 70 Abs. 2 S. 1 WpHG). Im Gesetz werden dafür auch die Begriffe monetäre und nichtmonetäre Zuwendungen sowie monetäre und nichtmonetäre Vorteile verwendet. Seit dem 01.11.2007 ist der Umgang mit Zuwendungen, die von Wertpapierdienstleistungsunternehmen an Dritte gewährt oder von Dritten angenommen werden, gesetzlich geregelt. Unter Zuwendungen werden Geldleistungen, wie bspw. Provisionen und Gebühren, und geldwerte Vorteile verstanden (§ 70 Abs. 2 S. 1 WpHG). Vor dem 01.11.2007 enthielt das WpHG keine ausdrückliche Regelung über die Behandlung von Zuwendungen. Lediglich einzelne Aufklärungspflichten über den Erhalt bestimmter Geldleistungen ergaben sich nach Auffassung der BaFin aus den Wohlverhaltenspflichten in §§ 31 ff. WpHG a.F. (aktuell: §§ 63 ff. WpHG). In Abschnitt 1.2 der Verhaltensrichtlinie sah die BaFin eine Aufklärungspflicht des Wertpapierdienstleistungsunternehmens für den Fall vor, dass es die teilweise Rückzahlung von dem Kunden als Aufwendungsersatz in Rechnung gestellten fremden Kosten an sich mit anderen eingeschalteten Unternehmen (»Kick-Back-Vereinbarungen«) vereinbart hat. Kunden sollten ebenfalls zumindest in allgemeiner Form über vereinbarte Geldzahlungen oder andere geldwerte Vorteile (z.B. Research-Ergebnisse etc.) aufgeklärt werden, die das Wertpapierdienstleistungsunternehmen, etwa im Rahmen seiner Vermittlungstätigkeit, mittelbar oder unmittelbar erhält und die wirtschaftlich im Zusammenhang mit Kundengeschäften stehen. Auf Nachfrage war diese Aufklärung zu erläutern. Die Aufklärung bezog sich i.R.d. Kommissionsgeschäfts auch auf die kommissionsrechtliche Verpflichtung zur Herausgabe dieser Beträge. Soweit die Informationen nicht schon bei Begründung der Geschäftsbeziehung erteilt wurden, konnten sie spätestens vor Erbringen einer Wertpapierdienstleistung erfolgen. 329

Nach den Regelungen über Zuwendungen in § 70 WpHG darf ein Wertpapierdienstleistungsunternehmen im Zusammenhang mit dem Erbringen von Wertpapierdienstleistungen oder Wertpapiernebendienstleistungen grundsätzlich keine Zuwendungen von Dritten annehmen oder an Dritte gewähren, die nicht Kunden dieser Dienstleistung sind. Die Annahme und die Gewährung von Zuwendungen von und an Dritte ist allerdings zulässig, wenn folgende Voraussetzungen erfüllt sind (§ 70 Abs. 1 Satz 1 WpHG): 330

1. Die Zuwendung ist darauf ausgelegt, die Qualität der für den Kunden erbrachten Dienstleistung zu verbessern, und sie steht der ordnungsgemäßen Erbringung der Dienstleistung im bestmöglichen Interesse des Kunden (§ 63 Abs. 1 WpHG) nicht entgegen, und 331
2. Existenz, Art und Umfang der Zuwendung oder, soweit sich der Umfang noch nicht bestimmen lässt, die Art und Weise seiner Berechnung, wird dem Kunden vor der Erbringung der Wertpapierdienstleistung oder Wertpapiernebendienstleistung in umfassender, zutreffender und verständlicher Weise deutlich offengelegt.

Strengere Vorgaben gelten für Wertpapierdienstleistungsunternehmen, soweit sie Unabhängige Honorar-Anlageberatung und Finanzportfolioverwaltung erbringen. Während Anlageberater Zuwendungen unter den Voraussetzungen des § 70 WpHG annehmen dürfen, dürfen Unabhängige Honorar-Anlageberater ausschließlich eine Vergütung von dem beratenden Kunden erhalten (§ 64 Abs. 5 S. 1 Nr. 2 WpHG).[395] Das Wertpapierdienstleistungsunternehmen darf in Zusammenhang 332

394 BGH, WM 2007, 487 (489).

395 *Klein* WM 2011, 2117 vergleicht die Honorarberatung mit der provisionsbasierten Anlageberatung.

mit der Unabhängigen Honorar-Anlageberatung keine nichtmonetäre Zuwendungen von einem Dritten, der nicht Kunde dieser Dienstleistung ist oder von dem Kunden dazu beauftragt worden ist, angenommen werden (§ 64 Abs. 5 S. 2 WpHG). Monetäre Zuwendungen dürfen nur dann angenommen werden, wenn das empfohlene Finanzinstrument oder ein in gleicher Weise geeignetes Finanzinstrument ohne Zuwendung nicht erhältlich ist (§ 64 Abs. 5 S. 3 WpHG). In diesem Fall sind die monetären Zuwendungen so schnell wie nach vernünftigem Ermessen möglich, nach Erhalt und in vollem Umfang an den Kunden auszukehren (§ 64 Abs. 5 S. 4 WpHG). Soweit Vorschriften über Steuern oder Abgaben Abzüge (z.B. Kapitalertragsteuer) erforderlich machen, sind die Vorschriften unverändert anzuwenden (§ 64 Abs. 5 S. 5 WpHG). Ein Wertpapierdienstleistungsunternehmen darf im Zusammenhang mit der Finanzportfolioverwaltung grundsätzlich keine Zuwendungen von Dritten oder für Dritte handelnder Personen annehmen und behalten (§ 64 Abs. 7 S. 1 WpHG). Eine Ausnahme gilt nur für die Annahme nichtmonetärer Vorteile, wenn es sich um geringfügige nichtmonetäre Vorteile handelt, 1. die geeignet sind, die Qualität der für den Kunden erbrachten Wertpapierdienstleistung und Wertpapiernebendienstleistungen zu verbessern und 2. die hinsichtlich ihres Umfangs und ihrer Art vertretbar und verhältnismäßig sind und daher nicht vermuten lassen, dass sie die Pflicht des Wertpapierdienstleistungsunternehmens, im bestmöglichen Interesse ihrer Kunden zu handeln, beeinträchtigen (§ 64 Abs. 7 S. 2 WpHG). Zusätzlich gilt für die Annahme geringfügiger nichtmonetärer Vorteile die Voraussetzung, dass diese Zuwendungen dem Kunden unmissverständlich offengelegt werden, bevor die betreffende Wertpapierdienstleistung oder Wertpapiernebendienstleistung für die Kunden erbracht wird (§ 64 Abs. 7 S. 2 WpHG). Hinsichtlich des Umfangs der geringfügigen nichtmonetären Vorteile ist in § 64 Abs. 7 S. 2 Nr. 2 WpHG geregelt, dass die Gesamthöhe der von einem einzelnen Unternehmen oder einer einzelnen Unternehmensgruppe gewährten Vorteile zu berücksichtigen ist. Vier Beispiele für geringfügige nichtmonetäre Vorteile sind in § 6 Abs. 1 WpDVerOV geregelt: 1. Informationen oder Dokumentationen zu einem Finanzinstrument oder einer Wertpapierdienstleistung, sofern sie allgemein angelegt oder individuell auf die Situation eines bestimmten Kunden abgestimmt sind (§ 6 Abs. 1 Nr. 1 WpDVerOV); 2. Von einem Dritten erstellte schriftliche Materialien, die von einem Emittenten oder einem potenziellen Emittenten aus dem Unternehmenssektor in Auftrag gegeben und vergütet werden, um eine Neuemission des betreffenden Emittenten zu bewerben, oder bei dem der Dritte vom Emittenten oder potentiellen Emittenten vertraglich dazu verpflichtet ist und dafür vergütet wird, derartiges Material fortlaufend zu erstellen, sofern a) die Beziehung zwischen dem Dritten und dem Emittenten in dem betreffenden Material unmissverständlich offengelegt wird und b) das Material gleichzeitig allen Wertpapierdienstleistungsunternehmen, die daran interessiert sind, oder dem Publikum zur Verfügung gestellt wird (§ 6 Abs. 1 Nr. 2 WpDVerOV); 3. Die Teilnahme an Konferenzen, Seminaren und anderen Bildungsveranstaltungen, die zu den Vorteilen und Merkmalen eines bestimmten Finanzinstruments oder einer bestimmten Wertpapierdienstleistung abgehalten werden (§ 6 Abs. 1 Nr. 3 WpDVerOV); 4. Bewirtungen, deren Wert eine vertretbare Geringfügigkeitsschwelle nicht überschreitet (§ 6 Abs. 1 Nr. 4 WpDVerOV).

333 Entscheidend für die Anwendung der Regelungen in § 70 WpHG ist die Beteiligung eines Dritten, der nicht Kunde der Dienstleistung ist, an dem Erbringen der Zuwendung. Die Anforderungen des § 70 WpHG sind auch auf Leistungsbeziehungen zwischen rechtlich selbstständigen Einheiten eines Bankkonzerns anzuwenden. Keine Zuwendung liegt vor bei Verrechnungen zwischen Abteilungen einer Rechtseinheit, bspw. eine Gutschrift von der Emissionsabteilung für Anleihen und Zertifikate an die Privatkundenabteilung.[396] Die Anforderungen an die Gewährung oder den Erhalt einer Zuwendung nach § 70 Abs. 1 WpHG sind nicht einschlägig, wenn das Wertpapierdienstleistungsunternehmen diese von einem Dritten, der dazu von dem Kunden beauftragt worden ist, annimmt oder sie einem solchen Dritten gewährt.

334 Eine Zuwendung ist nur zulässig, wenn sie darauf ausgelegt ist, die Qualität der Dienstleistung für den Kunden zu verbessern. Die für die Qualitätsverbesserung maßgebenden Kriterien sind in § 6

396 Vgl. auch CESR/07-228b aus Mai 2007 »Inducements under MiFID« Abschnitt 2, Nr. 2.

Abs. 2 WpDVerOV geregelt. Eine Qualitätsverbesserung liegt vor, wenn 1. die Zuwendung durch die Erbringung einer zusätzlichen oder höherwertigen Dienstleistung für den jeweiligen Kunden gerechtfertigt ist, die in angemessenen Verhältnis zum Umfang der erhaltenen Zuwendung steht (Art. 6 Abs. 2 S. 1 Nr. 1 WpDVerOV), 2. Die Zuwendung nicht unmittelbar dem annehmenden oder gewährenden Wertpapierdienstleistungsunternehmen, dessen Gesellschaftern oder Beschäftigten zugutekommt, ohne zugleich einen konkreten Vorteil für den jeweiligen Kunden darzustellen, und (Art. 6 Abs. 2 S. 1 Nr. 2 WpDVerOV) 3. die Zuwendung durch die Gewährung eines fortlaufenden Vorteils für den betreffenden Kunden in Relation zu einer laufenden Zuwendung gerechtfertigt ist (Art. 6 Abs. 2 S. 1 Nr. 3 WpDVerOV). Eine Zuwendung verbessert die Qualität der Dienstleistung für den Kunden nicht, wenn die Dienstleistung dadurch in voreingenommener Weise oder nicht im besten Kundeninteresse erbracht wird (Art. 6 Abs. 2 S. 2 WpDVerOV). Wertpapierdienstleistungsunternehmen müssen die Vorgaben nach Art. 6 Abs. 2 S. 1 und 2 WpDVerOV fortlaufend erfüllen, solange sie die Zuwendung erhalten oder gewähren. Zusätzlich hat der Verordnungsgeber vier Beispiele für die Erbringung einer zusätzlichen oder höherwertigen Dienstleistung für den Kunden in § 6 Abs. 2 S. 1 Nr. 1 lit. a – d WpDVerOV vorgesehen: a) die Erbringung einer Anlageberatung, bei der es sich nicht um eine Unabhängige Honorar-Anlageberatung handelt, auf Basis einer breiten Palette geeigneter Finanzinstrumente und unter Zugang zu einer solchen, einschließlich einer angemessenen Zahl von Instrumenten, die von Anbietern oder Emittenen stammen, die in keiner engen Verbindung zum Wertpapierdienstleistungsunternehmen stehen, b) die Erbringung einer Anlageberatung, bei der es sich nicht um eine Unabhängige Honorar-Anlageberatung handelt, in Kombination mit aa) dem Angebot an den Kunden, mindestens einmal jährlich zu beurteilen, ob die Finanzinstrumente, in die der Kunde investiert hat, weiterhin für diesen geeignet sind, oder bb) einer anderen fortlaufenden Dienstleistung mit wahrscheinlichem Wert für den Kunden, beispielsweise einer Beratung über die optimale Strukturierung des Vermögens des Kunden, c) die zu einem wettbewerbsfähigen Preis erfolgende Gewährung eines Zugangs zu einer breiten Palette von Finanzinstrumenten, die geeignet ist, den Bedürfnissen des Kunden zu entsprechen, darunter eine angemessene Zahl von Instrumenten, die von Anbietern oder Emittenten stammen, die in keiner engen Verbindung zum Wertpapierdienstleistungsunternehmen stehen, in Kombination mit aa) der Bereitstellung von Hilfsmitteln, die einen Mehrwert aufweisen, wie etwa objektiven Informationsinstrumenten, die dem betreffenden Kunden bei Anlageentscheidungen helfen oder ihm die Möglichkeit geben, die Palette der Finanzinstrumente, in die er investiert hat, zu beobachten und anzupassen, oder bb) der Übermittlung periodischer Berichte über die Wertentwicklung sowie die Kosten und Gebühren der Finanzinstrumente, d) das Ermöglichen eines verbesserten Zugangs zu Beratungsdienstleistungen, etwa durch die Bereitstellung eines weitverzweigten Filialberaternetzwerks, das für den Kunden die Vor-Ort-Verfügbarkeit qualifizierter Anlageberater auch in ländlichen Regionen sicherstellt. Diese Aufzählung ist nicht abschließend, wie sich aus der Verwendung des Wortes »beispielsweise« in § 6 Abs. 2 S. 1 WpDVerOV ergibt. Gebühren und Entgelte, die nachgefragte Wertpapierdienstleistungen erst ermöglichen oder dafür notwendig sind, und die ihrer Art nach nicht geeignet sind, die Erfüllung der Pflicht zu gefährden, Wertpapierdienstleistungen und Wertpapiernebendienstleistungen ehrlich, redlich und professionell im bestmöglichen Interesse seiner Kunden zu erbringen (§ 63 Abs. 1 WpHG), sind von dem Verbot nach § 70 Abs. 7 WpHG ausgeschlossen. Solche Zahlungen werden auch in Anlehnung an den Sprachgebrauch von CESR »Proper Fees« genannt.[397]

Zusätzlich muss die Zuwendung offengelegt werden. § 70 Abs. 1 S. 1 Nr. 2 WpHG sieht vor, dass 335
Existenz, Art und Umfang der Zuwendung oder, soweit sich der Umfang noch nicht bestimmen lässt, die Art und Weise seiner Berechnung offengelegt werden muss. Die Zuwendung muss in umfassender, zutreffender und verständlicher Weise unmissverständlich offengelegt werden. Bezüglich des Zeitpunkts der Offenlegung sieht § 70 Abs. 1 S. 1 Nr. 2 WpHG vor, dass die Offenlegung vor Erbringung der Wertpapierdienstleistung oder Wertpapiernebendienstleistung erfolgen muss.

397 CESR/07-228b aus Mai 2007 »Inducements under MiFID« Abschnitt 2, Nr. 9 ff.

Konnte der Umfang der Zuwendung im Zeitpunkt der Offenlegung nicht bestimmt werden und hat das Wertpapierdienstleistungsunternehmen statt dessen die Art und Weise der Berechnung offengelegt, so muss es den Kunden nachträglich auch über den genauen Betrag der Zuwendung, die es erhalten oder gewährt hat, unterrichten (§ 70 Abs. 1 S. 3 WpHG). Eine weitere Informationspflicht gilt für fortlaufende Zuwendungen, die ein Wertpapierdienstleistungsunternehmen annimmt. Solange ein Wertpapierdienstleistungsunternehmen im Zusammenhang mit den für die betreffenden Kunden erbrachten Wertpapierdienstleistungen fortlaufend Zuwendungen erhält, muss es seine Kunden mindestens einmal jährlich individuell über die tatsächliche Höhe der angenommenen oder gewährten Zuwendungen unterrichten (§ 70 Abs. 1 S. 4 WpHG).

2. Zustandekommen des Beratungsvertrags

336 Zivilrechtlich erfolgt die Anlageberatung auf der Grundlage eines Vertrags. Die Anforderungen an den Abschluss eines Beratungsvertrags sind nicht hoch. Er kann auch mündlich und konkludent zustande kommen. Voraussetzung ist lediglich, dass das Verhalten von Bank und Kunde im konkreten Einzelfall einen auf eine Beratung gerichteten Rechtswillen zum Ausdruck bringt.[398] Wenn sich ein Anlageinteressent ratsuchend an ein Kreditinstitut wendet, um dessen Kenntnisse und Verbindungen in Anspruch zu nehmen und sich Anregungen für die Anlage eines bestimmten Geldbetrags geben zu lassen, ist dies als Angebot auf Abschluss eines Beratungsvertrags zu werten. Dieses Angebot wird stillschweigend angenommen, wenn sich das Kreditinstitut auf den Wunsch des Kunden einlässt und mit der gewünschten Tätigkeit beginnt.[399] Umgekehrt kommt ein Beratungsvertrag auch dann zustande, wenn sich das Kreditinstitut mit einem Anlagevorschlag an den Kunden wendet und der Kunde diesen Vorschlag aufgreift und sich informieren lässt. Der Anlagevorschlag des Kreditinstituts ist abzugrenzen von der bloßen Information des Kunden über eine Anlagemöglichkeit, die hauptsächlich ein Interesse wecken soll und rein werblichen Zwecken dient. Entscheidend für die Abgrenzung ist neben der formellen hauptsächlich die inhaltliche Gestaltung des Anlagevorschlags. Sofern der Anlagevorschlag allgemein gehalten ist und der Kunde nicht persönlich angesprochen wird, ist der werbliche Charakter eindeutig. Rechtlich ist der Vorschlag als Aufforderung zur Abgabe eines Angebots einzuordnen. Vielfach werden Werbebotschaften auch mit einer persönlichen Ansprache versehen, sodass es für die Abgrenzung hauptsächlich auf die inhaltliche Gestaltung des Anlagevorschlags ankommt. Ein Beratungsangebot liegt dann vor, wenn es sich auf eine Anlagemöglichkeit bezieht, die bezüglich des Anlageobjekts und des Anlagebetrags bestimmt oder bestimmbar ist. Sofern lediglich ein Wertpapier beworben wird, ohne dass der Anlagebetrag erwähnt wird oder erkennbar ist, scheidet ein Beratungsangebot aus. Der allgemeine Hinweis auf ein Wertpapier ist keine Beratung, da er die vorgestellte Anlage nicht in einen Zusammenhang mit dem vorhandenen Anlageportfolio setzt und damit die persönlichen Verhältnisse des Kunden, insbesondere sein Anlageziel, unberücksichtigt lässt.

3. Pflichten im Fall einer Anlageberatung

337 Die auf einem Beratungsvertrag beruhenden Pflichten ergeben sich laut Rechtsprechung aus den konkreten Umständen des Einzelfalls[400] und lassen sich mit den Stichworten anleger- und anlagegerechte Beratung zusammenfassen. Die Frage, ob und in welchem Umfang die Pflichten eines Beratungsvertrages auch durch die Verhaltensregeln in den §§ 63 ff. WpHG bestimmt werden, ist in Literatur und Rechtsprechung umstritten. Die überwiegende Ansicht in der Literatur lehnt unmittelbare zivilrechtliche Ansprüche des Anlegers unter Berufung auf die Verhaltensregeln in §§ 31 und 32 WpHG a.F. ab.[401] Zivilrechtliche Wirkungen werden den aufsichtsrechtlichen Ver-

398 BGH, WM 1993, 1455 (1456).
399 BGH, WM 1993, 1455 (1456); BGH, WM 1996, 906; BGH, WM 2000, 1441 (1442).
400 BGH, WM 1993, 1455 (1456).
401 *Balzer* ZBB 1997, 260 (262); Schimansky/Bunte/Lwowski/*Kienle* Bankrechts-Handbuch § 110 Rn. 8; Assmann/Schneider/*Koller* Vor § 31 Rn. 7; Festschrift für Schimansky/*Siol*, S. 781, 785 ff.; eingehend

haltenspflichten gleichwohl zugesprochen, indem diese die bestehenden vorvertraglichen und vertraglichen Pflichten konkretisieren und präzisieren.[402]

Die Frage, ob §§ 31, 32 WpHG a.F. Schutzgesetzcharakter i.S.d. § 823 Abs. 2 BGB zuzusprechen ist, ist ebenfalls umstritten. Der XI. Zivilsenat des BGH hat diese Frage lange Zeit ausdrücklich offen gelassen.[403] Der BGH hat zunächst lediglich den Schutzgesetzcharakter bezüglich der Pflicht verneint, nach der ein Wertpapierdienstleistungsunternehmen gem. § 31 Abs. 1 Satz 1 Nr. 2 WpHG a.F. sich bemühen muss, Interessenkonflikte zu vermeiden, soweit diese Pflicht die Ergreifung organisatorischer Maßnahmen beinhaltet. Wenn ein Wertpapierhandelsunternehmen einen Interessenkonflikt nicht nur durch organisatorische Maßnahmen, sondern auch durch sachgerechte Information des Kunden vermeiden kann, geht der zivilrechtliche Schutzzweck einer solchen Informationspflicht nicht weiter als die Aufklärungs- und Beratungspflichten aus einem Beratungsvertrag oder aus §§ 241 Abs. 2, 311 Abs. 2 BGB.[404] In der Literatur wird der Schutzgesetzcharakter dagegen überwiegend bejaht.[405] Auch für § 32 Abs. 2 Nr. 1 WpHG a.F. (in der Fassung vom 09.09.1998) hat der BGH zwischenzeitlich die Schutzgesetzeigenschaft ausdrücklich verneint.[406] Als Begründung führt der BGH an, dass der Gesetzgeber durch diese Regelung keine persönliche Haftung des Vertreters für leicht fahrlässige Pflichtverletzungen habe einführen wollen, die über die vorhandenen zivilrechtlichen Haftungstatbestände hinausgehe. Grundsätzlich sei die Eigenhaftung des als Vertreter im Rahmen einer Vertragsbeziehung Handelnden auf Ausnahmesituationen beschränkt und von hohen Voraussetzungen abhängig. Beispiele hierfür können § 311 Abs. 3 BGB und § 826 BGB entnommen werden. Bejahe man die Schutzgesetzeigenschaft des § 32 Abs. 2 Nr. 1 WpHG a.F., würde das Organmitglied oder der Angestellte eines Wertpapierdienstleistungsunternehmens darüber hinausgehend neben diesem gesamtschuldnerisch für jede fahrlässige Pflichtverletzung haften. Die Einordnung als Schutzgesetz sei auch nach Sinn und Zweck des Gesetzes nicht geboten. Es gebe grundsätzlich keine allgemeine deliktische Haftung für reine Vermögensschäden. Diese Wertung dürfe nicht durch die Annahme von Schutzgesetzen unterlaufen werden. Vielmehr können grundsätzlich nur solche Gesetze als Schutzgesetze qualifiziert werden, die die in § 823 Abs. 1 BGB genannten Rechtsgüter schützen. Dies ist bei § 32 Abs. 2 Nr. 1 WpHG a.F. nicht der Fall, da die Vorschrift lediglich die Vermögensinteressen des Kunden schützt. Als Schutzgesetz können entsprechend der in § 826 BGB zum Ausdruck kommenden Wertung auch Gesetze eingeordnet werden, die entweder ausschließlich vorsätzlich verwirklicht werden können oder ein sittenwidriges Verhalten sanktionieren. Beides ist bei der in Rede stehenden fahrlässigen Pflichtverletzung, eine den Kundeninteressen widersprechende Empfehlung erteilt zu haben, nicht der Fall. Auch ein Vergleich mit der Haftung von Vertretern, sei es als Angestellter oder als Organmitglied, von Unternehmen, die keine Anlageberatung leisten, spricht gegen die Schutzgesetzeigenschaft. Für eine unterschiedliche Behandlung dieser beiden Gruppen ist kein Grund ersichtlich. Das Interesse des Anlegers, im Fall der Zahlungsunfähigkeit seines Vertragspartners ein weiteres Haftungssubjekt zu haben, ist rein vermögensmäßig und trägt nicht als Rechtfertigung. Ferner spricht ein Vergleich der im Zeitpunkt der Entscheidung des BGH geltenden Verjährungsvorschriften gegen die Einordnung als Schutzgesetz. Ansprüche gegen das Wertpapierdienstleistungsunternehmen wegen einer fahrlässigen Beratungspflichtverletzung verjährten gem. § 37a WpHG a.F. bereits 3 Jahre nach der Beratung. Demgegenüber beträgt die Verjährungsfrist des deliktischen Schadensersatzanspruchs nach § 823 Abs. 2 BGB i.V.m. § 32 Abs. 2 Nr. 1 WpHG gem. §§ 195, 199 BGB zwar ebenfalls 3 Jahre, jedoch beginnt die Frist erst mit dem Schluss des Jahres, in dem der Anspruch entstanden ist und der Gläubiger von den anspruchsbegründenden Umständen und der Person des Schuldners Kenntnis erlangt hat oder ohne grobe Fahrlässigkeit hätte erlangen müssen. Als Konsequenz 338

Beiträge für Hopt/*Rothenhöfer*, S. 55 ff.

402 *Horn* WM 1999, 1 (5); Festschrift für Schimansky/*Siol*, S. 781, 785 ff.

403 BGH, WM 2001, 1718 (1719); BGH, WM 2004, 24 (26); BGH, WM 2007, 487 (489).

404 BGH, WM 2007, 487 (489).

405 *Lang* WM 2000, 450 (457).

406 BGH, WM 2008, 825 (826).

verjährt der deliktische Anspruch grundsätzlich später als der Anspruch wegen Verletzung des Beratungsvertrags. Da der Gesetzgeber mit der Regelung des § 37a WpHG a.F. erreichen wollte, dass die Haftung von Wertpapierdienstleistern durch die kurze Verjährung begrenzt wird, würde eine Annahme der deliktischen Verjährungsfrist diesem widersprechen. Denn sonst könnte der Vertreter über den Gesamtschuldnerausgleich nach § 426 Abs. 2 BGB Ersatz vom Wertpapierdienstleistungsunternehmen auch dann verlangen, wenn eine unmittelbare Haftung dieses Unternehmens wegen § 37a WpHG a.F. mit der Einrede der Verjährung abgewehrt werden könnte.

339 Eine Beratung muss richtig und sorgfältig durchgeführt werden und dabei für den Kunden verständlich und vollständig sein. Der Berater muss zeitnah über alle Umstände informieren, die für die Anlageentscheidung Bedeutung haben. Sofern der Berater nicht über die erforderlichen Kenntnisse verfügt, muss er dies offenlegen und eine Beratung ablehnen.[407] Reduzierte Pflichten nimmt der BGH allerdings an, wenn jemand innerhalb seines Familienkreises die Anlage eines größeren Geldbetrags in Aktien übernimmt und hierüber ein Geschäftsbesorgungsvertrag mit Dienstvertragscharakter zustande kommt. In einem solchen Fall besteht nicht die Pflicht, sich nach den Anlagezielen und der Risikobereitschaft des Anlageinteressenten zu erkundigen. Ein allgemeiner Hinweis auf das mit Aktienanlage verbundene Verlustrisiko sei ausreichend.[408]

340 Der Berater hat keine laufende Überwachungspflicht aufgrund eines Beratungsvertrags oder eines Depotvertrages.[409] Nachdem das Beratungsgespräch zwischen dem Anlageinteressenten und der Bank beendet ist, sind auch die aus dem Vertragsverhältnis folgenden Pflichten der Bank erloschen. Sofern keine abweichende Vereinbarung getroffen wurde, handelt es sich bei einem Beratungsvertrag nicht um ein Dauerschuldverhältnis. Führen die Parteien zu einem späteren Zeitpunkt ein weiteres Beratungsgespräch, basiert dieses auf einem neuen Beratungsvertrag. Dies gilt auch in Fällen, in denen das Anlageobjekt in beiden Gesprächen identisch ist. In der Praxis kommen Wiederholungen der Gesprächsthemen insbesondere dann vor, wenn der Anleger aufgrund der Kursentwicklung des erworbenen Anlageobjekts Rat einholt, ob er die Anlage weiter halten oder liquidieren soll. Bei einem solchen erneuten Gespräch ist der Berater nicht mehr zur grundlegenden Aufklärung über das Anlageobjekt verpflichtet, da er bereits alle erforderlichen Informationen vor der Anlageentscheidung vermittelt hat. Stattdessen kann er sich darauf beschränken zu prüfen, ob sich die persönlichen Verhältnisse des Anlageinteressenten oder die Einschätzung des Beraters zum Anlageobjekt in der Zwischenzeit geändert haben, sodass er nunmehr eine von der ursprünglichen Bewertung möglicherweise abweichende Empfehlung ausspricht.

341 Die Empfehlung und Bewertung der beratenden Bank muss aus ex-ante Sicht vertretbar sein. Im Gegensatz zur Pflicht zu einer richtigen und vollständigen Aufklärung haftet die Bank im Rahmen einer Anlageberatung lediglich für die Vertretbarkeit der Empfehlung. Die Bank steht nicht für den Erfolg der Empfehlung ein. Eine sichere Prognose ist trotz der sorgfältigen Auswertung aller zur Verfügung stehenden Informationen aufgrund des verbleibenden spekulativen Moments nicht möglich. Dieses Risiko einer Fehlprognose trägt der Anlageinteressent.[410]

342 Aufsichtsrechtlich handelt es sich bei der Anlageberatung um eine Wertpapierdienstleistung mit der Folge, dass das Wertpapierdienstleistungsunternehmen die Informationspflichten der §§ 63 ff. WpHG erfüllen muss (vgl. Rdn. 188–272). Aus Art. 52 Abs. 2 und 3 DVO (EU) 2017/565 folgt eine zusätzliche Informationspflicht des Wertpapierdienstleistungsunternehmens gegenüber seinen Kunden. Das Wertpapierdienstleistungsunternehmen hat Angaben zu machen, ob Einschränkungen hinsichtlich der Finanzinstrumente, der Emittenten oder der Wertpapierdienstleistungen, die berücksichtigt werden können, bestehen. Außerdem ist dem Kunden i.R.d. Anlageberatung

407 BGH, WM 1993, 1455 (1456).
408 BGH, WM 2007, 1020 (1021).
409 BGH, WM 2005, 270 (271); BGH, WM 2006, 851 (852).
410 BGH, WM 1987, 531 (532); BGH, WM 2006, 851 (852).

mitzuteilen, ob bestimmte Finanzinstrumente, Emittenten oder Wertpapierdienstleistungen bevorzugt berücksichtigt werden.

Es ist davon auszugehen, dass zahlreiche Wertpapierdienstleistungsunternehmen in Zusammenhang mit der Anlageberatung über Einschränkungen hinsichtlich der Finanzinstrumente und der Emittenten informieren. Die Einschränkung der Anlageberatung auf eine begrenzte Anzahl an Titel (»Anlageuniversum«, »Beratungsliste«) kann bereits aufgrund von Sachzwängen geboten sein und die Pflicht zur Information von Kunden hierüber folgt aus Art. 52 Abs. 2 und 3 DVO (EU) 2017/565. So ergibt sich die Einschränkung vielfach aufgrund der Anforderung, dass nur solche Finanzinstrumente Gegenstand einer Anlageberatung sein dürfen, die mit banküblichem kritischem Sachverstand geprüft wurden. Zusätzlich ist zu berücksichtigen, dass bei der Anlageberatung ggü. Privatkunden die Pflicht besteht, grundsätzlich ein Informationsblatt über das zum Kauf empfohlene Finanzinstrument auszuhändigen. Diese Anforderung führt dazu, dass nur solche Finanzinstrumente zum Kauf empfohlen werden dürfen, zu dem das Wertpapierdienstleistungsunternehmen über ein Produktinformationsblatt verfügt.[411] 343

a) Anlegergerechte Beratung

Mit dem Schlagwort anlegergerechte Beratung wird die Verpflichtung umschrieben, die Anlageberatung an den persönlichen Verhältnissen des Anlegers auszurichten.[412] Für die anlegergerechte Beratung muss die Empfehlung unter Berücksichtigung des Wissensstandes des Anlegers über Anlagegeschäfte der vorgesehenen Art, seiner Risikobereitschaft und seines Anlageziels auf die persönlichen Verhältnisse des Kunden zugeschnitten sein.[413] Die persönlichen Verhältnisse des Anlegers ergeben sich grundsätzlich aus den Angaben, die bei der Kundenexploration ermittelt wurden.[414] Zusätzlich können darüber hinausgehende Angaben des Anlegers, die im konkreten Beratungsgespräch gemacht werden, zu berücksichtigen sein. Zu den persönlichen Verhältnissen gehört bspw. auch das Alter des Kunden. So durften einem 60-jährigen Anleger, dessen Anlage einen wesentlichen Teil seiner Altersvorsorge ausmachen sollte, nicht ausschließlich Anlagen in Aktienfonds empfohlen werden. In dem der Gerichtsentscheidung zugrunde liegenden Sachverhalt hatte das beratende Institut ursprünglich eine diversifizierte Anlagestruktur erarbeitet, in dem Aktienfonds nur einen Teil der Anlagen einnahmen. In dem Beratungsgespräch hat der Berater dann aber ausschließlich Aktienfonds empfohlen. Gerade weil der Anleger zuvor nur positive Erfahrungen mit Aktienfonds gemacht hatte, hätte er vor den riskanten Geschäften gewarnt werden müssen.[415] 344

Zu den bei einer anlegergerechten Beratung zu beachtenden Tatsachen können Anlagebeschränkungen des Anlegers gehören. Diese können vertraglicher oder gesetzlicher Natur sein. Als gesetzliche Beschränkungen bei der Anlage von Vermögen natürlicher Personen kommt die Betreuern gem. § 1908i Abs. 1 Satz 1 i.V.m. §§ 1806, 1807 BGB und Vormündern gem. §§ 1806, 1807 BGB obliegende Pflicht in Betracht, Gelder der betreuten Person bzw. des Mündels verzinslich anzulegen. Gesetzliche Anlagebeschränkungen ergeben sich auch aus dem öffentlichen Recht. So haben bspw. Industrie- und Handelskammern darauf zu achten, dass sie den Haushaltsplan jährlich nach den Grundsätzen einer sparsamen und wirtschaftlichen Finanzgebarung unter pfleglicher Behandlung der Leistungsfähigkeit der Kammerzugehörigen aufstellen und ausführen (§ 3 Abs. 2 Satz 2 IHK-G). Die Beschränkung bei der Aufstellung und Ausführung des Haushaltsplans hat in zweierlei Hinsicht Folgen. Erstens muss das mit einer Anlage verbundene Risiko niedrig sein, um zusätzliche Aufwendungen der Kammerzugehörigen zu vermeiden. Zweitens ist grundsätzlich nur eine Laufzeit für die Geltungsdauer des Haushaltsplans möglich. 345

411 Einzelheiten vgl. Rdn. 348–365.
412 BGH, WM 1982, 90; BGH, WM 1993, 1455 (1456).
413 BGH, WM 1993, 1455 (1456).
414 Vgl. Rdn. 320.
415 OLG Jena, WM 2005, 1946 (1947).

346 Auch Stiftungen unterliegen – entsprechend den Vorschriften in den jeweils anwendbaren Stiftungsgesetzen der Länder und eventuellen Vorgaben in der jeweils anwendbaren Stiftungssatzung – grundsätzlich Anlagebeschränkungen. Für die Beratung einer Stiftung ist daher interessant, inwieweit sich die Empfehlung des Beraters an den gesetzlichen Vorgaben orientieren muss und wie er mit den gesetzlichen Beschränkungen widersprechenden Vorgaben des Stiftungsvorstands umzugehen hat. Im Ergebnis ist festzustellen, dass die im Zusammenhang mit der Anlageberatung stehenden Pflichten nicht so weit gehen, dass der Berater quasi Pflichten der Stiftungsaufsicht übernimmt. Wenn die Anlageentscheidung des Stiftungsvorstands ordnungsgemäß war und vom Kuratorium sowie der Stiftungsaufsicht gebilligt wurde, liegt kein Fehlverhalten der beratenden Bank wegen nicht ausreichender Berücksichtigung stiftungsrechtlicher Grundsätze vor. Dies galt z.B. für die Empfehlung einer Aktienfondsanlage für 3/4 des Stiftungsvermögens.[416] Für die Einordnung dieser Entscheidung ist jedoch zu berücksichtigen, dass die Stiftung das Beratungsgespräch mit der Vorgabe eines Erwerbs von Aktien und Aktienfonds geführt hat. Außerdem wurde der zunächst unterbreitete Vorschlag einer Aktienquote von ca. 50 % von der Stiftung auf 75 % des Anlagebetrags erhöht. Anlagebeschränkungen gelten auch für die Anlage des Sicherungsvermögens durch Versicherungsunternehmen, Versorgungswerke und Pensionskassen und ergeben sich auch aus dem Versicherungsaufsichtsgesetz (VAG) und der Anlageverordnung (Verordnung über die Anlage des Sicherungsvermögens von Pensionskassen, Sterbekassen und kleinen Versicherungsunternehmen – AnlV[417]).

347 Ein anderes Beispiel für die Pflicht zur anlegergerechten Beratung enthält eine Entscheidung zur Beratung einer Stadtwerke GmbH über einen Zinssatz- und Währungsswap. Einzige Gesellschafterin der GmbH ist eine Kommune. Die Beratung war mit dem Ziel einer Zinsverbilligung für das Kreditportfolio von ca. 120 Mio. DM geführt worden. In der Vergangenheit hatte die Gesellschaft bereits Zinsswaps getätigt. In der bei dem Beratungsgespräch verwendeten Präsentation wurde nach Ansicht des Gerichts nicht im ausreichenden Maß darauf hingewiesen, dass Währungs-Swaps i.d.R. zur Absicherung von Währungsrisiken eingesetzt werden. Da die Gesellschaft keine Währungsrisiken hatte, weder aus Währungsverbindlichkeiten noch aus Währungsforderungen, hätten besondere Gründe vorliegen müssen, einen Währungs-Swap zu empfehlen. Außerdem hätte darauf eingegangen werden müssen, dass das Unternehmen aufgrund seiner Gesellschafterstruktur öffentlich-rechtlichen Beschränkungen unterliegen könnte. Der Berater hätte folgende Zusammenhänge erkennen müssen: Die Gesellschafterin unterliegt grundsätzlich dem Spekulationsverbot. Der Zinssatz- und Währungs-Swap beinhaltet im vorliegenden Fall das Risiko, dass sich der Wert des Swap-Geschäfts unabhängig von der Höhe der Kreditverbindlichkeit entwickeln kann. Deshalb sei damit zu rechnen, dass die Gesellschafterin ihre Mitwirkungsrechte in der Weise derart ausüben muss, dass das für Kommunen geltende Spekulationsverbot auch bei der Gesellschaft eingehalten wird. Ferner hätte der Berater problematisieren müssen, ob die sich aus dem Swapvertrag ergebende 10-jährige Bindung der Gesellschaft ihren Interessen entsprach. Er hätte zu besonderer Vorsicht raten müssen.[418] Andererseits war nach Einschätzung des Gerichts eine gesonderte Erörterung der im Fall einer Vertragsauflösung entstehenden Kosten nicht erforderlich. Solche Kosten sind Folge des Grundsatzes, dass langfristige Verträge nur unter Abgeltung von Kosten und entgangenem Gewinn auf Wunsch eines Vertragspartners aufgehoben werden können.[419] Aufgrund der nicht angemessenen Würdigung der kommunalrechtlichen Belange durch den Geschäftsführer hat das Gericht einen Mitverschuldensanteil der Gesellschaft von 1/3 angenommen.

416 OLG Dresden, WM 2004, 1278 (1279).
417 Anlageverordnung vom 18.04.2016, BGBl. I S. 769.
418 OLG Naumburg, WM 2005, 1313 (1317).
419 OLG Naumburg, WM 2005, 1313 (1318).

b) Anlagegerechte Beratung

Mit der Anforderung, eine Beratung anlagegerecht zu erbringen, ist gemeint, dass sich die Beratung auf diejenigen Eigenschaften und Risiken des Anlageobjekts beziehen muss, die für die jeweilige Anlageentscheidung wesentliche Bedeutung haben oder haben können.[420] Für den Berater folgt daraus die Pflicht, dass das Anlageobjekt geprüft sein muss, zu dem er eine Beratung anbietet.[421] Die Prüfung muss mit banküblichem kritischem Sachverstand durchgeführt worden sein.[422] Allein eine Plausibilitätsprüfung, z.B. der Börsenzulassung und des Zulassungsprospektes, reicht nicht aus. Bestandteil der Prüfung mit banküblichem kritischem Sachverstand muss bspw. die Bonität des Emittenten unter Auswertung der dazu vorhandenen Veröffentlichungen in der Wirtschaftspresse sein, wenn das Anlageobjekt eine von einem Privatunternehmen emittierte Anleihe ist.[423] Das Ergebnis der Prüfung des Anlageobjekts muss in die Beratung einfließen. Dies bedeutet bspw., dass auch im Fall einer im Ergebnis positiv verlaufenden Prüfung auf alle bei ordnungsgemäßer Prüfung erkennbaren aufklärungspflichtigen Risiken der Anlage hinzuweisen ist.[424] 348

Seit dem 03.01.2018 gibt es im Aufsichtsrecht vergleichbare Anforderungen. Ein Wertpapierdienstleistungsunternehmen muss nach § 63 Abs. 5 S. 1 WpHG die von ihm angebotenen oder empfohlenen Finanzinstrumente verstehen. Außerdem muss das Unternehmen die Vereinbarkeit der Finanzinstrumente mit den Bedürfnissen seiner Kunden beurteilen, auch unter Berücksichtigung des Zielmarktes des jeweiligen Finanzinstruments (vgl. § 80 Abs. 9 WpHG) und sicherstellen, dass es Finanzinstrumente nur anbietet oder empfiehlt, wenn dies im Interesse der Kunden liegt (§ 63 Abs. 5 S. 2 WpHG). Diese Anforderungen stehen in Zusammenhang mit dem Produktfreigabeverfahren, das bei Produzenten (§ 80 Abs. 9 WpHG; § 11 WpDVerOV) und Vertriebsunternehmen (§ 80 Abs. 10 und 12 WpHG; § 12 WpDVerOV) auf angebotene und empfohlene Finanzinstrumente angewendet wird.[425] 349

Nach der Rechtsprechung des BGH gehört zu der Prüfungstätigkeit des Anlageberaters auch die Auswertung vorhandener Veröffentlichungen in der Wirtschaftspresse. Demgegenüber ist es nicht erforderlich, die Angaben in Brancheninformationsdiensten auszuwerten. Entscheidend für die Unterscheidung zwischen Wirtschaftspresse und Brancheninformationsdienst ist die Seriosität und Qualität der Publikationen. Es ist nicht erforderlich, dass sich der Berater einen Überblick über alle Publikationen verschafft, sondern er kann sich auf die Veröffentlichungen in der Wirtschaftspresse beschränken. Eine weiter gehende Prüfungspflicht würde bei den Brancheninformationsdiensten nicht haltmachen können, eine Prüfung auch der im Internet veröffentlichten kritischen Stimmen bedeuten und zu einer kaum erfüllbaren Pflicht des Anlageberaters führen.[426] Zu der relevanten Wirtschaftspresse gehören nach Einschätzung des BGH Berichte in der Börsen-Zeitung, dem Handelsblatt und der Frankfurter Allgemeinen Zeitung.[427] Wenn der Berater allerdings Kenntnis von Informationen aus Brancheninformationsdiensten hat, sind diese zu berücksichtigen. Dies gilt insbesondere bei negativen Informationen in Brancheninformationsdiensten, selbst wenn der Berater diese Publikation grundsätzlich nicht auswertet.[428] 350

Zu der Prüfungstätigkeit des Anlageberaters können auch künftige Gesetzesänderungen gehören, wenn sie für die empfohlene Kapitalanlage erhebliche Auswirkungen haben können. Allerdings muss der Anlageberater nicht ohne besondere Anhaltspunkte für die Klärung schwieriger und 351

420 BGH, WM 1993, 1455 (1456).
421 BGH, WM 1993, 1455 (1456).
422 BGH, WM 2009, 2303 (2304).
423 BGH, WM 1993, 1455 (1457).
424 BGH, WM 2008, 2166 (2168).
425 Zum Produktfreigabeverfahren: Teuber/Schröer/*Beule* S. 169 ff.
426 BGH, WM 2008, 2166 (2168).
427 BGH, WM 1993, 1455 (1457); BGH, WM 2009, 688 (690). In der Entscheidung wird zusätzlich die Financial Times Deutschland aufgezählt, die seit Dezember 2012 nicht mehr veröffentlicht wird.
428 BGH, WM 2008, 2166 (2169).

ungeklärter Rechtsfragen sorgen, die infolge einer künftigen Gesetzesänderung auftreten, und die regelmäßig nur mit sachkundiger Hilfe möglich ist.[429]

352 Der Anlageberater hat die sachgemäße Prüfung des Anlageobjekts grundsätzlich selbst durchzuführen.[430] Die Prüfung kann auch durch einen von ihm beauftragten Dritten erfolgen. Es ist nicht erforderlich, dass der Anlageberater die Prüfungstätigkeit persönlich durchführt. Insbesondere im Bereich der Genossenschaftsbanken und der Sparkassen stellen Zentralinstitute ihre Prüfungsergebnisse regelmäßig den gruppenangehörigen Kreditinstituten zur Verfügung. Sofern ein Wertpapierdienstleistungsunternehmen von der Prüfung der Kapitalanlage durch einen Dritten Gebrauch macht, besteht keine Verpflichtung, auf diesen Umstand i.R.d. Anlageberatung hinzuweisen. Die Beteiligung von Erfüllungsgehilfen an der Erfüllung vertraglicher Pflichten ist keine mitteilungsbedürftige Tatsache.[431]

353 Ein Wertpapierdienstleistungsunternehmen kann den mit der Prüfungstätigkeit und Informationsbeschaffung verbundenen Aufwand begrenzen, indem es eine Beratung ausschließlich für bestimmte Finanzinstrumente anbietet und für andere Anlageobjekte ablehnt. Zu Finanzinstrumenten, die nicht beraten werden, darf das Wertpapierdienstleistungsunternehmen auch keine anderen Maßnahmen ergreifen, um die Kunden auf diese hinzuweisen. Wenn ein Kunde ein solches Finanzinstrument kaufen oder verkaufen möchte, hat das Wertpapierdienstleistungsunternehmen nur diejenigen zweckdienlichen Informationen weiterzugeben, die ihm vorliegen. Damit korrespondiert die für Wertpapierdienstleistungsunternehmen bestehende aufsichtsrechtliche Informationspflicht, Privatkunden bei der Anlageberatung, soweit relevant, darüber zu informieren, ob Einschränkungen hinsichtlich der Finanzinstrumente, der Emittenten oder der Wertpapierdienstleistungen, die i.R.d. Anlageberatung berücksichtigt werden können, bestehen. Ebenfalls sind Kunden darüber zu informieren, ob bestimmte Finanzinstrumente, Emittenten oder Wertpapierdienstleistungen bevorzugt berücksichtigt werden (Art. 52 Abs. 2 und 3 DVO (EU) 2017/565).

354 Aufgrund der in Zusammenhang mit der Finanzkrise stehenden Insolvenz verschiedener Gesellschaften des Lehman-Konzerns, u.a. der Lehman Brothers Treasury Co. B.V., wird in Rechtsprechung und Literatur die Frage diskutiert, ob der Berater verpflichtet ist, auf das Insolvenzrisiko des Emittenten hinzuweisen. Für die Beantwortung ist zwischen dem allgemeinen und dem konkreten Insolvenzrisiko zu unterscheiden. Nach Ansicht des BGH ist der Anleger zwingend darüber aufzuklären, dass die Rückzahlung eines Wertpapiers von der Bonität des Emittenten zum Zeitpunkt der Rückzahlbarkeit der Anleihe abhängt. Diese Information über das allgemeine Insolvenzrisiko ist erforderlich, da der Berater nicht als allgemein bekannt voraussetzen kann, dass immer ein theoretisches Insolvenzrisiko eines Schuldners besteht.[432] In der Praxis wird der Kunde regelmäßig über das allgemeine Insolvenzrisiko des Emittenten aufgeklärt, da diese Angabe Bestandteil der Informationsbroschüre Basisinformationen über Wertpapiere und weitere Kapitalanlagen ist und der Kunde die Broschüre regelmäßig erhält. Zusätzlich zu dem Hinweis auf das allgemeine Insolvenzrisiko des Emittenten ist es nicht erforderlich, bei der Empfehlung von Wertpapieren auf das Nichteingreifen von Einlagensicherungssystemen hinzuweisen. Ein Kunde, der das Totalverlustrisiko im Fall der Insolvenz des Emittenten kennt, hat kein schützenswertes Vertrauen auf das Eingreifen eines Einlagensicherungssystems.[433] Für eine Hinweispflicht auf ein konkretes Insolvenzrisiko ist zu berücksichtigen, dass eine Beratung verständlich sein und deshalb auf die relevanten Informationen beschränkt werden muss, damit der Kunde diese auch vollständig erfassen kann. Durch einen Hinweis auf theoretisch bestehende Risiken, für deren Eintritt aktuell keine besondere Wahrscheinlichkeit spricht, wird die Verständlichkeit der Beratung lediglich beeinträchtigt. Da die durch Ratings ausgedrückten Bewertungen der Lehman Brothers Holdings Inc. Im 1. Halbjahr 2008

429 BGH, WM 2012, 24 (25).
430 BGH, WM 2009, 2302 (2304).
431 BGH, WM 2008, 2166 (2168).
432 BGH, WM 2011, 2268 (2270); BGH, WM 2011, 2261 (2263).
433 BGH, WM 2011, 2268 (2271); BGH, WM 2011, 2261 (2264).

noch erstklassig waren (A1 bei Moody's, AA- bei Fitch und A+ bei Standard&Poors) gab es vorher keinen Anlass zu einem Hinweis auf das Insolvenzrisiko.[434] Zudem handelte es sich bei der Lehman Brothers Holdings Inc. um ein systemrelevantes Kreditinstitut, bei dem man allgemein davon ausging, dass es notfalls durch die öffentliche Hand vor einem Scheitern bewahrt würde. Die Tatsache, dass dieses Institut zeitgleich mit vielen anderen US-Investmentbanken und dem weltgrößten Versicherungskonzern in Schwierigkeiten geraten würde und daher eine Rettung der Lehman Brothers mit Sorge auf entsprechende Rettungsmaßnahmen für die anderen Unternehmen und die damit verbundenen finanziellen Belastungen des US-amerikanischen Staats abgelehnt wurden, war ebenfalls nicht vorhersehbar.[435]

Die Beratung ist anlagegerecht zu erbringen. Sie muss sich auf diejenigen Eigenschaften und Risiken 355
des Anlageobjekts beziehen, die für die jeweilige Anlageentscheidung wesentliche Bedeutung haben oder haben können. Entscheidend ist, dass der Berater die relevanten Eigenschaften und Risiken des Anlageobjekts bei seiner Auswahl berücksichtigt. Die Pflicht zur anlagegerechten Beratung führt jedoch nicht dazu, in jedem Fall über diese Eigenschaften und Risiken informieren zu müssen. Auf die Bekanntgabe dieser Eigenschaften und Risiken kann verzichtet werden, wenn der Kunde über ausreichende Erfahrungen und Kenntnisse verfügt. Eine Ausnahme gilt ggü. Privatkunden, denen nach § 64 Abs. 2 WpHG ein Informationsblatt (insbesondere Basisinformationsblatt, Produktinformationsblatt, wesentliche Anlegerinformationen oder Vermögensanlagen-Informationsblatt) über jedes zum Kauf empfohlene Finanzinstrument ausgehändigt werden muss. Einzelheiten zu dieser Verpflichtung werden im folgenden Abschnitt erläutert. Eine weitere Ausnahme gilt bei hochkomplexen Produkten, die im Hinblick auf ihr Risiko so genau erklärt werden müssen, dass der Kunde insoweit einen dem Berater vergleichbaren Kenntnisstand hat. Mit dieser Aufklärung muss es dem Kunden ermöglicht werden, eine eigenverantwortliche Entscheidung zu treffen.[436] Ebenso wenig wie es eine grundsätzliche Pflicht zur Erläuterung der relevanten Eigenschaften und Risiken i.R.d. Anlageberatung gibt, besteht eine Begründungspflicht für die Empfehlung.[437]

c) Informationsblatt

Wertpapierdienstleistungsunternehmen sind verpflichtet, ihrem Privatkunden im Fall einer An- 356
lageberatung rechtzeitig vor dem Abschluss eines Geschäfts über Finanzinstrumente ein kurzes und leicht verständliches Informationsblatt über jedes Finanzinstrument zur Verfügung zu stellen, auf das sich eine Kaufempfehlung bezieht. Diese Anforderung wurde mit dem Gesetz zur Stärkung des Anlegerschutzes und Verbesserung der Funktionsfähigkeit des Kapitalmarkts (Anlegerschutz- und Funktionsverbesserungsgesetz; AnsFuG)[438] mit Wirkung ab dem 01.07.2011 in das Wertpapierhandelsgesetz eingeführt und in § 31 Abs. 3a WpHG a.F. geregelt. Durch das Erste Gesetz zur Novellierung von Finanzmarktvorschriften auf Grund europäischer Rechtsakte (Erstes Finanzmarktnovellierungsgesetz; 1. FiMaNoG)[439] wurde der Geltungsbereich für Informationsblätter eingeschränkt auf die Fälle, in denen kein Basisinformationsblatt nach der Verordnung (EU) 1286/2014[440] erstellt werden muss. Korrespondierend dazu gilt seit dem 02.01.2018 die Pflicht für eine Person, die über ein verpacktes Anlageprodukt für Privatkunden und Versicherungsanlageprodukt (PRIIP, packaged retail investment and insurance-based product; Art. 4 Nr. 3 PRIIP-VO) berät, den betreffenden Privatkunden das Basisinformationsblatt rechtzeitig zur Verfügung zu stellen, bevor diese Privatkunden durch einen Vertrag oder ein Angebot im Zusammenhang mit

434 BGH, WM 2011, 2268 (2270); BGH, WM 2011, 2261 (2263); LG Stuttgart, WM 2009, 1697 (1700).
435 *Veil* WM 2009, 1585 (1588).
436 BGH, WM 2011, 682 (686).
437 Assmann/Schneider/*Koller* § 31 Rn. 162.
438 BGBl. 2011 I S. 538; ausführlich Schäfer/Schäfer, ZBB 2013, 23.
439 BGBl. 2016 I S. 1514.
440 Vom 26.11.2014 über Basisinformationsblätter für verpackte Anlageprodukte für Kleinanleger und Versicherungsanlageprodukte (PRIIP), ABl. v. 09.12.2014 L 352/1 (PRIIP-VO).

diesem PRIIP gebunden sind (Art. 13 Abs. 1 und Art. 14 PRIIP-VO). Seit dem 03.01.2018 sind diese Vorgaben in § 64 Abs. 2 WpHG enthalten. Soweit kein Basisinformationsblatt erstellt werden muss, treten an die Stelle des Informationsblattes bei Anteilen oder Aktien an Investmentvermögen die wesentlichen Anlegerinformationen (§ 64 Abs. 2 S. 3 Nr. 1–7 WpHG). Bei Vermögensanlagen treten an die Stelle des Basisinformationsblatts bzw. des Informationsblatts das Vermögensanlagen-Informationsblatt nach § 13 des Vermögensanlagengesetzes[441] zur Verfügung gestellt werden, wenn der Anbieter der Vermögensanlage zur Erstellung eines solchen Vermögensanlagen-Informationsblatts verpflichtet ist (§ 64 Abs. 2 S. 3 Nr. 8 WpHG). Diese seit dem 01.07.2012 bestehende Pflicht gilt, wenn die Vermögensanlage öffentlich angeboten wird. Wird die Vermögensanlage im Wege der Privatplatzierung vertrieben, ist – abhängig von der Ausgestaltung der Vermögensanlage – für die Anlageberatung gegenüber Privatkunden ein Basisinformationsblatt oder Produktinformationsblatt einzusetzen. Bei zertifizierten Altersvorsorge- und Basisrentenverträgen im Sinne des Altersvorsorgeverträge-Zertifizierungsgesetzers treten an die Stelle des Basisinformationsblatts bzw. des Informationsblatts das individuelle Produktinformationsblatt nach § 7 Abs. 1 Altersvorsorgeverträge-Zertifizierungsgesetz sowie zusätzlich die wesentlichen Anlegerinformationen nach § 64 Abs. 2 S. 3 Nr. 1, 3 oder 4 WpHG, soweit es sich um Anteile an den entsprechenden Investmentvermögen handelt (§ 64 Abs. 2 S. 3 Nr. 9 WpHG).

357 Der Gesetzgeber reagierte mit diesen zusätzlichen Anforderungen an die Anlageberatung durch Wertpapierdienstleistungsunternehmen auf Beobachtungen der Praxis. Diese haben gezeigt, dass die wesentlichen Informationen zu einzelnen Finanzinstrumenten auf den Punkt gebracht und verständlicher dargestellt werden müssen, um den Kunden ein hinreichendes Verständnis der Finanzinstrumente und einen Vergleich der Produkte untereinander zu ermöglichen. Die Angaben in dem Produktinformationsblatt müssen kurz und leicht verständlich sein. Sie dürfen weder unrichtig noch irreführend sein und müssen mit den Angaben des Prospekts vereinbar sein (§ 64 Abs. 2 S. 2 WpHG). Nach Auffassung des Gesetzgebers begründet die Verletzung der Anforderungen an den Inhalt der Produktinformationsblätter zivilrechtliche Haftungsansprüche aus einer Schutzgesetzverletzung (§ 823 Abs. 2 BGB).[442] Sofern die Angaben in einem Basisinformationsblatt irreführend, ungenau oder unzutreffend sind, kann der Privatkunde vom PRIIP-Hersteller Ersatz für einen ihm entstandenen Schaden verlangen, der ihm aufgrund seines Vertrauens auf das Basisinformationsblatt bei dem Erwerb des Produkts entstanden ist (Art. 11 Abs. 2 PRIIP-VO).

358 Konkretisiert werden die Anforderungen an die Gestaltung des Produktinformationsblattes durch § 4 WpDVerOV. Danach darf das Informationsblatt bei nicht komplexen Finanzinstrumenten i.S.d. Art. 57 DVO (EU) 2017/565 nicht mehr als zwei DIN-A4-Seiten, bei allen übrigen Finanzinstrumenten nicht mehr als drei DIN-A4-Seiten lang sein (§ 4 Abs. 1 S. 1 WpDVerOV). Das Informationsblatt muss die wesentlichen Informationen über das jeweilige Finanzinstrument in übersichtlicher und leicht verständlicher Weise so enthalten, dass der Kunde insbesondere 1. die Art des Finanzinstruments, 2. seine Funktionsweise, 3. die damit verbundenen Risiken, 4. die Aussichten für die Kapitalrückzahlung und Erträge unter verschiedenen Marktbedingungen und 5. die mit der Anlage verbundenen Kosten einschätzen und bestmöglich mit den Merkmalen anderer Finanzinstrumente vergleichen kann (§ 4 Abs. 1 S. 2 WpDVerOV). Das Informationsblatt darf sich jeweils nur auf ein Finanzinstrument beziehen und keine werbenden oder sonstigen, nicht dem vorgenannten Zweck dienenden Informationen enthalten (§ 4 Abs. 1 S. 3 WpDVerOV). Das Informationsblatt kann auch als elektronisches Dokument zur Verfügung gestellt werden (§ 4 Abs. 2 WpDVerOV).

359 Die Inhalte eines Informationsblatts hängen von den Merkmalen des Finanzinstruments ab, das beschrieben wird, und von den Entgelten des beratenden Wertpapierdienstleistungsunternehmens. Um das Ziel der bestmöglichen Vergleichbarkeit mit anderen Finanzinstrumenten zu erreichen,

441 Gesetz zur Novellierung des Finanzanlagenvermittler- und Vermögensanlagenrechts v. 06.12.2011, BGBl. I S. 2481.

442 BR-Drucks. 17/3628 S. 21.

haben die Verbände der deutschen Kreditwirtschaft im März 2011 eine Gliederung für solche Informationsblätter entwickelt.[443] Auf der Grundlage erster Anschauungsbeispiele ist ein weiterer unverbindlicher Standard erarbeitet worden, der zur Verständlichkeit und Vergleichbarkeit beitragen soll. Eine Arbeitsgruppe bestehend aus Vertretern der Kreditwirtschaft und von Anlegern hat Listen mit Begriffen erstellt, die nicht verwendet werden sollen, die erklärungsbedürftig sind oder die ohne Erklärung verwendet werden können. Diese Arbeitsgruppe wurde von Vertretern des Bundesministeriums der Finanzen (BMF) und der BaFin aktiv begleitet. Das Ergebnis ist das sog. »PIB-Glossar«, das Anfang September 2013 veröffentlicht wurde.[444] Zusätzliche Hilfestellung für die inhaltliche Gestaltung der Produktinformationsblätter und für den Umgang mit diesen gibt das Ende September 2013 veröffentlichte Rundschreiben der BaFin 4/2013 (WA) zur Auslegung gesetzlicher Anforderungen an die Erstellung von Informationsblättern gem. § 31 Abs. 3a WpHG/§ 5a WpDVerOV a.F.

Soweit sich der Ersteller eines Informationsblattes an diesen Standards orientiert, werden unter der **360**
Überschrift »Produktinformationsblatt über Finanzinstrumente nach Wertpapierhandelsgesetz« der Produktname, die Wertpapierkennnummer und die International Securities Identification Number (ISIN) sowie der Emittent (z.B. bei Wertpapieren) oder der Vertragspartner (z.B. bei nicht verbrieften Derivaten) genannt. Der erste Abschnitt »Produktbeschreibung/Funktionsweise« ist als eine Art Einführung zu verstehen, in dem die Merkmale des Finanzinstruments und seine Funktionsweise in allgemeiner Form dargestellt werden. Dieser Abschnitt eignet sich auch zu Ausführungen über die Markterwartung, die ein Anleger haben sollte, der einen Erwerb beabsichtigt. Im zweiten Abschnitt werden die Produktdaten aufgeführt, bspw. zu Laufzeit, Zinssatz und Zinszahlungsterminen.

Im nächsten Abschnitt folgt die Darstellung der Risiken. Im Produktinformationsblatt werden die **361**
für das jeweilige Finanzinstrument wesentlichen Risiken aufgeführt. Gegenüber der Darstellung aller Risiken in einem Wertpapierprospekt ist es für das Produktinformationsblatt regelmäßig ausreichend, weniger Risiken zu nennen. Im vierten Abschnitt »Verfügbarkeit« wird die Möglichkeit zur Liquidierung der Anlage während der Laufzeit erläutert. Außerdem kann in diesem Abschnitt auf Faktoren eingegangen werden, die für die Preisentwicklung des beschriebenen Finanzinstruments während der Laufzeit maßgebend sind. Im fünften Abschnitt werden die Chancen und beispielhafte Szenarien dargestellt. Mithilfe der Szenarien soll der Anleger leichter erkennen können, unter welchen Umständen die Entwicklung des Finanzinstruments aus seiner Sicht positiv, neutral und negativ verläuft. Regelmäßig enthält das Produktinformationsblatt keine Aussage dazu, welche der Szenarien wahrscheinlich sind. Daher ist deren Beschreibung keine Darstellung einer zukünftigen Wertentwicklung und sie muss nicht die formalen Anforderungen des Art. 44 Abs. 6 DVO (EU) 2017/565 berücksichtigen. Grundsätzlich genügen drei Szenarien, um dem Anleger zu erläutern, von welchen Faktoren eine positive, neutrale und negative Entwicklung des Finanzinstruments abhängt. Es gibt aber auch Produktstrukturen, bei denen für eine entsprechende Beschreibung vier Szenarien erforderlich oder zwei Szenarien ausreichend sind oder nur ein Szenario genügt. Im sechsten Abschnitt »Kosten/Vertriebsvergütung« wird der Anleger über die Transaktionsentgelte für Kauf und Verkauf des Finanzinstruments sowie über Depotkosten informiert. Auch wenn es aufsichtsrechtlich nicht vorgeschrieben ist, erscheint es sinnvoll, in diesem Abschnitt zusätzlich über die dem Anlageberater zufließenden Vertriebsvergütungen zu informieren. Die beiden letzten Abschnitte informieren über die Besteuerung und enthalten sonstige Hinweise, z.B. den nach dem Wertpapierprospektgesetz (WpPG) verpflichtenden Prospekthinweis.

Das Informationsblatt muss nach § 64 Abs. 2 WpHG leicht verständlich sein. Diese Anforderung **362**
wird durch kurze Sätze und das Vermeiden unnötiger Fremdwörter erfüllt. Maßstab für die Verständlichkeit ist der Durchschnittsanleger.

---

443 Veröffentlichungen unter: www.die-deutsche-kreditwirtschaft.de, Stichwort »Produktinformationsblatt«; www.derivateverband.de mit Beispielen für Zertifikate und Aktienanleihen.

444 Veröffentlichungen des Glossars und einer erläuternden Broschüre unter: www.die-deutsche-kreditwirtschaft.de, Stichwort »Produktinformationsblatt« und www.derivateverband.de.

363 Das Basisinformationsblatt ist nach den Vorgaben der VO (EU) 1286/2014[445] und der Delegierten Verordnung (EU) 2017/653[446] zu erstellen. Zusätzlich sind die Questions and Answers der Europäischen Aufsichtsbehörden ESMA, EBA und EIOPA[447] von Bedeutung. Es enthält die wesentlichen Informationen zu dem Produkt und stimmt mit etwaigen verbindlichen Vertragsunterlagen, mit den einschlägigen Teilen der Angebotsunterlagen und mit den Geschäftsbedingungen des Produkts überein (Art. 6 Abs. 1 S. 3 PRIIP-VO). Das Basisinformationsblatt muss präzise, redlich und klar sein und darf nicht irreführend sein (Art. 6 Abs. 1 S. 2 PRIIP-VO). Der Hersteller eines verpackten Anlageprodukts für Kleinanleger und eines Versicherungsanlagerprodukts (PRIIP) hat ein Basisinformationsblatt zu erstellen und auf seiner Internetseite zu veröffentlichen, bevor Kleinanlegern das Produkt angeboten wird (Art. 5 Abs. 1 PRIIP-VO). Ein verpacktes Anlageprodukt für Kleinanleger ist eine Anlage, bei der unabhängig von der Rechtsform der Anlage der dem Privatkunden rückzuzahlende Betrag Schwankungen aufgrund der Abhängigkeit von Referenzwerten oder von der Entwicklung eines oder mehrerer Vermögenswerte, die nicht direkt vom Kleinanleger erworben werden, unterliegt (Art. 4 Nr. 1 PRIIP-VO).

364 Wird einem Privatkunden der Erwerb eines Anteils an einem Investmentvermögen empfohlen, treten an die Stelle des Informationsblattes i.S.d. § 4 WpDVerOV die wesentlichen Anlegerinformationen. Deren Inhalt, Form und Gestaltung ist im Einzelnen in der Verordnung (EU) Nr. 583/2010 geregelt.[448] Diese Regelungen weichen inhaltlich und im Aufbau von den Vorgaben der WpDVerOV für Informationsblätter ab. Daher ist die Vergleichbarkeit der Produktbeschreibungen über Investmentfondsanteilen und andere Finanzinstrumente nur sehr eingeschränkt gegeben.

365 Außerdem müssen Vermögensanlagen-Informationsblätter im Fall des öffentlichen Angebots von Vermögensanlagen anstelle der Basisinformationsblätter und der Informationsblätter i.S.d. WpDVerOV zur Verfügung gestellt werden. Nach § 13 des Vermögensanlagengesetzes sind die Vermögensanlagen-Informationsblätter vom Anbieter zu erstellen, sofern für die Vermögensanlagen kein Basisinformationblatt nach der PRIIP-VO veröffentlicht werden muss, wenn die Vermögensanlagen im Inland öffentlich angeboten werden. Diese Informationsblätter dürfen nicht mehr als drei DIN-A4-Seiten umfassen. Die inhaltlichen Anforderungen an die Vermögensanlagen-Informationsblätter sind ähnlich den Inhalten der Informationsblätter i.S.d. WpDVerOV. Wenn Vermögensanlagen nicht öffentlich angeboten, sondern im Wege der Privatplatzierung vertrieben werden, und wenn der Anlageberater Privatkunden den Kauf einer solchen Vermögensanlage empfehlen möchte, ist er gezwungen, für ein Basisinformationsblatt oder ein Informationsblatt über diese Vermögensanlage zu sorgen.

d) Offenlegung infolge eines Interessenkonfliktes

366 Als besonders praxisrelevant anzusehen ist die vom BGH entwickelte Anforderung an jede Bank, i.R.d. Anlageberatung über ihr zufließende Rückvergütungen zu informieren. Eine die Informationspflicht auslösende Rückvergütung liegt vor, wenn eine Bank aus den Ausgabeaufschlägen und jährlichen Verwaltungsgebühren eine verdeckte, umsatzabhängige Vergütung von der Fondsgesellschaft

445 Vom 26.11.2014 über Basisinformationsblätter für verpackte Anlageprodukte für Kleinanleger und Versicherungsanlageprodukte (PRIIP), ABl. v. 09.12.2014 L 352/1 (PRIIP-VO).

446 Vom 08.03.2017 zur Ergänzung der Verordnung (EU) Nr. 1286/2014 […] durch technische Regulierungsstandards in Bezug auf die Darstellung, den Inhalt, die Überprüfung nud die Überarbeitung der Basisinformationsblätter sowie die Bedingungen für die Erfüllung der Verpflichtung zu ihrer Bereitstellung, ABl. v. 12.04.2017 L 100/1.

447 Questions and answers (Q&A) in the PRIIPs KID, JC 2017 49 (Stand: 19.07.2018).

448 Verordnung (EU) Nr. 583/2010 der Kommission v. 01.07.2010 zur Durchführung der Richtlinie 2009/65/EG des Europäischen Parlaments und des Rates im Hinblick auf die wesentlichen Informationen für den Anleger und die Bedingungen, die einzuhalten sind, wenn die wesentlichen Informationen für den Anleger oder der Prospekt auf einem anderen dauerhaften Datenträger als Papier oder auf einer Website zur Verfügung gestellt werden.

erhält. Die Vergütung verursache bei der Bank einen Interessenkonflikt. Ihre Empfehlung kann zumindest auch im eigenen Interesse, möglichst hohe Rückvergütungen zu erhalten, erfolgen. Durch die Rückvergütung entstehe die konkrete Gefahr, dass die Bank ihre aus dem Beratungsvertrag folgende Pflicht zur Wahrung des Kundeninteresses verletzt. Der Interessenkonflikt ist von der Bank offenzulegen, damit der Anlageinteressent das Umsatzinteresse der Bank selbst einschätzen und damit die ihm erteilte Anlageempfehlung sachgerecht beurteilen kann. Hierzu ist es erforderlich, dass die Bank bei einer Empfehlung von Fondsanteilen darauf hinweist, dass und in welcher Höhe sie Rückvergütungen von der Fondsgesellschaft erhält.[449]

367 Diese Anforderungen hat der BGH in einer nachfolgenden Entscheidung auf die Beratung über die Anlage in einen Medienfonds ausgeweitet. Gegenstand des Rechtsstreits war die Beratung einer Bank über eine Anlage in einen sog. geschlossenen Fonds, d.h. eine unternehmerische Beteiligung, die nicht in einem Wertpapier verbrieft ist und daher nicht im Anwendungsbereich des WpHG lag (zwischenzeitlich kann die Rechtslage abhängig von den Umständen des dem Rechtsstreit zugrunde liegenden Sachverhalts geändert haben. Geschlossene Fonds können Vermögensanlagen im Sinne des § 1 Abs. 2 VermAnlG sein und als Finanzinstrumente im Sinne des WpHG (§ 2 Nr. 7 WpHG) zu behandeln sein). Durch die verdeckte Zahlung einer Rückvergütung von der Beteiligungsgesellschaft an die Bank werde eine Gefährdungssituation für den Kunden geschaffen und zwar unabhängig von der Höhe der Rückvergütung. Der bestehende Interessenkonflikt sei auch außerhalb des Anwendungsbereichs des WpHG wegen des auch zivilrechtlich allgemein anerkannten Grundsatzes der Vermeidung von vertragswidrigen Interessenkonflikten relevant. Mit dem Hinweis auf die Rückvergütung werde ein vertragswidriger Interessenkonflikt vermieden.[450]

368 Eine andere Form eines offenlegungspflichtigen Interessenkonflikts nimmt der BGH an, wenn sich die beratende Bank bei einem Zweipersonenverhältnis in einem schwerwiegenden Interessenkonflikt befindet, weil sie gleichzeitig Partnerin des von ihr empfohlenen Zinsswaps wird. Der schwerwiegende Interessenkonflikt werde durch den bei Abschluss des CMS-Spread-Ladder-Swap bestehenden sog. »anfänglichen negativen Marktwert« ausgedrückt. Aufgrund der Besonderheit des konkret empfohlenen Produkts, bei dem die Risikostruktur zulasten des Kunden verschoben und dies vom Kunden nicht zu erkennen war, entstehe die Aufklärungspflicht. Sie ergebe sich weder aus der generellen Gewinnerzielungsabsicht der beratenden Bank noch aus der Höhe der in das Produkt einkalkulierten Gewinnmarge.[451] Eine Aufklärungspflicht über den anfänglichen negativen Marktwert bestehe allerdings nicht, wenn die Bank zugleich Vertragspartnerin eines Zinssatz-Swap-Vertrags und eines Darlehensvertrags sei und die beiden Verträge konnex seien. In diesem Fall verändere der Zinssatz-Swap-Vertrag wirtschaftlich lediglich die Konditionen des Darlehensvertrags (synthetischer Festsatzkredit). Eine Aufklärungspflicht entfällt, da der Kunde damit rechne müsse, dass die Bank eigennützige Interessen auch mit dem Swap verfolge.[452]

369 Die in Zusammenhang mit einem Anlageberatungsvertrag entwickelte Anforderung zur Offenlegung des durch eine Zahlung verursachten Interessenkonflikts gilt nach Ansicht des BGH nicht für die Beratung durch einen nicht bankmäßig gebundenen, freien Anlageberater, der eine Rückvergütung von dritter Seite erhält. Soweit nicht § 31 WpHG a.F. (heute §§ 63 ff. WpHG) eingreife, bestehe für diesen keine Verpflichtung ggü. seinem Kunden, ungefragt über eine von ihm bei der empfohlenen Anlage erwartete Provision aufzuklären. Dieser Grundsatz gilt unter der Voraussetzung, dass der Kunde selbst keine Provision für die Anlageberatung zahlt und offen ein Agio oder Kosten für die Eigenkapitalbeschaffung ausgewiesen werden, aus denen ihrerseits die Vertriebsprovisionen aufgebracht werden. Im Streit war die Beratung über die Beteiligung an einem

449 BGH, WM 2007, 487 (490).
450 BGH, WM 2009, 405 (406).
451 BGH, WM 2011, 682 (687).
452 BGH, BKR 2016, 291 (294) Rn. 28; zur Konnexität vgl. *Bausch*, WM 2016, 247 (252 f.); Grüneberg/Habersack/Mülbert/Wittig/*Clouth*, Bankrechtstag 2015, S. 163 (179 ff.).

geschlossenen Immobilienfonds, die durch einen Handelsvertreter, der für eine nicht bankmäßig gebundene Organisation tätig war, durchgeführt wurde.[453]

370 Für den Zeitraum beginnend mit dem 01.08.2014 erweitert der BGH die Aufklärungspflicht des Anlageberaters über Rückvergütungen auf Innenprovisionen.[454] Die Zahlung einer Innenprovision an den Anlageberater liegt vor, wenn der gezahlte Betrag aus dem Anlagevermögen stammt und nicht aus offen ausgewiesenen Kostenbestandteilen. Die Erweiterung der Informationspflicht begründet der BGH mit Verweis auf ein »das Kapitalanlagerecht nunmehr prägendes Transparenzgebot«. Die Informationspflicht bestehe auch bei Anlageobjekten außerhalb des Anwendungsbereichs des Wertpapierhandelsgesetzes.[455] Diese erweiterte Aufklärungspflicht greift allerdings nicht in Zusammenhang mit einer Finanzierungsberatung. Empfiehlt eine Bank als Teil eines Finanzierungskonzepts den Abschluss einer Kapitallebensversicherung, die als Tilgungsersatzmittel verwendet wird, muss sie den Kunden nicht über die Provision für die Vermittlung der Lebensversicherung aufklären. Zur Begründung seiner Entscheidung führt der BGH an, dass die für die Anlageberatung entwickelten Anforderungen nicht im Fall der Finanzierungsberatung gelten und der Erhalt einer Provision für die Vermittlung einer Kapitallebensversicherung bei einer Bank offensichtlich und folglich nicht aufklärungsbedürftig sei.[456] Vor dem Hintergrund dieser Rechtsprechungsänderung bleibt abzuwarten, inwieweit der BGH seine bisherige Rechtsprechung fortführt, in der er eine Hinweispflicht auf gezahlte Innenprovisionen abgelehnt hat. In einer vorherigen Entscheidung über die Beratung einer Beteiligung an einem geschlossenen Immobilienfonds hatte der BGH die Zahlung von Innenprovisionen an die beratende Bank für die Eigenkapitalbeschaffung, die Platzierungsgarantie und die Fremdkapitalbeschaffung als nicht aufklärungsbedürftig beurteilt. Außerdem hat der BGH in dem genannten Fall eine Information über die gezahlten Beträge durch Übergabe des Prospekts ausreichen lassen. Die Beträge waren korrekt im Prospekt angegeben worden und die Übergabe des Prospekts erfolgte so rechtzeitig, dass sich der Anleger mit dem Inhalt vertraut machen konnte.[457]

371 Die Rechtsprechung des BGH zu Rückvergütungen wurde in einigen landgerichtlichen Entscheidungen auf die Gewinnmargen der beratenden Bank übertragen.[458] Dieser Auslegung seiner Rechtsprechung ist der BGH entgegengetreten. Die Kalkulation einer Gewinnmarge bei Eigengeschäften der Bank ist für den Kunden offensichtlich. Eines gesonderten Hinweises auf das (Gewinn-) Interesse der Bank bedarf es nicht. Außerdem fehlt es an einem vergleichbaren Interessenkonflikt, wie er nach den Rechtsprechungsgrundsätzen bei Rückvergütungen besteht. Dem Kunden muss der Preis des Deckungsgeschäfts nicht offenbart werden.[459] Die unterschiedliche Behandlung von Rückvergütungen und Gewinnmargen ist verfassungsrechtlich zulässig.[460]

e) Geeignetheitsprüfung

372 Seit dem 01.11.2007 haben Wertpapierdienstleistungsunternehmen i.R.d. Anlageberatung einen formalen Test durchzuführen, mit dem sie die Geeignetheit ihrer Empfehlung prüfen müssen. Materiell entsprechen die aufsichtsrechtlichen Vorgaben an diese Prüfung weitgehend der zivilrechtlichen Konzeption über die anleger- und anlagegerechte Beratung sowie den einschlägigen vor diesem Stichtag geltenden aufsichtsrechtlichen Vorgaben. Ein Wertpapierdienstleistungsunternehmen darf seinen Kunden nur Finanzinstrumente und Wertpapierdienstleistungen empfehlen, die für den Kunden geeignet sind (§ 64 Abs. 3 S. 2 WpHG). Die Einzelheiten sind seit dem

453 BGH, ZIP 2010, 919; BGH, WM 2011, 640.
454 BGH, WM 2014, 1382.
455 BGH, WM 2014, 1382 (1385) Rn. 38.
456 BGH, WM 2014, 1382 (1383 f.) Rn. 20 und 27.
457 BGH, WM 2009, 2306 (2307).
458 LG Hamburg, WM 2009, 1282 (1286); LG Hamburg, WM 2009, 1563 (1564); LG Hamburg, WM 2009, 1511 (1513); LG Heidelberg, WM 2010, 505 (509).
459 BGH, WM 2011, 2268 (2272); BGH, WM 2011, 2261 (2265); Lang/Bausch, WM 2010, 2101.
460 BVerfG, ZIP 2013, 2049.

03.01.2018 in Art. 54 und 55 DVO (EU) 2017/565 geregelt. Die Geeignetheit einer Empfehlung beurteilt sich danach, ob das konkrete Geschäft, das dem Kunden empfohlen wird, den Anlagezielen des betreffenden Kunden, auch hinsichtlich seiner Risikobereitschaft entspricht, die hieraus erwachsenden Anlagerisiken für ihn seinen Anlagezielen entsprechend finanziell tragbar sind und der Kunde mit seinen Kenntnissen und Erfahrungen die Anlagerisiken verstehen kann (Art. 54 Abs. 2 DVO (EU) 2017/565). Für die Prüfung der Geeignetheit sind danach die individuellen Verhältnisse des Kunden und die Eigenschaften des empfohlenen Finanzinstruments zu berücksichtigen. Die Prüfung hat folgende drei Bestandteile: Das empfohlene Geschäft muss dem Anlageziel des Kunden entsprechen, die Anlagerisiken müssen für den Kunden finanziell tragbar sein und der Kunde muss aufgrund seiner Kenntnisse und Erfahrungen in der Lage sein, die Risiken des Geschäfts zu verstehen.

Wertpapierdienstleistungsunternehmen sind nach Art. 54 Abs. 3 S. 1 DVO (EU) 2017/565 be- 373
rechtigt, bei einem professionellen Kunden i.R.d. Geeignetheitstests davon auszugehen, dass dieser für die Produkte, Geschäfte und Dienstleistungen, für die er als professioneller Kunde eingestuft ist, über die erforderlichen Kenntnisse und Erfahrungen verfügt, um die mit den Geschäften einhergehenden Risiken zu verstehen.[461] Gleichzeitig können Wertpapierdienstleistungsunternehmen bei Geschäften mit sog. geborenen professionellen Kunden[462] davon ausgehen, dass etwaige mit dem Geschäft einhergehende Anlagerisiken für den Kunden seinem Anlageziel entsprechend finanziell tragbar sind (Art. 54 Abs. 2 S. 2 DVO (EU) 2017/565). Die finanzielle Risikotragfähigkeit kann daher bei heraufgestuften professionellen Kunden (gekorenen professionellen Kunden) nicht vorausgesetzt, sondern muss geprüft werden.

Ist Gegenstand der Empfehlung eine Umschichtung, also der Verkauf eines Finanzinstruments 374
und der Erwerb eines anderen Finanzinstruments mit dem Veräußerungserlös oder die Ausübung eines Rechts, das mit einem vorhandenen Finanzinstrument verbunden ist, um dieses zu ändern, ist aufsichtsrechtlich seit dem 03.01.2018 die Prüfung eines Detailaspekts im Rahmen der Geeignetheitsprüfung vorgeschrieben. Nach Art. 54 Abs. 11 DVO (EU) 2017/565 hat das Wertpapierdienstleistungsunternehmen, das eine Umschichtung empfiehlt, eine Kosten-Nutzen-Analyse durchzuführen. Die Vorteile der Umschichtung sollen die Kosten der beiden Transaktionen überwiegen. Zu berücksichtigen ist bei dieser Analyse, dass es sich bezogen auf die künftige Wertentwicklung des neuen bzw. geänderten Finanzinstruments um eine Prognoseentscheidung handelt. Das Ergebnis der Analyse hat nur einen eingeschränkten Aussagegehalt, da die tatsächlich entstehenden Kosten einer möglichen Wertentwicklung gegenübergestellt werden. Soweit die Umschichtung vorgenommen wurde, um die Risikostreuung und Gewichtung des Portfolios zu verändern, sollte auch die Wirkung der Umschichtung für das Gesamtportfolio in die Analyse einfließen.

f) Dokumentation der Anlageberatung

Seit dem 03.01.2018 muss ein Wertpapierdienstleistungsunternehmen einem Privatkunden, gegen- 375
über dem es eine Anlageberatung erbringt, eine Erklärung über die Geeignetheit der Empfehlung (Geeignetheitserklärung) zur Verfügung stellen (§ 64 Abs. 4 S. 1 WpHG). Die Geeignetheitserklärung muss die erbrachte Beratung nennen und erläutern, wie sie auf die Präferenzen, Anlageziele und sonstigen Merkmale des Kunden abgestimmt wurde (§ 64 Abs. 4 S. 2 WpHG). Die Geeignetheitserklärung ist auf einem dauerhaften Datenträger zu erteilen und muss grundsätzlich vor Vertragsschluss zur Verfügung gestellt werden (§ 64 Abs. 4 S. 1 WpHG). Wird die Vereinbarung über den Kauf oder Verkauf eines Finanzinstruments mittels eines Fernkommunikationsmittels geschlossen, das die vorherige Übermittlung der Geeignetheitserklärung nicht erlaubt, darf das Wertpapierdienstleistungsunternehmen die Geeignetheitserklärung ausnahmsweise unmittelbar nach dem Vertragsschluss zur Verfügung stellen, wenn der Kunde zugestimmt hat, dass ihm

461 Vgl. auch MaComp BT 7.4.
462 Vgl. Rdn. 261 ff.

die Geeignetheitserklärung unverzüglich nach Vertragsschluss zur Verfügung gestellt wird und das Wertpapierdienstleistungsunternehmen dem Kunden angeboten hat, die Ausführung des Geschäfts zu verschieben, damit der Kunde die Möglichkeit hat, die Geeignetheitserkärung zuvor zu erhalten (§ 64 Abs. 4 S. 4 WpHG). Mit diesen Regelungen hat der nationale Gesetzgeber die Vorgaben aus Art. 25 Abs. 6 Unterabs. 2 und 3 Richtlinie 2014/65/EU umgesetzt. Weitere Einzelheiten sind in Art. 54 Abs. 12 DVO (EU) 2017/565 geregelt. Die Geeignetheitserklärung enthält einen Überblick über die erteilten Ratschläge und Angaben dahingehend, inwiefern die abgegenbe Empfehlung zum betreffenden Privatkunde passt, was auch Informationen darüber mit einschließt, inwieweit sie den Zielen und persönlichen Umständen des Kunden hinsichtlich der erforderlichen Anlagedauer, der Kenntnisse und Erfahrungen des Kunden sowie seiner Risikobereitschaft und Verlusttragfähigkeit gerecht wird (Art. 54 Abs. 12 Unterabs. 1 DVO (EU) 2017/565). Das Wertpapierdienstleistungsunternehmen muss seine Kunden darauf aufmerksam machen und in der Geeignetheitserklärung angeben, ob es die empfohlenen Dienstleistungen bzw. Finanzinstrumente erforderlich machen, dass der Privatkunde deren Bestimmungen regelmäßig überprüfen lässt (Art. 54 Abs. 12 Unterabs. 2 DVO (EU) 2017/565).

376 Die Vorgaben an die Geeignetheitserklärung sind an die Stelle der Pflichten über das Beratungsprotokoll in § 34 Abs. 2a WpHG a.F. und § 14 WpDVerOV a.F. getreten. Die Protokollierungspflicht war durch das Gesetz zur Neuregelung der Rechtsverhältnisse bei Schuldverschreibungen aus Gesamtemissionen und zur verbesserten Durchsetzbarkeit von Ansprüchen von Anlegern aus Falschberatung[463] mit Wirkung ab dem 01.01.2010 geschaffen worden. Das Protokoll musste über jede Anlageberatung eines Privatkunden erstellt werden und bestimmte Angaben enthalten. So hatte das Protokoll nach § 14 Abs. 6 WpDVerOV a.F. vollständige Angaben zu enthalten über den Anlass der Anlageberatung und die Dauer des Beratungsgesprächs. Ferner waren die der Beratung zugrunde liegenden Informationen über die persönliche Situation des Kunden, einschließlich der nach § 31 Abs. 4 Satz 1 WpHG a.F. (entspricht § 64 Abs. 3 S. 1 WpHG) einzuholenden Informationen anzugeben. Das Protokoll sollte auch vollständige Angaben über die Finanzinstrumente und Wertpapierdienstleistungen enthalten, die Gegenstand der Anlageberatung waren. Es waren die vom Kunden in Zusammenhang mit der Anlageberatung geäußerten wesentlichen Anliegen und deren Gewichtung zu nennen sowie die im Verlauf des Beratungsgesprächs erteilten Empfehlungen und die für diese Empfehlungen genannten wesentlichen Gründe. In § 34 Abs. 2a WpHG a.F. war vorgeschrieben, dass das Protokoll von demjenigen Mitarbeiter des Wertpapierdienstleistungsunternehmens zu unterzeichnen war, der die Anlageberatung durchgeführt hat. Eine Ausfertigung des Protokolls war dem Kunden unverzüglich nach Abschluss der Anlageberatung, jedenfalls vor einem auf der Beratung beruhenden Geschäftsabschluss zur Verfügung zu stellen. Das Protokoll war in Papierform oder auf einem anderen dauerhaften Datenträger zur Verfügung zu stellen. Wählte der Kunde für Anlageberatung und Geschäftsabschluss Kommunikationsmittel, die die Übermittlung des Protokolls vor dem Geschäftsabschluss nicht gestattete, musste das Wertpapierdienstleistungsunternehmen eine Ausfertigung des Protokolls dem Kunden unverzüglich nach Abschluss der Anlageberatung zusenden. In § 34 Abs. 2b WpHG a.F. wurde dem Kunden ausdrücklich das Recht eingeräumt, die Herausgabe einer Ausfertigung des Protokolls von dem Wertpapierdienstleistungsunternehmen zu verlangen. Sofern die Anlageberatung und der Geschäftsabschluss über Telefon oder andere Kommunikationsmittel geleistet wurden, gab § 34 Abs. 2a Satz 4 WpHG a.F. vor, dass der Geschäftsabschluss auf ausdrücklichen Wunsch des Kunden vor Erhalt des Protokolls erfolgen konnte, wenn das Wertpapierdienstleistungsunternehmen dem Kunden ein Rücktrittsrecht gewährte. Dieses Recht war für den Fall einzuräumen, dass das Protokoll nicht richtig oder nicht vollständig war, und berechtigte zum Rücktritt von dem auf der Beratung beruhenden Geschäft. Das Rücktrittsrecht konnte innerhalb von einer Woche nach Zugang des Protokolls ausgeübt werden. Der Kunde musste auf das Rücktrittsrecht und die Frist hingewiesen werden. In dem Protokoll war der ausdrückliche Wunsch des Kunden zu vermerken, einen Geschäftsabschluss vor Erhalt des

463 BGBl. I 2009, S. 2512.

Protokolls zu tätigen, sowie der Hinweis auf das eingeräumte Rücktrittsrecht aufzunehmen. Wenn das Wertpapierdienstleistungsunternehmen das Recht zum Rücktritt bestritt, hatte es nach § 34 Abs. 2a Satz 6 WpHG a.F. die Richtigkeit und die Vollständigkeit des Protokolls zu beweisen.

Sofern ein Wertpapierdienstleistungsunternehmen eine Geeignetheitserklärung nicht, nicht richtig, nicht vollständig, nicht in der vorgeschriebenen Weise oder nicht rechtzeitig zur Verfügung stellt, kann dieses Fehlverhalten als Ordnungswidrigkeit nach § 120 Abs. 8 Nr. 41 WpHG geahndet werden. Ein Verstoß gegen die Pflichten in Zusammenhang mit dem Beratungsprotokoll konnten ebenfalls als Ordnungswidrigkeit geahndet werden (§ 39 Abs. 2 Nr. 19a, 19b, 19c WpHG a.F.). 377

Die vermeintlich eindeutigen Vorgaben für die Erstellung eines Beratungsprotokolls werfen bei genauerer Betrachtung zahlreiche Fragen auf, von denen nachfolgend einige untersucht werden sollen. Auch wenn das Beratungsprotokoll seit dem 03.01.2018 durch die Geeignetheitserkärung ersetzt wurde, sind diese Fragen für die Beurteilung der unter altem Recht erstellten Protokolle von Relevanz. Grundlegend stellt sich die Frage, wie ausführlich das Protokoll sein musste bzw. wie stark der Gesprächsinhalt zusammengefasst werden durfte. Das Gesetz enthält keine Vorgaben, ob ein Wort-, Verlaufs- oder Ergebnisprotokoll geschuldet war. Die Formulierung in der WpDVerOV a.F., dass das Protokoll vollständige Angaben über die dort aufgeführten Punkte zu enthalten hatte, spricht dafür, dass eine Protokollierung wesentlicher Gesprächsergebnisse ausreichend war. Der Gesetzgeber scheint auf Vorgaben zur Detailgenauigkeit der Protokollinhalte bewusst verzichtet zu haben. In der Begründung des Gesetzentwurfs der Bundesregierung vom 29.04.2009 wird lediglich angegeben, dass mit dem Protokoll eine Kontrolle des Gesprächshergangs durch die Aufsichtsbehörde ermöglicht werden soll.[464] Der ursprüngliche Verordnungsentwurf sah vor, dass die Aufzählung beispielhaft (»Das Protokoll nach § 34 Absatz 2a Satz 1 des Wertpapierhandelsgesetzes hat insbesondere vollständige Angaben…«) ist. Dementsprechend sprach der Bundesrat in seiner Stellungnahme auch von Mindestanforderungen an das Beratungsprotokoll. Um eine unterschiedliche und ggf. auch lückenhafte Protokollierung der Beratung zu vermeiden, bat der Bundesrat die Anforderungen an den Mindestinhalt eines Beratungsprotokolls stärker zu konkretisieren.[465] Diese Bitte setzt das Verständnis voraus, dass weder ein Wortprotokoll noch ein detailliertes Verlaufsprotokoll gefordert war. Diesem Verständnis entsprechend ging der Bundesrat davon aus, dass Anleger mit dem Beratungsprotokoll in die Lage versetzt werden sollen, das Beratungsergebnis anhand des Protokolls zu überprüfen. Der Bundesrat verlangte aber nicht, dass in dem Protokoll jedes Gesprächsdetail festgehalten werden müsse. Die Bundesregierung lehnte in ihrer Gegenäußerung zwar die Bitte nach einer weiteren Konkretisierung der Anforderungen ab. Sie begründete dies aber mit dem Hinweis auf eine unerwünschte Standardisierung des Gesprächs und nicht etwa mit der Erklärung, dass das Protokoll ohnehin alle Einzelheiten der Beratung enthalten müsse.[466] 378

Während die Geeignetheitserklärung auf einem dauerhaften Datenträger im Sinne des § 2 Abs. 43 WpHG zu erstellen ist, war das Beratungsprotokoll in schriftlicher Form anzufertigen. Dabei ist zweifelhaft, ob damit ein Formerfordernis in entsprechender Anwendung der zivilrechtlichen Schriftform i.S.d. § 126 BGB statuiert wurde. Im Fall der analogen Anwendung müsste die Urkunde eigenhändig von dem Aussteller durch Namensunterschrift oder mittels notariell beglaubigten Handzeichens unterzeichnet werden. Alternativ könnte die Erklärung auch in elektronischer Form i.S.d. § 126a BGB abgegeben werden. Hierzu muss der Aussteller der Erklärung seinen Namen hinzufügen und das elektronische Dokument mit einer qualifizierten elektronischen Signatur nach dem Signaturgesetz versehen. 379

Die Zweifel an dieser strengen Interpretation beruhen auf den Gesetzesmaterialien. Die Bundesregierung hat die Protokollierungspflicht bewusst als Konkretisierung der generellen Aufzeichnungspflichten nach § 34 Abs. 1 WpHG a.F. ausgestaltet. Die generellen Aufzeichnungspflichten 380

464 BT-Drucks. 16/12814, S. 27.
465 BT-Drucks. 16/12814, S. 33.
466 BT-Drucks. 16/12814, S. 37.

mussten aber lediglich eine Nachvollziehbarkeit der erbrachten Wertpapierdienstleistungen ermöglichen (§ 14 Abs. 1 WpDVerOV a.F.) und enthielten keinerlei Formvorgaben entsprechend den zivilrechtlichen Maßstäben. Auch die Regelungssystematik spricht dagegen, die Formvorgabe als Schriftformerfordernis i.S.d. § 126 BGB zu verstehen. In dem auf die Vorgabe des schriftlichen Protokolls folgenden Satz wurde dem Wertpapierdienstleistungsunternehmen für die Übermittlung des Protokolls ausdrücklich die Wahl zwischen Papierform und einem anderen dauerhaften Datenträger eingeräumt (§ 34 Abs. 2a Satz 2 WpHG a.F.). Die Zulässigkeit der Übermittlung mittels dauerhaften Datenträgers entsprach der generellen Vorgabe des § 3 WpDVerOV a.F. für die Bereitstellung von Informationen. Die Unterzeichnung des Protokolls durch den Anlageberater kann bei anderen Datenträgern als Papier nicht durch die eigenhändige Unterschrift erfolgen. Bei diesen Datenträgern wird stattdessen eine Faksimile-Unterschrift angebracht. Auch die BaFin hielt die eigenhändige Unterschrift für nicht zwingend erforderlich. Sie gestattete die Verwendung einer Faksimile-Unterschrift, wenn sichergestellt war, dass die Unterschrift technisch erst nach Fertigstellung des Protokolls geleistet werden kann. Die BaFin hielt zusätzlich die Erkennbarkeit des Datums und des Zeitpunkt der Fertigstellung des Protokolls für erforderlich.[467]

381 Auch die Anforderung, im Protokoll die der Beratung zugrunde liegenden Informationen über die persönliche Situation des Kunden, einschließlich der nach § 31 Abs. 4 Satz 1 WpHG a.F. einzuholenden Informationen, anzugeben, ist auf den ersten Blick verwirrend. Angaben zu den Erfahrungen und Kenntnissen, den finanziellen Verhältnissen und dem Anlageziel des Kunden sind regelmäßig nicht erst anlässlich der Beratung, sondern zu einem früheren Zeitpunkt und für eine unbestimmte Vielzahl von Anlageberatungen erhoben worden. Deshalb könnte die Vorgabe dahin verstanden werden, dass in jedem Protokoll auch sämtliche Angaben nach § 31 Abs. 4 Satz 1 WpHG a.F. aufgeführt werden mussten, selbst wenn sie weder i.R.d. Anlageberatung erhoben wurden noch für diese relevant waren. Das wäre jedoch eine Überinterpretation. Um das Protokoll nicht mit unnötigen Angaben zu überfrachten, die letztlich den Zweck gefährdeten, dass der Anleger anhand des Protokolls das Beratungsgespräch auswerten konnte, war die Verordnung einschränkend dahin auszulegen, dass nur die für die konkrete Beratung relevanten Angaben nach § 31 Abs. 4 Satz 1 WpHG a.F. im Protokoll aufgeführt werden mussten. Dies bedeutete auch, dass es grundsätzlich ausreichend war, wenn keine weiteren Informationen über die persönliche Situation des Kunden als die für die Beratung relevanten Angaben nach § 31 Abs. 4 Satz 1 WpHG a.F. im Protokoll wiedergegeben wurden. Nach Auffassung der BaFin wurde die Angabe der nach § 31 Abs. 4 Satz 1 WpHG a.F. einzuholenden Informationen auch durch einen Verweis auf zu einem früheren Zeitpunkt erstellte Unterlagen erfüllt, wenn aus dem Verweis auch für einen Dritten ersichtlich wurde, um welche zu einem früheren Zeitpunkt gefertigte Aufzeichnungen es sich handelte. Weiterhin mussten diese in Bezug genommenen Unterlagen dem Kunden auf einem dauerhaften Datenträger zur Verfügung gestellt worden sein.[468]

382 Machte der Kunde i.R.d. Beratungsgesprächs Angaben, die nicht zu den nach § 31 Abs. 4 Satz 1 WpHG a.F. einzuholenden Informationen gehörten, waren diese ebenfalls zu protokollieren. Um das zu gewährleisten, hielt es die BaFin für erforderlich, dass das Wertpapierdienstleistungsunternehmen im Protokoll ein entsprechendes Freitextfeld vorsah. Unabhängig davon, ob das Feld gefüllt war, musste es auch in dem für den Kunden bestimmten Exemplar sichtbar sein und entsprechend gekennzeichnet werden, damit der Kunde eine Überprüfungsmöglichkeit hatte.[469]

383 Ebenso war auslegungsbedürftig, in welchem Umfang Angaben über die Finanzinstrumente und Wertpapierdienstleistungen zu machen waren, über die beraten wurde. Bereits der Wortlaut des § 14 Abs. 6 Nr. 3 WpDVerOV a.F.[470] ließ zwei Interpretationen zu. Zum einen hätte die Vorgabe

467 MAComp a.F. BT 6.2 Nr. 7.
468 MAComp a.F. BT 6.2 Nr. 4.
469 MAComp a.F. BT 6.2 Nr. 2.
470 »Das Protokoll nach § 34 Absatz 2a Satz 1 des Wertpapierhandelsgesetzes hat vollständige Angaben zu enthalten über [...] 3. die der Beratung zugrunde liegenden Informationen über die persönliche Situation

verstanden werden können in folgendem Sinn: »Das Protokoll [...] hat vollständige Angaben zu enthalten über [...] 3. [...] die Finanzinstrumente und Wertpapierdienstleistungen, die Gegenstand der Anlageberatung sind,« Alternativ konnte der Wortlaut wie folgt verstanden werden: »Das Protokoll [...] hat vollständige Angaben zu enthalten über [...] 3. die der Beratung zugrunde liegenden Informationen [...] sowie über die Finanzinstrumente und Wertpapierdienstleistungen, die Gegenstand der Anlageberatung sind,« Während sich nach dem ersten Wortverständnis die Frage stellte, ob die Wiedergabe des Wertpapierprospekts gefordert war, da nur dieser den Anspruch auf Vollständigkeit der Angaben über ein Finanzinstrument erhebt, wäre es nach dem alternativen Wortverständnis grundsätzlich ausreichend gewesen, wenn die Produktinformation oder sonstige Unterlage benannt wird, auf deren Grundlage das Beratungsgespräch geführt wurde. Um das Protokoll nicht mit überflüssigen Angaben aus dem Wertpapierprospekt aufzublähen und keine Angaben im Protokoll zu wiederholen, die von dem Wertpapierdienstleistungsunternehmen an anderer Stelle festgehalten sind, musste die Benennung der Unterlage, die Gesprächsgrundlage war, genügen. Dies entspricht i.Ü. dem Verständnis der Bundesregierung, die in der Begründung des Gesetzentwurfs lediglich »die Angabe der der Beratung zugrunde liegenden Informationen [...] über die besprochenen Produkte« für unerlässlich erachtete, um die Ordnungsmäßigkeit der Beratung zu überprüfen.[471]

Die Anforderung, im Protokoll die vom Kunden geäußerten wesentlichen Anliegen und deren Gewichtung festzuhalten, setzte voraus, dass der Anleger mehrere Anliegen äußert und der Anlageberater diese für seine Anlageempfehlung berücksichtigt. In der Begründung des Gesetzesentwurfs wird hierzu ausgeführt: »Zu vermerken ist im Protokoll des Weiteren, welche Wünsche ein Kunde bezüglich der Anlage geäußert hat und welche Bedeutung er möglicherweise sich einander widersprechenden Anlagezielen beigemessen hat. Hat er etwa erklärt, eine sichere Anlage erwerben, gleichzeitig aber eine außergewöhnlich hohe Rendite erzielen zu wollen, so muss sich aus dem Protokoll ergeben, welches Ziel vorrangig sein sollte und inwieweit der Kunde insofern von dem Berater geleitet wurde.«[472] Der in der Gesetzesbegründung genannte Fall, dass ein Anleger zwei Anlageziele äußert, die unmöglich gleichzeitig verwirklicht werden können, und die Vorstellung, auf Grundlage dieser Vorgaben eine ordnungsmäßige Anlageberatung erbringen zu können, zeigt dessen mangelndes Verständnis der Grundprinzipien im Anlagebereich. Statt die unvereinbaren Ziele hinzunehmen, ist in einem solchen Fall ein alternatives Vorgehen unter zivilrechtlichen Haftungsgesichtspunkten ratsam. Zunächst sollte der Berater versuchen, dem Anleger zu erläutern, dass es keine sichere Anlageform mit einer außergewöhnlich hohen Rendite gibt. Sollte der Anleger dies verstanden haben und gleichwohl beide Ziele verfolgen wollen, kann er den zur Verfügung stehenden Anlagebetrag aufteilen und einen Teilbetrag für eine sichere Anlage vorsehen und den anderen Teilbetrag renditeorientiert und damit risikoreich anlegen. Über die Teilbeträge ist der Anleger getrennt zu beraten, sodass keine Notwendigkeit besteht, seine Anliegen zu gewichten. Die Empfehlungen zu den beiden Teilbeträgen wären zu protokollieren gewesen bzw. in Geeignetheitserkärungen festzuhalten. 384

Auch wenn es weder im WpHG noch in der WpDVerOV oder der DVO (EU) 2017/565 vorgeschrieben ist, erscheint es ratsam, in die Geeignetheitsklärung bzw. in das Protokoll die Information des Anlageberaters an seinen Kunden über die Vertriebsvergütung und Innenprovision aufzunehmen. Fehlt diese Angabe in der Geeignetheitserklärung oder im Protokoll, könnte der Kunde im Fall einer Auseinandersetzung über die Ordnungsmäßigkeit der Beratung unter Berufung auf das vom Anlageberater erstellte und unterzeichnete Dokument behaupten, der Anlageberater habe ihn nicht über den Erhalt von Vertriebsvergütungen und Innenprovisionen i.R.d. Beratungsgesprächs 385

des Kunden, einschließlich der nach § 31 Absatz 4 Satz 1 des Wertpapierhandelsgesetzes einzuholenden Informationen, sowie über die Finanzinstrumente und Wertpapierdienstleistungen, die Gegenstand der Anlageberatung sind, [...]«.

471 BT-Drucks. 16/12814, S. 28.

472 BT-Drucks. 16/12814, S. 28.

informiert. Für den Anlageberater dürfte es in einer derartigen Konstellation schwierig sein, die Behauptung des Kunden zu widerlegen.

386 Die Geeignetheitserkärung bzw. das Beratungsprotokoll sind nur in Fällen der Anlageberatung von Privatkunden zu erstellen. Die gegenüber professionellen Kunden erbrachte Anlageberatung ist vom Wertpapierdienstleistungsunternehmen gleichwohl intern aufzuzeichnen (§ 83 Abs. 1 WpHG). Nach § 34 Abs. 1 WpHG a.F. i.V.m. § 14 Abs. 1 Satz 1 WpDVerOV a.F. hatte das Unternehmen angemessene Vorkehrungen für die Aufzeichnung und Aufbewahrung festzulegen, um eine ordnungsgemäße und transparente Dokumentation der Geeignetheitsprüfung zu gewährleisten. Die in der bis zum 19.04.2018 gültigen Fassung der MaComp dokumentierte Interpretation der BaFin zu § 34 Abs. 1 WpHG i.V.m. § 14 Abs. 1 Satz 1 WpDVerOV wurde ersetzt durch einen Verweis in AT 8 auf die Liste der Mindesaufzeichnungspflichten nach § 83 Abs. 11 WpHG. Diese Liste enthält ihrerseits im Wesentlichen lediglich Verweise auf die zu einzelnen Themen relevanten Normen im WpHG und in der DVO (EU) 2017/565. Das Unternehmen hatte dafür Sorge zu tragen, dass die Vorkehrungen für die Aufzeichnung so gestaltet sind, dass die Aufdeckung von Fehlern bei der Geeignetheitsprüfung im Nachgang zur Aufzeichnung möglich ist. Außerdem musste das Wertpapierdienstleistungsunternehmen in ausreichendem Maße Verfahren vorsehen, um Mängeln oder Einschränkungen bei den Vorkehrungen für die Aufzeichnungen entgegenzuwirken.[473] Zusätzlich leitete die BaFin aus den Aufzeichnungspflichten ab, dass Wertpapierdienstleistungsunternehmen ihr Regelwerk hinsichtlich der Aufzeichnungen so gestalten müssen, dass sie den Grund für eine Anlage im Nachhinein feststellen können.[474] Diese Anforderung knüpft an der Motivation der Kunden an, aufgrund der er eine Anlageentscheidung getroffen hat. Da die Entscheidung des Kunden von der Empfehlung des Wertpapierdienstleistungsunternehmens abweichen kann, führte diese Anforderung im Einzelfall zu Schwierigkeiten. Zu berücksichtigen ist u.a., dass der Kunde nicht verpflichtet ist, seine Motivation offenzulegen. Vor diesem Hintergrund ist die BaFin-Anforderung einschränkend auszulegen. Das Wertpapierdienstleistungsunternehmen hatte grundsätzlich nur die Gründe für seine Empfehlung festzuhalten. Nur soweit möglich hatte es darüber hinaus die Gründe für die Anlageentscheidung des Kunden zu dokumentieren. Außerdem verlangte die BaFin, dass Wertpapierdienstleistungsunternehmen alle relevanten Informationen zur Geeignetheitsprüfung aufzeichnen, wie etwa die Informationen über den Kunden sowie die Informationen über die Finanzinstrumente, die dem Kunden empfohlen oder in seinem Namen gekauft wurden. Die Aufzeichnungen mussten alle vom Unternehmen vorgenommenen Änderungen hinsichtlich der Geeignetheitsprüfung, insbesondere Änderungen am Anlagerisikoprofil des Kunden beinhalten. Ferner mussten die Aufzeichnungen die Art von Finanzinstrumenten, die auf dieses Profil passen, eine Begründung hierfür sowie sämtliche Änderungen und die Gründe dafür beinhalten.[475]

387 Sofern die Anlageberatung nicht in einem direkten persönlichen Kontakt zwischen Kunde und Berater erbracht wird, sondern per Telefon, konnte das Wertpapierdienstleistungsunternehmen verpflichtet sein, seinem Kunden ein Rücktrittsrecht einzuräumen. Diese für Beratungsprotokolle geltende Regelung besteht seit dem 03.01.2018 nicht mehr. Die Pflicht zur Einräumung eines Rücktrittsrechts folgte auf § 34 Abs. 2a Satz 4 WpHG a.F. in dem Fall, in dem die Anlageberatung und der Geschäftsabschluss telefonisch durchgeführt wurden und der Geschäftsabschluss auf ausdrücklichen Wunsch des Kunden vor Erhalt des Protokolls erfolgen sollte. Mit dem Rücktrittsrecht sollte erreicht werden, dass der Kunde bei einer telefonischen Beratung mit sofortigem Geschäftsabschluss genau so gestellt war wie bei einer persönlichen Beratung mit direktem Kontakt. Der Kunde erhielt im Fall einer persönlichen Beratung das Protokoll unverzüglich nach Abschluss der Beratung, konnte es überprüfen und hatte damit die Möglichkeit, aufgrund der Prüfung noch von dem beabsichtigten Geschäft Abstand zu nehmen. Durch das Rücktrittsrecht konnte der Kunde nach einer telefonischen Beratung wirtschaftlich das gleiche Ergebnis erzielen, da er sich von dem

473 MaComp a.F. AT 8.3 Nr. 1.
474 MaComp a.F. AT 8.3 Nr. 2.
475 MaComp a.F. AT 8.3 Nr. 3.

Geschäft lösen konnte, wenn er das Protokoll geprüft und hierbei einen Fehler oder eine Lücke festgestellt hatte.[476]

Für den Umfang des einzuräumenden Rücktrittsrechts und den Hinweis im Protokoll auf das 388
Rücktrittsrecht waren zwei Sachverhaltsvarianten zu unterscheiden. Wollte der Kunde im unmittelbaren Anschluss an die telefonische Beratung einen Geschäftsabschluss tätigen, war ihm ein Rücktrittsrecht für dieses Geschäft einzuräumen. Hatte der Kunde sich noch nicht unmittelbar für einen Geschäftsabschluss entschieden, konnte gleichwohl Bedarf für die Einräumung eines Rücktrittsrechts bestehen. Dies galt für den Fall, dass der Kunde zwar nicht sofort im Anschluss an die Anlageberatung, jedoch noch während der Postlaufzeit des Protokolls telefonisch einen Geschäftsabschluss tätigen wollte. Wünschte der Kunde nach Abschluss einer telefonischen Anlageberatung nicht sofort einen Geschäftsabschluss, konnte sich das Wertpapierdienstleistungsunternehmen auf die zweite Sachverhaltsvariante einstellen, indem es dem Kunden ein bedingtes Rücktrittsrecht für den Fall einräumte, dass er ein telefonisches Geschäft noch vor Erhalt des Protokolls tätigte.

Wollte der Kunde sein Rücktrittsrecht ausüben, genügte dafür nicht die bloße Erklärung des Rück- 389
tritts. Das Rücktrittsrecht hing von Bedingungen ab und es musste dem Wertpapierdienstleistungsunternehmen möglich sein, die Berechtigung des Kunden zum Rücktritt zu prüfen. Deshalb hatte der Kunde zusätzlich zur Rücktrittserklärung substantiiert anzugeben, welcher Abschnitt des Protokolls nach seiner Auffassung fehlerhaft oder unvollständig war.[477] Die Pflicht des Kunden zur Substantiierung galt ungeachtet der Beweislast des Wertpapierdienstleistungsunternehmens, wenn es das Rücktrittsrecht bestritt (§ 34 Abs. 2a Satz 6 WpHG a.F.).

Im Fall der telefonischen Beratung mit anschließendem Geschäftsabschluss für mehrere Wertpapie- 390
re stellte sich die Frage, ob ein Fehler im Protokoll immer zu einem Rücktrittsrecht von allen auf der Beratung beruhenden Geschäften führte. Die Gesetzesformulierung half hierzu nicht weiter, da sie durchgängig von einem Geschäftsabschluss sprach. Den Gesetzgebungsmaterialien ist nicht zu entnehmen, dass die Folgen für mehrere Geschäfte (z.B. Verkauf eines Wertpapiers und Kauf eines anderen Wertpapiers) erörtert wurden. Basierend auf dem Sinn und Zweck der Regelung war die Art des Fehlers dafür entscheidend, ob dieser zu einem Rücktrittsrecht für nur ein Geschäft oder für mehrere Geschäftsabschlüsse führte. Durch die Regelung sollte der Kunde eine Prüfungsmöglichkeit erhalten und sich nachträglich von dem Geschäft lösen können, für das er einen Fehler oder eine Lücke im Protokoll feststellte. War der Fehler oder die Lücke im Protokoll, das mehrere Empfehlungen enthielt, lediglich für eine Empfehlung relevant, folgte daraus ein Rücktrittsrecht nur für das entsprechende Geschäft. Dies konnte bspw. im Falle der unzutreffenden Wiedergabe einer Empfehlung oder deren Begründung sein. War der Fehler im Protokoll dagegen erheblich für alle Empfehlungen, wie dies z.B. bei der Angabe über die der Beratung zugrunde liegenden Informationen über die persönliche Situation des Kunden der Fall sein konnte, stand dem Kunden grundsätzlich ein Rücktrittsrecht von allen auf der Beratung beruhenden Geschäften zu.

Bei der Beratung des Bevollmächtigten eines Depotinhabers war zu prüfen, wem das Rücktritts- 391
recht einzuräumen war. Das Gesetz verwendete den Begriff des »Kunden«. Damit waren nach § 31a Abs. 1 WpHG a.F. alle natürlichen oder juristischen Personen gemeint, für die Wertpapierdienstleistungsunternehmen Wertpapierdienstleistungen erbringen oder anbahnen. Die Frage, wem das Rücktrittsrecht einzuräumen war, hing davon ab, wer die Anlageberatung in Anspruch genommen hat. Wurde der Bevollmächtigte als Vertreter des Depotinhabers beraten, stand das Rücktrittsrecht dem Depotinhaber zu. Alternativ könnte der zivilrechtliche Beratungsvertrag auch mit dem Bevollmächtigten persönlich, der insoweit in eigenem Namen handeln würde, abgeschlossen worden sein. In dieser Konstellation leistete das Wertpapierdienstleistungsunternehmen die Anlageberatung und die anschließenden Wertpapiergeschäfte ggü. unterschiedlichen Kunden mit der Konsequenz, dass diesen kein Rücktrittsrecht einzuräumen gewesen ist. Die unter Anlegerschutzgesichtspunkten

476 BT-Drucks. 16/13672, S. 33.
477 BT-Drucks. 16/13672, S. 33.

abzulehnende zweite Konstellation wird in der Praxis auf Ausnahmefälle beschränkt sein, da sowohl Wertpapierdienstleister als auch Bevollmächtigter regelmäßig in dem Bewusstsein zusammenarbeiten, dass der Bevollmächtigte als Vertreter des Depotinhabers agiert und diese Stellung nicht nur auf die Geschäftsabschlüsse beschränkt ist. Wurde die telefonische Beratung gleichzeitig mit mehreren Inhabern eines Depots geführt, war jedem Inhaber ein Rücktrittsrecht einzuräumen. Abhängig von der Ausgestaltung der Geschäftsverbindung als »Und-Konto« oder als »Oder-Konto«[478] konnte das Recht entweder nur von beiden Depotinhabern gemeinsam oder von jedem separat ausgeübt werden.

IV. Folgen einer fehlerhaften Aufklärung und Beratung

1. Schadensersatzanspruch

a) Verletzung von Aufklärungspflichten

392 Grundsätzlich ist der unrichtig Aufgeklärte so zu stellen, wie er ohne die Anlage stehen würde.[479] Deshalb sind alle in Zusammenhang mit der Anlageentscheidung entstandenen Schäden zu ersetzen. Die Höhe dieses Anspruchs ist durch das Erfüllungsinteresse begrenzt.[480] Der durch die Verletzung einer Aufklärungspflicht Geschädigte hat allerdings das Recht, an dem für ihn ungünstigen Vertrag festzuhalten und den verbliebenen Vertrauensschaden zu liquidieren. Der Geschädigte ist in diesem Fall so zu stellen, als habe er einen für ihn besseren Vertrag geschlossen. Das setzt aber voraus, dass ein solcher Vertrag bei richtiger und vollständiger Aufklärung zustande gekommen wäre, was der Geschädigte darzulegen und zu beweisen hat.[481]

b) Verletzung der Pflichten eines Beratungsvertrags

393 Eine unter Verstoß gegen die Anforderungen des § 64 WpHG erteilte Empfehlung führt nicht zur Nichtigkeit des Beratungsvertrags. § 64 WpHG enthält trotz seiner zwingenden aufsichtsrechtlichen Natur kein gesetzliches Verbot i.S.d. § 134 BGB.[482] Die Verletzung der Pflichten aus einem Beratungsvertrag führt vielmehr zu einem Ersatzanspruch in Höhe des durch die Pflichtverletzung kausal entstandenen Schadens. Nach ständiger Rechtsprechung des BGH ist der Anleger bereits durch den Erwerb der Anlage geschädigt, die er aufgrund der fehlerhaften Beratung erwirbt.[483] Der Schaden besteht grundsätzlich i.H.d. gezahlten Kaufpreises abzüglich eines erzielten Verkaufserlöses. Sofern die Beratung mehrere Wertpapiere umfasst hat, ist die Pflichtverletzung des Beraters grundsätzlich kausal für den gesamten Schaden des Anlegers. Es ist aufgrund allgemeiner Lebenserfahrung davon auszugehen, dass die in einem wesentlichen Punkt fehlerhafte Anlageberatung kausal für die gesamte Entscheidung des Anlegers geworden ist.[484]

c) Haftungsbegründende Kausalität des Beratungsfehlers

394 Führt die fehlerhafte Beratung zum Erwerb der Kapitalanlage, ist der Fehler kausal für einen späteren aus der Kapitalanlage sich ergebenden Schaden geworden. Auf die Gründe des Wertverlustes der Anlage kommt es nicht an. Entscheidend ist, dass die Anlageentscheidung auf einer fehlerhaften Informationsgrundlage getroffen wurde.

478 Vgl. Kap. 2 Rdn. 75 ff.
479 BGH, WM 1998, 1527 (1529).
480 *Ellenberger* WM 2001 SBeil 1, S. 9.
481 BGH, WM 2006, 1536 (1539).
482 zur insoweit inhaltlich identischen Vorgängervorschrift des § 31 WpHG a.F.: Assmann/Schneider/*Koller* Vor § 31 Rn. 8; Fuchs/*Fuchs* Vor §§ 31 ff. Rn. 97.
483 BGH, WM 1994, 504 (506); BGH, WM 2005, 929 (930).
484 BGH, WM 1998, 1673 (1674); BGH, WM 2000, 426 (429).

Wenn ein Anlageberater die Wirtschaftspresse nicht ausgewertet und daher einschlägige Informationen übersehen hat, oder wenn er auf derartige Informationen nicht ausdrücklich hinweist, handelt er pflichtwidrig. Jedoch kommt eine Schadensersatzhaftung nur in Betracht, wenn aus der gebotenen ex-ante-Sicht durch die Auswertung der Presseartikel ein aufklärungspflichtiger Umstand bekannt geworden oder ein Hinweis zwingend erforderlich gewesen wäre.[485] Eine haftungsverursachende Pflichtverletzung liegt nicht vor, wenn der Anleger schriftliche Informationen mit einer hinreichend deutlichen Beschreibung der mit der Anlage verbundenen Chancen und Risiken erhalten hat, der Presse keine darüber hinausgehende Sachinformation zu entnehmen ist, und sich die Berichterstattung lediglich in einer negativen Bewertung erschöpft, die sich (noch) nicht allgemein in der Wirtschaftspresse durchgesetzt hat.[486] 395

2. Darlegungs- und Beweislast

Nach ständiger Rechtsprechung des BGH trägt der Anleger, der eine Aufklärungs- oder Beratungspflichtverletzung behauptet, die Beweislast für die Pflichtwidrigkeit und den Schaden. Bezüglich der Pflichtwidrigkeit werden die mit dem Nachweis einer negativen Tatsache verbundenen Schwierigkeiten des Anlegers dadurch ausgeglichen, dass die andere Partei die behauptete Fehlberatung substantiiert bestreiten und darlegen muss, wie im Einzelnen korrekt beraten bzw. aufgeklärt worden sein soll. Dem Anleger als Kläger bleibt dann der Nachweis vorbehalten, dass die Darstellung des Beklagten nicht zutrifft.[487] Dieser Grundsatz gilt auch für Streitigkeiten im Bereich der Anlageberatung.[488] 396

Im Kapitalanlagerecht gilt die »Vermutung aufklärungsrichtigen Verhaltens«. Steht ein Fehler des Anlageberaters fest, muss dieser darlegen und beweisen, dass der Anleger die Kapitalanlage auch dann getätigt hätte, wenn er ordnungsgemäß aufgeklärt und beraten worden wäre. Dies ist kein Anscheinsbeweis, sondern eine Beweislastumkehr zugunsten des Anlegers.[489] Nach früherer Rechtsprechung des BGH hing die Vermutung aufklärungsrichtigen Verhaltens allerdings davon ab, dass der Anleger vernünftigerweise nur eine Möglichkeit aufklärungsrichtigen Verhaltens hatte. Sie griff nicht in Fällen, in denen sich der Anleger bei ordnungsmäßiger Aufklärung bzw. Beratung in einem Entscheidungskonflikt befunden hätte.[490] Diese Voraussetzung hat der BGH in einer 2012 verkündeten Entscheidung aufgegeben.[491] Der Schutzzweck der Aufklärungspflicht rechtfertige es nicht, dass die Beweislastumkehr nur in Fällen greift, in denen der Anleger keinem Entscheidungskonflikt unterliegt. Der Aufklärungspflichtige habe stattdessen das Risiko zu tragen, dass aufgrund mehrerer Handlungsalternativen Unklarheiten darüber verbleiben, welche Entscheidung der Anleger bei gehöriger Aufklärung getroffen hätte.[492] 397

Im Fall einer Beratungspflichtverletzung bejaht der BGH einen Schadensersatzanspruch in Form der Rückabwicklung des auf der Fehlberatung beruhenden Anlagegeschäfts. Er lässt allerdings im Fall eines Verschweigens von erhaltenen Rückvergütungen offen, ob sich der Rückabwicklungsanspruch auch auf solche Anlagen bezieht, die im Beratungsgespräch zwar thematisiert wurden, 398

485 BGH, WM 2008, 2166 (2169); BGH, WM 2009, 688 (690).
486 BGH, WM 2009, 688 (690).
487 BGH, WM 1987, 590 (591) zur Beratung durch einen Rechtsanwalt; BGH, WM 1990, 115 (116) zur Belehrungspflicht eines Notars; BGH, WM 1993, 510 (512) zur Beratung durch einen Steuerberater; BGH, WM 1994, 2113 (2118) zu einer grob fehlerhaften Beratung durch einen Rechtsanwalt; BGH, WM 1999, 645 (646) zur Beratung durch einen Steuerberater.
488 BGH, WM 2000, 1441 (1443); BGH, WM 2000, 1685 (1686).
489 BGH, WM 2012, 1337 (1340); BGH, WM 2016, 780 (781); Ellenberger/Schäfer/Clouth/Lang/*Ellenberger* Rn. 954; a.A. Anscheinsbeweis *Assies/Lang* Rn. 113.
490 BGH, WM 2006, 2343 (2347); BGH, WM 2011, 925 (928).
491 BGH, WM 2012, 1337 ff.
492 BGH, BKR 2017, 164 (165); BGH, WM 2012, 1337 (1341).

für die aber keine Rückvergütungen an die beratende Bank fließen.[493] Die tatsächliche Vermutung für den Ursachenzusammenhang zwischen Aufklärungspflichtverletzung und Schaden wird nicht dadurch ausgeschlossen, dass der Anleger weitere Geschäfte trotz bereits entstandener Verluste und ungeachtet eines nachgeholten Hinweises auf die Risiken der Anlage vorgenommen hat. Das Festhalten an den bisherigen Anlagen und die Fortsetzung der Spekulation trotz entstandener Verluste kann nicht als Argument dafür verwendet werden, dass der Anleger das Geschäft auch dann abgeschlossen hätte, wenn er rechtzeitig ordnungsgemäß aufgeklärt worden wäre. Das Verhalten des Anlegers lässt eher darauf schließen, dass er sich trotz der Verluste nicht über die Anlagerisiken im Klaren ist. Eine Warnung an den Anleger, nachdem dieser das Erstgeschäft getätigt hat, führt zu keinem anderen Ergebnis, da der Hinweis vom Anleger nicht mehr unvoreingenommen wahrgenommen wird.[494]

399 Für die bis zum 31.12.2009 geführten Beratungen gelten weder eine Beweislastumkehr noch Beweiserleichterungen. Eine solche Folge kann insbesondere nicht aus der angeblichen Verletzung einer Dokumentationsobliegenheit abgeleitet werden, die es im Bereich der Anlageberatung bis zu diesem Stichtag nicht gegeben hat. Eine Pflicht zur Dokumentation folgt auch nicht aus dem Beratungsvertrag. Bis zum 31.10.2007 sahen weder das Wertpapierhandelsgesetz noch die frühere Verhaltensrichtlinie des Bundesaufsichtsamtes für den Wertpapierhandel eine derartige Pflicht vor.[495] Das Wertpapierhandelsgesetz enthielt in § 34 Abs. 1 WpHG a.F. eine abschließende Aufzählung gesetzlicher Aufzeichnungspflichten für den Geschäftsabschluss. Die chronologisch vorhergehende Aufklärung und Beratung war von dieser Pflicht nicht erfasst. Von der in § 34 Abs. 2 WpHG a.F. in der bis 31.10.2007 geltenden Fassung vorgesehenen Möglichkeit, weitere Aufzeichnungspflichten mittels Rechtsverordnung einzuführen, ist kein Gebrauch gemacht worden.[496] Zum 01.01.2010 wurde durch das Gesetz zur Neuregelung der Rechtsverhältnisse bei Schuldverschreibungen aus Gesamtemissionen und zur verbesserten Durchsetzbarkeit von Ansprüchen von Anlegern aus Falschberatung in § 34 Abs. 2a WpHG a.F. die schriftliche Protokollierungspflicht eingeführt. Mit Wirkung ab dem 03.01.2018 wurden die Vorgaben zur Erstellung eines Beratungsprotokolls ersetzt durch die Regelungen über die Geeignetheitserklärung in § 64 Abs. 4 WpHG. Außerhalb des Anwendungsbereichs dieser Vorschrift änderte sich jedoch nichts an den dargestellten Grundsätzen. Soweit ein professioneller Anleger i.S.d. § 67 Abs. 2 und 6 WpHG beraten wird, besteht für das Wertpapierdienstleistungsunternehmen keine Pflicht, ein Beratungsprotokoll/eine Geeignetheitserklärung zu erstellen. Gleiches gilt für die Beratung einer geeigneten Gegenpartei i.S.d. § 67 Abs. 4 WpHG. Angesichts dieser regulatorischen Veränderungen ist derzeit offen, ob ein Verstoß gegen die Erstellung eines Protokolls bzw. einer Geeignetheitserklärung im Falle der Beratung eines Privatkunden zu einer weiteren Verschärfung der beim Wertpapierdienstleistungsunternehmen seit 2012 liegenden Beweislast führt.

400 Trägt der Anleger eine vorsätzliche Pflichtverletzung des Wertpapierdienstleistungsunternehmens vor, ist dieses nach § 280 Abs. 1 Satz 2 BGB (§ 282 BGB a.F.) beweispflichtig für das Nichtvertretenmüssen der Pflichtverletzung. Nach der Rechtsprechung des BGH trägt ein Schuldner die Beweislast für das Nichtvorliegen eines schuldhaften Handelns auch dann, wenn er nur für Vorsatz und grobe Fahrlässigkeit haftet.[497] In der Praxis ist die Frage, ob eine vorsätzliche oder grob fahrlässige Handlung des Wertpapierdienstleistungsunternehmens vorliegt, insbesondere dann relevant, wenn Haftungsansprüche für fahrlässiges Handeln verjährt sind. Die Frage nach einem

---

493 BGH, WM 2007, 487 (490).

494 BGH, WM 1993, 1457 (1458); BGH, WM 2004, 1774 (1776).

495 Richtlinie des Bundesaufsichtsamtes für den Wertpapierhandel gem. § 35 Abs. 2 des Gesetzes über den Wertpapierhandel (WpHG) v. 26.07.1994 zur Konkretisierung der §§ 31 und 32 WpHG für das Kommissions-, Festpreis- und Vermittlungsgeschäft der Kreditinstitute v. 26.05.1997; sog. »Wohlverhaltensrichtlinie«; BAnz Nr. 98 v. 03.06.1997, S. 6586; aufgehoben zum 01.11.2007 durch Schreiben v. 23.10.2007.

496 BGH, JZ 2006, 1080 (1081).

497 BGH, WM 1967, 131.

vorsätzlichen Pflichtverstoß des Anlageberaters wird in den letzten Jahren vor dem Hintergrund der vom BGH entwickelten Beratungspflicht diskutiert, den Erhalt von Rückvergütungen offenzulegen. Soweit feststeht, dass der Anlageberater Rückvergütungen erhalten hat und diese Tatsache ggü. dem Anlageinteressenten nicht offengelegt hat, kommt es für das Vorliegen des Vorsatzes darauf an, ob bei dem Berater in Bezug auf die Offenlegungspflicht ein den Vorsatz ausschließender Rechtsirrtum vorlag. Beruft sich ein Berater auf das Vorliegen eines Rechtsirrtums, muss er diesen darlegen und beweisen.[498] Insbesondere für Beratungen, die vor Bekanntwerden des Urteils des BGH vom 19.12.2006[499] geführt wurden, ist für das Vorliegen eines Rechtsirrtums entscheidend, ob ein sachkundiger Jurist bereits zu diesem Zeitpunkt das Bestehen der ausgeurteilten zivilrechtlichen Offenlegungspflicht kannte oder jedenfalls für möglich gehalten hat.[500] Nach a.A. kommt es darauf an, ob die Feststellung der Offenlegungspflicht durch den BGH ohne Weiteres absehbar war.[501] Für das Vorliegen eines Rechtsirrtums ist in chronologischer Abfolge die BaWe-Wohlverhaltensrichtlinie aus 1997 heranzuziehen, die in Nr. 2.2 (= Nr. B 1.2 Abs. 3 Satz 1 der Fassung 2001) Folgendes vorsah: »Vereinbart das Wertpapierdienstleistungsunternehmen mit Maklern oder anderen eingeschalteten Unternehmen die teilweise Rückzahlung von dem Kunden als Aufwendungsersatz in Rechnung gestellte fremde Kosten an sich (»Kick-Back-Vereinbarungen«), so hat das Wertpapierdienstleistungsunternehmen den Kunden über die kommissionsrechtliche Verpflichtung zur Rückzahlung dieser Beträge aufzuklären.« Die Aufklärungspflicht knüpft an die Herausgabepflicht des Kommissionärs an und nimmt keinen Bezug auf eine Beratungsleistung. Da infolge einer Beratung auch Festpreisgeschäfte geschlossen werden können, bei denen es die genannte Herausgabepflicht nicht gibt, konnte aus diesen Vorgaben des BAWe nicht auf eine Offenlegungspflicht des BGH für Vertriebsvergütungen geschlossen werden. Auch die Fassung der Richtlinie aus 2001 führt zum gleichen Ergebnis. Diese beinhaltet zwar in Nr. B 1.2 Abs. 3 Satz 2 eine allgemein formulierte Forderung, dass ein Wertpapierdienstleistungsunternehmen auf vereinbarte Geldleistungen, die es im Rahmen seiner Vermittlungstätigkeit mittelbar oder unmittelbar erhält und die wirtschaftlich in Zusammenhang mit Kundengeschäften stehen, zumindest in allgemeiner Form hinzuweisen hat. Diese Information konnte einmalig bei Begründung der Geschäftsbeziehung erteilt werden und es genügte ein allgemeiner Hinweis (Nr. B 1.2 Abs. 4). Sowohl Zeitpunkt als auch Inhalt der vom BGH geforderten Offenlegungspflicht unterscheiden sich von diesen Anforderungen wesentlich. Der BGH lässt keinen allgemeinen Hinweis genügen, sondern verlangt eine Bezifferung der im konkreten Fall erhaltenen Vergütung. Die Offenlegung ist in jeder Beratung zu geben und ein einmaliger Hinweis bei Begründung der Geschäftsbeziehung wird als nicht ausreichend beurteilt.

Von einem etwaigen vorsatzausschließenden Rechtsirrtum zu unterscheiden ist die Frage, ob (und 401 wann) ein unvermeidbarer Rechtsirrtum vorliegt, der eine Haftung wegen fahrlässigen Pflichtenverstoßes ausschließen würde. Nach Einschätzung des BGH kann sich eine Bank jedenfalls für die Zeit nach 1990 nicht auf einen unvermeidbaren Rechtsirrtum über das Bestehen und den Umfang einer entsprechenden Aufklärungspflicht berufen. Sie haftet vielmehr wegen fahrlässiger Pflichtverletzung, wenn sie einen Kunden im Rahmen der Anlageberatung nicht auf an sie zurückgeflossene Rückvergütungen hingewiesen hat. In seiner Begründung weist der BGH auf Entscheidungen aus 1989 und 1990 über vermittelte Warentermingeschäfte und auf Stimmen in der Literatur hin.[502]

3. Verjährung

Kann der Anleger einen Schadensersatzanspruch gegen ein Wertpapierdienstleistungsunternehmen 402 wegen der Verletzung von Aufklärungs- oder Beratungspflichten geltend machen, unterliegt dieser Anspruch der regelmäßigen Verjährung nach §§ 195 ff. BGB. Ist der Anspruch in der Zeit

498 BGH, WM 1977, 1081; BGH, WM 2009, 1274.
499 BGH, WM 2007, 487.
500 *Mülbert* WuB I G 1. – 10.09.
501 *Koller* EWiR 2009, 433 (434).
502 BGH, WM 2012, 1337 Rn. 25; BGH, WM 2010, 1694 Rn. 5.

vom 01.04.1998 bis zum Ablauf des 04.08.2009 entstanden, richtet sich die Verjährung allerdings grundsätzlich nach § 37a WpHG in der bis zum 04.08.2009 geltenden Fassung (§ 43 WpHG a.F.). Seitdem beträgt die Verjährungsfrist 3 Jahre und beginnt in dem Zeitpunkt, in dem der Anspruch entsteht. Ein auf die Verletzung eines Beratungsvertrags gestützter Schadensersatzanspruch entsteht spätestens im Zeitpunkt des Erwerbs der Wertpapiere. Der Anleger ist durch das pflichtwidrige Verhalten zum Erwerb der Wertpapiere verleitet worden, die er ohne dieses Verhalten nicht erworben hätte. Selbst bei objektiver Gleichwertigkeit von Leistung und Gegenleistung kann der Anleger einen Schaden erleiden, wenn die Leistung für seine Zwecke nicht voll brauchbar ist.[503] Die für den Verjährungsbeginn nach § 199 Abs. 1 Nr. 2 BGB erforderliche Kenntnis von den den Anspruch begründenden Umständen liegt im Allgemeinen vor, wenn dem Geschädigten die Erhebung einer Schadensersatzklage Erfolg versprechend möglich ist. In Fällen des Schadensersatzes wegen unzureichender Aufklärung muss der Geschädigte nicht die Rechtspflicht des Schädigers zur Aufklärung kennen. Auch insoweit genügt vielmehr die Kenntnis derjenigen tatsächlichen Umstände, aus denen sich die Aufklärungspflicht ergibt.[504]

403 Für fahrlässig verwirklichte deliktische Verstöße hat die Verjährung nach § 37a WpHG a.F. ebenfalls gegolten. Auch wenn § 31 Abs. 2 Satz 1 Nr. 2 WpHG a.F. als Schutzgesetz i.S.d. § 823 Abs. 2 BGB angesehen wird,[505] galt die Verjährung des § 37a WpHG a.F. aufgrund des mit dieser Vorschrift verfolgten Zwecks. Dieser besteht in einer Haftungsbegrenzung für Anlageberater. Deren Bereitschaft zur Empfehlung risikoreicher Kapitalanlagen sollte gestärkt und so die Kapitalbeschaffung für junge und innovative Unternehmen erleichtert werden. Dieser Zweck wäre verfehlt worden, wenn die kurze Verjährungsfrist des § 37a WpHG a.F. und ihr Beginn lediglich auf die vertragliche Haftung angewendet worden wäre, nicht aber auf die regelmäßig gleichzeitig verwirklichte deliktische Haftung. Etwas anderes galt allerdings bei einer vorsätzlichen Beratungspflichtverletzung. Aufgrund einer teleologischen Reduktion des Anwendungsbereichs des § 37a WpHG a.F. griff in einem solchen Fall die Regelverjährung für deliktsrechtliche Ersatzansprüche.[506]

404 Ansprüche wegen Aufklärungs- und Beratungspflichtverletzungen gegen reine Fondsvermittler verjährten auch bisher nicht nach § 37a WpHG a.F., sondern nach den allgemeinen Verjährungsvorschriften in §§ 194 ff. BGB. Reine Fondsvermittler sind keine Wertpapierdienstleistungsunternehmen und unterliegen daher nicht den Wohlverhaltensregeln der §§ 63 WpHG. § 37a WpHG a.F. fand demnach auf Schadensersatzansprüche gegen sie keine Anwendung.[507] Da die Anlageberatung seit dem 01.11.2007 eine Wertpapierdienstleistung darstellt, gelten reine Fondsvermittler unter den Voraussetzungen des § 2a Abs. 1 Nr. 7 WpHG nicht als Wertpapierdienstleistungsunternehmen. Hierzu müssen die Fondsvermittler ausschließlich die Anlageberatung und die Anlagevermittlung zwischen Kunden einerseits und Instituten i.S.d. Kreditwesengesetzes oder Kapitalverwaltungsgesellschaften andererseits betreiben, sofern sich diese Wertpapierdienstleistungen auf Anteile an inländische Investmentvermögen, die von einer Kapitalverwaltungsgesellschaft ausgegeben werden, beschränken. Gegenstand der Wertpapierdienstleistung können auch Anteile an EU-Investmentvermögen oder ausländischen AIF sein, die nach dem Kapitalanlagegesetzbuch vertrieben werden dürfen. Weitere Voraussetzung ist, dass der Fondsvermittler nicht befugt ist, sich bei der Erbringung dieser Finanzdienstleistungen Eigentum oder Besitz an Geldern oder Anteilen von Kunden zu verschaffen, es sei denn, der Fondsvermittler beantragt und erhält eine entsprechende Erlaubnis nach § 32 Abs. 1 KWG. Anteile an Hedgefonds i.S.d. § 283 KAGB dürfen nicht durch einen reinen Fondsvermittler beraten und vermittelt werden.

---

503 BGH, WM 2005, 929 (930).

504 BGH, WM 2016, 780 (782) Rn. 28.

505 Bisher ausdrücklich offen gelassen vom BGH in: BGH, WM 1999, 2300 (2303); BGH, WM 2004, 24 (26); BGH, WM 2005, 929 (930); Schutzgesetzeigenschaft für § 32 Abs. 2 Nr. 1 WpHG verneint in BGH, WM 2008, 825.

506 BGH, WM 2005, 929 (930); *Nobbe* ZBB 2009, 93, 104; Fuchs/*Fuchs* § 37a Rn. 2.

507 BGH, WM 2006, 479 (480); *Ellenberger* WM 2001 SBeil 1, S. 15.

Erbringt ein Anbieter Wertpapierdienstleistungen ohne die hierfür gem. § 32 KWG erforderliche Erlaubnis und macht ein Anleger Schadensersatzansprüche gegen ihn wegen der Verletzung von Aufklärungs- oder Beratungspflichten geltend, war § 37a WpHG a.F. nicht einschlägig. Die Vorschrift war zwar auf Wertpapierdienstleistungsunternehmen anwendbar und die Erlaubnis der BaFin ist kein Merkmal der Legaldefinition in § 2 Abs. 8 S. 1 Nr. 10 WpHG. Nach ihrem Sinn und Zweck war die spezielle Verjährungsvorschrift aber nicht auf Unternehmen anwendbar, die Wertpapierdienstleistungen ohne die erforderliche Erlaubnis erbringen. Die Verkürzung der Verjährungsfrist ggü. der regelmäßigen Verjährungsfrist des BGB wurde mit der besonderen wertpapierhandelsrechtlichen Aufsicht und mit einem Vergleich der verjährungsrechtlichen Regelungen für Steuerberater, Wirtschaftsprüfer und Rechtsanwälte, die ebenfalls besondere Zugangsvoraussetzungen erfüllen müssen, begründet. Dies hatte zur Folge, dass sich Unternehmen, die sich der Wertpapieraufsicht entziehen, auch wenn sie materiell eine Wertpapierdienstleistung erbringen, nicht auf die kurze Verjährung berufen konnten. Auch aufgrund der Rechtsprechung, die in der Vorschrift über die Erlaubnispflicht in § 32 Abs. 1 Satz 1 KWG ein Schutzgesetz i.S.d. § 823 Abs. 2 BGB zugunsten des Kapitalanlegers sieht, war eine Anwendung des § 37a WpHG a.F. auf Unternehmen, die Wertpapierdienstleistungen ohne die erforderliche Erlaubnis erbringen, und damit deliktsrechtlich haftbar gemacht werden können, nicht möglich.[508] 405

D. Zivilrechtliche Grundlagen der Ausführung von Kundenaufträgen zum Kauf/Verkauf von Wertpapieren

I. Formen der Durchführung

Für die Ausführung von Kundenaufträgen zum Kauf oder Verkauf von Wertpapieren für Dritte bieten sich für die zivilrechtliche Einordnung des Verhältnisses zwischen dem Kunden und der Bank grundsätzlich vier verschiedene Möglichkeiten an.[509] Hierbei ist zu bedenken, dass die zivilrechtlichen Bestimmungen signifikant von aufsichtsrechtlichen Anforderungen überlagert werden.[510] 406

1. Offene Stellvertretung

Bei der nur äußerst selten anzutreffenden Form der offenen Stellvertretung beauftragt der Kunde die Bank mit der Ausführung eines Wertpapiergeschäftes als Stellvertreter.[511] Die Bank handelt dabei nicht im eigenen Namen, sondern im Namen des Kunden. Es kommt ein Kaufvertrag unmittelbar zwischen dem Kunden und dem Käufer bzw. Verkäufer der entsprechenden Wertpapiere zustande.[512] Die offene Stellvertretung ist im Rahmen des Wertpapiermassengeschäfts an beaufsichtigten Handelsplätzen, z.B. über die Deutsche Börse, nicht anzutreffen. Diese Form des Ausführungsgeschäftes ist vielmehr bei außerbörslichen Transaktionen und insbesondere bei sog. »Blocktrades«, d.h. bei der Platzierung oder dem Erwerb größerer Bestände von Wertpapieren außerhalb von beaufsichtigten Handelsplätzen auf dem Primärmarkt, üblich. Trotz umfassender vertraglicher Dokumentation und rechtlichen Schnittstellen in zahlreiche Rechtsbereiche bestimmt sich das grundlegende Verhältnis zwischen Bank und Kunde in diesen Fällen auch (schlicht) nach Geschäftsbesorgungsrecht (§§ 675, 611 BGB) und den §§ 164 ff. BGB. 407

508 BGH, WM 2006, 479 (481).

509 Zutreffend hat der BGH einen Vertrag sui generis in Form eines allgemeinen Bankvertrags abgelehnt, vgl. BGH, Urt. v. 24.09.2002 – XI ZR 345/01, BGHZ 152, 114, 117 ff. = WM 2002, 2281; hierzu statt vieler nur Lenenbach, Kapitalmarktrecht, 2. Aufl. 2010, Rn. 4.8 ff. und Rn. 4.29 ff. m. zahlreichen w.N.

510 Hierzu ausführlich Schäfer, in: Assmann/Schütze, Handbuch des Kapitalanlagerechts, 4. Aufl. 2015, § 12 Rn. 13 ff. m. zahlreichen w.N.

511 Hierzu etwa auch Schäfer, in: Assmann/Schütze, Handbuch des Kapitalanlagerechts, 4. Aufl. 2015, § 12 Rn. 11; Lenenbach, Kapitalmarktrecht, 2. Aufl. 2010, Rn. 4.12.

512 Schäfer, in: Assmann/Schütze, Handbuch des Kapitalanlagerechts, 4. Aufl. 2015, § 12 Rn. 11.

2. Kommissionsgeschäft (§§ 383 ff. HGB)

408 Beim Kommissionsgeschäft nach § 383 HGB wird die vom Kunden (Kommittent) beauftragte Bank (Kommissionär) im eigenen Namen aber für Rechnung des Kunden tätig. Damit bildet das Kommissionsgeschäft den klassischen Fall einer mittelbaren Stellvertretung.[513] Der entsprechend zustande gekommene Kommissionsvertrag ist ein entgeltlicher Geschäftsbesorgungsvertrag i.S.d. § 675 BGB.[514] Nach weit überwiegender Auffassung hat ein solches Kommissionsgeschäft über Wertpapiere ein dienstvertragliches Element zum Gegenstand des Geschäftsbesorgungsvertrages.[515] Zu beachten sind aber insbesondere auch die spezialgesetzlichen Regelungen der Einkaufskommission in den §§ 18 ff. DepotG sowie § 185 BGB bei Verkaufskommissionsgeschäften.

409 Große Bedeutung hat diese einfache Kommission wieder seit Anfang des Jahres 1995 erlangt, als Nr. 29 AGB Banken bzw. Nr. 39a AGB Sparkassen gestrichen wurde und damit die Effektenkommission mit Selbsteintritt zugunsten der einfachen Kommission entfiel.[516]

3. Kommission mit Selbsteintritt (§§ 400 ff. HGB)

410 Bis Januar 1995 sahen die AGB der Banken und Sparkassen vor, dass »alle Aufträge zum Kauf und Verkauf von Wertpapieren, die an der Börse des Ausführungsplatzes zum amtlichen Handel oder zum geregelten Markt zugelassen sind, als Kommissionär durch Selbsteintritt ausgeführt werden, ohne dass es einer ausdrücklichen Anzeige gemäß § 405 HGB« bedurfte. Bei einer Einkaufs- oder Verkaufskommission von Wertpapieren, die einen amtlichen Börsen- oder Marktpreis haben, ist der Kommissionär nach § 400 Abs. 1 HGB berechtigt, die Wertpapiere, die er einkaufen soll, selbst als Verkäufer zu liefern oder die Wertpapiere, die er verkaufen soll, selbst als Käufer zu übernehmen. Nach § 400 Abs. 5 HGB darf der von der Bank (Kommissionär) dem Kunden (Kommittent) berechnete Preis nicht ungünstiger sein als der Preis, der amtlich festgestellt wird.

411 Zwar sieht § 401 HGB zum Schutz des Kunden vor, dass die Bank beim Selbsteintritt einen günstigeren als den nach § 400 Abs. 5 HGB vorgesehenen Preis berechnen muss, wenn bei Anwendung pflichtgemäßer Sorgfalt die Kommission zu einem günstigeren Preis hätte ausgeführt werden können. Weiterhin darf die Bank keinesfalls einen ungünstigeren Preis berechnen als den des tatsächlich abgeschlossenen Geschäftes. Dem Kunden obliegt jedoch die Beweislast dafür, dass die Bank gegen ihre Pflichten aus § 401 HGB verstoßen hat.[517] Durch diese Beweislastverteilung war es dem Kunden aber in der Regel nicht möglich, Übervorteilungen der von ihm beauftragten Bank nachzuweisen, was auf starke Kritik gestoßen war.[518] Die Kreditwirtschaft entschloss sich daher dazu, die Kommission mit Selbsteintritt aufzugeben und in den AGB zur einfachen Kommission ohne Selbsteintritt gemäß §§ 383 ff. HGB überzugehen.[519]

---

513 Hopt, in: Baumbach/Hopt, HGB, 37. Aufl. 2016, § 383 Rn. 1, 17.

514 Seiler/Geier, in: Schimansky/Bunte/Lwowski, Bankrechts-Handbuch, 5. Aufl. 2017, § 104 Rn. 48; Hopt, in Baumbach/Hopt, HGB, 37. Aufl. 2016, § 383 Rn. 8.

515 Häuser, in: MünchKomm-HGB, 3. Aufl. 2013, § 383 Rn. 18 m.w.N.; Seiler/Geier, in: Schimansky/Bunte/Lwowski, Bankrechts-Handbuch, 5. Aufl. 2017, § 104 Rn. 48; Starke, in: Kümpel/Wittig, Bank- und Kapitalmarktrecht, 4. Aufl. 2011, Rn. 17.52; *Balzer*, WM 2001, 1533, 1536.

516 Vgl. Seiler/Geier, in: Schimansky/Bunte/Lwowski, Bankrechts-Handbuch, 5. Aufl. 2017, § 104 Rn. 47; Bunte, AGB-Banken, 4. Aufl. 2015, SB Wp Rn. 93.

517 OLG Oldenburg, Urt. v. 22.05.1992 – 11 U 12/92, WM 1993, 1879; Hopt, in: Baumbach/Hopt, HGB, 37. Aufl. 2016, § 401 Rn. 1; *Kümpel*, WM 1995, 137, 138; Häuser, in: MünchKomm-HGB, 3. Aufl. 2013, § 401 Rn. 2.

518 Vgl. Häuser, in: MünchKomm-HGB, 3. Aufl. 2013, § 401 Rn. 2; Lenenbach, Kapitalmarktrecht, 2. Aufl. 2010, Rn. 4.19 f. jeweils m.w.N.

519 Vgl. Beule, in: Bankrecht und Bankpraxis, Rn. 7/45; Seiler/Geier, in: Schimansky/Bunte/Lwowski, Bankrechts-Handbuch, 5. Aufl. 2017, § 104 Rn. 3; Schäfer, in: Assmann/Schütze, Handbuch des Kapitalanlagerechts, 4 Aufl. 2015, § 12 Rn. 8; Lenenbach, Kapitalmarktrecht, 2. Aufl. 2010, Rn. 4.20.

4. Eigengeschäft

Eine weitere Möglichkeit zur Durchführung von Wertpapiergeschäften besteht für Banken in der Durchführung von Eigengeschäften. Dabei schließt die Bank als Eigenhändler mit dem Kunden einen Kaufvertrag, wobei nach § 31 DepotG auch die §§ 18 ff. DepotG über die Erfüllung beim Wertpapierkauf gelten.[520] Diese Transaktionen werden in den seit 1995 von der Kreditwirtschaft verwendeten Sonderbedingungen für Wertpapiergeschäfte (SoBedWp) als sog. »Festpreisgeschäfte« bezeichnet (Nr. 9). 412

Bei Eigengeschäften steht es den Banken frei, die Wertpapiere für den Eigenbestand zu erwerben bzw. aus dem Eigenbestand zu liefern oder ein dem Eigengeschäft entsprechendes Deckungsgeschäft im Markt abzuschließen. 413

II. Sonderbedingungen für Wertpapiergeschäfte

1. Allgemeines

Die Sonderbedingungen für Wertpapiergeschäfte (SoBedWp)[521] sind Sonderbedingungen im Sinne von Nr. 1 Abs. 1 der AGB Banken. Neben den AGB ergänzen die Sonderbedingungswerke die AGB als rechtliche Grundlage der Geschäftsbeziehung zwischen einer Bank und ihren Kunden. Die Sonderbedingungen für Wertpapiergeschäfte werden regelmäßig im Zusammenhang mit der Konto- bzw. Depoteröffnung vereinbart. Sie gelten in der vorliegenden Form seit dem 01.06.2012.[522] 414

Die Präambel macht deutlich, dass der Anwendungsbereich der Sonderbedingungen auf den »Kauf oder Verkauf sowie auf die Verwahrung von Wertpapieren beschränkt ist und zwar auch dann, wenn die Rechte nicht in Urkunden verbrieft sind«. Finanztermingeschäfte, bei denen die Rechte nicht in Urkunden verbrieft sind, wie z.B. Optionsscheine, werden jedoch ausgenommen und den Sonderbedingungen für Termingeschäfte unterworfen.[523] Nach den SoBedWp sind grundsätzlich zwei Wege vorgesehen, wie ein Kunde der Bank einen Auftrag zum Kauf oder Verkauf von Wertpapieren erteilen kann. Zum einen besteht die Möglichkeit, die Bank durch Abschluss eines Kommissionsvertrages (§§ 383 ff. HGB) zu beauftragen (vgl. Nr. 1 Abs. 2 der SoBedWp); zum anderen besteht alternativ die Möglichkeit Festpreisgeschäfte zu einem mit der Bank zu vereinbarenden Kaufpreis abzuschließen (vgl. Nr. 1 Abs. 3 der SoBedWp). Beim Online-Banking führen Direktbanken entsprechende Kundenaufträge i.d.R. als Kommissionsgeschäfte aus.[524] 415

2. Kommissionsgeschäft

Bei Kommissionsgeschäften nach Nr. 1 Abs. 2 und Nr. 3 bis 9 der SoBedWp ist die Bank verpflichtet, den ihr erteilten Auftrag für Rechnung des Kunden auszuführen und diesem auf Wunsch über das konkrete Ausführungsgeschäft Rechnung zu legen. Im Unterschied zur Kommission mit Selbsteintritt muss die Bank daher in der Lage sein, auf Verlangen des Kunden die Ordnungsmäßigkeit 416

520 Schäfer, in: Assmann/Schütze, Handbuch des Kapitalanlagerechts, 4 Aufl. 2015, § 12 Rn. 10, 16; Seiler/Geier, in: Schimansky/Bunte/Lwowski, Bankrechts-Handbuch, 5. Aufl. 2017, § 104 Rn. 4 ff.

521 Abgedruckt bei Bunte, AGB-Banken, 4. Aufl. 2015, 4 SB Wp.

522 Vgl. zur Entstehungsgeschichte ausführlich Bunte, AGB-Banken, 4. Aufl. 2015, SB Wp Rn. 1 ff.; Hopt, in: Baumbach/Hopt, HGB, 37. Aufl. 2016, Bankgeschäfte/SoBedWp, Rn. 1 ff.; Starke, in: Kümpel/Wittig, Bank- und Kapitalmarktrecht, 4. Aufl. 2011, Rn. 17.14 ff.; Wagner, WM 2007, 1725 ff.; Zingel, ZBB 2003, 59 ff.; Kümpel, WM 1995, 137 ff.; Klanten, ZBB 1995, 92 ff.

523 Hierzu etwa Jahn/Reiner, in: Schimansky/Bunte/Lwowski, Bankrechts-Handbuch, 5. Aufl. 2017, § 114 Rn. 86; Schäfer, in: Assmann/Schütze, Handbuch des Kapitalanlagerechts, 4. Aufl. 2015, § 12 Rn. 12.

524 BGH, Urt. v. 25.06.2002 – XI ZR 239/01, ZIP 2002, 1436; Balzer, WM 2001, 1533 ff. Vgl. auch OLG Frankfurt, Urt. v. 04.03.2009 – 16 U 174/08, WM 2009, 1032; OLG Nürnberg, Urt. v. 10.07.2015 – 14 U 468/07, WM 2015, 2146 m. Anm. Schäfer, BKR 2015, 459.

der Auftragsabwicklung nachzuweisen und somit jedem Kundengeschäft ein konkretes Ausführungsgeschäft zuzuordnen.[525]

417 Der Kommissionär haftet im Unterschied zu Eigengeschäften nicht für die Erfüllung der Verbindlichkeiten des entsprechenden Dritten. Der Kunde trägt somit grundsätzlich das Solvenzrisiko des ihm zunächst nicht bekannten Dritten, wenn die Bank dem Kunden gleichzeitig mit der Anzeige der Ausführung der Kommission diesen Dritten benennen würde. Nur wenn der Kommissionär die Benennung unterlässt, haftet er nach § 384 Abs. 3 HGB für die Erfüllung des Geschäftes. Nach § 394 Abs. 1 HGB kann die Bank als beauftragter Kommissionär jedoch die Haftung für die Erfüllung der Verbindlichkeiten des Dritten übernehmen. Dies geschieht ausdrücklich in Nr. 9 der SoBedWp.[526]

418 Nach Nr. 2 der SoBedWp werden sowohl Kommissions- als auch Festpreisgeschäfte nach den jeweiligen Ausführungsgrundsätzen der Bank ausgeführt. Regelmäßig werden danach, – falls keine abweichenden Weisungen der Kunden vorliegen – Wertpapiere von Inlandsemittenten i.S.v. § 2 Abs. 14 WpHG, die an einem inländischen Handelsplatz i.S.v. § 2 Abs. 22 WpHG[527] gehandelt werden, im Inland ausgeführt. Für Wertpapiere ausländischer Emittenten gilt grundsätzlich regelmäßig das Gleiche, soweit diese an einem inländischen Handelsplatz gehandelt werden.

419 Weiterhin regeln die SoBedWp in Nr. 6 die Limitierung von Kundenaufträgen und die Gültigkeitsdauer von unbefristeten Aufträgen durch Kunden. Die Gültigkeitsdauer von Aufträgen im Hinblick auf Bezugsrechte wird in Nr. 7 der SoBedWp geregelt. Bei Kursaussetzungen erlöschen nach Nr. 8 Abs. 2 der SoBedWp automatisch sämtliche Kundenaufträge und die Bank ist verpflichtet, den Kunden über diese Tatsache unverzüglich in Kenntnis zu setzen. Bei Aufträgen an ausländischen Ausführungsplätzen gelten jeweils die Usancen dieser ausländischen Handelsplätze (Nr. 8 Abs. 3 der SoBedWp). Dem Kunden soll durch das automatische Erlöschen Gelegenheit gegeben werden, seine Anlageentscheidung nochmals zu überprüfen, da Kursaussetzungen in der Regel auf außergewöhnlichen Informationen im Hinblick auf das betroffene Wertpapier beruhen.[528]

420 Die Bank ist zur Ausführung von Wertpapieraufträgen oder zur Ausübung von Bezugsrechten nach Nr. 7 der SoBedWp nur verpflichtet, sofern das Guthaben des Kunden entsprechend hoch ist oder ein für Wertpapiergeschäfte nutzbarer Kredit oder Depotbestand des Kunden zur Ausführung ausreicht (Nr. 4 der SoBedWp). Diese Regelung entspricht dem allgemeinen Verlangen des Kommissionärs auf Leistung eines Vorschusses gemäß § 669 BGB.[529] Allerdings kann die Bank auch bei entsprechendem Guthaben einen Kommissionsauftrag zurückweisen, sofern hierfür ein sachlicher Grund besteht.[530] Dieser sachliche Grund kann beispielsweise in marktbekannten Lieferschwierigkeiten aller Handelsteilnehmer in einem Wert bestehen. Hier jedoch von einem Kontrahierungszwang zu sprechen, wäre zu weitgehend.[531]

---

525 Vgl. Lenenbach, Kapitalmarktrecht, 2. Aufl. 2010, Rn. 4.13; *Kümpel*, WM 1995, 137, 138.

526 Bunte, AGB-Banken, 4. Aufl. 2015, SB Wp Rn. 93 f.

527 Umfasst sind der organisierte Markt (z.B. die Frankfurter Wertpapierbörse), multilaterale Handelssysteme (MTF) und organisierte Handelssysteme (OTF). Zu der geänderten Handelsplatzarchitektur nach MiFID II vgl. Güllner, WM 2017, 938 ff.

528 Vgl. Beule, in: Bankrecht und Bankpraxis, Rn. 7/98.

529 Vgl. Beule, in: Bankrecht und Bankpraxis, Rn. 7/79; Balzer, WM 2001, 1533, 1538.

530 So auch Beule, in: Bankrecht und Bankpraxis, Rn. 7/78.

531 *Canaris*, Bankvertragsrecht, 2. Aufl. 1981, Rn. 1840; kritisch und im Ergebnis ebenfalls ablehnend Bergmann, in: Langenbucher/Spindler/Bliesener, Bankrechts-Kommentar, 2. Aufl. 2016, Kap. 36 Rn. 99 ff.; Lenenbach, Kapitalmarktrecht, 2. Aufl. 2010, Rn. 4.51.

3. Festpreisgeschäfte

Alternativ zum einfachen Kommissionsgeschäft sieht Nr. 1 Abs. 3 der SoBedWp vor, dass zwischen Bank und Kunde für einzelne Geschäfte ein fester Preis im Rahmen eines Kaufvertrages vereinbart werden kann. Somit kann ein Kunde zwischen dem Abschluss eines Kommissionsvertrages mit der Bank und dem Abschluss eines Kaufvertrages, einem sog. »Festpreisgeschäft«, wählen. Aus Kundensicht besteht der Vorteil eines Festpreisgeschäftes darin, dass die Bank ihm gegenüber sofort eine feste Liefer- oder Abnahmeverpflichtung übernimmt, unabhängig von einem späteren Gegengeschäft. Insbesondere bei Direktbanken muss ein Festpreisgeschäft ausdrücklich vereinbart werden, da der Regelfall der Ausführung eines Wertpapierauftrages die Ausführung als Kommissionsgeschäft darstellt.[532] 421

Die Bank ist im Unterschied zum Kommissionsgeschäft bei einem Festpreisgeschäft nicht berechtigt, zusätzlich zu dem vereinbarten Preis Gebühren oder Provisionen zu berechnen. Festpreisgeschäfte werden vielfach bei Transaktionen mit institutionellen Anlegern vereinbart, bei Eigen- und Neuemissionen, im Rahmen von systemischer Internalisierung sowie im sonstigen Direktvertrieb.[533] Im Privatkundengeschäft werden Festpreisgeschäfte vornehmlich im inländischen Rentenhandel getätigt.[534] 422

4. Mängel bei Abschluss und Ausführung

Grundsätzlich gelten beim Abschluss eines Wertpapierauftrages auch die allgemeinen Regelungen etwa zur Anfechtung wegen Irrtums oder arglistiger Täuschung (§§ 119 ff. BGB), Sittenwidrigkeit (§ 138 BGB), zum Verstoß gegen ein Verbotsgesetz (§ 134 BGB) oder zur Unmöglichkeit (§§ 275 ff. BGB).[535] Ein Irrtum des Kunden über den »richtigen Börsenkurs« stellt jedoch einen als Motivirrtum unbeachtlichen Kalkulationsirrtum dar.[536] Erkennt der Kunde allerdings einen Kalkulationsirrtum der Bank oder vereitelt er eine entsprechende Erkenntnis treuwidrig, kann der Erklärungsempfänger unter dem Gesichtspunkt der culpa in contrahendo oder der unzulässigen Rechtsausübung verpflichtet sein, den Erklärenden auf den Kalkulationsfehler hinzuweisen.[537] Bei Irrtümern der Kunden werden Direktbanken teilweise für verpflichtet gehalten, per Internet angenommene Aufträge auf ihre Plausibilität hin zu überprüfen, insbesondere wenn kein ausreichendes Konto- oder Depotguthaben für die Ausführung der Aufträge vorhanden ist.[538] Die Bank ist verpflichtet, Aufträge so auszuführen, wie sie ihr erteilt wurden. Unterlässt ein Kreditinstitut beispielsweise schuldhaft ein nur einen Tag gültigen Verkaufsauftrag auszuführen, so ist die Bank nicht berechtigt, nach Mitteilung der Unterlassung der Ausführung den Auftrag am Folgetag doch noch auszuführen, da dieser bereits erloschen ist. Der Kunde muss in diesen Fall erneut entscheiden, ob er einen neuen Verkaufsauftrag erteilen möchte.[539] 423

---

532 Vgl. BGH, Urt. v. 25.06.2002 – XI ZR 239/01, ZIP 2002, 1436 m. Anm. Einsele WuB I G 2.-5.02; Lenenbach, Kapitalmarktrecht, 2. Aufl. 2010, Rn. 4.22 f.

533 Seiler/Geier, in: Schimansky/Bunte/Lwowski, Bankrechts-Handbuch, 5. Aufl. 2017, § 104 Rn. 92; Bergmann, in: Langenbucher/Spindler/Bliesener, Bankrechts-Kommentar, 2. Aufl. 2016, Kap. 36 Rn. 108 und 158 f.; Lenenbach, Kapitalmarktrecht, 2. Aufl. 2010, Rn. 4.17.

534 Beule, in: Bankrecht und Bankpraxis, Rn. 7/46; Seiler/Geier, in: Schimansky/Bunte/Lwowski, Bankrechts-Handbuch, 5. Aufl. 2017, § 104 Rn. 92; Bergmann, in: Langenbucher/Spindler/Bliesener, Bankrechts-Kommentar, 2. Aufl. 2016, Kap. 36 Rn. 108 und 158 f.

535 Vgl. *Ekkenga*, in: MünchKomm-HGB, 3. Aufl. 2014, Effektengeschäft, Rn. 103 ff.

536 Hierzu ausführlich Ekkenga, in: MünchKomm-HGB, 3. Aufl. 2014, Effektengeschäft Rn. 186 ff.; Armbrüster, in: MünchKomm-BGB, 7. Aufl. 2015, § 119 Rn. 91 m.w.N.

537 Grundlegend BGH, Urt. v. 07.07.1998 – X ZR 17/97, BGHZ 139, 177, 180 ff. = NJW 1998, 3192; hierzu Ekkenga, in: MünchKomm-HGB, 3. Aufl. 2014, Effektengeschäft Rn. 189 m.w.N.

538 LG Nürnberg-Fürth, Urt. v. 14.02.2001 – 10 O 8312/00, WM 2001, 988; ablehnend *Balzer* WM 2001, 1533, 1538; LG Nürnberg-Fürth Urt. v. 11.07.2002 – 10 O 1561/02, WM 2003, 1013; OLG Nürnberg, Urt. v. 24.09.2003 – 12 U 2572/02, ZBB 2004, 321.

539 Vgl. BGH, Urt. v. 24.07.2001 – XI ZR 164/00, WM 2001, 1716 m. Anm. *Pfeiffer*, WuB I G 2.-1.02.

424 Wird ein nur tagesgültiger Kaufauftrag verspätet durch die Bank weitergeleitet und kommt es etwa wegen zwischenzeitlich eingetretener Limitüberschreitungen nicht zur Ausführung, so hat die Bank den Kunden so zu stellen, als wäre der Auftrag rechtzeitig weitergeleitet und ausgeführt worden.[540]

5. Erfüllung der Wertpapiergeschäfte

a) Lieferfristen und Erfüllungszeitpunkt

425 Unabhängig von der Frage, wie ein Wertpapiergeschäft zwischen Kunde und Bank zustande gekommen ist, muss es entweder durch Lieferung entsprechender Wertpapiere oder durch Bezahlung des vereinbarten Kaufpreises erfüllt werden. Maßgeblich hierfür ist § 18 DepotG. Nach § 18 Abs. 1 Satz 1 DepotG muss ein Einkaufskommissionär grundsätzlich unverzüglich, spätestens jedoch binnen einer Woche dem Kunden ein Verzeichnis der gekauften Stücke übersenden. Hat die Bank entgegen der üblichen Praxis bei der Anzeige über die Ausführung des Auftrages einen Dritten als Verkäufer benannt, beginnt die Frist zur Übersendung des Stückeverzeichnisses mit dem Erwerb der Stücke durch die Bank (§ 18 Abs. 2 Alt. 1 DepotG). Im praktischen Regelfall, bei dem die entsprechende Mitteilung über den Dritten unterblieben ist, beginnt die Frist mit dem Ablauf des Zeitraums, innerhalb dessen die Bank nach der Erstattung der Ausführungsanzeige die Stücke bei ordnungsgemäßem Geschäftsgang ohne schuldhafte Verzögerung beziehen oder das Stückeverzeichnis von einer zur Verwahrung der Stücke bestimmten dritten Stelle erhalten konnte (§ 18 Abs. 2 Alt. 2 DepotG). Die Frist des § 18 Abs. 1 DepotG ist somit vom tatsächlichen Erwerb der Wertpapiere durch die Bank unabhängig. Sie haftet gemäß § 384 Abs. 3 HGB bzw. nach Nr. 9 der SoBedWp ohnehin, da der Dritte, wie dargestellt, regelmäßig nicht genannt wird.

426 Nach Nr. 3 Abs. 1 der SoBedWp gelten für die Ausführungsgeschäfte der Bank die für den Wertpapierhandel am Ausführungsplatz geltenden Usancen auch für das Verhältnis zwischen Bank und Kunde. Hierdurch werden die jeweiligen Börsenusancen, die unmittelbar nur zwischen den am Ausführungsgeschäft beteiligten Banken gelten, auch auf das Kundenverhältnis übertragen. Nach § 4 Abs. 1 Alt. 1 der »Bedingungen für Geschäfte an der Frankfurter Wertpapierbörse«[541] sind Börsengeschäfte am zweiten Erfüllungstag nach dem Tag des Geschäftsabschlusses zu erfüllen. Nach den »Allgemeinen Geschäftsbedingungen für den Freiverkehr an der Frankfurter Wertpapierbörse«[542] gelten gemäß § 5 Abs. 1 für den Handel und die Geschäftsabwicklung von Wertpapieren im Open Market die Regelungen des organisierten Markts an der Frankfurter Wertpapierbörse sinngemäß, soweit nicht Besonderheiten in den AGB für den Freiverkehr zu beachten sind. Demzufolge gilt auch hier die Lieferfrist von zwei Börsentagen. Auch für den Wertpapierhandel außerhalb der Börsen wird die Geltung einer zweitägigen Lieferfrist im Interbankenhandel in Deutschland heute als Handelsbrauch i.S.d. § 346 HGB angesehen.[543] Auch bei Festpreisgeschäften gilt diese übliche Lieferfrist von 2 Börsentagen, sofern mit dem Kunden keine andere Lieferfrist vereinbart wurde.[544]

427 Bei Ausführungsgeschäften, die im Ausland durchgeführt werden, gelten auch die dort maßgeblichen Rechtsvorschriften und Bestimmungen und somit auch die dort jeweils üblichen Lieferfristen. Unbeachtlich ist in diesem Zusammenhang, dass der zwischen Kunde und Bank geschlossene Kommissionsvertrag regelmäßig deutschem Recht unterliegt.[545] Eine ausdrückliche Einbeziehung dieser

---

540 Vgl. BGH, Urt. v. 28.05.2002 – XI ZR 336/01, WM 2002, 1502 m. Anm. *Schäfer* EWiR 2002, 955.

541 Bedingungen für Geschäfte an der Frankfurter Wertpapierbörse, FWB04, Stand: 26.06.2017. Die Bedingungen sowie weitere Bekanntmachungen sind abrufbar unter http://www.xetra.com/xetra-de/meta/regelwerke.

542 Allgemeine Geschäftsbedingungen der Deutsche Börse AG für den Freiverkehr an der Frankfurter Wertpapierbörse, FWB10, Stand: 21.04.2017.

543 Starke, in: Kümpel/Wittig, Bank- und Kapitalmarktrecht, 4. Aufl. 2011, Rn. 17.237.

544 Vgl. Beule, in: Bankrecht und Bankpraxis, Rn. 7/72.

545 Vgl. BGH, Urt. v. 26.09.1980 – I ZR 119/78, NJW 1981, 918 ff.

ausländischen Börsenusancen nach § 305 BGB ist nicht notwendig, da die Rechtsfolge der Geltung ausländischen Rechts für das Ausführungsgeschäft bereits aus allgemeinem Kommissionsrecht folgt.

Insgesamt kann festgehalten werden, dass durch die kurzen Lieferfristen das Insolvenzrisiko im Hinblick auf die Gegenseite des Wertpapiergeschäftes so gering wie möglich gehalten wird. Weiterhin ist der Käufer bei Lieferung des Wertpapiers Zug um Zug zur Zahlung des Gegenwertes der gehandelten Wertpapiere verpflichtet (§ 4 Abs. 2 der Bedingungen für Geschäfte an der Frankfurter Wertpapierbörse). 428

b) Erfüllung der Wertpapiergeschäfte

Nach §§ 18, 24 DepotG sind Banken verpflichtet, Wertpapiere zu übereignen.[546] Im Inland verschafft die Bank dem Kunden daher regelmäßig Miteigentum durch eine Girosammel-Depotgutschrift, sofern die Wertpapiere bei der Clearstream Banking AG in Frankfurt am Main girosammelverwahrfähig sind (sog. »GS-Gutschrift«).[547] Dies ist möglich, da die Banken nach § 24 Abs. 1 Satz 1 Alt. 1 DepotG das Recht haben, sich von ihrer Verpflichtung zur Eigentumsverschaffung an bestimmten Stücken dadurch zu befreien, dass sie Miteigentum an dem Sammelbestand eines bei einer Wertpapiersammelbank verwahrten Wertpapierbestandes beschaffen.[548] Eine entsprechende Sammelurkunde wird nach § 9a Abs. 1 Satz 1 DepotG definiert als »ein Wertpapier, das mehrere Rechte verbrieft, die jedes für sich in vertretbaren Wertpapieren einer und derselben Art verbrieft sein können«. Die rechtliche Selbstständigkeit einer Einzelurkunde entfällt nicht durch die zusammengefasste Verbriefung mehrerer Urkunden in einer einzigen Urkunde.[549] Somit sind Sammelurkunden lediglich technische Erleichterungen bei der Urkundenherstellung und unterscheiden sich ansonsten nicht von einer einzelnen Urkunde. 429

Der auch in Nr. 11 Satz 1 der SoBedWp geregelte Fall der Übertragung von Girosammeldepotanteilen an die Kunden zur Erfüllung der Wertpapiergeschäfte stellt heute den absoluten Regelfall dar.[550] Danach verschafft die Bank dem Kunden Miteigentum am Sammelbestand bei der Clearstream Banking AG, in dem sie ihm eine GS-Gutschrift erteilt. Nach Abschn. IX der Allgemeinen Geschäftsbedingungen der Clearstream Banking AG[551] werden die entsprechend zur Girosammelverwahrung zugelassenen Wertpapierarten listenmäßig bekannt gegeben. Die Clearstream Banking AG hält sämtliche Wertpapiere als unmittelbarer Besitzer ausschließlich für die entsprechenden Banken. Die Banken übertragen ihren mittelbaren Besitz von einem Haus auf ein anderes durch entsprechende Anweisung an die Clearstream Banking AG, eine bestimmte Anzahl von Wertpapieren umzubuchen und die Besitzmitteilung entsprechend zu verändern. Die Bank wiederum überträgt das Eigentum an Wertpapieren im Girosammelverkehr an ihre Kunden durch Einigung und Übergabe gemäß §§ 929 ff. BGB, wobei die Übergabe durch die Vereinbarung eines (gestuften) Besitzmittlungsverhältnisses ersetzt wird. 430

546 Die Normen gelten grundsätzlich nur für die Anschaffung, nicht die Veräußerung von Wertpapieren. Vgl. hierzu Lenenbach, Kapitalmarktrecht, 2. Aufl. 2010, Rn. 4.74. Zur Übereignung von Wertpapieren zwischen Verkäufer und Käufer ausführlich Klanten, in: Schimansky/Bunte/Lwowski, Bankrechts-Handbuch, 5. Aufl. 2017, § 72 Rn. 50 ff.; Lenenbach, Kapitalmarktrecht, 2. Aufl. 2010, Rn. 6.1 ff.; Will, in: Kümpel/Wittig, Bank- und Kapitalmarktrecht, 4. Aufl. 2011, Rn. 18.1 ff.

547 Klanten, in: Schimansky/Bunte/Lwowski, Bankrechts-Handbuch, 5. Aufl. 2017, § 72 Rn. 39 ff.

548 Will, in: Kümpel/Wittig, Bank- und Kapitalmarktrecht, 4. Aufl. 2011, Rn. 18.94 ff. und 18.191 ff.; Kumpan, in: Baumbach/Hopt, HGB, 37. Aufl. 2016, § 24 DepotG Rn. 2.

549 Vgl. Kumpan, in: Baumbach/Hopt, HGB, 37. Aufl. 2016, § 9a DepotG Rn. 2.

550 Vgl. *Horn*, WM 2002 Sonderb. 2, 1, 9 ff.; Beule, in: Bankrecht und Bankpraxis, Rn. 7/105.

551 Clearstream – Deutsche Börse Group, Allgemeine Geschäftsbedingungen der Clearstream Banking AG, Stand: 25. September 2017. Diese AGB sowie weitere Sonderbedingungen sind abrufbar unter http://www.clearstream.com/clearstream-en/keydocuments--1-/csd--1-/general-terms-and-conditions/allgemeine-geschaeftsbedingungen---cbf/12238.

431 Insbesondere bei Neuemissionen wird heutzutage auf Globalurkunden zurückgegriffen. Nach § 10 Abs. 5 AktG kann der Anspruch auf Einzelverbriefung in der Satzung einer Aktiengesellschaft ausgeschlossen werden. Auch bei Optionsscheinen und Schuldverschreibungen erspart man sich üblicherweise mit der Globalverbriefung die aufwendige Ausfertigung von Einzelurkunden. Da eine Streifbandverwahrung von Wertpapieren (Sonderverwahrung), für die eine Globalurkunde ausgestellt wurde, nicht möglich ist, werden sie ebenfalls zur Girosammelverwahrung bei einer Wertpapiersammelbank eingeliefert.[552]

432 Falls Wertpapiere nicht girosammelverwahrfähig sind, ist eine Bank verpflichtet, dem Kunden Alleineigentum an den entsprechenden Wertpapieren zu verschaffen. Üblicherweise verwahrt die Bank diese Wertpapiere für den Kunden in einem so genannten Streifbanddepot.[553] Nach § 18 Abs. 3 DepotG erfolgt die Verschaffung des Eigentums mit der Absendung des Stückeverzeichnisses an den Kunden, wenn das Eigentum nicht nach den Bestimmungen des bürgerlichen Rechts schon früher auf den Kunden übergegangen ist.

433 Unter den in Nr. 12 Abs. 1 der SoBedWp genannten Fällen verschafft die Bank dem Kunden auch Wertpapiere im Ausland. Mit der Verwahrung der Wertpapiere im Ausland ist üblicherweise ein Zwischenverwahrer beauftragt. Nr. 12 Abs. 3 der SoBedWp sieht vor, dass sich die Bank das Eigentum oder Miteigentum an den Wertpapieren oder eine andere im Lagerland übliche, gleichwertige Rechtsstellung verschafft und diese Rechtsstellung treuhänderisch für den Kunden hält.[554] Hierüber erteilt die Bank dem Kunden eine Gutschrift in Wertpapierrechnung (WR-Gutschrift), wobei der ausländische Staat anzugeben ist, in dem sich die Wertpapiere befinden (Lagerland).[555] Somit erwirbt der Kunde lediglich die wirtschaftliche Stellung eines Eigentümers, aber nicht das Eigentum im rechtlichen Sinne an den Wertpapieren.[556] Bei der WR-Gutschrift handelt es sich somit eher um die buchhalterische Erfassung und Dokumentation des gegenüber der Depotbank bestehenden Herausgabeanspruchs aus dem Geschäftsbesorgungsverhältnis.[557] Um der sich aus diesem Treuhandverhältnis folgenden Pflicht nachzukommen, die Positionen des Kunden als wirtschaftlichem Eigentümer der verwahrten Wertpapiere durch geeignete Maßnahmen sicherzustellen, werden von deutschen Banken regelmäßig sog. Drei-Punkte-Erklärungen eingeholt.[558]

E. Prospektpflicht und Prospektinhalt

I. Einleitung

434 In den nachfolgenden Abschnitten werden die wesentlichen Vorschriften für die Erstellung, den Inhalt und die Haftung für einen Wertpapierprospekt nach dem WpPG[559] dargestellt. Es wird ein Überblick über die gesetzlichen Grundlagen sowie deren Inhalt und Auswirkungen auf die Gestaltung von Wertpapierprospekten gegeben.

552 Für die Ausnahmen vgl. Abschn. XI der Allgemeines Geschäftsbedingungen der Clearstream Banking AG.

553 Vgl. Beule, in: Bankrecht und Bankpraxis, Rn. 7/106; Einsele, in: MünchKomm-HGB, 3. Aufl. 2014, Depotgeschäft, Rn. 40 f.; Kumpan, in: Baumbach/Hopt, HGB, 37. Aufl. 2016, § 2 DepotG Rn. 1; Klanten, in: Schimansky/Bunte/Lwowski, Bankrechts-Handbuch, 5. Aufl. 2017, § 72 Rn. 122 ff.

554 Bunte, AGB-Banken, 4. Aufl. 2015, SB Wp Rn. 110 m.w.N.

555 Klanten, in: Schimansky/Bunte/Lwowski, Bankrechts-Handbuch, 5. Aufl. 2017, § 72 Rn. 148 ff.; Bunte, AGB-Banken, 4. Aufl. 2015, SB Wp Rn. 110.

556 Beule, in: Bankrecht und Bankpraxis, Rn. 7/120 f. m.w.N.; Klanten, in: Schimansky/Bunte/Lwowski, Bankrechts-Handbuch, 5. Aufl. 2017, § 72 Rn. 149 f.

557 Vgl. Beule, in: Bankrecht und Bankpraxis, Rn. 7/124 m.w.N.

558 Hierzu ausführlich Beule, in: Bankrecht und Bankpraxis, Rn. 7/128 ff.; Bunte, AGB-Banken, 4. Aufl. 2015, SB Wp Rn. 113 jeweils m.w.N.

559 Vgl. Wertpapierprospektgesetz vom 22. Juni 2005 (BGBl. I, S. 1698), das zuletzt durch Art. 6 des Gesetzes vom 17. Juli 2017 (BGBl. I, S. 2446) geändert worden ist.

II. Rechtsgrundlagen

Das Kapitalmarktrecht des 21. Jahrhunderts ist weit überwiegend europäisch harmonisiertes Recht. 435
Die anhaltende Dynamik der europäischen Finanzmarktregulierung führt zu kontinuierlichen Änderungen auch der Rahmenbedingungen für die Form und den Inhalt von Wertpapierprospekten. Einerseits haben sich die europäischen Regelungen auf die Gestaltung von Prospekten ausgewirkt, die im Zusammenhang mit einem öffentlichen Angebot von Wertpapieren erstellt werden und andererseits auf die Erstellung von Prospekten für Wertpapiere, die zum Handel an einem organisierten Markt[560] zugelassen und an der Börse eingeführt sind bzw. eingeführt werden. Durch die europäische ProspektRL[561], die durch das WpPG in deutsches Recht umgesetzt wurde[562], und durch die ProspektVO[563] die als sog. Level 2-Verordnung[564] i.S.v. Art. 288 Abs. 2 AEUV aufgrund delegierter Rechtsetzungsermächtigung durch die Europäische Kommission erlassen und unmittelbar geltendes Recht in den einzelnen Mitgliedstaaten ist, wurde das Prospektrecht europäisch harmonisiert und zudem stetig wesentlich verändert. Die ProspektRL legt den europaweit geltenden Rahmen für Wertpapierprospekte fest und reguliert damit den einheitlichen Zugang zum europäischen Kapitalmarkt. Vor Inkrafttreten der ProspektRL am 1. Juli 2005 war es im Rahmen der Börseneinführung eines Wertpapiers grundsätzlich notwendig, zwei Prospekte zu erstellen; einen Prospekt für das **öffentliche Angebot** der Wertpapiere und einen für die **Börsenzulassung.**[565] In der Praxis wurde in den meisten Fällen nur ein Prospekt erstellt, das den beiden Zwecken, nämlich dem Verkauf durch öffentliches Angebot und der Börsenzulassung, diente. Mit Inkrafttreten der ProspektRL ist grundsätzlich nur noch ein einheitlicher Prospekt für ein öffentliches Angebot von Wertpapieren und für die Zulassung an einem **organisierten Markt** in der EU bzw. im EWR[566]

---

560 Nach § 2 Nr. 16 WpPG ist ein organisierter Markt ein im Inland oder einem anderen EU-/EWR-Mitgliedstaat betriebenes oder verwaltetes, durch staatliche Stellen genehmigtes, geregeltes und überwachtes multilaterales System, das die Interessen einer Vielzahl von Personen am Kauf und Verkauf von dort zum Handel zugelassenen Finanzinstrumenten innerhalb des Systems und nach festgelegten Bestimmungen in einer Weise zusammenbringt oder das Zusammenbringen fördert, die zu einem Vertrag über den Kauf dieser Finanzinstrumente führt. Zum Begriff des multilateralen Systems vgl. § 2 Abs. 21 WpHG.

561 Richtlinie 2003/71/EG des Europäischen Parlaments und des Rates vom 4. November 2003 betreffend den Prospekt, der beim öffentlichen Angebot von Wertpapieren oder bei deren Zulassung zum Handel zu veröffentlichen ist, und zur Änderung der Richtlinie 2001/34/EG, ABl. EU L 345 v. 31.12.2003, S. 64 (ProspektRL).

562 Gesetz zur Umsetzung der Richtlinie 2003/71/EG des Europäischen Parlaments und des Rates vom 4. November 2003 betreffend den Prospekt, der beim öffentlichen Angebot von Wertpapieren oder bei deren Zulassung zum Handel zu veröffentlichen ist, und zur Änderung der Richtlinie 2001/34/EG (Prospektrichtlinie-Umsetzungsgesetz) v. 22. Juni 2005, BGBl. 2005 I, S. 1698.

563 Verordnung (EG) Nr. 809/2004 der Kommission vom 29. April 2004 zur Umsetzung der Richtlinie 2003/71/EG des Europäischen Parlaments und des Rates betreffend die in Prospekten enthaltenen Angaben sowie die Aufmachung, die Aufnahme von Angaben in Form eines Verweises und die Veröffentlichung solcher Prospekte sowie die Verbreitung von Werbung, ABl. EU L 149 v. 30.04.2003, S. 3 (nachfolgend »ProspektVO i.d.F. der Verordnung (EG) Nr. 809/2004«).

564 Eine Level 2-Maßnahme bezeichnet einen Umsetzungsrechtsakt auf Level 2 des vierstufigen Lamfalussy-II-Verfahrens, einem beschleunigten europäischen Komitologieverfahren im Bereich des Kapitalmarktrechts. Hierzu ausführlich m. zahlreichen w. Nachw. Zetzsche/Eckner, in: Gebauer/Teichmann, Europäisches Privat- und Unternehmensrecht (EnzEuR Bd. 6), § 7.A. Rn. 31 ff.

565 Dies erklärt sich durch die bis dahin geltende Zweiteilung des europäischen Prospektrechts in Verkaufs- und Börsenzulassungsprospekt. Zum Verkaufsprospekt vgl. die Verkaufsprospektrichtlinie 89/298/EWG (ABl. EG L 124 v. 5. Mai 1989, S. 8) sowie zum Börsenzulassungsprospekt die Börsenzulassungsrichtlinie 79/279/EWG (ABl. EG L 66 v. 16. März 1979, S. 21) und die Börsenzulassungsprospektrichtlinie 80/390/EWG (ABl. EG L 100 v. 17. April 1980, S. 1). Hierzu auch Groß, Kapitalmarktrecht, 3. Teil, Vorbem. Rn. 6.

566 Zum Europäischen Wirtschaftsraum (EWR) zählen alle Mitgliedsstaaten der EU sowie drei Staaten der Europäischen Freihandelszone (European Free Trade Association – EFTA) Norwegen, Island und Liechtenstein. EFTA-Mitgliedsstaat ist auch die Schweiz, die jedoch das EWR-Abkommen (ABl. L 1

erforderlich. Es kann vorkommen, dass nur ein Börsenzulassungsprospekt erstellt worden ist und kein Prospekt für ein öffentliches Angebot, z.B. wenn kein öffentliches Angebot gemacht werden sollte oder für die Prospektpflicht aufgrund öffentlichen Angebots eine der Ausnahmen zur Prospekterstellung und -veröffentlichung nach Art. 8 ProspektRL bzw. § 3 Abs. 2 WpPG zur Anwendung gelangt. Wenn später doch ein öffentliches Angebot gemacht werden soll, dann kann es nach Ansicht der zentralen zuständigen Verwaltungsbehörde i.S.d. Art. 21 Abs. 1 ProspektRL, der Bundesanstalt für Finanzdienstleistungsaufsicht (»BaFin«), erforderlich werden, einen zusätzlichen Prospekt zu erstellen, der die Voraussetzungen eines Prospekts für ein öffentliches Angebot erfüllt, d.h. die notwendigen Informationen für das öffentliche Angebot enthält. In solchen Fällen kommt es nicht nur auf die Anwendbarkeit der Ausnahmen von der Prospektpflicht und auf die Ansicht der jeweiligen mitgliedstaatlichen Aufsichtsbehörde an, die den Prospekt für das öffentliche Angebot prüft und billigt. Vielmehr sind auch die etwaigen Vorschriften des Mitgliedstaats der EU bzw. des EWR, in dem die Wertpapiere öffentlich angeboten werden sollen, von besonderer praktischer Relevanz.

436 Die gesetzlichen Regelungen für Prospekte vor Geltung der ProspektRL waren einerseits das Börsengesetz (BörsG) i.V.m. der Börsenzulassungs-Verordnung (BörsZulV) und andererseits das Verkaufsprospektgesetz (VerkProspG) i.V.m. der Verkaufsprospekt-Verordnung (VerkProspV). Nach (noch) geltender Rechtslage richten sich die Erstellung, Billigung und Veröffentlichung von Prospekten für Wertpapiere, die öffentlich angeboten oder zum Handel an einem organisierten Markt zugelassen werden sollen, nach dem WpPG und den Schemata[567] und Modulen[568] der ProspektVO i.d.F. der Verordnung (EG) Nr. 809/2004 der Kommission. Die am 20. Juli 2017 in Kraft getretene Verordnung (EU) 2017/1129 des Europäischen Parlaments und des Rates vom 14. Juni 2017 über den Prospekt, der beim öffentlichen Angebot von Wertpapieren oder bei deren Zulassung zum Handel an einem geregelten Markt zu veröffentlichen ist und zur Aufhebung der Richtlinie 2003/71/EG[569] ersetzt als unmittelbar in den Mitgliedstaaten geltende Verordnung i.S.v. Art 288 Abs. 2 AEUV die bisher geltende ProspektRL (Level 1-Maßnahme), ihre nationalen Umsetzungsgesetze (WpPG) sowie die Regelungen der ProspektVO (Level 2-Maßnahme).[570] Die Verordnung (EU) 2017/1129 gilt, abgesehen von einigen wenigen Vorschriften, ab dem 21. Juli 2019 vollumfänglich und unmittelbar in den Mitgliedstaaten des EWR.[571]

437 Im Rahmen der Vereinheitlichung der europäischen Regelungen und deren Auslegung soll die Europäische Wertpapier- und Marktaufsichtsbehörde (European Securities and Markets Authority, ESMA) für eine größtmögliche europaweite Kongruenz der Anwendung der ProspektRL und ProspektVO i.d.F. der Verordnung (EG) Nr. 809/2004 der Kommission sorgen. Hierbei ist insbesondere zu berücksichtigen, dass das jeweilige nationale Verständnis der Mitgliedstaaten Einfluss auf die Gestaltung und Auslegung der ProspektRL, deren Umsetzung in nationales Recht, die

v. 01.03.1994, S. 3) nicht ratifiziert hat. Vgl. hierzu etwa Hummer, in: Dauses, EU-Wirtschaftsrecht, Abschn. K. III. Rn. 187 ff.

567 Schema bezeichnet nach Art. 2 Abs. 1 der ProspektVO i.d.F. der Verordnung (EG) Nr. 809/2004 der Kommission eine Liste von Mindestangaben, die auf die spezifische Natur der unterschiedlichen Arten von Emittenten und/oder die verschiedenen involvierten Wertpapiere abgestimmt sind.

568 Modul bezeichnet nach Art. 2 Abs. 2 der ProspektVO i.d.F. der Verordnung (EG) Nr. 809/2004 der Kommission eine Liste zusätzlicher Angaben, die nicht in den Schemata enthalten sind und einem oder mehreren dieser Schemata anzufügen sind, je nachdem, um welches Instrument und/oder um welche Transaktion es sich handelt, für die ein Prospekt oder ein Basisprospekt erstellt wurde.

569 ABl. EU L 168 v. 30.06.2016, S. 12.

570 Hierzu ausführlich Zetzsche/Eckner, in: Gebauer/Teichmann, Europäisches Privat- und Unternehmensrecht (EnzEuR Bd. 6), § 7.A. Rn. 31 ff.; Walla, in: Veil, Europäisches Kapitalmarktrecht, § 2 Rn. 45 ff. jeweils m. zahlreichen w. Nachw.

571 Vgl. hierzu noch Rdn. 508 ff. sowie Bronger/Scherer, WM 2017, 460; Pföhler/Pfennig/Knappe/Zeitler, WPg 2017, 1043; Kuntz, AG 2017, 327; Schulz, WM 2016, 1417; Bortenlänger/Hemeling, BOARD 2016, 259; Döpfner/Tatavoussian, WPg 2017, 1392.

ProspektVO i.d.F. der Verordnung (EG) Nr. 809/2004 der Kommission und die Interpretation der jeweiligen Aufsichtsbehörden haben. Dies gilt insbesondere für haftungssensible Bereiche der Prospektveröffentlichung.[572] Da in der Praxis die zuständigen Aufsichtsbehörden auf die Gestaltung der Prospekte und damit auf die jeweilige nationale Auslegung wesentlichen Einfluss haben, pflegt die ESMA ständig aktualisierte Empfehlungen zur einheitlichen Anwendung der ProspektRL und ProspektVO i.d.F. der Verordnung (EG) Nr. 809/2004 der Kommission sowie einen umfangreichen Fragenkatalog zum europäischen Prospektrecht.[573] Die ESMA setzt insoweit die Tradition ihrer Vorgängerbehörde, dem Committee of European Securities Regulators (CESR), fort.[574] Obwohl die Rechtsnatur und Bindungswirkung der ESMA-Verlautbarungen umstritten ist[575], haben die an einer Prospekterstellung beteiligten Parteien dieses komplexe Regelungsgeflecht sowie die Aufsichtspraxis der ESMA zu beachten. Trotz maximalharmonisierender Rechtsetzungspraxis haben sich in den Mitgliedstaaten über die Jahre Unterschiede bei der Umsetzung der europarechtlichen Vorgaben ergeben. Dies gilt insbesondere für die Emission von Kapitalmarktprodukten an Privatanleger. Das europäische Prospektrecht ist ferner nur ein Baustein innerhalb eines größeren, europäischen Kontexts des Kapitalmarktrechts, weshalb die einzelnen Regelungen insbesondere durch die Bestimmungen der MiFID II[576] und ihre nationale Umsetzung im Wertpapierhandelsgesetz (WpHG) i.d.F. des 2. FiMaNoG[577] hinsichtlich des Anwendungsbereichs des Prospektrechts, des Inhalts und der Gestaltung von Wertpapierprospekten tangiert werden. Von besonderer praktischer Bedeutung sind in diesem Kontext auch die Regelungen der TransparenzRL[578] i.d.F.

---

572 Hierzu Rdn. 514 ff.

573 Vgl. zuletzt ESMA, Questions and Answers – Prospectuses (27th updated version – October 2017), ESMA-31-62-780; zur Implementierung der ProspektVO vgl. auch ESMA, ESMA update of the CESR recommendations – The consistent implementation of Commission Regulation (EC) No 809/2004 implementing the Prospectus Directive, ESMA/2013/319.

574 Die Europäische Kommission erteilte im Juni 2001 das Mandat für die Gründung des unabhängigen Ausschusses »Committee of European Securities Regulators« (CESR). CESR war als Ausschuss der Europäischen Wertpapierregulierungsbehörden Nachfolger des »Forum of European Securities Commissions« (FESCO). Die Arbeit von CESR wurde von einem Sekretariat mit Sitz in Paris unter Führung eines Generalsekretariats unterstützt und setzte sich aus Vertretern der nationalen Wertpapieraufsichtsbehörden zusammen. Am 1. Januar 2011 ist CESR in ESMA im Rahmen der Implementierung des Europäischen Systems der Finanzaufsicht (European System of Supervision, ESFS) übergegangen. ESMA hat umfassendere Rechte erhalten als ihre Vorgängerbehörde, vgl. hierzu die Verordnung (EU) 1095/2010 des Europäischen Parlaments und des Rates vom 24. November 2010 zur Errichtung einer Europäischen Aufsichtsbehörde (Europäische Wertpapier- und Marktaufsichtsbehörde), zur Änderung des Beschlusses Nr. 716/2009/EG und zur Aufhebung des Beschlusses 2009/77/EG Kommission, ABl. EU L 331 v. 15.12.2010, S. 84. Zu alledem etwa Eckner, in: Holzborn, WpPG, § 26 Rn. 4 f. und § 28 Rn. 6 ff. m. zahlreichen w. Nachw.

575 Für Maßnahmen mit normativem Charakter plädiert Sonder, BKR 2012, 8 (9); Veil, ZGR 2014, 544 (599 f.) und Walla, BKR 2012, 265 (267) sehen in den Verlautbarungen sog. soft law, d.h. abstrakt-generelle Vorhaben mit hoher faktischer Bindungswirkung. Ähnlich Hitzer/Hauser, BKR 2015, 52 (55 f.); vgl. auch Eckner, in: Holzborn, WpPG, § 28 Rn. 8 (über faktische Bindungswirkung in Form einer Befassungs- und Befolgungspflicht hinausgehende, abgeschwächte Rechtsbindung).

576 Richtlinie 2014/65/EU des Europäischen Parlaments und des Rates vom 15. Mai 2014 über Märkte für Finanzinstrumente sowie zur Änderung der Richtlinien 2002/92/EG und 2011/61/EU, ABl. EU L 173 v. 12.06.2014, S. 349 (Markets in Financial Instruments Directive, MiFID II).

577 Zweites Gesetz zur Novellierung von Finanzmarktvorschriften auf Grund europäischer Rechtsakte (Zweites Finanzmarktnovellierungsgesetz – 2. FiMaNoG), BGBl. 2017 I, S. 1693.

578 Richtlinie 2004/109/EG des Europäischen Parlaments und des Rates vom 15. Dezember 2004 zur Harmonisierung der Transparenzanforderungen in Bezug auf Informationen über Emittenten, deren Wertpapiere zum Handel auf einem geregelten Markt zugelassen sind, und zur Änderung der Richtlinie 2001/34/EG, ABl. EU L 390 v. 31.12.2004, S. 38 (TransparenzRL).

der TransparenzRL-ÄnderungsRL[579], die ihrerseits durch das TranspRLÄndRLUG[580] in nationales Recht umgesetzt wurden.

438 Mit der geänderten ProspektRL[581] und der aktualisierten ProspektVO i.d.F. der Verordnung (EG) Nr. 809/2004 der Kommission[582], sollte eine weitere Angleichung von Form und Inhalt von Prospekten erreicht werden, um einen möglichst einheitlichen europäischen Standard zu erzielen und zur Verringerung des bürokratischen Aufwands für Emittenten und Finanzintermediäre beizutragen.[583] Ferner soll die Klarheit und Effizienz bestimmter Regelungen erhöht und der Anlegerschutz verbessert werden.[584] Die Umsetzung der ProspektRL und ihrer Änderungen erfolgte in Deutschland durch das WpPG.[585] Durch diese Änderungen wurden Übergangsregelungen erforderlich. Hierzu bestimmt insbesondere[586] § 37 Satz 1 WpPG, dass für Ansprüche wegen fehlerhafter Prospekte, die nicht Grundlage für die Zulassung von Wertpapieren zum Handel an einer inländischen Börse sind und die vor dem 1. Juni 2012 im Inland veröffentlicht worden sind, das VerkProspG a.F. und §§ 44 bis 47 BörsG a.F. jeweils in der bis zum 31. Mai 2012 geltenden Fassung weiterhin anzuwenden sind. Wurden Prospekte entgegen § 3 Abs. 1 Satz 1 WpPG nicht veröffentlicht, ist gemäß § 37 Satz 2 WpPG für daraus resultierende Ansprüche, die bis zum Ablauf des 31. Mai 2012 entstanden sind, das VerkProspG in der bis zum 31. Mai 2012 geltenden Fassung weiterhin anzuwenden. Vor dem 1. Juli 2012 gebilligte Prospekte mussten grundsätzlich nicht durch Nachtrag oder im Fall eines Nachtrags an die neue Rechtslage angepasst werden.[587] Sollte jedoch ein Nachtrag aufgrund der in § 16 Abs. 1 WpPG genannten Umstände notwendig gewesen sein, war § 16 WpPG in der dann geltenden Fassung anzuwenden.[588]

III. Prospekt

1. Einleitung

439 Sinn und Zweck eines Prospekts ist neben der Gewährleistung von Markteffizienz durch transparente Information über das Wertpapier und den Emittenten sowie ggf. Garanten insbesondere

579 Richtlinie 2013/50/EU des Europäischen Parlaments und des Rates vom 22. Oktober 2013 zur Änderung der Richtlinie 2004/109/EG des Europäischen Parlaments und des Rates zur Harmonisierung der Transparenzanforderungen in Bezug auf Informationen über Emittenten, deren Wertpapiere zum Handel auf einem geregelten Markt zugelassen sind, der Richtlinie 2003/71/EG des Europäischen Parlaments und des Rates betreffend den Prospekt, der beim öffentlichen Angebot von Wertpapieren oder bei deren Zulassung zum Handel zu veröffentlichen ist, sowie der Richtlinie 2007/14/EG der Kommission mit Durchführungsbestimmungen zu bestimmten Vorschriften der Richtlinie 2004/109/EG, ABl. EU L 294 v. 06.11.2013, S. 13 (TransparenzRL-ÄnderungsRL).

580 Gesetz zur Umsetzung der Transparenzrichtlinie-Änderungsrichtlinie vom 20. November 2015, BGBl. 2015 I, S. 2029 (TranspRLÄndRLUG).

581 Zuletzt wurde die ProspektRL durch die Verordnung (EU) 2017/1129 aufgehoben, bleibt jedoch bis zum vollumfänglichen Inkrafttreten des neuen europäischen Prospektrechts am 21. Juli 2019 in Kraft. Vgl. hierzu Rdn. 508 ff.

582 Die ProspektVO i.d.F. der Verordnung (EG) Nr. 809/2004 der Kommission wurde zuletzt durch die Delegierte Verordnung (EU) Nr. 759/2013 der Kommission vom 30. April 2013 zur Änderung der Verordnung (EG) Nr. 809/2004 in Bezug auf die Angabepflichten bei wandelbaren und umtauschbaren Schuldtiteln (ABl. EU L 213 v. 08.08.2013, S. 1) geändert. Bis zum Erlass delegierter Verordnungen und Richtlinien unter der neuen Verordnung (EU) 2017/1129 bleibt die ProspektVO in Kraft.

583 Zur Entwicklung vgl. Zetzsche/Wachter, in: Gebauer/Teichmann, Europäisches Privat- und Unternehmensrecht (EnzEuR Bd. 6), § 7.D. Rn. 10 ff.

584 Aus deutscher Perspektive hierzu etwa RegBegr Gesetz zur Umsetzung der Richtlinie 2010/73/EU und zur Änderung des Börsengesetzes, BT- Drucks. 17/8684, S. 1.

585 Hierzu oben Rdn. 436.

586 Vgl. im Übrigen § 36 WpPG.

587 Vgl. Art. 2 Abs. 1 ProspektVO i.d.F. der Verordnung (EG) Nr. 809/2004 der Kommission.

588 BaFin, Fragen zum Basisprospektregime vom 31.05.2012, H 41.7, VII. Übergangsregelungen.

der Schutz des Anlegers, der anhand des Prospekts in die Lage versetzt werden soll, sich ein Urteil über den Emittenten, Garanten[589] und das Wertpapier zu bilden.[590] Neben Anlegerschutz und Markteffizienz soll durch das europäische Prospektrecht zugleich der europäische Kapitalbinnenmarkt gestärkt werden.[591] Da der Prospekt als zentrale Beurteilungsgrundlage für das Publikum dient, ist das europäische und nationale Prospektrecht von den Prinzipien der Vollständigkeit, Wahrheit und Klarheit geprägt.[592] Überdies enthält das harmonisierte Prospektrecht zahlreiche komplexe Regeln und Ausnahmen zur Prospektpflicht sowie umfassende Gestaltungsvorgaben zu den Prospektinhalten.

Aus den Bestimmungen über die Erstellung eines Prospekts ergeben sich zugleich Voraussetzungen und Grundlagen für die Prospekthaftung, die hinsichtlich wesentlicher Angaben an die **Unrichtigkeit** oder **Unvollständigkeit** des jeweiligen Prospekts anknüpfen. Die Personen, die für die Erstellung des Prospekts verantwortlich sind, haften im Außenverhältnis für den Prospektinhalt.[593] Dies sind der Emittent sowie der/die Platzeur(e).[594] Bei besonderen Gestaltungen, wie z.B. bei Verbriefungstransaktionen, machen neben dem Emittenten und dem Platzeur auch andere Personen Angaben im Prospekt, z.B. der (Sicherheiten-) Treuhänder,[595] Datentreuhänder[596] oder die Verwaltungsstelle[597], die für die von ihnen gemachten Angaben haften, sofern sie ein eigenes wirtschaftliches Interesse an der Emission haben. Dies wird am Anfang eines Prospekts durch einen Hinweis (»Important Notice«) ausdrücklich klargestellt. Der Emittent, Platzeur oder die anderen Beteiligten der Emission werden durch die Vorschriften über die Erstellung und den Inhalt eines Prospekts aber auch vor ungerechtfertigten Ansprüchen von Anlegern geschützt, da Gestaltung und Inhalt durch ProspektVO i.d.F. der Verordnung (EG) Nr. 809/2004 der Kommission und WpPG detailliert vorgegeben werden (»tick-the-box-Verfahren«). Verantwortlich für die tatsächlichen und rechtlichen Angaben in Bezug auf den Emittenten und das im Prospekt beschriebene Wertpapier ist grundsätzlich der Emittent. Ein Prospekt wird der jeweiligen, mitgliedstaatlich zuständigen Aufsichtsbehörde, in Deutschland der BaFin, zur Billigung vorgelegt. Die BaFin prüft den Inhalt des Prospekts anhand der Mindestangaben der ProspektVO i.d.F. der Verordnung (EG) Nr. 809/2004 der Kommission und deren Anhängen, der Schemata und Module sowie gemäß den Anforderungen des WpPG auf Vollständigkeit der gemachten Angaben. Eine materielle Prüfung der Angaben im Prospekt erfolgt durch die BaFin nur eingeschränkt.[598] Ob, in welchem Umfang und von wem Haftungsansprüche gegenüber der BaFin bestehen, ist im Einzelnen umstritten. Hinsichtlich etwaiger Ansprüche von Anlegern gegen die BaFin ist zu bedenken, dass die BaFin grundsätzlich im öffentlichen Interesse handelt (§ 4 Abs. 4 FinDAG), was gegen eine Amtshaftung 440

589 Im Folgenden gelten die für Emittenten gemachten Ausführungen für Garanten entsprechend.

590 Vgl. Erwägungsgrund 10 ProspektRL sowie Erwägungsgründe 3 und 7 der Verordnung (EU) 2017/1129. Hierzu auch Assmann, in: Assmann/Schütze, Handbuch des Kapitalanlagerechts, § 6 Rn. 13.

591 Vgl. Erwägungsgrund 7 der Verordnung (EU) 2017/1129.

592 Holzborn/Mayston, in: Holzborn, WpPG, § 5 Rn. 3 ff.

593 Hierzu ausführlich Rdn. 514 ff.

594 Platzeur(e) ist/sind eine oder mehrere Emissionsbank(en) (auch Konsortialbank(en) genannt(e), die den Absatz der Wertpapiere vermitteln. Ferner helfen sie bei der Preisfindung, der Platzierungsmethode über die Börse bis hin zur Abwicklung der Emission und Erstellung der Dokumentation. Neben der Rolle als Emissionsbank bei Einzelemissionen sind Banken für Emittenten ferner als Arrangeure von Emissionsprogrammen tätig. Grundlegend zum Emissionsgeschäft und zu den beteiligten Parteien Brandt/Müller/Oulds, in: Kümpel/Wittig, Bank- und Kapitalmarktrecht, Rn. 15.1 ff.; Grundmann, in: Schimansky/Bunte/Lwowski, Bankrechts-Handbuch, § 112 Rn. 1 ff.

595 Der Treuhänder verwaltet z.B. für die Anleihe gestellte Sicherheiten.

596 Der Datentreuhänder verwaltet die Daten eines Referenzportfolios, dessen Daten nur unter bestimmten Bedingungen öffentlich werden.

597 Die Verwaltungsstelle dient als Koordinator unterschiedlicher Aufgaben, insbesondere bei der Kommunikation mit den Clearing-Systemen, den Zahl- und Berechnungsstellen sowie dem Emittenten.

598 Preuße, in: Holzborn, WpPG, § 12 Rn. 18 ff.; von Kopp-Colomb, in: Assmann/Schlitt/von Kopp-Colomb, WpPG/VermAnlG, § 13 WpPG Rn. 9 ff.

für drittgerichtetes pflichtwidriges Handeln spricht.[599] Außerdem trifft die BaFin bei der Billigung eines Prospekts nach § 13 Abs. 1 Satz 2 WpPG keine Aussage über die Bonität des Emittenten oder die Qualität des Wertpapiers, sondern nur über die Vollständigkeit der gemachten Angaben gemäß der einschlägigen Gesetze und Verordnungen sowie über die Kohärenz der Angaben. Im Grundsatz liegt somit nur ein formelles, nicht jedoch materielles Prüfungsrecht der BaFin vor. Anders mag es sich hinsichtlich etwaiger Ansprüche von Antragstellern bei klar umrissenen Pflichten der BaFin verhalten, z.B. der Amtspflicht zur fristgemäßen Billigung des Prospekts.[600] Ein solcher Amtshaftungsanspruch bleibt jedoch höchst theoretisch, denn gerade die Fristen des Billigungsverfahrens werden in der Praxis umfassend und rechtzeitig im Vorfeld zwischen den Beteiligten und der BaFin abgestimmt.

2. Prospektpflicht

441 Aus dem WpPG ergibt sich die Prospektpflicht einerseits für Wertpapiere, die im Inland öffentlich angeboten werden (§ 3 Abs. 1 WpPG) und andererseits für Wertpapiere, für die eine Zulassung zum Handel an einem organisierten Markt beantragt wird (§ 3 Abs. 4 WpPG). Diese Regelungstechnik hat ihren Ursprung in der Unterscheidung zwischen Verkaufs- und Börsenzulassungsprospekt, wie sie vor dem Inkrafttreten der Prospektrichtlinie im Jahr 2003 vorgenommen wurde.[601] Für diese unterschiedlichen Zwecke bestehen zwar weiterhin Prospektpflichten. Das alte Erfordernis von zwei (physischen) Prospekten besteht aber nicht mehr. Ebenso wenig wird nach neuer Rechtslage zwischen unterschiedlichen Märkten unterschieden.[602]

442 Ein **öffentliches Angebot** nach § 3 Abs. 1 WpPG ist gemäß § 2 Nr. 4 WpPG eine Mitteilung an das Publikum in jedweder Form und auf jedwede Art und Weise, die ausreichende Informationen über die Angebotsbedingungen und die anzubietenden Wertpapiere enthält, um einen Anleger in die Lage zu versetzten, über den Kauf oder die Zeichnung dieser Wertpapiere zu entscheiden. Unter § 2 Nr. 4 WpPG fällt das Verkaufs-, nicht das Kaufangebot. Es wird darauf abgestellt, dass Anleger zielgerichtet angesprochen werden.[603] Der Anwendungsbereich ist insoweit auf die **ausreichende Information** erweitert worden. Der bis dahin geltende Grundsatz, dass reine Werbung[604] ausgenommen bleibt und ein Angebot beginnt, sobald Anleger Maßnahmen ergreifen können, die zum Erwerb der Wertpapiere führen (z.B. die Erteilung von Zeichnungsaufträgen),[605] wurde übernommen. Es wird nicht auf ein Angebot als solches abgestellt, sondern auf die zum Abschluss eines Kaufvertrages gerichtete Tätigkeit.[606] Inzwischen hat sich die Auffassung herausgebildet, dass nicht von einer Prospektpflicht ausgegangen wird, solange Werbung oder allgemeine Veröffentlichungen nur Informationen beinhalten, die auf die Möglichkeit eines Erwerbs von Wertpapieren hinweisen oder diese beinhaltet, nicht jedoch Information über eine

599 Zum Streitstand Preuße, in: Holzborn, WpPG, § 13 Rn. 34 ff.; von Kopp-Colomb, in: Assmann/Schlitt/von Kopp-Colomb, WpPG/VermAnlG, § 13 WpPG Rn. 38 ff. jeweils m. zahlreichen w. Nachw.

600 Preuße, in: Holzborn, WpPG, § 13 Rn. 35.

601 Zum Verkaufsprospekt vgl. die Verkaufsprospektrichtlinie 89/298/EWG (ABl. EG L 124 v. 5. Mai 1989, S. 8) sowie zum Börsenzulassungsprospekt die Börsenzulassungsrichtlinie 79/279/EWG (ABl. EG L 66 v. 16. März 1979, S. 21) und die Börsenzulassungsprospektrichtlinie 80/390/EWG (ABl. EG L 100 v. 17. April 1980, S. 1). Hierzu auch Groß, Kapitalmarktrecht, 3. Teil, Vorbem. Rn. 6.

602 Vgl. Groß, Kapitalmarktrecht, 3. Teil, Vorbem. Rn. 6 m. w. Nachw.

603 Groß, Kapitalmarktrecht, § 3 WpPG Rn. 4; von Kopp-Colomb/Gajdos, in: Assmann/Schlitt/von Kopp-Colomb, WpPG/VermAnlG, § 3 WpPG Rn. 6 f.

604 Vgl. Art. 2 Abs. 9 ProspektVO i.d.F. der Verordnung (EG) Nr. 809/2004 der Kommission, wonach Werbung Bekanntmachungen bezeichnet, die (a) sich auf ein spezifisches Angebot von Wertpapieren an das Publikum oder deren Zulassung zum Handel auf einem geregelten Markt beziehen und (b) darauf abzielen, die potenzielle Zeichnung oder den potenziellen Erwerb von Wertpapieren spezifisch zu fördern.

605 RegBegr ProspektRL-UmsG, BT-Drucks. 15/4999, S. 28.

606 Groß, Kapitalmarktrecht, § 2 WpPG Rn. 10.

tatsächliche Erwerbs- oder Zeichnungsmöglichkeit.[607] Emissionen aus Bezugsrechtskapitalerhöhungen gelten inzwischen als öffentliches Angebot.[608] Jedenfalls sieht die ProspektVO i.d.F. der Verordnung (EG) Nr. 809/2004 der Kommission in ihren Anhängen XXIII und XXIV entsprechende Angaben vor. Damit ist die ursprünglich von der BaFin vertretene Auffassung überholt, nach der jedenfalls bei Ausschluss des Bezugsrechtshandels kein öffentliches Angebot vorläge, weil sich der angesprochene Personenkreis lediglich auf Altaktionäre beschränke und mithin das Angebot gerade nicht mehr »öffentlich« sei.

Die Prospektpflicht kann gemäß § 3 Abs. 4 WpPG auch dadurch entstehen, dass die **Zulassung der Wertpapiere an einem organisierten Markt** betrieben werden soll (Markteinführungspublizität). 443
Der organisierte Markt ist nach § 2 Nr. 16 WpPG ein im Inland oder in der EU/dem EWR betriebenes oder verwaltetes, durch staatliche Stellen genehmigtes, geregeltes und überwachtes multilaterales System, das die Interessen einer Vielzahl von Personen am Kauf und Verkauf von dort zum Handel zugelassenen Finanzinstrumenten innerhalb des Systems und nach festgelegten Bestimmungen in einer Weise zusammenbringt oder das Zusammenbringen fördert, die zu einem Vertrag über den Kauf dieser Finanzinstrumente führt. Der Marktbegriff des Prospektrechts wird maßgeblich durch die die Marktinfrastruktur regelnden Bestimmungen der MiFID II/MiFIR bzw. der nationalen Umsetzung im WpHG geprägt und bestimmt.[609] Der organisierte Markt nach § 2 Nr. 16 WpPG ist abzugrenzen vom sog. Freiverkehr.[610] Der Freiverkehr stellt keinen organisierten Markt i.S.v. § 2 Nr. 16 WpPG dar.[611] Daraus folgt, dass (ohne öffentliches Angebot) die Einbeziehung eines Wertpapiers in den Freiverkehr nicht prospektpflichtig[612] ist, es sei denn die Regelwerke der jeweiligen Börse sehen abweichende Bestimmungen vor.[613] Gleiches gilt für sonstige multilaterale Handelssysteme (MTF). Unabhängig davon ist aber stets zu prüfen, ob in der Einbeziehung in den Freiverkehr ein öffentliches Angebot liegt, was dann wieder (angebotsbezogene) Prospektpflichten auslösen kann.

3. Ausnahmen von der Prospektpflicht

Aufgrund der ursprünglichen Unterscheidung zwischen Verkaufs- und Börsenzulassungsprospektpflichten normiert das WpPG auch unterschiedliche Ausnahmetatbestände für bestimmte Angebote und Zulassungen. 444
Vorgeschaltet ist dabei stets zu prüfen, ob der Anwendungsbereich des WpPG überhaupt eröffnet ist. Denn **§ 1 Abs. 2 WpPG** normiert bereits bestimmte Ausnahmen vom generellen Anwendungsbereich.[614] §§ 3 Abs. 2 und 3, 4 Abs. 1 WpPG regeln hingegen Ausnahmen von der Prospektpflicht bei bestimmten Angeboten von Wertpapieren. § 4 Abs. 2 WpPG bestimmt Ausnahmen von der Prospektpflicht bzgl. bestimmter Arten von Wertpapieren, die zum Handel an einem organisierten Markt zugelassen werden sollen. Von besonders hervorgehobener Praxisrelevanz sind die Ausnahmen von der Erstellung eines Prospekts für öffentliche Angebote gemäß **§ 3 Abs. 2 Satz 1 WpPG**. Hiernach gilt folgendes:

607 Holzborn/Mayston, in: Holzborn, WpPG, § 3 Rn. 5 m. w. Nachw.

608 Hierzu im Einzelnen Berrar/Wiegel, CFL 2012, 97; Leuering/Stein, NJW-Spezial 2012, 591; Schulz/Hartig, WM 2014, 1567.

609 Vgl. hierzu ausführlich Güllner, WM 2017, 938 ff.; Zetzsche/Eckner, in: Gebauer/Teichmann, Europäisches Privat- und Unternehmensrecht (EnzEuR Bd. 6), § 7.A. Rn. 156 ff. m. w. Nachw.

610 Hierzu Groß, Kapitalmarktrecht, § 48 BörsG Rn. 2 ff.; Geier/Seiler, in: Schimansky/Bunte/Lwowski, Bankrechts-Handbuch, Vor § 104 Rn. 26 f.

611 Vgl. von Kopp-Colomb/Sargut, in: Assmann/Schlitt/von Kopp-Colomb, WpPG/VermAnlG, § 1 WpPG Rn. 27 m. w. Nachw.

612 *Holzborn/Israel*, ZIP 2005, 1669.

613 Groß, Kapitalmarktrecht, § 2 WpPG Rn. 15.

614 Hierzu zählen Anteile oder Aktien von offenen Investmentvermögen nach § 1 Abs. 4 KAGB (Nr. 1), bestimmte Nichtdividendenwerte (Nr. 2 und 5), staatlich garantierte Wertpapiere (Nr. 3) und bestimmte bereits zugelassene Wertpapiere (Nr. 3).

445 »Die Verpflichtung zur Veröffentlichung eines Prospekts gilt nicht für ein Angebot von Wertpapieren,

1. das sich ausschließlich an qualifizierte Anleger richtet,
2. das sich in jedem Staat des europäischen Wirtschaftsraums[615] an weniger als 150 nicht qualifizierte Anleger richtet,
3. das sich an Anleger richtet, die Wertpapiere ab einem Mindestbetrag von 100.000 Euro pro Anleger je Angebot erwerben können,
4. sofern die Wertpapiere eine Mindeststückelung von 100.000 Euro haben, oder
5. sofern der Verkaufspreis für alle angebotenen Wertpapiere im Europäischen Wirtschaftsraum weniger als 100.000 Euro beträgt, wobei diese Obergrenze für einen Zeitraum von zwölf Monaten zu berechnen ist.«

446 Ferner bestimmt § 3 Abs. 2 Satz 2 WpPG ausdrücklich, dass jede spätere weitere Veräußerung von Wertpapieren, die im Rahmen einer Ausnahme des § 3 Abs. 2 Satz 1 WpPG angeboten wurden, als gesondertes Angebot anzusehen ist. Dies ist z.B. der Fall bei einer Veräußerung über eine Vertriebskette (sog. **»Retail Kaskade«**[616]). In nachgelagerten Vertriebssituationen kann somit eine Prospektpflicht entstehen, obwohl diese beim Ersterwerb wegen Ausnahmetatbeständen noch nicht gegeben war. Maßgeblich ist also allein der Charakter der Weiterveräußerung.[617] Der Begriff der Weiterveräußerung wird innerhalb des EWR unterschiedlich ausgelegt. Beispielsweise wurde in England bei der Umsetzung der ProspektRL angenommen, dass ein Prospekt für ein öffentliches Angebot von Wertpapieren erstellt werden muss, auch wenn bereits ein Prospekt für die Zulassung der Wertpapiere an einem organisierten Markt vorliegt.[618] Zum Schutz des Emittenten und der Platzeure vor uneinheitlichen Auslegungen im europäischen Kapitalbinnenmarkt werden i.d.R. Beschränkungen und Weisungen über die Art und Weise der Platzierung der Emission vereinbart, die für die Platzeure verbindlich sind (sog. **Verkaufsbeschränkungen**). Unter dem geltenden Prospektrecht ging somit grundsätzlich einher, dass Emittenten und Platzeure stets die nationale Anwendung der ProspektRL in den Mitgliedstaaten prüfen mussten, in denen die Emission oder Emissionsteile angeboten oder die Zulassung zum Handel beantragt wurde. Die Verordnung (EU) 2017/1129[619] hilft dieser Rechtslage ab. Mit dem Inkrafttreten des neuen Prospektrechts nach der Verordnung (EU) 2017/1129, die das gesamte europäische Prospektrecht auf Verordnungswege i.S.v. Art. 288 Abs. 2 AEUV für alle Mitgliedsstaaten verbindlich macht, werden die noch unter Geltung der ProspektRL bestehenden Unsicherheiten aufgelöst. Das Prospektrecht erhält allein regelungstechnisch eine noch weitergehende (Maximal-)Harmonisierung und minimiert Rechtsunsicherheiten gerade bei (typischerweise) grenzüberschreitenden Emissionen.

447 Bei **Platzierungen durch Finanzintermediäre**[620] besteht gemäß § 3 Abs. 3 WpPG keine Prospektpflicht, wenn für das Wertpapier bereits ein gültiger Prospekt gemäß § 9 WpPG vorliegt und der Emittent oder die Personen, die die Verantwortung für den Prospekt übernommen haben, in dessen Verwendung schriftlich eingewilligt haben. Dies hat zur Folge, dass in jedem Prospekt nunmehr eine Zustimmung des Emittenten zur Verwendung des Prospekts für jedes öffentliche Angebot notwendig ist und auch eine Gültigkeitsdauer hierfür aufgenommen wird, sofern weitere öffentliche

615 Zum Europäischen Wirtschaftsraum (EWR) zählen alle Mitgliedsstaaten der EU sowie drei Staaten der Europäischen Freihandelszone (European Free Trade Association – EFTA) Norwegen, Island und Liechtenstein. EFTA-Mitgliedsstaat ist auch die Schweiz, die jedoch das EWR-Abkommen (ABl. L 1 v. 01.03.1994, S. 3) nicht ratifiziert hat. Vgl. hierzu etwa Hummer, in: Dauses, EU-Wirtschaftsrecht, Abschn. K. III. Rn. 187 ff.

616 *Burn/Wells*, CMLJ 2007, 263 (269); Elsen/Jäger, BKR 2010, 97 (101); Schlitt/Wilczek, in: Habersack/Mülbert/Schlitt, Handbuch Kapitalmarktinformation, § 4 Rn. 66.

617 Vgl. von Kopp-Colomb/Mollner, in: Assmann/Schlitt/von Kopp-Colomb, WpPG/VermAnlG, § 3 WpPG Rn. 44 m. w. Nachw.

618 Hierzu etwa *Burn/Wells*, CMLJ 2007, 263 (266).

619 Vgl. Rdn. 508 ff.

620 Vgl. §§ 1 Abs. 1b und 53 Abs. 1 Satz 1, 53b Abs. 1 Satz 1 oder Abs. 7 KWG.

Angebote gestattet werden sollen und nicht durch einen Dritten ein neuer Prospekt erstellt wird.[621] Eine Zustimmung, die für einen bestimmten Zeitraum erteilt wird, bedeutet für den Emittenten bzw. Prospektgaranten, dass sie während dieses Zeitraums für die Vollständigkeit und Richtigkeit der Angaben im Prospekt haften und entsprechende Nachträge zur Aktualisierung der Angaben im Prospekt gemäß § 16 WpPG gemacht werden müssen.

Die im Markt häufig genutzten Ausnahmen von der Prospektpflicht für öffentliche Angebote des § 3 Abs. 2 WpPG bei Schuldverschreibungen sind Angebote an sog. **qualifizierte Anleger** und Angebote von Wertpapieren in einer **Mindeststückelung von 100.000 Euro.**[622] Der Begriff des qualifizierten Anlegers ist in § 2 Nr. 6 WpPG definiert. Aufgrund eines dynamischen Verweises gilt die Definition des professionellen Kunden der MiFiD II, die aufgrund des 2. FiMaNoG in § 67 Abs. 2 WpHG umgesetzt wurde.[623] Nach dieser Definition sind qualifizierte Anleger Kunden und Unternehmen, die, vorbehaltlich einer Einstufung als Privatkunden, professionelle Kunden oder geeignete Gegenparteien i.S.d. § 67 Abs. 2 oder 4 WpHG sind (sog. »geborene professionelle Kunden«) oder die gemäß § 67 Abs. 5 Satz 1 oder Abs. 7 WpHG auf Antrag als solche eingestuft worden sind (sog. »gekorene professionelle Kunden«) oder gemäß § 67 Abs. 5 Satz 5 WpHG weiterhin als professionelle Kunden behandelt werden. Qualifizierte Anleger können nach § 2 Nr. 6 Buchst. b) bis e) WpPG auch Anleger sein, die in einem anderen EWR-Mitgliedstaat ansässig sind. Für Angebote an qualifizierte Anleger bzw. bei Angeboten in einer Mindeststückelung von 100.000 Euro entfällt die Prospektpflicht, weil der Gesetzgeber davon ausgeht, dass die entsprechenden Personenkreise, die zur Annahme solcher Angebote in der Lage sind, kein besonderes bzw. wesentlich geringeres Aufklärungs- oder Schutzbedürfnis haben.[624] Entsprechend ist zu beachten, dass die Angebote derart gestaltet sind, dass sie sich auch ausschließlich an diese Anlegergruppe richten, was durch entsprechende Verkaufs- bzw. Angebotsbeschränkungen und durch entsprechendes Angebotsverhalten sicherzustellen ist.[625] 448

Bei öffentlichen Angeboten bestehen ferner Ausnahmen gemäß § 4 Abs. 1 WpPG für die Erstellung eines Prospekts in den Fällen, in denen bereits eine gleichwertige Dokumentation, wie z.B. Angebotsunterlagen, Angebotsprogramme i.S.v. § 2 Nr. 5 WpPG oder ein Verschmelzungsbericht, vorliegt. Gleiches gilt, wenn die Prospekterstellung als unnötiger Verwaltungsaufwand angesehen wird, wie z.B. im Rahmen von **Aktiensplits oder Mitarbeiterbeteiligungsprogrammen.**[626] Schließlich werden öffentliche Übernahmeangebote, Verschmelzungen, Dividenden in Form von Aktien sowie Aktienoptionspläne als weitere Ausnahmetatbestände in § 4 Abs. 1 WpPG benannt. 449

Es gelten ferner Ausnahmen von der Prospektpflicht für die Zulassung von bestimmten Arten von Wertpapieren gemäß § 4 Abs. 2 WpPG. Diese betreffen beispielsweise die Zulassung von Aktien, die über einen Zeitraum von zwölf Monaten weniger als **10 %** der Zahl der **Aktien derselben Gattung** ausmachen, wobei Aktien dieser Gattung bereits zum Handel an demselben organisierten Markt zugelassen sein müssen (§ 4 Abs. 2 Nr. 1 WpPG). Damit korreliert das Prospektrecht mit dem Aktienrecht, denn nach § 186 Abs. 3 Satz 4 AktG ist ein Ausschluss des Bezugsrechts insbesondere dann zulässig, wenn die Kapitalerhöhung gegen Bareinlagen 10 % des Grundkapitals nicht 450

621 Vgl. von Kopp-Colomb/Mollner, in: Assmann/Schlitt/von Kopp-Colomb, WpPG/VermAnlG, § 3 WpPG Rn. 49 f.

622 Vor Inkrafttreten der Änderungsrichtlinie zur ProspektRL war die Mindeststückelung 50.000 Euro, vgl. hierzu von Kopp-Colomb/Mollner, in: Assmann/Schlitt/von Kopp-Colomb, WpPG/VermAnlG, § 3 WpPG Rn. 35 m. w. Nachw.

623 Hierzu und zu den Übergangsregelungen, auch unter Bezugnahme auf die neue Verordnung (EU) 2017/119, vgl. von Kopp-Colomb/Schneider, in: Assmann/Schlitt/von Kopp-Colomb, WpPG/VermAnlG, § 3 WpPG Rn. 78 ff. m. zahlreichen w. Nachw.

624 Hierzu Groß, Kapitalmarktrecht, § 3 WpPG Rn. 8; von Kopp-Colomb/Mollner, in: Assmann/Schlitt/von Kopp-Colomb, WpPG/VermAnlG, § 3 WpPG Rn. 35.

625 Holzborn/Mayston, in: Holzborn, WpPG, § 3 Rn. 15.

626 Schlitt/Schäfer, in: Assmann/Schlitt/von Kopp-Colomb, WpPG/VermAnlG, § 4 WpPG Rn. 7–31.

übersteigt (und der Ausgabebetrag den Börsenpreis nicht wesentlich unterschreitet). Die prospektrechtliche Möglichkeit entspricht also den erleichterten Bedingungen des Bezugsrechtsausschlusses aus dem Aktienrecht.[627] Bei solchen (kleinen) Kapitalerhöhungen, an denen Altaktionäre nicht partizipieren sollen, wird in der Praxis üblicherweise die Angebotsprospektausnahme wegen des Vertriebs ausschließlich an qualifizierte Anleger herangezogen, sodass Gestaltungen ohne das Auslösen von Prospektpflichten möglich sind. Bezugsangebote von Aktien, sofern diese ausschließlich an Altaktionäre gerichtet sind, bei denen die Informationen an die Öffentlichkeit auf die gesetzlich vorgeschriebenen Mitteilungen bzw. Veröffentlichungen beschränkt sind, und für die kein Bezugsrechtshandel stattfindet, sind hingegen nicht mehr ohne Prospekt möglich.[628]

451 Nach § 4 Abs. 2 Nr. 8 WpPG besteht eine Ausnahme von der Prospektpflicht für die **Zulassung zu einem organisierten Markt**, wenn die Wertpapiere des Emittenten bereits an einem organisierten Markt innerhalb des EWR zugelassen sind und darüber hinaus ein Dokument zur Verfügung gestellt wird, das bestimmte Informationen über die angebotenen Wertpapiere und das Angebot enthält.[629]

452 Die Bewertung, ob im konkreten Fall eine der Voraussetzungen für eine Ausnahme von der Prospektpflicht nach dem WpPG erfüllt ist, fällt in die **Zuständigkeit der BaFin**. Ergänzende Erfordernisse an die Zuständigkeit und Bewertung hat der deutsche Gesetzgeber, wie im Kapitalmarktrecht üblich, zur weiteren Rechtsetzung delegiert. Nach § 4 Abs. 3 WpPG kann das Bundesministerium der Finanzen im Einvernehmen mit dem Bundesministerium der Justiz und für Verbraucherschutz eine Verordnung zur Bestimmung der Gleichwertigkeit erlassen.

4. Format und Inhalt von Prospekten

453 §§ 5 bis 12 WpPG regeln die grundsätzlichen Anforderungen an die Erstellung eines Prospekts. Ergänzend sind die Schemata und Module der **ProspektVO i.d.F. der Verordnung (EG) Nr. 809/2004** der Kommission zu beachten. Diese modulare ProspektVO ist als Level 2-Maßnahme des europäischen Lamfalussy-II-Verfahrens eine die ProspektRL konkretisierende, delegierte Verordnung der Europäischen Kommission. Künftig wird auch diese Level 2-Verordnung durch die neue Verordnung (EU) 2017/1129 als Level 1-Verordnung abgelöst und ihrerseits delegierte Rechtsetzungsmöglichkeiten zugunsten der Europäischen Kommission zur weiteren Konkretisierungen der Vorgaben aus der Level 1-Verordnung vorsehen.[630]

454 Die ProspektVO i.d.F. der Verordnung (EG) Nr. 809/2004 der Kommission hat entsprechende **Schemata** je nach Art des Emittenten und der betreffenden Wertpapiere aufgenommen und so die notwendigen Informationsbestandteile bereits sehr detailliert festgelegt.[631] Diese Schemata werden durch zusätzliche **Module** ergänzt. Die wesentlichen Grundlagen für die Erstellung eines Prospekts werden nachfolgend im Überblick erläutert.

a) Format

455 Der Prospekt wird in § 12 Abs. 1 Satz 1 WpPG als ein Dokument beschrieben, das in einem oder in mehreren Einzeldokumenten erstellt werden kann. Letzteres entspricht dem Format des US-amerikanischen »Shelf-Registration Documents«.[632]

---

627 Hierzu etwa Meyer, in: Marsch-Barner/Schäfer, Handbuch börsennotierte AG, Rn. 7.14 f. m. w. Nachw.
628 Vgl. Anhang XXIII und XXIV ProspektVO i.d.F. der Verordnung (EG) Nr. 809/2004 der Kommission.
629 *Apfelbacher/Metzner*, BKR 2006, 81 (82 f.).
630 Vgl. Rdn. 508 ff.
631 Hierzu im Überblick etwa *Schnorbus*, WM 2009, 249 ff.; *Mayrhofer*, Unterschiede bei Wertpapierprospekten, Börsenzeitung v. 04.01.2012, S. 19.
632 Friedl, in: Just/Voß/Ritz/Zeising, WpPG, § 12 Rn. 4 ff.; *Apfelbacher/Metzner*, BKR 2006, 81 f.

Gemäß § 12 Abs. 1 Satz 2 WpPG besteht der mehrteilige Prospekt aus **drei Hauptteilen**: **456**
1. das Registrierungsformular mit den Informationen zum Emittenten und ggf. Garanten;
2. die Wertpapierbeschreibung mit den Informationen zu den zur Emission vorgesehenen Wertpapieren;
3. die Zusammenfassung.

Bei den meisten Emissionen bietet sich vor dem Hintergrund einer nicht bestehenden Aktualisierungspflicht der Angaben im Prospekt weiterhin die Verwendung eines Dokuments, des **einteiligen Prospekts** an.[633] Dieser muss nach Art. 25 Abs. 1 ProspektVO i.d.F. der Verordnung (EG) Nr. 809/2004 der Kommission folgenden Aufbau haben: Inhaltsverzeichnis; Zusammenfassung; Risikofaktoren[634] in Bezug auf den Emittenten und ggf. den Garanten, und der Art des Wertpapiere sowie die Informationsbestandteile, die Gegenstand der Schemata und Module sind, auf deren Grundlage der Prospekt erstellt wird.[635] **457**

In Bezug auf die Reihenfolge der Informationsbestandteile der Schemata und Module nach der ProspektVO i.d.F. der Verordnung (EG) Nr. 809/2004 der Kommission kann von der dort vorgesehenen Reihenfolge abgewichen werden. Aus diesem Grund wird bei der BaFin bzw. jeweiligen Aufsichtsbehörde mit dem zu billigenden Prospekt eine Querverweisliste (sog. »**Cross-Reference-List**«) eingereicht. In dieser Cross-Reference-List werden die Seiten bezeichnet, auf denen die Angaben und die jeweiligen Ziffern aus dem Schema und Modul im Prospekt gefunden werden können. **458**

Nach § 5 Abs. 1 WpPG gilt der Grundsatz, dass der Prospekt in leicht analysierbarer und verständlicher Form sämtliche Angaben enthalten soll, die im Hinblick auf den Emittenten und die öffentlich angebotenen oder zum Handel an einem organisierten Markt zugelassenen Wertpapiere notwendig sind, um dem Publikum ein zutreffendes Urteil über die Vermögenswerte und Verbindlichkeiten, die Finanzlage, die Gewinne und Verluste, die Zukunftsaussichten des Emittenten und jedes Garantiegebers sowie über die mit diesen Wertpapieren verbundenen Rechte zu ermöglichen. Hierin spiegelt sich der Grundsatz der Prospektvollständigkeit wieder.[636] Dieser Grundsatz besagt, dass im Hinblick auf die Vollständigkeit eines Prospekts nicht ausschließlich auf die Schemata und Module der ProspektVO i.d.F. der Verordnung (EG) Nr. 809/2004 der Kommission abzustellen ist, sondern auf sämtliche für die Beurteilung (Vermögenslage, Finanzlage und Zukunftsaussichten) erforderlichen Angaben.[637] Bei der Erstellung eines Prospekts sind die in § 5 Abs. 1 WpPG enthaltenen Grundsätze der Prospektvollständigkeit, Prospektwahrheit, Wesentlichkeit der Aussagen, Prospektaktualität und Prospektklarheit zu berücksichtigen. **459**

Es darf bei der Prüfung eines Prospekts nicht auf eine isolierte Betrachtung der einzelnen Prospektinformation abgestellt werden. Entscheidend ist die Gesamtbetrachtung des Prospekts. Neben der vollständigen Berücksichtigung der geforderten Einzelangaben ist auch die anlegergerechte Aufbereitung der Informationen erforderlich, die ein wesentliches Kriterium für die Prospektklarheit darstellt.[638] Auch müssen die Informationen, die in den Prospekt aufgenommen werden, dem Erkenntnis- und Verständnishorizont des »durchschnittlichen Anlegers« entsprechen. Mangels Begriffsbestimmung ist bei der Auslegung des Horizonts eines durchschnittlichen Anlegers auf die durch die Rechtsprechung entwickelten Kriterien abzustellen. Der BGH führt in ständiger Rechtsprechung aus, dass ein durchschnittlicher Anleger ein verständiger Leser ist, der nicht unbedingt **460**

---

633 *Kunold/Schlitt*, BB 2004, 501 (505).

634 Vgl. Art. 2 Abs. 3 der ProspektVO i.d.F. der Verordnung (EG) Nr. 809/2004 der Kommission.

635 Friedl, in: Just/Voß/Ritz/Zeising, WpPG, § 12 Rn. 3 ff.

636 Groß, Kapitalmarktrecht, § 5 WpPG Rn. 2; Schlitt, in: Assmann/Schlitt/von Kopp-Colomb, WppG/VermAnlG, § 5 Rn. 11 ff.

637 Groß, Kapitalmarktrecht, § 5 WpPG Rn. 3.

638 BGH, Urt. v. 12.07.1982 – II ZR 175/81, WM 1982, 862 (863) – Beton- und Monierbau. Das »BuM-Urteil« des BGH bleibt für die Gesamtbetrachtung weiterhin richtungweisend, vgl. etwa zuletzt bestätigt durch BGH, Urt. v. 18.09.2012 – XI ZR 344/11, BGHZ 195, 1 = WM 2012, 2147 (2150) – Wohnungsbau Leipzig-West.

mit der in eingeweihten Kreisen gebräuchlichen Schlüsselsprache vertraut zu sein braucht, aber eine Bilanz zu lesen versteht.[639] Bei der Bestimmung des Empfängerhorizonts wird somit nicht an die Vollständigkeit, sondern an die Verständlichkeit angeknüpft. Abhängig von den Umständen des Einzelfalls können auch nur Details erläuterungsbedürftig sein. Werden beispielsweise in der Bilanz des Emittenten Ergänzungen aufgenommen, die von Standards der Rechnungslegung abweichen, bedarf dieser Umstand einer zusätzlichen Erklärung im Prospekt.[640]

461 Inhalt eines Prospekts ist gemäß § 5 Abs. 2 WpPG auch eine **Zusammenfassung**, die die Schlüsselinformationen (§ 5 Abs. 2a WpPG) und Warnhinweise (§ 5 Abs. 2b WpPG) enthalten muss.[641] Als eigenständiger Bestandteil eines Prospekts hat die Prospektzusammenfassung kurz, einfach und für die Anleger verständlich zu sein.[642] Die Prospektzusammenfassung ist insbesondere für Kleinanleger das zentrale Informationsmedium.[643] Form und Inhalt der Zusammenfassung müssen in Verbindung mit den anderen Angaben im Prospekt geeignet sein, den Anlegern bei der Prüfung der Frage, ob sie in die betreffenden Wertpapiere investieren sollen, eine ausreichende Grundlage zu bieten (§ 5 Abs. 2 Satz 3 WpPG). Der europäische Gesetzgeber geht davon aus, dass allein die Zusammenfassung bereits eine hinreichende Entscheidungsgrundlage über die Anlage darstellt, hebt jedoch abermals hervor, dass die Zusammenfassung den Anleger erst dazu befähigen soll, in Augenschein zu nehmen, welche Angebote noch eingehender geprüft werden.[644] Eine Ausnahme von der Verpflichtung zur Erstellung einer Zusammenfassung ergibt sich für Prospekte, die die Zulassung von Nichtdividendenwerten[645] mit einer Mindeststückelung von 100.000 Euro zum Handel an einem organisierten Markt betreffen.

462 Die Prospektzusammenfassung soll eine zentrale Informationsquelle für den Anleger sein.[646] Sie muss neben den erforderlichen **Schlüsselinformationen** nach § 5 Abs. 2a WpPG auch erforderliche **Warnhinweisen** nach § 5 Abs. 2b WpPG enthalten. Mit der Anwendung der neuen Verordnung (EU) 2017/1129[647] soll Inhalt und Format der Prospektzusammenfassung soweit wie möglich dem Muster des nach der PRIIP-Verordnung[648] vorgeschriebenen Basisinformationsblatts folgen.[649] Die Prospektzusammenfassung soll also gleichsam standardisiert sein, so dass eine Vergleichbarkeit der jeweiligen Emissionen ermöglicht ist.[650]

---

639 BGH, Urt. v. 12.07.1982 – II ZR 175/81, WM 1982, 862 (863) – Beton- und Monierbau; BGH, Urt. v. 18.09.2012 – XI ZR 344/11, BGHZ 195, 1 = WM 2012, 2147 (2150) – Wohnungsbau Leipzig-West. Vgl. auch OLG Frankfurt, Urt. v. 17.3.1999 – 21 U 260/97, ZIP 1999, 1005 (1006) – MHM Mode; OLG Frankfurt, Urt. v. 6.7.2004 – 5 U 122/03, AG 2004, 510 (512) – EM TV II. Kritisch Groß, Kapitalmarktrecht, § 21 WpPG Rn. 41 f.

640 BGH, Urt. v. 12.07.1982 – II ZR 175/81, WM 1982, 862 (865) – Beton- und Monierbau; BGH, Urt. v. 18.09.2012 – XI ZR 344/11, BGHZ 195, 1 = WM 2012, 2147 (2150) – Wohnungsbau Leipzig-West; Groß, Kapitalmarktrecht (5. Aufl. 2012), § 44, 45 BörsG Rn. 41 f.; Just, in: Just/Voß/Ritz/Zeising, WpPG, § 5 Rn. 21.

641 Vgl. Art. 7 der Verordnung (EU) 2017/1129, der künftig noch dezidiertere Anforderungen an die Prospektzusammenfassung stellt.

642 Vgl. Erwägungsgründe 28 und 30 der Verordnung (EU) 2017/1129.

643 Vgl. Erwägungsgrund 28 der Verordnung (EU) 2017/1129.

644 Erwägungsgründe 28 und 30 der Verordnung (EU) 2017/1129.

645 Nach § 2 Nr. 2 und 3 WpPG lassen sich Wertpapiere zunächst in Dividendenwerte und Nichtdividendenwerte kategorisieren. Dividendenwerte werden definiert als Aktien und mit Aktien vergleichbare Wertpapiere, die ein Recht verbriefen, das bei Umwandlung oder Ausübung dieses Rechts zum Erwerb von Aktien der Emittenten oder einer Konzerngesellschaft führt. Nichtdividendenwerte sind alle übrigen Wertpapiere.

646 Insbesondere Kleinanleger, vgl. Erwägungsgrund 28 der Verordnung (EU) 2017/1129.

647 Vgl. Rdn. 508 ff.

648 Verordnung (EU) Nr. 1286/2014 des Europäischen Parlaments und des Rates vom 26. November 2014 über Basisinformationsblätter für verpackte Anlageprodukte für Kleinanleger und Versicherungsanlageprodukte (PRIIP), ABl. EU L 352 v. 09.12.2014, S. 1 (PRIIP-Verordnung).

649 Vgl. Erwägungsgrund 32 der Verordnung (EU) 2017/1129.

650 Vgl. Erwägungsgrund 31 der Verordnung (EU) 2017/1129.

Der Begriff der **Schlüsselinformationen** ist in § 2 Nr. 18 WpPG definiert. Danach sind Schlüsselinformationen grundlegende und angemessen strukturierte Informationen, die dem Anleger zur Verfügung zu stellen sind. Sie sollen ihm ermöglichen, Art und Risiken des Emittenten, des Garantiegebers und der Wertpapiere, die ihm angeboten oder zum Handel an einem organisierten Markt zugelassen werden sollen, zu verstehen und unbeschadet des § 5 Abs. 2b Nr. 2 WpPG zu entscheiden, welchen Wertpapierangeboten er weiter nachgehen sollte.[651] Die einzelnen Schlüsselinformationen sind in § 5 Abs. 2a Nr. 1 bis 5 WpPG geregelt. Hierzu zählt insbesondere die Beschreibung der wesentlichen Risiken (§ 5 Abs. 2a Nr. 1 und 2 WpPG). Die Beschreibung dieser Risikofaktoren muss für das konkrete Angebot relevant und ausschließlich zugunsten der Anleger ausgearbeitet sein.[652] Die Risikofaktoren dürfen überdies keine allgemeinen Angaben über das Anlagerisiko enthalten und die Haftung des Emittenten, Anbieters oder einer in deren Namen handelnden Person beschränken.[653] Die inhaltlichen Vorgaben werden konkretisiert in Anhang XXII der ProspektVO i.d.F. der Verordnung (EG) Nr. 809/2004 der Kommission, der weitere, konkrete inhaltliche Anforderungen an die Schlüsselinformationen in Form der dort genannten Pflichtangaben enthält. 463

Die erforderlichen **Warnhinweise** umfassen gemäß § 5 Abs. 2b WpPG u.a. den Hinweis, dass die Zusammenfassung als Einführung zum Prospekt verstanden werden sollte (weshalb sie einleitend nach dem Inhaltsverzeichnis zu erfolgen hat), und dass der Anleger seine Anlageentscheidung auf die Prüfung des gesamten Prospekts stützen sollte (Nr. 2). Weitere erforderliche Warnhinweise beziehen sich auf Übersetzungskosten, die der Anleger bei auf den Prospekt gestützten Klagen ggf. zu tragen hat (Nr. 3), oder auf die Haftungsverantwortlichen der Zusammenfassung (Nr. 4). Hiervon ist eine Darstellung der Risikofaktoren in der Prospektzusammenfassung abzugrenzen, die zwingend enthalten sein muss (§ 5 Abs. 2a Nr. 2 WpPG) und eine begrenzte Auswahl spezifischer Risiken zu enthalten hat, die nach Auffassung des Emittenten für die Anlageentscheidung der Anleger am wesentlichsten sind.[654] 464

Die Vorgaben, wie die Prospektzusammenfassung zu strukturieren ist und welche inhaltlichen Angaben unentbehrlich sind, enthält Art. 24 Abs. 1 ProspektVO i.d.F. der Verordnung (EG) Nr. 809/2004 der Kommission im Zusammenhang mit Anhang XXII. Aus den Vorgaben folgt, dass die Zusammenfassung in fünf Abschnitte zu unterteilen ist und dass innerhalb dieser Abschnitte in zwingend vorgegebener Reihenfolge je nach Art der ansonsten verwendeten Anhänge die entsprechenden Unterpunkte abzuarbeiten sind.[655] Der Umfang der Zusammenfassung darf höchstens 7 % des Prospekts oder 15 Seiten umfassen.[656] Die BaFin lässt Finanzinformationen, durch Verweis einbezogene Dokumente sowie die Zusammenfassung selbst bei der Berechnung dieser Begrenzung zu.[657] Des Weiteren darf gemäß Art. 24 Abs. 1 ProspektVO i.d.F. der Verordnung (EG) Nr. 809/2004 der Kommission die Zusammenfassung keine Verweise auf andere Teile des Prospekts enthalten. Die Formulierung hat in klarer und verständlicher Weise zu erfolgen, wobei die Schlüsselinformationen auf leicht zugängliche und verständliche Weise zu präsentieren sind. 465

In § 6 WpPG ist vorgesehen, dass **Basisprospekte** für bestimmte Arten von Wertpapieren erstellt werden können. Insbesondere wird diese Form für **Emissionsprogramme** für Wertpapiere, die öffentlich angeboten werden und/oder zum Handel an einem organisierten Markt zugelassen werden, verwendet.[658] Im Basisprospekt sind alle nach §§ 5 bis 7 WpPG notwendigen Angaben zum Emittenten, ggf. Garanten und die zum öffentlichen Angebot vorgesehenen Wertpapiere enthalten, 466

651 Erwägungsgrund 28 der Verordnung (EU) 2017/1129; *Henningsen*, BaFin-Journal 9/12, S. 5.
652 Vgl. Erwägungsgrund 29 der Verordnung (EU) 2017/1129.
653 Vgl. Erwägungsgrund 29 der Verordnung (EU) 2017/1129.
654 Vgl. Erwägungsgrund 29 der Verordnung (EU) 2017/1129.
655 Aus Sicht der Verwaltungspraxis der BaFin vgl. *Henningsen*, BaFin-Journal 9/12, S. 5 (5 f.).
656 Art. 24 Abs. 1 Unterabs. 1 Satz 3 ProspektVO i.d.F. der Verordnung (EG) Nr. 809/2004 der Kommission.
657 *Henningsen*, BaFin-Journal 9/12, S. 5 (6).
658 Vgl. auch Erwägungsgrund 35 der Verordnung (EU) 2017/1129 (Rn. 484): »Bei allen Nichtdividendenwerten, einschließlich jener die dauernd oder wiederholt oder im Rahmen eines Angebotsprogramms

nicht jedoch die endgültigen Angebotsbedingungen des einzelnen Wertpapiers, die sog. endgültigen Bedingungen oder »Final Terms« (§ 6 Abs. 1 WpPG). Basisprospekte können genutzt werden u.a. für Nicht-Dividendenwerte und Optionsscheine, die im Rahmen eines Angebotsprogramms ausgegeben werden, oder für Nichtdividendenwerte, die dauernd oder wiederholt von CRR-Kreditinstituten (§ 1 Abs. 3d KWG) begeben werden. Erforderlich ist die Aktualisierung der Angaben im Basisprospekt in Bezug auf den Emittenten und ggf. zu den jeweiligen Wertpapieren, die öffentlich angeboten werden oder zum Handel an einem organisierten Markt zugelassen werden sollen. Diese Aktualisierung richtet sich nach Maßgabe des § 16 WpPG.[659] Bei Emissionsprogrammen sind die »Final Terms« gemäß § 6 Abs. 3 WpPG kein Nachtrag i.S.d. § 16 WpPG und lösen somit auch nicht die Rechtsfolgen eines Nachtrags aus. Die endgültigen Bedingungen können jedoch in einen solchen Nachtrag aufgenommen werden. Die endgültigen Bedingungen sind spätestens am Tag der Unterbreitung des öffentlichen Angebots und, sofern möglich, vor dem Beginn des öffentlichen Angebots oder der Zulassung zum Handel (§ 6 Abs. 3 WpPG) gemäß den Vorgaben des § 14 WpPG zu veröffentlichen. In § 6 Abs. 3 WpPG ist vorgesehen, dass die endgültigen Bedingungen über die Einrichtung einer **Melde- und Veröffentlichungsplattform** der BaFin (»MVP-Portal«) auch elektronisch hinterlegt werden können.[660] Der Zugang zum MVP-Verfahren erfordert eine vorherige Anmeldung für jeden Teilnehmer.

467 Art. 26 Abs. 5 Buchst. d) ProspektVO i.d.F. der Verordnung (EG) Nr. 809/2004 der Kommission legt ergänzend fest, dass den endgültigen Bedingungen einer Emission unter einem Basisprospekt eine **Zusammenfassung** für die jeweilige Emission anzufügen ist. Gemäß § 5 Abs. 2 WpPG ist bei Emissionen mit einer Mindeststückelung von 100.000 Euro keine Zusammenfassung anzufügen.

468 § 7 WpPG verweist als zentrale Verweisungsnorm hinsichtlich der Mindestangaben, die in einen Prospekt aufzunehmen sind, auf die Bestimmungen der ProspektVO i.d.F. der Verordnung (EG) Nr. 809/2004 der Kommission. Die Verordnung schreibt im Einzelnen die Festsetzung des Prospektformats und der Mindestangaben in Prospekten, abgestimmt auf den jeweiligen Emittenten und die Wertpapiere, entsprechend der Schemata und Module aus den Anhängen der ProspektVO i.d.F. der Verordnung (EG) Nr. 809/2004 der Kommission vor. Für die Billigung eines Prospekts müssen alle Angaben nach dem auf die Emission anwendbaren Modul und Schema im Prospekt enthalten sein. Bei Vorgaben, die nicht auf das Wertpapier oder den Emittenten anwendbar sind, können hier auch Ausnahmen gemacht werden. Dies ist entsprechend in der Cross-Reference-List zu vermerken und zu begründen.[661]

469 § 8 Abs. 1 WpPG sieht vor, dass bestimmte Angaben, wie Emissionspreis und das Emissionsvolumen, vorläufig in einem Prospekt offenbleiben können und der Prospekt nicht als unvollständig gemäß § 5 WpPG gilt. Voraussetzung für die Möglichkeit der späteren Veröffentlichung dieser Angaben ist, dass der Prospekt die Kriterien oder Bedingungen für die Ermittlung oder den Höchstpreis nennen muss. Fehlen diese Angaben, haben Anleger nach § 8 Abs. 1 Satz 3 WpPG ein **Widerrufsrecht**, das innerhalb von zwei Werktagen nach Bekanntgabe des Emissionspreises und -volumens ausgeübt werden muss.[662] Die Ergänzung des Prospekts durch eine Veröffentlichung der offengelassenen Informationen hat nach § 14 Abs. 2 WpPG zu erfolgen. § 8 Abs. 2 WpPG sieht Ausnahmetatbestände dergestalt vor, dass die BaFin gestatten kann, dass bestimmte Angaben, die nach der ProspektVO i.d.F. der Verordnung (EG) Nr. 809/2004 der Kommission vorgeschrieben sind, nicht aufgenommen werden müssen, sofern die Verbreitung dem öffentlichen

---

begeben werden, sollte es den Emittenten gestattet sein, den Prospekt in Form eines Basisprospekts zu erstellen.«

659 Ausführlich unten Rdn. 455 ff.

660 Einzelheiten zum MVP-Portal, insbesondere das Benutzerhandbuch, sind auf der Website der BaFin abrufbar, vgl. https://www.bafin.de/DE/DieBaFin/Service/MVPportal/MVPportal_node.html.

661 Just, in: Just/Voß/Ritz/Zeising, WpPG, § 7 Rn. 14 f.

662 Schlitt, in: Assmann/Schlitt/von Kopp-Colomb, WpPG/VermAnlG, § 8 WpPG Rn. 34 ff.; Rauch, in: Holzborn, WpPG, § 8 Rn. 16 ff.

Interesse zuwiderläuft (§ 8 Abs. 2 Nr. 1 WpPG) oder dem Emittenten erheblichen Schaden zufügen kann (§ 8 Abs. 2 Nr. 2 WpPG).[663] Dies gilt jedoch nur, sofern durch eine Unterlassung der Veröffentlichung das Publikum nicht über wesentliche Tatsachen oder Umstände für die fundierte Beurteilung des Emittenten, des Anbieters oder Garanten der Wertpapiere getäuscht wird.[664] Eine weitere Ausnahme von der Pflicht zur Veröffentlichung vorgeschriebener Angaben gilt, wenn diese Angaben für das spezielle Angebot oder die spezielle Zulassung zum Handel an einem organisiertem Markt von untergeordneter Bedeutung und nicht geeignet sind, die Beurteilung der Finanzlage oder der Entwicklungsaussichten des Emittenten, Anbieters oder Garantiegebers zu beeinflussen (§ 8 Abs. 2 Nr. 3 WpPG).

§ 8 Abs. 3 WpPG formuliert eine **Ausnahme** in Bezug auf Angaben, die nach der ProspektVO **470**
i.d.F. der Verordnung (EG) Nr. 809/2004 der Kommission verlangt sind, jedoch für den Emittenten oder die Wertpapiere ausnahmsweise nicht zutreffen. Fordert die ProspektVO i.d.F. der Verordnung (EG) Nr. 809/2004 der Kommission eine bestimmte Angabe, z.B. nach Patenten oder Rechtsstreitigkeiten, die es bei dem konkreten Emittenten nicht gibt, dann muss diese Angabe begriffslogisch nicht in den Prospekt aufgenommen werden. In der Praxis empfiehlt sich, ggf. einen entsprechenden Fehlhinweis in den Prospekt aufzunehmen.[665]

b) Geltungszeitraum

Die zwölfmonatige Gültigkeit eines Prospekts bemisst sich nach § 9 Abs. 1 WpPG ab dem Datum **471**
der Billigung. Nach alter Rechtslage war noch die Veröffentlichung des Prospekts als Berechnungszeitpunkt des Geltungszeitraums einschlägig, die jedoch – entgegen des Billigungstags – insbesondere bei elektronischer Veröffentlichung ex post nur schwer nachzuvollziehen ist.[666] Nach **Ablauf der zwölfmonatigen Gültigkeitsdauer** i.S.d. § 9 Abs. 1 WpPG ist ein neuer Prospekt zu veröffentlichen, wenn die Wertpapiere weiterhin angeboten werden sollen.[667] Gemäß § 9 Abs. 2 WpPG ist im Fall eines Angebotsprogramms auch der Basisprospekt nach seiner Billigung zwölf Monate lang gültig. Werden die endgültigen Bedingungen für ein Angebot hinterlegt, verlängert sich der Gültigkeitszeitraum des Basisprospekts für dieses öffentliche Angebot bis zu dessen Ablauf, höchstens jedoch um weitere zwölf Monate ab Hinterlegung der endgültigen Bedingungen bei der BaFin. Die elektronische Fassung des Prospekts ist nach § 13 Abs. 5 WpPG zwingend vor der Billigung über das MVP-Portal an die BaFin zu übermitteln. Diese Erforderlichkeit folgt daraus, dass die BaFin aufgrund der Omnibus-I-RL[668] und deren Umsetzung in § 13 Abs. 2 Satz 1 WpPG die Billigungsbescheinigung eines Prospekts sowie eine Kopie desselben gleichzeitig mit der Billigung der ESMA übermitteln muss.[669]

663 Sog. Gestattung, hierzu ausführlich Schlitt, in: Assmann/Schlitt/von Kopp-Colomb, WpPG/VermAnlG, § 8 WpPG Rn. 46 ff.

664 Just, in: Just/Voß/Ritz/Zeising, WpPG, § 8 Rn. 47 ff.

665 Groß, Kapitalmarktrecht, § 8 WpPG Rn. 12.

666 *Henningsen*, BaFin Journal 9/12, S. 5 (10).

667 *Henningsen*, BaFin-Journal 9/12, S. 5 (10).

668 Richtlinie 2010/78/EU des Europäischen Parlaments und des Rates vom 24. November 2010 zur Änderung der Richtlinien 98/26/EG, 2002/87/EG, 2003/6/EG, 2003/41/EG, 2003/71/EG, 2004/39/EG, 2004/109/EG, 2005/60/EG, 2006/48/EG, 2006/49/EG und 2009/65/EG im Hinblick auf die Befugnisse der Europäischen Aufsichtsbehörde (Europäische Bankenaufsichtsbehörde), der Europäischen Aufsichtsbehörde (Europäische Aufsichtsbehörde für das Versicherungswesen und die betriebliche Altersversorgung) und der Europäischen Aufsichtsbehörde (Europäische Wertpapier-und Marktaufsichtsbehörde), ABl. EU L 331 v. 15.12.2010, S. 120 (Omnibus-I-RL). Die Richtlinie dient zur Angleichung und Harmonisierung der Verwaltungszuständigkeiten nach Inkrafttreten des Europäischen Systems der Finanzaufsicht (European System of Financial Supervision, ESFS), vgl. hierzu Eckner, in: Holzborn, WpPG, § 28 Rn. 2 ff. m. w. Nachw.

669 *Henningsen*, BaFin-Journal 9/12, S. 5 (10).

472 Die Aufnahme von Angaben in Form von **Verweisen** ist in § 11 WpPG geregelt. Die Verweismöglichkeit erleichtert in vielen Fällen die Erstellung eines Prospekts, da beispielsweise Jahresabschlüsse nicht mehr im Einzelnen abgedruckt, sondern durch Verweis auf den Ort der Veröffentlichung einbezogen werden können.[670] Die Modalitäten für Angaben in Form eines Verweises richten sich im Übrigen nach den Anforderungen des Art. 28 ProspektVO i.d.F. der Verordnung (EG) Nr. 809/2004 der Kommission.

c) Inhalt

473 Der Prospektinhalt soll grundsätzlich ausreichend und objektiv sowie in leicht zu analysierender, knapper und verständlicher Form aufbereitet sein, damit Anleger eine fundierte Anlageentscheidung treffen können.[671] Diesen Prospektgrundsätzen hilft der europäischer Gesetzgeber dahingehend ab, als dass er den **Umfang der Mindestangaben** eines Prospekts dezidiert in Vorgaben der ProspektVO i.d.F. der Verordnung (EG) Nr. 809/2004 der Kommission, insbesondere nach dem jeweiligen Schemata und Modulen, bestimmt. Diese Informationsbestandteile bestimmen sich nach dem Emittenten sowie der jeweiligen Art des Wertpapiers, welches im Prospekt beschrieben werden soll.[672] In einem solchen Prospekt sollen insbesondere keine Informationen aufgenommen werden, die nicht wesentlich oder für den Emittenten und die betreffenden Wertpapiere nicht spezifisch sind, weil durch einen solchen »Information Overload«[673] die für die Anlageentscheidung relevanten Informationen verschleiert und somit der Anlegerschutz unterlaufen werden könnte.[674]

474 Art. 3 ProspektVO i.d.F. der Verordnung (EG) Nr. 809/2004 der Kommission enthält eine allgemeine Regelung, welche die aufzunehmenden Mindestangaben in einen Prospekt bestimmt und verweist auf die Schemata und Module der **Art. 4 bis 20a ProspektVO** i.d.F. der Verordnung (EG) Nr. 809/2004 der Kommission i.V.m. mit den Anhängen I bis XXX der ProspektVO i.d.F. der Verordnung (EG) Nr. 809/2004 der Kommission.[675] Die Mindestangaben eines Prospekts setzen sich grundsätzlich aus dem Schema für die Wertpapiere, die in den Prospekt aufgenommen werden, und dem Schema für die Angaben über den Emittenten und andere Personen mit der Emission verbundenen Personen zusammen. Diese Mindestbestandteile können durch zusätzliche Module ergänzt werden, wie z.B. das Modul für Garantien[676] oder für Pro forma-Finanzinformationen[677]. Schemata und Module können nach Art. 21 und Anhang XVIII ProspektVO i.d.F. der Verordnung (EG) Nr. 809/2004 der Kommission auch unterschiedlich miteinander kombiniert werden. Beispielsweise sind für den Inhalt von Prospekten bei Aktienemissionen Art. 4, 5 und 6 ProspektVO i.d.F. der Verordnung (EG) Nr. 809/2004 der Kommission i.V.m. Anhang I (»Mindestangaben für das Registrierungsformular für Aktien«) und Anhang III (»Mindestangaben für die Wertpapierbeschreibung für Aktien«) der ProspektVO i.d.F. der Verordnung (EG) Nr. 809/2004 der Kommission anwendbar. Diese Bestimmungen geben sehr umfangreiche und detaillierte Offenlegungspflichten des Emittenten vor, z.B. im Modul für Pro forma-Finanzinformationen.[678] Die Schemata für Schuldtitel und Derivate unterscheiden, wie bereits Art. 3 ProspektVO i.d.F. der

670 Vgl. Art. 28 Abs. 1 Nr. 1 ProspektVO i.d.F. der Verordnung (EG) Nr. 809/2004 der Kommission. Verweise sind nach der Verwaltungspraxis der BaFin im Übrigen nur möglich, wenn ein Prospekt bereits von der BaFin gebilligt wurde, der die entsprechenden Dokumente, auf die verwiesen wird enthält.

671 Vgl. Erwägungsgrund 27 der Verordnung (EU) 2017/1129.

672 Vgl. auch Erwägungsgrund 27 der Verordnung (EU) 2017/1129.

673 Vgl. Koch, BKR 2012, 485 ff.; Möllers/Kernchen, ZGR 2011, 1 (7 ff.).

674 Erwägungsgrund 27 der Verordnung (EU) 2017/1129.

675 Hierzu ausführlich die jeweiligen Kommentierungen der Bestimmungen in Holzborn, WpPG (2. Aufl. 2014) und Assmann/Schlitt/von Kopp-Colomb, WpPG/VermAnlG (3. Aufl. 2017).

676 Art. 9 und Anhang VI der ProspektVO i.d.F. der Verordnung (EG) Nr. 809/2004 der Kommission.

677 Art. 5 und Anhang II der ProspektVO i.d.F. der Verordnung (EG) Nr. 809/2004 der Kommission.

678 Vgl. Art. 5 und Anhang II der ProspektVO i.d.F. der Verordnung (EG) Nr. 809/2004 der Kommission. Nach Art. 5 Abs. 2 ProspektVO i.d.F. der Verordnung (EG) Nr. 809/2004 der Kommission ist zusätzlich

Verordnung (EG) Nr. 809/2004 der Kommission ausführt, zwischen Wertpapieren mit einer Stückelung von weniger als 100.000 Euro und Wertpapieren mit einer Mindeststückelung von 100.000 Euro.[679] Ferner gibt es auch gesonderte Schema für durch Vermögenswerte unterlegte Wertpapiere (»Asset Backet Securities«/ABS)[680] sowie Schemata für Zertifikate, die Aktien vertreten (»Depository Receipts«)[681], Derivate[682] und zusätzliche Module für Garantien, zugrundeliegenden Aktien in Form von Dividendenwerten[683] und Pro forma-Finanzinformationen. Das Schema für das Registrierungsformular für Banken ist in Art. 14 und Anhang XI der ProspektVO i.d.F. der Verordnung (EG) Nr. 809/2004 der Kommission aufgenommen. Art. 18 ProspektVO i.d.F. der Verordnung (EG) Nr. 809/2004 der Kommission sieht in Ergänzung des Anhangs I ein Schema für Organismen für gemeinsame Anlagen des geschlossenen Typs[684] vor. Schema für Mitgliedsstaaten des EWR, Drittstaaten und ihre regionalen und lokalen Gebietskörperschaften finden sich in Art. 19 und Anhang XVI der ProspektVO i.d.F. der Verordnung (EG) Nr. 809/2004 der Kommission. Das Schema für international-öffentliche Organisationen und Emittenten von Schuldtiteln, deren Garantiegeber ein OECD-Mitgliedsstaat ist, findet sich Art. 20 und Anhang XVII der ProspektVO i.d.F. der Verordnung (EG) Nr. 809/2004 der Kommission.

Jedem dieser Artikel ist ein gesonderter Anhang oder mehrere Anhänge der ProspektVO i.d.F. der **475** Verordnung (EG) Nr. 809/2004 der Kommission zugeordnet, die im Einzelnen die notwendigen Angaben aufzählen und bestimmen. Als Beispiel wird nachfolgend auf den **Anhang V** – »Mindestangaben für die Wertpapierbeschreibung für Schuldtitel« (Schema) Schuldtitel mit einer Stückelung von weniger als 100.000 Euro[685] – referenziert.

Es müssen zunächst alle Personen in den Prospekt aufgenommen werden, die für die im Prospekt **476** gemachten Angaben bzw. für bestimmte Abschnitte des Prospekts verantwortlich sind.[686] In dieser ersten Angabe wird bei jeder dieser Personen auf die jeweiligen Prospektabschnitte verwiesen, für die sie verantwortlich sind. Im Übrigen werden die Rechtsposition und Rechtsstellung der Beteiligten beschrieben. Darauf folgt eine Erklärung der **für den Prospekt verantwortlichen Personen** über die Anwendung der erforderlichen Sorgfalt bei der Prospekterstellung. Hiermit soll sichergestellt werden, dass der Prospekt nach bestem Wissen und Gewissen erstellt wurde und keine Tatsachen fehlen, die die Aussage des Prospekts wahrscheinlich verändern könnten.[687]

---

ein weiterer einleitender Absatz im Prospekt gefordert, der erklärt, warum die Pro forma-Finanzinformationen in den Prospekt aufgenommen werden.

679 Vgl. Art. 7 und Anhang IV der ProspektVO i.d.F. der Verordnung (EG) Nr. 809/2004 der Kommission.

680 Art. 10, 11 und Anhänge VII, VIII der ProspektVO i.d.F. der Verordnung (EG) Nr. 809/2004 der Kommission. Vgl. auch Art. 2 Abs. 5 der ProspektVO i.d.F. der Verordnung (EG) Nr. 809/2004 der Kommission, wonach »durch Forderungen unterlegte Wertpapiere« (ABS) solche Wertpapiere sind, »die (a) ein Interesse an Vermögenswerten darstellen (einschließlich der Rechte, mit denen eine Bedienung der Wertpapiere, deren Eingang oder die Pünktlichkeit des Eingangs von Seiten der Inhaber der Vermögenswerte sichergestellt werden soll, wenn es um die in diesem Rahmen zahlbaren Beträge geht); (b) durch Vermögenswerte und Konditionen besichert sind, mit denen die Zahlungen gewährleistet werden, wobei sie sich auf Zahlungen oder angemessene Zahlungsprognosen beziehen, die unter Bezugnahme auf identifizierte oder identifizierbare Vermögenswerte berechnet werden.«

681 Sog. Hinterlegungsscheine (Global 1 Depository Receipts), vgl. Art. 13 und Anhang X der ProspektVO i.d.F. der Verordnung (EG) Nr. 809/2004 der Kommission.

682 Art. 15 und Anhang XII der ProspektVO i.d.F. der Verordnung (EG) Nr. 809/2004 der Kommission.

683 Vgl. das zusätzliche Informationsmodul nach Art. 17 und Anhang XIV der ProspektVO i.d.F. der Verordnung (EG) Nr. 809/2004 der Kommission.

684 Vgl. hierzu und zur Abgrenzung der Anforderungen des KAGB Zetzsche/Eckner, in: Holzborn, WpPG, Art. 18 EU-ProspV Rn. 3 ff.

685 Vor der Änderungsrichtlinie zur ProspektRL war eine Stückelung von 50.000 Euro vorgesehen.

686 Vgl. Anhang V Nr. 1 der ProspektVO i.d.F. der Verordnung (EG) Nr. 809/2004 der Kommission.

687 Anhang V Nr. 1.2 der ProspektVO i.d.F. der Verordnung (EG) Nr. 809/2004 der Kommission.

477 Nach diesen initialen Erklärungen sind die sog. **Risikofaktoren** aufzuführen. Bei den Risikofaktoren handelt es sich um die Angabe der Risiken der öffentlich anzubietenden oder zum Handel zuzulassenden Wertpapiere. Aus dem anlagespezifischen Risikouniversum sind nur solche Faktoren zu erläutern, die für die zu emittierenden Wertpapiere von wesentlicher Bedeutung sind. Hierbei kann es sich insbesondere um Risiken in Bezug auf die Bewertung des Marktrisikos oder strukturelle Risiken des Wertpapiers, wie z.B. Zins- oder Rückzahlungsstrukturen, mit denen die Wertpapiere behaftet sein können, handeln.[688] Neben den Risikofaktoren des Wertpapiers sind auch Risikofaktoren in Bezug auf den Emittenten und ggf. Garanten aufzunehmen. Diese Risikofaktoren betreffen beispielsweise branchenübliche Risiken des Emittenten oder Garanten, Markt- und unternehmensbezogene Risiken sowie Währungsrisiken.

478 Auf die Risikofaktoren folgen Angaben über das **Interesse von Seiten natürlicher und juristischer Personen**, die an der Emission bzw. dem Angebot beteiligt sind. Hierdurch soll sich ein potenzieller Anleger ein Urteil über etwaige Einflüsse und Interessenkonflikte dieser Personen auf das Unternehmen, das öffentliche Angebot oder das Wertpapier bilden können.[689] Auch sind die Gründe für das Angebot und die Verwendung der Erträge der Emission aufzuführen.[690] Insoweit werden Risiken aufgrund von Interessenkonflikten vor allem durch transparente Kosten- und Vergütungsstrukturen mitigiert.

479 Es bedarf ferner konkreter **Angaben über die anzubietenden und zum Handel zuzulassenden Wertpapiere.**[691] Diese Angaben beinhalten die Beschreibung des Typs und der Kategorie der Wertpapiere, die Wertpapierkennnummern (WKN) und/oder »International Securities Identification Number« (ISIN), Rechtsvorschriften, auf deren Grundlage die Wertpapiere geschaffen wurde, sowie Angaben, ob es sich bei den Wertpapieren um Namens- oder Inhaberpapiere handelt, und ob die Wertpapiere einzeln oder global verbrieft werden. Im letzteren Fall handelt es sich um Wertpapiere, deren Angaben auf der Globalurkunde in die Buchungsunterlagen eines »Clearing-Systems« (z.B. Clearstream) eingegeben werden. In diesem Regelfall müssen Firma und Anschrift dieses Clearing-Systems im Prospekt angegeben werden. Außerdem ist es notwendig, die Währung des Wertpapiers anzugeben, den Status der Wertpapiere (nachrangig/nicht nachrangig), die öffentlich angeboten und/oder zum Handel zugelassen werden sollen, die Beschreibung der Rechte, die an die Wertpapiere gebunden sind – einschließlich ihrer etwaigen Beschränkungen – und des Verfahrens zur Ausübung dieser Rechte. Notwendig ist ferner die Angabe des nominalen Zinssatzes und die Bestimmung der Zinsschuld, des Fälligkeitstermins bzw. der Tilgungen, die Angabe der Rendite, der Vertretung von Schuldtitelinhabern unter Angabe der die Anleger vertretenden Organisationen im Fall von Neuemissionen, der Beschlüsse und Ermächtigungen sowie der Billigung, die die Grundlage für die erfolgte bzw. noch zu erfolgende Schaffung der Wertpapiere und/oder deren Emission bilden. Schließlich ist die Angabe des erwarteten Emissionstermins der Wertpapiere im Fall von Neuemissionen, eine Darstellung etwaiger Beschränkungen für die Übertragbarkeit und in Bezug auf das Herkunftsland des Emittenten und des Landes bzw. der Länder, in denen das öffentliche Angebot unterbreitet oder die Zulassung zum Handel beantragt wird (sog. Verkaufsbeschränkungen) erforderlich. Außerdem müssen Angaben über die an der Quelle einbehaltene Einkommensteuer auf die Wertpapiere und Angaben darüber, ob der Emittent die Verantwortung für die Einbehaltung der Steuer an der Quelle übernimmt, gemacht werden. Ferner sollte eine Übersicht zu steuerrechtlichen Vorschriften des Landes enthalten sein, in dem der Emittent seinen Sitz hat und derjenigen Länder, in denen die Wertpapiere öffentlich angeboten werden sollen.

688 Anhang V Nr. 2.1 der ProspektVO i.d.F. der Verordnung (EG) Nr. 809/2004 der Kommission.
689 Anhang V Nr. 3.1 der ProspektVO i.d.F. der Verordnung (EG) Nr. 809/2004 der Kommission.
690 Anhang V Nr. 3.2 der ProspektVO i.d.F. der Verordnung (EG) Nr. 809/2004 der Kommission.
691 Anhang V Nr. 4 der ProspektVO i.d.F. der Verordnung (EG) Nr. 809/2004 der Kommission enthält vierzehn Informationsbestandteile über die anzubietenden bzw. zum Handel zuzulassenden Wertpapiere; vgl. so auch Anhang III Nr. 4 der ProspektVO i.d.F. der Verordnung (EG) Nr. 809/2004 der Kommission.

In einem weiteren Abschnitt sind die **Bedingungen und Konditionen für das Angebot** aufzunehmen.[692] Bedingungen, Angebotsstatistiken, erwarteter Zeitplan, erforderliche Maßnahmen für die Antragsstellung, Gesamtsumme der Emission, ggf. Beschreibung der Möglichkeit einer Reduzierung des Betrags, Methoden und Fristen für die Bedienung der Wertpapiere[693] und bei Aktien insbesondere auch Verfahren für die Ausübung etwaiger Vorzugsrechte.[694] Ferner ist ein Plan für die Aufteilung der Wertpapiere und deren Zuteilung, die Preisfestsetzung, die Platzierung und die Übernahme der Wertpapiere notwendig. 480

In Bezug auf die **Zulassung zum Handel** gibt es eine gesonderte Informationsanforderung, die die Zulassung zum Handel und die Handelsregeln beschreiben soll.[695] 481

Nach dieser Darstellung folgt ein weiterer Absatz in Bezug auf **zusätzliche Angaben.**[696] Die Anhänge zur ProspektVO i.d.F. der Verordnung (EG) Nr. 809/2004 der Kommission variieren in Bezug auf den Umfang und die Detaillierung der Offenlegungspflichten bezogen auf das jeweilige Wertpapier und versuchen die charakteristischen Eigenschaften des Wertpapiers und des Emittenten hierdurch transparent zu machen.[697] 482

Nach der Aufnahme dieser Informationen in den Prospekt ist nach § 5 Abs. 3 WpPG das **Datum der Erstellung** des Prospekts anzugeben und der Prospekt vom Anbieter zu unterzeichnen. Zudem ist eine **Unterzeichnung** durch die Antragsteller bei beantragter Zulassung zu einem organisierten Markt notwendig (§ 5 Abs. 3 Satz 2 oder Abs. 4 Satz 2 WpPG). Zusätzlich können weitergehende Angaben von der BaFin nach Art. 3 Abs. 2 i.V.m. Art. 23 Abs. 1 ProspektVO i.d.F. der Verordnung (EG) Nr. 809/2004 der Kommission als Voraussetzung für die Billigung eines Prospekts verlangt werden, wenn der Emittent zu einer der in Anhang XXI ProspektVO i.d.F. der Verordnung (EG) Nr. 809/2004 der Kommission benannten besonderen Kategorien gehört.[698] Unter die **besonderen Emittentenkategorien** fallen sog. »Start-Ups« (Gesellschaften, die weniger als drei Jahre alt sind) sowie Gesellschaften, die unabhängig von der Dauer ihrer Existenz als eigenständige Gesellschaft nach einem weitgehenden Wechsel der Geschäftstätigkeit ihr gegenwärtiges Geschäft weniger als drei Jahre betreiben. Ferner zählen zu den besonderen Emittentenkategorieren beispielsweise Immobiliengesellschaften, Bergbaugesellschaften und in der wissenschaftlichen Forschung tätige Gesellschaften. ESMA erlässt zur Vereinheitlichung dieser zusätzlichen Angaben ausführliche Empfehlungen.[699] 483

Nach Art. 2a i.V.m. Anhang XX der ProspektVO i.d.F. der Verordnung (EG) Nr. 809/2004 der Kommission sind in Basisprospekten und den endgültigen Bedingungen **besondere Angabekategorien** zu beachten. Nach altem Recht konnte auf die Aufnahme von Informationsbestandteilen im Basisprospekt verzichtet werden, die zum Zeitpunkt der Billigung noch nicht bekannt waren und erst zum Zeitpunkt der jeweiligen Emission bestimmt werden konnten. Die ist zwar gemäß Art. 22 Abs. 2 ProspektVO i.d.F. der Verordnung (EG) Nr. 809/2004 der Kommission weiterhin möglich, jedoch wird detaillierter geregelt, welche Informationsbestandteile bereits im Basisprospekt 484

692 Anhang V Nr. 5 der ProspektVO i.d.F. der Verordnung (EG) Nr. 809/2004 der Kommission; vgl. so auch Anhang III Nr. 5 der ProspektVO i.d.F. der Verordnung (EG) Nr. 809/2004 der Kommission.

693 Vgl. Anhang V Nr. 5 der ProspektVO i.d.F. der Verordnung (EG) Nr. 809/2004 der Kommission.

694 Vgl. Anhang III Nr. 5.1.10 der ProspektVO i.d.F. der Verordnung (EG) Nr. 809/2004 der Kommission.

695 Anhang V Nr. 6 der ProspektVO i.d.F. der Verordnung (EG) Nr. 809/2004 der Kommission; vgl. für Aktien auch Anhang III Nr. 6 der ProspektVO i.d.F. der Verordnung (EG) Nr. 809/2004 der Kommission.

696 Vgl. Anhang V Nr. 7 der ProspektVO i.d.F. der Verordnung (EG) Nr. 809/2004 der Kommission und Anhang III Nr. 10 der ProspektVO i.d.F. der Verordnung (EG) Nr. 809/2004 der Kommission für die zusätzlichen Informationen i.R.d. Schemas der Mindestangaben für die Wertpapierbeschreibung für Aktien.

697 Vgl. Erwägungsgründe 4 ff. der ProspektVO i.d.F. der Verordnung (EG) Nr. 809/2004 der Kommission.

698 Hierzu ausführlich Eckner, in: Holzborn, WpPG, Art. 23 EU-ProspV Rn. 6 ff.

699 Für eine Übersicht vgl. Eckner, in: Holzborn, WpPG, Art. 23 EU-ProspV Rn. 4 f.

enthalten sein müssen (Angaben der Kategorie A).[700] Angaben der Kategorie B sind in Art. 2a Abs. 1 Buchst. b) ProspektVO i.d.F. der Verordnung (EG) Nr. 809/2004 der Kommission geregelt. Danach gilt, dass der Basisprospekt alle grundsätzlichen Punkte der verlangten Informationen enthalten muss und nur die Einzelheiten, die bei Billigung des Basisprospekts noch nicht bekannt sind, ausgelassen und zu einem späteren Zeitpunkt in die endgültigen Bedingungen eingefügt werden können.[701] Die Zuordnung der Kategorien findet sich in Anhang XX ProspektVO i.d.F. der Verordnung (EG) Nr. 809/2004 der Kommission. Die Flexibilität der Emittenten wird dadurch eingeschränkt.[702]

485 Der gemäß § 11 WpPG vorgesehenen Einbeziehung von zuvor oder zeitgleich veröffentlichten Dokumenten durch Verweis in den Prospekt (sog. »**incorporation by reference**«) liegt die praktische Erwägung zugrunde, die Prospekte übersichtlicher zu gestalten und die Seitenzahl eines Prospekts gering zu halten.[703] Bereits gebilligte Prospektbestandteile sollen nicht erneut einem Billigungsverfahren zugeführt werden müssen.[704] Hierdurch wird bei der emittentenseitigen Prospekterstellung zugleich eine Fehlerquelle vermieden, da der Emittent und u.U. weitere Prospektverantwortliche die einbezogenen Dokumente bei ihrer Veröffentlichung prüfen und dann diese Dokumente mehrfach zur Einbeziehung in unterschiedliche Prospekte nutzen können. Falls das Dokument zu einem früheren Zeitpunkt veröffentlicht wurde, lassen sich die an der Erstellung des Prospekts beteiligten Personen i.d.R. die Richtigkeit, Vollständigkeit und Aktualität des Dokuments vom jeweiligen Ersteller bestätigen. Die Einbeziehung durch Verweis gilt jedoch nicht für die Zusammenfassung (§ 11 Abs. 1 Satz 4 WpPG). In der Praxis ist es vergleichsweise schwer, Dokumente durch Verweis in einen Prospekt aufzunehmen. Dies liegt an der überwiegend strikten Verwaltungspraxis der BaFin, wonach die Einbeziehung durch Verweis dem in Art. 28 PropesktVO enthaltenen Grundsatz, die Verständlichkeit des Prospekts nicht zu beeinträchtigen, nicht widersprechen dürfe.[705]

486 Für die Erstellung eines Prospekts ist ferner die Regelung des § 19 WpPG zu beachten. Die Norm bestimmt eine **Sprachenregelung**, die insbesondere dann virulent wird, wenn die Emission grenzüberschreitend stattfindet. Einer der zentralen Elemente der Harmonisierung durch die ProspektRL ist, dass Wertpapierprospekte nicht vollständig in andere Sprachen übersetzt werden müssen, damit ein öffentliches Angebot in einem anderen Mitgliedstaat möglich ist. Eine solche Übersetzung war immer mit einem erheblichen Zeit- und Kostenaufwand verbunden. Dies galt als eines der wesentlichen Hindernisse für die gegenseitige Anerkennung von Prospekten bei grenzüberschreitenden Emissionen. Durch die ProspektRL wurde die Zusammenfassung geschaffen, die nunmehr anstelle einer Übersetzung des gesamten Prospekts in die andere europäische Sprache übersetzt werden muss. Durch die Sprachenregelung des § 19 WpPG war beabsichtigt, den erforderlichen Anlegerschutz mit der Sicherstellung von Markteffizienz und -transparenz im EWR in Einklang zu bringen.[706]

---

700 Nach Art. 2a Abs. 1 Buchst. a) ProspektVO i.d.F. der Verordnung (EG) Nr. 809/2004 der Kommission bezeichnet Kategorie A solche Angaben, die im Basisprospekt enthalten sein müssen und nicht ausgelassen oder zu einem späteren Zeitpunkt in die endgültigen Bedingungen eingefügt werden.

701 Unter Kategorie C versteht Art. 2a Abs. 1 Buchst. c) ProspektVO i.d.F. der Verordnung (EG) Nr. 809/2004 der Kommission, dass der Basisprospekt für Angaben, die bei Billigung des Basisprospekts nicht bekannt waren, eine Auslassung vorzusehen ist, die zu einem späteren Zeitpunkt ergänzt wird und in die endgültigen Bedingungen aufzunehmen ist.

702 Glismann, in: Holzborn, WpPG, Art. 2a ProspektVO Rn. 1.

703 Holzborn/Israel, ZIP 2005, 1668 (1673); Groß, Kapitalmarktrecht, § 11 WpPG Rn. 1; von Ilberg, in: Assmann/Schlitt/von Kopp-Colomb, WppG/VermAnlG, § 11 Rn. 1 m. w. Nachw.

704 Verweise sind nach der Aufsichtspraxis der BaFin deshalb nur unter der Voraussetzung möglich, dass die entsprechenden Dokumente, auf die im Prospekt verwiesen werden soll, bereits von der BaFin gebilligt wurden.

705 *Schlitt/Schäfer* AG 2005, 498 (503); *Holzborn/Israel* ZIP 2005, 1668 (1667); Friedl, in: Just/Voß/Ritz/Zeising, WpPG, § 11 Rn. 16 ff.

706 Preuße, in: Holzborn, WpPG, § 19 Rn. 2; von Ilberg, in: Assmann/Schlitt/von Kopp-Colomb, WpPG/VermAnlG, § 19 WpPG Rn. 6 ff., insbesondere Rn. 8 ff. m. w. Nachw.

Grundsätzlich sind nach § 19 Abs. 1 WpPG Prospekte in deutscher Sprache zu erstellen, sofern Wertpapiere, für die der Herkunftsstaat[707] des Emittenten die Bundesrepublik Deutschland ist, im Inland öffentlich angeboten werden oder im Inland die Zulassung zum Handel an einem organisierten Markt beantragt wird und nicht auch in einem anderen Staat oder mehreren Staaten des EWR. In § 19 Abs. 1 Satz 2 WpPG wird klargestellt, dass die BaFin die Erstellung eines Prospekts in einer »**in internationalen Finanzkreisen gebräuchlichen Sprache**« gestatten kann, sofern der Prospekt auch eine Übersetzung der Zusammenfassung in deutscher Sprache enthält und im Einzelfall unter Berücksichtigung der Art der Wertpapiere eine ausreichende Information des Publikums gewährleistet erscheint. Die Voraussetzungen für eine Ausnahme vom Grundsatz der Sprache des Herkunftsstaates des Emittenten liegt vor, sofern es sich um Nichtdividendenpapiere mit einer Mindeststückelung von 1.000 Euro, nach Wahl des Emittenten der Staat, in dem er seinen Sitz hat oder, der Staat des EWR, in dem die Wertpapiere zum Handel an einem organisierten Markt zugelassen sind oder werden, oder in dem die Wertpapiere öffentlich angeboten werden.[708] Etwaige Übersetzungskosten des Prospekts oder Teile des Prospekts, die bei gerichtlicher Geltendmachung von Prospekthaftungsansprüchen entstehen, hat grundsätzlich der Anleger zu tragen.[709] Diejenigen Personen, die die Zusammenfassung übersetzen, können für diese haften, sofern die Übersetzung der Zusammenfassung irreführend, unrichtig oder widersprüchlich ist, wenn sie zusammen mit den anderen Teilen des Prospekts gelesen wird. Gleiches gilt auch für die Zusammenfassung als solche.[710] 487

Nach § 19 Abs. 2 bis 5 WpPG können weitere **Ausnahmen von der Sprachenregelung** in Betracht kommen, wenn ein Prospekt in einer in »internationalen Finanzkreisen gebräuchlichen Sprache« erstellt werden kann, z.B. wenn auf eine besondere Ausnahme in Bezug auf die Zulassung verwiesen wird,[711] falls es sich um Wertpapiere mit einer Mindeststückelung von 100.000 Euro handelt, die zum Handel an einem organisierten Markt in einem Staat oder mehreren Staaten des EWR zugelassen sind. Die in internationalen Finanzkreisen gebräuchliche Sprache ist die englische Sprache.[712] Mangels ausdrücklicher regulatorischer Vorgabe der zu verwendenden Sprache[713] ist denkbar, dass sich eine andere Sprache als in internationalen Finanzkreisen gebräuchlichen Sprache etabliert[714], was angesichts des bevorstehenden Austritts Großbritanniens aus der EU (»**Brexit**«)[715] ein häufiges Gedankenspiel geworden ist. 488

Im Rahmen der praktischen Umsetzung des § 19 WpPG ergibt sich durch unterschiedliches Verständnis und abweichende Auslegung der jeweiligen mitgliedstaatlichen Aufsichtsbehörden auch ein **unterschiedlicher Umgang mit der Sprachenregelung**. Dies zeigt sich beispielsweise mit Blick auf die Verwaltungspraxis der BaFin im Rahmen des Billigungsverfahrens eines Prospekts, der auch in andere Mitgliedstaaten des EWR notifiziert werden soll. Im Anschluss an das Inkrafttreten der ProspektRL wurde etwa durch die damals zuständige, englische Aufsichtsbehörde (Financial Service Authority, »FSA«)[716] die Billigung eines in deutscher Sprache erstellten Prospekts versagt, der eine 489

707 Der Herkunftsstaat richtet sich primär nach dem (satzungsmäßigen) Sitz des Emittenten.

708 Vgl. § 2 Nr. 13 Buchst. b) WpPG.

709 Von Ilberg, in: Assmann/Schlitt/von Kopp-Colomb, WpPG/VermAnlG, § 19 WpPG Rn. 36 ff.

710 Vgl. § 5 Abs. 2 Nr. 4 WpPG.

711 *Seitz*, AG 2005, 678 ff.

712 Vgl. etwa von Ilberg, in: Assmann/Schlitt/von Kopp-Colomb, WpPG/VermAnlG, § 19 WpPG Rn. 21 m. zahlreichen w. Nachw.

713 Art. 27 der Verordnung (EU) 2017/1129 (Rn. 484) sieht ebenfalls keine Regelung vor.

714 So auch zutreffend von Ilberg, in: Assmann/Schlitt/von Kopp-Colomb, WpPG/VermAnlG, § 19 WpPG Rn. 23.

715 Hierzu etwa Zetzsche/Lehmann, AG 2017, 651 m. zahlreichen w. Nachw.

716 Von ursprünglicher Allfinanzaufsicht, vergleichbar mit der Aufsicht durch die BaFin, wandte sich Großbritannien als Reaktion auf die Finanzmarktkrise wieder einer sog. Twin-Peaks-Supervision zu. Die zuständigen Aufsichtsbehörden sind nunmehr die Financial Conduct Authority (FCA) und die Prudential Regulation Authority (PRA).

Übersetzung der Zusammenfassung in englischer Sprache enthielt, und nach England notifiziert werden sollte. Die Versagung wurde damit begründet, dass der Prospekt in der deutschen Sprache erstellt und Deutsch in England nicht als »international gebräuchliche Sprache« anerkannt sei (Art. 19 Abs. 3 der ProspektRL[717]). Nach mehr als einem Jahrzehnt der Prospektbilligungspraxis hat sich heute überwiegend die englische Sprache als Standard internationaler Emissionen. Die Anerkennung durch die zuständige Behörde des Aufnahmestaates sollte somit dann erreicht werden können, wenn die Prospektsprache die englische Sprache ist. Dies ist aber unter praktischen Gesichtspunkten nicht immer gewährleistet, da einzelne Aufsichtsbehörden zusätzliche Anforderungen an den notifizierten Prospekt stellen, wie z.B. die Übersetzung der endgültigen Bedingungen in die Landessprache oder auch Änderung des anwendbaren Rechts der endgültigen Bedingungen. Die Zusammenfassung im Basisprospekt, die den endgültigen Bedingungen voranzustellen ist, muss entsprechend § 19 WpPG bei einer Notifizierung in einen anderen Mitgliedsstaat in die Landessprache übersetzt werden.[718]

5. Prospektbilligungsverfahren

490 Ein Prospekt darf nach § 13 WpPG nur veröffentlicht werden, wenn er zuvor durch die zuständige Aufsichtsbehörde gebilligt wurde.[719] Gemäß § 13 Abs. 1 Satz 2 WpPG entscheidet die BaFin über die Prospektbilligung nach Abschluss einer Vollständigkeitsprüfung des Prospekts, einschließlich einer Prüfung der Kohärenz und Verständlichkeit der vorgelegten Informationen. Im Unterschied zum Prüfungsverfahren vor Umsetzung der ProspektRL im WpPG ist die **Billigung und Zulassung** wesentlich komplexer geworden. Insbesondere haben sich die Zuständigkeit für die Prüfung, das Billigungs- und Prüfungsverfahren sowie die dafür anwendbaren Fristen und der Prüfungsumfang verändert. Vor Inkrafttreten der ProspektRL lag die Zuständigkeit für die Prospektbilligung bei der Zulassungsstelle der jeweiligen Börse, sofern es sich um Börsenzulassungsprospekte handelte. Durch die Prüfung des Prospekts durch die BaFin ist die Zulassungsstelle der jeweiligen Börse nur noch (subsidiär) für das Zulassungsverfahren der Wertpapiere an dieser Börse verantwortlich.

491 Der Prospekt wird bei der BaFin zusammen mit einer Querverweisliste, die sich auf die relevanten Punkte in den Anhängen (Mindestangaben für das Registrierungsformular und Mindestangaben für die Wertpapierbeschreibung) der ProspektVO i.d.F. der Verordnung (EG) Nr. 809/2004 der Kommission für Emittent und Wertpapier bezieht, eingereicht. Zusätzlich zu einer Papierfassung des Prospekts verlangt die BaFin vom Anbieter oder dem Zulassungsantragsteller, dass der Prospekt[720] in elektronischer Form an sie übermittelt wird. Sofern die elektronisch übermittelten Dokumente bereits in Papierform vorliegen, bedarf es einer Bestätigung des Anbieters bzw. Zulassungsantragstellers, dass die elektronischen Dokumente mit der Papierversion übereinstimmen. Die **Prospektprüfung** der BaFin erfolgt auf der Grundlage der europarechtlichen Vorgaben und dient in erster Linie dem Anlegerschutz, der durch die Möglichkeit einer umfassenden Information über Emittent und Wertpapier gesichert werden soll. Dies wird insbesondere dadurch gewährleistet, dass nicht nur eine reine Plausibilitätsprüfung der BaFin erfolgt. Vielmehr ergibt sich durch den Prüfungsmaßstab des § 13 Abs. 1 Satz 2 WpPG unter Einschluss der Prüfung der Kohärenz und aller relevanten Bestandteile nach der ProspektVO i.d.F. der Verordnung (EG) Nr. 809/2004 der Kommission eine Art eingeschränkte materielle Prüfungskompetenz der BaFin.

6. Prüfungsfrist

492 In § 13 Abs. 2 WpPG wird die Frist zur Prüfung durch die BaFin auf **zehn Werktage** nach Eingang des Prospekts begrenzt. Anderes gilt, wenn es sich um ein öffentliches Angebot von Wertpapieren eines Emittenten handelt, dessen Wertpapiere noch nicht zum Handel in einem Mitgliedstaat des

717 Künftig Art. 27 Abs. 3 der Verordnung (EU) 2017/1129.
718 Vgl. Art. 26 Abs. 5a ProspektVO i.d.F. der Verordnung (EG) Nr. 809/2004 der Kommission.
719 Vgl. auch Erwägungsgrund 11 der Verordnung (EU) 2017/1129.
720 Einschließlich der Übersetzung der Zusammenfassung, sofern eine Notifizierung beantragt wird.

EWR an einem organisierten Markt zugelassen sind. Für diesen Fall beträgt die Frist **zwanzig Werktage**. Vor Inkrafttreten des WpPG betrug die Frist fünfzehn Börsentage, wobei nach Ablauf dieser Frist eine sog. Billigungsfiktion eintrat, wenn keine Nachfragen bzw. Kommentare der Börse während des Fristenlaufs gestellt bzw. gemacht wurden. In der Praxis wird der Zeitplan der Prospektbilligung als Vorfeldmaßnahme i.d.R. eng mit der BaFin koordiniert und abgestimmt.

§ 13 Abs. 3 WpPG räumt der BaFin das Recht ein, weitere Informationen zur Vervollständigung 493
des Prospekts anzufordern, wenn sie der Auffassung ist, dass ohne diese Unterlagen der Prospekt unvollständig wäre. Dies bedeutet für den Ersteller des Prospekts, dass er auch in diesen Fällen eine **Vergleichsversion** zwischen der zunächst eingereichten Prospektversion und der neuen Version mit sämtlichen Ergänzungen und Streichungen sowie sonstigen Änderungen vorhalten und bei der BaFin einreichen muss. Die Billigungsfristen gemäß § 13 Abs. 2 WpPG fangen dann erneut an zu laufen.[721]

Wenn der Prospekt gebilligt wird, erteilt die BaFin dem Antragsteller gemäß § 13 Abs. 2 Satz 2 494
WpPG eine Bescheinigung zur weiteren Verwendung, z.B. gegenüber der Zulassungsstelle der Börse. Sollte nachträglich bekannt werden, dass ein so gebilligter Prospekt wesentliche Mängel aufweist, ist die BaFin gemäß § 21 Abs. 8 Satz 3 WpPG berechtigt, die **Billigung zu widerrufen**. Sollte trotz Erfüllung aller Voraussetzungen die Billigung versagt werden, so kann der Antragsteller im Rahmen einer Verpflichtungsklage vor dem Verwaltungsgericht versuchen, die Billigung zu erstreiten.[722]

Das Billigungserfordernis erstreckt sich auch auf **Nachträge**, die gemäß § 16 WpPG erstellt werden 495
müssen. Dies kann dann zu Problemen führen, wenn der Emittent der Ad-hoc Publizitätspflicht gemäß § 26 WpHG i.V.m. Art. 17 Abs. 1, 7 oder 8 MAR[723] unterliegt, da diese Pflichten dem § 16 WpPG vorgehen.[724] Ein Nachtrag gemäß § 16 WpPG ist billigungspflichtig. Die Frist für die Billigung beträgt längstens sieben Werktage (§ 16 Abs. 1 WpPG). Handelt es sich z.B. bei einem Nachtrag zum Prospekt um eine Ad-hoc-pflichtige Information, muss diese als Ad-hoc-Mitteilung und nicht erst als gebilligter Nachtrag zum Prospekt veröffentlicht werden.[725] Ähnlich wie bei einem unvollständigen Verkaufsprospekt kann der Nachtrag auch Angebotsbedingungen, wie z.B. Emissionspreis und Emissionsvolumen, umfassen, sofern nicht die Kriterien zu deren Berechnung oder ein Höchstpreis im Prospekt beschrieben und veröffentlicht sind. In der Praxis findet diese Ausnahme zu einem Nachtrag häufig Anwendung, um die notwendige Flexibilität bei der Begebung von Emissionen während der Angebotsphase zu gewährleisten. Dies bedeutet, dass der Prospekt zunächst ohne Emissionspreis, Emissionsvolumen (§ 8 Abs. 1 WpPG) oder andere Angaben gebilligt wird und durch den Nachtrag der Emissionspreis, das Emissionsvolumen und die anderen Angaben nachgetragen werden. Soweit es sich um Angaben nach § 8 Abs. 1 WpPG handelt, die unverzüglich nach ihrer Festlegung zu veröffentlichen sind[726] und bei der BaFin hinterlegt werden müssen, ist kein Nachtrag gemäß § 16 Abs. 3 WpPG hierfür zu fertigen, sondern eine Veröffentlichung, die diese Angaben enthält. Sind weitere Angaben in dem Dokument nachzutragen, müsste ein Nachtrag i.S.d. § 16 WpPG veröffentlicht werden. Dies hat zur Folge, dass dem Anleger, der vor Veröffentlichung dieses Dokuments ein Kaufangebot abgegeben hat, ein Widerrufsrecht zusteht.

721 Von Kopp-Colomb, in: Assmann/Schlitt/von Kopp-Colomb, WpPG/VermAnlG, § 13 WpPG Rn. 28 f.

722 Die Verpflichtungsklage steht in objektiver Klagenhäufung (§ 44 VwGO) mit einer Anfechtungsklage, mit der der versagende Bescheid anzugreifen ist. Reagiert die BaFin überhaupt nicht, so ist Untätigkeitsklage zu erheben. Vgl. im Überblick und zum weiteren Rechtsschutz von Kopp-Colomb, in: Assmann/Schlitt/von Kopp-Colomb, WpPG/VermAnlG, § 13 WpPG Rn. 19 m. w. Nachw.

723 Verordnung (EU) Nr. 596/2014 des Europäischen Parlaments und des Rates vom 16. April 2014 über Marktmissbrauch (Marktmissbrauchsverordnung) und zur Aufhebung der Richtlinie 2003/6/EG des Europäischen Parlaments und des Rates und der Richtlinien 2003/124/EG, 2003/125/EG und 2004/72/EG, ABl. EU L 173 v. 12.06.2014, S. 1 (Marktmissbrauchsverordnung/Market Abuse Regulation – MAR).

724 Schlitt/Schäfer, in: Assmann/Schlitt/von Kopp-Colomb, WpPG/VermAnlG, § 16 WpPG Rn. 132.

725 Zu den Möglichkeiten der Selbstbefreiung vgl. Pfüller, in: Fuchs, WpHG, § 15 Rn. 189.

726 Meist durch eine Preisnotiz (Pricing Notice) und nicht durch einen Nachtrag.

Bei der Veröffentlichung von Angaben nach § 8 Abs. 1 WpPG gibt es kein entsprechendes Widerrufsrecht der Anleger, soweit nur diese Angaben nachgetragen werden. Ferner ist der Ausnahmetatbestand des § 8 Abs. 2 WpPG zu beachten, nach dem die BaFin gestatten kann, dass bestimmte Angaben nicht aufgenommen werden müssen.

7. Hinterlegung und Veröffentlichung

496 In § 14 WpPG sind die einzelnen Bestimmungen für die **Hinterlegung und Veröffentlichung** eines Prospekts geregelt. Der Prospekt muss nach seiner Billigung bei der BaFin hinterlegt und unverzüglich, spätestens einen Werktag vor Beginn des öffentlichen Angebots, veröffentlicht werden (§ 14 Abs. 1 Satz 1 WpPG). Dies gilt auch, wenn kein öffentliches Angebot stattfindet, jedoch die Wertpapiere in den Handel an einem organisierten Markt eingeführt werden oder vor der Einführung der Wertpapiere ein Handel von Bezugsrechten im organisierten Markt stattfindet (§ 14 Abs. 1 Satz 2 und 3 WpPG). Für diesen Fall muss der Prospekt einen Werktag vor Beginn des Handels veröffentlicht werden. Wenn durch den Prospekt ein erstes öffentliches Angebot einer Gattung von Aktien erfolgt, für die der Emittent noch keine Zulassung zum Handel an einem organisierten Markt erhalten hat, beträgt die Frist zwischen dem Zeitpunkt der Veröffentlichung des Prospekts und dem Abschluss des Angebots mindestens sechs Werktage (§ 14 Abs. 1 Satz 4 WpPG).

497 Die **Art und Weise der Veröffentlichung** des Prospekts wird in § 14 Abs. 2 WpPG geregelt. Der Prospekt wird in einer in den Mitgliedstaaten des EWR weitverbreiteten Tages- oder Wirtschaftszeitung veröffentlicht, indem dort das öffentliche Angebot unterbreitet oder die Zulassung der Wertpapiere zum Handel beantragt wird. Der Prospekt kann auch in gedruckter Form zur kostenlosen Ausgabe an das Publikum bei den zuständigen Stellen des organisierten Marktes, an denen die Wertpapiere zum Handel zugelassen werden sollen, bei dem Emittenten oder bei den Instituten, die die Wertpapiere platzieren oder verkaufen, oder bei den in den Bedingungen genannten Zahlstellen bereitgehalten werden. Ferner kann der Prospekt auf der Internetseite des Emittenten oder der Institute, die die Wertpapiere platzieren oder verkaufen, veröffentlicht werden oder auf der Internetseite der Zahlstelle. Möglich ist auch die Veröffentlichung auf der Internetseite u.a. des organisierten Marktes, für den die Zulassung zum Handel beantragt wurde (§ 14 Abs. 2 Satz 1 Nr. 3 Buchst. a) bis c) und Nr. 4 WpPG).[727] Ferner ist die BaFin durch ein separates Schreiben über Datum und Ort der Veröffentlichung unverzüglich schriftlich zu informieren (§ 14 Abs. 3 WpPG). Nach § 8b HGB ist diese Mitteilung auch in das Unternehmensregister einzustellen. § 6 Abs. 3 WpPG stellt klar, dass die endgültigen Bedingungen auch an die zuständige Behörde des Aufnahmestaates[728] zu übermitteln sind,und dass die endgültigen Angebotsbedingungen auch ausschließlich elektronisch über das Melde- und Veröffentlichungssystem der BaFin (MVP-Portal) hinterlegt werden können.[729] Sinn und Zweck dieser Regelung ist den Material- und Verwaltungsaufwand sowohl auf Seiten der BaFin als auch emittentenseitig zu reduzieren.[730]

498 Besteht der Prospekt aus mehreren einzelnen Dokumenten oder enthält er Angaben in Form von Verweisen, können die Einzeldokumente und Angaben getrennt in einer der in § 14 Abs. 2 WpPG genannten Modalitäten veröffentlicht werden. Dabei ist darauf zu achten, dass in jedem Einzeldokument anzugeben ist, wo die anderen Einzeldokumente erhältlich sind.[731]

499 Nach § 14 Abs. 5 WpPG ist ferner vorgesehen, dass Anleger auf Verlangen eine kostenlose Version des Prospekts in Papierform zur Verfügung gestellt bekommen. Keine Veröffentlichung i.S.d. § 14 WpPG ist dagegen die Veröffentlichung des gebilligten Prospekts auf der Homepage der BaFin für

727 Ausführlich Kunold, in: Assmann/Schlitt/von Kopp-Colomb, WpPG/VermAnlG, § 14 WpPG Rn. 24 ff.
728 Vgl. § 2 Nr. 14 WpPG.
729 Vgl. zum sog. MVP-Portal, insbesondere das Benutzerhandbuch, die Website der BaFin, abrufbar unter https://www.bafin.de/DE/DieBaFin/Service/MVPportal/MVPportal_node.html.
730 RegBegr ProspektRL-ÄnderungsRL-UmsG, BT-Drucks. 17/8684, S. 18.
731 Hierzu etwa Kunold, in: Assman/Schlitt/von Kopp-Colomb, WpPG/VermAnlG, § 14 WpPG Rn. 40 f.

die Dauer der Gültigkeit von zwölf Monaten. Die BaFin erfüllt hiermit lediglich ihre Verpflichtung aus § 13 Abs. 4 WpPG.

8. Gültigkeitsdauer

Nach seiner Billigung ist ein Prospekt gemäß § 9 Abs. 1 WpPG **zwölf Monate** lang für öffentliche **500**
Angebote oder Zulassungen zum Handel an einem organisierten Markt gültig. Voraussetzung für diese Gültigkeit ist die Ergänzung des Prospekts durch die gemäß § 16 WpPG erforderlichen Nachträge, um den Anlegern aktuelle Informationen zur Verfügung zu stellen. Dies ist insbesondere in Bezug auf die Programmdokumentation eines Basisprospekts wichtig, unter dem mehrere Emissionen im Jahr begeben werden. Gemäß § 9 Abs. 2 WpPG sind auch Basisprospekte zwölf Monate ab Billigung gültig. Der Gültigkeitszeitraum von Basisprospekten verlängert sich um bis zu weitere zwölf Monate, wenn für ein öffentliches Angebot endgültige Bedingungen bei der BaFin hinterlegt werden und der Angebotszeitraum entsprechend über den ursprünglichen Gültigkeitszeitraum des Basisprospekts hinausgeht.[732] Werden beispielsweise endgültige Bedingungen am letzten Tag der Gültigkeit des Basisprospekts hinterlegt und dauert das Angebot zwölf Monate an, so kann ein Basisprospekt bis zu 24 Monate ab Billigung gültig sein. Allerdings darf nach Ablauf der Gültigkeit kein neues Angebot mehr erfolgen.[733]

Das **Registrierungsformular** ist zwölf Monate ab dessen Billigung gültig, wenn es nicht Bestand- **501**
teil eines mehrteiligen Prospekts ist. Zudem kann ein Registrierungsformular sowohl gemäß § 12 Abs. 3 WpPG als auch durch Nachtrag nach § 16 WpPG aktualisiert werden.[734]

9. Nachtragspflicht

In § 16 WpPG sind die Anforderungen an einen Nachtrag zum Prospekt geregelt. Die Bestimmung **502**
enthält eine **Aktualisierungs- und Berichtigungspflicht** hinsichtlich jedes wichtigen neuen Umstands oder jeder wesentlichen Unrichtigkeit in Bezug auf die im Prospekt enthaltenen Angaben, die die Beurteilung der Wertpapiere beeinflussen könnten und die nach der Billigung des Prospekts und vor dem endgültigen Schluss des öffentlichen Angebots oder falls diese später erfolgt, der Einführung in den Handel an einem organisierten Markt, auftreten oder festgestellt werden.[735] Die Beurteilung, ob ein Umstand wichtig ist oder es sich um eine wesentliche Unrichtigkeit handelt, lässt sich anhand der Vorgaben des § 5 Abs. 1 Satz 1 WpPG abwägen.[736] Ausschlaggebend für die Beurteilung des Umstands oder der Unrichtigkeit ist der Empfängerhorizont des Publikums, dem die Wertpapiere angeboten werden und die über die Vermögenswerte und Verbindlichkeiten, die Finanzlage und Zukunftsaussichten des Emittenten und alle anderen mit den Wertpapieren verbundenen Rechte zu urteilen in der Lage sein müssen.[737]

Sofern der endgültige Emissionspreis und das endgültige Emissionsvolumen nicht im Prospekt ent- **503**
halten sind, bedürfen sie gemäß § 8 Abs. 1 Satz 6 WpPG einer Veröffentlichung nach § 14 Abs. 2 WpPG und nicht eines Nachtrags gemäß § 16 WpPG. Dies bezieht sich auch auf damit im Zusammenhang stehende Angaben, z.B. Emissionserlös und Kapitalisierungstabelle.[738] Hierbei ist § 16 Abs. 3 WpPG zu beachten, der sich auf Nachträge für ein öffentliches Angebot von Wertpapieren bezieht und ein **Widerrufsrecht** des Anlegers auf eine Frist von mindestens zwei Werktagen bestimmt, sofern der neue Umstand vor dem endgültigen Schluss des öffentlichen Angebots und vor

732 Groß, Kapitalmarktrecht, § 9 WpPG Rn. 2.
733 Ausführlich Seitz, in: Assman/Schlitt/von Kopp-Colomb, WpPG/VermAnlG, § 9 WpPG Rn. 25 ff. m. w. Nachw.
734 Groß, Kapitalmarktrecht, § 9 WpPG Rn. 5.
735 Hierzu Seitz/Scholl, in: Assman/Schlitt/von Kopp-Colomb, WpPG/VermAnlG, § 16 WpPG Rn. 21 ff.; Rauch, in: Holzborn, WpPG, § 16 Rn. 4 ff.
736 *Olds/Müller*, WM 2007, 573 (576).
737 Groß, Kapitalmarktrecht, § 16 WpPG Rn. 2.
738 Rauch, in: Holzborn, WpPG, § 16 Rn. 14.

Lieferung der Wertpapiere eingetreten ist. Dies dient der Klarstellung, dass auch eine längere Frist vom Emittenten oder Anbieter für den Widerruf vorgesehen werden kann und wann dies noch möglich ist.[739]

504 Der EuGH hat sich in der **Rechtssache Timmel**[740] mit der Frage beschäftigt, ob Informationen, die zum Zeitpunkt der Erstellung eines Basisprospekts noch nicht bekannt waren, jedoch zum Zeitpunkt der Veröffentlichung eines Prospektnachtrags bekannt geworden sind, in einen solchen Nachtrag aufzunehmen sind. Der EuGH bejaht dies, wenn es sich bei den jeweiligen Informationen um wesentliche Angaben handelt, wobei die Beurteilung der Wesentlichkeit Sache des vorlegenden Gerichts sei. Dieses Urteil sorgt für Rechtsunsicherheiten, da es nicht der Systematik des Anhangs XX ProspektVO i.d.F. der Verordnung (EG) Nr. 809/2004 der Kommission entspricht, der festlegt, welche Angaben endgültigen Bedingungen vorbehalten bleiben können und welche nicht. Es bleibt noch immer abzuwarten, wie das EuGH-Urteil in der Praxis konsolidiert wird. Mit Blick auf systematische Erwägungen kann das Ergebnis nicht überzeugen, dass sämtliche endgültigen Bedingungen in Form von Nachträgen erstellt werden müssen. Hierin wäre ein Widerspruch zu Art. 5 ProspektRL angelegt.[741]

IV. Europäischer Pass

505 Ein zentrales Prinzip der ProspektRL[742] ist der sog. »Europäische Pass«. Emittenten von Wertpapieren können nicht nur in dem Mitgliedstaat, in dem der Prospekt gebilligt wurde, Wertpapiere öffentlich anbieten, sondern mithilfe des Europäischen Passes auch in anderen Mitgliedstaaten des EWR. Hierfür sieht die ProspektRL ein sog. Notifizierungsverfahren vor, die die Geltung des einmal gebilligten Prospekts unter erleichterten Bedingungen auch in anderen Mitgliedstaaten ermöglicht.[743] Voraussetzung hierfür ist, dass der Prospekt von der zuständigen mitgliedstaatlichen Aufsichtsbehörde gebilligt wurde, der Antragsteller beantragt hat, dass der Prospekt in weitere namentlich zu benennende Mitgliedstaaten notifiziert wird und die Bescheinigung über die Billigung an die jeweilige Aufsichtsbehörde des Aufnahmemitgliedstaates, in dem ein öffentliches Angebot beabsichtigt ist, oder die in dem Wertpapiere zum Handel an einem organisierten Markt zugelassen werden sollen, übermittelt wird.

506 Die Möglichkeit der Notifizierung mit relativ geringen Voraussetzungen (Übersetzung der Zusammenfassung in die jeweilige Landessprache und Ausführungen zur Besteuerung der Wertpapiere in dem jeweiligen Mitgliedstaat) ist eines der wesentlichen Ziele der ProspektRL, da gleiche Voraussetzungen für Erstellung, Form und Inhalt des Prospekts in den Mitgliedsstaaten gelten und somit die Grundlage für die Anerkennung der Billigung einer Aufsichtsbehörde in den anderen Mitgliedsstaaten geschaffen wurde.[744] Ein wichtiger Teil des Prospekts ist die Zusammenfassung, die in der jeweiligen Landessprache vorliegen muss.[745] Liegen die Voraussetzungen vor, ist kein weiteres Billigungsverfahren in dem Mitgliedsstaat erforderlich. Insoweit ist nur das (formelle) Notifizierungsverfahren erforderlich, wobei durch die Notifizierung die erneute Prüfung des vollständigen Prospekts ersetzt wird.[746] Die Veröffentlichungspflichten in dem jeweiligen Mitgliedsstaat müssen

739 Vgl. BGBl. I 2011, S. 2481 sowie ESMA, Consultation paper – ESMA's technical advice on possible delegated acts concerning the Prospectus Directive as amended by the Directive 2010/73/EU, 13 December 2011, ESMA/2011/444.

740 EuGH, Urt. v. 15.05.2014 – C-359/12, AG 2015, 234 – Timmel.

741 Dazu *Russ*, EuZW 2014, 581 (584); zur künftigen Regelung vgl. Art. 23 der Verordnung (EU) 2017/1129.

742 Vgl. auch zum übrigen europäischen Kapitalmarktrecht Zetzsche/Preiner, in: Gebauer/Teichmann, Europäisches Privat- und Unternehmensrecht (EnzEuR Bd. 6), § 7.B. Rn. 99 ff.

743 Hierzu künftig Art. 24 ff. der Verordnung (EU) 2017/1129.

744 Art. 17 Abs. 1 ProspektRL; hierzu Zetzsche/Wachter, in: Gebauer/Teichmann, Europäisches Privat- und Unternehmensrecht (EnzEuR Bd. 6), § 7.D. Rn. 38.

745 Hierzu bereits Rdn. 486.

746 *Kuhlmann/Sester*, WM 2005, 1069.

gemäß § 14 WpPG beachtet werden.[747] Ferner ist ergänzend bei Basisprospekten auch die Übersendung der endgültigen Bedingungen in den jeweilige Mitgliedstaat erforderlich.

Im Zeitablauf des Notifizierungsverfahrens ist vorgesehen, dass ein von der BaFin geprüfter und gebilligter Prospekt an die zuständige Behörde des Mitgliedstaats auf Antrag des Anbieters bzw. Antragstellers innerhalb von drei Tagen zusammen mit einer Kopie des Prospekts und einer Bescheinigung über die Billigung gesandt wird, einschließlich der Übersetzung der Zusammenfassung gemäß der in dem Mitgliedsstaat geltenden Sprachenregelung.[748] Der Antrag auf Notifizierung kann zusammen mit dem Antrag auf Billigung des Prospekts gestellt werden. Dies verkürzt die entsprechende Notifizierungsfrist auf einen Tag. Zu beachten sind grundsätzlich die Veröffentlichungsvorschriften des Mitgliedstaats, in den notifiziert wird, da z.B. in Österreich und Deutschland eine Veröffentlichung grundsätzlich einen Tag vor Beginn des öffentlichen Angebots notwendig ist. 507

V. Verordnung (EU) 2017/1129

Das europäische Kapitalmarktrecht unterliegt stetigem Wandel. Die dynamische Rechtsetzung steht im Einklang mit der zunehmend dynamischeren Entwicklung auf den Finanzmärkten. Der europäische Gesetzgeber versucht dieser Entwicklung Schritt zu halten, indem er die einschlägigen Rechtsquellen in einem speziell dafür vorgesehenen Komitologieverfahren anpasst, ergänzt und ausweitet. Auch das europäische Prospektrecht ist Teil dieser Rechtsetzungsprogrammatik. Hierzu und zur weiteren **Harmonisierung des Binnenmarkts für Finanzdienstleistungen** fasste die Europäische Kommission am 30. September 2015 einen Aktionsplan zur Schaffung einer Kapitalmarktunion.[749] 508

Zum europäischen Prospektrecht teilte die Kommission folgendes **Regelungsziel** mit: 509

> »Der Weg zu den öffentlichen Märkten führt für kapitalsuchende Unternehmen über den Prospekt. Prospekte sind gesetzlich vorgeschriebene Dokumente mit allen Unternehmensinformationen, die ein Investor braucht, um eine fundierte Entscheidung für oder gegen eine Anlage treffen zu können. Damit Anlagemöglichkeiten EU-weit miteinander verglichen werden können, wurden die Prospektanforderungen harmonisiert. Prospekte sind jedoch teuer und aufwändig, insbesondere für KMU[750], und umfassen in der Regel mehrere Hundert Seiten. Für Investoren sind sie unter Umständen zu komplex und ausführlich, während die für eine Anlageentscheidung relevanten Informationen schwer herauszulesen sind.
>
> Die Kommission wird die Prospektrichtlinie modernisieren. Ziel ist es, die Vorschriften, wann ein Prospekt erforderlich ist, zu aktualisieren, die Angabepflichten und das Genehmigungsverfahren zu straffen und eine wahrhaft verhältnismäßige Regelung zu schaffen, nach der KMU einen Prospekt erstellen und an die Kapitalmärkte gehen können.«[751]

---

747 *Crüwell*, AG 2003, 243 (253).

748 Hierbei muss im Einzelnen stets geprüft werden, ob sich die Sprachenregelung im jeweiligen EWR-Mitgliedstaat auf den gesamten Prospekt oder nur auf die Zusammenfassung bezieht.

749 Europäische Kommission, Mitteilung der Kommission an das Europäische Parlament, den Rat, den Europäischen Wirtschafts- und Sozialausschuss und den Ausschuss der Regionen – Aktionsplan zur Schaffung einer Kapitalmarktunion v. 30.09.2015, KOM(2015) 468 endg.

750 Sog. KMU (kleine und mittlere Unternehmen) sind Gesellschaften, die laut ihrem letzten Jahresabschluss bzw. konsolidierten Abschluss zumindest zwei der nachfolgenden Kriterien erfüllen: eine durchschnittliche Beschäftigtenzahl im letzten Geschäftsjahr von weniger als 250, eine Gesamtbilanzsumme von höchstens 43.000.000 Euro und ein Jahresnettoumsatz von höchstens 50.000.000 Euro (vgl. Art. 2 Buchst. f) i) der Verordnung (EU) 2017/1129) oder KMU i.S.v. Art. 4 Abs. 1 Nr. 13 MiFID II (Richtlinie 2014/65/EU) bzw. § 2 Abs. 46 WpHG i.V.m. Art. 77 bis 79 der Delegierten Verordnung (EU) 2017/565 (d.h. kleine und mittlere Unternehmen, deren durchschnittliche Marktkapitalisierung auf der Grundlage der Notierungen zum Jahresende in den letzten drei Kalenderjahren weniger als 200 Millionen Euro betrug).

751 Europäische Kommission, Mitteilung der Kommission an das Europäische Parlament, den Rat, den Europäischen Wirtschafts- und Sozialausschuss und den Ausschuss der Regionen – Aktionsplan zur Schaffung einer Kapitalmarktunion v. 30.09.2015, KOM(2015) 468 endg., S. 13 f.

510 Auf diese Rechtsetzungsprogrammatik folgte bereits am 30. November 2015 ein umfassender **Vorschlag für eine Verordnung** des Europäischen Parlaments und des Rates über den Prospekt, der beim öffentlichen Angebot von Wertpapieren oder bei deren Zulassung zum Handel zu veröffentlichen ist.[752]

511 Ganz im Lichte des Aktionsplans zur Schaffung einer **Kapitalmarktunion** verfolgte die Europäische Kommission mit dem Vorschlag folgende Ziele:

> »Die Prospektordnung funktioniert zwar insgesamt gut, allerdings könnten einige ihrer Anforderungen verbessert werden, um den Verwaltungsaufwand für Unternehmen, die einen Prospekt erstellen (insbesondere KMU), zu senken und den Prospekt zu einer wertvolleren Informationsquelle für potenzielle Anleger zu machen. Eine weitere Angleichung der Prospektvorschriften an andere Offenlegungsvorschriften der EU (etwa die Transparenzrichtlinie und die Verordnung über Basisinformationsblätter für verpackte Anlageprodukte für Kleinanleger und Versicherungsanlageprodukte (PRIIP)) könnte die Effizienz des Prospekts steigern. Im Aktionsplan zur Kapitalmarktunion wird die Überarbeitung der Prospektrichtlinie als eine der ersten und vorrangigen Maßnahmen genannt. Wichtigstes Ziel ist dabei die Beseitigung der größten Regulierungshemmnisse, die Emittenten beim öffentlichen Angebot von Aktien und Schuldverschreibungen überwinden müssen. [...]
>
> Mit der Überarbeitung der Prospektrichtlinie wird ein einfaches Ziel verfolgt: Für alle Emittentengruppen sollen maßgeschneiderte Offenlegungspflichten ausgearbeitet und der Prospekt zu einer wesentlichen Informationsquelle für potenzielle Anleger gemacht werden. Der Vorschlag konzentriert sich daher besonders auf vier Gruppen von Emittenten: (1) bereits an einem geregelten Markt oder einem KMU-Wachstumsmarkt gelistete Emittenten, die zusätzliches Kapital im Wege einer Sekundäremission beschaffen möchten, (2) KMU, (3) Daueremittenten aller Wertpapierarten und (4) Emittenten von Nichtdividendenwerten. Zudem sollen weitere Anreize für die Nutzung der mit der Prospektrichtlinie eingeführten grenzüberschreitenden »Einmalzulassung« (europäischer Pass) für genehmigte Prospekte geschaffen werden.«[753]

512 Nach fast zweijähriger Beratung in Parlament und Rat[754] wurde die neue Prospektverordnung schließlich am **14. Juni 2017** beschlossen. Die am 20. Juli 2017 in Kraft getretene Verordnung (EU) 2017/1129 des Europäischen Parlaments und des Rates vom 14. Juni 2017 über den Prospekt, der beim öffentlichen Angebot von Wertpapieren oder bei deren Zulassung zum Handel an einem geregelten Markt zu veröffentlichen ist und zur Aufhebung der Richtlinie 2003/71/EG[755] ersetzt als unmittelbar in den Mitgliedstaaten geltende Verordnung i.S.v. Art 288 Abs. 2 AEUV die bisher geltende ProspektRL (Level 1-Maßnahme), ihre nationalen Umsetzungsgesetze (WpPG) sowie die Regelungen der ProspektVO (Level 2-Maßnahme). Die Verordnung (EU) 2017/1129 gilt, abgesehen von einigen wenigen Vorschriften, ab dem 21. Juli 2019 vollumfänglich und unmittelbar in den Mitgliedstaaten des EWR.[756] Nationale Auswirkungen wird die Verordnung (EU) 2017/1129 vor allem auf das WpPG zeitigen, dass in seiner geltenden Fassung entweder vollumfänglich aufgehoben wird oder – kraft der Rechtsnatur der Verordnung nach Art. 288 Abs. 2 AEUV – sich in der Wiedergabe der Verordnungsbestimmungen erschöpft.[757]

513 Neben der **Konkretisierung und Novellierung** der Ausnahmetatbestände von der Prospektveröffentlichungspflicht in Art. 1 der Verordnung (EU) 2017/1129 wird insbesondere ein einheitliches

752 Vgl. Europäische Kommission, KOM(2015) 583 endg.

753 Europäische Kommission, KOM(2015) 583 endg., S. 2 f.

754 Hierzu European Parliament – Legislative Observatory, Procedure Number 2015/0268/COD.

755 ABl. EU L 168 v. 30.06.2016, S. 12.

756 Vgl. hierzu noch Rdn. 513 sowie Bronger/Scherer, WM 2017, 460; Pföhler/Pfennig/Knappe/Zeitler, WPg 2017, 1043; Kuntz, AG 2017, 327; Schulz, WM 2016, 1417; Bortenlänger/Hemeling, BOARD 2016, 259.

757 Vgl. auch Bronger/Scherer, WM 2017, 460 (468), die zudem eine Übernahme der verbleibenden Vorschriften in das WpHG in Aussicht stellen. Vgl. auch BaFin, Jahresbericht 2016, S. 169 f. Die einzelnen Anpassungen kapitalmarktrechtlicher Vorschriften in Deutschland durch die neue Prospektverordnung sind zum Stand der Bearbeitung noch nicht hinreichend konkretisiert.

Registrierungsformular[758] sowie ein spezielles EU-Wachstumsprospekt[759] eingeführt. Das EU-Wachstumsprospekt soll insbesondere KMU und Mid-Cap-Unternehmen mit einer Marktkapitalisierung von maximal 500.000.000 Euro in den letzten drei Jahren und Zulassung auf einem KMU-Wachstumsmarkt[760] dienen. Neben weiteren Detailanpassungen[761] konkretisiert die neue Verordnung insbesondere die Vorgaben an die Zusammenfassung von Prospekten[762] und die in den Prospekten anzugebenden Risikofaktoren[763].

VI. Prospekthaftung und Sanktionen

Die spezialgesetzliche Prospekthaftung richtet sich nach **§§ 21 bis 25 WpPG.**[764] Im Wesentlichen entsprechen die Prospekthaftungstatbestände den bisher in anderen Spezialgesetzen vorgesehenen Bestimmungen.[765] Von der spezialgesetzlichen Prospekthaftung ist die allgemeine zivilrechtliche Prospekthaftung abzugrenzen, die durch höchstrichterliche Rechtsprechung unter Weiterführung des Gedankens der Vertrauenshaftung aus § 311 Abs. 2 und Abs. 3 BGB entwickelt wurde.[766] 514

Die **Entwicklungen an den Märkten** haben gezeigt, dass geschönte Zahlen und Planrechnungen eines Unternehmens für dieses einen nur kurzfristigen Bestand am Markt bedeuten kann. Beteiligte bei einem Börsengang oder bei einer Emission von Nichtdividendenwerten, wie z.B. Wirtschaftsprüfer, Anwälte, Industriespezialisten und Banken, können auch bei sorgfältiger Prüfung der vom Unternehmen vorgelegten Prospekt und Dokumente Fehler nicht ausschließen, insbesondere wenn mit krimineller Energie Unternehmensanalysen und Bewertungen manipuliert werden. Entweder haben sich die Verantwortlichen rechtzeitig »abgesetzt« oder der Markt straft durch Kursverlust das Unternehmen und auch seine Anleger ab. Neben diesen Gesetzen des Marktes ergeben sich gesetzliche Haftungsvorschriften aus dem Strafrecht (insbesondere § 264a StGB) sowie die Sanktionen aus § 16 UWG und § 30 WpPG. Hinzu kommt zur Befriedigung des Restitutionsinteresses der potentiell geschädigten Anleger die spezialgesetzliche Prospekthaftung gemäß §§ 21 ff. WpPG und die allgemein zivilrechtliche Prospekthaftung. 515

Das **Anlegerschutzverbesserungsgesetz (AnSVG)**[767] und die ProspektRL haben den Anwendungsbereich und die Gewichtung bei der Anwendung der spezialgesetzlichen und der allgemein 516

758 Art. 9 der Verordnung (EU) 2017/1129.

759 Art. 15 der Verordnung (EU) 2017/1129.

760 Ein KMU-Wachstumsmarkt ist nach Art. 2 Buchst. w) der Verordnung (EU) 2017/1129 i.V.m. Art. 4 Abs. 1 Nr. 12 MiFID II (Richtlinie 2014/65/EU) bzw. § 76 Abs. 1 WpHG der Betreiber eines multilateralen Handelssystems für KMU.

761 Hierzu im Überblick etwa Bronger/Scherer, WM 2017, 460 ff.; ausführlich Gruber, EU-Prospektrecht (2016).

762 Art. 7 der Verordnung (EU) 2017/1129.

763 Art. 16 der Verordnung (EU) 2017/1129.

764 Spezialgesetzliche Prospekthaftungstatbestände bestehen im Übrigen nach §§ 20, 21 VermAnlG und §§ 306 Abs. 1 und 3 bis 6, 307 Abs. 3 KAGB. Hierzu im Überblick, einschließlich der Entwicklung des deutschen Prospekthaftungsregime, etwa Assmann, in: Assmann/Schlitt/von Kopp-Colomb, WpPG/VermAnlG, Vorbem. vor §§ 21-25 WpPG Rn. 1 ff., insbesondere 8 ff.

765 § 21 WpPG entspricht § 44 BörsG a.F., § 22 WpPG entspricht § 13 VerkProspG a.F., § 23 WpPG entspricht 45 BörsG a.F., § 24 WpPG entspricht § 13a VerkProspG a.F. und § 25 WpPG entspricht § 47 BörsG a.F. Eine ausdrückliche Regelung der Verjährung, wie sie § 46 BörsG a.F. vorsah, findet sich im WpPG nicht. Vgl. zu alledem Krämer/Gillessen, in: Marsch-Barner/Schäfer, Handbuch börsennotierte AG, Rn. 10384; Assmann, in: Assmann/Schlitt/von Kopp-Colomb, WpPG/VermAnlG, Vorbem. vor §§ 21-25 WpPG Rn. 19 m. w. Nachw.

766 BGH, Urt. v. 17.11.2011 – III ZR 103/10, WM 2012, 19 (21); vgl. auch Siol, in: Schimansky/Bunte/Lwowski, Bankrechts-Handbuch, § 45 Rn. 26; zur Prospekthaftung für Äußerungen zur Anlage in Schriftstücken, die zusammen mit Emissionsprospekten vertrieben wurden, auch *Hebrandt*, DB 2011, 2835 ff.

767 BGBl. 2004 I, S. 2630; vgl. hierzu etwa Diekmann/Sustmann, NZG 2004, 929 ff.; Fleischer, WM 2004, 1897 ff.; ders.,BKR 2004, 339 ff.; Holzborn/Israel, WM 2004, 1948 ff.

zivilrechtlichen Prospekthaftung verändert. Durch das AnSVG ergibt sich nunmehr auch bei nicht wertpapiermäßig verbrieften Kapitalanlagen eine Prospektpflicht, für die gemäß §§ 21 ff. WpPG gehaftet wird. Auch für Wertpapiere, die nicht notiert oder öffentlich angeboten werden und damit nicht in den Anwendungsbereich des WpPG fallen, wird auf § 22 WpPG zurückgegriffen.

517 Der Anwendungsbereich der **allgemeinen zivilrechtlichen Prospekthaftung** besteht für den durch einen Prospekt unterstützten öffentlichen Vertrieb von Kapitalanlagen, der einerseits nicht in den Anwendungsbereich des WpPG fällt und andererseits dann, wenn Ausnahmetatbestände des WpPG vorliegen. Sie wurde von der Rechtsprechung insbesondere für die Fälle der unverbrieften Kapitalanlagen i.R.d. besonderen Vertrauenshaftung (§§ 311 Abs. 2 und 3 BGB) entwickelt.[768]

1. Ordnungswidrigkeiten

518 Nach § 35 WpPG wird die Verletzung bestimmter Vorschriften aus dem WpPG als Ordnungswidrigkeit geahndet. Ordnungswidrig handelt, wer vorsätzlich oder leichtfertig:
- den Emissionspreis oder das Emissionsvolumen, die gemäß § 8 Abs. 1 Nr. 6 oder 7 WpPG zu veröffentlichen sind, nicht in der vorgeschriebenen Weise oder nicht rechtzeitig veröffentlicht;
- den Emissionspreis oder das Emissionsvolumen nicht rechtzeitig hinterlegt und damit gegen § 8 Abs. 1 Satz 9 WpPG verstößt;
- ein Prospekt nicht im Einklang mit § 13 Abs. 1 WpPG veröffentlicht;
- die Veröffentlichung des Prospekts gemäß § 14 Abs. 1 Satz 1 und Satz 2 WpPG nicht in der vorgeschriebenen Weise oder nicht rechtzeitig, nicht, nicht richtig oder nicht vollständig veröffentlicht wurde;
- Mitteilungen gemäß § 14 Abs. 3 Satz 1 WpPG nicht, nicht richtig, nicht vollständig oder nicht in der vorgeschriebenen Weise oder nicht rechtzeitig gemacht wurden;
- eine Papierversion des Prospekts gemäß § 14 Abs. 5 WpPG nicht oder nicht rechtzeitig zur Verfügung gestellt wurde oder ein Nachtrag gemäß § 16 Abs. 1 Satz 4 WpPG nicht, nicht richtig, nicht vollständig, nicht in der vorgeschrieben Weise oder nicht rechtzeitig veröffentlicht wurde; oder
- fahrlässig einer vollziehbaren Anordnung gemäß § 15 Abs. 6 Satz 1 oder 2 oder § 21 Abs. 2 Satz 1 oder 2. § 21 Abs. 4 Satz 1 oder 2 WpPG zuwider gehandelt hat.[769]

519 Zu beachten ist, dass § 35 Abs. 1 und Abs. 2 WpPG **unterschiedliche Verschuldensmaßstäbe** vorsieht. Während § 35 Abs. 1 WpPG vorsätzliches oder leichtfertiges Handeln voraussetzt, bezieht sich § 35 Abs. 2 WpPG auf Vorsatz oder Fahrlässigkeit.[770]

520 Die Ordnungswidrigkeiten werden unterschiedlich geahndet. in den Fällen des § 35 Abs. 1 Nr. 1 und 5 WpPG und des § 35 Abs. 2 Nr. 2 WpPG mit einer **Geldbuße** i.H.v. bis zu 500.000 Euro. In den Fällen des § 35 Abs. 1 Nr. 6 WpPG mit einer Geldbuße i.H.v. bis zu 100.000 Euro und in den übrigen Fällen mit einer Geldbuße i.H.v. bis zu 50.000 Euro. Über die Ordnungswidrigkeit entscheidet die BaFin als zuständige Verwaltungsbehörde (§ 35 Abs. 4 WpPG i.V.m. § 36 Abs. 1 Nr. 1 OWiG).

521 Die zentralen Tatbestandsmerkmale des § 35 WpPG sind die **Unvollständigkeit** oder **Unrichtigkeit** der Angaben im Prospekt. Hierbei handelt es sich um die bekannten Tatbestandsmerkmale der börsengesetzlichen Prospekthaftung nach alter Rechtslage, die die Grundlage für Prospekthaftungsansprüche von Anlegern auch nach §§ 21 ff. WpPG bilden.

---

768 Pankoke, in: Just/Voß/Ritz/Zeising, WpPG, Vorb. Prospekthaftung Rn. 14.

769 Vgl. ausführlich Assmann, in: Assmann/Schlitt/von Kopp-Colomb, WpPG/VermAnlG, § 35 WpPG Rn. 23 ff.; Pelz, in: Holzborn, WpPG, § 35 Rn. 2 ff. und 25 ff.

770 Hierzu Assmann, in: Assmann/Schlitt/von Kopp-Colomb, WpPG/VermAnlG, § 35 WpPG Rn. 11 ff. m. w. Nachw.; Groß, Kapitalmarktrecht, § 35 WpPG; Pelz, in: Holzborn, WpPG, § 35 Rn. 29 ff.

Der Bußgeldkatalog des § 35 WpPG verbürgt **keinen Individualschutz**. Anleger können aus § 35 WpPG keinen Anspruch gegen prospektverantwortliche Personen herleiten. Im Übrigen ist § 35 WpPG auch kein Schutzgesetz i.S.v. § 823 Abs. 2 BGB.[771] 522

2. Haftung nach § 264a StGB

Eines **Kapitalanlagebetrugs** nach § 264a StGB macht sich strafbar, wer vorsätzlich »im Zusammenhang mit dem Vertrieb von Wertpapieren, Bezugsrechten oder von Anteilen, die eine Beteiligung an dem Ergebnis eines Unternehmens gewähren sollen, oder dem Angebot die Einlage auf solche Anteile zu erhöhen, in Prospekten oder in Darstellungen oder Übersichten über den Vermögensstand hinsichtlich der für die Entscheidung über den Erwerb oder die Erhöhung erheblichen Umstände gegenüber einem größeren Kreis von Personen unrichtige vorteilhafte Angaben macht oder nachteilige Tatsachen verschweigt«.[772] Die Tathandlung wird mit einer Freiheitsstrafe von bis zu drei Jahren oder Geldstrafe bestraft. 523

Zu beachten ist, dass es sich bei dem Tatobjekt nicht ausschließlich um schriftliche Angaben oder Tatsachen handeln muss, sondern auch mündliche **Angaben und Tatsachen** genügen.[773] Nach § 264a StGB sind unrichtige Angaben diejenigen, die nicht der Wahrheit entsprechen.[774] Hierbei ist auf den objektiven Widerspruch zwischen dem Tatsächlichen und dem Inhalt der Angabe abzustellen.[775] Durch die Verwendung des Begriffs »Angabe« ist davon auszugehen, dass nicht nur Tatsachen hiervon erfasst werden, sondern auch Werturteile und Prognosen.[776] Dies hat insbesondere erheblichen Einfluss auf die Beweisbarkeit und Beurteilung, wann unrichtige vorteilhafte Angaben gemacht oder nachteilige Tatsachen verschwiegen wurden. Eine Tatsache ist dem Beweis der objektiven Wahrnehmung zugänglich, während eine Wertung oder Prognose in Bezug auf künftige Entwicklungen eines Unternehmens oder von Märkten schwieriger zu beurteilen ist. Sofern sich eine Argumentation zur Haftung auf unrichtige vorteilhafte Angaben in Bezug auf Wertungen und Prognosen stützen soll, sollte immer daran gedacht werden, dass nicht schon die Tatsache, dass es zu anderen Entwicklungen als prognostiziert gekommen ist, allein zum Vorliegen der Voraussetzung des § 264a Abs. 1 StGB führt.[777] Nicht jegliche Abweichung der späteren Entwicklung muss auf pflichtwidriges, vorsätzliches Verhalten zurückzuführen sein. Es ist bei Werturteilen und Prognosen sicherzustellen, dass diese auf der Grundlage von nachprüfbaren Tatsachen zu ihren Schlussfolgerungen führen und nicht reine Annahmen darstellen, die nicht fundiert sind.[778] Das zweite Tatbestandsmerkmal des § 264a StGB verweist darauf, dass Angaben, Prognosen oder Werturteile nicht nur richtig sein müssen, sondern dass auch auf **nachteilige Tatsachen** in Bezug auf das Unternehmen hinzuweisen ist, die entscheidungserhebliche Umstände darstellen können. Hier ist der Nachweis eines Verstoßes wesentlich einfacher.[779] Die Anforderung an die Informationen bestimmt sich daher durch die notwendigen Angaben, die entsprechend der Anforderung des jeweils gewählten Marktsegments erfüllt sein müssen.[780] 524

771 Vgl. auch Assmann, in: Assmann/Schlitt/von Kopp-Colomb, WpPG/VermAnlG, § 35 WpPG Rn. 4.
772 Ausführlich Park, in: Park, Kapitalmarktstrafrecht, § 264a StGB Rn. 8 ff. m. w. Nachw.
773 Park, in: Park, Kapitalmarktstrafrecht, § 264a StGB Rn. 10; *Schröder*, Aktienhandel und Strafrecht, S. 9.
774 Park, in: Park, Kapitalmarktstrafrecht, § 264a StGB Rn. 10 m. w. Nachw.
775 Park, in: Park, Kapitalmarktstrafrecht, § 264a StGB Rn. 10.
776 Hierzu OLG Hamm, Urt. v. 10.12.2015 – 34 U 87/15, BeckRS 2016, 00924; Worms, in: Assmann/Schütze, Handbuch des Kapitalanlagerechts, § 11 Rn. 34; Park, in: Park, Kapitalmarktstrafrecht, § 264a StGB Rn. 10.
777 Park, in: Park, Kapitalmarktstrafrecht, § 264a StGB Rn. 10.
778 Park, in: Park, Kapitalmarktstrafrecht, § 264a StGB Rn. 10.
779 Park, in: Park, Kapitalmarktstrafrecht, § 264a StGB Rn. 11.
780 BGH, Urt. v. 08.01.2013 – VI ZR 386/11, NZG 2013, 436; Park, in: Park, Kapitalmarktstrafrecht, § 264a StGB Rn. 11; *Grotherr*, DB 1986, 2584 (2586).

525 Haben sich Prospektverantwortliche nach § 264a StGB strafbar gemacht, können auch potentiell geschädigte Anleger ihren Schaden gegenüber diesen Prospektverantwortlichen regressieren. Nach soweit unbestrittener Auffassung ist § 264a StGB ein **Schutzgesetz i.S.v. § 823 Abs. 2 BGB**, so dass ein deliktischer Schadensersatzanspruch gegeben sein kann.[781]

3. Exkurs: § 16 UWG

526 Neben straf- und verwaltungsrechtlichen Sanktionen vermittelt auch das Gesetz über den unlauteren Wettbewerb (UWG) Anlegerschutz. Gemäß § 16 Abs. 1 UWG wird mit einer **Freiheitsstrafe von bis zu 2 Jahren oder Geldstrafe** bestraft, wer in der Absicht, den Anschein eines besonders günstigen Angebots hervorzurufen, in öffentlichen Bekanntmachungen oder in Mitteilungen, die wie ein Wertpapierprospekt für einen größeren Kreis von Personen bestimmt sind, durch unwahre Angaben irreführend wirbt.[782] Der Begriff »Angaben« ist im Rahmen dieser Vorschrift als inhaltlich nachprüfbare Aussage tatsächlicher Art zu definieren und umfasst keine reinen Werturteile oder bloßen Meinungsäußerungen ohne tatsächlichen Gehalt.[783] Nach § 16 UWG ist nicht nur derjenige strafbar, der persönlich diese unwahren irreführenden Angaben macht, sondern auch derjenige, mit dessen Wissen diese Angaben gemacht wurden.[784] Diese Personen können z.B. alle Unterzeichner eines Wertpapierprospekts sein, neben dem Emittenten auch die Platzeure.[785]

527 § 16 UWG ist ein **Schutzgesetz i.S.d. § 823 Abs. 2 BGB**, sodass ein Anleger bei Vorliegen der Tatbestandsvoraussetzungen des § 16 UWG Schadensersatzansprüche nach § 823 Abs. 2 BGB geltend machen kann.[786]

4. Prospekthaftung gemäß WpPG

a) Rechtsgrundlagen

528 Die spezialgesetzlichen Prospekthaftungstatbestände sind in **§§ 21 ff. WpPG** geregelt. § 21 WpPG regelt die Haftung bei fehlerhaften Börsenzulassungsprospekten und §§ 22, 24 WpPG die Prospekthaftung für Wertpapiere, die an anderen Marktsegmenten mit fehlerhaftem oder ohne Prospekt gehandelt werden.

529 Die Prospekthaftungstatbestände der §§ 21 ff. WpPG sind **lex specialis** gegenüber anderen zivilrechtlichen Schadensersatzansprüchen geschädigter Anleger, soweit Anknüpfungspunkt der Haftung die Fehlerhaftigkeit des Prospekts ist.[787] Die allgemein zivilrechtliche Prospekthaftung und Ansprüche aus §§ 823 Abs. 2, 826 BGB werden daher durch §§ 21 ff. WpPG verdrängt.[788] Gemäß § 25 Abs. 2 WpPG bleiben jedoch **weitergehende Ansprüche**, die aufgrund von Verträgen oder unerlaubten Handlungen erhoben werden können, durch die Haftung nach §§ 21 ff. WpPG unberührt. Dies bedeutet, dass vertragliche und nebenvertragliche Ansprüche sowie Ansprüche

781 BGH, Urt. v. 29.05.2000 – II ZR 280/98, NJW 2000, 3346 ff.; BGH, Urt. v. 21.10.1991 – II ZR 204/90, BGHZ 116, 7 = NJW 1992, 241. Vgl. auch Assmann, in: Assmann/Schlitt/von Kopp-Colomb, WpPG/VermAnlG, § 21 WpPG Rn. 47 m. w. Nachw.

782 Vgl. auch Brandt/Müller/Oulds, in: Kümpel/Wittig, Bank- und Kapitalmarktrecht, Rn. 15.192.

783 Bornkamm, in: Köhler/Bornkamm, UWG, § 16 Rn. 8.

784 Bornkamm, in: Köhler/Bornkamm, UWG, § 16 Rn. 23 f.

785 Bornkamm, in: Köhler/Bornkamm, UWG, § 16 Rn. 21.

786 Vgl. RegBegr UWG, BT-Drucks. 15/1487, S. 22; *Alexander*, WRP 2004, 407 (420); BGH, Urt. v. 30.05.2008 – 1 StR 166/07, BGHSt 52, 227 = NStZ 2009, 275; Bornkamm, in: Köhler/Bornkamm, UWG, § 16 Rn. 29; *Brammsen*, in: MünchKomm-UWG, § 16 Rn. 12.

787 Vgl. Assmann, in: Assmann/Schlitt/von Kopp-Colomb, WpPG/VermAnlG, § 25 WpPG Rn. 7; Wackerbarth, in: Holzborn, WpPG, § 25 Rn. 2.

788 Vgl. RegBegr Drittes Finanzmarktförderungsgesetz, BT-Drs. 13/8933, S. 81; Assmann, in: Assmann/Schlitt/von Kopp-Colomb, WpPG/VermAnlG, § 25 WpPG Rn. 7; Wackerbarth, in: Holzborn, WpPG, § 25 Rn. 2.

nach §§ 823 ff. BGB gegen Prospektverantwortliche durch §§ 21 ff. WpPG nicht ausgeschlossen werden. Zu beachten ist jedoch, dass die §§ 21, 23 WpPG keine Schutzgesetze i.S.d. § 823 Abs. 2 BGB sind, da ansonsten eine Aushebelung der gesetzlichen Entscheidung einer klar konturierten Prospekthaftung nach §§ 21 ff. WpPG zu befürchten wäre.[789] In Betracht kommt als weitergehender Anspruch schließlich die **deliktische Informationshaftung nach § 826 BGB**, die maßgeblich durch den BGH entwickelt wurde.[790]

Durch die Übernahme der Haftungsregelungen des BörsG a.F. und VerkProspG a.F. wurde das bislang geltende Haftungsregime in weiten Teilen adaptiert. Demnach sind Rechtsprechung und Literatur zu den Vorgängerregelungen grundsätzlich übertragbar.[791] 530

Zu beachten ist, dass das europäische Prospektrecht – im Gegensatz zu verwaltungs- und z.T. strafrechtlichen Bestimmungen[792] – die zivilrechtliche (auch spezialgesetzliche) **Prospekthaftung nicht harmonisiert.**[793] Nach Art. 6 Abs. 1 und 2 ProspektRL haben die Mitgliedstaaten nur sicherzustellen, dass Verantwortliche für die in einem Prospekt enthaltenen Angaben haften. Dieser Umstand führt dazu, dass die Haftungsregime der einzelnen Mitgliedstaaten sehr unterschiedlich ausgestaltet sind.[794] In Deutschland wurden mit §§ 21 ff. WpPG spezialgesetzliche Haftungstatbestände geschaffen, während in anderen Mitgliedstaaten auf das allgemeine Zivilrecht zurückgegriffen wird.[795] Mit der neuen ProspektVO werden neben des abermals verschärften verwaltungsrechtlichen Sanktionsregimes[796] auch die Anforderungen an die mitgliedstaatlichen auszugestaltende Prospekthaftung konkretisiert.[797] 531

b) Grundtatbestand

Der Grundtatbestand der spezialgesetzlichen Prospekthaftung ist **§ 21 WpPG**. § 22 WpPG erklärt unter Maßgabe besonderer Bestimmungen § 21 WpPG für entsprechend anwendbar. § 24 WpPG ist seinerseits eine spezielle Anspruchsgrundlage für den Umstand, dass ein Prospekt nicht nach § 3 Abs. 1 Satz 1 WpPG veröffentlicht wurde. 532

Gemäß § 21 Abs. 1 Satz 1 WpPG hat der Erwerber von Wertpapieren, die aufgrund eines Prospekts zum Börsenhandel zugelassen sind, in dem die für die Beurteilung der Wertpapiere **wesentlichen Angaben** unrichtig oder unvollständig sind, gegen diejenigen einen Anspruch, die für den Prospekt die Verantwortung übernommen haben (**Nr. 1: Prospektverantwortliche**) und zusätzlich gegenüber denjenigen, von denen der Erlass des Prospekts ausgeht (**Nr. 2: Prospektveranlasser**). Prospektverantwortliche und -veranlasser haften dem Erwerber als Gesamtschuldner. Die Haftungsadressaten sind zur Übernahme der vom Erwerber gekauften Wertpapiere gegen Erstattung des Erwerbspreises 533

789 Groß, Kapitalmarktrecht, § 25 WpPG Rn. 3; Wackerbarth, in: Holzborn, WpPG, § 25 Rn. 4; ausführlich Assmann, in: Assmann/Schlitt/von Kopp-Colomb, WpPG/VermAnlG, §§ 21-23 WpPG Rn. 142 ff. und § 24 WpPG Rn. 36.

790 Hierzu etwa BGH, Urt. v. 19.07.2004 – II ZR 218/03, NJW 2004, 2664 (Infomatec I); BGH, Urt. v. 09.05.2005 – II ZR 287/02, NZG 2005, 672 (EM.TV); BGH, Urt. v. 03.03.2008 – II ZR 310/06, WM 2008, 790 (Comroad VIII); BGH, Urt. v. 04.06.2013 – VI ZR 288/12, WM 2013, 1310.

791 Groß, Kapitalmarktrecht, § 21 WpPG Rn. 2b.

792 Art. 25 Abs. 1 ProspektRL; hierzu Vokuhl, in: Veil, Europäisches Kapitalmarktrecht, § 17 Rn. 54 m. w. Nachw.

793 Vgl. etwa Holzborn/Schwarz-Gondek, BKR 2003, 927 (934).

794 Hierzu ausführlich ESMA, Report: Comparison of liability regimes in Member States in relation to the Prospectus Directive (2013), S. 12 ff.; Vokuhl, in: Veil, Europäisches Kapitalmarktrecht, § 17 Rn. 55 m. w. Nachw.

795 Für eine Übersicht vgl. Vokuhl, in: Veil, Europäisches Kapitalmarktrecht, § 17 Rn. 55.

796 Vgl. Art. 38 der Verordnung (EU) 2017/1129.

797 Vgl. Art. 11 der Verordnung (EU) 2017/1129.

verpflichtet, soweit dieser den ersten Ausgabepreis[798] des Wertpapiers nicht überschreitet, sowie den mit dem Erwerb verbundenen üblichen Kosten. Dieser Anspruch besteht, sofern das Erwerbsgeschäft nach Veröffentlichung des Prospekts und innerhalb von sechs Monaten nach erstmaliger Einführung der Wertpapiere abgeschlossen wurde. Sollte der Erwerber nicht mehr Inhaber der Wertpapiere sein, so gilt nach § 21 Abs. 2 Satz 1 WpPG, dass er die Zahlung des Unterschiedsbetrags zwischen dem Erwerbspreis, soweit dieser den ersten Ausgabepreis nicht überschreitet, und dem Veräußerungspreis der Wertpapiere sowie der mit dem Erwerb und der Veräußerung verbundenen üblichen Kosten verlangen.

c) Anspruchsberechtigter und Anspruch

534 Sowohl der Erwerber, d.h. der gegenwärtige **Inhaber des Wertpapiers**, als auch der Erwerber, der sein Wertpapier weiterverkauft hat, können Ansprüche aufgrund eines Prospekts geltend machen. Der Anspruch ist auf den Unterschiedsbetrag zwischen dem Erwerbspreis, soweit dieser den ersten Ausgabepreis nicht überschreitet und dem Veräußerungspreis des Wertpapiers sowie den mit dem Erwerb und der Veräußerung verbunden üblichen Kosten gerichtet (§ 21 Abs. 2 Satz 1 WpPG).[799]

535 Falls der Kläger **nicht mehr Inhaber** der Wertpapiere sein sollte, steht ihm ein Anspruch auf die Erstattung der Differenz zwischen Erwerbs- und Verkaufspreis zu (§ 21 Abs. 2 Satz 1 WpPG). Anspruchsberechtigt ist demnach auch der Zweit- oder Dritterwerber, wenn der Kauf des Wertpapiers innerhalb von sechs Monaten nach erstmaliger Einführung der Papiere an einem organisierten Markt erfolgt ist.[800] Es kommt nicht auf den dinglichen Vollzug des Erwerbsgeschäfts an, sondern ausschließlich auf das schuldrechtliche Erwerbsgeschäft nach Veröffentlichung des Prospekts und die Einhaltung der Anspruchsfrist von sechs Monaten nach erstmaliger Einführung der Wertpapiere.[801]

d) Prospekt und Prospekt befreiende Darstellung

536 § 21 WpPG enthält keine Legaldefinition des **Prospektbegriffs**. Aus dem Wortlaut des § 21 Abs. 1 WpPG ergibt sich jedoch, dass ein Prospekt ein Wertpapierprospekt ist, der nach den Vorschriften des WpPG erstellt und gebilligt wurde und der der Börsenzulassung von Wertpapieren dient. Wesentlich ist, dass aufgrund des Prospekts die Zulassung erfolgte. Dies gilt unabhängig davon, ob eine Prospektpflicht bestand oder nicht. Insofern liegt ein Prospekt auch unabhängig davon vor, ob er alle erforderlichen Angaben enthält. Dies bedeutet, dass auch schriftliche Darstellungen, aufgrund deren Veröffentlichung ein Emittent von der Pflicht zur Veröffentlichung eines Prospekts befreit wurde, gemäß § 21 Abs. 4 WpPG umfasst werden.[802] Voraussetzung ist somit ein Prospekt, der als Börsenzulassungsprospekt zur Zulassung der Wertpapiere führte, nicht aber andere Informationen oder Informationsträger, die im Rahmen eines Angebots oder öffentlichen Angebots von Wertpapieren erstellt wurden. Bezugsangebote, Zeichnungsaufforderungen, Werbemaßnahmen, Research-Reports, wertpapierhandelsrechtliche Finanzberichte und Ad-hoc Mitteilungen werden also nicht erfasst.[803]

537 Fraglich ist, ob **Informationsmemoranden** als Prospekte i.S.d. § 21 Abs. 1 WpPG oder als dem Prospekt nach § 21 Abs. 4 WpPG gleichzustellende schriftliche Darstellung anzusehen sind.[804] Hierbei sind unterschiedliche Konstellationen zu unterscheiden. Zum einen betrifft die Frage

798 Ist kein Ausgabepreis festgelegt, gilt als Ausgabepreis der erste nach Einführung der Wertpapiere festgestellte oder gebildete Börsenpreis, vgl. § 21 Abs. 1 Satz 2 Halbs. 1 WpPG.

799 *Ekkenga/Maas*, Recht der Wertpapieremissionen, S. 314; *Sittmann*, NZG 1998, 490 (494).

800 *Ekkenga/Maas*, Recht der Wertpapieremissionen, S. 306.

801 Groß, Kapitalmarktrecht, § 21 WpPG Rn. 71 m. w. Nachw.

802 Hierzu Groß, Kapitalmarktrecht, § 21 WpPG Rn. 24.

803 Assmann, Assmann/Schütze, Handbuch des Kapitalanlagerechts, § 5 Rn. 127; Groß, Kapitalmarktrecht, § 21 WpPG Rn. 25 m. w. Nachw.

804 Vgl. hierzu etwa Krämer/Gillessen, in: Marsch-Barner/Schäfer, Handbuch börsennotierte AG, Rn. 10.313 ff.

Informationsmemoranden, die noch nicht zum Börsenhandel zugelassene Aktien betreffen, deren Zulassung aber auch prospektfrei erfolgen könnte.[805] Beispielsweise wird bei Kapitalerhöhungen mit Bezugsrechtsausschluss nach § 186 Abs. 3 Satz 4 AktG um weniger als 10 % des bereits notierten Grundkapitals teilweise ein Prospekt für die Börsenzulassung erstellt.[806] Hierbei kommt es für den Prospektcharakter nicht darauf an, dass eine Prospektpflicht besteht, sondern darauf, ob die zu platzierenden Aktien aufgrund der Darstellung zum Börsenhandel zugelassen wurden.[807] Zum anderen sind diejenigen Informationsmemoranden, die bei Umplatzierung von bereits an einer inländischen Börse zugelassenen Aktien erstellt werden, grundsätzlich keine Börsenzulassungsprospekte i.S.d. § 21 Abs. 1 WpPG und auch keine den Börsenzulassungsprospekt ersetzende schriftliche Darstellung i.S.d. § 21 Abs. 4 WpPG, wenn die zu platzierenden Aktien bereits börsenzugelassen sind und somit das Informationsmemorandum nicht die Grundlage für die bereits bestehende Börsenzulassung darstellt.[808] Jedoch können Informationsmemoranden, falls sie für die Zulassung der Wertpapiere verwendet werden, als die einem Prospekt gleichzustellende prospektbefreiende Darstellung nach § 21 Abs. 4 WpPG qualifiziert werden.[809]

Nach § 22 WpPG, der § 21 WpPG für entsprechend anwendbar erklärt, sind aber auch sämtliche Prospekte von der Prospekthaftung erfasst, die nicht zum Zwecke der Zulassung, sondern aufgrund einer Prospektpflicht nach § 3 Abs. 1 WpPG veröffentlicht sind. Damit ist die Rechtsunsicherheit unter früherer Rechtslage aufgelöst worden, wonach fraglich war, ob auch **Prospekte für Zweitmarktplatzierungen** der Prospekthaftung unterliegen. Für solche Prospekte besteht die Haftung nunmehr über den Verweis in § 22 WpPG.[810] 538

e) Unrichtigkeit oder Unvollständigkeit

Die zentrale Voraussetzung für Prospekthaftungsansprüche nach §§ 21 ff. WpPG ist die **Unrichtigkeit oder Unvollständigkeit wesentlicher Angaben** des Prospekts.[811] Ein Prospekt soll für ein öffentliches Angebot oder für zum Handel an einem organisierten Markt zugelassene Wertpapiere gelten. Er muss in leicht analysierbarer und verständlicher Form sämtliche Angaben enthalten, die im Hinblick auf den Emittenten und die angebotenen oder zum Handel zugelassenen Wertpapiere notwendig sind, damit einem Anleger ein zutreffendes Urteil über die Vermögenswerte und Verbindlichkeiten, die Finanzlage, die Gewinne und Verluste und die Zukunftsaussichten des Emittenten und jedes Garantiegebers sowie über die mit den Wertpapieren verbundenen Rechte ermöglicht wird (§ 5 Abs. 1 WpPG). **Unvollständigkeit** oder **Unrichtigkeit** sind hierbei die Schlüsselworte bei der Beurteilung eines Prospekthaftungsanspruchs. Die Fehlerhaftigkeit eines Prospekts beurteilt sich insofern auch nicht ausschließlich auf der Basis der einzelnen dargestellten Tatsachen, sondern ergibt sich aus dem **Gesamteindruck des Prospekts**. Insofern kann auch nicht die Zusammenfassung in einem Wertpapierprospekt nach WpPG allein als einzelner Prospekthaftungstatbestand ohne Berücksichtigung des Gesamtprospekts zur Prospekthaftung führen.[812] Für die Beurteilung, wie ein unrichtiger Gesamteindruck entstehen kann, kommen viele Möglichkeiten in Betracht. 539

805 Krämer/Gillessen, in: Marsch-Barner/Schäfer, Handbuch börsennotierte AG, Rn. 10.313; Schwark, in: Schwark/Zimmer, Kapitalmarktrechts-Kommentar, §§ 44, 45 BörsG Rn. 16.

806 Krämer/Gillessen, in: Marsch-Barner/Schäfer, Handbuch börsennotierte AG, Rn. 10.313 m. w. Nachw.

807 Groß, Kapitalmarktrecht, § 21 WpPG, Rn. 26.

808 Groß, Kapitalmarktrecht, § 21 WpPG, Rn. 27; Krämer/Gillessen, in: Marsch-Barner/Schäfer, Handbuch börsennotierte AG, Rn. 10.313.

809 Schwark/Zimmer, Kapitalmarktrechts-Kommentar, §§ 44, 45 BörsG Rn. 16; Groß, Kapitalmarktrecht, § 21 WpPG Rn. 29; Wackerbarth, in: Holzborn, WpPG, §§ 21-23 Rn. 33; ausführlich zu den gleichgestellten Darstellungen nach § 21 Abs. 4 WpPG vgl. Wackerbarth, in: Holzborn, WpPG, §§ 21-23 Rn. 21 ff.; Krämer/Gillessen, in: Marsch-Barner/Schäfer, Handbuch börsennotierte AG, Rn. 10.313.

810 Wackerbarth, in: Holzborn, WpPG, §§ 21-23 Rn. 20.

811 Mülbert/Steup, in: Habersack/Mülbert/Schlitt, Unternehmensfinanzierung am Kapitalmarkt, § 26 Rn. 22 ff.

812 Vgl. etwa auch unverändert Erwägungsgrund 33 der Verordnung (EU) 2017/1129 (Rn. 484).

Beispielsweise entsteht ein unrichtiger Gesamteindruck, wenn bilanzrechtliche Gestaltungsspielräume zu sehr oder zu wenig ausgeschöpft werden oder die Beschreibung der Marktgegebenheiten oder Prognosen einen zu positiven Eindruck zu den Geschäftsaussichten vermitteln. Unrichtig kann der Gesamteindruck des Prospekts auch dann sein, wenn die Risiken der Wertpapiere nicht ausreichend klar dargelegt werden. Angeknüpft wird an unrichtige oder unvollständige Angaben, die sich auf wesentliche Angaben beziehen.[813] Unter solchen wesentlichen Angaben sind beispielsweise wertbildende Faktoren einer Anlage, die bei einer Anlageentscheidung zu berücksichtigen sind, sowie Werturteile und Prognosen gestützt auf Tatsachen, die kaufmännisch vertretbar sind, zu verstehen. Anpreisungen dürfen die zugrundeliegende Tatsache nicht verfälschen oder hierdurch zu einem falschen Werturteil verleiten.

540 Die Prospekthaftung nach § 21 WpPG besteht nur im Falle der Unrichtigkeit oder Unvollständigkeit **wesentlicher Angaben**. Neben den zuvor indizierten Umständen zählen die Mindestangaben nach der ProspektVO i.d.F. der Verordnung (EG) Nr. 809/2004 der Kommission zu den wesentlichen Angaben eines Prospekts. Je nach konkretem Einzelfall können diese aber im Sinne einer Wesentlichkeitsbeurteilung anzupassen, also zu erweitern oder zu verkürzen sein. Im Kern geht es also um die wertbildenden Faktoren der Wertpapiere (und des Emittenten), wobei wieder das Gesamtbild entscheidend ist, das der Prospekt vermittelt.[814]

541 Für die Beurteilung der **Unrichtigkeit** eines Prospekts ist es unerheblich, ob der Prospekt von der BaFin gebilligt wurde. Die Billigung entlastet die Prospektverantwortlichen weder im Hinblick auf die Richtigkeit noch auf die Vollständigkeit des Prospekts.[815] Dies liegt insbesondere daran, dass der BaFin im Grundsatz nur ein formelles Prüfungsrecht hinsichtlich der Vollständigkeit des Prospekts hat und den Prospekt nicht auf seine materielle Wahrheit hin überprüft.[816] Umgekehrt führt auch das Fehlen von gesetzlich vorgeschriebenen Angabe nicht zwingend zu einer Unrichtigkeit, da nicht jede geforderte Angabe als »wesentlich« zu beurteilen ist.[817] Durch die Prüfung der BaFin sollen die Interessen des Individual- und Funktionsschutzes einer zusätzlichen Kontrolle unterworfen werden, damit das Wertpapier nicht mit unrichtigen oder unvollständigen Angaben in den Verkehr gebracht wird. Eine Haftung der BaFin aus der Prüfung und der Billigung kann nicht hergeleitet werden; unberührt bleibt jedoch die Verantwortlichkeit der BaFin im Rahmen bestehender Amtshaftung wegen Fehlern bei der von ihr durchzuführenden Prüfungs- bzw. Zulassungsverfahren.[818]

542 Ein Prospekthaftungsanspruch nach §§ 21, 22 WpPG kann nicht von demjenigen geltend gemacht werden, der die Unrichtigkeit oder Unvollständigkeit der Angaben des Prospekts nicht gekannt hat und deren **Unkenntnis** nicht auf grober Fahrlässigkeit oder Vorsatz beruht (§ 23 WpPG). Ferner besteht kein Prospekthaftungsanspruch, soweit der Erwerber die Unrichtigkeit oder Unvollständigkeit der Angaben des Prospekts beim Erwerb kannte oder aber der Erwerb der Wertpapiere nicht aufgrund des Prospekts stattgefunden hat.[819] Die Beurteilung, ob ein unrichtiger oder unvollständiger Prospekt vorliegt, ist im Wesentlichen davon abhängig, welche Anforderungen an die Kenntnis und das Verständnis des Anlegers gestellt werden dürfen, dem die Wertpapiere angeboten werden sollen. Der BGH stellt hierbei auf den »**durchschnittlichen Anleger**« ab, der nicht unbedingt mit der in eingeweihten Finanzkreisen gebräuchlichen Schlüsselsprache vertraut sein muss.[820]

---

813 Vgl. auch Rdn. 533.

814 Wackerbarth, in: Holzborn, WpPG, §§ 21-23 Rn. 70.

815 *Bosch/Groß*, Das Emissionsgeschäft Rn. 10/128.

816 Hierzu m. w. Nachw. bereits Rdn. 490 ff.

817 Assmann, in: Assmann/Schütze, Handbuch des Kapitalanlagerechts, § 6 Rn. 104.

818 Vgl. Rdn. 491 m. w. Nachw.

819 Tatsachen sind alle der äußeren Wahrnehmung zugänglichen Geschehnisse oder Zustände der Außenwelt. Unrichtige Werturteile und Prognosen können ebenso eine Prospekthaftung begründen. Der Unrichtigkeitsmaßstab zwischen diesen drei Punkten ist jeweils ein anderer.

820 BGH, Urt. v. 12.07.1982 – II ZR 175/81, WM 1982, 862 (865) – Beton- und Monierbau; OLG Frankfurt, Urt. v. 06.07.2004 – 5 U-122/03, ZIP 2004, 1411 (1412).

In diesem Zusammenhang stellt sich grundsätzlich auch die Frage, ob ein durchschnittlicher Anleger tatsächlich der englischen Sprache kundig und damit in der Lage ist, einen Jahresabschluss, der nach International Accounting Standards (IAS) bzw. seit 1. Januar 2003 International Financial Reporting Standards (IFRS) oder US-amerikanischen Bilanzierungsgrundsätzen nach US-GAAP zu verstehen. In der Literatur ist umstritten, welcher Empfängerhorizont zugrunde zu legen ist, die des Fachmanns oder die des »unkundigen Kleinaktionärs«. Überzeugend ist etwa der Vorschlag von Fleischer[821], der auf einen »verständigen Anleger« abstellen will.[822] Nach Inkrafttreten des Schuldverschreibungsgesetzes (SchVG)[823] hat der Gesetzgeber durch seine Formulierung in § 3 SchVG mit der Bezeichnung des Anlegers als »sachkundig« eine weitere Definition eingeführt, die jedenfalls für den Anwendungsbereich des SchVG die Rechtsunsicherheiten um den Empfängerhorizont reduzieren.[824] Der BGH stellt im Rahmen seiner ständigen Rechtsprechung zur Prospekthaftung auf den verständigen Leser ab. Danach ist die Beurteilungsperspektive für Börsenzulassungsprospekte die eines durchschnittlichen Anlegers, der eine Bilanz lesen kann, der aber nicht unbedingt mit der in eingeweihten Kreise gebräuchlichen »Schlüsselsprache« vertraut zu sein braucht.[825] Die anhaltende Diskussionen um den zugrunde zu legenden Empfängerhorizont des Anlegers sollte jedoch nicht dazu führen, dass erneut ein rein deutschsprachiger Prospekt gefordert wird, nachdem gerade aufgrund der Harmonisierungsbemühungen durch die ProspektRL und ihrer Umsetzung in § 19 WpPG sowie den bevorstehenden Änderungen durch Art. 27 der Verordnung (EU) 2017/1129 gerade nicht als erforderlich angesehen wird.

Der **Beurteilungszeitpunkt** richtet sich nach dem Zeitpunkt der Prospekterstellung oder der Veröffentlichung des Prospekts bzw. der Notifizierung. Falls ein Nachtrag gemäß § 16 Abs. 1 Satz 1 WpPG erstellt wurde, richtet sich der Zeitpunkt der Beurteilung nach der Veröffentlichung des Nachtrages. 543

Das Tatbestandsmerkmal der **Unrichtigkeit** ist erfüllt, soweit die Angaben im Prospekt nicht der Wahrheit entsprechen. Dies bedeutet, dass Werturteile dann unrichtig sind, wenn sie nicht durch Tatsachen gedeckt oder nicht auf kaufmännisch nachvollziehbaren Beurteilungen beruhen und vertretbar sind. In Bezug auf Prognosen kommt es ebenfalls darauf an, dass sie entsprechend auf Tatsachen gestützt und die Schlussfolgerung(en), die in den Prognosen ihren Ausdruck finden, kaufmännisch vertretbar sind. Da der Gesamteindruck des Prospekts auch in Bezug auf Tatsachen, Werturteile und Prognosen wesentlich ist, müssen nicht nur die einzelnen Punkte, sondern alle Informationen ein realistisches Gesamtbild des Emittenten und seiner Vermögens-, Ertrags- und Liquiditätslage abgeben. In Bezug auf die Wertpapierbeschreibung muss ein realistisches Gesamtbild des Wertpapiers, seine Struktur und Mechanismen sowie die entsprechend damit verbundenen Risiken (Verluste, Totalverlust oder Gewinne) dargestellt werden. 544

Die **Unvollständigkeit** eines Prospekts kann als Unterfall der Unrichtigkeit qualifiziert werden.[826] Dies folgt aus dem Grund, dass durch fehlende Tatsachen, fehlerhafte Prognosen oder Werturteile der Gesamteindruck des Prospekts unrichtig werden kann. Da das WpPG in seinen Ausführungen und im Verhältnis zu der ProspektRL und ProspektVO i.d.F. der Verordnung (EG) Nr. 809/2004 der Kommission ausführliche Bestimmungen in den Anhängen, Schemata und Modulen für 545

821 *Fleischer*, Gutachten F zum 64. Deutschen Juristentag 2002, F 44 f. m.w.N.

822 *Fleischer*, Gutachten F zum 64. Deutschen Juristentag 2002, F 44 f. m.w.N.

823 Schuldverschreibungsgesetz vom 31. Juli 2009 (BGBl. I S. 2512), das durch Artikel 24 Absatz 21 des Gesetzes vom 23. Juni 2017 (BGBl. I S. 1693) geändert worden ist.

824 Hierzu etwa BGH, Urt. v. 29.04.2014 – II ZR 395/12, WM 2014, 1076; OLG Frankfurt, Urt. v. 17.09.2014 – 4 U 97/14, AG 2015, 97; Habersack, in: Ulmer/Brandner/Hensen, AGB-Recht, Wertpapierbedingungen Rn. 2 m. w. Nachw.

825 BGH, Urt. v. 12.07.1982 – II ZR 175/81, WM 1982, 862 (863) – Beton- und Monierbau; BGH, Urt. v. 18.09.2012 – XI ZR 344/11, BGHZ 195, 1 = WM 2012, 2147 (2150) – Wohnungsbau Leipzig-West.

826 Baumbach/Hopt/*Kumpan* § 21 WpPG Rn. 3.

einzelne Wertpapierarten vorsieht, wäre ein Prospekt, der den vorgeschriebenen Mindestinhaltskatalog umsetzt grundsätzlich als vollständig anzusehen. Die den Inhalt von Prospekten bestimmenden Vorschriften der ProspektVO i.d.F. der Verordnung (EG) Nr. 809/2004 der Kommission erlauben, dass ein Prospekt mit umfangreicherem wie auch geringerem Inhalt auch als vollständiger Prospekt angesehen werden kann. Hier kommt es auf die Prüfung des Einzelfalls an. Aus § 7 WpPG ergibt sich bereits, dass dieser nur »Mindestangaben« bestimmt, sodass im Hinblick auf die Beurteilung über die Vollständigkeit eines Prospekts § 5 Abs. 1 Satz 1 WpPG heranzuziehen ist:

> »Der Prospekt muss unbeschadet der Bestimmungen des § 8 Abs. 2 in leicht analysierbarer und verständlicher Form sämtliche Angaben enthalten, die im Hinblick auf den Emittenten und die öffentlich angebotenen oder zum Handel an einem organisierten Markt zugelassenen Papieren notwendig sind, um dem Publikum ein zutreffendes Urteil über die Vermögenswerte und Verbindlichkeiten, die Finanzlage, die Gewinne und Verluste, die Zukunftsaussichten des Emittenten und jedes Garantiegebers sowie über die mit diesen Wertpapieren verbundenen Rechte zu ermöglichen.«.

546 Dies gilt auch für Informationen über den Emittenten selbst und über die Wertpapiere, die durch den Prospekt angeboten werden.

547 Für den Fall, dass der Emittent die Fehler- oder Lückenhaftigkeit des Prospekts nach der Billigung oder vor der Einführung der Einbeziehung in den Handel identifiziert, muss er den Prospekt gemäß § 16 WpPG durch einen Nachtrag aktualisieren bzw. berichtigen.[827] Der Nachtrag verhindert damit die Auslösung einer Prospekthaftung. Der Nachtrag ist i.R.d. Prospekthaftungsprüfung, bei den Tatbestandsmerkmalen der **Unvollständigkeit** und der **Unrichtigkeit** zu berücksichtigen und könnte den gebilligten Prospekt berichtigen oder ergänzen, so dass dieser zusammen mit dem Nachtrag nicht unrichtig oder unvollständig wäre.[828] Neben der Nachtragspflicht ergibt sich nach § 23 Abs. 2 Nr. 4 WpPG, dass vor dem Abschluss des Erwerbsgeschäftes deutlich gestaltete Berichtigungen unrichtiger oder unvollständiger Angaben gemacht werden können.[829] Auf den Nachweis der Kenntnis des Erwerbers von der Berichtigung wird verzichtet, ebenso wie auf den Nachweis der Kenntnis des Erwerbers vom Prospekt. Diese Parallelität geht zulasten des Geschädigten und ist deshalb nur als typisierend hinzunehmen, weil eine wesentliche Berichtigung sich unabhängig von einer individuellen Kenntnis regelmäßig auf den Marktpreis auswirken wird. Eine Berichtigung kann im Jahresabschluss, Zwischenbericht, in einer Ad-hoc-Mitteilung nach Art. 17 MAR oder einer vergleichbaren Bekanntmachung erfolgen.[830] Nach § 23 Abs. 2 Nr. 4 WpPG können Berichtigungen oder Ergänzungen eines Prospekts nach dessen Veröffentlichung nicht nur durch einen Nachtrag zum Prospekt nach § 16 WpPG gemacht werden, sondern auch durch andere Darstellungen, die veröffentlicht wurden. Aus den Möglichkeiten der Nachtrags- und Berichtigungspflicht ergibt sich, dass sofern diese vor der Einführung oder Einbeziehung der Wertpapiere in den Handel, d.h. vor Veröffentlichung des Prospekts, genutzt werden, die Anleger so gestellt werden, als wenn der Prospekt niemals unrichtig oder unvollständig gewesen wäre. Sollte die Berichtigung nach der Einführung zum Handel, aber vor dem Kauf des Erwerbers veröffentlicht worden sein, so wäre diese Berichtigung als originärer Bestandteil des Prospekts zu sehen und zu berücksichtigen. In dem Fall, in dem die Berichtigung nach dem Erwerb veröffentlicht wurde, ist diese bei der Anspruchshöhe des Prospekthaftungsanspruchs zu berücksichtigen.[831]

f) Prospektverantwortlichkeit und Haftung im Außenverhältnis

548 Nach § 21 Abs. 1 Nr. 1 und 2 WpPG haften dem Erwerber gegenüber diejenigen, die für den Prospekt die Verantwortung übernommen haben (**Prospektverantwortliche**) und diejenigen, von

827 Vgl. Rdn. 502 ff. m. w. Nachw.

828 Baumbach/Hopt/*Kumpan* § 21 WpPG Rn. 3.

829 Mülbert/Steup, in: Habersack/Mülbert/Schlitt, Unternehmensfinanzierung am Kapitalmarkt, § 26 Rn. 104 ff.

830 Baumbach/Hopt/*Kumpan*, § 23 WpPG Rn. 5.

831 Schlitt/Schäfer, in: Assmann/Schlitt/von Kopp-Colomb, WpPG/VermAnlG, § 16 WpPG Rn. 155 ff.

denen der Erlass des Prospekts ausgeht (**Prospektveranlasser**).[832] § 21 WpPG geht von einer gesamtschuldnerischen Haftung gemäß §§ 421 ff. BGB aus. Die Haftung triff damit den Emittenten und den Konsortialführer nebst den weiteren Platzeuren sowie denjenigen Personen, die gemäß § 5 Abs. 4 Satz 1 WpPG die Erklärung abgegeben haben, für den Inhalt des Prospekts die Verantwortung zu übernehmen. Ob und inwieweit bei Emissionen, z.B. unter Verwendung eines Basisprospekts, ein Verschulden der konsortialführenden Bank für die Unvollständigkeit oder Unrichtigkeit des Prospekts anderen Platzeuren zugerechnet werden kann, ist umstritten. Dies gilt gleichermaßen für den Fall, dass Platzeure die eine einzelne Ziehung unter einem Basisprospekt ausführen und die von ihnen zu erstellenden Unterlagen unvollständig oder unrichtig sind, oder ob diese der konsortialführenden Bank oder den anderen Personen zugerechnet werden können, die gemäß § 5 Abs. 4 Satz 1 WpPG die Erklärung der Verantwortlichkeit zum Prospekt abgegeben haben.[833]

Aufgrund der unterschiedlichen Wertpapierarten und Prospekte ergeben sich daher auch **unterschiedliche Haftungsmodalitäten**. Beispielsweise existieren bei Asset Backed Transaktionen (ABS) Abschnitte im Prospekt, die eine Partei und ihre Funktion bei der Gesamttransaktion beschreibt.[834] Diese Beschreibung ist üblicherweise von dem jeweiligen Beteiligten der Verbriefungsstransaktion selbst verfasst. Der Beteiligte übernimmt üblicherweise ausschließlich und allein für den Inhalt dieses Abschnitts die Haftung. Eine solche Haftungsübernahme findet sich i.d.R. in einer Haftungsklausel zu Beginn des Prospekts. Umstritten ist, ob und inwieweit solche Mitverfasser des Prospekts insofern auch mitverantwortlich sein können, wenn die Beschreibung des Transaktionsbeteiligten oder seiner Funktion in der Transaktion fehlerhaft ist. Anders kann es sich darstellen, wenn durch Unterschrift unter den Prospekt eine Verantwortlichkeit übernommen wurde, wobei hier darüber gestritten wird, ob ein Platzeur sich dann auf eine vom Konsortialführer durchgeführte sorgfältige Prüfung berufen kann.[835] Platzeure, die bei der Prospekterstellung nicht involviert waren, sind vom vorstehenden Personenkreis zu unterscheiden. Jedoch ist auch hier streitig, ob die Parteien nicht dennoch eine Haftung treffen kann. Grundsätzlich keine Prospekthaftung übernehmen Rechtsanwälte, Steuerberater und Wirtschaftsprüfer, die bei der Prospekterstellung mitgewirkt haben. Dies wird damit begründet, dass sie nur ein »Gebühreninteresse« und kein wirtschaftliches Interesse an der Emission haben.[836] Gleiches gilt für Prominente oder Personen des öffentlichen Interesses, die sich im Prospekt als Referenz ausgeben.[837] Der BGH[838] hat jedoch ausgeführt, dass eine Haftung des Wirtschaftsprüfers vorliegen kann, wenn der Anlageinteressent den im Prospekt erwähnten Prüfbericht auch tatsächlich anfordert. In diesem Zusammenhang ist zwischen der Haftung für Fehler bei der Prüfung eines Emissionsprospekts und für unrichtige im Prospekt selbst nicht veröffentliche eigene Erklärungen einer solchen Partei (z.B. Testate) zu unterscheiden. In letzterem Fall kann sich eine Haftung aus einem Vertrag mit Schutzwirkung zugunsten Dritter ergeben.[839] Ob und inwieweit sich eine Haftung im zivilrechtlichen Bereich durch berufliche Auskunftspflichten oder aus sog. »Comfort Lettern« oder Rechtsgutachten (»Legal Opinions«) ergeben kann, bleibt 549

832 Dazu ausführlich Wackerbarth, in: Holzborn, WpPG, §§ 21-23 WpPG Rn. 42 ff.

833 Groß, Kapitalmarktrecht, § 21 WpPG Rn. 30 m. w. Nachw. zum Streitstand.

834 Hierzu Pegel, in: Holzborn, WpPG, Art. 11 EU-ProspV Rn. 1 und Anhang VIII Rn. 66 ff. und 72 ff. m. w. Nachw.

835 *Bosch/Groß*, Das Emissionsgeschäft Rn. 10/147 m. w. Nachw. zum Streitstand sowie den jeweiligen Konstellationen und Beteiligungsstrukturen.

836 Hierzu ausführlich Assmann, in: Assmann/Schlitt/von Kopp-Colomb, WpPG/VermAnlG, § 21 WpPG Rn. 84 m. w. Nachw.

837 Vgl. Assmann, in: Assmann/Schlitt/von Kopp-Colomb, WpPG/VermAnlG, § 21 WpPG Rn. 84 m. w. Nachw.; ders., in: Assmann/Schütze, Handbuch des Kapitalanlagerechts, § 5 Rn. 158.

838 BGH, Urt. v. 03.12.2007 – II ZR 21/06, WM 2008, 391 (394).

839 Hierzu und zu den im Einzelnen umstrittenen Haftungsvoraussetzungen vgl. etwa Paal, BB 2004, 2180; Zugehör, WM 2010 (Sonderbeilage Nr. 1), 1 (29 ff.); Fischer, WM 2014 (Sonderbeilage Nr. 1), 1 (37); Krämer/Gillessen, in: Marsch-Barner/Schäfer, Handbuch börsennotierte AG, Rn. 10.229 ff.

von der vorstehend generellen Aussage unberührt.[840] In § 23 Abs. 1 WpPG ist vorgesehen, dass Prospektverantwortliche einen **Entlastungsbeweis** führen können. Insbesondere zwischen Konsortialführer und den anderen Platzeuren wäre hier zu differenzieren[841], z.B. wenn sich der Konsortialführer damit entlasten kann, dass er behauptet und beweist, den Prospekt auf seine Plausibilität hin geprüft und keine Unrichtigkeiten gefunden zu haben. Es kann derjenige nicht in Anspruch genommen werden, der nach § 21 WpPG die Unrichtigkeit oder Unvollständigkeit der Angaben des Prospekts nicht gekannt hat und die Unkenntnis nicht auf grober Fahrlässigkeit oder Vorsatz beruht (§ 23 Abs. 1 WpPG). Dies bedeutet im Umkehrschluss, dass vorsätzliches Handeln oder Unterlassen der prospektverantwortlichen Partei vorliegen muss, damit ein Prospekthaftungsanspruch vorliegt.

g) Haftung im Innenverhältnis

550 Regelmäßig ist davon auszugehen, dass zwischen dem Emittenten, dem Konsortialführer und den Platzeuren eine Haftungsvereinbarung im **Übernahme-, Platzierungs- oder Konsortialvertrag** getroffen wird, die eine interne Haftungsfreistellung der Platzeure durch den Emittenten oder Konsortialführer enthält.[842] Sofern ein Übernahmevertrag deutschem Recht unterliegt und keine solche Haftungsfreistellung enthalten ist, würden die Bestimmungen der §§ 426, 254 BGB zur Anwendung kommen. Sofern etwa der Emittent das Konsortium falsch informiert, z.B. über seine wirtschaftlichen Verhältnisse, haftet er alleine, es sei denn der Konsortialführer oder die Platzeure trifft ein Mitverschulden, da sie die falschen Informationen hätten erkennen können.[843] Letztendlich ist regelmäßig davon auszugehen, dass der Emittent im Innenverhältnis auch für die Richtigkeit des Prospekts und die darin enthaltenen Angaben haftet.[844]

h) Geltendmachung und Durchsetzung von Ansprüchen

551 Vor Inkrafttreten des Umsetzungsgesetzes zur ProspektRL-ÄnderungsRL verjährte der Prospektanspruch gemäß § 46 BörsG ein Jahr nach dem Zeitpunkt, zu dem der Erwerber von der Unrichtigkeit oder Unvollständigkeit der Angaben des Prospekts Kenntnis erlangt hat, spätestens jedoch drei Jahre nach Veröffentlichung des Prospekts.[845] Seit der Aufhebung des § 46 BörsG gibt es keine entsprechende Verjährungsregelung im WpPG. Vielmehr gelten für die **Verjährung** der Prospekthaftungsansprüche der §§ 21 ff. WpPG die allgemeinen Regeln des BGB.[846]

552 Die Prospekthaftungsansprüche der §§ 21 ff. WpPG sind nicht dispositiv. Sie können weder ermäßigt noch erlassen werden. Nach § 25 Abs. 1 WpPG sind **Haftungsbeschränkungen** hinsichtlich der Ansprüche aus §§ 21, 23 und 24 WpPG grundsätzlich unwirksam. Im Übrigen bleiben weitergehende Ansprüche aus Vertrag oder unerlaubter Handlung nach § 25 Abs. 2 WpPG unberührt. Bei einer Geltendmachung solcher Ansprüche ist jedoch zu bedenken, dass vorsätzliche deliktische Ansprüche im Zusammenhang mit Prospektveröffentlichungen nur ausnahmsweise neben den spezialgesetzlichen Regelung eine Prospekthaftung auslösen können. Bei einer großzügigen Annahme

840 Vgl. hierzu im Übrigen ausführlich Krämer/Gillessen, in: Marsch-Barner/Schäfer, Handbuch börsennotierte AG, Rn. 10.98 ff. und Rn. 10.209 ff.

841 Groß, Kapitalmarktrecht, § 23 WpPG Rn. 3 ff.

842 Vgl. Grundmann, in: Schimansky/Bunte/Lwowski, Bankrechts-Handbuch, § 112 Rn. 63 m. w. Nachw.; *Wastl*, ZIP 2011, 2291 ff.

843 *Assmann*, AG 2004, 435 ff.; zum Sorgfaltsmaßstab und Mitverschulden grundlegend auch Grundmann, in: Schimansky/Bunte/Lwowski, Bankrechts-Handbuch, § 112 Rn. 59 ff.

844 Grundmann, in: Schimansky/Bunte/Lwowski, Bankrechts-Handbuch, § 112 Rn. 63 m. w. Nachw.

845 Hierzu Schwark, in: Schwark/Zimmer, Kapitalmarktrechts-Kommentar, § 46 BörsG Rn. 2.

846 Leuering, NJW 2012, S. 1906.

der allgemeinen zivilrechtlichen Haftung würde andernfalls drohen, dass die haftungsbeschränkenden Regelungstatbestände der §§ 21 ff. WpPG unterlaufen würden.[847]

Soweit eine spezialgesetzliche Haftung für Prospekte oder fehlende Prospekte nach §§ 21, 23 **553**
oder 24 WpPG nicht tatbestandsmäßig ist, greift subsidiär die **allgemeine zivilrechtliche Prospekthaftung.**[848] Andere Veröffentlichungen als Prospekte, wie Bezugsangebote, Verkaufsangebote, Zeichnungsaufforderungen, Werbemaßnahmen, Jahresabschlüsse, Zwischenberichte, Ad-hoc Mitteilungen und Distributionsunterlagen (z.B. Vertriebsbroschüren oder Präsentationen auf Road Shows) stellen keine Prospekte dar.[849] In diesen Fällen kann i.S.v. § 25 Abs. 2 WpPG die Anwendung der zivilrechtlichen Prospekthaftung in Betracht kommen.[850] Voraussetzung für eine allgemeine zivilrechtliche Prospekthaftung ist, dass ein Prospekt i.S.d. allgemeinen zivilrechtlichen Prospekthaftung vorliegen muss. Die Definition und der Inhalt des Begriffs Prospekt i.S.d. allgemeinen zivilrechtlichen Prospekthaftung ist umstritten.[851] Konsens besteht insoweit, als dass der Prospekt die Grundlage für die Anlageentscheidung eines Anlegers sein soll, von der er also erwarten darf, ein zutreffendes Bild über das Anlageobjekt, an dem er sich beteiligen will, zu erhalten. Somit muss der Prospekt alle Umstände, die für die Anlageentscheidung des Anlegers, sachlich richtig und vollständig, in dem Prospekt enthalten sein sollen.

Für die Geltendmachung von Schadensersatzansprüchen wegen falscher, irreführender oder un- **554**
terlassener öffentlicher Kapitalmarktinformation begründet **§ 32b Abs. 1 Nr. 1 ZPO** einen ausschließlichen Gerichtsstand des Gerichts am Sitz des betroffenen Emittenten, wenn sich dieser im Inland befindet und die Klage zumindest auch gegen ihn gerichtet ist.[852] Im Anwendungsbereich des § 32b Abs. 1 Nr. 1 ZPO, in den auch und vor allem Prospekthaftungsklagen fallen[853], ist nach § 71 Abs. 2 Nr. 3 GVG das Landgericht ausschließlich sachlich zuständig.

i) Prospekthaftung mit Auslandsberührung

Im Hinblick auf die Prospekthaftung mit Auslandsberührung können grundlegend **zwei Szenarien** **555**
unterschieden werden. In Betracht kommt einerseits ein ausländischer Emittent, der im Inland Wertpapiere anbietet, und andererseits ein inländisches Unternehmen, das ein an einem ausländischen Handelsplatz notiertes Wertpapier im Inland anbietet. Emittenten, die ihren Sitz im Ausland haben, haften nach den Prospekthaftungsvorschriften der §§ 21 ff. WpPG, wenn sie gemäß § 21 Abs. 3 WpPG einen Bezug zum Inland haben. Diese Konstellation liegt vor, wenn die Papiere aufgrund eines im Inland geschlossenen Vertrags oder einer ganz oder teilweisen im Inland erbrachten Wertpapierdienstleistung erworben wurden.[854] Die Folge ist, dass ausschließlich im Heimatstaat des Emittenten abgeschlossene Erwerbsvorgänge von der Prospekthaftung nach §§ 21 ff. WpPG nicht erfasst werden. Wesentlich ist damit für die Anknüpfung an §§ 21 ff. WpPG, dass der Platzierungsmarkt auch in Deutschland ist.[855] Im Umkehrschluss bedeutet dies, dass bei deutschen Emittenten, deren Wertpapiere auch im Ausland platziert werden, nicht nur das deutsche

---

847 Instruktiv zum Verhältnis der spezialgesetzlichen und allgemeinen zivilrechtlichen Prospekthaftung Assmann, in: Assmann/Schütze, Handbuch des Kapitalanlagerechts, § 5 Rn. 23 f. m. zahlreichen w. Nachw.

848 Hierzu bereits oben Rdn. 531 m. zahlreichen w. Nachw.

849 Anschaulich Groß, Kapitalmarktrecht, § 15 WpPG Rn. 1a in Abgrenzung zur Werbung i.S.v. § 15 WpPG.

850 Vgl. nur *Keunecke*, Prospekte im Kapitalmarktrecht, S. 344 f.

851 Ausführlich Assmann, in: Assmann/Schütze, Handbuch des Kapitalanlagerechts, § 5 Rn. 35 ff.; Mülbert/Steup, in: Habersack/Mülbert/Schlitt, Unternehmensfinanzierung am Kapitalmarkt, § 33 Rn. 146; Groß, Kapitalmarktrecht, § 25 WpPG Rn. 5.

852 Im Einzelnen Schultzky, in: Zöller, ZPO, § 32b Rn. 4.

853 Schultzky, in: Zöller, ZPO, § 32b Rn. 4.

854 Im Einzelnen umstr., vgl. Krämer/Gillessen, in: Marsch-Barner/Schäfer, Handbuch börsennotierte AG, Rn. 10.344; Assmann, in: Assmann/Schlitt/von Kopp-Colomb, WpPG/VermAnlG, § 21 WpPG Rn. 94 f.; Heidelbach, in: Schwark/Zimmer, Kapitalmarktrechts-Kommentar, § 17 WpPG Rn. 12 jeweils m. w. Nachw.

855 Groß, Kapitalmarktrecht, § 21 WpPG Rn. 72 m. w. Nachw.

Prospekthaftungsrecht auf die im Inland begebenen Wertpapiere angewendet werden würden, sondern ggf. das ausländische Recht.

j) Haftung bei fehlendem Prospekt

556 Nach § 24 WpPG ergeben sich verschuldensunabhängige Ansprüche von Erwerbern von Wertpapieren, die nicht zum Handel an einer inländischen Börse zugelassen sind, wenn ein Prospekt entgegen § 3 Abs. 1 Satz 1 WpPG nicht veröffentlicht wurde. Umfang der Ansprüche und tatbestandlichen Voraussetzungen sind identisch mit den Voraussetzungen der Haftung für fehlerhafte Prospekte.[856] Im Gegensatz zu §§ 21, 22 WpPG kommt es nach dem Wortlaut des § 24 Abs. 1 Satz 1 WpPG auf ein **Verschulden** nicht an. Teilweise wurde deshalb angenommen, dass der Gesetzgeber eine bewusste Entscheidung gegen ein Verschuldenserfordernis getroffen habe, was sich insbesondere aus der Gesetzgebungsgeschichte des § 24 WpPG ergebe.[857] Hiergegen wendet sich die weitüberwiegende Auffassung der Literatur mit unterschiedlichen Argumenten, wonach jedoch im Ergebnis auch bei der Prospekthaftung nach § 24 WpPG ein Verschulden erforderlich ist.[858]

557 Innerhalb von **sechs Monaten** nach dem ersten öffentlichen Angebot kann der Erwerber die Übernahme der Papiere gegen Erstattung des gezahlten Preises und der damit verbundenen Kosten verlangen. Sollte der Anleger die Papiere bereits weiter veräußert haben, so kann er gemäß § 24 Abs. 2 WpPG – insoweit vergleichbar mit § 21 Abs. 2 WpPG – die Zahlung des Differenzbetrags zwischen Kauf- und Verkaufspreis und die damit verbundenen Transaktionskosten verlangen. Der Anspruch ist ausgeschlossen, sofern der Anleger beim Erwerb wusste, dass eine Veröffentlichungspflicht bestand oder spätestens drei Jahre nach dem Erwerb davon Kenntnis erlangte. Haftungsbeschränkungen, die im Voraus vereinbart werden, sind auch hier unwirksam.

5. Möglichkeit der Haftungsvermeidung

558 Die Prospekthaftungsrisiken des WpPG und der potentielle Schadensumfang für die Emissionsbeteiligten können äußerst sensibel und umfänglich sein. Ziel einer guten Organisation der Emission in Bezug auf die Informationsgewinnung des Emittenten über das eigene Unternehmen und die zu begebenen Wertpapiere ist somit die Risiken der Haftung möglichst vollständig zu mitigieren oder jedenfalls so gering wie möglich zu halten. Es ist zu bedenken, dass den **Vorstand und Aufsichtsrat** eines Emittenten eine persönliche Verantwortung für den Inhalt des Prospekts treffen kann.[859] Die Organe sollten insofern dafür Sorge tragen, dass zur Erstellung des Prospekts alle erforderlichen Informationen bereitgestellt und ggf. bis zum Abschluss der Prospekterstellung nochmals aktualisiert werden. Von besonderer Bedeutung ist in diesem Zusammenhang auch die Dokumentierung des gesamten Prospektierungsprozesses, damit etwaige Abläufe optimiert und besser strukturiert werden können. Insbesondere ermöglicht eine derart umfassende Dokumentation zugleich die Führung eines Entlastungsbeweises nach § 23 Abs. 1 WpPG.[860]

---

856 Vgl. hierzu bereits Rn. 499 sowie Assmann, in: Assmann/Schlitt/von Kopp-Colomb, WpPG/VermAnlG, § 24 WpPG Rn. 2 m. w. Nachw.

857 So etwa Klöhn DB 2012, 1854 (1859); Wackerbarth, in: Holzborn, WpPG, § 24 Rn. 10.

858 Vgl. Assmann, in: Assmann/Schlitt/von Kopp-Colomb, WpPG/VermAnlG, § 24 WpPG Rn. 20 ff.; Mülbert/Steup, in: Habersack/Mülbert/Schlitt, Unternehmensfinanzierung am Kapitalmarkt, § 41 Rn. 119; Groß, Kapitalmarktrecht, § 24 WpPG Rn. 4a; Assmann, in: Assmann/Schütze, Handbuch des Kapitalanlagerechts, § 5 Rn. 227; Spindler, NJW 2004, 3449 (3455); Bongertz, BB 2012, 470 (474 f.); Schäfer, ZGR 2006, 40 (51 f.).

859 Vgl. zu diesem Risikobereich etwa Krämer/Gillessen, in: Krieger/Schneider, Handbuch Managerhaftung, Rn. 32.27 m. w. Nachw.

860 Hierzu Krämer/Gillessen, in: Marsch-Barner/Schäfer, Handbuch börsennotierte AG, Rn. 10.258; Born, in: Krieger/Schneider, Handbuch Managerhaftung, Rn. 14.91 jeweils m. w. Nachw.

Das zentrale Instrument zur Haftungsvermeidung ist ein **Due Diligence-Prozess** im Vorfeld eines Börsenganges oder einer Wertpapieremission, die für Platzeure ebenso selbstverständlich und unentbehrlich wie die Durchführung vorgesehener Prüfungen selbst ist.[861] Die Due Diligence ist dabei individuell auf den konkreten Emittenten abgestimmt und darauf ausgerichtet, alle wesentlichen Angaben im Prospekt richtig und vollständig darzustellen.[862] Je nach Branche und Schwerpunkt sind neben der üblichen Legal Due Diligence auch besondere Due Diligence-Prozesse denkbar, z.B. im Finanz-, Umwelt- und Steuerbereich (Financial Due Diligence, Environmental Due Diligence, Tax Due Diligence).[863] Die Wesentlichkeitsschwelle in der Due Diligence wird im Einzelfall nach Schwerpunkten und immer vor dem Hintergrund einer richtigen und vollständigen Gesamtdarstellung des Prospekts festgelegt. Es liegt im Interesse aller Beteiligten, dass die Informationen klar verständlich und übersichtlich im Prospekt erscheinen und die Vollständigkeit gemäß den Anforderungen des WpPG unter Bezugnahme auf die Bestimmungen der ProspektVO gewahrt wird. 559

F. Außerbörsliche Finanztermingeschäfte

I. Begriff und Entstehung

Die begriffliche Umgrenzung der Bezeichnung außerbörsliche Finanztermingeschäfte, die auch als Finanzinnovationen oder OTC-Derivate bezeichnet werden, ist wie häufig in solchen Fällen etwas unscharf[864]. Der Gebrauch dieser Begriffe ist nicht einheitlich. Sie werden für sehr unterschiedliche Finanzprodukte und Produktgruppen verwandt. Im Wesentlichen wurden diese Begriffe jedoch zu Beginn der achtziger Jahre mit dem ersten Aufkommen von Zinssatz- und Währungsswaps geprägt. 560

Eine der maßgeblichen Ursachen für das Entstehen der heute bekannten Finanzinnovationen war die Beendigung des Bretton-Woods-Abkommens im Jahr 1973 und die Entwicklung eines Weltwährungssystems mit schwankenden Wechselkursen.[865] Ein weiterer Auslöser für die Entwicklung ist in den erheblich erhöhten Zinsschwankungen infolge mehrerer OPEC-Ölpreis-Schocks in den siebziger Jahren zu sehen. Die durch das Zusammentreffen dieser Ereignisse einsetzenden Volatilitäten auf den Zins- und Devisenmärkten gingen einher mit dem steigenden Bedürfnis zur Absicherung der sich hieraus ergebenden wirtschaftlichen Risiken. In Deutschland vollzog sich der Durchbruch dieser Finanzinstrumente erst 1985 nach der Restliberalisierung und Deregulierung des deutschen Kapitalmarktes. 561

Technisch gesehen handelt es sich bei diesen außerbörslichen Finanztermingeschäften um ein analytisches Auseinanderbrechen von Finanzprodukten in ihre einzelnen Elemente und das erneute Zusammensetzen dieser Elemente zu einer neuen, regelmäßig komplexeren Einheit.[866] Die meisten Finanzinnovationen lassen sich daher von überwiegend bekannten Grundstrukturen ableiten, weshalb man auch von Derivaten oder derivativen Instrumenten spricht. Vorliegend sollen aber nur außerbörslich gehandelte (over the counter/OTC) Produkte beleuchtet werden. Dabei handelt es sich in ihrer rechtlichen Ausgestaltung nicht um eine homogene Gruppe von Finanzinstrumenten. Die Entwicklung auf diesem Gebiet schreitet auch ständig voran, sodass laufend neue Spielarten 562

---

861 Hierzu umfassend Krämer/Gillessen, in: Marsch-Barner/Schäfer, Handbuch börsennotierte AG, § 10, insbesondere Rn. 10.310 ff.

862 Krämer/Gillessen, in: Marsch-Barner/Schäfer, Handbuch börsennotierte AG, Rn. 10.1.

863 Hierzu im Überblick Krämer/Gillessen, in: Marsch-Barner/Schäfer, Handbuch börsennotierte AG, Rn. 10.4 ff.

864 Ausschließlich zum Begriff Melzer, BKR 2003, 366.

865 Zur Entstehung außerbörslicher Finanztermingeschäfte ausführlich *Krämer* Finanzswaps und Swapderivate in der Bankpraxis, S. 9; *Lassak* Zins- und Währungsswaps, S. 74; *Bock/Wallich* Currency Swaps, S. 1; BuB/*Neuhaus* Rn. 7/1001 ff.

866 *Niemann* WM 1993, 777 (778).

im Markt zu sehen sind. Im Folgenden werden daher überblickartig die gängigsten Grundformen beleuchtet, nämlich Swaps, Swap-Optionen, Caps, Floors, Collars, Forward Rate Agreements und Kreditderivate.

II. Swaps

1. Erscheinungsformen und wirtschaftliche Funktion von Swaps

563 Swaps haben aufgrund des hohen und nach wie vor steigenden Geschäftsvolumens eine große Bedeutung für die Finanzwirtschaft. Die wirtschaftliche Bedeutung der Swap-Geschäfte ist außerordentlich. Zins- und Währungsswaps sowie andere Zins- und Währungsdifferenzverträge haben sich in den letzen drei Jahrzehnten als Standardinstrumente an den Finanzmärkten etabliert. Aus Sicht der Finanzsteuerung können Swaps danach eingeteilt werden, ob sie eine Vermögensposition (asset swap) oder eine Verbindlichkeit (liability swap) betreffen.[867] Zinseinnahmen aus Wertpapierbeständen bspw. können – ebenso wie Zinsverbindlichkeiten aus aufgenommenen Mitteln – im Wege des Swaps getauscht werden, wobei die die Passivseite der Bilanz betreffenden Swap-Geschäfte vorherrschend sind. Swaps erscheinen im Wesentlichen in zwei Grundformen, dem Zinssatz- und dem Währungsswap. Aus der Kombination dieser Grundformen ergeben sich verschiedene andere Erscheinungsformen. Grundfunktion eines jeden Swaps ist das Tauschen von Zahlungsströmen (to swap, englisch = tauschen) für einen bestimmten Zeitraum. So können in einer Währung anfallende Zahlungen in eine andere Währung oder variable in fixe Zinsverpflichtungen getauscht sowie die jeweiligen Komponenten miteinander verknüpft werden. Ein wesentlicher Vorteil von Finanzswaps liegt darüber hinaus in der hohen Liquidität der Märkte und der schnellen Reaktionsmöglichkeit. An den Swapmärkten können bspw. Zinsänderungen erheblich schneller abgesichert werden als auf den traditionellen Geld- und Kapitalmärkten. Neben den hier genannten Swaparten gibt es eine Vielzahl anderer Swaparten, wie bspw. Rohwarenswaps (commodity swaps), mit deren Hilfe sich u.a. Risiken aus Schwankungen von Rohstoffpreisen reduzieren lassen, oder auch Energieswaps.[868] Sie sind ursprünglich außerhalb der Finanzmärkte entwickelt worden, mittlerweile aber durch im Wege eines Barausgleichs zu beliefernde Varianten in die Finanzmärkte integriert.

a) Währungsswap

564 Bei der Grundkonstruktion eines **Währungsswaps** tauschen die Parteien zu Beginn gleichwertige Kapitalbeträge in unterschiedlichen Währungen zum aktuellen Kassakurs. Gleichzeitig wird vereinbart, auch die auf die Kapitalbeträge entfallenden zukünftigen Zinsverbindlichkeiten zum Fälligkeitstermin zu tauschen. Von einem reinen Währungsswap spricht man jedoch nur dann, wenn die Zinsverbindlichkeiten für beide Kapitalbeträge jeweils fix oder variabel gestaltet sind. Am Ende der Laufzeit werden die jeweiligen Kapitalbeträge zum ursprünglichen – historischen – Kurs zurückgetauscht.[869]

b) Zinssatzswap

565 Bei einem **Zinssatzswap** vereinbaren die Parteien den Austausch von Geldzahlungen in einer identischen Währung, die sich auf der Grundlage von fixen und variablen Zinssätzen auf einen vereinbarten einheitlichen Kapitalbetrag errechnen. Die Kapitalbeträge selbst werden hierbei nicht getauscht. Bei der mit Abstand häufigsten Form des Zinssatzswaps tauschen die Parteien Beträge, die sich aufgrund variabler Zinssätze einerseits und fixer Zinssätze andererseits ergeben.

---

867 *Erne* Die Swapgeschäfte der Banken, S. 18; *Lassak* Zins- und Währungsswaps, S. 11.
868 Vgl. die Übersicht bei *Lassak* Zins- und Währungsswaps, S. 25.
869 Vgl. BuB/*Neuhaus* Rn. 7/1004.

▶ **Beispiel:**

Es tauschen zwei Parteien periodisch Geldbeträge in der gleichen Währung aus, wobei die Zahlungen mindestens einer Partei auf der Grundlage eines variablen Zinssatzes berechnet werden. Die Höhe der Zahlungen bemisst sich meist so, als ob Zinsen auf einen nominellen (als Berechnungsgrundlage gedachten) Kapitalbetrag (»notional amount« oder »Bezugsbetrag«) geleistet würden. Bei einem typischen Zinssatzswap vereinbaren die Parteien (A und B), dass während der Vertragslaufzeit A an B periodisch einen festen Betrag (z.B. jährlich am 1. August 900.000 € oder 9 % auf einen Bezugsbetrag von 10 Mio. €.) und B an A periodisch einen variablen Betrag (z.B. halbjährlich am 1. Februar und 1. August einen Betrag i.H.d. jeweils geltenden Sechs-Monats-EURIBOR auf den gleichen Bezugsbetrag von 10 Mio. €) zahlt. Die zeitgleich (hier: am 1. August) anfallenden beiderseitigen Zahlungen werden dabei i.d.R. saldiert. 566

Die Beweggründe für einen solchen Zinssatzswap können für die Parteien unterschiedlichen Ursprungs sein. Die sich anfänglich zinsvariabel finanzierende Partei kann bspw. ein Bedürfnis zur Ausschaltung der Zinsänderungsrisiken für die Zukunft haben. Darüber hinaus lässt sich ein Zinssatzswap auch zu Arbitragezwecken oder zur reinen Spekulation nutzen. Teilweise wird als Motiv schlicht zwischen Absicherung und Spekulation unterschieden.[870] Der zumindest in der Anfangszeit der Swapmärkte häufigste Beweggrund, der aber auch heute noch eine große Rolle spielt, dürfte allerdings die Ausnutzung komparativer Vorteile zur Senkung der Finanzierungskosten gewesen sein. 567

c) Kombinierte Zinssatz-/Währungsswaps

Häufiger Beweggrund für **kombinierte Zinssatz-/Währungsswaps** ist gerade die vorstehend beschriebene Ausnutzung komparativer Kostenvorteile auf verschiedenen Finanzmärkten. Der kombinierte Zinssatz-/Währungsswap besteht aus denselben drei Transaktionsbestandteilen wie der Währungsswap: Tausch gleichwertiger Kapitalbeträge zu Beginn und zum Ende sowie der Zinsverbindlichkeiten für die Dauer der Transaktion. Hinzu kommt lediglich, dass die Zahlungen während der Laufzeit auf unterschiedlichen Zinsbasen – d.h. auf einem fixen Zinssatz einerseits und auf einem variablen Zinssatz andererseits – erfolgen. Hierdurch lassen sich insb. unterschiedliche Zinssätze in verschiedenen Währungen nutzen.[871] 568

d) CMS-Spread-Ladder-Swap

Eine weitere bekannt gewordene Variante eines Swap-Geschäftes ist der sog. »**CMS-Spread-Ladder-Swap**«.[872] Der Vertragspartner (meist) der Bank zahlt einen nach einer bestimmten Formel von der Bank festgelegten Zins: Im ersten Jahr zahlt der Kunde einen vorab definierten festen Zins. Ab dem zweiten Jahr zahlt der Vertragspartner zusätzlich zum Zins des Vorjahres einen Zusatzzins abzüglich der Differenz zwischen einem langfristigen und einem kurzfristigen Zinssatz. Der Gesamtzins des zweiten Jahres bildet dabei die Grundlage für die Berechnung des Folgejahres. Diese additive Komponente wird als – »Ladder« (ladder, englisch: Leiter), bezeichnet und führt zu einem deutlich erhöhten Risiko. Diese Geschäftsart hat insb. zu höchst unterschiedlichen Ansichten in der seit 569

870 Vgl. auch Zerey/*Schüwer*/*Steffen* Finanzderivate § 1 Rn. 12.

871 Zur Haftung anlageberatender Banken bei Cross-Curreny Swaps *Zoller*, BKR 2012, 405.

872 »CMS« ist die Abkürzung für »Constant Maturity Swap«. s.a. *Gundermann* und *Nieding*, Der Gemeindehaushalt 12/2007, 265.

2004 bekannt gewordenen[873] Rechtsprechung[874] mit veränderten Rahmenbedingungen vor allem hinsichtlich der Beratungspflichten[875] geführt. Seit der Entscheidung des BGH vom 23.03.2011[876] sind diverse Fragen aufgeworfen, wobei die als beratungsrelevant erscheinenden Punkte nur skizziert werden können:

570 Bis zum BGH Urteil konnte – von Ausnahmen abgesehen (asymmetrisches Verhältnis von Chance und Risiko) – davon ausgegangen werden, dass auch riskante Rechtsgeschäfte mit spekulativen Elementen nicht sittenwidrig (§ 138 BGB) waren,[877] das Transparenzgebot nicht verletzt (§ 307 Abs. 1 Satz 2 BGB) war[878] und eine arglistige Täuschung nicht vorlag (§ 123 BGB).[879] Ferner wurde der ultra-vires Grundsatz als nicht verletzt (s.u.) angesehen und kein Verstoß gegen das Spekulationsverbot (§ 134 BGB) angenommen.[880] Streitig war hingegen, ob der Anlageberatungsvertrag (§ 280 BGB) verletzt wäre, ob über den anfänglichen negativen Marktwert aufzuklären war[881] und ob ein Mitverschulden des Kunden (§ 254 BGB) zu sehen sei, da er eine Pflicht zur Prüfung spekulativer Geschäfte habe.[882] Kommunen waren nicht zwingend über das Spekulationsverbot zu beraten,[883] wobei bei öffentlich-rechtlichen Beschränkungen vereinzelt[884] ein Anlass gesehen wurde, den Kunden zu besonderer Vorsicht zu raten.

571 Der BGH hat in dem besonderen Fall des CMS-Spread-Ladder Swap zum Umfang der Beratungspflichten der Bank und zum fehlenden Mitverschulden des Kunden Aussagen getroffen.

572 Eine Anlage gerechte Beratung erfordere zunächst eine Erkundigung nach Kenntnissen, Erfahrungen und Anlagezielen. Die Erkundigungspflicht könne bei langjährigen Geschäftsbeziehungen und bisherigem Anlageverhalten entfallen. Die Empfehlung eines (Spread-Ladder)-Swaps habe in Übereinstimmung mit den ermittelten Umständen zu erfolgen. Mangels dessen sei nunmehr gar die Gewissheit der Bank erforderlich, dass der Kunde die geschilderten Risiken des Finanzproduktes in jeder Hinsicht verstanden hat. Jedenfalls hat die Aufklärung über Funktionsweise und Risiken des Swaps umfassend und fallabhängig intensiv zu sein. Bei dem CMS-Spread-Ladder Swap sei die

873 OLG Naumburg, WM 2006, 969 und *Heinze*, ZBB 2005, 367 zu kommunalen Eigengesellschaften; LG Magdeburg, WM 2008, 537; LG Wuppertal, WM 2008, 1637; OLG Bamberg, BKR 2009, 288; BB 2009, 1384 m. Besprechung von *Busch*; OLG Frankfurt am Main, DB 2009, 2707; ZBB 2009, 448 L; ZIP 2009, 2091; OLG Frankfurt am Main, Urt. v. 30.12.2009 – 23 U 24/09; OLG Koblenz, BKR 2010, 197; OLG Stuttgart, BKR 2010, 208; OLG Frankfurt am Main, GWR 2010, 481 m. Besprechung von *Pitsch*; OLG Hamm, BKR 2011, 68.

874 OLG Frankfurt am Main, BB 2010, 1993; LG Osnabrück, WM 2010, 1358; OLG Stuttgart, Urt. v. 26.02.2010 – 9 U 164/08, WM 2010, 756; OLG Frankfurt am Main, WM 2010, 1790; OLG Bamberg, WuB I G 01. – 07.09 m. Besprechung von *Grönwoldt*; OLG Koblenz, Urt. v. 14.01.2010, BKR 2010, 197.

875 BGH, BB 2011, 1674 (m. Anm. *Lange*); BKR 2011, 293; NJW 2011, 1949 und zuvor zu Zinsswaps mit der öffentlichen Hand *Lehmann* BKR 2008, 497.

876 S. Fußnote, wie vor.

877 OLG Frankfurt am Main, Urt. v. 31.12.2009 – 23 U 175/08; OLG Frankfurt am Main, Urt. v. 04.08.2010 – 23 U 230/08; OLG Bamberg, Urt. v. 11.05.2009 – 4 U 92/08, BKR 2009, 288; OLG Hamm, Urt. v. 10.11.2010 – 31 U 121/08.

878 OLG Frankfurt am Main, Urt. v. 04.08.2010 – 23 U 230/08; OLG Hamm, Urt. v. 10.11.2010 – 31 U 121/08.

879 OLG Bamberg, Urt. v. 11.05.2009 – 4 U 92/08, BKR 2009, 288.

880 OLG Bamberg, Urt. v. 11.05.2009 – 4 U 92/08, BKR 2009, 288; OLG Naumburg, Urt. v. 24.03.2005, WM 2006, 969.

881 LG Frankfurt am Main, Urt. v. 10.03.2008 – 2-04 O 388/06, bejahend; LG Wuppertal, Urt. v. 16.07.2008 – 3 O 33/08; OLG Bamberg, Urt. v. 11.05.2009 – 4 U 92/08, BKR 2009, 288; OLG Frankfurt am Main, Urt. v. 04.08.2010 – 23 U 230/08 verneinend.

882 OLG Bamberg, Urt. v. 11.05.2009 – 4 U 92/08, BKR 2009, 288;, OLG Koblenz, Urt. v. 14.01.2010 – 6 U 170/09.

883 OLG Bamberg, Urt. v. 11.05.2009 – 4 U 92/08, BKR 2009, 288.

884 OLG Naumburg, Urt. v. 24.03.2005, WM 2006, 969.

Anforderung so, dass der Kunde im Hinblick auf das Risiko des Geschäfts im Wesentlichen den gleichen Kenntnis- und Wissensstand haben müsse, wie die ihn beratende Bank.[885] Weiter stellte der BGH eine Verpflichtung auf, dass bei CMS-Spread Ladder Swaps über den anfänglichen negativen Marktwert aufzuklären sei, da ein schwerwiegender Interessenkonflikt aufgrund der Doppelrolle der Bank als Partner des Swaps und als Berater des Kunden bestehe – die Gewinninteressen sich gegensätzlich verhielten. Der Interessenkonflikt zeige sich darin, dass ein anfänglicher negativer Marktwert im Swap bewusst zulasten des Kunden einstrukturiert sei.[886] Die sich insoweit noch konkretisierende Rechtsprechung dürfte einige Zweifelsfragen künftig klären. Insb. kritisch wird gesehen, dass es »den« negativen Marktwert nicht gebe und zudem das BGH Urteil keine in der Praxis belastbaren Parameter bietet.

2. Rechtsnatur von Swaps

a) Schuldrechtliche Einordnung von Zinssatzswaps

aa) Abgrenzung zum Tausch oder Kauf

Ungeachtet der Tatsache, dass sowohl die Herkunft des Begriffes »Swap« (to swap = tauschen) als auch der in Deutschland üblicherweise verwendete Begriff »Tausch« von Zinssätzen eine zivilrechtliche Einordnung der Swapgeschäfte als Tausch naheliegend erscheinen lassen, handelt es sich dennoch nicht um ein Tauschgeschäft im Sinne von § 480 BGB. Der Tausch ist – ebenso wie der Kauf – ein auf den Austausch eines individuellen Wertes oder einer Gattungssache gerichteter Vertrag.[887] Der Tausch unterscheidet sich vom Kauf im Wesentlichen nur dadurch, dass der Leistungsaustausch nicht gegen einen Geldbetrag, sondern gegen Hingabe anderer Sachen oder Rechte erfolgt. Ein Swapvertrag ist hingegen auf den Austausch unterschiedlich berechneter Geldbeträge bzw. Zahlungsströme gerichtet. Die charakteristischen Leistungsmerkmale eines Tausch- oder Kaufvertrages – d.h. die Übertragung eines individuellen Wertes oder einer Gattungssache – fehlen dem Zinssatzswap demnach.[888] 573

bb) Abgrenzung zur Schuldübernahme

Charakteristisches Merkmal der nach § 414 BGB typisierten Schuldübernahme ist, dass durch eine Vereinbarung mit dem Gläubiger eine Schuld in der Weise übernommen wird, dass der Übernehmer an die Stelle des bisherigen Schuldners tritt. Dies ist jedoch bei Swaps regelmäßig nicht der Fall; es findet kein Austausch des Schuldners ggü. dem Gläubiger statt. Lediglich im Innenverhältnis vereinbaren die Swapparteien, sich so zu stellen, als ob hinsichtlich der Zinsverbindlichkeit eine befreiende Schuldübernahme stattgefunden hätte.[889] 574

---

885 Die Erfordernisse dürften ex-Ante zu höchst schwieriger Einschätzbarkeit in der Praxis führen bzw. Geschäfts verhindernde Wirkung entfalten.

886 Eine Offenlegungspflicht der genauen Höhe des anfänglichen negativen Marktwerts ist derzeit zumindest nicht eindeutig anzunehmen. Die Aufklärungspflicht insoweit scheint in der Rechtsprechung auf CMS-Spread-Lader-Swaps begrenzt zu werden, vgl. OLG Köln, WM, 2012, 888; weiter aber OLG Düsseldorf Urteil v. 07.10.2013, Az.: I-9 U 101/12, WM 2013, 2026. In Az.: BGH XI ZR 316/13 urteilte der BGH am 20.01.2015, dass die beratende Bank bzw. Sparkasse nicht zur Aufklärung über den negativen Marktwert verfplichtet war.

887 Palandt/*Weidenkaff* § 480 Rn. 1.

888 *Decker* WM 1990, 1001 (1004); *Erne* Die Swapgeschäfte der Banken, S. 46; *Kümpel* Bank- und Kapitalmarktrecht Rn. 14.307; Schwintowski/Schäfer/*Schäfer* Bankrecht, 2. Aufl., § 21 Rn. 16; a.A. *Fülbier* ZIP 1990, 544 (545).

889 Schimansky/Bunte/Lwowski/*Jahn* Bankrechts-Handbuch § 114 Rn. 75; *Kümpel* Bank- und Kapitalmarktrecht Rn. 14.308.

cc) Abgrenzung zur Erfüllungsübernahme

575 Aus den zuvor genannten Gründen handelt es sich bei den Swapgeschäften auch nicht um eine Erfüllungsübernahme i.S.d. § 329 BGB. Die Swappartner sind entgegen § 329 BGB nicht verpflichtet, ihre Leistung an den Gläubiger des jeweils anderen Swappartners zu erbringen. Vielmehr begründen die Parteien neue gegenseitige Zahlungsverpflichtungen, die die dem Swapgeschäft zugrunde liegenden Finanzgeschäfte unberührt lassen.[890]

dd) Abgrenzung zur Zinsvereinbarung

576 Nach einhelliger Meinung handelt es sich bei den Zahlungen aus Swapgeschäften auch nicht um Zinszahlungen im rechtlichen Sinne. Zinsen im Rechtssinne sind jeweils die Entgelte des Kapitalnehmers für die Kapitalüberlassung bzw. für die Kapitalentbehrung des Kapitalgebers.[891] Bei einem Zinssatzswap findet jedoch typischerweise kein Austausch der Kapitalbeträge statt. Bei Swapzahlungen werden lediglich die aufgrund der vereinbarten unterschiedlichen Zinsberechnungen ermittelten Beträge unter den Parteien ausgetauscht.[892]

ee) Atypischer Vertrag

577 Zinssatzswaps lassen sich demnach nicht unter den typischen Vertragsarten des Schuldrechts einordnen. Es handelt sich vielmehr um atypische Verträge, die sich den Bedürfnissen der Praxis folgend herausgebildet und die Begründung wechselseitiger Geldschulden zum Inhalt haben.[893] Diese wechselseitigen Verpflichtungen der Parteien stehen in einem synallagmatischen Austauschverhältnis, d.h., jede Partei ist nur deshalb bereit, sich zu einer Leistung zu verpflichten, weil sich die andere Partei zu einer entsprechenden Gegenleistung verpflichtet. Es handelt sich demnach um gegenseitige Verträge, auf die die Regelungen der §§ 320 ff. BGB Anwendung finden. Diese wechselseitigen Verpflichtungen werden für einen zuvor bestimmten Zeitraum mit punktuell zu erbringenden Zahlungen vereinbart. Die meisten Zinssatzswaps haben eine ursprüngliche Laufzeit zwischen 2 und 10 Jahren und sehen wiederkehrende Zahlungen mit Fälligkeiten zwischen einem Quartal und einem Jahr vor. Die Höhe der Zahlungen ist hingegen, anders als bei der Mehrzahl der echten Dauerschuldverhältnisse, nicht von vornherein bestimmt, sondern richtet sich nach dem Verhältnis der vereinbarten Zinsbasen zu den jeweiligen Bestimmungsterminen. Auch handelt es sich bei den einzelnen Zahlungen nicht um Teilleistungen im Sinne von § 266 BGB, weil die Gesamtleistung zum Zeitpunkt des Abschlusses des Swapvertrages nicht bestimmbar ist. Swapverträge sind daher langfristige Verträge mit Bezugsrechtscharakter, wobei die Zahlungen an den jeweiligen Bestimmungsterminen zu ermitteln sind. Im Ergebnis kommen sie damit den unechten Sukzessivlieferungsverträgen am nächsten.[894]

b) Schuldrechtliche Einordnung von Währungsswaps und kombinierten Zinssatz-/Währungsswaps

578 Bei den Währungsswaps und kombinierten Zinssatz-/Währungsswaps findet hingegen am Anfang und am Ende der Laufzeit regelmäßig ein Austausch der Kapitalbeträge in den unterschiedlichen Währungen statt. Trotz des zu Beginn möglichen und in der Praxis häufigen Austausches der Währungsbeträge sind Währungs- und kombinierte Zinssatz-/Währungsswaps jedoch nicht als

890 *Kümpel* Bank- und Kapitalmarktrecht Rn. 14.309; Schwintowski/Schäfer/*Schäfer* Bankrecht, 2. Aufl., § 21 Rn. 17.

891 *Canaris* NJW 1978, 1891 (1892).

892 *Erne* Die Swapgeschäfte der Banken, S. 48; Schimansky/Bunte/Lwowski/*Jahn* Bankrechts-Handbuch § 114 Rn. 3.

893 *Erne* Die Swapgeschäfte der Banken, S. 50; *Kümpel* Bank- und Kapitalmarktrecht Rn. 14.311 ff.; *Pohl* Innovative Finanzinstrumente im gemeinsamen Europäischen Bankenmarkt, S. 35; Schwintowski/Schäfer/*Schäfer* Bankrecht, 2. Aufl., § 21 Rn. 18.

894 *Erne* Die Swapgeschäfte der Banken, S. 52.

Darlehen zu qualifizieren, weil der anfängliche Kapitalaustausch auch mit Dritten durchgeführt werden kann.[895] Der Kapitalaustausch ist daher nicht das schuldrechtlich qualifizierende Element der Transaktion, sondern nur ein Begleitumstand des Tausches der auf diesen Kapitalbeträgen lastenden Kurs- und Zinsänderungsrisiken. Darüber hinaus ist der Wille der Vertragspartner nicht wie bei einem Darlehen auf eine Erhöhung der Liquidität oder die Erzielung eines Zinsnutzens gerichtet, sondern die Parteien streben die Gestaltung von Kurs- und Zinsänderungsrisiken an. Dementsprechend hat auch die Finanzverwaltung in einem konkreten Fall anerkannt, dass die aufgrund eines Währungsswaps geleisteten periodischen Zahlungen nicht als Zinszahlungen anzusehen sind. Diese Swaparten weisen daher im Hinblick auf die ausgetauschten Devisenbeträge starke kaufvertragliche Elemente (§§ 433 ff., 320 ff. BGB) auf.

Hinzu kommt jedoch die Verpflichtung zur Erbringung laufender Zahlungen i.H.d. für den jewei- **579**
ligen Währungsbetrag vereinbarten Zinsen während der Laufzeit des Vertrages. Dementsprechend lässt sich ein kombinierter Zinssatz-/Währungsswap in drei wesentliche Bestandteile aufbrechen: Ein Devisenkassageschäft zu Beginn der Transaktion, eine Vereinbarung über den wechselseitigen Austausch von Geldleistungen, berechnet auf unterschiedlichen Zinsbasen und Währungen zu den jeweiligen Bestimmungsterminen während der Vertragslaufzeit, und ein Devisentermingeschäft am Ende der Laufzeit. Während jedoch der laufende Austausch von Geldleistungen, berechnet auf unterschiedlichen Zinsbasen und Währungen, und das Devisentermingeschäft am Ende der Vertragslaufzeit begriffsnotwendige Bestandteile eines Währungs- bzw. kombinierten Zinssatz-/Währungsswaps sind, muss das zu Beginn der Transaktion stehende Devisenkassageschäft nicht notwendigerweise zwischen den Parteien erfolgen. Die vereinbarten Währungsbeträge können sich die Parteien zu Beginn der Transaktion vielmehr auch im Wege eines Devisenkassageschäftes mit Dritten beschaffen.[896] Die charakteristischen Merkmale eines Währungsswaps sowie eines kombinierten Zinssatz-/Währungsswaps liegen daher in dem Austausch der Geldzahlungen während der Laufzeit der Transaktion und dem Devisentermingeschäft an deren Ende. Dementsprechend sind Währungs- und kombinierte Zinssatz-/Währungsswaps nicht als doppelte Kaufverträge einzuordnen,[897] sondern als atypische gegenseitige Verträge eigener Art mit einem starken kaufrechtlichen Element zu qualifizieren (§§ 305, 320 ff., 433 ff. BGB).

III. Zinsbegrenzungsgeschäfte

1. Erscheinungsformen und wirtschaftliche Funktion von Zinsbegrenzungsgeschäften

Als Ableitung oder Unterart von Swaps werden die ebenfalls zur Steuerung von Zinsänderungs- **580**
risiken entwickelten Zinsbegrenzungsgeschäfte Caps, Floors und Collars betrachtet.

a) Zinssatz-Cap

Der Käufer eines **Zinssatz-Caps** (cap, englisch: Deckel) will sich für die Vertragslaufzeit vor stei- **581**
genden Zinssätzen schützen, bspw. weil er sich für diesen Zeitraum zu variablen Zinssätzen finanziert. Hierzu trifft er mit dem Verkäufer (Stillhalter) eine Vereinbarung, wonach dieser sich gegen Zahlung eines festen Entgeltes (Prämie) verpflichtet, dem Käufer Ausgleichsbeträge in der Höhe zu zahlen, um die der variable Zinssatz – z.B. 6-Monats-LIBOR[898] – an den jeweiligen Stichtagen, berechnet auf den zugrunde gelegten Nominalbetrag, den zuvor vereinbarten Höchstsatz (Zinsobergrenze, englisch: strike) übersteigt. Übersteigen die variablen Zinssätze aus einem aufgenommenen Darlehen den vereinbarten Höchstsatz, so erhält der Käufer eine entsprechende Kompensation aus

---

895 *Decker* WM 1990, 1001 (1007); *Erne* Die Swapgeschäfte der Banken, S. 52; Schimansky/Bunte/Lwowski/*Jahn* Bankrechts-Handbuch § 114 Rn. 4.

896 *Decker* WM 1990, 1001 (1007); *Erne* Die Swapgeschäfte der Banken, S. 52; Schimansky/Bunte/Lwowski/*Jahn* Bankrechts-Handbuch § 114 Rn. 4.

897 So aber wohl Schwintowski/Schäfer/*Schäfer* Bankrecht, 2. Aufl., § 21 Rn. 19 ff.

898 LIBOR = London Interbank Offered Rate, Geldmarkt-Briefzinssatz am Londoner Interbanken Geldmarkt.

dem Zinssatz-Cap. Wird dieser Zinssatz hingegen nicht erreicht, so erfolgen auch keine Zahlungen aus dem Zinssatz-Cap. Ungeachtet dessen ist die für den Cap gezahlte Prämie nicht rückforderbar. Sie stellt die wirtschaftliche Kompensation für die Übernahme des Zinsänderungsrisikos für den Verkäufer dar. Ein Zinssatz-Cap bietet sich daher insb. für solche Darlehensnehmer an, die sich einerseits die vollen Chancen einer variablen Finanzierung erhalten, gleichzeitig aber das Zinsänderungsrisiko aus einer derartigen Finanzierung begrenzen wollen. Trotz dieser wirtschaftlichen Verknüpfung besteht regelmäßig keine rechtliche Verbindung zwischen der Darlehensaufnahme und dem Zinssatz-Cap. Wird das Darlehen vorzeitig beendet, so begründet dies regelmäßig kein Kündigungsrecht für den Zinssatz-Cap und keinen Anspruch auf – teilweise – Rückzahlung der gezahlten Prämie. Allgemein werden sich die Parteien jedoch über eine Auflösung des Zinssatz-Caps einigen. Der von dem Verkäufer für die Freistellung aus seiner übernommenen Verpflichtung zu zahlende Betrag wird dann dem inneren Wert des Zinssatz-Caps abzüglich einer marktüblichen Marge entsprechen.

b) Zinssatz-Floor

582 Der **Zinssatz-Floor** (floor, englisch: Boden) stellt als Instrument zur Steuerung von Zinsänderungsrisiken das Gegenstück zum Zinssatz-Cap dar. Der Käufer eines Zinssatz-Floors will sich für die Vertragslaufzeit vor fallenden Zinssätzen schützen, bspw. weil er für ein variabel verzinslich angelegtes Portfolio für einen bestimmten Zeitraum eine Mindestverzinsung sichern will. Er trifft dementsprechend mit dem Verkäufer (Stillhalter) des Zinssatz-Floors eine Vereinbarung, nach der dieser sich gegen Zahlung eines festen Entgeltes verpflichtet, dem Käufer Ausgleichsbeträge in der Höhe zu zahlen, um die der variable Zinssatz an den jeweiligen Stichtagen – berechnet auf den vereinbarten Nominalbetrag – den zuvor vereinbarten Mindestsatz unterschreitet.

c) Zinssatz-Collar

583 Ein **Zinssatz-Collar** (collar, englisch: Kragen) ist die Kombination aus einem Cap und einem Floor mit jeweils umgekehrten Beteiligten, d.h., der Verkäufer des Caps ist gleichzeitig Käufer des Floors. Hierdurch kann die jeweilige Partei ihre Finanzierungskosten bzw. ihre Zinserträge in einer Bandbreite zwischen dem vereinbarten Höchstsatz (Cap) und dem vereinbarten Mindestsatz (Floor) festschreiben. Die für den Collar zu zahlende Prämie richtet sich nach der Differenz zwischen den Prämien für den Cap und den Floor und ist von der Partei zu entrichten, deren verkauftes Produkt den niedrigeren Preis aufweist. Heben sich die Prämien für den Cap und den Floor auf, so spricht man auch von einem Zero-Cost-Collar.

2. Rechtsnatur von Zinsbegrenzungsgeschäften

584 Rechtlich werden die Zinsbegrenzungsgeschäfte überwiegend als eine Form des Swapgeschäfts qualifiziert.[899] Auch wenn die beteiligten Marktteilnehmer Zinssatz-Caps und -Floors häufig als »Versicherung« gegen ungewollte Zinsänderungen betrachten, handelt es sich doch nicht um eine Versicherung im Rechtssinn.[900] Wesentliche Merkmale einer Versicherung nämlich sind die Ungewissheit eines Ereignisses, vor dessen Folgen die Versicherung Schutz bieten soll, der Zusammenschluss einer Vielzahl gefährdeter Personen, aus deren Mittelaufkommen die Leistungen an die von einem Gefahrereignis Betroffenen erbracht werden, und der Risikoausgleich durch eine Kalkulation nach dem Gesetz der großen Zahl.[901] Während Zinsbegrenzungsgeschäfte im Hinblick auf die Risikoabsicherung einer Versicherung ähnlich sind, ist die Position des Verkäufers und dessen Kalkulation jedoch eine andere. Anders als bei einer Versicherung tritt das »Schadensereignis« bei allen Personen, die ein gleichartiges Risiko – z.B. Zinsanstieg auf einen bestimmten Satz – abdecken, gleichermaßen ein. Dementsprechend kann sich der Verkäufer von Zinsbegrenzungsprodukten

899 *Bosch* WM 1995, 365 (373).
900 So aber wohl LG Bochum WM 1996, 629, m. abl. Anm. *Wenzel* in WuB I E 3. – 4.96.
901 Prölss/Martin/*Prölss* Versicherungsvertragsgesetz § 1 Rn. 5 f. und 12.

nicht durch eine Risikostreuung nach dem Gesetz der großen Zahl absichern, sondern lediglich durch andere Geschäfte wie z.B. gegenläufige Zinsbegrenzungsgeschäfte oder die Emission entsprechender Wertpapiere.

Eher noch könnte das Zinsbegrenzungsgeschäft als eine Serie von europäischen Optionen be- 585
trachtet werden, bei denen der Käufer das Recht erwirbt, zu den jeweiligen Referenzzeitpunkten einen Ausgleich für die Differenz zwischen dem dann herrschenden Marktzins und dem vereinbarten Höchstsatz zu verlangen, wobei die Optionen jeweils als ausgeübt gelten, sofern rechnerisch ein Überschussbetrag entsteht und die Optionen sich somit »im Geld« befinden. Gerade aber die wiederkehrenden Leistungsverpflichtungen des Verkäufers innerhalb des vereinbarten Zeitraums bilden ein wesentliches Merkmal des Zinsbegrenzungsgeschäfts, das dem Optionsgeschäft in seiner Grundstruktur fremd ist. Aufgrund dieses Merkmales eines Dauerschuldverhältnisses ist es im Ergebnis daher zutreffend, die Zinsbegrenzungsgeschäfte, ebenso wie die eigentlichen Swapgeschäfte, als atypische gegenseitige Verträge zu qualifizieren.

IV. Terminsatzgeschäfte (Forward Rate Agreements)

1. Erscheinungsformen und wirtschaftliche Funktion von Terminsatzgeschäften

Ein **Forward Rate Agreement** (FRA), welches überwiegend als Terminsatzgeschäft übersetzt und 586
in der Praxis kurz als »Forward« bezeichnet wird, ist eine vertragliche Vereinbarung mit dem Ziel, einen bestimmten Zinssatz für einen in der Zukunft liegenden Zeitraum festzulegen.[902] Die Parteien vereinbaren hierzu für einen zukünftigen Zeitpunkt – z.B. in 3 Monaten (Vorlaufzeit) – einen Zinssatz (Terminsatz), der für die dann folgende vereinbarte Zinsperiode – z.B. 6 Monate – hinsichtlich des zugrunde gelegten Nominalbetrags gelten soll. Bei der Quotierung von FRAs werden dementsprechend zwei Zahlen für die Vorlaufzeit und die Gesamtlaufzeit angegeben. Ein FRA mit 3 Monaten Vorlaufzeit und einer dann einsetzenden Zinsperiode von 6 Monaten wird als 3–9 FRA bezeichnet. Üblich sind Vorlaufzeiten von ein bis 18 Monaten und Zinsperioden von 3, 6 und 12 Monaten. Ebenso wie bei einem Zinssatz-Swap findet bei einem FRA kein Austausch der Kapitalbeträge statt, sondern die Nominalbeträge dienen lediglich als Kalkulationsgrundlage. Ein FRA kann Zahlungsverpflichtungen entweder für den Verkäufer oder für den Käufer auslösen. Der Verkäufer schuldet den Betrag, um den der Marktzins zu Beginn der Zinsperiode den vereinbarten Terminsatz – berechnet auf den Nominalbetrag – übersteigt. Liegt der Marktzins zu Beginn der Zinsperiode unterhalb des vereinbarten Terminsatzes, so ist der Käufer zu einer entsprechenden Ausgleichszahlung verpflichtet. Der Käufer eines FRAs kann sich somit gegen Zinssatzsteigerungen, der Verkäufer eines FRAs gegen das Unterschreiten eines Mindestzinssatzes per Termin absichern. Die Parteien werden ein FRA daher regelmäßig dann abschließen, wenn eine entsprechende Mittelaufnahme bzw. Geldanlage per Termin bereits feststeht.[903]

2. Rechtsnatur von Terminsatzgeschäften

Zu Beginn der vereinbarten Zinsperiode (Abrechnungstag) erfolgt ein Differenzausgleich zwischen 587
dem festgelegten FRA-Satz und dem für die Zinsperiode festgestellten Referenzzinssatz. Das FRA löst demnach nur eine einzige Ausgleichszahlung aus, danach erlöschen die Verpflichtungen der Parteien. Das FRA weist also keinen Dauerschuldverhältnischarakter auf. Es ist als atypischer gegenseitiger Vertrag zu qualifizieren.[904]

902 Schwintowski/Schäfer/*Schäfer* Bankrecht, 2. Aufl., § 21 Rn. 90.

903 Schimansky/Bunte/Lwowski/*Jahn* Bankrechts-Handbuch § 114 Rn. 15; *Scharpf/Luz* Risikomanagement, Bilanzierung und Aufsicht von Finanzderivaten Anm. D.3.1.

904 Vgl. *Bosch* WM 1995, 365 (373); *Clouth* Finanz-Derivate, S. 40.

V. Kreditderivate

588 Eine zu vorgenannten Geschäftsarten verhältnismäßig jüngere Erscheinungsform derivativer Geschäfte bilden die Kreditderivate. Sie dienen zur Absicherung oder Verlagerung bestimmter Kreditrisiken für den Fall des Verzuges oder der Bonitätsverschlechterung bzw. der Insolvenz eines oder mehrerer Kreditnehmer bzw. Emittenten. Die jeweiligen Zahlungsverpflichtungen werden daher durch den Eintritt von kreditbezogenen Ereignissen bestimmt; allerdings können durch Kreditderivate auch Markt- und Emittentenrisiken getauscht werden. Ähnlich wie bei den Asset Backed Securities können die Vertragsparteien mittels Kreditderivaten auf der einen Seite ihr Risiko-Portfolio umstrukturieren bzw. reduzieren und auf der anderen Seite als Käufer derartiger Finanzprodukte durch die Übernahme dieser Risiken ihre Erträge erhöhen. Kreditderivate sind demnach im besonderen Maße dazu geeignet, die Kapitalüberlassung von der Risikoübernahme zu trennen.[905] Die aktuelle Regulierung wirkt allerdings zunehmend restriktiv auf diese Geschäfte.[906]

1. Zahlungsverzugs-Swaps und ratingbezogene Swaps

589 Bei einem Zahlungsverzugs-Swap (**Credit-Default-Swap**) sucht der Risikoverkäufer (Protection Buyer) eine Sicherung dagegen, dass ein Darlehensnehmer oder Emittent von ihm gehaltener Schuldverschreibungen seinen Zahlungsverpflichtungen nicht ordnungsgemäß nachkommt. Hierzu vereinbart er mit dem Risikokäufer (Protection Seller), dass dieser ihm gegen Zahlung eines einmaligen oder bei längeren Laufzeiten periodischen Entgeltes – regelmäßig ausgedrückt in einem Prozentsatz vom Nominalbetrag – i.H.e. möglichen Ausfalls des Darlehensnehmers oder Emittenten entsprechende Ausgleichszahlungen leistet.[907] Anstatt einer solchen Ausgleichszahlung kann auch ein fester Betrag oder die Abrede, das Referenzaktivum zum Nominalbetrag zu erwerben, vereinbart werden. Schließlich können die Parteien vereinbaren, dass bspw. die notleidende Schuldverschreibung gegen eine solche zweifelsfreier Bonität getauscht wird.[908]

590 Durch derartige Kreditderivate wird dem Risikoverkäufer ermöglicht, etwaige überproportionale Risiken ggü. bestimmten Darlehensnehmern bzw. Emittenten oder Länderrisiken zu reduzieren. Sowohl bei den Credit-Default-Swaps als auch bei den ratingbezogenen Swaps kann – anstatt auf den Ausfall bzw. die Bonität einzelner Darlehensnehmer oder Emittenten – auch auf eine Mehrzahl von Schuldnern (Korb oder englisch: basket) abgestellt werden. Da Ausgleichszahlungen oder sonstige Verpflichtungen nur durch bestimmte, im vorhinein definierte Ereignisse aufseiten des Schuldners des Referenzaktivums ausgelöst werden, findet über den Credit-Default-Swap jedoch keine Absicherung gegen Marktrisiken wie bspw. das Zinsänderungsrisiko statt.

2. Credit-Spread-Swaps

591 Bei diesem[909] **Kreditswap** sucht der Risikoverkäufer eine Sicherung dagegen, dass die Rendite aus einer von ihm gehaltenen Schuldverschreibung aufgrund Bonitätsverschlechterung des Emittenten stärker sinkt als die Rendite aus entsprechenden Emissionen von Emittenten einwandfreier Bonität (Spread). Grundlage hierfür ist eine zu Beginn des Credit-Spread-Swaps festgelegte Differenz zwischen der Rendite aus der gehaltenen Schuldverschreibung und der Rendite bspw. erstklassiger

905 Allgemein zu Kreditderivaten *Kremers* Kreditderivate und Structured Credit; *Burghof/Henke/Rudolph/Schönbucher/Sommer* (Hrsg.) Kreditderivate; *Pohl* DZWiR 1998, 309 (310).

906 S. Allgemeinverfügung der BaFin zum Verbot der Begründung oder des rechtsgeschäftlichen Eintritts in ein Kreditderivat, soweit keine nicht nur unwesentliche Risikoreduktion beim Sicherungsnehmer gegeben ist, v. 18.05.2010; § 30j WpHG, der durch das Gesetz zur Vorbeugung gegen missbräuchliche Wertpapier- und Derivategeschäfte v. 21.07.2010 in das WpHG eingefügt wurde und am 27.07.2010 in Kraft getreten ist, vgl. BGBl. I S. 945; ferner ausführlich *Litten/Bell* BKR 2011, 314.

907 Schimansky/Bunte/Lwowski/*Jahn* Bankrechts-Handbuch § 114 Rn. 25; *Brand* BKR 2002, 243 (244); *Nordhues/Benzler* WM 1999, 461 (462).

908 *Parsley*, Euromoney, March 1996, 28 (29).

909 Wurde teilweise auch als Renditesicherungs-Swap bezeichnet.

Staatsanleihen. Der Risikoverkäufer zahlt – wiederum periodisch – einen Zinsbetrag, der sich jeweils aus dem geltenden Marktzinssatz zuzüglich einer Marge berechnet, während der Risikokäufer periodisch lediglich den Marktzinssatz zahlt. Zu einem vereinbarten Termin wird dann die Marktrendite der dem Geschäft zugrunde gelegten Schuldverschreibung mit der Marktrendite der erstklassigen Staatsanleihe verglichen. Ist die Differenz größer als der bei Geschäftsabschluss vereinbarte Spread, so hat der Risikokäufer dem Risikoverkäufer das Produkt aus dieser Differenz und dem vereinbarten Nominalbetrag zu zahlen. Hat sich der Spread hingegen verringert, so hat der Risikoverkäufer dem Risikokäufer einen entsprechenden Betrag zu zahlen. Im Ergebnis führt dies wirtschaftlich betrachtet dazu, dass es dem Risikoverkäufer ermöglicht wird, unter Zurückbehaltung des allgemeinen Zinsänderungsrisikos das sich ebenfalls in der Rendite widerspiegelnde Kreditrisiko auf den Risikokäufer zu verlagern.[910] Da auch hier Ausgleichszahlungen nur durch bestimmte Ereignisse aufseiten des Schuldners des Referenzaktivums ausgelöst werden, handelt es sich bei dem Credit-Spread-Swap um eine Unterart des Credit-Default-Swaps.

3. Credit-Linked-Note

Bei einer **Credit-Linked-Note** begibt der Risikoverkäufer eine Schuldverschreibung, deren Rück- 592
zahlung zum Nominalbetrag an den Nichteintritt eines vorher spezifizierten Kreditereignisses bei dem Referenzaktivum gebunden ist. Kommt es hingegen zu diesem Kreditereignis, so wird die Schuldverschreibung nur zu einem entsprechend geringeren Betrag – bspw. reduziert um den Wertverlust des Referenzaktivums – zurückgezahlt. Ebenso wie bei dem Credit-Default-Swap erfolgt nur eine Absicherung des Kreditrisikos, jedoch erhält der Risikoverkäufer bzw. Sicherungsnehmer bei der Credit-Linked-Note einen etwaigen Absicherungsbetrag durch die Begebung der Schuldverschreibung im Vorhinein.[911]

4. Gesamtertrags-Swaps

Gesamtertrags-Swaps (**Total Return Swaps** und High Yield Loan Swaps) sind Kreditderivate, mit 593
denen der Sicherungsnehmer das Emittenten- bzw. Darlehensnehmerrisiko zusammen mit dem Zinsänderungsrisiko auf den Sicherungsgeber verlagert. Hierzu zahlt der Sicherungsnehmer dem Sicherungsgeber die Erträge aus einem oder mehreren Darlehen oder Wertpapieren und bezieht im Gegenzug von dem Risikokäufer Zahlungen i.H.d. entsprechenden festen oder variablen Marktzinses – z.B. LIBOR –.[912] Zusätzlich hat der Sicherungsnehmer eventuelle Wertzuwächse der zugrunde liegenden Schuldverschreibungen und der Sicherungsgeber eventuelle Wertverluste auszugleichen. Im Ergebnis tauscht der Sicherungsnehmer damit das Ausfallrisiko des Darlehensnehmers bzw. Emittenten einschließlich der Risiken und Chancen etwaiger Marktzinsänderungen in ein solches seines Swappartners.

VI. Außerbörsliche Optionsgeschäfte

Die meisten Optionsgeschäfte werden heute sowohl börslich als auch außerbörslich getätigt. Au- 594
ßerbörsliche Over the Counter (OTC)[913] Optionsgeschäfte haben den Vorteil, dass sie in ihren Konditionen, Laufzeiten und Größen individuell an den Bedürfnissen der Marktteilnehmer ausgerichtet werden können. Im OTC-Markt sind zwei Erscheinungsformen von Optionsgeschäften zu unterscheiden: Optionsgeschäfte auf Wertpapiere, Devisen und Indizes einerseits und Optionsgeschäfte auf Finanztermingeschäfte andererseits.[914]

910 *Parsley* Euromoney, March 1996, 28 (33); *Savelberg* Die Bank 1996, 328 (331).

911 Vgl. *Zahn/Lemke* WM 2002, 1536.

912 *Savelberg* Die Bank 1996, 328 (330).

913 Als »Over the Counter« oder »OTC« werden die Finanz- bzw. Finanztermingeschäfte bezeichnet, die – obwohl grds. börsenfähig – außerhalb der jeweiligen Börsen vorwiegend unter professionellen Marktteilnehmern getätigt werden.

914 Zu den börslich gehandelten Futures und Optionen s. BuB/*Balzer/Siller* Rn. 7/214.

1. Devisen-, Wertpapier-, und Indexoptionsgeschäfte

a) Erscheinungsformen und wirtschaftliche Funktion

595 Die außerbörslichen Optionsgeschäfte werden zunächst danach unterschieden, auf welchen Basiswert sie gerichtet sind. Im Finanzsektor sind Optionen auf Devisen, Wertpapiere (Aktien und Schuldverschreibungen) und Indizes gebräuchlich. Vor allem außerhalb des Finanzsektors haben insb. im Ausland auch Warenoptionsgeschäfte – z.B. auf Öl, Rohstoffe, Agrarerzeugnisse[915] – Verbreitung gefunden. Bei allen Optionsgeschäften erwirbt der Käufer der Option gegen Zahlung eines Entgeltes (Prämie) das Recht, nicht aber die Pflicht, zu einem zukünftigen Zeitpunkt eine bestimmte Menge des Basiswertes zu einem vorher festgelegten Preis (Basispreis oder englisch: strike price) zu kaufen (Kaufoption oder englisch: call option) oder zu verkaufen (Verkaufsoption oder englisch: put option). Soweit jedoch die Erfüllung durch Lieferung des zugrunde liegenden Basiswertes nicht oder nicht zwingend vereinbart ist, kann ein Wertausgleich auch durch sog. Barausgleich durch Geldzahlung stattfinden. Die Erfüllung durch Lieferung kann dabei entweder durch die Art des Basiswertes – wie bspw. bei einer Indexoption – oder durch entsprechende Parteivereinbarung ausgeschlossen sein. Eine weitere Unterscheidung von Optionsgeschäften erfolgt nach den möglichen Ausübungsterminen für die Option. Kann die Option nur mit Wirkung zu einem einzelnen, in der Zukunft liegenden Zeitpunkt ausgeübt werden, so spricht man von einer europäischen Option. Ist die Ausübung dagegen mit Wirkung zu jedem beliebigen Zeitpunkt bis zum Verfall der Option möglich, spricht man von einer amerikanischen Option.

596 Vom Geschäftszweck her können Optionsgeschäfte – ebenso wie Futures[916] (Börsen-/Terminkontrakt) – zur Absicherung von zugrunde liegenden Bilanzpositionen gegen nachteilige Marktentwicklungen, aber auch zu Spekulationen, die durch entgegengesetzte Erwartungen begründet werden, zur gewinnbringenden Ausnutzung von Zins- bzw. Kursänderungen genutzt werden.[917] Da der Käufer einer Option – insb. im Fall des Nichterreichens des Basispreises – nicht verpflichtet ist, die Option auszuüben, ist sein Verlustrisiko im Gegensatz zum Future auf die gezahlte Prämie beschränkt. Der Verkäufer der Option (Stillhalter) trägt hingegen, wie beim Future, ein nicht begrenztes Kurs- bzw. Zinsänderungsrisiko; gleichzeitig ist seine Gewinnchance auf die vereinnahmte Prämie begrenzt. Eine Risikobegrenzung lässt sich für den Verkäufer nur dann erreichen, wenn er über die zugrunde liegenden Basiswerte verfügt oder ein entsprechendes Gegengeschäft abschließt.

b) Rechtsnatur

597 Eine Besonderheit des Optionsgeschäfts ist, dass die Abwicklung in zwei Phasen erfolgt. In der ersten Phase wird dem Käufer gegen Zahlung der Prämie das Optionsrecht eingeräumt. Die Ausübung der Option vorausgesetzt, findet in der zweiten Phase ein Austausch der vereinbarten Menge des Basiswertes zu dem vereinbarten Basispreis statt. Soweit die Belieferung des Geschäftes zwischen den Parteien oder seiner Natur nach ausgeschlossen ist, erfolgt ein entsprechender Ausgleich in Geld. Diese grundlegende Konstruktion kann – je nach der Vertragsgestaltung – zu verschiedenen Rechtskonstruktionen führen. So kann bspw. das Optionsrecht als aufschiebend bedingter Vertrag gestaltet sein, der durch die Optionserklärung unbedingt wird.[918] Andererseits kann das Optionsrecht vertraglich auch so ausgestaltet sein, dass der Verkäufer gegen Zahlung der Prämie eine für die

915 Nach der Streichung von § 65 BörsG zum 01.01.1995 ist der Warentermin- und Warenoptionshandel mit Agrarerzeugnissen auch in Deutschland zulässig. Am 17.04.1998 hat die Warenterminbörse (WTB) zunächst den Handel mit Terminkontrakten in Schlachtschweinen und Kartoffeln aufnehmen, vgl. Handelsblatt v. 25.03.1998.

916 Zu den Futures vgl. BuB/*Balzer/Siller* Rn. 7/214 ff.

917 *Pohl* Innovative Finanzinstrumente im gemeinsamen europäischen Bankenmarkt, S. 70.

918 *Kümpel* Bank- und Kapitalmarktrecht Rn. 14.143.

Laufzeit der Option einseitig bindende Vertragsofferte eingegangen ist. Sowohl für die börslichen Termingeschäfte an der Eurex als auch für die unter dem Rahmenvertrag für Finanztermingeschäfte[919] abgeschlossenen außerbörslichen Optionsgeschäfte geht man jedoch überwiegend davon aus, dass es sich bei diesen Optionsgeschäften um einen einheitlichen Kaufvertrag (§ 433 BGB) mit befristetem Optionsvorbehalt handelt, der durch die einseitige rechtsgestaltende Willenserklärung des Käufers in Kraft gesetzt wird.[920]

2. Optionsgeschäfte auf Finanztermingeschäfte (Swap-Optionen)

a) Erscheinungsformen und wirtschaftliche Funktion

Ebenso wie auf spezifische Basiswerte können sich Optionsgeschäfte auch auf außerbörsliche 598
Finanztermingeschäfte beziehen. Relativ verbreitet sind Swap-Optionen und – in geringerem Umfang – auch Cap-, Floor- und Collar-Optionen. Eine Swap-Option – oder kurz Swaption – ist eine Kombination aus Option und Swap. Mit der Swap-Option erwirbt der Käufer das Recht – aber wiederum nicht die Pflicht –, zu einem in der Zukunft liegenden Zeitpunkt (Ausübungstag) mit dem Verkäufer einen Swap-Vertrag zu den im Voraus festgelegten Konditionen abzuschließen. Auch hiermit erwirbt der Käufer der Swap-Option die Möglichkeit, Risiken aus zukünftigen Zins- oder Wechselkursänderungen abzudecken.[921] Verwendung finden derartige Swap-Optionen insb. in Form des verlängerbaren Swaps, mit dem sich der Käufer über die ursprüngliche Laufzeit eines Swaps hinaus das Recht sichert, diesen für eine vorher vereinbarte Periode zu verlängern, oder als erweiterbarer Swap,[922] mit dem der Käufer das Recht erwirbt, das einem ursprünglichen Swap-Vertrag zugrunde liegende Nominalvolumen zu i.Ü. gleichen Konditionen aufzustocken.[923]

b) Rechtsnatur

Eine Swap-Option kann entweder als zweigeteiltes Rechtsgeschäft, bestehend einerseits aus der 599
Einräumung eines Gestaltungsrechts, mit dessen Ausübung andererseits ein inhaltlich in allen Punkten vorbereiteter Hauptvertrag in Kraft gesetzt wird, oder aber als ein einheitlicher Vertrag, der durch die Ausübung des Optionsrechts aufschiebend bedingt ist, betrachtet werden.[924] Die rechtliche Qualifizierung ist jeweils anhand der getroffenen Vereinbarung vorzunehmen. Soweit die Swap-Option unter dem Rahmenvertrag für Finanztermingeschäfte und den hierfür entwickelten Mustern für Einzelabschlüsse getätigt wird, dürfte die Swap-Option als einheitlicher Swap-Vertrag mit Optionsvorbehalt zu betrachten sein.[925]

---

919 Der Rahmenvertrag für Finanztermingeschäfte nebst verschiedenen Anhängen wurde von einem Bankenarbeitskreis erstellt und bildet – anfänglich – für die Bereiche Derivate, OTC-Optionen auf Wertpapiere und Indizes sowie Devisen- und Devisenoptionsgeschäfte einen in Deutschland weitverbreiteten Mustervertrag, abgedruckt unter Anlage 3 und im Internet verfügbar unter http://www.bankenverband.de/themen/fachinformationen/finanzmaerkte/rahmenvertraege-fur-finanzgeschaefte.

920 BGHZ 92, 317 = WM 1984, 1598; *Kümpel* Bank- und Kapitalmarktrecht Rn. 14.167; *Obermüller* Insolvenzrecht in der Bankpraxis Rn. 8.310; *Pohl* Innovative Finanzinstrumente im gemeinsamen europäischen Bankenmarkt, S. 72; Schimansky/Bunte/Lwowski/*Schefold* Bankrechts-Handbuch § 116 Rn. 283.

921 *Erne* Die Swapgeschäfte der Banken, S. 32.

922 Der erweiterte Swap unterscheidet sich vom Step-up-Swap dadurch, dass die Erhöhung des zugrunde gelegten Nominalbetrages einseitig durch den Käufer ausgeübt werden kann, während die Parteien eines Step-up-Swaps von vornherein die Erhöhung des Nominalbetrages fest vereinbaren.

923 Vgl. *Erne* Die Swapgeschäfte der Banken, S. 32, 33.

924 *Erne* Die Swapgeschäfte der Banken, S. 66, 67; Schimansky/Bunte/Lwowski/*Jahn* Bankrechts-Handbuch § 114 Rn. 18.

925 So im Ergebnis auch *Erne* Die Swapgeschäfte der Banken, S. 68.

VII. Außerbörsliche Devisengeschäfte

1. Allgemeines

600 Außerbörsliche Devisengeschäfte haben ihren Ursprung im internationalen Zahlungsverkehr. Zu jeder Ausführung einer Auslandszahlung in einer Fremdwährung bedarf es eines vorgeschalteten Devisengeschäfts, durch das sich der Zahlende den erforderlichen Fremdwährungsbetrag beschafft. Um den Bedürfnissen des grenzüberschreitenden Handels und der Tatsache teilweiser erheblicher Kursänderungsrisiken Rechnung zu tragen, hat sich seit geraumer Zeit ein breiter und liquider Devisenhandel zur Absicherung von Währungsrisiken, aber auch zu Spekulationszwecken entwickelt. Für die Kreditinstitute bildet der Devisenhandel heute regelmäßig eine eigene Geschäftssparte von erheblicher Bedeutung. Devisenhandelsgeschäfte haben in der Form von Devisenkassa-, Devisentermin-, Devisenoptions- und Devisenswapgeschäften weite Verbreitung gefunden. Devisenhandelsgeschäfte werden seit dem Erscheinen des »Anhangs für Devisengeschäfte und Optionen auf Devisengeschäfte zu dem Rahmenvertrag für Finanztermingeschäfte« im Jahr 1996 in Deutschland im nationalen Geschäftsumfeld fast ausschließlich auf Basis dieses Vertragswerkes geschlossen.

2. Devisenkassageschäfte

601 Ein **Devisenkassageschäft** ist ein Kaufvertrag, mit dem eine Forderung auf Leistung einer bestimmten Währung gegen Zahlung einer anderen Währung erworben wird. Die herrschende Auffassung qualifiziert daher das Devisenkassageschäft als Rechtskauf gem. § 453 BGB.[926] Devisenkassageschäfte sind regelmäßig innerhalb einer kurzen, durch Marktusancen herausgebildeten Frist, üblicherweise am zweiten Bankarbeitstag nach Geschäftsabschluss, zu erfüllen.[927] Aufgrund des durch Handelsusancen bestimmten festen Erfüllungszeitpunktes werden Devisenkassageschäfte nach allgemeiner Ansicht als Fixgeschäfte im Sinne von § 376 HGB betrachtet. Sie unterfallen, da sie keine Finanztermingeschäfte sind, nicht dem WpHG, wohl aber dem in § 104 InsO verwendeten Begriff der Finanzleistungen.[928]

3. Devisentermingeschäfte

602 Ein **Devisentermingeschäft**[929] liegt vor, wenn die gegenseitigen Verpflichtungen über den Austausch der vereinbarten Währungsbeträge erst zu einem Zeitpunkt erfüllt werden, der nach der nur in der Abwicklungstechnik begründeten Anschaffungsfrist liegt. Devisentermingeschäfte haben üblicherweise eine Laufzeit von wenigen Tagen bis zu einem Jahr, in selteneren Fällen auch bis zu zwei Jahren. Der Verkäufer der Fremdwährung kann sich mittels eines Devisentermingeschäftes einen zum Zeitpunkt des Abschlusses geltenden (Termin-) Kurs für einen späteren Zeitpunkt sichern. Dies wird er bspw. dann tun, wenn er aus einem Exportgeschäft zu diesem späteren Zeitpunkt einen Fremdwährungsbetrag erhält, dessen Gegenwert er absichern will. Umgekehrt kann der Fremdwährungskäufer sich den (Termin-) Kurs für die Zahlung eines zukünftig fällig werdenden Fremdwährungsbetrages sichern. In beiden Fällen haben die Parteien, anders als bei Devisenoptionsgeschäften, während der Laufzeit des Devisentermingeschäftes kein Entgelt an den Vertragspartner zu entrichten. Rechtlich handelt es sich bei den Devisentermingeschäften – ebenso wie bei den Devisenkassageschäften – um einen Rechtskauf im Sinne von § 453 BGB und um ein Fixgeschäft

---

926 *Baumbach/Hopt* HGB (7) Bankgeschäfte Rn. N/1; *Obermüller* WM 1984, 325; Schimansky/Bunte/Lwowski/*Schefold* Bankrechts-Handbuch § 116 Rn. 205 m.w.N.; a.A. *Fülbier* NJW 1990, 2797, der von einem Tauschvertrag ausgeht.

927 Vgl. ehemals auch § 44 der Bedingungen für Geschäfte an der Frankfurter Wertpapierbörse FWB (abgedruckt bei BuB/*Foelsch* Rn. 7/655), die für Devisenkassageschäfte als Erfüllungstag den zweiten Bankarbeitstag nach Geschäftsabschluss vorgeben.

928 Schimansky/Bunte/Lwowski/*Schefold* Bankrechts-Handbuch § 116 Rn. 328.

929 Vgl. die Definition durch EMIR unter Artikel 27 lit. b) der Delegierten VO (EU) 2016/2251.

im Sinne von § 376 HGB.[930] Als Derivat (§ 2 Abs. 2 Nr. 1 Buchst. b)) WpHG unterfallen sie dem WpHG.

4. Devisenoptionsgeschäfte

Bei einem **Devisenoptionsgeschäft** erwirbt der Käufer der Option gegen Zahlung einer Prämie das Recht, nicht aber die Pflicht, einen im Voraus festgelegten Betrag einer Währung zu einem vereinbarten Kurs zu einem späteren Zeitpunkt vom Verkäufer der Option zu erwerben. Anders als beim Devisentermingeschäft hat der Käufer der Devisenoption bereits bei dem Geschäftsabschluss eine Prämie zu zahlen. Da er aber nicht zur Ausübung der Option verpflichtet ist, behält er im Gegenzug das Recht, bei einer für ihn günstigen Kursentwicklung die Fremdwährung anderweitig zu veräußern und hierdurch an der Kursentwicklung zu partizipieren. Seit einem Urteil des BGH vom 22.10.1984[931] werden derartige Optionsgeschäfte als einheitliche Börsentermingeschäfte mit befristetem Optionsvorbehalt, die durch einseitige rechtsgestaltende Willenserklärung des Käufers in Kraft gesetzt werden können, betrachtet.[932] Diese Ansicht wird heute von dem ganz überwiegenden Teil der Literatur geteilt.[933] Zivilrechtlich betrachtet stellen die Devisenoptionsgeschäfte untypische Kaufverträge dar. 603

5. Devisenswapgeschäfte

Von den Währungsswaps zu unterscheiden sind die **Devisenswaps**, die bereits seit vielen Jahrzehnten bekannt sind und insb. von den Notenbanken eingesetzt werden. Bei dem Devisenswap wird ein Währungsbetrag im Wege eines Devisenkassageschäfts gekauft und gleichzeitig zu einem späteren Termin im Wege des Devisentermingeschäfts zwischen denselben Vertragspartnern wieder verkauft. Ein periodischer Austausch der Zinsbeträge erfolgt beim Devisenswap, anders als beim Währungsswap, nicht. Die zwischen den ausgetauschten Währungen bestehende Zinsdifferenz wird durch eine entsprechende Kursvereinbarung für das Termingeschäft kompensiert. Derjenige, der bei dem zu Beginn des Devisenswaps stehenden Kassageschäft die höher verzinsliche Währung erhält, hat bei dem Termingeschäft einen Abschlag (Report) auf den zurückerhaltenen Währungsbetrag hinzunehmen.[934] Die überwiegende Auffassung qualifiziert das Devisenswapgeschäft als zwei kombinierte Kaufverträge im Sinne von § 433 BGB.[935] Wirtschaftlicher Beweggrund für die Eingehung von Devisenswaps ist regelmäßig eine Zinsarbitrage. 604

6. Wirksamkeit von Finanztermingeschäften

Charakteristisch für Finanztermingeschäfte ist deren hinausgeschobener Erfüllungszeitpunkt. Hinzu kommt, dass bei einer Vielzahl von Finanztermingeschäften die zugrunde liegenden Basiswerte zwischen den Parteien nicht ausgetauscht, sondern nur die sich während der Laufzeit des Geschäftes ergebenden Wertunterschiede ausgeglichen werden.[936] Das WpHG regelt mit § 37 e, dass gegen Ansprüche aus Finanztermingeschäften, bei denen mindestens ein Vertragsteil ein Unternehmen ist, 605

930 *Baumbach/Hopt* HGB (7) Bankgeschäfte Rn. N/1; *Obermüller* WM 1984, 325; Schimansky/Bunte/Lwowski/*Schefold* Bankrechts-Handbuch § 116 Rn. 197 m.w.N.

931 BGHZ 92, 317 = WM 1984, 1598.

932 Bestätigt in BGH, WM 1994, 2231, m. Anm. *Gesang* in WuB I G 7. – 1.95.

933 Schimansky/Bunte/Lwowski/*Schefold* Bankrechts-Handbuch § 116 Rn. 279 ff.

934 *Erne* Die Swapgeschäfte der Banken, S. 13, 14; Schimansky/Bunte/Lwowski/*Jahn* Bankrechts-Handbuch § 114 Rn. 4.

935 *Baumbach/Hopt* HGB (7) Bankgeschäfte Rn. N/1; Schimansky/Bunte/Lwowski/*Schefold* Bankrechts-Handbuch § 116 Rn. 208; *Decker* WM 1990, 1001 (1007); a.A. *Fülbier* ZIP 1990, 544 (545), der das Vorliegen eines Tauschvertrages annimmt.

936 Von nicht unerheblicher Bedeutung war daher die Frage, ob die einzelnen Finanztermingeschäfte Börsentermingeschäfte i.S.d. §§ 50 ff. BörsG a.F. darstellten. Die Regelungen zu Börsentermin- und Differenzgeschäften wurden aber zum 01.07.2002 durch das Vierte Finanzmarktförderungsgesetz abgeschafft. Es wurden aber besondere Aufklärungspflichten nach § 37d WpHG für Finanztermingeschäfte im Sinne

das gewerbsmäßig oder in einem Umfang, der einen in kaufmännischer Weise eingerichteten Geschäftsbetrieb erfordert, Finanztermingeschäfte abschließt oder deren Abschluss vermittelt oder die Anschaffung, Veräußerung oder Vermittlung von Finanztermingeschäften betreibt, der Einwand des § 762 BGB nicht erhoben werden kann. Mit § 37g WpHG ist eine Verordnungsermächtigung eingeführt, durch die das BMF Finanztermingeschäfte verbieten oder beschränken kann, soweit dies zum Schutz der Anleger erforderlich ist. Ein Finanztermingeschäft, das einer Rechtsverordnung nach Abs. 1 widerspricht (verbotenes Finanztermingeschäft), ist nichtig.

VIII. Ultra-vires-Doktrin

606 Die Rechtswirksamkeit von Finanztermingeschäften setzt voraus, dass die vertragschließenden Parteien über die rechtliche Kompetenz verfügen, sich in dieser Art zu verpflichten. Handelt ein Rechtssubjekt außerhalb seines ihm durch die Rechtsordnung zugewiesenen »rechtlichen Könnens«, so spricht man von einem Handeln »ultra vires«; diese Rechtsgeschäfte sind unwirksam. Dem deutschen Rechtskreis ist die Ultra-vires-Doktrin im Hinblick auf privatrechtlich ausgestaltete Rechtssubjekte im Gegensatz zum angloamerikanischen Rechtsraum grds. fremd. Einschränkungen in der Art oder dem Umfang der Geschäftstätigkeit, die bspw. durch Gesellschaftsvertrag, Satzung oder Geschäftsreglement bestimmt werden, haben regelmäßig keine Drittwirkung, d.h., auch wenn einem Rechtssubjekt gewisse Rechtsgeschäfte auf diesem Weg untersagt sind, erlangen derartige Geschäfte im Außenverhältnis Wirksamkeit. Das rechtliche Dürfen beschränkt demnach nicht das rechtliche Können. Dies ist im angloamerikanischen Rechtsraum anders, in dem insb. gesellschaftsrechtliche Beschränkungen aus der Satzung aufgrund der Ultra-vires-Doktrin zur absoluten Unwirksamkeit von außerhalb des Gesellschaftszwecks getätigten Rechtsgeschäften führen können.[937] Dementsprechend wurde das Problem der Ultra-vires-Doktrin im Zusammenhang mit Swapgeschäften erstmals 1991 in Großbritannien einer breiten Öffentlichkeit bewusst, als das House of Lords in dem Fall Hazell v. Council of the London Borough of Hammersmith and Fulham letztinstanzlich entschied, dass die bis dahin in erheblichem Umfang getätigten Swapgeschäfte von englischen Gemeinden unwirksam seien.[938] Nach Ansicht des Revisionsgerichts liegen Swapgeschäfte von englischen Gemeinden außerhalb des ihnen durch das Gesetz zugewiesenen Wirkungskreises (ultra vires) und sind daher unabhängig von der Tatsache, ob sie Sicherungs- oder Spekulationszwecken dienen, von Anfang an nichtig. Da zu diesem Zeitpunkt rund 130 britische Gemeinden teilweise seit fast zehn Jahren Swapgeschäfte zur Steuerung ihres Zinsrisikos und zur Kostenoptimierung – aber auch darüber hinaus – einsetzten, belief sich der Schaden für die ca. achtzig beteiligten Kreditinstitute auf einen Betrag von rund 600 Mio. Pfund Sterling (damals ca. 900 Mio. €).[939] Im Anschluss hieran kam es in vielen Staaten und insb. auch in Deutschland zu einer intensiven Diskussion darüber, inwieweit öffentlich-rechtlich ausgeprägte oder einer besonderen öffentlichrechtlichen Reglementierung unterliegende Marktteilnehmer wirksam Swapgeschäfte abschließen können.[940] Die Diskussion hält an[941] und dürfte durch aktuelle BGH-Rechtsprechung[942] auch künftig von Interesse bleiben.

---

von § 2 Abs. 2a WpHG eingeführt. Außerbörsliche Finanztermingeschäfte im hier beschriebenen Sinn dürften fast ausnahmslos von § 37d WpHG erfasst werden.

937 Zur Ausgestaltung der Ultra-vires-Doktrin im englischen Recht und zu dem seit Einführung der Companies Acts 1985 und 1989 verstärkten Gutglaubensschutz des Rechtsverkehrs vgl. *Triebel/Hodgson/Kellenter/Müller* Englisches Handels- und Wirtschaftsrecht Rn. 618, 621; zu anderen Jurisdiktionen vgl. *Krämer* Finanzswaps, 307.

938 Urt. v. 24.01.1991, vgl. ZfgK 1991, 199.

939 S. Börsen-Zeitung v. 26.01.1991, 1, 5; *Kewenig/Schneider* WM-Sonderbeilage Nr. 2/1992, 4 Fn. 19; Schwintowski/Schäfer/*Schäfer* Bankrecht, 2. Aufl., § 21 Rn. 57, der allerdings missverständlich von Swapgeschäften über einen »Nominalbetrag« von 600 Mio. Pfund Sterling ausgeht.

940 Vgl. Global Derivatives Study Group der G-30-Länder, Enforceability Survey, 1993. Zur verbleibenden Bedeutung s. *Endler* Finanzderivate § 24 Rn. 115.

941 Aktueller eingehend zu Vertragswirksamkeit und Beratungspflichten *Lehmann* BKR 2008, 488.

942 Vgl. oben zum CMS-Spread-Ladder-Swap.

1. Die öffentliche Hand

Nachfrager und potenzielle Nachfrager für Swapgeschäfte aus dem Bereich der öffentlichen Hand sind zurzeit insb. die BRD, die Bundesländer und die Gemeinden, letztere teilweise über mehrheitlich privatrechtlich gehaltene Gesellschaften. Gemessen an dem gesamten Finanzierungsvolumen der öffentlichen Hand ist der Anteil der durch Swapgeschäfte gestalteten Mittelaufnahmen jedoch noch verhältnismäßig gering. Dies ist im Wesentlichen darauf zurückzuführen, dass sich der Staat ganz überwiegend auf festverzinslicher Basis finanziert. Würden diese Mittelaufnahmen in größerem Umfang in variabel verzinsliche Mittel geswapt, so hätte dies die politisch umstrittene Konsequenz, dass sich Zinsmaßnahmen der Bundesbank in größerem Umfang und unmittelbarer auf die Kreditkosten des Staates auswirken können. Dennoch ist für die Zukunft wohl auch seitens der öffentlichen Hand beabsichtigt, vermehrt Swaps zur Steuerung von Zinsrisiken und zur Kostenreduzierung einzusetzen. **607**

a) Bund und Länder

Der Bund und die Länder handeln bei dem Abschluss von Swapgeschäften nicht innerhalb ihres hoheitlichen Aufgabengebietes – d.h. nicht in Form eines Über-/Unterordnungsverhältnisses –, sondern privatrechtlich auf einer Gleichordnungsebene. Nur im Bereich dieses privatrechtlichen Handelns stellt sich die Frage, ob eine Rechtshandlung »ultra vires« sein kann. Nach heute überwiegender Ansicht kann jedoch die öffentliche Hand in Gestalt des Bundes und der Länder nicht ultra vires handeln, weil der Bund und die Länder über einen durch das Grundgesetz zugewiesenen, umfassenden Wirkungskreis verfügen.[943] Aufgrund der umfassenden und ggü. Dritten in seinem Geschäftsbereich nicht einschränkbaren Vertretungsmacht des Finanzministers werden die Grenzen des rechtlichen Könnens nur durch das Vorliegen gesetzlicher Verbote (§ 134 BGB) gezogen. Da es ein solches gesetzliches Verbot zum Abschluss von Swapgeschäften durch den Bund oder die Länder nicht gibt, führt auch das Fehlen einer spezifischen Ermächtigungsnorm nicht zur Unwirksamkeit der Rechtsgeschäfte. **608**

b) Gemeinden

Teilweise unterschiedliche Auffassungen werden hingegen zur Kompetenz bundesdeutscher Gemeinden zum Abschluss von Swapgeschäften vertreten. Für ihren Wirkungskreis verfügen die Gemeinden gem. Art. 28 Abs. 2 GG grds. über die gleiche Allzuständigkeit wie der Bund oder die Länder.[944] Hierbei ist jedoch zu berücksichtigen, dass die Zuständigkeit der Gemeinde auf ihren Wirkungskreis beschränkt und letztendlich vom Staat abgeleitet ist. Hinzu kommt das dem öffentlichen Finanzwesen immanente Verbot des Einsatzes öffentlicher Mittel zu Spekulationsgeschäften. Insoweit ist es als noch ungeklärt anzusehen, ob spekulative Finanztermingeschäfte von Gemeinden der Unwirksamkeit anheimfallen würden. Einigkeit besteht jedoch dahin gehend, dass die Gemeinden zumindest konnexe Swapgeschäfte wirksam abschließen können.[945] Im Rahmen der neueren europäischen Gesetzgebung lässt die Auslegung der deutschen Aufsicht Kommunen grundsätzlich eine Sonderstellung. Kommunen, sowie rechtlich unselbstständige Regie- und Eigenbetriebe fallen demnach grundsätzlich unter die Ausnahmeregelung des Art. 1 (4) (a) EMIR und unterfallen somit nicht der EMIR.[946] **609**

---

943 Ausführlich *Kewenig/Schneider* WM-Sonderbeilage Nr. 2/1992, 6; Schimansky/Bunte/Lwowski/*Jahn* Bankrechts-Handbuch § 114 Rn. 110 (110b); Schwintowski/Schäfer/*Schäfer* Bankrecht, 2. Aufl., § 14 Rn. 60.

944 *Bücker* Finanzinnovationen und kommunale Schuldenwirtschaft, S. 108, 145.

945 *Bücker*, Finanzinnovationen und kommunale Schuldenwirtschaft, S. 155; Schimansky/Bunte/Lwowski/*Jahn* Bankrechts-Handbuch § 114 Rn. 110d, weiter differenzierend zwischen »gelockert-konnex« – auf Kredit bezogenes Finanztermingeschäft – und andere.

946 S. dazu Antworten zu Auslegungsfragen auf der Webseite der BaFin http://www.bafin.de/SharedDocs/Veroeffentlichungen/DE/FAQ/faq_emir.html?nn= 3710902.

c) Träger der mittelbaren Staatsverwaltung

610 Nachdem die ehemaligen Sondervermögen des Bundes wie Bundespost und Bundesbahn zwischenzeitlich in AG umgewandelt worden sind, handeln diese als Privatrechtssubjekte und unterliegen daher im Hinblick auf die Ultra-vires-Doktrin keinen Besonderheiten mehr. Vor ihrer Umwandlung verfügten diese Träger lediglich über die als Annex zur Kreditkompetenz ausgestaltete Befähigung, konnexe Swapgeschäfte – d.h. Swaps, die in einem konkreten Zusammenhang mit entsprechenden Kreditaufnahmen stehen – abzuschließen.[947] Körperschaften und Anstalten können Swapverträge hingegen nur in dem Umfang wirksam eingehen, wie es ihrem durch Gesetz oder Satzung zugewiesenen Aufgaben- und Wirkungskreis entspricht. Für Unternehmen des privaten Rechts gilt, dass für sie ebenfalls die Anwendung der Ultra-vires-Doktin in Betracht kommt, Derivategeschäfte i.R.d. Haushaltswirtschaft und des Schuldenmanagements sind i.R.d. Wirkungskreises des Unternehmens getätigt.

2. Kreditinstitute des öffentlichen Rechts

a) Landesbanken

611 Wie alle übrigen juristischen Personen des öffentlichen Rechts können Landesbanken nur i.R.d. ihnen durch Gesetz oder Satzung zugewiesenen Aufgabenkreises wirksam Rechtsgeschäfte abschließen. Soweit sie diesen zugewiesenen Aufgaben- und Wirkungskreis verlassen, handeln sie ultra vires, sodass ihre Geschäfte insoweit nichtig sind.[948] Die Satzungen der deutschen Landesbanken sind nicht einheitlich. Gemeinsam haben die Landesbanken jedoch jeweils die Aufgabe, als Staats- und Kommunalbank sowie als Sparkassenzentralbank zu dienen. Die Satzungen der Landesbanken erlauben diesen daher üblicherweise alle Bankgeschäfte sowie die sich aus dem Zusammenhang mit ihrer Aufgabenstellung ergebenden sonstigen Dienstleistungen und Geschäfte (bankmäßige Geschäfte).[949] Zwar stellten Swapgeschäfte – wie auch die übrigen Finanztermingeschäfte – nach einhelliger Meinung keine Bankgeschäfte im Sinne von § 1 Abs. 1 Satz 2 KWG dar, sie werden im Allgemeinen jedoch als »bankmäßige« und »im kreditwirtschaftlichen Bereich übliche« Geschäfte angesehen.[950] Sie sind inzwischen in § 1 Abs. 11 KWG als Derivate und somit als Finanzinstrumente definiert. Berücksichtigt man zusätzlich, dass die Bundesländer zum Abschluss von Finanztermingeschäften berechtigt sind, so ergibt sich bereits aus der Aufgabenstellung der Landesbanken als Staatsbank, dass Swapgeschäfte auch für die jeweiligen Landesbanken zulässig sein müssen. Außerbörsliche Finanztermingeschäfte werden daher von der ganz überwiegenden Meinung, auch ohne dass es einer speziellen und ausdrücklichen Ermächtigung durch die Satzung bedarf, als durch die Aufgabenstellung gedeckte und damit rechtswirksame Geschäfte für die deutschen Landesbanken qualifiziert.[951] Die BaFin qualifiziert Gemeinden, Landkreise und kreisfreie Städte allerdings als Privatkunden i.S.d. § 31a Abs. 3 WpHG.[952]

947 Vgl. im Einzelnen *Kewenig/Schneider* Swap-Geschäfte der öffentlichen Hand in Deutschland, WM-Sonderbeilage Nr. 2/1992, 6 (12).

948 Vgl. *Schneider/Busch* WM 1995, 326 (327); Schimansky/Bunte/Lwowski/*Jahn* Bankrechts-Handbuch § 114 Rn. 111.

949 § 2 Abs. 1 (Gegenstand des Unternehmens) der Satzung der aufgelösten WestLB AG lautete bspw.: »Die WestLB AG betreibt bankmäßige Geschäfte aller Art und ergänzende Geschäfte einschließlich der Übernahme von Beteiligungen« bzw. in einer Vorfassung der Landeszentralbank »Der West LB AG obliegen die Aufgaben einer Staats- und Kommunalbank sowie einer Sparkassenzentralbank. Sie betreibt bankmäßige Geschäfte aller Art…«.

950 Vgl. *Schneider/Busch* WM 1995, 326 (329); Schimansky/Bunte/Lwowski/*Jahn* Bankrechts-Handbuch § 114 Rn. 111; a.A. *Koenig* WM 1995, 317 (322).

951 So auch mit ausführlicher Begründung *Schneider/Busch* WM 1995, 326 (329); Schimansky/Bunte/Lwowski/*Jahn* Bankrechts-Handbuch § 114 Rn. 111; Schwintowski/Schäfer/*Schäfer* Bankrecht, 2. Aufl., § 21 Rn. 61; *Scherer/Schödermeier* ZBB 1996, 165; a.A. *Koenig* WM 1995, 317 (323).

952 Schreiben v. 25.06.2010 an die Verbände der Finanzdienstleistungsunternehmen und der Kreditwirtschaft.

b) Sparkassen

Die Geschäftstätigkeit der Sparkassen hat ihre Rechtsgrundlage in den landesrechtlichen Sparkassengesetzen und -verordnungen. Zwischenzeitlich wurden in den meisten Bundesländern Normen geschaffen, aus denen sich ergibt, dass die Sparkassen alle banküblichen Geschäfte betreiben dürfen;[953] teilweise wurde der Einsatz derivativer Finanzinstrumente auch explizit erwähnt.[954] Obwohl den Sparkassen regelmäßig nur ein gegenständlich beschränkter Raum zum Einsatz von derivativen Finanztermingeschäften eingeräumt wird, führt ein etwaiges Überschreiten dieser Grenzen nicht zur Unwirksamkeit der Verträge. Der Vertragspartner darf vielmehr darauf vertrauen, dass die Sparkasse innerhalb ihrer sparkassenrechtlichen Vorschriften handelt.[955] 612

c) Abwicklungsanstalten und »Bad Banks«

Die Bundesanstalt für Finanzmarktstabilisierung – FMSA – kann auf Antrag Abwicklungsanstalten einrichten. Sie ist nach § 3a Abs. 1 Satz 1 FMStFG eine bundesunmittelbare, rechtsfähige Anstalt öffentlichen Rechts im Geschäftsbereich des BMF. Die Abwicklungsanstalten sind nach § 8a Abs. 1 Satz 1 FMStFG teilrechtsfähige Anstalten des öffentlichen Rechts. § 8a Abs. 2 Satz 4 FMStFG regelt, dass Aufgaben, Organisation und Auflösung der Abwicklungsanstalten, einschließlich der Überwachung durch gesonderte Statute geregelt wird, die von der FMSA im Benehmen mit der Abwicklungsanstalt beschlossen werden. 613

Mit den prominenten ersten Abwicklungsanstalten – der WestLB AG[956] und der Hypo Real Estate Holding AG[957] – wurden somit ergänzend zu den bestehenden Kreditinstituten des öffentlichen Rechts zusätzlich teilrechtsfähige Anstalten geschaffen, die als weitere Vertragspartnerart für Derivategeschäfte im Markt auftreten. Erlaubnisse hierzu finden sich jeweils in den speziellen Statuten. Eine Besonderheit ist, dass Abwicklungsanstalten nicht insolvenzfähig sind. 614

Um sich von risikobehafteten Wertpapieren zu trennen, kann ein Kreditinstitut im Rahmen eines sog. »Bad-Bank-Modells« alternativ auch eine Zweckgesellschaft gründen und dieser ihre risikobehafteten Wertpapiere übertragen. Übertragbar sind lediglich Positionen, die vor dem 31.12.2008 erworben wurden. Im Gegenzug erhält die Bank von der Zweckgesellschaft eine Schuldverschreibung in gleicher Höhe, welche vom SoFFin garantiert wird. 615

IX. Vertragsgestaltung bei außerbörslichen Finanztermingeschäften

Zu Beginn des Handels mit derivativen Finanzinstrumenten erfolgte die Dokumentation dieser Geschäfte durch teilweise sehr umfangreiche, individualvertragliche Vereinbarungen. Die rapide Zunahme des Geschäftsvolumens[958] einerseits und der beteiligten Vertragspartner andererseits machte es jedoch alsbald notwendig, derartige Vereinbarungen durch eine standardisierte Dokumentation 616

953 Vgl. bspw. § 4 SparkG NW, § 1 Satz 2 SparkVO NW.

954 Vgl. § 8 Abs. 2 SparkVO NW, der lautet: »Geschäfte in Derivaten im Sinne des § 1 Abs. 11 KWG sind nur dann zulässig, wenn sie über eine Terminbörse oder mit bonitätsmäßig einwandfreien Vertragspartnern jeweils mit Sitz in einem Land der Zone A gemäß § 1 Abs. 5 b KWG abgeschlossen werden. Geschäfte mit inländischen Vertragspartnern sind nach den in der Bundesrepublik Deutschland geltenden Regeln und Usancen abzuschließen. Vertragspartner im Ausland dürfen nur Institute sein, wobei die Geschäfte nur auf der Basis international anerkannter Standardverträge abgeschlossen werden dürfen.«.

955 Schimansky/Bunte/Lwowski/*Jahn* Bankrechts-Handbuch § 114 Rn. 112.

956 Die am 11.12.2009 gegründete Erste Abwicklungsanstalt. Ihr Geschäftszweck ist »… die Übernahme von ausgewählten Risikopositionen und nicht strategienotwendigen Geschäftsbereichen der WestLB und deren Abwicklung«.

957 Die FMS Wertmanagement, das Statut wurde im Bundesanzeiger am 07.09.2010 veröffentlicht.

958 Ein guter Überblick dieser Tendenz findet sich in stets aktualisierten und klassifizierten Übersichten, die die Bank for International Settlements auf ihrer Webseite veröffentlicht; abrufbar unter http://www.bis.org/statistics/derdetailed.htm. Eine sehr detaillierte statistische Auswertung bietet die ISDA mit diversen sog. »surveys«, abrufbar unter http://www.isda.org/statistics/otc.html.

zu regeln. Im Juni 1985 veröffentlichte die ISDA eine 1985er Fassung des »Code of Standard Wording, Assumptions and Provisions for Swaps«. Im September 1986 wurde eine erweiterte 1986er Fassung veröffentlicht.[959] Seit Ende der achtziger Jahre werden Finanztermingeschäfte ganz überwiegend national oder international anerkannten Bedingungswerken oder Rahmenverträgen (Master Agreements) unterstellt. Seit 1990 findet in Deutschland der von den Spitzenverbänden des Kreditgewerbes entwickelte und empfohlene »Rahmenvertrag für Swap-Geschäfte« Anwendung, der 1994 durch den »Rahmenvertrag für Finanztermingeschäfte«[960] ersetzt wurde, mit dem eine deutliche Erweiterung der erfassten Geschäfte erreicht wurde. Er ist so angelegt, dass auch weitere Finanztermingeschäftsarten einbezogen werden können. Typischerweise erfolgt dies über entsprechende Produktanhänge. International hatten sich zuvor bereits einige andere Rahmenverträge und Bedingungswerke etabliert. Durchgesetzt und am weitesten verbreitet hatte sich insb. das von der International Swap and Derivatives Association (ISDA) entwickelte und vertriebene »Interest Rate and Currency Exchange Agreement« von 1987, das 1992 durch das »ISDA Master Agreement (Multi Currency-Cross-Border)« ersetzt und weiter zuletzt mit einer Version aus dem Jahr 2002 aktualisiert wurde. Insb. im grenzüberschreitenden Geschäftsverkehr mit Finanztermingeschäften findet dieses Vertragswerk, das alternativ dem englischen oder dem Recht von New York zu unterstellen ist, verbreitet Verwendung.[961]

617 Sowohl der Rahmenvertrag für Finanztermingeschäfte als auch das ISDA Master Agreement sind so konzipiert, dass sie für eine Vielzahl verschiedener Geschäftsabschlüsse und Geschäftsarten die für alle derartigen Transaktionen geltenden gemeinsamen Bestimmungen enthalten. Die einzelnen Geschäftsabschlüsse werden in die Regelungen des Rahmenvertrages durch entsprechende Bestätigungen in den Einzelabschlüssen einbezogen. In diese Bestätigungen werden zudem die wirtschaftlichen Komponenten – wie bspw. Beträge, Währungen, Zinssätze und Fälligkeiten – sowie etwaige Abwicklungsmodalitäten – wie bspw. Abwicklungsart (bar oder Lieferung des »underlyings«, d.h. des Basiswerts), die Kontoverbindungen oder die Art und Weise von Ausübungserklärungen bei Optionsgeschäften – aufgenommen. Im Unterschied zum Rahmenvertrag für Finanztermingeschäfte arbeiten die Einzelabschlüsse unter dem ISDA Master Agreement zusätzlich noch mit Definitionsbüchern (sog. »booklets«), wie bspw. den ISDA Equity Derivatives Definitions[962] oder den 2006 ISDA Definitions, die zusätzliche, meist produktbezogene allgemeine Regelungen enthalten. So regeln die 2006 ISDA Definitions hauptsächlich die zinsbezogenen Produkte. Sie werden durch entsprechende Bezugnahmen in den Einzelgeschäftsbestätigungen in die Einzelabschlüsse und damit in den gesamten Rahmenvertrag/das Master Agreement aufgenommen.

618 Die sich fortentwickelnde Praxis und Automatisierung der Bestätigungsabwicklung führt stets zu einer Weiterentwicklung der Dokumentation einschließlich ihrer Struktur. So haben sich bspw. – als Zwischenstufe – zwischen Rahmenvertrag (»Master Agreement«) und dem Einzelabschluss (»Confirmation«) – bei einigen Produktkategorien zusätzlich sog. »Master Confirmation Agreements«[963] etabliert, die die Einzelabschlussbestätigungen standardisierbarer Geschäfte weiter durch Automatisierung vereinfachen können. Diese Technik war davon motiviert, die Bestätigungspraxis

959 Zur historischen Entwicklung s. »AN INTRODUCTION TO THE DOCUMENTATION OF OTC DERIVATIVES« von Allen & Overy, abrufbar unter »http://www.isda.org/educat/pdf/documentation_of_derivatives.pdf«.

960 Vgl. BuB/*Neuhaus* Rn. 7/1098 ff.; abgedruckt unter Anlage 3 und in der 2001 nur hinsichtlich der Währung angepassten Fassung auch im Internet abrufbar unter: »http://www.bankenverband.de/themen/fachinformationen/finanzmaerkte/rahmenvertraegefurfinanzgeschaefte/#ft«.

961 Erläuterungen zum 1992 ISDA Master Agreement (Multi Currency-Cross Border) finden sich bei *Reiner*, Münchener Vertragshandbuch, Bd. 4 unter VI. 7, OTC-Derivate nach dem 1992 ISDA Multi Currency-Cross-Border Master Agreement.

962 »2011 ISDA Equity Definitions« und »2002 ISDA Equity Definitions«; die 2011-Fassung bedeutet eine strukturellen Neuanfang, vgl. vertiefend so auch *Ruschkowski* in rdf 2011, 372.

963 Kurz »MCA« sowohl für den Aktienderivatebereich, aber auch für Devisengeschäfte (für diverse Non-Deliverable-FX-Geschäfte) und Kreditderivate (für standardisierbare Referenzaktiva).

z.B. bei Aktien- und Kreditderivaten zu beschleunigen und den aufsichtsrechtlichen Vorgaben, die gebotene Geschwindigkeit des Austauschs von Bestätigungen betreffend, insoweit entgegenzukommen. Eine Ergänzung dieser Entwicklung sind sog. »Matrices«, wie bspw. der regelmäßig aktualisierten Matrix zur vorzeitigen Erfüllung durch Barausgleich von Swaptions (»Cash Settlement Matrix« seit 2001).[964] Die jüngste strukturell neue Architektur ist derzeit ein modulares Baukastensystem im Bereich der Aktienderivate mit einer weiter standardisierbaren aber gleichzeitig offenen Konstruktion der Dokumentation der Einzelabschlüsse/Confirmations, die durch nur einige wirtschaftliche Parameter enthaltene »Transactions Supplements« ersetzt werden (können).

Ferner verwendet die ISDA seit dem »2001 EURO PROTOCOL« vom 24.09.2001 die Technik **619** der Protokolle (»Protocols«), mit denen Marktteilnehmer durch fristgerechte Zeichnung ergänzenden Regelungen beitreten können. Diese Regelungen gelten für alle dem Protokoll beigetretenen Teilnehmer für die jeweiligen bilateralen Verträge untereinander im Wege der Vertragsanpassung.[965] Durch frei zugängliche Listen werden die Parteien transparent gemacht. Sog. »Determination Committees« können so beauftragt werden, sodass insb. bei Kreditderivaten durch ein »Credit Derivatives Determinations Committee« zügig Entscheidungen herbeigeführt werden können, die die Teilnehmer binden. So entscheiden sie Problemfälle, die Referenz Entitäten unter bestimmten Einzelgeschäften betreffen und sich auf die betreffende Region beziehen. Geregelt oder festgelegt werden können typischerweise Kreditereignisse, CDS Auktionen, Nachfolgeereignisse oder Ähnliches. Die Infrastrukturthemen bzgl. »Dodd Frank Act (DFA)«[966] und »European Markets Infrastructure Regulation (EMIR)« hat die ISDA auch mit Protokollen[967] begleitet, um den Marktteilnehmern »Compliance« zu erleichtern. Seit der Zunahme regulatorisch getriebener Themen folgte entsprechend eine Vielzahl ähnlicher Protokolle mit Detaillösungen für die internationale Dokumentation[968].

Der (deutsche) Rahmenvertrag für Finanztermingeschäfte – in der Praxis kurz DRV – ist in der **620** Weise konzipiert, dass er bereits eine Vielzahl von möglichen Geschäftsarten unmittelbar regelt. Darüber hinaus können dem Rahmenvertrag für Finanztermingeschäfte auch weitere Geschäftsarten unterstellt werden. Dies kann entweder durch standardisierte Anhänge für bestimmte Produkte oder aber durch eine entsprechende Einbeziehung über die jeweiligen Einzelabschlüsse geschehen. Erfolgt die Einbeziehung im Rahmen eines Einzelabschlusses, so sind die geschäftsspezifisch erforderlichen Regelungen entsprechend aufzunehmen. Für weitverbreitete, jedoch nicht durch den Rahmenvertrag erfasste Finanztermingeschäfte bietet es sich hingegen an, die produktspezifischen Regelungen in entsprechend standardisierte Anhänge zum Rahmenvertrag aufzunehmen. Dementsprechend haben die Spitzenverbände der deutschen Kreditwirtschaft verschiedene Anhänge erstellt und die meisten zur Verwendung empfohlen, so den Anhang für Devisengeschäfte und Optionen auf Devisengeschäfte, den von 2005 bis 2010 empfohlenen Anhang für Kreditderivate, den

---

964 Http://www.isda.org/c_and_a/cash_settlement_matrix_version_v3.html.

965 S. zu den inzwischen wesentlichen produktspezifischen Protokollen »http://www.isda.org/protocol/prot_nav.html«.

966 Siehe hierzu http://www2.isda.org/dodd-frank-documentation-initiative/.

967 Zu EMIR insb. mit dem »ISDA 2013 EMIR Portfolio Reconciliation, Dispute Resolution and Disclosure Protocol« und dem »ISDA 2016 Variation Margin Protocol«;zu erstem vertiefend Huertas in Handbuch EMIR,Teil 7 B.

968 Zuletzt »ISDA Swiss Jurisdictional Module to the ISDA Resolution Stay Jurisdictional Modular Protocol«, »ISDA 2017 OTC Equity Derivatives T+2 Settlement Cycle Protocol«, »ISDA 2017 Bail-in Article 55 BRRD Protocol (Austrian/Belgian/Danish/Swedish entity-in-resolution version)«, »ISDA 2016 Variation Margin Protocol«, »ISDA German Jurisdictional Module to the ISDA Resolution Stay Jurisdictional Modular Protocol«, »ISDA Resolution Stay Jurisdictional Modular Protocol«, »ISDA 2015 Universal Resolution Stay Protocol«, »ISDA 2015 Section 871(m) Protocol«, »ISDA 2014 Collateral Agreement Negative Interest Protocol«.

Anhang für Rohwarengeschäfte mit der sog. Liste A, den Anhang für Wertpapierderivate[969] und den Anhang für Emissionsrechte.[970] Für die besondere Vertragskategorie der seitens Kapitalverwaltungs- und auch Investmentaktiengesellschaften verwalteten Sondervermögen/Teilgesellschaftsvermögen wurde die Mantelvereinbarung nebst sog. KAGB-Anhang entwickelt.[971] Für Geschäfte mit den Deckungsmassen von Pfandbriefbanken wurden verschiedene Anhänge für Deckungsgeschäfte entwickelt.[972] Das Dokumentenset wurde zwecks Clearing über Zentrale Gegenparteien umfangreich ergänzt[973]. Ein Anhang über die vorzeitige Erfüllung durch Ausgleichszahlung bildete den 2001 aktuellen Standard zur vorzeitigen Auflösung von Geschäften ab.

X. Außerbörsliche Finanztermingeschäfte in der Insolvenz

621 Ein Insolvenzverwalter hat bei gegenseitigen Verträgen gem. § 103 InsO grds. ein Wahlrecht, ob er gegenseitige und nicht von beiden Parteien vollständig erfüllte Verträge erfüllen möchte. Bei Finanztermingeschäften bestünde demnach die Gefahr, dass sich ein Insolvenzverwalter bei den Geschäften, die für ihn bzw. die Masse vorteilhaft sind, für eine Erfüllung entscheidet und bei den aus Sicht der Masse ungünstigen Geschäften die Erfüllung ablehnt (cherry picking oder Rosinentheorie). Bei sog. Fixgeschäften gilt jedoch die Sonderregel des § 104 Abs. 1 Satz 1 InsO. Danach kann nicht die Erfüllung verlangt, sondern nur eine Forderung wegen der Nichterfüllung geltend gemacht werden, wenn für die Lieferung von Waren, die einen Markt- oder Börsenpreis haben, ein bestimmter Zeitpunkt vereinbart war, der nach Eröffnung des Insolvenzverfahrens liegt. § 104 Abs. 1 InsO überträgt die nach der KO nur für Fixgeschäfte geltenden Regelungen in modifizierter Form auf Finanztermingeschäfte.

1. Anwendbares Insolvenzrecht

622 In der Insolvenz der Gegenpartei stellt sich bei grenzüberschreitenden Finanztermingeschäften die Frage, welches Insolvenzrecht Anwendung findet. Typischerweise ist die Rechtsordnung maßgebend, der der insolvente Vertragspartner unterliegt. Regelmäßig gilt dies auch für das im Ausland befindliche Vermögen des Gemeinschuldners. Die Durchsetzbarkeit entsprechender Beschlüsse hängt jedoch von den Bestimmungen der jeweils anderen Rechtsordnung ab. Die international z.T. sehr unterschiedlichen Regelungen sind Gegenstand verschiedener Harmonisierungsinitiativen.[974]

623 Insb. im Bereich der Finanztermingeschäfte sind jedoch in den letzten Jahren die Insolvenzordnungen einer Vielzahl von Staaten vereinheitlicht worden, um auf diese Weise Unsicherheiten im Hinblick auf die Rechtsbeständigkeit und Durchsetzbarkeit von Forderungen in der drohenden oder bereits eingetretenen Insolvenz im grenzüberschreitenden Bereich auszuschließen.[975] Auch die Einführung eines »gesetzlichen Netting« in § 104 Abs. 1 InsO, das eine Beendigung der Finanztermingeschäfte bei Eröffnung des Verfahrens vorsieht, ist in diesem Zusammenhang zu sehen.

969 Er ersetzte 2010 den »Anhang für Optionsgeschäfte auf Börsenindizes oder Wertpapiere«; abrufbar unter http://www.bankenverband.de/downloads/092010/anhang-wertpapierderivate-44032-0510-derivatemuster.pdf.

970 Abrufbar: http://www.bankenverband.de/downloads/102010/anhang-emissionsrechte-44031-0910-muster.pdf.

971 Abrufbar unter www.bankenverband.de/downloads/092010/mantelvereinbarung-44029-1206-muster.pdf; eine 2002 veröffentlichte Struktur mittels eines sog. »KAG-Anhangs« ging der nunmehr seit 2007 im Markt aktuell verwendeten Dokumentation mit von Kapitalverwaltungsgesellschaften verwalteter Sondervermögen voraus.

972 Insgesamt sind es sechs Fassungen, im Einzelnen für Hypothekenpfandbriefe, Schiffspfandbriefe und für öffentliche Pfandbriefe.

973 Clearing-Anhang; Clearing-Rahmenvereinbarung; ZGP-spezifische Anhänge, Clearingrahmenvereinbarungs-Besicherungsanhang.

974 Vgl. *Böhm* Rechtliche Aspekte grenzüberschreitender Nettingvereinbarungen, S. 124.

975 BuB/*Neuhaus* Rn. 7/1089.

Von ISDA und der European Financial Market Lawyers Group (EFMLG)[976] wurde im Zuge bzw. Nachgang der Bewertung der Finanzsicherheitenrichtlinie[977] im Hinblick auf eine Harmonisierung konkret gar eine »Netting Directive« gefordert und auch ein sog. »Model Netting Act«[978] veröffentlicht.[979] Global weiter gehend zu sehen ist die Initiative von UNIDROIT – unter Beteiligung des BMF – zur Entwicklung von Prinzipien und Regelungen über Netting von Finanzinstrumenten (principles and rules on the netting of financial instruments) mit dem Zweck einer Harmonisierung der Close-out-Netting-Regelungen.[980] Ziel ist entweder ein Modellgesetz oder ein Abkommen. Auf EU-Ebene ist insoweit »Ein EU-Rahmen für Krisenmanagement im Finanzsektor« zu nennen.[981] Im Jahr 2012 gehört das Thema Close-out Netting zum Arbeitsprogramm der Kommission. Close-out netting als Instrument und mit dem Ziel der Stabilität des Finanzsystems und die gerechtfertigte Abweichung vom Grundsatz der Gleichbehandlung aller Gläubiger (par conditio creditorum) wurde vom EuGH in einem Urteil zur Finanzsicherheitenrichtlinie festgehalten.[982]

2. § 104 Abs. 1 InsO

a) Entstehungsgeschichte

Mit der Schaffung des § 104 InsO hatte der Gesetzgeber das im internationalen Geschäftsverkehr **624** bestehende Bedürfnis aufgegriffen, das vertragliche Liquidationsnetting für insolvenzrechtliche und bankaufsichtsrechtliche Zwecke anzuerkennen. Dabei orientierte er sich ausdrücklich an den zuvor vorgenommenen Ergänzungen im US-amerikanischen Bankruptcy Code, mit denen die Insolvenzfestigkeit vertraglicher Nettingvereinbarungen abgesichert wurde[983]

Ursprünglich sahen sowohl der DiskE des Gesetzes zur Reform des Insolvenzrechts (§ 127 Abs. 2) **625** und der RegE zur InsO (§ 137) vor, dass Vereinbarungen, die bei Eintritt einer Insolvenz die Auflösung eines Vertrages vorsehen, unwirksam sind. Hierdurch sollte verhindert werden, dass das Wahlrecht des Insolvenzverwalters mittelbar außer Kraft gesetzt werden kann.[984] Dies hätte bedeutet, dass die bei Finanztermingeschäften üblichen vertraglichen Beendigungsklauseln, das sog. Liquidations- oder Close-out-Netting, unwirksam gewesen wären. In dem von der Bundesregierung im April 1992 vorgelegten Entwurf einer InsO sind dann erstmals die Vorschriften über Fixgeschäfte auch auf sämtliche Devisen- und Finanztermingeschäfte sowie auf sonstige Geschäfte über »Finanzleistungen« ausgedehnt worden. Da absehbar war, dass zwischen der Verkündung und dem Inkrafttreten der InsO ein längerer Zeitabschnitt liegen würde, sind die Neuregelungen über Finanztermingeschäfte aufgrund ihrer zentralen Bedeutung für die deutschen Kreditinstitute im Rahmen von Art. 105 EG InsO vorgezogen worden.[985] Um gegen eventuelle zeitliche Verzögerungen bei der Insolvenzrechtsreform gewappnet zu sein, wurde daneben zusätzlich eine wortgleiche Bestimmung in Art. 15 des Zweiten Finanzmarktförderungsgesetzes aufgenommen.[986] Somit bestand seit dem

976 Eine Entsprechung zu der in Europa gegründeten Gruppe besteht z.B. in den U.S.A; mehr Informationen http://www.ny.frb.org/fmlg/; und zur European Financial Market Lawyers Group: http://www.efmlg.org/.

977 (2002/47/EG); zu deren Umsetzung in nationales Recht s. *Keller* BKR 2003, 481.

978 Http://www.isda.org/docproj/pdf/Model-Netting-Act101007.pdf.

979 »Letter« v. 14.08.2008 an die Europäische Kommission, DG Markt, abrufbar unter http://www.isda.org/speeches/pdf/ISDA_EFMLG_Netting_Directive.pdf.

980 Protokoll des Treffens der Study Group im April 2011, abrufbar unter http://www.unidroit.org/english/documents/2011/study78c/s-78c-02-e.pdf und Bericht, abrufbar unter http://www.unidroit.org/english/documents/2011/study78c/s-78c-04-e.pdf und *Paech*, ILF Working paper series no. 116, 03/2010.

981 Vgl. http://ec.europa.eu/internal_market/bank/docs/crisis-management/framework/com2010_579_en.pdf.

982 EuGH, 10.11.2016, Rs. C-156/15 Private Equity Insurance Group, Rdn. 57-.

983 BT-Drucks. 12/7302, S. 168.

984 Vgl. *Böhm* Rechtliche Aspekte grenzüberschreitender Nettingvereinbarungen, S. 162.

985 Vgl. *Bosch* WM 1995, 365 (375); *Lehnhoff* WM-Festgabe Thorwald Hellner, 41 (45).

986 Vgl. Kölner Schrift zur InsO/*Bosch*, S. 775 (777); *Ebenroth/Benzler* ZVglRWiss 95 (1996), 335 (354).

Inkrafttreten des Zweiten Finanzmarktförderungsgesetzes am 01.08.1994 eine mit § 104 Abs. 2 und Abs. 3 identische Übergangsregelung. Seit dem 01.01.1999 bis zum 28. Dezember 2016 galt § 104 InsO in der vorhergehenden Fassung[987]. Die aktuelle Fassung des Gesetzes gilt mithin für Insolvenzverfahren, deren Eröffnung am oder nach dem 29. Dezember 2016 beantragt wurde.

626 Der Bundesgerichtshof hatte am 9. Juni 2016 in einen Fall zur Wirksamkeit des deutschen Rahmenvertrags für Finanztermingeschäfte entschieden.[988] Für den Sachverhalt ist der Senat davon ausgegangen, dass eine Abrechnungsvereinbarung, die Parteien von deutschem Recht unterliegenden Aktienoptionsgeschäften für den Fall der Insolvenz getroffen haben und die dem § 104 der Insolvenzordnung widerspricht, insoweit unwirksam und die Regelung des § 104 InsO unmittelbar anwendbar ist. Die Berechnung hatte demnach nach Gesetz (§ 104 Abs. 2, 3 a.F.) und nicht gemäß vertraglicher Regelungen zu erfolgen.

627 Die Bundesregierung hat gesetzgeberische Maßnahmen für eine kurzfristige Klarstellung oder Präzisierung der betroffenen Vorschriften des Insolvenzrechts eingeführt, um zu gewährleisten, dass die gängigen Rahmenverträge auch weiterhin im Markt und von Aufsichtsbehörden anerkannt werden. Mit dem Dritten Gesetz zur Änderung der Insolvenzordnung Bundesgesetzblatt Teil 1 2016 Nr. 65 vom 28. Dezember 2016, S. 3147 wurde § 104 InsO neu geordnet. Mit der Neufassung des § 104 InsO werden die durch das Urteil des Bundesgerichtshofs entstandenen Rechtsunsicherheiten beseitigt[989]. Grund, Trag- und Reichweite der Zulässigkeit des vertraglichen Liquidationsnettings werden klarstellt. Es handelt sich um Klarstellungen, weil auch die Neufassung dem Zweck entspricht, den bereits der Gesetzgeber der Insolvenzordnung mit dieser Vorschrift verfolgt hat. Es geht – weiterhin – um den Schutz der solventen Partei vor Unwägbarkeiten des Insolvenzverwalters. Dies soll durch Beendigung und Bewertung der offenen Derivatepositionen erreicht werden.

b) Voraussetzungen

628 § 104 Abs. 1S. 3 InsO gilt für **Finanzleistungen[990], wobei die Aufzählung (§ 104 Abs. 1 Satz 3 InsO) nicht abschliessend ist.**[991] Es handelt sich bei der Aufzählung um einen nicht abschließenden Beispielkatalog. Mit der Neufassung ist in Nr. 2 »die Lieferung von Finanzinstrumenten«, in Nr. 4 »von Nr. 2 nicht ausgeschlossene Lieferungen und Geldleistungen aus derivativen Finanzinstrumenten« und in Nr. 5 »Optionen und andere Rechte auf Lieferungen nach Satz 1 oder auf Lieferungen, Geldleistungen, Optionen und Rechte im Sinne der Nummern 1 bis 5« neu aufgenommen.[992] Derivative Finanzgeschäfte wie z.B. Termin-, Options- und Swapgeschäfte sowie die von ihnen abgeleiteten Instrumente werden jedenfalls zum überwiegenden Teil von dieser Definition erfasst.[993]

987 Gesetz zur Änderung der Insolvenzordnung und zur Änderung des Gesetzes betreffend die Einführung der Zivilprozessordnung, BGBl. 2016, Teil I, Nr. 65, 28. Dezember 2016, S. 3147 bis 3149. Überblick vgl. auch Lehmann/Flöther/Gurlit, Die Wirksamkeit von Close-out-netting-Klauseln in Finanzzderivaten nach § 104 InsO n. F., WM 2017, 597.

988 (Az. IX ZR 314/14).

989 Zum Zusammenhang mit der Vertragsdokumentation Lehmann/Flöther/Gurlitt, WM 2017, 597.

990 Der Katalog von Beispielen für Finanzleistungen wird auf den Begriff des Finanzinstruments im Sinne der neugefassten Finanzmarktrichtlinie (Richtlinie 2014/65/EU des Europäischen Parlaments und des Rates vom 15. Mai 2014 über Märkte für Finanzinstrumente sowie zur Änderung. der Richtlinien 2002/92/EG und 2011/61/EU) ausgerichtet und damit vereinfacht.

991 BT-Drucks. 18/9983; zuvor « § 104 Absatz 2 Satz 2 InsO« BT-Drucks. 12/7302, S. 168.

992 Vgl.BT-Drucks. 12/7302, 168 zu § 118E InsO; auch abgedruckt bei *Balz/Landfermann*, Insolvenzgesetze, S. 194 (195).

993 Zur ausführlichen Beschreibung der in § 104 Abs. 2 InsO -Vorfassung – aufgelisteten Finanzleistungen; vgl. *Bosch* WM 1995, 413 (415 ff.); Kölner Schrift zur InsO/*Berger*, S. 375 (396); Kübler/Prütting/*Köndgen* Kommentar zur InsO § 104 Rn. 17 ff.

Nach den Gesetzesmaterialien ist der Begriff des Markt- oder Börsenpreises (Abs. 1 Satz 1 und zu Finanzleistungen Satz 2) weit auszulegen[994].

Im Gegensatz zu § 104 Abs. 1 Satz 1 genügt für Finanzleistungen (§ 104 Abs. 1 Satz 2 InsO) die Vereinbarung einer bestimmten Zeit oder einer bestimmten Frist. Auf unbestimmte Zeit abgeschlossene Finanzgeschäfte von § 104 Abs. 1 Satz 2 InsO werden mithin nicht erfasst. **629**

Weiterhin ist Voraussetzung für die Anwendbarkeit von § 104 Abs. 1 Satz 1 und 2 InsO, dass die Fälligkeit der Finanzleistungen zeitlich nach der Eröffnung des Insolvenzverfahrens liegen muss. Somit findet § 104 Abs. 1InsO keine Anwendung, wenn bereits alle geschuldeten Leistungen eines Geschäftes im Zeitpunkt der Eröffnung des Insolvenzverfahrens fällig waren. Nach § 104 Abs. 3 InsO werden jedoch Geschäfte nach Absatz 1, die in einem Rahmenvertrag zusammengefasst worden sind, wie ein Geschäft behandelt[995]. Der Rahmenvertrag muss so ausgestaltet sein, dass er bei Vertragsverletzungen nur einheitlich beendet werden kann. Dies bedeutet, dass § 104 Abs. 3 InsO auf alle Geschäfte Anwendung findet, die in den entsprechenden Rahmenvertrag einbezogen sind, auch wenn sie bereits vor Eröffnung des Insolvenzverfahrens fällig waren.[996] **630**

Weitere Neuerungen durch die Neufassung sind die Anpasssung von Absatz 2 Satz 1 Ziffer 2, wobei für die Bestimmung des Markt- oder Börsenwerts im Falle, dass keine Ersatzgeschäfte abgeschlossen werden, nunmehr der »zweite Werktag nach der Verfahrenseröffnung« maßgeblich ist. Neu ist auch die zu Ziffern 1 und 2 alternative Möglichkeit, erforderlichenfalls den »Markt- oder Börsenwert nach Methoden und Verfahren zu bestimmen, die Gewähr für eine angemessene Bewertung des Geschäfts bieten«.

Grundlegend verbessert ist die ausdrückliche Klarstellung in Absatz 3 Ziffer 3, wobei nunmehr der Zeitpunkt der vertraglichen Beendigung als zeitlicher Anknüpfungspunkt gesetzlich zulässig ist und auch die »Vornahme des Ersatzgeschäftes bis zum Ablauf des zwanzigtsten Werktages« nach dieser vertraglichen Beendigung als für die Bestimmung der hypothetischen Geschäfte und deren Bewertung »maßgeblich ist«.

c) Rahmenverträge[997]

Wie bereits erwähnt, haben Rahmenverträge in § 104 Abs. 3 InsO besondere Berücksichtigung gefunden. Das Gesetz erkennt danach die von den Vertragsparteien gewünschte Einheitlichkeit einer Vertragsbeziehung an, wonach alle geschuldeten Leistungen des einen Vertragspartners zusammen die Gegenleistung für die vom anderen Vertragspartner zu erbringenden Leistungen darstellt. Damit werden auch bereits einseitig voll erfüllte Finanzgeschäfte erfasst, was ohne einen Rahmenvertrag nicht möglich wäre.[998] § 104 Absatz 3 Satz 2 InsO stellt klar, dass die Fiktionswirkungen nur eintreten, soweit die einbezogenen Geschäfte solche nach § 104 Abs.1 InsO sind. Andere Geschäfte können zwar zivilrechtlich in den Rahmenvertrag einbezogen werden, ihre Einbeziehung führt aber nicht dazu, dass sie dem gesetzlichen Lösungsmechanismus oder dessen zulässigen vertragsrechtlichen Modifikationen unterfallen. Andererseits schadet die Einbeziehung solcher Verträge nicht **631**

994 Kümpel, Bank- und Kapitalmarktrecht, Rn. 14.185; zur Beibehaltung des Tatbestandsmerkmals nach neuer gesetzeslage Berberich in Fridgen/Geiwitz/Göpfert, Beckscher Online-Kommentar zur Insolvenzordnung, Stand 31. Juli 2017, § 104 Rdn. 28.

995 § 104 Absatz 3 Satz 1 InsO übernimmt die Vorgängerregelung aus § 104 Absatz 2 Satz 3 InsO (alt) und erkennt damit die vertragliche Fiktion der Einheitlichkeit des Vertrages durch rahmenvertragliche »Single Agreement«-Klauseln an.

996 *Böhm* Rechtliche Aspekte grenzüberschreitender Nettingvereinbarungen, S. 167.

997 Vgl. Abdruck des Deutschen Rahmenvertrages für Finanztermingeschäfte (DRV) unter Anlage 3 und abrufbar unter: »http://www.bankenverband.de/themen/fachinformationen/finanzmaerkte/rahmenvertraege-fur-finanzgeschaefte/#ft«.

998 *Bosch* WM 1995, 413 (419); Kölner Schrift zur InsO/*Berger*, S. 375 (403).

der Fiktionswirkung in Bezug auf die Geschäfte, die sich unter den neuen Absatz 1 fassen lassen, d.h. Warentermingeschäfte und Geschäfte über Finanzleistungen.

632 Für die Zukunft ist mit der Novelle des § 104 InsO klarer, dass die Vorgaben europäischen Rechts und insbesondere die Anforderungen der Finanzsicherheitenrichtlinie für die Auslegung von Bedeutung sind und ferner Close-out netting als Instrument und mit dem Ziel der Stabilität des Finanzsystems gelten. Die gerechtfertigte Abweichung vom Grundsatz der par conditio creditorum wurde vom EuGH zur Finanzsicherheitenrichtlinie festgehalten.[999]

633 Dies gilt für den »wesentlichen Grundgedanken« der Vorschrift, der für den möglichen Umfang von Nettingvereinbarungen wesentlich sei[1000].

d) Vertragsbeendigung und Berechnung der Forderung wegen Nichterfüllung

634 Der unter der KO bestehende Meinungsstreit über die Wirksamkeit von Lösungsklauseln (früher auch »Beendigungsklauseln«), die die Insolvenzeröffnung als Auflösungsgrund vorsehen und damit das Wahlrecht des Verwalters durch eine vertragliche Vereinbarung beschränken, hat sich für Finanztermingeschäfte seit dem Inkrafttreten der Regelungen des § 104 Abs. 2 InsO erledigt.[1001] Diese Geschäfte werden Kraft Gesetzes durch die Eröffnung des Insolvenzverfahrens beendet. Die jeweiligen Erfüllungsansprüche werden durch eine Forderung wegen Nichterfüllung ersetzt, die nach Maßgabe des § 104 Abs. 2 InsO ermittelt wird

635 Fraglich war bis Ende 2016, ob die Berechnung der Forderung wegen Nichterfüllung gem. § 104 Abs. 2 InsO zwingend ist oder ob es zulässig ist, anderslautende vertragliche Vereinbarungen zu treffen. Es konnte ein Verstoß gegen § 119 InsO vorliegen, da § 119 InsO Vereinbarungen für unwirksam erklärt, durch die im Voraus die Anwendung der §§ 103 bis 118 InsO ausgeschlossen oder beschränkt wird. Nach dem Inkrafttreten der Insolvenzordnung war es – gestützt auf die Gesetzgebungsgeschichte[1002] und höchstrichterliche Rechtsprechung des § 119 InsO – einhellige Meinung, dass Vereinbarungen die für den Fall der Eröffnung eines Insolvenzverfahrens die Auflösung eines gegenseitigen Vertrages vorsehen oder erlauben, nach der ausdrücklichen Regelungsabsicht des Gesetzgebers unter der Geltung der Insolvenzordnung zulässig sein sollten.

636 Ein Urteil des BGH vom 15.11.2012[1003] diskutiert die Unwirksamkeit von Lösungsklauseln in Verträgen über die fortlaufende Lieferung von Waren oder Energie bei sog. insolvenzabhängigen Lösungsklauseln. Demnach seien die Klauseln unwirksam, wenn sie an den Insolvenzantrag oder die Insolvenzeröffnung anknüpften, weil sie im Voraus das Wahlrecht des Insolvenzverwalters nach § 103 InsO ausschlössen[1004]. Für insolvenzabhängige Lösungsklauseln besteht eine Ausnahme, wenn die betreffende Vereinbarung einer gesetzlich vorgesehenen Lösungsmöglichkeit entspricht. Als gesetzliche Regelung dieserart kommen § 104 Abs. 1 InsO für bestimmte Fixgeschäfte und § 104 Abs. 1 Satz 2 InsO für Geschäfte über Finanzleistungen in Betracht.

637 Mit § 104 Absatz 4 InsO (eingeführt durch Artikel 1 des Änderungsgesetzes) ist klargestellt, dass insolvenzabhängige Lösungsklauseln, die außerhalb des Anwendungsbereichs des § 104 InsO und

---

999 Vgl. hierzu EuGH, 10.11.2016, Rs. C-156/15 Private Equity Insurance Group, Rdn. 57.

1000 RegE BT-Drucksache 18/9983, S. 14: »Neben dem Zweck der gesetzlichen Regelungen sind bei der Bestimmung der wesentlichen Grundgedanken auch die Vorgaben europäischen Rechts, insbesondere der Richtlinie 2002/47/EG des Europäischen Parlaments und des Rates vom 6. Juni 2002 über Finanzsicherheiten (Abl. L 168 vo m27.6.2002, S. 43) (Finanzsicherheitenrichtlinie) zu beachten.«

1001 Zu einer ausführlichen Darstellung des Meinungsstreites vgl. *Benzler* Nettingvereinbarungen im außerbörslichen Derivatehandel, S. 278, *ders.* ZInsO 2000, 1.; *Böhm* Rechtliche Aspekte grenzüberschreitender Nettingvereinbarungen, S. 155.

1002 Beschlussempfehlung und Bericht des Rechtsausschusses (6. Ausschuss), BT-Drucks. 12/7302 S. 49.

1003 BGH WM 2013, S. 274.

1004 Mit dem Urteil hatte der Bundesgerichtshof am 9. Juni 2016 seine restriktive Rechtsprechung zur Zulässigkeit von vertraglichenBeendigungs- und Abwicklungsregimen fortgesetzt.

anderer Vorschriften, die insolvenzbedingte Lösungsmechanismen vorsehen, unwirksam sind,[1005] wirksam und insolvenzfest vereinbart werden können. § 104 Absatz 4 InsO stellt weiter klar, dass die Parteien durch privatautonome Vereinbarung von dem gesetzlichen Lösungsmechanismus in § 104 Absatz 1 und 2 InsO abweichen können, denn in erster Linie wird nicht die Insolvenzmasse, sondern die Fähigkeit der Parteien, Marktrisiken zu steuern, geschützt. Es kann den Parteien überlassen bleiben, zweckentsprechende Vereinbarungen zu treffen, um für ein gleichermaßen praktikables wie rechtssicheres Verfahren zur Durchführung des Lösungsmechanismus zu sorgen[1006].

Innerhalb von zwei Werktagen können in volatilen Märkten erhebliche Marktpreisveränderungen 638 eintreten, vor denen sich der Vertragspartner durch eine vertraglich vereinbarte kürzere Frist schützen will. Auf der anderen Seite gibt es kein schützenswertes Interesse der Masse, den Schaden auf Basis der am zweiten Werktag nach Insolvenzeröffnung bestehenden Marktverhältnisse zu ermitteln. Daher erscheint es bei teleologischer Betrachtung zulässig, eine Zeitpunktbestimmung nur für den Fall vorzunehmen, dass ein etwaiger Rahmenvertrag keine anderslautende Fristbestimmung vorsieht.[1007] Unabhängig hiervon behalten die in den heute marktüblichen Rahmenverträgen enthaltenen Vereinbarungen über die Berechnung der Forderung wegen Nichterfüllung für den Fall der außerordentlichen Kündigung bis zur Eröffnung eines etwaigen Insolvenzverfahrens in jedem Fall ihre Bedeutung.[1008] Vor Eröffnung des Insolvenzverfahrens ist die bei einer außerordentlichen Kündigung zu ermittelnde Ausgleichsforderung sowohl im Hinblick auf die Fristbestimmung als auch im Hinblick auf die Frage, ob eine abstrakte oder eine konkrete Schadensermittlung durch den Abschluss entsprechender Ersatzgeschäfte vorzunehmen ist, anhand der getroffenen Vereinbarungen zu bestimmen.[1009]

3. Netting

Finanztermingeschäfte bergen aufgrund ihrer einseitig oder beidseitig hinausgeschobenen Fällig- 639 keit zumindest für eine Vertragspartei Kreditrisiken, die typischerweise mit längeren Laufzeiten zunehmen. Daher besteht ein großes praktisches Bedürfnis, diese Kreditrisiken zu reduzieren, indem wechselseitige Forderungen aus Finanztermingeschäften miteinander verrechnet oder auch »genettet« werden.[1010]

Eine genau abgegrenzte und eindeutige Definition des Begriffs »Netting« existiert nicht. »Net- 640 ting« ist kein ausschließlich rechtswissenschaftlicher Begriff, obgleich er in zunehmendem Maße auch hier Verwendung findet. »Netting« »kann verschiedene Vorgänge umschreiben und in unterschiedlichen Formen auftreten. Ganz allgemein kann gesagt werden, dass es sich bei »Netting«« um die Ermittlung einer Nettoposition handelt.[1011] Es wird zwischen »Zahlungsverkehrsnetting« (»Payment Netting« oder »Settlement Netting«, »Novationsnetting« (»Netting by Novation« bzw. »Obligation Netting«) und dem »**Close-out Netting**« (»Netting by Close-out«)[1012] oder auch – wie

1005 BGH, Urteil vom 15. November 2012 – IX ZR 169/11, Tz. 13ff.

1006 Praktische Bedürfnisse resultieren zum einen aus der Unbestimmtheit der gesetzlichen Regelung, etwa zur Bestimmung des maßgeblichen Markt- und Börsenwerts (Bornemann, in: Graf-Schlicker, InsO, 4. Aufl. 2014, § 104 Rdnr. 26 ff.; Ebenroth/Benzler, ZVglRW 95 (1996), 335, 359), zum anderen aber auch aus aufsichtsrechtlichen Erfordernissen. Letztere verlangen unter anderem eine Anknüpfung des Liquidationsnettings an Ausfallereignisse (default), die bereits dann anzunehmen sind, wenn die Begleichung fälliger Verbindlichkeiten unwahrscheinlich wird (vgl. Artikel 178 CRR).

1007 So auch Schimansky/Bunte/Lwowski/*Jahn* Bankrechts-Handbuch § 114 Rn. 142; a.A. *Bosch* WM 1995, 413 (424).

1008 Vgl. Rahmenvertrag für Finanztermingeschäfte (kurz DRV) Nr. 8 und Nr. 9.

1009 Vgl. LG Duisburg, BKR 2006, 420 (423) m. Anm. *Böhm*; BuB/*Neuhaus* Rn. 7/1096.

1010 BuB/*Neuhaus* Rn. 7/1074.

1011 Vgl. *Böhm* Rechtliche Aspekte grenzüberschreitender Nettingvereinbarungen, S. 17; *Benzler* Nettingvereinbarungen im außerbörslichen Derivatehandel, S. 56.

1012 Für hier behandelten Zwecke dürfte es sich um die relevanteste Netting-Art handeln, vgl. zuletzt ISDA/*Mengle* »The importance of Close-out Netting«, abrufbar unter http://www.isda.org/researchnotes/pdf/

im Folgenden verwendet – »Liquidationsnetting« unterschieden. Nach der Anzahl der Teilnehmer wird zwischen bilateralem und multilateralem »Netting« differenziert. **Multilaterales Netting** vereinfacht die Abwicklung von Derivategeschäften zwischen Vertragspartnern und reduziert mithin die Kosten. Mit aktuellen Regulierungen (insb. der European Market Infrastructure Regulation (EMIR)[1013] gewinnt es gerade im Zusammenhang mit Multilateralem Clearing zunehmend an Bedeutung.

a) Zahlungsverkehrsnetting

641 Mit Zahlungsverkehrsnetting (auch Zahlungsnetting, **settlement netting** oder **payment netting**) wird die bilaterale Aufrechnung von wechselseitigen Zahlungen in identischer Währung bei deren Fälligkeit bezeichnet. Eine solche Aufrechnung erfolgt regelmäßig bei Zinssatzswaps mit identischen Fälligkeiten.[1014] Dabei werden zwischen den Swapparteien zum entsprechenden Zahlungstermin nicht die jeweilig kalkulierten Zinsbeträge gezahlt, sondern lediglich der Betrag, um den die höhere Forderung die niedrigere Forderung übersteigt.[1015] Dieses Zahlungsverkehrsnetting kann jedoch auch mit mehreren Einzelabschlüssen und verschiedenen Arten von Finanztermingeschäften erfolgen. In diesem Fall verrechnen die Parteien zu den jeweiligen Zahlungszeitpunkten sämtliche aus den jeweiligen Einzelabschlüssen resultierenden und in derselben Währung fälligen Forderungen und gleichen lediglich den so ermittelten Saldo aus.[1016] Die rechtliche Grundlage hierfür bildet ein Staffelkontokorrent gem. § 355 HGB, wobei eine Abrechnung des Kontokorrentsaldos an jedem einzelnen Fälligkeitstag erfolgt.[1017]

b) Novationsnetting

642 Insb. bei Devisentermingeschäften wird häufig vereinbart, dass gegenseitige Forderungen und Verbindlichkeiten in derselben Währung, die identische, in der Zukunft liegende Fälligkeitstage haben, in einem einzigen Nettosaldo zusammengeführt werden. Dies geschieht in der Weise, dass für jeden Fälligkeitstermin sowie für jede Währung mit der Gegenpartei ein Konto geführt wird, in das die Einzelgeschäfte eingebucht werden. Nach einer gegenseitigen Bestätigung gelten die Verrechnungen als vollzogen und die neuen Saldoforderungen als anerkannt. Die ursprünglichen Kontrakte werden auf diese Weise erfüllt und erlöschen damit.[1018] Diesen Vorgang bezeichnet man als Novationsnetting.

643 Bspw. schließen Bank A und Bank B am 09.06.2012 mit Termin 15.12.2012 Devisentermingeschäfte ab, bei denen Bank A gegen Bank B eine Forderung von 30 Mio. US-$, Bank B gegen Bank A wiederum 48 Mio. € zu bekommen hat; am 23.06.2012 vereinbaren die beiden Parteien wiederum Devisengeschäfte mit Termin 15.12.2012. Diesmal hat Bank A gegen Bank B eine Forderung von 45 Mio. € und Bank B gegen Bank A eine Forderung von 34 Mio. US-$. Dann werden durch die Vereinbarungen zwischen den Parteien die Devisentermingeschäfte dahin gehend verändert, dass Bank A gegen Bank B nur noch eine Forderung von 3 Mio. € hat, Bank B gegen Bank

---

Netting-ISDAResearchNotes-1-2010.pdf., umfassend nunmehr Fuchs, Close-Out Netting, Collateral und systemisches Risiko, Rechtsansätze zur Minderung der Systemgefahr im außerbörslichen Derivatehandel, 2013.

1013 Http://ec.europa.eu/internal_market/financial-markets/derivatives/index_en.htm.

1014 Vgl. DRV Nr. 3 Abs. 3 Satz 1: »*Haben beide Parteien an demselben Tag auf Grund des Vertrages Zahlungen in der gleichen Währung zu leisten, zahlt die Partei, die den höheren Betrag schuldet, [nur] die Differenz zwischen den geschuldeten Beträgen.*«.

1015 BuB/*Neuhaus* Rn. 7/1076.

1016 *Ebenroth/Benzler* ZVglRWiss 95 (1996), 335 (350).

1017 Vgl. Schimansky/Bunte/Lwowski/*Jahn* Bankrechts-Handbuch § 114 Rn. 132; *Böhm* Rechtliche Aspekte grenzüberschreitender Nettingvereinbarungen, S. 85 ff.

1018 Vgl. BuB/*Neuhaus* Rn. 7/1077; *Böhm* Rechtliche Aspekte grenzüberschreitender Nettingvereinbarungen, S. 105.

A nur noch eine Forderung i.H.v. 4 Mio. US-$. Nicht erfasst werden in diesem Zusammenhang einfache Vereinbarungen über die Zahlungsmodalitäten, die den Bestand der Brutto-Forderungen unberührt lassen.[1019]

Das Novationsnetting ist auch rechtlich als kausale Novation einzuordnen.[1020] Durch eine Vereinbarung tritt ein neues Schuldverhältnis anstelle eines älteren, das zugleich aufgehoben wird. 644

c) Close-out Netting bzw. Liquidationsnetting

Beim Liquidationsnetting, wie es bspw. im Deutschen Rahmenvertrag für Finanztermingeschäfte vereinbart wird,[1021] wird der gesamte Vertrag bei Eintritt eines vorher festgelegten Ereignisses, insb. der Insolvenz einer Partei, entweder – im Fall der Insolvenz – automatisch oder durch Kündigung einer Partei beendet und die gegenseitigen vertraglichen Ansprüche miteinander verrechnet. Dabei erhält die eine oder die andere Partei einen Ausgleichsanspruch, der sich aus dem Saldo der positiven und negativen Marktwerte der noch nicht fälligen Kontrakte zum Zeitpunkt der Insolvenz ermittelt.[1022] Das Ergebnis wird im DRV »Abschlusszahlung« genannt. Im Gegensatz zum Novationsnetting wird beim Liquidationsnetting die Saldierung an den Eintritt einer nicht vorhergesehenen Leistungsstörung geknüpft. Funktional besteht das Liquidationsnetting damit aus zwei Phasen. Zum einen aus der Beendigung aller zwischen den Parteien bestehenden offenen Einzelgeschäfte und zum anderen aus der dadurch begründeten Verrechnung der wechselseitigen Ersatzbeschaffungskosten. Die entsprechenden Vertragsklauseln über das Liquidationsnetting sind rechtlich als aufschiebend bedingter Aufrechnungsvertrag einzuordnen.[1023] 645

d) Gesetz zur Reorganisation von Kreditinstituten und SAG

Bei Kreditinstituten mit Sitz in der BRD können entsprechende, das Close-Out Netting regelnde Aufrechnungsvereinbarungen durch Maßnahmen nach dem **Reorganisationsgesetz (KredReorG)**[1024] im Vorfeld oder zur Abwendung der Insolvenz, insb. aufgrund ggf. bestehender Kündigungsbeschränkungen, beeinträchtigt werden. 646

Seit der Einführung des **KredReorG** sind Netting-Vereinbarungen durch § 13 **KredReorG** z und § 48g Abs. 7 KWG beschränkbar. Gem. § 13 Satz 1 des **KredReorG** gkönnen Schuldverhältnisse mit einem Kreditinstitut, welches ein Reorganisationsverfahren gem. §§ 7 ff. dieses Gesetzes durch Anzeige bei der Bundesanstalt für Finanzdienstleistungsaufsicht einleitet, ab dem **Tag der Anzeige (§ 7 Abs, 1 KWG) bis zum Ablauf des folgenden Geschäftstages** i.S.d. § 1 Abs. 16b KWG nicht beendet werden. Geschäftstag eines Systems im Sinne von § 1 Abs. 16b KWG ist der Geschäftstag, der Tag- und Nachtabrechnungen umfasst und alle Ereignisse innerhalb des üblichen Geschäftszyklus eines Systems beinhaltet. Ein System ist ein Zahlungs-, Wertpapierliefer- oder Abrechnungssystem wie in § 1 Abs. 16 KWG bestimmt. Auch eine Kündigung ggü. dem betreffenden Kreditinstitut ist in diesem Zeitraum ausgeschlossen, § 13 Satz 2 **KredReorG**. Die Wirkung sonstiger in diesem Zeitraum eintretender Beendigungstatbestände ist bis zu seinem Ablauf aufgeschoben, § 13 Satz 3 **KredReorG** (»Beendigungssperre«). Bei nicht durch Finanzsicherheiten besicherten Rahmenverträgen ist eine Kündigung während der Beendigungssperre durch die Vertragspertei, die 647

1019 Vgl. *Ebenroth/Messer* ZVglRWiss 87 (1988), 1 (10); *Erne* Die Swapgeschäfte der Banken, S. 141.

1020 *Lehnhoff* WM-Festgabe Thorwald Hellner, S. 41 (42); *Horn* ZBB 1994, 130 (140); *Berner* Die Bank 1996, 753 (757).

1021 Vgl. DRV Nr. 7–9.

1022 *Bosch* WM 1995, 365 (369); *Berger* Der Aufrechnungsvertrag, S. 33; *Böhm* Rechtliche Aspekte grenzüberschreitender Nettingvereinbarungen, S. 107; BuB/*Neuhaus* Rn. 7/1078.

1023 *Berger* Der Aufrechnungsvertrag, S. 34; Kübler/Prütting/*Köndgen* InsO § 114 Rn. 42; Schimansky/Bunte/Lwowski/*Jahn* Bankrechts-Handbuch § 114 Rn. 134; *Böhm* Rechtliche Aspekte grenzüberschreitender Nettingvereinbarungen, S. 118.

1024 Gesetz zur Reorganisation von Kreditinstituten v. 09.12.2010, BGBl. 2010 Teil I Nr. 63, 1900 v. 14.12.2010 (KredReorgG).

das Reorganisationsverfahren anzeigt (als auch eine automatische Beendigung, wie nach Nr. 7 des Deutschen Rahmenvertrages für Finanztermingeschäfte) nach § 13 **KredReorG** unwirksam, so dass Nettingvereinbarungen in ihren Rechtswirkungen insoweit eingeschränkt sind. Im Fall einer Übertragung von Verbindlichkeiten durch Anordnung der Bundesanstalt für Finanzdienstleistungsaufsicht im Wege der Ausgliederung auf einen übernehmenden Rechtsträger regelt § 48g Abs. 7 Satz 1 KWG, dass Schuldverhältnisse allein aus Anlass ihrer Übertragung nicht kündbar sind. Satz 2 bestimmt, dass das Schuldverhältnis nicht beendet wird.

aa) Maßnahmen gemäß SAG

648 Durch die BRRD (Richtlinie 2014/59/EU des Europäischen Parlaments und des Rates vom 15. Mai 2014 zur Festlegung eines Rahmens für die Sanierung und Abwicklung von Kreditinstituten und Wertpapierfirmen) wurden das Regime für die Sanierung und Abwicklung von Kreditinstituten und Wertpapierfirmen in den EU Mitgliedstaaten vereinheitlicht[1025]. Erfasst werden bestimmte Kreditisntitute, Wertpapierfirmen, Unternehmen und Unionszweigstellen.[1026] Eine Umsetzung erfolgte national mittels SAG, Sanierungs- und Abwicklungsgesetz, wobei ausschließlich die BaFin eine Eröffnung eines Verfahrens beim OLG Frankfurt beantragen kann (§ 2 Abs. 3 S. 2 iVm § 1 Abs. 3 Satz 1 FinDAG (Finandienstleistungsaufsichtsgesetz).

bb) Anordnungen der BaFin nach § 4a WpHG

649 Im Benehmen mit der Deutschen Bundesbank kann die BaFin Anordnungen treffen, die geeignet und erforderlich sind, Missstände, die Nachteile für die Stabilität der Finanzmärkte bewirken können, zu beseitigen oder zu verhindern. Bei erster Anwendung wirkte diese Maßnahmenbefugnis schützend auf Rahmenverträge mit ihren Nettingbestimmungen[1027].

e) Aufsichtsrechtliche Auswirkungen des Netting

aa) Reduzierung der Eigenkapitalerfordernisse

650 Um die ausreichende Kapitalausstattung der Kreditinstitute sicherzustellen, sind die Kreditinstitute bankaufsichtsrechtlich gezwungen, den Umfang ihrer risikobehafteten Geschäfte an die Höhe des **Eigenkapitals** zu binden. Das KWG verlangt von jedem Institut, ein haftendes Eigenkapital in angemessener Höhe, damit etwaige Verluste nicht sofort durchschlagen (vgl. §§ 10 bis 10c). Die mit den jeweiligen Geschäften verbundenen Risiken werden dabei unterschiedlich berücksichtigt.

651 Finanztermingeschäfte bergen sowohl ein Kurs- bzw. Preisänderungsrisiko als auch – zumindest für eine Partei – ein Adressenausfallrisiko. Bei zins- und wechselkursbezogenen Finanztermingeschäften besteht das Adressenausfallrisiko nicht i.H.d. Nominalbetrages des zugrunde liegenden Finanzgeschäftes. Vielmehr besteht es i.H.d. Ersatz- oder Opportunitätskosten, die entstehen würden, wenn eine durch den Ausfall einer Gegenpartei entstandene offene Zins- oder Währungsposition durch ein vergleichbares Neugeschäft wieder geschlossen werden müsste.[1028] Im Rahmen der Eigenkapitalausstattung müssen die Kreditinstitute dieses Adressenausfallrisiko ihrer Finanztermingeschäfte berücksichtigen. Allgemein ausgedrückt erfolgt dies, indem zunächst eine Risikomessgröße

1025 Zum Hintergund des hier nicht vertieften Themas von SAG und SRM-VO Hübner/Leunert, ZIP 2015, 2259 oder Thole ZBB 2016, 57.

1026 § 1 SAG bzw. § 2 Abs. 1 SAG zu sog. »CRR-Instituten«.

1027 So die Allgemeinverfügung zum sog. Nettingurteil, im Wortlaut: »Die in Art. 295 (CRR) beschriebenen vertraglichen Nettingvereinbarungen, für die vereinbart ist, dass das Institut oder sein Vetragspartner bei Ausfall einer der beiden Parteien nur auf den Saldo der positiven und negativen Marktwerte der erfassten Einzelgeschäfte einen Anspruch hat oder zu dessen Zahlung verpflichtet ist, sind vo nden Vertragspartnern – einschließlich solcher Personen, die als Partei kraft Amtes für und gegen einen Vertagspartner handeln – vereinbarungsgemäß abzuwickeln.«

1028 Vgl. *Schulte-Mattler* Die Bank 1994, 302 (302).

für das Adressenausfallrisiko ermittelt wird, ein sog. **Kreditäquivalenzbetrag**, und dieser dann an das haftende Eigenkapital als Risikobegrenzungsgröße gebunden wird. Anschließend wird durch die Vorgabe einer Relation zwischen beiden Größen die Übernahme des **Adressenausfallrisikos** begrenzt.[1029]

Das Liquidationsnetting trägt zu einer Risikominderung und damit zu einer Reduzierung der Eigenkapitalerfordernisse für die erfassten Finanztermingeschäfte bei. Durch die automatische Saldierung aller durch Rahmenverträge zusammengefassten Finanztermingeschäfte werden beim Liquidationsnetting bei Eintritt eines bestimmten Ereignisses alle noch nicht fälligen Verbindlichkeiten durch eine einzige Zahlung ausgeglichen. Insbesondere im Fall der Insolvenz einer Partei kann damit bei einer vorzeitigen Fälligstellung i.R.d. Liquidationsnetting das Adressenausfallrisiko, das ja gerade die Gefahr der Insolvenz des Geschäftspartners widerspiegelt, durch die gegenseitige Verrechnung der offenen Verbindlichkeiten reduziert werden.[1030] 652

Dies ist jedoch nur möglich, wenn das Liquidationsnetting insolvenzfest ausgestaltet ist. Denn das Adressenausfallrisiko würde nicht vermindert, wenn der Insolvenzverwalter einer insolventen Partei das Recht hätte, die einem Liquidationsnetting unterworfenen Finanztermingeschäfte wieder voneinander zu trennen. Wenn er bspw. die Erfüllung der entsprechenden Geschäfte verlangen könnte, die für die insolvente Gegenpartei günstig sind, während die ungünstigen Geschäfte nicht erfüllt werden müssten. Eine Risikominderung für die vertragstreue Partei wäre insb. dann nicht gegeben, wenn der Insolvenzverwalter das Liquidationsnetting durch die Ausübung eines Erfüllungswahlrechtes wieder aufheben könnte (cherry picking).[1031] Diese Voraussetzungen werden sowohl nach deutschem Recht als auch nach den Insolvenzrechten der meisten übrigen Jurisdiktionen, in denen Finanztermingeschäfte gehandelt werden, erfüllt.[1032] Die ISDA beobachtet diese Entwicklungen – meist mithilfe spezialisierter Rechtsanwaltskanzleien – weltweit.[1033] 653

bb) Aufsichtsrechtliche Anerkennung des Netting

Im Rahmen des Grundsatz I zu § 10 KWG werden sowohl das bilaterale Novationsnetting als auch das bilaterale Liquidationsnetting anerkannt.[1034] Die aus Sicht des deutschen Bankaufsichtsrechts erforderlichen Voraussetzungen der Ermäßigung des Kreditäquivalenzbetrages bei der Verwendung zweiseitiger Aufrechnungsvereinbarungen ergaben sich bis zur Ablösung durch die sog. CRR[1035] aus der SolvV (ehemals auch aus der GroMiKV). Die Eigenmittelanforderungen sind in der Verordnung des Europäischen Parlaments und des Rates über Aufsichtsanforderungen an Kreditinstitute und Wertpapierfirmen (»CRR«) geregelt. Vertragliche Nettingvereinbarungen können risikomindernd anerkannt werden, sofern diese rechtswirksam sind. 654

Die Voraussetzungen, die eine Anerkennung im zuvor beschriebenen Sinne ermöglichen (vgl. Art. 296. CRR),[1036] sind bei dem deutschen Rahmenvertrag für Finanztermingeschäfte als auch dem ISDA-Master Agreement und dem European Master Agreement angelegt. Neben den Voraussetzungen den Vertrag selbst betreffend ist erforderlich, dass vier Voraussetzungen erfüllt sind. Sie 655

1029 Vgl. *Böhm* Rechtliche Aspekte grenzüberschreitender Nettingvereinbarungen, S. 190.
1030 *Böhm* Rechtliche Aspekte grenzüberschreitender Nettingvereinbarungen, S. 200.
1031 *Berger* BB 1989, 1017 (1021); *Erne* Swapgeschäfte der Banken, S. 141.
1032 *Böhm* Rechtliche Aspekte grenzüberschreitender Nettingvereinbarungen, S. 168.
1033 Die Bemühungen, Netting freundliche Gesetzgebung zu beobachten, kann mit entsprechendem Überblick unter http://www.isda.org/docproj/stat_of_net_leg.html abgerufen werden.
1034 Ausführlich *Böhm* Rechtliche Aspekte grenzüberschreitender Nettingvereinbarungen, S. 206.
1035 Verordnung (EU) Nr. 575/2013 des Europäischen Parlaments und des Rates vom 26.06.2013 über Aufsichtsanforderungen an Kreditinstitute und Wertpapierfirmen und zur Änderung der Verordnung (EU) Nr. 646/2012 (ABl. Nr. L 176 vom 27.06.2013, S. 1.).
1036 Vgl. früher § 206 f. SolvV.

ergeben sich im Einzelnen aus Art. 296 Abs. 2 Buchst. a) bis d) CRR.[1037] Schließlich muss gemäß der nationalen Aufsichtspraxis sichergestellt werden, dass die Rechtswirksamkeit der Aufrechnungsvereinbarung und die Einbeziehung der Geschäfte in diese laufend im Hinblick auf mögliche Änderungen der einschlägigen Rechtsvorschriften überprüft wird und bei Gesamtkreditrisiko und Adressenausfallrisiko sind die ermäßigten Anrechnungswirkungen einzubeziehen.

656 Sowohl der deutsche Rahmenvertrag für Finanztermingeschäfte, das ISDA-Master Agreement als auch das European Master Agreement verfügen über entsprechende unabhängige Rechtsgutachten sowie die übrigen Voraussetzungen einer Anerkennung und werden daher in der Praxis überwiegend eingesetzt. Bei den anerkannten Rahmenverträgen muss es sich um standardisierte Vertragstexte handeln, die im Inland oder international gebräuchlich sind oder von einem Spitzenverband der Institute zur Verwendung empfohlen werden. Weiterhin muss sichergestellt sein, dass bei einer Eröffnung des Insolvenzverfahrens über das Vermögen einer Vertragspartei die in den Vertragstext einbezogenen Finanztermingeschäfte einheitlich beendet werden oder durch eine einseitige Erklärung eines Kreditinstitutes beendet werden können. Dies muss wiederum zur Ermittlung einer einheitlichen Forderung aus einer Saldierung der positiven und negativen Marktwerte führen. Die künftige Clearing-Infrastruktur und zentrale Gegenparteien (s.u. unter 5. b) CCPs) führen zu einer Erweiterung der Anerkennung des vertraglichen Nettings auch auf diese neue Struktur sowohl hinsichtlich des Eigenkapitals[1038], als auch in Bezug auf Großkreditgrenzen.[1039]

f) Besicherung von OTC-Derivaten

657 Wegen des wachsenden Kreditrisikos für – je nach Marktwert der (Summe der) Einzelgeschäfte – entweder die eine oder andere Partei kann trotz der insolvenzrechtlich abgesicherten Möglichkeit des Netting mit der Zunahme des Volumens ein Bedürfnis an der Stellung von Sicherheiten bestehen. In Anlehnung an die im Börsenhandel übliche Besicherung (Margin) ermöglicht bei dem DRV der Besicherungsanhang und bei ISDA Dokumentation die Collateral Addenda (»CSAs«) eine Besicherung[1040] des Nettoausfallrisikos (z.T. mit sog. Schwellenbeträgen oder Freibeträgen).[1041] Der Besicherungsanhang (»BSA«) und bei ISDA Dokumentation die Collateral Addenda (»CSAs«) dienen – wie der Rahmenvertrag/das ISDA Master Agreement selbst – der Begrenzung des Ausfallrisikos in der Insolvenz der anderen Vertragspartei.[1042] Die durch diese Besicherung erfolgende Er-

1037 Etablierte juristische Systeme wie z.B. die Rechtsgutachtendatenbank LeDIS oder Framesoft Contract Repository (FCR) bieten die Möglichkeit, diese umfassenden juristischen Prüfungen ökonomisch zu steuern, indem die in den zahlreichen im Finanzsektor üblichen internationalen Rechtsgutachten enthaltenen Aussagen zur Zulässigkeit des Netting in Abhängigkeit von Produktarten, Rechtsordnung von Sitz und Niederlassung der Vertragspartner, individuellen Vertragsergänzungen und sonstigen Kriterien verwaltet und automatisiert geprüft werden.

1038 Die Eigenmittelanforderungen für Forderungen ggü. einer zentralen Gegenpartei sind in den Art. 300 ff. CRR sowie in den Anforderungen des Basler Ausschusses für Bankenaufsicht zur Eigenkapitalunterlegung von Bankforderungen ggü. zentralen Gegenparteien geregelt.

1039 Durch Art. 400 Abs. 1 (j) CRR werden Handelsrisikopositionen (vgl. Art. 4 Abs. 1 Nr. 91 CRR) und Beiträge zum Ausfallfonds (vgl. Art. 4 Abs. 1 Nr. 89 CRR) einer zentralen Gegenpartei (vgl. Art. 4 Abs. 1 Nr. 34 CRR) von der Anrechnung auf die Großkreditgrenzen nach Art. 395 Abs. 1 CRR ausgenommen. Hiervon sind sowohl die entsprechenden Positionen eines Clearing Member ggü. einem CCP betroffen, als auch die Positionen, die ein Kunde eines Clearing Member ggü. dem Clearing Member hält, sofern diese durch den Clearing Member über einen CCP abgewickelt werden.

1040 Abrufbar unter http://www.bankenverband.de/downloads/092010/besicherungsanhang-2001.

1041 Vgl. ausführlich Zerey/*Fried* Finanzderivate § 12 Rn. 3 bis 6 und zum neuen Regime unter EMIR Achtelik/Steinmüller in Handbuch EMIR Europäische Regulierung der OTC-Derivate, Teil 3 B.II.

1042 Eine detaillierte Darstellung der in der Bankpraxis sehr bedeutsamen Thematik unterbleibt mit Verweis auf die spezielle Lit. zu OTC-Derivaten. Zur Funktionsweise von Besicherungsanhängen vgl. Zerey/*Fried* § 12 Rn. 3 bis 6 und zu Finanzsicherheiten *ders.* und *Gottwald*, Insolvenzrechtshandbuch, § 102 Rn. 13, Schimansky/Bunte/Lwowski/Ganter Bankrechts-Handbuch § 90 Rn. 601g, *Obermüller/Hartenfels* BKR 2004, 440, *Kollmann* WM 2004, 1012, *Obermüller* ZIP 2003, 2336.

mäßigung des Kreditäquivalenzbetrages durch berücksichtigungsfähige Handelsbuchsicherheiten ist aufsichtsrechtlich anerkannt.[1043]

Die neue Regulierung (in Europa EMIR) erfordert seit März 2017 die Erfüllung verschärfter Anforderungen[1044]. Diese waren nicht nur operationell, sondern auch dokumentär umzusetzen[1045]. Die neue Dokumentation ist der neue ISDA Credit »Supprot« Docummentation, insbesondere der »ISDA 2016 Credit Support Annex for Variation Margin (VM (Title Transfer – English Law)«[1046] und der sog. »VM-Besicherungsanhang«[1047] der Deutschen Kreditwirtschaft. Es wird zwischen der Stellung von »Initial Margin« und »Variation Margin« unterschieden. Für die ebenfalls in Europa stufenweise eingeführte Besicherungspflicht in Bezug auf Initial Margin kann im deutschsprachigen Raum ab 2018 auf eine Musterdokumentation (»Besicherungsanhang für Initial Margin«) zurückgegriffen werden, für welche international bereits seit 2016 Bedarf bestand[1048]. **658**

4. Zusammenfassung

Finanztermingeschäfte können gem. § 104 Abs. 1 InsO in der Insolvenz eines Vertragspartners einheitlich beendet werden und ein Erfüllungswahlrecht des Insolvenzverwalters wie bei sonstigen gegenseitigen Verträgen (§ 103 InsO) besteht nicht. Vielmehr werden die positiven und negativen Marktwerte der unter einem Rahmenvertrag zusammengefassten Finanztermingeschäfte saldiert und lediglich die verbleibende Summe ausgeglichen. **659**

Die insb. auch im deutschen Rahmenvertrag für Finanztermingeschäfte festgelegte vorzeitige Beendigung des Vertrages ist insolvenzrechtlich wirksam und aufsichtsrechtlich anerkannt. Hierdurch können Kreditinstitute im Hinblick auf die Eigenkapitalerfordernisse ihrer Finanztermingeschäfte erhebliche Einsparungen vornehmen, wenn sie auch die übrigen Voraussetzungen des KWG und der CRR erfüllen. **660**

5. Entwicklungen, insb. Zentrale Gegenparteien und Transaktionsregister (Central Clearing und Trade Repositories)

a) EMIR/MiFIR

Neue Entwicklungen[1049] nach der globalen Krise an den Finanzmärkten nach September 2008 führen zu einem Umbruch der Regulierung von OTC-Derivaten.[1050] Die infolge der von den G20 Mitgliedstaaten am 25.09.2009 in Pittsburgh verabschiedeten Eckpunkte der Erklärung auf **661**

1043 Vgl. § 157 Solvabilitätsverordnung.

1044 Statt vieler zentral Achtelik/Steinmüller in Handbuch EMIR Europäische Regulierung der OTC-Derivate, Teil 3 B.II.

1045 Zum seit 2013 zwingend zum Deutschen Rahmenvertrag für Finanztermingeschäfte erforderlichen Abschluss eines »EMIR-Anhangs« siehe Ganz in Handbuch EMIR, Teil 7 C.

1046 Die vielzähligen, für den globalen Einsatz verfügbaren diversen Anhänge sind abrufbar http://www.isda.org/publications/isdacredit-users.aspx#crd.

1047 Abrufbar unter [https://bankenverband.de/media/contracts/BsA-VM-Vorabfassung-16-11-2016final.pdf].

1048 Insbesondere das »ISDA Credit Support Annex for Initial Margin«. Für die insgesamt noch in der Entwicklung befindlichen Thematik empfiehlt sich die Webseite der ISDA (https://www.isda.org/category/margin/documentation/).

1049 Entwurf einer Verordnung zu OTC-Derivaten, Zentralen Kontrahenten und Transaktionsregistern, COM (2010) 484/5, auch als Teil der »EMIR« – European Market Infrastructure Regulations – bezeichnet sowie Entwurf einer Verordnung zu Leerverkäufen und gewissen Aspekten Kreditausfallswaps/Kreditsicherungsswaps) COM (2010) 482. Mit Stand v. 09.02.2012 war eine Einigung im sog. Trilog-Verfahren erreicht, allerdings war eine Verzögerung des ursprünglichen Zeitplans (d.h. »Technical Standards«-Empfehlungen der ESMA nunmehr bis 30.09.2012) nicht vermeidbar.

1050 Eingehend zu den erwarteten Auswirkungen auf OTC-Derivate *Jahn* BKR 2009, 25, Teuber/Schöpp Recht der Finanzinstrumente 2013, S. 209 und Litten/Schwenk, Der Betrieb 2013, 857 und 918.

europäischer Seite in Kraft getretene European Market Infrastructure Regulation (**EMIR**)[1051] soll der dauerhaften Sicherung, Stabilisierung und Risikobegrenzung der außerbörslichen Derivatemärkte dienen. Der durch EMIR gesetzte Rahmen wird erst durch technische Durchführungsstandards und Technische Durchführungsstandards der EU-Kommission vom 19.12.2012 ausgefüllt[1052]. Der Rahmen wird maßgeblich davon bestimmt, dass standardisierte außerbörsliche Derivatekontrakte teilweise nicht mehr bilateral, sondern über zentrale (central) Gegenparteien (counterparties) (»CCPs«) als zwischengeschaltete Intermediäre abgewickelt (clearing, to clear) werden.[1053] Neben vielen Einzelheiten bewegt insb. das Thema Sicherheitsleistungen die geschäftspolitischen Überlegungen, da Sicherheiten die Kosten und somit den Preis der einzelnen Geschäfte beeinflussen[1054].

662 Die Verordnung MiFIR[1055] regelt zeitlich nach den EMIR – Anforderungen, bestimmte standardisierte und ausreichend liquide Derivate ausschließlich über Börsen (Regulierte Märkte), multilaterale Handelsplattformen (MTFs) oder die neu zu etablierenden Organisierten Handelsplattformen (OTFs) abzuschließen. Die Überarbeitung auf Stufe 1 der Gesetzgebung teilt sich auf in eine Richtlinie (MiFID II), deren Regelungen noch in nationales Recht umgesetzt werden mussten und eine Verordnung (MiFIR), die nach Verabschiedung direkt geltendes Recht darstellt. Die Regelungen zu Derivaten wurden überwiegend Teil der Verordnung. Es sollen der Wettbewerb gestärkt und die Zugangsrechte zu Zentralen Gegenparteien (CCPs) und zu den genannten Handelsplattformen geregelt werden.

b) Zentrale Gegenparteien (CCPs)

663 Ziel der Schaffung eines **zentralen Kontrahenten**[1056] ist die Verringerung der Kontrahentenrisiken.[1057] Die Tätigkeit als zentraler Kontrahent bedarf in Deutschland derzeit der Erlaubnis der BaFin.[1058] Die mangelnde Transparenz von OTC-Derivaten und insb. von Kreditausfallswaps (CDS) sowie die nicht ausreichende Besicherung der Ausfallrisiken dieser Geschäfte sollen, nach Einrichtung eines zentralen Kontrahenten für Credit Default Swaps zum 30.07.2009, nunmehr im Bereich der übrigen OTC-Derivate – wie auch in den USA mit dem sog. Dodd-Frank Gesetz (»Dodd Frank Act«) – beseitigt werden.[1059] Durch detaillierte Regelungen soll gemäß der Verordnung für OTC-Derivate, zentrale Gegenparteien und Transaktionsregister eine Neugestaltung

Text der Verordnung, abrufbar unter: http://eur-lex.europa.eu/LexUriServ/LexUriServ.do?uri=OJ:L:2012:201:0001:0059:EN:PDF.

1051 Zu dem Entwurf (Stand 15.09.2010) ausführlich s. *Diekmann/Fleischmann* WM 2011, 1105 zur verabschiedeten Verordnung im ausführlichen Überblick Köhling/Adler, WM 2012 S. 2125 und 2173.

1052 Vgl. zu Konzept und Rechtsetzungsverfahren der nachgelagerten Durchführungsstandards Art. 10 ff. der VO (EU) Nr. 1093/2010, AblEU Nr. L 331 vom 15.10.2010, 2 S. 24.

1053 Einzelheiten sind auch auf Anbieterseite der CCPs weiterhinin der Entwicklung. Der Bedarf an sog. »Segregation« (vgl. Art. 37 der Verordnung) hat zu individuelleren Clearing Modellen geführt, vgl. »Individual Clearing Model« der Eurex – um den Bedürfnissen der Non-Clearing Member (NCM) und auch registrierten Kunden gerecht zu werden.

1054 Dazu im Kontext AIFMD und Investmenfonds/Depotbanken Decker.

1055 Richtlinie über Märkte für Finanzinstrumente zur Aufhebung der Richtlinie 2004/39/EG des Europäischen Parlaments und des Rates KOM (2011) 656 endg. V. 20.10.2011.

1056 Zum Begriff vgl. § 1 Abs. 31 KWG.

1057 In Deutschland gibt es seit dem Frühjahr 2003 mit der Eurex Clearing AG einen zentralen Kontrahenten für Aktiengeschäfte.

1058 Die Eurex Clearing AG stellte Ende 2011 ihre »CCP Services for OTC Derivatives« vor. Die Dienste der zentralen Kontrahenten werden sukzessive produktabhängig nach Bedarf aktuell auf den neuen Regelungsrahmen angepasst. LCH.Clearnet Limited berücksichtigt insoweit auch den DRV und dessen Besicherungsanhang im Angebot. Dabei stellt ein »German Client Clearing Agreement« eine veränderte Fassung des Standard DRV dar, das die »SwapClear Client Clearing Standard Terms« inkorporiert und zwischen dem (End-) Kunden und dem Clearing Mitglied des zentralen Kontrahenten abgeschlossen wird.

1059 Zur transatlantischen Harmonie und Friktion durch die Reformen, vgl. *Lehmann* rdf, 2011, 300.

der Finanzmärkte und der OTC-Derivategeschäfte erreicht und eine Wiederholung der früheren Krisensituationen vermieden werden. Für die Europäische Union wurde die Clearingpflicht mit der am 16.08.2012 in Kraft getretene Verordnung eingeführt[1060]. Die künftige Verordnung zu OTC-Derivaten sieht eine strikte Clearingpflicht von sog. qualifizierten OTC-Derivaten unter Einschaltung eines Zentralen Kontrahenten (Gegenpartei, auch »CCP«) für Finanzinstitute vor. Die Clearingpflicht folgt aus Art. 4 EMIR. Sie trifft danach nur OTC-Derivategeschäfte, bei denen zum einen beide Vertragsparteien clearingpflichtig sind und zum anderen die Geschäfte als solche zu den für clearingpflichtig erklärten Produktkategorien zählen. Welche OTC-Derivategeschäfte unter die Clearingpflicht fallen sollen, stimmen die nationalen Aufsichtsbehörden mit der neu zu schaffenden Europäischen Wertpapieraufsicht ESMA (European Securities and Markets Authority)[1061] ab, sodass ihr letztlich die entscheidende Rolle zukommt. EMIR bestimmt, dass die ESMA für jede »Derivate-Klasse« im Rahmen eines zu entwickelnden Technischen Standards die Clearing-Pflicht feststellt. Die eigentlichen Technischen Standards konnten erst sukzessive erarbeitet werden. Zuletzt erfolgte die Veröffentlichung der Delegierten Verordnung zur Clearing-Pflicht für Zinsderivate (IRS) für drei (weitere) EWR-Währungen (NOK, PLN, SEK)[1062]. Die Delegierte Verordnung zur Clearing-Pflicht für Zinsderivateprodukte in den vier sog. Hauptwährungen (EUR, GBP, USD, JPY trat am 21. Dezember 2015 in Kraft[1063]. Die Einführungsphase für das Einsetzen der Clearing-Pflicht begann damit am 21. Juli 2016. Der Zeitplan für das stufenweise Einsetzen der Clearing-Pflicht ist für die verbleibenden sog. Klassen: Kategorie 2 (Finanzielle Gegenparteien oder AIF, deren durchschnittliches Bruttonominalvolumen aller OTC-Derivate 8 Mrd. Euro übersteigt): 21. Dezember 2016 – zwölf Monate nach Inkrafttreten; Kategorie 3 (Sonstige finanzielle Gegenparteien und AIF) und Kategorie 4 (nichtfinanzielle Gegenparteien): 21. Juni 2019.

Sog. Nichtfinanzielle Unternehmen (Art. 2 Nr. 9 EMIR)[1064] werden nur ab einer bestimmten Schwelle »clearing«-pflichtig und mit dem Geschäftszweck dieser Unternehmen direkt verbundene qualifizierte OTC-Derivate werden bei dieser Schwelle nicht mitgerechnet. Die elektronische Bestätigung der OTC-Derivate ist weitgehend obligatorisch und eine umfassende Meldepflicht von abgeschlossenen qualifizierten OTC-Derivaten an ein Transaktionsregister (Trade Repositories) eingeführt. Auf die Transaktionsregister werden ESMA und die nationalen Aufseher zugreifen. Die Verordnung gibt die genauen Voraussetzungen für die Zulassung und das Geschäft eines Zentralen Kontrahenten, als auch für die Risikosteuerung vor.[1065] 664

Unter anderem die Deutsche Kreditwirtschaft hat zu dieser strukturellen Veränderung ergänzende Dokumentation entwickelt[1066]. Insbesondere ist neu, dass die Geschäfte unter Rahmenverträgen (DRV oder ISDA Master Agreement), für die die Regeln des zentralen Kontrahenten, in dessen Abwicklungssystem das Geschäft aufgenommen wurde, gelten, mit börsengehandelten Spot-, Futures- und Optionsgeschäften als auch Termingeschäften in Devisen oder Edelmetallen mittels Rahmenvereinbarung für über zentrale Kontrahenten abgewickelte Derivate verbunden 665

1060 Siehe auch zu den Einzelheiten *Köhling/Adler*, WM 2012, 2125 und 2173; *Gstädtner*, rdf 2012, 145 und *von Hall*, WM 2013, 673.

1061 *Deipenbrock* WM 2011, 1829, zur ESMA allgemein und die einzelnen Aufsichtsbereiche und die neu geschaffene Behördenstruktur erläuternd *Baur/Boegl* BKR 2011, 177.

1062 Delegierte Verordnung (EU) 2016/1178 der Kommission vom 10. Juni 2016. Zuvor wurde die Clearingpflicht für die vier »Hauptwährungen« (EUR, GBP, USD, JPY) veröffentlicht (s.u.). Ferner ist die Clearing-Pflicht für Kreditderivate (Index-CDS) am 9. Mai 2016 in Kraft getreten.

1063 Die Verordnung ist am 1. Dezember 2015 im Amtsblatt veröffentlicht worden.

1064 Zu Nichtfinanzielle Gegenparteien siehe Heist in Handbuch EMIR Teil 4 A und B.

1065 Vgl. ausführlich (mit Stand Anfang 2011) Schimanky/Bunte/Lwowski/*Jahn* Bankrechts-Handbuch, § 114 Rn. 166.

1066 Zur Kundenclearingdokumentation und zum Clearinghintergrund (auch international) Scholl, in Handbuch EMIR, Teil 7.

werden können. Dies kann mit der Clearing-Rahmenvereinbarung erreicht werden[1067]. Sie und der ebenfalls von der Deutschen Kreditwirtschaft zunächst Ende April 2013 veröffentlichte und 2015 aktualisierte Anhang zum deutschen Rahmenvertrag für Finanztermingeschäfte (»Clearing Anhang«) schließen die Lücke für die Deutsche Rahmenvertragsdokumentation[1068]. Damit ist eine einheitliche Risikobetrachtung und Besicherungspflicht (»Initial Margin« und »Variation Margin«) für diese Geschäfte denkbar. Die Clearing-Häuser geben Bedingungen für die Rechtsbeziehungen zwischen Clearingmitgliedern und deren Kunden (Client-Clearing-Bedingungen) vor. Diese Bedingungen überlagern die zwischen einem Clearingmitglied und seinem Kunden abgeschlossenen Rahmenverträge und inkorporieren deren Kernbestimmungen (insbesondere Nettingregelungen). Das Verhältnis von den der Clearing-Pflicht unterliegenden Geschäften, deren Einbeziehung oder auch deren Verbleib unter dem bilateralen Vertragsverhältnis oder deren vorzeitige Beendigung durch Barausgleich (z.B. im Fall der Ablehnung mangels Gegenbestätigung eines zentralen Kontrahenten) ist künftig zusätzlich zu den bilateralen Vereinbarungen zu berücksichtigen, d.h. vertraglich zu ordnen.

666 **Indirektes Clearing** wurde durch Inkrafttreten von MiFID II und MiFIR gesetzlich erstmalig geregelt[1069] und dabei versucht, die EMIR mit den MiFIR Regeln mittels zweier Verordnungen weitestgehend zu harmonisieren. Relevant ist das in der Praxis nur für das Futurs & Options-Geschäft (F&O, auch »ETD«-Geschäft, also den börsengehandelten Derivatekontrakten). Bei dem indirekten Clearing kann eine Bank das Clearing von Derivatekontrakten über eine CCP auch im Wege des indirekten Clearings für bestimmte Derivatekontrakte anbieten. Beim indirekten Clearing ist die das anbietende Bankinstitut nicht selbst Clearingmitglied. Vielmehr schaltet es ein Clearingmitglied ein, um Transaktionen von dessen Bankkunden über eine zentrale Gegenpartei zu clearen. Auf der Grundlage des sog. Principal-to-Principal-Modells ist mithin die das anbietende Bank (selbst) im Rahmen dieser Konstellation der Kunde und der Kunde der Bank ist der indirekte Kunde im Sinne der neuen Regulierung. Wenn die Bank für einen indirekten Kunden eine Transaktion über eine zentrale Gegenpartei im Wege des indirekten Clearings abwickelt, führt dies im Regelfall zu drei (oder auch vier) Rechtsverhältnissen.

667 Zum einen zwischen Bank und indirektem Kunde, des Weiteren zwischen der Bank und dem Clearingmitglied und schließlich zwischen Clearingmitglied und der zentralen Gegenpartei. Die Rechtsbeziehung zwischen Bank und ihrem Kunden – als indirekter Kunde – basiert dabei grundsätzlich auf einer zwischen Bank und ihrem Kunden abgeschlossenen Vertragsdokumentation für das indirekte Kundenclearing (Indirekter Kundenclearing-Vertrag). Die Rechtsbeziehung zu dem Clearingmitglied beruht auf der Vertragsdokumentation des Clearingmitglieds für das Kundenclearing (Kundenclearing-Vertrag). Die Rechtsbeziehung zwischen zentraler Gegenpartei und Clearingmitglied unterliegt dem maßgeblichen Regelwerk der jeweiligen zentralen Gegenpartei.

668 Gesetzlich gefordert sind dokumentationsseitig zwingend diverse Vertragsschlüsse, die bislang teilweise in der Praxis nicht existierten. Zur Darstellung dieser speziellen Materie in Bezug auf die deutsche Dokumentation kann hier nur auf den die bisherige Dokumentation zum Abschluss mit

1067 Dazu ausführlich *Köhling*, BKR 2013, 491.

1068 Der Bankenverband entwickelte zudem für die jeweiligen Zentralen Kontrahenten verwendbare Anhänge als auch Hintergundinformationen zu der Clearingrahmenvereinbarung als auch des Clearing-Anhangs weiter (s. Webseite: »http://bankenverband.de/themen/fachinformationen/finanzmaerkte/rahmenvertraege-fuer-finanzgeschaefte/clearing-rahmenvereinbarung«); dazu Köhling, BKR 2013, 491.

1069 Delegierten Verordnung (EU) 2017/2154 der Kommission vom 22. September 2017 zur Ergänzung der Verordnung (EU) Nr. 600/2014 (MiFIR-RTS) sowie der Delegierten Verordnung (EU) 2017/2155 der Kommission vom 22. September 2017 zur Änderung der Delegierten Verordnung (EU) Nr. 149/2013 im Hinblick auf technische Regulierungsstandards für indirekte Clearingvereinbarungen zu den verschiedenen Trennungsgraden und Risiken von Kundenkonten.

einer Clearingrahmenvereinbarung (s. dazu bereits oben) erweiterten »Anhang für das indirekte Clearing« und Erläuterungen[1070] dazu verwiesen werden.

c) *Transaktionsregister*

Durch den European Code of Conduct for Clearing and Settlement vom 07.11.2006[1071] wurde ein freiwilliger Rahmen für die Herstellung von Verbindungen zwischen Zentralen Gegenparteien und **Transaktionsregistern** geschaffen. Sie erfassen Daten für Regelungszwecke, die für Behörden in sämtlichen Mitgliedstaaten relevant sind.[1072] Die ESMA hat die Zuständigkeit für die Registrierung, Löschung und Beaufsichtigung von Transaktionsregistern. Da Regulierungsstellen, Zentrale Gegenparteien und andere Marktteilnehmer auf die von Transaktionsregistern vorgehaltenen Daten angewiesen sind, unterliegen die Transaktionsregister in Bezug auf die Dokumentation und das Datenmanagement strengen Anforderungen. Die Parteien von Derivatekontrakten im Sinne EMIR haben sicherzustellen, dass die Einzelheiten aller von ihnen geschlossenen Derivatekontrakte sowie jegliche Änderungen und Beendigungen dieser Kontrakte an ein gem. Art. 55 registriertes oder gem. Art. 77 EMIR anerkanntes Transaktionsregister gemeldet werden. Nähere Einzelheiten ergeben sich aus EMIR und den dazu erlassenen Technischen Standards (insbesondere Delegierte Verordnung [EU] Nr. 148/2013 und Nr. 149/2013 jeweils vom 19.12.2012 sowie den Durchführungsverordnungen insbesondere die Durchführungsverordnung 1247/2012 [EU] ebenfalls vom 19.12.2012).Für Endkunden wird die Meldung regelmäßig seitens des Bankinstituts übernommen (sog. »Delegated Reporting«), wobei die Letztverantwortlichkeit für seine eigene Meldung bei dem Endkunden verbleibt. **669**

d) *Risikominderungstechniken*

Die Risikominderungstechniken für nicht durch eine Zentrale Gegenpartei geclearte OTC-Derivatekontrakte sind in Art. 11 EMIR verankert und werden durch die Art. 12 ff. der VO (EU) 149/2013 ergänzt. Die Techniken bestehen aus den Pflichten zur rechtzeitigen Bestätigung von abgeschlossenen OTC-Derivatekontrakten, zur Vereinbarung von Regelungen hinsichtlich des Portfolioabgleichs und der Portfoliokomprimierung sowie zur Streitbeilegung bei Meinungsverschiedenheiten. Auch die gegenseitige Stellung von Sicherheiten fällt unter die Risikominderungstechniken, wobei sich der EU Regulierungsstandard an den Empfehlungen des Basler Ausschusses orientiert.[1073] **670**

Die europäischen Aufsichtsbehörden (EBA/ESMA/EIPOA) haben im April 2014 das Konsultationspapier zu den technischen Standards zu Besicherungspflichten sowie zu der Ausnahmeregelung für gruppeninterne Transaktionen gem. Art. 11 EMIR veröffentlicht. Mit diesen technischen Standards sollen zudem auch die im September 2013 veröffentlichten BCBS-IOSCO Rahmenvorgaben umgesetzt werden. Die Veröffentlichung des finalen Entwurfs der EBA/ESMA/EIOPA für die technischen Standards zur Besicherung nicht geclearter OTC-Derivate (EMIR-Besicherungs-RTS) sind erst im März 2016 veröffentlicht und seitens der Europäischen Kommission am 27. Juli 2016 mit Änderungen angenommen worden. Mit bestimmten Ausnahmeregelungen von der Besicherungspflicht sowie einer stufenweise Einführung 2017 sind die europäischen Regelungen zeitlich später als die US-amerikanischen Pflichten Inkraft getreten[1074]. **671**

1070 Hintergundpapier des Bundesverbandes deutscher Banken, abrufbar unter: »https://bankenverband.de/service/rahmenvertraege-fuer-finanzgeschaefte/hintergrundinformationen/« (Seite 13-17).

1071 Vgl. http://ec.europa.eu/internal_market/financial-markets/docs/code/code_en.pdf.

1072 Vgl. allgemein zu Transaktionsregistern insgesamt Ritter, in die bank 2013, S. 24 und Zeitz in Hanbuch EMIR, Teil 6 B.

1073 BCBS/IOSCO-Empfehlungen zu »Margin« »Requirements for non-centrally cleared derivatives – final document, September 2013« abrufbar unter und www.bis.org/publ/bcbs261.pdf.

1074 Der Zeitplan für das Einsetzen der Besicherungspflichten – Art. 36 (VM-Besicherungspflicht): ist bei Parteien mit Geschäftsvolumen über 3 Billion EUR (Gruppenbetrachtung/Nominalwerte einen Monat

672 Produktausnahmen für Währungsderivate – Art. 26 -, Verzichtsoptionen bei Gegenparteien aus Drittstaaten, in denen die Segregierungs- oder Nettingvereinbarungen nicht rechtswirksam vereinbart werden können – Art. 30 – und beispielsweise Fristen für den Austausch von Variation Margin (»VM«) und Initial Margin (»IM«) – Art. 12 bis 13[1075] waren bis zum Schluss in der Diskussion und begleiteten den Beginn neuer ohnehin schon komplexen Pflichtenkatalog mit einigem rechtlichem Klärungsbedarf.

Die Regelungen als auch die neue Dokumentation[1076] können hier nicht detailliert dargestellt werden.

e) Aufsichtsrechtliche Anforderungen an die Aufklärung, § 31 Abs. 3a WpHG (PIB)

673 Wertpapierdienstleistungsunternehmen müssen ihre Kunden kurz prägnant über die wesentlichen Merkmale von Finanzinstrumenten aufklären, § 31 Abs. 3a WpHG[1077]. Kurzinformationsblättern (Product-Flyer oder schlicht »Beipackzettel«, in der Praxis »**PIB**« für **Produktinformationsblatt**)[1078] sollen den Kunden knapp und in leicht verständlicher Weise über Finanzprodukte informieren. Inhalt und Aufbau der Informationsblätter werden durch § 5a Wertpapierdienstleistungs-Verhaltens- und Organisationsverordnung (WpDVerOV) konkretisiert, was eine gewisse Standardisierung bewirken soll. Das Informationsblatt muss die wesentlichen Informationen über das Finanzinstrument in übersichtlicher und leicht verständlicher Weise enthalten und darf bei nicht-komplexen Finanzinstrumenten (§ 7 WpDVerOV) höchstens zwei, bei sonstigen Finanzinstrumenten höchstens drei Seiten umfassen.

---

nach Inkrafttreten der Delegierten Verordnung. Für alle sonstigen Parteien: einen Monat nach Inkrafttreten der Delegierten Verordnung aber nicht vor dem 1. März 2017. IM-Besicherungspflicht: Beginn des gestaffelten Einsetzens ab dem 1. September 2017 wie folgt (alle Angaben zu Geschäftsvolumina: Gruppenbetrachtung/Nominalwerte): Parteien mit Geschäftsvolumen über 2,25 Billionen EUR > 1. September 2017; Parteien mit Geschäftsvolumen über 1,5 Billionen EUR 1. September 2018; Parteien mit Geschäftsvolumen über 750 Mrd EUR 1. September 2019; Parteien mit Geschäftsvolumen über 8 Mrd EUR 1. September 2020.

1075 »The posting counterparty shall provide the initial margin within the same business day of the calculation date determined in accordance with Article 9(3)« ist bei den meisten Marktteilnehmern zu beginn) praktisch so gut wie nicht darstellbar.

1076 Für die deutsche Dokumentation insbesondere der neue »Besicherungsanhang für Variation Margin« nebst »Zusatzvereinbarung – Besicherungsvarianten zum Besicherungsanhang für Variation Margin« (vgl. https://bankenverband.de/service/rahmenvertraege-fuer-finanzgeschaefte/neue-emir-besicherungs-dokumentation/ -siehe auch »Hintergundinformationen«.

1077 Seit 01.07.2011, vgl. BGBl. I, 538; ausführlich *Möllers/Weninger* NJW 2011, 1697. Das Gesetz zur Stärkung des Anlegerschutzes und Verbesserung der Funktionsfähigkeit des Kapitalmarktes soll ferner die Ausdehnung der Anleger schützenden Vorschriften des Wertpapierhandelsgesetzes (WpHG) und des Kreditwesengesetzes (KWG) auf den Vertrieb von Produkten des Grauen Kapitalmarkts, die Verschärfung der Anforderungen an Prospekte für Graumarktprodukte und die Verlängerung von Verjährungsfristen im Bereich der Prospekthaftung (»Grauer Kapitalmarkt«) erreichen. Weiterhin sind die Schaffung einer Datenbank über Anlageberater, Vertriebsbeauftragte und Compliance-Beauftragte sowie die Einführung von Sanktionsmöglichkeiten für die BaFin bei Falschberatung (»Falschberatung«) gewollt.

1078 Zu den »PIB« s. ausführlich unter Rdn. 354 ff.

XI. Wertpapierdarlehensgeschäfte

1. Allgemeines

a) Begriff des Wertpapierdarlehens

Als **Wertpapierdarlehen** bezeichnet man das Überlassen von Wertpapieren an einen anderen für einen bestimmten oder unbestimmten Zeitraum gegen Entgelt. Für den Zeitraum des Darlehens kann der Darlehensnehmer die Wertpapiere für eigene Zwecke nutzen. Mit Beendigung des Darlehens hat er die ihm überlassenen Wertpapiere an den Darlehensgeber zurückzugewähren. Nach wie vor weit verbreitet für derartige Wertpapierdarlehensgeschäfte ist die Bezeichnung »**Wertpapierleihe**«. Dies ist auf die international gebräuchliche englische Bezeichnung »Securities Lending« zurückzuführen. Rechtlich betrachtet handelt es sich jedoch nicht um eine Leihe im Sinne von § 598 BGB, sondern um ein Sachdarlehen gem. § 607 BGB. In Anerkennung dieser Rechtsgegebenheit war man bemüht, derartige Geschäfte unter der korrekten Bezeichnung Wertpapierdarlehen zu erfassen. Dementsprechend wurde im lokalen deutschen Geschäftsumfeld der ursprünglich von einem Arbeitskreis des Bundesverbandes deutscher Banken erarbeitete »Rahmenvertrag für Wertpapierleihgeschäfte« in seiner Neufassung von 1999 in »**Rahmenvertrag für Wertpapierdarlehen**« umbenannt. 674

Wesentlicher Bestandteil eines Wertpapierdarlehens ist die Übertragung des Eigentums an den geschäftsgegenständlichen Wertpapieren auf den Darlehensnehmer. Der Darlehensnehmer wird Eigentümer der darlehensweise empfangenen Wertpapiere und schuldet dem Darlehensgeber die Rückübertragung von Wertpapieren zum Fälligkeitstag.[1079] In der Zwischenzeit kann der Darlehensnehmer frei über die ihm überlassenen Wertpapiere verfügen. Dem Darlehensgeber verbleibt lediglich ein schuldrechtlicher Rückgewähranspruch auf Rücklieferung von Wertpapieren gleicher Art und Menge. Für die Zeit des Darlehens trägt der Darlehensgeber daher vorbehaltlich etwaiger Besicherungen das Solvenzrisiko seines Darlehensnehmers. Da der Rückgewähranspruch sich auf Lieferung entsprechender Wertpapiere richtet, verbleibt darüber hinaus das Kurs- bzw. Emittentenrisiko bei dem Darlehensgeber. 675

b) Entstehung des Wertpapierdarlehens

Wertpapierdarlehen sind keine Finanzinnovation der achtziger und neunziger Jahre des letzten Jahrhunderts. In ihrer rechtlichen Struktur sind sie bereits seit über einhundert Jahren bekannt.[1080] Eine starke Intensivierung der Wertpapierdarlehen folgte der Einführung der Deutschen Terminbörse (DTB) im Jahr 1990.[1081] Erhebliche Teile des Aktienterminhandels erfolgen auch, ohne dass der aus dem Termingeschäft zur Lieferung Verpflichtete über einen entsprechenden Bestand an Aktien verfügt. Kommt es bspw. zu einer Optionsausübung, so muss sich der Stillhalter die zu liefernden Wertpapiere zunächst noch beschaffen. Dies kann er entweder durch den Erwerb der Aktien im Kassamarkt oder aber durch Beschaffung der Aktien im Wege eines Wertpapierdarlehens erreichen. Zur regelmäßigen Abwicklung der Termingeschäfte bedarf es daher eines funktionsfähigen Wertpapierdarlehensmarktes. Die für die Beteiligten aus Wertpapierdarlehen zu realisierenden Vorteile 676

1079 Tatsächlich ist die Eigentumsfrage nicht zuletzt bei Aktien komplexer und vielschichtiger, vgl. dazu im Einzelnen *Kort* WM 2006, 2149; *Mühlhauser/Schmid* BB 2001, 2609.

1080 Vgl. Schwintowski/Schäfer/*Schäfer* Bankrecht, 2. Aufl., § 22 Rn. 1, unter Hinweis auf RGZ 153, 386 und RG, JR 1925, Rspr. Nr. 761; ein Verbot der »entgeltlichen Verleihung« von Aktien zu Zwecken der Stimmrechtsausübung war bereits 1884 in das Allgemeine Deutsche Handelsgesetzbuch aufgenommen worden, vgl. *Dörge* AG 1997, 396 (399).

1081 1993 wurde die DTB GmbH in die neu gegründete Deutsche Börse AG eingegliedert. 1998 fusionierte die Deutsche Terminbörse GmbH mit der SOFFEX zur heutigen Eurex. S. *Edelmann/Eller* Wertpapierdarlehen und Wertpapierpensionsgeschäfte, S. 10.

haben jedoch zu einer Wiederbelebung des Marktes für Wertpapierdarlehen weit über die durch die DTB bzw. Eurex geweckten Bedürfnisse hinausgeführt.

c) Erscheinungsformen

677 Wertpapierdarlehen kommen heute in unterschiedlichen Erscheinungsformen vor. Sie werden als Direktgeschäfte zwischen zwei Marktteilnehmern, über die Vermittlung von Sammelverwahrstellen oder Clearingorganisationen oder im Wege des Kommissionsgeschäfts über Kreditinstitute abgeschlossen. Wertpapierdarlehen können ebenso von Fall zu Fall wie auch »automatisiert« abgeschlossen werden.

aa) Wertpapierdarlehen als Direktgeschäfte

678 Der wahrscheinlich größte Umfang des Wertpapierdarlehensmarktes entfällt auf die **Direktgeschäfte**. Bei diesen Direktgeschäften erfolgt der Vertragsabschluss unmittelbar durch die beiden Marktteilnehmer (**Principal-Model**). Die Konditionen und sonstigen Bedingungen des Wertpapierdarlehens werden zwischen den Vertragsparteien individuell ausgehandelt. Zur Abkürzung und Vereinfachung der vertraglichen Dokumentation derartiger Direktgeschäfte hat sich jedoch in den vergangenen Jahren national und international die Verwendung von Rahmenverträgen durchgesetzt. Den in Deutschland mit Abstand am weitesten verbreiteten Mustervertrag bildet der 1999 entwickelte »**Rahmenvertrag für Wertpapierdarlehen**«.[1082] International finden darüber hinaus das »Overseas Securities Lending Master Agreement« (1995) (auch »OSLA«) der The Bond Market Association (zuvor Public Securities Association [PSA]), das Global Master Securities Lending Agreement (auch **GMSLA** in Fassungen von 2000, 2009 und 2010) der International Securities Lending Association (ISLA)[1083] sowie Standardverträge von Clearstream und Euroclear Verwendung. Weiterhin können unter dem European Master Agreement for Financial Transactions (**EMA**) Wertpapierdarlehen abgeschlossen werden.[1084] Das EMA ist von den europäischen Bankenverbänden entwickelt und 1999 erstmals veröffentlicht und zur Verwendung empfohlen worden. Es liegt in einer Fassung von 2004 vor. Es erlaubt aber nicht nur die Dokumentation von Wertpapierdarlehen, sondern auch von Wertpapierpensionsgeschäften und seit der Fassung 2004 mittels eines dafür entwickelten Anhangs auch von Derivaten. Es handelt sich somit um einen »mehrproduktfähigen« Rahmenvertrag. Ferner ist das EMA auch multijurisdiktional (»multi-jurisdictional«), da die Parteien als Vertragsrecht das Recht eines jeden Mitgliedstaates der EU vereinbaren können. Es ist auch mehrsprachig und in der 2001er Fassung in sieben und in der 2004er Fassung in vier Sprachen (Englisch, Deutsch, Italienisch und Französisch) verfügbar.[1085] Der Vorteil derartiger Rahmenverträge liegt einerseits in der Standardisierung der üblichen und wiederkehrenden Bestimmungen eines Geschäftsabschlusses. Darüber hinaus ermöglichen derartige Rahmenverträge das Verrechnen wechselseitiger Forderungen im Fall der Insolvenz einer Vertragspartei (Netting).[1086] Hierdurch werden insb. auch die wechselseitigen Kreditrisiken reduziert. Soweit zwischen den Parteien ein entsprechender Rahmenvertrag vorliegt, enthält der einzelne Geschäftsabschluss nur noch die Daten und Konditionen des konkreten Geschäfts sowie etwaige besondere Vereinbarungen.

1082 Er löste den bis dahin verwendeten »Rahmenvertrag für Wertpapierleihgeschäfte im Interbankenverkehr« von 1994 ab.

1083 Die Dokumentation ist verfügbar über. http://www.isla.co.uk.

1084 Das EMA kann über die Website der Europäischen Bankenvereinigung http://www.fbe.be abgerufen werden. Vgl. hierzu ausführlich *Bergfort* ZBB 2009, 451; Kohler/Obermüller/Wittig/*Hartenfels* Gedächtnisschrift für Ulrich Bosch, S. 67; *Gillor* Der Rahmenvertrag für Finanztermingeschäfte der Europäischen Bankenvereinigung (EMA), 2006.

1085 Die Dokumentation ist verfügbar über http://www.ebf-fbe.eu/index.php?page=ema.

1086 Vgl. zum Konzept des Rahmenvertrages allgemein auch, *Benzler* Nettingvereinbarungen im außerbörslichen Derivatehandel, S. 130.

bb) Wertpapierdarlehen als Kommissionsgeschäfte

Soweit ein Darlehen gebendes Kreditinstitut dem Darlehensnehmer eigene Wertpapiere überträgt, wird es dies üblicherweise im Wege des Direktgeschäfts tun. Will hingegen bspw. ein Kreditinstitut Kundenbestände im Wege eines Darlehens übereignen, so kann es sich diese Wertpapiere zunächst wiederum durch ein Direktgeschäft mit dem Kunden beschaffen oder aber die Kundenbestände im Wege des Kommissionsgeschäftes gem. §§ 383 ff. HGB darlehensweise an den Darlehensnehmer übertragen (Agent- oder **»Agency«-Modell**).[1087] In diesem Fall handelt das Kreditinstitut im eigenen Namen, jedoch für Rechnung des Kunden. Dabei liegt ein der echten Kommission ähnliches Geschäft nach § 406 HGB vor, auf das die Regelungen der §§ 383 ff. HGB anwendbar sind, weil nicht der Erwerb oder die Veräußerung von Wertpapieren, sondern deren darlehensweise Überlassung den Geschäftsgegenstand bilden.[1088] Die Rechte und Pflichten eines solchen kommissionsweise zustande gekommenen Wertpapierdarlehens betreffen allein den jeweiligen Kunden. Im Gegenzug erhält das Kreditinstitut einen Aufwendungsersatzanspruch nach den § 670 BGB, § 396 HGB. Demzufolge würde der Bankkunde auch das Insolvenzrisiko des Darlehensnehmers tragen; in der Praxis wird dieses Risiko jedoch regelmäßig auf das als Kommissionär handelnde Kreditinstitut verlagert. Dies erfolgt entweder durch eine ausdrückliche Vereinbarung mit dem Bankkunden oder aufgrund der Tatsache, dass der Kommissionär dem Darlehensgeber die Identität des Darlehensnehmers regelmäßig nicht mitteilt und deswegen dem Darlehensnehmer nach § 384 Abs. 3 HGB für die Vertragserfüllung haftet (Delkrederehaftung).[1089] 679

Das vermittelnde Kreditinstitut lässt sich von dem Darlehensnehmer üblicherweise Sicherheiten zur Besicherung des Rückgewähranspruchs bestellen. Diese Sicherheiten hält das Kreditinstitut treuhänderisch für den Darlehensgeber. Werden die Sicherheiten im Wege des Pfandrechts bestellt, so bedarf es zusätzlich – zur Herstellung der erforderlichen Akzessorietät – der Abtretung der Rückgewähransprüche des Darlehensgebers an den Kommissionär.[1090] 680

cc) Automatisierte Wertpapierdarlehensgeschäfte

Eine Vielzahl professioneller Marktteilnehmer nimmt an automatisierten Wertpapierdarlehenssystemen teil. So haben institutionelle Anleger bspw. das Bedürfnis, die Erträge aus langfristigen Wertpapieranlagen dadurch zu erhöhen, dass sie ihre Dauerbestände zur Erzielung eines Zusatznutzens immer wieder darlehensweise übertragen. Der an der Vergabe von wiederkehrenden Wertpapierdarlehen interessierte Kunde wird der Bank die für automatische Wertpapierdarlehen bereitstehenden Wertpapiere auf einem entsprechenden Unterdepot zur Verfügung stellen.[1091] Die Bank kann sodann im Bedarfsfall auf die so bereitgestellten Wertpapiere für Wertpapierdarlehen zurückgreifen. Der Kunde erhält ein Entgelt – ausgedrückt als Prozentsatz p.a. auf den Marktwert der Wertpapiere[1092] – für jedes zustande gekommene Wertpapierdarlehen und – je nach der Vereinbarung – ein weiteres Entgelt für die Bereitstellung der Wertpapiere. Teilweise betreiben die Kreditinstitute auch Poolmodelle, bei denen die Wertpapiere mehrerer potenzieller Darlehensgeber in einem Sammeldepot der Depotbank eingestellt werden, die auf diesem Wege Treuhandeigentum an diesen Wertpapieren erwirbt. Die von der Depotbank abgeschlossenen Wertpapierdarlehen werden sodann aus diesem Sammeldepot beliefert. Die Darlehensentgelte teilt die Depotbank nach Abzug 681

1087 Zu den depotrechtlichen Voraussetzungen s. BuB/*Neuhaus/Böhm* Rn. 7/1177.
1088 *Gesell* Wertpapierleihe und Repurchase Agreement im deutschen Recht, S. 85.
1089 Vgl. Schimansky/Bunte/Lwowski/*Kienle* Bankrechts-Handbuch § 105 Rn. 6.
1090 Schimansky/Bunte/Lwowski/*Kienle* Bankrechts-Handbuch § 105 Rn. 6.
1091 Zu den depotrechtlichen Voraussetzungen s. BuB/*Neuhaus/Böhm* Rn. 7/1177.
1092 Die Höhe des Entgeltes ist in der Praxis sehr unterschiedlich und richtet sich i.d.R. nach der Breite des Angebots der nachgefragten Wertpapiere; gängig sind Entgeltsätze unter 0,75 % p.a.

ihrer Kosten und einem eigenen Entgelt zwischen den Darlehensgebern entsprechend ihrem Anteil an der jeweiligen Wertpapiergattung auf.[1093]

682 Soweit ein Kunde als Darlehensnehmer an der Teilnahme an einem automatisierten Wertpapierdarlehenssystem interessiert ist, erteilt er der Bank den Auftrag, ihm darlehensweise eine entsprechende Anzahl von Wertpapieren zu überlassen, wenn er seinerseits Wertpapiere an einen Kontrahenten liefern muss, über die er am Fälligkeitstag nicht verfügt. Häufige Nachfrager eines derart automatisierten Wertpapierdarlehenssystems sind unter anderem die Teilnehmer der Eurex, denen daran gelegen ist, ihre Lieferverpflichtungen auf einfachem und zeitsparendem Weg sicherzustellen. So werden bspw. zwischen einem General-Clearing-Member und dem ihm angeschlossenen Non-Clearing-Member der Eurex Vereinbarungen abgeschlossen, nach denen dem Non-Clearing-Member Wertpapiere, die es aufgrund von Eurex-Geschäften zu liefern hat, über die es jedoch nicht verfügt, im Wege eines automatisierten Wertpapierdarlehens von dem General-Clearing-Member zur Verfügung gestellt werden. Stellt das Clearing-Institut zu einem Liefertermin einen Fehlbestand im Depot des Non-Clearing-Members fest, so stellt es die erforderlichen Wertpapiere im Wege des Wertpapierdarlehens zur Verfügung und erfüllt hiermit die Lieferverpflichtungen des Kunden.

dd) Institutionelle Wertpapierdarlehenssysteme

683 Daneben haben sich auch Wertpapierdarlehenssysteme der verschiedenen Wertpapiersammelbanken und Clearing-Häuser entwickelt. Die Abwicklungs- und Verwahrsysteme von Clearstream Banking AG,[1094] und Euroclear bieten den ihnen angeschlossenen Häusern eigene Wertpapierdarlehenssysteme an.[1095]

684 Bei dem Wertpapierdarlehenssystem der Clearstream Banking AG kommen die einzelnen Wertpapierdarlehen jeweils zwischen dem Darlehensgeber und dem Darlehensnehmer ebenfalls über die als Kommissionäre eingeschalteten Kreditinstitute und der Clearstream Banking AG als Vermittler zustande.[1096] Vertraglich geregelt werden die jeweiligen Wertpapierdarlehen neben den allgemeinen Geschäftsbedingungen[1097] durch die »Sonderbedingungen für Wertpapierdarlehen der Clearstream Banking AG« und die »Ergänzungsbestimmungen zu den Sonderbedingungen für Wertpapierdarlehen der Clearstream Banking AG«.[1098]

d) Wirtschaftliche Funktion

685 Für den Darlehensnehmer eröffnet ein Wertpapierdarlehen die Möglichkeit, Lieferverpflichtungen zu erfüllen, obwohl er zum Zeitpunkt des Liefertermins nicht über eine entsprechende Zahl eigener Wertpapiere in der betreffenden Gattung verfügt. Zu einer solchen Short-Position kann es bspw. kommen, wenn ein Kontrahent des Darlehensnehmers seine Lieferverpflichtungen aus einem Wertpapiergeschäft nicht fristgemäß erfüllt oder die Lieferverpflichtung aus einem Termingeschäft zu einem Zeitpunkt eintritt, zu dem der Lieferverpflichtete – noch – nicht über die entsprechenden Wertpapiere verfügt. Sie kann jedoch auch aus Leerverkäufen des Darlehensnehmers resultieren. Derartige Leerverkäufe können zu Spekulationszwecken erfolgen, d.h., der Darlehensnehmer veräußert Wertpapiere, über die er zum gegenwärtigen Zeitpunkt nicht verfügt, in der Hoffnung, dass

---

1093 Vgl. Schimansky/Bunte/Lwowski/*Kienle* Bankrechts-Handbuch § 105 Rn. 10; *Kümpel* Bank- und Kapitalmarktrecht Rn. 13.122.

1094 Früher: Deutsche Clearing AG und davor Deutscher Kassenverein AG.

1095 Vgl. hierzu *Gesell* Wertpapierleihe und Repurchase Agreement im deutschen Recht, S. 48, 98.

1096 Hierzu ausführlich *Kümpel* Bank- und Kapitalmarktrecht Rn. 13.88.

1097 Abgedruckt in *Kümpel/Hammen/Ekkenga* Kapitalmarktrecht Rn. 380.

1098 Vgl. *Gesell* Wertpapierleihe und Repurchase Agreement im deutschen Recht, Anhang B.1 bis B.3 und das einen guten Überblick gebende aktualisierte Kundenhandbuch der EUREX im Internet abrufbar unter: http://www.clearstream.com/ci/dispatch/en/cicbinary/CICDownloads/Clearstream/Customer_Information/Clearstream_banking_Frankfurt/Customer_Handbook/CBF_Customer_Handbook_(user_manual)/cbf_customer_handbook.pdf?yawlang=de.

er die gleichen Wertpapiere zu einem späteren Zeitpunkt günstiger erwerben kann. Umgekehrt kann der Käufer, der Wertpapiere zuvor per Termin gekauft hat, sich durch Leerverkauf und Belieferung dieses Verkaufs mit darlehensweise besorgten Wertpapieren den zwischenzeitlich erreichten Kurs sichern. In Deutschland gilt seit 2010 ein allgemeines Verbot ungedeckter Leerverkäufe nach § 30h WpHG. Mit der zum 01.11.2012 in Kraft tretenden Verordnung (EU) Nr. 236/2012 über Leerverkäufe und bestimmte Aspekte von Credit Default Swaps bzw. EU-Leerverkaufs-Ausführungsgesetz werden Leerverkaufsregelungen harmonisiert.[1099] Zielrichtung ist neben der Reduzierung der Erfüllungsprobleme der Lieferverpflichtung auch eine Reduzierung von Volatilitäten in Extremsituationen. Schließlich ermöglicht ein Wertpapierdarlehen die Arbitrage zwischen dem Termin- und dem Kassamarkt, sofern das Darlehensentgelt geringer ist als die Differenz zwischen dem Kassa- und dem Terminkurs.[1100]

Ferner kommen Wertpapierdarlehen auch im Rahmen von Börsengängen (IPOs), Wandel- oder Optionsanleihen oder bezugsrechtsfreien Kapitalerhöhungen vor. Typischerweise wird dem Emissionskonsortium dabei im Übernahmevertrag eine sog. »Greenshoe-Option« oder Mehrzuteilungsoption eingeräumt.[1101] Bei einer entsprechenden Ausübung werden den Banken des Konsortiums weitere zusätzliche Aktien gleicher Art und Güte im Vergleich zu den übernommenen Aktien darlehensweise überlassen. Üblicherweise wird die aus dem Wertpapierdarlehen resultierende Verpflichtung zur Rückübertragung der Aktien mit solchen Stücken erfüllt, die i.R.d. Kurspflege in einer sog. »Stabilisierungsphase« im Markt erworben wurden.[1102] 686

Der Darlehensgeber verfolgt regelmäßig das Ziel einer Erträgnisverbesserung für die von ihm längerfristig gehaltenen Wertpapierpositionen. Darüber hinaus ermöglichen Wertpapierdarlehen, die Depotkosten zu senken, wenn die Wertpapiere zu den jeweiligen Stichtagen nicht im Depot verbucht sind. Schließlich kann ein Wertpapierdarlehen von dem Darlehensgeber auch zur Liquiditätsverbesserung eingesetzt werden, wenn er sich für die Zeit des Darlehens Sicherheiten in frei verfügbaren Geldmitteln bestellen lässt. Regelmäßig wird in diesem Fall jedoch ein Wertpapierpensionsgeschäft oder Repo zum Einsatz kommen.[1103] 687

2. Rechtliche Einordnung des Wertpapierdarlehens

a) Schuldrechtliche Einordnung

Bei einem Wertpapierdarlehen handelt es sich regelmäßig um ein Sachdarlehen im Sinne von § 607 BGB n.F. Trotz des noch häufig benutzten Begriffes der Wertpapierleihe liegt nach einhelliger Auffassung keine Leihe i.S.d. § 598 BGB vor.[1104] Im Rahmen einer Leihe nach § 598 BGB wird nämlich grds. nicht das Eigentum an dem Leihgegenstand übertragen; der Leihnehmer hat nur ein Recht zum Gebrauch und zur Nutzung des ihm überlassenen Gegenstandes für die Zeit der Leihe.[1105] Dementsprechend ist der Entleiher auch zur Rücklieferung des identischen Leihgegenstandes verpflichtet. Bei einem Sachdarlehen – und so auch bei einem Wertpapierdarlehen – erwirbt 688

1099 Siehe BGBl. Teil I 2012, Nr. 53, S. 2286; vgl. auch *Riedl/von Livonius* rdf 2012, 164.

1100 Vgl. insgesamt zu den wirtschaftlichen Hintergründen *Dörge* Rechtliche Aspekte der Wertpapierleihe, S. 32; *Edelmann/Eller* Wertpapierdarlehen und Wertpapierpensionsgeschäfte, S. 12; MüKo-HGB/*Ekkenga* Effektengeschäft Rn. 413, 448; *Gesell* Wertpapierleihe und Repurchase Agreement im deutschen Recht, S. 6.

1101 Hierzu Schwintowski/Schäfer/*Schäfer* Bankrecht, 2. Aufl., § 23 Rn. 93 m.w.N.

1102 Vgl. BuB/*Groß* Rn. 10/271.

1103 *Edelmann/Eller* Wertpapierdarlehen und Wertpapierpensionsgeschäfte, S. 12.

1104 Vgl. *Gesell* Wertpapierleihe und Repurchase Agreement im deutschen Recht, S. 20; Schimansky/Bunte/Lwowski/*Kienle* Bankrechts-Handbuch § 105 Rn. 24; *Kümpel* Bank- und Kapitalmarktrecht Rn. 13.6 ff.; *Limmert* Die Wertpapierleihe, S. 2; Schwintowski/Schäfer/*Schäfer* Bankrecht, 2. Aufl., § 22 Rn. 13, jeweils m.w.N.

1105 MüKo-BGB/*Kollhosser* § 598 Rn. 14; Palandt/*Weidenkaff* Einf. vor § 598 Rn. 5.

der Darlehensnehmer hingegen das Eigentum an dem Darlehensgegenstand und ist lediglich zur Rücklieferung von dem Darlehensgegenstand in Art, Menge und Güte entsprechenden Gegenständen verpflichtet.[1106] Gegenstand eines Sachdarlehens im Sinne von § 607 BGB n.F. können neben Geld auch andere vertretbare Sachen – insb. Wertpapiere – sein. Dementsprechend ist die Überlassung von Wertpapieren auf Zeit, verbunden mit der Abrede, dass das Eigentum an den Wertpapieren jeweils übergeht und nur eine schuldrechtliche Verpflichtung zur Rücklieferung entsprechender Wertpapiere begründet wird, regelmäßig als Sachdarlehen im Sinne von § 607 BGB n.F. zu qualifizieren.[1107] Auch der Gesetzgeber hat die Rechtsnatur entsprechender Geschäfte als Sachdarlehen anerkannt, indem er in den §§ 54 ff. InvG (heute durch das am 22.07.2013 Inkraft-getretene KAGB[1108]) von Regelungen zur Gewährung von Wertpapierdarlehen durch Kapitalanlagegesellschaften[1109] und in § 15 Abs. 3 DepotG von der Gewährung von Wertpapieren als Darlehen spricht.

b) Abgrenzung zum Wertpapierpensionsgeschäft

689 Bei einem **Wertpapierpensionsgeschäft** überträgt der Pensionsgeber Wertpapiere gegen Zahlung eines regelmäßig dem Wert der Papiere entsprechenden Betrages an den Pensionsnehmer. Gleichzeitig vereinbaren der Pensionsgeber und der Pensionsnehmer, dass der Pensionsgeber die übertragenen Wertpapiere zu einem späteren Zeitpunkt gegen Zahlung eines bestimmten Betrages von dem Pensionsnehmer zurück erwerben wird. Wirtschaftlich unterscheidet sich das Wertpapierpensionsgeschäft von dem Wertpapierdarlehen dadurch, dass der Pensionsgeber für die verpensionierten Wertpapiere eine Gegenleistung in Form von Geld i.H.d. Marktwertes der Wertpapiere erhält, während der Darlehensgeber eines Wertpapierdarlehens lediglich ein Darlehensentgelt – regelmäßig berechnet als Prozentsatz p.a. auf den Kurswert der Wertpapiere zu Beginn des Darlehens – erhält.[1110] Dementsprechend besteht die Motivation des Pensionsgebers üblicherweise in der Liquiditätsbeschaffung, während die Motivation des Darlehengebers überwiegend in der Erzielung eines Zusatzertrages liegt. Zwar nähern sich die beiden Geschäftsarten bei einer Besicherung – insb. bei einer Barbesicherung – wirtschaftlich betrachtet sehr stark an. Eine derartige Barbesicherung ist jedoch kein Wesensmerkmal eines Wertpapierdarlehens, während die Zahlung des vereinbarten Gegenwertes der verpensionierten Wertpapiere bei einem Pensionsgeschäft nach der Legaldefinition des § 340b Abs. 1 HGB notwendiger Geschäftsbestandteil ist. Der bei einem Pensionsgeschäft zu zahlende Betrag stellt jeweils einen Kaufpreis dar, während das zur Sicherheit hinterlegte Bardepot bei einem Wertpapierdarlehen zivilrechtlich eine Sicherheit bleibt. Konsequenterweise werden Pensionsgeschäfte daher ganz überwiegend als Kassaverkauf, verbunden mit einem deckungsgleichen Terminrückkauf, qualifiziert.[1111]

1106 Zur Eigentumsfrage insb. bei Aktien im Einzelnen *Kort* WM 2006, 2149 oder *Mühlhauser/Schmid* BB 2001, 2609.

1107 *Gesell* Wertpapierleihe und Repurchase Agreement im deutschen Recht, S. 20; Schimansky/Bunte/Lwowski/*Kienle* Bankrechts-Handbuch § 105 Rn. 25; *Kümpel* Bank- und Kapitalmarktrecht Rn. 13.6 ff.; *Limmert* Die Wertpapierleihe, S. 2; Schwintowski/Schäfer/*Schäfer* Bankrecht, 2. Aufl., § 22 Rn. 13, jeweils m.w.N.

1108 Vgl. §§ 200 ff. Kapitalanlagegesetzbuch, zuletzt geändert durch Art. 2 des Gesetzes vom 15.07.2014 (BGBl. I S. 934).

1109 Bei Kapitalanlagegesellschaften stellen sich insb. bei der Sicherheitenverwahrung spezielle Fragen, vgl. *Fragos* ZBB 2005, 183.

1110 Die Höhe des Entgeltes beträgt in der Praxis üblicherweise unter 0,75 % p.a. des Kurswertes, kann jedoch bei marktengen Papieren deutlich darüber liegen.

1111 Baumbach/Hopt/*Hopt* HGB (7) BankGesch Rn. T/2; Schimansky/Bunte/Lwowski/*Kienle* Bankrechts-Handbuch § 105 Rn. 27; Bank- und Kapitalmarktrecht/*Kümpel* Rn. 13.14 ff.; Schwintowski/Schäfer/*Schäfer* Bankrecht, 2. Aufl., § 22 Rn. 15 ff.; a.A. *Gesell* Wertpapierleihe und Repurchase Agreement im deutschen Recht, S. 158, der die Pensionsgeschäfte als Schuldverhältnisse eigener Art qualifiziert, jedoch für die Begründung und die Abwicklung des Pensionsgeschäftes Kaufrecht anwendet.

3. Vertragsinhalt von Wertpapierdarlehensvereinbarungen

a) Eigentumsübertragung und Verfügungsbefugnis

Dem Darlehensnehmer wird im Rahmen von Wertpapierdarlehensgeschäften regelmäßig das Eigentum an den Wertpapieren übertragen. Er kann über die Wertpapiere frei verfügen; er kann sie insb. veräußern, verpfänden oder im Rahmen eines weiteren Darlehens- oder Pensionsgeschäfts übertragen.[1112] Der Darlehensgeber ist demgemäß zur Übereignung der darlehensweise überlassenen Wertpapiere gem. den §§ 929 ff. BGB verpflichtet. Befinden sich die Wertpapiere in Girosammelverwahrung, so erfolgt der Eigentumsübergang durch Übertragung des mittelbaren Mitbesitzes an den Sammelbestandteilen. Die verwahrende Stelle begründet hiernach gem. § 868 BGB ein Besitzmittlungsverhältnis zum Darlehensnehmer. Darüber hinaus kommt eine Übereignung gem. § 931 BGB durch Abtretung des Herausgabeanspruchs ggü. der Verwahrstelle oder gem. §§ 930 i.V.m. 868, 688 BGB durch Vereinbarung eines Besitzkonstituts in Betracht. 690

b) Beendigung und Rückgewährsverpflichtung

Darlehensweise überlassene Wertpapiere sind in der überwiegenden Zahl der Fälle zu einem bei Abschluss des Darlehens vereinbarten Zeitpunkt zurückzuliefern. Ist zu Beginn des Darlehens kein Rücklieferungszeitpunkt vereinbart worden, so ist das Wertpapierdarlehen nach Nr. 7 Abs. 1 des Rahmenvertrages für Wertpapierdarlehen unter Einhaltung von Fristen kündbar, die für den Darlehensgeber und den Darlehensnehmer unterschiedlich sind. Darüber hinaus endet ein auf unbestimmte Zeit abgeschlossenes Wertpapierdarlehen gemäß Nr. 7 Abs. 3 des Rahmenvertrags für Wertpapierdarlehen spätestens ein Jahr nach dem Valutierungstag. Soweit keine Beendigungsklausel vereinbart wurde, kann ein auf unbestimmte Zeit abgeschlossenes Wertpapierdarlehen i.Ü. gem. dem abdingbaren § 608 Abs. 2 BGB jederzeit ganz oder teilweise gekündigt werden. 691

Bei Fälligkeit des Darlehens ist der Darlehensnehmer verpflichtet, die entliehenen Wertpapiere gem. § 607 Abs. 1 Satz 2 BGB bzw. Nr. 7 Abs. 4 des Rahmenvertrages für Wertpapierdarlehen zurück zu übereignen. Diese Rückübereignungspflicht bezieht sich entsprechend § 607 Abs. 1 Satz 2 BGB auf Wertpapiere »von gleicher Art, Güte und Menge«, nicht jedoch auf die Rücklieferung identischer Stücke, wobei das Merkmal »Güte« bei Wertpapierdarlehen keinen praktischen Anwendungsbereich aufweist. Soweit Aktien Gegenstand eines Wertpapierdarlehens sind, müssen Aktien desselben Emittenten und derselben Gattung zurückgeliefert werden. Bei festverzinslichen Wertpapieren muss eine Identität des Emittenten und der Emission vorliegen. Unbeachtlich sind hingegen etwaige Kurs- oder Wertveränderungen in den Darlehenspapieren, die während des Darlehens eingetreten sind. Das wirtschaftliche Risiko verbleibt insoweit bei dem Darlehensgeber. Die Rücklieferung erfolgt in gleicher Weise wie die Übertragung an den Darlehensnehmer gem. den §§ 929 ff. BGB. 692

c) Entgelt

Gem. § 609 BGB erhält der Darlehensgeber für die darlehensweise Überlassung von Wertpapieren spätestens bei Rückerstattung der überlassenen Wertpapiere ein Entgelt. Die Vorschrift lehnt sich an § 488 Abs. 2 BGB an und legt den spätestmöglichen Fälligkeitszeitpunkt für die Entgeltforderung des Darlehensgebers aus § 607 Abs. 1 Satz 2 BGB fest.[1113] Nach der gesetzlichen Regelung fällt die Fälligkeit des Rückerstattungsanspruchs mit der Fälligkeit des Entgeltanspruchs zusammen.[1114] Regelmäßig vereinbaren die Parteien ein laufzeitabhängiges Entgelt auf Grundlage der Kassa- bzw. Einheitskurse zum Zeitpunkt des Geschäftsabschlusses. Üblicherweise wird das Entgelt als Prozentsatz p.a. auf den zugrunde gelegten Kurs ausgedrückt. Dabei kann die Höhe des Entgeltes deutlich 693

1112 Vgl. Nr. 3 Abs. 2 des Rahmenvertrages für Wertpapierdarlehen, abgedruckt unter Anlage 4.
1113 MüKo-BGB/*K.P. Berger* § 609 Rn. 1.
1114 MüKo-BGB/*K.P. Berger* § 609 Rn. 1.

variieren, üblicherweise werden Sätze unter 0,75 % vereinbart. Handelt es sich jedoch bspw. um ein marktenges Wertpapier und wird dieses von dem Darlehensnehmer zur Belieferung einer eingegangenen Short-Position benötigt, so kommen gelegentlich auch höhere Darlehensentgelte zustande. Die Entgeltzahlungspflicht steht in einem Gegenseitigkeitsverhältnis gem. §§ 320 ff. BGB.[1115] Soweit die Parteien keine Absprache über die Fälligkeit des Entgeltes getroffen haben, wird dieses gem. § 609 BGB bei Beendigung des Darlehens fällig.

d) Erträgnisse

694 Soweit es während der Dauer des Darlehens zu Zins- oder Dividendenzahlungen des Emittenten kommt, fließen diese zunächst dem Darlehensnehmer als zivilrechtlichem Eigentümer der Wertpapiere zu. Nach dem gesetzlichen Leitbild des Sachdarlehens gem. den §§ 607 ff. BGB stehen dem Darlehensnehmer die aus dem Darlehensgegenstand während der Darlehensdauer gezogenen Nutzungen auch zu. Der Darlehensgeber erhält im Gegenzug für die Nutzungsdauer ein entsprechendes Darlehensentgelt. Soweit zwischen den Parteien keine anderslautende Vereinbarung über die Erträgnisse geschlossen wurde, würden demnach die Erträgnisse dem Darlehensnehmer verbleiben. Bei den typischen Wertpapierdarlehen wird man jedoch – im Wege der ergänzenden Vertragsauslegung – überwiegend zu einem anderen Ergebnis kommen, weil etwaige dem Darlehensnehmer zufließende Erträgnisse aus den Wertpapieren bei der Bemessung des Darlehensentgeltes regelmäßig keine Berücksichtigung finden. In der Praxis werden daher üblicherweise sehr umfangreiche und detaillierte Regelungen über die Behandlung von Erträgnissen getroffen, die während des Darlehenszeitraums anfallen; dadurch wird sichergestellt, dass sämtliche Erträgnisse aus den Darlehenspapieren im Ergebnis dem Darlehensgeber zufließen (s. Nr. 6 des Rahmenvertrages für Wertpapierdarlehen).[1116]

e) Stimmrechte, Zurechnung und Squeeze-out

695 Für die Dauer des Darlehens erwirbt der Darlehensnehmer Eigentum an den Darlehenspapieren und tritt hierdurch bei Aktien in die Aktionärsstellung ein. Dementsprechend stehen ihm für die Dauer des Darlehens ggü. der emittierenden Gesellschaft regelmäßig auch die **Stimmrechte** aus diesen Aktien zu. Eine vertragliche Bindung ggü. dem Darlehensgeber, die Stimmrechte nicht oder in einer bestimmten Weise auszuüben, besteht regelmäßig nicht.[1117] Dies trägt dem Umstand Rechnung, dass die darlehensweise beschafften Wertpapiere häufig zur Belieferung anderer Geschäfte verwandt werden und eine etwaige Stimmrechtsbindung nicht an den Wertpapierempfänger weitergegeben werden kann. Gleichwohl kommt es in der Praxis vor, dass gesonderte vertragliche Vereinbarungen zur Ausübung des Stimmrechtes getroffen werden. Lediglich soweit eine darlehensweise Beschaffung von Aktien gerade zum Zweck der Stimmrechtsausübung erfolgt, kann eine Berufung auf den Stimmrechtsbesitz bzw. die Stimmrechtsausübung missbräuchlich sein.[1118] In diesem Fall kann nach teilweiser Auffassung auch ein Verstoß gegen § 405 Abs. 3 Nr. 2 und 3 AktG in Betracht kommen.[1119]

1115 Palandt/*Weidenkaff* Einf. § 607 Rn. 8.

1116 Schimansky/Bunte/Lwowski/*Kienle* Bankrechts-Handbuch § 105 Rn. 34; *Kümpel* WM 1990, 909; *Sonnenberg* Die Bank 1994, 357 (361).

1117 Schimansky/Bunte/Lwowski/*Kienle* Bankrechts-Handbuch § 105 Rn. 36; a.A. *Kümpel* Bank- und Kapitalmarktrecht Rn. 13.52., der von einer vertraglichen Nebenpflicht des Entleihers zur Nichtausübung der Stimmrechte ausgeht.

1118 Vgl. *Franken/Heinsius* Das Spannungsverhältnis der allgemeinen Publizität zum Auskunftsrecht des Aktionärs, Festschrift Budde, S. 213 (231); Schimansky/Bunte/Lwowski/*Kienle* Bankrechts-Handbuch § 105 Rn. 36; *Kümpel* Bank- und Kapitalmarktrecht Rn. 13.53; Großkomm AktG/*Werner* § 122 Rn. 9.

1119 Vgl. *Gesell* Wertpapierleihe und Repurchase Agreement im deutschen Recht, S. 129, der von einem Verstoß gegen § 405 Abs. 3 Nr. 2 bzw. 3 AktG und einer Nichtigkeit des Wertpapierdarlehensvertrags nach § 134 BGB ausgeht; *Kümpel/Peters* AG 1994, 525 (529); einen derartigen Verstoß gegen § 405 Abs. 3 AktG ablehnend: *Dörge* AG 1997, 396 (400).

In diesem Zusammenhang stellt sich daher auch die Frage, **wem** die im Rahmen eines Wertpapierdarlehens **verliehenen Aktien zuzurechnen** sind[1120] oder anders ausgedrückt, wen infolge dieser Zurechnung die entsprechenden **Mitteilungs- oder sonstigen Verhaltenspflichten** treffen. Bspw. bestehen gem. den §§ 21 bis 23 WpHG Mitteilungs- und Veröffentlichungspflichten bei Veränderungen in Stimmrechtsanteilen, d.h. bei Erreichen oder Über- und Unterschreiten von 3, 5, 10, 15, 20, 25, 30, 50 oder 75 %der Stimmrechte an einer börsennotierten Gesellschaft durch Erwerb, Veräußerung oder auf sonstige Weise.[1121] Eine solche Veränderung der Stimmrechtsanteile kann auch durch die Beschaffung von Aktien im Wege des Wertpapierdarlehens erfolgen.[1122] Allerdings besteht für Kreditinstitute die Möglichkeit, entliehene Wertpapiere gem. § 23 Abs. 1 WpHG dem Handelsbestand zuzurechnen, wodurch die Stimmrechtsanteile aus den Darlehenspapieren bei dem Kreditinstitut unberücksichtigt bleiben. 696

Für die Verwirklichung der »Zurechnungstatbestände« der §§ 16 Abs. 4 Fall 2, 20 Abs. 2 Nr. 1 und 2, 71 a Abs. 2, 71 d Satz 1 und Satz 2 AktG ist entscheidend, **für wessen »Rechnung«** die entsprechenden Aktien gehalten werden. Fraglich ist demnach, ob der Darlehensnehmer die ihm aufgrund eines Wertpapierdarlehens übertragenen Aktien »für Rechnung« des Darlehensgebers hält. Bei der Beantwortung ist entscheidend auf wirtschaftliche Gesichtspunkte abzustellen, insb. darauf, von wem die mit dem Halten der Aktien verbundenen wirtschaftlichen Risiken und Chancen jeweils getragen werden.[1123] In der Literatur wird die Auffassung vertreten, dass Chancen und Risiken sowohl des Haltens als auch der Veräußerung der Aktien während der Laufzeit des Wertpapierdarlehens regelmäßig beim Darlehensnehmer liegen und daher der Darlehensnehmer üblicherweise die im Rahmen eines Wertpapierdarlehens überlassenen Aktien nicht für Rechnung des Darlehensgebers hält.[1124] Auch die Kompensationszahlungspflicht des Darlehensnehmers für ausgeschüttete Dividenden sei unerheblich, da dies keine wesentliche Pflicht im Hinblick auf das wirtschaftliche Risiko darstelle. Ebenso sei es unerheblich, dass der Darlehensnehmer die Aktien mit einer gewissen »Kursgarantie« und damit ohne entsprechendes Kursrisiko am Ende der Laufzeit des Wertpapierdarlehens wieder auf den Darlehensgeber zurückübertragen könne. Die Auffassungen in der Literatur zu diesem Themenkomplex sind allerdings recht uneinheitlich.[1125] Einigkeit besteht aber wohl darin, dass ein Zurechnungstatbestand im Hinblick auf den Darlehensgeber bei einem Wertpapierdarlehen bejaht wird, sofern dies mit einem Weisungsrecht des Darlehensgebers hinsichtlich der Ausübung der mit den Aktien verbundenen Stimmrechte verbunden ist. 697

Parallel verläuft die Beurteilung von Wertpapierdarlehen im Hinblick auf § 30 WpÜG und § 22 WpHG. Zum einen könnten die Wertpapiere aufgrund des Darlehensvertrages nach § 30 Abs. 1 Nr. 2 WpÜG bzw. § 22 Abs. 1 Nr. 2 WpHG vom Darlehensnehmer für Rechnung des Darlehensgebers gehalten werden. Zum anderen könnte sich eine Zurechnung nach § 30 Abs. 1 Nr. 5 WpÜG bzw. § 22 Abs. 1 Nr. 5 WpHG auch aus dem Rückübertragungsanspruch des Darlehensgebers aus dem Darlehensvertrag ergeben. In der übernahmerechtlichen Literatur zu § 30 Abs. 1 Nr. 2 WpÜG wird eine Zurechnung der vom Darlehensnehmer gehaltenen Aktien auf den Darlehensgeber überwiegend abgelehnt.[1126] Insb. sei eine wie auch immer geartete Einflussmöglichkeit auf die Stimmrechtsausübung erforderlich, was jedoch im Rahmen eines Wertpapierdarlehens üblicherweise nicht der Fall sei. Im Hinblick auf den wortgleichen § 22 Abs. 1 Nr. 2 WpHG wird in der Literatur 698

1120 Vgl. *Kort* WM 2006, 2149.

1121 S. § 21 Abs. 1 und 1a WpHG.

1122 Vgl. Assmann/Schneider/*Schneider* WpHG § 22 Rn. 68; *Burgard* BB 1995, 2069 (2073); *Sieger/Hasselbach* WM 2004, 1370; *Petersen/Wille* NZG 2009, 856.

1123 *Sieger/Hasselbach* WM 2004, 1370 (1372) m.w.N.; *Vedder* Zum Begriff »für Rechnung« im AktG und im WpHG, S. 212.

1124 *Sieger/Hasselbach* WM 2004, 1370 (1376).

1125 Vgl. Darstellung bei *Sieger/Hasselbach* WM 2004, 1370 (1372) m.w.N.

1126 Vgl. KölnKomm WpÜG/*von Bülow* § 30 Rn. 70; Haarmann/*Riehmer* WpÜG § 30 Rn. 38; *Steinmeyer/Häger* WpÜG § 30 Rn. 28 (30); Geibel/Süßmann/*Süßmann* WpÜG § 30 Rn. 12.

teilweise vertreten, dass der Darlehensnehmer für den Zeitraum, in dem die Aktien in seinem Eigentum stehen, diese wirtschaftlich betrachtet für Rechnung des Darlehensgebers hält. Daher seien sie auch weiterhin dem Darlehensgeber zuzurechnen, sodass diese Papiere unter Umständen zweimal zu berücksichtigen seien.[1127] Diese Ansicht berücksichtigt aber nicht in ausreichendem Maße, dass für eine Zurechnung die Möglichkeit der Ausübung des Stimmrechtes entscheidend ist.[1128] I.d.R. liegt dieses vorbehaltlich abweichender vertraglicher Vereinbarungen aber gerade nicht beim Darlehensgeber, sondern beim Darlehensnehmer.

699 Streitig war auch die Frage, ob der Darlehensgeber meldepflichtig gem. § 30 Abs. 1 Nr. 5 WpÜG bzw. § 22 Abs. 1 Nr. 5 WpHG bleibt, da der Darlehensgeber die Aktien durch Kündigung der Darlehensvereinbarung jederzeit zurückerwerben kann.[1129] Entscheidend ist hier die Beurteilung der Frage, ob bereits ausreichend ist, dass aufgrund des Wertpapierdarlehensvertrages vom Darlehensgeber die Übereignung verlangt werden kann, auch wenn diese tatsächlich noch nicht erfolgt ist, oder ob als Erwerb im Sinne von § 22 Abs. 1 Nr. 5 WpHG lediglich die Erlangung des Eigentums selbst anzusehen ist. Diese Streitfrage erscheint durch die Einführung des § 30 Abs. 1 Nr. 5 WpÜG nunmehr auch für § 22 Abs. 1 Nr. 5 WpHG geklärt, da der Gesetzgeber ausdrücklich klargestellt hat, dass der Tatbestand des **Erwerbs** in beiden Vorschriften nur Willenserklärungen erfassen soll, die unmittelbar auf einen dinglichen Eigentumserwerb gerichtet sind.[1130] Im Ergebnis kommt es daher bei einem Wertpapierdarlehen nicht zu einer Zurechnung beim Darlehensgeber nach § 22 Abs. 1 Nr. 5 WpHG bzw. § 30 Abs. 1 Nr. 5 WpÜG.

700 Weiterhin stellt sich die Frage, ob einem Aktionär auch solche Aktien **im Sinne von § 327a Abs. 1 AktG gehören**, die er sich durch ein Wertpapierdarlehen beschafft hat. § 327a Abs. 1 AktG sieht vor, dass die Hauptversammlung einer AG oder KGaA auf Verlangen eines Aktionärs, dem Aktien der Gesellschaft i.H.v. mindestens 95 % des Grundkapitals gehören (Hauptaktionär), die Übertragung der Aktien der übrigen Aktionäre (Minderheitsaktionäre) auf den Hauptaktionär gegen Gewährung einer angemessenen Barabfindung beschließen kann. Die Frage war bislang umstritten. Der BGH hat dies entgegen der bislang herrschenden Ansicht in der Literatur[1131] bejaht und entschieden, dass es grds. auch nicht rechtsmissbräuchlich ist, wenn sich ein Aktionär die zur Durchführung eines Squeeze-out erforderliche Beteiligung durch Wertpapierdarlehen verschafft.[1132] Zuvor war noch entschieden worden,[1133] dass es aber rechtsmissbräuchlich sein kann, wenn neben dem Darlehensentgelt auch Barausschüttungen und die Bezugsrechte dem Darlehensgeber zustehen sollen, da ein rechtsmissbräuchliches Umgehungsgeschäft bestehe, wenn der Darlehensnehmer aufgrund des Aktienerwerbs einen Squeeze-out durchführe.

701 Insgesamt bleibt im Hinblick auf Fragen zur Zurechnung von Aktien im Rahmen von Wertpapierdarlehensverträgen festzuhalten, dass eine pauschale und vorschnelle Beurteilung schnell zu falschen Ergebnissen führen kann und es daher ratsam erscheint, sich die Umstände jedes einzelnen Falles genau anzusehen, um dann zu entscheiden, wer insb. die wirtschaftlichen Chancen und Risiken trägt und wer welche Möglichkeiten der Einflussnahme auf entsprechende Stimmrechte besitzt.

1127 Vgl. Assmann/Schneider/*Schneider* WpHG § 22 Rn. 71; *Burgard* BB 1995, 2069 (2073); *Nottmeier/Schäfer* AG 1997, 87 (93).

1128 So auch *Sieger/Hasselbach* WM 2004, 1370 (1377).

1129 Vgl. Darstellung bei Assmann/Schneider/*Schneider* WpHG § 22 Rn. 89; *Burgard* BB 1995, 2069 (2073); *Sieger/Hasselbach* WM 2004, 1370 (1376) m.w.N.

1130 Vgl. *Sieger/Hasselbach* WM 2004, 1370 (1377) m.w.N.

1131 *Baums* WM 2001, 1843 (1846); Heidel/*Heidel/Lochner* AktienR § 327a Rn. 8; *Kort* AG 2006, 557 (559); *Hüffer* AktG § 327a Rn. 12.

1132 BGH, Urt. v. 16.03.2009 – II ZR 302/06 (OLG München), vollständig in NJW-RR 2009, 828; BGH, NZG 2009, 585; hierzu *Petersen/Wille* NZG 2009, 856 und *Hirte/Heider* GWR 2009, 111 und *Gessner* VuR 2010, 43.

1133 LG Landshut, NZG 2006, 400.

f) Sicherheiten

Zur Besicherung der aus einem Wertpapierdarlehen resultierenden Rücklieferungs- und Entgeltpflichten wird häufig vereinbart, dass der Darlehensnehmer **Sicherheiten** zu stellen hat. Als derartige Sicherheiten kommen insb. Barsicherheiten, Wertpapiersicherheiten sowie Garantien oder Bürgschaften von Kreditinstituten in Betracht.[1134] An den Wertpapier- oder Barsicherheiten wurde dem Darlehensgeber nach ursprünglicher deutscher Vertragsdokumentation regelmäßig ein Pfandrecht bestellt.[1135] Einen anderen Weg der Sicherstellung des Rücklieferungsanspruchs des Darlehensgebers regelt inzwischen der »Rahmenvertrag für Wertpapierdarlehen« von 1999. Hiernach erfolgt keine Besicherung einzelner Wertpapierdarlehen. Stattdessen werden die Marktwerte aller wechselseitig darlehensweise überlassenen Wertpapiere miteinander verrechnet, d.h., der Vertrag sieht ein Netting für die wechselseitigen Darlehenspositionen vor (Nr. 4 des Rahmenvertrages). Lediglich soweit die Marktwerte der von einer Partei der anderen Partei im Wege des Darlehens überlassenen Wertpapiere die Marktwerte der von der anderen Partei im Wege des Darlehens erhaltenen Wertpapiere übersteigen, ist ein **Wertausgleich** zu leisten. Im Fall eines Vertragsverstoßes oder der Insolvenz einer Partei wandeln sich die wechselseitigen Rücklieferungsansprüche in entsprechende Schadensersatzansprüche, die miteinander zu verrechnen sind und deren Summe eine einheitliche Ausgleichsforderung bildet.[1136] 702

Anlässlich und seit Inkrafttreten im Juli 2016 der Securities Financing Transactions (SFT)-Verordnung[1137]) sind Informationen über die Risiken und Folgen der Stellung von Finanzinstrumenten im Wege der Vollrechtsübertragung verpflichtend geworden. Üblicherweise erfolgt die Stellung von Finanzinstrumenten als Finanzsicherheiten im Zusammenhang mit Derivategeschäften sowie Wertpapierdarlehen mittels des oben beschriebenen vertaglichen Mechanismus. Die typischen Dokumentationen setzen regelmäßg eine Vollrechtsübertragung voraus. Die **SFTR-Verordnung**, deren Inkrafttreten gestaffelt bis zum 13.1.2017 festgelegt war (Art. 33), enthält die zunächst allgemeine Pflicht zur Meldung von Wertpapierfinanzierungsgeschäften (securities financing transactions) an ein Transaktionsregister[1138]. Bei Wertpaierdarkehen und Sicherheiten ist die Transparenz der Weiterverwendung mit Art. 15, der »Weiterverwendung von als Sicherheit erhaltenen Finanzinstrumenten« der VO und dessen Anwendungsbereich sich nicht auf Wertpapierfinanzierungsgeschäfte beschränkt, sondern auf alle »als Sicherheit erhaltenen Finanzinstrumente«, selbst wenn sie keine Finanzgeschäfte iSd Richtlinie 2002/47/EG absichern und somit keine »Finanzsicherheiten« sind, von Interesse. Die genannte Vorschrift legt die Voraussetzungen fest, unter denen die Parteien einer Sicherungsabrede die »Weiterverwendung« (Art. 3 Nr. 12) der besicherten »Finanzinstrumente« (iSd MiFID II, Art. 3 Nr. 16) vereinbaren und ausüben dürfen. Seitens der Mitgliedstaaten sind aufsichtsrechtliche Maßnahmen vorzusehen (Art. 22). 703

Es besteht die Notwendigkeit, laufende Sicherungsvereinbarungen an Art. 15 SFTR anzupassen, denn den Gegenparteien wurde ausreichend Zeit gegeben, um ihre laufenden Sicherheitenvereinbarungen, einschließlich Master-Vereinbarungen (master agreements), anzupassen und sicherzustellen, dass neue Sicherheitenvereinbarungen diese Verordnung einhalten[1139]. 704

1134 *Gesell* Wertpapierleihe und Repurchase Agreement im deutschen Recht, S. 28.

1135 Vgl. § 6 des Rahmenvertrags für Wertpapierleihgeschäfte im Interbankenverkehr von 1994 – abgedruckt in BdB-Info 13/1994 – sowie Nr. 9 Abs. 3 der Bedingungen für Wertpapierleihgeschäfte der Deutsche Börse Clearing AG abgedruckt bei BuB/*Neuhaus/Böhm* Rn. 7/1210 a).

1136 S. Nr. 4 und 9 des Rahmenvertrages für Wertpapierdarlehen von 1999, abgedruckt unter Anlage 4.

1137 VO (EU) 2015/2365 »über die Transparenz von Wertpapierfinanzierungsgeschäften und der Weiterverwendung sowie zur Änderung der Verordnung (EU) Nr. 648/2012«, ABl. L 337/1 v. 23.12.2015.

1138 Ferner die Pflicht, speziell von OGAW zur Offenlegung des Einsatzes von Wertpapierfinanzierungsgeschäften und Gesamtrendite-Swaps (Total Return Swaps) in periodischen Berichten und Prospekten, Art. 13 und 14.

1139 Vgl. Erwägungsgrund (24) Satz 4 der VO.

4. Wirksamkeit von Wertpapierdarlehensgeschäften

705 Da Wertpapierdarlehensgeschäfte wie dargestellt auch zu Spekulationszwecken eingesetzt werden können, bestand grds. nach § 53 BörsG a.F. die Möglichkeit, unter bestimmten Umständen den Termin- und Differenzeinwand zu erheben.[1140] Diese Regelungen traten jedoch zum 01.07.2002 mit dem Vierten Finanzmarktförderungsgesetz außer Kraft.[1141]

706 Gem. § 15 Abs. 2 DepotG ist ein Wertpapierdarlehen nur wirksam, wenn der Kunde der Depotbank für jedes einzelne Geschäft ausdrücklich und schriftlich eine Aneignungsermächtigung für die zu übertragenden Wertpapiere in der durch § 15 Abs. 2 DepotG geforderten Form erteilt hat. § 13 DepotG enthält eine entsprechende Regelung für den Fall, dass sich die Wertpapiere bereits in einem Kundendepot bei der darlehensnehmenden oder der das Darlehen vermittelnden Bank befinden. Die Anwendbarkeit der Formvorschriften der §§ 15 und 13 DepotG auf Wertpapierdarlehen wird in der Literatur teilweise bestritten. Nach dieser Auffassung wandelt sich das depotrechtliche Verwahrverhältnis bei dem Abschluss eines Wertpapierdarlehens – parallel zur Rechtslage bei einer Verkaufskommission – zu einer Nebenpflicht der in der Darlehenskommission bestehenden Hauptpflicht.[1142] Dem wird entgegengehalten, dass die strengen Formvorschriften der §§ 15, 13 DepotG den Depotkunden vor dem Wandel seines Eigentums in einen nur schuldrechtlichen Anspruch auf Rückgewähr entsprechender Wertpapiere schützen sollen. Der Darlehensgeber solle also davor gewarnt werden, dass er das Eigentum an den Wertpapieren überträgt und gegen einen schuldrechtlichen Anspruch tauscht.[1143] Dabei wird nicht unterschieden, zu welchem Geschäftszweck die Aneignung der Wertpapiere oder deren Übereignung an einen Dritten durch den Verwahrer erfolgt. Auch sei die Darlehenskommission nicht der Verkaufskommission gleichzusetzen, weil dem Wertpapierverkäufer für den Eigentumsverlust an den Wertpapieren der Kaufpreis zufließe und damit seine besondere Schutzbedürftigkeit ende.[1144] Dementsprechend findet zumindest § 13 DepotG auch Anwendung, wenn die Aneignung oder Übereignung der Wertpapiere durch die Bank zu Zwecken eines eigenen oder vermittelten Wertpapierdarlehens erfolgt.

707 Eine Erleichterung im Hinblick auf die Formvorschriften der §§ 15 und 13 DepotG hat die Novellierung des § 16 DepotG durch das zweite Finanzmarktförderungsgesetz für den kaufmännischen Verkehr gebracht. Danach sind die strengen Formvorschriften nicht anzuwenden, wenn das Wertpapierdarlehen durch einen eingetragenen Kaufmann oder durch eine juristische Person des öffentlichen Rechts gem. § 36 HGB oder durch einen nicht eingetragenen Kaufmann mit Sitz oder Hauptniederlassung im Ausland gewährt wird. Somit können Wertpapierdarlehen mit diesem Personenkreis auch mündlich, telefonisch oder per Telefax abgeschlossen werden.[1145]

XII. Wertpapierpensionsgeschäfte, Repurchase Agreements und Buy-/Sell-Back-Geschäfte

1. Begriff und Erscheinungsformen

a) Wertpapierpensionsgeschäfte

708 Eine Legaldefinition der Wertpapierpensionsgeschäfte enthält § 340b HGB. Obwohl diese Vorschrift nur für Kreditinstitute gilt, entspricht ihr Inhalt dem allgemeinen Verständnis von

1140 Schwintowski/Schäfer/*Schäfer* Bankrecht, 2. Aufl., § 22 Rn. 25.

1141 Vgl. zum Vierten Finanzmarktförderungsgesetz *Fleischer* NJW 2002, 2977.

1142 *Gesell* Wertpapierleihe und Repurchase Agreement im deutschen Recht, S. 102; Schimansky/Bunte/Lwowski/*Kienle* Bankrechts-Handbuch § 105 Rn. 70; *Kümpel* Bank- und Kapitalmarktrecht Rn. 13.37; *Kümpel/Peters* AG 1994, 525 (526).

1143 So bejahend Ebenroth/Boujong/Joost/Strohn/*Scherer* HGB, 2009, Rn. VI528.

1144 Vgl. Schwintowski/Schäfer/*Schäfer* Bankrecht, 2. Aufl., § 22 Rn. 42.

1145 Schimansky/Bunte/Lwowski/*Kienle* Bankrechts-Handbuch § 105 Rn. 38; *Weber* NJW 1994, 2849 (2859).

Wertpapierpensionsgeschäften.[1146] Bei einem Wertpapierpensionsgeschäft überlässt der Pensionsgeber ihm gehörende Wertpapiere auf Zeit dem Pensionsnehmer; im Gegenzug zahlt der Pensionsnehmer für die Überlassung der Wertpapiere einen Betrag, der regelmäßig dem Marktwert der überlassenen Wertpapiere entspricht.[1147] Gleichzeitig wird zwischen den Parteien vereinbart, dass die Wertpapiere zu einem späteren Zeitpunkt gegen Entrichtung des ursprünglich empfangenen oder eines abweichenden, jedoch im Voraus vereinbarten Betrages an den Pensionsgeber zurückübertragen werden. Zum Vorliegen eines Wertpapierpensionsgeschäftes muss der Rücknahmepreis bereits bei Vertragsschluss vereinbart werden. Er kann gleich hoch, höher oder niedriger als der empfangene Kaufpreis sein, soll jedoch nicht vom Wert der Pensionspapiere am Rückgabetag abhängen. Soweit der Pensionsnehmer verpflichtet ist, die erhaltenen Wertpapiere an den Pensionsgeber zurückzuübertragen, spricht man von einem echten Pensionsgeschäft (§ 340b Abs. 2 HGB); ist der Pensionsnehmer hingegen lediglich berechtigt, die erhaltenen Wertpapiere an den Pensionsgeber zurückzuübertragen, so handelt es sich um ein unechtes Pensionsgeschäft (§ 340b Abs. 3 HGB). Ob ein echtes oder unechtes Pensionsgeschäft vorliegt, ist anhand der Parteiabsprachen zu beurteilen. Auch soweit keine Rückgabepflicht des Pensionsnehmers vereinbart wurde, kann sich aus den Gesamtumständen des Geschäftsabschlusses ergeben, dass es sich um ein echtes Pensionsgeschäft handelt; das gilt bspw., wenn die Rückgabe der Pensionspapiere aufgrund der wirtschaftlichen Ausgestaltung des Geschäftes in jedem Fall zu erwarten ist. Auch Wertpapierpensionsgeschäfte, die auf unbestimmte Zeit geschlossen werden, können echte Pensionsgeschäfte darstellen, wenn ein jederzeitiges Kündigungsrecht für die Parteien vereinbart ist; sodann spricht man von offenen Pensionsgeschäften. In jedem Fall des Pensionsgeschäfts erhält der Pensionsnehmer das Eigentum an den Pensionspapieren und ist über diese Papiere uneingeschränkt verfügungsbefugt.

Bei Fälligkeit des Terminrückkaufs hat der Pensionsnehmer die verpensionierten Wertpapiere an 709
den Pensionsgeber gegen Zahlung des vereinbarten Betrags zurückzuliefern. Dementsprechend handelt es sich schuldrechtlich betrachtet bei den Wertpapierpensionsgeschäften nach ganz überwiegender Ansicht um einen Kassaverkauf verbunden mit einer Terminrückkaufsvereinbarung und nicht um ein Darlehen im Sinne von § 607 BGB.[1148] Umstritten ist jedoch, ob sich die Rückübertragungspflicht des Pensionsnehmers auf die erhaltenen – d.h. identischen – Stücke richtet[1149] oder lediglich auf Stücke gleicher Art und Güte, d.h. desselben Emittenten und der gleichen Gattung bzw. Emission.[1150] Richtig dürfte sein, dass der Pensionsnehmer lediglich zur Rückübertragung von Wertpapieren desselben Emittenten und der gleichen Gattung bzw. Emission verpflichtet ist. Dies ergibt sich zum einen aus der Interessenlage der Parteien, weil i.R.d. Pensionsgeschäfts eine Vollrechtsübertragung an den Wertpapieren erfolgt und der Pensionsgeber üblicherweise kein gesondertes Interesse an der Rückübertragung identischer Stücke hat.[1151] Zum anderen findet bei der Mehrzahl der Pensionsgeschäfte aufgrund der üblichen Girosammelverwahrung der Pensionspapiere bereits bei der Übertragung zu Beginn des Pensionsgeschäfts keine Unterscheidung nach Stücken statt.

1146 Vgl. Schimansky/Bunte/Lwowski/*Kienle* Bankrechts-Handbuch § 105 Rn. 12.

1147 Hierin liegt der Unterschied zum Wertpapierdarlehen, vgl. zur Abgrenzung im Einzelnen BuB/*Neuhaus/Böhm* Rn. 7/1163.

1148 Baumbach/Hopt/*Hopt* HGB (7) BankGesch Rn. T/2; Schimansky/Bunte/Lwowski/*Kienle* Bankrechts-Handbuch § 105 Rn. 19; *Krumnow/Sprißler* Rechnungslegung der Kreditinstitute § 340b HGB Rn. 4; *Kümpel* Bank- und Kapitalmarktrecht Rn. 13.20; Schwintowski/Schäfer/*Schäfer* Bankrecht, 2. Aufl., § 22 Rn. 50; *Waschbusch* BB 1993, 172; a.A. *Gesell* Wertpapierleihe und Repurchase Agreement im deutschen Recht, S. 158, der die Pensionsgeschäfte als Schuldverhältnisse eigener Art qualifiziert, jedoch für die Begründung und die Abwicklung des Pensionsgeschäftes Kaufrecht anwendet; zur Abgrenzung von Wertpapierdarlehen und Wertpapierpensionsgeschäft vgl. BuB/*Neuhaus/Böhm* Rn. 7/1163.

1149 So *Ebenroth/Bader* ZBB 1990, 75; *Häuselmann/Wiesenbart* DB 1990, 2129.

1150 So *Hinz* BB 1991, 1153 f.; *von Treuberg/Scharpf* DB 1991, 1233 (1235); *Waschbusch* BB 1993, 172.

1151 Schimansky/Bunte/Lwowski/*Kienle* Bankrechts-Handbuch § 105 Rn. 12.

710 Regelmäßig entspricht der durch den Pensionsnehmer für die Pensionspapiere zu entrichtende Kaufpreis dem Marktwert der Wertpapiere zum Zeitpunkt des Geschäftsabschlusses. Zum Ausgleich etwaiger Kursänderungsrisiken kann jedoch bereits zu Beginn des Pensionsgeschäfts die zusätzliche Zahlung einer Sicherheitsmarge und/oder die Anpassung des Kaufpreises nach oben oder unten während der Laufzeit des Pensionsgeschäfts für den Fall von Marktwertveränderungen vereinbart werden. Daneben kommen Vereinbarungen vor, nach denen der Wertausgleich durch die Übertragung von Pensionspapieren zu erfolgen hat. In diesem Fall hat der Pensionsgeber bei einer Marktwertreduzierung der Pensionspapiere zusätzliche Wertpapiere zu liefern und der Pensionsnehmer im Fall einer Marktwerterhöhung eine entsprechende Anzahl von Wertpapieren vorzeitig zurückzuliefern.[1152]

b) Repurchase Agreements

711 Der Begriff des »Repurchase Agreement« entstammt dem angelsächsischen Bereich und bedeutet wörtlich übersetzt »Rückkaufvereinbarung«. Ebenso wie beim Wertpapierpensionsgeschäft handelt es sich beim Repurchase Agreement (Repo) – aus Bankkundensicht – um eine Vereinbarung über einen Kassakauf von Wertpapieren, die zu einem bestimmten Termin zurückverkauft werden. Die Begriffe Repo und Wertpapierpensiongeschäft werden inzwischen weitgehend synonym verwendet.[1153] In der Literatur werden die beiden Geschäftsarten teilweise danach unterschieden, ob der Pensionsnehmer bzw. Käufer der Wertpapiere zur Rückübertragung identischer Papiere oder lediglich zur Rückübertragung von Wertpapieren gleicher Art und Menge verpflichtet ist.[1154] Ist der Pensionsnehmer zur Rückübertragung identischer Papiere verpflichtet, so soll es sich um ein Pensionsgeschäft handeln, hat er hingegen lediglich Papiere gleicher Art und Menge zurückzuliefern, soll es sich um ein Repogeschäft handeln. Da es aber nach zutreffender Ansicht auch bei einem Wertpapierpensionsgeschäft nicht erforderlich ist, dass eine Verpflichtung des Pensionsnehmers zur Rücklieferung identischer Wertpapiere besteht, ist eine Unterscheidung von Wertpapierpensionsgeschäften und Repurchase Agreements bei den für diese Geschäfte typischen Vertragsgestaltungen obsolet. Von einem sog. »Reverse Repo« spricht man in der Praxis vielfach, wenn die Sichtweise des Kassakäufers bzw. Pensionsnehmers eingenommen wird oder wenn sich die Transaktion aus Sicht der Bank ausnahmsweise als Kassakauf verbunden mit einem Terminverkauf darstellt, da die Bank ansonsten üblicherweise die Position des Verkäufers bzw. Terminkäufers einnimmt.[1155]

c) Buy-/Sell-Back-Geschäfte

712 Der Begriff des Buy-/Sell-back-Geschäfts wird für durchaus unterschiedliche Geschäftsvorfälle verwandt. In seiner überkommenen Bedeutung wurden hierunter Vereinbarungen verstanden, bei denen der Kauf und der Rückkauf nicht in einem Vertrag, sondern aufgrund unterschiedlicher Verabredungen – teils auch mit unterschiedlichen Parteien – vereinbart wurden.[1156] Nach dem heute in Deutschland überwiegenden Verständnis handelt es sich jedoch auch bei den Buy-/Sell-Back-Geschäften um Wertpapierkassageschäfte, verbunden mit einer Rückkaufsvereinbarung per Termin.[1157] Die Besonderheit des Buy-/Sell-back-Geschäfts liegt in einer sich vom Repo unterscheidenden

1152 Vgl. die Regelung in § 6 Abs. 11 des Rahmenvertrages für echte Pensionsgeschäfte (Repos) (2005), abrufbar unter http://www.bankenverband.de/downloads/092010/rv-wpp-repos-44018-1105-muster.pdf. Bereits in Verfassungen war dies geregelt, vgl. § 8 Abs. 5 in der ersten Rahmenvertragsfassung von 2001/1997. Außerdem gab es eine Fassung von 2003, die im Markt jedoch »übersprungen« wurde.

1153 Vgl. bspw. die Bezeichnung »Rahmenvertrag für Wertpapierpensionsgeschäfte (Repos)«; *Gesell* Wertpapierleihe und Repurchase Agreement im deutschen Recht, S. 149.

1154 Vgl. Schimansky/Bunte/Lwowski/*Kienle* Bankrechts-Handbuch § 105 Rn. 25.

1155 Vgl. auch *Gesell* Wertpapierleihe und Repurchase Agreement im deutschen Recht, S. 137; *Kümpel* Bank- und Kapitalmarktrecht Rn. 13.20.

1156 Vgl. *Grimm* Das Vertragsrecht des Wertpapierdarlehens, S. 193; *Krumnow/Sprißler* Rechnungslegung der Kreditinstitute § 340b HGB Rn. 42.

1157 Vgl. Schimansky/Bunte/Lwowski/*Kienle* Bankrechts-Handbuch § 105 Rn. 17.

Berechnung des Kaufpreises und des Rückkaufpreises. Während bei einem Repo die Erträge aus den Pensionspapieren während der Laufzeit an den Pensionsgeber im Wege einer Ausgleichszahlung gezahlt werden, erfolgt bei einem Buy-/Sell-Back-Geschäft dieser Ausgleich durch eine Reduzierung des Rückkaufpreises.[1158] Hierfür wird für den Rückkauf ein »Forwardpreis« vereinbart. In diesem Forwardpreis werden die während der Laufzeit des Geschäftes entstehenden Pensionsgebühren zu dem ursprünglichen Kaufpreis addiert und die während der Laufzeit aufgelaufenen Stückzinsen und ggf. gezahlten Zinsen wiederum abgezogen.[1159]

2. Wirtschaftliche Funktion von Wertpapierpensionsgeschäften und Repurchase Agreements

713 Wertpapierpensionsgeschäfte und Repos dienen i.d.R. der Liquiditätsbeschaffung auf besicherter Basis. Dem Pensionsgeber bzw. Repoverkäufer ergibt sich hierdurch die Möglichkeit, gegen die Hingabe von Wertpapieren Geld aufzunehmen. Gleichzeit erspart er sich hierdurch den möglicherweise Verlust realisierenden Verkauf der Wertpapiere. So können bspw. neue Schuldverschreibungen, die sich nicht kurzfristig am Kapitalmarkt platzieren lassen, von der Emissionsbank vorübergehend zur Liquiditätsverbesserung verpensioniert werden.[1160] Dem Pensionsnehmer eröffnet sich auf der anderen Seite durch Pensionsgeschäfte oder Repos die Möglichkeit, überschüssige Liquidität gegen Besicherung anzulegen. Darüber hinaus können Wertpapierpensionsgeschäfte und Repos aus der gleichen Motivation wie Wertpapierdarlehensgeschäfte, d.h. nicht zur Beschaffung oder Anlage von Liquidität, sondern zur Beschaffung von Wertpapieren, getätigt werden. Typischerweise sehen allerdings Wertpapierpensionsgeschäfte und Repos häufig eine Ersetzungs- oder Substitutionsbefugnis des Pensionsgebers vor, wonach der Pensionsgeber oder Repoverkäufer während der Laufzeit der Transaktion die Herausgabe der verpensionierten Wertpapiere gegen Übertragung anderer Wertpapiere gleicher Qualität verlangen kann. Eine solche Ersetzungsbefugnis wird jedoch den Interessen eines typischen Wertpapierdarlehensnehmers zuwiderlaufen, weil er regelmäßig gerade an Wertpapieren einer bestimmten Gattung interessiert ist. Schließlich lassen sich Repos auch zu Zwecken der Zinsarbitrage[1161] nutzen.

714 Insgesamt hat das Repo-Geschäft im europäischen Interbankenhandel seit Beginn der Europäischen Währungsunion stark zugenommen. Es ersetzt damit z.T. den herkömmlichen unbesicherten Kredit. Gründe dafür sind das geschärfte Risiko- und Kostenbewusstsein der Handelsteilnehmer im erweiterten europäischen Geldmarkt. Am Markt für Repogeschäfte gewinnen darüber hinaus automatische Computer-Handelssysteme, wie z.B. Eurex Repo, zusehends an Bedeutung. Insb. die großen Marktteilnehmer profitieren dabei von den Vorteilen des elektronischen Repo-Handels, weil sie über automatisierte Schnittstellen von den entsprechenden Plattformen zu den bankinternen Handels- und Buchungssystemen verfügen.

715 Wertpapierpensions- und Repogeschäfte wurden darüber hinaus in großem Umfang von der Deutschen Bundesbank zur Geldmengensteuerung eingesetzt.[1162] Die Bundesbank bot derartige Pensionsgeschäfte gegen lombardfähige Wertpapiere mit unterschiedlichen Laufzeiten im Wege des sog. Mengentender- und Zinstenderverfahrens an. Diese Aufgabe ist Anfang 1999 gem. Art. 105 des Vertrags zur Gründung der Europäischen Gemeinschaft auf die Europäische Zentralbank

1158 Vgl. Schimansky/Bunte/Lwowski/*Kienle* Bankrechts-Handbuch § 105 Rn. 17.

1159 Vgl. die Bestimmungen für Buy-/Sell-Back-Geschäfte in Nr. 14 des Rahmenvertrags für Wertpapierpensionsgeschäfte (Repos) (2005), abrufbar unter http://www.bankenverband.de/downloads/092010/rv-wpp-repos-44018-1105-muster.pdf.

1160 Vgl. *Gesell* Wertpapierleihe und Repurchase Agreement im deutschen Recht, S. 152.

1161 D.h., es werden die an verschiedenen Handelsplätzen bestehenden Zinsunterschiede ausgenutzt und Geldanlagen dort getätigt, wo sie den günstigsten Ertrag erzielen.

1162 Früher § 21, heute § 19 Satz 1 Nr. 1 BBankG; vgl. *Gesell* Wertpapierleihe und Repurchase Agreement im deutschen Recht, S. 150; *Kümpel* Bank- und Kapitalmarktrecht Rn. 16.156. sowie in Aufl. 2004, Rn. 13.5.

übergegangen. Mittels dieser Offenmarktgeschäfte kann die Europäische Zentralbank temporäre Schwankungen der Bankenliquidität unauffällig – d.h. ohne die Signalwirkung der Veränderung von Leitzinsen – in die geldpolitisch erwünschte Richtung steuern. Das Protokoll über die Satzung des Europäischen Systems der Zentralbanken (ESZB) und der Europäischen Zentralbank regelt in Art. 18 die Mittel zur Erreichung der Ziele des ESZB und zur Erfüllung der Aufgaben der Europäischen Zentralbank.[1163]

3. Vertragsgestaltung bei Wertpapierpensionsgeschäften, Repurchase Agreements, Rahmenvertrag für Wertpapierpensionsgeschäfte (Repos) und EMA

716 Sowohl international als auch national ist im Hinblick auf die vertragliche Dokumentation von Wertpapierpensionsgeschäften und Repos ebenfalls die Verwendung von Rahmenverträgen der Standard. Für grenzüberschreitende Geschäfte findet häufig das »Global Master Repurchase Agreement« (**GMRA**) der International Capital Markets Association (ICMA), zuvor der »International Securities Market Association« (ISMA)[1164] und der »The Bond Market Association« (TBMA), ursprünglich »Public Securities Association« (PSA)[1165] Anwendung. Dieser Rahmenvertrag ist in verschiedenen Fassungen erhältlich, und zwar einerseits, je nachdem, ob die Vereinbarung dem Recht von New York oder England und Wales unterstellt werden soll und andererseits in entweder der 1995, 2000 oder 2011 veröffentlichten Version. In Deutschland wird überwiegend der ursprünglich 1997 von einer verbandsübergreifenden Bankenarbeitsgruppe als »Rahmenvertrag für echte Pensionsgeschäfte (Repos)« (»Version 1997«) entwickelte und heute unter der Bezeichnung »**Rahmenvertrag für Wertpapierpensionsgeschäfte (Repos)**« aus dem Jahr 2005 eingesetzte Vertrag verwendet.[1166] In seiner Konzeption und seinen nicht produktspezifischen Bestimmungen entspricht er in weiten Teilen dem Rahmenvertrag für Wertpapierdarlehen und dem Rahmenvertrag für Finanztermingeschäfte.

717 Zunehmend findet gerade im europäischen Geschäftsverkehr und bei Transaktionen mit Banken sowie weiteren Gegenparteien, die über die entsprechenden Erfahrungen und Kenntnisse verfügen, auch das im Jahr 1999 erstmals publizierte »European Master Agreement for Financial Transactions/ Rahmenvertrag für Finanzgeschäfte« (European Master Agreement – **EMA**)[1167] Verwendung. Das EMA ist von der Europäischen Bankenvereinigung, der Europäischen Sparkassenvereinigung und der Europäischen Vereinigung der Genossenschaftsbanken veröffentlicht worden. Es ermöglicht sog. Cross-Product Netting.[1168]

1163 Es dürfen insoweit auf den Finanzmärkten auf Gemeinschafts- oder Drittlandswährungen lautende Forderungen und börsengängige Wertpapiere sowie Edelmetalle endgültig (per Kasse oder Termin) oder im Rahmen von Rückkaufsvereinbarungen gekauft und verkauft oder entsprechende Darlehensgeschäfte getätigt werden; Kreditgeschäfte mit Kreditinstituten und anderen Marktteilnehmern abgeschlossen werden, wobei für die Darlehen ausreichende Sicherheiten zu stellen sind. Nach 18.2. kann die EZB allgemeine Grundsätze für ihre eigenen Offenmarkt- und Kreditgeschäfte und die der nationalen Zentralbanken aufstellen; hierzu gehören auch die Grundsätze für die Bekanntmachung der Bedingungen, zu denen sie bereit sind, derartige Geschäfte abzuschließen.

1164 Http://www.icmagroup.org.

1165 Public Securities Association, 40 Broad Street, New York, http://www.icma-group.org.

1166 Vgl. hierzu ausführlich BuB/*Neuhaus/Böhm* Rn. 7/1222.

1167 Das EMA kann über die Website der Europäischen Bankenvereinigung http://www.fbe.be abgerufen werden. Ferner sind dort Erläuterungen verfügbar: http://www.ebf.eu/wp-content/uploads/2017/07/01erlauterungen-2004-02537-01-E.pdf ; vgl. hierzu ausführlich *Bergfort* ZBB 2009, 451; Kohler/Obermüller/Wittig/*Hartenfels* Gedächtnisschrift für Ulrich Bosch, S. 67, *Gillor* Der Rahmenvertrag für Finanztermingeschäfte der Europäischen Bankenvereinigung (EMA).

1168 *Bergfort*, ZBB 2009, 451.

G. Alternative Investments

I. Hedgefonds

1. Begriff

Eine allgemeingültige, rechtlich verbindliche **Definition** des Begriffs »Hedgefonds« existiert nicht.[1169] Ursprünglich war die Bezeichnung »Hedgefonds« auch nicht als ein rechtlicher Begriff aufzufassen, sondern bezeichnete eine Anlagestrategie, abgeleitet von »to hedge one's bets« (übers. »sich nach allen Seiten absichern, auf Nummer sicher gehen«).[1170] Hedgestrategien dienen u.a. der Absicherung von vorhandenen Portfolios gegen Marktwertänderungen. Heute ist der Begriff fast irreführend, denn er vermittelt den Eindruck, es handele sich um Absicherungsfonds (sog. protection funds oder Airbag-Fonds)[1171], wohingegen diese Fonds tatsächlich z.T. **spekulativ** in hoch riskante Vermögensgegenstände investieren bzw. riskante Anlagestrategien verfolgen.[1172] Die Bezeichnung »Hedgefonds« ist heute eher ein **Sammelbegriff** für Investmentfonds mit verschiedenen Anlagestrategien mit demselben Anlageziel, nämlich einer Ertragserzielung unabhängig von einer bestimmten Entwicklung des Kapitalmarktes (»Absolute Return/Total Return«).[1173] Dies ist der wesentliche Unterschied zu herkömmlichen Investmentfonds (»Long-Only-Fonds«), die i.d.R. nur eine höhere Rendite als die durchschnittliche Entwicklung gemessen an sog. »Benchmarks« (Referenzwerten)[1174] erzielen wollen. Hedgefonds gelten einerseits als renditeträchtige Kapitalanlage und bieten andererseits gute Möglichkeiten zur Diversifizierung des Portfolios sowie zur Risikostreuung. Man unterscheidet Single- und Dach-Hedgefonds.[1175] Single-Hedgefonds sind in ihren Anlagemöglichkeiten weitestgehend frei. Typisch sind für sie i.d.R. eine Kreditaufnahme oder der Einsatz von Derivaten zur Steigerung des Investitionsgrades (Leverage) sowie der Verkauf von Vermögensgegenständen, die z.Zt. des Verkaufs nicht zum Vermögen gehören (Short Selling). 718

In Deutschland konnten ursprünglich unter dem Investmentgesetz (InvG)[1176] **Single-Hedgefonds** als sog. Sondervermögen mit zusätzlichen Risiken von einer Kapitalanlagegesellschaft aufgelegt oder als Investmentaktiengesellschaft betrieben werden (§§ 112 ff. und § 96 Abs. 2 Satz 2 InvG a.F.). **Dach-Hedgefonds** wurden hingegen im Wesentlichen auf die Investition in Anteile an anderen 719

1169 Hierzu etwa die Annäherungen in Europäische Kommission, Report of the Alternative Investment Expert Group – Managing, Servicing and Marketing Hedge Funds in Europe, July 2006, S. 10; International Organization of Securities Commissions (IOSCO), Hedge Funds Oversight – Final Report, June 2009, S. 4; vgl. auch Spindler/Bednarz, WM 2006, 553 (553) m.w.N.; Berger/Steck, ZBB 2003, 192, 193.

1170 Hierzu grundlegend Lhabitant, Handbook of Hedge Funds, 2006, S. 7 ff. und 19 ff.; Agarwal/Naik, in: Busack/Kaiser, Handbuch Alternative Investments Bd. 1, 2006, S. 127 ff.

1171 Absicherungsfonds dienen dazu, Marktrisiken aus der Anlage in Aktien oder Rentenwerten teilweise oder vollständig zu mitigieren, was durch den Einsatz von Optionen und/oder Futures erreicht werden soll. Die Kosten dieser Anlagestrategie wird von der Rendite des Absicherungsfonds abgezogen.

1172 Etwa Köndgen/Schmies, in: Schimansky/Bunte/Lwowski, Bankrechts-Handbuch, 5. Aufl. 2017, § 113 Rn. 21, 129.

1173 Vgl. Stabenow, in: Emde/Dornseifer/Dreibus/Hölscher, InvG, 2013, Vorb. zu §§ 112-120 Rn. 2 f.; Weizel/Zeller, WM 2006, 358, 359; von Livonius, WM 2004, 60.

1174 Nach Art. 3 Abs. 1 Nr. 3 der Verordnung (EU) 2016/1011 (ABl. EU L 171 v. 29.06.2016, sog. Benchmarks Regulation) bezeichnet »Referenzwert« jeden Index, auf den Bezug genommen wird, um den für ein Finanzinstrument oder einen Finanzkontrakt zahlbaren Betrag oder den Wert eines Finanzinstruments zu bestimmen, oder einen Index, der verwendet wird, um die Wertentwicklung eines Investmentfonds zwecks Rückverfolgung der Rendite dieses Indexes oder der Bestimmung der Zusammensetzung eines Portfolios oder der Berechnung der Anlageerfolgsprämien (Performance Fees) zu messen.

1175 Vgl. Cottier/Wessling, in: Busack/Kaiser, Handbuch Alternative Investments Bd. 1, 2006, S. 195 ff. Zu Dach-Hedgefonds noch Rdn. 723 f.

1176 Hierzu allgemein Stabenow, in: Emde/Dornseifer/Dreibus/Hölscher, InvG, 2013, Vorb. zu §§ 112-120 Rn. 27 ff.; Pütz/Schmies, BKR 2004, 51 ff.; Köndgen/Schmies, WM 2004, SBeil.

in- und ausländischen Single-Hedgefonds beschränkt (§ 113 Abs. 1 und § 136 Abs. 2, 4 InvG a.F.). Ausländische Hedgefonds sind oft als Limited Partnership, Segregated Portfolio Company with Limited Liability, Company Limited by Shares, Regulated Mutual Fund oder SICAV mit Sitz in Offshore-Lokationen (z.B. Guernsey, Cayman Islands oder Bermuda), Irland, Luxemburg oder den USA organisiert. Regelmäßig bestehen bei Hedgefonds-Investments hohe Mindestanlagesummen für Anleger (oft ab 100.000,00 USD) sowie nur eingeschränkte Möglichkeiten der Anteilrückgabe.[1177] Es existiert auch hier ein breites Spektrum an Anlagestrategien und Anlagegegenständen, deren besondere Charakteristika insbesondere die Möglichkeit des Leverage sowie des Short Selling sind.[1178]

720 In Deutschland bildet heute das **Kapitalanlagegesetzbuch (KAGB)** den aufsichtsrechtlichen Rahmen für die Errichtung inländischer Hedgefonds und den öffentlichen Vertrieb von Anteilen an in- und ausländischen Dach-Hedgefonds. In diesem Zusammenhang regelt das Investmentsteuergesetz (InvStG) die steuerliche Gleichbehandlung von Hedgefonds und traditionellen Investmentfonds. Aus der europäischen Regelungsarchitektur des Bank- und Kapitalmarktrechts haben sich hinsichtlich der traditionellen Anlagestrategien von Hedgefonds zudem signifikante, z.T. sehr komplexe Änderungen ergeben, wie etwa das für eine Short Selling-Strategie zu beachtende Leerverkaufsverbot nach der EU-LeerverkaufsVO (Short Selling Regulation, SSR).[1179]

2. Hedgefonds nach dem KAGB

721 Die Definition des Hedgefonds in § 283 Abs. 1 KAGB basiert grundsätzlich auf § 112 Abs. 1 InvG a.F. Demnach sind Hedgefonds allgemeine **offene inländische Spezial-AIF** nach § 282 KAGB, deren Anlagebedingungen zusätzlich mindestens den Einsatz von Leverage in beträchtlichem Umfang vorsehen oder die Möglichkeit zum Leerverkauf. Wann Leverage in beträchtlichem Umfang eingesetzt wird, richtet sich nach der AIFM Level-II-Verordnung[1180], die die Europäische Kommission auf Grundlage von Art. 24 Abs. 6a AIFM-Richtlinie[1181] erlassen hat.

722 Da auf Hedgefonds auch § 282 KAGB anwendbar ist, müssen sie ebenfalls die entsprechenden Anforderungen an allgemeine offene inländische Spezial-AIF erfüllen. Demnach gilt auch der **Grundsatz der Risikomischung** und die Regelung, dass überwiegend in Finanzinstrumente investiert werden muss. Auch Hedgefonds dürfen nur in Vermögensgegenstände investieren, für die ein Verkehrswert ermittelt werden kann (§ 282 Abs. 2 Satz 1 KAGB). Weiterhin muss die Zusammensetzung der Vermögensgegenstände in Einklang mit den für sie geltenden Rücknahmeregelungen stehen (§ 282 Abs. 2 Satz 2 KAGB). Außerdem dürfen Hedgefonds nicht die Kontrolle über ein nicht börsennotiertes Unternehmen erwerben und haben eine Mitteilungspflicht, wenn sie Minderheitsbeteiligungen an einem nicht börsennotierten Unternehmen erlangen (§ 282 Abs. 3 KAGB i.V.m. §§ 287 bis 292 KAGB).

1177 Vgl. auch Köndgen/Schmies, in: Schimansky/Bunte/Lwowski, Bankrechts-Handbuch, 5. Aufl. 2017, § 113 Rn. 23.

1178 Zu den unterschiedlichen Anlagestrategien ausführlich Stabenow, in: Emde/Dornseifer/Dreibus/Hölscher, InvG, 2013, Vorb. zu §§ 112-120 Rn. 7 ff.; Busack/Kaiser, in: Busack/Kaiser, Handbuch Alternative Investments Bd. 1, 2006, S. 3 ff.; Lhabitant, Handbook of Hedge Funds, 2006, S. 159 ff. jeweils m.w.N.

1179 Verordnung (EU) Nr. 236/2012 des Europäischen Parlaments und des Rates vom 14. März 2012 über Leerverkäufe und bestimmte Aspekte von Credit Default Swaps, ABl.EU L 86 v. 24.03.2012, S. 1. Hierzu etwa Sajnovits/Weick-Ludewig, WM 2015, 2226; dies., WM 2014, 1521; Krüher/Ludewig, WM 2012, 1942.

1180 Delegierte Verordnung (EU) Nr. 231/2013 der Kommission vom 19. Dezember 2012 zur Ergänzung der Richtlinie 2011/61/EU des Europäischen Parlaments und des Rates im Hinblick auf Ausnahmen, die Bedingungen für die Ausübung der Tätigkeit, Verwahrstellen, Hebelfinanzierung, Transparenz und Beaufsichtigung, ABl. EU L 83 v. 22.03.2013, S. 1.

1181 Richtlinie 2011/61/EU des Europäischen Parlaments und des Rates vom 8. Juni 2011 über die Verwalter alternativer Investmentfonds und zur Änderung der Richtlinien 2003/41/EG und 2009/65/EG und der Verordnungen (EG) Nr. 1060/2009 und (EU) Nr. 1095/2010, ABl. EU L 174 v. 01.07.2011, S. 1.

Insgesamt werden Hedgefonds in den Gesetzesmaterialien zum KAGB als derart risikoreich eingestuft, dass Privatanleger in diese nur noch mittelbar über Dach-Hedgefonds (§§ 225 bis 229 KAGB) investieren können.[1182] 723

Dach-Hedgefonds unterliegen aus Gründen des Anlegerschutzes strengeren Restriktionen im Hinblick auf ihre Anlageentscheidungen. Zulässige Anlageobjekte von Dach-Hedgefonds im Sinne von § 225 Abs. 1 KAGB sind zu mindestens 51 % des Fondsvermögens Anteile an Zielfonds sowie liquide Mittel (Geldmarktinstrumente, Bankguthaben) und Geschäfte zur Absicherung von Fremdwährungsrisiken. Als Zielfonds kommen Hedgefonds nach § 283 KAGB und vergleichbare ausländische Investmentvermögen infrage (§ 225 Abs. 1 Satz 2 KAGB). Der Sitz ausländischer Investmentvermögen darf sich nicht in Staaten befinden, die sich nicht an der internationalen Geldwäschebekämpfung beteiligen (§ 225 Abs. 4 Satz 3 KAGB).[1183] Die Zielfonds ihrerseits dürfen selbst nicht in andere Zielfonds, wohl aber in andere Investmentfonds investieren. Nicht mehr als 20 % des Fondsvermögens dürfen in einen einzigen Zielfonds investiert werden. Nicht mehr als zwei Zielfonds dürfen vom gleichen Fondsmanager oder Emittenten stammen und das Vermögen der Zielfonds muss von einer Verwahrstelle im Sinne von §§ 80 ff. KAGB oder einer vergleichbaren Einrichtung verwahrt werden. 724

3. Strukturierte Hedgefonds-Investments

Als strukturierte oder auch indirekte Hedgefonds-Investments werden alle Finanzinstrumente bezeichnet, die in irgendeiner Weise die Wertentwicklung und das Ertragsverhalten eines Hedgefonds abbilden. Hierdurch kann ein Anleger indirekt an der Wertentwicklung eben dieser Hedgefonds partizipieren. Rechtlich handelt es sich hierbei um Finanzinstrumente (§ 2 Abs. 4 WpHG) in Form von derivativen Geschäften (§ 2 Abs. 3 WpHG). Strukturierte Hedgefonds-Investments sind beispielsweise Inhaberschuldverschreibungen (z.B. Index- oder Basketzertifikate), Schuldscheindarlehen oder auch Genussscheine. Diese Investments werden vom Anwendungsbereich des KAGB nicht erfasst, wohl hingegen umfassend durch das WpHG geregelt. Jedenfalls muss bei der Ausgestaltung von strukturierten Hedgefonds-Produkten auf die Anlagerestriktionen des KAGB keine Rücksicht genommen werden. Strukturierte Hedgefonds-Investments sind außerdem aus steuerlichen Gründen attraktiv. Insbesondere kann über strukturierte Hedgefonds-Investments in Deutschland eine Strafbesteuerung wegen Intransparenz vermieden werden, die bei einem direkten Investment in ausländische Hedgefonds unter Umständen anfallen würde, wenn der ausländische Hedgefonds, in den investiert werden soll, nicht den deutschen Transparenzvorschriften im Investmentsteuergesetz (InvStG) entspricht.[1184] Sowohl institutionelle Anleger als auch Privatanleger investieren daher in zunehmend größeren Volumina über solche strukturierten Produkte in Hedgefonds. Insbesondere bei institutionellen Anlegern, wie Banken, Versicherungen oder Versorgungswerken kann dabei auf individuelle Wünsche im Hinblick auf die Ausgestaltung der strukturierten Produkte (sog. »tailer made solutions«) Rücksicht genommen werden. Beispielsweise kann als Basiswert (sog. »underlying«) eine Kombination verschiedener Hedgefonds unterschiedlicher Gewichtungen dienen (sog. »basket«). Laufzeit, Fälligkeiten, Kündigungsfristen sowie die Emissionswährung und die Ausgestaltung der Coupons kann individuell festgelegt werden. Auch kann neben etwaigen Leverage-Effekten in den Hedgefonds-Underlyings selbst auch noch auf Ebene des strukturierten Produkts eine Hebelwirkung vorgesehen werden. Für manche Anleger ist beispielsweise auch eine Kapitalgarantie sinnvoll oder sogar notwendig. 725

1182 Vgl. RegE Begr AIFM-Umsetzungsgesetz, BT-Drs. 17/12294, S. 264. Hierzu auch Wollenhaupt/Beck, DB 2013, 1950 (1954); Möllers/Harrer/Kruger, WM 2011, 1537.

1183 Vgl. hierzu Financial Action Task Force, The FATF Recommendations – International Standards on Combating Money Laundering and the Financing of Terrorism & Proliferation, June 2017.

1184 Vgl. jüngst EuGH, Urt. v. 09.10.2014 – C-326/12 (van Caster); hierzu Jesch/Haug, DStZ 2015, 130 ff.; Binnewies/Bertrand, AG 2017, 148 f.; Geurts, EuZW 2014, S. 941 f.

4. Hedgefonds-Investitionen von Versicherungen

726 Investitionen in Hedgefonds oder strukturierte Hedgefonds-Investments (z.B. sog. »Asset Backed Securities, ABS«) stellen insbesondere Versicherungsunternehmen und Einrichtungen der betrieblichen Altersvorsorge (wie z.B. Pensionskassen und Pensionsfonds) bei der Anlage des Sicherungsvermögens vor komplexe Herausforderungen bei der Erwerbbarkeitsprüfung. Die unter dem Versicherungsaufsichtsgesetz (VAG) beaufsichtigten Unternehmen unterliegen bei der Anlage ihres gebundenen Vermögens (Sicherungsvermögen) gewissen Beschränkungen. Diese Anforderungen ergeben sich aus § 54 VAG a.F. sowie der Anlageverordnung (AnlV) i.V.m. dem Rundschreiben 4/2011 (VA) der BaFin sowie dem Rundschreiben BAV R 1/2002, letzteres soweit Anlagen in strukturierte Anleihen (z.B. ABS) getätigt werden. Seit Einführung der Solvency II-Richtlinie[1185] zum 01.01.2016 ergeben sich für die Kapitalanlage von solchen Unternehmen, die in den neuen Anwendungsbereich der Solvency II-Richtlinie fallen, weitere komplexe Anforderungen, die dem Grundsatz der unternehmerischen Vorsicht sowohl in quantitativer als auch qualitativer Sicht nachgelagert sind.[1186]

727 Die allgemeinen Voraussetzungen für die Zulässigkeit von Hedgefonds-Investitionen werden im BaFin-Rundschreiben R7/2004 erörtert und in Rundschreiben R11/2005 mit Bezug auf entsprechende Berichtspflichten konkretisiert. Weiterhin sind die Ausführungen der BaFin im Schreiben vom 17.06.2005 zu beachten. Außerhalb der Öffnungsklausel darf demnach zusammenfassend dargestellt nur in Dach- und Single-Hedgefonds investiert werden, die in der EU bzw. im EWR ansässig sind oder in strukturierte Hedgefonds-Produkte, die von einer Gesellschaft mit Sitz in der EU bzw. im EWR emittiert worden sind. Außerhalb der Öffnungsklausel dürfen max. 5 % des gebundenen Vermögens in Hedgefonds investiert werden. In je einen einzelnen Single-Hedgefonds darf nicht mehr als 1 % des Vermögens investiert werden. Auf die übrigen und z.T. recht komplexen Voraussetzungen eines Hedgefonds-Investments kann an dieser Stelle auf Platzgründen leider nicht eingegangen werden.[1187] Auch viele andere Kapitalsammelstellen, wie z.B. Einrichtungen der betrieblichen Altersversorgung (z.B. Pensionskassen oder Pensionsfonds) und Versorgungswerke, unterliegen oft vergleichbaren Anlagebestimmungen, häufig sogar mit ausdrücklichem Bezug auf das VAG und dessen Ausführungsbestimmungen.[1188]

728 Neben den ganz konkreten Anlagebeschränkungen unterliegen die nach dem VAG beaufsichtigten Unternehmen auch ganz allgemeinen Anforderungen, die sie erfüllen müssen, um überhaupt Hedgefonds-Investments zu tätigen. Sie müssen beispielsweise über eine ausreichende Risikotragfähigkeit und über ausreichend qualifiziertes Personal verfügen sowie vor jeder Investition in Hedgefonds eine entsprechende Due Diligence (Erwerbbarkeitsprüfung nach BAV R 1/2002) durchführen. Die BaFin verlangt in diesem Zusammenhang, dass die vom Hedgefonds-Manager entwickelten

---

1185 Richtlinie 2009/138/EG des Europäischen Parlaments und des Rates vom 25. November 2009 betreffend die Aufnahme und Ausübung der Versicherungs- und der Rückversicherungstätigkeit (Solvabilität II), ABl. EU L 335 v. 17.12.2009, S. 1. Die Solvency II-Richtlinie wurde in Deutschland durch das Gesetz zur Modernisierung der Finanzaufsicht über Versicherungen vom 1. April 2015 (BGBl. 2015, Teil I, Nr. 14, S. 434) mit Wirkung zum 1. Januar 2016 umgesetzt.

1186 Zu den umfangreichen Rechtsgrundlagen, Leitlinien und Auslegungsentscheidungen sowohl der BaFin als auch der Europäischen Aufsichtsbehörde für das Versicherungswesen und die betriebliche Altersversorgung (EIOPA, engl. European Insurance and Occupational Pensions Authority) vgl. die instruktive Übersicht der BaFin, abrufbar unter dem Stichwort »Solvency II: Rechtsgrundlagen & Leitlinien« auf http://www.bafin.de.

1187 Hierzu ausführlich Weitzel/Zeller, WM 2006, 358, 360 ff.; zu den Anforderungen nach der Solvency II-Richtlinie Bärenz/Steinmüller, RdF 2016, 92 ff.; Wendt, VersR 2015, 539 ff.; Till/Timo, BB 2014, 2185 ff.

1188 Die Anforderungen der Kapitalanlage von Einrichtungen der betrieblichen Altersversorgung werden auf europäischer Ebene überwiegend in der zweiten (novellierten) Richtlinie (EU) 2016/2341 des Europäischen Parlaments und des Rates vom 14. Dezember 2016 über die Tätigkeiten und die Beaufsichtigung von Einrichtungen der betrieblichen Altersversorgung (EbAV), ABl. EU L 354 v. 23.12.2016, S. 37 (IORP II-Richtlinie), geregelt.

Geschäftsmodelle sowie die Performancemerkmale der durchgeführten Strategien verstanden und darauf untersucht werden, wie sie sich bei unterschiedlichen Marktbedingungen verhalten. Für die Durchführung einer solchen Due Diligence ist die Beschaffung der erforderlichen Angaben notwendig. In der Praxis haben sich hier Fragenkataloge bewährt, die von den Investoren erstellt und versendet sowie anschließend von den Hedgefonds-Gesellschaften ausgefüllt und zurückgesandt werden.[1189] Die vorbereitende Prüfung, nicht hingegen die Letztentscheidung über die Kapitalanlage, können durch die exponierten Unternehmen auch auf Dritte ausgelagert werden. Insoweit ist etwa üblich, dass Beratungs- oder Rechtsanwaltsgesellschaften die rechtliche Erwerbbarkeitsprüfung durchführen und zur Entscheidung über die Kapitalanlage des Sicherungsvermögens besehen auf das jeweilige Produkt an das Versicherungsunternehmen zurücksenden.

Die genannten Anforderungen können sich z.T. erheblich reduzieren, wenn Versicherungsunter- 729
nehmen oder Versorgungswerke über kapitalgarantierte indirekte Investments in Hedgefonds investieren. Entsprechende Kapitalgarantien werden oftmals über sog. CPPI-Modelle (»Constant Proportion Portfolio Insurance«) dargestellt. Ziel dieser Modelle ist es, dem Anleger zum einen die Partizipation an steigenden Märkten zu ermöglichen (»Upside Participation«) und zum anderen ein entsprechendes Verlustrisiko zu minimieren bzw. zu begrenzen (»Downside Protection«). Es handelt sich somit – vereinfacht zusammengefasst – um eine dynamische Absicherungsstrategie im Gegensatz zu herkömmlichen statischen Wertsicherungskonzepten. Statische Strategien behalten die zum Ausgangszeitpunkt gewählte Portfoliostruktur i.d.R. bei, wohingegen die dynamischen CPPI-Modelle ihre Portfoliostruktur fortlaufend anpassen, sofern dies die Marktumstände verlangen.[1190]

II. Private Equity und Venture Capital

1. Begriff

Private Equity und Venture Capital sind in Abgrenzung zu Eigenkapitalbeteiligungen, die über den 730
Sekundärmarkt (z.B. über die Börse als organisierter Markt, sog. »Public Equity«) erfolgen, Eigenkapitalbeteiligungen an Unternehmen, die nicht an einem beaufsichtigten Handelsplatz[1191] notiert sind. Dabei beschreibt der Begriff »Venture Capital« die Beteiligung in den Früh- und Wachstumsphasen (sog. »seed/early stage and expansion financing«) eines Unternehmens,[1192] während der Begriff »Private Equity« auch Beteiligungen an etablierten Unternehmen in bestimmten Sondersituationen umfasst.[1193] Dies können z.B. »Buy-Outs« sein, bei denen das Management den ursprünglichen Anteilseignern dieser Unternehmen mithilfe der Private Equity Investoren ihre Beteiligung abkauft oder auch sog. »Turnarounds«, bei denen versucht wird, Unternehmen durch Restrukturierungsmaßnahmen aus einer Krisensituation herauszuführen.[1194] Nach Erreichen des durch die Finanzierung beabsichtigen Ziels (z.B. Umwandlung der Portfoliogesellschaften in eine AG und Platzierung der Unternehmen an der Börse, Ausgliederung von Unternehmensteilen, sog. »carve out«) werden die Anteile an den entsprechenden Gesellschaften i.d.R. wieder gewinnbringend veräußert. In den letzten Jahren hat sich gezeigt, dass Private Equity Fonds auch zunehmend in börsennotierte Gesellschaften investieren, um anschließend über eine z.T. recht aggressiv betriebene

1189 Beispielsweise hat der Bundesverband Alternative Investments e.V. zu diesem Zweck einen Fragenkatalog entwickelt und mit der BaFin abgestimmt (www.bvai.de).

1190 Die Komplexität des CPPI-Modells hatte zuletzt auch die Rechtsprechung im Rahmen eines Verfahrens über die persönliche Haftung des Vorstands einer Genossenschaftsbank zu durchdringen, vgl. LG Düsseldorf, Urt. v. 25.04.2014 – 39 O 36/11, WM 2014, 1293.

1191 Beaufsichtigte Handelsplätze umfassen den organisierten Markt, multilaterale Handelssysteme (MTF) und organisierte Handelssysteme (OTF), vgl. § 2 Abs. 22 WpHG. Instruktiv Güllner, WM 2017, 938 ff.

1192 Vgl. Weitnauer, in: Weitnauer, Handbuch Venture Capital, 5. Aufl. 2016, Teil A Rn. 1 ff.; Haagen/Rudolph, in: Busack/Kaiser, Handbuch Alternative Investments Bd. 2, S. 109 ff.

1193 Vgl. Eilers/Koffka/Mackensen, Private Equity, 2. Aufl. 2012, S. 1 ff.; Otto, AG 2013, 357 ff.

1194 Hierzu instruktiv Brandes, in: Buth/Hermanns, Restrukturierung, Sanierung, Insolvenz, 4. Aufl. 2014, § 21 Rn. 1 ff.

Veränderung der Unternehmensstrategie eine Wertsteigerung ihrer Investments zu erzielen. Dieses Gebaren nahm in 2009 und 2010 sowohl die Europäische Kommission als auch der ECOFIN-Rat der Finanzminister der Mitgliedstaaten der EU zum Anlass, die Verwalter von Private Equity Fonds strenger zu regulieren.[1195] Dies mündete u.a. in der AIFM-Richtlinie, die im KAGB umgesetzt wurde und etwa für dezidierte Offenlegungspflichten (§ 290 KAGB) und ein Zerschlagungsverbot (§ 292 KAGB) sorgt. Neben rechtlichen Anforderungen hat sich die Private Equity Branche auch anlässlich der »Heuschreckendebatte«[1196] zunehmend versucht, durch sog. »Stewardship Codes« und Verhaltensgrundsätze und Ansätze zum Ethikmanagement selbst zu regulieren.[1197]

2. Typische Konstruktionen

731 Üblicherweise erfolgt die Anlage von Geldmitteln in Private Equity oder Venture Capital über entsprechende Fonds. Venture Capital und Private Equity Fonds werden regelmäßig als Personengesellschaft (GmbH & Co. KG) gegründet.[1198] Die Komplementär-GmbH ist meist am Vermögen der KG nicht beteiligt. In- und ausländische Anleger beteiligen sich als Kommanditisten an den Fonds oder mittelbar über eine KG (sog. »Carry-KG«).[1199] Regelmäßig beteiligen sich auch die Initiatoren als Kommanditisten an den Fonds. Neben ihrem Kapital bringen sie u.a. auch ihre Erfahrungen, Kontakte und Netzwerke in die Weiterentwicklung der Beteiligungsunternehmen ein.[1200]

732 Die laufende Geschäftsführung des Private Equity oder Venture Capital Fonds wird typischerweise von der Komplementär-GmbH oder einer Management-Gesellschaft als Kommanditist mit Geschäftsführungsbefugnis (»geschäftsführender Gesellschafter«) übernommen. Hauptaufgabe dieser Geschäftsführung ist die Prüfung neuer Beteiligungen, die Verhandlung entsprechender Beteiligungsverträge, die Überwachung der bestehenden Beteiligungen, das Berichtswesen sowie die Kapitalabrufe und die Betreuung der Anleger. Derjenige, der für die laufende Geschäftsführung verantwortlich ist, erhält regelmäßig eine jährliche Vergütung in Höhe eines vereinbarten Prozentsatzes des Zeichnungskapitals des Fonds. Die letztverantwortlichen Anlageentscheidungen (Investment- und Exit-Entscheidungen) werden regelmäßig von einer weiteren GmbH & Co. KG (Initiator-KG) getroffen. Die Initiatoren erhalten unmittelbar oder mittelbar über die Initiator-KG neben ihrem Gewinnanteil für ihre letztverantwortlichen Anlageentscheidungen und sonstigen immateriellen Beiträge regelmäßig zusätzlich eine Vergütung von ca. 20 % der Gewinne des Fonds, die erst nach der Ausschüttung der Gewinne an die übrigen Gesellschafter ausgezahlt wird (sog. »carried interest«).

733 Im KAGB bilden Private Equity Fonds nach §§ 287 ff. KAGB – wie zuvor skizziert in der Gestalt einer GmbH & Co. KG – einen Sonderfall der geschlossenen inländischen Spezial-AIF (entweder in Form der Investmentkommanditgesellschaft oder der Investmentaktiengesellschaft mit fixem Kapital).[1201] Sie zeichnet aus, dass sie (i) entweder allein oder gemeinsam aufgrund einer

1195 Ausführlich Zetzsche, in: Zetzsche (Hrsg.), The Alternative Investment Fund Managers Directive, 2. Aufl. 2015, S. 2 ff.; Klebeck, DStR 2009, 2154 ff.; Müller, RiW 2011, 620 ff.

1196 Der Begriff wurde ursprünglich von Franz Müntefering während eines öffentlichen Vortrags in der Friedrich-Ebert-Stiftung am 22. November 2004 und sodann wiederholt in Boulevard- und Fachpresse verwandt, vgl. etwa Seifert, Invasion der Heuschrecken, S. 21 ff.; zu Recht vorsichtig Assmann, in: Assmann/Schütze, Handbuch des Kapitalanlagerechts, 4. Aufl. 2015, § 1 Rn. 73.

1197 Hierzu etwa Strenger/Zetzsche, AG 2013, 397 ff.; Fleischer/Strothotte, AG 2011, 221 ff.; Fleischer, ZGR 2008, 185 ff.

1198 Vgl. zu den gesellschaftsrechtlichen Grundlagen etwa Bost/Halfpap, in: Lüdicke/Arndt, Geschlossene Fonds, 6. Aufl. 2013, S. 6 ff.; Jesch, RdF 2014, 180 f.; Weitnauer, in: Weitnauer, Handbuch Venture Capital, 5. Aufl. 2016, Teil B Rn. 86 ff.

1199 Als Überblick zu einer Basisstruktur eines deutschen Private Equity oder Venture Capital Fonds vgl. Jesch, RdF 2014, 180 (182).

1200 Vgl. Schüppen/Ehlermann, Corporate Venture Capital, 2000, S. 15 ff.; Kind, in: Lüdicke/Arndt, Geschlossene Fonds, 6. Aufl. 2013, S. 418 ff.

1201 Hierzu etwa Jesch, RdF 2014, 180 ff.; Herkströter/Krismanek, in: Beckmann/Scholtz/Vollmer, Investment, § 287 KAGB Rn. 3 ff. m.w.N.

Vereinbarung die Erlangung von Kontrolle gemäß § 288 Abs. 1 KAGB über ein nicht börsennotiertes Unternehmen zum Ziel haben oder (ii) mit einer oder mehreren AIF-Kapitalverwaltungsgesellschaften aufgrund einer Vereinbarung zusammenarbeiten, gemäß der die von diesen AIF-Kapitalverwaltungsgesellschaften verwalteten AIF die Kontrolle gemäß § 288 Abs. 1 KAGB über ein nicht börsennotiertes Unternehmen erlangt (sog. »club deals«). Nicht anwendbar sind §§ 287 ff. KAGB auf Private Equity Fonds, in denen es sich bei den nicht börsennotierten Unternehmen um kleine und mittlere Unternehmen (KMU)[1202] oder um Zweckgesellschaften für den Erwerb, den Besitz oder die Verwaltung von Immobilien handelt (sog. »propco«, vgl. § 287 Abs. 2 KAGB).

Konsequenz aus der vorgenannten Einordnung als Private Equity Fonds nach § 287 Abs. 1 KAGB 734
sind bestimmte Mitteilung- und Offenlegungspflichten bei Erlangung der Kontrolle (§§ 289, 290 KAGB), besondere Regelungen für den Jahresbericht (§ 291 KAGB) sowie das sog. Zerschlagungsverbot (§ 292 KAGB).[1203]

Durch das Zerschlagungsverbot ist für den AIFM für einen Zeitraum von 24 Monaten nach Kon- 735
trollerwerb das Management erheblich eingeschränkt, da ein Mitwirkungsverbot bei bedeutenden Entscheidungen wie beispielsweise Dividendenzahlungen, Kapitalherabsetzungen oder der Rücknahme von Anteilen besteht (vgl. § 292 Abs. 1 KAGB).[1204] Darüber hinaus muss er sich nach § 292 Abs. 1 Nr. 3 KAGB auch »in jedem Fall bestmöglich bemühen«, entsprechende Maßnahmen zu verhindern.[1205]

AIF-Kapitalverwaltungsgesellschaften von europäischen Risikokapitalfonds (Venture Capital) kön- 736
nen sich über ein freiwilliges Opt In-Verfahren einer gesonderten Verordnung unterstellen, der EuVECA-VO[1206], und auf diese Weise von den strengen Anforderungen des KAGB an Transparenz und Organisation befreit werden (vgl. § 337 KAGB).[1207] Dadurch soll weiterhin eine typische Anschubfinanzierung kleinerer Unternehmen über Venture Capital sichergestellt werden.[1208]

Die Beteiligungen eines Fonds werden im Durchschnitt 3 bis 5 Jahre gehalten, um sie anschließend 737
möglichst gewinnbringend weiter zu veräußern. Ein Private Equity oder Venture Capital Fonds hat im Durchschnitt eine Laufzeit von 8 bis 12 Jahren.

3. Steuerrechtliche Beurteilung

Schwierigkeiten kann oftmals die steuerrechtliche Beurteilung der Tätigkeit von Private Equity 738
und Venture Capital Fonds bereiten, die Anleger aber bei ihrer Anlageentscheidung in jedem Fall berücksichtigen sollten.[1209] Die Besteuerung von Private Equity Fonds wurde in der Literatur über

1202 Vgl. auch die Definition in § 2 Abs. 46 WpHG.

1203 Vgl. Herkströter/Krismanek, in: Beckmann/Scholtz/Vollmer, Investment, § 287 KAGB Rn. 6 ff.; Koch, WM 2014, 433 ff.; Weitnauer, AG 2013, 672 ff.; Viciano-Gofferje, BB 2013, 2506 ff.; Schröder/Rahn, GWR 2013, 49 ff.

1204 Vgl. Längsfeld, NZG 2016, 1096 ff.; Thiermann, NZG 2016, 335 ff.

1205 Ausführlich zu den unbestimmten Rechtsbegriffen und hieraus abzuleitenden Anforderungen etwa Jesch/Kohl, in: Moritz/Klebeck/Jesch, KAGB, § 292 Rn. 7 ff.

1206 Verordnung (EU) Nr. 345/2013 des Europäischen Parlaments und des Rates vom 17. April 2013, ABl. EU L 115 v. 25.04.2013, S. 1; hierzu instruktiv Weitnauer, GWR 2014, 139; Siering/Izzo-Wagner, BKR 2014, 242.

1207 Zu Einzelheiten Klebeck/Kunschke, in: Beckmann/Scholtz/Vollmer, Investment, § 337 KAGB Rn. 41 ff.

1208 Hierzu ausführlich Weitnauer, in: Weitnauer, Handbuch Venture Capital, 5. Aufl. 2016, Teil B Rn. 49 ff.; Eckhold/Balzer, in: Assmann/Schütze, Handbuch des Kapitalanlagerechts, 4. Aufl. 2015, § 22 Rn. 42 jeweils m.w.N.

1209 Hierbei ist im Detail die steuerliche Behandlung des Fonds einerseits sowie der Anleger andererseits zu unterscheiden, vgl. ausführlich Sagasser, in: Assmann/Schütze, Handbuch des Kapitalanlagerechts, 4. Aufl. 2015, § 27 Rn. 402 ff. und 436 ff.

mehrere Jahre hinweg kontrovers diskutiert.[1210] Mit dem BMF-Schreiben vom 16.12.2003[1211] hat die Finanzverwaltung in die Diskussion eingegriffen und vor allem zur Einordnung eines Fonds als Gewerbebetrieb Stellung bezogen.[1212] Wenn sich die Betätigung eines Fonds noch als Nutzung von Vermögen im Sinne einer Fruchtziehung aus zu erhaltenden Substanzwerten darstellt und die Ausnutzung substantieller Vermögenswerte durch Umschichtung nicht entscheidend in den Vordergrund tritt, liegt eine private Vermögensverwaltung vor. Ein Gewerbebetrieb liegt dagegen vor, wenn eine selbstständige nachhaltige Betätigung mit Gewinnerzielungsabsicht unternommen wird, die sich als Beteiligung am allgemeinen Wirtschaftsverkehr darstellt und über den Rahmen einer Vermögensverwaltung hinausgeht.[1213] Nach der Rechtsprechung des BFH[1214] können folgende Merkmale für einen gewerblichen Wertpapierhandel sprechen: Einsatz von Bankkrediten statt Anlage von Eigenkapital, Unterhaltung eines Büros oder einer Organisation zur Durchführung von Geschäften, Ausnutzung eines Marktes unter Einsatz beruflicher Erfahrungen, Anbieten von Wertpapiergeschäften einer breiten Öffentlichkeit ggü. oder Wertpapiergeschäfte auf Rechnung Dritter, eigenes unternehmerisches Tätigwerden in den Portfolio-Gesellschaften.[1215] Im BMF-Schreiben vom 16.12.2003 werden die Einzelheiten beschrieben, wann die Voraussetzungen für das Vorliegen einer gewerblichen Tätigkeit anhand der genannten Kriterien nicht anzunehmen sind und wie die steuerrechtliche Beurteilung der Gewinnanteile der Fonds vorzunehmen ist, wenn die Tätigkeit des Fonds nach dem Gesamtbild der Betätigung als gewerbliche Tätigkeit zu qualifizieren oder als private Vermögensverwaltung einzustufen ist. Durch die jeweilige Einordnung eines Private Equity oder Venture Capital Fonds als gewerblich tätig bzw. vermögensverwaltend entstehen erhebliche Unterschiede in Bezug auf entsprechende Buchführungspflichten und die Besteuerung. Ohne auf Einzelheiten näher eingehen zu können, ist insbesondere die Gewerbesteuerpflicht und die Einschlägigkeit des Realisationsprinzips gem. § 252 HGB hinsichtlich der Einkünfteermittlung bei einer gewerblich tätigen Private Equity KG zu nennen. Im Gegensatz dazu stehen die allgemeine Gewerbesteuerfreiheit und die Ermittlung der steuerlichen Einkünfte unter Berücksichtigung des Zufluss-/Abflussprinzips bei einem vermögensverwaltenden Fonds.[1216] Auch die Ausgestaltung der Managementbeteiligung rückt aus steuerrechtlicher Sicht immer wieder in den Vordergrund.[1217]

739 Nach Einführung des KAGB und Novellierung des InvStG durch das AIFM-Steuer-Anpassungsgesetz (AIFM-StAnpG)[1218] gelten Private Equity und Venture Capital Fonds, soweit sie die Voraussetzungen eines Investmentvermögens nach § 1 Abs. 1 Satz 1 KAGB erfüllen, als sog. Personen-Investitionsgesellschaften nach § 18 InvStG.[1219]

1210 Vgl. ausführlich Sagasser, in: Assmann/Schütze, Handbuch des Kapitalanlagerechts, 4. Aufl. 2015, § 27 Rn. 392 ff.; Keisinger, NWB 2004, S. 1437 m.w.N.

1211 BStBl. I 2004, S. 40 = DB 2004, S. 103.

1212 Hierzu im Überblick Sagasser, in: Assmann/Schütze, Handbuch des Kapitalanlagerechts, 4. Aufl. 2015, § 27 Rn. 405 f. m.w.N.

1213 Vgl. BMF-Schreiben vom 16.12.2003, BStBl. I 2004, S. 40 = DB 2004, S. 103. Hierzu Sagasser, in: Assmann/Schütze, Handbuch des Kapitalanlagerechts, 4. Aufl. 2015, § 27 Rn. 408 ff. m.w.N.

1214 BFH, Urt. v. 04.03.1980 – VIII R 150/76, BStBl. II 1980, 389; BFH, Urt. v. 31.07.1990 – I R 173/83, BStBl. II 1991, 66; BFH, Urt. v. 06.03.1991 – X R 39/88, BStBl. II 1991, 631; BFH, Urt. v. 19.02.1997 – IV R 103/94, BStBl. II 1997, 399; BFH, Urt. v. 29.10.1998 – XI R 80/97, BStBl. II 1999, 448.

1215 Hierzu mit weiteren Beispielen Sagasser, in: Assmann/Schütze, Handbuch des Kapitalanlagerechts, 4. Aufl. 2015, § 27 Rn. 412 ff.

1216 Vgl. Figna/von Goldacker/Mayta, DB 2005, 966 ff.

1217 Hierzu ausführlich Hohaus/Weber, BB 2006, 2089 ff.; zur Besteuerung des carried interest, vgl. Sagasser, in: Assmann/Schütze, Handbuch des Kapitalanlagerechts, 4. Aufl. 2015, § 27 Rn. 457 ff.

1218 BGBl. I 2013, 4318. Hierzu im Überblick Patzner/Wiese, IStR 2013, 73 ff.; Stadler/Elser, DStR 2014, 233 ff.; Bärenz/Steinmüller, RdF 2014, 323 ff.

1219 Sagasser, in: Assmann/Schütze, Handbuch des Kapitalanlagerechts, 4. Aufl. 2015, § 27 Rn. 402; Helios/Kröger, DB 2015, 520 ff.; Stadler/Elser, DStR 2014, 233 ff.

H. Besonderheiten der Vermögensverwaltung

I. Grundsätzliches

1. Begriff

Mit Vermögensverwaltung ist im Folgenden die Verwaltung fremden Vermögens im Interesse des Vermögensinhabers gemeint. Eine Vermögensverwaltung wird durch einen Dienstvertrag in Form des Geschäftsbesorgungsvertrags begründet.[1220] Diese Vertragsbeziehung ist regelmäßig als Dauerschuldverhältnis ausgestaltet, was sie bspw. vom gängigen transaktionsbasierten Anlageberatungsvertrag unterscheidet. Ein weiterer Unterschied zwischen diesen beiden Vertragsarten besteht in den weitergehenden Befugnissen des Vermögensverwalters. Während der Anlageberater lediglich Empfehlungen ausspricht, die vom Kunden umgesetzt werden oder auch nicht, hat der Vermögensverwalter einen Handlungsauftrag. Er setzt die Anlageenscheidung um, die er getroffen hat. Während des Erbringens der Vermögensverwaltungsleistungen bleibt der Kunde typischerweise Inhaber der verwalteten Vermögenswerte und der Verwalter setzt seine Anlageentscheidungen auf der Grundlage einer Vollmacht um (sog. Vollmachtsverwaltung). Wenn Vermögensverwalter und abwickelndes Kreditinstitut identisch sind, werden die An- und Verkäufe der Finanzinstrumente regelmäßig als Insichgeschäfte abgeschlossen. Das Kreditinstitut nimmt die Rolle des Vermögensverwalters und damit Vertreters des Kunden ein und gleichzeitig die des Kommissionärs oder Käufers bzw. Verkäufers. Hierfür ist es erforderlich, dass der Vermögensverwaltungsvertrag eine Befreiung vom Verbot des Selbstkontrahierens nach § 181 BGB enthält. 740

Alternativ zu dieser Vollmachtsverwaltung kann die Vermögensverwaltung in Form einer Verwaltungstreuhand ausgestaltet sein. Bei letzterer geht das Eigentum an dem verwalteten Vermögen treuhänderisch auf den Verwalter über. Vermögensinhaber und Vermögensverwalter vereinbaren zuvor eine fiduziarische Verwaltungstreuhand. Der Vermögensverwalter wird im eigenen Namen tätig, aber für Rechnung des Vermögensinhabers.[1221] Diese Form der Vermögensverwaltung ist in Deutschland nicht gebräuchlich. 741

Gegenstand einer Vermögensverwaltung können grundsätzlich sämtliche Finanzinstrumente und andere Vermögensgegenstände sein. Sie kann sich auf Wertpapiere, Kontoguthaben, Gesellschaftsbeteiligungen, Edelmetalle und Rohstoffe erstrecken. Auch die Verwaltung von Immobilien und Kunstgegenständen ist möglich. Eine Vermögensverwaltung kann für natürliche Personen, aber auch für Stiftungen und Nachlässe geführt werden. Im Folgenden werden die rechtlichen Anforderungen an die Vermögensverwaltung beschrieben, deren Gegenstand Finanzinstrumente sind. 742

2. Rechtliche Grundlagen

Eine Vermögensverwaltung, deren Gegenstand Finanzinstrumente sind, ist eine Wertpapierdienstleistung nach § 2 Abs. 8 S. 1 Nr. 7 WpHG. Das Gesetz bezeichnet sie als Finanzportfolioverwaltung und definiert sie als die Verwaltung einzelner oder mehrerer in Finanzinstrumenten angelegter Vermögen für andere mit Entscheidungsspielraum. Inhaltlich identisch wird die Finanzportfolioverwaltung im KWG als eine Finanzdienstleistung eingeordnet (§ 1 Abs. 1a S. 2 Nr. 3 KWG). Bietet ein Unternehmen Finanzdienstleistungen gewerbsmäßig oder in einem Umfang an, der einen in kaufmännischer Weise eingerichteten Geschäftsbetrieb erfordert, und ist es kein Kreditinstitut, handelt es sich um ein Finanzdienstleistungsunternehmen. Für die Tätigkeit eines Vermögensverwalters ist grundsätzlich eine Erlaubnis der BaFin nach §§ 1, 32 Abs. 1 KWG erforderlich.[1222] Soweit die Vermögensverwaltung erbracht wird, ohne dass die erforderliche Erlaubnis vorliegt, 743

1220 Muster eines Vermögensverwaltungsvertrags bei Hopt/*Kumpan* Form IV.U.5.

1221 Schimansky/Bunte/Lwowski/*Walz* Bankrecht-Handbuch § 111 Rn. 9.

1222 Merkblatt – Hinweise zum Tatbestand der Finanzportfolioverwaltung v. 03.01.2011, geändert am 25.07.2018 (veröffentlicht unter www.bafin.de).

kommt eine persönliche Haftung des Geschäftsleitungsmitglieds des Vermögensverwalters nach § 823 Abs. 2 BGB i.V.m. § 32 Abs. 1 Satz 1 KWG in Betracht.[1223] Sofern das Unternehmen zusätzlich zur Vermögensverwaltung das Einlagengeschäft oder das Depotgeschäft anbietet, handelt es sich um ein Kreditinstitut. Durch das Merkmal der Verwaltung einzelner Vermögen kann die Vermögensverwaltung von der regelmäßigen Tätigkeit von Kapitalverwaltungsgesellschaften abgegrenzt werden. Letztere betreiben eine kollektive Vermögensverwaltung, die nach den speziellen Regelungen des Kapitalanlagegesetzbuchs (früher: Investmentgesetz) erfolgt. Die in Investmentvermögen angelegten Mittel werden für gemeinschaftliche Rechnung der Anleger gehalten.[1224] Eine kollektive Vermögensverwaltung in Bezug auf Investmentvermögen liegt selbst dann vor, wenn das Investmentvermögen nur von einem oder wenigen Investoren gehalten wird.[1225] Allerdings können Kapitalverwaltungsgesellschaften zusätzlich zur kollektiven Vermögensverwaltung auch eine individuelle Vermögensverwaltung erbringen (§ 20 Abs. 2 Nr. 1 und Abs. 3 Nr. 2 KAGB; § 7 Abs. 2 Nr. 1 InvG a.F.). In einem solchen Fall gelten die im WpHG geregelten Anforderungen an die individuelle Vermögensverwaltung entsprechend für die Kapitalverwaltungsgesellschaft (§ 5 Abs. 2 KAGB).

744 Eine Vermögensverwaltung wird von der BaFin regelmäßig auch bei der Tätigkeit des Geschäftsführers eines Investmentclubs angenommen, sofern dieser einen Entscheidungsspielraum hat.[1226] Diese Tätigkeit kann nach dem Kapitalanlagengesetzbuch oder nach dem Kreditwesengesetz erlaubnispflichtig sein. Anhaltspunkte für die in Betracht kommenden Tatbestände des KAGB und des KWG sowie Leitlinien, die zu einer Erlaubnisfreiheit der Tätigkeit des Investmentclubs und seiner Geschäftsführer nach dem KWG führen, hat die BaFin in ihrer Veröffentlichung »Merkblatt – Hinweise zur finanzaufsichtsrechtlichen Erlaubnispflicht von Investmentclubs und ihrer Geschäftsführer« festgehalten.[1227] Wenn der Investmentclub in der Form eines nicht rechtsfähigen Vereins geführt wird, gelten die Kriterien der Finanzportfolioverwaltung entsprechend für die Beurteilung der Tätigkeit des Vorstands. Die Auffassung der BaFin wurde vom BVerwG in einer Entscheidung über die Finanzportfolioverwaltung durch den geschäftsführenden Gesellschafter einer Kapitalanlage-GbR geteilt.[1228] Dieser Beurteilung steht nicht entgegen, dass die GbR nach der Rechtsprechung des BGH ein Rechtssubjekt ggü. Dritten sein kann[1229] und gem. § 11 Abs. 2 InsO insolvenzfähig ist. Der Schutzzweck des KWG gebietet ein Verständnis, dass die Mitgesellschafter einer GbR in der vorliegenden Gestaltung ggü. dem geschäftsführungsbefugten Mitgesellschafter »Andere« in Sinne des § 1 Abs. 1a Satz 2 Nr. 3 KWG sind.[1230]

745 Keine Vermögensverwaltung stellt die Tätigkeit eines Testamentsvollstreckers dar. Zwar gibt es insbesondere im Fall einer Dauertestamentsvollstreckung zahlreiche Parallelen zwischen den Tätigkeiten eines Testamentsvollstreckers und eines Vermögensverwalters. So hat auch der Testamentsvollstrecker die Pflicht (§ 2216 Abs. 1 BGB), den Nachlass ordnungsmäßig zu verwalten. Entscheidend ist allerdings, dass der Testamentsvollstrecker die letztwilligen Verfügungen des Erblassers zur Ausführung bringt (§ 2203 BGB) und seine Aufgabe nicht darin besteht, einzelne in Finanzinstrumenten angelegte Vermögen zu verwalten.[1231] Die Tätigkeit des Testamentsvollstreckers beruht nicht auf

1223 BGH, BKR 2011, 65 (68); die Vermittlung einer (ausländischen) Vermögensverwaltung erfüllt nicht den Tatbestand der Anlagevermittlung und ist daher nicht erlaubnispflichtig nach § 32 KWG, BGH NJW 2018, 230 und EUGH ZIP 2017, 1362.

1224 Schäfer/Hamann/*Schäfer* § 2 WpHG Rn. 79; Schwark/Zimmer/*Kumpan* § 2 WpHG Rn. 83.

1225 Weitnauer/Boxberger/Anders/*Volhard/Jang* § 1 KAGB Rn. 10.

1226 Assmann/Schneider/*Assmann* § 2 Rn. 106; Schäfer/Hamann/*Schäfer* § 2 WpHG Rn. 82; Schwark/Zimmer/*Kumpan* § 2 WpHG Rn. 82.

1227 Schreiben der BAFin v. 09.06.2011, geändert am 18.07.2013 (veröffentlicht unter www.bafin.de).

1228 BVerwG, ZIP 2005, 385 (387); *Frey* BKR 2005, 200 (201).

1229 BGH, ZIP 2001, 330; BGH, ZIP 2001, 2224 (2225).

1230 BVerwG, ZIP 2005, 385 (388).

1231 Schäfer/Hamann/*Schäfer* § 2 WpHG Rn. 84; Schwark/Zimmer/*Kumpan* § 2 WpHG Rn. 84; im Ergebnis ebenso Assmann/Schneider/*Assmann* § 2 Rn. 106a.

einer Vereinbarung. Aus der Sicht der Vermögensinhaber ist der Testamentsvollstrecker von ihnen nicht ausgewählt, sondern vom Erblasser ohne weitere Einflussmöglichkeit vorgegeben worden.

Zivilrechtlich handelt es sich bei einem Vermögensverwaltungsvertrag i.d.R. um einen entgeltlichen Geschäftsbesorgungsvertrag i.S.d. §§ 611, 675 BGB. Der Vermögensverwalter ist verpflichtet, das Vermögen eines Kunden in dessen Interesse zu verwalten.[1232] Im Fall der Gestaltung der Vermögensverwaltung als Vollmachtstreuhand wird der Vermögensverwalter zusätzlich bevollmächtigt, über die Vermögensgegenstände verfügen zu dürfen. Zivilrechtlich gelten für den Vertragsschluss keine Formerfordernisse. In der Praxis werden die Verträge allerdings i.d.R. schriftlich vereinbart, um die Vereinbarungen inklusive der Anlagerichtlinien für beide Seiten leicht nachvollziehbar und beweisbar zu machen. Auch das aufsichtsrechtliche Erfordernis, über die wesentlichen Rechte und Pflichten des Wertpapierdienstleistungsunternehmens und des Kunden eine Vereinbarung abzuschließen und diese Vereinbarung auf Papier oder einem anderen dauerhaften Datenträger zu dokumentieren (Art. 58 DVO (EU) 2017/565), gilt es zu beachten. 746

II. Pflichten in Zusammenhang mit einem Vermögensverwaltungsvertrag

In einer Vermögensverwaltung ist der Vermögensverwalter verpflichtet, das ihm anvertraute Vermögen des Anlegers in dessen Interesse zu verwalten. Diese Pflicht ist tätigkeitsbezogen und nicht auf einen bestimmten Anlageerfolg gerichtet.[1233] Der Verwalter ist berechtigt und verpflichtet, fortlaufend über das Vermögen zu verfügen, indem er Anlageentscheidungen trifft und diese umsetzt, ohne im Einzelfall Weisungen einzuholen. Die Anlageentscheidungen trifft der Vermögensverwalter nach eigenem Ermessen.[1234] In welchem Umfang der Vermögensverwalter bei seinen Anlageentscheidungen nach freiem Ermessen handeln darf, hängt von den vereinbarten Anlagerichtlinien ab. Diese Richtlinien haben üblicherweise den Zweck, den Ermessensspielraum des Vermögensverwalters einzuschränken und die Vermögensverwaltung an den Vorgaben des Anlegers auszurichten.[1235] 747

1. Pflichten vor Abschluss eines Vermögensverwaltungsvertrags

a) Pflichten des Vermögensverwalters

Da die Vermögensverwaltung eine Wertpapierdienstleitung ist, hat der Vermögensverwalter unter anderem die Verhaltensregeln der §§ 63 ff. WpHG zu erfüllen. Vor Abschluss des Vertrags hat der Vermögensverwalter daher zunächst nach § 63 Abs. 2 und 7 WpHG verschiedene Informationen zur Verfügung zu stellen (vgl. Rdn. 188–226). Außerdem hat er von seinem Kunden die nach § 64 Abs. 3 WpHG erforderlichen Angaben zu ermitteln. Ziel dieses Informationsaustausches ist, dass der Kunde seine Entscheidung über den Abschluss eines Vermögensverwaltungsvertrags und über die Anlagestrategie auf informierter Grundlage trifft. Mit Hilfe der Angaben über den Kunden soll der Vermögensverwalter dessen Entscheidungsfindung sachgerecht unterstützen. 748

aa) Informationspflichten

Ein Vermögensverwalter hat seinem Kunden nach § 63 Abs. 7 WpHG weitgehend die gleichen Informationen zur Verfügung zu stellen wie ein Wertpapierdientleistungsunternehmen, das andere Wertpapierdienstleistungen erbringt, z.B. die Anlageberatung (vgl. Rdn. 188–226). Zu den Informationen gehören bespielsweise Angaben über die Kosten (Art. 50 DVO (EU) 2017/565).[1236] Diese Informationen umfassen nicht generell Angaben zu den Produktkosten. Entsprechend den sich aus Art. 50 Abs. 5 lit. a DVO (EU) 2017/565 ergebenden Anforderungen ist über Produktkosten 749

1232 BGH, WM 1998, 21 (22); Ellenberger/Schäfer/*Teuber*, S. 223 (227).
1233 Fuchs/*Fuchs* § 31 WpHG Rn. 287.
1234 Assmann/Schütze/*U. Schneider* § 23 Rn. 59.
1235 BGH, WM 1998, 21 (22); BGH, WM 2006, 1576.
1236 Vgl. ausführlich oben Rdn. 198 ff.

zu informieren, wenn und soweit Finanzinstrumente angeboten oder empfohlen werden. Bei einer Vermögensverwaltung fehlt es aufgrund des Entscheidungsspielraums des Vermögensverwalters vor Vertragsschluss regelmäßig an der Benennung einzelner Finanzinstrumente. Eine andere Wertung ist lediglich in Fallgestaltungen denkbar, in denen die Anlagerichtlinien ein begrenztes Universum an Finanzinstrumenten vorsehen und das Ermessen des Vermögensverwalters im Wesentlichen auf die Gewichtung der zur Auswahl stehenden Instrumente beschränkt ist. Dieser Sachverhalt ist beispielsweise im Falle einer standardisierten Fondsvermögensverwaltung vorstellbar. Für die Vermögensverwaltung von besonderer Bedeutung ist die Pflicht, den Kunden über vorgeschlagene Anlagestrategien zu informieren (§ 63 Abs. 7 S. 1 WpHG). Zu diesen Informationen gehören Angaben über geeignete Leitlinien zu den einzelnen Anlagestrategien (§ 63 Abs. 7 S. 3 lit. a WpHG) und geeignete Warnhinweise zu den Risiken, die mit den einzelnen Anlagestrategien verbunden sind (§ 63 Abs. 7 S. 3 lit. b WpHG). Wenn der Kunde als Privatkunde kategorisiert ist, sind diesem auch die Informationen nach Art. 47 Abs.1 DVO (EU) 2017/565 zu erteilen (vgl. Rdn. 194 und 195).

750 Zusätzlich zu den nach Art. 47 Abs. 1 DVO (EU) 2017/565 zur Verfügung zu stellenden Informationen müssen noch folgende Angaben, soweit relevant, vor der Erbringung einer Finanzportfolioverwaltung bereitgestellt werden (Art. 47 Abs. 3 DVO (EU) 2017/565):

a) Art und Weise sowie Häufigkeit der Bewertung der Finanzinstrumente im Kundenportfolio;
b) Einzelheiten zur Zulässigkeit einer Delegation der Vermögensverwaltung mit Ermessensspielraum in Bezug auf alle oder einen Teil der Finanzinstrumente oder Gelder im Kundenportfolio;
c) Vergleichsgröße, anhand derer die Wertentwicklung des Kundenportfolios verglichen werden kann;
d) Art der Finanzinstrumente, die in das Kundenportfolio aufgenommen werden können, und Art der Geschäfte, die mit diesen Instrumenten ausgeführt werden können, einschließlich Angabe etwaiger Einschränkungen;
e) Managementziele, bei der Ausübung des Ermessens durch den Verwalter zu beachtendes Risikoniveau und etwaige spezifische Einschränkungen dieses Ermessens.

751 Durch die Angabe einer Vergleichsgröße, anhand derer die Wertentwicklung des Kundenportfolios verglichen werden kann, soll der Kunde die Leistungen des Vermögensverwalters bewerten können. Die Vergleichsgröße muss zu den Anlagezielen des Kunden und den im Rahmen der Vermögensverwaltung zur Auswahl stehenden Finanzinstrumenten passen. Gleichzeitig muss sie aussagekräftig sein (Art. 47 Abs. 2 DVO (EU) 2017/565). Als Vergleichsgröße kommt regelmäßig eine Mischung bekannter Indizes oder ein Zinssatz in Betracht.[1237]

752 Zu den nach § 63 Abs. 7 WpHG zu erteilenden Informationen gehören solche über Finanzinstrumente. Da die Anlageentscheidungen vom Vermögensverwalter und nicht durch den Kunden getroffen werden, dürften sich die relevanten Informationen im Wesentlichen auf die Nennung der Gattungen beschränken, die zur Durchführung der Vermögensverwaltung erworben werden (Umkehrschluss aus Art. 48 Abs. 1 DVO (EU) 2017/565). Nach Erwägungsgrund 95 der DVO (EU) 2017/565 soll die Information über die Art der Finanzinstrumente und die Art von Geschäften gesonderte Angaben dazu enthalten, ob das Wertpapierdienstleistungsunternehmen berechtigt ist, in nicht für den Handel an einem geregelten Markt zugelassene Finanzinstrumente, in Derivate oder in illiquide oder hochvolatile Instrumente zu investieren. Gesonderte Angaben soll das Wertpapierdienstleistungsunternehmen auch machen, wenn es Leerverkäufe, Käufe mit geliehenen Geldern, Wertpapierfinanzierungsgeschäfte oder sonstige Geschäfte tätigen darf, die Einschusspflichten, die Einlage von Sicherheiten oder Wechselkursrisiken umfassen.

753 Die wesentlichen Rechte und Pflichten des Wertpapierdienstleistungsunternehmens und des Kunden in Zusammenhang mit der Vermögensverwaltung sind in einer Vereinbarung festzuhalten. Diese Vereinbarung ist auf Papier oder einem anderen dauerhaften Datenträger zu dokumentieren

1237 Ellenberger/Clouth/*Müller/Walz* Rn. 953.

(Art. 58 Unterabs. 1 DVO (EU) 2017/565). Die schriftliche Vereinbarung enthält folgende Angaben: a) eine Beschreibung der Dienstleistungen; b) die für den Erwerb und Verkauf zur Auswahl stehenden Arten von Finanzinstrumenten sowie die Arten von Geschäften, die im Auftrag des Kunden ggfl. durchgeführt werden, ebenso wie alle ausgeschlossenen Finanzinstrumente bzw. Geschäfte; und c) eine Beschreibung der Hauptmerkmale aller zu erbringenden Wertpapierdienstleistungen, was ggf. auch die Rolle des Wertpapierdienstleistungsunternehmens im Falle von Kapitalmaßnahmen bei Finanzinstrumenten des Kunden und die Bedingungen mit einschließt, unter denen Wertpapierfinanzierungsgeschäfte mit Kundenwertpapieren durchgeführt werden dürfen (Art. 58 Unterabs. 2 DVO (EU) 2017/565).

Der Vermögensverwalter hat die Merkmale der Vermögensverwaltung zu beschreiben. Das entspricht z.T. den Angaben, die im Rahmen einer Aufklärung oder Beratung über einzelne Wertpapieranlagen zu geben sind. Dem Anleger sind die zur Auswahl stehenden Anlageobjekte zu nennen. Darüber hinaus ist dem Anleger die Tätigkeit des Vermögensverwalters einschließlich der damit verbundenen Kosten sowie der damit verbundenen Chancen und Risiken zu erläutern.[1238] Besondere Risiken sind bspw. mit Anlagerichtlinien verbunden, die die Möglichkeit vorsehen, für einen erheblichen Anteil des verwalteten Portfolios Nebenwerte zu erwerben. Dies gilt gerade in Fällen, in denen mit dem Erwerb der Aktien der Zweck verfolgt wird, Einfluss auf die Geschäftsleitung der entsprechenden AG auszuüben. Der Anleger ist in einem solchen Fall unter anderem auf die eingeschränkte Handelbarkeit der Nebenwerte und die dadurch verursachte erschwerte Verwertbarkeit der Aktien hinzuweisen. Entsprechendes gilt für Anlagerichtlinien, die eine Anlage in Finanzinstrumenten mit Hebelwirkung, Nachschusspflichten oder besonders hoher Volatilität zulassen.[1239] 754

Wenn eine Vermögensverwaltung die Möglichkeit einer Anlage in Finanztermingeschäften an den internationalen Terminmärkten vorsieht und die einzelnen Geschäfte mit so hohen Transaktionskosten verbunden sind, dass die Gefahr besteht, das eingesetzte Kapital werde in relativ kurzer Zeit aufgebraucht sein, sind die von der Rechtsprechung entwickelten Grundsätze zu den schriftlichen Aufklärungspflichten gewerblicher Terminvermittler anwendbar. Dieser Verpflichtung genügt der Vermögensverwalter nicht, wenn er in einer schriftlichen Vereinbarung mit dem Anleger lediglich angibt, dass er zwar keine Verwaltungsvergütung erhält, aber mit 20 % an den von ihm erwirtschafteten Handelsgewinnen, unabhängig davon, ob diese realisiert werden oder nicht, nach Verlustausgleich beteiligt wird, und dass er von dem konto- und depotführenden Kreditinstitut eine Rückvergütung aus den vom Anleger zu zahlenden Abwicklungsgebühren für Eurex-Geschäfte und für Geschäfte an den US-Märkten sowie aus den Kontoführungsentgelten erhält. Berechnungsgrundlage für die Vergütung des Vermögensverwalters sind damit auch solche Handelsgewinne, die »nur auf dem Papier« stehen und mangels Realisierung im Fall gegenläufiger Kapitalmarktentwicklungen wieder verschwinden, nachdem die Vergütung abgezogen wurde. Der Vermögensverwalter hätte zusätzlich angeben müssen, wie viele Geschäfte normalerweise innerhalb eines Tages oder einer Woche getätigt werden. Außerdem hätte er auf die Gefahr hinweisen müssen, dass das eingesetzte Kapital allein durch die Kosten und Entgelte angegriffen wird. In einem vom KG Berlin entschiedenen Fall hatte der Vermögensverwalter innerhalb von 10 Monaten Geschäfte getätigt, deren Kosten und Entgelte ca. einem Drittel des eingesetzten Kapitals entsprachen.[1240] 755

Bietet der Vermögensverwalter seine Dienstleistung als Teil eines Pakets an, gelten weitergehende Informationspflichten nach § 63 Abs. 9 WpHG. Wird die Vermögensverwaltung verbunden mit anderen Dienstleistungen oder anderen Produkten als Gesamtpaket (»gekoppeltes Paket«) oder in der Form angeboten, dass die Erbringung der Wertpapierdienstleistungen, der anderen Dienstleistungen oder der Geschäfte über die anderen Produkte Bedingung für die Durchführung der jeweils anderen Bestandteile oder des Abschlusses der anderen Vereinbarungen ist (»gebündeltes Paket«), muss der Vermögensverwalter den Kunden darüber informieren, ob die einzelnen Bestandteile auch 756

1238 *Sprockhoff* WM 2005, 1739 (1741).
1239 OLG Köln, NZG 1999, 1177; Ellenberger/Clouth/*Müller/Walz* Rn. 947.
1240 KG Berlin, ZIP 2006, 1497 (1498).

getrennt voneinander bezogen werden können und dem Kunden für jeden Bestandteil getrennt Kosten und Gebühren Nachweisen (§ 63 Abs. 9 S. 1 WpHG). Besteht die Wahrscheinlichkeit, dass die mit dem Gesamtpaket oder der Gesamtvereinbarung verknüpften Risiken von den mit den einzelnen Bestandteilen verknüpften Risiken abweichen, hat der Vermögensverwalter den Privatkunden in angemessener Weise über die einzelnen Bestandteile, die mit ihnen verknüpften Risiken und die Art und Weise, wie ihre Wechselwirkung das Risiko beeinflusst, zu informieren (§ 63 Abs. 9 S. 2 WpHG). Das Verständnis der BaFin an Wertpapierdienstleistungen, die als Bestandteil eines gekoppelten Pakets oder gebündelten Pakets angeboten werden, ist unter dem Stichwort »Querverkäufe« in BT 14 der MaComp dokumentiert. In der Praxis können die Anforderungen beispielsweise einschlägig sein, wenn die Vermögensverwaltung von dem Bestehen einer Konto- und Depotbeziehung zu dem Vermögensverwalter abhängig gemacht wird.

bb) Bestmögliche Ausführung von Kundenaufträgen (Best Execution)

757 Der Vermögensverwalter muss selbst Grundsätze zur Auftragsausführung festlegen (Art. 65 Abs. 5 S. 1 1. Halbsatz DVO (EU) 2017/565). Damit muss er seine Pflicht erfüllen, dass die von ihm zu erteilenden Wertpapieraufträge nach den Kriterien Preis, Kosten, Schnelligkeit, Wahrscheinlichkeit der Ausführung und Abrechnung am Besten ausgeführt werden (Art. 65 Abs. 5 S. 1 2. Halbsatz DVO (EU) 2017/565). Die bereits oben unter Rdn. 207–219 dargestellten Anforderungen gelten gleichermaßen für den Vermögensverwalter. Diese Pflichten bestehen für den Vermögensverwalter unabhängig von der Tatsache, ob er die Wertpapiertransaktionen selbst ausführt oder die Geschäfte lediglich an einen anderen Wertpapierdienstleister vermittelt. Die Ausführungsgrundsätze des Vermögensverwalters müssen für jede Gattung von Finanzinstrumenten die Einrichtungen benennen, bei denen das Wertpapierdienstleistungsunternehmen Aufträge platziert oder an die es Aufträge zur Ausführung weiterleitet (Art. 65 Abs. 5 S. 2 DVO (EU) 2017/565). Die von diesen Einrichtungen für die Auftragsausführung getroffenen Vorkehrungen ermöglichen es dem Wertpapierdienstleistungsunternehmen, bei der Platzierung oder Weiterleitung von Aufträgen an eine solche Einrichtung seine Pflichten nach Art. 65 DVO (EU) 2017/565 zu erfüllen (Art. 65 Abs. 5 S. 2 DVO (EU) 2017/565). Der Vermögensverwalter muss seinen Kunden über seine Ausführungsgrundsätze informieren (Art. 65 Abs. 6 S. 1 DVO (EU) 2017/565) und die Zustimmung des Kunden dazu einholen (§ 82 Abs. 6 Nr. 1 WpHG).

758 Als praktische Konsequenz der Pflicht zur Aufstellung eigener Ausführungsgrundsätze wird der Vermögensverwalter unter anderem die Grundsätze der Auftragsausführung der ihm zur Verfügung stehenden Depotbanken regelmäßig prüfen. Dadurch erhält er die erforderlichen Informationen, um jeweils die Depotbank mit den besten Ausführungsgrundsätzen beauftragen und um dieser evtl. Vorgaben für die Ausführung bestimmter Aufträge geben zu können.

759 Aufsichtsrechtlich ist die Pflicht zur bestmöglichen Ausführung ein Spezialfall der Pflicht zur Wahrung des Kundeninteresses. Zivilrechtlich ist der Kommissionär in den §§ 383 ff. HGB und der Vermögensverwalter gem. §§ 662 ff. BGB i.R.d. Wahrung des Kundeninteresses zu einer interessengerechten Auftragsausführung verpflichtet.[1241]

cc) Erhebung von Kundenangaben

760 Nach § 64 Abs. 3 S. 1 WpHG hat ein Vermögensverwalter vor der Erbringung einer Vermögensverwaltung vom Kunden Angaben zu seinen Kenntnissen und Erfahrungen in Bezug auf Vermögensverwaltungen zu erheben. Er hat auch Angaben über die finanzellen Verhältnisse des Kunden, einschließlich seiner Fähigkeit, Verluste zu tragen, und über seine Anlageziele, einschließlich seiner Risikotoleranz zu erheben. Nach Art. 55 Abs. 1 DVO (EU) 2017/565 müssen sich die Angaben des Kunden über seine Kenntnisse und Erfahrungen auf die nachfolgend genannten Punkte erstrecken, soweit dies nach Art des Kunden, Art und Umfang der zu erbringenden Vermögensverwaltung und

1241 Welter/Lang/*Balzer* Rn. 9.4.

Art des in Betracht gezogenen Produkts oder Geschäfts unter Berücksichtigung der damit jeweils verbundenen Komplexität und Risiken angemessen ist: a) Art der Dienstleistungen, Geschäfte und Finanzinstrumente, mit denen der Kunde vertraut ist; b) Art, Umfang und Häufigkeit der Geschäfte des Kunden mit Finanzinstrumenten und Zeitraum, in dem sie getätigt worden sind; c) Bildungsstand und Beruf oder relevanter früherer Beruf des Kunden. Sofern der Kunde als professioneller Kunde eingestuft ist, kann der Vermögensverwalter ausreichende Erfahrungen und Kenntnisse in Bezug auf die Vermögensverwaltung unterstellen (Art. 54 Abs. 3 Unterabs. 1 DVO (EU) 2017/565). Außerdem kann der Vermögensverwalter bei geborenen professionellen Kunden unterstellen, dass für sie die mit einer Vermögensverwaltung verbundenen Anlagerisiken entsprechend den Anlagezielen finanziell tragbar sind (Art. 54 Abs. 3 Unterabs. 2 DVO (EU) 2017/565). Die übrigen genannten Angaben sind grundsätzlich gleichwohl auch von einem professionellen Kunden zu erheben. Der Vermögensverwalter darf seinen Kunden nicht dazu verleiten, die Angaben nach § 64 Abs. 3 S. 1 WpHG zurückzuhalten (Art. 55 Abs. 2 DVO (EU) 2017/565).

Sollte der Kunde die erforderlichen Angaben verweigern und das Wertpapierdienstleistungsunternehmen sie nicht auf anderem Weg erlangen, darf der Vermögensverwalter keine Empfehlung aussprechen (Art. 54 Abs. 8 DVO (EU) 2017/565). Da die Pflicht zur Exploration in § 64 Abs. 3 Satz 1 WpHG ausdrücklich alle Informationen benennt, ist eine Beratung über eine Vermögensverwaltung ausgeschlossen, sobald Kundenangaben zu einem erforderlichen Teilaspekt fehlen. 761

Der Vermögensverwalter darf sich auf die Angaben des Kunden verlassen und hat deren Fehlerhaftigkeit oder Unvollständigkeit nicht zu vertreten. Etwas anderes gilt allerdings dann, wenn ihm positiv bekannt oder infolge grober Fahrlässigkeit unbekannt geblieben ist, dass die Kundenangaben veraltet, unzutreffend oder unvollständig sind (Art. 55 Abs. 3 DVO (EU) 2017/565). 762

Auch in zivilrechtlicher Hinsicht benötigt der Vermögensverwalter Angaben über die Erfahrungen und Kenntnisse des Anlageinteressenten im Anlagebereich, insbesondere in Bezug auf Vermögensverwaltungen, um ihn anlage- und anlegergerecht über die Merkmale der Vermögensverwaltung einschließlich der Chancen und Risiken aufklären zu können. Es genügt die Aufklärung vor Abschluss des Vermögensverwaltungsvertrags. Eine erneute Information vor Abschluss der einzelnen Anlagegeschäfte ist nicht erforderlich, da der Kunde dann keine weitere Anlageentscheidung trifft.[1242] In der Praxis wird dem Abschluss des Vermögensverwaltungsvertrags häufig eine Beratung vorausgehen.[1243] Daher wird der Vermögensverwalter im Regelfall zusätzlich zu den Angaben über die Erfahrungen und Kenntnisse des Kunden auch Angaben über dessen Anlageziele und finanziellen Verhältnisse erheben. Im Falle der Beratung vor Abschluss eines Vermögensverwaltungsvertrags gibt der Vermögensverwalter eine Empfehlung ab, die auch die Anlagestrategie entsprechend dem Anlageziel des Kunden umfasst. Diese Beratung ist keine Anlageberatung i.S.d. § 2 Abs. 8 Nr. 10 WpHG, da sie sich auf die Erbringung einer Wertpapierdienstleistung und nicht auf bestimmte Finanzinstrumente bezieht. Über diese Beratung ist keine Geeignetheitserklärung im Sinne des § 63 Abs. 4 WpHG zu erstellen.[1244] 763

Im Fall einer Beratung über den Abschluss eines Vermögensverwaltungsvertrags kann das Wertpapierdienstleistungsunternehmen in Abhängigkeit vom Beratungsumfang eine zum Anlageziel des Kunden und zu seinem Anlagehorizont passende Anlagestrategie empfehlen. Bei der Formulierung der Anlagestrategie ist es sinnvoll, das Verhältnis der drei grundlegenden und miteinander konkurrierenden Anlagekriterien Sicherheit, Liquidität und Rentabilität eindeutig zu bestimmen. Mit Sicherheit ist das Interesse an einer Erhaltung des Vermögens gemeint. Mit dem Begriff Liquidität wird die Möglichkeit einer möglichst schnellen Umwandlung in Bargeld oder Kontoguthaben 764

1242 Assmann/Schneider/*Koller* § 31 Rn. 170.

1243 Nach anderer Auffassung hat der Vermögensverwalter insoweit eine vorvertragliche Informationspflicht: Assmann/Schütze//*U. Schneider* § 23 Rn. 26 mit weiteren Nachweisen.

1244 Zur Vorgängervorschrift über das Beratungsprotokoll, dass insoweit den gleichen Anwendungsbereich hatte wie die Geeignetheitserklärung: Assmann/Schneider/*Koller* § 31 Rn. 172.

bezeichnet. Die Rentabilität ergibt sich aus Art und Höhe des Ertrags der Anlage. Durch eine unterschiedliche Gewichtung dieser drei Faktoren lassen sich unterschiedliche Chancen-/Risikoprofile für die Anlagestrategie gestalten. Daneben kann über die Anlagestrategie festgelegt werden, in welche Arten von Finanzinstrumente investiert werden soll oder nicht angelegt werden darf. Entsprechendes kann für weitere Anlagekategorien, wie Währungen, Branchen und Länder, erfolgen.[1245] Üblicherweise wird die Anlagestrategie zwischen den Parteien vereinbart. Sollte der Anleger allerdings erst nach Abschluss des Vertrags eine Anlagestrategie festlegen, ist dies eine Weisung i.S.d. § 665 BGB an den Vermögensverwalter und daher für ihn bindend.[1246]

dd) Geeignetheit des Vertragsabschlusses

765 Die Empfehlung, einen Vermögensverwaltungsvertrag abzuschließen, setzt aufsichtsrechtlich die Prüfung seiner Geeignetheit voraus (§ 64 Abs. 3 S. 2 und 3 WpHG i.V.m. Art. 54 DVO (EU) 2017/565). Die Wertpapierdienstleistung Finanzportfolioverwaltung ist für Kunden geeignet, die bereit sind, die Befugnis für Anlageentscheidungen einem Vermögensverwalter zu übertragen, und die ihn zur Umsetzung seiner Entscheidungen auch bevollmächtigen möchten.[1247] Da eine Vermögensverwaltung grundsätzlich nur längerfristig sinnvoll erscheint, sollte der Kunde einen solchen Anlagehorizont haben. Die übrigen Punkte der Geeignetheit, wie die Anlageziele des Kunden, seine finanziellen Verhältnisse und die Kenntnisse und Erfahrungen, sind vor allem für die Empfehlung der Anlagestrategie relevant. Die Kenntnisse und Erfahrungen des Kunden müssen in einem Umfang gegeben sein, dass der Kunde die mit der Anlagestrategie verbundenen Risiken verstehen kann. Es ist nicht zwingend erforderlich, dass der Kunde die mit den Einzeltransaktionen verbundenen Risiken abschätzen kann.[1248]

ee) Offenlegung infolge eines Interessenkonfliktes

766 Weder monetäre noch nicht-monetäre Zuwendungen, die ein Vermögensverwalter von einem Dritten erhält, darf dieser grundsätzlich annehmen und behalten (§ 64 Abs. 7 S. 1 WpHG). Eine Ausnahme gilt unter bestimmten Voraussetzungen lediglich für geringfügige nichtmonetäre Vorteile. Der Vermögensverwalter darf diese annehmen und behalten, wenn 1. sie geeignet sind, die Qualität der für den Kunden erbrachten Wertpapierdienstleistung und Wertpapiernebendienstleistungen zu verbessern und 2. sie hinsichtlich ihres Umfangs und ihrer Art vertretbar und verhältnismäßig sind und daher nicht vermuten lassen, dass sie die Pflicht des Wertpapierdienstleistungsunternehmens, um bestmöglichen Interesse des Kunden zu handeln, beeinträchtigen (§ 64 Abs. 7 S. 2 1. Halbsatz WpHG). Zusätzlich sind diese Zuwendungen dem Kunden unmissverständlich offenzulegen, bevor die betreffende Wertpapierdienstleistung oder Wertpapiernebendienstleistung für den Kunden erbracht wird (§ 64 Abs. 7 S. 2 2. Halbsatz WpHG). Die Offenlegung kann in Form einer generischen Beschreibung erfolgen (§ 64 Abs. 7 S. 3 WpHG). Monetäre Zuwendungen, die im Zusammenhang mit der Vermögensverwaltung angenommen und nicht behalten werden, sind so schnell wie nach vernünftigen Ermessen möglich nach Erhalt und in vollem Umfang an den Kunden auszukehren (§ 64 Abs. 7 S. 4 WpHG). Vorschriften über die Entrichtung von Steuern und Abgaben bleiben davon unberührt (§ 64 Abs. 7 S. 5 WpHG). Soweit der Kunde in den Anwendungsbereich der Kapitalertragsteuer fällt, wird diese sowie der Solidaritätszuschlag und ggfls. die Kirchensteuer von dem Wertpapierdienstleistungsunternehmen einbehalten werden. Das Wertpapierdienstleistungsunternehmen muss den Kunden über die ausgekehrten monetären Zuwendungen unterrichten (§ 64 Abs. 7 S. 6 WpHG). Zivilrechtlich ist der Vermögensverwalter grundsätzlich zur Herausgabe dieser von Dritten erhaltenen Beträge verpflichtet. Er ist nach §§ 675, 667 BGB verpflichtet, das aus der Geschäftsbesorgung Erlangte herauszugeben. Eine abweichende Vereinbarung zwischen

1245 Ellenberger/Schäfer/*Teuber*, S. 223 (233).
1246 Ellenberger/Schäfer/*Teuber*, S. 223 (233).
1247 Ellenberger/Clouth/*Müller/Walz*, Rn. 937.
1248 Assmann/Schütze/*U. Schneider* § 23 Rn. 29; Ellenberger/Clouth/*Müller/Walz*, Rn. 942.

Vermögensverwalter und Kunde – auch in Form Allgemeiner Geschäftsbedingungen – schien zumindest bis 02.01.2018 möglich zu sein.[1249] Nachdem die aufsichtsrechtlichen Anforderungen mit Wirkung seit dem 03.01.2018 insoweit verschärft wurden und es dem Vermögensverwalter untersagt ist, eine monetäre Zuwendung zu behalten, ist eine abweichende Vereinbarung in Form von Allgemeinen Geschäftsbedingungen möglicherweise unwirksam. Diese Ansicht könnte mit dem Hinweis begründet werden, dass sie mit wesentlichen Grundgedanken einer gesetzlichen Regelung nicht zu vereinbaren ist (§ 307 Abs. 2 Nr. 1 BGB) und dass die aufsichtsrechtliche Vorgabe in § 64 Abs. 7 S. 1 WpHG einen schuldrechtlich zu beachtenden Grundgedanken enthält.

b) Pflichten des abwickelnden Kreditinstituts

In zahlreichen Fällen ist der Vermögensverwalter personenverschieden von dem Kreditinstitut, das die Anlageentscheidungen umsetzt. Der Anleger, der Vertragspartner des Vermögensverwalters ist, führt hierzu eine Depotverbindung bei dem Kreditinstitut und räumt seinem Vermögensverwalter Vollmacht ein, über sein Depot und das dazu gehörende Verrechnungskonto i.R.d. Vermögensverwaltung zu verfügen. Aus Sicht des abwickelnden Instituts ist zwischen den Pflichten ggü. dem Anleger und ggü. dem Vermögensverwalter zu differenzieren. **767**

Die zivilrechtlichen Pflichten des abwickelnden Kreditinstituts ggü. dem Anleger folgen auch in diesem Fall aus der Aufnahme des geschäftlichen Kontakts mit dem Anleger und sind inhaltlich auf dessen Aufklärung gerichtet. Der geschäftliche Kontakt kommt durch den Wunsch, ein Depot zu eröffnen und dem Vermögensverwalter eine Verfügungsbefugnis einzuräumen, zustande. Parallel besteht aufsichtsrechtlich die Pflicht zur Exploration des Anlegers nach § 63 Abs. 10 WpHG sowie zur Aufklärung i.R.d. Erforderlichen, da das die Wertpapieraufträge abwickelnde Kreditinstitut im Verhältnis zum Anleger verschiedene Wertpapierdienstleistungen und -nebendienstleistungen erbringt, insbesondere das Kommissionsgeschäft und das Depotgeschäft. **768**

Die Tatsache, dass der Anleger durch einen Vermögensverwalter und damit durch einen anderen Wertpapierdienstleister betreut wird, wirkt sich allerdings auf den Pflichtenumfang des abwickelnden Kreditinstituts aus. Die Pflicht zur Befragung des Anlegers nach § 63 Abs. 10 WpHG obliegt bei gestaffelter Beteiligung mehrerer Wertpapierdienstleistungsunternehmen grundsätzlich nur dem Unternehmen, das den unmittelbaren Kundenkontakt hat (§ 71 WpHG).[1250] Da der Anleger bei den einzelnen Transaktionen vertreten wird, kommt es nicht auf seine Kenntnisse und Erfahrungen in Anlagegeschäften an, sondern auf die des bevollmächtigten Entscheidungsträgers.[1251] Dieser ist in der beschriebenen Konstellation der Vermögensverwalter. Die dieser Folgerung zugrunde liegende Wertung kann auch auf die Pflicht zur anleger- und anlagegerechten Aufklärung übertragen werden. Grundsätzlich kann das abwickelnde Kreditinstitut voraussetzen, dass der Anleger hinreichend durch den Vermögensverwalter aufgeklärt wurde, sodass eine weitere Aufklärung durch das Institut nicht erforderlich ist. I.Ü. kann das abwickelnde Kreditinstitut grundsätzlich das Wissen des den Anleger vertretenen Vermögensverwalters dem Anleger gem. § 166 Abs. 1 BGB zurechnen. Die Auffassung, dass ausschließlich das kundennäher agierende Wertpapierdienstleistungsunternehmen zur Kundenbefragung und zur Aufklärung verpflichtet ist, wird von der Regelung in § 71 WpHG gestützt. **769**

Ausnahmsweise kann das abwickelnde Kreditinstitut eine eigene Aufklärungspflicht nicht mit dem Hinweis auf den Grundsatz der Wissenszurechnung verneinen. Es hat eine Aufklärungspflicht, falls es mit dem Vermögensverwalter eine Vereinbarung über eine Aufteilung der vom Kunden an das Kreditinstitut zu zahlenden Provisionen für Wertpapiergeschäfte und Depotentgelte getroffen hat. In diesem Fall hat das Institut seinen Kunden vor Abschluss der von einem Vermögensverwalter initiierten Effektengeschäfte auf die Rückvergütungsvereinbarung hinzuweisen. Unabhängig von **770**

1249 Assmann/Schütze/*U. Schneider* § 23 Rn. 54 mit Verweis auf BGH WM 2014, 307.
1250 BGH, WM 2001, 1758 (1761); Ellenberger/Clouth/*Müller/Walz*, Rn. 1197 ff.
1251 BGH, WM 1996, 664 (665).

der Tatsache, dass der Vermögensverwalter eine eigene Aufklärungspflicht hat, muss auch die Bank den Anleger entsprechend informieren. Ihre Pflicht folgt aus der Tatsache, dass die Bank durch die Zahlungsvereinbarung die Kundeninteressen gefährdet. Sie hat einen Anreiz für den Vermögensverwalter geschaffen, dass die Zahl der von ihm veranlassten Wertpapiergeschäfte und die Auswahl der Depotverbindung des Anlegers nicht ausschließlich vom Kundeninteresse abhängt, sondern auch im Interesse des Vermögensverwalters an den Zahlungen des abwickelnden Instituts erfolgt.[1252]

771 Die Schadensersatzpflicht des Kreditinstituts, das nicht ordnungsgemäß über eine Provisionsteilung aufgeklärt hat, kann über den Betrag hinausgehen, der an den Vermögensverwalter gezahlt wurde. Er richtet sich nach den Vermögensminderungen des verwalteten Vermögens. Auch die Vermögensminderung ist durch die Aufklärungspflichtverletzung verursacht worden. Da die Aufklärungspflicht neben dem Zweck, es dem Anleger zu ermöglichen, geeignet erscheinende Schritte bezüglich der Transaktionsprovisionen zu ergreifen, auch den Schutzzweck hat, den Anleger in die Lage zu versetzen, die Vertrauenswürdigkeit seines Vermögensverwalters beurteilen zu können, haftet das abwickelnde Kreditinstitut auf eventuelle Schäden der gesamten Vermögensverwaltung.[1253] Dies wird in der Praxis regelmäßig dazu führen, dass die Haftungssumme des abwickelnden Kreditinstituts im Fall einer Aufklärungspflichtverletzung um ein Vielfaches über den an den Vermögensverwalter gezahlten Beträgen liegen wird. Gemäß der veröffentlichten Sachverhaltsdarstellung für die Entscheidung des BGH vom 19.12.2000[1254] wurden bei einer Vermögensverwaltung über ca. 1 Mio. € innerhalb von 2 Jahren ca. 3.500 € Provisionen an den Vermögensverwalter gezahlt. Der Anleger hat in dem Rechtsstreit Ersatz für einen behaupteten Schaden von ca. 722.000 € verlangt.

2. Pflichten bei Durchführung eines Vermögensverwaltungsvertrags

a) Allgemeines

772 Die Pflichten bei der Durchführung des Vermögensverwaltungsvertrags bestimmen sich in erster Linie nach der getroffenen Vereinbarung zwischen Kunde und Vermögensverwalter. Deren Inhalt wird auch von der Art des verwalteten Vermögens abhängig sein. Grundsätzlich enthalten die Vereinbarungen Angaben zu den vom Vermögensverwalter zu befolgenden Anlagerichtlinien und zu seiner Berechtigung, über das Vermögen des Anlegers in dessen Namen und auf dessen Rechnung zu verfügen, ohne im Einzelfall Weisungen einholen zu müssen. Als inhaltliche Anforderung hat der BGH festgestellt, dass der Vertrag die jederzeitige fristlose Kündigungsmöglichkeit durch den Anleger als notwendiges Korrektiv zu einem dem Vermögensverwalter eingeräumten freien Ermessen vorsehen muss.[1255]

773 Der Vermögensverwalter hat die Vorgaben des Vertrags zu beachten, insbesondere die Anlagerichtlinien und die vom Anleger erteilten Weisungen. Grundsätzlich muss die Vermögensverwaltung ehrlich, redlich und professionell im bestmöglichen Interesse des Anlegers erbracht werden (§ 63 Abs. 1 Nr. 1 WpHG). Dazu gehört bei einer professionellen Vermögensverwaltung, dass die Vermögensbestandteile produktiv angelegt werden, riskante und konservativere Anlageformen angemessen gemischt werden und keine Spekulation betrieben wird.[1256]

774 Mit dem Spekulationsverbot ist gemeint, dass es dem Vermögensverwalter untersagt ist, in der Anlagepolitik extreme Risiken einzugehen. Dies gilt insbesondere für sehr kurzfristige Anlagen.[1257] Weiterhin ist eine unzulässige Spekulation gegeben, wenn der Vermögensverwalter das Risiko einer

1252 BGHZ 146, 235 (239); a.A. Ellenberger/Clouth/*Müller/Walz*, Rn. 1068.
1253 BGHZ 146, 235 (240); OLG Köln, BKR 2002, 541 (542).
1254 BGHZ 146, 235 (236).
1255 BGH, WM 1994, 834 (836).
1256 *Sprockhoff* WM 2005, 1739 (1740).
1257 Ellenberger/Clouth/*Müller/Walz*, Rn. 999.

Anlage aufgrund unzureichender Informationen nicht abschätzen kann.[1258] Von der unzulässigen Spekulation ist die bewusste Inkaufnahme von Anlagerisiken zu unterscheiden. In dem von den Anlagerichtlinien gesetzten Rahmen ist die Anlage in risikobehafteten Finanzinstrumenten zulässig.

Das Gebot, Anlageformen mit höheren und niedrigeren Risiken angemessen zu mischen (Gebot zur Diversifikation), hat als Ziel, die Anlagerisiken insgesamt zu verringern. Daher muss grundsätzlich nicht nur in unterschiedlichen Anlageklassen investiert werden. Es ist auch regelmäßig erforderlich, innerhalb einer Anlageklasse mehrere Wertpapiere zu halten. Durch eine Diversifikation wird ein Klumpenrisiko ausgeschlossen, z.B. in Bezug auf einzelne Emittenten oder Währungen. Gleichzeitig führt die Diversifikation der Anlagen zu einer Steigerung der Renditeaussichten. Dieses Ergebnis wird durch die Portfoliotheorie von Markowitz belegt, die besagt, dass die Aufteilung eines Portfolios in verschiedene nicht miteinander korrelierende Teile zu einer Erhöhung der Renditechancen des Portfolios bei gleich bleibendem Risiko führen kann.[1259] Die mit einer Diversifikation des Portfolios verbundenen Vorteile für den Anleger werden allerdings durch die zusätzlichen Transaktionskosten begrenzt, die eine höhere Zahl von Wertpapiertransaktionen verursacht. Wo diese Grenze liegt, hängt im Einzelfall von der Größe des verwalteten Vermögens und der Höhe der Transaktionskosten ab. Insbesondere für kleinere Vermögen kann eine Diversifikation ohne übermäßige Transaktionskosten durch eine Anlage in Investmentfondsanteilen und Zertifikaten erreicht werden. 775

Das dritte Prinzip der Vermögensverwaltung ist das Gebot der produktiven Verwaltung. Damit wird der Tatsache Rechnung getragen, dass mit einer Vermögensverwaltung eine Vermögensmehrung bezweckt wird und nicht lediglich der Vermögenserhalt.[1260] Aufgrund dieses Prinzips hat der Vermögensverwalter die Pflicht, die relevanten Märkte und Produkte laufend zu überwachen und Anlageentscheidungen zu treffen, wenn neue Anlagen geeignet erscheinen, die Anlagestrategie zu erfüllen,[1261] oder wenn bestehende Anlagen nicht mehr den Anforderungen genügen.[1262] Die Entscheidung, in neue Anlagen zu investieren oder bestehende Anlagen zu liquidieren, trifft der Vermögensverwalter in den Grenzen der vereinbarten Anlagerichtlinien nach eigenem Ermessen.[1263] Allerdings ist er nicht verpflichtet, alle Vermögenswerte durchgehend zu investieren. Er hat das Recht, Liquidität vorzuhalten. Dies gilt insbesondere in Situationen, in denen sich die Wiederanlage fälliger Beträge verzögert oder der Kunde einen Teil des verwalteten Vermögens entnehmen wird.[1264] Bei der Begründung einer Vermögensverwaltung und auch bei deren Erhöhung ergibt sich aus dem Prinzip der produktiven Vermögensverwaltung die Frage, ob die Mittel unmittelbar vollständig investiert werden müssen oder ob eine sukzessive Vermögensanlage zulässig ist. Entscheidend dürften die Anlagestrategie und die Markteinschätzung des Vermögensverwalters sein. Grundsätzlich dürfte eine vollständige und sofortige Anlage im Interesse des Kunden liegen, der im Allgemeinen einen Vermögensverwalter nicht mit der Verwaltung seines Vermögens beauftragt, damit dieser es lediglich in Form von Kontoguthaben hält. Andererseits kann eine sukzessive Anlage durchaus im Interesse des Kunden sein, insbesondere bei sich negativ entwickelnden Märkten oder nicht ausreichend zur Verfügung stehenden Anlagemöglichkeiten, um ein diversifiziertes Portfolio aufzubauen.[1265] 776

Das Gebot der produktiven Vermögensverwaltung muss sich an den mit dem Kunden vereinbarten Anlagerichtlinien orientieren. Deshalb ist von wesentlicher Bedeutung, wie die Richtlinien formuliert sind bzw. ausgelegt werden. Nachfolgend werden einige Beispiele für allgemein formulierte 777

1258 Ellenberger/Clouth/*Müller/Walz*, Rn. 1004.
1259 Ellenberger/Clouth/*Müller/Walz*, Rn. 1008.
1260 Ellenberger/Clouth/*Müller/Walz*, Rn. 1021.
1261 Ellenberger/Clouth/*Müller/Walz*, Rn. 1024.
1262 Assmann/Schütze/*U. Schneider* § 23 Rn. 64.
1263 Ellenberger/Clouth/*Müller/Walz*, Rn. 1039.
1264 Ellenberger/Schäfer/*Teuber*, S. 223 (245).
1265 Ellenberger/Schäfer/*Teuber*, S. 223 (244).

Richtlinien und ihre Auslegung durch die Rechtsprechung dargestellt: Die Vereinbarung einer »konservativen Anlagepolitik, die auf Substanzsicherung und kontinuierlichen Vermögenszuwachs ausgerichtet ist«, ohne dass dem Vermögensverwalter sonstige Vorgaben gemacht werden, wurde von einem OLG so ausgelegt, dass ein Aktienanteil von 70 % als zu hoch erscheint. Gleichzeitig hat das Gericht festgestellt, dass zu einer konservativen Anlagestrategie die Anlage von 30 % des verwalteten Vermögens in Standardaktien passen kann.[1266] Im Unterschied hierzu wurde eine Anlagestrategie »Konservativ, Wachstum, 5 % Aktienoptionen (Gewinne aus Optionsgeschäften können reinvestiert werden)« vom BGH so ausgelegt, dass 95 % des Anlagevermögens in »konservativ-wachstumsorientierten Aktien« angelegt werden durften. Maßgebend für diese Auslegung der »konservativen« Anlagestrategie war die Berücksichtigung der anderen beiden Komponenten. Es handelte sich um einen wachstumsorientierten Anleger, der sogar einen Anteil an hochspekulativen Aktienoptionen akzeptierte. Die Anschlussfrage, welche Aktien als konservativ-wachstumsorientiert eingestuft werden können, hat der BGH dahin gehend beantwortet, dass jedenfalls die an der NASDAQ gehandelten Technologiewerte nicht dazugehören.[1267] Auch der Anlagehorizont hat einen Einfluss auf die Auslegung einer konservativen Anlagestrategie. So hat die Rechtsprechung einen 33 % Anteil von Aktien aus dem DAX bei einer Vermögensverwaltung mit dem Anlageziel »langfristiger Vermögenszuwachs, die Sicherheit der Anlage steht im Vordergrund« für vertretbar gehalten.[1268] Eine Anlagestrategie, die die Mehrung des eingesetzten Vermögens und die Alterssicherung vorsah, erlaubt nach Einschätzung der Rechtsprechung Optionsscheingeschäfte mit einem Anteil von weniger als 10 % am verwalteten Vermögen. Der Vermögensverwaltungsvertrag, der dieser Entscheidung zugrunde liegt, sah keine Beschränkung der Anlagemöglichkeiten vor.[1269] Auch eine Vermögensverwaltung mit »geringem Risiko« kann mit bis zu 20 % des Vermögens in Optionswerte investiert sein. Optionen dienen nicht nur der Spekulation, sondern können auch zur Absicherung von Kursen eingesetzt werden.[1270] Der BGH hat in einem Fall ohne Vereinbarung konkreter Anlagerichtlinien entschieden, dass das verwaltete Portfolio zu ungefähr 80 % aus konservativeren Anlageformen wie Standardaktien und festverzinslichen Wertpapieren bestehen muss.[1271]

778 Bei den Anlageentscheidungen ist der Vermögensverwalter grundsätzlich i.R.d. Anlagerichtlinien frei. Dementsprechend kann er auch frei über die Methode entscheiden, mittels der er eine Kursprognose durchführt. So besteht insbesondere keine Pflicht, Anlageentscheidungen grundsätzlich auf objektiv nachprüfbare Kriterien zu stützen. Allerdings sind bestimmte Methoden dann einzusetzen, wenn diese nach dem aktuellen wirtschaftswissenschaftlichen Stand nicht vernachlässigt werden dürfen. Eine solche unabdingbare Stellung nahm allerdings die Charttechnik im August 2003 nicht ein. Ebenso wenig hat ein Vermögensverwalter die Pflicht, bei der Erteilung von Wertpapieraufträgen grundsätzlich mit Stop-Loss-Marken zu arbeiten. Zwingende Gründe für deren Verwendung im Rahmen einer langfristigen Anlagestrategie gibt es nicht.[1272]

779 Kann der Vermögensverwalter die Anlagerichtlinien nicht einhalten, muss er dies dem Anleger mitteilen, um dessen Entscheidung einzuholen. Nur wenn es mit den Vorgaben des Vermögensverwaltungsvertrags vereinbar ist, darf von den Anlagerichtlinien in begründeten Ausnahmefällen abgewichen werden. Dies ist denkbar, wenn der Vermögensverwalter den Anleger nicht erreicht, um eine Weisung einzuholen, und ein Abwarten die Interessen des Anlegers erkennbar gefährden würde.

780 Die Pflicht des Vermögensverwalters ist grundsätzlich tätigkeitsbezogen. Der Verwalter haftet nicht für den Erfolg seiner Tätigkeit, da dieser von Entwicklungen der Kapitalmärkte abhängt und

1266 OLG Düsseldorf, WM 1991, 94 (96).
1267 BGH, WM 2002, 1177 (1178).
1268 OLG Karlsruhe, ZIP 2000, 2060 (2063).
1269 OLG Frankfurt am Main, MDR 1999, 557.
1270 OLG Frankfurt am Main, WM 1996, 665 (668).
1271 BGH, WM 2006, 1576 (1577).
1272 LG Freiburg, WM 2004, 124 (126).

insoweit nicht vom Vermögensverwalter beeinflusst werden kann. Die Vermögensverwaltung ist nach § 613 BGB grundsätzlich persönlich durchzuführen.[1273] Die Auslagerung einzelner Tätigkeiten ist allerdings zulässig. In diesem Fall hat der Vermögensverwalter die bei einer Auslagerung von Aktivitäten und Prozessen geltenden Anforderungen nach § 25b KWG einhalten (§ 80 Abs. 6 S. 1 WpHG). Die Auslagerung darf nicht die Rechtsverhältnisse des Wertpapierdienstleistungsunternehmens zu seinen Kunden und seine Pflichten gegenüber den Kunden verändern (§ 80 Abs. 6 S. 2 WpHG). Außerdem sind die detaillierteren Anforderungen an eine Auslagerung nach Art. 30 bis 32 DVO (EU) 2017/565 zu beachten. Der Vermögensverwalter hat seine Dienstleistung nach § 63 Abs. 1 WpHG im bestmöglichen Interesse des Anlegers zu erbringen. Werden mehrere Vermögen verwaltet und sind die Interessen der einzelnen Vermögensinhaber nicht gleich gelagert, kann der Vermögensverwalter in einem Interessenkonflikt stehen. Sofern der Konflikt nicht vermeidbar ist, hat er dann die Pflicht, die Interessen jedes Kunden bestmöglich zu wahren.[1274] Bei einem Konflikt zwischen den Interessen des Kunden und des Vermögensverwalters gehen die Interessen des Kunden vor.

Ein besonderer Fall des Interessenkonflikts besteht, sobald die Vergütung des Vermögensverwalters 781
von der Zahl und/oder dem Volumen der Wertpapiertransaktionen abhängt. Während der Kunde daran interessiert ist, dass nur solche Wertpapiertransaktionen durchgeführt werden, die im Rahmen einer produktiven Vermögensverwaltung sachgerecht sind, kann das Handeln des Vermögensverwalters auch von dem Interesse geleitet sein, seine Erträge durch zusätzliche Transaktionen zu steigern. Eine besonders krasse Verletzung der Kundeninteressen ist in Fällen gegeben, in denen ein nicht gerechtfertigtes häufiges Umschlagen des Anlagedepots vorliegt, durch das sich der Vermögensverwalter Provisionseinnahmen zulasten der Gewinnchancen des Kunden verschafft. Dieses Vorgehen wird auch als Spesenreiterei oder Churning bezeichnet.[1275] In einem solchen Fall hat der Kunde Schadensersatzansprüche nach § 826 BGB, unter Umständen auch nach § 823 Abs. 2 BGB i.V.m. § 266 StGB oder § 263 StGB.[1276] Die Voraussetzungen für das Vorliegen einer Spesenreiterei hängen von den Umständen des Einzelfalls ab und sind nicht abschließend geklärt. Allerdings ist eine Voraussetzung jedenfalls eine hohe Zahl von Transaktionen innerhalb eines relativ kurzen Zeitraums. So hat der BGH es als ein Indiz für die Spesenreiterei durch einen Anlagevermittler für Warentermingeschäfte neben weiteren Indizien angesehen, dass an einem Tag 18 Kauf- und 14 Verkaufsgeschäfte gleicher Art und bei anderer Gelegenheit an einem Tag je zehn Kauf- und Verkaufsgeschäfte gleicher Art getätigt worden sind.[1277] In einem anderen Fall hat der BGH die Veranlassung von 429 Terminkontrakten und Optionsgeschäften durch einen Vermögensverwalter innerhalb von 8 Monaten als Anknüpfungspunkt für die Prüfung der weiteren Voraussetzungen der Spesenreiterei genommen.[1278] Ein weiteres Indiz für das Vorliegen der Spesenreiterei ist das Verhältnis der Summe der vereinnahmten Provisionen zu dem durchschnittlichen Depotwert (commission to equity-ratio). Auf dieses Verhältnis zielte auch die BaFin in Teil E Abschnitt 1 ihrer mittlerweile aufgehobenen Verhaltensrichtlinie ab. Sie nahm eine Verletzung des Kundeninteresses insbesondere dann an, wenn eine unverhältnismäßig hohe Anzahl von Geschäften veranlasst wird und die dadurch entstehenden Kosten im Verhältnis zum eingesetzten Kapital und dem erzielbaren Gewinn unangemessen hoch sind. Der BGH hat dieses Verhältnis als ein weiteres wichtiges Indiz für Spesenreiterei angenommen, wenn es in 2 aufeinanderfolgenden Monaten sowie in 5 von 7 Monaten über 17 % lag.[1279] In einem anderen Verfahren hat der BGH eine Verwendung von mehr als 23 % des eingesetzten Kapitals für Spesen und Provisionen als Anzeichen für die Spesenreiterei

1273 Schimansky/Bunte/Lwowski/*Walz* Bankrechts-Handbuch § 111 Rn. 20.
1274 Assmann/Schneider/*Koller* § 31 Rn. 40; Ellenberger/Clouth/*Müller/Walz*, Rn. 1047.
1275 BGH, WM 1995, 100 (101); *Hilgard* WM 2006, 409.
1276 BGH, WM 1995, 100 (102).
1277 BGH, WM 1995, 100 (102).
1278 BGH, NJW 2004, 3423 (3424).
1279 BGH, NJW 2004, 3423 (3424).

gewertet.[1280] Ein anderes Indiz für die Spesenreiterei kann ein hoher Anteil an wirtschaftlich sinnlosen, kurzfristigen Geschäften sein, die keine Handelsstrategie erkennen lassen. Gegen einen solchen Vorwurf kann sich der Vermögensverwalter verteidigen, wenn er belegen kann, dass er neue negative Informationen im Fall der Verkäufe und neue positive Informationen bei Käufen hatte. Der wirtschaftliche Sinn der Transaktionen kann auch mit Hinweisen auf charttechnische Signale dargelegt werden.[1281]

782 Im US-amerikanischen Recht wird ferner das Verhältnis von Umsatzvolumen und Anlagesumme als weiteres Indiz für Spesenreiterei gewertet, wobei ein Überschreiten des Faktors sechs als Hinweis gewertet wird. Soweit erkennbar, wurde dieses Indiz bisher nicht in der deutschen Rechtsprechung verwendet.[1282] Problematisch an dieser Kennzahl ist die undifferenzierte Betrachtungsweise. Die Anlagesumme wird maßgeblich durch die Marktentwicklung bestimmt, sodass der Quotient in Zeiten fallender Märkte tendenziell steigt, während er bei steigenden Märkten fällt, ohne dass sich das Umsatzvolumen ändert. Andererseits wird beim Umsatzvolumen nicht unterschieden, ob sich die Transaktionen gleichmäßig auf das gesamte Portfolio erstrecken, z.B. um eine neue Diversifizierung zu erreichen oder um Vermögen endgültig zu liquidieren. Im Ergebnis wird der Aussagegehalt dieser Größe kaum über die Indizwirkung der Zahl der Wertpapiertransaktionen und die Analyse der verfolgten Handelsstrategien hinausgehen. Die genannten Indizien dienen dazu, auf die sittenwidrige Motivation des Vermögensverwalters schließen zu können. Es kommt darauf an, ob der Vermögensverwalter die Interessen seines Kunden zugunsten seines eigenen Provisionsinteresses außer Acht lässt.[1283]

783 Vermögensverwalter haben oftmals die Möglichkeit, Wertpapieraufträge für mehrere Depots zusammenzufassen und so günstigere Konditionen zu erzielen. Der Auftrag wird als sog. Block-Order ausgeführt. Kann die Block-Order wegen ihres Volumens nicht in einem Stück an einem Handelsplatz ausgeführt werden und kommt es zu mehreren Ausführungsgeschäften mit unterschiedlichen Kursen, erfolgt ggü. dem Anleger eine Mischkursabrechnung. Über diese Möglichkeiten ist der Anleger zu informieren. Die Abweichung von den kommissionsrechtlichen Rechenschaftspflichten gem. § 384 Abs. 2 HGB ist zu vereinbaren.

b) Geeignetheit der Anlageentscheidung

784 Bei der Durchführung einer Finanzportfolioverwaltung muss ein Wertpapierdienstleistungsunternehmen die Geeignetheit des konkreten Geschäfts prüfen (§ 64 Abs. 3 S. 2 WpHG). Es darf sich für kein Geschäft entscheiden, bei dem das Finanzinstrument für den Kunden nicht geeignet ist (Art. 54 Abs. 10 DVO (EU) 2017/565). Die Geeignetheit beurteilt sich danach, ob das konkrete Geschäft i.R.d. Finanzportfolioverwaltung den Anlagezielen des betreffenden Kunden entspricht, auch hinsichtlich seiner Risikobereitschaft, die hieraus erwachsenden Anlagerisiken für den Kunden seinen Anlagezielen entsprechend finanziell tragbar sind und der Kunde mit seinen Kenntnissen und Erfahrungen die Anlagerisiken verstehen kann (Art. 54 Abs. 2 DVO (EU) 2017/565). Der Prüfungsmaßstab ist gleichwohl ein anderer als bei der Anlageberatung: Wegen der Vereinbarung von Anlagerichtlinien, die unter Berücksichtigung der individuellen Verhältnisse des Kunden insbesondere seine Anlageziele, Risikobereitschaft sowie Risikotragfähigkeit widerspiegeln, ist deren Beachtung maßgebend für die Feststellung der Geeignetheit der einzelnen Transaktionen.[1284] Bei der Erbringung der Vermögensverwaltung gelten besondere aufsichtsrechtliche Anforderungen, wenn Anlagen umgeschichtet werden, indem entweder ein Finanzinstrument verkauft und ein anderes gekauft oder ein Recht ausgeübt wird, um ein bestehendes Finanzinstrument zu ändern. In diesen Fällen holen die Wertpapierdienstleistungsunternehmen die erforderlichen Informationen über die

1280 BGH, WM 1995, 100 (102).
1281 Ellenberger/Clouth/*Müller/Walz*, Rn. 1058.
1282 Ellenberger/Clouth/*Müller/Walz*, Rn. 1059.
1283 BGH, NJW 2004, 3423 (3424); Ellenberger/Clouth/*Müller/Walz*, Rn. 1056.
1284 Fuchs/*Fuchs* § 31 Rn. 307; Ellenberger/Clouth/*Müller/Walz*, Rn. 992.

bestehenden Anlagen des Kunden sowie die empfohlenen Neuanlagen ein und führen eine Kosten-Nutzen-Analyse der Umschichtung durch, so dass sie demonstrieren können, dass die Vorteile der Umschichtung deren Kosten überwiegen (Art. 54 Abs. 11 DVO (EU) 2017/565). Diese Analyse kann nur teilweise auf Tatsachen basiert werden. Regelmäßig werden auch Prognosen, z.B. über die künftige Wertentwicklung der für den Verkauf und den Kauf vorgesehenen Finanzinstrumente, in die Entscheidung einbezogen werden. Aufgrund dieser Rahmenbedingungen ist die Entscheidung des Vermögensverwalters nur eingeschränkt überprüfbar.

c) Berichtspflichten über die erbrachte Vermögensverwaltung

Der Vermögensverwalter ist verpflichtet, den Kunden regelmäßig und bei erheblichen Verlusten **785**
auch außer der Reihe zu informieren. Diese Informationspflicht folgt aus § 666 BGB i.V.m. § 675 BGB. Die Benachrichtigungspflicht ist das notwendige Korrektiv für die dem Vermögensverwalter eingeräumten umfassenden Befugnisse. Aufgrund der Nachrichten kann der Kunde entscheiden, ob er den Vertrag fortsetzen möchte oder bei negativen Entwicklungen von der Möglichkeit der Vertragskündigung oder einer Änderung der Anlagestrategie Gebrauch machen möchte. Die zusätzlich nach § 666 BGB geschuldete Rechnungslegung muss inhaltlich richtig, vollständig, gedanklich geordnet und nachprüfbar gestaltet sein (§ 259 BGB). Dadurch wird es dem Kunden ermöglicht zu prüfen, ob er Ansprüche gegen den Vermögensverwalter hat. Daneben ist der Vermögensverwalter während des Bestehens des Vertrags und nach Beendigung der Vermögensverwaltung zur Rechenschaft verpflichtet. Da die Vermögensverwaltung ein Dauerschuldverhältnis darstellt, genügt die Rechenschaft nach Beendigung des Vertrags nicht. Es ist vielmehr eine regelmäßige Rechenschaft geschuldet, mindestens einmal jährlich.[1285] Die Verjährung des Anspruchs auf Auskunft über den Stand des Geschäfts (§ 666, 2. Alt. BGB) beginnt nicht vor der Beendigung des Vermögensverwaltungsvertrags.[1286]

Neben den planmäßigen Nachrichten kann der Vermögensverwalter zivilrechtlich zu außerplan- **786**
mäßigen Benachrichtigungen verpflichtet sein. Dies gilt insbesondere bei erheblichen Verlusten des verwalteten Vermögens. Welche Verluste als erheblich einzustufen sind und damit eine Benachrichtigungspflicht außer der Reihe auslösen, hängt von dem Risikoprofil der Anlagestrategie ab. Je höher das tolerierte Risiko ist, desto höher ist die Grenze der Erheblichkeit, da die Anlagen notwendigerweise volatiler sind als bei einer weniger riskanten Anlagestrategie.[1287] Die Benachrichtigungspflicht gilt nicht nur in Fällen realisierter Verluste, sondern auch bei Buchverlusten. Der BGH hat den eine Benachrichtigungspflicht auslösenden erheblichen Verlust bei einer Vermögensverwaltung angenommen, bei der durch die Anlage in Optionsscheinen innerhalb von knapp 5 Monaten mehr als 20 % des Anfangskapitals verloren wurden.[1288] Bei einer Anlagestrategie mit geringer Risikoneigung wird ein die Benachrichtigungspflicht auslösender Verlust bereits bei 5–10 % des Depotwertes angenommen.[1289]

Die Berichtspflicht über die erbrachte Vermögensverwaltung ist aufsichtsrechtlich in § 64 Abs. 8 **787**
WpHG normiert. Gegenüber Privatkunden müssen die Berichte Angaben dazu enthalten, wie die Anlage den Präferenzen, Anlagezielen und sonstigen Merkmalen des Kunden entspricht. Die Anforderungen an die Berichtspflichten werden in Art. 60 und 62 DVO (EU) 2017/565 weiter konkretisiert. Danach hat ein Finanzportfolioverwalter seinem Kunden periodisch eine Aufstellung der in seinem Namen erbrachten Dienstleistungen zu übermitteln. Die Aufstellung muss auf einem dauerhaften Datenträger erfolgen. Die Aufstellung muss nicht übermittelt werden, wenn eine derartige Aufstellung bereits von anderer Seite übermittelt wird (Art. 60 Abs. 1 DVO (EU) 2017/565).

1285 Ellenberger/Clouth/*Müller/Walz*, Rn. 1112.
1286 BGH, WM 2012, 25 (27).
1287 *Sprockhoff* WM 2005, 1739 (1744).
1288 BGH, WM 1994, 834 (835).
1289 Ellenberger/Clouth/*Müller/Walz*, Rn. 1134.

788 Nicht nur gegenüber Kunden, die als Privatkunden klassifiziert sind (so noch der bis zum 02.01.2018 geltende Anwendungsbereich der Vorgängervorschrift in § 9 Abs. 2 WpDVerOV a.F.), sondern auch gegenüber professionellen Kunden muss diese periodische Aufstellung eine redliche und ausgewogene Überprüfung der ergriffenen Maßnahmen sowie der Wertentwicklung des Portfolios während des Berichtszeitraums beinhalten und – soweit relevant – folgende Angaben enthalten (Art. 60 Abs. 2 DVO (EU) 2017/565):

1. Name des Wertpapierdienstleistungsunternehmens,
2. Name oder sonstige Bezeichnung des Kontos des Kunden,
3. Zusammensetzung und Bewertung des Finanzportfolios mit Einzelangaben zu jedem gehaltenen Finanzinstrument, seinem Marktwert oder, wenn dieser nicht verfügbar ist, dem beizulegenden Zeitwert, dem Kontostand zum Beginn und zum Ende des Berichtszeitraums sowie der Wertentwicklung des Finanzportfolios während des Berichtszeitraums,
4. Gesamtbetrag der in dem Berichtszeitraum angefallenen Gebühren und Entgelte, mindestens aufgeschlüsselt in Gesamtverwaltungsgebühren und Gesamtkosten im Zusammenhang mit der Leistungserbringung sowie einen Hinweis, dass eine detaillierte Aufschlüsselung auf Wunsch erhältlich ist,
5. Vergleich der Wertentwicklung des Portfolios mit der Vergleichsgröße während des Berichtszeitraums, falls eine solche zwischen Wertpapierdienstleistungsunternehmen und Kunde vereinbart wurde,
6. Gesamtbetrag der Dividenden-, Zins- und sonstigen Zahlungen, die während des Berichtszeitraums im Zusammenhang mit dem Kundenportfolio eingegangen sind,
7. Informationen über sonstige Maßnahmen des Unternehmens, die Rechte in Bezug auf im Finanzportfolio gehaltene Finanzinstrumente verleihen, und
8. für jedes in dem Berichtszeitraum ausgeführte Geschäft – soweit relevant – die folgenden Angaben, es sei denn, der Kunde hat verlangt, die Informationen jeweils gesondert für jedes ausgeführte Geschäft zu erhalten: Handelstag, Handelszeitpunkt, Art des Auftrags, Ausführungsplatz, Finanzinstrument, Kauf-/Verkauf-Indikator, Wesen des Auftrags, falls es sich nicht um einen Kauf- oder Verkaufsauftrag handelt, Menge, Stückpreis und Gesamtentgelt (Art. 59 Abs. 4 lit. c-l DVO (EU) 2017/565).

789 Die periodische Aufstellung wird grundsätzlich alle 3 Monate erstellt. Ausnahmen von dieser quartalsweisen Pflicht zur Übermittlung sind für 3 Fallgestaltungen vorgesehen (Art. 60 Abs. 3 DVO (EU) 2017/565):

1. Wenn das Wertpapierdienstleistungsunternehmen seinen Kunden Zugang zu einem als dauerhaften Datenträger einstufbaren Online-System gewährt, über das der Kunde auf aktuelle Aufstellungen seines Portfolios zugreifen kann, der Kunde einfachen Zugang zu der Aufstellung der Kundenvermögenswerte nach Art. 63 Abs. 2 DVO (EU) 2017/565 hat und das Unternehmen nachweisen kann, dass der Kunde mindestens einmal während des betreffenden Quartals eine Bewertung seines Portfolios aufgerufen hat;
2. In den Fällen, in denen der Kunde die Informationen über die ausgeführten Geschäfte jeweils einzeln erhält, ist die periodische Aufstellung mindestens einmal alle 12 Monate zu erstellen. Betreffen Geschäfte auf dem Kapitalmarkt handelbare Wertpapiere, die zum Erwerb oder zur Veräußerung von Aktien und anderen Anteilen an in- oder ausländischen juristischen Personen, Personengesellschaften und sonstigen Unternehmen, soweit sie Aktien vergleichbar sind, sowie Zertifikate, die Aktien vertreten, berechtigen oder zu einer Barzahlung führen, die in Abhängigkeit von übertragbaren Wertpapieren, Währungen, Zinssätzen oder -erträgen, Waren, von Indizes oder Messgrößen bestimmt wird (Art. 4 Abs. 1 Nr. 44 lit. c Richtlinie 2014/65/EU; § 2 Abs. 1 WpHG), oder betreffen Geschäfte Derivate (im Wesentlichen Optionen, Forwards und Swaps auf diverse Basiswerte) und Emissionszertifikate (Anhang I Abschnitt C Nr. 4 – 11 Richtlinie 2014/65/EU; § 2 Abs. 3 und Abs. 4 Nr. 5 WpHG; Art. 8 und 10 DVO (EU) 2017/565), ist die periodische Aufstellung alle 3 Monate zu übermitteln (Art. 60 Abs. 3 S. 2 DVO (EU) 2017/565).

3. Der Zeitraum beträgt höchstens einen Monat, wenn der Vertrag zwischen Wertpapierdienstleistungsunternehmen und seinem Kunden über Finanzportfolioverwaltung ein kreditfinanziertes Finanzportfolio zulässt.

Verlangt der Kunde die Einzelmitteilungen über die jeweiligen Geschäfte, sind ihm die wesentlichen Informationen über das betreffende Geschäft unverzüglich nach dessen Ausführung durch den Finanzportfolioverwalter auf einem dauerhaften Datenträger zu übermitteln (Art. 60 Abs. 4 S. 1 DVO (EU) 2017/565). 790

Aufsichtsrechtlich gilt seit dem 03.01.2018 eine starre Grenze für die Benachrichtigungspflicht im Falle von Verlusten. Wenn der Gesamtwert der zu Beginn des jeweiligen Berichtszeitraums zu beurteilenden Portfolios um 10 % fällt, sowie anschließend bei jedem Wertverlust in 10%-Schritten, ist der Kunde vom Finanzportfolioverwalter zu informieren (Art. 62 Abs. 1 DVO (EU) 2017/565). Diese Information ist spätestens am Ende des Geschäftstags, an dem der Schwellenwert überschritten wird oder, falls der Schwellenwert an einem geschäftsfreien Tag überschritten wird, am Ende des folgenden Geschäftstags zu erteilen. Zusätzlich kann eine Benachrichtigungspflicht gegenüber Privatkunden greifen. Sofern der Vermögensverwalter für einen Privatkunden ein Depot führt, in dem Hebelprodukte oder Produkte mit Optionselementen verwahrt werden, informiert er den Kunden, wenn der Ausgangswert des betreffenden Finanzinstruments um 10% fällt, sowie anschließend bei jedem Wertverlust in 10%-Schritten (Art. 62 Abs. 2 S. 1 DVO (EU) 2017/565). Die Berichterstattung über diesen Wertverlust soll für jedes Finanzinstrument einzeln erfolgen, sofern mit dem Kunden nichts Anderes vereinbart ist (Art. 62 Abs. 2 S. 2 DVO (EU) 2017/565). Diese aufsichtsrechtlich vorgegebenen Schwellenwerte für eine Verlustbenachrichtigung des Kunden sind nicht disponibel und können daher nicht durch eine Vereinbarung zwischen Kunde und Vermögensverwalter verändert werden. Gleichzeitig gelten vereinbarte Schwellenwerte (z.B. 25% Verlust) fort und sind vom Vermögensverwalter zu beachten. 791

Nicht völlig zweifelsfrei sind die dargestellten Regelungen bezüglich des Umgangs mit einer Bewertungs- oder andere Vergleichsmethode. Während dem Kunden in Zusammenhang mit jedem Vorschlag für die Erbringung einer Vermögensverwaltung Angaben über eine Bewertungs- oder andere Vergleichsmethode zur Verfügung zu stellen sind (Art. 47 Abs. 3 lit. c DVO (EU) 2017/565), hat die periodisch zu übermittelnde Aufstellung während der Durchführung der Vermögensverwaltung Angaben zu einem Vergleich der Wertentwicklung des verwalteten Vermögens und der Vergleichsgröße nur dann zu enthalten, wenn die Vergleichsgröße zwischen Kunde und Wertpapierdienstleistungsunternehmen vereinbart wurde (Art. 60 Abs. 2 lit. e DVO (EU) 2017/565). Damit wird der Kunde über die Wertentwicklung der Vergleichsgröße nicht zwingend informiert, falls sie nicht vereinbart wurde. Dies hat zur Folge, dass der mit der Einführung der Bewertungs- oder anderen Vergleichsmethode verfolgte Zweck, dem Kunden eine Bewertung der Leistung des Wertpapierdienstleistungsunternehmens zu ermöglichen (Art. 47 Abs. 3 DVO (EU) 2017/565), nicht durchgängig erreicht werden wird.[1290] 792

d) Berichtspflichten bei Verwahrung von Kundenvermögen

Die nach Art. 63 DVO (EU) 2017/565 bestehende Pflicht, mindestens einmal pro Quartal auf einem dauerhaften Datenträger eine Aufstellung der betreffenden Finanzinstrumente oder Gelder zur übermitteln, kann von Wertpapierdienstleistungsunternehmen, die für einen Kunden Finanzinstrumente oder Gelder halten und gleichzeitig Finanzportfolioverwaltung erbringen, erfüllt werden, indem die Aufstellung der Vermögenswerte nach Art. 63 Abs. 1 und 2 DVO (EU) 2017/565 in die periodische Aufstellung nach Art. 60 Abs. 1 DVO (EU) 2017/565 einbezogen wird (Art. 63 Abs. 3 DVO (EU) 2017/565). 793

1290 A.A. zum entsprechenden Problem in den Vorgängervorschriften §§ 5 Abs. 2 S. 2 Nr. 2 und 9 Abs. 2 Nr. 5 WpDVerOV: Assmann/Schneider/*Koller* § 31 Rn. 197.

III. Folgen einer fehlerhaften Vermögensverwaltung

1. Schadensersatzanspruch

794 Eine Verletzung der Pflichten des Vermögensverwalters führt grundsätzlich zu einem Schadensersatzanspruch des Anlegers, sofern der bei diesem eingetretene Schaden kausal durch die Pflichtverletzung verursacht wurde. Anspruchsgrundlagen sind §§ 311 Abs. 2, 280 BGB bei der Verletzung vorvertraglicher Pflichten und §§ 675, 611, 280 BGB bei der Verletzung von Pflichten während der Vertragsdurchführung. Der Anleger muss die Voraussetzungen des von ihm geltend gemachten Schadensersatzanspruchs nach allgemeinen Grundsätzen darlegen und beweisen. Aufgrund der Schwierigkeit des Anlegers, eine negative Tatsache, wie z.B. eine unvollständige Aufklärung, zu beweisen, verlangt die Rechtsprechung von dem sich verteidigenden Vermögensverwalter ein substantiiertes Bestreiten und eine konkrete Darlegung über die ordnungsgemäße Aufklärung und Beratung. Sofern der Kunde einen Schadensersatzanspruch aufgrund einer nicht ordnungsgemäßen Durchführung des Vermögensverwaltungsvertrags geltend macht, trifft den Vermögensverwalter allerdings keine sekundäre Darlegungslast. Er ist daher nicht gehalten, interne Berichte und Entscheidungsabläufe offenzulegen und zu begründen, warum er i.R.d. vereinbarten Anlagerichtlinien bestimmte Anlageentscheidungen getroffen hat.[1291] Bei Aufklärungspflichtverletzungen wird die Kausalität zwischen Pflichtverletzung und Schaden vermutet, wenn es nur eine Möglichkeit »aufklärungsrichtigen« Verhaltens gibt. Nach früherer Rechtsprechung galt die Vermutung demgegenüber nicht, wenn eine ordnungsmäßige Aufklärung einen Entscheidungskonflikt beim Anleger ausgelöst hätte, weil es vernünftigerweise mehrere Möglichkeiten aufklärungsrichtigen Verhaltens gab.[1292] Diese Voraussetzung hat der BGH in einer 2012 verkündeten und eine fehlerhafte Anlageberatung betreffenden Entscheidung aufgegeben.[1293] Der Gleichlauf der von der Rechtsprechung entwickelten Anforderungen an die Anlageberatung und Vermögensverwaltung deutet darauf hin, dass sie mit der im genannten Urteil verwendeten Begründung die Vermutung aufklärungsrichtigen Verhaltens auch bei Aufklärungspflichtverletzungen über eine Vermögensverwaltung anwendet.

795 Bei der Berechnung des Schadens ist der Anleger grundsätzlich so zu stellen, wie er stünde, wenn das schädigende Ereignis nicht eingetreten wäre. Für den Schadensersatzanspruch kommt es darauf an, ob die verletzte Pflicht vor Vertragsschluss oder während der Vertragsdurchführung bestand. Bei der Verletzung einer vorvertraglichen Pflicht ist der Geschädigte grundsätzlich so zu stellen, wie er stünde, wenn er richtig aufgeklärt worden wäre. Die unzureichende Erläuterung der mit einer bestimmten Anlagestrategie verbundenen Chancen und Risiken führt zu einem Vergleich der Wertentwicklung der bei gehöriger Aufklärung gewählten Anlagestrategie und der tatsächlichen Wertentwicklung.[1294] Ein Vermögensverwalter, der Anlagen in Finanztermingeschäften an internationalen Terminmärkten tätigen soll, und nicht ausreichend über die Gefahr aufklärt, dass das eingesetzte Kapital durch die mit den Transaktionen verbundenen Kosten und Entgelte aufgezehrt wird, haftet auf Ersatz des Vertrauensschadens. Der Anspruch des Anlegers ist auf das negative Interesse gerichtet und er kann vom Vermögensverwalter verlangen, so gestellt zu werden, als wäre der Vertrag nicht zustande gekommen und die Anlageentscheidungen nicht getroffen worden. Allerdings kann sich der Schadensersatzanspruch des Anlegers verringern, sofern der Vermögensverwalter den Einwand des Mitverschuldens geltend machen kann. Dieser Einwand kann in der vorliegenden Konstellation dann erhoben werden, wenn der Anleger hätte erkennen können, dass die Höhe der von ihm zu zahlenden Transaktionskosten und -entgelte unabhängig von der Wertentwicklung des verwalteten Vermögens ist und die Gefahr besteht, dass der Vermögensverwalter die Zahl der Transaktionen auch im eigenen wirtschaftlichen Interesse bestimmen wird, da dieser einen überwiegenden Teil der Transaktionskosten und -entgelte von dem abwickelnden Kreditinstitut

1291 BGH, BKR 2008, 83 (84).
1292 BGH, WM 1998, 1527 (1529); BGH, WM 2004, 1774 (1777).
1293 BGH, WM 2012, 1337 ff.; vgl. oben Rdn. 397.
1294 Ellenberger/Schäfer/*Teuber*, S. 223 (263); *Theisen* NJW 2006, 3102 (3103).

erhält. Der Anleger hätte sich durch Nachfragen nach der zu erwartenden Zahl der Transaktionen Klarheit über diese Gefahr verschaffen müssen.[1295] Im konkreten Fall hat das Gericht ein hälftiges Mitverschulden angenommen.

Im Fall eines Vermögensverlustes aufgrund der Verletzung einer auf dem bestehenden Vermögensverwaltungsvertrag beruhenden Pflicht ist dieser Schaden zu ersetzen. Wenn der Vermögensverwalter die vereinbarten Anlagegrenzen überschreitet und eine risikoreichere Anlagestrategie als vorgegeben verfolgt, haftet er auf den entgangenen Gewinn, der bei Anlage in weniger risikobehaftete Wertpapiere entstanden wäre. Zur Ermittlung des Schadens einer Vermögensverwaltung kann kein Vergleich mit der Entwicklung eines Fonds herangezogen werden, der ein entsprechendes Anlagekonzept verfolgt. Denn die voraussichtliche Wertentwicklung einer Vermögensverwaltung kann nicht ohne Weiteres mit der Entwicklung einer Fondsanlage gleichgesetzt werden. Aufgrund des größeren Anlagevolumens kann ein Fonds anders diversifizieren als eine Vermögensverwaltung. Außerdem hat ein Fonds unter Umständen günstigere Konditionen beim An- und Verkauf von Wertpapieren, da er eine größere Marktmacht im Vergleich zur Vermögensverwaltung hat. Diese Unterschiede müssen bei der Schadensermittlung berücksichtigt werden. Dies kann ggf. durch einen pauschalen Abschlag nach § 287 ZPO zulasten des Schadens der Vermögensverwaltung erfolgen.[1296] 796

Der Vermögensverwalter, der Spesenreiterei betreibt, haftet dem Anleger nicht nur auf Ersatz der im Vergleich zu einer ordnungsmäßigen Vermögensverwaltung zusätzlich vereinnahmten Provisionen. Vielmehr haftet er, da sämtliche Transaktionen mit einer dem Kundeninteresse widersprechenden Motivation abschlossen wurden, auch für alle entstandenen Verluste. Der Vermögensverwalter muss daher grundsätzlich den Anlagebetrag abzüglich bereits dem Anleger zugeflossenen Ausschüttungen und zuzüglich eines evtl. entgangenen Gewinns ersetzen.[1297] 797

2. Verjährung

Schadensersatzansprüche wegen fehlerhafter Aufklärung oder Beratung über eine Vermögensverwaltung unterliegen der regelmäßigen Verjährung nach §§ 195 ff. BGB. Sofern der Anspruch in der Zeit vom 01.04.1998 bis zum Ablauf des 04.08.2009 entstanden ist, richtet sich die Verjährung allerdings grundsätzlich nach § 37a WpHG a.F. in der bis zum 04.08.2009 geltenden Fassung (§ 43 WpHG). Nach dieser Fassung beträgt die Verjährungsfrist 3 Jahre und beginnt in dem Zeitpunkt, in dem der Anspruch entsteht. Dieser Zeitpunkt liegt im Fall einer Vermögensverwaltung grundsätzlich bei Abschluss des Vertrags. Hat ein Unternehmen eine Vermögensverwaltung ohne die dafür erforderliche Erlaubnis nach § 32 KWG durchgeführt, war § 37a WpHG a.F. auf einen Schadensersatzanspruch wegen Aufklärungs- oder Beratungspflichtverletzung nicht anwendbar.[1298] Da sich das Unternehmen pflichtwidrig der Beaufsichtigung der Bundesanstalt für Finanzdienstleistungsaufsicht entzogen hat, kann es sich nicht auf die kurze Frist dieser Vorschrift berufen. 798

Demgegenüber richtete sich die Verjährungsfrist bei Ansprüchen wegen eines Verstoßes gegen einen Vermögensverwaltungsvertrag nicht nach § 37a WpHG a.F., sondern nach der Regelverjährung in § 195 BGB.[1299] Die Anwendbarkeit des § 37a WpHG a.F. schied aus, da der Vorwurf auf eine vertragswidrige Durchführung des Vermögensverwaltungsvertrags gerichtet ist und nicht auf eine fehlerhafte Information oder Beratung vor Abschluss dieses Vertrags. 799

Die Gegenansicht vertrat die Auffassung, dass § 37a WpHG a.F. sowohl bei der Verletzung 800
von Informations- und Beratungspflichten als auch bei der pflichtwidrigen Umsetzung der

1295 KG Berlin, ZIP 2006, 1497 (1501).
1296 BGH, BKR 2002, 538 (540).
1297 BGH, NJW 2004, 3423 (3426).
1298 OLG Düsseldorf, WM 2006, 1576 (1578) unter Hinweis auf BGH, WM 2006, 479.
1299 OLG Düsseldorf, WM 2006, 1576 (1577).

Anlagegrundsätze,[1300] bei einem Verstoß gegen die Anlagerichtlinien[1301] und bei jeglichen Ersatzansprüchen wegen Pflichtverletzungen im Zusammenhang mit der Vermögensverwaltung[1302] Anwendung fand. Allerdings bestand Uneinigkeit darüber, wann die Verjährung zu laufen begann. Dies galt insbesondere für die Frage, ob die Verjährung entsprechend den Grundsätzen bei Beratungs- und Aufklärungspflichtverletzungen stets mit dem Abschluss des Vermögensverwaltungsvertrages zu laufen begann. Andere nahmen den späteren Zeitpunkt der fehlerhaften Anlageentscheidung an.

801 Maßgeblich für den Beginn der Verjährungsfrist nach § 37a WpHG a.F. war der Zeitpunkt des Abschlusses des Vermögensverwaltungsvertrags auch bezüglich des Vorwurfs einer Fehlberatung über die Vermögensverwaltung. Es kam nicht auf den Eintritt eines Schadens an. Das Argument, aus dem Charakter des Vermögensverwaltungsvertrags als Dauerschuldverhältnis folge für die Verletzung von Informationspflichten, dass diese Pflichtverletzung fortwährend begangen werde und deshalb der Lauf der Verjährungsfrist ständig neu beginne, ist nicht stichhaltig. Vielmehr ist die verletzte Informationspflicht eine einmalig vor Abschluss des Vertrags zu erfüllende Pflicht. I.Ü. ist lediglich die Kausalität der fehlenden Information für den Abschluss des Vermögensverwaltungsvertrags festzustellen.[1303]

J. Investmentrecht

I. Einleitung

802 Das Investmentgeschäft wird in Deutschland von **Kapitalverwaltungsgesellschaften** (KVG) ausgeübt. Es stellt eine Ausprägung der **kollektiven Vermögensanlage** dar.[1304] Durch das **Prinzip einer fremdverwalteten und risikodiversifizierten Vermögensanlage** weist das Investmentgeschäft Gemeinsamkeiten mit der Dienstleistung der Finanzportfolioverwaltung (sog. »individuelle Vermögensverwaltung«) nach § 1 Abs. 1a Satz 2 Nr. 3 KWG bzw. § 2 Abs. 8 Nr. 7 WpHG auf, die allerdings nur für Anleger in Betracht kommt, deren Vermögen groß genug ist, um die für die Bildung eines optimalen Portfolios erforderliche kritische Masse zu erreichen.[1305] Die investmentrechtliche Kollektivanlage über den Erwerb von Anteilen oder Aktien an Investmentvermögen (Investmentfonds) ermöglicht es demgegenüber auch Kleinanlegern, mit begrenztem Kapitaleinsatz eine entsprechende Risikostreuung herbeizuführen.

803 Die grundlegenden Prinzipien und Beziehungen des Investmentrechts werden durch das sog. **»Investmentdreieck«** definiert.[1306] Im Zentrum der gleichschenkeligen, rechtlichen Beziehungen in-

1300 *Sprockhoff* WM 2005, 1739 (1747).

1301 *Kritter* BKR 2004, 261 (262).

1302 Ellenberger/Schäfer/*Teuber*, S. 223 (266).

1303 OLG Köln, WM 2006, 2130 (2132).

1304 Hierzu noch unten Rn. 751; vgl. im Übrigen Köndgen/Schmies, in: Schimansky/Bunte/Lwowski, Bankrechts-Handbuch, 5. Aufl. 2017, § 113 Rn. 5 f.; Eckhold/Balzer, in: Assmann/Schütze, Handbuch des Kapitalanlagerechts, 4. Aufl. 2015, § 22 Rn. 1; umfassend Zetzsche, Prinzipien der kollektiven Vermögensanlage, 2015. Die Anlageverwaltung i.S.v. § 1 Abs. 1a Satz 2 Nr. 11 KWG läuft angesichts der umfassenden Regulierung des KAGB heute weitgehend leer, vgl. etwa Schäfer, in: Boos/Fischer/Schulte-Mattler, KWG und CRR-VO, 5. Aufl. 2016, § 1 Rn. 192 ff.; Brogl, in: Reischauer/Kleinhans, KWG, § 1 Rn. 254 ff.; instruktiv für den verbleibenden Anwendungsbereich in Abgrenzung zum Finanzkommissionsgeschäft BVerwG, Urt. v. 18.01.2017 – 8 B 17/16, WM 2017, 658; hierzu von Livonius, EWiR 2017, 257.

1305 Vgl. zur Ökonomie des Investmentgeschäfts Köndgen/Schmies, in: Schimansky/Bunte/Lwowski, Bankrechts-Handbuch, 5. Aufl. 2017, § 113 Rn. 1 ff. Die Schnittmenge zur individuellen Vermögensverwaltung ist nicht damit zu verwechseln, dass die Kapitalverwaltungsgesellschaft auch die Finanzportfolioverwaltung für eigene Investmentvermögen oder Investmentvermögen Dritter ausübt und deshalb gleichermaßen von Anforderungen etwa des WpHG exponiert ist. Vgl. hierzu noch unten Rdn. 814.

1306 Hierzu ausführlich Zetzsche, Prinzipien der kollektiven Vermögensanlage, 2015, S. 95, 507 f., 520 f. m. zahlreichen w.N.; vgl. für einen Überblick auch Köndgen/Schmies, in: Schimansky/Bunte/Lwowski, Bankrechts-Handbuch, 5. Aufl. 2017, § 113 Rn. 202.

nerhalb des Investmentdreiecks steht das Investmentvermögen (Fonds) als rechtlich selbstständiges Sondervermögen.[1307] Dieses Investmentvermögen wird von einer Kapitalverwaltungsgesellschaft[1308] verwaltet. Die Kapitalverwaltungsgesellschaft verwaltet das Investmentvermögen auf Basis eines Treuhandverhältnisses zugunsten der Anleger[1309], die ihre Geldmittel (Fondsvermögen) in den Fonds investiert haben. Damit die Kapitalverwaltungsgesellschaft ihren treuhänderischen Pflichten zur Verwaltung des Investmentvermögens zugunsten der Anleger ordnungsgemäß nachkommt, wird sie durch eine Verwahrstelle (Depotbank)[1310] kontrolliert. Diese Verwahrstelle verwahrt zugleich das Fondsvermögens und überwacht neben den Tätigkeiten der Kapitalverwaltungsgesellschaft auch den Fonds selber. Ferner ist die Verwahrstelle zugleich für die Ausgabe und Rücknahme der Anteile an dem Fonds gegenüber den Anlegern auf Instruktion der Kapitalverwaltungsgesellschaft zuständig.

804 Wie viele andere Bereiche des Bank- und Finanzmarktrechts ist auch das Investmentrecht in erheblichem Umfang durch europäische Rechtsakte geprägt.[1311] Den Ursprung der europäischen Regulierung von Kollektivanlagen markiert die **OGAW-Richtlinie**[1312], mit der u.a. Mindestregelungen über die Zulassung, die Aufsicht, die Geschäftstätigkeit sowie die Informationspflichten beim Vertrieb von Investmentfonds eingeführt wurden. Seither wurde die erste OGAW-Richtlinie ständig aktualisiert und zuletzt in fünfter Fassung[1313] in deutsches Recht[1314] umgesetzt. Mit der Umsetzung der **AIFM-Richtlinie**[1315] durch das AIFM-Umsetzungsgesetz[1316] mit Wirkung vom 22. Juli 2013 ist mit dem KAGB erstmals ein einheitliches Regelwerk geschaffen worden, das für sämtliche Arten von Investmentvermögen Anwendung findet. Erfasst werden vom KAGB nicht nur die bereits zuvor regulierten Organismen für gemeinsame Anlagen in Wertpapiere (OGAW), sondern auch alternative Investmentfonds (AIF) und deren Manager (AIFM).[1317] Der umfassenden Regelung entspricht die Zielsetzung der AIFM-Richtlinie, wonach es aus europäischer Sicht erforderlich schien, systemische Risiken abzuwehren, Risiken auf der Makro- und Mikroebene möglichst zu verhindern sowie einen institutionellen Anlegerschutz zu gewährleisten.[1318]

1307 Hierzu unten Rdn. 855 ff.

1308 Hierzu unten Rdn. 819 ff.

1309 Hierzu unten Rdn. 830.

1310 Unter dem InvG a.F. noch »Depotbank«. Hierzu unten Rdn. 837 ff.

1311 Vgl. hierzu auch Geibel, in: Derleder/Knops/Bamberger, Handbuch zum deutschen und europäischen Bankrecht, § 59 Rn. 5; Eckhold/Balzer, in: Assmann/Schütze, Handbuch des Kapitalanlagerechts, 4. Aufl. 2015, § 22 Rn. 1 f.

1312 Richtlinie 85/611/EWG v. 20.12.1985 zur Koordinierung der Rechts- und Verwaltungsvorschriften betreffend bestimmte Organismen für gemeinsame Anlage in Wertpapieren, ABl. EU L 375 v. 31.12.1985, S. 3 (OGAW-I-Richtlinie).

1313 Richtlinie 2014/91/EU des Europäischen Parlaments und des Rates vom 23. Juli 2014 zur Änderung der Richtlinie 2009/65/EG zur Koordinierung der Rechts- und Verwaltungsvorschriften betreffend bestimmte Organismen für gemeinsame Anlagen in Wertpapieren (OGAW) im Hinblick auf die Aufgaben der Verwahrstelle, die Vergütungspolitik und Sanktionen, ABl. EU L 257 v. 28.08.2014, S. 186 (OGAW-V-Richtlinie).

1314 OGAW-V-Umsetzungsgesetz v. 3. März 2016, BGBl. 2016 I, S. 348. Hierzu etwa Peetz, WPg 2016, 679 ff.

1315 Richtlinie 2011/61/EU des Europäischen Parlaments und des Rates vom 08.06.2011 über die Verwalter alternativer Investmentfonds und zur Änderung der Richtlinie 2003/41/EG und 2009/65/EG und der Verordnungen (EG) Nr. 1060/2009 und (EU) Nr. 1095/2010, ABl. Nr. L 174 v. 01.07.2011, S. 1 (AIFM-Richtlinie).

1316 Gesetz zur Umsetzung der Richtlinie 2011/61/EU über die Verwalter alternativer Investmentfonds (AIFM-Umsetzungsgesetz), BGBl. 2013 I, S. 1981.

1317 Vgl. zum Regelungsinhalt des KAGB den Überblick bei Burgard/Heimann, WM 2014, 821 ff. und van Kann/Redeker/Keiluweit, DStR 2013, 1483 ff.

1318 Erwägungsgrund 2, 3, und 98 AIFM-Richtlinie; vgl. ausführlich Zetzsche, in: Zetzsche, The Alternative Investment Fund Managers Directive, 2. Aufl. 2015, S. 10 ff.; Loritz/Uffmann, WM 2013, 2193.

805 Die ganzheitliche Regulierung der kollektiven Vermögensanlage wird auf europäischer Ebene mit unmittelbarer Bedeutung für die jeweiligen Mitgliedstaaten durch weitere Rechtsakte mit fondstypisierten Schwerpunkten vervollständigt. Hierunter fallen Verwalter von Europäischen Risikokapitalfonds[1319], Europäischen Fonds für soziales Unternehmertum[1320] und Europäischen langfristigen Investmentfonds[1321].

II. Rechtliche Grundlagen

1. Kapitalanlagegesetzbuch (KAGB)

806 Die wesentliche Grundlage für das Investmentrecht in Deutschland bildete bislang das **Investmentgesetz** (InvG).[1322] Das InvG löste am 15. Dezember 2003 das seit 1957 in Kraft befindliche **Kapitalanlagengesellschaftsgesetz** (KAGG) und **Auslandsinvestment-Gesetz** (AuslInvestmG) ab. Es wurde insbesondere durch die Umsetzung der OGAW-IV-Richtlinie[1323] in deutsches Recht umfassend weiterentwickelt.[1324] Weiterhin wurden durch das Anlegerschutz- und Funktionsverbesserungsgesetz (AnsFuG)[1325] neben zahlreichen Regelungen zur Ausweitung des Anlegerschutzes, wie etwa der Einführung eines Produktinformationsblattes bzw. einer wesentlichen Anlegerinformation (sog. »Key Investor Information Document, KIID«)[1326], Neuregelungen für offene Immobilien-Sondervermögen eingeführt, durch die insbesondere eine Aussetzung der Anteilrücknahme leichter vermieden werden sollte.[1327]

807 Seit dem 22. Juli 2013 finden sich die rechtlichen Rahmenbedingungen für Investmentfonds im Wesentlichen im KAGB. Mit dem KAGB wurde die AIFM-Richtlinie[1328] in deutsches Recht umgesetzt.[1329] Mit der AIFM-Richtlinie sollte zu Beginn des Gesetzgebungsprozesses im Jahr 2005 im Wesentlichen ein einheitlicher **Binnenmarkt für Hedgefonds und Private-Equity-Fonds** entstehen.[1330] Hinzu kam als Reaktion auf die Finanzmarktkrise 2007/2008 die Absicht des europäischen Gesetzgebers, über eine strengere Regulierung auch die Stabilität und Integrität des Finanzmarkts

---

1319 § 337 KAGB i.V.m. der Verordnung (EU) Nr. 345/2013 des Europäischen Parlaments und des Rates vom 17. April 2013 über Europäische Risikokapitalfonds, ABl. EU L 115 v. 25.04.2014, S. 1 (sog. »EuVECA-Verordnung«).

1320 § 338 KAGB i.V.m. der Verordnung (EU) Nr. 346/2013 des Europäischen Parlaments und des Rates vom 17. April 2013 über Europäische Fonds für soziales Unternehmertum, ABl. EU L 115 v. 25.04.2013, S. 18 (sog. »EuSEF-Verordnung«).

1321 § 338a KAGB i.V.m. der Verordnung (EU) 2015/760 des Europäischen Parlaments und des Rates vom 29. April 2015 über Europäische langfristige Investmentfonds, ABl. EU L 123 v. 19.05.2015, S. 98 (sog. »ELTIF-Verordnung«).

1322 Vgl. zur Entwicklung der gesetzlichen Grundlagen allgemein Köndgen/Schmies, in: Schimansky/Bunte/Lwowski, Bankrechts-Handbuch, 5. Aufl. 2017, § 113 Rn. 30 ff.

1323 Richtlinie 2009/65/EG des Europäischen Parlaments und des Rates vom 13. Juli 2009 zur Koordinierung der Rechts- und Verwaltungsvorschriften betreffend bestimmte Organismen für gemeinsame Anlagen in Wertpapieren (OGAW), ABl. L 302 v. 17.11.2009, S. 32 (OGAW-IV-Richtlinie). Die Richtlinie wird durch vier weitere Level-II-Maßnahmen konkretisiert.

1324 Gesetz zur Umsetzung der Richtlinie 2009/65/EG zur Koordinierung der Rechts- und Verwaltungsvorschriften betreffend bestimmte Organismen für gemeinsame Anlagen in Wertpapieren (OGAW-IV-Umsetzungsgesetz – OGAW-IV-UmsG), BGBl. 2011 I, S. 1126; vgl. hierzu ausführlich Reiter/Plumridge, WM 2012, 343 ff., 388 ff.

1325 Gesetz zur Stärkung des Anlegerschutzes und Verbesserung der Funktionsfähigkeit des Kapitalmarktes vom 05.04.2011 (AnsFuG), BGBl. 2011 I, S. 538.

1326 Vgl. hierzu unten Rdn. 896.

1327 Hierzu Reiter/Plumridge, WM 2012, 388, 392 f.

1328 Ausführlich Zetzsche (Hrsg.), The Alternative Investment Fund Managers Directive, 2. Aufl. 2015; Dornseifer/Jesch/Klebeck/Tollmann (Hrsg.), AIFM-Richtlinie, 2013.

1329 Vgl. Fußn. 13.

1330 Vgl. hierzu auch Abschn. G Rdn. 718 ff.

und die Anleger zu schützen.[1331] Das KAGB hat seinerseits das InvG a.F. aufgehoben, jedoch teilweise die Regelungen des InvG a.F. inhaltlich übernommen. Es integriert weiterhin die OGAW-IV-Richtlinie, einschließlich etwaiger Verweise auf OGAW-relevante Level-II-Verordnungen.[1332] Mit Umsetzung der OGAW-V-Richtlinie[1333] wurde das KAGB zuletzt fortentwickelt[1334] und hat durch das 1.[1335] und 2. FiMaNoG[1336] zahlreiche Anpassungen und Ergänzungen erfahren. Damit bildet es eine umfassende Regelung kollektiver Vermögensverwaltung im Inland.

Als ein solches Regelwerk wird das KAGB darüber hinaus durch **nationale Verordnungen der BaFin** vervollständigt. Hierzu zählen folgende Rechtsakte: 808

- Verordnung zur Konkretisierung der Verhaltensregeln und Organisationsregeln nach dem Kapitalanlagegesetzbuch (Kapitalanlage- Verhaltens- und -Organisationsverordnung – **KAVerOV**)
- Verordnung über Risikomanagement und Risikomessung beim Einsatz von Derivaten, Wertpapier-Darlehen und Pensionsgeschäften in Investmentvermögen nach dem Kapitalanlagegesetzbuch (Derivateverordnung – **DerivateV**)
- Verordnung zum elektronischen Anzeigeverfahren für inländische Investmentvermögen und EU-Investmentvermögen nach dem Kapitalanlagegesetzbuch (**EAKAV**)
- Verordnung über die Schlichtungsstelle nach § 342 des Kapitalanlagegesetzbuches (Kapitalanlageschlichtungsstellenverordnung – **KASchlichtV**)
- Verordnung über Inhalt, Umfang und Darstellung der Rechnungslegung von Sondervermögen, Investmentaktiengesellschaften und Investmentkommanditgesellschaften sowie über die Bewertung der zu dem Investmentvermögen gehörenden Vermögensgegenstände (Kapitalanlage-Rechnungslegungs- und -Bewertungsverordnung – **KARBV**)
- Verordnung über den Gegenstand der Prüfung und die Inhalte der Prüfungsberichte für externe Kapitalverwaltungsgesellschaften, Investmentaktiengesellschaften, Investmentkommanditgesellschaften und Sondervermögen (Kapitalanlage-Prüfungsberichte-Verordnung – **KAPrüfbV**)

Im Übrigen verweist das KAGB vor allem für AIF-Kapitalverwaltungsgesellschaften auf die unmittelbar geltende **AIFM Level-II-Verordnung**[1337] des europäischen Gesetzgebers, die im Rahmen des Geschäftsbetriebs zu beachten ist. Die AIFM Level-II-Verordnung konkretisiert u.a. die geltenden Anforderungen an die Ausübung der Tätigkeit von AIF-Verwaltungsgesellschaften (z.B. Sorgfaltspflichten, interne Governance, Risiko-, Liquiditäts- und Interessenkonfliktmanagement sowie Auslagerungscontrolling), deren Verwahrstellen und Transparenzbestimmungen. Neben dieses 809

1331 Vgl. Eckhold/Balzer, in: Assmann/Schütze, Handbuch des Kapitalanlagerechts, 4. Aufl. 2015, § 22 Rn. 2; Burgard/Heimann, WM 2014, 821, 821.

1332 Zuletzt etwa die Delegierte Verordnung (EU) 2016/438 der Kommission vom 17. Dezember 2015 zur Ergänzung der Richtlinie 2009/65/EG des Europäischen Parlaments und des Rates in Bezug auf die Pflichten von Verwahrstellen, ABl. EU L 78 v. 24.03.2016, S. 11.

1333 Richtlinie 2014/91/EU des Europäischen Parlaments und des Rates vom 23. Juli 2014 zur Änderung der Richtlinie 2009/65/EG zur Koordinierung der Rechts- und Verwaltungsvorschriften betreffend bestimmte Organismen für gemeinsame Anlagen in Wertpapieren (OGAW) im Hinblick auf die Aufgaben der Verwahrstelle, die Vergütungspolitik und Sanktionen, ABl. EU L 257 v. 28.08.2014, S. 186.

1334 Gesetz zur Umsetzung der Richtlinie 2014/91/EU des Europäischen Parlaments und des Rates vom 23. Juli 2014 zur Änderung der Richtlinie 2009/65/EG zur Koordinierung der Rechts- und Verwaltungsvorschriften betreffend bestimmte Organismen für gemeinsame Anlagen in Wertpapieren (OGAW) im Hinblick auf die Aufgaben der Verwahrstelle, die Vergütungspolitik und Sanktionen vom 3. März 2016, BGBl. 2016 I, S. 348.

1335 Erstes Gesetz zur Novellierung von Finanzmarktvorschriften auf Grund europäischer Rechtsakte (Erstes Finanzmarktnovellierungsgesetz – 1. FiMaNoG) vom 30. Juni 2016, BGBl. 2016 I, S. 1514.

1336 Zweites Gesetz zur Novellierung von Finanzmarktvorschriften auf Grund europäischer Rechtsakte (Zweites Finanzmarktnovellierungsgesetz – 2. FiMaNoG) vom 23. Juni 2017, BGBl. 2017 I, S. 1693.

1337 Delegierte Verordnung (EU) 231/2013 der Kommission vom 19.12.2012 zur Ergänzung der Richtlinie 2011/61/EU des Europäischen Parlaments und des Rates im Hinblick auf Ausnahmen, die Bedingungen für die Ausübung der Tätigkeit, Verwahrstellen, Hebelfinanzierung, Transparenz, und Beaufsichtigung, ABl. 2013, L 83, 1 (AIFM Level II-Verordnung).

Regelungsnetzwerk treten diverse Leitlinien, Q&As und FAQs der ESMA sowie Stellungnahmen der BaFin[1338], die Kapitalverwaltungsgesellschaften zu beachten haben.[1339]

2. Weitere Vorschriften

810 Das Investmentgeschäft gehört seit dem Inkrafttreten des Investmentänderungsgesetzes (InvÄndG) am 28.12.2007[1340] nicht mehr zu den Bankgeschäften. Seit dem AIFM-Umsetzungsgesetz[1341] zählt die kollektive Vermögensverwaltung auch nicht mehr zu den Finanzdienstleistungsgeschäften.[1342] Das Investmentgeschäft ist daher weder im Katalog der **Bankgeschäfte** in § 1 Abs. 1 Satz 2 KWG noch der **Finanzdienstleistungsgeschäfte** in § 1 Abs. 1a Satz 2 KWG aufgeführt. Kapitalverwaltungsgesellschaften sind als Institute eigener Art durch das KAGB sondergesetzlich umfassend reguliert. Die Aufsichtsbefugnis der BaFin ergibt sich unmittelbar aus dem KAGB (vgl. §§ 5 ff. KAGB). Ebenfalls der Aufsicht der BaFin außerhalb des KWG unterliegen die Investmentaktiengesellschaften (§§ 108 ff. KAGB) und Investmentkommanditgesellschaften (§§ 124 ff. KAGB) als sog. »interne Kapitalverwaltungsgesellschaften«. Einzelne Vorschriften des KWG gelten jedoch aufgrund von Verweisungen im KAGB auch für Kapitalverwaltungsgesellschaften, z.B. § 3 Abs. 5, 6, 9, 14 und 19 Abs. 1 Satz 2 KAGB.

811 Insbesondere Vertriebsintermediäre von Kapitalverwaltungsgesellschaften, wie etwa Kredit- und Finanzdienstleistungsinstitute, haben beim Vertrieb von Anteilen an Investmentvermögen zugleich etwa die Vertriebsdokumentation zu prüfen. Dies ergibt sich aus dem Umstand, dass zu den **Finanzinstrumenten** nach § 1 Abs. 11 Satz 1 Nr. 5 KWG auch Anteile an Investmentvermögen i.S.d. § 1 Abs. 1 KAGB zählen. Hieraus folgt auch, dass Kapitalverwaltungsgesellschaften selbst sämtliche Regelungen zu beachten haben, deren Anwendungsbereich an das Vorliegen von Finanzinstrumenten knüpft. Hierzu zählen etwa die Bestimmungen der Marktmissbrauchsverordnung (MAR)[1343], Vgl. Art. 2 Abs. 1 Satz 1 Buchst. d) MAR.

812 Beim inländischen Investmentgeschäft sind weiterhin Vorschriften zu berücksichtigen, die sich allgemein an Kreditinstitute, daneben jedoch ausdrücklich auch an Kapitalverwaltungsgesellschaften wenden. Dies sind etwa die für die Sondervermögen auf der Grundlage des § 18 **Bundesbankgesetz** (BBankG) erlassenen Richtlinien der deutschen Bundesbank zur monatlichen statistischen Meldung.[1344] Bei Geschäften der Kapitalverwaltungsgesellschaft mit Auslandsberührung, z.B. bei Zahlungsverkehr mit dem Ausland oder Verkauf von Investmentanteilen an Gebietsfremde, gelten die Meldepflichten nach dem **Außenwirtschaftsgesetz** (AWG) und der **Außenwirtschaftsverordnung**

1338 Vgl. insbesondere ESMA, Questions and Answers – Application of the AIFMD, 24 May 2017, ESMA34-32-352; vgl. auch Burgard/Heimann, WM 2014, 821, 822.

1339 Den aufsichtsbehördlichen Verlautbarungen – insbesondere der ESMA – fehlen i.d.R. gesetzliche Verbindlichkeit und Bindungswirkung. Neuerdings determinieren sie jedoch maßgeblich die Aufsichtspraxis der BaFin, weshalb es zu einer faktischen Bindungswirkung für Kapitalverwaltungsgesellschaften kommt.

1340 Gesetz zur Änderung des Investmentgesetzes und zur Anpassung anderer Vorschriften (Investmentänderungsgesetz), BGBl. 2007 I, S. 3089.

1341 Gesetz zur Umsetzung der Richtlinie 2011/61/EU über die Verwalter alternativer Investmentfonds (AIFM-Umsetzungsgesetz – AIFM-UmsG), BGBl. 2013 I, S. 1981.

1342 Vormals konnte der Betrieb von kollektiven Vermögensanlagestrukturen die Finanzdienstleistung der Anlageverwaltung nach § 1 Abs. Abs. 1a Satz 2 Nr. 11 KWG erfüllen, vgl. hierzu Brogl, in: Reischauer/Kleinhans, KWG, § 1 Rn. 256 f.

1343 Verordnung (EU) Nr. 596/2014 des Europäischen Parlaments und des Rates vom 16. April 2014 über Marktmissbrauch (Marktmissbrauchsverordnung) und zur Aufhebung der Richtlinie 2003/6/EG des Europäischen Parlaments und des Rates und der Richtlinien 2003/124/EG, 2003/125/EG und 2004/72/EG der Kommission, ABl. EU L 173 v. 12.06.2014, S. 1 (MAR).

1344 Vgl. Deutsche Bundesbank, Rundschreiben Nr. 17/2014 zur Statistik über Investmentvermögen vom 12. März 2014 sowie Deutsche Bundesbank, Mitteilung Nr. 8003/2013 zu bankstatistischen Meldungen und Anordnungen vom 26. November 2013.

(AWV). Insoweit haben Kapitalverwaltungsgesellschaften im Rahmen ihres Auslandsgeschäfts zugleich die Beschränkungen des Kapital- und Zahlungsverkehrs auf der Grundlage von Sanktionsmaßnahmen zu beachten, die sich neben den rudimentären Bestimmungen des AWG und AWV vor allem aus europäischen Verordnungen und internationalen Vorgaben ergeben.[1345]

Ebenso wie andere Finanzdienstleister sind Kapitalverwaltungsgesellschaften u.a. gehalten, sich an die Regelungen des **Geldwäschegesetzes (GwG)**[1346] und der Geldtransferverordnung[1347] zu halten sowie im Hinblick auf identitäts- und personenbezogene Daten das **Bundesdatenschutzgesetz (BDSG)** und die Datenschutz-Grundverordnung[1348] zu befolgen. 813

Eine Kapitalverwaltungsgesellschaft ist weder Kreditinstitut noch Finanzdienstleistungsinstitut. 814
Daher ist sie auch kein **Wertpapierdienstleistungsunternehmen** im Sinne von § 2 Abs. 10 WpHG. Die Vorschriften des WpHG sind daher grundsätzlich nicht anwendbar. Falls die Kapitalverwaltungsgesellschaft jedoch Dienst- oder Nebendienstleistungen nach § 20 Abs. 2 Nr. 1 bis 3 sowie Abs. 3 Nr. 2 bis 5 KAGB (Finanzportfolioverwaltung, Anlageberatung, Verwahrgeschäft oder Anlagevermittlung) erbringt, gelten gemäß § 5 Abs. 2 KAGB die Regelungen der §§ 63 bis 68, 70, 80, 82 Abs. 1 bis 9 und 13 sowie §§ 83 und 84 WpHG entsprechend. Die anwendbaren Bestimmungen des WpHG legen insbesondere Verhaltens- und Organisationsregeln bei Ausübung der relevanten Tätigkeiten fest. Beispielsweise muss eine Kapitalverwaltungsgesellschaft, die gegenüber Anlegern die Dienstleistung der Anlageberatung erbringt, eine Geeignetheitserklärung nach § 64 Abs. 1 Satz 1 Nr. 3 WpHG (sog. »suitability report«) erstellen.[1349] Die Regelung des § 5 Abs. 2 KAGB sollte jedoch nicht dazu verleiten, dass die Regelungen des KAGB für Kapitalverwaltungsgesellschaften abschließenden Charakter haben. Jede Kapitalverwaltungsgesellschaft hat aufgrund ihrer Kerntätigkeit der Portfolioverwaltung für eigene Investmentvermögen (sog. »Trading Desk«) die marktinfrastrukturellen Regelungen des WpHG zu beachten. Eine Kapitalverwaltungsgesellschaft nimmt mit anderen Worten und vereinfacht skizziert unmittelbar am Marktgeschehen durch aktiven Handel teil. Dies gilt umso mehr, wenn Investmentvermögen Dritter im Wege von Portfoliomanagementverträgen verwaltet werden oder Kapitalverwaltungsgesellschaften beratende Dienstleistungen erbringen (sog. »Advisory Modelle«).

Das **Insiderhandelsverbot** nach Art. 14 MAR ist von Kapitalverwaltungsgesellschaften sowohl bei 815
Eigengeschäften als auch bei Geschäften für die von ihr verwalteten Investmentvermögen zu beachten. Gleiches gilt für das Verbot der **Marktmanipulation** nach Art. 15 MAR auf der Ebene der Finanzportfolioverwaltung für die verwalteten Investmentvermögen als auch der Anteile an Investmentvermögen. Die allgemeinen Meldepflichten der §§ 33 ff. WpHG bei Veränderungen der **Stimmrechtsanteile** an börsennotierten Gesellschaften gelten grundsätzlich auch für Kapitalverwaltungsgesellschaften, wenn die dort genannten Schwellen der Stimmrechte in den von ihr verwalteten Sondervermögen und gegebenenfalls im Rahmen der Anlage von Eigenmitteln erreicht bzw. über- oder unterschritten werden.[1350] Nach § 94 Abs. 2 Satz 1 KAGB trifft die Meldepflicht hinsichtlich der Wertpapiere in den Sondervermögen nicht die die Kapitalverwaltungsgesellschaft

1345 Für einen Überblick zu diesem vielschichtigen Regelungskomplex vgl. die Informationen des Servicezentrums Finanzsanktionen der Deutschen Bundesbank, abrufbar unter https://www.bundesbank.de/Navigation/DE/Service/Finanzsanktionen.

1346 Vgl. hierzu etwa Glück/Schubert, CB 2013, 375 ff.

1347 Verordnung (EU) 2015/847 des Europäischen Parlaments und des Rates vom 20. Mai 2015 über die Übermittlung von Angaben bei Geldtransfers und zur Aufhebung der Verordnung (EU) Nr. 1781/2006, ABl. EU L 141 v. 05.06.2015, S. 1 (Geldtransferverordnung).

1348 Verordnung (EU) 2016/679 des Europäischen Parlaments und des Rates vom 27. April 2016 zum Schutz natürlicher Personen bei der Verarbeitung personenbezogener Daten, zum freien Datenverkehr und zur Aufhebung der Richtlinie 95/46/EG, ABl. EU L 119 v. 04.05.2016, S. 1 (Datenschutz-Grundverordnung).

1349 Zur Einführung von Anlageberatungsprotokollen allgemein Leuering/Zetzsche, NJW 2009, 2856 ff.; Böhm, BKR 2009, 221 ff.

1350 Für einen Überblick etwa Dietrich, ZIP 2016, 1612 ff.

kontrollierenden Mutterunternehmen, sofern die Kapitalverwaltungsgesellschaft die Stimmrechte unabhängig von der Mutter ausübt und die Mutter dies gegenüber der BaFin bestätigt.[1351]

816 Im Kontext des europäischen Anlegerschutzes stellen insbesondere die Vorschriften der **PRIIPs-Verordnung**[1352] besondere Offenlegungsanforderungen an Kapitalverwaltungsgesellschaften. Die Verordnung regelt die Transparenz beim Vertrieb von Anlageprodukten für Kleinanleger und Versicherungsanlageprodukten (sog. »packaged retail and insurance-based investment products«) und verlangt die Ausgabe eines Basisinformationsblatts.[1353] Kapitalverwaltungsgesellschaften haben ein solches Basisinformationsblatt nach § 307 Abs. 5 KAGB auch erwerbsinteressierten, semiprofessionellen Anlegern zur Verfügung zu stellen.[1354]

817 Mit dem **AIFM-Steuer-Anpassungsgesetz**[1355] sind trotz der weitreichenden Änderungen durch die Einführung des KAGB die bewährten steuerlichen Regelungen für offene und geschlossene Fonds aus dem **Investmentsteuergesetz** (InvStG) beibehalten worden. Es wird weiterhin die Besteuerung der Inhaber von in- und ausländischen Fondsanteilen, der Sondervermögen und Investmentaktiengesellschaften geregelt. Dabei werden die allgemeinen Besteuerungsregelungen des EStG und des KStG ergänzt und modifiziert.[1356]

818 Schließlich wird das inländische Investmentgeschäft durch internationale Empfehlungen und Prinzipien ergänzt. Dies betrifft insbesondere die Regelwerke der **International Organization of Securities Commission (IOSCO)**, die etwa die Verhaltens- und Organisationspflichten von (international agierenden) Kapitalverwaltungsgesellschaften konkretisieren.[1357] Entgegen den europäischen Level-II-Maßnahmen entfalten die IOSCO-Principles hingegen keine unmittelbare Rechtsbindung.

III. Kapitalverwaltungsgesellschaft

819 In Deutschland betreiben Kapitalverwaltungsgesellschaften das Investmentgeschäft, in dem sie durch einen Vertrag mit Anlegern Sondervermögen errichten und verwalten.[1358] Dabei erwirbt der Anleger Investmentanteile an unselbstständigen, von einer Kapitalverwaltungsgesellschaft für Rechnung der Anleger verwalteten Sondervermögen (§ 1 Abs. 10 KAGB). Die Kapitalverwaltungsgesellschaft ist für die Anlage des von den Anlegern eingezahlten Sondervermögens zuständig (§§ 17 Abs. 1, 20 KAGB).[1359] Der Gesetzgeber unterscheidet in § 1 Abs. 14 bis 18 KAGB je nach Art des verwalteten Sondervermögens zwischen OGAW- und AIF-Kapitalverwaltungsgesellschaften sowie

1351 Hierzu kritisch Schneider/Schneider, in: *Assmann/Schneider*, WpHG, 6. Aufl. 2012, Anhang § 22, Rn. 250 ff.

1352 Verordnung (EU) Nr. 1286/2014 des Europäischen Parlaments und des Rates vom 26. November 2014 über Basisinformationsblätter für verpackte Anlageprodukte für Kleinanleger und Versicherungsanlageprodukte (PRIIP), ABl. EU L 352 v. 09.12.2014, S. 1.

1353 Hierzu Litten, DB 2016, 1679 ff.; Paul, in: Weitnauer/Boxberger/Anders, KAGB, 2. Aufl. 2017, § 307 Rn. 17 ff.

1354 Vgl. BaFin, Schreiben zur Verwaltungspraxis zu § 307 Abs. 5 KAGB, Gz. WA 41-Wp 2137-2013/0307.

1355 Gesetz zur Anpassung des Investmentsteuergesetzes und anderer Gesetze an das AIFM-Umsetzungsgesetz (AIFM-Steuer-Anpassungsgesetz – AIFM-StAnpG), BGBl. 2013 I, S. 4318.

1356 Zur Besteuerung von Investmentanteilen und zum InvStG allgemein vgl. Baur/Ziegler, in: Bankrecht und Bankpraxis, Rn. 9/62 ff.; Sagasser, in: Assmann/Schütze, Handbuch des Kapitalanlagerechts, 4. Aufl. 2015, § 27 Rn. 143 ff.

1357 Vgl. IOSCO, Objectives and Principles of Securities Regulation, June 2010, Abschn. G. Hierzu ausführlich etwa Eckner, in: Beckmann/Scholtz/Vollmer, Investment, § 1 KAVerOV Rn. 31 ff.

1358 Zum Zivil- respektive Vertragsrecht des Investmentgeschäfts etwa Köndgen/Schmies, in: Schimansky/Bunte/Lwowski, Bankrechts-Handbuch, 5. Aufl. 2017, § 113 Rn. 200 ff.; aus europäischer Perspektive ausführlich Zetzsche/Eckner, in: Zetzsche, The Alternative Investment Fund Managers Directive, 2. Aufl. 2015, S. 193 ff.

1359 Allgemein zum sog. »Investmentdreieck« (und »Investmentviereck«) Köndgen/Schmies, in: Schimansky/Bunte/Lwowski, Bankrechts-Handbuch, 5. Aufl. 2017, § 113 Rn. 202 m.w.N.; Burgard/Heimann, WM 2014, 821, 827.

in Abhängigkeit vom Sitz der Kapitalverwaltungsgesellschaft zwischen ausländischen AIF-Verwaltungsgesellschaften und inländischen Kapitalverwaltungsgesellschaften. Der Begriff der Kapitalverwaltungsgesellschaft hat den Begriff der Kapitalanlagegesellschaft (KAG) nach dem InvG a.F. ersetzt. Die Regelungen der §§ 17 ff. KAGB über Kapitalverwaltungsgesellschaften und der §§ 91 ff. KAGB über Sondervermögen entsprechen nur teilweise den Bestimmungen des InvG a.F. (§§ 6 ff. und 30 ff. InvG a.F.).[1360] Die regulatorische Kerntätigkeit von Kapitalverwaltungsgesellschaften ist die **kollektive Vermögensverwaltung**. Die kollektive Vermögensverwaltung umfasst nach § 1 Abs. 19 Nr. 24 KAGB die Portfolioverwaltung, das Risikomanagement, administrative Tätigkeiten, den Vertrieb von eigenen Investmentanteilen sowie bei AIF die Tätigkeiten im Zusammenhang mit den Vermögensgegenständen des AIF[1361] (vgl. auch § 17 Abs. 1 Satz 2 KAGB).[1362]

Nach § 17 Abs. 2 KAGB wird zwischen externen und internen Kapitalverwaltungsgesellschaften 820
unterschieden. **Externe Kapitalverwaltungsgesellschaften** werden von einem Investmentvermögen oder im Namen eines Investmentvermögens bestellt. Sie dürfen nur in der Rechtsform der Aktiengesellschaft, der Gesellschaft mit beschränkter Haftung oder der GmbH & Co. KG betrieben werden (§ 18 Abs. 1 KAGB). In der Praxis überwiegt zum weitaus größten Teil die Rechtsform der GmbH, da der Gesellschafterkreis, sofern es sich ohnehin nicht nur um einen einzigen Gesellschafter handelt, in der Regel zahlenmäßig begrenzt ist.[1363]

Wird hingegen keine externe Kapitalverwaltungsgesellschaft bestellt, handelt es sich um eine **in-** 821
terne Kapitalverwaltungsgesellschaft (§ 17 Abs. 2 Nr. 2 KAGB). In diesem Fall ist das Investmentvermögen nicht von dem Vermögen der verwaltenden Gesellschaft getrennt.[1364] Interne Kapitalverwaltungsgesellschaften sind mithin Verwalter und Sondervermögen in einer juristischen Einheit. Das KAGB erfasst abschließend die Investmentaktiengesellschaft (§§ 108 ff. KAGB) und Investmentkommanditgesellschaft (§§ 124 ff. KAGB) als interne Kapitalverwaltungsgesellschaften.

Nach § 20 Abs. 1 Satz 1 KAGB darf die Tätigkeit einer Kapitalverwaltungsgesellschaft erst auf- 822
genommen werden, wenn hierzu die **Geschäftserlaubnis** durch die BaFin erteilt worden ist. Die Erlaubnis kann auf die Verwaltung bestimmter Arten von inländischen Investmentvermögen beschränkt und mit Nebenbestimmungen verbunden werden (§ 20 Abs. 1 Satz 2, 3 KAGB). Nach §§ 44 ff. KAGB sind für kleine AIF-Kapitalverwaltungsgesellschaften i.S.d. § 2 Abs. 4, 4a und 5 KAGB lediglich Registrierungs- und Berichtspflichten vorgesehen, nicht hingegen ein Zulassungsverfahren i.S.v. § 20 KAGB (sog. »registrierungspflichte oder kleine Kapitalverwaltungsgesellschaften«).[1365] Die Anforderungen an das Zulassungsverfahren richten sich für OGAW nach § 21 KAGB und für AIF nach § 22 KAGB. Die Verwaltung sowohl von OGAW als auch AIF durch eine Kapitalverwaltungsgesellschaft ist möglich, sofern sie jeweils eine Zulassung als OGAW- und AIF- Kapitalverwaltungsgesellschaft erhalten hat. Die Voraussetzungen für die Verwaltung von AIF sind dabei wesentlich umfangreicher, da AIF ein viel breiteres Anlagespektrum besitzen. Zwingende

1360 Eckhold/Balzer, in: Assmann/Schütze, Handbuch des Kapitalanlagerechts, 4. Aufl. 2015, § 22 Rn. 78; Burgard/Heimann, WM 2014, 821, 825.

1361 Tätigkeiten im Zusammenhang mit den Vermögensgegenständen des AIF sind so vielfältig wie das potentielle Anlagespektrum und können etwa die traditionelle Immobilienverwaltung betreffen oder aber auch sonstige Dienstleistungen, die in unmittelbarem Zusammenhang mit den investierten Sachwerten stehen (z.B. die Provenienzforschung im Rahmen von Kunstfonds).

1362 Hierzu ausführlich Zetzsche/Eckner, in: Zetzsche, The Alternative Investment Fund Managers Directive, 2. Aufl. 2015, S. 323 ff.; vgl. etwa auch instruktiv Winterhalder, in: Weitnauer/Boxberger/Anders, KAGB, 2. Aufl. 2017, § 17 Rn. 14 ff.

1363 Aus der Literatur etwa Köndgen/Schmies, in: Schimansky/Bunte/Lwowski, Bankrechts-Handbuch, 5. Aufl. 2017, § 113 Rn. 50.

1364 Emde/Dreibus, BKR 2013, 89, 91.

1365 Hierzu Zetzsche, AG 2013, 613, 615; Wiedemann, NZG 2013, 1041 ff.; Boxberger/Röder, in: Weitnauer/Boxberger/Anders, KAGB, 2. Aufl. 2017, § 2 Rn. 36 f.; Nelle/Klebeck, BB 2013, 2499 ff.; Köndgen/Schmies, in: Schimansky/Bunte/Lwowski, Bankrechts-Handbuch, 5. Aufl. 2017, § 113 Rn. 98 ff.

Voraussetzung für die Erteilung der Erlaubnis ist die Erfüllung der Kapitalanforderungen gemäß § 25 KAGB.

823 Seit dem OGAW-IV-Umsetzungsgesetz sind in ihrem europäischen Herkunftsstaat zugelassene Verwaltungsgesellschaften nunmehr in der Lage, OGAW zu verwalten, die in einem anderen Mitgliedstaat des Europäischen Wirtschaftsraums (EWR) aufgelegt werden.[1366] Wird eine Verwaltungsgesellschaft in einem anderen Mitgliedstaat über einen **europäischen Pass** tätig, darf dort weder eine gesonderte Zulassung noch die Einhaltung von Kapitalanforderungen oder sonstigen Voraussetzungen verlangt werden; der Geschäftsbetrieb ist gegenüber der national zuständigen Aufsichtsbehörde lediglich zu notifizieren.[1367]

824 Im Rahmen der Geschäftsorganisation einer Kapitalverwaltungsgesellschaft ist die **Auslagerung (Outsourcing)** von einzelnen Geschäftsbereichen, wie z.B. Recht und Compliance, Steuern, Personal, Öffentlichkeitsarbeit und Innenrevision, unter den in § 36 KAGB näher genannten Anforderungen zulässig.[1368] Die Auslagerung ist der BaFin vorab anzuzeigen (§ 36 Abs. 2 KAGB). Darüber hinaus genehmigungspflichtig ist nach § 36 Abs. 1 Satz 1 Nr. 3, Satz 2 KAGB die Auslagerung der Portfolioverwaltung bei einer OGAW-Kapitalverwaltungsgesellschaft bzw. der Portfolioverwaltung oder des Risikomanagements bei einer AIF-Kapitalverwaltungsgesellschaft.

825 Bei der **Verwaltung von Vermögensanlagen** hat die Kapitalverwaltungsgesellschaft strikt zwischen ihrem Eigenvermögen und dem Vermögen der jeweiligen Sondervermögen, die sie verwaltet, zu unterscheiden. Die Verwaltung des Gesellschaftsvermögens und der Sondervermögen ist organisatorisch zu trennen (§ 92 Abs. 1 Satz 2 KAGB). Sofern, wie im Regelfall, mehrere Sondervermögen verwaltet werden, ist auch auf die organisatorische und rechnungsmäßige Trennung der Sondervermögen untereinander zu achten (§ 92 Abs. 3 Satz 2 KAGB). Die Geld- und Wertpapierdispositionen werden dabei nach Anordnung der Geschäftsleitung und gegebenenfalls nach Richtlinien oder Empfehlungen eines Anlageausschusses von den Fondsmanagern getroffen.[1369] Die Fondsmanager werden entweder für einzelne Fonds oder für bestimmte Bereiche, wie z.B. Aktien, Renten, inländische oder ausgewählte ausländische Finanzinstrumente, eingesetzt. Wie bereits skizziert, kann dieses Portfoliomanagement auch auf Dritte ausgelagert werden, sofern über die allgemeinen Voraussetzungen hinaus die Voraussetzungen des § 36 KAGB erfüllt sind.[1370] Demnach muss der Dritte zur Vermögensverwaltung zugelassen sein, einer wirksamen öffentlichen Aufsicht unterliegen und von der Kapitalverwaltungsgesellschaft »Vorgaben für die Verteilung der Anlagen«, also Richtlinien hinsichtlich der Anlagepolitik des Sondervermögens erhalten. Eine Auslagerung des Portfoliomanagements auf die Verwahrstelle oder andere Unternehmen, mit denen Interessenkollisionen bestehen, ist ausdrücklich untersagt. Jede Auslagerung ist der BaFin vorab anzuzeigen (§ 36 Abs. 2 KAGB). Die Auslagerung der Portfolioverwaltung bei einer OGAW-Kapitalverwaltungsgesellschaft bzw. der Portfolioverwaltung oder des Risikomanagements bei einer AIF-Kapitalverwaltungsgesellschaft ist darüber hinaus genehmigungspflichtig (§ 36 Abs. 1, Satz 1 Nr. 3, S. 2 KAGB). Die im KAGB genannten Anforderungen werden über § 36 Abs. 10 KAGB durch Art. 75 bis 82 AIFM Level II-Verordnung konkretisiert.

826 Die Kapitalverwaltungsgesellschaft handelt bei der Wahrnehmung ihrer Aufgaben unabhängig von der Verwahrstelle und vor allem allein im **Interesse der Anleger** (§ 26 Abs. 1 KAGB). Die Anleger

1366 Zum Europäischen Pass nach dem OGAW-IV-Umsetzungsgesetz vgl. etwa Reiter/Plumridge, WM 2012, 343, 344 ff.

1367 Reiter/Plumridge, WM 2012, 343, 344 ff.; vgl. zu den entsprechenden Regelungen im InvG a.F. Blankenheim, in: Berger/Steck/Lübbehüsen, Investmentgesetz – Investmentsteuergesetz, 2010, vor §§ 12 bis 14 InvG, Rdnr. 3.

1368 Näher hierzu Weiser/Hüwel, BB 2013, 1091, 1093 ff.; Wollenhaupt/Beck, DB 2013, 1950, 1956.

1369 Baur/Ziegler, in: Bankrecht und Bankpraxis, Rn. 9/91.

1370 Zur Auslagerung allgemein Eckhold/Balzer, in: Assmann/Schütze, Handbuch des Kapitalanlagerechts, 4. Aufl. 2015, § 22 Rn. 83; Weiser/Hüwel, BB 2013, 1091, 1093 ff.; Wollenhaupt/Beck, DB 2013, 1950, 1956.

hat sie insbesondere fair zu behandeln (§ 26 Abs. 2 Nr. 6 KAGB), d.h. insbesondere bei der Auftragsausführung einem Anleger keinen Vorzug zu gewähren. Insbesondere im Rahmen dieser anlegergünstigen Interessenlage hat die Kapitalverwaltungsgesellschaft alle Vorkehrungen zu treffen, um **Interessenkonflikte** weitgehend zu vermeiden und nötigenfalls offenzulegen (§ 26 Abs. 2 Nr. 3 KAGB). Hierzu zählt auch eine umfassende Compliance-Organisation (§ 26 Abs. 2 Nr. 5 KAGB).[1371]

Bei der Geschäftsorganisation und der Verwaltung von Vermögensanlagen sind von OGAW- und AIF-Kapitalverwaltungsgesellschaften die **Verhaltens- und Organisationspflichten** der §§ 26 ff. KAGB i.V.m. den Bestimmungen der KAVerOV bzw. der AIFM Level-II-Verordnung zu berücksichtigen.[1372] Sie hat über eine ordnungsgemäße Geschäftsorganisation zu verfügen, die die Einhaltung der von der Kapitalverwaltungsgesellschaft zu beachtenden gesetzlichen Bestimmungen gewährleistet (§ 28 Abs. 1 KAGB). Insbesondere sind ein angemessenes Risikomanagementsystem (§ 29 KAGB), ein angemessenes Liquiditätsmanagement (§ 30 KAGB), Regelungen für persönliche Geschäfte der Mitarbeiter, eine vollständige Dokumentation jedes Geschäfts für die Sondervermögen und angemessene Kontrollverfahren, insbesondere die Einrichtung einer unabhängigen Compliance- und Revisionsfunktion, notwendig.[1373] OGAW-Kapitalverwaltungsgesellschaften müssen weiterhin sicherstellen, dass sie über geeignete Verfahren und Vorkehrungen verfügen, die einen ordnungsgemäßen Umgang mit Anlegerbeschwerden gewährleisten und es Anlegern und Aktionären ermöglichen, ihre Rechte uneingeschränkt wahrnehmen zu können. Außerdem ist von AIF-Kapitalverwaltungsgesellschaften ein Vergütungssystem festzulegen, das den Anforderungen des § 37 KAGB sowie Anhang II der AIFM-Richtlinie entspricht. Die Anforderungen an Vergütungssysteme werden durch Leitlinien der ESMA konkretisiert.[1374] 827

Unabhängig von der Rechtsform müssen externe Kapitalverwaltungsgesellschaften als zentrale Verpflichtung der Corporate Governance des KAGB einen **Aufsichtsrat** zu bestellen (§ 18 Abs. 2 Satz 1 KAGB). Mit der vorgeschriebenen Bestellung eines Aufsichtsrates wird dem Umstand Rechnung getragen, dass der Kapitalverwaltungsgesellschaft treuhänderisch große Vermögenswerte anvertraut werden. Der Aufsichtsrat soll dabei stellvertretend für die Anleger die Geschäftstätigkeit der Geschäftsführung überprüfen und dabei die Interessen der Anteilinhaber berücksichtigen (§ 18 Abs. 4 Satz 1 KAGB). 828

Bestimmte wesentliche Veränderungen für die Erteilung der Erlaubnis zum Geschäftsbetrieb haben Kapitalverwaltungsgesellschaften nach § 34 KAGB der BaFin anzuzeigen. AIF-Kapitalverwaltungsgesellschaften müssen darüber hinaus umfangreiche Meldepflichten nach § 35 KAGB erfüllen. Diese Meldepflichten treten neben solche Offenlegungsanforderungen gegenüber der BaFin, die nach weiteren für Kapitalverwaltungsgesellschaften geltenden Pflichten bestehen, wie etwa Art. 16 Abs. 2 MAR (sog. »Verdachtsmeldungen« bzw. »Suspicious Transaction and Order Reports, STORs«). 829

Das Rechtsverhältnis der Kapitalverwaltungsgesellschaft zu den Anlegern wird durch einen **Investmentvertrag** (Geschäftsbesorgungsvertrag i.S.d. § 675 BGB) begründet und neben dem Gesetz insbesondere durch die vereinbarten Anlagebedingungen bestimmt.[1375] Dies gilt freilich nur für den Fall, dass Anleger unmittelbar bei der Kapitalverwaltungsgesellschaft Anteile erwerben. Im Massengeschäft des Investmentsparens durch Privatanleger begründet der Anleger i.d.R. eine vertragliche Beziehung zu seinem Vertriebsintermediär (z.B. der Hausbank oder einem Anlagevermittler). 830

1371 Vgl. im Überblick Jesch, CB 2017, 165 ff.; Klebeck/Zollinger, BB 2013, 459 ff.; Kort, AG 2013, 582 ff.; ausführlich Eckner, in: Beckmann/Scholtz/Vollmer, Investment, § 4 KAVerOV Rn. 99 ff.

1372 Hierzu ausführlich etwa Eckner, in: Beckmann/Scholtz/Vollmer, Investment, §§ 1 ff. KAVerOV.

1373 Vgl. auch die BVI-Wohlverhaltensregeln, Abschn. III Ziff. 4 und 6.

1374 Hierzu Klebeck/Boxberger, BKR 2013, 441.

1375 Köndgen/Schmies, in: Schimansky/Bunte/Lwowski, Bankrechts-Handbuch, 5. Aufl. 2017, § 113 Rn. 203 ff.; Burgard/Heimann, WM 2014, 821, 826.

831 Im Übrigen bedürfen bestimmte Geschäfte der Kapitalverwaltungsgesellschaft grundsätzlich der Zustimmung der Verwahrstelle, ohne die sie den Anlegern gegenüber unwirksam sind (§§ 75, 84 KAGB). Die gilt beispielsweise für die Aufnahme von Darlehensverbindlichkeiten nach § 199 KAGB für OGAW-Kapitalverwaltungsgesellschaften (§ 75 Abs. 1 KAGB) und die Verfügung über Immobilien und Vermögensgegenstände i.S.v. § 261 Abs. 1 Nr. 1 KAGB für AIF-Kapitalverwaltungsgesellschaften (§ 84 Abs. 1 Nr. 3 KAGB).

832 Da Ansprüche aus Delikt regelmäßig nicht in Betracht kommen, haftet die Kapitalverwaltungsgesellschaft ihren Anlegern gegenüber jedenfalls aufgrund positiver Vertragsverletzung des Investmentvertrags aus § 280 Abs. 1 BGB (vgl. daneben auch § 78 Abs. 1 Satz 2 KAGB).[1376] Kapitalverwaltungsgesellschaften sind jedoch hinsichtlich des Verschuldens durch die Anerkennung einer »**Investment Judgement Rule**«, vergleichbar mit § 93 Abs. 1 Satz 2 AktG, privilegiert.[1377]

IV. Anleger

833 In der Typologie des Investmentdreiecks stellt neben der Kapitalverwaltungsgesellschaft die Anlegerdefinition des KAGB einen wesentlichen Baustein dar. Das KAGB unterscheidet grundlegend zwischen drei Arten von Anlegern: Privatanlegern, semiprofessionelle Anlegern und professionelle Anlegern. Diese Anlegertrias ist deutsches Novum und im nationalen wie europäischen Bank- und Kapitalmarktrecht einzigartig.[1378]

834 **Professionelle Anleger** (§ 1 Abs. 19 Nr. 32 KAGB) sind solche Anleger, die als professionelle Kunden i.S.v. § 67 Abs. 2 WpHG angesehen werden (sog. »geborene professionelle Kunden«) oder einen entsprechenden Antrag auf Behandlung als professionelle Kunden stellen (sog. »gekorene professionelle Kunden«). Weit überwiegend fallen institutionelle Investoren in die Kategorie der professionellen Anleger, wie etwa sämtliche beaufsichtigte Intermediäre (z.B. Kredit- und Finanzdienstleistungsunternehmen nach dem KWG, Wertpapierdienstleistungsunternehmen nach dem WpHG oder in-/ausländische AIF-/OGAW-Verwaltungsgesellschaften).

835 **Semiprofessionelle Anleger** (§ 1 Abs. 19 Nr. 33 KAGB) sind Anleger, die einen bestimmten, rechtlich abschließenden Anforderungskatalog erfüllen. Das Gesetz qualifiziert diese natürlichen oder juristischen Personen somit nicht automatisch als professionelle Kunden i.S.v. § 1 Abs. 19 Nr. 32 KAGB, sondern hält weniger intensive Anlegerschutzanforderungen nur bei Erfüllung besonderer Kriterien für vertretbar. Hierzu zählt beispielsweise, dass diese Kategorie der Anleger über besonderen Sachverstand, Erfahrungen und Kenntnisse verfügt (§ 1 Abs. 19 Nr. 33 Buchst. a) Doppelbuchst. cc) KAGB) sowie sich verpflichtet, mindestens 10.000.000 Euro in ein Investmentvermögen zu investieren (§ 1 Abs. 19 Nr. 33 Buchst. c) KAGB). Semiprofessionelle Anleger können z.B. vermögende Privatkunden (sog. »High-Networth-Individuals, HNWIs«) und Stiftungen, aber auch Versorgungswerke[1379] sein.

836 **Privatanleger** (§ 1 Abs. 19 Nr. 31 KAGB) sind schließlich solche Anleger, die weder professionelle noch semiprofessionelle Anleger sind. Privatanleger sind somit vergleichbar zum Privatkunden

---

1376 Vgl. nur Köndgen/Schmies, in: Schimansky/Bunte/Lwowski, Bankrechts-Handbuch, 5. Aufl. 2017, § 113 Rn. 248 m.w.N.

1377 Zetzsche, Prinzipien der kollektiven Vermögensanlage, 2015, S. 668 ff.; so auch Köndgen/Schmies, in: Schimansky/Bunte/Lwowski, Bankrechts-Handbuch, 5. Aufl. 2017, § 113 Rn. 248.

1378 Üblich ist eine Anlegerdichotomie. Im Wertpapieraufsichtsrecht unter dem WpHG wird etwa nur zwischen Privatkunden (§ 67 Abs. 3 WpHG) und professionellen Kunden (§ 67 Abs. 2 WpHG) unterschieden. Daneben werden als Kunden i.S.v. § 67 WpHG geeignete Gegenparteien klassifiziert (§ 67 Abs. 4 WpHG), die jedoch nach üblicher Diktion keine Kunden i.e.S. darstellen. Ausführlich etwa Gottschling, in: Moritz/Klebeck/Jesch, Frankfurter Kommentar zum Kapitalanlagerecht, 2016, § 1 KAGB Rn. 438 ff.

1379 Hierzu und zu Pensionskassen etwa Bärenz/Steinmüller, RdF 2017, 122 ff.; Jansen/Greger, RdF 2017, 138 ff. aus investmentsteuerrechtlicher Perspektive.

nach § 67 Abs. 3 WpHG. Der Gesetzgeber des KAGB sowie der europäischen Sekundärrechtsakte hält den Privatanleger für besonders schützenswert, weshalb Kapitalverwaltungsgesellschaften ihm gegenüber die intensivsten Pflichten zu beachten hat. Dies gilt insbesondere für Offenlegungs- und Transparenzanforderungen beim Vertrieb.[1380]

V. Verwahrstelle

1. Aufgabe und Bestellung

Sowohl das deutsche als auch das europäische Investmentrecht kennzeichnet die grundlegende Notwendigkeit der Einschaltung einer Verwahrstelle, wodurch das Prinzip des Investmentdreiecks vervollständigt wird. Die **Aufgabe einer Verwahrstelle** besteht darin, einerseits die Gegenstände des jeweiligen Fondsvermögens zu verwahren oder bei nicht verwahrfähigen Vermögensgegenständen zumindest deren Bestand zu überwachen (Verwahraufgaben) sowie andererseits die Tätigkeiten der Kapitalverwaltungsgesellschaft selbst zu überwachen (Kontrollaufgaben). Das KAGB unterscheidet zwischen OGAW-Verwahrstellen (§§ 68 bis 79 KAGB) und AIF-Verwahrstellen (§§ 80 bis 90 KAGB). Die Unterschiede ergeben sich im Wesentlichen aus der Natur der zu verwahrenden Anlagegegenstände. OGAW haben etwa ein wesentlich beschränkteres Anlagespektrum (z.B. nur Wertpapiere) als AIF (z.B. auch Sachwerte). Die Verwahrstelle ist nicht verantwortlich für die geschäftspolitischen Entscheidungen der Kapitalverwaltungsgesellschaft, Investmentaktiengesellschaft oder Investmentkommanditgesellschaft. Sie ist jedoch dafür verantwortlich, dass nur solche Geschäfte zulasten eines Investmentvermögens abgewickelt werden, die den gesetzlichen und vertraglichen Regeln entsprechen. Die Überwachungs- und Kontrollpflicht der Verwahrstelle gegenüber der Kapitalverwaltungsgesellschaft ist somit auf eine Rechtmäßigkeitskontrolle beschränkt und erstreckt sich gerade nicht auf die Zweckmäßigkeit der entsprechenden Transaktionen.[1381] 837

Die Verwahrstelle ist für die Verwahrung bzw. Überwachung der zum Sondervermögen gehörenden Vermögensgegenstände (§§ 72, 81 KAGB) und die Kontrolle der Kapitalverwaltungsgesellschaft (§§ 76, 83 KAGB) zuständig. Die Aufgaben und Pflichten der Verwahrstellen werden im Anschluss an die Umsetzung der OGAW-V-Richtlinie[1382] durch das OGAW-V-Umsetzungsgesetz[1383] in der Aufsichtspraxis insbesondere durch das **Verwahrstellenrundschreiben** der BaFin[1384] konkretisiert. Im Übrigen werden die Anforderungen an OGAW-Verwahrstellen in der OGAW-V-Verordnung[1385] sowie an AIF-Verwahrstellen in Art. 85 ff. AIFM Level II-Verordnung präziser festgelegt. 838

1380 Vgl. hierzu noch unten Rdn. 882 ff.

1381 So schon zum KAGG BGH, Urt. v. 18.09.2001 – XI ZR 337/00, BGHZ 149, 33 = WM 2001, 2053 = WuB I G 4. – 1.02 Köndgen; zum KAGB etwa Patz, BKR 2015, 193, 196 ff.

1382 Richtlinie 2014/91/EU des Europäischen Parlaments und des Rates vom 23. Juli 2014 zur Änderung der Richtlinie 2009/65/EG zur Koordinierung der Rechts- und Verwaltungsvorschriften betreffend bestimmte Organismen für gemeinsame Anlagen in Wert papieren (OGAW) im Hinblick auf die Aufgaben der Verwahrstelle, die Vergütungspolitik und Sanktionen, ABl. EU L 257 v. 28.08.2014, S. 186.

1383 Gesetz zur Umsetzung der Richtlinie 2014/91/EU des Europäischen Parlaments und des Rates vom 23. Juli 2014 zur Änderung der Richtlinie 2009/65/EG zur Koordinierung der Rechts- und Verwaltungsvorschriften betreffend bestimmte Organismen für gemeinsame Anlagen in Wertpapieren (OGAW) im Hinblick auf die Aufgaben der Verwahrstelle, die Vergütungspolitik und Sanktionen (OGAW-V-Umsetzungsgesetz – OGAW-V-UmsG), BGBl. 2016 I, S. 348.

1384 Vgl. BaFin, Rundschreiben 08/2015 (WA) – Aufgaben und Pflichten der Verwahrstelle nach Kapitel 1 Abschnitt 3 des Kapitalanlagegesetzbuchs v. 07.10.2015, Gz. WA 41-Wp 2137-2013/0068.

1385 Delegierte Verordnung (EU) 2016/438 der Kommission vom 17. Dezember 2015 zur Ergänzung der Richtlinie 2009/65/EG des Europäischen Parlaments und des Rates in Bezug auf die Pflichten der Verwahrstellen, ABl. EU L 78 v. 24.03.2016, S. 11 (OGAW-V-Verordnung).

839 Bei einer OGAW-Verwahrstelle muss es sich um ein CRR-Institut i.S.v. Art. 4 Abs. 1 Nr. 1 CRR[1386] handeln (§ 68 Abs. 2 KAGB), während als AIF-Verwahrstelle darüber hinaus Wertpapierfirmen i.S.d. MiFID II (Art. 4 Abs. 1 Nr. 2 CRR), für welche die Eigenkapitalanforderungen der CRR gelten (§ 80 Abs. 2 KAGB), sowie für bestimmte geschlossene AIFs auch Treuhänder (z.B. Rechtsanwälte, Notare, Wirtschaftsprüfer oder Steuerberater)[1387] in Betracht kommen (§ 80 Abs. 3 KAGB). AIF-Verwahrstellen müssen somit im Unterschied zu OGAW-Verwahrstellen nicht notwendigerweise besondere Kapitalanforderungen erfüllen. Sie müssen auch nicht für die Ausgabe und Rücknahme der Anteile bzw. Aktien zuständig sein (§ 71 KAGB) und haben auch keine Zahlstellenfunktion (§ 74 KAGB). Eine Unterverwahrung, d.h. die Auslagerung der Verwahraufgaben auf einen Dritten, ist aber sowohl bei OGAW- als auch AIF-Kapitalverwaltungsgesellschaften zulässig (§§ 73, 82 KAGB). Bei der **Bestellung einer Verwahrstelle** ist insbesondere zu beachten, dass personelle Verflechtungen in den Leitungsfunktionen unzulässig sind. Die Verwahrstelle muss bei der Wahrnehmung ihrer Aufgaben unabhängig von der Kapitalverwaltungsgesellschaft und ausschließlich im Interesse der Anteilinhaber handeln (§§ 70 Abs. 1, 85 Abs. 1 KAGB). Entsprechendes gilt nach § 26 Abs. 1 KAGB auch für Kapitalverwaltungsgesellschaften. Die Verwahrstelle hat – wie die Kapitalverwaltungsgesellschaft – die Pflicht, Interessenkonflikte zu vermeiden und bei Unvermeidbarkeit entsprechend offenzulegen (§§ 70 Abs. 2, 3 und 85 Abs. 2, 4 KAGB).

840 Von zentraler (mittelbarer) Bedeutung für den Aufgabenkatalog der Verwahrstelle (und vor allem auch der Kapitalverwaltungsgesellschaft) ist die **Rolle des Bewerters** der Vermögensgegenstände des OGAW und AIF (vgl. §§ 168, 169, 216, 217, 271, 272 KAGB). Neben einer Leistungsbeurteilung der Kapitalverwaltungsgesellschaft, schafft der Bewerter die Grundlage für die buchungstechnische Verarbeitung der Anlagegegenstände bei der Verwahrstelle.[1388]

2. Verwahrstellenvertrag

841 Die Kapitalverwaltungsgesellschaft beauftragt die Verwahrstelle (§§ 68 Abs. 1, 80 Abs. 1 KAGB). Die BaFin hat die Auswahl und den Wechsel sowohl einer OGAW-Verwahrstelle (§ 69 Abs. 1 KAGB) als auch einer Verwahrstelle für Publikums-AIF (§ 87 KAGB), nicht hingegen für Spezial-AIF, zu genehmigen. Weiterhin sind die gesetzlichen Anforderungen an die Verwahrstelle, darunter insbesondere die vorgeschriebene **Unabhängigkeit** der Verwahrstelle und das Handeln ausschließlich im **Interesse der Anteilinhaber** zu beachten. Bei dem Verwahrstellenvertrag handelt es sich um einen gemischt typischen Vertrag.[1389] Es liegen die typischen Elemente eines auf eine Dienstleistung gerichteten **Geschäftsbesorgungsvertrages** gemäß §§ 675, 611 BGB vor. Geschäftsbesorgungen sind z.B. die Verpflichtung zur Ausgabe und Rücknahme der Anteilscheine, die Berechnung des Wertes der Anteile sowie die Kontrolltätigkeiten. Die Führung der für das Sondervermögen gesperrten Konten bringt in den Verwahrstellenvertrag Elemente eines Girovertrages. Weiterhin enthält der Verwahrstellenvertrag Elemente eines Verwahrungs- bzw. eines Depotvertrages.[1390]

1386 Verordnung (EU) Nr. 575/2013 des Europäischen Parlaments und des Rates vom 26. Juni 2013 über Aufsichtsanforderungen an Kreditinstitute und Wertpapierfirmen und zur Änderung der Verordnung (EU) Nr. 646/2012, ABl. EU L 176 v. 27.06.2013, S. 1 (CRR).

1387 Hierzu Janzen, ZBB 2015, 230 ff.; Giesler, DStR 2013, 1912 ff.

1388 Ausführlich Miederhoff, RdF 2016, 22 ff.; Kraushaar, WM 2016, 1377 ff.; Schultheiß, WM 2015, 603 ff.; Patz, BKR 2015, 193 ff.

1389 Vgl. Köndgen/Schmies, in: Schimansky/Bunte/Lwowski, Bankrechts-Handbuch, 5. Aufl. 2017, § 113 Rn. 240; Eckhold/Balzer, in: Assmann/Schütze, Handbuch des Kapitalanlagerechts, 4. Aufl. 2015, § 22 Rn. 91; Baur/Ziegler, in: Bankrecht und Bankpraxis, Rn. 9/120 m.w.N. Zu den umfangreichen Anforderungen an den Mindestinhalt für die Bestellung von (OGAW-)Verwahrstellen vgl. Art. 2 OGAW-V-Verordnung.

1390 Vgl. Köndgen/Schmies, in: Schimansky/Bunte/Lwowski, Bankrechts-Handbuch, 5. Aufl. 2017, § 113 Rn. 240; grundlegend Canaris, Bankvertragsrecht, 2. Aufl. 1981, Rn. 2355.

Nach früher herrschender Lehre wurde der Verwahrstellenvertrag zwischen der Kapitalverwaltungsgesellschaft und der Verwahrstelle als Vertrag zugunsten Dritter, nämlich der Anteilinhaber i.S.v. § 328 BGB qualifiziert.[1391] Nach neuerer und zutreffender Auffassung handelt es sich um ein gesetzliches Schuldverhältnis zwischen der Verwahrstelle und den Anteilinhabern.[1392] 842

Die Tätigkeit der Verwahrstelle wird weitgehend durch die Anforderungen des KAGB und der zugrundeliegenden europäischen Anforderungen bestimmt. Daher verweisen die Verwahrstellenverträge typischerweise pauschal auf §§ 68 bis 79 KAGB bzw. §§ 80 bis 90 KAGB, die OGAW-V-Verordnung sowie die AIFM Level-II-Verordnung. Dies hat insbesondere den Vorteil das etwaige regulatorische Änderungen nicht zwingend eine Anpassung des Verwahrstellenvertrages zur Folge haben müssen. In der Praxis bedient man sich überwiegend einem **Muster-Verwahrstellenvertrag** des BVI und des Verbandes der Auslandsbanken in Deutschland e.V.[1393] Dieser Verwahrstellenvertrag wird durch »Service Level Agreements (SLAs)« ergänzt, die technisch-operative Aspekte (wie z.B. Schnittstellen und Datenformate), die Ausführung und Abwicklung der konkreten Verwahrstellendienstleistungen sowie etwaige Ansprechpartner regeln.[1394] Die Ausgestaltung der SLAs ist im Einzelnen abhängig von den jeweiligen IT-Systemen, Prozessen und Kontrollverfahren sowohl auf Seiten der Verwahrstelle als auch der Kapitalverwaltungsgesellschaft. 843

3. Haftung

Die Verwahrstelle wird von der Kapitalverwaltungsgesellschaft mit der Verwahrung von Sondervermögen sowie ggfs. mit der Ausgabe und Rücknahme von Anteilscheinen beauftragt. Sie hat ihre Aufgaben im ausschließlichen Interesse der Anteilinhaber wahrzunehmen (§§ 70 Abs. 1, 85 Abs. 1 KAGB). 844

Sollte eine Verwahrstelle ihren Pflichten nicht nachgekommen sein und die Anteilinhaber hierdurch einen Schaden erlitten haben, ist gemäß § 78 Abs. 2 Satz 1 KAGB die OGAW-Kapitalverwaltungsgesellschaft zur Geltendmachung entsprechender Schadensersatzansprüche berechtigt und verpflichtet. Außerdem wird in § 78 Abs. 2 Satz 2 KAGB ausdrücklich geregelt, dass durch die Aktivitäten der Kapitalverwaltungsgesellschaft die Geltendmachung von Ansprüchen durch die Anteilinhaber gegenüber der Verwahrstelle nicht ausgeschlossen ist. Eine entsprechende Regelung sieht § 89 Abs. 2 KAGB für AIF-Kapitalverwaltungsgesellschaften und deren Anleger vor. 845

Grundsätzlich haftet die Verwahrstelle für das Abhandenkommen verwahrter Finanzinstrumente verschuldensunabhängig (§§ 77 Abs. 1, 2, 88 Abs. 1, 2 KAGB). Unter Umständen kann es bei Unterverwahrverhältnissen unter strengen Voraussetzungen zu einer Verlagerung der Haftung auf den Unterverwahrer kommen (§§ 77 Abs. 4, 88 Abs. 4 KAGB).[1395] 846

Aus zivilrechtlichen Schadensersatzansprüchen ergibt sich auch eine Pflicht zur Entschädigung der Anleger bei **fehlerhafter Anteilpreisberechnung** sowie **Verstößen gegen die Anlagegrenzen**. Auch aufsichtsrechtlich müssen sämtliche Vorkehrungen für eine ordnungsgemäße Anteilpreisberechnung getroffen werden. Da der Anleger von derartigen Pflichtverletzungen bei der Portfolioverwaltung in der Regel nichts erfährt, sind aufsichtsrechtliche Regelungen geschaffen worden, die eine einheitliche Entschädigung der Anleger im Fall einer fehlerhaften Anteilpreisberechnung sowie bei Anlagegrenzverletzungen sicherstellen (vgl. §§ 78 Abs. 3, 89 Abs. 3 KAGB). 847

1391 Vgl. Baur/Ziegler, in: Bankrecht und Bankpraxis, Rn. 9/121 m.w.N.

1392 Grundlegend Canaris, Bankvertragsrecht, 2. Aufl. 1981, Rn. 2464; vgl. auch Köndgen/Schmies, in: Schimansky/Bunte/Lwowski, Bankrechts-Handbuch, 5. Aufl. 2017, § 113 Rn. 242 m.w.N.; Eckhold/Balzer, in: Assmann/Schütze, Handbuch des Kapitalanlagerechts, 4. Aufl. 2015, § 22 Rn. 91.

1393 Stand: 27. Oktober 2016. Abgedruckt bei Beckmann, in: Beckmann/Scholtz/Vollmer, Investment, § 68 Anh. 1.

1394 Baur/Ziegler, in: Bankrecht und Bankpraxis, 9/122.

1395 Hierzu ausführlich Eckhold/Balzer, in: Assmann/Schütze, Handbuch des Kapitalanlagerechts, 4. Aufl. 2015, § 22 Rn. 98; Kapteina/Davis, WM 2013, 1977, 1980 ff.

848 Grundsätzlich ist ein einzelner Anteilinhaber nicht auf die Geltendmachung von Schadensersatzansprüchen der Gesamtheit der Anteilinhaber gegen die Verwahrstelle im Wege der **actio pro socio** verwiesen.[1396] Die spezialgesetzlichen Haftungsnormen der §§ 77, 88 KAGB und ihre Geltendmachung nach §§ 79 Abs. 2 Satz 2, 89 Abs. 2 Satz KAGB verbürgen vielmehr genuin eigene Ansprüche des jeweiligen Anlegers.[1397]

849 Weiterhin ist denkbar, dass sowohl der Erwerber von Fondsanteilen als auch der Anteilinhaber gegen die Verwahrstelle bei fehlerhaften Verkaufsprospekten Ansprüche aufgrund allgemeiner Prospekthaftung geltend macht. Die Verwahrstelle ist ebenso wie die Kapitalverwaltungsgesellschaft in den Verkaufsprospekten der Investmentvermögen zu nennen (§ 165 Abs. 2 Nr. 32, 33 KAGB). Die spezielle investmentrechtliche Prospekthaftung gemäß § 306 KAGB setzt voraus, dass die Verwahrstelle zugleich die Anteilscheine gewerbsmäßig verkauft, den Verkauf der Anteilscheine vermittelt oder die Anteilscheine in fremdem Namen verkauft hat.

850 Die im KAGB niedergelegten Aufgaben der Verwahrstelle bilden, soweit sie als **Schutzgesetz i.S.d. § 823 Abs. 2 BGB** anzusehen sind, eine weitere Haftungsgrundlage für etwaige Schadensersatzansprüche. Dies gilt sowohl im Verhältnis zur Kapitalverwaltungsgesellschaft als auch im Verhältnis zu den Anlegern. Eine weitere Haftungsgrundlage bildet der zwischen der Kapitalverwaltungsgesellschaft und der Verwahrstelle abgeschlossene **Verwahrstellenvertrag**. Dieser Vertrag enthält vornehmlich nur schuldrechtliche Verpflichtungen zwischen der Verwahrstelle und der Kapitalverwaltungsgesellschaft. Dabei handelt es sich im Wesentlichen um einen auf eine Dienstleistung gerichteten Geschäftsbesorgungsvertrag gemäß §§ 675, 611 BGB. Soweit die Verpflichtungen aus diesem Vertragsverhältnis nicht ausreichend erfüllt werden, besteht ein allgemeiner Anspruch der Kapitalverwaltungsgesellschaft gegenüber der Verwahrstelle aus **positiver Vertragsverletzung** gemäß § 280 BGB.[1398] Der konkrete Umfang der Pflichten, soweit er nicht im jeweiligen Verwahrstellenvertrag oder im KAGB beschrieben ist, ergibt sich aus den Aufgaben, die regelmäßig von einer Verwahrstelle wahrgenommen werden. Insbesondere ist jeweils zu berücksichtigen, dass die Verwahrstelle nur sichernde und kontrollierende Befugnisse hat. Sie besitzt keinerlei Dispositionsbefugnisse.

851 Zu den Anlegern besteht seitens der Verwahrstelle ein gesetzliches Schuldverhältnis. Die Verwahrstelle hat im Verhältnis zu den Anlegern eine **gesetzliche Treuhänderstellung**.[1399] Auch im Verhältnis zu den Anlegern bestimmen sich die Pflichten der Verwahrstelle im Wesentlichen nach den einschlägigen Normen der §§ 68 ff., 80 ff. KAGB. Zusätzliche Pflichten können sich aus dem Verwahrstellenvertrag mit der Kapitalverwaltungsgesellschaft ergeben. Besonders hervorzuheben sind hier insbesondere die Kontrollpflichten der Verwahrstelle bei der Abwicklung der Geschäfte der Kapitalverwaltungsgesellschaft. Aufgabe der Verwahrstelle ist es hier, die laufende Geschäftstätigkeit auf die Einhaltung der gesetzlichen und vertraglichen Vorschriften zu überwachen.[1400] Es besteht auch ein Widerspruchsrecht der Verwahrstelle und die Möglichkeit, Geschäfte der Kapitalverwaltungsgesellschaft zu blockieren, um Schaden für das Sondervermögen abzuwenden. Die Kontrolle der Verwahrstelle ist jedoch keine Zweckmäßigkeitskontrolle, sondern lediglich eine

---

1396 Vgl. ausführlich Alfes, in: Emde/Dornseifer/Dreibus, KAGB, 2. Aufl. 2018, § 78 und § 89; Schultheiß, WM 2015, 603, 606; aA noch Eckhold/Balzer, in: Assmann/Schütze, Handbuch des Kapitalanlagerechts, 4. Aufl. 2015, § 22 Rn. 99 unter Bezugnahme auf OLG Frankfurt, Urt. v. 19.12.1996 – 16 U 109/96, WM 1997, 364, 367 (nicht rechtskräftig), vgl. hierzu auch Köndgen/Schmies, in: Schimansky/Bunte/Lwowski, Bankrechts-Handbuch, 5. Aufl. 2017, § 113 Rn. 247 m.w.N.

1397 Möllers, in: Möllers/Kloyer, Das neue Kapitalanlagegesetzbuch, 2013, Rn. 658; Schultheiß, WM 2015, 603, 606.

1398 Vgl. Kraushaar, WM 2016, 1377, 1381 m.w.N.; Köndgen/Schmies, in: Schimansky/Bunte/Lwowski, Bankrechts-Handbuch, 5. Aufl. 2017, § 113 Rn. 248 auch für eine positive Forderungsverletzung des Investmentvertrags bei Haftungsansprüchen gegen die Kapitalverwaltungsgesellschaft.

1399 Köndgen/Schmies, in: Schimansky/Bunte/Lwowski, Bankrechts-Handbuch, 5. Aufl. 2017, § 113 Rn. 249; vgl. auch OLG Frankfurt, Urt. v. 19.12.1996 – 16 U 109/96, WM 1997, 364, 367.

1400 Vgl. Baur/Ziegler, in: Bankrecht und Bankpraxis, Rn. 9/654 m.w.N.

Rechtmäßigkeitskontrolle. Sie hat nicht zu entscheiden, ob Anlageentscheidungen der Kapitalverwaltungsgesellschaft oder der von ihr beauftragten Fondsmanager wirtschaftlich sinnvoll sind.[1401]

Bei der Verletzung von gesetzlichen Pflichten durch die Verwahrstelle sind sowohl die Kapitalver- 852
waltungsgesellschaft als Treuhänderin für die Anteilinhaber als auch die Anteilinhaber unmittelbar betroffen. Es entstehen daher sowohl für die Kapitalverwaltungsgesellschaft als auch für die Anteilinhaber Ansprüche gegen die Verwahrstelle aus unerlaubter Handlung, soweit es sich um Schutzgesetze des § 823 Abs. 2 BGB handelt.

Hinsichtlich einer Haftungsteilung zwischen der Verwahrstelle und der Kapitalverwaltungsgesell- 853
schaft gilt die sog. **»Sphären-Theorie«**,[1402] nach der allein derjenige haftet, in dessen Bereich der schadensverursachende Fehler fällt. Die Verwahrstelle haftet beispielsweise in vollem Umfang, wenn eine fehlerhafte Anteilpreisberechnung im Einzelnen auf der fehlerhaften Eingabe von Wertpapierkursen, auf der Nichterfassung von vorläufigen Ergebnissen aus abgeschlossenen Devisentermingeschäften und Körperschaftssteuervergütungen, auf der unvollständigen Erfassung von Bezugsrechten auf fehlerhaften Zinsberechnungen und auf doppelter Erfassung von Zinsforderungen beruht.[1403] Die Kapitalverwaltungsgesellschaft haftet bei fehlerhafter Abrechnung von Wertpapierumsätzen und bei unzureichender Unterrichtung der Verwahrstelle über wertermittlungsrelevante Geschäfte für das Sondervermögen.

Neu eingeführt wurde mit der Umsetzung der europarechtlichen Vorgaben auch die Verord- 854
nung über die **Schlichtungsstelle** nach § 342 KAGB und damit die Einrichtung entsprechender Schlichtungsstellen bei der BaFin sowie der Ombudsstelle für Investmentfonds beim Bundesverband Investment und Asset Management e.V. (BVI) und der Ombudsstelle für Sachwerte und Investmentvermögen e.V.[1404] Die Anforderungen an die nunmehr einzurichtenden Schlichtungsstellen sowie an den Ablauf des Schlichtungsverfahrens werden in der Kapitalanlageschlichtungsstellenverordnung (KASchlichtV) konkretisiert. Anleger können somit, wie in der Banken- und Versicherungsaufsicht, die zuvor skizzierten Ansprüche im Wege eines Beschwerdeverfahrens vor den Schlichtungsstellen verfolgen, bevor sie auf ein u.U. kostenintensives Gerichtsverfahren verwiesen werden.

VI. Investmentvermögen nach dem KAGB

Vom InvG a.F. wurden nach dem sog. »formellen Investmentfondsbegriff« nur diejenigen Fonds 855
erfasst, die es auch ausdrücklich regelte. Geschlossene Fonds gehörten beispielsweise nicht dazu. Dem KAGB liegt nun ein sog. **»materieller Investmentfondsbegriff«** zugrunde.[1405] Hiervon sind alle Arten von Investmentvermögen erfasst, die die weiten Tatbestandsvoraussetzungen des § 1 Abs. 1 KAGB erfüllen. Danach ist ein Investmentvermögen »jeder Organismus für gemeinsame Anlagen, der von einer Anzahl von Anlegern Kapital einsammelt, um es gemäß einer festgelegten

1401 So schon zum KAGG BGH, Urt. v. 18.09.2001 – XI ZR 337/00, BGHZ 149, 33 = WM 2001, 2053 = WuB I G 4. – 1.02 Köndgen; zum KAGB etwa Patz, BKR 2015, 193, 196 ff.; vgl. auch OLG Frankfurt, Urt. v. 19.12.1996 – 16 U 109/96, WM 1997, 364, 367.

1402 Grundlegend Baur, Investmentgesetze, 2. Aufl. 1997, § 21 KAGG, Rn. 28; vgl. auch Schultheiß, WM 2015, 603, 606.

1403 Vgl. Baur/Ziegler, in: Bankrecht und Bankpraxis, Rn. 9/6 und 5; Schultheiß, WM 2015, 603, 605 f.

1404 Vgl. zur Zuständigkeit, Organisation und zum Ablauf des Schlichtungsverfahrens nach dem KAGB nur BaFin, Tätigkeitsbericht der Schlichtungsstelle nach dem Kapitalanlagegesetzbuch der Bundesanstalt für Finanzdienstleistungsaufsicht.

1405 BaFin, Auslegungsschreiben zum Anwendungsbereich des KAGB und zum Begriff des »Investmentvermögens« v. 14.06.2013 (geändert am 09.03.2015), Gz. Q 31-Wp 2137-2013/0006; Zetzsche/Preiner, WM 2013, 2101 ff.; Emde/Dreibus, BKR 2013, 89, 90; van Kann/Redeker/Keiluweit, DStR 2013, 1483 ff.; Wollenhaupt/Beck, DB 2013, 1950 ff.

Anlagestrategie zum Nutzen dieser Anleger zu investieren und der kein operativ tätiges Unternehmen außerhalb des Finanzsektors ist«.[1406]

856 Erfüllt eine entsprechende kollektive Vermögensanlage die Anforderungen des KAGB nicht, handelt es sich um ein unerlaubtes Investmentgeschäft, gegen das die BaFin nach §§ 15, 16 KAGB einschreiten kann und das nach § 339 KAGB strafbar ist.[1407] Um die großen Unsicherheiten mit der Definition des Investmentvermögens in der Praxis einzudämmen, hat die BaFin ein Auslegungsschreiben zum Anwendungsbereich des KAGB und zum Begriff des »Investmentvermögens« veröffentlicht.[1408] Weitere Konkretisierungen erfolgen durch entsprechende Verlautbarungen der ESMA.[1409] Trotz dieser Auslegungshilfen verbleiben Rechtsunsicherheiten hinsichtlich des weiten Anwendungsbereich[1410], z.B. im Hinblick auf Verbriefungsstrukturen oder Projektfinanzierungsvehikeln.[1411]

1. OGAW- und AIF-Investmentvermögen

857 Es sind grundsätzlich zwei Arten von Investmentvermögen zu unterscheiden: OGAW und AIF (§ 1 Abs. 2 und 3 KAGB). OGAW und AIF stellen die rechtlich relevanten Investmentvermögen dar, nach denen sich auch die weiteren Anforderungen des KAGB richten. Hiervon abzugrenzen sind in der Praxis übliche Gestaltungen, die ein Investmentvermögen in Fondssegmente weiter untergliedern (vgl. auch sog. »Umbrella-Konstruktionen«). Solche Strukturen sind insbesondere bei von Master-Kapitalverwaltungsgesellschaften verwalteten Spezial-AIF[1412] üblich. In solchen segmentierten Spezialfonds ist das Gesamtportfolio in unterschiedliche Anlagekategorien unterteilt. Es liegen nicht nur unterschiedliche Buchungseinheiten der jeweiligen Segmente vor, sondern auch eine separierte Zuständigkeit von Portfolioverwaltern für die jeweiligen Segmente. Die einzelnen Segmente sind rechtlich unselbstständige Untereinheiten des Sondervermögens (i.d.R. in Form eines AIF) und nicht zu verwechseln mit einem rechtlich selbstständigen Investmentvermögen i.S.v. § 1 Abs. 1 Satz 1 KAGB.[1413]

858 Bei Investmentvermögen in Form von OGAW (Organismus für gemeinsame Anlage in Wertpapieren) handelt es sich um offene Publikumsinvestmentvermögen, d.h. im Wesentlichen Wertpapierfonds, die den Anforderungen der OGAW-Richtlinie entsprechen (§ 1 Abs. 2 KAGB). Sie waren bisher in §§ 46 bis 65 InvG a.F. geregelt und nunmehr in §§ 192 bis 213 KAGB. Hiervon zu unterscheiden sind Investmentvermögen in Form von alternativen Investmentfonds (AIF). Dies sind nach § 1 Abs. 3 KAGB alle anderen Investmentvermögen i.S.d. § 1 Abs. 1 KAGB, die keine OGAW sind. Insoweit fungiert § 1 Abs. 3 KAGB als ein Auffangtatbestand[1414] und wirkt im Hinblick auf den materiellen Investmentfondsbegriff des KAGB hinsichtlich möglicher Fondsstrukturen umfassend.[1415]

1406 Vgl. etwa Zetzsche/Preiner, WM 2013, 2101, 2103 ff.; Volhard/Jang, in: Weitnauer/Boxberger/Anders, KAGB, 2. Aufl. 2017, § 1 Rn. 2 ff. jeweils m. zahlreichen w.N.

1407 Zu den zivilrechtlichen Konsequenzen unerlaubter Investmentgeschäfte vgl. Eckhold, ZBB 2016, 102 ff.

1408 BaFin, Auslegungsschreiben zum Anwendungsbereich des KAGB und zum Begriff des »Investmentvermögens« v. 14.06.2013 (geändert am 09.03.2015), Gz. Q 31-Wp 2137-2013/0006. Hierzu Zetzsche/Preiner, WM 2013, 2101 ff.; Loritz/Uffmann, WM 2013, 2203 ff.

1409 Vgl. insbesondere ESMA, Leitlinien zu Schlüsselbegriffen der Richtlinie über die Verwalter alternativer Investmentfonds (AIFMD) v. 13.08.2013, ESMA/2013/611; für einen Überblick weiterer Auslegungsstandards vgl. Zetzsche/Preiner, WM 2013, 2101 m.w.N. zu den sich ständig aktualisierenden Verlautbarungen der ESMA.

1410 Burgard/Heimann, WM 2014, 821, 822 m.w.N.

1411 Hierzu etwa im Überblick Zetzsche/Preiner, WM 2013, 2101, 2107 ff.

1412 Hierzu unten Rdn. 868 ff.

1413 Üblich ist ebenfalls die Bezeichnung Umbrella Fonds (d.h. letztlich OGAW oder AIF) und Subfonds (Teilfonds). Hierzu § 96 Abs. 2 und 3 KAGB.

1414 Begrifflich so etwa Wollenhaupt/Beck, DB 2013, 1950, 1952.

1415 Vgl. hierzu beispielsweise Gottschling, in: Moritz/Klebeck/Jesch, Frankfurter Kommentar zum Kapitalanlagerecht, 2016, § 1 KAGB Rn. 117; Volhard/Jang, in: Weitnauer/Boxberger/Anders, KAGB, 2. Aufl. 2017, § 1 Rn. 36 f.

OGAW sind stets offene Investmentvermögen. AIF sind dies nur, wenn während ihrer Laufzeit Rückgabemöglichkeiten gewährt werden, ohne dass es auf die Häufigkeit der Rückgabemöglichkeit ankommt (§ 1 Abs. 4 KAGB).[1416] Alle übrigen AIF sind geschlossene AIF (§ 1 Abs. 5 KAGB). 859

Grundsätzlich ist weiterhin zu differenzieren nach Publikumsinvestmentvermögen (§ 1 Abs. 6 Satz 2 KAGB) und Spezial-AIF (§ 1 Abs. 6 Satz 1 KAGB). Die Anteile von Spezial-AIF können nur von professionellen oder semiprofessionellen Anlegern i.S.d. § 1 Abs. 19 Nr. 32 und 33 KAGB erworben werden.[1417] OGAW sind demzufolge immer offene Publikumsinvestmentvermögen. AIF gibt es in allen möglichen Spielarten. 860

Diese Unterscheidungen sind im Hinblick auf die von den Fonds einzuhaltenden Anlagevorschriften von großer Bedeutung. In den Anlagevorschriften wird beispielsweise geregelt, in welche Vermögensgegenstände die Fonds investieren dürfen und welche Anlagegrenzen einzuhalten sind.[1418] 861

a) OGAW-Investmentvermögen

OGAW-Investmentvermögen stellen den Archetyp des an eine Vielzahl von Anlegern gerichteten Fondsvermögens dar. Grundsätzlich legt für einen OGAW die Kapitalverwaltungsgesellschaft die anwendbare Anlagestrategie fest. Anleger haben – anders als bei Spezial-AIF – nicht die Möglichkeit, auf die Anlagestrategie einzuwirken. 862

Investmentvermögen in Form von OGAW dürfen nur in Wertpapiere, Geldmarktinstrumente, Bankguthaben, bestimmte Investmentanteile und Derivate sowie einige sonstige Anlageinstrumente investieren.[1419] Investitionen z.B. in Edelmetalle und Zertifikate über Edelmetalle sind nicht möglich (vgl. §§ 192 bis 198 KAGB). Zu beachten ist weiterhin das Verbot von Leerverkäufen sowie Einschränkungen im Hinblick auf die Aufnahme von Darlehen und die Gewährung von Wertpapier-Darlehen (§§ 197 bis 211 KAGB). 863

b) Offene inländische Publikums-AIF

Den bisherigen sog. »nicht-richtlinienkonformen Investmentvermögen« nach dem InvG a.F. entsprechen nunmehr die **offenen Publikums-AIF**. Nach § 214 KAGB dürfen sie nur noch als gemischte Investmentvermögen (§§ 218 f. KAGB), sonstige Investmentvermögen (§§ 220 bis 224 KAGB), Dach[1420]-Hedgefonds (§§ 225 bis 229 KAGB) oder als Immobilien-Sondervermögen (§§ 230 bis 260 KAGB)[1421] aufgelegt werden. 864

Offene inländische Publikums-AIF dürfen zwar alle im Unterschied zu OGAW-Investmentvermögen einen angemessenen Leverage einsetzen (§ 215 KAGB), unterscheiden sich aber im Übrigen in den Anlagevorschriften. Beispielsweise dürfen gemischte Investmentvermögen auch in Anteile 865

1416 Vgl. zur Diskussion um die notwendigen Rückgabemöglichkeiten Wollenhaupt/Beck, DB 2013, 1950, 1953; Klebeck/Kolbe, BB 2014, 707, 708; Gottschling, in: Moritz/Klebeck/Jesch, Frankfurter Kommentar zum Kapitalanlagerecht, 2016, § 1 KAGB Rn. 120 ff. m.w.N.

1417 Insbesondere zum Begriff des semiprofessionellen Anlegers instruktiv Schubert/Schuhmann, BKR 2015, 45 ff.

1418 Ausführlich zur Unterscheidung der verschiedenen Arten von Investmentvermögen Eckhold/Balzer, in: Assmann/Schütze, Handbuch des Kapitalanlagerechts, 4. Aufl. 2015, § 22 Rn. 51 ff.; Köndgen/Schmies, in: Schimansky/Bunte/Lwowski, Bankrechts-Handbuch, 5. Aufl. 2017, § 113 Rn. 56 ff.; übersichtlich Burgard/Heimann, WM 2014, 821, 823.

1419 Vgl. auch im Überblick Köndgen/Schmies, in: Schimansky/Bunte/Lwowski, Bankrechts-Handbuch, 5. Aufl. 2017, § 113 Rn. 163 ff.

1420 Die Struktur des Dachfonds beschreibt eine Konstruktion (sog. »Fund of Funds-Vehikel«), in der ein übergeordnetes Sondervermögen mehr als 51% seines Nettoinventarwerts (Net Asset Value, NAV), d.h. des Fondsvermögens (vgl. etwa § 168 Abs. 1 KAGB), in andere Sondervermögen (sog. »Zielfonds«) investiert.

1421 Instruktiv Köndgen/Schmies, in: Schimansky/Bunte/Lwowski, Bankrechts-Handbuch, 5. Aufl. 2017, § 113 Rn. 171 ff.

oder Aktien von anderen gemischten oder sonstigen Investmentvermögen investieren (§ 219 Abs. 1 Nr. 2 KAGB). Sonstige Investmentvermögen ihrerseits dürfen in Edelmetalle und unverbriefte Darlehensforderungen investieren (§ 221 Abs. 1 Nr. 3, 4 KAGB).

c) Geschlossene inländische Publikums-AIF

866 Durch das KAGB erstmals umfassend geregelt werden geschlossene Fonds.[1422] Man unterscheidet geschlossene Publikums- und geschlossene Spezial-AIF. Auch sog. »Ein-Objekt-Fonds« können zulässig sein, soweit der Grundsatz der Risikomischung nachgewiesen und eingehalten wird.[1423]

867 Geschlossene Publikums-AIF investieren vor allem in Sachwerte, Unternehmensbeteiligungen und Anteile an geschlossenen Spezial-AIF.[1424] Geschäfte mit Derivaten sind hier nur zur Absicherung von gehaltenen Vermögensgegenständen gegen Wertverlust möglich (§ 261 Abs. 3 KAGB). Eine Kreditaufnahme ist bis zu 150 % des aggregierten eingebrachten Kapitals und noch nicht eingeforderten zugesagten Kapitals des geschlossenen Publikums-AIF erlaubt (vgl. § 263 Abs. 1 Satz 1 KAGB zur Berechnung). Leerverkäufe sind aber auch hier nicht möglich (§ 265 KAGB).

d) Offene inländische Spezial-AIF

868 Bei den offenen inländischen Spezial-AIF sind drei Arten zu unterscheiden und zwar allgemeine offene Spezial-AIF (§ 282 KAGB), Hedgefonds (§ 283 KAGB) und offene inländische Spezial-AIF mit festen Anlagebedingungen (§ 284 KAGB). Bei letzterer Kategorie handelt es sich um den Spezialfonds nach dem InvG a.F. Grundsätzlich gelten hier im Vergleich zu Publikums-AIF weitere Anlagebedingungen.[1425] Vollkommen frei von regulatorischen Restriktionen bei der Verwaltung ist der Fondsmanager aber in keinem Fall.

869 In der Praxis sind im Hinblick auf (offene) inländische Spezial-AIF insbesondere sog. »Ein-Anleger-Fonds« üblich. Hierbei handelt es sich um Spezialsondervermögen, die eine Kapitalverwaltungsgesellschaft ausschließlich zugunsten eines Anlegers verwaltet. Obwohl hier gerade augenscheinlich das zwingende Qualifikationselement der kollektiven Vermögensanlage (Anzahl von Anlegern) fehlt, qualifizieren auch Ein-Anleger-Fonds als Investmentvermögen i.S.v. § 1 Abs. 1 Satz 1 KAGB. Dies wird – insoweit zulässig – dadurch erreicht, als dass in den konstituierenden Dokumenten des Sondervermögens (z.B. Anlagebedingungen oder Satzung) jedenfalls die theoretische Möglichkeit der Beteiligung mehrerer Anleger vorgesehen wird. Ein-Anleger-Fonds sind – wie Spezial-AIF generell und anders als OGAW und Publikums-AIF – davon geprägt, dass eine wesentlich engere Beziehung zwischen Kapitalverwaltungsgesellschaft und Anleger besteht. Bei Spezial-AIF wird eine Kapitalverwaltungsgesellschaft regelmäßig auf eigenen Wunsch des Anlegers tätig. Der Anleger hat darüber hinaus die Möglichkeit, intensiv auf die vertraglichen Beziehungen, insbesondere die Dokumentation des Sondervermögens, einzuwirken. Dies ist etwa im Hinblick auf die Vereinbarung einer individuellen Anlagestrategie üblich.

1422 Hierzu etwa Köndgen/Schmies, in: Schimansky/Bunte/Lwowski, Bankrechts-Handbuch, 5. Aufl. 2017, § 113 Rn. 189 ff.; Bußalb/Unzicker, BKR 2012, 309 ff.; Kind/Haag, DStR 2010, 1526 ff.; Wagner, ZfBR 2015, 113 ff.

1423 Hierbei handelt es sich um geschlossene Fonds, die in nur einen Sachwert (z.B. eine gewerblich genutzte Immobilie) investieren. Ist etwa bei einer Gewerbeimmobilie die Streuung der Mietverhältnisse breit, dürfte auch eine regulatorische Risikomischung vorliegen. AA wohl Wollenhaupt/Beck, DB 2013, 1959, 1954.

1424 Köndgen/Schmies, in: Schimansky/Bunte/Lwowski, Bankrechts-Handbuch, 5. Aufl. 2017, § 113 Rn. 190; Burgard/Heimann, WM 2014, 821, 824.

1425 Im Überblick Köndgen/Schmies, in: Schimansky/Bunte/Lwowski, Bankrechts-Handbuch, 5. Aufl. 2017, § 113 Rn. 192 ff.

Bei offenen inländischen Spezial-AIF mit festen Anlagebedingungen gelten grundsätzlich dieselben Anlagebeschränkungen wie für OGAW und offene Publikums-AIF. Aufgrund des meist engeren Verhältnisses zwischen Kapitalverwaltungsgesellschaft und Anlegern in Spezial-AIF-Strukturen kann von den Anlagebeschränkungen jedoch mit Zustimmung der jeweiligen Anleger bei Initiierung des Fonds abgewichen und die Investitionen auf bestimmte Vermögensgegenstände beschränkt werden. Im Gegensatz zu OGAW und offenen Publikums-AIF bieten Spezial-AIF somit eine wesentlich größere (vertragliche) Gestaltungsmöglichkeit.[1426] **870**

e) Geschlossene inländische Spezial-AIF

Durch das KAGB erstmals gesetzlich geregelt werden geschlossene inländische Spezial-AIF. Unter den kollektiven Sachwerteanlagen zählt der geschlossene inländische Spezial-AIF – gemessen an den ursprünglichen Zulassungsanträgen gegenüber der BaFin nach Inkrafttreten des KAGB – zu den beliebtesten Strukturen des deutschen Investmentgeschäfts.[1427] In der Praxis wählen u.a. häufig Private Equity Fonds diese Form des Investmentvermögens.[1428] Aber auch Immobilienfonds werden regelmäßig als geschlossene inländische Spezial-AIF vertrieben.[1429] **871**

Geschlossene Spezial-AIF genießen große Freiheiten im Hinblick auf die Anlagestrategie. Sie ist kaum gesetzlichen Beschränkungen unterworfen. Da ohne Rücksicht auf den Grundsatz der Risikomischung in alle Vermögenswerte investiert werden darf, deren Verkehrswert ermittelt werden kann, sind auch Ein-Objekt-Fonds ohne weiteres zulässig (§ 285 KAGB). Auch Leverage kann unbegrenzt eingesetzt werden, allerdings bestehen für die BaFin aufsichtsbehördliche Einschränkungsmöglichkeiten.[1430] Im Übrigen sind auch hier Leerverkäufe untersagt (§ 276 KAGB). Wenn ein geschlossener Spezial-AIF die Kontrolle über nicht börsennotierte Unternehmen und Emittenten erlangt, gelten zum Schutz des Unternehmens die §§ 287 ff. KAGB.[1431] **872**

f) Besondere Ausprägung: AIF als Kreditfonds

Durch das OGAW-V-Umsetzungsgesetz hat die besondere Ausprägung eines AIF in Form des Kreditfonds Einzug in das KAGB gehalten.[1432] Bis zur Novellierung des KAGB durch das OGAW-V-Umsetzungsgesetz waren nach der Verwaltungspraxis der BaFin die Vergabe von Darlehen für Rechnung eines Investmentvermögens verboten.[1433] Die zögerliche Zulassung von sog. »Kreditfonds« erklärt sich durch die Besorgnis eines größer werdenden Umfelds im **Schattenbankensektor**, in dem Nicht-Banken die zentrale Kreditgeberfunktion ausüben und eine (weitgehend deregulierte) Quelle der Unternehmensfinanzierung anbieten.[1434] Nunmehr regelt § 20 Abs. 9 KAGB ausdrücklich, dass im Rahmen der kollektiven Vermögensverwaltung durch AIF-Kapitalverwaltungsgesellschaften Gelddarlehen gewährt werden dürfen, soweit dies im Einklang mit relevanten europäischen Rechtsakten steht.[1435] **873**

1426 Hierzu etwa Hartrott, in: Baur/Tappen, Investmentgesetze, § 285 KAGB Rn. 5.

1427 Vgl. etwa Bundesverband für Sachwerte und Investmentvermögen e.V., bsi Summit 2015, S. 17 unter Bezugnahme auf die Unternehmensdatenbank der BaFin zum Stichtag 31.12.2014.

1428 Vgl. hierzu Abschn. G. Alternative Investments Rdn. 731 ff.

1429 Hierzu etwa Hartrott/Goller, BB 2013, 1603 ff.; Hübner, WM 2014, 106 ff.; Niewerth/Rybarz, WM 2013, 1154, 1164 ff.

1430 Burgard/Heimann WM 2014, 821, 824.

1431 Hierzu im Überblick Burgard/Heimann WM 2014, 821, 829 f.

1432 Vgl. Zander, DB 2016, 331 ff.; Hanten/von Tiling, WM 2015, 2122 ff.; Friedrich/Bühler, WM 2015, 911 ff.; Bünning/Loff, RdF 2017, 42 ff.; Jesch, RdF 2016, 32 ff.; Zetzsche/Marte, RdF 2015, 4 ff.; Heuer/Schwalba, Kreditwesen 2013, 910 ff.

1433 Vgl. BaFin, Schreiben vom 12.05.2015 zur Änderung der Verwaltungspraxis zur Vergabe von Darlehen sowie zur sog. »Restrukturierung« und Prolongation von Darlehen für Rechnung des Investmentvermögens, Gz. WA 41-Wp 2100 – 2015/0001 (Auslegungsentscheidung), Abschn. II.

1434 Vgl. nur Hanten/von Tiling, WM 2015, 2122 ff. m. zahlreichen w.N.

1435 Hierzu etwa Schücking, in: Moritz/Klebeck/Jesch, Frankfurter Kommentar zum Kapitalanlagerecht, § 20 KAGB Rn. 97 ff.; Winterhalder, in: Weitnauer/Boxberger/Anders, KAGB, 2. Aufl. 2017, § 20 Rn. 92 f.;

874 Man unterscheidet zwei Gestaltungsvarianten des Kreditfonds.[1436] Sog. »**Loan Origination Funds**« bezeichnen AIF, die originäres Kreditgeschäft betreiben, d.h. als Darlehensgeber an Darlehensnehmer Darlehen vergeben. Sog. »**Loan Participation Funds**« betreiben hingegen derivatives Kreditgeschäft, d.h. sie erwerben Darlehensforderungen, während die Darlehensvergabe i.d.R. durch Kreditinstitute erfolgt. Zu beachten ist, dass Kreditfonds keine eigenständige, rechtliche verbindliche Form eines Investmentvermögens unter dem KAGB, sondern vielmehr ein »wirtschaftliches Phänomen«[1437] darstellen. Grundsätzlich sind Kreditfonds in der Form von allgemeinen offenen Spezial-AIF (§ 282 KAGB), Hedgefonds (§ 283 KAGB), offenen Spezial-AIF mit festen Anlagebedingungen (§ 284 KAGB) und geschlossenen Spezial-AIF (§ 285 KAGB) möglich.[1438]

2. Rechtsformen

875 Die Verwaltung von Investmentvermögen in Form von OGAW und AIF kann aus sondergesellschaftsrechtlicher Perspektive des KAGB über verschiedene Rechtsformen erfolgen.[1439] Das KAGB sieht hierzu einen **Numerus Clausus** vor, der jedoch nicht für die nur nach § 44 ff. KAGB registrierungspflichten Kapitalverwaltungsgesellschaften (sog. »registrierungspflichtige oder kleine Kapitalverwaltungsgesellschaften«) gilt.[1440]

876 Nach § 91 Abs. 1 KAGB dürfen **offene inländische Investmentvermögen**, sowohl OGAW als auch AIF, grundsätzlich nur als Sondervermögen oder als Investment-AG mit veränderlichem Kapital aufgelegt werden. Nur offene Spezial-AIF dürfen zusätzlich als offene Investment-KG aufgelegt werden (§ 92 Abs. 2 KAGB).

877 Bei **geschlossenen AIF** darf das Investmentvermögen nach § 139 KAGB nur als Investment-AG mit fixem Kapital gemäß §§ 140 bis 148 KAGB oder als geschlossene Investment-KG gemäß §§ 149 bis 161 KAGB aufgelegt werden. Geschlossene Fonds dürfen somit nach dem KAGB nicht mehr wie bisher in einer unregulierten KG-Struktur aufgelegt werden.[1441]

878 Offene und geschlossene **Investmentkommanditgesellschaften** sind mit dem KAGB neu eingeführt worden. Die offene (Spezial-) Investment-KG wurde eingeführt, um das sog. »Pension-Pooling« in Deutschland zu ermöglichen und damit das Altersvorsorgevermögen von großen deutschen Konzernen im Inland zu halten sowie ausländische Altersvorsorgevermögen ins Inland zu holen.[1442] Mit der geschlossenen Investment-KG können geschlossene Fonds ähnlich wie bisher in der Form

---

Baum, in: Weitnauer/Boxberger/Anders, KAGB, 2. Aufl. 2017, § 282 Rn. 15 ff. und § 284 Rn. 22.

1436 Vgl. Haisch/Bühler, BB 2015, 1986 ff.

1437 Hanten/von Tiling, WM 2015, 2122.

1438 BaFin, Schreiben vom 12.05.2015, Abschn. IV.1. Hierzu Haisch/Bühler, BB 2015, 1986, 1987.

1439 Köndgen/Schmies, in: Schimansky/Bunte/Lwowski, Bankrechts-Handbuch, 5. Aufl. 2017, § 113 Rn. 98 ff.; Eckhold/Balzer, in: Assmann/Schütze, Handbuch des Kapitalanlagerechts, 4. Aufl. 2015, § 22 Rn. 47 ff.; Burgard/Heimann, WM 2014, 821, 824; Zetzsche, AG 2013, 613 ff.; Freitag/Fürbass, ZGR 2016, 729 ff.

1440 Hierzu Zetzsche, AG 2013, 613, 615; Wiedemann, NZG 2013, 1041 ff.; Boxberger/Röder, in: Weitnauer/Boxberger/Anders, KAGB, 2. Aufl. 2017, § 2 Rn. 36 f.; Nelle/Klebeck, BB 2013, 2499 ff.; Köndgen/Schmies, in: Schimansky/Bunte/Lwowski, Bankrechts-Handbuch, 5. Aufl. 2017, § 113 Rn. 98 ff.

1441 Instruktiv Wagner, ZfBR 2015, 113 ff.; Wallach, ZGR 2014, 289 ff.

1442 Eichhorn, WM 2016, 110 ff. und 145 ff.; Wallach, ZGR 2014, 289, 296 ff.; Burgard/Heimann, WM 2014, 821, 826. Hierzu kritisch von Bothmer/Eckner, in: Beckmann/Scholtz/Vollmer, Investment, § 281 KAGB Rn. 13 f. im Hinblick auf die Verschmelzung von Spezialsondervermögen auf offene Spezial-Investmentkommanditgesellschaften. Allgemein zum Pension Pooling etwa Klein/Lorenz/Reichel, BB 2012, 331 ff.

GmbH & Co. KG betrieben werden.[1443] Im Unterschied zur geschlossenen Investment-KG kann die offene Investment-KG Teilgesellschaftsvermögen bilden (§ 132 KAGB). Da es sich um ein Fondsvehikel für offene Spezial-AIF handelt, können sich aber nur professionelle oder semiprofessionelle Anleger beteiligen (§ 127 Abs. 1. Satz 1 KAGB).

Um die allgemeinen Verhaltensgrundsätze einer Kapitalverwaltungsgesellschaft bei der Verwaltung 879 nach dem KAGB zu konkretisieren, haben die im BVI zusammengeschlossenen Kapitalverwaltungsgesellschaften brancheneinheitliche **Wohlverhaltensregeln** erarbeitet.[1444] Die BVI-Wohlverhaltensregeln gelten im Wege einer freiwilligen Selbstverpflichtung, nicht jedoch wie in der Form des Deutschen Corporate Governance Kodex auf Basis des § 161 AktG.[1445] Nunmehr regeln die §§ 26 ff. KAGB i.V.m. den Bestimmungen der KAVerOV, die teilweise erheblich über die bisherige Regelung in § 9 InvG a.F. hinausgehen, die Verhaltens- und Organisationspflichten für OGAW- und AIF-Kapitalverwaltungsgesellschaften.

Die Treuhänderschaft nach § 93 Abs. 1 KAGB berechtigt die Kapitalverwaltungsgesellschaft dazu, 880 im eigenen Namen über die zum Sondervermögen gehörenden Gegenstände nach Maßgabe des KAGB und der Vertragsbedingungen zu verfügen und alle Rechte aus ihnen auszuüben. Die Kapitalverwaltungsgesellschaft kann ihre Verwaltungsaufgaben im Rahmen des § 36 KAGB jedoch an Dritte auslagern. In der Praxis ist dies insbesondere relevant für die Auslagerung des Portfoliomanagements (§ 36 Abs. 2 KAGB). Für bestimmte Fondsprodukte soll häufig auf die Expertise hierauf spezialisierter Portfoliomanager zurückgegriffen werden. Grundlage sind umfangreiche Portfoliomanagementverträge, die ihrerseits durch sog. »Operating Memoranda« oder »Service Level Agreements (SLAs)« ergänzt werden. Die Auslagerung u.a. des Portfoliomanagements ist insbesondere Alleinstellungsmerkmal des in den letzten Jahren entwickelten Geschäftsmodells der sog. **»Master-KVG«**. Bei der Master-KVG handelt es sich i.d.R. um eine Kapitalverwaltungsgesellschaft, die über keine eigenen Portfoliomanager verfügt, sondern lediglich die mit der Fondsverwaltung verbundenen administrativen Tätigkeiten, insbesondere die Fondsbuchhaltung selbst, als Servicegesellschaft für die Initiierung von Investmentvermögen durchführt.[1446] Ein Sondervermögen wird dabei typischerweise in mehrere virtuelle Segmente aufgespalten und jedes Segment einem anderen Portfoliomanager zur Verwaltung zugewiesen.[1447] Ein großer Vorteil solcher Kapitalverwaltungsgesellschaften ist insbesondere für institutionelle Anleger das einheitliche Reporting, trotz einer breit diversifizierten Vermögensanlage.

Dem Ausgabe- und Rücknahmepreis eines Anteilscheins liegt der Wert des Anteils am Sonderver- 881 mögen zugrunde. Gemäß § 168 Abs. 1 KAGB ergibt sich der Anteilwert oder auch Inventarwert je Anteil aus der Teilung des Wertes des Sondervermögens durch die Zahl der umlaufenden Anteile. Der Wert des Sondervermögens ist entweder von der Kapitalverwaltungsgesellschaft selbst oder von der Verwahrstelle unter Mitwirkung der Kapitalverwaltungsgesellschaft börsentäglich zu ermitteln und mindestens zwei Mal im Monat zu veröffentlichen (vgl. §§ 169, 170 KAGB).

1443 Fischer/Friedrich, ZBB 2013, 153, 160; hierzu auch Boxberger, GWR 2016, 1 ff. sowie Wösthoff, EWiR 2016, 43 f. jeweils mit Hinweis auf OLG München, Urt. v 01.10.2015 – 23 U 1570/15, WM 2016, 462 ff. und OLG München, Urt. v. 29.10.2015 – 23 U 2093/15, BB 2016, 529.

1444 BVI Bundesverband Investment und Asset Management e.V., Wohlverhaltensregeln (Stand: 01.01.2017). Entsprechend der freiwilligen Selbstverpflichtung sehen die BVI-Wohlverhaltensregeln vor, dass eine Entsprechenserklärung entsprechend des § 161 AktG abzugeben ist, vgl. ebd. Präambel; hierzu auch Eckner, in: Beckmann/Scholtz/Vollmer, Investment, § 1 KAVerOV Rn. 23 ff.

1445 Vgl. BaFin, Schreiben vom 19.03.2014 zur Aufhebung des Schreibens der BaFin zur Anwendung der BVI-Wohlverhaltensregeln, Gz. WA 41 – Wp 2100 – 2024/0001. Hierzu ausführlich Eckner, in: Beckmann/Scholtz/Vollmer, Investment, § 1 KAVerOV Rn. 8 ff.

1446 Vgl. Baur/Ziegler, in: Bankrecht und Bankpraxis, Rn. 9/177.

1447 Diese Segmentierung ist u.a. auch für Spezial-AIF üblich.

VII. Vertrieb von Investmentvermögen

1. Absatzwege

882 Der Vertrieb von Anteilen und Aktien an Investmentvermögen geschieht über verschiedene Absatzwege.[1448] Vielfach erfolgt der Vertrieb über **Kreditinstitute**, aber auch durch **»freie« Anlageberater und -vermittler** sowie **Vertriebsgesellschaften**.[1449]

883 Aufgrund der günstigen Kostenstruktur gewinnt zudem der Vertrieb von Investmentanteilen über **Direktbanken** oder Online-Broker an Bedeutung, die sich insbesondere an erfahrene Anleger wenden, die Anlagegeschäfte ohne Beratung tätigen wollen.[1450] Werden Investmentanteile unmittelbar über den Primärmarkt, z.B. die Börse oder den Freiverkehr, erworben, so handelt es sich i.d.R. um börsengehandelte Fonds (sog. »Exchange Traded Funds, ETFs«).[1451]

2. Rechtsgrundlagen

884 Die bislang in §§ 121 ff. InvG a.F. geregelten Vertriebsvorschriften haben durch das KAGB zahlreiche Neuerungen erfahren. § 293 Abs. 1 Satz 1 KAGB enthält eine **Definition des Vertriebsbegriffes**, die nicht mehr daran anknüpft, dass ein öffentlicher Vertrieb erfolgt.[1452]

885 Nach § 293 Abs. 1 Satz 1 KAGB ist Vertrieb das direkte oder indirekte **Anbieten oder Platzieren** von Anteilen oder Aktien eines Investmentvermögens. Ein solches Anbieten liegt nicht erst dann vor, wenn es sich um ein (bindendes) Angebot i.S.v. §§ 145 ff. BGB handelt. Erfasst wird von § 293 Abs. 1 Satz 1 KAGB vielmehr auch eine *invitatio ad offerendum*, die sich an eine Vielzahl von Anlageinteressenten richtet.[1453] Auch die **Werbung** für ein Investmentvermögen unterfällt als Anbieten bereits § 293 Abs. 1 Satz 1 KAGB.[1454] Ein Platzieren ist gegeben, wenn der Platzierende den Zeichnungsvertrag abschließt und hierbei als **Abschlussvermittler** im fremden Namen und für fremde Rechnung handelt.[1455] Nicht ausreichend ist es demgegenüber, wenn lediglich im Wege der **Anlagevermittlung** ein Auftrag des Anlegers weitergeleitet wird (sog. »reverse solicitation«).[1456]

1448 Vgl. hierzu die Übersicht bei Baur/Ziegler, Bankrecht und Bankpraxis, Rn. 9/616 ff.

1449 Hierbei handelt es sich i.d.R. um Gewerbetreibende mit einer Erlaubnis nach § 34 f. GewO, die im Rahmen der Bereichsausnahme des § 2 Abs. 6 Satz 1 Nr. 8 KWG bzw. § 3 Abs. 1 Nr. 7 WpHG tätig werden, vgl. Eckhold/Balzer, in: Assmann/Schütze, Handbuch des Kapitalanlagerechts, 4. Aufl. 2015, § 22 Rn. 100.

1450 Köndgen/Schmies, in: Schimansky/Bunte/Lwowski, Bankrechts-Handbuch, 5. Aufl. 2017, § 113 Rn. 26. Zu haftungsrechtlichen Aspekten bei der Ausführung beratungsfreier Aufträge über Direktbanken vgl. BGH, Urt. v. 04.03.2014 – XI ZR 178/12, BKR 2014, 245.

1451 Hierzu ausführlich Harrer, Exchange Traded Funds (ETFs), 2017; im Überblick Köndgen/Schmies, in: Schimansky/Bunte/Lwowski, Bankrechts-Handbuch, 5. Aufl. 2017, § 113 Rn. 259.

1452 Hierzu Wallach, ZBB 2016, 287 ff.; Köndgen/Schmies, in: Schimansky/Bunte/Lwowski, Bankrechts-Handbuch, 5. Aufl. 2017, § 113 Rn. 134 ff. Die bislang stets erforderliche Abgrenzung zwischen öffentlichem Vertrieb und Privatplatzierung ist daher unter der Geltung von § 293 KAGB hinfällig, vgl. Eckhold/Balzer, in: Assmann/Schütze, Handbuch des Kapitalanlagerechts, 4. Aufl. 2015, § 22 Rn. 101.

1453 BaFin, Häufige Fragen zum Vertrieb und Erwerb von Investmentvermögen nach dem KAGB (Stand: 13.07.2016), Ziff. 1.1; vgl. auch Paul, in: Weitnauer/Boxberger/Anders, KAGB, § 293 Rn. 5.

1454 So auch Eckhold/Balzer, in: Assmann/Schütze, Handbuch des Kapitalanlagerechts, 4. Aufl. 2015, § 22 Rn. 102.

1455 BaFin, Häufige Fragen zum Vertrieb und Erwerb von Investmentvermögen nach dem KAGB (Stand: 13.07.2016), Ziff. 1.1; Paul, in: Weitnauer/Boxberger/Anders, KAGB, 2. Aufl. 2017, § 293 Rn. 9.

1456 Eckhold/Balzer, in: Assmann/Schütze, Handbuch des Kapitalanlagerechts, 4. Aufl. 2015, § 22 Rn. 102; wohl auch BaFin, Häufige Fragen zum Vertrieb und Erwerb von Investmentvermögen nach dem KAGB (Stand: 13.07.2016), Ziff. 1.1., die das »bloße Reagieren auf die Order eines Anlegers« nicht als Vertrieb qualifizieren.

In Anlehnung an § 2 Abs. 11 InvG a.F. enthält § 293 Abs. 1 Satz 2 KAGB einen **Negativkatalog** bestimmter Fallgestaltungen, die noch keinen Vertrieb darstellen. Die bloße **Benennung eines Investmentvermögens** ist für sich allein kein Vertrieb (vgl. § 293 Abs. 1 Satz 2 Nr. 1 KAGB). Eine andere Beurteilung ist aber dann geboten, wenn sie z.B. mit einer konkreten **Anlageempfehlung** gegenüber einem Interessenten verbunden wird.[1457] Auch die **Übermittlung von Informationen** an einen Anleger, der bereits in das Investmentvermögen investiert ist, stellt nach § 293 Abs. 1 Satz 2 Nr. 6 KAGB keinen Vertrieb dar. Erfasst wird von § 293 Abs. 1 Satz 2 Nr. 6 KAGB aber nur die ausschließliche Erfüllung der regelmäßigen Informationspflichten nach dem KAGB gegenüber bereits in das Investmentvermögen investierten Anlegern, nicht jedoch die Zusendung eines Verkaufsprospekts an den Anleger, um ihn zum Erwerb weiterer Anteile oder Aktien desselben Investmentvermögens zu veranlassen.[1458] 886

Der allgemeine Vertriebsbegriff i.S.v. § 293 Abs. 1 Satz 1 KAGB erfährt eine Einschränkung, sofern der Vertrieb (nur) an **professionelle** und **semiprofessionelle Anleger** i.S.v. § 1 Abs. 19 Nr. 32 u. 33 KAGB erfolgt. Ein Vertrieb an professionelle und semiprofessionelle Anleger ist nach § 293 Abs. 1 Satz 3 KAGB nur gegeben, wenn er auf **Initiative der Verwaltungsgesellschaft** oder in deren Auftrag erfolgt.[1459] Kein Vertrieb liegt daher vor, wenn die Vermittlung der Anteile oder Aktien eines Investmentvermögens durch einen nicht von der Verwaltungsgesellschaft beauftragten Dritten erfolgt oder das Anlagegeschäft auf alleinigen ausdrücklichen Wunsch des Anlegers (sog. »reverse solicitation«) zustande kommt.[1460] Die von § 293 Abs. 1 Satz 3 KAGB geforderte Initiative der Verwaltungsgesellschaft ist allerdings schon dann gegeben, wenn der Vermittler für den Vertrieb eine Vergütung (z.B. in Form einer Vertriebsprovision, sog. »inducements«) erhält.[1461] Da § 293 Abs. 1 Satz 3 KAGB beim Vertrieb an professionelle bzw. semiprofessionelle Anleger daran anknüpft, dass sie ihren **(Wohn-) Sitz im Inland** haben, liegt kein Vertrieb vor, wenn Anleger im Nicht-EU/EWR-Ausland angesprochen werden.[1462] 887

3. Anzeigeverfahren vor Aufnahme des Vertriebs

Im Anwendungsbereich des KAGB ist vor Aufnahme des Vertriebs grundsätzlich ein **Anzeigeverfahren** zu durchlaufen. Zu unterscheiden ist insoweit danach, ob es sich um einen OGAW oder EU-OGAW, einen inländischen Publikums- oder Spezial-AIF, einen EU-AIF oder einen ausländischen AIF handelt. In Bezug auf AIF ist zwischen dem Vertrieb an Privatanleger (§§ 316 ff. KAGB) sowie dem Vertrieb an semiprofessionelle und professionelle Anleger (§§ 321 ff. KAGB) zu unterscheiden. 888

a) Vertrieb von OGAW

In Bezug auf OGAW hat das KAGB keine wesentlichen Änderungen mit sich gebracht, sodass der **Vertrieb von inländischen OGAW** im Inland nach wie vor kein Anzeigeverfahren erfordert. Für den **Vertrieb von EU-OGAW** durch eine EU-OGAW-Verwaltungsgesellschaft oder eine 889

1457 Vgl. Eckhold/Balzer, in: Assmann/Schütze, Handbuch des Kapitalanlagerechts, 4. Aufl. 2015, § 22 Rn. 106.

1458 BaFin, Häufige Fragen zum Vertrieb und Erwerb von Investmentvermögen nach dem KAGB (Stand: 13.07.2016), Ziff. 1.4.

1459 BaFin, Häufige Fragen zum Vertrieb und Erwerb von Investmentvermögen nach dem KAGB (Stand: 13.07.2016), Ziff. 1.2.

1460 Vgl. Paul, in: Weitnauer/Boxberger/Anders, KAGB, § 293 Rn. 27 f.; Volhard/Jang, DB 2013, 273.

1461 Eckhold/Balzer, in: Assmann/Schütze, Handbuch des Kapitalanlagerechts, 4. Aufl. 2015, § 22 Rn. 107; Keunecke/Schwack, in: Moritz/Klebeck/Jesch, Frankfurter Kommentar zum Kapitalanlagerecht, § 293 KAGB Rn. 50.

1462 BaFin, Häufige Fragen zum Vertrieb und Erwerb von Investmentvermögen nach dem KAGB (Stand: 13.07.2016), Ziff. 1.2 mit weiteren Beispielen. Vgl. auch Volhard/Jang, DB 2013, 273; Eckhold/Balzer, in: Assmann/Schütze, Handbuch des Kapitalanlagerechts, 4. Aufl. 2015, § 22 Rn. 107.

OGAW-Kapitalverwaltungsgesellschaft regelt § 310 KAGB – wie schon zuvor § 132 InvG a.F. – das zu durchlaufende Anzeigeverfahren.[1463] Der Vertrieb von EU-OGAW erfolgt somit auch im Anwendungsbereich des KAGB einheitlich für alle Anlegerkategorien auf der Grundlage des **Europäischen Passes** gemäß den Vorgaben der OGAW-Richtlinie.[1464]

890 Aufgrund einer zum 01.01.2014 in Kraft getretenen Vereinbarung zwischen der BaFin und der Eidgenössischen Finanzmarktaufsicht (FINMA)[1465] findet § 310 KAGB auch auf den **Vertrieb von Schweizer Effektenfonds** in Deutschland Anwendung.

b) Vertrieb von AIF

891 Aus § 295 Abs. 1 Satz 1 KAGB ergibt sich, dass der **Vertrieb von** Anteilen oder Aktien an **inländischen Publikums-AIF** an Privatanleger, semiprofessionelle und professionelle Anleger nur dann zulässig ist, wenn die Voraussetzungen des § 316 KAGB erfüllt sind. Während § 295 Abs. 1 Satz 1 KAGB nicht zwischen den verschiedenen Anlegergruppen differenziert, verweist § 295 Abs. 1 Satz 2 KAGB in Bezug auf den Vertrieb von Anteilen oder Aktien an EU-AIF und ausländischen AIF an **Privatanleger** darauf, dass dieser nur unter den Voraussetzungen der §§ 317 bis 320 KAGB zulässig ist. Soweit Kapitalverwaltungsgesellschaften, die AIF verwalten, die Voraussetzungen für einen Vertrieb an Privatanleger nicht erfüllen, müssen sie wirksame Vorkehrungen treffen, die verhindern, dass Anteile oder Aktien an AIF an Privatanleger vertrieben werden.[1466]

892 § 316 KAGB regelt vor dem Hintergrund von Art. 31 Abs. 1 AIFM-Richtlinie die Pflichten einer AIF-Verwaltungsgesellschaft beim beabsichtigten Vertrieb von Anteilen und Aktien an einem von ihr verwalteten inländischen Publikums-AIF im Inland.[1467] Nicht zum Vertrieb an Privatanleger im Inland angezeigt werden können EU-AIF und ausländische AIF, die durch eine AIF-Kapitalverwaltungsgesellschaft verwaltet werden.[1468]

893 § 317 Abs. 1 Nr. 1 KAGB fordert bei grenzüberschreitenden Sachverhalten für die Zulässigkeit des Vertriebs an Privatanleger, dass der AIF und seine Verwaltungsgesellschaft ihren Sitz in demselben Staat haben müssen. Erforderlich ist weiterhin, dass sowohl der AIF als auch die Verwaltungsgesellschaft einer wirksamen öffentlichen Aufsicht zum Schutz der Anleger unterliegen.[1469] Hiervon kann jedenfalls dann ausgegangen werden, wenn das Aufsichtsorgan im Heimatstaat mit hinreichenden Befugnissen zur Durchsetzung der aufsichtsrechtlichen Bestimmungen ausgestattet ist.[1470]

1463 Vgl. BaFin, Merkblatt (2013) zum Vertrieb von Anteilen an EU-OGAW in der Bundesrepublik Deutschland gemäß § 310 KAGB (Stand: 14.03.2017); hierzu instruktiv Keunecke/Schwack, in: Moritz/Klebeck/Jesch, Frankfurter Kommentar zum Kapitalanlagerecht, § 310 Rn. 5 ff.

1464 Vgl. zu diesem Anzeigeverfahren nach § 132 InvG a.F. Baum, in: Emde/Dornseifer/Dreibus/Hölscher, InvG, § 132 Rn. 7 ff.

1465 BaFin, Auslegungsentscheidung vom 16. Januar 2014, abrufbar unter https://www.bafin.de/SharedDocs/Downloads/DE/Merkblatt/WA/dl_140116_vereinbarung_finma_bafin.html.

1466 BaFin, Häufige Fragen zum Vertrieb und Erwerb von Investmentvermögen nach dem KAGB (Stand: 13.07.2016), Ziff. 1.5; vgl. hierzu etwa Keunecke/Schwack, in: Moritz/Klebeck/Jesch, Frankfurter Kommentar zum Kapitalanlagerecht, § 295 KAGB Rn. 28 ff.; Paul, ZIP 2016, 1009 ff.

1467 Instruktiv Stadter/Pischetsrieder, in: Moritz/Klebeck/Jesch, Frankfurter Kommentar zum Kapitalanlagerecht, § 316 Rn. 2 ff.; Jesch, in: Dornseifer/Jesch/Klebeck/Tollmann, AIFM-Richtlinie, Art. 31 Rn. 10 ff.

1468 BaFin, Häufige Fragen zum Vertrieb und Erwerb von Investmentvermögen nach dem KAGB (Stand: 13.07.2016), Ziff. 2.2.1.

1469 Vgl. zu den weiteren Anforderungen an die Aufgaben des Repräsentanten und die Anlagebedingungen BaFin, Häufige Fragen zum Vertrieb und Erwerb von Investmentvermögen nach dem KAGB (Stand: 13.07.2016), Ziff. 2.3.

1470 Stadter/Pischetsrieder, in: Moritz/Klebeck/Jesch, Frankfurter Kommentar zum Kapitalanlagerecht, § 317 Rn. 10 ff.; so schon Erhard, in: Berger/Steck/Lübbehüsen, InvG/InvStG, § 136 InvG Rn. 5.

Für den Vertrieb an professionelle und semiprofessionelle Anleger finden sich in §§ 321 ff. KAGB Regelungen, die einerseits an die Art des Investmentvermögens (u.a. Spezial-AIF, EU-AIF sowie ausländischer AIF) und andererseits an den Sitz der Verwaltungsgesellschaft anknüpfen.[1471] Für den Vertrieb bestimmter (insbesondere ausländischer) AIF müssen weiterhin die Voraussetzungen des sog. **Drittstaaten-Vertriebspasses** erfüllt sein (vgl. z.B. § 322 Abs. 1 Nr. 1 bis 3 KAGB). Hierfür ist u.a. erforderlich, dass geeignete Vereinbarungen zwischen der BaFin und den Aufsichtsbehörden des Drittstaates (sog. »Gemeinsame Standpunkte« bzw. »Memoranda of Understanding, MoU«)[1472] bestehen, so dass zumindest ein effizienter Informationsaustausch zwischen den Behörden gewährleistet ist.[1473] 894

VIII. Anlegerschutz im Investmentrecht

Neben der markt- und verwalterstrukturellen Regulierung zur Gewährleistung der Marktstabilität und -integrität sind die Regelungen des KAGB – entsprechend ihrer europäischen Grundlagen – vielfach durch den Zweck geprägt, einen (institutionellen) Schutz der Anleger sicherzustellen und fortlaufend zu gewährleisten. Eine erhebliche Bedeutung kommt in diesem Zusammenhang der **Information des Anlegers** zu, die insbesondere durch § 297 KAGB geregelt wird.[1474] Ergänzt werden die Informationspflichten durch ein **Widerrufsrecht** des Anlegers, das an bestimmte Vertriebssituationen anknüpft (§ 305 KAGB), sowie die in § 306 KAGB geregelte investmentrechtliche **Prospekthaftung**. 895

1. Anlegerinformation durch Verkaufsunterlagen

Aus § 297 KAGB ergibt sich – mit Unterschieden zwischen Anteilen oder Aktien an **OGAW** und **AIF** –, welche Verkaufsunterlagen dem Anleger bzw. Erwerbsinteressenten im Vorfeld des Anlagegeschäfts zur Verfügung zu stellen sind. Der Begriff der Verkaufsunterlagen umfasst nach § 297 Abs. 5 Satz 1 KAGB die **wesentlichen Anlegerinformationen**, den **Verkaufsprospekt**, **Jahres- und Halbjahresbericht**, ferner **Anlagebedingungen** und ggf. Satzung, Gesellschafts- und Treuhandvertrag. 896

Die Pflichten nach § 297 KAGB richten sich an **Wertpapierdienstleistungsunternehmen** und **Versicherungsunternehmen**, daneben aber auch an alle Intermediäre, die im Rahmen des Vertriebs gewerblich tätig werden.[1475] Die Informationspflichten nach § 297 KAGB sind daher auch von einem **Finanzanlagenvermittler** mit einer Erlaubnis nach § 34f GewO zu erfüllen, der aufgrund der Ausnahmeregelung nach § 2 Abs. 6 Satz 1 Nr. 8 KWG tätig wird.[1476] Ein Verstoß gegen die Informationspflichten nach § 297 KAGB ist grundsätzlich geeignet, einen zivilrechtlichen **Schadensersatzanspruch des Anlegers** nach § 280 Abs. 1 BGB begründen.[1477] 897

Da § 297 KAGB dem Schutz von Anlegern und Erwerbsinteressenten dient, ist es nicht möglich, z.B. mittels einer Rahmenvereinbarung die Informationspflichten generell auszuschließen.[1478] Nach 898

1471 Hierzu im Überblick Wallach, RdF 2013, 92, 101 ff. und Volhard/Jang, DB 2013, 273, 275 ff.

1472 Vgl. hierzu die ständig aktualisierte Liste der bilateralen Zusammenarbeit der BaFin, abrufbar unter https://www.bafin.de/DE/Internationales/BilateraleZusammenarbeit/MoU/gemeinsamestandpunkte_mou_node.html.

1473 Vgl. zu den drittstaatenbezogenen Voraussetzungen Frick, in: Dornseifer/Jesch/Klebeck/Tollmann, AIFM-Richtlinie, Art. 37 Rn. 164 ff.

1474 Zu den Informationspflichten gegenüber institutionellen Anlegern vgl. ausführlich Zetzsche/Eckner, in: Zetzsche, The Alternative Investment Fund Managers Directive, 2. Aufl. 2015, S. 391 ff.

1475 Vgl. Paul, in: Weitnauer/Boxberger/Anders, KAGB, 2. Aufl. 2017, § 297 Rn. 5; Merk, in: Moritz/Klebeck/Jesch, Frankfurter Kommentar zum Kapitalanlagerecht, § 297 KAGB Rn. 4 jeweils m.w.N.

1476 Eckhold/Balzer, in: Assmann/Schütze, Handbuch des Kapitalanlagerechts, 4. Aufl. 2015, § 22 Rn. 115.

1477 So schon unter dem InvG a.F. vgl. Müchler, in: Emde/Dornseifer/Dreibus/Hölscher, InvG, § 121 Rn. 33; Baur/Ziegler, Bankrecht und Bankpraxis, Rn. 9/499.

1478 Vgl. etwa Eckhold/Balzer, in: Assmann/Schütze, Handbuch des Kapitalanlagerechts, 4. Aufl. 2015, § 22 Rn. 116; hierzu kritisch Merk, in: Moritz/Klebeck/Jesch, Frankfurter Kommentar zum Kapitalanlagerecht, § 297 KAGB Rn. 9 ff.

Ansicht der BaFin ist aber ein **Verzicht** des Anlegers unter strengen Voraussetzungen **im Einzelfall** zulässig,[1479] wenn dieser in der konkreten Vertriebssituation z.B. durch die Erteilung eines entsprechenden Auftrags zu erkennen gibt, dass er die Aushändigung der Unterlagen nicht wünscht.[1480]

a) Verkaufsunterlagen beim Vertrieb von OGAW

899 Nach § 297 Abs. 1 KAGB sind dem am Erwerb eines Anteils oder einer Aktie an einem OGAW Interessierten rechtzeitig vor Vertragsschluss die wesentlichen Anlegerinformationen zur Verfügung zu stellen, darüber hinaus ist ihm **auf Verlangen** der Verkaufsprospekt sowie der letzte veröffentlichte Jahres- oder Halbjahresbericht kostenlos zur Verfügung zu stellen.

900 Rechtzeitig liegen dem Erwerbsinteressenten die Informationen dann vor, wenn er diese sorgfältig studieren und in seine Anlageentscheidung noch einbeziehen kann.[1481]

b) Verkaufsunterlagen beim Vertrieb von AIF

901 Die Informationspflichten im Zusammenhang mit dem Erwerb eines Anteils an einem AIF nach § 297 Abs. 2 KAGB stimmen inhaltlich weitgehend mit den Vorgaben für OGAW überein. Allerdings erfasst § 297 Abs. 2 KAGB nur Informationspflichten gegenüber **Privatanlegern.** Zudem sind – vorbehaltlich eines Verzichts – zusätzlich und **ohne besonderes Verlangen** dem Erwerbsinteressenten der Verkaufsprospekt sowie der Jahres- und Halbjahresbericht rechtzeitig vor Vertragsschluss zur Verfügung zu stellen.[1482]

902 Die Informationspflicht erstreckt sich nach § 297 Abs. 2 Satz 1 KAGB weiterhin auf den jüngsten Nettoinventarwert des Investmentvermögens oder den jüngsten Marktpreis (§§ 271 Abs. 1, 168 Abs. 2 u. 3 KAGB). Falls es – wie z.B. bei einem geschlossenen Investmentvermögen – keinen Marktpreis gibt, ist der Nettoinventarwert des Investmentvermögens mitzuteilen.[1483]

c) Verkaufsunterlagen beim Vertrieb von Dach-Hedgefonds

903 Für den Vertrieb von Anteilen bzw. Aktien an einem Dach-Hedgefonds (§§ 225 ff. KAGB) sowie an vergleichbaren EU-AIF bzw. ausländischen AIF enthält § 297 Abs. 6 KAGB besondere Vorgaben. Die **Verkaufsunterlagen** sind dem Erwerbsinteressenten nicht nur zur Verfügung zu stellen, sondern vielmehr **auszuhändigen**, ohne dass es auf ein vorhergehendes Verlangen ankommt.[1484] Der Erwerb eines Anteils oder einer Aktie bedarf nach § 297 Abs. 6 Satz 2 KAGB zudem der **Schriftform.**[1485]

904 Nach § 297 Abs. 6 Satz 3 KAGB muss dem Erwerbsinteressenten weiterhin ein **ausdrücklicher Hinweis** auf die Risiken des Anteilserwerbs gegeben werden. Hierzu genügt es aber nicht, dem

---

1479 BaFin, Häufige Fragen zum Vertrieb und Erwerb von Investmentvermögen nach dem KAGB (Stand: 13.07.2016), Nr. 3.2.

1480 Eckhold/Balzer, in: Assmann/Schütze, Handbuch des Kapitalanlagerechts, 4. Aufl. 2015, § 22 Rn. 116.

1481 Paul, in: Weitnauer/Boxberger/Anders, KAGB, 2. Aufl. 2017, § 297 Rn. 16 f.; Merk, in: Moritz/Klebeck/Jesch, Frankfurter Kommentar zum Kapitalanlagerecht, § 297 KAGB Rn. 20.

1482 Ausführlich Zetzsche/Eckner, in: Zetzsche, The Alternative Investment Fund Managers Directive, 2. Aufl. 2015, S. 394 ff. In Bezug auf Halbjahresberichte geht die Informationspflicht nach § 297 Abs. 2 Satz 2 KAGB ins Leere, wenn ein solcher für das betreffende Investmentvermögen nicht erstellt werden muss, vgl. BaFin, Häufige Fragen zum Vertrieb und Erwerb von Investmentvermögen nach dem KAGB (Stand: 13.07.2016), Nr. 3.3.

1483 BaFin, Häufige Fragen zum Vertrieb und Erwerb von Investmentvermögen nach dem KAGB (Stand: 13.07.2016), Nr. 3.2.

1484 Paul, in: Weitnauer/Boxberger/Anders, KAGB, 2. Aufl. 2017, § 297 Rn. 14, 26 f. und 34 ff.; so schon unter dem InvG a.F. Müchler, in: Emde/Dornseifer/Dreibus/Hölscher, InvG, § 121 Rn. 24.

1485 Zur Reichweite des Formerfordernisses vgl. Eckhold/Balzer, in: Assmann/Schütze, Handbuch des Kapitalanlagerechts, 4. Aufl. 2015, § 22 Rn. 119; Merk, in: Moritz/Klebeck/Jesch, Frankfurter Kommentar zum Kapitalanlagerecht, § 297 KAGB Rn. 40 f.

Erwerbsinteressenten den Verkaufsprospekt, der nach § 228 Abs. 2 KAGB einen entsprechenden Risikohinweis enthalten muss, lediglich auszuhändigen.[1486] Erforderlich ist vielmehr entweder ein gesonderter (zusätzlicher) Warnhinweis oder zumindest ein ausdrücklicher Hinweis auf die im Prospekt enthaltene Warnung.[1487]

2. Widerrufsrecht des Anlegers

Nach § 305 KAGB besteht ein Widerrufsrecht des Anlegers beim Kauf (Abs. 1) bzw. Verkauf (Abs. 6) von Anteilen oder Aktien eines **offenen Investmentvermögens**. Dieses Widerrufsrecht ist lex specialis zum Widerrufsrecht des BGB.[1488] 905

In Bezug auf Anteile und Aktien eines **geschlossenen Investmentvermögens** gilt dies gemäß § 305 Abs. 7 KAGB nicht. Inwieweit bei geschlossenen Investmentvermögen ein Widerrufsrecht des Anlegers besteht, bestimmt sich nach den allgemeinen Regeln der §§ 312 ff. BGB, insbesondere § 312g Abs. 1 BGB.[1489] Das Widerrufsrecht nach § 305 KAGB ist zwingend. Ein **Verzicht** ist nach § 305 Abs. 5 KAGB nicht möglich.[1490] 906

a) Voraussetzungen des Widerrufsrechts

Ein Widerrufsrecht besteht nach § 305 Abs. 1 KAGB nur dann, wenn der Käufer durch mündliche Verhandlungen außerhalb der ständigen Geschäftsräume desjenigen, der die Anteile oder Aktien an einem offenen Investmentvermögen verkauft oder den Verkauf vermittelt hat, dazu bestimmt worden ist, eine auf den Kauf gerichtete Willenserklärung abzugeben. 907

Aus § 305 Abs. 1 Satz 2 KAGB ergibt sich, dass der Anwendungsbereich der Vorschrift auch dann eröffnet ist, wenn ein **Fernabsatzgeschäft** i.S.v. § 312c Abs. 1 BGB vorliegt. Ein Widerrufsrecht des Anlegers nach § 305 Abs. 1 KAGB setzt voraus, dass die mündlichen Verhandlungen für die Abgabe seiner Willenserklärung zumindest mitursächlich waren. Ein Widerrufsrecht ist daher ausgeschlossen, wenn der Käufer bereits vor den mündlichen Verhandlungen fest entschlossen war, die Investmentanteile zu erwerben.[1491] 908

b) Ausschluss des Widerrufsrechts

Das Widerrufsrecht besteht nach § 305 Abs. 3 Nr. 1 KAGB nicht, wenn es sich beim Käufer nicht um einen Verbraucher i.S.v. § 13 BGB handelt. Der Begriff des Verbrauchers ist nicht deckungsgleich mit dem Begriff des Privatanlegers nach § 1 Abs. 19 Nr. 31 KAGB. Während ein Privatanleger etwa bei Investitionssummen über 200.000 Euro als semiprofessioneller Anleger qualifiziert werden kann[1492], ist für die Verbrauchereigenschaft nur erforderlich, dass die Investition nicht überwiegend der gewerblichen oder selbstständigen beruflichen Tätigkeit zugerechnet werden kann. 909

1486 Merk, in: Moritz/Klebeck/Jesch, Frankfurter Kommentar zum Kapitalanlagerecht, § 297 KAGB Rn. 42, insbesondere im Hinblick auf die in § 297 Abs. 6 Satz 4 KAGB enthaltene Beweislastumkehr; Eckhold/Balzer, in: Assmann/Schütze, Handbuch des Kapitalanlagerechts, 4. Aufl. 2015, § 22 Rn. 119.

1487 Vgl. Paul, in: Weitnauer/Boxberger/Anders, KAGB, 2. Aufl. 2017, § 297 Rn. 37.

1488 Kunschke, in: Beckmann/Scholtz/Vollmer, Investment, § 305 KAGB Rn. 2; Köndgen/Schmies, in: Schimansky/Bunte/Lwowski, Bankrechts-Handbuch, 5. Aufl. 2017, § 113 Rn. 153.

1489 Hierzu etwa Merk, in: Moritz/Klebeck/Jesch, Frankfurter Kommentar zum Kapitalanlagerecht, 2016, § 305 KAGB Rn. 29 ff.; Kunschke, in: Beckmann/Scholtz/Vollmer, Investment, § 305 KAGB Rn. 29 ff.

1490 Vgl. Eckhold/Balzer, in: Assmann/Schütze, Handbuch des Kapitalanlagerechts, 4. Aufl. 2015, § 22 Rn. 120 mit dem Hinweis, dass ein Verzicht nach Vertragsbeginn durch § 305 Abs. 5 KAGB nicht ausgeschlossen wird. Kritisch zum nachträglichen Verzicht auch Kunschke, in: Beckmann/Scholtz/Vollmer, Investment, § 305 KAGB Rn. 25 f.; Merk, in: Moritz/Klebeck/Jesch, Frankfurter Kommentar zum Kapitalanlagerecht, 2016, § 305 KAGB Rn. 27.

1491 Eckhold/Balzer, in: Assmann/Schütze, Handbuch des Kapitalanlagerechts, 4. Aufl. 2015, § 22 Rn. 121.

1492 Hierzu oben Rdn. 836.

910 Nach § 305 Abs. 3 Nr. 2 KAGB ist ein Widerrufsrecht auch dann nicht gegeben, wenn der Verkäufer bzw. der Verkaufsmittler den Käufer aufgrund einer vorherigen Bestellung des Käufers aufgesucht hat. Eine solche Bestellung des Käufers ist allerdings nur dann gegeben, wenn es zur Verhandlung über den Anteilskauf nicht auf Initiative des Verkäufers, sondern auf Wunsch des Käufers gekommen ist.[1493]

c) Ausübung des Widerrufsrechts

911 Der Anleger kann sein Widerrufsrecht innerhalb einer **Frist** von zwei Wochen ausüben. Für die Berechnung der Frist sieht § 305 Abs. 2 Satz 2 KAGB vor, dass sie erst zu laufen beginnt, wenn dem Käufer die Durchschrift des Antrags auf Vertragsschluss ausgehändigt oder eine Kaufabrechnung übersandt worden ist, dies allerdings nur dann, wenn hierin eine den Anforderungen des Art. 246 Abs. 3 Satz 2 und 3 EGBGB entsprechende Widerrufsbelehrung[1494] enthalten ist.

912 Nach § 305 Abs. 2 Satz 1 KAGB genügt zur Wahrung der Widerrufsfrist die rechtzeitige **Absendung der Widerrufserklärung**. Das Erfordernis eines Zugangs der Widerrufserklärung wird hierdurch nicht abbedungen, unerheblich ist lediglich, ob der **Zugang** innerhalb Widerrufsfrist erfolgt.[1495] Da der Widerruf schriftlich zu erklären ist, muss die Form des § 126 Abs. 1 BGB eingehalten werden.[1496]

913 Da **Adressat der Widerrufserklärung** die **Verwaltungsgesellschaft** oder ein **Repräsentant** i.S.v. § 319 KAGB ist, genügt die Erklärung gegenüber einem Vertriebsmittler (z.B. Bank oder Finanzdienstleister) grundsätzlich nicht, um die Widerrufsfrist zu wahren.[1497]

d) Rechtsfolgen des Widerrufs

914 Die Rechtsfolgen eines wirksamen Widerrufs bestimmen sich nach § 305 Abs. 4 KAGB. Problematisch ist allerdings die Rückabwicklung als Folge eines wirksamen Widerrufs bei geschlossenen Investmentvermögen, sofern hierdurch die gesetzlich vorgeschriebene Anfangs- und Eigenkapitalausstattung unterschritten wird.[1498] Beim Erwerb von Anteilen an offenen Investmentvermögen besteht im Rahmen der Rückabwicklung eine Verpflichtung der Verwaltungsgesellschaft, dem Käufer – ggfs. Zug um Zug gegen Rückübertragung der erworbenen Anteile – die bezahlten Kosten und einen Betrag auszuzahlen, der dem Wert der bezahlten Anteile am Tag nach Eingang der Widerrufserklärung entspricht.

915 Ein Anspruch des Käufers auf Erstattung des vollständigen Kaufpreises ergibt sich aus § 305 Abs. 4 KAGB allerdings nicht, der Käufer ist nicht (wie im Rahmen einer schadensersatzrechtlichen Rückabwicklung) so zu stellen, als hätte er die Anlage nicht getätigt.[1499]

1493 Paul, in: Weitnauer/Boxberger/Anders, KAGB, 2. Aufl. 2017, § 305 Rn. 27 m. krit. Hinweis auf die Bezugnahme nach § 55 Abs. 1 GewO; so auch Merk, in: Moritz/Klebeck/Jesch, Frankfurter Kommentar zum Kapitalanlagerecht, 2016, § 305 KAGB Rn. 22.

1494 Vgl. hierzu die Muster-Widerrufsbelehrung in Anlage 3 zu § 246b EGBGB.

1495 Eckhold/Balzer, in: Assmann/Schütze, Handbuch des Kapitalanlagerechts, 4. Aufl. 2015, § 22 Rn. 123.

1496 Vgl. Eckhold/Balzer, in: Assmann/Schütze, Handbuch des Kapitalanlagerechts, 4. Aufl. 2015, § 22 Rn. 123.

1497 Eine andere Beurteilung ist nur dann möglich, wenn der Vertriebsintermediär als (Empfangs-) Vertreter i.S.v. § 164 Abs. 3 BGB tätig wird, vgl. Eckhold/Balzer, in: Assmann/Schütze, Handbuch des Kapitalanlagerechts, 4. Aufl. 2015, § 22 Rn. 123; aA Merk, in: Moritz/Klebeck/Jesch, Frankfurter Kommentar zum Kapitalanlagerecht, 2016, § 305 KAGB Rn. 20.

1498 Vgl. zu den hieraus sich ergebenden Fragestellungen Paul, in: Weitnauer/Boxberger/Anders, KAGB, 2. Aufl. 2017, § 305 Rn. 45 ff.

1499 Eckhold/Balzer, in: Assmann/Schütze, Handbuch des Kapitalanlagerechts, 4. Aufl. 2015, § 22 Rn. 124.

e) Besonderheiten bei geschlossenen Investmentvermögen

916 Beim Erwerb von Anteilen und Aktien eines geschlossenen Investmentvermögens greift nicht § 305 KAGB ein. Vielmehr ist nach § 305 Abs. 7 KAGB anhand der allgemeinen zivilrechtlichen Bestimmungen des BGB zu prüfen, ob ein Widerrufsrecht des Anlegers besteht. Maßgeblich ist daher, ob der Vertrag in einer **Außergeschäftsraumsituation** (§ 312b BGB) oder im Wege des **Fernabsatzes** (§ 312c BGB) zustande gekommen ist.[1500]

917 Bei der Beteiligung an einer geschlossenen Investment-KG hat der Widerruf des Anlegers zur Folge, dass die **Grundsätze der fehlerhaften Gesellschaft** zur Anwendung gelangen.[1501]

3. Prospekthaftung und Haftung für wesentliche Anlegerinformationen

918 § 306 KAGB sieht eine Haftung für fehlerhafte sowie nicht veröffentliche Verkaufsprospekte und fehlerhafte wesentliche Anlegerinformationen vor.[1502] Haftungsadressaten sind neben der **Kapitalverwaltungsgesellschaft** auch diejenigen, die die Anteile oder Aktien im eigenen Namen verkauft haben (§ 306 Abs. 2 Satz 1 KAGB), daneben aber auch die gewerbsmäßigen **Anlagevermittler** (§ 306 Abs. 3 Satz 1 KAGB).[1503]

a) Fehlerhafter Verkaufsprospekt

919 Die Haftung nach § 306 Abs. 1 KAGB erfordert, dass in einem Verkaufsprospekt Angaben, die für die Beurteilung der Anteile oder Aktien von wesentlicher Bedeutung sind, unrichtig oder unvollständig sind.[1504] Angaben sind dann **von wesentlicher Bedeutung**, wenn sie für die Anlageentscheidung aus objektivierter Sicht eines verständigen Anlegers tatsächlich maßgeblich sind.[1505] **Unrichtig** i.S.v. § 306 Abs. 1 Satz 1 KAGB sind Angaben, wenn sie nicht mit der Wirklichkeit übereinstimmen; eine **Unvollständigkeit** ist gegeben, wenn Informationen zu einem für die Urteilsbildung des Anlegers relevanten Aspekt völlig fehlen oder wenn die im Prospekt enthaltenen Angaben den Sachverhalt nur in Teilen abbilden.[1506] Unvollständigkeit liegt demnach insbesondere – aber nicht ausschließlich[1507] – dann vor, wenn Mindestangaben fehlen (vgl. § 165 Abs. 2 KAGB ggfs. i.V.m. §§ 173 Abs. 1, 224, 228, 256, 262 f., 269 f. KAGB).[1508] Entscheidend für die Fehlerhaftigkeit ist stets das durch den Verkaufsprospekt vermittelte **Gesamtbild** der angebotenen Investmentanteile.[1509]

1500 Vgl. hierzu allg. Brönneke/Schmidt, VuR 2014, 3 ff.; Wendehorst, NJW 2014, 577, 581.

1501 Merk, in: Moritz/Klebeck/Jesch, Frankfurter Kommentar zum Kapitalanlagerecht, 2016, § 305 KAGB Rn. 36, 30; Paul, in: Weitnauer/Boxberger/Anders, KAGB, 2. Aufl. 2017, § 305 Rn. 48.

1502 Hierzu instruktiv Köndgen/Schmies, in: Bankrechts-Handbuch, 5. Aufl. 2017, § 113 Rn. 141 ff.; Paul, in: Weitnauer/Boxberger/Anders, KAGB, 2. Aufl. 2017, § 306 Rn. 5 ff.; Assmann, in: Assmann/Schütze, Handbuch des Kapitalanlagerechts, 4. Aufl. 2015, § 5 Rn. 2 f., 5 ff.

1503 Vgl. zu den Unterschieden beim jeweils maßgeblichen Verschuldensmaßstab Eckhold/Balzer, in: Assmann/Schütze, Handbuch des Kapitalanlagerechts, 4. Aufl. 2015, § 22 Rn. 127. Zur Dritthaftung von Wirtschaftsprüfern nach § 306 KAGB vgl. Schultheiß, BKR 2015, 1133 ff.

1504 Vgl. für einen Überblick Aurich, GWR 2016, 23 ff.

1505 Arg e Art. 106 Abs. 1 AIFM Level-II-Verordnung. Hierzu auch Kunschke, in: Beckmann/Scholtz/Vollmer, Investment, § 306 KAGB Rn. 17 ff. mit zutreffendem Hinweis auf BGH, Urt. v. 18.09.2012 – XI ZR 344/11, BGHZ 195, 1 = WM 2012, 2147.

1506 Paul, in: Weitnauer/Boxberger/Anders, KAGB, 2. Aufl. 2017, § 306 Rn. 13 ff.; Merk, in: Moritz/Klebeck/Jesch, Frankfurter Kommentar zum Kapitalanlagerecht, 2016, § 306 KAGB Rn. 14 ff.; Nobbe, WM 2013, 193 ff.; hierzu schon unter dem InvG a.F. Schmies, in: Beckmann/Scholtz/Vollmer, Investment, § 127 InvG Rn. 9.

1507 Kunschke, in: Beckmann/Scholtz/Vollmer, Investment, § 306 KAGB Rn. 27 ff. mit weiteren Beispielen.

1508 Vgl. den Überblick gespiegelt an der Darstellung der IRR-Methode bei Weinrich/Tiedemann, BKR 2016, 50 ff.

1509 Grundlegend BGH, Urt. v. 06.10.1980 – II ZR 60/80, BGHZ 79, 337 = WM 1981, 483; BGH, Urt. v. 12.07.1982 – II ZR 175/81, NJW 1982, 2823, 2824; vgl. auch BGH, Urt. v. 31.05.2010 – II

920 Ein Rückabwicklungsanspruch aus § 306 Abs. 1 Satz 1 KAGB setzt seit dem Finanzmarktanpassungsgesetz 2014 (FMAnpG)[1510] nicht mehr voraus, dass der Anleger die Aktien oder Anteile gerade aufgrund des Verkaufsprospekts erworben hat. Grundsätzlich genügt, dass der Verkaufsprospekt fehlerhaft ist. Die Beweislastverteilung im Rahmen der Prospekthaftung wurde dadurch jedoch nicht maßgeblich verändert, da durch Klarstellung des Wortlauts der Norm das Kausalitätserfordernis bestehen bleibt (vgl. § 306 Abs. 3 Satz 2 Nr. 2 und Abs. 4 Satz 2 KAGB).[1511] Der deutsche Gesetzgeber wollte vielmehr Konsistenz zwischen den weiteren Prospekthaftungstatbeständen des WpPG und VermAnlG schaffen, indem er klarstellte, dass der Anspruchsgegner die Beweislast für die Transaktionskausalität trägt.[1512] Es muss daher stets ein ursächlicher Zusammenhang zwischen dem Verkaufsprospekt und dem Erwerbsgeschäft bestehen.[1513] Diese Ursächlichkeit ist jedoch bereits dann gegeben, wenn die Vorlage des Verkaufsprospekts die Anlageentscheidung des Käufers mitbestimmt hat, auch wenn diese im Übrigen z.B. durch eine gezielte Werbung der Kapitalverwaltungsgesellschaft veranlasst worden ist.[1514]

b) Fehlerhafte wesentliche Anlegerinformationen

921 Die wesentlichen Anlegerinformationen sind fehlerhaft, wenn sie irreführend, unrichtig oder mit den einschlägigen Stellen des Verkaufsprospekts nicht vereinbar sind (§ 306 Abs. 2 Satz 1 KAGB). Eine **Irreführung** ist gegeben, wenn die Angaben in den wesentlichen Anlegerinformationen zwar sachlich zutreffend sind, ihre Darstellung aber unklar oder unverständlich ist und daher beim Anleger ein unzutreffender Eindruck entsteht.[1515] Eine Unvereinbarkeit mit dem Verkaufsprospekt liegt vor, wenn die Darstellung in den wesentlichen Anlegerinformationen von dem durch den Verkaufsprospekt aufgeworfenen Gesamtbild abweicht.[1516]

922 Auch eine Haftung wegen fehlerhafter wesentlicher Anlegerinformationen kommt nur in Betracht, wenn das Kausalitätserfordernis erfüllt ist.[1517]

c) Rechtsfolgen der Prospekthaftung; Verjährung

923 § 306 KAGB unterscheidet hinsichtlich der Rechtsfolgen der Prospekthaftung danach, ob der Käufer noch Inhaber des Anteils oder der Aktie ist oder bereits eine Weiterveräußerung erfolgt ist. Ist

ZR 30/09, WM 2010, 1310; BGH, Urt. v. 31.05.2011 – II ZR 141/09, NJW 2011, 2719, 2721; BGH, Urt. v. 23.10.2012 – II ZR 294/11, WM 2013, 258.

1510 Gesetz zur Anpassung von Gesetzen auf dem Gebiet des Finanzmarktes v. 15. Juli 2014, BGBl. 2014 I, S. 934. Hierzu RegE Begr FMAnpG, BT-Drs. 18/1305, S. 51.

1511 Merk, in: Moritz/Klebeck/Jesch, Frankfurter Kommentar zum Kapitalanlagerecht, 2016, § 306 KAGB Rn. 26.

1512 RegE Begr FMAnpG, BT-Drs. 18/1305, S. 51. So wie hier Kunschke, in: Beckmann/Scholtz/Vollmer, Investment, § 306 KAGB Rn. 48 f.

1513 Eckhold/Balzer, in: Assmann/Schütze, Handbuch des Kapitalanlagerechts, 4. Aufl. 2015, § 22 Rn. 130.

1514 Vgl. kritisch auch zu weiteren Auffassungen im Kontext der höchstrichterlich entwickelten Vermutung aufklärungsrichtigen Verhaltens Merk, in: Moritz/Klebeck/Jesch, Frankfurter Kommentar zum Kapitalanlagerecht, 2016, § 306 KAGB Rn. 26 ff. Zutreffend ablehnend mangels weiteren Bedürfnisses aufgrund der klaren gesetzlichen Regelung Kunschke, in: Beckmann/Scholtz/Vollmer, Investment, § 306 KAGB Rn. 50 f. Vgl. zum InvG a.F. auch Heisterhagen, in: Emde/Dornseifer/Dreibus/Hölscher, InvG, § 127 Rn. 36; Baur/Ziegler, Bankrecht und Bankpraxis, Rn. 9/528 ff.; Assmann, in: Assmann/Schütze, Handbuch des Kapitalanlagerechts, 4. Aufl. 2015, § 5 Rn. 401 ff.

1515 Kunschke, in: Beckmann/Scholtz/Vollmer, Investment, § 306 KAGB Rn. 41; Merk, in: Moritz/Klebeck/Jesch, Frankfurter Kommentar zum Kapitalanlagerecht, 2016, § 306 KAGB Rn. 24; Paul, in: Weitnauer/Boxberger/Anders, KAGB, 2. Aufl. 2017, § 306 Rn. 23 ff.

1516 Kunschke, in: Beckmann/Scholtz/Vollmer, Investment, § 306 KAGB Rn. 43; Müchler, WM 2012, 947, 978; Merk, in: Moritz/Klebeck/Jesch, Frankfurter Kommentar zum Kapitalanlagerecht, 2016, § 306 KAGB Rn. 24; so schon Heisterhagen, in: Emde/Dornseifer/Dreibus/Hölscher, InvG, § 127 Rn. 31.

1517 Vgl. die Nachw. in Rdn. 920.

der Käufer noch Inhaber, besteht die Verpflichtung des Anspruchsgegners, die Anteile bzw. Aktien Zug um Zug gegen **Erstattung des gezahlten Betrages** – einschließlich der Nebenkosten des Erwerbs – zu übernehmen (§ 306 Abs. 1 Satz 1 KAGB). Sofern der Anleger nicht mehr Inhaber der Anteile oder Aktien ist, steht ihm ein Anspruch auf Zahlung des Betrages zu, um den der von ihm gezahlte Betrag den Rücknahmepreis der Anteile im Zeitpunkt der **Veräußerung** übersteigt (§ 306 Abs. 1 Satz 3 KAGB). Besteht ein Rücknahmepreis nicht, kann der Anleger die Differenz zum Anteilswert im Zeitpunkt der Veräußerung verlangen.[1518]

Die **Verjährung** der Ansprüche aus § 306 KAGB bestimmt sich mangels spezialgesetzlicher Vorgaben nach den allgemeinen Regelungen der §§ 195, 199 BGB. Der Anspruch des Anlegers entsteht zwar bereits mit der Anlageentscheidung,[1519] die Verjährung beginnt aber erst zu laufen, wenn auch die subjektiven Voraussetzungen i.S.v. § 199 Abs. 1 Nr. 2 BGB (Kenntnis bzw. grob fahrlässige Unkenntnis) erfüllt sind.[1520] 924

1518 Kunschke, in: Beckmann/Scholtz/Vollmer, Investment, § 306 KAGB Rn. 35 m.w.N.; Paul, in: Weitnauer/Boxberger/Anders, KAGB, 2. Aufl. 2017, § 306 Rn. 19 ff.

1519 Vgl. BGH, Urt. v. 08.03.2005 – XI ZR 170/04, BGHZ 162, 306 = WM 2005, 929; hierzu Schäfer, BKR 2005, 238 ff.

1520 Paul, in: Weitnauer/Boxberger/Anders, KAGB, 2. Aufl. 2017, § 306 Rn. 56; Merk, in: Moritz/Klebeck/Jesch, Frankfurter Kommentar zum Kapitalanlagerecht, 2016, § 306 KAGB Rn. 37.

Kapitel 8 Immobilien und weitere Anlagemöglichkeiten, insb. »Grauer Kapitalmarkt«

Übersicht

A. Einleitung

Eine einheitliche Definition des Begriffs des »Grauen Kapitalmarkt« gibt es nicht. Zutreffend wurde er von Hagemann umschrieben als »*Teil des deutschen Kapitalmarktes, der aus vielen einzelnen, nicht-organisierten sowie weitgehend von der BaFin unbeaufsichtigten Primär- und ansatzweise auch Sekundärmärkten besteht, auf denen vor allem nicht wertpapiermässig verbriefte, ausserbörsliche Anlageformen und als Kapitalanlagen bezeichnete Finanzprodukte angeboten und zum Teil gehandelt werden.*«[1] Für Kleinanleger bestehen, wie Hagemann feststellt, bei einem vergleichsweise geringen Anlegerschutz höhere Risiken als bei Investitionen am organisierten Kapitalmarkt. Neben zahlreichen seriösen Unternehmen finden allerdings auch Wirtschaftskriminelle in diesem Markt gute Ausgangsbedingungen für betrügerische Geschäftsaktivitäten und fügen jedes Jahr Anlegern Schäden in Milliardenhöhe zu.[2] 1

Einer Studie über Finanzdienstleistungen, die in Deutschland an Privatpersonen erbracht werden, zufolge, enden Langfristanlagen zu 50–80 % vorzeitig durch Abbruch und mit Verlust. Die Vermögensschäden, die allein aufgrund mangelhafter Finanzberatung in Deutschland entstehen, wurden danach im Jahr 2008 auf jährlich 20–30 Mrd. € geschätzt.[3] In Untersuchungen der Europäischen Kommission über Finanzdienstleistungen muss der deutsche Markt für Finanzdienstleistungen an Privatpersonen bereits als herausragendes Negativbeispiel herhalten.[4] Das BKA kam bereits in einer Studie aus dem Jahr 1999 zu dem Ergebnis, dass sich in keinem anderen Land der EU auf dem grauen Kapitalmarkt ein so gefährliches Potenzial an krimineller Energie entwickelt hat wie in der Bundesrepublik Deutschland.[5] Seit 2008 wurden daher umfangreiche Regulierungsmaßnahmen beschlossen. 2009 wurde der Tatbestand der Anlageverwaltung als erlaubnispflichtige Finanzdienstleistung ins KWG eingeführt.[6] Mit der Schaffung des VermAnlG von 2011 wurde das VerkProspG aufgehoben. Einen weiteren Meilenstein bei der Regulierung des Grauen Kapitalmarkts bildete das Kapitalanlagegesetzbuch (KAGB), welches am 22.07.2013 in Kraft trat und das Investmentgesetz ersetzte. Hiervon werden insbesondere geschlossene Fonds einer Aufsicht unterstellt, aber auch schuldrechtliche Beteiligungsformen wie Genussrechte und Namensschuldverschreibungen, soweit es sich um Investmentvermögen i.S.d. § 1 Abs. 1 KAGB handelt.[7] Soweit ein Produkt nicht als Investmentvermögen gilt und auch nicht den übrigen Aufsichtsgesetzen unterfällt, handelt es sich auch weiterhin um ein Produkt des Grauen Kapitalmarkts.[8] 2

Die erheblichen wirtschaftlichen Schäden werden meist durch unseriöse Anlageangebote verursacht, die in einem von staatlicher Überwachung weitgehend freien Segment des Kapitalmarkts, in dem Anbieter in einer Zone zwischen legalem und nicht mehr legalem Anlagegeschäft agieren, vertrieben werden. Dabei ist die Grenze zwischen übervorteilenden und betrügerischen Anlageangeboten fließend. Zu den Schwerpunkten der Geschäfte auf diesem Markt zählten in der Vergangenheit insb. nicht näher spezifizierte Anlagen mit hohen Renditeversprechen, wobei Gelder entweder gar nicht oder so angelegt würden, dass die zugesagten Renditen nicht realisierbar seien. Zudem rechneten sie den Verkauf von Unternehmensbeteiligungen (Fonds, atypisch stille 3

1 *Hagemann* »Grauer Kapitalmarkt« und Strafrecht, S. 146.

2 *Hagemann* »Grauer Kapitalmarkt« und Strafrecht, S. 147.

3 »Anforderungen an Finanzvermittler – mehr Qualität, bessere Entscheidungen«, Studie im Auftrag des Bundesministeriums für Ernährung, Landwirtschaft und Verbraucherschutz, September 2008. Eine Zahl, die über Jahre hinweg in etwa stabil ist. (Handelsblatt Online: Grauer Kapitalmarkt – Wo die Mrd. versickern, 28.08.2010).

4 »Comission staff document on the follow up in retail financial services to the consumer markets scoreboard«, Brüssel, 22.09.2009, SEC (2009) 1251 final.

5 BKA-Studie von 1999:»Kriminalität und kriminogene Faktoren bei der Einführung des Euro«, S. 55.

6 BT-Drucks. 16/11929 (Gesetz zur Fortentwicklung des Pfandbriefrechts).

7 »Auslegungsschreiben zum Anwendungsbereich des KAGB und zum Begriff des »Investmentvermögens««, Geschäftszeichen Q 31-Wp 2137-2013/0006, abrufbar unter www.bafin.de.

8 BaFin: »Grauer Kapitalmarkt: Rendite und Risiko – Marktabgrenzung, Regulierung und Verantwortung des Anlegers« vom 04.03.2014, abrufbar unter www.bafin.de.

Beteiligungen, Genossenschaftsbeteiligungen), Beteiligungssparplänen, Genussrechten, Anleihen, Schuldverschreibungen, Warentermin- und Optionsgeschäfte sowie den Handel mit Bankgarantien, Diamanten oder Grundschuldbriefen zu den Schwerpunktgeschäften. Allerdings findet vonseiten der betrügerischen Anbieter eine ständige Aktualisierung der Angebotsmodelle statt, sodass öffentlich bekannte Anlageformen wie der Handel mit Bankgarantien und Diamanten oder Warentermin- und Optionsgeschäfte tendenziell rückläufig sind.[9] Aus diesen Geschäften entstehen häufig Totalverluste.

4 Produkte des Grauen Kapitalmarkts, insb. geschlossene Fonds, sind heute nicht mehr Produkte für bestimmte »besserverdienende« Schichten, sondern ein Produkt für die breite Masse geworden. Waren früher Ärzte, Apotheker, Steuerberater und Rechtsanwälte die klassischen Zeichner von Modellen mit hohen Verlustzuweisungen, ist seit dem Wegfall der Steuermodelle eine deutliche Verbreiterung der Zeichnerstruktur festzustellen. Hausfrauen, Rentner, Angestellte, Beamte und »Sonstige« machen heute einen großen Anteil an den Zeichnern von Fonds aus.[10]

5 So wurden bspw. die Mindestanlagebeträge bei Fonds, die bei den in den 1990er Jahren üblichen »Steuersparmodellen«[11] meist bei 100.000 DM begannen, drastisch abgesenkt und zusätzlich Ansparvarianten geschaffen. Die bei Ansparfonds vorgegebenen Mindestanlagebeträge übersteigen selten 5.000–10.000 €, die in monatlichen Raten ab 100–150 € eingezahlt werden. Damit wird ein Verkauf dieser Produkte an Personen möglich, die nicht einmal über ausreichend Kapital für die Einzahlung von 10.000 € verfügen und die zumeist über eine niedrigere formale Bildung und i.d.R. über gar keine fachspezifischen Kenntnisse verfügen. Dies hat zugleich zur Folge, dass sie mögliche Aufklärungs- und Informationslücken oder gar Risiken nicht erkennen können. Zugleich haben die geringen Mindestanlagebeträge[12] zur Folge, dass die Bereitschaft von Anwälten, derartige aufgrund des niedrigen Streitwerts wirtschaftlich wenig lukrative Mandate anzunehmen und die in solchen Fällen erforderliche Zeit in Recherche zu investieren, stark abnimmt. Das Risiko von Anbietern, in solchen Fällen mit ernsthaften Problemen haftungs-, aufsichts- oder strafrechtlicher Art konfrontiert zu werden, hat sich allerdings verschärft. So prüft die BaFin nach dem VermAnlG die zu erstellenden Prospekte auf Widerspruchsfreiheit und Kohärenz. Den Anlegern muss zudem eine Kurzinformation zur Verfügung gestellt werden und der Emittent hat jährlich über den Wert der Vermögensanlage zu informieren. Zudem bedürfen die Vermittler und Berater solcher Vermögensanlagen grundsätzlich einer gewerberechtlichen Erlaubnis und unterstehen der Aufsicht der Gewerbeaufsichtsbehörden der Länder. Das VermAnlG enthält zudem Bußgeldvorschriften, die je nach Verstoß eine Geldstrafe von bis zu 500.000 € vorsehen. Insofern verwundert es nicht, dass die Anzahl der Ansparfonds seit 2010 (19) bis 2013 auf einen gesunken war. Zwar bleibt die Auflage von Ansparfonds auch nach Inkrafttreten des KAGB weiterhin grundsätzlich möglich. Doch auch für diese Fonds gilt das Erfordernis der Risikomischung – also der Erwerb von mindestens drei Sachwerten oder eines Investitionsgutes mit gestreuter Nutzerstruktur innerhalb von 18 Monaten ab Vertriebsstart. Anbieter entwickeln darüber hinaus neue Anlageformen, mit denen sie sich der rudimentären staatlichen Regulierung entziehen und Kontroll- oder Mitwirkungsrechte von Anlegern ausschalten können.

6 Das VerkProspG aus dem Jahr 2005 stellte zunächst zwar eine wesentliche Neuerung dar, war aufgrund der mangelnden Regulierung des Vertriebs von Produkten des »Grauen Kapitalmarkts« aber weiterhin Kritik ausgesetzt. Handlungsbedarf sah der Gesetzgeber erst infolge der Finanzkrise der Jahre 2007/2008 und teils spektakulärer Gerichtsprozesse. Auch wenn der »Graue Kapitalmarkt« nicht zur Entstehung der Finanzmarktkrise beitrug, so rückte er aufgrund der ihm anhaftenden

9 *Klaffke ZRP 2003, 450.*

10 *Bartelsberger/Boutonnet/Loipfinger/Nickl/Richter*, Geschlossene Immobilienfonds, S. 32.

11 Diese wurden praktisch entwertet durch das Gesetz zur Änderung der Verlustrechnung im Zusammenhang mit Steuerstundungsmodellen, BGBl. vom 30.12.2005 Nr. 76.

12 Die durchschnittliche Beteiligungssumme an einem geschlossenen Fonds lag in 2008 bei rund 26.000 €. (Quelle: Homepage des VGF Verband Geschlossene Fonds e.V.).

negativen Assoziationen dennoch in den Fokus von Gesellschaft, Presse und Politik. So war es die Bestrebung des Gesetzgebers, bestehende Regulierungslücken im Bereich des Vertriebs von Vermögensanlageprodukten des »Grauen Kapitalmarkts« mit dem Gesetz zur Novellierung des Finanzanlagenvermittler- und Vermögensanlagerechts auszubessern. Das VermAnlG brachte allerdings im Vergleich zum VerkProspG nur begrenzte Verbesserungen für den Anlegerschutz. Das grundsätzliche Konzept fehlender Regulierung der Anlagegegenstände wurde beibehalten, lediglich der Vertrieb wird nach dem Vorbild des VerkProspG reguliert. Zudem brachte die Verlängerung der Verjährung bei Prospekthaftungsansprüchen eine tatsächliche Erleichterung für die Durchsetzung der Ansprüche der Anleger, schuf allerdings kaum einen verbesserten Schutz. Problematisch sind vor allem die gestiegene Stofffülle der Informationsunterlagen und die damit drohende Überfrachtung der Anleger mit Informationen. Es kommt daher mehr denn je auf eine qualifizierte und strukturierte Anlageberatung durch Finanzdienstleistungsinstitute oder freie Anlageberater an. So sind die wesentlichen Neuerungen die Unterwerfung des institutionellen Vertriebs von Vermögensanlagen nach dem VermAnlG durch Finanzdienstleistungsunternehmen unter die Finanzaufsicht nach dem KWG und den Pflichtenkatalog des WpHG und die Wesentlichere Auswirkungen auf die deutsche Fondslandschaft und den »Grauen Kapitalmarkt« hatte die Umsetzung der AIFM-Richtlinie und die damit verbundene Einführung des KAGB. Das KAGB sorgte erstmalig für eine umfassende Produktregulierung geschlossener Fonds als wesentlichem Produkt des »Grauen Kapitalmarkts«. Daneben wurden nach dem Vorbild des InvG auch die übrigen Marktteilnehmer reguliert und umfassende Vertriebsregelungen getroffen, die weit über das bisher bekannte Prospekhaftungsrecht für geschlossene Fonds hinausgehen. Bemerkenswert ist insofern, dass der deutsche Gesetzgeber an vielen Stellen, an denen der EU-Gesetzgeber ihm freie Hand ließ, eine weitaus strengere Regulierung im KAGB getroffen hat, als sie die AIFM-Richtlinie vorsieht. Zudem hat der deutsche Gesetzgeber Mitte 2015 die Einlagensicherung in Umsetzung europäischer Vorgaben reformiert, um Einleger besser vor dem finanziellen Zusammenbruch von Kreditinstituten zu schützen.[13] Hierzu dient das Gesetz zur Umsetzung der Europäischen Einlagensicherungsrichtlinie in nationales Recht,[14] das seit Juli 2015 überwiegend in Kraft getreten ist.

Auslöser für Rechtsstreitigkeiten im Zusammenhang mit Kapitalanlageprodukten des Grauen Kapitalmarkts sind in der Regel nicht fehlerhafte Kapitalmarktinformationen, sondern unzureichende Informationen des Anlegers. Die Information der Anlageinteressenten durch Vermittler und Berater orientiert sich zum einen nur selten objektiv an den Bedürfnissen und Zielen der Anleger. Zum anderen wurde zumindest in der Vergangenheit über Funktionsweise und Risiken der zumeist hochkomplizierten Graumarktprodukte nicht oder nur höchst unvollständig informiert. Häufig steht der provisionsträchtige Abschluss von Anlageverträgen im Vordergrund der Beratungstätigkeit von Bankberatern und bankungebundenen Beratern. Dass bei einer provisionsgetriebenen Beratung vielfach Informationen verheimlicht werden, die den Abschluss gefährden, überrascht dabei nicht. Insb. Risiken werden erfahrungsgemäß in vielen Anlageberatungen konsequent ausgeblendet oder verharmlost. Einen besseren Schutz für Investoren auf dem grauen Kapitalmarkt soll daher das Kleinanlegerschutzgesetz[15] bieten, das weitgehend am 10.07.2015 in Kraft trat und u.a. eine erweiterte Prospektpflicht enthält. Schließlich haben Verbraucher aufgrund der Verordnung (EU) Nr. 1286/2014 des Europäischen Parlaments und des Rates vom 26.11.2014 über Basisinformationsblätter für verpackte Anlageprodukte für Kleinanleger und Versicherungsanlageprodukte (PRIIP) nun ab dem 01.01.2018 einen Anspruch auf ein Basisinformationsblatt, das auf maximal drei DIN-A4-Seiten über die wichtigsten Merkmale des jeweiligen Produktes, insbesondere über dessen Risiken, Renditeprofil und Kosten informiert. 7

13 Vertiefend Berger BKR 2016, 144.
14 BGBl. 2015 I, S. 786.
15 BGBl. 2015 I, S. 1114.

B. Die ordnungsgemäße Aufklärung von Anlegern

I. Anlagevermittlung, Anlageberatung und Auskunftsvertrag – Einführung

8 Produkte des Grauen Kapitalmarkts werden sowohl über Banken und Sparkassen als auch über sonstige Finanzdienstleister vertrieben.[16] In rechtlicher Hinsicht erfolgt der Vertrieb gegenüber dem Anleger dabei entweder in der Form eines Anlageberatungsvertrages oder ist als Anlagevermittlungsvertrag zu qualifizieren. Anlageberater und Anlagevermittler sind es, die den Kontakt zwischen Anbietern und Kunden herbeiführen und die die den Anlegern oftmals nicht bekannten Anlageprodukte nahebringen. Ihnen obliegen im Interesse des Verbraucherschutzes[17] unterschiedlich weitreichende Aufklärungs- und Beratungspflichten. Hinzu kommen Pflichten aus einem Auskunftsvertrag in einer laufenden Geschäftsbeziehung.

1. Anlageberatung

9 Einen **Anlageberater** wird der Kapitalanleger im Allgemeinen hinzuziehen, wenn er selbst nicht über ausreichende wirtschaftliche Kenntnisse verfügt und keinen genügenden Überblick über die erforderlichen wirtschaftlichen Zusammenhänge hat. Der Anlageberater ist daher wie auch der Anlagevermittler verpflichtet, dem Anleger die Tatsachen und Umstände des Anlagegeschäfts mitzuteilen, die für den Anleger von wesentlicher Bedeutung sind oder sein können. Darüber hinaus beinhaltet der Anlageberatungsvertrag aber auch die Pflicht, Kapitalanlagen für den Anleger zu bewerten und entsprechende Empfehlungen abzugeben, welche Anlagen für ihn angesichts des konkreten Anlageziels geeignet sind.[18] Bei einer solchen Empfehlung teilt der Berater dem Kunden mit, wie er selbst handeln würde, befände er sich in der Situation des Kunden.[19] Der Berater tritt, anders als der Anlagevermittler, nicht als Vertreter eines bestimmten Produktgebers auf, sondern bezieht in seine Beratung Produkte verschiedener Produktgeber ein. Aber auch wenn nur eine Kapitalanlage angeboten wird, kann ein Beratungsvertrag vorliegen, wenn gegenüber dem Anleger eine fachkundige oder, was oftmals der Fall ist, nur eine fachkundig erscheinende Bewertung und Beurteilung der Anlage vor dem Hintergrund der Anlegerinteressen vorgenommen wird.[20] Als unabhängiger individueller Berater, dem weitreichendes persönliches Vertrauen entgegengebracht wird, muss der Anlageberater besonders differenziert und fundiert beraten.[21] Fehlt dem Anlageinteressenten erkennbar die erforderliche Sachkunde und Erfahrung, stellt dies i.d.R. einen wesentlichen Auslegungshinweis dafür dar, dass neben der Anlagevermittlung auch eine Anlageberatung durch den Kunden gewollt war.[22] Anlageberater arbeiten – ebenso wie Anlagevermittler – ganz überwiegend auf Provisions- und weniger auf Honorarbasis. Daher erhalten sie ihre Vergütung nicht unmittelbar von den Anlegern, sondern über einen Umweg von den Anlagegesellschaften, deren Produkte sie vertreiben, als Rückvergütung oder Innenprovision. Diese Zahlung erfolgt entweder offen aus dem Agio oder versteckt aus dem Anlagebetrag.

2. Anlagevermittlung

10 Der **Anlagevermittler** übernimmt für eine bestimmte Kapitalanlage im Interesse des Kapital suchenden Anbieters den Vertrieb und erhält für die erfolgreiche Vermittlung eine Provision. Er

---

16 *Emmerich*, Münchner Kommentar zum BGB, § 311 Rn. 138.

17 Derleder/Knops/Bamberger/*Bamberger* Deutsches und europäisches Bank- und Kapitalmarktrecht, § 52, Rn. 2.

18 OLG Stuttgart, Urt. v. 02.03.2010 – 13 U 42/09; Derleder/Knops/Bamberger/*Bamberger* § 44 Rn. 29; Schimansky/Bunte/Lwowski/*Siol* Bankrechts-Handbuch § 45 Rn. 3; Assmann/Schütze/*v. Heymann/Edelmann* Handbuch des Kapitalanlagerechts § 4 Rn. 3.

19 *Kümpel* Bank- und Kapitalmarktrecht Rn. 16.432.

20 OLG Stuttgart, Urt. v. 28.10.1998 – 9 U 69/98.

21 BGH, NJW 1982, 1095 f.

22 Derleder/Knops/Bamberger/*Bamberger* § 52 Rn. 42.

handelt nach außen entweder als freier Vermittler oder als Vertreter eines bestimmten Produktgebers, dessen Produkte er »verkaufen« möchte. Im Letzteren Fall werden von ihm Produkte anderer Anbieter nicht vorgestellt. Dabei steht der werbende und anpreisende Charakter der Aussagen in für den Kunden erkennbarer Weise im Vordergrund.[23] Der zwischen dem Anlageinteressenten und einem solchen Anlagevermittler zustande gekommene Vertrag zielt lediglich auf Auskunftserteilung ab. Er verpflichtet den Vermittler zu richtiger und vollständiger Information über diejenigen tatsächlichen Umstände, die für den Anlageentschluss des Interessenten von besonderer Bedeutung sind.[24] Hierzu gehört, dass der Anlagevermittler sich die nötigen Informationen hinsichtlich der Wirtschaftlichkeit der Kapitalanlage und der Bonität des Kapitalsuchenden beschafft, das Anlagekonzept zumindest auf seine Plausibilität und seine wirtschaftliche Tragfähigkeit hin überprüft und alle ihm zugänglichen Informationen über die vertriebene Anlage an den Kunden weitergibt. Ist der Anlageprospekt unrichtig oder unvollständig, muss der Anlagevermittler außerdem die Angaben im Prospekt richtig stellen. Auch wenn der Umfang der geschuldeten Beratung beim Vermittler im Vergleich zum Berater reduziert ist, wird auch der Vermittler durch den Auskunftsvertrag zum Interessenwahrer des Anlagekunden, obwohl der Vermittler zunächst im Auftrag des Kapital suchenden Anbieters tätig geworden ist.[25]

3. Abgrenzung Anlagevermittlung/Anlageberatung

Die Differenzierung zwischen Vermittler und Berater ist von praktischer Bedeutung, da Stellung und Aufgaben eines Anlagevermittlers und eines Anlageberaters unterschiedlich sind und sich die jeweiligen Pflichtenkreise nicht decken.[26] Überschneidungen sind allerdings möglich.[27] Der jeweilige Pflichtenumfang kann nicht allgemein bestimmt werden, sondern nur anhand der Besonderheiten des Einzelfalls.[28] Die Rechtsprechung des BGH ist hinsichtlich der Abgrenzung wenig konkret und äußerst reduziert: Vom Anlageberater erwartet der Kunde nicht nur die Mitteilung von Tatsachen, sondern insb. deren fachkundige Bewertung und Beurteilung. Häufig wünscht er eine auf seine persönlichen Verhältnisse zugeschnittene Beratung. An den Anlagevermittler wendet sich der Kunde in dem Bewusstsein, dass der werbende und anpreisende Charakter der Aussagen im Vordergrund steht. Im Verhältnis zu ihm geht es um Auskunftserteilung. Nassall[29] bringt die Abgrenzung wie folgt auf den Punkt: Den Anlagevermittler fragt der Kunde: »Was hast Du?« Den Anlageberater fragt er: »Was hast Du für mich?« Dementsprechend sind Finanzdienstleister, die mehrere Produkte im Angebot haben und hieraus auswählen, regelmäßig als Anlageberater einzuordnen.[30] **11**

Maßgeblicher Anknüpfungspunkt für die Einordnung als Anlagevermittler oder Anlageberater ist der Empfängerhorizont, also das tatsächliche Verständnis des Kunden von Position und Funktion des handelnden Finanzdienstleisters,[31] welches er nach Auftreten und Arbeitsweise des Finanzdienstleisters gewonnen hat.[32] Es kommt demnach entscheidend darauf an, wie der Finanzdienst- **12**

---

23 BGH, NJW-RR 1993, 1114; OLG Karlsruhe, NJW-RR 1999, 990; OLG Hamburg, Urt. v. 11.05.2000 – 13 U 20/99.

24 BGH, NJW 1982, 1095 f.; NJW 1990, 506; OLG Saarbrücken, WM 2006, 1720; OLG München, WM 2008, 872 (873); *Dörr* WM 2010, 533.

25 *Schwab* BKR 2011, 450.

26 Zur Abgrenzung zwischen Anlagevermittler und Anlageberater: *Nassall* NJW 2011, 2323.

27 Schimansky/Bunte/Lwowski/*Siol* Bankrechts-Handbuch § 45 Rn. 2.

28 BGH, NJW 1993, 1114; NJW-RR 1989, 150.

29 *Nassall* NJW 2011, 2323.

30 Aus diesem Grund kommt mit Kreditinstituten, die über eine breite Palette von Anlageprodukten verfügen, regelmäßig ein Anlageberatungsvertrag zustande.

31 OLG Hamm, Urt. v. 20.07.2004 – 4 U 37/04.

32 OLG Stuttgart, OLG-Report 2001, 274.

leister gegenüber dem Kunden auftritt[33] und wie dieser das Auftreten empfindet.[34] Bezeichnet er sich selbst im Gespräch oder auf Visitenkarten, Geschäftspapier, Firmenschildern oder in Werbemaßnahmen als Vermögensberater, Finanzberater oder Finanzplaner und bringt so oder auf andere Weise besondere Sachkunde zum Ausdruck,[35] wird der Kunde ihn als Berater wahrnehmen und darf an Inhalt und Qualität der Beratung dann auch die entsprechenden Anforderungen stellen, auch wenn der Finanzdienstleister nach seiner eigenen Vorstellung eigentlich »bloß« als Anlagevermittler tätig ist.[36] Die besondere Betonung der Seriosität und Unabhängigkeit durch einen Finanzdienstleister in der eigenen Darstellung und die damit zum Ausdruck gebrachte Werbung um besonderes Vertrauen hat eine Einordnung als Anlageberater zur Folge.[37] Sie begründet die Stellung als Berater und damit die Verpflichtung, die angebotene Kapitalanlage auf ihre Wirtschaftlichkeit zu überprüfen und ggf. dazu Nachforschungen anzustellen.[38]

13 Steht ein Finanzdienstleister nicht erkennbar auf der Anbieterseite, sondern tritt als neutraler Berater in Erscheinung, indem er bspw. auch als Vermittler von Versicherungen tätig ist und Beispielberechnungen über die Entwicklung der Kapitalanlage auf Briefpapier einer Versicherungsgesellschaft vornimmt, dokumentiert er auf diese Weise seine Distanz zum Anbieter bzw. der Vertriebsorganisation und ist als Anlageberater anzusehen.[39]

14 Erstellt der Anlagevermittler eine persönliche Berechnung für den Kunden, in der er die Auswirkungen einer Investition für den Kunden darstellt, kommt damit ebenfalls ein Beratungsvertrag zustande. Ein Berechnungsbeispiel über Kosten und finanzielle Vorteile eines Immobilienerwerbs oder einer Fondsbeteiligung steht einem mündlichen Rat gleich und hat die Annahme eines Anlageberatungsvertrages zur Folge.[40] Gleiches ist dann der Fall, wenn der Anlagevermittler bspw. eine »Private Renten- und Vermögensanalyse« erstellt und so den Eindruck einer individuell an den Anlagezielen des Kunden ausgerichteten, ergebnisoffenen und unabhängigen Anlageberatung suggeriert.[41] Die Vereinbarung einer Vergütung ist zur Begründung eines Anlageberatungsvertrages nicht erforderlich, stellt aber ein weiteres Indiz für dessen Abschluss dar.[42]

4. Auskunftsvertrag

15 In vielen Fällen tritt zum Anlagevermittlungsvertrag – durch den Anlagevermittler oft unerkannt – ein **Auskunftsvertrag** hinzu. In der Rechtsprechung des BGH ist anerkannt, dass im Rahmen der Anlagevermittlung zwischen dem Anlageinteressenten und dem Anlagevermittler ein Auskunftsvertrag mit Haftungsfolgen zumindest stillschweigend zustande kommt, wenn der Interessent deutlich macht, dass er mit Bezug auf eine bestimmte Anlageentscheidung die besonderen Kenntnisse und

---

33 *Thiel* Die Haftung der Anlageberater und Versicherungsvermittler, S. 3.

34 »Es kommt sowohl für die Frage nach Pflichtverletzungen zu allererst auf die konkrete Ausgestaltung des einzelnen Vertragsverhältnisses an. Es muss also danach gefragt werden, welche Erwartungen der Anleger erkennbarer Weise mit der ihm zuteil gewordenen Beratung verbindet und umgekehrt, welche Erwartungen das Verhalten des Vermittlers/Beraters weckt.«, *Strackmann* NJW 2011, 2616.

35 BGH, NJW 1979, 1449 (1450); OLG Karlsruhe, Urt. v. 15.09.2011 – 12 U 56/11, BeckRS 2011, 23170: »Bereits der auf der … Visitenkarte … wiedergegebene Slogan …»Unabhängigkeit ist unsere Stärke, Kapitalanlagen, Altersvorsorge, Immobilien, Immobilienfinanzierungen, Versicherungen« vermittelt den Eindruck, dass eine neutrale Überprüfung verschiedener Möglichkeiten erfolgt.«.

36 BGH, NJW-RR 2006, 109 f.

37 Das Auftreten als »unabhängiger Finanzoptimierer« vermittelt den Eindruck, dass verschiedene Beteiligungsmöglichkeiten neutral an den jeweiligen Anleger herangetragen werden, OLG Celle, BKR 2009, 385.

38 BGH, NJW-RR 1989, 150.

39 OLG Frankfurt am Main, BKR 2007, 379 (Göttinger Gruppe).

40 BGHZ 140, 111 (115); 156, 371 (374); Assmann/Schütze/*v. Heymann/Edelmann* § 4 Rn. 11.

41 LG Mannheim, Urt. v. 23.06.2004 – 9 O 257/03. Damit dürfte in allen Fällen, in denen unter den verschiedensten Fantasiebezeichnungen eine Vermögens- und/oder Versorgungsanalyse erstellt wird, der Abschluss eines Beratungsvertrages anzunehmen sein.

42 Assmann/Schütze/*v. Heymann* Handbuch des Kapitalanlagerechts § 5 Rn. 6.

Verbindungen des Vermittlers in Anspruch nehmen will und der Anlagevermittler die gewünschte Tätigkeit beginnt.[43] Der Feststellung weiterer besonderer Merkmale unter den Gesamtumständen des Falles, etwa eines eigenen wirtschaftlichen Interesses des Vermittlers an dem Geschäftsabschluss, bedarf es nicht. Ebenso wenig ist von entscheidender Bedeutung, ob der Vermittler den Kapitalsuchenden innerhalb seiner Rechtsbeziehungen mit dem Kapitalanleger vertritt, er also bspw. als »Repräsentant« einer Bank auftritt, und inwieweit diese ihrerseits unter dem Gesichtspunkt des § 278 BGB für Fehler des Vermittlers einzustehen hat.[44] So kommt im Rahmen der Anlagevermittlung bspw. schon dann ein Auskunftsvertrag als Interessenwahrungsverhältnis[45] zustande, wenn der Kunde den Vermittler nach der Zugehörigkeit der Anlagekapital einwerbenden Bank zum Einlagensicherungsfonds deutscher Banken fragt. Denn dann will der Anleger erkennbar gerade die spezifischen Kenntnisse des Anlagevermittlers über Einzelheiten der angebotenen Kapitalanlage für sich nutzen und seine Anlageentscheidung hiervon abhängig machen. Wenn der Anlagevermittler nicht ausdrücklich darauf hinweist, dass er seine Erklärungen nur für die Bank abgibt, kommt mit der Beantwortung der Frage stillschweigend ein Auskunftsvertrag zwischen dem Anleger und dem Vermittler zustande.[46]

Kommt auf diese Weise neben dem Anlagevermittlungsvertrag ein Auskunftsvertrag zustande, ist **16** auch der Anlagevermittler zu richtiger und vollständiger Information über alle tatsächlichen Umstände verpflichtet, die für den Anlageentschluss von besonderer Bedeutung sind.[47] Vertreibt er die Anlage anhand eines Prospekts, muss er zur Erfüllung seiner Auskunftspflicht zunächst im Rahmen der Plausibilitätsprüfung[48] den Prospekt jedenfalls darauf überprüfen, ob er ein in sich schlüssiges Gesamtbild über das Beteiligungsobjekt abgibt. Außerdem ist der Vermittler zur Prüfung verpflichtet, ob die im Prospekt enthaltenen Informationen sachlich vollständig und richtig sind, soweit der Vermittler dies mit zumutbarem Aufwand überprüfen kann.[49] Ansonsten muss er den Anleger darauf hinweisen, dass er eine derartige Prüfung nicht durchgeführt hat.

II. Der Anlagevermittler

1. Zustandekommen des Vertrages

Der Vertrag zwischen dem Anleger und dem Anlagevermittler kommt i.d.R. stillschweigend zu- **17** stande. Nach ständiger Rechtsprechung des BGH sind der konkludente Vertragsschluss und damit eine vertragliche Haftung des Auskunftsgebers für die Richtigkeit seiner Auskunft regelmäßig dann anzunehmen, wenn die Auskunft für den Empfänger erkennbar von erheblicher Bedeutung ist und er sie zur Grundlage wesentlicher Entschlüsse machen will. Dies gilt insb. in Fällen, in denen der Auskunftsgeber für die Erteilung der Auskunft besonders sachkundig ist oder ein eigenes wirtschaftliches Interesse am Geschäftsabschluss hat.[50] Der Anlagevermittler kann dann das genannte Verhalten des Anlageinteressenten ebenso wenig als unverbindlich verstehen, wie umgekehrt der als Kunde auftretende Interessent das Handeln des Vermittlers. Ob dabei der Vermittler für seine Auskunfts- oder Beratungstätigkeit ein zusätzliches Honorar unmittelbar vom Interessenten und nicht vom Vertreiber der Beteiligung erwartet, fordert oder bekommt, ist für die Frage des Vertragsabschlusses mit Haftungsfolgen von untergeordneter Bedeutung. Eine Entgeltvereinbarung

---

43 BGHZ 100, 117 (118 f.); BGH, NJW-RR 1993, 1114; NJW-RR 2000, 998; NJW 2002, 2641 (2642); NJW-RR 2003, 1690; NJW 2005, 1120 (1121); ZIP 2006, 2221.
44 BGH, NJW 2007, 1362.
45 *Schwab* BKR 2011, 450.
46 BGH, NJW 2007, 1362.
47 BGH, NJW-RR 2007, 925.
48 Siehe Kap. 8 B III. 3. c).
49 BGHZ 158, 110 (116).
50 BGH, NJW 1953, 60; NJW 1979, 1449; NJW 1987, 1815; NJW 1990, 513.

zwischen dem Vermittler und seinem Kunden ist keine notwendige Voraussetzung für einen verbindlichen Vertrag.[51]

18 Damit wird der Interessenlage und den Besonderheiten bei der Vermittlung von Kapitalanlagen Rechnung getragen. Diese werden geprägt durch die regelmäßig erhebliche wirtschaftliche Bedeutung für den Kapitalanleger und zugleich durch einen auf seiner Seite ebenso regelmäßig bestehenden Aufklärungsbedarf, der in der großen Mehrzahl der Fälle hinreichend nur durch den Vermittler befriedigt werden kann. Auf der anderen Seite beruht das Zustandekommen des Vertrages darauf, dass vom Vermittler im Allgemeinen eine besondere Sachkunde erwartet wird und diese auch nach eigenem Verständnis des Vermittlers besteht.[52]

2. Vertragspflichten

19 Der Anlagevermittler ist zu einer umfassenden Aufklärung des Kunden über die wesentlichen Umstände, die mit der offerierten Geldanlage zusammenhängen, verpflichtet. Sinn und Zweck der Beratungs- und Aufklärungsverpflichtung besteht darin, dem Anlageinteressenten gegenüber dem professionellen Anbieter eine annähernd gleiche Verhandlungsstärke zu verschaffen. Die Notwendigkeit dazu ergibt sich daraus, dass eine privatautonome Entscheidung des Anlegers ein annähernd ausgewogenes Kräfte- und Informationsverhältnis zwischen den Vertragsparteien voraussetzt.[53] Grundsätzlich besteht ein strukturelles Informationsungleichgewicht zwischen der Sachkunde des Anbieters und des für ihn tätigen Anlagevermittlers auf der einen und der des Kunden auf der anderen Seite. Dieses kann nur dadurch ausgeglichen werden, dass der erfahrene und überlegene Anlagevermittler das beim Kunden vorhandene Informationsdefizit durch eine entsprechende Aufklärung behebt.[54] Dementsprechend hat sich die Intensität der erforderlichen Aufklärung an der Interessenlage des Schwächeren zu orientieren. Dabei ist allerdings auch zu berücksichtigen, was den Parteien im Einzelfall unter Vertrauens- und Zumutbarkeitsgesichtspunkten abverlangt werden kann.[55] Inhalt und Umfang der Beratungspflicht werden folglich von einer Reihe von Faktoren bestimmt, die sich einerseits auf die Person des Kunden und andererseits auf das Anlageobjekt beziehen.[56]

20 Ein Anlagevermittler schuldet die vollständige und zutreffende Information seines Kunden über die für den Anlageentschluss wesentlichen tatsächlichen Umstände, nicht jedoch die Bewertung dieser Umstände.[57] Dazu gehört im Einzelnen, dass sich der Vermittler die nötigen Informationen hinsichtlich der Wirtschaftlichkeit der Kapitalanlage und der Bonität des Initiators bzw. der wichtigsten Vertragspartner beschafft, das Anlagekonzept zumindest auf seine Plausibilität und seine wirtschaftliche Tragfähigkeit hin überprüft, etwaige Unrichtigkeiten des Anlageprospekts richtigstellt und alle ihm zugänglichen Informationen über die vertriebenen Anlagen an die Kunden weitergibt.[58]

21 Vertreibt ein Anlagevermittler eine Vermögensanlage anhand eines Prospekts, so muss der Vermittler zur Erfüllung seiner Auskunftspflicht im Rahmen der geschuldeten »**Plausibilitätsprüfung**«[59] den Prospekt jedenfalls darauf überprüfen, ob er ein in sich schlüssiges Gesamtbild über das Beteiligungsobjekt gibt, ob das Gesamtkonzept wirtschaftlich tragfähig ist und ob die darin enthaltenen Informationen sachlich vollständig und richtig sind, soweit dies vom Vermittler mit zumutbarem

51 BGH, NJW 1983, 1730; NJW 1984, 2524.
52 BGHZ 74, 103 (106 f.).
53 BVerfG, NJW 1994, 36 (38 f.); *Grün* NJW 1994, 1330 (1331).
54 OLG Düsseldorf, WM 1996, 1082.
55 *Grün* NJW 1994, 1330 (1331).
56 BGH, NJW 1993, 2433; *Köndgen* NJW 1992, 2263 (2272).
57 BGH, NJW 1982, 1095; NJW 1979, 1449; NJW-RR 2007, 1692 Rn. 8 m.w.N.
58 MüKo-BGB/*Emmerich* § 311 Rn. 156.
59 BGH, NJW-RR 2000, 998; s. hierzu auch: Kap. 8 B. III. 3. c).

Aufwand geprüft werden kann.[60] Etwaige Widersprüche oder Unrichtigkeiten sind durch den Anlagevermittler aufzudecken und richtigzustellen.[61]

22 Der Anlagevermittler muss darüber hinaus alle gestellten und sich aufdrängenden Fragen korrekt beantworten.[62]

23 Hat der Anlagevermittler keine tatsächlichen Kenntnisse und Informationen in Bezug auf die Sicherheit der vermittelten Anlage, muss er dies dem Anlageinteressenten offenlegen und darf nicht lediglich die ihm von dritter Seite mitgeteilte vermeintliche Sicherheit der Anlage weitergeben.[63] Keinesfalls darf der Vermittler die Anlage als sicher darstellen, wenn seine Informationsgrundlage für eine entsprechende Bewertung nicht ausreicht.[64] Übergibt der Anlagevermittler dem Anlageinteressenten ohne nähere Erläuterung schriftliche Unterlagen, genügt er seinen vertraglichen Pflichten i.d.R. nicht.[65] Als Mittel der Aufklärung kann es allerdings genügen, wenn dem Anlageinteressenten statt einer mündlichen Aufklärung im Rahmen des Vertragsanbahnungsgesprächs ein Prospekt über die Kapitalanlagen überreicht wird. Voraussetzung ist jedoch, dass der Prospekt nach Form und Inhalt geeignet ist, die nötigen Informationen wahrheitsgemäß und verständlich zu vermitteln. Außerdem muss er dem Anlageinteressenten so rechtzeitig vor dem Vertragsschluss übergeben werden, dass der Prospektinhalt vor dem Vertragsabschluss noch zur Kenntnis genommen werden kann.[66] Verfügt der Anlagevermittler nicht über die erforderlichen Angaben und Unterlagen über die Kapitalanlage, ist er verpflichtet, sich diese zu beschaffen.

24 Ein Anlagevermittler ist ferner verpflichtet, durch die Klärung der persönlichen Vermögensverhältnisse des Kunden sicherzustellen, dass das Anlagegeschäft den Anleger nicht ruinieren kann.[67] Verspricht oder zahlt ein Anlagevermittler dem Steuerberater seines Kunden eine Provision für die Empfehlung bestimmter Anlagen, verletzt er ebenfalls Vertragspflichten gegenüber seinem Kunden, wenn dem Kunden dies verschwiegen wird.[68]

III. Der Anlageberater

1. Zustandekommen des Vertrages

25 Auch der Anlageberatungsvertrag kommt i.d.R. stillschweigend (konkludent) zustande, wenn der Anlageinteressent an eine Bank oder der Anlageberater einer Bank an einen Kunden herantritt, um über die Anlage eines Geldbetrages beraten zu werden bzw. zu beraten.[69] Von wem die Initiative für dieses Gespräch ausgeht, ist ohne Bedeutung. Mit der Erstellung eines individuellen Berechnungsbeispiels durch den Vermittler einer Kapitalanlage kommt konkludent ein Beratungsvertrag zustande, der Vermittler wird so zum Berater.[70] Der Beweis des Abschlusses eines Beratungsver-

---

60 BGH – III ZR 359/02; BGH, WM 2009, 739.

61 BGHZ 74, 103 (110); BGHZ 139, 225 (232); Schimansky/Bunte/Lwowski/*Siol* Bankrechts-Handbuch § 45 Rn. 9.

62 Schimansky/Bunte/Lwowski/*Siol* Bankrechts-Handbuch § 45 Rn. 9.

63 BGH, WM 2003, 2064; NJW 1990, 2461 (2463); NJW 1984, 2524; NJW 1982, 1095; NJW-RR 1993, 1114; NJW 1998, 448; WM 2000, 426 (427); OLG Düsseldorf, NJW-RR 1996, 1006; OLG Karlsruhe, WM 1992, 1101 (1102); OLG Hamm, WM 1993, 241; OLG Düsseldorf OLGR Düsseldorf 1997, 159 ff.

64 Schimansky/Bunte/Lwowski/*Siol* Bankrechts-Handbuch § 45 Rn. 9.

65 Reithman/Meichssner/v. Heymann/*Thode* Kauf vom Bauträger, N 55; Assmann/Schütze/*v. Heymann/Edelmann* § 4 Rn. 25.

66 BGH, NZG 2005, 472; NJW-RR 2007, 1692.

67 Derleder/Knops/Bamberger/*Bamberger* § 44 Rn. 137.

68 Vgl. OLG Köln, NJW-RR 1998, 1431 (1432).

69 BGH, NJW 1987, 1815; NJW 1993, 2433 »Bond I«; NJW 1996, 1744; NJW 1997, 1361; NJW-RR 2000, 1497 »Bond II«; NJW 2002, 1868 »NASDAQ«; OLG Koblenz, WM 2002, 1224, 1226; OLG Karlsruhe, WM 2002, 1295 (1296).

70 BGH, NJW 1999, 638.

trages gelingt dem Anleger nicht, wenn er mit einer bereits selbst gefassten Anlageentscheidung an die Bank herantritt und ein bestimmtes Wertpapier erwerben möchte, das ihm von dritter Seite empfohlen wurde.[71] Ebenso wenig kommt ein Beratungsvertrag zustande, wenn die Bank den Kunden ausdrücklich darüber aufklärt, dass eine Beratung nicht möglich sei, weil sie das vom Anleger angefragte Anlageprodukt nicht kenne.[72] Schließlich scheidet ein konkludenter Beratungsvertrag auch dann aus, wenn die Bank ihr gesamtes Geschäft erkennbar beratungsfrei gestaltet. Machen sog. Direktbanken oder Discount Broker in ihren AGB deutlich, dass sie ausschließlich beratungsfreies Geschäft anbieten, kann sich der Kunde nicht darauf berufen, dass die Bank ihn habe beraten müssen.[73] Diese Einschränkung gilt allerdings jedenfalls dann nicht, wenn die Bank entgegen ihrem Marktauftritt den Anleger tatsächlich doch berät.[74] Dabei kann der Bank aber das Wissen ihres Prokuristen, das dieser als Mitglied des Aufsichtsrats einer AG erlangt hat und das seiner Verschwiegenheitspflicht unterliegt, nicht zugerechnet werden.[75]

2. Vertragspflichten

26 Dem Anlageberater obliegen zunächst einmal dieselben Informations- und Prüfungspflichten hinsichtlich der von ihm empfohlenen Anlagen wie dem Anlagevermittler.[76] Der Anlageberater ist verpflichtet, dem Anlageinteressenten alle diejenigen Informationen, die für seinen Anlageentschluss wesentliche Bedeutung haben oder haben können, wahrheitsgemäß und sorgfältig, insb. vollständig zu erteilen.[77] In der Rechtsprechung zur sog. Prospekthaftung ist anerkannt, dass nicht nur eine unrichtige Unterrichtung, sondern auch das Unterlassen gebotener Informationen eine Schlechterfüllung sein kann.[78] Je nachdem, wie weit im Einzelfall das schutzwürdige Vertrauen des Informationsempfängers auf die Richtigkeit der Angaben reicht, sind auch Nachforschungen seitens des Beraters erforderlich.[79] Die wirtschaftliche Bedeutung und das Verlustrisiko eines Anlageentschlusses sowie die Tatsache, dass der Interessent im Gegensatz zum Anlageberater zumeist selbst keine oder nur geringe Überprüfungsmöglichkeiten hat, rechtfertigen dieses Ausmaß der Aufklärungspflicht. Ihre Erfüllung nimmt dem Interessenten das Risiko des Anlagegeschäftes nicht ab, sondern gibt ihm vielmehr erst die Möglichkeit, Risiken zu erkennen.[80]

27 Im Gegensatz zum Vermittler ist ein Anlageberater zu mehr als nur zu einer Plausibilitätsprüfung verpflichtet. In Bezug auf das Anlageobjekt hat sich seine Beratung auf diejenigen Eigenschaften und Risiken zu beziehen, die für die jeweilige Entscheidung wesentliche Bedeutung haben oder haben können. Er muss deshalb eine Anlage, die er empfehlen will, mit üblichem kritischem Sachverstand[81] prüfen oder den Anlageinteressenten auf ein diesbezügliches Unterlassen hinweisen.[82] Ein Berater, der sich in Bezug auf eine bestimmte Anlageentscheidung als kompetent geriert, hat sich dabei aktuelle Informationen über das Objekt, das er empfehlen will, zu verschaffen. Dazu gehört die Auswertung vorhandener Veröffentlichungen in der Wirtschaftspresse. Der Anlageberater muss aber nicht alle denkbaren Zeitungen vorhalten, sondern darf eine plausible Auswahl treffen.[83]

71 BGH, WM 1996, 906.
72 BGH, WM 1998, 1391 (1392).
73 BGH, WM 2013, 789 (791); BGH, WM 1999, 2300 (2302).
74 BGH, WM 2013, 789 (791); Ellenberger, WM 2001, Sonderbeil. Nr. 1, S. 5.
75 BGH, Urt. v. 26.04.2016, XI ZR 108/15, NJW 2016, 2569.
76 MüKo-BGB/*Emmerich* § 311 Rn. 158.
77 BGH, NJW 1979, 1449; NJW 1981, 1449.
78 BGH, NJW 1979, 718.
79 BGH, NJW 1979, 1449.
80 BGH, NJW 1982, 1095.
81 Berät eine Bank, hat die Prüfung mit banküblichem kritischen Sachverstand zu erfolgen, BGHZ 123, 126; 178, 149; BGH, WM 2009, 2303; BKR 2011, 514; BGH, WM 2012, 2375.
82 BGH, NJW 2012, 380.
83 BGH, WM 2009, 688 (690); NJW-RR 2009, 687; NJW-RR 2010, 349; NJW-RR 2011, 329.

Bei der Auswahl muss sich der Anlageberater an den Produkten seines Beratungsprogramms orientieren und Medien auswählen, die regelmäßig über diese Produkte berichten.[84]

Darüber hinaus ist der Anlageberater im Unterschied zum Anlagevermittler auch verpflichtet, die Anlagen fachkundig wirtschaftlich zu bewerten und zu beurteilen,[85] um seinem Kunden sachkundige Empfehlungen geben zu können. Die dem Anleger erteilten Informationen müssen dabei richtig und vollständig sein, eine Renditeberechnung muss in sich schlüssig und plausibel vorgenommen werden.[86] Der Berater muss eigene Ermittlungen anstellen und darf die Angaben Dritter nicht ungeprüft übernehmen und weitergeben. Dies gilt umso mehr, wenn er sogar den Eindruck erweckt, das von ihm angebotene Objekt sei von ihm geprüft worden.[87] 28

Der Anlageberater ist verpflichtet, dem Anleger ein zutreffendes Bild von den Chancen und Risiken der Beteiligung an der Vermögensanlage zu vermitteln. Dieser verlässt sich auf die Erfahrungen und Risikobewertungen seines Ratgebers, insb. darauf, von diesem einen für seine Anlageentscheidung aussagekräftigen Überblick zu erhalten. Aufgabe des Anlageberaters ist es, seinem Kunden eine individuelle, pointierte und gewichtete Information zu geben.[88] Dies gilt umso mehr, wenn der bei der Beratung überreichte Prospekt wegen seines Umfangs dem individuellen Informationsinteresse des Ratsuchenden nicht gerecht wird und eine »mundgerechte« Orientierungshilfe schon mangels übersichtlicher Gewichtung nicht bietet.[89] Würde dem Anleger eine umfangreiche Informationsbroschüre genügen, wäre der Wunsch nach einem individuellen Beratungsgespräch überflüssig.[90] Will der Ratsuchende im persönlichen Gespräch informiert werden, würde ein Abstellen auf einen ihm bei dieser Gelegenheit überreichten umfangreichen Prospekt darauf hinauslaufen, dass der Anleger die Qualität des persönlichen Gesprächs anhand des Prospektes überprüfen müsste.[91] Sinn und Zweck des persönlichen Informationsgesprächs würden damit ad absurdum geführt.[92] 29

Inhalt und Umfang der Beratungspflicht sind von einer Reihe von Faktoren abhängig, die sich einerseits auf die Person des Kunden und andererseits auf das Anlageprojekt beziehen. Dementsprechend schuldet der Anlageberater eine anleger- und objektgerechte Beratung.[93] 30

a) Anlegergerechte Beratung

Unter einer anlegergerechten Beratung ist eine Beratung zu verstehen, die sich auf die persönlichen Verhältnisse des konkreten Kunden bezieht. Der Anlageberater muss insbesondere das Wissen und die Erfahrungen des Kunden und dessen Risikobereitschaft berücksichtigen und die Anlageempfehlung auf die persönlichen Verhältnisse des Kunden zuschneiden. Die eingehende Information über den Kunden ist grundlegende Voraussetzung für eine fehler- und haftungsfreie Beratung nach dem Grundsatz »know your customer«.[94] Welches Produkt für den Kunden geeignet ist und welche Informationen der Kunde für eine eigenverantwortliche Anlageentscheidung benötigt, kann der Anlageberater nur dann zutreffend abschätzen, wenn er den Kenntnis- und Erfahrungsstand des Kunden über die Anlagemöglichkeiten, die damit verbundenen Risiken, seine Risikoneigung, seine persönlichen, familiären Verhältnisse und seine Anlageziele ermittelt.[95] 31

---

84 *Nassal*, NJW 2011, 2323 (2325).
85 BGH, NJW 1982, 1095; Schimansky/Bunte/Lwowski/*Siol* Bankrechts-Handbuch § 43 Rn. 7.
86 OLG Stuttgart, Urt. v. 14.02.2002 – 7 U 165/01; EWiR 2002, 421 (Siller); BGH, NJW 1999, 638.
87 BGH, NJW 1978, 997; WM 1978, 611; NJW 1997, 1449 (1451).
88 LG Bonn, Urt. v. 22.01.2008 – 3 O 261/07, BeckRS 2008, 08032.
89 OLG Frankfurt am Main, Urt. v. 08.05.2007 – 10 U 105/06, BeckRS 2008, 07201.
90 LG Bonn, Urt. v. 22.01.2008 – 3 O 261/07, BeckRS 2008, 08032.
91 Hierzu ist der Beratungskunde nicht verpflichtet; vgl. BGH – III ZR 186/10.
92 OLG Düsseldorf, Urt. v. 30.03.2006 – I 6 U 84/05, BeckRS 2006, 05157.
93 BGH, NJW 1993, 2433; *Kümpel* Rn. 16.451.
94 *Arendts* Die Haftung für fehlerhafte Anlageberatung, S. 2.
95 Ellenberger u.a./*Braun/Lang/Loy* Praktikerhandbuch Wertpapier- und Derivategeschäft Rn. 217; *Kümpel* Rn. 16.468.

32 Die Kundenangaben sind Grundlage für die Aufklärung durch den Anlageberater. Dieser hat den Kunden zumindest zu folgenden Punkten zu befragen:

- Anlageziele
  - lang- oder kurzfristige Anlagen
  - Altersversorgung
  - Ausbildung (für Kinder, Enkel)
  - Verfügbarkeit der eingesetzten Mittel
  - Interesse an einmaligen oder wiederkehrenden Ausschüttungen/Erträgen
  - Risikobereitschaft.
- Kenntnisse in verschiedenen Anlageformen (z.B. Schuldverschreibungen, Aktien, Investmentanteilscheine, Derivate, geschlossene Beteiligungen, Anleihen)
- Erfahrungen mit verschiedenen Anlageformen in der Vergangenheit (Umfang und Häufigkeit der Geschäfte, Zeitraum u.a.).
- finanzielle Verhältnisse des Kunden.

33 Durch die Grundlagenermittlung soll der Anlageberater in die Lage versetzt werden, dem Kunden eine auf seine persönlichen Verhältnisse zugeschnittene Anlage zu empfehlen.[96] Der Umfang der Fragen und die Tiefe der Grundlagenermittlung richten sich auch danach, ob die beabsichtigten Geschäfte aus eigenen Mitteln bezahlt oder durch Kredite finanziert werden und welche Verlust-, Nachschuss- oder andere Risiken bei diesen Geschäften bestehen.

34 Sofern Gegenstand der Anlageberatung ein Produkt ist, welches zur Altersvorsorge dienen soll, müssen der Finanzbedarf im Alter, die vorhandenen Alterssicherungen sowie die daraus entstehende Bedarfslücke ermittelt werden. Wird eine Bedarfsermittlung nicht durchgeführt und ein Produkt als Altersvorsorge angeboten, ist die Beratung bereits aus diesem Grund nicht anlegergerecht und damit fehlerhaft.[97]

35 Zu den Umständen in der Person des Kunden gehören insb. auch dessen **Wissensstand über Anlagegeschäfte** der vorgesehenen Art und dessen Risikobereitschaft. Zu berücksichtigen ist also vor allem, ob es sich bei dem Kunden um einen erfahrenen Anleger mit einschlägigem Fachwissen handelt[98] und welches Anlageziel der Kunde verfolgt. In diesen Kontext gehören auch Auffassungsgabe, Vorbildung und Ausbildung des Kunden, sein Beruf, sein Alter sowie ggf. vorhandene Schwierigkeiten, die deutsche Sprache zu verstehen.[99] Die berufliche Qualifikation des Kunden alleine reicht allerdings nicht aus, bspw. um Kenntnisse und Erfahrungen mit Finanztermingeschäften zu unterstellen, solange keine konkreten Anhaltspunkte dafür bestehen, dass er diese im Zusammenhang mit seiner beruflichen Tätigkeit tatsächlich erworben hat.[100] Die Kenntnis von solchen Umständen kann der Berater aus langjährigen Geschäftsbeziehungen mit dem Kunden gewonnen haben. Verfügt er nicht über entsprechendes Wissen, muss er den Informationsstand und die Anlageziele des Kunden erfragen.[101] Der Umfang einer Aufklärungspflicht wird durch die persönlichen Verhältnis-

---

96 *Kümpel* Rn. 16.469.

97 Zur grundsätzlichen Verpflichtung des Versicherungsmaklers als Sachwalter der Kundeninteressen, den objektiv notwendigen Versicherungsbedarf des Kunden durch eingehende Risikoanalyse zu ermitteln: OLG Karlsruhe, NJOZ 2007, 2207 (2209); OLG Düsseldorf, VersR 2000, 54. Dies muss entsprechend auch für Anlageberater gelten.

98 Auch der erfahrene Anleger hat einen Anspruch darauf, zumindest über eine ihm bis dahin nicht bekannte Anlageform zutreffend aufgeklärt zu werden, OLG Frankfurt am Main, Urt. v. 12.01.2011 – 17 U 130/10, BeckRS 2011, 03292.

99 OLG Stuttgart, NJW 1982, 2608 (2609); Derleder/Knops/Bamberger/*Bamberger* Bankrechts-Handbuch § 52 Rn. 163.

100 BGH WM 1997, 309 (311); ZIP 2003, 2242 (2244 f.).

101 BGH, NJW 1993, 2433.

se eines Beteiligten, wie etwa den Kenntnis- und Erfahrungsstand des Kunden mitbestimmt. Daher bestehen insb. bei unerfahrenen Interessenten gesteigerte Anforderungen.[102]

Die Anlage muss auf die persönlichen Verhältnisse des Kunden zugeschnitten sein, dessen persönlichen Verhältnissen, den Anlagezielen und der Risikobereitschaft entsprechen und insoweit »anlegergerecht« sein.[103] Dies setzt die Ermittlung der Anlageziele sowie der Risikobereitschaft des Kunden voraus. 36

Es gibt eine Vielzahl möglicher **Anlageziele**, die mit unterschiedlichen Produkten korrespondieren bzw. bestimmte Produkte ausschließen. Es muss im Kundengespräch geklärt werden, welche Ziele der Kunde mit der Kapitalanlage vorrangig, ausschließlich oder gemeinsam verfolgt: Vermögensbildung, Alterssicherung, Ausbildungsfinanzierung, Schließung von Versorgungslücken, Kapitalerhalt, laufende Einnahmen, kurzfristige Gewinne, langfristiger Wertzuwachs, Steuerersparnis, Risikodiversifizierung etc.[104] Die Ziele des Kunden bilden die Grundlage der späteren Anlageempfehlung. Eine Anlageempfehlung ohne vorhergehende Grundlagenermittlung ist fehlerhaft und pflichtwidrig und setzt den Berater Schadensersatzansprüchen aus.[105] 37

Der **Anlagehorizont** des Kunden muss ebenfalls Grundlage der Anlageempfehlung sein. Für Kunden, die lediglich eine kurz- oder mittelfristige Bindung ihres Kapitals wünschen, scheiden langfristige Investitionen[106] mit einer langfristigen Bindung des Kapitals aus. Diese kommen nur für Anleger in Betracht, die über den gesamten vorgesehenen Anlagezeitraum auf das investierte Kapital verzichten können. Aufgrund der bei geschlossenen Fonds regelmäßig fehlenden Fungibilität ist dort eine Veräußerung – wenn überhaupt – nur mit Verlusten möglich. In der Praxis ist zu beobachten, dass auch bei grds. langfristig konzipierten Anlageformen ein Ausstieg nach kürzerer Zeit – meist »mit Gewinn« – suggeriert wird. Eine solche Aussage stellt einen klaren Beratungsfehler dar. 38

Anlageziele, Anlagehorizont und Risikobereitschaft müssen vom Anlagevermittler/-berater auf Vereinbarkeit in Bezug auf das jeweils empfohlene Produkt überprüft werden.[107] Das Anlageziel darf dem Anlagezeitraum nicht zuwiderlaufen. Aber auch Anlagedauer und Risikobereitschaft müssen in Einklang gebracht werden, denn Produkte mit hoher Risikoeinstufung sind üblicherweise durch hohe Volatilität gekennzeichnet und daher allenfalls auf einen langfristigen Anlagezeitraum angelegt. 39

Die **Risikobereitschaft** des Kunden entscheidet, welche Produktlinien und Produkte für den Anleger in Betracht kommen. Die Beratung hat sich daran auszurichten, ob das beabsichtigte Anlagegeschäft der sicheren Geldanlage dienen soll oder spekulativen Charakter hat. Bei fehlender Risikobereitschaft dürfen nur Produkte angeboten werden, die den Kapitalerhalt sichern.[108] Einem konservativen Anleger ohne entsprechende Erfahrungen und Kenntnisse dürfen im Allgemeinen nur Anlagen empfohlen werden, die möglichst risikoarm oder risikolos sind.[109] Ebenso darf einem Kunden, der eine sichere Anlage zur Alterssicherung wünscht, keine spekulative Anlage verkauft 40

102 OLG Celle, NJW-RR 1993, 500.

103 BGH, NJW 1982, 1095; WM 1993, 1455 (1456); WM 2000, 1441 (1442).

104 *Thiel* Die Haftung der Anlageberater und Versicherungsvermittler, S. 30. Der Anleger verfolgt i.d.R. nicht nur ein Ziel mit einer Vermögensanlage, sodass die Anlageangebote auf unterschiedliche Zielsetzungen abzustimmen sind.

105 OLG Hamm, NJW-RR 2012, 1438.

106 Bspw. geschlossene Schiffs- oder Immobilienfonds.

107 *Lang* Informationspflichten bei Wertpapierdienstleistungen § 9 Rn. 46.

108 LG Essen, Urt. v. 14.09.2011 – 11 O 298/10: »Eine dem jeweiligen Anleger gerecht werdende Beratung setzt voraus, dass der Berater die Anlagewünsche, die vom Kunden mit der Anlage verfolgten Ziele und die Risiken, die er einzugehen bereit ist, erfragt und ermittelt und diese bei seiner Beratung und bereits bei der Beurteilung der Frage, welche Anlageprodukte er dem Kunden überhaupt vorstellen kann und darf, berücksichtigen.«.

109 OLG Nürnberg, ZIP 1998, 380; OLG Frankfurt am Main, Urt. v. 23.03.2007 – 3 U 141/06.

werden.[110] Auch einem auf die Sicherheit seines Vermögens bedachten Anleger dürfen nur solche Anlagen empfohlen werden, bei denen keinerlei Verlustrisiken bestehen, bspw. infolge Absicherung durch den Einlagensicherungsfonds des Bundesverbands deutscher Banken.[111] Bei neuartigen Anlageprodukten besteht auch für den spekulationswilligen Anleger eine erhöhte Aufklärungspflicht, wenn und soweit er die besonderen Risiken nicht kennt.[112] Letztlich kann auch aus der Fachkenntnis eines Anlegers nicht auf dessen Risikobereitschaft geschlossen werden.[113]

41 Auch die **Risikofähigkeit**[114] des Kunden ist bei der Beratung des Anlegers zu beachten.[115] Hierbei ist die Frage zu stellen, ob der Kunde wirtschaftlich überhaupt in der Lage ist, die von ihm akzeptierten Risiken zu tragen.[116] Insb. ist ein Kunde in jenen Fällen gesondert zu warnen, in denen ruinöse Vermögenseinbußen als Folge der Kapitalanlage zu erwarten oder ohne Weiteres möglich sind.[117]

42 Wird i.R.d. Beratung vom Anlageberater ein Beratungsprotokoll ausgefüllt und steht fest, dass einzelne Ankreuzungen nicht mit dem vom Kunden mitgeteilten Sachverhalt übereinstimmen, kommt dem Formular auch bei Unterzeichnung durch den Kunden insgesamt kein Beweiswert für eine anlegergerechte Beratung zu.[118]

43 Die Verpflichtung zur Kundenexploration entfällt nur dann, wenn dem Berater die persönlichen Umstände des Anlegers, bspw. aus einer langjährigen Geschäftsbeziehung mit dem Kunden, bekannt sind und diese Kenntnis noch aktuell ist.[119] Seiner Pflicht zur anlegergerechten Beratung genügt der Berater nur dann, wenn er sich noch vor der Anlageentscheidung des Kunden die Gewissheit verschafft, dass dieser die von ihm geschilderten Risiken des Finanzprodukts in jeder Hinsicht verstanden hat.[120]

b) Anlagegerechte Beratung

44 Die anlagegerechte (objektgerechte) Beratung bedeutet, dass sich die Beratung auf die Eigenschaften und Risiken des Anlageproduktes beziehen muss, die für den konkreten Kunden wesentliche Bedeutung haben – »know your merchandise«.[121] Dabei ist zwischen den allgemeinen Risiken wie Konjunkturlage, Entwicklung des jeweiligen Marktes für das Produkt[122] und den speziellen Risi-

110 BGH, WM 2000, 1441 (1443); *Ellenberger* WM 2001 SB 1, 4.

111 BGH, WM 2000, 1441; OLG Stuttgart, Beschl. v. 02.10.2008 – 5 U 60/08; OLG Stuttgart, Urt. v. 02.03.2010 – 13 U 42/09; BGH, NJW 2009, 3429 – Empfehlung der Einlage bei einer Bank, die nicht Mitglied des Einlagensicherungsfonds ist; LG Heidelberg, Urt. v. 24.02.2010 – 2 O 208/09, BeckRS2010, 05273 – Empfehlung eines Zertifikats an sicherheitsorientierte Anlegerin.

112 *Raeschke-Kessler* WM 1993, 1830 (1834).

113 BGH, WM 2011, 682, 685.

114 Auch »Risikotragfähigkeit« genannt.

115 BGH, NJW 1997, 1361 (Wertpapierspekulation auf Kredit); OLG Frankfurt am Main, NJW-RR 2000, 1000; OLG Düsseldorf, Urt. v. 31.10.2004 – 15 U 11/04, BeckRS 2004, 11411.

116 Z.B. langfristige Belastung durch Kreditaufnahme bei ausbleibenden oder reduzierten Ausschüttungen eines Fonds. Hierbei ist auch das Problem reduzierter Einkünfte durch Ruhestand zu beachten.

117 Derleder/Knops/Bamberger/*Bamberger* § 44 Rn. 137.

118 Für den damals maßgeblichen WpHG-Erhebungsbogen: LG Dortmund, NJOZ 2005, 2207; zu § 34 Abs. 2a WpHG vgl. Derleder/Knops/Bamberger/*Frisch* § 54 Rn. 205 m.w.N.

119 BGH, WM 2011, 682 (685).

120 BGH, WM 2011, 682 (685). Inwieweit sich der Berater sich vergewissern muss, dass der Kunde die Beratung zum Produkt und seinen Risiken verstanden hat, ist noch nicht abschließend geklärt. Dafür spricht, dass mit der Beratung ein bestehendes Informations- und Verhandlungsungleichgewicht beseitigt werden soll, also durch die Beratung ein Erfolg geschuldet wird.

121 BGH, WM 2979, 530; NJW-RR 1987, 936; WM 1990, 1276; NJW 1993, 2433; OLG Düsseldorf, WM 1996, 1082.

122 Z.B. Börsenmarkt oder Vermietungsmarkt für Immobilienanlagen.

ken zu unterscheiden, die sich aus den individuellen Gegebenheiten des Anlageobjekts, z.B. Kurs-, Zins- und Währungsrisiko, ergeben.[123]

Für den Umfang der Beratung ist hier insb. von Bedeutung, ob der Berater bzw. die beratende Bank das Anlageprodukt in ein von ihr zusammengestelltes Anlageprogramm aufgenommen hat und sie dieses Anlageprogramm zur Grundlage ihrer Beratung macht.[124] Der Anlageinteressent darf davon ausgehen, dass sein Berater, dem er sich aufgrund der von diesem in Anspruch genommenen Sachkunde anvertraut, die von ihm in sein Anlageprogramm aufgenommenen Anlageprodukte selbst aufgrund eigener Prüfung und vor dem Hintergrund selbst beschaffter Informationen als »gut befunden« hat.[125] Die Beratung muss richtig und sorgfältig, dabei für den Kunden verständlich und vollständig sein.[126] Der Berater muss zeitnah über alle Umstände unterrichten, die für das Anlagegeschäft von Bedeutung sind. Fehlen ihm hierzu Kenntnisse, so hat er das dem Kunden mitzuteilen und offenzulegen, dass er zu einer Beratung bspw. über das konkrete Risiko eines Geschäfts mangels eigener Information nicht in der Lage ist.[127] Bei einem Beratungsvertrag ist der Anlageberater zu mehr als nur zu einer Plausibilitätsprüfung verpflichtet. Ein Anlageberater ist deshalb gehalten, eine Anlage, die er empfehlen will, mit üblichem kritischem Sachverstand zu prüfen oder den Anleger auf ein diesbezügliches Unterlassen hinzuweisen.[128] Eine Bank hat eine Anlage, die sie empfehlen will, zuvor mit banküblichem kritischen Sachverstand zu prüfen.[129] 45

Während die Aufklärung des Kunden über diese Umstände richtig und vollständig zu sein hat, muss die Bewertung und Empfehlung eines Anlageobjekts unter Berücksichtigung der genannten Gegebenheiten ex ante betrachtet lediglich vertretbar sein.[130] Ausschlaggebend sind die damals gegebenen Verhältnisse und die sich abzeichnenden Risiken.[131] Das Risiko, dass sich eine Anlageentscheidung im Nachhinein als falsch erweist, trägt der Anleger.[132] 46

Ziel der Beratung muss es sein, den Anlageinteressenten in die Lage zu versetzen, dass er selbst das **Anlagerisiko** richtig beurteilen kann.[133] Insb. Kunden, die nicht über ausreichende wirtschaftliche Kenntnisse verfügen und keinen genügenden Überblick über wirtschaftliche Zusammenhänge haben, können das Anlagerisiko sonst nicht einmal im Ansatz richtig einschätzen und keine sachgerechte Entscheidung treffen.[134] Daher muss sich die Aufklärung über die Risiken an den Vorkenntnissen des Anlegers orientieren. Es reicht insofern nicht aus, sich den Hinweis auf Risiken und die Übergabe des Prospekts durch den Anleger unterschreiben zu lassen.[135] Die geschuldete Intensität der Aufklärung ist dabei abhängig von den Umständen des Einzelfalls. Bei einem hoch komplexen Produkt muss sie gewährleisten, dass der Kunde im Hinblick auf die Risiken des Geschäfts im Wesentlichen den gleichen Kenntnisstand hat wie die ihn beratende Bank, weil ihm nur so eine eigenverantwortliche Entscheidung über die ihm angebotene Finanzanlage möglich ist.[136] 47

---

123 BGH, NJW 2006, 2041; BGH, Beschl. v. 29.06.2017, III ZR 425/16.
124 BGH, NJW 1987, 1815.
125 BGH, NJW 1993, 2433.
126 BGH, NJW-RR 2000, 1497.
127 *Arendts* WM 1993, 229.
128 BGH, NJW-RR 2010, 349 (351).
129 BGH, NJW 1993, 2433; NJW 2008, 3700 Rn. 12; NJW-RR 2009, 687 zur Beratung durch einen unabhängigen Anlageberater.
130 Horn/Schimansky/*Nobbe* BankR, S. 235 (248).
131 BGH, NJW 1982, 2823; NJW 2008, 3059; Assmann/Schütze/*Assmann* Handbuch des Kapitalanlagerechts § 6 Rn. 89; Schimansky/Bunte/Lwowski/*Siol* Bankrechts-Handbuch § 45 Rn. 55; *Vortmann/Hauptmann* Prospekthaftung und Anlageberatung § 3 Rn. 65.
132 BGH, NJW-RR 1987, 936.
133 BGH, NJW 1990, 2461.
134 OLG Celle, NJW-RR 1993, 500.
135 LG Berlin, Urt. v. 29.09.2003 – 5 O 238/03.
136 BGH, WM 2011, 682, 686 (CMS Spread Ladder Swap – Ille).

48 Eine fehlerhafte mündliche Anlageberatung wird auch nicht durch zutreffende Risikohinweise im Verkaufsprospekt ausgeglichen. Der Inhalt des Beratungsgespräches darf sich nicht in Widerspruch zum Prospektinhalt setzen.[137] Der Berater muss im Beratungsgespräch den Kunden jedenfalls in groben Zügen von den im Prospekt geschilderten Risiken in Kenntnis setzen.[138] Schriftliche Risikohinweise dürfen dabei nicht schöngeredet werden.[139]

49 Die Verpflichtung, über die wesentlichen Risiken der empfohlenen Kapitalanlage aufzuklären, trifft auch den Steuerberater, der unter steuerlichen Gesichtspunkten zu der Anlage rät.[140]

3. Einzelne Beratungs-, Auskunfts- und Warnpflichten

a) Bonität und Leistungsbilanz des Anbieters

50 Dem Anlageberater obliegen im Hinblick auf die Bonität und die Leistungsbilanz des Anbieters umfassende Aufklärungs- und ggf. Nachforschungspflichten.[141] Nimmt der Berater diese Bonitätsprüfung nicht vor, muss er dem Kunden mitteilen, dass er das Bonitätsrisiko nicht sachkundig aus eigener Kenntnis heraus beurteilen kann, weil ihm eigene aktuelle Informationen über das Anlageobjekt nicht zur Verfügung standen,[142] bzw. dass er das Risiko der Bonität des Emittenten selbst nicht beurteilen kann.[143]

b) Negative Presseveröffentlichungen

51 Die Frage der Verpflichtung zur Aufklärung über negative Presseberichte über Anbieter oder Anlageprodukte hat der BGH zwischenzeitlich mit einer Reihe von Entscheidungen beantwortet. Ein Anlageberater, der sich in Bezug auf eine bestimmte Anlageentscheidung als kompetent geriert, muss sich aktuelle Informationen über das von ihm empfohlene Anlageobjekt beschaffen. Dazu gehört auch die Auswertung vorhandener Veröffentlichungen in der Wirtschaftspresse, z.B. in der Börsenzeitung, im Handelsblatt oder in der Frankfurter Allgemeinen Zeitung. Brancheninformationsdienste gehören nicht zur Pflichtlektüre.[144]

52 Der Berater muss innerhalb des Erscheinungsintervalls die jeweilige Zeitschrift bzw. Zeitung lesen. Deshalb ist für werktäglich erscheinende Presseerzeugnisse eine Kenntnisnahme erst nach Ablauf von 3 Tagen nicht mehr pflichtgemäß. Der Anlageberater muss die jeweiligen Presseorgane nicht vollständig lesen. Es reicht vielmehr aus, diese auf relevante Art zu den von ihm angebotenen Anlageprodukten durchzusehen und nur diese Nachrichten vollständig auszuwerten.[145]

---

137 LG Wuppertal, Urt. v. 12.03.2009 – 3 O 240/08, BeckRS 2009, 10554.

138 OLG Karlsruhe, Urt. v. 28.06.2006 – 7 U 225/05, BeckRS 2006, 08213.

139 OLG Celle, OLGReport Celle 2009, 422: Nimmt der Anleger vom Vermittler einen zum Zweck der Aufklärung ausgehändigten Prospekt zur Kenntnis und verharmlost der Vermittler in einem Beratungsgespräch die dort beschriebenen Risiken, haftet der Vermittler für die unrichtige Beschreibung der Chancen und Risiken der Anlage auf Schadensersatz, ohne dass allein aufgrund des Widerspruchs zwischen Prospekt und Beratungsgespräch der Anleger mit der Folge grob fahrlässig gehandelt haben muss, dass die Verjährung der genannten Schadensersatzansprüche schon mit dem Abschluss des Kapitalanlagevertrags beginnt.

140 OLG Naumburg, OLGR 2002, 473.

141 OLG Stuttgart, Urt. v. 28.10.1998 – 9 U 69/98; OLG Köln, WM 2010, 2035 (2036).

142 OLG Braunschweig, WM 1994, 59 (61).

143 BGH, WM 1993, 1455; OLG Düsseldorf, WM 1994, 1468.

144 BGH, NJW 2008, 3700; NJW-RR 2009, 687; NJW-RR 2010, 349 zur Frage der »Pflichtlektüre«; ob dies bedeutet, dass jedes dieser Organe zum »minimalen Pflichtenprogramm« gehört (so *Arendts* Die Haftung für fehlerhafte Anlageberatung, S. 37; *Lang* Informationspflichten bei Wertpapierdienstleistungen, S. 240 f.; einschränkend *Vortmann* WuB I G 1. – 7/95, 608: sicherlich Handelsblatt und Börsenzeitung), ist nicht abschließend geklärt.

145 BGH, NJW-RR 2010, 349 (351).

Die Erfüllung der Informationspflichten des Anlageberaters über die von ihm empfohlene Anlage erfordert es grds. nicht, sämtliche Publikationsorgane vorzuhalten, in denen Berichte über die angebotene Anlage erscheinen können. Vielmehr kann der Anlageberater selbst entscheiden, welche Auswahl er trifft, solange er nur über ausreichende Informationsquellen verfügt.[146] Allein die Unkenntnis von einem Bericht in einem Brancheninformationsdienst, den der Berater nicht auswertet, stellt keine Pflichtverletzung dar. Davon sind allerdings Fallgestaltungen zu unterscheiden, in denen der Berater aus anderer Quelle Kenntnis von negativen Berichten in Publikationsorganen wie etwa Brancheninformationsdiensten erhält. In diesem Fall muss er diese Berichte bei der Prüfung des Anlageobjekts berücksichtigen, insb. in Bezug auf konkret angesprochene Mängel und Risiken. Es kommt dann nicht darauf an, ob dieses Organ von ihm üblicherweise ausgewertet wird oder nicht. Allerdings führt eine vereinzelt gebliebene Publikation, deren Meinung sich in der Fachöffentlichkeit (noch) nicht durchgesetzt hat, nicht ohne Weiteres zu einer Hinweispflicht. Je nach dem Inhalt des Berichtes, kann sich jedoch im Einzelfall ergeben, dass der Berater bei der Überprüfung des Anlageobjekts im Zuge der Plausibilitätsprüfung selbst auf das in dem kritischen Bericht genannte Risiko hätte aufmerksam werden müssen und aus diesem Grund dem Anleger eine Aufklärung schuldete.[147] 53

Eine Bank, die als Anlageberaterin einschlägige Berichte der Wirtschaftspresse über in ihr Anlageprogramm aufgenommene Produkte nicht kennt oder auf diese nicht ausdrücklich hinweist, macht sich schadenersatzpflichtig, wenn ihr durch die Auswertung der Berichte ein aufklärungspflichtiger Umstand bekannt geworden wäre oder sich in der einschlägigen Fachpresse die Warnungen häuften.[148] Genauso wenig wie den Anlageberater eine positive Meldung in einem Brancheninformationsdienst entlastet,[149] führt allerdings allein eine dort erschienene negative Meldung zu seiner Haftung. Vielmehr muss die – in jedem Fall erforderliche – Überprüfung der Kapitalanlage ex ante zu einem Ergebnis führen, das den Anlageberater zu einem Hinweis verpflichtet oder ihm eine Empfehlung verbietet.[150] 54

Im Zusammenhang mit der Anlageberatung durch Banken dürfte auch ein Organisationsverschulden vorliegen, wenn die Berater nicht durch interne Informationssysteme über negative Presseveröffentlichungen in Kenntnis gesetzt wurden. 55

c) Plausibilitätsprüfung

Kapitalanlagevermittler und Anlageberater sind unabhängig davon, ob sie besonderes Vertrauen genießen, verpflichtet, den Prospekt der empfohlenen Vermögensanlage auf Plausibilität, insb. auf wirtschaftliche Tragfähigkeit und Schwachstellen[151] hin, zu prüfen. Zu prüfen ist, ob der Prospekt ein in sich schlüssiges Gesamtbild über die Vermögensanlage gibt und ob die darin enthaltenen Informationen sachlich vollständig und richtig sind, soweit dies mit zumutbarem Aufwand festgestellt werden kann.[152] Lücken und Fehler des Prospekts erlangen mithin mittelbar auch dann Bedeutung für eine Haftung, wenn sie bei ordnungsgemäßer Prüfung der Schlüssigkeit und Plausibilität des Anlagenkonzepts erkennbar gewesen wären.[153] Fehlende Sachkunde muss der Anlagevermittler und Berater dem Vertragspartner offen legen.[154] Die Pflicht zur Plausibilitätsprüfung umfasst neben 56

146 BGH, NJW-RR 2010, 349; NJW-RR 2009, 687; NJW 2008, 3700.
147 BGH, NJW 2008, 3700 (3702).
148 BGH, NJW 1993, 2433.
149 BGH, NJW-RR 2005, 1120.
150 BGH, NJW 2008, 3700 (3702).
151 OLG Frankfurt am Main, Urt. v. 22.04.2009 – 17 U 209/08, BeckRS 2009, 14278.
152 BGHZ 158, 110, 116; BGH, WM 2009, 739.
153 OLG München, Urt. v. 15.03.2012 – 17 U 1884/11, BeckRS 2012, 06813.
154 BGH, Urt. v. 13.01.2000 – III ZR 62/99; NJW-RR 1993, 1114; WM 1993, 1238.

dem Prospekt auch die vom Initiator einer Anlage zur Verfügung gestellte bzw. die mit einem von diesem zur Verfügung gestellten Berechnungsprogramm erstellte Modellberechnung.[155]

57 Ohne eine Plausibilitätsprüfung sind Anlagevermittler und -berater nicht in der Lage, sachgerechte Auskünfte zu erteilen.[156] Unterlässt der Anlagevermittler/-berater die Plausibilitätsprüfung insgesamt[157] oder ist er infolge fehlender eigener Sachkunde dazu nicht in der Lage,[158] muss er den Interessenten von sich aus darauf hinweisen. Übernimmt er ungeprüft Angaben des Emittenten, muss er dies ggü. seinem Kunden offenlegen.[159] Die Einsichtnahme in den Prüfbericht des von der Emittentin beauftragten Wirtschaftsprüfers vermag die eigene Plausibilitätsprüfung nicht zu ersetzen.[160]

58 Bei fehlender Plausibilität müssen Anlagevermittler und -berater Nachforschungen anstellen oder den Kapitalanlageinteressenten über Informationslücken, die einer abschließenden eigenen Beurteilung entgegenstehen, unterrichten.[161] Ermittlungspflichten bestehen insb. dann, wenn es um Umstände geht, die nach den vorauszusetzenden Kenntnissen des Anlagevermittlers Zweifel an der inneren Schlüssigkeit einer mitgeteilten Tatsache zu begründen vermögen.[162] So ist der Anlagevermittler oder -berater verpflichtet, sich vorab eigene Informationen über die für die Beurteilung der Wirtschaftlichkeit des Anlageobjektes relevanten Umstände, bspw. die Höhe der am Ort einer als Kapitalanlage angebotenen Immobilie erzielbaren Mieten, selbst zu informieren. Liegen ihm objektive Daten nicht vor oder verfügt er insoweit über unzureichende Kenntnisse, sodass er eine eigene Prüfung der Plausibilität nicht vorgenommen hat und deshalb zur Verlässlichkeit der Auskünfte keine Angaben machen kann, muss er dies dem Anlageinteressenten offen legen.[163] Ebenso bestehen vergleichsweise hohe Anforderungen an die Plausibilitätsprüfung bei eine Beratung bezüglich der Beteiligung an einem Medienfonds.[164]

59 Der Berater darf sich zur Plausibilitätsprüfung jedoch auch eines Dritten bedienen und muss dies ggü. dem Anlageinteressenten nicht offenlegen. Allerdings haftet er für dessen Pflichtverletzungen wie für eigenes Verschulden.[165]

60 Das Unterlassen der Plausibilitätsprüfung führt nicht per se zu einer Schadensersatzpflicht. Der Schutzzweck der Prüfungs- bzw. Offenbarungspflicht des Anlagevermittlers und -beraters ist nicht betroffen, wenn der Prospekt einer Plausibilitätsprüfung in den für die Anlageentscheidung wesentlichen Punkten standgehalten hätte.[166] Hiernach ist jeweils festzustellen, ob eine (hypothetische) Untersuchung des Prospekts auf Plausibilität durch den Anlagevermittler oder -berater Anlass zu Beanstandungen und Warnungen gegeben hätte.[167] Die Grenzen einer Prüfungspflicht im Einzel-

---

155 BGH, NJW-RR 2011, 910: Eine Modellberechnung, die für die Darstellung der Wertentwicklung eines Fondsanteils ohne Abzug der Weichkosten die Anschaffungskosten zugrunde legt, ist erkennbar fehlerhaft.

156 BGH, WM 2005, 1219 (1220); WM 2000, 426 (427).

157 BGH, NZG 2009, 471.

158 BGH, NJW-RR 2000, 997 (998).

159 BGH, NJW-RR 2003, 1690; OLG Karlsruhe, BKR 2003, 382; OLG Köln, VersR 2004, 111.

160 BGH, NJW 1987, 1815; NJW-RR 2000, 998; *Baumann* Anm. zu OLG München, Urt. v. 02.08.2010 – 17 U 2762/09, GWR 2010, 503.

161 BGH, NJW-RR 2000, 998.

162 BGH, Beschl. v. 21.05.2008 – III ZR 230/07, BeckRS 2008, 10802.

163 OLG Karlsruhe, BKR 2007, 468.

164 OLG München, Urt. v. 08.02.2010 – 17 U 2966/09 u.a.; so werde der Fonds als »Garantiefonds« bezeichnet, obwohl es sich um eine unternehmerische Beteiligung handele. Für den Anlagevermittler bzw. -berater muss sich aber bei der Plausibilitätsprüfung die Frage aufdrängen, ob dies tatsächlich zutreffend sei, sodass es bereits hier an einem schlüssigen Anlagekonzept fehle. Der Prospekt setze sich auch nicht mit der Frage auseinander, ob die vorgesehene »Absicherung« durch eine Schuldübernahme steuerrechtliche Auswirkungen haben könne; vgl. zuletzt auch OLG München, Urt. v. 15.03.2012 – 17 U 1884/11.

165 So für einen Anlageberatungsvertrag BGH, NJW 2008, 3700 (3701).

166 BGH, NJW 2008, 3700 (3701); BGH, Urt. v. 30.03.2017, III ZR 139/15.

167 BGH, NZG 2009, 471; BGH, Urt. v. 30.03.2017, III ZR 139/15. Wendet der Vermittler ein, die Fehler des Prospekts seien für ihn auch bei der hypothetischen Plausibilitätsprüfung nicht zu entdecken gewesen,

fall[168] hängen weitgehend davon ab, welche Informationen der Anleger konkret abfragt und welches Vertrauen der Vermittler insb. auch aufgrund seines Auftretens, bspw. durch die Herausstellung besonderer Spezialkenntnisse, in Anspruch nimmt.[169] Einer Überforderung kann der Vermittler oder Berater i.Ü. dadurch begegnen, dass er wahrheitsgemäß unzureichende Kenntnisse offen legt. Ein Anlageberater, der seinen Kunden unter Verwendung eines fehlerhaften Prospektes über eine bestimmte Fondsanlage berät, ist darlegungs- und beweispflichtig dafür, dass er den Prospektfehler in dem Beratungsgespräch richtiggestellt hat.[170]

Grundlage der Plausibilitätsprüfung sind der Vermögensanlageprospekt, der Prospektprüfungs- 61
bericht des Wirtschaftsprüfers nach IDW S 4[171] sowie eine aktuelle Leistungsbilanz des Emittenten. Liegen diese Unterlagen dem Anlagevermittler oder -berater nicht vor, ist eine Plausibilitätsprüfung infolge des Fehlens grundlegender Informationen nicht möglich. Enthält der Prospektprüfungsbericht Beanstandungen, kann eine Anlage nicht uneingeschränkt empfohlen werden. Der Berater muss den Kunden auf eine solche Beanstandung hinweisen.

Aufgabe des Anlagevermittlers und -beraters i.R.d. Plausibilitätsprüfung ist es unter anderem, die 62
folgenden Punkte zu prüfen:
- Gestattung des Verkaufsprospektes durch die Bundesanstalt für Finanzdienstleistungsaufsicht (BaFin) und Veröffentlichung des Prospektes gemäß der Vermögensanlagen-Verkaufsprospektverordnung vom 01.07.2005,
- Seriosität und langfristige Erfolge des Initiators,
- vorliegende aktuelle, vollständige und positive Leistungsbilanz,

ist er für die tatsächlichen Voraussetzungen des Einwands des rechtmäßigen Alternativverhaltens darlegungs- und beweisbelastet (BGH, NJW 1959, 814; NJW 1993, 520). Grds. hat ein Anleger darzulegen, welche Plausibilitätsdefizite ein Anlageberater im Rahmen einer Plausibilitätsprüfung hätte aufdecken können und dem Anleger hätte mitteilen müssen (BGH, Urt. v. 30.03.2017, III ZR 139/15).

168 Vgl. Stackmann NJW 2011, 2616, der abhängig von der Leistungsfähigkeit des Beraters den Umfang der Plausibilitätsprüfung festlegen will; allerdings dürfte die Qualität der Beratung nicht davon abhängig gemacht werden, ob der Berater zur Einhaltung seiner Beratungspflichten bereit und in der Lage ist.

169 BGH, Beschl. v. 21.05.2008 – III ZR 230/07, BeckRS 2008, 10802. Tritt der Vermittler bspw. als spezialisierter Vermittler von »Beteiligungen an Windparks« auf, erwartet der Anleger regelmäßig nicht nur allgemeine wirtschaftliche Kenntnisse, sondern weiter gehendes, auch technisches Wissen im Zusammenhang mit diesem besonderen Wirtschaftszweig, zumal die Rentabilität der Anlage entscheidend von den technisch-meteorologischen Vorbedingungen abhängt. Der Anleger wird deshalb regelmäßig erwarten können, dass der spezialisierte Anlagevermittler die Plausibilität der Prospektangaben über die zu erwartende Windausbeute überprüft. Dabei wird der Vermittler die Prospektangaben mit den Ergebnissen der ihnen zugrunde liegenden Windgutachten abzugleichen haben. Ob er darüber hinaus die Schlüssigkeit des Windgutachtens selbst überprüfen muss, hängt davon ab, welche Anforderungen dies stellt und welche Qualifikation der Anlagevermittler für sich in Anspruch genommen hat. Sofern der Vermittler sich nicht einer entsprechenden Ausbildung berühmt, kann von ihm regelmäßig nicht erwartet werden, dass er eine umfassende Überprüfung des Windgutachtens vornimmt, wenn und soweit dies ein meteorologisches oder sonstiges naturwissenschaftliches Studium voraussetzt. Die schwierige Abgrenzung zwischen den Wissensanforderungen, die an einen auf die Vermittlung von Beteiligungen an Windparks spezialisierten Anlagevermittler zu stellen sind, und den weiter gehenden Kenntnissen, die der Anleger bei einem Vermittler ohne naturwissenschaftliche Ausbildung nicht mehr erwarten kann, obliegt im Wesentlichen dem Tatrichter. Gleiches gilt für die Beurteilung, ob die Überprüfung der dem Emissionsprospekt zugrunde liegenden Windgutachten eine wissenschaftliche Ausbildung erfordert (BGH, NZG 2009, 471 [473]).

170 BGH, BKR 2009, 471.

171 Der Prüfungsstandard IDW S 4 wurde zuletzt zum 24.05.2016 aufgrund der Änderungen der rechtlichen Rahmenbedingungen durch das KAG und VermAnlG neugefasst.

- Reputation des Managements,[172] insb. Erfahrung in der jeweiligen Branche sowie Netzwerkkontakte, einschlägige Vorstrafen,[173]
- Offenlegung der Partner- und Firmenverflechtungen,
- Gutachten über Prospekt, Steuerkonzeption und evt. Investitionsgegenstand,
- effektive Sicherheitskonzepte,
- verständliche und nachvollziehbare Beschreibung des Anlageproduktes nach seiner Art und seinen Eigenheiten im Prospekt,[174]
- Richtigkeit der Feststellungen zur Wirtschaftlichkeit und Sicherheit der Anlage,[175]
- wirtschaftliche Plausibilität[176] und wirtschaftliche Tragfähigkeit[177] der Kapitalanlage,
- Inhalt der tatsächlich zu tätigenden Geschäfte, um den mit der Anlage zu erzielenden Anlageerfolg zu erzielen,[178]
- Verifizierung durch Nachrechnen des Anlagemodells, ob die wirtschaftliche Tragfähigkeit gegeben ist und die im Prospekt getroffenen Aussagen zur erzielbaren Rendite realistisch sind,[179]
- angemessenes Verhältnis der »weichen Kosten« zu dem tatsächlich für investive Zwecke zur Verfügung stehenden Anteil an den Gesamtkosten,
- Verflechtungen der für das Gelingen der Beteiligung maßgeblichen Unternehmen aufgrund derBeteiligungs- und Beherrschungsverhältnisse, aus denen für den Anleger Gefahren und Unsicherheiten resultieren,[180]
- wirtschaftliche Unabhängigkeit eines ggf. eingeschalteten Treuhänders,[181]
- Sicherheitsrisiko für die ordnungsgemäße, dem Anlagezweck und den Interessen des Anlegers entsprechende Mittelverwendung aufgrund bestehender Verflechtungen,[182]
- hinreichend nachvollziehbare Darstellung, wie im Einzelnen mit der Kapitalanlage für den Anleger Gewinne erzielt werden sollen,[183]
- Vermeidung von Blindpools; der Investitionsgegenstand sollte ganz oder größtenteils bekannt und festgelegt sein. Ist dies nicht der Fall, sollten klare und enge Investitionsrichtlinien festgelegt sein,
- Seriosität des Vertragspartners insb. bei versprochenen besonders hohen Renditen und der daraus resultierenden Vermutung, dass es sich um ein fragwürdiges Geschäft handelt,[184]
- vertragliche Sicherung und Marktüblichkeit der dargestellten Einnahmen; bei Immobilieninvestitionen sind die in den Angeboten zugrunde gelegten Mieteinnahmen mit den ortsüblichen Mieten für vergleichbare Objekte abzugleichen,[185]

172 OLG Köln, Urt. v. 18.06.1999 – 3 U 106/98: Bei hochspekulativen Anlagen ist der Vermittler gehalten, die Seriosität der Initiatoren nachzuprüfen.

173 LG München I, Urt. v. 14.02.2011 – 35 O 25839/09 (Alpina): Ein Anlagevermittler verstößt gegen seine Vertragspflichten, wenn er den Kunden über Strafurteile gegen Initiatoren von Fonds nicht informiert. Die strafrechtliche Verurteilung des Geschäftsführers der geschäftsführenden Gesellschaft und der Geschäftsführerin der Treuhänderin wegen einer einschlägigen Tat ist geeignet, das Vertrauen in die Seriosität der Anlage insgesamt, aber auch das Vertrauen in ordnungsgemäße Erfüllung der Geschäftsführungspflichten und der Pflichten aus dem Treuhandvertrag zu erschüttern und daher für eine Anlageentscheidung von wesentlicher Bedeutung.

174 *Thiel* Die Haftung der Anlageberater und Versicherungsvermittler, S. 33.

175 BGH, NJW-RR 2000, 998; OLG Frankfurt am Main, BKR 2007, 379 »Bonität und Sicherheit der Anlage«.

176 BGH, NJW-RR 2000, 998.

177 OLG Frankfurt am Main, NJW-RR 2003, 414.

178 BGH, NJW-RR 2000, 998.

179 BGH, NJW-RR 2000, 998.

180 BGH, NJW 1987, 1815.

181 BGH, NJW 1987, 1815.

182 BGH, NJW 1987, 1815.

183 OLG Karlsruhe, NJOZ 2002, 2744.

184 OLG Frankfurt am Main, NJW-RR 2003, 414.

185 BGH, NJW-RR 2006, 685 – z.B. durch Hinzuziehung des RDM-Mietspiegels.

- Werthaltigkeit der angebotenen Garantien (Haftungskapital und Solvenz des Garantiegebers),
- Ungereimtheiten des Prospektes,
- gesicherte Grundannahmen und seriöse Wertansätze für die Prognosen,[186]
- vollständige und wahrheitsgemäße Aufklärung des Prospektes über die mit dem Anlageprodukt verbundenen Risiken,[187]
- Einschaltung von zur Initiatorengruppe gehörenden Unternehmen als Verkäufer (Zwischenhändler) oder Generalunternehmer/-übernehmer bei der Anschaffung des Investitionsgegenstandes sowie die Offenlegung der dabei erzielten Zwischengewinne,[188]
- steuerrechtliche Gewähr der Mitunternehmereigenschaft des Anlegers bei der Fondsgestaltung als »Garantiefonds«.[189]

In diesem Zusammenhang müssen Anlagevermittler und Anlageberater die zur Prüfung der Plausibilität benötigten Informationen einholen. Gibt es keine objektiven Daten oder verfügt der Finanzdienstleister aufgrund der unterbliebenen Einholung entsprechender Informationen nur über unzureichende Kenntnisse, muss er dies dem Kunden zumindest offen legen. Verfügt der Finanzdienstleister nicht über eine hinreichende Sachkunde zur Beurteilung der Vermögensanlage, muss er dies dem Kunden ebenfalls offenbaren.[190] 63

Die Pflicht zur Plausibilitätsprüfung umfasst nicht die Pflicht zur Einholung von Rechtsgutachten in Bezug auf die möglichen Auswirkungen einer Gesetzesänderung auf das Anlagemodell. Der Anlageberater ist zwar grds. verpflichtet, auch über Gesetzesänderungen aufzuklären, die für die empfohlene Kapitalanlage erhebliche Auswirkungen haben können, wenn die Rechtsunsicherheit für ihn erkennbar ist.[191] Er ist aber nicht verpflichtet, die rechtliche Konstruktion des Anlagemodells durch Einholung eines Rechtsgutachtens zu überprüfen.[192] Vom Anlageberater kann gleichfalls nicht erwartet werden, dass er bezüglich jeder wesentlichen Aussage im Prospekt weitreichende Nachforschungen anstellt.[193] 64

Da die Bank bei einem Beratungsvertrag zu mehr als nur einer Plausibilitätsprüfung verpflichtet ist, kann die Bank im Einzelfall verpflichtet sein, bspw. den tatsächlichen Umfang der Mietbürgschaft über den Prospekt hinaus zu überprüfen.[194] 65

d) Rechtzeitige Übergabe des Prospekts

Die gegenüber dem Anlageinteressenten vor dessen Beitritt zu einem geschlossenen Fonds geschuldete Informationserteilung über die wesentlichen tatsächlichen Umstände, die für die Anlageentscheidung von besonderer Bedeutung sind, setzt neben der vollständigen und wahrheitsgemäßen Beratung auch die Übergabe eines Prospekts voraus.[195] Die Verpflichtung zur schriftlichen Informationserteilung vor Vertragsschluss ergibt sich daraus, dass eine vollständige Information des 66

---

186 NJW-RR 2010, 115: Auch eine optimistische Erwartung der Entwicklung einer Kapitalanlage darf einer Anlageempfehlung zugrunde gelegt werden, wenn die diese Erwartung stützenden Tatsachen sorgfältig ermittelt sind und die darauf gestützte Prognose der künftigen Entwicklung aus damaliger Sicht vertretbar ist. Darüber hinausgehende Risikoabschläge, die der einer Prognose innewohnenden Unsicherheit Rechnung tragen sollen, sind für eine angemessene Darstellung des Risikos der Anlage nicht erforderlich.

187 *Thiel* Die Haftung der Anlageberater und Versicherungsvermittler, S. 33.

188 BGH, NJW 2006, 1679.

189 OLG München, Urt. v. 15.03.2012 – 17 U 1884/11, BeckRS 2012, 06813.

190 BGH, NJW 2000, 998.

191 BGH, WM 2012, 24 (25); NJW 2012, 380.

192 BGH, Urt. v. 01.12.2011 – III ZR 56/11; Anm. *Fullenkamp* GWR 2012, 112.

193 BGH, NJW-RR 2011, 329 (330): Der Anlageberater ist beim Vertrieb eines Filmfonds nicht verpflichtet, sich durch eine direkte Anfrage beim Bundesaufsichtsamt davon zu überzeugen, dass keine Zweifel an der Bonität und Seriosität des in Aussicht genommenen Erlösversicherers bestanden.

194 OLG Frankfurt am Main, Urt. v. 25.01.2012 – 9 U 71/10, IBRRS 85302.

195 OLG Hamm, BKR 2003, 807.

Anlageinteressenten lediglich mündlich aufgrund der Komplexität des Anlageproduktes i.d.R. nicht möglich ist. Angesichts der Fülle von Informationen, die bei einer Investition in einen geschlossenen Fonds von Bedeutung sind, z.B. Lage, Größe und Ausstattung des Objekts, Kosten der Errichtung, bestehende und geplante Mietverhältnisse, Mietgarantien, kalkulierte Renditen, handelnde Personen und deren eventuelle Verflechtungen, gesellschaftsrechtliche Grundlagen, mikro- und makroökonomische Standortfaktoren, für das wirtschaftliche Ergebnis bedeutsame Faktoren, deren Wirkungsweisen, Zusammenhänge und daraus resultierende Risiken etc.,[196] lassen sich diese mündlich in einem Verkaufs- oder Beratungsgespräch nicht sachgerecht vermitteln,[197] v.a. nicht gegenüber einem in geschäftlichen Dingen unerfahrenen Interessenten. Hierfür bedarf es einer geordneten Zusammenstellung in Form eines schriftlichen Prospekts. Durch einen rechtzeitig übergebenen, fehlerfreien Prospekt können allerdings auch vorherige Fehlinformationen, z.B. aus einem Werbeflyer, berichtigt werden, insbesondere wenn es sich bei dem zuvor übermittelten Flyer ersichtlich um plakatives und verkürzendes Werbematerial handelt.[198]

67 Der Prospekt über eine Vermögensanlage muss dem Interessenten unaufgefordert so rechtzeitig zur Verfügung gestellt werden, dass er vom Inhalt des Prospekts noch vor Zeichnung der Anlage Kenntnis nehmen kann. Welcher Zeitraum hierfür erforderlich ist, hängt vom Einzelfall ab. Teilweise wird davon ausgegangen, dass zur Lektüre eines Prospekts 5 Tage ausreichend sind.[199] Teilweise wurde entschieden, dass bei einem Anleger mit besonderen wirtschaftlichen und juristischen Kenntnissen knapp zwei Wochen zwischen der Prospektübergabe und der Zeichnung der Anlage erforderlich sind.[200] Jedenfalls muss Gelegenheit zur ungestörten eigenen Lektüre des Prospekts gegeben werden. Dazu reicht es nicht, dass der Emissionsprospekt anlässlich der Anlageberatung unmittelbar vor der Zeichnung der Kapitalanlage überreicht wird. Durch die Übergabe eines i.d.R. höchst umfangreichen Prospektwerks am Tag oder am Vortag des Vertragsschlusses ist für einen durchschnittlichen Anleger weder die Möglichkeit der Kenntnisnahme von den Risiken der empfohlenen Kapitalanlage noch die Möglichkeit des Verständnisses der zumeist höchst komplizierten rechtlichen und wirtschaftlichen Zusammenhänge gewährleistet. Für den Anleger ist es bei einer solch kurzfristigen Übergabe des Prospekts nicht mehr möglich, die darin enthaltenen Informationen vor der Zeichnung sachgerecht zu prüfen. Deswegen ist es auch gleichgültig, ob der Prospekt alle zur vollständigen und richtigen Aufklärung des Anlegers relevanten Informationen enthält. Selbst wenn im Rahmen der Beratung die Risikohinweise vollständig durchgegangen werden, was angesichts der »normalen« Beratungsabläufe eher unwahrscheinlich ist, wäre der Mangel der fehlenden Zeit für ein Eigenstudium nicht geheilt.[201] Erhält der Anleger den Prospekt und den Zeichnungsschein 11 Tage vor dem Ende der Zeichnungsfrist und zeichnet noch am gleichen Tag, dann hat er den Zeichnungszeitpunkt selbst kurzfristig bestimmt, obgleich er die Möglichkeit zur eingehenden Lektüre der Produktinformationen hatte. Hier hätte weder durch die Beratungssituation selbst noch durch eine unausgesprochen im Raum stehende Erwartung einer schnellen Entscheidung

196 BGH, NJW 1995, 130.

197 BGH, NJW 1992, 1879; OLG Düsseldorf, Urt. v. 30.03.1995 – 6 U 275/93.

198 OLG München, Urt. v. 22.12.2015, 20 U 2100/15 (rkr.; Nichtzulassungsbeschwerde zurückgewiesen durch BGH, Beschl. v. 22.12.2016, III ZR 50/16).

199 OLG Stuttgart, Urt. v. 23.04.2007 – 5 U 157/06, Tz. 40 (zitiert nach juris).

200 OLG Celle, Urt. v. 31.08.2016, 11 U 9/16, BKR 2016, 217.

201 BGH, BKR 2009, 199; Urt. v. 19.06.2008 – III ZR 159/07 Rn. 7; NJW-RR 2007, 1692: Rechtzeitigkeit der Übergabe bejaht, wenn der Prospekt 2 Wochen vor der Zeichnung übergeben wurde. BGH, NZG 2005, 472: Rechtzeitigkeit der Übergabe nur dann, »wenn der Prospekt so rechtzeitig übergeben worden ist, dass der Anlageinteressent ihn vor der Vertragsunterzeichnung lesen konnte«. BGH – III ZR 44/06: Übergabe ist rechtzeitig, wenn der Berater von einer hinreichenden Information des Kunden ausgehen darf, »dass der Kunde diesen gelesen und verstanden hat und gegebenenfalls von sich aus Nachfragen stellt«. OLG Hamburg, LSK 2006, 351; OLG Hamm, BKR 2003, 807; OLG Frankfurt am Main, BKR 2007, 379: »Das war vorliegend durch Übergabe eines umfangreichen Werks von 126 Seiten am Tag des Vertragsschlusses beziehungsweise an dessen Vortag nicht geschehen.«; OLG Bamberg, Urt. v. 21.03.2007 – 3 U 17/06.

Anlass bestanden, von der Möglichkeit der umfassenden Information anhand des Fondsprospekts abzusehen.[202]

Dass ein Prospekt Chancen und Risiken der Anlage hinreichend verdeutlicht, ist kein Freibrief für den Berater oder Vermittler, Risiken abweichend hiervon darzustellen und ein Bild zu zeichnen, das die Hinweise und Erläuterungen im Prospekt entwertet oder die Entscheidungsbildung des Anlegers mindert.[203] Zudem misst der Anleger, der bei seiner Entscheidung die besonderen Erfahrungen und Kenntnisse eines Anlageberaters oder -vermittlers in Anspruch nimmt, den Ratschlägen, Auskünften und Mitteilungen des Beraters oder Vermittlers im persönlichen Gespräch besonderes Gewicht bei. Die notwendig allgemein gehaltenen und mit zahlreichen Fachbegriffen versehenen Prospektangaben treten demgegenüber regelmäßig in den Hintergrund.[204] Zudem darf der Anlageberater keinen Anlass für die Annahme haben, dass der Anleger den Prospekt nicht gelesen und verstanden hat, wenn mit dem Prospekt die Aufklärungspflicht erfüllt werden soll.[205] Wenn der Anleger die Prospekte wegen ihres Umfangs zurückweist, aber mündliche Erklärungen des Anlageberaters durchaus entgegennimmt, gibt es keinen Grund für die Annahme des Beraters, der Anleger habe über die wesentlichen Anlagerisiken und -eigenschaften nicht aufgeklärt werden wollen.[206] 68

Der Anleger muss auch nicht anhand des Prospekts, den er in einer solchen Beratung unmittelbar vor der Zeichnung der Kapitalanlage erhalten hat, nach möglichen Beratungsfehlern forschen. Dies würde für den Berater einen unzulässigen Freibrief darstellen, vom Prospekt abweichende Hinweise zu erteilen oder dessen Aussagen zu entwerten.[207] Allerdings darf der Anlageberater ohne anderweitige konkrete Anhaltspunkte davon ausgehen, dass z.B. ein Hochschulabsolvent die Bedeutung des überreichten Prospektes erkennen kann, den Prospekt daher mit ausreichendem Verständnis zumindest der wesentlichen Grundzüge liest und andernfalls im nächsten Besprechungstermin von sich aus Nachfragen stellt.[208] 69

Die Beweislast für die Nichterfüllung der Pflicht zur Übergabe des Prospekts trifft im Ausgangspunkt den Anleger, weil er darlegungs- und beweispflichtig für seine Behauptung der unterlassenen Aufklärung ist. Die mit dem Nachweis der negativen Tatsache der fehlenden Prospektübergabe verbundenen Schwierigkeiten werden nach Maßgabe der Zumutbarkeit dadurch ausgeglichen, dass der Anlageberater die behauptete fehlende Übergabe substantiiert bestreiten muss. Er muss also regelmäßig darlegen, wann und unter welchen Umständen der Prospekt übergeben wurde. Wenn der Anleger den Erhalt des Prospektes allerdings schriftlich bestätigt hat, soll der Vortrag des Beraters ausreichen, der Prospekt sei rechtzeitig vor der Zeichnung übergeben worden und ein konkreter Zeitpunkt sei trotz Nachforschungen nicht mehr feststellbar.[209] 70

Sofern der Anleger den Erhalt des Prospekts im Zeichnungsschein quittiert, verstößt dieses Empfangsbekenntnis gegen § 309 Nr. 12 b BGB und ist deshalb unwirksam.[210] Es handelt sich um eine formularmäßige Erklärung, die den AGB-Regelungen unterfällt. Nach § 309 Nr. 12 b BGB sind in Allgemeinen Geschäftsbedingungen Bestimmungen unwirksam, durch die der Verwender die Beweislast zum Nachteil des anderen Vertragsteils ändert, indem er den anderen Vertragsteil bestimmte Tatsachen bestätigen lässt. Zu einer abweichenden Beurteilung gelangt man nur dann, 71

202 OLG Frankfurt am Main, NJW-RR 2011, 1549.
203 BGH, NJW-RR 2010, 1623; NJW-RR 2007, 1692; NJW-RR 2014, 1075; BGH, Urt. v. 04.07.2017, II ZR 358/16.
204 BGH, NJW-RR 2011, 1139.
205 OLG Celle, Urt. v. 31.08.2016, 11 U 9/16, BKR 2016, 217.
206 OLG Celle, Urt. v. 15.09.2016, 11 U 209/15, ZIP 2017, 229 (n. rkr.; Az. beim BGH: III ZR 498/16); der Anleger hatte den Prospekt hier als »Papierkram, mit dem ich nichts zu tun haben will« bezeichnet.
207 BGH, NJW-RR 2007, 1690.
208 OLG Celle, Urt. v. 31.08.2016, 11 U 9/16, BKR 2016, 217.
209 BGH, Urt. v. 19.10.2017, III ZR 565/16.
210 OLG Hamm, BKR 2003, 807.

wenn das Empfangsbekenntnis vom übrigen Text besonders abgesetzt ist,[211] keine anderen Erklärungen enthält und der Anleger das Empfangsbekenntnis gesondert unterschreibt[212] oder mit einer qualifizierten elektronischen Signatur versieht.[213]

72 Der Anlageberater genügt seinen Pflichten aus dem Beratungsvertrag nicht, indem er dem Anleger lediglich den Prospekt übergibt. Denn der unerfahrene Anleger, der im persönlichen Gespräch einen Rat sucht, ist individuell zu informieren. Er erwartet mehr als Material zur eigenen Durchsicht. Er will dieses Material in Einzelheiten und erschöpfend erläutert bekommen, um das Anlagerisiko weitgehend einschätzen zu können.[214]

e) Sicherheit der empfohlenen Kapitalanlage

73 Anlagevermittler und Anlageberater müssen die Sicherheit der empfohlenen Kapitalanlage selbst prüfen. Dies gilt insb. für Kapitalsicherheiten, die von der Bonität von Unternehmen abhängig sind. Verweist der Anlagevermittler zu der Sicherheit der Kapitalanlage ohne Einschränkung auf die Angaben des Anbieters, macht er sich dessen Aussagen bei der Auskunft zu Eigen. Hat er in einem solchen Fall die Sicherheit der Kapitalanlage nicht geprüft, so muss er dies dem Kunden gegenüber auch ungefragt deutlich machen. Der Anleger muss den einschränkungslosen Verweis auf die Angaben im Beteiligungsprospekt ansonsten in der Weise verstehen, dass sich der – sachkundige – Anlagevermittler damit identifiziert. Will der Anlagevermittler diesen Eindruck vermeiden, muss er sich distanzieren.[215] Dies gilt auch für Anlageberater.

f) Provisionen und Rückvergütungen (kick-backs)

74 Die Rechtsprechung zur Offenlegung von Zahlungen an die i.R.d. Vertriebs eines Kapitalanlageproduktes tätigen Vermittler und Berater, ganz gleich ob man sie als Innenprovisionen, Rückvergütungen, Retrozessionen[216] oder kick-back-Zahlungen bezeichnet, war zeitweise eines der meistdiskutierten Themen im Bereich von Kapitalanlagen.[217] Sie betrifft einen Bereich, der den Finanzdienstleistungskunden früher weitestgehend verborgen geblieben ist. Nach einer repräsentativen Untersuchung aus dem Jahr 2007 wussten nur 5 % der Bevölkerung, wie viel Provision Banken und Finanzdienstleister für Vermögensberatung wirklich erhalten. 57 % der Befragten war nicht bewusst, dass die Unternehmen an Provisionen verdienen. Über 63 % hatten keine Angst, dass ihnen vor allem provisionsträchtige Anlageprodukte empfohlen werden. Die Mehrheit erwartete, dass Gebühren und Provisionen offengelegt werden (58 %). Gleichzeitig befürchteten nur 37 %, bei kostenloser Vermögensberatung vor allem Produkte mit höheren Vergütungen empfohlen zu bekommen.[218]

75 Mit einem Urteil des BGH aus dem Jahr 2006 rückte die Diskussion um die Verpflichtung zur Offenlegung von Rückvergütungen bei der Anlageberatung in den Fokus der breiteren Fachöffentlichkeit. Der BGH stellte fest, dass eine Bank ihren Kunden bei der Beratung über den Erwerb

211 Eine gesonderte Urkunde ist nicht erforderlich, MüKo-BGB/*Basedow* § 309 Nr. 12 Rn. 19. Die Erklärung muss sich aber klar vom übrigen Vertragstext absetzen und den Bestätigungswillen des Verbrauchers eindeutig erkennen lassen. (PWW/*KP Berger* § 309 Rn. 98).

212 Palandt/*Grüneberg* § 309 Rn. 109.

213 PWW/*KP Berger* § 309 Rn. 98.

214 BGH, NJW 1983, 1730.

215 BGH, BKR 2003, 874.

216 Derleder/Knops/Bamberger/*Balzer* Deutsches und europäisches Bank- und Kapitalmarktrecht § 53 Rn. 27.

217 Ausführlich hierzu *Winter*, Die Prinzipien der höchstrichterlichen Rechtsprechung zu Innenprovisionen, Rückvergütungen und Gewinnmargen in WM 2014, 1606 sowie *Fullenkamp*, Kick-Back – Haftung ohne Ende? in NJW 2011, 421.

218 Repräsentativ-Umfrage durch die Gesellschaft für Marktforschung (GfK) Nürnberg im Auftrag des VZ Vermögenszentrum.

von Investmentfondsanteilen darüber aufklären muss, dass und in welcher Höhe sie Rückvergütungen aus Ausgabeaufschlägen und Verwaltungskosten von der Fondsgesellschaft erhält.[219] Im Zuge der Umsetzung der MiFID, die ebenfalls eine Aufklärung über Rückvergütungen und andere Zuwendungen vorsah, wurde diese Entscheidung für den Bereich der Wertpapieranlagen vertieft thematisiert. Spätestens mit einer weiteren Entscheidung des BGH aus dem Januar 2009, die die Verpflichtung der beratenden Bank zur Aufklärung über erhaltene Vertriebsvergütungen bei geschlossenen Fonds postulierte,[220] wurde das jahrzehntelang praktizierte Modell des provisionsmotivierten Absatzes von Finanzprodukten durch Banken und Sparkassen unter dem Deckmäntelchen neutraler Beratung massiv infrage gestellt. Im Mai 2009 urteilte der BGH zudem, dass bei der Nichtaufklärung über Zuwendungen bei Wertpapiergeschäften Vorsatz zu vermuten sei,[221] sodass Schadensersatzansprüche nicht gem. § 37a WpHG verjähren. Für Ansprüche, die ab dem 05.08.2009 entstanden sind, gilt ohnehin die regelmäßige Verjährungsfrist nach §§ 195, 199 BGB.

aa) Anwendungsbereich

Nach der Rechtsprechung des BGH muss eine über Kapitalanlagen beratende Bank ihren Kunden 76
über diese Rückvergütungen aufklären, die sie im Zusammenhang mit der Vermittlung der Kapitalanlage erhält. Der Kunde muss wissen, ob die Bank an einem empfohlenen Anlageprodukt verdient, obwohl sie vom Kunden keine Zahlungen erhält. Der Kunde muss das Umsatzinteresse der Bank selbst einschätzen und den bestehenden Interessenkonflikt erkennen können.[222] Nur durch eine entsprechende Information kann der Kunde beurteilen, ob die Anlageempfehlung allein im Kundeninteresse nach den Kriterien anleger- und objektgerechter Beratung oder im Interesse der Bank an möglichst hohen Rückvergütungen erfolgt ist.[223] Diese Verpflichtung gilt unabhängig davon, ob die Rückvergütungen bestimmten Geschäften konkret zuzuordnen sind oder anhand von Umsatzmengen gezahlt werden. Unbeachtlich ist auch, um welche Anlageprodukte es sich handelt. Ausschlaggebend ist alleine der Umstand, dass ohne Kenntnis des Anlegers Zahlungen an die beratende Bank fließen und dem Anleger so ein möglicher Interessenkonflikt verborgen bleibt.[224]

Ausgangspunkt dieser BGH-Rechtsprechung war bereits eine Entscheidung aus dem Jahr 2000.[225] 77
Danach ist eine Bank, die mit dem Vermögensverwalter eines Kunden eine Vereinbarung über dessen Beteiligung an ihren Provisionen und Depotgebühren schließt, zur Offenlegung dieser Vereinbarung gegenüber dem Kunden verpflichtet. Der BGH sieht in den Provisionszahlungen eine Gefährdung der Kundeninteressen, hervorgerufen durch das verborgene Interesse der Bank an der Erwirtschaftung möglichst hoher Vergütungen. Über diesen Interessenkonflikt ist der Anleger aufzuklären. Folgerichtig erstreckte der BGH die Aufklärungspflicht über Rückvergütungen auch auf Provisionen für den Vertrieb geschlossener Fondsbeteiligungen.[226] Grundlage der Aufklärungspflicht ist der zivilrechtlich allgemein anerkannte Grundsatz der Vermeidung von vertragswidrigen Interessenkonflikten,[227] der in § 31d WpHG für Wertpapiergeschäfte aufsichtsrechtlich normiert wurde. Infolgedessen hat der Berater den Beratenen ungefragt dem Grunde und der Höhe nach über Rückvergütungen zu informieren.[228] Auch wenn der Kunde bereits in allgemeiner Form darauf hingewiesen wurde oder ihm aufgrund sonstiger Umstände bewusst ist, dass die Bank bei Abschluss des Anlagegeschäfts eine Vergütung erhalten wird, besteht die Verpflichtung zur ausdrücklichen

---

219 BGH, BKR 2007, 160.
220 BGH, BKR 2009, 126.
221 BGH, NJW 2009, 2298; BGH, WM 2013, 2065 (2069).
222 *Roller/Böckelmann*, BankPraktiker Sonderheft »Kickbacks«, April 2012, S. 16.
223 BGH, BKR 2007, 160.
224 *Roller/Böckelmann*, BankPraktiker Sonderheft »Kickbacks«, April 2012, S. 17.
225 BGHZ 146, 235.
226 BGH, BKR 2009, 126.
227 *Heße* MDR 2009, 1197 ff.
228 Ellenberger/Schäfer/Clouth/Lang/*Ellenberger* Praktikerhandbuch Wertpapier- und Derivategeschäft Rn. 860 ff.

Aufklärung über die Höhe der Vergütung. Die Intensität des Interessenkonflikts hängt nämlich von der Höhe der Rückvergütung ab.[229] Der Kunde muss in die Lage versetzt werden, das Umsatzinteresse des Beraters einzuschätzen und beurteilen zu können, ob das Beratungsunternehmen bzw. die Bank und ihr Berater die Kapitalanlage nur aufgrund ihres eigenen Verdienstinteresses empfiehlt.[230] Nach anerkannten Regeln des Zivilrechts[231] gibt es keine Rechtfertigung für einen Berater, seinen Vertragspartner über Umstände im Unklaren zu lassen, die für dessen Willensentscheidung von grundlegender Bedeutung sind und die den Vertragszweck vereiteln oder gefährden können.[232] Diese Grundsätze gelten unabhängig von der Höhe der Vergütung.[233] Die weiter gehenden Pflichten eines Anlageberaters, der eine Provisionszahlung unabhängig von deren Höhe offen legen muss, rechtfertigen sich aus dem besonderen Vertrauen des Kunden ihm gegenüber.[234]

78 Diese Verpflichtung zur Aufklärung über Umstände, die den Vertragszweck gefährden oder vereiteln können, ist dabei nicht neu.[235] Bereits das RG hatte entschieden, dass der Geschäftsbesorger seinen Auftraggeber über empfangenes **Schmiergeld** aufzuklären hat.[236] Es widersprach auch Treu und Glauben, wenn ein Bankier als Kommissionär seinem Kunden einen Teil einer Bonifikation verschweigt.[237] Verdeckte Provisionszahlungen an Anlageberater oder Vermögensverwalter, bei denen es sich um »Belohnungen für die Geschäftsvermittlung« handelt,[238] sind infolge des eindeutigen Funktionszusammenhangs zumindest schmiergeldähnliche Zahlungen.[239] Der zivilrechtliche Schmiergeldbegriff umfasst dabei nicht nur die strafrechtlich relevanten Vorgänge,[240] sondern auch Zahlungen an Personen, die mit dem Vertragspartner auftragsrechtlich verbunden sind.[241] Der den Tatbestand der Sittenwidrigkeit begründende Treuebruch liegt dabei bereits in der Verheimlichung der Zuwendungsabrede gegenüber dem Auftraggeber.[242] Dem Vorwurf des Treubruchs kann der Zuwendungsempfänger nur dadurch entgehen, dass er dem Kunden das ihm erteilte Provisionsversprechen offenbart.[243] Der Steuerberater, der sich für die Empfehlung einer Kapitalanlage eine Provision gewähren lässt, setzt sich nicht nur einem Herausgabeanspruch aus, sondern zugleich

229 OLG Hamburg, Urt. v. 16.03.2010 – 11 U 138/08; OLG Stuttgart, WM 2009, 2312; OLG Stuttgart, Urt. v. 04.03.2010 – 13 U 42/09; *Göddecke* GWR 2009, 403.

230 BGHZ 170, 226 (234 f.) Tz. 23; BGH, 2009, 126.

231 §§ 123 Abs. 1, 241 Abs. 2, 826 BGB.

232 Palandt/*Ellenberger* § 123 Rn. 5b; Palandt/*Grüneberg* § 280 Rn. 30; Palandt/*Sprau* § 826 Rn. 30, jeweils m.w.N.; BGH, NJW 93, 2107; NJW-RR 1990, 78; NJW-RR 1988, 394.

233 BGH, NJW 2009, 1416.

234 OLG Stuttgart, Urt. v. 04.03.2010 – 13 U 42/09.

235 Z.B. *Pickart* WM 1963, 1201; Staudinger/*Dilcher* § 123 Rn. 7 m.w.N.

236 RGZ 134, 43; vgl. BGH, NJW-RR 1987, 1380: Schmiergelder sind »Sondervorteile, die dem Beauftragten von dritter Seite zugewandt sind und eine Willensbeeinflussung zum Nachteil des Auftraggebers befürchten lassen«. RGRK/*Steffen*, 12. Aufl. (1978), § 667 Anm. 6: Die Provisionsvereinbarung gefährdet die Unvoreingenommenheit des Beraters.

237 RG, JW 1905, 118.

238 OLG Hamm, NJW-RR 1986, 604.

239 NJW 1962, 1099: Zuwendungen an Organe, sonstige gesetzliche Vertreter oder Angestellte, um eine Bevorzugung beim Abschluss von Verträgen, insb. bei der Vergabe von Aufträgen, zu erzielen, verstoßen gegen die einfachsten und grundlegendsten Gesetze des geschäftlichen Anstandes und kaufmännischer guter Sitte. Dies ist seit Langem anerkannt. (RGZ 136, 359; 161, 229 [233]; 164, 98; OGH, JR 50, 245; BAG, NJW 61, 2036).

240 §§ 299, 331 ff. StGB.

241 RGZ 134, 43.

242 Staudinger/*Dilcher* § 138 Rn. 54 m.w.N.

243 BGHZ 78, 263 (268); 95, 81 (84); BGH, NJW 1981, 399; NJW 1985, 2523; WM 1987, 959 (960); WM 1987, 960 (961); OLG Hamm, NJW-RR 1886, 604 für Steuerberater.

auch einer Inanspruchnahme auf Schadensersatz.[244] Eine tatsächliche Benachteiligung des Beratungskunden ist nicht erforderlich.[245]

Ebenso ist nicht nur der steuerliche Berater dem Vorwurf des Treubruchs ausgesetzt, sondern auch der Sachwalter, der aufgrund eines Treueverhältnisses zur Wahrnehmung fremder Vermögensinteressen verpflichtet ist. Wer das Vertrauen eines anderen besitzt und aus diesem Grund als Berater zugezogen wird, missbraucht dieses Vertrauen, wenn er es dadurch zu Geld macht, dass er den Inhalt seiner Ratschläge von Zahlungen interessierter Dritter abhängig macht. Der Beratene setzt in einem solchen Fall als selbstverständlich voraus, dass sich sein Berater bei seinen Ratschlägen ausschließlich von sachlichen Gesichtspunkten leiten lässt.[246] 79

Dem Besorger fremder Geschäfte sollen aus der Geschäftsführung keine Vorteile verbleiben, die seine Unbefangenheit im Verhältnis zu seinem Auftraggeber beeinträchtigen könnten, sodass er zu deren Herausgabe verpflichtet ist.[247] Vor dem Hintergrund der Eignung aller Arten von Zuwendungen zur Aufhebung dieser Unbefangenheit und zur Begründung eines den Zweck des Beratungsvertrages gefährdenden Interessenkonflikts kann an der Einordnung von allen Arten von Zuwendungen im Zusammenhang mit Beratungsverträgen als »Schmiergelder« kein Zweifel bestehen.[248] 80

bb) Inhalt und Umfang der Aufklärung

Die Auseinandersetzung mit der Frage, ob der Finanzdienstleister ungefragt über Provisionen aufklären muss, erfordert zunächst die Schaffung von Begriffsklarheit. Hierfür gibt der BGH Hilfestellungen, die allerdings nicht immer ganz kohärent ausfallen. 81

Aufklärungspflichtige Rückvergütungen sind – regelmäßig umsatzabhängige – Provisionen, die im Gegensatz zu Innenprovisionen nicht aus dem Anlagevermögen, sondern aus offen ausgewiesenen Positionen wie z.B. Ausgabeaufschlägen und Verwaltungsvergütungen gezahlt werden.[249] Sie können aber auch aus anderen offen ausgewiesenen Vertriebskosten, wie z.B. einem Posten »Eigenkapitalbeschaffungskosten« fließen. Dabei kommt es nicht darauf an, ob die Zahlung des Anlegers über die Bank oder direkt an die Fondsgesellschaft fließt.[250] In all diesen Fällen kann beim Anleger zwar keine Fehlvorstellung über die Werthaltigkeit der Anlage entstehen. Da aber der Rückfluss der offen ausgewiesenen Kosten an die beratende Bank nicht offenbart wird, sondern hinter dem Rücken des Anlegers erfolgt, kann dieser das besondere Interesse der beratenden Bank an der Empfehlung gerade dieser Anlage nicht erkennen.[251] 82

Dementsprechend stellen bei geschlossenen Fonds auch Provisionszahlungen an eine Bank aus dem Ausgabeaufschlag oder der für die Beschaffung des Eigenkapitals im Prospekt ausgewiesenen Provision aufklärungspflichtige Rückvergütungen dar, wenn im Prospekt nicht angegeben wird, dass und in welcher Höhe die beratende Bank diese Provisionen erhält.[252] Der Anleger ist in diesem Fall 83

244 Assmann/Schütze/*Strohm* Handbuch des Kapitalanlagerechts § 20 Rn. 96 m.w.N. Zur Unanwendbarkeit von § 68 StBerG: BGH, NJW 1994, 1405.

245 RGRK/*Steffen* § 667 Anm. 6.

246 BGH, WM 1986, 1389 (1390); auch im Fall eines Baubetreuers hat der BGH die Pflicht zur Aufklärung über Provisionszahlungen im Hinblick auf das Vertrauensverhältnis bejaht: BGHZ 114, 87.

247 RGZ 99, 31; BGH, NJW 1963, 649.

248 *Nittel/Knöpfel* BKR 2009, 411 (413).

249 BGH, Urt. v. 08.04.2014 – XI ZR 341/12 m.w.N.

250 BGH, Urt. v. 16.07.2013 – XI ZR 363/11.

251 BGH, BKR 2011, 299; NJW 2011, 3231.

252 Das BVerfG (NJW 2012, 443) hat die »Kickback"-Rechtsprechung des XI. Zivilsenats bestätigt und ausgeführt: »Soweit der BGH die Aufklärungspflicht über Rückvergütungen unabhängig vom Erreichen eines bestimmten Prozentsatzes der Beteiligungssumme für gegeben erachtet, ist das durch den Zweck der Aufklärungspflicht sachlich gerechtfertigt, einer Fehlvorstellung des Anlegers über die Neutralität der Beratungsleistung zu begegnen.«.

durch den Bankberater ausdrücklich und ungefragt darüber aufzuklären, dass und in welcher Höhe die beratende Bank an der offen ausgewiesenen Provision partizipiert.[253] Ist die Bank im Prospekt als Empfängerin der Provisionen namentlich benannt, ist der Prospekt nur dann zur Aufklärung des Anlageinteressenten über den Interessenkonflikt geeignet, wenn er rechtzeitig übergeben wird.[254]

84 **Innenprovisionen** sind nicht ausgewiesene Vertriebsprovisionen, die dem Kapitalanleger/Erwerber weder in Rechnung gestellt, noch offen als aus seiner Einlage zu zahlen ausgewiesen sind, die er aber indirekt doch finanziert. Dies kann der Fall sein, wenn sie bei einem Fonds aus dem Anlagevermögen gezahlt werden, indem sie bspw. in Anschaffungs- und Herstellungskosten eingepreist (versteckt) sind und ggf. auch zusätzlich zu den ausgewiesenen Vertriebsprovisionen gezahlt werden.[255] Über sie muss bei einem Fonds unter bestimmten Umständen aufgeklärt werden, weil sie Einfluss auf die Werthaltigkeit der vom Anleger erworbenen Anlage haben und deswegen bei diesem insoweit eine Fehlvorstellung herbeiführen können.[256]

85 Derartige Provisionszahlungen sind wegen des dadurch hervorgerufenen Interessenkonflikts von der beratenden Bank dem Grund und der Höhe nach offenzulegen.[257] Unabhängig davon stellt das Verschweigen von Innenprovisionszahlungen aus Ausgabepositionen eines Fonds, die nicht für die Provisionszahlung ausgewiesen sind, regelmäßig eine fehlerhafte Information über die Mittelverwendung und damit einen Prospekt- und Beratungsfehler dar. Auch solch ein Prospektfehler löst regelmäßig Schadensersatzansprüche aus, und zwar sowohl gegenüber dem Berater als auch gegenüber den Prospektverantwortlichen.[258]

86 Die derzeitige Rechtslage lässt sich danach wie folgt zusammenfassen:[259]

- Ein Anlagevermittler ist zur Offenlegung der Provision, die er vom Emittenten der Anlage erhält und die aus den vom Anlagekunden eingezahlten Mitteln entnommen wird, verpflichtet, wenn sie 15 % des investierten Betrages übersteigt.[260]
- Berät eine Bank, ist diese verpflichtet, ihren Kunden ungefragt über Rückvergütungen aller Art zu informieren.[261] Allerdings kann sich der Anlageinteressent nicht hierauf berufen, wenn er im Rahmen eines Beratungsgesprächs nach der Höhe der an die Bank fließenden Provision fragt und trotz ausdrücklicher Erklärung des Anlageberaters der Bank, die Höhe der an die Bank fließenden Rückvergütung nicht mitzuteilen, das Anlagegeschäft gleichwohl abschließt. Der Anleger verhält sich dann widersprüchlich, wenn er in dem Fall später von der Bank Schadensersatz wegen fehlender Aufklärung über die Rückvergütung geltend macht.[262]
- Für den nicht bankmäßig gebundenen, »freien« Anlageberater, der seine Beratung unentgeltlich erbringt,[263] besteht – soweit nicht § 31d WpHG eingreift – keine Verpflichtung gegenüber seinem Kunden, ungefragt über eine von ihm bei der empfohlenen Anlage erwartete Provision aufzuklären, wenn der Kunde selbst keine Provision zahlt und offen ein Agio oder Kosten für

253 BGH, NJW 2011, 3231.
254 BGH, NJW-RR 2010, 115.
255 *Ellenberger u.a.*, Praktikerhandbuch Wertpapier- und Derivategeschäft, 4. Aufl., Rn. 1039. 1040.
256 BGH, NJW 2011, 3231.
257 Zuletzt BGH, Urt. v. 08.04.2014 – XI ZR 341/12.
258 So wohl auch *Ellenberger* (Praktikerhandbuch Wertpapier- und Derivategeschäft, Rn. 1050), der darauf hinweist, dass »die in den Anschaffungs- und Herstellungskosten eines Fondsobjekts versteckten Innenprovisionen, die letztlich auch vom Anleger getragen werden, nicht verschwiegen werden dürfen, wenn irgendwelche Angaben zu den Vertriebsprovisionen im Prospekt enthalten sind«.
259 In Anlehnung an *Schwab* BKR 2011, 450.
260 BGHZ 158, 110, 118; WM 2004, 928.
261 BGH, NJW 2011, 3231.
262 BGH, Urt. v. 08.04.2014 – XI ZR 341/12.
263 OLG München, BKR 2011, 116: Ein nicht bankmäßig gebundener, »freier« Anlageberater verletzt seine Aufklärungspflichten ggü. einem Anleger, wenn er nicht über eine Rückvergütung durch die Vermittelte Fondsgesellschaft aufklärt und der Kunde bereits für die Anlageberatung eine Vergütung gezahlt hat.

die Eigenkapitalbeschaffung ausgewiesen werden, aus denen ihrerseits die Vertriebsprovisionen aufgebracht werden.[264]

Einen Sonderfall stellt Auslagerung von Anlagevertriebs- und -beratungsaktivitäten von Banken und Sparkassen auf Tochtergesellschaften dar. Streitig ist hier insb. die Frage, ob es sich bei diesen Gesellschaften um bankunabhängige Vermittler i.S.d. Kickback-Rechtsprechung handelt, die zur Aufklärung über Rückvergütungen entsprechend der Rechtsprechung des III. Zivilsenats des BGH nicht verpflichtet sind. In diesen Fällen meint der BGH, dass das Gleiche wie bei freien Anlageberatern gilt und es keine Aufklärungsverpflichtung über Rückvergütungen gibt.[265] **87**

Mit dem Inkrafttreten des Finanzanlagenvermittler- und Vermögensanlagengesetzes[266] zum 01.06.2012 sind die bislang nur für Banken und Finanzdienstleister geltenden anlegerschützenden Vorschriften des WpHG auf die gewerblichen Finanzanlagenvermittler ausgeweitet worden.[267] Dementsprechend sind auch nicht bankgebundene Anlageberater und Anlagevermittler im Zusammenhang mit der Beratung und/oder Vermittlung von Nicht-Wertpapieranlagen entsprechend § 31d WpHG zur Aufklärung über Rückvergütungen verpflichtet. **88**

cc) Innenprovisionen im Prospekt

Bei sämtlichen Vermögensanlagen können sich aus der Existenz und der Höhe von Innenprovisionen, die als »weiche Kosten« nicht die Gegenleistung für die Schaffung von Sachwerten darstellen, Rückschlüsse auf eine geringere Werthaltigkeit des Anlageobjekts und Rentabilität der Anlage ergeben. Dies gilt bei Beteiligungen an geschlossenen Immobilienfonds nicht nur in Bezug auf Provisionszahlungen der Objektgesellschaft an die Vertriebsfirma als Teil des im Vermögensanlageprospekt ausgewiesenen »Gesamtaufwands«, sondern auch in Bezug auf Provisionszahlungen an ein Unternehmen, das seinerseits das betreffende Objekt (Grundstück und Bauvorhaben) an die Objektgesellschaft veräußert hat (Zwischenhandelsgewinn), zumal bei diesem Veräußerungsvorgang eine eigentliche geldwerte »Vermittlung« überhaupt nicht stattfindet.[268] So muss im Prospekt eines Immobilienfonds zudem der Sondervorteil offenbart werden, der den Initiatoren dadurch gewährt wird, dass eine Gesellschaft mit Beteiligung der Initiatoren das Fondsobjekt zwischenerwirbt und durch dessen teurere Weiterveräußerung an die Fondsgesellschaft innerhalb kurzer Zeit (im dort entschiedenen Fall: 3 Tage) einen Gewinn erzielt[269]. **89**

Allerdings begründet der Umstand, dass beim Käufer eine Fehlvorstellung über die Werthaltigkeit des erworbenen »Renditeobjekts« entstehen kann, für sich selbst auch dann noch keine Offenbarungspflicht, wenn die Höhe der Provision tatsächlich zu einem Kaufpreis erheblich über dem objektiven Wert der Immobilie führt.[270] Der Käufer hat grundsätzlich keinen Anspruch auf **90**

---

264 BGH, NJW-RR 2010, 1064. Die vom BGH vorgenommene Differenzierung zwischen beratender Bank und nicht bankmäßig gebundenem Berater ist verfassungskonform, wie das BVerfG (NJW 2012, 443) festgestellt hat. Zutreffend kritisch mit der vorgenommenen Differenzierung setzt sich *Schwab* (BKR 2011, 450) auseinander, der sowohl bei Anlagevermittlern, als auch bei Anlageberatern, gleich ob Bank oder nicht bankgebunden, eine Interessenwahrungspflicht sieht, mit der die Entgegennahme verdeckter Provisionen kollidiert. Der Anlagekunde erwarte daher mit Recht, dass die Bank, der Anlageberater oder der Anlagevermittler sich im Rahmen ihrer Beratungstätigkeit bedingungslos seinen Interessen unterordneten. Er erwarte insb. mit Recht, dass diese Personen ihm ggü. etwaige Interessenkonflikte von sich aus offenlegen. Banken, Anlageberater und Anlagevermittler seien daher in jedem Fall ohne Rücksicht auf die Form (Gewinnmarge, Rückvergütung, Provision) und auf die Höhe eigener finanzieller Zuflüsse verpflichtet, den Anlagekunden über jene Zuflüsse aufzuklären.

265 BGH BKR 2013, 288; BGH WM 2013, 119; BGH NJW 2012, 2952.

266 BT Drucks. 17/6051; BR-Drucks. 674/11.

267 *Artzt/Kemter* BKR 2011, 476.

268 BGH, NJW 2004, 1732.

269 BGH, Urt. v. 03.12.2013 – XI ZR 265/12.

270 BGH, NJW 2003, 1811.

einen Erwerb des Objekts zu dessen Verkehrswert. Bis zu den Grenzen der Sittenwidrigkeit und des Wuchers[271] ist es den Vertragsparteien überlassen, welchen Preis sie vereinbaren. Mithin besteht für den Verkäufer grundsätzlich selbst dann keine Pflicht zur Offenlegung des tatsächlichen Objektwertes, wenn dieser erheblich unter dem geforderten Preis liegt.[272] Im Regelfall muss der Verkäufer auch den Käufer nicht auf ein für diesen ungünstiges Geschäft hinweisen. Der Verkäufer darf vielmehr davon ausgehen, dass sich sein künftiger Vertragspartner selbst über Art und Umfang seiner Vertragspflichten, hier die Angemessenheit des Kaufpreises, im eigenen Interesse Klarheit verschafft.[273] Nichts anderes gilt i.d.R. in den Fällen, in denen ein wesentlicher Teil des Anlageobjekts aus einem vom Veräußerer zu errichtenden Bauwerk besteht. Es ist im Grundsatz Sache des Unternehmers, wie er den Preis für sein Werk kalkuliert und was er dabei für den »Vertrieb« ansetzt. Umgekehrt muss auch der Erwerber einer noch zu bauenden Immobilie immer damit rechnen, dass der ihm genannte Erwerbspreis einen gewissen Vertriebskostenanteil enthält.[274]

91 Der Aufklärungsbedarf des Anlegers ist jedoch dann typischerweise größer, wenn und soweit ihm die Vermögensanlage vom Anbieter oder vom Vertreiber mittels eines Prospekts vorgestellt wird. Anlagemodelle wie geschlossene Fonds sind dadurch gekennzeichnet, dass die Initiatoren, sog. Hintermänner und Prospektherausgeber, maßgeblichen Einfluss auf die Vorbereitung und Durchführung haben und mit den von ihnen verantworteten Prospektinformationen Vertrauen der Erwerber in Anspruch nehmen. Die zur Akquisition verwendeten Prospekte sollen dem Erwerber die für die Anlageentscheidung erforderlichen Informationen liefern, damit er die Anlage beurteilen und die Risiken einschätzen kann.[275] Solche Prospekte sind naturgemäß darauf ausgerichtet, die angebotenen Anlagen als besonders werthaltig und rentabel herauszustellen. Sie erwecken regelmäßig den Anschein, dass der Preis der Anlage – abgesehen von in den »Gesamtaufwand« mit hineingenommenen einzelnen Dienstleistungen zur Erzielung von Steuerersparnissen – jedenfalls in einem angemessenen Verhältnis zu den vom Veräußerer brachten sachlichen Leistungen steht. Das schließt nach dem nächstliegenden Verständnis durchschnittlicher Anleger normalerweise zugleich die Vorstellung aus, in dem als Preis angesehenen »Gesamtaufwand« könnten so außergewöhnliche Gewinnspannen für den Veräußerer oder Vergütungen für den Vertreiber stecken, dass die Werthaltigkeit und Rentabilität der Anlage von vornherein infrage gestellt sein könnte.[276]

92 Da außerdem für den Anleger der Prospekt bei solchen Modellen oftmals die einzige oder jedenfalls die wichtigste Informationsquelle und damit die maßgebliche Grundlage für seine Anlageentscheidung ist[277] und dem Anleger eine nähere Prüfung der Werthaltigkeit bei derart komplexen Vorhaben i.d.R. nicht möglich ist, ergibt sich eine besondere Schutzwürdigkeit des Anlegers. Mit der Schutzwürdigkeit des Anlegers korrespondiert die Verpflichtung der Prospektverantwortlichen und derjenigen, die sich des Prospekts zum Vertrieb bedienen, im Rahmen ihrer vertraglich geschuldeten Auskunftserteilung sämtliche für die Anlageentscheidung bedeutsamen Umstände wahrheitsgemäß und vollständig darzustellen.[278]

93 Zu den für die Anlageentscheidung des Anlegers »bedeutsamen« Umständen gehört es insbesondere in Hinblick auf die Verknüpfung mit der Werthaltigkeit des Objekts, dass im Gesamtaufwand für eine Immobilienanlage, die im Prospekt als rentables Renditeobjekt dargestellt wird, erheblich überdurchschnittliche Innenprovisionen stecken. Diese Innenprovisionen sind nämlich geeignet, den wirtschaftlichen Sinn der Vermögensanlage infrage zu stellen.[279] Dabei mag allerdings die üb-

271 BGH, NJW 2001, 1127.
272 BGH, NJW 2003, 1811.
273 BGH, NJW 2003, 1811; für Kreditinstitute, die den Erwerb finanzieren – BGH, NJW 2003, 424.
274 BGH, NJW 2005, 3208.
275 BGH, NJW 1980, 1840; NJW 2001, 436.
276 BGH, NJW 2005, 3208.
277 BGH, NJW 2001, 436.
278 BGH, NJW 1993, 2865.
279 BGH, NJW 2005, 3208.

liche Provisionshöhe für normale Maklerleistungen von etwa 3 % bzw. 6 %[280] nicht unbedingt den für eine Übertragung auf den geschäftsmäßigen Vertrieb solcher Anlagemodelle geeigneten Vergleichsmaßstab darstellen. Hier sind Innenprovisionen bis zu 15 % üblich.[281] Der Anleger muss aber nicht mit (internen) Vertriebskosten, die der Kapitalanlage nicht zugutekommen, oberhalb dieser Größenordnung rechnen. Daher muss der Anleger über einen »Abfluss« dieser Art, wenn er jedenfalls 15 % des vom Anleger aufgebrachten Kapitals überschreitet, generell unterrichtet werden.[282] Dies gilt auch dann, wenn zusätzlich zu den von der Fondsgesellschaft unmittelbar zu tragenden Vertriebskosten Innenprovisionen durch Dritte gezahlt werden, die kumuliert die Grenze von 15 % übersteigen.[283]

Vor diesem Hintergrund sind Vertriebsprovisionen von über 15 % des Anleger-Eigenkapitals pro- 94
spektierungs- und aufklärungspflichtig, wobei das offen ausgewiesene Agio einzubeziehen ist.[284] Dies gilt für alle Kapitalanlagen, insbesondere für alle geschlossenen Fonds. Da der BGH die Aufklärungspflicht in Bezug auf Innenprovisionen unmittelbar an deren Auswirkungen auf die Werthaltigkeit und Rentabilität der Anlage anknüpft, wäre eine Beschränkung dieser Vorgaben auf Immobilienfonds nicht logisch. Auch bei anderen in Anlagevermögen oder Beteiligungen investierenden Fonds, also bspw. auch bei Schiffs-, Windpark-, Solar-, Biogas- oder Private Equity-Fonds, führt die Innenprovision zu einer für den Anleger nicht erkennbaren Reduzierung des Kapitals, das für werthaltige Investitionen zur Verfügung steht, und damit zu einer Beeinträchtigung der Renditechancen bzw. Erhöhung der Anlagerisiken aufgrund geringerer Eigenkapitalquote. Allerdings ist es grundsätzlich nicht erforderlich, dass im Prospekt eines »Private-Equity-Dachfonds« auch die genaue Höhe der bei den jeweiligen Zielfonds anfallenden Kosten angegeben wird. Dabei stellen Managementvergütungen der Zielfonds keine Vertriebsprosvisionen des Dachfonds dar. Zudem stehe bei einem »Blind-Pool« die Kostenstruktur der Zielfonds selbst dann noch nicht fest, wenn einzelne Zielfonds bereits ausgewählt worden sind.[285]

Nach den Grundsätzen ordnungsgemäßer Beurteilung von Verkaufsprospekten über öffentlich an- 95
gebotene Kapitalanlagen (**IDW ES 4**),[286] welche sich auf alle prospektpflichtigen Kapitalanlagen z.B. nach dem KAGB und dem VermAnlG i.V.m. der VermVerkProspV beziehen, sind sämtliche Provisionen unabhängig von ihrer Höhe im Prospekt auszuweisen. Gemäß Nr. 6.4 Anlage zu IDW S4 n.F. ist für Rückgewährvereinbarungen im Verkaufsprospekt über die Vermögensanlage vorgeschrieben: »Sonstige, die Kapitalanlagen bzw. Anlageobjekte direkt, die Herstellung, Finanzierung, Nutzung oder Verwertung betreffenden Vereinbarungen zwischen bedeutsamen Vertragspartnern sind zu nennen und zu erläutern, soweit diese bei wirtschaftlicher Betrachtung eine Rückgewähr beinhalten. Dazu gehören bspw. Vereinbarungen über Provisionen, Kommissionen, Kompensationsgeschäfte, Ergebnisbeteiligungen sowie Rabatte oder sonstige Rückgewähr, die nicht zugunsten oder zu Lasten der Anlageobjekte bzw. Kapitalanlagen abgeschlossen werden. Falls solche Abreden nach Kenntnis der Prospektverantwortlichen nicht bestehen, ist dies im Verkaufsprospekt zu erläutern.« Damit sind für die betreffenden Vermögensanlagen sowohl alle gezahlten oder erhaltenen Provisionen als auch Zwischenhandelsgewinne oder Generalüber-/Generalunternehmergewinne gesondert auszuweisen. Geschieht dies nicht, ist der Prospekt fehlerhaft und seine Verwendung durch den Anlagevermittler oder -berater begründet Schadensersatzansprüche des Anlegers. Allerdings reicht es zur Information der Anleger über die Höhe der Eigenkapitalvermittlungsprovision im Emissionsprospekt eines Immobilienfonds aus, wenn die Provisionshöhe zusammen mit anderen »Weichkosten« (Vertriebsvorbereitung, Platzierungsgarantie, Prospektherstellung) in einer

280 BGH, NJW 1994, 1475.
281 *Kiethe* NZG 2001, 107 (110); *Schirp/Mosgo* BKR 2002, 354.
282 BGH, NJW 2005, 3208.
283 BGH, Urt. v. 22.03.2007 – III ZR 218/06.
284 BGH, Urt. v. 19.10.2017 – III ZR 565/16.
285 BGH, Urt. v. 12.10.2017 – III ZR 254/15.
286 S.o., Fn. 178.

gemeinsamen Position ausgewiesen und eine Aufschlüsselung auf schriftliche Anfrage angeboten wird[287]. Ebenso wird eine zutreffende Information durch den Prospekt angenommen, wenn der Anleger den im Prospekt angegebenen Anteil der Weichkosten an den Gesamtkosten durch einen einfachen Rechenschritt in den Anteil an der Anlagesumme umrechnen kann.[288]

dd) Aufklärungspflicht der Bank (nicht Anlageberatung)

96 Hinsichtlich der Aufklärungspflicht von Kreditinstituten über ihnen bekannte Innenprovisionen ist zwischen der Rolle der Bank als finanzierendes Institut, der Rolle als konto- bzw. depotführendes Institut und der Tätigkeit als Anlageberater zu unterscheiden.

97 Soweit die Bank als ein die **Vermögensanlage finanzierendes Institut** auftritt und sich auf diese Rolle beschränkt, besteht eine Aufklärungspflicht zumindest dann nicht, wenn die Innenprovision in den Kaufpreis mit eingerechnet ist und der Kaufpreis als Festpreis ausgewiesen ist. Der Kaufpreis und der finanzierende Gesamtaufwand sollen dann die einzig wesentliche Grundlage für die Beurteilung des Anlegers sein, ob der wirtschaftlich angestrebte Erfolg erreichbar ist oder nicht.[289] Etwaige Provisionen sollen keine speziellen Risiken eines Anlageobjektes darstellen, die eine Aufklärungspflicht der finanzierenden Bank rechtfertigten. Vielmehr ist der einzelne Erwerber zur Prüfung des Kaufpreises auf dessen Angemessenheit verpflichtet.[290] Bei steuersparenden Bauherren- und Erwerbermodellen ist das finanzierende Kreditinstitut auch nach Auffassung des BGH grundsätzlich nicht verpflichtet, den Darlehensnehmer über eine ihm bekannte, im finanzierten Kaufpreis enthaltene »versteckte Innenprovision« aufzuklären. Eine Aufklärungspflicht der Bank über die Unangemessenheit des Kaufpreises komme nur ausnahmsweise in Betracht, wenn die Innenprovision zu einer so wesentlichen Verschiebung der Relation zwischen Kaufpreis und Verkehrswert beitrage, dass die Bank von einer sittenwidrigen Übervorteilung des Käufers durch den Verkäufer ausgehen müsse.[291]

98 Diese Auffassung steht, sofern sie auf zu Kapitalanlagezwecken vertriebene Eigentumswohnungen angewandt wird, allerdings in einem Widerspruch zur Rechtsprechung des III. Zivilsenats des BGH über Innenprovisionen bei Fonds. Sie bestätigt die im Schrifttum kritisierte, jeder empirischen Grundlage entbehrenden Ungleichbehandlung von Immobilienanlagen und anderen Kapitalanlagen bzw. von Banken und freien Beratern.[292] Der III. BGH-Senat sieht in überdurchschnittlichen Innenprovisionen, die 15 % übersteigen, eine potenzielle Gefährdung des wirtschaftlichen Sinns und der Rentabilität der Vermögensanlage.[293] Die entsprechende Aufklärungspflicht hierüber betrifft auch die Vermittlung von Kapitalanlagen in Form von Immobilien sowie die Beratung zur Investition in solche Anlagen.[294] Nach der bisherigen Kasuistik zu Aufklärungspflichten finanzierender Banken besteht eine Aufklärungspflicht unter anderem dann, wenn die Bank einen konkreten Wissensvorsprung in Bezug auf spezielle Risiken des zu finanzierenden Vorhabens besitzt, wenn sie also von einem Scheitern des Vorhabens ausgeht,[295] oder wenn der Bank bekannt ist, dass falsche Angaben über Mieteinnahmen gemacht werden und die Rentabilität des Objekts hierdurch unzutreffend dargestellt wird.[296] Daher wäre eine Aufklärungspflicht der »bloß finanzierenden« Bank wegen eines Wissensvorsprungs über eine unüblich hohe Innenprovision[297] zumindest dann

287 BGH, Urt. v. 12.12.2013 – III ZR 404/12.

288 BGH, Urt. v. 21.06.2016, II ZR 331/14, ZIP 2016, 1478.

289 OLG München, WM 2001, 253 (255); OLG Stuttgart, WM 2000, 292 (297).

290 OLG, NJW-RR 2002, 1573, OLG Zweibrücken, WM 2000, 2150.

291 BGH, NJW 2003, 424; NJW 2003, 2529; BKR 2003, 626; so für den Immobilienverkäufer auch BGH, NJW 2003, 1811.

292 Reithmann/Meichssner/v. Heymann/*Thode* Kauf vom Bauträger, N Rn. 55.

293 BGH, NJW 2004, 1732; NJW 2005, 3208.

294 BGH, Urt. v. 23.01.2016, III ZR 308/15, NJW 2016, 3024.

295 Schminansky/Bunte/Lwowski/*Siol* Bankrechts Handbuch, Bd. I, § 44 Rn. 20.

296 BGH, NJW 1989, 2879; NJW 1998, 2881.

297 Mehr als 15 % des Kaufpreises.

zu bejahen, wenn dadurch die Rentabilität der Vermögensanlage infrage gestellt wird. Die vom XI. Zivilsenat hier verwandte Sittenwidrigkeitsschwelle bezüglich des Kaufpreises stellt hierfür kein geeignetes Kriterium dar.

Hinzu kommt, dass das Verschweigen der Innenprovision durch den Anlageberater eine arglistige Täuschung durch diesen darstellen kann. Daher kann bei einem institutionellen Zusammenwirken zwischen der Bank und dem Verkäufer[298] der Vermögensanlage eine Schadensersatzpflicht der Bank zu bejahen sein. 99

Zahlt die Bank selbst an die **Finanzierungsvermittler** eine versteckte Innenprovision, muss die Bank über dieses sog. »Packing« aufklären, soweit eine derart versteckte Provision die Kreditkosten erhöhen und das Vertrauen des Auftraggebers gegenüber dem Makler beeinträchtigen kann. Gewährt die Bank neben einer vom Kreditvermittler dem Kunden abverlangten Courtage ein im Zinssatz verstecktes »Packing«, dann ist dies nicht nur ein Indiz für einen Verstoß gegen die guten Sitten im Rechtsverkehr, sondern eine arglistige Täuschung.[299] Das Verschweigen einer versteckten Innenprovision wird in diesem Zusammenhang jedoch nur dann als eine Verletzung vorvertraglicher Nebenpflichten angesehen, wenn die Zahlung einer derartigen Innenprovision tatsächlich die Kreditkosten für den Darlehensnehmer erhöht. Bezahlt die Bank hingegen diese Provision aus ihrer Gewinnmarge, besteht wiederum keine Aufklärungspflicht.[300] 100

Hat eine Bank mit dem **Vermögensverwalter** eines Kunden eine Vereinbarung über die Beteiligung des Verwalters an ihren Provisionen und Depotgebühren geschlossen (Rückvergütungen), so muss sie auch dies gegenüber dem Kunden offenlegen. Diese Pflicht gründet sich darauf, dass die Depotbank mit einer solchen Vereinbarung wissentlich die konkrete Gefahr der Interessenverletzung durch den Verwalter gegenüber dem Kunden schafft. Die Aufklärungsverpflichtung der Depotbank ist erforderlich, weil die dem Verwalter obliegende Verpflichtung zur Offenlegung die Gefährdung der Interessen des Kunden nur unzureichend begrenzt.[301] Die Pflicht zur Aufklärung über eine für das Vermögen des Anlegers gefährliche Provisions- und Gebührenbeteiligungsvereinbarung mit dem Vermögensverwalter leitet sich aus der Interessenwahrungspflicht des Verwalters ab.[302] Sie soll nicht nur den Anleger in die Lage versetzen, geeignete Schritte hinsichtlich der von der Bank offenbar nicht für sich selbst benötigten Teile der Provisionen und Depotgebühren zu ergreifen und der Gefahr der sog. Spesenreiterei entgegenzuwirken. Dieser Pflicht kommt vielmehr zugleich im Hinblick auf das Interesse des Kunden am Gesamterfolg der in Aussicht genommenen Anlagegeschäfte auch die Funktion zu, dem Anleger wichtige Informationen zur Beurteilung der Vertrauenswürdigkeit seiner Geschäftspartner zu vermitteln. Für die Einschätzung der Vertrauenswürdigkeit eines Vermögensverwalters hat es nämlich entscheidende Bedeutung, dass dieser sich hinter dem Rücken des Kunden von dessen Depotbank eine Beteiligung an Provisionen und Gebühren versprechen lässt. Ein derartiges Verhalten enthält eine schwerwiegende Treuwidrigkeit und kann unter Umständen auch eine Strafbarkeit wegen Betruges oder Untreue begründen.[303] Die Rückvergütung, die die Depotbank zu zahlen bereit ist, steht gem. §§ 675 Abs. 1, 667 BGB nämlich grundsätzlich dem Kunden und nicht dem Verwalter zu. Darüber hinaus ist der Verwalter verpflichtet, den Kunden über die kommissionsrechtliche Verpflichtung zur Auskehrung der kick-backs aufzuklären.[304] Ein Recht, diese Rückvergütung zu behalten, steht dem Vermögensverwalter nicht aufgrund der 101

298 BGH, NJW 2007, 361; zu beachten ist hierbei auch die Haftung nach § 823 Abs. 2 und § 826 BGB (vgl. *Lang*, WM 2007, 1728).

299 OLG Stuttgart, NJW 1985, 2597.

300 OLG Karlsruhe, WM 1999, 127; LG Nürnberg, WM 2000, 2153 (2156).

301 *Benicke* Das Recht der Vermögensverwaltung, in: Schriftenreihe der Bankrechtlichen Vereinigung Bd. 27, S. 24.

302 *Benicke* Das Recht der Vermögensverwaltung, in: Schriftenreihe der Bankrechtlichen Vereinigung Bd. 27, S. 23.

303 BGH, WM 1990, 462; ZIP 1989, 830; OLG München, WM 1986, 1141.

304 Derleder/Knops/Bamberger/*Balzer* § 53 Rn. 28 f.

Offenlegung der Rückvergütung zu. Er darf die Rückvergütung vielmehr nur dann behalten, wenn der Kunde hierzu sein Einverständnis erklärt.[305] Die Aufklärungspflicht der Bank über die Provisions- und Gebührenbeteiligungsvereinbarung mit dem Vermögensverwalter verfolgt damit auch den Zweck, dem Verbraucher eine sachgerechte Entscheidung über die Inanspruchnahme der Dienste des Vermögensverwalters zu ermöglichen.[306] Die Bank darf hiernach nicht davon ausgehen, dass der Vermögensverwalter den Anleger von sich aus über die kick-back-Abrede aufklärt. Dabei wird – auch im Hinblick auf die Haftungsfolge – unterstellt, dass der Kunde den Vermögensverwalter, der sich hinter seinem Rücken Rückvergütungen der Depotbank versprechen und gewähren lässt, im Fall der Kenntnis überhaupt nicht mit der Vermögensverwaltung beauftragt hätte. Daher erstreckt sich der Schadensersatzanspruch auf die Rückabwicklung sämtlicher über den Vermögensverwalter getätigten Geschäfte.[307]

102 Gewährt eine Bank »Provisionen« an ein Unternehmen aus dem Umfeld eines **Bevollmächtigten** ihres Kunden für die Vermittlung diverser Kapitalanlagen, muss sie den Kunden auch darüber aufklären. Die Verheimlichung derartiger »kick backs« stellt ebenfalls eine »schwerwiegende Treuwidrigkeit« dar. Das Kreditinstitut darf sich auch hier nicht darauf verlassen, dass der Bevollmächtigte seinen Verpflichtungen gem. §§ 657, 667 BGB von sich aus nachkommt. Vielmehr besteht eine eigenständige Aufklärungspflicht des Kreditinstituts über derartige Provisionszahlungen.[308]

ee) Nachträgliche Aufklärung über Rückvergütungen

103 Anleger können von ihrem Anlageberater, Anlagevermittler auch nachträglich Auskunft über die von diesem vereinnahmten Rückvergütungen verlangen. Da sowohl der Anlageberatungsvertrag als auch der Anlagevermittlungsvertrag einen unentgeltlichen Auftrag im Sinne von § 662 BGB darstellen, besteht nach § 666 BGB ein Anspruch auf Auskunft und Rechenschaftslegung. Hierdurch soll der Auftraggeber die Geschäftsbesorgung vollständig überprüfen können, auch soweit keine Herausgabepflicht des Erlangten nach § 667 BGB besteht.[309] Diese Ansprüche sollen dem Auftraggeber die ihm regelmäßig fehlenden Informationen verschaffen, die er braucht, um seine im Zuge der Auftragserledigung sich ändernde Rechtsstellung beurteilen und Folgerungen daraus ziehen zu können. Die vielfach gebrauchte Formel, die Auskunft diene der Vorbereitung von Ansprüchen des Auftraggebers, ist danach zwar nicht erschöpfend, trifft aber häufig zu.[310]

104 Ein möglicher Schadensersatzanspruch begründet und legitimiert einen Auskunftsanspruch gem. § 666 BGB.[311] Die Auskunftspflicht findet nicht ihre Grenzen, wenn durch die Auskunftserteilung die Durchsetzung von Ansprüchen gegenüber dem Auskunftspflichtigen unterstützt wird.[312] Nicht schützenswert ist demgegenüber das gegenläufige Interesse des Beauftragten.

305 *Benicke* Das Recht der Vermögensverwaltung, in: Schriftenreihe der Bankrechtlichen Vereinigung Bd. 27, S. 23.

306 BGH, NJW 2001, 962; OLG Stuttgart, NJW 2005, 1989.; *Tilp* EWiR 2001, 255; krit. Derleder/Knops/Bamberger/*Balzer* § 53 Rn. 28 f.; *Balzer* ZIP 2001, 232.

307 *Benicke* Das Recht der Vermögensverwaltung, in: Schriftenreihe der Bankrechtlichen Vereinigung Bd. 27, S. 24.

308 OLG Stuttgart, NJOZ 2005, 1989, rechtskräftig durch BGH, Beschl. v. 09.10.2006 – XI ZR 73/05.

309 Palandt/*Sprau*, § 666 Rn. 4.

310 MüKo-BGB/*Seiler*, § 666 Rn. 1. Für die Auskunftsverpflichtung kommt es nicht darauf an, ob die nach erteilter Auskunft angestrebte Geltendmachung von darüber hinausgehenden Ansprüchen begründet ist. Zweck des § 666 BGB ist es, den Auftraggeber über den gesamten Ablauf und die Ergebnisse der Geschäftsführung zu informieren, sodass er einen Überblick über seine Rechtsstellung erhält. Der Auskunftsanspruch soll die Kontrolle der Tätigkeit des Beauftragten ermöglichen. Der Auftraggeber soll damit erkennen und überprüfen können, ob die Auftragsdurchführung ordnungsgemäß erfolgte. Die Pflicht zur Auskunftserteilung setzt keinen weiter gehenden Anspruch voraus, dessen Durchsetzung die Information dienen soll (BGHZ 107, 104, 108).

311 LG Würzburg, Beschl. v. 05.07.2011 – 42 S 347/11.

312 LG Karlsruhe, NJW-RR 2010, 691–692; LG Schwerin, Urt. v. 23.12.2011 – 1 O 59/10.

Die Verpflichtung zur Rechenschaftslegung bleibt eine angemessene Zeit nach Auftragsbeendigung bestehen, sodass der Auftraggeber im Fall eines berechtigten Interesses Erfüllung auch erst später verlangen kann, wenn ihm z.B. nachträglich rechenschaftspflichtige Tatsachen bekannt geworden sind[313] oder wenn ein sonstiges berechtigtes Informationsbedürfnis nachträglich entsteht.[314] **105**

Der Anspruch nach § 666 BGB entsteht grundsätzlich erst nach Beendigung des Auftrags.[315] Bei dem Anspruch handelt es sich um einen sog. verhaltenen Anspruch, dessen Verjährung erst mit seiner Geltendmachung beginnt.[316] Allerdings soll der Anleger keinen Auskunftsanspruch über Provisionen des Beraters mehr haben, wenn er aufgrund dieser Information keinen weiteren Anspruch mehr geltend machen kann, z.B. wenn Schadenersatzansprüche jedenfalls verjährt sind[317]. **106**

g) Fremdfinanzierung

Viele Anlagemodelle sehen vor, dass der Anleger den zu zahlenden Gesamtaufwand oder die zu erbringende Gesellschaftseinlage durch eine Kreditaufnahme finanziert. In diesen Fällen obliegt dem Anlageberater eine besondere Warnpflicht, wenn das Risiko des Wertverlustes nicht auszuschließen ist oder der Kunde für den Fall von Schwankungen oder gar des vollständigen Ausbleibens prognostizierter Einnahmen oder Ausschüttungen den Aufwand für die vertragsgemäße Bedienung der Kredite nicht aus frei verfügbaren, nicht zum Lebensunterhalt und zur Abdeckung bereits bestehender Verbindlichkeiten und Verpflichtungen gebundenen Mitteln leisten kann.[318] Unabhängig von der in diesen Fällen bestehenden Warnpflicht in Bezug auf die möglicherweise Existenz gefährdenden Risiken ist hier eine nicht anlegergerechte Beratung zu bejahen. **107**

Auch bezüglich der häufig empfohlenen Modelle zur Finanzierung des Erwerbs einer Immobilie durch eine Kreditaufnahme, während das vorhandene Eigenkapital in Aktienfonds oder anderen riskanten Beteiligungen angelegt wird, muss auf das besondere Risiko des Modells hingewiesen werden. Hintergrund derartiger Finanzierungskonzepte ist es, durch die Differenz von niedrigen Immobilienzinsen und hohen Beteiligungsrenditen nicht nur die für den Immobilienkredit zu zahlenden Zinsen, sondern darüber hinaus auch die Tilgung zu erwirtschaften. Theoretisch entschuldet sich die Immobilie bei planmäßigem Verlauf selbst und zusätzlich ist nach vollständiger Rückzahlung des Immobilienkredits das ursprünglich vorhandene Eigenkapital nach wie vor vorhanden. Das besondere Risiko dieses Modells und anderer **Zinsdifferenzgeschäfte** liegt aber darin, dass renditestarke Anlagen zumeist einer höheren Wertschwankung unterliegen. Die regelmäßige Bedienung der Annuitäten aus den Erträgen des angelegten Kapitals ist infolgedessen nicht sichergestellt. Daher kann es unter Umständen sogar für einen längeren Zeitraum oder dauerhaft dazu kommen, dass Zins und Tilgung aus anderen freien Mitteln des Anlegers geleistet werden müssen. Ist der Anleger aufgrund seiner Einkommens- und Vermögenssituation hierzu nicht in der Lage, darf der Berater ein solches Finanzierungsmodell nicht empfehlen. Wenn der Kunde es dennoch wünscht, muss er auf die damit verbundenen möglicher Weise existenzgefährdenden Risiken ausdrücklich hingewiesen werden.[319] **108**

h) Totalverlustrisiko

Differenziert zu betrachten ist die Frage der Verpflichtung zum Hinweis auf das möglicherweise bei einem Anlageprodukt bestehende Risiko des Totalverlusts der angelegten Gelder. Inhalt und **109**

313 BGHZ 39, 87, 93 = NJW 1963, 950.
314 OLG Frankfurt am Main, MDR 1966, 503.
315 BGH NJW 2012, 58 (Tz. 29).
316 BGH, Urt. v. 03.11.2011 – III ZR 105/11; MüKo-BGB/*Grothe*, 5. Aufl., § 199 Rn. 7; Palandt/*Ellenberger*, § 199 Rn. 8 m.w.N.
317 OLG Frankfurt am Main, Urt. v. 08.07.2013 – 23 U 246/12.
318 *Thiel* Die Haftung der Anlageberater und Versicherungsvermittler, S. 40.
319 LG Mannheim, Urt. v. 23.06.2004 – 9 O 257/03.

Umfang der Hinweispflicht zum Risiko eines Totalausfalls hängen bei der Empfehlung der Kapitalanlage in einen Immobilienfonds nicht schematisch von einer bestimmten Fremdkapitalquote des Fonds, sondern vielmehr von dessen konkreten Risiken und dem individuellen Beratungsbedarf des Anlegers ab, der sich nach dessen Wissensstand, seiner Risikobereitschaft und dem von ihm verfolgten Anlageziel bestimmt.[320] Das Risiko kommt sowohl bei Fonds, die mit Eigenkapital finanziert werden, als auch bei bei fremdfinanzierten Fonds in Betracht.

110 Bei vielen Fondsbeteiligungen erfolgt die Finanzierung der geplanten Investition und der Vergütungen für die sonstigen konzeptionell vorgesehenen Dienstleistungen sowohl durch Eigenkapital, das von den Gesellschaftern selbst aufgebracht wird, als auch durch Darlehen, die von der Fondsgesellschaft aufgenommen werden. Teilweise wird das Eigenkapital der Gesellschafter ebenfalls krediitiert. In diesem Zusammenhang ist nicht nur auf das bereits erwähnte Risiko hinzuweisen, dass Zins- und Tilgungsleistungen für den zur Finanzierung der Gesellschaftereinlage aufzunehmenden Kredit vom Anleger unabhängig von der tatsächlichen Höhe der prognostizierten Ausschüttungen aufgebracht werden müssen. Zugleich besteht sowohl für jene Anleger, die ihre Gesellschaftseinlage finanzieren, als auch für die Anleger, die die Einlage aus vorhandenem Eigenkapital leisten, das Risiko des Totalverlustes der Einlage. So ist es bei Fremdkapitalfonds grundsätzlich möglich, dass im Wege der sog. Innenfinanzierung einerseits der Anleger seine Einlage erbringt, andererseits ein Kreditinstitut der Fondgesellschaft als Außenfinanzierung ein Darlehen gewährt. Das Risiko des Anlegers liegt dann v.a. darin, dass bei einem Anstieg der Kreditsumme oder der Zinsen oder bei einer vorzeitigen Anpassung der Kreditkonditionen die Darlehensannuität den Einnahmeüberschuss des Fonds übersteigt. Der Fond ist dann, auch wenn die Gesellschafter aufgrund des Gesellschaftsvertrages hierzu nicht verpflichtet sind, auf Nachschüsse angewiesen. Bleiben diese aus, droht die Insolvenz. Dieses wirtschaftliche Risiko steigt mit dem Anteil des Fremdkapitals bei der Finanzierung der Investitionssumme.[321]

111 Der Weichkostenanteil bei Fonds beträgt erfahrungsgemäß zwischen 8 % und 50 %. Dies zeigt bereits die unterschiedliche Qualität der Anlageprodukte. Die meisten steuerlich orientierten Produkte weisen einen Weichkostenanteil von mehr als 20 % auf. Das bedeutet, dass nur 80 % des Gesamtaufwandes tatsächlich werthaltig investiert werden.

112 Bei einer unterstellten Relation von Eigenkapital der Gesellschafter von 20 % und einer Fremdfinanzierung durch die Gesellschaft i.H.v. 80 % des Gesamtaufwandes stehen sich nach Abschluss der Investitionsphase Anlagevermögen und Verbindlichkeiten der Fondsgesellschaft meistens etwa im Verhältnis 1:1 gegenüber. Dadurch wird das von den Gesellschaftern eingesetzte Eigenkapital verbraucht, ohne dass diesem ein Gegenwert gegenübersteht. Man könnte hier also davon sprechen, dass der Totalverlust mit Abschluss der Investitionsphase bereits eingetreten ist. Um allein das eingesetzte Eigenkapital wieder zu erlangen, müssten 25 % des Kredits getilgt werden oder die Fondsimmobilie um 25 % im Wert steigen. Solche Berechnungen muss der Berater dem Anleger vor Augen führen.

113 Der Totalverlust tritt jedenfalls dann ein, wenn infolge ausbleibender oder sinkender Vermietungserlöse die Kapitaldienstfähigkeit nicht mehr gegeben ist. Die Bank, die in unserem Beispiel den Kaufpreis zu 100 % finanziert hat, wird bei der zwangsweisen Verwertung einer nicht kapitaldienstfähigen Immobilie keinen Preis erlösen, der zur Rückführung des Kreditbetrages nebst Zinsrückständen ausreicht. Ein unter den Gesellschaftern zu verteilender Überschuss wird nach der Verwertung regelmäßig nicht verbleiben. Damit ist das eingesetzte Kapital verloren. Man spricht vom wirtschaftlichen Totalverlust. Das Totalverlustrisiko ist bei Beteiligungsmodellen mit hohem

320 BGH, NJW-RR 2010, 115; insoweit tendenziell abweichend zu BGH, Urt. v. 14.07.2007 – III ZR 185/05 bezüglich einer Beteiligung an der Vif Babelsberger Filmproduktion GmbH & Co. 3. KG (Vif 3. KG).

321 OLG Frankfurt am Main, NJOZ 2002, 1799.

Fremdfinanzierungsanteil auf Gesellschaftsseite besonders hoch. Infolgedessen muss im Beratungsgespräch auf dieses besondere Risiko ausdrücklich hingewiesen werden.

i) Fondskostenrelation

Im Rahmen der Plausibilitätsprüfung von Fondsangeboten kommt der Ermittlung der Fondskostenrelation (FKR) eine ganz erhebliche Bedeutung für die wirtschaftliche Rentabilität der angebotenen Anlage zu. Zur Ermittlung der Fondskostenrelation sind die Fondskosten (FK) in Relation zu der Gesamtinvestition (GI) zu setzen.[322] Die Fondskostenrelation bringt den Anteil der weichen Kosten, die der Anleger ohne substanziellen Gegenwert zu entrichten hat, an der Gesamtinvestition zum Ausdruck. Bei einem FKR-Wert von unter 12 % kann von einem auf diesem Gebiet sehr guten Fondsprojekt gesprochen werden. Dagegen sollte der Anleger auf Anteile an Fonds mit einer FKR von über 15 % mit Misstrauen und Zurückhaltung reagieren, denn weiche Kosten erhöhen das Risiko der Investition und mindern die Rentabilität. Liegt zwischen dem Initiator und Verkäufer/Generalunternehmer der Immobilie eine Verflechtung vor, ist die FKR-Kennzahl allerdings nicht aussagekräftig, da über einen höheren Kaufpreis jederzeit ein Teil der weichen Kosten versteckt werden kann.[323] 114

j) Mangelnde Veräußerbarkeit von Anteilen an geschlossenen Fonds

Der Anlageberater muss den Anleger von sich aus darauf hinweisen, dass er nicht frei über seinen Anteil an einem geschlossenen Fonds verfügen kann. Der Hinweis, wonach es »allerdings keinen Markt für derartige Anteile« gebe, klärt nicht in ausreichendem Maße darüber auf, dass es tatsächlich keinen allgemeinen Zweitmarkt für Anteile an geschlossenen Fonds gibt. Daher muss der Anlageberater den Anlageinteressenten grundsätzlich darauf hinweisen, dass die Veräußerung eines solchen Anteils in Ermangelung eines entsprechenden Marktes nur eingeschränkt möglich ist. Die praktisch fehlende Verkaufsmöglichkeit der Fondsbeteiligung zu angemessenen Konditionen ist ein Umstand, der für die Anlageentscheidung eines durchschnittlichen Anlegers von erheblicher Bedeutung ist.[324] Die Bedingungen, zu denen ein Anleger auch auf langfristig festgelegtes Geld vorzeitig zurückgreifen kann, sind typischerweise ein wesentliches Element seiner Investitionsentscheidung. Dies gilt auch für Anlagen, die der Alterssicherung dienen sollen. Auch in diesen Fällen kann ein vorzeitiges Bedürfnis entstehen, die festgelegten Vermögenswerte vorzeitig zu liquidieren, wie etwa bei Arbeitslosigkeit, Kurzarbeit, krankheitsbedingtem Verlust der Erwerbsfähigkeit oder auch nur einer Änderung der Anlageziele.[325] Wird im Prospekt oder in der Beratung der Hinweis auf den fehlenden öffentlichen Markt durch den Zusatz »zur Zeit« eingeschränkt, wird der Eindruck erweckt, dass es jedenfalls demnächst einen Zweitmarkt gegeben werde und die Anlage in absehbarer Zeit ohne Weiteres veräußert werden kann. Dies genügt nicht den an die Aufklärung über die fehlende Fungibilität zu stellenden Anforderungen.[326] 115

---

322 FKR = FK x 100/GI – FK = Fondskosten; GI = Gesamtinvestition. Zu den Fondskosten zählen: Komplementärvergütung, Treuhandvergütung, Baucontrolling, Gesellschaftsgründungskosten, Kapitalbeschaffungskosten inklusive Agio, Platzierungsgarantie, Objektaufbereitungskosten, Konzeption, Fondsverwaltung, Steuer- und Rechtsberatung, Kosten für Finanzierungsgarantie- und Vermittlung sowie sonstige Kosten, die nicht zur Substanzbildung beitragen. *Nicht* dazu zählen Erwerbsnebenkosten, weil sie bei jeder Immobilieninvestition anfallen. Häufig wird diese Kennziffer (Fondskosten) von den Initiatoren dadurch geschönt, dass Teile der genannten Kostenpositionen nur teilweise den Fondskosten zugerechnet werden.

323 *Bartlsperger/Boutonnet/Loipfinger/Nickl/Richter* Geschlossene Immobilienfonds, S. 217.

324 OLG Köln, Urt. v. 19.07.2011 – 24 U 172/10.

325 BGH, NJW-RR 2007, 621; OLG Stuttgart, Urt. v. 28.10.1998 – 9 U 69/98; OLG Frankfurt am Main, NJOZ 2002, 1799.

326 OLG Köln, Urt. v. 19.07.2011 – 24 U 172/10.

k) Berechnungsbeispiele

116 Beim Erwerb einer Immobilie zu Anlagezwecken ist vor allem über die Aufwendungen aufzuklären, die der Interessent für den Erwerb und die Instandhaltung des Objektes erbringen muss. Die Ermittlung des monatlichen Eigenaufwands bildet dabei das Kernstück der Beratung, da diese den Käufer von der Möglichkeit überzeugen soll, das Objekt mit seinen Mitteln erwerben und halten zu können. Bei der Berechnung des Eigenaufwands muss der Verkäufer daher auch im Zeitpunkt der Beratung bereits abzusehende ungünstige Veränderungen der Mieteinnahmen oder Unterhaltungskosten berücksichtigen. Dabei sind nicht nur die Unterhaltskosten für das Gemeinschaftseigentum,[327] sondern auch jene für das Sondereigentum zu berücksichtigen.[328] Die Höhe der anzusetzenden Instandhaltungskosten ist sehr stark von der Nutzungsart, der Gebäudequalität und der Ausgestaltung des Mietvertrages bezüglich der Nebenkostenverteilung abhängig. Unter Beachtung des Grundsatzes kaufmännischer Vorsicht haben sich für die Instandhaltungsrücklage folgende Richtwerte herausgebildet: Bürogebäude: 7,50–12 €/m^2 p.a., Einzelhandelsflächen: 4 – 8 €/m^2 p.a. und bei wohnwirtschaftlicher Nutzung 8–12 €/m^2 p.a.[329]

117 Als Folge dieser Aufklärungspflicht[330] sind alle zum Zeitpunkt der Anlageberatung vorhersehbaren Veränderungen, also bspw. auch das Auslaufen steuerlicher Abschreibungsmöglichkeiten, bei der Beratung und dem in diesem Zusammenhang erstellten Berechnungsbeispiel zu berücksichtigen. Danach wäre ein Berechnungsbeispiel, welches lediglich das Jahr der Investition und das »erste volle Vermietungsjahr« berücksichtigt, nicht aber das Jahr nach Auslaufen der Sonder- oder der Denkmalschutz-AfA, nicht zur vollständigen Aufklärung geeignet. Der Erwerber wird hierdurch nicht vollständig darüber informiert, ob er aus eigenen Mitteln in der Lage sein wird, die laufenden Kosten des Eigentums zu bestreiten.

118 Neben fehlerhaften Angaben zu den Rücklagen und zum Prognosezeitraum sind häufige Fehler in Berechnungsbeispielen die fehlende Berücksichtigung der Tilgung bzw. der für Tilgungsersatzleistungen, insb. Lebensversicherungen, aufzubringenden Beträge.

l) Miet- und Wertentwicklungsprognosen

119 Bei Immobilieninvestments, sei es durch den Erwerb von Wohnungseigentum oder die Beteiligung an geschlossenen Fonds, stellt sich immer die Frage der Prognose der Entwicklung der erzielbaren Mieten sowie der Entwicklung des Immobilienwertes, zumindest hinsichtlich des für den zu erzielenden Preis im Fall des Verkaufs i.d.R. maßgeblichen Ertragswertes. Derartige Prognosen sind oftmals Gegenstand der Beratung in Form von Prospekten, sonstigen Vertriebsunterlagen oder persönlichen Berechnungen und beruhen auf Erfahrungswerten sowie historischen Entwicklungen.

---

327 Zur Angemessenheit von Instandhaltungsrückstellungen und den verschiedenen Berechnungsmethoden vgl. Bärmann/Pick/Merle/*Merle* Kommentar zum WEG § 21 Rn. 157 ff.; insb. bei älteren Wohnanlagen, die gerade erst in Gemeinschaftseigentum aufgeteilt wurden und bei denen noch keine Instandhaltungsrückstellung gebildet ist, muss eine solche unter Berücksichtigung des Alters und des Zustandes der Wohnanlage in angemessener Höhe gebildet werden. Bei gewerblich genutzten Immobilien ist bei der Bildung der angemessenen Instandhaltungsrückstellung der bestimmungsbedingt höheren Abnutzung und des höheren Modernisierungsbedarfs Rechnung zu tragen.

328 BGH, NJW 2004, 64: Sache des beratenden Verkäufers ist es, dem sich abzeichnenden Kostenrisiko (auch) beim Sondereigentum Rechnung zu tragen. Dies kann durch Aufnahme einer besonderen, seriös kalkulierten Instandhaltungsrücklage für diesen Sektor geschehen. Denn auch im Sondereigentum gibt es einen Bedarf an Maßnahmen zur Instandhaltung und Modernisierung. Darüber hinaus kommen die Mieter ihrer vertraglichen Verpflichtung zur Vornahme von Schönheitsreparaturen nicht immer nach. Die Erneuerung eines Bades, einer Küche oder von Fußbodenbelägen oder von Zimmertüren verursacht Kosten, die leicht eine Jahresmiete übersteigen können.

329 *Bartlsperger/Boutonnet/Loipfinger/Nickl/Richter* Geschlossene Immobilienfonds, S. 225.

330 BGH, NJW 2004, 64.

Zum Teil werden solche Prognosen mit der Angabe »garniert«, es handele sich um eine sichere, rentierliche und mit Gewinn wieder verkäufliche Anlage, bei der »nichts schief gehen« könne. Diese Angabe geht über den Hinweis auf Wertsteigerungschancen hinaus. Eine solche Beratung erweckt den Eindruck, der Erwerb sei praktisch risikofrei. Sie vermittelt auch die Vorstellung, dass den Aufwendungen des Käufers mit der Immobilie ein entsprechender, nach Ablauf des geplanten Anlagezeitraums zu realisierender Sachwert gegenüberstehe, der sich bei günstiger wirtschaftlicher Entwicklung noch erhöhen und einen Gewinn ergeben könne. Eine derartige Beratung eines Immobilienkäufers ist fehlerhaft, wenn wegen des überhöhten Erwerbspreises schon im Zeitpunkt der Beratung abzusehen ist, dass ein gewinnbringender Verkauf zum genannten Zeitpunkt auch bei günstiger Entwicklung des Immobilienmarkts gänzlich unwahrscheinlich ist.[331] Reichen die bei optimistischer Prognose realistischerweise zu erwartenden Wertsteigerungen von Eigentumswohnungen noch nicht einmal aus, um nach 5 Jahren einen kostendeckenden Verkaufserlös zu erzielen, hat der Verkäufer – oder Berater – falsche Vorstellungen über die Werthaltigkeit der Immobilie geweckt. Er hat dann seine Aufklärungspflicht über alle Umstände verletzt, die für eine von ihm als Kaufanreiz herausgestellte Rentabilität des Erwerbs von Bedeutung sind oder sein können.[332] 120

Insbesondere langfristige Miet- und Wertentwicklungsprognosen bei Immobilien sind mit einer Vielzahl von Unwägbarkeiten verbunden, die im Rahmen der Anlagevermittlung und Anlageberatung berücksichtigt werden müssen. Entscheidend dafür, ob eine Immobilienkapitalanlage ein lukratives oder ein schlechtes Investment wird, sind die laufenden Erträge und die Wertzuwächse der Immobiliensubstanz. Relevant ist auch die Frage, ob diese Wertzuwächse durch eine Veräußerung zu einem bestimmten Zeitpunkt am Markt realisiert werden können. Die umfangreichen Informationspflichten bei Immobilienkapitalanlagen beinhalten auch die Verpflichtung zu einer Darstellung der wirtschaftlichen Entwicklung über die geplante Laufzeit eines Investments. Diese ist immer mit Prognosen zur Entwicklung der Mieten verbunden. Hierbei wird oftmals zugrunde gelegt, dass Immobilieninvestments von Haus aus sichere Investments seien.[333] Allerdings ist es durchaus fraglich, ob man angesichts der z.T. erheblichen Schwankungen auf den Immobilienmärkten Entwicklungen über eine geplante Laufzeit eines Immobilienfonds von 20 Jahren seriös prognostizieren kann.[334] Die Prognose wird erst recht unsicher, wenn die Mietverträge möglicherweise nur für 10 Jahre fest vereinbart sind. Die Entwicklungen, insbesondere auf den gewerblichen Mietmärkten, sind mittel- und langfristig nur schwer vorhersehbar. So waren z.B. die Mieten für Büroimmobilien in Frankfurt am Main von über 50 €/m^2 im Jahr 2000 innerhalb von nur 3 Jahren bis 2003 auf unter 20 €/m^2 eingebrochen und lagen im Jahr 2016 bei maximal 38,50 €/m^2)[335]. Damit stellt sich die Frage nach der Prognosesicherheit und damit nach der Darstellung von Miet- und Wertprognosen in Prospekten für Immobilienkapitalanlagen. Empirische Grundlagen, aus denen sich die mögliche Entwicklung an einem Standort ableiten lässt, liegen oftmals nur in geringem Maß vor. Für die Begründung von Entwicklungsprognosen in Prospekten werden sie regelmäßig nur in höchst unzureichender Weise herangezogen. Erforderlich ist eine Zukunftsprognose, die zumindest für die Dauer des Investments reichen müsste. Gibt es diese nicht, muss das Risiko qualifiziert werden.[336] So kann die Beurteilung eines Immobilieninvestments unter Risikoaspekten in zwei Kategorien eingeteilt werden: Zur ersten gehören Risiken, die zum Einstiegszeitpunkt des 121

331 BGH, NJW 2005, 983 – hier ging es um eine notwendige Wertsteigerung von 70 % in 5 Jahren, um die Differenz von Erwerbskosten und Wert auszugleichen.

332 BGH, NJW-RR 1988, 348; NJW 2003, 1811; NJW-RR 1988, 458.

333 *Loritz* ZFiFP, 3/2007.

334 *Bartlsperger/Boutonnet/Loipfinger/Nickl/Richter* Geschlossene Immobilienfonds, S. 224 gehen ebenfalls davon aus, dass die Prognose eines Verkaufsfaktors über einen Zeitraum von 20 Jahren praktisch unmöglich sei. Für mit der gebotenen kaufmännischen Vorsicht vereinbar halten sie einen Ansatz mit dem Wert des Einkaufsfaktors. Bei Einkaufszentren, SB-Märkten, Fachmärkten und Hotels sollten allerdings angesichts der hohen Revitalisierungskosten deutlich niedrigere Werte angenommen werden.

335 Gewerbemarktbericht 2016 der IHK Frankfurt, abrufbar unter www.frankfurt-main.ihk.de.

336 *Loritz* ZFiFP, 3/2007.

Anlegers vorliegende, also bereits bekannte oder erst zukünftig eintretende, aber sicher abschätzbare Fakten, betreffen. Zur zweiten Kategorie gehören Risiken, die sich aus zukünftigen unbekannten und allenfalls zu prognostizierenden Fakten ergeben. Ein Initiator, der gegenüber Anlegern eine Prognoseberechnung für den Wert einer Immobilien in 20 Jahren entwickelt, obwohl die Mietverträge nur eine Laufzeit von 10 Jahren haben, müsste die erste und zweite Zehnjahresperiode bezüglich der Risikoklassifizierung deutlich unterschiedlich bewerten. Die Einschätzung hinsichtlich der zweiten Periode ist eine reine Zukunftsprognose und oftmals sogar nur Spekulation, denn die Marktlage in 10 Jahren sei überhaupt nicht oder nur höchst unzureichend zu prognostizieren. In diesem Fall müssen entweder die Parameter für die Prognosen offengelegt werden oder es muss klargestellt werden, dass es sich um nicht verifizierbare Prognosen handele.[337] Derartig differenzierende Darstellungen zu den Prognosen und Prognoserisiken finden sich in den Prospekten für Immobilienkapitalanlagen i.d.R. nicht.

122 Vorstehende Überlegungen finden grundsätzlich Anwendung auf alle Schiffsfondsanlagen mit geringen oder gar keinen Festanmietungs- oder Festcharterzeiträumen bei volatilen Nutzungsentgelten.

m) Finanzierung mit Tilgungsaussetzung und Tilgung über anzusparende Lebensversicherung

123 Der Berater muss den Anleger über die mit der Finanzierungskonstruktion verbundenen spezifischen Nachteile und Risiken aufklären, wenn er dem Anleger zur Finanzierung eine Kombination von Festkredit und als Tilgungsersatz dienender Kapitallebensversicherung empfiehlt und sich dies für den Kreditnehmer ungünstiger darstellt als ein marktübliches Tilgungsdarlehen.[338] Dieser für den Konsumentenkredit entwickelte Grundsatz lässt sich auch auf grundbuchlich gesicherte Darlehen anwenden, welche durch eine während der Laufzeit des Darlehens anzusparende Kapitallebensversicherung getilgt werden sollen.[339] Angesichts der Vielzahl der für die Finanzierung einer vermieteten Eigentumswohnung relevanten Faktoren erfordert die Darlegung eines Beratungsfehlers einen Vergleich der Konditionen der zur Finanzierung abgeschlossenen Verträge mit den Bedingungen eines marktüblichen, durch eine Belastung des zu erwerbenden Wohnungseigentums gesicherten Tilgungsdarlehens. Dabei sind die Vor- und Nachteile der jeweiligen Finanzierungsmodelle zu berücksichtigen, insbesondere die Zinsaufwendungen einschließlich etwaiger Zinsrisiken, die garantierten und prognostizierten Erträge der Lebensversicherung, die steuerlichen Auswirkungen der Finanzierungsmodelle (Abzugsfähigkeit der Versicherungsprämien, Verlustabzug der Zinsen), die Nebenkosten der jeweiligen Verträge und die bei einem Annuitätendarlehen für eine von der Bank geforderte Absicherung des Todesfallrisikos möglicherweise zusätzlich anfallenden Kosten. Wenn sich die Kombination aus Festkredit und Lebensversicherung auch unter Berücksichtigung der monatlichen Belastungen im Gesamtvergleich deutlich ungünstiger darstellt als die Abwicklung über ein Annuitätendarlehen, kommt ein Schadenersatzanspruch wegen der Verletzung von Beratungspflichten in Betracht.

n) Renditekennziffern

124 In Prospekten für geschlossene Fonds wurden in der Vergangenheit Renditen oftmals nach der sog. internen Zinsfußmethode[340] oder anderen finanzmathematischen Renditekennziffern angegeben. Für den durchschnittlichen Anleger ist die Funktionsweise dieser Renditekennziffer nicht

337 *Loritz* ZFiFP, 3/2007; auch *Bartlsperger/Boutonnet/Loipfinger/Nickl/Richter* Geschlossene Immobilienfonds, S. 221 betonen die Schwierigkeit der langfristigen Prognose der Mieteinnahmen, die in hohem Maße von der aktuellen Konkurrenzsituation und der Entwicklung des konjunkturellen Umfelds abhängig seien und während eines Zeitraums von 20 Jahren erheblichen Schwankungen unterworfen sein können. Der Anleger müsse sich daher *»des im Zeitablauf stark variablen Risikoprofils seines Investments«* bewusst sein.

338 BGH, NJW 1990, 1844; NJW 1989, 1667.

339 BGH, NJW 2005, 983.

340 IRR – internal rate of return.

erkennbar. Eine Vergleichbarkeit mit anderen »Renditen« ist ebenso wenig gegeben wie mit der Nettorendite,[341] die üblicherweise die Vorstellung des Anlegers von »Rendite« prägt. Aufgrund der Funktionsweise der Berechnungsmethode liegt die »IRR-Rendite« i.d.R. deutlich über der Nettorendite, da die IRR-Kennziffer finanzmathematisch von der Annahme der Wiederanlage von Ausschüttungen und Verkaufserlösen während der Laufzeit der Anlage ausgeht. Es werden also die Zusatzerträge aus der rechnerischen Wiederanlage der Investitionsrückflüsse einberechnet, obwohl diese nur fiktiv vorhanden sind. Der Anleger, der diese Rückflüsse verbraucht, kann sie aber nicht wieder anlegen und auch keine Zusatzerträge erzielen, wie es die IRR-Methode vorsieht. Über die Höhe des Wiederanlagezinses lässt sich darüber hinaus die Höhe der »Rendite« beinahe beliebig manipulieren. Der werbende Einsatz[342] einer solchen finanzmathematischen Renditekennziffer ohne ausführliche und für den Leser rechnerisch nachvollziehbare Erläuterung ihrer Funktionsweise stellt somit einen Beratungsfehler dar.[343]

o) Altersvorsorge, Anlage im Alter

In einer überalternden Gesellschaft, in der die private Altersvorsorge immer mehr an Bedeutung **125** gewinnt, spielen Kapitalanlagen zur Altersvorsorge oder zur Anlage von Vermögen im Alter eine immer größere Bedeutung. Dementsprechend hat sich die Anlageberatung an den spezifischen Anforderungen dieses Lebensabschnitts zu orientieren. Im Mittelpunkt müssen dabei Kapitalerhalt und Verfügbarkeit stehen. Benötigt der Anleger laufende Erträge zur Aufbesserung seiner Alterseinkünfte, müssen auch diese Erträge entsprechend sicher sein. Anlagen, bei denen das realistische Risiko eines Totalverlustes besteht, sind für eine der Altersvorsorge und Alterssicherung dienende Kapitalanlage und einen entsprechenden Vermögensaufbau grundsätzlich ungeeignet.[344] Solche Anlagen müssen vielmehr hinreichend sicher sein, um diese Ziele auch bei einer ungünstigen wirtschaftlichen Entwicklung erreichen zu können.[345] Hiermit ist eine mit Verlustrisiken oder gar mit dem Risiko eines Totalverlusts und einer eventuellen Nachschusspflicht verbundene Anlage nicht vereinbar.[346] Dies lässt den Schluss zu, dass bestimmte Produkte des »Grauen Kapitalmarkts« nicht als Altersvorsorge geeignet sind.[347]

Schiffsbeteiligungen stellen bspw. hoch spekulative Anlagen dar, die erhebliche Risiken bergen und **126** grundsätzlich insbesondere auch ein realistisches Totalverlustrisiko mit sich bringen. Dieses Risiko besteht zum einen wegen der bei einer unternehmerischen Beteiligung immer vorhandenen Möglichkeit einer Insolvenz des Unternehmens, zum anderen wegen der erheblichen Währungsrisiken internationaler Beteiligungen und der mit dem Abschluss der Charterverträge verfolgten unternehmerischen Risiken. Demzufolge ist die Anlage in einen Schiffsfonds für einen Anleger, der als Anlageziel Altersvorsorge angibt, ungeeignet und darf ihm daher zu diesem Zweck von vornherein gar nicht empfohlen werden.[348]

---

341 Nettorendite = Nettoertrag x 100: tatsächlicher Kapitaleinsatz.

342 *Lüdicke/Arndt* Geschlossene Fonds, S. 188 weisen auf den Marketingaspekt des Einsatzes derartiger Renditekennziffern.

343 LG München II, Urt. v. 17.08.2006 – 9 BO 3493/05; s.a. *Ranosch/Fiala* IRR-Renditemethode: Wiederanlageprämisse und Haftungsrisiken; BankPraktiker 2007, 174; unter wettbewerbsrechtlichen Gesichtspunkten schon LG München I, Urt. v. 17.12.1998 – 4 HKO 18605/98.

344 LG Essen, Urt. v. 14.09.2011 – 11 O 298/10.

345 OLG München, Urt. v. 29.05.2006 – 19 U 5914/05.

346 BGH NJW 2010, 3292; OLG Düsseldorf, Urt. v. 30.03.2006 – I 6 U 84/05, BeckRS 2006, 05157; BGH, WM 2000, 1441; OLG Stuttgart, Beschl. v. 02.10.2008 – 5 U 60/08; OLG Stuttgart, Urt. v. 02.03.2010 – 13 U 42/09; BGH, NJW 2009, 3429 – Empfehlung der Einlage bei einer Bank, die nicht Mitglied des Einlagensicherungsfonds ist; LG Heidelberg, Urt. v. 24.02.2010 – 2 O 208/09, BeckRS2010, 05273 – Empfehlung eines Zertifikats an sicherheitsorientierte Anlegerin.

347 OLG München Urt. v. 29.05.2006 – 19 U 5914/05; Urt. v. 25.09.2012 – 18 U 4290/11 (Schiffsfonds).

348 Für einen Schiffsfonds: OLG München, Urt. v. 25.09.2012 – 18 U 4290/11; für einen Medienfonds: OLG Düsseldorf, GWR 2009, 278.

127 Ob dies zwingend ein grundsätzliches »Verbot« nach sich zieht, älteren Anlegern geschlossene Fonds oder andere Produkte des Grauen Kapitalmarkts anzubieten, ist fraglich. Vielmehr dürfte es auf die individuelle Situation des Anlegers ankommen. Sofern bereits ausreichende Anlagen in risikoärmeren Produkten, bspw. festverzinsliche Wertpapiere und andere Anlageprodukte, bestehen, ist eine Beteiligung mit einem überschaubaren Betrag an einem gut konzipierten geschlossenen Fonds als Ergänzung (»Beimischung«) nicht zwangsläufig ungeeignet.[349] Umgekehrt dürfte es einen Beratungsfehler darstellen, wenn zur Investition in einen oder mehrere geschlossene Fonds als wesentlicher oder alleiniger Baustein zur Altersvorsorge geraten wird. Darüber hinaus sind geschlossene Fonds aufgrund der damit verbundenen Risiken eher als Anlage für einen vermögenden Kundenkreis anzusehen.

p) Marktwert des Produktes (Swapverträge)

128 Besonderheiten gelten auch, wenn eine Bank ihrem Kunden ein Zinsaustauschgeschäft (Swapvertrag) empfiehlt. Hier gibt es im Grundsatz eine Aufklärungspflicht der beratenden Bank über das Einpreisen eines anfänglichen negativen Marktwerts in einen Swap-Vertrag, den der Kunde mit ihr abschließt. Zwar ist das Bestehen eines anfänglichen negativen Marktwertes eines Swap-Vertrages an sich noch kein Umstand, über den die beratende Bank ihren Kunden im Rahmen der objektgerechten Beratung informieren müsste.[350] Allerdings befindet sich die beratende Bank in einem schwerwiegenden Interessenkonflikt, wenn sie zum Abschluss des Swap-Vertrages und gleichzeitig selbst Partner des Swap-Vertrages ist. Sie muss dann diesen Interessenkonflikt offenlegen, indem sie dem Kunden den anfänglich negativen Marktwert des Produktes mitteilt.[351] Dabei muss der Kunde im Prozess nicht die Höhe des anfänglichen negativen Marktwerts vortragen. Für den schlüssigen Vortrag eines Beratungsfehlers in Form des Verschweigens des Marktwertes reicht es aus, dass der Anleger die Einpreisung eines anfänglichen negativen Marktwertes als solches und das Verschweigen dieser Tatsache vorträgt. Damit sind die objektiven Voraussetzungen einer Pflichtverletzung der Bank dargelegt.[352]

129 Von der Pflicht der Bank zur Offenlegung des anfänglichen negativen Marktwertes gibt es allerdings dann eine Ausnahme, wenn die beratende Bank zugleich Darlehensgeberin des Kunden ist und der Zinssatz-Swap-Vertrag und der Darlehensvertrag konnex sind. In einem solchen Fall verändern Bank und Kunde nach Auffassung des BGH durch die Vereinbarung eines Zinsswaps wirtschaftlich lediglich die Konditionen des Darlehensvertrags.[353] Der BGH nimmt eine solche Konnexität unter folgenden kumulativen Voraussetzungen an:

1. Ausgangs- und Bezugspunkt der Kombination mit dem Swap-Vertrag muss der bei der beratenden Bank bestehende oder zeitgleich abgeschlossene Darlehensvertrag sein. Ein Darlehensvertrag bei einer anderen Bank kann eine Konnexität nicht begründen, selbst wenn die beiden Banken im Konzernverbund oder in einem genossenschaftlichen Kreditverbund stehen.[354]
2. Der Bezugsbetrag des Zinssatz-Swap-Vertrags muss der zur Rückzahlung ausstehenden Valuta dieses Darlehensvertrags als konnexem Grundgeschäft entsprechen oder darf sie jedenfalls nicht übersteigen.
3. Bei variabel verzinslichen Darlehen muss die Laufzeit des Zinssatz-Swap-Vertrags der Laufzeit des Darlehensvertrags und bei Festzinsdarlehen die Laufzeit des Zinssatz-Swap-Vertrags der Dauer der Zinsbindung gleichstehen oder darf sie jedenfalls nicht überschreiten.

349 BGH, NJW-RR 2014, 1075.
350 BGHZ 205, 117 Rn. 30 ff.; BGH WM 2015, 575 Rn. 33 ff.
351 BGHZ 205, 117 Rn. 33 ff.; BGH WM 2015, 575 Rn. 31.
352 BGH WM 2016, 827 Rn. 17; ebenfalls bereits BGH WM 2015, 2279 Rn. 16 f.
353 BGH WM 2016, 821 Rn. 27.
354 BGH, Urt. v. 12.07.2016, XI ZR 150/15.

4. Die Zahlungspflichten der Bank aus dem Zinssatz-Swap-Vertrag müssen sich mit dem variablen oder festen Zins, der vom Kunden in dem zugeordneten Darlehensvertrag übernommenen wurde, mindestens im Sinne einer partiellen Absicherung gegenläufiger Zinsrisiken decken.
5. Die Bank muss jeweils zum gleichen Stichtag entweder den auf denselben Basiswert, etwa einen Referenzzinssatz, bezogenen variablen Zinssatz des Kunden aus dem Darlehensvertrag im Tausch gegen einen festen Zins übernehmen oder dem Kunden den Festzins, den der Kunde aus dem Darlehensvertrag schuldet, gegen einen variablen Zins zahlen.

Unter diesen Voraussetzungen liegt nach Auffassung des BGH kein aufklärungspflichtiger Interessenkonflikt der Bank vor, weil wirtschaftlich betrachtet zumindest partiell entweder ein variabel verzinsliches Darlehen in ein synthetisches Festzinsdarlehen oder ein Festzinsdarlehen in ein synthetisch variabel verzinsliches Darlehen umgewandelt wird.[355]

IV. Beratungs- und Aufklärungspflichten von Immobilienverkäufern, Gründungsgesellschaftern und Treuhändern

Beratungs- und Aufklärungspflichten resultieren nicht nur aus einem Anlagevermittlungs- oder – **130**
beratungsvertrag, sondern können auch Gegenstand vorvertraglicher Pflichten im Verhältnis zwischen dem Anleger und dem Immobilienverkäufer oder den verantwortlichen Gründern von Beteiligungsgesellschaften sein.

1. Immobilienverkäufer

Zwischen dem Verkäufer und dem Käufer einer Immobilie kommt im Rahmen der Vertragsanbah- **131**
nung neben dem Kaufvertrag zusätzlich ein Beratungsvertrag zustande, wenn der Verkäufer im Zuge eingehender Vertragsverhandlungen dem Käufer einen ausdrücklichen Rat erteilt oder dem Käufer als Ergebnis der Verhandlungen ein Berechnungsbeispiel über Kosten und finanzielle Vorteile des Erwerbs vorlegt, die den Käufer zum Vertragsabschluss bewegen sollen.[356] Überlässt der Verkäufer in diesem Zusammenhang die Beratung des Kaufinteressenten dem von ihm eingeschalteten Vertrieb bzw. dem Anlagevermittler[357] oder Anlageberater und betraut er sie mit der Führung der wesentlichen Vertragsverhandlungen,[358] so ist der eingeschaltete Vertrieb als Erfüllungsgehilfe des Verkäufers anzusehen. Der Vertretene haftet demnach als Geschäftsherr, wenn der Vertreter das Vertrauen enttäuscht und vorvertragliche Verhaltenspflichten verletzt.[359] Die stillschweigende Bevollmächtigung des Vertriebs oder des eingeschalteten Anlageberaters zum konkludenten Abschluss des Beratungsvertrags ergibt sich dabei regelmäßig aus den Umständen.[360] Hat der Käufer seinerseits keinen Maklerauftrag erteilt, sind für die Annahme einer stillschweigenden Bevollmächtigung keine zu strengen Anforderungen zu stellen. Es reicht aus, dass die individuelle Beratung des Kaufinteressenten eine wesentliche Voraussetzung für den erfolgreichen Abschluss der Verkaufsbemühungen war.[361]

Von einer stillschweigenden Beauftragung ist auch dann auszugehen, wenn das vom Verkäufer der **132**
Immobilie beauftragte Vermittlungsunternehmen auch andere Makler als Untervermittler tätig

---

355 BGH WM 2016, 821 Rn. 28 m.w.N.
356 BGH, NJW 1999, 638; NJW 2001, 2021; NJW 2003, 1811; NJW 2004, 64; NJW 2008, 2852 (2853) m.w.N.
357 Durch die Erteilung eines ausdrücklichen Rats oder die Erstellung einer Rentabilitätsberechnung kommt zugleich zwischen Anlagevermittler und Anleger ein konkludenter Auskunftsvertrag zustande, durch den der Leistungs- und Haftungsumfang der geschuldeten Tätigkeit erheblich ausgeweitet wird; BGHZ 100, 117 (118 f.); BGH, NJW-RR 1993, 1114; NJW-RR 2000, 998; NJW 2002, 2641 (2642); NJW-RR 2003, 1690; NJW 2005, 1120 (1121); ZIP 2006, 2221.
358 BGH, NJW 2003, 1811.
359 BGH, NJW 1985, 380.
360 BGH, NJW 1999, 638.
361 BGH, NJW 1999, 638; NJW 2001, 2021.

werden lässt. Der Verkäufer muss damit rechnen, dass die von ihm beauftragte Vermittlungsfirma nicht nur eigene Mitarbeiter einsetzt, sondern auch andere Makler als Untervermittler tätig werden lässt.[362] Dass sich diese Untervermittler wiederum Hilfspersonen bedienen würden, hat der BGH als »außer Frage stehend« beschrieben. Es ist vom zumindest stillschweigenden Einverständnis des Verkäufers auszugehen, dass auch diese Hilfspersonen konkludente Beratungsverträge als seine Erfüllungsgehilfen abschließen.[363]

133 Die Beratung ist bei einem solchen konkludent zustande gekommenen Vertrag selbstständige Hauptpflicht des Verkäufers.[364] Wird in diesem Zusammenhang ein »persönliches Berechnungsbeispiel«[365] erstellt, wird dies regelmäßig für den Erwerbsentschluss wesentlich sein. Der Berater will mit dem Berechnungsbeispiel den Eigenaufwand des Anlegers, den er im Zusammenhang mit dem Immobilienerwerb zu leisten haben wird, ermitteln.[366] In der Praxis dienen Berechnungsbeispiele zumeist dazu, die Belastungen aus dem Immobilienkauf als tragbar darzustellen und so für den Anleger einen Anreiz zu schaffen, mit vermeintlich geringem Aufwand Wohnungseigentum zu erwerben.[367]

134 Der Beratungsvertrag verpflichtet den Verkäufer zu richtiger und vollständiger Information über die tatsächlichen Umstände, die für den Kaufentschluss des Interessenten von wesentlicher Bedeutung sind oder sein können.[368] Beim Erwerb einer Immobilie zu Anlagezwecken sind von wesentlicher Bedeutung für den Interessenten zunächst die Aufwendungen, die der Interessent erbringen muss, um das Objekt mit seinen Mitteln erwerben und halten zu können.[369] Der Verkäufer muss dabei insbesondere die mit einer von ihm vorgeschlagenen Finanzierung des Kaufs verbundenen finanziellen Auswirkungen, einschließlich der in eine Aufwandsberechnung eingestellten Steuervorteile, zutreffend darstellen[370] und im Zeitpunkt der Beratung bereits abzusehende ungünstige Veränderungen der Mieteinnahmen oder Unterhaltungskosten bei der Berechnung der Finanzierungslasten berücksichtigen.[371] Wird als Kaufanreiz die wirtschaftliche Rentabilität des Erwerbs herausgestellt, muss der Verkäufer auch über die hierfür bedeutsamen Umstände richtig informieren. Er verletzt seine Beratungspflichten, wenn er ein in tatsächlicher Hinsicht unzutreffendes, zu positives Bild der Ertragserwartung der Immobilie oder ihres Wertsteigerungspotenzials gibt und den Interessenten dadurch zum Vertragsschluss veranlasst. Haftungsbegründend sind dabei nicht sich nachträglich als unrichtig erweisende Prognosen zur Entwicklung des Immobilienmarkts, sondern unrichtige bzw. unterlassene Angaben zu spezifischen, aus den individuellen Gegebenheiten der Immobilie folgenden Risiken, welche die in Aussicht gestellte Rentabilität des Erwerbs erheblich zu mindern oder gar auszuschließen vermögen.[372]

2. Gründungsgesellschafter

135 Auch zwischen den Gründungsgesellschaftern einer Fondsgesellschaft und den beitretenden Anlegern kommt ein durch die Anbahnung des Vertragsverhältnisses begründetes Schuldverhältnis zustande. Den Gründungsgesellschaftern als Vertragspartnern der neu eintretenden Gesellschafter obliegt die Verpflichtung zur sachlich richtigen und vollständigen Aufklärung über das mit einem

---

362 BGH, NJW-RR 1997, 116; NJW 2003, 1811.
363 BGH, NJW 2003, 1811.
364 BGH, NJW 1999, 638.
365 Auch als »Beispielberechnung«, »Musterberechnung« etc. bezeichnet.
366 BGH, NJW 2004, 64.
367 BGH, NJW 2003, 1811.
368 BGH, NJW 1993, 2433; WM 1988, 95; DNotZ 2001, 780.
369 BGH, NJW 2004, 64; NJW 2005, 983.
370 BGH, NJW 2003, 1811; NJW 1991, 2556, für die Haftung wegen Verschuldens bei Vertragsschluss.
371 BGH, NJW 2004, 64. Auch steuerliche Änderungen oder Auswirkungen des Auslaufs von Abschreibungsmöglichkeiten.
372 BGH, NJW-RR 1988, 348 für die Haftung wegen Verschuldens bei Vertragsschluss.

Beitritt verbundene Risiko.[373] Auch hier gilt, dass diese Verpflichtungen grundsätzlich den Vertretenen treffen. Der Vertreter wird als Verhandlungs- und Abschlussgehilfe im Verantwortungsbereich des Vertretenen tätig; diesem bringt der Verhandlungspartner in erster Linie sein Verhandlungsvertrauen entgegen. Es ist deshalb sachgerecht – und entspricht der ständigen Rechtsprechung –, den Vertretenen als den Geschäftsherrn haften zu lassen, wenn der Vertreter das Vertrauen enttäuscht und vorvertragliche Verhaltenspflichten verletzt. Eine solche Haftung besteht auch, wenn Anleger nicht als Gesellschafter, sondern als Treugeber beitreten. Wenn die Treugeber durch eine »Verzahnung« von Gesellschafter- und Treugeberstellung im Innenverhältnis so gestellt werden, als wären sie Gesellschafter, dann gilt auch ihnen gegenüber die Haftung der Gründungsgesellschafter für Falschangaben der eingeschalteten Vermittler über § 278 BGB.[374]

Dies gilt jedoch bei Publikumskommanditgesellschaften nur eingeschränkt. Im Regelfall erscheint **136**
es ausgeschlossen, den Vertretenen (den später beigetretenen Kommanditisten) für das Verhalten seines Vertreters (des persönlich haftenden Gesellschafters) haftbar zu machen. In Fällen dieser Art geht es um Publikums-KGs geht, die von Anfang an auf die Mitgliedschaft rein kapitalistisch beteiligter Gesellschafter angelegt sind und die im Gesellschaftsvertrag gerade auch im Hinblick auf den Beitritt von Gesellschaftern eine für handelsrechtliche Personengesellschaften atypische Ausgestaltung erfahren haben. Den später beitretenden Kommanditisten wird eine gesellschaftsvertragliche Regelung vorgegeben, auf die sie keinen Einfluss gehabt haben und nach der sämtliche künftigen Beitrittsverhandlungen und -abschlüsse ihrem Einfluss- und Verantwortungsbereich völlig entzogen und ausschließlich den geschäftsführenden Gesellschaftern vorbehalten sind. Da der Kommanditist in einer Publikumsgesellschaft gegenüber dem am Beitritt interessierten Dritten auch nicht namentlich in Erscheinung tritt, hat kein Beitrittsinteressent berechtigten Anlass, sein Verhandlungsvertrauen neben dem persönlich haftenden Gesellschafter auch den von jeglicher Mitwirkung ausgeschlossenen Kommanditisten entgegenzubringen.[375] Daraus folgt jedoch nicht, dass eine Haftung der Kommanditisten einer Publikums-KG für die Verletzung vorvertraglicher Verhaltenspflichten des persönlich haftenden Gesellschafters beim Abschluss von Beitrittsverträgen ganz allgemein ausscheidet. Allerdings ist dem Kommanditisten eine zumindest fahrlässige Falschinformation des Beitretenden durch den persönlich haftenden Gesellschafter nach § 278 BGB nur dann zuzurechnen, wenn die Voraussetzungen für die aus den Besonderheiten der Publikums-KG abgeleiteten einschränkenden Grundsätze nicht gegeben sind. Dies ist in Bezug auf Kommanditisten der Fall, die als Initiatoren, Gründer oder Gestalter der Fonds-KG so weit von der Stellung des reinen Kapitalanlegers entfernt sind, dass die Voraussetzungen für die Haftungsbeschränkung fehlen. Das gilt umso mehr, wenn der Initiator im Prospekt und im Gesellschaftsvertrag selbst als Gründerkommanditist und Vertragspartner der künftigen Kommanditisten aufgeführt worden ist. Er ragt dadurch aus der anonymen Masse der Kapitalanleger heraus. In diesem Fall bleibt es beim allgemeinen Grundsatz des § 278 BGB, wonach grundsätzlich den künftigen Vertragspartner die Verpflichtungen aus dem Rechtsverhältnis treffen, das durch die Aufnahme von Vertragsverhandlungen entsteht. Dieser Gründungskommanditist hat ein schuldhaftes Verhalten seines Vertreters bei den Vertragsverhandlungen ebenso zu verantworten wie eigenes Verschulden. Er ist gegenüber dem beitretenden Kommanditisten daher schadensersatzpflichtig, wenn und soweit die beim Abschluss des Beitrittsvertrages tätig gewordenen Vertreter, d.h. die nach dem Gesellschaftsvertrag hierzu ermächtigte Komplementärin oder geschäftsführende Kommanditistin und deren Organe und Erfüllungsgehilfen, vorvertragliche Verhaltenspflichten schuldhaft verletzt, insbesondere falsche Vorstellungen über das mit der Übernahme der Kommanditbeteiligungen verbundene Risiko erweckt haben.[376]

373 BGH, NJW 1981, 1449 – für die Gründungskommanditisten einer Fonds-KG.
374 BGH, Urt. v. 04.07.2017, II ZR 358/16.
375 BGH, NJW 1978, 1625; NJW 1973, 1604; BGH, Urt. v. 09.05.2017, II ZR 344/15.
376 BGH, NJW 1985, 380; NJW-RR 2003, 139; NJW 2006, 2042; NJW 2004, 2731.

137 Auch die Vorstände einer Kapitalanlagegesellschaft in der Rechtsform der AG, die atypisch stille Beteiligungen anbietet, sind persönlich schadenersatzpflichtig. Diese Haftung ergibt sich aus ihrer Funktion als Vorstände.[377]

3. Treuhänder

138 Im Hinblick auf die Haftung von Treuhändern ist insbesondere jene von Treuhandkommanditisten von Bedeutung, die Anteile an Fondsgesellschaften auf der Grundlage eines zwischen ihnen und dem Anleger geschlossenen Treuhandvertrages halten und diesem so eine lediglich mittelbare Beteiligung an der Gesellschaft vermitteln. Ein Treuhandkommanditist, der auch eigene Anteile an der Gesellschaft hält, haftet bei einer Aufklärungspflichtverletzung gegenüber den Anlagegesellschaftern wie ein Gründungsgesellschafter[378]. Die gleiche Haftung trifft den Treuhandkommanditisten aus dem Treuhandverhältnis mit dem Anleger, auch wenn der Treuhänder keine eigenen Anteile an der Fondsgesellschaft hält.[379] Den Treuhänder als unmittelbaren Vertragspartner des Anlegers trifft grundsätzlich die vorvertragliche Pflicht, den Anleger über alle wesentlichen Punkte aufzuklären, die für die zu übernehmende Beteiligung von Bedeutung sind,[380] insbesondere über regelwidrige Auffälligkeiten zu informieren. Diese eigene Verpflichtung, unrichtige oder unvollständige Prospektangaben von sich aus richtigzustellen oder zu ergänzen, trifft den Treuhandkommanditisten ganz unabhängig vom Verhalten der für den Vertrieb ansonsten eingeschalteten Personen.[381] Von ihm kann jedenfalls erwartet werden, dass er den Prospekt im Rahmen einer Plausibilitätskontrolle auf die Schlüssigkeit des Gesamtbildes, auf die Existenz des Beteiligungsobjektes und auf die sachliche Richtigkeit und Vollständigkeit der Prospektinformationen überprüft, soweit er hierzu mit zumutbarem Aufwand in der Lage ist.[382] Einer entsprechenden Pflicht ist er auch nicht enthoben, wenn er mit den Anlegern nicht in einen persönlichen Kontakt tritt und seine Aufgabe als die einer bloßen Abwicklungs- und Beteiligungstreuhänderin versteht.[383] Verletzt er seine vorvertragliche Aufklärungspflicht, hat der Anleger Anspruch auf Schadensersatz aus culpa in contrahendo[384] im Hinblick auf den Abschluss des Treuhandvertrages.

V. Ansprüche wegen der Verletzung von Aufklärungs- und Beratungspflichten

139 Die Haftung von Anlageberatern, Anlagevermittlern und anderen Verantwortlichen für unrichtige oder unvollständige Informationen oder wegen der Verletzung vertraglich geschuldeter Nachforschungspflichten kann sich aus Vertrag, Quasi-Vertrag, der Verletzung von Schutzgesetzen oder aus unerlaubter Handlung ergeben.

1. Ansprüche aus Anlageberatungs- und Vermittlungsvertrag

140 Eine vertragliche Haftung aus dem Anlagevermittlungs- oder -beratungsvertrag kommt für die Richtigkeit und Vollständigkeit der erforderlichen bzw. tatsächlich vorliegenden Informationen

377 OLG Jena, NJOZ 2005, 2766.

378 BGH, Urt. v. 09.07.2013, II ZR 9/12.

379 OLG München, Urt. v. 06.07.2016, 20 U 1937/16 (rkr.; Nichtzulassungsbeschwerde zurückgewiesen durch BGH, Beschl. v. 29.06.2017, III ZR 425/16).

380 BGHZ 84, 141 (144 f.); BGH, NJW-RR 2007, 406 (407 Rn. 9); NJW-RR 2007, 1041 (1043 Rn. 15); NJW-RR 2008, 1129 (1130 Rn. 8); NJW-RR 2017, 750.

381 OLG München, Urt. v. 15.03.2010 – 21 U 4351/09.

382 BGH, Urt. v. 16.03.2017, III ZR 489/16, NJW-RR 2017, 750: auffällige Ungereimtheit, wenn unternehmerische Beteiligung mit erheblichem Verlustrisiko als ideale Form der Altersvorsorge und spezieller Altersvorsorgefonds angeboten wird.

383 BGH, NJW-RR 2008, 1129.

384 §§ 280 Abs. 1, 311 Abs. 2, 241 Abs. 2, 249 BGB.

und für deren sorgfältige Auswertung in Betracht. Nicht umfasst von einer Haftung ist die Frage, ob sich die Anlageempfehlung im Nachhinein als wirtschaftlich sinnvoll erweist.[385]

2. Verschulden bei Vertragsschluss

Aus culpa in contrahendo bzw. §§ 280 Abs. 1, 311 Abs. 2, 241 Abs. 2, 249 BGB haften zunächst 141
Anlageberater und Anlagevermittler wegen Falschberatung bei Kapitalanlagen. Vor dem Hintergrund des ihnen entgegengebrachten Vertrauens müssen sie über alle für die Anlageentscheidung wesentlichen Umstände aufklären. Praktisch besteht zu den zuvor genannten vertraglichen Ansprüchen kein nennenswerter Unterschied.[386]

3. Verschulden

Die Haftung für unrichtige oder unvollständige Auskünfte oder Beratung setzt Verschulden voraus. 142
Dabei genügt einfache Fahrlässigkeit (§ 276 BGB). Gemäß der in § 280 Abs. 1 Satz 2 BGB verankerten Beweislastumkehr hat der Anlageberater zu beweisen, dass er die Pflichtverletzung nicht zu vertreten hat. Das Verschulden der in der Anlageberatung eingesetzten Mitarbeiter ist gem. § 278 BGB dem Anlageberater zuzurechnen. In der Regel wird zumindest Fahrlässigkeit des Anlageberaters daher vorliegen. Der Anlageberater kann allerdings einwenden, dass er die Rechtspflicht zur Aufklärung über bestimmte Umstände nicht gekannt habe. Ein derartiger Verbotsirrtum schließt den Vorsatz aus. Fahrlässiges Verhalten ist hingegen nur dann ausgeschlossen, wenn der Rechtsirrtum unvermeidbar war.[387] Dies hängt regelmäßig von den organisatorischen Vorkehrungen ab, die der Anlageberater zur Gewährleistung einer rechtlich ordnungsgemäßen Anlageberatung geschaffen hat.[388] Die Vereinbarung einer Haftungsbeschränkung dergestalt, dass der Anlageberater etwa für einfache Fahrlässigkeit nicht haftet, ist unzulässig. Der BGH geht in st. Rspr.[389] davon aus, dass eine Beschränkung der Kardinalpflichten eines Beratungs- oder Auskunftsvertrages unzulässig ist. Die Pflicht zur anleger- und objektgerechten Beratung ist die zentrale Pflicht eines jeden Anlageberatungsvertrages, sodass eine Haftung für einfache Fahrlässigkeit nicht ausgeschlossen werden kann.

4. Kausalität

Nach ständiger Rechtsprechung des BGH ist widerleglich zu vermuten, dass die in einem wesent- 143
lichen Punkt falsche oder unvollständige Beratung für die Anlageentscheidung ursächlich war.[390] Nach der sog. Vermutung aufklärungsrichtigen Verhaltens ist derjenige, der vertragliche oder vorvertragliche Aufklärungspflichten verletzt, dafür beweispflichtig, dass der Schaden auch eingetreten wäre, wenn er sich pflichtgemäß verhalten hätte, dass also der Geschädigte den Rat oder Hinweis nicht befolgt hätte. Diese Vermutung greift nach der Rechtsprechung des BGH[391] bereits dann, wenn ein Beratungsfehler feststeht. Es kommt nicht darauf an, ob der Anleger nur eine bestimmte Möglichkeit des aufklärungsrichtigen Verhaltens hatte. Für die Widerlegung der Vermutung muss der Anlageberater substantiiert darlegen und gegebenenfalls beweisen, dass der Anleger die empfohlene Anlage auch bei ordnungsgemäßer Aufklärung getätigt hätte.[392] Die Kenntnis des Anlegers

385 Vgl. Assmann/Schütze/*v. Heymann* Handbuch des Kapitalanlagerechts § 5 Rn. 103.
386 BGH, NJW-RR 1989, 150.
387 BGHZ, 118, 201 (208).
388 *Buck-Heeb*, BKR 2011, 441 (446 ff.); *Harnos*, BKR 2012, 185 (189 f.); *Schäfer*, WM 2012, 1022 (1024 f.); bzgl. der Aufklärung über Rückvergütungen hat der BGH entschieden, dass ein Irrtum über die Rechtspflicht zur Aufklärung spätestens seit den Jahren 1989/1990 unvermeidbar war (BGH, WM 2010, 1694 [1695]).
389 Vgl. BGH, Beschl. v. 08.12.2009 – XI ZR 185/08; letztlich stellt ein Ausschluss einen Verstoß gegen das Verbot des widersprüchlichen Verhalten gem. § 242 BGB dar; anders wohl *Einsele*, JZ 2008, 477 (483).
390 BGH, NJW 1973, 1688; NJW 2002, 2703; NJW 2002, 2777; NJW-RR 2004, 203.
391 BGH, WM 2012, 1337 (1340 f.).
392 BGH, WM 2012, 1337 (1341 f.).

von Provisionen oder Rückvergütungen der Bank bei früheren Anlagegeschäften kann nur dann ein Indiz zur Widerlegung der Kausalitätsvermutung sein, wenn die Anlagegeschäfte vergleichbar sind, insbesondere wenn die Bank vergleichbare Dienstleistungen erbracht hat. Im Rahmen der Widerlegung der Kausalitätsvermutung hat der Tatrichter die angebotenen Beweise zu erheben und diese zusammen mit den relevanten Indizien zu würdigen. Wenn dies verfahrensfehlerfrei geschieht und auch die tatrichterliche Würdigung der Kausalität im Übrigen keinen revisionsrechtlich relevanten Fehler aufweist, ist dies von den Parteien des Rechtsstreits hinzunehmen.[393] Die Kausalitätsvermutung gilt im Übrigen auch bei Swap-Verträgen (s.o. Tz. 127a f.). Wenn die beratende Bank den Kunden nicht anhand des anfänglichen negativen Marktwertes darüber aufklärt, dass sie in das mit ihr geschlossene Swap-Geschäft eine Bruttomarge eingepreist hat, muss sie zur Widerlegung der Kausalitätsvermutung darlegen und beweisen, dass der Kunde den Swap-Vertrag auch bei einer Aufklärung über das Einpreisen einer Bruttomarge als solcher und über die Höhe des eingepreisten Betrags abgeschlossen hätte.[394] Eine Widerlegung der Kausalitätsvermutung soll aber bei Swap-Verträgen mit Kommunen in Betracht kommen, wenn die Gemeindevertreter, d.h. Bürgermeister und Kämmerer, die Zinssatz-Swap-Geschäfte ohne Rücksicht auf eine eingepreiste Bruttomarge abschlossen hätten, weil sie die Verluste aus früheren Geschäften nicht publik machen wollten.[395]

5. Vertriebs- und Vertretereigenhaftung

144 Von erheblicher praktischer Bedeutung ist die Frage, ob der Anlageberater persönlich oder aber die ihn beauftragende Vertriebsgesellschaft der Gegner für Schadensersatzansprüche wegen fehlerhafter Anlageberatung ist. Grundsätzlich haftet allein der Vertretene, also die Vertriebsgesellschaft, als deren Erfüllungs- oder Verhandlungsgehilfe der Vertreter anzusehen ist und dessen Verschulden sie sich zurechnen lassen muss (§ 278 BGB).

145 Eine Haftung des Vertreters oder Handlungsgehilfen selbst kommt allerdings in Ausnahmefällen in Betracht, die von der Rechtsprechung entwickelt und z.T. in § 311 Abs. 3 Satz 2 BGB kodifiziert wurden.[396] Die Haftung kann ausnahmsweise auch einen Dritten treffen, der selbst nicht Vertragspartei werden soll, an den Vertragsverhandlungen aber als Vertreter, Vermittler oder sog. Sachwalter einer Partei beteiligt ist.[397] Dies ist dann zu bejahen, wenn der Anlagevermittler oder -berater über das bei der Anbahnung von Geschäftsbeziehungen immer vorauszusetzende normale Verhandlungsvertrauen hinaus in besonderem Maße Vertrauen für sich persönlich in Anspruch nimmt und auf diese Weise dem anderen Vertragspartner eine zusätzliche, gerade von ihm persönlich ausgehende Gewähr für Bestand und Erfüllung des in Aussicht genommenen Rechtsgeschäfts bietet, seine Erklärungen sich praktisch im Vorfeld einer Garantie bewegen.[398] Gleiches gilt, wenn der Dritte wegen eines eigenen unmittelbaren wirtschaftlichen Interesses, das über das Provisionsinteresse hinausgeht,[399] dem Verhandlungsgegenstand besonders nahe steht, also wirtschaftlich betrachtet gleichsam in eigener Sache verhandelt[400] und aus dem Geschäft einen eigenen Nutzen erstrebt.[401]

393 BGH, Urt. v. 15.03.2016, XI ZR 122/14, NJW-RR 2016, 1187.

394 BGH WM 2016, 821 Rn. 34.

395 BGH WM 2016, 821 Rn. 36.

396 Dieser Haftungstatbestand ist ausdrücklich in § 311 Abs. 3 Satz 2 BGB aufgenommen worden. § 311 Abs. 3 BGB knüpft nach seinem Wortlaut und seiner Entstehungsgeschichte in vollem Umfang an die bisher in der Rechtsprechung entwickelten und weiterhin gültigen Grundsätze an und ist keine abschließende Regelung. (MüKo/*Schramm* § 311 Rn. 11).

397 BGH, NJW 1971, 1309; NJW 1975, 642; NJW 1994, 2220; NJW 1995, 1739; NJW 1987, 1141; NJW-RR 1988, 1488; NJW 1989, 293; NJW 1990, 389.

398 BGH, NJW 1989, 293; NJW 1994, 2220 (2222); NJW 1997, 1233; Assmann/Schütze/*v. Heymann* § 5 Rn. 115.

399 BGH, NJW 1990, 506; NJW-RR 1991, 1242; NJW-RR 1992, 605; OLG Nürnberg, Urt. v. 18.07.2002 – 8 U 4359/01.

400 BGH, NJW 1971, 1309; NJW 1989, 292.

401 *Assmann/Schütze/v. Heymann*Rn. 115 m.w.N.

Eine Eigenhaftung des Anlagevermittlers oder Anlageberaters wird dann angenommen, wenn er eine enge persönliche Beziehung zum Kunden hat oder wenn er unter Hinweis auf seine besondere Sachkunde oder Zuverlässigkeit dem Geschäftspartner geradezu eine zusätzliche Gewähr für das Gelingen des Geschäfts gibt und als Garant für die Vertragsdurchführung erscheint. Häufig wird es sich bei den für eine Eigenhaftung infrage kommenden Vertretern um Personen handeln, die ihre Tätigkeit professionell auf der Basis entsprechender beruflicher Kenntnisse und Erfahrungen ausüben.[402]

6. Schaden

Bei Schadensersatzansprüchen wegen positiver Vertragsverletzung (pVV) hat der Schädiger den Zustand herzustellen, der bestünde, wenn der zum Ersatz verpflichtende Umstand nicht eingetreten wäre, d.h. wenn der Ersatzpflichtige seiner Aufklärungspflicht nachgekommen wäre (§ 249 Abs. 1 BGB). Da der Anleger dann der Gesellschaft nicht beigetreten wäre, muss er so gestellt werden, wie er ohne den Gesellschaftsbeitritt gestanden hätte.[403] Wenn die unrichtige oder unvollständige Information ursächlich für die Anlageentscheidung war,[404] muss der Anleger so gestellt zu werden, als hätte er die Anlageentscheidung nicht getroffen.[405] Der Anleger kann deshalb Befreiung von den Pflichten aus dem abgeschlossenen Vertrag und Ersatz seiner Aufwendungen verlangen. Dies gilt auch, wenn der Anleger das Anlageprodukt nicht vom Anlageberater selbst, sondern von einem Dritten erworben hat.[406] Dass die Beteiligung noch werthaltig ist, kann insoweit berücksichtigt werden, als die Schadensersatzleistung Zug um Zug gegen Abtretung der Beteiligung bzw. Übertragung des Wohnungseigentums erfolgt.[407] Ein Verkauf durch den Anleger zur Unzeit mit der Folge unverhältnismäßiger Verluste kann allerdings als Mitverschulden i.S.d. § 254 Abs. 2 Satz 1 BGB berücksichtigt werden. Auch im Übrigen muss sich der Anleger ein Mitverschulden nach § 254 Abs. 1 BGB anrechnen lassen. Allerdings besteht ein derartiges Mitverschulden nicht bereits darin, dass der Anleger dem Rat des Anlageberaters vertraut und nicht selbst Informationen zum Anlageprodukt einholt.[408] Ebenso liegt kein Mitverschulden vor, wenn der Anleger den Emissionsprospekt nach Zeichnung der Kapitalanlage auf Widersprüche zu den Angaben des Anlageberaters nicht untersucht und seine auf den Fondsbeitritt gerichtete Willenserklärung innerhalb der Widerrufsfrist nicht widerruft.[409] Die Aufklärung hat sich am Kenntnisstand des konkreten Anlegers und nicht an den Kenntnissen der Allgemeinheit zu orientieren. Daher ist es zweifelhaft ist, ob ein Mitverschulden bereits deshalb anzunehmen ist, weil die Tatsache, über die nicht aufgeklärt wurde, »Allgemeingut« ist.[410] 146

Zu aus der Aufklärungspflichtverletzung herrührenden Schäden zählen grundsätzlich. die Verbindlichkeiten, die zulasten des Aufklärungsbedürftigen begründet worden sind, und die zu ihrer Erfüllung getätigten Aufwendungen (Zinsen).[411] Ist der Vertragsschluss trotz der Abweichung von dem Prospekt für den Anleger insgesamt nicht nachteilig, weil der Wert der Gegenleistung seine eigene Leistung zumindest erreicht, kann allerdings ein Schaden zu verneinen sein.[412] Der BGH hat dies z.B. in dem Fall angenommen, in dem ein Anlagevermittler von einem am Objekt 147

402 Vgl. Palandt/*Grüneberg* § 311 Rn. 63 m.w.N.
403 BGH, NJW 1979, 718 – negatives Interesse.
404 BGH, NJW 1990, 2461.
405 BGH, NJW 1981, 1449.
406 BGH, WM 2009, 540 (542).
407 BGH, NJW 1981, 449; NJW-RR 1990, 229; *Werner-Machunsky* Immobilienfonds, Bauherren- und Erwerbermodelle, S. 180; *Schwark* BörsG §§ 45, 46 Rn. 15.
408 Vgl. BGH, WM 2002, 1456 (1457); *Buck-Heeb*, WM 2012, 625 (628).
409 OLG Celle, Urt. v. 21.09.2009 – 3 U 94/09.
410 So aber OLG Köln, BB 2005, 2095 (2097); kritisch *Klöhn*, ZIP 2010, 1005 (1012).
411 BGH, NJW 1990, 2464; NJW-RR 1991, 599.
412 OLG Stuttgart, WM 1987, 1260; *Werner-Machunsky* Immobilienfonds, Bauherren- und Erwerbermodelle, S. 181.

festhaltenden Anleger wegen Aufklärungspflichtverletzung auf Ausgleich der überhöhten Aufwendungen in Anspruch genommen wurde.[413]

148 Die Gegenleistung bleibt dann unberücksichtigt, wenn es sich bei ihr um ein von dem im Prospekt beschriebenen Anlagemodell grundlegend verschiedenes, mit ihm in keiner Weise austauschbares Investitionsmodell handelt.[414] Sonst könnte dem Anleger ein Investitionsmodell gegen seinen Willen aufgedrängt werden. Dies ist schon deshalb nicht akzeptabel, weil die Investitionsentscheidung in aller Regel von persönlichen Wert- und Risikovorstellungen abhängt und deshalb unvertretbar ist.[415]

149 Der gem. § 249 Satz 1 BGB auf die Freistellung von Verbindlichkeiten aus einem Darlehensvertrag gerichtete Schadensersatzanspruch geht nach § 250 Satz 2 BGB erst dann in einen Geldanspruch über, wenn der Geschädigte erfolglos eine Frist zur Haftungsfreistellung mit Ablehnungsandrohung gesetzt hat.[416] Dem steht es gleich, wenn der Schuldner die Herstellung oder überhaupt jeden Schadensersatz ernsthaft und endgültig verweigert.[417] Dann wandelt sich der Befreiungsanspruch zu diesem Zeitpunkt in einen Geldanspruch um, mit dem der Berechtigte Geldersatz fordern kann.[418] Weitere Voraussetzung eines solchen auf Geld gerichteten Schadensersatzanspruches ist allerdings, dass der mit der Klage geforderte Betrag tatsächlich notwendig ist, um die Haftungsfreistellung zu erreichen.[419]

150 Daneben kann der Anleger auch den Schaden geltend machen, der ihm dadurch entstanden ist, dass er keine günstigere Investition getätigt hat. Die auf den Grundsatz der Naturalrestitution (§ 249 Satz 1 BGB) gestützte Inanspruchnahme des Schädigers schließt die Geltendmachung eines Schadens wegen entgangenen Gewinns gem. § 252 BGB nicht aus. An die Darlegung des entgangenen Gewinns sind keine strengen Anforderungen zu stellen. Vielmehr kommen dem Geschädigten nach dieser Vorschrift – wie bei § 287 ZPO – gewisse Erleichterungen bei der Darlegungslast zugute.[420] Ein Anleger, der einem Fonds aufgrund irreführender Prospektangaben beigetreten ist, muss nicht noch Jahre nach der Zeichnung im Einzelnen darlegen, welche Alternativanlage er gezeichnet hätte.[421] Eine Schätzung nach § 287 ZPO kann vorgenommen werden, wenn und soweit die festgestellten Umstände hierfür eine genügende Grundlage abgeben.[422] Die Schätzung muss dagegen unterbleiben, wenn sie mangels konkreter Anhaltspunkte völlig in der Luft hinge und deshalb willkürlich wäre.[423] Die Wahrscheinlichkeit einer Gewinnerzielung aufgrund einer zeitnahen alternativen Investitionsentscheidung kann aber grundsätzlich nur mithilfe einer konkreten Berechnung festgestellt werden. So kann ein entgangener Zinsgewinn nach fehlerhafter Anlageberatung gem. § 252 BGB nur beansprucht werden, wenn der Anleger mit einer alternativen Anlage einen Gewinn erzielt hätte. Die behauptete Alternativanlage ist im Hinblick auf die Anlageziele einer Plausibilitätsprüfung zu unterziehen[424]. Dazu reicht es nicht aus, dass ein positiver Aspekt des hypothetischen Geschäfts (wie z.B. steuerliche Abschreibungsvorteile) herausgegriffen wird, ohne ihm die Kosten und Nachteile gegenüberzustellen, die mit der Anlageentscheidung verbunden gewesen wären. Nur die Differenz ergibt den wahrscheinlich eingetretenen Gewinn i.S.d. § 252 Satz 2 BGB.[425]

---

413 BGH, NJW-RR 1989, 150; NJW-RR 1990, 918.
414 BGH, NJW-RR 1990, 229; NJW-RR 1990, 847; Staudinger/*Medicus* § 249 Rn. 9.
415 BGH, NJW 1992, 228.
416 BGH, NJW 1992, 2221.
417 BGH, NJW-RR 1987, 43; NJW-RR 1990, 970; NJW 2004, 1868.
418 BGH, NJW-RR 1987, 43.
419 BGH, NJW 1989, 1215.
420 BGH, NJW 2004, 1868.
421 OLG München, GWR 2012, 90 m. Anm. Wagner.
422 BGH, NJW-RR 2004, 1023.
423 OLG München, Schlussurt. v. 26.05.2011 – 23 U 5060/10.
424 OLG Frankfurt am Main, Urt. v. 26.07.2013, 23 U 165/12.
425 BGH, NJW 1999, 3625.

Wird ein Kapitalanleger durch schuldhaft unrichtige Angaben bewogen, einer Publikumsgesellschaft beizutreten, so ist ihm nicht nur seine Einlage zurückzugewähren. Ihm ist auch der Schaden zu ersetzen, der sich typischerweise daraus ergibt, dass Eigenkapital in solcher Höhe erfahrungsgemäß nicht ungenutzt geblieben, sondern zu einem allgemein üblichen Zinssatz angelegt worden wäre.[426] 151

Aufgrund der im Bereich des Schadensersatzrechts entwickelten Grundsätze der Vorteilsausgleichung sind dem Geschädigten – jedenfalls in gewissem Umfang – diejenigen Vorteile zuzurechnen, die ihm in adäquaten Zusammenhang mit dem Schadensereignis zufließen. Es soll ein gerechter Ausgleich zwischen den bei einem Schadensfall widerstreitenden Interessen herbeigeführt werden. Der Geschädigte darf nicht besser gestellt werden, als er ohne das schädigende Ereignis stünde; dies wäre ein unbilliges Ergebnis. Andererseits sind nicht alle durch das Schadensereignis bedingten Vorteile auf den Schadensersatzanspruch anzurechnen, sondern nur solche, deren Anrechnung mit dem jeweiligen Zweck des Ersatzanspruchs übereinstimmt, d.h. deren Anrechnung dem Geschädigten zumutbar ist und den Schädiger nicht unangemessen entlastet.[427] Vor- und Nachteile müssen bei wertender Betrachtungsweise gleichsam zu einer Rechnungseinheit verbunden sein.[428] 152

Zu den auf den Schaden anzurechnenden Vorteilen gehören daher insbesondere Mieteinnahmen oder Ausschüttungen, die der Anleger aus der Kapitalanlage erhalten hat. Nach Ansicht des BGH kommt hingegen eine Anrechnung von Steuervorteilen im Schadensersatzprozess des Anlegers grundsätzlich nicht in Betracht, auch wenn die Schadensersatzleistung der Besteuerung unterliegt. Weder die Senkung des Spitzensteuersatzes aufgrund der geltend gemachten Verluste noch die Inanspruchnahme bestimmter Freibeträge durch den Anleger berechtige den Schädiger zum Einbehalt der entsprechenden Beträge. Weil der Anleger z.B. bei einem geschlossenen Medienfonds die Differenz zwischen dem Stand des steuerlichen Kapitalkontos und der Höhe des Schadenersatzes versteuern muss, sind seine steuerlichen Pflichten damit abgegolten.[429] Etwas anderes könne unter Umständen dann gelten, wenn Anhaltspunkte für außergewöhnliche Steuervorteile bestehen, die dem Geschädigten unter Berücksichtigung der Steuerbarkeit der Ersatzleistung verbleiben; für solche Umstände trägt allerdings der Schädiger die Darlegungs- und Beweislast[430]. Nach Ansicht des OLG München gilt die Rechtsprechung des BGH zur Nichtanrechnung von Steuervorteilen auch dann, wenn der Anleger nicht – als unmittelbarer Eigentümer – Immobilieneigentum erworben hat, sondern einem in der Rechtsform der KG organisierten Immobilienfonds als mittelbarer Gesellschafter beigetreten ist. In steuerlicher Hinsicht seien die für den Erwerb aufgewendeten Beträge nicht als steuerneutrale Anschaffungskosten, sondern als Werbungskosten anzusehen.[431] 153

7. Verjährung

Grds. gilt für Schadensersatzansprüche wegen fehlerhafter Anlageberatung die Regelverjährung der §§ 195 und 199 BGB.[432] Für den Fristbeginn kommt es auf die Kenntnis oder grob fahrlässige Unkenntnis der anspruchsbegründenden Tatsachen an.[433] Lässt sich ein Schadensersatzanspruch auf 154

426 BGH, NJW 1992, 1223.
427 BGH, NJW 1953, 618; NJW 1953, 1346; NJW 1959, 1078; NJW 1979, 1449; NJW 1980, 2187; NJW 1982, 32; NJW 1977, 1819.
428 BGH, NJW 1980, 2187; NJW 1979, 760; NJW 1983, 2137.
429 BGH, Urt. v. 28.01.2014, II ZR 42/13, 49/13, 495/13.
430 BGH, Urt. v. 15.05.2010 – III ZR 336/08.
431 OLG München, BKR 2011, 520.
432 BGH, NJW 1982, 1516; NJW 1995, 130; NJW 2006, 2410.
433 BGH, WM 2007, 639; so auch OLG Braunschweig, ZIP 2006, 180; OLG Bamberg, NJW 2006, 304; OLG Stuttgart, ZIP 2005, 2152; OLG Karlsruhe, ZIP 2006, 1855 (1857); MüKo-BGB/*Grothe* EGBGB Art. 229 § 6 Rn. 12; Palandt/*Heinrichs* EGBGB Art. 229 § 6 Rn. 6; Erman/*Schmidt-Räntsch* Anh Vor § 194 Rn. 9; *Bamberger/Roth/Henrich* Bd. 1, Vor § 194 Rn. 14; Staudinger/*Peters* EGBGB Art. 229 § 6 Rn. 11; Anwaltskommentar BGB/*Budzikiewicz/Mansel*, Bd. 1, Art. 229 § 6 EGBGB Rn. 60 ff. 62;

mehrere Beratungsfehler stützen, beginnt die kenntnisabhängige Verjährungsfrist für jeden Beratungsfehler gesondert zu laufen.[434] Bei einem einheitlichen Streitgegenstand umfasst die Hemmung der Verjährung gem. § 204 Nr. 1 BGB auch solche Pflichtverletzungen, die nicht ausdrücklich zum ursprünglichen Gegenstand des Sachvortrags gehörten. Da demnach Schadenersatzansprüche wegen mehrerer Beratungsfehler einen einheitlichen Streitgegenstand darstellen, steht allerdings andererseits die Rechtskraft einer Entscheidung über einen Schadenersatzanspruch gegen eine Bank wegen eines Fehlers bei der Anlageberatung einer Klage auf Ersatz desselben Schadens wegen eines anderen Beratungsfehlers in demselben Beratungsgespräch entgegen[435].

155 Der Anleger ist nicht verpflichtet, zur Vermeidung des Vorwurfs grob fahrlässiger Unkenntnis nach § 199 Abs. 1 Nr. 2 BGB die Beratungsdokumentation zu lesen und anhand erkennbarer Widersprüche eine mögliche Falschberatung zu prüfen.[436] Allerdings ist das OLG Celle der Auffassung, dass sich ein Anleger doch eine grob fahrlässige Unkenntnis gemäß § 199 Abs. 1 Nr. 2 BGB vorhalten lassen muss, wenn er knapp und übersichtlich zusammengefasste Risikohinweise im von ihm unterschriebenen Beratungsprotokoll nicht liest oder die von seinen Anlagezielen abweichende, deutliche Darstellung im Beratungsprotokoll nicht bemerkt.[437] Ebenso kann es eine grob fahrlässige Unkenntnis des Anlegers darstellen, wenn der Berater den Anleger ausdrücklich darauf hinweist, er solle den Text des Protokolls oder des Zeichnungsscheins vor der Unterzeichnung durchlesen, und der Kunde hierfür ausreichend Zeit hat.[438] Es kommt hierbei aber auf die konkreten Umstände des Einzelfalls an, wie z.B. die inhaltliche Erfassbarkeit und grafische Auffälligkeit der Hinweise, den Ablauf und Inhalt des Beratungsgesprächs, den Zeitpunkt der Unterzeichnung der Beratungsdokumentation, die getätigten Aussagen des Beraters, den Bildungs- und Erfahrungsstand des Anlegers oder ein besonderes Vertrauensverhältnis zum Berater.[439] Wenn der Anleger Kenntnis von einer Rückvergütung der Bank, aber nicht von deren Höhe hat, dann hängt der Beginn der Verjährungsfrist des Schadensersatzanspruchs wegen verschwiegener Rückvergütungen nicht von der Kenntnis der genauen Höhe der Rückvergütung ab. Vielmehr bekommt der Anleger bereits dann Kenntnis von seinem Anspruch, wenn er weiß, dass die Bank Provisionen erhält, deren Höhe sie ihm nicht mitteilt. Die fehlende Kenntnis des Anlegers von der Höhe der Rückvergütung lässt nur dann die Verjährungsfrist nicht beginnen, wenn die Bank konkrete fehlerhafte Angaben zur Rückvergütung macht.[440] Nach Auffassung des 19. Zivilsenats des OLG Frankfurt am Main reicht es für den Beginn der Verjährungsfrist in derartigen Fällen bereits aus, dass der Kunde »annimmt bzw. davon ausgeht«, die beratende Bank erhalte das Agio für die Vermittlung.[441] Zudem geht der 23. Zivilsenat des OLG Frankfurt am Main bereits von einer Kenntnis des Anlegers von der Rückvergütung aus, wenn er mit der Bank über eine Rückerstattung des Agios verhandelt.[442] Der 17. Zivilsenat des OLG Frankfurt am Main sieht die subjektiven Voraussetzungen für den Beginn der Verjährungsfrist jedoch noch nicht als erfüllt an, wenn der Anleger nur Kenntnis davon hat, dass die Bank »etwas verdient«. Die Verjährungsfrist beginne hiernach erst, wenn der Anleger gewusst oder infolge grober Fahrlässigkeit nicht gewusst hat, dass die Bank ihre Gewinne aus offen ausgewiesenen Positionen erzielt.[443] Eine Revisionsentscheidung zu diesem konkreten Verfahren ist bislang noch

---

Rohlfing MDR 2006, 721; *Schulte-Nölkel Hawxwell* NJW 2005, 2117; *Gsell* NJW 2002, 1297; *Heß* NJW 2002, 253, 258; *Kraus* NJW-aktuell, Heft 11/2006, S XVIII.

434 BGH, NJW 2008, 506.

435 BGH, Urt. v. 22.10.2013 – XI ZR 42/12 und 57/12.

436 BGH, Urt. v. 17.03.2016, III ZR 47/15, WM 2016, 732; Urt. v. 23.03.2017, III ZR 93/16.

437 OLG Celle, Urt. v. 23.06.2016, 11 U 9/16, ZIP 2017, 420 (rkr.); Urt. v. 31.08.2016, 11 U 3/16, VuR 2017, 59 (n. rkr; Az. beim BGH: III ZR 484/16); vgl. auch BGH, Urt. v. 23.03.2017, III ZR 93/16.

438 BGH, Urt. v. 23.03.2017, III ZR 93/16.

439 BGH, Urt. v. 20.07.2017, III ZR 296/15.

440 BGH, Urt. v. 26.02.2013 – XI ZR 498/11.

441 OLG Frankfurt am Main, Urt. v. 02.08.2013 – 19 U 298/12.

442 OLG Frankfurt am Main, Urt. v. 11.11.2013 – 23 U 144/12.

443 OLG Frankfurt am Main, Urt. v. 28.08.2013 – 17 U 56/12, 95/12 und 132/12.

nicht ergangen.[444] Allerdings hat der BGH bereits entschieden, dass es für eine verjährungsrelevante Kenntnis gemäß § 199 Abs. 1 Nr. 2 BGB nicht ausreicht, wenn der Anlager nur angenommen oder sich gedacht hat, dass die ihn beratende Bank eine Provision erhält.[445] Der Anlager handelt in diesem Sinne weder fahrlässig gemäß § 199 Abs. 1 Nr. 2 BGB noch ist er nach Treu und Glauben gemäß § 242 BGB an der Geltendmachung der Aufklärungspflichtverletzung gehindert, wenn er beim Berater nicht nachfragt, obwohl er die Zahlung von Provisionen an die beratende Bank für möglich hält oder vermutet.[446]

Wenn die Anlageentscheidung vor dem 01.01.2002 getroffen wurde, richtet sich die Verjährung **156** nach der regelmäßigen Verjährungsfrist des § 195 BGB, wobei der Fristbeginn in Überleitungsfällen nach Art. 229 § 6 Abs. 4 Satz 1 EGBGB unter Einbeziehung der subjektiven Voraussetzungen des § 199 Abs. 1 BGB zu berechnen ist. Ansprüche aus fehlerhafter Anlageberatung vor dem 01.01.2002 sind allerdings seit dem 01.01.2012 ausnahmslos verjährt. Seit Ablauf der Übergangsvorschriften zum 31.12.2011 gewinnt auch die taggenau zu berechnende 10-jährige Maximalverjährung des § 199 Abs. 3 Satz 1 BGB zunehmend an Bedeutung.

C. Prospekte für Kapitalanlagen auf dem Grauen Kapitalmarkt

I. Prospekte für Kapitalanlagen

1. Rechtliche Grundlagen

Für den Vertrieb von Anlagen des grauen Kapitalmarkts fehlten früher eine Prospektpflicht[447] oder **157** vergleichbare Schutzregelungen. Die Rechtsprechung schloss die Lücke durch ein richterrechtlich geschaffenes »Vertriebsrecht«[448] in Form der Statuierung von Informations- und Aufklärungspflichten.[449] Durch das Gesetz zur Verbesserung des Anlegerschutzes (Anlegerschutzverbesserungsgesetz), das am 29.10.2004[450] verkündet und mit seinen Änderungen des Verkaufsprospektgesetzes zum 01.07.2005 in Kraft trat, wurde auch für einen Großteil der Anlageprodukte des Grauen Kapitalmarkts eine Prospektpflicht eingeführt und die Branche der geschlossenen Fonds einer Regulierung unterworfen.[451] Mit Wirkung vom 01.06.2012 wurde das Verkaufsprospektgesetz durch das Gesetz zur Novellierung des Finanzanlagenvermittler- und Vermögensanlagerechts[452] aufgehoben. Nach dem Gesetzentwurf der Bundesregierung vom 06.02.2013[453] sollte als einheitlicher Haftungstatbestand die bisher allein für offene Investmentfonds geltende Regelung des § 127 Abs. 1 InvG dienen, die fast wortgleich in § 306 Abs. 1 KAGB übernommen wurde. Danach war für alle Investmentfonds ausschließlich eine Haftung der emittierenden Kapitalverwaltungsgesellschaft vorgesehen. Mit einem solchen Haftungsregime wäre die Verbindung zu den richterrechtlichen Prospekthaftungsregeln ganz aufgegeben worden. Dies hätte zu einer Schutzlücke bei Investment-Kommanditgesellschaften geführt, die unter Geltung des abgelösten § 20 Abs. 1 VermAnlG nicht bestand. Auf die Beschlussempfehlung des Finanzausschusses[454] nahm der Gesetzgeber jedoch in Anlehnung an § 20 Abs. 1 Satz 1 VermAnlG einen Einschub in den Haftungstatbestand des

444 Nichtzulassungsbeschwerde anhängig unter BGH XI ZR 464/13.
445 BGH, Urt. v. 15.03.2016, XI ZR 122/14, NJW-RR 2016, 1187 (Rn. 31).
446 BGH, Urt. v. 15.03.2016, XI ZR 122/14, NJW-RR 2016, 1187 (Rn. 36).
447 Z.B. § 482 Abs. 1 BGB für Teilzeit-Wohnrechte, § 42 InvG für offene Fonds, §§ 45, 32 Abs. 3 BörsenG.
448 Assmann/Schütze/*Assmann* Handbuch des Kapitalanlagerechts § 1 Rn. 72.
449 Zur Haftung des Kapitalanlagevermittlers wegen unterlassener Plausibilitätsprüfung des Anlagekonzepts vgl. (im Anschluss an *BGH*, NJW-RR 1993, 997) BGH, NJW-RR 2000, 998 (Verletzung von Pflichten aus einem stillschweigend geschlossenen Auskunftsvertrag bei einem Schneeballsystem).
450 BGBl. I, S. 2630.
451 *Marx/Schleifer* BB 2007, 258.
452 BGBl. I, S. 2481.
453 BT-Drucks. 17/12294.
454 BT-Drucks. 17/13395, S. 657.

§ 306 Abs. 1 Satz 1 KAGB vor durch den der Kreis derjenigen Personen, die für die Haftung eines fehlerhaften Verkaufsprospekts in Anspruch genommen werden können, erweitert wurde.

158 Die Anforderungen an den Inhalt von Prospekten für Kapitalanlagen außerhalb des geregelten Marktes wurden bis zur gesetzlichen Normierung von Mindestinhalten ausschließlich durch die Rechtsprechung zur Prospekthaftung entwickelt. Die bürgerlich-rechtliche Prospekthaftung fand Anwendung in all jenen Fällen, in denen Kapitalanlagen öffentlich angeboten werden, es aber keine gesetzliche Normierung einer Prospekthaftungspflicht gibt.[455] Sie betraf also vor Inkrafttreten des VerkProspG Beteiligungen an Fonds in der Rechtsform der KG,[456] der GbR oder oHG, bspw. Beteiligungen an geschlossenen Immobilien-, Schiffs-, Leasing- oder Medienfonds, mit Devisen oder Warenterminoptionen handelnde spekulative Fonds oder Beteiligungen als atypisch stille Gesellschafter.[457]

159 Die vom II. Zivilsenat des BGH für Prospekte von Publikums-Kommanditgesellschaften entwickelte Haftungsrechtsprechung[458] stellt sich als Weiterentwicklung der Grundsätze der Vertrauenshaftung dar, die für Fälle des Verschuldens bei Vertragsverhandlungen entwickelt wurden.[459] Sie wurde vom VII. und VIII. Zivilsenat auf Bauherrenmodelle ausgeweitet.[460] Der BGH erstreckte im Anschluss daran die Prospekthaftung im weiteren Sinn dann auch auf Kapitalanlagevermittler.[461] Insgesamt ist eine Tendenz zu erkennen, den Kreis der Haftenden sukzessive zu erweitern. Auch kann festgestellt werden, dass die Rechtsprechung die Anforderungen an die Prospektgestaltung verschärfte.[462]

160 Für Kapitalanleger, die in geschlossene Fonds investieren wollen, sind Prospekte oftmals die einzige oder jedenfalls die wichtigste Informationsquelle und damit die maßgebliche Grundlage für ihre Anlageentscheidung.[463] Derartige Anlagemodelle sind dadurch gekennzeichnet, dass die Initiatoren, sog. Hintermänner und Prospektherausgeber maßgeblichen Einfluss auf die Vorbereitung und Durchführung haben. Mit den Prospektinformationen wird das Vertrauen der Erwerber in Anspruch genommen.[464] Die zur Akquisition verwendeten Prospekte sollen dem Erwerber die für die Anlageentscheidung erforderlichen Informationen liefern, damit er die Anlage beurteilen und die Risiken einschätzen kann.[465] Solche Prospekte sind dahin ausgerichtet, die angebotenen Anlagen als werthaltig und rentabel herauszustellen. Sie erwecken regelmäßig den Anschein, dass der Preis der Anlage jedenfalls in einem angemessenen Verhältnis zu den vom Veräußerer für den Anleger erbrachten sachlichen Leistungen steht.[466] Da für den Anleger der Prospekt bei solchen Modellen die maßgebliche Grundlage für seine Anlageentscheidung ist und dem Anleger eine nähere Prüfung der Werthaltigkeit bei derart komplexen Vorhaben kaum möglich ist, ergibt sich eine

455 *Keunecke* Prospekte im Kapitalmarkt, S. 32.
456 BGH, NJW 1978, 1625; vgl. auch Derleder/Knops/Bamberger/*Bamberger* § 52 Rn. 50 m.w.N.
457 *Keunecke* Prospekte im Kapitalmarkt, S. 32.
458 BGHZ 71, 284; 72, 386; 79, 337; 83, 222; BGH, NJW 1985, 380; NJW-RR 1986, 968; WM 1989, 1925.
459 BGHZ 79, 337.
460 BGH, NJW 1990, 2461. Der BGH folgte der dabei einhellig im Schrifttum (*Reithmann-Brych-Manhart* Kauf vom Bauträger und Bauherrenmodell Rn. 136a; *Locher-Koeble* Baubetreuungs- und BauträgerR Rn. 155 ff.; *Locher-König* Bauherrenmodelle in zivil- und steuerrechtlicher Sicht Rn. 10; *v. Heymann* BB 1980 Beil. 12, S. 17; *Rosenberger* ZfBR 1981, 253 [256]) und in der Rechtsprechung (OLG Köln, WM 1982, 23; OLG Celle, NJW 1986, 260) vertretenen Auffassung, wonach die Grundsätze der bürgerlich-rechtlichen Prospekthaftung ohne Einschränkungen auf Bauherrenmodelle anzuwenden seien.
461 BGH, WM 1984, 1075.
462 *Reinelt* NJW 2009, 1 ff.
463 BGHZ 145, 121 (125).
464 BGH, NJW 2004, 1732.
465 BGHZ 77, 172 (176); 145, 121 (125).
466 BGH, WM 2008, 581 (584).

besondere Schutzwürdigkeit des Anlegers.[467] Mit der Schutzwürdigkeit des Anlegers korrespondiert die Verpflichtung der Prospektverantwortlichen und derjenigen, die sich des Prospekts zum Vertrieb bedienen, im Rahmen ihrer vertraglich geschuldeten Auskunftserteilung sämtliche für die Anlageentscheidung bedeutsamen Umstände wahrheitsgemäß und vollständig darzustellen.[468]

Der Inhalt eines für eine Kapitalanlage werbenden[469] Prospekts ist nach den Grundsätzen der bürgerlich-rechtlichen Prospekthaftung an folgenden Maßstäben auszurichten: 161

- Der Prospekt muss ein zutreffendes Bild über das Beteiligungsobjekt vermitteln. Er muss dazu den Kapitalanleger über alle Umstände, die für seine Entscheidung von wesentlicher Bedeutung sind oder sein können, sachlich richtig und vollständig unterrichten, insb. auch über Tatsachen, die den Vertragszweck vereiteln könnten.[470]
- Vollständigkeit und Richtigkeit gelten für tatsächliche Angaben, Werturteile[471] und Prognosen[472] zugleich. Daher müssen nicht nur die Einzelaussagen zutreffen, sondern auch der erzeugte Gesamteindruck im Hinblick auf die Vermögens-, Ertrags- und Liquiditätslage.[473] Das Merkmal des Gesamteindrucks zwingt nicht nur zur umfassenden Offenlegung des tatsächlichen Datenmaterials, sondern erfordert darüber hinaus dessen für den durchschnittlichen Anleger verständliche und nachvollziehbare Erläuterung sowie die naturgemäß vorsichtig zu haltenden Schlussfolgerungen über die zu erwartende künftige Unternehmensentwicklung.[474] Datengrundlage und Bewertung sind vor dem Hintergrund der Anlegerinteressen einer prospektimmanenten Stimmigkeitskontrolle zu unterziehen.[475]

Der Prospekt für eine Kapitalanlage muss richtig, vollständig und aktuell sein.[476] Ein Prospekt, der neue Erkenntnisse oder neue Daten über für die Entscheidung des Anlegers erhebliche Tatsachen nicht enthält, ist unrichtig. Sind neu eingetretene Umstände nicht enthalten, ist der Prospekt unvollständig.[477] Aus diesem Grund bedarf es der permanenten Überprüfung, ob bspw. die im Prospekt abgedruckte Bilanz[478] sowie die Umsatzprognosen[479] die aktuelle Lage des Unternehmens zutreffend wiedergeben. Bei Anlageprodukten des Grauen Kapitalmarkts ist somit eine Pflicht zur 162

467 BGH, NJW 2004, 1732.

468 BGHZ 123, 106 (109).

469 Zum Widerstreit von Werbe- und Informationsmedium Wagner/Loritz/*Wagner* Konzeptionshandbuch der steuerorientierten Kapitalanlage Bd. I Rn. 732. Das Absatzrisiko der Kapitalanlage darf nicht dergestalt auf den Anleger abgewälzt werden, dass bei ihm Erwartungen geweckt werden, die sachlich nicht genügend fundiert sind (BGH, WM 1982, 862 [865]).

470 BGHZ 79, 337; Reithmann/Meichssner/v. Heymann/*Thode* Kauf vom Bauträger, N Rn. 36.

471 Auch Werturteile, bei denen es sich erkennbar um reklamehafte Anpreisungen handelt, dürfen in ihrem Tatsachenkern nicht unrichtig sein (Assmann/Schütze/*Assmann* Handbuch des Kapitalanlagerechts § 7 Rn. 67; »Absolute Top-Lage« – BGH, WM 1992, 901).

472 Jede Prognose/Voraussage muss ausreichend durch Tatsachen gestützt und kaufmännisch vertretbar sein (Assmann/Schütze/*Assmann* § 7 Rn. 67; BGH, WM 1982, 862; OLG Düsseldorf, WM 1984, 586).

473 BGH, WM 1982, 862 (863).

474 Assmann/Schütze/*Assmann* § 7 Rn. 69.

475 *Schwark* ZGR 1983, 176; Assmann/Schütze/*Assmann* § 7 Rn. 69.

476 BGH, NJW 1982, 2823 unter Verweis auf § 36 Abs. 3 Buchst. b) BörsG; NJW 1993, 2433 (Bond).

477 Assmann/Schütze/*Assmann* § 7 Rn. 71.

478 BGH, WM 1982, 862 (864).

479 KG, Urt. v. 11.08.2005 – 2 U 167/03; Vermittler warb einen Anleger zum Beitritt einer Gesellschaft im Bereich des Immobilienhandels mit einem 2 Jahre alten Prospekt, die Gesellschaft hatte im Zeitpunkt der Vermittlung jedoch – entgegen der im Prospekt ausgewiesenen Renditeprognose – noch keinen Handel betrieben.

permanenten Aktualisierung des Prospekts anzunehmen,[480] sei es durch Einreichung[481] und Veröffentlichung eines neuen Prospekts, sei es durch den Prospekt ergänzende Anhänge[482] oder einen Prospektnachtrag.[483] Ggf. muss dafür Sorge getragen werden, dass auf geänderte Umstände oder das Hinzutreten neuer, für die Anlageentscheidung bedeutsamer Gesichtspunkte durch mündliche Hinweise im Vermittlungsgespräch hingewiesen wird.[484]

163 Der Prospekt muss all jene Angaben enthalten, die für den Anlageentschluss eines durchschnittlichen Anlegers als erheblich anzusehen sind. Dazu gehören insbesondere solche Tatsachen, die den Vertragszweck vereiteln können.[485] Für die Beurteilung der Richtigkeit und Vollständigkeit kommt es dabei nicht allein auf die darin wiedergegebenen Einzeltatsachen, sondern wesentlich auch darauf an, welches Gesamtbild von den Verhältnissen des Unternehmens er durch seine Aussagen dem interessierten Publikum vermittelt.[486] Die Aufklärungspflicht erstreckt sich auch auf ungewisse Umstände, die es als wahrscheinlich erscheinen lassen, dass sie den vom Anleger verfolgten Zweck gefährden werden.[487] Der Prospekt muss darüber hinaus auf solche Umstände hinweisen, aufgrund derer das im Prospekt beschriebene Anlage-Modell entweder gar nicht oder nur unter Überwindung großer Schwierigkeiten durchführbar sein wird.[488]

2. Beispiele fehlerhafter Prospektangaben

164 Nachfolgend werden einige Beispiele aus Rechtsprechung und Literatur für fehlerhafte Prospektangaben aufgeführt:

165 **Mittelverwendung**

– Auf die sog. »weichen Kosten« des Anlageprojekts muss in der erforderlichen Klarheit und Übersichtlichkeit hingewiesen werden.[489] Die Informationen in einem Prospekt müssen insoweit nicht nur richtig, sondern auch klar und übersichtlich sein.[490] Der Anleger muss unmittelbar und in verständlicher Form einem Prospekt entnehmen können, in welchem Umfang seine Beteiligung nicht in das Anlageobjekt fließt, sondern für Aufwendungen außerhalb der Anschaffungs- und Herstellungskosten verwandt wird.[491] Ansonsten fehlt ihm ein wesentlicher Anhaltspunkt für die Bestimmung des materiellen Werts der Beteiligung in Abgrenzung zu den

---

480 BGH, NJW 1981, 1449: Beitrittsinteressenten, die über keine eigenen Informationsquellen verfügen, müssen sich darauf verlassen können, dass die im Emissionsprospekt enthaltenen Angaben richtig und vollständig sind. Verändern sie sich bis zum Schluss des Beitrittsvertrages, so müssen die Verhandlungspartner – weil sich dadurch ihre Entscheidungsgrundlage verändert – rechtzeitig darauf hingewiesen werden; so auch BGH, NJW 1978, 1625; auch OLG Jena, DB 2005, 1734 (1735).

481 Bei der BaFin nach VerkProspG.

482 Assmann/Schütze/*Assmann* § 7 Rn. 71 m.w.N.

483 BGH, NJW 1978, 1625; NJW 1993, 2865; NJW 2002, 1711; NZG 2004, 229.

484 OLG Jena, NJOZ 2005, 2766.

485 BGH, NJW 1981, 1449; NJW 1992, 241; NJW 2000, 3346.

486 BGH, NJW 1982, 2823; NJW-RR 2007, 1329 (1330); WM 2007, 1503 (1504).

487 BGH NJW-RR 1988, 348.

488 BGH, NJW 1992, 228; BGH, NJW 1978, 1625.

489 BGH, NJW 2004, 2228: Zwar sind in der Aufstellung »Investitionsplan und Finanzierung« die Kosten, Vergütungen und Honorare tabellenartig aufgeführt, jedoch so unübersichtlich und unstrukturiert, dass jedenfalls ein durchschnittlicher Anleger daraus kaum erkennen konnte, dass bspw. allein die Vorausfinanzierung mit erheblichen Zusatzkosten, wie Vermittlungskosten, einer Zwischenfinanzierungsbürgschaft sowie Fremdkapitalnebenkosten und Zinsgarantie, belastet ist, welche noch einmal über 65 % der erforderlichen Zinsaufwendungen ausmachen. In gleicher Weise gilt dies für die nicht näher spezifizierten Kosten für »Schließungsgarantie«, »Treuhandschaft«, »Mittelverwendungskontrolle«, »Sonstige Kosten« und »Liquiditätsreserve«, welche zusammen über 1,2 Mio. DM betragen, deren Entstehung und Verwendung letztlich unklar bleibt und wodurch die Chance auf eine mögliche Rentabilität der Geldanlage zusätzlich gemindert wird (vgl. hierzu BGH, NJW 2000, 3346).

490 Palandt/*Grüneberg* § 311 Rn. 70.

491 BGH, WM 2006, 905 ff.

nicht wertbildenden, aber zu vergütenden Nebenleistungen.[492] Dem Anleger muss aus dem Investitionsplan klar werden, wofür das Geld der Fondsgesellschaft verwendet wird und welche Vermittlungs- und Garantiekosten konkret anfallen. Von primärer Bedeutung ist für den Anleger eine genaue Darstellung der einzelnen Kostenpositionen, da diese für eine gründliche Beurteilung des voraussichtlichen Werts der Kapitalanlage erforderlich und überdies in der Folgezeit bei der Prüfung hilfreich ist, ob die Mittel entsprechend den Plänen verwandt worden sind.[493]

- Ferner verbietet es sich, die zulässige Vertriebsprovision am Gesamtzeichnungskapital anstatt an der einzelnen konkreten Anlagesumme zu orientieren.[494]
- Eine Vermengung von weichen Kosten und harten Kosten bei der Darstellung der Mittelverwendung ist unzulässig. Allenfalls eine Garantie für Baumängel ist aus der Sicht des Anlegers zu den harten Kosten zu zählen.[495] Die Kosten einer Mietgarantie zählen zu den weichen Kosten.[496]
- Sieht der Investitionsplan im Gesellschaftsvertrag der Fondsgesellschaft vor, dass – bezogen auf das Beteiligungskapital – bestimmte Prozentsätze für die Wahrnehmung bestimmter Aufgaben vorgesehen sind, kann die mit der Geschäftsführung betraute Komplementärin auch im Bereich sog. Weichkosten nicht ohne Weiteres nach ihrem Belieben die für die Vergütung des Eigenkapitalvertriebs vorgesehenen Mittel aufstocken und aus Budgets finanzieren, die für andere Aufgaben vorgesehen sind.[497]
- Einem Gründungsgesellschafter oder einem mit ihm verbundenen Unternehmen gewährte Sondervorteile oder Sonderzuwendungen,[498] bspw. Zwischenhandelsgewinne, die beim Erwerb der Fondsimmobilie oder wesentlicher Leistungen anfallen, müssen im Emissionsprospekt eines geschlossenen Immobilienfonds auch dann offengelegt werden, wenn sie bereits vor dem Beitritt eines Anlegers erfolgt sind, aber im Zusammenhang mit dem Anlageprojekt stehen.[499] Insb. Zwischenhandelsgewinne sind geeignet, der Fondsgesellschaft in erheblichem Maße Kapital zu entziehen und den Initiatoren bzw. mit diesen verbundenen Personen oder Unternehmen durch Preisaufschläge zusätzliche Gewinne zuzuführen. Werden diese Gewinne im Prospekt nicht ausgewiesen, täuscht der Prospekt über entscheidungserhebliche Umstände, sodass eine Haftung wegen Betruges in Betracht kommt.[500]
- Wird der Gesamtaufwand eines Fonds einerseits aus Gesellschaftereinlagen, andererseits mit Fremdkapital finanziert, muss sich aus der Darstellung des Angebots im Überblick eingangs des Prospekts ergeben, welches Verhältnis zwischen Eigenkapital und Fremdkapital bei Zeichnung

492 OLG Frankfurt am Main, Urt. v. 13.05.2009 – 23 U 64/07, BeckRS 2009, 12797; Urt. v. 09.12.2009 – 23 U 2/09.

493 OLG Frankfurt am Main – 23 U 64/07.

494 OLG München, Urt. v. 15.03.2010 – 21 U 4351/09, BeckRS 2010, 06705.

495 OLG Frankfurt am Main, Urt. v. 09.12.2009 – 23 U 2/09; *Gehrlein* NJW 1995, 110 (112).

496 BGH, Urt. v. 10.10.1994 – II ZR 95/93.

497 BGH, NJW-RR 2008, 1129.

498 *Gehrlein* NJW 1995, 110.

499 BGH, NJW 1995, 130; BGH, NJW-RR 2003, 1054: Nach diesen Grundsätzen war der Prospektverantwortliche. verpflichtet, beitretende Gesellschafter darauf hinzuweisen, dass durch die Zwischenschaltung der *I*-GmbH, an der er zum damaligen Zeitpunkt noch beteiligt war, bei dieser ein Gewinn von 1 Mio. DM innerhalb weniger Wochen anfiel. Die Auffassung, eine Informationsverpflichtung habe deswegen nicht bestanden, weil zum Zeitpunkt der Anlageentscheidung die Aufwendungen zulasten der Fondsgesellschaft bereits getätigt gewesen seien, ist von Rechtsirrtum beeinflusst. Die Gefahr für das Scheitern eines Anlageprojektes bereits in der Anfangsphase infolge derartiger vorgeschalteter Kosten besteht unabhängig davon, ob sie vor oder nach einem Beitritt des Anlegers entstanden sind. Entscheidend ist, dass mit der vorgezogenen Realisierung von Gewinnen das Schicksal der Beteiligungsgesellschaft aus der Sicht der Gründungsgesellschafter nicht mehr erheblich sein muss. Die Aufklärungsverpflichtung erlangt ggü. solchen Anlageinteressenten besondere Bedeutung, die nicht in persönlichen »Verflechtungen« mit Gründungsgesellschaftern und Initiatoren des Projekts stehen, um einer ansonsten jederzeit möglichen Übervorteilung entgegenzuwirken; s.a. BGH, Urt. v. 03.12.2013, XI ZR 265/12.

500 OLG Frankfurt am Main, Urt. v. 10.03.2008 – 4 O 93/06.

der Anlage bestand bzw. beabsichtigt war. Dieses Verhältnis ist nicht nur für die Bonität und Rentabilität der Gesellschaft, sondern auch für die Abschätzung des möglichen Insolvenzrisikos entscheidend.[501]
- Werden die an die Vertriebsgesellschaft gezahlten Provisionen nicht in der tatsächlichen Höhe angegeben, ist der Prospekt unvollständig.[502]
- Der Verkaufsprospekt ist auch unvollständig, wenn der Anleger aus ihm nicht ersehen kann, dass das von ihm aufgebrachte Kapital zu wesentlichen Teilen an den Initiator zurückfließt und für die beworbene Investition nicht zur Verfügung steht.[503]
- Ebenso liegt ein Prospektfehler vor, wenn im Gesamtaufwand eines Fonds außergewöhnliche Gewinnspannen für den Veräußerer oder Vergütungen für den Vertreiber versteckt sind und hierdurch die Werthaltigkeit und Rentabilität der Anlage von vornherein infrage gestellt ist.[504]

166 **Angaben zu den Anlageobjekten**
- Darstellung eines angeblich gekauften Geschäftsbetriebs, obwohl ein Kaufvertrag noch gar nicht geschlossen war.[505]
- Darstellung einer Immobilie als gekauft, obwohl der Eigentumserwerb nicht grundbuchrechtlich abgesichert war.[506]
- Darstellung eines zu geringen Kaufpreises im Investitionsplan eines Fondsprospekts.[507]
- Darstellung der Einrichtung von Kochgelegenheiten in einzelnen Appartements sowie der Möglichkeit, unter bestimmten Voraussetzungen an den dermaßen eingerichteten Appartements Wohnungseigentum zu erlangen. Die Baugenehmigung wurde mit der Auflage erteilt, dass der Einbau von Kocheinrichtungen unerlaubt und die Begründung von Wohnungseigentum unzulässig sei.[508]
- Angabe einer Wohnfläche im Prospekt, deren tatsächlicher Wert um 27 % unter der prospektierten Fläche liegt.[509]
- Falsche Darstellung der Lage des Fondsgrundstücks auf einer Planskizze.[510]
- Unklare und irreführende Angabe im Prospekt zum Kaufpreis einer Immobilie[511]

---

501 OLG Frankfurt am Main, NJOZ 2002, 1799.
502 BGH, NJW 2004, 1732.
503 BGH, NJW 2000, 3346.
504 BGH, NJW 2004, 1732.
505 BGHZ 71, 284 (289); 72, 382 (388); 83, 222 (223).
506 BGH, WM 1992, 1892.
507 BGH, NJW 1981, 449.
508 Die Prospektverantwortlichen mussten sich vor Herausgabe des Prospekts vergewissern, dass die für die Anlageentscheidung wesentlichen Umstände im Prospekt zutreffend wiedergegeben waren. Sollte der Prospekt bereits vor Erteilung der Baugenehmigung herausgegeben worden sein, waren sie verpflichtet, die Baugenehmigung vollständig darauf zu prüfen, ob sie mit den Prospektangaben übereinstimmt. Zu einer sorgfältigen Prüfung hätte umso mehr Anlass bestanden, als die Gemeinde der Einrichtung von Kochgelegenheiten von Anfang an massiven Widerstand entgegensetzte (BGH, NJW 1992, 228).
509 BGH, NJW 2001, 436: Unmissverständliche Angaben über die Wohnflächen einer Eigentumswohnung und deren Berechnungsgrundlage gehören aus der Sicht des Erwerbers zu den notwendigen Informationen in einem Prospekt einer Immobilienanlage und damit zu den für seine Entscheidung zentralen Beschaffenheitsmerkmalen des Objekts. Diese sind deshalb erforderlich, weil der Erwerber nur anhand der Kenntnis der Wohnfläche entscheiden kann, ob das Objekt für seine Zwecke geeignet ist und ob er die Gegenleistung für die Eigentumswohnung erbringen kann und will. Die Wohnfläche ist ein maßgebliches Kriterium für den Verkehrswert der Wohnung und damit für die Möglichkeit der Finanzierung durch Fremdmittel sowie für die Prognose über die zukünftige Wertentwicklung der Immobilie, deren Vermietbarkeit und die Höhe des zukünftig erzielbaren Mietertrags.
510 Es besteht eine tatsächliche Vermutung dafür, dass die unrichtige Darstellung der Lage des Grundstücks oder des Bodenwertes im Prospekt für die Entscheidung, einem geschlossenen Immobilienfonds beizutreten, ursächlich ist (BGH, NJW-RR 2009, 689).
511 Dem ausreichend sorgfältigen Anleger wurde im Prospekt der Eindruck vermittelt, der Kaufpreis für ein Objekt sei lediglich vorläufig und werde beim Erreichen niedrigerer als den prognostizierten Mieten

- Darstellung des Absatzes herzustellender Waren als gesichert, obwohl Abnahmeverpflichtungen nicht bindend vereinbart waren.[512]
- Unrichtige Bilanzen.
- Im Prospekt wird nicht auf das Risiko hingewiesen, das sich aus der Diskrepanz zwischen den für die Seniorenresidenzen zugrunde gelegten Mieten und der ortsüblichen Vergleichsmiete ergibt.[513]
- Der Verkaufsprospekt weist nicht auf den Kernschwerpunkt der Anlagestrategie hin, Aktien von Unternehmen zu kaufen, die am Neuen Markt der Deutschen Börse AG gehandelt werden. Dies gilt insbesondere dann, wenn dieses Börsensegment wie der Neue Markt Deutschland mit besonderen Risiken verbunden ist.[514]
- Der Verkaufsprospekt ist unvollständig, wenn er auf einen zwischen der Anlagegesellschaft und einem Dritten geschlossenen unbeschränkten Verlustübernahmevertrag nicht hinweist und dieser Vertrag das wirtschaftliche Schicksal der Anlagegesellschaft auf eine bis dato nicht bestehende Weise mit dem des Dritten verknüpft.[515]
- Mit dem Pächter des Fondsobjektes (Heizkraftwerk) ist eine an den Lebenshaltungskostenindex gekoppelte Pacht vereinbart. Zugleich wird – fehlerhaft – der Eindruck erweckt, auch mit den Endabnehmern (Wärmekunden) sei ein an den Lebenshaltungskostenindex gekoppelter Preis vereinbart.[516]
- Im Gegensatz zu den Prospektangaben war die Baugenehmigung nicht für 475, sondern nur für 275 Apartments erteilt und die Finanzierung war nicht gesichert; außerdem war die im Prospekt genannte Verlustzuweisung von 183 % nicht erreichbar.[517]

Garantien und andere Dienstleistungen 167

- Aus den Gesamtumständen ergibt sich die Angabe einer Mietgarantiebürgschaft i.H.e. Jahresmiete, obwohl gerade einmal 2/9 davon verbürgt werden sollten.[518]
- Es wird der Eindruck erweckt, mit der Einzahlung der Einlagen auf ein Rechtsanwalts-Anderkonto sei deren vertragskonforme Verwendung gesichert, obwohl dies nicht der Fall war.[519]
- Angabe des Stammkapitals einer Mietgarantin mit 2 Mio. DM, obwohl dieses tatsächlich nur 500.000 DM betrug.[520]
- Es muss im Prospekt darüber aufgeklärt werden, dass der Preis für die Mietgarantie des Initiators gleich (wie üblich) in den Anlagepreis mit einkalkuliert worden ist.[521] Zumindest die Kosten einer Mietausfallgarantie werden aber üblicherweise nicht zu den Baukosten gerechnet.[522]

---

zugunsten der Fondsgesellschaft sinken, wenn der Berechnung des Kaufpreises der Mietenstand zugrunde gelegt wird; OLG München, Urt. v. 12.12.2011 – 21 U 2765/11.

512 BGHZ 74, 103 (110).

513 BGH, NJW 2004, 2228.

514 LG Frankfurt am Main, NJW-RR 2003, 336; LG Frankfurt am Main, NJOZ 2005, 221.

515 OLG Jena, NJOZ 2005, 2766: Der Abschluss des Verlustübernahmevertrags war wegen seiner unabsehbaren Risiken für das Vermögen der Anlagegesellschaft ein für die Entscheidung über eine Beteiligung bedeutsamer Umstand. Bis zum Ende der Laufzeit des Vertrags war damit die Gefahr begründet, dass geworbenes Beteiligungskapital zumindest teilweise nicht gemäß den im Emissionsprospekt dargestellten Investitionszielen verwendet werden konnte, sondern – aus Sicht des Anlegers interessenwidrig – zur Liquiditätssicherung eines einzelnen, zudem segmentfremden Unternehmens aus dem Initiatorenkonzern eingesetzt wird.

516 BGH, NJW-RR 1991, 1246: Der Prospekt hätte bei den Zeichnern nicht den Eindruck entstehen lassen dürfen, die ihnen versprochenen Ausschüttungen hätten eine gesicherte Grundlage auch in den mit den Wärmeabnehmern getroffenen Vereinbarungen.

517 BGH, NJW 1985, 380.

518 OLG Celle, NJW 1986, 260.

519 BGH, NJW 1984, 865.

520 BGH, NJW-RR 2006, 685.

521 MüKo/*Emmerich* § 311 Rn. 170.

522 BGH, NJW 1995, 130 ff.

- Fehlender Hinweis auf die nur geringe Werthaltigkeit der zur Absicherung der Pachtzahlungen angeführten Bankbürgschaften; im entschiedenen Fall beliefen sich die Bürgschaften nur auf eine halbe Jahrespacht je Objekt, wobei im Gegenzug hierfür Aufwendungen i.H.v. jeweils 66 % der Garantiesumme an die Garantiegeberin aus dem Fondsvermögen zu erbringen waren und damit der reale Wert der Bankbürgschaften gerade noch je zwei Monatspachten entsprach.[523]
- Unterlassener Hinweis im Prospekt, dass die zur Absicherung der Mietgarantie gestellte Bankbürgschaft zugleich die Gewährleistungsansprüche aus dem Generalübernehmervertrag absichert.[524]
- Die Leistungsfähigkeit eines Miet- oder Chartergaranten dürfte insbesondere dann aufklärungsbedürftig sein, wenn diese aufgrund der Übernahme vergleichbarer Garantien in mehreren Fonds eines Emittenten infrage steht.[525]

168 **Prognosen**

- Werturteile und Prognosen (z.B. Miet- und Wertentwicklung) sind fehlerhaft, wenn sie nicht durch Tatsachen gedeckt oder nicht kaufmännisch vertretbar sind.[526] Die umfangreichen Informationspflichten bei Immobilienkapitalanlagen beinhalten auch die Verpflichtung zu einer Darstellung der wirtschaftlichen Entwicklung über die geplante Laufzeit eines Investments. Bei Immobilieninvestitionen durch den Direkterwerb von Wohnungseigentum oder die Beteiligung an geschlossenen Fonds werden daher in Prospekten Prognosen über die Entwicklung der erzielbaren Mieten sowie den Ertragswert aufgenommen, der für den zu erzielenden Preis im Fall des Verkaufs i.d.R. maßgeblich ist. Insbesondere langfristige Miet- und Wertentwicklungsprognosen bei Immobilien sind mit einer Vielzahl von Unwägbarkeiten verbunden, die im Rahmen der Prospektdarstellung berücksichtigt werden müssen. Entscheidend dafür, ob eine Immobilienkapitalanlage ein lukratives oder ein schlechtes Investment wird, sind die laufenden Erträge und die Wertzuwächse der Immobiliensubstanz sowie die Möglichkeit, diese Wertzuwächse durch eine Veräußerung zu einem bestimmten Zeitpunkt am Markt zu realisieren. Hierzu wird oftmals das bestehende oder vertraglich vereinbarte Mietniveau mit einem linearen Faktor oder einer an eine fiktive Inflationsrate angepassten vollständigen oder teilweisen (stufenweisen) Anhebung fortgeschrieben. Dadurch werden in vielen Prospekten für Immobilieninvestitionen diese Investitionen als sicher dargestellt.[527] Allerdings ist es durchaus fraglich, ob man angesichts der z.T. erheblichen Schwankungen auf den Immobilienmärkten Entwicklungen über eine geplante Fondslaufzeit von 20 Jahre prognostizieren kann.[528] Dies gilt umso mehr, wenn die Mietverträge möglicherweise nur für 10 Jahre fest vereinbart sind, sodass das Risiko der Anschlussvermietung besteht. Die Entwicklungen, insbesondere auf den gewerblichen Mietmärkten, sind mittel- und langfristig nur schwer vorhersehbar. Damit stellt sich die Frage nach der Prognosesicherheit und einer entsprechenden Darstellung von Miet- und Wertprognosen in Prospekten für Immobilienkapitalanlagen. Erforderlich ist eine Zukunftsprognose, die zumindest soweit reicht, wie das Investment andauern soll. Gibt es diese nicht,

523 BGH, NJW 2004, 2228.

524 OLG Frankfurt am Main, Urt. v. 09.12.2009 – 23 U 2/09.

525 LG Mannheim, Urt. v. 11.03.1999 – 3 O 322/98 geht beim fremdfinanzierten Immobilienerwerb von der Aufklärungsbedürftigkeit einer fraglichen Leistungsfähigkeit des Mietgaranten aus.

526 *Schwark* BörsG §§ 45, 46 Rn. 13.

527 *Loritz* ZFiFP, 3/2007.

528 *Bartlsperger/Boutonnet/Loipfinger/Nickl/Richter* Geschlossene Immobilienfonds, S. 224 gehen ebenfalls davon aus, dass die Prognose eines Verkaufsfaktors über einen Zeitraum von 20 Jahren praktisch unmöglich sei. Für mit der gebotenen kaufmännischen Vorsicht vereinbar halten sie einen Ansatz mit dem Wert des Einkaufsfaktors. Bei Einkaufszentren, SB-Märkten, Fachmärkten und Hotels sollten allerdings angesichts der hohen Revitalisierungskosten deutlich niedrigere Werte angenommen werden.

muss das Risiko qualifiziert und nach Perioden mit gesicherten Mieteinnahmen (z.B. 10-Jahres Mietvertrag) und spekulativer Mieteinnahme (Anschlussvermietung) differenziert werden.[529]

– Fehlerhaft sind unsorgfältige, zu optimistische und nicht durch Fakten abgesicherte Kalkulationen im Hinblick auf Rendite und Wirtschaftlichkeit.[530]
– Die Kalkulationen im Prospekt für einen Immobilienfonds müssen durch die Bildung ausreichender Liquiditätsreserven sowie das Ansparen von angemessenen Rücklagen für die Instandhaltung und Revitalisierung Vorsorge treffen für außerordentliche Reparaturaufwendungen, die Instandhaltung und Erneuerung sowie für Aufwendungen, die aufgrund geänderter architektonischer Anforderungen sowie durch Anforderungen vonseiten der Mieter, z.B. aufgrund einer Veränderung des Verbraucherverhaltens oder neuer technischer Anforderungen, entstehen.[531] Die Höhe der anzusetzenden Instandhaltungskosten ist sehr stark von der Nutzungsart, der Gebäudequalität und der Ausgestaltung des Mietvertrages bezüglich der Nebenkostenverteilung abhängig. Unter Beachtung des Grundsatzes kaufmännischer Vorsicht haben sich für die Instandhaltungsrücklage folgende Richtwerte herausgebildet: Bürogebäude 7,50–12 €/m^2 p.a., Einzelhandelsflächen 4 – 8 €/m^2 p.a. und bei wohnwirtschaftlicher Nutzung 8–12 €/m^2 p.a.[532]
– Ein Prospekt ist auch fehlerhaft, wenn er die Rendite eines Fonds mittels einer finanzmathematischen Renditekennziffer ausweist, ohne dass auf die Wirkungsweise der Renditemethode hinreichend hingewiesen wurde.[533] Nach IDW ES4 ist die Verwendung derartiger Renditekennziffern nur noch im Rahmen einer Sensitivitätsanalyse zulässig.
– Auch eine optimistische Erwartung der Entwicklung einer Kapitalanlage darf einer Anlageempfehlung zugrunde gelegt werden, wenn die diese Erwartung stützenden Tatsachen sorgfältig ermittelt sind und die darauf gestützte Prognose der künftigen Entwicklung aus damaliger Sicht vertretbar ist. Darüber hinausgehende Risikoabschläge, die der einer Prognose innewohnenden Unsicherheit Rechnung tragen sollen, sind für eine angemessene Darstellung des Risikos der Anlage nicht erforderlich.[534]

Veräußerbarkeit 169

– Der Prospekt muss konkret und ausdrücklich darauf hinweisen, dass es keinen allgemeinen Zweitmarkt für Anteile geschlossener Immobilienfonds gibt und Fondsanteile während der Laufzeit der Anlage zu einem wirtschaftlich vertretbaren Preis praktisch nicht veräußert werden können, sodass der Anleger auf nicht absehbare Zeit gebunden bleibt.[535]
– Der Prospekt muss ausdrücklich darauf hinweisen, dass bei einer Fremdfinanzierung der Anteile und der Absicherung über eine Lebensversicherung aufgrund deren zumindest in den ersten

529 *Loritz* ZFiFP, 3/2007; auch *Bartlsperger/Boutonnet/Loipfinger/Nickl/Richter* Geschlossene Immobilienfonds, S. 221 betonen die Schwierigkeit der langfristigen Prognose der Mieteinnahmen, die in hohem Maße von der aktuellen Konkurrenzsituation und der Entwicklung des konjunkturellen Umfelds abhängig seien und während eines Zeitraums von 20 Jahren erheblichen Schwankungen unterworfen sein können. Der Anleger müsse sich daher »*des im Zeitablauf stark variablen Risikoprofils seines Investments*« bewusst sein.

530 Assmann/Schütze/*Assmann* § 7 Rn. 75.

531 *Bartlsperger/Boutonnet/Loipfinger/Nickl/Richter* Geschlossene Immobilienfonds, S. 120.

532 *Bartlsperger/Boutonnet/Loipfinger/Nickl/Richter* Geschlossene Immobilienfonds, S. 225.

533 Finanzmathematische Renditekennziffern z.B. IRR (internal rate of return = interne Zinsfußmethode); LG München II, Urt. v. 17.08.2006 – 9 BO 3493/05: Beratungsfehler; s.a. *Ranosch/Fiala* BankPraktiker 2007, 174; unter wettbewerbsrechtlichen Gesichtspunkten (Irreführung) schon LG München I, Urt. v. 17.12.1998 – 4 HKO 18605/98; *Lüdicke/Arndt* (Geschlossene Fonds, S. 118) verweisen zutreffend darauf, dass die Verwendung von verdichteten Renditekennziffern durch die Fondsinitiatoren unter **Marketinggesichtspunkten** erfolgt.

534 BGH, NJW-RR 2010, 115.

535 BGH, WM 2007, 1608 (1609): Dieser Umstand muss mit »hinreichender Deutlichkeit« hervorgehoben werden.

Jahren ungünstiger Rückkaufwerte eine für den Anleger faktisch langfristige Bindung an das Finanzierungsmodell entsteht.[536]

170 **Rechtliche** Angaben

- Ein Prospektfehler besteht in der fehlerhaften Darstellung von Haftungsverhältnissen.
- Zu den nach Treu und Glauben zu offenbarenden Tatsachen gehören **wesentliche kapitalmäßige und personelle Verflechtungen**, bspw. solche der Anlagegesellschaft oder der Initiatoren mit anderen Unternehmen, die die geplanten steuerbegünstigten Baumaßnahmen durchführen sollen. Derartige Verflechtungen begründen die Gefahr einer Interessenkollision zum Nachteil der Gesellschaft und der beitretenden Gesellschafter. Der einzelne Beitretende kann deshalb erwarten, dass er über diesen Sachverhalt aufgeklärt wird. Nur so kann er in Kenntnis des Risikos seine Entscheidung treffen und ggf. der bestehenden Gefährdung nach seinem Beitritt zusammen mit den Mitgesellschaftern begegnen.[537]
- Ein Prospekt muss gesondert und ausdrücklich auf den Umstand hinweisen, dass im Kaufvertrag über das Anlageobjekt des Fonds eine Verpflichtung der Gesellschaft enthalten ist, das Anlageobjekt insbesondere im Insolvenzfall (einschließlich des Falles der Ablehnung der Insolvenzeröffnung mangels Masse) und bei einer Auflösung der Gesellschaft gegen Zahlung von 80 % des Zeitwerts auf eine zur Initiatorengruppe gehörende Gesellschaft zu übertragen. Über eine Vertragsgestaltung von so großer Tragweite müssen die Beitrittsinteressenten aufgeklärt werden.[538]
- Der Anlageprospekt eines Fonds in der Rechtsform der KG muss darauf hinweisen, dass nach § 172 Abs. 4 HGB die Kommanditistenhaftung wieder aufleben kann. Zu einer abstrakten Erläuterung dieser Rechtsvorschrift besteht allerdings keine Verpflichtung. Es reicht aus, wenn die erteilten Hinweise dem Anleger das sich – jedenfalls für die Startphase, aber auch bei Ausbleiben des erwarteten wirtschaftlichen Erfolgs des Projekts – aufdrängende Wiederaufleben der Haftung des Kommanditisten vor Augen führen.[539] Diesen Anforderungen soll ein Prospekt bereits genügen, wenn einerseits Ausschüttungen aus der Liquidität (also nicht aus erwirtschafteten Gewinnen) in Aussicht gestellt werden und andererseits steuerliche Verluste gewollt sind,[540] Ebenso soll es nicht erforderlich sein, im Prospekt auf das Risiko einer Innenhaftung der Anleger analog §§ 30, 31 GmbHG hinzuweisen, wenn es zu einer Unterdeckung des Stammkapitals der Komplementär-GmbH bei Zuwendungen an die Gesellschafter aus dem Vermögen der Fondsgesellschaft kommt. Bei einem Verstoß gegen die kapitalerhaltende Vorschrift des § 30 Abs. 1 GmbHG handele es sich lediglich um das allgemeine Risiko, dass die Verwirklichung des Anlagekonzeptes bei einer Pflichtwidrigkeit der handelnden Personen gefährdet ist.[541] Dieses allgemeine Risiko kann aber als dem Anleger bekannt vorausgesetzt werden und bedarf grundsätzlich keiner besonderen Aufklärung.[542]
- Ein Prospekt muss im Übrigen grundsätzlich darauf hinweisen, wenn die Möglichkeit der Nachhaftung besteht. Es handelt sich dabei um ein systemimmanentes Risiko.[543]

---

536 OLG Frankfurt am Main, NJOZ 2002, 1799.

537 BGH, NJW 1981, 1449.

538 BGH, NJW-RR 1991, 1246: Die Vereinbarungen im Kaufvertrag hatten im praktischen Ergebnis die Bedeutung, dass bei einer Liquidation der Gesellschaft 20 % des Gesellschaftsvermögens (vor Abzug der Passiva) vorweg einer vom Initiator beherrschten Gesellschaft zufallen sollten.

539 BGH, Beschl. v. 09.11.2009 – II ZR 16/09.

540 BGH, Urt. v. 18.02.2016, III ZR 14/15, NJW-RR 2016, 567.

541 Zuletzt OLG Celle, Beschl. v. 12.10.2015, 11 U 97/15 (rkr.; Nichtzulassungsbeschwerde zurückgewiesen durch BGH, Beschl. v. 23.02.2017, III ZR 383/15).

542 BGH, Urt. v. 11.12.2014, III ZR 365/13, WM 2015, 128.

543 OLG Hamm, Urt. v. 28.08.2006 – 8 U 55/05.

Prospektaktualisierung 171

- Verschlechtert sich das wirtschaftliche Umfeld nach der Auflage eines Fonds, so muss in den Prospekten für spätere Fonds unbedingt auf diese Veränderung hingewiesen werden.[544] Der Wegfall einer Anschlussförderung im sozialen Wohnungsbau in Berlin, der zu einer wirtschaftlichen Schieflage vieler geschlossener Immobilienfonds geführt hat und noch führen wird, war allerdings zum Zeitpunkt der Herausgabe der Prospekte nach Meinung der Gerichte nicht vorhersehbar. Ein entsprechender Hinweis war damit nicht in den Prospekt eines Immobilienfonds aufzunehmen. Eine Prospekthaftung scheidet daher aus. Eine Unrichtigkeit des Prospekts kann nur angenommen werden, wenn die in dem Prospekt tatsächlich enthaltene Prognose einer Anschlussförderung auf Basis der damaligen Kenntnisse unvertretbar gewesen wäre. Dies wäre aber nur dann der Fall gewesen, wenn aufseiten der Prospektersteller belastbare Kenntnisse dazu vorhanden gewesen wären, dass nach Ablauf der 15 Jahre dauernden Erst-Förderung eine weitere Finanzierung durch die öffentliche Hand ausgeschlossen gewesen sein würde.[545]
- Wenn der Prospekt nicht darauf hinweist, dass sich vor Prospektherausgabe die Marktverhältnisse derart geändert haben, dass mit der zeitgerechten Umsetzung des Projekts nicht gerechnet werden kann und deswegen Investitionsmittel für die Honorierung von Funktionsträgern verwendet werden müssen, ist er fehlerhaft.[546]

Sonstiges 172

- Ein Prospekt ist für Zwecke der Aufklärung völlig unzureichend, wenn er im Wesentlichen aus Farbfotos und allgemeinen, werbenden Hinweisen auf die Konzeption der Ferienanlage, die dort vorgesehenen Aktivitäten und wenige, meist nichtssagende Hinweise zur Kapitalanlage als solcher besteht und konkrete Angaben nahezu völlig fehlen.[547]
- Dass gegen die Initiatoren eines geschlossenen Fonds ein Ermittlungsverfahren wegen des Verdachts des Kapitalanlagebetrugs läuft, muss im Prospekt selbst dann erwähnt werden, wenn die Ermittlungen im Zusammenhang mit einer anderen Kapitalanlage stehen. Dies gilt jedenfalls dann, wenn es sich nicht lediglich um eine substanzlose Strafanzeige handelt, sondern es bereits zu einer Durchsuchungsaktion gekommen ist.[548]
- Ein Prospekt muss ausdrücklich auf ein bestehendes Totalverlustrisiko hinweisen.[549]
- Ist im Rahmen einer zu erbringenden Rateneinlage eine Dynamisierung der Beträge vereinbart, sind die konkreten Auswirkungen der Dynamisierung auf das Vertragsverhältnis darzustellen.

---

544 BGH, NJW 2000, 3346.

545 OLG Frankfurt am Main, Urt. v. 12.11.2008 – 23 U 122/07.

546 BGH, NJW 2000, 3346.

547 OLG Frankfurt am Main, NJOZ 2002, 1799: So wird die »Abschreibung« lediglich als »im Rahmen der gesetzlichen Möglichkeiten« verallgemeinert, zu Tilgungsmöglichkeiten wird auf »bankenübliche« Modelle verwiesen. Unter dem Stichwort »Liquidität« werden Anlageinteressenten bei entsprechender Progression bereits für die Investitionsphase erhebliche Überschüsse durch die Steuervorteile in Aussicht gestellt, in der Bewirtschaftungsphase könnten selbst Bezieher mittlerer Einkommen einen Überschuss vor Tilgung erzielen. Selbst für den Fall, dass der Anleger sein eingesetztes Kapital finanziert, wird ihm ein Überschuss »vor Tilgung« in Aussicht gestellt. Ein Hinweis auf mit der Anlage verbundene Risiken findet sich an keiner Stelle.

548 OLG München, Urt. v. 18.12.2006 – 21 U 4148/06.

549 Für Medienfonds: BGH, NJW-RR 2007, 1479; WM 2007, 1507; bei reinen Eigenkapital-Immobilienfonds ist das Totalausfallrisiko nach Ansicht des BGH (WM 2006, 1066) »so gut wie ausgeschlossen«. Auch bestehe kein Grundsatz, wonach bei einer Fremdkapitalquote von 50 % stets auf das Totalausfallrisiko hingewiesen werden müsse; eine Pflicht zum Hinweis beurteile sich nach den Umständen des Einzelfalls, BGH, WM 2009, 2303. Nach BGH, WM 2009, 2303 ist bei einer teilweisen Fremdfinanzierung des Fonds das hieraus resultierende Risikos, dass die Verbindlichkeiten der Fondsgesellschaft den Wert der Immobilie übersteigen können und deswegen im Fall der Versteigerung keine Rückzahlungen an die Anleger erfolgen können, allgemeiner Natur und bekannt, sodass hierüber – solange der Anteil der Fremdfinanzierung und die damit verbundenen Lasten richtig dargestellt sind – nicht aufgeklärt werden muss.

Der durchschnittliche Anlageinteressent muss bei längerfristigen Verpflichtungen erkennen können, ob er die gesteigerte Rate auf Dauer wird erbringen können.[550]

II. Prospektpflichtige Angebote

1. Rechtliche Grundlagen

173 Durch das Gesetz über Vermögensanlagen (Vermögensanlagengesetz – VermAnlG[551]), welches hinsichtlich einzelner Bestimmungen am 06.12.2011 und i.Ü. – mit Ausnahme der Vorschriften, die die Änderung der GewO betreffen – am 01.06.2012 in Kraft trat, wurde die durch das Verkaufsprospektgesetz bestimmte Prospektpflicht für einen Großteil der Anlageprodukte des Grauen Kapitalmarkts fortgeschrieben. Das erst zum 01.07.2005 in Kraft getretene Verkaufsprospektgesetz, welches mit dem Vermögensanlagengesetz aufgehoben wurde, hatte erstmals eine Prospektpflicht für den Grauen Kapitalmarkt eingeführt. Gemäß § 6 VermAnlG muss ein Anbieter, der im Inland Vermögensanlagen öffentlich anbietet, einen Verkaufsprospekt veröffentlichen, sofern nicht bereits nach anderen Vorschriften eine Prospektpflicht besteht oder ein Prospekt nach den Vorschriften des VermAnlG veröffentlicht worden ist.

174 Die Prospektpflicht umfasst damit auch Vermögensanlagen, mit denen Anteile an Personenhandelsgesellschaften (z.B. Kommanditanteile), Geschäftsanteile an GmbHs, Anteile an Gesellschaften bürgerlichen Rechts, stille Beteiligungen und Beteiligungen an ausländischen Unternehmen anderer Rechtsformen[552] öffentlich angeboten werden. Das Kleinanlegerschutzgesetz vom 03.07.2015[553] hat die Prospektpflicht zudem auf Finanzprodukte wie etwa partiarische Darlehen und Nachrangdarlehen erweitert. Zudem müssen Vermögensanlagen gemäß § 5a VermAnlG nun eine Laufzeit von mindestens 24 Monaten und eine Kündigungsfrist von mindestens sechs Monaten vorsehen.

175 Die Anforderungen an den Inhalt eines Verkaufsprospekts für Vermögensanlagen richten sich nunmehr nach dem Vermögensanlagengesetz sowie der Vermögensanlagen-Verkaufsprospektverordnung (VermVerkProspV). Unabhängig von den rechtlichen Vorgaben gilt nach wie vor, dass ein Verkaufsprospekt alle notwendigen tatsächlichen und rechtlichen Angaben enthalten muss, um dem Anleger eine zutreffende Beurteilung der Anlage zu ermöglichen. Zur Vollständigkeit und Richtigkeit des Prospekts gehört vor allem, dass der potenzielle Anleger oder Erwerber über sämtliche Umstände des Beteiligungsobjekts, die für seine Entscheidung von wesentlicher Bedeutung sind oder sein können, sachlich richtig und vollständig informiert wird. Dies gilt auch für diejenigen Tatsachen, die den Vertragszweck vereiteln können.[554] Dabei ist das Unterlassen einer für die Anlageentscheidung erheblichen Information im Prospekt für sich genommen noch nicht sittenwidrig gemäß § 826 BGB. Eine Sittenwidrigkeit liegt aber vor, wenn der Prospektverantwortliche Anlageinteressenten durch eine bewusste Täuschung zur Beteiligung bewegt. Dies kann der Fall sein, wenn er einen ihm bekannten Umstand bewusst verschweigt, um unter Ausnutzung der Unkenntnis der Interessenten möglichst viele Anlageentscheidungen zu erreichen.[555] Die Haftung einer juristischen Person nach §§ 826, 31 BGB setzt allerdings voraus, dass ein nach § 31 BGB verfassungsmäßig berufener Vertreter des Unternehmens den objektiven und subjektiven Tatbestand der vorsätzlichen sittenwidrigen Schädigung verwirklicht. Wenn eine Kenntnis der verfassungsmäßig berufenen Vertreter des prospektverantwortlichen Unternehmens von einem Prospektmangel nicht festzustellen ist, kann hierfür nicht unter Anwendung der Grundsätze der Wissenszurechnung und -zusammenrechnung auf die »im Haus« des Unternehmens vorhandenen Kenntnisse abgestellt werden. Auch

550 KG, Urteil 13.07.2004 – 17 U 5/04.

551 BGBl. I, S. 2481.

552 Begründung zum Entwurf eines Anlegerschutzverbesserungsgesetzes (AnSchVGE) S. 35.

553 BGBl. I, S. 1114.

554 BGH, NJW 2001, 436; NJW 2000, 3346; NJW 2002, 1711; OLG München, WM 2002, 689 (690 ff.); OLG Frankfurt am Main, WM 2002, 1275 (1276 f.).

555 BGH, Urt. v. 28.06.2016, VI ZR 536/15, NJW 2017, 250.

der erforderliche Schädigungsvorsatz muss bei der natürlichen Person vorhanden sein, die den Prospektmangel kennt.[556]

2. Verfahren

Der Verkaufsprospekt muss vor seiner Veröffentlichung bei der BaFin hinterlegt werden und darf erst nach der Gestattung durch die BaFin veröffentlicht, also zur Werbung für die Vermögensanlage eingesetzt werden. Zur Sicherstellung der Aktualität ist ein Prospekt maximal zwölf Monate lang für öffentliche Angebote gültig. Danach muss ein neuer Prospekt erstellt werden. 176

Nach § 2 Abs. 3 Satz 1 VermVerkProspV soll der Verkaufsprospekt die nach der Verordnung erforderlichen Mindestangaben in der Reihenfolge ihrer Nennung in der Verordnung enthalten. Ziel dieser Vorschrift ist es, die Verkaufsprospekte für die Anleger transparenter und vergleichbarer zu gestalten. Die BaFin prüft die ihr vorgelegten Prospekte jedoch nicht auf inhaltliche Richtigkeit, da ihr die zugrunde liegenden Unterlagen, Verträge und Rechenwerke nicht vorliegen.[557] Ebenso wenig prüft sie die Klarheit oder Verständlichkeit der Prospektangaben.[558] Gegenstand der Prüfung, die der Gestattung vorangeht, ist lediglich die Vollständigkeit der gesetzlich vorgeschriebenen Angaben.[559] Dass angesichts der nur geringen Prüfungstiefe der BaFin eine verlässliche Informationsvermittlung gegenüber den potenziellen Anlegern gewährleistet wird, wird daher mit gutem Grund bezweifelt.[560] Allerdings muss auf dem Deckblatt des Prospektes darauf hingewiesen werden, dass die BaFin nicht die inhaltliche Richtigkeit der Prospektangaben geprüft hat. 177

3. Ausnahmen von der Prospektpflicht

Nicht erforderlich ist ein Prospekt bei Angeboten, die sich ausschließlich an Personen richten, die beruflich oder gewerblich für eigene oder fremde Rechnung Wertpapiere oder Vermögensanlagen erwerben oder veräußern, § 2 Nr. 4 VermAnlG. 178

Gleichfalls von der Prospektpflicht befreit sind Angebote, die nur einem begrenzten Personenkreis angeboten werden oder die nur den Arbeitnehmern von ihrem Arbeitgeber oder von einem mit dem Arbeitgeber verbundenen Unternehmen angeboten werden, § 2 Nr. 6 VermAnlG Hierbei handelt es sich um einen gesetzlichen Ausnahmetatbestand, der mit der fehlenden Öffentlichkeit des Angebots begründet ist. Ebenfalls keines Prospekts bedürfen Angebote, die im Rahmen einer sog. Bagatellgrenze unterbreitet werden. Dies gilt für Angebote, bei denen von derselben Vermögensanlage entweder nicht mehr als 20 Anteile angeboten werden, bei denen der Verkaufspreis der im Zeitraum von 12 Monaten angebotenen Anteile insgesamt 100.000,– € nicht übersteigt oder bei dem der Preis jedes angebotenen Anteils mindestens 200.000,– € je Anleger beträgt, § 2 Nr. 3 a – c VermAnlG. 179

Von der Prospektpflicht befreit sind zudem Vermögensanlagen, die von Emittenten mit besonders hoher Bonität auf den Markt gebracht werden. Darunter fallen Mitgliedstaaten der EU, anderer Vertragsstaaten des EWR und andere in § 2 Nr. 7 a VermAnlG genannte Staaten. Als Emittenten mit hoher Bonität gleichfalls privilegiert sind gem. § 2 Nr. 7 b VermAnlG die Gebietskörperschaften der vorgenannten Staaten, internationale Organisationen des öffentlichen Rechts, Kreditinstitute gem. § 1 Abs. 1 KWG, Finanzdienstleistungsinstitute, die als Finanzdienstleistungen die Anlagevermittlung, Abschlussvermittlung, Finanzportfolioverwaltung und den Eigenhandel betreiben, die 180

556 BGH, Urt. v. 28.06.2016, VI ZR 536/15, NJW 2017, 250.

557 *Marx/Schleifer* BB 2007, 258.

558 So auch *Marx/Schleifer* BB 2007, 258; a.A. *Moritz/Grimm* BB 2004, 1355, die die Auffassung vertreten, die Prüfung der Vollständigkeit der erforderlichen Inhaltsangaben sowie der Einhaltung der vorgegebenen Gliederung würde auch eine Prüfung auf Klarheit beinhalten.

559 *Spindler* NJW 2004, 3449.

560 *Marx/Schleifer* BB 2007, 258: Bestehende Informationsasymmetrien zwischen Anbieter und Anleger kann das derzeitige Prüfungsverfahren von Prospekten nicht (deutlich) reduzieren.

Kreditanstalt für Wiederaufbau sowie bestimmte Einlagen- und Wertpapierhandelsunternehmen sowie weitere Finanzdienstleistungsinstitute mit Sitz in einem anderen EWR-Mitgliedsstaat oder Gesellschaften bzw. juristische Personen mit Sitz in einem EWR-Mitgliedsstaat, die ihre Tätigkeit unter einem Staatsmonopol ausüben und die durch ein besonderes Gesetz oder aufgrund eines besonderen Gesetzes geschaffen worden sind oder geregelt werden oder für deren ausgebende Anteile ein EWR-Mitgliedsstaat oder eines seiner Bundesländer die unbedingte und unwiderrufliche Gewährleistung für ihre Verzinsung und Rückzahlung übernommen hat. Ebenfalls nicht prospektpflichtig sind Anteile an einer Erwerbs- oder Wirtschaftsgenossenschaft sowie Vermögensanlagen, die von Versicherungsunternehmen oder Pensionsfonds im Sinne von §§ 1 und 112 VAG emittiert werden. Zudem gibt es unter bestimmten Voraussetzungen gemäß §§ 2a bis 2c VermAnlG Ausnahmen von der Prospektpflicht für Schwarmfinanzierungen (sog. Crowdfunding und Crowdinvesting), für soziale Projekte sowie für gemeinnützige Projekte und Religionsgemeinschaften. In diesen Fällen hat der Anlager allerdings nach § 2d VermAnlG ein 14tägiges Widerrufsrecht.

III. Prospektinhalt

181 Der Verkaufsprospekt für eine Vermögensanlage muss alle tatsächlichen und rechtlichen Angaben enthalten, die erforderlich sind, um dem Publikum eine zutreffende Beurteilung des Emittenten und der Vermögensanlage zu ermöglichen. Bezüglich der an den Inhalt eines Verkaufsprospekts für eine Vermögensanlage zu stellenden Anforderungen ist zwischen den gesetzlichen Mindestangaben, die sich aus § 2 Abs. 1 Satz 2 VermVerkProspV ergeben, den nach der Generalklausel des § 2 Abs. 1 VermVerkProspV erforderlichen Angaben (vollständige und richtige Darstellung der wesentlichen tatsächlichen und rechtlichen Verhältnisse) sowie sonstigen freiwilligen Angaben, die sich aus der Rechtsprechung und den Anforderungen des in Anlehnung an die Rechtsprechung entwickelten Standards des Instituts der Wirtschaftsprüfer für die Prospektprüfung (IDW ES4) ergeben, zu differenzieren.[561] Die gesetzlichen Mindestangaben dürften i.d.R. nicht ausreichen, um die für die Beurteilung der Vermögensanlage erforderlichen Angaben zu den rechtlichen und tatsächlichen Verhältnissen im notwendigen Umfang richtig und vollständig darzustellen. Die Auswahl der hierfür erforderlichen Angaben obliegt ausschließlich den für die Erstellung des Prospekts Verantwortlichen, die dabei alle Umstände des Einzelfalles für jeden Verkaufsprospekt zu berücksichtigen haben. Geboten ist dabei eine objektivierte Betrachtungsweise. Maßgeblich ist der verständige, durchschnittlich vorsichtige Kapitalanleger, in dessen Rolle sich der Herausgeber des Prospekts zu versetzen hat.[562] Die in diesem Zusammenhang erforderlichen freiwilligen Angaben dürfen die zutreffende Beurteilung von Emittent und Vermögensanlage nicht beeinträchtigen.[563]

1. Angaben nach der VermVerkProspV

182 Die VermVerkProspV enthält eine umfangreiche Aufstellung von Anforderungen an Prospekte, die sowohl den Inhalt als auch den Aufbau der Prospekte betreffen. Nachfolgend soll auf einige dieser Punkte eingegangen werden. Allerdings dürften sich Rechtsstreitigkeiten zwischen Anlegern und Prospektverantwortlichen angesichts der formalen Vollständigkeitsprüfung der BaFin nicht so sehr an der Frage entzünden, ob die gemäß VermVerkProspV zu fordernden Mindestangaben im Prospekt enthalten sind, sondern daran, ob diese Angaben zutreffend gemacht wurden oder ob weitere erforderliche Angaben zutreffend sind bzw. ob unterlassene Angaben erforderlich gewesen wären.

- Nach der VermVerkProspV soll sich der Anbieter bei der Gliederung des Verkaufsprospekts am Aufbau der Verordnung orientieren, um den Verkaufsprospekt transparenter und vergleichbarer zu machen.[564] Dazu gehört neben einem obligatorischen Inhaltsverzeichnis der Hinweis auf den eingeschränkten Prüfungsumfang der BaFin, wonach die inhaltliche Richtigkeit der im

---

561 *Marx/Schleifer* BB 2007, 258.
562 BGH, NJW 1982, 775 (zu § 265b Abs. 1 Nr. 1 StGB); NJW 2005, 2242 (zu § 264a StGB).
563 RegBegr. VermVerkProspV S. 2.
564 § 2 Abs. 3 Satz 1 VermVerkProspV.

Prospekt gemachten Angaben nicht Gegenstand der Prüfung des Prospekts durch die BaFin ist.[565] Hierdurch soll eine Art »Gütesiegel«-Effekt verhindert werden.[566]
Diese Anforderung verdeutlicht, dass der durch die VermVerkProspV realisierte Grad an Anlegerschutz erheblich hinter jenem zurückbleibt, was seitens der seriösen Anbieter in der Vergangenheit als Standard insbesondere für geschlossene Fonds entwickelt wurde.[567]

- In einem gesonderten Abschnitt, dem zum besseren Verständnis eine Kurzdarstellung der Vermögensanlage voranzustellen sein dürfte, sind **ausschließlich** die wesentlichen tatsächlichen und rechtlichen Risiken im Zusammenhang mit den angebotenen Vermögensanlagen einschließlich der mit einer möglichen Fremdfinanzierung einhergehenden Risiken darzustellen. Dabei ist auch das den Anleger treffende maximale Risiko, welches bei fremdfinanzierten Beteiligungen i.d.R. im wirtschaftlichen Totalverlust der Einlage zu sehen ist, in seiner Größenordnung zu beschreiben.[568] Eine Vermengung von Chancen und Risiken ist in diesen Risikohinweisen unzulässig. Insbesondere dürfen auch Erfolgschancen nicht im zumeist mehrere Seiten umfassenden Risikoteil dargestellt werden. Die Behandlung der Risiken in einem gesonderten Abschnitt soll es den Interessenten ermöglichen, sich ohne beschönigende Vermengung von Chancen und Risiken umfassend und ausschließlich mit den Risiken der Vermögensanlage auseinanderzusetzen.[569] Dem steht nicht entgegen, im Rahmen der Kurzdarstellung der Vermögensanlage einen ersten Überblick über die Chancen und Risiken der Anlage zu geben und eine gesonderte und ausführliche Darstellung der Chancen und Risiken der Vermögensanlage in einem weiteren Kapitel abzuhandeln und so den Vorgaben von IDW ES4 und Rechtsprechung[570] Rechnung zu tragen. Die Relativierung von Risiken im Prospekt dürfte unzulässig sein.[571]
- Sofern in den Prospekt Angaben mit Prognoseinhalt aufgenommen werden, so sind diese deutlich als Prognose zu kennzeichnen. Dies gilt auch, wenn diese Angaben über das durch die VermVerkProspV vorgegebene Maß hinausgehen, bspw. indem Anforderungen von IDW ES4 Rechnung getragen werden soll. Der Hinweis in einer Fußnote, bspw. bei einer Tabelle mit Prognoseberechnungen, dürfte nicht genügen.[572] Prognosen dürfen dabei nach der Auffassung in der BaFin nicht älter als 4 Wochen sein, wobei die der Prognose zugrunde liegenden Basisdaten älteren Ursprungs sein dürfen.[573]
- Der Prospekt soll die Mindestangaben in der Reihenfolge ihrer Nennung in der VermVerkProspV enthalten.[574] Damit sollen Prospekte transparenter und vergleichbarer gestaltet und die Prüfung durch die BaFin beschleunigt werden.[575]
- Der Verkaufsprospekt ist mit einem Datum zu versehen und vom Anbieter zu unterzeichnen (§ 2 Abs. 4 VermVerkProspV). Anbieter ist dabei derjenige, der für das öffentliche Angebot verantwortlich ist.[576]
- Nach § 3 VermVerkProspV muss der Prospekt Namen, Geschäftsanschrift und Funktionen, bei juristischen Personen oder Gesellschaften die Firma und den Sitz der Personen der Gesellschaften angeben, die für seinen Inhalt insgesamt oder für bestimmte Angaben die Verantwortung übernehmen und versichern, dass ihres Wissens die Angaben richtig und keine wesentlichen Umstände ausgelassen sind.

565 § 2 Abs. 2 Satz 1 VermVerkProspV.
566 *Spindler* NJW 2004, 3449 (3455).
567 *Keunecke* Prospekte im Kapitalmarkt, Rn. 336.
568 § 2 Abs. 2 Satz 2, 3 VermVerkProspV.
569 Begründung zur VermVerkProspV zu § 3 Abs. 2 Satz 5.
570 OLG Celle, Urt. v. 15.05.1996 – 9 U 41/95: Ein Emissionsprospekt muss in vollständiger und zutreffender Form die Chancen und Risiken des angebotenen Konzeptes vermitteln.
571 *Lüdicke/Arndt* Geschlossene Fonds, S. 110.
572 *Lüdicke/Arndt* Geschlossene Fonds, S. 111.
573 *Thorsten Voß* Mitarbeiter der BaFin in Handelsblatt v. 03.06.2005.
574 § 2 Abs. 3 VermVerkProspV.
575 RegBegr. VermVerkProspV, S. 3.
576 *Keunecke* Prospekte im Kapitalmarkt, Rn. 325 m.w.N.

- Gemäß § 4 Satz 1 Nr. 1 VermVerkProspV ist das Emissionsvolumen anzugeben. Steht dieses nicht fest, muss darauf hingewiesen werden, weil mit der Zeichnung einer solchen Anlage, insb. ohne Schließungsgarantie, besondere Risiken verbunden sind. Für den Anleger steht dann weder fest, noch ist es für ihn absehbar, wie das Verhältnis von Eigen- und Fremdmitteln nach Abschluss der Zeichnungsphase aussehen wird.[577]
- Die wesentlichen Grundlagen des steuerlichen Konzepts sind nach § 4 Satz 1 Nr. 2 VermVerkProspV anzugeben. Dies umfasst sowohl die das Anlageobjekt betreffenden Steuern, als auch die steuerlichen Auswirkungen für den Anleger.
- Weiterhin sind Angaben erforderlich zur Übertragbarkeit und Handelbarkeit von Anteilen der Vermögensanlage sowie ggf. zur Einschränkung dieser Handelbarkeit (§ 4 Satz 1 Nr. 3 VermVerkProspV). Der Prospekt muss konkret und ausdrücklich darauf hinweisen, dass es keinen allgemeinen Zweitmarkt für Anteile geschlossener Immobilienfonds gibt und Fondsanteile während der Laufzeit der Anlage zu einem wirtschaftlich vertretbaren Preis praktisch nicht veräußert werden können, sodass der Anleger auf nicht absehbare Zeit gebunden bleibt.[578]
- Nach § 4 Satz 1 Nr. 4 – 9 VermVerkProspV muss der Prospekt Angaben über den Preis der Kapitalanlage und die Zahlungsmodalitäten enthalten.
- Der Prospekt muss ferner Angaben für die weiteren mit dem Erwerb, der Verwaltung und der Veräußerung der Vermögensanlage verbundenen Kosten enthalten (§ 4 Satz 1 Nr. 10 VermVerkProspV). Dabei sind sämtliche Kosten anzugeben, gleich ob sie auf gesetzlicher oder vertraglicher Grundlage[579] anfallen, da diese den Anleger langfristig finanziell belasten und sich langfristig erheblich auf die zu erzielende Rendite auswirken können.[580]
- Darüber hinaus sind im Prospekt all jene Umstände anzugeben, unter denen der Anleger zur Erbringung weiterer Leistungen, insb. weiterer Zahlungen, verpflichtet sein könnte (§ 4 Satz 1 Nr. 11 VermVerkProspV). Diese für den Schutz der Anleger besonders bedeutsame Angabe betrifft insbesondere Nachschussverpflichtungen und Nachhaftungen. Dabei ist allerdings zu beachten, dass seit dem 10.07.2015 gemäß § 5b VermAnlG keine Vermögensanlagen mehr zum öffentlichen Angebot oder Vertrieb im Inland zugelassen sind, die eine Nachschusspflicht vorsehen.
- § 4 Satz 1 Nr. 12 VermVerkProspV fordert die Angabe der Gesamthöhe aller geleisteten Provisionen, insbesondere Vermittlungsprovisionen und vergleichbarer Vergütungen. Der Begriff Provisionen ist weit auszulegen[581] und umfasst auch sog. Innenprovisionen und Kickback-Zahlungen.[582] Auch das Agio ist bei der Ermittlung der Gesamthöhe der Provisionen hinzuzurechnen.[583]
- Gemäß §§ 5, 6 VermVerkProspV muss der Prospekt allgemeine Angaben über den Emittenten (Firma, Sitz, Gesellschaftsform etc.) enthalten, die bereits emittierten Kapitalanlagen nennen und Angaben über die Kapitalausstattung des Emittenten machen. Emittent ist dabei regelmäßig derjenige, der die Kapitalanlage unmittelbar ausgibt.
- Die kapitalmäßigen und personellen Beziehungen zwischen dem Emittenten und seinen Gründungsgesellschaftern müssen gem. § 7 VermVerkProspV offengelegt werden. Dadurch sollen Interessenkollisionen transparent werden und der Anleger soll einen umfassenden Überblick darüber erhalten, welche Zahlungen an Initiatoren und diesen nahestehenden Dritte ihre Rendite mindern. Anzugeben sind Gewinnbeteiligungen, Entnahmerechte und der Jahresbetrag der sonstigen Gesamtbezüge, insbesondere der Gehälter, Aufwandsentschädigungen, Versicherungsentgelte, Provisionen und Nebenleistungen jeder Art, die den Gründungsgesellschaftern

577 *Schröder* Handbuch Kapitalmarktstrafrecht Rn. 82; *Keunecke* Prospekte im Kapitalmarkt Rn. 345.
578 OLG Frankfurt am Main, NJOZ 2002, 1799.
579 RegBegr. VermVerkProspV, S. 4.
580 *Schröder* Handbuch Kapitalmarktstrafrecht Rn. 86.
581 *Lüdicke/Arndt* Geschlossene Fonds, S. 113.
582 *Schröder* Handbuch Kapitalmarktstrafrecht Rn. 88.
583 *Lüdicke/Arndt* Geschlossene Fonds, S. 113.

außerhalb des Gesellschaftsvertrages insgesamt zustehen. Verflechtungen der Gründer mit den am Vertrieb Beteiligten sind ebenso transparent zu machen wie deren Beteiligung an der Erstellung des Anlageobjekts (z.B. Fondsimmobilie, Windpark etc.).[584]

– Der Prospekt muss die Geschäftstätigkeit des Emittenten und Abhängigkeiten von Patenten, Lizenzen, Verträgen oder neuen Herstellungsverfahren beschreiben, wenn sie von wesentlicher Bedeutung für die Geschäftstätigkeit oder Ertragslage des Emittenten sind. Ebenfalls anzugeben sind besondere Risiken wie Gerichts- oder Schiedsverfahren, die einen wesentlichen Einfluss auf die wirtschaftliche Lage des Emittenten haben können. Ferner müssen Angaben zu den wichtigsten laufenden Investitionen mit Ausnahme der Finanzanlagen gemacht werden (§ 8 VermVerkProspV).
– Dass der Prospekt auch Angaben zu den Anlagezielen und zur Anlagepolitik beinhalten soll, ist beinahe eine Selbstverständlichkeit. Dennoch haben auch diese Angaben Eingang in § 9 VermVerkProspV gefunden. Zu benennen ist, für welche konkreten Projekte die Nettoeinnahmen aus der Vermögensanlage genutzt werden sollen, welchen Realisierungsgrad diese Projekte bereits erreicht haben, ob die Nettoeinnahmen hierfür alleine ausreichen und für welche sonstigen Zwecke die Nettoeinnahmen genutzt werden. Der Verkaufsprospekt muss zusätzlich eine Beschreibung des Anlageobjekts enthalten, wenn er für Anteile erstellt ist, die eine Beteiligung am Ergebnis eines Unternehmens gewähren, an einem Treuhandvermögen oder an einem sonstigen geschlossenen Fonds bestehen. Anlageobjekt sind die Gegenstände, zu deren voller oder teilweiser Finanzierung die von den Erwerbern der Vermögensanlagen aufzubringenden Mittel bestimmt sind. Bei einem Treuhandvermögen, das ganz oder teilweise aus einem Anteil in Form der Beteiligung am Ergebnis eines Unternehmens besteht, treten an die Stelle dieses Anteils die Vermögensgegenstände des Unternehmens. Der Prospekt muss ferner Angaben darüber enthalten, wer Eigentümer des Anlageobjektes ist. Dies gilt insbesondere dann, wenn Eigentümer Personen und Gesellschaften sind, die die Verantwortung für den Prospekt übernehmen, Gründungsgesellschafter, Mitglieder der Geschäftsführung oder des Vorstands des Emittenten, Aufsichtsgremien und Beiräte des Emittenten, Treuhänder, sonstige Personen, die die Herausgabe oder den Inhalt des Angebots wesentlich beeinflusst haben. Dies sind die Personen i.S.d. §§ 3, 7 oder 12 VermVerkProspV.
  Der Prospekt muss ferner über nicht nur unerhebliche dingliche Belastungen des Anlageobjekts sowie über rechtliche oder tatsächliche Beschränkungen der Verwendungsmöglichkeiten des Anlageobjekts, insbesondere im Hinblick auf das Anlageziel, sowie über die Erforderlichkeit behördlicher Genehmigungen informieren. Darüber hinaus bedarf es der Angabe, welche Verträge der Emittent über die Anschaffung oder die Herstellung des Anlageobjekts oder wesentlicher Teile davon bereits geschlossen hat. Es muss auch die Person oder Gesellschaft benannt werden, die ein Bewertungsgutachten für das Anlageobjekt erstellt hat. Hierbei müssen auch das Datum des Bewertungsgutachtens und dessen Ergebnis aufgeführt werden. Ferner ist anzugeben, in welchem Umfang nicht nur geringfügige Leistungen und Lieferungen durch Personen erbracht werden, die nach den §§ 3, 7 oder 12 VermVerkProspV zu nennen sind.
  Von zentraler Bedeutung für die Transparenz des Angebots ist schließlich die Darstellung der voraussichtlichen Gesamtkosten des Anlageobjekts in einer Aufgliederung, die insbesondere Anschaffungs- und Herstellungskosten sowie sonstige Kosten ausweist. Erforderlich ist auch eine Darstellung der geplanten Finanzierung in einer Gliederung, die Eigen- und Fremdmittel, diese wiederum untergliedert nach Zwischenfinanzierungs- und Endfinanzierungsmitteln, gesondert ausweist. Zu den Eigen- und Fremdmitteln sind die Fälligkeiten sowie die Informationen anzugeben, in welchem Umfang und von wem die Finanzierungsmittel bereits verbindlich zugesagt sind.
– Gemäß § 10 VermVerkProspV muss der Prospekt Angaben über die Vermögens-, Ertrags- und Finanzlage des Emittenten enthalten.

584 *Schröder* Handbuch Kapitalmarktstrafrecht Rn. 90.

- Soweit der Emittent bereits über einen geprüften Jahresabschluss verfügt, was bei geschlossenen Fonds in der Platzierungsphase i.d.R. nicht der Fall sein dürfte,[585] muss der Verkaufsprospekt gem. § 11 VermVerkProspV den Namen, die Anschrift und die Berufsbezeichnung des Abschlussprüfers enthalten, der den Jahresabschluss des Emittenten nach Maßgabe der gesetzlichen Vorschriften geprüft hat. Ferner ist der Bestätigungsvermerk einschließlich zusätzlicher Bemerkungen aufzunehmen. Wurde die Bestätigung des Jahresabschlusses eingeschränkt oder versagt, so müssen der volle Wortlaut der Einschränkungen oder der Versagung und deren Begründung wiedergegeben werden.
- § 12 VermVerkProspV verlangt Mindestangaben über die Mitglieder des Vorstandes oder der Geschäftsführung, weiterer Aufsichtsgremien oder Beiräte des Emittenten. Anzugeben sind die Namen und die Geschäftsanschrift der Mitglieder und ihre Funktion beim Emittenten sowie die Gesamtbezüge, die ihnen insgesamt für das letzte abgeschlossene Geschäftsjahr gewährten wurden, insbesondere Gehälter, Gewinnbeteiligungen, Aufwandsentschädigungen, Versicherungsentgelte, Provisionen und Nebenleistungen jeder Art, getrennt nach Geschäftsführung oder Vorstand, Aufsichtsgremien und Beiräten. Der Verkaufsprospekt muss darüber hinaus angeben, in welcher Art und Weise dieser Personenkreis auch für Unternehmen tätig ist, die mit dem Vertrieb der angebotenen Vermögensanlagen betraut sind, die dem Emittenten Fremdkapital geben oder die im Zusammenhang mit der Herstellung des Anlageobjekts nicht nur geringfügige Lieferungen oder Leistungen erbringen.

  In Bezug auf einen bei der Vermögensanlage eingeschalteten Treuhänder muss der Verkaufsprospekt Name und Anschrift benennen, bei juristischen Personen Firma und Sitz, Aufgaben und Rechtsgrundlage der Tätigkeit, seine wesentlichen Rechte und Pflichten, den Gesamtbetrag der für die Wahrnehmung der Aufgaben vereinbarten Vergütung sowie Umstände oder Beziehungen, die Interessenkonflikte begründen können.

  Die Anleger sollen über alle Personen, die die Herausgabe oder den Inhalt des Prospekts oder das Angebot der Vermögensanlage wesentlich mit beeinflusst haben, informiert werden, auch wenn diese nicht zu den in § 12 Abs. 1 und 2 VermVerkProspV genannten Personen gehören. Daher muss der Prospekt gemäß der Auffangregelung des § 12 Abs. 4 VermVerkProspV auch bezüglich dieser Personen die Angaben nach § 12 Abs. 1 und 2 VermVerkProspV enthalten. Damit sollen auch die bezüglich dieser Personen ggf. bestehenden wirtschaftlichen Verflechtungen und möglichen Interessenkonflikte transparenter werden.
- § 13 VermVerkProspV verlangt, dass der Prospekt allgemeine Angaben über die Geschäftsentwicklung des Emittenten nach dem Schluss des Geschäftsjahres enthält, auf das sich der letzte im Prospekt offengelegte Jahresabschluss bezieht. Ebenfalls erforderlich sind Angaben über die Geschäftsaussichten des Emittenten mindestens für das laufende Geschäftsjahr[586].
- Nach § 14 VermVerkProspV sind in einem Prospekt für eine Vermögensanlage, für deren Verzinsung oder Rückzahlung eine juristische Person oder Gesellschaft die Gewährleistung übernommen hat (z.B. Rückkaufgarantie), die Angaben nach den §§ 5 bis 13 auch über die Person oder die Gesellschaft, welche die Gewährleistung übernommen hat, aufzunehmen. Damit soll gewährleistet werden, dass der Anleger die Werthaltigkeit der Garantie anhand der wirtschaftlichen Leistungsfähigkeit des Garanten beurteilen kann.
- Wenn die emittierende Gesellschaft vor weniger als 18 Monaten gegründet worden ist und noch keinen Jahresabschluss i.S.d. § 10 Abs. 1 Nr. 1 VermVerkProspV erstellt hat,[587] gelten

---

585 Zieht sich die Platzierungsphase über einen längeren Zeitraum, sodass der erste testierte Jahresabschluss vorliegt, muss ein um diesen Jahresabschluss aktualisierter mit den Angaben nach § 11 VermVerkProspV versehener Prospekt herausgegeben werden.

586 Entsprechend dem Lagebericht nach § 289 HGB – RegBegr. VermVerkProspV, S. 9.

587 Dafür genügt nicht, wenn der Emittent lediglich umfirmiert oder ein Wechsel in der Unternehmensform vorgenommen wurde, ohne dass sich die Geschäftstätigkeit der Art oder dem Umfang nach geändert hat. (*Keunecke* Prospekte im Kapitalmarkt, S. 203).

verringerte Anforderungen an den Verkaufsprospekt. Dieser muss dann abweichend von den Anforderungen nach den §§ 10, 11 und 13 folgende Angaben enthalten:

- die Eröffnungsbilanz;
- eine Zwischenübersicht, deren Stichtag nicht länger als 2 Monate zurückliegt;
- die voraussichtliche Vermögens-, Finanz- und Ertragslage mindestens für das laufende und das folgende Geschäftsjahr, zu denen die zugrunde liegenden wesentlichen Annahmen und Wirkungszusammenhänge in geeigneter Form zu erläutern sind. Die Angaben müssen im Einzelnen ausreichend belastbar durch Tatsachen gestützt und kaufmännisch vertretbar sein.[588] Der Anleger muss so die Möglichkeit erhalten, die geplante Unternehmensentwicklung und Unternehmenslage einzuschätzen.
- Planzahlen des Emittenten, insbesondere zu Investitionen, Produktion, Umsatz und Ergebnis, mindestens für die folgenden 3 Geschäftsjahre, wobei auch hier die zugrunde liegenden wesentlichen Annahmen und Wirkungszusammenhänge in geeigneter Form zu erläutern sind.

Von der Aufnahme einzelner Angaben in den Verkaufsprospekt kann darüber hinaus gem. § 15 VermVerkProspV abgesehen werden, wenn diese Angaben nur von geringer Bedeutung und nicht geeignet sind, die Beurteilung der Vermögens-, Finanz- und Ertragslage und der Entwicklungsaussichten des Emittenten zu beeinflussen. Das Gleiche gilt, wenn die Verbreitung dieser Angaben dem Emittenten erheblichen Schaden zufügt, sofern die Nichtveröffentlichung das Publikum nicht über die für die Beurteilung der Vermögensanlagen wesentlichen Tatsachen und Umstände täuscht. Die Inanspruchnahme dieser Ausnahmeregelung erfordert eine Abwägung zwischen dem Informationsinteresse des Anlegers und dem Geheimhaltungsinteresse des Emittenten, wobei im Zweifel dem Informationsinteresse des Anlegers der Vorrang einzuräumen sein wird.[589] 183

2. Weitere Angaben/IDW ES4

Aufgabe des Prospektes ist es, die für die Beurteilung der Vermögensanlage erforderlichen Angaben zu den rechtlichen und tatsächlichen Verhältnissen im notwendigen Umfang richtig und vollständig darzustellen (§ 2 Abs. 1 Satz 1 VermVerkProspV). Die Mindestangaben nach der VermVerkProspV werden hierfür i.d.R. nicht ausreichen, sodass weitere, darüber hinausgehende Informationen erforderlich sind. In diesem Zusammenhang sind insbesondere die bereits oben dargestellten Anforderungen zu nennen, die die Rechtsprechung über Jahrzehnte herausgebildet hat. 184

Darüber hinaus hat die Mehrzahl der Emittenten bereits vor dem Inkrafttreten der VermVerkProspV über ihre Verkaufsprospekte Gutachten gemäß den »Grundsätzen ordnungsmäßiger Beurteilung von Prospekten über öffentlich angebotene Kapitalanlagen; IDW ES 4«[590] des Instituts der Wirtschaftsprüfer in Deutschland e.V. erstellen lassen und tut dies auch noch heute. 185

IDW ES4 formuliert konkrete Anhaltspunkte dafür, welche Angaben im Prospekt für eine Vermögensanlage erforderlich sind. Allerdings bieten auch eine Prospektgestaltung nach Maßgabe dieser Grundsätze und ein beanstandungsfreies Gutachten eines Wirtschaftsprüfers über eine durchgeführte Prospektprüfung keine abschließende Gewähr dafür, dass der Prospekt nicht mit Mängeln behaftet ist.[591] 186

Die Bedeutung eines Gutachtens nach IDW ES4 hat sich durch die Einführung der Prospektpflicht und der Mindestangaben nach der VermVerkProspV nicht verringert. Im Gegenteil: Banken und Vertriebe machen insbesondere aus haftungsrechtlichen und versicherungstechnischen Gründen 187

588 Grundsätzliche Anforderung an Prognosen in Prospekten: Assmann/Schütze/*Assmann* § 7 Rn. 67; BGH, WM 1982, 862; WM 2007, 1503 (1505); KG, WM 2007, 2142 (2150).

589 *Keunecke* Prospekte im Kapitalmarkt, S. 204.

590 »Grundsätze ordnungsgemäßer Beurteilung der gesetzlichen Verkaufsunterlagen von Alternativen Investmentfonds« (IDW S4) vom 24.05.2016.

591 BGH, NJW 1990, 2461.

in den allermeisten Fällen ein beanstandungsfreies Wirtschaftsprüfergutachten nach IDW ES4 zur Voraussetzung des Vertriebs eines Fondsproduktes.[592]

a) Prüfungsumfang nach IDW ES4

188 Die Prospektbegutachtung nach IDW ES4 ist eine intensive und umfangreiche inhaltliche Prüfung des Verkaufsprospektes auch in Bezug auf die materielle Richtigkeit der Angaben, die damit wesentlich über die rein formellen Prüfungsinhalte der BaFin hinausgeht.

189 Während die BaFin lediglich die Vollständigkeit der Mindestangaben und die Einhaltung der vorgegebenen Gliederung prüft, umfasst die Prüfung im Rahmen eines Wirtschaftsprüfergutachtens nach IDW ES4 neben den nach der VermVerkProspV vorgeschriebenen Prüfungsschritten zugleich die Beurteilung, ob in den Verkaufsprospekten die für eine Anlageentscheidung erheblichen Angaben richtig enthalten sind und klar – d.h. gedanklich geordnet, eindeutig und verständlich – sind. Zu einer Prospektbeurteilung im Sinne von IDW ES4 gehören damit Feststellungen zur **Richtigkeit, Nachvollziehbarkeit und Klarheit der Prospektangaben,** der im Verkaufsprospekt enthaltenen Werturteile, der Schlüssigkeit von Folgerungen sowie der Darstellung der mit der Vermögensanlage verbundenen Risiken.

– Die Angaben im Verkaufsprospekt sind **richtig**, wenn die im Verkaufsprospekt genannten Tatsachen zutreffend sowie die genannten Annahmen und Schätzungen plausibel sind und nicht im Widerspruch zur Rechnungslegung und zu anderen Unterlagen, sonstigen Angaben im Verkaufsprospekt oder zu anderen Tatsachen stehen. Soweit es sich um Schlussfolgerungen handelt, sind diese richtig, wenn sie aus den Tatsachen oder Annahmen sachlich und rechnerisch richtig entwickelt wurden, also schlüssig sind. Wertende Aussagen sind richtig, wenn sie durch Tatsachen gestützt werden. Prognosen müssen ausdrücklich als solche gekennzeichnet werden. Die für die Prognosen verwendeten Prämissen müssen wirklichkeitsnah, die Berechnungen rechnerisch richtig und im Aufbau plausibel sein. Risiken und Unsicherheiten der Prognose und ihrer Grundlagen müssen ausreichend dargestellt werden.
  Enthält der Verkaufsprospekt wertende Aussagen (Wertungen und Beurteilungen) des Auftraggebers (z.B. gute Bauqualität, erstklassige Ausstattung, hervorragender Standort, gute Bonität), sind die hierfür zugrunde gelegten Fakten im Verkaufsprospekt darzulegen. Die Wertungen und Beurteilungen müssen sich an der allgemeinen Verkehrsauffassung orientieren. So ist z.B. die Aussage, dass einem Vertragspartner eine gute Bonität zukommt, nur richtig, wenn sie sich durch über diesen eingeholte Auskünfte und Informationen belegen lässt.
  Die Richtigkeit des Verkaufsprospekts erfordert nicht nur, dass die Einzelangaben richtig sind, sondern auch, dass die Darstellung im Verkaufsprospekt insgesamt kein falsches Bild von dem Anlageangebot und dem Anlageobjekt vermittelt. In diese Beurteilung sind auch Angaben, Wertungen und nicht verbale Darstellungen mit eindeutig werblichem Charakter einzubeziehen.
  Der Wirtschaftsprüfer hat im Rahmen seiner Prüfung ausreichende Nachweise über den Anbieter einzuholen, um die Verlässlichkeit des Anbieters einschätzen und die entsprechenden Prospektangaben beurteilen zu können. Hierzu gehören Informationen über bisher vom Anbieter durchgeführte Vermögensanlagen aufgrund eigener Feststellungen des Wirtschaftsprüfers (aus gesonderten Feststellungen oder aus der Durchführung von Abschlussprüfungen) oder die Verwertung von Untersuchungen Dritter[593] (z.B. geprüfte Leistungsbilanzen). Festzustellen ist insbesondere, in welchem Maße bei solchen Vorprojekten Vorhersagen über wesentliche wirtschaftliche Parameter (v.a. die Summe des jeweils eingeworbenen Eigenkapitals unter Berücksichtigung der Inanspruchnahme von Schließungsgarantien sowie das liquiditätsmäßige,

592 *Marx/Schleifer* BB 2007, 258; *Hammer* WPg 1982, 652.

593 IDW Prüfungsstandard: Verwendung der Arbeit eines anderen externen Prüfers (IDW PS 320), WPg 2002, S. 682 ff., WPg 2004, S. 593 ff., FN-IDW 2002, S. 326 ff., FN-IDW 2004, S. 383 ff., und IDW Prüfungsstandard: Verwertung der Arbeit von Sachverständigen (IDW PS 322), WPg 2002, S. 689 ff., FN-IDW 2002, S. 337 ff.

ertragsmäßige und das steuerliche Ergebnis) eingehalten wurden. In diesem Zusammenhang sind auch Feststellungen darüber zu treffen, ob Anhaltspunkte für eine Bestandsgefährdung des Anbieters vorliegen. Sind vom Anbieter noch keine Vermögensanlagen über eine repräsentative Phase der jüngeren Vergangenheit angeboten worden, sind Nachweise über die Kenntnisse und Erfahrungen der Projektverantwortlichen einzuholen.

– Einer **klaren Darstellung**[594] der für die Anlageentscheidung erheblichen Angaben im Verkaufsprospekt kommt besondere Bedeutung zu. Deshalb muss der Verkaufsprospekt übersichtlich gegliedert sein. Die mit der Vermögensanlage verbundenen Risiken müssen deutlich zum Ausdruck gebracht werden.
Die Ausdrucksweise im Verkaufsprospekt darf weder vage oder mehrdeutig sein, noch dürfen Ausführungen an anderer Stelle im Verkaufsprospekt relativiert werden. Trotz sachlich zutreffender Einzelangaben darf die gewählte Darstellungsform keinen falschen Eindruck vermitteln (z.B. durch unzutreffende Gewichtung wesentlicher und unwesentlicher Informationen oder die einseitige Hervorhebung von Chancen ohne angemessene Betonung der entsprechenden Risiken). Begriffe, die nicht zum allgemeinen Sprachgebrauch gehören, sind zu erläutern und bspw. durch die Verwendung von Gegensätzen, Beispielen oder Abgrenzungen von ähnlichen Begriffen zu verdeutlichen. Dies kann z.B. in einem Glossar geschehen. Fachbegriffe oder Begriffe, die unterschiedlich verstanden werden können (z.B. Ertrag, Wirtschaftlichkeit, Steuervorteil), müssen eindeutig und allgemein verständlich definiert sein und dürfen nicht irreführend verwendet werden.

– Bei der Verwendung des Begriffs »Rendite« ist anzugeben, worauf sich die Rendite bezieht und wie sie im Einzelnen berechnet wurde. Auf die Verwendung von verdichteten Renditekennziffern (z.B. interner Zinsfuß) sollte verzichtet werden, weil sie aufgrund der unterschiedlichen Zahlungsströme in jeder Vermögensanlage für den Vergleich unterschiedlicher Vermögensanlagen meist ungeeignet sind. Damit kommt die im Wesentlichen marketinggesteuerte Verwendung dieser irreführenden Kennziffern heute nicht mehr in Betracht.[595] Aufgrund der Funktionsweise der Berechnungsmethode liegt bspw. die »IRR-Rendite« i.d.R. deutlich über der Nettorendite, die der Vorstellung des durchschnittlichen Anlegers von »Rendite« entspricht. Dies liegt daran, dass die IRR-Kennziffer finanzmathematisch von der Annahme der Wiederanlage von Ausschüttungen und Verkaufserlösen während der Laufzeit der Anlage ausgeht. Es werden also die Zusatzerträge aus der rechnerischen Wiederanlage der Investitionsrückflüsse einberechnet, obwohl diese nur fiktiv vorhanden sind. Der Anleger, der diese Rückflüsse verbraucht, kann sie aber tatsächlich nicht wieder anlegen und auch keine Zusatzerträge erzielen, wie es die IRR-Methode vorsieht. Über die Höhe des Wiederanlagezinses lässt sich darüber hinaus die Höhe der »Rendite« beinahe beliebig manipulieren. Daher sollte der Renditebegriff konzeptionell und prospektiv nicht nur plakativ beschrieben werden, sondern die Prospektherausgeber sollten auch verdeutlichen, was sie exakt darunter verstehen sowie welche Einflussfaktoren berücksichtigt oder nicht berücksichtigt worden sind.[596]
Das Verbot umfasst nicht die Verwendung von verdichteten Renditekennziffern im Rahmen der Sensitivitätsanalyse für die Darstellung der Entwicklung der Vermögensanlage unter Veränderung einzelner oder mehrerer wesentlicher Parameter. Zum Begriff »Steuervorteil« muss im Einzelnen angegeben worden sein, welche Steuern in die Berechnung einbezogen wurden, ob

594 Gedanklich geordnet, eindeutig und verständlich.

595 Zur Kritik an derartigen verdichteten Renditekennziffern vgl. LG München II, Urt. v. 17.08.2006 – 9 BO 3493/05 – Beratungsfehler; s.a. *Ranosch/Fiala* IRR-Renditemethode: Wiederanlageprämisse und Haftungsrisiken; BankPraktiker 2007, 174; unter wettbewerbsrechtlichen Gesichtspunkten (Irreführung) schon LG München I, Urt. v. 17.12.1998 – 4 HKO 18605/98; *Lüdicke/Arndt* (Geschlossene Fonds, S. 118) verweisen zutreffend darauf, dass die Verwendung von verdichteten Renditekennziffern durch die Fondsinitiatoren unter **Marketinggesichtspunkten** erfolgt.

596 *Wagner/Loritz* Konzeptionshandbuch der steuerorientierten Kapitalanlage, Bd. II Gesellschafterliche Beteiligungen Rn. 36.

und warum es sich um einen temporären oder endgültigen Vorteil handelt sowie ob und ggf. in welchem Umfang bei der Berechnung des Vorteils Abzinsungseffekte berücksichtigt wurden. Der Grundsatz der Klarheit erfordert eine gedanklich geordnete, eindeutige und verständliche Darstellung der Angaben. Dies setzt voraus, dass die Angaben nach sachlichen Gesichtspunkten und logisch geordnet sowie innerhalb des zugehörigen Sachgebietes systematisch gegliedert aufgeführt werden. Die Struktur des Verkaufsprospekts muss gewährleisten, dass die wesentlichen Aussagen und bedeutsamen Sachverhalte in übersichtlicher Weise ausreichend deutlich und in auswertbarer Form hervorgehoben werden. IDW ES4 empfiehlt, den Hauptteil des Verkaufsprospekts entsprechend Abschnitt 3 und 4 von Anlage 1 zu gliedern und damit gleichzeitig die Anforderungen an den Aufbau und die Abfolge der einzelnen inhaltlichen Mindestangaben gem. § 2 Abs. 3 VermVerkProspV vollständig und ohne ergänzende Angabepflichten zu erfüllen. Soweit eine abweichende Gliederung verwendet werden soll, muss diese dem Grundsatz der Klarheit entsprechen und die abweichende Gliederung begründet sein.
Der ausgewogenen Darstellung aller wesentlichen Aspekte kommt besondere Bedeutung zu. Die für die Vorteilhaftigkeit der Vermögensanlage maßgebenden Gesichtspunkte dürfen nicht in der Weise plakativ herausgestellt werden, dass nur die vorteilhaften Aspekte allgemein verständlich erläutert werden, während Gesichtspunkte, die vom Anleger als negativ empfunden werden könnten, zurückhaltend kommentiert werden.

190 Die Beurteilung erfolgt aus der Sicht eines durchschnittlich verständigen und vorsichtigen Anlegers, der über ein Grundverständnis für die wirtschaftlichen Gegebenheiten der angebotenen Vermögensanlage verfügt. Sie soll unter anderem folgende Arbeitsschritte umfassen:

- Einholung von Nachweisen in Form einer Heranziehung einschlägiger Dokumente oder Unterlagen oder durch persönliche Inaugenscheinnahme.
- Einholung von Nachweisen darüber, ob die im Verkaufsprospekt gemachten Angaben – auch soweit sie nicht zu den nach den Anlagen zu IDW ES4 erforderlichen Angaben gehören – insgesamt und im Einzelnen zutreffen.
- Lückenlose Beurteilung der angegebenen Tatsachen und Rechenoperationen, um diese auf ihre Richtigkeit zu beurteilen. Für Angaben im Verkaufsprospekt, die auf umfangreichen Gesamtberechnungen beruhen und nur verdichtet im Verkaufsprospekt Niederschlag finden, wird eine Beurteilung vielfach nur auf der Grundlage von Stichproben erfolgen können. Der Umfang der Stichproben ist so festzulegen, dass er eine hinreichende Sicherheit für die Beurteilung der Prospektangaben erwarten lässt.
- Beurteilung von technischen Angaben (z.B. Baubeschreibungen) dahin gehend, ob sie mit den maßgebenden Planungen oder vorliegenden Angeboten von Vertragspartnern übereinstimmen. Sie dürfen nicht zu anderen Prospektangaben im Widerspruch stehen (z.B. Widersprüche zwischen Angaben zur Qualität des Anlageobjekts einerseits sowie damit verbundenen Angaben zu Instandhaltungsaufwendungen und deren Auswirkungen auf die Rentabilität andererseits). Wenn der Prospekt den Eindruck erweckt, die prospektierte Planung werde jedenfalls nahezu 1:1 umgesetzt, hat die beratende Bank dies mit dem banbküblichen kritischen Sachverstand zu hinterfragen oder andernfalls dem Kunden mitzuteilen, dass eine solche Prüfung unterblieben ist.[597]
- Beurteilung rechtlicher Angaben in Bezug auf die Übereinstimmung mit vorgelegten Verträgen oder Vertragsentwürfen und Genehmigungen sowie einschlägigen öffentlich-rechtlichen Vorschriften, die der Auftraggeber dem Wirtschaftsprüfer bekannt gemachthat.
- Nicht Gegenstand der Prüfung sind der rechtliche Bestand und die Mängelfreiheit der Verträge. Erkennt der Wirtschaftsprüfer Unrichtigkeiten, Unvollständigkeiten (z.B. fehlende öffentlich-rechtliche Genehmigungen) oder Regelungslücken, so ist darauf im Prospektgutachten hinzuweisen.

597 OLG München, Urt. v. 27.09.2016, 5 U 129/16, MDR 2017, 100.

- Beurteilung der für die Investition, die Finanzierung und die Nutzung oder Verwertung des Anlageobjekts wesentlichen Angebote, ob sie in vollem Umfang verbindlich sind oder aber Vorbehaltsklauseln enthalten.
- Kritische Würdigung von Annahmen und Schätzungen auf ihre Plausibilität und darauf hin, ob sie nicht in erkennbarem Widerspruch zur Rechnungslegung, zu vorgelegten Unterlagen, erteilten Auskünften, sonstigen Angaben im Verkaufsprospekt sowie dem Wirtschaftsprüfer allgemein oder aufgrund von Branchenkenntnissen bekannten wirtschaftlichen Tatsachen stehen.
- Bei Folgerungen sind Nachweise für Tatsachen oder Annahmen, die diese Folgerungen stützen, einzuholen. Ferner ist die sachliche und rechnerisch richtige Entwicklung der Folgerungen zu prüfen.
- Prognosen sind daraufhin zu beurteilen, ob sie ausreichend gekennzeichnet und plausibel sind sowie die mit ihnen verbundenen Risiken und Unsicherheiten ausreichend erkennen lassen.
- Beurteilung der steuerlichen Grundlagen von Darstellungen, Berechnungen oder Beurteilungen, ob die den steuerlichen Folgerungen zugrunde liegenden Prämissen in Übereinstimmung mit dem Gesetz sowie der veröffentlichten Rechtsprechung und der veröffentlichten oder nachgewiesenen Verwaltungsauffassung z.Zt. des Abschlusses der Beurteilung stehen und vorhandene steuerliche Risiken deutlich erkennbar sind.
- Bei wertenden Aussagen des Auftraggebers (z.B. gute Bauqualität, erstklassige Ausstattung, hervorragender Standort, gute Bonität) sind Nachweise für die Fakten einzuholen, die zu diesen wertenden Aussagen geführt haben. Ferner ist zu beurteilen, ob sich die Wertungen und Beurteilungen an der allgemeinen Verkehrsauffassung orientieren.
- Wenn einem Vertragspartner für das Gesamtobjekt eine besondere wirtschaftliche Bedeutung zukommt, hat der Wirtschaftsprüfer solche Unterlagen über diesen heranzuziehen, die ein ordentlicher Geschäftsleiter bei Aufnahme neuer Geschäftsverbindungen einholen würde. Sofern solche Informationen nicht erhältlich sind, ist ein Hinweis im Prospektgutachten erforderlich.
- Ergeben die vorgelegten Unterlagen keinen Anhaltspunkt für eine Unvollständigkeit des Verkaufsprospekts, kann der Wirtschaftsprüfer von der Vollständigkeit der Prospektangaben ausgehen; er ist dann nicht verpflichtet, weitere Nachforschungen anzustellen.

b) Inhaltsanforderungen an Prospekte nach IDW ES4

Angesichts dieses Prüfungsumfangs sind auch die Anforderungen, die durch IDW ES4 in inhaltlicher Hinsicht an den Verkaufsprospekt gestellt werden, im Vergleich zur VermVerkProspV, deren Mindestanforderungen in IDW S4 vollständig integriert wurden, deutlich umfangreicher. Diese Inhaltsanforderungen an Prospekte für Vermögensanlagen ergeben sich insb. aus Anlage 1 zu IDW ES 4, die sich mit den Anforderungen an den Inhalt von Verkaufsprospekten befasst. Die Anlagen 2 – 7 betreffen Besonderheiten bestimmter Fondsprodukte und die für diese erforderlichen Zusatzangaben (Immobilien, Filmfonds, Windkraftfonds, Schiffsfonds, Blind Pool Konzepte, Lebensversicherungs-Zweitmarktfonds), 191

- **Kurzdarstellung der wesentlichen Aspekte der Vermögensanlage** 192
  Im Rahmen einer Kurzdarstellung, häufig als »Angebot im Überblick« bezeichnet, sind die wesentlichen Aspekte der Vermögensanlage so zu beschreiben, dass ein Anleger sich ein zutreffendes Bild über die Vermögensanlage bilden kann. Insbesondere sind darzustellen die Art der angebotenen Vermögensanlage, also Beteiligung an einer Kapital- oder Personengesellschaft, v.a. an einem geschlossenen Fonds oder an einem Treuhandvermögen, sowie ein unmittelbarer Anteil an einem Anlageobjekt, die Anzahl und der Gesamtbetrag der angebotenen Vermögensanlage, die mit der Vermögensanlage verbundenen Rechte, etwaige Besonderheiten der Gestaltung und das Anlageobjekt, auf das sich das Angebot über die Vermögensanlage bezieht. Ferner ist auf den durch die Vermögensanlage angesprochenen Anlegerkreis und die Bindungsdauer der Vermögensanlage einzugehen.
- **Darstellung der wesentlichen Risiken der Vermögensanlage**
  In einem gesonderten Abschnitt, der nur diese Angaben enthält, sind vorab die mit der angebotenen Vermögensanlage verbundenen wesentlichen tatsächlichen und rechtlichen Risiken einschließlich der mit einer Fremdfinanzierung der Vermögensanlage durch den Anleger einhergehenden

Risiken darzustellen.[598] Dieser Abschnitt soll es ermöglichen, sich an einer Stelle im Prospekt umfassend und ausschließlich über die wesentlichen Risiken zu informieren. Eine optische (z.B. Darstellung auf der gegenüberliegenden Seite) oder anderweitige (z.B. Fußnotenverweise) Gegenüberstellung der benannten Risiken mit vermeintlich oder tatsächlich entsprechenden Chancen und damit einhergehend eine Relativierung der Risiken ist nicht zulässig. Die mit der angebotenen Vermögensanlage verbundenen Chancen werden im Zusammenhang mit der Beschreibung der Vermögensanlage und des Anlageobjekts dargestellt. Bei der Darstellung der wesentlichen Risiken empfiehlt IDW ES4 zwischen den folgenden Risiken zu unterscheiden:

- **prognosegefährdende Risiken**: Risiken, die lediglich zu einer schwächeren Prognose führen können, bspw. verringerte Einnahmen, niedrigere Veräußerungserlöse oder Währungskursrisiken,
- **anlagegefährdende Risiken**: Risiken, die entweder das/die Anlageobjekt(e) oder die gesamte Vermögensanlage gefährden und damit zu einem teilweisen oder vollständigen Verlust der Zeichnungssumme führen können, bspw. das Risiko der Rückabwicklung oder das Risiko der fehlenden Veräußerbarkeit der Beteiligung (Fungibilität),
- **anlegergefährdenden Risiken**: Risiken, die nicht nur zu einem Verlust der gesamten Zeichnungssumme führen können, sondern z.B. über Nachschusspflichten, Bürgschaften, Steuerzahlungen, Wiederaufleben der Haftung nach § 174 Abs. 2 HGB u.ä. auch das weitere Vermögen des Anlegers gefährden können.

  Werden Risiken ganz oder teilweise durch Leistungen Dritter (z.B. Versicherungen, Bürgschaften) abgesichert, so muss nur das Ausfallrisiko, also das in der Person des Dritten liegende (Bonitäts-) Risiko, erörtert werden.

  In der Risikodarstellung ist gesondert auf Risiken einer etwaigen Fremdfinanzierung der Vermögensanlage für den Anleger hinzuweisen. Dies gilt unabhängig davon, ob im Zusammenhang mit dem Erwerb der Vermögensanlage eine Finanzierung i.S.d. § 358 BGB angeboten wird. Das Fremdfinanzierungsrisiko ist bei der Angabe des max. den Anleger treffenden Risikos mit zu berücksichtigen.

  Darzustellen sind auch die Risiken einer Rückabwicklung der Vermögensanlage. Es ist insbesondere darauf einzugehen, ob der Anleger einen Anspruch auf Rückzahlung seines eingezahlten Kapitals und sonstiger Vergütungen hat oder ob das Risiko eines teilweisen oder vollständigen Einlageverlustes sowie ggf. weitere Risiken bestehen.

  Für Vermögensanlagen mit Auslandsbezug sind die sich hieraus ergebenden speziellen Risiken darzustellen und zu erläutern. Solche Risiken können z.B. sein: Währungsrisiken, Risiken aus Beschränkungen des freien Kapitalverkehrs, rechtliche oder politische Risiken im Ausland, die Anleger bei der beschriebenen Vermögensanlage und bei Investitionen in das Anlageobjekt bedrohen, Risiken eines ausländischen Rechtssystems, das vom deutschen Rechtsverständnis abweicht und deshalb besonders erläuterungswürdig ist, steuerliche Risiken, die sich aus dem deutschen bzw. einem ausländischen Steuerrecht oder aus Doppelbesteuerungsabkommen ergeben, Risiken aus im Ausland abweichenden Usancen.

  Das den Anleger bei einem Misserfolg der Vermögensanlage treffende maximale Risiko ist in seiner Größenordnung zu beschreiben. Dabei ist nicht von rein theoretischen Annahmen auszugehen; vielmehr sind nicht völlig unwahrscheinliche Geschehensabläufe zu unterstellen. Weiter ist darzustellen, ob es sich um eine Vermögensanlage handelt, bei der das planmäßig eingesetzte Kapital des Anlegers ganz oder teilweise oder zusätzlich auch weiteres Kapital des Anlegers verloren gehen kann (z.B. aufgrund bestehender Nachschusspflichten, Haftungstatbestände, Bürgschaften oder Darlehensverbindlichkeiten). Umgekehrt sind bei der Ermittlung des maximalen Risikos etwaige Verwertungserlöse, Bürgschaften oder sonstige Leistungen Dritter (z.B. Versicherungsleistungen) durch vorsichtige Schätzung zu berücksichtigen.
- **Leistungsnachweise/Leistungsbilanz**

  Über den Anbieter sind im Prospekt Angaben über bisher von diesem durchgeführte Vermögensanlagen jeder Art in einer für die jeweilige Art der Vermögensanlage repräsentativen Phase der

598 IDW ES4 Anlage 1 Nr. 3.3.

jüngeren Vergangenheit zu machen. Aufgrund der Angabe der Leistungsbilanz[599] soll der Anleger beurteilen können, welche Erfahrungen und welche Performance der Initiator und die von ihm aufgelegten Anlageprodukte im Markt hatten und ob er seine bisherigen Renditezusagen eingehalten hat. Zu diesem Zweck ist darzustellen, ob und in welchem Umfang sich Prospektangaben, insbesondere Prognosen, bei bereits durchgeführten Vermögensanlagen der jüngeren Vergangenheit bestätigt haben. Vermögensanlagen, die bereits vor längerer Zeit beendet wurden, brauchen nicht in die Aufstellung einbezogen werden. Wurden vom Anbieter in einem aussagefähigen Umfang mit der angebotenen Vermögensanlage vergleichbare Vermögensanlagen durchgeführt, kann sich die Darstellung hierauf beschränken. Sind vom Anbieter noch keine vergleichbaren Vermögensanlagen über eine für diese repräsentative Phase der jüngeren Vergangenheit angeboten worden, ist anzugeben, welche Kenntnisse und Erfahrungen die Projektverantwortlichen haben.

– **Kosten der Investitionsphase**
  Die Mittelherkunft und die Mittelverwendung in der Investitionsphase sind in absoluter und in relativer Höhe im Verkaufsprospekt darzustellen und zu erläutern.[600] Die Investitionsphase beginnt im Regelfall mit der Herausgabe des Verkaufsprospektes und endet mit dem Ende des Jahres, in dem das einzuwerbende Eigenkapital plangemäß eingezahlt ist oder das Anlageobjekt nutzungsbereit erworben bzw. hergestellt ist und die im Investitionsplan enthaltenen Leistungen (z.B. »Zeitraum der Eigenkapital-Zwischenfinanzierung«) abgeschlossen sind.
  Zusätzlich zu diesem Investitions- und Finanzierungsplan empfiehlt Anlage 1 zu IDW ES4[601] eine komprimierte Darstellung einer Aufgliederung der Mittelverwendung für die Investitionsphase. Der Anleger soll so einen Überblick darüber erhalten, welche Teile des aufgebrachten Kapitals tatsächlich »werthaltig« in die Vermögensanlage fließen und welche sog. »Weichkosten«[602] vorbehalten sind.

		absolut in TEUR	in % des Gesamtaufwandes	in % des Eigenkapitals (evtl. incl. sog. Agio)
1.	Aufwand für den Erwerb oder die Herstellung des Anlageobjektes einschl. Nebenkosten			
2.	fondsabhängige Kosten			
2.1.	Vergütungen			
2.2.	Nebenkosten der Vermögensanlage			
3.	Sonstiges			
	Gesamtaufwand			

Quelle: Anlage 1 zu IDW ES4, S. 22

599 IDW S4 Anlage 1 Nr. 4.1.1.
600 IDW S4 Anlage 1 Nr. 4.1.2.
601 IDW S4 Anlage 1 Nr. 4.1.2.
602 Kosten, die keine bleibenden Werte schaffen, *Lüdicke/Arndt* Geschlossene Fonds, S. 118.

Dabei gehören Vergütungen an den Anbieter oder den Initiator in vollem Umfang zum Aufwand in der Investitionsphase, auch wenn diese handelsrechtlich oder steuerlich zu aktivieren und damit über einen Zeitraum von mehreren Jahren zu verteilen wären. Auch Eigenkapital-Vermittlungsprovisionen (auch soweit diese aus einem sog. Agio finanziert werden) sowie Provisionen für die Fremdkapital-Vermittlung und Garantieprovisionen sind unabhängig von ihrer handelsrechtlichen oder steuerlichen Behandlung im Rahmen der Vergütungen in Nr. 2.1 zu erfassen. Dies gilt auch für Konzeptions-, Treuhand- und ähnliche Gebühren. Soweit derartige Kosten für Leistungen der Investitionsphase in die Betriebsphase verlagert werden, sind sie für Zwecke dieser Darstellung ebenfalls im vorstehenden Schema zu erfassen. Dabei kommt es nicht darauf an, ob die Kosten als Vergütung oder als sog. Vorabgewinn bezeichnet werden. Auf diese Weise sollen die »Verschiebung« von Weichkosten aus der Investitionsphase in die Betriebsphase und die damit verbundene Irreführung der Anleger über die tatsächlich anfallenden »Weichkosten« verhindert werden.

Zu den Nebenkosten in Nr. 2.2 gehören Kosten für Steuerberatung und Gutachten, die Zinsen der Eigenkapital-Vorfinanzierung und sonstige Finanzierungskosten, die Anzahlungszinsen, die Kosten der Handelsregister-Eintragungen und ähnliche Aufwendungen des Fonds. Zu den Aufwendungen unter Nr. 3 (Sonstiges) gehören die übrigen Kosten der Vermögensanlage, jedoch nicht die Liquiditätsreserve aus dem Investitions- und Finanzierungsplan.

– **Prognosedarstellung/Kapitalrückflussrechnung**
  Um den wirtschaftlichen Verlauf der Vermögensanlage darzustellen, empfiehlt IWD ES4[603] die Aufnahme einer Kapitalrückflussrechnung. Sie soll die Zahlungsströme aus der Sicht des Anlegers darstellen. Dabei sind in den Spalten jene Jahre darzustellen, in denen sich voraussichtlich wesentliche wirtschaftliche Veränderungen ergeben. Es sind dies die Jahre, für welche zum einen die wesentlichen Parameter (z.B. Miete, Charter) eingangs vertraglich festgelegt sind und in denen zum anderen diese vertragliche Bindung für einzelne, wesentliche Parameter erstmals aufgelöst sein wird. Phasen mit festen, vertraglich fixierten und damit sicheren Parametern der Prognoserechnung können zur Erhöhung der Transparenz grafisch von Phasen mit überwiegend geschätzten und damit unsicheren Parametern getrennt werden. Auszuweisen sind das gebundene Kapital, das Haftungsvolumen gem. § 172 Abs. 4 HGB oder eine entsprechende Forderung der Gesellschaft nach den Bestimmungen des Gesellschaftsvertrages sowie das anteilige Fremdkapital. Letzteres dient dazu, die prognosegemäße Entschuldung der teilweise kreditfinanzierten Vermögensanlage darzustellen. Diese Art der Darstellung soll die Vergleichbarkeit mit anderen Kapitalanlagen verbessern und eine Alternative zur Verwendung von verdichteten Renditekennziffern bieten.[604]
  Prognosen im Rahmen der Kapitalrückflussrechnung sind nur dann richtig, wenn die ihnen innewohnende Beurteilungsunsicherheit zutreffend im Verkaufsprospekt zum Ausdruck gebracht wird. Derartige Unsicherheiten müssen im Verkaufsprospekt durch textliche Erläuterungen beschrieben oder in Form der Angabe von Bandbreiten erkennbar gemacht werden. Annahmen und Wirkungszusammenhänge, die der Prognose zugrunde liegen, müssen im Verkaufsprospekt in geeigneter Form erläutert werden. Der Prognosezeitraum muss in Abhängigkeit von der vorgesehenen Investition angemessen gewählt werden. Wenn die Prognose durch zeitlich begrenzte Einflussfaktoren wesentlich geprägt wird, wie bspw. Sonderabschreibungen, Investitionszuschüsse, Mietgarantien, gesicherte Mieteinnahmen, Zinsfestschreibungen oder Ähnliches, müssen diese erläutert werden. In diesem Fall müssen auch die Folgeperioden, in denen diese Einflussfaktoren entfallen, in ihren wirtschaftlichen Auswirkungen noch dargestellt werden. Die am Ende des Prognosezeitraums für den Wert bzw. die Wiederverkäuflichkeit der Vermögensanlage relevanten Gesichtspunkte sind zu nennen. Die Prognose und die ihr zugrunde liegenden Annahmen müssen realistisch sein und dürfen keine unvertretbaren, durch bloße Wunschvorstellungen geprägten Aussagen enthalten. Prognosen dürfen ferner mit den Erfahrungen aus der Vergangenheit (z.B. Mietausfall, Kostenentwicklung etc.) nicht ohne Grund im Widerspruch stehen.

---

603 IDW ES4 Anlage 1 Nr. 4.1.3.
604 *Lüdicke/Arndt* Geschlossene Fonds, S. 118.

– **Sensitivitätsanalyse**
  Hängt die Wirtschaftlichkeit der Vermögensanlage von wesentlichen Parametern ab, über deren Entwicklung unterschiedliche Annahmen getroffen werden können, kann eine prognostizierte Entwicklung verschiedene Verläufe nehmen. Hierfür empfiehlt Anlage 1 zu IDW ES4, dem Anleger in einem gesonderten Abschnitt des Hauptteils zu verdeutlichen, zu welchen Abweichungen von der im Verkaufsprospekt dargestellten Prognose die Veränderung einzelner und/oder mehrerer wesentlicher Parameter führen kann und welche Auswirkungen dies auf die Entwicklung der Vermögensanlage hat. Die gleichzeitige Veränderung von mehreren wesentlichen Parametern in einer Sensitivitätsanalyse ist nur zulässig, wenn diese Parameter in einem wirtschaftlichen Zusammenhang zueinander stehen und sich hieraus keine irreführende Darstellung ergibt. In der Sensitivitätsanalyse ist auch darauf einzugehen, wie wahrscheinlich die jeweilig unterstellten Szenarien sind. Die Sensitivitätsanalyse soll zeigen, welche Zukunftsentwicklungen vor dem Hintergrund des aktuellen Wissensstandes möglich sind und als wie wahrscheinlich der Anbieter das Eintreten der verschiedenen Szenarien einstuft. Im Allgemeinen genügt die Darstellung einer realistisch positiveren und einer realistisch negativeren Entwicklung in Ergänzung zu der erwarteten Entwicklung der Vermögensanlage.

IV. Prospekthaftung

Seit dem 01.07.2005 hat die Prospekthaftung auch für Produkte des grauen Kapitalmarkts eine gesetzliche Normierung erfahren. Daneben besteht für die Verwender unrichtiger oder unvollständiger Prospekte die Prospekthaftung im weiteren Sinne. 193

1. Bürgerlich rechtliche Prospekthaftung (im engeren Sinne)

a) Haftungsadressaten

Die bürgerlich-rechtliche Prospekthaftung im engeren Sinne[605] wurde in Parallele zur speziellen börsenrechtlichen Prospekthaftung[606] in Anlehnung an die anerkannte Eigenhaftung Dritter aus culpa in contrahendo entwickelt[607] und regelte die Haftung von Gründern, Gestaltern und Initiatoren von Anlagegesellschaften für die Richtigkeit und Vollständigkeit der von den Anlagegesellschaften herausgegebenen Werbeschriften. Sie ging dabei über die im Rahmen des Verschuldens bei Vertragsverhandlungen angenommene Haftung für konkret in Anspruch genommenes Vertrauen hinaus und erweiterte die Haftung auf eine kraft Amtes, Berufs, Sachkunde oder anerkannter wirtschaftlicher Stellung begründete Garantenstellung, die die entsprechenden Haftungsfolgen auch für jene hinter der Anlagegesellschaft stehenden Personen, die als wirtschaftliche Vertragspartner des Anlegers erscheinen, auslösen konnte.[608] Die richterrechtliche Prospekthaftung im engeren Sinn ist allerdings seit dem Inkrafttreten spezialgesetzlicher Haftungsnormen (§ 21 WpPG und § 20 VermAnlG) für aktuelle Fälle ab dem 01.06.2012 überflüssig geworden. Ein Rückgriff auf ungeschriebenes Richterrecht ist bei Haftungsansprüchen gegen die für den Prospekt unmittelbar verantwortlichen Personen im Anwendungsbereich des aktuellen Prospekthaftungsrechts nicht mehr notwendig. 194

Der Schutzzweck der Verpflichtung des Prospektverantwortlichen zur möglichst vollständigen Aufklärung über sämtliche Umstände, denen Bedeutung für die Entscheidung des potenziellen Kapitalanlegers für oder gegen den Erwerb der angebotenen Anlage zukommen kann, beschränkt sich nicht darauf, den Anleger nur vor einigen ganz bestimmten mit der Anlage verbundenen und sich später tatsächlich verwirklichenden Risiken zu warnen. Der Prospekt ist oftmals die einzige Informationsquelle für den interessierten Kapitalanleger. Durch eine umfassende Aufklärungspflicht 195

605 In Abgrenzung von der Prospekthaftung im weiteren Sinne, die an die Verwendung des Prospekts zur Erfüllung eigener Beratungs- oder Aufklärungspflichten anknüpft (s.u. Rdn. 210).

606 §§ 45 ff. BörsG.

607 MüKo-BGB/*Heermann* § 675 Rn. 125; *Kümpel* Bank- und Kapitalmarktrecht Rn. 9.342.

608 *Kümpel* Rn. 9.342 f.

gegenüber dem mit dem Prospekt geworbenen Interessenten soll dessen Recht zur Selbstbestimmung über die Verwendung seines Vermögens sichergestellt werden. Der Anleger geht mit seiner Anlage ein Risikogeschäft ein, wobei ihm dieses wirtschaftliche Risiko bleiben muss. Dennoch oder gerade deshalb muss er seine Entscheidung eigenverantwortlich in voller Kenntnis sämtlicher für die Beurteilung dieses Risikogeschäfts maßgeblicher Umstände treffen können. Dabei stellt sich der schließlich für oder gegen die Beteiligung an der angebotenen Anlage gefasste Entschluss stets als das Ergebnis einer Gesamtentscheidung dar, die in Ausübung des wirtschaftlichen Selbstbestimmungsrechts getroffen wurde und bei der alle Vor- und Nachteile sowie sämtliche mit der betreffenden Anlage verbundenen Chancen und Risiken gegeneinander abgewogen worden sind.[609] Dem Anleger kann und darf diese in eigener Verantwortung zu treffende Entscheidung von niemandem, am wenigstens vom Anbieter der Anlage, abgenommen werden. Daher hat ihm der Beteiligungsprospekt, mit dem für die Anlage geworben wird, ein möglichst vollständiges Bild von den für eine sachgerechte Beurteilung der Anlage erheblichen Umständen zu vermitteln. Infolgedessen stellen in wesentlichen Punkten unrichtige oder unvollständige irreführende Prospektangaben eine rechtswidrige Verletzung der gegenüber dem Anleger bestehenden Verhaltenspflichten der Prospektverantwortlichen dar. Wenn der Anleger von einer Beteiligung abgesehen hätte, sofern er zusätzlich zu den ihm bekannten Risiken und Unwägbarkeiten der Anlage auch die im Prospekt verschwiegenen Umstände gekannt hätte, kann er vom schuldhaft handelnden Prospektverantwortlichen verlangen, auf dem Schadensersatzwege so gestellt zu werden, als hätte er die Anlage nicht getätigt.[610]

196 Nur wenn die durch den Prospekt vermittelte Information vollständig und richtig ist, kann der Kunde die ihm angebotene Kapitalanlage objektiv beurteilen und das bei ihm verbleibende Anlagerisiko richtig einschätzen. Vor diesem Problem steht der Anlageinteressent unabhängig davon, ob es sich bei der ins Auge gefassten Kapitalanlage um eine gesellschaftsrechtliche Beteiligung oder um den Erwerb einer Immobilie handelt. In beiden Fällen verlangen die Interessen des Anlegers, dass der Prospekt tauglich ist, die für den Anlageentschluss erforderlichen Informationen umfassend und objektiv zu vermitteln. Für die Vollständigkeit und Richtigkeit der in Verkehr gebrachten Prospekte muss deswegen jeder einstehen, der durch den Prospekt auf den Entschluss eines Kapitalanlegers Einfluss genommen hat.[611] Zu diesem Zweck müssen für unzutreffende oder irreführende Angaben im Emissionsprospekt nicht nur die am Vertragsschluss Beteiligten oder diejenigen haften, die einen auf ihre Person bezogenen besonderen Vertrauenstatbestand geschaffen haben. Vielmehr trifft die Haftung auch die Prospektherausgeber, Initiatoren, Gestalter und Gründer der Anlagegesellschaft sowie die sog. Hintermänner.

197 Dabei verspricht der Anspruch gegen den Prospektherausgeber, bei dem es sich regelmäßig um eine Kapitalgesellschaft handeln wird, im Streitfall zumeist wenig Aussicht auf wirtschaftliche Durchsetzung.[612]

198 Für Anleger von wesentlich größerer Bedeutung sind als Haftungsadressaten diejenigen Personen, die eigentlich für das Beteiligungsangebot verantwortlich zeichnen. Dies sind namentlich die verantwortlichen Gründer und Initiatoren – die sog. »eigentliche Leitungsgruppe«[613] – sowie jene, die hinter der Anlagegesellschaft stehen, besonderen Einfluss in der Gesellschaft ausüben und Mitverantwortung tragen, in der Gründungs- und Planungsphase wirtschaftlich das Management bilden oder es faktisch beherrschen und damit für den herausgegebenen Prospekt (mit-) verantwortlich

---

609 MüKo-BGB/*Mertens* § 823 Rn. 423c; *Schmid* NJW 1984, 2601 für die Aufklärungspflicht vor medizinischen Eingriffen.

610 BGH, NJW 1993, 2865.

611 BGH, NJW 1990, 2461.

612 Reithmann/Meichssner/v. Heymann/*Thode* Kauf vom Bauträger, N Rn. 49; *Werner/Machunsky* Immobilienfonds, Bauherren- und Erwerbermodelle, S. 41 f.

613 BGH, NJW 1981, 1449; OLG München, Urt. v. 17.11.2000 – 23 U 2136/99, BeckRS 2000, 30143956; KG, Urt. v. 27.04.2001 – 15 U 2630/00, BeckRS 2001, 30177670.

sind – die »maßgeblichen Hintermänner«.[614] Dabei kommt es nicht darauf an, ob sie in dieser Einflussnahme nach außen in Erscheinung getreten sind oder nicht. Da vertragliche oder persönliche vorvertragliche Beziehungen zwischen den Anlegern und den sog. Hintermännern nicht zustande kommen, ist Anknüpfungspunkt für die Haftung allein deren Einfluss auf die Gesellschaft bei der Initiierung des Projekts.[615] Zum Kreis der Verantwortlichen gehören außer den Herausgebern des Prospekts die maßgeblich beteiligten Gründungsgesellschafter, Mehrheitsgesellschafter, Banken[616] und ggf. – bei einer GmbH – deren Geschäftsführer[617] Dabei spielt es keine Rolle, ob die Gründungsgesellschafter die Stellung eines persönlich haftenden Gesellschafters oder eines Kommanditisten einnehmen. Auch der Kommanditist, der zum Kreis der Gründer und Initiatoren gehört, haftet nach den Regeln über die Prospekthaftung.[618] Dasselbe gilt für sonstige, die Anlagegesellschaft beherrschende Kommanditisten.[619] Eine Prospektverantwortlichkeit der Geschäftsführer einer Komplementär-GmbH liegt generell nahe,[620] denn für Interessenten ist die Komplementär-GmbH ein abstraktes Gebilde, dessen interne Verhältnisse und finanzielle Leistungsfähigkeit regelmäßig unbekannt sind. Das Vertrauen der Anleger nehmen die Geschäftsführer als nach außen handelnde Personen in Anspruch. Dieser Personenkreis haftet unabhängig davon, ob er im Prospekt namentlich benannt ist oder ob er dem Anlageinteressenten bei seiner Anlageentscheidung bekannt war oder nach außen in Erscheinung getreten ist.[621] Zu diesem Personenkreis gehören jedoch nicht bloße Angestellte und sonstige Gesellschafter prospekthaftender Gesellschaften, insbesondere wenn sie nur an der Prospekterstellung mitgewirkt haben, ohne selbst entscheidenden Einfluss auf Inhalt oder Gestaltung zu haben.[622] Diese haften nur dann, wenn sie zu den Initiatoren und Gründern gehören, als Garanten im Prospekt genannt werden oder selbst die besonderen Voraussetzungen für die Prospekthaftung im weiteren Sinn erfüllen.[623]

Die Prospektverantwortlichkeit trifft auch diejenigen Personen, die aufgrund ihrer besonderen beruflichen und wirtschaftlichen Stellung oder aufgrund ihrer Fachkunde eine Garantenstellung einnehmen, sofern sie durch ihr nach außen in Erscheinung tretendes Mitwirken am Emissionsprospekt einen Vertrauenstatbestand schaffen.[624] Dies gilt insbesondere für Rechtsanwälte, Steuerberater oder Wirtschaftsprüfer, die im Prospekt als Sachverständige benannt werden und in dieser Eigenschaft Vertrauen begründende Erklärungen in Bezug auf das Anlageobjekt abgegeben haben.[625] Die bloße Nennung einer Person oder Gesellschaft ohne eigene Aussage bezüglich des Anlageproduktes,[626] als Funktionsträger, bspw. als Treuhänder, der als unabhängiges Organ der Rechtspflege **199**

614 BGH, NJW 1992, 228; Assmann/Schütze/*Assmann* § 7 Rn. 99; Reithmann/Meichssner/v. Heymann/*Thode* Kauf vom Bauträger, N Rn. 50; Assmann/Schütze/*Assmann* § 7 Rn. 99.

615 BGH, Urt. v. 06.03.2008 – III ZR 89/06.

616 OLG München, Urt. v. 14.12.2009 – 19 U 1667/05; in dem vom Senat entschiedenen Fall übernahm eine internationale Großbank die Vermittlung des Eigenkapitals, war mit der Beratung bei der Auswahl und Heranziehung potenzieller Vertragspartner und der Erstellung eines Prospektentwurfs beauftragt. Zwar reiche nach Ansicht des Senats eine nur in Teilbereichen ausgeübte Einflussnahme für eine Prospekthaftung nicht aus. Hier lag aber eine Verbindung mehrerer wesentlicher Tätigkeiten vor. Die Entscheidung ist rechtskräftig; BGH, Beschl. v. 16.09.2010 – III ZR 332/09.

617 BGH, NJW 2001, 436; NJW 1987, 2677.

618 BGH, NJW 1985, 380; NJW 1991, 1608; NJW-RR 1992, 542; NJW-RR 1991, 804.

619 BGH, NJW 1991, 1608; zur Haftung von Beiratsmitgliedern BGH, NJW 1985, 1900.

620 BGHZ 71, 284.

621 BGH, NJW-RR 1992, 879; NJW 1995, 1025.

622 Der BGH (Az. III ZR 89/06) hat die bloße Mitwirkung an der Herausgabe des Prospekts oder an dessen Gestaltung für ebenso wenig ausreichend erachtet wie die nur in Teilbereichen ausgeübte Einflussnahme.

623 Reithmann/Meichssner/v. Heymann/*Thode* Kauf vom Bauträger, N Rn. 52; Assmann/Schütze/*Assmann* § 7 Rn. 115.

624 So genanntes typisiertes Vertrauen, vgl. BGH, NJW 1981, 1449; NJW 1982, 1514; NJW 1995, 1025; *Kümpel* Rn. 9.344. Nicht ausreichend ist die bloße Namensnennung im Prospekt.

625 BGH, NJW-RR 1992, 879; Schimansky/Bunte/Lwowski/*Siol* Bankrechts-Handbuch § 45 Rn. 35.

626 Assmann/Schütze/*Assmann* § 7 Rn. 115.

die Verwendung der angelegten Gelder kontrolliert, stellt keine Vertrauen begründende Erklärung bezüglich des Projekts dar. Hierdurch tritt auch keine Mitwirkung an der Prospektgestaltung nach außen hervor.[627] Die Haftung, die an eine Art Garantenstellung anknüpft, ist durch die Reichweite des insoweit bezüglich des Prospektinhalts begründeten tatsächlichen Vertrauens beschränkt.[628] Darüber hinaus dürfte die Reichweite der Haftung auf die Reichweite des erteilten Testats beschränkt sein.[629] Der üblicherweise abgedruckte Hinweis auf eine bereits erfolgte Prüfung des Prospekts, bspw. durch einen Wirtschaftsprüfer oder eine Wirtschaftsprüfungsgesellschaft ohne Nennung des Namens des Prüfers (»aus standesrechtlichen Gründen«) mit dem Hinweis, ernsthafte Interessenten könnten den Prüfungsbericht anfordern, stellt keine wirksame Beschränkung der Prospekthaftung dar. Das nach außen in Erscheinung tretende Mitwirken am Emissionsprospekt setzt nicht notwendigerweise die namentliche Nennung voraus, um anzunehmen, dass der »Garant« faktisch hervorgetreten ist und dabei besonderes Vertrauen des Anlageinteressenten für sich in Anspruch genommen hat. Es genügt die Identifizierbarkeit. Der Name des Prüfenden ist ohnedies für den Anlageinteressenten regelmäßig weniger wichtig als seine berufliche Qualifikation.[630] Bezieht sich der Hinweis allerdings lediglich darauf, dass ein Wirtschaftsprüfer mit der Begutachtung beauftragt sei, über das Ergebnis einen Bericht erstellen werde und dieser Bericht ernsthaften Interessenten auf Anforderung zur Verfügung gestellt werde, handelt es sich nicht um eine Erklärung des Wirtschaftsprüfers. Eine Garantenstellung wird dann nicht begründet. Eine Haftung aus einem Vertrag mit Schutzwirkung zugunsten Dritter kommt in diesen Fällen nur bezüglich jener Anleger in Betracht, die das Prüfungsgutachten angefordert haben. Nicht ausreichend ist die Vorstellung des Anlegers, der Vertrieb werde das Gutachten zur Kenntnis nehmen und bei Beanstandungen von einem Vertrieb der Anlage Abstand nehmen. Wenn Anleger weder Kenntnis von einem Prospektgutachten hatten, noch mit dem Vermittler über dieses Gutachten sprechen, tritt keine Haftung der Gutachter ein.[631]

b) Kausalität

200 Die Beweislast für die Unrichtigkeit oder Unvollständigkeit des Prospekts obliegt nach den allgemeinen Grundsätzen dem klagenden Anleger.[632] An den Nachweis der Ursächlichkeit eines Prospektfehlers für die Anlageentscheidung stellt die Rechtsprechung indes keine allzu hohen Anforderungen. Sie lässt es regelmäßig genügen, wenn der Anleger nach seiner Behauptung in Kenntnis der wahren Umstände von der Beteiligung abgesehen hätte.[633] Denn die Lebenserfahrung spricht grundsätzlich dafür, dass ein in wesentlichen Punkten unrichtiger Prospekt ursächlich für den auf seiner Grundlage erfolgten Beitritt war.[634] Der BGH[635] spricht insoweit von Beweiserleichterungen zum Schutze der Anleger bei fehlerhaften Angaben in den zum Vertrieb von Kapitalanlagen

---

627 BGH, NJW 1995, 1025; NJW 1980, 1840: Die Haftung der sog. Garanten des Prospekts (Rechtsanwälte, Steuerberater und Wirtschaftsprüfer) besteht auch dann, wenn sie die Prospektangaben lediglich geprüft haben und im Prospekt auf das Ergebnis der Prüfung unter Namensnennung hingewiesen wird.

628 Assmann/Schütze/*Assmann* § 7 Rn. 99.

629 Assmann/Schütze/*Assmann* Rn. 120.

630 BGH, NJW 1990, 2461; Assmann/Schütze/*Assmann* Rn. 121–123.

631 Pressemitteilung des BGH 74/2007 zu den Urt. v. 14.06.2007 – III ZR 185/05, III ZR 300/05 und III ZR 125/06.

632 Schimansky/Bunte/Lwowski/*Siol* Bankrechts-Handbuch § 45 Rn. 61; Reithmann/Meichssner/v. Heymann/*Thode* Kauf vom Bauträger, N Rn. 78.

633 BGH, NJW 1990, 2461.

634 BGH, NJW 1981, 1449; NJW 1982, 2493; NJW 1979, 1595; NJW-RR 1991, 1246; NJW 1993, 2865; Reithmann/Meichssner/v. Heymann/*Thode* Kauf vom Bauträger, N Rn. 78 weist darauf hin, dass in den Regelfällen die Ursächlichkeit der Prospektfehler für die Anlageentscheidung nicht zweifelhaft sei. MüKo-BGB/*Emmerich* § 311 Rn. 172 spricht davon, dass die Kausalität zwischen dem unrichtigen Prospekt und der Anlageentscheidung der Geschädigten grds. ebenso vermutet wird, wie das Verschulden des jeweils Verpflichteten, sofern er bewusst von einem unrichtigen Prospekt Gebrauch gemacht hat.

635 BGH, MDR 2011, 435.

herausgegebenen Prospekten. So muss bei feststehender Aufklärungspflichtverletzung regelmäßig der Berater die fehlende Kausalität beweisen, sodass das aufklärungsrichtige Verhalten vermutet wird. Es kommt nicht darauf an, ob sich der Anleger bei ordnungsgemäßer Aufklärung in einem Entscheidungskonflikt befunden hätte. Relevante Indizien für eine Widerlegung der Kausalitätsvermutung können sich allerdings sowohl aus dem vorangegangenen als auch aus dem nachfolgenden Anlageverhalten des Anlegers ergeben. Insbesondere die Kenntnis des Anlegers von Provisionen oder Rückvergütungen, die die beratende Bank bei vergleichbaren früheren Anlagegeschäften erhalten hat, kann ein Indiz dafür sein, dass der Anleger die empfohlene Kapitalanlage auch in Kenntnis der Rückvergütung erworben hätte. Wenn ein Anleger in Bezug auf eine vergleichbare Kapitalanlage, die er vor oder nach der streitgegenständlichen Anlage erworben hat, erst nach dem Erwerb der jeweiligen Beteiligung Kenntnis von Rückvergütungen erhalten hat, so kann sich ein Indiz für die fehlende Kausalität der unterlassenen Mitteilung über Rückvergütungen auch daraus ergeben, dass der Anleger an den vergleichbaren – möglicherweise gewinnbringenden – Kapitalanlagen festhält und nicht unverzüglich die Rückabwicklung wegen eines Beratungsfehlers verlangt.[636] Unter dieser Maßgabe bleibt es dem Tatrichter vorbehalten, bei der von ihm nach § 286 ZPO vorzunehmenden Gesamtwürdigung festzustellen, ob er von der Ursächlichkeit des Aufklärungsmangels für den Beitrittsentschluss überzeugt ist.[637]

c) Verschulden

Enthält ein Prospekt unrichtige oder unvollständige Angaben, ergibt sich hieraus im Regelfall das Verschulden der handelnden bzw. verantwortlichen Personen.[638] Eine nähere Prüfung des Verschuldens ist nach Ansicht des BGH[639] jedoch dann unerlässlich, wenn besondere Umstände seitens der handelnden Personen vorgetragen werden, wonach sie irrig davon ausgingen, es bedürfe keines klarstellenden Hinweises an die Anleger. Allerdings könne ein solcher Rechtsirrtum nur dann entschuldigend wirken, sofern sich die Prospektverantwortlichen um die Klärung der zweifelhaften Frage bemüht haben. Sie dürfen nicht das Risiko, dass ihre eigene Beurteilung unzutreffend ist, dem Anleger zuweisen. Auch wenn Prospektprüfer den Prospekt nicht beanstandet haben, exkulpiert dies die Prospektverantwortlichen nicht. Zieht der Schuldner Dritte bei der Erfüllung seiner eigenen (vorvertraglichen) Pflichten hinzu, haftet er auch für deren Verschulden nach § 278 BGB und kann sich nicht auf einen Tatsachen- oder Rechtsirrtum berufen.[640] **201**

d) Haftungsumfang

Die Prospektverantwortlichen als Haftungsadressaten einer vorvertraglichen Prospekthaftung[641] haften als Gesamtschuldner mit den anderen Schuldnern, die für den gleichen Schaden aufgrund vorvertraglicher oder vertraglicher Pflichtverletzungen haften.[642] Der Umfang der Haftung bestimmt sich nach dem negativen Interesse (Vertrauensschaden). Der in seinem Vertrauen enttäuschte Anleger ist so zu stellen, als hätte er die Anlage nicht getätigt.[643] Der Anleger kann folglich die Befreiung von eingegangenen Verbindlichkeiten sowie den Ersatz seiner Aufwendungen verlangen.[644] **202**

636 BGH, Urt. v. 08.05.2012 – XI ZR 262/10; fortgeführt durch BGH, Beschl. v. 20.11.2012 – XI ZR 415/11, Urt. v. 26.02.2013 – XI ZR 318/10, 345/10, 425/10 und 183/11; Urt. v. 09.04.2013 – XI ZR 337/10; Urt. v. 28.05.2013 – XI ZR 113/11.

637 BGH, NJW 1993, 2865.

638 BGH, WM 2008, 581 (587).

639 BGH, WM 1992, 1892.

640 BGH, NJW 2007, 428 (430).

641 Reithmann/Meichssner/v. Heymann/*Thode* Kauf vom Bauträger, N Rn. 74.

642 Reithmann/Meichssner/v. Heymann/*Thode* Kauf vom Bauträger, N Rn. 74.

643 Assmann/Schütze/*Assmann* § 7 Rn. 155.

644 BGHZ 115, 214.

e) Verjährung

203 Nach der Rechtsprechung des BGH tritt die Verjährung der Ansprüche aus Prospekthaftung im engeren Sinne bei einer gesellschaftsrechtlichen Beteiligung, auch an einem geschlossenen Immobilienfonds, aufgrund analoger Anwendung der in den gesetzlich geregelten Fällen der Prospekthaftung bestimmten kurzen Verjährung (§ 20 Abs. 5 KAGG, § 12 Abs. 5 AuslInvestmG) in 6 Monaten ab Kenntnis des Anlegers vom Prospektfehler, spätestens aber in 3 Jahren seit dem Erwerb der Kapitalanlage ein.[645] Bei Bauherrenmodellen galt nach altem Recht die 30-jährige Verjährung, weil es an einer vergleichbaren, für Wertpapieranlagen typischen Interessenlage fehlte.[646] Spätestens zum 31.12.2011 ist hier aber auch für Altfälle die Verjährungsfrist gem. Art. 229 § 6 EGBGB abgelaufen. Seit dem 01.06.2012 verjähren Prospekthaftungsansprüche nach dem WpPG bzw. dem VermAnlG nach den allgemeinen Verjährungsregeln des BGB innerhalb von 3 Jahren ab Kenntnis des Kapitalanlegers von den anspruchsbegründenden Umständen gem. §§ 195, 199 BGB.

204 Da Prospektfehler, die erhebliche Auswirkungen auf die Rentabilität einer Fondsbeteiligung haben, i.d.R. erst nach Ablauf von 3 Jahren seit Schließung des Fonds für Anleger erkennbar werden bzw. bis dahin bspw. durch konzeptionsbedingte Rücklagen oder die Gewährung prospektierter Mietgarantien, Zahlungen eines Generalanmieters oder verzögerte Vorlage von Jahresabschlüssen verdeckt werden, stellt die Prospekthaftung im engeren Sinn bei Fondsbeteiligungen aufgrund der restriktiven Handhabung der Verjährung ein vergleichsweise stumpfes Schwert dar. Dies führt zu einer wenig sachgerechten Haftungsverlagerung weg von den leistungsfähigen Initiatoren und Hintermännern, die bei der Auflegung der Vermögensanlage regelmäßig erhebliche Gewinne realisiert haben, hin zu den nach der Prospekthaftung im weiteren Sinne haftenden Anlagevermittlern und -beratern.

205 Soweit Rechtsanwälte, Steuerberater und Wirtschaftsprüfer als Prospektverantwortliche oder Garanten auf Schadensersatz in Anspruch genommen werden, sind außerdem bei der Verjährung die berufsrechtlichen Sonderregelungen zu beachten. Die Berufsträger können sich allerdings dann nicht auf die kurzen berufsrechtlichen Verjährungsfristen[647] berufen, wenn sie in erster Linie als Initiatoren oder diesen gleichstehende Personen in Anspruch genommen werden.[648] Sind die genannten Prospektverantwortlichen berufsspezifisch tätig geworden (z.B. als Treuhänder der Anleger), finden die genannten kurzen berufsrechtlichen Verjährungsfristen Anwendung.[649]

f) Beschränkung der Haftung

206 Eine in einem Prospekt enthaltene Beschränkung der Haftung der Prospektverantwortlichen auf Vorsatz und grobe Fahrlässigkeit ist wegen Verstoßes gegen § 307 BGB unwirksam. Die Aufklärungspflicht der Prospektverantwortlichen und die sich daraus ergebende Prospekthaftung sind für den Schutz des Investors von grundlegender Bedeutung. Auch ein Haftungsausschluss für leichte Fahrlässigkeit widerspricht der Aufgabe des Prospekts, die potenziellen Anleger verlässlich, umfassend und wahrheitsgemäß zu informieren.[650]

g) Durchsetzung des Haftungsanspruchs

207 Für Klagen wegen fehlerhafter Kapitalmarktinformationen gilt der besondere Gerichtsstand der Gesellschaft gem. § 32b Abs. 1 Satz 1 Nr. 1 ZPO; diese Bestimmung betrifft nach der Rechtsprechung des BGH falsche, irreführende oder unterlassene Kapitalmarktinformationen aller Art.[651]

645 BGH, NJW 2004, 3420; Schimansky/Bunte/Lwowski/*Siol* Bankrechts-Handbuch § 45 Rn. 69.
646 BGHZ 111, 314.
647 § 68 StBerG, § 51a WPO und § 51 BRAO.
648 BGH, NJW 1992, 228; NJW 1994, 2226.
649 BGH, NJW 1987, 3135 (Wirtschaftsprüfer); NJW 1993, 199 (Rechtsanwalt).
650 BGH, NJW 2002, 1711; *Seibel/v. Westphalen* BB 1998, 169.
651 BGH, NJW 2007, 1365.

Die Vorschrift des § 32b ZPO gilt seit dem 01.11.2005 und wurde im Zusammenhang mit dem Kapitalanleger-Musterverfahrensgesetz (KapMuG) eingeführt, um bei Klagen wegen falscher öffentlicher Kapitalmarktinformationen die Verfahren zu beschleunigen sowie zur Kostenersparnis für die Beteiligten beizutragen und um einer Zersplitterung der örtlichen Zuständigkeiten aufgrund verschiedener Gerichtsstände so weit wie möglich entgegenzuwirken.[652] Der ausschließliche Gerichtsstand des § 32b Abs. 1 Satz 1 Nr. 1 ZPO erfasst jedoch keine vertraglichen Schadensersatzansprüche gegenüber einer Bank oder einem anderen Vermittler, der den Anspruchsteller über Kapitalanlagen beraten und ihm die Anlage, über die öffentlich fehlerhaft informiert worden ist, empfohlen hat.[653] Derartige Berater schulden keine öffentliche Kapitalmarktinformation, sondern machen sie sich ggf. nur zu eigen.[654] Für die Anwendung von § 32b ZPO ist die Übergabe des Prospekts nicht erforderlich. Es reicht aus, dass der Inhalt des Prospekts Grundlage des Anlageberatungsgesprächs war.[655] 208

Sachlich zuständig sind ohne Rücksicht auf den Wert des Streitgegenstandes die Landgerichte, § 71 Abs. Abs. 2 Nr. 3 GVG. Zahlreiche Bundesländer[656] haben von der in § 32b Abs. 2 ZPO enthaltenen Ermächtigung Gebrauch gemacht und einzelnen Landgerichten die Zuständigkeit für Entscheidungen über Klagen aufgrund fehlerhafter Kapitalmarktinformationen für den gesamten OLG-Bezirk oder sogar für das gesamte Bundesland zugewiesen. 209

2. Prospekthaftung im weiteren Sinne

Von der an typisiertem Vertrauen anknüpfenden bürgerlich-rechtlichen bzw. gesetzlichen Prospekthaftung der Gründer, Gestalter und Initiatoren von Anlagegesellschaften ist die sog. uneigentliche Prospekthaftung oder Prospekthaftung im weiteren Sinn zu unterscheiden. Sie ist ein Anwendungsfall der Haftung für Verschulden bei Vertragsschluss und knüpft auf vertraglicher oder quasivertraglicher Grundlage[657] an ein persönliches Vertrauen und pflichtwidriges Verhalten an.[658] Gegenstand dieser Form der Prospekthaftung ist die eigene Haftung dieser Personen aufgrund der §§ 311 Abs. 2 und 241 Abs. 2 BGB für die Verletzung von Aufklärungspflichten bei den Verhandlungen über den Beitritt zu der Anlagegesellschaft.[659] Dabei muss der zur Aufklärung Verpflichtete den fehlerhaften Prospekt verwendet und sich auf diese Weise zu eigen gemacht haben oder eine aus seiner Person hergeleiteten zusätzlichen Vertrauenstatbestand geschaffen haben, um so dem Verhandlungspartner eine zusätzliche Gewähr für die Richtigkeit der Angaben zu bieten.[660] 210

Diese Haftung trifft jeden, der bei den Beitrittsverhandlungen persönlich das Vertrauen der Anleger in Anspruch nimmt.[661] In erster Linie sind dies Anlageberater und -vermittler, die eigene Aufklärungs- und Beratungspflichten haben. Bedienen sich diese zur Erfüllung ihrer Pflichten eines Prospekts bzw. der Prospektangaben, haften sie für dessen Richtigkeit.[662] Allerdings kommt unter dieser Voraussetzung auch eine persönliche Verantwortlichkeit von Initiatoren, Gründern und Gestaltern für die Unrichtigkeit des von ihnen herausgegebenen Prospekts in Betracht.[663] Hier erfolgt eine Zurechnung von fehlerhaften Angaben Dritter gem. § 278 BGB.[664] 211

652 Regierungsbegründung, BT-Drucks. 15/5091, S. 33.
653 BGH, NJW 2007, 1364 (1365).
654 Zöller, Vollkommer, § 32b, Rn. 6.
655 OLG Nürnberg, WM 2008, 1060.
656 Bayern, Hessen, NRW, Thüringen (vgl. Zöller/*Vollkommer* § 32b, Rn. 12).
657 Assmann/Schütze/*Assmann* § 7 Rn. 100.
658 Derleder/Knops/Bamberger/*Bamberger* § 52 Rn. 54.
659 MüKo-BGB/*Emmerich* § 311 Rn. 209.
660 BGHZ 70, 103.
661 Palandt/*Grüneberg* § 311 Rn. 71.
662 Reithmann/Meichssner/v. Heymann/*Thode* Kauf vom Bauträger, N 57.
663 BGH, NJW 1982, 1516; NJW 1995, 130.
664 BGH, NJW-RR 1991, 217.

212 Auch für **Treuhänder** kommt eine Prospektverantwortlichkeit unter dem Gesichtspunkt der Prospekthaftung im weiteren Sinn in Betracht, da ihnen als Vertragspartner des Anlegers eigene vorvertragliche Aufklärungspflichten obliegen. So hat der Treuhandkommanditist die Anleger über alle wesentlichen Punkte aufzuklären, die für die zu übernehmende mittelbare Beteiligung von Bedeutung sind.[665] Auch hier erfolgt gem. § 278 BGB eine Zurechnung des Verhaltens Dritter, deren er sich zur Erfüllung der weit gespannten vorvertraglichen Aufklärungspflichten mittels Verwendung des Prospekts bedient. Allerdings besteht für den Treuhänder die Möglichkeit einer »Vertrauensverwahrung«,[666] indem er den Treugeber vor Vertragsschluss darüber unterrichtet, dass er die Vermögensanlage nicht geprüft hat.[667] Eine formularmäßige Haftungsfreizeichnung in Form einer »Verwahrungserklärung« unterliegt jedoch der AGB-rechtlichen Kontrolle und ist regelmäßig nach § 307 Abs. 1 BGB nichtig.[668] An der Unangemessenheit der Klausel kann auch der Umstand nichts ändern, dass neben dem Treuhänder noch andere Schuldner wie z.B. Gründungsgesellschafter in Betracht kommen.

213 Der **Haftungsumfang** einer vorvertraglichen Prospekthaftung erstreckt sich gleichfalls auf den Vertrauensschaden. Der Anleger ist so zu stellen, als hätte er bei ordnungsgemäßer Beratung von der Kapitalanlage Abstand genommen. Dabei sind Verlust und Vorteil, die beide auf ein und demselben schädigenden Ereignis beruhen, gleichermaßen bei der Berechnung des Anspruchs zu berücksichtigen.[669] Ein Wegfall oder eine Minderung des Schadens sind nur insoweit zu berücksichtigen, als sie in einem adäquat-ursächlichen Zusammenhang zu dem schädigenden Ereignis stehen. Außerdem muss die Anrechnung dem Zweck des Schadensersatzes entsprechen und darf weder den Geschädigten unzumutbar belasten noch den Schädiger unbillig entlasten.[670]

214 Nach Ansicht des BGH kommt hingegen eine Anrechnung von Steuervorteilen im Schadensersatzprozess des Anlegers grundsätzlich nicht in Betracht, auch wenn die Schadensersatzleistung der Besteuerung unterliegt. Etwas anderes könne unter Umständen dann gelten, wenn Anhaltspunkte für außergewöhnliche Steuervorteile bestehen, die dem Geschädigten unter Berücksichtigung der Steuerbarkeit der Ersatzleistung verbleiben; für solche Umstände trägt allerdings der Schädiger die Darlegungs- und Beweislast[671].

215 Für Ansprüche der Anleger aus bürgerlich-rechtlicher Prospekthaftung im weiteren Sinn gilt die **Regelverjährung** der §§ 195 und 199 BGB.[672]

---

665 BGH, WM 1982, 758; WM 1985, 533; WM 1986, 583.
666 Assmann/Schütze/*Assmann* § 7 Rn. 110.
667 BGH, WM 1982, 758.
668 BGH, Urt. v. 09.07.2013, II ZR 9/12, NJW-RR 2013, 1255; Urt. v. 16.03.2017, III ZR 489/16.
669 BGH, Urt. v. 24.04.2007 – XI ZR 17/06, BeckRS 2007, 09913.
670 BGH, NJW 1979, 1449; NJW 1990, 1038.
671 BGH, Urt. v. 15.05.2010 – III ZR 336/08.
672 BGH, NJW 1982, 1516; NJW 1995, 130; NJW 2006, 2410.

Kapitel 9 Mandat & Prozessführung im Bank- und Kapitalmarktrecht

Übersicht Rdn.

A. Verjährungsfragen

I. Einleitung

Wesentlicher Zweck der Verjährung ist der Schutz des Schuldners.[1] Er soll vor Ansprüchen geschützt werden, deren Begründung längere Zeit zurückliegt und deren Fortbestand, demzufolge zweifelhaft geworden ist, bei denen also »der in Anspruch genommene Gegner infolge der 1

1 Dauner-Lieb/Heidel/Lepa/Ring/*Mansel* Schuldrecht vor §§ 194 bis 218 Rn. 1.

verdunkelnden Macht der Zeit entweder nicht mehr oder doch nur schwer in der Lage ist, die ihn zur Seite stehenden entlastenden Umstände mit Erfolg zu verwerten«.[2]

2 Darüber hinaus dient die Verjährung dem allgemeinen Rechtsfrieden und liegt damit auch im öffentlichen Interesse.[3] Idealerweise sollten Verjährungsregeln präzise und gut verständlich sein. Da Ansprüche, die vor längerer Zeit begründet worden sind, u.U. einen unverhältnismäßigen Ermittlungsaufwand erfordern, dient ein gut konzeptioniertes Verjährungsrecht schließlich auch der Prozessvermeidung.[4]

3 Nach Art. 229 § 6 Abs. 1 Satz 1 EGBGB waren die Regelungen des am 01.01.2002 in Kraft getretenen SchldRModG über die Verjährung auf alle zu diesem Zeitpunkt bestehenden und noch nicht verjährten Ansprüche anzuwenden. Geprägt wurde die Überleitungsvorschrift von dem Gedanken, möglichst schnell auf die im Regelfall kürzeren Verjährungsvorschriften nach neuem Recht umzustellen. Die in Art. 229 § 6 EGBGB normierten Ausnahmetatbestände sollten zudem Sorge dafür tragen, dass im Übergangsstadium die jeweils kürzeren Verjährungsfristen griffen. So richtet sich der Beginn der Verjährung nur dann weiterhin nach altem Recht, wenn er vor dem 01.01.2002 lag. Auch Hemmung, Ablaufhemmung und Neubeginn bestimmen sich für die Zeit vor dem 01.01.2002 nach altem Recht (Art. 299 § 6 Abs. 1 Satz 2 EGBGB). Die durch das SchldRModG in das BGB aufgenommenen Hemmungstatbestände, wie z.B. die Verhandlung über einen Anspruch, sollten erst seit dem 01.01.2002 greifen. Ist die neue Verjährungsfrist länger als die alte, verjährt der am 01.01.2002 bestehende und noch nicht verjährte Anspruch innerhalb der kürzeren alten Verjährungsfrist (Art. 229 § 6 Abs. 3 EGBGB). Ist die neue Verjährungsfrist indes kürzer als die alte, verjährt der am 01.01.2002 bestehende und noch nicht verjährte Anspruch innerhalb der kürzeren neuen Verjährungsfrist, die aber aus Gründen des Vertrauensschutzes erst ab dem 01.01.2002 zu laufen begann (Art. 229 § 6 Abs. 4 i.V.m. Abs. 1 Satz 1 EGBGB). Weiterhin ist für den Beginn der Regelverjährungsfrist Voraussetzung, dass der Gläubiger seine Ansprüche kennt oder infolge grob fahrlässiger Unkenntnis nicht kennt (§ 199 Abs. 1 Nr. 2 BGB).[5]

4 Lagen die Voraussetzungen für den Verjährungsbeginn gem. § 199 BGB spätestens am 01.01.2002 vor, begann die 3-jährige Verjährungsfrist des § 195 BGB ab dem 01.01.2002 zu laufen. Treten die Voraussetzungen für den Fristbeginn nach »neuem« BGB erst später ein, so beginnt die Verjährungsfrist am Ende desjenigen Jahres, in dem sie eintreten.

II. Begriff der Verjährung

5 Verjährung i.S.d. §§ 194 ff. BGB ist der Zeitablauf, der für den Schuldner das Recht begründet, die Leistung zu verweigern. Es handelt sich um eine peremptorische Einrede, die nicht zum Erlöschen des Anspruchs (wichtig u.a. für §§ 215, 216 BGB) führt, sondern lediglich zur Begründung eines dauernden Leistungsverweigerungsrechts (§ 214 Abs. 1 BGB).

6 Der Verjährung unterliegen nur Ansprüche, nicht jedoch Rechte und Rechtsstellungen. So geben bspw. Gestaltungsrechte die Möglichkeit, durch einseitige Erklärung ein Recht zu begründen, aufzuheben oder zu ändern (Kündigung, Anfechtung, Rücktritt, Widerruf und Aufrechnung). Diese Gestaltungsrechte als solche sind unverjährbar, wenngleich regelmäßig Ausschlussfristen (bspw. §§ 121, 124, 218 BGB) bestehen. Die Ausübung eines Gestaltungsrechts kann aber Rückabwicklungsansprüche begründen, die der Verjährung unterliegen (relevant etwa bei Widerruf von Verbraucherdarlehensverträgen).

---

2 Mot 1. 291, Mugdan 1. 512; zitiert bei Amann/Brambring/Hertel/*Amann* Schuldrechtsreform, S. 199.
3 Amann/Brambring/Hertel/*Amann* Schuldrechtsreform, S. 199.
4 Amann/Brambring/Hertel/*Amann* Schuldrechtsreform, S. 199.
5 BGH, WM 2007, 639; OLG Celle, OLGR 2007, 171; OLG Karlsruhe, WM 2007, 355.

Auch absolute Rechte wie das Eigentum können nicht verjähren. Selbst wenn also der Herausgabeanspruch des Eigentümers gegen den Besitzer nach § 985 BGB verjährt ist, bleibt ihm das Eigentum. 7

Dauerschuldverhältnisse i.S.d. § 314 BGB sind als solche ebenfalls unverjährbar. Allerdings unterliegen die aus ihnen erwachsenden einzelnen Ansprüche der Verjährung.[6] 8

III. Einrede der Verjährung

Der Schuldner kann grds. frei darüber entscheiden, ob und ggf. wann er die Verjährungseinrede erheben will. Es verstößt insb. nicht gegen § 242 BGB, wenn die Verjährungseinrede erst in der Berufungsinstanz oder im Nachverfahren erhoben wird[7] oder wenn der Beklagte sich zunächst auf eine Klageerweiterung einlässt und später ggü. der Mehrforderung die Verjährungseinrede erhebt.[8] Es können allerdings prozessuale Verspätungsregeln greifen, wenn die Prüfung der Verjährung weiterer Sachaufklärung bedarf. Auch auf die Kostenfolge hat die Erhebung der Einrede erst in der Berufungsinstanz Auswirkungen (§ 97 Abs. 2 ZPO). 9

Unkenntnis von Beginn und Dauer der Verjährungsfrist gehen grds. zulasten des Gläubigers,[9] es sei denn, dass der Schuldner eine ihm insoweit obliegende Aufklärungspflicht verletzt hat. Es ist dabei kein Rechtsmissbrauch, wenn sich der Schuldner nach einer Änderung der Rechtsprechung auf die maßgebende kürzere Verjährungsfrist beruft.[10] 10

IV. Verjährungsfristen

1. Regelmäßige Verjährungsfrist

Das Verjährungsrecht kombiniert eine regelmäßige Verjährungsfrist von 3 Jahren (§ 195 BGB), die allerdings erst am Ende des Jahres beginnt, in dem der Anspruch entstanden ist und wenn Kenntnis oder grob fahrlässige Unkenntnis im Hinblick auf die Anspruchsvoraussetzungen vorliegt (§ 199 Abs. 1 BGB). Kenntnisunabhängig existieren absolute Höchstfristen von 10 bzw. 30 Jahren (§ 199 Abs. 2, Abs. 3 und Abs. 4 BGB). Weil es i.R.d. regelmäßigen Verjährungsfrist auch auf das subjektive Element ankommt, wird die Zeit, die der Gläubiger zur Klärung der Voraussetzungen seines Anspruches benötigt, von der Frist des § 195 BGB nicht erfasst. 11

Die regelmäßige Verjährungsfrist erfasst alle privatrechtlichen Ansprüche, sofern durch Gesetz oder Rechtsgeschäft (§ 202 BGB) keine kürzere oder längere Frist bestimmt ist. Sie gilt dabei nicht nur für Primäransprüche, sondern auch für Ansprüche auf Schadensersatz oder Rückabwicklung. Nicht von Bedeutung ist dabei, ob letztere auf § 812 BGB, Rücktritt oder Widerruf gestützt werden. 12

Als vertragliche Erfüllungsansprüche, die der regelmäßigen Verjährung unterliegen, sind u.a. der Darlehensanspruch[11] und etwa der Anspruch des Sparers auf Auszahlung seines Guthabens[12] zu nennen. Auch wiederkehrende Zins- und Tilgungsleistungen sowie titulierte Zinsen verjähren in 3 Jahren (§ 197 Abs. 2 BGB). Bei Annuitätendarlehen gilt die kurze Verjährungsfrist auch für den Tilgungsanteil der Zins- und Tilgungsrate.[13] 13

6 BGH, LM § 138 (Bb) Nr. 51 Bl. 3.
7 OLG Celle, WM 1993, 1957.
8 BGH, NJW-RR 1988, 1195; OLG Braunschweig, NJW-RR, 1989, 799; Palandt/*Ellenberger* vor § 194, Rn. 18.
9 OLG Stuttgart, NJW 2000, 2680.
10 BGH, NJW 1964, 1022.
11 BGH, NJW 1978, 1581.
12 LG Bonn, NJW-RR 1996, 557.
13 BGH, WM 2001, 1409 (zu § 197 BGB a.F.).

14 Für Schadensersatzansprüche gilt die regelmäßige Verjährungsfrist unabhängig davon, ob sie auf Vertrag, c.i.c. oder Delikt beruhen. Zu nennen sind im bankrechtlich relevanten Bereich insb. Schadensersatzansprüche wegen Pflichtverletzung (§ 280 Abs. 1 BGB) oder solche aus einem Beratungsvertrag, wenn § 634a BGB a.F. und der seit 05.08.2009 aufgehobene § 37a WpHG unanwendbar sind.[14] § 37a WpHG a.F. gilt gem. § 43 WpHG weiterhin für Ansprüche, die in der Zeit vom 01.04.1998 bis Ablauf des 04.08.2009 entstanden sind.

15 Auch Ansprüche aus Bereicherungsrecht und Geschäftsführung ohne Auftrag unterliegen grds. der kurzen, 3-jährigen Verjährungsfrist. Beruht der Bereicherungsanspruch allerdings auf der Tilgung eines Anspruchs, gilt die Verjährungsfrist des getilgten Anspruchs.[15]

16 Der Anspruch auf Rückzahlung von überzahlten Zinsen und Kreditgebühren unterliegt der regelmäßigen Verjährung. Gleiches gilt für den Anspruch auf Rückzahlung des Disagio.[16]

17 Innerhalb wie außerhalb des BGB gibt es verschiedene Sonderregelungen. Eine Harmonisierung ist bislang unterblieben.

18 Schadensersatzansprüche aus Prospekthaftung gegen die Gründer und Initiatoren einer Publikums KG verjährten analog § 127 Abs. 5 InvG, § 46 BörsG a.F. in einem Jahr ab Kenntnis, spätestens aber in 3 Jahren.[17] Diese kurze Verjährungsfrist gilt auch für den Erwerb einer gesellschaftsrechtlichen Beteiligung an einem geschlossenen Fonds.[18] Die Regelverjährung ist auch dann maßgebend, wenn der Anspruch auf ein konkretes Verhandlungsverschulden gestützt wird (sog. uneigentliche Prospekthaftung),[19] oder auf die Verletzung einer vertraglichen Beratungspflicht.[20] Gleiches gilt etwa beim Erwerb von Optionsscheinen.[21] § 46 BörsG a.F. ist durch das Gesetz zur Novellierung des Finanzanlagenvermittler- und Vermögensanlagenrechts vom 06.12.2011 mit Wirkung zum 31.05.2012 aufgehoben worden. Die momentan geltenden §§ 21 ff. des Wertpapierprospektgesetzes (WpPG) vom 22.06.2005 für Wertpapiere sowie die §§ 20 ff. Vermögensanlagengesetz (VermAnlG) und § 306 Kapitalanlagengesetzbuch (KAGB) enthalten keine Sonderregelungen über die Verjährung von Prospekthaftungsansprüchen. Es gelten daher uneingeschränkt die §§ 195, 199 BGB. § 46 BörsG a.F. gilt hingegen nur noch für Altfälle. Auch § 127 Abs. 5 InvG ist mit Ablauf des 30.06.2011 außer Kraft getreten und gilt nach § 148 InvG nur noch für Altfälle. An die Stelle des § 127 InvG ist mit Wirkung zum 22.07.2013 auch für geschlossene Fonds § 306 KAGB getreten. Auch hier fehlen Spezialregelungen zur Verjährung, so dass die §§ 195, 199 BGB Anwendung finden.[22]

19 Wann ein Anspruch verjährt, bestimmt sich nach dem Zeitpunkt seiner Entstehung.[23] Begründet ein und derselbe Sachverhalt mehrere nebeneinander bestehende Ansprüche, so verjährt grds. jeder selbstständig in der für ihn maßgebenden Frist.[24]

14 BGH, WM 1999, 1170.
15 BGH, WM 2000, 2257, BGH, WM 2014, 1544, 1546, streitig.
16 BGH, WM 1993, 2003.
17 BGH, WM 1982, 554.
18 BGH, WM 2001, 464; BGH, WM 2002, 813; OLG München, Urt. v. 22.07.2013 – 17 U 80/13.
19 BGH, WM 1984, 889.
20 BGH, WM 1984, 889.
21 OLG Frankfurt am Main, NJW-RR 1993, 1134.
22 Zum Ganzen *Nobbe*, WM 2016, 289 ff.
23 OLG Schleswig, NJW-RR 2003, 627. Nach BGH, Urt. v. 08.03.2005 – XI ZR 170/04, ZIP 2005, 802, entsteht in Fällen fehlerhafter Aufklärung bzw. Beratung ein Schaden des Anlegers bereits mit dem Erwerb der Kapitalanlage; ebenso Ellenberger/Schäfer/Clouth/Lang/*Ellenberger* Rn. 1080; s.a. bereits BGH, Urt. v. 07.05.1991 – IX ZR 188/90, WM 1991, 1303 (1305) und BGH, Urt. v. 27.01.1994 – IX ZR 195/93, WM 1994, 504 (506); BGH, Urt. v. 26.09.1997 – V ZR 29/96, WM 1997, 2309 (2312) = ZIP 1998, 154; BGH, Urt. v. 19.07.2004 – II ZR 402/02, WM 2004, 1721 (1724); OLG Frankfurt am Main, Urt. v. 18.07.2013 – 16 U 181/12.
24 BGH, WM 1992, 802.

Von großer praktischer Bedeutung ist schließlich die taggenaue Verjährung der in § 199 Abs. 2 und Abs. 3 BGB geregelten Verjährungshöchstfristen. Für diese Höchstfristen gilt § 199 Abs. 1 Halbs. 1 BGB somit nicht. 20

2. Ausnahmen von der regelmäßigen Verjährungsfrist

§ 196 BGB sieht eine 10-jährige Verjährungsfrist für Ansprüche auf Übertragung des Eigentums an einem Grundstück sowie auf Begründung, Übertragung oder Aufhebung eines Rechts an einem Grundstück oder auf Änderung des Inhalts eines solchen Rechts sowie die Ansprüche auf die Gegenleistung vor. Nach § 197 BGB verjähren in 30 Jahren u.a. Herausgabeansprüche aus Eigentum und anderen dinglichen Rechten, rechtskräftig festgestellte Ansprüche, Ansprüche aus vollstreckbaren Vergleichen oder vollstreckbaren Urkunden und Ansprüche, die durch die im Insolvenzverfahren erfolgte Feststellung vollstreckbar geworden sind. Auf den schuldrechtlichen Herausgabeanspruch (bspw. aus §§ 546, 346, 812 BGB) ist diese Regelung nicht anzuwenden[25]. 21

Eine rechtskräftige Feststellung kann durch Leistungsurteil, Feststellungsurteil, Vorbehaltsurteil, Schiedsspruch (§ 1055 ZPO), Vollstreckungsbescheid oder Kostenfestsetzungsbeschluss erfolgen. Gleichgestellte Titel sind der vollstreckbare Vergleich (§ 794 Abs. 1 Nr. 1 ZPO) und die vollstreckbare Urkunde (§ 794 Abs. 1 Nr. 5 ZPO). Im letzteren Fall ist aber Voraussetzung, dass die Unterwerfung unter die Zwangsvollstreckung wirksam ist.[26] Letzteres ist u.a. nicht der Fall, wenn die Unterwerfungserklärung unter Verstoß gegen das Rechtsberatungsgesetz von einem Treuhänder abgegeben wurde.[27] 22

Die 30-Jahres-Frist gilt auch für ein vom Schuldner abgegebenes Anerkenntnis, wenn dieses ein Feststellungsurteil ersetzen soll.[28] 23

Sonstige Schadensersatzansprüche bspw. aus Nebenpflichtverletzungen verjähren ohne Rücksicht auf die Kenntnis bzw. grob fahrlässige Unkenntnis in spätestens 10 Jahren von ihrer Entstehung – z.B. dem Zeitpunkt der Beratung – an, § 199 Abs. 3 Nr. 1 BGB. 24

Andere Ansprüche als Schadensersatzansprüche verjähren unabhängig von Kenntnis oder grob fahrlässiger Unkenntnis in spätestens 10 Jahren von ihrer Entstehung an, § 199 Abs. 4 BGB. 25

Unabhängig vom Zeitpunkt der Entstehung – z.B. dem Zeitpunkt der Beratung – an verjähren sie in 30 Jahren von der Begehung der Handlung, der Pflichtverletzung oder dem schadensauslösenden Ereignis an. 26

Kenntnis (des Schadens und des Schädigers) liegt in Anlehnung an die zu § 852 BGB a.F. entwickelten Grundsätzen vor, wenn die anspruchsbegründenden Tatsachen bekannt sind. Nicht erforderlich ist deren rechtliche Würdigung. Es ist nicht die Kenntnis des Schadenshergangs in allen Einzelheiten notwendig. Ausreichend ist die Kenntnis von Tatsachen, die es erlauben, eine aussichtsreiche – nicht risikolose – Klage zu erheben. Kann sich der Anspruch gegen mehrere Personen richten, beginnt die Verjährung, wenn Zweifel über die Person des Ersatzpflichtigen nicht mehr bestehen.[29] Es muss die Möglichkeit bestanden haben, sich die Kenntnis in zumutbarer Weise ohne nennenswerte Mühe zu verschaffen. Der Geschädigte darf die Augen vor einer sich aufdrängenden Kenntnis aber nicht geradezu verschließen und es versäumen, eine auf der Hand liegende 27

25 Vgl. Staudinger/*Peters/Jacoby*, (2014), BGB, § 197 Rn. 9.

26 BGH, WM 1999, 29; OLGR Düsseldorf 2002, 259.

27 BGH, WM 2003, 2372 – auf die Unwirksamkeit kann sich der Darlehensnehmer allerdings gem. § 242 BGB nicht berufen, wenn er sich im Darlehensvertrag wirksam zur Abgabe einer Unterwerfungserklärung verpflichtet hatte.

28 BGH, WM 1985, 1283; BGH, WM 2002, 1791; Palandt/*Ellenberger* § 197 Rn. 8.

29 OLG Koblenz, OLGR Koblenz 2004, 567; OLG Stuttgart, Urt. v. 30.04.2007 – 5 U 188/06, NJOZ 2007, 3795.

Erkenntnisquelle wahrzunehmen.[30] Er muss nicht die Rechtsnormen kennen, die den Zugriff auf den Schädiger zulassen.[31]

28 Die Verjährung scheckrechtlicher Rückgriffsansprüche bestimmt sich gem. Art. 64 ScheckG nach dem Recht des tatsächlichen Ausstellungsortes. Gem. Art. 52 Abs. 1 ScheckG verjähren die Rückgriffsansprüche des Inhabers gegen die Indossanten, den Aussteller und die anderen Scheckverpflichteten in 6 Monaten vom Ablauf der Vorlegungsfrist. Neubeginn und Hemmung der Verjährung bestimmen sich nach Art. 53 ScheckG.

V. Verjährungsbeginn

29 Die regelmäßige Verjährungsfrist beginnt gem. § 199 Abs. 1 BGB mit dem Schluss des Jahres, in dem der Anspruch entstanden ist (Nr. 1) und der Gläubiger von den den Anspruch begründenden Umständen und der Person des Schuldners Kenntnis erlangt oder ohne grobe Fahrlässigkeit erlangen müsste (Nr. 2). Entstanden ist der Anspruch, sobald er im Wege der Klage geltend macht werden kann.[32]

30 Ansprüche, deren Fälligkeit eine Kündigung oder Anfechtung voraussetzen, sind erst entstanden, wenn die Kündigung oder Anfechtung erklärt oder wirksam geworden ist. Die Regelung der §§ 199, 200 BGB a.F., nach welcher der Zeitpunkt maßgebend war, in der die Kündigung oder die Anfechtung zulässig werden, hat das Schuldrechtsmodernisierungsgesetz aufgehoben. Auch bei Sparguthaben beginnt die Verjährung daher mit der sich aus § 199 Abs. 1 Nr. 1 BGB ergebenden Maßgaben 3 Jahre nach Wirksamwerden der Kündigung. Das Kreditinstitut, das die Rückzahlung nicht beweisen kann, ist daher auch dann zur Zahlung verpflichtet, wenn ein Sparbuch mehr als 50 Jahre nach der letzten Kontobewegung vorgelegt wird.[33] Dieselben Grundsätze gelten für die im Sparguthaben enthaltenen Zinsen.[34]

31 Sog. verhaltene Ansprüche, die jederzeit, aber nur auf Verlangen des Berechtigten zu erfüllen sind, entstehen erst, wenn der Gläubiger die Erfüllung des Anspruchs verlangt. Beim Rückgabeanspruch des Hinterlegers, dem Hauptanwendungsfall des verhaltenen Anspruchs, hat der Gesetzgeber ausdrücklich klargestellt, dass die Verjährung erst mit dem Rückgabeverlangen beginnt (§§ 695 Satz 2, 696 Satz 3 BGB).

32 Beim Schadensersatzanspruch aus § 280 Abs. 1 BGB beginnt die Verjährung mit der Entstehung des Schadens.[35] Dies gilt ebenso für den Schadensersatzanspruch wegen Verzugs. Er verjährt aber gem. § 217 BGB spätestens mit der Hauptforderung. Beim Schadensersatzanspruch statt der Leistung (§§ 281 ff. BGB) beginnt die Verjährungsfrist nach der Rechtsprechung erst mit Ablauf der für die Erfüllung (Nacherfüllung) des Primäranspruchs gesetzten Frist oder dem Ereignis, das dem Fristablauf gleichsteht.[36]

33 Die Kenntnis muss dabei grds. in der Person des Gläubigers vorliegen. Die Kenntnis des Wissensvertreters steht der des Gläubigers gleich. Wissensvertreter ist aber nur, wem die Tatsachenermittlung zur Aufklärung oder Durchsetzung eines Anspruchs übertragen worden ist.[37] Bei Unternehmen und öffentlichen Körperschaften kommt es auf die Kenntnis des nach der innerbetrieblichen Organisation zuständigen Bediensteten an.[38] Eine Wissenszusammenrechnung hat die Rechtsprechung

30 OLG Karlsruhe, Urt. v. 09.08.2012 – 17 U 4/11.
31 BGH, NJW 2001, 964.
32 BGH, WM 1971, 385; BGH, NJW 1979, 1550; BGH, WM 1981, 245.
33 BGH, WM 2002, 1652 zum früheren Recht.
34 OLG Frankfurt, OLGR Frankfurt 2005, 310. 312.
35 BGH, NJW 1979, 1550; BGH, WM 1986, 991; BGH, Urt. v. 08.03.2005 – XI ZR 170/04, ZIP 2005, 802; Ellenberger/Schäfer/Clouth/Lang/*Ellenberger* Rn. 1080.
36 BGH, WM 1989, 1000; BGH, WM 1999, 1895.
37 BGH, NJW 1989, 2323; BGH, WM 1994, 750.
38 BGH, WM 1997, 1123.

im Verjährungsrecht – anders etwa bei der Vertragsanbahnung – bislang abgelehnt.[39] Der neue Gläubiger muss sich die Kenntnis seines Rechtsvorgängers stets anrechnen lassen. Bei Geschäftsunfähigen ist die Kenntnis des gesetzlichen Vertreters maßgebend.[40]

Erforderlich ist die Kenntnis (grob fahrlässige Unkenntnis) der anspruchsbegründenden Tatsachen. 34
Wie bereits dargelegt, wurde die Notwendigkeit der subjektiven Elemente von der Rechtsprechung nunmehr auch für die Überleitungsfälle nach Art. 229 § 6 Abs. 4 Satz 1 EGBGB angenommen.[41] Diese Entscheidung des BGH wurde als rechtspolitisch richtig und auch notwendig eingestuft.[42]

Ein Rechtsirrtum hindert den Verjährungsbeginn grds. nicht.[43] Bei besonders unübersichtlicher 35
und verwickelter Rechtslage können aber ausnahmsweise auch erhebliche rechtliche Zweifel den Verjährungsbeginn bis zur Klärung ausschließen.[44] Einen solchen Fall hat der BGH im Zusammenhang mit der Frage des Verjährungsbeginns für Rückforderungsansprüche bei Unwirksamkeit von Bearbeitungsentgeltsbestimmungen[45] in Verbraucherdarlehensverträgen angenommen.[46] Diese Rechtsprechung zum Verjährungsbeginn bei Unwirksamkeit von Bearbeitungsentgeltbestimmungen hat der BGH jüngst auch auf mit Unternehmen geschlossene Darlehensverträge erweitert.[47] Kenntnis ist dann zu bejahen, wenn der Kläger aufgrund seines Informationsstandes in der Lage ist, eine auf eine deliktische Anspruchsgrundlage gestützte Klage schlüssig zu begründen,[48] sodass die Einreichung einer Klage als hinreichend aussichtsreich, wenn auch nicht risikolos, erscheint und damit als zumutbar eingestuft werden kann.[49] Wenn es um eine unzureichende Aufklärung über die Risiken von Börsentermin- und Optionsgeschäften geht, gehört dazu jedenfalls die Kenntnis der Umstände, aus denen sich die Rechtspflicht zur Aufklärung ergibt.

Nach dem Grundsatz der Schadenseinheit verjährt der Schadensersatzanspruch einheitlich auch für 36
die erst in Zukunft entstehenden Schäden, sobald ein erster Schadensbetrag im Wege der Leistungsklage geltend gemacht werden kann.[50] Von Relevanz kann dies im Bereich der Wertpapierberatung sein, wenn Folgegeschäfte ohne weitere Beratung getätigt werden. Erforderlich ist schließlich die Kenntnis des Namens und der Anschrift des Schuldners.[51]

Grob fahrlässige Unkenntnis steht der positiven Kenntnis jeweils gleich. Grob fahrlässig handelt der 37
Gläubiger, wenn seine Unkenntnis auf einer besonders schweren Vernachlässigung der im Verkehr erforderlichen Sorgfalt beruht.[52] In Anlegerprozessen wegen Investitionen in geschlossene Immobilienfondsbeteiligungen kann grob fahrlässige Unkenntnis von Pflichtverletzungen anzunehmen sein, wenn ein Anleger trotz konkretem Anlass – etwa bei Insolvenz der Fondsgesellschaft, Insolvenz einzelner Mieter oder Ausbleiben von Ausschüttungen – ihm zugesandte Rechenschaftsberichte der Fondsgesellschaft nicht zur Kenntnis nimmt.[53]

---

39 BGH, NJW 1996, 2508.
40 BGH, NJW 1989, 2323.
41 BGH, BKR 2007, 147; OLG Celle, OLGR Celle 2007, 171; OLG Köln, Urt. v. 23.08.2011 – 9 U 158/10.
42 *Krepold* BKR 2007, 151 (152).
43 BGH, WM 1996, 125; grundlegend auch BGH, Beschl. v. 29.06.2010 – XI ZR 308/09 – »Kick-Back VII«, BKR 2010, 331 m. Anm. *Koch* (zum Rechtsirrtum).
44 BGH, NJW 1999, 2041; KG Berlin, WM 2010, 253.
45 BGH, NJW 2014, 2420.
46 BGH, Urt. v. 28.10.2014 – XI ZR 348/13 und XI ZR 17/14.
47 BGH, WM 2017, 1643 ff.
48 BGH, NJW 1994, 3092, 3093.
49 BGH, Urt. v. 26.09.2012 – VIII ZR 249/11; BGH, WM 2017, 1643 ff.
50 Palandt/*Ellenberger* § 199 Rn. 14.
51 BGH, WM 1998, 543 – 545; BGH, NJW 2001, 1721.
52 Einzelfälle vgl. Palandt/*Ellenberger* § 199 Rn. 37.
53 OLG Köln, Urt. v. 08.12.2011 – 24 U 94/11.

38 Der Schuldner muss die Kenntnis bzw. grob fahrlässige Unkenntnis des Gläubigers beweisen. Den Gläubiger trifft aber eine sekundäre Behauptungslast für Umstände, die in seiner Sphäre liegen.[54] Er muss also erforderlichenfalls darlegen, was er zur Ermittlung der Voraussetzungen seines Anspruchs und der Person des Schuldners getan hat.[55]

39 Die Verjährungsfrist von Ansprüchen, die nicht der regelmäßigen Verjährung unterliegen, beginnt mit der Entstehung des Anspruchs, soweit nicht ein anderer Verjährungsbeginn bestimmt ist (§ 200 BGB). Im Fall festgestellter Ansprüche (§ 197 Abs. 1 Nr. 3 bis 5 BGB) beginnt die Verjährung mit der Rechtskraft der Entscheidung, der Errichtung des vollstreckbaren Titels oder der Feststellung im Insolvenzverfahren, nicht jedoch vor der Entstehung des Anspruchs (§ 201 BGB).

40 Gem. § 202 BGB kann die Verjährung bei Haftung wegen Vorsatzes nicht im Voraus durch Rechtsgeschäft erleichtert werden. Die Verjährung kann allerdings durch Rechtsgeschäft erschwert werden. Dies gilt aber nicht über eine Verjährungsfrist von 30 Jahren ab dem gesetzlichen Verjährungsbeginn hinaus (§ 202 Abs. 2 BGB).

41 Häufig – insb. bei Investitionen in geschlossenen Fonds – werden von Anlegern mehrere Pflichtverletzungen gerügt. Nach dem Grundsatz der verjährungsrechtlichen Eigenständigkeit unterliegen mehrere Beratungsfehler einem separaten Verjährungsregime. Dies gilt auch dann, wenn sie nicht jeweils unterschiedliche Schadensfolgen verursacht haben, sondern in demselben Schaden – hier: Erwerb der Kapitalanlage – münden.[56] Jedoch beginnt die Verjährung dennoch nicht in jedem Fall erst mit Kenntnis vom »letzten Beratungsfehler« zu laufen. Grob fahrlässige Unkenntnis kann nämlich anzunehmen sein, wenn der Anleger deutliche Alarmsignale – wie ausbleibende Ausschüttungen – nicht zum Anlass nimmt, sich anwaltlich beraten zu lassen. Zwar muss ein Anleger nicht im Sinne einer frühzeitigen Verjährung Nachforschungen anstellen, er darf aber auch nicht sich Aufdrängendes außer Acht lassen.[57]

VI. Hemmung und Neubeginn der Verjährung

1. Hemmung der Verjährung

42 In §§ 203 ff. BGB sind verschiedene Hemmungstatbestände niedergelegt. Die Hemmung wirkt in der Weise, dass der Zeitraum, während dessen die Verjährung gehemmt ist, in die Verjährungsfrist nicht eingerechnet wird (§ 209 BGB). Die Verjährungsfrist ist damit in konkreter Berechnung um die Hemmungszeit zu verlängern. Höchstgrenzen für deren Berücksichtigung gibt es nicht.[58] Die Wirkung der Hemmung beschränkt sich auf die Personen, zwischen denen der Hemmungsgrund besteht (§§ 425 Abs. 2, 429 Abs. 2 BGB), die Verlängerung der Verjährungsfrist wirkt jedoch über § 768 BGB zulasten des Bürgen. Die Hemmung schließt eine Verwirkung des Anspruchs nicht aus.[59]

43 Gehemmt wird die Verjährung gem. § 203 BGB dann, wenn zwischen Schuldner und Gläubiger Verhandlungen über den Anspruch oder die den Anspruch begründenden Umstände schweben. Der Begriff der Verhandlung ist weit auszulegen.[60] Es genügt jeder Meinungsaustausch über den Anspruch oder seine tatsächliche Grundlage, wenn nicht sofort erkennbar die Verhandlung abgelehnt wird.[61] Dies setzt voraus, dass die Parteien tatsächlich Kontakt aufgenommen haben.

54 OLG Celle, ZGS 2007, 195.
55 BGH, NJW 1984, 2216.
56 BGH, NJW-RR 2012, 111; BGH, BKR 2010, 118.
57 OLG Karlsruhe, Urt. v. 09.08.2012 – 17 U 4/11.
58 BGH, WM 1989, 1822.
59 OLG Schleswig, VersR 2001, 1231; a.A. OLG Düsseldorf, NJW-RR 1990, 472.
60 BGH, NJW 1983, 2075; BGH, WM 2009, 1597.
61 BGH, NJW-RR 2001, 1168.

Verhandelt der Hauptschuldner mit dem Gläubiger ernsthaft über den Bestand der Hauptschuld, welche mit einer Bürgschaft gesichert ist, tritt dadurch eine Hemmung der Verjährung ein. Diese Hemmung wirkt auch ggü. dem Bürgen, da dies vom Gesetzgeber erkennbar so gewollt und dem Verjährungsverzicht durch den Hauptschuldner (i.S.d. § 768 Abs. 2 BGB) nicht vergleichbar ist.[62] Etwas anderes gilt bei zum Nachteil des Bürgen geführten Scheinverhandlungen.[63] Der Bürge verliert jedoch das Recht, sich gegenüber dem Gläubiger auf den Ablauf der ursprünglichen Regelverjährung der Hauptforderung zu berufen, wenn aufgrund eines gegen den Hauptschuldner ergangenen rechtskräftigen Urteils gegen diesen eine neue Verjährungsfrist in Lauf gesetzt wird, und sich der Hauptschuldner erfolglos auf die Einrede der Verjährung berufen hatte.[64] Gleiches gilt, wenn die Hauptforderung im Insolvenzverfahren über das Vermögen des Hauptschuldners zur Tabelle festgestellt ist und aus dem Verhalten des Insolvenzverwalters nicht der Wille zum Verzicht auf die Einrede der Verjährung erkennbar ist[65]. 44

Die Hemmung endet durch Verweigerung der Fortsetzung von Verhandlungen. Dies muss grds. durch ein klares und eindeutiges Verhalten einer der Parteien zum Ausdruck kommen.[66] Lässt der Gläubiger die Verhandlungen einschlafen, so sind sie in dem Zeitpunkt beendet, in dem der nächste Schritt nach Treu und Glauben zu erwarten gewesen wäre.[67] Die Hemmung endet dann, wenn bei verständiger Würdigung des Verhaltens des anderen Teils dessen nächster Schritt (Antwort) zu erwarten gewesen wäre. Da dieser Zeitpunkt kaum einmal sicher zu bestimmen ist, sieht § 203 Abs. 2 BGB eine Ablaufhemmung von weiteren 3 Monaten nach Ablauf der Hemmung vor. 45

Gem. § 204 BGB wird die Verjährung über den Anwendungsbereich des § 203 BGB hinaus gehemmt, u.a. durch die Erhebung der Klage auf Leistung oder auf Feststellung des Anspruchs, auf Erteilung der Vollstreckungsklausel oder auf Erlass des Vollstreckungsurteils, durch die Zustellung des Mahnbescheides im Mahnverfahren, durch die Geltendmachung der Aufrechnung des Anspruchs im Prozess, durch die Zustellung der Streitverkündung sowie durch die Zustellung des Antrags auf Durchführung eines selbstständigen Beweisverfahrens. Die Veranlassung der Bekanntgabe des erstmaligen Antrages auf Gewährung von PKH führt zu einer Hemmung. Auch die Anrufung des Bankenombudsmann des Bundesverbandes deutscher Banken (BdB) führt nach der Verfahrensordnung für die Schlichtung von Kundenbeschwerden im deutschen Bankgewerbezur Hemmung der Verjährung. Gem. § 204 Abs. 1 Nr. 11 BGB tritt Hemmung mit Beginn desSchlichtungsverfahrens ein. Beginnt dieses nicht, weil der Ombudsmann der Schlichtungstelle nicht zuständig ist, kommt es zu keiner Hemmung. 46

Von großer praktischer Bedeutung ist die Hemmung durch Veranlassung der Bekanntgabe des Güteantrags nach § 204 Abs. 1 Nr. 4 BGB. Probleme ergeben sich insbesondere daraus, dass nur dann eine Verjährungshemmung eintritt, wenn der Güteantrag den geltend gemachten Anspruch hinreichend genau bezeichnet.[68] Welche Angaben zur hinreichenden Individualisierung des Güteantrags erforderlich sind, kann nicht abstrakt definiert werden, sondern hängt von einer Gesamtbewertung aller Umstände des Einzelfalls ab. Erforderlich ist jedenfalls, dass der Sachverhalt so weit individualisiert ist, dass sowohl der Antragsgegner als auch die Gütestelle aus dem Antrag selbst oder aus einem beigefügten Schreiben erkennen können, aus welchem konkreten Sachverhalt der Antragsteller welche Rechtsfolge für sich herleiten möchte.[69] Hierzu ist eine Eingrenzung des 47

62 BGH, WM 2009, 1597; BGH – XI ZR 12/09, Urt. v. 26.01.2010; BGH, NJW-Spezial 2010, 173.
63 BGH, WM 2009, 1597.
64 BGH, WM 2016, 1826.
65 BGH, BKR 2017, 328, mit Anm. *Lang*.
66 BGH, NJW 1998, 2819.
67 BGH, NJW 1986, 1337; OLG Düsseldorf, VersR 1999, 668; BGH, NJW 2009, 1806.
68 BGH Urt. v. 22.09.2009 – XI ZR 230/08, BGHZ 182, 284; Palandt/Ellenberger, § 204 Rn. 19; OLG Hamm, Urt. v. 26.04.2007 – 22 U 117/06; OLG Brandenburg, Urt. v. 03.03.2010 – 4 U 40/09.
69 Vgl. *Duchstein*, NJW 2014, 342 m.w.N.

Sachverhalts in zeitlicher und tatsächlicher Hinsicht erforderlich.[70] Dies folgt aus dem Zweck der Norm, nach dem der Güteantrag sowohl dem Antragsgegner als auch der Gütestelle eine sinnvolle Auseinandersetzung mit dem Begehren des Antragstellers ermöglichen muss.[71] Die Gütestelle muss durch den Güteantrag in die Lage versetzt werden, einen Einigungsvorschlag zu erarbeiten. Eigene Nachforschungspflichten des Antragsgegners bestehen grundsätzlich nicht.[72] Mindestvoraussetzungen hat der BGH in seinem KapMuG Beschluss vom 21.10.2014 für Fälle eines Aktienerwerbs auf Grundlage des Emissionsprospekts aufgestellt. Danach werde der erforderlichen Individualisierung eines Anspruchs durch die Angabe des Zeitpunkts des Erwerbs der Aktien und der Benennung des angeblich fehlerhaften Prospekts genügt.[73]

48 Die Hemmung der Verjährung durch Bekanntgabe des Güteantrags tritt nur dann mit dessen Einreichung ein, wenn die Bekanntgabe an den Antragsgegner »demnächst« erfolgt. Bei der Beurteilung der Frage, ob eine Bekanntgabe »demnächst« i.S.d. § 204 Abs. 1 Nr. 4 BGB veranlasst worden ist, kann auf die zu § 167 ZPO entwickelten Grundsätze zurückgegriffen werden.[74] Es obliegt dem Antragsteller, alles Erforderliche für eine Zustellung »demnächst« zu tun. Insbesondere muss dem Güteantrag die erforderliche Zahl von Abschriften beigefügt werden. Verzögert sich die Zustellung aus Gründen, die dem Antragsteller nicht bekannt sind, muss dieser sich bei der Gütestelle nach den Ursachen erkundigen. Bleibt die Anforderung des Gebührenvorschusses aus, hat der Antragsteller jedenfalls binnen 6 Wochen nachzufragen.[75]

49 Hinsichtlich des Hemmungstatbestandes der Zustellung des Mahnbescheids nach § 204 Abs. 1 Nr. 4 BGB ist zu beachten, dass das Mahnverfahren als solches für Zug-um-Zug zu erbringende Leistungen nicht geeignet ist. Die ist insbesondere in Anlegerprozessen von Bedeutung, in denen Schadensersatz Zug um Zug gegen Rückübertragung der Gesellschaftsbeteiligung geltend gemacht wird. Macht der Anleger hier unrichtige Angaben, um die Zurückweisung des Mahnbescheidsantrags wegen Unzulässigkeit gem. § 688 Abs. 2 Nr. 2 ZPO zu vermeiden, nutzt er treuwidrig eine formale Rechtsposition aus, wenn er sich auf die verjährungshemmende Wirkung des Mahnbescheids beruft.[76] Dies gilt sowohl für Angabe, dass der Anspruch nicht von einer Gegenleistung abhängig sei,[77] als auch die unzutreffende Angabe, die Gegenleistung sei bewirkt[78].

50 Die Hemmung gem. § 204 BGB endet 6 Monate nach der rechtskräftigen Entscheidung oder anderweitigen Beendigung des eingeleiteten Verfahrens. Allerdings beginnt die Frist erst dann zu laufen, wenn die Partei unterrichtet wird.[79] Gerät das Verfahren dadurch in Stillstand, dass die Parteien es nicht betreiben, so tritt an die Stelle der Beendigung des Verfahrens die letzte Verfahrenshandlung der Parteien, des Gerichts oder der sonst mit dem Verfahren befassten Stelle.

51 Die Hemmungswirkung eines in einem Insolvenzverfahren angemeldeten Anspruchs endet gem. § 204 Abs. 2 Satz 1 BGB erst 6 Monate nachdem das Insolvenzverfahren durch Aufhebungsbeschluss (§§ 200, 258 InsO) oder Einstellung (§ 207 InsO) beendet worden ist.[80]

---

70 Vgl. OLG München Urt. v. 06.11.2013 – 20 U 2064/13; OLG München Beschl. v. 12.11.2007 – 19 U 4170/07, WM 2008, 733; OLG Frankfurt, Beschl. v. 09.05.2014 – 23 U 205/13; *Grüneberg*, WM 2014, 1109 (1112); *Duchstein*, NJW 2014, 342 ff.

71 *Duchstein*, NJW 2014, 342, 343.

72 Vgl. OLG Frankfurt am Main, Urt.v. 16.07.2014, Az.: 19 U 2/14.

73 BGH Beschl. v. 21.10.2014, Az.: XI ZB 12/12; insgesamt zur Hemmung durch Güteanträge: Assies/Faulenbach, BKR 2015, 89 ff.

74 BGH, Urt. v. 22.09.2009 – XI ZR 230/08, juris Rdnr. 14.

75 BGH, Urt. v. 01.04.2004 – IX ZR 117/03, juris Rdnr. 13 ff.

76 BGH, Urt. v. 21.11.2011 – VIII ZR 157/11; OLG Düsseldorf, Beschl. v. 19.03.2015 – U 163/14.

77 BGH Beschl. v. 16.09.2014 – XI ZR 311/13; OLG Bamberg v. 30.07.2013 – 5 U 55/13; OLG Stuttgart, WM 2014, 1998.

78 BGH, Beschl. v. 13.05.2014 – XI ZR 236/13; OLG München, Beschl. v. 19.06.2013 – 19 U 4497/12.

79 OLG Celle, ZGS 2007, 195 mit Verweis auf BGHZ 134, 387 (390 f.).

80 BGH, ZIP 2010, 264; Palandt/*Ellenberger* § 204 Rn. 42.

Gehemmt ist die Verjährung schließlich, solange der Schuldner aufgrund einer Vereinbarung mit dem Gläubiger vorübergehend zur Verweigerung der Leistung berechtigt ist. Hauptanwendungsfall ist das Stillhalteabkommen (pactum de non petendo), d.h. die Absprache zwischen Gläubiger und Schuldner, dass der Anspruch einstweilen nicht geltend gemacht werden soll. Ein solches Abkommen kann stillschweigend zustande kommen. Der Wille der Parteien muss aber darauf gerichtet sein, für den Schuldner ein Leistungsverweigerungsrecht zu begründen oder die Klagbarkeit der Forderung vorübergehend auszuschließen. Ein Stillhalteabkommen kann bspw. vorliegen, wenn der Gläubiger seine Befriedigung zunächst aus einer erfüllungshalber abgetretenen Forderung suchen soll. Regelmäßig wird hier auch ein Fall des § 203 BGB vorliegen. Die Abrede, einen Prozess vorläufig nicht weiter zu betreiben, genügt nicht.[81] 52

Bei einer Sicherungsgrundschuld ist die Verjährung der Zinsen nicht bis zum Eintritt des Sicherungsfalls gehemmt.[82] 53

2. Neubeginn der Verjährung

Die Verjährung wird nicht nur gehemmt, sondern beginnt neu, wenn der Schuldner dem Gläubiger ggü. den Anspruch durch Abschlagszahlung, Zinszahlung, Sicherheitsleistung oder in anderer Weise anerkennt oder eine gerichtliche oder behördliche Vollstreckungshandlung vorgenommen oder beantragt wird (§ 212 BGB). 54

Ein Anerkenntnis ist dabei das rein tatsächliche Verhalten des Schuldners ggü. dem Gläubiger, aus dem sich das Bewusstsein vom Bestehen des Anspruchs unzweideutig ergibt.[83] Das Anerkenntnis kann auch in einem schlüssigen Verhalten liegen. Erforderlich ist aber, dass das Verhalten des Schuldners das Bewusstsein vom Bestehen der Schuld unzweideutig zum Ausdruck bringt.[84] Nicht als Anerkenntnis aufzufassen ist daher u.a. die Sicherheitsleistung zur Abwendung der Zwangsvollstreckung.[85] Als Anerkennungshandlungen kommen dagegen neben den im Gesetz ausdrücklich bezeichneten Fällen das Stundungsgesuch,[86] die Saldenbestätigung,[87] die Bitte um wohlwollende Prüfung der wirtschaftlichen Lage oder die Erklärung, zur Abgabe eines Anerkenntnisses grds. bereit zu sein,[88] in Betracht. 55

Im Fall des Anerkenntnisses genügt, dass der Schuldner den Anspruch dem Grunde nach anerkennt.[89] Etwas anderes gilt aber dann, wenn nur auf bestimmte Schadenspositionen geleistet wird. Dies hindert die Verjährung der weiteren Schadenspositionen dann nicht. Bei wiederkehrenden Leistungen begründet die Bezahlung einer einzelnen Rate zugleich auch den Neubeginn der Verjährung des Stammrechts.[90] Das Anerkenntnis muss vom Schuldner oder seinem Vertreter abgegeben werden. 56

Das Anerkenntnis hat die Wirkung, dass die Verjährung mit dem auf das Anerkenntnis folgenden Tag im Ganzen neu beginnt.[91] Maßgeblich ist der Zeitpunkt der Abgabe, nicht der des Zugangs 57

81 BGH, WM 1983, 533.
82 BGH, WM 1999, 2253; anders noch BGH, NJW 1996, 256.
83 BGH, WM 1994, 307.
84 BGH, NJW 1997, 517.
85 BGH, NJW 1993, 1848.
86 BGH, NJW 1978, 1914.
87 OLG Düsseldorf, NJW-RR 1999, 858 – dort Saldenbestätigung des Auftraggebers eines Werkvertrages; *Placzek*; WM 2017, 1835.
88 OLG Karlsruhe, VersR 1993, 331.
89 BGH, VersR 1974, 571; BGH, VersR 1984, 442.
90 BGH, VersR 1960, 949; BGH, NJW 1967, 2353; OLG Köln, VersR 1985, 249.
91 BGH, WM 1998, 1766.

der Erklärung.[92] Der Neubeginn wirkt auch für den Rechtsnachfolger. Das Anerkenntnis wirkt aber gem. § 767 Abs. 1 Satz 3 BGB nicht zulasten des Bürgen.[93]

VII. Folgen der Verjährung

58 Nach Eintritt der Verjährung ist ein Schuldner berechtigt, die Leistung zu verweigern, da die Verjährung ein dauerndes Leistungsverweigerungsrecht gem. § 214 BGB darstellt. Der Eintritt der Verjährung führt jedoch nicht zum Untergang der Forderung selbst. Diese bleibt weiter bestehen und kann auch selbst ein Zurückbehaltungsrecht begründen (§ 215 BGB). Sie ist noch als eigener Anspruch bei einer Aufrechnung geeignet, wenn die zwischenzeitlich verjährte Forderung bei Eintritt der Aufrechnungslage noch unverjährt war (§ 215 BGB).

59 Da die Verjährung den Anspruch nicht erlöschen lässt (§ 222 BGB), behält der Gläubiger das Recht, sich aus den ihm eingeräumten Sicherheiten zu befriedigen (§ 216 Abs. 1 und 2 BGB), und zwar auch dann, wenn diese akzessorisch ausgestaltet sind. Die Regelung gilt auch für Sicherheiten, die kraft Gesetzes oder im Wege der Zwangsvollstreckung erworben worden sind.[94] Zu nennen sind Hypotheken (§ 1113 BGB), Grundschulden, Sicherungsabtretung und Sicherungsübereignung. Es muss jedoch als Gläubiger Folgendes beachtet werden: § 216 BGB gilt nicht für die Vormerkung (§§ 883, 886 BGB) und die Bürgschaft (vgl. § 768 BGB).

60 Mit der Hauptforderung verjährt auch der Anspruch auf die von ihm abhängigen Nebenleistungen (§ 217 BGB), insb. (Verzugs-) Zinsen.

VIII. Besondere Problemgestaltungen im Bankrecht

1. Verjährung und Verbraucherdarlehen

61 Für den Anspruch auf Rückerstattung des Darlehens und auf Zahlung rückständiger Vertragszinsen aus einem Verbraucherkreditvertrag gelten die allgemeinen Vorschriften. Gem. § 497 Abs. 3 Satz 3 und 4 BGB gilt für die Verjährung von Ansprüchen aus einem Verbraucherdarlehensvertrag, dass der Ansprüche auf Rückerstattung der Darlehensvaluta sowie auf vertragliche Zinsen und auf Verzugszinsen vor einer Titulierung nach 3 Jahren verjähren, wobei der Lauf der Verjährung mit dem Schluss des Kalenderjahres, in dem der jeweilige Anspruch entstanden, also fällig geworden ist, beginnt. Allerdings ist der Lauf der Verjährungsfrist während des Verzuges, längstens jedoch für eine Zeit von 10 Jahren gehemmt.

62 Nach Titulierung verjähren der Darlehensrückerstattungsanspruch sowie der Anspruch auf vertragliche und auf Verzugszinsen nach 30 Jahren. Dies gilt auch für erst künftig fällig werdende Zinsen, da § 197 Abs. 2 BGB keine Anwendung findet (§ 497 Abs. 3 Satz 4 BGB). Allerdings macht § 497 Abs. 3 Satz 5 BGB hiervon eine Ausnahme, wenn es um Zahlungsansprüche aus Vollstreckungstiteln geht, deren Hauptforderung auf Zinsen lautet. Der Gläubiger, der einen solchen isolierten Zinstitel erlangt hat, erfährt dadurch keine Verlängerung der Verjährungsfrist, sondern hat weiterhin die kurze Frist der regelmäßigen Verjährung (§§ 195, 197 Abs. 2 BGB) zu beachten.[95]

63 Gem. § 497 Abs. 3 Satz 4 BGB findet beim Verbraucherdarlehen auf titulierte Zinsansprüche § 197 Abs. 2 BGB (Verjährung titulierter Zinsen in 3 Jahren) keine Anwendung, d.h. es bleibt gem. § 197 Abs. 1 Nr. 3 BGB bei der Verjährungsfrist von 30 Jahren. Hiervon gibt es jedoch auch eine Ausnahme: Lautet der Titel nur auf Zinsen, gilt auch beim Verbraucherdarlehen eine Verjährungsfrist von 3 Jahren, § 497 Abs. 3 Satz 5 BGB.

92 BGH, WM 1975, 559; a.A. KG Berlin, NJW-RR 1990, 1402.
93 OLG Düsseldorf, MDR 1975, 1019.
94 BGH, WM 1985, 548.
95 *Ricken* NJW 1999, 1146, 1148.

Beim Verbraucherdarlehen ist nach Gesamtfälligstellung gem. § 497 Abs. 3 Satz 1 BGB die Verrechnung von Zahlungen abweichend von § 367 Abs. 1 BGB zunächst auf Kosten, dann auf die Hauptforderung und zuletzt auf Zinsen zu verwenden. Eine kurze Verjährung von Hauptforderung und Zinsen gibt es in diesem Fall nicht. 64

Gem. § 497 Abs. 3 Satz 3 BGB tritt mit Zahlungsverzug eine Hemmung der Verjährung ein, bis die Ansprüche gem. § 197 Abs. 1 Nr. 3 bis 5 BGB rechtkräftig festgestellt worden sind. Die Hemmung dauert höchstens 10 Jahre von der Entstehung der Ansprüche an. Demnach haben Banken bei Verbraucherdarlehen 13 Jahre Zeit, die Ansprüche geltend zu machen bzw. zu titulieren. Sind die Ansprüche nach dem 01.01.2002 entstanden, endet die Verjährungsfrist frühestens am 31.12.2005. 65

Bei Verbundgeschäften kann sich der Verbraucher auch ggü. der Darlehensrückzahlungsforderung der kreditgebenden Bank auf die im Verhältnis zum Verkäufer geltende kurze Verjährungsfrist berufen.[96] Der BGH begründet dies damit, dass der Kunde ggü. Zahlungsansprüchen des Darlehensgebers grds. genau so stehen soll, wie er ggü. der Kaufpreisforderung des Verkäufers stünde, wenn nur mit diesem das Geschäft abgeschlossen worden wäre. Allerdings ist die Berufung auf die Einrede treuwidrig, wenn der Schuldner seine vertragliche Verpflichtung zur Mitteilung eines Wohnungswechsels schuldhaft verletzt und dadurch eine wirksame Zustellung des Mahn- und Vollstreckungsbescheides vereitelt hat.[97] Allerdings wird in der Literatur bezweifelt, dass Nr. 11 Abs. 1 AGB-Banken bzw. Nr. 20 Abs. 1 AGB-Sparkassen, die entsprechende Mitteilungspflichten vorsehen, für einen Schadensersatzanspruch ausreichen.[98] 66

2. Verjährung beim Immobiliardarlehen

a) Darlehen

Auf den Anspruch auf Rückerstattung der Darlehensvaluta (§ 488 Abs. 1 Satz 2 BGB) finden die Vorschriften über die Regelverjährung Anwendung.[99] Dieser Anspruch verjährt demnach in 3 Jahren nach Schluss des Kalenderjahres, in dem der Anspruch entstanden ist (§§ 195, 199 Abs. 1 BGB).[100] Entstanden ist ein Anspruch, wenn er fällig ist.[101] 67

Wird das Darlehen unter Einhaltung einer Kündigungsfrist oder unter Einräumung einer Rückzahlungsfrist nach Nr. 19 Abs. 5 AGB-Banken gekündigt, so kommt es nicht auf den Zugang der Kündigungserklärung, sondern auf den Zeitpunkt des Fristablaufs an, da der Schuldner bis zu diesem Zeitpunkt die Leistung verweigern darf. 68

Ist der Darlehensrückerstattungsanspruch verjährt, ist die Bank allerdings nicht gehindert, sich aus etwaigen dinglichen Sicherheiten zu befriedigen. Dies gilt nach § 216 Abs. 1 BGB namentlich für die Hypothek sowie für (vertragliche oder gesetzliche) Pfandrechte. Die Vorschrift findet nach Abs. 2 ferner auf die abstrakten Sicherungsmittel der Grundschuld, der Sicherungsübereignung und Sicherungsabtretung sowie schließlich auch auf den Eigentumsvorbehalt Anwendung. 69

Soweit der Gläubiger dagegen wegen verjährter Zinsen vorgehen möchte, bleibt er an einer Verwertung der Sicherheit gehindert (§ 216 Abs. 3 BGB). 70

96 BGH, BKR 2005, 104 (zu § 9 Abs. 3 Satz 1 VerbrKrG).

97 BGH, BKR 2005, 104; LG Berlin – 10 O 433/06, Urt. v. 15.02.2007 (bislang veröffentlicht nur in juris).

98 *Klassen* BKR 2005, 107.

99 *Köndgen* WM 2001, 1637 (1647).

100 Dass in diesem Zusammenhang das für den Beginn zusätzliche Erfordernis der Kenntnis von Anspruch und Schuldner jemals zweifelhaft sein wird, ist praktisch nicht vorstellbar.

101 Zur Verjährung eines Anspruchs auf Nichtabnahmeentschädigung s. BGH, BKR 2006, 206.

b) Grundschuldzinsen

71 Für die Verjährung von Grundschuldzinsen ergeben sich keine Besonderheiten. Die Verjährung ist nicht bis zum Eintritt des Sicherungsfalles gehemmt, sondern beginnt mit Schluss des Jahres zu laufen, in dem die Grundschuld zur Entstehung gelangt ist.[102] Hierauf hat auch der Referentenentwurf zum SchlRModG ausdrücklich unter Bezugnahme auf die zu dieser Zeit neue ergangene Rechtsprechung hingewiesen.[103]

c) Anspruch auf Rückgewähr einer Grundschuld

72 Nach § 197 Abs. 1 Nr. 1 BGB verjähren Herausgabeansprüche aus Eigentum und anderen dinglichen Rechten in 30 Jahren. Ansprüche auf Übertragung oder Aufhebung eines Rechts an einem Grundstück verjähren gem. §§ 196, 200 BGB bereits in 10 Jahren. Zu diesen gehört auch der im positiven Recht nicht näher geregelte Anspruch auf Rückgewähr einer Grundschuld durch Löschung, Verzicht oder Rückabtretung.[104]

73 Unabhängig davon, ob man in dem Erlöschen der gesicherten Forderung eine aufschiebende Bedingung oder eine Fälligkeitsvoraussetzung des Rückgewähranspruchs erblickt,[105] beginnt die Verjährungsfrist erst im Zeitpunkt des Wegfalls der gesicherten Forderung, da die Rückgewähr jedenfalls erst ab diesem Zeitpunkt verlangt werden kann. Allerdings kann der Rückgewähranspruch zum entsprechenden Teil bereits erhoben werden, sobald eine endgültige Übersicherung eingetreten ist, beim Tilgungsdarlehen also mit jeder einzelnen Tilgungsrate.[106]

3. Exkurs: Rückabwicklung nach neuem Widerrufsrecht

74 Am 13.06.2014 ist das »Gesetz zur Umsetzung der Verbraucherrechterichtlinie und zur Regelung der Wohnungsvermittlung«[107] in Kraft getreten. Der Anwendungsbereich der Richtlinie umfasst gem. Art. 3 VR-RL »jegliche Verträge, die zwischen einem Unternehmer und einem Verbraucher geschlossen werden«, mit Ausnahme der in Art. 3 Abs. 3 VR-RL aufgeführten Verträge, u.a. Finanzdienstleistungen (Buchst. b)). Diese Bereichsausnahme führte dazu, dass für den Fernabsatz von Finanzdienstleistungen die vorbenannte Fernabsatzfinanzdienstleistungsrichtlinie (2002/65/EG) auch über den 13.06.2014 hinaus Geltung behielt. Für Verbraucherverträge über Finanzdienstleistungen, die nicht im Fernabsatz, sondern außerhalb von Geschäftsräumen geschlossen wurden (Haustürgeschäfte nach altem Recht), fehlte seit dem 13.06.2014 eine europäische Regelung. Dieses Defizit hat der deutsche Gesetzgeber durch das am 21.03.2016 in Kraft getretenen »Gesetz zur Umsetzung der Wohnimmobilienkreditrichtlinie und zur Änderung handelsrechtlicher Vorschriften« geschlossen.[108] Auch nach der Umsetzung regeln die Vorschriften der §§ 355–361 BGB weiterhin die Grundsätze zum Widerruf von sämtlichen Verbraucherverträgen. Diese Vorschriften gelten sowohl für avG-Verträge als auch für Fernabsatzverträge. Die Rechtsfolgen des Widerrufs bei Verträgen über Finanzdienstleistungen richten sich dabei einheitlich nach § 357a BGB. Einzig der Begriff des Verbraucherdarlehensvertrags erfährt eine Sonderstellung und wird umfassend in den §§ 491 ff. BGB geregelt. Er umfasst allgemeine Verbraucherdarlehensverträge, die unter die Verbraucherkreditrichtlinie fallen, sowie Immobiliarverbraucherdarlehensverträge, die von der Wohnimmobilienkreditrichtlinie erfasst werden. wobei das Widerrufsrecht für nach dem 21.03.2016 abgeschlossene Verbraucherdarlehensverträge in § 356b BGB näher ausgestaltet wird.

---

102 Vgl. BGH, NJW 1999, 3705 (3706); BGH, NJW 1999, 2540 (2540 f.); BGH, WM 1999, 382; anders noch: BGH, NJW 1996, 253 (256).

103 BT-Drs. 14/6040, 118.

104 Hierzu ausführlich: *Lwowski* Rn. 920 ff.

105 Vgl. *Lwowski* Rn. 218 u. 921.

106 BGH, NJW 1996, 2092; *Wolfsteiner* DNotZ 2001, 902 (903).

107 BGBl. 2013 I 3642.

108 BGBl. 2016 I 396.

Das neue Verbraucherrecht sieht umfangreiche Informationspflichten (vgl. Art. 246 ff. EGBGB n.F.) und das Widerrufsrecht (§§ 355 bis 361 BGB n.F.) als Mechanismen vor, um den Unwägbarkeiten des unpersönlichen Vertragsschlusses sowie des übereilten Vertragsschlusses zu begegnen und den Schutz potentieller Vertragspartner zu gewährleisten. Informationspflichten bei außerhalb der Geschäftsräume und im Fernabsatz geschlossenen Verträgen über Finanzdienstleistungen finden sich in Art. 246b EGBGB. Bei Verbraucherdarlehensverträgen sind die Besonderheiten des Art. 247 § 2 Abs. 1 und 3 EGBGB zu beachten. 75

Bei außerhalb von Geschäftsräumen geschlossenen Verträgen handelt es sich um Geschäfte, bei denen die Vertragsparteien beim Vertragsschluss körperlich anwesend sind. Fernabsatzverträge sind demgegenüber Verträge, bei denen der Unternehmer oder eine in seinem Namen oder Auftrag handelnde Person und der Verbraucher für die Vertragsverhandlungen und den Vertragsschluss ausschließlich Fernkommunikationsmittel verwenden, es sei denn dass der Vertragsschluss nicht im Rahmen eines für den Fernabsatz organisierten Vertriebs- oder Dienstleistungssystems erfolgt (vgl. § 312c Abs. 1 BGB).[109] Im Gegensatz zu der Regelung des § 312b BGB a.F. entfällt die Einordnung der Vertragsgegenstände als Ware oder Dienstleistung.[110] 76

Übergangsvorschriften finden sich in Art. 229 § 32 EGBGB.[111] Auf vor dem 13.06.2014 geschlossene Verbraucherverträge (Altverträge) finden die bisherigen Regelungen Anwendung (vgl. Art. 229 § 39 Abs. 1 EGBGB). Bei Altverträgen, die im Fernabsatz oder in einer Haustürsituation geschlossen wurden und keine Finanzdienstleistung zum Gegenstand haben erlischt das Widerrufsrecht spätestens mit Ablauf des 27.06.2015. Bei entgeltlichen Finanzierungshilfen, die vor dem 13.06.2014 in einer Haustürsituation geschlossen wurden, erlischt das Widerrufsrecht ebenfalls spätestens am 27.06.2015. Das Widerrufsrecht für Immobilienverträge ohne ordnungsgemäße Widerrufsbelehrung, die zwischen dem 01.09.2002 und dem 10.06. 2010 geschlossen wurden, erlischt spätestens am 21.06 2016 (Art. 229 § 38 Abs. 3 EGBGB). Diese Regelung soll die rechtliche Unsicherheit in Bezug auf die Widerruflichkeit von Verträgen beseitigen, deren Widerrufsbelehrungen nicht den Widerrufsmustern der BGB-Info-VO entsprechen. 77

Wird gegen die umfangreichen fernabsatzrechtlichen Informationspflichten verstoßen, droht ein unbefristetes Widerrufsrecht gem. § 356 Abs. 3 Satz 1 BGB. Zu beachten ist, dass die maßgeblichste Änderung seit Umsetzung der VR-RL, wonach das Widerrufsrecht – selbst bei fehlerhafter Information – spätestens nach 12 Monaten und 14 Tagen erlischt, gerade nicht auf Verträge über Finanzdienstleistungen anwendbar sind. Eine Ausnahme gilt bei Immobiliendarlehensverträgen. Auch hier erlischt das Widerrufsrecht bei einer nicht ordnungsgemäßen Widerrufsbelehrung gemäß § 356b Abs. 2 BGB 12 Monate und 14 Tage nach dem Vertragsschluss. Nach altem Recht hatten Drittsicherungsgeber ein Widerrufsrecht nach §§ 312, 355 BGB a.F. Nach neuem Recht behandelt der Gesetzgeber Kreditsicherheiten als Finanzdienstleistungen. Daraus ergibt sich folgende Konsequenz: Wenn eine Sicherheit im Fernabsatz oder avG hereingenommen wird, sind auch für diese die Informationsvorgaben gem. Art. 246b EGBGB n.F. zu beachten. Ansonsten droht in einem solchen Fall das »ewige« Widerrufsrecht. 78

4. Verjährungsfragen im Bürgschaftsrecht

Ansprüche aus einer Bürgschaft unterliegen der selbstständigen Verjährung. Vertragliche Fälligkeitsbestimmungen gehen einer gesetzlichen Regelung vor.[112] Streitig ist, wann denn der Anspruch aus der Bürgschaft entsteht. Nach zutreffender Ansicht beginnt die Verjährungsfrist des Anspruchs aus 79

109 Vgl. Art. 2 Nr. 7 RL 2011/83/EU.
110 *Föhlisch* Rn. 79.
111 Vgl. Art. 2 VR-RL.
112 Palandt/*Ellenberger* § 199 Rn. 3.

der selbstschuldnerischen Bürgschaft mit dem Eintritt des Bürgschaftsfalls und nicht erst mit der Inanspruchnahme des Bürgen.[113]

80 Stundungs- und Rückzahlungsvereinbarungen mit dem Bürgen haben auf die Dauer und den Verlauf der Verjährung der Hauptschuld keinen Einfluss. Gleiches gilt im umgekehrten Fall.

81 Aufgrund der Akzessorietät gibt eine Stundungsvereinbarung mit dem Hauptschuldner aber auch dem Bürgen im Zweifel ein Leistungsverweigerungsrecht. Ein Anerkenntnis des Hauptschuldners führt zu einer Erweiterung der Bürgenhaftung, die ggü. dem Bürgen gem. § 767 Abs. 1 Satz 3 BGB unwirksam ist, es sei denn, die Zustimmung des Bürgen liegt vor.

82 Die Verjährung der Hauptschuld kann der Bürge auch noch im Wege der Vollstreckungsgegenklage nach seiner rechtskräftigen Verurteilung einwenden, wenn sie nach dem Schluss der letzten mündlichen Verhandlung eintritt.[114] Einen Verzicht des Bürgen auf die Einrede der Verjährung der Hauptschuld wird man in Allgemeinen Geschäftsbedingungen nicht wirksam vereinbaren können. Wird eine individualvertragliche Regelung in diesem Sinne getroffen, wird man den Bürgen über die Folgen seines Verzichts (ggf. in Wegfall geratende Möglichkeit, sich bei dem Hauptschuldner schadlos zu halten) aufklären müssen.

5. Wertpapierdienstleistungen, § 37a WpHG a.F., §§ 195, 199 BGB

83 § 37a WpHG a.F. sah anstelle der Regelverjährung eine 3-jährige Verjährungsfrist vor,[115] die mit dem Erwerb der Wertpapiere begann.[116] Diese Regelung gilt gem. § 43 WpHG weiterhin für alle Ansprüche, die in der Zeit vom 01.04.1998 bis zum Ablauf des 04.08.2009 entstanden sind. Gleichgültig ist, ob der Anspruch auf Verletzung einer vertraglichen Pflicht oder konkurrierende Deliktsansprüche gestützt wird.[117] Für Ansprüche aus vorsätzlicher Aufklärungs- und Beratungspflichtverletzung verbleibt es hingegen bei der deliktischen Regelverjährung.[118] Am 05.08.2009 ist die Vorschrift des § 37a WpHG außer Kraft getreten. Damit gelten für alle Ansprüche, die ab dem 05.08.2009 entstanden sind, die allgemeinen Verjährungsregeln der §§ 195, 199 BGB.[119] Es wird also an die Kenntnis bzw. grob fahrlässige Unkenntnis des Anlegers angeknüpft, wodurch die Ansprüche gem. § 199 Abs. 3 Satz 1 Nr. 1 BGB bis in 10 Jahren nach ihrer Entstehung verjähren können. Der Fristlauf beginnt dabei nicht mehr mit der Anspruchsentstehung, sondern mit dem Schluss des jeweiligen Kalenderjahres.

84 Der 31.12.2011 (bzw. der 02.01.2012, vgl. 193 BGB) war insb. bei Anlegerschutzprozessen in Zusammenhang mit den sog. Kickbacks[120] von besonderer Bedeutung. Aufgrund der vom Gesetz-

---

113 BGH, NJW-RR 2004, 1190; OLG Frankfurt am Main, WM 2007, 1369 (1370); KG Berlin, Urt. v. 26.01.2007 – 6 U 128/06, BauR 2007, 1896; OLG Brandenburg, Urt. v. 21.03.2007 – 4 U 128/06 (bislang veröffentlicht nur in juris); so auch: *Lwowski/Merkel* Kreditsicherheiten, S. 42 f.; *Hohmann* WM 2004, 757 (760); wohl auch *Siegmann/Polt* WM 2004, 766 (767); a.A. *Gay* NJW 2005, 2585 – Verjährungsbeginn erst mit Inanspruchnahme des Bürgen.

114 BGH, WM 1998, 1766.

115 *Meixner* NJW 1998, 1899; ausführlich zur alten Rechtslage *Nobbe*, WM 2016, 289 ff.

116 BGH, BKR 2005, 236; BGH, WM 2005, 647; KG Berlin, WM 2004, 1872; modifizierend *Lang* Informationspflichten bei Wertpapierdienstleistungen § 20 Rn. 10; *Roller/Hackenberg* ZBB 2004, 227, die auf den Zeitpunkt der Abgabe der Willenserklärung – Kaufauftrag – abstellen, was in der Praxis aber i.d.R. nicht zu Unterschieden führt.

117 KG Berlin, WM 2004, 1872 m.w.N.; LG Bonn, Urt. v. 23.06.2004 – 2 O 539/03 (bislang n.v.); a.A. *Roller/Hackenberg* ZBB 2004, 227, 228; differenzierend nach der Art des Verschuldens *Lang* Informationspflichten bei Wertpapierdienstleistungen § 20 Rn. 13.

118 BGH, WM 2007, 487; vgl. auch *Schäfer* BKR 2005, 238, 240.

119 Vgl. hierzu OLG München, Urt. v. 13.02.2012 – 19 U 3892/11, BeckRS 2012, 04395.

120 BGH, Urteil vom 19.12.2000 – XI ZR 349/99, BGHZ 146, 235 = NJW 2001, 962 = WM 2001, 297= ZIP 2001, 230 dazu *Balzer*, ZIP 2001, 232; BGH, Urteil vom 19.12.2006 – XI ZR 56/05, ZIP 2007, 518, dazu *Lang/Balzer*, ZIP 2007, 521, *Hanten/Hartig*, EWIR 2007, 217 und *F.A. Schäfer/U. Schäfer*,

geber mit der Schuldrechtsreform eingeführten absoluten Verjährungsfrist von 10 Jahren verjähren Ansprüche aus fehlerhafter Anlageberatung (hierzu gehört auch die unterlassene Offenlegung von Rückvergütungen), die vor dem 01.01.2002 entstanden sind, in jedem Fall spätestens mit Ablauf des Jahres 2011.

Im Gegensatz zur Regelverjährung fehlte es in den Fällen des § 37a WpHG a.F. an einem sub- 85
jektiven Element. Für die Fälle, dass die Fehlberatung für den Kunden/Anleger erst nach Ablauf der Verjährungsfrist sichtbar wird, wurde dieses Ergebnis von Teilen der Literatur als unbillig empfunden.[121] Die Regelung sei deshalb »gemeinschaftsrechtskonform im Einklang mit den §§ 195, 199 BGB auszulegen«.[122]

In Anlegerschutzprozessen ist vor allem die subjektive Komponente des § 199 BGB problematisch. 86
Wie dargelegt, liegt Kenntnis des Schadens und des Schädigers vor, wenn die anspruchsbegründenden Tatsachen im Rahmen einer Parallelwertung in der Laiensphäre bekannt sind oder hätten bekannt sein müssen.[123] Von der Anlegerseite wird regelmäßig vorgetragen, dass die Kenntnisse des Anlegers von einem vermeintlichen Schadensersatzanspruch erst nach Konsultation mit dem Anwalt erlangt wurden. Dem wird z.T. entgegengehalten, dass die entsprechenden Kenntnisse deutlich früher vorhanden waren, bzw. hätten vorhanden sein müssen, etwa aufgrund des Ausbleibens von Ausschüttungen oder der Insolvenz der Fondsgesellschaft.

Unabhängig von dem Vorhandensein subjektiver Elemente kann sowohl i.R.d. § 37a WpHG als 87
auch i.R.d. §§ 195, 199 BGB die Verjährungsfrist aufgrund von Verhandlungen gehemmt sein.[124] Der Begriff Verhandlungen wird – wie bereits ausgeführt – weit gefasst. Versichert ein Anlageberater

---

BKR 2007, 163; BGH, Beschluss vom 20.1.2009 – XI ZR 510/07, BKR 2009, 126, dazu Grys/Geist, BKR 2009, 127; BGH, Urteil vom 12.5.2009 – XI ZR 586/07, BKR 2009, 342; BGH, Urteil vom 27.10.2009 – XI ZR 338/08, ZIP 2009, 2380; BGH, Urteil vom 29.6.2010 – XI ZR 308/09, BKR 2010, 331 mit Anm. *Koch*; BGH, (erster) Beschluss vom 9.3.2011 – XI ZR 191/10, BKR 2011, 299 mit Anm. *Nobbe*; BGH, (zweiter) Beschluss vom 19.7.2011 – XI ZR 191/10, ZIP 2011, 1559, dazu EWiR 2011, 623, *Toussant* ; BGH, (dritter) Beschluss vom 24.8.2011 – XI ZR 191/10, ZIP 2011, 1807, dazu EWiR 2011, 623 (*Lang*); BGH, Urteil vom 8.5.2012 – XI ZR 262/10, BKR 2012, 368 mit Anm. *Göertz* (bestätigt durch BGH, Urteil vom 19.2.2013 – XI ZR 404/11 (juris)); BGH, Urteil vom 11.9.2012 – XI ZR 363/10 (juris); BGH, Beschluss vom 19.2.2013 – XI ZR 404/11 (juris); BGH, Urteile vom 26.2.2013 – XI ZR 181/11, XI ZR 240/10, XI ZR 318/10, XI ZR 345/10, XI ZR 425/11, XI ZR 445/10 und XI ZR 498/11; BGH, Urteile vom 26.3.2013 – XI ZR 228/11 und XI ZR 331/11; BGH, Urteil vom 14. 5. 2013 – XI ZR 431/10, BKR 2013, 386; BGH, Urteil vom 28. 5. 2013 – XI ZR 113/11, BKR 2013, 388;BGH, Urteil vom 24.9.2013 – XI ZR 204/12, BKR 2014, 23 mit Anm. *Tilp/Wegner*; BGH, Urteil vom 14.5.2013 – XI ZR 431/10, BKR 2013, 386; BGH, Urteil vom 28.5.2013 – XI ZR 113/11, BKR 2013, 388; BGH, Urteil vom 14.1.2014 – XI ZR 355/12, BKR 2014, 159; BGH, Urteil vom 4.2.2014 – XI ZR 398/12, BKR 2014, 201; BGH, Urteil vom 8.4.2014 – XI ZT 341/12, BKR 2014, 290 mit Anm. *Lang/Pfisterer-Junkert*; BGH, Urteil vom 3.6.2014 – XI ZR 147/12, BKR 2014, 370 mit Anm. Balzer/Lang und Anm. *Heun-Rehn/S. Lang/Ruf*, in: NJW 2014, 2909 ; BGH, Urteil vom 15.7.2014 – XI ZR 418/13, NJW 2014, 2951; III. Zivilsenat: BGH, Urteil vom 15.4.2010 – III ZR 196/09, BKR 2010, 247 mit Anm. *Tyzak/Stieglitz*; BGH, Urteil vom 3.3.2011 – III ZR 170/10, BKR 2011, 248; BGH, Urteil vom 5.5.2011 – III ZR 84/10, BeckRS 2011, 13871; BGH, Urteil vom 19.1.2012 – III ZR 48/11, BKR 2012, 165; BGH, Urteil vom 19.7.2012 – III ZR 308/11, BKR 2012, 431;BGH, Urteil vom 7.3.2013 – III ZR 160/12; BGH, Urteil vom 18.4.2013 – III ZR 160/12; BGH Urteil vom 18.4.2013 – III ZR 225/12; BGH, Urteil vom 6.12.2012 – III ZR 307/11, NJW-RR 2013, 293; BGH, Urteil vom 7.3.2013 – III ZR 160/12, BeckRS 2013, 05593; BGH, Urteil vom 18.4.2013 – III ZR 83/12, BeckRS 2013, 07848; BGH, Urteil vom 18.4.2013 – III ZR 225/12, BKR 2013, 288.

121 *Roller/Hackenberg* ZBB 2004, 227; *Tilp* EWiR § 37a WpHG 1/04, 943; *von Buttlar* EWiR § 37a WpHG 2/04, 945 f.

122 *Tilp* EWiR § 37a WpHG 1/04, 943.

123 BGH, NJW 2001, 964.

124 LG Nürnberg-Fürth, WM 2006, 571, 572.

eine erneute Prüfung, kann der Gläubiger davon ausgehen, dass jedenfalls bis zu deren Abschluss Verhandlungen liefen.[125]

88 Die allgemeine Verjährungsfrist der §§ 195, 199 BGB sowie des § 37a WpHG a.F. findet auch in Fällen der Verletzung einer Prospekt-Überlassungspflicht eines Kreditinstituts Anwendung.[126] Eine solche Überlassungspflicht trifft das Kreditinstitut hinsichtlich des Verkaufsprospekts i.R.d. Aufklärungs-, Informations- oder Beratungsleistungen, soweit durch das Institut selbst Investmentfonds vertrieben werden.[127]

89 Besondere Bedeutung erfährt die Verjährung im Recht der Vermögensverwaltung. In den Fällen, in denen der Abschluss des Vermögensverwaltungsvertrages selbst die Pflichtverletzung darstellt, läuft die Verjährungsfrist ab dem Vertragsschluss selbst (bzw. mit dem Ablauf des Jahres des Vertragsschlusses, falls dieser am 05.08.2009 oder später erfolgte), jedenfalls dann, wenn der Bank zu diesem Zeitpunkt bereits das Vermögen zur Verfügung steht oder eine vertragliche Pflicht des Kunden besteht, sein Kapital zur Verfügung zu stellen.[128] Das einen Schaden auslösende Ereignis kann aber auch in einer pflichtwidrigen Maßnahme in der Vermögensverwaltung selbst liegen. In diesem Bereich muss zwischen zwei Anknüpfungspunkten unterschieden werden: Im Fall einer Falschanlage entsteht der Anspruch zum Zeitpunkt der Falschanlage.[129] Liegt die vorwerfbare Pflichtverletzung jedoch gerade in der Nichtvornahme einer gebotenen Handlung, wie z.B. der Umschichtung eines Depots, so beginnt die Frist ab dem Zeitpunkt, ab dem die Maßnahme spätestens hätte durchgeführt werden müssen[130] (ggf. mit dem Ablauf des jeweiligen Jahres).

B. Beweislastfragen

I. Allgemeines

1. Wesen der Beweislast, Beweisgrundsätze

90 Die Regeln der Beweislast greifen ein, wenn das Gericht trotz Ausschöpfung aller prozessual zur Verfügung stehender Beweismittel keine Überzeugung von der Wahrheit oder Unwahrheit einer streitigen und entscheidungserheblichen Tatsachenbehauptung gewinnen kann (»non liquet«). Sie bestimmen, zu wessen Lasten diese Unaufklärbarkeit geht.[131] Entscheidend sind nicht eine bestimmte Parteirolle im Prozess (Kläger, Beklagter) und auch kein bestimmtes Prozessverhalten. Vielmehr liegen der Beweislastverteilung generalisierende Risikozuweisungen[132] zugrunde, die den jeweiligen Rechtsnormen zu entnehmen sind, auf die das Parteivorbringen gestützt wird. Es gilt der Grundsatz, dass der Anspruchsteller die Beweislast für die rechtsbegründenden, der Anspruchsgegner die für die rechtsvernichtenden, rechtshindernden und rechtshemmenden Tatbestandsmerkmale trägt.[133] Stehen den rechtsvernichtenden Tatbestandsmerkmalen rechtserhaltende Tatsachen ggü., trägt die Beweislast erneut der Anspruchsteller. Diesem Grundsatz vorgeschaltet gibt es ausdrückliche gesetzliche Beweislastverteilungen. Einen auch für das Bankrecht wichtigen Fall regelt § 179 Abs. 1 BGB für den Vertreter ohne Vertretungsmacht, indem dieser verpflichtet wird, seine Vertretungsmacht nachzuweisen.

125 LG Nürnberg-Fürth, WM 2006, 571, 572.
126 LG Frankfurt am Main, WM 2006, 1103.
127 LG Frankfurt am Main, WM 2006, 1103.
128 *Sprockhoff* WM 2005, 1739 (1746) m.w.N. in Rn. 87.
129 *Sprockhoff* WM 2005, 1739 (1747).
130 *Sprockhoff* WM 2005, 1739 (1747).
131 Zöller/*Greger* Vor § 284 Rn. 15.
132 Zöller/*Greger* Vor § 284 Rn. 17.
133 BGH, NJW 1995, 49, 50; Zöller/*Greger* Vor § 284 Rn. 17a; Baumbach/Lauterbach/Albers/Hartmann/*Hartmann* Anh § 286 Rn. 12.

2. Beweis negativer Tatsachen

Negative Tatsachen (§ 812 BGB – ohne rechtlichen Grund; §§ 407, 932 Abs. 2 BGB – fehlende Kenntnis; § 377 HGB – unterlassene Mängelrüge, etc.) sind nur schwer der Beweisführung zugänglich. Dennoch führt dies nicht zu einer Umkehr der Beweislast, weil ein solcher Beweis nicht unmöglich ist.[134] Die Rechtsprechung hat in diesem Zusammenhang allerdings Beweismodifikationen entwickelt. So ist der Anspruchsgegner i.R.d. Zumutbaren verpflichtet, das Vorliegen der negativen Tatsache substantiiert zu bestreiten.[135] Beispielhaft ist die Anlageberatung zu erwähnen. Beklagt der Kunde eine unterbliebene Aufklärung, kann er den entsprechenden Beweis dadurch führen, dass er die von dem Finanzdienstleister konkret darzulegende Aufklärung widerlegt.[136] 91

3. Beweiserleichterungen

Neben den gesetzlich normierten Beweiserleichterungen (z.B. § 287 ZPO – richterliche Schadensschätzung) gibt es solche, die von der Rechtsprechung entwickelt wurden. Zu nennen ist zunächst der gewohnheitsrechtlich anerkannte Beweis des ersten Anscheins (»prima facie«). Hier muss ein typischer Geschehensablaufs feststehen, ein Sachverhalt, der nach der allgemeinen Lebenserfahrung auf eine bestimmte Ursache oder auf einen bestimmten Ablauf als maßgeblich für den Eintritt eines bestimmten Erfolges hinweist.[137] Der Sachverhalt als solcher muss unstreitig oder mit Vollbeweis bewiesen sein.[138] Bloße Wahrscheinlichkeiten oder Indizien genügen nicht, nur ein schon auf den ersten Blick nach einem durch Regelmäßigkeit, Üblichkeit und Häufigkeit geprägten Muster ablaufender Vorgang.[139] Allerdings bedeutet Typizität nicht, dass die Ursächlichkeit einer bestimmten Tatsache für einen bestimmten Erfolg bei allen Sachverhalten dieser Fallgruppe notwendig immer vorhanden ist; sie muss aber so häufig gegeben sein, dass die Wahrscheinlichkeit, einen solchen Fall vor sich zu haben, sehr groß ist.[140] Den Anscheinsbeweis kann der Prozessgegner durch einen vereinfachten Gegenbeweis entkräften. Ausreichend ist die Darlegung der ernsthaften, ebenfalls in Betracht kommenden Möglichkeit eines anderen als des erfahrungsgemäßen Ablaufs.[141] Im Bankrecht hat der Anscheinsbeweis vor allem die ec-Karten Rechtsprechung des BGH geprägt.[142] 92

4. Sekundäre Darlegungslast

Bedeutung im Bankrecht kommt auch der sog. sekundären Darlegungslast zu.[143] Auch hier handelt es sich um die Notwendigkeit substantiierten Bestreitens für den Fall, dass eine Partei Umstände beweisen muss, die zu dem ihrem Einblick entzogenen Bereich des Prozessgegners gehören, wobei die Abgrenzung zum unerlaubten Ausforschungsbeweis oft schwierig ist. Eine Bank besitzt i.d.R. nähere Kenntnisse der relevanten und maßgebenden Tatsachen, sodass von ihr i.R.d. Zumutbaren insb. das substantiierte Bestreiten einer negativen Tatsache unter Darlegung der für das Positivum sprechenden Tatsachen und Umständen verlangt werden kann.[144] Problematisch wird es aber dann, wenn eine Bank in berechtigter Weise die für den Beweis erforderlichen Unterlagen nicht mehr 93

---

134 BGHZ 101, 49 (55); BGH, NJW 1985, 264 (265); Zöller/*Greger* Vor § 284 Rn. 24; Baumbach/Lauterbach/Albers/Hartmann/*Hartmann* Einf § 284 Rn. 13.

135 BGH, NJW-RR 1993, 746, 747.

136 BGH, NJW 2001, 64, 65; Zöller/*Greger* Vor § 284 Rn. 24.

137 BGHZ 100, 31, 33; BGH, WM 1997, 1493 (1496); BGH, NJW 2001, 1140 (1141); BGH, NJW 2004, 3623 (3624).

138 BGH, NJW 1982, 2447 (2448).

139 BGH, NJW 1991, 230 (231); Zöller/*Greger* Vor § 284 Rn. 29.

140 BGH, VersR 1991, 460 (462); BGH, NJW 2004, 3623 (3624).

141 BGH, NJW 1991, 230 (231).

142 BGH, NJW 2004, 373 ff.; vgl. hierzu unten Nr. II. 4.

143 BGH, NJW 1999, 579 (580); BGH, NJW 1990, 3151; BGH, NJW-RR 1999, 1152; BGH, WM 2004, 225 (226); BGH, WM 2017, 2191.

144 BGH, GRUR 1994, 288, 290; BGH, NJW 1996, 315 (317).

besitzt. Das kann etwa dann der Fall sein, wenn sie unter Wahrung der handelsrechtlichen Aufbewahrungsfristen des § 257 HGB die Schriftstücke aus dem Bankgeschäft sowie die Geschäftsverbindung betreffende Dokumente vernichtet. Ein solches zulässiges Aufgeben von Beweismittel führt dann zu einer erheblichen Erschwerung bzw. Unmöglichkeit der Beweisführung. Vereinzelt wird von der Rechtsprechung in einem solchen Fall eine Beweislastumkehr angenommen,[145] wobei dies im Fall eines Sparbuchs ausdrücklich abgelehnt wird.[146] Der Ablauf der Aufbewahrungsfristen des § 257 HGB begründet allerdings eine erhebliche Schutzbedürftigkeit der Bank. Dies kann beim Vorliegen weiterer Umstände dazu führen, dass der gegen die Bank geltend gemachte Anspruch verwirkt ist.[147] Dabei werden die Fristen des § 257 HGB als »Richtschnur« für die Frage der Verwirkung der Ansprüche herangezogen.

5. Beweisvereitelung

94 Eine Beweisvereitelung liegt vor, wenn jemand seinem beweispflichtigen Gegner die Beweisführung schuldhaft erschwert oder unmöglich macht. Dies kann vorprozessual oder während des Prozesses durch gezielte oder fahrlässige Handlungen geschehen, mit denen bereits vorhandene Beweismittel vernichtet oder vorenthalten werden. Eine Beweisvereitelung kann aber auch in einem fahrlässigen Unterlassen einer Aufklärung bei bereits eingetretenem Schadensereignis liegen, wenn damit die Schaffung von Beweismitteln verhindert wird, obwohl die spätere Notwendigkeit einer Beweisführung dem Aufklärungspflichtigen bereits erkennbar sein musste.[148] Der BGH lässt in solchen Fällen Beweiserleichterungen zu, die unter Umständen bis zur Umkehr der Beweislast gehen können.[149] Der subjektive Tatbestand der Beweisvereitelung verlangt einen doppelten Schuldvorwurf: Das Verschulden muss sich sowohl auf die Zerstörung bzw. Entziehung des Beweisobjekts als auch auf die Beseitigung seiner Beweisfunktion beziehen, also darauf, die Beweislage des Gegners in einem gegenwärtigen oder künftigen Prozess nachteilig zu beeinflussen.[150]

6. Auslegung von Willenserklärungen und Verträgen

95 Im Bankrecht spielt die Auslegung von Willenserklärungen oder Verträgen oftmals eine große Rolle (§§ 133, 157 BGB). Für die Auslegung selbst gibt es keine Darlegungs- und Beweislast.[151] Wohl aber ist die Feststellung der für sie maßgeblichen Tatsachen eine Frage der Beweislast. Erst wenn die Tatsachen vollständig ermittelt sind, darf die Auslegung erfolgen.[152] Entsprechend dem aufgezeigten Grundsatz muss die Vertragspartei, die aus einer Urkunde eine für sie günstige Rechtsfolge ableiten will, alle außerhalb der Urkunde liegenden Umstände beweisen, wenn das Gericht diese Rechtsfolge nicht allein aus der schriftlichen Erklärung entnehmen kann.[153]

96 Die – auch ergänzende – Vertragsauslegung gehört zum Bereich der Tatsachenfeststellung und ist deshalb vom Revisionsgericht nur beschränkt nachprüfbar.[154]

---

145 BGH, WM 1972, 281; OLG Bamberg, WM 1995, 918; BGH, WM 2006, 907.

146 OLG Celle, BKR 2008, 525 m.w.N.

147 OLG München, WM 2006, 1292; LG Nürnberg-Fürth, WM 2009, 1369.

148 BGH, WM 2003, 2325 (2326); BGH, WM 1985, 138 (139) m.w.N.

149 BGH, WM 1998, 204 (206) m.w.N.

150 BGH, WM 2003, 2325 (2326); BGH, VersR 1975, 952 (954); BGH, NJW 1994, 1594 (1595); Musielak/*Foerste* § 286 Rn. 65; MüKo-ZPO/*Prütting* § 286 Rn. 81.

151 BGHZ 20, 109 (111).

152 BGHZ 20, 109 (110); Palandt/*Ellenberger* § 133 Rn. 29.

153 BGHZ 20, 109 (111); Zöller/*Greger* Vor § 284 Rn. 18a.

154 BGHZ 111, 110 (115); Palandt/*Ellenberger* § 157 Rn. 11.

II. Einzelheiten, einige ausgewählte Problemkreise im Bankrecht

1. Darlehensvertrag

Derjenige, der aus einem Darlehensvertrag Ansprüche herleiten will, ist beweisbelastet für einen unbedingten Vertragsschluss.[155] Die Darlegungs- und Beweislast für die Entstehung eines Darlehensrückzahlungsanspruchs trägt der Darlehensgeber. Er braucht aber nicht dessen Fortbestand darzulegen und zu beweisen. Vielmehr obliegt für die Erfüllung eines Darlehensrückzahlungsanspruchs dem Darlehensschuldner die Darlegungs- und Beweislast.[156] 97

Eine wirksame Kündigung des Darlehensvertrages muss derjenige beweisen, der sich auf die Kündigung beruft. 98

2. Forderung aus Kontokorrent

Darlegungs- und beweisbelastet für die Höhe der Forderung aus einem Kontokorrent ist die sie geltend machende Bank. In der Anerkennung der Saldofeststellung ist ein Schuldanerkenntnis i.S.d. § 781 BGB zu sehen.[157] Es genügt die Darlegung des weiteren Forderungsverlaufs seit dem letzten anerkannten Rechnungsabschluss, der auch zulasten des Bürgen wirkt.[158] Hierbei muss aber jede einzelne Position angeführt werden.[159] 99

3. Überweisungsvertrag

Bei einer Fälschung des Überweisungsauftrags kommt ein Überweisungsvertrag mit dem Kontoinhaber nicht zustande. Die Echtheit des Überweisungsauftrags muss deshalb das Kreditinstitut beweisen. Bei § 676b BGB muss der Überweisende eine Pflichtverletzung der Bank beweisen.[160] Wenn das Kreditinstitut aufgrund einer vom Kunden widerrufenen Anweisung irrig zahlt, muss der Kunde beweisen, dass der Widerruf dem Empfänger bekannt war.[161] 100

4. Maestro-Karte

Den Zugang der Karte muss das Kreditinstitut beweisen.[162] Wird zeitnah nach dem Diebstahl einer Maestro-Karte (vormals ec-Karte) unter Verwendung dieser Karte und Eingabe der richtigen persönlichen Geheimzahl (PIN) an Geldausgabeautomaten Bargeld abgehoben, spricht nach der Rechtsprechung des BGH, grds. der Beweis des ersten Anscheins dafür, dass der Karteninhaber die PIN auf der ec-Karte notiert oder gemeinsam mit dieser verwahrt hat, wenn andere Ursachen für den Missbrauch nach der Lebenserfahrung außer Betracht bleiben.[163] Dies soll allerdings nur dann gelten, wenn bei der Abhebung die Originalkarte eingesetzt worden ist.[164] Die Möglichkeit eines Ausspähens der PIN durch einen unbekannten Dritten kommt als andere 101

155 BGH, NJW 2002, 2862 (2863).

156 BGH, WM 1975, 593; BGH, WM 2007, 636 (637).

157 BGH, NJW 1982, 2193 (2194); Baumgärtel/Laumen/Prütting/*Laumen* Handbuch der Beweislast § 781 BGB; *Placzek*, WM 2017, 1835, 1838.

158 BGH, WM 2002, 281 (282).

159 BGH, WM 1991, 1294 (1295).

160 *Von Westphalen* BB 2000, 161; Baumbach/Lauterbach/Albers/Hartmann/*Hartmann* Anh § 286 Rn. 75.

161 BGHZ 87, 393, 400; Baumbach/Lauterbach/Albers/Hartmann/*Hartmann* Anh § 286 Rn. 75.

162 AG Berlin-Mitte, BKR 2002, 887 (888); Palandt/*Sprau* § 675v Rn. 7; zu möglichen Pflichtverletzungen des Kunden, die zu einem Schadensersatzanspruch nach § 280 Abs. 1 BGB führen können, vgl. KG Berlin, NJW 2006, 381 f.

163 BGH VuR 2010, 386; BGH, NJW 2004, 3623 (3624) m. Anm. *Spindler* BB 2004, 2766 ff.; *Assies* BGHReport 2005, 33 ff.; *Strube* BKR 2004, 497 ff.; *Werner* BKR 2004, 502 ff.; *Derleder* EWiR 2005, 579 ff.

164 BGH NJW 2012, 1277; BGH, Urt. v. 05.10.2004 – XI ZR 210/03, BGHZ 160, 308; BGH, Urt. v. 29.11.2011 – XI ZR 370/10, BeckRS 2012, 02226.

Ursache grds. nur dann in Betracht, wenn die ec-Karte in einem näheren zeitlichen Zusammenhang mit der Eingabe der PIN durch den Karteninhaber an einem Geldausgabeautomaten oder einem POS (Point Of Sale)-Terminal entwendet worden ist.[165] Grundlage dieser Rechtsprechung ist die Sicherheit des ec-Kartensystems, die nach dem der Entscheidung des BGH vom 05.10.2004 zugrunde liegenden Sachverhalt gegeben ist, nach wie vor aber sehr kontrovers diskutiert wird.[166] Dieser Rechtsprechung trägt auch § 675w BGB Rechnung. Mit dieser Vorschrift wollte der Gesetzgeber die frühere Praxis der Gerichte im Falle von Kartenmissbräuchen mittels Eingabe einer PIN widerspiegeln[167] Da aber zahlreiche Möglichkeiten zum Ausspähen der PIN bestehen, können entsprechende Anhaltspunkte den Anscheinsbeweis erschüttern.[168] Der mit Wirkung zum 13.01.2018[169] neu eingefügte § 675w Satz 4 sieht allerdings nunmehr vor, dass der Zahlungsdienstleister zum Nachweis von Betrug, Vorsatz und grober Fahrlässigkeit des Zahlungsdienstnutzers unterstützende Beweismittel vorlegen muss. Damit soll verhindert werden, dass der Nachweis der Authentifizierung und der technisch ordnungsgemäßen Ausführung des Zahlungsvorgangs für sich genommen ausreicht, um auch den Nachweis einer Sorgfaltspflichtverletzung des Zahlungsdienstnutzers bzw. von grober Fahrlässigkeit, Vorsatz und Betrug zu erbringen.[170] Die Rechtsprechung wird den neuen § 675w Satz 4 BGB unter Berücksichtigung der bisher angelegten Maßstäbe zu berücksichtigen haben.

5. Online-Banking

102 Anders als in den Fällen der abhanden gekommenen Maestro-Karte hat der BGH jüngst entschieden, dass es keinen Erfahrungssatz gibt, wonach bei einer missbräuchlichen Verwendung von PIN und TAN im Online-Banking bereits die korrekte Aufzeichnung der Nutzung eines Zahlungsauthentifizierungsinstruments und die beanstandungsfreie Prüfung der Authentifizierung für eine grob fahrlässige Pflichtverletzung des Zahlungsdienstnutzers sprechen, sodass sich der Zahlungsdienstleister für den ihm im Rahmen von § 675v Abs. 2 BGB obliegenden Nachweis nicht auf den Beweis des ersten Anscheins stützen kann. [171]

6. Bürgschaft[172]

103 Die Formwirksamkeit einer Bürgschaft (§ 766 BGB) muss der Gläubiger beweisen.[173] Behauptet ein Bürge die abredewidrige Ausfüllung eines Blanketts, muss er dies darlegen und beweisen.[174] Gleiches gilt, wenn er anführt, der Inhalt der Urkunde weiche von dem Besprochenen ab.[175] Der Gläubiger ist für das Bestehen der Hauptschuld beweispflichtig.[176] Für die Erfüllung der Hauptforderung ist der Bürge beweispflichtig.[177] Behauptet der Bürge, er sie bei der Abgabe der Bürgschaft von der Bank überrumpelt worden, muss er dies beweisen.[178] Beruft sich der Geschäftsführer

165 BGH, NJW 2004, 3623 (3625).
166 BGHZ 160, 308; bestätigt durch BGH, Urt. v. 29.11.2011 – XI ZR 370/10, BeckRS 2012, 02226; kritisch *Spindler* BB 2004, 2766 ff.; *Assies* BGHReport 2005, 33 ff.; *Strube* BKR 2004, 497 ff.; *Werner* BKR 2004, 502 ff.; *Derleder* EWiR 2005, 579 ff.; *van Look* EWiR 2005, 167 ff.; *Timme* MDR 2005, 304 ff.; *Hoppe* VuR 2005, 76 ff.; *Hofmann* WM 2005, 441 ff.
167 BT-Drs. 16/11643, 115.
168 BGH, WM 2011, 924; Beispiele bei Günther, WM 2013, 496.
169 BGBl I 2017, 2446, 2484, Gesetz zur Umsetzung der Zweiten Zahlungsdiensterichtlinie.
170 BT-Drs. 18/11495, 168.
171 BGH, WM 2016, 691, kritisch *Herresthal*, JZ 2017, 28 ff.
172 Vgl. ausführlich: Baumgärtel/Laumen/Prütting/*Laumen* Handbuch der Beweislast § 765 BGB.
173 BGH, NJW 2000, 1179 (1180).
174 BGH, NJW-RR 1989, 1323 (1324); BGH, WM 1988, 957 (958).
175 BGH, WM 1994, 784 (786); BGH, ZIP 2007, 619 (623).
176 BGH, MDR 2002, 402 (403).
177 BGH, WM 1995, 1229 (1230); BGH, WM 2004, 121 (123).
178 BGH, WM 2002, 919 (921).

und Mehrheitsgesellschafter einer GmbH auf die Sittenwidrigkeit der Bürgschaft, muss er diese beweisen.[179] Ist eine krasse finanzielle Überforderung eines nahen Angehörigen gegeben, wird die Abgabe der Bürgschaft allein aus emotionaler Verbundenheit und damit die Sittenwidrigkeit vermutet. Der Gläubiger muss in diesem Fall beweisen, dass die Bürgschaft nicht aus emotionaler Verbundenheit hingegeben wurde.[180] Bei der Ausfallbürgschaft trägt der Gläubiger die Beweislast für den Ausfall.[181] Gleiches gilt für die rechtzeitige Inanspruchnahme einer befristeten Ausfallbürgschaft.[182]

7. Grundschuld

Der Sicherungsgeber ist für das Erlöschen der gesicherten Forderung beweispflichtig. Dies gilt auch dann, wenn er nicht zugleich Schuldner der Forderung, also Drittsicherungsgeber ist.[183] Solange er nicht schlüssig zum Erlöschen vorgetragen hat, obliegt dem Sicherungsnehmer keine eigene Darlegung zum Fortbestand der Forderung.[184] 104

8. Scheckverkehr

Die Bank trägt die Beweislast für die Kausalität des unzureichenden Kontrollsystems für den Schaden des Kunden. Die Beweislast für die zur Anwendung des § 254 BGB führenden Umstände, mithin auch für die Ursächlichkeit eines Mitverschuldens, trägt der Schädiger.[185] 105

9. Spar(kassen)buch

Auszugehen ist von der allgemeinen zivilprozessualen Verteilung der Beweislast, wonach der Sparer die Höhe des Guthabens, das Kreditinstitut hingegen die Auszahlung zu beweisen hat.[186] 106

Nach § 416 ZPO begründet die Urkunde nur in formeller Hinsicht den vollen Beweis dafür, dass die in ihr enthaltenen Erklärungen von dem Aussteller abgegeben sind. Die Beweisregel erstreckt sich dagegen nicht auf den materiellen Inhalt der beurkundeten Erklärungen, also darauf, dass die in der Privaturkunde bestätigten tatsächlichen Vorgänge wirklich so geschehen sind.[187] Diese Frage unterliegt vielmehr der freien tatrichterlichen Beweiswürdigung.[188] 107

Eine Beweislastumkehr im Hinblick auf die lange Zeit seit der letzten Sparbucheintragung kommt nach der Rechtsprechung des BGH dann nicht in Betracht, wenn der Kunde das nicht entwertete Sparbuch in Händen hat und keine Umstände dargetan oder ersichtlich sind, die darauf schließen lassen, das Kreditinstitut sei aus Gründen, die dem Kunden zurechenbar sind, an der Entwertung gehindert gewesen.[189] Es gibt auch keinen Erfahrungssatz des Inhalts, dass ein Sparkonto aufgelöst sei oder kein Guthaben mehr aufweise, wenn der Inhaber des Sparbuchs über Jahrzehnte keine Eintragungen vornehmen lässt.[190] Der Ablauf der handelsrechtlichen Aufbewahrungsfrist rechtfertigt für sich genommen eine Umkehr der Beweislast ebenfalls nicht.[191] 108

179 BGH, WM 2001, 2156 (2157).
180 BGHZ 146, 37 (45); BGH, WM 2002, 210 (211).
181 BGH, WM 1999, 173 (175).
182 BGH, WM 2002, 1645 (1646).
183 BGH, NJW 2000, 1108 (1109).
184 BGH, NJW 2000, 1108 (1109).
185 BGHZ 91, 243 (260); BGH, WM 2001, 2010 (2012).
186 Schimansky/Bunte/Lwowski/*Gößmann* Bankrechts-Handbuch § 71 Rn. 33.
187 BGH, NJW-RR 1989, 1323 (1324); Musielak/*Huber* § 416 Rn. 4; Zöller/*Geimer* § 416 Rn. 9.
188 BGH, NJW-RR 1993, 1379 (1380).
189 BGH, NJW 2002, 2708 (2709).
190 BGH, NJW 2002, 2708 (2709); BGH, NJW-RR 1989, 1518.
191 BGH, NJW 2002, 2708 (2709); OLG Frankfurt am Main, NJW 1998, 997 (998 f.); *Arends/Teuber* MDR 2001, 546 (550).

10. Anlageberatung, Haftungsansprüche, Verletzung von Beratungs- und Aufklärungspflichten

109 Nach den dargestellten Grundsätzen trifft denjenigen, der einen Anspruch geltend macht, die Darlegungs- und Beweislast für das Vorliegen der Anspruchsvoraussetzungen. Macht ein Kunde deshalb geltend, die Bank sei ihrer Beratungs- und Aufklärungspflicht ganz oder z.T. in schuldhafter Weise nicht nachgekommen, trägt er die Beweislast sowohl für das Vorliegen von Umständen, die Qualifizierung als Beratungsvertrag erlauben[192], als auch für die objektive Pflichtverletzung.[193] Hierzu gehört die Darlegung der Beratungspflicht ebenso wie die Nichtbeachtung von Anlagezielen oder relevanten Veröffentlichungen.[194] Nach allgemeinen Grundsätzen muss der Anleger auch darlegen und beweisen, dass der Emissionsprospekt entweder überhaupt nicht oder aber pflichtwidrig zu spät überlassen wurde.[195] Hat der Kunde dieser Darlegungslast genügt, muss die beklagte Bank dessen Behauptungen substantiiert bestreiten und konkret darlegen, wo und wie die erforderliche Beratung vorgenommen wurde.[196] Der Bank als sekundär darlegungsbelasteten Partei muss es aber überhaupt möglich und zumutbar sein, zu den Umständen der Prospektübergabe vorzutragen. Hat sie indes mit dem ihr zumutbaren Aufwand – z.B. in den Fällen, in denen ein Anlagevermittler tätig wurde – keinerlei Informationen zur Prospektübergabe erhalten, geht die Nichtaufklärbarkeit zulasten des Kunden.[197]

110 Die haftungsbegründende Kausalität stellt den Anleger regelmäßig vor Beweisschwierigkeiten. Hier wendet die Rechtsprechung deshalb die schon beschriebenen Beweiserleichterungen an. Steht danach die Verletzung einer vertraglichen Aufklärungs- oder Beratungspflicht fest, ist die Bank beweisbelastet dafür, dass der Schaden auch bei pflichtgemäßem Verhalten eingetreten wäre, weil sich der Geschädigte über jeden Rat oder Hinweis hinweggesetzt hätte (Vermutung aufklärungsrichtigen Verhaltens).[198] Bei dieser Vermutung handelt es sich nicht lediglich um eine Beweiserleichterung im Sinne eines Anscheinsbeweises, sondern um eine zur Beweislastumkehr führende widerlegliche Vermutung.[199] Nach neuerer Rechtsprechung kommt es bei Kapitalanlagefällen also nicht mehr darauf an, ob ein Kapitalanleger bei gehöriger Aufklärung vernünftigerweise nur eine Handlungsalternative gehabt hätte, er sich also nicht in einem Entscheidungskonflikt befunden hätte.[200] Somit hat der Aufklärungspflichtige die Nichtursächlichkeit seiner Pflichtverletzung zu beweisen, d.h. er muss darlegen und beweisen, dass der Anleger auch bei gehöriger Aufklärung den Vertrag so wie geschehen geschlossen hätte.

11. Immobilienfonds

111 Nach der Rechtsprechung des BGH soll die Lebenserfahrung dafür sprechen, dass ein Prospektfehler für die Anlageentscheidung ursächlich geworden ist.[201] Wird jedoch die Kausalität angeblicher Prosektfehler behauptet, obwohl der Prospekt weder in den Gesprächen durchgegangen noch vor Zeichnung übergeben worden sein soll, hat der Anleger substantiiert vorzutragen, dass die

192 OLG Nürnberg, Urt. v. 28.05.2013 – 12 U 2062/12.

193 Schimansky/Bunte/Lwowski/*Kienle* Bankrechts-Handbuch § 110 Rn. 11; *Balzer* ZBB 1997, 260 (268); Zöller/*Greger* Vor § 284 Rn. 17; *Bruske* Beweislast, S. 18; Vortmann/*van Look* Prospekthaftung und Anlageberatung § 1 Rn. 132.

194 OLG Frankfurt am Main, WM 1993, 1030 (1032); Welter/Lang/*Balzer* Handbuch der Informationspflichten im Bankverkehr Rn. 7.93 m.w.N.

195 BGH, WM 2006, 1288.

196 BGH, NJW 2001, 64 (65); OLG Düsseldorf, WM 1996, 1082 (1086); Zöller/*Greger* Vor § 284 Rn. 24; Welter/Lang/*Balzer* Handbuch der Informationspflichten im Bankverkehr Rn. 7.93 m.w.N.

197 BGH, WM 2017, 2191.

198 BGH, WM 1994, 149 (151); BGH, ZIP 1994, 1168 (1169).

199 BGH, WM 2012, 1337.

200 BGH, WM 2012, 1337.

201 BGHZ 84, 141, 148; BGH, ZIP 2004, 1104 (1106); BGH, NJW-RR 2006, 649 (650); BGH, NJW-RR 2006, 685, 687.

angeblich fehlerhaften Prospektpassagen tatsächlich erörtert worden sind. Andernfalls kann eine nach seinem Vorbringen falsche Darstellung im Prospekt nicht kausal für seine Anlageentscheidung gewesen sein. Zwar kann ein Prospektfehler auch dann für eine Anlageentscheidung ursächlich sein, wenn der Verkaufsprospekt dem Anlageinteressenten nicht oder nicht rechtzeitig vor Entschlussfassung über die Tätigung der Anlage übergeben wird, von den Vermittlern aber entsprechend dem Vertriebskonzept als Grundlage der Vermittlungsgespräche benutzt wird. Die Behauptung, durch mündliche Angaben des Vermittlers getäuscht worden zu sein, setzt dann aber konkreten, dem Beweis zugänglichen Vortrag zu den angeblich täuschenden Angaben des Vermittlers voraus.[202]

Risikoaufklärung in Anspruch, so trägt er die Beweislast für die Behauptung, vom Vermittler keinen – Risikohinweise enthaltenden – Anlageprospekt erhalten zu haben.[203]

12. Verjährung

Der Schuldner trägt die Darlegungs- und Beweislast für Beginn und Ablauf der Verjährung und 112
damit für die Kenntnis des Gläubigers gem. § 199 Abs. 1 Nr. 2 BGB.[204]

C. Vertretung einer Bank

I. Mandatsverhältnis, Möglichkeiten der Gebührenvereinbarung

1. Bankmandat und dauerhafte Geschäftsverbindung

Das Mandatsverhältnis zu einer Bank oder einem anderen Finanzdienstleistungsunternehmen ist 113
regelmäßig eine auf Dauer angelegte Geschäftsverbindung. Dies bietet den Vorteil, dass der Anwalt das Geschäft und die Vorgehensweise des von ihm vertretenen Instituts gut kennt und schon im Vorfeld einer prozessualen Auseinandersetzung auf »Verhaltensmuster« Einfluss nehmen kann. Große Bedeutung kommt dabei der Dokumentation von Kundenangaben und -wünschen zu, die im Prozess oftmals streitentscheidend ist. Selbst wenn sie aus taktischen Gründen nicht vorgelegt wird, hilft sie doch dem seinerzeit mit einer Angelegenheit betrauten Mitarbeiter, sein Gedächtnis aufzufrischen.

2. Vergütungsvereinbarung

Wenn nicht eine Abrechnung nach den Bestimmungen des Rechtsanwaltsvergütungsgesetzes 114
erfolgt, wird üblicherweise eine Stundensatzvereinbarung getroffen. In seltenen Fällen kommt es auch vor, dass fiktive Streitwerte vereinbart werden. In jedem Fall sind die Vorgaben des § 3a RVG einzuhalten. Danach kann eine höhere als die im RVG niedergelegte Vergütung nur gefordert werden, wenn die hierauf gerichtete Erklärung des Auftraggebers schriftlich abgegeben wird und nicht in der Vollmacht enthalten ist (§ 3a Abs. 1 Satz 1 RVG). Da Honorarvereinbarungen i.d.R. vom Anwalt entworfen werden, ist weiter zu beachten, dass diese mit dem Begriff »Vergütungsvereinbarung« oder in vergleichbarer Weise überschrieben und von anderen Vereinbarungen (z.B. Mandatsbedingungen) getrennt (»deutlich abgesetzt«) sein müssen (§ 3a Abs. 1 Satz 2 RVG). Die Honorarvereinbarung darf also nicht etwa mit dem Beratungsvertrag in einer Urkunde zusammengefasst sein.[205] Stellt sich die Vergütungsvereinbarung im Nachhinein als unwirksam heraus, liegt darin keine Gebührenüberhöhung i.S.d. § 352 StGB.[206] Eine Vergütungsvereinbarung zwischen Rechtsanwalt und Mandant, die gegen die Formvorschriften des § 3a Abs. 1 Satz 1 und 2 RVG oder

202 BGH, BKR 2013, 280; OLG Köln, Hinweisbeschl. v. 16.07.2013 – 24 U 184/12; OLG Bamberg, Beschl. v. 24.02.2014 – 3 U 205/13.

203 BGH, NJW 1996, 2571; BGH, WM 2006, 1288 (1289).

204 BGH, WM 2007, 639 (641); OLG Bamberg, NJW 2006, 304; OLG Karlsruhe, ZIP 2006, 1855 (1858); Palandt/*Ellenberger* § 199 Rn. 46.

205 BGH, RVG-Letter 2007, 35.

206 BGH, NJW 2006, 3219 ff.

die Voraussetzungen für den Abschluss einer Erfolgshonorarvereinbarung nach § 4a Abs. 1 und 2 RVG verstößt, ist wirksam; aus ihr kann die vereinbarte Vergütung bis zur Höhe der gesetzlichen Gebühr gefordert werden.[207]

II. Taktiken im Prozess

1. Keine öffentliche Taktik

115 Eine Taktik oder Taktiken öffentlich preiszugeben, bedeutete, künftig keine mehr zu haben, jedenfalls keine, die der Prozessgegner nicht sofort durchschaut. Schon an dieser Stelle muss deshalb der Hinweis erfolgen, dass eine Taktik naturgemäß zunächst darin besteht, den Prozessgegner nicht »unnötig schlau« zu machen. Hier setzt allerdings auch gleich ein Stück Taktik ein. Im Prozess für eine Bank – wie auch in allen anderen Prozessen – sollte der Fall im Blick bleiben. All zu oft kann man beobachten, dass Gerichtsverfahren dazu genutzt werden, durch Textbausteine und eine mehr oder weniger wissenschaftliche Abhandlung aller Problemfelder, die vielleicht mit dem Fall etwas zu tun haben könnten, die eigene Partei und das Gericht beeindrucken zu wollen. Das Gegenteil wird oft erreicht. Der Gegner stößt plötzlich auf Ideen, auf die er allein nicht gekommen wäre, das Gericht fühlt sich durch die vielen unnützen Seiten belästigt. Eine wichtige »Taktik« im Prozess besteht deshalb darin, sich vor der Abfassung eines Schriftsatzes kurz darauf zu besinnen, zu welchem Thema man für welchen Adressaten schreibt. Die Wahrscheinlichkeit, dass gut geschriebene zehn Seiten positiv auf ein Gericht wirken, ist höher als bei sich zäh lesenden vierzig Seiten.

2. Taktik beginnt vor dem Prozess

116 Taktik beginnt bei der dauerhaften Beratung einer Bank vor dem Prozess. Die Bedeutung der Dokumentation ist bereits erwähnt worden. Gezielte Mitarbeiterschulungen zur Vermeidung von Fehlern verbessern die Prozessaussichten ebenfalls.

3. Mahnverfahren

117 Häufig werden Verfahren mit einem Mahnbescheidsantrag eingeleitet. Dies ist aber nur dann sinnvoll, wenn mit einem Widerspruch nicht zu rechnen ist. Ansonsten wird ein Verfahren durch einen solchen Antrag nur in die Länge gezogen.

4. Aktivprozess

118 Im Aktivprozess sollte zunächst nur eine knappe schlüssige Klagebegründung vorgelegt werden. Allzu häufig ist zu beobachten, dass in der Klageschrift bereits alle möglichen Einwendungen des Prozessgegners vorweggenommen und abgehandelt werden. Dies schafft nur die Situation, dass sich der Gegner auf die eigene Argumentation einstellen kann. Einen Vorteil bringt diese Vorgehensweise nur in seltenen Fällen. Zu denken ist daran, dass einem Einwand durch gezielte Rhetorik gleich der »Wind aus den Segeln« genommen werden soll.

5. Prozesse um Kapitalanlageberatung

119 Streitigkeiten rund um die Kapitalanlageberatung sind heute dadurch geprägt, dass sie einen sehr lukrativen (Anleger-) Anwaltsmarkt widerspiegeln. Sicher sinnvolle und grds. legitime Anlegerplattformen sollen Kunden »poolen«. Häufig führt dies allerdings dazu, dass in den Verfahren nur sehr stereotyp vorgetragen wird. Z.T. wird auf die Frage einer anleger- und anlagegerechte Beratung überhaupt nicht mehr eingegangen, sondern lediglich vorgetragen, die beratende Bank habe den Kunden seinerzeit nicht über den Erhalt von Rückvergütungen aufgeklärt.[208] Der Bankvertreter

207 BGH, NJW 2014, 2653.

208 BGH, Urteil vom 19.12.2000 – XI ZR 349/99, BGHZ 146, 235 = NJW 2001, 962 = WM 2001, 297= ZIP 2001, 230 dazu *Balzer*, ZIP 2001, 232; BGH, Urteil vom 19.12.2006 – XI ZR 56/05, ZIP 2007,

sollte hier – mehr noch als in anderen Fällen – erst nach genauer Arbeit am Sachverhalt erwidern. Wichtig ist es, ein »Kundenprofil« darzulegen und dabei insbesondere auf frühere und spätere Geldanlagen einzugehen. Hieraus können sich sowohl Indizien für verjährungsrelevante Kenntnisse als auch für eine fehlende haftungsbegründende Kausalität ergeben.[209] In Klageverfahren argumentiert nahezu jeder Anleger, er sei ein »konservativer« Investor, der nur in »mündelsichere« zum Zwecke der Altersvorsorge Werte investieren wollte. Tatsache ist oft genug, dass Kenntnis und Risikobereitschaft vorhanden war. Bildet die Risikoaufklärung einen Schwerpunkt, so sollte zum Bildungsstand und dem beruflichen Hintergrund des Klägers vorgetragen werden, soweit sich hieraus Anhaltspunkte für ein fehlendes Aufklärungsbedürfnis ergeben.

Aufgrund der geänderten Rechtsprechung des BGH zur Beweislastumkehr im Rahmen der wider- **120**
leglichen Kausalitätsvermutung sollte durch die Bank Beweis durch Parteivernehmung des Anlegers angeboten werden. Die Behauptung des Aufklärungsschuldners, ein vom Aufklärungsgläubiger behaupteter Aufklärungsfehler sei für die Anlageentscheidung nicht ursächlich geworden, ist kein unbeachtlicher Vortrag »ins Blaue hinein«: dem Beweisangebot durch Vernehmung des Aufklärungsgläubigers als Partei muss das Gericht nachgehen.[210]

6. Bankrechtskammern und Bankrechtssenate

An allen größeren LG gibt es heute bankrechtliche Spezialkammern, Gleiches gilt für die Oberge- **121**
richte. Ein Institut hat folglich regelmäßig mit den gleichen Richtern zu tun. Es ist deshalb ungleich wichtiger als für eine Privatperson, bei »seinem« Gericht gut beleumundet zu sein. Ein Gericht, das aus vielen Verfahren weiß, dass ein bestimmtes Institut immer seriös und gewissenhaft vorträgt, wird dies bei engen tatsächlichen Fragen auch »im Hinterkopf« haben.

518, dazu Lang/Balzer, ZIP 2007, 521, *Hanten/Hartig*, EWIR 2007, 217 und *F.A. Schäfer/U. Schäfer*, BKR 2007, 163; BGH, Beschluss vom 20.1.2009 – XI ZR 510/07, BKR 2009, 126, dazu *Grys/Geist*, BKR 2009, 127; BGH, Urteil vom 12.5.2009 – XI ZR 586/07, BKR 2009, 342; BGH, Urteil vom 27.10.2009 – XI ZR 338/08, ZIP 2009, 2380; BGH, Urteil vom 29.6.2010 – XI ZR 308/09, BKR 2010, 331 mit Anm. *Koch*; BGH, (erster) Beschluss vom 9.3.2011 – XI ZR 191/10, BKR 2011, 299 mit Anm. *Nobbe*; BGH, (zweiter) Beschluss vom 19.7.2011 – XI ZR 191/10, ZIP 2011, 1559, dazu EWiR 2011, 623, *Toussant* ; BGH, (dritter) Beschluss vom 24.8.2011 – XI ZR 191/10, ZIP 2011, 1807, dazu EWiR 2011, 623 (Lang); BGH, Urteil vom 8.5.2012 – XI ZR 262/10, BKR 2012, 368 mit Anm. *Göertz* (bestätigt durch BGH, Urteil vom 19.2.2013 – XI ZR 404/11 (juris)); BGH, Urteil vom 11.9.2012 – XI ZR 363/10 (juris); BGH, Beschluss vom 19.2.2013 – XI ZR 404/11 (juris); BGH, Urteile vom 26.2.2013 – XI ZR 181/11, XI ZR 240/10, XI ZR 318/10, XI ZR 345/10, XI ZR 425/11, XI ZR 445/10 und XI ZR 498/11; BGH, Urteile vom 26.3.2013 – XI ZR 228/11 und XI ZR 331/11; BGH, Urteil vom 14. 5. 2013 – XI ZR 431/10, BKR 2013, 386; BGH, Urteil vom 28. 5. 2013 – XI ZR 113/11, BKR 2013, 388;BGH, Urteil vom 24.9.2013 – XI ZR 204/12, BKR 2014, 23 mit Anm. *Tilp/Wegner*; BGH, Urteil vom 14.5.2013 – XI ZR 431/10, BKR 2013, 386; BGH, Urteil vom 28.5.2013 – XI ZR 113/11, BKR 2013, 388; BGH, Urteil vom 14.1.2014 – XI ZR 355/12, BKR 2014, 159; BGH, Urteil vom 4.2.2014 – XI ZR 398/12, BKR 2014, 201; BGH, Urteil vom 8.4.2014 – XI ZT 341/12, BKR 2014, 290 mit Anm. *Lang/Pfisterer-Junkert*; BGH, Urteil vom 3.6.2014 – XI ZR 147/12, BKR 2014, 370 mit Anm. Balzer/Lang und Anm. *Heun-Rehn/S. Lang/Ruf*, in: NJW 2014, 2909 ; BGH, Urteil vom 15.7.2014 – XI ZR 418/13, NJW 2014, 2951; III. Zivilsenat: BGH, Urteil vom 15.4.2010 – III ZR 196/09, BKR 2010, 247 mit Anm. *Tyzak/Stieglitz*; BGH, Urteil vom 3.3.2011 – III ZR 170/10, BKR 2011, 248; BGH, Urteil vom 5.5.2011 – III ZR 84/10, BeckRS 2011, 13871; BGH, Urteil vom 19.1.2012 – III ZR 48/11, BKR 2012, 165; BGH, Urteil vom 19.7.2012 – III ZR 308/11, BKR 2012, 431;BGH, Urteil vom 7.3.2013 – III ZR 160/12; BGH, Urteil vom 18.4.2013 – III ZR 160/12; BGH Urteil vom 18.4.2013 – III ZR 225/12; BGH, Urteil vom 6.12.2012 – III ZR 307/11, NJW-RR 2013, 293; BGH, Urteil vom 7.3.2013 – III ZR 160/12, BeckRS 2013, 05593; BGH, Urteil vom 18.4.2013 – III ZR 83/12, BeckRS 2013, 07848; BGH, Urteil vom 18.4.2013 – III ZR 225/12, BKR 2013, 288.

209 BGH, Urt. v. 08.05.2012 – XI ZR 262/10; Urt. v. 28.05.2013 – XI ZR 421/10.

210 BGH, BKR 2014, 200.

D. Vertretung des Anlegers/Bankkunden

I. Mandatsverhältnis, Möglichkeiten der Gebührenvereinbarung

122 Das Mandatsverhältnis mit Bankkunden oder Kapitalanlegern ist wirtschaftlich dadurch geprägt, dass für den Verbraucher Krisen aufgrund fehlgeschlagener Kapitalanlagen hervorgerufen werden, die oftmals von existenzbedrohender Natur sind. Häufig wurden Eigentumswohnungen oder Fondsbeteiligungen durch Kreditaufnahmen finanziert, wobei der unter Zugrundelegung der nachhaltig erzielbaren Miete ermittelte Ertragswert der Anlageimmobilien regelmäßig in einer Größenordnung bei der Hälfte des Gesamtaufwandes[211] liegt. Derartige Anlagemodelle haben bei entsprechend hoher oder vollständiger Fremdfinanzierung zwangsläufig erhebliche monatliche Unterdeckungen zur Folge. Diese Unterdeckungen übersteigen oft die finanzielle Leistungsfähigkeit der Anleger, denen eine inflationssichere, wertbeständige und rentable Sachwertanlage als »Standardanpreisung« in vielen Anlageprospekten verkauft wurde. In einer Vielzahl dieser Fälle geht es für die Mandanten um ihre bürgerliche Existenz. Dies gilt auch für die persönliche Haftung für Darlehensverbindlichkeiten von Fondsgesellschaften als Personengesellschaften, bei denen viele bürgerliche Existenzen in der Phase des Übergangs in den Ruhestand mit Ansprüchen konfrontiert werden, die ihre wirtschaftliche Existenz vernichten können. Ähnlich existenzgefährdend sind vermeintliche Produkte zur Altervorsorge, die mit einem Totalverlust enden und dem Anleger kein Vermögen für den Ruhestand belassen.

123 Aus anwaltlicher Sicht steht daher vielfach zunächst die Lösung der akuten, aus der Kapitaldienstverpflichtung resultierenden Probleme im Zentrum der Beauftragung. Dabei muss neben der Prüfung von Ansprüchen gegen das finanzierende Institut sowie gegen andere Beteiligte, insbesondere gegen Initiatoren, Prospektverantwortliche, Vertrieb und Berater, auch die rechtliche und wirtschaftliche Durchsetzbarkeit der Ansprüche in Betracht gezogen werden. Ein kritischer und realistischer Blickwinkel ist bei der umfassenden Beratung der Mandanten angesichts der in Teilen noch immer im Fluss befindlichen Rechtsprechung des BGH unbedingt erforderlich. Entscheidungen der Instanzgerichte taugen in dieser Situation bedauerlicherweise nur wenig als Orientierung und Grundlage für eine rechtlich fundierte und nachhaltig belastbare Analyse. Oftmals werden aber gerade solche instanzgerichtlichen Entscheidungen, die öffentlich als »bahnbrechend« oder »Durchbruch« dargestellt werden, zur Grundlage von Prozessstrategien und Erfolgsprognosen gemacht. Haben die instanzgerichtlichen Entscheidungen vor dem BGH keinen Bestand, fällt die gesamte Prozessführung wie ein Kartenhaus mit dem Ergebnis in sich zusammen, dass die bereits erheblich geschädigten Anleger neben dem Anlageverlust auch noch erhebliche Prozesskosten zu tragen haben.

124 Eine grundlegende Analyse auch im Hinblick auf die Durchsetzbarkeit von Ansprüchen wird insb. dann umso wichtiger, wenn die Grenzen der wirtschaftlichen Belastbarkeit des Anlegers und Mandanten erreicht ist und das ökonomische Risiko einer Prozessführung durch drei Instanzen von diesem nicht selbst getragen werden kann. Trotz des gestiegenen Wettbewerbsdrucks auf dem Anwaltsmarkt und z.T. lukrativer Streitwerte von Kapitalanlage-Mandaten muss der Versuchung widerstanden werden, das Ziel einer möglichst effizienten Lösung der Probleme des Mandanten eigenen wirtschaftlichen Interessen im Rahmen der Beratung und Mandatsbearbeitung unterzuordnen. Der rechtzeitige Rat, z.B. angesichts unerfüllbarer persönlicher Forderungen der einen Fonds finanzierenden Bank den Weg in die Verbraucherinsolvenz zu suchen, ist aus der allein entscheidenden Sicht des Mandanten oftmals der sinnvollere anwaltliche Rat.

125 Wie bei jedem anwaltlichen Rat steht auch beim bank- oder kapitalanlagerechtlichen Mandat am Anfang eine umfassende Sachverhaltsermittlung. Hier liegt insb. im kapitalmarkt- und noch mehr im kapitalanlagerechtlichen Bereich die große Herausforderung für den Anwalt. Zwar ist die

211 Unter Gesamtaufwand wird jener Betrag verstanden, der sich aus Kaufpreis/Fondseinlage und Weichkosten zusammensetzt und für den der Anleger seinerseits Zahlungen zu leisten oder (Mit-) Haftungen zu übernehmen hat.

wahrheitsgemäße und vollständige Unterrichtung seines Anwalts eine wesentliche Vertragspflicht des Mandanten aus dem Anwaltsvertrag.[212] Doch der Umfang der benötigten Informationen ist vom Mandanten gar nicht zu überblicken. Die reichhaltige Kasuistik zu Beratungs- und Aufklärungspflichtverletzungen und zu Anforderungen an den Inhalt von Prospekten sowie die Vielzahl möglicher Anspruchsgegner und Anspruchsgrundlagen erfordern bereits zu Beginn der Mandatsbearbeitung ein gehöriges Maß an Erfahrung und Fantasie, um alle nur erdenklichen tatsächlichen Informationen und Ansatzpunkte zu erfragen und Unterlagen vom Mandanten zu erbitten oder selbst aus öffentlich zugänglichen Quellen zu beschaffen. Dabei sollte man auch auf andere, auf den ersten Blick vielleicht nicht benötigte Informationen achten. Gerade »Nebensächlichkeiten« oder vom Mandanten eher beiläufig mehr verschwiegene als erwähnte Punkte oder Dokumente können dazu beitragen, dass rechtliche oder tatsächliche Probleme bei der gerichtlichen Durchsetzung der Ansprüche oder der Abwehr von Forderungen frühzeitig erkannt und Fehler vermieden werden.

Der um Rat ersuchte Rechtsanwalt ist zu einer umfassenden und möglichst erschöpfenden Belehrung seines Auftraggebers verpflichtet. Er muss den ihm vorgetragenen Sachverhalt dahin prüfen, ob er geeignet ist, den vom Mandanten ertrebten Erfolg herbeizuführen. Er hat dem Mandanten diejenigen Schritte anzuraten, die zu dem erstrebten Ziel zu führen geeignet sind. Nachteile für den Auftraggeber muss der Anwalt verhindern, soweit solche voraussehbar und vermeidbar sind. Dazu hat er dem Auftraggeber den den Umständen nach sichersten und ungefährlichsten Weg vorzuschlagen und ihn über mögliche Risiken aufzuklären, damit der Mandant eine sachgerechte Entscheidung treffen kann.Zweifel und Bedenken, zu denen die Sachlage Anlass gibt, muss der Anwalt darlegen und mit dem Mandanten erörtern.[213] Die anwaltliche Beratung muss dem Mandanten die Möglichkeit geben, die Risiken abzuschätzen[214] und selbst sachgerecht in seiner Sache zu entscheiden.[215] Bei einer unklaren Rechtslage gehört die Beratung über die verschiedenen Möglichkeiten des Vorgehens und deren jeweilige Folgen zu den Pflichten des Anwalts.[216] 126

Voraussetzung hierfür ist, dass sich der Anwalt einen vollständigen und objektiven Eindruck von der Sachlage verschafft. Es liegt also im Verantwortungsbereich des Anwalts, sich die Informationsgrundlage für eine zutreffende und umfassende Beurteilung und Bearbeitung selbst zu schaffen und nötigenfalls zu ergänzen.[217] Primäre Informationsquelle ist der Mandant, den der Anwalt gezielt befragen muss. Genügen die vom Mandanten gegebenen Informationen nicht, muss der Anwalt vom Mandanten einschlägige Unterlagen anfordern[218] und auswerten. Soweit es notwendig ist, muss der Anwalt weitere Ermittlungen durchführen, bspw. Behörden- oder Gerichtsakten einsehen.[219] Der Anwalt darf grundsätzlich auf die Richtigkeit der Sachverhaltsangaben seines Mandanten vertrauen, solange er deren Unrichtigkeit weder kennt noch kennen muss.[220] Erforderlichenfalls ist dem Mandanten genau zu erklären, auf welche Sachverhaltsdetails es für die Bearbeitung des Falles und dessen rechtliche Bewertung ankommt.[221] Damit wird der Mandant in die Lage versetzt, die benötigten Informationen zu erteilen. 127

Oftmals wird der Mandant nicht in der Lage sein, selbst die benötigten Informationen zu beschaffen. Viele Kapitalanlagen sind dergestalt konzipiert, dass der einzelne Anleger die zugrunde liegende Konstruktion nicht durchschauen kann. Zur weiteren Informationsbeschaffung empfiehlt sich in 128

212 BGH, NJW 1996, 2929; NJW 1979, 2238.
213 BGH, NJW 1995, 449; NJW 1993, 1779; NJW 1986, 2648; OLG Brandenburg, Urt. v. 02.07.2014 – 4 U 137/12.
214 BGH, NJW-RR 2000, 791.
215 BGH, NJW 1992, 1159.
216 BGH, NJW-RR 2000, 791.
217 BGH, NJW 1961, 601.
218 BGH, NJW 1996, 2929.
219 BGH, NJW 1994, 2293.
220 BGH, NJW 1985, 1154.
221 BGH, NJW 1994, 1427.

solchen Fällen, von einer im Einzelfall vorhandenen Möglichkeit zur Einsichtnahme in Unterlagen einer Anlagegesellschaft Gebrauch zu machen. Darüber hinaus empfehlen sich als Recherchemöglichkeit neben dem Internet die Brancheninformationsdienste wie bspw. Kapitalmarkt intern, die im Laufe der Jahre die Prospekte einer Vielzahl von Anlageprodukten sach- und fachkundig geprüft haben.[222] Auch Beiräte von Wohnungseigentümergemeinschaften oder Fondsgesellschaften sind oftmals eine gute Informationsquelle für die Recherchen, die der Mandant oder der Anwalt anstellen muss. Zudem bestehen Ansprüche des Publikumsgesellschafters einer KG oder einer stillen Gesellschaft nach § 166 HGB, wonach das Registergericht die Vorlegung einzelner Geschäftsunterlagen zur Einsichtnahme anordnen kann.[223]

129 Zu der zuerst auf eine reine Bewertung eines vorgegebenen Sachverhalts beschränkten Tätigkeit kommt nun auch noch die Aufgabe der Rechtsgestaltung hinzu. Der Anwalt muss seinem Mandanten die Vor- und Nachteile der ihm zur Verfügung stehenden Gestaltungsrechte und -möglichkeiten erläutern. Damit kann der Mandant den Weg einschlagen, der seinen Interessen am besten gerecht wird. Viele Rechtsprobleme erledigen sich bei aufmerksamer und vollständiger Sachverhaltserfassung von selbst.[224] Daher muss fast immer mit dem Mandanten ein persönliches oder telefonisches Gespräch geführt werden, um die wesentlichen Punkte des Sachverhalts und die Interessenlage abzuklären.

130 Ziel des Mandantengesprächs ist es, den Sachverhalt aufzunehmen, dabei die wesentlichen Anspruchsgrundlagen und ihre Tatbestandsvoraussetzungen zu erkennen und den Sachverhalt danach in rechtlicher Hinsicht zu strukturieren, Beweismittel zu sichten und wenn möglich gleich zur Akte zu nehmen oder dem Mandanten mitzuteilen, welche Unterlagen er noch beschaffen muss. Das erste Mandantengespräch ist oftmals entscheidend dafür, ob die weitere Bearbeitung des Mandates reibungslos verläuft oder ob zeitraubende Nachfragen erforderlich sind. Für ein systematisches und konzentriertes erstes Mandantengespräch, in dem der Anwalt die vorhandenen Informationen ermittelt und soweit möglich umfassend prüft, sollte also ausreichend Zeit zur Verfügung stehen. In vielen Fällen hat es sich bewährt, wenn der Mandant vorab die bei ihm vorhandenen Unterlagen verbunden mit einer umfassenden Schilderung der Anbahnung und des Ablaufs des Beratungsgesprächs, der vom Berater/Vermittler getätigten Aussagen zu Chancen und Risiken der empfohlenen Anlage, der persönlichen und wirtschaftlichen Verhältnisse des Mandanten zum Zeitpunkt der Beratung sowie seiner damaligen Anlageziele zur Verfügung stellt. Der Anwalt kann dann all diese Angaben analysieren und so das erste Gespräch vorbereiten.

131 Angesichts der bei vielen Mandaten immer weiter auseinanderklaffenden Schere zwischen Bearbeitungsaufwand[225] und gesetzlichem Vergütungsanspruch sowie Haftungsrisiken kommt Vergütungs- und Mandatsvereinbarungen eine immer größere Bedeutung zu. Dabei ist zunächst einmal zu betrachten, was konkret Gegenstand des anwaltlichen Auftrags ist. Der Anwalt kann dabei selbst den Ablauf vorschlagen und bspw. das Mandatsverhältnis dreigliedrig anlegen:

- Phase 1: Sichtung von Unterlagen und Beratung
  Vereinbarung einer Stundenvergütung (ggf. mit einer Obergrenze) oder eines Pauschalhonorars.
- Phase 2: Außergerichtliche Vertretung
  Regelung der Anrechnung von Vergütungen aus Phase 1.
- Phase 3: Gerichtliche Vertretung
  Regelung der Anrechnung oder Nichtanrechnung von Vergütungen aus Phase 2.

132 Dabei ist der Gegenstand des Auftrags immer genau und detailliert mit dem Mandanten zu vereinbaren. Die exakte Eingrenzung des vereinbarten Leistungsumfangs ermöglicht es, bei einem vom

222 Zur Analyse von geschlossenen Immobilienfonds: *Bartelsberger/Boutonnet/Loipfinger/Nickl/Richter* Geschlossene Immobilienfonds.

223 Baumbach/Hopt-Roth, HGB, § 166, Rn. 1, 3f.; OLG München, Beschl. v. 05.09.2008, 31 Wx 63/07; OLG Münschen, Urt. v. 22.03.2017, 7 U 3356/16.

224 *Doms* NJW 2002, 777 (779).

225 Allein das Studium der umfangreichen Prospektunterlagen sowie der seit der Beteiligungsentscheidung beim Mandanten eingegangenen Informationen nimmt regelmäßig mehrere Stunden in Anspruch.

Mandanten gewünschten oder auch notwendigen »Mehraufwand« ein weiteres Honorar zu vereinbaren. Darüber hinaus lässt sich bei einer dergestalt strukturierten Mandatsbearbeitung auch die Frage der Anrechnung von Leistungen, die in vorhergehenden Phasen erbracht wurden, aufwandsgerecht vereinbaren. Im Übrigen reduzieren sich die anwaltlichen Pflichten nicht dadurch, dass der Mandant über eine Rechtsschutzversicherung verfügt. Auch in diesem Fall ist der Anwalt bei einer objektiven Aussichtslosigkeit des Begehrens des Mandanten verpflichtet, dem Mandanten von der Rechtsverfolgung abzuraten.[226] Hierzu gehört die Aufklärung des Mandanten darüber, dass für eine aussichtslose Klage nach § 125 VVG kein Anspruch auf Rechtsschutz besteht. Ein hierüber informierter Mandant verletzt im Falle einer gleichwohl gestellten Deckungsanfrage an die Rechtsschutzversicherung seine Obliegenheiten, so dass die Rechtsschutzversicherung selbst bei der ursprünglichen Erteilung einer Deckungszusage nach dem verlorenen Prozess die Verfahrenskosten zurückfordern kann.[227]

II. Taktiken im Prozess

Von Prospektfehlern oder betrügerischen Machenschaften im Zusammenhang mit Kapitalanlagen ist i.d.R. immer eine größere Zahl von Personen betroffen. Vielfach ist es daher zunächst einmal hilfreich, mit anderen Geschädigten Kontakt aufzunehmen, um Informationen auszutauschen und so die eigene Argumentationsbasis zu verbreitern. **133**

1. Sammelklage

Oftmals kommt in diesem Zusammenhang die Frage nach einer Geltendmachung von Ansprüchen im Wege einer »Sammelklage« auf. Dabei klagen eine Vielzahl von Klägern gegen einen oder mehrere Beklagte. Die Sammel- oder auch Gruppenklage ist in den USA unter dem Begriff *class action*[228] bekannt. Das Besondere bei einer *class action* ist, dass Rechts- und Tatsachenfragen mit Bedeutung für eine Vielzahl von Geschädigten insgesamt und für alle Betroffenen einheitlich geklärt werden können, ohne dass sie am Prozess beteiligt gewesen sein müssen. Der Einzelne ist also nicht mehr darauf angewiesen, in seinem Rechtsstreit alle den Anspruch begründenden Tatsachen zu beweisen. Er muss lediglich den Nachweis führen, dass er der betroffenen Gruppe (*class*) angehört. Häufig enden Sammelklagen mit einem Vergleich, da insbesondere in den USA der Prozessausgang für die Betroffenen kaum vorhersagbar ist und Schadensersatz droht, der nicht nur den Ersatz des unmittelbaren Schadens sondern auch Strafzahlungen in teilweise exorbitanter Höhe vorsieht. An Sammelklagen können sich auch deutsche Geschädigte beteiligen, wenn der Sachverhalt Bezug zu den USA aufweist. **134**

Das deutsche Zivilprozessrecht sieht eine Sammelklage bislang nicht vor.[229] Jeder Kläger muss für seinen Fall die seinen Anspruch begründenden Tatsachen darlegen und beweisen, ebenso seinen individuellen Schaden und die Kausalität. Gemeinsame Prozessführung gibt es in Deutschland nur im Rahmen der sog. Streitgenossenschaft.[230] Gem. §§ 59, 60 ZPO und § 260 ZPO analog können mehrere Personen dann gemeinsam klagen oder verklagt werden, wenn **135**

---

226 BGH NJW 1986, 2043; NJW 1998, 1488; NJW 2001, 3543.

227 OLG Düsseldorf, Urt. v. 04.07.2016, I-9 U 102/14, MDR 2016, 1176; OLG Hamm, Urt. v. 18.02.2017, 28 U 73/15; anders LG Dortmund, Urt. v. 23.03.2017, 2 S 21/16 (rkr.): Der vernünftig denkende Mandant wird abwarten, ob die Rechtsschutzversicherung selbst bei einem vom Anwalt als aussichtslos bewerteten Fall nicht doch eine Rechtsschutzdeckung erteilt. Der Versicherer hat im Rahmen der Deckungsprüfung anhand der vollständigen Tatsachenmitteilung eine eigene Prüfungs-, Bewertungs- und ggf. Nachfragepflicht.

228 Rule 23 der Federal Rules of Civil Procedure, Title 28 United States Code Appendix Rule 23.

229 Das Bundesministerium der Justiz und für Verbraucherschutz hat lediglich am 31.07.2017 den Diskussionsentwurf eines Gesetzes zur Einführung einer Musterfeststellungsklage vorgelegt, mit der eine Durchsetzung von gleich gelagerten Ansprüchen ermöglicht werden soll, die einer Vielzahl von Personen zustehen: https://www.bmjv.de/SharedDocs/Gesetzgebungsverfahren/DE/Musterfeststellungsklage.html (abgerufen am 25.01.2018).

230 *Gottwald* JA 1982, 64 ff.

- sie bezüglich des Streitgegenstandes in Rechtsgemeinschaft stehen (§ 59, 1. Alt. ZPO) bzw. wenn sie aus demselben tatsächlichen und rechtlichen Grund berechtigt oder verpflichtet sind (§ 59, 2. Alt. ZPO),
- ihre Ansprüche oder Verpflichtungen gleichartig sind und auf einem im Wesentlichen gleichartigen tatsächlichen und rechtlichen Grund beruhen (§ 60 ZPO),
- das Prozessgericht für alle Ansprüche zuständig ist und alle Ansprüche in derselben Prozessart geltend gemacht werden (§ 260 ZPO analog).

136 Die Streitgenossenschaft beschränkt allerdings die Angriffsmittel auf die allen Klägern gemeinsamen tatsächlichen und rechtlichen Gründe. Individuelle Tatsachen können nicht berücksichtigt werden. Die Streitgenossenschaft beschränkt daher die prozessuale Handlungsfähigkeit und kann dazu führen, dass auf individuellen Umständen beruhende Ansprüche nicht geltend gemacht werden. In dem Fall müssen bezüglich individueller Anspruchsvoraussetzungen ggf. verjährungshemmende Maßnahmen ergriffen werden, was den Kostenvorteil der Streitgenossenschaft zunichtemacht. Darüber hinaus droht immer dann, wenn das Gericht die Voraussetzungen der Streitgenossenschaft nicht als gegeben ansieht, die Aufspaltung des einheitlichen Prozesses in Einzelprozesse. Damit fällt der vermeintliche Kostenvorteil der Streitgenossenschaft ebenfalls weg.

137 Eine andere Möglichkeit ist die Prozessverbindung nach § 147 ZPO. Dabei kann der Richter mehrere getrennte Prozesse zur gemeinsamen Verhandlung und Entscheidung verbinden, wenn es in allen Prozessen um dieselben Rechts- und Tatfragen geht. Dies kommt in der Praxis aber selten vor.

2. Kapitalanleger-Musterverfahrensgesetz

138 Als Reaktion auf die Massenklagen im Zusammenhang mit am Neuen Markt notierten Aktien, insb. auf die am LG Frankfurt am Main anhängige Verfahrensflut gegen die Deutsche Telekom AG,[231] wurde das Kapitalanleger-Musterverfahrensgesetz (KapMuG) beschlossen, das am 01.11.2005 in Kraft trat.[232] Es soll die Durchsetzung von Ansprüchen wegen fehlerhafter Informationen am Kapitalmarkt erleichtern.

139 Bei falschen Börsenprospekten sowie sonstigen fehlerhaften Kapitalmarktinformationen, auch solchen des »Grauen Kapitalmarkts«[233], steht einem Haftungsadressaten oft eine Vielzahl von Geschädigten mit Schäden in jeweils vergleichsweise geringer Höhe gegenüber. Deren prozessuale Geltendmachung erschwert sich durch das mit einer Klage verbundene hohe Kostenrisiko, welches sich durch ggf. erforderliche kostenintensive Sachverständigengutachten weiter erhöht. Mittels eines Musterverfahrens könnte dieses Problem vermieden werden, weil dessen Kosten anteilig auf alle Kläger umgelegt werden können. Zugleich führt die Klärung einer in den Einzelprozessen entscheidungsrelevanten Musterfrage mit Bindungswirkung für alle zu einer Entlastung der Justiz. Divergierende Entscheidungen würden vermieden.[234]

140 Durch einen Musterfeststellungsantrag kann gem. §§ 1 Abs. 1, 2 Abs. 1 KapMuG in einem erstinstanzlichen Verfahren in Bezug auf die Geltendmachung eines Schadensersatzanspruchs wegen falscher, irreführender oder unterlassener öffentlicher Kapitalmarktinformationen (Nr. 1), wegen derer Verwendung oder Unterlassung einer Aufklärung über ihre Unrichtigkeit (Nr. 2) oder wegen eines Erfüllungsanspruchs aus Vertrag, der auf einem Angebot nach dem Wertpapiererwerbs- und -übernahmegesetz beruht (Nr. 3), die Feststellung des Vorliegens oder Nichtvorliegens von den Anspruch begründenden oder ausschließenden Voraussetzungen oder die Klärung

231 Etwa 15.000 geschädigte Anleger hatten bis Ende 2003 Klage gegen die Deutsche Telekom AG eingereicht und sich darauf berufen, dass infolge einer falsch durchgeführten Immobilienbewertung der bei der dritten Kapitalerhöhung im Jahr 2000 vorgelegte Börsenprospekt falsch gewesen sei (zum Telekom-Verfahren: Handelsblatt, 24.11.2004, S. 1 und S. 35).

232 BGBl. I, S. 2437.

233 BGH, NZG 2008, 592.

234 *Zypries* ZRP 2004, 177.

von Rechtsfragen begehrt werden (Feststellungsziel). Voraussetzung ist, dass die Entscheidung des Rechtsstreits hiervon abhängt.[235] Nur Rechtsfragen oder Tatsachen zu anspruchsbegründenden oder anspruchsausschließenden Voraussetzungen eines Anspruchs können Feststellungsziel eines Musterfeststellungsverfahrens sein, nicht aber ein Anspruch als solcher. Für die Beurteilung, ob ein mit einem Musterfeststellungsantrag verfolgtes Begehren Feststellungsziel im Sinne von § 2 Abs. 1 KapMuG sein kann, ist maßgeblich auf die Anspruchsgrundlage abzustellen, auf die der Musterkläger seinen Schadensersatzanspruch stützt. Im Rahmen des Musterfeststellungsverfahrens können solche Tatsachen und Rechtsfragen einer Klärung zugeführt werden, die die Anwendung der Anspruchsnorm selbst begründen oder ausschließen oder der Konkretisierung einer anspruchsbegründenden oder anspruchsausschließenden Voraussetzung der Norm dienen.[236] Dementsprechend können auch Ansprüche, die auf § 823 Abs. 2 BGB i.V.m. § 264 a StGB gestützt werden, Gegenstand eines Musterfeststellungsverfahrens sein.[237] Nicht verallgemeinerungsfähige Tatsachen oder Rechtsfragen wie etwa der individuelle Schaden eines Anlegers sowie individuelle Fragen des Verjährungsbeginns oder der Rechtzeitigkeit einer Anfechtung wegen arglistiger Täuschung können nicht Gegenstand eines Musterfeststellungsverfahrens sein.[238] Allerdings ist die Frage, ob die Entscheidung eines Rechtsstreits von den in einem Musterfeststellungsverfahren geltend gemachten Feststellungszielen abhängt, abstrakt zu beurteilen. Daher reicht es aus, wenn die Entscheidung des Rechtsstreits mit hinreichender Wahrscheinlichkeit von den Feststellungszielen abhängen kann. Es ist nicht erforderlich, dass die Entscheidung nach Klärung sämtlicher übriger Anspruchsvoraussetzungen und Rechtsfragen nur noch von den Feststellungszielen abhängt. Dem Prozessgericht wird hier ein gewisser Beurteilungsspielraum eingeräumt.[239] Die Entscheidung des Rechtsstreits hängt jedoch nicht gemäß § 8 Abs. 1 S. 1 KapMuG von den geltend gemachten Feststellungszielen ab, wenn die Sache ohne weitere Beweiserhebungen und ohne Rückgriff auf die Feststellungsziele eines Musterverfahrens entscheidungsreif ist.[240] Ein Aussetzungsbeschluss kann auch mit der Begründung angefochten werden, dass der Anwendungsbereich des KapMuG nicht eröffnet ist.[241]

Eine Reform des KapMuG trat am 01.11.2012 in Kraft,[242] wobei drei wesentliche Änderungen vorgenommen wurden: Zum einen wurde der Anwendungsbereich des KapMuG auf Rechtsstreitigkeiten mit einem mittelbaren Bezug zu einer öffentlichen Kapitalmarktinformation und damit vor allem auf Anlagevermittler und -berater erweitert. Zum anderen wurde die Möglichkeit erleichtert, gemäß §§ 17 ff. KapMuG einen Vergleich abzuschließen. Nunmehr reicht eine Einigung zwischen dem Musterkläger und dem Musterbeklagten aus, wodurch auch die übrigen Beigeladenen gebunden werden, sofern sie nicht innerhalb eines Monats ab Zustellung des Vergleichs den Austritt hieraus erklären (»Opt-Out«-Verfahren). Schließlich können Anspruchsteller zur Hemmung der Verjährung ihrer Ansprüche nach § 2014 Abs. 1 Nr. 6a BGB nun auch lediglich ihre Ansprüche in einem laufenden Musterverfahren gemäß § 10 Abs. 2 KapMuG anmelden, ohne dass sie den Weg der aktiven Verfahrensbeiladung gehen müssen. 141

Das im KapMuG geregelte Musterverfahren ist in zwei Verfahrensabschnitte gegliedert:[243] Zum einen in das Vorlageverfahren, welches vor dem LG als Prozessgericht stattfindet, zum anderen in das eigentliche Musterverfahren vor dem OLG. Eine Verfahrensbündelung findet nur im Hinblick 142

235 *Gundermann/Härle* VuR 2006, 457.
236 BGHZ 177, 88.
237 BGH, DB 2012, 168: Ansprüche wegen falscher, irreführender oder unerlaubter öffentlicher Kapitalmarktinformation i.S.d. § 1 Abs. 1 Satz 1 Nr. 1 KapMuG sind unter anderem solche aus deliktischer Prospekthaftung nach § 823 Abs. 2 BGB i.V.m. § 264a StGB.
238 BGH, NZG 2008, 592; NZG 2008, 103.
239 OLG München, Beschl. v. 16.01.2018, 3 U 2181/17.
240 BGH, Beschl. v. 28.01.2016, III ZB 88/15, ZIP 2016, 436; Urt. v. 24.03.2016, III ZB 75/15, Rn. 14.
241 OLG Braunschweig, Beschl. v. 11.11.2016, 3 W 19/16, NJW-RR 2017, 302.
242 BGBl. 2012 I, S. 2182.
243 *Reuschle* NZG 2004, 590.

auf das eigentliche Musterverfahren statt. Das Musterverfahren ändert nichts daran, dass jeder Anleger seinen Anspruch in einer eigenständigen Klage geltend zu machen hat.

143 Für das Musterfeststellungsverfahren begründet das Gesetz mit § 32b Abs. 1 ZPO einen ausschließlichen Gerichtsstand am Sitz des Emittenten, des Anbieters von sonstigen Vermögensanlagen oder der verklagten Zielgesellschaft.[244] Für ausländische Emittenten genießt Art. 5 Nr. 3 EuGVVO[245] Vorrang vor § 32b Abs. 1 ZPO. Innerhalb des Geltungsbereichs der EuGVO[246] bestimmt § 32b ZPO nur dann die örtliche Zuständigkeit, soweit die Regelungen von EuGVO, EuGVÜ oder LugÜ nicht auch die örtliche Zuständigkeit betreffen.[247] Darüber hinaus wird die ausschließliche sachliche Zuständigkeit beim LG konzentriert.[248] Für die Anwendung von § 32b ZPO ist die Übergabe des Prospekts nicht erforderlich. Es reicht aus, dass der Inhalt des Prospekts Grundlage des Anlageberatungsgesprächs war.[249]

144 Sowohl der Kläger als auch der Beklagte können bei dem als Prozessgericht gem. § 32b ZPO zuständigen LG den Musterfeststellungsantrag einreichen. Ein Musterfeststellungsantrag kann nur in einem erstinstanzlichen Verfahren gestellt werden. Wurde der Musterfeststellungsantrag zwar im ersten Rechtszug gestellt, ist der Rechtsstreit aber durch Einlegung der Berufung in der Rechtsmittelinstanz anhängig geworden, kann das erstinstanzliche Gericht mangels Anhängigkeit eines Hauptsacheverfahrens bei ihm darüber nicht mehr entscheiden.[250] Der Antrag muss das verfolgte Feststellungsziel sowie die verfahrensgegenständliche öffentliche Kapitalmarktinformation bezeichnen. Als Feststellungsziel kommen die Feststellung von anspruchsbegründenden oder -ausschließenden Voraussetzungen sowie die Klärung von Rechtsfragen in Betracht.[251] Der Klärung des Feststellungsziels muss gemäß § 3 Abs. 1 Nr. 3 KapMuG für den konkreten Fall, aber auch über den einzelnen Rechtsstreit hinaus Bedeutung zukommen. Ein Musterfeststellungsantrag ist nach § 3 Abs. 1 Nr. 1 KapMuG wegen Entscheidungsreife des Hauptsacheverfahrens zurückzuweisen, wenn der Tatsachenstoff hinreichend geklärt ist und die Entscheidung des Hauptsacheverfahrens nicht von einer Rechtsfrage abhängt, die in dem Musterfeststellungsantrag als Feststellungsziel genannt ist.[252]

145 Der zulässige Musterfeststellungsantrag ist durch das LG nach § 3 Abs. 2 KapMuG im Klageregister des elektronischen Bundesanzeigers bekannt zu machen. Damit sollen andere möglicherweise ebenfalls geschädigte Anleger über die Rechtshängigkeit des Verfahrens informiert und zur Beteiligung an dem Musterverfahren veranlasst werden.[253] Mit der Bekanntmachung des Musterfeststellungsantrags tritt gemäß § 5 KapMuG die Unterbrechung des Verfahrens vor dem Prozessgericht ein. Werden in der Klage mehrere Gegner aus unterschiedlichen Rechtsverhältnissen in Anspruch

---

244 Für das Ausgangsverfahren besteht gem. § 32b Abs. 2 ZPO n.F. die Möglichkeit für die Landesregierungen, durch Rechtsverordnung einem LG die Bezirke mehrerer LG zuzuordnen, sodass es jedenfalls innerhalb eines Bundeslands zu einer Spezialisierung eines oder mehrerer LG kommen kann. Von der Ermächtigung hat bislang Nordrhein-Westfalen mit der Konzentrations-VO vom 23.11.2005 Gebrauch gemacht. Zuständig ist demnach für Streitigkeiten im OLG-Bezirk Düsseldorf das LG Düsseldorf, im OLG-Bezirk Hamm das LG Dortmund und im OLG-Bezirk Köln das LG Köln (Musielack/*Heinrich* § 32b ZPO Rn. 1). Weiterhin geschehen ist dies etwa in Bayern (§ 37 BayGZVJu: LG Augsburg, LG Landshut, LG München I, LG Nürnberg-Fürth), in Hessen (§ 46 JuZuV: LG Frankfurt am Main), in Sachsen (§ 11 Abs. 2 SächsJOrgVO: LG Leipzig) und in Thüringen (§ 5 Abs. 3 ThürGerZustVO: LG Gera).

245 Verordnung (EG) Nr. 44/2001 des Rates v. 22.12.2000 über die gerichtliche Zuständigkeit und die Anerkennung und Vollstreckung von Entscheidungen in Zivil- und Handelssachen, ABlEG Nr. L 12 v. 18.01.2000, S. 1.

246 Bzw. des EuGVÜ im Verhältnis zu Dänemark sowie des LugÜ.

247 Musielack/*Heinrich* § 32b ZPO Rn. 7.

248 § 71 Abs. 2 Nr. 3 GVG n.F.

249 OLG Nürnberg, NZG 2008, 759.

250 BGH, ZIP 2008, 526.

251 BT-Drucks. 15/5091, S. 41, 49.

252 BGH, NZG 2008, 103.

253 BT-Drucks. 15/5091, S. 18.

genommen, findet die Unterbrechung gem. § 5 KapMuG insoweit keine Anwendung, als gegen die die Anlage finanzierende Bank Ansprüche aus vorvertraglicher Aufklärungspflichtverletzung aus einem Darlehensverhältnis bzw. Ansprüche aus einem Widerruf nach dem Verbraucherdarlehensrecht im Streit sind.[254] Eine auf § 8 Abs. 1 KapMuG gestützte Aussetzung des gesamten Rechtsstreits durch das LG wäre daher unzulässig.[255] Vielmehr kommt eine Aussetzung erst dann in Betracht, wenn über die daneben geltend gemachten Ansprüche aus vertraglichen oder vorvertraglichen Pflichtverletzungen entschieden ist.[256]

Für die Vorlage des Musterfeststellungsantrags an das OLG und damit den Beginn des eigentlichen Musterverfahrens ist es erforderlich, dass innerhalb von 6 Monaten nach Bekanntmachung neun weitere, gleich gerichtete Musterfeststellungsanträge gestellt werden.[257] Diese Anträge müssen nicht in zehn getrennten Prozessen gestellt worden sein. Es reicht vielmehr aus, wenn zehn einfache Streitgenossen jeweils einen auf die Durchführung des Musterverfahrens gerichteten Antrag gestellt haben.[258] **146**

Die Vorlage an das OLG erfolgt dann durch Beschluss des Prozessgerichts, bei dem zeitlich der erste Antrag gestellt wurde. Der Beschluss ist nach § 6 Abs. 1 S. 2 KapMuG für das OLG bindend. Das OLG kann allerdings die allgemeinen Prozessvoraussetzungen, insbesondere das Vorliegen des Rechtsschutzinteresses prüfen. Es fehlt ausnahmsweise dann, wenn der mit dem Musterverfahren verfolgte Zweck der verbindlichen Klärung der Feststellungsziele durch einen Musterentscheid unter keinen Umständen mehr erreicht werden kann. Dies ist der Fall, wenn die Feststellungsziele bereits anderweitig verbindlich geklärt worden sind oder wenn sämtliche gemäß § 8 Abs. 1 S. 1 KapMuG erlassenen Aussetzungsbeschlüsse zwischenzeitlich aufgehoben wurden, weil die Entscheidungen der Verfahren nicht (mehr) von den Feststellungszielen abhingen.[259] Fehler und Auslassungen des Vorlagebeschlusses bei der Bezeichnung der Beweismittel sowie der Darstellung des wesentlichen Inhalts der erhobenen Ansprüche und der vorgebrachten Angriffs- und Verteidigungsmittel können während des Musterverfahrens behoben werden und berechtigen das OLG daher nicht, den Vorlagebeschluss aufzuheben und den Rechtsstreit an das Prozessgericht zurückzuverweisen.[260] **147**

Das OLG entscheidet gemäß § 15 KapMuG über das Feststellungsziel und bestimmt nach § 9 Abs. 2 einen Musterkläger. Die Frage der Statthaftigkeit des Musterverfahrens, nämlich ob das Prozessgericht überhaupt einen Vorlagebeschluss hätte erlassen dürfen, ist grundsätzlich der Überprüfung durch das im Rechtszug übergeordnete OLG entzogen.[261] Die Bindungswirkung des Vorlagebeschlusses für das OLG entfällt allerdings dann, wenn der geltend gemachte Anspruch schon nicht Gegenstand eines Musterverfahrens sein kann.[262] Davon zu unterscheiden sind Fälle, in denen der Vorlagebeschluss trotz einzelner Fehler und Auslassungen eine geeignete Grundlage für die Durchführung des Musterverfahrens darstellt.[263] **148**

Nach der Auswahl des Musterklägers wird das Musterverfahren im Klageregister des elektronischen Bundesanzeigers bekannt gemacht, woraufhin alle Rechtsstreitigkeiten mit demselben entscheidungserheblichen Feststellungsziel von Amts wegen gemäß 8 Abs. 1 KapMuG auszusetzen sind. Dies gilt unabhängig davon, ob in den weiteren Verfahren ein Musterfeststellungsantrag gestellt wurde oder nicht. Gemäß § 9 Abs. 3 KapMuG sind alle Kläger zwingend Beteiligte des Musterverfahrens und folglich nach § 14 S. 2 KapMuG berechtigt, Angriffs- und Verteidigungsmittel geltend **149**

254 BGH, WM 2011, 110; Beschl. v. 12.04.2011 – XI ZB 36/10.
255 BGH, Beschl. v. 12.04.2011 – XI ZB 36/10; OLG München, ZIP 2012, 543.
256 BGH, NZG 2011, 151.
257 Musterfeststellungsanträge sind dann gleich gerichtet, wenn sie auf das gleiche Feststellungsziel gerichtet sind, unabhängig davon, ob sie unterschiedliche Streitpunkte enthalten (BT-Drucks. 15/5091, S. 21 f.).
258 BGH, NZG 2008, 510.
259 BGH, Beschl. v. 09.03.2017, III ZB 135/15, WM 2017, 706.
260 BGH, DB 2011, 2254.
261 KG, NZG 2009, 677; a.A. Vorwerk/Wolf/*Fullenkamp* KapMuG § 4 Rn. 31.
262 BGH – II ZB 11/10.
263 BGH, BB 2011, 26.

zu machen sowie alle Prozesshandlungen vorzunehmen, sofern diese nicht dem Prozessverhalten des Musterklägers widersprechen.

150 Die Entscheidung des OLG im Rahmen des Musterverfahrens ergeht gem. § 16 Abs. 1 KapMuG durch Beschluss. Gegen diesen steht allen Beteiligten das Rechtsmittel der Rechtsbeschwerde gem. § 20 Abs. 1 KapMuG i.V.m. §§ 574 ff. ZPO offen. Beteiligte im Rahmen des Rechtsbeschwerdeverfahrens werden die Beigeladenen des Musterverfahrens nur dann, wenn sie selbst die Beschwerde einreichen oder nach § 20 Abs. 3 KapMuG dem Rechtsbeschwerdeverfahren beitreten.

151 Mit der Einreichung des rechtskräftigen Musterentscheids durch einen Beteiligten des Musterverfahrens wird das Verfahren in der Hauptsache wieder aufgenommen. Der Musterentscheid bindet die Prozessgerichte, deren Entscheidung von der im Musterverfahren getroffenen Feststellung oder der im Musterverfahren zu klärenden Rechtsfrage abhängt. Der Musterentscheid wirkt für und gegen alle Beigeladenen des Musterverfahrens unabhängig davon, ob der Beigeladene selbst alle Streitpunkte ausdrücklich geltend gemacht hat. Dies gilt auch dann, wenn der Beigeladene seine Klage in der Hauptsache zurückgenommen hat. Die Feststellungen eines Musterentscheids entfalten aber auch nur in den nach § 8 Abs. 1 KapMuG ausgesetzten Verfahren und dort nur innerhalb des Streitgegenstands Wirkung, anlässlich dessen das jeweilige Ausgangsverfahren im Hinblick auf das Musterverfahren ausgesetzt wurde.[264] Nach rechtskräftigem Abschluss des Musterverfahrens werden die Beigeladenen in ihren Rechtsstreiten gegenüber dem Gegner mit der Behauptung, dass die Hauptpartei das Musterverfahren mangelhaft geführt habe, gemäß § 22 Abs. 3 KapMuG nur insoweit gehört, als sie durch die Lage des Musterverfahrens z.Zt. ihrer Beiladung oder durch Erklärungen und Handlungen der Hauptpartei an der Geltendmachung von Angriffs- oder Verteidigungsmitteln verhindert worden sind. Die Beigeladenen können zudem noch geltend machen, dass Angriffs- oder Verteidigungsmittel, die ihnen unbekannt waren, von der Hauptpartei absichtlich oder durch grobes Verschulden nicht geltend gemacht worden sind.

152 Die dem Musterbeklagten und den auf seiner Seite Beigeladenen im erstinstanzlichen Musterverfahren erwachsenen Kosten gelten nach § 24 KapMuG anteilig als Kosten des ersten Rechtszugs des jeweiligen Prozessverfahrens. Die Anteile bestimmen sich nach dem Verhältnis der Höhe des von dem jeweiligen Kläger geltend gemachten Anspruchs, soweit dieser Gegenstand des Musterverfahrens ist, zu der Gesamthöhe der von dem Musterkläger und den auf seiner Seite Beigeladenen des Musterverfahrens in den Prozessverfahren geltend gemachten Ansprüche, soweit diese Gegenstand des Musterverfahrens sind.

153 Ziel des KapMuG war es, zur effektiven gerichtlichen Handhabung von Massenklagen mit kapitalmarktrechtlichem Bezug ein neuartiges Verfahren einzusetzen. Das Gesetz war zunächst auf 5 Jahre befristet. In dieser Zeit sollte evaluiert werden, ob es sich praktisch bewährte. Nach mehreren Verlängerungen der Geltungsdauer tritt das Gesetz nunmehr nach § 28 KapMuG frühestens am 01.11.2020 außer Kraft.

3. Beweislast und Beweiserleichterung

154 Grundsätzlich trägt der klagende Anleger die Darlegungs- und Beweislast für die anspruchsbegründenden Tatsachen. Er muss zunächst die Tatsachen herausarbeiten und darlegen, aus denen sich die Schlussfolgerung einer Falschberatung ergibt.[265] Unter verschiedenen Voraussetzungen kommt es jedoch zu Beweiserleichterungen oder sogar zu einer Umkehrung der Beweislast.

a) Beweiserleichterung – sekundäre Darlegungs- und Beweislast

155 Nicht selten sind aus Anlegersicht Informationen und Abläufe aus dem Bereich der beklagten Bank für die Entscheidung relevant. Hier kann sich der für den Anleger tätige Anwalt gegebenenfalls auf

264 BGH, Beschl. v. 22.11.2016, XI ZB 9/13, ZIP 2017, 318.
265 OLG Celle, Urt. v. 22.06.2017, 11 U 147/16.

die Grundsätze der sekundären Darlegungs- und Beweislast berufen. Wenn der Darlegungspflichtige außerhalb des für seinen Anspruch erheblichen Geschehensablaufs steht, der Gegner aber alle wesentlichen Tatsachen kennt, reicht dessen einfaches Bestreiten nicht aus, sofern ihm nähere Angaben zumutbar sind.[266] Dies gilt auch dann, wenn der selbst nicht Darlegungspflichtige ihm mögliche nähere Angaben, die für die Substanziierung von Grund oder Höhe des Anspruchs wesentlich sind, in für ihn zumutbarer Weise machen kann. Unterlässt er dies ohne hinreichenden Grund, kann nach den Grundsätzen der so genannten sekundären Darlegungslast sein bestrittener Vortrag als unzureichend behandelt werden. Nach diesen Grundsätzen kann er gehalten sein, Angaben über innerbetriebliche und deshalb dem Gegner unzugängliche Vorgänge zu vorzutragen, wenn er hierzu unschwer in der Lage ist und die Fallumstände eine entsprechende Beweisführungserleichterung nahe legen.[267] Der Prozessgegner muss seine sekundäre Darlegungslast dann so konkret erfüllen, dass der beweisbelasteten Partei die Widerlegung möglich ist.[268] Eine Beweiserleichterung für den Anleger wurde vom BGH auch im Rahmen der Haftung der kreditgebenden Bank infolge eines konkreten Wissensvorsprungs bei einem institutionalisierten Zusammenwirken mit dem Verkäufer des finanzierten Objekts entwickelt.[269]

Die Bank oder das Beratungsunternehmen kann also den Vortrag über konkrete Abläufe und Hintergründe innerhalb ihrer eigenen Organisation nicht einfach bestreiten, sondern muss substantiierten Gegenvortrag bringen. Weder ein Bestreiten mit Nichtwissen noch bloße Vermutungen können dem Vortrag, nicht über bestimmte Risiken und Eigenschaften der Anlage aufgeklärt worden zu sein, entgegengesetzt werden. Das Gleiche gilt für das Bestreiten der Behauptung des Anlegers, dass der Prospekt frühestens am Tag seiner Anlageentscheidung überreicht wurde. Hier reicht ein Bestreiten mit Nichtwissen oder mit Vermutungen selbst dann nicht aus, wenn das Beratungsunternehmen alle verfügbaren Erkenntnisquellen ausgeschöpft und dennoch keine eigenen konkreten Kenntnisse über die Beratungstätigkeit seines selbständigen Handelsvertreters erlangt hat.[270] Vielmehr muss das Beratungsunternehmen zeitlich präzise darlegen, wann der Prospekt übergeben worden sein soll.[271] Im Übrigen müssen sich Vertriebsunternehmen, die Untervermittler einschalten, bei diesen Untervermittlern nach dem Hergang der Beratung erkundigen.[272] Wenn ein als Zeuge vernommener Anlageberater bestimmte Lücken in der Beratung allgemein zugibt, kann dies auch als Beweis für einen oder mehrere Beratungsfehler im konkreten Einzelfall ausreichen, wenn das in Anspruch genommene Beratungsunternehmen nicht konkret vortragen kann, warum der Berater gerade gegenüber dem klagenden Anleger seine Pflichten ordnungsgemäß erfüllt haben soll.[273] **156**

b) Vermutung aufklärungsrichtigen Verhaltens

Nach ständiger Rechtsprechung des Bundesgerichtshofs ist derjenige, der vertragliche oder vorvertragliche Aufklärungspflichten verletzt hat, beweispflichtig dafür, dass der Schaden auch eingetreten wäre, wenn er sich pflichtgemäß verhalten hätte, der Geschädigte den Rat oder Hinweis also unbeachtet gelassen hätte.[274] Diese sogenannte »Vermutung aufklärungsrichtigen Verhaltens« gilt für alle Aufklärungs- und Beratungsfehler eines Anlageberaters,[275] insbesondere auch wenn Rückvergütungen pflichtwidrig nicht offengelegt wurden.[276] **157**

266 BGH, NJW 1983, 687; NJW 1999, 579; BGH, Beschl. v. 16.08.2016, VI ZR 634/15 m.w.N.
267 BGH, NJW 1993, 1010; NJW 1994, 2289; NJW-RR 2004, 989.
268 BGH, Urt. v. 29.11.2016, X ZR 122/14.
269 BGHZ 168, 1; diese Beweiserleichterung ist allerdings nicht auf die Erbringung von Wertpapierdienstleistungen übertragbar, BGHZ 196, 370.
270 OLG Celle, Urt. v. 22.09.2016, 11 U 13/16; Urt. v. 26.01.2017, 11 U 96/16.
271 BGH, Urt. v. 20.07.2017, III ZR 296/15, Rn. 11.
272 BGH, Urt. v. 22.04.2016, V ZR 256/14, Rn. 19-26.
273 OLG Celle, Urt. v. 23.06.2016, 11 U 9/16, BKR 2017, 33.
274 BGH, XI ZR 33/10; WM 2009, 1274; XI ZR 214/92; WM 2011, 925; IV ZR 190/83; WM 1984, 221 (222); III ZR 136/76.
275 BGH, XI ZR 33/10.
276 BGH, WM 2009, 1274.

Hierbei handelt es sich nicht lediglich um eine Beweiserleichterung im Sinne eines Anscheinsbeweises, sondern um eine zur Beweislastumkehr führende widerlegliche Vermutung.[277] Es kommt nicht darauf an, ob sich der Anleger bei ordnungsgemäßer Aufklärung in einem Entscheidungskonflikt befunden hätte.

158 Dementsprechend muss die Bank bzw. der Berater darlegen und beweisen, dass sich der Anleger in einem Entscheidungskonflikt befunden hätte.[278] Lediglich auf das Fehlen eines Entscheidungskonflikts abzustellen, ist mit dem Schutzzweck der Beweislastumkehr nicht zu vereinbaren. Die Beweislastumkehr greift daher bereits bei feststehender Aufklärungspflichtverletzung ein.[279] Relevante Indizien für eine Widerlegung der Kausalitätsvermutung können sich sowohl aus dem vorangegangenen als auch aus dem nachfolgenden Anlageverhalten des Anlegers ergeben. Insbesondere die Kenntnis des Anlegers von Provisionen oder Rückvergütungen, die die beratende Bank bei vergleichbaren früheren Anlagegeschäften erhalten hat, kann ein Indiz dafür sein, dass der Anleger die empfohlene Kapitalanlage auch in Kenntnis der Rückvergütung erworben hätte. Wenn ein Anleger in Bezug auf eine vergleichbare Kapitalanlage, die er vor oder nach der streitgegenständlichen Anlage erworben hat, erst nach dem Erwerb der jeweiligen Beteiligung Kenntnis von Rückvergütungen erhält, so kann sich ein Indiz für die fehlende Kausalität der unterlassenen Mitteilung über Rückvergütungen auch darausergeben, dass der Anleger an den vergleichbaren – möglicherweise gewinnbringenden – Kapitalanlagen festhält und nicht unverzüglich die Rückabwicklung wegen eines Beratungsfehlers verlangt.[280]

159 Die Bank kann auch ihrerseits den Anleger im Wege der Parteivernehmung zum Beweis für die Behauptung benennen, ihr Provisionsinteresse habe keinen Einfluss auf die Anlageentscheidung gehabt. Da bei der Parteivernehmung ein Missbrauch zur Ausforschung besonders naheliegt, ist zu prüfen, ob bei einem solchen Beweisantrag ein willkürlicher und damit unbeachtlicher Beweisermittlungsantrag vorliegt.[281] Allerdings ist der Beweisführer grundsätzlich nicht gehindert, Tatsachen zu behaupten, über die er keine genauen Kenntnisse hat, die er aber nach Lage der Dinge für wahrscheinlich hält. Ein unzulässiger Ausforschungsbeweis liegt erst dann vor, wenn der Beweisführer ohne greifbare Anhaltspunkte für das Vorliegen eines bestimmten Sachverhalts willkürlich Behauptungen »aufs Geratewohl« oder »ins Blaue hinein« aufstellt.[282] Willkür wird in der Regel nur bei einem Fehlen jeglicher tatsächlicher Anhaltspunkte vorliegen.[283] Diese fehlen bspw. dann nicht, wenn vorgetragen ist, dass es dem Anleger nach seinem Anlageziel allein auf die Steuerersparnis und allenfalls noch auf Renditechancen und das Sicherungskonzept einer Schuldübernahme angekommen sei und er bereits zuvor eine Beteiligung an einem vergleichbaren Anlageprodukt in Kenntnis von Provisionszahlungen an die beratende Bank geschlossen hat.[284]

---

277 BVerfG, ZIP 2012, 164; BGH, WM 2011, 925; XI ZR 214/92; WM 2010, 972; BGHZ 64, 46, 51; 61, 118, 120 ff.; BGH, Urt. v. 08.05.2012 – XI ZR 262/10; fortgeführt durch BGH, Beschl. v. 20.11.2012 – XI ZR 415/11, Urt. v. 26.02.2013 – XI ZR 318/10, 345/10, 425/10 und 183/11; Urt. v. 09.04.2013 – XI ZR 337/10; Urt. v. 28.05.2013 – XI ZR 113/11.

278 BGH, XI ZR 262/10; XI ZR 191/10 – die dagegen gerichtete Verfassungsbeschwerde hat das BVerfG (ZIP 2012, 164) nicht zur Entscheidung angenommen.

279 BGH, XI ZR 262/10.

280 Vgl. BGH, Urt. v. 08.05.2012 – XI ZR 262/10; Beschl. v. 20.11.2012 – XI ZR 415/11, Urt. v. 26.02.2013 – XI ZR 318/10, 345/10, 425/10 und 183/11; Urt. v. 09.04.2013 – XI ZR 337/10; Urt. v. 28.05.2013 – XI ZR 113/11.

281 Zöller/*Greger*, § 445 Rn. 3a.

282 BGH, WM 1991, 942 (946 f.); WM 2011, 1465; WM 1995, 1561 (1562); NJW 2005, 2710 (2711); Beschl. v. 16.04.2015, IX ZR 195/14, Rn. 13 f.

283 BGH, WM 1995, 1561 (1562); NJW 1992, 1967 (1968).

284 BGH, XI ZR 262/10.

Anlagen

Anlage 1: Sonderbedingungen für den Sparverkehr

Übersicht

Fassung Januar 2002[1]

Nr. 1 Spareinlage

(1) Spareinlagen sind Einlagen, die durch Ausfertigung einer Urkunde, insbesondere eines Sparbuches, als solche gekennzeichnet sind.

(2) Spareinlagen dienen der Geldanlage. Geldbeträge, die zur Verwendung im Zahlungsverkehr bestimmt sind, oder von vornherein befristet angenommen werden, gelten nicht als Spareinlagen.

Nr. 2 Sparbuch

(1) Der Sparer erhält bei der ersten Einlage ein Sparbuch, das Name und Anschrift, die Nummer des Sparkontos sowie Angaben über die Kündigungssperrfrist und die Kündigungsfrist enthält. Anstelle des Sparbuchs können andere Sparurkunden ausgestellt werden.

(2) In der Sparurkunde werden alle Ein- und Rückzahlungen mit Angabe des Datums durch die Bank vermerkt. Ohne Urkundenvorlage erfolgte Einzahlungen, Gutschriften und Belastungen werden bei der nächsten Vorlage der Urkunde in dieser vermerkt.

Nr. 3 Verzinsung

(1) Spareinlagen werden zu den von der Bank durch Aushang in den Geschäftsräumen der kontoführenden Stelle bekanntgegebenen Zinssätzen verzinst. Änderungen werden mit ihrer Bekanntgabe wirksam.

(2) Die Verzinsung beginnt mit dem Tag der Einzahlung und endet mit dem der Rückzahlung vorhergehenden Kalendertag. Der Monat wird zu 30 Tagen, das Jahr zu 360 Tagen gerechnet.

(3) Zinsen werden am Jahresschluss gutgeschrieben. Während des Kalenderjahres werden Zinsen nur bei voller Rückzahlung der Einlagen ausgezahlt. Innerhalb eines Zeitraums von 2 Monaten nach Gutschrift kann über die Zinsen verfügt werden. Danach unterliegen sie der Kündigungsregelung gemäß Nr. 5.

---

1 Die Sonderbedingungen für den Sparverkehr wurden entnommen aus dem »Handbuch der Volksbanken und Raiffeisenbanken«, DG VERLAG, Wiesbaden.

Nr. 4 Rückzahlung

(1) Spareinlagen werden nur gegen Vorlage der Sparurkunde zurückgezahlt.

(2) Die Bank ist berechtigt, aber nicht verpflichtet, die Legitimation des Vorlegers zu prüfen und an jeden Vorleger der Sparurkunde Zahlung zu leisten, es sei denn, dass die Bank die Nichtberechtigung des Vorlegers kennt oder grob fahrlässig nicht erkennt.

(3) Die Sparurkunde ist zurückzugeben, wenn die gesamte Spareinlage zurückgezahlt oder die Sparurkunde durch eine neue ersetzt wird.

Nr. 5 Kündigung

(1) Spareinlagen weisen eine Kündigungsfrist von 3 Monaten auf. Eine längere Kündigungsfrist und Kündigungssperrfrist wird ausdrücklich vereinbart und in der Sparurkunde vermerkt. Für vor dem 01.07.1993 abgeschlossene Sparverträge, die eine Kündigungsfrist von über 3 Monaten vorsehen, ist, sofern Entgegenstehendes nicht vereinbart ist, eine Kündigung frühestens 6 Monate nach Einzahlung der Spareinlage zulässig.

(2) Von Spareinlagen mit einer Kündigungsfrist von 3 Monaten können ohne Kündigung bis zu 2000 € für jedes Sparkonto innerhalb eines Kalendermonats zurückgefordert werden.

Nr. 6 Vorschusszinsen

Ein Anspruch auf vorzeitige Verfügung besteht nicht. Werden Spareinlagen ausnahmsweise vorzeitig zurückgezahlt, ist die Bank berechtigt, die zurückgezahlte Einlage mit Ausnahme des in Nr. 5 Abs. 2 genannten Betrages als Vorschuss zu verzinsen. Macht die Bank von diesem Recht Gebrauch, so wird sie den jeweiligen Vorschusszinssatz durch Aushang in ihren Geschäftsräumen bekanntgeben.

Nr. 7 Sicherungen und Verfügungsbeschränkungen

Sparer und Bank können vereinbaren, dass die Bank nur gegen Vorlage eines besonderen Ausweises oder unter Beachtung einer besonderen Sicherungsvereinbarung leisten darf. Sparer und die Bank können Verfügungsbeschränkungen über Spareinlagen festlegen. Diese Vereinbarungen werden mit der Eintragung durch die Bank in die Sparurkunde wirksam.

Nr. 8 Verpfändung und Pfändung

Eine Verpfändung des Sparguthabens ist der Bank gegenüber nur wirksam, wenn ihr mit der Anzeige des Gläubigers auch die Sparurkunde zur Eintragung der Verpfändung vorgelegt wird. Die Auszahlung des Guthabens an den Pfändungsgläubiger erfolgt erst, wenn der Bank die Sparurkunde vorgelegt wird.

Nr. 9 Vernichtung, Verlust

(1) Der Sparer hat die Sparurkunde sorgfältig aufzubewahren. Die Vernichtung oder der Verlust der Sparurkunde sind der Bank unverzüglich anzuzeigen.

(2) Alle Folgen seines Zuwiderhandelns gegen die Sparbedingungen sowie alle Nachteile des Abhandenkommens, der missbräuchlichen Verwendung, der Fälschung und Verfälschung der Sparurkunde trägt der Kontoinhaber. Die Bank haftet im Rahmen des von ihr zu vertretenden Verschuldens und nur in dem Maße, als sie im Verhältnis zu anderen Ursachen an der Entstehung des Schadens mitgewirkt hat.

(3) Wird der Bank glaubhaft gemacht, dass eine Sparurkunde vernichtet oder abhanden gekommen ist, so kann sie dem Sparer eine neue Sparurkunde ausstellen; die alte Sparurkunde gilt damit als

kraftlos. Die Bank kann den Sparer auch an das zuständige Gericht verweisen und die Ausfertigung einer neuen Sparurkunde von dem Ergebnis des gerichtlichen Aufgebots abhängig machen.

(4) Wird die Sparurkunde nach der Verlustanzeige von einem Dritten vorgelegt, bevor sie kraftlos ist, so darf die Bank an ihn nur zahlen, wenn der Sparer sich hiermit ausdrücklich einverstanden erklärt oder der Dritte eine rechtskräftige Entscheidung über seine Verfügungsberechtigung beibringt.

Anlage 2: Sonderbedingungen für den Sparverkehr (Loseblatt-Sparurkunden)

Übersicht

Stand: Januar 2002[1]

Nr. 1 Spareinlage

(1) Spareinlagen sind Einlagen, die durch Ausfertigung einer Urkunde als solche gekennzeichnet sind.

(2) Spareinlagen dienen der Geldanlage. Geldbeträge, die zur Verwendung im Zahlungsverkehr bestimmt sind oder von vornherein befristet angenommen werden, gelten nicht als Spareinlagen.

Nr. 2 Sparurkunde

(1) Der Sparer erhält bei der ersten Einlage eine Sparbuchhülle, in die Sparkontoauszüge abzuheften sind. Zusammen mit dem jeweils letzten Sparkontoauszug bildet die Sparbuchhülle die Sparurkunde. Die Sparurkunde enthält den Namen und die Anschrift des Sparers, die Nummer des Sparkontos sowie die Angaben über die Kündigungsfrist.

(2) Über alle Gutschriften und Belastungen des Sparkontos stellt die Bank jeweils weitere Sparkontoauszüge zur Verfügung, die auch den Kontostand ausweisen. Die Bank darf mehrere Buchungen in einem Kontoauszug zusammenfassen.

(3) Die Bank stellt dem Kunden eine Magnetkarte zur Verfügung, mit der er nach jeder Sparkontobewegung am Kontoauszugsdrucker einen aktuellen Sparkontoauszug erhalten kann. Die Bank wird dem Kunden mindestens einmal im Jahr einen Sparkontoauszug erteilen.

(4) Nach Ausstellung eines neuen Sparkontoauszugs – spätestens jedoch nach einem Jahr – verliert der jeweils zuvor ausgestellte Sparkontoauszug seine Gültigkeit.

Nr. 3 Verzinsung

(1) Spareinlagen werden zu den von der Bank durch Aushang in den Geschäftsräumen der kontoführenden Stelle bekanntgegebenen Zinssätzen verzinst. Änderungen werden mit ihrer Bekanntgabe wirksam.

(2) Die Verzinsung beginnt mit dem Tag der Einzahlung und endet mit dem der Rückzahlung vorhergehenden Kalendertag. Der Monat wird zu 30 Tagen, das Jahr zu 360 Tagen gerechnet.

(3) Zinsen werden am Jahresschluss gutgeschrieben. Während des Kalenderjahres werden Zinsen nur bei voller Rückzahlung der Einlagen ausgezahlt. Innerhalb eines Zeitraums von 2 Monaten

1 Die Sonderbedingungen für den Sparverkehr wurden entnommen aus dem »Handbuch der Volksbanken und Raiffeisenbanken«, DG VERLAG, Wiesbaden.

nach Gutschrift kann über die Zinsen verfügt werden. Danach unterliegen sie der Kündigungsregelung gemäß Nr. 5.

Nr. 4 Rückzahlung

Die Sparurkunde ist zurückzugeben, wenn die gesamte Spareinlage zurückgezahlt wird. Eine Mindesteinlage kann gesondert vereinbart werden.

Nr. 5 Kündigung

(1) Spareinlagen weisen eine Kündigungsfrist von 3 Monaten auf. Eine längere Kündigungsfrist und Kündigungssperrfrist wird ausdrücklich vereinbart und in der Sparurkunde vermerkt. Für vor dem 01.07.1993 abgeschlossene Sparverträge, die eine Kündigungsfrist von über 3 Monaten vorsehen, ist – sofern Entgegenstehendes nicht vereinbart ist – eine Kündigung frühestens 6 Monate nach Einzahlung der Spareinlage zulässig.

(2) Von Spareinlagen mit einer Kündigungsfrist von 3 Monaten können ohne Kündigung bis zu 2.000 € für jedes Sparkonto innerhalb eines Kalendermonats zurückgefordert werden.

Nr. 6 Vorschusszinsen

Ein Anspruch auf vorzeitige Verfügung besteht nicht. Werden Spareinlagen ausnahmsweise vorzeitig zurückgezahlt, ist die Bank berechtigt, die zurückgezahlte Einlage mit Ausnahme des in Nr. 5 Abs. 2 genannten Betrages als Vorschuss zu verzinsen. Macht die Bank von diesem Recht Gebrauch, so wird sie den jeweiligen Vorschusszinssatz durch Aushang in ihren Geschäftsräumen bekanntgeben.

Nr. 7 Sicherungen und Verfügungsbeschränkungen

Sparer und Bank können vereinbaren, dass die Bank nur gegen Vorlage eines besonderen Ausweises oder unter Beachtung einer besonderen Sicherungsvereinbarung leisten darf. Sparer und Bank können Verfügungsbeschränkungen über Spareinlagen festlegen.

Stichwortverzeichnis

Die fetten Ziffern beziehen sich auf die Kapitel und die mageren Ziffern auf die dazugehörige Randnummer.